119e édition

Annotations de jurisprudence et bibliographie par

Yves MAYAUD
Agrégé des Facultés de droit
Professeur émérite de l'Université
Panthéon-Assas (Paris II)

avec le concours de

Carole GAYET
Responsable du Département de droit pénal
aux Éditions Dalloz

DALLOZ

ÉDITIONS DALLOZ

31-35, rue Froidevaux, 75685 Paris Cedex 14

ISBN 978-2-247-20535-6
ISBN 978-2-247-20536-3

AVANT-PROPOS

Ouvrage incontournable, le **Code pénal Dalloz** est l'outil de référence du pénaliste, professionnel ou futur professionnel, et, plus généralement, de tous ceux qui s'intéressent de près ou de loin à la matière pénale.

Ouvrage hautement élaboré, comme l'ensemble des autres volumes de la collection créée en 1902, le **Code pénal Dalloz** ne se limite pas à reproduire purement et simplement la codification officielle issue des quatre lois du 22 juillet 1992, d'une loi du 16 décembre 1992 et d'un décret du 29 mars 1993. Il donne en effet du texte une version parfaitement **à jour de ses modifications successives** (avec indication rigoureuse des sources), **enrichie** de **notes de rédaction** (apportant les précisions et compléments indispensables à son application), d'**annotations de jurisprudence** et de **bibliographies**, l'ensemble étant complété par de **très nombreux textes fondamentaux.**

Avec plus de **25 rubriques** classées par ordre alphabétique (Armes et explosifs, Banqueroute et infractions connexes, Circulation, Débits de boissons, Enfance, Étrangers, Jeux, Marchés financiers, Presse et communication, Sociétés commerciales, Substances vénéneuses...), l'Appendice regroupe des textes législatifs et réglementaires, codifiés ou non, qui permettent de traiter plus largement la matière pénale (loi du 29 juillet 1881 sur la liberté de la presse, code de la route en intégralité, code de la justice pénale des mineurs (rubrique Enfance)). A l'intérieur de chaque rubrique sont présentés d'abord les textes codifiés, puis les textes non codifiés, classés par ordre chronologique.

Enfin, trois **tables** complètent le code (pages roses) :

En début d'ouvrage :

— une table des matières reproduit le plan du code ;

En fin d'ouvrage :

— une table chronologique recense les textes qui ont modifié le code et les textes complémentaires ;

— une table alphabétique analyse les textes et constitue un outil de recherche privilégié.

Les pictogrammes (jurisprudence), (doctrine des revues Dalloz) et (législation) signalent que les textes intégraux correspondants sont accessibles en hyperliens sur les portails et sur les applications mobiles Dalloz. Par ailleurs, le Code pénal est enrichi, annoté et actualisé en continu sur smartphone, tablette et internet.

Liste des abréviations

Hyperlien vers la décision intégrale accessible sur le Code en ligne
Hyperlien vers l'article de revue accessible sur le Code en ligne
Hyperlien vers un texte complémentaire accessible sur le Code en ligne

AJ fam. Actualité juridique famille (Dalloz)
AJ pénal Actualité juridique pénal (Dalloz)
Al. Alinéa
ALD Actualité législative Dalloz (années 1983-1995)
APC Actualité des procédures collectives
App. Appendice
Arr. Arrêté
Art. Article
Ass. Assemblée
Ass. plén. Assemblée plénière de la Cour de cassation

BIBL. Bibliographie
BIBL. GÉN. Bibliographie générale
BICC Bulletin d'information de la Cour de cassation
BID Bulletin d'information et de documentation de la Direction générale de la concurrence, de la consommation et de la répression des fraudes
BLD Bulletin législatif Dalloz (jusqu'en 1982)
BOCC Bulletin officiel de la concurrence, de la consommation et de la répression des fraudes
BOMJ Bulletin officiel du ministère de la justice
Bull. civ. Bulletin des arrêts des chambres civiles de la Cour de cassation
Bull. crim. Bulletin des arrêts de la chambre criminelle de la Cour de cassation

C. Code
c/ Contre
Cah. justice Cahiers de la justice
Cah. jurispr. Aquitaine Cahiers de jurisprudence d'Aquitaine (jusqu'en 1997)
Cah. prud'h. Cahiers prud'homaux
CASF Code de l'action sociale et des familles Dalloz
Cass. Cour de cassation
C. assises Cour d'assises
C. *assur.* Code des assurances Dalloz
C. aviat. Code de l'aviation civile
CCC Contrats Concurrence Consommation
CCE Communication Commerce électronique
CCH Code de la construction et de l'habitation Dalloz
C. *civ.* Code civil Dalloz

C. com.	Code de commerce Dalloz
C. communes	Code des communes
C. communic.	Code de la communication Dalloz
C. consom.	Code de la consommation Dalloz
CDBF	Cour de discipline budgétaire et financière
C. déb. boiss.	Code des débits de boissons et des mesures contre l'alcoolisme
C. défense	Code de la défense
C. douanes	Code des douanes Dalloz
CE	Conseil d'État
CEDH	Cour européenne des droits de l'homme
C. éduc.	Code de l'éducation Dalloz
C. élect.	Code électoral Dalloz
C. envir.	Code de l'environnement Dalloz
CESEDA	Code de l'entrée et du séjour des étrangers et du droit d'asile Dalloz
C. expr.	Code de l'expropriation pour cause d'utilité publique Dalloz
C. for.	Code forestier
CGCT	Code général des collectivités territoriales Dalloz
CGI	Code général des impôts Dalloz
ch.	Chambre
CHAP	Chambre de l'application des peines
chap.	Chapitre
Ch. mixte	Chambre mixte de la Cour de cassation
Ch. réun.	Chambres réunies de la Cour de cassation
Chron.	Chronique
Circ.	Circulaire
Civ.	Chambre civile de la Cour de cassation
CJA	Code de justice administrative Dalloz
CJCE	Cour de justice des Communautés européennes (1957 à nov. 2009)
CJPM	Code de la justice pénale des mineurs Dalloz
CJUE	Cour de justice de l'Union européenne
C. marchés	Code des marchés publics Dalloz
C. mon. fin.	Code monétaire et financier Dalloz
C. nat.	Code de la nationalité
COJ	Code de l'organisation judiciaire
Com.	Chambre commerciale de la Cour de cassation
Comm.	Commentaire
Comm. EDH	Commission européenne des droits de l'homme
Comp.	Comparer
concl.	Conclusions
conf.	Solution conforme
Cons. const.	Conseil constitutionnel
Const.	Constitution
Contra	Solution contraire
Conv. EDH	Convention européenne de sauvegarde des droits de l'homme et des libertés fondamentales
Corresp.	Correspondance entre les anciens articles et les nouveaux articles du Code pénal

C. patr.	Code du patrimoine Dalloz
C. pén.	Code pénal Dalloz
CPI	Code de la propriété intellectuelle Dalloz
C. pr. civ.	Code de procédure civile Dalloz
C. pr. pén.	Code de procédure pénale Dalloz
Crim.	Chambre criminelle de la Cour de cassation
C. route	Code de la route Dalloz
CRPA	Code des relations entre le public et l'administration Dalloz
C. rur.	Code rural et de la pêche maritime Dalloz
CSI	Code de la sécurité intérieure Dalloz
CSP	Code de la santé publique Dalloz
C. sport	Code du sport Dalloz
C. sociétés	Code des sociétés Dalloz
CSS	Code de la sécurité sociale Dalloz
C. sûreté État	Cour de sûreté de l'État
C. tourisme	Code du tourisme Dalloz
C. transp.	Code des transports Dalloz
C. trav.	Code du travail Dalloz
C. urb.	Code de l'urbanisme Dalloz

D.	Recueil Dalloz
DA	Recueil analytique de jurisprudence et de législation Dalloz (années 1941 à 1944)
D. Affaires	Dalloz Affaires
DC	Recueil critique de jurisprudence et de législation Dalloz (années 1941 à 1944)
DDH	Déclaration des droits de l'homme et du citoyen de 1789
Décis.	Décision
Décr.	Décret
Décr.-L.	Décret-Loi
Defrénois	Répertoire du notariat Defrénois
DH	Recueil hebdomadaire de jurisprudence Dalloz (années antérieures à 1941)
Dir.	Directive
Doctr.	Doctrine
DP	Recueil périodique et critique mensuel Dalloz (années antérieures à 1941)
Dr. pénal	Droit pénal
Dr. soc.	Droit social
Dr. sociétés	Droit des sociétés

Err.	Erratum
esp.	Espèce

Gaz. Pal.	La Gazette du Palais

Hte C. just.	Haute Cour de justice

ibid.	Au même endroit

infra	Ci-dessous
Instr.	Instruction
IR	Informations rapides (du Recueil Dalloz)
J.	Jurisprudence
JAF	Juge aux affaires familiales
JAP	Juge de l'application des peines
JCP	Juris-Classeur périodique (Semaine juridique), édition générale
JCP CI	Juris-Classeur périodique, édition Commerce et Industrie (années antérieures à 1984)
JCP E	Juris-Classeur périodique, édition Entreprise
JCP N	Juris-Classeur périodique, édition Notariale
JDI	Journal de droit international (Clunet)
JLD	Juge des libertés et de la détention
JO	Journal officiel
JONC	Journal officiel, numéro complémentaire
JSS	Journal spécial des sociétés
Jurispr. auto	Jurisprudence automobile
L.	Loi
Lebon	Recueil des décisions du Conseil d'État (Dalloz)
Liv.	Livre
LPA	LPA
LPF	Livre des procédures fiscales
Mod.	Modifié
n°	Numéro
NCPC	Nouveau Code de procédure civile (devenu Code de procédure civile, L. n° 2007-1787 du 20 déc. 2007)
Nouv.	Nouveau
obs.	Observations
Ord.	Ordonnance
P	Arrêt publié au bulletin civil ou au bulletin criminel de la Cour de cassation
p.	Page
Pan.	Panorama
préc.	Précité
QPC	Question prioritaire de constitutionnalité
R.	Rapport de la Cour de cassation
rapp.	Rapport
Rappr.	Rapprocher
RDBF	Revue de droit bancaire et financier (depuis 1999)
RD rur.	Revue de droit rural

RDSS	Revue de droit sanitaire et social (Dalloz)
Rect.	Rectificatif
réf.	Référé
Règl.	Règlement
Rép.	Réponse
Rép. min.	Réponse ministérielle
RÉP. PÉN.	Répertoire de droit pénal et de procédure pénale Dalloz
RÉP. SOCIÉTÉS	Répertoire des sociétés Dalloz
Req.	Chambre des requêtes de la Cour de cassation
req.	Requête
réquis.	Réquisitions
Rev. crit. DIP	Revue critique de droit international privé (Dalloz)
Rev. jur. Centre-Ouest	Revue juridique du Centre-Ouest
Rev. pénit.	Revue pénitentiaire
Rev. sociétés	Revue des sociétés (Dalloz)
RFCDP	Revue française de criminologie et de droit pénal
RFDA	Revue française de droit administratif (Dalloz)
RFFP	Revue française des finances publiques
RGAT	Revue générale des assurances terrestres (de 1930 à 1995); devenue RGDA en 1996
RGDA	Revue générale du droit des assurances (depuis 1996)
RID pén.	Revue internationale de droit pénal
RJ com.	Revue de jurisprudence commerciale
RJF	Revue de jurisprudence fiscale
RLCT	Revue Lamy des collectivités territoriales
RLDA	Revue Lamy droit des affaires
RPDP	Revue pénitentiaire et de droit pénal
RSC	Revue de science criminelle et de droit pénal comparé (Dalloz)
RTD civ.	Revue trimestrielle de droit civil (Dalloz)
RTD com.	Revue trimestrielle de droit commercial (Dalloz)
RTDF	Revue trimestrielle de droit financier

S.	Recueil Sirey
s.	Et suivants
Sect.	Section
Soc.	Chambre sociale de la Cour de cassation
sol. impl.	Solution implicite
Somm.	Sommaires
ss.	Sous
supra	Ci-dessus

---

t.	Tome
T. civ.	Tribunal, chambre civile
T. com.	Tribunal de commerce
T. confl.	Tribunal des conflits
T. corr.	Tribunal, chambre correctionnelle
TGI	Tribunal de grande instance
TI	Tribunal d'instance
Tit.	Titre
T. pol.	Tribunal de police

TPS	Travail et protection sociale

V.	Voir
v° ou v^is	Mot ou mots

TABLE DES MATIÈRES

CODE PÉNAL

PREMIÈRE PARTIE
LÉGISLATIVE

LIVRE PREMIER
DISPOSITIONS GÉNÉRALES

LIVRE DEUXIÈME

DES CRIMES ET DÉLITS CONTRE LES PERSONNES

LIVRE TROISIÈME

DES CRIMES ET DÉLITS CONTRE LES BIENS

311-1 – 324-9

LIVRE CINQUIÈME

DES AUTRES CRIMES ET DÉLITS

LIVRE SIXIÈME

DES CONTRAVENTIONS

LIVRE SEPTIÈME

DISPOSITIONS RELATIVES À L'OUTRE-MER

DEUXIÈME PARTIE
DÉCRETS EN CONSEIL D'ÉTAT

LIVRE PREMIER
DISPOSITIONS GÉNÉRALES

LIVRE DEUXIÈME

DES CRIMES ET DÉLITS CONTRE LES PERSONNES

R. 226-1 – R. 226-12

LIVRE TROISIÈME

DES CRIMES ET DÉLITS CONTRE LES BIENS

R. 321-1 – R. 321-12

LIVRE QUATRIÈME

DES CRIMES ET DÉLITS CONTRE LA NATION, L'ÉTAT ET LA PAIX PUBLIQUE

APPENDICE

CODE PÉNAL

PREMIÈRE PARTIE : *LÉGISLATIVE*

LIVRE PREMIER DISPOSITIONS GÉNÉRALES

(L. nº 92-683 du 22 juill. 1992)

***Le livre Ier du code pénal est entré en vigueur le 1er mars 1994** (L. nº 92-1336 du 16 déc. 1992, art. 373, mod. par L. nº 93-913 du 19 juill. 1993).*

BIBL. GÉN. ▸ **Réforme du code pénal :** DESPORTES et LE GUNEHEC, *JCP 1992. I. 3615 ; Economica, 1994.* – DELMAS-MARTY, *RSC 1993. 433*. – CHASSAING, *RSC 1993. 445*. – PONCELA, *RSC 1993. 455*. – PRADEL, *ALD 1993. 163 ; Colloque 27/28 janv. 1994, Dalloz, 1994, p. 143 ; Dalloz Service, 1994.* – PRALUS, *JCP 1994. I. 3741.* – VERMELLE, *Dalloz, 1994, VIII, PU Aix-Marseille, 1995, p. 19.* – ROUJOU DE BOUBÉE, *D. 1996. Chron. 371*. – J.-H. ROBERT, *Dr. pénal 1996. Chron. 42.* – LORHO, *Dr. pénal 1998. Chron. 18.* – BARON, CLAVERIE et RAYMOND, *Dalloz, 2009, p. 17* (propositions pour un nouveau plan du Code pénal, *in* « La réforme du Code pénal et du Code de procédure pénale. *Opinio doctorum* »). – MAYAUD, Les colloques du Sénat, « Bicentenaire du code pénal - 1810-2010 », *Cour de cassation - Sénat, 25 et 26 nov. 2010, p. 143* (le code pénal : une réforme toujours en cours). – DELEUZE, *ibid., p. 158* (le code pénal face aux progrès techniques et scientifiques). – ROUJOU DE BOUBÉE, *D. 2014. 549* (code pénal : vingt ans après). – PRADEL, *JCP 2014, nº 259* (code pénal, vingt ans à peine et déjà des dérives). – LANCLOS, *Economica, 2016* (droit pénal nouveau ; pratique criminelle, dynamique décisionnelle).

▸ **Principes fondateurs du droit pénal :** WESTER-OUISSE, *RSC 2000. 351* (le droit pénal face aux codes de bonne conduite). – ZAVARO, *Gaz. Pal. 2000. 2. Doctr. 1879* (les règles de l'art). – P. RANCÉ, *D. 2000, Interview nº 38* (le droit pénal canonique face au droit étatique). – F. ALT-MAES, *RSC 2002. 501* (la contractualisation du droit pénal). – A. HUET, *Mél. B. Bouloc, Dalloz, 2006, p. 445* (méconnaissances du droit international par le droit pénal français). – MASSIAS, *ibid., p. 745* (pénaliser : une obligation positive très circonscrite). – MATSOPOULOU, *Mél. R. Ottenhof, Dalloz, 2006* (éthique et droit pénal). – VERMELLE, *Mél. J. Pradel, Cujas, 2006* (droit pénal général reconfiguré par le droit pénal spécial). – THIERRY, *RSC 2008. 59* (individualisation du droit criminel). – REBUT, *Pouvoirs, 2008, nº 128, p. 49* (justice pénale et justice civile). – DECHEPY, *RPDP 2012. 53* (incidence de la QPC sur le droit pénal de fond). – PARIGUET, *RSC 2014. 543* (une autre rationalité pénale). – MALABAT, *RDA nº 10, févr. 2015, p. 30* (le changement en droit pénal). – LEPAGE, *ibid., p. 36* (le droit pénal à l'ère de la souveraineté individuelle). – DREYER, *D. 2015. 1912* (droit pénal et principe de précaution). – PRADEL, *D. 2019. Chron. 490* (du principe de proportionnalité en droit pénal).

▸ **Droit pénal des affaires :** CONTE, *Dr. pénal, Hors-série, déc. 2000, nº 1* (la banqueroute, un exemple des ambiguïtés de la dépénalisation). – FOURGOUX, *Mél. R. Ottenhof, Dalloz, 2006* (droit communautaire et droit pénal économique). – IDOT, *Mél. B. Bouloc, Dalloz, 2006, p. 457* (pratiques anticoncurrentielles). – MASCALA, *Dalloz, 2006, p. 733* (droit pénal des affaires). – DREYER, *Dr. pénal 2006, Étude 20* (droit pénal économique). – FRISON-ROCHE, *RLDA 2006/9, nº 529* (Entretien) (autorités administratives indépendantes). – MAYAUD, *D. 2007. 625* (droit pénal régulateur). – THOUZELLIER, *Gaz. Pal. 2007. 2. Doctr. 3027* (surpénalisation du droit des affaires). – LABETOULLE, *RLDA 2007/22, nº 1367* (Entretien) (dépénalisation réfléchie). – BROM et CHEMIN-BOMBEN, *RLDA 2007/22, nº 1368* (vers une dépénalisation du droit des affaires ?). – BOURDON, *D. 2008, Dossier, p. 729* (criminalisation croissante de la contrefaçon). – MATSOPOULOU, *D. 2008. Chron. 864* (dépénalisation de la vie des affaires). – ANADON, *RLDA 2008/25, nº 1530* (dépénalisation et droits de la concurrence et de la consommation). – COULON, *Mél. J.-F. Burgelin, Dalloz, 2008* (actualité de la dépénalisation du droit des affaires) ; *RLDA 2008/25, nº 1542* (Entretien) (dépénalisation de la vie des affaires en proposant des règles claires). – FAUSSURIER, *RLDA 2008/26, nº 1547* (dépénalisation et droit des sociétés). – BOULOC, *RLDA 2008/27, nº 1648* (actualité du droit pénal des affaires). – FEUGÈRE, *RLDA 2008/27, nº 1649* (dépénalisation du droit des affaires). – SORDINO, *Gaz. Pal. 2008. 1. Doctr. 1353* (dépénalisation de la vie des affaires). – MULLER-LAGARDE, *RLDA 2009/34, nº 2070* (sanctions pénales de la rémunération excessive du dirigeant social). – ROBACZEWSKI, *Gaz. Pal. 2009. 1. Doctr. 845* (les sanctions pénales dans l'ordonnance du 18 décembre 2008 portant réforme du droit des entreprises en difficulté). – Muller-Lagarde, *Gaz. Pal. 2009. 1. Doctr. 915* (la bonne foi : « Peau de chagrin » du droit pénal des affaires). – Feugère, *Gaz. Pal. 2009. 1. Doctr. 923* (la bonne foi en droit pénal des affaires : espoir d'une résurgence ?). – Valette-Ercole, *Dalloz, 2009, p. 143* (droit pénal de la consommation, *in* « La réforme du Code pénal et du Code de procédure pénale. *Opinio doctorum* »). – Stasiak, *RSC 2009. 113* (rapport Coulon sur la dépénalisation de la vie des affaires). – Muller, *Gaz. Pal. 2010, 2, p. 3882* (la prévision en droit pénal des affaires : gestion pénale du risque). – Mattout, *JCP 2010, n° 865* (droit pénal, banque et frontières). – Gjidara-Decaix, *in* « Code pénal et code d'instruction criminelle – Livre du Bicentenaire », *Ouvrage collectif de l'Université Panthéon-Assas Paris II, Dalloz, 2010, p. 589* (le droit pénal du crédit aux consommateurs). – Cohen, *ibid., p. 617* (la surévaluation d'apports en société). – de Vauplane et Dubertret, *ibid., p. 631* (quel fondement à la répression des abus de marché ?). – Lasserre Capdeville, Mascala et Neuville, *D. 2012. Chron. 693* (propositions doctrinales pour lutter contre l'atteinte au principe *non bis in idem* en matière financière). – Malaurie-Vignal, *D. 2012. Chron. 1415* (réflexions sur la protection du patrimoine informationnel de l'entreprise contre le piratage économique). – Cutajar, *D. 2012. Entretien. 2648* (rapport d'évaluation de la France pour sa politique de lutte contre la corruption transnationale). – Feugère, *Gaz. Pal. 2013. 1. Dossier 667* (confiance et droit pénal des affaires). – Le Fur et Schmidt, *D. 2014. Chron. 551* (pour un tribunal des marchés financiers).

▸ **Droit pénal fiscal :** Debat, *in* « Code pénal et code d'instruction criminelle – Livre du Bicentenaire », *Ouvrage collectif de l'Université Panthéon-Assas Paris II, Dalloz, 2010, p. 771* (souveraineté, citoyenneté, liberté : le droit pénal fiscal en quête d'équilibre). – Dupré, *Dr. pénal 2013, Dossier 6* (le droit pénal fiscal à l'épreuve des principes du droit pénal). – Daoud, Boudjellal et Nizard, *AJ pénal 2019. 308* (l'influence de la jurisprudence de la CJUE sur le droit pénal général et fiscal).

▸ **Droit pénal douanier :** Bertocco, *AJ pénal 2013. 35* (complices d'infractions douanières et intéressés à la fraude douanière).

▸ **Droit pénal du travail :** Robaczewski, *D. 2009. 151* (pour une codification différente des infractions relatives à l'hygiène et à la sécurité du travail, *in* « La réforme du Code pénal et du Code de procédure pénale. *Opinio doctorum* »). – Benoît-Renaudin, *RSC 2009. 331* (recodification du code du travail et infractions aux règles de santé et de sécurité : une nouvelle donne en matière de responsabilité des chefs d'entreprise ?). – Teyssié, *in* « Code pénal et code d'instruction criminelle – Livre du Bicentenaire », *Ouvrage collectif de l'Université Panthéon-Assas Paris II, Dalloz, 2010, p. 695* (note relative au droit pénal du travail). – Favennec-Héry, *ibid., p. 703* (vers une libéralisation du prêt ou de la fourniture de main-d'œuvre). – Jeansen, *ibid., p. 719* (la sanction pénale de la violation d'un accord collectif). – Pagnerre, *ibid., p. 729* (la responsabilité pénale des salariés en quête d'équilibre). – Segonds, *Dr. pénal 2013. Dossier 3* (droit pénal du travail : hétérodoxie ou orthodoxie ?).

▸ **Droit pénal de l'environnement :** Nieto Martin, *RSC 2012. 69* (éléments pour un droit international pénal de l'environnement). – Foyer, *in* « Code pénal et code d'instruction criminelle – Livre du Bicentenaire », *Ouvrage collectif de l'Université Panthéon-Assas Paris II, Dalloz, 2010, p. 755* (droit pénal et droit rural). – Gogorza, *Dr. pénal 2013, Dossier 4*. – de Jacobet de Nombel, *Dr. pénal 2013, Dossier 7* (le droit pénal de l'urbanisme à l'épreuve des principes du droit criminel). – Monteiro, *RSC 2014. 49* (orientations de la politique criminelle actuelle en matière d'atteintes à l'environnement). – Neyret, *D. 2015. Entretien, p. 480* (mieux sanctionner les crimes contre l'environnement) ; *JCP 2015. 283* (le droit pénal au secours de l'environnement : à propos du rapport du 11 février 2015).

▸ **Droit pénal maritime :** D'Avout, *in* « Code pénal et code d'instruction criminelle – Livre du Bicentenaire », *Ouvrage collectif de l'Université Panthéon-Assas Paris II, Dalloz, 2010, p. 659* (l'originalité du droit pénal maritime).

▸ **Droit pénal de la famille :** Ambroise-Castérot, *D. 2013. Chron. 1846* (les infractions parentales).

▸ **Droit pénal canonique :** Echappe, *Mél. Jerry Sainte-Rose, Bruylant, 2012, p. 451* (droit pénal étatique et droit pénal canonique... : à propos de la situation des ministres du culte en droit pénal français).

▸ **Droit pénitentiaire :** Lebreton et Ziane, *AJ pénal 2020. 335* s. (la commission d'infractions en milieu pénitentiaire).

▸ **Internet :** Bossan, *RSC 2013. 295* (le droit pénal confronté à la diversité des intermédiaires de l'internet).

▶ **Politique criminelle :** Lazerges, *RSC 2012. 747* (politique criminelle nationale et droits de l'homme, à l'aune des avis de la CNCDH). – Alix, *RSC 2013. 677* (les hésitations de la politique criminelle). – Castronuovo, *RSC 2014. 523* (défis de la politique criminelle face aux générations futures et au principe de précaution : le cas des OGM). – Lazerges et Henrion-Stoffel, *RSC 2016. 649* (le déclin du droit pénal : l'émergence d'une politique criminelle de l'ennemi).

▶ **Colloques.** – XIIIe Congrès de l'AFDP, *RPDP 1996, p. 189 à 362.* – Rencontres internationales du Barreau de Paris, *LPA 1997, n° 12.* – Association française de droit de la santé, Lyon, 14 mars 2008, « Le droit pénal de la santé », *RDSS, Hors-série, 2008.* – Sénat, 25 et 26 nov. 2010, Les colloques du Sénat, Bicentenaire du code pénal – École de formation du Barreau de Paris, 5 oct. 2011, « Les conflits d'intérêts en droit des affaires », *Gaz. Pal. 2011. 2, p. 3476 s.*

▶ **Ouvrage collectif.** – « Code pénal et code d'instruction criminelle – Livre du Bicentenaire », *Ouvrage collectif de l'Université Panthéon-Assas Paris II, Dalloz, 2010* :

Sourioux, Petite histoire de la lutte pour la vie des deux adjectifs les plus typiques du vocabulaire répressif, *p. 23.* – Foyer, Le droit criminel intermédiaire, *p. 29.* – J.-H. Robert, Le Code des délits et des peines du III Brumaire an IV et sa marque dans le droit pénal actuel, *p. 37.* – Convert, Le Code pénal en Espagne, un reflet de l'Europe, *p. 185.* – J. Robert, Variations sur l'« enfermement », *p. 411.*

▶ **Thèmes et Dossiers :** La place du droit pénal dans la société contemporaine, *RSC 2000. 1* *s.* – Internet : un nouvel espace de délinquance, *AJ pénal 2005. 217* *s.* – L'insécurité juridique en droit pénal de l'entreprise, *Gaz. Pal. 2005. 1. Doctr., p. 129 s.* – Les figures de l'internationalisation en droit pénal des affaires, *RSC 2005. 735* *s.* – Quelle dépénalisation pour le droit des affaires ?, *AJ pénal 2008. 61* *s.* – Dépénalisation du droit des affaires, *Dr. pénal 2008, n° 3.* – La réforme du Code pénal et du Code de procédure pénale. *Opinio doctorum*, sous la direction de V. Malabat, B. de Lamy, et M. Giacopelli, *Dalloz, 2009.* – Particularités du droit pénal des marchés financiers, *AJ pénal 2011. 57* *s.* – Cybercriminalité. L'adaptation de la réponse pénale, *AJ pénal 2012. 251* *s.* – La responsabilité pénale médicale, *AJ pénal 2012. 371* *s.* – La mise en œuvre de la politique pénale, *AJ pénal 2012. 441 s.* – Droit pénal maritime et pollution marine, *AJ pénal 2012. 569* *s.* – Droit pénal du sport, *AJ pénal 2013. 307* *s.* – La lutte contre la délinquance financière, *AJ pénal 2013. 637* *s.* – Droit pénal sanitaire, *AJ pénal 2014. 391* *s.* – Les droits des victimes, *AJ pénal 2015. 9* *s.* – *L'impact de la QPC sur le droit pénal substantiel,* par A. Capello, *in* Dix ans de QPC en matière pénale, *AJ pénal 2018. 387* *s.* – CJUE et droit pénal, *AJ pénal 2019. 295* *s.*

TITRE PREMIER **DE LA LOI PÉNALE**

BIBL. ▶ Doucet, *Gaz. Pal. 1997. 1, Doctr. 8* (principes fondamentaux de législation). – Manacorda, *RSC 2000. 95* (droit pénal et Union européenne). – Lazerges et Delesalle, *RSC 2000. 145* (Parlement et parlementaires dans l'élaboration de la loi pénale). – Lazerges, *RSC 2004. 194* (fonction déclarative de la loi pénale). – Malabat, *Mél. R. Ottenhof, Dalloz, 2006* (le champ inutile du droit pénal : les doubles incriminations) ; *Dalloz, 2009, p. 71* (les infractions inutiles, *in* « La réforme du Code pénal et du Code de procédure pénale. *Opinio doctorum* »). – Guihal et Thieffry, *Gaz. Pal. 2009. 1. Doctr. 155* (l'incrimination pénale, instrument ultime de mise en œuvre du droit européen de l'environnement). – Rubi-Cavagna, *RSC 2009. 501* (harmonisation des incriminations et des sanctions pénales prévues par le traité de Lisbonne). – Mayaud, *in* « Code pénal et code d'instruction criminelle. – Livre du Bicentenaire », *Ouvrage collectif de l'Université Panthéon-Assas Paris II, Dalloz, 2010, p. 3* (la loi pénale, instrument de valorisation sociale). – Lazerges, *RSC 2014. 669* (l'encadrement du Parlement dans la fabrication de la loi pénale). – Dreyer, *Dr. pénal 2019. Étude 20* (contrôle de cassation et légalité pénale).

CHAPITRE PREMIER **DES PRINCIPES GÉNÉRAUX**

Art. 111-1 Les infractions pénales sont classées, suivant leur gravité, en crimes, délits et contraventions.

Corresp. : *C. pén., anc. art. 1er.*

RÉP. PÉN. v° *Infraction,* par Beaussonie.

BIBL. ▶ Mouly, *RSC 1982. 3.* – J.-H. Robert, *Dr. pénal 1995. Chron. 1 ; Mél. J. Pradel, Cujas, 2006.*

1. Contrôle de constitutionnalité. En l'absence de disproportion manifeste avec l'infraction commise il n'appartient pas au Conseil constitutionnel de substituer sa propre appréciation à celle du législateur. • Cons. const. 20 janv. 1994, Décis. n° 93-334 DC : *JO 26 janv. ; D. 1995. Somm. 340, obs. T. S. Renoux* . ♦ L'art. 61-1 de la Constitution ne confère pas au Conseil constitutionnel un pouvoir général d'appréciation et de décision de même nature que celui du Parlement, mais lui donne seulement compétence pour se prononcer sur la conformité des dispositions législatives soumises à son examen aux droits et libertés que la Constitution garantit. • Cons. const. 27 sept. 2013, n° 2013-341 QPC : *JO 1er oct., p. 16304 ; Dr. pénal 2013, n° 156, obs. J.-H. Robert.*

2. Matière pénale. Pour définir la « matière pénale », il importe d'abord de savoir si le texte définissant l'infraction en cause ressortit ou non au droit pénal d'après la technique juridique de l'État défendeur. Il y a lieu d'examiner ensuite, eu égard à l'objet et au but de l'art. 6, au sens ordinaire de ses termes et au droit des États contractants, la nature de l'infraction ainsi que la nature et le degré de gravité de la sanction que risquait de subir l'intéressé. • Comm. EDH 13 oct. 1993, *Boyadjian c/ France.*

3. Infraction politique. Les coups et blessures volontaires sont par leur nature, et quels qu'en soient les mobiles, des délits de droit commun. • Crim. 12 mars 1969, n° 68-92.607 P. ♦ Les violences ou voies de fait dirigées contre un agent de la force publique ou un citoyen chargé d'un service public dans l'exercice ou à l'occasion de l'exercice de ses fonctions constituent, quel que soit le mobile qui ait animé leur auteur, des infractions de droit commun, justifiant l'application de la contrainte par corps. • Crim. 14 janv. 1958 : *Bull. crim. n° 52* • 4 févr. 1971, n° 70-91.782 P.

4. Sur le caractère d'infraction politique du délit de provocation à l'attroupement : • Crim. 23 févr. 1954 : *Bull. crim. n° 85 ; D. 1955. 465, rapp. Patin.* ♦ *Contra* : • Paris, 13 mars 1951 : *JCP 1951. II. 6278, concl. Turlan.*

5. Aux termes de l'art. 738, al. 2, C. pr. pén. (art. 132-41 C. pén.), le sursis avec mise à l'épreuve n'est applicable qu'aux condamnations à l'emprisonnement prononcées pour crime ou délit de droit commun. Encourt dès lors la cassation l'arrêt qui, après avoir déclaré un prévenu coupable d'infraction au code électoral, délit politique, le condamne à une peine d'emprisonnement avec sursis et mise à l'épreuve. • Crim. 17 févr. 1972, n° 71-91.662 P. ♦ Il résulte de l'art. 749 C. pr. pén. que la contrainte par corps ne peut jamais être appliquée en matière d'infractions politiques, ce qui est le cas des délits prévus et réprimés par le code électoral. • Crim. 2 oct. 2001, n° 01-80.334 P : *Dr. pénal 2002. Chron. n° 2, obs. Marsat ; ibid. 2002. 20, obs. J.-H. Robert ; RSC 2002. 319, obs. Bouloc* • 7 nov. 2001 : *Dr. pénal 2002. 19, obs. J.-H. Robert.* ♦ … Dès lors, méconnaît ce texte et ce principe la cour d'appel qui, après avoir déclaré les prévenus coupables de délits prévus par le code électoral et les avoir condamnés chacun, notamment, à une amende de ce chef, fixe « la durée de la contrainte par corps conformément aux dispositions des art. 749 s. C. pr. pén. ». • Crim. 2 oct. 2001 : *préc.* – V. Dans le même sens : • Crim. 7 nov. 2001 : *préc.*

6. Les infractions à la loi sur la liberté de la presse sont assimilées aux délits politiques, ce qui rend inapplicable la contrainte par corps. • Crim. 22 juin 1993, n° 91-85.300 P : *RSC 1994. 326, obs. Bouloc* • 22 nov. 1994 : *JCP 1995. IV. 885* • 24 janv. 1995, n° 93-84.701 P • 11 avr. 1995 : *D. 1995. IR 152 ; JCP 1995. IV. 1755.*

7. Même s'il est commis par la voie de la presse, le délit d'outrage aux bonnes mœurs (C. pén., art. 227-24) ne saurait être assimilé à une infraction politique, et la contrainte par corps est dès lors applicable. • Crim. 15 déc. 1980, n° 80-90.141 P.

8. Il n'est pas contestable que le droit de manifester, qui plus est sur un sujet indiscutablement politique (interruption volontaire de grossesse), constitue un des fondements de la démocratie au même titre que le droit d'expression régi par la loi sur la presse. Toutefois, il est constant que le caractère politique d'une infraction doit s'apprécier à partir de critères objectifs et non pas se déduire des seuls mobiles du contrevenant, au sens où le prévenu a entendu devant les premiers juges revendiquer le caractère « politique » de sa position sur la loi en question (L. n° 67-1176 du 28 déc. 1967) et sur l'interdiction de sa manifestation par le préfet de police. Spécialement, force est de constater que le débat démocratique sur la question de l'interruption volontaire de grossesse a eu lieu en son temps et qu'une manifestation contre la L. du 28 déc. 1967 ne peut avoir pour motif aujourd'hui d'exprimer autre chose qu'une position morale, certes respectable en tant que telle, mais dénuée de finalité politique véritable. Ainsi, tant au regard de son objet annoncé – promouvoir la vie – que de celui en réalité poursuivi et revendiqué par le prévenu tel qu'il transparaît à travers l'action conduite par la même association, sur le même lieu et selon les mêmes modalités, à savoir faire obstacle à l'application d'une loi dont il n'est pas contesté qu'elle est issue de la volonté du Parlement souverain après un véritable débat démocratique, l'organisation de cette manifestation ne saurait être considérée comme une infraction politique. • Paris, 27 juin 2000 : *D. 2000. IR 249.*

Art. 111-2 **La loi détermine les crimes et délits et fixe les peines applicables à leurs auteurs.**

Le règlement détermine les contraventions et fixe, dans les limites et selon les distinctions établies par la loi, les peines applicables aux contrevenants.

RÉP. PÉN. v° *Lois et règlements*, par LACROIX.

BIBL. ▶ **Droit constitutionnel et droit pénal :** LE CALVEZ, *JCP 1985. I. 3198*. – PHILIP, *RSC 1985. 711*. – MAYER, *RSC 1987. 53 et 1988. 439*. – FAVOREU, *Mél. Vitu, Cujas, 1989, p. 169*. – KOERING-JOULIN et SEUVIC, *AJDA 1998, n° spécial juillet-août, p. 106* ✎. – MONTEILLET, *Gaz. Pal. 2002. 1. Doctr. 848*. – PALAZZO, *RSC 2003. 709* ✎. – REBUT, *Les cahiers du Conseil constitutionnel, n° 16, 2004, p. 135 s.* – LAZERGES, *RSC 2004. 725* ✎. – ROYER, *RSC 2008. 825* ✎ (la réserve d'interprétation constitutionnelle en droit criminel). – MASTOR, *Dr. pénal 2011. Étude 14* (la juridiction constitutionnelle gardienne des droits fondamentaux en matière pénale). – AMALFITANO, *RSC 2015. 297* ✎ (plaidoyer pour une rationalisation des sources constitutionnelles du droit pénal européen : à 250 ans de la parution de « Des délits et des peines » de Cesare Beccaria).

▶ **Droit communautaire et droit pénal :** BIANCARELLI, *RSC 1984. 253*. – DELMAS-MARTY (sous la direction de), *Dalloz, 1996*. – MASSÉ, *RSC 1996. 935* ✎. – FOURGOUX, *D. 1997. Chron. 348* ✎.

▶ **Europe et droit pénal :** DE GOUTTES, *RSC 1993. 643* ✎. – PRADEL, *Mél. B. Bouloc, Dalloz, 2006, p. 895* ✎ (rapprochement de certaines incriminations et sanctions dans l'espace judiciaire pénal européen). – MASSIAS, *Mél. R. Ottenhof, Dalloz, 2006* (champ pénal européen selon la Cour EDH). – BERNARDI, *Mél. J. Pradel, Cujas, 2006* (le droit pénal entre unification européenne et cultures nationales) ; *RSC 2007. 713* ✎ (rôle du troisième pilier dans l'européanisation du droit pénal, bilan à la veille de la réforme des traités). – VERVAELE, *Mél. J. Pradel, Cujas, 2006* (le droit pénal européen, vers du droit pénal fédéral ?). – MANACORDA, *RSC 2007. 899* ✎ (consolidation de l'Espace de liberté, de sécurité et de justice : vers une « mise à l'écart » du rapprochement pénal ?). – PALAZZO, *RSC 2008. 1* ✎ (charte européenne des droits fondamentaux et droit pénal). – GIRAUD et GOOSSENS-HLISNIKOVA, *Gaz. Pal. 2009. 2. Doctr. 3711* (reconnaissance mutuelle et droits de la défense dans l'espace judiciaire européen). – RUBI-CAVAGNA, *RSC 2009. 501* ✎ (réflexions sur l'harmonisation des incriminations et des sanctions pénales prévue par le traité de Lisbonne). – KOERING-JOULIN, *Les colloques du Sénat, « Bicentenaire du code pénal - 1810-2010 », Cour de cassation - Sénat, 25 et 26 nov. 2010, p. 204* (influence de la Cour européenne des droits de l'homme sur le code pénal). – BOCCON-GIBOD, *ibid. 216* ✎ (vers un droit pénal européen ?). – JESSBERGER et KRETSCHMER, *RSC 2010. 111* ✎ (arrêt de la Cour constitutionnelle allemande du 30 juin 2009. Les implications du traité de Lisbonne sur le droit pénal européen). – SOTIS, *RSC 2010. 773* ✎ (« Criminaliser sans punir ». Réflexion sur le pouvoir d'incrimination (directe et indirecte) de l'Union européenne prévu par le Traité de Lisbonne). – MANACORDA, *RSC 2010. 945* ✎ (le droit pénal sous Lisbonne : vers un meilleur équilibre entre liberté, sécurité et justice ?). – DE LAMY, *Dr. pénal 2011. Étude 12* (la Cour européenne des droits de l'homme, protectrice des droits fondamentaux). – TAUPIAC-NOUVEL, *Dr. pénal 2011. Étude 13* (la Cour de justice de l'Union européenne, gardienne des droits fondamentaux en matière répressive). – LELIEUR, *RSC 2011. 1* ✎ (la reconnaissance mutuelle appliquée à l'obtention transnationale de preuves pénales dans l'Union européenne : une chance pour un droit probatoire français en crise ?). – ZEROUKI-COTTIN, *RSC 2011. 575* ✎ (obligation d'incriminer imposée par le juge européen, ou la perte du droit de ne pas punir). – MANACORDA, *RSC 2011. 908* ✎ (programme pour une politique pénale de l'Union entre mythe et réalité). – BOT, *Mél. Jerry Sainte-Rose, Bruylant, 2012, p. 263* (la création de l'espace pénal européen : de l'Unité dans la diversité ?). – EOCHE-DUVAL, *RSC 2012. 305* ✎ (droit pénal et souveraineté démocratique : la France est-elle en train de perdre la maîtrise de son droit pénal ?). – IDOT, *RSC 2012. 315* ✎ (répression des pratiques anticoncurrentielles par les institutions de l'Union européenne (1er juill. 2010 - 1er mai 2012)). – MANACORDA, *RSC 2012. 931* ✎ (« L'âge de la maturité » : stabilisation et traits conservateurs dans la politique pénale de l'Union européenne). – GIUDICELLI-DELAGE et LAZERGES (dir.), Sté législation comparée, *Coll. UMR droit comparé de Paris, Vol. 28, 2012* (droit pénal de l'Union européenne au lendemain du traité de Lisbonne). – CHAVENT-LECLÈRE, *AJ pénal 2013. 510* ✎ (adaptation du code pénal français aux engagements européens). – CASSUTO, *AJ pénal 2013. 534* ✎ (nouveau dispositif législatif de l'Union européenne en faveur des victimes de la criminalité). – MANACORDA, *RSC 2013. 927* ✎ (droit pénal de l'Union à l'heure de la Charte et du Parquet européen). – BORE, *D. 2014. 93* ✎ (chambre criminelle et droit de l'Union : si loin, si proche, *in* « Les transformations de la justice pénale », Cycle de conférences 2013 à la Cour de cassation, sous la direction de S. GUINCHARD et J. BUISSON, préface, V. LAMENDA). – REBUT, *Dalloz, 2014, in* « Les transformations de la justice pénale », *préc., p. 99* (le droit pénal et la procédure pénale saisis par l'Union européenne). – DANLOS, *AJ pénal 2014. 404* ✎ (de quelques contre-vérités sur la jurisprudence de la CEDH en matière pénale).

▶ **Mondialisation et droit pénal :** DELMAS-MARTY, *Mél. R. Ottenhof, Dalloz, 2006*. – LABORDE, *Mél. J. Pradel, Cujas, 2006* (nouveau désordre mondial et droit pénal des Nations unies).

► **Dossier :** « La rencontre de l'Union européenne et du droit pénal », *AJ pénal 2011. 437 s.* : Barbe, *p. 438* (l'influence du droit de l'UE sur le droit pénal français). – Stein, *p. 443* (le principe *ne bis in idem* dans l'Union européenne). – Leblois-Happe, *p. 446* (la proposition de directive relative au droit à l'information dans le cadre des procédures pénales et le droit français). – Herzog-Evans, *p. 451* (UE : la circulation des mesures de « probation »).

1. Objet normatif de la loi. Aux termes de l'art. 6 DDH : « La loi est l'expression de la volonté générale... », il résulte de cet article comme de l'ensemble des autres normes de valeur constitutionnelle relatives à l'objet de la loi que, sous réserve de dispositions particulières prévues par la Constitution, la loi a pour vocation d'énoncer des règles et doit par suite être revêtue d'une portée normative. Il incombe au législateur d'exercer pleinement la compétence que lui confie la Constitution et, en particulier, son art. 34. A cet égard, le principe de clarté de la loi, qui découle du même article de la Constitution, et l'objectif de valeur constitutionnelle d'intelligibilité et d'accessibilité de la loi, qui découle des art. 4, 5, 6 et 16 de la Déclaration de 1789, lui imposent d'adopter des dispositions suffisamment précises et des formules non équivoques afin de prémunir les sujets de droit contre une interprétation contraire à la Constitution ou contre le risque d'arbitraire, sans reporter sur des autorités administratives ou juridictionnelles le soin de fixer des règles dont la détermination n'a été confiée par la Constitution qu'à la loi. • Cons. const. 21 avr. 2005, n° 2005-512 DC : *JO 24 avr., p. 7173 ; D. 2006. Pan. 828, obs. Ogier-Bernaud et Severino* • 27 juill. 2006, n° 2006-540 DC : *JO 3 août, p. 11541 ; JCP 2007. II. 10066, note Verpeaux. – Adde* : B. Mathieu, *JCP 2005, Actu. n° 250, p. 879.* – J.-Cl. Zarka, *D. 2005, Point de vue. 1372*.

I. EXISTENCE DE LA NORME PÉNALE

A. SUPPORTS

2. Règlement. La question prioritaire de constitutionnalité est ainsi rédigée : « L'art. L. 4161-1 CSP porte-t-il atteinte aux droits et libertés garantis par l'art. 34 de la Constitution, l'art. 8 DDH et le principe de légalité des délits ? » ; la question posée ne présente pas, à l'évidence, un caractère sérieux dès lors qu'en renvoyant, pour partie, sous le contrôle du juge pénal, concernant la définition des actes médicaux réservés aux médecins, à une liste fixée par un texte réglementaire, la disposition légale critiquée incrimine en termes clairs et précis les différents modes d'exercice illégal de la médecine ; d'où il suit qu'il n'y a pas lieu de renvoyer la question au Conseil constitutionnel. • Crim. 4 déc. 2012, n° 12-90.059 P : *D. actu. 20 déc. 2012, obs. Winckelmuller.*

3. Convention collective. Aucun principe ou règle de valeur constitutionnelle n'interdit au législateur d'ériger en infractions le manquement à des obligations qui ne résultent pas directement de la loi elle-même ; la méconnaissance par une personne des obligations résultant d'une convention ayant force obligatoire à son égard peut donc faire l'objet d'une répression pénale. • Cons. const. 10 nov. 1982 : *Dr. soc. 1983. 162, ss. Chron. Hamon.* ♦ Sur l'interprétation stricte de l'art. L. 153-1 C. trav. [L. 2263-1 nouv.], V. : • Crim. 4 avr. 1991 (trois arrêts), n° 88-84.270 P : *RSC 1991. 783, obs. A. Lyon-Caen*.

4. Règlement intérieur. Le chef d'entreprise est tenu de respecter les dispositions du règlement intérieur du comité d'entreprise régulièrement adoptées, lesquelles s'imposent à lui tant qu'il n'en a pas obtenu l'annulation par le juge civil ; dès lors, c'est à bon droit qu'une cour d'appel déclare le directeur d'un centre EDF-GDF coupable d'entrave au fonctionnement régulier du comité mixte à la production, auquel sont applicables les textes du code du travail relatifs au comité d'entreprise, en vertu d'une circulaire interne à caractère réglementaire en date du 23 mars 1987, après avoir relevé que le prévenu avait refusé de tenir la séance dudit comité, au motif prétendu qu'une clause de son règlement intérieur était nulle, comme contraire aux prescriptions de la circulaire précitée. • Crim. 8 juin 1995, n° 93-83.785 P.

5. Contrat individuel. Selon les art. 402 et 487 de la L. du 24 juill. 1966, les dispositions relatives à la liquidation d'une société commerciale sur décision de justice sont applicables, à défaut de clauses statutaires ou de convention expresse entre les parties, à la liquidation d'une société dissoute amiablement. • Crim. 7 mars 1994, n° 93-84.587 P : *Dr. pénal 1994. 165.*

6. Usages. En l'absence de texte sur la composition d'un produit, il échet de se référer aux usages loyaux et constants du commerce, l'appréciation de l'existence de tels usages entrant dans le pouvoir souverain des juges du fond. • Crim. 5 oct. 1967 : *Bull. crim. n° 242.* ♦ Si en matière de fraude commerciale, les juges du fond ont tout pouvoir pour reconnaître ou dénier l'existence d'un usage, cette appréciation ne peut être faite qu'en l'absence d'une réglementation s'opposant audit usage. • Crim. 15 janv. 1985, n° 82-91.841 P. ♦ Lorsqu'une appellation n'a été l'objet d'aucune définition dans un texte légal ou réglementaire, une cour d'appel applique exactement l'art. 1er de la L. du 1er août 1905 en constatant les usages loyaux du commerce, consacrés notamment par un avis du service de la répression des fraudes et « le consensus de la profession ». • Crim. 10 mars 1987 : *D. 1990. Somm. 361, obs. Roujou de Boubée ; Gaz. Pal. 1987. 2. 490.* ♦ En matière de fraude commerciale portant sur un produit non réglementé, il appartient aux juges du fond de se référer aux usages commerciaux en vigueur, dont ils ont tout pouvoir pour constater ou dénier l'existence. • Crim. 17 janv. 1996, n° 93-83.887 P. ♦ En matière de fraude commerciale portant sur la dénomination d'une denrée alimentaire non réglementée, il appartient aux juges du fond de se référer aux usages commerciaux en vigueur dont ils apprécient souverainement l'existence, et dont la sanction par la loi pénale est nécessaire à la loyauté des transactions commerciales et à la protection des consommateurs. • Crim. 15 mai 2001, n° 00-84.279 P. ♦ Procédent de son pouvoir souverain d'appréciation de l'existence d'un usage professionnel, les énonciations d'une cour d'appel qui, pour déclarer les prévenus coupables de tromperie, a retenu que le procédé du trempage des coquilles Saint-Jacques, qui entraîne, sans que les consommateurs en soient informés, une altération des qualités substantielles ainsi qu'une modification de la teneur en principes utiles de cette marchandise, ne correspond pas à un usage professionnel établi. • Crim. 7 nov. 2006, n° 06-80.318 P : *AJ pénal 2007. 84*. ♦ Un usage local invoqué ne peut avoir de portée à l'encontre des dispositions du Décr. du 13 janv. 1938 fixant les conditions de production et délimitant les aires des différentes appellations d'origine de la région délimitée de Cognac. • Crim. 16 janv. 2007, n° 06-80.914 : *Dr. pénal 2007, n° 57, obs. J.-H. Robert.*

7. Coutumes. Les juges du fond apprécient souverainement le contenu de la règle coutumière fondée sur des usages locaux non contraires à la loi (impôts indirects). • Crim. 8 févr. 1996, n° 94-85.106 P.

8. L'expulsion des occupants d'un terrain, fondée sur la coutume kanak et décidée par une autorité coutumière, constitue une infraction pénale lorsqu'elle se traduit par la destruction et la dégradation par le feu des bâtiments alors occupés qui y sont situés et des effets personnels des expulsés, quand bien même les prévenus ont considéré leur action comme légitime au regard de la coutume à laquelle ils sont soumis. • Nouméa, 28 avr. 2009 : *JCP G 2009, n° 44, 384, note E. Cornut.*

9. Errata. Un rectificatif a valeur légale lorsqu'il apparaît comme destiné à réparer une simple erreur matérielle ou une omission évidente, et non comme une disposition nouvelle destinée à modifier la portée du texte primitivement publié. • Cass., ch. réun., 5 févr. 1947 : *D. 1947. 177 ; JCP 1947. II. 3478* • Crim. 28 mai 1968, n° 67-92.425 P.

B. SURVIE

10. Abrogation. BIBL. H. Moysan, *JCP 2004, Actu. 556* (exemple d'une abrogation « indirecte »). – P.-Y. Gautier, *Mél. B. Bouloc, Dalloz, 2006, p. 379* (continuité des poursuites). ♦ Lorsque la loi abroge une incrimination et prévoit que cette abrogation ne prendra effet qu'après publication d'un décret à intervenir dans un délai déterminé, l'abrogation, à défaut de décret, devient effective à l'expiration dudit délai. • Crim. 3 oct. 1994, n° 93-80.767 P • 16 janv. 2002, n° 01-81.829 P : *D. 2002. 1225, note Dobkine ; ibid. 2002. IR 940, et la note ; Dr. pénal 2002, n° 56, obs. J.-H. Robert ; Gaz. Pal. 2003. 2. 2327, note A.C. ; RSC 2002. 582, obs. Bouloc*.

11. La cassation ou l'annulation d'un arrêt motivée par l'abrogation de la loi pénale postérieure à la saisine de la juridiction répressive n'a d'effet sur la décision qu'en ce qu'elle concerne l'action publique ; il appartient à la Cour de cassation, après avoir constaté l'extinction de l'action publique, de se prononcer sur le pourvoi en ce qu'il concerne les intérêts civils. • Crim. 15 mars 1995, n° 93-85.623 P. ♦ Les juridictions correctionnelles ou de police restent compétentes pour statuer sur l'action civile lorsqu'elles ont été saisies, en même temps que l'action publique, antérieurement à l'abrogation de la loi pénale. • Même arrêt.

12. L'abrogation d'une loi à la suite de sa codification à droit constant ne modifie ni la teneur ni la portée des dispositions transférées. • Crim. 19 oct. 2004, n° 04-82.485 P : *Dr. pénal 2005. 6, obs. J.-H. Robert ; RSC 2005. 291, obs. Vermelle, et p. 308, obs. J.-H. Robert*.

13. Le changement de l'emplacement d'un texte, à droit constant, ne modifie ni la teneur des dispositions transférées ni leur portée. • Crim. 1er avr. 2014, n° 13-83.089 P : *D. actu. 28 avr. 2014, obs. Bombled.* ♦ Le prévenu sollicite l'annulation de la citation à comparaître pour publicité mensongère au motif que ce délit ayant été supprimé par la L. du 3 janv. 2008, qui réprime désormais les pratiques commerciales trompeuses, il a été mis dans l'impossibilité de préparer sa défense ; cette exception de nullité doit être rejetée ; en effet, l'art. L. 121-1 C. consom., dans sa nouvelle rédaction, n'a pas supprimé l'infraction de publicité mensongère mais l'a simplement englobée dans la notion de pratiques commerciales trompeuses qu'il élargit et détaille ; l'erreur dans la citation n'a donc causé aucun grief au prévenu qui n'a pas été dans l'impossibilité de préparer sa défense puisque les éléments constitutifs des infractions sont identiques. • Agen, 12 avr. 2010 : *JCP G 2010, n° 28-29, 782.*

14. Désuétude. Les lois et règlements ne peuvent pas tomber en désuétude par suite d'une tolérance plus ou moins prolongée. • Crim. 12 mai 1960 : *Bull. crim. n° 265.*

15. Incompatibilité. C'est un principe éternel qu'une loi nouvelle fait cesser toute loi précédente, ou toute disposition de loi précédente contraire à son texte (principe applicable, à plus forte raison, à la Constitution, qui est la loi fondamentale de l'État). • CE 4 nivôse an VIII : *D. 1999. 705, note P.* (de la Gironde).

16. Les lois et règlements ne sont abrogés que si l'abrogation est expresse ou si elle résulte implicitement et nécessairement de dispositions nouvelles inconciliables avec les dispositions anciennes. • Crim. 21 janv. 1944 : *Bull. crim. n° 27* • 16 oct. 1958 : *ibid. n° 635* • 28 mai 1964 : *ibid. n° 183* • 11 juin 1965, n° 64-93.270 P • 31 janv. 1967 : *Bull. crim. n° 43.* ♦ Les dispositions des lois ou règlements, même non expressément abrogées, cessent d'être applicables dans la mesure où elles sont inconciliables avec celles d'une loi nouvelle. • Crim. 13 févr. 1986 : *Bull. crim. n° 59* • 21 mai 1992 (4 arrêts), n° 91-82.427 P : *D. 1993. Somm. 77, obs. Pannier*, et *Chron. Juillard, p. 281* ; *JCP 1993. II. 21985, note Pannier ; Gaz. Pal. 1993. 1. 1, note Bayet* • 22 juin 1992, n° 89-86.952 P : *RSC 1993. 541, obs. Bouloc* • Dijon, 5 juin 1991 : *D. 1992. Somm. 37, obs. Pannier* • Paris, 4 nov. 1991 : *ibid.* ♦ ... Ou d'une convention internationale. • Crim. 12 juin 1995, n° 94-81.241 P : *RSC 1996. 364, obs. Bouloc*.

17. Les arrêtés et règlements légalement pris par l'autorité compétente revêtent un caractère de permanence qui les fait survivre aux lois dont ils procèdent, tant qu'ils n'ont pas été rapportés ou tant qu'ils ne sont pas devenus inconciliables avec les règles fixées par la législation postérieure (sol. impl.). • Crim. 9 juill. 2003, n° 03-82.119 P : *Gaz. Pal. 2004. 2. 3771, note Fiori-Khayat.*

18. Validation. Doit être rejetée l'exception prise de la caducité de l'art. 38, al. 3, de la loi de 1881 (abrogé par la L. n° 2000-516 du 15 juin 2000, art. 97-III), pour défaut de validation législative. Il résulte en effet de la jurisprudence du Conseil constitutionnel (L. du 29 févr. 1972) et du Conseil d'État (25 janv. 1957) que la ratification législative, nécessaire à la validité des ordonnances prises en vertu d'une loi d'habilitation ou des décrets-lois, peut résulter d'une manifestation de volonté implicitement, mais clairement, exprimée par le Parlement. L'art. 38, al. 3, de la loi de 1881, qui est issu de l'art. 128 du Décr.-L. du 29 juill. 1939, publié au *Journal Officiel* du 30 juill. 1939, a été repris par la L. du 16 déc. 1992 dite « loi d'adaptation », rendue nécessaire par l'entrée en vigueur du nouveau code pénal. L'analyse des travaux parlementaires démontre, en outre, que la modification de cet article a fait l'objet d'un vote spécifique des deux Assemblées. Le Parlement a ainsi exprimé, implicitement, mais clairement, sa volonté de ratifier et de maintenir en vigueur ce texte de loi. • TGI Paris, 10 sept. 1996 : *Gaz. Pal. 1997. 1. 325.* ♦ ... En l'absence de décision du Conseil constitutionnel sur la validité de l'homologation de l'art. 38, al. 3, de la L. du 29 juill. 1881 par le législateur de 1992, cette homologation s'impose au juge judiciaire, incompétent pour apprécier la constitutionnalité des lois. • Paris, 18 sept. 1997 : *Gaz. Pal. 1997. 2. 697, note J.-G. M.* (arrêt confirmatif).

II. HIÉRARCHIE DES NORMES PÉNALES

A. NORMES INTERNATIONALES

19. Constitution. La suprématie conférée aux engagements internationaux ne s'applique pas dans l'ordre interne aux dispositions de valeur constitutionnelle. Le moyen tiré de ce que les dispositions de l'art. 188 de la loi organique du 19 mars 1999 relative à la Nouvelle-Calédonie seraient contraires au Pacte international relatif aux droits civils et politiques et à la Convention européenne de sauvegarde des droits de l'homme et des libertés fondamentales doit être écarté. • Cass., ass. plén., 2 juin 2000 : *BICC 15 sept. 2000, n° 520, p. 12, concl. Joinet, rapp. et note Chagny ; JCP 2001. II. 10453, note de Foucauld.* ♦ *Adde :* B. Beignier et S. Mouton, *D. 2001. Chron. 1636*.

20. Charte des Nations unies. Les obligations des États membres de l'Organisation des Nations unies en vertu de la Charte des Nations unies l'emportent sur toute autre obligation de droit interne ou de droit international conventionnel. • TPICE 21 sept. 2005, n° T-306/01 *Yusuf : D. 2006. Pan. 1650, obs. Gozzi*. ♦ En conséquence, la Communauté européenne ne peut violer les obligations incombant à ses États membres en vertu de la Charte ni entraver leur exécution. • TPICE 21 sept. 2005, n° T-315/01 *Kadi : D. 2006. Pan. 1650, obs. préc. Gozzi*. ♦ ... Quitte à laisser inappliquée toute disposition de droit communautaire, fût-elle une disposition de droit primaire ou un principe général de ce droit, qui ferait obstacle à la bonne exécution de leurs obligations en vertu de la Charte des Nations unies. • TPICE 21 sept. 2005, n° T-306/01 *Yusuf : préc.*

B. NORMES EUROPÉENNES

21. **BIBL.** Fourgoux, *RSC 1993. 339*. – C. Soulard, *Rapport de la Cour de cassation 1998, p. 159 ; Gaz. Pal. 2000. 2. Doctr. 1991* (application du droit communautaire par la chambre criminelle). – S. Manacorda, *RSC 2008. 995* (la mutation « à droit constant » du Troisième pilier : renforcement et élargissement de la coopération).

22. Souveraineté des États en matière pénale. Les dispositions pénales réprimant les manquements aux prescriptions des règlements communautaires sont de la compétence des États, et en conséquence, les infractions auxdits règlements ne peuvent être poursuivies que lorsqu'un texte de droit interne le prévoit. • Crim. 21 juin 1984, n° 83-93.027 P. ♦ Mais ce texte peut préexister à l'adoption du règlement communautaire concerné. • Même arrêt. ♦ ... Et à la condition, en outre, que l'incrimination qui en résulte soit définie en des termes clairs et précis pour exclure l'arbitraire et permettre au prévenu de connaître exactement la nature et la cause de l'accusation portée contre lui. • Crim. 30 oct. 1995, n° 93-82.185 P. ♦ Pour une intégration automatique dans le droit pénal français de l'ensemble de la réglementation viti-vinicole communautaire, sans l'intermédiaire de décrets d'adoption. • Crim. 6 févr. 2001, n° 99-86.401 P : *Dr. pénal 2001. 77, obs. J.-H. Robert.* ♦ Rappr. : • Crim. 10 oct. 2006 : *Dr. pénal 2007. 22, obs. J.-H. Robert.*

23. Si, en principe, la législation pénale relève de la compétence des États membres, il est de jurisprudence constante que le droit communautaire impose des limites à cette compétence, une telle législation ne pouvant, en effet, restreindre les libertés fondamentales garanties par le droit communautaire. • CJCE 19 janv.1999 : *JCP 1999. II. 10104, note Lhernould* • CJCE 6 mars 2007, n° C-338/04, *Placanica : D. 2007. 1314, note Clergerie* . – ... Il ressort, en outre, de la jurisprudence qu'un État membre ne peut appliquer une sanction pénale pour une formalité administrative non remplie lorsque l'accomplissement de cette formalité est refusé ou rendu impossible par l'État membre concerné en violation du droit communautaire. • CJCE 6 mars 2007 : *préc.*

24. En principe, la législation pénale tout comme les règles de la procédure pénale ne relèvent pas de la compétence de la Communauté (47) ; cette dernière constatation ne saurait cependant empêcher le législateur communautaire, lorsque l'application de sanctions pénales effectives, proportionnées et dissuasives par les autorités nationales compétentes constitue une mesure indispensable pour lutter contre les atteintes graves à l'environnement, de prendre des mesures en relation avec le droit pénal des États membres et qu'il estime nécessaires pour garantir la pleine effectivité des normes qu'il édicte en matière de protection de l'environnement (48). • CJCE 13 sept. 2005, *Commission c/ Conseil de l'Union européenne,* n° C-176/03 : *D. 2005. 3064, note P.-Y. Monjal* ; *AJ pénal 2005. 414, obs. Riuny* ; *JCP 2005. II. 10168, note Zarka ; AJDA 2005. 2335* ; *Gaz. Pal. 2006. 1. 1193 ; RSC 2005. 947, obs. Manacorda* ; *ibid. 2006. 139, obs. Idot* . – *Adde* : De Bellescize, *Dr. pénal 2005, Étude n° 16* (la Cour de justice des Communautés européennes limite la souveraineté des États en matière pénale). – Petite et Bogensberger, *Gaz. Pal. 2006. 1. Doctr. 864* (du droit pénal communautaire : l'arrêt de principe du 13 sept. 2005 de la Cour de justice dans l'affaire C-176/03). – Philip, *Gaz. Pal. 2006. 1. Doctr. 868* (quelle compétence pénale pour l'Union européenne ?). ♦ S'il est vrai que, en principe, la législation pénale tout comme les règles de procédure pénale ne relèvent pas de la compétence de la Communauté (V., en ce sens, arrêts 11 nov. 1981, *Casati,* n° 203/80 : *Rec. p. 2595, pt 27 ;* 16 juin 1998, *Lemmens,* n° C-226/97, *Rec. p. I-3711, pt 19,* et du 13 sept. 2005, *Comm. c/ Cons., préc., pt 47*), il n'en demeure pas moins que le législateur communautaire, lorsque l'application de sanctions pénales effectives, proportionnées et dissuasives par les autorités nationales compétentes constitue une mesure indispensable pour lutter contre les atteintes graves à l'environnement, peut imposer aux États membres l'obligation d'instaurer de telles sanctions pour garantir la pleine effectivité des normes qu'il édicte dans ce domaine (V., en ce sens, arrêt 13 sept. 2005, *Comm. c/ Cons., préc., pt 48*) (66). – CJCE, gr. ch., 23 oct. 2007, *Comm. CE* soutenue par *PE c/ Cons. UE,* n° C-440/05, *JCP 2007. II. 10207, note M. Gautier ; RSC 2008. 168, obs. Idot. – Adde :* De Bellescize, *Dr. pénal 2008, Étude n° 2* (la communautarisation silencieuse du droit pénal. A propos de l'arrêt de la CJCE du 23 oct. 2007).

25. Directives. Une directive ne peut avoir pour effet, par elle-même et indépendamment d'une loi d'un État membre prise pour son application, de déterminer ou d'aggraver la responsabilité pénale d'un prévenu. • CJCE 3 mai 2005 : *Gaz. Pal. 2005. 1. Somm. 2081, note Soulard.* ♦ Les directives ne peuvent produire un effet direct à l'encontre des particuliers ; en appliquant directement les dispositions d'une directive à l'encontre des prévenus, la cour d'appel a méconnu l'art. 288 du Traité sur le fonctionnement de l'Union européenne et le principe ci-dessus rappelé. • Crim. 3 févr. 2016, n° 14-85.198 P : *D. actu. 12 févr. 2016, obs. Goetz ; Gaz. Pal. 2016. 1148, obs. Dreyer.*

26. Un justiciable ne peut opposer les dispositions d'une directive communautaire, quand bien même la France se serait abstenue de la transposer avant la dite limite fixée par cette directive. • Crim. 23 nov. 1999, n° 98-80.687 P : *RSC 2000. 599, obs. Bouloc* . – Opposer : • T. pol. Pau, 23 oct. 1998 : *Bull. inf. C. cass. 1999, n° 133.*

27. Tout justiciable peut se prévaloir, à l'appui d'un recours dirigé contre un acte administratif non réglementaire, des dispositions précises et inconditionnelles d'une directive, lorsque l'État n'a pas pris dans les délais impartis par celle-ci, les mesures de transposition nécessaires. • CE 30 oct. 2009, *Perreux,* n° 298348 : *JCP 2009, n° 50, 542, note S. et V. Corneloup ; ibid. 551, obs. Plessix.* ♦ *Contra* : • CE 22 déc. 1978, *Cohn-Bendit,* n° 11604 : *Lebon 524, concl. B. Genevois ; JCP 1979. II. 19158, note Kovar.*

28. Effets de l'adhésion à l'Europe. Le traité d'adhésion du Portugal aux Communautés européennes et le règlement n° 2194-91 du 25 juin 1991 du Conseil des Communautés européennes assimilant, depuis le 1er janv. 1992, les ressortissants portugais aux ressortissants français, les art. L. 341-6 et L. 364-2 C. trav. [L. 8251-1, L. 8252-1, L. 8252-2, L. 8255-1 et L. 8256-1 nouv.], support légal des incriminations relatives à l'emploi irrégulier d'étrangers en France, ne peuvent plus être appliqués, à compter de la date précitée, aux employeurs français occupant des travailleurs portugais. • Crim. 22 janv. 1997, ☎ n° 95-84.636 P : *Dr. pénal 1997. 66, obs. J.-H. Robert.* ♦ ... Dès lors, méconnaît les textes susvisés la cour d'appel qui, pour déclarer des employeurs coupables du chef de fraude à l'obtention d'une autorisation de travail concernant des salariés de nationalité portugaise, d'emploi et de complicité d'emploi de travailleurs non munis d'autorisation de travail, énonce notamment que les incriminations principales, concernant les conditions d'emploi de travailleurs étrangers en France, n'ont pas été abrogées mais seulement déclarées inapplicables aux ressortissants portugais. • Même arrêt.

C. NORMES INTERNES

29. Normes constitutionnelles. Si l'autorité des décisions du Conseil constitutionnel s'attache non seulement au dispositif, mais aussi aux motifs qui en sont le soutien nécessaire, ces décisions ne s'imposent aux pouvoirs publics et aux autorités administratives et juridictionnelles qu'en ce qui concerne le texte soumis à l'examen du Conseil. • Cass., ass. plén., 10 oct. 2001, ☎ n° 01-84.922 P : *BICC 15 nov. 2001, n° 545, concl. de Gouttes, rapp. Roman ; D. 2002. 237, note Ch. Debbasch, et p. 674, note Pradel* ✎ *; JCP 2002. II. 10024, note Franck ; Gaz. Pal. 2001. 2. 1841, note Monnet ; Dr. pénal 2001. 144, obs. Maron ; RSC 2002. 128, obs. A. Giudicelli* ✎*, et 676, obs. Buck* ✎ *; RTD civ. 2002. 169, obs. Molfessis* ✎. ♦ ... Spécialement, la décision du 22 janv. 1999 n'a statué que sur la possibilité de déférer le président de la République à la Cour pénale internationale pour y répondre des crimes de la compétence de cette Cour. Il appartient, dès lors, aux juridictions de l'ordre judiciaire de déterminer si le Président de la République peut être entendu en qualité de témoin ou être poursuivi devant elles pour y répondre de toute autre infraction commise en dehors de l'exercice de ses fonctions. • Même arrêt.

30. Normes législatives. En vertu des dispositions combinées des art. 34 et 37 Const., un texte de nature législative ne peut être privé d'effet par les dispositions d'un texte réglementaire. • Crim. 11 févr. 1976, ☎ n° 74-92.067 P. ♦ Mais les dispositions d'un décret (Décr. n° 76-148 du 11 févr. 1976 relatif à l'affichage le long des routes) prévalent sur celles d'un arrêté municipal pris en application d'une loi (L. n° 79-1150 du 29 déc. 1979, relative à la publicité, aux enseignes et préenseignes). • Crim. 10 janv. 2001 : ☎ *Dr. pénal 2001. 87, obs. J.-H. Robert ; RSC 2001. 814, obs. J.-H. Robert* ✎.

31. Un arrêté, de valeur réglementaire, ne peut maintenir, en contradiction avec une ordonnance de valeur législative (ord. n° 86-1243 du 1er déc. 1986), un arrêté ministériel pris en vertu d'un texte n'ayant plus d'existence légale (ord. n° 45-1483 du 30 juin 1945). • Lyon, 18 janv. 1995 : *Gaz. Pal. 1996. 1. 74.* ♦ Un texte de nature réglementaire (décret) ne peut réduire l'étendue d'une abrogation qui a été expressément prévue par un texte de valeur législative (ordonnance). • Même arrêt.

32. Un décret ne peut, en l'absence d'une délégation spéciale de pouvoir, étendre les sanctions correctionnelles instituées par une loi antérieure, à une matière non prévue par ladite loi. • Crim. 27 févr. 1964, ☎ n° 63-91.284 P.

33. L'art. R. 26-15° C. pén. (nouvel art. R. 610-5) punit uniquement ceux qui auront contrevenu aux décrets et arrêtés légalement faits par l'autorité administrative ou aux arrêtés publiés par l'autorité municipale ; il ne peut être fait application de ce texte à la violation d'une disposition législative dépourvue de sanction pénale. • Crim. 12 janv. 1983, ☎ n° 82-91.411 P.

34. L'application des sanctions édictées par un texte de loi à tout manquement à la réglementation dont la détermination relève du pouvoir réglementaire, est conforme tant au principe de la légalité des délits et des peines qu'aux prescriptions de la Convention européenne de sauvegarde des droits de l'homme et des libertés fondamentales. • Crim. 13 nov. 1989 : *Bull. crim. n° 408.* ♦ L'absence de sanction pénale propre à un décret ne doit pas être interprétée comme excluant les peines délictuelles prévues par la loi dont il est l'application, alors que le législateur a expressément renvoyé à ce texte d'application, tout en déterminant les pénalités applicables. • Crim. 20 déc. 1990, ☎ n° 90-83.275 P. ♦ Rappr. : • Crim. 22 déc. 1987 : *Bull. crim. n° 482* • 30 janv. 1992 : ☎ *RSC 1992. 772, obs. J.-H. Robert* ✎.

35. Normes réglementaires. **BIBL.** Hamon, *D. 1974. Chron. 83.* – Rassat, *JCP 1975. I. 2740.* ♦ La matière des contraventions relève du pouvoir réglementaire par application des dispositions de l'art. 37 Const. • CE 12 févr. 1960, *Sté Eky : D. 1960. 263, note L'Huillier ; S. 1960. 131, concl. Kahn ; JCP 1960. II. 11629 bis, note Vedel* • 17 janv. 1974 : *D. 1974. 280* • Crim. 26 févr. 1974 : *Bull. crim. n° 82 ; D. 1974. 273, concl. Touffait, et note Vouin ; RSC 1974. 855, obs. Larguier* • 25 janv. 1978 : *Bull. crim. n° 31.* ♦ Opposer : • Cons. const. 28 nov. 1973 : *D. 1974. 269.*

36. Sur la possibilité pour le gouvernement, dans le cadre de son pouvoir réglementaire autonome, et en dehors de toute habilitation législative, de prévoir une sanction contraventionnelle adaptée à la finalité de la loi. • Crim. 10 juin 1992, ☎ n° 90-87.319 P : *RSC 1993. 541, obs. Bouloc* ✎.

37. En l'absence de disposition subordonnant expressément ou nécessairement son exécution à une condition déterminée (texte d'application de nature à préciser, notamment, l'autorité compétente pour délivrer une autorisation), une loi est exécutoire dès sa publication. • Crim. 6 mai 1996, n° 95-80.064 P.

38. Si en principe un texte de loi est immédiatement exécutoire dès sa promulgation, dans le cas où il prévoit des actes réglementaires relatifs à sa mise en œuvre, les règlements antérieurs audit texte, légalement pris par l'autorité compétente, revêtent un caractère de permanence, qui les fait survivre aux lois dont ils procèdent, tant qu'ils n'ont pas été rapportés ou qu'ils ne sont pas devenus inconciliables avec les règles tracées par la législation nouvelle. • Crim. 2 mai 1963 : *Bull. crim. n° 163* • 4 mai 1976 : *ibid. n° 140* • 23 juin 1993, n° 92-81.909 P : *RSC 1994. 320, obs. Bouloc* • 4 mai 1995, n° 94-83.077 P • 20 déc. 1995, n° 95-81.428 P : *D. Affaires 1996. 548 ; RSC 1996. 643, obs. Bouloc* • 16 oct. 1996, n° 95-84.755 P : *D. Affaires 1997. 114.* ♦ Tel est le cas des décrets pris en application de l'art. 11 de la L. du 1er août 1905 sur les fraudes et falsifications, dont la méconnaissance est pénalement sanctionnée par l'art. L. 214-2 C. consom. qui s'est substitué (à droit constant) à l'art. 13 abrogé. • Crim. 4 mai 1995 : *préc.* ♦ De même, en matière de publicité des prix, les arrêtés ministériels fixant les modalités d'application de l'ordonnance n° 45-1483 du 30 juin 1945 abrogée par l'ordonnance du 1er déc. 1986 demeurent applicables, et leur méconnaissance est pénalement sanctionnée par l'art. 33 du décret du 29 déc. 1986 pris en application de cette dernière ordonnance. • Crim. 20 déc. 1995 : *préc.* ♦ Il s'ensuit également que le décret du 22 août 1990, pris en application de la L. du 23 juin 1989 réglementant les loteries publicitaires, abrogée à la suite de sa codification sous les art. L. 121-36 s. C. consom., demeure applicable et que sa méconnaissance est pénalement sanctionnée par l'art. L. 121-41 de ce code. • Crim. 16 oct. 1996 : *préc.* ♦ Pour un exemple d'incompatibilité. • Crim. 23 juin 1993 : *préc.*

39. La violation d'un décret qui renvoie expressément, pour toutes ses modalités d'application, à des arrêtés ministériels qui n'ont pas été pris, est dépourvue de toute sanction pénale. • Crim. 23 janv. 1984 : *Bull. crim. n° 27* • 7 janv. 1986, n° 84-95.673 P.

40. Circulaires. BIBL. V. Lesclous et Cl. Marsat, Circulaires : éléments de bonne foi, *Dr. pénal 1996. Chron. 44.* ♦ Les dispositions de textes assortis de sanctions pénales ne peuvent être étendues ou aggravées par voie de circulaire. • Crim. 17 janv. 1952 : *Bull. crim. n° 17.* ♦ Une condamnation ne saurait être fondée sur la méconnaissance des prescriptions d'une simple « note » dépourvue de force légale. • Crim. 28 nov. 1972, n° 72-90.372 P. ♦ Une circulaire ne saurait déroger à une disposition législative ou réglementaire. • Crim. 5 janv. 1988 : *Bull. crim. n° 5.* ♦ Des considérations pratiques ne peuvent prévaloir sur les dispositions légales. • Lyon, 25 nov. 1971 : *D. 1972. 505, note Pradel ; JCP 1972. II. 17121, note Decocq.* ♦ La circulaire du 14 mai 1993 ne saurait lier les juges (à propos de l'art. 322-14 C. pén.). • Amiens, 4 avr. 1996 : *Gaz. Pal. 1996. 2, chron. crim. 149.*

41. Des circulaires à caractère interprétatif ne sont pas de nature à empêcher l'application d'une disposition pénale (non-respect du repos d'un apprenti un jour férié). • Crim. 18 janv. 2005, n° 04-81.404 P : *D. 2005. Pan. 1521, obs. Roujou de Boubée ; AJ pénal 2005. 236.*

42. Réponses ministérielles. Une réponse ministérielle est sans valeur normative, et un prévenu ne saurait trouver en elle une justification à sa conduite (atteinte au chômage légal obligatoire du 1er mai). • Montpellier, 2 mars 2005 : *JCP 2005. IV. 3641.*

43. Code suiveur. La contravention de défaut d'assurance n'est pas une contravention au code de la route exclue du bénéfice de l'amnistie par l'art. 14, 10°, de la loi n° 2002-1062 du 6 août 2002. Cassation, pour violation de ce texte, de l'arrêt qui, après avoir constaté que, si la contravention de défaut d'assurance est expressément définie et réprimée par les art. L. 211-1 et R. 211-45 C. assur., elle l'est également par les art. L. 324-1 et R. 324-1 C. route, énonce que ladite contravention étant prévue par le code de la route, elle se trouve exclue du bénéfice de l'amnistie, alors que les dispositions du code de la route se bornent, sur ce point, à reproduire les prévisions du code des assurances. • Crim. 17 sept. 2003, n° 03-81.147 P : *D. 2004. 1416, note Miniato ; Dr. pénal 2003. 124, obs. J.-H. Robert.*

III. EXÉCUTION DE LA NORME PÉNALE

44. Lois. Une loi est exécutoire dès sa publication, en l'absence de dispositions formelles subordonnant expressément ou nécessairement son exécution à une condition déterminée. • Crim. 1er mars 1990, n° 89-81.244 P. ♦ ... Ou à un terme expressément fixé pour son entrée en vigueur. • Crim. 16 mars 1971 : *Bull. crim. n° 87* • 18 sept. 1990, n° 89-85.717 P.

45. Encourt la cassation l'arrêt qui méconnaît l'entrée en vigueur d'une loi à la date fixée par une disposition expresse de celle-ci, antérieure à celle résultant de sa publication. • Crim. 12 juin 1989 (trois arrêts) : *Bull. crim. n° 251.*

46. En l'absence dans un décret d'application d'une disposition fixant expressément la date d'entrée en vigueur d'une loi, selon les prévisions mêmes de celle-ci, une telle fixation ne saurait être implicite, et les dispositions de la loi ne sont pas entrées en vigueur. • Crim. 18 nov. 1971, n° 70-92.962 P.

47. Ordonnances. Les ordonnances de l'art. 38 Const., prises sur habilitation du Parlement, sont obligatoires depuis le jour de leur publication et demeurent en application tant que le législateur n'a pas manifesté sa volonté d'en abroger les dispositions. • Crim. 13 avr. 1976, n° 74-93.042 P.

48. Il résulte des dispositions de l'art. 38 Constitution, ainsi d'ailleurs que des débats tant du comité consultatif constitutionnel que du Conseil d'État lors de l'élaboration de la Constitution, que les ordonnances prises dans le cadre de l'art. 38 ont, alors même qu'elles interviennent dans une matière ressortissant en vertu de l'art. 34 ou d'autres dispositions constitutionnelles au domaine de la loi, le caractère d'actes administratifs. A ce titre, leur légalité peut être contestée aussi bien par la voie d'un recours pour excès de pouvoir formé conformément aux principes généraux du droit que par la voie de l'exception à l'occasion de la contestation de décisions administratives ultérieures ayant pour fondement une ordonnance. Cependant, dès lors que sa ratification est opérée par le législateur, une ordonnance acquiert valeur législative à compter de sa signature. Il suit de là qu'en cas de ratification la légalité d'une ordonnance ne peut plus en principe être utilement contestée devant la juridiction administrative. Il ne pourrait en aller autrement que dans le cas où la loi de ratification s'avérerait incompatible, dans un domaine entrant dans le champ d'application de l'art. 6 Conv. EDH, avec les stipulations de cet article, au motif qu'en raison des circonstances de son adoption cette loi aurait eu essentiellement pour but de faire obstacle au droit de toute personne à un procès équitable. • CE 8 déc. 2000 : *D. 2001. IR 830*.

49. Les ordonnances prises sur le fondement de l'art. 38 Const. présentent le caractère d'actes administratifs tant qu'elles n'ont pas été ratifiées, et la ratification, qui a pour effet de leur conférer rétroactivement valeur législative, peut résulter du vote du projet de loi de ratification prévu par l'art. 38 précité ainsi que du vote d'une autre disposition législative expresse ou d'une loi qui, sans avoir la ratification pour objet direct, l'implique nécessairement. • T. confl. 19 mars 2007 : *D. 2007. 944*.

50. Règlements. Les règlements de police ne deviennent obligatoires qu'après qu'ils ont été portés légalement à la connaissance de ceux auxquels ils s'adressent ; la preuve de la publicité d'un arrêté municipal incombe au ministère public, lorsque cette publication est contestée par le prévenu. • Crim. 5 mai 1923 : *S. 1923. 1. 398.* ♦ Les actes réglementaires pris par l'autorité préfectorale ne deviennent obligatoires qu'après avoir été portés à la connaissance des personnes qu'ils concernent. • Crim. 5 mars 1991, n° 90-80.344 P : *Gaz. Pal. 1992. 1. 287* • T. pol. Chartres, 6 nov. 1991 : *Gaz. Pal. 1992. 1. Somm. 163.*

51. Ne saurait constituer une infraction pénalement répréhensible l'inobservation d'une disposition réglementaire non encore publiée. • Crim. 21 juin 1984, n° 83-93.027 P. ♦ Lorsqu'un arrêté ministériel approuvant un règlement qui lui est annexé a été publié au *Journal officiel* avec mention que le règlement était mis en vente à l'Imprimerie nationale, ce règlement, fondement des poursuites, a fait l'objet d'une publication régulière. • Crim. 10 juin 1992, n° 92-80.975 P : *RSC 1993. 540, obs. Bouloc*.

52. Il résulte de l'art. 2 du décret du 15 sept. 1981 que les arrêtés préfectoraux, rendant obligatoires les mesures collectives de prophylaxie contre les maladies animales, sont publiés au recueil des actes administratifs des départements qu'ils concernent, affichés en mairie dans chacune des communes intéressées, et publiés dans deux journaux régionaux ou locaux de grande diffusion. Justifie sa décision, la cour d'appel qui, pour rejeter l'exception d'inopposabilité d'un tel arrêté, faute de publication dans des journaux, retient que l'acte a fait l'objet de communiqués officiels de la préfecture dans les journaux de grande diffusion du département équivalent à une publication de l'arrêté par extrait, que cette mesure de publicité n'est pas isolée mais complémentaire de la publication au recueil des actes administratifs du département et de l'affichage dans les mairies, que les intéressés ont bénéficié, par le triple dispositif de diffusion, de toutes les informations nécessaires, et que le texte intégral de l'acte administratif peut être consulté en préfecture. • Crim. 19 sept. 2000, n° 99-84.064 P : *D. 2000. IR 271* ; *RSC 2001. 152, obs. Bouloc*.

53. Les juges saisis d'une exception péremptoire tenant au caractère opposable d'un arrêté préfectoral visé dans la poursuite, doivent rechercher si cet arrêté a été régulièrement publié. • Crim. 23 mai 1978, n° 77-91.510 P. ♦ Mais en l'absence de toute contestation élevée devant eux relativement à cette publication, il ne saurait leur être reproché de ne pas s'être expliqués spécialement sur ce point. • Crim. 2 mars 1971, n° 70-91.635 P.

54. La connaissance personnelle que les justiciables pourraient avoir d'une réglementation n'est pas de nature à suppléer à l'absence de signalisation, lorsque cette dernière est nécessaire pour les mettre en demeure de se conformer, sous peine de sanction pénale, au règlement édicté. • Crim. 13 janv. 1987 : *Bull. crim. n° 18.*

Art. 111-3 **Nul ne peut *être puni* pour un crime ou pour un délit dont les éléments ne *sont pas définis* par la loi, ou pour une contravention dont les éléments ne sont pas définis par le règlement.**

Nul ne peut être puni d'une peine qui n'est pas prévue par la loi, si l'infraction est un crime ou un délit, ou par le règlement, si l'infraction est une contravention.

RÉP. PÉN. v^is *Infraction*, par BEAUSSONIE ; *Lois et règlements*, par LACROIX.

BIBL. ▶ **Droit pénal classique :** MASCALA, *D. Affaires 1998. 1030* (dépénalisation des infractions d'affaires). – FRISON-ROCHE et BARANÈS, *D. 2000. Chron. 361* (accessibilité et intelligibilité de la loi). – SUDRE, *Rev. pénit. 2001. 335* (principe de la légalité et jurisprudence de la Cour EDH). – FARINA-CUSSAC, *RSC 2002. 517* (sanction punitive). – CRISTAU, *D. 2002. Chron. 2814* (sécurité juridique). – TILLEMENT, *Dr. pénal 2003. Chron. 34* (contrôle de la nécessité des incriminations par le juge pénal). – DEBOVE, *Dr. pénal 2004. Étude 12* (overdose législative). – J.-H. ROBERT, *Dr. pénal 2005. Étude 3* (dépénalisation du droit des sociétés par actions). – A. GIUDICELLI, *RSC 2007. 509* (légalité en droit pénal français). – PARIZOT, *D. 2009. Chron. 2701* (l'incrimination de participation à une bande ayant des visées violentes, un nouvel exemple de mépris(e) à l'égard des principes du droit pénal). – CAHN, *coll. LEJEP, 2013, p. 17* (le principe de nécessité en droit pénal – thèse radicale). – DAURY-FAUVEAU, *RSC 2015. 67* (des listes définitoires de 1810 au code pénal éducatif de 1992). – ROUSSEAU, *RSC 2015. 257* (le principe de nécessité. Aux frontières du droit de punir).

▶ **Droit pénal administratif :** RIFFAULT-TRECA, *RSC 1996. 262* (répression administrative). – PINIOT (table ronde sous la présidence de), *RSC 1996. 293* (évaluation comparée des deux voies répressives) ; *LPA 1996, n° 149, p. 54* (sanctions administratives et personnes morales). – AIT IHADADENE, *RSC 1996. 347* (droit de visite exercé par l'administration fiscale). – DELLIS, *LGDJ, 1997, préface Y. Gaudemet* (influence des principes du droit pénal sur le droit administratif répressif). – DAVIGNON, *LPA 1997, n° 83* (répression administrative et ordonnancement juridique). – RIBS et SCHWARTZ, *Gaz. Pal. 2000. 2. Doctr. 1330* (sanctions administratives infligées par les autorités administratives indépendantes). – MASSAT, *RSC 2003. 743* (rapports du droit disciplinaire et du droit pénal dans l'administration). – JAPPONT, *D. Affaires 2005. Chron. 893* (coopération entre les autorités de régulation). – DUCOULOUX-FAVARD, *D. Affaires 2005. Point de vue. 946* (manquement à la bonne information financière). – PELTIER, *D. Affaires 2005. Chron. 958* (transaction). – FELDMAN, *D. 2010. Chron. 2852* (les « autorités administratives indépendantes » sont-elles légitimes ? Sur les AAI en général et le Conseil supérieur de l'audiovisuel en particulier). – DECOOPMAN, *Études à la mémoire du professeur Bruno Oppetit, LexisNexis, 2010* (principe de légalité et pouvoir de sanction des autorités de régulation. L'exemple de l'Autorité des marchés financiers). – MAGNIER et PACLOT, *Études à la mémoire du professeur Bruno Oppetit, LexisNexis, 2010* (le principe de la personnalité des poursuites et des peines à l'épreuve des sanctions prononcées par l'AMF). – AUBY, *JCP G 2010, art. 1260* (la façon de comprendre les AAI). – PETIT, *Mél. P. Bon, Dalloz, 2014* (le principe de légalité des infractions et la répression disciplinaire administrative).

▶ **Ouvrage collectif.** – « Code pénal et code d'instruction criminelle – Livre du Bicentenaire », *Ouvrage collectif de l'Université Panthéon-Assas Paris II, Dalloz, 2010* : VENEZIA, *p. 113* (droit administratif et droit pénal). – BONNEAU, *p. 119* (sanction administrative, juge pénal et droit pénal en matière financière).

▶ **Colloques.** – « La sécurité juridique », 4e Convention des juristes de la Méditerranée, Actes du colloque d'Alger, 9-10 déc. 2012, *JCP G 2013, Supplément au n° 27, préface C. Taubira.*

I. ÉTENDUE DU PRINCIPE DE LÉGALITÉ

A. TOUTE SANCTION « PUNITIVE »

1. Énoncé. Aux termes de l'art. 8 DDH : « La loi ne doit établir que des peines strictement et évidemment nécessaires, et nul ne peut être puni qu'en vertu d'une loi établie et promulguée antérieurement au délit, et légalement appliquée » ; les principes ainsi énoncés ne concernent pas seulement les peines prononcées par les juridictions pénales mais s'étendent à toute sanction ayant le caractère d'une punition. • Cons. const. 13 janv. 2012, n° 2011-210 QPC : *JO 14 janv. ; RLCT 2012/79, n° 2190, note Mayaud.* • Cons. const. 21 sept. 2012, n° 2012-273 QPC : *JO 22 sept., p. 15025.* • 12 juill. 2013, n° 2013-332 QPC : *JO 14 juill., p. 11.830 ; Dr. pénal 2013, n° 159, obs. J.-H. Robert* • 27 sept. 2013, n° 2013-341 QPC : *JO 1er oct., p. 16304 ; Dr. pénal 2013, n° 156, obs. J.-H. Robert.* • 24 oct. 2014, n° 2014-423 QPC : *JO 26 oct., p. 17776 ; Dr. pénal 2015, n° 14, obs. Peltier* • 18 mars 2015, n°s 2014-453/454 QPC et 2015-462 QPC : *JO 20 mars, p. 5183 ; D. actu. 20 mars 2015, obs. Lasserre-Capdeville ; D. 2015. 679 ; ibid. 2015. 894, note Le Fur et Schmidt ; JCP G 2015, n° 368, note Sudre, et n° 369, note J.-H. Robert ; Gaz. Pal. 2015. 1574, note Moulin ; ibid. 2015. 1585, note Raschel ; ibid. 2015. 1692, note Detraz ; ibid. 2015. 1867, note Bonnet et Régis ; Dr. pénal 2015, n° 56, obs. Creux-Thomas, et n° 79, obs. Peltier ; RJDA 2015, n° 5, p. 339, note Vandermeeren ; BJB 2015. 204, n° 5, note Bonneau ; Dr. sociétés 2015. 42, note Salomon ; Rev. sociétés 2015. 380, obs. Matsopoulou ; RSC 2015. 374, obs. Stasiak ; ibid. 2015. 705, obs. de Lamy* • 14 janv. 2016, n° 2015-513/514/526 QPC : *JO 16 janv. ; D. 2016. 931, note Décima, et 1839, obs. Mascala ; Gaz. Pal. 2016. 1028, obs. Salles ; Dr. pénal 2016, n° 52, obs. Peltier ; Rev. sociétés 2016. 246, obs. Dezeuze et Pellegrin ;*

RSC 2016. 293, obs. Stasiak ; RTD com. 2016. 151, obs. Rontchevsky • 24 juin 2016, n°s 2016-545 QPC, et 2016-546 QPC : *JO 30 juin ; D. actu. 27 juin 2016, obs. Gallois ; D. 2016. 1840, obs. Mascala, et 2442, note Décima ; AJ pénal 2016. 430, obs. Lasserre Capdeville ; JCP 2016. 1042, note Detraz ; Dr. pénal 2016, n° 135, obs. Peltier ; RSC. 2016. 524, obs. Détraz* • 22 juill. 2016, n° 2016-556 QPC : *JO 24 juill.* • 30 sept. 2016, n° 2016-572 QPC : *JO 2 oct. ; D. actu. 11 oct. 2016, obs. Dufourq ; AJ pénal 2016. 588, obs. Lasserre Capdeville ; JCP 2016. 1315, note J.-H. Robert* • 30 mars 2017, n° 2016-621 QPC : *JO 1er avr. ; RSC 2017. 325, obs. Cerf-Hollender*.

2. « La loi ne doit établir que des peines strictement et évidemment nécessaires et nul ne peut être puni qu'en vertu d'une loi établie et promulguée antérieurement au délit, et légalement appliquée » ; il résulte de ces dispositions (art. 8 de la Déclaration des droits de l'homme et du citoyen), qui s'appliquent à toute sanction ayant le caractère de punition, comme des principes fondamentaux reconnus par les lois de la République, qu'une peine ne peut être infligée qu'à la condition que soient respectés le principe de légalité des délits et des peines, le principe de nécessité des peines, le principe de non-rétroactivité de la loi répressive d'incrimination plus sévère ainsi que le principe du respect des droits de la défense. • Cons. const. 30 déc. 1997, n° 97-395 DC : *JO 31 déc., p. 19313 ; JCP 1998. III. 20016 ; ibid. 1998. I. 137, n° 17, obs. Mathieu et Verpeaux.*

3. Il appartient au législateur d'assurer la conciliation de l'objectif de valeur constitutionnelle de lutte contre la fraude fiscale, qui découle nécessairement de l'art. 13 DDH, avec le principe énoncé par son art. 8, aux termes duquel : « La loi ne doit établir que des peines strictement et évidemment nécessaires et nul ne peut être puni qu'en vertu d'une loi établie et promulguée antérieurement au délit, et légalement appliquée » ; il résulte de ces dernières dispositions, qui s'appliquent à toute sanction ayant le caractère de punition, qu'une peine ne peut être infligée qu'à la condition que soient respectés les principes de légalité des délits et des peines, de nécessité des peines, et de non-rétroactivité de la loi répressive plus sévère ; que s'impose en outre le respect des droits de la défense (à propos de la pénalité spécifique de 80 % complétant le barème de majorations fiscales de l'art. 1728 CGI en cas de découverte d'une « activité occulte »). • Cons. const. 29 déc. 1999, n° 99-424 DC : *JO 31 déc., p. 19991.*

4. Les principes résultant de l'art. 8 de la Déclaration des droits de l'homme et du citoyen de 1789 ne s'appliquent qu'aux peines et aux sanctions ayant le caractère d'une punition. • Cons. const. 7 oct. 2015, n° 2015-487 QPC : *JO 9 oct., p. 18830.* ♦ … En vertu du paragraphe I de l'art. L. 624-5 C. com., l'ouverture d'une procédure de redressement ou de liquidation judiciaire peut être prononcée à l'égard du dirigeant de droit ou de fait d'une personne morale placée en redressement ou en liquidation judiciaire s'il a commis un des faits énumérés aux 1° à 7° de ce paragraphe ; le paragraphe II du même article prévoit qu'alors, le passif du dirigeant comprend non seulement son passif personnel mais également celui de la personne morale ; les dispositions contestées instituent un mécanisme ayant pour objet de faire contribuer le dirigeant personne physique au comblement du passif de la personne morale ; ainsi l'ouverture de la procédure de redressement ou de liquidation judiciaire à l'égard du dirigeant de droit ou de fait d'une personne morale placée en redressement ou en liquidation judiciaire n'a pas le caractère d'une punition au sens de l'art. 8 de la Déclaration de 1789 ; par suite, les griefs tirés de la violation des principes de nécessité et de proportionnalité des peines sont inopérants. • Même décision.

5. L'art. 8 DDH dispose : « La loi ne doit établir que des peines strictement et évidemment nécessaires, et nul ne peut être puni qu'en vertu d'une loi établie et promulguée antérieurement au délit, et légalement appliquée » ; le respect de ce principe impose au législateur d'indiquer précisément le montant maximum de la peine encourue ; les principes énoncés par cet article s'appliquent non seulement aux peines prononcées par les juridictions répressives mais aussi à toute sanction ayant le caractère d'une punition ; en différenciant, pour fixer le montant maximum de la sanction, les contrevenants qui sont constitués sous l'un des statuts ou formes juridiques propres à la poursuite d'un but lucratif et les autres, le législateur s'est référé à des catégories juridiques précises permettant de déterminer la peine encourue avec une certitude suffisante ; le grief tiré de la méconnaissance du principe de légalité des peines doit être écarté (à propos des dispositions de la première phrase du quatrième alinéa de l'art. L. 464-2 C. com., relatif aux sanctions pécuniaires pouvant être prononcées par le Conseil de la concurrence). • Cons. const. 7 janv. 2016, n° 2015-510 QPC : *JO 10 janv.*

B. SANCTION ADMINISTRATIVE

6. Pouvoir de sanction des autorités administratives. Le principe de la séparation des pouvoirs, non plus qu'aucun principe ou règle de valeur constitutionnelle, ne fait obstacle à ce qu'une autorité administrative (indépendante ; non soumise au pouvoir hiérarchique du ministre), agissant dans le cadre de prérogatives de puissance publique, puisse exercer un pouvoir de sanction dans la mesure nécessaire à l'accomplissement de sa mission, dès lors que l'exercice de ce pouvoir est assorti par la loi de mesures destinées à assurer la protection des droits et libertés constitutionnellement garantis ; en particulier doivent être respectés le principe de la légalité des délits et des peines ainsi que les droits de la défense, principes applicables à toute sanction ayant le caractère d'une punition, même si le législateur a laissé le soin de la prononcer à une autorité de nature non juridictionnelle. • Cons. const. 27 juill. 2000, n° 2000-433 DC : *JO 2 août, p. 11922* • 10 juin 2009, n° 2009-580 DC : *JO 13 juin, p. 9675 ; D. 2010. Pan. 1510, obs. Gay, et p. 1967, obs. Larrieu ; JCP 2009, n° 28, 101, p. 25, note Feldman ; RSC 2009. 609, obs. Francillon ; ibid. 2010. 209, obs. de Lamy ; Adde* : Verpeaux, La liberté de communication avant tout. La censure de la loi Hadopi 1 par le Conseil constitutionnel, *JCP 2009 G, n° 39, 274*. – Marino, Le droit d'accès à internet, nouveau droit fondamental, *D. 2009, Point de vue, p. 2045*. – Cappello, Retour sur la jurisprudence du Conseil constitutionnel relative aux sanctions administratives. Décision du 10 juin 2009 n° 2009-580-DC, *RSC 2010. 415*. • Cons. const. 12 oct. 2012, n° 2012-280 QPC : *JO 13 oct., p. 16031* • 5 juill. 2013, n° 2013-331 QPC : *JO 7 juill., p. 11356* • 27 sept. 2013, n° 2013-341 QPC : *JO 1er oct., p. 16304 ; Dr. pénal 2013, n° 156, obs. J.-H. Robert* • 13 déc. 2013, n° 2013-359 QPC : *JO 15 déc., p. 20432 ; D. 2013. 2916 ; RSC 2014. 122, obs. Francillon* • 14 oct. 2015, n° 2015-489 QPC : *JO 16 oct., p. 19325* • 9 mars 2017, n° 2016-616/617 QPC : *JO 11 mars, texte n° 85*. ♦ ... Doivent également être respectés les principes d'indépendance et d'impartialité découlant de l'art. 16 de la Déclaration de 1789. • Cons. const. 12 oct. 2012, n° 2012-280 QPC : *préc.* • 5 juill. 2013, n° 2013-331 QPC : *préc.* • 13 déc. 2013, n° 2013-359 QPC : *préc.* • 14 oct. 2015, n° 2015-489 QPC : *préc.* • 9 mars 2017, n° 2016-616/617 QPC : *préc.*

7. Référence aux obligations sanctionnées. Appliquée en dehors du droit pénal l'exigence d'une définition des manquements sanctionnés se trouve satisfaite, en matière administrative, par la référence aux obligations auxquelles le titulaire d'une fonction publique est soumis en vertu des lois et règlements ; les dispositions contestées (art. L. 2122-16 CGCT : suspension ou révocation d'un maire) ont, ainsi qu'il résulte de la jurisprudence constante du Conseil d'État, pour objet de réprimer les manquements graves et répétés aux obligations qui s'attachent aux fonctions de maire et de mettre ainsi fin à des comportements dont la particulière gravité est avérée ; dans ces conditions, si les dispositions contestées instituent une sanction ayant le caractère d'une punition, l'absence de référence expresse aux obligations auxquelles les maires sont soumis en raison de leurs fonctions ne méconnaît pas le principe de la légalité des délits. • Cons. const. 13 janv. 2012, n° 2011-210 QPC : *JO 14 janv. ; RLCT 2012/79, n° 2190, note Mayaud.*

8. Appliquée en dehors du droit pénal, l'exigence d'une définition des infractions sanctionnées se trouve satisfaite, en matière administrative, dès lors que les textes applicables font référence aux obligations auxquelles les intéressés sont soumis en raison de l'activité qu'ils exercent, de la profession à laquelle ils appartiennent, de l'institution dont ils relèvent ou de la qualité qu'ils revêtent. • Cons. const. 21 sept. 2012, n° 2012-273 QPC : *JO 22 sept., p. 15025* (à propos de l'art. L. 6362-5 et des art. L. 6362-7 et L. 6362-10 C. trav., dans leur rédaction antérieure à la loi n° 2009-1437 du 24 nov. 2009 relative à l'orientation et à la formation professionnelle tout au long de la vie, dont les dispositions sont déclarées conformes à la Constitution). • Cons. const. 12 juill. 2013, n° 2013-332 QPC : *JO 14 juill., p. 11.830 ; Dr. pénal 2013, n° 159, obs. J.-H. Robert* (à propos du premier alinéa du paragraphe I de l'art. L. 313-13 CCH, dans sa rédaction résultant de la L. n° 2009-323 du 25 mars 2009 de mobilisation pour le logement et la lutte contre l'exclusion, ainsi que du troisième al. du c du paragraphe II de ce même article et de son § III, dont les dispositions sont déclarées conformes à la Constitution).

9. Évaluation du caractère « punitif » de la sanction. Dès lors qu'elles présentent le caractère d'une punition tendant à empêcher la réitération des agissements qu'elles visent et n'ont pas pour objet la seule réparation d'un préjudice pécuniaire, les majorations de droits pour mauvaise foi prévues par l'art. 1729-1 CGI constituent, même si le législateur a laissé le soin de les établir et de les prononcer à l'autorité administrative, des sanctions soumises au principe de nécessité des peines tel qu'il résulte de l'art. 8 DDH selon lequel « la loi ne doit établir que des peines strictement et évidemment nécessaires » ; il en résulte que s'étend à ces majorations le principe selon lequel la loi pénale nouvelle doit, lorsqu'elle abroge une incrimination ou prononce des peines moins sévères que la loi ancienne, s'appliquer aux infractions commises avant son entrée en vigueur et n'ayant pas donné lieu à des condamnations passées en force de chose jugée. • CE 5 avr. 1996, avis n° 176611 : *JO 2 mai, p. 6635 ; JCP 1996. IV. 1754.*

10. L'intérêt de retard prévu par l'art. 1727 CGI (9 % par an au moment des faits), qui a pour objet la réparation du préjudice subi par le Trésor du fait de l'encaissement tardif de sa créance, distinct d'autres préjudices qui peuvent être éprouvés par celui-ci ou par les contribuables à raison de circonstances différentes, et qui, compte tenu de sa finalité réparatrice, ne vise pas à punir même s'il peut être dissuasif, ne constitue pas une sanction susceptible de justifier la mise en œuvres des garanties résultant de l'art. 6 Conv. EDH. • Com. 27 sept. 2005, n° 03-14.636 P. ♦ ... Ou l'application du principe d'individualisation des peines. • Com. 27 sept. 2005, n° 03-

15.245 P. ♦ Dans le même sens : • Paris, 13 févr. 2003 : *Gaz. Pal. 2003. 1. Somm. 1941.* ♦ Opposer : • TGI Paris, 6 mars 2003 : *D. 2003. IR 1480.*

11. Le principe de droit constitutionnel et de droit communautaire de la proportionnalité des peines ne s'applique pas aux sanctions fiscales en matière de contributions indirectes, qui ont le double caractère de peines et de réparations civiles. • Crim. 16 janv. 1995, n° 93-85.863 P : *RSC 1995. 812, obs. Bouloc.* ♦ Le principe conventionnel de proportionnalité des peines ne peut être invoqué en matière de contributions indirectes, les sanctions ayant le double caractère de peines et de réparations civiles. • Crim. 22 sept. 2004, n° 03-84.898 : *Dr. pénal 2004. 181, obs. J.-H. Robert.*

12. L'expulsion d'un étranger n'a pas le caractère d'une sanction mais d'une mesure de police à objet préventif, exclusivement destinée à protéger l'ordre et la sécurité publics. • Crim. 1er févr. 1995, n° 94-81.098 : *JCP 1995. II. 22463, note Guimezanes.* ♦ Sur les conséquences en termes de rétroactivité : V. *infra*, ss. art. 112-1.

13. L'art. L. 2125-8 CGPPP prévoit que le stationnement sans autorisation d'un bateau, navire, engin flottant ou établissement flottant sur le domaine public fluvial donne lieu au paiement d'une indemnité d'occupation égale à la redevance, majorée de 100 %, qui aurait été due pour un stationnement régulier à l'emplacement considéré ou à un emplacement similaire, sans application d'éventuels abattements ; en instituant cette majoration, le législateur a entendu dissuader toute personne d'occuper sans autorisation le domaine public fluvial et réprimer les éventuels manquements à cette interdiction ; par suite, une telle majoration constitue une sanction ayant le caractère d'une punition au sens de l'art. 8 de la Déclaration de 1789. • Cons. const. 27 sept. 2013, n° 2013-341 QPC : *JO 1er oct., p. 16304 ; Dr. pénal 2013, n° 156, obs. J.-H. Robert.*

14. Sur la nature de mesure de police administrative du gel des avoirs au sens des art. L. 562-1 et L. 562-2 C. mon. fin., tout en constituant une atteinte reconnue à l'exercice du droit de propriété. • Cons. const. 2 mars 2016, n° 2015-524 QPC : *JO 4 mars ; D. 2017. Pan. 1328, obs. Jacquinot et Vaillant ; JCP 2016. 589, note Mauro.*

C. SANCTION DISCIPLINAIRE

15. Référence aux obligations sanctionnées. L'exigence d'une définition des manquements réprimés se trouve satisfaite, en matière disciplinaire, dès lors que les textes applicables font référence aux obligations auxquelles les intéressés sont soumis en raison de l'activité qu'ils exercent, de la profession à laquelle ils appartiennent ou de l'institution dont ils relèvent (à propos des infractions relevant de la compétence de la Cour de discipline budgétaire et financière). • Cons. const. 24 oct. 2014, n° 2014-423 QPC : *JO 26 oct., p. 17776 ; Dr. pénal 2015, n° 14, obs. Peltier.*

II. LÉGALITÉ DES DÉLITS

A. PRINCIPE DE LÉGALITÉ

1° ÉNONCÉ

16. Formule. Aucune peine ne saurait être prononcée à raison d'un fait qui n'est qualifié par la loi ni crime, ni délit, ni contravention. • Crim. 23 juin 1964 : *D. 1964. 578.* ♦ Les juges répressifs ne peuvent prononcer de peines que si sont réunis les éléments constitutifs d'une infraction déterminée par la loi. • Crim. 31 mars 1992, n° 90-83.938 P • 29 sept. 1992, n° 91-86.248 P. ♦ Les juges répressifs ne peuvent prononcer une condamnation que si le fait poursuivi constitue une infraction punissable. • Crim. 24 nov. 1993 (1er arrêt), n° 93-82.160 P : *D. 1994. Somm. 259, obs. Couvrat et Massé ; RSC 1994. 549, obs. Bouloc* • 24 nov. 1993 (2e arrêt), n° 92-81.611 P • 15 déc. 1993, n° 93-82.818 P : *RSC 1994. 551, obs. Bouloc.*

17. Domaine. Le principe de légalité des délits et des peines s'applique aux sanctions administratives au même titre qu'aux sanctions pénales. • CE 9 oct. 1996 : *D. 1996. IR 237 ; Dr. adm. 1997, n° 2, note D.P. ; Gaz. Pal. 1998. 2. 521* (à propos du pouvoir réglementaire de l'ancienne COB).

18. S'il résulte des dispositions combinées des art. 19 *quater*, 414 et 426 C. douanes que les fraudes relatives aux prélèvements et taxes établis conformément aux règlements arrêtés par le Conseil des communautés européennes peuvent être réprimées comme des infractions douanières, cela ne saurait conduire à punir, en violation du principe de légalité des délits et des peines, des agissements qui n'entrent pas dans les prévisions de ces règlements, mais résultent d'un simple avis n'ayant pas force de loi pris pour leur exécution. • Crim. 12 juin 1995, n° 94-82.837 P : *RSC 1996. 364, obs. Bouloc.*

19. Sanction. La mise en fourrière d'un véhicule alors qu'aucun panneau de signalisation n'est apposé pour interdire le stationnement est constitutive d'une faute lourde dans l'exécution d'une opération de police judiciaire conduite en l'absence de l'élément légal de l'infraction supposée ; justifie donc légalement sa décision le tribunal qui condamne le préfet de police, en qualité de représentant de la ville de Paris, à rembourser au propriétaire la somme versée pour récupérer son véhicule ainsi qu'au paiement de dommages-intérêts. • Civ. 1re, 15 oct. 1996, n° 94-21.225 P : *Gaz. Pal. 1998. 1. 305, note S. Petit.*

2° CONSÉQUENCES POUR LE LÉGISLATEUR

a. Jurisprudence constitutionnelle

20. Contraintes légalistes. Aux termes de l'art. 8 DDH de 1789, « nul ne peut être puni qu'en vertu d'une loi établie et promulguée antérieurement au délit et légalement appliquée » ; il en résulte la nécessité pour le législateur de définir les infractions en termes suffisamment clairs et précis pour exclure l'arbitraire. • Cons. const. 19 janv. 1981, n° 80-127 DC : *JO 22 janv. 1981, p. 308 ; JCP 1981. II. 19701, note Franck ; AJDA 1981, n° 6, p. 278, note Gournay.*

21. Il résulte de l'art. 8 DDH et de l'art. 34 de la Constitution l'obligation pour le législateur de fixer les règles concernant la détermination des infractions, et d'en définir les éléments constitutifs en des termes clairs et précis. • Cons. const. 18 janv. 1985, n° 84-183 DC : *D. 1986. 425 (2e esp.), note Renoux.*

22. Il résulte de l'art. 34 de la Constitution, ainsi que du principe de la légalité des délits et des peines posé par l'art. 8 de la Déclaration des droits de l'homme et du citoyen, la nécessité pour le législateur de fixer lui-même le champ d'application de la loi pénale, de définir les crimes et délits en termes suffisamment clairs et précis pour permettre la détermination des auteurs d'infractions et d'exclure l'arbitraire dans le prononcé des peines, et de fixer dans les mêmes conditions le champ d'application des immunités qu'il instaure (non conformité à la Constitution, pour méconnaissance de l'étendue de la compétence du législateur, de l'art. 13 de la L. n° 98-349 du 11 mai 1998, qui a complété l'art. 21 *ter* de l'Ord. n° 45-2658 du 2 nov. 1945 relative aux conditions d'entrée et de séjour des étrangers en France, afin d'immuniser de leur responsabilité pénale pour aide directe ou indirecte à l'entrée, à la circulation ou au séjour irréguliers d'un étranger en France, les associations à but non lucratif à vocation humanitaire dont la liste était fixée par arrêté du ministre de l'intérieur). • Cons. const. 5 mai 1998, n° 98-399 DC : *JO 12 mai 1998, p. 7092 ; D. 1999. 209, note Mercuzot ; ibid. 2000. Somm. 59, obs. Pena-Gaïa.*

23. Il résulte de l'art. 9 DDH, s'agissant des crimes et délits, que la culpabilité ne saurait résulter de la seule imputabilité matérielle d'actes pénalement sanctionnés ; en conséquence, et conformément aux dispositions combinées de l'art. 9 précité et du principe de légalité des délits et des peines affirmé par l'art. 8 de la même Déclaration, la définition d'une incrimination, en matière délictuelle, doit inclure, outre l'élément matériel de l'infraction, l'élément moral, intentionnel ou non, de celle-ci. • Cons. const. 16 juin 1999, n° 99-411 DC : *JO 19 juin, p. 9018 ; D. 1999. 589, note Mayaud.*

24. Il est loisible au législateur, dans le cadre de la conciliation qu'il lui appartient d'opérer entre la liberté de communication d'une part, la protection de la liberté d'autrui et la sauvegarde de l'ordre public d'autre part, d'instaurer, lorsque sont stockés des contenus illicites, un régime spécifique de responsabilité pénale des « hébergeurs » distinct de celui applicable aux auteurs et aux éditeurs de messages ; c'est toutefois à la condition de respecter le principe de la légalité des délits et des peines et les dispositions de l'art. 34 de la Constitution (non-conformité à la Constitution du dernier al. de l'art. 43-8 de la L. n° 86-1067 du 30 sept. 1986 relative à la liberté de communication, dans sa rédaction issue de l'art. 1er de la L. n° 2000-719 du 1er août 2000). • Cons. const. 27 juill. 2000, n° 2000-433 DC : *JO 2 août, p. 11922.*

25. Le législateur tient de l'art. 34 de la Constitution, ainsi que du principe de la légalité des délits et des peines, l'obligation de fixer lui-même le champ d'application de la loi pénale et de définir les crimes et délits en termes suffisamment clairs et précis pour permettre la détermination des auteurs d'infractions et pour exclure l'arbitraire dans le prononcé des peines. • Cons. const. 12 janv. 2002, n° 2001-455 DC : *JO 18 janv., p. 1053 ; RSC 2002. 673, obs. Buck* (à propos des dispositions relatives au délit de harcèlement moral ; V. C. pén., art. 222-33-2, réd. L. n° 2002-73 du 17 janv. 2002). • Cons. const. 2 mars 2004, n° 2004-492 DC : *JO 10 mars, p. 4637 ; D. 2004. Somm. 2757, obs. de Lamy* (à propos de la définition des infractions relevant de la criminalité et de la délinquance organisées, telle que résultant de la L. n° 2004-204 du 9 mars 2004 portant adaptation de la justice aux évolutions de la criminalité). ♦ ... Cette exigence s'impose non seulement pour exclure l'arbitraire dans le prononcé des peines, mais encore pour éviter une rigueur non nécessaire lors de la recherche des auteurs d'infractions. • Cons. const. 2 mars 2004 : *préc.* • 27 juill. 2006, n° 2006-540 DC : *JO 3 août, p. 11541 ; JCP 2007. II. 10066, note Verpeaux.*

26. Le législateur tient de l'art. 34 de la Constitution, ainsi que du principe de légalité des délits et des peines qui résulte de l'art. 8 de la Déclaration des droits de l'homme et du citoyen de 1789, l'obligation de fixer lui-même le champ d'application de la loi pénale et de définir les crimes et délits en termes suffisamment clairs et précis. • Cons. const. 4 mai 2012, n° 2012-240 QPC : *JO 5 mai, p. 8015 ; D. 2012. 1372, note Detraz ; Gaz. Pal. 2012. 1. 1391, note Kerebel ; ibid. 2012. 2. 3004, note Mazeaud ; RSC 2012. 371, obs. Mayaud, et 380, obs. Cerf-Hollender ; ibid. 2013. 436, obs. de Lamy* (à propos du délit de harcèlement sexuel, tel qu'incriminé par l'art. 222-33 C. pén., dans la rédaction issue de la L. n° 2002-73 du 17 janv. 2002, déclaré contraire à la Constitution). – *Adde* : Roujou de Boubée, *D. 2012, Point de vue, p. 1344* (Valmont doit-il aller en prison ?). – Rade, *D. 2012, Entretien, p. 1392* (abrogation du délit de harcèlement sexuel : quelles conséquences en droit du travail ?).

27. Le législateur tient de l'art. 34 de la Constitution, ainsi que du principe de légalité des délits et des peines qui résulte de l'art. 8 de la Déclaration de 1789, l'obligation de fixer lui-même le champ d'application de la loi pénale et de définir les crimes et délits en termes suffisamment clairs et précis pour exclure l'arbitraire. • Cons. const. 22 sept. 2015, n° 2015-484 QPC : *JO 25 sept., p. 17083* (à propos du covoiturage) • Cons. const. 14 oct. 2015, n° 2015-490 QPC : *JO 16 oct., p. 19327* (à propos de la violation d'une interdiction administrative de sortie du territoire).

28. Contrôle de constitutionnalité. Il revient au législateur, compte tenu des objectifs qu'il s'assigne, de fixer, dans le respect des principes constitutionnels, les règles concernant la détermination des crimes et délits, ainsi que des peines qui leur sont applicables. • Cons. const. 16 juin 1999, n° 99-411 DC : *JO 19 juin, p. 9018 ; D. 1999. 589, note Mayaud*. ♦ ... Aux termes de l'art. 8 DDH : « la loi ne doit établir que des peines strictement et évidemment nécessaires... » ; en conséquence, il appartient au Conseil constitutionnel de vérifier qu'eu égard à la qualification des faits en cause, la détermination des sanctions dont sont assorties les infractions correspondantes n'est pas entachée d'erreur manifeste d'appréciation. • Même décision.

b. Jurisprudence judiciaire et administrative

29. Conformité à la jurisprudence constitutionnelle. Toute infraction doit être définie en des termes clairs et précis pour exclure l'arbitraire et permettre au prévenu de connaître exactement la nature et la cause de l'accusation portée contre lui. • Crim. 1er févr. 1990, n° 89-80.673 P : *Gaz. Pal. 1990. 2. 398, note Doucet ; RSC 1991. 555, obs. Vitu* • 13 déc. 1990 : *JCP 1991. IV. 111.* • 29 oct. 1991, n° 89-86.893 P • 27 mars 1995, n° 94-82.131 : *BICC. 1995. 814* • 30 oct. 1995, n° 93-82.185 P ♦ Dans le même sens, V. également : • CEDH 25 mai 1993 : *Gaz. Pal. 1993. 2. Somm. 382.* ♦ Toute infraction doit être définie en termes clairs et non équivoques permettant au prévenu de connaître exactement la nature et la cause de l'accusation portée contre lui. • Crim. 16 janv. 2002, n° 01-81.829 P : *D. 2002. 1225, note Dobkine ; ibid. 2002. IR 940, et la note ; Dr. pénal 2002. 56, obs. J.-H. Robert ; Gaz. Pal. 2003. 2. 2327, note A.C. ; RSC 2002. 582, obs. Bouloc*.

30. Le principe de la légalité des délits et des peines, affirmé dans l'art. 8 DDH de 1789 et inscrit dans l'art. 111-3 nouv. C. pén., exige que les éléments des délits soient définis par la loi. • TGI Toulouse, 30 oct. 1995 : *D. 1996. 101, note Mayer et Chassaing*.

31. Le principe de légalité des délits et des peines implique que les éléments constitutifs des infractions soient définis de façon précise et complète. • CE 9 oct. 1996 : *D. 1996. IR 237 ; Gaz. Pal. 1998. 2. 521* (à propos du pouvoir réglementaire de l'ancienne COB).

32. Applications – ... Abandon de famille. Les éléments constitutifs du délit d'abandon de famille sont définis en des termes clairs et précis. • Cass., ch. mixte, 12 mai 2000, n° 96-80.077 P.

33. ... Aide à l'entrée et au séjour irréguliers. La rédaction en termes génériques de l'art. 21 de l'Ord. n° 45-2658 du 2 nov. 1945, mod. par la L. n° 94-1136 du 27 déc. 1994, relatif à l'aide à l'entrée, à la circulation ou au séjour irréguliers d'un étranger visant « toute personne » et toutes actions directes ou indirectes facilitant le séjour irrégulier d'un étranger en France ne semble pas répondre aux exigences du principe de légalité, aucun des éléments de l'infraction n'étant énoncé avec suffisamment de précision. • TGI Toulouse, 30 oct. 1995 : *préc. note 30.* ♦ ... Une interprétation large est à exclure, qui ne peut viser ni les comportements humanitaires, ni les attitudes inspirées uniquement par l'amour et l'affection des intéressés. • Même jugement.

34. Il revient au législateur, compte tenu des objectifs qu'il s'assigne en matière d'ordre public s'agissant de l'entrée et du séjour des étrangers et qui peuvent notamment justifier un régime de sanctions pénales, de fixer, dans le respect des principes constitutionnels, les règles concernant la détermination des crimes et délits ainsi que les peines qui leur sont applicables ; les infractions telles que prévues par l'art. 21 de l'Ord. du 2 nov. 1945 sont définies dans des conditions qui permettent au juge, auquel le principe de légalité impose d'interpréter strictement la loi pénale, de se prononcer sans que son appréciation puisse encourir la critique d'arbitraire ; cette définition n'est pas de nature, en elle-même, à mettre en cause le principe à valeur constitutionnelle de sauvegarde de la dignité de la personne humaine. • Cons. const. 16 juill. 1996, n° 96-377 DC : *JO 23 juill. p. 11108 ; D. 1997. 69, note Mercuzot ; JCP 1996. II. 22709, note Nguyen Van Tuong.* ♦ L'art. 21 de l'Ord. du 2 nov. 1945 n'est pas contraire à la Conv. EDH. • Crim. 21 janv. 2004, n° 03-80.328 : *Dr. pénal 2004. 87, obs. J.-H. Robert.* – V. *infra*, « *Étrangers* », CESEDA, art. L. 622-1.

35. ... Délits d'entrave. L'obligation pour le chef d'entreprise, prescrite par l'art. L. 432-2 C. trav., d'informer et consulter le comité d'entreprise préalablement à tout projet important d'introduction de nouvelles technologies, n'est ni incertaine, ni indéterminée, même si la loi ne définit pas la notion d'importance ; celle-ci s'apprécie nécessairement en fonction des modifications que le projet apporte dans l'organisation et la marche de l'entreprise et des conséquences qu'il peut avoir, comme le prévoit ce texte, sur l'emploi, la qualification, la rémunération et la formation ou les conditions de travail du personnel ; le délit d'entrave au fonctionnement du comité d'entreprise, lorsqu'il résulte de l'inobservation du texte précité, n'est donc pas incompatible avec les art. 7.1 de la Conv. EDH et 15 du Pacte international relatif aux droits civils et politiques, d'où il résulte que toute infraction doit être définie en termes clairs et précis pour exclure l'arbitraire. • Crim. 3 mai 1994, n° 93-80.911 P.

36. L'obligation, imposée au chef d'entreprise par l'art. L. 432-1, al. 1er, C. trav., d'informer et de consulter le comité d'entreprise sur les questions intéressant l'organisation, la gestion et la marche générale de l'entreprise, n'est ni obscure ni imprécise ; elle concerne, comme le prévoit ce texte, les mesures de nature à affecter le volume ou la structure des effectifs, la durée du travail, les conditions d'emploi, de travail et de formation professionnelle, dès lors que lesdites mesures sont importantes et ne revêtent pas un caractère ponctuel ou individuel ; le délit d'entrave au fonctionnement régulier du comité d'entreprise, lorsqu'il résulte de l'inobservation du texte précité, n'est donc pas incompatible avec les art. 6 et 7 Conv. EDH, d'où il résulte que toute infraction doit être définie en termes clairs et précis pour exclure l'arbitraire. • Crim. 13 janv. 1998, n° 96-81.478 P.

37. Selon l'art. 111-3 C. pén., nul ne peut être puni pour un délit dont les éléments ne sont pas définis par la loi ; dès lors, c'est à tort que pour déclarer le directeur des ressources humaines coupable du délit d'entrave, sur le fondement de l'art. L. 483-1 C. trav., à la constitution du comité d'établissement, la cour d'appel énonce que le prévenu n'a pas pris « les dispositions requises » pour informer un salarié, membre du comité d'établissement, de l'organisation des élections, alors qu'en raison de la mise à pied dont il faisait l'objet, il se trouvait dans l'impossibilité de prendre connaissance de l'affichage effectué ; en effet, en prononçant ainsi, alors que ni l'art. L. 433-13 C. trav., ni aucune autre disposition légale ou réglementaire n'impose au chef d'entreprise de recourir à un autre procédé que l'affichage pour informer le personnel de l'organisation des élections au comité d'entreprise, la cour d'appel a méconnu le texte précité et le principe ci-dessus énoncé. • Crim. 5 mars 2002, n° 01-81.049 P : *RSC 2002. 809, obs. Bouloc, et 836, obs. Giudicelli-Delage*.

38. L'art. L. 2328-1 C. trav. qui prévoit et réprime le délit d'entrave au fonctionnement régulier d'un comité d'entreprise n'est ni obscur ni imprécis ; l'obligation d'informer et de consulter le comité d'entreprise sur les questions intéressant l'organisation, la gestion et la marche de l'entreprise s'entend, aux termes de ce texte, des mesures de nature à affecter le volume ou la structure des effectifs, la durée du travail, les conditions d'emploi, de travail et de formation professionnelle ; par ailleurs, selon l'art. L. 2323-44 dudit code, l'information et la consultation s'entendent également de la demande d'ouverture d'une procédure collective avant son dépôt au greffe ; d'où il suit que l'art. L. 2328-1 C. trav. est compatible avec les textes conventionnels invoqués (art. 6, § 3, et 7, Conv. EDH). • Crim. 26 janv. 2016, n° 13-82.158 P : *D. actu. 17 févr. 2016, obs. Siro*.

39. … Délits fiscaux. Ne saurait, en raison de son imprécision, servir de fondement à une poursuite du chef d'infraction à la législation des contributions indirectes l'arrêté ministériel codifié sous l'art. 126 E, al. IV, CGI, qui se borne à imposer aux propriétaires d'appareils automatiques de jeu déposés chez des tiers de tenir « un répertoire dont la forme est déterminée par le service des impôts », lequel ne dispose d'aucun pouvoir réglementaire. • Crim. 27 mars 1995, n° 94-82.131 P : *BICC 1995. 814*.

40. Il résulte des dispositions des art. 4 A, 10, 170, 173, 1658 CGI et des art. 42 à 45 de l'annexe III de ce code, auxquels renvoie l'art. 1741, qu'en vue de l'établissement de l'impôt sur le revenu, toute personne imposable doit, chaque année – indépendamment des déclarations propres à chaque catégorie de revenus professionnels – souscrire et faire parvenir au service des impôts du lieu de sa résidence une déclaration détaillée de l'ensemble de ses revenus et bénéfices, ainsi que de ses charges de famille, au vu de laquelle un rôle d'imposition est émis avec l'indication des sommes à acquitter ; ces textes définissent une obligation claire et accessible, pénalement sanctionnée, dans des conditions compatibles avec les dispositions de la Conv. EDH. • Crim. 16 janv. 1997, n° 96-80.952 P.

41. … Harcèlement moral. Les art. L. 122-49 C. trav. et 222-33-2 C. pén. n'offrent aucune garantie réelle quant à la prévisibilité des poursuites pénales et, par suite, sont incompatibles avec l'art. 7 Conv. EDH, de sorte qu'ils ne peuvent recevoir application. • TGI Auch, 24 août 2006 : *AJ pénal 2006. 449 ; RSC 2006. 841, obs. Cerf-Hollender*.

42. C'est vainement que le prévenu, poursuivi pour harcèlement moral, invoque la non-conformité de l'art. 222-33-2 C. pén. à l'art. 7 Conv. EDH ; en effet, les termes employés par ce texte renvoient à des notions suffisamment précises ; en outre, la loi ne peut disposer qu'en termes généraux, la définition plus détaillée résultant des lumières du juge ; en ce sens, le texte critiqué n'est pas plus vague que celui qui renvoie à la notion de « cause réelle et sérieuse » de licenciement, à celle de « chose » dans le vol, à celle de manœuvres dans le délit d'escroquerie, ou à celle « d'atteinte » dans le délit d'atteinte sexuelle ; il n'est pas besoin de préciser quels droits sont protégés dès lors que la loi entend protéger les droits de toute nature du salarié ; il est d'ailleurs surprenant de lire que la dignité serait un concept flou. • Montpellier, 4 sept. 2008 : *JCP 2008. IV. 2962.*

43. ... Publications interdites. La rédaction de l'art. 38, al. 3, de la L. du 29 juill. 1881 n'offrant pas de garanties réelles quant à la prévisibilité des poursuites, ce texte est incompatible avec les art. 6, 7 et 10 Conv. EDH. • Crim. 20 févr. 2001, n° 98-84.846 : *D. 2001. 3001, note Wachsmann ; ibid. 2002. Somm. 1793, obs. de Lamy ; JCP 2002. 10114, note Ruet ; Dr. pénal 2001. 86, obs. Véron ; RTD civ. 2002. 781, obs. Hauser* (confirmation de • Paris, 18 sept. 1997 : *Gaz. Pal. 1997. 2. 697, note J.-G. M.* – V., en première instance : • TGI Paris, 10 sept. 1996 : *D. 1997. Somm. 91, obs. Hassler et Lapp ; Gaz. Pal. 1997. 1. 325*). – L'al. 3 de l'art. 38 de la L. du 29 juill. 1881 sur la liberté de la presse a été abrogé par la L. n° 2000-516 du 15 juin 2000 (art. 97-III) ; ses dispositions, autrement formulées, font désormais l'objet du nouvel art. 35 *quater* : V. *infra, « Presse et communication ».*

44. Transports routiers. ... Selon l'art. 111-3 C. pén., nul ne peut être puni pour une contravention dont les éléments ne sont pas définis par le règlement ; ni l'art. 15.7 du règlement CEE n° 3821-85 du 20 déc. 1985, ni aucune autre disposition légale ou réglementaire n'imposant au chauffeur qui n'a pas conduit le dernier jour de la semaine ayant précédé un contrôle routier de présenter, lors du contrôle, une attestation de l'employeur justifiant de son inactivité le jour considéré, méconnaît le principe ci-dessus énoncé le tribunal de police qui déclare néanmoins l'employeur ou son délégataire coupable de ce chef en se bornant à retenir que la présentation d'une telle attestation est exigée par une circulaire ministérielle. • Crim. 16 janv. 2001, n° 00-82.625 P.

45. Vol par photocopie. ... En photocopiant à l'insu de son employeur et à des fins personnelles, pour préparer sa défense dans une instance prud'homale, des documents dont il a la légitime possession dans le cadre de ses fonctions, un salarié appréhende frauduleusement ces documents le temps de leur production ; toutefois, en application de l'art. 6 Conv. EDH, tout citoyen doit pouvoir disposer de renseignements suffisants sur les normes juridiques applicables à ses actes, c'est-à-dire sur des règles suffisamment précises et constantes lui permettant de prévoir, à un degré raisonnable dans les circonstances de la cause, les conséquences de nature à dériver d'un acte déterminé ; la chambre sociale de la Cour de cassation reconnaissant le droit d'un salarié à produire en justice, pour la défense de ses intérêts, des documents dont il a eu connaissance dans l'exercice de ses fonctions, le salarié pouvait légitimement considérer qu'il ne commettait pas un acte pénalement répréhensible ; justifiant ainsi d'une erreur sur le droit qu'il n'était pas en mesure d'éviter, le salarié ne peut, en application de l'art. 122-3 C. pén., être déclaré coupable de vol. • Paris, 9 nov. 2000 : *D. 2001. Somm. 2345, obs. de Lamy ; Dr. pénal 2001. 57, obs. Véron ; RSC 2001. 829, obs. Giudicelli-Delage .* – Opposer • Crim. 11 mai 2004, n° 03-80.254 P : *D. 2004. 2326 (2e esp.), note Kobina Gaba , et Somm. 2759, obs. Roujou de Boubée ; JCP 2004. II. 10124 (1er arrêt), note Girault ; Dr. pénal 2004. 122 (1re esp.), obs. Véron ; LPA 23 sept. 2004, note Debove ; RSC 2004, p. 635, obs. Fortis, et p. 866, obs. Vermelle .* – Comparer • Crim. 11 mai 2004, n° 03-85.521 P : *D. 2004. 2326 (1re esp.), note (préc.) Kobina Gaba , et Somm. 2760, obs. Roujou de Boubée ; JCP 2004. II. 10124 (2e arrêt), note Girault ; Dr. pénal 2004. 122 (2e esp.), obs. (préc.) Véron ; LPA 23 sept. 2004, note (préc.) Debove ; RSC 2004, p. 635, obs. (préc.) Fortis , et 866, obs. (préc.) Vermelle* • 4 janv. 2005, n° 04-82.337 P.

3° CONSÉQUENCES POUR LE JUGE

46. Constat de l'infraction. Le juge correctionnel ne peut prononcer une peine à raison d'un fait qualifié délit, qu'autant qu'il constate dans sa décision l'existence des circonstances exigées par la loi pour que ce fait soit punissable. • Crim. 17 juin 1981, n° 80-93.125 P • 2 déc. 1991, n° 90-84.518 P • 19 févr. 1997, n° 95-82.762 P : *Dr. pénal 1998. 71* • 25 sept. 1997, n° 96-82.818. ♦ Tout jugement ou arrêt en matière correctionnelle doit énoncer les faits dont le prévenu est jugé coupable et constater l'existence de tous les éléments constitutifs de l'infraction. • Crim. 15 oct. 1991, n° 91-80.920 P • 6 mars 1996, n° 95-83.310 P. ♦ Tout jugement ou arrêt en matière correctionnelle ou de police doit constater l'existence de tous les éléments constitutifs de l'infraction qu'il réprime. • Crim. 30 juin 1999, n° 98-83.768 P.

47. Le juge répressif ne peut prononcer une peine sans avoir relevé tous les éléments constitutifs de l'infraction qu'il réprime. • Crim. 14 déc. 2000, n° 99-87.015 P • 6 févr. 2001, n° 00-82.434 P : *D. 2001. Somm. 2351, obs. Roujou de Boubée ; Dr. pénal 2001. 73, obs. Véron ; Gaz. Pal. 2001. 2. Somm. 1290, note Monnet ; RSC 2001. 580, obs. Mayaud* • 3 avr. 2001, n° 00-85.546 P : *Dr. pénal 2001. 100, obs. Véron ; RSC 2001. 575, obs. Mayaud ; JCP 2002. II. 10056, note Gauvin* • 13 janv. 2004, n° 03-82.045 P : *AJ pénal 2004. 115 ; Gaz. Pal. 2004. 2. 3198, note Monnet* • 5 oct. 2004, n° 03-86.321 P : *Dr. pénal 2004. 186 (4e esp.), obs. Maron.*

48. Exemples de légalité bafouée. Ne donne pas de base légale à sa décision la cour d'appel qui déclare coupables des prévenus du recel du délit de fraude fiscale, alors qu'ils ne caractérisent pas le délit principal de fraude fiscale faute d'avoir constaté l'existence d'une plainte préalable de l'Administration et de la procédure fiscale antérieure. • Crim. 14 déc. 2000 : *préc. note 47.*

49. Ne justifie pas sa décision la cour d'appel qui, pour condamner du chef du délit de violences volontaires un chirurgien ayant, au cours d'une intervention de chirurgie gynécologique, stérilisé une patiente présentant un risque d'embolie pulmonaire, se borne à relever, sans caractériser l'élément intentionnel des violences au regard des art. 121-3 et 222-11 C. pén., que cet acte n'était pas imposé par une nécessité évidente ou un danger immédiat. • Crim. 6 févr. 2001 : *préc. note 47.*

50. Ne justifie pas sa décision la cour d'appel qui, pour déclarer le prévenu coupable du délit de mise en danger délibérée d'autrui, après avoir rappelé qu'un arrêté du maire interdisait l'utilisation d'engins à moteur sur les pistes du domaine skiable pendant les heures d'ouverture, énonce que le prévenu avait créé une situation dangereuse pour les skieurs en empruntant deux pistes de ski, dont l'une était fréquentée par des débutants ayant des difficultés pour s'arrêter et éviter les obstacles, alors que son engin ne disposait d'aucun dispositif de signalisation lumineuse et sonore pour les avertir de son approche, et ajoute que le comportement du prévenu, qui a été vu à maintes reprises circulant sur les pistes dans les mêmes conditions, constitue une violation manifestement délibérée des obligations particulières imposées par l'arrêté municipal pour la sécurité des usagers des pistes, et qu'ainsi il avait exposé directement autrui à un risque de mort ou de blessures, au sens de l'art. 223-1 C. pén., sans préciser les circonstances de fait, tirées de la configuration des lieux, de la manière de conduire du prévenu, de la vitesse de l'engin, de l'encombrement des pistes, des évolutions des skieurs ou de toute autre particularité de l'espèce, caractérisant le risque immédiat de mort ou de blessures de nature à entraîner une mutilation ou une infirmité permanente auquel le prévenu, par la violation de l'arrêté municipal constatée au procès-verbal, a exposé directement autrui. • Crim. 3 avr. 2001 : *préc. note 47.* ♦ Rappr. V. également • Chambéry, 6 sept. 2001 : *BICC 2001. 1218.*

51. Ne justifie pas sa décision la cour d'appel qui, pour déclarer le prévenu coupable de sévices graves et actes de cruauté envers un animal, énonce que la pouliche visée par la prévention se trouvait dans un état lamentable et que le certificat du vétérinaire qui lui a prodigué des soins est éloquent, énonciations qui ne caractérisent pas l'existence de sévices ou actes de cruauté accomplis intentionnellement dans le dessein de provoquer la souffrance ou la mort, éléments constitutifs de l'infraction prévue à l'art. 521-1, al. 1er, C. pén. • Crim. 13 janv. 2004 : *préc. note 47.*

52. Pour déclarer le prévenu coupable de pollution maritime par immersion de déchets, la cour d'appel énonce que, responsable du groupement d'intervention de la Polynésie française, il a donné l'ordre au capitaine du remorqueur, navire appartenant à cet organisme, de procéder à l'immersion d'objets, parmi lesquels des cuves métalliques usagées, sans avoir obtenu l'autorisation administrative nécessaire ; en se prononçant ainsi, sans avoir invité le prévenu à s'expliquer sur les faits de complicité susceptibles de lui être reprochés, et alors que l'auteur principal de l'infraction prévue et punie par l'art. 1er de la L. du 7 juill. 1976, devenu L. 218-48 C. envir., ne peut être que le capitaine du navire qui effectue l'opération d'immersion, la cour d'appel n'a pas justifié sa décision. • Crim. 5 oct. 2004, n° 03-86.321 P : *Dr. pénal 2004. 186 (4e esp.), obs. Maron.*

53. Ne justifie pas sa décision la cour d'appel qui ne cherche pas s'il existait un arrêté municipal, pris en application de l'art. L. 2213-2 CGCT, instituant, sur la place du parking où stationnait le véhicule du demandeur, un emplacement réservé aux personnes handicapées. • Crim. 12 oct. 2005, n° 05-80.596 P : *Dr. pénal 2006. 8, obs. J.-H. Robert ; Gaz. Pal. 2006. 1. Somm. 1980, note Monnet.*

B. CONCEPT DE LÉGALITÉ

1° CONCEPT EUROPÉEN

a. Cour EDH

54. Intégration de la jurisprudence. Sur l'équivalence à la loi d'une jurisprudence constante. • CEDH 27 sept. 1995, *G. c/ France : RSC 1996. 472, obs. Koering-Joulin.*

55. L'art. 7 Conv. EDH consacre le principe de la légalité des délits et des peines (*nullum crimen, nulla poena sine lege*) et celui qui commande de ne pas appliquer la loi pénale de manière extensive au détriment de l'accusé, notamment par analogie ; il en résulte qu'une infraction doit être clairement définie par la loi ; cette condition se trouve remplie lorsque le justiciable peut savoir, à partir du libellé de la disposition pertinente, et, au besoin, à l'aide de son interprétation par les tribunaux, quels actes et omissions engagent sa responsabilité pénale. • CEDH 15 nov. 1996, *Cantoni c/ France : BICC. 1997. 241 ; D. 1997. Somm. 202, obs. Henry ; JCP 1997. II. 22836, note Fouassier et Vion ; ibid. 1997. I. 4000, n° 31, obs. Sudre ; Dr. pénal 1997. 11, obs. J.-H. Robert ; RSC 1997. 462, obs. Koering-Joulin, et 646, obs. Delmas Saint-Hilaire* • 21 janv. 2003, *Veeber c/ Estonie (n° 2),* n° 45771/99, § 31. • 17 févr. 2005, *K.A. et A.D. c/ Belgique,* nos 42758/98 et 45558/99, § 51 • 17 mai 2010, *Kononov c/ Lettonie,* n° 36376/04, § 185 : *D. actu. 23 sept. 2013, obs. Bachelet.*

56. La notion de « droit » (law) utilisée à l'art. 7 correspond à celle de « loi » qui figure dans d'autres articles de la Convention ; elle englobe le droit d'origine tant législative que jurisprudentielle et implique des conditions qualitatives, entre autres celles d'accessibilité et de prévisibilité. • CEDH 15 nov. 1996 : *préc. note 55, § 35* • 10 oct. 2006, *Pessino c/ France : D. 2007. 124, note Roets, et Pan. 400, obs. Roujou de Boubée* ; *JCP 2007. II. 10092, note Zerouki-Cottin* • 17 mars 2009, *Ould Dah c/ France,* n° 13113/03 : *D. 2009. Jur. 1573, note Renucci, et Pan. 2826, obs. Roujou de Boubée ; JCP 2009, n° 28, 114, p. 38, note Madelaine ; Gaz. Pal. 2009. 1. Somm. 1400, note Zarka ; RSC 2009. 659, obs. Roets* • 17 mai 2010 : *préc. note 55, § 185.*

57. En ce qui concerne la prévisibilité, la Cour rappelle que, aussi clair que le libellé d'une disposition légale puisse être, dans quelque système juridique que ce soit, y compris le droit pénal, il existe immanquablement un élément d'interprétation judiciaire ; il faudra toujours élucider les points douteux et s'adapter aux changements de situation ; d'ailleurs, il est solidement établi dans la tradition juridique de certains États parties à la Convention que la jurisprudence, en tant que source du droit, contribue nécessairement à l'évolution progressive du droit pénal. • CEDH 17 mai 2010 : *préc. note 55, § 185.* ♦ On ne saurait interpréter l'art. 7 de la Convention comme proscrivant la clarification graduelle des règles de la responsabilité pénale par l'interprétation judiciaire d'une affaire à l'autre, à condition que le résultat soit cohérent avec la substance de l'infraction et raisonnablement prévisible… ; certes cette notion s'applique en principe à l'évolution progressive de la jurisprudence dans un même État de droit et sous un régime démocratique, éléments qui constituent les pierres angulaires de la Convention, comme l'atteste son préambule, mais elle garde toute sa valeur lorsque, comme en l'espèce, il y a eu adoption d'un texte international de défense des droits de l'homme à valeur universelle. • CEDH 17 mars 2009 : *préc. note 56* • 17 mai 2010 : *préc.*

58. Prévisibilité relative. En raison même du principe de généralité des lois, le libellé de celles-ci ne peut présenter une précision absolue ; l'une des techniques types de réglementation consiste à recourir à des catégories générales plutôt qu'à des listes exhaustives ; aussi, de nombreuses lois se servent-elles par la force des choses de formules plus ou moins floues, afin d'éviter une rigidité excessive et de pouvoir s'adapter aux changements de situation ; l'interprétation et l'application de pareils textes dépendent de la pratique. • CEDH 15 nov. 1996 : *préc. note 55.* ♦ … L'utilisation de la technique législative des catégories laisse souvent des zones d'ombre aux frontières de la définition ; à eux seuls, ces doutes à propos de cas limites ne suffisent pas à rendre une disposition incompatible avec l'art. 7 Conv. EDH, pour autant que celle-ci se révèle suffisamment claire dans la majorité des cas ; la fonction de décision confiée aux juridictions sert précisément à dissiper les doutes qui pourraient subsister quant à l'interprétation des normes, en tenant compte des évolutions de la pratique quotidienne. • Même décision.

59. La portée de la notion de prévisibilité dépend dans une large mesure du contenu du texte dont il s'agit, du domaine qu'il couvre ainsi que du nombre et de la qualité de ses destinataires ; la prévisibilité de la loi ne s'oppose pas à ce que la personne concernée soit amenée à recourir à des conseils éclairés pour évaluer, à un degré raisonnable dans les circonstances de la cause, les conséquences pouvant résulter d'un acte déterminé ; il en va spécialement ainsi des professionnels, habitués à devoir faire preuve d'une grande prudence dans l'exercice de leur métier ; aussi peut-on attendre d'eux qu'ils mettent un soin particulier à évaluer les risques qu'il comporte. • CEDH 15 nov. 1996 : *préc. note 55* • 17 févr. 2005 : *préc. note 55, § 52.*

60. En raison même du principe de généralité des lois, le libellé de celles-ci ne peut présenter une précision absolue ; l'une des techniques types de réglementation consiste à recourir à des catégories générales plutôt qu'à des listes exhaustives ; aussi de nombreuses lois se servent-elles par la force des choses de formules plus ou moins floues, afin d'éviter une rigidité excessive et de pouvoir s'adapter aux changements de situation ; l'interprétation et l'application de pareils textes dépendent de la pratique (V., parmi d'autres, Kokkinakis c/ Grèce, 25 mai 1993, *§ 40, série A n° 260-A*) (§ 51) ; l'utilisation de la technique législative des catégories laisse souvent des zones d'ombre aux frontières de la définition ; à eux seuls, ces doutes à propos de cas limites ne suffisent pas à rendre une disposition incompatible avec l'art. 7 Conv. EDH, pour autant que celle-ci se révèle suffisamment claire dans la grande majorité des cas ; la fonction de décision confiée aux juridictions sert précisément à dissiper les doutes qui pourraient subsister quant à l'interprétation des normes, en tenant compte des évolutions de la pratique quotidienne (V., *mutatis mutandis*, Cantoni, *préc., § 32*) (§ 52) ; la Cour rappelle enfin que la portée de la notion de prévisibilité dépend dans une large mesure du contenu du texte dont il s'agit, du domaine qu'il couvre ainsi que du nombre et de la qualité de ses destinataires (V., *mutatis mutandis*, Groppera Radio AG et a. c/ Suisse, 28 mars 1990, *§ 68, série A n° 173*) ; la prévisibilité de la loi ne s'oppose pas à ce que la personne concernée soit amenée à recourir à des conseils éclairés pour évaluer, à un degré raisonnable dans les circonstances de la cause, les conséquences pouvant résulter d'un acte déterminé (V., parmi d'autres, Tolstoy Miloslavsky c/ Royaume-Uni, 13 juill. 1995, *§ 37, série A n° 316-B*) ; il en va spécialement ainsi des professionnels, habitués à devoir faire preuve d'une grande prudence dans l'exercice de leur métier ; aussi peut-on attendre d'eux qu'ils mettent un soin particulier à évaluer les risques qu'il comporte (§ 53). • CEDH 6 oct. 2011, *Soros c/ France*, n° 50425-06 : *D. 2011. Pan. 2824, obs. Roujou de Boubée* ; *ibid. 2012. 199, note Zerouki-Cottin* ; *ibid. 2012. Pan. 1706, obs. Mascala* ; *AJ pénal 2012. 156, obs. Lasserre Capdeville* ; *JCP éd. G 2011, n° 1133, obs. Picheral* ; *Rev. sociétés 2012. 180, obs. Matsopoulou* ; *RSC 2012. 252, obs. Roets, et 580, obs. Matsopoulou* .

61. Rejet de la rétroactivité. L'art. 7 Conv. EDH consacre, de manière générale, le principe de la légalité des délits et des peines *(nullum crimen, nulla poena sine lege)* et prohibe, en particulier, l'application rétroactive du droit pénal lorsqu'elle s'opère au détriment de l'accusé ; s'il interdit en particulier d'étendre le champ d'application des infractions existantes à des faits qui, antérieurement, ne constituaient pas des infractions, il commande en outre de ne pas appliquer la loi pénale de manière extensive au détriment de l'accusé, par exemple par analogie ; il s'ensuit que la loi doit définir clairement les infractions et les peines qui les répriment ; cette condition se trouve remplie lorsque le justiciable peut savoir, à partir du libellé de la disposition pertinente et au besoin à l'aide de l'interprétation qui en est donnée par les tribunaux, quels actes et omissions engagent sa responsabilité pénale. • CEDH 10 oct. 2006 : *préc. note 56* • 17 mars 2009 : *préc. note 56.* ♦ ... En l'espèce, le gouvernement n'a pas été en mesure de produire des décisions des juridictions internes, que ce soit de la Cour de cassation ou de juridictions du fond, établissant qu'avant l'arrêt rendu dans la présente affaire, il a été jugé explicitement que le fait de poursuivre des travaux de construction, malgré un sursis à exécution émis par le juge administratif à l'encontre du permis de construire, constituait une infraction pénale ; en outre, l'analyse des textes du code de l'urbanisme semble montrer que le prononcé du sursis à l'exécution d'un permis à construire ne saurait être, en ce qui concerne ses conséquences pénales, clairement assimilable à une « décision judiciaire ou arrêté ordonnant l'interruption des travaux », en vertu notamment de l'art. L. 480-3 de ce code ; il en résulte que, faute au minimum d'une interprétation jurisprudentielle accessible et raisonnablement prévisible, les exigences de l'art. 7 ne sauraient être regardées comme respectées à l'égard d'un accusé ; or le manque de jurisprudence préalable en ce qui concerne l'assimilation entre sursis à exécution du permis et interdiction de construire résulte en l'espèce de l'absence de précédents topiques fournis par le gouvernement en ce sens ; il résulte ainsi que, même en tant que professionnel qui pouvait s'entourer de conseils de juristes, il était difficile, voire impossible pour le requérant de prévoir le revirement de jurisprudence de la Cour de cassation, et donc de savoir qu'au moment où il les a commis, ses actes pouvaient entraîner une sanction pénale. • CEDH 10 oct. 2006 : *préc.* ♦ Sur l'épisode finale de l'affaire, après réexamen : • Cass., ass. plén., 13 févr. 2009, n° 01-85.826 P : *JCP 2009. II. 10057, note Bailleul* ; *RSC 2009. 386, obs. J.-H. Robert* . ♦ Pour un autre exemple de refus de la rétroactivité d'un revirement de jurisprudence défavorable : • CEDH, 3e sect., 10 juill. 2012, *Del Rio Prada c/ Espagne*, n° 42750/09 : *D. actu. 24 juill. 2012, obs. Bachelet* ; *AJ pénal 2012. 494, obs. Herzog-Evans* ; *RSC 2012. 698, obs. Roets* . ♦ Rappr. : • CEDH, gr. ch., 21 oct. 2013, *Del Rio Prada c/ Espagne*, n° 42750/09 : *D. 2013. 2775, obs. Falxa* ; *RSC 2014. 174, obs. Roets.*

62. Contrôle de l'interprétation. Aussi clair que le libellé d'une disposition légale puisse être, dans quelque système juridique que ce soit, y compris le droit pénal, il existe toutefois immanquablement un élément d'interprétation judiciaire ; s'il revient au premier chef aux autorités nationales, et singulièrement aux cours et tribunaux, d'interpréter et d'appliquer le droit interne (V., *mutatis mutandis*, Kopp c/ Suisse, arrêt du 25 mars 1998, *Recueil 1998-II, p. 541, § 59*), la Cour se doit de vérifier la compatibilité avec la Convention des effets de l'interprétation qui serait faite ; la tâche qui lui incombe est donc de s'assurer que, au moment où un accusé a commis l'acte qui a donné lieu aux poursuites et à la condamnation, il existait une disposition légale rendant l'acte punissable (Murphy c/ Royaume-Uni, n° 4681/70, décision de la Commission des 3 et 4 oct. 1972, Décisions et rapports 43, p. 1, et Coëme et a. c/ Belgique, arrêt du 22 juin 2000, *Recueil 2000-VII, § 145*). • CEDH 17 févr. 2005 : *préc. note 55, § 53.* ♦ ... La tâche qui incombe à la Cour est donc de s'assurer que, au moment où un accusé a commis l'acte qui a donné lieu aux poursuites et à la condamnation, il existait une disposition légale rendant l'acte punissable et que la peine imposée n'a pas excédé les limites fixées par cette disposition. • CEDH 17 mars 2009 : *préc. note 56.*

b. CJUE

63. Complémentarité de la loi et de la jurisprudence. La question de savoir si les dispositions du droit de l'Union présentent un degré de clarté suffisant pour pouvoir constituer les éléments d'une qualification pénale nationale en conformité avec le principe de la légalité des délits et des peines, relève de l'appréciation de la juridiction de renvoi ; à cet égard, il y a lieu, toutefois, de rappeler que ledit principe constitue un principe général du droit de l'Union, notamment consacré à l'art. 49, § 1, de la Charte UE ;

ce principe, au respect duquel sont notamment tenus les États membres lorsqu'ils édictent une peine destinée à sanctionner la méconnaissance de dispositions du droit de l'Union, implique que la loi définisse clairement les infractions et les peines qui les répriment ; cette condition se trouve seulement remplie lorsque le justiciable peut savoir, à partir du libellé de la disposition pertinente et au besoin à l'aide de l'interprétation qui en est donnée par les tribunaux, quels actes et omissions engagent sa responsabilité pénale. • CJUE 10 nov. 2011, *Özlem Garenfeld*, n° C-405/10 : *JCP 2011, n° 1293, obs. Picod*. ♦ Dans le même sens : • CJUE 13 juill. 1989, *Wachauf*, n° 5/88 : *Rec. p. 2609, point 19* • 3 mai 2007, *Advocaten voor de Wereld*, n° C-303/05 : *Rec. p. I 3633, points 49 et 50* • 31 mars 2011, *Aurubis Balgaria*, n° C-546/09 : *points 41 et 42*.

2° CONCEPT INTERNE

64. *Évolutions et revirement de jurisprudence.* La sécurité juridique, invoquée sur le fondement du droit à un procès équitable pour contester l'application immédiate d'une solution nouvelle résultant d'une évolution de la jurisprudence, ne saurait consacrer un droit acquis à une jurisprudence figée, dès lors que la partie qui s'en prévaut n'est pas privée du droit à l'accès au juge. • Civ. 1re, 11 juin 2009 (2 arrêts), nos 07-14.932 et 08-16.914 P : *Gaz. Pal. 2009. 2, p. 2626, avis Domingo*.

65. Pour déterminer si le délit d'entrave est constitué, il est essentiel de savoir si la mise à pied conservatoire notifiée à la partie civile le 6 juin 2003 a eu pour effet de suspendre son mandat syndical ; en l'absence de texte législatif sur la question il y a lieu de se référer à la jurisprudence qui, au regard de la Cour européenne des droits de l'homme, est équivalente à la loi... ; pour apprécier l'existence d'une infraction pénale, il y a lieu de se référer à l'état du droit au jour où les faits ont été commis ; au mois de juin 2003, et au regard de la jurisprudence pénale qui était clairement fixée, la mise à pied conservatoire de la partie civile avait pour effet de suspendre son mandat syndical ; dès lors, le délit reproché aux prévenus, qui consiste en l'espèce, non pas à avoir prononcé la mise à pied conservatoire, mais à avoir, ensuite, interdit au salarié d'exercer son mandat syndical, n'est pas constitué ; il y a donc lieu de réformer le jugement entrepris et de relaxer les prévenus. • Toulouse, 13 nov. 2007 (sur renvoi de • Crim. 30 oct. 2006, n° 05-86.380 P : *JCP 2008. II. 10114, note Mouysset*.

III. LÉGALITÉ DES PEINES

A. PRINCIPE DE LÉGALITÉ

1° ÉNONCÉ

66. *Formules clefs.* Nul ne peut être puni, pour un crime ou un délit, d'une peine qui n'est pas prévue par la loi. • Crim. 1er mars 1995, n° 94-84.034 P : *RSC 1996. 117, obs. Bouloc* • 25 sept. 1995, n° 95-81.379 P : *RSC 1996. 648, obs. Bouloc* • 3 oct. 1995 : *Gaz. Pal. 1996. 1, chron. crim. 13* • 16 janv. 1997, n° 96-80.952 P • 9 mars 1999 : *Gaz. Pal. 1999. 1, chron. crim. 96* • 19 avr. 2000, n° 99-86.469 P • 12 sept. 2000, n° 99-88.011 P • 17 oct. 2000, n° 99-86.916 P : *D. Affaires 2001. 124, obs. Rondey ; RSC 2001. 373, obs. Bouloc* • 18 oct. 2000, n° 00-80.628 P • 25 oct. 2000, n° 00-82.152 P • 12 sept. 2001 : *Dr. pénal 2002. 6, obs. J.-H. Robert* • 21 janv. 2003, n° 02-83.640 P : *Dr. pénal 2003. 49, obs. J.-H. Robert ; RSC 2004. 101, obs. Ambroise-Castérot* • 5 oct. 2004, n° 04-81.024 P • 26 oct. 2004, n° 04-84.744 P : *RSC 2005. 67, obs. Fortis* • 7 févr. 2006 : *Dr. pénal 2006. 100, obs. Véron ; JCP 2006. II. 10058* • 26 sept. 2007, n° 07-82.713 P : *Dr. pénal 2008. 4 (2e esp.), obs. Véron* • 23 oct. 2007 : *Dr. pénal 2008. 4 (3e esp.), obs. préc. Véron* • 11 févr. 2009, n° 08-83.870 : *Gaz. Pal. 2009. 2. Somm. 3144, note Lasserre Capdeville* • 23 sept. 2009, n° 08-88.228 : *D. 2010, Pan. 1668, obs. Mascala* • 13 avr. 2010, n° 09-84.583 P : *AJ pénal 2010. 395, obs. Perrier*. ♦ ... Ou sanctionné par une mesure relevant de la seule autorité administrative. • Crim. 5 juin 1996, n° 95-81.022 P.

67. Nul ne peut être puni d'une peine qui n'est pas prévue par la loi. Ce principe d'ordre public constitue une exception péremptoire qui doit être relevée par le juge à tous les stades de la procédure. • Crim. 27 avr. 2004, n° 03-85.288 P : *Gaz. Pal. 2004. 2. Somm. 3997, obs. Monnet ; RSC 2004. 872, obs. Vermelle*.

68. *Notion européenne de peine.* La qualification de peine contenue dans l'art. 7, § 1er, Conv. EDH du 4 nov. 1950 possède une portée autonome ; pour rendre efficace la protection offerte par cette disposition, la Cour doit demeurer libre d'aller au-delà des apparences et apprécier elle-même si une mesure particulière s'analyse au fond en une peine au sens de cette clause ; le libellé de l'art. 7, § 1er, seconde phrase, indique que la base de toute appréciation de l'existence d'une peine consiste à déterminer si la mesure en question est imposée à la suite d'une condamnation pour infraction ; d'autres éléments peuvent être estimés pertinents à cet égard : la qualification de la mesure en droit interne, sa nature et son but, les procédures associées à son adoption et à son exécution, ainsi que sa gravité. • CEDH 8 juin 1995, *Jamil c/ France : D. 1996. Somm. 197, obs. Renucci ; JCP 1996. II. 22677, note Bourdeaux ; RSC 1996. 471, obs. Koering-Joulin*. ♦ Comp. : • CEDH 9 févr. 1995, *Welch c/ Royaume-Uni : RSC 1996. 470, obs. Koering-Joulin*.

69. *Notion constitutionnelle de peine.* Sur la différence entre une sanction et une imposition au sens de l'art. 34 de la Constitution, avec pour conséquence de rendre inopérants les griefs tirés de la méconnaissance des principes de « non-automaticité » et de « proportionnalité ». • Cons. const. 18 déc. 1998, n° 98-404 DC : *JO 27 déc., p. 19663.*

2° NÉCESSITÉ DE LA PEINE

70. Étendue du principe. La loi ne doit établir que des peines strictement et évidemment nécessaires : énoncé dans l'art. 8 DDH, ce principe ne concerne pas seulement les peines prononcées par les juridictions répressives, mais s'étend à la période de sûreté, qui, bien que relative à l'exécution de la peine, n'en relève pas moins de la décision de la juridiction de jugement. • Cons. const. 3 sept. 1986 : *JO 5 sept., p. 10789* • 20 janv. 1994 : *JO 26 janv., p. 1380.* ♦ ... Et à toute sanction ayant le caractère d'une punition, même si le législateur a laissé le soin de la prononcer à une autorité de nature non judiciaire. • Cons. const. 17 janv. 1989 : *JO 18 janv., p. 754.* ♦ ... Ou non juridictionnelle. • Cons. const. 28 juill. 1989 : *JO 1er août, p. 9676* • 25 févr. 1992 : *ibid. 27 févr., p. 3003* • 13 août 1993 : *ibid. 18 août, p. 11722 ; D. 1994. Somm. 111, obs. Maillard Desgrées du Loû* • 22 avr. 1997 : *JO 25 avr., p. 6271* • T. pol. Millau, 19 janv. 1993 : *Gaz. Pal. 1993. 1. 104, note Berthelot et Rio* (à propos du permis à points) • T. pol. Rambouillet, 27 sept. 1993 : *Gaz. Pal. 1993. 2. Somm. 498 ;* réformé par • Versailles, 3 juin 1994 : *Gaz. Pal. 1994. 2. 633.*

71. Rejet des peines automatiques. Aux termes de l'art. 8 DDH : « La loi ne doit établir que des peines strictement et évidemment nécessaires, et nul ne peut être puni qu'en vertu d'une loi établie et promulguée antérieurement au délit, et légalement appliquée » ; le principe de nécessité des peines implique que l'incapacité d'exercer une fonction publique élective ne peut être appliquée que si le juge l'a expressément prononcée, en tenant compte des circonstances propres à l'espèce ; la possibilité ultérieurement offerte au juge de relever l'intéressé, à sa demande, de cette incapacité, au cas où il a apporté une contribution suffisante au paiement du passif, ne saurait à elle seule assurer le respect des exigences qui découlent du principe de nécessité énoncé à l'art. 8 DDH ; dès lors, en instituant une incapacité d'exercer une fonction publique élective d'une durée en principe au moins égale à cinq ans, applicable de plein droit à toute personne physique à l'égard de laquelle a été prononcée la faillite personnelle, l'interdiction prévue à l'art. 192 de la L. du 25 janv. 1985 (n° 85-98) ou la liquidation judiciaire, sans que le juge qui décide de ces mesures ait à prononcer expressément ladite incapacité, l'art. 194 de cette loi méconnaît le principe de nécessité des peines ; doivent être également déclarées contraires à la Constitution, comme en étant inséparables, les dispositions de l'art. 195 de ladite loi faisant référence à l'incapacité d'exercer une fonction publique élective (à propos des conditions d'éligibilité et des incompatibilités au congrès et aux assemblées de province de la Nouvelle-Calédonie, telles qu'elles étaient comprises dans le 5° du I de l'art. 195 de la loi organique n° 99-209 du 19 mars 1999). • Cons. const. 15 mars 1999, n° 99-410 DC : *JO 21 mars, p. 4234 ; D. 2000. Somm. 116, obs. Roujou de Boubée ; AJDA 1999. 324, obs. Schoettl ; Dr. pénal 1999. 68, obs. J.-H. Robert ; JCP 1999. I. 151, n° 5, obs. J.-H. Robert ; ibid. 1999. I. 177, n° 19, obs. Pétel ; RSC 1999. 851, obs. Seuvic ; RTD civ. 1999. 724, obs. Molfessis.* ♦ *Adde* : J.-H. Robert, *Dr. pénal 2001. 36.* – L'Ord. n° 2000-912 du 18 sept. 2000 relative à la partie législative du code de commerce ne reprend pas le texte de l'art. 194 de la L. du 25 janv. 1985.

72. La sanction tenant à l'insertion d'un communiqué dans les programmes, en cas de manquement à ses obligations par un éditeur de services de radiodiffusion sonore ou de télévision, revêtirait, compte tenu de la modification législative opérée, un caractère automatique ; une telle automaticité pourrait conduire, dans certaines hypothèses, à infliger une sanction non proportionnée aux faits reprochés ; en conséquence, en interdisant au Conseil supérieur de l'audiovisuel d'adapter, en tenant compte des circonstances propres à l'espèce, la répression à la gravité du manquement reproché, le législateur a méconnu le principe de la nécessité des peines énoncé par l'art. 8 de la Déclaration des droits de l'homme et du citoyen de 1789. • Cons. const. 27 juill. 2000, n° 2000-433 DC : *JO 2 août, p. 11922.*

3° PROPORTIONNALITÉ DE LA PEINE

a. Contrôle du Conseil constitutionnel

73. Pouvoirs du Conseil Const. En l'absence de disproportion manifeste entre l'infraction et la peine encourue, il n'appartient pas au Conseil constitutionnel de substituer sa propre appréciation à celle du législateur en ce qui concerne la nécessité des peines attachées aux infractions. • Cons. const. 3 sept. 1986 : *JO 5 sept., p. 10789* • 20 janv. 1993 : *JO 22 janv., p. 1118* • 20 janv. 1994 : *JO 26 janv., p. 1380* • 29 juill. 1994 : *JO 2 août, p. 11240* • 16 juill. 1996 : *JO 23 juill., p. 11108* • 16 juin 1999, n° 99-411 DC : *JO 19 juin, p. 9018 ; D. 1999. 589, note Mayaud.* ♦ Le Conseil constitutionnel ne disposant pas d'un pouvoir général d'appréciation et de décision de même nature que celui du Parlement. • Cons. const. 27 juill. 2001, n° 2001-446 DC : *JO 7 juill., p. 10828 ; RSC 2002. 672, obs. Buck.*

74. L'art. 61 de la Constitution ne confère pas au Conseil constitutionnel un pouvoir général d'appréciation et de décision de même nature que celui du Parlement, mais lui donne seulement compétence pour se prononcer sur la conformité à la Constitution des lois déférées à son examen ; si la nécessité des peines attachées aux infractions relève du pouvoir d'appréciation du législateur, il incombe au Conseil constitutionnel de s'assurer de l'absence de disproportion manifeste entre l'infraction et la peine encourue. • Cons. const. 22 oct. 2009, n° 2009-590 DC : *JO 29 oct. ; D. 2010, Pan. 1512, obs. Gay ; RSC 2010. 214, obs. de Lamy*.

75. L'art. 61-1 de la Constitution ne confère pas au Conseil constitutionnel un pouvoir général d'appréciation et de décision de même nature que celui du Parlement, mais lui donne seulement compétence pour se prononcer sur la conformité des dispositions législatives soumises à son examen aux droits et libertés que la Constitution garantit ; si la nécessité des peines attachées aux infractions relève du pouvoir d'appréciation du législateur, il incombe au Conseil constitutionnel de s'assurer de l'absence de disproportion manifeste entre l'infraction et la peine encourue. • Cons. const. 27 sept. 2013, n° 2013-341 QPC : *JO 1er oct., p. 16304 ; Dr. pénal 2013, n° 156, obs. J.-H. Robert* • 17 sept. 2015, n° 2015-481 QPC : *JO 19 sept., p. 16585 ; D. actu. 28 sept. 2015, obs. Prats* • 22 sept. 2015, n° 2015-484 QPC : *JO 25 sept., p. 17083* • 14 oct. 2015, n° 2015-489 QPC : *JO 16 oct., p. 19325* • 16 oct. 2015, n° 2015-493 QPC : *JO 18 oct., p. 19446*.

76. Applications. L'instauration d'une peine complémentaire destinée à réprimer les délits de contrefaçon commis au moyen d'un service de communication au public en ligne et consistant dans la suspension de l'accès à un tel service pour une durée maximale d'un an, assortie de l'interdiction de souscrire pendant la même période un autre contrat portant sur un service de même nature auprès de tout opérateur, ne méconnaît pas le principe de nécessité des peines. • Cons. const. 22 oct. 2009, n° 2009-590 DC : *préc. note 74*. ♦ ... L'obligation de s'acquitter du prix de l'abonnement, à défaut de résiliation, ne constitue ni une peine ni une sanction ayant le caractère d'une punition ; cette disposition, qui trouve son fondement dans le fait que l'inexécution du contrat est imputable à l'abonné, ne méconnaît aucune exigence constitutionnelle. • Même décision. ♦ ... Les dispositions déférées sont applicables à l'ensemble du territoire de la République, à l'exception de la Polynésie française, collectivité d'outre-mer régie par l'art. 74 de la Constitution ; si, pour des raisons tenant aux caractéristiques des réseaux de communication dans certaines zones, l'impossibilité d'assurer le respect des prescriptions du deuxième alinéa de l'art. L. 335-7 CPI peut faire temporairement obstacle à ce que la peine complémentaire de suspension de l'accès à internet soit effectivement exécutée, cette circonstance, qu'il appartiendra au juge de prendre en compte dans le prononcé de la peine, n'est pas, par elle-même, de nature à entraîner une méconnaissance du principe d'égalité devant la loi. • Même décision. ♦ ... Aucune règle ni aucun principe constitutionnel ne s'oppose à ce qu'une autorité administrative participe à la mise en œuvre de l'exécution de la peine de suspension de l'accès à internet. • Même décision. ♦ ... Il résulte de ce qui précède que l'art. 7 de la L. n° 2009-1311 du 28 oct. 2009 relative à la protection pénale de la propriété littéraire et artistique sur internet n'est pas contraire à la Constitution (§ 25). Même décision. – *Adde* : M. Verpeaux, *JCP 2009 G, n° 46, 414* (loi Hadopi 2, contrôle à double détente). – E. Derieux, *JCP 2009 G, n° 46, 415* (protection pénale de la propriété littéraire et artistique sur Internet).

77. En instituant l'incrimination prévue par les dispositions contestées (art. L. 3124-13, al. 1er, C. transports, dans sa rédaction résultant de la L. n° 2014-1104 du 1er oct. 2014 relative aux taxis et aux voitures de transport avec chauffeur), le législateur a entendu assurer le respect de la réglementation de l'activité de transport public particulier de personnes à titre onéreux ; il n'a pas incriminé l'organisation des systèmes de mise en relation des personnes souhaitant pratiquer le covoiturage tel que défini par l'art. L. 3132-1 ; en punissant le fait de mettre en relation des clients avec des chauffeurs non professionnels d'une peine de deux ans d'emprisonnement et de 300 000 € d'amende, le législateur n'a pas institué une peine manifestement disproportionnée ; il résulte de ce qui précède que les griefs tirés de la méconnaissance des principes de nécessité et de proportionnalité des peines doivent être écartés. • Cons. const. 22 sept. 2015, n° 2015-484 QPC : *préc. note 75*.

78. En instituant une sanction pécuniaire destinée à réprimer les pratiques anticoncurrentielles mises en œuvre par des entreprises, le législateur a poursuivi l'objectif de préservation de l'ordre public économique ; un tel objectif implique que le montant des sanctions fixées par la loi soit suffisamment dissuasif pour remplir la fonction de prévention des infractions assignée à la punition (à propos de l'art. L. 464-2 C. com., al. 4). • Cons. const. 14 oct. 2015, n° 2015-489 QPC : *préc. note 75*.

79. En premier lieu, les dispositions du second alinéa de l'art. L. 3352-2 CSP instituent une peine complémentaire obligatoire de fermeture du débit de boissons ouvert en dehors des conditions prévues par le code de la santé publique ; cette peine est directement liée au comportement délictuel réprimé ; en adoptant les dispositions contestées, le législateur a entendu, aux fins de lutter contre l'alcoolisme et de protéger la santé publique, assurer le respect de la réglementation relative aux débits de boissons ; en permettant de prononcer une fermeture, qui peut être temporaire ou définitive, du débit de boissons, le législateur n'a pas institué une peine manifestement disproportionnée ; en second lieu, en vertu des dispositions de l'art. 132-58 C. pén., le juge peut décider de dispenser la personne condamnée de cette peine complémentaire ; il résulte de la jurisprudence constante de la Cour de cassation que la peine prononcée peut faire l'objet d'un relèvement en application de l'art. 132-21 C. pén. ; le juge dispose du pouvoir de fixer la durée de la fermeture du débit de boissons prononcée en tenant compte des circonstances propres à chaque espèce ; dans ces conditions, les dispositions contestées ne méconnaissent pas le principe d'individualisation des peines ; les griefs tirés de la méconnaissance des principes de nécessité, de proportionnalité et d'individualisation des peines doivent être écartés. • Cons. const. 16 oct. 2015, n° 2015-493 QPC : *préc. note 75.*

b. Cumul de sanctions pénales

80. Référence au maximum légal le plus élevé. En vertu de l'art. 8 DDH, la loi ne doit établir que des peines strictement et évidemment nécessaires ; le principe de proportionnalité qui en découle implique que, lorsque plusieurs dispositions pénales sons susceptibles de fonder la condamnation d'un seul et même fait, les sanctions subies ne peuvent excéder le maximum légal le plus élevé. • Cons. const. 12 janv. 2002, n° 2001-455 DC : *JO 18 janv., p. 1053 ; RSC 2002. 674, obs. Buck*. ♦ ... Il appartiendra aux autorités juridictionnelles, ainsi, le cas échéant, qu'aux autorités chargées du recouvrement des amendes, de respecter, dans l'application de la loi déférée, le principe de proportionnalité des peines ci-dessus énoncé ; sous cette réserve, l'instauration dans le code pénal et dans le code du travail de deux incriminations réprimant les agissements de harcèlement moral au travail (C. pén., art. 222-33-2 ; C. trav., art. L. 152-1-1), dont la première a d'ailleurs un champ d'application plus large que la seconde, n'est pas, en elle-même, contraire à la Constitution. • Même décision.

c. Cumul de sanctions pénales et de sanctions administratives

81. Renvoi. V. *infra*, ss. art. 132-2 : *« Concours de sanctions pénales et de sanctions administratives ».*

d. Cumul de sanctions administratives

82. Référence au montant le plus élevé de l'un des sanctions encourues. L'art. L. 2125-8 CGPPP prévoit que le stationnement sans autorisation d'un bateau, navire, engin flottant ou établissement flottant sur le domaine public fluvial donne lieu au paiement d'une indemnité d'occupation égale à la redevance, majorée de 100 %, qui aurait été due pour un stationnement régulier à l'emplacement considéré ou à un emplacement similaire, sans application d'éventuels abattements ; en instituant cette majoration, le législateur a entendu dissuader toute personne d'occuper sans autorisation le domaine public fluvial et réprimer les éventuels manquements à cette interdiction ; par suite, une telle majoration constitue une sanction ayant le caractère d'une punition au sens de l'art. 8 de la Déclaration de 1789. • Cons. const. 27 sept. 2013, n° 2013-341 QPC : *JO 1er oct., p. 16304 ; Dr. pénal 2013, n° 156, obs. J.-H. Robert.* ♦ ... En édictant une majoration proportionnelle égale au montant de la redevance due, l'art. L. 2125-8 institue une sanction qui ne revêt pas, en elle-même, un caractère manifestement disproportionné. • Même décision. ♦ ... La majoration de la redevance prévue par l'art. L. 2125-8 CGPPP s'applique « sans préjudice de la répression au titre des contraventions de grande voirie » ; en particulier, outre le paiement de la majoration de 100 % de la redevance due pour un stationnement régulier, l'occupant sans droit ni titre du domaine public fluvial s'expose aux sanctions prévues par l'art. L. 2132-9 du même code ; le principe d'un tel cumul de sanctions n'est pas, en lui-même, contraire au principe de proportionnalité des peines garanti par l'art. 8 de la Déclaration de 1789 ; toutefois, lorsque deux sanctions prononcées pour un même fait sont susceptibles de se cumuler, le principe de proportionnalité implique qu'en tout état de cause, le montant global des sanctions éventuellement prononcées ne dépasse pas le montant le plus élevé de l'une des sanctions encourues ; il appartient donc aux autorités administratives compétentes de veiller au respect de cette exigence ; sous cette réserve, le grief tiré de la violation du principe de nécessité des peines doit être écarté. • Même décision.

83. En réprimant la méconnaissance des obligations déclaratives relatives aux comptes bancaires ouverts, utilisés ou clos à l'étranger posées par les dispositions du deuxième alinéa de l'art. 1649 A CGI, le législateur a, par la sanction ayant le caractère d'une punition qu'il a instaurée, entendu faciliter l'accès de l'administration fiscale aux informations bancaires et prévenir la dissimulation de revenus à l'étranger ; il a ainsi poursuivi l'objectif à valeur constitutionnelle de lutte contre la fraude et l'évasion fiscales ; en punissant d'une amende forfaitaire d'un montant de 1 500 € le défaut de déclaration annuelle de tout compte bancaire ouvert, utilisé ou clos à l'étranger, montant porté à 10 000 € lorsque le compte est ouvert dans un État ou un territoire qui n'a pas conclu avec la France une convention d'assistance administrative en vue de lutter contre la fraude et l'évasion fiscales permettant l'accès aux renseignements bancaires, le législateur a, s'agissant du manquement à une obligation déclarative poursuivant l'objectif de lutte contre la fraude et l'évasion fiscales, instauré des sanctions dont la nature est liée à celle de l'infraction et qui, même par le cumul d'amendes qu'elles permettent, ne sont pas manifestement disproportionnées à la gravité des faits qu'il entend réprimer. • Cons. const. 17 sept. 2015, n° 2015-481 QPC : *JO 19 sept., p. 16585 ; D. actu. 28 sept. 2015, obs. Prats.*

e. Dimension internationale du principe de proportionnalité

84. Jurisprudence européenne. La Cour observe que, dans la plupart des textes internationaux ou communautaires applicables en la matière (douanes), il est fait référence au caractère « proportionné » que doivent revêtir les sanctions prévues par les États ; ... la Cour arrive à la conclusion que la sanction imposée au requérant (qui n'a pas déclaré au passage de la frontière franco-andorrane les espèces qu'il transportait), cumulant la confiscation et l'amende, était disproportionnée au regard du manquement commis et que le juste équilibre n'a pas été respecté ; il y a donc eu en l'espèce violation de l'art. 1 du Protocole n° 1 à la Convention. • CEDH 26 févr. 2009, *Grifhorst c/ France*, n° 28336/02 : *D. 2009. Pan. 2828, obs. Roujou de Boubée ; JCP 2009. II. 10075, note Pannier ; RSC 2009. 597, obs. Matsopoulou.*

85. Jurisprudence interne. Constitue une entrave à la libre circulation des marchandises une disposition qui sanctionne de manière disproportionnée l'omission de procéder à des formalités douanières lorsque ces formalités portent sur des marchandises pouvant être importées librement et sans droits de douane ; par suite, la condamnation, pour tenir lieu de confiscation d'une marchandise de fraude mise en libre pratique, au paiement d'une somme d'un montant égal au tiers de sa valeur, est disproportionnée au regard du principe de libre circulation des marchandises. • Crim. 24 janv. 2001 : *D. 2001. 1976, note Berr ; Dr. pénal 2001. 76, obs. J.-H. Robert.*

86. Les sanctions prévues à l'art. 465 C. douanes, qui ont été instituées notamment en vue de la lutte contre le blanchiment de capitaux, laquelle figure parmi les objectifs de la Communauté européenne, sont conformes au principe communautaire de proportionnalité et non contraires aux dispositions de la Conv. EDH et de l'art. 8 DDH. • Crim. 30 janv. 2002, n° 01-82.593 P : *D. 2003. Somm. 173, obs. de Lamy ; Gaz. Pal. 2003. 2. 2319, note A.C. ; RSC 2002. 581, obs. Bouloc.*

B. APPLICATION DE LA LÉGALITÉ

BIBL. Griffon-Yarza, *Dr. pénal 2016. Étude 14* (illégalité des peines : quel traitement ?).

1° NATURE DE LA PEINE

87. Principe. Aucune peine autre que celle appliquée par la loi à la nature de l'infraction ne peut être prononcée. • Crim. 12 mars 1990, n° 89-82.674 P • 21 mai 1990, n° 89-84.385 P • 25 sept. 1990 : *Dr. pénal 1991. 100* • 7 janv. 1992, n° 91-80.682 P • 30 sept. 1992, n° 92-82.620 P • 8 juin 1993 : *Gaz. Pal. 1995. 1. Somm. 34* • 7 avr. 1994, n° 93-81.361 P • 1er juin 1994, n° 93-82.877 P • 12 oct. 1994, n° 94-82.291 P • 10 juill. 1996, n° 95-83.450 P. ♦ Les juges ne peuvent, sans excéder leurs pouvoirs, prononcer d'autre peine ou mesure que celle prévue par la loi ou le règlement. • Crim. 8 févr. 1995, n° 94-81.031 P • 3 juin 1998, n° 97-85.661 P • 18 mai 2005, n° 04-84.950 P : *Dr. pénal 2005. Comm. 127, obs. J.-H. Robert.*

88. Les tribunaux ne peuvent prononcer des peines par induction ou présomption, ni même sur des motifs d'intérêt général ; ils n'ont d'attribution que pour appliquer les condamnations déterminées par la loi. • Crim. 11 mai 1949 : *D. 1949. 261, rapp. Pépy* • 22 mars 1955 : *ibid. 1955. 418* • 30 mai 1962, n° 61-93.306 P • 28 nov. 1972, n° 72-90.372 P • 1er juin 1992, n° 91-82.141 P : *Gaz. Pal. 1993. 1. 151, note Marchi.*

89. Doivent être annulées, par voie de retranchement et sans renvoi, les dispositions d'un arrêt qui prononce, en plus d'une peine d'amende, une peine d'emprisonnement non prévue au texte pénal. • Crim. 5 déc. 1956, n° 128756 P. ♦ ... Ou inversement, en plus d'une peine d'emprisonnement, une peine d'amende non prévue par le texte pénal. • Crim. 18 nov. 1975 : *Bull. crim. n° 249* • 21 mai 1990, n° 89-84.385 P.

90. Le procureur général près une cour d'appel est sans qualité pour se pourvoir contre un arrêt de ladite cour qui, sur ses réquisitions, a prononcé une peine légalement appliquée aux faits dont le prévenu a été déclaré coupable. • Crim. 11 mai 1988, n° 87-92.056 P.

91. Circulation routière. Nul ne peut être puni d'une peine qui n'est pas prévue par la loi ou le règlement ; méconnaît les art. L. 19 et R. 241-2 C. route, et les art. 111-3, al. 2, et 131-12 s. C. pén., la cour d'appel qui, pour condamner un prévenu du chef de « conduite d'un véhicule malgré l'annulation du permis de conduire » à deux mois d'emprisonnement, retient que le permis de conduire a été annulé pour perte totale des points, par arrêté du préfet, décision qui a été régulièrement notifiée au prévenu, alors que le fait de conduire un véhicule malgré l'invalidation du permis de conduire résultant de la perte totale des points n'est pas réprimé par l'art. L. 19 C. route, mais constitue la contravention de conduite sans permis, prévue et punie par les art. R. 241-2 C. route et 131-12 s. C. pén., lesquels n'édictent pas, pour la répression de cette contravention, de peine d'emprisonnement. • Crim. 6 mai 1998, n° 97-85.201 P. ♦ Cassation de l'arrêt qui, après avoir déclaré un prévenu coupable d'avoir circulé à une vitesse dépassant de moins de 30 km/h la vitesse maximale autorisée, ordonne, à titre de peine complémentaire, la suspension de son permis de conduire pendant sept jours, alors que, selon l'art. R. 266, 3°, C. route, seuls les dépassements de 40 km/h ou plus de la vitesse maximale autorisée peuvent donner lieu à l'application d'une telle mesure. • Crim. 3 juin 1998 : *préc. note 87.* ♦ Nul ne peut être puni d'une peine qui n'est pas prévue par la loi ; après avoir déclaré le prévenu coupable de conduite d'un véhicule sans être titulaire du permis de conduire, l'arrêt le condamne notamment à la peine complémentaire d'interdiction de solliciter la délivrance d'un nouveau permis de conduire pour une durée de six mois ; en prononçant ainsi une peine complémentaire qui n'est prévue ni par l'art. L. 223-5 ni par l'art. L. 221-2 C. route, la cour d'appel a méconnu l'art. 111-3 C. pén. et le principe ci-dessus rappelé. • Crim. 23 oct. 2007, n° 07-80.895 : *Dr. pénal 2008. 4 (3e esp.), obs. Véron.*

92. Confiscation. Crée une peine arbitraire la cour d'appel qui impose au prévenu le versement, en vue d'une confiscation par équivalent, d'une somme représentative de fonds qui n'avaient pu être saisis et demeuraient insusceptibles de l'être. • Crim. 10 janv. 1978 : *Gaz. Pal. 1978. 2. 413, note P.L.G.*

93. Récidive. Nul ne peut être puni d'une peine qui n'est pas prévue par la loi ; ainsi, lorsque la peine d'emprisonnement n'est encourue qu'en cas de récidive, une cour d'appel ne saurait la prononcer en l'absence de condamnation antérieure ; tel est le cas du délit d'exercice illégal de la profession d'avocat, délit prévu et réprimé par les art. 4 et 72 de la L. du 31 déc. 1971. • Crim. 9 mars 1999, n° 98-84.283 : *Gaz. Pal. 1999. 1, chr. crim. 96.* ♦ Selon l'art. 111-3 C. pén., nul ne peut être puni d'une peine qui n'est pas prévue par la loi ; après avoir déclaré la prévenue coupable du délit d'exercice illégal de la profession d'avocat, les juges l'ont condamnée à une peine de six mois d'emprisonnement avec sursis et mise à l'épreuve ; en prononçant ainsi, alors que l'art. 72 de la L. du 31 déc. 1971 prévoit que la peine d'emprisonnement n'est encourue qu'en cas de récidive, la cour d'appel, qui n'avait pas relevé à l'encontre de la prévenue une telle circonstance, a méconnu le texte susvisé et le principe ci-dessus rappelé ; d'où il suit que la cassation est encourue de ce chef ; elle sera limitée à la peine, dès lors que la déclaration de culpabilité n'encourt pas la censure. • Crim. 5 févr. 2013, n° 12-81.155 P : *D. actu. 6 mars 2013, obs. Auffray ; AJ pénal 2013. 275, obs. Priou ; Dr. pénal 2013, n° 53, obs. Véron.*

94. Selon l'art. 111-3 C. pén., nul ne peut être puni d'une peine qui n'est pas prévue par la loi ; après avoir déclaré le prévenu coupable de séjour irrégulier d'un étranger en France en récidive, l'arrêt attaqué l'a condamné à six mois d'emprisonnement et à cinq ans d'interdiction du territoire français ; en prononçant ainsi une peine d'interdiction du territoire français, excédant le maximum de trois ans prévu par l'art. 9 de l'Ord. du 2 nov. 1945, devenu l'art. L. 621-1 CESEDA, réprimant le délit reproché, et alors que l'art. 132-10 C. pén. relatif à la récidive ne vise que les peines d'amende et d'emprisonnement, la cour d'appel a méconnu les texte et principe ci-dessus rappelés. • Crim. 18 janv. 2006, n° 05-83.127 : *Dr. pénal 2006, n° 56.*

95. Solidarité. La solidarité, prévue par l'art. 1745 CGI, est une mesure pénale ; il s'ensuit que les juges du second degré, saisis du seul appel de l'administration fiscale, ne peuvent prononcer une telle mesure qui avait été écartée par le tribunal après déclaration de culpabilité du prévenu, du chef de fraude fiscale ; il résulte de l'arrêt attaqué, qu'après avoir déclaré le prévenu coupable de fraude fiscale, en qualité de gérant d'une société de transport, le tribunal correctionnel a rejeté la demande de l'administration fiscale tendant à la condamnation solidaire du prévenu, avec la société redevable légal de l'impôt fraudé, au paiement de cet impôt ainsi qu'à celui des pénalités fiscales y afférentes ; statuant sur le seul appel de l'administration, les juges du second degré ont infirmé cette disposition du jugement au motif que cette administration, partie civile, a qualité pour demander et obtenir le prononcé de la solidarité, en cas de déclaration de culpabilité de la personne poursuivie ; en prononçant ainsi, la cour d'appel a méconnu le texte susvisé, l'art. 497, 3°, C. pr. pén., et le principe ci-dessus rappelé ; la cassation est encourue de ce chef, par voie de retranchement. • Crim. 4 nov. 2010, n° 10-81.825 : *D. 2010. 2913 ; RSC 2011, p. 628, obs. Detraz .*

96. Urbanisme. Les juges ne peuvent, sans excéder leurs pouvoirs, prononcer d'autres peines ou mesures que celles prévues par la loi. Méconnaît les art. 111-2 et 111-3 C. pén., ensemble l'art. L. 480-5 C. urb., la cour d'appel qui, après avoir déclaré le prévenu coupable de continuation de travaux nonobstant l'arrêté en prescrivant l'interruption, délit prévu par l'art. L. 480-5 préc., ordonne, sous astreinte, la démolition de l'ouvrage irrégulièrement édifié, alors que ce texte attribue à la juridiction le pouvoir de statuer sur la démolition des ouvrages en cas de condamnation pour des infractions prévues aux art. L. 160-1 et L. 480-4 C. urb. • Crim. 18 mai 2005, n° 04-84.950 P : *Dr. pénal 2005. Comm. 127, obs. J.-H. Robert.* ♦ Selon l'art. 111-3 C. pén., nul ne peut être puni de peines qui ne sont pas prévues par la loi. Selon l'art. L. 480-5 C. urb., en cas de condamnation pour une infraction prévue par l'art. L. 480-4 du même code, la juridiction correctionnelle statue sur la mise en conformité de l'ouvrage, sa démolition ou le rétablissement des lieux en leur état antérieur au vu des observations écrites ou après audition du maire ou du fonctionnaire compétent. Après avoir déclaré le prévenu coupable de construction sans permis, l'arrêt le condamne à « 75 amendes de 500 € chacune », soit 500 € par mètre carré construit, et ordonne, sous astreinte, la démolition de la construction irrégulière. En prononçant 75 amendes, alors que l'art. L. 480-4 C. urb. ne prévoit le prononcé que d'une seule, et en ordonnant la démolition de la construction, alors qu'aucune mention de l'arrêt ou du jugement, ni aucune pièce de procédure, n'établit que le maire, le préfet ou son représentant aient été entendus ou appelés à fournir leurs observations écrites, la cour d'appel a méconnu les textes susvisés. • Crim. 30 oct. 2007 : *Dr. pénal 2008. 24, obs. J.-H. Robert ; RSC 2008. 914, obs. J.-H. Robert*.

2° LIMITES DE LA PEINE

97. Principe. Les juges ne peuvent prononcer une peine que dans les limites fixées par la loi. • Crim. 9 févr. 1956 : *Bull. crim. n° 147* • 3 avr. 1973 : *ibid. n° 168* • 25 nov. 1987 : *ibid. n° 432* • 21 févr. 1991, n° 90-87.639 P : *RSC 1992. 65, obs. Vitu, et 776, obs. Braunschweig*. ♦ V. encore *Dr. pénal 1990. 244, et les arrêts cités.*

98. La sanction de retrait temporaire de licence de transport communautaire, prévue en termes clairs et précis par la réglementation communautaire et le droit interne, n'est pas contraire au principe de légalité, sa durée se trouvant nécessairement limitée par celle de la validité de la licence. • Crim. 6 avr. 2004, n° 03-82.570 P : *Gaz. Pal. 2004. 2. 3791, note Monnet.*

99. Maximum. Doit être cassé l'arrêt qui prononce une peine dépassant le maximum prévu par la loi en vigueur à la date de l'infraction. • Crim. 16 juin 1955 : *Bull. crim. n° 304* • 15 nov. 1977 : *ibid. n° 353* • 12 mars 1984 : *ibid. n° 100* • 27 avr. 1987, n° 85-94.376 P.

100. Ainsi : ... d'une peine d'emprisonnement. • Crim. 19 déc. 1956 : *Bull. crim. n° 858* • 30 mai 1978 : *ibid. n° 173* • 19 déc. 1983 : *ibid. n° 343 ; D. 1984. 326, note Chambon* • 14 nov. 1988 : *Bull. crim. n° 386.* ♦ ... Même si elle est assortie du sursis. • Crim. 10 juill. 1957 : *Bull. crim. n° 541* • 14 janv. 1998, n° 95-85.685 P • Crim. 20 oct. 1998 : *Dr. pénal 1999. 56, obs. Véron* • 26 sept. 2007, n° 07-82.713 P : *Dr. pénal 2008. 4 (2ᵉ esp.), obs. Véron.*

101. ... D'une peine d'amende. • Crim. 22 févr. 1951 : *Bull. crim. n° 62* • 27 juill. 1951 : *ibid. n° 231* • 5 nov. 1953 : *ibid. n° 288* • 18 mai 1955 : *ibid. n° 253* • 30 oct. 1956 : *ibid. n° 691* • 25 janv. 1972 : *ibid. n° 32* • 20 mars 1973 : *ibid. n° 139* • 15 nov. 1977, n° 76-93.659 P : *D. 1978. IR 72, obs. Roujou de Boubée* • 30 mai 1978 : *Bull. crim. n° 173* • 12 mars 1979 : *ibid. n° 101* • 10 mai 1984 : *ibid. n° 169* • 9 juill. 1985 : *ibid. n° 688* • 12 oct. 1999, n° 98-85.889 P • 29 févr. 2000, n° 99-83.241 P.

102. ... D'une décision qui, dans une poursuite pour des contraventions de troisième classe aux prescriptions de la législation de sécurité sociale, condamne le prévenu à 3 amendes de 5 000 F chacune, alors que le maximum de la peine applicable, tel qu'il résulte des dispositions de l'art. 131-13 (3°) C. pén., est de 3 000 F. • Crim. 16 déc. 1998, n° 97-86.288 P : *RSC 1999. 579, obs. Bouloc*.

103. En raison de l'indivisibilité existant entre la déclaration de culpabilité et les peines, la cassation doit être totale et s'étendre à toutes les dispositions de l'arrêt. • Crim. 19 déc. 1983 : *préc. note 100.* ♦ Doit être cassé, dans l'intérêt de la loi et du condamné, en application des dispositions de l'art. 620 C. pr. pén., l'arrêt d'une cour d'assises qui prononce une peine supérieure à celle encourue ; dans ce cas, la cassation est prononcée avec renvoi et ne peut avoir pour conséquence de remettre en cause les décisions favorables à l'accusé qui lui restent acquises. • Crim. 12 oct. 1994, n° 94-82.291 P. ♦ Pour une cassation limitée, dans des poursuites pour délit de blessures involontaires et infractions aux règles concernant la sécurité des travailleurs, au montant de l'amende prononcée du chef de blessures involontaires (la Chambre criminelle réduisant elle-même ce montant de 50 000 F à 20 000 F), dès lors que la déclaration de culpabilité et les peines prononcées pour insécurité n'encourent pas la censure. • Crim. 29 févr. 2000 : *préc. note 101.*

104. La durée de la peine d'emprisonnement est de dix ans au plus ; cassation, pour violation de l'art. 131-4 C. pén., de l'arrêt qui, après avoir reconnu une personne coupable de tentatives de meurtres aggravés, commises alors qu'elle était âgée de seize ans, décide qu'il y a lieu de lui appliquer une condamnation pénale mais qu'il n'y a pas lieu de l'exclure du bénéfice de la diminution de peine prévue à l'art. 20-2 de l'Ord. n° 45-174 du 2 févr. 1945 et la condamne à douze ans d'emprisonnement, alors que, si la cour et le jury peuvent infliger à l'accusé, en application de ce texte, une peine de réclusion criminelle d'une durée comprise entre dix et vingt ans, ils ne peuvent prononcer à son encontre une peine d'emprisonnement d'une durée supérieure à dix ans. • Crim. 6 oct. 1999, n° 98-87.691 P : *D. 1999. IR 267*.

105. Méconnaissent l'art. 111-3 C. pén. les juges qui prononcent une amende dont le montant excède le maximum légal initialement exprimé en francs et remplacé par un montant exprimé en euros par l'ordonnance n° 2000-916 du 19 sept. 2000 établissant une table de conversion spécifique aux amendes pénales qui s'impose au juge répressif. • Crim. 21 oct. 2003, n° 02-85.836 P.

106. Selon l'art. 111-3 C. pén., nul ne peut être puni d'une peine qui n'est pas prévue par la loi ; après avoir déclaré la société H... coupable de pratiques commerciales trompeuses, l'arrêt attaqué la condamne à 200 000 € d'amende ; mais en prononçant une amende dont le montant excède le maximum prévu par les art. L. 121-6 et L. 213-1 C. cons. et 131-38 C. pén., la cour d'appel a méconnu le texte susvisé et le principe ci-dessus rappelé ; d'où il suit que la cassation est encourue ; elle aura lieu sans renvoi, la Cour de cassation étant en mesure d'appliquer directement la règle de droit et de mettre fin au litige, ainsi que le permet l'art. L. 411-3 COJ. • Crim. 20 nov. 2012, n° 11-88.583 : *AJ pénal 2013. 340, note Leblois-Happe*.

107. Minimum. A violé le principe de la légalité des peines la cour qui a prononcé une peine de réclusion criminelle de neuf ans alors que, aux termes de l'art. 131-1 C. pén., la durée de la réclusion criminelle à temps est de dix ans au moins, et que la peine privative de liberté prononcée ressortissait, par sa durée, à l'échelle des peines d'emprisonnement fixée par l'art. 131-4 C. pén. • Crim. 19 avr. 2000, n° 99-86.469 P. ♦ Après avoir déclaré l'accusé coupable de viols aggravés et viols, la cour d'assises l'a condamné à six ans de réclusion criminelle ; en se prononçant ainsi, alors que la peine privative de liberté prononcée ressortissait, par sa durée, à l'échelle des peines d'emprisonnement fixée par l'art. 131-4 C. pén., la cour d'assises a méconnu le sens et la portée des art. 111-3 et 131-7 C. pén. ; d'où la cassation est encourue ; elle aura lieu sans renvoi, les peines privatives de liberté étant de même nature et la Cour de cassation étant, dès lors, en mesure d'appliquer directement la règle de droit et de mettre fin au litige, ainsi que le permet l'art. L. 131-5 COJ ; elle dit que la peine que doit subir l'accusé en raison des crimes dont il a été déclaré coupable est de six ans d'emprisonnement. • Crim. 18 déc. 2002, n° 02-81.666 P : *Dr. pénal 2003. 46 (1er arrêt), obs. Véron.*

3° EXÉCUTION DE LA PEINE

108. Interprétation stricte. Les lois pénales sont d'interprétation stricte, et il n'appartient pas aux juges de fixer les modalités d'exécution d'une peine qui ne sont pas prévues par la loi. • Crim. 8 févr. 1977 (2 arrêts) : *Bull. crim. nos 50 et 51 ; JCP 1978. II. 18890, note Larguier* • 7 nov. 1977, n° 77-90.815 P. ♦ Ainsi de modalités relatives à la suspension du permis de conduire. • Crim. 8 févr. 1977 : *préc.* • 13 janv. 1981 : *Bull. crim. n° 16.* ♦ ... Ou du sursis à l'exécution d'une peine complémentaire. • Crim. 7 nov. 1977 : *préc.*

109. Un simple décret ne saurait créer une condition de retrait supplémentaire d'une mesure de suspension de peine, à savoir une mauvaise conduite, pour combler un soi-disant vide juridique ou une lacune de la loi. • Paris, 22 mars 2007 : *AJ pénal 2007. 235, obs. Herzog-Evans*.

4° RENVOIS

110. Peines complémentaires. V. *infra*, ss. art. 131-10, 131-11, et 131-39.

111. Peines alternatives ou substitutives. V. *infra*, ss. art. 131-6.

Art. 111-4 La loi pénale est d'interprétation stricte.

RÉP. PÉN. v° *Lois et règlements*, par LACROIX.

BIBL. ▶ MAYAUD, *RSC 1983. 597* (*ratio legis* et incrimination). – DI MARINO, *RSC 1991. 505* (recours aux objectifs de la loi pénale dans son application). – MASCALA, *D. 2004. Chron. 3050* (dérapage de l'interprétation jurisprudentielle en droit pénal des affaires). – GARRON, *RSC 2004. 773* (interprétation des normes supralégislatives en matière pénale). – PARISI et FERRON, *éd. Pedone, 2005, p. 195* (du principe de légalité au principe de « consensualité »). – BONFILS, *Mél. B. Bouloc, Dalloz, 2006, p. 47* (autonomie du juge pénal). – PROTHAIS, *Mél. B. Bouloc, Dalloz, 2006, p. 909* (tentation pour le juge de refaire la loi pénale). – DARSONVILLE, *Dr. pénal 2007, Étude 4* (légalisation de la correctionnalisation judiciaire). – PIWNICA, *Les colloques du Sénat, « Bicentenaire du code pénal - 1810-2010 », Cour de cassation - Sénat, 25 et 26 nov. 2010, p. 190* (l'interprétation de la loi pénale par le juge). – SAINT-PAU, *RSC 2015. 273* (l'interprétation des lois).

▶ **Colloques.** – « Histoires et méthodes d'interprétation en droit criminel » ([dir.] F. STASIAK–), XXIe congrès de l'Association française de droit pénal, 17 et 18 oct. 2013, Université de Lorraine, Institut François Gény, *Dalloz, 2015* :

PRADEL, *p. 3* (quel droit pénal pour l'homme de l'époque paléolithique ?). – MAZIAU, *p. 11* (la Constitution dans la jurisprudence de la chambre criminelle). – PIN, *p. 31* (de l'interprétation législative à l'assimilation légale). – LEROY, *p. 43* (qualification du fait et interprétation de la loi). – L. BORE, *p. 53* (interprétation des arrêts de la chambre criminelle). – VAUTROT-SCHWARZ, *p. 61* (plénitude de juridiction du juge pénal sur l'interprétation et l'appréciation de la légalité des actes administratifs). – WALTHER, *p. 79* (l'interprétation en droit pénal allemand). – ROETS, *p. 95* (interprétation de la Convention européenne des droits de l'homme « à la lumière de notre temps »). – ASTAING, *p. 111* (remarques sur l'interprétation de l'ordonnance de 1670). – MAYAUD, *p. 121* (le législateur contre l'interprétation judiciaire). – DECHENAUD, *p. 137* (interprétation téléologique ou interprétation par analogie ?). – BONFILS, *p. 149* (l'interprétation par analogie (*in favorem*) en procédure pénale). – DREYER, *p. 157* (l'autorité de la chose interprétée (approche comparée)). – SAINT-PAU, *p. 175* (le revirement d'interprétation). – PY, *p. 199* (le juge pénal et l'interprétation du Code de déontologie médicale). – STASIAK, *p. 213* (l'interprétation des notions de biens, de crédit, de pouvoirs et de voix dans les abus de gestion commis par les dirigeants sociaux). – VERNY, *p. 223* (synthèse).

I. INTERPRÉTATION

A. PRINCIPES

1. Énoncé. En matière pénale, tout est de droit étroit. • Crim. 4 févr. 1898 : *S. 1899. 1. 249, note Roux.* ♦ Les textes comportant une sanction pénale doivent être strictement interprétés, dès lors que leur signification est dépourvue de toute ambiguïté. • Crim. 10 déc. 1985, n° 85-90.814 P. ♦ La définition légale des infractions s'impose aux juges ; cette situation, inhérente au principe de séparation des pouvoirs, ne saurait être analysée comme une atteinte à leur indépendance et à leur impartialité. • Paris, 9 déc. 1992 : *Gaz. Pal. 1992. 2. Somm. 526.*

2. L'interprétation jurisprudentielle d'une même norme à un moment donné ne peut être différente selon l'époque des faits considérés et nul ne peut se prévaloir d'un droit acquis à une jurisprudence figée. • Civ. 1re, 9 oct. 2001, n° 00-14.564 P : *D. 2001. 3470, rapp. P. Sargos, et note D. Thouvenin ; RTD civ. 2002. 176, obs. Libchaber ; Gaz. Pal. 2003. 1. 479, note Perdriau.* ♦ La sécurité juridique, invoquée sur le fondement du droit à un procès équitable prévu par l'art. 6 Conv. EDH, ne saurait consacrer un droit acquis à une jurisprudence immuable, l'évolution de la jurisprudence relevant de l'office du juge dans l'application du droit. • Soc. 7 janv. 2003 : *Gaz. Pal. 2003. 1. 479, note Perdriau.*

3. Il est de l'office du juge d'interpréter les traités internationaux invoqués dans la cause soumise à son examen, sans qu'il soit nécessaire de solliciter l'avis d'une autorité non juridictionnelle. • Crim. 11 févr. 2004, n° 02-84.472 P : *Gaz. Pal. 2004. 2. Somm. 2688, obs. A.C.*

4. Le principe de non-rétroactivité ne s'applique pas à une simple interprétation jurisprudentielle. • Crim. 2 févr. 2016, n° 15-84.356 : *Gaz. Pal. 2016. 1147, obs. Dreyer.*

5. Méthodes. Les juges ne peuvent procéder par extension, analogie ou induction. • Crim. 9 août 1913 : *DP 1917. 1. 69* • 16 oct. 1957 : *Bull. crim. n° 637* • 7 mai 1969 : *D. 1969. 481 ; Gaz. Pal. 1969. 2. 68* • 1er juin 1977, n° 76-91.999 P • 31 mars 1992, n° 90-83.938 P • 29 sept. 1992, n° 91-86.248 P.

6. Le juge répressif est en droit, sans violer le principe de la stricte application de la loi pénale, de retenir l'intention du législateur et de définir le domaine d'application d'un texte. • Crim. 21 janv. 1969 : *Bull. crim. n° 38 (3e arrêt).*

7. Le principe de l'interprétation stricte n'interdit pas l'application large des lois pénales favorables. • Crim. 8 févr. 1840 : *S. 1840. 1. 651.* ♦ ... Ni de réparer les erreurs manifestes de rédaction. • Crim. 8 mars 1930 : *DP 1930. 1. 101, note Voirin.* ♦ Pour une approche stricte d'un texte de droit civil servant de condition préalable à l'infraction, dont le nombre des alinéas avait été réduit par suite de l'abrogation de certains d'entre eux, ce qui a été interprété comme ayant privé la poursuite de son élément légal (ancien art. 357-2 C. pén.). • T. corr. Douai, 23 oct. 1992 : *Gaz. Pal. 1993. 2. Somm. 476, note Lévy.*

8. Hors le cas de dénaturation, les juges du fond interprètent souverainement la législation étrangère. • Crim. 11 oct. 1989, n° 88-85.277 P.

9. Face à une imprécision de la loi pénale, il convient de l'interpréter à la lueur des principes généraux du droit et des débats parlementaires qui en ont précédé le vote au sujet de l'art. 21 de l'Ord. n° 45-2658 du 2 nov. 1945, mod. par la L. n° 94-1136 du 27 déc. 1994, relatif à l'aide à l'entrée, à la circulation ou au séjour irréguliers d'un étranger, qui ne peut viser ni les comportements humanitaires ni les attitudes inspirées uniquement par l'amour et l'affection des intéressés. • TGI Toulouse, 30 oct. 1995 : *D. 1996. 101, note Mayer et Chassaing .* ♦ V. *infra,* « *Étrangers* », Ord. 2 nov. 1945, art. 21. ♦ Face à une obscurité de la loi pénale, le principe de l'interprétation stricte n'est pas applicable, et l'interprétation doit se faire par référence aux principes généraux du droit et aux débats parlementaires (à propos des crédits de réduction de peine). • Bourges, 6 avr. 2006 : *JCP 2007. IV. 2121.*

10. Les juridictions nationales ont l'obligation d'interpréter le droit national, dans toute la mesure du possible, à la lumière et dans le sens des décisions-cadres prises sur le fondement du titre VI du traité sur l'Union européenne. • CJCE 16 juin 2005, n° C-105-03 : *D. 2006. Pan. 1651, obs. Roujou de Boubée ; AJ pénal 2005. 452, obs. Leblois-Happe .*

B. ILLUSTRATIONS

11. Aide au séjour irrégulier d'un étranger. La fourniture d'un logement à un étranger en situation irrégulière, fût-ce sous le couvert d'un droit au relogement, n'est pas constitutive de l'infraction d'aide au séjour irrégulier, l'obligation de reloger, qui relève de l'ordre public social, étant prévue de la manière la plus large pour tous les occupants de bonne foi, sans distinguer selon que l'occupant étranger est ou non en situation irrégulière ; le fait de le reloger dans le cadre et les conditions déterminées par l'art. L. 314-2 C. urb. ne pouvait caractériser une infraction pénale. • Civ. 3e, 12 sept. 2012, n° 11-18.073 P : *D. actu. 19 sept. 2012, obs. Grand.*

12. Abus d'autorité. L'art. 432-4 C. pén. réprime les atteintes à la liberté d'aller et venir commises par les personnes dépositaires de l'autorité publique ou chargées d'une mission de service public ; cassation, pour méconnaissance de l'art. 432-4, ensemble l'art. 111-4 C. pén. et du principe d'interprétation stricte de la loi pénale, de l'arrêt qui, pour déclarer un maire coupable du délit d'acte attentatoire à la liberté individuelle du fait de la fermeture d'une vanne de raccordement alimentant en eau la propriété en construction d'un couple, a relevé que les plaignants, « en étant privés de l'élément aussi essentiel à la vie quotidienne qu'à la poursuite de travaux de construction qu'était l'eau, ont été empêchés de s'installer physiquement sur le territoire de la commune », alors que l'art. 432-4 C. pén. ne réprime que les atteintes arbitraires à la liberté d'aller et venir. • Crim. 14 sept. 2004, n° 04-80.290 P : *Dr. pénal 2004. 170, obs. Véron ; RLCT 2005/1, n° 9, note Mayaud.*

13. Constitue le délit prévu par l'art. 432-4 C. pén., le fait pour un dépositaire de l'autorité publique, dans l'exercice ou à l'occasion de l'exercice de ses fonctions, d'avoir, à la suite d'un contrôle initié sur le fondement de l'art. 60 C. douanes, décidé de retenir la personne contrôlée en s'affranchissant des règles en matière de retenue douanière, et ce faisant, commis un acte arbitraire, attentatoire à la liberté de celle-ci. • Crim. 8 févr. 2012, n° 11-81.259 P : *D. 2012. 723, note Detraz* .

14. Atteintes aux systèmes de traitement automatisé de données. La loi réprime l'accès et le maintien frauduleux dans un système de traitement automatisé de données ainsi que l'action frauduleuse sur celles-ci, à titre individuel ou par association de malfaiteurs informatiques, mais elle réprime également l'entrave au fonctionnement d'un système informatique ; seul ce dernier délit, prévu et puni par les art. 323-2 et 323-5 C. pén., est reproché au prévenu dont il n'est pas contesté qu'il est entré régulièrement dans un système de données qu'il n'a pas modifié de façon frauduleuse ; cependant, les faits commis, consistant en un envoi massif et simultané de messages non sollicités, n'ont pas perturbé de façon sensible le fonctionnement des moyens informatiques mis à la disposition de sa clientèle par la partie civile ; en conséquence, en l'espèce, seule une responsabilité contractuelle est susceptible d'être recherchée à l'encontre du prévenu dont il convient de confirmer la relaxe. • Paris, 18 déc. 2001 : *D. 2002. IR 940.*

15. Ne constituent pas une interception la lecture et la retranscription de messages dès lors que celles-ci ne nécessitent ni dérivation ou branchement et sont effectuées sans artifice ni stratagème ; il est dans la fonction des administrateurs de réseaux d'assurer le fonctionnement normal de ceux-ci ainsi que leur sécurité, ce qui entraîne, entre autres, qu'ils aient accès aux messageries et à leur contenu, ne serait-ce que pour les débloquer ou éviter des démarches hostiles ; il apparaît des éléments du dossier que les prévenus (le directeur du laboratoire de recherche et l'administrateur du réseau) ont mis en place une surveillance afin de connaître le contenu des correspondances émises ou reçues par un étudiant en relation avec des incidents survenus entre celui-ci et un autre étudiant ainsi que pour vérifier l'usage du réseau ; il s'agissait bien d'utiliser le contenu même des correspondances pour confondre l'étudiant ; la préoccupation de la sécurité du réseau justifie que les administrateurs de systèmes et de réseaux fassent usage de leurs positions et des possibilités techniques dont ils disposent pour mener les investigations et prendre les mesures que cette sécurité impose (de la même façon que la Poste doit réagir à un colis ou une lettre suspecte) ; par contre, la divulgation du contenu de messages d'un étudiant ne relève pas de ces objectifs • Paris, 17 déc. 2001 : *D. 2002. IR 941.*

16. Circulation routière. L'art. L. 1 C. route ne s'applique pas aux véhicules circulant sur les chemins de fer ; le mécanicien conducteur d'un train de voyageurs qui, en état d'ivresse manifeste, a conduit sa locomotive, verra donc sa relaxe confirmée ; les véhicules visés par ce texte doivent en effet s'apprécier dans le cadre du code dans lequel cet article prend place ; le code de la route est issu de l'ord. n° 58-1216 « relative à la police de la circulation routière », cette précision excluant la circulation ferroviaire, la circulation fluviale ou la circulation aérienne ; la police des chemins de fer est d'ailleurs réglée par des textes spécifiques et l'art. R. 228 C. route dispose que « le présent code ne s'applique pas aux véhicules circulant sur les voies ferrées empruntant l'assiette des routes » ; de même, dès lors qu'il ne fait que reprendre, dans son cadre d'application limitée – le délit de fuite –, les dispositions plus larges au regard des véhicules de l'art. 434-10 C. pén., l'art. L. 2 C. route ne saurait permettre d'étendre le champ d'application de l'art. L. 1 à tous les véhicules ou engins terrestres, fluviaux ou maritimes. • Poitiers, 17 sept. 1998 : *JCP 1999. IV. 2178.*

17. En vertu de l'art. 113 de l'ord. de police du 25 juill. 1862 : « Les jeux de palets, de tonneaux, de siam, de quilles, de volants, de toupies, sabots, bâtonnets, cerfs-volants et tous autres susceptibles de gêner la circulation et d'occasionner des accidents sont interdits sur la voie publique » ; il se déduit de l'économie de ce texte que sont interdits les jeux nécessitant des accessoires encombrant la voie publique et pratiqués ordinairement en groupe ; en l'espèce, le procès-verbal litigieux ne permet pas de vérifier si l'infraction prévue par l'art. 113 précité est caractérisée ; en effet, l'agent verbalisateur n'a pas expliqué en quoi l'utilisation de patins à roulettes était un jeu alors qu'il se rencontre désormais chaque jour à Paris des adeptes de ces engins qui sont pour eux de véritables moyens de locomotion au même titre que les vélocipèdes, la patinettes ou les trottinettes qui empruntent la chaussée ; il n'est qu'à observer l'air sérieux et pressé de la plupart des patineurs pour constater qu'ils ne jouent pas, mais ont rencontré dans ce nouveau moyen de locomotion une manière d'éviter les embouteillages ou de sacrifier à leur idéologie écologique ; par ailleurs, même si le prévenu, un dimanche, s'adonnait à la flânerie, celle-ci n'en était pas pour autant la traduction d'un jeu puisqu'il est acquis que l'on peut flâner à vélo, en voiture ou à cheval sur la voie publique ; d'autre part, l'agent verbalisateur n'a pas indiqué dans le procès-verbal litigieux en quoi le prévenu était susceptible de gêner la circulation et d'occasionner des accidents ; au contraire, la pratique du patin à roulettes a pour effet de fluidifier cette circulation, les accidents sont essentiellement causés par les voitures et les motocyclettes ; la lecture du procès-verbal ne permet pas de savoir si le prévenu avait une vitesse excessive ou trop lente ou ne respectait pas d'une manière générale le code de la route, alors même qu'il ne précise pas la nature et la densité de cette circulation ; dès lors, il apparaît que l'agent verbalisateur a voulu, dans le silence de la loi, adapter un texte manifestement obsolète à une situation de près de 140 ans sa cadette, sans pouvoir faire entrer celle-ci dans le corset étroit du texte avec lequel on a voulu l'habiller ; il y aura lieu, en conséquence, de renvoyer le prévenu des fins de la poursuite. • T. pol. Paris, 8 juin 2000 : *Gaz. Pal. 2000. 2, chron. crim. 2497.*

18. L'art. L. 235-1 C. route, même s'il figure au chapitre V dudit code intitulé « conduite sous l'influence de substances ou plantes classées comme stupéfiants », incrimine le seul fait de conduire un véhicule après avoir fait usage de stupéfiants dès lors que cet usage résulte d'une analyse sanguine. • Crim. 12 mars 2008, n° 07-83.476 P : *Dr. pénal 2008. 86, obs. J.-H. Robert.*

19. L'art. R. 412-7 C. route réprime le fait, pour tout conducteur, de faire circuler son véhicule sur une voie réservée à certaines catégories de véhicules. La liste de ces derniers, qui est fixée, en ce qui concerne la commune de Paris, par le préfet de police, en application des dispositions de l'art. L. 411-2 C. route et L. 2512-14 CGCT, est limitative. Ainsi les voitures de grande remise, lesquelles n'entrent pas dans la catégorie des transports collectifs publics de voyageurs, ne sont pas prévus par l'arrêté préfectoral n° 01-17233 du 24 déc. 2001 portant création et utilisation de voies de circulation réservées à certains véhicules dans plusieurs arrondissements de Paris. • Crim. 16 janv. 2008, n° 06-88.637 P : *Dr. pénal 2008. 30, obs. J.-H. Robert ; RSC 2008. 596. obs. Mascala.*

20. Aux termes de l'art. 1er de la L. du 20 janv. 1995, l'appellation de taxi s'applique à tout véhicule automobile de neuf places assises au plus, y compris celle de chauffeur, muni d'équipements spéciaux, dont le propriétaire ou l'exploitant est titulaire d'une autorisation de stationnement sur la voie publique, en attente de la clientèle, afin d'effectuer, à la demande de celle-ci et à titre onéreux, le transport particulier des personnes et de leurs bagages ; le prévenu a été interpellé par les policiers alors qu'il quittait la station de taxi de la gare de Lyon à Paris, au guidon de sa motocyclette avec une passagère à qui il avait proposé d'assurer le transport ainsi que celui de son bagage ; il a été poursuivi devant le tribunal correctionnel pour avoir exercé l'activité de taxi sans être titulaire de la carte professionnelle en cours de validité, et sans être en possession de l'attestation délivrée par le préfet après vérification médicale de l'aptitude physique ; relaxé en 1re instance, il a été condamné en appel, alors que les faits n'étaient susceptibles d'aucune qualification pénale, l'appellation de taxi, au sens de la loi du 20 janvier 1995, ne s'appliquant pas aux motocyclettes. • Crim. 23 févr. 2010, n° 09-83.070 : *D. 2010, Pan. 2733, obs. Roujou de Boubée.*

21. L'art. L. 235-1 C. route incrimine le seul fait de conduire un véhicule après avoir fait usage de stupéfiants dès lors que cet usage résulte d'une analyse sanguine ; pour relaxer le prévenu du chef de conduite d'un véhicule par conducteur ayant fait usage de stupéfiants, l'arrêt énonce que celui-ci, qui présentait un taux d'acide tétrahydrocannabinol-carboxylique dans le sang inférieur à 20 nanogrammes par millilitre, en l'espèce 3,2 nanogrammes par millilitre, n'était plus sous l'influence du cannabis au moment du contrôle ; en se déterminant ainsi, par des motifs inopérants, la cour d'appel a méconnu le sens et la portée du texte susvisé et du principe ci-dessus énoncé. • Crim. 3 oct. 2012, n° 12-82.498 P : *D. actu. 6 nov. 2012, obs. Bombled ; Gaz. Pal. 18. 2012. 2. 3361, note Mésa.*

22. Concussion. Justifie sa décision la cour d'appel qui, pour écarter l'argumentation du prévenu – qui soutenait que, par suite de la suppression de l'art. 432-10 C. pén. des mots « salaires » et « traitements » figurant à l'art. 174 ancien de ce code, les sommes indûment perçues à ce titre étaient exclues du champ d'application du délit de concussion – énonce notamment que le terme « droits » visé à l'art. 432-10 inclut nécessairement les traitements et salaires, « dès lors que la rémunération d'un salarié est un droit rémunératoire pour celui-ci » ; en effet, entre dans les prévisions, tant de l'art. 174 ancien que de l'art. 432-10 C. pén., le fait pour l'agent contractuel d'une collectivité territoriale de percevoir, au-delà de ceux auxquels il sait avoir droit, des salaires et indemnités dont l'attribution et le montant sont arrêtés, conformément aux textes applicables, par l'autorité publique compétente. • Crim. 24 oct. 2001, n° 00-88.165 P : *D. 2002.*

Somm. 1798, obs. Segonds ; *Dr. pénal 2002. 25, obs. Véron.*

23. Construction. La loi pénale est d'interprétation stricte. Il s'ensuit que la poursuite de travaux malgré une décision de la juridiction administrative prononçant le sursis à exécution du permis de construire n'est pas constitutive de l'infraction de construction sans permis prévue par l'art. L. 480-4 C. urb. • Cass., ass. plén., 13 févr. 2009, n° 01-85.826 : *JCP 2009. II. 10057, note Bailleul* ; *RSC 2009. 386, obs. J.-H. Robert*. ♦ ... Une société civile immobilière, ayant le prévenu pour gérant, a obtenu un permis de construire en vue d'édifier un hôtel. Saisie d'une action engagée par une association de défense, la juridiction administrative a ordonné le sursis à exécution dudit permis. Ayant poursuivi la construction de l'hôtel postérieurement à la notification du jugement, le gérant a été renvoyé devant le tribunal correctionnel sur le fondement de l'art. L. 480-3 C. urb. pour avoir exécuté des travaux nonobstant le jugement qui avait ordonné le sursis à exécution du permis de construire délivré. Pour requalifier les faits et déclarer le prévenu coupable du délit de construction sans permis prévu par l'art. L. 480-4 C. urb. après avoir constaté que la décision du tribunal administratif n'avait été suivie d'aucun arrêté prescrivant l'interruption des travaux, les juges du second degré retiennent que le prévenu, informé de la décision de sursis à exécution par la notification du jugement, était tenu de les interrompre, le permis de construire étant suspendu. En statuant ainsi, la cour d'appel a violé l'art. 111-4 C. pén. et l'art. L. 480-4 C. urb. • Même arrêt. ♦ Sur la condamnation de la France pour violation de l'art. 7 Conv. EDH, en rapport avec cette espèce : • CEDH 10 oct. 2006, *Pessino c/ France : D. 2007. 124, note Roets, et Pan. 400, obs. Roujou de Boubée* ; *JCP 2007. II. 10092, note Zerouki-Cottin.*

24. Discrimination. Des stages n'ont pas le caractère d'embauche ; en effet, un stage est « une période pendant laquelle une personne est accueillie en entreprise en vue de compléter sa formation professionnelle » ; le stagiaire n'est pas, en tant que tel, titulaire d'un contrat de travail ; ainsi le refus d'un stage ne peut être assimilé à un refus d'embauche au sens de l'art. 225-2, 3°, C. pén. • Montpellier, 17 févr. 2000 : *Dr. pénal 2000. 125 (2e arrêt), obs. Véron.*

25. Exercice illégal d'une activité. Encourt la censure pour défaut de base légale l'arrêt qui déclare constitué le délit d'exercice illégal d'une activité d'agent de voyages, prévu par l'art. 29 de la L. du 13 juill. 1992, sans avoir caractérisé l'une des opérations mentionnées à l'art. 1er de cette loi, consistant en l'organisation ou la vente des voyages, séjours ou services visés par ce texte, auxquelles le prévenu se serait livré ou aurait prêté son concours. • Crim. 23 oct. 2001, n° 00-87.799 P. ♦ L'exercice illégal de l'activité de conducteur de taxi ne saurait être retenu à l'encontre de la personne qui, sur sa motocyclette et sans les autorisations requises, stationne sur la voie publique et accepte de transporter un passager moyennant une rémunération. • Crim. 23 févr. 2010 : *D. 2010. Pan. 2733, obs. Roujou de Boubée*.

26. Faux. Méconnaît les dispositions des art. 111-4 et 441-7 C. pén. la cour d'appel qui condamne les prévenus pour fausses attestations, alors que ces documents, produits à l'appui d'une action en remboursement à l'encontre d'un ancien concubin, se bornent à faire état d'un projet de prêt et ne contiennent aucune affirmation de faits matériels inexacts. • Crim. 18 févr. 2003, n° 02-85.485 P : *Dr. pénal 2003. Comm. 70, obs. Véron.*

27. Le fait, pour un expert, de falsifier les données ou les résultats de l'expertise est réprimé et puni par l'art. 434-20 nouv. C. pén. ; il ne faisait toutefois l'objet d'aucune incrimination particulière sous l'ancien code pénal ; en vertu du principe de l'interprétation stricte des textes pénaux, il n'est pas possible de poursuivre de tels faits, commis avant l'entrée en vigueur du code pénal actuel, sous la qualification de faux témoignage prévue par l'art. 362 de l'ancien code pénal ; en effet, il n'est pas possible d'assimiler l'expert au témoin, dès lors que le premier est chargé de donner un avis sur une question technique et que le second doit relater des faits vus ou entendus ; en outre, les formules de leurs prestations de serment respectives sont différentes ; en conséquence, l'action de la partie civile doit être déclarée irrecevable. • Paris, 24 avr. 1997 : *JCP 1997. IV. 2113.*

28. Filouterie. La loi pénale s'interprète restrictivement ; la filouterie hôtelière prévue par l'art. 313-5, 2°, C. pén. s'entend exclusivement de l'attribution et de l'occupation effective d'une chambre et ne s'étend pas au non-paiement de prestations annexes telles que des communications téléphoniques. • Rennes, 3 mai 2000 : *Dr. pénal 2000. 125 (1er arrêt), obs. Véron.*

29. Une ambulance destinée au transport des malades et dont l'exploitation n'est pas subordonnée à l'obtention d'un permis de stationnement sur la voie publique, ne rentre pas dans la catégorie des voitures de place visée par la L. du 31 mars 1926 (C. pén., art. 313-5). • Crim. 15 mai 1973, n° 72-92.176 P : *Gaz. Pal. 1973. 2. 572.* ♦ L'art. 313-5 § 4, C. pén. réprime la filouterie de voiture de place ; une voiture de place est un véhicule loué sur la voie publique, voie publique sur laquelle son propriétaire est titulaire d'un droit de place ; tel n'est pas le cas d'un car de transport en commun. • Toulouse, 12 oct. 2000 : *D. 2001. IR 594.*

30. Fœtus. V. ss. art. 221-6.

31. Menaces. Aux termes de l'art. 111-4 C. pén., la loi pénale est d'interprétation stricte ; selon l'art. 222-17 C. pén., la menace de mort implique, pour être constituée, que soit caractérisée sa réitération ou sa matérialisation par un écrit, une image ou tout autre objet ; pour déclarer le prévenu coupable de menaces de mort, l'arrêt énonce que constitue une image ou un objet matérialisant la menace le fait d'avoir pointé du doigt quatre salariées comme s'il tenait une arme en disant « pan, pan, pan, pan, toutes les quatre fusillées » et en mimant l'acte de souffler sur le canon d'un pistolet ; en se déterminant ainsi, alors que l'action décrite ne pouvait s'analyser qu'en un simple geste accompagnant une menace verbale, la cour d'appel a méconnu les textes susvisés et les principes ci-dessus rappelés. • Crim. 22 sept. 2015, n° 14-82.435 P : *D. actu. 15 oct. 2015, obs. J. Gallois.*

32. Navigation. Le demandeur a fait circuler sur la Seine un bateau à moteur diesel dépourvu de permis de navigation ; la cour d'appel l'a condamné de ce chef en lui faisant application de l'art. 138 C. voies navigables, qui punit d'une amende de 24 000 F à 400 000 F tout propriétaire ou chef d'entreprise qui a fait naviguer un bateau à vapeur sans un permis de navigation délivré par l'autorité administrative dans les conditions fixées par règlement d'administration publique ; cette décision est justifiée ; en effet, l'art. 138 précité n'est que la reproduction de l'art. 8 de la L. du 21 juill. 1856, introduit dans le code des voies navigables par le décr. du 13 oct. 1956 qui n'avait pas le pouvoir d'en modifier la rédaction ; l'art. 8 promulgué à une époque où il n'existait pas d'autre procédé de propulsion mécanique des bateaux que les machines à vapeur, a soumis à l'obligation du permis de navigation tous les bateaux à propulsion mécanique par opposition aux bateaux à voile ou à rame ; la découverte ultérieure de nouveaux procédés de propulsion mécanique ne saurait avoir pour effet de dispenser les bateaux qui en sont pourvus, d'une obligation aussi essentielle ; ainsi, sans porter atteinte au principe d'interprétation restrictive de la loi pénale, l'extension de l'art. 138 à tous les modes de propulsion mécanique correspond à la seule interprétation raisonnable dudit article. • Crim. 1er avr. 1965 : *Bull. crim. n° 106 ; Gaz. Pal. 2015. 3571, note Grécourt.*

33. Pollution. Lors d'une opération de vidange d'un étang, des boues se sont déversées en aval, provoquant, du fait d'une forte baisse de la teneur en oxygène des eaux de la rivière, une modification très importante des conditions de vie du poisson, de nature à lui porter atteinte ; pour confirmer la décision de relaxe pour pollution de cours d'eau, la cour d'appel retient que la pollution constatée n'était que le résultat de boues déjà présentes dans l'étang et non de corps étrangers, et qu'un tel déversement n'entrait pas dans les prévisions de l'art. L. 434-1 C. rur., devenu l'art. L. 432-2 C. envir. ; en subordonnant l'application de ce texte à une condition qu'il ne prévoit pas, la cour d'appel en a fait une fausse application. • Crim. 26 févr. 2002, n° 01-86.624 P : *Dr. pénal 2002. 71 (2e arrêt), obs. J.-R. Robert ; Gaz. Pal. 2003. 2. 2318, note A.C. ; RSC 2002. 824, obs. J.-H. Robert.*

34. Revenge porn. Aux termes de l'art. 111-4 C. pén., la loi pénale est d'interprétation stricte ; il se déduit des art. 226-1 et 226-2 C. pén. que le fait de porter à la connaissance du public ou d'un tiers, soit des paroles prononcées à titre privé ou confidentiel, soit l'image d'une personne se trouvant dans un lieu privé, n'est punissable que si l'enregistrement ou le document qui les contient a été réalisé sans le consentement de la personne concernée ; Mme Y... a porté plainte et s'est constituée partie civile en raison de la diffusion sur internet, par M. X..., son ancien compagnon, d'une photographie prise par lui, à l'époque de leur vie commune, la représentant nue alors qu'elle était enceinte ; que M. X... a été poursuivi devant le tribunal correctionnel du chef d'utilisation d'un document obtenu à l'aide de l'un des actes prévus par l'art. 226-1 C. pén. ; il a relevé appel du jugement l'ayant déclaré coupable de ce délit ; pour confirmer cette décision, l'arrêt énonce que le fait, pour la partie civile, d'avoir accepté d'être photographiée ne signifie pas, compte tenu du caractère intime de la photographie, qu'elle avait donné son accord pour que celle-ci soit diffusée ; en se déterminant ainsi, alors que n'est pas pénalement réprimé le fait de diffuser, sans son accord, l'image d'une personne réalisée dans un lieu privé avec son consentement, la cour d'appel a méconnu les textes susvisés et le principe ci-dessus énoncé. • Crim. 16 mars 2016, n° 15-82.676 P : *D. actu. 21 mars 2016, obs. Fucini ; JCP 2016. 658, note Saint-Pau.* ♦ Le procédé est désormais incriminé par l'art. 226-2-1 C. pén., réd. L. n° 2016-1321 du 7 oct. 2016, art. 67.

35. Secret de l'instruction. Il résulte de la combinaison des art. 11 C. pr. pén. et 226-13 C. pén. que la violation du secret de l'enquête ou de l'instruction implique que l'auteur de cette violation concourt à la procédure ; à défaut pour la loi d'avoir expressément désigné les personnes « concourant » à la procédure, le principe de l'interprétation stricte de la loi pénale, posé par l'art. 111-4 C. pén., impose de ne considérer comme tels que ceux qui prennent une part active à la procédure, soit qu'ils conduisent l'enquête ou l'instruction, soit qu'ils aient été désignés officiellement pour apporter leur aide ou leur assistance ; lorsqu'une agence bancaire, judiciairement requise de communiquer l'état de situation du compte de l'un de ses clients, exécute la réquisition par l'entremise de l'un de ses agents, cet agent, en l'occurrence le directeur de l'agence, qui n'a pas été désigné personnellement et s'est borné à déférer à une injonction judiciaire, ne peut être considéré comme ayant pris une part active à l'enquête, et partant, comme l'un des acteurs qui concourt à cette procédure ; il s'ensuit que l'infraction n'est pas constituée. • TGI Versailles, 18 nov. 1999 : *BICC 2000. 1349.*

36. Sociétés. La loi pénale étant d'interprétation stricte, il convient de constater que l'infraction visée par l'art. 441 de la L. n° 66-537 du 24 juill. 1966 (non convocation de l'assemblée générale annuelle) ne peut être imputée à l'administrateur judiciaire dès lors que ce dernier n'est ni président ni administrateur de la société, seules personnes désignées par ce texte ; en outre, les pouvoirs de l'administrateur judiciaire, notamment chargé d'assurer seul et entièrement l'administration de l'entreprise en application de l'art. 31-3 de la L. n° 85-98 du 25 janv. 1985, concernent exclusivement les actes relevant de l'activité externe de la société et non ceux relatifs au fonctionnement interne de la vie de la société, lesquels n'ont aucune incidence patrimoniale ; si l'administrateur judiciaire est tenu, aux termes de l'art. 31 de la loi précitée, dans sa mission, au respect des obligations légales et conventionnelles incombant au chef d'entreprise, il n'en devient pas pour autant dirigeant social mais doit, comme chef d'entreprise, dans le fonctionnement de la société vis-à-vis des tiers, respecter la réglementation, notamment fiscale et du travail ; dès lors, le prévenu n'avait pas le pouvoir et ainsi l'obligation de convoquer l'assemblée générale ordinaire d'approbation des comptes de l'exercice comptable clos. • Metz, 21 juill. 1999 : *D. Affaires 1999. AJ 8, obs. A. L.*

37. Travail dissimulé. Une société et cinq de ses salariés ont été poursuivis pour recours aux services de personnes exerçant un travail dissimulé à la suite de l'achat, à plusieurs reprises, de métaux à des personnes exerçant l'activité de ferrailleurs sans être inscrites au registre du commerce ou au registre des métiers ; le tribunal correctionnel les a relaxés ; pour confirmer le jugement entrepris et renvoyer les prévenus des fins de la poursuite, l'arrêt retient que le délit prévu par l'art. L. 324-9, devenu L. 8221-1-3° C. trav., suppose pour être applicable, l'existence d'un contrat de prestations de services avec un donneur d'ordre ; les juges ajoutent que si une obligation positive de vérification de la situation de son cocontractant est mise légalement à la charge du donneur d'ordre dans le cadre d'une prestation de services, tel n'était pas le cas, en l'espèce, les relations contractuelles entre les ferrailleurs et la société étant celles inhérentes au contrat de vente ; en l'état de ces énonciations, d'où il résulte que la société poursuivie ne se trouvait pas dans la situation de donneur d'ordre ayant recours aux services d'une personne exerçant un travail dissimulé mais dans celle d'une partie à des contrats de vente, la cour d'appel a justifié sa décision. • Crim. 4 sept. 2012, n° 11-87.225 P : *D. actu. 11 oct. 2012, obs. Priou-Alibert ; RSC 2012. obs. Cerf-Hollender.*

38. Tromperie – Publicité mensongère. La location d'un immeuble, fût-il meublé, n'entre pas, en tant que telle, dans le champ d'application des art. L. 213-1 et L. 216-1 C. consom. ; pour déclarer une société agent immobilier coupable de tromperie « sur la nature, la quantité, l'origine ou les qualités d'une marchandise », l'arrêt, après avoir énoncé que la prévenue ne conteste pas que la surface du logement donné à bail était inférieure aux 18 m² annoncés tant par la fiche technique remise avant la signature du contrat que par l'état des lieux, retient, par motifs propres et adoptés, que le fait de communiquer au preneur, avant la conclusion du bail, un document mentionnant une surface approximative, supérieure à la surface réelle, a pour effet de tromper le futur locataire sur un élément déterminant du contrat ; en prononçant ainsi, alors que les faits reprochés ne pouvaient constituer une tromperie ni sur les qualités substantielles d'une marchandise ni sur celles d'une prestation de services, la cour d'appel a méconnu les textes susvisés ; d'où il suit que la cassation est encourue ; elle aura lieu sans renvoi, les faits reprochés n'étant pas susceptibles de qualification pénale. • Crim. 13 janv. 2009, n° 08-84.069 P : *JCP 2009. II. 10094, note Donnier ; AJ pénal 2009. 179, obs. Demarchi ; Dr. pénal 2009, n° 37, obs. J.-H. Robert ; RSC 2010. 152, obs. Ambroise-Castérot.*

39. Le juge répressif ne peut prononcer une peine sans avoir relevé tous les éléments de l'infraction qu'il réprime ; il résulte de l'arrêt attaqué et des pièces de procédure qu'à l'occasion d'un contrôle effectué le 5 avr. 2006 dans un restaurant, des agents de la Direction générale de la concurrence, de la consommation et de la répression des fraudes ont constaté que l'affiche prescrite par le Décr. du 17 déc. 2002 relatif à l'étiquetage des viandes bovines dans les établissements de restauration mentionnait, comme pays d'origine de la viande bovine contenue dans les produits alimentaires vendus aux consommateurs, la France, l'Italie, l'Irlande et l'Espagne, alors que la viande était uniquement d'origine française ; la société exploitante a été poursuivie pour publicité de nature à induire en erreur devant le tribunal correctionnel qui l'a déclarée coupable par jugement dont elle a relevé appel ; pour confirmer le jugement sur la culpabilité, l'arrêt retient que l'affichage litigieux créait une confusion de nature à induire en erreur le consommateur sur l'origine de la viande qui lui était servie ; mais en l'état de ces seules énonciations, qui ne caractérisent pas le délit de publicité trompeuse, la cour d'appel, qui n'a pas recherché si les faits dont elle était saisie ne constituaient pas la contravention de la troisième classe prévue par l'art. 3 du décret du 17 déc. 2002, n'a pas justifié sa décision. • Crim. 23 mars 2010, n° 09-82.545 P : *D. 2010. 1913, note Dreyer ; RSC 2011. 104, obs. Ambroise-Castérot.*

40. Usurpation de titre. A quelques nuances de langage près, l'art. 433-17 C. pén. ne fait que reprendre le deuxième al. de l'art. 259 de l'ancien code pénal, mais il n'y subsiste aucune trace de l'al. 3 du même article qui réprimait l'usurpation de titre en particulier nobiliaire ; le plaignant soutient que les faits reprochés restent punissables au regard des dispositions de l'art. 433-17 en cela que les titres de noblesse seraient une « qualité » dont les conditions d'attribution seraient fixées par l'autorité publique, leur usage irrégulier constituant toujours un délit ; rien n'indique que le législateur a cru pouvoir, dans un souci de concision, donner la même extension à l'al. unique de l'art. 433-17 qu'aux al. 2 et 3 de l'art. 259 de l'ancien code pénal ; aucun élément tiré des travaux parlementaires n'indique cependant une quelconque intention de dépénaliser ces faits d'usurpation ; on sait que l'al. 3 de l'art. 259 de l'ancien code pénal avait été introduit par une L. du 28 mai 1858, ce qui tendrait à démontrer que les dispositions existantes, celles de l'al. 2 du même article, étaient jugées insuffisantes ; on comprend mal qu'aujourd'hui le législateur se serait privé d'un texte spécifique si son intention répressive était demeurée intacte ; plus fondamentalement, on doit se demander si le titre nobiliaire est ou non une « qualité dont les conditions d'attribution sont fixées par l'autorité publique ». • TGI Bordeaux, 17 févr. 2000 : *D. 2001. 2921, note E. Agostini* . ♦ ... Le titre nobiliaire ne peut être considéré aujourd'hui comme une « qualité » dont les conditions d'attribution sont fixées par l'autorité publique ; ceci vaut aussi pour les titres de noblesses étrangers puisque la procédure, prévue pour en autoriser l'usage par un Français, est justement tombée en désuétude parce que la République a tiré les conséquences logiques de ce qu'en raison de l'abolition de la noblesse elle ne confère plus de titres nobiliaires et qu'elle s'interdit en quelque sorte de tourner cette règle en autorisant le port de titres étrangers par ses nationaux ; pour ces raisons, l'interprétation extensive de l'art. 433-17 défendue par le plaignant ne peut être partagée par le tribunal ; la « qualité » visée par l'art. 433-17 et par l'art. 259, al. 2, de l'ancien code pénal n'englobe pas aujourd'hui le titre nobiliaire et ne peut remplacer la disparition des dispositions contenues dans l'art. 259, al. 3, de l'ancien code pénal ; il faut donc conclure que les comportements définis et réprimés par l'art. 259, al. 3, de l'ancien code pénal ne sont plus aujourd'hui pénalement répréhensibles ; or, selon l'art. 111-3 C. pén., nul ne peut être puni pour un crime ou un délit dont les éléments ne sont pas définis par la loi. • Même jugement.

II. QUALIFICATION

BIBL. Guéry, *D. 1996. Chron. 335* (aux confins du droit et de la procédure pénale : la relative liberté de qualification du juge d'instruction). – Rebut, *Rev. Justices, n° 4, 1996. 286* (information judiciaire et faits nouveaux). – A. et Ch. Guéry, *Dr. pénal 2005, Étude 6* (de la difficulté pour le juge pénal d'appeler un chat, un chat (requalification « stricte » ou « élargie » : devoirs et pouvoirs du tribunal correctionnel). – Ch. Guéry et Guichard, *JCP 2007. I. 202* (la partie civile et la « reprise » de l'information).

41. Jurisprudence européenne. La Cour rappelle que les dispositions de l'art. 6, § 3, a), Conv. EDH montrent la nécessité de mettre un soin extrême à notifier l'« accusation » à l'intéressé ; l'acte d'accusation joue un rôle déterminant dans les poursuites pénales : à compter de sa signification, la personne mise en cause est officiellement avisée par écrit de la base juridique et factuelle des reproches formulés contre elle (arrêt *Karnasinski c/ Autriche* du 19 déc. 1989, série A n° 168, p. 36-37, § 79) ; l'art. 6, § 3, a), Conv. EDH reconnaît à l'accusé le droit d'être informé non seulement de la cause de l'accusation, c'est-à-dire des faits matériels qui sont mis à sa charge et sur lesquels se fonde l'accusation, mais aussi de la qualification juridique donnée à ces faits, et ce d'une manière détaillée ; la portée de cette disposition doit notamment s'apprécier à la lumière du droit plus général à un procès équitable que garantit l'art. 6, § 1, Conv. EDH (V., *mutatis mutandis*, arrêts *Deweer c/ Belgique* du 27 févr. 1980, série A n° 35, p. 30-31, § 56 ; *Artico c/ Italie* du 13 mai 1980, série A n° 37, p. 15, § 32 ; *Goddi c/ Italie* du 9 avr. 1984, série A n° 76, p. 11, § 28 ; *Colozza c/ Italie* du 12 févr. 1985, série A n° 89, p. 14, § 26) ; la Cour considère qu'en matière pénale, une information précise et complète des charges pesant contre un accusé, et donc la qualification juridique que la juridiction pourrait retenir à son encontre, est une condition essentielle de l'équité de la procédure ... ; la Cour estime qu'il existe un lien entre les al. a) et b) de l'art. 6, § 3, Conv. EDH et que le droit à être informé sur la nature et la cause de l'accusation doit être envisagé à la lumière du droit pour l'accusé de préparer sa défense. • CEDH 25 mars 1999, *Pélissier et Sassi c/ France : D. 2000. 357, note D. Roets* . ♦ ... La Cour considère qu'il n'est pas établi que les requérants auraient eu connaissance de la possibilité de requalification du délit de banqueroute en complicité de banqueroute ; ... elle conclut qu'une atteinte a été portée au droit des requérants à être informés d'une manière détaillée de la nature et de la cause de l'accusation portée contre eux, ainsi qu'à leur droit à disposer du temps et des facilités nécessaires à la préparation de leur défense ; ... La Cour n'a pas à apprécier le bien-fondé des moyens de défense que les requérants auraient pu invoquer s'ils avaient eu la possibilité de débattre de la complicité de banqueroute ; elle relève simplement qu'il est plausible de soutenir que ces moyens auraient été différents de ceux choisis afin de contester l'action principale. • Même décision.

42. Sur la condamnation de la France pour excès de formalisme par application de l'art. 186-3 C. pr. pén., à propos de la correctionnalisation d'un viol en agression sexuelle. • CEDH 15 déc. 2011, *Poirot c/ France*, n° 29938/07 : *RSC 2012. 142, obs. Mayaud*. ♦ Rappr. : • Crim. 4 juin 2014, n° 14-80.544 P : *D. actu. 23 juin 2014, obs. Fonteix ; AJ pénal 2014. 591, obs. Lasserre Capdeville ; JCP 2014, n° 789, note Gallardo.*

A. PRINCIPES

43. Compétence d'ordre public. En matière répressive, la compétence des juridictions est d'ordre public ; il appartient aux juges correctionnels, saisis de la cause entière par l'appel du ministère public, de se déclarer incompétents, même d'office, lorsque les faits poursuivis ressortissent à la juridiction criminelle. • Crim. 22 mai 1996, n° 95-84.899 P • 31 janv. 2007 : *Dr. pénal 2007. 68 (2e esp.), obs. Véron (V. ss. art. 222-23).*

44. Dès lors, d'une part, qu'aucune autorité de chose jugée quant à la compétence ne saurait s'attacher à un arrêt avant dire droit et que, d'autre part, en matière répressive, la compétence des juridictions est d'ordre public et qu'il appartient aux juges correctionnels, même d'office et en tout état de la procédure, de se déclarer incompétents lorsque les faits poursuivis ressortissent à la juridiction criminelle, une cour d'appel justifie sa décision d'annuler le jugement entrepris et de se déclarer incompétente au motif que les faits, s'ils étaient établis, relèveraient d'une qualification criminelle. • Crim. 1er févr. 2005, n° 04-85.351 P.

45. En matière répressive, la compétence des juridictions étant d'ordre public, il appartient aux juges correctionnels de vérifier cette compétence. Selon les art. 706-19 et 706-20 C. pr. pén., lorsque le tribunal correctionnel de Paris constate que les faits, dont il est saisi en application de l'art. 706-17 du code précité, ne constituent pas des actes de terrorisme et ne relèvent pas de sa compétence à un autre titre, il est tenu de se déclarer incompétent et de renvoyer le ministère public à se pourvoir ainsi qu'il avisera. • Crim. 15 nov. 2006, n° 06-85.275 P.

46. En matière répressive, la compétence des juridictions est d'ordre public ; les juges du second degré, saisis de la cause entière par l'appel du ministère public, doivent examiner, même d'office, leur compétence et se déclarer incompétents si les faits poursuivis sont du ressort de la juridiction criminelle ; la prévenue a été citée directement devant le tribunal correctionnel, à la requête du procureur de la République, du chef de faux dans un document administratif, « en l'espèce un acte de mariage », par une personne chargée d'une mission de service public, agissant dans l'exercice de ses fonctions ; pour la déclarer coupable de cette infraction, les juges du second degré énoncent que la prévenue, en sa qualité d'officier de l'état civil, a signé un acte constatant un mariage fictif ; en prononçant ainsi, alors que les faits, à les supposer établis, constituent le crime de faux commis dans une écriture publique, par un officier de l'état civil, prévu et réprimé par l'art. 441-4, al. 3, C. pén., et qu'ainsi la juridiction correctionnelle était incompétente pour en connaître, la cour d'appel a méconnu les art. 469, 512 et 519 C. pr. pén. et le principe ci-dessus rappelé ; d'où il suit que la cassation est encourue. • Crim. 20 juill. 2011, n° 10-83.763 P : *Gaz. Pal. 2012. 1. 301, obs. Dreyer ; RSC 2012. 151, obs. Mascala*.

1° JURIDICTIONS D'INSTRUCTION

47. Concrétisation des éléments de fait et de droit. Le juge d'instruction, régulièrement saisi d'une plainte avec constitution de partie civile, a le devoir de vérifier la réalité des faits dénoncés, et de déterminer leur qualification pénale éventuelle. • Crim. 26 sept. 2001, n° 01-84.565 P : *Dr. pénal 2002, chron. n° 4, obs. Marsat ; ibid. 34, obs. J.-H. Robert.*

48. Les juridictions d'instruction apprécient souverainement si les faits retenus à la charge de la personne mise en examen sont constitutifs d'une infraction, la Cour de cassation n'ayant d'autre pouvoir que de vérifier si, à supposer ces faits établis, la qualification justifie la saisine de la juridiction de jugement. • Crim. 29 oct. 2003 : *JCP 2004. IV. 1043* • 23 juin 2004, n° 02-83.638 P • 7 févr. 2007 : *Gaz. Pal. 2007. 2. Somm. 4255* • 24 avr. 2007 : *ibid. 2007. 2. Somm. 4249* • 24 mars 2015, n° 15-80.023 P : *D. actu. 14 avr. 2015, obs. Priou-Alibert* • 7 oct. 2016, n° 16-84.597 P : *D. actu. 18 oct. 2016, obs. Fucini ; AJ pénal 2016. 526, note Mayaud*.

49. Le ministère public, auquel le tribunal correctionnel, constatant que le juge d'instruction a omis, dans son ordonnance de renvoi, de statuer sur des faits dont il avait été saisi, a renvoyé la procédure aux fins de régularisation, est habilité à adresser au magistrat instructeur des réquisitions visant les faits sur lesquels celui-ci a le devoir de statuer. • Crim. 21 nov. 2007 : *AJ pénal 2008. 96, obs. Lavric*.

50. Le juge d'instruction a l'obligation d'informer sur tous les faits résultant de la plainte et des pièces y analysées, sous toutes leurs qualifications possibles, sans s'en tenir à celle proposée par la partie civile. • Crim. 19 déc. 2012, n° 12-81.043 P : *D. 2013. 551, note Décima et Detraz*.

2° JURIDICTIONS DE JUGEMENT

a. Respect de la saisine

51. Support de la compétence. Les juridictions correctionnelles doivent statuer sur l'ensemble des faits dont elles sont saisies par l'ordonnance de renvoi. • Crim. 14 nov. 2000, ⚖ n° 00-80.817 P • 10 oct. 2006, ⚖ n° 06-80.170 P.

52. Les juges ne peuvent légalement statuer que sur les faits dont ils sont saisis. • Crim. 21 mai 1996, ⚖ n° 94-85.029 P : *Dr. pénal 1996. 228 (II), obs. J.-H. Robert.* ♦ Les juges correctionnels ne peuvent statuer légalement que sur les faits relevés dans l'ordonnance de renvoi ou la citation qui les a régulièrement saisis, à moins que le prévenu ait accepté formellement d'être jugé sur des faits différents. • Crim. 18 déc. 1996 : ⚖ *inédit.* ♦ Les juridictions pénales ne peuvent statuer que sur les faits dont elles ont été régulièrement saisies. • Crim. 8 sept. 2004 : ⚖ *Dr. pénal 2004. 186 (2e esp.), obs. Maron.* ♦ Les tribunaux correctionnels ne peuvent statuer que sur les faits relevés par l'ordonnance ou la citation qui les a saisis ; en matière douanière, seuls les procès-verbaux joints à la citation peuvent préciser l'objet de cette dernière sans en étendre la portée. • Crim. 9 mars 2005, ⚖ n° 04-81.597 P.

53. La juridiction correctionnelle, qui constate que le prévenu a été renvoyé devant elle par une ordonnance du juge d'instruction visant certains faits pour lesquels il n'a pas été mis en examen, n'est pas légalement tenue d'annuler l'ordonnance de renvoi et de se dessaisir. Elle a, en effet, la faculté de renvoyer l'examen de l'affaire à une audience ultérieure et de transmettre le dossier de la procédure au ministère public pour lui permettre de saisir à nouveau la juridiction d'instruction par des réquisitions appropriées aux fins de régularisation pour la partie des faits qui n'ont pas donné lieu à une mise en examen, ce qui n'implique pas son dessaisissement, et lui permet de maintenir le prévenu en détention lorsque celle-ci est nécessaire compte tenu de la peine encourue. • Crim. 21 févr. 2007, ⚖ n° 06-89.043 P.

54. Faits non compris dans l'acte de saisine. S'il appartient aux juges répressifs de restituer aux faits dont ils sont saisis leur véritable qualification, c'est à la condition de n'y rien ajouter, sauf acceptation expresse par le prévenu d'être jugé sur des faits ou circonstances aggravantes non compris dans la poursuite. • Crim. 22 nov. 1994, ⚖ n° 94-80.387 P • 18 déc. 1996, ⚖ n° 96-82.083 P • 22 mars 2000, ⚖ n° 98-87.496 P • 27 avr. 2000, ⚖ n° 99-83.648 P. ♦ S'il appartient au juge de restituer aux faits poursuivis leur véritable qualification, il ne peut substituer des faits distincts à ceux de la prévention, à moins que le prévenu accepte expressément d'être jugé sur des faits nouveaux. • Crim. 23 janv. 2001, ⚖ n° 00-80.600 P : *JCP E 2001. 1385, note J.-H. Robert ; Dr. pénal 2001. 109, obs. Maron.* ♦ Les juges ne peuvent statuer que sur les faits dont ils sont saisis, à moins que le prévenu n'accepte expressément d'être jugé sur des faits distincts de ceux visés à la prévention. • Crim. 19 avr. 2005, ⚖ n° 04-83.879 P.

55. Méconnaît ce principe la cour d'appel qui, sans l'acceptation du prévenu renvoyé pour recel de vol, le condamne pour vol aggravé, alors que les éléments constitutifs du vol, différents de ceux du recel, et les circonstances aggravantes retenues n'étaient pas compris dans la poursuite. • Crim. 22 nov. 1994 : ⚖ *préc. note 54.* ♦ ... De même, faute d'y avoir consenti, des prévenus, poursuivis du chef de l'art. L. 122-9, 4°, C. consom., réprimant l'abus de la faiblesse ou de l'ignorance d'une personne pour lui faire souscrire un engagement, ne sauraient être condamnés pour vol, les éléments constitutifs des deux infractions étant différents. • Crim. 18 déc. 1996 : ⚖ *préc. note 54.* ♦ Ce principe n'est pas respecté dès lors qu'il ne résulte d'aucune mention de l'arrêt que le prévenu ait accepté d'être jugé pour le délit d'omission de porter secours, différent dans ses éléments constitutifs de celui de violences volontaires, objet de la poursuite. • Crim. 22 mars 2000 : ⚖ *préc. note 54.* ♦ Dans le même sens, mais pour une requalification du délit d'omission de porter secours, initialement retenu, en violences mortelles • Crim. 22 avr. 1986, n° 84-95.759 P. ♦ Méconnaît l'art. 388 C. pr. pén. la cour d'appel qui a condamné un prévenu du chef d'abus de confiance après avoir requalifié certains faits poursuivis initialement sous la prévention de recels d'abus de confiance, pour avoir détourné des chèques et des sommes au préjudice de son employeur et de diverses personnes, alors qu'il ne résulte d'aucune mention de l'arrêt ni des pièces de procédure que le prévenu ait accepté d'être jugé du chef d'abus de confiance et que les éléments constitutifs de ce délit, différents de ceux du recel, n'étaient pas compris dans la poursuite. • Crim. 27 avr. 2000 : ⚖ *préc. note 54.* ♦ Méconnaît l'art. 388 C. pr. pén. et ce principe la cour d'appel qui, pour écarter l'argumentation d'un prévenu, avocat, et confirmer le jugement entrepris qui a déclaré coupable cet avocat d'infraction à la législation du démarchage à domicile, alors qu'il était initialement poursuivi sous la prévention d'abus de confiance, énonce que le fait pour le prévenu de s'être déplacé, même à la demande de l'intéressé, à l'hôpital pour proposer une prestation de services, sous forme d'un contrat de mandat, est constitutif d'une opération de démarchage prohibé, au sens de l'art. L. 121-21 C. consom., sans constater que le prévenu a accepté de comparaître sous la nouvelle prévention de démarchage illicite prévue et réprimée par les art. L. 121-21 s. C. consom., et alors, au demeurant, que ces dispositions ne sont pas applicables au démarchage de l'avocat prévu et réprimé par l'art. 66-4 de la L. n° 71-1130 du 31 déc. 1971 modifié. • Crim. 23 janv. 2001 : ⚖ *préc. note 54.* ♦ Méconnaît les art. 388 et 512 C. pr. pén., et excède les limites de sa saisine, la cour d'appel qui, après avoir rappelé que le prévenu a été renvoyé devant le tribunal correctionnel pour avoir télédiffusé des vidéogrammes sans l'autorisation des producteurs, en l'espèce vingt films et des dessins animés, infraction prévue par l'art. L. 335-4 CPI, ajoute que d'autres cassettes contrefaites ont, en outre, été saisies et que l'ensemble des agissements constatés permet d'entrer en voie de condamnation du chef du délit de contrefaçon d'œuvres de l'esprit en violation des droits des auteurs, prévu par l'art. L. 335-3 CPI, alors qu'il ne résulte pas de l'arrêt que les prévenus aient accepté d'être jugés sur des faits distincts de ceux exactement qualifiés par la chambre de l'instruction. • Crim. 19 avr. 2005 : *préc. note 54.*

56. A excédé les limites de sa saisine la cour d'appel qui, pour déclarer le prévenu coupable de tromperie, retient que s'il n'était pas établi que l'acheteur ait été trompé sur le kilométrage réel du véhicule, en revanche le prévenu avait caché à celui-ci que le véhicule avait été accidenté ; ce fait n'était pas compris dans la prévention, et il ne résulte pas de l'arrêt attaqué que le prévenu ait accepté d'être jugé sur des faits distincts de ceux résultant de la prévention. • Crim. 5 juin 1996, n° 95-83.265 P.

57. Tout prévenu a droit à être informé d'une manière détaillée de la nature et de la cause de la prévention dont il est l'objet et il doit, par suite, être mis en mesure de se défendre tant sur les divers chefs d'infraction qui lui sont imputés que sur chacune des circonstances aggravantes susceptibles d'être retenues à sa charge ; méconnaît ce principe la cour d'appel qui déclare coupable d'atteintes sexuelles sur mineurs de quinze ans ou de plus de quinze ans par personne ayant autorité, délit prévu et réprimé par les art. 227-26 et 227-27 C. pén., un professeur de collège auquel il est reproché de s'être livré sur onze de ses jeunes élèves, âgées de douze à quinze ans, à des attouchements sur les seins et les cuisses, qui est poursuivi pour avoir exercé sans violence, contrainte, menace ni surprise, des atteintes sexuelles sur des mineurs, délit prévu et réprimé par les art. 227-25 et 227-29 du même code, alors que la circonstance que le prévenu avait autorité sur les victimes n'était pas visée dans le titre de la poursuite, et qu'aucune mention de la décision attaquée n'indique que l'intéressé ait été préalablement informé de cet élément modificatif de la prévention, lequel constitue, pour les faits commis à l'égard des mineurs de moins de quinze ans, une circonstance aggravante, et, pour les mineurs de plus de quinze ans, un élément constitutif de l'infraction. • Crim. 4 mars 1998, n° 96-86.326 P. ♦ V. également ss. art. 132-8 à 132-10 (récidive).

58. Si, en matière douanière, c'est par le procès-verbal que sont fixés l'objet de la prévention et l'étendue de la poursuite, cette règle ne s'applique pas lorsque la juridiction correctionnelle est saisie à la requête du seul ministère public ; justifie dès lors sa décision la cour d'appel qui, pour déclarer irrecevable la demande de l'administration des douanes, tendant à la condamnation du prévenu au paiement de pénalités douanières afférentes à une infraction douanière, avouée dans le procès-verbal, mais non visée dans l'acte de poursuite, énonce que le prévenu n'a pas accepté d'être jugé sur ces faits qui n'étaient pas soumis à la juridiction de jugement. • Crim. 19 mai 2004, n° 03-84.718 P.

59. A méconnu les art. 388 et 512 C. pr. pén., et a excédé les limites de sa saisine la cour d'appel qui, après avoir rappelé que le prévenu était renvoyé devant le tribunal correctionnel pour avoir télédiffusé des vidéogrammes sans l'autorisation des producteurs, en l'espèce vingt films et des dessins animés, infraction prévue par l'art. L. 335-4 CPI, a ajouté que d'autres cassettes contrefaites avaient, en outre, été saisies et que l'ensemble des agissements constatés permettait d'entrer en voie de condamnation du chef du délit de contrefaçon d'œuvres de l'esprit en violation des droits des auteurs, prévu par l'art. L. 335-3 CPI, alors qu'il ne résultait pas de l'arrêt que les prévenus aient accepté d'être jugés sur des faits distincts de ceux exactement qualifiés par la chambre de l'instruction. • Crim. 19 avr. 2005 : *préc. note 54.*

b. Correctionnalisation

60. Enjeu de compétence. Les dispositions de l'art. 469, al. 4, C. pr. pén., dont il résulte que le juge correctionnel saisi par une ordonnance de renvoi du juge d'instruction ne peut se déclarer incompétent, ne sont applicables que si la victime des fait poursuivis est constituée partie civile lorsque ce renvoi est ordonné. • Crim. 27 mars 2008, n° 07-85.076 P : *D. 2008. Chron. C. cass. 1719, obs. Caron ; AJ pénal 2008. 288, obs. Roussel .*

61. Il résulte de l'al. 4 de l'art. 469 C. pr. pén. que, lorsqu'elle est saisie par le renvoi ordonné par le juge d'instruction ou la chambre de l'instruction d'une infraction non intentionnelle, la juridiction correctionnelle conserve la possibilité de se déclarer incompétente et de renvoyer le ministère public à se pourvoir, s'il apparaît que les faits sont de nature à entraîner une peine criminelle parce qu'ils ont été commis de façon intentionnelle ; méconnaît ce texte, la cour d'appel, qui, après avoir constaté que le décès de la victime est la conséquence des violences commises par le prévenu, énonce qu'elle est tenue de statuer en l'état de la qualification d'homicide involontaire retenue par l'ordonnance de renvoi. • Crim. 24 mars 2009, n° 08-84.849 P : *D. 2009. AJ 1207, obs. Léna, et Pan. 1714, obs. Chaumont ; ibid. 2009. 2140, note Mesa ; AJ pénal 2009. 318, obs. Roussel ; RSC 2009. 590, obs. Mayaud, et 858, obs. Finielz .*

62. L'arrêt attaqué a déclaré le prévenu coupable d'agressions sexuelles sur mineures de 15 ans par ascendant ; le demandeur ne saurait invoquer l'incompétence de la chambre correctionnelle de la cour d'appel, au prétexte que les faits retenus par l'arrêt attaqué caractériseraient le crime de viol prévu par l'art. 222-23 C. pén., pour constituer des actes de pénétration sexuelle, et partant seraient justiciables de la cour d'assises, dès lors qu'il résulte de l'art. 469, al. 4, C. pr. pén., dans sa rédaction issue de la L. du 9 mars 2004 entrée en vigueur le 1er oct. 2004, que les juridictions correctionnelles ne peuvent d'office ou à la demande des parties se déclarer incompétentes pour juger des faits de nature à entraîner une peine criminelle si la victime était constituée partie civile et assistée d'un avocat lorsque le renvoi devant la juridiction de jugement a été ordonné par le juge d'instruction, ce qui était le cas en l'espèce. • Crim. 3 févr. 2010, n° 09-85.034 : *JCP G 2010, n° 27, 758, note Detraz.*

3° CONTRÔLE DE LA COUR DE CASSATION

63. Juridictions d'instruction. Les chambres d'accusation, en statuant sur les charges de culpabilité, apprécient souverainement, au point de vue des faits, tous les éléments constitutifs des infractions qui leur sont déférées, et la Cour de cassation n'a d'autre pouvoir que de vérifier si la qualification qu'elles ont donnée aux faits poursuivis justifie le renvoi devant la cour d'assises. • Crim. 30 oct. 1996 : *inédit* • 26 mars 1997, n° 97-80.086 P.

64. Les chambres d'accusation ne peuvent prononcer une mise en accusation devant la cour d'assises que si les faits dont elles sont saisies réunissent tous les éléments constitutifs de l'infraction reprochée ; l'insuffisance ou la contradiction des motifs équivaut à leur absence. • Crim. 2 juill. 1998, n° 98-80.529 P : *D. 1998. 457, note Pradel ; JCP 1998. II. 10132, note Rassat.*

65. Il résulte des art. 214 et 215 C. pr. pén. que les chambres d'accusation apprécient souverainement si les faits retenus à la charge de la personne mise en examen sont constitutifs d'une infraction, en tous ses éléments légaux tant matériels qu'intentionnels, notamment au regard des causes d'irresponsabilité, la Cour de cassation n'ayant d'autre pouvoir que de vérifier, à supposer ces faits établis, si leur qualification justifie la saisine de la juridiction de jugement. • Crim. 19 févr. 1997, n° 96-85.884 P • 19 févr. 1997, n° 95-84.446 P • 12 mars 1997, n° 96-86.596 P • 2 avr. 1997, n° 97-80.269 P • 16 nov. 1999, n° 99-85.848 P • 28 mars 2000, n° 00-80.586 P • 26 avr. 2000, n° 00-80.694 P. ♦ ... Formule identique depuis les nouvelles chambres de l'instruction. • Crim. 29 mai 2002 : *JCP 2002. IV. 2362.* ♦ Les chambres de l'instruction, en statuant sur les charges de culpabilité, apprécient souverainement à cet égard tous les éléments constitutifs des crimes, objet des poursuites, y compris l'intention coupable. La Cour de cassation n'a d'autres pouvoirs que de vérifier si les qualifications qu'elles donnent aux faits poursuivis justifient le renvoi de la personne mise en examen devant la cour d'assises. • Crim. 23 août 2006 : *Dr. pénal 2006. 151, obs. Véron.*

66. Ne saurait encourir la censure de la Cour de cassation l'arrêt de la chambre d'accusation portant renvoi devant la cour d'assises lorsque le fait, objet de la poursuite, à le supposer mal qualifié, n'en constituerait pas moins un crime. • Crim. 4 nov. 1997, n° 97-83.463 P • 16 nov. 2004, n° 04-85.318 P.

67. Juridictions de jugement. Les juges ont un pouvoir souverain pour constater, conformément à la loi, la réalité des faits incriminés, mais leur jugement sur la qualification légale de ces faits est soumis au contrôle de la Cour de cassation ; ils ne peuvent pas soustraire à ce contrôle leur décision sur le droit, soit en la confondant avec leur décision sur les faits, soit en s'abstenant de spécifier les faits d'une façon précise et complète. • Crim. 7 janv. 1937 : *DP 1937. 1. 53, note Mimin.* ♦ Doit être cassé l'arrêt qui se limite à adopter les motifs d'un jugement se bornant à constater « qu'au vu des éléments du dossier et des débats les faits sont établis à l'encontre du prévenu », sans les énoncer et sans préciser l'existence des circonstances exigées par la loi pour que ces faits soient punissables ; en cet état, la Cour de cassation n'est pas en mesure d'exercer son contrôle sur la légalité de la décision attaquée. • Crim. 6 mars 1996, n° 95-83.310 P.

B. REQUALIFICATION

BIBL. Renucci, *RSC 2008. 984* (requalification des faits et Conv. EDH). – Guéry, *Dr. pénal 2015. Étude 15* (la requalification par modification du *modus operandi* au sein du même article : quelques complications pour les juridictions correctionnelles).

68. Obligation. La qualification retenue lors de l'engagement des poursuites ne lie pas les juridictions d'instruction et de jugement, qui ont le devoir de restituer aux faits dont elles sont saisies leur véritable qualification. • Crim. 16 déc. 1997, n° 96-82.509 P.

1° JUGE D'INSTRUCTION

69. Mise en accusation. L'ordonnance de mise en accusation devant la cour d'assises, rendue par le juge d'instruction, et ayant requalifié les faits de la poursuite du chef de meurtre en violences mortelles avec arme, ne fait pas grief, au sens de l'art. 186, al. 2, C. pr. pén., aux intérêts de la partie civile dont les droits demeurent entiers devant la juridiction de jugement ; est, dès lors, irrecevable l'appel de cette ordonnance par la partie civile, tout comme le pourvoi formé contre l'arrêt de la chambre de l'instruction ayant statué sur cet appel. • Crim. 26 nov. 2003, n° 03-82.563 P.

2° CHAMBRES DE L'INSTRUCTION

70. Pouvoirs. Les chambres d'accusation ont le pouvoir de modifier et de compléter la qualification donnée aux faits incriminés par le juge d'instruction ; en application de l'art. 202, al. 2, C. pr. pén., elles peuvent statuer sans ordonner une nouvelle information si les chefs de poursuite résultant du dossier de la procédure ont été compris dans les faits pour lesquels la personne a été mise en examen ; n'encourt pas la censure l'arrêt d'une chambre d'accusation qui renvoie devant le tribunal correctionnel pour faux et usage de faux une personne mise en examen pour escroquerie dès lors que les manœuvres qui lui étaient reprochées consistaient en la réalisation d'un faux engagement de caution. • Crim. 1er oct. 1997, n° 96-83.351 P.

71. En réformant, sur le seul appel de la partie civile, une ordonnance de non-lieu rendue par le juge d'instruction du chef d'usage d'attestations inexactes, une chambre d'accusation n'a fait qu'user du droit de modifier ou compléter la qualification donnée par le juge d'instruction ou le ministère public aux faits dénoncés, lesquels étaient compris dans la poursuite exercée du chef de dénonciation calomnieuse. • Crim. 24 sept. 1996 : *Gaz. Pal. 1997. 1, chron. crim. 27.*

72. Les chambres de l'instruction sont investies du pouvoir de modifier et de compléter les qualifications données aux faits par le juge d'instruction ; c'est donc à bon droit que la chambre de l'instruction, saisie du seul appel du prévenu contre l'ordonnance du juge d'instruction l'ayant renvoyé devant la cour d'assises sous l'accusation de viols, tentatives d'agressions sexuelles par personne ayant autorité, agressions sexuelles et agressions sexuelles sur mineur de quinze ans, et après avoir fait procéder à un supplément d'information, a confirmé l'ordonnance entreprise en retenant pour les crimes de viols les circonstances d'autorité sur l'une des victimes et de minorité de l'autre victime, et en requalifiant en délits consommés les tentatives d'agressions sexuelles par personne ayant autorité. • Crim. 10 juill. 2002, n° 02-83.669 P.

73. Le demandeur, mis en accusation pour homicide volontaire et destruction de biens par usage d'explosifs, ne peut reprocher à l'arrêt de la cour d'appel de l'avoir renvoyé devant la cour d'assises, notamment des chefs de tentative de meurtre et de destruction de biens par l'effet d'une substance explosive en bande organisée, pour lesquels l'ordonnance du juge d'instruction avait prononcé un non-lieu ; en effet, même en l'absence d'appel du ministère public, les chambres de l'instruction sont investies du pouvoir de modifier et compléter les qualifications données aux faits par le juge d'instruction. • Crim. 6 août 2003, n° 03-82.892 P.

3° COUR D'ASSISES

74. Référence à l'arrêt de renvoi. Il résulte des art. 231 et 594 C. pr. pén. que la cour d'assises ne peut connaître d'aucune autre accusation que celle fixée par l'arrêt de renvoi, devenu définitif. • Crim. 8 mars 2000, n° 99-82.597 P. ♦ Méconnaît ces textes la question interrogeant la cour et le jury sur le point de savoir si l'accusé avait commis plusieurs viols, alors que l'arrêt de renvoi ne retenait qu'un seul de ces crimes, modifiant ainsi la substance de l'accusation. • Même arrêt.

75. La cour d'assises n'est pas liée par les qualifications retenues par la décision de renvoi. • Crim. 16 nov. 2004 : *Dr. pénal 2005. 22, obs. Véron.*

76. Selon l'art. 6 § 3, a et b, Conv. EDH, tout accusé a droit notamment à être informé de la nature et de la cause de l'accusation portée contre lui et doit disposer du temps et des facilités nécessaires à la préparation de sa défense ; le procès-verbal des débats énonce qu'après la clôture des débats, le président a donné lecture des questions résultant de la décision de mise en accusation et des débats auxquelles la cour et le jury auraient à répondre et en ce qui concerne M. Y... de la question subsidiaire résultant des débats de la complicité de meurtre ; aucune observation n'a alors été formulée ; il résulte de la feuille de questions que la cour et le jury n'ont pas été interrogés sur la question subsidiaire de requalification des faits en complicité devenue sans objet, la cour et le jury ayant retenu l'homicide volontaire commis par M. Y...sur la personne d'Eric A... ; mais en procédant ainsi, et en posant une question subsidiaire, fût-elle déclarée sans objet, sans qu'il résulte des énonciations du procès-verbal que, pour permettre à l'accusé ou à son avocat, de faire valoir toutes observations utiles à la défense, le président ait prévenu les parties avant les plaidoiries et réquisitions qu'il envisageait de poser ladite question subsidiaire comme résultant des débats, le président a méconnu le texte et le principe sus-énoncés. • Crim. 15 janv. 2014, n° 12-88.033 : *RSC 2014. 374, obs. Salvat.*

4° JURIDICTIONS CORRECTIONNELLES

a. Devoir de restitution

77. Principe. Le juge doit examiner les faits qui lui sont soumis sous l'incrimination qui leur est spécialement applicable. • Crim. 30 janv. 1989, n° 86-96.060 P. ♦ Même principe en matière douanière : • Crim. 28 nov. 1988, n° 87-82.052 P.

78. Il appartient au juge du fond de restituer leur exacte qualification aux faits qui leur sont soumis. • Crim. 1er juill. 1997, n° 96-83.433 P : *Dr. pénal 1998. 9.*

79. Le devoir qu'ont les juges de caractériser les faits qui leur sont déférés et de leur appliquer la loi pénale, conformément aux résultats de l'information effectuée à l'audience, n'est pas contraire à l'art. 6.3 a) Conv. EDH (droit à l'information de la nature et de la cause de l'accusation). • Crim. 25 mai 1992, n° 91-82.934 P. ♦ Il en est de même du devoir qu'ont les juges de restituer à la poursuite sa qualification véritable, dès lors qu'ils puisent les éléments de leur décision dans les faits visés par la prévention (requalification de faux en écritures publiques en fausses attestations). • Crim. 29 oct. 1996, n° 96-80.701 P : *Dr. pénal 1997. 18, obs. Véron* • 19 mai 1999 : *Gaz. Pal. 1999. 2, chron. crim. 134.*

80. L'ordonnance de renvoi rendue par le juge d'instruction est simplement indicative de juridiction et ne fait pas obstacle à ce que le tribunal, s'il constate que le fait déféré sous la qualification de délit est de nature à entraîner une peine criminelle, renvoie le ministère public à se pourvoir ainsi qu'il avisera, comme le prévoit l'art. 469 C. pr. pén. • Crim. 15 févr. 2005, n° 04-84.519 P • 4 janv. 2006, n° 05-84.231 P.

b. Purge des qualifications

81. Principe. Les juridictions répressives ont le droit et le devoir de caractériser les faits de la prévention sous toutes les qualifications dont ils sont susceptibles. • Crim. 23 avr. 1992, n° 90-85.662 P. – Il appartient aux juges correctionnels d'examiner les faits dont ils sont saisis sous toutes les qualifications possibles. • Crim. 23 janv. 2001, n° 00-80.562 P.

82. Le juge correctionnel, qui n'est pas lié par la qualification donnée à la prévention, ne peut prononcer une décision de relaxe qu'autant qu'il a vérifié que les faits dont il est saisi ne sont constitutifs d'aucune infraction. • Crim. 22 janv. 1997, n° 95-81.186 P : *Dr. pénal 1997. 78, obs. Véron* • 2 juin 1999 : *Dr. pénal 2000. 2, obs. Véron* • 28 mars 2000, n° 98-86.886 P • 31 mai 2005 : *Dr. pénal 2005. Comm. 149, obs. J.-H. Robert* • 11 mai 2006, n° 05-85.637 P : *Gaz. Pal. 2006. 2. Somm. 4153, note Monnet* • 11 juin 2016, n° 14-87.173 P : *D. actu. 16 juin 2016, obs. Goetz.*

83. Illustrations. Ainsi, a méconnu le sens et la portée de l'art. 470 C. pr. pén., l'arrêt qui a retenu que le prévenu, pour s'introduire dans un logement vide (en tant que tel non constitutif de domicile), avait forcé la serrure de la porte d'entrée, sans rechercher si cette dégradation ou détérioration d'un lieu appartenant à autrui n'était pas susceptible de recevoir une autre qualification réprimée par la loi pénale. • Crim. 22 janv. 1997 : *préc. note 82.*

84. De même, doit être cassé l'arrêt qui relaxe le prévenu poursuivi pour usage d'un faux commis dans un document délivré par une administration publique au sens de l'art. 441-2, al. 1er et 2, et 441-1, al. 1er, C. pén. (brevet d'État d'éducateur sportif), et pour avoir recelé ce document, sans rechercher si les faits constatés ne caractérisaient pas l'usage d'un document obtenu indûment, ou la détention frauduleuse d'un tel document, infractions prévues et réprimées par les art. 154, al. 1er et 2, ancien, applicable pour une partie des faits, 441-6, al. 1er, 441-2, al. 2, et 441-3 C. pén. et le recel de ce document. • Crim. 2 juin 1999 : *préc. note 82.* ♦ Le délit de fausse attestation prévu par l'art. 441-7 C. pén. implique que le document faisant état de faits matériellement inexacts comporte la signature authentique de son auteur ; encourt, dès lors, la censure l'arrêt qui déclare un prévenu coupable de ce délit, alors qu'à défaut de signature de son auteur, le document litigieux ne constituait pas une attestation ou un certificat au sens du texte précité, et ne recherche pas si les faits poursuivis pouvaient recevoir une autre qualification. • Crim. 15 mars 2000, n° 99-83.224 P.

85. Ne justifie pas sa décision au regard des art. 388 C. pr. pén., L. 626 et R. 5193 CSP, 319 ancien et 221-6 C. pén. et des principes ci-dessus la cour d'appel qui, pour renvoyer des prévenus des fins de la poursuite, après avoir observé que le fait d'avoir contrevenu aux dispositions concernant la cession de plantes classées comme vénéneuses par voie réglementaire n'a été compris dans la poursuite que comme élément constitutif du délit d'homicide involontaire, énonce qu'« en l'absence de lien de causalité clairement identifié », entre cette faute établie et la mort de la victime, dont les circonstances de la chute dans un plan d'eau sont inconnues, le délit reproché « ne peut être constitué », alors qu'il lui appartient, si elle estime devoir relaxer du chef d'homicide involontaire, de rechercher si les faits dont elle est saisie ne peuvent recevoir une autre qualification. • Crim. 28 mars 2000 : *préc. note 82.*

86. Ne donne pas de base légale à sa décision la cour d'appel qui relaxe un médecin poursuivi pour escroquerie sans rechercher si ses fausses déclarations, pour avoir coté des actes qu'il n'avait pas personnellement accomplis, n'étaient pas corroborées par les faits extérieurs leur donnant force et crédit relevés par l'ordonnance de renvoi, et n'avaient pas ainsi trompé les caisses d'assurance maladie. • Crim. 30 mai 2001 : *Dr. pénal 2001. 113, obs. Véron.*

87. Il résulte de l'arrêt attaqué et du jugement qu'il infirme que Mme Geneviève X..., se disant atteinte de cécité et invalide, a perçu, depuis le 18 oct. 1989, l'allocation compensatrice pour l'aide d'une tierce personne versée par le département de la Saône-et-Loire ; elle a ensuite obtenu le renouvellement de cette prestation jusqu'au 31 mai 2002, ayant déposé une nouvelle demande le 22 nov. 1996 ; elle fut poursuivie pour avoir trompé la collectivité territoriale, notamment par l'usage d'une fausse qualité ; l'arrêt attaqué retient que l'escroquerie est un délit d'action dont la commission requiert nécessairement l'accomplissement d'un acte positif, qu'en s'abstenant d'indiquer à l'organisme payeur que son état de santé s'était amélioré dans un contexte d'évolution très lente, Geneviève X... n'a pas commis d'acte fautif au sens de la loi, que l'infraction n'est donc pas caractérisée ; mais en statuant ainsi, sans rechercher si la prévenue n'avait pas fait usage de la fausse qualité d'infirme invalide pour obtenir le versement de l'allocation, et alors, au surplus, que les faits étaient susceptibles de la qualification prévue par l'art. 441-6, al. 2, C. pén. • Crim. 30 avr. 2003 : *Dr. pénal 2003. 119, obs. Véron.*

88. Ayant préparé leur évasion le dimanche 31 décembre 2000 après-midi, deux détenus ont commencé à creuser le béton sous la fenêtre de leur cellule en début de soirée, puis ont renoncé à leur projet après avoir fait beaucoup de bruit ; en fin de matinée, le 1er janv. 2001, l'un d'eux est allé voir un surveillant pour lui raconter selon ses termes « leur connerie », et pour lui demander de venir examiner les dégâts ; la cour constate que les deux prévenus se sont désistés volontairement de leur projet, et qu'une tentative d'évasion ne peut être retenue ; en revanche, ainsi que l'a demandé le ministère public à l'audience, il y a lieu de requalifier ces faits en dégradation volontaire d'un bien destiné à l'utilité publique, infraction définie et punie par l'art. 322-1 C. pén. • Douai, 6 mai 2003 : *Dr. pénal 2003. 122, obs. Véron.*

89. Pour renvoyer les sociétés prévenues des fins de la poursuite du chef de falsification, l'arrêt énonce que le procédé du trempage des noix de coquilles Saint-Jacques ne peut être interdit par une simple note administrative n'ayant pas valeur d'une norme législative ou réglementaire conforme aux règles communautaires. Mais en se déterminant ainsi, alors qu'il résulte des énonciations de l'arrêt qu'un tel trempage, qui augmente le poids et le volume des noix de coquilles Saint-Jacques, est de nature à tromper l'acquéreur sur la composition, la teneur en principes utiles, la quantité et la qualité réelle des marchandises concernées, la cour d'appel, à qui il appartenait de rechercher si les agissements reprochés n'étaient pas susceptibles de recevoir la qualification de tromperie sur les qualités substantielles et la quantité des choses livrées ou de tentative de ce délit, a méconnu les art. 470 et 512 C. pr. pén. et le principe ci-dessus rappelé, d'où il suit que la cassation est encourue. • Crim. 31 mai 2005 : *préc. note 82.*

90. Le juge répressif ne peut prononcer une peine sans avoir relevé tous les éléments constitutifs de l'infraction qu'il réprime ; pour confirmer le jugement ayant déclaré le prévenu, éleveur, responsable d'un centre équestre, coupable du délit de mauvais traitements à animal domestique, l'arrêt retient que les gendarmes accompagnés d'un technicien supérieur des services vétérinaires ont constaté l'état de santé préoccupant d'un des équidés lui appartenant ; alors que la jument boitait depuis huit jours, le prévenu n'a appelé le vétérinaire que tardivement ; les juges en déduisent qu'il y a eu défaillance dans les soins et le traitement prodigués à l'animal, dont le pronostic vital s'est trouvé engagé, même s'il a survécu ; mais en l'état de ces seuls motifs, qui ne permettent pas de caractériser l'existence de mauvais traitements accomplis intentionnellement, la cour d'appel, qui, à supposer les faits non établis sous cette qualification, aurait dû rechercher s'ils ne pouvaient constituer la contravention de défaut de soins à animaux domestiques prévue aux art. R. 214-17 et R. 215-4 C. rural, n'a pas justifié sa décision. • Crim. 11 janv. 2011, n° 10-85.506 : *Gaz. Pal. 2011. 1. 1073, note Detraz.*

91. Tout jugement ou arrêt doit comporter les motifs propres à justifier la décision et répondre aux chefs péremptoires des conclusions des parties ; l'insuffisance ou la contradiction des motifs équivaut à leur absence ; vendeuse dans un commerce de boulangerie, une employée a dénoncé les insultes permanentes proférées à son égard par les propriétaires du fonds ; pour déclarer le prévenu coupable de violences, l'arrêt attaqué, après avoir rappelé la dégradation des relations entre la salariée et ses employeurs, retient que son comportement, fait d'une agressivité quotidienne pendant plusieurs mois et d'insultes proférées dans des termes extrêmement violents, caractérise le délit de violences ayant entraîné une incapacité totale de travail personnel de plus de huit jours, en l'espèce cent soixante-quatre jours ; en l'état de ces seuls motifs, qui ne permettent pas de caractériser un acte volontaire de nature à causer un choc émotif à la victime et, qui ne répondent pas aux conclusions du prévenu, qui soutenait qu'aucun acte de cette nature n'était établi à son encontre, la cour d'appel, qui, à supposer les faits non établis sous cette qualification, aurait dû rechercher s'ils ne pouvaient constituer le délit de harcèlement moral, n'a pas justifié sa décision. • Crim. 25 janv. 2011, n° 10-82.730 P : *Gaz. Pal. 2011. 1. 1072, note Dreyer.*

c. Respect des faits visés à la prévention

92. Principe. S'ils ne sont pas tenus par la qualification donnée aux faits par l'ordonnance de renvoi ou par la citation qui les a saisis, les juges ne peuvent, par le jeu de la requalification, ajouter aux faits qui leur sont soumis des circonstances nouvelles sur lesquelles ils se fondent pour prononcer la condamnation des prévenus. • Crim. 16 févr. 1987, n° 86-93.823 P. ♦ Rappr. : • Crim. 15 mars 1994 : *D. 1994. IR 120.*

93. Illustrations. Dès lors qu'ils puisent les éléments de leur décision dans les faits mêmes visés à la prévention, les juges peuvent requalifier la prévention d'escroquerie (au divorce) en faux en écriture et usage, lorsque la poursuite comporte un cumul idéal d'infractions, la manœuvre frauduleuse retenue comme caractérisant le délit d'escroquerie étant fondée sur le faux en écriture privé reproché au prévenu (en l'espèce, la requalification présentait un intérêt sous l'angle de l'immunité familiale). • Crim. 25 mai 1992, n° 91-82.934 P. ♦ Justifie sa décision la cour d'appel qui, après avoir constaté que les dispositions du code pénal entrées en vigueur le 1er mars 1994 ne reprenaient pas l'infraction sanctionnant le fait de vivre sciemment avec une personne se livrant habituellement à la prostitution (ancien art. 334, al. 1er, 3°), énonce que la non-justification de ressources, élément de l'infraction visé par l'art. 225-6, 3°, dudit code, ne figurant pas dans l'acte de saisine, le prévenu n'était pas en mesure de se défendre sur ce point, et qu'ainsi les juges n'étaient pas fondés à procéder à une requalification des faits. • Crim. 5 avr. 1995, n° 94-82.027 : *Dr. pénal 1995. 172, note Véron.*

94. S'il appartient aux juridictions correctionnelles de modifier la qualification des faits et de substituer une qualification nouvelle à celle sous laquelle ils leur étaient déférés, puis de se déclarer incompétentes si cette dernière leur apparaît criminelle, c'est à la condition qu'il ne soit rien changé ni ajouté aux faits de la prévention et que ceux-ci restent tels qu'ils ont été retenus dans l'acte de saisine ; en conséquence, les juges saisis de la seule prévention d'omission de porter secours à personne en péril ne sauraient, sans ajouter aux faits de la poursuite, se déclarer incompétents au motif que serait constitué à l'égard des prévenus le crime de coups et blessures volontaires sur mineure de quinze ans ayant entraîné la mort sans intention de la donner, distinct en ses éléments constitutifs du délit prévu par l'art. 63, al. 2, C. pén. (nouvel art. 223-6, al. 2). • Crim. 22 avr. 1986, n° 84-95.759 P (à propos d'une excision). ♦ Dans le même sens, mais pour une requalification de violences volontaires, objet de la poursuite, en délit d'omission de porter secours • Crim. 22 mars 2000, n° 98-87.496 P.

95. S'il appartient aux juridictions correctionnelles de modifier la qualification des faits et de substituer une qualification nouvelle à celle qui leur était déférée, c'est à la condition qu'il ne soit rien changé aux faits de la prévention et qu'ils restent tels qu'ils ont été retenus dans l'acte saisissant la juridiction ; en conséquence, les juges saisis de la seule qualification de vol ne sauraient, sans ajouter aux faits et sans que le prévenu ait formellement accepté le débat sur les faits nouveaux, retenir contre lui le délit de détournement d'objets saisis. • Crim. 23 janv. 1995, n° 94-80.897 P. ♦ Pour requalifier les faits poursuivis comme vol en détournement d'objets saisis, la juridiction de renvoi relève que le prévenu, qui a été mis en demeure de s'expliquer sur les faits retenus contre lui, a vendu les éléments litigieux après la signification du commandement de saisie immobilière ; il résulte de ces énonciations, qu'aucune atteinte n'a été portée aux droits de la défense et que la cour d'appel, à qui il appartenait de restituer aux faits leur exacte qualification, a justifié sa décision. • Crim. 13 févr. 1997, n° 96-82.751 P.

96. La secrétaire de mairie d'une commune a été poursuivie et condamnée du chef du délit prévu par l'art. 432-15 C. pén., pour avoir acquis dans son intérêt personnel du matériel et des livres, qui ont été payés par la commune, sur présentation de bons de commande et de factures signés par le maire ; ce dernier, poursuivi pour complicité dudit délit, a été déclaré coupable par les premiers juges, après une requalification des faits, du délit de négligence par dépositaire de l'autorité publique ayant permis une soustraction de fonds publics par un tiers, prévu par l'art. 432-16 C. pén. ; pour confirmer cette requalification des faits, les juges du second degré énoncent que, si l'élément intentionnel du délit de complicité reproché au maire n'est pas suffisamment caractérisé, il y a lieu de retenir à sa charge les négligences ayant permis la réalisation des détournements, ajoutant que « la requalification d'une infraction volontaire en infraction involontaire est à l'évidence possible, les faits matériels étant rigoureusement identiques » ; en l'état de ces constatations et énonciations, desquelles il résulte que le prévenu s'est expliqué devant la cour d'appel sur la requalification des faits poursuivis, et que les juges ont puisé les éléments de leur décision dans les faits mêmes dont ils étaient saisis, aucun des griefs allégués n'est encouru. • Crim. 9 nov. 1998 : *Dr. pénal 1999. 53, obs. Véron.*

97. Les juges correctionnels, qui ont le devoir de restituer aux faits leur véritable qualification, peuvent retenir une circonstance distincte de celles qui sont prévues par la citation, dès lors que la qualification s'applique aux mêmes faits et que le prévenu a été mis en mesure de s'expliquer ; ainsi, c'est à bon droit qu'une cour d'appel requalifie en violences sur une personne dépositaire de l'autorité publique, à l'occasion de l'exercice de ses fonctions, les faits poursuivis sous la qualification de violences commises en réunion de plusieurs coauteurs ou complices, dès lors que la circonstance retenue, prévue par le même texte de loi que l'infraction poursuivie, est constatée dans les motifs du jugement et que le prévenu l'a discutée dans ses conclusions d'appel. • Crim. 23 nov. 1999, n° 98-87.849 P.

98. C'est à bon droit que pour retenir la culpabilité du prévenu sous la qualification de discrimination syndicale, alors qu'il avait été poursuivi et condamné par le tribunal correctionnel pour entrave à l'exercice du droit syndical, les juges du second degré énoncent que le véritable motif de la mise à pied infligée à la salariée tenait, non dans ses retards sur son lieu de travail, invoqués par l'employeur, mais dans sa désignation récente en qualité de déléguée syndicale, que cette mesure disciplinaire est intervenue dans un contexte conflictuel lié à cette désignation, après que l'employeur eut manifesté à plusieurs reprises l'irritation suscitée par celle-ci, que les retards invoqués pouvaient également être reprochés à deux autres salariés qui n'avaient pourtant fait l'objet d'aucune sanction, qu'enfin avant sa désignation comme déléguée syndicale, de tels retards n'avaient jamais entraîné la moindre observation de l'employeur à l'encontre de l'intéressée ; en effet, en se prononçant ainsi, par des motifs exempts d'insuffisance ou de contradiction et procédant de leur appréciation souveraine des faits et circonstances de la cause, et dès lors que le demandeur ne peut se faire un grief de la requalification effectuée, la mise à pied reprochée constituant tant le délit de discrimination syndicale retenu à son encontre que celui d'entrave à l'exercice du droit syndical pour lequel il avait été poursuivi, les juges ont justifié leur décision. • Crim. 25 janv. 2000, n° 99-82.476 P : *RSC 2000. 845, obs. Giudicelli-Delage*.

99. Encourt la cassation la décision de la cour d'appel qui écarte la requalification des faits poursuivis du chef de contrefaçon de dessins et modèles en contrefaçon d'une œuvre de l'esprit, alors que les prévenus avaient été mis en mesure de s'expliquer sur la nouvelle qualification susceptible de s'appliquer aux mêmes faits. • Crim. 23 janv. 2001, n° 00-80.562 P.

100. S'il est vrai que les juges ne peuvent procéder à une requalification sans avoir préalablement recueilli le consentement du prévenu à être jugé sur des faits non compris dans leur saisine, la cassation n'est pas pour autant encourue, dès lors que les faits retenus entrent dans les prévisions de l'infraction ayant donné lieu à saisine, et dès lors que les peines prononcées n'excèdent pas celles encourues en vertu de la nouvelle qualification. • Crim. 2 oct. 2001, n° 01-80.334 P : *Gaz. Pal. 2002. 2. Somm. 1602, note Monnet.* ♦ ... Ainsi de la citation d'une prévenue devant le tribunal correctionnel, sur le fondement de l'art. L. 106 C. élect., incriminant les promesses en vue d'influencer le vote, et de la requalification de ces faits en complicité d'inscription frauduleuse sur une liste électorale, incriminée par l'art. L. 88 dudit code. • Même arrêt.

101. S'agissant de cadres d'entreprise poursuivis pour complicité d'abus de biens sociaux pour avoir versé des sommes d'argent à des salariés protégés en contrepartie de leur démission de l'entreprise afin de prévenir d'éventuels conflits sociaux susceptibles d'intervenir à l'occasion de l'élaboration d'un plan social, c'est à bon droit que pour écarter leurs conclusions tendant à déclarer irrecevables les nouvelles qualifications envisagées, à savoir les délits d'entrave aux fonctions des membres du comité d'entreprise, aux fonctions de délégué du personnel et à l'exercice du droit syndical, l'arrêt attaqué énonce qu'aux termes de l'ordonnance de renvoi, les détournements de fonds trouvent leur origine dans les faits d'entraves et que ces requalifications n'impliquent pas la substitution de faits distincts à ceux de la prévention : en cet état, la cour d'appel, qui a puisé les éléments de sa décision dans les faits visés à la prévention et a mis les prévenus en mesure de s'expliquer sur la nouvelle qualification retenue, a justifié sa décision, sans méconnaître les dispositions conventionnelles invoquées. • Crim. 28 janv. 2004, n° 02-85.141 P : *Dr. pénal 2004. 55, obs. J.-H. Robert, et 58 (2e arrêt), obs. Maron ; Gaz. Pal. 2004. 2. Somm. 3403, obs. Monnet.*

102. Le juge correctionnel, qui n'est pas lié par la qualification donnée à la prévention, ne peut prononcer une décision de relaxe qu'autant qu'il a vérifié que les faits dont il est saisi ne sont constitutifs d'aucune infraction. Il a le droit et le devoir de leur restituer leur véritable qualification à la condition de n'y rien ajouter. • Crim. 11 mai 2006, n° 05-85.637 P : *Gaz. Pal. 2006. 2. Somm. 4153, note Monnet.* ♦ ... Pour renvoyer le prévenu des fins de la poursuite du chef, notamment, de vol en réunion précédé, accompagné ou suivi d'un acte de dégradation d'un véhicule, l'arrêt attaqué retient que, si le prévenu reconnaît sa participation aux dégradations commises sur ledit véhicule, ces faits n'ont pas été poursuivis comme infraction autonome et que les dégradations n'ont été retenues par le ministère public que comme circonstance aggravante du vol pour lequel le prévenu bénéficie d'une relaxe. En prononçant ainsi, alors qu'ayant constaté que les dégradations étaient comprises, fût-ce comme circonstance aggravante, dans la poursuite, il lui appartenait de restituer aux faits dont elle était saisie leur véritable qualification, la cour d'appel a méconnu les principes ci-dessus rappelés. • Même arrêt.

103. M. X... a été renvoyé devant le tribunal correctionnel sous la prévention d'importation, de trafic de stupéfiants et d'association de malfaiteurs ; il a été relaxé de ces chefs ; sur appel du procureur de la République, la cour d'appel, requalifiant les faits, l'a déclaré coupable de non-justification de ressources par une personne en relation habituelle avec des trafiquants de stupéfiants ; en statuant ainsi, et dès lors que l'ensemble des faits, dont le prévenu a été déclaré coupable, figurait dans la prévention initiale, et qu'assisté d'un avocat, il a été mis en mesure de se défendre sur la nouvelle qualification, la cour d'appel a justifié sa décision sans excéder sa saisine. • Crim. 13 mai 2014, n° 13-81.091 P : *Gaz. Pal. 2014. 2. 2338, obs. Detraz ; RSC 2014. 374, obs. Salvat*.

104. Le prévenu a fait l'objet d'une procédure de comparution immédiate pour être jugé sous la prévention d'avoir, étant condamné placé sous surveillance électronique, neutralisé par quelque moyen que ce soit le procédé permettant de détecter à distance sa présence ou son absence dans le lieu désigné par le juge de l'application des peines ; la cour d'appel, après infirmation du jugement de condamnation, a renvoyé le prévenu des fins de la poursuite au motif que l'infraction d'évasion, prévue par l'art. 434-29 C. pén., n'était pas applicable au condamné soumis par le tribunal de l'application des peines à une surveillance électronique mobile après sa libération définitive ; elle a également refusé de faire droit aux réquisitions du ministère public, tendant à ce que soit retenue la qualification de dégradation d'un bien d'utilité publique, infraction constituée par le sectionnement par le prévenu de la sangle de son bracelet électronique ; pour refuser de faire droit à ces réquisitions, l'arrêt attaqué retient que l'acte de poursuite n'a visé que la soustraction à la mesure de surveillance par la neutralisation, qui peut prendre d'autres formes qu'une dégradation, du moyen par laquelle elle s'opérait ; en statuant ainsi, et dès lors que le délit de dégradation d'objet d'utilité publique, prévu par les art. 322-1 et 322-3, 8°, C. pén., dont l'application était demandée par le ministère public, était distinct de celui incriminé par l'art. 434-29 du même code, seul visé à la poursuite, la cour d'appel a justifié sa décision. • Crim. 13 avr. 2016, n° 15-82.982 : *D. actu. 11 mai 2016, obs. Goetz ; AJ pénal 2016. 389, obs. M. Herzog-Evans*.

d. Respect des droits de la défense

105. Principe. L'acte d'accusation jouant un rôle déterminant dans les poursuites pénales, l'art. 6 § 3 a) Conv. EDH reconnaît à l'accusé le droit d'être informé non seulement de la cause de l'accusation, c'est-à-dire des faits matériels qui sont mis à sa charge et sur lesquels se fonde l'accusation, mais aussi de la qualification juridique donnée à ces faits et ce d'une manière détaillée (§ 34). • CEDH 19 déc. 2006, n° 34043/02, *Mattei c/ France : AJ pénal 2007. 82, obs. Saas*. ♦ ... La portée de cette disposition doit notamment s'apprécier à la lumière du droit plus général à un procès équitable que garantit le paragraphe 1 de l'art. 6 de la Convention. En matière pénale, une information précise et complète des charges pesant contre un accusé, et donc la qualification juridique que la juridiction pourrait retenir à son encontre, est une condition essentielle de l'équité de la procédure (§ 35). • Même décision. ♦ ... Si les juridictions du fond disposent, lorsqu'un tel droit leur est reconnu en droit interne, de la possibilité de requalifier les faits dont elles sont régulièrement saisies, elles doivent s'assurer que les accusés ont eu l'opportunité d'exercer leurs droits de défense sur ce point d'une manière concrète et effective, en étant informés, en temps utile, de la cause de l'accusation, c'est-à-dire des faits matériels qui sont mis à leur charge et sur lesquels se fonde l'accusation, mais aussi de la qualification juridique donnée à ces faits et ce d'une manière détaillée (§ 36). • Même décision. ♦ ... En l'espèce, la Cour constate que la requalification des faits de tentative d'extorsion de fonds en complicité de ce délit a été effectuée au moment du délibéré de la cour d'appel, ce qui, en tant que tel, peut faire douter du respect des garanties de l'art. 6 et des principes susmentionnés (§ 37). • Même décision.

106. S'il appartient aux juges répressifs de restituer aux faits dont ils sont saisis leur véritable qualification, c'est à la condition que le prévenu ait été mis en mesure de présenter sa défense sur la nouvelle qualification envisagée. • Crim. 16 mai 2001, n° 00-85.066 P : *D. 2002. 31, note Lapérou-Scheneider ; Dr. pénal 2001. 109, obs. Maron ; Gaz. Pal. 2002. 2. Somm. 1200, obs. Monnet ; RSC 2001. 821, obs. Renucci* • 12 sept. 2001, n° 00-86.493 P : *D. 2002. Somm. 1460, obs. Pradel ; Dr. pénal 2002. 57 (1er arrêt), obs. J.-H. Robert ; Gaz. Pal. 2002. 2. 1327, note Monnet* • 17 oct. 2001, n° 01-81.988 P : *Dr. pénal 2002. 37, obs. Maron ; Gaz. Pal. 2002. 2. Somm. 1656, note Monnet* • 16 oct. 2002 : *Dr. pénal 2003. 28, obs. Maron* • 4 mai 2010, n° 09-83.403 : *Gaz. Pal. 2010. 2. 3560, note Dreyer.* ♦ S'il appartient aux juges répressifs de restituer aux faits dont ils sont saisis leur véritable qualification, c'est à la condition que les prévenus aient été en mesure de se défendre sur la nouvelle qualification proposée. • Crim. 5 mars 2003, n° 01-87.045 P : *Dr. pénal 2003. Comm. 81, obs. Maron et Haas* • 16 mai 2007, n° 06-87.866 P : *AJ pénal 2007. 332 ; Gaz. Pal. 2008. 1. Somm. 1170, note Monnet.* ♦ S'il appartient aux juges répressifs de restituer aux faits dont ils sont saisis leur véritable qualification, c'est à la condition que le prévenu ait été en mesure de se défendre sur la nouvelle qualification envisagée. • Crim. 24 avr. 2003 : *Gaz. Pal. 2004. 1. Somm. 669, note Martin* • 4 nov. 2003, n° 03-80.838 P : *D. 2004. Somm. 673, obs. Pradel ; Dr. pénal 2004. 37, obs. J.-H. Robert, et 58 (1er arrêt), obs. Maron ; Procédures 2004, comm. n° 38, obs. Buisson ; Gaz. Pal. 2004. 1. 1950, note Monnet* • 3 mars 2004, n° 03-84.388 P : *Dr. pénal 2004. 138 (2e esp.), obs. Maron ; RSC 2004. 966, obs. Renucci* • 16 mars 2004 : *Dr. pénal 2004. 138 (3e esp.), obs. Maron* • 8 sept. 2004 : *Dr. pénal 2004. 186 (2e esp.), obs. Maron* • 13 févr. 2008, n° 07-81.097 P : *D. 2008. 1805 (2e arrêt), note Lennon ; Gaz. Pal. 2009. 1. Somm. 638, note Monnet* • 7 mai 2008 : *AJ pénal 2008. 331, obs. Lasserre Capdeville ; Dr. pénal 2008. Comm. 98, obs. J.-H. Robert* • 22 oct. 2014, n° 13-83.901 P : *D. actu. 6 nov. 2014, obs. Fonteix ; D. 2014. Act. 2243 ; AJ pénal 2015. 211, obs. Renaud-Duparc ; JCP G 2014. 1305, note*

Maréchal ; RSC 2014. 802, obs. Boccon-Gibod • 11 juin 2016, n° 14-87.173 : *D. actu. 16 juin, obs. Goetz.* ♦ S'il appartient aux juges répressifs de restituer aux faits dont ils sont saisis leur véritable qualification, c'est à la condition que les parties (y compris civiles) aient été mises en mesure de s'expliquer sur la nouvelle qualification envisagée. • Crim. 27 janv. 2015, n° 14-81.723 P : *AJ pénal 2015-255, obs. Pitti.*

107. Illustrations. Méconnaît le sens et la portée de l'art. 388 C. pr. pén. et de l'art. 6.1 Conv. EDH, et encourt la censure, l'arrêt qui requalifie d'office des faits poursuivis sous la qualification de banqueroute en abus de biens sociaux, sans que le prévenu n'ait été invité à s'expliquer sur cette modification. • Crim. 16 mai 2001 : *préc. note 106.*

108. A méconnu les art. 388 C. pr. pén. et 6, § 1, Conv. EDH la cour d'appel qui, relativement à un prévenu ayant été renvoyé devant le tribunal correctionnel pour entrave aux vérifications et aux contrôles du commissaire aux comptes et condamné par les premiers juges sous cette qualification, l'a déclaré coupable de complicité du délit d'entrave aux fonctions de commissaire aux comptes, sans l'avoir invité à se défendre sur cette nouvelle qualification. • Crim. 12 sept. 2001 : *préc. note 106.*

109. Encourt la censure l'arrêt qui requalifie d'office des faits poursuivis sous la qualification de complicité de vol en recel de vol sans que le prévenu n'ait été invité à s'expliquer sur cette modification. • Crim. 17 oct. 2001 : *préc. note 106.* ♦ Encourt la cassation l'arrêt qui requalifie d'office en escroquerie des faits poursuivis du chef de complicité de banqueroute, sans avoir invité les prévenus à s'expliquer sur cette modification. • Crim. 16 oct. 2002 : *préc. note 106.* ♦ A méconnu les art. 388 C. pr. pén., et 6, § 1, Conv. EDH, ainsi que l'art. préliminaire C. pr. pén., la cour d'appel qui, relativement à des prévenus renvoyés pour escroqueries commises en bande organisée, et condamnés par les premiers juges sous cette qualification, les a déclarés coupables de recel de ces délits, sans avoir été invités à se défendre sous cette nouvelle qualification. • Crim. 5 mars 2003 : *préc. note 106.* ♦ Encourt la cassation l'arrêt qui, sur des poursuites pour escroquerie et tentative d'escroquerie, a relaxé le prévenu du chef d'escroquerie et l'a condamné, après requalification, pour tentative de vol, alors qu'il ne résulte d'aucune mention de l'arrêt attaqué ni des pièces de procédure, que le prévenu ait été mis en mesure de se défendre sur cette nouvelle qualification. • Crim. 24 avr. 2003 : *préc. note 106.*

110. A méconnu les dispositions de l'art. 388 C. pr. pén. et de l'art. 6, § 1, Conv. EDH la cour d'appel qui, relativement à un conducteur cité devant le tribunal correctionnel, notamment pour avoir, même en l'absence de tout signe d'ivresse manifeste, conduit un véhicule sous l'empire d'un état alcoolique, et condamné par les premiers juges sous cette qualification, l'a déclaré coupable de conduite en état d'ivresse, alors qu'il ne résulte, ni des mentions de l'arrêt, ni des pièces de la procédure, que ce conducteur ait été invité à se défendre sous cette nouvelle qualification. • Crim. 4 nov. 2003 : *préc. note 106.*

111. A méconnu le sens et la portée des art. 388 et 512 C. pr. pén., et de l'art. 6 Conv. EDH la cour d'appel qui, s'agissant d'un prévenu condamné par le tribunal correctionnel pour, notamment, étant commandant d'un centre de secours, s'être rendu coupable du délit de détournement d'objets publics par personne dépositaire de l'autorité publique en ayant fait travailler des sapeurs-pompiers pendant les heures de service à la réparation de véhicules personnels, a requalifié ces faits en prise illégale d'intérêts, sans avoir invité le prévenu à se défendre sur la nouvelle qualification envisagée. • Crim. 3 mars 2004 : *préc. note 106.*

112. A méconnu l'art. 388 C. pr. pén., ensemble l'art. 6, § 1, Conv. EDH, et l'art. préliminaire C. pr. pén., et le principe ci-dessus rappelé, la cour d'appel qui, relativement à un prévenu renvoyé devant le tribunal correctionnel du chef de vols aggravés et tentative de vol aggravé, et condamné par les premiers juges sous cette qualification, l'a déclaré coupable de complicité de ces délits, alors qu'il ne résulte ni des mentions de l'arrêt ni des pièces de procédure, qu'il ait été invité à se défendre sous cette nouvelle qualification. • Crim. 16 mars 2004 : *préc. note 106.*

113. A méconnu l'art. 388 C. pr. pén. et l'art. 6, § 1, Conv. EDH, ainsi que le principe ci-dessus rappelé, la cour d'appel qui a déclaré coupable d'abus de biens sociaux en qualité d'auteur principal le prévenu renvoyé devant le tribunal correctionnel sous la prévention, notamment, de complicité d'abus de biens sociaux, et condamné par les premiers juges sous cette qualification, alors qu'il ne résulte d'aucune mention de l'arrêt attaqué, ni des pièces de procédure, que le prévenu ait été mis en mesure de se défendre sur cette nouvelle qualification. • Crim. 8 sept. 2004 : *préc. note 106.*

114. A méconnu le sens et la portée de l'art. 388 C. pr. pén., ensemble l'art. 6, § 1 et 3, *a* et *b*, Conv. EDH, de l'art. préliminaire C. pr. pén. et du principe ci-dessus énoncé, la cour d'appel qui a déclaré le demandeur, renvoyé devant le tribunal correctionnel pour violences ayant entraîné une incapacité totale de travail supérieure à huit jours sur une personne chargée d'une mission de service public, et condamné par les premiers juges sous cette qualification, coupable de violences ayant entraîné une incapacité totale de travail supérieure à huit jours sur un agent exerçant des fonctions de gardiennage ou de surveillance d'un immeuble à usage d'habitation, au surplus au visa erroné de l'art. 222-12, al. 1er, 4 *ter*, C. pén., sans avoir été invité à se défendre sur cette nouvelle qualification. • Crim. 16 mai 2007, n° 06-87.866 P : *D. 2007. AJ 1727 ; AJ pénal 2007. 332, obs. Saas*.

115. Encourt la cassation l'arrêt condamnant pour la contravention de violences légères un prévenu poursuivi pour menaces de mort réitérées, sans qu'il résulte d'aucune mention de l'arrêt ou des pièces de procédure que le prévenu ait été mis en mesure de se défendre sur cette nouvelle qualification dont les éléments constitutifs diffèrent de celle pour laquelle il a été poursuivi. • Crim. 13 févr. 2008 : *préc. note 106.*

116. A méconnu l'art. 388 C. pr. pén., ensemble l'art. 6, § 1, Conv. EDH, et l'art. préliminaire C. pr. pén., et le principe ci-dessus rappelé, la cour d'appel qui, relativement à un prévenu cité devant le tribunal correctionnel pour conduite d'un véhicule sous l'empire d'un état alcoolique et condamné de ce chef par les premiers juges, l'a déclaré coupable de conduite en état d'ivresse manifeste, alors qu'il ne résulte ni des mentions de l'arrêt attaqué ni des pièces de procédure que le prévenu ait été invité à se défendre sous cette nouvelle qualification. • Crim. 7 mai 2008 : *préc. note 106.*

117. Méconnaît le sens et la portée de l'art. 388 C. pr. pén., ensemble l'art. 6 § 1 Conv. EDH, la cour d'appel qui, après avoir relevé que le tribunal n'avait pas statué sur les faits concernant sept autres équidés présents au domicile du prévenu lors des constatations des enquêteurs, dont il avait été saisi sous la qualification d'actes de cruauté commis sur des animaux domestiques, avait requalifié d'office ces faits en autant de contraventions de mauvais traitements envers un animal domestique, punies de l'amende prévue pour les contraventions de la 4e classe par l'art. R. 654-1 C. pén., sans avoir invité le prévenu à s'expliquer sur cette modification. • Crim. 4 mai 2010 : *préc. note 106.*

118. M. X... a été renvoyé devant le tribunal correctionnel pour avoir, en employant des manœuvres frauduleuses ayant consisté à reprendre une activité salariée alors qu'il avait signé une attestation de fin d'activité afin de bénéficier du dispositif de congé prévu par les accords de branche des conducteurs routiers de transport de marchandises, trompé la société Fonds de gestion du congé de fin d'activité, ainsi déterminée à lui verser une allocation mensuelle et à le faire bénéficier d'une protection sociale complète ; pour déclarer le prévenu coupable d'escroquerie, l'arrêt retient notamment qu'il a pris la fausse qualité de travailleur sans emploi ; en statuant ainsi, sans avoir invité M. X... à s'expliquer sur cet usage de fausse qualité, non visé à la prévention, la cour d'appel n'a pas justifié sa décision. • Crim. 22 oct. 2014 : *préc. note 106.*

119. Le prévenu a été poursuivi pour avoir exercé des sévices graves ou commis un acte de cruauté envers un animal domestique ou apprivoisé ou tenu en captivité ; le tribunal correctionnel l'a déclaré coupable des faits reprochés ; les parties et le ministère public ont interjeté appel du jugement ; pour constater la prescription de l'action publique, la cour d'appel retient que le prévenu a involontairement causé la mort de l'animal, que la contravention prévue à l'art. R. 653-1 C. pén. est caractérisée à son encontre mais est prescrite ; la cassation est encourue, en raison du fait qu'il ne résulte ni de l'arrêt ni de la procédure que les parties (y compris civiles) aient été mises en mesure de s'expliquer sur la nouvelle qualification retenue. • Crim. 27 janv. 2015, n° 14-81.723 P.

120. Il appartient aux juges du second degré, dès lors qu'ils retiennent la possibilité d'une qualification différente des faits dont ils sont saisis (délit d'exportation sans déclaration de marchandises dangereuses, au lieu du délit d'importation, la marchandise ayant été remise en France), d'inviter le prévenu non comparaissant à venir s'expliquer sur la requalification envisagée, en renvoyant l'affaire à une date ultérieure. • Crim. 11 juin 2016, n° 14-87.173 : *préc. note 106.*

121. Preuve de l'exercice des droits. Après avoir annulé le jugement du tribunal correctionnel ayant requalifié la prévention de vol aggravé en recel de vol aggravé, pour le motif qu'il ne résultait pas de la procédure qu'il ait été débattu contradictoirement de la qualification retenue, et avoir évoqué, la cour d'appel constate qu'étant saisie de l'appel d'un jugement de condamnation pour recel aggravé, cette qualification « est dans le débat » ; en l'état de ces énonciations, et dès lors que le changement de qualification critiqué, intervenu au stade de la juridiction de jugement du premier degré, n'a pas privé la personne concernée du temps et des facilités nécessaires à la préparation de sa défense sur cette nouvelle qualification, les juges du second degré ont justifié leur décision au regard des textes légaux et conventionnels invoqués. • Crim. 17 févr. 2004 : *Dr. pénal 2004. 138 (1re esp.), obs. Maron.*

122. Dès lors qu'il résulte de l'arrêt attaqué que le représentant du ministère public et l'avocat de la partie civile ont demandé, à l'audience, le second par conclusions régulièrement communiquées plus de trois mois auparavant, la requalification des faits d'escroquerie en fausses déclarations pour obtenir des prestations indues (CSS, art. L. 377-5), la Cour de cassation est en mesure de s'assurer que le prévenu a été mis en mesure de s'expliquer sur la nouvelle qualification proposée. • Crim. 8 sept. 2004 : *Dr. pénal 2004. 186 (3e esp.), obs. Maron.*

123. Il résulte de l'arrêt attaqué et des pièces de procédure que le prévenu, inspecteur des ventes d'une société d'assurances, a été renvoyé devant le tribunal correctionnel du chef d'abus de faiblesse d'une personne vulnérable pour avoir contraint moralement une personne âgée de 88 ans à signer un chèque d'un montant de 110 000 F destiné à transférer une partie de son épargne sur un contrat d'assurance vie souscrit auprès de cette compagnie. Le tribunal correctionnel l'a déclaré coupable de ces faits sous cette qualification et condamné à six mois d'emprisonnement avec sursis et 3 000 € d'amende. Pour déclarer le prévenu coupable du délit d'extorsion de fonds, l'arrêt prononce par les motifs repris au moyen. En statuant ainsi, sans excéder sa saisine, et après avoir invité le prévenu à s'expliquer sur cette qualification, la cour d'appel a justifié sa décision, sans porter atteinte aux droits du demandeur, ni méconnaître les dispositions conventionnelles invoquées. • Crim. 26 oct. 2005 : *Dr. pénal 2006. 25, obs. Véron.*

124. La prévenue a été renvoyée devant le tribunal correctionnel pour détournement de fonds publics par une personne chargée d'une mission de service public. Il lui était reproché d'avoir détourné des fonds remis en sa qualité de gérante d'une agence postale, en omettant d'établir immédiatement un reçu après chaque dépôt. Après avoir jugé qu'il n'était pas prouvé que la prévenue fût l'auteur des détournements, l'arrêt énonce que, par ses omissions, elle s'est rendue coupable de l'infraction prévue à l'art. 432-16 C. pén.. La demanderesse ne saurait faire grief à l'arrêt d'avoir procédé à une telle requalification, dès lors que, d'une part, les juges ont puisé les éléments de leur décision dans les faits mêmes dont ils ont été saisis et que, d'autre part, cette requalification ayant été demandée à l'audience par le procureur de la République, la prévenue a été mise en mesure de la discuter. • Crim. 22 févr. 2006 : *Dr. pénal 2006. 88, et la note.*

125. S'il appartient aux juges répressifs de restituer aux faits dont ils sont saisis leur véritable qualification, c'est à la condition que la personne poursuivie, intimée sur le seul appel de la partie civile, ait été en mesure de se défendre sur la nouvelle qualification envisagée ; Y... a été poursuivie du chef d'abus de confiance aggravé pour avoir détourné, au préjudice de Z..., personne particulièrement vulnérable, des sommes qu'elle s'était appropriées au lieu de les utiliser dans l'intérêt de la victime, prétendant être ainsi rémunérée des services qu'elle rendait à cette dernière ; statuant sur le seul appel de la partie civile du jugement relaxant la prévenue, l'arrêt, pour condamner Y... à réparer le préjudice subi par Z..., par les motifs repris aux moyens, a dit que les faits caractérisaient en réalité le délit d'abus frauduleux d'un état de particulière vulnérabilité, prévu par l'art. 223-15-2 C. pén. ; mais en prononçant ainsi, alors qu'il ne résulte ni des mentions de l'arrêt ni des pièces de procédure que Y... ait été invitée à se défendre sur cette nouvelle qualification, la cour d'appel a méconnu l'art. 388 C. pr. pén., ensemble l'art. 6 Conv. EDH et l'article préliminaire C. pr. pén., ainsi que le principe ci-dessus rappelé. • Crim. 4 juin 2009, n° 08-87.943 P.

126. Le prévenu ne saurait se faire grief de ce que les faits d'escroquerie pour lesquels il était poursuivi ont été requalifiés en faux et usage dès lors qu'ayant comparu assisté de son avocat, il a été mis en mesure de s'expliquer sur cette requalification, requise à l'audience par le ministère public. • Crim. 16 oct. 2013, n° 12-87.096 P : *AJ pénal 2014. 183, obs. Lasserre Capdeville.*

127. Justifie sa décision la cour d'appel qui requalifie le délit de non-dénonciation de mauvais traitements infligés à une personne vulnérable en omission d'empêcher une infraction dès lors que la requalification, ne portant pas sur des faits nouveaux, a été soumise au débat contradictoire, qu'elle a fait l'objet de réquisitions du ministère public et que le prévenu a été mis en mesure de s'en expliquer. • Crim. 23 oct. 2013, n° 12-80.793 P : *Dr. pénal 2013, n° 166, obs. Véron ; ibid. 2014, n° 15, obs. Maron et Haas ; Gaz. Pal. 2014. 1. 476, note Detraz.*

128. Disqualification. Il résulte de l'arrêt attaqué et des pièces de procédure qu'un piéton, qui marchait de nuit sur le bord de la chaussée, à proximité d'une discothèque, a été renversé par un véhicule dont le conducteur a pris la fuite. La victime a subi quarante-cinq jours d'incapacité de travail. Le prévenu a été poursuivi pour délit de fuite et pour blessures involontaires suivies d'une incapacité totale de travail n'excédant pas trois mois, provoquées par la violation manifestement délibérée d'une obligation particulière de prudence ou de sécurité par un conducteur en état d'ivresse manifeste. Pour requalifier ce dernier délit en contravention de blessures involontaires, la cour d'appel s'est bornée à retrancher les circonstances aggravantes, sans modifier l'élément matériel principal de l'infraction. Elle n'était, dès lors, tenue, ni d'inviter le prévenu à s'expliquer sur cette qualification, ni d'examiner la violation manifestement délibérée d'une obligation particulière de sécurité, condition étrangère à la qualification contraventionnelle. • Crim. 7 févr. 2006 : *Dr. pénal 2006. 79, obs. Maron.*

129. Peine justifiée. Condamné par le tribunal correctionnel pour infractions à la législation sur les stupéfiants et importation en contrebande de marchandises prohibées, le prévenu a été déclaré coupable de complicité de ces délits par la cour d'appel ; si c'est à tort qu'en méconnaissance des art. 388 C. pr. pén. et 6, § 1, Conv. EDH, la cour d'appel n'a pas mis le prévenu en mesure de présenter sa défense sur la nouvelle qualification, l'arrêt n'encourt pas pour autant la censure, dès lors que la Cour de cassation a pu s'assurer que, tels qu'ils ont été souverainement appréciés par les juges du fond, les faits reprochés au prévenu caractérisaient le délit d'importation de stupéfiants pour lequel l'intéressé avait été poursuivi et sur lequel il s'était expliqué, la peine prononcée étant justifiée de ce chef. • Crim. 14 nov. 2002, n° 02-80.954 P : *Gaz. Pal. 2003. 2. 2421, note Monnet.*

130. Il est soutenu que les dispositions de l'art. 598 C. pr. pén., qui fondent la théorie de la « peine justifiée », portent atteinte aux droits de la défense tels qu'ils sont garantis par les principes fondamentaux reconnus par les lois de la République et l'art. 16 de la DDH ainsi qu'au principe d'individualisation des peines qui découle de l'art. 8 de cette Déclaration ; la question posée ne présente pas un caractère sérieux en ce qu'elle critique, non pas l'art. 598 C. pr. pén., mais la « théorie de la peine justifiée », élaborée à partir de cette disposition législative ; d'où il suit qu'il n'y a pas lieu de la transmettre au Conseil constitutionnel. • Crim. 19 mai 2010, n° 09-87.651 QPC : *D. 2010. 1351 ; JCP G 2010, n° 25, 688, p. 1287 ; Gaz. Pal. 2010. 1. 1545, note Rousseau ; RSC 2011. 185, obs. de Lamy.*

5° TRIBUNAUX DE POLICE

131. Purge des qualifications applicables. Le juge de police, qui n'est pas lié par la qualification donnée à la prévention, ne peut prononcer une décision de relaxe qu'autant qu'il a vérifié que les faits dont il est saisi ne sont constitutifs d'aucune contravention. • Crim. 31 mai 2005 : *AJ pénal 2005. 368 ; Dr. pénal 2005. Comm. 148, obs. J.-H. Robert.* ♦ ... Pour renvoyer le prévenu des fins de la poursuite, l'arrêt énonce que la seule présence de denrées animales dans des congélateurs ne caractérise pas la mise en vente ou la mise en circulation incriminée par les art. R. 231-16 et R. 237-2 C. rur. En se prononçant ainsi, alors qu'il lui appartenait de chercher si les faits dont elle était saisie ne pouvaient être qualifiés d'infraction aux dispositions de l'art. R. 112-25 C. consom., la cour d'appel n'a pas justifié sa décision au regard de l'art. 531 C. pr. pén., et des art. L. 214-2, R. 112-6 et R. 112-25 C. consom. • Même arrêt.

Art. 111-5 **Les juridictions pénales sont compétentes pour interpréter les actes administratifs, réglementaires ou individuels et pour en apprécier la légalité lorsque, de cet examen, dépend la solution du procès pénal qui leur est soumis.**

RÉP. PÉN. v° *Lois et règlements*, par LACROIX.

BIBL. ▶ R. MARTIN, *RTD civ. 1996. 109, spéc. p. 119 s.* (unité des ordres de juridiction). – B. STIRN, *Rev. Justices 1996. 41* (dualisme juridictionnel). – D. TRUCHET, *Rev. Justices 1996. 53* (dualisme juridictionnel). – F. KERNALEGUEN, *Rev. Justices 1996. 151* (l'excès de pouvoir du juge). – B. MATHIEU et M. VERPEAUX, *D. 1997. Chron. 219* (hiérarchie des normes en matière de droits fondamentaux). – N. DANTONEL-COR, *RSC 1999. 17* (juge judiciaire répressif et acte administratif unilatéral). – D. MAYER, *D. 2001. Chron. 1643* (contrôle du législateur par le juge pénal). – L. S. MOYEN, *Gaz. Pal. 2001. 2. Doctr. 1180* (déclin du principe de la séparation des autorités administratives et judiciaire). – Y. PACLOT, *JCP E 2002, p. 1514* (illégalité des dispositions pénales de l'ordonnance du 18 sept. 2000). – J.-F. FLAUSS, *D. 2003. Chron. 1638* (faut-il transformer la Cour EDH en juridiction constitutionnelle ?). – R. KOERING-JOULIN, *Mél. R. Gassin, PUAM, 2007, p. 265* (annulation de l'acte administratif servant de base à la condamnation pénale et révision). – GAUDEMET, *JCP G 2010, n° 21, 553* (rapport du groupe de travail sur les aspects constitutionnels et conventionnels de la réforme de procédure pénale) ; *rappr. D. 2010, Le point sur..., p. 1226* (réforme de la procédure pénale : propositions du groupe de travail). – PORTELLI, Les colloques du Sénat, « Bicentenaire du code pénal – 1810-2010 », Cour de cassation – Sénat, *25 et 26 nov. 2010, p. 231* (droit pénal et Constitution).

▶ **Colloques.** – La Convention européenne des droits de l'homme et la justice française, *Gaz. Pal. 2007. 1. Doctr., p. 1604 à 1644* (colloque organisé par la Commission nationale consultative des droits de l'homme et l'Institut des droits de l'homme du Barreau de Paris, Paris, 5 févr. 2007).

▶ **Conférences.** – La justice pénale entre Cour européenne des droits de l'homme et Conseil constitutionnel, *in* « Les transformations de la justice pénale », Cycle de conférences 2013 à la Cour de cassation, [dir.] S. Guinchard et J. Buisson, Dalloz, 2014, préface V. Lamanda : DRAGO, *p. 31*. – KOERING-JOULIN, *p. 69* (le juge répressif, notamment de cassation, entre Cour européenne des droits de l'homme et Conseil constitutionnel). – RENUCCI, *p. 89*.

▶ **Dossier.** – Permis à points : retrait et récupération des points, *AJ pénal 2008. 485*. – CÉRÉ, *AJ pénal 2008. 485* (retrait de points et juge pénal : l'impossible contrôle ?) ; *AJ pénal 2008. 495* (récupération des points). – BOTTEGHI, *AJ pénal 2008. 491* (information du conducteur).

PLAN DES ANNOTATIONS

1. Plénitude de juridiction du juge pénal. Les juges répressifs ont l'obligation de statuer sur toute question dont dépend selon eux l'application de la loi pénale. • Crim. 20 févr. 1996, no 94-85.863 P • 27 févr. 1996, no 93-85.619 P. ♦ Dès lors, il n'importe que des faits constitutifs de discrimination syndicale n'aient pas été soumis à la juridiction prud'homale à l'occasion d'un litige individuel de travail. • Crim. 20 févr. 1996 : *préc.* ♦ Saisis de poursuites pour fraude aux prestations de chômage, ils n'ont pas à surseoir à statuer jusqu'à la fin de l'instance administrative portant sur la constatation de la décision de radiation de la liste des demandeurs d'emploi émanant du directeur départemental du travail. • Crim. 27 févr. 1996 : *préc.*

2. Pour qu'il y ait matière à révision, au sens de l'art. 622, 4°, C. pr. pén., il est nécessaire que le fait nouveau ou l'élément inconnu de la juridiction lors du procès soit de nature à faire naître un doute sur la culpabilité de la personne condamnée. Tel n'est pas le cas de l'annulation, par la juridiction administrative, d'une décision préfectorale qui était exécutoire au moment des faits, dès lors que la compétence du juge répressif pour apprécier, en application de l'art. 111-5 C. pén., la légalité de l'acte administratif, lorsque, de cet examen, dépend la solution du procès pénal, exclut que l'annulation ultérieure de cet acte, prononcée par la juridiction administrative, puisse constituer un fait nouveau de nature à faire naître un doute sur la culpabilité du condamné, au sens de l'art. 622, 4°, C. pr. pén. • Crim. 12 déc. 2002, no 01-88.255 P : *Gaz. Pal. 2003. 2. Somm. 3267, obs. Monnet ; Dr. pénal 2003. 36, obs. J.-H. Robert* (Cour de révision). ♦ La compétence du juge répressif pour apprécier, en application de l'art. 111-5 C. pén., la légalité d'un acte administratif, lorsque de cet examen dépend la solution du procès pénal, exclut que le retrait ultérieur de cet acte par l'autorité administrative, en raison de son illégalité, puisse constituer un fait nouveau de nature à faire naître un doute sur la culpabilité du condamné, au sens de l'art. 622, 4° C. pr. pén. • Crim. 18 févr. 2009, no 08-86.953 P (Cour de révision) (invalidation d'un permis de conduire en raison d'une erreur administrative sur un retrait de points).

I. CONTRÔLE D'INTERNATIONALITÉ

BIBL. R. Abraham, *D. 1998. 15* (concl. sur CE, 23 avr. 1997 : effet direct des traités internationaux). – J.-M. Delarue, *BICC, 15 mars 2003, p. 46* (Conseil d'État et norme internationale). – F. Desportes, *BICC, 15 mars 2003, p. 55* (protection, par les juridictions judiciaires, des droits et libertés proclamés par la Conv. EDH). – L. Truchot, *BICC, 15 mars 2003, p. 72* (application par la Cour de cassation des normes constitutionnelles et communautaires). – X. Magnon, *D. 2006. Chron. 2878* (la directive communautaire comme paramètre du contrôle de constitutionnalité des lois). – J.-P. Costa, *Gaz. Pal. 2007. 1. Doctr. 1609* (45 ans de jurisprudence de la Cour EDH). – R. de Gouttes, *Gaz. Pal. 2007. 1. Doctr. 1621* (influence de la Conv. EDH sur la Cour de cassation). – E. Dreyer, *D. 2008. Chron. 1705* (réexamen des décisions pénales). – M. Guyomar et D. Simon, *Gaz. Pal. 2009. 1. Doctr. 256* (la hiérarchie des normes en Europe). – P. Cassia et S. Von Coester, *JCP G 2012, no 298* (application de la Charte des droits fondamentaux de l'Union européenne par le juge national). – R. Koering-Joulin, *Dalloz, 2014, p. 69* (le juge répressif, notamment de cassation, entre Cour EDH et Conseil constitutionnel, *in* « Les transformations de la justice pénale », Cycle de conférences 2013 à la Cour de cassation, [dir.] S. Guinchard et J. Buisson).

A. AUTORITÉ DES NORMES INTERNATIONALES

3. Primauté du droit international. La primauté du droit international sur le droit de l'Union européenne trouve ses limites dans le respect des droits fondamentaux des individus. A cet égard le juge communautaire peut exercer un contrôle de la légalité interne d'un règlement tendant à la mise en œuvre d'une résolution des Nations unies au regard des droits fondamentaux. • CJCE 3 sept. 2008, no C-402/05 et no C-415/05 : *JCP 2008. II. 10186, note M. Gautier. – Adde :* H. Rouidi, *RSC 2009.* (l'arrêt de la CJCE du 3 sept. 2008 – Vers un *modus videndi* de l'exécution communautaire des résolutions onusiennes).

4. Normes européennes. Le traité du 25 mars

1957 instituant la Communauté économique européenne, qui, en vertu de l'art. 55 Const., a une autorité supérieure à celle des lois, institue un ordre juridique propre intégré à celui des États membres; en raison de cette spécificité, l'ordre juridique qu'il crée est directement applicable aux ressortissants de ces États et s'impose à leurs juridictions. • Cass., ch. mixte, 24 mai 1975 : *D. 1975. 497, concl. Touffait ; JCP 1975. II. 18180 bis, concl. Touffait.* ♦ *Adde* : Jeantet, *JCP 1975. I. 2743.* ♦ ... Le principe de territorialité de la loi (fiscale) ne pouvant tenir en échec la loi internationale dont la puissance s'impose en vertu de la loi constitutionnelle. • Crim. 22 oct. 1970, n° 69-90.850 P : *D. 1971. 221, rapp. Mazard, et note Rideau ; JCP 1971. II. 16671.*

5. L'autorité du traité des Communautés européennes est telle, dans la hiérarchie des sources du droit, qu'il appartient au juge répressif d'écarter l'application d'un texte d'incrimination de droit interne lorsqu'il apparaît clairement que ce dernier méconnaît une disposition du traité ou un texte pris pour son application. • Crim. 21 févr. 1994, n° 92-81.421 P : *RSC 1995. 113, obs. Francillon* • 26 sept. 1994, n° 91-87.062 P • 3 oct. 1994, n° 93-80.109 P : *RSC 1995. 342, obs. Bouloc* • 17 oct. 1994, n° 92-84.365 P • 27 févr. 1995, n° 92-86.868 P • 27 févr. 1995, n° 89-83.952 P : *RSC 1995. 810, obs. Bouloc* • 3 avr. 1995 : *Dr. pénal 1995. 177* • 10 avr. 1995 : *Gaz. Pal. 1995. 2. Somm. 356* • 14 mars 1996, n° 95-81.137 P : *Dr. pénal 1996. 162, obs. J.-H. Robert ; Gaz. Pal. 1996. 2. Somm. 416, note Bréban ; RSC 1997. 97, obs. Bouloc* • 3 avr. 1997 : *Gaz. Pal. 1998. 1. Somm. 367* • 18 sept. 1997, n° 93-80.109 P : *Dr. pénal 1997. 157, obs. J.-H. Robert ; Europe 1998, n° 54, comm. Simon ; RSC 1998. 316, obs. Bouloc*, et 605, *obs. Idot*.

6. Le prévenu qui invoque une exception prise de l'incompatibilité au regard du droit communautaire d'un monopole institué par une réglementation interne doit en apporter la preuve ; dans des poursuites exercées contre le dirigeant d'une entreprise ayant fourni des prestations de pompes funèbres en violation des droits d'exclusivité maintenus au profit d'une régie communale de pompes funèbres en application des dispositions transitoires de la L. du 8 janv. 1993, il appartient dès lors au prévenu, qui excipe de l'incompatibilité du texte, base des poursuites, avec les art. 86 et 90 du traité CE, de justifier de l'illicéité de l'exercice par la régie communale de son monopole au regard des règles communautaires protégeant la concurrence. • Crim. 22 janv. 1997, n° 95-84.514 P.

7. L'absence d'élément d'extranéité dans la situation soumise aux juridictions pénales ne met pas obstacle à l'application des art. 30, 85 et 86 du traité instituant la Communauté économique européenne. • Crim. 2 févr. 1994, n° 90-82.832 P.

8. Il résulte d'une part, des art. 49 Charte UE et 111-3 C. pén. que nul ne peut être condamné pour une action ou une omission qui, au moment où elle a été commise, ne constituait pas une infraction d'après le droit national ou international et d'autre part, des art. 3 *b* de la Dir. n° 2002/15/CE du Parlement européen et du Conseil du 11 mars 2002, directement applicable en droit interne, et L. 8221-5 C. trav. que les périodes pendant lesquelles le travailleur mobile accompagne un véhicule transporté par ferry-boat, constituent du temps de disponibilité et non du temps de travail effectif ; n'est ainsi pas constituée l'infraction de travail dissimulé par dissimulation d'emploi salarié résultant de la mention sur le bulletin de paie d'un nombre d'heures de travail inférieur à celui réellement accompli lorsque les heures non mentionnées sur la fiche de salaire, correspondant à un temps durant lequel le conducteur n'exerce aucune activité et peut vaquer librement à des occupations personnelles, ne constituent pas du temps de travail effectif. • Crim. 5 juin 2012, n° 11-83.319 P : *D. 2012. 1622 ; Dr. soc. 2012. 958, obs. Duquesne*.

9. Convention EDH. En faisant de l'autorité judiciaire le gardien des libertés individuelles, l'art. 66 Const. asseoit le fondement de la compétence du juge judiciaire lorsqu'il s'agit de vérifier la conformité d'une loi à la Conv. EDH, qui contient l'essentiel des principes liés aux libertés individuelles et aux droits fondamentaux, et s'il est de jurisprudence constante que le juge judiciaire ne peut se faire juge de la constitutionnalité des lois, il peut par contre écarter l'application d'une loi qui serait prise en contradiction avec des principes contenus dans un traité ou une convention internationale (à propos du permis à points). • T. pol. Tarbes, 17 févr. 1993 : *Gaz. Pal. 1993. 1. Somm. 174, note Couzinet.* ♦ Conf. : • T. pol. Toulouse, 4 avr. 1995 : *Gaz. Pal. 1995. 2. 434.*

10. Le juge pénal n'est compétent que pour appliquer la loi pénale réprimant par une sanction pénale l'infraction qui lui est soumise, et non pas pour appliquer ou refuser d'appliquer ou faire appliquer celles des dispositions législatives, même contraires à la lettre ou à l'esprit d'une norme supérieure, d'un traité international, visant une sanction administrative, qui ne sont mises en œuvre qu'après l'intervention du juge répressif (à propos du permis à points). • Versailles, 3 juin 1994 : *Gaz. Pal. 1994. 2. 633 ;* réformation de : • T. pol. Rambouillet, 27 sept. 1993 : *Gaz. Pal. 1993. 2. Somm. 498.* ♦ Le juge judiciaire ne peut apprécier la constitutionnalité d'une loi même réductrice de ses pouvoirs de contrôle et d'appréciation et touchant au principe de l'individualisation de la peine ; par contre, il peut examiner la compatibilité de cette loi avec les exigencesde la convention européenne des droits de l'homme (à propos du permis à points). • T. pol. Lyon, 15 juin 1995 : *Gaz. Pal. 1996. 1. 158, note F. Samson et X. Morin.*

11. Le moyen de cassation qui se fonde sur un arrêt de la CEDH est inopérant ; en effet, les décisions rendues par ladite cour dans les conditions précisées aux art. 19 et 50 à 54 Conv. EDH n'ont aucune incidence directe en droit interne sur les décisions des juridictions nationales. • Crim. 4 mai 1994, n° 93-84.547 P : *JCP 1994. II. 22349, note Chambon ; D. 1995. 80, note Renucci ; Dr. pénal 1994. 185.*

12. La conformité d'un arrêté d'expulsion aux dispositions de l'art. 8, § 1er, Conv. EDH sur le droit au respect de la vie privée et familiale, dont le contrôle relève du juge répressif en application de l'art. 111-5 C. pén., doit s'apprécier par rapport aux seuls éléments de fait et de droit prévalant à la date à laquelle l'arrêté a été édicté. • Crim. 26 mars 1996, n° 95-81.890 P : *RSC 1997. 98, obs. Bouloc .*

13. L'ingérence que constitue l'art. 14 de la L. du 29 juill. 1881 conférant au ministre de l'intérieur de vastes prérogatives en matière d'interdiction administrative de diffusion de publications de provenance étrangère ou rédigées en langue étrangère ne peut être considérée comme « nécessaire dans une société démocratique », de sorte qu'il y a eu violation de l'art. 10 Conv. EDH. • CEDH 17 juill. 2001, *Ass. Ekin : D. 2001. IR 2460.* ♦ En interdisant la publication, la diffusion et le commentaire, par quelque moyen que ce soit, de tout sondage d'opinion en relation avec l'une des consultations visées par l'art. 1er de la loi n° 77-808 du 19 juill. 1977, les textes fondant la poursuite (art. 11 et 12 de ladite loi, L. 90-1 C. élect.) instaurent une restriction à la liberté de recevoir et de communiquer des informations qui n'est pas nécessaire à la protection des intérêts légitimes énumérés par l'art. 10, 2, Conv. EDH. Étant incompatibles avec ces dispositions conventionnelles, ils ne sauraient servir de fondement à une condamnation pénale. • Crim. 4 sept. 2001, n° 00-85.329 P : *D. 2002. Somm. 1794, obs. de Lamy ; JCP 2001. II. 10623, concl. Commaret, et note A. Lepage ; Gaz. Pal. 2001. 2. 1874, note Monnet ; ibid. 2002. 1. 47, note E. Barbry et V. Gross ; Dr. pénal 2002. 31, obs. J.-H. Robert ; RSC 2002. 95, obs. Bouloc , et p. 125, obs. Francillon ; RTD civ. 2002. 181, obs. Libchaber .* ♦ *Adde* : J.-Cl. Zarka, *Gaz. Pal. 2002. 1. Doctr. 8.*

14. L'appréciation de la conformité des art. 1791, 1798 *bis* et 1798 *ter* CGI au principe conventionnel de proportionnalité relève du contrôle de leur constitutionnalité et échappe à la compétence des juridictions de l'ordre judiciaire. • Crim. 12 déc. 2007, n° 07-82.353 P : *Dr. pénal 2008. 34, obs. J.-H. Robert.*

B. INTERPRÉTATION DES NORMES INTERNATIONALES

15. Droit commun. Les conventions internationales sont des actes de haute administration qui ne peuvent être interprétés, s'il y a lieu, que par les Puissances entre lesquelles elles sont intervenues. • Crim. 29 juin 1972, n° 71-91.821 P : *Gaz. Pal. 1972. 1. 27 ; JCP 1973. II. 17457, note Ruzié.* ♦ L'interprétation des traités et conventions diplomatiques échappe à l'autorité judiciaire lorsque cette interprétation soulève des questions d'ordre public international, et les juridictions répressives ont le devoir de surseoir à statuer jusqu'à ce que le ministre des affaires étrangères, qu'il leur appartient de consulter, ait officiellement interprété lesdites conventions. • Crim. 30 juin 1976, n° 75-93.296 P : *D. 1977. 1, note Coste-Floret ; JCP 1976. II. 18435, rapp. Mongin ;* cassation de • Paris, 27 oct. 1975 : *D. 1976. 260, note Coste-Floret.*

16. L'interprétation officielle d'un traité par le ministre des affaires étrangères (relations extérieures), dès lors qu'elle porte sur des questions touchant l'ordre public international, revêt une portée générale et s'impose à l'autorité judiciaire. • Crim. 26 janv. 1984, n° 83-94.425 P.

17. Il est de l'office du juge d'interpréter les traités internationaux invoqués dans la cause soumise à son examen ; les autorités judiciaires françaises, lorsqu'elles utilisent les informations qui leur ont été communiquées dans le cadre d'une convention d'entraide judiciaire en matière pénale, sont tenues de respecter les règles fixées par cette convention à laquelle s'incorporent les réserves et déclarations formulées, qui obligent les États parties dans leurs rapports réciproques ; dès lors, encourt la censure l'arrêt de la chambre de l'instruction qui, pour rejeter une demande d'annulation d'un réquisitoire supplétif et de la mise en examen subséquente, dans laquelle est invoquée l'exploitation, en méconnaissance des stipulations de la Convention européenne d'entraide judiciaire en matière pénale, incorporant les réserves formulées par le Grand-Duché du Luxembourg, des renseignements reçus des autorités judiciaire de cet État, en exécution d'une commission rogatoire internationale, retient qu'elle n'a pas compétence pour interpréter les modalités de ratification d'une Convention internationale par un État étranger ni pour rechercher si des réserves non exprimées par l'État requis auprès de l'État requérant sont applicables. • Crim. 15 janv. 2014, n° 13-84.778 P : *D. actu. 31 janv. 2014, obs. Winckelmuller ; D. 2014. 145 ; RSC 2014. 127, obs. Danet .*

18. Droit européen. En cas d'incertitude sur la compatibilité des dispositions communautaires et nationales, le juge doit, en application de l'art. 177 du traité, saisir la cour de justice des Communautés européennes en interprétation des dispositions concernées ; en ce cas, les décisions rendues par la cour de justice des Communautés européennes ont l'autorité de la chose « interprétée » et, par emprunt de la primauté attachée au traité, s'imposent au juge national. • Crim. 26 sept. 1994, n° 91-87.062 P • 3 oct.

1994, n° 93-80.109 P : *RSC 1995. 342, obs. Bouloc*.

19. Il n'y a lieu à question préjudicielle de la compétence de la cour de Justice des Communautés européennes, au sens de l'art. 177 du traité CEE, lorsque le texte national, dont l'incompatibilité avec les stipulations dudit traité est invoquée, se révèle entaché d'illégalité au regard du droit interne, et doit être, de ce fait, déclaré inapplicable par le juge pénal. • Crim. 21 oct. 1985, n° 84-95.387 P. ♦ Rappr. • T. pol. Castres, 26 mai 1992 : *Gaz. Pal. 1992. 2. 646, note Marchi.* ♦ Selon l'art. 177 du traité CEE, les juges d'appel dont la décision est susceptible d'un recours juridictionnel de droit interne ne sont pas tenus de saisir la cour de justice d'une demande en interprétation et de surseoir à statuer. • Crim. 17 juin 1992, n° 91-85.872 P : *RSC 1993. 540, obs. Bouloc*.

20. En dépit des dispositions de l'art. F 2 du traité sur l'Union européenne, énonçant que l'Union respecte les principes défendus par la Conv. EDH, il n'entre pas dans la compétence de la Cour de justice des Communautés européennes d'apprécier la compatibilité du droit de visite domiciliaire, prévu à l'art. L. 16 B LPF, avec celles de l'art. 8 de la convention précitée, les attributions de cette juridiction étant limitativement définies par les art. 164 à 188 du traité des Communautés européennes et les actes portant modification de celui-ci ; il ne saurait donc être fait grief à une cour d'appel d'avoir refusé de saisir cette juridiction sur le fondement de l'art. 177 du traité. • Crim. 5 juin 1997, n° 96-83.341 P.

21. Le prévenu, invoquant l'incompatibilité du Décr. n° 82-764 du 6 sept. 1982, réglementant l'usage des véhicules publicitaires, avec les art. 30 et 59, devenus 28 et 49 du traité CE, qui interdisent les restrictions quantitatives à l'importation ou les mesures d'effet équivalent et les restrictions à la libre prestation des services, a demandé la saisine, à titre préjudiciel, de la CJCE. Pour écarter cette exception, les juges du second degré retiennent que la limitation de la surface totale des publicités apposées sur les véhicules utilisés ou équipés à des fins essentiellement publicitaires, s'applique indistinctement aux nationaux et aux autres ressortissants de la Communauté européenne, et affecte de la même manière la commercialisation des produits nationaux comme ceux en provenance des États membres. En l'état de ces motifs, et dès lors que les dispositions du traité ne font pas obstacle aux interdictions ou restrictions justifiées notamment pour des raisons de protection du cadre de vie et de l'environnement, la cour d'appel a justifié sa décision. • Crim. 18 juin 2002 : *Dr. pénal 2003. 21, obs. J.-H. Robert.*

22. Jurisprudence civile. BIBL. G. Cohen-Jonathan, *Gaz. Pal. 1996. 1. Doctr. 686* (compétence du juge judiciaire pour interpréter les traités internationaux). ♦ Il est de l'office du juge d'interpréter les traités internationaux invoqués dans la cause soumise à son examen, sans qu'il soit nécessaire de solliciter l'avis d'une autorité non juridictionnelle. • Civ. 1re, 19 déc. 1995, n° 93-20.424 P : *Annexe à la Doctr. préc. G. Cohen-Jonathan.*

II. CONTRÔLE DE CONSTITUTIONNALITÉ

23. BIBL. ***Généralités.*** Van Tuong, *D. 1996. Chron. 17* (loi référendaire et contrôle de constitutionnalité). – I. Monteillet, *Gaz. Pal. 2002. 1. Doctr. 848* (influence des réserves d'interprétation formulées par le Conseil constitutionnel). – J.-Cl. Colliard, *BICC, 15 mars 2003, p. 42* (contrôle constitutionnel et normes internationales). – L. Truchot, *BICC, 15 mars 2003, p. 72* (application par la Cour de cassation des normes constitutionnelles et communautaires). – D. Mayer, *Mél. B. Bouloc, Dalloz, 2006, p. 821* (Conseil constitutionnel et juge pénal). – C. Geslot, *JCP 2007. I. 149* (contrôle de la constitutionnalité des lois). – F. Luchaire, *Gaz. Pal. 2007. 1. Doctr. 1613* (Conseil constitutionnel et Conv. EDH). – G. Royer, *RSC 2008. 825* (la réserve d'interprétation constitutionnelle en droit criminel). – Sauve, *Gaz. Pal. 2011. 1. Doctr. 1423* (le contrôle de constitutionnalité en Europe). – Potaszkin, *D. 2012. 2910* (retour sur le principe d'égalité devant la justice pénale dans la jurisprudence du Conseil constitutionnel). – Chetard, *RSC 2013. 51* (la proportionnalité de la répression dans la jurisprudence du Conseil constitutionnel).

A. COMPÉTENCE DU CONSEIL CONSTITUTIONNEL

24. Jurisprudence constitutionnelle. L'art. 61-1 Const. ne confère pas au Conseil constitutionnel un pouvoir général d'appréciation et de décision de même nature que celui du Parlement, mais lui donne seulement compétence pour se prononcer sur la conformité des dispositions législatives soumises à son examen aux droits et libertés que la Constitution garantit. • Cons. const. 27 sept. 2013, n° 2013-341 QPC : *JO 1er oct., p. 16304 ; Dr. pénal 2013, n° 156, obs. J.-H. Robert.* ♦ Si la nécessité des peines attachées aux infractions relève du pouvoir d'appréciation du législateur, il incombe au Conseil constitutionnel de s'assurer de l'absence de disproportion manifeste entre l'infraction et la peine encourue ; l'art. L. 2125-8 CGPPP prévoit que le stationnement sans autorisation d'un bateau, navire, engin flottant ou établissement flottant sur le domaine public fluvial donne lieu au paiement d'une indemnité d'occupation égale à la redevance, majorée de 100 %, qui aurait été due pour un stationnement régulier à l'emplacement considéré ou à un emplacement similaire, sans application d'éventuels abattements ; en édictant cette majoration proportionnelle, égale au montant de la redevance due, l'art. L. 2125-8 institue une sanction qui ne revêt pas, en elle-même, un caractère manifestement disproportionné. • Même décision.

25. La majoration de la redevance prévue par l'art. L. 2125-8 CGPPP s'applique « sans préjudice de la répression au titre des contraventions de grande voirie » ; en particulier, outre le paiement de la majoration de 100 % de la redevance due pour un stationnement régulier, l'occupant sans droit ni titre du domaine public fluvial s'expose aux sanctions prévues par l'art. L. 2132-9 du même code ; le principe d'un tel cumul de sanctions n'est pas, en lui-même, contraire au principe de proportionnalité des peines garanti par l'art. 8 de la Déclaration de 1789 ; toutefois, lorsque deux sanctions prononcées pour un même fait sont susceptibles de se cumuler, le principe de proportionnalité implique qu'en tout état de cause, le montant global des sanctions éventuellement prononcées ne dépasse pas le montant le plus élevé de l'une des sanctions encourues ; il appartient donc aux autorités administratives compétentes de veiller au respect de cette exigence ; sous cette réserve, le grief tiré de la violation du principe de nécessité des peines doit être écarté. • Cons. const. 27 sept. 2013, n° 2013-341 QPC : *JO 1er oct., p. 16304.*

26. Jurisprudence judiciaire. L'appréciation de la constitutionnalité d'une loi échappe à la compétence des juridictions de l'ordre judiciaire. • Crim. 11 mai 1833 : *S. 1833. 1. 357* • 21 janv. 1985, n° 84-93.787 P • 18 nov. 1985, n° 84-90.152 P • 7 mai 1987, n° 87-80.822 P • 22 déc. 1987, n° 86-92.463 P • 6 mars 1989, n° 88-80.177 P • 12 juin 1989, n° 88-83.448 P • 30 janv. 1992 : *RSC 1992. 772, obs. J.-H. Robert* • 20 déc. 1994, n° 93-80.267 P. ♦ Les juges répressifs disposent, pour le prononcé des peines propres à sanctionner l'infraction dont ils sont saisis, d'un pouvoir d'appréciation dont ils ne doivent aucun compte, et ils ne peuvent, en outre, à cette occasion, se faire juge de la constitutionnalité des lois qu'ils sont chargés d'appliquer. • Crim. 14 mai 1998, n° 96-84.622 P. ♦ Il n'appartient pas à la Cour de cassation d'apprécier la conformité d'un texte de loi (C. douanes, art. 464 et 465) à un texte de valeur constitutionnelle, tel que l'art. 8 DDH. • Crim. 29 mars 2000, n° 97-80.916 P.

27. Il en est de même des décisions du Président de la République prises sur le fondement de l'art. 16 Const. • Crim. 21 août 1961, n° 4423MIL P • 10 mai 1962, n° 35.4.565MIL P. ♦ ... Des règlements ayant valeur législative. • Crim. 26 févr. 1974, n° 73-91.140 P : *D. 1974. 273, concl. Touffait, et note Vouin ; RSC 1974. 855, obs. Larguier* • 26 févr. 1974, n° 72-93.438 P • 2 mai 1990, n° 89-83.853 P. ♦ ... Des traités. • Crim. 27 févr. 1990, n° 89-86.692 P. ♦ ... Des « textes » ayant valeur législative, lesquels s'imposent aux juridictions de l'ordre judiciaire (ord. n° 45-2658 du 2 nov. 1945 relative aux conditions d'entrée et de séjour des étrangers en France). • Crim. 21 janv. 2004 : *Dr. pénal 2004. 87, obs. J.-H. Robert.*

28. Conservent, avant leur ratification opérée par le législateur, le caractère d'actes administratifs les ordonnances prises dans le cadre de l'art. 38 Const., alors même qu'elles interviennent dans une matière ressortissant, en vertu de l'art. 34 ou d'autres dispositions constitutionnelles, du domaine de la loi. A ce titre, le juge répressif peut, sur le fondement de l'art. 111-5 C. pén., user, d'office, de la faculté d'en vérifier la légalité en s'assurant, notamment, de la conformité d'un texte codifié par une telle ordonnance avec la loi dont il est issu et qui a été abrogé. En effet, l'abrogation d'une loi à la suite de sa codification à droit constant ne modifie, ni la teneur, ni la portée des dispositions transférées. Tel est le cas de l'art. 21 de la L. du 3 janv. 1992, dite loi sur l'eau, devenu l'art. L. 216-5 C. envir. • Crim. 19 oct. 2004, n° 04-82.485 P : *Dr. pénal 2005. 6, obs. J.-H. Robert ; RSC 2005. 291, obs. Vermelle , et p. 308, obs. J.-H. Robert* • 13 janv. 2015, n° 13-88.183 P.

29. Un tribunal ne saurait, s'appuyant sur un jugement de valeur porté sur une loi, en arrêter ou en suspendre l'exécution. • T. corr. Bobigny, 22 nov. 1972 : *Gaz. Pal. 1972. 2. 890.*

30. Jurisprudence administrative. L'art. 61 de la Constitution du 4 oct. 1958 a confié au Conseil constitutionnel le soin d'apprécier la conformité d'une loi à la Constitution. Ce contrôle est susceptible de s'exercer après le vote de la loi et avant sa promulgation. Il ressort des débats, tant du Comité consultatif constitutionnel que du Conseil d'État lors de l'élaboration de la Constitution, que les modalités ainsi adoptées excluent un contrôle de constitutionnalité de la loi au stade de son application. • CE 5 janv. 2005 : *D. 2005. IR 521* . ♦ ... Cependant, pour la mise en œuvre du principe de supériorité des traités sur la loi énoncé à l'art. 55 Const., il incombe au juge, pour la détermination du texte dont il doit faire application, de se conformer à la règle de conflit de normes édictée par cet article. La Charte des droits fondamentaux de l'Union européenne, proclamée par le Conseil européen le 7 déc. 2000 et reprise dans un acte interinstitutionnel publié le 18 déc. 2000 est dépourvue, en l'état actuel du droit, de la force juridique qui s'attache à un traité une fois introduit dans l'ordre juridique interne et ne figure pas au nombre des actes du droit communautaire dérivé susceptible d'être invoqués devant les juridictions nationales. • Même arrêt.

31. Le moyen tiré de ce que l'art. 529 C. pr. pén., dans la rédaction que lui a donnée la loi n° 99-515 du 23 juin 1999, méconnaîtrait des règles et principes de valeur constitutionnelle n'est pas de nature à être utilement invoqué devant le juge administratif. • CE 5 janv. 2005 : *JCP 2005. IV. 1714.*

B. QUESTION PRIORITAIRE DE CONSTITUTIONNALITÉ

32. BIBL. P. Cassia et E. Saulnier-Cassia, *D. 2008, Point de vue. 166.* – F. Mélin-Soucramanien et M. Stasi, *D. 2008, Point de vue. 1701.* – B. de Lamy, *RSC 2008. 130* ; *ibid. 2009. 154* ; *D. 2009. Chron. 177*. – Y. Gaudemet, *D. 2008, Point de vue. 1703.* – P. Mbongo, *D. 2008. Chron. 2089*. – G. Drago, *JCP 2008. I. 217.* – D. Amson, *Gaz. Pal. 2008. 2. Doctr. 2218.* – G. Roujou de Boubée, *D. 2009. Pan.123.* – M.-C. Sordino, *Gaz. Pal. 2009. 1. Doctr. 1182* (réflexions sur la question préjudicielle de constitutionnalité au regard du droit pénal). – V. Tellier, *Gaz. Pal. 2010. 2. Doctr. 2105* (brèves réflexions sur la QPC en matière pénale). – B. de Lamy, *RSC 2010. 201* (la question prioritaire de constitutionnalité : une nouveauté ... lourde et inachevée). – V. Tellier-Cayrol, *AJ pénal 2011. 25* (la question prioritaire de constitutionnalité, voie de recours interne ?). – C. Lazerges, *RSC 2011. 193* (la question prioritaire de constitutionnalité devant le Conseil constitutionnel en droit pénal : entre audace et prudence). – G. Lhuilier et E Plouvier, *D. 2011, Point de vue. 1091* (le droit pénal et la Constitution). – E. Dreyer, *JCP G 2011, n° 976* (le Conseil constitutionnel et la « matière » pénale. La QPC et les attentes déçues...). – L. Briand, *Gaz. Pal. 2011. 2. Doctr. 3297* (quel rôle pour le procureur de la République dans le contentieux constitutionnel ?). – N. Maziau, *D. 2012. Chron. 1833* (le revirement de jurisprudence dans la procédure de QPC). – A. Botton et B. de Lamy, *D. 2012. Point de vue, p. 2030* (la QPC, révélateur des limites du droit constitutionnel ? Lectures contrariées et contradictoires).

▸ **Colloques.** – La question prioritaire de constitutionnalité. Premier bilan et prospective, Colloque de La Semaine Juridique, Paris, 22 sept. 2010, *JCP G 2010, Supplément au n° 48.* – La QPC, une question pour la démocratie, Actes du colloque Hôtel de Lassay, 5 avr. 2013, *JCP G 2013, Supplément au n° 29-34.*

▸ **Ouvrage collectif.** – « Code pénal et code d'instruction criminelle – Livre du Bicentenaire », *Ouvrage collectif de l'Université Panthéon-Assas Paris II, Dalloz, 2010* : D. Chagnollaud, *p. 83* (droit pénal et droit constitutionnel : sur un couple uni). – X. Prétot, *p. 97* (le pouvoir de sanction à l'épreuve des principes constitutionnels, à propos de la censure pour partie de la loi HADOPI).

▸ **Dossier.** – « Un an de QPC en matière pénale », *AJ pénal 2011. 273* s.

▸ **Pratiques.** – J.-B. Perrier, *AJ pénal 2010. 122* (l'avocat face à la question prioritaire de constitutionnalité), et p. 387 (précisions sur les conditions de recevabilité de la QPC). – Ph. Belloir, *AJ pénal 2014. 23* (comment rédiger une QPC recevable ?).

III. CONTRÔLE DE LÉGALITÉ

BIBL. Lesclous, *JCP 1994. I. 3747.* – Tsevas, *LGDJ, 1995.*

33. Conformité d'un décret à la Constitution. Les juridictions pénales sont compétentes pour apprécier la conformité d'un décret à la Const. sous réserve de la théorie de « l'écran législatif » et dès lors que cet examen dépend de la solution du procès pénal. • Crim. 29 janv. 2019, n° 17-84.366 : *D. actu. 6 mars 2019, obs. Recotillet ; D. 2019. Pan. 2320, obs. Roujou de Boubée*.

A. PLÉNITUDE DU CONTRÔLE

1° PRÉALABLE ADMINISTRATIF

34. Arrêté de reconduite à la frontière. Ont justifié leur décision les juges qui, pour déclarer à bon droit irrecevable l'exception d'illégalité de l'arrêté préfectoral de reconduite à la frontière d'un ressortissant chinois, poursuivi pour s'être soustrait à l'exécution d'une mesure de reconduite à la frontière résultant de l'interdiction du territoire français prononcée contre lui pour trois ans par jugement du tribunal correctionnel, énonce que le fondement de la poursuite réside dans le jugement de condamnation précité et non dans l'acte administratif critiqué. • Crim. 15 janv. 1997 : *Gaz. Pal. 1998. 1. 50.*

35. S'il appartient aux juges de l'ordre judiciaire d'apprécier, à l'occasion d'une poursuite pénale pour infraction à la législation relative aux étrangers, si se trouvent réunies les conditions d'application des art. 1er A et 31-1 de la Convention de Genève, au regard de l'immunité pénale prévue par ces textes, il résulte des art. 10 s. de la L. du 25 juill. 1952, mod. par celle du 11 mai 1998, que l'Office français de protection des réfugiés et apatrides a seul compétence, sous le contrôle de la commission des recours et du Conseil d'État, pour reconnaître à un demandeur d'asile la qualité de réfugié avec les droits qui y sont attachés ; la juridiction répressive est en conséquence incompétente pour accorder cette qualité à un étranger poursuivi pour s'être soustrait à l'exécution d'un arrêté de reconduite à la frontière, et craignant d'être persécuté pour ses opinions ou son appartenance à un groupe social. • Crim. 12 juin 2002, n° 01-87.993 P : *Dr. pénal 2002, n° 110, obs. J.-H. Robert, et 118, obs. Maron.*

36. Exclusion d'une association. La mesure d'exclusion d'un membre d'une association de chasse sur le domaine public maritime prise en application des dispositions statutaires types résultant de l'arrêté du 14 mai 1975 ne constitue pas un acte administratif individuel dont la légalité serait susceptible d'être contestée par voie d'exception devant le juge répressif. • Crim. 30 oct. 2000, n° 00-81.751 P : *Dr. pénal 2001. 49, obs. J.-R. Robert ; RSC 2001. 370, obs. Bouloc ; ibid. 2001. 388, obs. J.-H. Robert*.

2° SOLUTION DU PROCÈS PÉNAL

37. Permis de conduire. La perte de points, même totale, affectant le permis de conduire, ne présente pas le caractère d'une sanction pénale, accessoire à une condamnation, et, en conséquence, ni son incompatibilité avec les dispositions des art. 6, § 1er, et 7 Conv. EDH, et de l'art. 4 du protocole n° 7 de ladite convention, ni son fondement légal ne relèvent de l'appréciation du juge répressif. • Crim. 1er févr. 2006, n° 05-80.481 : *Dr. pénal 2006. 52, obs. J.-H. Robert.* ♦ Rappr. : • Crim. 11 juill. 1994, n° 93-85.801 P : *RSC 1995. 344, obs. Bouloc* • 11 janv. 1995, n° 94-80.556 : *JCP 1995. IV. 960* • 11 déc. 1996 : *Dr. pénal 1997. 37, obs. J.-H. Robert.* ♦ Opposer la jurisprudence européenne : Le retrait de points présente un caractère punitif auquel s'ajoute également un caractère dissuasif et s'apparente donc à une peine accessoire ; la volonté du législateur de dissocier la sanction de retrait de points des autres peines prononcées par le juge ne saurait en changer la nature ; la Commission conclut donc à l'applicabilité de l'art. 6, § 1er, de la Convention. • Comm. EDH, 29 mai 1997, *Jérôme Malige c/ France : Gaz. Pal. 1997. 2. Doctr. 1020 ; ibid. 1998. 1. 122 Rect. 8-10 févr. 1998), note Samson et Morin ; RSC 1998. 112, obs. Delmas Saint-Hilaire . – Adde* : Opinion dissidente de M. J-C. Soyer, *Gaz. Pal. 1997. 2. Doctr. 1027* • CEDH 23 sept. 1998, *Jérôme Malige c/ France : D. 1999. Somm. 154, obs. de Lamy , et 267, obs. Renucci ; JCP 1999. II. 10086, note Sudre ; Dr. pénal 1999. 87, obs. J.-H. Robert ; RSC 1999. 145, obs. Massias, et 398, obs. Koering-Joulin ; Gaz. Pal. 1998. 2. 843, note Berthelot et Rio. – Adde :* G. Durry, *Gaz. Pal. 1999. 1. Doctr. 202.* – Berthelot et Rio, *ibid. 1999. 1. Doctr. 203.* – Couzinet, *ibid. 1999. 2. Doctr. 1845.* ♦ Rappr. : • CEDH 2 févr. 1999, *Jean-François Roche c/ France : Gaz. Pal. 1999. 2. 731.* – V. également : Samson et Morin, *Gaz. Pal. 1999. 2. 727 s.* – Lombard, *ibid. 2000. 2. Doctr. 1322.*

38. Lorsqu'ils ont à connaître, non d'une infraction visée à l'art. L. 11-1 C. route et pouvant entraîner, de plein droit, une perte partielle des points du permis de conduire, mais d'une poursuite exercée sur le fondement des art. L. 11-5 et L. 19, dernier al., du même code, pour refus de restitution d'un permis de conduire invalidé par suite d'une perte totale des points, les juges ne peuvent décliner leur compétence pour statuer sur l'exception tirée du défaut de conformité de la loi du 10 juill. 1989, d'où résultent les textes précités, aux dispositions de l'art. 6 Conv. EDH. • Crim. 26 juin 1996, n° 95-83.529 P (1er arrêt) : *Dr. pénal 1996. 245 (I), obs. J.-H. Robert* • 26 juin 1996, n° 95-85.053 P (2e arrêt) • 26 juin 1996, n° 95-83.423 P (3e arrêt). – Sur ces trois arrêts, V. également : *Gaz. Pal. 1997. 1. 294 s., note Petit, et note Morin et Samson ; RSC 1997. 373, obs. Bouloc.* ♦ La personne poursuivie pour une infraction résultant de la perte de son permis de conduire pour défaut de points, est recevable à exciper devant la juridiction pénale de l'illégalité pour une cause autre que celles tirées des conditions d'information et de notification, de chaque retrait de points ; le juge répressif peut lui-même relever d'office une telle illégalité. • Crim. 30 avr. 2007, n° 07-00.009 P (avis). ♦ La juridiction correctionnelle, saisie de poursuites pour conduite malgré invalidation du permis de conduire en raison de la perte totale des points, est tenue d'apprécier la légalité de l'arrêté préfectoral enjoignant à l'intéressé de restituer son permis, dès lors qu'elle est saisie d'une exception d'illégalité de cet acte administratif et qu'il résulte des propres énonciations de l'arrêt que le solde des points pourrait être positif. • Crim. 30 janv. 2008, n° 06-81.027 P : *AJ pénal 2008. 187, obs. Roussel ; Dr. pénal 2008. 46, obs. J.-H. Robert ; Gaz. Pal. 2009. 1. Somm. 1364, note Monnet.*

39. Perquisitions. Aux termes de l'art. préliminaire du C. pr. pén., les mesures de contrainte dont la personne suspectée ou poursuivie peut faire l'objet sont prises sur décision ou sous le contrôle effectif de l'autorité judiciaire ; selon l'art. 111-5 C. pén., les juridictions pénales sont compétentes pour interpréter les actes administratifs, réglementaires ou individuels et pour en apprécier la légalité lorsque, de cet examen, dépend la solution du procès pénal qui leur est soumis ; il en va ainsi lorsque de la régularité de ces actes dépend celle de la procédure (à propos d'ordres de perquisition). • Crim. 13 déc. 2016, n° 16-84.794 P : *D. actu. 4 janv. 2017, obs. Fucini.* ♦ Une chambre de l'instruction énonce, à bon droit, qu'en application de l'art. 111-5 C. pén., les juridictions pénales sont compétentes pour apprécier la légalité d'un ordre de perquisition (pris en matière terroriste sur le fondement de l'état d'urgence), qui, sans constituer le fondement des poursuites, détermine la régularité de la procédure. • Crim. 13 déc. 2016, n° 16-82.176 : *D. actu. 4 janv. 2017, obs. préc. Fucini.*

40. Plans de chasse. Les juridictions pénales ne sont compétentes pour interpréter les actes administratifs réglementaires ou individuels et pour en apprécier la légalité que lorsque, de cet examen, dépend la solution du procès pénal qui leur est soumis ; a méconnu ce principe la cour d'appel qui, pour relaxer les prévenus pour contravention aux prescriptions du plan de chasse et défaut de marquage d'un animal tué en application dudit plan, a constaté l'illégalité de l'arrêté fixant le plan individuel de chasse et énoncé que les infractions reprochées ne pouvaient être retenues, alors que le plan de chasse au chevreuil, de droit sur tout le territoire national, est obligatoirement mis en œuvre chaque année, au niveau du département, par un arrêté préfectoral fixant le nombre minimum et le nombre maximal d'animaux à prélever, et qu'en période d'ouverture de la chasse, la circonstance qu'un plan de chasse individuel, pris au visa de cet arrêté, et portant refus de certaines attributions serait entaché d'illégalité ne saurait autoriser le détenteur du droit de chasse qui s'en prévaut ou ses ayants droit à chasser cet animal sur son territoire de chasse sans autorisation ou au-delà de l'autorisation obtenue et sans se conformer à la réglementation relative au marquage et au transport de ce gibier. • Crim. 1er oct. 2002 : *Dr. pénal 2003. 7, obs. J.-H. Robert ; RSC 2003. 342, obs. J.-H. Robert*. ♦ Rappr. • Crim. 18 nov. 2003, n° 03-80.174 P : *Dr. pénal 2004. 51, obs. J.-H. Robert ; Gaz. Pal. 2004. 1. 1947, obs. Monnet ; RSC 2004. 865, obs. Vermelle, et 888, obs. J.-H. Robert*.

41. Reconduite à la frontière. Saisis de poursuites pour soustraction à une mesure de reconduite à la frontière, les juges répressifs ne sont pas tenus d'apprécier la légalité d'un arrêté préfectoral fixant le pays de renvoi, cet arrêté ne commandant pas la solution du procès pénal. • Crim. 28 avr. 1998, n° 96-81.539 P : *RSC 1999. 96, obs. Bouloc*. ♦ ... Une décision du tribunal administratif invalidant un arrêté préfectoral fixant le pays de renvoi de l'intéressé, ne permet pas d'annuler la condamnation antérieure pour soustraction à une mesure de reconduite à la frontière, dès lors que le fondement de la poursuite réside dans la condamnation définitive à l'interdiction du territoire français prononcée contre la prévenue. • Même arrêt. ♦ S'il appartient aux juridictions répressives, lorsqu'elles sont saisies d'une infraction à un arrêté de reconduite à la frontière, d'apprécier la légalité de cet arrêté, les dispositions de l'art. 111-5 C. pén. ne leur imposent toutefois pas d'étendre leur contrôle à une décision administrative antérieure dont ne dépend pas la solution du procès pénal qui leur est soumis. • Crim. 3 juin 1998, n° 97-81.895 P : *RSC 1999. 314, obs. Bouloc*.

42. Salariés protégés. Il résulte de l'art. L. 425-1, al. 3, C. trav. que lorsque l'autorisation administrative de licenciement d'un représentant du personnel mis à pied à titre conservatoire a été refusée, l'intéressé doit être réintégré dans son emploi. L'employeur ne peut imposer une mutation au salarié protégé qu'il refuse de réintégrer dans son poste en se prévalant des agissements fautifs antérieurs au refus d'autorisation de licenciement et qui ont été écartés par l'autorité administrative. En conséquence, caractérise le délit d'atteinte à l'exercice régulier des fonctions de délégués du personnel, le fait, par un employeur, alors que le licenciement a été refusé par l'inspecteur du travail, de ne pas réintégrer le délégué du personnel mis à pied dans le poste de son emploi et de lui imposer un changement de fonctions. L'illégalité des décisions administratives ayant refusé l'autorisation de licenciement, à la supposer fondée, n'est pas de nature à enlever aux faits constatés leur caractère délictueux. Il s'ensuit que les juges répressifs, appelés à se prononcer sur le délit d'entrave caractérisé par le défaut de réintégration du salarié protégé mis à pied dont le licenciement a été refusé par l'autorité administrative, n'ont pas à examiner la légalité des décisions administratives intervenues. • Crim. 11 déc. 2001, n° 00-86.182 P : *Dr. pénal 2002. 45, obs. J.-H. Robert.*

43. Stationnements réservés. Tout jugement ou arrêt doit comporter les motifs propres à justifier la décision et répondre aux chefs péremptoires des conclusions des parties ; l'insuffisance ou la contradiction des motifs équivaut à leur absence ; pour déclarer M. X... coupable de la contravention de stationnement gênant sur un emplacement réservé aux véhicules affectés à un service public, l'arrêt attaqué se borne à énoncer qu'il résulte des débats de l'audience et des pièces versées à la procédure que celui-ci « a bien commis les faits qui lui sont reprochés » ; en statuant ainsi, sans autrement s'expliquer, alors que le prévenu avait, dans ses conclusions, contesté la légalité de l'acte administratif réglementaire fondant la poursuite, relevant notamment que la réservation du domaine public n'avait été faite que pour les seuls besoins d'un syndicat de police, la juridiction de proximité n'a pas justifié sa décision. • Crim. 23 oct. 2013, n° 13-80.824 P : *Dr. pénal 2013, n° 172, obs. J.-H. Robert.*

44. Annulation par la juridiction administrative. Si l'annulation d'un acte par la juridiction administrative prive de base légale la poursuite engagée pour violation de cet acte, elle ne peut avoir d'effet sur une condamnation passée en force de chose jugée, le juge répressif étant compétent pour apprécier la légalité des actes administratifs lorsque de cet examen dépend la solution du procès pénal. • Crim. 13 oct. 2008, n° 08REV043 P (Com. Révision).

45. Réserve légale de compétence au profit de la juridiction administrative. En ce sens qu'un permis de construire obtenu par fraude est frappé d'une « inexistence », que le juge judiciaire peut constater, en dépit de la compétence réservée par l'art. L. 480-13 C. urb. aux juridictions administratives pour annuler ce permis. • Crim. 4 nov. 1998 : *Dr. pénal 1999. 45 ; RSC 1999. 328, obs. J.-H. Robert* • 16 mars 2006 : *Dr. pénal 2006. 123, obs. J.-H. Robert.*

B. PROCÉDURE DE CONTRÔLE

46. Exception préjudicielle. L'art. 111-5 nouv. C. pén., s'il modifie les pouvoirs du juge répressif quant au champ du contrôle de la légalité et quant à la portée de ce contrôle, n'apporte par contre aucun changement quant aux modalités procédurales qui doivent être utilisées pour permettre au juge d'y procéder ; l'exception préjudicielle tirée d'une prétendue illégalité d'un acte administratif doit donc être présentée avant toute défense au fond et ne saurait être présentée pour la première fois en cause d'appel. • Douai, 8 juin 1994 : *Gaz. Pal. 1994. 2. Somm. 781* • Paris, 30 janv. 1998 : *Dr. pénal 1998. 69.* ♦ Pour être recevable, l'exception d'illégalité doit avoir été présentée avant l'interrogatoire du prévenu sur les faits, cet interrogatoire impliquant qu'il s'est engagé dans la défense au fond. • Crim. 29 mars 1995, n° 94-82.320 P : *Dr. pénal 1995. 226 (I), note J.-H. Robert* • 23 mai 1995 : *Dr. pénal 1995. 226 (II), note J.-H. Robert.*

47. Contrôle d'office. Il appartient au juge de relever d'office, sans avoir à le soumettre à la discussion des parties, tout moyen qui est de nature à priver la poursuite de son fondement légal. • Crim. 30 oct. 1989, n° 88-81.470 P.

48. Si, en application de l'art. 386 C. pr. pén., l'exception préjudicielle invoquant l'illégalité d'un acte administratif réglementaire ou individuel doit être présentée par les parties avant toute défense au fond, il se déduit de l'art. 111-5 C. pén. que le juge pénal peut déclarer d'office l'illégalité d'un tel acte lorsqu'il lui apparaît qu'elle conditionne la solution du procès qui lui est soumis ; c'est donc à tort que la cour d'appel a infirmé la décision des premiers juges qui avaient soulevé d'office l'illégalité de l'arrêté d'expulsion d'un étranger au motif que le conseil du prévenu n'a pas soulevé cette exception avant toute défense au fond. • Crim. 7 juin 1995, n° 94-81.416 P : *RSC 1996. 363, obs. Bouloc ; Dr. pénal 1995. 226 (III), note J.-H. Robert ; Gaz. Pal. 1995. 2. Somm. 466 ; ibid. 1995. 648 (2e esp.), note Petit.* ♦ Rappr. : • T. pol. Paris, 29 sept. 1994 : *Gaz. Pal. 1994. 2. Somm. 743, et la note.*

49. Dans les poursuites pour refus d'exécution d'une sanction administrative, les juridictions du fond doivent apprécier la légalité de l'arrêté de sanction. • Crim. 6 avr. 2004, n° 03-82.570 P : *Gaz. Pal. 2004. 2. 3791, note Monnet.*

50. Absence de recours devant les juridictions administratives. Un viticulteur, ayant procédé à la plantation de vignes sur une parcelle exclue par l'Institut national des appellations d'origine de l'aire d'appellation d'origine Champagne, est recevable à contester devant le juge répressif la légalité de la décision de déclassement, même si cette dernière, lors de sa publication, n'avait pas fait l'objet d'un recours devant le tribunal administratif de la part de son auteur, alors propriétaire de ladite parcelle. • Crim. 18 juin 1998, n° 97-82.138 P : *RSC 1999. 315, obs. Bouloc ; RTD com. 1999. 524, obs. Bouloc.*

51. Sursis à statuer. Les tribunaux judiciaires n'ont pas à surseoir à statuer jusqu'à la décision de la juridiction administrative devant laquelle un recours en annulation aurait été formé. • Crim. 2 mars 1971, n° 70-91.635 P. ♦ Le juge pénal est compétent pour apprécier la légalité d'un acte réglementaire s'il est assorti d'une sanction pénale, et ce même si un recours a été parallèlement introduit devant le Conseil d'État. • T. pol. Dreux, 9 févr. 1993 : *Gaz. Pal. 1993. 1. Somm. 188.* ♦ Rappr. : • Crim. 21 févr. 2006 : *Dr. pénal 2006. 71, obs. J.-H. Robert.*

52. Les dispositions de loi qui réservent aux juridictions administratives la solution de certains litiges ne font point obstacle à ce que les tribunaux judiciaires, chargés d'instruire et de prononcer sur les crimes et délits, constatent les diverses circonstances constitutives des éléments de l'infraction dont ils sont saisis. • Crim. 27 oct. 1953 : *Bull. crim. n° 271* • 18 oct. 1956 : *ibid. n° 654* (nullité d'un contrat administratif). ♦ La compétence des juridictions administratives pour apprécier la validité d'un contrat administratif ne fait pas obstacle à ce que les tribunaux judiciaires chargés d'instruire ou de prononcer sur les crimes et délits caractérisent les divers éléments constitutifs de l'infraction dont ils sont saisis. • Crim. 25 sept. 1995, n° 94-83.771 P : *Dr. pénal 1996. 14, obs. J.-H. Robert* • 22 janv. 1997, n° 95-84.514 P : *Dr. pénal 1997. 82, obs. J.-H. Robert.* ♦ Est justifiée la décision du juge pénal qui, saisi du délit de fourniture de prestations de pompes funèbres en violation des droits d'exclusivité d'une régie communale de pompes funèbres, se prononce sur l'existence et la régularité de la constitution de la régie, contestée par le prévenu qui demandait le renvoi de cette question préjudicielle devant le tribunal administratif. • Crim. 22 janv. 1997 : *préc.*

53. Sur l'incompétence du juge répressif pour apprécier la légalité du contrat passé entre une commune et une entreprise privée pour la gestion des zones de stationnement. • Crim. 31 mai 1995 : *Dr. pénal 1995. 227 (II), note J.-H. Robert* • Aix-en-Provence, 5 avr. 1994 : *Dr. pénal 1995. 227 (III), note J.-H. Robert.*

54. En vue d'obtenir le permis de construire d'une maison destinée au logement de l'exploitant et d'un local technique dans une zone non constructible, le prévenu a faussement déclaré être agriculteur et vouloir créer une exploitation de culture de plantes aromatiques, alors que le contrôle de conformité a révélé que la maison était occupée par des personnes n'ayant aucune activité agricole et le local technique utilisé comme simple garage. C'est à bon droit que la cour d'appel énonce que l'autorité ayant délivré le permis se plaignant d'avoir été trompée, il n'y a pas lieu de saisir la juridiction administrative. En effet, le juge répressif est compétent pour constater l'inexistence d'un permis de construire obtenu frauduleusement. • Crim. 9 sept. 2003 : *JCP 2003. IV. 2885.*

55. Autorité de chose jugée. Le rejet d'un recours en annulation par le tribunal administratif ne fait pas nécessairement obstacle à ce qu'il soit fait droit à l'exception d'illégalité devant les tribunaux judiciaires. • Crim. 24 févr. 1976, n° 75-91.237 P • 4 mars 1986, n° 85-93.836 P

• T. pol. Millau, 19 janv. 1993 : *Gaz. Pal. 1993. 1. 104, note Berthelot et Rio.*

56. L'annulation par la juridiction administrative d'un règlement pénalement sanctionné enlève toute base légale à la poursuite ou à la condamnation fondée sur sa transgression. • Crim. 29 déc. 1971, n° 71-90.078 P • 5 juill. 1976, n° 75-92.645 P • 4 déc. 1978, n° 78-90.103 P • 5 févr. 1985, n° 81-94.791 P • 6 févr. 1989, n° 88-81.588 P. ♦ La décision d'une juridiction administrative déclarant illégal un texte réglementaire a effet *erga omnes* et tout administré peut donc s'en prévaloir. • Limoges, 28 févr. 1995 : *JCP 1995. II. 22515, note Mouly.*

57. L'annulation par la juridiction administrative d'un acte administratif prive de base légale la poursuite engagée pour violation de cet acte. Le prévenu a été poursuivi pour avoir conduit un véhicule à moteur malgré l'invalidation de son permis de conduire résultant de la perte de la totalité des points dont il était affecté. Par jugement du 13 déc. 2006, le tribunal administratif de Strasbourg a annulé les décisions du ministre de l'intérieur du 2 mars 2005 portant retrait de points et constatant la perte de validité du permis de conduire du prévenu, ainsi que l'arrêté préfectoral du 1er avr. 2005 enjoignant à l'intéressé de restituer son permis de conduire. Pour écarter l'argumentation du prévenu qui faisait valoir que le jugement précité avait supprimé l'élément matériel des délits qui lui étaient reprochés, l'arrêt retient qu'au moment des contrôles routiers la décision ministérielle était en vigueur. Mais en prononçant ainsi, la cour d'appel a méconnu l'art. L. 223-5, § V, C. route, ensemble le principe de l'autorité de la chose jugée par la juridiction administrative. • Crim. 21 nov. 2007, n° 07-81.659 P : *D. 2008, chron. C. cass., p. 111, obs. Caron ; Dr. pénal 2008. 20, obs. J.-H. Robert ; RSC 2008. 915, obs. J.-H. Robert*. ♦ Rappr. : • Crim. 11 déc. 2007 : *Dr. pénal 2008. 55, obs. J.-H. Robert* • Crim. 16 nov. 2010 : *D. 2011. Pan. 2824, obs. Roujou de Boubée ; Procédures 2011, n° 66, obs. Chavent-Leclère.*

58. L'annulation par la juridiction administrative d'un acte administratif implique que cet acte est réputé n'avoir jamais existé et prive de base légale la poursuite engagée pour violation de cet acte. • Crim. 12 mars 2008, n° 10-81.740 P : *AJ pénal 2008, obs. Céré ; Dr. pénal 2008. 64, obs. J.-H. Robert* • 16 nov. 2010, n° 10-81.740 P : *D. 2011. Pan. 2824, obs. Roujou de Boubée* • 16 nov. 2010, n° 10-83.622 P : *D. 2011. Pan. 2824, obs. préc.* • 27 déc. 2010, n° 10-83.583 P : *Gaz. Pal. 2011. 1, p. 256, note Dreyer* • 12 déc. 2012, n° 12-82.919 P. ♦ ... Dès lors, l'annulation d'un arrêté préfectoral enjoignant à une personne de restituer son permis de conduire en raison de la perte de la totalité des points dont il était affecté a pour conséquence d'enlever toute base légale à la poursuite et à la condamnation qui est intervenue pour conduite d'un véhicule à moteur malgré l'invalidation du permis de conduire. • Crim. 12 mars 2008, n° 07-84.104 : *préc.* • 16 nov. 2010, n° 10-83.622 : *préc.* ♦ ... Encourent la censure les juges qui, pour déclarer le prévenu coupable, ont retenu que l'acte administratif tenant lieu de fondement aux poursuites était exécutoire au moment des faits. • Crim. 16 nov. 2010, n° 10-81.740 : *préc.* ♦ ... Le prévenu a été condamné pour avoir conduit un véhicule malgré l'injonction du ministre de l'intérieur en date du 6 févr. 2007, à lui a notifiée le 19 févr. 2007, de remettre son permis au préfet des Alpes-Maritimes en raison de l'invalidation résultant du retrait de la totalité des points ; la décision du ministre de l'intérieur a été annulée par un jugement définitif du tribunal administratif de Nice, en date du 16 juin 2010, au motif que les retraits de chacun des douze points n'avaient pas fait l'objet d'une information préalable ; cette annulation a pour conséquence d'enlever toute base légale à la poursuite et à la condamnation qui est intervenue ; d'où il suit que l'annulation est encourue. • Crim. 27 déc. 2010 : *préc.* ♦ ... Dès lors, l'annulation par une cour administrative d'appel d'une décision du ministre de l'intérieur enjoignant à une personne de restituer son permis de conduire, en raison de la perte de la totalité des points, a pour conséquence d'enlever toute base légale à la poursuite et à la condamnation intervenues pour conduite d'un véhicule malgré l'invalidation du permis de conduire. • Crim. 12 déc. 2012 : *préc.*

59. Le retrait d'un acte administratif implique que cet acte est réputé n'avoir jamais existé et prive de base légale la poursuite engagée pour violation de cet acte ; dès lors, la rectification des mentions relatives aux infractions poursuivies et le recouvrement de validité du permis de conduire effectués par l'autorité administrative postérieurement au prononcé de la condamnation pour conduite d'un véhicule à moteur malgré l'invalidation du permis de conduire a pour conséquence d'enlever toute base légale à la poursuite et à cette condamnation. • Crim. 4 mars 2014, n° 13-82.078 P : *AJ pénal 2014. 418, obs. Perrier*.

60. Le prévenu, automobiliste, poursuivi du chef de conduite d'un véhicule malgré l'invalidation du permis de conduire résultant du retrait de la totalité des points, doit être relaxé ; en effet, s'il ressort de la décision du tribunal administratif du 31 janv. 2008 que le prévenu a récupéré 4 points sur 16 perdus, et qu'ainsi sa perte totale des 12 points de son permis n'a pas été remise en cause, l'annulation de la décision du ministre de l'Intérieur du 3 janv. 2005, portant notification globale de l'ensemble des retraits de points et d'interdiction de conduire, a pour conséquence d'enlever toute base légale à la poursuite et fait perdre à l'infraction pénale susvisée son élément matériel. • Aix-en-Provence, 6 mars 2008 : *JCP 2009. IV. 1458.*

61. Le juge ne saurait, pour écarter l'exception d'un prévenu, se borner à se référer à ses précédentes décisions ou à des arrêts de la Cour de cassation. • Crim. 18 juill. 1991, n° 90-82.208 P.

62. L'exception d'illégalité du décret relatif aux importations de médicaments vétérinaires qui constitue le fondement des poursuites doit, comme l'art. 111-5 C. pén. l'exige, être examinée par le juge pénal, celui-ci ne pouvant la rejeter au seul motif que certaines des dispositions de ce texte ont été validées par le Conseil d'État saisi d'un recours en annulation. • Crim. 17 déc. 2014, n° 13-86.686 P : *D. actu. 5 févr. 2015, obs. Anane ; RTD com. 2015. 170, obs. Bouloc ; RSC 2015. 642, obs. Fortis .*

63. Appréciation des juges du fond. Dans des poursuites pour organisation d'une manifestation interdite, une cour d'appel, saisie par le prévenu d'une exception d'illégalité de l'arrêté ayant interdit la manifestation en application du décret-L. du 23 oct. 1935, apprécie souverainement si la mesure d'interdiction prise, constitutive d'une restriction à l'exercice du droit de manifester ses opinions et convictions, est justifiée, au regard des circonstances de la cause, par les risques pour l'ordre et la sécurité publique. • Crim. 3 avr. 2001, n° 00-86.515 P : *Gaz. Pal. 2001. 2. Somm. 1996, note Monnet ; RSC 2001. 799, obs. Bouloc .*

64. Refus d'application. Il n'appartient pas aux tribunaux de l'ordre judiciaire de prononcer l'annulation des arrêtés qu'ils jugent avoir été illégalement pris, mais seulement de refuser l'application des peines qui en sanctionnent la violation. • Crim. 7 nov. 1908 : *Bull. crim. n° 427.* ♦ Il n'appartient pas à une juridiction judiciaire d'annuler un acte administratif, même s'il est illégal. • Paris, 16 févr. 1996 (deux arrêts) : *Gaz. Pal. 1996. 1. 181, note Samson et Morin.*

65. Incidence de l'illégalité sur les poursuites. N'encourt pas la cassation l'arrêt de condamnation d'un prévenu, dès lors que l'exception qu'il a soulevée de l'illégalité, à la supposer fondée, n'était pas de nature à enlever aux faits constatés leur caractère délictueux. • Crim. 11 oct. 1989, n° 89-80.519 P. ♦ L'illégalité prétendue d'une convention confiant à une société privée l'exploitation de la zone de stationnement payant d'une commune, prise de ce que le maire aurait, par cette convention, délégué ses pouvoirs de police en violation de l'art. L. 131-4 C. communes (art. L. 2213-2 CGCT), est sans incidence sur les poursuites exercées pour stationnement irrégulier, dès lors que celles-ci sont fondées sur des arrêtés municipaux ne visant pas la convention critiquée, et que le procès-verbal constatant l'infraction a été dressé par un agent municipal compétent. • Crim. 2 sept. 1998, n° 98-82.088 P : *RSC 1999. 575, obs. Bouloc ; Dr. pénal 1999. 7, obs. J.-H. Robert.*

66. En l'absence de modification des dispositions législatives, support légal de l'incrimination, justifie sa décision la cour d'appel qui, en cas d'annulation du plan d'occupation des sols en violation duquel les travaux, objet des poursuites, ont été réalisés, fait application du plan d'occupation des sols immédiatement antérieur, remis en vigueur par application des dispositions de l'art. L. 121-8 C. urb., dès lors que celui-ci n'autorise pas davantage les travaux et installations, objet des poursuites. • Crim. 30 oct. 2007, n° 06-88.355 P : *Gaz. Pal. 2007. 2. Somm. 4133, note M.B.*

67. Contrôle de la Cour de cassation. Si un tribunal croit devoir énoncer à tort qu'il n'entre pas dans ses attributions d'examiner au fond la légalité du règlement dont la violation donne lieu à la poursuite pénale, ce motif erroné ne saurait vicier la décision, dès lors que la Cour de cassation est en mesure de s'assurer que n'existe aucune contestation de nature à fonder une exception d'illégalité. • Crim. 12 nov. 1974, n° 74-90.982 P.

68. Notification de la décision à l'autorité administrative. Sur la notification à l'autorité administrative de la décision constatant l'illégalité de l'acte : Rép. min. n° 5824 : *JO Sénat Q, 1er sept. 1994, p. 2163 ;* n° 11643 : *ibid., 16 nov. 1995, p. 2172.*

C. MOTIFS D'ILLÉGALITÉ

69. Fond. Violation de la loi. • Crim. 9 mars 1929 : *DH 1929. 236* • 1er févr. 1956 : *Bull. crim. n° 118 ; D. 1956. 365, rapp. Ledoux* • T. pol. Cahors, 18 mars 1997 : *Gaz. Pal. 1998. 1. Somm. 105* (durée du travail).

70. ... Insuffisance de clarté et de précision dans la définition de la contravention. • Crim. 13 déc. 1990 : *JCP 1991. IV. 111* (illégalité de l'art. R. 362-4 C. communes) • 17 mars 1992, n° 90-86.858 P (arrêt n° 2 ; légalité de l'art. R. 244-4 CSS). ♦ *Adde : D. 1994. Somm. 155, obs. Roujou de Boubée.*

71. Forme. Vice de forme. • Crim. 4 juill. 1951 : *Bull. crim. n° 193* • 26 déc. 1960 : *ibid. n° 618* • 22 mars 1962 : *ibid. n° 144.*

72. Absence de nécessité. En application de l'art. L. 2213-4 CGCT, les maires peuvent aggraver les interdictions de circulation dans les espaces naturels faites aux véhicules terrestres à moteur par les art. L. 321-9 et L. 362-1 C. envir., et interdire l'accès aux voies ou secteurs de la commune aux véhicules dont la circulation sur ces voies ou dans ces secteurs est de nature à compromettre la protection de ces espaces ; la légalité de ces mesures est subordonnée à leur nécessité. • Crim. 14 mai 2008, n° 07-87.123 P : *RSC 2009. 382, obs. Mascala .*

73. Automaticité de la sanction. Automaticité d'une peine et fait qu'elle soit prononcée par l'autorité administrative (retrait de points affectés au permis de conduire), ce qui est contraire à la fois aux art. 132-17 et 132-24 nouv. C. pén., et à l'art. 6-1 Conv. EDH. • T. pol. Paris, 29 janv. 1993 (3 décisions) : *Gaz. Pal. 1993. 1. 99, note Berthelot et Rio* • T. pol. Privas, 12 oct. 1993 : *Gaz. Pal. 1994. 1. Somm. 69 et 335* • 8 nov. 1994 : *ibid. 1994. 2. 785 ; Dr. pénal 1995. 10 (2e esp.), note J.-H. Robert* • T. pol. Rambouillet, 27 sept. 1993 : *Gaz. Pal. 1993. 2. Somm. 498* (réformé par • Versailles, 3 juin 1994 : *Gaz. Pal. 1994. 2. 633* • 24 avr. 1995 : *Gaz. Pal. 1996. 1. Somm. 138* • T. pol. Château-Thierry, 6 avr. 1993 : *Gaz. Pal. 1994. 2. 529* • T. pol. Bagnères-de-Bigorre, 23 avr. 1993 : *Gaz. Pal. 1994. 2. Somm. 577.*

74. Défaut ou insuffisance de motivation. • Crim. 11 oct. 1990, n° 90-81.201 P • 11 oct. 1990, n° 90-82.818 P (4 arrêts) : *D. 1991. 75, note Couvrat et Massé* • T. corr. Saint-Étienne, 11 mars 1994 : *Gaz. Pal. 1994. 1. Somm. 304.*

75. Pour le non-respect de l'obligation de motiver les décisions administratives individuelles, instituée par les art. 1er et 3 de la L. n° 79-587 du 11 juill. 1979 (cessation de validité d'un permis de conduire pour perte totale des points). • TGI Lyon, 12 janv. 1994 : *Gaz. Pal. 1995. 2. 436* • Paris, 16 févr. 1996 : *Gaz. Pal. 1996. 1. 181, note Samson et Morin* ; cassé par : • Crim. 12 mars 1997, n° 96-81.659 P (1er arrêt) : *Dr. pénal 1997. 97 (1er arrêt), obs. J.-H. Robert ; RSC 1997. 830, obs. Bouloc* • Paris, 4 juill. 1996 : *Dr. pénal 1996. 245 (II), obs. J.-H. Robert ; Gaz. Pal. 1998. 1. 114.* ♦ Opposer : • Crim. 26 juin 1996, n° 95-83.529 P (1er arrêt) : *Dr. pénal 1996. 245 (I), obs. préc. J.-H. Robert ; Gaz. Pal. 1997. 1. 295, note Morin et Samson ; RSC 1997. 373, obs. Bouloc* (même affaire que • TGI Lyon, 12 janv. 1994 : *préc.*) • 12 mars 1997 : *préc.* • 12 mars 1997, n° 96-81.660 P (2e arrêt).

76. Erreur manifeste d'appréciation. • Crim. 21 oct. 1987, n° 80-90.439 P : *D. 1988. 58, note Kehrig ; RSC 1988. 516, obs. Delmas Saint-Hilaire* • 12 déc. 1990, n° 90-81.056 : *Gaz. Pal. 1991. 2. Somm. 281* • T. pol. Corte, 13 mars 1989 : *Gaz. Pal. 1989. 2. 862, note Doucet.*

77. Incompétence. • Crim. 3 juin 1935 : *D.H. 1935. 428* • 5 juill. 1961, n° 60-93.495 P • 29 nov. 1977, n° 76-92.342 P.

78. Détournement ou excès de pouvoir. • Crim. 25 juin 1964, n° 63-91.331 P (2 arrêts) • 30 janv. 1991, n° 89-86.140 P : *D. 1992. Somm. 215, obs. Maillard Desgrées du Loû.*

79. Maintien en vigueur de l'acte administratif concerné. • CE 22 janv. 1982 : *D. 1983. IR 235, obs. Delvolvé.*

80. Répression par une amende de police de la violation d'obligations qui ne résultent que de décisions prises par des personnes privées ne possédant aucun pouvoir réglementaire. • Crim. 21 oct. 1985, n° 85-91.110 P.

81. Extension ou modification de la portée d'une loi, ce qui n'est pas le cas d'un décret qui ne fait qu'en préciser les modalités d'application. • Crim. 9 janv. 1995, n° 93-82.490 P : *RSC 1995. 809, obs. Bouloc.*

82. Perte par l'autorité réglementaire de sa compétence, lorsqu'elle est subordonnée à un délai impératif pour agir (à propos du décret n° 92-559 du 25 juin 1992, relatif au permis à points, pris en application de la loi n° 89-469 du 10 juill. 1989). • T. corr. Béthune, 23 sept. 1992 : *Gaz. Pal. 1992. 2. 594, note Herbaux* • T. corr. Vesoul, 1er oct. 1992 : *Gaz. Pal. 1992. 2. 620* (infirmé par • Besançon, 1er déc. 1992 : *Gaz. Pal. 1993. 1. 51, note J.-G. M.*) • T. corr. Saint-Dié, 1er oct. 1992 : *ibid. 1992. 2. 621* • T. corr. Avranches, 29 sept. 1992 : *ibid. 1992. 2. 623* • T. pol. Saint-Dizier, 18 sept. 1992 : *Gaz. Pal. 1992. 2. 593, note J.-G. M.* • T. pol. Saintes, 6 oct. 1992 : *ibid. 1992. 2. 622* • T. pol. Confolens, 23 oct. 1992 : *ibid. 1994. 2. Somm. 739.* ♦ *Contra* : • CE 23 oct. 1992 : *D. 1992. 511 (2e esp.), concl. Legal ; JCP 1992. IV. 3019, obs. Rouault.* ♦ Rappr. : Couzinet, *D. 1992. Chron. 255 ; Gaz. Pal. 1992. 2. Doctr. 824, et 1993. 1. Doctr. 251.*

83. Inégalités. Atteinte au principe de l'égalité des citoyens devant la loi : • Crim. 27 nov. 1991, n° 91-82.457 P • 18 mars 1992, n° 91-84552 P • 16 nov. 1992, n° 91-86.301 P.

84. Les dispositions d'un arrêté municipal réservant le stationnement dans une rue aux véhicules de police ou aux véhicules des magistrats ont pour conséquence de créer une classe privilégiée d'usagers ; c'est à tort que le juge du fond a cru pouvoir en apprécier l'opportunité, alors qu'il devait seulement en vérifier la légalité ; de ce point de vue, aucune disposition de loi ne confère au maire le pouvoir de procéder à une affectation privative de la voie publique au profit de quelque catégorie d'usagers que ce soit ; ainsi, le maire, en édictant les dispositions ci-dessus, a excédé les pouvoirs qu'il tient des art. 97 et 98 c. municipal et desquels il résulte que s'il lui appartient de fixer les conditions dans lesquelles a lieu le stationnement des véhicules sur la voie publique, il ne peut le faire que par une mesure générale visant tous les usagers ; d'où il suit que le juge de police devait déclarer l'illégalité des dispositions de l'arrêté servant de base à la poursuite ; qu'en ne le faisant pas et en prononçant une condamnation contre le demandeur, il a violé les textes visés au moyen. • Crim. 25 oct. 1961 : *Bull. crim. n° 420.*

85. L'arrêté municipal instituant une zone de stationnement payant, avec application d'un forfait mensuel pour les résidents de ladite zone, légalement pris par le maire dans la limite des pouvoirs que lui confère l'art. L. 131-5 C. communes, ne crée aucune catégorie privilégiée de citoyens. • Crim. 16 juin 1993, n° 92-82.573 : *JCP 1994. II. 22303, note Lavialle.* ♦ Il existe entre les riverains des voies publiques et les autres usagers une différence de situation de nature à justifier que des tarifs de stationnement réduits leur soient offerts sur ces voies. • Crim. 16 févr. 1999, n° 98-82.575 P : *Dr. pénal 1999. 70, obs. J.-H. Robert ; RSC 1999. 808, obs. Bouloc* • Paris, 12 nov. 1998 : *D. 1999. IR 44.* ♦ Il en est de même de la délimitation de zones dites de « livraison ». • Crim. 27 janv. 1993, n° 92-84.597 : *D. 1994. Somm. 261, obs. Couvrat et Massé* • 25 févr. 1997, n° 96-82.588 : *Gaz. Pal. 1997. 1, chr. crim. 130* • 11 mars 1998, n° 97-82.109 : *ibid. 1998. 2, chr. crim. 120.* ♦ ... Ou d'un emplacement réservé aux personnes handicapées. • Crim. 2 févr. 1994, n° 93-83.583 : *D. 1994. Somm. 261, obs. préc. Couvrat et Massé*.

86. Il y a lieu d'admettre l'exception d'illégalité lorsqu'un arrêté municipal accorde des conditions de stationnement plus favorables aux résidents d'une zone déterminée, dès l'instant que cette réglementation, n'ayant pas pour objet d'assurer la desserte des immeubles riverains, exclut du bénéfice du régime de faveur les personnes séjournant dans la zone mais n'y possédant pas de résidence et introduit ainsi un déséquilibre contraire au principe d'égalité entre les citoyens. • Chambéry, 1er juin 1995 : *JCP 1995. Actualités n° 41.* ♦ Rappr. : • Crim. 8 avr. 1992, n° 91-84.198 P : *D. 1994. Somm. 262, obs. Couvrat et Massé* (application, au nom du principe d'égalité, de la contravention de stationnement hors emplacement (art. R. 37-1 C. route) à celui qui laisse sa voiture sur le bateau du garage dont il a l'usage exclusif). ♦ Le terme de « résident » ne correspond à aucune catégorie juridique définie ; l'arrêté municipal qui réserve la possibilité d'obtenir la délivrance d'un ticket mensuel de stationnement à une catégorie juridique inexistante crée une inégalité et un arbitraire incompatible avec le principe d'égalité des citoyens. • Grenoble, 31 oct. 1997 : *D. 1999. 60, note Servoin*. ♦ Est illégal l'arrêté municipal instaurant un tarif préférentiel au profit des personnes disposant d'un logement situé dans les zones de stationnement payant, dès lors qu'il instaure ainsi une préférence communale contraire à la loi républicaine s'agissant du domaine public ; un tel texte crée en effet *une discrimination envers les personnes travaillant* dans des *lieux* situés dans ces mêmes zones, dès lors qu'au lieu de défendre l'intérêt public, il procède à une concession à des intérêts privés ; en conséquence, la personne poursuivie pour non-paiement du stationnement doit être relaxée pour les infractions commises dans les zones litigieuses. • Grenoble, 28 avr. 1999 : *JCP 2000. IV. 1571.*

87. Sur les inégalités répressives inhérentes à l'automaticité des retraits de points du permis de conduire. • T. pol. Bagnères-de-Bigorre, 23 avr. 1993 : *Gaz. Pal. 1994. 2. Somm. 577.* ♦ En ce sens que le Décr. n° 91-1206 du 26 nov. 1991 relative aux activités de surveillance à distance, et l'Arr. du 3 nov. 1995 fixant le taux des redevances dues par les bénéficiaires d'un numéro de téléphone réservé et exerçant des activités de surveillance à distance, ne sont pas contraires au principe d'égalité devant les services publics. • Crim. 16 oct. 2002 : *Dr. pénal 2003. 39, obs. J.-H. Robert.*

88. Interdictions générales et absolues. Interdiction générale et absolue portant atteinte à une liberté (commerce et industrie) en l'absence de circonstances précises constituant une menace pour l'ordre public. • Crim. 18 nov. 1991, n° 91-83.072 P (2 arrêts) : *Gaz. Pal. 1992. 1. 288, note Doucet ; ibid. 1993. 1. 89, note Fourgoux ; ibid. 1992. 1. Somm. 163* (vente de boissons alcoolisées). ♦ Rappr. : • Crim. 8 avr. 1992, n° 91-84.530 P : *Gaz. Pal. 1993. 1. 8, note Doucet* (racolage commercial sur la voie publique). • CE 3 juill. 1992 : *D. 1992. IR 232.* ♦ ... Interdiction totale et générale visant la possession d'une ou plusieurs races de chiens (pitbull), ce qui excède manifestement les pouvoirs de police du maire. • Paris, 17 déc. 1996 : *Dr. pénal 1997. 46, obs. Véron.*

89. En application de l'art. L. 2212-2 CGCT, les maires peuvent, notamment, réglementer la pratique de la planche à roulettes, afin d'assurer le bon ordre, la sécurité et la salubrité publique ; la légalité de ces mesures est subordonnée à leur nécessité ; méconnaît le sens et la portée du texte et principe précités le jugement qui, pour relaxer le prévenu poursuivi pour avoir pratiqué la planche à roulettes sur le parvis de l'hôtel de ville en violation d'un arrêté municipal, énonce que, portant aux libertés individuelles une atteinte disproportionnée par rapport au but de sécurité et de tranquillité publiques qu'il vise, l'arrêté municipal est illégal, alors que la mesure prise, qui ne réglemente pas l'exercice d'une liberté individuelle et n'a ni pour objet ni pour effet d'interdire de façon générale et absolue la pratique de la planche à roulettes, tend à assurer le bon ordre ainsi que la sécurité et la sûreté publiques. • Crim. 18 nov. 2003, n° 03-81.918 P : *Dr. pénal 2004. 22, obs. J.-H. Robert ; Gaz. Pal. 2004. 1. Somm. 2006, obs. Monnet.*

90. A justifié sa décision la juridiction de proximité qui, pour écarter l'exception d'illégalité de l'arrêté d'un maire prohibant la distribution de tous tracts et prospectus dans un certain nombre de voies publiques du centre-ville de la commune, retient que cette interdiction, limitée dans l'espace et dans le temps, n'est pas générale et absolue. • Crim. 13 mai 2014, n° 13-85.802 : *RLCT 2014/104, n° 2760, p. 28, note Mayaud.*

91. Rétroactivité. Pour un exemple de rétroactivité de l'acte administratif en cause. • T. pol. Millau, 19 janv. 1993 : *Gaz. Pal. 1993. 1. 104, note Berthelot et Rio.*

92. *Sujétions disproportionnées.* D'une part, la redevance d'utilisation du domaine public, légalement fixée par le maire dans le cadre des pouvoirs qu'il tient de l'art. L. 2213-6 CGCT, et qui échappe au code de la consommation, ne s'impose qu'au seul usager désireux d'utiliser l'aire de stationnement réglementée et qui est ainsi tenu de se conformer aux modalités établies par l'autorité publique ; d'autre part, l'instauration d'un système de règlement de cette redevance exclusivement au moyen d'une carte prépayée qui répond à l'objectif d'intérêt public de sécuriser les horodateurs contre le vol, n'apparaît pas imposer aux usagers d'autre contrainte que celle d'en faire l'acquisition auprès des buralistes, laquelle s'opère par tout moyen de paiement, incluant les pièces de monnaie et les billets de banque ayant cours légal, cette seule circonstance ne pouvant être considérée comme imposant des sujétions apparaissant disproportionnées par rapport au but légitime en vue duquel cette mesure a été prise par l'autorité publique. • Crim. 26 avr. 2006, n° 06-80.263 P : *AJ pénal 2006. 309, obs. Céré* ; *Dr. pénal 2006, n° 111, obs. J.-H. Robert* ; *Gaz. Pal. 2006. 2. Somm. 4044, note Monnet* ; *RSC 2007. 87, obs. Mascala*.

CHAPITRE II DE L'APPLICATION DE LA LOI PÉNALE DANS LE TEMPS

Art. 112-1 Sont seuls punissables les faits constitutifs d'une infraction à la date à laquelle ils ont été commis.

Peuvent seules être prononcées les peines légalement applicables à la même date.

Toutefois, les dispositions nouvelles s'appliquent aux infractions commises avant leur entrée en vigueur et n'ayant pas donné lieu à une condamnation passée en force de chose jugée lorsqu'elles sont moins sévères que les dispositions anciennes.

Corresp. : *C. pén., ancien art. 4.*

RÉP. PÉN. v° *Lois et règlements,* par LACROIX.

BIBL. ▶ AL BCHERAOUI, *JCP 1994. I. 3767.* – MATHIEU, *RSC 1995. 257*. – J.-Y. CHEVALLIER, *Rev. pénit. et dr. pén. 1996. 233.* – A. DEKEUWER, *JCP 1997. I. 4065.* – J. PETIT, *RFDA 1997. 843* (rétroactivité *in mitius* et sanctions fiscales). – J. MASSIP, *D. 1998. 564* (note ss. Civ. 1re, 16 juill. 1997 : interdiction légale). – ROETS, *D. 2004. Chron. 1991* (l'application de la loi pénale dans le temps et la Convention européenne des droits de l'homme). – P.-Y. GAUTIER, *Mél. B. Bouloc, Dalloz, 2006, p. 379* (abrogation de la loi pénale et principe de continuité des poursuites). – J.-CH. GALLOUX, *D. 2008. Chron. 302* (application dans le temps de la loi n° 2007-1544 du 29 oct. 2007 de lutte contre la contrefaçon). – A. HUET, *D. 2010. 2865* (la France, le comité des droits de l'homme de l'ONU et la rétroactivité de la loi pénale plus douce). – PIAZZON, *in Code pénal et code d'instruction criminelle. Livre du Bicentenaire, Ouvrage collectif de l'Université Panthéon-Assas, Dalloz 2010* (le principe de non-rétroactivité de la loi pénale).

▶ **Rétroactivité de la jurisprudence.** – CHR. ATIAS, *D. 2000. 593* (note ss. Civ. 1re, 21 mars 2000). – G. CANIVET et N. MOLFESSIS, *JCP 2004. I. 189* (entretien). – P. MORVAN, *D. 2005. Chron. 247*. – C. RADÉ, *D. 2005. Chron. 988*. – V. HEUZÉ, *JCP 2005. I. 130.* – W. DROSS, *D. 2006. Chron. 472*. – X. LAGARDE, *D. 2006. Chron. 678*. – D. ROETS, *RSC 2008. 156*.

I. TERMES DU CONFLIT

A. ANTÉRIORITÉ DES FAITS

1° CONDITION PRÉALABLE

1. *Acte administratif individuel.* L'annulation d'un acte administratif individuel pénalement sanctionné est sans effet sur l'existence d'une infraction fondée sur la violation de cet acte ; c'est à bon droit qu'une cour d'appel se prononce sur la culpabilité d'un prévenu poursuivi pour s'être soustrait à l'exécution d'un arrêté préfectoral de suspension du permis de *conduire,* alors même que celui-ci a été annulé depuis la constatation du délit. • Crim. 18 mai 1998, n° 97-82.652 P : *RSC 1999. 314, obs. Bouloc*.

2. La remise en vigueur d'un permis de construire rapporté ou annulé n'efface pas la culpabilité du constructeur qui a continué ses travaux pendant que son permis n'était, provisoirement, pas valide. • Crim. 27 juin 2006 : *Dr. pénal 2006. 125.* ♦ Sur l'absence de responsabilité pénale du chef de construction sans permis (C. urb., art. L. 480-4), lorsque le permis est annulé après l'achèvement de la construction. • Crim. 15 févr. 1995 : *Dr. envir. 1995. 34* ; *RSC 1996. 382, obs. J.-H. Robert*. ♦ ... Mais l'annulation d'un permis de construire obtenu par fraude rend punissable la construction entreprise et achevée avant cette annulation, un permis obtenu frauduleusement équivalant à son absence. • Crim. 4 nov. 1998 : *Dr. pénal 1999. 45* ; *RSC 1999. 328, obs. J.-H. Robert* • 16 mars 2006 : *Dr. pénal 2006. 123, obs. J.-H. Robert.*

3. *Diffusion d'images pornographiques.* A justifié sa décision la cour d'appel qui constate que les images à caractère pornographique acheminées des Pays-Bas en France en août 1996, ont été diffusées postérieurement à l'entrée en vigueur, le 1er mars 1994, de l'art. 227-23 C. pén. qui réprime la diffusion des images réalisées selon les procédés prévus par ce texte. • Crim. 9 juin 1999, ☎ n° 98-80.052 P.

4. Étrangers. L'expulsion d'un étranger n'a pas le caractère d'une sanction mais d'une mesure de police à objet préventif, exclusivement destinée à protéger l'ordre et la sécurité publics et peut donc se référer à des condamnations antérieures à la promulgation de la loi sur laquelle elle se fonde. • Crim. 1er févr. 1995, ☎ n° 94-81.098 : *JCP 1995. II. 22463, note Guimezanes.* ♦ Selon l'art. 25-1° de l'Ord. du 2 nov. 1945, dans sa rédaction issue de la L. du 29 oct. 1981, l'étranger mineur de dix-huit ans ne peut plus être expulsé ; il s'ensuit que la violation de l'arrêté d'expulsion antérieurement prononcé à l'encontre d'un mineur de dix-huit ans n'est plus pénalement sanctionnée ; le prévenu étranger, poursuivi pour s'être soustrait à l'exécution d'une mesure de reconduite à la frontière résultant d'un arrêté pris en 1979, ne peut donc être condamné de ce chef. • Crim. 5 avr. 1995, ☎ n° 94-83.035 P : *RSC 1996. 669, obs. Delmas Saint-Hilaire* ✎. ♦ N'ayant pas, contrairement à l'annulation, de portée rétroactive, l'abrogation d'un acte administratif individuel pénalement sanctionné est sans effet sur la validité de poursuites fondées sur la violation antérieure de cet acte ; dès lors, c'est à bon droit qu'une cour d'appel se prononce sur la culpabilité d'un étranger poursuivi pour s'être soustrait à l'exécution d'un arrêté préfectoral de reconduite à la frontière, alors même que celui-ci a été abrogé depuis la constatation du délit. • Crim. 19 févr. 1997, ☎ n° 96-80.130 P : *Dr. pénal 1997. 111, obs. Robert ; Gaz. Pal. 1998. 1. 49 et 329 ; ibid. 1998. 2. 737.* ♦ Si l'art. 31-1 de la Convention de Genève du 28 juill. 1951 fait obstacle à la condamnation pour entrée ou séjour irrégulier d'une personne ayant présenté une demande d'asile dans les conditions prévues par ce texte, aucun effet rétroactif ne saurait s'attacher à une décision déclarative de la qualité de réfugié lorsque celle-ci intervient après rejet d'une ou plusieurs demandes précédentes (à propos de l'application de l'art. 622-4° C. pr. pén.). • Crim. 28 avr. 1997, ☎ n° 96-81.427 P : *Dr. pénal 1997. 112 (2e arrêt), obs. Robert* • 28 avr. 1997, ☎ n° 96-81.428 P : *Dr. pénal 1997. 112 (3e arrêt), obs. préc. Robert.*

5. Organisation frauduleuse d'insolvabilité. L'art. 404-1 C. pén. (nouv. art. 314-7), relatif à l'organisation frauduleuse d'insolvabilité, dans sa rédaction issue de la L. n° 83-608 du 8 juill. 1983, concerne les infractions commises postérieurement à son entrée en vigueur, quand bien même les condamnations pécuniaires protégées seraient antérieures à cette entrée en vigueur. • Crim. 22 janv. 1992, ☎ n° 90-84.368 P : *D. 1994. 551, note Verschave* ✎.

6. POS. Lorsqu'un plan d'occupation des sols interdit les dépôts de véhicules, le délit d'occupation du sol en méconnaissance de cette prescription se consomme par l'ouverture du dépôt et la réalisation des travaux nécessaires ; c'est dès lors à bon droit qu'une cour d'appel relaxe de ce délit le prévenu poursuivi à raison de la seule utilisation, après révision du plan d'occupation des sols, d'un dépôt régulièrement créé avant sa mise en application, la modification du plan d'occupation des sols n'ayant pu avoir pour effet de rendre ce dépôt illicite, les documents d'urbanisme ne pouvant s'appliquer aux ouvrages et aménagements existants. • Crim. 20 mars 1996, ☎ n° 95-84.381 P : *RSC 1997. 98, obs. Bouloc* ✎.

7. Recel. Le délit de recel n'est pas constitué si l'incrimination des faits ayant procuré les choses détenues a été abrogée par une loi nouvelle. • Crim. 17 mai 1989, ☎ n° 85-96.520 P : *Gaz. Pal. 1989. 2. 841.*

2° ÉLÉMENTS CONSTITUTIFS

8. Infraction simple. Donne une base légale à sa décision une cour d'appel qui, pour déclarer l'art. 216 de la loi n° 85-98 du 25 janv. 1985 applicable à la violation, commise après le 1er janv. 1986, d'une interdiction de gérer prononcée antérieurement sur le fondement des art. 105 à 109 de la loi n° 67-563 du 13 juill. 1967, retient que tous les éléments constitutifs de l'infraction sont postérieurs à la date d'entrée en vigueur de la L. du 25 janv. 1985. • Crim. 10 nov. 1999, ☎ n° 98-84.852 P : *D. Affaires 2000, n° 6, Actualité jurispr., p. 85 ; RSC 2000. 604, obs. Bouloc* ✎.

9. Infraction d'habitude. Lorsqu'une loi nouvelle crée une circonstance aggravante d'habitude (avortement), elle est applicable, sans qu'il soit fait échec au principe de non-rétroactivité, dès lors que le deuxième acte constitutif de l'habitude a été perpétré sous ladite loi. • Poitiers, 16 août 1940 : *DC 1941. 78, note Lebrun.*

10. Infraction continue. Le délit prévu par l'art. 225-14 C. pén., relatif aux conditions d'hébergement contraires à la dignité de la personne, est une infraction continue, qui se poursuit tant que dure l'hébergement illicite ; il n'importe que l'hébergement incriminé trouve sa cause dans un contrat conclu avant l'entrée en vigueur de ce texte. • Crim. 11 févr. 1998, ☎ n° 96-84.997 P : *Dr. pénal 1998. 65, obs. Véron ; RSC 1998. 542, obs. Mayaud* ✎.

11. Récidive. Lorsqu'une loi institue un nouveau cas de récidive, il suffit pour entraîner son application immédiate que l'infraction constitutive du second terme soit postérieure à son entrée en vigueur. • Crim. 14 juin 1945 : *Bull. crim. n° 68* • 29 janv. 1948 : *ibid. n° 38* • 11 févr. 1981 : *ibid. n° 56* • 23 mars 1981 : *ibid. n° 103* • 27 mars 1996, ☎ n° 95-82.654 P : *RSC 1997. 375, obs. Bouloc* ✎ • 29 févr. 2000, ☎ n° 98-80.518 P :

Dr. pénal 2000. Chron. 37, obs. Marsat ; RSC 2001. 167, obs. Delmas Saint-Hilaire .

12. La Cour estime que lorsqu'une personne est condamnée en état de récidive par application d'une loi nouvelle, le principe de sécurité juridique commande que le délai de récidive légale, apprécié conformément aux principes du droit, notamment d'interprétation stricte du droit pénal, ne soit pas déjà échu en vertu de la précédente loi. La garantie que consacre l'art. 7, élément essentiel de la prééminence du droit, occupe une place primordiale dans le système de protection de la Convention, comme l'atteste le fait que l'art. 15 n'y autorise aucune dérogation en temps de guerre ou autre danger public ; partant, il y a eu violation de l'art. 7 de la Conv. EDH. • CEDH 10 nov. 2004, *Achour c/ France : D. 2005. 1203, note Roets* ; *ibid. 2006. 53, note Zerouki-Cottin* ; *JCP 2005. I. 103, n° 9, obs. Sudre ; RSC 2005. 659, obs. Massias* .

13. La Cour note que le requérant a été condamné une première fois le 16 oct. 1984 pour trafic de stupéfiants, et qu'il a terminé de purger sa peine le 12 juill. 1986. Par la suite, il a été à nouveau condamné en raison d'infractions à la législation sur les stupéfiants commises courant 1995 et jusqu'au 7 déc. 1995. Dans leurs décisions des 14 avr. et 25 nov. 1997, le tribunal correctionnel et la cour d'appel de Lyon ont déclaré le requérant coupable de faits réprimés par l'art. 222-37 C. pén. et prononcé une peine conformément à cette disposition, ainsi qu'à l'art. 132-9 du même code relatif à la récidive. La Cour constate que l'art. 132-9 prévoit que le maximum des peines d'emprisonnement et d'amende encourues est doublé en cas de récidive, et ce, non plus dans un délai de cinq ans comme le prescrivait l'ancienne loi, mais dans les dix ans à compter de l'expiration ou de la prescription de la peine antérieure. Ce nouveau régime légal étant entré en vigueur le 1er mars 1994, il était applicable lorsque le requérant a commis les nouvelles infractions au cours de l'année 1995, si bien que celui-ci avait juridiquement la qualité de récidiviste du fait de ces nouvelles infractions. La Cour rappelle que la première condamnation du requérant, en date du 16 oct. 1984, n'était pas effacée et demeurait inscrite à son casier judiciaire. De fait, il était loisible au juge interne de prendre en compte ce premier terme pour retenir l'état de récidive, étant par ailleurs entendu que cette première condamnation et l'autorité de la chose jugée qui y est attachée n'ont aucunement été modifiées ou affectées d'une manière quelconque par l'adoption de la nouvelle loi. Par ailleurs, la Cour constate que la jurisprudence de la Cour de cassation règle depuis longtemps la *question de savoir* si une loi *nouvelle allongeant le délai* entre les deux *termes de la récidive* peut s'appliquer à une seconde infraction commise postérieurement à son entrée en vigueur. Il ne fait dès lors aucun doute que le requérant pouvait prévoir qu'en commettant une nouvelle infraction avant le 13 juill. 1996, échéance du délai légal de dix ans, il courait le risque de se faire condamner en état de récidive et de se voir infliger une peine d'emprisonnement et/ou d'amende susceptible d'être doublée. Il était donc en mesure de prévoir les conséquences légales de ses actes et d'adapter son comportement. Eu égard à ce qui précède, la Cour considère que, tant le droit d'origine jurisprudentielle, que le droit d'origine législative étaient « prévisibles » au sens de l'art. 7 de la Conv. EDH. • CEDH, gr. ch., 29 mars 2006, *Achour c/ France : D. 2006. 2513, note Zerouki-Cottin* ; *ibid. 2006. IR 1249, et Pan. 1652, obs. Roujou de Boubée* ; *AJ pénal 2006. 360, obs. Saas* ; *JCP 2006. I. 164, n° 6, obs. Sudre ; RSC 2006. 677, obs. Massias* . ♦ De même, il ne saurait davantage y avoir aucun problème de rétroactivité, s'agissant d'une simple succession de lois qui n'ont vocation à s'appliquer qu'à compter de leur entrée en vigueur. Certes, les juges internes ont tenu compte de la condamnation prononcée en 1984, constitutive du premier terme, pour retenir la récidive ; néanmoins, la prise en compte rétrospective de la situation pénale antérieure du requérant par les juges du fond, rendue possible par l'inscription au casier judiciaire de la condamnation de 1984, n'est pas contraire aux dispositions de l'art. 7, les faits poursuivis et sanctionnés étant, quant à eux, effectivement apparus après l'entrée en vigueur de l'art. 132-9 du nouveau code pénal. En tout état de cause, une telle démarche rétrospective se distingue de la notion de rétroactivité *stricto sensu*. • Même décision. ♦ En conclusion, la peine infligée au requérant, déclaré coupable et en état de récidive dans la procédure litigieuse, était applicable au moment où la seconde infraction a été commise, par application d'une « loi » accessible et prévisible. Le requérant pouvait donc précisément connaître, à l'époque des faits, les conséquences légales de ses actes délictueux ; partant, il n'y a pas eu violation de l'art. 7 de la Conv. EDH. • Même décision. ♦ *Adde :* O. Bachelet, *RTDH 2007, p. 233 ;* E. Dreyer, *ibid. 2007, p. 733.*

B. POSTÉRIORITÉ DE LA DÉCISION

14. Poursuites achevées. Une loi nouvelle abrogeant une peine complémentaire ne peut s'appliquer aux condamnations devenues définitives à la date d'entrée en vigueur de ladite loi. • Crim. 28 avr. 1975, n° 75-90.161 P. ♦ Une loi nouvelle abrogeant ou modifiant une loi précédente ne peut remettre en cause les condamnations légalement prononcées et devenues définitives avant la date de sa mise en application. • Crim. 25 nov. 1992, n° 92-82.386 P : *RSC 1996. 669 s., obs. Delmas Saint-Hilaire* . ♦ ... Telle une loi qui introduit des restrictions au prononcé d'une peine. • Crim. 9 nov. 1993 : *Gaz. Pal. 1994. 1. Somm. 20.*

15. Une loi nouvelle plus douce modifiant le maximum encouru pour l'infraction la plus sévèrement réprimée est, pour leur confusion éventuelle, inapplicable à des peines devenues définitives et qui ont toutes été prononcées sous l'empire de la loi ancienne. • Crim. 15 juin 1982, n° 81-92.922 P. ♦ Les peines successivement prononcées avant le 1er mars 1994 pour des infractions en concours, lorsque la réclusion criminelle à perpétuité était encourue pour l'une ou plusieurs d'entre elles, mais n'a pas été prononcée à raison des circonstances atténuantes accordées à l'accusé, ne peuvent être cumulativement subies au-delà du maximum légal de la réclusion criminelle à temps, alors fixé à vingt ans. • Crim. 16 janv. 1996 : *Gaz. Pal. 1996. 1, chron. crim. 90.*

16. Par application de l'art. 112-1, al. 3, C. pén., et sous la seule réserve de l'art. 112-4, al. 2, de ce code, une loi pénale nouvelle, même moins sévère, est sans incidence sur les peines prononcées par une décision passée en force de chose jugée avant son entrée en vigueur. • Crim. 22 mai 1995, n° 94-83.601 P : *Dr. pénal 1995. 214, note Véron ; RSC 1996. 117, obs. Bouloc.* ♦ Il ne saurait donc être reproché à une chambre d'accusation de décider qu'un condamné pour meurtre par un arrêt rendu le 20 nov. 1991 et passé en force de chose jugée reste soumis à la période de sûreté égale à la moitié de la peine de réclusion qui, en l'absence de décision spéciale de la cour d'assises, assortit de plein droit la peine prononcée, par application de l'art. 729-2 C. pr. pén. alors en vigueur. • Même arrêt. ♦ Comp. : • Crim. 7 juin 1994, n° 93-83.428 P : *RSC 1995. 341, obs. Bouloc* (V. ss. art. 227-22).

17. Poursuites en cours. Lorsque, en cours de poursuites ou avant que la décision intervenue soit passée en force de chose jugée, se produit un changement de législation, qui modifie les caractères de l'infraction ou édicte une pénalité plus douce, le prévenu doit bénéficier rétroactivement des dispositions de la loi nouvelle. • Crim. 20 mai 1947 : *JCP 1948. II. 4078, note Blaisse* • 12 juill. 1982 : *Bull. crim. n° 189.* ♦ Lorsqu'au cours de poursuites n'ayant pas abouti à une décision passée en force de chose jugée, des modifications sont introduites dans les textes répressifs en vertu desquels l'action publique avait été engagée, les dispositions nouvelles doivent, dans la mesure où elles sont moins rigoureuses, rétroactivement bénéficier au prévenu. • Crim. 20 juill. 1961 : *Bull. crim. n° 347.* ♦ Lorsque, avant toute décision définitive, le texte pénal en vertu duquel une condamnation a été prononcée a cessé d'être applicable, ladite condamnation n'ayant plus de base légale doit être tenue pour nulle et non avenue. • Crim. 14 oct. 1980 : *Bull. crim. n° 259* • 21 avr. 1982 : *ibid. n° 98* • 23 nov. 1987 : *ibid. n° 423.* ♦ Lorsqu'une loi, déterminant autrement que les textes précédents les éléments d'une infraction, est intervenue après une condamnation et avant l'arrêt qui statue sur le pourvoi en cassation, il y a lieu à application de cette loi nouvelle. • Crim. 14 janv. 1876 : *S. 1876. 1. 433, note Villey* • 15 juin 1966 : *Bull. crim. n° 173* • 7 mai 1969 : *ibid. n° 157 ; RSC 1970. 406, obs. Robert* • 16 déc. 1985 : *Bull. crim. n° 404* • 20 oct. 1986 : *ibid. n° 296.*

18. Une loi nouvelle moins sévère s'appliquant, selon l'art. 112-1, al. 3, C. pén., aux infractions commises avant son entrée en vigueur et n'ayant pas donné lieu à une condamnation passée en force de chose jugée, doit être annulée la décision d'une cour d'appel ayant condamné un prévenu, pour un vol en récidive commis le 24 mai 2010, à la peine minimale d'un an d'emprisonnement prévue par l'art. 132-19-1 C. pén. dont les dispositions ont été abrogées, à compter du 1er oct. 2014, par l'art. 7 de la L. du 15 août 2014 relative à l'individualisation des peines et renforçant l'efficacité des sanctions pénales. • Crim. 14 oct. 2014, n° 13-85.779 P : *D. actu. 4 nov. 2014, obs. Anane ; D. 2014. 2113 ; Dr. pénal 2014, comm. 153, obs. Bonis-Garçon ; RSC 2014. 800, obs. Boccon-Gibod.*

19. L'al. 3, ajouté à l'art. 132-19 C. pén. par la L. n° 2014-896 du 15 août 2014 relative à l'individualisation des peines et renforçant l'efficacité des sanctions pénales, en vertu duquel toute décision prononçant, notamment, une peine d'emprisonnement sans sursis doit être spécialement motivée au regard des faits de l'espèce et de la personnalité de leur auteur ainsi que de sa situation matérielle, familiale et sociale, est une loi de procédure qui ne peut entraîner l'annulation d'une décision régulièrement rendue avant son entrée en vigueur. • Crim. 31 mars 2015, n° 14-86.584 P : *D. actu. 4 mai 2015, obs. Fonteix ; AJ pénal 2015. 491, obs. Lasserre Capdeville.*

II. RÉSOLUTION DU CONFLIT

A. LOIS PLUS SÉVÈRES

1° NON-RÉTROACTIVITÉ

20. Domaine et énoncé. Le principe de non-rétroactivité des lois n'a valeur constitutionnelle, en vertu de l'art. 8 DDH, qu'en matière répressive. • Cons. const. 7 nov. 1997, n° 97-391 DC : *JO 11 nov., p. 16390 ; D. 1999. Somm. 235, obs. Mélin-Soucramanien* • 30 déc. 1997, n° 97-395 DC : *JO 31 déc., p. 19313* • 18 déc. 1998, n° 98-404 DC : *ibid. 27 déc., p. 19663 ; D. 2000. Somm. 63, obs. Mélin-Soucramanien ; JCP 1999. II. 10046, note Guiheux.*

21. Aux termes de l'art. 8 DDH : « La loi ne doit établir que des peines strictement et évidemment nécessaires, et nul ne peut être puni qu'en vertu d'une loi établie et promulguée antérieurement au délit, et légalement appliquée ». Il s'ensuit que le principe de non-rétroactivité de la loi répressive plus sévère ne s'applique qu'aux peines et aux sanctions ayant le caractère d'une punition. • Cons. const. 8 déc. 2005, n° 2005-527 DC : *JO 13 déc., p. 19162 ; D. 2006. 966, note Rouvillois*. ♦ La surveillance judiciaire ne constitue ni une peine ni une sanction. Dès lors, le législateur a pu, sans méconnaître l'art. 8 de la Déclaration de 1789, prévoir son application à des personnes condamnées pour des faits commis antérieurement à l'entrée en vigueur de la loi. • Même décision. ♦ ... Toutefois, bien que dépourvu de caractère punitif, le placement sous surveillance électronique mobile ordonné au titre de la surveillance judiciaire doit respecter le principe, résultant des art. 4 et 9 de la Déclaration de 1789, selon lequel la liberté de la personne ne saurait être entravée par une rigueur qui ne soit nécessaire. • Même décision.

22. Si le législateur peut, comme lui seul est habilité à le faire, valider un acte administratif dans un but d'intérêt général ou lié à une exigence de valeur constitutionnelle, c'est sous réserve du respect des décisions de justice ayant force de chose jugée et du principe de non-rétroactivité des peines et des sanctions. • Cons. const. 18 déc. 1997, n° 97-393 DC : *JO 23 déc., p. 18649.*

23. Si le législateur a la faculté d'adopter des dispositions fiscales rétroactives, il ne peut le faire qu'en considération d'un motif d'intérêt général suffisant et sous réserve de ne pas priver de garanties légales des exigences constitutionnelles. • Cons. const. 18 déc. 1998 : *préc. note 20.*

24. L'art. 7, § 1er, Conv. EDH consacre, de manière générale, le principe de légalité des délits et des peines et prohibe en particulier l'application rétroactive de la loi pénale lorsqu'elle s'opère au détriment de l'accusé. • CEDH 27 sept. 1995 : *D. 1996. Somm. 197, obs. Renucci ; RSC 1996. 183, obs. Pettiti.*

25. Une loi nouvelle, portant aggravation des incriminations et des peines prévues par la loi antérieure, n'est applicable qu'à des faits accomplis après son entrée en vigueur. • Crim. 2 juin 1981 : *Bull. crim. n° 183* • 12 janv. 1994, n° 92-86.390 P : *RSC 1994. 759, obs. Bouloc*. ♦ Pour une décision se référant à l'art. 7 Conv. EDH consacrant ainsi la prééminence, dans l'ordre interne, de la convention par rapport à la loi ordinaire. • Crim. 5 juin 1980 : *D. 1981. IR 141, obs. Roujou de Boubée.*

26. Par jugement du 17 nov. 2004, le tribunal correctionnel a déclaré le prévenu coupable du délit de refus de se soumettre à un prélèvement biologique destiné à l'identification de son empreinte génétique, mais a ajourné le prononcé de la peine au 1er juin 2005, délai prorogé au 7 sept. 2005. Cette décision, qui n'a fait l'objet d'aucune voie de recours, est devenue définitive en ce qu'elle a statué sur le principe de la culpabilité du prévenu. Dès lors, est irrecevable le moyen qui remet ce principe en cause, tiré de la méconnaissance de la règle de non-rétroactivité de la loi pénale, en faisant état du fait que ce délit, introduit dans l'art. 706-56 C. pr. pén. par la L. du 15 nov. 2001, n'était pas légalement prévu à la date de la commission des faits pour lesquels le prévenu avait été précédemment condamné et qui motivaient le prélèvement biologique. • Crim. 7 févr. 2007, n° 06-84.427 P.

27. Revirement de jurisprudence défavorable. Faute au minimum d'une interprétation jurisprudentielle accessible et raisonnablement prévisible, les exigences de l'art. 7 ne sauraient être regardées comme respectées à l'égard d'un accusé ; or le manque de jurisprudence préalable en ce qui concerne l'assimilation entre sursis à exécution du permis et interdiction de construire résulte en l'espèce de l'absence de précédents topiques fournis par le Gouvernement en ce sens (§ 35) ; même en tant que professionnel qui pouvait s'entourer de conseils de juristes, il était difficile, voire impossible pour le requérant de prévoir le revirement de jurisprudence de la Cour de cassation et donc de savoir qu'au moment où il les a commis, ses actes pouvaient entraîner une sanction pénale... (§ 36) ; dans ces conditions, la Cour estime qu'en l'espèce il y a eu violation de l'art. 7 de la Convention (§ 37). • CEDH 10 oct. 2006, *Pessin c/ France : D. 2007. 124, note Roets ; ibid. Pan. 400, obs. Roujou de Boubée ; JCP 2007. II. 10092, note Zerouki-Cottin.* ♦ Après réexamen : • Cass., ass. plén., 13 févr. 2009, n° 01-85.826 P : *JCP 2009. II. 10057, note Bailleul ; RSC 2009. 386, obs. Robert*. ♦ Pour un autre exemple de refus de la rétroactivité d'un revirement de jurisprudence défavorable. • CEDH 10 juill. 2012, *Del Rio Prada c/ Espagne*, n° 42750/09 : *D. actu. 24 juill. 2012, obs. Bachelet ; AJ pénal 2012. 494, obs. Herzog-Evans ; RSC 2012. 698, obs. Roets*. ♦ Rappr. : • CEDH 21 oct. 2013, *Del Rio Prada c/ Espagne*, n° 42750/09 : *D. 2013. 2775, obs. Falxa ; RSC 2014. 174, obs. Roets*.

28. Doivent être relaxés du délit d'entrave à l'exercice de la liberté syndicale, les prévenus n'ayant pas convoqué un délégué syndical à une réunion de négociation sur les retraites, au motif qu'il venait de faire l'objet d'une mise à pied conservatoire, ce qui suspendait son mandat syndical. Préalablement aux faits reprochés aux prévenus, la chambre sociale de la Cour de cassation avait jugé que la mise à pied disciplinaire n'avait pas pour effet de suspendre l'exécution du mandat d'un représentant du personnel. Postérieurement à leurs agissements, elle a étendu la portée de cette solution à la mise à pied de nature conservatoire. Après s'être longtemps prononcée en sens contraire, la chambre criminelle a récemment opéré un revirement de jurisprudence, et fait sienne la formulation retenue en la matière par la chambre sociale, en décidant que la mise à pied d'un représentant du personnel, qu'elle soit de nature conservatoire ou disciplinaire, n'a pas pour effet de suspendre l'exécution de son mandat. Pour apprécier l'existence d'une infraction pénale, il y a lieu de se référer à l'état du droit au jour où les faits ont été commis. Étant donné qu'au jour où ont été réalisés les agissements reprochés et au regard de la jurisprudence pénale qui était clairement fixée à cette époque, la mise à pied conservatoire du délégué syndical avait pour effet de suspendre son mandat, il faut en conclure que le délit reproché aux prévenus, qui consiste non pas à avoir prononcé la mise à pied conservatoire mais à avoir ensuite interdit au salarié d'exercer son mandat syndical, n'est pas constitué. • Toulouse, 13 nov. 2007 : *JCP 2008. II. 10114, note Mouysset* (sur renvoi de • Crim. 30 oct. 2006, n° 05-86.380 P).

2° LOIS D'INCRIMINATION

29. Énoncé. Une loi pénale modifiant une incrimination ne peut s'appliquer à des faits commis antérieurement à sa promulgation et non encore définitivement jugés lorsqu'elle modifie les éléments de cette incrimination dans un sens défavorable au prévenu. • Crim. 28 avr. 1981, n° 81-90.744 P • 2 juin 1981 : *ibid. n° 184* • 22 mars 1983 : *ibid. n° 88.*

30. Exemples. Loi instituant une nouvelle incrimination. • Crim. 8 août 1981 : *Bull. crim. n° 241* • 21 avr. 1982, n° 81-92.914 P • Poitiers, 3 nov. 2005 : *JCP 2006. IV. 2301* (refus de se soumettre à un prélèvement biologique, art. 706-56 C. pr. pén., réd. L. n° 2003-239 du 18 mars 2003). ♦ Loi étendant le champ d'application d'une incrimination préexistante. • Crim. 21 avr. 1982, deux arrêts, n° 81-91.472 P • 4 juin 1982 : *Bull. crim. n° 148* • 23 nov. 1983, n° 83-93.988 P • 15 avr. 1986 : *Bull. crim. n° 128* • 8 févr. 1994, n° 92-86.333 P • 15 nov. 2006, n° 06-80.655 P. ♦ ... Ou une circonstance aggravante nouvelle d'une infraction préexistante. • Crim. 8 août 1981 : *préc.* ♦ ... Sous réserve, cependant, de l'identité des peines (ainsi de l'art. 221-4 C. pén., qui érige en circonstance aggravante la qualité de la victime d'un meurtre, ce qui n'a pas pour effet d'aggraver les peines encourues pour les faits de même nature en application des art. 295 et 304 C. pén. et 720-2, 1°, C. pr. pén. antérieurement en vigueur). • Crim. 20 déc. 1995, n° 95-85.192 P • 5 juin 1996 : *inédit.* ♦ Loi abrogeant une qualification spécifique, mais sans dépénalisation, le comportement relevant à l'avenir d'une qualification de droit commun plus rigoureuse. • Douai, 6 mai 1994 : *Gaz. Pal. 1994. 2. Somm. 439* [faux certificat médical (art. 160 ancien C. pén.) ; V. ss. art. 441-1] • Grenoble, 29 juin 1994 : *BICC 1994. 1159* [abus de blanc-seing, pour des faits ne caractérisant pas l'infraction telle qu'elle était prévue par l'ancienne qualification (art. 407 ancien C. pén.) ; V. ss. art. 314-1 ; rappr., « Lois équivalentes »]. ♦ Loi supprimant une condition de l'infraction • Crim. 21 nov. 2000 : *Dr. pénal 2001. 35, obs. Robert* (L. n° 99-505 du 18 juin 1999, qui a supprimé de l'art. L. 14 C. route, relatif à la suspension du permis de conduire, la référence à une condamnation prononcée à l'occasion de la conduite d'un véhicule). • Crim. 23 juin 2009, n° 08-82.411 P : *D. 2009. AJ 1975, obs. Darsonville ; JCP 2009, n° 31-35, p. 28 ; RSC 2009. 837, obs. Mayaud* (L. n° 2001-504 du 12 juin 2001 instituant l'art. 223-15-2 C. pén., qui a supprimé la condition de contrainte telle qu'elle figurait dans l'ancien art. 313-4 C. pén.). ♦ Loi étendant une incrimination à une nouvelle catégorie de prévenus (personnes morales). • Crim. 19 juin 2007, n° 06-85.490 P : *Dr. pénal 2007. 134, obs. Véron ; Gaz. Pal. 2008. 1. Somm. 1127, note Monnet ; RSC 2008. 87, obs. Ambroise-Castérot* • 20 oct. 2009, n° 09-81.721 P : *D. 2009. AJ 2753 ; ibid. 2010. Pan. 2733 ; AJ pénal 2010. 31, obs. Lasserre Capdeville.*

31. Le prévenu a été poursuivi pour avoir fait publier dans un quotidien des sondages d'opinion la veille et le jour d'un scrutin électoral, les 23 et 24 septembre 2000. Par arrêts du 4 sept. 2001, la Cour de cassation a déclaré les art. 11 et 12 de la L. du 19 juill. 1977 incriminant ces faits, incompatibles avec les art. 10 et 14 Conv. EDH, garantissant la liberté d'expression. Il résulte de cette jurisprudence qu'à l'époque de leur publication, les sondages litigieux n'étaient pas susceptibles de recevoir une qualification pénale. La L. du 19 févr. 2002 a modifié la loi de 1977, en limitant désormais l'interdiction de publier des sondages à la veille et au jour du scrutin. Cette loi nouvelle ne peut être qualifiée de loi plus douce devant s'appliquer immédiatement, ce qui aboutirait à la condamnation du prévenu. En effet, en incriminant des faits qui n'étaient pas susceptibles d'être poursuivis pénalement antérieurement, la loi nouvelle contient des dispositions plus sévères. En vertu de l'art. 112-1 C. pén., elle ne peut donc être appliquée à des fait commis avant son entrée en vigueur. La décision de condamnation doit être infirmée et le prévenu relaxé. • Paris, 23 mai 2002 : *D. 2003. Somm. 174, obs. de Lamy ; JCP 2002. IV. 2621.*

32. Immunités. Aide à l'entrée et au séjour irrégulier. La disposition plus favorable de l'art. L. 622-4, 3° CESEDA, dans sa rédaction issue de la L. du 10 sept. 2018, qui élargit les immunités prévues et fait ainsi obstacle aux poursuites pénales dans le cas où l'aide à la circulation et au séjour irrégulier d'un étranger en France n'a donné lieu, de la part d'une personne physique ou morale, à aucune contrepartie directe ou indirecte mais a consisté à fournir une aide quelconque dans un but exclusivement humanitaire, qui est d'application immédiate en vertu de l'art. 71 de ladite loi, entre dans le champ d'application de l'art. 112-1 C. pén. • Crim. 12 déc. 2018, n° 17-85.736 P : *D. actu. 19 déc. 2018, obs.*

Gallois ; D. 2019. Pan. 2320, obs. Roujou de Boubée ; AJ pénal 2019. 92, obs. Perrier ; RSC 2019. 94, obs. Mayaud ; Dr. pénal 2019, n° 33, obs. J.-H. Robert.

33. Immunités familiales. Les dispositions relatives à l'immunité n'ont pas pour effet de déterminer les personnes ayant qualité pour mettre en mouvement l'action publique et préciser le mode des poursuites, mais d'éditer une cause d'exonération objective qui a pour conséquence de rendre impossible et irrecevable toute action pénale. Il s'agit bien en conséquence d'une règle de fond et non d'une règle de procédure. • Toulouse, 26 févr. 2007, n° 06/00776 : *D. 2007. Pan. 2633, obs. Roujou de Boubée* . ♦ Poursuivi pour des faits d'escroquerie commis au préjudice de sa belle-mère, le prévenu a été relaxé par le tribunal ; sur le seul appel des parties civiles venant aux droits de cette dernière, aujourd'hui décédée, l'arrêt relève, pour les débouter de leurs demandes, que les faits reprochés ont été commis le 3 sept. 1992 et qu'à cette date ils entraient dans le champ d'application de l'art. 380, ancien, C. pén., prévoyant des immunités familiales. Les juges ajoutent que la L. du 16 déc. 1992, qui a exclu du bénéfice de l'immunité les soustractions commises par des alliés de même degré, constitue une loi pénale plus sévère et qu'elle n'est donc pas applicable aux faits commis antérieurement. En prononçant ainsi, la cour d'appel a fait l'exacte application de l'art. 112-1 C. pén. • Crim. 14 nov. 2007, n° 07-82.527 P : *AJ pénal 2008. 29, obs. Roussel ; Dr. pénal 2008. 16, obs. Véron* (confirmation de • Toulouse, 26 févr. 2007 : *préc.*).

3° LOIS DE PÉNALITÉ

34. Énoncé. Une loi portant aggravation des peines prévues par les dispositions législatives antérieures ne saurait avoir d'effet rétroactif. • Crim. 29 juin 1960 : *Bull. crim. n° 348* • 23 nov. 1983 : *ibid. n° 314.*

35. Seules peuvent être prononcées les peines légalement applicables à la date de commission de l'infraction lorsqu'elles sont moins sévères que les peines prévues par la loi nouvelle. • Crim. 14 déc. 1994, n° 94-83.553 P : *RSC 1995. 569, obs. Bouloc* • 6 juin 1996, n° 95-80.924 P : *Dr. pénal 1996. 241, obs. Véron ; RSC 1997. 373, obs. Bouloc* • 19 juin 1996, n° 95-83.756 P : *RSC 1997. 373, obs. préc. Bouloc* • 8 janv. 1998 : *Dr. pénal 1998. 98, obs. Véron* • 12 oct. 1999, n° 98-85.546 P : *RSC 2000. 383, obs. Bouloc* • 23 févr. 2000, n° 99-82.053 P : *Dr. pénal 2000. 85, obs. Véron ; RSC 2000. 639, obs. Francillon* • 31 mars 2005, n° 04-83.037 P • 1er déc. 2010, n° 09-88.075 : *Gaz. Pal. 2011. 1. 1068, note Detraz* • 23 mai 2012, n° 11-85.768 P • 29 juin 2016, n° 14-86.372 : *D. actu. 28 juill. 2016, obs. Fucini.*

36. Étendue. – Exclusion des mesures de nature non pénale. L'incapacité attachée à certaines condamnations, édictée par le texte régissant les conditions d'accès à la profession d'agent immobilier, ne constitue pas une peine complémentaire mais une mesure de sûreté qui, dès l'entrée en vigueur de la loi qui l'institue, frappe la personne antérieurement condamnée ; il ne saurait donc être reproché à une cour d'appel de rejeter la requête présentée par un agent immobilier, condamné, le 28 juin 1995, à une peine d'emprisonnement avec sursis probatoire, en relèvement de l'incapacité professionnelle résultant de plein droit de la condamnation, en application de l'art. 9, 2° *bis*, de la loi n° 70-9 du 2 janv. 1970, et qui faisait valoir que ces dispositions légales, issues de l'art. 46 de la loi n° 94-624 du 21 juill. 1994, qui a notamment étendu aux condamnations pour tromperie les causes d'incapacité prévues par l'art. 9, ne pouvaient, en vertu du principe de non-rétroactivité des lois pénales, s'appliquer à une condamnation antérieure à son entrée en vigueur le 1er juill. 1995. • Crim. 26 nov. 1997, n° 96-83.792 P : *D. 1998. 495, note Rebut ; RSC 1998. 539, obs. Bouloc* .

37. L'incapacité électorale de plein droit résultant de l'art. 7 C. élect. doit être analysée comme une sanction de nature pénale, soumise comme telle au principe de non-rétroactivité des peines plus sévères énoncé par l'art. 7 Conv. EDH. • Civ. 2e, 20 déc. 2000, n° 00-60.149 P.

38. L'inscription au fichier judiciaire national automatisé des auteurs d'infractions sexuelles constituant, non une peine au sens de l'art. 7-1 Conv. EDH, mais une mesure ayant pour seul objet de prévenir le renouvellement des infractions sexuelles et de faciliter l'identification de leurs auteurs, celle-ci n'est pas soumise au principe de la non-rétroactivité des lois de fond plus sévères. • Crim. 31 oct. 2006, n° 05-87.153 P : *Dr. pénal 2007. 15, obs. Véron* • 21 janv. 2009, n° 08-84.001. ♦ Ne méconnaît pas les dispositions de la Conv. EDH, par application de l'art. 216 de la loi n° 2004-204 du 9 mars 2004 prévoyant que les dispositions relatives à l'inscription au fichier judiciaire national automatisé des auteurs d'infractions sexuelles sont applicables aux infractions commises avant la date de publication de la loi, l'arrêt qui ordonne l'inscription d'une condamnation prononcée contre un prévenu pour des faits commis antérieurement à l'entrée en vigueur de la loi. • Crim. 31 oct. 2006 : *préc.* ♦ N'a pas méconnu les dispositions légales et conventionnelles invoquées – art. 111-2, 111-3 C. pén., 706-47, 591 à 593 C. pr. pén., 6 et 7 Conv. EDH – l'arrêt qui a ordonné l'inscription de la condamnation prononcée au fichier judiciaire national automatisé des auteurs d'infractions sexuelles ou violentes, alors que le prévenu s'était rendu coupable du délit prévu par l'art. 227-23 C. pén., courant 2004, à une date antérieure à l'entrée en vigueur de la loi du 4 avr. 2006 rendant l'inscription dans ce fichier applicable à cette infraction. • Crim. 21 janv. 2009 : *préc.*

39. L'amende encourue par la personne redevable pécuniairement au sens de l'art. L. 121-3 C. route ne constitue pas une peine et les dispositions nouvelles, issues de la L. n° 2009-526 du 12 mai 2009, modifiant ledit article et prévoyant un régime différent d'exonération des redevables de cette amende ayant la qualité de représentants légaux d'une personne morale, sont applicables même aux infractions commises antérieurement. • Crim. 15 sept. 2010, n° 09-87.326 P : *D. 2010. 2518 ; ibid. 2011, Pan. 2825, obs. Roujou de Boubée .*

40. Encourt la cassation l'arrêt qui, pour déclarer la procédure prévue par les art. 706-119 s. C. pr. pén., issus de la L. n° 2008-174 du 25 févr. 2008, non applicable à une personne mise en examen pour des faits commis antérieurement à l'entrée en vigueur de ladite loi et susceptible d'être déclarée pénalement irresponsable, retient que les mesures prévues par les art. 706-135 et 706-136 du même code constituent des peines et qu'une procédure ayant pour effet de les faire encourir ne saurait être appliquée immédiatement ; en effet, l'art. 112-1, al. 2, C. pén., selon lequel seules peuvent être prononcées les peines légalement applicables à la date de commission de l'infraction, ne s'applique pas aux mesures de sûreté prévues, en cas de déclaration d'irresponsabilité pénale pour cause de trouble mental, par les art. 706-135 et 706-136 C. pr. pén. et, selon l'art. 112-2 C. pén., les lois fixant les modalités des poursuites et les formes de la procédure sont applicables immédiatement à la répression des infractions commises avant leur entrée en vigueur. • Crim. 16 déc. 2009, n° 09-85.153 P : *D. 2010. 144, obs. Léna ; ibid. 471, note Pradel ; ibid. Pan. 2734, obs. Roujou de Boubée ; AJ pénal 2010. 136, obs. Duparc ; JCP 2010, n° 1-2, 15, obs. Detraz, et n° 5, 117, note Mistretta ; Gaz. Pal. 2010. 1. Jur., p. 807, note Roets, et p. 976, note Detraz ; RSC 2010. 129, obs. Fortis .* ♦ Les dispositions de l'art. 112-1 C. pén. prescrivant que seules peuvent être prononcées les peines légalement applicables à la date de l'infraction ne s'appliquent pas aux mesures de sûreté prévues, en cas de déclaration d'irresponsabilité pénale pour cause de trouble mental, par les art. 706-135 et 706-136 C. pr. pén. issus de la L. n° 2008-174 du 25 févr. 2008. • Crim. 14 avr. 2010, n° 09-82.291 : *Gaz. Pal. 2010. 2. 2388, note Detraz.* ♦ *Contra* : L'art. 112-1, al. 2, C. pén. fait obstacle à l'application immédiate d'une procédure qui a pour effet de faire encourir à une personne des peines prévues à l'art. 706-136 C. pr. pén. que son état mental ne lui faisait pas encourir sous l'empire de la loi ancienne applicable au moment où les faits ont été commis. • Crim. 21 janv. 2009, n° 08-83.492 P : *D. 2009. 1111, note Matsopoulou ; ibid. Pan. 2827, obs. Roujou de Boubée ; JCP 2009. II. 10043, note Detraz ; RSC 2009. 136, obs. Giudicelli ; ibid. 2010. 129, obs. Fortis .* ♦ *Adde* : Delage, *RSC 2009. 69* (vérité et ambiguïté autour de l'imputabilité morale). – Les mesures ordonnées à la suite d'une déclaration d'irresponsabilité pénale pour cause de trouble mental ne sont pas des peines au sens de l'art. 7, § 1er, Conv. EDH et le principe de non-rétroactivité n'a donc pas vocation à s'appliquer. • CEDH 3 sept. 2015, *Berland c/ France*, n° 42875/10 : *D. actu. 18 sept. 2015, obs. Autier ; D. 2015. Pan. 2467, obs. Roujou de Boubée ; AJ pénal 2015. 599, obs. Margaine ; RSC 2016. 129, obs. Roets* (confirmation de • Crim. 14 avr. 2010, n° 09-82.291 : *préc.*).

41. Exemples. Loi substituant des peines criminelles à des peines correctionnelles. • Crim. 13 oct. 1982, n° 82-91.058 P. ♦ Des peines correctionnelles à des peines de police. • Crim. 30 mai 1960 : *Bull. crim. n° 296* • 23 oct. 1984, n° 83-94.718 P. ♦ Lorsqu'une loi nouvelle transforme en délit une infraction antérieurement qualifiée de contravention, les faits commis avant l'entrée en vigueur de cette loi demeurent punissables mais, par application de l'art. 112-1 C. pén., n'encourent que les peines contraventionnelles prévues par le texte ancien ; méconnaît ce principe la cour d'appel qui déduit, de ce changement de peine plus sévère, un effet abrogatif de la contravention et qui déclare l'action publique éteinte (V. ss. art. 433-5). • Crim. 21 févr. 1996, n° 95-81.656 P : *RSC 1996. 845, obs. Bouloc ; Dr. pénal 1998. Chron. 11, obs. Lesclous et Marsat.*

42. Loi prolongeant le maximum de la réclusion criminelle à temps ; ainsi, méconnaît le principe de non-rétroactivité la cour d'assises qui, pour un assassinat commis avant le 1er mars 1994, condamne l'accusé à 25 ans de réclusion criminelle alors qu'à la date du crime, le maximum de la réclusion criminelle à temps était de 20 ans. • Crim. 14 déc. 1994, n° 94-83.553 P : *RSC 1995. 569, obs. Bouloc.* ♦ En condamnant l'accusé d'un meurtre commis en état de récidive, non à la peine maximale de la réclusion criminelle à perpétuité, mais à 30 ans de réclusion criminelle, alors qu'à la date du crime reproché à l'intéressé, le maximum de la réclusion criminelle à temps était de 20 ans, conformément à l'art. 18 ancien C. pén., la cour d'assises a méconnu l'art. 112-1, al. 2, C. pén. • Crim. 20 nov. 1996, n° 96-81.168 P : *Dr. pénal 1997. 35 (3e arrêt), obs. Véron ; RSC 1997. 631, obs. Bouloc* • 9 déc. 1998 : *Gaz. Pal. 1999. 1, chron. crim. 69.* ♦ Doit être cassé, pour violation de l'art. 112-1 C. pén., l'arrêt qui a prononcé une peine de réclusion criminelle de 30 ans pour meurtre aggravé alors qu'à la date du crime, le maximum de la réclusion criminelle à temps était de 20 ans, conformément à l'art. 18 ancien C. pén. • Crim. 23 févr. 2000, n° 99-82.053 P : *RSC 2000. 813, obs. Bouloc.* ♦ Encourt la censure la cour d'assises qui, pour tentatives de meurtres, vol avec arme et tentative de vol avec arme, et ce en récidive, prononce une peine de 25 ans de réclusion criminelle, alors qu'à la date des crimes retenus, le maximum de la réclusion criminelle a temps était de 20 ans. • Crim. 31 mars 2005, n° 04-83.037 P.

43. Loi augmentant le montant de l'amende. • Crim. 28 mai 1997 : *inédit* • 5 déc. 2000, n° 00-82.108 P. ♦ ... Sous réserve, cependant, de la réduction de la peine d'emprisonnement (ainsi, en matière de faux certificat ou de fausse attestation, des peines de l'art. 441-7 nouveau C. pén. par rapport à celles de l'art. 161, al. 4, ancien C. pén.). • Grenoble, 25 févr. 1998 : *Gaz. Pal. 1999. 2. Somm. 568, note Fagot et Manseur-Rivet.* ♦ ... Ou lorsque les peines prononcées entrent dans les prévisions des anciennes dispositions comme des nouvelles (ainsi d'une amende de 10 000 F en matière de dénonciation calomnieuse, qui entre dans les prévisions tant de l'art. 373 ancien que de l'art. 226-10 C. pén.). • Crim. 30 mai 2000, n° 99-84.470 P : *RSC 2000. 825, obs. Mayaud*.

44. Loi rendant le sursis inapplicable aux condamnations prononcées pour certaines infractions. • Crim. 3 déc. 1942 : *Bull. crim. n° 119.* ♦ ... Portant une peine complémentaire nouvelle. • Crim. 20 juill. 1960 : *Bull. crim. n° 385* • 10 janv. 1973 : *ibid. n° 15* • 21 mars 1978 : *ibid. n° 110* • 30 nov. 1987 : *ibid. n° 435* • 1er févr. 1988 : *ibid. n° 47* • 9 oct. 1989 : *ibid. n° 345* • 26 mars 1990, n° 89-80.448 P • 30 avr. 1996, n° 94-86.107 P • 6 juin 1996, n° 95-80.924 P : *Dr. pénal 1996. 241, obs. Véron ; RSC 1997. 373, obs. Bouloc* • 19 juin 1996, n° 95-83.756 P : *RSC 1997. 373, obs. préc. Bouloc* • 4 mars 1997 : *inédit* • 13 mars 1997, n° 95-85.766 P • 28 mai 1997 : *préc. note 43* • 12 nov. 1998, n° 97-82.954 P : *D. Affaires 1999, p. 257* • 2 sept. 2004, n° 04-80.518 P : *D. 2006. Pan. 1651, obs. Roujou de Boubée ; RSC 2005. 67, obs. Fortis* (L. n° 98-468 du 17 juin 1998, qui a introduit dans les art. 131-36-1 s. C. pén. la peine du suivi socio-judiciaire) • 4 janv. 2006, n° 05-83.096 P : *RSC 2006. 314, obs. Vermelle* (L. n° 98-468 du 17 juin 1998, qui a institué l'interdiction d'exercer une activité professionnelle ou bénévole impliquant un contact habituel avec des mineurs, prévue par l'art. 222-45, 3°, C. pén.). ♦ ... Étendant le champ d'application de peines complémentaires. • Crim. 1er oct. 1987 : *Bull. crim. n° 326* • 19 sept. 1996, n° 96-80.436 P.

45. Déclaré coupable de trafic d'influence commis par une personne investie d'un mandat électif public, pour avoir accepté un don de 60 000 F, le prévenu a été condamné à un an d'emprisonnement avec sursis et à une amende de 200 000 F ; en prononçant ainsi, alors qu'au moment des faits la peine d'amende encourue ne pouvait, aux termes des art. 177 et 178 anciens C. pén., excéder le double de la valeur des promesses agréées ou des choses reçues ou demandées, soit en l'espèce 120 000 F, la cour d'appel a méconnu le principe de non-rétroactivité. • Crim. 8 janv. 1998 : *Dr. pénal 1998. 98, obs. Véron.*

46. Encourt la cassation partielle l'arrêt d'une cour d'appel, qui, pour diffusion, en décembre 1996, dans une revue périodique, de messages pornographiques susceptibles d'être vus ou perçus par un mineur, prononce une peine d'amende contre la société éditrice de la revue, la responsabilité pénale des personnes morales et les peines qui leur sont applicables, n'étant prévues, pour les infractions définies par les art. 227-18 à 227-26 C. pén., que depuis l'entrée en vigueur de la L. du 17 juin 1998 sur les infractions sexuelles et la protection des mineurs. • Crim. 23 févr. 2000, n° 99-83.928 P : *Dr. pénal 2000. 85, obs. Véron ; RSC 2000. 639, obs. Francillon* .

47. Seule peut être prononcée la peine légalement applicable à la date à laquelle les faits constitutifs d'une infraction ont été commis ; après avoir déclaré le prévenu coupable d'abus de confiance, vols, escroquerie, menaces, falsification de chèques et usage, infractions commises de nov. 2000 à oct. 2004, l'arrêt attaqué a, notamment, prononcé à son encontre l'interdiction professionnelle de gérer toute entreprise commerciale pendant cinq ans ; en statuant ainsi, alors que la peine complémentaire d'interdiction de gérer toute entreprise commerciale, édictée par l'art. 314-10 C. pén., dans sa rédaction issue de la L. du 4 août 2008, ne peut s'appliquer à des faits commis antérieurement à son entrée en vigueur, la cour d'appel a méconnu l'art. 112-1 C. pén., ensemble l'art. 314-10 C. pén., et le principe ci-dessus énoncé. • Crim. 1er déc. 2010, n° 09-88.075 : *Gaz. Pal. 2011. 1. 1068, note Detraz.*

48. Selon l'art. L. 122-8 C. consom., dans sa rédaction issue de l'art. 71-II de la L. n° 2008-776 du 4 août 2008, les personnes physiques déclarées coupables d'abus de faiblesse en vue de faire souscrire des engagements au comptant ou à crédit encourent également à titre de peine complémentaire l'interdiction d'exercer l'activité professionnelle ou sociale à l'occasion de l'exercice de laquelle l'infraction a été commise ; le prévenu a été cité devant le tribunal correctionnel sous la prévention, notamment, d'abus de faiblesse et complicité, délit prévu et réprimé par les art. 121-7 et 223-15-2 C. pén. ; les faits ainsi visés, commis entre le mois de janv. 2002 et le mois de janv. 2007, ont été requalifiés par les premiers juges, dans leur décision du 7 avr. 2008, comme constitutifs du délit d'abus de faiblesse en vue de faire souscrire des engagements au comptant ou à crédit, et complicité, prévu par l'art. 121-7 C. pén. et l'art. L. 122-8 C. consom. ; après avoir reconnu le prévenu coupable des faits, et en particulier de ceux ainsi requalifiés, l'arrêt le condamne à cinq ans d'interdiction de se livrer, directement ou indirectement, à toute activité de démarchage ou de représentation commerciale ; en prononçant ainsi, alors que les faits objet de la condamnation ont été commis entre le 18 janv. 2002 et le 8 janv. 2007, la cour d'appel a méconnu le principe de non-rétroactivité. • Crim. 10 nov. 2010, n° 09-86.217 : *D. 2011. Pan. 2825, obs. Roujou de Boubée* .

49. Une loi édictant une peine complémentaire ne peut être prononcée pour des faits antérieurs à son entrée en vigueur ; encourt la cassation l'arrêt qui prononce une condamnation à la peine d'interdiction d'exercer toute activité en lien avec des mineurs, prévue par l'art. 222-45 3° C. pén. issu de la L. du 17 juin 1998 pour des agressions sexuelles aggravées commises entre le 1er sept. 1994 et le 30 juin 1996. • Crim. 23 mai 2012, n° 11-85.768 P.

50. Si c'est à tort que la cour d'appel relève que la contrainte pénale ne peut sanctionner que les infractions commises à partir de l'entrée en vigueur de l'art. 131-4-1 nouveau C. pén., alors que cette sanction, telle que définie par le texte précité, constitue une peine alternative à l'emprisonnement sans sursis, applicable, à partir du 1er oct. 2014, aux jugements d'infractions même commises avant cette date, l'arrêt n'encourt pas pour autant la censure, une peine d'emprisonnement sans sursis n'ayant pas été prononcée. • Crim. 14 avr. 2015, n° 15-80.858 P. ♦ Si, à partir du 1er oct. 2014, le juge saisi d'un délit puni de cinq ans d'emprisonnement au plus, fût-il commis avant l'entrée en vigueur de la L. n° 2014-896 du 15 août 2014, peut substituer à l'emprisonnement sans sursis la contrainte pénale, en ce que celle-ci constitue, aux termes de l'art. 131-4-1 nouv. C. pén., une peine alternative à la privation de liberté, la demanderesse ne saurait, pour autant, prétendre à l'annulation de sa condamnation dès lors que l'emprisonnement a été prononcé conformément aux exigences de l'art. 132-24, al. 3, C. pén. dans sa version alors en vigueur. • Crim. 14 avr. 2015, n° 14-84.473 P. ♦ *Adde*, sous chacune de ces deux décisions : *D. actu. 24 avr. 2015, obs. Fucini ; D. 2015. 1307, note Detraz ; ibid. Pan. 1395, obs. Barbier ; ibid. 2465, obs. Roujou de Boubée ; AJ pénal 2015. 418, obs. Renaud-Duparc ; JCP 2015. 497, obs. Dubarry ; ibid. 697, note Peltier ; Gaz. Pal. 2015. 1625, note Pitti ; Dr. pénal 2015. Étude 13, obs. Bonis-Garçon ; RSC 2015. 407, obs. Boccon-Gibod.*

51. Pour ordonner la confiscation de biens immobiliers appartenant à des sociétés civiles immobilières, après avoir déclaré M. X... coupable de blanchiment en bande organisée et d'escroquerie en bande organisée, l'arrêt énonce que ce dernier avait la libre disposition de ces biens ; en prononçant ainsi, alors qu'à l'époque des faits la loi ne prévoyait pas que le juge pût ordonner, pour l'une ou l'autre de ces infractions, la confiscation de biens dont le condamné avait seulement la libre disposition, la cour d'appel a méconnu l'art. 112-1 C. pén. • Crim. 29 juin 2016, n° 14-86.372 : *D. actu. 28 juill. 2016, obs. Fucini.*

4° SANCTION DE LA NON-RÉTROACTIVITÉ

52. Substitution de peine. Pour la substitution, par la Chambre criminelle elle-même, d'une amende de 20 000 F, correspondant, en matière de blessures involontaires, au maximum prévu par l'ancien art. 320 C. pén., à l'amende de 50 000 F qui avait été prononcée par la cour d'appel, alors que les faits étaient antérieurs à l'entrée en vigueur du nouveau code pénal. • Crim. 29 févr. 2000, n° 99-83.241 P.

B. LOIS MOINS SÉVÈRES

1° RÉTROACTIVITÉ

53. Énoncé. Aux termes de l'art. 112-1, al. 3, C. pén., les dispositions nouvelles s'appliquent aux infractions commises avant leur entrée en vigueur et n'ayant pas donné lieu à une condamnation passée en force de chose jugée, lorsqu'elles sont moins sévères que les dispositions anciennes. • Crim. 25 mai 1994, n° 93-83.820 P : *RSC 1995. 99, obs. Bouloc* • 12 déc. 1994 : *BJS 1995. 150* • 11 janv. 1995, n° 94-82.649 P : *Dr. pénal 1995. 114, obs. Véron* • 1er févr. 1995, n° 94-83.459 P • 15 mars 1995, n° 94-81.782 P : *RSC 1996. 112, obs. Bouloc* • 28 juin 1995, n° 94-84.811 P : *JCP 1996. II. 22576, note Dekeuwer* • 11 déc. 1996, n° 96-82.303 P • 10 nov. 1998, n° 98-81.490 P : *D. 1999. 367, note Coulon ; RSC 1999. 575, obs. Bouloc* • 5 sept. 2000, n° 99-82.301 P : *Gaz. Pal. 2000. 2. 2359, note S. Petit ; ibid. 2001. 1. 423, note J. Guigue ; RSC 2001. 157, obs. Mayaud* • 6 janv. 2004, n° 03-80.245 P : *AJ pénal 2004. 111, obs. Leblois-Happe ; Dr. pénal 2004. 46 et 47, obs. Véron ; Gaz. Pal. 2004. 2. Somm. 3375, obs. Monnet ; RSC 2004. 633, obs. Fortis ; D. 2005. Pan. 1522, obs. Roujou de Boubée* • 14 mars 2006, n° 05-83.436 P : *Gaz. Pal. 2006. 1. Somm. 1431, note A. C.* • 15 mai 2007, n° 06-80.312 P : *AJ pénal 2007. 325* • 14 sept. 2010, n° 10-80.718 P : *D. 2010. 2434 ; ibid. 2733, obs. Roujou de Boubée ; AJ pénal 2010. 550, obs. Pradelle ; Gaz. Pal. 2010. 2. 3555, note Dreyer ; RSC 2011. 87, obs. Fortis ; ibid. 93, obs. Mayaud* • TGI Béthune, 12 nov. 1996 : *BICC 1997. 158.*

54. Sont contraires à la Constitution les dispositions d'une loi tendant à limiter les effets de cette règle : en effet, le fait de ne pas appliquer aux infractions commises sous l'empire de la loi ancienne la loi pénale nouvelle, plus douce, revient à permettre au juge de prononcer les peines prévues par la loi ancienne et qui, selon l'appréciation même du législateur, ne sont plus nécessaires. • Cons. const. 20 janv. 1981, n° 80-

127 DC : *JO 22 janv., p. 308 ; D. 1982. 441, note Dekeuwer ; JCP 1981. II. 19701, note Franck.*

55. Le principe de l'application rétroactive de la peine plus légère fait partie des traditions constitutionnelles communes aux États membres. Il en découle que ce principe doit être considéré comme faisant partie des principes généraux du droit communautaire que le juge national doit respecter lorsqu'il applique le droit national adopté pour mettre en œuvre le droit communautaire et, en l'occurrence, plus particulièrement, les directives sur le droit des sociétés. • CJCE 3 mai 2005, *Silvio Berlusconi et a. : Gaz. Pal. 2005. 1. Somm. 2081, note Soulard ; JCP 2006. II. 10020, note Dubos.*

56. Étendue. Le principe selon lequel la loi pénale nouvelle doit, lorsqu'elle abroge une incrimination ou prononce des peines moins sévères que la loi ancienne, s'appliquer aux infractions commises avant son entrée en vigueur et n'ayant pas donné lieu à des condamnations passées en force de chose jugée, s'étend aux majorations de droits pour mauvaise foi prévues par l'art. 1729-1 CGI ; en effet, dès lors qu'elles présentent le caractère d'une punition tendant à empêcher la réitération des agissements qu'elles visent et n'ont pas pour objet la seule réparation d'un préjudice pécuniaire, ces majorations constituent, même si le législateur a laissé le soin de les établir et de les prononcer à l'autorité administrative, des sanctions soumises au principe de nécessité des peines tel qu'il résulte de l'art. 8 DDH selon lequel « la loi ne doit établir que des peines strictement et évidemment nécessaires ». • CE 5 avr. 1996, avis n° 176611 : *JO 2 mai 1996, p. 6635 ; JCP 1996. IV. 1754.* ♦ Il incombe au juge administratif, lorsqu'une contestation relative à une pénalité est présentée devant lui, d'examiner d'office s'il y a lieu de faire application du principe, applicable aux sanctions administratives, selon lequel la loi répressive nouvelle doit, lorsqu'elle abroge une incrimination ou prononce des peines moins sévères que la loi ancienne, s'appliquer aux infractions commises avant son entrée en vigueur et n'ayant pas donné lieu à des condamnations passées en force de chose jugée. • CE 23 avr. 2008, avis n° 308865 : *JCP 2008, Actu., n° 331.* ♦ Il appartient au juge du fond, saisi d'une contestation portant sur une sanction que l'Administration inflige à un administré, de prendre une décision qui se substitue à celle de l'Administration et, le cas échéant, de faire application d'une loi nouvelle plus douce entrée en vigueur entre la date à laquelle l'infraction a été commise et celle à laquelle il statue ; par suite, compte tenu des pouvoirs dont il dispose ainsi pour contrôler une sanction de cette nature, le juge se prononce sur la contestation dont il est saisi comme juge de plein contentieux. • CE, ass., 16 févr. 2009, *Sté Atom*, n° 274000 : *JCP 2009. II. 10087, note Grabarczyk.*

57. Le paiement des sommes fraudées ou indûment obtenues, en sus des pénalités fiscales, n'a pas le caractère d'une sanction pénale mais celui d'une réparation civile, et les dispositions qui y sont relatives sont applicables même pour les infractions commises avant l'entrée en vigueur de la loi nouvelle qui les contient. • Crim. 15 oct. 1979, n° 78-94.300 P. ♦ L'action en paiement de droits de douane a le caractère d'une action civile et est indépendante de l'action pour l'application des sanctions fiscales, que peut exercer l'administration des douanes sur le fondement de l'art. 343-2 C. douanes, qui a, elle seulement, le caractère d'une action publique. C'est donc à bon droit que la cour d'appel a retenu que l'action diligentée par l'administration des douanes, tendant à obtenir exclusivement le paiement des droits réellement dus par l'importateur, était civile, et dit, en conséquence, que le principe de rétroactivité de la loi pénale plus douce était inapplicable. • Com. 22 oct. 2002, n° 00-10.715 P.

58. Si les contraventions de grande voirie ne sont pas, compte tenu de leur objet et des règles de procédure et de compétence qui leur sont applicables, des contraventions de police, le principe selon lequel la loi pénale nouvelle doit, lorsqu'elle abroge une incrimination, s'appliquer aux infractions commises avant son entrée en vigueur et n'ayant pas donné lieu à des condamnations passées en force de chose jugée, s'étend aux peines d'amende dont ces contraventions sont assorties ; en effet, dès lors qu'elles présentent le caractère d'une punition tendant à empêcher la réitération des agissements qu'elles visent, ces amendes constituent, même si le législateur a laissé le soin de les prononcer au juge administratif, des sanctions soumises au principe de la nécessité des peines tel qu'il résulte de l'art. 8 DDH selon lequel « la loi ne doit établir que des peines strictement et évidemment nécessaires ». • CE 23 avr. 1997, avis n°s 183689, 183970 et 183971 : *JO 20 juin 1997, p. 9631, 9632 et 9633 ; Gaz. Pal. 1997. 2, Pan. dr. adm., p. 201.* ♦ ... Il en résulte qu'en l'absence de dispositions transitoires qui auraient été prévues par la L. du 26 juill. 1996 susvisée, les dégradations du réseau (aérien ou souterrain) des télécommunications de France Télécom dont le juge administratif a été saisi antérieurement à la date d'entrée en vigueur de la L. du 26 juill. 1996 ne peuvent plus donner lieu, après cette date, à une condamnation à une amende par le juge des contraventions de grande voirie. • Mêmes avis. ♦ En revanche, le fait que les dispositions répressives de l'art. R. 43 C. P et T ne puissent plus recevoir application à compter de l'entrée en vigueur de la L. du 26 juill. 1996 ne fait pas obstacle à ce que le juge administratif statue sur l'action en réparation des dommages causés au réseau aérien des télécommunications de France Télécom dont il a été saisi antérieurement à cette date. • CE 23 avr. 1997, avis n°s 183689 et

183971 : *préc.* ♦ Il en est de même pour la réparation des dommages causés au réseau souterrain, après la suppression de l'incrimination prévue par l'art. L. 69-1 C. P et T. • CE 23 avr. 1997, avis n° 183970 : *préc.*

59. L'art. 6 du règlement COB n° 90-2 du 5 juin. 1990 et l'art. 5 du règlement COB n° 98-07 du 22 janv. 1999 imposent à une personne qui a fait une déclaration d'intention, puis en a changé, la même obligation de communication rectificative à l'attention du public. Toutefois, dans le premier texte, la forme qu'a pu prendre la déclaration initiale est indifférente, alors que dans le second, l'obligation de rectification est subordonnée au caractère public de la déclaration d'intention initiale, de sorte que le règlement n° 98-07 est moins sévère que le précédent puisqu'il réduit le nombre de situations dans lesquelles un manquement peut être constaté et sanctionné. Il s'ensuit – dans la mesure où les sanctions pécuniaires prévues à l'art. 9-2 de l'ordonnance du 28 sept. 1967 visent, bien que de nature administrative, comme en matière pénale par leur montant élevé et la publicité qui leur est donnée, à punir les auteurs de faits contraires aux normes générales édictées par les règlements de la COB et à dissuader les opérateurs de se livrer à de telles pratiques – que les dispositions nouvelles s'appliquent dès lors que le manquement reproché a été commis avant leur entrée en vigueur et n'a pas donné lieu à une condamnation passée en chose de force jugée. • Paris, 1er févr. 2000 : *D. Affaires 2000. 232, obs. M. Boizard.*

60. Il résulte de l'art. 112-1 C. pén., ensemble l'art. 133 du traité CE que, sauf dispositions expresses contraires, une loi nouvelle s'applique aux infractions commises avant son entrée en vigueur et n'ayant pas donné lieu à une condamnation passée en force de chose jugée lorsqu'elle est moins sévère que la loi ancienne. Ce principe est applicable aux décisions d'un organe créé par une convention conclue entre la Communauté européenne et un État tiers, de telles décisions ayant une valeur supérieure à celle des lois internes. • Crim. 29 mars 2000, n° 99-81.938 P. ♦ … Doit en conséquence être cassé l'arrêt qui déclare coupable d'importations sans déclaration de marchandises prohibées le dirigeant d'une entreprise ayant importé du saumon en provenance des îles Féroé à un prix inférieur au prix normal fixé par le règlement communautaire applicable au moment des faits, alors que ce prix minimal a été supprimé par la décision du comité mixte CE Danemark-îles Féroé n° 1-99 du 22 juin 1999. • Même arrêt. ♦ Rappr. : • Crim. 12 déc. 1996, n° 95-81.318 P (V. ci-dessous, « Non-rétroactivité des règlements »).

61. Le principe communautaire de l'effet rétroactif de la peine plus légère ne s'oppose pas à l'application de l'art. 110 de la L. du 17 juill. 1992, selon lequel les dispositions de cette loi, relative à la suppression des taxations et contrôles douaniers, ne font pas obstacle à la poursuite des infractions douanières commises avant son entrée en vigueur sur le fondement des dispositions législatives antérieures, lorsque la modification apportée par ladite loi n'a eu d'incidence que sur les modalités de contrôle du respect de la réglementation communautaire et non sur l'existence de l'infraction ou la gravité des sanctions. • Crim. 19 sept. 2007, n° 06-85.899 P.

62. Le prévenu, poursuivi pour des faits d'aide à l'entrée irrégulière en France de ressortissants bulgares commis en 2006, doit être relaxé en raison de l'entrée de la Bulgarie dans l'Union européenne le 1er janv. 2007. En effet, l'intégration de ce pays a pour conséquence que les ressortissants bulgares ne sont plus soumis à des obligations spécifiques pour accéder au territoire des autres États membres de l'Union, par application du principe de libre circulation des personnes existant sur le territoire des pays membres de l'Union européenne. Cette nouvelle situation est assimilable à des dispositions plus douces qui s'appliquent ici rétroactivement dès lors que les faits n'ont pas été jugés définitivement. • Chambéry, 23 mai 2007 : *JCP 2008. IV. 1687.*

63. Il résulte de l'art. 112-1 C. pén. que, sauf dispositions expresses contraires, une loi nouvelle s'applique aux infractions commises avant son entrée en vigueur et n'ayant pas donné lieu à une condamnation passée en force de chose jugée lorsqu'elle est moins sévère que la loi ancienne ; consécutivement à une information anonyme, selon laquelle, pratiquant la restauration de maisons d'habitation, M. Z… aurait recours à l'emploi de travailleurs clandestins, et à la plainte de cinq ressortissants polonais déposée pour cette même raison contre l'intéressé et sa compagne, Mme Y…, le procureur de la République a, après qu'une enquête eut établi la vraisemblance de ces accusations, requis l'ouverture de deux informations qui ont abouti au renvoi des mis en cause, des chefs susvisés, devant le tribunal compétent ; cette juridiction a ordonné la jonction de ces deux procédures ; M. Z… et Mme Y… ont été déclarés coupables, respectivement comme auteur et complice, d'emploi de ressortissants polonais non munis d'une autorisation de travail ; en se déterminant ainsi, alors que la Pologne étant devenue membre de l'Union européenne le 1er mai 2004, la totalité des restrictions à l'accès au marché du travail a été levée pour les ressortissants de cet État à compter du 1er juill. 2008, de sorte que l'infraction poursuivie avait perdu son caractère punissable, la cour d'appel a méconnu le sens et la portée du texte susvisé. • Crim. 11 déc. 2012, n° 11-86.415 : *Dr. pénal 2013, comm. 52, obs. Véron.*

2° LOIS D'INCRIMINATION

64. S'agissant d'une loi nouvelle modifiant les éléments constitutifs d'une infraction, l'appréciation de son caractère plus doux ou plus sévère doit être opérée au regard des « circonstances particulières » de l'espèce et non *in abstracto*. • CEDH, gr. ch., 29 mai 2020, n° P16-2019-001 : *Dr. pénal 2020, n° 169, obs. Conte.*

65. Exemples. Loi abrogeant une incrimination. • Crim. 21 avr. 1982 : *Bull. crim. n° 98* • 5 juin 1984 : *ibid. n° 210* • 10 déc. 1985 : *ibid. n° 399* • 9 mars 1987 : *ibid. n° 114* • 16 mars 1987 : *ibid. n° 125 ; D. 1988. 39 (2e esp.), note Dekeuwer* • 24 oct. 1988 : *Bull. crim. n° 360 ; Gaz. Pal. 1989. 1. 261, note Doucet* • 18 juin 1997, n° 96-81.264 P : *D. Affaires 1997. 956 ; RSC 1998. 315, obs. Bouloc* • 22 mars 2011, n° 10-80.203 P : *D. actu. 20 avr. 2011, obs. Bombled ; D. 2011. Pan. 2825, obs. Roujou de Boubée ; AJ pénal 2014. 412, obs. Gallois* • 24 janv. 2012, n° 11-84.045 P : *D. actu. 27 févr. 2012 ; RSC 2013. 93, obs. Castérot* • Aix-en-Provence, 11 févr. 1986 : *D. 1986. 150, note Derrida.* ♦ ... Abrogeant l'incrimination de la tentative. • Crim. 19 juill. 1966, n° 65-93.423 P : *JCP 1967. II. 14990, note Bloch.* ♦ ... Ajoutant une condition préalable, si bien que son champ d'application s'en trouve restreint. • Crim. 1er avr. 2015 : *D. actu. 20 avr. 2015, obs. Fucini* (L. n° 2012-1560 du 31 déc. 2012, qui a modifié le délit de séjour irrégulier (CESEDA, art. L. 624-1) pour le mettre en conformité avec le droit de l'Union européenne).

66. Loi supprimant une circonstance aggravante. • Crim. 19 juill. 1961 : *D. 1961. 548.* ♦ ... Atténuant la rigueur d'une interdiction. • Crim. 11 oct. 1966 : *Bull. crim. n° 225.* ♦ ... Substituant une infraction d'habitude à une infraction simple. • Crim. 6 juin 1974 : *Bull. crim. n° 207.* ♦ ... Formulant l'incrimination de manière plus restrictive, notamment en introduisant une condition supplémentaire à la répression. • Paris, 13 déc. 1994 : *Dr. pénal 1995. 89, obs. Véron* (art. 222-32 nouv. C. pén. relatif à l'exhibition sexuelle par rapport à l'ancien art. 330 relatif à l'outrage public à la pudeur) • Crim. 5 avr. 1995, n° 94-82.457 P : *Dr. pénal 1995. 195, note Véron* • Paris, 9 févr. 1995 : *Dr. pénal 1995. 90 (2e esp.), obs. Véron* (art. 227-24 nouv. C. pén. relatif à l'atteinte à la moralité d'un mineur par rapport aux anciens art. 283 s. relatifs à l'outrage aux bonnes mœurs) • Com. 24 mai 2018, n° 17-18.918 P : *AJ pénal 2018. 411, obs. Lasserre Capdeville ; D. 2018. Pan. 2259, obs. Roujou de Boubée* (art. L. 653-8 C. com. ; exigeant pour l'application de la sanction d'interdiction de gérer que la cessation des paiements soit faite sciemment). ♦ ... Ou en allégeant les obligations sanctionnées. • Crim. 23 janv. 1997, n° 95-86.183 P • 5 mai 1997, n° 85-82.685 P : *D. Affaires 1997. 1244* (Loi n° 96-588 du 1er juill. 1996 qui, ayant modifié l'art. 31, al. 3, de l'ordonnance n° 86-1243 du 1er déc. 1986, a restreint le champ d'application des mentions obligatoires à porter dans les factures). ♦ ... Modifiant les éléments constitutifs d'une circonstance aggravante par des exigences supplémentaires (tel l'art. 222-24, 3°, C. pén., qui exige désormais que la particulière vulnérabilité de la victime d'un viol ait été apparente ou connue de l'auteur des faits). • Crim. 11 déc. 1996, n° 96-82.303 P.

67. Loi qui abroge l'interdiction d'une relaxe pour défaut d'intention. • Crim. 16 nov. 1987 : *Bull. crim. n° 403.* ♦ ... Qui, sans avoir introduit un quelconque élément intentionnel dans des incriminations (douanières), n'interdit plus au contrevenant de rapporter la preuve de sa bonne foi. • Crim. 13 nov. 1989 : *Bull. crim. n° 409.* ♦ ... Qui abolit les délits purement matériels pour en faire des infractions d'imprudence (dispositions combinées de l'art. 121-3, al. 2, nouv. C. pén. et de l'art. 339 de la loi n° 92-1336 du 16 déc. 1992 dite d'adaptation). • T. corr. Valenciennes, 30 juin 1994 : *Dr. pénal 1994. 264 (1re décision), note J.-H. Robert ;* confirmé par • Douai, 14 févr. 1995 : *Dr. pénal 1995. 127, obs. J.-H. Robert.* ♦ ... Qui restreint l'étendue d'une présomption défavorable (présomption de fausseté du fait dénoncé dans le délit de dénonciation calomnieuse, restreinte par la L. n° 2010-769 du 9 juill. 2010). • Crim. 14 sept. 2010, n° 10-80.718 P : *D. 2010. 2434 ; ibid. 2733, obs. Roujou de Boubée ; AJ pénal 2010. 550, obs. Pradelle ; Gaz. Pal. 2010. 2. 3555, note Dreyer ; RSC 2011. 87, obs. Fortis ; ibid. 93, obs. Mayaud.*

68. Loi qui passe d'une appréciation *in abstracto* à une appréciation *in concreto* (loi n° 96-393 du 13 mai 1996). • Crim. 19 févr. 1997, n° 96-82.377 P : *D. 1998. 236, note Legros ; JCP 1997. II. 22889, note J.-Y. Chevallier ; Dr. pénal 1997. 109, obs. Véron* • Toulouse, 29 janv. 1998 : *D. 1999. 56, note Bénoit* (confirmation de • T. corr. Toulouse, 19 févr. 1997 : *Gaz. Pal. 1997. 1. 396, note Riera ; RSC 1997. 832, obs. Mayaud ;* sur pourvoi : • Crim. 29 juin 1999 : *D. 1999. IR 220* • Nancy, 6 mai 1999 : *Gaz. Pal. 1999. 2. 681, note Bonneau.* ♦ Rappr. : • Crim. 14 oct. 1997, n° 96-83.356 P : *Dr. pénal 1998. 25, obs. J.-H. Robert ; RSC 1998. 328, obs. Mayaud ; RTD com. 1998. 431, obs. Bouloc.*

69. Loi qui dépénalise la faute simple lorsqu'elle est à l'origine d'un dommage indirect (loi n° 2000-647 du 10 juill. 2000). • Crim. 5 sept. 2000, n° 99-82.301 P : *Dr. pénal 2000. 135, obs. Véron ; Gaz. Pal. 2000. 2. 2359, note S. Petit ; ibid. 2001. 1. 423, note J. Guigue ; JCP 2001. II. 10507, note J.-Y. Chevallier ; RSC 2001. 154, obs. Bouloc ; ibid. 157, obs. Mayaud* • 12 déc. 2000, n° 98-83.969 P : *BICC 2001, n° 529, p. 3, concl. Commaret, et rapp. Ferrari ; Gaz. Pal. 2000. 2. 2456, note Petit ; ibid. 2001. 2. 1196, note Y. Monnet ; Dr. pénal 2001. 43, obs. Véron ; RSC 2001. 157, obs. Mayaud, préc.*, et *372, obs. Bouloc* • 10 janv. 2001, n° 00-83.354 P : *Gaz. Pal. 2001. 2. 1198, note préc. Y. Monnet* • 13 févr. 2001, n° 00-82.753 P • 20 mars 2001, n° 98-87.544 P • 20 mars 2001, n° 00-84.011 P • 20 mars 2001, n° 00-84.384 P • 15 mai 2001, n° 00-86.347 P : *Dr. pénal 2001. 117, obs. J.-H. Robert ; RSC 2001. 811, obs. J.-H. Robert* • 9 oct. 2001, n° 00-85.053 P : *D. 2002. Somm. 2712, obs. Lacabarats ; Gaz. Pal. 2002. 1. 358, note Petit ; RSC 2002. 319, obs. Bouloc* • 9 oct. 2001, abbé Cottard : *Gaz. Pal. 2002. 1. 361, note Petit* • 16 mai 2006, n° 05-86.939 P : *AJ pénal 2006. 358, obs. Saas ; Dr. pénal 2006. 108 (1re esp.), obs. Véron* • Rennes, 19 sept. 2000 : *Gaz. Pal. 2000. 2. 2361 ; LPA 23 nov. 2000, n° 234, p. 13, note Vital-Durand ; RSC 2001. 157, obs. Mayaud* • Paris, 4 déc. 2000 : *D. 2001. IR 433 ; Gaz. Pal. 2001. 1. 115, note S. Petit* • Poitiers, 2 févr. 2001 : *JCP 2001. II. 10534, note Salvage.*

70. Loi qui permet de discuter d'un élément constitutif d'une infraction relevant jusqu'alors d'une preuve irréfragable. • Paris, 23 mars 1995 : *Dr. pénal 1995. 141, obs. Véron ; RSC 1996. 653 s., spéc. 655, obs. Mayaud* (fausseté d'une dénonciation liée au classement sans suite d'une plainte : V. ss. art. 226-10) • Crim. 21 janv. 1997, n° 95-83.766 P : *Dr. pénal 1997. 74, obs. Véron* (fausseté d'une dénonciation liée à une ordonnance de non-lieu pour insuffisance de charges : V. ss. art. 226-10). ♦ ... Ou qui en supprime la présomption réfragable. • Crim. 28 juin 1995, n° 94-84.811 P : *Dr. pénal 1995. 223, obs. Véron ; JCP 1996. II. 22576, note Dekeuwer* (caractère volontaire du défaut de paiement en matière d'abandon de famille : V. ss. art. 227-3).

71. Loi qui, en matière de circulation routière, autorise une manœuvre de conduite jusqu'alors interdite. • Crim. 15 juin 1966 : *Bull. crim. n° 173* • 7 mai 1969 : *ibid. n° 157 ; D. 1969. Somm. 107.* ♦ ... Qui, en matière de démarchage à domicile, autorise sous certaines conditions un procédé de vente jusqu'alors interdit. • Crim. 30 nov. 1994, n° 94-80.383 P : *RSC 1995. 569, obs. Bouloc ; Dr. pénal 1998. Chron. 11, obs. Lesclous et Marsat.* ♦ ... Qui, en matière de vente, ne réprime plus la méconnaissance d'une prescription antérieurement sanctionnée (Loi n° 96-603 du 5 juill. 1996 relative au développement et à la promotion du commerce et de l'artisanat, qui a abrogé la L. du 30 déc. 1906 sur les ventes au déballage, et qui ne soumet plus les ventes en soldes à autorisation spéciale du maire). • Crim. 17 déc. 1997, n° 96-85.329 P : *RSC 1998. 535, obs. Bouloc.* ♦ ... Qui, en matière de santé publique, abroge les dispositions permettant la suspension par arrêté de la mise sur le marché de produits présentant une suspicion de danger (L. n° 98-535 du 1er juill. 1998 relative au renforcement de la veille sanitaire et du contrôle de la sécurité sanitaire des produits destinés à l'homme, qui a abrogé le dispositif en ce sens de l'art. L. 658-4 CSP). • Crim. 9 nov. 1999 : *Dr. pénal 2000. 47, obs. J.-H. Robert.* ♦ Décret qui élargit le nombre des établissements ayant la faculté de donner le repos hebdomadaire par roulement (établissements de location de DVD et de vidéocassettes). • Crim. 14 mars 2006, n° 05-83.436 P : *Gaz. Pal. 2006. 1. Somm. 1431, note A. C.* ♦ Loi qui institue la gratuité du stationnement sur toutes les places de stationnement ouvertes au public pour les personnes titulaires d'une carte de stationnement pour personnes handicapées (L. n° 2015-300 du 18 mars 2015 ; CASF, art. L. 241-3-2). • Crim. 12 juill. 2016, n° 16-80.001 : *D. actu. 13 sept. 2016, obs. Priou-Alibert ; Gaz. Pal. 2016. 2786, obs. Detraz.*

72. Immunités. L'art. 38 de la L. du 10 sept. 2018 a élargi le champ d'application de l'art. L. 622-4 CESEDA en faisant obstacle aux poursuites pénales dans le cas où l'aide à la circulation et au séjour irrégulier d'un étranger n'a donné lieu, de la part d'une personne physique ou morale, à aucune contrepartie directe ou indirecte et a consisté à fournir une aide quelconque dans un but exclusivement humanitaire. Cette disposition, d'application immédiate en vertu de l'art. 71 de ladite loi, entre dans le champ d'application de l'art. 112-1 C. pén., dès lors qu'elle élargit les immunités prévues par l'art. L. 622-4 préc. Dans la mesure où, dès son interpellation, M. X... a invoqué le caractère humanitaire de son action, il convient en conséquence que le juge du fond réexamine les faits au regard des nouvelles dispositions dudit art. • Crim. 12 déc. 2018, n° 17-85.736 P : *D. actu. 19 déc. 2018, obs. Gallois ; D. 2019. 49, note Dejean de la Bâtie.*

3° LOIS DE PÉNALITÉS

73. Énoncé. Une loi nouvelle édictant des pénalités moins sévères doit être appliquée aux faits commis antérieurement et donnant lieu à des poursuites non encore terminées par une décision passée en force de chose jugée au moment où la loi nouvelle est entrée en vigueur. • Crim. 29 avr. 1942 : *Bull. crim. n° 46* • 22 févr. 1956 : *ibid. n° 187* • 30 mai 1960 : *ibid. n° 296* • 11 janv. 1962 : *ibid. n° 33* • 20 déc. 1972 : *ibid. n° 396* • 25 janv. 1973 : *ibid. n° 45* • 2 mars 1976 : *ibid. n° 79* • 3 mai 1977 : *ibid. n° 152* • 15 juin 1977 : *ibid. n° 224* • 23 janv. 1979, n° 78-90.307 P • 22 janv. 1981 : *Bull. crim. n° 34* • 4 févr. 1981 : *ibid. n° 48* • 11 févr. 1981 : *ibid. n° 54* • 1er avr. 1981 : *ibid. n° 113* • 5 mai 1981 : *ibid. n° 141* • 2 juin 1981 : *ibid. n° 184* • 22 août 1981 : *ibid. n° 246 ; D. 1982. 288 (1re esp.), note Mayer* • 5 nov. 1981 : *Bull. crim. n° 297* • 13 oct. 1982 : *ibid. n° 217* • 18 févr. 1992, n° 91-82.352 P : *RSC 1993. 312, obs. Bouloc* • 20 mars 1996, n° 95-85.596 P : *RSC 1997. 375, obs. Bouloc.*

74. Les dispositions d'une loi nouvelle s'appliquent aux infractions commises avant leur entrée en vigueur et n'ayant pas donné lieu à une condamnation passée en force de chose jugée lorsqu'elles sont moins sévères que les dispositions anciennes. • Crim. 26 janv. 2016, n° 13-82.158 P : *D. actu. 17 févr. 2016, obs. Siro.*

75. Exemples. Loi portant abolition de la peine de mort. • Crim. 5 nov. 1981 : *Bull. crim. n° 297.* ♦ ... Supprimant la peine d'emprisonnement (L. n° 2015-990 du 6 août 2015, à propos de l'entrave au fonctionnement régulier d'un comité d'entreprise ou d'un comité central d'entreprise). • Crim. 26 janv. 2016, n° 13-82.158 P : *préc. note 74.* ♦ ... Substituant des peines correctionnelles à des peines criminelles. • Crim. 20 déc. 1945 : *Bull. crim. n° 151* • 29 mars 1971 : *ibid. n° 112* • 3 févr. 1981 : *ibid. n° 44* • 4 févr. 1981 : *ibid. n° 48 ; JCP 1982. II. 19722, note Chambon* • 1er avr. 1981 : *Bull. crim. n° 113* • Angers, 4 mars 1981 : *Gaz. Pal. 1981. 1. 176.* ♦ ... Des peines de police à des peines correctionnelles. • Crim. 3 mai 1977 : *Bull. crim. n° 152* • 3 oct. 1978 : *ibid. n° 256.*

76. Loi réduisant le maximum de la peine de réclusion. • Crim. 10 juill. 1996, n° 95-84.688 P : *Dr. pénal 1997. 35 (1er arrêt), obs. Véron* [vols avec armes (C. pén., art. 311-8) et séquestration de personnes comme otages (C. pén., art. 224-4)] • Crim. 23 juill. 1996, n° 95-85.634 P : *Dr. pénal 1997. 35 (2e arrêt), obs. préc. Véron* • 13 nov. 1996, n° 96-82.434 P [meurtre (C. pén., art. 221-1)] • 10 nov. 1998, n° 98-81.490 P : *D. 1999. 367, note Coulon ; RSC 1999. 575, obs. Bouloc* [viols aggravés en état de récidive et agressions sexuelles aggravées]. ♦ ... Le maximum de la peine d'emprisonnement [importation illicite de stupéfiants (C. pén., art. 222-36)]. • Crim. 19 sept. 1995 : *Dr. pénal 1996. 4-I, obs. Véron.* ♦ ... Supprimant la peine d'emprisonnement en matière contraventionnelle. • Crim. 7 avr. 1994, n° 93-82.106 P • 14 déc. 1994, n° 94-83.064 P : *RSC 1995. 568, obs. Bouloc* • Paris, 29 avr. 1997 : *Gaz. Pal. 1998. 1. Somm. 70.*

77. Loi édictant alternativement, et non plus cumulativement, une peine d'emprisonnement et d'amende. • Crim. 1er juill. 1948 : *Bull. crim. n° 177.* ♦ ... Autorisant la substitution de mesures de sûreté à des peines. • Crim. 11 juin 1953 : *JCP 1953. II. 7708, note Brouchot ; RSC 1954. 117, obs. Légal.* ♦ ... Remplaçant par une amende civile les sanctions pénales jusqu'alors applicables. • Crim. 23 avr. 1959 : *Bull. crim. n° 240.*

78. Loi abrogeant une peine complémentaire. • Crim. 10 janv. 1973 : *Bull. crim. n° 15* • 25 janv. 1973 : *ibid. n° 45* • 2 mars 1976 : *ibid. n° 78 ; D. 1976. 424 (4e esp.), note Borel* • 20 mars 1996, n° 95-85.596 P : *RSC 1997. 375, obs. Bouloc* . ♦ ... Rendant facultative une peine complémentaire obligatoire. • Crim. 15 juill. 1942 : *Bull. crim. n° 91* • 26 avr. 1955 : *ibid. n° 205.* ♦ ... Substituant un caractère temporaire à une peine complémentaire définitive. • Crim. 29 janv. 1963 : *Bull. crim. n° 54 ; D. 1963. 332 ; JCP 1963. II. 13215, note Le Gall ; RSC 1964. 131, obs. Legal* • 15 juin 1977 : *Bull. crim. n° 224.* ♦ ... Édictant des restrictions au prononcé d'une peine. • Crim. 3 juin 1992 : *Dr. pénal 1992. 235.* ♦ ... Réduisant la durée d'une peine complémentaire (faillite personnelle et interdiction de gérer, L. n° 2005-845 du 26 juill. 2005). • Crim. 8 nov. 2006, n° 06-81.862 P : *D. 2007. 10, obs. Lienhard ; ibid. 2007. Pan. 1630, obs. Mascala ; JCP 2007. I. 153, n° 16, obs. Pétel ; Gaz. Pal. 19-20 janv. 2007, note Robaczewski ; Dr. pénal 2007. 9, obs. J.-H. Robert.* ♦ L'art. 190 de la L. du 26 juill. 2005 relative à la sauvegarde des entreprises ayant mis fin, sans rétroactivité, aux peines d'interdiction de gérer prononcées plus de quinze ans avant sa date de publication, justifie sa décision la cour d'appel qui, pour déclarer le prévenu coupable de violation d'une interdiction définitive de gérer, prononcée en 1979, relève que la commission des éléments constitutifs de l'infraction est antérieure au 27 juill. 2005, date d'entrée en vigueur de la loi, et que les dispositions de l'art. L. 627-4 C. com., applicable au moment des faits, incriminant le délit de violation d'une interdiction de gérer, ont été reprises par la loi précitée à l'art. L. 654-15 C. com. • Crim. 19 sept. 2007, n° 07-82.653 P : *D. 2008. Pan. 1575, obs. Mascala ; Dr. pénal 2007. 161, obs. J.-H. Robert ; RSC 2008. 72, obs. Fortis ; ibid. 594, obs. Mascala* .

79. Loi érigeant une peine accessoire en peine complémentaire facultative. • Crim. 11 janv. 1995, n° 94-82.649 P : *Dr. pénal 1995. 114, obs. Véron* • 1er févr. 1995, n° 94-83.459 P • 15 mars 1995 : *D. 1995. IR 130* • 21 janv. 1998, n° 96-86.603 P : *RSC 1998. 761, obs. Bouloc* (V. ss. art. 222-45).

80. Loi permettant d'accorder le sursis (et les circonstances atténuantes). • Crim. 6 déc. 1951 : *Bull. crim. n° 337* • 18 juill. 1952 : *ibid. n° 196* • 6 juill. 1954 : *ibid. n° 247.* ♦ ... Admettant une excuse absolutoire. • Crim. 18 mars 1965 : *Bull. crim. n° 81.* ♦ ... Réduisant la durée maximum du sursis probatoire. • Crim. 27 mai 1991, n° 90-83.523 P.

81. Loi modifiant les modalités du sursis avec mise à l'épreuve, en ce qu'elle soumet la réparation des dommages causés par l'infraction au titre de l'une des obligations imposées au condamné à un principe d'indemnisation partielle et non plus seulement totale. • Crim. 3 oct. 1994, n° 93-85.633 P (V. ss. art. 132-45).

82. Loi réduisant la durée maximale de la période de sûreté. • Crim. 25 mai 1994, n° 93-83.820 P : *RSC 1995. 99, obs. Bouloc* (V. ss. art. 132-23). ♦ ... Ou de l'interdiction des droits civiques, civils et de famille. • Crim. 12 déc. 1994 : *BJS 1995. 150* • 30 oct. 1995 : *Gaz. Pal. 1996. 1, chron. crim. 47* • 15 oct. 1997, n° 96-85.743 P : *RSC 1998. 315, obs. Bouloc* • 14 oct. 1998, n° 97-84.730 P (V. ss. art. 131-26). ♦ ... Ou de l'interdiction d'exercer une profession commerciale : ainsi de la condamnation à

10 ans d'interdiction en application de l'art. 4 de la L. du 30 août 1947, ces dispositions étant plus sévères que celles de l'art. 131-27 C. pén., applicable depuis le 1er mars 1994. • Cass., ass. plén., 22 nov. 2002, n° 92-82.460 P : *BICC, 1er févr. 2003, p. 5, avis Fréchède, et rapp. Challe ; D. 2003. IR 108, et la note ; JCP 2003. II. 10042, note Jeandidier ; Dr. pénal 2003. 37, obs. J.-H. Robert ; Gaz. Pal. 2003. 2. 2424, note Monnet ; RSC 2003. 325, obs. Bouloc* .

83. Aux termes de l'art. 131-30-2 C. pén., dans sa rédaction issue de la L. du 26 nov. 2003, immédiatement applicable, la peine de l'interdiction du territoire ne peut être prononcée lorsqu'est en cause un étranger qui réside en France sous le couvert du titre de séjour prévu par le 11° de l'art. 12 *bis* de l'ordonnance du 2 nov. 1945. Annulation de l'arrêt qui condamne un étranger à une peine d'interdiction du territoire alors que celui-ci faisait valoir qu'il recevait en France, en raison d'une maladie chronique évolutive, une prise en charge médicale régulière non accessible dans son pays d'origine. • Crim. 6 janv. 2004, n° 03-80.245 P : *AJ pénal 2004. 111, obs. Leblois-Happe ; Dr. pénal 2004. 46 et 47, obs. Véron ; Gaz. Pal. 2004. 2. Somm. 3375, obs. Monnet ; RSC 2004. 633, obs. Fortis ; D. 2005. Pan. 1522, obs. Roujou de Boubée* .

84. Lois d'individualisation. Il résulte des dispositions de l'art. 132-24 C. pén., dans leur rédaction issue de la L. du 24 nov. 2009, immédiatement applicables, qu'en matière correctionnelle, en dehors des condamnations en récidive légale prononcées en application de l'art. 132-19-1 du même code, une peine d'emprisonnement sans sursis ne peut être prononcée qu'en dernier recours si la gravité de l'infraction et la personnalité de son auteur rendent cette peine nécessaire et si toute autre sanction est manifestement inadéquate ; dans ce cas, la peine d'emprisonnement doit, si la personnalité et la situation du condamné le permettent, et sauf impossibilité matérielle, faire l'objet d'une des mesures d'aménagement prévues aux art. 132-25 à 132-28 du même code ; il y a lieu, dès lors, de procéder à un nouvel examen de l'affaire au regard de ces dispositions plus favorables. • Crim. 6 déc. 2011, n° 10-86.118 : *Gaz. Pal. 2012. 1. 1025, note Detraz.*

85. Lois d'exonération. Aux termes de l'art. 112-1 C. pén., les dispositions nouvelles s'appliquent aux infractions commises avant leur entrée en vigueur et n'ayant pas donné lieu à une condamnation passée en force de chose jugée lorsqu'elles sont moins sévères que les dispositions anciennes ; c'est ainsi que les personnes physiques, représentants légaux de personnes morales, sont susceptibles d'être exonérées de leur responsabilité pénale à laquelle elles étaient antérieurement tenues à raison de l'impossibilité d'atteindre la personne morale dont elles assuraient la direction, à la condition qu'elles ne tombent pas sous le coup des dispositions du troisième al. de l'art. 121-2 nouv. C. pén. en qualité d'auteur ou de complice des mêmes faits. • TGI Béthune, 12 nov. 1996 : *BICC 1997. 158.*

86. Les personnes morales peuvent être reconnues coupables d'infractions commises en leur nom avant l'entrée en vigueur de l'art. 121-2, al. 1er, nouv. C. pén., dès lors qu'il est seulement interdit à la juridiction de les sanctionner par le prononcé d'une peine qui n'était pas alors légalement encourue. • TGI Béthune, 12 nov. 1996 : *préc. note 85.*

87. Selon les art. 112-1 C. pén. et 7 Conv. EDH, les dispositions nouvelles, lorsqu'elles sont moins sévères que les dispositions anciennes, s'appliquent aux infractions commises avant leur entrée en vigueur et n'ayant pas donné lieu à une condamnation passée en force de chose jugée ; tel est le cas de l'al. 3 de l'art. 41 de la L. du 29 juill. 1881, sur la liberté de la presse, issu de la L. du 14 nov. 2008, qui dispose que ne donneront lieu à aucune action en diffamation, injure ou outrage ni les propos tenus ou les écrits produits devant une commission d'enquête créée en son sein, par l'Assemblée nationale ou le Sénat, par la personne tenue d'y déposer, sauf s'ils sont étrangers à l'objet de l'enquête, ni le compte rendu fidèle des réunions publiques de cette commission fait de bonne foi. • Crim. 13 avr. 2010, n° 09-85.135 P : *D. 2011. Pan. 787, obs. Dreyer ; AJ pénal 2010. 337, obs. Royer ; Gaz. Pal. 2010. 2. 2388, note Detraz.*

88. Selon les art. 112-1 C. pén. et 7 Conv. EDH, les dispositions nouvelles, lorsqu'elles sont moins sévères que les dispositions anciennes, s'appliquent aux infractions commises avant leur entrée en vigueur et n'ayant pas donné lieu à une condamnation passée en force de chose jugée ; tel est le cas de l'al. 3 de l'art. 41 de la L. du 29 juill. 1881, sur la liberté de la presse, issu de la L. n° 2008-1187 du 14 nov. 2008, qui dispose que ne donneront lieu à aucune action en diffamation, injure ou outrage ni les propos tenus ou les écrits produits devant une commission d'enquête créée en son sein, par l'Assemblée nationale ou le Sénat, par la personne tenue d'y déposer, sauf s'ils sont étrangers à l'objet de l'enquête, ni le compte rendu fidèle des réunions publiques de cette commission fait de bonne foi. • Crim. 8 juin 2010, n° 09-86.626 P : *AJ pénal 2010. 445 ; JCP 2010, art. 1258, p. 2358, obs. Dreyer ; RSC 2010. 941, obs. Renucci ; ibid. 2011. 87, obs. Fortis* .

89. Lois de réduction. Une loi nouvelle moins sévère s'appliquant, selon l'art. 112-1, al. 3, C. pén., aux infractions commises avant son entrée en vigueur et n'ayant pas donné lieu à une condamnation passée en force de chose jugée, doit être annulée la décision d'une cour d'appel qui a prononcé une peine d'emprisonnement à l'encontre d'une personne atteinte, au moment des faits, d'un trouble psychique ou neuropsychique ayant altéré son discernement ou entravé le contrôle de ses actes sans qu'ait été examinée la situation du prévenu au regard des dispositions plus favorables de l'art. 122-1, al. 2, C. pén. entré en vigueur le 1er oct. 2014, réduisant, dans cette hypothèse, du tiers la peine privative de liberté encourue. • Crim. 15 sept. 2015, n° 14-86.135 P : *D. actu. 22 sept. 2015, obs. Fucini ; D. 2015. Actu. 1842 ; ibid. 2015. Pan. 2465, obs. Roujou de Boubée ; JCP 2015. 1209, note Peltier ; Gaz. Pal. 2015. 3652, obs. Dreyer ; Dr. pénal 2015. Comm. 152, obs. Bonis-Garçon.*

4° SANCTION DE LA RÉTROACTIVITÉ

90. Action publique. Selon l'art. 6 C. pr. pén., l'action publique s'éteint notamment par l'abrogation de la loi pénale ; tel est le cas lorsque les faits poursuivis cessent d'être punissables avant qu'une décision définitive soit intervenue. • Crim. 26 oct. 1994, n° 90-80.390 P : *Dr. pénal 1995. 20 et 25 (II), obs. Maron.* ♦ Si l'abrogation d'une loi pénale entraîne l'extinction de l'action publique fondée sur l'infraction incriminée par cette loi, il n'existe pas d'obstacle qui interdise de rechercher si d'autres infractions pénales ne subsistent pas qui soient susceptibles de poursuites. • Crim. 21 déc. 1982 : *Bull. crim. n° 299.* ♦ Rappr. : • Crim. 4 juill. 1972 : *Bull. crim. n° 230.*

91. Action civile. Lorsque l'abrogation survient avant toute décision au fond, elle rend la juridiction répressive incompétente pour statuer sur l'action civile exercée sur le fondement du texte abrogé. • Crim. 16 déc. 1954 : *Bull. crim. n° 405 ; D. 1955. 145, rapp. Pépy ; JCP 1955. II. 8643, note Vitu* • 12 oct. 1987 : *Bull. crim. n° 346 ; Gaz. Pal. 1988. 1. 205, note Marchi ; RSC 1988. 509, obs. Vitu* • 26 mars 1990, n° 89-80.755 P.

92. La juridiction répressive d'appel reste compétente pour examiner l'action civile dès lors qu'une décision sur le fond concernant l'action publique est intervenue au moment de l'abrogation de la loi pénale. • Crim. 22 mars 2011, n° 10-80.203 P : *D. actu. 20 avr. 2011, obs. Bombled ; D. 2011. Pan. 1849, obs. Roth.*

93. Annulation ou cassation. BIBL. Pour un recensement des techniques de cassation, V. obs. A. Maron, *Dr. pénal 1996. 254.* ♦ Sur l'étendue de l'annulation : ... Annulation totale, en raison de l'indivisibilité existant entre la déclaration de culpabilité et la peine. • Crim. 4 févr. 1981 : *Bull. crim. n° 48 ; JCP 1982. II. 19722, note Chambon* • 16 déc. 1985 : *Bull. crim. n° 404* • 7 avr. 1994, n° 93-82.106 P • 19 sept. 1995 : *Dr. pénal 1996. 4-I, obs. Véron.* ♦ ... Annulation partielle, par voie de retranchement et *sans renvoi*, des dispositions d'un arrêt qui, pour usage de faux, condamnent un prévenu à une amende par application de l'art. 164 C. pén. alors applicable, dès lors que ce texte a été abrogé à compter du 1er mars 1994 par les art. 372 et 373 de la L. du 16 déc. 1992 modifiée, et qu'il n'a été remplacé par aucune disposition du code pénal entré en vigueur à cette date. • Crim. 16 mai 1994, n° 93-83.004 P : *RSC 1995. 93, obs. Bouloc.*

94. Sur le renvoi de la cause : ... En cas de suppression de l'incrimination, absence de renvoi. • Crim. 14 oct. 1980 : *Bull. crim. n° 259* • 21 avr. 1982 : *ibid. n° 98* • 23 nov. 1987 : *ibid. n° 423* • 24 nov. 1993 (1er arrêt), n° 93-84.377 P : *D. 1994. Somm. 259, obs. Couvrat et Massé ; RSC 1994. 550, obs. Bouloc* • 24 nov. 1993 (2e arrêt), n° 93-82.373 P : *D. 1994. Somm. 259, obs. préc. Couvrat et Massé ; RSC 1994. 550, obs. préc. Bouloc* • 24 nov. 1993 (3e arrêt), n° 92-81.611 P : *RSC 1994. 550, obs. préc. Bouloc* • 18 juin 1997, n° 96-81.264 P : *D. Affaires 1997. 956 ; RSC 1998. 315, obs. Bouloc.* ♦ ... En cas d'atténuation de la répression, et, selon que la loi ancienne a été ou non correctement appliquée, renvoi devant les mêmes juges. • Crim. 5 nov. 1981 : *Bull. crim. n° 297* • 18 févr. 1992, n° 91-82.352 P : *RSC 1993. 312, obs. Bouloc.* ♦ ... Ou devant d'autres juges. • Crim. 10 mars 1981 : *Bull. crim. n° 87.* ♦ ... En cas de modification des éléments constitutifs de l'infraction, renvoi devant une autre juridiction de même nature. • Crim. 15 juin 1966 : *Bull. crim. n° 173* • 13 oct. 1970, n° 91-10.469 P : *D. 1970. 742* • 15 oct. 1970 : *Bull. crim. n° 271 ; D. 1970. 742.* ♦ ... En cas de disqualification de l'infraction, renvoi devant une juridiction d'une autre nature. • Crim. 4 févr. 1981 : *préc. note 93.* ♦ ... Réserve faite, à propos de ces solutions, de la théorie de la peine justifiée. • Crim. 25 mai 1949 : *Bull. crim. n° 189* • 28 nov. 1974, n° 72-93.518 P. ♦ ... En cas de disparition d'une peine (emprisonnement contraventionnel), renvoi devant la cour d'appel d'origine autrement composée. • Crim. 7 avr. 1994, n° 93-82.106 P.

95. Si une cour d'assises des mineurs, qui n'a pas refusé l'excuse de minorité à l'accusé qu'elle a déclaré coupable de meurtre et vol avec port d'arme, et qu'elle a condamné à 18 ans d'emprisonnement, n'encourt aucune censure pour avoir prononcé cette peine, prévue par les art. 295, 304, al. 3, 384, al. 2, C. pén. alors applicables, depuis l'entrée en vigueur du nouveau code pénal, le meurtre et le vol avec arme sont désormais punis de 30 et 20 ans de réclusion criminelle ; il s'ensuit qu'en application de l'art. 20-2 de l'ordonnance du 2 févr. 1945, la cour d'assises ne pouvant prononcer une peine supérieure à la moitié de la peine encourue, la peine prononcée, non encore définitive, et qui dépasse 15 ans, ne peut être maintenue ; il convient donc d'annuler l'arrêt et de renvoyer la cause et les parties devant une autre cour d'assises. • Crim. 25 mai 1994, n° 93-85.242 P : *RSC 1995. 99, obs. Bouloc.*

96. Pour un exemple de cassation dans l'intérêt de la loi, à propos de la suppression de l'emprisonnement contraventionnel par la L. du

19 juill. 1993. • Crim. 14 déc. 1994, n° 94-83.064 P : *RSC 1995. 568, obs. Bouloc*.

97. Substitution de peine. Substitution automatique d'un maximum légal à un autre en cas d'exclusion des circonstances atténuantes. • Crim. 9 mars 1994, n° 92-82.356 P : *Dr. pénal 1994. 128, obs. Véron ; ibid. 147, obs. Maron ; RSC 1994. 760, obs. Bouloc* • 16 mars 1994 : *D. 1994. IR 123 ; Dr. pénal 1994. 128, obs. Véron.* ♦ Mais annulation et renvoi de la cause devant la cour d'assises autrement composée en cas d'octroi de circonstances atténuantes. • Crim. 6 avr. 1994, n° 93-83.597 P : *Dr. pénal 1994. 128, obs. Véron ; ibid. 147, obs. Maron.*

98. Substitution, sans modification de durée, d'une peine d'emprisonnement à une peine de réclusion criminelle inférieure à 10 ans, correspondant au nouveau seuil de la réclusion criminelle ou de la détention criminelle à temps (art. 131-1). • Crim. 14 déc. 1994, n° 94-84.202 P : *RSC 1995. 568, obs. Bouloc* • 15 févr. 1995, n° 94-81.586 P.

99. Substitution du nouveau maximum plus doux de la période de sûreté à la durée maximale retenue conformément aux dispositions antérieures. • Crim. 25 mai 1994, n° 93-83.820 P : *RSC 1995. 99, obs. Bouloc* (V. ss. art. 132-23). ♦ Même solution pour l'interdiction des droits civiques, civils et de famille. • Crim. 12 déc. 1994 : *BJS 1995. 150* (V. ss. art. 131-26).

100. Application distributive. En présence d'agissements indivisibles susceptibles de se voir appliquer deux qualifications délictuelles sous l'empire de la loi ancienne et désormais constitutifs d'une seule infraction spécifique, le juge répressif, lié par les principes fondamentaux du règlement des conflits de lois pénales dans le temps, est autorisé, dès lors que les faits ont été poursuivis sous la double qualification qui pouvait leur être anciennement appliquée, à faire une application distributive des mesures prévues par la loi nouvelle en retenant le délit spécifique qui a été nouvellement créé et qui, compte tenu de l'indivisibilité, se substitue à la double qualification visée à l'acte de poursuite, tout en sanctionnant les faits ainsi poursuivis, qui sont plus sévèrement réprimés par la nouvelle loi, par la peine prévue pour la plus haute des anciennes acceptions pénales. • Douai, 22 sept. 1994 : *Gaz. Pal. 1994. 2. Somm. 708 ; BICC 1995. 195.* ♦ Ainsi en est-il du « vol à la roulotte ». • Même arrêt (V. ss. art. 311-4).

101. Toutes les fois que parmi les différentes lois en conflit, l'une d'elles embrasse sous tous ses aspects l'action punissable, le juge répressif, lié par ailleurs par les principes fondamentaux du règlement des conflits de lois pénales dans le temps, se doit de retenir le délit spécifique qui a été nouvellement créé, tout en le sanctionnant par la pénalité la plus douce. • Douai, 3 nov. 1994 : *BICC 1995. 193* • 30 nov. 1994 : *ibid. 194.* ♦ Ainsi en est-il d'appels téléphoniques malveillants, réitérés en vue de troubler la tranquillité d'autrui (V. ss. art. 222-16). • Douai, 3 nov. 1994 : *préc.* ♦ ... Ou d'agissements consistant en une dénonciation d'un délit imaginaire (V. ss. art. 434-26). • Douai, 30 nov. 1994 : *préc.*

102. En présence d'agissements constitutifs du délit de participation à un groupement formé en vue de la préparation d'un crime au moment où ils ont été commis, et qui sont désormais constitutifs du délit de participation à un groupement formé en vue de la préparation d'un délit, le juge répressif, lié par les principes fondamentaux du règlement des conflits de lois pénales dans le temps, se doit de retenir la nouvelle qualification, l'infraction pour laquelle l'association a été constituée relevant désormais du tribunal correctionnel et non plus de la cour d'assises ; il appartient toutefois à ce juge de faire une application distributive de la loi nouvelle et de sanctionner les agissements poursuivis et ainsi requalifiés par les anciennes pénalités dès lors que la nouvelle infraction de participation à un groupement formé en vue de la préparation d'un délit est plus sévèrement réprimée que l'ancienne qualification visée à la prévention. • Douai, 19 oct. 1994 : *BICC 1995. 192 ; Gaz. Pal. 1995. 1. Somm. 162.* ♦ Sur pourvoi, V. : • Crim. 30 avr. 1996, n° 94-86.107 P.

103. La L. du 13 juill. 2006, portant engagement national pour le logement, a abrogé l'infraction spéciale de prise illégale d'intérêts, applicable aux dirigeants et aux employés des organismes d'habitations à loyers modérés, ainsi qu'à ceux des organismes agréés collecteurs de la participation des employeurs à l'effort de construction. La loi nouvelle prévoit que les conventions entre ces organismes et leurs dirigeants doivent être autorisées par le conseil d'administration. Il en résulte, d'une part, que, si la prise d'intérêts par lesdits dirigeants reste punissable par application des dispositions générales de l'art. 432-12 C. pén., c'est à la condition de n'avoir pas été régulièrement autorisée et, d'autre part, que, s'agissant de faits commis avant l'entrée en vigueur de la L. du 13 juill. 2006, seules les peines plus douces prévues par l'anc. art. L. 423-11 CCH peuvent être prononcées. En cet état, justifie sa décision la cour d'appel, qui, uniquement saisie de l'action civile et pour dire que le prévenu a commis l'infraction de prise illégale d'intérêts, retient qu'en 1998 et 1999 il a acquis la majorité du capital d'une société qui fournissait des services informatiques à l'organisme collecteur, dont il était le directeur, et qu'il ne peut se prévaloir d'une autorisation, antérieure à sa prise d'intérêts, donnée par le conseil d'administration à la convention de services entre l'organisme et la société. • Crim. 9 sept. 2008, n° 07-87.900 P.

C. LOIS ÉQUIVALENTES

104. Rétroactivité. Le principe de la légalité des délits et des peines, tel qu'il est exprimé à l'art. 7-1 Conv. EDH, ne fait pas obstacle à ce qu'une loi nouvelle, en ses dispositions équivalentes ou favorables, s'applique à des faits déjà incriminés par la loi ancienne sous l'empire de laquelle ils ont été commis. • Crim. 12 juin 1989, trois arrêts, n° 88-87.389 P : *D. 1989. 585, rapp. Souppe, et note Derrida* • Paris, 31 mai 1990 : *D. 1991. 35, note Fortin*.

105. Codification à droit constant. BIBL. Libchaber, *RTD civ. 1997. 778* (effet novatoire de la codification à droit constant). ♦ L'abrogation d'une loi à la suite de sa codification à droit constant ne modifie ni la teneur des dispositions transférées ni leur portée. • Crim. 4 mai 1995, n° 94-83.077 P : *RSC 1996. 111, obs. Bouloc* • 16 oct. 1996, n° 95-84.755 P : *D. Affaires 1997. 114 ; Dr. pénal 1997. 47, obs. Véron ; RSC 1997. 632, obs. Bouloc* • 13 janv. 2015, n° 13-88.183 P.

106. Il ne saurait donc être reproché à une cour d'appel d'écarter l'argumentation d'un prévenu faisant valoir qu'à la suite de l'abrogation de la L. du 1er août 1905 par celle n° 93-949 du 26 juill. 1993, relative au code de la consommation, les décrets pris pour son application ne sont plus pénalement sanctionnés, aux prétendus motifs que l'art. L. 214-2 de ce code ne réprime que les infractions à des décrets d'application à venir, en énonçant exactement que les arrêtés ou règlements légalement pris par l'autorité compétente revêtent un caractère de permanence qui les fait survivre aux lois dont ils procèdent, tant qu'ils n'ont pas été rapportés ou qu'ils ne sont pas devenus inconciliables avec les règles tracées par une législation postérieure, et que les art. 11 et 13 de la loi abrogée ont été codifiés, sans aucune modification, sous les art. L. 214-1 et L. 214-2 C. consom., pour en déduire que les infractions au décret n° 86-854 du 14 mars 1986 pris en application de l'art. 11 de la L. du 1er août 1905 sont désormais sanctionnées par l'art. L. 214-2 C. consom. • Crim. 4 mai 1995 : *préc. note 105.* ♦ Tel est encore le cas des dispositions de l'art. 30 de l'ordonnance du 1er déc. 1986, relatives à la vente de produit ou prestation de service à un consommateur sous condition, transposées dans l'art. L. 122-1 C. consom. ; il s'ensuit que l'art. 33 du décret du 29 déc. 1986, pris en application de cette ordonnance et réprimant ladite infraction des peines d'amende prévues pour les contraventions de 5e classe, demeure applicable. • Crim. 12 juin 1995, n° 94-82.984 P : *RSC 1996. 363, obs. Bouloc*. ♦ Des personnes condamnées pour infraction à la réglementation des loteries publicitaires et pour publicité de nature à induire en erreur ne sauraient donc faire utilement valoir qu'à la suite de l'abrogation, par la L. n° 93-949 du 26 juill. 1993 relative au code de la consommation, des textes applicables à la date des faits – art. 5 de la L. du 6 janv. 1989 (loi n° 89-421 du 23 juin 1989, V. art. L. 121-36 s. C. consom.) réglementant les loteries publicitaires et art. 44-I et 44-II de la loi n° 73-1193 du 27 déc. 1973 – les délits poursuivis ne seraient plus pénalement sanctionnés, les dispositions nouvelles du code de la consommation ne pouvant réprimer des faits commis avant son entrée en vigueur. • Crim. 16 oct. 1996 : *préc. note 105.* ♦ ... Elles ne peuvent non plus soutenir que le Décr. n° 90-749 du 22 août 1990 relatif à certaines opérations publicitaires tendant à faire naître l'espérance d'un gain, pris pour l'application de l'art. 5 de la L. du 6 janv. 1989, ne peut fonder la poursuite du fait de l'abrogation de la loi dont il procède. • Même arrêt.

107. La société S..., pénalement poursuivie en tant que personne morale, pour certains faits de pollution commis avant l'abrogation des art. 18 à 27 et de l'art. 28-1 de la L. du 3 janv. 1992 par l'art. 5-I de l'Ord. du 18 sept. 2000 relative à la partie législative du code de l'environnement, ne saurait reprocher aux juges du fond d'avoir refusé de tenir compte d'une erreur affectant la codification, par cette ordonnance, de l'art. 22 devenu l'art. L. 216-6 du code précité dès lors que, d'une part, ces juges, avant la ratification de ladite ordonnance par le législateur, tenaient de l'art. 111-5 C. pén. la faculté de vérifier si la codification était intervenue à droit constant dans les conditions prévues par l'art. 1er de la loi du 16 déc. 1999 et que, d'autre part, l'art. 31 de la L. du 2 juill. 2003 « habilitant le Gouvernement à simplifier le droit », entrée en vigueur au cours de l'instance d'appel, a ratifié cette ordonnance compte tenu des modifications prévues au § III qui porte rectification de l'erreur commise par l'autorité réglementaire ; en effet, l'abrogation d'une loi à la suite de sa codification à droit constant ne modifie ni la teneur ni la portée des dispositions transférées. • 13 janv. 2015, n° 13-88.183 P : *préc. note 105.*

108. Lois d'incrimination. Dès lors que les faits poursuivis, bien que commis sous l'empire d'une loi abrogée, entrent dans les prévisions d'une loi nouvelle qui s'y est substituée, est justifiée la condamnation prononcée au regard de l'une et l'autre de ces deux lois. • Crim. 16 oct. 1989, n° 87-84.232 P. ♦ Une loi déterminant autrement que la loi précédente les éléments d'une infraction est applicable aux faits commis avant son entrée en vigueur si ceux-ci entrent dans les prévisions de l'ancienne et de la nouvelle loi. • Crim. 4 sept. 1990, n° 89-85.962 P. ♦ Rappr. : • Crim. 2 mai 1961 : *Bull. crim. n° 227* • 24 nov. 1964 : *ibid. n° 311* • 15 juin 1966 : *ibid. n° 173* • 7 mai 1969, n° 69-90.053 P. ♦ Ainsi : d'une loi qui autorise sous certaines conditions un procédé de vente antérieurement prohibé, la condamnation ne pouvant être maintenue que dans le cas où les faits qui l'ont motivée constitueraient une infraction au regard tant de la loi ancienne que de la loi nouvelle. • Crim. 30 nov. 1994, n° 94-80.383 P : *RSC 1995. 569, obs. Bouloc ; Dr. pénal 1998. Chron. 11, obs. Lesclous et Marsat.* ♦ ... D'un abus de blanc-seing commis antérieurement au code pénal entré en vigueur le 1er mars 1994, qui a supprimé cette qualification pénale, mais qui n'en est pas moins constitutif d'un abus de confiance rentrant dans les prévisions tant de l'art. 408 C. pén. applicable à la date des faits reprochés que de l'art. 314-1 nouv. C. pén. • Crim. 21 sept. 1994, n° 93-85.297 P : *Dr. pénal 1995. 3, note Véron ; RSC 1995. 101, obs. Ottenhof , et 342, obs. Bouloc .* ♦ Rappr. « Lois plus sévères », notes 20 s.

109. Selon l'art. 112-1 nouv. C. pén., sont punissables les faits constitutifs d'une infraction à la date de laquelle ils ont été commis ; c'est, dès lors, à bon droit que la cour et le jury ont été interrogés sur le point de savoir si des viols commis avant l'entrée en vigueur de l'art. 222-26 nouv. C. pén. ont été précédés ou accompagnés de tortures ou d'actes de barbarie ; en effet, aux termes de l'art. 303 ancien dudit code, étaient punis comme coupables d'assassinat tous malfaiteurs, quelle que soit leur dénomination, qui, pour l'exécution de leurs crimes, employaient des tortures ou commettaient des actes de barbarie ; ainsi ce texte réprimait-il l'emploi de tortures ou d'actes de barbarie pour l'exécution d'un viol, antérieurement au 1er mars 1994. • Crim. 24 janv. 1996, n° 95-81.210 P.

110. L'art. 222-22 C. pén. donne du viol et des agressions sexuelles autres que le viol une définition qui n'étend pas leur champ d'application par rapport aux anciens textes ; en effet, la menace n'est qu'une forme de la contrainte. • Crim. 14 oct. 1998, n° 97-84.730 P : *Dr. pénal 1998. 40, obs. Véron.*

111. Fait l'exacte application de l'art. 112-1 C. pén. la chambre de l'instruction qui, pour écarter l'argumentation de la prévenue qui a soutenu que l'incrimination d'attentat à la pudeur accompagné de tortures ou d'actes de barbarie prévue par l'art. 333-1 ancien C. pén. était abrogée, et que le principe de la non-rétroactivité de la loi pénale faisait obstacle à l'application des nouvelles dispositions de l'art. 222-3, al. 2, C. pén. réprimant le crime de tortures ou d'actes de barbarie en concours avec une agression sexuelle, énonce que l'art. 222-3, al. 2, précité assure la continuité de l'incrimination prévue par l'art. 333-1 ancien C. pén. • Crim. 11 mai 2005, n° 05-81.331 P : *D. 2005. Pan. 2987, obs. Roujou de Boubée ; Gaz. Pal. 2005. 2. 4111, note Monnet ; RSC 2005. 835, obs. Vermelle .*

112. Les énonciations de l'arrêt attaqué et du jugement qu'il confirme mettent la Cour de cassation en mesure de s'assurer que la cour d'appel, qui a répondu sans insuffisance ni contradiction aux chefs péremptoires des conclusions dont elle était saisie, n'a pas méconnu le principe de la non-rétroactivité de la loi pénale dès lors qu'il résulte de ses motifs qu'est caractérisé en tous ses éléments, tant matériels qu'intentionnel, non seulement le délit de tromperie sur les qualités substantielles d'une prestation de service, mais également celui qualifié de publicité mensongère par l'art. L. 121-1 C. consom. dans sa rédaction en vigueur au moment des faits, puis qualifié de pratique commerciale trompeuse dans sa rédaction issue de la L. du 3 janv. 2008. • Crim. 27 janv. 2015, n° 14-80.220 P : *D. actu. 18 févr. 2015, obs. Anane.*

113. Incrimination par référence. Les dispositions de l'art. 1er de la L. du 4 mars 2002 relative à l'autorité parentale ont abrogé les art. 287 à 295 C. civ. et prévu que les conséquences du divorce pour les enfants seraient désormais réglées selon les dispositions du chapitre Ier du titre IX du livre Ier C. civ. Il se déduit du premier de ces textes que le législateur a entendu remplacer dans l'art. 227-3 C. pén. la référence aux anciennes dispositions abrogées par les nouvelles dispositions précitées. • Crim. 10 déc. 2008 : *D. 2009. AJ 299 ; JCP 2009. IV. 1179.*

114. Lois de pénalité. Il résulte des art. 21, 22 et 23 de la L. n° 92-1336 du 16 déc. 1992, supprimant dans les art. 356, 358 et 359 C. pr. pén. toutes les dispositions relatives aux circonstances atténuantes, que la question relative à l'octroi de ces dernières n'a plus à être posée à la cour et au jury réunis, délibérantsur l'application de la peine, depuis l'entrée en vigueur, le 1er mars 1994, du nouveau code pénal. • Crim. 14 déc. 1994, n° 94-82.436 P : *RSC 1995. 574, obs. Bouloc* • 1er févr. 1995, n° 94-83.459 P. ♦ Par ailleurs, les art. 132-17, 132-19 et 132-20 C. pén., dans les limites qu'ils définissent, donnent le pouvoir au juge répressif d'atténuer discrétionnairement le montant de la peine dont désormais le maximum, seul fixé par la loi, doit être prononcé à la majorité de huit voix au moins ; un condamné pour viol ne peut donc se prévaloir du fait qu'aucune question relative aux circonstances atténuantes n'a été posée à la cour d'assises au prétendu motif que les lois qui suppriment une cause d'atténuation de la peine ont le caractère de lois plus sévères et seraient par suite inapplicables aux faits commis avant leur entrée en vigueur. • Crim. 1er févr. 1995 : *préc.*

115. Pénalités par référence. Il se déduit de l'art. 207 ancien de la L. n° 85-98 du 25 janv. 1985, selon lequel les malversations incriminées par cet article sont punies « des peines prévues par le 2e al. de l'art. 408 C. pén. », que le législateur a, quant à la répression, entendu assimiler ces malversations aux faits d'abus de confiance définis par ce second texte ; il s'ensuit que les dispositions de l'art. 408, al. 2, ayant été reprises, à compter du 1er mars 1994, à l'art. 314-2 C. pén., les peines prévues par ce texte ont, dès cette date, été applicables au délit prévu par l'art. 207

précité. • Crim. 30 juin 1998, n° 97-81.562 P : *D. Affaires 1998. 1645 ; Dr. pénal 1998. 157, obs. J.-H. Robert ; JCP 1999. I. 112, n° 7, obs. J.-H. Robert ; RSC 1999. 315, obs. Bouloc* • 30 juin 1999, n° 97-85.764 P : *D. Affaires 1999, p. 1290 ; RSC 1999. 832, obs. Renucci*. ♦ En l'état d'une mise en examen prononcée sur le fondement de l'art. 207 de la L. du 25 janv. 1985, à la suite d'une plainte avec constitution de partie civile pour des malversations qui auraient été commises en 1987 et 1988, méconnaît les art. 111-3 C. pén. et 207 de la L. du 25 janv. 1985 la chambre d'accusation qui, pour déclarer l'action publique éteinte, retient que l'abrogation de l'art. 408 C. pén. par la loi n° 92-1336 du 16 déc. 1992, entrée en vigueur le 1er mars 1994, a eu pour effet d'abroger les sanctions pénales attachées aux malversations reprochées, dès lors que ces sanctions étaient fixées par référence à celles prévues par le 2e al. de l'article abrogé, et précise que ces malversations sont demeurées dépourvues de sanction jusqu'à l'entrée en vigueur de la loi n° 94-475 du 10 juin 1994 ayant remplacé, dans l'art. 207, la référence à l'art. 408, al. 2, C. pén. par un renvoi à l'art. 314-2 de ce code. • Crim. 30 juin 1998 : *préc.* ♦ A justifié sa décision la cour d'appel qui, pour rejeter l'exception d'illégalité des poursuites tirée de l'absence de sanction applicable au délit de malversation prévu par l'art. 207 de la L. du 25 janv. 1985, entre le 1er mars 1994, date d'entrée en vigueur de la L. du 16 déc. 1992, ayant abrogé l'art. 408 ancien C. pén., et le 23 oct. 1994, date d'entrée en vigueur de la L. du 10 juin 1994, ayant remplacé dans l'art. 207 de la loi précitée la référence à l'art. 408 ancien par celle à l'art. 314-2 C. pén., après avoir relevé que l'art. 408, abrogé le 1er mars 1994, et l'art. 314-2 en vigueur depuis cette date sanctionnent une infraction dont les éléments constitutifs sont identiques, énonce qu'il n'apparaît pas « qu'il puisse résulter du défaut de coordination des textes susvisés, aucune conséquence quant à l'applicabilité de l'art. 207 de la L. du 25 janv. 1985 aux faits de la cause », et que la référence, dans cet art. 207, aux peines de l'art. 408 ancien C. pén., puis à celles de l'art. 314-2 du même code, traduit la volonté du législateur de réprimer le délit de malversation des mêmes peines que celles de l'abus de confiance aggravé. • Crim. 30 juin 1999 : *préc.*

D. LOIS DE CIRCONSTANCES

1° RÉTROACTIVITÉ DES LOIS

116. Principe. En l'absence de dispositions contraires expresses, une *loi nouvelle*, même de nature économique, lorsqu'elle abroge une ou des incriminations pénales, s'applique aux faits commis avant son entrée en vigueur et non définitivement jugés. – Nombreuses décisions, notamment relatives à l'ordonnance n° 86-1243 du 1er déc. 1986 : • Crim. 23 févr. 1987 : *Bull. crim. n° 87 ; Gaz. Pal. 1987. 2. 393, note Doucet* • 2 mars 1987 : *Bull. crim. n° 103* • 9 mars 1987 : *ibid. n° 114 ; Gaz. Pal. 1987. 2. 391, note Marchi* • 16 mars 1987 (deux arrêts), n° 85-95.685 P : *D. 1988. 39 (2e esp.), note Dekeuwer* • 11 mai 1987 : *Bull. crim. n° 191* • 6 juin 1988 : *ibid. n° 251* • 26 mars 1990, n° 89-80.755 P. ♦ Il en est de même en cas de pénalités plus douces. • Crim. 16 févr. 1987, n° 85-96.122 P : *D. 1988. 39 (1re esp.), note Dekeuwer ; Gaz. Pal. 1987. 1. 221, note Marchi* • 23 févr. 1987 (deux arrêts) : *Bull. crim. nos 88 et 89 ; RSC 1987. 715, obs. Pradel* • 2 mars 1987 : *Bull. crim. n° 104* • 16 mars 1987 : *ibid. n° 126* • 15 juin 1987 : *ibid. n° 250.*

117. Même solution pour les : ... Lois fiscales. • Crim. 6 juin 1988 : *Bull. crim. n° 250* • 3 nov. 1988, n° 87-82.502 P : *RSC 1989. 522, obs. Beaume.* ♦ ... Lois douanières. • Crim. 16 nov. 1987 : *Bull. crim. n° 403* • 7 déc. 1987, n° 86-96.483 P • 29 févr. 1988 : *Bull. crim. n° 102* • 28 nov. 1988 : *ibid. n° 399* • 13 nov. 1989 (deux arrêts) : *ibid. nos 408 et 409* • Chambéry, 15 nov. 1992 : *Gaz. Pal. 1993. 2. 580, note Pannier.* ♦ ... Lois cambiaires. • Crim. 16 nov. 1987, deux arrêts : *Bull. crim. nos 406 et 407* • 4 janv. 1988 : *ibid. n° 4* • 8 févr. 1988 : *ibid. n° 62 ; D. 1988. 475, note Pannier.* ♦ ... Dispositions communautaires relatives à la libre circulation des marchandises. • Crim. 8 mars 1993, n° 92-80.357 P : *Gaz. Pal. 1993. 1. 290, note Bayet ; JCP 1994. II. 22223, note Pannier* (dispositions applicables du fait de l'acte d'adhésion de l'Espagne) à la Communauté économique européenne) • 2 juin 1993, n° 92-83.576 P : *Gaz. Pal. 1994. 1. 28, rapp. Bayet ; RSC 1994. 319, obs. Bouloc* (dispositions applicables du fait de la réunification allemande). ♦ ... Dispositions communautaires relatives à l'emploi de travailleurs étrangers (dispositions applicables du fait de l'adhésion du Portugal aux communautés européennes). • Crim. 22 janv. 1997, n° 95-84.636 P : *Dr. pénal 1997. 66, obs. J.-H. Robert.*

118. Exceptions. La suppression des taxations et contrôles douaniers, décidée à compter du 1er janv. 1993 par la directive CEE 91-680, mise en œuvre par la L. du 17 juill. 1992, ne fait pas obstacle, selon l'art. 110 de ladite loi, à la poursuite des infractions douanières commises avant l'entrée en vigueur de celle-ci, sur le fondement des dispositions législatives antérieures. • Crim. 28 nov. 1996, n° 95-85.187 P • 13 déc. 2000, n° 99-83.580 P : *RSC 2001. 369, obs. Bouloc.* ♦ Une loi nouvelle, qui modifie une incrimination ou les sanctions applicables à une infraction, ne trouve à s'appliquer aux faits commis avant son entrée en vigueur et non définitivement jugés qu'à la condition que cette loi n'ait pas prévu de dispositions expresses contraires ; en conséquence, les dispositions de la L. du 17 juill. 1992 qui ont fait sortir du champ d'application du code des douanes les importations et exportations de marchandises en provenance ou à destination des États membres de la Communauté européenne sont sans incidence sur les poursuites en cours, dès lors que l'art. 110 de ce texte a expressément prévu que lesdites dispositions n'auraient aucun effet rétroactif sur les infractions commises avant son entrée en vigueur. • Crim. 6 févr. 1997, n° 94-84.670 P : *D. 1997. 615, note Conte* ; *Dr. pénal 1997. 80 (2e esp.), obs. J.-H. Robert* • 20 mars 1997, n° 95-84.315 P • 5 mai 1997, n° 95-86.136 P. ♦ L'art. 110 de la L. du 17 juill. 1992, selon lequel les dispositions de cette loi n'ont pas d'effet rétroactif sur les infractions commises avant son entrée en vigueur, n'est pas contraire à l'art. 15-1 du Pacte international sur les droits civils et politiques, dès lors que ce dernier texte ne concerne que les sanctions et non les incriminations. • Crim. 6 oct. 2004 : *D. 2005. Pan. 1522, obs. Roujou de Boubée* ; *Dr. pénal 2005. Comm. 9, obs. J.-H. Robert.* ♦ Il ne résulte d'aucun texte ou principe général du droit de l'Union européenne, ni d'une jurisprudence bien établie de la Cour de justice de l'Union européenne que le principe de l'application rétroactive de la peine plus légère fait obstacle à ce que soient poursuivies et sanctionnées les fausses déclarations en douane ayant pour but ou pour effet d'obtenir un avantage quelconque attaché à des importations intracommunautaires commises antérieurement à la mise en place du marché unique, de sorte que l'application par la Cour de cassation de l'art. 110 de la L. du 17 juill. 1992 ne contrevenait pas au droit de l'Union. • Cass., ass. plén., 18 nov. 2016, n° 15-21.438 : *D. actu. 29 nov. 2016, obs. N. Kilgus* ; *AJ pénal 2017. 125, note M.-C. Sordino* . ♦ Il ne résulte d'aucun texte ou principe général du droit de l'Union européenne, ni d'une jurisprudence bien établie de la CJUE, que le principe de l'application rétroactive de la peine plus légère fait obstacle à ce que soient poursuivis et sanctionnés les délits d'emploi illégal de ressortissants étrangers (C. trav., art. L. 8256-2) commis à l'égard de ressortissants roumains et dont tous les éléments constitutifs ont été réunis antérieurement au 1er janv. 2014, date de la levée de la totalité des restrictions à l'accès au marché du travail pour les ressortissants de la Roumanie, laquelle constitue une situation de fait, étrangère auxdits éléments constitutifs de ces infractions. • Crim. 7 juin 2017, n° 15-87.214 P : *D. actu. 12 juill. 2017, obs. Gallois* ; *RSC 2017. 759, obs. Cerf-Hollender* ; *Dr. pénal 2017, n° 131, obs. J.-H. Robert* ; *Gaz. pal. 24 oct. 2017, p. 40, obs. Detraz.*

119. La L. n° 2009-974 du 10 août 2009, qui réaffirme le principe du repos dominical et vise à adapter, sous certaines conditions, les dérogations à ce principe dans les communes et zones touristiques et thermales, ainsi que dans certaines agglomérations pour les salariés volontaires, n'a pas eu pour effet de priver de support légal les infractions au repos dominical constatées avant son entrée en vigueur. • Crim. 16 mars 2010, n° 09-82.198 P : *JCP 2010, n° 16, 441 et 442.*

120. QPC. Aux termes de l'art. 8 DDH : « La loi ne doit établir que des peines strictement et évidemment nécessaires » ; le fait de ne pas appliquer aux infractions commises sous l'empire de la loi ancienne la loi pénale nouvelle, plus douce, revient à permettre au juge de prononcer les peines prévues par la loi ancienne et qui, selon l'appréciation même du législateur, ne sont plus nécessaires ; dès lors, sauf à ce que la répression antérieure plus sévère soit inhérente aux règles auxquelles la loi nouvelle s'est substituée, le principe de nécessité des peines implique que la loi pénale plus douce soit rendue immédiatement applicable aux infractions commises avant son entrée en vigueur et n'ayant pas donné lieu à des condamnations passées en force de chose jugée. • Cons. const. 3 déc. 2010, n° 2010-74 QPC : *JO 4 déc., p. 21117* ; *D. 2011. Pan. 1861, obs. Mascala* ; *ibid. 2825, obs. Roujou de Boubée* ; *AJ pénal 2011. 30, obs. Perrier* ; *JCP 2011, n° 82, note Dreyer* ; *Gaz. Pal. 2011. 1. 254, note Detraz* ; *RSC 2011. 180, obs. de Lamy* . ♦ ... La première phrase du premier alinéa de l'art. L. 442-2 C. com. punit « le fait, pour tout commerçant, de revendre ou d'annoncer la revente d'un produit en l'état à un prix inférieur à son prix d'achat effectif » ; les § I à III de l'art. 47 de la L. n° 2005-882 du 2 août 2005 prévoient de nouvelles modalités de détermination du prix d'achat effectif tendant à abaisser le seuil de revente à perte ; la précédente définition de ce seuil était inhérente à la législation économique antérieure résultant notamment de la L. n° 96-588 du 1er juill. 1996 sur la loyauté et l'équilibre des relations commerciales ; dès lors, en écartant l'application immédiate des § I à III de l'art. 47, le § IV du même article n'a pas porté atteinte au principe de nécessité des peines énoncé à l'art. 8 de la Déclaration de 1789. • Même décision.

2° NON-RÉTROACTIVITÉ DES RÈGLEMENTS

121. Principe. BIBL. Huet, *JCP 1989. I. 3378.* ♦ Les textes réglementaires en matière économique ou fiscale ne rétroagissent pas, à moins de dispositions contraires formellement exprimées. • Crim. 10 nov. 1970, n° 90-04.470 P : *D. 1971. 509, note Mazard* ; *JCP 1971. II. 16174, note L.S.C.* • 23 nov. 1973 : *Bull. crim. n° 435* • 9 janv. 1974 : *ibid. n° 13* • 19 janv. 1981 : *ibid. n° 25* • 1er juin 1981, n° 80-94.953 P. ♦ Le principe de la sécurité juridique s'oppose à ce qu'un règlement soit appliqué rétroactivement à des faits nés sous le régime antérieur, cela indépendamment des effets favorables ou défavorables qu'une telle application pourrait avoir pour l'intéressé, sauf en raison d'une indication claire, soit dans ses termes, soit dans ses objectifs, permettant de conclure que ce règlement dispose autrement que pour l'avenir seul. • Com. 22 oct. 2002, nº 00-10.715 P.

122. Les règlements communautaires n'échappent pas à ce principe. • Crim. 23 nov. 1973 : *préc. note 121* • 9 janv. 1974 : *préc. note 121.* ♦ ... Sous la réserve qu'un règlement du Conseil pris pour l'application du traité CEE a, en droit interne, non pas une valeur réglementaire, mais une valeur supérieure à celle de la loi nationale. • Crim. 12 déc. 1996, nº 95-81.318 P : *Dr. pénal 1997. 80 (1re esp.), obs. J.-H. Robert.* ♦ Sauf dispositions expresses contraires, une loi nouvelle, qui comporte des dispositions plus favorables, s'applique aux faits commis avant son entrée en vigueur et non définitivement jugés ; ce principe est applicable aux règlements communautaires, de tels textes ayant en droit interne une valeur supra légale. • Crim. 26 mars 1998, nº 96-85.378 P : *RSC 1998. 761, obs. Bouloc*. ♦ Rappr., concernant la suspension d'un embargo communautaire : • Crim. 18 mai 1998, nº 96-84.762 P : *Dr. pénal 1998. 134, obs. J.-H. Robert ; RSC 1999. 313, obs. Bouloc*.

123. Lorsqu'un arrêté ministériel est édicté pour une période temporaire, sa prorogation à l'expiration de cette période n'a aucun effet rétroactif ; en conséquence, l'arrêté a perdu sa force obligatoire entre la date de l'expiration et la prorogation. • Crim. 5 févr. 1985 : *Bull. crim. nº 55.*

124. Incidence de la loi. Constitue une disposition plus douce applicable immédiatement l'abrogation d'un texte réglementaire, support nécessaire d'une incrimination, dès lors qu'elle retire aux faits poursuivis leur caractère punissable. • Crim. 25 janv. 1988, nº 86-93.104 P : *Gaz. Pal. 1988. 2. 486 ; RSC 1988. 804, obs. Cosson ; ibid. 1989. 125, obs. Massé.* ♦ ... Et qu'elle résulte d'une modification législative. • Crim. 10 oct. 1988 : *Bull. crim. nº 335.*

125. Lorsqu'une disposition législative, support légal d'une incrimination, demeure en vigueur, l'abrogation de textes réglementaires pris pour son application n'a, dans ce cas, aucun effet rétroactif, et les faits commis et poursuivis avant cette abrogation sont toujours punissables. • Crim. 23 janv. 1989, nº 87-81.539 P : *D. 1991. Somm. 174, obs. Pannier* • 30 janv. 1989 : *Bull. crim. nº 33* • 10 mai 1989 : *ibid. nº 187* • 22 janv. 1990, nº 89-81.009 P • 18 janv. 2006 : *Dr. pénal 2006. 53, obs. J.-H. Robert* (relèvement, par un arrêté administratif, de la vitesse maximale autorisée) • Versailles, 15 oct. 1990 : *Gaz. Pal. 1991. 1. 100, note Marchi* • Lyon, 3 juill. 1991 : *D. 1992. Somm. 37, obs. Pannier ; Gaz. Pal. 1991. 2. 596, note Pannier* • 12 févr. 1992 : *JCP 1992. II. 21861, note Pannier.* ♦ Rappr. : • Crim. 16 janv. 1990, nº 88-83.193 P (continuité de l'incrimination en matière d'hygiène et de sécurité fondée sur l'art. L. 263-2 C. trav. [L. 4741-1 et L. 4741-9 nouv.]).

126. Tant que subsiste la loi qui prévoit et sanctionne la réglementation en cause, ce principe ne heurte pas l'ordre international accepté par la France, et spécialement l'art. 15-1 du Pacte de New York du 19 déc. 1966, qui pose le principe de la rétroactivité des lois pénales plus douces. • Colmar, 18 oct. 1991 : *D. 1992. Somm. 37, obs. Pannier ; Gaz. Pal. 1992. 1. 165, note Pannier.*

127. Dans le cadre d'une action pour recel d'atteinte à la liberté d'accès et à l'égalité des candidats dans les marchés publics, la cour d'appel a écarté à bon droit l'application de l'art. 28 du Décr. nº 2001-210 du 7 mars 2001, ayant relevé le seuil au-delà duquel la procédure d'appel d'offres est obligatoire, dès lors, d'une part, que les faits ont été commis antérieurement à l'entrée en vigueur de ce texte, et, d'autre part, que les dispositions législatives, support légal de l'incrimination, n'ont pas été modifiées. • Crim. 28 janv. 2004, nº 02-86.597 P : *JCP 2004. II. 10084, note Linditch ; Gaz. Pal. 2004. 2. 2541, note A.C. ; Dr. pénal 2004. 92, obs. Véron ; RSC 2004. 633, obs. Fortis*. ♦ Les dispositions réglementaires nouvelles du code des marchés publics modifiant les conditions de passation desdits marchés ne s'appliquent pas aux infractions commises avant leur entrée en vigueur, dès lors que le texte législatif, support légal de l'incrimination, n'a pas été modifié. • Crim. 7 avr. 2004, nº 03-84.191 P • 7 avr. 2004, nº 03-85.698 P. ♦ Les dispositions du code des marchés publics résultant du décret nº 2004-15 du 7 janvier 2004, portant code des marchés publics, et modifiant les conditions de passation desdits marchés, ne s'appliquent pas aux infractions commises avant leur entrée en vigueur, dès lors que le texte législatif, support légal de l'incrimination, n'a pas été modifié. • Crim. 19 mai 2004, nº 03-86.192 P : *Gaz. Pal. 2005. 1. Somm. 618, note A.C.* ♦ Une cour d'appel écarte, à bon droit, l'application de l'art. 28 C. marchés, tel qu'il résulte des décrets nº 2001-210 et 2004-15 des 7 mars 2001 et 7 janv. 2004, ayant relevé le seuil au-delà duquel une mise en concurrence est obligatoire pour les marchés de maîtrise d'œuvre dès lors que, d'une part, les faits ont été commis antérieurement à l'entrée en vigueur de ce texte et que, d'autre part, les dispositions législatives, support légal de l'incrimination, n'ont pas été modifiées. • Crim. 14 déc. 2005, nº 05-83.898 P. ♦ V. C. pén., ss. art. 432-14.

128. Incidence des traités. Est d'application immédiate un texte réglementaire abrogeant celui servant de base aux faits poursuivis, et ne comportant plus aucune incrimination de ceux-ci, alors que cette abrogation résulte du respect des engagements internationaux souscrits par la France. • Paris, 5 déc. 1990 : *Gaz. Pal. 1991. 1. 147.* ♦ *Adde :* Marchi et Pannier, *Gaz. Pal. 1991. 1. Doctr. 96* • Paris, 4 nov. 1991 : *D. 1992. Somm. 37, obs. Pannier*.

129. Incidence des poursuites. L'action pour l'application des peines exercée par le ministère public en matière douanière ne peut l'être si, au moment où elle est mise en mouvement, une disposition nouvelle a abrogé la loi pénale jusque-là en vigueur. • Crim. 3 janv. 1983, n° 82-90.442 P.

130. Si en matière économique et douanière l'abrogation d'un texte réglementaire n'affecte pas rétroactivement, sauf précision contraire de la loi abrogative, les infractions qui étaient l'objet d'une poursuite en cours, tel n'est pas le cas lorsque, à la fois, lors du procès-verbal de poursuite, lors du réquisitoire introductif, ou de la saisine par voie de citation directe de la juridiction pénale, les textes de répression invoqués, servant de support effectif et nécessaire aux poursuites, n'ont plus d'existence légale, en raison de leur abrogation. • Crim. 12 nov. 1986, n° 85-96.282 P : *D. 1988. 39 (3ᵉ esp.), note Dekeuwer ; Gaz. Pal. 1987. 1. 287, note Cosson ; RSC 1987. 443, obs. Cosson ; JCP E 1988. II. 15202, n° 26, obs. Berr et Vignal.* ♦ Pour des applications : • Crim. 7 nov. 1988 : *Bull. crim. n° 377* • 13 janv. 1989, n° 88-82.119 P.

E. LOIS PARTICULIÈRES

131. Lois interprétatives. Une loi à caractère interprétatif a un effet rétroactif et doit recevoir application dans les procédures non encore définitivement jugées. • Crim. 21 oct. 1943 : *S. 1944. 1. 29, note Mazeaud* • 14 oct. 1980 : *Bull. crim. n° 258.* ♦ Mais elle ne saurait rétroagir au-delà de l'entrée en vigueur du texte qu'elle entend interpréter et qui a justifié son intervention. • Crim. 23 janv. 1989 : *Bull. crim. n° 25* • 3 déc. 1990, n° 89-86.514 P.

132. Une loi ne peut être considérée comme interprétative qu'autant qu'elle se borne à reconnaître, sans rien innover, un état de droit préexistant qu'une définition imparfaite a rendu susceptible de controverse. • Com. 22 oct. 2002, n° 00-10.715 P.

133. Pour un exemple de loi interprétative, V. la L. n° 98-468 du 17 juin 1998 relative à la prévention et à la répression des infractions sexuelles ainsi qu'à la protection des mineurs, dont les dispositions de l'art. 15 (art. 226-14 et 434-3 C. pén.) précisent que l'obligation de dénoncer les mauvais traitements infligés à un mineur de 15 ans s'appliquent également en cas d'atteintes sexuelles, revêtant sur ce point un caractère interprétatif. • Crim. 12 janv. 2000, n° 99-80.534 P : *Dr. pénal 2000. 71, obs. Véron ; RSC 2000. 813, obs. Bouloc.*

134. Le principe de non-rétroactivité ne s'applique pas à une simple interprétation jurisprudentielle. • Crim. 30 janv. 2002, n° 01-82.593 P : *D. 2003. Somm. 173, obs. de Lamy ; Dr. pénal 2002. 43, obs. J.-H. Robert ; Gaz. Pal. 2003. 2. 2319, note A.C. ; RSC 2002. 581, obs. Bouloc.*

135. L'art. L. 415-3 C. envir. réprime les atteintes portées à la conservation d'espèces animales non domestiques en violation des interdictions édictées par les règlements pris en application de l'art. L. 411-1 ; les prévenus ont été poursuivis pour avoir détenu, dans un élevage amateur situé dans le département des Landes, des flamants nains, espèce animale non domestique protégée ; ces faits ont été constatés le 22 mai 2007 ; les prévenus ont fait valoir que ces oiseaux provenaient de Tanzanie et qu'ils les avaient acquis, entre 2005 et 2007, en Belgique et en Hollande, pays membres de l'Union européenne, dans lesquels ils avaient été régulièrement importés, accompagnés de certificats CITES ; pour écarter cette argumentation, infirmer le jugement qui les avait relaxés et les déclarer coupables, l'arrêt énonce que, lorsqu'une disposition législative support légal d'une incrimination demeure en vigueur, l'abrogation des textes réglementaires pris pour son application n'a pas de caractère rétroactif et que, si l'arrêté du 29 oct. 2009 fixant la liste des oiseaux protégés dont la détention est interdite prévoit que cette interdiction ne concerne que les oiseaux prélevés dans les milieux naturels du territoire métropolitain ou dans ceux des États membres de l'Union européenne, la réglementation en vigueur au moment des faits ne comportait pas cette restriction ; en se déterminant ainsi, alors que la précision apportée à la réglementation antérieure par l'Arr. du 29 oct. 2009 et relative au lieu de prélèvement des oiseaux, qui est de nature interprétative, s'applique aux situations antérieures, la cour d'appel a méconnu les textes susvisés. • Crim. 5 avr. 2011, n° 10-86.248 : *D. 2011. Pan. 2825, obs. Roujou de Boubée ; Gaz. Pal. 2011. 1. 1516, note Lasserre Capdeville ; ibid. 2011. 2. 2340, note Dreyer.*

136. Lois de validation. Quelle que soit, aux points de vue civil et administratif, la portée d'une loi de validation, elle est sans influence au regard de l'application de la loi pénale. • Crim. 15 mars 1956 : *Gaz. Pal. 1956. 1. 426 ; RSC 1957. 129, obs. Légal* • 14 mai 1957 : *D. 1957. 542.*

137. Si le droit de toute personne à un procès équitable, garanti par l'art. 6, § 1ᵉʳ, Conv. EDH, peut être invoqué devant toute juridiction civile statuant en matière fiscale, les juges du fond ont pu, sans violer ce texte, faire application d'une loi nouvelle rétroactive entrée en vigueur au cours de l'instance, dès lors qu'elle n'avait pour objet que de valider une réglementation antérieure conforme au droit communautaire. • Cass., ass. plén., 14 juin 1996, n° 93-21.710 P : *JCP 1996. II. 22692, concl. Y. Monnet.*

138. Lois temporaires. Toute loi pénale cesse de produire ses effets du jour où elle a été légalement abrogée, sans qu'il y ait lieu à distinguer entre l'abrogation par voie législative des lois votées sans limite de temps ni de durée, et l'abrogation des lois temporaires résultant de l'expiration de la période pour laquelle elles ont été promulguées. • Crim. 24 sept. 1868 : *Bull. crim. n° 212.* ♦ Une loi pénale faite pour un temps déterminé cesse de plein droit d'avoir effet à l'expiration de ce temps, sauf prorogation. • Crim. 21 mars 1957, n° 34-75.50 P.

139. La poursuite intentée et la condamnation prononcée pour infraction à une loi pénale temporaire sont nulles et non avenues, comme manquant de base légale, lorsque cette loi devient caduque en cours d'instance ou avant décision définitive. • Crim. 17 nov. 1922 : *DP 1924. 1. 217, note Degois.* ♦ L'action publique pour infraction à une loi pénale temporaire s'éteint par l'expiration du temps pour lequel cette loi a été faite. • Crim. 20 avr. 1923 : *DP 1925. 1. 57, note Degois.*

140. Quand une loi nouvelle proroge une loi pénale temporaire, les faits antérieurs à l'expiration du temps pour lequel cette loi avait été faite restent punissables, même s'il s'est écoulé un certain intervalle entre le jour où la loi temporaire est devenue caduque et celui où la loi nouvelle est devenue obligatoire. • Crim. 3 mars 1923 : *DP 1925. 1. 19, note Degois.*

141. Lois transitoires. L'action publique s'éteint lorsque, en cours d'instance et avant décision définitive, le texte pénal en vertu duquel les poursuites ont été engagées devient caduc. • Crim. 22 janv. 1997, n° 95-85.936 P : *Dr. pénal 1997. 82, obs. J.-H. Robert.* ♦ Il en est ainsi de certaines dispositions transitoires de la L. du 8 janv. 1993 relative à la législation dans le domaine funéraire qui a supprimé le monopole communal des pompes funèbres mais permis pendant trois ans le maintien des droits d'exclusivité conférés par les contrats de concession consentis avant la date de publication de cette loi ; est dès lors éteinte l'action publique exercée contre le dirigeant d'une entreprise ayant fourni des prestations de pompes funèbres en violation des droits d'exclusivité maintenus au profit d'un concessionnaire en application de l'art. 28 de la loi, lorsque, après expiration de la période de survie des droits d'exclusivité, les faits, non définitivement jugés, ne sont plus susceptibles de constituer une infraction. • Même arrêt. ♦ Cassation de l'arrêt qui, pour déclarer coupable une prévenue, poursuivie sur le fondement de l'art. 28 de la L. du 8 janv. 1993 relative à la législation dans le domaine funéraire, désormais codifié ss. l'art. L. 2223-44 CGCT, a relevé qu'elle avait, à partir du 18 mai 1995 et jusqu'en 1996, dirigé une entreprise de pompes funèbres ayant fourni des prestations de pompes funèbres en violation des droits d'exclusivité, maintenus pour cinq ans, en *application des dispositions* transitoires de cette loi, au profit de la régie communale de la ville de Paris, alors que le monopole communal des pompes funèbres a été supprimé par la loi précitée, et que la période de survie des droits d'exclusivité des régies avait expiré le 9 janv. 1998, si bien que les faits poursuivis n'étaient plus susceptibles de constituer une infraction au jour où les juges du second degré ont statué. • Crim. 1er juin 1999 : *Dr. pénal 1999. 130, obs. Véron.*

142. Lois successives. Lorsque, postérieurement à la commission d'une infraction, est promulguée une loi moins sévère que remplace ensuite une disposition plus sévère, il doit être fait application au prévenu de la loi la plus favorable. • Crim. 23 nov. 1983, n° 83-93.988 P.

143. Aucune peine ne saurait être prononcée lorsque les faits poursuivis, bien qu'entrant dans les prévisions de deux textes répressifs successifs, applicables respectivement à la date de leur commission et à celle de leur jugement, ont échappé à toute incrimination entre l'abrogation du premier de ces textes et l'entrée en vigueur du second (à propos de la contravention de défaut de maîtrise de l'art. R. 232-2° C. route). • Crim. 2 mars 1994, n° 93-82.921 P • 23 mars 1994, n° 93-80.024 P • 26 oct. 1994, n° 90-80.390 P : *Dr. pénal 1995. 20 et 25 (II), obs. Maron.* ♦ Rappr. : • Crim. 23 mars 1994, n° 93-83.719 P.

144. Lorsque deux textes légaux ou réglementaires se succèdent dans le temps pour assurer la répression d'une même infraction, celui qui était en vigueur au moment des faits doit recevoir application, sauf si les dispositions nouvelles sont moins sévères que les anciennes. • Crim. 17 sept. 1997, n° 96-85.163 P : *Dr. pénal 1998. Chron. 11, obs. Lesclous et Marsat ; RSC 1998. 315, obs. Bouloc.* ♦ Rappr. : • Crim. 7 déc. 1999, n° 98-82.252 P : *RSC 2000. 599, obs. Bouloc.*

145. Si la L. du 5 juill. 1996 relative au développement et à la promotion du commerce et de l'artisanat, qui, en son art. 33, a abrogé celle du 30 déc. 1906 sur les ventes au déballage et modifié l'art. L. 121-15 C. consom., ne soumet plus les ventes en soldes à autorisation spéciale du maire, les faits, commis, selon les juges, en dehors des périodes de soldes, fixées par arrêté préfectoral, n'en demeurent pas moins punissables, dès lors qu'ils entrent tout à la fois dans les prévisions de l'art. 28 de la L. du 5 juill. 1996 et des trois derniers al. de l'art. 1er de la L. du 30 déc. 1906. • Crim. 26 avr. 2000 : *Dr. pénal 2001. 8, obs. J.-H. Robert.*

146. Dès lors que la L. du 23 juin 2003, qui réprime la fabrication, l'importation, l'exposition, l'offre, la vente et la mise en vente de dispositifs ayant pour objet d'augmenter la puissance du moteur des cyclomoteurs, et qui a aggravé la répression des actes en cause en les correctionnalisant, s'est aussitôt appliquée aux faits de même nature antérieurement poursuivis sous la qualification contraventionnelle de détention en vue de la vente prévue par l'art. R. 317-29 C. route, abrogé par le Décr. du 11 juill. 2003, la cour d'appel, qui a prononcé des amendes ne dépassant pas le maximum fixé par les textes en vigueur à la date des faits, a justifié sa décision. • Crim.

21 mars 2006 : *Dr. pénal 2006. 84, obs. J.-H. Robert.*

147. Les dispositions d'une loi nouvelle s'appliquent aux infractions commises avant leur entrée en vigueur et n'ayant pas donné lieu à une condamnation passée en force de chose jugée, lorsqu'elles sont moins sévères que les dispositions anciennes ; le prévenu a été poursuivi pour être demeuré plus de deux mois sans acquitter le montant intégral de la prestation compensatoire sous forme d'un capital de 470 000 € qu'il avait été condamné à verser à son ex-épouse par jugement de divorce ; la cour d'appel a déclaré le prévenu coupable d'abandon de famille et a prononcé une peine ; mais l'art. 133, III, de la L. du 12 mai 2009, a remplacé, au premier al. de l'art. 227-3 C. pén., les références aux titres V, VI, VII et VIII du livre 1er C. civ. par la seule référence au titre IX du livre Ier du même code, lequel ne concerne que l'autorité ; il s'ensuit que le non-paiement d'une prestation compensatoire allouée par un jugement de divorce échappe désormais aux prévisions de l'art. 227-3 C. pén. ; en statuant sur l'action publique, alors que les faits poursuivis n'étaient plus susceptibles de constituer une infraction au jour où elle a statué, la cour d'appel a méconnu l'art. 112-1 C. pén., ensemble l'art. 133, III, de la L. n° 2009-526 du 12 mai 2009 et le principe ci-dessus rappelé ; d'où il suit que la cassation est encourue. • Crim. 16 févr. 2011, n° 10-83.606 P : *D. 2011. Actu 880, obs. Bombled ; ibid. Pan. 2832, obs. Mirabail ; RSC 2011. 399, obs. Mayaud*. ♦ En cas de conflit entre plusieurs lois pénales de fond successives, lorsqu'une infraction a été commise sous l'empire d'une première loi, dont des dispositions ont ensuite été abrogées, ce qui a eu pour effet de la rendre inapplicable aux faits, cette deuxième loi étant elle-même remplacée par une troisième réprimant les faits objet de la poursuite, le principe de non-rétroactivité de la loi pénale implique que les faits ne puissent plus être poursuivis ; encourt la cassation l'arrêt qui a déclaré le prévenu coupable d'abandon de famille alors que l'art. 13, III, de la L. du 12 mai 2009, abrogeant des dispositions de l'art. 227-3 C. pén., a eu pour effet d'enlever leur caractère d'infraction, dans leur totalité, aux faits objet des poursuites, sans que la L. du 17 mai 2011, modifiant la précédente et incriminant à nouveau les faits concernés, puisse davantage leur être appliquée rétroactivement. • Crim. 23 mai 2012, n° 11-83.901 P : *D. actu. 3 juill. 2012, obs. Priou-Alibert ; D. 2012. 2368, note Benillouche*. ♦ Il doit être fait application au prévenu de la loi la plus favorable lorsque, postérieurement à une infraction commise sous l'empire d'une première loi, est entrée en vigueur une deuxième loi d'incrimination moins sévère qui est ensuite remplacée par une troisième disposition plus sévère. • Crim. 22 févr. 2017, n° 15-82.952 : *D. actu. 6 mars 2017, obs. Goetz* (réglementation relative à la vente d'alcool en suspension de droits d'accises).

148. L'art. 222-33 C. pén., dans sa rédaction issue de la L. n° 2002-73 du 17 janv. 2002, a été abrogé à compter du 5 mai 2012, et deux des victimes ont été employées du mois de mars 2012 au mois d'oct. 2013, soit pour partie avant l'entrée en vigueur de la L. n° 2012-954 du 6 août 2012 incriminant à nouveau le harcèlement sexuel ; la cour d'appel, qui a retenu à l'encontre du prévenu des propos ou comportements à connotation sexuelle sans tous les dater, n'a pas mis la Cour de cassation en mesure de vérifier que ceux qu'elle a pris en compte ont été commis à partir du 8 août 2012. • Crim. 16 nov. 2016, n° 16-82.377 : *D. actu. 7 déc. 2016, obs. André ; Dr. pénal 2017, n° 53, obs. Conte ; JCP 2016. 1386, obs. Lapérou-Scheneider.*

149. Lois complexes non divisibles. Pour une référence à la disposition principale. • Crim. 6 mai 1942 : *Bull. crim. n° 53 ; JCP 1942. II. 1910* • 8 juill. 1942 : *Bull. crim. n° 89.*

150. Pour une appréciation globale de leurs dispositions. • Crim. 10 mai 1961, n° 94-18.560 P : *RSC 1962. 92, obs. Légal* • 5 juin 1971, n° 92-73.570 P : *JCP 1972. II. 17039 (1re esp.), note Vitu* • 5 oct. 1972 : *Bull. crim. n° 271* • Metz, 21 avr. 1983 : *D. 1983. 567, note Mayer-Jack et Mayer ; Gaz. Pal. 1983. 2. 514, note Pettiti* (lois plus douces dont les dispositions indivisibles l'emportent sur les mesures plus sévères) • Crim. 5 janv. 1983, n° 81-91.269 P : *JCP 1984. II. 20221, note de Lestang* (exemple inverse).

151. La L. n° 2002-73 du 17 janv. 2002 de modernisation sociale a inséré dans le code pénal une division intitulée « Du harcèlement moral », comprenant un art. 222-33-2 qui permet d'appréhender des faits jusque-là poursuivis sous la prévention de violence avec préméditation, réprimée à l'art. 222-13 C. pén. quand il en est résulté une incapacité de travail inférieure ou égale à huit jours ou quand il n'en est résulté aucune incapacité de travail, et réprimée à l'art. 222-12 C. pén. dans le cas inverse. En ce sens, les dispositions de la loi nouvelle sont plus douces. La loi publiée incrimine également des situations qui, auparavant, n'étaient pas pénalement répréhensibles. Ainsi la notion de harcèlement, « agissements répétés ayant pour objet ou pour effet une dégradation des conditions de travail susceptible de porter atteinte à ses droits et à sa dignité, d'altérer sa santé physique ou mentale ou de compromettre son avenir professionnel », ne se confond pas avec la notion de violence, comportement de nature à impressionner vivement la victime. Le délit est constitué dans des hypothèses où le comportement réprimé n'a pas eu pour objet ni pour effet d'altérer la santé de la victime. De ce fait, la loi prend en compte des situations qui ne pourraient recevoir la qualification de violence. Par ailleurs le mobile est pris en considération indépendamment du résultat. Le délit de harcèlement moral est constitué en présence d'agissements répétés ayant pour objet de porter un préjudice, quand bien même il n'en est résulté aucun résultat défavorable pour la personne ainsi prise pour cible. En conséquence, les dispositions de la L. du 17 janv. 2002 sont également plus sévères. La loi dite de modernisation sociale comprend ainsi des dispositions à la fois plus douces et plus sévères. Cette incrimination de harcèlement moral n'est définie qu'en une seul phrase, de sorte que les nouvelles dispositions sont indivisibles. Dès lors, en application de l'art. 112-1 C. pén., le tribunal ne peut appliquer rétroactivement la L. du 17 janv. 2002, et le délit de violences reproché au prévenu doit être retenu. • TGI La Roche-sur-Yon, 22 avr. 2002 : *Gaz. Pal. 2002. 2. 1017, note Rovinski.*

152. Lois complexes divisibles. Sur l'application distributive des dispositions de la L. n° 80-1041 du 23 déc. 1980 (viol et attentats aux mœurs), et de celles de la loi n° 81-82 du 2 févr. 1981 (sécurité et liberté), V. : obs. Larguier, *RSC 1983. 65*, et les références citées.

153. D'une part, selon l'art. 112-1 C. pén., les dispositions d'une loi nouvelle s'appliquent aux infractions commises avant leur entrée en vigueur et n'ayant pas donné lieu à une condamnation pénale passée en force de chose jugée lorsqu'elles sont moins sévères que les dispositions anciennes. D'autre part, il résulte de l'art. 8 C. pr. pén., dans sa rédaction issue de la L. du 10 juill. 1989, modifiée par la L. du 4 févr. 1995, qu'en matière de délit, l'action publique se prescrit par trois années révolues, si, dans cet intervalle, il n'a été fait aucun acte d'instruction ou de poursuite. Le point de départ de la prescription triennale d'un délit perpétré sur une victime mineure est reporté à la majorité de celle-ci lorsque les faits sont commis par une personne ayant autorité sur elle ou par un ascendant légitime, naturel ou adoptif. Devant la chambre de l'instruction, l'accusé a soutenu que les fellations et les pénétrations digitales qui auraient été imposées à la victime entre le 10 juill. 1979 et le 23 déc. 1980 ne pouvaient lui être reprochées sous une qualification criminelle dès lors que de tels faits constituaient alors, non le crime de viol, mais celui d'attentat à la pudeur, lequel a été correctionnalisé par la L. du 23 déc. 1980, dont les dispositions, plus douces, devaient seules recevoir application. Il a invoqué en conséquence la prescription de l'action publique à raison de ces faits en application de l'art. 8 C. pr. pén., plus de trois ans s'étant écoulés entre la majorité de la victime, acquise en 1992, et la plainte déposée par celle-ci en 1997. Pour écarter cette argumentation, la chambre de l'instruction retient, par les motifs reproduits au moyen, que les faits dénoncés n'ont pas été correctionnalisés par la L. du 23 déc. 1980, dès lors qu'à compter de l'entrée en vigueur de l'art. 332 C. pén. dans sa rédaction issue de cette loi, ils ont revêtu la qualification criminelle de viol sur mineur de 15 ans par personne ayant autorité. Elle a ordonné en conséquence le renvoi de l'accusé devant la cour d'assises à raison de ces faits, sous la qualification d'attentat à la pudeur revêtue par eux à la date de leur commission. Mais en prononçant ainsi, la chambre de l'instruction a méconnu les textes susvisés et les principes ci-dessus énoncés. D'une part, par l'effet de la L. du 23 déc. 1980 ayant correctionnalisé les attentats à la pudeur, les fellations et pénétrations digitales imposées avant cette date n'étaient susceptibles d'être poursuivies que sous une qualification délictuelle. D'autre part, au moment de la dénonciation des faits, la prescription de l'action publique était acquise depuis le 28 août 1995, date d'expiration du délai de trois ans prévu par l'art. 8 C. pr. pén. dans sa rédaction alors applicable. D'où il suit que la cassation est encourue de ce chef ; elle aura lieu sans renvoi, la Cour de cassation étant en mesure d'appliquer la règle de droit appropriée, ainsi que le permet l'art. L. 131-5 COJ. • Crim. 10 juill. 2002, n° 02-83.179 P : *RSC 2002. 817, obs. Mayaud.*

Art. 112-2 **Sont applicables immédiatement à la répression des infractions commises avant leur entrée en vigueur :**

1° Les lois de compétence et d'organisation judiciaire, tant qu'un jugement au fond n'a pas été rendu en première instance ;

2° Les lois fixant les modalités des poursuites et les formes de la procédure ;

3° Les lois relatives au régime d'exécution et d'application des peines ; toutefois, ces lois, lorsqu'elles auraient pour résultat de rendre plus sévères les peines prononcées par la décision de condamnation, ne sont applicables qu'aux condamnations prononcées pour des faits commis postérieurement à leur entrée en vigueur ;

4° Lorsque les prescriptions ne sont pas acquises, les lois relatives à la prescription de l'action publique et à la prescription des peines *(Abrogé par L. n° 2004-204 du 9 mars 2004, art. 72-III)* ***« , sauf quand elles auraient pour résultat d'aggraver la situation de l'intéressé ».***

V. Circ. CRIM 04-16-E8 du 14 mai 2004 (BOMJ 2004, n° 94).

BIBL. ▶ H. DE LAROSIÈRE, *Gaz. Pal. 1996. 1. Doctr. 465.*

A. COMPÉTENCE ET ORGANISATION JUDICIAIRE

1. Application immédiate. Une loi modifiant la compétence est applicable aux poursuites en cours pour des faits commis antérieurement. • Crim. 15 avr. 1942 : *Bull. crim. n° 33* • 19 janv. 1960, n° 95-63.558 P. ♦ Sauf dispositions contraires expresses, toute loi de procédure et de compétence est d'effet immédiat. • Crim. 7 mai 1987, n° 87-80.821 P • 24 sept. 1987 : *Bull. crim. n° 313.* ♦ ... Et régit, dès sa promulgation, les poursuites pénales en cours, quel que soit l'état de la procédure, dès lors qu'il n'a pas été prononcé sur le fond. • Crim. 14 mai 1969 : *Bull. crim. n° 170 ; D. 1970. Somm. 6 ; Gaz. Pal. 1969. 2. 138* • 15 févr. 1973, n° 72-92.476 P.

2. Lorsque le législateur, après avoir restreint l'application d'une loi de procédure aux faits commis postérieurement à son entrée en vigueur, décide que certains articles seront applicables aux procédures en cours, ces articles s'appliquent aux faits commis avant la promulgation de ladite loi. • Crim. 7 mai 1987 : *préc. note 1.*

3. Il résulte des dispositions combinées des art. 369-4 et 377 *bis* C. douanes, dans la rédaction issue de la loi de finances rectificative du 30 déc. 1991, que la juridiction répressive, lorsqu'elle est saisie d'une demande de l'administration des douanes, ne peut, même en cas de relaxe, dispenser le redevable du paiement des droits éludés ; ladite loi, portant sur la compétence, est applicable aux instances en cours pour les faits antérieurs à son entrée en vigueur. • Crim. 20 mars 1995, n° 94-82.476 P • 6 août 1996, n° 95-84.545 P.

4. Les dispositions de l'art. 681 C. pr. pén. (privilège de juridiction) ayant été abrogées par la L. du 4 janv. 1993, rien ne s'oppose à ce qu'une procédure suivie devant une chambre d'accusation, désignée pour instruire sur le fondement de ces dispositions, alors en vigueur, en raison de la mise en cause du maire d'une commune, soit renvoyée, dans l'intérêt d'une bonne administration de la justice, au juge d'instruction territorialement compétent pour informer sur les faits, objet de la poursuite, et saisi, postérieurement à l'entrée en vigueur de la loi précitée, d'infractions connexes. • Crim. 13 nov. 1996, n° 96-85.242 P.

5. Selon les dispositions de l'art. 112-2, 1°, C. pén., les lois de compétence et d'organisation judiciaire sont immédiatement applicables à la répression des infractions commises avant leur entrée en vigueur, tant qu'un jugement au fond n'a pas été rendu en première instance ; la juridiction de proximité était compétente pour juger, le 5 avr. 2004, des faits datant du 4 mars, dès lors que la compétence pour en connaître lui avait été attribuée à compter du 15 sept. 2003 par le Décr. n° 2003-542 du 23 juin 2003. • Crim. 8 déc. 2004, n° 04-83.602 P : *D. 2005. Pan. 1523, obs. Roujou de Boubée ; RSC 2005. 296, obs. Vermelle .*

6. Jugement au fond. Si les lois de compétence sont applicables aux procédures en cours au moment de leur promulgation, ce principe reçoit exception lorsqu'il est intervenu une décision sur le fond. • Crim. 7 juill. 1871 : *S. 1871. 1. 85, rapp. Saint-Luc courborieu* • 21 mars 1930 : *Bull. crim. n° 87* • 11 mars 1942 : *ibid. n° 21.* ♦ ... Alors même que cette décision aurait été frappée d'appel, et que les juges du second degré n'auraient pas définitivement statué avant l'entrée en vigueur de la loi nouvelle. • Crim. 7 juill. 1871 : *préc.* • 23 mars 1960 : *Bull. crim. n° 164* • 3 mai 1984 : *ibid. n° 156 ; D. 1984. IR 450, obs. J.-M. R.*

7. Une décision par défaut régulièrement frappée d'opposition ne constitue pas une « décision sur le fond » faisant obstacle à l'application immédiate d'une loi de compétence. • Crim. 4 avr. 1960 : *Bull. crim. n° 204.*

8. Si, en vertu de l'art. 112-2 C. pén., les lois de compétence et d'organisation judiciaire sont applicables immédiatement à la répression des infractions commises avant leur entrée en vigueur, c'est à la condition qu'un jugement sur le fond n'ait pas été rendu en première instance. Une telle décision ayant été prononcée (ordonnance condamnant une personne pour refus de témoigner), la procédure doit se poursuivre selon les règles de compétence et d'organisation judiciaire en vigueur au moment des faits. • Crim. 14 nov. 2001, n° 00-88.017 P. ♦ ... De même, la pénalité prévue par la loi nouvelle étant plus sévère que l'ancienne, en cas de condamnation, la peine ne pourra, en vertu de l'art. 112-1 C. pén., excéder le maximum fixé par le texte ancien. • Même arrêt.

9. Issues de la loi n° 2000-516 du 15 juin 2000, les dispositions de l'art. 177-2 C. pr. pén., relatives aux constitutions de partie civile abusives ou dilatoires, ont trait à la compétence et à l'organisation judiciaire, et ne sont donc pas applicables, en vertu de l'art. 112-2, 1°, C. pén., aux faits commis avant leur entrée en vigueur dès lors qu'un jugement au fond a déjà été rendu en première instance. • Crim. 30 janv. 2002 : *RSC 2002. 623, obs. Giudicelli .*

10. Cour d'assises. Il résulte des art. 231 et 594 C. pr. pén., que la cour d'assises a plénitude de juridiction et qu'elle est, dès lors, compétente pour connaître de toutes les infractions dont elle est régulièrement saisie, même si celles-ci, par l'effet d'une loi nouvelle, entrée en vigueur postérieurement à l'arrêt de renvoi, ne sont plus constitutives de crimes mais de délits au moment où elle est appelée à statuer. • Crim. 29 avr. 1997, n° 95-82.669 P • 21 janv. 1998, n° 96-86.612 P.

11. Droit international humanitaire. Selon

les art. 1er et 2 de la L. du 22 mai 1996, portant adaptation de la législation française aux dispositions de la résolution 955 du Conseil de sécurité des Nations Unies instituant un tribunal international en vue de juger les personnes présumées responsables d'actes de génocide ou d'autres violations graves du droit international humanitaire commis sur le territoire du Rwanda en 1994, les auteurs ou complices des actes qui constituent, au sens des art. 2 à 4 du statut du tribunal international, des infractions graves à l'art. 3 commun aux Conventions de Genève du 12 août 1949 et au protocole additionnel II auxdites Conventions en date du 8 juin 1977, un génocide ou des crimes contre l'humanité, peuvent, s'ils sont trouvés en France, être poursuivis et jugés par les juridictions françaises en application de la loi française ; ces dispositions sont applicables aux procédures en cours, en vertu de l'art. 112-2, 1°, C. pén. • Crim. 6 janv. 1998, n° 96-82.491 P : *Dr. pénal 1998. 71, obs. J.-H. Robert.*

B. MODALITÉS DE POURSUITES ET FORMES DE LA PROCÉDURE

12. Action civile. La loi en vigueur au jour de l'infraction fixe, en principe, les droits de la partie lésée. • Crim. 8 janv. 1976, n° 74-91.889 P.

13. Des dispositions qui concernent seulement le remboursement à la partie civile des débours non compris dans les frais et dépens ne revêtent pas le caractère d'une sanction pénale ; elles doivent trouver ainsi application immédiate dans les instances pénales en cours lors de leur promulgation. • Crim. 12 juill. 1982, n° 81-91.861 P.

14. Action publique. Revêt le caractère d'une loi de forme ou de procédure, et doit, à ce titre, trouver application dans les instances pénales en cours au moment de sa promulgation : ... la loi qui se borne à préciser le mode de constatation de l'infraction. • Crim. 9 nov. 1966 : *Bull. crim. n° 255* • 9 avr. 1970, n° 69-91.399 P : *D. 1970. Somm. 130.* ♦ ... Une loi nouvelle, dans celles de ses dispositions qui déterminent les personnes ayant qualité pour mettre en mouvement l'action publique et qui précisent le mode des poursuites. • Crim. 9 avr. 1970 : *préc.* • 15 févr. 1973, n° 72-92.476 P. ♦ ... Une loi d'habilitation relative à la mise en mouvement de l'action publique par certaines associations. • Crim. 16 avr. 1991, deux arrêts, n° 90-87.508 P. ♦ ... Une loi déterminant le mode de saisine du juge d'instruction sur constitution de partie civile additionnelle dénonçant des faits nouveaux (L. n° 99-515 du 23 juin 1999, qui a complété en ce sens l'art. 80 C. pr. pén.). • Crim. 26 sept. 2000, *n° 00-82.017 P.*

15. Une condition préalable à l'exercice de l'action publique, constitutive d'une règle de procédure, ne saurait avoir d'effet sur les poursuites régulièrement engagées avant son entrée en vigueur (à propos du nouveau délit de banqueroute, qui suppose qu'une procédure de redressement judiciaire ait été ouverte contre le débiteur). • Crim. 10 mars 1986, n° 85-91.242 P. ♦ Rappr. : • Crim. 6 janv. 1987 : *Bull. crim. n° 3* • 14 févr. 1994, n° 93-81.023 P.

16. Arrêts d'assises. Motivation. Les dispositions de la loi du 10 août 2011, entrée en vigueur le 1er janv. 2012 et imposant, aux termes de l'art. 365-1 C. pr. pén., la motivation des arrêts d'assises, ne sauraient, s'agissant d'une loi de procédure, entraîner rétroactivement l'annulation d'une décision sur le fond régulièrement rendue avant son entrée en vigueur. • Crim. 6 févr. 2013, n° 11-87.657 P : *D. 2013. Actu. 642.*

17. Autorité administratives indépendantes. Avis. Dans l'information suivie pour discrimination dans l'offre ou la fourniture d'un bien ou d'un service en raison d'un handicap, sur plainte avec constitution de partie civile visant des faits du 13 févr. 2004, le juge d'instruction, par courrier du 29 nov. 2005, a demandé à la Haute Autorité de lutte contre les discriminations et pour l'égalité (HALDE) d'émettre un avis sur les faits dénoncés par la partie civile. Cet avis, émis lors d'une délibération du 16 janv. 2006, a été communiqué au juge d'instruction le 31 janv. suivant. L'établissement bancaire, mis en examen du chef précité le 21 mai 2006, a présenté une requête en annulation de pièces de la procédure en soutenant que celle-ci ne pouvait comporter un avis émis par la Halde, créée par la L. du 30 déc. 2004, sur des faits antérieurs à l'entrée en vigueur de ce texte. A justifié sa décision la chambre de l'instruction qui, pour écarter cette argumentation, retient que l'art. 13 de ladite loi, qui prévoit la possibilité pour les juridictions civiles, pénales ou administratives d'inviter la Haute Autorité à présenter des observations sur les faits dont elles sont saisies, ne contient que des dispositions de procédure fixant les modalités des poursuites et immédiatement applicables, au sens de l'art. 112-2 C. pén., aux infractions commises antérieurement à son entrée en vigueur. • Crim. 24 janv. 2007, n° 06-88.080 P : *D. 2007. Pan. 2633, obs. Roujou de Boubée ; AJ pénal 2007. 130 ; Dr. pénal 2007. 47 (2e esp.), obs. Véron ; RSC 2007. 529, obs. Fortis.*

18. Comparution sur reconnaissance préalable de culpabilité. Selon l'art. 112-2 C. pén., les lois fixant les modalités des poursuites et les formes de la procédure sont applicables immédiatement à la répression des infractions commises avant leur entrée en vigueur ; selon les dispositions de l'art. 495-15-1 C. pr. pén., issu de la L. n° 2009-526 du 12 mai 2009, la mise en œuvre de la procédure de comparution sur reconnaissance préalable de culpabilité n'interdit pas au procureur de la République de procéder simultanément à une convocation en justice en application de l'art. 390-1 dudit code ; encourt, dès lors, la censure l'arrêt d'une cour d'appel, rendu après l'entrée en vigueur de la loi susvisée, qui constate la nullité d'un procès-verbal de convocation en justice, au motif que le ministère public avait concomitamment mis en œuvre la procédure de comparution sur reconnaissance préalable de culpabilité. • Crim. 24 nov. 2009, n° 09-85.151 P : *D. 2010. AJ 210, obs. Léna ; ibid. chron. 44, obs. Degorce ; ibid. 2010. 875, note Joseph-Ratineau ; AJ pénal 2010. 76, obs. Lasserre Capdeville .*

19. Contrainte judiciaire. Sont immédiatement applicables à la répression des infractions commises avant leur entrée en vigueur en tant qu'elles fixent les formes de la procédure, au sens de l'art. 112-2, 2°, C. pén., les dispositions de la L. n° 2005-1549 du 12 déc. 2005 prévoyant que, lors de la mise à exécution de la contrainte judiciaire consécutive à un défaut de paiement de jours-amende, une mise en demeure de payer, adressée par lettre recommandée avec accusé de réception, produit les mêmes effets qu'un commandement de payer. Encourt la censure l'arrêt de la chambre de l'application des peines qui, pour dire n'y avoir lieu à mise à exécution de la peine de soixante jours-amende prononcée pour conduite sans permis en récidive faute pour le condamné de s'être acquitté des sommes exigibles, énonce que la modification législative introduite à l'art. 762 C. pr. pén. par la L. du 12 déc. 2005, en ce qu'elle fait produire à la lettre recommandée avec accusé de réception les mêmes effets qu'un commandement de payer, a pour effet de restreindre les garanties d'information et de défense du condamné et que, cette disposition relative au régime de l'exécution des peines rendant ladite peine plus sévère, elle n'est applicable qu'aux condamnations prononcées pour des faits commis postérieurement à son entrée en vigueur. • Crim. 16 janv. 2008, n° 07-84.584 P : *AJ pénal 2008. 187, obs. Royer .*

20. Cour d'assises d'appel. Exposé introductif. Aux termes de l'art. 327 C. pr. pén., dans sa rédaction issue de la L. n° 2011-939 du 10 août 2011, le président de la cour d'assises présente, de façon concise, les faits reprochés à l'accusé, tels qu'ils résultent de la décision de renvoi, expose les éléments à charge et à décharge concernant l'accusé, tels qu'ils sont mentionnés dans ladite décision, et donne lecture de la qualification légale des faits objets de l'accusation ; en outre, lorsque la cour d'assises statue en appel, il donne connaissance du sens de la décision rendue en premier ressort, de sa motivation et, le cas échéant, de la condamnation prononcée ; le procès-verbal des débats énonce que le président a présenté, de façon concise, les faits reprochés à l'accusé, tels qu'ils résultent de la décision de renvoi, et exposé les éléments à charge et à décharge concernant l'accusé, tels qu'ils sont mentionnés dans ladite décision ; mais il ne résulte d'aucune mention de ce procès-verbal que le président ait donné lecture de la qualification légale des faits objets de l'accusation, ni qu'il ait donné connaissance du sens de la décision, non motivée, rendue en premier ressort, avant le 1er janv. 2012, et de la condamnation prononcée ; d'où il suit que la cassation est encourue. • Crim. 23 avr. 2013, n° 12-84.673 P : *Dalloz-actualité, 31 mai 2013, obs. Le Drevo.*

21. Détention provisoire. Durée. Nonobstant l'entrée en vigueur, à compter du 1er janv. 2001, de la L. n° 2000-516 du 15 juin 2000, qui attribue, dans les cas prévus par l'art. 145-1 C. pr. pén., au juge des libertés et de la détention statuant après un débat contradictoire, la décision de prolonger la détention provisoire après l'écoulement d'un délai de 4 mois, l'ordonnance rendue le 29 déc. 2000 par le juge d'instruction, en l'absence de débat contradictoire, prolongeant à compter du 7 janv. 2001 la détention provisoire commencée le 7 sept. 2000, est régulière, dès lors que cette décision a été prise par le magistrat compétent et dans le respect des dispositions légales applicables à sa date. • Crim. 3 avr. 2001, n° 01-80.620 P : *Gaz. Pal. 2001. 2. Somm. 2074, note Monnet.*

22. Emprisonnement ferme. – Motivation. V. *infra*, ss. art. 132-19.

23. Forclusion. Il résulte de l'art. 112-2, 2°, C. pén., selon lequel les lois de procédure sont applicables immédiatement, que le délai de forclusion institué par l'art. 173-1 C. pr. pén., entré en vigueur le 1er janv. 2001, qui impose à la personne poursuivie, à peine d'irrecevabilité, de présenter dans les six mois suivant la notification de sa mise en examen toute demande d'annulation de son interrogatoire de première comparution ou d'actes antérieurs, ne commence à courir qu'à compter de la date d'entrée en vigueur dudit article, lorsque la mise en examen a été notifiée avant cette date. • Crim. 20 juin 2001, n° 01-82.438 P : *Dr. pénal 2001. 136, obs. Maron ; JCP 2002. II. 10033, note Bouretz ; Gaz. Pal. 2002. 1. Somm. 523, note Monnet ; RSC 2002. 96, obs. Bouloc* • 19 sept. 2001, n° 01-85.188 P. ♦ ... Méconnaît le sens et la portée de ces textes la chambre de l'instruction qui, pour déclarer irrecevable, comme tardive, la demande présentée le 14 févr. 2001 par la personne mise en examen le 6 déc. 1999, tendant à l'annulation de la procédure de sa garde à vue, retient que l'art. 173-1 C. pr. pén., créé par la L. du 15 juin 2000, étant d'application immédiate, à compter du 1er janv. 2001, le temps écoulé depuis la promulgation de la loi a permis au requérant d'engager, dans le délai de six mois, toute instance justifiée par ses intérêts. • Crim. 20 juin 2001 : *préc.*

24. La forclusion édictée par l'art. 173-1 C. pr. pén. est applicable aux seuls moyens pris de la nullité des actes accomplis avant l'interrogatoire de première comparution de la personne mise en examen ou de cet interrogatoire lui-même. Méconnaît le sens et la portée de ce texte, la chambre de l'instruction qui, pour déclarer irrecevable, comme tardive, la demande d'annulation formée le 9 janv. 2001, énonce que l'article précité, créé par la L. n° 2000-516 du 15 juin 2000, étant d'application immédiate, la personne mise en examen avant cette date a été en mesure de présenter, avant le 1er janv. 2001, toute requête utile, alors que la forclusion édictée par l'art. 173-1 n'était pas applicable, tous les actes dont l'annulation était demandée ayant été accomplis postérieurement à l'interrogatoire de première comparution de chacun des requérants. • Crim. 19 sept. 2001, n° 01-85.202 P.

25. Interdiction de séjour. – Prononcé. V. *infra*, ss. art. 131-31 et 131-32.

26. Mandat d'arrêt européen. Aucune disposition légale ou conventionnelle n'interdit d'accorder aux autorités judiciaires d'un État membre de l'Union européenne la remise d'une personne, réclamée en exécution d'un mandat d'arrêt européen décerné à raison de faits pour lesquels une procédure d'extradition engagée par cet État, avant le 12 mars 2004, date d'entrée en vigueur des textes relatifs au mandat d'arrêt européen, n'a pas encore été menée à son terme. • Crim. 15 mars 2005, n° 05-81.10 P : *D. 2005. IR 917, obs. Girault ; AJ pénal 2005. 245, obs. Enderlin* .

27. Ordonnances de renvoi. – Appel. Les dispositions de l'al. 4 de l'art. 469 C. pr. pén., qui sont la conséquence de celles du nouvel art. 186-3 du même code instituant en faveur des parties un droit d'appel de l'ordonnance de renvoi pour contester une qualification correctionnelle, ne sont applicables qu'aux procédures dans lesquelles l'ordonnance de renvoi est intervenue à compter du 1er oct. 2004 ; justifie sa décision la cour d'appel qui, pour écarter l'application des nouvelles dispositions du dernier al. de l'art. 469 C. pr. pén., entrées en vigueur le 1er oct. 2004, et qui interdisent aux juridictions correctionnelles, lorsque la victime était constituée partie civile et assistée d'un avocat au moment du prononcé de l'ordonnance de renvoi devant le tribunal correctionnel, de se déclarer incompétentes en raison de la nature criminelle des faits poursuivis, retient que la date de l'ordonnance de renvoi est antérieure au 1er oct. 2004. • Crim. 4 janv. 2006, n° 05-84.231 P : *Gaz. Pal. 2006. 2. Somm. 2731, note Monnet ; RSC 2006. 637, obs. Giudicelli* .

28. Primauté du pénal sur le civil. L'art. 4, al. 3, C. pr. pén., issu de la L. du 5 mars 2007, est un texte de procédure, immédiatement applicable aux instances en cours ; les parties, dans leurs écritures devant la cour d'appel, postérieures à l'entrée en vigueur de cette loi, ont conclu de manière générale sur le sursis à statuer sans revendiquer expressément l'application de ses anciennes dispositions ; la cour d'appel n'avait pas en conséquence à solliciter les observations des parties. • Civ. 1re, 8 juill. 2009, n° 08-16.025 P.

29. Prise de corps – Suppression. La L. du 15 juin 2000 a supprimé, à partir du 1er janv. 2001, l'obligation pour l'accusé libre de se constituer prisonnier la veille de l'audience ; cette disposition, plus favorable, doit s'appliquer immédiatement ; il s'ensuit que la détention provisoire de l'accusé, qui s'est poursuivie après que l'arrêt de la cour d'assises a été cassé en toutes ses dispositions, se trouve dépourvue de fondement légal, car elle ne repose que sur l'obligation qu'avait l'accusé de se constituer prisonnier la veille de l'audience, cette obligation ayant été supprimée par la loi précitée ; la mise en liberté de l'intéressé doit être ordonnée et le contrôle judiciaire, qui était en cours avant la mise à exécution de la prise de corps, reprend son plein effet. • Nancy, 18 janv. 2001 : *BICC 2001. 785.*

30. Recours en matière criminelle. Une condamnation en dernier ressort, par un arrêt de la cour d'assises prononcé antérieurement à la publication de la L. du 15 juin 2000, n'est contraire, ni à l'art. 14 Conv. EDH, ni à l'art. 2 du protocole n° 7 à cette convention, ni à aucune disposition légale ; en effet, d'une part, aux termes des réserves formulées par la France lors de la ratification dudit protocole, l'examen de la décision de condamnation par une juridiction supérieure peut se limiter à un contrôle de l'application de la loi, tel que le recours en cassation ; d'autre part, si les dispositions de l'art. 1er de la L. du 15 juin 2000, aux termes desquelles toute personne condamnée a le droit de faire examiner sa condamnation par une autre juridiction, sont immédiatement entrées en vigueur, celles des art. 79 et 86, qui instaurent un recours en matière criminelle, n'entrent en application que le 1er janv. 2001 ; enfin, si l'art. 140 de cette loi prévoit que les personnes ayant été condamnées par une cour d'assises postérieurement à la publication de la loi, mais dont la condamnation ne sera pas définitive au 1er janv. 2001, pourront dans les dix jours suivant cette date, transformer leur pourvoi en appel, il ne saurait en résulter de discrimination à l'égard des personnes qui ont été condamnées antérieurement, sous l'empire de la loi ancienne. • Crim. 22 nov. 2000, n° 00-82.051 P.

31. Saisie conservatoire. D'une part, en application de l'art. 112-2, 2° C. pén., les lois fixant les modalités des poursuites et les formes de la procédure sont applicables immédiatement à la répression des infractions commises avant leur entrée en vigueur ; d'autre part, il ressort des dispositions de l'art. 706-148 C. pr. pén., dans sa rédaction issue de la L. du 27 mars 2012, que la saisie à titre conservatoire des biens de la personne mise en examen, ou, sous réserve des droits du propriétaire de bonne foi, des biens dont celle-ci a la libre disposition, peut être autorisée au cours de l'instruction lorsque la loi qui réprime le crime ou le délit poursuivi prévoit leur confiscation ; le 13 déc. 2010, le juge d'instruction a, en application des dispositions de l'art. 706-148 C. pr. pén. alors en vigueur, ordonné la saisie d'un bien immobilier appartenant à une société civile immobilière dont toutes les parts étaient détenues par des membres de la famille du mis en examen du chef de blanchiment en bande organisée d'escroqueries aggravées, au motif que ce dernier était le véritable dirigeant de la société au sens de ce texte ; la société civile immobilière et le mis en examen ont relevé appel de la décision ; pour accueillir l'argumentation des appelants qui faisaient valoir que la mesure conservatoire n'aurait pu être envisagée qu'à l'égard de la SCI, seule propriétaire de l'immeuble saisi, et infirmer l'ordonnance entreprise, l'arrêt énonce que le mis en examen ne détient aucune part dans la société, et que le bien en cause est la propriété de cette société, qui dispose d'un patrimoine propre ; mais si la chambre de l'instruction n'encourt aucune censure pour avoir statué comme elle l'a fait au jour de sa décision, la saisie de patrimoine contestée ne pouvant alors s'effectuer que sur les seuls biens appartenant au mis en examen, l'arrêt attaqué doit cependant être annulé afin qu'il soit prononcé au vu des dispositions de procédure précitées de la L. du 27 mars 2012, qui concernent une mesure conservatoire d'application immédiate. • Crim. 9 mai 2012, n° 11-85.522 P : *D. actu. 4 juin 2012, obs. Girault ; D. 2012. 1652, note Cutajar ; JCP 2012, n° 670, obs. Lasserre Capdeville ; Gaz. Pal. 2012. 2. 2219, obs. Dreyer.*

32. M. X..., auquel sont reprochés des faits commis du 1er juill. 2009 au 4 juin 2013, a été mis en examen des chefs de banqueroute, fraude fiscale, escroquerie, abus de biens sociaux et abus de confiance ; par Ord. du 16 sept. 2013, le juge d'instruction a ordonné la saisie immobilière des lots d'un immeuble appartenant au demandeur, acquis par voie successorale le 23 août 1991 et représentatif du montant des sommes détournées ; pour confirmer cette ordonnance, l'arrêt prononce par les motifs repris au moyen, d'où il résulte que le produit des infractions objet des poursuites ne pouvait être représenté et était donc susceptible de confiscation en valeur, conformément aux exigences de l'art. 131-21 C. pén., dans sa rédaction antérieure à l'entrée en vigueur de la L. du 27 mars 2012 ; la chambre de l'instruction a, même pour les faits antérieurs à cette date, fait l'exacte application de l'art. 706-141-1 C. pr. pén. autorisant la saisie en valeur, lequel est immédiatement applicable. • Crim. 24 sept. 2014, n° 13-88.602 P : *D. actu. 9 oct. 2014, obs. Fonteix ; D. 2014. 2227, note Saenko ; ibid. 2015. 121, obs. Azéma ; AJ pénal 2014. 592, obs. Ascensi ; JCP 2014. 1250, note Rebut ; Gaz. Pal. 2014. 2. 3679, note Mésa.*

33. Les dispositions issues de la L. du 3 juin 2016 qui permettent de refuser la restitution des biens qui sont le produit de l'infraction (C. pr. pén., art. 99, al. 4) sont immédiatement applicables. • Crim. 28 févr. 2018, n° 17-81.577 P : *D. actu. 20 mars 2018, obs. Fonteix ; D. 2018. Pan. 2259, obs. Roujou de Boubée.*

34. Sursis avec mise à l'épreuve – Révocation. V. *infra*, ss. art. 132-47 s.

35. Témoins. – Protection. En prévoyant qu'un décret en Conseil d'État préciserait « en tant que de besoin » les conditions d'application des dispositions du titre XXI du livre IV C. pr. pén. relatives à la protection des témoins, l'art. 706-63 C. pr. pén. n'a pas subordonné à la parution d'un tel décret l'entrée en vigueur de ces dispositions, par ailleurs suffisamment claires et précises pour être appliquées immédiatement. • Crim. 9 juill. 2003, n° 03-82.119 P : *Gaz. Pal. 2004. 2. 3771, note Fiori-Khayat.*

36. Terrorisme. – Procédure. Sauf lorsque la loi en dispose autrement, les art. du code de procédure pénale relatifs à la poursuite, à l'instruction et au jugement des actes de terrorisme sont applicables aux faits commis avant le 1er mars 1994, dès lors que ces faits entrent dans les prévisions tant de l'art. 706-16 anc. de ce code que des art. 421-1 à 421-5 nouv. C. pén. • Crim. 22 sept. 1998, n° 98-83.555 P.

37. Trouble mental. – Procédure et décisions d'irresponsabilité pénale. Une personne mise en examen pour homicide volontaire, a, le 25 oct. 2007, fait l'objet d'une ordonnance de non-lieu pour irresponsabilité pénale au visa de l'art. 122-1, 1° (*sic*), C. pén. ; cette décision a été confirmée, le 2 avr. 2008, par la juridiction d'instruction du second degré qui s'est conformée à la procédure en vigueur à la date de l'ordonnance entreprise ; en cet état, l'arrêt n'encourt pas le grief reprochant à la chambre de l'instruction de n'avoir pas fait application des dispositions de la L. du 25 févr. 2008, dès lors que le principe de la légalité des peines visé à l'art. 112-1, al. 2, C. pén. fait obstacle à l'application immédiate d'une procédure qui a pour effet de faire encourir à une personne des peines prévues à l'art. 706-136 C. pr. pén. que son état mental ne lui faisait pas encourir sous l'empire de la loi ancienne applicable au moment où les faits ont été commis ; d'où il suit que doit être écarté le moyen pris notamment de la violation de l'art. 112-2, 2°, C. pén. • Crim. 21 janv. 2009, n° 08-83.492 P : *D. 2009. 1111, note Matsopoulou ; ibid. Pan. 2827, obs. Roujou de Boubée ; JCP 2009. II. 10043, note Detraz ; RSC 2009. 136, obs. Giudicelli ; ibid. 2010. 129, obs. Fortis.* ♦ *Adde* : Delage, *RSC 2009. 69* (vérité et ambiguïté autour de l'imputabilité morale).

38. Encourt la cassation l'arrêt qui, pour déclarer la procédure prévue par les art. 706-119 s. C. pr. pén., issus de la L. n° 2008-174 du 25 févr. 2008, non applicable à une personne mise en examen pour des faits commis antérieurement à l'entrée en vigueur de ladite loi et susceptible d'être déclarée pénalement irresponsable, retient que les mesures prévues par les art. 706-135 et 706-136 du même code constituent des peines et qu'une procédure ayant pour effet de les faire encourir ne saurait être appliquée immédiatement ; en effet, l'art. 112-1, al. 2, C. pén., selon lequel seules peuvent être prononcées les peines légalement applicables à la date de commission de l'infraction, ne s'applique pas aux mesures de sûreté prévues, en cas de déclaration d'irresponsabilité pénale pour cause de trouble mental, par les art. 706-135 et 706-136 C. pr. pén. et, selon l'art. 112-2 C. pén., les lois fixant les modalités de poursuites et les formes de la procédure sont applicables immédiatement à la répression des infractions commises avant leur entrée en vigueur. • Crim. 16 déc. 2009, n° 09-85.153 P : *D. 2010. 144, obs. Léna ; ibid. 471, note Pradel ; ibid. Pan. 2734, obs. Roujou de Boubée ; AJ pénal 2010. 136, obs. Duparc ; JCP 2010, n° 1-2, 15, obs. Detraz ; ibid. n° 5, 117, note Mistretta ; Gaz. Pal. 2010. 1. Jur., p. 807, note Roets ; ibid. p. 976, note Detraz ; RSC 2010. 129, obs. Fortis* . ♦ Les dispositions de l'art. 112-1 C. pén. prescrivant que seules peuvent être prononcées les peines légalement applicables à la date de l'infraction ne s'appliquent pas aux mesures de sûreté prévues, en cas de déclaration d'irresponsabilité pénale pour cause de trouble mental, par les art. 706-135 et 706-136 C. pr. pén. issus de la L. du n° 2008-174 du 25 févr. 2008. • Crim. 14 avr. 2010, n° 09-82.291 : *Gaz. Pal. 2010. 2. 2388, note Detraz.* ♦ Confirmé par • CEDH 3 sept. 2015, *Berland c/ France*, n° 42875/10 : *D. actu. 18 sept. 2015, obs. Autier ; D. 2015. Pan. 2467, obs. Roujou de Boubée ; AJ pénal 2015. 599, obs. Margaine ; RSC 2016. 129, obs. Roets* (les mesures ordonnées à la suite d'une déclaration d'irresponsabilité pénale pour cause de trouble mental ne sont pas des peines au sens de l'art. 7, § 1, Conv. EDH et le principe de non-rétroactivité n'a donc pas vocation à s'appliquer).

39. Autres exemples. Pour l'application immédiate : ... de l'art. 35 de la L. du 5 févr. 1994 modifiant la loi du 9 févr. 1895 relative aux fraudes en matière artistique. • Crim. 27 sept. 1994, n° 93-84.222 P. ♦ ... De l'art. 171 C. pr. pén., dans sa rédaction issue de la L. du 24 août 1993. • Crim. 18 juill. 1995, n° 95-82.319 P. ♦ ... Des art. 173 et 174 C. pr. pén., relatifs au régime des nullités institué par les L. des 4 janv. et 24 août 1993. • Crim. 6 févr. 1996 : *Gaz. Pal. 1996. 1. 218, note Doucet.* ♦ ... De l'art. 6-1 C. pr. pén. issu de la L. n° 95-125 du 8 févr. 1995. • Crim. 28 janv. 1997, n° 96-81.388 P : *RSC 1997. 664, obs. Dintilhac* . ♦ ... Des dispositions de la L. n° 96-1235 du 30 déc. 1996 relatives à la durée de la détention provisoire. • Crim. 19 août 1997, n° 97-83.014 P. ♦ ... Des dispositions de l'art. 82-1 C. pr. pén., issues de la loi du 4 janv. 1993. • Crim. 7 juin 2000, n° 99-81.570 P. ♦ ... De l'art. 177-2 C. pr. pén, issu de l'art. 87-1 de la L. du 15 juin 2000, qui a donné compétence aux juridictions d'instruction, lorsqu'elles rendent une ordonnance de non-lieu, de prononcer une amende civile pour constitution de partie civile abusive ou dilatoire. • Crim. 8 oct. 2002, n° 02-80.952 P : *Gaz. Pal. 2003. 2. 2453, note Janville.* ♦ ... De l'art. 40 de la L. du 9 sept. 2002, relatif au recours à la procédure de comparution immédiate même lorsque la peine encourue est supérieure à sept ans d'emprisonnement. • Crim. 7 janv. 2004, n° 03-85.305 P : *AJ pénal 2004. 121, obs. Pitoun ; Dr. pénal 2004. 47, obs. Véron.* ♦ ... De l'art. 706-56 C. pr. pén., réprimant le refus de se soumettre à un prélèvement biologique, même si la condamnation justifiant ce prélèvement est antérieur à la L. du 15 nov. 2001 à l'origine de l'incrimination, ledit prélèvement pouvant s'analyser comme une mesure de sûreté destinée à faciliter l'identification et la recherche des auteurs d'infractions sexuelles. • Crim. 22 juin 2004, n° 03-87.943 P : *D. 2005. Pan. 539, obs. Galloux et Gaumont-Prat ; ibid. 1522, obs. Roujou de Boubée ; Gaz. Pal. 2005. 1. Somm. 1411, obs. A.C.* ♦ ... De l'arrêté du 22 août 2006, pris en application de l'art. R. 213-1 C. pr. pén., relatif aux frais des opérateurs de communications électroniques. • Crim. 23 janv. 2007, n° 06-83.126 P : *D. 2007. Actu. 658 ; Dr. pénal 2007. 47 (1re esp.), obs. Véron.* ♦ ... Des dispositions de l'art. 475-1, al. 2, C. pr. pén., issu de la L. n° 2006-1640 du 21 déc. 2006, relatif à l'intervention à l'instance des organismes tiers payeurs. • Crim. 9 mai 2007, n° 07-80.894 P. ♦ ... De l'art. 212-2 C. pr. pén., institué par la L. du 9 mars 2004, relatif au prononcé d'une amende civile en cas de constitution de partie civile abusive ou dilatoire. • Crim. 30 mai 2007, n° 06-87.743 P.

C. EXÉCUTION ET APPLICATION DES PEINES

BIBL. J.-Ph. Lhernould, *LPA 1996, n° 156, p. 6.* – Herzog-Evans, *Gaz. Pal. 2009. 1. 553, note ss. TGI Melun (ord. jap).*

40. Application immédiate. Les lois concernant l'exécution des peines sont d'application immédiate aux situations en cours lors de leur entrée en vigueur. • Crim. 21 nov. 1984, n° 84-90.466 P : *D. 1986. IR 105, obs. Roujou de Boubée ; RSC 1985. 793, obs. Vitu.* ♦ ... Une loi relative à l'exécution des peines étant une loi de procédure. • Crim. 27 juin 1989 (2 arrêts) : *Bull. crim. n° 278* • 27 juin 1989, n° 88-83.541 P.

41. Abolition de la peine. Il résulte de l'art. 112-2, 3°, C. pén. que, sauf disposition contraire, l'abrogation d'une loi instituant une peine met obstacle à son exécution ; c'est à tort qu'une chambre d'accusation – pour rejeter la requête d'une personne condamnée (en 1989) à la réclusion criminelle à perpétuité, et qui demandait à être relevée de la peine de l'interdiction légale – a cru pouvoir considérer que l'interdiction légale, constituant une interdiction des droits civils et de famille au sens de l'art. 370 de la L. du 16 déc. 1992, devait continuer à recevoir exécution malgré l'abrogation des textes qui l'instituaient ; l'art. 370 de la L. du 16 déc. 1992 n'est pas applicable à l'interdiction légale, et en l'état de l'abrogation, par l'art. 372 de cette loi, des art. 29 et 31 C. pén. instituant cette peine, et en l'absence de dispositions contraires, l'interdiction légale avait cessé d'être applicable au condamné, dont la requête en relèvement était, dès lors, sans objet. • Crim. 28 juin 2000, n° 98-86.376 P : *JCP 2000. II. 10375, rapp. F. Desportes ; D. 2001. 1351, note Massip ; Dr. pénal 2001. Chron. 13, obs. Cl. Marsat ; RSC 2001. 155, obs. Bouloc ; RTD civ. 2001. 108, obs. Hauser*.

42. Il résulte de l'art. 112-2, 3°, C. pén. que, sauf disposition contraire, l'abrogation d'une loi instituant une peine met obstacle à son exécution. Cassation, pour violation de ce texte, de l'arrêt qui déclare irrecevable l'action en justice d'une personne condamnée à une peine de réclusion criminelle – peine qui, en vertu de l'art. 7 C. pén. alors en vigueur, entrait dans les prévisions de l'art. 29 instituant la peine accessoire de l'interdiction légale – au motif que, par application de l'art. 112-1, al. 3, C. pén. actuel, et sous la seule réserve de l'art. 112-4, al. 2, de ce code, une loi pénale nouvelle, même moins sévère, est sans incidence sur les peines prononcées par une décision passée en force de chose jugée avant son entrée en vigueur, alors qu'en l'état de l'abrogation par l'art. 372 de la L. n° 92-1336 du 16 déc. 1992 des art. 29 et 31 C. pén., et en l'absence de disposition contraire, la cour aurait dû constater que l'interdiction avait cessé d'être applicable au condamné. • Civ. 1re, 3 avr. 2001, n° 98-14.392 P : *Gaz. Pal. 2001. 2. Somm. 2065, note Massip.*

43. Aménagement de la peine ab initio. L'abaissement à un an du plafond permettant l'aménagement *ab initio* d'une peine d'emprisonnement ferme, disposition plus sévère issue de la L. du 23 mars 2019, n'est applicable qu'aux faits commis à compter du 24 mars 2020, date de son entrée en vigueur. • Crim. 20 oct. 2020, n° 19-84.754 P : *D. actu. 19 nov. 2020, obs. Gallois ; Dr. pénal 2020, n° 219, obs. Bonis.*

44. Casier judiciaire. L'exclusion de la mention d'une condamnation au bulletin n° 2 du casier judiciaire emporte relèvement de toutes les interdictions, déchéances ou incapacités de quelque nature qu'elles soient résultant de cette condamnation. Dès lors, fait l'exacte application de l'art. 112-2, 3°, C. pén., la chambre de l'instruction qui, pour écarter l'argumentation du ministère public selon laquelle les dispositions de l'art. 775-1 C. pr. pén., issues de la L. n° 2004-204 du 9 mars 2004, qui prohibent l'exclusion du bulletin n° 2 du casier judiciaire des mentions relatives, notamment, aux condamnations pour les infractions d'agressions ou d'atteintes sexuelles prévues par les art. 222-23 à 222-31 C. pén., étant d'application immédiate, doit être rejetée la demande d'exclusion de la mention d'une condamnation pour viol du 13 juin 2002 au bulletin n° 2 du casier judiciaire du condamné, retient que cette loi, qui a pour résultat d'interdire au requérant d'intégrer la fonction publique territoriale, rend plus sévère la peine prononcée par la décision de condamnation et, qu'en conséquence, elle n'est pas applicable aux faits commis avant son entrée en vigueur. • Crim. 25 avr. 2006, n° 05-86.876 P : *D. 2007. Pan. 401, obs. Roujou de Boubée , et p. 976, obs. Pradel ; Dr. pénal 2006. 107 (2e esp.), obs. Maron ; AJ pénal 2006. 313 (1re esp.), obs. Herzog-Evans ; Gaz. Pal. 2006. 2. Somm. 4104, note Monnet ; RSC 2006. 851, obs. Finielz*.

45. Si l'art. 775-1, al. 3, C. pr. pén., dans sa rédaction issue de la L. n° 2004-204 du 9 mars 2004, prévoit que l'exclusion d'une condamnation du bulletin n° 2 du casier judiciaire n'est pas applicable aux personnes condamnées, notamment, du chef d'agression sexuelle, ces dispositions, en ce qu'elles interdisent aux juges de faire bénéficier le condamné du bénéfice d'une mesure qui emporte relèvement de toutes les interdictions, déchéances ou incapacités de quelque nature qu'elles soient résultant de la condamnation, ont pour effet de rendre plus sévère la peine prononcée et ne peuvent, à ce titre, selon l'art. 112-2 C. pén., être appliquées qu'aux condamnations prononcées pour des faits commis postérieurement à leur entrée en vigueur. • Crim. 24 mai 2006, n° 05-85.971 P : *Gaz. Pal. 2006. 2. Somm. 4040, note Monnet.*

46. Selon l'art. 112-2, 3°, C. pén., les dispositions relatives au régime d'exécution et d'application des peines qui ont pour effet de rendre plus sévère la peine prononcée contre le prévenu ne peuvent être appliquées qu'aux condamnations prononcées pour des faits commis postérieurement à leur entrée en vigueur. Méconnaît le sens et la portée de ce texte la cour d'appel qui, pour infirmer le jugement ayant fait droit à la demande d'exclusion du casier judiciaire de l'intéressé d'une condamnation pour agression sexuelle aggravée commise courant avril 1996, et la déclarer irrecevable, retient qu'à la date du 2 nov. 2004, les conditions légales pour présenter une telle requête n'étaient pas réunies, la nature de l'infraction retenue à l'encontre du requérant l'empêchant, en application de l'art. 775-1, al. 3, C. pr. pén., dans sa rédaction issue de la L. n° 2004-204 du 9 mars 2004, de bénéficier de la mesure sollicitée, alors que la non-inscription d'une condamnation au bulletin n° 2 du casier judiciaire emportant relèvement de toutes les interdictions, déchéances ou incapacités de quelque nature qu'elles soient résultant de cette condamnation, l'interdiction faite aux juges de faire bénéficier un condamné de cette mesure rend plus sévère la peine prononcée. • Crim. 24 mai 2006, n° 05-84.884 P : *Dr. pénal 2006. 108 (2e esp.), obs. Véron.*

47. En application de l'art. 112-2, 3°, C. pén., les lois nouvelles relatives au régime d'exécution et d'application des peines sont applicables immédiatement aux condamnations prononcées pour des faits commis, fût-ce en partie, postérieurement à leur entrée en vigueur. Pour ordonner l'exclusion de la mention au bulletin n° 2 du casier judiciaire de la condamnation prononcée à l'encontre du demandeur pour des faits de détention de l'image pornographique d'un mineur commis entre le 5 mars 2002 et le 4 nov. 2004, soit, pour partie, postérieurement à l'entrée en vigueur des dispositions de l'art. 775-1, al. 3, C. pr. pén., instituées par la L. du 9 mars 2004, l'arrêt attaqué énonce que « conformément à l'art. 112-2, 3° C. pén., l'application de la loi nouvelle aux faits commis postérieurement à son entrée en vigueur est à proscrire lorsqu'elle a pour effet de rendre plus sévère la peine prononcée par la décision de condamnation ». Mais en prononçant ainsi, la cour d'appel a méconnu les textes susvisés. • Crim. 20 sept. 2006 : *AJ pénal 2007. 93, obs. Herzog-Evans*.

48. Contrainte par corps (judiciaire). La contrainte par corps n'est pas une peine mais une voie d'exécution, attachée de plein droit aux condamnations pécuniaires prononcées par les juridictions répressives ; il en résulte que les lois qui y sont relatives régissent les poursuites faites sous leur empire, quoique l'obligation dont l'exécution est poursuivie ait pris naissance sous la législation antérieure. • Crim. 8 juill. 1958 : *Bull. crim. n° 528* • 26 juin 1989, n° 88-85.599 P. ♦ Rappr. : • Crim. 24 sept. 1996, n° 96-81.317 P (la contrainte par corps constituant une mesure d'exécution forcée des peines pécuniaires, au sens de l'art. 112-2, 3°, C. pén., sa durée ne saurait être réduite en application des dispositions des art. 721 et 721-1 C. pr. pén. relatives aux seules peines d'emprisonnement). ♦ *Adde* : Delmas Saint-Hilaire, *RSC 1996. 662 s.* ♦ *Contra* : La contrainte par corps constitue une peine au sens de l'art. 7 Conv. EDH. • CEDH 8 juin 1995, *Jamil c/ France : JCP 1996. I. 3910, n° 29, obs. Sudre* • 2 juill. 2002, *Götkan c/ France : ibid. 2003. I. 109, n° 26, obs. Sudre* • Com. 16 mai 2000, n° 98-15.196 P. ♦ Sur le caractère de mesure à caractère pénal de la contrainte par corps. • Crim. 29 mai 1997, n° 96-82.480 P : *Dr. pénal 1997. 152, obs. Véron* • 20 sept. 2000, n° 99-81.392 P.

49. Ne constituant pas une peine d'emprisonnement, la contrainte par corps qui assortit une condamnation à des amendes fiscales peut être prononcée sans motivation spéciale, aucune disposition légale n'imposant aux juges une telle motivation. • Crim. 22 janv. 2003 : *Dr. pénal 2003. n° 64, obs. J.-H. Robert.*

50. L'abrogation, par l'art. 198, IV, de la L. du 9 mars 2004, de l'art. L. 272 L. proc. fisc., interdit que les condamnations prononcées par les juridictions répressives en application des art. 1741 et 1771 à 1778 CGI après le 1er janv. 2005, date d'entrée en vigueur de la loi précitée, soient recouvrées par la contrainte par corps. • Crim. 4 mai 2006 : *Dr. pénal 2006. 101, obs. J.-H. Robert.*

51. Les art. 198 et 207, II, de la L. du 9 mars 2004 interdisent aux juridictions répressives de prononcer la contrainte par corps, postérieurement au 1er janv. 2005, date d'entrée en vigueur de la loi ; après avoir condamné le prévenu au paiement du droit fixe de procédure et aux dépens d'appel, le tribunal supérieur d'appel (Mayotte) a prononcé la contrainte par corps. Cette décision, postérieure au 1er janv. 2005, doit être censurée. • Crim. 24 juin 2008, n° 08-80.802 P : *D. 2008. AJ 2081*.

52. Confusion des peines. Aux termes de l'art. 112-2, 3°, C. pén., les lois relatives au régime d'exécution et d'application des peines, lorsqu'elles auraient pour résultat de rendre plus sévères les peines prononcées par la décision de condamnation, ne sont applicables qu'aux condamnations prononcées pour des faits commis postérieurement à leur entrée en vigueur ; cassation de l'arrêt qui, pour rejeter une requête tendant à la confusion de la peine de 9 mois d'emprisonnement prononcée par le tribunal correctionnel de Paris, le 6 janv. 1994, pour violences commises en 1993, avec celle de 8 ans d'emprisonnement prononcée par la cour d'assises de Paris, le 10 mai 1995, pour viol commis en 1992, énonce que sont applicables les dispositions de l'art. 132-4 C. pén., selon lesquelles la confusion des peines de même nature n'est que facultative, alors que, conformément aux art. 18 et 40 anciens C. pén., une peine privative de liberté d'une durée de 8 ans infligée pour un crime commis avant le 1er mars 1994 était nécessairement celle de la réclusion criminelle, et qu'une telle peine absorbait de plein droit une peine correctionnelle venue en concours. • Crim. 26 sept. 1996, n° 96-81.284 P : *RSC 1997. 631, obs. Bouloc*. ♦ Dans le même sens : • Crim. 17 mars 1998, n° 97-82.699 P : *JCP 1998. IV. 2636.*

53. La confusion est de droit entre une peine de 8 ans d'emprisonnement prononcée en janvier 1995 par une cour d'assises, pour des faits criminels commis en 1990, et celle d'un an d'emprisonnement infligée en avril 1995 à la même personne par un tribunal correctionnel, pour des faits perpétrés en 1991. • Crim. 20 nov. 1996, n° 96-85.276 P : *RSC 1997. 631, obs. préc. Bouloc*. ♦ Rappr., sur le fondement de l'art. 371 de la L. n° 92-1336 du 16 déc. 1992 (V. *infra*, ss. C. pén., art. 727-3) : • Crim. 16 nov. 1994, n° 94-82.548 P : *RSC 1995. 572, obs. Bouloc*.

54. Selon l'art. 112-2, al. 1-3° C. pén., les lois relatives au régime d'exécution et d'application des peines sont applicables immédiatement à l'exécution des condamnations prononcées à raison de faits commis avant leur entrée en vigueur, quand elles n'ont pas pour résultat de rendre plus sévères les peines prononcées par la décision de condamnation. Il en est ainsi des dispositions de l'art. 132-23-1 C. pén. issu de la L. n° 2010-242 du 20 mars 2010 qui permet de prendre en compte les condamnations prononcées par une juridiction d'un État membre de l'Union européenne dans les mêmes conditions que les condamnations prononcées par les juridictions françaises, lorsque son application permet de réduire au maximum légal le plus élevé la durée totale de plusieurs peines à exécuter, dont l'une a été prononcée dans une juridiction d'un État membre de l'Union européenne, et que la durée cumulée de ces peines excède ce maximum. • Crim. 8 janv. 2020, n° 19-80.349 P : *D. actu. 4 févr. 2020, obs. Goetz ; AJ pénal 2020. 148, obs. Dominati ; Dr. pénal 2020, n° 65, obs. Peltier.*

55. Confiscation prononcée à l'étranger. La condition tenant au caractère confiscable, selon le droit français, du bien concerné par la demande d'entraide, posée par l'art. 713-37, 2° C. pr. pén., qui vise à écarter l'exécution d'une décision étrangère de confiscation contraire aux règles en vigueur sur le territoire national, s'apprécie au regard des règles applicables à la date où la juridiction française saisie de la demande statue. • Crim. 5 déc. 2018, n° 17-86.695 P : *D. actu. 24 déc. 2018, obs. Fucini ; Dr. pénal 2019, n° 39, obs. Bonis.*

56. Conversion des peines. Selon l'art. 112-2, 3°, C. pén., les lois relatives au régime d'exécution et d'application des peines sont d'application immédiate, sauf si elles ont pour résultat de rendre plus sévères les peines prononcées par la décision de condamnation ; il résulte des dispositions de l'art. 132-57 C. pén., dans leur rédaction issue de la L. n° 2009-1436 du 24 nov. 2009, que les juridictions de l'application des peines peuvent ordonner la conversion d'une peine d'emprisonnement ayant fait l'objet d'un sursis partiel, assorti ou non d'une mise à l'épreuve, lorsque la partie ferme de la peine est inférieure ou égale à six mois, ainsi que d'une peine d'emprisonnement inférieure ou égale à six mois résultant de la révocation d'un sursis, assorti ou non d'une mise à l'épreuve, en une peine de sursis assorti de l'obligation d'accomplir un travail d'intérêt général ou en une peine de jours-amende ; un arrêt antérieur à la publication de la L. n° 2009-1436 du 24 nov. 2009 qui a déclaré irrecevable une demande de conversion d'une peine d'emprisonnement en une peine de jours-amende aux motifs que la conversion n'est pas applicable à une peine d'emprisonnement résultant de la révocation d'un sursis, doit donc être annulé et l'affaire renvoyée devant les juges du fond, afin qu'ils procèdent à un réexamen de la demande d'aménagement de peine au regard des dispositions plus douces de la loi nouvelle. • Crim. 12 mai 2010, n° 09-84.030 P : *D. 2010. Actu. 1559 ; AJ pénal 2011. 254, obs. Herzog-Evans ; Gaz. Pal. 2010. 2. 2389, note Dreyer.*

57. Durée des peines. Le mécanisme d'imputation de la détention sur la durée de l'interdiction de séjour, prévu par l'art. 48, al. 6, C. pén. (nouvel art. 131-32, al. 2), ne touche pas le fond du droit, mais seulement le régime d'exécution d'une peine. • Paris, 16 déc. 1977 : *D. 1978. 483, note Valdès.* ♦ Il ne peut donner lieu qu'à une application immédiate aux situations en cours, en cas de conflit de lois dans le temps. • Crim. 7 oct. 1981, n° 81-91.063 P • Paris, 16 déc. 1977 : *préc.*

58. En application de l'art. 112-2 C. pén., les dispositions de l'art. 131-1 dudit code relatives à la durée des peines criminelles sont immédiatement applicables, comme participant de lois relatives au régime d'exécution et d'application des peines, à la répression des infractions commises avant leur entrée en vigueur le 1er mars 1994. Doit être cassé et annulé en toutes ses dispositions, en raison de l'indivisibilité existant entre la déclaration de culpabilité et la décision sur la peine, l'arrêt d'une cour d'assises qui, rendu après le 1er mars 1994, a prononcé une peine de cinq ans de réclusion criminelle, alors que la durée de la réclusion criminelle à temps est de dix ans au moins. • Crim. 19 déc. 1994, n° 94-83.390 P : *Dr. pénal 1995. 84 (4e esp.) ; RSC 1995. 568, obs. Bouloc.* ♦ V. ss. art. 131-1.

59. Emprisonnement sans sursis. V. *infra*, ss. art. 132-19 et 132-36, réd. L. n° 2014-896 du 15 août 2014.

60. Mandat d'arrêt européen. Il résulte des art. 695-11 s. C. pr. pén. et de l'art. 215 de la L. du 9 mars 2004 que les dispositions relatives au mandat d'arrêt européen ne constituent pas des lois relatives au régime d'exécution et d'application des peines au sens de l'art. 112-2, 3°, C. pén., et s'appliquent, conformément à la déclaration faite par le Gouvernement français en application de l'art. 32 de la Décis.-cadre du Conseil du 13 juin 2002, aux faits commis à compter du 1er nov. 1993. En conséquence, encourt la censure la chambre de l'instruction qui, pour refuser l'exécution d'un mandat d'arrêt européen délivré pour l'exécution d'une peine privative de liberté, retient que le nouveau régime d'exécution des peines résultant de l'entrée en vigueur des dispositions précitées a pour effet d'aggraver le sort de la personne recherchée et ne peut donc être appliqué qu'aux condamnations prononcées pour des faits postérieurs à cette entrée en vigueur. • Crim. 5 août 2004, n° 04-84.529 P.

61. Il résulte de la combinaison des art. 695-12

C. pr. pén., 215 de la L. du 9 mars 2004 et de la déclaration faite par le Gouvernement français conformément à l'art. 32 de la décision-cadre du Conseil de l'Union européenne du 13 juin 2002, qu'un mandat d'arrêt européen peut recevoir exécution lorsque la demande de remise pour l'exécution d'une peine privative de liberté concerne au moins un fait commis après le 1er novembre 1993 justifiant la peine prononcée. • Crim. 21 sept. 2004, n° 04-84.575 P.

62. Justifie légalement sa décision la cour d'appel qui, pour autoriser la remise d'une personne de nationalité belge qui s'est vu notifier le 26 juin 2004 un mandat d'arrêt européen émis le 4 juin 2004 par les autorités belges, pour l'exécution d'une peine de 8 ans d'emprisonnement prononcée par jugement exécutoire rendu par le tribunal correctionnel de Bruxelles le 30 déc. 1996, relève que cette personne n'a pas fait opposition au jugement rendu par défaut, régulièrement notifié à sa personne, et que la chambre de l'instruction n'est pas tenue de rechercher si la peine peut être exécutée sur le territoire national. Les dispositions relatives au mandat d'arrêt européen ne constituent pas des lois relatives au régime d'exécution et d'application des peines au sens de l'art. 112-2, 3°, C. pén., et n'entrent pas dans le champ d'application des dispositions de l'art. 7 Conv. EDH. • Crim. 23 nov. 2004, n° 04-86.131 P : *Gaz. Pal. 2005. 1. Somm. 2198, note A.C. ; RSC 2005. 295, obs. Vermelle*.

63. Période de sûreté. V. *infra*, ss. art. 227-22.

64. Récidive. V. *infra*, ss. art. 132-10.

65. Réduction de peine. Selon l'art. 41 de la L. du 12 déc. 2005, quelle que soit la date de commission des faits ayant donné lieu à condamnation, les dispositions du deuxième al. de l'art. 721 C. pr. pén., dans leur rédaction issue de ladite loi, qui fixent le mode de calcul du crédit de réduction de peine applicable au condamné récidiviste, sont immédiatement applicables aux condamnations mises à exécution après le 13 déc. 2005, date de l'entrée en vigueur de cette même loi. Ces dispositions constituent une exception aux prescriptions de l'art. 112-2, 3°, C. pén. relatives à l'application dans le temps des lois fixant le régime d'exécution et d'application des peines. Un détenu en exécution d'une condamnation à quatorze ans d'emprisonnement prononcée le 12 déc. 2005 par la cour d'appel d'Aix-en-Provence, a été informé, le 6 oct. 2007, par le greffe de la maison d'arrêt, que cette peine, ramenée à exécution après rejet de son pourvoi, le 21 juin 2006, serait réduite de quinze mois en application de la loi précitée du 12 déc. 2005. Par requête du 18 juill. 2007, il a soutenu qu'à la date *de sa condamnation, il* était justiciable des dispositions de la L. du 9 mars 2004, entrée en vigueur le 1er janv. 2005, qui, pour le bénéfice du crédit de réduction de peine, n'opérait pas de distinction entre le condamné en état de récidive légale et celui qui ne l'était pas. Il estimait, en conséquence, qu'un crédit de peine de vingt-neuf mois devait lui être accordé. Pour faire droit à cette requête, l'arrêt attaqué retient que la L. du 9 mars 2004, qui a substitué aux réductions de peine accordées individuellement par le juge de l'application des peines au regard des preuves de bonne conduite du condamné un système de crédit de peine automatiquement imputé sur chaque peine sans intervention du juge, a fait du crédit de réduction de peine un accessoire indivisible de celle-ci. Les juges ajoutent que l'art. 41 de la L. du 12 déc. 2005, en ce qu'il a pour résultat, en contradiction avec les dispositions de l'art. 112-2, 3°, C. pén., de rendre plus sévères, quelle que soit la date de commission des faits, les peines prononcées contre les récidivistes ayant fait l'objet de condamnations mises à exécution après son entrée en vigueur, méconnaît les principes de légalité des délits et des peines et de non-rétroactivité de la loi pénale plus sévère énoncés par les art. 8 DDH et 7, § 1, Conv. EDH. En prononçant ainsi, alors que les dispositions conventionnelles précitées ne sont applicables qu'à la peine elle-même et non aux mesures de réduction de peine, la cour d'appel a méconnu les art. 112-2 C. pén., 721 et 591 C. pr. pén., et 41 de la L. du 12 déc. 2005, ensemble l'art. 7, § 1, Conv. EDH, ainsi que les principes ci-dessus énoncés. • Crim. 9 avr. 2008, n° 07-88.159 P : *D. 2008. Chron. C. cass., p. 1721, obs. Caron ; ibid. 2009. Pan. 124 et 125, obs. Roujou de Boubée ; Dr. pénal 2009. Chron. 3, p. 25, obs. Garçon.*

66. Les réductions supplémentaires de peine relatives aux périodes d'incarcération subies par les condamnés en état de récidive, examinées postérieurement au 1er janv. 2015, date d'entrée en vigueur de la L. du 15 août 2014, doivent être calculées exclusivement selon les modalités plus favorables prévues par le dispositif légal en vigueur. • Crim. 16 déc. 2015, n° 15-81.264 P : *D. actu. 1er févr. 2016, obs. Goetz ; Dr. pénal 2016, n° 39, obs. Bonis-Garçon.*

67. Révocation du sursis. V. ss. art. 132-36, réd. L. n° 2014-896 du 15 août 2014.

68. Schengen. Les dispositions de l'art. 68 de la Convention signée à Schengen le 19 juin 1990, qui permettent de reprendre en France l'exécution d'une peine prononcée à l'étranger à l'encontre d'un Français lorsque celui-ci s'est soustrait à l'exécution de la peine en se réfugiant sur le territoire national, n'ont pas pour résultat de rendre plus sévère la peine prononcée par la décision de condamnation et sont donc applicables immédiatement, conformément à l'art. 112-2, 3°, C. pén. • Crim. 4 nov. 1997, n° 96-86.644 P : *RSC 1998. 537, obs. Bouloc*.

69. Sursis avec mise à l'épreuve. V. ss. art. 132-44 et ss. art. 132-47 s.

70. Surveillance judiciaire. Selon l'art. 723-29 C. pr. pén., le placement sous surveillance judiciaire peut être ordonné à l'encontre d'une personne condamnée à une peine privative de liberté d'une durée égale ou supérieure à dix ans pour un crime ou un délit pour lequel le suivi socio-judiciaire est encouru. Il en est ainsi alors même que le crime ou le délit aurait été commis avant l'entrée en vigueur des dispositions ayant instauré le suivi socio-judiciaire. • Crim. 21 janv. 2009, n° 08-83.372 P : *RSC 2009. 438, obs. Poncela ; D. 2009. AJ 566, note Léna ; ibid. 1326, note Roujou de Boubée ; ibid. Pan. 1382, obs. Herzog-Evans ; ibid. Pan. 2827, obs. Roujou de Boubée ; AJ pénal 2009. 124, note Herzog-Evans ; Dr. pénal 2010. Chron. 2, obs. Peltier.* ♦ Cassation de • Versailles, 1er avr. 2008 : *AJ pénal 2008. 323, obs. Herzog-Evans ; RSC 2009. 438, obs. Poncela .*

D. PRESCRIPTIONS

BIBL. Dreyer, *Gaz. Pal. 2015. 1994* (les conflits de lois de prescription dans le temps).

1° ACTION PUBLIQUE

71. Application immédiate. Une loi nouvelle régissant la prescription est applicable immédiatement aux situations en cours. • Crim. 28 mai 1974 : *Bull. crim. n° 202* • 4 oct. 1982 : *ibid. n° 204* • 4 juin 1984, n° 83-93.459 P.

72. Lorsqu'une loi nouvelle fait une contravention d'une infraction antérieurement qualifiée de délit, le délai de prescription de l'action publique d'un an ne se substitue à celui de trois ans qu'à compter de la date d'entrée en vigueur de ladite loi, sans toutefois que ce délai puisse excéder celui de la prescription triennale. • Crim. 25 févr. 1988, n° 87-82.625 P : *RSC 1989. 98, obs. Vitu.*

73. Prescriptions acquises. BIBL. Crimes et délits contre les mineurs : K. Vartanian, *D. 1997. Chron. 67* . – Ch. Guéry, *D. 1997. Chron. 138* . ♦ Une disposition modifiant le délai d'une prescription est applicable à toutes les actions nées avant la date de la promulgation de cette disposition et non encore prescrites. • Crim. 16 mai 1931 : *Gaz. Pal. 1931. 2. 178, rapp. Legris.* ♦ La loi nouvelle modifiant la computation d'un délai de prescription n'est pas applicable aux actions déjà prescrites lors de son entrée en vigueur. • Crim. 14 mai 1991, n° 90-83.783 P. ♦ Les lois nouvelles relatives à la réouverture du délai de prescription sont sans effet sur les prescriptions déjà acquises lors de leur entrée en vigueur. • Crim. 3 nov. 1994, n° 94-80.010 P : *RSC 1995. 567, obs. Bouloc* • 28 févr. 1995, n° 93-83.493 P : *D. 1996. 238, note Castaignède* • 3 sept. 1997, n° 97-83.351 P.

74. Les dispositions de la L. du 10 juill. 1989 qui ont modifié l'art. 7 C. pr. pén., auquel se réfère l'art. 8 dudit code, et qui prévoient que, lorsque la victime est mineure, le délai de prescription est ouvert ou court à nouveau à son profit à compter de sa majorité, sont sans effet dès lors que plus de trois ans se sont écoulés depuis la majorité de la victime avant l'entrée en vigueur de cette loi. • Crim. 8 févr. 1994, n° 92-86.333 P. ♦ Les lois nouvelles relatives à la réouverture du délai de prescription sont sans effet sur les prescriptions déjà acquises lors de leur entrée en vigueur, dès lors qu'aucun fait générateur de la réouverture n'est postérieur à cette date ; aux termes de l'art. 7, al. 3, C. pr. pén., issu de la L. du 10 juill. 1989, lorsque la victime est mineure et que le crime a été commis par un ascendant ou par une personne ayant autorité sur elle, le délai de prescription est réouvert ou court à nouveau à son profit, pour la même durée, à partir de sa majorité ; le dernier des faits dénoncés remontant à plus de dix ans avant la date d'entrée en vigueur de la L. du 10 juill. 1989, la prescription était définitivement acquise ; la victime, mineure au moment des faits, de viols commis par un ascendant ne pouvait donc bénéficier des dispositions du texte précité. • Crim. 3 nov. 1994 : *préc. note 73.* ♦ Tel est le cas non seulement de la L. du 10 juill. 1989 mais encore de celle du 4 févr. 1995. • Crim. 28 févr. 1995 : *préc. note 73.* ♦ Rappr. : • Colmar, 15 mai 1996 : *BICC 1996. 959.* ♦ Est justifié l'arrêt de la chambre d'accusation qui a refusé de constater la prescription de faits de viols aggravés, dès lors qu'il énonce qu'à la date de la promulgation de la L. du 10 juill. 1989 la prescription n'était pas acquise selon la loi ancienne et que, les faits ayant été dénoncés par les victimes dans les dix ans de leur majorité, les poursuites demeuraient possibles, les lois de procédure étant d'application immédiate, et peu importe que les plaignantes fussent déjà majeures le 10 juill. 1989. • Crim. 26 mars 1997, n° 97-80.086 P.

75. L'art. 112-2, 4°, C. pén., qui édicte un principe général, ne saurait remettre en cause les effets des lois particulières intervenues avant son entrée en vigueur et ayant augmenté la prescription ; il en est ainsi de l'art. 7, al. 3, C. pr. pén., dans sa rédaction actuelle issue de la L. du 10 juill. 1989, auquel le législateur n'a pas entendu déroger expressément. Ainsi, des actes de pénétration sexuelle commis en 1981-1982 sur une mineure née en 1971, par une personne ayant autorité sur elle, peuvent être poursuivis jusqu'en 1999. La plainte déposée en 1994, soit plus de dix ans après les faits, par la victime devenue majeure est recevable, par application de la L. du 10 juill. 1989, à des faits antérieurs à son entrée en vigueur et non prescrits à cette date. • Aix-en-Provence, 7 févr. 1996 : *BICC 1996. 683 ; Gaz. Pal. 1996. 1. chron. crim. 85.* ♦ L'art. 112-2, 4°, C. pén., en ce qu'il fixe le champ d'application dans le temps des lois de prescription, n'a pas pour effet de modifier sur ce point les lois de prescription promulguées avant son entrée en vigueur ; il en est ainsi à l'égard de la L. du 10 juill. 1989 relative à la prescription de l'action publique concernant les crimes commis sur des mineurs par un ascendant ou par une personne ayant autorité sur eux, aucune disposition nouvelle n'ayant modifié les modalités de cette prescription, avant l'engagement des poursuites, dans un sens favorable aux auteurs de ces infractions. • Crim. 29 mai 1996, n° 96-81.210 P(rejet du pourvoi contre • Aix-en-Provence, 7 févr. 1996 : *préc.*).

76. L'art. 8 C. pr. pén., qui fixe les règles relatives à la prescription de l'action publique en matière de délit, se réfère, dans sa rédaction antérieure à la L. n° 95-116 du 4 févr. 1995, à l'art. 7 du même code, lequel, modifié par la L. n° 89-487 du 10 juill. 1989, prévoit que, lorsque la victime est mineure et que les faits ont été commis par un ascendant ou une personne ayant autorité sur elle, le délai de prescription est ouvert ou court à nouveau à son profit à compter de sa majorité ; les dispositions de cette dernière loi, desquelles il résulte que la prescription de l'action publique est suspendue pendant la minorité de la victime, sans qu'il soit nécessaire d'attendre, pour agir, l'échéance de sa majorité, et qui échappent, par ailleurs, à la règle posée à l'art. 112-2, 4°, C. pén., postérieure à sa promulgation, s'appliquent aux fait non encore prescrits à la date de son entrée en vigueur. • Crim. 2 déc. 1998, n° 98-80.655 P : *D. 1999. IR 39* ; *JCP 1999. IV. 1728.*

77. Il résulte des art. 7 et 8 C. pr. pén., dans leur rédaction issue de la L. n° 89-467 du 10 juill. 1989 modifiée par celle n° 95-116 du 4 févr. 1995, qu'en matière de délit, l'action publique se prescrit par trois années révolues, si dans cet intervalle, il n'a été fait aucun acte d'instruction ou de poursuite. Le point de départ du délai de la prescription triennale d'un délit perpétré sur une victime mineure est reporté à la majorité de celle-ci lorsque les faits on été commis par une personne ayant autorité sur elle ou par un ascendant légitime, naturel ou adoptif. Cassation, pour violation de ces textes, de l'arrêt qui, pour renvoyer une personne devant la cour d'assises pour avoir de janv. 1984 à mars 1992, commis des agressions sexuelles sur une mineure, née le 14 janv. 1974, sur laquelle elle avait autorité, énonce que la victime a révélé les faits le 12 mai 1997, alors qu'au moment de la dénonciation des faits, un délai de plus de trois ans s'était écoulé depuis la majorité de la victime, et alors que le dernier al. de l'art. 8 C. pr. pén. dans sa rédaction issue de la L. n° 98-468 du 17 juin 1998, n'était pas applicable à des infractions déjà prescrites. • Crim. 17 nov. 1999, n° 99-85.940 P.

78. La chambre de l'instruction justifie sa décision de rejeter une exception de prescription de l'action publique, dès lors que la L. n° 89-487 du 10 juill. 1989, qui reporte le point de départ du délai de prescription de crimes commis sur des mineurs par une personne ayant autorité sur eux à la date à laquelle les victimes sont devenues majeures, s'appliquait immédiatement aux faits non encore prescrits lors de son entrée en vigueur, l'art. 112-2, 4°, C. pén., en ce qu'il fixe le champ d'application dans le temps des lois de prescription, n'ayant pas eu pour effet de modifier sur ce point les lois promulguées avant son entrée en vigueur. • Crim. 16 févr. 2005 : *D. 2005. IR 1052* ; *JCP 2005. IV. 1688* ; *RSC 2005. 833, obs. Vermelle* .

79. Pour rejeter, par arrêt incident, l'exception de prescription de l'action publique, la cour retient que la L. du 10 juill. 1989, qui reporte le point de départ du délai de prescription de crimes commis sur des mineurs par une personne ayant autorité sur eux à la date à laquelle les victimes sont devenues majeures, s'appliquait immédiatement aux faits non encore prescrits lors de son entrée en vigueur. Les juges ajoutent que l'art. 112-2, 4°, C. pén., en ce qu'il fixe le champ d'application dans le temps des lois de prescription, n'a pas eu pour effet de modifier sur ce point les lois promulguées avant son entrée en vigueur. En prononçant ainsi, la cour a justifié sa décision, dès lors que les viols reprochés au mis en cause, qui auraient été commis sur une mineure, née le 21 mai 1975, alors qu'elle séjournait dans la colonie de vacances où il était moniteur en juill. 1981, n'étant pas encore prescrits lors de l'entrée en vigueur de la L. du 10 juill. 1989, cette loi trouvait à s'appliquer, ce qui reportait le point de départ de la prescription au 21 mai 1993. En conséquence, la prescription de dix ans n'était pas acquise lors du déclenchement des poursuites le 21 août 2001. • Crim. 7 nov. 2007, n° 07-81.970 P : *D. 2008. Pan. 1861, obs. Bonfils* ; *Dr. pénal 2008. 27, obs. Véron* ; *RSC 2008. 72, obs. Fortis* , *et p. 80, obs. Mayaud* .

80. Aux termes de l'art. 112-2, 4°, C. pén., dans sa version en vigueur du 1er mars 1994 au 10 mars 2004, les lois relatives à la prescription de l'action publique sont applicables immédiatement à la répression des infractions commises avant leur entrée en vigueur, lorsque les prescriptions ne sont pas acquises, sauf quand elles auraient pour résultat d'aggraver le sort du prévenu. Dès lors, les dispositions de l'art. 706-31 C. pr. pén., dans sa rédaction issue de la L. du 8 févr. 1995, qui ont porté de dix à vingt ans la prescription de l'action publique du délit de trafic de stupéfiants, s'opposent à ce que ce texte s'applique à des infractions commises avant l'entrée en vigueur de cette loi. Doit, en conséquence, être censuré l'arrêt de la cour d'appel qui, pour écarter la prescription de l'action publique prise de ce que plus de dix ans s'étaient écoulés entre la décision du 21 juill. 1993 ayant condamné le prévenu pour l'infraction ci-dessus visée et l'opposition formée par lui le 14 avr. 2006, énonce que l'art. 706-31 C. pr. pén. s'applique à toutes les infractions non définitivement jugées. Par ailleurs, la modification de l'art. 112-2, 4°, C. pén., par la L. du 9 mars

2004, qui a supprimé la disposition relative à l'aggravation du sort du prévenu, n'a pu avoir d'effet sur une prescription acquise, comme en l'espèce, avant l'entrée en vigueur de cette loi. • Crim. 6 févr. 2008, n° 06-88.299 P : *D. 2008. AJ 787 ; ibid. 2009. Pan. 124, obs. Roujou de Boubée ; AJ pénal 2008. 232, note Roussel*.

81. La question posée relative à l'application immédiate et non rétroactive, aux infractions commises avant leur entrée en vigueur, lorsque la prescription n'est pas encore acquise, des lois de procédure allongeant le délai de prescription de l'action publique, dès lors que cette prescription a pour seul effet de faire obstacle à l'exercice des poursuites, est étrangère aux droits et libertés garantis par l'art. 8 de la DDH définissant les principes de légalité criminelle et de nécessité des peines. • Crim. 11 mai 2011, n° 11-90.016 QPC : *D. 2011. 1801, note Detraz*.

82. Interruption. Une loi nouvelle, qui substitue des peines correctionnelles à des peines criminelles, ne saurait avoir pour effet de remettre en cause l'interruption de la prescription déjà réalisée à la date à laquelle ladite loi a été promulguée. • Crim. 17 nov. 1982, n° 82-92.029 P.

83. L'art. 441-4 nouv. C. pén., entré en vigueur le 1er mars 1994, qui punit de peines correctionnelles le faux en écritures publiques, s'il a substitué, à compter de cette date, le délai de prescription de 3 ans à celui de 10 ans, n'a pas eu pour effet de remettre en cause les actes interruptifs accomplis sous l'empire de la loi ancienne. • Crim. 29 avr. 1997, n° 95-82.669 P.

84. Suspension. Si les art. 81, al. 9, 82-1, 156 et 173, al. 3, C. pr. pén., qui permettent aux parties de demander aux juridictions d'instruction l'accomplissement de certains actes interruptifs, font désormais obstacle à ce qu'une partie civile se prévale de la suspension de la prescription de l'action publique du fait de l'inaction du juge, ces textes, d'application immédiate, ne sauraient avoir effet sur les prescriptions dont le cours est demeuré suspendu jusqu'à leur entrée en vigueur. • Crim. 8 janv. 1997, n° 96-83.010 P • 9 juin 1998, n° 96-84.894 P • 13 oct. 1999, n° 98-86.040 P : *JCP 2000. IV. 1128.* ♦ La prescription de l'action publique est interrompue par la notification à la partie civile, de l'avis prévu à l'art. 49 de la loi n° 93-1013 du 24 août 1993, lui notifiant son droit de formuler une demande d'acte ou de présenter une requête en annulation sur le fondement des art. 81, al. 9, 82-1, 156 et 173, al. 3, C. pr. pén. ; méconnaît le sens et la portée des art. 6 et 8 C. pr. pén., ensemble l'art. 49 de la L. du 24 août 1993, la chambre d'accusation qui, pour infirmer l'ordonnance de non-lieu d'un juge d'instruction et constater l'extinction de l'action publique par l'effet de la prescription, retient qu'aucun acte d'instruction ou de poursuite ayant pour objet de constater des délits, d'en découvrir ou d'en convaincre les auteurs n'est intervenu entre le 24 janv. 1991, date de l'audition du plaignant, et le 20 janv. 1995, alors que la partie civile ne disposait d'aucun moyen de droit pour obliger le juge d'instruction à accomplir un acte interruptif de la prescription jusqu'à la date d'entrée en vigueur de la loi n° 93-2 du 4 janv. 1993, et que cette prescription a nécessairement été suspendue à son profit entre le 24 janv. 1991 et le 1er mars 1993, puis interrompue par la notification par le juge d'instruction, le 24 nov. 1993, de l'avis prévu par l'art. 49 de la L. du 24 août 1993, lequel constitue un acte d'instruction et de poursuite au sens des art. 7 et 8 C. pr. pén. • Crim. 9 juin 1998 : *préc.* ♦ La partie civile ne disposant d'aucun moyen de droit pour obliger le juge d'instruction à accomplir un acte interruptif de la prescription de l'action publique jusqu'au 1er mars 1993, date d'entrée en vigueur de l'art. 82-1 C. pr. pén. résultant de la L. du 4 janv. 1993, cette prescription est suspendue à son profit lorsqu'il est constaté qu'aucun acte d'information ou de poursuite n'a été accompli dans la procédure ouverte sur sa plainte, entre le dernier acte interruptif de la prescription et le 1er mars 1993. • Crim. 13 oct. 1999 : *préc.*

85. Faillite personnelle. Il résulte des art. 190 et 191 de la L. du 26 juill. 2005 de sauvegarde des entreprises que le chapitre III du titre V du livre VI C. com. dans sa nouvelle rédaction, relatif à la faillite personnelle et aux autres mesures d'interdiction, à l'exception des art. L. 653-7 et L. 653-11, n'est pas applicable aux procédures collectives en cours au 1er janv. 2006. Dès lors les dispositions de l'art. L. 653-1, II, C. com., dans sa rédaction issue de la loi précitée, prévoyant un délai de trois ans de prescription ne sont pas applicables au prononcé, par une juridiction non répressive, d'une mesure d'intérêt public, telle la faillite personnelle, à l'occasion d'une procédure ouverte antérieurement au 1er janv. 2006. • Com. 16 oct. 2007, n° 06-10.805 P : *D. 2007. 2666, obs. Lienhard*.

2° PEINE

86. Application in favorem. La prescription des peines doit se régler d'après la loi qui, dans le concours de deux dispositions différentes, peut la faire réputer acquise au profit de l'accusé. • Crim. 25 nov. 1830 : *S. 1831. 1. 392.*

87. Pour déterminer la loi applicable à la prescription de la peine, il convient de se placer au jour où ladite peine est devenue définitive, et non pas à la date des faits, laquelle n'a d'effet juridique qu'en ce qui concerne la prescription de l'action publique. • Aix-en-Provence, 26 sept. 1994 : *JCP 1995. IV. 713.* ♦ Rappr. : • Crim. 11 mai 1995, n° 94-84.883 P : *RSC 1996. 367, obs. Bouloc* (prescription des peines prononcées pour infractions à la législation sur les stupéfiants).

Circulaire CRIM 04-16-E8 du 14 mai 2004, *présentant les dispositions de procédure pénale immédiatement applicables de la loi n° 2004-204 du 9 mars 2004 portant adaptation de la justice aux évolutions de la criminalité.*

(...)

3.3. Modification des règles concernant l'entrée en vigueur des réformes en matière de prescription de l'action publique

L'article 72 de la loi modifie enfin le 4° de l'article 112-2 du code pénal relatif à l'application de la loi dans le temps des lois de prescription qui prévoyait que la loi nouvelle n'était pas applicable immédiatement à la répression des infractions commises avant leur entrée en vigueur si elle avait pour résultat d'aggraver la situation de l'intéressé.

Ce principe de non application immédiate qui ne répondait à aucune exigence constitutionnelle, était toutefois très critiqué par les praticiens et la doctrine qui rappelait que « ce qui fait l'intérêt d'une prescription, c'est son dernier jour : tant que ce jour n'est pas atteint, le délinquant n'a aucun droit acquis à l'impunité : il n'est pas à l'abri d'une poursuite puisque des actes interruptifs peuvent intervenir » (Merle et Vitu).

La loi supprime donc la règle interdisant l'application immédiate des lois de prescription quand elles auraient pour résultat d'aggraver la situation de l'intéressé. Par contre, une prescription plus longue ne peut bien sûr pas réouvrir une prescription déjà acquise.

Il résulte de cette modification que les réformes précitées en matière de prescription des délits de presse racistes et des infractions sexuelles commises contre les mineurs sont immédiatement applicables aux prescriptions en cours.

Ainsi, un inceste commis en 1980 contre un enfant de dix ans, qui pouvait être poursuivi jusqu'en 1998 selon les anciens textes et qui aurait pu l'être jusqu'en 2008 selon les nouveaux demeure prescrit. En revanche, un inceste commis en 1985 contre un enfant de 8 ans, poursuivable jusqu'en 2005 selon les anciens textes, pourra l'être jusqu'en 2015. D'une manière générale, toutes les personnes nées après le 11 mars 1976 bénéficient de la nouvelle prescription de 20 ans.

Art. 112-3 **Les lois relatives à la nature et aux cas d'ouverture des voies de recours ainsi qu'aux délais dans lesquels elles doivent être exercées et à la qualité des personnes admises à se pourvoir sont applicables aux recours formés contre les décisions prononcées après leur entrée en vigueur. Les recours sont soumis aux règles de forme en vigueur au jour où ils sont exercés.**

1. Cas d'ouverture. Le bénéfice d'un recours ne demeure acquis qu'à la personne qui en a saisi la juridiction compétente avant l'entrée en vigueur de la loi qui le supprime. • Crim. 24 oct. 1988, n° 88-82.350 P : *RSC 1989. 496, obs. Vitu* • 6 juin 1989 : *Bull. crim. n° 242* • 27 juin 1989 : *ibid. n° 278.*

2. Délais. Si les lois de procédure deviennent immédiatement applicables aux poursuites qui sont en cours d'exécution au moment où elles ont été promulguées, le même principe ne saurait être étendu au délai d'appel ; en effet, le droit d'appel est acquis aux parties du jour de la décision, et le délai de cet appel tient au fond du droit, à la différence des formes qui en règlent seulement l'exercice ; dès lors, le délai continue d'être régi par les dispositions anciennes. • Crim. 26 juill. 1928 : *D. 1929. 1. 126* • 6 juin 1977, n° 75-92.200 P.

3. Il en est de même, sauf disposition expresse édictant la rétroactivité de la loi nouvelle, du mode de calcul d'un délai d'appel qui était entièrement expiré, selon les prescriptions de la législation alors en vigueur, au moment où la loi nouvelle est entrée en application. • Crim. 9 juin 1976, n° 76-90.684 P.

Art. 112-4 **L'application immédiate de la loi nouvelle est sans effet sur la validité des actes accomplis conformément à la loi ancienne.**

Toutefois, la peine cesse de recevoir exécution quand elle a été prononcée pour un fait qui, en vertu d'une loi postérieure au jugement, n'a plus le caractère d'une infraction pénale.

1. Validité des actes de procédure. Si les lois de procédure deviennent immédiatement applicables aux poursuites qui sont en cours d'exécution au moment où elles ont été promulguées, le même principe ne saurait être étendu aux dispositions réglant la forme des procédures qui se trouvent avoir été régulièrement accomplies. • Crim. 11 oct. 1960, n° 93-28.059 P. ♦ En l'absence de toute disposition particulière, les actes régulièrement accomplis sous l'empire de la loi antérieure demeurent valables. • Crim. 18 mai 1987 : *Bull. crim. n° 199.* ♦ L'application immédiate d'une loi pénale de procédure est sans effet sur les actes régulièrement accomplis ou les décisions régulièrement rendues sous l'empire de la loi alors applicable. • Crim. 17 mars 1993, n° 93-81.040 P • 23 juin 1993, n° 93-82.541 P.

2. Conformément à l'art. 112-4 C. pén., les dispositions de son art. 112-2 sont sans effet sur la validité des actes de procédure accomplis selon la loi alors en vigueur. • Crim. 30 nov. 1994, n° 94-84.127 P.

3. La validité des actes de procédure doit être appréciée au regard des dispositions applicables lors de leur accomplissement, et l'entrée en vigueur d'une loi nouvelle de procédure est sans effet sur la validité des actes accomplis conformément à la loi ancienne ; doit être cassé l'arrêt d'une chambre d'accusation qui refuse d'annuler les actes de procédure établis par un juge d'instruction en méconnaissance des dispositions d'ordre public des art. 681 et 687 C. pr. pén., au motif que la L. du 4 janv. 1993 avait postérieurement abrogé les privilèges de juridictions. • Crim. 11 juill. 1994, n° 94-81.720 P.

4. A justifié sa décision la chambre de l'instruction qui, pour confirmer l'ordonnance de placement en détention provisoire, notifiée le 2 janv. 2001, par le juge des libertés et de la détention, à une personne mise en examen le 29 déc. 2000, énonce que l'ordonnance d'incarcération provisoire, pour une durée n'excédant pas quatre jours ouvrables, régulièrement délivrée à cette date par le juge d'instruction, a poursuivi ses effets jusqu'à la date du débat contradictoire sur la détention provisoire et de la décision du juge désormais compétent, en application des dispositions de la L. du 15 juin 2000, applicables à compter du 1er janv. 2001, pour statuer sur la détention. • Crim. 2 mai 2001, n° 01-81.190 P. ♦ L'application immédiate d'une loi nouvelle de procédure est sans effet sur la validité des actes accomplis conformément à la loi ancienne. Dès lors qu'elle avait été saisie, le 28 déc. 2000, par une ordonnance de transmission de pièces du chef de meurtre, rendue en application de l'art. 181 C. pr. pén. dans sa rédaction en vigueur jusqu'au 31 déc. 2000, la chambre de l'instruction était tenue de statuer sur les réquisitions du procureur général tendant à la mise en accusation de la personne mise en examen devant la cour d'assises. Elle ne pouvait, comme elle l'a fait, se déclarer incompétente au motif qu'à compter du 1er janv. 2001, date d'entrée en vigueur de la L. du 15 juin 2000, le procureur général n'avait plus la faculté de saisir la chambre de l'instruction, laquelle statue désormais sur l'appel des ordonnances de renvoi devant la cour d'assises. • Crim. 9 mai 2001, n° 01-81.866 P.

5. Conformément à l'art. 112-4 C. pén., les dispositions de l'art. 80, al. 4, C. pr. pén., issues de la L. du 23 juin 1999, selon lesquelles le juge d'instruction ne peut informer sur des faits nouveaux dénoncés par la partie civile en cours d'information que s'il en est requis par le ministère public, ne peuvent affecter la validité de la saisine de ce magistrat résultant de plaintes additionnelles déposées avant l'entrée en vigueur de la loi, les dispositions alors applicables n'imposant pas que de telles plaintes fussent suivies de réquisitions supplétives lorsque l'information avait été ouverte sur une plainte avec constitution de partie civile. • Crim. 30 oct. 2001, n° 01-84.779 P.

6. Si c'est à tort que les juges ont apprécié la légalité d'actes accomplis avant l'entrée en vigueur de la L. du 28 mars 2014 relative à la géolocalisation, au regard des dispositions du code de procédure pénale qui en sont issues, alors qu'il résulte des dispositions de l'art. 112-4, al. 1, C. pén. que la validité des actes de procédure doit être appréciée en fonction du droit applicable au moment de leur accomplissement, l'arrêt n'encourt pour autant pas la censure, dès lors qu'il ressort de ses énonciations que la durée de la mesure contestée, qui n'a pris effet que du 6 au 9 sept. 2013, n'a pas excédé celle au terme de laquelle le respect des dispositions de l'art. 8 Conv. EDH imposait qu'elle fût exécutée sous le contrôle d'un juge. • Crim. 6 janv. 2015, n° 14-84.694 P : *D. actu. 27 janv. 2015, obs. Fucini.*

7. Abrogation d'un texte abrogatif. L'abrogation d'un texte ou d'une disposition ayant procédé à l'abrogation ou à la modification d'un texte ou d'une disposition antérieur n'est pas, par elle-même, de nature à faire revivre le premier texte dans sa version initiale. Une telle remise en vigueur ne peut intervenir que si l'autorité compétente le prévoit expressément. Il ne peut en aller autrement que, par exception, dans le cas où une disposition a pour seul objet d'abroger une disposition qui n'avait elle-même pas eu d'autre objet que d'abroger ou de modifier un texte et où la volonté de l'autorité compétente de remettre en vigueur le texte ou la disposition concerné dans sa version initiale ne fait pas de doute. • Crim. 11 avr. 2018, n° 17-86.237 P : *D. actu. 11 mai 2018, obs. Azoulay.*

8. Revirement de jurisprudence. Si la jurisprudence nouvelle s'applique de plein droit à tout ce qui a été fait sur la base et sur la foi de la jurisprudence ancienne, la mise en œuvre de ce principe peut affecter irrémédiablement la situation des parties ayant agi de bonne foi, en se conformant à l'état du droit applicable à la date de leur action, de sorte que le juge doit procéder à une évaluation des inconvénients justifiant qu'il soit fait exception au principe de la rétroactivité de la jurisprudence et rechercher, au cas par cas, s'il existe, entre les avantages qui y sont attachés et ses inconvénients, une disproportion manifeste ; les assignations en cause (sur le fondement de l'art. 53 de la L. du 29 juill. 1881), dont les énonciations étaient conformes à la jurisprudence de la première chambre civile, ont été délivrées à une date à laquelle les requérants ne pouvaient ni connaître ni prévoir l'obligation nouvelle de mentionner le texte édictant la peine encourue ; dès lors, l'application immédiate, à l'occasion d'un revirement de jurisprudence, de cette règle de procédure dans l'instance en cours aboutirait à priver ces derniers d'un procès équitable, au sens de l'art. 6, § 1er, Conv. EDH, en leur interdisant l'accès au juge ; il n'y a donc pas lieu d'annuler les assignations. • Civ. 1re, 6 avr. 2016, n° 15-10.552 : *D. actu. 19 avr. 2016, obs. Lavric.*

9. Suppression de l'incrimination. Si la déclaration de culpabilité du chef d'abus de blanc-seing prononcée à l'encontre d'un prévenu convaincu d'avoir prélevé à des fins personnelles sur le compte bancaire de la victime des sommes importantes à l'aide de chèques signés en blanc par celle-ci et destinés à régler de simples dépenses courantes est dépourvue de base légale sous l'empire du code pénal entré en vigueur le 1er mars 1994, qui a supprimé cette qualification pénale, les faits relatés par les juges d'appel n'en restent pas moins pénalement punissables, comme constitutifs d'un abus de confiance rentrant dans les prévisions tant de l'art. 408 C. pén. applicable à la date des faits reprochés que de l'art. 314-1 nouv. C. pén. • Crim. 21 sept. 1994, n° 93-85.297 P : *Dr. pénal 1995. 3, note Véron ; RSC 1995. 101, obs. Ottenhof*, *et 342, obs. Bouloc*. ♦ Rappr. : • Crim. 18 mai 1994, n° 93-82.003 P : *RSC 1995. 93, obs. Bouloc*, *et 101, obs. Ottenhof* • 20 juin 1996, n° 95-82.997 P (abus de blanc-seing constitutif de faux en écriture ; V. ss. art. 441-1).

10. La suppression de l'incrimination d'abus de blanc-seing ne fait pas disparaître le caractère délictueux d'agissements qui peuvent désormais être poursuivis, notamment sous l'incrimination d'abus de confiance, telle que définie, de façon élargie, par l'art. 314-1 C. pén. entré en vigueur le 1er mars 1994 ; cependant, s'agissant de faits commis avant cette date, pour lesquels n'est pas caractérisée l'infraction d'abus de blanc-seing prévue par le code abrogé, la règle de non-rétroactivité de la loi pénale plus sévère interdit de recourir à l'incrimination définie, de façon élargie, par le code pénal aujourd'hui en vigueur. • Grenoble, 29 juin 1994 : *BICC 1994, n° 1159.*

CHAPITRE III DE L'APPLICATION DE LA LOI PÉNALE DANS L'ESPACE

RÉP. PÉN. vis *Compétence*, par Agostini ; *Compétence internationale*, par Brach-Thiel.

BIBL. ► Massé, *RSC 1990. 395* (droit pénal international dans les travaux préparatoires du futur code pénal) ; *ibid. 1995. 856* (compétence française depuis l'entrée en vigueur du nouveau code pénal) ; *ibid. 2000. 123* (place du droit pénal dans les relations internationales) ; *ibid. 2004, p. 470* et *p. 978* ; *ibid. 2005, p. 406* et *p. 952* (entraide judiciaire internationale, version française) ; *ibid. 2006. 755* (internationalisation du droit pénal). – Manacorda, *RSC 1995. 331* (droit pénal international dans les réformes française et italienne). – P.-M. Martin, *D. 1996. Chron. 157* (arrêt *Tadic*, Tribunal pénal international). – Vivant, *JCP 1996. I. 3969* (cybermonde). – D. Soulez-Larivière, *D. Affaires 1998. 272* (droit pénal international des affaires). – A. Perduca et P. Ramael, *Flammarion, Coll. « Dominos », 1998* (crime international et justice). – A. Fournier, *Rev. crit. DIP 1998. 565* (orientations nouvelles du droit pénal international) ; *Mél. B. Bouloc, Dalloz, 2006, p. 333* (critique du principe de double incrimination). – Cl. Ducouloux-Favard, *D. 2001. Chron. 2320* (coopération judiciaire en matière pénale). – A Bernardi, *RSC 2002. 1* (Europe sans frontières et droit pénal). – M. Dobkine, *D. 2002. Chron. 1778* (Cour internationale de justice de La Haye et compétence universelle). – A. Cassese, *RSC 2002. 479* (crimes internationaux. À propos de l'affaire *Congo c/ Belgique*). – D. Patry, *Gaz. Pal. 2003. 2. Doctr. 2775* (ordre international). – J.-C. Saint-Pau, *Dr. pénal 2004. Étude 9* (entraide judiciaire internationale et européenne). – M. Delmas-Marty, *RSC 2004. 1* (le droit pénal comme éthique de la mondialisation). – D. Carreau, *Mél. B. Bouloc, préc., p. 89* (compétence universelle au regard du droit international). – D. Chilstein, *Mél. B. Bouloc, préc., p. 155* (droit pénal des affaires et droit pénal international) ; *Dalloz, 2009, p. 25* (compétence universelle, *in* « La réforme du Code pénal et du Code de procédure pénale. *Opinio doctorum* »). – A. Decocq, *Mél. B. Bouloc, préc., p. 287* (poursuite d'un chef d'État étranger). – A. Fournier, *Mél. B. Bouloc, Dalloz, 2006, p. 333* (aperçu critique du principe de double incrimination en droit pénal international). – M. Massé, *RSC 2006. 755* (figures asymétriques de l'internationalisation du droit pénal). – G. Poissonnier et P. Osseland, *D. 2010. Chron. 2319* (légalité de l'arraisonnement du *Mavi-Marmara* par la marine israélienne). – A. Gogorza, *RSC 2010. 353* (compétence universelle et réconciliation sociale). – D. Brach-Thiel, *RSC 2010. 819* (la victime d'une infraction extraterritoriale). – K. Ambos et J. Alkatout, *RSC 2011. 543* (la liquidation de Ben Laden sous l'œil du droit international). – L. Arroyo Zapatero, *RSC 2011. 557* (l'harmonisation internationale du droit pénal). – Th. Cassuto, *AJ pénal 2012. 277* (la lutte contre la piraterie maritime). – G. Werle et B. Burghardt, *RSC 2012. 47* (les formes de participation en droit international pénal). – D. Brach-Thiel, *AJ pénal*

2013. 597 (les « Disparus du Beach ». Regard sur une vieille affaire toujours en cours). – TH. HERRAN, *RSC 2013. 735* (l'emprise de la Cour EDH sur l'entraide répressive internationale). – J.A.E. VERVAELE, *RSC 2014. 487* (violations graves des droits de l'homme et crimes internationaux). – C. SAAS, *AJ pénal 2014. 470* (note sous Paris 24 juin 2014) (*boat-people* en Méditerranée : les coulisses d'une action en justice). – J.-B. JEANGENE VILMER, *RSC 2016. 701* (la compétence universelle à l'épreuve des crises diplomatiques). – WEBER, *Dr. pénal 2020. Étude 33* (L. du 30 juill. 2020 visant à protéger les victimes de violences conjugales et application de la loi pénale dans l'espace : de quelques incohérences...).

▸ V. également ss. art. 212-1, « Droit international humanitaire ».

Dossier. – « Justice internationale pénale : bilan et perspectives », *AJ pénal 2013. 247 s.* : J.-M. BIJU-DUVAL, *p. 248* (la lutte contre l'impunité à l'épreuve du procès équitable) ; M. PENA, *p. 251* (droits des victimes devant la CPI) ; A. DEVOS, *p. 255* (la création d'un pôle judicaire crimes contre l'humanité, crimes et délits de guerre. Histoire et enjeux) ; C. BECTARTE et P. BAUDOIN, *p. 257* (proposition de loi Sueur) ; G. POISSONNIER, *p. 259* (extrader ou juger).

Art. 113-1 Pour l'application du présent chapitre, le territoire de la République inclut les espaces maritime et aérien qui lui sont liés.

1. Convention de Montego Bay. L'application de la L. du 16 juill. 1976, relative à la zone économique au large des côtes de la République, et du Décr. du 11 févr. 1977 créant une telle zone dans l'Atlantique, la Manche et la mer du Nord, justifie la compétence des juridictions françaises à l'égard du capitaine, de nationalité étrangère, d'un navire étranger, poursuivi pour avoir rejeté dans cette zone des hydrocarbures, dès lors qu'il ne lui est pas reproché une atteinte aux droits souverains d'exploration, d'exploitation, de conservation et de gestion des ressources naturelles reconnus aux États côtiers par l'art. 56, 1, a, de la conv. sur le droit de la mer faite à Montego Bay le 10 déc. 1982, mais qu'a été exclusivement exercée à son égard la juridiction instituée par l'art. 56, 1, b, dans l'intérêt général de la préservation du milieu marin, que les États parties ont l'obligation d'assurer, conformément à l'art. 192 de la même Conv. • Crim. 15 nov. 2005, n° 05-80.320 P : *JCP 2006. II. 10034, note Mahinga.*

2. Convention de Vienne. Justifie sa décision l'arrêt qui, pour déclarer régulier l'arraisonnement en haute mer, par les autorités françaises, d'un voilier immatriculé à Gibraltar, énonce qu'en application de l'art. 17 de la Conv. des Nations unies contre le trafic illicite de stupéfiants et de produits psychotropes, adoptée à Vienne le 19 déc. 1988, et ouverte à la signature le 20 déc. 1988, les autorités britanniques étaient compétentes pour donner auxdites autorités françaises l'autorisation de procéder au contrôle du navire, immatriculé dans un territoire dépendant du Royaume-Uni et battant pavillon britannique, et qu'elles leur ont abandonné toute compétence sur ce navire. • Crim. 8 août 2007 : *JCP 2007. IV. 2839.*

3. Indemnisation des infractions commises à l'étranger. La législation française concernant l'indemnisation des victimes d'infractions par les commissions d'indemnisation des victimes d'infractions (CIVI) institue un droit à réparation du dommage résultant d'une infraction commise à l'étranger. Cette loi est destinée à assurer une indemnisation fondée sur la solidarité nationale, au moyen d'un système de garantie du risque social de la délinquance, confié à une juridiction civile spécialisée, avec une dérogation à la règle d'application de la loi du lieu du délit. Elle a, ainsi, le caractère d'une loi d'application nécessaire excluant toute référence à un droit étranger. • Civ. 2e, 3 juin 2004, n° 02-12.989 P : *Rev. crit. DIP 2004. 750, note Bureau ; D. 2005. Pan. 1194, obs. Courbe.*

SECTION PREMIÈRE DES INFRACTIONS COMMISES OU RÉPUTÉES COMMISES SUR LE TERRITOIRE DE LA RÉPUBLIQUE

Art. 113-2 La loi pénale française est applicable aux infractions commises sur le territoire de la République.

L'infraction est réputée commise sur le territoire de la République dès lors qu'un de ses faits constitutifs a eu lieu sur ce territoire.

Corresp. : *C. pr. pén., ancien art. 693.*

RÉP. PÉN. v° *Lois et Règlements*, par LACROIX.

BIBL. ▸ FAYARD, *RSC 1968. 769*. – LATRY-BONNART, *Gaz. Pal. 1997. 2. Doctr. 997* (l'arsenal pénal juridique sur Internet). – PADOVA, *RSC 2002. 765* (aperçu de la lutte contre la cybercriminalité en France).

A. TERRITORIALITÉ

1. Indifférence à la loi étrangère. L'ordre prétendu de la loi étrangère ne saurait être invoqué comme fait justificatif lorsque le délit poursuivi a été commis en territoire français ; ainsi ne peut s'exonérer de sa responsabilité pénale encourue du chef d'un délit commis sur le territoire national, le pilote d'un avion étranger, trouvé détenteur d'armes et de munitions après son atterrissage. • Crim. 27 juin 1973, n° 73-90.057 P.

2. Aucune règle de droit international ne fait obstacle à ce qu'un État applique à ses nationaux des règles plus sévères que celles qui s'imposent, sur son territoire, à des ressortissants étrangers ; ainsi, ni l'art. 14 Conv. EDH, ni l'art. 2.1 du Protocole additionnel n° 4 à ladite Convention, n'interdisent d'appliquer aux titulaires d'un permis de conduire français la L. du 10 juill. 1989 instituant la procédure de retrait de points et d'invalidation du permis de conduire par la perte totale de points. • Crim. 11 mars 1998, n° 97-80.983 P. ♦ Rappr. : M. Lombard, Le permis à points et la Convention européenne des droits de l'homme, *Gaz. Pal. 2000. 2. Doctr. 1322.* ♦ A justifié sa décision la cour d'appel qui retient que l'invalidation du permis de conduire français entraîne nécessairement l'interdiction du droit de conduire sur le territoire national français, quand bien même le prévenu serait-il titulaire d'un permis délivré par un autre État ou d'un permis international. • Crim. 14 mai 2008, n° 08-80.841 P : *D. 2008. AJ 1627 ; JCP 2008. IV. 2104.* ♦ V. cependant, sur le fondement de l'erreur de droit, ss. art. 122-3.

3. Indifférence à la chose jugée à l'étranger. Lorsqu'un étranger a commis en France un crime et a été condamné définitivement dans son pays pour cette infraction à la suite d'une dénonciation officielle des faits par les autorités judiciaires françaises, l'action publique en France n'est pas éteinte par la chose jugée. • Crim. 17 mars 1999, n° 98-80.413 P. ♦ ... Aucune disposition de droit interne n'interdit de poursuivre, devant les juridictions françaises, un étranger condamné, dans son pays, pour un crime ou un délit commis sur le territoire de la République française. • Même arrêt. ♦ L'exception de chose jugée prévue aux art. 113-9 et 692 C. pr. pén. ne saurait faire obstacle à l'exercice de poursuites exercées sur le fondement de la compétence territoriale française. • Crim. 8 juin 2005, n° 05-81.800 P • 26 sept. 2007, n° 07-83.829 P : *D. 2008. 1179, note Rebut ; JCP 2008. II. 10047, note Segonds ; Gaz. Pal. 2008. 1. 285, note Pellier ; RSC 2008. 69, obs. Fortis ; ibid. 2008. 360, obs. Finielz ; AJ pénal 2008. 137 ; Dr. pénal 2007. Comm. 150, obs. Véron.*

4. Indifférence à la réciprocité d'incrimination. Il résulte des art. 693 ancien et 113-2 C. pén., que toutes les infractions commises sur le territoire français relèvent de la loi pénale française, quelle que soit la nationalité des auteurs ou des victimes, et qu'il est indifférent que l'infraction soit ou non réprimée dans la législation pénale de l'État d'origine de son auteur. • Crim. 1er mars 2000, n° 98-86.353 P : *RSC 2000. 814, obs. Bouloc*. ♦ ... Pour déclarer un prévenu coupable de corruption active commise en France à l'égard d'un ressortissant d'un autre pays, les juridictions pénales n'ont pas à rechercher dans quelles conditions la corruption est punissable selon le droit de ce pays. • Même arrêt.

5. Étendue du principe de territorialité. La loi française, étant d'application territoriale, s'applique à toute infraction commise sur le territoire national, même par un étranger non résident en France (sol. impl.). • Crim. 29 mars 2000, n° 97-80.916 P.

6. Les juridictions répressives, saisies de poursuites pour fraude fiscale, ne sont pas liées par la qualité de résident reconnue par un autre État et demeurent compétentes pour apprécier, au regard des éléments de l'espèce, la qualité de résident français du prévenu. • Crim. 16 mai 2001, n° 00-82.649 P.

7. Pour déclarer coupable d'abus de biens sociaux l'administrateur d'une SARL propriétaire d'un hôtel ayant son siège social à Jersey, et gérant de fait de la SARL gérante de l'hôtel situé à Antibes, la cour d'appel retient qu'il a réglé un cautionnement mis à sa charge par le magistrat instructeur en partie avec les fonds de la société dont il était administrateur, et a occupé un appartement à Antibes dont les loyers ont été réglés par débit du compte courant de cette société ; les juges énoncent que les faits reprochés ont été commis par le prévenu à partir de comptes bancaires en France, et que les art. 425 et 437 de la L. du 24 juill. 1966, devenus les art. L. 241-3 et L. 242-6 C. com., sont des dispositions pénales qui doivent s'appliquer quelle que soit la nationalité de la société victime des agissements du prévenu ; or, l'incrimination d'abus de biens sociaux ne peut être étendue à des sociétés que la loi n'a pas prévues, telle une société de droit étranger, et pour lesquelles seule la qualification d'abus de confiance est susceptible d'être retenue ; la cour d'appel n'a donc pas donné de base légale à sa décision. • Crim. 3 juin 2004, n° 03-80.593 P : *D. 2004. 2440 et 3213, note Caramalli ; JCP 2004. II. 10151, note Raimon ; Dr. pénal 2004. 128, obs. J.-H. Robert ; Gaz. Pal. 2005. 1. Somm. 1391, obs. A.C. ; RSC 2004. 892, obs. Rebut*.

8. Si, aux termes de l'art. L. 625-2 C. com., la faillite personnelle emporte interdiction de diriger, gérer, administrer ou contrôler, directement ou indirectement, toute entreprise commerciale ou artisanale, toute exploitation agricole et toute personne morale ayant une activité économique, ce texte ne circonscrit nullement la déchéance qu'il édicte aux seules sociétés françaises. L'art. L. 627-4 dudit code sanctionne le fait d'exercer une activité de direction en méconnaissance de l'interdiction ainsi faite : l'infraction doit pouvoir être constatée et poursuivie sur le territoire national pour prospérer, ce qui est le cas lorsque le prévenu a géré la société étrangère depuis son domicile en France. • Douai, 22 sept. 2005 : *AJ pénal 2005. 367, obs. Lienhard* ✎.

9. Justifie sa décision, sans méconnaître les art. 49 et 50 du traité sur l'Union européenne, la cour d'appel qui, pour écarter l'argumentation d'un prévenu faisant valoir qu'il n'était plus soumis aux exigences du droit français depuis qu'il avait constitué une société en Grande-Bretagne et pour dire établis à son encontre les délits de travail dissimulé et de défaut de tenue d'un registre d'objets mobiliers commis à l'occasion de l'exercice de l'activité de brocanteur, retient que le prévenu n'a pas œuvré en France de manière temporaire pour le compte d'une société de droit anglais, et qu'il a poursuivi sur le territoire national, après sa radiation du registre du commerce, la même activité que celle qu'il exerçait auparavant, en omettant de se soumettre aux obligations de déclaration auxquelles il était astreint et en s'abstenant, même par négligence, de tenir un registre d'objets mobiliers. • Crim. 3 oct. 2006, n° 05-87.436 P : *AJ pénal 2007. 30* ✎ ; *Dr. pénal 2006. 159, obs. J.-H. Robert.*

10. A justifié sa décision la cour d'appel qui, relativement à des faits consistant pour le prévenu à avoir, en Suède, participé à la commercialisation de produits obtenus directement à partir d'un procédé objet d'un brevet européen désignant la Suède, et donc produisant ses effets en Suède et non en France, retient que la législation sur les brevets est territoriale et que la protection n'est acquise qu'à l'intérieur des frontières de l'État concerné par cette protection, précise qu'en l'espèce la France n'est pas désignée par le brevet européen qui sert de fondement aux poursuites et qu'aucun acte n'a été commis sur le territoire français, indique que la contrefaçon d'un brevet consiste dans la violation d'un titre juridique délivré par un État pour son territoire et conférant à son titulaire un droit de propriété sur ce territoire et que la portée territoriale limitée du brevet en droit français, résultant de sa définition donnée par le code de la propriété intellectuelle, est confirmée par les conventions internationales, et en déduit que la loi pénale française est inapplicable et que les juridictions françaises sont incompétentes. • Crim. 19 juin 2007, n° 06-88.165 P : *D. 2008. Pan. 751, obs. Raynard* ✎.

11. Ministre du pétrole du Nigéria de 1995 à 1999, le prévenu a perçu, de la part de compagnies pétrolières, des commissions en contrepartie de l'octroi de concessions ou de licences d'exploitation ; les fonds provenant de ces commissions, après avoir transité sur divers comptes ouverts à Genève et à Gibraltar, ont été déposés en espèces, en 1999 et 2000, pour un montant de 16 millions d'euros, au Crédit agricole Indosuez et à sa filiale, la Banque de gestion privée Indosuez, à Paris ; le prévenu a fait émettre des chèques par ces établissements bancaires, dans lesquels il n'était titulaire d'aucun compte, pour acquérir en France des biens mobiliers et immobiliers ; il est poursuivi du chef de blanchiment aggravé pour avoir, de façon habituelle, fait transiter, circuler et convertir le produit de la corruption active et passive au Nigéria ; pour déclarer le prévenu coupable de ce délit, l'arrêt énonce que les fonds transférés sur le territoire national, où ils ont été blanchis, étaient la contrepartie d'actes de sa fonction accomplis par lui au Nigéria ; les juges relèvent que de tels faits sont réprimés en France sous la qualification de corruption d'un dépositaire de l'autorité publique ; ils ajoutent que les textes qui définissent le délit de blanchiment n'imposent ni que l'infraction ayant permis d'obtenir les sommes blanchies ait eu lieu sur le territoire national ni que les juridictions françaises soient compétentes pour la poursuivre ; en l'état de ces énonciations, et dès lors que le délit de blanchiment est une infraction générale, distincte et autonome, la cour d'appel a justifié sa décision. • Crim. 24 févr. 2010, n° 09-82.857 P : *JCP G 2010, n° 23, note Cutajar ; Gaz. Pal. 2010. II. 2322, note Morel-Maroger.*

12. Applications. L'étranger prévenu d'avoir présenté en France au guichet d'un établissement financier les coupons de titres soustraits à l'étranger, et d'avoir tenté de s'en faire remettre la valeur en employant des manœuvres frauduleuses propres à persuader l'existence d'un crédit imaginaire, ne peut décliner la compétence des tribunaux français sous prétexte que le fait à lui imputé constituerait le recelé en France par un étranger d'objets volés à l'étranger. • Crim. 8 nov. 1888 : *DP 1889. 1. 123.*

13. Les juridictions françaises sont compétentes pour connaître les crimes et délits commis dans les locaux d'une mission étrangère : ces locaux sont simplement inviolables en ce qu'il n'est pas permis aux agents de l'État accréditaire d'y pénétrer sans le consentement du chef de la mission. • Crim. 30 janv. 1979, n° 78-93.782 P.

14. Pour l'exemple de fraudes douanières commises en France relatives : ... à l'importation sans déclaration. • Crim. 12 mars 1990, n° 89-82.244 P. ♦ ... Au transport de marchandises expédiées sous un régime suspensif. • Crim. 11 mai 1992, n° 91-82.902 P. ♦ L'étranger trouvé, après son passage de la frontière, en possession de devises non déclarées et dissimulées dans ses vêtements, n'est pas fondé à se prévaloir de son ignorance de la loi française, particulièrement des dispositions des art. 464 et 465 C. douanes imposant la déclaration du transfert de ces valeurs. • Crim. 29 mars 2000, ⚖ n° 97-80.916 P.

15. Il ne saurait être soutenu que les faits reprochés aux demandeurs échapperaient à l'application de la loi française sur les prêts (L. du 28 déc. 1966), dès lors qu'il résulte de l'arrêt attaqué et du jugement qu'il confirme que les offres de prêt ayant été proposées par des intermédiaires et acceptées en France, les contrats ont été formés sur le territoire national et, de ce fait, sont soumis à la loi française. • Crim. 28 nov. 1996, ⚖ n° 95-80.168 P : *Dr. pénal 1997. 59, obs. Véron.*

16. Les dispositions de l'art. 31 de l'Ord. du 1er déc. 1986 s'imposent indistinctement au vendeur et à l'acheteur tenus à des obligations complémentaires et réciproques ; l'acheteur qui réside sur le territoire français est tenu à cette obligation, car il importe peu que le vendeur résidant à l'étranger ne puisse être poursuivi, l'interdépendance des obligations de l'un et de l'autre n'entraînant pas systématiquement des poursuites réciproques (sol. impl.). • Crim. 18 juin 1998, ⚖ n° 97-81.510 P : *D. Affaires 1998, 1434.*

17. Le délit de soustraction de mineurs présente le caractère d'un délit continu qui se poursuit aussi longtemps que son auteur persévère dans sa volonté de porter atteinte à l'exercice de l'autorité parentale ; dès lors, justifie sa décision la cour d'appel qui, pour écarter l'exception d'incompétence territoriale soulevée par un père et déclarer celui-ci coupable de soustraction d'enfants, par ascendant, avec cette circonstance que les mineurs ont été retenus au-delà de cinq jours, énonce, d'une part, que l'infraction qui a commencé en Irlande, s'est poursuivie à Roscoff, à Marseille et en Suisse, et d'autre part, que le prévenu, sachant qu'il n'avait plus aucun droit sur les enfants, a voulu les soustraire à leur mère. • Crim. 23 févr. 2000, ⚖ n° 99-84.739 P : *Dr. pénal 2000. 83, obs. Véron ; RSC 2000. 608, obs. Mayaud* ✎ *; ibid. 815, obs. Bouloc* ✎.

18. L'art. 226-2 C. pén. (diffusion d'un document obtenu par une atteinte à la vie privée) est applicable à la publication en France de toute photographie dès lors que celle-ci a été réalisée dans des conditions portant atteinte à l'intimité de la vie privée au sens de l'art. 226-1 ; il est indifférent, comme c'est le cas en l'espèce, que la photographie ait été prise à l'étranger, par un photographe étranger, et concerne des personnes de nationalité étrangère. • Paris, 2 nov. 2000 : *Dr. pénal 2001. 42, obs. Véron.*

19. Aux termes de l'art. L. 121-5 C. consom., le délit de publicité trompeuse est constitué dès lors que *la publicité est* faite, reçue ou perçue en France ; l'étiquetage fallacieux de bouteilles de vin effectué sur le territoire national caractérise une publicité faite en France au sens de ce texte. • Crim. 15 mai 2001, ⚖ n° 00-85.242 P : *Dr. pénal 2001. 118, obs. J.-H. Robert.*

20. Les juridictions françaises sont compétentes pour connaître du délit de corruption d'agent public étranger lorsque, d'une part, celui-ci a été décidé et organisé sur le territoire national où a également été versé le montant de la rémunération due à ce titre, et, d'autre part, le siège social de la société qui a bénéficié du produit de l'infraction susvisée est situé sur ce territoire et a servi à domicilier le compte ouvert à l'étranger destiné à faire transiter les commissions occultes. • Crim. 14 mars 2018, ⚖ *Pétrole c/ nourriture*, n° 16-82.117 P : *D. actu. 4 avr. 2018, obs. Gallois ; AJ pénal 2018. 254, obs. de Combles de Nayves* ✎ *; Dr. pénal 2019. Chron. 2, obs. Beauvallet, Sarliève, Chatzistavrou et Campos Sanchez.*

B. EXTENSION PAR INDIVISIBILITÉ

21. Principe. La juridiction française est compétente pour connaître des faits commis à l'étranger par un étranger dès lors que ces faits apparaissent comme formant un tout indivisible avec les infractions également imputées en France à cet étranger et dont elle est légalement saisie. • Crim. 23 avr. 1981, ⚖ n° 79-90.346 P : *RSC 1982. 609, obs. Vitu.*

22. Il résulte de l'art. 113-2 C. pén. que la loi pénale française est applicable à une infraction commise par une personne de nationalité étrangère à l'encontre d'une victime de nationalité étrangère lorsque cette infraction ou l'un de ses faits constitutifs est commis sur le territoire de la République ; il en est de même lorsque l'infraction est commise à l'étranger, dans le seul cas où il existe un lien d'indivisibilité entre cette infraction et une autre commise sur le territoire de la République, les faits étant indivisibles lorsqu'ils sont rattachés entre eux par un lien tel que l'existence des uns ne se comprendrait pas sans l'existence des autres. • Crim. 31 mai 2016, ⚖ n° 15-85.920 : *D. actu. 21 juin 2016, obs. Goetz ; D. 2016. 1989, note Rebut* ✎ *; AJ pénal 2016. 487, obs. Brach-Thiel* ✎ *; Gaz. Pal. 2016. 2277, obs. Detraz ; Dr. pénal 2016. Comm. 122, obs. Conte.* ♦ Le lien de connexité existant entre plusieurs infractions ne peut avoir pour effet de rendre la loi pénale française applicable à celles commises à l'étranger par une personne de nationalité étrangère sur une victime étrangère. • Même arrêt.

23. Illustrations positives. Les faits commis à l'étranger, qui forment un tout indivisible avec les actes imputés en France aux mêmes auteurs, peuvent être de la compétence de la juridiction française ; il en est ainsi de l'abus de confiance commis à l'étranger par un Français, dès lors que ce délit apparaît indissociable de celui d'achat de vote commis en France et dont le même auteur s'est rendu complice. • Crim. 15 janv. 1990, ⚖ n° 86-96.469 P.

24. La juridiction française est compétente pour connaître des faits commis à l'étranger par un étranger dès lors que ces faits apparaissent comme indivisiblement liés avec une infraction également imputable à cet étranger et dont elle est légalement saisie ; tel est le cas de la participation à un crime commis à l'étranger et qui constituait un des buts de l'association de malfaiteurs réputée commise en France et à laquelle cet étranger avait pris part. • Crim. 20 févr. 1990, n° 89-86.610 P.

25. Lorsque des produits revêtus d'une marque contrefaite (ancien art. 422-3° C. pén., devenu l'art. L. 716-10 CPI) ont été expédiés en France par des Français qui les ont achetés à l'étranger, et que ces produits ont été saisis à leur arrivée sur le territoire national, la juridiction française est compétente pour connaître des faits de détention illicite de produits revêtus d'une marque contrefaite, dès lors que la détention de la marchandise, commencée à l'étranger, s'est poursuivie en France jusqu'à la saisie opérée avant la livraison des colis, quand bien même ceux-ci n'aient plus été entre les mains des expéditeurs, les faits reprochés, indivisibles, ayant pour partie été commis sur le territoire national. • Crim. 30 mars 1994, n° 93-80.762 P.

26. L'avis du Conseil d'État du 20 nov. 1806 ayant valeur législative attribue compétence à la juridiction française pour connaître des infractions commises à bord d'un navire battant pavillon étranger, dès lors qu'elles l'ont été dans les eaux territoriales par ou contre une personne ne faisant pas partie de l'équipage ; justifie en conséquence sa décision la chambre d'accusation qui, saisie de poursuites pour séquestration, assassinat, tentative d'assassinat, perpétrés en haute mer par des marins ukrainiens sur un navire battant pavillon des Bahamas, sur la personne de ressortissants ghanéens, retient la compétence de la juridiction française en relevant que les recherches en vue de s'assurer de la personne du seul survivant dans une intention homicide ont été activement poursuivies dans les eaux territoriales et jusqu'à l'arrivée au Havre et énonce que ces recherches sont consécutives aux séquestrations et assassinats antérieurement perpétrés, dont le survivant restait le seul témoin, et que, la juridiction française étant régulièrement saisie des faits accomplis dans les eaux territoriales, sa compétence s'étend à ceux commis en haute mer avec lesquels ils forment un tout indivisible (outre l'application de l'art. 689-2 C. pr. pén. issu de la L. n° 85-1407 du 30 déc. 1985, dont les dispositions ont été reprises par les art. 689-1 et 689-2 C. pr. pén. modifiés par la loi n° 92-1336 du 16 déc. 1992). • Crim. 3 mai 1995, n° 95-80.725 P : *RSC 1995. 836, obs. Dintilhac ; Mél. Poncet, 1997. 143, comm. Koering-Joulin.*

27. A justifié sa décision au regard de l'art. 113-2 C. pén. la chambre d'accusation qui, pour rejeter l'exception d'incompétence des juridictions françaises et renvoyer l'accusé devant la cour d'assises pour avoir importé en France plusieurs centaines de kilos de cannabis, relève que certains des éléments constitutifs de l'infraction poursuivie ont été commis en France et que des indices laissent penser que l'accusé a participé à ces faits puisqu'il était présent lors des remises de fonds à Paris, et ajoute qu'il y a identité entre une partie des 1 500 kilos de haschich chargés depuis les côtes marocaines et les centaines de kilos entreposés dans la région parisienne, que les faits commis en Espagne et au Maroc sont indivisibles de ceux commis en France, l'opération d'importation sur le territoire national de stupéfiants provenant du Maroc formant un tout, que, notamment, il existe une continuité entre les mises au point préalables des opérations de transport et, en particulier, les indispensables contacts à Saint-Tropez avec les marins, les conversations téléphoniques, la navigation en Méditerranée, puis la poursuite, par voie terrestre, jusqu'en Île-de-France, l'argent ayant un flux inverse, d'où il résulte que l'un au moins des faits constitutifs de l'infraction pour laquelle l'accusé est renvoyé devant la cour d'assises aurait été commis sur le territoire national. • Crim. 15 sept. 1999, n° 99-84.251 P.

28. A justifié sa décision la chambre de l'instruction qui retient la compétence des juridictions françaises par des motifs qui établissent que la séquestration et le vol avec arme en bande organisée commis à l'étranger étaient indivisiblement liés, pour en avoir été la résultante, aux faits d'association de malfaiteurs commis en France auxquels il est reproché au prévenu, de nationalité algérienne, d'avoir participé. • Crim. 27 oct. 2004, n° 04-85.187 P : *RSC 2005. 294, note Vermelle ; Dr. pénal 2005. 16 (1re esp.), obs. Maron ; ibid. 2005. Comm. 32 (1re esp.), obs. Véron.*

29. Relève de la compétence du tribunal correctionnel de Strasbourg le délit de fourniture frauduleuse habituelle de visas autorisant l'entrée et le séjour d'étrangers en France, dès lors que les faits reprochés, commis sur le territoire bulgare, sont indivisibles de ceux de recel de visa indûment obtenu et usage dudit visa, commis dans cette ville par une tierce personne. • Crim. 15 mars 2006, n° 05-83.556 P : *RSC 2006. 634, obs. Giudicelli .*

30. Le 29 juin 2004, au large du Touquet, dans la zone maritime du rayon des douanes, les agents de cette administration ont procédé à la visite d'un bateau, à bord duquel se trouvaient, outre un mécanicien de nationalité britannique, le capitaine, ainsi qu'un second marin, et découvert plus de dix tonnes de résine de cannabis. Selon les déclarations du capitaine, recruté aux Pays-Bas par un ressortissant marocain, les produits stupéfiants, chargés à bord du voilier au large des côtes du Maroc, devaient être livrés aux Pays-Bas. Cependant, il a été établi que le voilier était entré dans les eaux territoriales françaises le 27 juin 2004. Pour dire les juridictions françaises compétentes pour connaître de l'infraction d'association de malfaiteurs, commise à l'étranger et déclarer le prévenu (mécanicien) coupable de ce chef et d'infractions à la législation sur les stupéfiants, l'arrêt, par motifs propres et adoptés, relève que le prévenu, qui devait percevoir une rémunération équivalente à un ou deux ans de salaires et ne peut donc invoquer son statut de marin, savait nécessairement que le projet auquel il était associé, pour des raisons mercantiles, pouvait le conduire à entrer dans les eaux territoriales françaises, avec toutes les conséquences de droit. Les juges ajoutent qu'il importe peu, au regard de la compétence des juridictions pénales françaises, que la destination finale du voilier ait été la France ou les Pays-Bas, dès lors que le délit d'importation de stupéfiants a été commis en France. En l'état de ces motifs, relevant de son pouvoir souverain d'appréciation des faits et circonstances de la cause, qui établissent que le délit d'association de malfaiteurs reproché au prévenu, de nationalité étrangère et commis à l'étranger, était indivisiblement lié aux faits d'infractions à la législation sur les stupéfiants commis en France par ce dernier, la cour d'appel, qui a caractérisé sans insuffisance l'élément intentionnel des délits dont elle a déclaré le prévenu coupable, a justifié sa décision. • Crim. 11 juin 2008, n° 07-83.024 P : *D. 2009. Pan. 125, obs. Roujou de Boubée ; Dr. pénal 2008. 107, obs. Véron.*

31. Illustration négative. Une personne a porté plainte et s'est constituée partie civile en dénonçant le recel commis par les propriétaires successifs d'un immeuble situé en Allemagne, que son père, réfugié en France pour fuir le régime nazi, avait été contraint de céder, à des conditions désavantageuses, en donnant, à Paris, en 1937, procuration à une tierce personne ; elle soutenait qu'en raison du lieu de la signature du pouvoir destiné à permettre l'aliénation du bien, cette « spoliation » relevait de la loi française et de la compétence du tribunal de Paris par application des art. 113-2 C. pén., 52 et 689 C. pr. pén. ; le juge d'instruction s'est déclaré territorialement incompétent pour instruire sur le recel commis en Allemagne, après avoir constaté que la prescription de l'action publique pour les faits d'extorsion faisait obstacle à une prorogation de sa compétence du second chef ; pour confirmer la décision entreprise, la cour d'appel énonce qu'aucun obstacle de droit ou de fait n'a, au moins depuis la fin de la Seconde guerre mondiale, suspendu la prescription de l'action publique relativement aux faits d'extorsion de signature, infraction commise à Paris le 24 mai 1937 ; les juges retiennent que, le recel étant autonome, la signature de la procuration ne peut être regardée comme un des éléments constitutifs de cette infraction ; ils relèvent que les faits susceptibles de recevoir la qualification de recel ont été commis à l'étranger et que les dispositions des art. 113-5, 113-6 et 113-7 C. pén. rendant applicable la loi française à des infractions commises à l'étranger ne peuvent recevoir application ; la décision de la cour d'appel est justifiée ; en effet, d'une part, l'extorsion de signature et de bien et le recel de ce bien constituent des infractions distinctes ; d'autre part, la demanderesse ne saurait se faire un grief de ce que l'arrêt ait refusé sa compétence malgré la connexité existant entre l'extorsion commise en France et le recel dénoncé, dès lors que, l'action publique s'étant trouvée éteinte du premier chef avant le dépôt de la plainte pour recel, la partie civile ne pouvait invoquer une quelconque prorogation de compétence ; enfin, c'est à bon droit que la chambre de l'instruction a décidé que, en l'absence de la requête du ministère public exigée par l'art. 113-8 C. pén., la poursuite était irrecevable en ce qu'elle visait le recel éventuellement commis à l'étranger. • Crim. 9 nov. 2004, n° 04-81.742 P : *RSC 2005. 293, note Vermelle ; Gaz. Pal. 2005. 1. Somm. 2093, note A.C ; Dr. pénal 2005. 16 (2e esp.), obs. Maron ; ibid. 2005. Comm. 32 (2e esp.), obs. Véron.*

C. EXTENSION PAR ASSIMILATION

32. Constatation. Encourt la cassation l'arrêt qui, pour déclarer l'incompétence de la juridiction d'instruction saisie, ne s'explique pas sur la question de savoir si un acte caractérisant un des éléments constitutifs de l'infraction poursuivie, compte tenu des données de la procédure, n'a pas été accompli en France, auquel cas l'infraction doit être réputée commise en France. • Crim. 13 oct. 1981, n° 80-93.302 P.

33. Illustrations. – Abandon de famille. Aux termes de l'art. 693 C. pr. pén., est réputée commise sur le territoire de la République toute infraction dont un acte caractérisant un de ses éléments constitutifs a été accompli en France ; tel est le cas lorsque, bien que le créancier réside à l'étranger, le fait d'abstention volontaire imputable au débiteur d'une pension alimentaire s'est trouvé réalisé en France (C. pén. : ancien art. 357-2 ; nouvel art. 227-3). • Crim. 29 mars 1962 : *Bull. crim. n° 153 ; D. 1962. Somm. 95 ; Gaz. Pal. 1962. 1. 410.*

34. N'encourt pas la censure l'arrêt qui, pour condamner un prévenu pour abandon de famille constate, d'une part, que la décision notariée, établie par un notaire en Allemagne, aux termes de laquelle le prévenu s'est engagé à verser, à l'occasion de son divorce, une pension alimentaire mensuelle à chacun de ses enfants, est opposable au prévenu et exécutoire en France, celle-ci ayant fait l'objet d'une décision d'exequatur régulièrement signifiée et relève, d'autre part, que ledit prévenu est resté volontairement plus de deux mois sans acquitter le montant intégral de la pension alimentaire, et ajoute enfin que le délit est caractérisé dès lors que, comme en l'espèce, l'un des éléments constitutifs a été accompli sur le territoire national. La cour relève notamment que bien que le créancier d'aliments réside à l'étranger, le fait d'abstention volontaire imputable au débiteur de la pension alimentaire s'est trouvé réalisé en France. • Crim. 29 janv. 2003 : *D. 2004. Somm. 307, obs. Mirabail*.

35. Abus de confiance. Est réputé commis sur le territoire de la République l'abus de confiance commis par un mandataire, lorsqu'il a été constaté que la remise des objets en vertu du contrat de mandat s'est faite en France. • Crim. 12 févr. 1979, n° 78-91.482 P : *D. 1979. IR 177, obs. Roujou de Boubée ; RSC 1979. 575, obs. Bouzat.* ♦ En revanche, ne peut être pris en considération le lieu de la conclusion du contrat. • Crim. 22 avr. 1966, n° 65-91.497 P : *RSC 1967. 171, obs. Legal* • 30 mai 1972, n° 71-92.003 P.

36. Une convention cause du versement de fonds par une société de nationalité hollandaise à une société de nationalité thaïlandaise, si elle peut s'analyser comme un préalable nécessaire aux faits imputés au prévenu sous la qualification d'abus de confiance, n'est pas un élément constitutif de cette infraction, et n'est pas dès lors un lien de rattachement du délit d'abus de confiance allégué au territoire de la République française. • Paris, 30 mai 2002 : *Dr. pénal 2002. 132, obs. Véron.*

37. Association de malfaiteurs. Les projets de crimes en France, même si leur auteur étranger n'a pas participé personnellement à leur préparation, constituent un des éléments de l'infraction d'association de malfaiteurs, élément suffisant pour considérer le délit d'association comme réputé commis sur le territoire de la République, au sens de l'art. 693 C. pr. pén. • Crim. 20 févr. 1990, n° 89-86.610 P. ♦ Dès lors que c'est en France que le prévenu a recruté ses hommes de main, un des éléments constitutifs de l'infraction a été accompli en France, et, en application de l'art. 693 C. pr. pén., l'ensemble de l'infraction est réputée avoir été commise sur le territoire de la République. • T. corr. Paris, 16 oct. 1991 : *Gaz. Pal. 1992. 1. Somm. 46.*

38. Blanchiment. Caractérise un fait constitutif de l'infraction de blanchiment aggravé, au sens de l'art. 113-2, al. 2, C. pén., le fait, pour le prévenu, d'avoir procédé aux virements de Suisse en France de partie du produit de l'infraction d'abus de confiance. • Crim. 17 nov. 2010, n° 09-88.751 : *Gaz. Pal. 2011. 484, note Morel-Maroger.*

39. Contrefaçon. La contrefaçon prévue et punie par les art. 425 s. C. pén. (repris ss. les art. L. 335-2 s. CPI) se constitue non seulement par le fait matériel de la reproduction d'une œuvre de l'esprit et l'absence de bonne foi, mais aussi par l'atteinte portée aux droits de l'auteur, tels qu'ils sont définis et réglementés par la loi ; dès lors, elle est réputée commise sur le territoire de la République lorsque, bien que l'œuvre protégée ait été reproduite à l'étranger, l'atteinte portée aux droits de l'auteur a eu lieu en France. • Crim. 2 févr. 1977, n° 75-90.944 P • 6 juin 1991, n° 90-80.755 P • 29 janv. 2002, n° 01-83.122 P : *D. 2002. 1352*. • Paris, 30 mars 1987 : *JCP 1988. II. 20965, note Bouzat.* ♦ Aux termes de l'art. 5, 2°, de la Convention d'Union de Berne du 9 sept. 1886, l'étendue de la protection ainsi que les moyens de recours garantis à l'auteur pour sauvegarder ses droits se règlent exclusivement d'après la législation du pays où la protection est réclamée ; la cour d'appel a exactement considéré que cette loi désigne non pas celle du pays d'origine ou celle du juge saisi, mais celle du ou des États sur le territoire desquels se sont produits les agissements délictueux ; il en résulte qu'en présence de la pluralité des lieux de commission de ceux-ci, la loi française, en tant que loi du « lieu du préjudice », n'a pas vocation exclusive à régir l'ensemble du litige en l'absence d'un rattachement plus étroit, non démontré, avec la France ; ainsi, la cour d'appel, loin de violer le texte précité, a légalement justifié sa décision au regard des règles de conflit de lois en matière de responsabilité extra-contractuelle. • Civ. 1re, 5 mars 2002, n° 99-20.755 P : *D. 2002. 2999, note Bouche ; ibid. 2003. 58, note Josselin-Gall*.

40. Tout jugement ou arrêt doit comporter les motifs propres à justifier la décision ; l'insuffisance ou la contradiction des motifs équivaut à leur absence ; le 6 mai 2005 puis le 16 janv. 2006, un agent assermenté de l'agence pour la protection des programmes (APP) a constaté que les chansons tirées de plusieurs albums de la partie civile, étaient mises à la disposition du public sous formes d'extraits musicaux sur un site internet hébergé en Allemagne et exploité par une société allemande ; la partie civile, qui n'avait pas autorisé la diffusion de ces phonogrammes, a fait citer devant le tribunal correctionnel le dirigeant de cette société, ressortissant allemand et celle-ci en qualité de civilement responsable du chef de contrefaçon ; le tribunal a déclaré le premier coupable et a prononcé sur les intérêts civils ; pour écarter l'exception d'incompétence soulevée par le prévenu, qui a fait valoir que la loi française n'était pas applicable dès lors que la contrefaçon n'avait pas été commise en France, l'arrêt retient que les faits ont été constatés sur le territoire national, que les chansons de la partie civile, artiste-interprète français, appartiennent au répertoire de la musique française, que leurs titres n'ont pas été traduits en allemand sur le site litigieux et que les icônes permettant de faire fonctionner celui-ci ne nécessitent pas la connaissance de cette langue ; les juges du second degré en déduisent que le site, bien que rédigé en allemand, est destiné au public français ; en se déterminant par ces seuls motifs, dont il ne résulte pas que le site exploité par la société mise en cause était orienté vers le public français, alors que la perpétration de la contrefaçon sur le territoire de la République est un élément constitutif de l'infraction, la cour d'appel n'a pas justifié sa décision. • Crim. 14 déc. 2010, n° 10-80.088 : *D. 2011. 1055, note Dreyer* ; *RPDP 2011. 203, obs. Chilstein* ; *RSC 2011. 651, obs. Francillon* .

41. Des agents de l'Administration des douanes avaient retenu à un poste frontière un camion transportant des pare-chocs de véhicules de marque, fabriqués en Italie et expédiés au Portugal par une société. Après avoir fait procéder à la saisie contrefaçon de ces marchandises, la société titulaire de la marque a fait citer le dirigeant de la société de transit devant le tribunal correctionnel afin de faire juger qu'en important et en détenant sur le territoire français des pièces de carrosserie reproduisant les caractéristiques de ses modèles, il a commis des actes de contrefaçon et porté atteinte aux droits d'auteur dont il est titulaire. C'est à bon droit que la cour d'appel l'a débouté de sa demande, se référant à l'arrêt rendu par la Cour de justice des Communautés européennes le 26 sept. 2000, et retenant que le transit ne relève pas de l'objet spécifique du droit sur les dessins et modèles dans l'État membre de la Communauté européenne où il s'effectue, dès lors que les marchandises, légalement fabriquées dans un État membre, sont destinées, après avoir transité sur le territoire français, à être mises sur le marché d'un autre État membre, où elles peuvent être légalement commercialisées. En outre, le demandeur n'apporte pas la preuve et l'illégalité de la fabrication et de la commercialisation des pièces détachées en cause dans les États membres où ont lieu ces opérations. • Crim. 3 sept. 2002, n° 01-87.631 P.

42. Délit d'initié. L'art. 10-1 de l'Ord. n° 67-833 du 28 sept. 1967 modifiée réprime le fait, par une personne disposant, à l'occasion de l'exercice de sa profession ou de ses fonctions, d'informations privilégiées sur les perspectives ou la situation d'un émetteur de titres ou sur les perspectives d'évolution d'une valeur mobilière, d'avoir réalisé ou sciemment permis de réaliser une opération sur le marché avant que le public ait connaissance de ces informations. Il n'importe que l'opération ait été réalisée sur une place étrangère, et il suffit, pour que l'infraction soit réputée commise sur le territoire de la République selon l'art. 693 C. pr. pén., qu'un acte caractérisant un de ses éléments constitutifs ait été accompli en France, ainsi de la détention et diffusion sur le territoire français de l'information en cause, comme son exploitation à partir de ce territoire, sous forme d'ordres d'achat ou de vente. • Crim. 3 nov. 1992, n° 92-84.745 P. ♦ Les dispositions de l'art. 10-1 de l'Ord. n° 67-833 du 28 sept. 1967 modifiée, non contraires à la Dir. n° 89/592/CEE du 13 nov. 1989 qui se borne à prescrire, dans tous les États membres de l'Union Européenne, un degré minimal d'incrimination du délit d'initié, n'exigent pas que l'opération réalisée grâce aux informations privilégiées l'ait été sur le marché boursier français, ni qu'elle porte des titres cotés en France, le terme de « marché » s'appliquant à tout lieu où s'effectue le rapprochement d'une offre et d'une demande portant sur des valeurs mobilières. • Crim. 26 oct. 1995, n° 94-83.780 P : *Dr. pénal 1996. 189, obs. J.-H. Robert* ; *RSC 1996. 138, obs. Dintilhac*

43. Douanes. Est réputée commise sur le territoire de la République la réalisation d'un plan de fraude en matière douanière par des étrangers résidant à l'étranger, lorsqu'elle implique une fausse déclaration à la douane française. • Crim. 29 janv. 1975, n° 74-91.078 P.

44. Escroquerie. A raison de la nature complexe du délit d'escroquerie, il suffit que les manœuvres frauduleuses, qui en sont un des éléments, aient été accomplies en France pour que les juges français soient compétents pour en connaître. • Crim. 8 juin 1912 : *DP 1913. 1. 154.*

45. De simples allégations mensongères, sans caractériser les manœuvres frauduleuses prévues par l'art. 405 C. pén. (nouvel art. 313-1), peuvent constituer l'un des éléments de ces manœuvres ; il s'ensuit qu'un délit d'escroquerie est réputé commis en France, si les allégations mensongères entrant dans le cadre des manœuvres frauduleuses retenues ont été perpétrées sur le territoire national. • Crim. 19 avr. 1983, n° 82-90.345 P. ♦ Il en est de même lorsqu'est accompli en France l'un des éléments d'une mise en scène. • Paris, 8 janv. 1993 : *Gaz. Pal. 1994. 1. 327, note J.-P. M.*

46. Une tentative d'escroquerie est réputée commise en France si des actes préparatoires constituant l'une des composantes nécessaires des manœuvres frauduleuses retenues ont été perpétrés sur le territoire national. • Crim. 11 avr. 1988, n° 87-83.873 P.

47. Selon l'art. 693 C. pr. pén., dont les dispositions, reprises dans l'art. 113-2 C. pén., ne font aucune référence à la loi étrangère, il suffit, pour que l'infraction soit réputée commise sur le territoire de la République et soit punissable en vertu de la loi française, qu'un de ses faits constitutifs ait lieu sur ce territoire ; tel est le cas d'une escroquerie, caractérisée par la réalisation d'opérations à l'étranger, lorsque la remise des fonds, obtenue grâce à des annonces publiées dans divers journaux diffusés sur le territoire national, a été faite en France. • Crim. 28 nov. 1996, n° 95-80.168 P : *Dr. pénal 1997. 59, obs. Véron.*

48. Internet. En application de l'art. 113-2, al. 2, C. pén., le fait de diffuser sur internet, depuis un site étranger, des propos révisionnistes constitue un délit relevant de la compétence des tribunaux français. • TGI Paris, 13 nov. 1998 : *Gaz. Pal. 2000. 1. Doctr. 697, obs. Manseur-Rivet.*

49. La publication de l'écrit diffamatoire, qui caractérise la commission du délit de diffamation publique, détermine la compétence territoriale ; ce délit doit être réputé commis partout où l'écrit a été publié, peu important le vecteur de la publication ; est dès lors compétent le juge d'instruction saisi d'une plainte avec constitution de partie civile du chef de diffamation publique par la voie de l'internet, le site étant situé au États-Unis, dès lors qu'est établie par constat d'huissier la mise à disposition du public des informations prétendues diffamatoires en un lieu dépendant de son ressort. • Limoges, 8 juin 2000 : *BICC 2001. 210.*

50. En l'absence de tout critère rattachant au territoire de la République les propos incriminés, la circonstance que ceux-ci, du fait de leur diffusion sur le réseau internet, aient été accessibles depuis ledit territoire ne caractérise pas, à elle seule, un acte de publication sur ce territoire rendant le juge français compétent pour en connaître. • Crim. 12 juill. 2016, n° 15-86.645 : *D. actu. 2 sept. 2016, obs. Lavric ; D. 2016. 1848, note Dreyer ; AJ pénal 2016. 533, obs. Brach-Thiel ; Gaz. Pal. 2016. 2787, obs. Detraz ; ibid. 2916, obs. Fourment ; Dr. pénal 2016. Comm. 156, obs. Conte ; ibid. 2017. Chron. 6, obs. Mouysset ; RSC 2016. 535, obs. Francillon .*

51. Loteries prohibées. Selon l'art. 679 C. pr. pén., aujourd'hui remplacé par l'art. 113-2 C. pén., est soumise à l'application de la loi française toute infraction dont un des faits constitutifs a eu lieu sur le territoire national ; ainsi en est-il de l'organisation d'une loterie prohibée au sens des art. 3 de la L. du 21 mai 1836 et 410 C. pén., reprochée au dirigeant de deux sociétés ayant leur siège, l'une à Guernesey, l'autre à Londres, qui a organisé illégalement un concours de pronostics sur les résultats du Tour de France 1989, avec 900.000 bulletins de participation imprimés et diffusés sur l'ensemble du territoire national, et 500 paris adressés en Angleterre. • Crim. 22 mai 1997, n° 94-85.933 P.

52. Non-représentation d'enfant. Lorsque la décision relative au droit de visite prévoit que ce droit doit être exercé à l'étranger, l'art. 693 C. pr. pén. n'est pas applicable : en effet, le délit de non-représentation d'enfant n'est pas un délit complexe et c'est à l'étranger que les actes caractérisant les éléments constitutifs du délit ont été commis. • Crim. 27 oct. 1966, n° 66-91.280 P : *Gaz. Pal. 1967. 1. 10* (C. pén. : ancien art. 357 ; nouvel art. 227-5). ♦ ... Par suite, lorsque le délit de non-représentation d'enfant a été commis à l'étranger par un étranger, les tribunaux français sont incompétents pour en connaître. • Crim. 16 juill. 1969 : *Bull. crim. n° 228 ; D. 1970. Somm. 21 ; Gaz. Pal. 1969. 2. 253.*

53. Pollution. Fait à bon droit application de l'art. 693 C. pr. pén. la cour d'appel qui, pour se déclarer compétente, constate qu'a été accompli en France un des actes caractérisant un des éléments constitutifs du délit de pollution de cours d'eau (C. rur., art. L. 232-2). • Crim. 15 nov. 1977, n° 77-90.089 P.

54. Pornographie. Il suffit qu'un des actes caractérisant un des éléments constitutifs de l'infraction ait été accompli en France pour que le délit soit réputé commis sur le territoire de la République ; tel est le cas lorsque le prévenu prend en France des photographies illicites et les expédie à l'étranger à l'état de pellicules non développées (C. pén., art. 227-24). • Crim. 4 juin 1969, n° 68-93.427 P : *JCP 1969. II. 16011 ; Gaz. Pal. 1969. 2. 106.* ♦ Rappr. : • Crim. 12 mai 1939 : *Bull. crim. n° 111.*

55. C'est à bon droit que la cour d'appel a déclaré le prévenu coupable d'enregistrement d'images de mineurs à caractéristique pornographique, délit prévu par l'art. 227-23, al. 1er, C. pén., rappelant, d'une part, qu'ont été retrouvées à son domicile des cassettes pornographiques mettant en scène des mineurs, et, d'autre part, qu'il avait signé un contrat assurant à une société tierce l'exclusivité de la distribution de ces vidéogrammes ; peu importe que le gérant de cette société ait renoncé à assurer cette diffusion lorsqu'il a constaté la présence de jeunes enfants sur les supports incriminés ; en effet, selon l'art. 693 C. pr. pén., devenu l'art. 113-2, al. 2, C. pén., il suffit, pour que l'infraction soit réputée commise sur le territoire de la République et soit punissable en vertu de la loi française, qu'un de ses faits constitutifs ait eu lieu sur ce territoire ; c'est le cas dès lors qu'il est établi que des actes avaient été effectués en France en vue de la diffusion des cassettes pornographiques enregistrées en Thaïlande. • Crim. 4 févr. 2004, n° 03-81.984 P : *D. 2005. 621, note Malabat ; AJ pénal 2004. 157, obs. Pitoun ; Dr. pénal 2004. 80, obs. Véron ; Gaz. Pal. 2004. 2. 3237, note Monnet ; RSC 2004. 639, obs. Mayaud .*

56. Proxénétisme. Le prévenu, ressortissant helvétique, a été appréhendé à Nice le 23 mai 2005 ; il était soupçonné d'avoir recruté en Suisse des jeunes femmes afin qu'elles se livrent à la prostitution au profit d'une clientèle fortunée à l'occasion d'une compétition automobile organisée dans la principauté de Monaco ; il a été mis en examen du chef de proxénétisme aggravé ; pour fonder la compétence des lois et juridictions françaises, l'arrêt retient que « le fait d'escorter des jeunes femmes de l'aéroport à l'hôtel S. à Nice, d'organiser leur séjour dans l'hôtel dans le seul but de les conduire quotidiennement à Monaco où elles auraient des relations sexuelles au préalable rémunérées avec les clients ou les organisateurs de la société V. constituent des actes d'aide et d'assistance à la prostitution ; que ces actes sont des éléments constitutifs de délit de proxénétisme par aide et assistance, qu'ils ont été commis à Nice et que le juge d'instruction de Nice est compétent en application de l'art. 52 C.

pr. pén. » ; en prononçant ainsi, la chambre de l'instruction a fait l'exacte application de l'art. 113-2 C. pén. ; en effet une infraction est réputée commise sur le territoire de la République dès lors qu'un de ses faits constitutifs a été commis sur ce territoire. • Crim. 9 nov. 2011, nos 09-86.381 et n° 05-87.745 P : *D. actu. 6 déc. 2011, obs. Léna ; JCP 2011, n° 1318, obs. Detraz ; Gaz. Pal. 2012. 1. 291, note Dreyer ; Dr. Pénal 2012. 3, obs. Véron ; RSC 2012. 144, obs. Mayaud*.

57. Recel. La prise de possession en France d'objets de provenance frauduleuse, réalisée par l'intermédiaire de tiers agissant pour le compte d'un étranger résidant hors du territoire national, caractérise l'élément matériel constitutif du délit de recel reproché à ce dernier justifiant la compétence de la juridiction répressive française. • Crim. 1er oct. 1986, n° 84-94.124 P : *Gaz. Pal. 1986. 2. 745, rapp. Bayet ; RSC 1988. 93, obs. Bouzat.*

58. Il résulte de l'arrêt attaqué et des pièces de la procédure qu'à la suite de la découverte, à Louvain, au domicile d'un suspect, d'œuvres d'art provenant de vols commis en France dans des églises, entre 1960 et 1978, le procureur de la République de Limoges a requis l'ouverture d'une information des chefs de recels aggravés de vols. Mis en examen de ces chefs, un prévenu, de nationalité belge, et un autre, de nationalité néerlandaise, ont décliné la compétence des juridictions françaises. Pour retenir la compétence des tribunaux français sur le fondement de l'art. 113-2 C. pén., l'arrêt énonce que le délit de recel ne peut être constitué que si la chose détenue provient d'un acte qualifié crime ou délit par la loi. Les juges ajoutent que les vols dont proviennent les œuvres d'art recelées ont tous été commis sur le territoire national. En l'état de ces énonciations, la chambre de l'instruction a justifié sa décision. En effet, selon l'art. 113-2 C. pén., il suffit, pour que l'infraction soit réputée commise sur le territoire de la République, qu'un de ses faits constitutifs ait eu lieu sur ce territoire. • Crim. 26 sept. 2007, n° 07-83.829 P : *D. 2008. 1179, note Rebut ; ibid. 2009. Pan. 130, obs. Garé ; JCP 2008. II. 10047, note Segonds ; Gaz. Pal. 2008. 1. 285, note Pellier ; Dr. pénal 2007. 150, obs. Véron ; RSC 2008. 69, obs. Fortis ; ibid. 360, obs. Finielz*.

59. Simulation ayant entraîné une atteinte à l'état civil d'enfants. A la suite d'un accord de procréation pour autrui entre un couple français et un couple de citoyens des États-Unis, conclu conformément au droit en vigueur en Californie, les époux français, déclarés parents aux États-Unis des deux jumelles, ont été mis en examen du chef de tentative de simulation ayant entraîné une atteinte à l'état civil des enfants ; or aucun fait constitutif de l'infraction n'a eu lieu en France, les faits ayant été commis en totalité dans un pays où ils ne sont pas pénalement répréhensibles, la loi française n'apparaît pas applicable en ce qui concerne le délit de simulation ayant entraîné une atteinte à l'état civil des enfants, par application des dispositions des art. 113-2 et 113-6 C. pén. • TGI Créteil, ord., 30 sept. 2004 : *D. 2005. 476, note Depadt-Sebag*.

60. Tromperie. Pour que les tribunaux français soient compétents en matière de tromperie, il suffit que des actes caractérisant les éléments constitutifs du délit aient été commis en France, conformément à l'art. 693 C. pr. pén. • Crim. 7 juin 1967, n° 66-90.912 P. ♦ Est considéré comme commis sur le territoire de la République le délit ou la tentative de tromperie sur la nature ou les qualités substantielles de toutes marchandises lorsque ces dernières sont offertes à la vente en France, alors même que le vendeur serait un ressortissant étranger et les marchandises seraient livrées à l'étranger. • Crim. 19 avr. 1983, n° 82-90.345 P.

61. Usure. Est réputé commis sur le territoire de la République un délit d'usure réalisé par l'acceptation en France d'une demande de prêt comportant la stipulation d'intérêts usuraires à la suite d'offres insérées dans la presse française, ainsi que la remise sur le territoire français de traites comportant, outre le remboursement du capital, lesdits intérêts. • Crim. 14 févr. 1962 : *Bull. crim. n° 97.*

Art. 113-2-1 *(L. n° 2016-731 du 3 juin 2016, art. 28)* **Tout crime ou tout délit réalisé au moyen d'un réseau de communication électronique, lorsqu'il est tenté ou commis au préjudice d'une personne physique résidant sur le territoire de la République ou d'une personne morale dont le siège se situe sur le territoire de la République, est réputé commis sur le territoire de la République.**

BIBL. ► PARIZOT, *RSC 2016. 376* (loi du 3 juin 2016 : aspects obscurs de droit pénal général).

Art. 113-3 **La loi pénale française est applicable aux infractions commises à bord des navires battant un pavillon français, ou à l'encontre de tels navires** *(L. n° 2011-525 du 17 mai 2011, art. 87-II-1°)* **« ou des personnes se trouvant à bord », en quelque lieu qu'ils se trouvent. Elle est seule applicable aux infractions commises à bord des navires de la marine nationale, ou à l'encontre de tels navires** *(L. n° 2011-525 du 17 mai 2011, art. 87-II-1°)* **« ou des personnes se trouvant à bord », en quelque lieu qu'ils se trouvent.**

BIBL. ▸ Poissonnier, *D. 2008. Chron. 2097* (les pirates de la Corne de l'Afrique et le droit français). – Contamine, *AJ pénal 2010. 330* (poursuites judiciaires et pirates somaliens : la nouvelle équation).

1. Pavillon français. Un crime commis en pleine mer par un étranger sur un navire battant pavillon français relève de la compétence des tribunaux français. • Crim. 5 août 1920 : *Bull. crim. n° 355.*

2. Les dispositions de l'art. 113-3 C. pén., qui prévoient l'application de la loi pénale française aux infractions commises à bord des navires battant un pavillon français, ne sauraient être étendues aux bateaux de navigation fluviale. Il résulte de l'arrêt attaqué et des pièces de la procédure qu'un vol au préjudice d'une société de droit français a été commis sur un bateau de croisière fluviale lui appartenant et immatriculé en France, alors qu'il était amarré en Allemagne. La victime a déposé plainte avec constitution de partie civile auprès du juge d'instruction de Strasbourg. Pour infirmer l'ordonnance déclarant cette plainte irrecevable, en l'absence de la requête du ministère public exigée par l'art. 113-8 C. pén., l'arrêt retient qu'une infraction commise à bord d'un navire battant pavillon français, en quelque lieu qu'il se trouve, n'est pas commise à l'étranger. En prononçant ainsi, la chambre de l'instruction a méconnu le sens et la portée de l'art. 113-3 susvisé, d'où il suit que la cassation est encourue. • Crim. 18 sept. 2007, n° 07-82.504 P : *D. 2008. Chron. C. cass. 112, obs. Caron* ; *RSC 2008. 69, obs. Fortis*.

3. En premier lieu, est à bon droit écartée l'application des art. 92 et 97 de la Conv. de Montego Bay du 10 déc. 1982 sur le droit de la mer, qui attribuent, en cas d'abordage ou de tout autre incident de navigation maritime en haute mer susceptible d'engager la responsabilité pénale d'un capitaine ou d'un membre de son équipage, compétence aux juridictions pénales soit de l'État du pavillon, soit de l'État dont l'intéressé a la nationalité, dès lors que l'abordage, au sens de cette Conv., s'entend d'une collision accidentelle entre deux navires, et que les dégradations volontaires n'entrent pas dans la définition des incidents de navigation ; par ailleurs, est à juste titre écartée l'application de la Conv. de Bruxelles du 10 mai 1952 qui fixe les règles de compétence juridictionnelle concernant la saisie conservatoire des navires de mer ; en second lieu, la cour d'appel a fait une exacte application de l'art. 113-3 C. pén., aux termes duquel la loi française est applicable aux infractions commises à l'encontre des navires battant pavillon français en quelque lieu qu'ils se trouvent, dès lors que la senne, qui a fait l'objet de dégradations résultant d'une action volontaire des militants de Greenpeace, constitue l'accessoire et le prolongement du navire auquel elle est rattachée, et est soumise au même statut juridique que celui-ci. • Crim. 16 nov. 2016, n° 14-86.980 : *D. actu. 2 déc. 2016, obs. Fucini ; AJ pénal 2017. 87, obs. Aubert* ; *Gaz. Pal. 2017. 405, obs. Dreyer.*

4. Pavillon étranger. Les navires de commerce étrangers, stationnant dans un port français, sont soumis à la juridiction territoriale pour ce qui concerne les crimes dont se rendent coupables à bord les gens de l'équipage. • Rouen, 21 janv. 1916 : *DP 1917. 2. 62* • T. corr. Nantes, 2 avr. 1937 : *DH 1937. 262.*

5. Il ne saurait être reproché à une chambre de l'instruction de rejeter une requête en nullité des actes de la procédure ouverte à la suite de l'arraisonnement d'un navire soupçonné de transporter de la drogue, aux prétendus motifs que, d'une part, les autorités françaises étaient incompétentes pour procéder à l'arraisonnement d'un navire battant pavillon du Cambodge, lequel n'est pas partie à la Convention de Vienne du 19 déc. 1988 sur le trafic illicite de stupéfiants, et que, d'autre part, les membres de l'équipage ont fait l'objet de mesures coercitives et ont été retenus contre leur gré. Dès lors que l'État du pavillon a, expressément et sans restriction, autorisé les autorités françaises à procéder à l'arraisonnement du navire et que seules ont été prises, conformément à l'art. 17 de la Convention de Vienne, des mesures appropriées à l'égard des personnes se trouvant à bord, lesquelles ont été régulièrement placées en garde à vue dès leur débarquement sur le territoire français. • Crim. 15 janv. 2003, n° 02-86.936 P.

6. La coutume internationale, qui s'oppose à la poursuite des États devant les juridictions pénales d'un État étranger, s'étend aux organes et entités qui constituent l'émanation de l'État ainsi qu'à leurs agents en raison d'actes qui, comme en l'espèce, relèvent de la souveraineté de l'État concerné. • Crim. 23 nov. 2004, n° 04-84.265 P : *D. 2005. Pan. 1197, obs. Chanteloup* ; *ibid. 2005. Pan. 1523, obs. Gozzi* ; *Gaz. Pal. 2005. 1. 1160, note Chanet* • 19 janv. 2010, n° 09-84.818 P : *JCP 2010, n° 7, p. 340 ; RSC 2010. 131, obs. Mayaud*. ♦ A justifié sa décision la chambre de l'instruction qui a fait droit aux requêtes, en se prévalant de l'immunité de juridiction dont bénéficie l'État de Malte, tendant à l'annulation de tous les actes d'instruction relatifs à la mise en examen de la Malta Maritime Authority et de son directeur exécutif, des chefs de mise en danger de la vie d'autrui et complicité de pollution dans l'information ouverte à la suite du naufrage du navire *Erika*, survenu le 12 déc. 1999, et ayant causé une pollution importante sur les côtes françaises, pour avoir délivré des certificats d'immatriculation et de navigabilité en méconnaissance de la législation internationale en vigueur. • Crim. 23 nov. 2004, n° 04-84.265 : *préc.* ♦ Justifie sa décision la chambre de l'instruction qui, pour prononcer l'annulation de mandats d'arrêt délivrés à l'encontre du Premier ministre et du ministre des forces armées d'un État étranger, en fonction au moment des faits, retient que le navire ayant fait naufrage avait été mis en service pour permettre le désenclavement d'une région de cet État, qu'il assurait une mission de service public non commercial, qu'il était armé par un équipage militaire et avait le statut de navire militaire. • Crim. 19 janv. 2010, n° 09-84.818 : *préc.* ♦ Justifie sa décision la cour d'appel qui a relevé d'une part que le navire, dont l'équipage était commandé et encadré par des officiers de la marine nationale sénégalaise et géré par le ministère des forces armées, qui permettait d'assurer la continuité territoriale du pays, dont une partie était à cette époque sous la menace de révoltes armées, avait coulé en haute mer, d'autre part, que les personnes contre lesquelles il existait des charges suffisantes pour suivre des chefs susvisés agissaient au moment des faits dans l'exercice de l'autorité étatique, en troisième part, qu'en l'état du droit international, les infractions susvisées, quelle qu'en soit la gravité, ne relèvent pas des exceptions au principe de l'immunité des représentants de l'État dans l'expression de sa souveraineté. • Crim. 16 oct. 2018, n° 16-84.436 P : *D. actu. 14 nov. 2018, obs. Recotillet ; D. 2019. Pan. 2320, obs. Gozzi ; RSC 2019. 97, obs. Mayaud ; Dr. pénal 2019, n° 1, obs. Conte ; ibid., n° 2, obs. Gogorza.*

7. Loi pénale applicable. La loi pénale française applicable aux infractions commises à l'encontre des navires battant un pavillon français, au sens de l'art. 113-3 C. pén., est la loi pénale de fond, à l'exclusion de la procédure pénale. • Crim. 17 févr. 2010, n° 09-87.254 P : *AJ pénal 2010. 292, obs. Roussel ; JCP G 2010, n° 12, p. 586.*

Art. 113-4 **La loi pénale française est applicable aux infractions commises à bord des aéronefs immatriculés en France, ou à l'encontre de tels aéronefs** *(L. n° 2011-525 du 17 mai 2011, art. 87-II-2°)* **« ou des personnes se trouvant à bord », en quelque lieu qu'ils se trouvent. Elle est seule applicable aux infractions commises à bord des aéronefs militaires français, ou à l'encontre de tels aéronefs** *(L. n° 2011-525 du 17 mai 2011, art. 87-II-2°)* **« ou des personnes se trouvant à bord », en quelque lieu qu'ils se trouvent.**

Corresp. : *C. aviat. civ., ancien art. L. 121-7.*

Selon l'art. 113-4 C. pén., la loi française est applicable à bord d'un aéronef, civil ou militaire, immatriculé en France, en quelque lieu qu'il se trouve ; il en résulte que le mandat d'arrêt délivré par un juge d'instruction français peut être exécuté à bord d'un avion français sur un aéroport étranger. • Crim. 26 nov. 1996, n° 96-83.258 P : *RSC 1997. 632, obs. Bouloc.*

Art. 113-5 **La loi pénale française est applicable à quiconque s'est rendu coupable sur le territoire de la République, comme complice, d'un crime ou d'un délit commis à l'étranger si le crime ou le délit est puni à la fois par la loi française et par la loi étrangère et s'il a été constaté par une décision définitive de la juridiction étrangère.**
(L. n° 2020-936 du 30 juill. 2020, art. 24) **« Elle est également applicable aux actes de complicité prévus au second alinéa de l'article 121-7 commis sur le territoire de la République et concernant, lorsqu'ils sont commis à l'étranger, les crimes prévus au livre II. »**

Corresp. : *C. pr. pén., ancien art. 689.*

BIBL. ► FOURNIER, *RSC 2003. 13* (répression de la complicité en droit pénal international).

1. Fait principal à l'étranger. Les dispositions de l'art. 690 C. pr. pén. qui soumettent à certaines conditions la poursuite en France de celui qui s'est, en France, rendu complice d'un crime ou délit commis à l'étranger, ne trouvent leur application que lorsque l'auteur du fait principal ne peut être jugé par les juridictions françaises ; tel n'est pas le cas lorsqu'un Français s'est, en France, rendu complice d'un crime commis à l'étranger par un Français. • Crim. 20 févr. 1990, n° 89-86.610 P : *D. 1991. 395, note Fournier.*

2. Aux termes de l'art. 113-5 C. pén., la loi française *est applicable à quiconque* s'est rendu coupable sur le territoire de la République, comme complice, d'un crime ou d'un délit commis à l'étranger si le crime ou le délit est puni à la fois par la loi française et par la loi étrangère et s'il a été constaté par une décision définitive de la juridiction étrangère ; méconnaît les exigences de ce texte l'arrêt qui condamne le complice, en France, d'une tentative d'importation de stupéfiants perpétrée à l'étranger, sans rechercher si étaient réunies ses deux conditions d'application. • Crim. 10 févr. 1999, n° 97-84.894 P : *D. 1999. 491, note Fournier.*

3. Une femme a porté plainte et s'est constituée partie civile contre personne non dénommée des chefs d'enlèvement, séquestration et complicité de ces infractions, en dénonçant l'arrestation illégale, à Oran, de son mari, ressortissant algérien, par les autorités algériennes et en faisant valoir que les infractions dénoncées auraient été commises avec la complicité des autorités françaises. Pour confirmer l'ordonnance de refus d'informer rendue par le juge d'instruction, l'arrêt, par motifs adoptés, énonce qu'aux termes de l'art. 113-5 C. pén., la loi française est applicable à quiconque s'est rendu coupable sur le territoire de la République, comme complice, d'un crime ou d'un délit commis à l'étranger, à la condition que le crime ou le délit ait été constaté par une décision définitive de la juridiction étrangère, ce qui n'est pas le cas en l'espèce. En prononçant ainsi, la chambre de l'instruction a fait l'exacte application du texte susvisé, qui n'est pas incompatible avec l'art. 13 de la Conv. EDH. • Crim. 29 janv. 2008 : *Dr. pénal 2008. Comm. 60, obs. Véron.*

4. D'une part, selon l'art. 113-5 C. pén., les faits de complicité réalisés en France d'un délit commis à l'étranger ne relèvent de la loi pénale française que si, notamment, l'infraction principale a été constatée par une décision définitive de la juridiction étrangère, ce qui n'est pas le cas en l'espèce, et, d'autre part, les juridictions françaises ne sont pas tenues de surseoir à statuer dans l'attente d'une telle décision. • Crim. 10 sept. 2008 : *Dr. pénal 2009. 5.*

5. *Fait principal en France.* La juridiction compétente pour juger le fait principal est compétente pour juger le complice, quelle que soit sa nationalité, et quel que soit le lieu où les actes de complicité se sont accomplis. • Crim. 19 avr. 1888 (sol. impl.) : *DP 1888. 1. 284.*

6. Ainsi, un délit commis sur le territoire français donne compétence à la juridiction française à l'égard des complices, bien que ceux-ci soient de nationalité étrangère et que les actes de complicité se soient accomplis à l'étranger. • Crim. 13 mars 1891 : *DP 1892. 1. 76* • 17 févr. 1893 : *DP 1894. 1. 32* • 7 sept. 1893 : *ibid. 1896. 1. 434.* ♦ V., pour les coauteurs : • Crim. 8 juin 1912 : *DP 1913. 1. 154.*

7. L'acte de complicité d'une infraction principale commise en France relève de la loi française. • Crim. 30 oct. 2013, nº 12-83.995 : *Gaz. Pal. 2014. 472, obs. Dreyer.*

8. La juridiction compétente pour juger le fait principal l'est aussi pour juger le complice, quels que soient sa nationalité et le lieu où les actes de complicité ont été accomplis. • Crim. 29 nov. 2016, nº 15-86.712 : *D. actu. 12 déc. 2016, obs. Fucini ; D. 2017. Pan. 2501, obs. Ginestet ; Dr. pénal 2017. Comm. 32, obs. Conte.*

SECTION II DES INFRACTIONS COMMISES HORS DU TERRITOIRE DE LA RÉPUBLIQUE

Art. 113-6 **La loi pénale française est applicable à tout crime commis par un Français hors du territoire de la République.**

Elle est applicable aux délits commis par des Français hors du territoire de la République si les faits sont punis par la législation du pays où ils ont été commis.

(L. nº 2009-1503 du 8 déc. 2009, art. 36-I) **« Elle est applicable aux infractions aux dispositions du règlement (CE) nº 561/2006 du Parlement européen et du Conseil du 15 mars 2006 relatif à l'harmonisation de certaines dispositions de la législation sociale dans le domaine des transports par route, commises dans un autre État membre de l'Union européenne et constatées en France, sous réserve des dispositions de l'article 692 du code de procédure pénale ou de la justification d'une sanction administrative qui a été exécutée ou ne peut plus être mise à exécution. »**

Il est fait application du présent article lors même que le prévenu aurait acquis la nationalité française postérieurement au fait qui lui est imputé. — *Pén. 222-22, 227-27-1.*

Corresp. : *C. pr. pén., ancien art. 689.*

A. CRIMES

1. Justifie sa décision au regard de l'al. 1er de l'art. 689 C. pr. pén., l'arrêt de la chambre d'accusation qui, pour ordonner la mise en accusation d'une personne du chef de faux en écriture authentique à raison des altérations de la vérité contenues dans un acte notarié dressé à l'étranger, constate sa participation à l'établissement de ce faux, après avoir relevé l'accord de la législation étrangère et de la législation française quant au caractère public de l'acte. • Crim. 21 févr. 1978, nº 76-93.583 P.

B. DÉLITS

2. *Localisation.* Lorsque, par jugement de divorce, un mari a été condamné à servir à sa femme une pension alimentaire payable au domicile ou à la résidence de celle-ci, que la femme réside au Brésil et que le mari s'abstient, volontairement, pendant plusieurs mois de faire les versements, le délit est commis à l'étranger ; les tribunaux français sont dans ce cas compétents, par application des art. 689 et 691 (C. pén., art. 113-8) C. pr. pén. (C. instr. crim., art. 5 et 6), dès lors que c'est à la requête du ministère public et sur la plainte de la femme, partie civile, que le prévenu a été poursuivi et que le délit est également réprimé par la législation brésilienne. • Paris, 15 nov. 1956 : *Gaz. Pal. 1956. 2. 419 ; Rev. crit. DIP 1957. 108, obs. Simon-Depitre.* ♦ Comp. : • Paris, 30 juin 1956 : *D. 1956. Somm. 153 ; Gaz. Pal. 1956. 2. 99.*

3. *Qualification.* Les dispositions de l'art. 689, al. 2, C. pr. pén. sont applicables même dans l'hypothèse où les faits criminels visés dans l'acte initial de poursuite font l'objet d'une disqualification les faisant considérer comme des délits. • Crim. 6 mars 1984, n° 83-95.041 P.

4. Donne une base légale à sa décision au regard des dispositions de l'art. 689, al. 2, C. pr. pén., l'arrêt qui, statuant sur une poursuite du chef d'évasion par bris de prison commis en Belgique par un citoyen français, constate que le fait n'est pas puni par la législation du pays où il a été perpétré et, le requalifiant, déclare le prévenu coupable de dégradation de monument d'utilité publique, délit prévu et réprimé par l'art. 257 C. pén. français (nouvel art. 322-2) et par l'art. 256 C. pén. belge. • Crim. 9 nov. 1988 : *Bull. crim. n° 385.*

5. Réciprocité d'incrimination. Les dispositions de l'art. 689 C. pr. pén. sont d'ordre public, en ce qu'elles affectent la compétence des juridictions françaises, et en méconnaît les termes l'arrêt d'une chambre d'accusation renvoyant des inculpés devant la juridiction de jugement sans constater que le ou les faits sont punis par la législation du pays où ils ont été perpétrés. • Crim. 10 oct. 1988, n° 87-91.310 P. ♦ Un arrêt ne peut prononcer une condamnation à raison d'un délit commis à l'étranger, sans constater que le fait est puni par la législation du pays où il a été perpétré. • Crim. 17 janv. 1913 : *DP 1917. 1. 99* (extorsion de fonds) • 19 mai 1971 : *Bull. crim. n° 164 ; JCP 1972. II. 16947, note Vitu* (abus de confiance) • 27 juin 1984 : *Bull. crim. n° 248* (recel).

6. En subordonnant la poursuite en France d'un fait qualifié délit par la loi française, dont un Français s'est rendu coupable hors du territoire de France, à la condition qu'il serait puni par la législation du pays où il a été commis, la loi (C. instr. crim., art. 5) n'a pas déterminé le genre de preuves à produire pour établir que la législation étrangère range ce fait dans les infractions punissables ; elle s'en est rapportée aux constatations du juge. • Crim. 17 déc. 1887 : *DP 1888. 1. 330.*

7. Manque de base légale l'arrêt de la cour d'assises qui, faisant application du verdict du jury, prononce une condamnation contre un Français pour un délit commis par lui à l'étranger, sans constater si le délit était également puni par la législation en vigueur au lieu de sa perpétration. • Crim. 8 mai 1925 : *DH 1925. 430.*

8. L'arrêt qui, en l'absence de conclusions des prévenus contestant la compétence des juges du fond, constate l'accord de la législation étrangère et de la législation française pour réprimer *un fait commis à l'étranger, établit* l'existence des deux conditions nécessaires, aux termes de l'art. 689 C. pr. pén., pour la poursuite d'un délit commis à l'étranger par des Français. • Crim. 27 nov. 1968, n° 92-14.768 P.

9. Il résulte des art. 689, al. 2, ancien C. pr. pén. et 113-6, al. 2, C. pén. que, lorsqu'un délit est commis par un Français hors du territoire de la République, la loi française n'est applicable que si les faits sont punis par la législation du pays où ils ont été commis ; cassation de l'arrêt de condamnation du dirigeant d'une entreprise de transports routiers pour emploi irrégulier du dispositif destiné au contrôle des conditions de travail, commis en Belgique par l'un de ses préposés, alors que, faute d'avoir recherché si le délit retenu était également puni par la législation en vigueur au lieu de sa perpétration, les juges ont méconnu le texte précité. • Crim. 24 sept. 1996 : *Gaz. Pal. 1997. 1, chron. crim. 25* • 26 mai 2010, n° 09-86.499 P : *AJ pénal 2010. 338 ; Dr. pénal 2010, n° 115, obs. Véron.*

10. Il ne saurait être reproché à une cour d'appel de rejeter le moyen tiré de l'incompétence de la juridiction française pour connaître de faits commis en Suisse (non-représentation d'enfant), par une ressortissante possédant la double nationalité suisse et française, et domiciliée en Suisse, dès lors que les juges du second degré, après avoir relevé que les dispositions de l'art. 689, al. 2, C. pr. pén., en vigueur au moment des faits, impliquent nécessairement que le juge répressif français prenne en considération la loi étrangère, constatent que les faits reprochés au prévenu sont punis par la législation du pays où ils ont été commis, aux termes de l'art. 229 C. pén. suisse ; en effet, l'interprétation d'une loi étrangère est une question de fait qui échappe au contrôle de la Cour de cassation. • Crim. 12 nov. 1997, n° 93-85.278 P.

11. Des époux avaient effectué, conformément au droit en vigueur en Californie, des démarches ayant amené à la conclusion, entre eux-mêmes et un couple de citoyens des États-Unis, d'un accord de procréation pour autrui ; le délit d'entremise en vue de gestation pour le compte d'autrui apparaît inapplicable en l'espèce ; il résulte, en effet, des investigations effectuées que toutes les démarches entreprises l'ont été aux États-Unis, pays où de tels faits ne sont pas constitutifs d'une infraction ; or, l'art. 113-6, al. 2, C. pén. précise que la loi française est applicable aux délits commis par des français hors du territoire de la République si les faits sont punis par la législation du pays où ils ont été commis, ce qui n'est pas le cas en l'espèce. • TGI Créteil, ord., 30 sept. 2004 : *D. 2005. 476, note Depadt-Sebag* .

12. D'une part, aux termes de l'art. 113-6 C. pén., la loi pénale française « est applicable aux délits commis par des Français hors du territoire de la République si les faits sont punis par la législation du pays où ils ont été commis » ; d'autre part, l'art. 113-8 du même code dispose qu'en cas de délit commis à l'étranger contre un particulier, la poursuite, qui ne peut être intentée qu'à la requête du ministère public, « doit être précédée d'une plainte de la victime ou de ses ayants droit ou d'une dénonciation officielle par l'autorité du pays où le fait a été commis » ; l'arrêt attaqué déclare le prévenu, dont la nationalité française n'est pas mise en cause, coupable des délits de vols aggravés et escroqueries, alors qu'il résulte des constatations des juges du fond que les faits constitutifs de ces délits ont été commis en territoire étranger ; il appartenait à la juridiction saisie de rechercher si les délits retenus à la charge du prévenu étaient également punis par la législation en vigueur au lieu de leur perpétration ; à défaut d'une constatation à cet égard, la décision a violé l'art. 113-6 préc. ; au surplus, et alors que les délits ont été commis contre des particuliers, le même arrêt laisse incertain le point de savoir si la poursuite, intentée par le ministère public, a été ou non précédée d'une plainte des victimes ou de leurs ayants droit ou d'une dénonciation officielle par l'autorité du pays où ils ont été commis ; ainsi la Cour de cassation n'est pas mise en mesure de s'assurer que les dispositions de l'art. 113-8 C. pén. ont été respectées. • Crim. 26 mai 2010, n° 09-86.499 P : *Gaz. Pal. 2010. 2390, note Dreyer.*

13. De nationalité française, la prévenue a été déclarée coupable du délit de blanchiment en bande organisée, alors qu'il résulte des constatations des juges du fond que les faits constitutifs de ce délit ont été commis en Espagne ; il appartenait à la juridiction saisie de rechercher si le délit retenu à sa charge était également puni par la législation en vigueur dans le pays de sa commission ou si les victimes étaient françaises ; à défaut d'une constatation à cet égard, la cour d'appel a violé les art. 113-6 et 113-7 C. pén. ; au surplus, l'arrêt attaqué n'ayant pas indiqué que la poursuite avait été intentée par le ministère public après dépôt de la plainte des victimes, la Cour de cassation n'est également pas en mesure de s'assurer que les dispositions de l'art. 113-8 C. pén. ont été respectées. • Crim. 25 nov. 2015, n° 14-84.985 P : *D. actu. 17 déc. 2015, obs. Fucini.*

C. POURSUITES

14. Extradition. La politique suivie par la France en matière d'extradition est sans incidence sur les règles applicables à la poursuite en France de crimes commis par des Français à l'étranger. • Crim. 24 sept. 1998, n° 97-84.017 P.

15. Prescription. Lorsqu'un délit commis par un Français à l'étranger est punissable en France en application des art. 689, al. 2, ancien C. pr. pén. et 113-6, al. 2, C. pén. en vigueur depuis le 1er mars 1994, le point de départ de la prescription de l'action publique doit être fixé selon les règles prévues par la loi française en considérant la qualification donnée par elle aux faits délictueux ; c'est donc à tort que la cour d'appel a déclaré prescrite l'action publique exercée pour fraude en matière de divorce, au motif que la loi canadienne réprimait ce délit sous la qualification de parjure et qu'il s'agissait d'un délit instantané ; en se prononçant ainsi, alors que le point de départ de la prescription du délit de fraude en matière de divorce doit être fixé au jour où cesse l'ignorance des procédés frauduleux dans laquelle a été tenue la partie lésée, la cour d'appel a violé les textes susvisés. • Crim. 5 juin 1996, n° 94-84.642 P : *Dr. pénal 1997. 1, obs. Véron ; RSC 1997. 151, obs. Dintilhac.*

16. Pour les infractions poursuivies en France en application de l'art. 113-6 C. pén., tout acte de poursuite ou d'instruction, au sens de l'art. 7 C. pr. pén., fût-il accompli à l'étranger, interrompt la prescription quel que soit l'effet attaché à cet acte par la loi étrangère au regard de son propre système de prescription ; lorsque des infractions sont connexes, un acte interruptif de la prescription concernant l'une d'elles a le même effet à l'égard des autres ; cet effet est absolu et se produit à l'égard de toutes les personnes auxquelles ces faits peuvent être reprochés. • Crim. 24 sept. 1998, n° 97-84.017 P.

Art. 113-7 La loi pénale française est applicable à tout crime, ainsi qu'à tout délit puni d'emprisonnement, commis par un Français ou par un étranger hors du territoire de la République lorsque la victime est de nationalité française au moment de l'infraction.

Corresp. : *C. pr. pén., ancien art. 689-1.*

BIBL. ▶ CAFRITZ et TENE, *RSC 2003. 733* (plaidoyer en faveur d'une restriction de la compétence personnelle passive en droit français). – PONCELA, *RSC 2005. 926* (grâces collectives). – KOERING-JOULIN, *Mél. B. Bouloc, Dalloz, 2006, p. 529* (appréciation critique du droit français de la compétence personnelle passive). – POISSONNIER, *D. 2008. Chron. 2097* (pirates de la Corne de l'Afrique et droit français).

1. QPC. Principe de légalité des délits et des peines. Les règles de compétence extraterritoriale de la loi pénale française permettant aux victimes directes, de nationalité française, d'obtenir en France la poursuite des auteurs d'une infraction commise à l'étranger n'imposent pas que cette protection soit étendue aux victimes par ricochet. • Crim. 12 juin 2018, n° 17-86.640 P : *D. actu. 9 juill. 2018, obs. Recotillet.*

2. Étendue de la compétence française. A l'exception des cas prévus par l'art. 689-1 C. pr. pén. (C. instr. crim., art. 7), l'incompétence des tribunaux français pour juger les étrangers à raison des crimes commis en pays étranger est absolue, et ne peut être couverte, ni par le consentement de la puissance sur le territoire de laquelle le fait a été commis, ni par l'extradition qu'elle a accordée. • Crim. 19 avr. 1888 : *DP 1888. 1. 284.*

3. L'art. 113-7 C. pén. ne concerne que les poursuites susceptibles d'être exercées en France, et non les actions en indemnisation engagées devant les commissions d'indemnisation des victimes d'infractions. • Paris, 21 févr. 1997 : *Gaz. Pal. 1997. 2. Somm. 344 ; ibid. 1998. 1. 99.*

4. C'est à bon droit que la chambre d'accusation a confirmé l'ordonnance de refus d'informer sur la plainte de la veuve, de nationalité française, agissant tant en son nom personnel qu'en sa qualité d'administratrice légale de ses quatre enfants mineurs, du Président de la République du Niger, assassiné dans son pays, dès lors que, d'une part, seule la qualité de Français de la victime directe de l'infraction commise à l'étranger attribue compétence aux lois et juridictions françaises sur le fondement des art. 113-7 C. pén. et 689 C. pr. pén., et que, d'autre part, les stipulations des art. 6 et 14 Conv. EDH ne sauraient s'interpréter comme étant de nature à remettre en cause les règles relatives à la compétence internationale des lois et juridictions pénales françaises. • Crim. 31 janv. 2001, n° 00-82.984 P.

5. D'une part, seule la qualité de Français de la victime directe de l'infraction commise à l'étranger attribue compétence aux lois et juridictions françaises sur le fondement des art. 113-7 C. pén. et 689 C. pr. pén., et, d'autre part, les art. 3 et 6 § 1 Conv. EDH, 24 de la Convention internationale pour la protection de toutes les personnes contre les disparitions forcées, et 14 de la Conv. New York contre la torture ou autres peines ou traitements cruels, inhumains ou dégradants, ne sauraient s'interpréter comme étant de nature à remettre en cause les règles relatives à la compétence internationale des lois et juridictions pénales françaises. • Crim. 21 janv. 2009, n° 07-88.330 P : *RSC 2009. 829, obs. Mayaud.*

6. Il résulte des art. 113-7 C. pén. et 689 C. pr. pén. que seule la qualité de victime directe de nationalité française au moment de la commission d'une infraction commise à l'étranger attribue compétence aux lois et juridictions françaises ; les dispositions de la Conv. EDH ne sauraient s'interpréter comme étant de nature à remettre en cause les règles relatives à la compétence internationale des lois et juridictions pénales françaises ; ne sont pas susceptibles de conférer la qualité de victime au sens de l'art. 113-7 C. pén. les préjudices allégués par la demanderesse, constituée partie civile, qui découleraient des infractions commises à l'étranger à l'encontre de son époux de nationalité étrangère. • Crim. 8 nov. 2016, n° 16-84.115 : *D. actu. 24 nov. 2016, obs. Priou-Alibert ; Gaz. Pal. 2017. 404, obs. Detraz ; Dr. pénal 2017. comm. 16, obs. Conte.*

7. En application des dispositions de l'art. 5, § 2, de la Conv. pour la protection des œuvres littéraires et artistiques du 9 sept. 1886 et des art. L. 335-2 s. CPI, selon lesquelles la protection due à tout auteur d'un pays unioniste est exclusivement dévolue à la législation du pays où elle est réclamée, cette dernière désigne la loi de l'État sur le territoire duquel se sont produits les agissements délictueux et non celle du pays où le dommage a été subi ; encourt la cassation (sans renvoi) l'arrêt qui, pour déclarer la loi française applicable, retient que l'une des victimes est de nationalité française, et qu'en conséquence les juridictions françaises sont compétentes en application de l'art. 113-7 C. pén., alors que l'atteinte portée aux droits d'auteur a eu lieu hors du territoire national. • Crim. 29 nov. 2011, n° 09-88.250 P : *AJ pénal 2012. 164, obs. Lasserre Capdeville ; JCP G 2012, n° 248, note Dreyer ; RSC 2012, p. 167, obs. Francillon.*

8. Immunités de juridiction – Coutume internationale. BIBL. H. Chanteloup, *Gaz. Pal. 2005. 1. Doctr. 49.* – R. de Gouttes, *D. 2006. Chron. 606.* ♦ La coutume internationale s'oppose à ce que les chefs d'État en exercice puissent, en l'absence de dispositions internationales contraires s'imposant aux parties concernées, faire l'objet de poursuites devant les juridictions pénales d'un État étranger. Méconnaît ce principe la chambre d'accusation qui, pour confirmer l'ordonnance du juge d'instruction disant y avoir lieu à information, nonobstant des réquisitions contraires du ministère public, retient que, si l'immunité des chefs d'État étrangers a toujours été admise par la société internationale, y compris la France, aucune immunité ne saurait couvrir les faits de complicité de destruction d'un bien par l'effet d'une substance explosive ayant entraîné la mort d'autrui, en relation avec une entreprise terroriste, alors qu'en l'état du droit international le crime dénoncé, qu'elle qu'en soit la gravité, ne relève pas des exceptions au principe de l'immunité de juridiction des chefs d'État étrangers. • Crim. 13 mars 2001, *Kadhafi*, n° 00-87.215 P : *D. 2001. 2631, note Roulot ; ibid. 2001. Somm. 2355, obs. Gozzi ; Gaz. Pal. 2001. 1. 772, concl. Launay ; RSC 2003. 894, obs. Massé.* ♦ Rappr. : M. Dobkine, *D. 2002. Chron. 1778* (Cour internationale de justice de La Haye et compétence universelle).

9. La coutume internationale, qui s'oppose à la poursuite des États devant les juridictions pénales d'un État étranger, s'étend aux organes et entités qui constituent l'émanation de l'État ainsi qu'à leurs agents en raison d'actes qui, comme en l'espèce, relèvent de la souveraineté de l'État concerné. • Crim. 23 nov. 2004, n° 04-84.265 P : *D. 2005. Pan. 1197, obs. Chanteloup ; ibid. 2005. Pan. 1523, obs. Gozzi ; Gaz. Pal. 2005. 1. 1160, note Chanet* • 19 janv. 2010, n° 09-84.818 P : *JCP G 2010, n° 7, p. 340 ; RSC 2010. 131, obs. Mayaud.* ♦ A justifié sa décision la chambre de l'instruction qui a fait droit aux requêtes, en se prévalant de l'immunité de juridiction dont bénéficie l'État de Malte, tendant à l'annulation de tous les actes d'instruction relatifs à la mise en examen de la Malta Maritime Authority et de son directeur exécutif, des chefs de mise en danger de la vie d'autrui et complicité de pollution dans l'information ouverte à la suite du naufrage du navire Erika, survenu le 12 déc. 1999, et ayant causé une pollution importante sur les côtes françaises, pour avoir délivré des certificats d'immatriculation et de navigabilité en méconnaissance de la législation internationale en vigueur. • Crim. 23 nov. 2004, n° 04-84.265 : *préc.* ♦ ... Justifie sa décision la chambre de l'instruction qui, pour prononcer l'annulation de mandats d'arrêt délivrés à l'encontre du Premier ministre et du ministre des forces armées d'un État étranger, en fonction au moment des faits, retient que le navire ayant fait naufrage avait été mis en service pour permettre le désenclavement d'une région de cet État, qu'il assurait une mission de service public non commercial, qu'il était armé par un équipage militaire et avait le statut de navire militaire. • Crim. 19 janv. 2010, n° 09-84.818 : *préc.* ♦ Justifie sa décision la cour d'appel qui a relevé d'une part que le navire, dont l'équipage était commandé et encadré par des officiers de la marine nationale sénégalaise et géré par le ministère des forces armées, qui permettait d'assurer la continuité territoriale du pays, dont une partie était à cette époque sous la menace de révoltes armées, avait coulé en haute mer, d'autre part, que les personnes contre lesquelles il existait des charges suffisantes pour suivre des chefs susvisés agissaient au moment des faits dans l'exercice de l'autorité étatique, en troisième part, qu'en l'état du droit international, les infractions susvisées, quelle qu'en soit la gravité, ne relèvent pas des exceptions au principe de l'immunité des représentants de l'État dans l'expression de sa souveraineté. • Crim. 16 oct. 2018, n° 16-84.436 P : *D. actu. 14 nov. 2018, obs. Recotillet ; D. 2019. Pan. 2320, obs. Gozzi ; RSC 2019. 97, obs. Mayaud ; Dr. pénal 2019, n° 1, obs. Conte ; ibid., n° 2, obs. Gogorza.*

10. Selon les art. 85 et 86 C. pr. pén., la juridiction d'instruction régulièrement saisie d'une plainte avec constitution de partie civile a le devoir d'instruire, quelles que soient les réquisitions du ministère public. Cette obligation ne cesse, suivant les dispositions de l'al. 4 de l'art. 86, que si, pour des causes affectant l'action publique elle-même, les faits ne peuvent comporter légalement une poursuite ou si, à supposer les faits démontrés, ils ne peuvent admettre aucune qualification pénale. • Crim. 4 janv. 2005, n° 03-84.652 P : *D. 2005. Pan. 1524, obs. Gozzi ; AJ Pénal 2005. 158, obs. Roussel ; RSC 2005. 297, obs. Vermelle* • 19 mars 2013, n° 12-81.676 P : *D. actu. 9 avr. 2013, obs. Léna.* ♦ Une chambre de l'instruction ne justifie pas, par le seul examen abstrait de la plainte, son refus d'informer sur les faits d'arrestation illégale, détention arbitraire et abstention volontaire de mettre fin à une détention arbitraire, sans rechercher, par une information préalable, si l'arrestation et les conditions de détention des plaignants, deux ressortissants français détenus sur la base de Guantanamo, qu'elle devait analyser, au regard, notamment, de la troisième Conv. Genève du 12 août 1949 et du Pacte international relatif aux droits civils et politiques du 19 déc. 1966, n'entraient pas dans les prévisions de l'art. 224-1 C. pén. et, comme telles, en raison de la nationalité française des plaignants, ne relevaient pas de la compétence des lois et juridictions françaises, en application des art. 113-7 C. pén. et 689 C. pr. pén. • Crim. 4 janv. 2005, n° 03-84.652 : *préc.* ♦ ... Encourt la cassation l'arrêt d'une chambre de l'instruction qui, en l'absence de tout acte d'information, dit n'y avoir lieu à informer sur la plainte avec constitution de partie civile déposée contre personne non dénommée des chefs de tortures, actes de barbarie et détention arbitraire par une plaignante invoquant sa nationalité française, à raison des conditions de sa détention dans un pays étranger, au motif que la coutume internationale, qui s'oppose à la poursuite des États et de leurs dirigeants devant les juridictions pénales d'un État étranger, s'étend à ses organes et agents pour les actes relevant de la souveraineté de l'État concerné, alors que le juge d'instruction a l'obligation d'informer sur tous les faits résultant de la plainte et sous toutes les qualifications possibles, et que cette obligation n'est pas contraire, en son principe, à l'immunité de juridiction des États étrangers et de leurs représentant. • Crim. 19 mars 2013, n° 12-81.676 : *préc.*

Art. 113-8 Dans les cas prévus aux articles 113-6 et 113-7, la poursuite des délits ne peut être exercée qu'à la requête du ministère public. Elle doit être précédée d'une plainte de la victime ou de ses ayants droit ou d'une dénonciation officielle par l'autorité du pays où le fait a été commis. — *Pén. 222-22, 227-27-1.*

Corresp. : *C. pr. pén., ancien art. 691.*

1. Champ d'application. Justifie sa décision de rejeter l'exception de nullité de la citation délivrée à la requête de la partie civile des chefs de non-représentation d'enfant et de défaut de notification de changement de domicile, la cour d'appel qui énonce que l'art. 113-8 C. pén. invoqué à l'appui de la demande est inapplicable en l'espèce, dès lors que, d'une part, la partie civile n'a visé dans la citation que les faits de non-représentation d'enfant qui auraient été commis sur le territoire français et que, d'autre part, le délit de défaut de notification de changement de domicile prévu par l'art. 227-6 C. pén., est commis au lieu du domicile de la personne qui peut exercer un droit de visite ou d'hébergement à l'égard de l'enfant. • Crim. 21 janv. 2004, n° 03-80.828 P : *Dr. pénal 2004. 81, obs. Véron ; Gaz. Pal. 2004. 2. Somm. 3382, obs. Monnet.*

2. Requête du ministère public. Aux termes de l'art. 691 C. pr. pén., en cas de délit commis à l'étranger contre un particulier, la poursuite ne peut être intentée qu'à la requête du ministère public ; dès lors, doit être cassé l'arrêt qui ne met pas la Cour de cassation en mesure de s'assurer que les dispositions de cet article ont été respectées. • Crim. 19 mai 1971, n° 92-04.168 P. ♦ De même, c'est à bon droit qu'une chambre d'accusation confirme une ordonnance d'irrecevabilité de constitution de partie civile lorsqu'elle constate, d'une part, que l'infraction dénoncée, à la supposer établie, aurait été commise à l'étranger, et lorsqu'elle relève, d'autre part, que la poursuite n'a pas été exercée à la requête du ministère public. • Crim. 7 avr. 1967 : *Bull. crim. n° 107.* ♦ Pour une ordonnance refusant d'informer. • Crim. 13 juin 1974 : *Bull. crim. n° 219.*

3. A la suite d'un accident d'avion survenu à Madagascar, avion appartenant à l'armée de l'air malgache et affrété par une société de droit français ayant son siège à Saint-Denis de la Réunion, l'époux d'une des victimes a porté plainte auprès du procureur de la République de Saint-Denis-de-la-Réunion, et s'est constitué partie civile contre personne non dénommée. Le procureur de la République a communiqué la plainte au juge d'instruction et a requis l'ouverture d'une information, qui a été étendue par réquisitoire supplétif aux faits dénoncés par les ayants droit d'autres victimes françaises de l'accident. Après l'exécution de plusieurs actes d'information, le juge d'instruction a saisi la chambre de l'instruction aux fins d'annulation du réquisitoire introductif et de la procédure subséquente, au motif que la poursuite des délits, susceptibles d'avoir été commis par des français ou par des étrangers hors du territoire de la République, avait été exercée, non pas à la requête du ministère public, comme le prévoit l'art. 113-8 C. pén., mais sur plainte avec constitution de partie civile. C'est à tort que la cour d'appel a fait droit à cette demande, alors que le procureur de la République a requis l'ouverture de l'information, puis son extension à d'autres faits, à la suite de plaintes des victimes qui n'avaient pu mettre en mouvement l'action publique. • Crim. 11 juin 2003, n° 02-83.576 P : *D. 2004. Somm. 308, obs. de Lamy.*

4. Est commis hors du territoire de la République, le délit de menaces émises, dans un pays étranger, par un étranger à l'encontre d'un Français et il n'importe que les menaces soient parvenues à la connaissance de leur destinataire par divers moyens de communication les ayant rapportées. Il en résulte que, par application de l'art. 113-8 C. pén., la poursuite, s'agissant d'un délit puni d'une peine d'emprisonnement, ne peut être exercée qu'à la requête du ministère public. • Crim. 8 déc. 2009, n° 09-82.135 P : *RSC 2010. 133, obs. Mayaud ; D. 2010. AJ 152, obs. Léna ; AJ pénal 2010. 190, obs. Royer ; JCP 2010, n° 3, p. 30.*

5. Plainte ou dénonciation préalable. Manque de base légale l'arrêt portant condamnation à raison d'un délit commis dans un pays étranger, lorsqu'il n'est pas constaté que la poursuite a été précédée d'une plainte de la partie lésée ou d'une dénonciation officielle de l'autorité du même pays. • Crim. 30 avr. 1954 : *Bull. crim. n° 148.* ♦ Aux termes de l'art. 691 C. pr. pén., en cas de délit commis à l'étranger contre un particulier, la poursuite intentée par le ministère public doit être précédée d'une plainte de la partie offensée ou d'une dénonciation officielle de l'autorité du pays où le fait a été commis ; dès lors, doit être cassé l'arrêt qui ne met pas la Cour de cassation en mesure de s'assurer que les dispositions de cet article, notamment en ce qui concerne la plainte préalable de la victime, ont été respectées. • Crim. 27 juin 1984, n° 82-94.281 P. ♦ Doit être cassé l'arrêt qui a déclaré la prévenue coupable de blessures involontaires commises à l'étranger, sans avoir recherché, au préalable, si la poursuite avait été ou non précédée d'une plainte de la victime ou d'une dénonciation officielle de l'autorité étrangère concernée, circonstances qui commandaient la compétence de la juridiction française. • Crim. 4 janv. 1996, n° 94-83.284 P.

6. L'art. 691 C. pr. pén. ne prescrit pas que la plainte de la personne offensée ait été portée nommément contre le prévenu d'une infraction commise à l'étranger ; il suffit que les faits allégués dans la plainte aient été par la suite régulièrement imputés audit prévenu. • Crim. 24 mars 1969, n° 91-88.568 P.

7. C'est à bon droit que la cour d'appel déclare que la poursuite est valablement engagée, conformément aux exigences de l'art. 691 C. pr. pén., sur la plainte de la partie offensée, dès lors qu'il est constaté que préalablement à cette poursuite exercée à la requête du ministère public du chef du délit prévu à l'art. 63, al. 2, C. pén. (nouvel art. 223-6, al. 2), il existait une plainte du frère de la victime décédée des suites de l'infraction, et que le préjudice moral par lui invoqué correspondait à une réalité. • Crim. 3 juin 1976, n° 75-92.599 P.

8. Il résulte de l'art. 113-8 C. pén. que, même en l'absence d'une dénonciation officielle, les poursuites contre un Français ayant commis un délit hors du territoire de la République peuvent être exercées en France à la requête du ministère public, lorsque les réquisitions ont été précédées d'une plainte de la victime ; pour l'application de ces dispositions, il n'importe que la plainte ait été déposée en France ou à l'étranger, dès lors que, dans ce second cas, elle a été transmise aux autorités judiciaires françaises. • Crim. 24 nov. 1998, n° 98-80.048 P : *D. 1999. IR 37 ; Dr. pénal 1999. Comm. 79, note Véron.* ♦ L'art. XI-2 de la Convention franco-allemande du 24 oct. 1974 additionnelle à la Convention européenne d'entraide judiciaire du 20 avr. 1959, dont la ratification a été autorisée par la L. n° 80-565 du 21 juill. 1980, n'apporte aucune dérogation à l'exigence d'une dénonciation entre ministères de la justice, en application de l'art. 21 de la Conv. du 20 avr. 1959 et ne peut, dès lors, être invoqué pour justifier l'exercice de poursuites précédées de la seule plainte de la victime. • Même arrêt.

9. Justifie sa décision la cour d'appel qui déclare irrecevable la constitution de partie civile d'un ancien chef d'État étranger qui, se présentant comme président de la République en exil, porte plainte au nom de son ancien État contre des ressortissants français du chef de différentes exactions survenues dans son pays à la suite d'événements violents ayant conduit à son éviction du pouvoir, dès lors que, n'étant plus président de la République en exercice au moment du dépôt de sa plainte, il n'a pas établi au regard des principes du droit international gouvernant les relations entre États sa qualité à représenter son État devant la justice française. • Crim. 30 nov. 1999, n° 98-83.203 P.

10. La dénonciation aux fins de poursuites, au sens de l'art. 21 de la convention européenne d'entraide judiciaire en matière pénale, n'emporte pas renonciation de la part de l'État requérant à l'exercice de son droit de poursuite. • Crim. 8 juin 2005, n° 05-81.800 P.

11. L'arrêt attaqué déclare le prévenu, dont la nationalité française n'est pas mise en cause, coupable des délits de vols aggravés et escroqueries, alors qu'il résulte des constatations des juges du fond que les faits constitutifs de ces délits ont été commis en territoire étranger ; il appartenait à la juridiction saisie de rechercher si les délits retenus à la charge du prévenu étaient également punis par la législation en vigueur au lieu de leur perpétration ; à défaut d'une constatation à cet égard, la décision a violé l'art. 113-6 C. pén. ; au surplus, et alors que les délits ont été commis contre des particuliers, le même arrêt laisse incertain le point de savoir si la poursuite, intentée par le ministère public, a été ou non précédée d'une plainte des victimes ou de leurs ayants droit ou d'une dénonciation officielle par l'autorité du pays où ils ont été commis ; ainsi la Cour de cassation n'est pas mise en mesure de s'assurer que les dispositions de l'art. 113-8 C. pén. ont été respectées. • Crim. 26 mai 2010, n° 09-86.499 P : *Gaz. Pal. 2010. 2. 2390, note Dreyer.*

12. Pour dire que l'information a été régulièrement mise en mouvement par la seule plainte avec constitution de partie civile déposée par les ayants droit de militaires tués en Afghanistan et visant des délits de mise en danger d'autrui et de non-empêchement de crimes, l'arrêt attaqué retient que l'application de l'art. 113-8 C. pén. reviendrait à vider de sa substance le second alinéa de l'art. 698-2 C. pr. pén. prévoyant que l'action publique peut être mise en mouvement par la partie lésée et que le refus du ministère public d'engager les poursuites priverait les plaignants du droit de faire décider d'une contestation sur leurs droits à caractère civil ; en décidant que l'action publique avait été mise en mouvement par la plainte avec constitution de partie civile, l'arrêt attaqué n'encourt pas les griefs invoqués aux moyens, dès lors que, d'une part, en vertu des dispositions des art. L. 121-1 et L. 121-7 CJM, le tribunal aux armées de Paris, devenu juridiction spécialisée de Paris depuis l'entrée en vigueur de la L. du 13 déc. 2011, a compétence, sans aucune restriction, pour connaître des infractions commises hors du territoire de la République par des militaires des forces armées françaises ou à leur encontre, que, d'autre part, aucune fin de non recevoir ne peut être opposée à la mise en mouvement de l'action publique par la partie lésée, autre que celles prévues par les art. 85 s. C. pr. pén., seuls textes auxquels renvoient les dispositions de l'art. 698-2 du code précité, et qu'enfin il a été satisfait, comme en l'espèce, aux exigences prévues par l'art. 698-1 dudit code. • Crim. 10 mai 2012, n° 12-81.197 P : *D. actu. 22 mai 2012, obs. Lavric ; D. 2012. 2145, concl. Gauthier ; ibid. 2151, note Baillet et Poissonnier ; AJ pénal 2012. 550, obs. Lasserre Capdeville .* ♦ *Adde* : Delage, La chambre criminelle et l'embuscade d'Uzbin, *RSC 2012. 353.*

13. N'a pas justifié sa décision la chambre de l'instruction qui, relativement au crash, dans les eaux territoriales de la Côte d'Ivoire, le 30 janv. 2000, d'un avion de type Airbus A310, exploité par la compagnie Kenya Airways, a constaté l'extinction de l'action publique sur certains faits après désistement des parties civiles, sans établir que les victimes directes des infractions visées par les plaintes de leurs ayants droit étaient, lors de l'accident, de nationalité française, alors que seule la possession de cette qualité au moment de l'infraction commise à l'étranger attribue compétence aux lois et juridictions françaises sur le fondement des art. 113-7 C. pén. et 689 C. pr. pén., d'autre part, en omettant, avant d'examiner la portée du désistement des parties civiles au regard des dispositions de l'art. 6, al. 3, C. pr. pén., de rechercher celles des plaintes qui répondaient aux exigences combinées des art. 113-7 et 113-8 C. pén., conditionnant la régularité des poursuites exercées par le ministère public. • Crim. 6 nov. 2013, n° 13-84.317 P : *D. actu. 5 déc. 2013, obs. Le Drevo ; Gaz. Pal. 2014. 238, note Mésa ; ibid. 473, obs. Dreyer ; RSC 2014. 346, obs. Mayaud .*

14. Indivisibilité et compétence de la loi française. La loi pénale française est compétente dès lors que les faits qu'il est reproché au demandeur d'avoir commis sur le territoire marocain sont indivisibles de ceux de faux et usage, susceptibles d'avoir été commis au préjudice d'une banque française dont la juridiction française est légalement saisie par suite de la plainte préalable de cette dernière. • Crim. 22 août 2018, n° 18-80.848 P : *D. actu. 13 sept. 2018, obs. Fucini ; AJ pénal 2018. 514, obs. Brach-Thiel*.

15. Prescription. Ni la Conv. européenne d'entraide judiciaire en matière pénale du 20 avr. 1959, ni les art. 689 (C. pén., art. 113-6), 691 et 692 (C. pén., art. 113-9) C. pr. pén., qui régissent les conditions dans lesquelles les infractions commises à l'étranger peuvent être poursuivies en France, ne comportent de dérogation aux art. 7 et 8 du même code relatifs au point de départ de la prescription de l'action publique. • Crim. 16 juill. 1987, n° 86-93.463 P.

16. L'obligation où se trouve le ministère public, en cas de délit commis contre un particulier par un Français à l'étranger, d'attendre, pour engager les poursuites, une plainte de la partie offensée ou une dénonciation officielle à l'autorité française par l'autorité du pays où le fait a été commis, ne constitue pas un obstacle absolu à l'exercice de la poursuite et dès lors ne suspend pas la prescription de l'action publique. • Crim. 16 juill. 1987 : *préc. note 15.*

17. La dénonciation officielle étrangère adressée par l'autorité étrangère aux fins de jugement en France de délits commis par un français à l'étranger est un acte de poursuite interruptif de la prescription de l'action publique. • Crim. 12 oct. 2005, n° 05-80.189 P : *Dr. pénal 2006. 20, obs. Véron.* ♦ ... En conséquence, encourt la censure l'arrêt de la cour d'appel qui renvoie les prévenus, de nationalité française, des fins de la poursuite des chefs de délits commis sur le territoire allemand au motif que, la dénonciation officielle des faits adressée par le ministre de la justice allemand au ministre de la justice française ne constituant pas un acte de poursuite interruptif de la prescription de l'action publique, lesdits délits se trouvent prescrits. • Même arrêt.

18. Est régulière, selon l'art. 113-8 C. pén., la poursuite en France d'un délit commis en Allemagne par un Français – également prévu et réprimé en Allemagne –, dès lors que la plainte de la victime, déposée dans le délai de prescription auprès de l'autorité allemande compétente, produit effet en France en application de la convention additionnelle à la convention européenne d'entraide judiciaire en matière pénale du 20 avr. 1959, qui a été signée, le 24 oct. 1974, entre la République française et la République fédérale d'Allemagne. • Metz, 11 déc. 1997 : *BICC 1998. 724.*

19. Rejette à bon droit l'exception de prescription invoquée par le prévenu l'arrêt qui constate que les actes des autorités judiciaires étrangères ont valablement interrompu la prescription de l'action publique exercée en France contre lui, en raison de faits criminels antérieurement poursuivis par les tribunaux étrangers. • Crim. 6 mars 1958 : *Bull. crim. n° 232* • 15 sept. 1984 : *ibid. n° 272* • 16 juill. 1987 : *préc. note 15* (sol. impl.).

20. Extradition. L'exercice de l'action publique et l'application de la loi pénale à l'égard d'une personne se trouvant à l'étranger ne sont nullement subordonnés à son retour volontaire en France ou à la mise en œuvre d'une procédure d'extradition. • Crim. 24 sept. 1998, n° 97-83.787 P. ♦ ... Par ailleurs, les juridictions françaises sont incompétentes pour connaître des conditions dans lesquelles sont intervenues, à l'étranger, l'arrestation et l'expulsion d'une personne par les seules autorités locales agissant dans la plénitude de leur souveraineté. • Même arrêt.

Art. 113-8-1 *(L. n° 2020-1672 du 24 déc. 2020, art. 7)* **La plainte ou la dénonciation mentionnées à l'article 113-8 ne sont pas nécessaires lorsque la poursuite est exercée devant une juridiction pénale disposant, en application des dispositions du code de procédure pénale, d'une compétence territoriale concurrente et spécialisée s'étendant sur le ressort de plusieurs tribunaux judiciaires ou sur l'ensemble du territoire.**

Art. 113-8-2 *(L. n° 2004-204 du 9 mars 2004, art. 19)* **Sans préjudice de l'application des articles 113-6 à 113-8, la loi pénale française est également applicable à tout crime ou à tout délit puni d'au moins cinq ans d'emprisonnement commis hors du territoire de la République par un étranger dont l'extradition** *(L. n° 2013-711 du 5 août 2013, art. 22)* **« ou la remise » a été refusée à l'État requérant par les autorités françaises aux motifs, soit que le fait à raison duquel l'extradition avait été demandée est puni d'une peine ou d'une mesure de sûreté contraire à l'ordre public français, soit que *la personne réclamée* aurait été jugée dans ledit État par un tribunal n'assurant pas les garanties fondamentales de procédure et de protection des droits de la défense, soit que le fait considéré revêt le caractère d'infraction politique** *(L. n° 2013-711 du 5 août 2013, art. 22)* **« , soit que l'extradition ou la remise serait susceptible d'avoir, pour la personne réclamée, des conséquences d'une gravité exceptionnelle en raison, notamment, de son âge ou de son état de santé ».**

La poursuite des infractions mentionnées au premier alinéa ne peut être exercée qu'à la requête du ministère public. *(Abrogé par L. n° 2013-711 du 5 août 2013, art. 22)* ***« Elle doit être précédée d'une dénonciation officielle, transmise par le ministre de la justice, de l'autorité du pays où le fait a été commis et qui avait requis l'extradition. »***

L'art. 113-8-1 est devenu l'art. 113-8-2 (L. n° 2020-1672 du 24 déc. 2020, art. 7).

BIBL. ► J. Le Calvez, *Mél. B. Bouloc, Dalloz, 2006, p. 591* (réflexions sur l'art. 113-8-1 du code pénal). – Brach-Thiel, *RSC 2009. 523* (de la nécessaire réécriture de l'article 113-8-1 du code pénal) ; *AJ pénal 2013. 517* (l'heureux toilettage de l'article 113-8-1 du code pénal).

Art. 113-9 Dans les cas prévus aux articles 113-6 et 113-7, aucune poursuite ne peut être exercée contre une personne justifiant qu'elle a été jugée définitivement à l'étranger pour les mêmes faits et, en cas de condamnation, que la peine a été subie ou prescrite.

Corresp. : *C. pr. pén., ancien art. 692.*

BIBL. ► M. Pralus, *RSC 1996. 551* (*non bis in idem* en droit pénal international et en droit communautaire).

1. Domaine d'application. L'art. 692 C. pr. pén. ne s'applique pas au cas d'un citoyen français déclaré coupable d'infractions commises en un lieu qui, à la date de leur perpétration, n'était pas en dehors du territoire de la République. • Crim. 26 juin 1963 : *Bull. crim. n° 231* • 24 nov. 1965, n° 90-01.162 P • 26 janv. 1966 : *Bull. crim. n° 23.* ♦ Lorsqu'un délit a été commis au moins partiellement sur le territoire de la République (infraction à la législation sur les stupéfiants), la poursuite n'est pas soumise aux dispositions de l'art. 692 C. pr. pén., lequel concerne exclusivement les crimes et délits commis à l'étranger ; dès lors, l'action publique est à bon droit reçue sans qu'il y ait à rechercher si le prévenu a été jugé antérieurement à l'étranger. • Crim. 3 nov. 1970 : *Bull. crim. n° 285* • 13 mai 1971, n° 92-05.970 P : *D. 1971. Somm. 118.*

2. Il résulte de l'art. 692 C. pr. pén. que les décisions rendues par les juridictions étrangères n'ont l'autorité de la chose jugée que lorsqu'elles concernent des faits commis en dehors du territoire de la République ; par suite d'une réserve émise par le gouvernement français, l'art. 54 de la Conv. Schengen, du 19 juin 1990, portant application de l'Accord de Schengen, du 14 juin 1985, selon lequel une personne jugée par une partie contractante ne peut, pour les mêmes faits, être poursuivie par une autre partie contractante, n'est pas applicable lorsque la totalité des faits poursuivis a eu lieu sur le territoire français ; encourt, par conséquence, la censure, la cour d'appel qui, saisie d'une infraction commise en France, déclare l'action publique éteinte au motif que la chambre des mises en accusation de la cour d'appel de Bruxelles a rendu une décision de non-lieu au profit du prévenu. • Crim. 3 déc. 1998, n° 97-82.424 P.

3. Lorsqu'un étranger a commis en France un crime et a été condamné définitivement dans son pays pour cette infraction à la suite d'une dénonciation officielle des faits par les autorités judiciaires françaises, l'action publique en France n'est pas éteinte par la chose jugée. • Crim. 17 mars 1999, n° 98-80.413 P. ♦ ... Aucune disposition de droit interne n'interdit de poursuivre, devant les juridictions françaises, un étranger condamné, dans son pays, pour un crime ou un délit commis sur le territoire de la République française. • Même arrêt. ♦ L'exception de chose jugée à l'étranger prévue aux art. 113-9 C. pén. et 692 C. pr. pén. ne saurait faire obstacle à l'exercice de poursuites exercées sur le fondement de la compétence territoriale française. • Crim. 8 juin 2005, n° 05-81.800 P • 26 sept. 2007, n° 07-83.829 P : *D. 2008. 1179, note Rebut ; JCP 2008. II. 10047, note Segonds ; Gaz. Pal. 2008. 1. 285, note Pellier ; RSC 2008. 69, obs. Fortis , et p. 360, obs. Finielz .* ♦ En dehors des cas où un texte spécial en dispose autrement les décisions rendues par les juridictions pénales étrangères n'ont pas, en France, l'autorité de la chose jugée, lorsqu'elles concernent des faits commis sur le territoire de la République. • Même arrêt. ♦ L'exception de chose jugée à l'étranger prévue aux art. 113-9 C. pén. et 692 C. pr. pén. ne saurait faire obstacle à l'exercice de poursuites exercées sur le fondement de la compétence territoriale française. • Crim. 8 juin 2005, n° 05-81.800 P • 26 sept. 2007, n° 07-83.829 P : *D. 2008. 1179, note Rebut ; JCP 2008. II. 10047, note Segonds ; Gaz. Pal. 2008. 1. 285, note Pellier ; RSC 2008. 69, obs. Fortis ; ibid. 360, obs. Finielz .*

4. Il résulte des dispositions des art. 113-9 C. pén. et 54 de la Conv. d'application de l'accord de Schengen que, lorsque la victime est de nationalité française au moment de l'infraction, un étranger ayant commis hors du territoire de la République un crime ou un délit puni d'emprisonnement ne peut échapper à toute poursuite en France que s'il justifie avoir été définitivement jugé à l'étranger pour les mêmes faits ; un classement sans suite par le ministère public près une juridiction étrangère n'a pas valeur de jugement définitif au sens des textes précités ;

dès lors, encourt la censure l'arrêt faisant droit à l'exception d'extinction de l'action publique par la chose jugée invoquée par le prévenu qui, dans une poursuite pour recel commis au préjudice de victimes de nationalité française, se prévalait d'une décision de classement sans suite prise par le Parquet de Bade Wurtemberg. • Crim. 6 déc. 2005, n° 04-86.378 P : *D. 2006. Pan. 622, obs. Pradel ; RSC 2006. 307, obs. Vermelle ; Gaz. Pal. 2007. 1. 483.* ♦ Confirmé par : • Crim. 12 mai 2009, n° 07-85.875 P : *D. 2009. 2258, note Brach-Thiel ; JCP 2009, n° 37, 215, note Donnier ; Gaz. Pal. 2009. 2, p. 2552, note Mesa.*

5. L'exception de la chose jugée à l'étranger prévue aux art. 113-9 C. pén. et 692 C. pr. pén. ne saurait faire obstacle à l'exercice de poursuites exercées sur le fondement de la compétence territoriale française et ces dispositions n'interdisent nullement de poursuivre, devant les juridictions françaises, un étranger condamné dans son pays pour un délit commis sur le territoire de la République française ; dès lors, le jugement déféré sera confirmé en ce qu'il a dit non fondée l'exception *non bis in idem* invoquée par le prévenu. • Toulouse, 22 nov. 2011 : *JCP 2012, n° 244, obs. Beaussonie.*

6. Une décision d'une juridiction étrangère, se bornant à déclarer irrecevable en la forme un recours contre le classement administratif d'une plainte, ne saurait constituer un jugement définitif intervenu à la suite de l'exercice de l'action publique et faisant obstacle à la poursuite des mêmes faits en France. • Crim. 20 juin 2012, n° 12-81.729 P : *D. actu. 26 juill. 2012, obs. Lavric ; D. 2012. 2500, note Brach-Thiel.*

7. D'une part, la dénonciation faite à un État étranger, aux fins de poursuites, n'emporte pas renonciation, de la part de l'État requérant, à l'exercice de son droit de poursuite ; d'autre part, en dehors des cas où un texte spécial en dispose autrement, et sous réserve de la déduction, lors de l'exécution de la peine, de la détention subie à l'étranger de la peine qui pourrait être ensuite prononcée par la juridiction nationale, les décisions rendues par les juridictions pénales étrangères n'ont pas, en France, l'autorité de la chose jugée, lorsqu'elles concernent des faits commis sur le territoire de la République. • Crim. 23 oct. 2013, n° 13-83.499 P : *D. 2013. 2950, note Rebut ; AJ pénal 2014. 127, note Herran ; Gaz. Pal. 2014. 1, p. 238, note Mésa ; ibid. 469, obs. Dreyer ; RSC 2013. 857, obs. Boccon-Gibod.*

8. Un étranger ayant commis hors du territoire de la République un crime ou un délit puni d'emprisonnement contre une victime de nationalité française ne peut échapper à toute poursuite en France que s'il justifie avoir été définitivement jugé à l'étranger pour les mêmes faits ; la décision prise par une juridiction étrangère ne peut être regardée comme un jugement définitif que si, à la date où elle a été rendue, l'action publique avait été engagée ; le classement sans suite par le ministère public près une juridiction étrangère, confirmée par cette juridiction, qui a dit n'y avoir lieu à l'exercice de l'action publique, sauf survenance de faits nouveaux, n'a pas valeur de jugement définitif au sens des art. 113-9 C. pén. et 54 de la Conv. d'application des accords de Schengen. • Crim. 2 avr. 2014, n° 13-80.474 P : *D. actu. 8 avr. 2014, obs. Fucini ; D. 2014. 1128, note Brach-Thiel ; AJ pénal 2014. 365, obs. Lelieur.*

9. Mme X... est poursuivie pour des faits de complicité de meurtre commis sur le territoire de la République de Madagascar ; pour écarter l'exception d'autorité de la chose jugée prise de ce qu'elle a bénéficié, pour les mêmes faits, d'une décision de relaxe prononcée, le 2 avr. 2008, par la cour criminelle de Tamatave, les juges énoncent que cette décision n'est pas définitive, étant frappée d'un pourvoi devant la Cour de cassation de Madagascar, lequel est en cours d'examen ; en prononçant ainsi, la chambre de l'instruction, qui n'était pas tenue de surseoir à statuer, a fait l'exacte application des art. 692 C. pr. pén. et 113-9 C. pén. • Crim. 10 sept. 2014, n° 14-84.186 P : *D. actu. 9 oct. 2014, obs. Fucini ; AJ pénal 2014. 534, obs. Brach-Thiel.*

10. Identité des faits. Le Français qui se rend coupable en Belgique d'un ou de plusieurs attentats à la pudeur, qualifiés crimes par la loi française, peut être poursuivi et jugé en France, lorsqu'il y est de retour, alors même qu'il aurait été poursuivi en Belgique à raison du même fait considéré comme délit par la loi belge, si le jugement rendu dans ce dernier pays par défaut n'est pas devenu définitif et n'est pas susceptible d'exécution. • Crim. 17 oct. 1889 : *DP 1890. 1. 138.*

11. L'exportation de stupéfiants perpétrée en France et, à la supposer punissable, l'importation des mêmes substances dans un pays étranger constituent des infractions distinctes ; dès lors, l'action publique est exercée à bon droit contre l'auteur du premier de ces délits, sans qu'il y ait à rechercher s'il a été jugé antérieurement à l'étranger pour le second. • Crim. 22 nov. 1973 : *Bull. crim. n° 434.*

12. Incarcération subie à l'étranger. Aucune disposition légale ou conventionnelle ne permet d'imputer sur l'exécution d'une peine privative de liberté prononcée par une juridiction nationale, saisie sur dénonciation officielle des faits, pour un crime ou un délit commis par un citoyen français sur le territoire d'un État étranger, la durée de l'incarcération subie dans ce pays en exécution d'une condamnation infligée, pour les mêmes faits, par une juridiction dudit État, dès lors que le condamné ne justifie ni qu'il a intégralement subi sa peine, ni qu'il l'a prescrite (ou qu'il a obtenu sa grâce). • Crim. 11 juin 1986, n° 85-93.316 P : *RSC 1987. 266, obs. Couvrat* • 26 oct. 1993, n° 93-83.808 P. ♦ Même solution pour l'incarcération subie au titre de la détention provisoire. • Crim. 21 oct. 1997, n° 97-81.099 P.

13. Cumul des peines. En cas de poursuites successives devant une juridiction étrangère et devant une juridiction française, il n'y a pas lieu, à défaut de dispositions spéciales, d'appliquer le principe général du non-cumul des peines. • Crim. 26 mai 1964 : *Bull. crim. n° 177 ; RSC 1965. 411, obs. Légal* • 20 août 1991, n° 90-87.706 P : *RSC 1992. 306, obs. Vitu*.

14. Prescription de la peine. Un Français, définitivement jugé à l'étranger pour un crime commis hors du territoire de la République et qui a pris la fuite avant d'exécuter sa peine, peut être poursuivi en France pour les mêmes faits si la peine prononcée n'est pas prescrite. Encours la censure la chambre d'accusation qui, après avoir constaté que la personne poursuivie avait été définitivement condamnée à l'étranger et s'était évadée en cours de peine, a refusé d'informer au motif que les faits ont été dénoncés aux autorités françaises après le délai de prescription de l'action publique, alors qu'il lui appartenait de rechercher si la prescription de la peine était acquise. • Crim. 16 oct. 2001, n° 00-83.543 P : *Dr. pénal 2002. 3, obs. Véron.*

Art. 113-10 **La loi pénale française s'applique aux crimes et délits qualifiés d'atteintes aux intérêts fondamentaux de la nation et réprimés par le titre Ier du livre IV, à la falsification et à la contrefaçon du sceau de l'État, de pièces de monnaie, de billets de banque ou d'effets publics réprimées par les articles 442-1** *(L. n° 2001-1168 du 11 déc. 2001)* **« , 442-2, 442-5, 442-15 », 443-1 et 444-1 et à tout crime ou délit contre les agents ou les locaux diplomatiques ou consulaires français, commis hors du territoire de la République.** — *Pén. 410-1 s.*

Art. 113-11 *(L. n° 92-1336 du 16 déc. 1992)* **Sous réserve des dispositions de l'article 113-9, la loi pénale française est applicable aux crimes et délits commis à bord ou à l'encontre des aéronefs non immatriculés en France** *(L. n° 2011-525 du 17 mai 2011, art. 87-II-3°)* **« ou des personnes se trouvant à bord » :**

1° Lorsque l'auteur ou la victime est de nationalité française ;

2° Lorsque l'appareil atterrit en France après le crime ou le délit ;

3° Lorsque l'aéronef a été donné en location sans équipage à une personne qui a le siège principal de son exploitation ou, à défaut, sa résidence permanente sur le territoire de la République.

Dans le cas prévu au 1°, la nationalité de l'auteur ou de la victime de l'infraction est appréciée conformément aux articles 113-6, dernier alinéa, et 113-7.

Art. 113-12 *(L. n° 96-151 du 26 févr. 1996, art. 9, mod. par Ord. n° 98-728 du 20 août 1998, art. 9, mod. et ratifiée par L. n° 99-1121 du 28 déc. 1999)* **La loi pénale française est applicable aux infractions commises au-delà de la mer territoriale, dès lors que les conventions internationales et la loi le prévoient.**

Le présent article est applicable dans les territoires d'outre-mer, en Nouvelle-Calédonie et à Mayotte.

Sur la compétence des juridictions françaises, V. aussi **C. pr. pén.**, *art. 689 s.*

1. Jurisprudence européenne. Force est de constater que le procureur de la République n'est pas une « autorité judiciaire » au sens que la jurisprudence de la Cour donne à cette notion : comme le soulignent les requérants, il lui manque en particulier l'indépendance à l'égard du pouvoir exécutif pour pouvoir être ainsi qualifié (§ 61). • CEDH 10 juill. 2008, *Medvedyev et a. c/ France*, n° 3394/03 : *D. 2008. 3055, note Hennion-Jacquet ; RSC 2009. 176, obs. Marguénaud*. ♦ *Adde* : Mialot, *D. 2009. Point de vue. 2497* (la partie publique au procès pénal doit-elle être représentée par un magistrat ?).

2. Le magistrat doit présenter les garanties requises d'indépendance à l'égard de l'exécutif et des parties, ce qui exclut notamment qu'il puisse agir par la suite contre le requérant dans la procédure pénale, à l'instar du ministère public, et il doit avoir le pouvoir d'ordonner l'élargissement, après avoir entendu la personne et contrôlé la légalité et la justification de l'arrestation et de la détention (§ 124) ; ... les juges d'instruction sont assurément susceptibles d'être qualifiés de « juge ou autre magistrat habilité par la loi à exercer des fonctions judiciaires » au sens de l'art. 5, § 3, de la Conv. (§ 128). • CEDH 29 mars 2010, *Medvedyev et a. c/ France*, n° 3394/03 : *D. 2010. 898, obs. Lavric ; ibid. 1386, note Renucci ; ibid. 1390, note Hennion-Jacquet ; JCP G 2010, n° 16, 454, note Sudre ; Gaz. Pal. 2010. 1. Jur. 870, note Matsopoulou* (plaidoyer pour l'indépendance fonctionnelle des magistrats du parquet) ; *RSC 2010. 685, obs. Marguénaud* (tempête sur le parquet : *bis sed non repetita*). ♦ *Adde* : Rebut, *D. 2010. 970* (l'arrêt Medvedyev et la réforme de la procédure pénale). – Thierry, *Dr. pénal 2010, Étude 12* (l'arrêt Medvedyev c/ France du 29 mars 2010 : juge d'instruction : 1 – Parquet : 0).

3. Jurisprudence interne. Justifie sa décision l'arrêt qui, pour déclarer régulier l'arraisonnement en haute mer, par les autorités françaises, d'un voilier immatriculé à Gibraltar, énonce qu'en application de l'art. 17 de la Convention des Nations unies contre le trafic illicite de stupéfiants et de produits psychotropes, adoptée à Vienne le 19 déc. 1988, et ouverte à la signature le 20 déc. 1988, les autorités britanniques étaient compétentes pour donner auxdites autorités françaises l'autorisation de procéder au contrôle du navire, immatriculé dans un territoire dépendant du Royaume-Uni et battant pavillon britannique, et leur ont abandonné toute compétence sur ce navire. • Crim. 8 août 2007, n° 07-83.689 P.

4. Justifie sa décision la chambre de l'instruction qui, pour écarter le moyen pris de la nullité de l'arraisonnement en haute mer, de la visite et des mesures subséquentes, effectués par les autorités de l'État d'interception ou requérant (la France) à l'encontre d'un navire battant pavillon panaméen soupçonné de se livrer à un trafic illicite de stupéfiants en mer, en application de l'art. 17 Conv. Nations unies contre le trafic illicite de stupéfiants et de substances psychotropes, en date du 20 déc. 1988, ratifiée par la France et le Panama, ainsi que des art. L. 1521-2 s. C. défense, dans leur rédaction issue de la L. du 22 avr. 2005, relève que lesdites mesures sont intervenues après que les autorités de l'État du pavillon (le Panama) eussent transmis leur autorisation à leurs homologues français, une fois achevée l'enquête de pavillon destinée à vérifier la véracité de ce dernier. • Crim. 29 avr. 2009, n° 09-80.157 P : *D. 2010. Étude 187, note Poissonnier ; Gaz. Pal. 2009. Somm. 3188, note Mésa ; RSC 2009. 853, obs. Finielz .* ♦ Justifie sa décision la chambre de l'instruction qui, pour écarter le moyen pris de l'incompétence des juridictions françaises pour connaître des infractions de trafic illicite de stupéfiants, au sens de l'art. 3 de la Conv. précitée, commises en haute mer, sur un navire étranger, par des personnes de nationalité étrangère, relève que l'État du pavillon a donné à l'État d'interception ou requérant, par la voie diplomatique, son « assentiment », au sens de l'art. 15 de la L. du 15 juill. 1994, dans sa rédaction issue de la L. du 22 avr. 2005, à l'exercice, par les juridictions de ce dernier, de leur compétence pour poursuivre et juger les auteurs et complices dudit trafic. • Même arrêt.

5. La preuve de l'accord de l'État du pavillon pour le transfert de la compétence juridictionnelle en matière de trafic de stupéfiants commis en haute mer peut résulter d'un courriel, dont les termes ont été confirmés par des courriers officiels, adressé par le ministère compétent aux autorités diplomatiques françaises. • Crim. *20 déc. 2017,* *n° 17-84.085 P : D. actu. 19 janv. 2018, obs. Fucini.*

6. Dès lors que l'État du pavillon justifie, en application de l'art. 228 de la Conv. des Nations unies sur le droit de la mer, de la décision au fond valant jugement définitif s'appliquant aux poursuites par lui engagées pour des faits de pollution par hydrocarbures commis en zone économique exclusive française, les juges répressifs français, qui ont, préalablement, à la requête de leur propre gouvernement, qui n'a opposé à cet État aucune des clauses de sauvegarde prévues par l'article précité, ordonné la suspension des poursuites d'abord engagées en France pour les mêmes faits de pollution, ont compétence liée pour constater l'extinction de ces poursuites. • Crim. 5 mai 2009, n°s 07-87.362 P et 07-87.931 P.

7. Si c'est à tort que la chambre de l'instruction énonce que les suspects, placés sous le contrôle de l'autorité militaire française dès leur interpellation sur le territoire somalien, le 11 avr. 2008, ne relevaient de la « juridiction » française, au sens de l'art. 1er Conv. EDH, qu'à partir du 15 avr. 2008, 15 heures, date à laquelle la décision de les transférer en France, prise avec l'accord des autorités somaliennes, a été portée à la connaissance des autorités françaises et aussitôt mise en œuvre, l'arrêt n'encourt pas la censure dès lors que des circonstances insurmontables, caractérisées par l'attente de l'accord des autorités somaliennes en vue du transfert des six suspects en France, justifiaient leur privation de liberté pendant près de cinq jours, avant que leur placement en garde à vue ne fût régulièrement ordonné, le 16 avr. 2008, à partir de 7 h 15 ; d'où il suit que les moyens doivent être écartés. • Crim. 16 sept. 2009, n° 09-82.777 : *D. 2010. 631, note Poissonnier ; JCP 2010, n° 7, 184, note Beauvais.* ♦ Sur la condamnation de la France, pour violation des dispositions de la Conv. EDH, du fait du placement en garde à vue, à leur arrivée sur le territoire, des somaliens en cause, sans qu'ils aient été immédiatement présentés à un juge. • CEDH 4 déc. 2014, *Ali Samatar et a. c/ France,* n°s 17110/10 et 17301/10 • 4 déc. 2014, *Hassan et a. c/ France,* n°s 46695/10 et 54588/10 : *D. actu. 8 déc. 2014, obs. Portmann ; AJ pénal 2015. 102, obs. Poissonnier ; JCP G 2015. 134, note Pradel ; Gaz. Pal. 2015. 1. 249, note Raschel.*

8. Par application combinée des art. 220 pt 6 et 228 de la Conv. des Nations unies sur le droit de la mer faite à Montego Bay le 10 déc. 1982 (CNUDM), lorsque des poursuites ont été engagées par l'État côtier en vue de réprimer une infraction aux lois et règlements applicables ou aux règles et normes internationales visant à prévenir, réduire et maîtriser la pollution par les navires, commise au-delà de sa mer territoriale par un navire étranger, la compétence de cet État est acquise lorsqu'elle porte sur un cas de dommage grave ; ces dispositions sont par suite parfaitement compatibles avec l'art. 8 de la L. n° 83-583 du 5 juill. 1983 qui réprimait de tels agissements en droit interne français à la date des faits visés par les poursuites ; d'où il suit que les moyens, pour partie inopérants en ce qu'ils invoquent l'art. 113-12 C. pén., doivent être écartés. • Crim. 25 sept. 2012, n° 10-82.938 P : *D. actu. 4 oct. 2012, obs. Gallmeister et Lavric ; D. 2012. 2711, note Delebecque ; ibid. Pan. 2557, obs. Trébulle ; ibid. 2920, obs. Roujou de Boubée ; ibid. 2673 , point de vue Neyret ; ibid. Chron. 2675, obs. Ravit et Sutterlin ; AJ pénal 2012. 574, note Montas et Roussel ; JCP 2012, n° 1243, note Le Couviour ; Dr. pénal 2013, Comm. 10, obs. Robert ; RSC 2013. 363, obs. Robert .*

Art. 113-13 *(L. n° 2012-1432 du 21 déc. 2012)* **La loi pénale française s'applique aux crimes et délits qualifiés d'actes de terrorisme et réprimés par le titre II du livre IV commis à l'étranger par un Français ou par une personne résidant habituellement sur le territoire français.**

BIBL. ▶ ALIX, *D. 2013, Point de vue 518* (fallait-il étendre la compétence des juridictions pénales en matière terroriste ?). – BRACH-THIEL, *AJ pénal 2013. 90* (le nouvel article 113-13 du code pénal : contexte et analyse). – BUISSON, *Procédures 2013, n° 51* (lutte contre le terrorisme. Aspects procéduraux). – HERRAN, *Dr. pénal 2013. Étude 10* (nouvelle compétence française en matière de terrorisme. Réflexions sur l'art. 113-13 C. pén.).

Art. 113-14 *(Ord. n° 2019-963 du 18 sept. 2019, art. 1er)* **Par dérogation au deuxième alinéa de l'article 113-6, la loi pénale française est applicable en toutes circonstances, et la seconde phrase de l'article 113-8 n'est pas applicable, aux infractions suivantes commises à l'étranger par un Français ou par une personne résidant habituellement ou exerçant tout ou partie de son activité économique sur le territoire français, lorsqu'elles portent atteinte aux recettes perçues, aux dépenses exposées ou aux avoirs qui relèvent du budget de l'Union européenne, des budgets des institutions, organes et organismes de l'Union européenne ou des budgets gérés et contrôlés directement par eux :**

1° Délits d'escroquerie prévus à la section Ire du chapitre III du titre Ier du livre III ;

2° Délits d'abus de confiance prévus à la section Ire du chapitre IV du titre Ier du livre III ;

3° Délits de soustraction, détournement ou destruction de biens prévus aux articles 432-15 et 433-4 ;

4° Délits de corruption prévus aux articles 432-11 et 433-1, ainsi que, sans préjudice de l'article 435-11-2, aux articles 435-1 et 435-3 ;

5° Délits de contrebande, d'importation ou d'exportation frauduleuse prévus à l'article 414-2 du code des douanes ;

6° Délits de blanchiment prévus à la section Ire du chapitre IV du titre II du livre III des délits mentionnés au présent article.

Pour la poursuite de la personne qui s'est rendue coupable sur le territoire français, comme complice, d'une infraction prévue aux 1° à 6° commise à l'étranger et portant atteinte aux intérêts financiers de l'Union européenne mentionnés au premier alinéa du présent article, les conditions prévues à l'article 113-5 ne sont pas applicables.

TITRE DEUXIÈME DE LA RESPONSABILITÉ PÉNALE

BIBL. ▶ M. TRUCHET, *Gaz. Pal. 2002. 2. Doctr. 1068* (transformations de la notion de responsabilité civile et pénale depuis 40 ans). – CASILE-HUGUES, *RPDP 2012. 9* (la responsabilité pénale à la lumière des neurosciences). – MASERA, *RSC 2015. 553* (évidence épidémiologique d'une augmentation de la mortalité et responsabilité pénale).

CHAPITRE PREMIER DISPOSITIONS GÉNÉRALES

Art. 121-1 **Nul n'est responsable pénalement que de son propre fait.**

RÉP. PÉN. v° *Responsabilité pénale*, par PEREIRA.

1. Bibliographie générale

Principe de personnalité : LASSALLE, *JCP 1993. I. 3695*. – FROSSARD, *RSC 1998. 703* . – DREYER, *RSC 2004. 813* (imputation des infractions en droit pénal du travail). – DEMICHEL, *D. 1995. Chron. 213* (le droit pénal en marche arrière). – PH. SALVAGE, *Dr. pénal 2005. Études 8* (infractions commises au sein d'un groupe informel : établissement des responsabilités). – ROUSSEAU, *D. 2011. Chron. 1983* (de quelques réflexions sur la responsabilité collective. Aspects de droit civil et de droit pénal). – DUMONT, *RSC 2012. 3* et *109* (criminalité collective et impunité des principaux responsables). – TERESI, RAKOTOVAHINY, JAMBORT, *JCP 2019. 83* (incidences des systèmes de conduite automatiques sur les responsabilités civiles et pénales). – Cere, *AJ pénal 2019. 418* (l'illusion pénale de la responsabilité du titulaire du certificat d'immatriculation).

▸ **Droit pénal des affaires :** Bouloc, *RSC 1995. 465* (présomption d'innocence et droit pénal des affaires). – Guihal, *Gaz. Pal. 1995. 1. Doctr. 480* (nouveau code pénal et protection de l'environnement). – Antona, Colin et Lenglart, *Dalloz, coll. « Dalloz Référence », 1997* (prévention du risque pénal). – Mayer, *D. 1998. Chron. 256* (influence du droit pénal sur l'organisation de la sécurité dans l'entreprise). – Delmas-Marty, *Gaz. Pal. 1999. 1. Doctr. 354* (évolution du droit pénal des affaires). – Ruellan, *Dr. pénal 2000. Chron. 25* (responsabilité pénale des administrateurs provisoires et judiciaires). – Escolano, *Gaz. Pal. 2001. 1. Doctr. 903* (responsabilité pénale en matière d'environnement). – Tchernonog et Lesieur, *Gaz. Pal. 2001. 1. Doctr. 914* (traitement des déchets et responsabilité de l'opérateur industriel). – F. Stasiak, *Mél. B. Bouloc, Dalloz, 2006, p. 1091* (fusion et responsabilité pénale des personnes morales en droit boursier). – Matsopoulou, *JCP 2017. 291* (responsabilité pénale des personnes morales et opérations de fusion). – Akorri, *AJ pénal 2018. 556* s. (la responsabilité pénale des entreprises transnationales : de l'influence du droit international sur le droit national).

▸ **Responsabilité pénale du chef d'entreprise :** Antona, Colin et Lenglart, *Dalloz, 1996* (responsabilité pénale des cadres et des dirigeants). – Lesclous et Marsat, *Dr. pénal 1996. Chron. 30.* – Mascala, *LPA, 1996, n° 87, p. 16.* – Roux, *BJS 1996. 905* (responsabilité du président dans la SAS). – Coenraets et de Wolf, *Rev. prat. sociétés 1997, p. 5* (responsabilités civile et pénale des sociétés et de leurs dirigeants en droit de l'environnement). – Moore, *Gaz. Pal. 1999. 1. Doctr. 352* (responsabilités pénales au sein de l'entreprise). – J.-C. Saint-Pau, *Gaz. Pal. 2005. 1. Doctr. 134* (l'insécurité juridique de la détermination du responsable en droit pénal de l'entreprise). – C. Lopez, *RLDA 2007/10, n° 592* (le dirigeant contribuable). – Rousseau, *RSC 2010. 804* (la répartition des responsabilités dans l'entreprise). – Josseaume, *Gaz. Pal. 2014. 2. Doctr. 3651* (les infractions au code de la route et le chef d'entreprise). – Mayaud, *Mél. B. Teyssié, LexisNexis, 2019, p. 481* (la coresponsabilité pénale de l'employeur et du salarié).

▸ **Responsabilité des élus et agents publics :** Guihal, *RFDA 1996. 535* (responsabilité pénale des élus locaux en matière d'environnement). – Degoffe, *RD publ. 1998, p. 433* (responsabilité pénale du ministre du fait de son administration). – Ph. Chrestia, *RD publ. 2000, p. 739* (responsabilité politique et responsabilité pénale).

▸ **Responsabilité civile :** Dupré, *JCP 2020. 1024* (la neutralisation de la faute de la victime privée de discernement : un choix de politique juridique).

2. Numéros spéciaux et monographies

L'entreprise et le risque pénal, *Rev. fid., sept. 1996, n° suppl. 831.* – Frison-Roche (sous la direction de), Les enjeux de la pénalisation de la vie économique, *Dalloz, 1997* (coll. Thèmes et Commentaires).

3. Colloques

27/28 janv. 1994, *Dalloz, 1994, p. 19 s.* – Palais de justice de Bobigny, 24 nov. 1995, *Gaz. Pal. 1996. 1. Doctr. 621 s.* (entreprise et responsabilité). – Association de recherches pénales européennes, Paris, 13 déc. 1996, *RSC 1997. 253 à 369* (responsabilité pénale dans l'entreprise. Vers un espace judiciaire européen unifié ?) ; V. spéc. A. Cœuret, p. 295 s. (propositions « Espace judiciaire européen » confrontées à la situation en France). – Paris, 27 mai 1998, *Gaz. Pal. 1999. 1. Doctr. 349 s.* (vie des affaires et responsabilité pénale). – Centre de droit fondamental de la Faculté de droit de Grenoble, 29 oct. 1999, *Gaz. Pal. 2001. 1. Doctr. 868 s.* (police et responsabilité en matière d'environnement). – Centre de droit de la responsabilité, 2 juin 2000, *Resp. civ. et assur. 2000, n° 11 bis* (spécial) (responsabilités civile, pénale et administrative, du fait d'autrui). – Centre de droit des affaires de la Faculté de droit de Rennes, 11 mai 2001, *Gaz. Pal. 2002. 1. Doctr. 370 à 427* (entreprise et droit pénal).

4. Dossiers

Variations sur le principe de responsabilité pénale du « fait » personnel (sous la direction de F. Fourment), *Gaz. Pal. 2020, p. 644 s.* – E. Dreyer, Faire et (y) penser, *p. 644.* – J.-B. Thierry, Faire partie d'une association de malfaiteurs ou être en bande organisée, p. 648. – J.-M. Brigant, Responsabilité pénale du chef d'entreprise : laisser faire et être (présumé) responsable, *p. 651.* – S. Detraz, Qui mal embrasse, trop étreint : observations sur le délit de non-justification de ressources, *p. 655.* – F. Fourment, Faire et défaire les qualifications, c'est toujours qualifier. Brèves remarques sur le principe *Ne bis in idem* tel qu'appliqué aux conflits de qualifications pénales, *p. 659.*

Plan des annotations

I. PRINCIPE DE PERSONNALITÉ

1. Toute sanction punitive. En vertu de l'art. 9 DDH, tout homme est présumé innocent jusqu'à ce qu'il ait été déclaré coupable ; il résulte de cet art. ainsi que de l'art. 8 que nul n'est punissable que de son propre fait ; ce principe s'applique non seulement aux peines prononcées par les juridictions répressives mais aussi à toute sanction ayant le caractère d'une punition. • Cons. const. 14 oct. 2015, no 2015-489 QPC, *JO 16 oct., p. 19325* • 26 mars 2021, no 2021-892 QPC, § 13. ♦ ... Les dispositions contestées (C. com., art. L. 464-2, al. 4) instituent une sanction pécuniaire permettant de réprimer des pratiques anticoncurrentielles commises par une entreprise ; le fait que le maximum de cette sanction soit déterminé par référence au chiffre d'affaires du groupe auquel l'entreprise appartient n'a ni pour objet ni pour effet de sanctionner le groupe pour des actes qu'il n'a pas commis ; le grief tiré de la méconnaissance du principe selon lequel nul n'est punissable que de son propre fait manque en fait. • Cons. const. 14 oct. 2015, no 2015-489 QPC : *préc.* ♦ L'art. L. 464-2, § V, al. 2, C. com. permet à l'Autorité de la concurrence d'infliger à une entreprise ayant fait obstruction à une mesure d'investigation ou d'instruction ordonnée par ses services une sanction pécuniaire pouvant aller jusqu'à 1 % du montant de son chiffre d'affaires mondial ; d'une part, l'obstruction aux mesures d'investigation ou d'instruction s'entend de toute entrave au déroulement de ces mesures, imputable à l'entreprise, qu'elle soit intentionnelle ou résulte d'une négligence ; d'autre part, en faisant référence à la notion d'entreprise, qui désigne les entités constituées sous l'un des statuts ou formes juridiques propres à la poursuite d'un but lucratif, et à celle de chiffre d'affaires mondial, le législateur s'est référé à des catégories juridiques précises permettant de déterminer avec une certitude suffisante les personnes responsables et la peine encourue. • Cons. const. 26 mars 2021, no 2021-892 QPC : *préc.*

2. L'art. 8 DDH dispose : « La loi ne doit établir que des peines strictement et évidemment nécessaires, et nul ne peut être puni qu'en vertu d'une loi établie et promulguée antérieurement au délit, et légalement appliquée » ; selon son art. 9, tout homme est « présumé innocent jusqu'à ce qu'il ait été déclaré coupable » ; il résulte de ces articles que nul n'est punissable que de son propre fait ; ce principe s'applique non seulement aux peines prononcées par les juridictions répressives mais aussi à toute sanction ayant le caractère d'une punition (§ 4) ; les dispositions contestées – les 1° à 4° de l'art. L. 6361-12 C. transports – se bornent à énumérer des personnes participant à l'activité aérienne et susceptibles, à cette occasion, de manquer au respect de l'une des restrictions, procédures ou règles relatives à la prévention des nuisances aéroportuaires ; elles n'ont, ni par elles-mêmes ni en raison de la portée effective que leur conférerait une interprétation jurisprudentielle constante, pour objet ou pour effet de rendre une personne responsable d'un manquement qui ne lui serait pas imputable (§ 6). • Cons. const. 27 nov. 2020, no 2020-867 QPC : *JO 28 nov.* ♦ ... Le grief tiré de la méconnaissance du principe d'égalité devant les charges publiques est inopérant à l'encontre de dispositions instituant une sanction ayant le caractère d'une punition au sens de l'art. 8 DDH (§ 8). • Même décision.

3. Le principe constitutionnel de responsabilité personnelle en matière pénale est applicable aux sanctions administratives et disciplinaires. • CE 29 oct. 2007, avis no 307736 : *D. 2008. 1381, note Maisonneuve ; Gaz. Pal. 2008. 1, p. 263, concl. Prada Bordenave, et Somm. p. 544, note Forti.*

4. Doit être cassé l'arrêt qui a condamné les prévenus pour diverses infractions fiscales sans caractériser la participation de chaque prévenu à chacune des infractions dont il a été reconnu coupable. • Crim. 6 mars 1997, no 96-80.279 P.

5. N'a pas mis la Cour de cassation en mesure d'exercer son contrôle sur la légalité de sa décision la cour d'appel qui condamne un prévenu pour délit d'opposition par voies de fait ou violences à l'exécution de travaux d'utilité publique (C. pén., art. 433-11), sans rechercher si le prévenu s'était, par son fait personnel, volontairement opposé à ladite exécution. • Crim. 8 oct. 1997 : *D. 2000. Somm. 113, obs. Roujou de Boubée ; Dr. pénal 1998. 19, obs. Véron ; JCP 1999. I. 112, n° 2, obs. Véron.*

6. Différence avec la responsabilité politique. La responsabilité politique – à en supposer la notion, les critères et la mise en œuvre précisément définis, ce qui n'est pas de la compétence de la Cour de justice de la République – n'est exclusive ni de la responsabilité civile et administrative de l'État, ni de la responsabilité pénale ; en effet, les dispositions de l'art. 68-1 Const., applicables en l'espèce, consacrent expressément l'autonomie de la responsabilité pénale des membres du Gouvernement en cas de crimes ou de délits commis dans l'exercice de leurs fonctions, sans faire de distinction entre les infractions intentionnelles et les infractions non intentionnelles ; il n'appartient pas non plus à la Cour de justice de la République, dont le rôle est d'appliquer le droit positif et non d'en apprécier l'opportunité, de se prononcer sur les observations du procureur général, fussent-elles pertinentes, relatives aux risques qu'il évoque ainsi qu'au phénomène de l'inflation pénale ; il s'agit là de choix politiques qui ne relèvent que du seul législateur ; la Cour, exerçant une fonction judiciaire et non civique, ne saurait, en décernant aujourd'hui un blâme ou demain un satisfecit, s'arroger le rôle d'arbitre de la vie politique française sans compromettre le fonctionnement normal des institutions de la République. • C. just. républ., 9 mars 1999 : *Gaz. Pal. 1999. 1. 221 ; D. 1999. IR 86.*

7. Exclusion de la responsabilité pour autrui. Pour relaxer le prévenu du chef de blessures involontaires par suite de la morsure infligée par son chien alors gardé par un tiers, la cour d'appel énonce que l'infraction ne peut être reprochée au prévenu puisque les faits ne peuvent être imputés qu'à sa fille sous la garde de laquelle se trouvait l'animal au moment de l'accident et qu'il n'existe aucune responsabilité pénale par emprunt ou par filiation ; en statuant ainsi, alors que constitue à la fois une faute personnelle et une faute caractérisée qui expose autrui à un risque d'une particulière gravité que le prévenu ne pouvait ignorer, le fait, pour le propriétaire d'un chien d'attaque, de le laisser à la garde d'un tiers qu'il sait susceptible de rencontrer des difficultés pour le maîtriser, la cour d'appel a méconnu le sens et la portée de l'art. 121-3 C. pén., disposition à laquelle l'art. 121-1 du même code ne fait pas obstacle. • Crim. 26 juin 2018, n° 17-86.626 : *Gaz. Pal. 2018. 3168, obs. Detraz.*

A. DÉCÈS

8. Extinction de l'action publique. Le principe de la personnalité des peines interdisant de poursuivre le délinquant après son décès ou de suivre la procédure contre ses héritiers, la chambre criminelle doit constater l'extinction de l'action publique en cas de décès du prévenu en cours d'instance de cassation. • Crim. 21 janv. 1969, n° 68-91.254 P • 13 mars 1997, n° 95-85.034 P. ♦ ... Toutefois, s'il reste des intérêts civils en cause – lesquels peuvent être mis à charge des héritiers –, la Cour de cassation demeure compétente pour prononcer à leur égard. • Crim. 29 mai 1978, n° 77-93.175 P • 13 mars 1997 : *préc.* ♦ ... En conséquence, s'il éteint, en matière douanière, les actions pour l'application des peines et des sanctions fiscales prévues à l'art. 343 C. douanes, le décès du prévenu en cours d'instance ne dispense pas les juges de statuer sur l'action en recouvrement des droits et taxes éludés, visée à l'art. 377 *bis* de ce code, ces droits pouvant être mis à charge de la succession. • Crim. 13 mars 1997 : *préc.* ♦ Dans le même sens : • Crim. 4 oct. 1972, n° 70-93.139 P.

9. Aux termes de l'art. 6 C. pr. pén., l'action publique s'éteint par le décès du prévenu ; s'il est de principe que, lorsque la décision attaquée a statué à la fois sur l'action publique et sur l'action civile, et que le prévenu est décédé en cours de l'instance en cassation, la Cour de cassation reste compétente pour prononcer sur l'action civile, il en est autrement lorsque l'arrêt a été rendu par une juridiction d'instruction ; les juges répressifs ne pouvant plus statuer sur l'action publique se trouvent, dès lors, incompétents pour connaître de l'action civile ; il y a lieu de déclarer l'action publique éteinte et de constater que le pourvoi est devenu sans objet en ce qui concerne l'action civile. • Crim. 5 mai 1998, n° 97-82.669 P.

10. Viole l'art. 6-2 Conv. EDH une sanction pénale infligée aux héritiers pour une fraude fiscale imputée au défunt. • CEDH 29 août 1997, *E.L. et a. c/ Suisse : BICC 1997. 1269 ; JCP 1998. I. 107, n° 29, obs. Sudre ; Gaz. Pal. 1998. 2. 483, note Puechavy.*

11. Est recevable la constitution de partie civile des ayants cause de la victime d'un homicide volontaire perpétré en 1944, victime exécutée pour la seule raison de son appartenance à la communauté juive ; ces faits sont susceptibles de constituer un crime contre l'humanité par nature imprescriptible, et il n'importe que les deux personnes ayant donné les ordres d'exécution soient décédées, dès lors que d'autres responsables à un niveau immédiatement inférieur sont susceptibles d'être identifiés et encore vivants. • Lyon, 19 mars 1999 : *Dr. pénal 1999. 97, obs. J.-H. Robert.*

B. PERSONNES MORALES

12. Cession. A justifié sa décision la cour d'appel qui, ayant déclaré les prévenus de fraude fiscale pour avoir frauduleusement soustrait la société dont ils étaient les gérants à l'établissement et au paiement de la TVA due par cette société, a ordonné l'affichage de cette décision à la porte de l'entreprise, malgré la cession de cette dernière à un tiers ; en effet, selon l'art. 1741 CGI, toute décision de condamnation pour fraude fiscale commise en raison d'impositions dues par un contribuable, au titre de l'exercice d'une activité professionnelle, doit être affichée, intégralement ou par extraits, sur la porte extérieure de l'immeuble du ou des établissements professionnels du contribuable. • Crim. 28 févr. 2007, n° 06-83.014 P : *Dr. pénal 2007, n° 76, obs. J.H. Robert ; RSC 2007. 555, obs. Matsopoulou*.

13. Scission. Il ne saurait être reproché à une cour d'appel d'annuler les sanctions prises par la COB à l'encontre des sociétés issues de la scission d'une société dissoute, dès lors qu'elle relève que les pratiques sanctionnées ont été commises par la seule société dissoute et non par les sociétés issues de la scission, et que cette scission et cette dissolution n'ont pas été faites dans le but avéré d'éluder toute poursuite, ce qui aurait constitué une fraude à la loi susceptible de vicier cette opération ; la cour fait une exacte application de la loi dès lors que, après avoir exactement énoncé que les prescriptions de l'art. 6 Conv. EDH s'appliquent aux sanctions pécuniaires prévues par l'art. 9-2 de l'Ord. n° 67-833 du 28 sept. 1967 prononcées par la COB, qui, bien que de nature administrative, visent, comme en matière pénale, à punir les auteurs des faits contraires aux normes générales édictées par les règlements de la COB et à dissuader les opérateurs de se livrer à de telles pratiques, elle décide que le principe de la personnalité des poursuites et des sanctions s'oppose à ce qu'en l'absence de dispositions dérogatoires expresses, des personnes physiques ou morales autres que l'auteur du manquement en cause, puissent se le voir imputer et faire l'objet de sanctions à caractère pénal. • Com. 15 juin 1999, *COB c/ Cie générale d'immobilier Georges V et a.*, n° 97-16.439 P : *D. Affaires 1999. 1437 ; D. 1999. IR 197* (rejet du pourvoi contre : • Paris, 14 mai 1997 : *D. 1998. Somm. 76, obs. Reinhard ; ibid. 137, obs. Niboyet ; Gaz. Pal. 1997. 2. Somm. 336 ; RSC 1998. 134, obs. Riffault*).

14. Fusion-absorption. Le juge qui constate qu'il a été procédé à une opération de fusion-absorption entrant dans le champ de la Dir. 78/855/CEE du 9 oct. 1978, concernant les fusions des sociétés anonymes, ayant entraîné la dissolution de la société mise en cause, peut, après avoir constaté que les faits objets des poursuites sont caractérisés, déclarer la société absorbante coupable de ces faits et la condamner à une peine d'amende ou de confiscation. • Crim. 25 nov. 2020, n° 18-86.955 P : *D. 2020. 2346 ; ibid. 2021. 161, avis Salomon ; ibid. 167, note Beaussonie ; ibid. 379, obs. Fouquet ; D. actu. 10 déc. 2020, obs. Gallois ; AJ pénal 2020. 576, note Apelbaum et Battaglia ; JCP 2021. 17, note Rebut ; Dr. pénal 2021, n° 2, obs. Conte ; Gaz. Pal. 2021. 207, avis Salomon ; ibid. p. 213, note Brenaut et Touzain ; ibid. p. 216, note Dubois ; ibid. p. 464, obs. Dreyer ; ibid. 16 mars 2021, p. 51, obs. Catelan et Saenko ; RTD com. 2020. 961, obs. Saenko ; Rev. sociétés 2021. 79, étude Bouloc ; ibid. 115, note Matsopoulou*. ♦ *Adde* : Saint-Pau, *JCP 2021. 27* (la responsabilité pénale d'une société absorbante pour une infraction commise par la société absorbée. Revirement de jurisprudence !). – Kenbib, *JSS 24 févr. 2021, n° 15, p. 7* (à propos de l'Arr. du 25 nov. 2020 et de la fusion-absorption : une société absorbante peut être sanctionnée pour les infractions pénales commises par la société absorbée). – Palmer, Dunoyer de Segonzac, et Boeringer, *Dr. pénal 2021. Étude 7* (transfert de responsabilité pénale d'une personne morale à une autre en cas de fusion-absorption). – Dournaux, *D. 2021. 477* (de l'opportunité de consacrer la théorie de la fraude à la loi en droit pénal). ♦ ... Cependant, cette interprétation nouvelle, qui constitue un revirement de jurisprudence, ne peut s'appliquer aux fusions antérieures à la présente décision sans porter atteinte au principe de prévisibilité juridique découlant de l'art. 7 Conv. EDH dont il résulte que tout justiciable doit pouvoir savoir, à partir du libellé de la disposition pertinente, au besoin à l'aide de l'interprétation qui en est donnée par les tribunaux et le cas échéant après avoir recouru à des conseils éclairés, quels actes et omissions engagent sa responsabilité pénale et quelle peine il encourt de ce chef ; elle ne s'appliquera, en conséquence, qu'aux opérations de fusion conclues postérieurement au prononcé du présent arrêt et sera donc sans effet dans la présente affaire. • Même arrêt. ♦ ... Il doit être considéré que l'existence d'une fraude à la loi permet au juge de prononcer une sanction pénale à l'encontre de la société absorbante lorsque l'opération de fusion-absorption a eu pour objectif de faire échapper la société absorbée à sa responsabilité pénale ; cette possibilité est indépendante de la mise en œuvre de la Dir. du 9 oct. 1978 préc. ; si la Cour de cassation n'a pas eu l'occasion de se prononcer sur ce point, sa doctrine, qui ne saurait ainsi constituer un revirement de jurisprudence, n'était pas imprévisible ; elle est donc applicable aux fusions-absorptions conclues avant le présent arrêt. • Même arrêt.

15. Sur la position contraire de la Chambre criminelle avant cette décision, position strictement respectueuse du principe de personnalité au sens de l'art. 121-1 C. pén. : • Crim. 20 juin 2000, n° 99-86.742 P : *D. (Aff.) 2001. 853, note Matsopoulou (rect. : p. 1084) ; ibid. 2001. Somm. 1608, obs. Fortis et Reygrobellet ; D. 2002. Somm. 1802, obs. Roujou de Boubée ; RSC 2001. 153, obs. Bouloc ; LPA 13 mars 2001, n° 51, p. 19, note de Boisdeffre* • 14 oct. 2003, n° 02-

86.376 P : *D. 2004. Somm. 318, obs. Roujou de Boubée ; Dr. pénal 2004, n° 20, obs. Véron ; Gaz. Pal. 2004. 2. Doctr. p. 2886, obs. Sordino ; RSC 2004. 339, obs. Fortis* • 7 janv. 2020, n° 18-86.293 P : *D. actu. 21 févr. 2020, obs. Gallois ; RSC 2020. 85, obs. Mayaud*. ♦ Rappr. : Par l'effet de la fusion intervenue entre deux sociétés, la société absorbante est substituée activement et passivement aux droits et obligations de la société absorbée, et en conséquence les actionnaires de la société absorbante sont recevables, sur le fondement de l'art. L. 225-252 C. com., à demander réparation du dommage résultant d'actes délictueux qui auraient été commis au préjudice de la société absorbée et de ses filiales par leurs dirigeants sociaux. • Crim. 2 avr. 2003, n° 02-82.674 P : *D. 2003. 1504*.

16. Sur le mouvement jurisprudentiel unanime ayant précédé, voire préparé, le revirement : • Décis. AMF, Comm. sanctions, 19 oct. 2006 : *D. 2007. 1482, note Tomasi*.

17. .... • CE, 22 nov. 2000, n° 207697 : *Sté Crédit agricole Indosuez Chevreux, Lebon avec les concl. ; D. (Aff.) 2001. 237, obs. Boizard ; ibid. 1609, obs. Reygrobellet ; AJDA 2000. 1069 ; ibid. 997, chron. Guyomar et Collin ; JCP 2001. II. 10531, note Salomon ; RSC 2001. 600, obs. Riffault*. ♦ *Adde* : Seban, *RJDA 2001, n° 3, p. 243* (personnalité des peines et sanctions prononcées par le CMF). • CE 10 mai 2004, n° 247130 (inédit) • 30 mai 2007, n° 293423 : *Lebon T* • 17 déc. 2008, n° 316000 : *Lebon ; D. 2009. 165 ; AJDA 2009. 447 ; Rev. sociétés 2009. 397, note Arsouze ; BJB 2009. 134, note Paclot* • CE, avis, 4 déc. 2009, n° 329173 : *JO 10 févr. 2010, p. 2412 ; AJDA 2009. 2324 ; JCP E 2010, n° 6, 1145, spéc. n° 3, obs. Deboissy et Wicker.* • Com. 21 janv. 2014, n° 12-29.166 P : *D. actu. 3 févr. 2014, obs. Chevrier ; D. 2014. 531, note Sordino ; ibid. 2423, obs. Ginestet ; ibid. 2434, obs. Hallouin ; ibid. 2488, obs. Dorandeu ; AJCA 2014. 41, obs. Constantin ; RTD civ. 2014. 367, obs. Barbier ; BJS 2014. 180, § 111, note Couret ; Dr. pénal 2014, n° 49, obs. Peltier. – Adde* : L. de Graëve, *Dr. pénal 2014, Étude 6* (réflexions sur le souhait des magistrats du quai de l'horloge de remettre les pendules [de la matière répressive] à l'heure).

18. .... • Cons. const. 18 mai 2016, n° 2016-542 QPC : *JO 20 mai ; D. 2016. 1076 ; ibid. 2017. 881, obs. Ferrier ; AJCA 2016. 338, note Arcelin ; RTD civ. 2016. 628, obs. Barbier ; Dr. sociétés 2016, n° 124, obs. Roussille.*

19. .... • CJUE, 5e ch., 5 mars 2015, n° C-343/13, *Modelo Continente Hipermercados SA c/ Autoridade para as Condiçoes de Trabalho : D. 2015. 1506, obs. Mascala ; ibid. 2401, obs. Lamazerolles ; AJ pénal 2015. 493, obs. Lasserre Capdeville ; Gaz. Pal. 2015. 2221, note Moulin ; Rev. sociétés 2015. 677, note Lecourt ; RTD civ. 2015. 388, obs. Barbier ; BJS 2015. 200, note Couret ; ibid. 393, note Le Nabasque ; Dr. pénal 2015, n° 74, obs. Notté.*

20. .... • 24 oct. 2019, *Carrefour France c/ France*, requête, n° 37858/14 : *JCP 2019. 1195, obs. Milano ; D. 2020. 475, note Gallois ; Gaz. Pal. 2020. 1106, note Massart.* ♦ *Adde* : Sordino, *RSC 2019. 836* (fusion-absorption et amende civile : transmission à la société absorbante). – Lefebvre, *JSS 22 févr. 2020, n° 15, Chron. 12* (le transfert des amendes civiles en matière de fusion-absorption face au principe de personnalité des peines). – Gallois, *D. 2020. 475, note ss. CEDH, 1er oct. 2019.*

21. Représentant légal. Le dirigeant d'une société qui intervient par des actes personnels lors de la commission d'infractions, dont celle-ci aurait été la bénéficiaire, engage sa propre responsabilité. • Crim. 8 juin 1983, n° 82-94.130 P.

22. Les juridictions correctionnelles ne peuvent statuer qu'à l'égard des personnes visées par la citation qui les a saisies : excède les limites de sa saisine et viole ainsi l'art. 388 C. pr. pén., la cour d'appel qui confirme un jugement déclarant un prévenu coupable de dénonciation calomnieuse et le condamne de ce chef, alors que les juges n'étaient saisis par la citation d'aucune poursuite dirigée contre ledit prévenu à titre personnel, mais seulement ès qualités de représentant légal de société. • Crim. 11 juin 2002 : *Gaz. Pal. 2002. 2. 1028.*

23. Une société, propriétaire d'un débit de boissons, ne saurait, pour remettre en cause la fermeture définitive de l'établissement, se prévaloir d'un changement de gérant survenu postérieurement à la constatation de l'infraction. • Crim. 7 oct. 2003 : *Dr. pénal 2004. 7, obs. J.-H. Robert.*

24. Pour déclarer le prévenu, représentant de la société dont il était le président, coupable d'un abus de biens sociaux du fait de l'acquisition d'un véhicule effectuée à l'initiative de son directeur général, qui s'en est réservé l'usage puis le produit de la revente, l'arrêt attaqué se borne à énoncer que, en sa qualité de président, il avait le devoir de s'opposer à ces agissements, ce qu'il n'a pas fait ; en se déterminant ainsi, sans caractériser la participation personnelle du prévenu à l'infraction, la cour d'appel n'a pas justifié sa décision. • Crim. 7 sept. 2005, n° 05-80.163 : *Dr. pénal 2005, n° 175, obs. J.-H. Robert ; RSC 2006. 331, obs. Rebut*.

25. Le représentant légal d'une personne morale est redevable pécuniairement de l'amende encourue pour les contraventions à la réglementation sur les vitesses maximales autorisées, commises avec un véhicule immatriculé au nom de cette personne morale, à moins qu'il n'établisse l'existence d'un événement de force majeure ou qu'il ne fournisse des renseignements permettant d'identifier l'auteur véritable de l'infraction ;

un véhicule immatriculé au nom d'une société a été contrôlé en excès de vitesse ; le gérant de cette société a formé une requête en exonération, désignant l'un de ses employés comme étant le conducteur au moment des faits, avant de revenir sur sa déclaration quatre mois plus tard parce que le salarié mis en cause ne reconnaissait pas l'infraction et indiquait que plusieurs personnes avaient pu conduire le véhicule le jour des faits ; le gérant a été poursuivi sur le fondement des art. L. 121-3 et R. 413-14 C. route ; pour renvoyer le prévenu des fins de la poursuite, l'arrêt retient que ses déclarations sont confirmées par celles de son salarié, qui a reconnu être dans le véhicule au moment du contrôle, et que le prévenu établit qu'il ne conduisait pas le véhicule, la loi ne l'obligeant pas à dénoncer le véritable conducteur ; le juge ajoute que sa seule qualité de représentant légal de la société titulaire du certificat d'immatriculation ne suffit pas à le rendre responsable au sens de l'art. L. 121-3 C. route ; mais en statuant ainsi, la cour d'appel a méconnu le sens et la portée des art. L. 121-2 et L. 121-3 C. route ; d'où il suit que la cassation est encourue. • Crim. 13 janv. 2009, n° 08-85.931 P.

26. Pour relaxer M. W... de la contravention de stationnement très gênant et en déclarer pécuniairement redevable M. K... en sa qualité de représentant légal de la société Autolib, le jugement attaqué retient que M. W... a été le dernier utilisateur du véhicule jusqu'à une heure trente-sept le 4 nov. 2015, les équipes d'Autolib ayant constaté à six heures six que le conducteur avait laissé le véhicule en stationnement irrégulier ; le juge relève qu'en dépit de ce constat, le véhicule a été verbalisé à onze heures seize, soit plus de cinq heures après que la société Autolib a découvert le problème et recouvré le contrôle et la garde du véhicule ; en se déterminant ainsi, dès lors qu'il n'est pas contesté qu'à l'heure à laquelle la contravention a été constatée, le véhicule n'était plus loué à un tiers, le tribunal de police n'a méconnu aucun des textes visés au moyen (C. pén., art. 121-1 ; C. route, art. L. 121-1, L. 121-2 et R. 417-11 ; C. pr. pén., art. 591 et 593). • Crim. 5 juin 2019, n° 18-82.408 : *D. 2019. 1228* ; *Dr. pénal 2019, n° 166, obs. J.-H. Robert.*

C. COLLÉGIALITÉ

27. Rejet de la responsabilité collective. Justifie sa décision la cour d'appel qui, pour confirmer le jugement relaxant le maire d'une commune, ainsi que plusieurs membres du conseil municipal, du délit de discrimination raciale, sur le fondement de l'art. 187-1 ancien C. pén., accusés d'avoir adopté une délibération suspendant « toute fourniture, hormis le chauffage », à deux écoles maternelles en raison du nombre, jugé excessif, « d'enfants de nationalités différentes », retient que la délibération incriminée, prise par un organe collégial de la commune, ne peut être imputée à ceux des conseillers municipaux ayant exprimé un vote favorable. • Crim. 11 mai 1999, n° 97-81.653 P : *D. 2000. Somm. 113, obs. Roujou de Boubée* ; *Dr. pénal 1999. 140 (2e arrêt), obs. Véron ; JCP 2000. I. 207, n° 1, obs. Véron ; RSC 2000. 194, obs. Bouloc* , *et 197, obs. Mayaud* .

28. Les prévenus, conseillers municipaux, sont poursuivis pour favoritisme ; en l'espèce, les prévenus ont participé au vote de deux délibérations du conseil municipal qui ont décidé de retirer de la procédure d'attribution des lots d'une plage le lot n° 6, après le dépôt des offres des candidats, sans permettre à ceux qui avaient postulé sur ce lot de reporter leur candidature sur un autre lot, créant ainsi une inégalité de traitement injustifiée ; les prévenus ont été poursuivis de manière indifférenciée, aucun acte autre que la participation de chacun d'eux au vote de ces deux délibérations n'étant incriminé ; l'art. 121-1 C. pén. énonçant que nul n'est responsable que de son propre fait, lesdites délibérations prises par un organe collégial ne peuvent donc être imputées individuellement à chaque membre du conseil municipal du seul fait de sa participation au vote ; par conséquent, les prévenus sont relaxés du chef de favoritisme. • Aix-en-Provence, 16 mai 2007 : *D. 2008. 53, note Gallardo* ; *JCP 2007. IV. 3108.*

29. Réserve de la participation personnelle. Le fait de subordonner l'octroi d'une prime de naissance à une condition de nationalité est constitutif du délit de discrimination prévu par les art. 225-1 et 225-2 C. pén. ; justifie sa décision la cour d'appel qui, pour retenir la culpabilité du maire d'une commune et de son adjoint du chef de discrimination, retient que, si la délibération instaurant une prime discriminatoire a été votée à bulletins secrets par le conseil municipal, organe collégial de la commune, le délit de discrimination est néanmoins imputable au maire et à son adjoint qui ont personnellement participé à l'infraction, le maire, en en prenant l'initiative, l'adjoint au maire, rapporteur du projet, en inscrivant la question à l'ordre du jour et en la soumettant au vote. • Crim. 17 déc. 2002, n° 01-85.650 P : *Gaz. Pal. 2003. 2. 3030, note Monnet ; Dr. pénal 2003. 44, obs. Véron ; RSC 2003. 556, obs. Mayaud* . ♦ Confirmation de • Aix-en-Provence, 18 juin 2001 : *JCP 2002. IV. 2173.*

30. Pour déclarer le prévenu coupable de favoritisme, l'arrêt retient qu'il a, en sa qualité de maire, procuré un avantage injustifié à deux de ses adjoints, en ayant eu recours à un appel d'offres ouvert selon la procédure d'urgence, qui a eu pour effet de limiter le nombre de candidats et de favoriser les offres déposées par ses adjoints ; en l'état de ces motifs, et dès lors qu'il n'est pas contesté que le prévenu a présidé la séance du conseil municipal dont il avait fixé l'ordre du jour, la cour d'appel a caractérisé la participation personnelle du demandeur aux faits poursuivis. • Crim. 19 nov. 2003 : *D. 2004. Somm. 2753, obs. Roujou de Boubée ; Dr. pénal 2004. 32, obs. Véron.*

31. Pour déclarer le président d'un conseil général coupable de détournement de fonds publics commis entre juillet 1995 et décembre 1997, l'arrêt attaqué énonce qu'en application de l'art. 38 de la L. du 1er déc. 1988, alors en vigueur, relative au revenu minimum d'insertion, des crédits, inscrits au budget du département au titre des dépenses obligatoires et destinés à des actions ayant pour objet l'insertion des personnes en difficulté, ont en définitive bénéficié à des associations sportives évoluant au niveau national, à des sportifs de haut niveau et à des associations ne proposant aucune activité particulière d'insertion. L'arrêt ajoute qu'après adoption par le conseil général du plan départemental d'insertion établi par la commission départementale d'insertion, les décisions d'attribution de ces crédits ont été arrêtées par la commission permanente de l'assemblée départementale, présidée par le prévenu, qui a pris une part personnelle dans les attributions de ces subventions, notamment en présentant lui-même les rapports, en adressant des courriers à leurs bénéficiaires ou en signant les arrêtés attributifs. En l'état de ces énonciations procédant de son appréciation souveraine, d'où il résulte que, d'une part, les crédits destinés à des actions déterminées ont été utilisés à d'autres fins que celles autorisées, que, d'autre part, le prévenu a personnellement participé à l'attribution de ces crédits, la cour d'appel a justifié sa décision. • Crim. 4 mai 2006, n° 05-81.151 P : *RLCT 2006/18, n° 518, note Mayaud.* ♦ Rappr. : • Crim. 22 oct. 2008, n° 08-82.068 P : *D. 2008. AJ 3013 ; AJ pénal 2009. 34, obs. Royer ; Dr. pénal 2009, n° 3, obs. Véron ; ibid. 2009. Chron. 9, obs. Linditch ; AJDA 2008. 2144* .

D. COPROPRIÉTÉ

32. Syndic. L'art. 225-14 C. pén. incrimine le comportement de toute personne qui abuse de la situation de dépendance ou de vulnérabilité d'autrui pour le soumettre à des conditions d'hébergement incompatibles avec la dignité humaine, sans exiger que l'auteur soit l'employeur ou le bailleur de la victime. • Crim. 23 avr. 2003 : *Dr. pénal 2003. Comm. 107, obs. Véron.* ♦ ... Est justifié l'arrêt qui, pour déclarer une syndic de copropriété coupable de ce délit, et qui, pour écarter l'argumentation de la prévenue, qui soutenait que la responsabilité pénale du syndic ne pouvait être retenue pour d'éventuelles fautes commises par le syndicat des copropriétaires, énonce que celle-ci, qui, depuis la mise en demeure du contrôleur du travail, ne pouvait ignorer les conditions d'hébergement de la gardienne de l'immeuble, ni la nécessité d'y remédier dans un bref délai, ne s'est néanmoins décidée à réunir l'assemblée des copropriétaires, afin d'examiner les devis reçus, qu'après qu'elle eut été citée devant le tribunal correctionnel, et ajoute qu'elle ne démontre, ni même n'allègue avoir été confrontée aux réticences des copropriétaires, ou soumise à des difficultés particulières l'ayant contrainte à différer la réunion de cette assemblée, et que sa culpabilité devait donc être retenue, la prévenue ayant, en pleine connaissance, laissé s'écouler plusieurs mois avant de soumettre les travaux à un vote. • Même arrêt.

33. Doit être déclaré coupable du délit d'exécution de travail dissimulé le prévenu qui exerce les fonctions de syndic professionnel d'un syndicat de copropriétaires parce qu'il a employé l'une des copropriétaires afin qu'elle assure contre rémunération le nettoyage des parties communes de l'immeuble qu'elle habitait sans avoir procédé aux déclarations exigées par les organismes sociaux et sans lui avoir remis de fiche de paie. En effet, bien que l'employeur soit le syndicat des copropriétaires et le syndic une SARL, le représentant légal de cette personne morale qui est chargé de gérer effectivement l'immeuble peut voir sa responsabilité pénale engagée dès lors que des infractions pénales ont été commises à l'occasion de cette gestion. Dans la mesure où l'art. 31 du Décr. du 17 mars 1967 met à la charge du syndic l'obligation d'engager, de congédier le personnel du syndicat des copropriétaires et de fixer les conditions de travail conformément aux usages et aux textes en vigueur, il ne peut dès lors s'exonérer de sa responsabilité pénale à l'occasion d'un emploi dissimulé qu'après avoir démontré qu'il avait attiré expressément l'attention du syndicat des copropriétaires sur l'irrégularité des décisions qu'il prenait et leurs conséquences. • Toulouse, 6 sept. 2005 : *JCP 2005. IV. 3693.*

34. Indivision. Ne saurait être retenue la culpabilité de deux copropriétaires indivis, qui ont été cités pour avoir défriché sans autorisation des parcelles de terre incluses dans un espace boisé de plus de 4 hectares, alors que les faits délictueux ont été commis, à leur insu, par leur frère, également copropriétaire, et unique gestionnaire de ce domaine ; en énonçant que « même si leur bonne foi paraît entière, une décision de relaxe est impossible au regard des termes de l'art. L. 313-1 C. for. », et alors que ledit art. L. 313-1 ne déroge nullement aux dispositions de l'art. 121-1 C. pén., la cour d'appel a méconnu le principe selon lequel nul n'est pénalement responsable que de son propre fait. • Crim. 5 juin 1996, n° 95-81.022 P : *Dr. pénal 1996. 224, obs. J.-H. Robert ; Gaz. Pal. 1997.*

E. CIRCULATION ROUTIÈRE

35. Présomptions de culpabilité. BIBL. F. Samson et X. Morin, *Gaz. Pal. 1998. 2. Doctr.*

1095. – E. Fortis, *RSC 2011. 89* (attribution de la charge du paiement de l'amende en matière de circulation routière).

36. Aux termes de l'art. 9 DDH : « Tout homme étant présumé innocent jusqu'à ce qu'il ait été déclaré coupable, s'il est jugé indispensable de l'arrêter, toute rigueur qui ne serait pas nécessaire pour s'assurer de sa personne doit être sévèrement réprimée par la loi. » ; il en résulte qu'en principe le législateur ne saurait instituer de présomption de culpabilité en matière répressive ; toutefois, à titre exceptionnel, de telles présomptions peuvent être établies, notamment en matière contraventionnelle, dès lors qu'elles ne revêtent pas de caractère irréfragable, qu'est assuré le respect des droits de la défense et que les faits induisent raisonnablement la vraisemblance de l'imputabilité (à propos de la conformité à la Constitution de l'art. L. 21-2 C. route, dans la rédaction de la L. n° 99-505 du 18 juin 1999 portant diverses mesures relatives à la sécurité routière). • Cons. const. 16 juin 1999, n° 99-411 DC : *JO 19 juin, p. 9018 ; D. 1999. 589, note Mayaud ; ibid. 2000. Somm. 197, obs. Sciortino-Bayart*. ♦ *Adde* : Buisson, *Procédures 1999, n° 12, p. 3* (présomptions de culpabilité). – Luchaire, *RD publ. 1999.1287* (présomption de culpabilité et élément moral de l'infraction).

37. La QPC est ainsi rédigée : les dispositions de l'art. L. 121-3, al. 3, C. route limitant l'administration de la preuve et dérogeant à celle offerte aux personnes physiques, alors qu'elles instaurent une présomption légale de culpabilité pécuniaire sont-elles ou non conformes à l'art. 1er DDH qui pose le principe de l'égalité de tous devant la loi, à son art. 9 qui pose le principe de la présomption d'innocence, à son art. 16 qui reconnaît le droit au recours juridictionnel ? ; La question posée ne présente pas à l'évidence un caractère sérieux en ce que la disposition légale critiquée, d'une part, ne porte pas atteinte au principe de l'égalité devant la loi, dès lors que si elle a institué des règles de procédure différentes selon que le certificat d'immatriculation du véhicule est établi au nom d'une personne morale ou d'une personne physique, celles-ci ne procèdent pas de distinctions injustifiées et des garanties égales sont assurées aux justiciables, et, d'autre part, ne méconnaît pas le principe de la présomption d'innocence, dès lors que des présomptions de culpabilité peuvent être établies, notamment en matière contraventionnelle, lorsqu'elles ne revêtent pas de caractère irréfragable et qu'est assuré le respect des droits de la défense ; d'où il suit qu'il n'y a pas lieu de renvoyer la question au Conseil constitutionnel. • Crim. 22 juin 2011, n° 11-90.053.

F. AUTRES EXEMPLES

38. Mise à pied conservatoire. Selon les art. L. 1332-3 et L. 1332-4 C. trav., lorsque les faits reprochés au salarié donnent lieu à l'exercice de poursuites pénales, l'employeur peut, sans engager immédiatement une procédure de licenciement, prendre une mesure de mise à pied conservatoire si les faits le justifient. • Soc. 4 déc. 2012, n° 11-27.508 P : *D. actu. 22 janv. 2013, obs. Fleuriot.*

39. Rassemblements festifs à caractère musical. Seuls les organisateurs encourent les peines prévues pour l'infraction d'organisation sans déclaration préalable d'un rassemblement exclusivement festif à caractère musical (CSI, art. L. 211-15 et R. 211-27). • Crim. 17 mars 2020, n° 19-82.117 : *D. actu. 20 mai 2020, obs. Thézée ; JCP 2020. 569, 10, obs. Detraz.*

40. Tabagisme. Le directeur d'une école d'architecture doit être sanctionné pénalement pour violation de l'interdiction de fumer dans un lieu couvert accueillant du public, dès lors qu'il a été constaté par huissier de justice de multiples traces matérielles de l'usage du tabac dans les salles d'étude et de classe, alors que l'affichage n'était pas conforme aux dispositions du Décr. du 29 mai 1992. • T. pol. Paris, 12 oct. 1998 : *BICC 1999, n° 638.*

41. Le prévenu, maire de Bordeaux, a été cité devant le tribunal de police par diverses parties civiles, en sa qualité de président du conseil d'administration du centre communal d'action sociale de la ville de Bordeaux, pour n'avoir pas mis en place la signalisation rappelant l'interdiction de fumer dans un foyer d'accueil géré par ce centre, contravention de la cinquième classe prévue par les art. R. 3511-1, R. 3511-7 et R. 3512-2, 3°, CSP. Le tribunal de police a condamné le prévenu à 800 € d'amende et au paiement de dommages-intérêts. Pour infirmer cette décision et débouter les parties civiles de leurs demandes, l'arrêt relève que le prévenu n'a reçu, ni de la loi, ni d'une délégation du conseil d'administration du centre communal, de pouvoir de contrôle ou de surveillance en matière d'hygiène et de sécurité. Les juges en concluent que la poursuite n'a pas été dirigée contre l'auteur de l'infraction constatée. En l'état de ces énonciations, et dès lors que les pouvoirs exercés par le maire en tant qu'organe exécutif de la commune sont distincts de ceux qu'il détient en qualité de président du conseil d'administration d'un centre communal d'action sociale, la cour d'appel a justifié sa décision. • Crim. 22 févr. 2005 : *Dr. pénal 2005. 75, obs. J.-H. Robert ; RLCT 2006/11, n° 285, note Mayaud.*

II. CHEF D'ENTREPRISE

A. RESPONSABILITÉ PERSONNELLE

42. Énoncé. Si, en principe, nul n'est passible de peines qu'à raison de son fait personnel, la responsabilité pénale peut cependant naître du fait d'autrui dans les cas exceptionnels où certaines obligations légales imposent le devoir d'exercer une action directe sur les faits d'un auxiliaire ou d'un préposé ; il en est ainsi, notamment, dans les industries ou commerces réglementés, où la responsabilité pénale remonte aux chefs d'entreprises, à qui sont personnellement imposés les conditions et le mode d'exploitation de leur industrie ou commerce. • Crim. 30 déc. 1892 : *S. 1894. 1. 201, note Villey* • 28 févr. 1956 : *Bull. crim. n° 205 ; D. 1956. 391 ; JCP 1956. II. 9304, note de Lestang* • 14 févr. 1967, n° 66-91.558 P • 17 oct. 1967, n° 66-93.462 P : *Gaz. Pal. 1967. 2. 290* • 25 avr. 1968 : *JCP 1969. II. 16100, note Puech* • 27 juill. 1970 : *Bull. crim. n° 250.*

43. En l'absence de délégations de pouvoirs à un de ses subordonnés, le dirigeant de droit d'une société est présumé responsable des infractions douanières ou des infractions poursuivies comme en matière de douane commises par celle-ci. • Crim. 19 nov. 1998, n° 97-83.428 P : *RSC 1999. 576, obs. Bouloc.*

44. A défaut de délégation de pouvoirs établie, le président du directoire d'une société anonyme est responsable pénalement en tant que chef d'entreprise, auquel il appartient de veiller au respect de la législation (achats sans facture conforme). • Crim. 21 juin 2000 : *Dr. pénal 2000, n° 116, obs. J.-H. Robert ; JCP 2001. I. 326, n° 7, obs. Viandier et Caussain.* ♦ Il ne saurait être reproché à une cour d'appel qui, après avoir caractérisé les éléments matériels des infractions de publicité de nature à induire en erreur et de contravention de fraude, énonce, pour les imputer au prévenu, qu'en sa qualité de directeur de magasin il a commis une faute personnelle en ne s'assurant pas de la présence d'un responsable habilité à suppléer les titulaires dans l'exécution de leurs obligations de contrôle ni des mesures prises pour éviter d'offrir à la vente des produits non conformes ; dès lors, le prévenu ne saurait s'exonérer de la responsabilité pénale qu'il encourt à raison de ses fonctions en invoquant une délégation de pouvoirs qu'il n'a pas lui-même consentie. • Crim. 26 juin 2001, n° 00-87.717 P : *Dr. pénal 2001. 143, obs. J.-H. Robert ; Gaz. Pal. 2002. 1. Somm. 537, note Monnet ; RSC 2002. 98, obs. Bouloc.*

45. L'administrateur provisoire d'une société ne peut s'exonérer de sa responsabilité pénale qu'en justifiant avoir délégué ses pouvoirs dans le domaine concerné par les poursuites. • Crim. 5 avr. 2006, n° 05-85.031 : *Dr. pénal 2006. 102, obs. J.-H. Robert.*

46. La signature par le client d'une autorisation de prélèvement automatique sur son compte bancaire le jour de réception de la commande ou de l'engagement d'achat constitue, malgré la possibilité de révocation de cette autorisation, une contrepartie avant l'expiration du délai de réflexion, interdite par les dispositions réglementant le démarchage à domicile ; toutefois, ces agissements ne sont pas susceptibles de constituer l'infraction d'abus de faiblesse de la part du prévenu, gérant de la société, dès lors que, en vertu du principe de la responsabilité du fait personnel prévu par l'art. 121-1 C. pén., les plaintes ne visaient que le comportement de certains représentants et qu'il n'était pas rapporté que leur comportement ait été dicté par le prévenu. • Aix-en-Provence, 30 janv. 1997 : *JCP 1997. IV. 2309.* ♦ Doit répondre de sa responsabilité personnelle (non retenue en l'espèce) le salarié qui s'est substitué à ses employeurs dont il n'avait pas reçu de directives afin d'exercer une quelconque discrimination. • Montpellier, 17 févr. 2000 : *Dr. pénal 2000. 125 (2e arrêt), obs. Véron.*

47. Gestion de fait. Ne peut être accueilli le moyen qui remet en discussion l'appréciation souveraine, par les juges du fond, de la qualité de dirigeant du prévenu, les énonciations de l'arrêt d'une cour d'appel mettant la Cour de cassation en mesure de s'assurer qu'elle a, par des motifs exempts d'insuffisance, justifié sa décision d'imputer au demandeur, comme gérant de fait de la société, la responsabilité pénale des infractions de démarchage illicite et abus de faiblesse commises au profit de celle-ci avec la participation de ses salariés. • Crim. 22 janv. 1997 : *D. Aff. 1997. 503.* ♦ Pour la responsabilité d'un dirigeant de fait d'une société du chef de travail clandestin : • Crim. 10 déc. 1996, n° 96-80.738 : *Gaz. Pal. 1997. 1, chr. crim. 83.* ♦ Les dispositions de l'art. L. 263-2 C. trav. réprimant les infractions aux règles prévues en matière d'hygiène et de sécurité du travail sont applicables aux dirigeants de fait ; dès lors, justifie sa décision au regard de ce texte, la cour d'appel qui déclare un chef de chantier coupable de telles infractions, après avoir relevé que, postérieurement à la démission du gérant de la société dont il était le salarié, il a exercé les pouvoirs du chef d'entreprise et qu'il lui appartenait, dans ces conditions, de prendre les mesures obligatoires prévues par les dispositions réglementaires propres à assurer la sécurité des travailleurs. • Crim. 10 mars 1998, n° 96-83.049 P : *RSC 1998. 764, obs. Bouloc.*

48. Le dirigeant de fait d'une entreprise artisanale, industrielle ou commerciale, exploitée en la forme individuelle, peut être déclaré pénalement responsable des chefs de banqueroute et de fraude fiscale. • Crim. 19 nov. 2008, n° 08-81.194 P.

49. Le prévenu, salarié en tant que conducteur de travaux, est poursuivi du chef de travail dissimulé ; pour pouvoir le condamner, il est nécessaire d'établir qu'il était le gérant de fait de la société ; le prévenu dirigeait les chantiers et les ouvriers et négociait les contrats avec les partenaires économiques et notamment les sous-traitants ; le fait qu'il intervienne dans le recrutement du personnel ne suffit pas à caractériser la gestion de fait, dès lors qu'il est normal qu'il donne son avis sur l'embauche ; en outre, si certains salariés pensaient qu'il était le gérant de la société, cette circonstance est indifférente ; la preuve de la gestion de fait n'étant pas rapportée, le prévenu doit être relaxé. • Pau, 11 sept. 2008 : *JCP 2009. IV. 1283.*

50. Le dirigeant de droit d'une société ne saurait s'exonérer de sa responsabilité pénale par le seul fait qu'il n'exerce pas réellement ses fonctions. • Crim. 31 mai 2012, n° 11-86.234 : *Dr. pénal 2012, n° 132, note J.-H. Robert ; Rev. sociétés 2013. 47, note Matsopoulou ; RTD com. 2013. 159, obs. Bouloc ; RSC 2013. 351, obs. Matsopoulou .*

51. Charge de la preuve. Lorsque le ministère public a rapporté la preuve, dont il a la charge, de l'existence de l'infraction (défection d'un contrôlographe), il appartient au chef d'entreprise d'établir qu'il s'est acquitté de ses obligations légales. • Crim. 13 févr. 1996 : *JCP 1996. IV. 1238.*

B. RESPONSABILITÉ NON EXCLUSIVE

52. Faute personnelle. Si l'art. 44 de la L. du 27 déc. 1973, inséré aux art. L. 121-1 à L. 121-7 C. consom., prévoit, en matière de publicité de nature à induire en erreur, la responsabilité des dirigeants de la personne morale ayant la qualité d'annonceur, il ne fait pas obstacle à ce que soit aussi retenue la responsabilité de ceux qui ont, avec ces dirigeants, accompli les actes matériels constitutifs de l'infraction. • Crim. 18 mai 1994, n° 93-81.883 P : *Dr. pénal 1994. 265, obs. J.-H. Robert.*

53. Le délit d'entrave au fonctionnement du comité d'entreprise peut être imputé au directeur général d'une société ayant participé, aux côtés du président de celle-ci, à la consultation du comité d'entreprise, dès lors qu'est caractérisée à son encontre une faute personnelle en relation avec les faits constitutifs de l'infraction ; constitue une telle faute, le refus opposé par lui, sans motif légitime et en violation de l'art. L. 431-5 C. trav., de communiquer au comité d'entreprise un document en sa possession qui était nécessaire à l'information de cette institution. • Crim. 18 nov. 1997, n° 96-80.002 P.

54. Les gérants de droit ou de fait d'une même société peuvent être simultanément déclarés coupables d'homicide involontaire en cas de décès d'un salarié causé par un manquement à la réglementation relative à la sécurité des travailleurs, dès lors qu'en l'absence de délégation de pouvoirs, chacun des cogérants, de droit ou de fait, a le devoir d'assurer le respect de cette réglementation. • Crim. 12 sept. 2000, n° 99-88.011 P : *D. 2000. 282 ; RDI 2001. 67, obs. Segonds ; Dr. soc. 2000. 1075, note Morvan ; RSC 2001. 154, obs. Bouloc ; ibid. 159, obs. Mayaud ; ibid. 399, obs. Cerf-Hollender ; ibid. 824, obs. Giudicelli-Delage ; RTD com. 2001. 259, obs. Bouloc .* ♦ V. égal. : • Crim. 12 mai 2009, n° 08-85.047 : *Rev. sociétés 2009. 849, note Matsopoulou* • 13 avr. 2010, n° 09-86.429 : *Dr. soc. 2010. 854, obs. Duquesne .*

C. ILLUSTRATIONS

55. Abus de biens sociaux. Ne caractérise pas la participation personnelle du demandeur aux faits poursuivis (abus de biens sociaux), et n'a pas donné de base légale à sa décision, la cour d'appel qui se borne à énoncer que le prévenu « a toujours su et couvert les agissements de son coauteur, qu'il savait irréguliers, tout en refusant d'en être informé dans le détail ». • Crim. 20 mars 1997, n° 96-81.361 : *D. 1999. 28, note Boccara ; Dr. pénal 1997. 131, obs. J.-H. Robert ; BJS 1997, n° 310, note J.-F.*

56. Est coupable d'abus de biens sociaux le président-directeur général d'une société anonyme, qui a imposé à la trésorerie de la société le paiement d'amendes auxquelles il avait été personnellement condamné, pour infractions au code de la route portant sur les conditions de mise en circulation et l'équipement des véhicules de l'entreprise, alors qu'il lui incombait de respecter les obligations mises à sa charge par ledit code. • Crim. 3 févr. 1992, n° 90-85.431 P : *Gaz. Pal. 1992. 2. 687, note Doucet ; Dr. pénal 1992. 209.* ♦ Doit être confirmé le jugement qui a retenu l'infraction d'abus de biens sociaux s'agissant du paiement par la personne morale d'amendes relatives à des condamnations personnelles du dirigeant de la société. • Grenoble, 25 févr. 1998 : *Gaz. Pal. 1999. 2. Somm. 568, note Fagot et Manseur-Rivet.* ♦ Se rend coupable d'abus de biens sociaux le dirigeant d'une entreprise unipersonnelle à responsabilité limitée (EURL) qui engage un détective privé pour surveiller son épouse, dont il ne supportait pas d'être séparé, et qui règle la prestation au moyen d'un compte bancaire ouvert au nom de cette entreprise. • Crim. 20 févr. 2002, n° 01-86.329 P.

57. Débits de boissons. Une prévenue ne saurait s'exonérer de sa responsabilité pénale au regard de l'art. L. 84 C. débits de boissons au motif que l'établissement serait exploité par une SARL gérée au nom de sa fille ; en effet, celui qui, en fait, exploite personnellement un débit de boissons est chargé d'assurer, dans son établissement, le respect des dispositions du code des débits de boissons ; il est pénalement responsable des infractions qui y sont constatées. • Crim. 30 mai 1996, n° 95-83.685 P : *Dr. pénal 1996. 221, obs. J.-H. Robert ; RSC 1997. 101, obs. Bouloc .*

58. Durée du travail. Pour déclarer les faits de violation des règles légales sur la durée légale et hebdomadaire du travail imputable au prévenu, pendant toute la période visée à la prévention et donc dès avant sa nomination en qualité de P-DG, la cour d'appel a relevé qu'il exerçait déjà des fonctions de direction, en qualité de directeur général, puis vice-président et président du conseil d'administration, le rendant responsable de la méconnaissance des dispositions invoquées. • Crim. 5 mars 1997 : *JCP 1997. IV. 1608 ; Gaz. Pal. 1997. 2, chron. crim. 147.*

59. Fraude fiscale. Le gérant d'une SARL, qui est investi vis-à-vis des tiers, par l'art. 49, al. 5, de la L. du 24 juill. 1966, des pouvoirs les plus étendus pour agir en toute circonstance au nom de la société, est tenu pour responsable des obligations fiscales vis-à-vis de l'administration. • Crim. 29 févr. 1996, nº 95-83.838 P : *RSC 1996. 848, obs. Bouloc* • 24 sept. 1998, nº 97-81.803 : *Gaz. Pal. 1999. 1, Chr. Crim. 5* • 28 janv. 2004, nº 03-80.595 : *RSC 2005. 573, obs. Matsopoulou*. ♦ ... Est justifiée la décision de la cour d'appel qui, pour écarter les conclusions du prévenu, lequel affirmait n'avoir pris aucune part personnelle aux infractions reprochées, énonce qu'en raison de sa présence et de son implication dans la marche de la société, il avait nécessairement eu connaissance de la décision prise par sa sœur de ne plus remplir les obligations fiscales pesant sur l'entreprise, en vue de pallier les difficultés de trésorerie de celle-ci. • Crim. 29 févr. 1996 : *préc.* ♦ Le président d'une société anonyme, responsable des obligations fiscales vis-à-vis de l'administration, en application de l'art. 244 de la L. du 24 juill. 1966, peut être condamné pour fraude fiscale conjointement avec un dirigeant de fait dont la participation à la gestion de l'entreprise a été établie. • Crim. 15 nov. 2000 : *Dr. pénal 2001. 33, obs. J.-H. Robert.*

60. Inspection du travail. Le président du conseil d'administration d'une société de droit belge a justement été poursuivi pour obstacle à l'exercice des fonctions de l'inspecteur du travail, suite à un refus de communication de documents dans un établissement français de la société étrangère, les dispositions de l'art. L. 631-1 C. trav. s'appliquant nécessairement au chef d'entreprise qui, par son fait personnel, met obstacle, dans un établissement dépendant de celle-ci, à l'exercice des fonctions d'un agent de contrôle, et la cour d'appel ayant relevé que le prévenu s'était toujours comporté comme le dirigeant de l'établissement concerné, notamment par l'adoption de certaines mesures de défense à la procédure. • Crim. 4 août 1998, nº 97-83.427 P : *RSC 1999. 316, obs. Bouloc*.

61. Prêt de main d'œuvre. Justifie sa décision la cour d'appel qui, pour retenir la responsabilité pénale du président d'une société, dont une filiale a participé à une opération de prêt illicite de main-d'œuvre, retient qu'il avait le pouvoir et les moyens de mettre un terme à cette opération, qui n'a pu se poursuivre qu'avec son consentement. • Crim. 12 mai 1998, nº 96-86.479 P : *RSC 1999. 316, obs. Bouloc*.

62. Règlement sanitaire. Déclare à bon droit le président d'une société coupable de non-respect d'un règlement sanitaire préfectoral relatif à la collecte des ordures ménagères, le tribunal de police qui relève que le sac déposé sur le trottoir, sans utilisation du bac à ordures, a été placé là par un salarié de la société qui n'a pas été identifié. • Crim. 7 janv. 1998 : *Gaz. Pal. 1998. 1, chron. crim. 84, obs. Doucet.*

63. Sécurité des produits. Le distributeur est pénalement responsable de la non-conformité des produits qu'il vend aux exigences de sécurité réglementairement fixées. • Crim. 10 juill. 1995, nº 94-84.440 P : *RSC 1996. 365, obs. Bouloc*.

64. Si l'on peut exiger des professionnels une bonne connaissance générale des produits qu'ils vendent, les laboratoires d'essais agréés sont précisément destinés à garantir la sécurité des utilisateurs par des vérifications fines, exigeant un matériel et une technicité particulière ; on ne saurait exiger du fabricant ni du vendeur, tenus de se soumettre à leurs conclusions lorsqu'elles sont négatives, qu'ils les soumettent à un examen critique lorsqu'elles sont favorables. • Paris, 2 nov. 1998 : *Gaz. Pal. 1999. 1, Chr. Crim. 41.*

65. Travail dissimulé. **BIBL.** Ch. Brémond, *Gaz. Pal. 2000. 1. Doctr. 893* (présomption de responsabilité pénale du donneur d'ordre).

66. Tromperie. Caractérise l'élément matériel du délit de tromperie la mise en vente d'un produit non conforme aux qualités substantielles présentées sur l'étiquetage ; il incombe au vendeur de s'assurer de la conformité de la marchandise aux prescriptions relatives notamment à la loyauté des transactions commerciales ; encourt ainsi la cassation l'arrêt d'une cour d'appel qui, pour relaxer le commissionnaire en fruits et légumes poursuivi pour ce délit à raison de la vente de pêches d'un calibre inférieur à celui annoncé sur l'emballage, énonce qu'en reprochant au prévenu d'avoir mis à la disposition des consommateurs des marchandises non conformes à l'étiquetage effectué par le producteur espagnol en application de la réglementation européenne, la poursuite tend à imputer la fraude au commissionnaire français qui n'en est pas l'auteur. • Crim. 9 mars 1999, nº 97-83.825 P : *D. Aff. 1999. 826 ; RSC 1999. 809, obs. Bouloc*.

67. La mise en vente de jouets revêtus du marquage communautaire de conformité, alors qu'ils ne satisfont pas aux normes de sécurité applicables et présentent un caractère dangereux, caractérise l'élément matériel du délit de tromperie ; il incombe au vendeur de s'assurer de la conformité de la marchandise aux prescriptions relatives notamment à la sécurité des personnes ; justifie ainsi sa décision, la cour d'appel qui, pour retenir le délit de tromperie à la charge du vendeur de jouets non conformes, importés de Chine par un fournisseur belge, énonce qu'il n'importe que le sigle « CE » ait été apposé en Belgique. • Crim. 7 avr. 1999, nº 98-

83.770 P : *D. 2000. Somm. 130, obs. Roujou de Boubée* ; *Dr. pénal 1999. 103, obs. J.-H. Robert.*

68. Urbanisme. Sur la désignation des responsables d'une construction irrégulière (C. urb., art. L. 480-4, al. 2) : V. *RSC 1996. 383, obs. J.-H. Robert.* ♦ N'est pas pénalement responsable d'infraction aux dispositions du plan d'occupation des sols le dirigeant d'une société qui laisse entreposer du matériel de chantier et des grues sur une parcelle de terrain par lui sous-louée à deux autres sociétés, faute pour la cour d'appel d'avoir caractérisé à la charge du prévenu le fait personnel au regard de l'art. 480-4 C. urb. • Crim. 9 oct. 1996 : *Dr. pénal 1997. 24, obs. J.-H. Robert.*

69. Violation de sépulture. A justifié sa décision la cour d'appel qui, saisie de faits entrant dans les prévisions tant de l'art. 360 ancien que de l'art. 225-17 nouveau C. pén., et pour confirmer le jugement de relaxe déféré du prévenu, renvoyé devant le tribunal correctionnel par arrêt de la chambre d'accusation, à la suite d'une plainte avec constitution de partie civile, pour avoir violé la sépulture des défunts d'une famille en brisant leurs cercueils et le monument qui le recouvrait et en jetant leurs ossements sur une décharge publique, alors qu'il était chargé de la construction d'un caveau surmonté d'un monument, sur l'emplacement d'anciennes concessions de membres de ladite famille, dont les ossements, s'ils étaient retrouvés, devaient être regroupés sous le caveau, retient notamment que les techniques de travail utilisées et notamment l'emploi d'une pelleteuse rendent vraisemblables ses explications selon lesquelles les ossements ont été jetés par inadvertance et non de manière délibérée, ajoutant que le caractère volontaire de la violation de sépulture ne saurait découler par ailleurs directement de la profession du prévenu. • Crim. 3 avr. 1997 : *Dr. pénal 1997. 122, obs. Véron ; Gaz. Pal. 1997. 2, chron. crim. 161.*

III. DÉLÉGATION DE POUVOIRS

A. CHEF D'ENTREPRISE

BIBL. Mascala, *BJS 1998, Chron. 93.* – Hennion, *Gaz. Pal. 1999. 1. Doctr. 367.* – Calvo, *LPA, n° du 2 août* (la délégation de pouvoirs en matière pénale). – Dalmasso, *Éd. Joly,* Pratique des affaires 2000, préface de A. Blanchot. – Giacopelli-Mori, *RSC 2000. 525*. – Clément et Vicentini, *LPA 2001, n° du 22 oct., p. 5 à 13.* – Dreyer, *D. 2004. Chron. 937*. – F. Viterbo, *RLDA 2007/10, n° 593.*

1° PRINCIPE

70. Énoncé. Si dans les industries réglementées la responsabilité pénale remonte essentiellement au chef d'entreprise, celui-ci peut être exonéré de cette responsabilité s'il rapporte la preuve qu'il a délégué ses pouvoirs à un préposé investi par lui et pourvu de la compétence, de l'autorité et des moyens nécessaires pour veiller à l'observation des dispositions en vigueur. • Crim. 19 janv. 1988, n° 87-83.315 P : *D. 1990. Somm. 365, obs. Roujou de Boubée*.

71. Justifie sa décision la cour d'appel qui impute le délit de publicité illicite en faveur du tabac au prévenu, dirigeant de la société qui a organisé, à son profit, l'opération publicitaire prohibée, dès lors que, responsable de plein droit de l'infraction en cette qualité, il n'a pas invoqué la délégation de ses pouvoirs. • Crim. 28 oct. 1998, n° 97-84.041 P : *RSC 1999. 576, obs. Bouloc*.

72. Le licenciement du délégataire pour insuffisance professionnelle est incompatible avec les qualités exigées d'un délégataire. • Crim. 3 janv. 1996 : *JCP 1996. IV. 779.*

73. L'inexistence prétendue d'une délégation de pouvoir du chef d'entreprise, qui a la qualité d'exploitant, n'est pas de nature à exonérer le préposé de sa responsabilité pénale, dès lors que ce dernier a personnellement manqué aux obligations qui lui incombaient en tant que chef d'établissement. • Crim. 29 juin 1999 : *D. 1999. IR 220.* ♦ En appel : • Toulouse, 29 janv. 1998 : *D. 1999. 56, note Benoît*. ♦ En première instance : • T. corr. Toulouse, 19 févr. 1997 : *Gaz. Pal. 1997. 1. 396, note Riera ; RSC 1997. 832, obs. Mayaud*.

74. Domaine. Sauf si la loi en dispose autrement, le chef d'entreprise, qui n'a pas personnellement pris part à la réalisation de l'infraction, peut s'exonérer de sa responsabilité pénale s'il apporte la preuve qu'il a délégué ses pouvoirs à une personne pourvue de la compétence, de l'autorité et des moyens nécessaires. • Crim. 11 mars 1993 (1er arrêt), n° 90-84.931 P : *D. 1994. Somm. 156, obs. Roujou de Boubée* ; *Dr. pénal 1994. 39, obs. J.-H. Robert ; RSC 1994. 101 et 102, obs. Bouloc* (contrefaçon) • 11 mars 1993 (3e arrêt), n° 91-80.958 P : *ibid.* (publicité de nature à induire en erreur) • 11 mars 1993 (5e arrêt), n° 92-80.773 P : *ibid.* (revente à perte) • 11 mars 1993 (4e arrêt), n° 91-80.598 P : *ibid. ; BJS 1993. 666, note Cartier* (achats sans factures). ♦ *Adde* : Bayet, *Gaz. Pal. 1993. 2. Doctr. 923.* • Crim. 17 janv. 1994, n° 93-80.362 P (revente à perte) ; *D. 1995. 577, note Casson* • 7 nov. 1994, n° 93-85.286 P : *Dr. pénal 1995. 41, note J.-H. Robert ; RSC 1995. 569, obs. Bouloc* (contributions indirectes et circulation des alcools) • 3 mai 1995, n° 94-82.041 P : *RSC 1996. 114, obs. Bouloc* (revente à perte) • 6 mai 1996 : *Dr. pénal 1996. 261 (1er arrêt), obs. J.-H. R.* (revente à perte) • 29 avr. 1998 : *D. 1999. 502, note Ohl* ; *JCP 1999. II. 10021, note Denis-Chaubet ; BJS 1998. 1074, § 328, note J.-F. Barbiéri ; Gaz. Pal. 2000. 2. Somm. 2241, note A.-S. Zanchetta* (mise à la disposition du public d'un phonogramme réalisé sans l'autorisation de l'artiste-interprète).

♦ Cette preuve incombe à celui qui l'invoque, et elle n'est soumise à aucune forme particulière. • Crim. 11 mars 1993 (2e arrêt), n° 91-83.655 P : *Dr. pénal 1994. 39, obs. préc. J.-H. Robert ; RSC 1994. 101 et 102, obs. préc. Bouloc* (publicité de nature à induire en erreur). ♦ Sur l'admission de la délégation en matière de démarchage. • Crim. 6 mars 2001 : *Dr. pénal 2001. 75, obs. J.-H. Robert.*

75. Sur le domaine de la délégation de pouvoirs, antérieurement aux arrêts précités de la Chambre criminelle du 11 mars 1993 : ... en matière de pollution (oui). • Crim. 14 févr. 1973, n° 71-91.756 P : *D. 1973. Somm. 43.* ♦ ... En matière d'infractions à la législation économique (non). • Crim. 19 déc. 1977, n° 76-92.980 P : *JCP 1979. II. 19227, note J.-H. Robert* (publicité des prix) • 17 juill. 1990, n° 89-86.950 P • 11 mars 1991, n° 90-83.855 P (politique des prix conduite par une grande surface).

76. Sur la responsabilité pénale du chef d'entreprise, pris en sa qualité d'employeur, et les possibilités pour lui de déléguer ses pouvoirs : V. ss. art. 221-6 et 222-19.

77. Acceptation. Il appartient au prévenu qui se prévaut d'une délégation de pouvoir, devant être acceptée du délégataire pour être valable, d'en rapporter la preuve dont il a la charge. • Crim. 27 juin 2018, n° 17-81.918.

2° CONDITIONS

78. Appréciation. La délégation de pouvoirs étant un moyen de défense, il appartient aux juges du second degré d'en apprécier la valeur si elle est invoquée en cause d'appel (hygiène et sécurité des travailleurs). • Crim. 5 janv. 1993, n° 92-81.918 P : *RSC 1994. 101, obs. Bouloc*.

79. L'étendue de la délégation de pouvoirs relève de l'appréciation souveraine des juridictions du fond. • Crim. 27 févr. 1995 : *Dr. pénal 1995. 150, note J.-H. Robert* (infractions aux règles de la facturation). ♦ La réalité et la portée d'une délégation de pouvoirs relèvent de l'appréciation souveraine des juges du fond. • Crim. 9 nov. 2010, n° 10-81.074 : *D. 2011. Pan. 1862*.

80. La réalité et la portée de la délégation de pouvoirs, à une personne ayant la compétence, l'autorité et les moyens nécessaires au sein de l'entreprise, que le dirigeant peut invoquer, sont laissées à l'appréciation souveraine des juges du fond (fraude fiscale et omission d'écritures en comptabilité). • Crim. 3 déc. 1998, n° 97-85.615 P : *D. 1999. IR 40*. ♦ Il résulte de l'arrêt attaqué que le prévenu, dirigeant de société, poursuivi devant le tribunal correctionnel du chef de fraude fiscale, a invoqué une délégation de pouvoirs donnée au directeur financier « pour effectuer toutes les démarches afférentes à la gestion de l'entreprise dans les domaines suivants : comptable, fiscal, social et juridique ». Pour dire le prévenu coupable des faits qui lui sont reprochés, l'arrêt énonce que la délégation de pouvoirs invoquée, qui n'a pas été expressément acceptée, est relative à l'accomplissement de démarches se rapportant à des actes de relations, discussions, recherches d'informations, voire de conseils. Les juges ajoutent qu'elle est très limitée dans son champ d'application et qu'elle n'a aucune valeur comme délégation de pouvoirs effective, de nature à permettre au prévenu d'éluder sa propre responsabilité. En l'état de ces énonciations, et dès lors que la réalité et la portée d'une délégation de pouvoirs relèvent de l'appréciation souveraine des juges du fond, la cour d'appel a justifié sa décision. • Crim. 23 mai 2007, n° 06-87.590 P : *RSC 2008. 615, obs. Matsopoulou* ; *AJ pénal 2007. 380*.

81. Constatation. En application des art. 121-1 C. pén. et 425 CGI, le chef d'entreprise qui n'a pas personnellement pris part à la réalisation de l'infraction relative à la détention et à la circulation des sucres, peut s'exonérer de sa responsabilité pénale s'il rapporte la preuve qu'il a délégué ses pouvoirs à une personne pourvue de la compétence, de l'autorité et des moyens nécessaires ; méconnaît le sens et la portée de ces textes, la cour d'appel qui relaxe le directeur d'une société du chef de tenue irrégulière du registre de réception et de livraison des sucres, sans rechercher s'il avait délégué ses pouvoirs relatifs au respect de la réglementation fiscale. • Crim. 16 janv. 2002, n° 01-81.829 P : *Dr. pénal 2002. 56, obs. J.-H. Robert ; Gaz. Pal. 2003. 2. 2327, note A.C. ; RSC 2002. 582, obs. Bouloc*.

82. Compétence et autorité suffisantes. N'encourt pas le grief allégué d'avoir retenu cumulativement la responsabilité pénale du chef d'établissement, poursuivi du chef d'infractions à la réglementation relative à l'hygiène et à la sécurité des travailleurs, et de son délégataire l'arrêt de la cour d'appel qui, par les seuls motifs adoptés du jugement qu'il confirme, écarte les délégations de pouvoirs invoquées par le prévenu et le déclare coupable, en relevant qu'il n'est pas établi que le préposé concerné, âgé de 21 ans lors de la signature de la première délégation, moins d'une année après son arrivée dans l'entreprise, ait disposé d'une compétence et d'une autorité suffisantes. • Crim. 8 déc. 2009, n° 09-82.183 P : *D. 2010. Pan. 1664, obs. Mascala* ; *JCP G 2010, n° 3, p. 30 ; RSC 2010. 433, obs. Cerf-Hollender*.

83. Moyens nécessaires. Il appartient au chef d'entreprise de mettre à la disposition de la personne à qui il entend transférer une partie de ses pouvoirs les moyens d'assumer réellement la plénitude de sa responsabilité ; lorsque des délégations de pouvoirs consenties à deux chefs de rayon d'une centre commercial indiquent que ceux-ci disposeront pour l'accomplissement de leur mission de l'ensemble des moyens matériels, humains et financiers nécessaires, mais que ces moyens ne sont pas déterminés, qu'au contraire il est établi pour l'un, que les moyens humains n'étaient pas suffisants pour faire face au travail et à la responsabilité qui lui incombaient, et que l'autre n'avait pas la compétence technique suffisante par défaut de formation professionnelle pour assumer la responsabilité pesant sur elle, et qu'en outre la définition de leur fonction par la convention collective applicable, qui mentionne leur responsabilité en matière de gestion, d'organisation et d'approvisionnement de leur rayon, restreint cependant par ailleurs leur autonomie, on ne peut considérer que ces chefs de rayon disposaient d'un pouvoir de commandement suffisant auprès des salariés et d'une indépendance effective dans leur rayon respectif pour pouvoir exercer réellement la responsabilité qui leur était déléguée ; il s'ensuit que le président directeur général du centre commercial ne saurait s'exonérer de sa responsabilité par rapport aux infractions relevées dans ces rayons, en invoquant des délégations de pouvoirs. • Rennes, 27 juill. 2000 : *BICC 2000. 1413.*

84. Temps de la délégation. Une cour d'appel a pu écarter la délégation de pouvoir au motif qu'elle avait été signée par le délégataire après son licenciement et n'avait donc aucune valeur probante pour la période considérée. • Crim. 3 janv. 1996, ♁ n° 94-83.916 : *JCP 1996. IV. 779.*

3° EXCLUSIONS

85. Interdiction de gérer. Une personne qui fait l'objet d'une mesure d'interdiction de gérer ne peut, ni statutairement ni par délégation de pouvoirs, accomplir des actes de gestion d'une société. • Crim. 22 août 2018, ♁ n° 17-83.966.

86. Défaut de lien de subordination. Les relations existant entre l'administrateur judiciaire désigné par le tribunal de commerce dans une procédure collective et le chef de l'entreprise en difficulté, qui ne sont pas des relations d'employeur à préposé, excluent toute possibilité de délégation de pouvoirs par le premier au profit du second. • Crim. 28 nov. 1995 : *Dr. pénal 1996. 164, obs. J.-H. Robert ; RSC 1996. 875, obs. Cerf-Hollender* ✎. ♦ ... Fût-ce pour les actes relevant de la gestion sociale de l'entreprise et compris dans la mission de l'administrateur, en application de l'art. 31, al. 3, de la loi du 25 janv. 1985. • Crim. 30 janv. 1996, ♁ n° 94-83.505 P : *Dr. sociétés 1996, n° 130, obs. Chaput.*

87. Pouvoir propre de direction. Même s'il a confié à un représentant le soin de présider les institutions représentatives du personnel, le chef d'entreprise engage sa responsabilité personnelle, lorsqu'il prend une mesure ressortissant à son pouvoir propre de direction, sans pouvoir opposer l'argumentation prise d'une délégation de pouvoirs. • Crim. 15 mars 1994, ♁ n° 93-82.109 P : *D. 1995. 30, note Reinhard* ✎ *; Dr. pénal 1994. 142, obs. J.-H. Robert ; RSC 1995. 95, obs. Bouloc* ✎ • 3 mars 1998, ♁ n° 96-85.098 P : *RSC 1998. 763, obs. Bouloc* ✎ • 14 oct. 2003, ♁ n° 03-81.366 P : *Dr. pénal 2004. 11, obs. J.-H. Robert ; RSC 2004. 367, obs. Cerf-Hollender* ✎ • 15 mai 2007, ♁ n° 06-84.318 : *Dr. pénal 2007. 108, obs. J.-H. Robert ; RSC 2008. 349, obs. Cerf-Hollender* ✎ • 6 nov. 2007, ♁ n° 06-86.027 P : *Dr. pénal 2008. 23, obs. J.-H. Robert ; RSC 2008. 349, obs. préc. Cerf-Hollender* ✎.

88. Exerce un pouvoir de direction de nature à permettre la recherche de sa responsabilité pénale personnelle : ... le directeur salarié d'une société coopérative, investi d'une délégation générale de la société en matière technique et commerciale, et pourvu de l'autorité, de la compétence et des moyens nécessaires à l'exercice de ses fonctions. • Crim. 4 mars 2003 : *Dr. pénal 2003. 76, obs. J.-H. Robert.* ♦ ... Le président du conseil d'administration d'une société coopérative agricole. • Crim. 28 juin 2005, ♁ n° 05-80.274 : *Dr. pénal 2005, n° 126, obs. J.-H. Robert.*

89. Répartition légale des pouvoirs. Si l'art. 117, al. 2, de la L. du 24 juill. 1966 attribue au directeur général d'une société anonyme, à l'égard des tiers, les pouvoirs conférés au président du conseil d'administration par l'art. 113 de cette loi, il n'en est pas de même, selon al. 1er de l'art. 117 précité, dans les rapports internes de la société, où le directeur général ne dispose des pouvoirs de direction qu'en vertu d'une délégation du conseil d'administration, décidée en accord avec le président ; dès lors, c'est à bon droit qu'une cour d'appel déclare le président d'une société anonyme coupable de travail clandestin et d'emploi d'étrangers en situation irrégulière, après avoir relevé, pour écarter le moyen de défense du prévenu, l'absence de délégation de pouvoirs consentie au directeur général de la société dans les conditions prévues par les textes susvisés. • Crim. 23 juill. 1996, ♁ n° 94-85.287 P : *Dr. pénal 1996. 273, obs. J.-H. Robert ; RSC 1997. 371, obs. Bouloc* ✎.

90. En énonçant que la délégation de pouvoirs invoquée, consentie au directeur général de la société, qui porte sur la politique d'achat, d'importation, de commercialisation, de distribution et de gestion du personnel, ne peut avoir de valeur exonératoire pour le président du conseil d'administration dès lors qu'elle opère un transfert de tous ses pouvoirs de direction, la cour d'appel a méconnu le principe selon lequel le conseil d'administration détermine l'étendue des pouvoirs délégués au directeur général, mandataire social qui peut être investi des mêmes pouvoirs que le président. • Crim. 29 avr. 1998, ♁ n° 97-82.420 : *D. 1999. 502, note Ohl* ✎ *; JCP 1999. II. 10021, note Denis-Chaubet ; BJS 1998. 1074, § 328, note J.-F. Barbièri.*

91. Dès lors que, selon l'art. 117 de la L. du 24 juill. 1966, les directeurs généraux disposent, à l'égard des tiers, des mêmes pouvoirs que le président, il est possible de leur imputer les infractions commises au sein de leur entreprise, même en l'absence de toute délégation. • Crim. 6 mai 1998 : *Dr. pénal 1998. 147, obs. J.-H. Robert ; JCP E 1999, p. 36, note J.-H. Robert.*

92. La délibération du conseil d'administration d'une société anonyme, prise en application de l'art. 117 de la L. du 24 juill. 1966, qui confère au directeur général des pouvoirs identiques à ceux exercés par le président concurremment aux siens, ne constitue pas une délégation de pouvoirs exonérant le président de sa responsabilité pénale ; justifie sa décision la cour d'appel qui déclare le président du conseil d'administration d'une société anonyme coupable de détention en vue de la vente de produits contenant des fibres d'amiante après avoir constaté, pour écarter le moyen de défense du prévenu, que le président n'a pas délégué ses propres pouvoirs en la matière nonobstant la délégation du conseil d'administration au directeur général, et qu'il ne peut, en conséquence, se prévaloir des subdélégations données par le directeur général à des préposés. • Crim. 17 oct. 2000, n° 00-80.308 P : *Dr. pénal 2001. 22, obs. J.-H. Robert ; Gaz. Pal. 2001. 1. Somm., p. 1026, note Monnet ; RSC 2001. 370, obs. Bouloc.*

93. Fonctions réservées. C'est à tort qu'une cour d'appel a énoncé que le chef d'entreprise ne peut s'exonérer de sa responsabilité du chef de revente à perte en invoquant une délégation de pouvoir dès lors que les faits incriminés relèvent des fonctions qu'il doit assurer personnellement ; en se prononçant ainsi, alors qu'elle ne relevait aucun acte de participation personnelle du prévenu, et alors, en outre, que la loi n'exclut pas, en la matière, la possibilité d'une délégation de pouvoir, la cour d'appel n'a pas justifié sa décision. • Crim. 3 mai 1995, n° 94-82.041 P : *RSC 1996. 114, obs. Bouloc.* ♦ Dans le même sens : • Crim. 6 mai 1996 : *Dr. pénal 1996. 261 (1er arrêt), obs. J.-H. R.* ♦ Mais un chef d'entreprise ne saurait s'exonérer de sa responsabilité pénale en invoquant une délégation de pouvoirs, dès lors que, selon les constatations des juges, la comptabilisation de factures fictives incriminée relevait des fonctions de direction qu'il assumait personnellement. • Crim. 13 mars 1995, n° 93-84.299 P : *RSC 1996. 113, obs. Bouloc.* ♦ Retiennent à bon droit la responsabilité du président d'une société, qui soutient avoir délégué ses pouvoirs au directeur du personnel pour les questions se rapportant au fonctionnement du comité d'entreprise, les juges qui constatent que la définition de la politique de l'entreprise en *matière de rémunération relève de sa* compétence et non de celle du prétendu délégataire (à propos de plans de rémunération de nature à affecter le volume ou la structure des effectifs). • Crim. 3 mars 1998, n° 96-85.098 P : *RSC 1998. 763, obs. Bouloc.*

94. A justifié sa décision l'arrêt qui, pour déclarer le directeur d'un hypermarché coupable d'infraction à l'art. 31 de l'Ord. du 1er déc. 1986, faute de désignation précise de la prestation de services facturée, et la société exploitante solidairement responsable, énonce qu'il y a lieu d'écarter la délégation de pouvoirs en matière de réglementation économique conféré par le prévenu au chef de secteur des produits frais, dès lors que l'établissement des factures relevait en l'espèce du service comptable de l'entreprise et que ce préposé ne pouvait donner des instructions à un service sur lequel il n'avait pas autorité. • Crim. 6 mai 1996 : *Dr. pénal 1996. 261 (2e arrêt), obs. J.-H. R.*

95. Sur le caractère inopérant d'une délégation de pouvoirs au profit d'un agent local relative à l'organisation d'une opération publicitaire d'ampleur nationale. • Crim. 29 mars 1995, n° 94-80.138 : *Dr. pénal 1995. 183, note J.-H Robert.*

96. Le dirigeant de société ne saurait éluder sa responsabilité pénale du chef de fraude fiscale, en invoquant une délégation de pouvoirs au profit du directeur financier, dans la mesure où il avait, en se réservant la signature des chèques et en exigeant un compte rendu hebdomadaire sur cette question, conservé le contrôle effectif du respect, par l'entreprise, de ses obligations vis-à-vis de l'administration fiscale. • Crim. 19 août 1997, n° 96-83.944 P : *Dr. pénal 1997. 158, obs. J.-H. Robert ; BJS 1998. 36, note Mascala ; Rev. sociétés 1997. 863, obs. Bouloc.*

4° EFFETS

97. Neutralisation par implication personnelle du délégant. Dès lors qu'ils ont caractérisé une participation directe du dirigeant à l'infraction, les juges n'ont pas à se prononcer sur les effets d'une délégation de pouvoirs invoquée qui s'avère nécessairement inopérante ; doit donc être approuvée la cour d'appel qui, pour retenir la responsabilité d'un des dirigeants d'une banque (directeur général adjoint) sans répondre au moyen de défense invoqué, relève que la décision de dissimuler le montant réel des prêts accordés à la clientèle, qui constitue le délit d'obstacle au contrôle de la commission bancaire (art. 79 de la loi n° 84-46 du 24 janv. 1984), a été prise sciemment et de concert par l'ensemble des dirigeants de l'établissement de crédit y compris le prévenu. • Crim. 20 mars 1995, n° 93-85.076 P : *RSC 1996. 114, obs. Bouloc.*

98. Seul le chef d'entreprise qui n'a pas personnellement pris part à la réalisation de l'infraction peut, sauf disposition contraire de la loi, s'exonérer de sa responsabilité pénale s'il rapporte la preuve qu'il a délégué ses pouvoirs à une personne pourvue de la compétence, de l'autorité et des moyens nécessaires ; a justifié sa décision la cour d'appel qui, après avoir caractérisé l'infraction de publicité fausse ou de nature à induire en erreur, énonce, pour l'imputer au prévenu, gérant d'une société exploitant un hypermarché, que celui-ci a participé de manière active à la campagne publicitaire, et en déduit, à bon droit, que la délégation de pouvoirs qu'il a consentie au directeur du magasin est inopérante. • Crim. 6 févr. 2001 : *Dr. pénal 2001. 78, obs. J.-H. Robert.*

99. Ont justifié leur décision les juges d'appel qui, pour déclarer le président directeur général d'une société exploitant de très nombreux commerces en France coupable d'escroquerie, d'infractions aux règles du démarchage à domicile et d'abus de faiblesse, ont souverainement constaté l'implication personnelle du prévenu dans la commission des infractions : ils relèvent que le prévenu participait directement à la mise au point des campagnes publicitaires dont le lancement n'avait lieu qu'avec son accord et qu'il agissait directement sur leur organisation ; ils ajoutent que le prévenu revendique lui-même les concepts et les méthodes de la politique commerciale agressive mise en œuvre, sur ses directives, par des commerciaux encouragés par lui et motivés par un système d'intéressement ; ils soulignent le caractère dolosif des manœuvres, imaginées et mises en œuvre par le prévenu pour abuser une clientèle ciblée, et constituées par l'annonce de crédits faussement gratuits, d'exposés pseudo-techniques ou de l'intervention successive de plusieurs vendeurs ; ils en déduisent que la délégation de responsabilité consentie au directeur commercial n'exclut pas la responsabilité pénale du prévenu. • Crim. 17 sept. 2002 : *Dr. pénal 2003. 9, obs. J.-H. Robert ; RSC 2003. 339, obs. Ottenhof.*

100. Le chef d'entreprise qui a personnellement participé à la réalisation de l'infraction (délit d'entrave aux fonctions des membres du comité central d'entreprise) ne saurait s'exonérer de sa responsabilité pénale en invoquant une délégation de ses pouvoirs. • Crim. 20 mai 2003, n° 02-84.307 P : *Dr. pénal 2003, n° 103, obs. J.-H. Robert.*

101. Le président d'une société de transports a invoqué, pour s'exonérer de sa responsabilité, la délégation de pouvoirs qu'il avait consentie à l'un de ses salariés, comportant le contrôle relevant de l'activité de transport public de marchandises, la direction et la discipline en vue d'assurer l'entier accomplissement des obligations incombant à la société et plus généralement le strict respect de la réglementation spécifique applicable à cette activité ; les prévenus ont soutenu également avoir pris toutes les mesures nécessaires pour assurer le respect de la réglementation, par la formation des salariés, des notes de service, des réunions et des sanctions en cas de manquement ; pour écarter cette argumentation et imputer aux prévenus les délits reprochés, les juges relèvent que le président, en sa qualité de dirigeant de la société, a, personnellement, à plusieurs reprises, aux dates visées dans le jugement déféré, prononcé des avertissements à l'encontre des chauffeurs salariés de l'entreprise pour ne pas avoir respecté les règles de conduite ; en agissant ainsi, il s'est substitué au délégataire, vidant ainsi cette délégation de son contenu en privant volontairement le délégataire de ses pouvoirs notamment disciplinaires ; la répétition sur plusieurs mois de l'intervention du chef d'entreprise aux lieu et place du délégataire démontre qu'il ne s'agissait pas, comme il est prétendu, d'actes isolés pris en raison de l'absence temporaire de ce dernier ; ils ajoutent que les prévenus, ne démontrant pas avoir mis en œuvre des conditions objectives de travail permettant aux conducteurs de respecter la réglementation en matière de transports, ne peuvent être exonérés de la responsabilité pénale pesant sur eux ; en l'état de ces énonciations, la cour d'appel a justifié sa décision. • Crim. 7 juin 2011, n° 10-84.283 : *Gaz. Pal. 2011. 2. 3435, note Detraz.*

102. Incidence d'une fusion-absorption. Responsable d'établissement de la société J..., poursuivi des chefs de blessures involontaires et infraction à la réglementation sur la sécurité des travailleurs, le prévenu a soutenu que la délégation de pouvoirs qui lui avait été consentie, par acte séparé, par le dirigeant de la société des établissements H..., était devenue caduque du fait de la fusion-absorption, intervenue avant l'accident, de cette société par la société susvisée, dont le président n'avait pas reconduit la délégation accordée par le dirigeant de la société absorbée, et a allégué que la modification de la situation juridique de son employeur avait eu pour effet de modifier la nature de ses attributions ; pour écarter cette argumentation, les juges énoncent que du fait de la fusion-absorption le contrat de travail, dont la délégation de pouvoirs est l'accessoire nécessaire et indissociable, a été de plein droit transféré à la société absorbante, et que le changement de structure juridique, n'ayant pas eu pour effet de modifier la portée des pouvoirs initialement consentis au prévenu, la délégation de pouvoirs doit être considérée comme encore valable ; mais en se déterminant ainsi, sans rechercher si la fusion-absorption invoquée, qui avait donné lieu à la création d'une société distincte de la précédente et à un changement de dirigeant social, n'avait pas eu pour effet d'entraîner la caducité de la délégation de pouvoirs accordée, pour la durée de la responsabilité du prévenu au sein de la société absorbée, la cour d'appel n'a pas justifié sa décision. • Crim. 20 juill. 2011, n° 10-86.705 : *RSC 2011. 850, obs. Cerf-Hollender.* ♦ Pour dire le prévenu, salarié de la société des Établissements H..., devenue par fusion-absorption la société J..., et responsable de l'établissement de Brest, coupable de prêt illicite de main-d'œuvre, sur le fondement d'une délégation de pouvoirs qui lui avait été consentie par le dirigeant de la société absorbée, l'arrêt attaqué retient que le transfert du contrat de travail, qui lie le salarié à un nouvel employeur, en application de l'art. L. 122-12 devenu L. 1224-1 C. trav., ne modifie pas les droits et obligations de ce dernier vis à vis de son nouvel employeur ; les juges en déduisent que les obligations du prévenu à l'égard de son employeur et résultant de sa délégation de pouvoirs ont perduré dès lors qu'il a gardé la même position hiérarchique au sein de la société, le nouveau président étant son supérieur hiérarchique direct comme l'était le président de la société absorbée, et que l'établissement de Brest se trouvait sous sa responsabilité dans la première comme dans la deuxième entité ; mais en se déterminant ainsi, sans rechercher si la fusion-absorption invoquée, qui avait donné lieu à la création d'une société distincte de la précédente et à un changement de dirigeant social, n'avait pas eu pour effet d'entraîner la caducité de la délégation de pouvoirs accordée pour la durée de la responsabilité du prévenu au sein de la société absorbée, la cour d'appel n'a pas justifié sa décision. • Crim. 20 juill. 2011, n° 10-87.348 : *RSC 2011. 850, obs. préc.*

5° PLURALITÉ DE DÉLÉGATION

103. Rejet pour un même travail. Le cumul de plusieurs délégations pour l'exécution du même travail est de nature à restreindre l'autorité et à entraver les initiatives de chacun des prétendus délégataires. • Crim. 2 oct. 1979, n° 78-93.334 P. ♦ Le chef d'entreprise ne peut déléguer ses pouvoirs à plusieurs personnes pour l'exécution d'un même travail, un tel cumul étant de nature à restreindre l'autorité et à entraver les initiatives des prétendus délégataires. • Crim. 19 mars 1996 : *BJS 1996. 846, note J.-F. Barbiéri.* ♦ Si le chef d'entreprise a la faculté de déléguer la direction d'un chantier à un préposé investi par lui et pourvu de la compétence, de l'autorité et des moyens nécessaires pour veiller efficacement à l'observation des dispositions en vigueur, il ne peut, en revanche, déléguer ses pouvoirs à plusieurs personnes pour l'exécution d'un même travail, un tel cumul étant de nature à restreindre l'autorité et à entraver les initiatives de chacun des prétendus délégataires ; pour relaxer le président d'une entreprise de travaux publics, la cour d'appel retient qu'il a délégué ses pouvoirs en matière de sécurité à deux chefs de chantier ; en se déterminant ainsi, elle a méconnu le sens et la portée de l'art. L. 263-2 C. trav. • Crim. 23 nov. 2004, n° 04-81.601 P : *D. 2005. Pan. 1527, obs. Segonds* ; *RSC 2005. 321, obs. Cerf-Hollender*.

6° SUBDÉLÉGATION

104. Validité. Sur l'efficacité et les conditions de la subdélégation en matière économique (publicité mensongère). • Crim. 18 oct. 1995 : *Dr. pénal 1996. 42, obs. J.-H. Robert ; Gaz. Pal. 1996. 1. Somm. 279.*

105. A légalement justifié sa décision la cour d'appel qui, pour déclarer le directeur d'un hypermarché exploité par une société anonyme coupable du délit de revente de trois produits détergents à un prix inférieur à leur prix d'achat effectif, en rejetant le moyen de défense du prévenu, délégataire du président de la société, qui invoquait une subdélégation de pouvoirs et de responsabilité faite au chef de rayon « droguerie », relève que le prévenu ne rapporte pas la preuve qu'il disposait lui-même de la faculté de déléguer un subordonné, ni que celui-ci eût, en l'espèce, la formation utile et la compétence nécessaire pour recevoir cette délégation, et qu'il est constant, en outre, que le chef de rayon ne négociait par les prix avec les fournisseurs et n'en connaissait pas les éléments. • Crim. 25 janv. 1996 : *Dr. pénal 1996. 161, obs. J.-H. Robert.*

106. L'autorisation du chef d'entreprise à l'initiative de la délégation de pouvoirs initiale n'est pas nécessaire à la validité des subdélégations de pouvoirs, dès lors que celles-ci sont régulièrement consenties et que les subdélégataires sont pourvus de la compétence, de l'autorité et des moyens propres à l'accomplissement de leur mission (condamnation des subdélégataires à la suite d'un accident sur un chantier pour infractions à la réglementation de la sécurité du travail et blessures involontaires). • Crim. 30 oct. 1996, n° 94-83.650 P : *Gaz. Pal. 1997. 1. Somm. 122, note Latry-Bonnart ; BJS 1997. 120, note Mascala ; RSC 1997. 634, obs. Bouloc*.

107. Les juges ne peuvent, sans se contredire, écarter la subdélégation de pouvoirs opérée par le directeur d'un magasin à un chef de rayon, au motif que la fixation des prix n'était pas laissée à l'appréciation de cette personne, mais lui était imposée par une note de service de la direction régionale, et admettre celle faite dans les mêmes termes à ce directeur en considération des seules fonctions de direction qu'il exerce. • Crim. 3 avr. 1997 : *D. Affaires 1997. 1212.*

108. Constitue une publicité mensongère l'annonce par étiquetage d'une viande provenant d'un troupeau de race à viande, dès lors que la viande litigieuse ne provient qu'en partie d'un tel troupeau ; le directeur du magasin concerné engage sa responsabilité pénale sans pouvoir invoquer une délégation de pouvoir au profit d'un chef de rayon ; la délégation s'avère en effet inefficace s'agissant de la publicité, le délégataire ne pouvant pas comprendre le sens et la portée de la réglementation ; sa compétence n'a pas été vérifiée alors qu'il s'agissait d'une délégation générale et particulièrement étendue et qu'il n'avait reçu aucune formation appropriée sur la réglementation en matière de viandes bovines. • Grenoble, 29 mars 2000 : *JCP 2001. IV. 1716.*

B. ÉLUS LOCAUX

109. Délégation de fonction. N'a pas méconnu les dispositions de l'art. L. 122-11 C. communes la cour d'appel qui a décidé que la délégation de fonction consentie par le maire à un adjoint en matière de « travaux de voirie » ne concernait que l'entretien des voies et ne pouvait exonérer le maire des conséquences pénales de la décision qu'il avait prise personnellement de créer une voie nouvelle en violation des règles d'urbanisme. • Crim. 15 juin 1999 : *JCP 2000. 10292, note Guihal.*

110. Des riverains d'une salle de sports, où une commune organise chaque été une soirée « techno », ont fait mesurer par les services de la direction départementale des affaires sanitaires et sociales les nuisances sonores provoquées par cette manifestation. L'adjoint au maire chargé de l'organisation des fêtes a été poursuivi pour tapage nocturne et condamné de ce chef. Pour imputer cette contravention au prévenu, l'arrêt retient qu'il résulte tant de ses déclarations, suivant lesquelles il organise chaque année la « fête de la Dune » et surveille le niveau des émissions acoustiques de la salle où elle se déroule à l'aide d'un appareil approprié, que de l'arrêté, en date du 17 mars 2001, par lequel le maire lui a délégué les actes afférents aux fêtes et cérémonies, qu'il disposait de la compétence, des pouvoirs et des moyens nécessaires pour remplir les fonctions de contrôle et de surveillance des manifestations qu'il organisait. En l'état de ces seules énonciations, la cour d'appel a justifié sa décision. • Crim. 4 sept. 2007, n° 07-80.072 P : *D. 2008, chron. C. cass., p. 113, obs. Caron* ; *Gaz. Pal. 2008. 1. Somm. 2008, note Monnet.*

Art. 121-2 Les personnes morales, à l'exclusion de l'État, sont responsables pénalement, selon les distinctions des articles 121-4 à 121-7 *(Abrogé par L. n° 2004-204 du 9 mars 2004, art. 54, à compter du 31 déc. 2005)* ***« et dans les cas prévus par la loi ou le règlement »*, des infractions commises, pour leur compte, par leurs organes ou représentants.**

Toutefois, les collectivités territoriales et leurs groupements ne sont responsables pénalement que des infractions commises dans l'exercice d'activités susceptibles de faire l'objet de conventions de délégation de service public.

(L. n° 2000-647 du 10 juill. 2000) **« La responsabilité pénale des personnes morales n'exclut pas celle des personnes physiques auteurs ou complices des mêmes faits, sous réserve des dispositions du quatrième alinéa de l'article 121-3. »**

V. Circ. CRIM. n° 2000-09 F1 du 11 oct. 2000 relative à la présentation des dispositions de la loi n° 2000-647 du 10 juill. 2000 tendant à préciser la définition des délits non intentionnels (BOMJ 2000, n° 80, p. 81 s.).

RÉP. PÉN. v^is *Association*, par DUTHEIL ; *Personne morale*, par BERNARDINI ; *Syndicat professionnel*, par CHOPIN.

BIBL. ▶

1. Avant la réforme du code pénal

PONSARD, *D. 1947. 253, note ss. Dijon, 20 mai 1946* (collaboration avec l'ennemi). – DONNEDIEU DE VABRES, *RID pén. 1950. 342.* – FAIVRE, *RSC 1953. 457.* – LEVASSEUR, *RD pén. crim. 1954-1955, p. 887.* – LÉAUTÉ, *JCP 1973. I. 2551* (reconnaissance de la notion de groupe en droit pénal des affaires). – DELMAS-MARTY, *RID pén. 1980. 38.* – BORRICAND, *Annales Clermont-Ferrand 1981. 127.*

2. Depuis la réforme du code pénal

▶ *Généralités et personnes morales de droit privé :* DESPORTES, *JCP E 1993. I. 219.* – MOULOUNGUI, *RTD com. 1994. 441* (élément moral). – J.-H. ROBERT, *Dr. pénal 1995. Chron. 30* (droit anglais). – J. SIMON, *D. Affaires 1995. Art. 101* (personnes morales et personnes physiques, coauteurs ou complices des mêmes faits). – M. FAVERO, *LPA 1995, n° 147* (personnes morales et dirigeants : alternative ou cumul). – H. LOLLIC, *Andijuris 1995, n° 58.* – LATRY-BONNART, *Gaz. Pal. 1996. 1. Doctr. 92* (délinquance des nouvelles technologies). – PANSIER, *Gaz. Pal. 1996. 1. Chron. 249.* – J.-R. NLEND, *Gaz. Pal. 1996. 1. Chron. 346* (associations sportives). – Y. SEXER, *Droit et patrimoine 1996, n° 34.* – F. FRANCHI, *RSC 1996. 277* . – L. VICHNIEVSKY, *RSC 1996. 289* (bilan sommaire). – T. DALMASSO, *EFE, 1996, coll. Référence première, préf. E. Dezeuze* (risques et stratégie de défense). – D. BOCCON-GIBOD, *Éd. ESKA, 1996.* – S. DE VENDEUIL, *JCP E 1996, Cons. Fidal, p. 326* (délits boursiers). – N. STOLOWY, *RF compt., nov. 1996, p. 17* (conséquences comptables et juridiques). – B. GENDRY, *LPA 20 nov. 1996, n° spécial* (portée des délégations de pouvoirs). – A. BRUNET, *LPA 1996, n° 149, p. 27* (infractions matérielles et responsabilité pénale de l'entreprise). – M.-E. CARTIER, *LPA 1996, n° 149, p. 18* (nature et fondement) ; *Mél. B. Bouloc, Dalloz 2006* (de la suppression du principe de spécialité de la responsabilité pénale des personnes morales. Libres propos). – J.-P. Dintilhac et F. Corbi, *LPA 1996, n° 149, p. 46* (des peines et de leur exécution). – C. Ducouloux-Favard et C. de Maglie, *LPA 1996, n° 149, p. 36* (défense et illustration). – D. Guérin, *LPA 1996, n° 149, p. 4*. – A. Pézard et G. Insolera, *LPA 1996, n° 149, p. 12* (notions de responsabilité individuelle et de responsabilité collective). – N. Rontchevsky et M. Comporti, *LPA 1996, n° 149, p. 7* (notion d'entité personnifiée). – P. Coenraets et P. de Wolf, *Rev. prat. sociétés 1997, p. 5* (droit de l'environnement). – P. Wallon, *Rev. pénit. et dr. pén. 1996. 265*. – N. Rontchevsky, *RJDA 1998, p. 175* (mise en œuvre à la lumière de la jurisprudence récente). – A. Outin-Adam, *Gaz. Pal. 1999. 1. Doctr. 364* (cumul avec la responsabilité individuelle). – D. Miellet, *JCP E 1999, p. 260* (sort du dirigeant poursuivi seul). – J.-H. Robert, *Dr. sociétés 2000. Chron. n° 4* (les personnes morales sont-elles amnistiables ?). – V. Tandeau de Marsac, *Gaz. Pal. 2000. 2. Doctr. 1652* (responsabilité pénale des personnes morales et situation des dirigeants face au risque de mise en cause de leur responsabilité pénale). – J. Paillusseau, *D. Affaires 2001. Point de vue n° 2, p. 221* (sociétés par actions simplifiées). – J.-H. Robert, *Dr. pénal, hors-série déc. 2000, n° 3*. – F. Desportes, *CJEG 2000, p. 426* (conditions d'imputation d'une infraction à une personne morale). – D. Vich-Y-Llado, *JCP E 2001, p. 838* (responsabilité pénale des personnes morales en cas de fusion). – L. Gamet, *JCP 2001. I. 345* (principe de personnalité des peines à l'épreuve des fusions et scissions de sociétés). – J. Amar, *Dr. pénal 2001. Chron. 37* (analyse économique de la responsabilité pénale des personnes morales). – O. Sautel, *D. 2002, Le point sur..., p. 1147* (mise en œuvre de la responsabilité pénale des personnes morales). – Ch. Souville, *Éd. Pedone, 2005, p. 19* (responsabilité pénale des personnes morales : un retour à l'ancien droit ?). – J.-C. Saint-Pau, *Mél. B. Bouloc, Dalloz, 2006, p. 1011* (responsabilité pénale d'une personne physique agissant en qualité d'organe ou représentant d'une personne morale). – V. Wester-Ouisse, *JCP 2003. I. 145* (préjudice moral des personnes morales) ; *JCP 2009. I. 121* (la jurisprudence et les personnes morales). – J.-Y. Maréchal, *JCP 2009, n° 38, 249* (plaidoyer pour une responsabilité pénale directe des personnes morales). – J.-Cl. Planque, *Gaz. Pal. 2009. 1. Doctr. 25* (réflexions en matière de responsabilité pénale des personnes morales (à partir des propositions du rapport Coulon)). – Morvan, *in Code pénal et code d'instruction criminelle. Livre du Bicentenaire, Ouvrage collectif de l'Université Panthéon-Assas, Dalloz 2010* (la personne morale maltraitée par le droit pénal). – Tricot, *RSC 2012. 19* (le droit pénal à l'épreuve de la responsabilité des personnes morales : l'exemple français). – A. Gallois et D. Gallois-Cochet, *Mél. Ph. Merle, Dalloz, 2012, p. 279* (imputation d'une infraction attitrée à une personne morale. Étude à la lumière du droit pénal des sociétés). – J. Consigli, *RSC 2014. 297* (la responsabilité pénale des personnes morales pour les infractions involontaires : critères d'imputation). – H. Matsopoulou, *Rev. Sociétés 2015. 703* (évolutions jurisprudentielles en matière de responsabilité des personnes morales). – J.-M. Moulin, *Gaz. Pal. 2015. 2221* (fusion de sociétés et sanctions pénales : la transmissibilité à l'absorbante se précise). – Hervet et Salon, *Dr. pénal 2017. Étude 9* (fusion par absorption et transfert de la responsabilité pénale : comment désamorcer le conflit jurisprudentiel naissant ?). – Conte, *Dr. pénal 2017. Étude 11* (responsabilité civile ou responsabilité pénale des personnes morales ?). – Galli, *RSC 2018. 359* (une justice pénale propre aux personnes morales). – Planque, *Dr. pénal 2018. Étude 25* (comment limiter le recours aux techniques d'évitement de la responsabilité pénale des personnes morales ?). – Houssin, *D. 2018. 366* (critique de la reconnaissance du préjudice moral des personnes morales). – Verges, *RSC 2017. 579* (la procédure pénale hybride). – Galli, *RSC 2018. 359* (une justice pénale propre aux personnes morales. Réflexions sur la convention judiciaire d'intérêt public). – Saint-Pau, *Mél. Sudre, Lexis-Nexis 2018. 689* (le droit au respect de la vie privée des personnes morales). – Rousseau, *Mél. B. Teyssié, LexisNexis, 2019. 515* (pour une répression non pénale des personnes morales).

▶ *Personnes morales de droit public :* Wertenschlag, *JCP E 1994. I. 41* (collectivités territoriales et délégations du droit administratif). – Moreau, *AJDA 1995. 620* (établissements publics de santé) ; *LPA 1996, n° 149, p. 41* (personnes morales de droit public). – Viret, *AJDA 1995. 763* (administration et ses agents). – Breen, *AJDA 1995. 781* (affaire du sang contaminé). – A. Lévy, S. Bloch et J.-D. Bloch, *Litec, 1995* (collectivités territoriales, élus et agents). – J.-B. Auby et C. Maugüé, *JCP 1996. I. 3941* (notion et régime de la délégation de service public). – N. Stolowy, *D. Affaires 1998, p. 9* (protection contre le risque pénal). – Le Mappian, *Gaz. Pal. 1998. 1. Doctr. 438* (danger d'être maire). – J. Hermann, *D. 1998. Chron. 195* (juge pénal, juge ordinaire de l'administration). – J.-Cl. Bonichot, *Gaz. Pal. 1999. 1. Doctr. 768* (personnes morales de droit public). – Fr. Meyer, *RFDA 1999. 920* (personnes morales de droit public, premières applications jurisprudentielles). – J. Jorda, *Gaz. Pal. 2001. 1. Doctr. 182* (personnes morales de droit public et jurisprudence). – M. Ubaud-Bergeron, *JCP 2002. I. 125* (Loi MURCEF : la définition législative des délégations de service public). – A. Lévy, *Dr. adm.*

2004, Études 12 et 14 (jurisprudence sur la responsabilité pénale des personnes publiques). – M.-F. Steinle-Feuerbach, *JCP 2007. I. 173* (infractions non intentionnelles et responsabilité pénale des collectivités territoriales). – Y. Mayaud, *RLCT 2010/58, n° 1656* (Loi Fauchon : bilan territorial de dix années d'application). – M.-F. Steinle-Feuerbach, *RLCT 2013/88, n° 2442* (la responsabilité pénale des collectivités territoriales à l'épreuve des catastrophes naturelles). – Y. Mayaud, *RLCT 2014/98, n° 2638, p. 55* (la notion d'activité délégable et le juge pénal).

► *Circulaire :* Circulaire du 26 janv. 1998 n° CRIM-98-1/F1 (premier bilan), *BOMJ 1998, p. 112 ; D. Affaires 1998, p. 437 ; JCP 1998. III. 20 035 ; BJS 1998, n° 4, p. 427.* – A. Maron et J.-H. Robert, *Dr. pénal 1998. Chron. 22, 24 et 28 ; JCP 1999. I. 123.* – Cl. Ducouloux-Favard, *D. 1998. Chron. 395*.

► *Colloques :* 7 avr. 1993, *Rev. sociétés 1993. 229*. – 11 mai 1993, *LPA 1993, n° 120.* – 27/28 janv. 1994, *Dalloz, 1994, p. 37 s.* – 18/19 mars 1994 (Entretiens de Nanterre), *Cah. dr. entr. 1994-5. 29.* – 24 nov. 1995 (Bobigny), *Gaz. Pal. 1996. 1. Doctr. 621 à 643.* – 18 déc. 1995 (ARPE), *RSC 1996. 261 s.* – 19 oct. 1995 (Société française de droit aérien et spatial), *RFD aérien 1996, p. 149 à 214.* – 25/26 mai 1996 (Sienne), *LPA 1996, n° 149* (V. également *BJS 1997. 94*). – 27 mai 1998 (Paris), *Gaz. Pal. 1999. 1. Doctr. 349 s.* – 11 mai 2001 (Rennes), *Gaz. Pal. 2002. 1. Doctr. 370 à 427.*

3. Généralisation (L. n° 2004-204 du 9 mars 2004)

► E. Pire, *D. 2004. 1650* (difficultés de droit transitoire). – N. Stolowy, *JCP 2004. I. 138.* – H. Matsopoulou, *Rev. sociétés 2004. 283*. – M.-Ch. Sordino, *Gaz. Pal. 2004. 2. Doctr. 2842.* – P.-J. Delage, *Dr. pénal 2004, Études 2.* – F. Prunet, *Gaz. Pal. 2005. 2. Doctr. 3786* (concurrence et responsabilité pénale des personnes morales). – B. Tourné, *Gaz. Pal. 2005. 2. Doctr. 4013.* – C. Mascala, *BJS Sociétés 2006, p. 5.* – J. Amar, *Dr. pénal 2005, Études, n° 13* (conséquences sur les relations de travail). – M.-Ch. Sordino, *éd. Pedone, 2005, p. 33.* – B. Bouloc, *RLDA 2006/2, n° 49.* – J.-Cl. Planque, *D. 2006, Point de vue, p. 1836*. – A. Coeuret, *Gaz. Pal. 5-6 juill. 2006, p. 28 ; RJS 2006, p. 843* (impact en droit du travail). – M.-E. Cartier, *Mél. B. Bouloc, Dalloz, 2006, p. 97*. – J.-H. Robert, *Mél. B. Bouloc, Dalloz, 2006, p. 975*.

4. Droit pénal comparé

► Geeroms, *Rev. int. dr. comp. 1996. 533.* – Bateson, *LPA 1996, n° 149, p. 59* (droit anglais). – Béliveau, *RSC 1999. 1* (droit canadien) ; *Gaz. Pal. 2000. 2. Doctr. 1144* (droit chinois). – Xinkui Liu, *RSC 2000. 569* (responsabilité et sanctions pénales des danweis en Chine). – Baucells Llados et Mauro, *RSC 2009. 817* (vers l'introduction de la responsabilité des personnes morales en droit espagnol).

5. Dossiers

► M. Daury-Fauveau et M. Benillouche (*sous la direction de*), Dépénalisation de la vie des affaires et responsabilité pénale des personnes morales, *Coll. CEPRISCA, PUF, 2009* : M. Daury-Fauveau, *p. 5* (avant-propos). – P. Maistre du Chambon, *p. 9* (rapport introductif sur la dépénalisation). – M. Benillouche, *p. 17* (poursuite des personnes morales). – O. Sautel, *p. 37* (disparition du principe de spécialité). – J.-Y. Maréchal, *p. 49* (identification de la personne physique). – C. Mauro, *p. 61* (droit comparé). – H. Matsopoulou, *p. 81* (infractions du droit pénal des affaires). – A.-D. Merville, *p. 91* (responsabilité pénale et administrative des personnes morales et infractions boursières). – A. Coeuret, *p. 101* (responsabilité pénale en droit du travail : vers un nouvel équilibre entre personnes physiques et personnes morales ?). – I. Luc, *p. 119* (droit de la concurrence). – J.-H. Robert, *p. 133* (synthèse).

► La responsabilité pénale des multinationales, *AJ pénal 2012. 11* *s.* : C. Mauro, *p. 12 (application dans l'espace de la loi pénale).* – E. Daoud et A. Andre, p. 15 (fiction ou réalité juridique ?). – A. Bernard et A. Wrzoncki, *p. 20* (action de la FIDH). – A. Gauvin, *p. 23* (gestion du risque pénal par les directions juridiques des multinationales). – N. Bouvier et A.-E. Korman-Esmel, *p. 26* (apprendre à gérer la communication de crise).

► Droit pénal : la responsabilité des personnes morales (sept. 2016 à avr. 2017), *Dr. pénal 2017. Pan. 1.*

► Les responsabilités pénales dans l'entreprise, *AJ pénal 2018. 545* *s.* : Y. Mayaud, *p. 546* (l'articulation des responsabilités pénales entre personne morale et personnes physiques – une logique d'artifices...). – J. Lasserre Capdeville, *p. 550* (la notion d'organe ou de représentant de la personne morale). – W. Feugère, *p. 553* (loi Sapin 2 et nouvelles responsabilités : un changement de paradigme ?). – S. Akorri, *p. 556* (la responsabilité pénale des entreprises transnationales : de l'influence du droit international sur le droit national).

1. QPC. L'art. 121-2 C. pén. instituant la responsabilité pénale des personnes morales prévoit de façon précise que cette responsabilité ne peut être engagée que du seul fait d'infractions commises, pour leur compte, par leurs organes ou représentants, qu'il ne contrevient pas au principe de la légalité des délits et des peines et ne comporte aucune dérogation injustifiée au principe d'égalité devant la loi. • Cass., QPC, 27 avr. 2011 : *AJ pénal 2011. 589, obs. Gallois*.

2. Application dans le temps. Les dispositions relatives à la responsabilité pénale des personnes morales ne peuvent recevoir application pour des faits antérieurs au 1er mars 1994. • Crim. 18 mai 1999, n° 97-85.753 P : *Dr. pénal 1999, n° 114, obs. J.-H. Robert ; RSC 2000. 193, obs. Bouloc*.

3. L'infraction de marchandage étant un délit continu, il appartient au tribunal de rechercher si l'infraction est constituée pour des faits commis après le 1er mars 1994. • T. corr. Versailles, 18 déc. 1995 : *Dr. pénal 1996. 71, obs. J.-H. Robert ; JCP 1996. II. 22640, note J.-H. Robert.*

4. Aux termes de l'art. 112-1 C. pén., les dispositions nouvelles s'appliquent aux infractions commises avant leur entrée en vigueur et n'ayant pas donné lieu à une condamnation passée en force de chose jugée lorsqu'elles sont moins sévères que les dispositions anciennes ; c'est ainsi que les personnes physiques, représentants légaux de personnes morales, sont susceptibles d'être exonérées de leur responsabilité pénale à laquelle elles étaient antérieurement tenues à raison de l'impossibilité d'atteindre la personne morale dont elles assuraient la direction, à la condition qu'elles ne tombent pas sous le coup des dispositions du troisième al. de l'art. 121-2 nouv. C. pén. en qualité d'auteur ou de complice des mêmes faits. • TGI Béthune, 12 nov. 1996 : *BICC 1997. 158 ; BJS 1997. 559, note J.-F. Barbiéri.*

5. Les personnes morales peuvent être reconnues coupables d'infractions commises en leur nom avant l'entrée en vigueur de l'art. 121-2, al. 1er, nouv. C. pén., dès lors qu'il est seulement interdit à la juridiction de les sanctionner par le prononcé d'une peine qui n'était pas alors légalement encourue. • TGI Béthune, 12 nov. 1996 : *préc. note 4.*

6. Seules peuvent être prononcées les peines légalement applicables à la date à laquelle a été commise l'infraction ; encourt la cassation partielle l'arrêt d'une cour d'appel, qui, pour diffusion, en déc. 1996, dans une revue périodique, de messages pornographiques susceptibles d'être vus ou perçus par un mineur, prononce une peine d'amende contre la société éditrice de la revue, la responsabilité pénale des personnes morales et les peines qui leur sont applicables, n'étant prévues, pour les infractions définies par les art. 227-18 à 227-26 C. pén., que depuis l'entrée en vigueur de la loi du 17 juin 1998 sur les infractions sexuelles et la protection des mineurs. • Crim. 23 févr. 2000, n° 99-83.928 P : *Dr. pénal 2000, n° 85, obs. Véron ; RSC 2000. 639, obs. Francillon*.

7. Exclusion de la responsabilité disciplinaire. Les règles de mise en cause de la responsabilité pénale des personnes morales telles que définies par l'art. 121-2 C. pén. ne peuvent pas être utilement invoquées dans le cadre de la répression disciplinaire des manquements professionnels qui relèvent de la compétence de la commission des sanctions de l'AMF. AMF, Comm. Sanct, 1re sect., 19 oct. 2006 : *D. 2007. 1482, note Tomasi.*

8. Ni l'art. 121-1 C. pén., ni le principe de la personnalité des peines ne font obstacle à ce que, lorsqu'une société qui a commis un manquement à ses obligations professionnelles est absorbée par une autre société, le Conseil des marchés financiers prononce, à raison de ces faits, une sanction pécuniaire à l'encontre de la société absorbante. • CE 22 nov. 2000 : *D. Affaires 2001. 237, obs. Boizard ; ibid. 2001. Somm., p. 1609, obs. A. Reygrobellet ; JCP 2001. II. 10531, note R. Salomon ; RSC 2001. 600, obs. Riffault*. ♦ *Adde* : A. Seban, *RJDA 2001, n° 3, p. 243* (application du principe de personnalité des peines aux sanctions prononcées par le conseil des marchés financiers (CMF)).

9. Spécificité de la législation fiscale et douanière. Sur le principe que les personnes morales sont responsables des infractions à la législation fiscale et douanière par application des règles particulières du CGI, et non en vertu de l'art. 121-2 C. pén. • Crim. 22 mars 2006, n° 05-82.897 : *Dr. pénal 2006, n° 87, obs. J.-H. Robert.*

10. A justifié sa décision la cour d'appel qui, ayant déclaré les prévenus de fraude fiscale pour avoir frauduleusement soustrait la société dont ils étaient les gérants à l'établissement et au paiement de la TVA due par cette société, a ordonné l'affichage de cette décision à la porte de l'entreprise, malgré la cession de cette dernière à un tiers ; en effet, selon l'art. 1741 CGI, toute décision de condamnation pour fraude fiscale commise en raison d'impositions dues par un contribuable, au titre de l'exercice d'une activité professionnelle, doit être affichée, intégralement ou par extraits, sur la porte extérieure de l'immeuble du ou des établissements professionnels du contribuable. • Crim. 28 févr. 2007, n° 06-83.014 P : *Dr. pénal 2007, n° 76, obs. J.H. Robert ; RSC 2007. 555, obs. Matsopoulou*.

I. ÉTENDUE DE LA RESPONSABILITÉ

A. INFRACTIONS

11. Seules les sociétés disposant de la personnalité morale sont susceptibles d'être pénalement condamnées ; tel n'est pas le cas de l'établissement secondaire d'une société. • Crim. 21 nov. 2018, n° 17-83.400 : *Gaz. Pal. 2019. 445, obs. Detraz.*

12. Avant le 31 déc. 2005 – Principe de spécialité. N'étaient pas applicables à la responsabilité des personnes morales : ... les manquements relatifs à l'ordre des licenciements (C. trav., art. R. 362-1-1). • Crim. 18 avr. 2000, n° 99-85.183 P : *RSC 2000. 817, obs. Bouloc*. ♦ ... La diffamation publique envers les particuliers (L. 29 juill. 1881, art. 29 et 32). • Crim. 1er sept. 2005, n° 04-87.130 : *Dr. pénal 2005, n° 171, obs. Véron.* ♦ ... La publicité mensongère (C. cons., art. L. 121-5). • Crim. 30 oct. 1995, n° 95-80.361 P : *Dr. pénal 1996, n° 62, obs. J.-H. Robert ; RSC 1996. 646, obs. Bouloc*. • Paris, 5 mars 1999 : *D. 1999. IR 112 ; Dalloz Affaires 1999. 986.* ♦ ... Les infractions en matière d'urbanisme. • Crim. 17 déc. 1997, n° 96-86.194 : *Gaz. Pal. 1998. 1, chr. crim. 56.*

13. Depuis le 31 déc. 2005 – Principe de généralité. Selon l'art. 112-1 C. pén., une loi pénale étendant une incrimination à une nouvelle catégorie de prévenus ne peut s'appliquer à des faits commis antérieurement à son entrée en vigueur. Une société a été citée à comparaître à la demande du ministère public devant le tribunal correctionnel pour avoir, entre le 1er janv. 2001 et le 13 mars 2001, commis les délits de publicité de nature à induire en erreur et de tromperie en vendant du vin sous des noms de châteaux fictifs. L'arrêt confirmatif attaqué l'a déclarée coupable de ces délits et condamnée à une peine d'amende. En statuant ainsi, alors qu'à la date des faits visés à la prévention, les personnes morales n'étaient responsables pénalement que dans les cas prévus par la loi ou le règlement, et qu'aucune disposition légale ne prévoyait expressément que leur responsabilité pût être engagée pour les délits de publicité de nature à induire en erreur et de tromperie, la cour d'appel a méconnu le sens et la portée du texte précité et du principe énoncé ci-dessus. • Crim. 19 juin 2007, n° 06-85.490 P : *Dr. pénal 2007. 134, obs. Véron ; RSC 2008. 87, obs. Ambroise-Castérot*.

14. Une loi pénale étendant une incrimination à une nouvelle catégorie de prévenus ne peut s'appliquer à des faits commis antérieurement à son entrée en vigueur ; une société a été poursuivie pour avoir, le 2 juin 2005, commis 621 infractions aux décrets pris en application de l'art. L. 214-1 C. consom., contravention de 3e classe prévue par l'art. L. 214-2 dudit code ; l'arrêt confirmatif attaqué l'a déclarée coupable et l'a condamnée à autant d'amendes de 60 euros ; en statuant ainsi, alors qu'à la date des faits, les personnes morales n'étaient pénalement responsables que dans les cas prévus par la loi ou le règlement parmi lesquels ne figurait pas l'infraction définie par l'art. L. 214-2 précité, la cour d'appel a méconnu l'art. 112-1 C. pén. et le principe ci-dessus rappelé. • 20 oct. 2009, n° 09-81.721 P : *D. 2009. AJ 2753 ; AJ pénal 2010. 31, obs. Lasserre Capdeville ; Dr. pénal 2010, n° 9, obs. J.-H. Robert.*

B. PERSONNES

1° PERSONNALITÉ MORALE

15. Fusion-absorption. V. notes ss. art. 121-1.

16. Liquidation judiciaire. Une société prend fin, notamment par l'effet d'un jugement ordonnant la liquidation judiciaire (C. civ., art. 1844-7, 7°) ; cette disparition de la personne morale entraîne nécessairement extinction de l'action publique, par référence aux dispositions de l'art. 6 C. pr. pén. • T. corr. Troyes, 10 déc. 1996 : *Gaz. Pal. 1997. 2. Chron. crim. 154.* ♦ Étant constaté que la liquidation judiciaire d'une association a été prononcée, que les opérations de liquidation ont été clôturées par jugement, et que l'association a été dissoute, des poursuites ne peuvent être exercées à l'encontre de cette association (entremise lucrative dans des adoptions internationales : C. pén., art. 227-12, al. 2, et 227-14), qui n'a plus d'existence légale, de même qu'à l'encontre de son président pris ès-qualités. • TGI Paris, 4 mai 1998 : *D. 1999. 15, note Poisson-Drocourt*.

17. Jour de l'extinction de l'action publique. L'extinction de l'action publique, consécutive à la perte de la personnalité morale, advient au jour de la radiation du registre du commerce et des sociétés. • Crim. 25 oct. 2016, n° 16-80.366 : *D. actu. 18 nov. 2016, obs. Aubert ; D. 2016. 2606, note Dalmau ; ibid. 2017. Pan. 2501, obs. Roujou de Boubée ; AJ pénal 2017. 36, obs. Lasserre Capdeville ; RSC 2017. 297, obs. Matsopoulou*.

2° ÉTAT

18. Exclusion. Pour l'application de l'art. 706-3 C. pr. pén., l'infraction n'est prise en considération qu'en tant qu'élément objectif indépendamment de la personne de son auteur et il est indifférent que l'auteur présumé de l'infraction ne puisse être poursuivi en raison d'une cause de non-imputabilité ; rejet du moyen selon lequel le dommage de la victime étant imputé à une personne morale, l'État, et cette personne ne pouvant par définition être l'auteur d'une infraction, fût-elle seulement matérielle, l'art. 706-3 précité était inapplicable puisqu'à l'époque des faits dont se plaint la victime les personnes morales ne pouvaient commettre d'infractions. • Civ. 2e, 30 nov. 2000, n° 99-19.848 P.

19. Si le législateur a entendu, en adoptant les dispositions de l'art. 225-14 C. pén., protéger avant tout certains travailleurs contre les conditions indignes de travail ou d'hébergement auxquelles leur état de dépendance ou de vulnérabilité pourrait les exposer, la rédaction choisie donne à ces prescriptions une portée générale.

Elle ne permet pas d'exclure de son champ d'application les cas d'hébergement forcé résultant de la décision d'une autorité légitime. La personne détenue est, du fait de la privation de sa liberté d'aller et de venir, incontestablement en situation de vulnérabilité. Il appartient au juge d'instruction, abstraction faite de l'impossibilité de mettre en cause la responsabilité pénale de l'État, personne morale représentée par l'administration pénitentiaire, de vérifier dans chaque cas la réalité : 1°) du caractère éventuellement incompatible avec la dignité humaine des conditions d'hébergement réservées à la personne détenue, 2°) de l'abus reproché aux personnes physiques en position, notamment en raison de leurs fonctions, de les créer ou d'y mettre un terme, 3°) des causes d'irresponsabilité pénale, telles la contrainte, l'ordre de la loi ou le commandement de l'autorité légitime, susceptibles d'être invoquées par les personnes auxquelles cet abus, à le supposer établi, serait imputable. • Nancy, ch. instr., 1er mars 2007 : *D. 2007. 2218, note Danet ; AJ pénal 2007. 335, obs. Herzog-Evans.*

3° COLLECTIVITÉS TERRITORIALES

20. QPC. La QPC est ainsi rédigée : « L'art. 121-2, al. 2, C. pén. est-il contraire au principe constitutionnel d'égalité devant la loi et à l'art. 6 DDH, en ce qu'il prévoit que les collectivités territoriales et leurs groupements ne sont responsables pénalement que des infractions commises dans l'exercice d'activités susceptibles de faire l'objet de conventions de délégation de service public, ce qui implique qu'elles sont exonérées de toute responsabilité pénale pour les faits commis à l'occasion de la gestion de biens appartenant au domaine privé qui ne constitue pas une activité de service public délégable, bien que l'exercice d'une telle activité n'implique la mise en œuvre d'aucune prérogative de puissance publique et qu'une personne privée qui commettrait les mêmes faits pourrait, en revanche, être jugée pénalement responsable ? » ; la question posée ne présente pas à l'évidence un caractère sérieux dès lors que les collectivités territoriales se trouvent dans une situation différente des personnes morales de droit privé, de sorte que l'art. 121-2, al. 2 C. pén. dont l'objet est notamment de soustraire à toute responsabilité pénale les collectivités territoriales dans l'exercice des activités qui leur sont propres, ne crée pas une dérogation injustifiée au principe d'égalité devant la loi ; d'où il suit qu'il n'y a pas lieu de renvoyer la question au Conseil constitutionnel. • Crim. 16 nov. 2011, n° 11-81.203 QPC : *Gaz. Pal. 2011. 2. 3602, note Dupic ; RLCT 2012/79, n° 2191, note Mayaud.*

21. Conformité à la Conv. EDH. Les dispositions de l'art. 121-2, al. 2, C. pén., satisfont aux exigences de l'art. 7 Conv. EDH. • Crim. 3 avr. 2002, n° 01-83.160 P : *D. 2003. Somm. 243, obs. Roujou de Boubée ; Dr. pénal 2002, n° 95, obs. Véron ; LPA 2002, 2 août, p. 10, note Cofy de Boisdeffre ; Gaz. Pal. 2004. 1. 458, note A.C. ; RSC 2002. 810, obs. Bouloc ; ibid. 2002. 838, obs. Giudicelli-Delage ; ibid. 2004. 341, obs. Fortis.*

22. Critères de la délégation. Sont susceptibles de délégation les activités ayant pour objet la gestion d'un service public lorsque, au regard de la nature de celui-ci et en l'absence de dispositions légales ou réglementaires contraires, elles peuvent être confiées, par la collectivité territoriale, à un délégataire public ou privé rémunéré, pour une part substantielle, en fonction des résultats de l'exploitation. • Crim. 3 avr. 2002, n° 01-83.160 : *préc. note 21.* • 6 avr. 2004, n° 03-82.394 P : *AJ pénal 2004. 240, obs. Girault ; Gaz. Pal. 2004. 2. 3799, note Monnet.*

a. Activités susceptibles de délégation

23. Prévention des avalanches. Selon l'art. 121-2 C. pén., les collectivités territoriales et leurs groupements sont responsables pénalement des infractions commises pour leur compte, par leurs organes ou représentants, dans l'exercice d'activités susceptibles de faire l'objet de conventions de délégation de service public ; viole ce texte de la cour d'appel qui, sur la procédure ouverte à la suite d'une avalanche qui a enseveli des skieurs pratiquant le ski de fond, relaxe la commune, exploitant son domaine skiable en régie, poursuivie pour n'avoir pas fermé la piste malgré le risque d'avalanche existant, aux prétendus motifs que la fermeture de la piste de ski relève du pouvoir de police qui ne peut faire l'objet de la part du maire d'une convention de délégation de service public, alors que le pouvoir de police du maire en matière de prévention des avalanches, prévu par l'art. L. 2212-2 CGCT, n'exclut pas, en cas de méconnaissance des obligations de sécurité fixées, la responsabilité de l'exploitant à l'égard de l'usager. • Crim. 14 mars 2000, n° 99-82.871 P : *RSC 2000. 816, obs. Bouloc.*

24. Exploitation d'un théâtre. Est susceptible de faire l'objet d'une convention de délégation de service public l'activité ayant pour objet l'exploitation d'un théâtre ; en conséquence, la responsabilité pénale d'une commune, qui a confié à une société extérieure les travaux de mise en conformité de l'installation électrique du théâtre municipal au cours desquels un salarié a fait une chute mortelle, peut être engagée. • Crim. 3 avr. 2002, n° 01-83.160 P : *D. 2003. Somm. 243, obs. Roujou de Boubée ; Dr. pénal 2002. 95, obs. Véron ; LPA 2002, 2 août, p. 10, note Coffy de Boisdeffre ; Gaz. Pal. 2004. 1. 458, note A.C. ; RSC 2002. 810, obs. Bouloc, et p. 838, obs. Giudicelli-Delage ; ibid. 2004. 341, obs. Fortis.*

25. Exploitation des transports scolaires.

L'exploitation du service des transports scolaires est susceptible de faire l'objet d'une convention de délégation de service public ; mais il n'en va pas de même de son organisation, qui est confiée au département en application de l'art. 29 de la L. du 22 juill. 1983, devenu l'art. L. 213-11 C. éduc., et qui comprend notamment la détermination des itinéraires à suivre et des points d'arrêt à desservir. • Crim. 6 avr. 2004, n° 03-82.394 P : *AJ pénal 2004. 240, obs. Girault ; Gaz. Pal. 2004. 2. 3799, note Monnet.*

26. Travaux d'assainissement. Un enfant âgé de cinq ans a été mortellement blessé lors de la chute d'un des tuyaux de fonte, mal arrimé, qui avaient été entreposés devant son domicile en vue de travaux d'assainissement, dont l'exécution avait été confiée par une commune à une société de travaux publics ; cette société, deux de ses préposés, et la commune ont été renvoyés devant la juridiction correctionnelle sur le fondement des dispositions des art. 221-6 C. pén., L. 235-1 C. trav., ainsi que des art. 13 et 14, alors applicables, du Décr. du 8 janv. 1965 ; a justifié sa décision la cour d'appel qui, après avoir relevé que le défaut d'arrimage des matériaux n'était imputable qu'aux responsables du chantier auxquels il appartenait de veiller à la stricte application des règles de sécurité, énonce, notamment, que l'infraction aux dispositions de l'art. L. 235-1 C. trav. ne peut être retenue à l'égard de la commune, qui avait délégué ses obligations comme ce texte lui en donnait le pouvoir. • Crim. 14 mars 2006, n° 05-82.834 P : *RSC 2006. 599, obs. Mayaud.*

27. Abattoir. Commet une faute caractérisée en relation avec la mort d'un automobiliste, la communauté de communes propriétaire d'un abattoir, qui s'est abstenue d'assurer la sécurité lors du déchargement des animaux, et qui s'est désintéressée du sort d'un animal dont la fuite a été la cause de l'accident. • Crim. 14 déc. 2010, n° 10-80.591 : *Gaz. Pal. 2011. 1. 1066, note Dreyer.*

28. Kermesse. Justifie sa décision la cour d'appel qui, pour déclarer une commune et son adjoint aux affaires culturelles coupables de blessures involontaires dont ont été victimes, au cours d'une kermesse, des enfants utilisateurs d'une structure gonflable ayant fait l'objet d'un contrat de prestation de services avec une société privée, retient que le second, bénéficiaire d'une délégation pour l'organisation de cette kermesse, a commis une faute caractérisée pour avoir exposé les enfants à un risque d'une particulière gravité qu'il ne pouvait ignorer au regard des préconisations des moniteurs de la société ayant installé les jeux et de la configuration des lieux. • Crim. 28 juin 2016, n° 15-83.862 : *D. actu. 29 juill. 2016, obs. Goetz.*

29. Digues fluviales. A justifié sa décision la cour d'appel qui, pour déclarer un groupement de collectivités territoriales coupable d'homicide involontaire, relève que, en installant une barrière à câble en pleine connaissance de ce que les motos circulaient sur les digues du Rhône, en ne matérialisant pas clairement l'interdiction de pénétrer sur les lieux, et en n'assurant pas la parfaite visibilité de ces barrières à câble, il a été la cause de l'accident mortel d'un jeune motocycliste, qui n'avait fait que pénétrer à moto avec ses amis sur un lieu couramment emprunté à cette fin en toute connaissance du propriétaire et exploitant des lieux, d'où il se déduit que l'infraction a été commise par un groupement de collectivités territoriales dans l'exercice, conformément à son objet statutaire, des activités d'entretien et de surveillance des digues fluviales et de leurs dépendances, susceptibles de faire l'objet d'une convention de délégation de service public au sens de l'art. 121-2, al. 2, C. pén. • Crim. 24 oct. 2017, n° 16-85.975 P : *D. 2018. 2261, obs. Roujou de Boubée ; AJ pénal 2018. 151, obs. Otero ; RSC 2017. 738, obs. Mayaud ; Gaz. Pal. 2018, p. 336, obs. Dreyer.*

30. Arrosage municipal. Pour déclarer une commune coupable d'un usage de l'eau contraire à une limitation ou suspension prescrite par l'autorité préfectorale et la condamner à une amende contraventionnelle de 5 000 €, l'arrêt attaqué, après avoir rappelé les dispositions de l'arrêté litigieux, retient qu'il en résulte que les mesures critiquées, restreignant l'arrosage qu'on pourrait dire d'agrément, étaient proportionnées dès lors que, conformément aux prescriptions des art. L. 211-3 et R. 211-66 C. envir., elles étaient justifiées par un risque de pénurie d'eau et qu'elles étaient limitées dans le temps ; en statuant ainsi, dès lors que, comme elle l'a relevé, la réalité et l'intensité du risque de pénurie ayant déterminé la mesure d'interdiction préfectorale, ainsi que le caractère susceptible de délégation de service public de l'arrosage municipal, n'étaient pas valablement contestés par la commune, la cour d'appel, qui relevait par ailleurs que seul l'arrosage des jardinières était susceptible d'avoir été assuré avec de l'eau provenant d'une réserve, a justifié sa décision par des motifs exempts d'insuffisance comme de contradiction. • Crim. 26 juin 2018, n° 17-84.404 : *Gaz. Pal. 2018. 3167, obs. Dreyer.*

b. Activités non susceptibles de délégation

31. Classes de découverte. L'animation des classes de découverte pendant le temps scolaire constitue une activité du service public de l'enseignement public qui, par sa nature même, n'est pas susceptible de faire l'objet de conventions de délégation de service public ; une collectivité territoriale ne peut donc être déclarée responsable pénalement au titre d'infractions commises dans l'exercice d'une telle activité ; pour dire une commune susceptible de poursuites pénales à raison d'un accident lors d'une sortie scolaire, la cour d'appel énonce que les faits reprochés ont été commis à l'occasion de l'exercice, par la commune, d'activités « à la périphérie du service public de l'enseignement », auxquelles les personnes privées peuvent participer, qui ne relèvent pas d'une prérogative de puissance publique et qui peuvent, dès lors, être déléguées ; en statuant ainsi, alors que l'exécution même du service public communal d'animation des classes de découverte suivies par les enfants des écoles publiques et privées pendant le temps scolaire, qui participe du service de l'enseignement public, n'est pas, par nature, susceptible de faire l'objet de conventions de délégation de service public, la cour d'appel a méconnu le texte susvisé. • Crim. 12 déc. 2000, n° 98-83.969 P : *BICC 2001, n° 529, p. 3, concl. Commaret, et rapp. Ferrari ; Gaz. Pal. 2000. 2. 2456, note Petit ; ibid. 2001. 2. 1196, note Y. Monnet ; Dr. pénal 2001, n° 43, obs. Véron ; RSC 2001. 372, obs. Bouloc* (cassation de • Grenoble, 12 juin 1998 : *Gaz. Pal. 1998. 2. 460, note S. Petit ; D. 1999. Somm. 151, obs. Roujou de Boubée*. En première instance : • TGI Grenoble, 15 sept. 1997 : *Dr. pénal 1998. 5, obs. Véron*).

32. Maintenance des équipements de l'enseignement public. Dans le cadre d'un accident survenu à un élève d'un lycée technique au cours d'une activité d'enseignement, après que la manche de sa blouse eut été happée par une fraiseuse en rotation sur laquelle il était occupé à usiner une pièce, une cour d'appel, pour écarter l'argumentation de la collectivité territoriale, selon laquelle l'art. 121-2, al. 2, C. pén. faisait obstacle à l'exercice des poursuites, dès lors qu'à la supposer établie l'infraction reprochée avait été commise dans l'exercice d'une activité insusceptible de faire l'objet d'une convention de délégation de service public, retient que, n'impliquant pas l'exercice de prérogatives de puissance publique, la mise en conformité de la machine, qui incombait à la région en application des dispositions de l'art. 14, II, ancien de la L. n° 83-663 du 22 juill. 1983, reprises à l'art. L. 214-6 C. éduc., pouvait, en l'absence de disposition légale contraire, faire l'objet d'une telle convention, la collectivité territoriale « conservant la maîtrise d'ouvrage » ; en se prononçant ainsi, elle méconnaît l'art. 121-2 C. pén. puisque l'obligation incombant à la région de mettre les machines affectées à l'enseignement en conformité avec les prescriptions légales et réglementaires relatives à la sécurité des équipements du travail participe du service de l'enseignement public et n'est pas, dès lors, en raison de sa nature même, susceptible de faire l'objet de conventions de délégation de service public. • Crim. 11 déc. 2001, n° 00-87.705 P : *Dr. pénal 2002, n° 40, obs. Véron ; Gaz. Pal. 2002. 2. 947, note Petit ; RSC 2002. 321, obs. Bouloc*.

33. Organisation des transports scolaires. Pour déclarer le département de l'Orne coupable d'homicides involontaires, l'arrêt, après avoir relevé que cette collectivité territoriale a confié par convention l'exécution du service public des transports scolaires, dans les secteurs ruraux de la circonscription, à la Société de transports automobiles de l'Ouest (STAO), retient qu'en maintenant, à proximité d'un carrefour, dans une zone rurale, à 400 mètres d'un autre point d'arrêt pourvu d'un abri et situé sur une place, un point de ramassage scolaire non signalisé et dépourvu tant d'abri que d'espace adapté au stationnement des véhicules des parents, le prévenu a commis par son représentant, le président du conseil général, qui avait la maîtrise du choix de l'implantation des arrêts et de la voirie, une faute d'imprudence ayant un lien de causalité avec les dommages. Mais en se déterminant ainsi, alors que, si l'exploitation du service des transports scolaires est susceptible de faire l'objet d'une convention de délégation de service public, il n'en va pas de même de son organisation, qui est confiée au département en application de l'art. 29 de la L. du 22 juill. 1983, devenu l'art. L. 213-11 C. éduc., et qui comprend notamment la détermination des itinéraires à suivre et des points d'arrêt à desservir, la cour d'appel a méconnu le sens et la portée du texte susvisé et du principe ci-dessus rappelé. D'où il suit que la cassation est encourue. • Crim. 6 avr. 2004, n° 03-82.394 P : *AJ pénal 2004. 240, obs. Girault ; Gaz. Pal. 2004. 2. 3799, note Monnet*.

34. Attribution d'un marché public. Si c'est à tort que, pour prononcer la relaxe du SIVOM des chefs de concussion et d'atteinte à la liberté d'accès et à l'égalité des candidats dans les marchés publics [...], l'arrêt retient que le SIVOM n'a pas la qualité de personne dépositaire de l'autorité publique ou chargée d'une mission de service public, alors que celui-ci, qui a pour objet la réalisation et la gestion de l'alimentation en eau potable et du réseau d'assainissement de l'agglomération de Sagone, est chargé, directement ou indirectement, d'accomplir des actes ayant pour but de satisfaire à l'intérêt général, et revêt ainsi la qualité de personne chargée d'une mission de service public au sens des art. 432-10 et 432-14 C. pén., l'arrêt n'encourt toutefois pas la censure dès lors que les activités respectives de fixation d'une taxe et d'attribution d'un marché public, à l'occasion desquelles les délits susvisés ont été commis, ne sont pas susceptibles de faire l'objet d'une convention de délégation de service public au sens de l'art. 121-2 C. pén. • Crim. 19 déc. 2018, n° 18-81.328 P : *D. 2019. 2322, obs. Gozzi ; AJCT 2019. 156, obs. Mayaud ; JCP 2019. 138, note Brigant ; Gaz. Pal. 2019. 226, note Maréchal*.

35. Fixation d'une taxe. V. • Crim. 19 déc. 2018, n° 18-81.328 : *préc. note 34*.

36. Missions de police administrative. Les missions de police administrative incombant au maire ne sont pas des activités susceptibles de faire l'objet de conventions de délégation de service public ; la responsabilité pénale d'une commune ne peut donc être mise en cause du chef d'homicide involontaire dans ce cadre. • Amiens, 9 mai 2000 : *Gaz. Pal. 2000. 2. 1413, note S. Petit.*

4° ÉTABLISSEMENTS PUBLICS

37. Agence nationale pour l'emploi. L'Agence nationale pour l'emploi, établissement public national, a été citée devant le tribunal correctionnel sur le fondement des art. 225-1 et 225-2 C. pén., pour avoir refusé de présenter la candidature d'une personne à un employeur du fait de la consonance étrangère de son patronyme. Le tribunal a dit la prévenue coupable de l'infraction poursuivie et prononcé sur les intérêts civils. Pour dire la juridiction répressive incompétente pour connaître de l'action en réparation, les juges du second degré ont considéré que les faits discriminatoires dont l'Agence nationale pour l'emploi a été déclarée coupable ont été réalisés à l'occasion de l'exercice du service public de placement dont elle est chargée, que sa faute n'en est pas détachable, et que l'action en réparation de la partie civile ne peut être portée que devant la juridiction administrative. En se déterminant de la sorte, la cour d'appel a justifié sa décision. En effet, il résulte de la loi des 16-24 août 1970 et du décret du 16 fructidor an III que, sauf dispositions contraires, les tribunaux judiciaires ne sont pas compétents pour réparer les conséquences dommageables d'une faute engageant la responsabilité d'une personne morale de droit public à l'occasion de la gestion d'un service public administratif. • Crim. 30 sept. 2008, n° 07-87.734 P.

38. Impact d'un prêt illicite de main-d'œuvre par une société privée. Il résulte des art. L. 125-3 et L. 152-3 C. trav. que constitue un prêt illicite de main-d'œuvre toute opération à but lucratif ayant pour objet exclusif le prêt de main-d'œuvre, dès lors qu'elle n'est pas effectuée dans le cadre des dispositions du C. trav. relatives au travail temporaire ; méconnaît ces dispositions la cour d'appel qui, pour dire le délit de prêt illicite de main-d'œuvre non caractérisé à l'encontre d'une société poursuivie pour avoir, sous le couvert d'un marché public, mis du personnel à la disposition d'un établissement public administratif, énonce que les dispositions du livre Ier C. trav., au nombre desquelles figurent les articles précités, ne sont pas applicables à un tel établissement ; une telle circonstance est en effet sans incidence sur la constitution du délit à l'encontre de l'entreprise ayant fourni la main-d'œuvre. • Crim. 30 sept. 2003, n° 02-85.022 P : *RSC 2004. 341, obs. Fortis.*

II. CONDITIONS DE LA RESPONSABILITÉ

A. CONSOMMATION DE L'INFRACTION

1° NOTION D'ORGANE OU DE REPRÉSENTANT

39. Organe ou représentant de droit. Est l'organe dirigeant d'une entreprise au sens de l'art. 121-2 C. pén. le président-directeur général. • T. corr. Versailles, 18 déc. 1995 : *Dr. pénal 1996, n° 71, obs. J.-H. Robert ; JCP 1996. II. 22640, note J.-H. Robert.*

40. Est représentant d'une banque (BNP) le directeur de l'une de ses agences. • TGI Bastia, 3 juin 1997 : *RSC 1998. 99, obs. Mayaud.*

41. Est l'organe d'une commune : ... le maire, à qui il appartient de veiller à ce que les activités d'accompagnement scolaire organisées par la commune ne comportent pas de risque manifeste pour la santé et la sécurité des enfants, et dont les négligences dans l'encadrement de ses agents et le contrôle de ses services sont en relation certaine avec les homicides et blessures involontaires imputés à la commune. • TGI Grenoble, 15 sept. 1997 : *Dr. pénal 1998. 5, obs. Véron.* ♦ Confirmé par : • Grenoble, 12 juin 1998 : *Gaz. Pal. 1998. 2. 460, note S. Petit ; D. 1999. Somm. 151, obs. Roujou de Boubée.* ♦ En cassation : • Crim. 12 déc. 2000, n° 98-83.969 P : *BICC 2001, n° 529, p. 3, concl. Commaret et rapp. Ferrari ; Gaz. Pal. 2000. 2. 2456, note Petit ; ibid. 2001. 2. 1196, note Monnet ; Dr. pénal 2001. 43, obs. Véron.* ♦ ... L'animatrice d'un service communal à caractère socio-éducatif, consistant à offrir aux enfants des écoles des activités de découverte de la nature, dont les imprudences sont au nombre des causes certaines des homicides et des blessures imputés à la commune. • TGI Grenoble, 15 sept. 1997 : *préc.*

42. Aux termes de l'art. L. 441-2 CCH, dans sa rédaction applicable au litige, issue de la L. n° 2005-32 du 18 janv. 2005, et de l'art. R. 441-9 du même code, dans sa rédaction issue du Décr. n° 2003-155 du 24 févr. 2003, les six membres désignés de la commission d'attribution, créée au sein d'une société d'habitations à loyer modéré et chargée d'attribuer nominativement chaque logement locatif, sont des administrateurs ou des membres du conseil de surveillance de ladite société, choisis par ce conseil, et le maire, membre de droit de la commission, n'a voix prépondérante qu'en cas de partage des voix. Il en résulte que cette commission d'attribution constitue un organe de la personne morale au sens de l'art. 121-2 C. pén. Fait une juste application de ces textes l'arrêt qui, pour déclarer une société d'habitations à loyer modéré coupable du chef de discrimination raciale dans l'attribution d'un logement, constate préalablement que cette infraction a été commise pour le compte de la personne morale par sa commission d'attribution. • Crim. 11 juill. 2017, n° 16-82.426 P : *D. actu. 5 sept. 2017, obs. Fonteix.*

43. Le capitaine d'un navire, salarié de l'armateur, en est le représentant par application des art. L. 5412-2 à L. 5412-15 C. transp., et au sens de l'art. 121-2 C. pén. • Crim. 2 mai 2018, n° 17-82.971 : *Dr. pénal 2018, n° 124, obs. Conte ; ibid., n° 133, obs. J.-H. Robert ; RSC 2019. 365, obs. Monteiro.*

44. Organe ou représentant de fait. Il n'importe que les personnes physiques dont la responsabilité pénale peut être retenue ne soient pas membres des organes sociaux de la personne morale également poursuivie, dès lors que l'appréciation concrète des circonstances de fait conduit à retenir que la décision fautive d'ouverture d'une piste de ski au public à l'origine au moins partiellement de la mort d'une victime a été prise d'un commun accord entre ces personnes, et que vis-à-vis de ce public, ce sont bien eux qui ont normalement exercé le pouvoir de décision de la personne morale dans le cadre du contrat de remontées mécaniques et de son obligation accessoire de sécurité ; ces personnes constituent donc bien des représentants de la personne morale au sens et pour l'application de l'art. 121-2 C. pén. • Grenoble, 25 févr. 1998 : *BICC 1999, n° 141 ; JCP 1998. IV. 3537 ; Gaz. Pal. 1998. 1. Somm. 183* (confirmation de : • TGI Grenoble, 15 mai 1997 : *Gaz. Pal. 1997. 2. Somm. 339*). ♦ Sur le rejet du pourvoi : • Crim. 9 nov. 1999, n° 98-81.746 P : *Dr. pénal 2000, n° 56 (1er arrêt), obs. Véron ; RSC 2000. 389, obs. Mayaud ; ibid. 600, obs. Bouloc ; ibid. 851, obs. Giudicelli-Delage*.

45. Pour un gérant de fait reconnu comme organe d'une société, engageant ainsi sa responsabilité pénale. • Crim. 15 juin 2016, n° 14-87.715 P : *D. actu. 18 juill. 2016, obs. André.*

46. Délégataire de pouvoirs. L'expression « organe ou représentant de la personne morale » peut s'appliquer notamment au directeur général et aux salariés exerçant les pouvoirs de celui-ci par voie de délégation. • TGI Grenoble, 15 mai 1997 : *Gaz. Pal. 1997. 2. Somm. 339.*

47. Le délégataire de pouvoirs représente la personne morale, au sens de l'art. 121-2 C. pén., en matière d'hygiène et de sécurité. • Crim. 14 déc. 1999, n° 99-80.104 P : *Dr. pénal 2000, n° 56 (2e arrêt), obs. Véron ; RSC 2000. 600, obs. Bouloc, et 851, obs. Giudicelli-Delage*. ♦ Le salarié d'une société, titulaire d'une délégation de pouvoirs en matière d'hygiène et de sécurité, est un représentant de la personne morale au sens de l'art. 121-2 C. pén. ; il engage donc la responsabilité pénale de celle-ci en cas d'atteinte involontaire à la vie ou à l'intégrité physique trouvant sa cause dans un manquement aux règles qu'il était tenu de faire respecter en vertu de sa délégation. • Crim. 30 mai 2000, n° 99-84.212 P : *D. 2001. Somm. 2350, obs. Roujou de Boubée ; RSC 2000. 816, obs. Bouloc, et 851, obs. Giudicelli-Delage*. ♦ Ont la qualité de représentant au sens de l'art. 121-2, les *personnes pourvues de la compétence*, de l'autorité et des moyens nécessaires en raison d'une délégation de pouvoir de la part des organes de la personne morale ou d'une subdélégation des pouvoirs d'une personne déléguée par ces mêmes organes. • Crim. 26 juin 2001, n° 00-83.466 P : *D. 2002. Somm. 1802, obs. Roujou de Boubée ; RSC 2002. 99, obs. Bouloc ; JCP E 2002, p. 375, note Ohl ; Dr. pénal 2002. 8, obs. J.-H. Robert ; Gaz. Pal. 2002. 1. Somm. 549, note Monnet.* ♦ Pour déclarer une société coupable d'abus de faiblesse, l'arrêt énonce que l'infraction a été commise, pour le compte de ladite société, par un de ses salariés, par ailleurs condamné, qui a déclaré y avoir occupé les fonctions de directeur de développement après l'avoir créée, avoir vu tous les documents signés par les victimes et avoir eu le pouvoir de mettre fin à l'exécution de leurs engagements ; en l'état de ces énonciations, d'où il résulte que le salarié, pourvu de la compétence, de l'autorité et des moyens nécessaires, avait reçu une délégation de la part des organes de la personne morale poursuivie, la cour d'appel a justifié sa décision. • Crim. 7 févr. 2006 : *Dr. pénal 2006. 100, obs. Véron ; JCP 2006. II. 10058.* ♦ Le salarié d'une société titulaire d'une délégation de pouvoirs en matière d'hygiène et de sécurité, et comme tel investi dans ce domaine de la compétence, de l'autorité et des moyens nécessaires à l'exercice de sa mission, est un représentant de la personne morale au sens de l'art. 121-2 C. pén., et engage la responsabilité de celle-ci en cas d'atteinte involontaire à la vie ou à l'intégrité physique trouvant sa cause dans un manquement aux règles qu'il était tenu de faire respecter en vertu de sa délégation. • Crim. 25 mars 2014, n° 13-80.376 P : *D. actu. 29 avr. 2014, obs. Winckelmuller ; JCP 2014, n° 421, obs. Donnier ; ibid., n° 716, note J.-H. Robert ; Gaz. Pal. 2014. 1. 1696, obs. Dreyer.*

48. A justifié sa décision la cour d'appel qui déduit de l'audition du responsable d'une unité de production, lequel avait déclaré lors de son interrogatoire de première comparution devant le juge d'instruction être « évidemment responsable pénal, en relations humaines, commercial, sur tous les plans » pour le compte de la société poursuivie, qu'il avait la qualité de représentant de ladite société. • Crim. 3 sept. 2019, n° 18-82.199 : *Gaz. Pal. 2019. 3316, obs. Dreyer.*

49. Pour un salarié disposant d'une délégation de fait de la société dans laquelle il travaillait, de sorte qu'il en était son représentant. • Crim. 7 janv. 2020, n° 18-87.027 : *Dr. pénal 2020, n° 74, obs. Conte.*

50. Groupement d'entreprises. V. notes ss. art. 221-7.

51. Supérieurs hiérarchiques. Pour dire les éléments de l'infraction de rappel ou mention d'une sanction amnistiée réunis, infraction elle-même amnistiée par la L. n° 2002-1062 du 6 août 2002, la cour d'appel relève qu'une sanction disciplinaire, amnistiée par la L. du 3 août 1995, a été, postérieurement à celle-ci, rappelée dans un rapport signé par deux des supérieurs hiérarchiques de l'agent concerné, et que ce rapport a été versé au dossier soumis à la commission administrative paritaire chargée de donner un avis sur l'avancement de celui-ci. Les juges ajoutent que, si, lors de la réunion de la commission, la présidente n'a pas lu le passage du rapport consacré à la sanction amnistiée, elle a fait état de son existence ; la cour d'appel a justifié sa décision, dès lors qu'en formulant sur un agent des appréciations écrites à l'occasion d'une décision relative à sa carrière, ses supérieurs hiérarchiques, qui participaient ainsi aux pouvoirs de l'employeur, représentaient l'établissement public et agissaient pour son compte. • Crim. 6 avr. 2004, n° 02-88.007 P : *Dr. pénal 2004. 108, obs. J.-H. Robert.*

2° IDENTIFICATION DES ORGANES OU REPRÉSENTANTS

a. 1er temps – Identification explicite

52. Principe. Il résulte de l'art. 121-2 C. pén. que les personnes morales ne peuvent être déclarées pénalement responsables que s'il est établi qu'une infraction a été commise, pour leur compte, par leurs organes ou représentants. • Crim. 2 déc. 1997, n° 96-85.484 P : *JCP G. 1998. II. 10023, rapp. F. Desportes ; ibid. E 1998, p. 948, note Salvage ; ibid. 1999. I. 112, n° 1, obs. Véron ; D. Affaires 1998, p. 225 ; ibid., p. 432 ; D. 1999. Somm. 152, obs. Roujou de Boubée ; BJS 1998. 512, note J.-F. Barbièri ; RSC 1998. 536, obs. Bouloc ; Rev soc. 1998. 148, obs. Bouloc ; Gaz. Pal. 2000. 2. Somm. 2243, note V. Benhamou* (usage de fausses attestations) • 18 janv. 2000, n° 99-80.318 P : *D. 2000. 636, note Saint-Pau ; JCP 2000. II. 10395, note Debove ; ibid. E 2001, p. 278, note Marmoz ; Dr. pénal 2000, n° 72, obs. Véron ; RSC 2000. 816, obs. Bouloc* (homicide involontaire) • 21 mars 2000, n° 98-84.714 P : *Dr. pénal 2000. 131, obs. J.-H. Robert ; RSC 2000. 816, obs. Bouloc* (référence à une sanction aministiée) • 24 mai 2000, n° 99-83.414 P : *RSC 2000. 816, obs. Bouloc* (usage d'une fausse attestation).

53. Illustrations. Le délit de vente au déballage sans autorisation, prévu et puni par les art. L. 310-2, L. 310-5 et L. 310-6 C. com. n'est imputable, à titre d'auteur principal, qu'à la personne qui procède à la vente ; encourt la cassation l'arrêt qui déclare une association de commerçants coupable de ce délit sans préciser quel organe ou représentant aurait engagé, à titre d'auteur principal, la responsabilité pénale de cette personne morale. • Crim. 29 avr. 2003, n° 02-85.353 P : *D. 2004. 167, note Saint-Pau ; ibid. 2004. Somm. 318, obs. Roujou de Boubée ; Dr. pénal 2003. Comm. 86, obs. J.-H. Robert ; Gaz. Pal. 2004. 2. 2885, obs. Sordino ; RSC 2004. 339, obs. Fortis*.

54. N'a pas donné de base à sa décision la cour d'appel qui retient la responsabilité d'une société pour homicide involontaire, sans rechercher si les négligences et manquements aux obligations de sécurité ont été commis par ses organes ou représentants au sens de l'art. 121-2 C. pén. • Crim. 23 mai 2006 : *Dr. pénal 2006. 128 (1re esp.), obs. Véron.*

55. Il y a lieu à application des art. 121-2 et 223-2 C. pén. dès lors que les violations manifestement délibérées ayant exposé directement les salariés à un risque immédiat de mort ou d'infirmité permanente imputables au représentant de la société ont été commises pour le compte de cette société (non-respect des réglementations en matière de poussières d'amiante). • Douai, 6 mars 2008 : *Gaz. Pal. 2008. 1. Somm. 2010, note Viriot-Barrial.*

b. 2e temps – Détour par la présomption ou l'implication

56. Principe. Il ne saurait être reproché à une cour d'appel de déclarer une société pénalement responsable sans préciser l'identité de l'auteur des manquements constitutifs du délit, dès lors que l'infraction n'a pu être commise, pour le compte de la société, que par ses organes ou représentants. • Crim. 20 juin 2006, n° 05-85.255 P : *D. 2007. 617, note Saint-Pau ; ibid. 2007. Pan. 402, obs. Roujou de Boubée ; ibid. 1624, obs. Mascala ; JCP 2006. II. 10199, note Dreyer ; Dr. pénal 2006. 128 (2e esp.), obs. Véron ; RSC 2006. 825, obs. Mayaud* (homicide involontaire) • 26 juin 2007, n° 06-84.821 : *D. 2008. Pan. 1573, obs. Mascala ; Dr. pénal 2007. 135, obs. Véron* (blessures involontaires) • 25 juin 2008, n° 07-80.261 P : *D. 2008. AJ 2287 ; ibid. 2009. Pan. 1445, obs. Valette-Ercole ; ibid. 1723, obs. Mascala ; Dr. pénal 2008, n° 140 (2e esp.), obs. Véron ; RSC 2009. 89, obs. Fortis* (faux et complicité de faux) • 1er déc. 2009, n° 09-82.140 : *D. 2010. Pan. 1663, obs. Mascala ; ibid. 2734, obs. Roujou de Boubée ; JCP G 2010, n° 25, 689, note J.-H. Robert* (tromperie). • 16 déc. 2009, n° 07-86.584 : *Gaz. Pal. 2010. 1. 979, note Detraz* (publicité de nature à induire en erreur).

57. Justifie sa décision la cour d'appel qui, pour déclarer une société responsable pénalement d'entrave au fonctionnement régulier d'un marché réglementé, relève que le salarié ayant fait monter artificiellement le cours de l'action avait reçu pouvoir de la direction d'exécuter les ordres des clients et représentait l'établissement vis-à-vis de ces derniers, n'avait pas agi de sa propre initiative, mais au profit de la société, et après en avoir informé sa hiérarchie, qui ne lui avait pas interdit de procéder ainsi, d'où il se déduit que l'infraction d'entrave au fonctionnement régulier d'un marché réglementé a été nécessairement commise par un organe de la société, pour le compte de cette dernière. • Crim. 28 janv. 2009, n° 07-81.674 : *Dr pénal 2009, n° 48, obs. J.-H. Robert ; BJB, mai-juin 2009, p. 170, note Lasserre Capdeville ; RTD com. 2009. 409, obs. Rontchevsky ; Dr. sociétés 2009. Comm. 83, obs. R. Salomon ; RSC 2010, p. 165, obs. F. Stasiak.*

58. QPC. La question présentée tend à faire constater que l'art. 121-2, al. 1er, C. pén., qui pose le principe de la responsabilité pénale des personnes morales, est contraire à l'exigence de précision suffisante de la loi pénale qui résulte de l'art. 8 DDH du 26 août 1789, en ce qu'il permet de retenir la responsabilité pénale d'une personne morale sans même qu'un fait précis soit imputé à ses organes ou représentants ni même que ceux-ci soient identifiés ; la disposition contestée a été mise en œuvre à l'encontre d'une procédure contre une société ayant donné lieu à la condamnation de cette personne morale du chef d'homicide involontaire ; la question, ne portant pas sur l'interprétation d'une disposition constitutionnelle dont le Conseil constitutionnel n'aurait pas encore eu l'occasion de faire application, n'est pas nouvelle ; aux termes de l'art. 61-1 de la Constitution, la question dont peut être saisi le Conseil constitutionnel est seulement celle qui invoque l'atteinte portée par une disposition législative aux droits et libertés que la Constitution garantit ; la question posée, sous le couvert de la prétendue imprécision des dispositions critiquées, tend en réalité à contester l'application qu'en fait la Cour de cassation ; elle ne satisfait pas dès lors aux exigences du texte constitutionnel précité, d'où il suit qu'il n'y a pas lieu de la renvoyer au Conseil constitutionnel. • Crim. 11 juin 2010, n° 09-87.884 QPC : *D. 2010. 1560, obs. Lavric ; ibid. 2010. 1712 ; ibid. 2734, obs. Roujou de Boubée ; ibid. 2011. 1713, obs. Bernaud et Gay ; ibid. 1859, obs. Mascala ; AJ pénal 2010. 392, obs. Perrier ; AJDA 2010. 1831, note B. Maligner ; ibid. 1849 , tribune B. Perrin ; JCP G 2010, n° 1030, note J.-H. Robert ; ibid. n° 1031, note Matsopoulou ; Constitutions 2010. 453, obs. R. Ghevontian ; ibid. 2011. 531, obs. A. Darsonville ; RSC 2011. 177, obs. de Lamy ; RTD com. 2010. 815, obs. Bouloc .* ♦ *Adde* : J.-H. Robert, *JCP G 2011, Supplément au n° 41, Études, n° 6* (questions prioritaires de constitutionnalité dirigées contre la responsabilité pénale des personnes morales. Des échecs répétés).

59. La QPC est ainsi rédigée : « Vu les art. 121-1, 121-2, al. 1er, C. pén., 61-1 Const., 7, 8, 9 DDH ; le principe de la responsabilité pénale des personnes morales posé par l'art. 121-2 C. pén. est-il conforme au bloc de constitutionnalité garantissant les droits et libertés, en particulier le principe de l'égalité de tous devant la loi, le principe de la légalité des délits et des peines, celui de leur personnalité et celui de la présomption d'innocence ? Plus précisément, l'article 121-2, *alinéa 1er, en instituant un régime de responsa*bilité pénale par représentation, viole-t-il les principes constitutionnels car la responsabilité pénale ne peut découler que d'un fait personnel ? » ; cette question ne présente pas à l'évidence un caractère sérieux, dès lors que l'art. 121-2, al. 1er, C. pén. instituant la responsabilité pénale des personnes morales, prévoit que cette responsabilité ne peut être engagée que du seul fait d'infractions commises, pour leur compte, par leurs organes ou représentants, qu'il ne contrevient pas au principe de la légalité des délits et des peines et ne comporte aucune dérogation injustifiée au principe d'égalité devant la loi, et qu'enfin, il ne porte pas atteinte à la présomption d'innocence ; d'où il suit qu'il n'y a pas lieu de renvoyer la question au Conseil constitutionnel. • Crim. 29 mars 2011, n° 11-90.007 QPC : *D. 2011. 1762* .

c. 3e temps – Retour à l'identification explicite

60. N'a pas justifié sa décision la cour d'appel qui, pour confirmer le jugement ayant condamné la société EDF pour homicide involontaire, retient, notamment, que l'infraction a été commise par deux de ses agents, représentants de ladite société « nonobstant l'absence formelle de délégation de pouvoirs », sans mieux s'expliquer sur l'existence effective d'une délégation de pouvoirs ni sur le statut et les attributions des agents mis en cause propres à en faire des représentants de la personne morale au sens de l'art. 121-2 C. pén. • Crim. 11 oct. 2011, n° 10-87.212 P : *D. 2011. 2600, obs. Bombled ; ibid. 2841, note Rias ; AJ pénal 2012. 35, note Bouloc ; JCP G 2011, n° 1385, note J.-H. Robert ; Gaz. Pal. 2012. 1. 292, note Dreyer ; ibid. 2012. 1. 1441, note Hervet et Benouniche ; RSC 2011. 825, obs. Mayaud .*

61. Ne justifie pas sa décision au regard de l'art. 121-2 C. pén. la cour d'appel qui, saisie des poursuites exercées contre une personne morale du chef de blessures involontaires à la suite d'un accident du travail subi par un salarié, se borne à retenir qu'à défaut d'avoir dispensé une formation pratique et appropriée, la personne morale a créé la situation ayant permis la réalisation du dommage ou n'a pas pris les mesures permettant de l'éviter, sans mieux rechercher si les manquements relevés résultaient de l'abstention de l'un des organes ou représentants de ladite personne morale et s'ils avaient été commis pour le compte de celle-ci. • Crim. 11 avr. 2012, n° 10-86.974 P : *D. actu. 3 mai 2012, obs. Bombled ; D. 2012. 1381, note Saint-Pau ; JCP G 2012, n° 740, note J.-H. Robert ; Gaz. Pal. 2012. 1. 1441, note Hervet et Benouniche ; ibid. 2012. 2. 2220, obs. Dreyer ; RSC 2012. 375, obs. Mayaud ; ibid. 377, obs. Cerf-Hollender .* ♦ Ne justifie pas sa décision au regard de l'art. 121-2 C. pén. la cour d'appel qui, saisie des poursuites exercées contre une personne morale des chefs d'homicide involontaire et de blessures involontaires à la suite d'un accident du travail subi par un salarié, se borne à retenir à l'encontre des personnes morales prévenues des manquements fautifs aux prescriptions légales et contractuelles, sans mieux rechercher si ces manquements résultaient de l'abstention de l'un des organes ou représentants de ladite personne morale et s'ils avaient été commis pour le compte de celle-ci. • Crim. 2 oct. 2012, n° 11-84.415 P : *D. actu. 9 nov. 2012, obs. Priou-Alibert ; RSC 2013. 73, obs. Mayaud*.

62. Est justifiée au regard de l'art. 121-2 C. pén. la décision d'une cour d'appel qui retient la responsabilité pénale d'une société, du fait d'un de ses représentants, à la suite de l'accident du travail subi par un salarié et causé par l'imprudence d'un conducteur de travaux désigné par le plan particulier de sécurité et de protection de la santé comme responsable de la sécurité sur le chantier qui, présent sur les lieux de l'accident, a ordonné l'exécution d'une opération de décâblage sans s'opposer à l'utilisation d'un outil inadapté pour la réaliser. • Crim. 11 déc. 2012, n° 11-87.421 P : *D. actu. 8 févr. 2013, obs. Le Drevo ; Dr. pénal 2013, n° 55, obs. Véron ; RSC 2013. 73, obs. Mayaud*.

63. Encourt la censure l'arrêt de la cour d'appel qui, pour condamner des chefs d'homicide et de blessures involontaires sur une des personnes morales appartenant à un groupement d'entreprises chargé de la construction d'un ensemble commercial, à la suite d'un accident du travail subi par deux salariés employés par d'autres sociétés du groupement, lui impute un défaut de conception dans l'acte de construire, sans mieux s'expliquer sur ce point, ni préciser en quoi les infractions retenues à l'encontre de la société prévenue avaient été commises pour son compte, par un de ses organes ou représentants. • Crim. 22 janv. 2013, n° 12-80.022 P : *AJ pénal 2013. 273, obs. Lasserre Capdeville ; Dr. pénal 2013, n° 55, obs. Véron ; Gaz. Pal. 2013. 1. 1723, obs. Dreyer ; RSC 2013. 73, obs. Mayaud*.

64. L'association demanderesse ne saurait se faire un grief de ce que les juges du second degré, qui ont retenu que la faute relevée à l'encontre de l'organisatrice de la compétition avait concouru, de manière certaine, au décès de la victime et exclu, de ce fait, que cette dernière ait pu commettre une faute constituant la cause exclusive de l'accident, l'aient déclarée coupable du délit d'homicide involontaire sans préciser l'identité de l'auteur des manquements constitutifs du délit dès lors que l'infraction n'a pu être commise, pour le compte de l'association, que par son président, responsable de la sécurité, en l'absence de délégation interne non invoquée devant la cour d'appel. • Crim. 18 juin 2013, n° 12-85.917 P : *D. actu. 7 oct. 2013, obs. Le Drevo ; Gaz. Pal. 2013. 2. 2991, note J.-P. Vial ; ibid. 3239, obs. Dreyer ; RSC 2013. 807, obs. Mayaud*.

65. Ne justifie pas sa décision au regard du texte précité la cour d'appel qui, saisie des poursuites exercées contre une personne morale du chef d'escroquerie au jugement, se borne à relever que cette personne morale a induit le conseiller de la mise en état en erreur en produisant un document autre que celui que ce dernier lui réclamait, sans mieux rechercher si les faits reprochés avaient été commis, pour le compte de la personne morale poursuivie, par l'un de ses organes ou représentants. • Crim. 19 juin 2013, n° 12-82.827 P : *D. actu. 11 juill. 2013, obs. Winckelmuller ; AJ pénal 2013. 606, obs. Lasserre Capdeville ; JCP G 2013, n° 1049, note A. Gallois.*

66. Encourt la censure : ... la cour d'appel qui a déclaré une société coupable de contrefaçon, sans rechercher par quel organe ou représentant le délit avait été commis pour son compte. • Crim. 1er avr. 2014, n° 12-86.501 P : *D. actu. 9 mai 2014, obs. Priou-Alibert ; AJ pénal 2014. 356, obs. Gallois ; Gaz. Pal. 2014. 1. 1619, note Mesa.* ♦ ... L'arrêt d'une cour d'appel qui, pour déclarer coupable d'homicide involontaire une société, à la suite d'un accident du travail, se borne à relever que celle-ci n'a pas rempli ses obligations légales et réglementaires en matière de communication des informations relatives à la prévention des risques, sans rechercher si les manquements relevés résultaient de l'abstention d'un des organes ou représentants de cette société, et s'ils avaient été commis pour le compte de celle-ci. • Crim. 6 mai 2014, n° 12-88.354 P : *AJ pénal 2014. 412, note Mercinier et Pugliese ; Gaz. Pal. 2014. 1. 1663, note Mésa.* ♦ ... L'arrêt de la cour d'appel qui, pour condamner du chef d'homicide involontaire une personne morale exploitant un centre de traitement de déchets, à la suite d'un accident mortel du travail dont a été victime l'un de ses salariés, lui impute un défaut de respect des consignes de sécurité, sans rechercher si les manquements relevés résultaient de l'abstention d'un des organes ou représentants de la société prévenue, et s'ils avaient été commis pour le compte de celle-ci. • Crim. 6 mai 2014, n° 13-81.406 P : *AJ pénal 2014. 412, note Mercinier et Pugliese ; JCP G 2014, n° 716, note J.-H. Robert ; Gaz. Pal. 2014. 1. 1663, note Mésa.* ♦ ... L'arrêt d'une cour d'appel qui, pour déclarer coupable de blessures involontaires une société, à la suite d'un accident du travail, se borne à relever que tout manquement aux règles en matière de sécurité constitue nécessairement une faute pénale commise pour le compte de la personne morale sur qui pèse l'obligation de sécurité, sans rechercher si les manquements relevés résultaient de l'abstention d'un des organes ou représentants de cette société, et s'ils avaient été commis pour le compte de celle-ci. • Crim. 6 mai 2014, n° 13-82.677 P : *AJ pénal 2014. 412, note Mercinier et Pugliese ; JCP G 2014, n° 716, note J.-H. Robert ; Gaz. Pal. 2014. 1. 1663, note Mésa.* ♦ ... L'arrêt qui, pour retenir la responsabilité pénale d'une société commerciale, énonce que le responsable marketing, avec qui les partenaires de la société discutaient directement, connaissait la fraude et a contribué à sa mise en place et à son fonctionnement, sans rechercher par quel organe ou représentant le délit reproché à la personne morale avait été commis pour son compte. • Crim. 13 mai 2014, n° 13-81.240 P : *D. 2014. 1158*. ♦ ... La cour d'appel qui, saisie de poursuites exercées contre une société du chef de blessures involontaires à la suite d'un accident du travail subi par un salarié, se borne à retenir à l'encontre de cette société la violation d'une obligation particulière de prudence ou de sécurité, sans caractériser, d'une part, ladite obligation, et sans mieux rechercher, d'autre part, si cette violation résultait de l'abstention de l'un des organes ou représentants de la personne morale et si elle avait été commise pour le compte de celle-ci. • Crim. 2 sept. 2014, n° 13-83.956 P : *D. actu. 25 sept. 2014, obs. Priou-Alibert ; AJ pénal 2015. 43, obs. Lasserre Capdeville*. ♦ ... La cour d'appel qui, pour confirmer la culpabilité d'une société hospitalière en lien avec le décès d'une patiente quelques heures après avoir accouché par césarienne, suite à une décompensation cardio-vasculaire d'une hémorragie de la délivrance, énonce notamment que s'agissant d'une défaillance manifeste dans la surveillance postinterventionnelle, révélatrice d'une organisation déficiente de la prise en charge des patients, il n'est pas nécessaire de désigner l'organe ou le représentant de l'établissement ayant commis la faute dont l'existence est établie. • Crim. 16 déc. 2014, n° 13-87.330 : *RSC 2015. 411, obs. Mistretta*.

67. A justifié sa décision au regard des dispositions des art. 121-2, 225-1 et 225-2 C. pén., la cour d'appel qui, pour imputer à la société Easyjet la responsabilité pénale des délits reprochés, de soumission de la fourniture d'un service à une condition discriminatoire et de refus d'embarquer, à bord de l'un de ses avions, des personnes à raison de leur handicap physique, relève que ces refus ont été opposés aux parties civiles, par la société Europe Handling sous-traitante en charge de l'embarquement, à la suite d'instructions qu'elle avait reçues, par téléphone, du responsable de la société Easyjet à Londres ; en l'état de ces motifs, dont il se déduit que le responsable de la société Easyjet, donnant ses instructions depuis le siège de la société, agissait pour le compte de celle-ci, la cour d'appel a caractérisé, à la charge de ladite personne morale, les discriminations poursuivies. • Crim. 15 déc. 2015, n° 13-81.586 P : *D. actu. 12 janv. 2016, obs. Goetz.*

68. Si le juge d'instruction doit rechercher par quel organe ou représentant le délit reproché à la personne morale a été commis pour son compte, cette obligation ne s'impose pas préalablement au prononcé de la mise en examen de celle-ci, laquelle résulte de la seule existence d'indices graves ou concordants rendant vraisemblable sa participation à la commission de l'infraction, l'information ayant, notamment, pour objet l'identification de la personne physique ayant engagé la responsabilité pénale de la personne morale. • Crim. 12 avr. 2016, n° 15-86.169 : *D. actu. 18 mai 2016, obs. Fucini.*

69. Méconnaît l'art. 121-2 C. pén. la cour d'appel qui, après avoir constaté la matérialité de l'infraction, ne recherche pas, quel que soit le mode de poursuite et au besoin en ordonnant un supplément d'information, si les manquements relevés résultaient de l'abstention de l'un des organes ou représentants de la société prévenue et s'ils avaient été commis pour le compte de celle-ci. • Crim. 22 mars 2016, n° 15-81.484 P : *D. actu. 8 avr. 2016, obs. Goetz : AJ pénal 2016. 381, obs. Lasserre Capdeville*. ♦ Après avoir constaté la matérialité des manquements, il appartient aux juges de rechercher, au besoin en ordonnant un supplément d'information, si lesdits manquements résultaient de l'abstention de l'un des organes ou représentants de la société prévenue et s'ils avaient été commis pour le compte de celle-ci. • Crim. 27 sept. 2016, n° 15-85.248 : *D. actu. 28 oct. 2016, obs. Aubert ; AJ pénal 2016. 599, obs. Girault ; RSC 2016. 757, obs. Mayaud ; Dr. pénal 2017. Étude 11, obs. Conte.*

70. N'a pas justifié sa décision la cour d'appel qui, après avoir relaxé le prévenu au motif qu'il n'était pas encore titulaire des fonctions de PDG de la société à la date des faits reprochés, a déclaré ladite société seule coupable de la contravention de violation d'un arrêté préfectoral pris en application de l'art. L. 3132-29 C. trav., alors qu'il lui appartenait de rechercher si les faits avaient été commis, pour le compte de la personne morale, par un de ses organes ou représentants, alors en fonction. • Crim. 6 sept. 2016, n° 14-85.205 P : *D. actu. 3 oct. 2016, obs. Aubert.*

71. N'a pas justifié sa décision la cour d'appel qui, pour retenir la responsabilité pénale de la Société « Stichting Greenpeace Council », retient que cette personne morale était l'organisatrice d'une opération en mer Méditerranée afin de manifester son opposition à la pêche au thon rouge, dont elle avait fourni la logistique et les moyens importants, et qu'elle avait mandaté deux militants pour la diriger sur place, alors que, en se déterminant par ces seuls motifs, il ne résulte pas que les dégradations ou détériorations ont été commises, pour le compte de la personne morale prévenue, par ses représentants. • Crim. 16 nov. 2016, n° 14-86.980 P : *D. actu. 2 déc. 2016, obs. Fucini ; AJ pénal 2017. 87, obs. Aubert ; Gaz. Pal. 2017. 405, obs. Dreyer.*

72. D'une part, les personnes morales, à l'exception de l'État, ne sont responsables pénalement que des infractions commises, pour leur compte, par leurs organes ou représentants ; d'autre part, tout jugement ou arrêt doit comporter les motifs propres à justifier la décision ; l'insuffisance ou la contradiction des motifs équivaut à leur absence ; n'a pas justifié sa décision au regard de l'art. 121-2 C. pén. la cour d'appel qui, pour confirmer le jugement et dire la société appelante coupable de travail dissimulé, d'emploi de ressortissants roumains non munis d'une autorisation de travail et d'aide à l'entrée ou au séjour d'étrangers en France, n'a pas recherché si les agissements relevés résultaient de l'action de l'un des organes ou représentants de la société prévenue. • Crim. 7 juin 2017, n° 15-87.214 P : *D. actu. 12 juill. 2017, obs. Gallois ; RSC 2017. 759, obs. Cerf-Hollender*.

73. Ont la qualité de représentants, au sens de l'art. 121-2 C. pén., les personnes pourvues de la compétence, de l'autorité et des moyens nécessaires, ayant reçu une délégation de pouvoirs de la part des organes de la personne morale ou une subdélégation des pouvoirs d'une personne ainsi déléguée. Ne justifie pas sa décision au regard de ce texte la cour d'appel qui, pour retenir la responsabilité pénale d'une société en la personne, notamment, d'un de ses cogérants, retient que celui-ci a valablement représenté la prévenue au cours de la procédure, au sens de l'art. 706-43 C. pr. pén., sans rechercher si l'intéressé, qui n'était, à l'époque des faits poursuivis, que directeur salarié, était alors titulaire d'une délégation de pouvoirs de la part d'un des organes de la personne morale, de nature à lui conférer la qualité de représentant de celle-ci. • Crim. 17 oct. 2017, n° 16-87.249 P : *D. actu. 2 nov. 2017, obs. Goetz ; AJ pénal 2017. 541, obs. Lasserre Capdeville ; RSC 2017. 733, obs. Mayaud*.

74. A méconnu le sens et la portée des art. 121-2 et 593 C. pr. pén., la cour d'appel qui a déclaré une commune coupable de blessures involontaires ayant causé une incapacité totale de travail d'une durée inférieure à trois mois, sans désigner l'organe ou le représentant de la commune ayant commis l'infraction pour le compte de celle-ci, ou constater, au profit de son salarié, l'existence d'une délégation de pouvoirs, d'un statut ou d'attributions propres à en faire le représentant de la personne morale. • Crim. 6 nov. 2018, n° 17-86.417 : *Gaz. Pal. 2019. 445, obs. Dreyer.*

B. IMPUTATION DE L'INFRACTION

BIBL. Y. Mayaud, *Mél. en l'honneur de Christine Lazerges, Dalloz, 2014. 719* (non à l'imputabilité des personnes morales !). – E. Dreyer, p. 3981 (responsabilité pénale des personnes morales : question d'imputation ou d'imputabilité ?).

75. Stratégie d'entreprise. Pour des faits de marchandage qui ont été jugés commis pour le compte de la personne morale, comme relevant d'une stratégie d'entreprise dans le but d'éviter de perdre des marchés et de tenir les délais. • T. corr. Versailles, 18 déc. 1995 : *Dr. pénal 1996. 71, obs. J.-H. Robert ; JCP 1996. II. 22640, note J.-H. Robert.*

76. En favorisant la marque d'une société par usage de fausses factures et complicité de travail dissimulé (faux contrats d'image individuelle), les infractions commises par le PDG de ladite société ont nécessairement été commises pour le compte de celle-ci. • Crim. 5 avr. 2018, n° 15-86.574 : *D. 2018. 2261, obs. G. Roujou de Boubée ; Dr. pénal 2018, n° 104, obs. Conte.*

77. Vie sociale de l'entreprise. Une discrimination syndicale imputable à un directeur d'agence bancaire doit être jugée comme ayant été commise pour le compte de la banque (BNP) ; la notation des agents et l'établissement des carrières sont effectués par l'ensemble des directeurs d'agence pour le compte et au profit de la banque elle-même ; ces éléments s'intègrent en effet dans la vie sociale générale de l'entreprise ; des discriminations syndicales dans les notations sont de nature à générer des conséquences négatives dans toutes les agences et à décourager l'action syndicale ; cet effet collectif répond bien aux exigences de l'art. 121-2 C. pén. • TGI Bastia, 3 juin 1997 : *RSC 1998. 99, obs. Mayaud*.

78. Augmentation significative du patrimoine social. Pour retenir la culpabilité de la société prévenue, l'arrêt relève que les agissements frauduleux de M. et Mme X... Y..., au travers de ladite société, ont permis à celle-ci d'augmenter significativement son patrimoine par rapport à ce qu'il était au moment de sa création en 1991 et jusqu'en 2004 ; en l'état de ces énonciations, qui établissent que l'infraction a été commise pour le compte de la société, la cour d'appel a justifié sa décision. • Crim. 14 oct. 2015, n° 14-84.456 : *Gaz. Pal. 2016. 428, obs. Dreyer.*

79. Textes particuliers. Dans les cas prévus par la loi, la faute pénale de l'organe ou représentant suffit, lorsqu'elle est commise pour le compte de la personne morale, à engager la responsabilité pénale de celle-ci, sans que doive être établie une faute distincte à la charge de la personne morale • Crim. 26 juin 2001, n° 00-83.466 P : *D. 2002. Somm. 1802, obs. Roujou de Boubée ; JCP E 2002, p. 375, note Ohl ; Dr. pénal 2002. 8, obs. J.-H. Robert ; Gaz. Pal. 2002. 1. Somm. 549, note Monnet ; RSC 2002. 99, obs. Bouloc*.

C. COACTION OU COMPLICITÉ DES PERSONNES PHYSIQUES

80. La QPC est ainsi rédigée : « Les dispositions des articles L. 4741-1 du code du travail et 121-2 du code pénal ne sont-elles pas contraires au principe d'égalité devant la loi résultant de l'article 6 de la Déclaration des droits de l'Homme de 1789, en ce qu'elles rendent l'employeur pénalement responsable, lorsqu'il s'agit d'une personne morale, des infractions à la sécurité des travailleurs commises par un préposé titulaire d'une délégation de pouvoirs en matière de sécurité et, comme tel, investi de la compétence, de l'autorité et des moyens nécessaires pour veiller efficacement au respect des dispositions en vigueur, cependant que l'existence d'une telle délégation de pouvoirs, lorsque l'employeur est une personne physique, a pour effet d'exonérer ce dernier de la responsabilité pénale encourue à raison des mêmes infractions ? » ; la question posée ne présente pas un caractère sérieux : d'une part, la responsabilité pénale des personnes morales, instituée par l'art. 121-2 C. pén., ne peut être engagée que du seul fait d'infractions commises, pour leur compte, par leurs organes ou représentants ; d'autre part, en application de l'art. L. 4741-1 C. trav., la responsabilité pénale du délégataire, personne physique pourvue de la compétence, de l'autorité et des moyens nécessaires, n'est engagée que par sa seule faute personnelle ; ainsi, la différence de situation entre les personnes physiques et les personnes morales, qui résulte, par la combinaison des textes contestés, de l'impossibilité où celles-ci se trouvent de déléguer leur responsabilité pénale, en ce qu'elle permet d'assurer la répression effective des fautes commises tant par les personnes physiques que par les personnes morales, est en rapport direct avec l'objet des lois qui l'établit. • Crim. 4 sept. 2018, n° 18-80.942 : *RTD com. 2018. 1037, obs. Saenko ; Dr. sociétés 2019. Comm. 36, obs. Salomon ; Dr. pénal 2019, Chron. 9, n° 1, obs. Segonds.*

81. Cumul possible des responsabilités. Le dirigeant d'une personne morale ne saurait être déclaré complice de la société dès lors qu'aucun élément matériel distinct de ceux qui ont rendu la personne morale pénalement responsable des faits ne peut être mis à sa charge, la complicité exigeant des actes d'aide ou d'assistance de nature à faciliter la préparation ou la consommation de l'infraction ; les agissements qui ont rendu la personne morale punissable sont ceux créateurs de l'infraction et entrer en voie de condamnation sur ces bases conduirait à condamner systématiquement les dirigeants parce qu'ils la représentent. • TGI Béthune, 12 nov. 1996 : *BICC 1997. 158 ; BJS 1997. 559, note J.-F. Barbiéri.* ♦ Il en est de même de la coaction, à défaut de preuve de la coexistence dans son « *animus* » de deux volontés conjointes et distinctes tendues vers le même but. • Même jugement.

82. En prévoyant à l'art. 121-2 C. pén. que la personne morale est pénalement responsable de la faute de ses organes ou de ses représentants, le législateur n'a nullement entendu exiger que ses dirigeants légaux soient personnellement poursuivis ; le troisième alinéa de ce texte prévoit en effet expressément que la responsabilité pénale de la personne morale n'exclut pas celle des personnes physiques. • TGI Grenoble, 15 mai 1997 : *Gaz. Pal. 1997.*

83. Si personnes physiques et personne morale peuvent être poursuivies concomitamment du chef des mêmes faits juridiques, et donc de la même infraction, la mise en œuvre de la responsabilité pénale de la personne morale nécessite qu'il soit établi à son encontre l'ensemble des éléments constitutifs de l'infraction poursuivie, l'élément intentionnel, d'une part, l'élément matériel, d'autre part, par une abstention délibérée ou par la réalisation d'actes, certes imputables à ses organes ou représentants, mais distincts de ceux qui pourraient être reprochés aux personnes physiques ayant par ailleurs participé à la commission de l'infraction ; toute autre solution conduirait en pratique à ériger une responsabilité pénale de plein droit des personnes morales du fait de leurs dirigeants agissant pour leur compte. • T. corr. Lyon, 9 oct. 1997 : *D. 1997. IR 250 ; Dr. pénal 1997. 154, obs. J.-H. Robert ; Gaz. Pal. 1997. 2, chron. crim. 249 ; JCP 1998. I. 105, obs. J.-H. Robert.* ♦ Spécialement, une SARL doit être renvoyée des fins de la poursuite, dès lors qu'il n'est pas établi à sa charge, en quelque organe ou représentant que ce soit, d'agissements distincts de ceux constitutifs du délit reproché au prévenu personne physique (publicité en faveur d'une opération commerciale soumise à autorisation sans avoir obtenu celle-ci, faits prévus et réprimés par les art. L. 121-15 C. consom. et 31 de la loi n° 96-603 du 5 juill. 1996 relative au développement et à la promotion du commerce et de l'artisanat). • Même jugement.

84. Aux termes de l'art. 121-2, al. 1er, C. pén., les personnes morales sont responsables pénalement des infractions commises pour leur compte par leurs organes ou représentants ; par ailleurs, il résulte de l'al. 3 du même article qu'une telle responsabilité n'exclut pas celle des personnes physiques auteurs ou complices des mêmes faits ; par cette disposition, le législateur a entendu seulement éviter que le représentant d'une personne morale bénéficie d'une impunité pour la seule raison qu'il aurait agi pour le compte de celle-ci ; ainsi, il n'est pas exigé que la personne morale ait commis des faits distincts de ceux constitutifs de l'infraction reprochée à son organe ou représentant ; sa responsabilité pénale, s'analysant comme une responsabilité du fait personnel par représentation, et non de substitution, est engagée dès lors que ses organes ou représentants, qui expriment sur le plan juridique la volonté même de celle-ci, ont commis pour son compte, en tant qu'auteurs, l'élément matériel et l'élément moral d'une infraction ; en l'espèce, le prévenu ayant reconnu avoir agi en pleine connaissance de cause, dans le cadre de ses attributions de gérant et dans l'intérêt exclusif de la SARL, sa culpabilité est formellement établie, et la SARL sera également retenue dans les liens de la prévention. • Lyon, 3 juin 1998 : *Dr. pénal 1998. 118, obs. J.-H. Robert.* ♦ Infirmation de : • T. corr. Lyon, 9 oct. 1997 : *D. 1997. IR 250 ; Dr. pénal 1997. 154, obs. J.-H. Robert ; Gaz. Pal. 1997. 2, chron. crim. 249 ; JCP 1998. I. 105, obs. J.-H. Robert.* ♦ Aux termes de l'art. 121-2 C. pén., les personnes morales sont responsables pénalement des infractions commises pour leur compte par leurs organes ou leurs représentants, et l'al. 3 du même article précise expressément qu'une telle responsabilité n'exclut pas celle des personnes physiques auteurs ou complices des mêmes faits ; ainsi, il n'est pas exigé que la personne morale ait commis des faits distincts de ceux constitutifs des infractions reprochées à son organe ou représentant. • Lyon, 5 mai 1999 : *Dr. pénal 1999. 119, obs. J.-H. Robert.*

85. Il résulte de l'art. 121-2 C. pén. que les personnes morales sont responsables pénalement des infractions commises, pour leur compte, par leurs organes ou représentants : la relaxe prononcée en faveur de ces derniers n'exclut pas nécessairement la responsabilité de la personne morale. • Crim. 8 sept. 2004, n° 03-85.826 : *D. 2005. Pan. 1527, obs. Roujou de Boubée ; Dr. pénal 2005, n° 11 (1re esp.), obs. Véron* • 24 sept. 2019, n° 18-85.348 P : *AJ pénal 2019. 612, obs. Gallois.*

86. Dans le cas d'une poursuite conjointe dirigée contre la personne morale et son dirigeant de droit, coauteurs de l'infraction, la relaxe définitive de la personne morale ne fait pas obstacle à ce que la responsabilité pénale du représentant légal soit retenue par les juges du second degré saisis du seul appel, par le ministère public, du jugement ayant relaxé celui-ci. • Crim. 26 oct. 2004, n° 03-86.970 P. ♦ Inversement, la relaxe au bénéfice de la personne du dirigeant peut ne pas entraîner celle de la société dont il a engagé la responsabilité pénale par sa propre faute (contravention aux règles générales relatives aux installations nucléaires de base). • Crim. 24 sept. 2019, n° 18-85.348 : *D. 2019. 1841 ; D. actu. 4 oct. 2019, obs. Goetz ; AJ pénal 2019. 612, obs. Gallois ; Dr. pénal 2019, n° 205, obs. J.-H. Robert.*

87. Responsabilité du seul dirigeant. Si les personnes morales sont responsables pénalement des infractions commises, pour leur compte, par leurs organes ou représentants, cette responsabilité n'exclut pas celle des personnes physiques auteurs des mêmes faits ; est justement déclaré coupable le gérant d'une société qui a été poursuivi personnellement pour exploitation irrégulière d'une installation classée, bien que le contrôle de l'administration compétente ait donné lieu à procès-verbal contre ladite société. • Crim. 30 janv. 2018, n° 17-81.595 : *JCP 2018, n° 317, note J.-H. Robert ; RSC 2018. 443, obs. Monteiro.*

88. Incidences de la L. du 10 juill. 2000. Il résulte des art. 121-2, 121-3 et 222-19 C. pén., tant dans leur rédaction antérieure à la L. du 10 juill. 2000 que dans celle issue de cette loi, que les personnes morales sont responsables pénalement de toute faute non intentionnelle de leurs organes ou représentants ayant entraîné une atteinte à l'intégrité physique constitutive du délit de blessures involontaires, alors même qu'en l'absence de faute caractérisée ou délibérée au sens de l'art. 121-3, al. 4, nouveau, la responsabilité pénale des personnes physiques ne pourrait être recherchée ; encourt dès lors la censure l'arrêt qui, dans des poursuites contre une société pour blessures involontaires causées à l'un de ses salariés, prononce la relaxe de celle-ci après avoir relevé des éléments de fait caractérisant un manquement aux prescriptions de l'art. 5 du décret du 8 janv. 1965, sans rechercher si ce manquement n'était pas dû pour partie à un défaut de surveillance ou d'organisation du travail imputable au chef d'établissement ou, le cas échéant, à son délégataire en matière de sécurité et susceptible, nonobstant l'absence de faute délibérée ou caractérisée, d'engager la responsabilité pénale de la société. • Crim. 24 oct. 2000, n° 00-80.378 P : *D. 2001. IR 180 ; D. 2002. 514, note Planque ; ibid. 2002. Somm. 1801, obs. Roujou de Boubée ; Gaz. Pal. 2001. 1. Somm. 1015, note Monnet ; RSC 2001. 162, obs. Mayaud ; ibid. 371, obs. Bouloc ; ibid. 399, obs. Cerf-Hollender ; ibid. 824, obs. Giudicelli-Delage ; Dr. pénal 2001. Comm. 29, obs. Véron ; JCP 2001. II. 10535, note Daury-Fauveau ; LPA 2001, n° 228, note Giacopelli.*

89. La responsabilité de la personne morale n'est pas subordonnée à la caractérisation à la charge de ses organes ou représentants, d'une faute entrant dans les prévisions de l'art. 121-3, al. 4, C. pén. • Crim. 14 sept. 2004 : *Dr. pénal 2005. 11 (2e esp.), obs. Véron.* ♦ En ne donnant pas à ses préposés une formation à la sécurité, une société a commis une faute entrant dans les prévisions de l'art. R. 625-2 C. pén., peu importe que le délégataire du chef d'entreprise ait été renvoyé des fins de la poursuite. • Même arrêt.

90. La QPC est ainsi rédigée : « Les dispositions de l'article 121-3, alinéa 4 du code pénal, en ce qu'elles excluent les personnes morales du régime favorable de responsabilité institué pour les délits non intentionnels au bénéfice des personnes physiques dont la faute n'a pas directement causé le dommage, portent-elles atteinte aux principes constitutionnels d'égalité devant la loi, d'égalité devant la justice et de garantie des droits découlant des articles 6 et 16 de la Déclaration des droits de l'Homme de 1789 ? » ; la question posée ne présente pas un caractère sérieux, dès lors que le principe d'égalité ne s'oppose ni à ce que le législateur règle de façon différente des situations différentes, ni à ce qu'il déroge à l'égalité pour des raisons d'intérêt général, pourvu que, dans l'un et l'autre cas, la différence de traitement qui en résulte soit en rapport direct avec l'objet de la loi qui l'établit ; la différence de situation entre les personnes physiques et les personnes morales justifie la différence de traitement induite par l'art. 121-3, al. 4, C. pén., laquelle est en rapport direct avec l'objet de la loi qui l'établit ; d'où il suit qu'il n'y a pas lieu de renvoyer la question au Cons. const. • Crim. 21 mars 2017, n° 17-90.003 QPC : *RSC 2017. 515, obs. Mayaud*.

91. Circulation routière. L'art. L. 121-6 C. route, sur le fondement duquel le représentant légal d'une personne morale peut être poursuivi pour n'avoir pas satisfait, dans le délai qu'il prévoit, à l'obligation de communiquer l'identité et l'adresse de la personne physique qui, lors de la commission d'une infraction constatée selon les modalités prévues à l'art. L. 130-9 dudit code, conduisait le véhicule détenu par cette personne morale, n'exclut pas qu'en application de l'art. 121-2 C. pén., la responsabilité pénale de la personne morale soit aussi recherchée pour cette infraction, commise pour son compte, par ce représentant. • Crim. 18 juin 2019, n° 19-80.290 P : *D. 2019. 1699, note Rias* • 3 sept. 2019, n° 19-81.469 : *D. 2019. 2321, obs. Gozzi* ; *D. actu. 30 sept. 2019, obs. Jay.* ♦ ... Un véhicule immatriculé au nom d'une société a été contrôlé circulant à une vitesse excessive ; malgré la demande formulée, le représentant légal de la personne morale n'a pas indiqué l'identité et l'adresse de la personne physique qui conduisait le véhicule lors de l'infraction ; citée devant le tribunal de police, la société a été condamnée à une amende de 675 euros ; pour relaxer la société, l'arrêt énonce que l'obligation de fournir les renseignements sur le conducteur pèse sur le représentant légal de la personne morale, qui peut seul être condamné de ce chef, à l'exclusion de la personne morale elle-même ; mais en statuant ainsi, la cour d'appel a méconnu les textes susvisés et le principe précédemment rappelé. • Crim. 18 juin 2019, n° 19-80.290 : *préc.* ♦ ... Un véhicule immatriculé au nom d'une société a été contrôlé en excès de vitesse, de sorte qu'un avis de contravention a été adressé à la personne morale, invitant son représentant légal à désigner le nom de la personne physique qui conduisait le véhicule lors des faits ; à défaut d'avoir satisfait à cette obligation, la personne morale a fait l'objet d'un nouvel avis de contravention pour non-désignation de la personne physique conducteur du véhicule ; ayant contesté cette infraction, la personne morale a été citée devant le tribunal de police de ce chef ; pour relaxer la société, le jugement énonce que l'obligation de fournir l'identité du conducteur ne pèse que sur le représentant légal de la personne morale, de sorte que seul ce dernier devait être rendu destinataire du procès-verbal, puis poursuivi à titre personnel devant la juridiction répressive ; en statuant ainsi, la cour d'appel a méconnu les textes susvisés et le principe précédemment rappelé. • Crim. 3 sept. 2019, n° 19-81.469 : *préc.* ♦ *Rappr. : • Crim. 18 sept. 2019, n° 19-80.563.*

III. APPLICATIONS

92. Contrefaçon. Une société s'étant rendue coupable de faits de contrefaçon par reproduction et par diffusion d'un logiciel anti-virus, elle doit être condamnée à payer au titre de l'action publique engagée contre elle, une amende délictuelle de 10 000 F ainsi qu'à la publication d'un extrait du jugement dans une revue spécialisée. • TGI Créteil, 19 oct. 2000 : *Gaz. Pal. 2001. 1. Somm. 576, note L'Henoret.*

93. Corruption. Pour une corruption d'agents publics étrangers commise pour le compte d'une société pétrolière par son organe exécutif. • Crim. 14 mars 2018, n° 16-82.117 P : *D. actu. 4 avr. 2018, obs. Gallois ; D. 2018. 618* ; *AJ pénal 2018. 254, obs. de Combles de Nayves* ; *JCP 2018. 389, obs. Brigant ; Dr. pénal 2018, n° 110, obs. J.-H. Robert ; Gaz. Pal. 2018. 1715, note Schlumberger.*

94. Dénonciation. L'action introduite sur le fondement de l'art. 91, al. 2, C. pr. pén., par la personne ayant bénéficié d'une décision de non-lieu à l'issue d'une information ouverte sur constitution de partie civile ne peut être dirigée qu'à l'encontre du plaignant ; méconnaît ce principe la cour d'appel qui déclare recevable l'action dirigée contre les représentants d'une personne morale, pris en leur qualité personnelle, alors que seule cette personne morale était l'auteur de la plainte avec constitution de partie civile. • Crim. 26 nov. 1996, n° 95-85.005 P.

95. Discrimination. V. ss. art. 225-4 et 432-7.

96. Élimination des déchets. Pour des poursuites engagées en application de la loi n° 75-633 du 15 juill. 1975 relative à l'élimination des déchets et à la récupération des matériaux (art. 24-1, réd. L. n° 92-1336 du 16 déc. 1992, art. 306). • T. corr. Paris, 30 sept. 1996 : *RSC 1997. 387, obs. J.-H. Robert*.

97. Fraude fiscale. Pour confirmer la déclaration de culpabilité de deux SCI pour complicité de fraude fiscale par organisation d'insolvabilité et blanchiment, l'arrêt, par motifs adoptés, énonce que chaque SCI, dont Mme O... était la représentante et détenait la quasi-totalité des parts, a acquis auprès de cette dernière un immeuble au moyen d'un prêt supporté, *in fine*, par la venderesse et prévoyant une hypothèque de la banque prêteuse, ainsi qu'un nantissement de la banque sur le prix de vente, opération ayant pour objet et pour effet de rendre inefficace toute action de l'administration fiscale sur le patrimoine de Mme O..., et qu'elles ont versé le produit du prix des ventes sur un compte détenu en Suisse par Mme O... alors fictivement domiciliée dans ce pays ; en l'état de ces énonciations, dont il résulte que Mme O..., en sa qualité de représentante légale, a agi pour le compte des SCI qui sont devenues propriétaires chacune d'un bien immobilier, le fait que Mme O... ait agi dans son propre intérêt n'étant pas de nature à exclure qu'elle l'ait fait également pour le compte des personnes morales, la cour d'appel a justifié sa décision. • Crim. 29 janv. 2020, n° 17-83.577 : *D. 2020. 338* ; *AJ pénal 2020. 302, obs.*

Litaudon ; *Gaz. Pal. 2020. 971, note Boudet et Rue ; JCP 2020. 633, note Detraz ; Dr pénal 2020, n° 73, obs. Ph. Conte.*

98. Homicide et violences involontaires. V. notes ss. art. 221-7 et 222-21.

99. Installations classées. Caractérise la complicité d'exploitation d'une installation classée sans autorisation commise, pour le compte d'un syndicat intercommunal, par ses organes ou représentants, la cour d'appel qui relève que ce syndicat, propriétaire d'un abattoir public, en connaissance de la situation illicite, en a concédé l'exploitation, par convention d'affermage, à une association qui l'utilise, bien que l'autorisation préfectorale requise par la loi sur les installations classées, subordonnée à l'exécution de travaux de mise en conformité avec la réglementation sanitaire, n'ait pas été délivrée au syndicat de communes qui l'avait sollicitée. • Crim. 23 mai 2000, n° 99-80.008 P.

100. Pollution maritime. La responsabilité pénale de la compagnie pétrolière doit être retenue dès lors que l'art. 8 de la L. du 5 juill. 1983 vise toute personne exerçant en droit ou en fait un pouvoir de contrôle ou de direction dans la gestion ou la marche du navire (aff. *Erika*). • TGI Paris, 16 janv. 2008 : *JCP 2008. II. 10053, note Parance ; RSC 2008. 344, obs. J.-H. Robert* . ♦ *Adde* : L. Neyret, *D. 2008. Chron. 2681* (naufrage de l'Erika : vers un droit commun de la réparation des atteintes à l'environnement). ♦ En appel : • Paris, 30 mars 2010 : *D. 2010. 967, obs. Lavric ; ibid. 1008 . Entretien par L. Neyret ; ibid.. 2468, obs. Trébulle ; JCP 2010. 432, obs. Le Coviour ; Rev. sociétés 2010. 524, obs. J.-H. Robert ; RTD com. 2010. 622, obs. Delebecque ; RSC 2010. 873, obs. J.-H. Robert* . ♦ *Adde* : L. Neyret, *D. 2008, Chron. 2681* (naufrage de l'Erika : vers un droit commun de la réparation des atteintes à l'environnement) ; *D. 2010. Chron. 2238* (l'affaire Erika : moteur d'évolution des responsabilités civile et pénale). – V. Rebeyrol, *D. 2010. Chron. 1804* (où en est la réparation du préjudice écologique ?).

101. Référence à une sanction ou à une condamnation amnistiée. En application de l'art. 23 de la L. n° 95-884 du 3 août 1995 portant amnistie, est interdit à toute personne qui, dans l'exercice de ses fonctions, a connaissance de condamnations pénales, de sanctions disciplinaires ou professionnelles ... effacées par l'amnistie, d'en rappeler l'existence sous quelque forme que ce soit ou d'en laisser subsister la mention dans un document quelconque ; a volontairement contrevenu à cet article la société qui a laissé subsister dans le dossier d'un salarié la mention de l'avertissement amnistié dont il avait fait l'objet, et qui a produit devant le conseil de prud'hommes la lettre faisant état de cet avertissement. • Paris, 6 avr. 1998 : *Dr. pénal 1998. 119, obs. J.-H. Robert.* ♦ Justifie sa décision la cour d'appel qui déclare une société coupable d'avoir produit, au cours d'une instance prud'homale, un document rappelant une sanction disciplinaire amnistiée en violation de l'art. 23 de la L. du 3 août 1995, dès lors que de tels faits ont nécessairement été commis en connaissance de cause par le représentant de la société devant le conseil de prud'hommes. • Crim. 21 mars 2000, n° 98-84.714 P : *Dr. pénal 2000. 131, obs. J.-H. Robert ; RSC 2000. 816, obs. Bouloc* . ♦ Rejet du pourvoi contre : • Paris, 6 avr. 1998 : *préc.* ♦ V. également • Crim. 6 avr. 2004, n° 02-88.007 P : *Dr. pénal 2004. 108, obs. J.-H. Robert.*

102. Travail dissimulé. La responsabilité pénale d'une société anonyme de travaux publics se trouve engagée par le fait que son président-directeur général a eu recours à une entreprise de sous-traitance clandestine (C. trav., art. L. 362-6) pour l'exécution de chantiers en retard afin d'éviter le paiement de pénalités, le caractère intentionnel du délit se déduisant de la nature même des manquements, qui sont d'une grossièreté insigne surtout pour une entreprise qui exécute des marchés publics et qui a une habitude certaine de travailler comme sous-traitant. • TGI Strasbourg, 9 févr. 1996 : *BJS 1996. 102, note J.-F. Barbiéri ; LPA, 27 mars 1996, note Dalmasso.* ♦ Comp. : • Paris, 16 janv. 1998 : *Gaz. Pal. 1998. 1, chron. crim. 56.*

103. Justifie sa décision la cour d'appel qui déclare une société coupable de travail clandestin après avoir relevé que, pour l'exécution de travaux confiés à celle-ci, son directeur général a eu sciemment recours aux services d'un entrepreneur clandestin ; il résulte en effet de telles énonciations que l'infraction a été commise pour le compte de la société par l'un de ses organes. • Crim. 7 juill. 1998, n° 97-81.273 P : *D. Affaires 1998, p. 1786 ; RSC 1999. 317, obs. Bouloc et 336, obs. Giudicelli-Delage* .

104. Une société syndic de copropriété a été citée devant le tribunal correctionnel, en sa qualité de donneur d'ouvrage, pour recours au travail dissimulé sur le fondement de l'art. L. 324-9 C. trav., n'ayant pas vérifié que son cocontractant s'était acquitté de ses obligations sociales et fiscales. Pour confirmer le jugement de condamnation, l'arrêt énonce que cette personne morale est signataire du marché de travaux consenti à une entreprise qui ne respectait pas les prescriptions de l'art. L. 324-10 C. trav. Les juges ajoutent que, peu important que le contrat fût conclu au nom du syndicat des copropriétaires, il appartenait à la société du syndic, par l'intermédiaire de son représentant légal, de vérifier que l'entreprise choisie remplissait ses obligations légales au regard du texte précité ; en prononçant ainsi la cour d'appel a justifié sa décision ; en effet, commet sciemment le délit prévu par l'art. L. 324-9 C. trav. celui qui ne vérifie pas, alors qu'il y est tenu tant par ledit article que par l'art. L. 324-14 du même code, la régularité, au regard de l'art.

L. 324-10, de la situation de l'entrepreneur dont il utilise les services. • Crim. 24 mai 2005, n° 04-86.813 P : *AJ pénal 2005. 330, obs. Boisset ; Dr. pénal 2005. Comm. 151, obs. J.-H. Robert.*

105. Tromperie. Justifie sa décision de retenir la responsabilité d'une société exploitant un magasin la cour d'appel qui relève que le dirigeant de l'entreprise, qui avait la compétence pour mettre en œuvre des mesures rigoureuses de contrôle et de gestion des denrées, s'est abstenu d'agir en ce sens et s'est délibérément maintenu dans la méconnaissance de ses obligations. • Crim. 22 mars 2016, n° 15-82.677 P : *D. actu. 22 avr. 2016, obs. Gallois ; Dr. pénal 2016, n° 84, obs. J.-H. Robert.*

106. Revente à perte. Doivent être déclarées coupables du délit de revente à perte prévu à l'art. L. 442-2 C. com. les deux sociétés anonymes exploitant des hypermarchés dont les directeurs ont revendu des produits à des prix inférieurs à ceux de leur achat. • Poitiers, 25 juin 2004 : *JCP 2005. IV. 1856.*

107. Violation de domicile. V. ss. art. 226-7.

IV. PROCÉDURE

108. Représentation (C. pr. pén., art. 706-43). – Jurisprudence antérieure à la L. du 10 juill. 2000. Il résulte de l'art. 706-43, al. 1er, C. pr. pén. que, dès lors qu'à l'occasion de poursuites exercées contre une personne morale, l'action publique est également mise en mouvement, pour les mêmes faits ou pour des faits connexes, contre le représentant légal de celle-ci ou contre le délégataire nommé en application de l'al. 2 du texte précité, la désignation d'un mandataire de justice pour représenter la personne morale au cours des poursuites est obligatoire, selon les modalités prévues par le dernier alinéa. • Crim. 9 déc. 1997, n° 97-83.079 P : *D. 1998. 296, note Bouloc ; RSC 1998. 353, obs. Dintilhac ; BJS 1998. 974, note J-F Barbiéri.* ♦ Pour la même formule, mais sans référence au délégataire nommé en application de l'al. 2. • Crim. 12 janv. 2000, n° 98-86.441 P.

109. La personne morale poursuivie, qui a désigné un préposé, également poursuivi, pour la représenter devant le tribunal correctionnel, ne peut se faire un grief de ce qu'un mandataire de justice n'ait pas été désigné par le président du tribunal, conformément aux dispositions de l'art. 706-43, dernier al., C. pr. pén., une telle désignation n'étant obligatoire que lorsque la personne morale est poursuivie pour les mêmes faits ou pour des faits connexes, en même temps que son représentant légal. • Crim. 3 nov. 1999, n° 98-85.665 P : *D. 2000. Somm. 369, obs. Amaugers-Latte .*

110. Dès lors qu'un mandataire de justice a été désigné pour représenter la personne morale au cours des poursuites en application de l'art. 706-43, al. 1er, C. pr. pén., son représentant légal n'a plus qualité pour la représenter dans la procédure ; il s'ensuit que, postérieurement à la désignation du mandataire de justice, la déclaration de pourvoi, faite au nom de la société représentée par le président du conseil d'administration, est irrecevable. • Crim. 5 janv. 2000, n° 99-84.613 P.

111. Poursuivi pour les mêmes faits ou des faits connexes, le représentant légal, à titre personnel, est sans qualité pour critiquer l'arrêt de la chambre d'accusation annulant pour partie, en raison de l'irrégularité de sa représentation en justice, au regard de l'art. 706-43, al. 1er, C. pr. pén., la procédure suivie contre la personne morale mise en examen. • Crim. 5 janv. 2000 : *préc. note 110.*

112. La relaxe devenue définitive du représentant légal d'une personne morale attrait devant la juridiction correctionnelle en son nom personnel ne peut mettre obstacle à ce que, conformément à l'art. 706-43 C. pr. pén., il soit appelé à représenter ultérieurement celle-ci dans les poursuites engagées contre elle à raison des mêmes faits. • Crim. 30 mai 2000, n° 99-84.212 P : *D. 2001. Somm. 2350, obs. Roujou de Boubée ; RSC 2000. 816, obs. Bouloc .*

113. Représentation (C. pr. pén., art. 706-43). – Jurisprudence depuis la L. du 10 juill. 2000. Il résulte de l'art. 706-43, al. 1er, C. pr. pén. que, lorsque des poursuites sont exercées contre une personne morale, et que l'action publique est également mise en mouvement, pour les mêmes faits ou pour des faits connexes, contre le représentant légal de celle-ci, la désignation d'un mandataire de justice pour représenter la personne morale au cours des poursuites est facultative et laissée à l'initiative de son représentant légal. • Crim. 15 févr. 2005, n° 04-87.191 P : *Gaz. Pal. 2005. 2. 4184, note Sordino.* ♦ Selon l'art. 706-43 C. pr. pén., dans sa rédaction issue de la L. du 10 juill. 2000, applicable à l'espèce, lorsque des poursuites pour des mêmes faits ou des faits connexes sont engagées à l'encontre du représentant légal, la désignation d'un mandataire de justice pour représenter la personne morale est facultative. • Crim. 13 sept. 2005 : *Gaz. Pal. 2005. 2. 4185, note Sordino* • 20 mars 2007, n° 05-85.253 P : *Dr. pénal 2007. 88, obs. J.-H. Robert.*

114. La société RB, prise en la personne de M. X..., directeur de son bureau de représentation en France, a été mise en examen des chefs de fraude fiscale et blanchiment aggravé ; pour écarter le moyen de nullité pris de ce que M. X... ne serait pas le représentant de la société au sens de l'art. 706-43 C. pr. pén., les juges retiennent, notamment, que le registre du commerce mentionne qu'il est le dirigeant de cette personne morale étrangère et qu'il a confirmé, lors de ses auditions en garde à vue, en être le représentant en France ; en l'état de ces seules énonciations, et dès lors que la mention figurant au registre du commerce a été donnée, en application de l'art. R. 123-54 C. com., par la société RB, l'arrêt n'encourt pas la censure. • Crim. 24 sept. 2014, n° 14-82.684 P : *D. actu. 15 oct. 2014, obs. Anane.*

115. Représentation – QPC. Les requérants reprochent aux dispositions de l'art. 706-43 C. pr. pén. de méconnaître les droits de la défense de la personne morale lorsque des poursuites pénales sont engagées à la fois contre elle et contre son représentant légal pour les mêmes faits ou des faits connexes ; le représentant légal ayant dans cette hypothèse la faculté, et non l'obligation, de solliciter la désignation d'un mandataire de justice pour représenter la personne morale, cette dernière s'en trouverait selon eux exposée au risque que le représentant légal opère des choix de défense contraires aux intérêts de celle-ci s'il entendait faire prévaloir ses propres intérêts (§ 2) ; selon l'art. 16 DDH : « Toute société dans laquelle la garantie des droits n'est pas assurée, ni la séparation des pouvoirs déterminée, n'a point de Constitution » ; sont garantis par cette disposition les droits de la défense (§ 4) ; en application des dispositions contestées, lorsque le représentant légal d'une personne morale fait l'objet de poursuites pénales en même temps que celle-ci pour les mêmes faits ou pour des faits connexes, il dispose seul de la faculté de solliciter du président du tribunal judiciaire la désignation d'un mandataire de justice pour assurer à sa place la représentation de la personne morale ; il peut en résulter, en cas de conflit d'intérêts entre la personne morale et le représentant légal, que ce dernier, afin de faire prévaloir ses propres intérêts, s'abstienne de demander la désignation d'un tel mandataire, ce qui pourrait être de nature à léser ceux de la personne morale (§ 5) ; toutefois, dans cette hypothèse, les organes d'une personne morale demeurent compétents, dans les conditions prévues par la loi ou les statuts, pour imposer à son représentant légal de solliciter la désignation d'un mandataire de justice, lui retirer son mandat de représentation en justice ou désigner un autre représentant légal (§ 6) ; par ailleurs, les dispositions de l'al. 2 de l'art. 706-43 C. pr. pén. permettent une représentation de la personne morale par toute personne bénéficiant, conformément à la loi ou à ses statuts, d'une délégation de pouvoir à cet effet ; cette délégation de pouvoir peut être octroyée à tout moment par les organes de la personne morale (§ 7) ; il résulte de ce qui précède que le grief tiré de la méconnaissance des droits de la défense doit être écarté (§ 8) ; les dispositions contestées, qui ne méconnaissent aucun autre droit ou liberté que la Constitution garantit, doivent être déclarées conformes à la Constitution (§ 9). • Cons. const. 19 nov. 2020, n° 2020-865 QPC : *JO 20 nov. ; D. 2020. 2291.*

116. Liquidation judiciaire. Il résulte des art. L. 622-9 C. com. dans sa rédaction antérieure à la loi du 26 juill. 2005, et 706-43 C. pr. pén., que, d'une part, le liquidateur judiciaire désigné par le tribunal de commerce lors du placement en liquidation judiciaire de la personne morale, ne représente le débiteur que pour les actions patrimoniales, d'autre part, lorsque l'action publique est exercée à l'encontre de la personne morale en liquidation judiciaire, il doit lui être désigné un mandataire de justice pour la représenter ; encourt la cassation l'arrêt qui, pour rejeter le moyen pris de l'irrecevabilité des poursuites pénales des chefs d'homicides involontaires exercées à l'encontre de la société en ce qu'elle est représentée par le liquidateur judiciaire désigné par le tribunal de commerce lors du placement en liquidation judiciaire de celle-ci, retient que le liquidateur a qualité pour représenter la personne morale. • Crim. 10 févr. 2010, n° 08-87.357 P : *Gaz. Pal. 2010. 2. 2257, note Robaczewski.*

117. Citation. Un agent d'un établissement public a fait citer son employeur, pris en la personne de ses représentants légaux, devant le tribunal correctionnel du chef de rappel ou mention d'une sanction effacée par l'amnistie. La citation a été remise à une secrétaire dans les locaux de l'établissement public. C'est à bon droit que la cour d'appel a infirmé le jugement annulant cette citation, au motif que, s'il n'est pas justifié des diligences effectuées pour parvenir à sa remise à une personne compétente pour la recevoir, il n'en résulte pas de nullité, le représentant légal de la personne morale ayant eu connaissance de l'acte et ayant été mis en mesure d'assurer sa défense en se faisant représenter par un avocat. • Crim. 6 avr. 2004, n° 02-88.007 P : *Dr. pénal 2004. 108, obs. J.-H. Robert.*

118. Une société, prévenue de contraventions au C. consom., a soulevé devant la cour d'appel la nullité des poursuites exercées contre elle, en faisant valoir qu'elle avait été citée devant le juge de proximité en la personne d'un salarié qui n'avait pas le pouvoir de la représenter, que la citation mentionnait une adresse, qui n'était pas celle de son siège social, et que l'huissier ne lui avait pas adressé la lettre simple exigée par l'art. 555, al. 2, C. pr. pén. ; pour écarter ces moyens, l'arrêt retient que les deux derniers sont irrecevables, pour n'avoir pas été soulevés avant toute défense au fond devant le premier juge, et que le salarié, ayant reçu une délégation de responsabilité, représente la personne morale et engage sa responsabilité pénale en application de l'art. 121-2 C. pén. ; en cet état, si c'est à tort que le juge du second degré a décidé, par un motif inopérant, que le salarié représentait la personne morale dans les poursuites exercées contre celle-ci, alors qu'il n'avait pas reçu à cet effet la délégation spécialement exigée par l'art. 706-43, al. 2, C. pr. pén., l'arrêt n'encourt pas pour autant la censure, dès lors que ladite personne morale, représentée devant les juridictions pénales par un avocat, qui a présenté sa défense au fond, ne justifie d'aucune atteinte à ses intérêts. • Crim. 20 oct. 2009, n° 09-81.721 P : *AJ pénal 2010. 31, obs. J. Lasserre Capdeville*.

119. Réparation. Après avoir dit qu'un établissement public avait commis une faute en faisant référence à une sanction disciplinaire amnistiée, la cour d'appel l'a condamné à payer 750 € à la partie civile en réparation de son préjudice moral. En statuant ainsi, la cour d'appel a méconnu les dispositions de la loi des 16 et 24 août 1790 et du décret du 28 fructidor an III selon lesquelles, sauf disposition contraire, les tribunaux judiciaires ne sont pas compétents pour réparer les conséquences dommageables d'une faute engageant la responsabilité d'une personne morale de droit public à l'occasion de la gestion d'un service public administratif. • Crim. 6 avr. 2004, n° 02-88.007 P : *Dr. pénal 2004. 108, obs. J.-H. Robert.*

120. Il résulte de la L. des 16 et 24 août 1790 et du Décr. du 16 fructidor an III que, sauf disposition contraire, les tribunaux judiciaires ne sont pas compétents pour réparer les conséquences dommageables d'une faute engageant la responsabilité d'une personne morale de droit public à l'occasion de la gestion d'un service public administratif ; après avoir déclaré un groupement de collectivités territoriales coupable d'homicide involontaire sur la personne d'un jeune motocycliste, l'arrêt le déclare entièrement et seul responsable des conséquences de l'accident et le condamne à payer diverses sommes à ses ayants droit, parties civiles, en réparation de leurs préjudices ; en statuant ainsi, la cour d'appel a méconnu le sens et la portée des textes susvisés et le principe ci-dessus énoncé. • Crim. 24 oct. 2017, n° 16-85.975 : *D. 2018. 2261, obs. Roujou de Boubée* ; *AJ pénal 2018. 151, obs. Otero* ; *RSC 2017. 738, obs. Mayaud*.

121. Recours en contribution. A statué à bon droit la cour d'appel qui a relevé que le demandeur en contribution avait été définitivement jugé coupable de complicité d'abus de biens sociaux au préjudice de la société S., retenu que cette faute impliquait un usage illicite des biens de la société qu'il dirigeait, consistant à rémunérer des commissions occultes avec le patrimoine de celle-ci, et énoncé que la faute pénale intentionnelle du dirigeant est par essence détachable des fonctions, peu important qu'elle ait été commise dans le cadre de celles-ci, ce dont elle a déduit que le demandeur ne pouvait se retourner contre la société venant aux droits de la société C. pour lui faire supporter *in fine* les conséquences de cette faute qui est un acte personnel du dirigeant, que ce soit vis-à-vis des tiers ou de la société au nom de laquelle il a cru devoir agir. • Com. 18 sept. 2019, n° 16-26.962 : *D. 2019. 2169, note François ; ibid. 2020. 2035, obs. Lamazerolles*. ♦ ... La cour d'appel ayant retenu que la faute pénale intentionnelle commise par le dirigeant était un acte personnel dont il devait seul assumer les conséquences, il se déduit que la dette de réparation du préjudice causé par cette faute est une dette propre, et qu'est inopérant le grief pris de ce qu'il aurait supporté sur ses biens la dette de la société. • Même décision.

Art. 121-3 **Il n'y a point de crime ou de délit sans intention de le commettre.**

(L. n° 96-393 du 13 mai 1996) **« Toutefois, lorsque la loi le prévoit, il y a délit en cas de mise en danger délibérée de la personne d'autrui. »**

(L. n° 2000-647 du 10 juill. 2000) **« Il y a également délit, lorsque la loi le prévoit, en cas de faute d'imprudence, de négligence ou de manquement à une obligation de prudence ou de sécurité prévue par la loi ou le règlement, s'il est établi que l'auteur des faits n'a pas accompli les diligences normales compte tenu, le cas échéant, de la nature de ses missions ou de ses fonctions, de ses compétences ainsi que du pouvoir et des moyens dont il disposait.**

« Dans le cas prévu par l'alinéa qui précède, les personnes physiques qui n'ont pas causé directement le dommage, mais qui ont créé ou contribué à créer la situation qui a permis la réalisation du dommage ou qui n'ont pas pris les mesures permettant de l'éviter, sont responsables pénalement s'il est établi qu'elles ont, soit violé de façon manifestement délibérée une obligation particulière de prudence ou de sécurité prévue par la loi ou le règlement, soit commis une faute caractérisée et qui exposait autrui à un risque d'une particulière gravité qu'elles ne pouvaient ignorer. » — *Pén. 221-6 s., 222-19 s., 223-1 s. — Pr. pén. 470-1.*

Il n'y a point de contravention en cas de force majeure.

V. Circ. CRIM n° 2000-09 F1 du 11 oct. 2000 relative à la présentation des dispositions de la loi n° 2000-647 du 10 juill. 2000 tendant à préciser la définition des délits non intentionnels (BOMJ *2000, n° 80, p. 81 s.).*

En matière de contraventions non intentionnelles, V. art. R. 610-2, R. 622-1, R. 625-2 et R. 625-3.

BIBL. ▶ MARTY, *RSC 1982. 41* (délits matériels). – MAYAUD, *Mél. Larguier, 1993, p. 203* (volonté). – CEDRAS, *D. 1995. Chron. 18* (dol éventuel). – GUIHAL, *Gaz. Pal. 1995. 1. Doctr. 480* (protection de l'environnement). – Demichel, *D. 1995. Chron. 213* (le droit pénal en marche arrière). – Martin, *D. 1995. Chron. 299* (précaution et évolution du droit). – Massé, *Rev. jur. Ile-de-France 1997, nº 44, p. 145* (psychologie du délinquant). – Kriegk, *Gaz. Pal. 12-13 juill. 2000* (le concept de responsabilité, victime du développement de l'État providence ?). – Moine-Dupuis, *D. 2001. Chron. 2144* (l'intention en droit pénal : une notion introuvable ?). – Sicurella, *RSC 2002. 15* (*nulla poena sine culpa* : un véritable principe commun européen ?). – Biguenet, *Gaz. Pal. 2003. 2. Doctr. 3712* (l'élément intentionnel dans les infractions formelles et obstacles depuis la loi du 13 mai 1996). – Robert, *Dr. pénal 2004. 64* (Amoko, Erika, Prestige et les autres). – Casile, *RSC 2004. 65* (plaidoyer en faveur d'aménagements de la preuve de l'infraction informatique). – Tralongo, *Gaz. Pal. 2004. 2. Doctr. 2852* (réflexions sur le rôle de la bonne foi dans la constitution des délits douaniers. A propos de six arrêts récents de la chambre criminelle de la Cour de cassation). – E. Monteiro, *RSC 2005. 509* (atteintes à l'environnement et infractions de mise en danger : vers une incrimination commune de l'Europe ?). – Benillouche, *RSC 2005. 529* (la subjectivisation de l'élément moral de l'infraction : plaidoyer pour une nouvelle théorie de la culpabilité). – Jourdain, *Mél. B. Bouloc, Dalloz, 2007, p. 511* (retour sur l'imputabilité). – Ph. Bonfils, *Mél. R. Gassin, PUAM, 2007, p. 97* (discernement en droit pénal). – D. Roets, *RSC 2007. 251* (réflexions sur les possibles implications du principe de précaution en droit pénal de l'imprudence). – Pannier, *D. 2009, Chron. 1552* (preuve en matière douanière). – Sériaux, *RSC 2017. 231* (l'appréciation de la faute pénale d'imprudence en droit français contemporain). – Mayaud, *AJ pénal 2018. 546* s. (l'articulation des responsabilités pénales entre personne morale et personnes physiques – une logique d'artifices...). – Dubois, *D. 2020. 1731* (réflexion sur la faute de la victime dans les délits non intentionnels : un réel effet exonératoire ou de la poudre aux yeux ?).

▶ **Loi nº 96-393 du 13 mai 1996 :** Le Gunehec, *JCP 1996, Actualités nº 24*. – Rassat, *Dr. pénal 1996. Chron. 28*. – Salvage, *JCP 1996. I. 3984*. – Seuvic, *obs. RSC 1996. 890* ; *ibid. 1997. 408* . – Mayaud, *D. 1997. Chron. 37* . – Steinle-Feuerbach, *JCP 1997. I. 4057*. – Ruet, *RSC 1998. 23* . – Sordino, *LPA 21 déc. 1998*. – Guerder, *Rapport de la Cour de cassation 1998, 1999, p. 89* (la faute pénale non intentionnelle des fonctionnaires). – Petit, *Gaz. Pal. 1999. 2. Doctr. 1746*. – Moutouh, *D. 2000, nº 6, Point de vue, p. V*.

▶ **Loi nº 2000-647 du 10 juill. 2000 :** Petit, *Gaz. Pal. 9-11 juill. 2000* ; *ibid. 10-11 nov. 2000* ; *ibid. 2000. 2. Doctr. 2295* ; *ibid. 2001. 1. Doctr. 151* ; *AJFP 2001, nº de janv.-févr., p. 42* . – J. Pradel, *D. 2000, nº 29, Point de vue*. – Le Gunehec, *JCP 2000, Actu. nº 36, Aperçu rapide*. – Pansier et Charbonneau, *LPA 2000, 12 juill., p. 4 à 11*. – Nuttens, *Gaz. Pal. 2000. 2. Doctr. 1740*. – Mayaud, *D. 2000. Chron. 603* ; *Gaz. Pal. 2001. 2. Doctr. 1193*. – Guigue, *Gaz. Pal. 2000. 2. Doctr. 2258*. – Salvage, *JCP 2000. I. 281*. – Roca, *LPA 2000, 26 oct., p. 4 à 8*. – Seuvic, *RSC 2000. 868* . – Blanchot, *D. 2001. Interview nº 7*. – Ruet, *Dr. pénal 2001, chron. nº 1*. – Conte, *Dr. pénal 2001. Chron. 2* (rappr. : Fauchon, *Dr. pénal 2001. Chron. 22*). – Morvan, *RJS 2001, p. 283 à 298*. – Desportes, *Gaz. Pal. 2001. 2. Doctr. 1198*. – Richevaux, *Dr. ouvrier 2001, p. 451 à 473*. – Vachet, *Droit social, janv. 2001, p. 47*. – Jacopin, *D. 2002. Chron. 507* . – Desnoyer, *D. 2002. Chron. 979* . – Commaret, *Gaz. Pal. 2002. 1. Doctr. 603*. – Blanchot, *Gaz. Pal. 2002. 2. Doctr. 1298*. – Pralus, *Dr. pénal 2002. Chron. 41*. – Ponseille, *RSC 2003. 79* . – Tapia, *Gaz. Pal. 2003. 1. Doctr. 686*. – Giudicelli, *RSC 2003. 125* ; *ibid. 2003. 127* . – Gauvin, *Gaz. Pal. 2004. 1. Doctr. 252*. – Manoha, *Gaz. Pal. 2004. 1. Doctr. 254*. – Vernay-Dumollard, *Gaz. Pal. 2004. 1. Doctr. 256*. – Commaret, *Gaz. Pal. 2004. 2. Doctr. 2833*. – Monnet, Mél. en l'honneur de Jean BUFFET, « La procédure en tous ses états », *LPA coll. Mél., 2004, p. 225 à 345*. – Cotte et Guihal, *Dr. pénal 2006. Étude 6* (la loi Fauchon, cinq ans de mise en œuvre jurisprudentielle). – Commaret, *JCP A 2006, 1064* ; *Dr. pénal 2006. Étude 7* (la loi Fauchon, cinq ans après). – Y. Mayaud, *AJ pénal 2006. 146* (loi Fauchon après plus de cinq ans d'application...). – L. Brunet, *AJ pénal 2006. 153* (responsabilité non intentionnelle des élus locaux). – J. Sayah, *RLCT 2006/13, nº 337* (les équivoques de la responsabilité des collectivités territoriales). – P. Morvan, *Mél. J. Pradel, Cujas, 2006* (l'irrésistible ascension de la faute caractérisée). – Alt-Maes, *Mél. B. Bouloc, Dalloz 2007* (la grande illusion : la dépénalisation attachée à l'application de la loi du 10 juillet 2000 au médecin). – Rousseau, *D. 2009. 43* (observations sur la répression inégalitaire de l'imprudence, *in* « La réforme du Code pénal et du Code de procédure pénale. *Opinio doctorum* »). – Mayaud, *RDSS, Hors-série 2008, p. 49* (délits non intentionnels en matière pénale) ; *Mél. Jerry Sainte-Rose, Bruylant, 2012, p. 961* (la diversité non intentionnelle vue sous la répression du risque). – Vial, *AJ pénal 2012. 84* (loi Fauchon : il faut remettre l'ouvrage sur le métier !).

▶ **Colloques :** • 1er févr. 2001, Centre de recherche en droit privé par l'Université de Paris : « *La nouvelle définition des délits non intentionnels par la loi du 10 juill. 2000* », *RSC 2001. 725* s. (M.-E. Cartier, Introduction, *p. 725*. – E. Fortis, Les conséquences de la loi du 10 juill. 2000 en droit pénal, *p. 737*. – P. Jourdain, Les conséquences de la loi du 10 juill. 2000 en droit

139 al 6
305 al 5

civil, *p. 748*. – A. Outin-Adam, Le point de vue des chefs d'entreprise, *p. 756*. – G. Viney, Conclusion).
• 1er mars 2006, Sénat et Cour de cassation, Palais du Luxembourg : « *Les délits non intentionnels – La loi Fauchon : 5 ans après », RLCT 2006/13, nº 367 s., p. 59 s.*

▸ Ouvrage collectif

« Code pénal et code d'instruction criminelle – Livre du Bicentenaire », Ouvrage collectif de l'Université Panthéon-Assas (Paris II), *Dalloz, 2010* : Ph. Conte, De l'ancien au nouveau Code pénal : l'invention de la variante juridique du triangle des Bermudes ? (commentaire de l'article 121-3, alinéa 2, du Code pénal), *p. 433*. – E. Martin-Hocquenghem, Le dol éventuel, *p. 445*. – G. Blanc-Jouvan, La frontière entre le volontaire et l'involontaire : l'exemple de la délinquance routière, *p. 485*.

1. QPC. N'est pas sérieuse la question portant sur la conformité des dispositions de l'art. 121-3, al. 4, C. pén. aux principes constitutionnels d'égalité devant la loi, d'égalité devant la justice et de garantie des droits découlant des art. 6 et 16 DDH, en ce qu'elles excluent les personnes morales du régime favorable de responsabilité institué pour les délits non intentionnels au bénéfice des personnes physiques dont la faute n'a pas directement causé le dommage. En effet, le principe d'égalité ne s'oppose ni à ce que le législateur règle de façon différente des situations différentes, ni à ce qu'il déroge à l'égalité pour des raisons d'intérêt général, pourvu que, dans l'un et l'autre cas, la différence de traitement qui en résulte soit en rapport direct avec l'objet de la loi qui l'établit. En l'espèce, la différence de situation entre les personnes physiques et les personnes morales justifie la différence de traitement induite par l'art. 121-3, al. 4, laquelle est en rapport direct avec l'objet de la loi qui l'établit. • Crim. 21 mars 2017, nº 17-90.003 P : *AJ pénal 2017. 230, obs. Lacroix*.

I. AUTOUR DE L'ÉLÉMENT MORAL

A. IMPUTABILITÉ

2. Inapplicabilité à l'État. Pour l'application de l'art. 706-3 C. pr. pén., l'infraction n'est prise en considération qu'en tant qu'élément objectif indépendamment de la personne de son auteur et il est indifférent que l'auteur présumé de l'infraction ne puisse être poursuivi en raison d'une cause de non-imputabilité ; rejet du moyen selon lequel le dommage de la victime étant imputé à une personne morale, l'État, et cette personne ne pouvant par définition être l'auteur d'une infraction, fût-elle seulement matérielle, l'art. 706-3 précité était inapplicable puisqu'à l'époque des faits dont se plaint la victime les personnes morales ne pouvaient commettre d'infractions. • Civ. 2e, 30 nov. 2000, nº 99-19.848 P.

B. PRÉSOMPTION DE CULPABILITÉ

3. Jurisprudence constitutionnelle. Aux termes de l'art. 9 DDH : « Tout homme étant présumé innocent jusqu'à ce qu'il ait été déclaré coupable, s'il est jugé indispensable de l'arrêter, toute rigueur qui ne serait pas nécessaire pour s'assurer de sa personne doit être sévèrement réprimé par la loi » ; il en résulte qu'en principe le législateur ne saurait instituer de présomption de culpabilité en matière répressive ; toutefois, à titre exceptionnel, de telles présomptions peuvent être établies, notamment en matière contraventionnelle, dès lors qu'elles ne revêtent pas de caractère irréfragable, qu'est assuré le respect des droits de la défense et que les faits induisent raisonnablement la vraisemblance de l'imputabilité (à propos de la conformité à la Constitution de l'art. L. 21-2 C. route, dans la rédaction de la loi nº 99-505 du 18 juin 1999 portant diverses mesures relatives à la sécurité routière). • Cons. const. 16 juin 1999, nº 99-411 DC : *JO 19 juin, p. 9018 ; D. 1999. 589, note Mayaud ; ibid. 2000. Somm. 197, obs. Sciortino-Bayart* (à propos de l'art. L. 21-2 C. route, dans la rédaction de la L. nº 99-505 du 18 juin 1999 portant diverses mesures relatives à la sécurité routière). ♦ *Adde* : J. Buisson, *Procédures 1999, nº 12, p. 3* (les présomptions de culpabilité). – F. Luchaire, *RD publ. 1999, p. 1287* (la présomption de culpabilité et l'élément moral de l'infraction). ♦ Rappr. : J.-F. Renucci, *RSC 2001, p. 392* (à propos des éléments constitutifs du délit d'abus de biens sociaux et de la présomption d'innocence). • Cons. const. 10 juin 2009, nº 2009-580 DC : *JO 13 juin ; D. 2010. Pan. 1510, obs. Gay ; ibid. 1967, obs. Larrieu ; JCP 2009, nº 28, 101, p. 25, note Feldman ; RSC 2009. 609, obs. Francillon ; ibid. 2010. 209, obs. de Lamy* (à propos de la loi Hadopi 1). ♦ *Adde* : L. Marino, *D. 2009. Point de vue, p. 2045* (le droit d'accès à internet, nouveau droit fondamental). – J.-M. Bruguière, *D. 2009, Point de vue, p. 1770* (à quoi joue le Conseil constitutionnel ?). – M. Verpeaux, *JCP 2009, nº 39, 274* (la liberté de communication avant tout). – A. Cappello, *RSC 2010, p. 415* (retour sur la jurisprudence du Conseil constitutionnel relative aux sanctions administratives). • Cons. const. 16 sept. 2011, nº 2011-164 QPC, JO 17 sept. : *D. actu. 21 sept. 2011, obs. Astaix ; JCP 2011, nº 1227, obs. de Lamy ; ibid. nº 1247, note Dreyer ; Gaz. Pal. 2012. 1. 362 ; RSC 2011. 647, obs. Francillon* (à propos des dispositions combinées des deuxième et dernier alinéas de l'art. 93-3 de la L. du 29 juill. 1982 sur la communication audiovisuelle).

4. En vertu de l'art. 9 DDH tout homme est présumé innocent jusqu'à ce qu'il ait été déclaré coupable ; il en résulte qu'en principe le législateur ne saurait instituer de présomption de culpabilité en matière répressive ; les dispositions contestées n'ont ni pour objet ni pour effet d'instaurer une présomption de culpabilité ; le grief tiré de la méconnaissance du principe de présomption d'innocence doit être écarté. • Cons. const. 22 sept. 2015, n° 2015-484 QPC : *JO 25 sept., p. 17083* (à propos du 1er al. de l'art. L. 3124-13 C. transp. dans sa rédaction résultant de la L. n° 2014-1104 du 1er oct. 2014 relative aux taxis et aux voitures de transport avec chauffeur).

5. QPC. Des présomptions de culpabilité peuvent être établies, notamment en matière contraventionnelle, lorsqu'elles ne revêtent pas de caractère irréfragable et qu'est assuré le respect des droits de la défense, qu'elle ne méconnaît pas l'interdiction des peines automatiques et qu'elle ne porte atteinte ni au principe de nécessité des peines posé par l'art. 8 DDH ni au principe de personnalité des peines et de responsabilité personnelle (à propos de l'art. L. 121-3 C. route dans sa rédaction issue de la L. n° 2009-526 du 12 mai 2009). • Crim. 5 janv. 2011, nos 10-90.112 QPC et 10-90.113 QPC : *D. 2011. 446, obs. Girault ; ibid. Pan. 2836, obs. Roujou de Boubée ; Gaz. Pal. 2011. 1. 1067, note Detraz.* ♦ *Adde* : R. Josseaume et G. Ayache, *Gaz. Pal. 13-14 avr. 2011, Doctr., p. 8* (le code de la route à l'épreuve du juge constitutionnel). ♦ Rappr. : • Crim. 11 juin 1992, n° 92-80.397 P • 1er févr. 2000, n° 99-84.764 P.

II. CRIMES ET DÉLITS

6. Nécessité de l'élément moral. Il résulte de l'art. 9 DDH, s'agissant des crimes et délits, que la culpabilité ne saurait résulter de la seule imputabilité matérielle d'actes pénalement sanctionnés ; en conséquence, et conformément aux dispositions combinées de l'art. 9 précité et du principe de légalité des délits et des peines affirmé par l'art. 8 de la même Déclaration, la définition d'une incrimination, en matière délictuelle, doit inclure, outre l'élément matériel de l'infraction, l'élément moral, intentionnel ou non, de celle-ci. • Cons. const. 16 juin 1999, n° 99-411 DC : *préc. note 3.* ♦ S'agissant des crimes et délits, la culpabilité ne saurait résulter de la seule imputabilité matérielle d'actes pénalement sanctionnés : • Cons. const. 16 sept. 2011, n° 2011-164 QPC : *préc. note 3.*

7. Appréciation de l'élément moral. Si, en statuant sur les charges de culpabilité, les chambres d'accusation apprécient souverainement, au point de vue du fait, les éléments constitutifs des infractions, notamment les questions d'intention, c'est à la condition de justifier leurs décisions par des motifs exempts d'insuffisance ou de contradiction, répondant aux articulations essentielles des mémoires déposés par les parties ainsi qu'aux réquisitions du ministère public. • Crim. 4 juin 1998, n° 96-85.871 P.

8. Portée de l'art. 121-3. Les dispositions de l'art. 121-3 C. pén. sont applicables à tous les délits même prévus par les textes non codifiés. • Nancy, 8 févr. 1996 : *Gaz. Pal. 1996. 2. Doctr. 1197.*

9. Ne saurait être admis le moyen selon lequel, en s'abstenant de préciser si l'acte incriminé a été commis volontairement, une question serait entachée de nullité, alors que, conforme à l'arrêt de renvoi, ladite question a été posée dans les termes de l'art. 222-7 C. pén., applicable à l'espèce, qui ne mentionne pas le caractère intentionnel des violences exercées, dont le principe est affirmé par l'art. 121-3 C. pén., pour tous les crimes et délits à l'exception des infractions d'imprudence. • Crim. 19 sept. 1996, n° 96-81.198 P.

A. INTENTION

1° INDIFFÉRENCE DES MOBILES

10. Convictions personnelles. Caractérise des actes de torture et de barbarie ayant entraîné la mort sans intention de la donner (art. 222-6) le fait d'avoir, au cours d'une séance de désenvoûtement, pendant plus de cinq heures, flagellé de manière répétée les pieds de la victime, de l'avoir obligée à ingurgiter une grande quantité d'eau salée, de lui avoir serré la gorge avec vigueur, de lui avoir enfoncé une serviette dans la bouche et de l'avoir contrainte à plusieurs reprises à plonger la tête dans une bassine d'eau, sans se préoccuper de ses cris, de ses plaintes ou de ses souffrances, sans s'inquiéter davantage du sang qui coulait de sa bouche et de son nez, ni de son visage qui devenait bleu, la mort ayant été le résultat d'une ingestion massive d'eau salée ; il n'importe que, aux dires de l'accusé, compte tenu de ses convictions religieuses, ces souffrances aient été infligées, non à la victime, mais au « démon logé en elle », le mobile ne pouvant ôter à de tels actes leur caractère d'actes de torture et de barbarie. • Crim. 3 sept. 1996 : *Dr. pénal 1997. 4, obs. Véron ; Gaz. Pal. 1997. 1, chron. crim. 20.*

11. Justifie légalement sa décision la cour d'appel qui, pour condamner des pharmaciens d'officine poursuivis pour avoir, sans motif légitime, refusé à des consommateurs la vente de produits contraceptifs faisant l'objet de prescriptions médicales, rejette le moyen de défense faisant valoir que les pharmaciens ne disposaient pas des produits incriminés pour des motifs éthiques et médicaux, et énonce que le refus de délivrer des médicaments contraceptifs ne procède nullement d'une impossibilité matérielle de satisfaire la demande en raison d'une indisponibilité des produits en stock, mais est opposé au nom de convictions personnelles qui ne peuvent constituer, pour les pharmaciens auxquels est réservée la vente des médicaments, un motif légitime au sens de l'art. L. 122-1 C. consom. • Crim. 21 oct. 1998, n° 97-80.981 P : *JCP 1999. II. 10163, note Freund.*

12. Constitue le délit de destruction volontaire d'un bien appartenant à autrui commis en réunion, délit prévu et réprimé par les art. 322-1 et 322-3, le fait de faucher un champ de colza transgénique dont la culture était autorisée à des fins de recherche et de tenter d'y mettre le feu ; la motivation des prévenus répondant toutefois à une inquiétude que génère une évolution peut-être trop rapide de la société qui peut entraîner notamment pour la santé des consommateurs et l'environnement de graves conséquences, il y a lieu de leur accorder de larges circonstances atténuantes. • TGI Foix, 3 oct. 2000 : *D. 2001. Somm. 1357, obs. Galloux.*

13. Droits de la défense. Le principe constitutionnel d'égalité des citoyens devant la loi et le droit de se défendre reconnu à tout accusé dans les conditions de l'art. 6, § 3, Conv. EDH, c'est-à-dire le droit de disposer du temps et des facilités nécessaires à la préparation de sa défense, de pouvoir se défendre lui-même ou d'avoir l'assistance d'un défendeur, ne sauraient justifier la violation du secret professionnel de l'avocat, quels que soient les mobiles de son auteur. • Paris, 1er juill. 1999 : *D. 1999. IR 230.*

14. Intention de nuire. L'élément intentionnel du délit de favoritisme est caractérisé par l'accomplissement, en connaissance de cause, d'un acte contraire aux dispositions législatives ou réglementaires ayant pour objet de garantir la liberté d'accès et l'égalité des candidats dans les marchés publics et les délégations de service public ; pour dire n'y avoir lieu à poursuivre quiconque du chef de favoritisme, l'arrêt, après avoir relevé que l'élément matériel du délit de favoritisme était caractérisé, énonce que le délit prévu à l'art. 432-14 C. pén. suppose que soit établi un élément intentionnel, qui se définit comme l'intention de nuire ; les juges ajoutent que si des maladresses et des dysfonctionnements se sont produits au regard des critères de choix, il ne résulte d'aucun élément de l'information que les membres de la commission aient été animés d'une telle intention de nuire au groupement X...-Y... et qu'ils aient de manière délibérée et frauduleuse évincé ce dernier pour privilégier un autre candidat ; en prononçant ainsi, la cour d'appel a méconnu les art. 121-3, al. 1er et 432-14 C. pén., ainsi que le principe susénoncé. • Crim. 14 déc. 2011, n° 11-82.854 : *Gaz. Pal. 2012. 1. 1035, note Dreyer ; Dr. pénal 2012, n° 29 (3e esp.), obs. Véron.*

15. Incidence des mobiles sur la peine. Le fait que, pour apprécier la peine, il ait été tenu compte que le prévenu ait invoqué, pour mobile, avoir voulu préserver son emploi dans l'établissement, n'est nullement en contradiction avec l'élément intentionnel du délit de proxénétisme par aide à la prostitution d'autrui (C. pén., art. 225-5) dont il a été déclaré coupable. • Crim. 25 mars 1998, n° 97-82.811 : *Dr. pénal 1998. 112, obs. Véron.*

16. Renvoi. Pour d'autres exemples révélateurs, V. *infra*, ss. art. 222-7 s., 311-1 et 311-2.

2° *DÉFINITION ET PREUVE*

17. Première formule. La seule constatation de la violation en connaissance de cause d'une prescription légale ou réglementaire implique, de la part de son auteur, l'intention coupable exigée par l'art. 121-3, al. 1er, C. pén...

18. ... Exploitation sans autorisation d'une installation classée par un chef d'entreprise. • Crim. 25 mai 1994, n° 93-85.158 P (1er arrêt) : *Dr. pénal 1994. 237 (1re esp.), obs. J.-H. Robert ; RSC 1995. 97, obs. Bouloc ; ibid. 356, obs. J.-H. Robert.*

19. ... Vente sans facture par un commerçant. • Crim. 25 mai 1994, n° 93-85.205 P (2e arrêt) : *RSC 1995. 97, obs. préc. Bouloc.*

20. ... Exécution de travaux de construction sans déclaration préalable et en méconnaissance du plan d'occupation des sols de la commune par l'acquéreur d'une maison individuelle et de la poursuite par lui desdits travaux au mépris de l'arrêté du maire en ordonnant l'interruption. • Crim. 12 juill. 1994, n° 93-85.262 P : *Dr. pénal 1994. 237 (2e esp.), obs. J.-H. Robert ; RSC 1995. 343, obs. Bouloc ; ibid. 356, obs. J.-H. Robert.* ♦ ... Construction sans autorisation • Crim. 10 janv. 1996, n° 94-85.938 : *Dr. pénal 1996. 89, obs. J.H. Robert ; RSC 1996. 847, obs. Bouloc* • 5 févr. 1997, n° 95-84.634 : *Gaz. Pal. 1997. 1, Chr. Crim. 113* • 18 juin 1997, n° 96-83.082 : *Dr. pénal 1997. 147, obs. J.-H. Robert ; JCP 1998. IV. 1241* • 17 déc. 1997, n° 96-86.194 : *Gaz. Pal. 1998. 1, Chr. Crim. 63.*

21. ... Usurpation de titre de conseil juridique. • Crim. 8 juin 1995, n° 94-84.386 P.

22. ... Publicité illicite en faveur du tabac. • Crim. 30 oct. 1995, n° 94-83.386 P : *RSC 1996. 645, obs. Bouloc ; Dr. pénal 1996. 70, obs. J.-H. Robert.*

23. ... Fraude à la législation des contributions indirectes par le président d'un club de football, qui, en sa qualité d'expert-comptable et de commissaire aux comptes, ne pouvait ignorer les obligations fiscales de l'association. • Crim. 25 janv. 1996, n° 95-80.213 P : *BJS 1996. 229.* ♦ Rappr., pour le président d'une association gérant un cercle de jeux : • Crim. 29 avr. 1996, n° 93-85.169 P. ♦ ... Fraude à la législation des contributions indirectes en matière vinicole • Crim. 22 mars 2006, n° 05-82.897 : *Dr. pénal 2006. 87, obs. J.-H. Robert.* ♦ ... Fraude à la législation des contributions indirectes en rapport avec l'exploitation de machines à sous. • Crim. 5 avr.

2006, n° 05-85.031 : *Dr. pénal 2006. 102, obs. J.-H. Robert.*

24. En matière de contributions indirectes, l'intention de commettre les infractions résulte de la violation des prescriptions légales et réglementaires régissant les activités professionnelles du prévenu, sauf pour celui-ci à combattre cette présomption en établissant sa bonne foi. • Crim. 12 sept. 2018, n° 17-81.800 P : *D. actu. 10 oct. 2018, obs. Recotillet.*

25. ... Délit de revente à perte. • Crim. 10 oct. 1996, n° 95-80.226 P. ♦ *Contra* : • Nancy, 8 févr. 1996 : *Gaz. Pal. 1996. 2. 1197.*

26. ... Exercice, en connaissance de cause, d'une profession réglementée sans en remplir les conditions (pédicure-podologue). • Crim. 28 mai 1997, n° 96-82.317 : *D. 1999. Somm. 153, obs. Roujou de Boubée* .

27. ... Violation, en connaissance de cause, des dispositions relatives au renouvellement du CHSCT. • Crim. 3 mars 1998, n° 96-85.098 P.

28. ... Réception illicite, par un médecin, d'avantages en nature procurés par une entreprise produisant ou commercialisant des produits pris en charge par les régimes obligatoires de sécurité sociale. • Crim. 7 déc. 1999 : *Dr. pénal 2000, n° 77, obs. J.-H. Robert.*

29. ... Travail dissimulé par dissimulation d'emploi salarié. • Crim. 19 mars 2002, n° 01-83.509 : *Dr. pénal 2002, n° 87, obs. J.-H. Robert.*

30. ... Délit d'acquisition d'un chien de première catégorie (pittbull). • Crim. 7 janv. 2003, n° 02-80.676 P.

31. ... Acquisition d'oiseaux appartenant à des espèces protégées. • Crim. 28 juin 2005, n° 05-82.189 P : *D. 2005. Pan. 2987, obs. Roujou de Boubée* ; *ibid. 2006. 561, note Fardoux* ; *Dr. pénal 2005, comm. 140* ; *RSC 2005. 839, obs. Vermelle* .

32. ... Ouverture et gestion d'un établissement de santé privé sans autorisation. • Crim. 9 mai 2007, n° 06-85.021 P.

33. ... Travail dissimulé résultant du défaut de remise de bulletins de paie. • Crim. 17 juin 2008, n° 07-87.518 P : *D. 2008, AJ, p. 2151.*

34. ... Mise à disposition, sans motif légitime, de moyens conçus ou spécialement adaptés pour commettre une atteinte à un système de traitement automatisé de données. • Crim. 27 oct. 2009, n° 09-82.346 P : *D. 2009. AJ 2935, obs. Darsonville* ; *ibid. 2010. 806, note Lasserre Capdeville* ; *AJ pénal 2010. 79, obs. Royer* ; *Dr. pénal 2010, Comm. 3, obs. Véron* ; *JCP G 2010, n° 1-2 et 19, note Lepage* ; *Gaz. Pal. 2010. 1. 261, note Arrigo et Blin* ; *RSC 2010. 178, obs. Francillon* .

35. ... Pratique commerciale déloyale. • Crim. 15 déc. 2009, n° 09-83.059 P : *D. 2010. AJ 203, obs. Delpech* ; *AJ pénal 2010. 73, note Eréséo et Lasserre Capdeville* ; *RSC 2010. 146, obs. Ambroise-Castérot* .

36. ... Exécution sans autorisation de travaux nuisibles au débit des eaux ou au milieu aquatique. • Crim. 22 mars 2016, n° 15-84.949 P : *D. actu. 19 avr. 2016, obs. Fonteix.*

37. Deuxième formule. La méconnaissance, par des professionnels, d'une obligation positive de vérification imposée par la loi constitue l'élément intentionnel de l'infraction ...

38. ... Recours au travail clandestin. • Crim. 21 janv. 1997, n° 95-84.204 P • 11 mars 1997, n° 95-82.009 P • 4 nov. 1997, n° 96-86.211 P : *RSC 1998. 535, obs. Bouloc* • TGI Paris, 13 févr. 1996 : *Gaz. Pal. 1996. 1. 283.*

39. ... Prêt illicite de main-d'œuvre. • Crim. 6 mai 1997, n° 96-83.063 P.

40. ... Tromperie. • Crim. 20 sept. 2011, n° 11-81.326 P : *D. actu. 24 oct. 2011, obs. Fleuriot* ; *D. 2012. Pan. 841, obs. Poillot* ; *AJ pénal 2012. 38, obs. Gallois* ; *CCC 2012, Comm. 32, obs. Raymond* ; *RSC 2012. 154, obs. Ambroise-Castérot* .

41. Connaissance. Il appartient à celui qui entend exercer une profession réglementée de se renseigner sur les conditions d'exercice de celle-ci. • Crim. 28 juin 2016, n° 15-83.587 : *Gaz. Pal. 2016. 2788, obs. Detraz.*

42. Le prévenu ayant pratiqué des échographies animales, poursuivi pour exercice illégal de la profession de vétérinaire, ne saurait être retenu dans les liens de la prévention faute d'élément intentionnel, dès lors qu'il était un simple salarié agissant sur instructions de son employeur et qu'il n'était pas en mesure, à la date des faits, d'avoir connaissance de l'illégalité de cet acte, alors surtout qu'une discussion juridique s'était instaurée sur la nature de cet examen. • Nîmes, 16 oct. 1997 : *JCP 1999. IV. 2628.*

43. Volonté. La conduite d'un véhicule sous l'empire d'un état alcoolique, qui procède d'un comportement volontaire, est une infraction intentionnelle au regard de l'art. 121-3, al. 1er, C. pén. et non une infraction non-intentionnelle impliquant la constatation par le juge d'une imprudence, d'une négligence ou d'une mise en danger délibérée d'autrui, conformément aux art. 121-3, al. 2, C. pén. et 339 de la loi d'adaptation du 16 déc. 1992. • Crim. 19 déc. 1994, n° 94-82.361 P : *Dr. pénal 1995. 115, obs. Véron* ; *Gaz. Pal. 1995. 1. 183, note Doucet* ; *RSC 1995. 571, obs. Bouloc* .

44. Sur les incidences de l'art. 121-3 C. pén. relativement au délit de contrefaçon de marque. • Bordeaux, 6 juin 1994 : *D. 1995. 269, note Agostini* . ♦ L'élément moral du délit de contrefaçon est caractérisé par l'apposition volontaire de la marque appartenant à autrui ; encourt dès lors la censure l'arrêt qui relaxe le dirigeant d'une société ayant commercialisé des cassettes vidéo sous une marque protégée appartenant à autrui au motif que la mauvaise foi ni même l'imprudence du prévenu ne sont établies. • Crim. 26 avr. 2000, n° 98-86.067 P.

45. Réparation intégrale. Pour un défaut d'intention à propos de la destruction d'un animal protégé. • TGI Caen, 17 mai 1994 : *Gaz. Pal. 1995. 1. 216.*

3° RESPONSABILITÉ CIVILE

46. Responsabilité civile. L'auteur d'un délit est tenu de réparer intégralement le préjudice en résultant. Aucune disposition de la loi ne permet de réduire, en raison de la négligence qu'elle aurait commise, le montant des réparations civiles dues à la victime par l'auteur d'une infraction intentionnelle contre les biens (complicité et recel d'abus de biens sociaux). • Crim. 14 juin 2006, n° 05-82.900 P : *AJ pénal 2006. 456*.

47. Partage de responsabilité – Victime d'une infraction intentionnelle contre les biens. Lorsque plusieurs fautes ont concouru à la production du dommage, la responsabilité de leurs auteurs se trouve engagée dans une mesure dont l'appréciation appartient souverainement aux juges du fond. • Crim. 19 mars 2014, n° 12-87.416 P : *D. actu. 20 mars 2014, obs. Coustet ; ibid. 27 mars 2014, obs. Priou-Alibert ; D. 2014. 912, note Lasserre Capdeville ; ibid. 1564, obs. Mascala ; AJ pénal 2014. 293, note Gallois ; RSC 2015. 379, obs. Stasiak ; RTD civ. 2014. 389, obs. Jourdain ; RTD com. 2014. 427, obs. Bouloc ; JCP 2014, n° 15, p. 449, note Wester-Ouisse ; JCP E 2014, n° 18, p. 1234, note Mortier ; BJB 2014. 265, note Rontchevsky ; ibid. 313, note Rebut ; LPA 2014, n° 76, p. 3 note de Lamaze ; RLDA oct. 2014. 97, note F. Stasiak ; Gaz. Pal. 2014. 1. 919, note Pitti ; ibid. 2014. 2. 2342, obs. Fourment* • Crim. 25 juin 2014, n° 13-84.450 P : *D. actu. 7 juill. 2014, obs. Coustet ; JCP G 2014, n° 893, note Detraz.* ♦ ... Encourt la cassation l'arrêt qui, après avoir relevé, de la part de la victime d'infractions volontaires contre les biens, des fautes ayant concouru au développement de la fraude et à ses conséquences financières, n'en tire pas les conséquences sur l'évaluation du montant de l'indemnité due par le prévenu. • Crim. 19 mars 2014, n° 12-87.416 : *préc.* ♦ Sur l'arrêt objet du pourvoi : • Paris, 24 oct. 2012 : *JCP G 2012, n° 1371, note Lasserre-Capdeville.* ♦ Sur le dénouement de l'affaire : • Versailles, 23 sept. 2016, n° 14/01570 : *D. actu. 10 oct. 2016, obs. Gallois ; JCP G 2016. 1245, note J.-H. Robert.* ♦ ... Encourt la cassation l'arrêt qui, après avoir relevé, de la part de certaines victimes du délit d'abus de confiance, des fautes ayant concouru à la réalisation de leur préjudice, n'en tire pas les conséquences sur l'évaluation du montant de l'indemnité qui leur est due par les prévenus. • Crim. 25 juin 2014, n° 13-84.450 : *préc.*

48. Si c'est à tort qu'une cour d'appel, saisie par le prévenu d'une demande tendant à voir juger que la victime d'une infraction volontaire contre les biens avait commis une faute justifiant un partage de responsabilité, énonce que le caractère volontaire de l'infraction exclut par définition que la victime ait pu commettre une faute d'imprudence, l'arrêt n'encourt pas pour autant la censure dès lors que la cour d'appel a néanmoins recherché si la partie civile avait commis une faute de nature à limiter son droit à indemnisation et qu'elle en a écarté l'existence. • Crim. 23 sept. 2014, n° 13-83.357 P : *D. actu. 13 oct. 2014, obs. Priou-Alibert ; AJ pénal 2015. 92, obs. Renaud-Duparc*.

49. Faute séparable des fonctions. Le gérant d'une société à responsabilité limitée qui commet une faute constitutive d'une infraction pénale intentionnelle, séparable comme telle de ses fonctions sociales, engage sa responsabilité civile à l'égard des tiers à qui cette faute a porté préjudice ; viole dès lors l'art. L. 223-22 C. com., et l'art. L. 243-3 C. assur., la cour d'appel qui, pour rejeter la demande de dommages-intérêts formée à l'encontre de la gérante d'une société à responsabilité limitée, retient que, même constitutif du délit prévu et réprimé par les art. L. 111-34 CCH et L. 243-3 C. assur., et caractérisant une abstention fautive imputable à la gérante, le défaut de souscription des assurances obligatoires de dommages et de responsabilité n'était pas séparable des fonctions de dirigeant, alors qu'il résultait de ses constatations que la gérante avait sciemment accepté d'ouvrir un chantier sans que la société fût couverte par une assurance. • Com. 28 sept. 2010, n° 09-66.255 P : *D. 2010. 2290, obs. Lienhard ; JCP G 2010, n° 996, obs. C. Boismain ; ibid., 1177, note Benoît-Renaudin.*

B. NON-INTENTION

50. Obligation de sécurité. N'est pas un manquement à une obligation particulière de prudence ou de sécurité, le fait, par un employeur, non pas d'avoir imposé des horaires de travail incompatibles avec la sécurité du personnel, mais d'avoir mis en place des horaires en infraction avec les durées quotidienne et hebdomadaire du travail sans autorisation ; le fait même que des dérogations soient prévues et organisées par les textes suffit à ôter à la réglementation en matière de durée maximale quotidienne et hebdomadaire du travail le caractère d'obligation de prudence ou de sécurité, dès lors que la loi ne saurait organiser des situations qu'elle considérerait par ailleurs systématiquement comme pénalement répréhensibles. • Toulouse, 1er févr. 2001, n° 00/00644 : *RSC 2002. 104, obs. Mayaud*.

1° FAUTE SIMPLE

51. Domaine. ... Infractions à la législation des contributions indirectes. • Crim. 7 nov. 1994, n° 93-85.286 P : *Dr. pénal 1995. 41, obs. J.-H. Robert ; RSC 1995. 569, obs. Bouloc* • 28 nov. 1994, n° 93-85.704 P : *RSC 1995. 570, obs. Bouloc* (réception d'alcool sous couvert de titres de mouvement inapplicables) • 19 sept. 1995 : *Dr. pénal 1996. 15, obs. J.-H. Robert* (CGI, art. 1791).

52. ... Délit de pollution de cours d'eau (C. envir., art. L. 432-2 ; ancien art. L. 232-2 C. rur.). • Crim. 25 oct. 1995, n° 94-82.459 P : *Dr. pénal 1996. 66, obs. J.-H. Robert* • 3 avr. 1996 : *Dr. env. 1996, n° 39. 6 ; RSC 1996. 865, obs. J.-H. Robert* • 25 sept. 1997 : *Dr. pénal 1998. 39, obs. J.-H. Robert.* • Caen, 4 nov. 1994 : *Dr. pénal 1994. 264 (2e décision), obs. J.-H. Robert ; RSC 1995. 356, obs. préc. J.-H. Robert* . • Amiens, 19 janv. 1995 : *Gaz. Pal. 1995. 2. Somm. 568* • Nîmes, 19 déc. 1996 : *Gaz. Pal. 1997. 1, chron. crim. 63* • Rennes, 19 mars 2003 : *JCP 2004. IV. 1121* • T. corr. Valenciennes, 30 juin 1994 : *Dr. pénal 1994. 264 (1re décision), obs. préc. J.-H. Robert ; RSC 1995. 356, obs. J.-H. Robert* , confirmé par • Douai, 14 févr. 1995 : *Dr. pénal 1995. 127, obs. J.-H. Robert* • TGI Chaumont, 17 mai 1994 : *D. 1995. 191, note Guihal* • TGI Saverne, 19 mai 1994 : *Gaz. Pal. 1995. 1. 210* • TGI Quimper, 2 juin 1994 : *ibid. 1995. 1. 214* • 26 févr. 1998 : *RSC 1998. 771, obs. J.-H. Robert* . ♦ Rappr. • Colmar, 11 mai 1995 : *Gaz. Pal. 1995. 2. 390.* ♦ En revanche, l'art. L. 216-6 C. envir. punit les rejets intentionnels ou non intentionnels dans les eaux superficielles ou souterraines qui entraînent des dommages à la faune ou à la flore, à l'exclusion de la destruction du poisson, réprimée par l'art. L. 432-2 du même code. • Crim. 16 janv. 2007 : *Dr. pénal 2007. 54, obs. J.-H. Robert.*

53. ... Atteinte illicite à une espèce animale non domestique protégée (C. envir., art. L. 411-1 et L. 415-3 ; anciens art. L. 211-1 et L. 215-3 C. rur.). • Crim. 20 mars 2001 : *Dr. pénal 2001. 141, obs. J.-H. Robert.*

54. ... Délit de publicité mensongère (C. consom., art. L. 121-1). • Crim. 14 déc. 1994, n° 92-85.557 P : *Dr. pénal 1995. 98, obs. J.-H. Robert ; RSC 1995. 570, obs. Bouloc* • 5 avr. 1995, n° 94-81.940 P : *RSC 1996. 114, obs. Bouloc* • 23 mai 1995 : *Gaz. Pal. 1995. 2. Somm. 434* • 18 sept. 1996, n° 95-83.678 P : *D. 1996. IR 267 ; JCP 1996. IV. 2572 ; Gaz. Pal. 1997. 1. Somm. 215* • 12 nov. 1997 : *Dr. pénal 1998. 24, obs. J.-H. Robert* • 26 oct. 1999, n° 98-84.446 P : *Dr. pénal 2000. 21, obs. J-H. Robert ; RSC 2000. 384, obs. Bouloc* • Grenoble, 26 oct. 1995 : *Gaz. Pal. 1996. 1. Somm. 275* • Besançon, 28 mai 1996 : *BICC 1996. 851* • Paris, 6 mars 1997 : *Gaz. Pal. 1997. 1. Somm. 276.* ♦ ... Caractérise ainsi l'élément moral du délit de publicité trompeuse la cour d'appel qui relève que le prévenu n'a pas pris toutes les précautions propres à assurer la véracité du message publicitaire incriminé. • Crim. 26 oct. 1999 : *préc.*

55. ... Délit de défaut de réunion des assemblées générales (L. n° 66-537 du 24 juill. 1966, art. 441). • Crim. 9 janv. 1995 : *BJS 1995. 234, note J.-F. Barbiéri.* ♦ Mais l'infraction prévue à l'art. 427 de la L. du 24 juill. 1966 est caractérisée du seul fait que l'assemblée des associés n'a pas été tenue dans les six mois de la clôture de l'exercice et qu'aucune requête en prolongation n'a été présentée au juge compétent dans le même délai. • Crim. 4 juill. 1995, n° 93-83.359 P : *Dr. pénal 1995. 287, obs. J.-H. Robert.*

56. Appréciation. Justifie légalement sa décision la cour d'appel qui, pour déclarer le dirigeant d'une société exploitant un commerce de bijouterie-horlogerie coupable de publicité de nature à induire en erreur, relève qu'il a fait paraître, pour le compte de cette société, des publicités annonçant des remises qui, calculées sur des prix artificiellement majorés, se sons avérées fictives, motifs qui caractérisent l'élément moral de l'infraction reprochée. • Crim. 18 sept. 1996, n° 95-83.678 P : *D. 1996. IR 267 ; JCP 1996. IV. 2572 ; Gaz. Pal. 1997. 1. Somm. 215.*

57. Doivent être relaxés du chef du délit de pollution d'eau les maires de deux communes, dès lors que la situation ne pouvait leur être imputée sur le plan pénal, qu'ils n'avaient pas, à eux seuls, le pouvoir de mettre fin au trouble, dont l'origine ne leur était pas imputable, et qu'ils ont fait ce qui était en leur pouvoir pour y remédier. • Chambéry, 6 sept. 1995 : *Dr. env. 1996, n° 39. 9, note D. Guihal ; RSC 1996. 865, obs. J.-H. Robert* .

2° FAUTE QUALIFIÉE

58. Faute délibérée et faute caractérisée. V. ss. art. 221-6 s., 222-19 s., 223-1 s.

59. L. n° 2000-647 du 10 juill. 2000 – Application dans le temps. Les dispositions d'une loi nouvelle s'appliquant aux infractions commises avant leur entrée en vigueur et n'ayant pas donné lieu à une condamnation passée en force de chose jugée, lorsqu'elles sont moins sévères que les dispositions anciennes ; tel est le cas des dispositions plus favorables de l'al. 4 de l'art. 121-3 C. pén., dans sa rédaction issue de la L. du 10 juill. 2000 • Crim. 5 sept. 2000, n° 99-82.301 P : *Dr. pénal 2000. 135, obs. Véron ; Gaz. Pal. 2000. 2. 2359, note Petit ; ibid. 2001. 1. 423, note Guigue ; JCP 2001. II. 10507, note Chevallier ; RSC 2001. 154, obs. Bouloc* ; *ibid.157, obs. Mayaud* (médecin déclaré coupable de blessures involontaires sur un patient) • Crim. 12 déc. 2000, n° 98-83.969 P : *BICC 2001, n° 529, p. 3, concl. Commaret ; ibid., rapp. Ferrari ; Gaz. Pal. 2000. 2. 2456, note Petit ; ibid. 2001. 2. 1196, note Monnet ; Dr. pénal 2001. 43, obs. Véron ; RSC 2001. 157, obs. Mayaud, préc.* ♦ Sur renvoi : • Lyon, 28 juin 2001 : *D. 2001. IR*

2562 ; *Gaz. Pal. 2001. 2. 1140, note S. Petit ; RSC 2001. 804, obs. Mayaud*. ♦ Confirmé par : • Crim. 18 juin 2002, n° 01-85.537 : *D. 2003. Somm. 244, obs. Roujou de Boubée ; Gaz. Pal. 2002. 2. 994, note Petit ; Dr. pénal 2002. 121, obs. Véron* (directrice et l'institutrice d'une école condamnées pour blessures ou homicide involontaires). ♦ *Adde* : H. Moutouh, *D. 2001. Forum internet n° 7* (l'accident du Drac : une application de la nouvelle définition des délits non intentionnels) • Crim. 10 janv. 2001, n° 00-83.354 P : *Gaz. Pal. 2001. 2. 1198, note Monnet ; RSC 2001. 572, obs. Bouloc* (gynécologue déclaré coupable d'homicide involontaire) • Crim. 13 févr. 2001, n° 00-82.753 P : *RSC 2001. 824, obs. Giudicelli-Delage* (chef d'entreprise et inspecteur de l'APAVE coupables d'homicides et blessures involontaires) • Crim. 20 mars 2001, n° 00-84.011 P (arrêt n° 1 : maire coupable d'homicide involontaire à la suite d'un accident survenu sur une aire communale de jeux et provoqué par le déplacement d'une buse) • Crim. 20 mars 2001, n° 00-84.384 P (arrêt n° 2 : directrice d'école communale coupable d'homicide involontaire, à la suite de la chute mortelle d'un élève au travers d'un hublot de plafond d'un bâtiment scolaire) • Crim. 15 mai 2001, n° 00-86.347 P : *Dr. pénal 2001. 117, obs. J.-H. Robert ; RSC 2001. 811, obs. J.-H. Robert* (pollution imputée au directeur général d'une société) • Crim. 9 oct. 2001, n° 00-85.053 P : *D. 2002. Somm. 2712, obs. Lacabarats ; Gaz. Pal. 2002. 1. 358, note Petit ; RSC 2002. 319, obs. Bouloc* (maire coupable d'homicide involontaire à la suite d'un accident survenu sur le domaine skiable de la commune) • Crim. 9 oct. 2001, n° 00-85.275 : *Gaz. Pal. 2002. 1. 361, note Petit* (directeur d'un camp de vacances et organisateur d'un raid nautique coupable d'homicides et de blessures involontaires aggravés) • Crim. 16 mai 2006, n° 05-86.939 P : *AJ pénal 2006. 358, obs. Saas ; Dr. pénal 2006. 108 (1re esp.), obs. Véron* (organisateur d'une sortie au cours de laquelle la victime est décédée des suites d'un accident de plongée sous-marine).

60. Les dispositions nouvelles de la L. n° 2000-647 du 10 juill. 2000 modifient les éléments constitutifs de l'infraction dans des conditions moins rigoureuses, la rendant applicable aux infractions commises antérieurement à son entrée en vigueur par application de l'art. 112-1, al. 3, C. pén. • Rennes, 19 sept. 2000 : *Gaz. Pal. 2000. 2. 2361 ; LPA, 23 nov. 2000, n° 234, p. 13, note Vital-Durand ; RSC 2001. 157, obs. Mayaud*. ♦ La L. du 10 juill. 2000, plus favorable, est d'application immédiate. • Paris, 4 déc. 2000 : *D. 2001. IR 433 ; Gaz. Pal. 2001. 1. 115, note S. Petit*. ♦ C'est à bon droit qu'un tribunal fait application immédiate de la L. du 10 juill. 2000 par référence au principe intangible de notre droit selon lequel une loi considérée comme plus favorable au prévenu doit s'appliquer aux affaires non définitivement jugées. • Poitiers, 2 févr. 2001 : *JCP 2001. II. 10534, note Salvage*. ♦ Confirmation de • TGI La Rochelle, 7 sept. 2000 : *D. 2000. IR 250 ; Gaz. Pal. 2000. 2. 2369 ; LPA, 23 nov. 2000 n° 234. 13, note Vital-Durand ; RSC 2001. 159, obs. Mayaud*.

61. Il y a lieu de procéder à un nouvel examen de l'affaire au regard de ces dispositions plus favorables, applicables même au prévenu définitivement relaxé sur l'action publique, dès lors que sa responsabilité à l'égard des parties civiles a été déduite de la constatation, au regard de la loi ancienne, des éléments constitutifs de l'infraction poursuivie. • Crim. 20 mars 2001, n° 98-87.544 P : *Dr. maritime français, janv. 2002, p. 14, note Bonassies*.

62. QPC. En subordonnant la responsabilité pénale de la personne physique qui n'a pas directement causé le dommage à la commission d'une faute caractérisée et qui exposait autrui à un risque d'une particulière gravité que celle-ci ne pouvait ignorer, le législateur, se fondant sur des critères qui ne sont pas, de manière manifeste, inappropriés à l'objet poursuivi, a entendu placer cette personne dans une situation plus favorable que l'auteur direct du dommage dont la responsabilité pénale peut être engagée pour une simple maladresse, imprudence, inattention ou négligence ; la disposition critiquée, qui laisse au juge le soin de qualifier des comportements que le législateur ne peut énumérer a priori de façon exhaustive, est rédigée en des termes suffisamment clairs et précis pour permettre que son interprétation se fasse sans risque d'arbitraire et dans des conditions garantissant tant le respect de la présomption d'innocence que l'intégralité des droits de la défense ; d'où il suit qu'il n'y a pas lieu de renvoyer la question au Conseil constitutionnel. • Crim. 24 sept. 2013, n° 12-87.059 QPC : *D. actu. 1er oct. 2013 ; D. 2013. 2443, note Hennion-Jacquet ; AJ pénal 2013. 605, obs. Lacroix ; Dr. pénal 2013. Comm. n° 163, obs. Maron et Haas ; ibid. n° 168, obs. Véron ; JCP 2013, n° 1176, note Detraz ; Gaz. Pal. 2013. 2. 3051, note Mésa*.

63. Inapplicabilité aux infractions formelles. Le dommage n'étant pas un élément constitutif du délit de publicité trompeuse, l'infraction, lorsqu'elle est commise par imprudence ou négligence, n'est pas soumise aux dispositions de l'art. 121-3, al. 4, C. pén., issu de la L. n° 2000-647 du 10 juill. 2000. • Crim. 26 juin 2001, n° 00-87.717 P : *Dr. pénal 2001. 143, obs. J.-H. Robert ; Gaz. Pal. 2002. 1. Somm. 537, note Monnet ; RSC 2002. 98, obs. Bouloc*.

64. Causalité indirecte. Est un auteur indirect, au sens de l'art. 121-3, al. 4, C. pén., le directeur technique d'une entreprise, titulaire d'une délégation de pouvoirs, qui, connaissant l'importance des risques générés par cette installation classée, implantée au bord d'un fleuve, et en l'état d'incidents déjà survenus, ne prend pas les dispositions utiles pour éviter un rejet de substances polluantes trouvant sa cause directe dans l'intervention sur le site de personnels d'entreprises tierces chargées de la maintenance du matériel en fin de semaine. • Crim. 19 oct. 2004, n° 04-82.485 P : *RSC 2005. 291, obs. Vermelle* ; *ibid. 308, obs. J.-H. Robert*.

3° *DILIGENCES NORMALES (L. 13 MAI 1996)*

65. L. n° 96-393 du 13 mai 1996 – Application dans le temps. Justifie sa décision, au regard tant des art. 319 ancien et 221-6 nouveau C. pén., que de ses art. 112-1 et 121-3, ce dernier en sa rédaction issue de la L. du 13 mai 1996, l'arrêt qui, pour déclarer un médecin anesthésiste coupable d'un homicide involontaire, commis antérieurement à l'entrée en vigueur de cette loi et dont a été victime un blessé dont il avait la responsabilité, relève que ce praticien n'a pas accompli les diligences normales qui lui incombaient, compte tenu de ses fonctions, de ses compétences ainsi que du pouvoir et des moyens dont il disposait au moment des faits qui lui sont reprochés. • Crim. 19 févr. 1997, n° 96-82.377 P : *D. 1998. 236, note Legros* ; *JCP 1997. II. 22889, note J.-Y. Chevallier* ; *Dr. pénal 1997. 109, obs. Véron.*

66. Incontestablement plus douce que la loi en vigueur au temps des faits, la L. du 13 mai 1996 substitue à la référence au comportement moyen, et par conséquent abstrait d'un individu placé dans la même situation que le prévenu, une analyse correcte (concrète) de la situation dans laquelle celui-ci se trouvait ; loi plus douce, elle est immédiatement applicable. • Toulouse, 29 janv. 1998 : *D. 1999. 56, note Bénoit*. ♦ Confirmation de • T. corr. Toulouse, 19 févr. 1997 : *préc. note 65.* ♦ Sur pourvoi : • Crim. 29 juin 1999, n° 98-81.413 P : *D. 2000. Somm. 29, obs. Mayaud* ; *Gaz. Pal. 2000. 1. 73, note S. Petit.* ♦ Est immédiatement applicable aux faits de la cause, l'art. 121-3 C. pén. dans sa rédaction résultant de la loi n° 96-393 du 13 mai 1996, dont l'al. 3 dispose qu'il y a délit, lorsque la loi le prévoit, en cas d'imprudence, de négligence ou de manquement à une obligation de prudence ou de sécurité prévue par la loi ou les règlements, sauf si l'auteur des faits a accompli les diligences normales, compte tenu, le cas échéant, de la nature de ses missions, ou de ses fonctions, de ses compétences ainsi que du pouvoir et des moyens dont il disposait ; ainsi que l'ont relevé les premiers juges, ce texte prévoit des exigences supplémentaires de nature à bénéficier aux personnes poursuivies pour des délits non intentionnels. • Nancy, 6 mai 1999 : *Gaz. Pal. 1999. 2. 681, note Bonneau.*

67. Nature juridique. A justifié sa décision, notamment au regard de l'art. 112-1 nouveau C. pén., la cour d'appel qui, pour déclarer le prévenu coupable de coups et blessures involontaires et d'infraction à la réglementation relative à la sécurité des travailleurs, énonce que, titulaire d'une délégation de pouvoirs et pourvu, comme tel, de la compétence, de l'autorité et des moyens nécessaires à l'exercice de sa mission concernant le respect des règles de sécurité au sein de l'établissement, il n'a pas accompli les diligences normales qui lui incombaient de ce chef au sens de l'art. 121-3 C. pén. dans sa rédaction issue de la L. du 13 mai 1996, lequel n'institue aucun fait justificatif. • Crim. 14 oct. 1997, n° 96-83.356 P : *Dr. pénal 1998. 25, obs. J.-H. Robert* ; *RSC 1998. 328, obs. Mayaud* ; *RTD com. 1998. 431, obs. Bouloc*.

68. Appréciation in concreto. L'art. 121-3 C. pén., modifié par la l. n° 96-393 du 13 mai 1996, pose le principe de l'appréciation *in concreto* de la faute d'imprudence, de négligence ou de manquement à une obligation de sécurité, qui ne saurait plus être présumée ou déduite de la seule survenance d'un dommage résultant de l'un ou l'autre manquement ou omission susvisé, mais au contraire doit être écartée lorsque l'auteur des faits justifie d'une cause d'irresponsabilité consistant dans l'accomplissement des « diligences normales », c'est-à-dire de celles, adéquates, que sa situation lui permettait de concevoir et de mettre en œuvre pour prévenir le dommage. • TGI Lyon, 26 sept. 1996 : *D. 1997. 200, note Seillan* ; *RSC 1997. 833, obs. Mayaud*.

69. L'exigence d'une analyse plus approfondie des situations, l'examen de la nature des missions, des fonctions et des pouvoirs et compétences ne saurait conduire la juridiction ni sur le chemin de la définition des fonctions, ni sur celui de l'analyse psychologique des personnes mises en cause ; le tribunal estime en effet qu'il outrepasserait sa compétence et qu'il y aurait danger à ce que, sur la base de l'art. 121-3 C. pén., il s'érige en définisseur des fonctions ou mission d'un élu ou représentant de l'État ; l'analyse des missions au sens de l'article précité devra donc reposer tant sur des constats que sur des définitions théoriques. • T. corr. Toulouse, 19 févr. 1997 : *Gaz. Pal. 1997. 1. 396, note Riera* ; *RSC 1997. 835, obs. Mayaud*.

70. L'art. 121-3 dans sa nouvelle rédaction supprime une ambiguïté des art. 221-6 et 221-19 en ce sens que la simple démonstration de la violation d'une règle de prudence ou de sécurité prévue par la loi n'est pas suffisante pour caractériser le délit, la faute résultant de cette violation devant être également analysée au regard des circonstances de l'espèce. • T. corr. Toulouse, 19 févr. 1997 : *préc. note 69* • Toulouse, 29 janv. 1998 : *préc. note 66.*

71. Tout manquement par le conducteur d'un véhicule à ses obligations de prudence et de sécurité est nécessairement incompatible avec les diligences normales que lui impose le code de la route, et caractérise, à sa charge, la faute définie par la L. du 13 mai 1996. • Crim. 2 avr. 1997, n° 95-85.564 P : *RSC 1997. 837, obs. Mayaud*.

72. Missions et fonctions. L'étude des missions au sens de l'art. 121-3 C. pén. doit se limiter à une analyse purement descriptive, une constatation des missions telles qu'elles s'exercent dans leur fonctionnement concret. • T. corr. Toulouse, 19 févr. 1997 : *Gaz. Pal. 1997. 1. 396, note Riera ; RSC 1997. 835, obs. Mayaud*. ♦ ... Ainsi, il ne peut être question, pour un tribunal correctionnel, sous couvert d'analyse, de définir ce que devrait être la fonction et la mission préfectorale dans le domaine de la sécurité des établissements recevant du public (thermes) : ce serait d'une part outrepasser les pouvoirs de la juridiction, d'autre part retomber dans une appréciation abstraite et théorique de la faute qu'a voulu justement éviter le législateur dans la L. du 13 mai 1996. • Même jugement.

73. Compétences. Lors des débats parlementaires le mot « compétences » a été mis au pluriel et non au singulier, donnant ainsi à ce substantif un sens plus juridique que technique ou psychologique. • T. corr. Toulouse, 19 févr. 1997 : *Gaz. Pal. 1997. 1. 396, note Riera.*

74. Exemples. V. ss. art. 221-6 et 432-16.

4° AUTORITÉ DE CHOSE JUGÉE

75. Homicide et violences involontaires. V. ss. art. 221-6, « Unité des fautes civile et pénale ».

76. Destruction, dégradation ou détérioration involontaire d'un bien. Le propriétaire d'un atelier dans lequel un incendie s'était déclaré et s'était propagé à l'immeuble voisin ayant été relaxé du chef du délit prévu à l'art. 322-5 C. pén., viole les art. 1384, al. 2 et 1351 C. civ., ensemble l'art. 322-5 C. pén., l'arrêt qui, pour rejeter la demande d'indemnisation du propriétaire de l'immeuble voisin, énonce que l'autorité de la chose jugée ne permet pas de qualifier de fautifs les faits allégués contre le propriétaire de l'atelier, la faute civile visée à l'art. 1384, al. 2, étant identique à la faute d'imprudence de l'art. 322-5 C. pén., alors que ce dernier texte n'incrimine la destruction involontaire d'un bien par un incendie que dans la mesure où celui-ci a été provoqué par un manquement à une obligation de sécurité ou de prudence imposée par la loi ou le règlement et que toute autre faute résultant d'une maladresse, imprudence, inattention ou négligence est susceptible d'engager la responsabilité du gardien de la chose dans laquelle l'incendie a pris naissance. • Civ. 2e, 7 mai 2003, n° 01-13.790 P : *D. 2004. Somm. 1343, obs. Jourdain ; JCP 2004. I. 101, n° 3, obs. Viney.*

III. CONTRAVENTIONS

77. Bonne foi. L'exception tirée de la bonne foi du prévenu ne peut jamais, en matière de contravention, être alléguée et servir d'excuse. • Crim. 21 déc. 1860 : *DP 1861. 5. 114.* ♦ ... Serait-elle expliquée par la tolérance de l'autorité locale. • Crim. 26 nov. 1869 : *DP 1870. 1. 439.*

78. En matière de contravention il suffit, en principe, pour l'application de la loi pénale que le fait punissable soit matériellement constaté ; dès lors, l'excuse tirée de la bonne foi n'est pas de nature à faire disparaître la contravention. • Crim. 16 nov. 1976, n° 76-91.540 P (application constante en jurisprudence). ♦ ... Sauf à réserver l'hypothèse particulière des contraventions douanières, pour lesquelles la preuve de la bonne foi peut être rapportée. • Crim. 20 févr. 1997, n° 95-84.764 P.

79. Force majeure. La survenance d'une défaillance mécanique que, par sa nature même, le conducteur, à qui l'art. L. 311-1 C. route impose d'entretenir et réparer son véhicule de façon à assurer la sécurité de tous les usagers de la route, a la possibilité de prévenir, par la vérification préalable de l'état dudit véhicule, avant d'en faire usage, ne saurait suffire, à elle seule, à constituer la force majeure au sens de l'art. 121-3, al. 5, C. pén. • Crim. 6 nov. 2013, n° 12-82.182 P : *AJ pénal 2014. 131, obs. Lasserre Capdeville ; Dr. pénal 2014, n° 4, obs. J.-H. Robert ; Gaz. Pal. 9-11 févr. 2014, p. 31, obs. Detraz.*

Code général des collectivités territoriales

(L. n° 96-142 du 21 févr. 1996)

BIBL. ▶ S. PETIT, *Gaz. Pal. 1999. 2. Doctr. 1746.* – L. BRUNET, *AJ pénal 2006. 153*. – J. SAYAH, *RLCT 2006/13, n° 337.* – Y. MAYAUD, *RLCT 2010/58, n° 1656* (loi Fauchon : bilan territorial de dix années d'application) ; *ibid. 2013/88, n° 2441, p. 79* (la responsabilité pénale liée aux catastrophes naturelles : quelle défense pour les décideurs locaux ?) ; *ibid. 2014/100, n° 2671, p. 23* (la gestion du risque pénal par les décideurs locaux).

Art. L. 2123-34 *(L. n° 2000-647 du 10 juill. 2000)* « Sous réserve des dispositions du quatrième alinéa de l'article 121-3 du code pénal, le maire ou un élu municipal le suppléant ou ayant reçu une délégation ne peut être condamné sur le fondement du troisième alinéa de ce même article pour des faits » *(L. n° 96-393 du 13 mai 1996)* « non intentionnels commis dans l'exercice de ses fonctions que s'il est établi qu'il n'a pas accompli les diligences normales compte tenu de ses compétences, du pouvoir et des moyens dont il disposait ainsi que des difficultés propres aux missions que la loi lui confie. »

(L. n° 2000-647 du 10 juill. 2000) « La commune est tenue d'accorder sa protection au maire, à l'élu municipal le suppléant ou ayant reçu une délégation ou à l'un de ces élus ayant cessé ses fonctions lorsque celui-ci fait l'objet de poursuites pénales à l'occasion de faits qui n'ont pas le caractère de faute détachable de l'exercice de ses fonctions. »

(L. n° 2019-1461 du 27 déc. 2019, art. 104) « La commune est tenue de souscrire, dans un contrat d'assurance, une garantie visant à couvrir le conseil juridique, l'assistance psychologique et les coûts qui résultent de l'obligation de protection à l'égard du maire et des élus mentionnés au deuxième alinéa du présent article. Dans les communes de moins de 3 500 habitants, le montant payé par la commune au titre de cette souscription fait l'objet d'une compensation par l'État en fonction d'un barème fixé par décret. »

(L. n° 2000-647 du 10 juill. 2000) « Lorsque le maire ou un élu municipal le suppléant ou ayant reçu une délégation agit en qualité d'agent de l'État, il bénéficie, de la part de l'État, de la protection prévue par l'article 11 de la loi n° 83-634 du 13 juillet 1983 portant droits et obligations des fonctionnaires. »

Renvoi. Pour des exemples d'application, V. ss. art. 221-6 C. pén., « Élus et fonctionnaires ».

Art. L. 3123-28 *(L. n° 2000-647 du 10 juill. 2000)* « Sous réserve des dispositions du quatrième alinéa de l'article 121-3 du code pénal, le président du conseil départemental ou un conseiller départemental le suppléant ou ayant reçu une délégation ne peut être condamné sur le fondement du troisième alinéa de ce même article pour des faits » *(L. n° 96-393 du 13 mai 1996)* non intentionnels commis dans l'exercice de ses fonctions que s'il est établi qu'il n'a pas accompli les diligences normales compte tenu de ses compétences, du pouvoir et des moyens dont il disposait ainsi que des difficultés propres aux missions que la loi lui confie.

(L. n° 2000-647 du 10 juill. 2000) « Le département est tenu d'accorder sa protection au président du conseil départemental, au conseiller départemental le suppléant ou ayant reçu une délégation ou à l'un de ces élus ayant cessé ses fonctions lorsque celui-ci fait l'objet de poursuites pénales à l'occasion de faits qui n'ont pas le caractère de faute détachable de l'exercice de ses fonctions. »

Art. L. 4135-28 *(L. n° 2000-647 du 10 juill. 2000)* « Sous réserve des dispositions du quatrième alinéa de l'article 121-3 du code pénal, le président du conseil régional ou un conseiller régional le suppléant ou ayant reçu une délégation ne peut être condamné sur le fondement du troisième alinéa de ce même article pour des faits » *(L. n° 96-393 du 13 mai 1996)* « non intentionnels commis dans l'exercice de ses fonctions que s'il est établi qu'il n'a pas accompli les diligences normales compte tenu de ses compétences, du pouvoir et des moyens dont il disposait ainsi que des difficultés propres aux missions que la loi lui confie. »

(L. n° 2000-647 du 10 juill. 2000) « La région est tenue d'accorder sa protection au président du conseil régional, au conseiller régional le suppléant ou ayant reçu une délégation ou à l'un de ces élus ayant cessé ses fonctions lorsque celui-ci fait l'objet de poursuites pénales à l'occasion de faits qui n'ont pas le caractère de faute détachable de l'exercice de ses fonctions. »

Art. L. 5211-15 *(al. 2) (L. n° 96-393 du 13 mai 1996)* « Les dispositions de l'article L. 2123-34 relatives à la responsabilité des élus sont applicables au président et aux vice-présidents *[des établissements publics de coopération intercommunale]* ayant reçu délégation. » — *Ancien art. L. 5211-8 CGCT (L. n° 99-586 du 12 juill. 1999, art. 37).*

Loi n° 83-634 du 13 juillet 1983,

Portant droits et obligations des fonctionnaires.

Art. 11 *(al. 4) (L. n° 2016-483 du 20 avr. 2016, art. 20-I)* « III. — Lorsque le fonctionnaire fait l'objet de poursuites pénales à raison de faits qui n'ont pas le caractère d'une faute personnelle détachable de l'exercice de ses fonctions, la collectivité publique doit lui accorder sa protection. Le fonctionnaire entendu en qualité de témoin assisté pour de tels faits bénéficie de cette protection. La collectivité publique est également tenue de protéger le fonctionnaire qui, à raison de tels faits, est placé en garde à vue ou se voit proposer une mesure de composition pénale. »

Le présent al. s'applique aux faits survenant à compter de la date d'entrée en vigueur de la L. n° 2016-483 du 20 avr. 2016. Les faits survenus avant cette date demeurent régis par l'art. 11 de la L. n° 83-634 du 13 juill. 1983 portant droits et obligations des fonctionnaires, dans sa rédaction antérieure (L. n° 2016-483 préc., art. 20-II).

Art. 11 *bis* A *(L. n° 2000-647 du 10 juill. 2000)* « Sous réserve des dispositions du quatrième alinéa de l'article 121-3 du code pénal, les fonctionnaires *(Abrogé par L. n° 2016-483 du 20 avr. 2016, art. 39-II-6°)* « *et les agents non titulaires de droit public* » ne peuvent être condamnés sur le fondement du troisième alinéa de ce même article pour des faits » *(L. n° 96-393 du 13 mai 1996)* « non intentionnels commis dans l'exercice de leurs fonctions que s'il est établi qu'il n'ont pas accompli les diligences normales compte tenu de leurs compétences, du pouvoir et des moyens dont ils disposaient ainsi que des difficultés propres aux missions que la loi leur confie. »

BIBL. ▶ P. Guerder, *Rapport de la Cour de cassation 1998, p. 89* (faute pénale non intentionnelle des fonctionnaires). – S. Petit, *Gaz. Pal. 1999. 2. Doctr. 1746* (responsabilité pénale des agents publics et des élus).

Renvoi. Pour des exemples d'application, V. ss. art. 221-6 C. pén., « Élus et fonctionnaires ».

Art. 121-4 Est auteur de l'infraction la personne qui :
1° Commet les faits incriminés ;
2° Tente de commettre un crime ou, dans les cas prévus par la loi, un délit.

V. notes ss. art. 121-5.

Art. 121-5 La tentative est constituée dès lors que, manifestée par un commencement d'exécution, elle n'a été suspendue ou n'a manqué son effet qu'en raison de circonstances indépendantes de la volonté de son auteur.

RÉP. PÉN. v° *Tentative*, par Rebut.

Corresp. : *C. pén., anciens art. 2 et 3.*

BIBL. ▶ Spiteri, *RSC 1966. 497* (infraction formelle). – Savey-Casard, *RSC 1972. 515* (repentir actif). – Rozès, *RSC 1975. 603* (infraction consommée). – Larguier, *RSC 1979. 539* (notion de tentative). – Devèze, *RSC 1981. 777* (commencement d'exécution). – Prothais, *LGDJ 1986* (tentative et attentat). – D. Rebut, *D. Affaires 2005. Chron. 1290* (abus de biens sociaux par abstention). – S. Grunvald, *Mél. R. Ottenhof, Dalloz, 2006* (élément matériel de l'infraction). – E. Fortis, *Mél. B. Bouloc, Dalloz, 2006, p. 323* (influence de certaines règles de la procédure pénale sur l'existence de l'infraction). – Y. Mayaud, *Mél. A. Decocq, Litec, 2004, p. 475* (certitude du lien de causalité dans la théorie de la responsabilité pénale) ; *Mél. B. Bouloc, Dalloz, 2006, p. 807* (résistance du droit pénal au préjudice). – W. Jeandidier, *Mél. R. Gassin, PUAM, 2007, p. 245* (élément matériel des infractions d'affaires). – E. Dreyer, *Dr. pénal 2007. Étude 9* (causalité directe de l'infraction). – J. Chacornac, Le risque comme résultat dans les infractions de mise en danger : les limites de la distinction des infractions matérielles et formelles, *RSC 2008. 849* (limites de la distinction des infractions matérielles et formelles). – Ollard, *RSC 2010. 561* (distinction du dommage et du préjudice en droit pénal). – Hardouin-Le Goff, *in* « Code pénal et code d'instruction criminelle. Livre du Bicentenaire », *Ouvrage collectif de l'Université Panthéon-Assas Paris II, Dalloz 2010, p. 309* (indéfectible prescription de l'action publique). – Saint-Pau, *Mél. J.-H. Robert, LexisNexis, 2012, p. 679* (les causalités dans la théorie de l'infraction). – Parizot, *coll. LEJEP, 2013, p. 123* (l'anticipation de la répression). – Ferrand, *RSC 2013. 505* (incidence des formes processuelles sur la genèse de la théorie générale de l'infraction). – Mesa, *Gaz. Pal. 2014. 1. Doctr., p. 844* (à propos du point de départ du délai de prescription de l'action publique et de la théorie dite des infractions clandestines). – Mayaud, *RSC 2015. 86* (rebondissement sur la structure matérielle des infractions sexuelles). – Roets, *RSC 2015. 161* (infraction continuée et principe de non-rétroactivté : cours magistral de droit pénal à la Cour de Strasbourg).

Dossiers

▶ La Cour de cassation, le Conseil constitutionnel et la prescription de l'action publique, *RDP 2011, p. 1379 :* X. Prétot, Rapports communs aux questions prioritaires de constitutionnalité,

p. 1380 ; G. Drago, La Cour de cassation, juge constitutionnel, *p. 1438* ; Y. Mayaud, À propos des arrêts QPC du 20 mai 2011 : le point de vue d'un pénaliste, *p. 1446* ; D. Rousseau, La Cour a ses raisons, la raison les siennes !, *p. 1464*.
▸ Le profit tiré de l'infraction, *Gaz. Pal. 2014. 1. Dossier, p. 1936 s.* : D. Dassa-Le Deist, Cui Bono ? À qui profite le crime ?, *p. 1936* ; A. Mihman, La confiscation des profits illicites, *p. 1940* ; Th. Cassuto, Les aspects européens de la lutte contre les profits illicites, *p. 1943* ; E. Dreyer, Sur les fonctions respectives de l'amende et de la confiscation, *p. 1947* ; S. Detraz, Le profit présumé délictueux en droit pénal de fond, *p. 1949* ; E. Dezeuze et E. Steru, Le profit tiré des abus de marché, *p. 1952* ; L. Saenko, La preuve comme produit de l'infraction, *p. 1956*.
▸ L'imputation de l'infraction, *Gaz. Pal. 2015. p. 3962 s.* : S. Detraz, *p. 3962* (la nature de la complicité) ; A. Mihman, *p. 3966* (la répression de la complicité passive : distinction entre complicité par simple abstention et complicité par abstention aggravée) ; L. Rousvoal, *p. 3970* (éléments sur l'imputation des infractions en matière de presse) ; D. Dassa-Le Deist, *p. 3974* (la double imputation des infractions en droit de la presse ; regard de praticien) ; L. Saenko, *p. 3977* (brèves réflexions sur la catégorie des infractions « attitrées ») ; E. Dreyer, *p. 3981* (responsabilité pénale des personnes morales : question d'imputation ou d'imputabilité ?).

I. INFRACTION CONSOMMÉE

A. STRUCTURE DE L'INFRACTION

1. Condition préalable. Dès lors qu'aux termes de l'art. L. 112-1 CPI, les œuvres de l'esprit sont protégées, quels qu'en soient le genre, la forme d'expression, le mérite ou la destination, une œuvre pornographique bénéficie, en l'absence de preuve de son caractère illicite, de la protection accordée par la législation sur la propriété littéraire et artistique. • Crim. 28 sept. 1999, n° 98-83.675 P : *D. 2000. AJ 60, obs. Faddoul*.

2. La nomenclature générale des actes professionnels n'étant pas un élément constitutif du délit de fraude ou fausses déclarations pour obtenir ou faire obtenir des prestations indues (art. L. 377-1 et L. 377-5 CSS), la réduction, par un arrêté modificatif postérieur aux faits, de la durée des séances de soins qu'elle préconisait est sans incidence sur l'existence de l'infraction. • Crim. 7 janv. 2003 : *Dr. pénal 2003. 50, obs. J.-H. Robert.*

3. Seuil de consommation. L'obtention d'un permis de construire tacite, relativement à des constructions édifiées sans qu'ait été sollicité ni obtenu préalablement le permis de construire nécessité par lesdites constructions, ne saurait avoir pour effet de faire disparaître le délit antérieurement consommé. • Crim. 18 juin 1997, n° 96-83.082 P. ♦ Comp. : • Crim. 18 juin 1997 : *RSC 1997. 842, obs. J.-H. Robert*.

4. Circonstances aggravantes. La question relative à une circonstance aggravante doit se référer à une autre question portant sur le fait principal imputé à l'accusé. • Crim. 15 nov. 2006, n° 06-81.331 P.

B. TYPOLOGIE DES INFRACTIONS

1° INFRACTIONS DE COMMISSION OU D'OMISSION

5. Commission. Cassation de l'arrêt qui, pour déclarer le dirigeant d'une société en état de liquidation judiciaire coupable de banqueroute pour avoir fait disparaître la comptabilité de la personne morale (L. n° 85-98 du 25 janv. 1985, art. 197, 4°), se borne à énoncer, par motifs adoptés, que le prévenu n'a pas présenté au mandataire liquidateur la comptabilité et ne justifie pas de sa carence, et, par motifs propres, que les documents produits par le liquidateur montrent qu'il n'a pu obtenir la comptabilité de l'entreprise, sans préciser les circonstances dans lesquelles la comptabilité n'a pu être représentée. • Crim. 11 juin 1998, n° 97-80.359 : *Dr. pénal 1998. 155, obs. J.-H. Robert.*

6. Omission. L'art. R. 654-1 C. pén. réprime les mauvais traitements envers un animal, même s'ils résultent d'abstentions, dès lors que leur auteur ne justifie d'aucun empêchement légitime. • Crim. 4 déc. 2001, n° 01-81.763 : *Dr. pénal 2002. 38, obs. Véron.*

7. Une inertie ne peut être assimilée aux mesures positives d'abus d'autorité sanctionnées par la loi (C. pén., art. 432-1). • Crim. 19 févr. 2003, 02-84.058 : *Dr. pénal 2003, n° 93, obs. Véron.*

2° INFRACTIONS COMPOSITES

8. Infractions d'habitude. A justifié sa décision la cour d'appel qui énonce que la pluralité des clients du prévenu et la multiplicité des opérations boursières effectuées pour leur compte, ainsi que leur accord sur une rémunération, suffisent à établir le caractère de « profession habituelle » de fourniture illégale de services d'investissement, au sens de l'art. L. 573-1 C. mon. fin., à laquelle il s'est livré en se présentant comme un spécialiste de la matière, ces énonciations faisant apparaître l'existence, à l'égard de plusieurs clients, d'opérations distinctes caractérisant un délit d'habitude commis sciemment. • Crim. 20 avr. 2005 : *Dr. pénal 2005. 108, obs. J.-H. Robert.*

9. L'habitude n'est pas un élément constitutif du délit d'exercice illégal de la profession d'avocat prévu et réprimé par les art. 4 et 72 de la L. du 31 déc. 1971, dès lors, justifie sa décision la cour d'appel qui, pour déclarer coupable de cette infraction un avocat radié du barreau, relève que ledit avocat a invoqué cette qualité pour assister une partie dans une procédure suivie devant le conseil de prud'hommes. • Crim. 5 févr. 2013, n° 12-81.155 P : *D. actu. 6 mars 2013, obs. Auffray ; AJ pénal 2013. 275, obs. Priou ; Dr. pénal 2013, n° 53, obs. Véron ; ibid. n° 61, obs. J.-H. Robert.* ♦ Pour dire établi le délit d'exercice illégal de la profession d'avocat, l'arrêt retient que le prévenu, après avoir été suspendu puis radié de l'ordre des avocats, a assisté une dirigeante de société, le 21 févr. 2007, devant le conseil de prud'hommes dans l'instance qui l'opposait à l'un de ses salariés ; en prononçant ainsi, et dès lors que, d'une part, le prévenu ne présentait aucune des qualités requises par l'art. R 1453-2 C. trav. pour assister ou représenter une partie devant le conseil de prud'hommes, d'autre part, l'habitude n'est pas un élément constitutif du délit prévu et réprimé par les art. 4 et 72 de la loi du 31 déc. 1971, la cour d'appel a justifié sa décision. • Crim. 14 janv. 2015, n° 13-85.868 : *D. actu. 6 févr. 2015, obs. Portmann.* ♦ *Contra*, dans le sens du caractère d'habitude du délit d'exercice illégal de la profession d'avocat : • Crim. 21 oct. 2008, n° 08-82.436 P : *D. 2009. Chron. C. cass. 46, obs. Chaumont ; ibid. 1067, note Lapérou-Scheneider.*

10. Exerçant la profession d'expert-comptable sous le couvert d'une société de comptabilité, le prévenu a, directement et par l'intermédiaire de cette société dont il détenait la totalité des parts, consenti, à des clients ayant des besoins de trésorerie ou désireux de procéder à des acquisitions, des prêts d'argent, moyennant le versement d'intérêts à des taux proches de l'usure ; a justifié sa décision la cour d'appel qui l'a condamné pour exercice illégal de la profession de banquier, dès lors que, d'une part, le demandeur ne saurait se faire un grief d'une erreur affectant la déclaration de culpabilité pour une seule des opérations effectuées à titre habituel, d'autre part, la perception des remboursements est un élément constitutif de l'infraction faisant courir le délai de prescription. • Crim. 11 févr. 2009, n° 08-83.870 : *Gaz. Pal. 2009. 2. Somm. 3144, note Lasserre Capdeville.*

11. La tenue illicite d'une maison de jeux peut être établie indépendamment des critères d'habitude et de pérennité, qui ne sont pas exigés par le premier al. de l'art. 1er de la L. du 12 juill. 1983. • Crim. 17 déc. 2014, n° 13-86.617 P : *D. actu. 9 janv. 2015, obs. Priou-Alibert.*

3° INFRACTIONS INSTANTANÉES OU CONTINUES

12. Renvoi. Pour des formules de distinction, V. « *Presse et communication* », L. 29 juill. 1881, ss. art. 65.

a. Abus de biens sociaux

BIBL. A. Lienhard, *AJ pénal 2006. 295* (particularités de la prescription de l'abus de biens sociaux).

13. QPC. Les règles relatives au point de départ de la prescription de l'action publique et à l'incidence que la connexité peut exercer sur elle, sont anciennes, connues, constantes et reposent sur des critères précis et objectifs. • Cass., ass. plén., 20 mai 2011, 4 arrêts QPC : nos 11-90.042 P, 11-90.033 P, 11-90.025 P et 11-90.032 P. ♦ ... Si, selon l'art. 9 DDH, tout homme est présumé innocent tant qu'il n'a pas été déclaré coupable, l'application des règles de la prescription de l'action publique et de la connexité est sans incidence sur la présomption d'innocence ; le principe de la légalité des délits et des peines énoncé à l'art. 8 DDH implique que le législateur, compétent en application de l'art. 34 Const. pour fixer les règles concernant la procédure pénale, fixe lui-même le champ d'application de la loi pénale ; les dispositions critiquées répondent à cette exigence dès lors que les règles de la prescription de l'action publique et de la connexité découlent de dispositions législatives ; le principe d'égalité ne faisant pas obstacle à l'application de règles distinctes à des situations distinctes au regard de l'objectif poursuivi par la loi, ces mêmes règles ne méconnaissent pas davantage le principe d'égalité devant la loi. • Cass., ass. plén., 20 mai 2011, n° 11-90.042 QPC : *préc.* ♦ ... La prescription de l'action publique ne revêt pas le caractère d'un principe fondamental reconnu par les lois de la République et ne procède pas des art. 7 et 8 DDH, ni d'aucune disposition, règle ou principe de valeur constitutionnelle ; si, selon l'art. 8 DDH, nul ne peut être puni qu'en vertu d'une loi « légalement appliquée », cette exigence est satisfaite par le droit à un recours effectif devant une juridiction, qui découle de l'art. 16 de la même Déclaration. • Cass., ass. plén., 20 mai 2011, 3 arrêts QPC, nos 11-90.033, 11-90.025 et 11-90.032 P : *préc.* – V. égal., sur tous ces arrêts : *D. 2011. 1346, obs. Lienhard ; ibid. Pan. 2231, obs. Pradel, préc. ; ibid. 1426. Point de vue Chagnollaud ; AJ pénal 2011. 516, note Gallois ; Dr. pénal 2011, n° 95, obs. J.-H. Robert ; RSC 2011. 611, obs. Matsopoulou ; ibid. 656, obs. Danet ; ibid. 2012. 221, obs. de Lamy.* ♦ *Adde* : Maziau, *D. 2011. Chron. 1775* (les « bonnes raisons » de la Cour de cassation). – Mathieu, *JCP 2011. 670* (la prescription de l'action publique ne constitue pas un principe constitutionnel). – Mayaud, *RDP 2011. 1146* (à propos des arrêts QPC du 20 mai 2011 : le point de vue d'un pénaliste).

14. Infraction instantanée. Le délit d'abus de biens sociaux étant une infraction instantanée qui se commet à chaque usage de biens contraire à l'intérêt social, il y a lieu, lorsque les usages successifs résultent, comme dans le cas de l'espèce, d'une décision d'engagement de dépense dont ils constituent l'exécution automatique, de se référer à cet engagement qui caractérise l'élément matériel de l'infraction. • Paris, 25 janv. 2002 : *Gaz. Pal. 2002. 1. 135, note Monnet* • 5 mars 2002 : *D. 2002. 1206, obs. Lienhard ; JCP 2002. I. 151, n° 8, obs. Viandier et Caussain ; RSC 2002. 827, obs. Rebut.*

15. Le délit d'abus de biens sociaux résultant de versement de salaires rémunérant un emploi fictif est une infraction instantanée consommée lors de chaque paiement indu ; encourt, dès lors, la censure, l'arrêt qui, pour déclarer prescrits les abus de biens sociaux reprochés aux dirigeants d'une société ayant engagé par contrats de travail, conclus en nov. 1986, deux personnes qui ont perçu des salaires jusqu'en déc. 1991, bien que les prestations de travail correspondantes n'aient pas été fournies, énonce que le délit d'abus de biens sociaux est une infraction instantanée constituée en tous ses éléments le jour de la conclusion des contrats de travail litigieux, soit plus de trois ans avant le premier acte interruptif de prescription, et qu'elle n'a pas été réitérée à chaque perception indue de salaires. • Crim. 28 mai 2003, n° 02-83.544 P : *D. 2003. 2015 ; Dr. pénal 2003. Comm. 100, obs. J.-H. Robert ; RSC 2004. 358, obs. Rebut .* Cassation de • Besançon, 14 mars 2002 : *Dr. pénal 2002, n° 70, obs. S.-H. Robert.*

16. Le délit d'abus de biens sociaux est une infraction instantanée consommée lors de chaque usage abusif des biens de la société ; la prescription court, sauf dissimulation, à compter de la présentation des comptes annuels par lesquels les dépenses litigieuses sont indûment mises à la charge de la société ; méconnaît le sens et la portée des art. 7 et 8 C. pr. pén., ensemble l'art. L. 242-6, 3°, C. com., une cour d'appel qui, pour constater la prescription de l'action publique, énonce que, lorsque les usages contraires à l'intérêt social sont successifs et résultent d'une décision d'engagement des dépenses dont ils constituent l'exécution automatique, l'élément matériel de l'infraction est caractérisé par les conventions dont résulte l'engagement et que le point de départ du délai de prescription doit être fixé aux dates auxquelles les assemblées des sociétés en cause les ont approuvées, alors que, d'une part, l'usage contraire à l'intérêt social résultait non des conventions litigieuses mais de leurs modalités d'exécution et que, d'autre part, celles-ci devaient faire l'objet, à la fin de chaque exercice, d'un rapport spécial des commissaires aux comptes dont la présentation aux assemblées générales constituait le point de départ du délai de prescription. • Crim. 8 oct. 2003, n° 02-81.471 P : *D. 2003. 2695, obs. Lienhard ; AJ pénal 2003. 67, obs. A. P. ; JCP 2004. II. 10028, note Jacopin ; JCP E 2004. 467, note J.-H. Robert ; Dr. pénal 2003. 147, obs. J.-H. Robert ; Gaz. Pal. 2004. 2. Doctr. 2875, obs. Sordin* (cassation de • Paris, 25 janv. 2002 : *préc.*). – *Adde* : Y. Mayaud, *D. 2004. Chron. 194* (appel à la raison, ou pour une approche cohérente de la prescription de l'abus de biens sociaux). – Damy, *Gaz. Pal. 2004. 2. Doctr. 3000* (la répression de l'abus de biens sociaux : l'imprescriptibilité contestée). – Sur l'épilogue de cette affaire, • Crim. 25 oct. 2006, n° 05-85.998 P : *D. Affaires 2006. 2736, obs. Lienhard ; D. 2007. Pan. 1627, obs. Mascala ; Gaz. Pal. 2007. 1. Somm. 1988, note Monnet.*

17. Le délit d'abus de biens sociaux d'une société résultant d'un cautionnement est une infraction instantanée consommée au jour de l'acte. • Crim. 28 févr. 2007 : *D. 2007, chron. C. cass., p. 1824, obs. Ménotti ; ibid. 2008. Pan. 1575, obs. Mascala ; Dr. pénal 2007. 83, obs. J.-H. Robert.*

18. Infraction occulte. La prescription de l'action publique pour abus de biens sociaux commence à courir du jour où le délit est apparu et a pu être constaté dans des conditions permettant l'exercice de l'action publique. • Paris, 25 janv. 2002 : *préc. note 14* • 5 mars 2002 : *préc. note 14.*

19. Infraction dissimulée. Il se déduit des art. L. 223-23 et L. 225-254 nouveaux C. com. que la prescription de l'action publique du chef d'abus de biens sociaux court, sauf dissimulation, à compter de la présentation des comptes annuels par lesquels les dépenses litigieuses sont mises indûment à la charge de la société. • Crim. 27 juin 2001, n° 00-87.414 P : *Dr. pénal 2001. 129, obs. J.-H. Robert ; Gaz. Pal. 2002. 1. 116, note Monnet ; RSC 2002. 339, obs. Renucci* • Besançon, 14 mars 2002 : *préc. note 15.* ♦ ... Encourt dès lors la censure l'arrêt qui, après avoir énoncé que les charges indues figurent dans les comptes annuels à la rubrique où elles doivent trouver leur place, fait courir le délai de prescription à compter d'une date postérieure à celle de la présentation des comptes, sans caractériser en quoi les opérations litigieuses auraient été dissimulées et le commissaire aux comptes empêché d'en découvrir l'existence. • Crim. 27 juin 2001 : *préc.*

20. Caractérise une dissimulation, de nature à faire courir le délai de prescription à compter d'une date postérieure à celle de la présentation des comptes : ♦ ... Les versements frauduleux de fonds commis au préjudice d'une société d'économie mixte, effectués en exécution de conventions réglementées avec diverses autres sociétés. • Crim. 10 avr. 2002, n° 01-80.090 P : *D. 2002. 2408 ; Dr. pénal 2002. 96, obs. J.-H. Robert ; RSC 2002. 827, obs. Rebut .* ♦ ... Le paiement de dépenses personnelles, par la mention, sur des notes de restaurant, du nom de personnes n'ayant pas pris part aux repas. • Même arrêt. ♦ ... L'affectation, par deux sociétés attributaires des marchés pour la construction du réseau de gaz d'une commune, d'un certain pourcentage du montant de ces marchés au financement d'activités politiques, par le biais de la facturation de prestations fictives d'assistance commerciale à deux autres entreprises. • Crim. 28 janv. 2004 : *Dr. pénal 2004. 65, obs. J.-H. Robert ; RSC 2004. 897, obs. Commaret*. ♦ ... Des comptes annuels présentés aux associés contenant des opérations fictives, étayées par des fausses factures. • Crim. 25 févr. 2004 : *Dr. pénal 2004. 115.* ♦ ... Le versement de salaires fictifs indûment mis à la charge d'une société d'économie mixte. • Crim. 4 nov. 2004, n° 03-87.327 : *JCP G 2005. II. 10051, note J.-H. Robert ; Dr. pénal 2005. 44, obs. J.-H. Robert.* ♦ ... L'établissement de factures non causées destinées à justifier dans les comptes sociaux d'opérations fictives. • Crim. 16 nov. 2005 : *JCP 2006. II. 10110, note Conte.* ♦ ... La dissimulation de majorations de salaires aux organismes sociaux et les redressements qui en ont été la conséquence, ce qui démontre que ces compléments de rémunération ont été exclus des comptes, les faits n'ayant été connus, dans des conditions permettant l'exercice de l'action publique, qu'après les vérifications fiscale et sociale. • Crim. 25 oct. 2006, n° 05-86.993 P : *Dr. pénal 2006. 161 ; RSC 2007. 313, obs. Rebut*. ♦ ... Les rétrocessions de commissions dissimulées par leur versement sur des comptes de société off shore et sur des comptes de passage, et dont l'existence n'a été découverte que lors d'investigations diligentées en exécution de commissions rogatoires internationales. • Crim. 31 janv. 2007, n° 02-85.089 P : *D. 2007, chron. C. cass., p. 1824, obs. Ménotti ; RSC 2007. 310 ; ibid. 313, obs. Rebut*.

21. Contrôle de la dissimulation. Sur le contrôle par la Cour de cassation de la qualification de dissimulation, V. spéc. : • Crim. 14 juin 2006 : *Dr. pénal 2006. 126 (1re esp.), obs. J.-H. Robert ; RSC 2007. 313, obs. préc. Rebut* • 28 juin 2006 : *Dr. pénal 2006. 126 (2e esp.), obs. précit. J.-H. Robert ; RSC 2007. 313, obs. précit. Rebut*

22. Des indices de mauvaise gestion n'impliquent pas nécessairement de la part des dirigeants d'une société un comportement entrant dans les prévisions de l'art. L. 242-6 C. com. • Crim. 7 mai 2002, n° 02-80.796 P : *D. (cah. aff.) 2002. 2336 ; D. 2003. Somm. 248, obs. Roujou de Boubée ; Dr. pénal 2002. 84, obs. J.-H. Robert ; RSC 2002. 827, obs. Rebut*.

23. Levée de la dissimulation. Pour des délits d'abus de biens sociaux apparus et ayant pu être constatés, en raison des dissimulations opérées, seulement au jour de la réception, par le procureur de la République, de la première lettre anonyme les dénonçant, date à laquelle a commencé à courir le délai de prescription de l'action publique. • Crim. 14 mai 2003, n° 02-81.217 P : *D. cah. aff. 2003, p. 1766, note Lienhard ; D. 2004. Somm. 319, obs. Segonds ; Dr. pénal 2003. Comm. 99, obs. J.-H. Robert ; RSC 2003. 797, obs. Rebut ; Gaz. Pal. 2004. 2. Doctr. 2873, obs. Sordino.* ♦ Pour un abus de biens sociaux commis avec le consentement unanime des associés (capital détenu par les membres d'une même famille), et la fixation du point de départ de la prescription au jour où le contrôleur des impôts, qui a procédé à la vérification de la comptabilité de la société, a été en mesure de connaître les faits et de les dénoncer au ministère public. • Crim. 8 mars 2006 : *JCP 2006. II. 10112 ; Dr. pénal 2006. 85, obs. J.-H. Robert ; RSC 2007. 313, obs. Rebut*. ♦ Pour la connaissance d'un abus de biens sociaux, dans des conditions permettant l'exercice de l'action publique, qu'après des vérifications fiscale et sociale. • Crim. 25 oct. 2006, n° 05-86.993 P : *D. cah. aff. 2006, p. 2790 ; JCP 2006. IV. 3256.* ♦ Pour la découverte d'abus de biens sociaux lors d'investigations diligentées en exécution de commissions rogatoires internationales. • Crim. 31 janv. 2007, n° 02-85.089 : *préc.* ♦ Pour un emploi fictif apparu et constaté dans des conditions permettant l'exercice de l'action publique moins de 3 ans avant le premier acte interruptif de prescription. • Crim. 14 nov. 2007, n° 06-87.378 P : *D. 2008, chron. C. cass., p. 117, obs. Ménotti ; Gaz. Pal. 2008. 1. 342, note J. N.*

24. En ce sens que, lorsque le fait constitutif d'un abus de biens sociaux est un contrat soumis à l'autorisation du conseil d'administration et à l'approbation de l'assemblée générale des actionnaires, le délai de prescription court du jour de cette assemblée, mais à la condition que sa délibération soit régulière, ce qui n'est pas le cas si le rapport spécial du commissaire aux comptes n'a pas été établi. • Crim. 23 mars 2005 : *Dr. pénal 2005. 91, obs. J.-H. Robert.*

b. Autres qualifications

25. ... Abus de position dominante. Le délit d'abus de position dominante résultant de la conclusion d'un contrat d'approvisionnement exclusif se prescrit à compter du dernier acte d'exécution dudit contrat. • Crim. 19 mars 2008, n° 07-80.473 P : *AJ pénal 2008. 277, obs. Royer ; Dr. pénal 2008. 88, obs. J.-H. Robert.*

26. ... Défaut de rémunération des artistes-interprètes. Constitue un délit instantané, l'omission réitérée de verser à un organisme chargé de sa perception sur présentation de factures périodiques, la rémunération due aux artistes-interprètes et producteurs de phonogrammes, prévue par l'art. L. 214-1 CPI. Justifie dès lors sa décision de refus partiel d'informer la chambre d'accusation qui retient la prescription des faits antérieurs de plus de 3 ans, à la date du dépôt de la plainte avec constitution de partie civile, de l'organisme collecteur. • Crim. 7 nov. 2000, n° 00-81.402 P : *Gaz. Pal. 2001. 2. Somm. 1383, note Monnet.*

27. Discrimination syndicale. Aux termes de l'art. L. 412-2 C. trav. [L. 2141-5 à L. 2141-8 nouv.], il est interdit à tout employeur de prendre en considération l'appartenance à un syndicat ou l'exercice d'une activité syndicale pour arrêter ses décisions en ce qui concerne notamment l'embauchage, la conduite et la répartition du travail, la formation professionnelle, l'avancement, la rémunération et l'octroi d'avantages sociaux, les mesures de discipline et de congédiement ; la nature de l'infraction reprochée n'est pas celle des infractions continues, qui nécessitent pour être ainsi qualifiées la réitération constante de la volonté délictuelle de l'auteur après la commission d'un acte initial, alors que l'acte matériel de discrimination, tel que le texte incriminateur le précise, se caractérise par une prise de décision qui consomme instantanément l'infraction, peu important à cet égard que plusieurs de ces décisions puissent être prises à l'intérieur de la période concernée, dès lors qu'elles apparaissent distinctes les unes des autres, et signifieraient dans cette hypothèse autant d'infractions constituées par autant d'éléments matériels et moraux. • Agen, 15 janv. 2004 : *Gaz. Pal. 2004. 1. 1925.*

28. ... Entente prohibée. Le délai de prescription du délit de participation frauduleuse à une entente prohibée (C. com., art. L. 420-6), infraction instantanée, part du jour où cette infraction a été constatée dans des conditions permettant l'exercice de l'action publique. • Crim. 20 févr. 2008, n° 02-82.676 P.

29. ... Entrave à l'exercice du droit syndical. Encourt la cassation la décision ayant confirmé le jugement qui a renvoyé les prévenus des fins de la poursuite du chef d'entrave à l'exercice du droit syndical pour divers manquements aux dispositions du code du travail, notamment l'absence de panneau d'affichage aux motifs que lesdits prévenus ont régularisé la situation et se sont mis en conformité avec la législation et qu'il n'est pas justifié de la persistance de ces manquements, ces motifs étant inopérants, s'agissant d'infractions instantanées auxquelles le repentir de l'employeur est indifférent. • Crim. 6 janv. 2004, n° 02-88.240 P : *Gaz. Pal. 2004. 2. Somm. 2759, obs. A. C.*

30. ... Entrave à la liberté des enchères. L'entrave aux enchères publiques est un délit instantané, consommé par l'acceptation d'un don ou d'une promesse en contrepartie de la renonciation à enchérir. • Crim. 5 juin 2007, n° 05-87.782 P.

31. ... Évasion. Le délit d'évasion, prévu par l'art. 434-29, 3°, C. pén., est un délit instantané, entièrement consommé à la date même où le condamné n'a pas réintégré l'établissement pénitentiaire, à l'issue d'une permission de sortir ; l'intervention d'un tiers, postérieurement à cette date, aux fins d'aider l'auteur principal dans sa fuite, ne saurait constituer un acte de complicité punissable, en l'absence d'un accord antérieur à l'infraction. • Crim. 4 mai 2000, n° 99-86.563 P : *Dr. pénal 2000. 112, obs. Véron ; RSC 2001, p. 164, obs. Delmas Saint-Hilaire.*

32. ... Exécution de travaux sans déclaration préalable et en méconnaissance du PLU. Les infractions d'exécution de travaux sans déclaration préalable et en méconnaissance du plan local d'urbanisme s'accomplissent pendant tout le temps où les travaux sont exécutés et jusqu'à leur achèvement ; la prescription de l'action publique ne court qu'à compter du jour où les installations sont en état d'être affectées à l'usage auquel elles sont destinées ; encourt la censure la cour d'appel qui, pour rejeter l'exception de prescription soulevée, retient que les faits reprochés sont des délits continus dont les effets se prolongent par la volonté réaffirmée de la prévenue de ne pas respecter les dispositions réglementaires applicables alors qu'il lui appartenait de rechercher si, à la date du premier acte interruptif de prescription, l'ouvrage était, depuis 3 années, en état d'être affecté à l'usage auquel il était destiné. • Crim. 27 mai 2014, n° 13-80.574 P : *D. actu. 5 juin 2014, obs. J.-M. Pastor.*

33. ... Exploitation d'un débit de boissons par une personne frappée d'incapacité. Le délit d'exploitation d'un débit de boissons par une personne frappée d'incapacité (CSP, art. L. 3336-2, L. 3336-3 et L. 3352-9) est un délit continu, qui se renouvelle chaque fois que son auteur démontre par son comportement sa volonté de persévérer dans son attitude ; le prévenu peut en conséquence être reconnu coupable, sans violation du principe *non bis in idem*, quand bien même il aurait fait l'objet, comme en l'espèce, de deux autres condamnations dans le cadre d'actions pénales distinctes. • Crim. 19 oct. 2004 : *Dr. pénal 2005. 57, obs. J.-H. Robert.*

34. ... Non-dénonciation d'atteintes sexuelles. Le délit de non-dénonciation de mauvais traitements sur mineur de 15 ans, prévu et puni par l'art. 434-3 C. pén., est un délit instantané dont la prescription court à compter du jour où le prévenu a eu connaissance des faits. • Crim. 7 avr. 2009, n° 09-80.655 P : *Dr. pénal 2009, comm. 91, obs. Véron.*

35. ... Opposition au droit d'accès à une information nominative. La contravention d'opposition à l'exercice du droit d'accès à une information nominative, matérialisée par la communication d'informations qui ne se présentent pas sous une forme directement intelligible, est une infraction instantanée, consommée à la date d'envoi desdites informations. • Crim. 6 mai 2008, n° 07-82.000 P : *D. 2008. AJ 1555 ; Dr. pénal 2008. 97, obs. J.-H. Robert ; RSC 2008. 626, obs. Francillon.*

36. ... Ouverture sans autorisation d'un élevage d'animaux non domestiques. La prescription de l'action publique en matière d'ouverture sans autorisation d'un élevage d'animaux d'espèces non domestiques ne court qu'à compter du jour où la situation illicite a pris fin, l'infraction s'accomplissant pendant toute la durée de la présence d'animaux dans l'établissement, sans qu'ait été obtenue l'autorisation requise par le code de l'environnement. • Crim. 21 févr. 2006, n° 05-84.916 P : *Gaz. Pal. 2006. 1. Somm. 1331, note M. B.*

37. ... Partage des produits de la prostitution. Le délit de partage des produits de la prostitution d'autrui est une infraction instantanée qui se prescrit à compter du jour où les faits la consommant ont été commis. Ne justifie pas sa décision la cour d'appel qui, pour écarter l'exception de prescription de l'action publique, énonce que le partage des produits de la prostitution d'autrui est un délit continu successif, ajoute que l'infraction a été commise au cours des années 1994, 1995 et 1996, rejetant par un motif erroné la prescription et en ne précisant pas les dates des actes constitutifs du partage des produits de la prostitution. • Crim. 17 mars 2004, n° 03-85.080 P.

38. ... Pratiques anticoncurrentielles. Justifie sa décision de retenir que le délai de prescription ne commence à courir qu'à compter de la date de la dernière d'une série de réunions de concertation la cour d'appel qui a fait ressortir que ces concertations procédaient d'une volonté commune persistante des membres d'une organisation professionnelle de restreindre ou de fausser le jeu de la concurrence sur un marché, ce qui est de nature à caractériser l'existence d'une infraction continue. • Com. 15 mars 2011, n° 09-17.055 P : *D. actu. 1er avr. 2011, obs. Chevrier.*

39. ... Présentation et publication de bilan inexact. A justifié sa décision la chambre d'accusation qui, pour juger que les délits de présentation et publication de bilan inexact, délits instantanés, à les supposer établis, seraient prescrits, énonce, par motifs propres et adoptés, que le bilan incriminé, arrêté au 31 juill. 1992, a été présenté à l'assemblée générale du 28 janv. 1993, et que la plainte avec constitution de partie civile n'a été déposée que le 16 déc. 1996, dès lors que la partie civile ne faisait pas état d'une publication du bilan postérieurement à sa présentation aux actionnaires. • Crim. 31 oct. 2000 : *Dr. pénal 2001. 20, obs. J.-H. Robert ; RSC 2001. 397, obs. Renucci* .

40. ... Prise illégale d'intérêts. Le délit de prise illégale d'intérêts se prescrit à compter du dernier acte administratif accompli par l'agent public par lequel il prend ou reçoit directement *ou indirectement un intérêt dans une opération* dont il a l'administration ou la surveillance. • Crim. 4 oct. 2000, n° 99-85.404 P : *D. 2001. 1654, note Segonds ; Dr. pénal 2001. 16, obs. Véron ; Gaz. Pal. 2001. 1. Somm. 973, note Monnet* • 10 avr. 2002, n° 01-84.286 P : *D. 2003. Somm. 246, obs. Segonds ; Dr. pénal 2002. 105, obs. Véron ; Gaz. Pal. 2004. 1. Somm. 628, note A.C.* ♦ ... Constitue un tel acte le mandatement par lequel un maire ordonne le paiement du prix d'une vente dans laquelle il a pris un intérêt illégal. • Crim. 10 avr. 2002 : *préc.* ♦ Lorsqu'une personne investie d'un mandat électif public a pris un intérêt dans des opérations successives, indépendantes les unes des autres, dont elle avait, au moment de l'acte, en tout ou en partie, la charge d'assurer la surveillance, le délit de prise illégale d'intérêts, consommé à l'occasion de chacune de ces opérations, a conservé son caractère d'infraction instantanée. Justifie, dès lors, sa décision la chambre d'accusation qui déclare prescrits les faits de prise illégale d'intérêts, résultant de la participation du prévenu aux délibérations d'un conseil municipal ayant adopté des décisions favorables à ses activités professionnelles, commis plus de trois années avant le premier acte interruptif de prescription. • Crim. 4 avr. 2001, n° 00-82.534 P. ♦ Sur l'affirmation du caractère instantané du délit de prise illégale d'intérêt, V. encore • Crim. 3 mai 2001, n° 00-82.880 P : *Dr. pénal 2001. 99, obs. Véron ; RSC 2002. 111, obs. Delmas Saint-Hilaire* . ♦ *Adde* : M. Carius, *LPA 16 mai 2001, p. 4* (le temps dans le délit de prise illégale d'intérêts des fonctionnaires publics).

41. ... Publicité en faveur du tabac. A la supposer établie, la violation de l'art. L. 3511-3 CSP relatif à l'interdiction de toute propagande ou publicité, directe ou indirecte, en faveur du tabac, constitue, quel qu'en soit le support (spécialement un site internet), une infraction continue qui se poursuit tant que le message litigieux reste accessible au public. • Crim. 17 janv. 2006, n° 05-86.451 P : *D. 2006. 1437, note Courtin ; JCP 2006. II. 10120, note Bouloc ; AJ pénal 2006. 169 ; Dr. pénal 2006. 41, obs. J.-H. Robert.*

4° INFRACTIONS CLANDESTINES

BIBL. G. Lecuyer, *Dr. pénal 2005, Étude, n° 14* (la clandestinité de l'infraction comme justification au retard de la prescription de l'action publique). – M. Véron, *Dr. pénal 1998. Chron. 16* (clandestinité et prescription). – J. Lelieur, *D. 2008, Dossier, p. 1076* (la prescription des infractions de corruption).

42. ... Abus de biens sociaux. V. *supra*, 130.

43. ... Abus de confiance. V. ss. art. 314-1.

44. ... Assassinat. V. *infra*, ss. art. 221-3.

45. ... Atteinte à l'égalité dans les marchés publics. Le délit d'atteinte à la liberté d'accès et à l'égalité des candidats dans les marchés publics et les délégations de service public est une infraction instantanée qui se prescrit à compter du jour où les faits la consommant ont été commis ; toutefois, le délai de prescription de l'action publique ne commence à courir, lorsque les actes irréguliers ont été dissimulés ou accomplis de manière occulte, qu'à partir du jour où ils sont apparus et ont pu être constatés dans des conditions permettant l'exercice des poursuites. • Crim. 27 oct. 1999, n° 98-85.214 P : *Dr. pénal 2000. 27, obs. Véron ; RSC 2000. 618, obs. Delmas Saint-Hilaire* (cassation de : • Caen, 20 avr. 1998 : *BICC 1999, n° 561*) • 27 oct. 1999, n° 98-85.757 P (cassation de : • Limoges, 17 juin 1998 : *BICC 1999, n° 423*) • 5 mai 2004, n° 03-85.503 P : *AJ pénal 2004. 285, obs. Girault ; Gaz. Pal. 2005. 1. Somm. 618, note A.C. ; RSC 2004. 897, obs. Commaret*.

46. ... Faux et usage de faux. En matière de faux et usage de faux, le point de départ de la prescription n'est pas reporté à la date à laquelle l'infraction est apparue. • Crim. 25 mai 2004, n° 03-85.674 : *Dr. pénal 2004. 183.* ♦ Pour une jurisprudence contraire, fixant le point de départ du délai de prescription au jour de la découverte de l'existence de l'écrit argué de faux : • Toulouse, 7 févr. 1995 : *BICC 1995. 979.*

47. ... Malversation. Le point de départ de la prescription de l'action publique du délit de malversation doit être fixé au jour où l'infraction est apparue et a pu être constatée dans les conditions permettant l'exercice de l'action publique. • Crim. 9 févr. 2005, n° 03-85.508 P : *D. Affaires 2005. 1152, obs. Lienhard ; D. 2005. Pan. 2994, obs. Mascala ; Dr. pénal 2005. 80, obs. J.-H. Robert.*

48. ... Simulation, dissimulation d'enfant. Les faits de simulation et de dissimulation d'enfant, prévus par l'art. 227-13 C. pén., et qualifiés par l'art. 345 ancien C. pén. de supposition d'enfant, constituent des infractions clandestines par nature dont le point de départ de la prescription se situe au jour où elles sont apparues et ont pu être constatées dans des conditions permettant l'exercice de l'action publique, soit, en l'espèce, lors de la révélation des faits au ministère public. • Crim. 23 juin 2004, n° 03-82.371 P : *D. 2005. 1399, note Royo ; AJ pénal 2004. 367 ; Dr. pénal 2004. 143, obs. Véron ; RSC 2004. 883, obs. Mayaud ; ibid. 897, obs. Commaret*.

49. ... Trafic d'influence. Si le délit de trafic d'influence est une infraction instantanée qui se prescrit à compter de la perception du dernier versement effectué en exécution du pacte litigieux, le délai de prescription de l'action publique ne commence à courir, en cas de dissimulation, qu'à partir du jour où l'infraction est apparue et a pu être constatée dans des conditions permettant l'exercice des poursuites. • Crim. 19 mars 2008, n° 07-82.124 P : *AJ pénal 2008. 319, note Lelieur ; Dr. pénal 2008. 102, obs. Véron.*

50. ... Tromperie. Si la tromperie est une infraction instantanée, elle n'en constitue pas moins un délit clandestin par nature, en ce qu'il a pour but de laisser le contractant dans l'ignorance des caractéristiques réelles d'un produit ; dès lors, le délai de prescription commence à courir du jour où le délit apparaît et peut être constaté dans des conditions permettant l'exercice de l'action publique. • Crim. 7 juill. 2005, n° 05-81.119 P : *D. 2005. 2998, note Donnier ; AJ pénal 2005. 370, obs. Leblois-Happe ; JCP 2005. II. 10143, note Leblois-Happe ; Gaz. Pal. 2005. 2. 2688 ; ibid. 2006. 1. Somm. 2059, note Viriot-Barrial ; Dr. pénal 2005, comm. 132, obs. J.-H. Robert ; RSC 2006. 84, obs. Ambroise-Castérot*.

51. ... Violation du secret professionnel et recel. Les délits de violation du secret professionnel et de recel de violation du secret professionnel ne sont pas des infractions commises, par nature, de manière clandestine. Justifie, dès lors, sa décision la chambre de l'instruction qui retient pour point de départ de la prescription la date à laquelle les infractions ont été consommées et non celle où elles sont apparues et on pu être constatées. • Crim. 8 nov. 2005, n° 05-80.370 P : *Gaz. Pal. 2006. 1. Somm. 2097, note Monnet.*

5° INFRACTIONS MATÉRIELLES OU FORMELLES

52. Pollution. Constitue le délit de pollution prévu et réprimé par l'art. L. 216-6 C. envir. le fait de jeter, déverser ou laisser s'écouler dans les eaux visées par ce texte, directement ou indirectement, une ou des substances quelconques dont l'action ou les réactions entraînent, même provisoirement, des effets nuisibles sur la santé, des dommages à la flore ou à la faune, des modifications significatives du régime normal d'alimentation en eau ou des limitations d'usage des zones de baignade ; en conséquence, ne tire pas les conséquences légales de ses propres constatations la cour d'appel, qui, pour déclarer un prévenu coupable de cette infraction, relève que la pollution constatée n'a eu aucun effet néfaste sur la faune ou la flore. • Crim. 26 févr. 2002, n° 01-85.895 P : *Dr. pénal 2002. 71 (1er arrêt), obs. J.-H. Robert ; RSC 2002. 825, obs. J.-H. Robert*.

53. Contrefaçon ou falsification de chèque. L'existence d'un préjudice n'est pas un élément constitutif du délit de contrefaçon ou falsification de chèque, prévu et réprimé par l'art. L. 163-3 C. mon. fin. ; ainsi, a méconnu le sens et la portée de ce texte la cour d'appel qui relaxe un prévenu au motif que l'existence d'un quelconque préjudice n'est ni démontrée ni même alléguée par la partie civile. • Crim. 8 janv. 2003, n° 02-82.433 P : *D. Affaires 2003. 620 ; Dr. pénal 2003. 48, obs. J.-H. Robert.*

6° INFRACTIONS SUCCESSIVES

54. Recels successifs. Les recels successifs d'un même objet constituant des délits collectifs, comme étant composés de faits de même nature, réitérés par des individus différents en exécution de la même résolution criminelle pour atteindre le même but, ce qui doit les faire considérer comme les éléments d'une seule infraction dont le caractère continu fait apparaître chacun des receleurs successifs non pas comme auteur d'un délit distinct, mais comme coauteur d'un même délit ; en conséquence, c'est seulement lorsque le dernier receleur s'est dessaisi de l'objet au profit d'un tiers de bonne foi, ou en le restituant à son propriétaire, ou même en le détruisant, que cesse l'infraction à l'égard de tous. • Nancy, 24 mai 1950 : *Gaz. Pal. 1950. 2. 236.*

55. Le 16 oct. 2012, vers 9 heures, Antoine Y..., avocat au barreau d'Ajaccio, a été assassiné par deux individus circulant sur une motocyclette volée à Ajaccio le 29 avr. 2007 et découverte le 5 déc. 2012 dans un ravin ; M. X... et plusieurs autres personnes ont été soupçonnés d'être à l'origine de sa dissimulation et de certaines modifications apportées à l'engin ; ils ont été mis en examen notamment pour recel aggravé commis en bande organisée ; pour refuser de constater l'extinction de l'action publique invoquée par M. X..., l'arrêt attaqué retient que les receleurs successifs de la motocyclette étant les auteurs d'une infraction unique, la prescription ne commence à courir à l'égard de tous qu'au jour où le dernier d'entre eux s'est défait de l'engin, en déc. 2012 ; en l'état de ces motifs, alors que la chambre de l'instruction ne pouvait sans se contredire tout à la fois retenir que le recel de la motocyclette imputable à M. X... avait cessé le 30 septembre 2007 et estimer, sans mieux s'en expliquer, que ledit recel se serait poursuivi de manière ininterrompue jusqu'à ce que le dernier détenteur se défasse du véhicule en 2012, l'arrêt encourt la censure. • Crim. 11 mai 2016, n° 15-86.817 : *inédit.* ♦ *Adde* : de Jacobet de Nombel, Dr. pénal 2016. Étude 16 (le report de la prescription en cas de recels successifs d'un même bien).

56. Infraction continuée. Pour une analyse favorable à l'infraction continuée : X. Labbée, *JCP G 2016. 534, obs. ss. T. corr. Créteil, 11 avr. 2016, et ss. T. corr. Paris, 15 avr. 2016.*

II. INFRACTION TENTÉE

A. NOTION DE TENTATIVE

57. Domaine. Aux termes de l'art. 3 C. pén., ce n'est que dans les cas déterminés par une disposition spéciale de la loi que la tentative de délit est considérée comme le délit même. • Crim. 5 juin 1886 : *DP 1888. 1. 47* • 8 nov. 1945, n° 97-80.359 P • 10 juin 1948, n° 97-80.359 P : *D. 1949. 15, note Carteret ; S. 1948. 1. 117, note Rousselet et Patin ; Gaz. Pal. 1948. 2. 35* • 15 mars 1960, n° 97-80.359 P • 25 avr. 1972, n° 70-93.098 P. ♦ ... Ce qui ne saurait être le cas d'une référence seulement implicite. • Crim. 14 nov. 1984 : *D. 1986. IR 106, obs. Roujou de Boubée.*

58. La tentative de complicité d'une infraction n'est passible d'aucune peine. • Crim. 23 mars 1978, n° 77-92.792 P : *D. 1979. 319, note Bouloc.*

59. Nature. La tentative d'un crime ou d'un délit constitue une des modalités de l'infraction dont elle forme le commencement d'exécution ; elle est liée à cette infraction par un lien étroit et elle ne saurait en être séparée pour être érigée en infraction distincte. • Crim. 8 août 1947 : *D. 1948. 293, note A.-L. P.* ♦ Par suite, un ordre d'informer pour tentative de meurtre saisit le juge d'instruction des faits de meurtre aussi bien que de la tentative. • Même arrêt.

B. CONDITIONS DE LA TENTATIVE

60. Énoncé. La tentative est considérée comme le crime lui-même, selon l'art. 2 C. pén., lorsqu'elle réunit deux conditions, la première, impérative et absolue, d'avoir été manifestée par un commencement d'exécution, la deuxième, alternative, d'avoir été suspendue ou d'avoir manqué son effet par des circonstances fortuites indépendantes de la volonté de son auteur. • Crim. 13 janv. 1959, n° 77-92.792 P • 18 juill. 1972, n° 72-90.987 P • 19 juin 1985, n° 84-95.723 P.

61. Appréciation. N'ayant pas défini les circonstances qui forment le commencement d'exécution et l'intervention extérieure qui interrompt, contre la volonté de l'auteur, l'exécution de l'acte criminel, la loi en a confié l'appréciation aux juges du fond. • Crim. 2 déc. 1954, n° 84-95.723 P : *D. 1955. 219* • 15 mars 1966, n° 65-93.558 P • 18 juill. 1972, n° 72-90.987 P • 24 mars 1993, n° 92-84.145 P • 17 janv. 1996 : *Gaz. Pal. 1996. 1, chron. crim. 89.* ♦ ... Et les réponses par la cour d'assises données aux questions posées sont irréfragables. • Mêmes arrêts.

62. Questions. Il est satisfait aux obligations de la loi, dès lors que les questions posées énoncent tous les éléments constitutifs exigés par l'art. 2 C. pén. • Crim. 3 déc. 1959, n° 94-85.924 P • 17 déc. 1959 : *Bull. crim. n° 567.* ♦ Une question unique posée dans les termes de l'art. 2 C. pén. n'est pas entachée de complexité. • Crim. 18 juill. 1972, n° 72-90.987 P • 19 juin 1985, n° 84-95.723 P • 22 déc. 1987, n° 87-83.073 P • 30 nov. 1988, n° 87-84.330 P. ♦ Pour une cassation fondée sur l'absence de référence au commencement d'exécution. • Crim. 24 févr. 1982, n° 81-93.497 P.

63. Le verbe « tenter » impliquant en lui-même la volonté de commettre l'acte incriminé, la question principale est régulièrement posée, au sujet d'une tentative d'homicide volontaire, même lorsque le terme « volontairement » n'a pas été employé. • Crim. 22 juin 1988, n° 87-91.235 P : *RSC 1989. 318, obs. Levasseur.*

64. Aux termes de l'art. 121-5 C. pén., la tentative est constituée dès lors que, manifestée par un commencement d'exécution, elle n'a été suspendue ou n'a manqué son effet qu'en raison de circonstances indépendantes de la volonté de son auteur ; la question posée au jury et à la cour qui ne reproduit pas la formule restrictive contenue dans cet article est irrégulière. • Crim. 22 mars 2000, n° 99-86.512 P : *Dr. pénal 2000. 87, obs. Véron.*

65. Constatation. Doit être cassé l'arrêt qui ne fait pas connaître les circonstances par suite desquelles la tentative, manifestée par un commencement d'exécution, a été suspendue ou a manqué son effet, et qui se borne, sur ce point, à poser une simple affirmation reproduisant les termes de la loi. • Crim. 2 oct. 1958, n° 99-86.512 P.

66. En se bornant à relever un « guet-apens », terme juridique inapplicable en matière de vol, et en s'abstenant de préciser toute autre circonstance, les juges du fond ne constatent pas un commencement d'exécution, caractérisé par des actes tendant au délit avec intention de le commettre. • Crim. 2 mai 1974, n° 72-90.462 P.

1° COMMENCEMENT D'EXÉCUTION

67. Définitions. Le commencement d'exécution n'est caractérisé que par des actes devant avoir pour conséquence directe et immédiate de consommer le crime, celui-ci étant ainsi entré dans la période d'exécution. • Crim. 25 oct. 1962 (2 arrêts), Bull. crim. n° 292 (Lacour), et n° 293 (Benamar et Schieb) ; D. 1963. 221, note Bouzat ; JCP 1963. II. 12985, note Vouin ; • 18 août 1973, n° 73-90.434 P : *Gaz. Pal. 1973. 2. 861.*

68. Le commencement d'exécution est constitué au sens de l'art. 2 C. pén. par tous les actes qui tendent directement et immédiatement à la consommation du délit, le prévenu étant ainsi entré dans la période d'exécution. • Crim. 3 mai 1974, n° 73-92.289 P : *D. 1973. Somm. 20* • 5 juin 1984, n° 83-90.215 P.

69. Le commencement d'exécution de la tentative n'est caractérisé que par un acte devant avoir pour conséquence directe de consommer le délit, celui-ci étant entré dans sa période d'exécution. • Crim. 15 mai 1979, n° 78-93.914 P : *D. 1979. IR 525, obs. Puech, et 1980. 409, note Cambassédès ; Gaz. Pal. 1980. 1. 88, note P.L.G. ; RSC 1980. 969, obs. Larguier.*

70. Caractérisent le commencement d'exécution les actes qui tendent directement au crime ou au délit avec intention de le commettre. • Crim. 5 juill. 1951, n° 78-93.914 P : *RSC 1952. 439, obs. Légal* • 9 mai 1956, n° 78-93.914 P • 29 déc. 1970, n° 78-93.914 P : *JCP 1971. II. 16770, note Bouzat ; Gaz. Pal. 1971. 1. 134 ; RSC 1972. 99, obs. Légal* • 8 nov. 1972, n° 72-91.720 P : *Gaz. Pal. 1973. 1. 205* • 3 janv. 1973 : *Gaz. Pal. 1973. 1. 290 ; RSC 1974. 577, obs. Larguier* • 4 janv. 1974 : *Gaz. Pal. 1974. 1. Somm. 152* • 2 mai 1974, n° 72-90.462 P • 11 juin 1975, n° 75-90.235 P : *RSC 1976. 407, obs. Larguier.*

71. Exemples. V. notamment ss. art. 222-23 (tentative de viol), 222-31 (tentative d'agression sexuelle), 311-13 (tentative de vol), 313-3 (tentative d'escroquerie), 434-36 (tentative d'évasion).

2° ABSENCE DE DÉSISTEMENT VOLONTAIRE

a. Tentative suspendue

72. Intervention d'un tiers. L'intervention d'un tiers, alors même qu'elle a déterminé le désistement de l'auteur d'une tentative, n'exclut pas nécessairement le caractère spontané de ce désistement ; doit être annulé l'arrêt qui se borne à énoncer que le prévenu a mis fin à son action à cause de l'intervention d'un tiers, et que, dès lors, son désistement n'a pas été volontaire, en omettant de répondre aux conclusions par lesquelles ledit prévenu soutenait que ce tiers s'était contenté de le dissuader de son entreprise, sans exercer aucune contrainte, et que les conseils ainsi reçus l'avaient conduit à suspendre sa tentative par un acte libre et spontané de sa volonté. • Crim. 20 mars 1974, n° 73-92.699 P : *D. 1974. Somm. 56 ; Gaz. Pal. 1974. 1. 449 ; RSC 1974. 575, obs. Larguier.*

73. Pour l'absence de désistement volontaire en rapport avec la surveillance discrète des employés d'un magasin. • Crim. 3 janv. 1973 : *Gaz. Pal. 1973. 1. 290 ; RSC 1974. 577, obs. Larguier.*

74. Peur ou crainte. Est incompatible avec un désistement volontaire : ... la crainte d'une dénonciation. • Crim. 29 mai 1902 : *DP 1904. 1. 31.* ♦ ... La crainte des conséquences possibles d'une enquête judiciaire. • Crim. 20 juill. 1933 (deux arrêts) : *Bull. crim. n°s 157 et 158.*

75. Le fait que les prévenus, sous l'influence de la peur et non sous l'influence d'une circonstance extérieure, aient interrompu un travail de fouille dans un cimetière, avec l'intention de soustraire une partie de cadavre, constitue un désistement volontaire qui rend non punissable la tentative de vol. • T. corr. Fort-de-France, 22 sept. 1967 : *JCP 1968. II. 15583, note Biswang ; RSC 1969. 130, obs. Légal.*

76. Résistance. N'est pas compatible avec un désistement volontaire le refus formel et la résistance opposés par une femme soumise à une tentative d'avortement. • Crim. 16 mars 1961 : *Bull. crim. n° 172 ; JCP 1961. II. 12157, note Larguier.*

77. Requalification. Ayant préparé leur évasion, deux détenus ont commencé à creuser le béton sous la fenêtre de leur cellule, puis ont renoncé à leur projet, après avoir fait beaucoup de bruit ; le lendemain, l'un d'eux est allé voir un surveillant pour lui raconter selon ses termes « leur connerie », et pour lui demander de venir examiner les dégâts ; la cour constate que les deux prévenus se sont désistés volontairement de leur projet et qu'une tentative d'évasion ne peut être retenue ; en revanche, ainsi que l'a demandé le ministère public à l'audience, il y a lieu de requalifier ces faits en dégradation volontaire d'un bien destiné à l'utilité publique, infraction définie et punie par l'art. 322-1 C. pén. • Douai, 6 mai 2003 : *Dr. pénal 2003. 122, obs. Véron.*

b. Tentative manquée

78. Aberratio ictus. Le fait d'avoir occasionné de graves blessures à des personnes, par l'envoi d'un colis contenant une forte charge d'explosif, est à bon droit considéré comme constitutif du crime de tentative d'homicide volontaire commis avec préméditation sur ces personnes ; il n'importe à cet égard que les victimes de l'acte commis dans une intention homicide aient été autres que celle visée dans l'intention de son auteur. • Crim. 4 janv. 1978, n° 77-90.947 P : *RSC 1978. 859, obs. Levasseur.*

79. Interposition des forces de police. Est une tentative manquée la tentative interrompue par l'intervention ou l'interposition des forces de police. • Crim. 2 févr. 1961, n° 73-92.699 P • 29 déc. 1970 : *Bull. crim. n° 356 ; JCP 1971. II. 16770, note Bouzat ; Gaz. Pal. 1971. 1. 134 ; RSC 1972. 99, obs. Légal* • 19 juin 1979, n° 79-90.526 P : *D. 1979. IR 525, obs. Puech ; Gaz. Pal. 1980. 1. 89 ; RSC 1980. 969, obs. Larguier.* ♦ ... S'agirait-il d'une autorité de police étrangère. • Crim. 27 mars 1968, n° 67-90.543 P.

80. Autres exemples. Est pareillement une circonstance indépendante de la volonté des prévenus, par laquelle la tentative a manqué son effet : ... le fait, dans une tentative de tromperie, qu'aucune commande n'ait été passée. • Crim. 3 mai 1974, n° 73-92.289 P : *D. 1973. Somm. 20.* ♦ ... Le fait que les clauses d'un contrat d'assurance puissent faire obstacle à une escroquerie projetée. • Crim. 7 janv. 1980, n° 79-90.933 P : *D. 1980. IR 521, obs. Puech ; RSC 1981. 365, obs. Larguier.* ♦ ... L'absence d'IVG en cours et l'intervention de la police en cas d'entrave à l'interruption volontaire de grossesse (CSP, art. L. 162-15). • Paris, 15 févr. 1996 : *Gaz. Pal. 1996. 1, chron. crim. 50.* ♦ ... La fuite de l'auteur d'une tentative d'enlèvement de mineure, dès lors que la résistance opposée par la victime a seule mis fin à l'acte en cours d'exécution. • Crim. 26 avr. 2000, n° 00-80.694 P : *Dr. pénal 2000. 137 (1er arrêt); obs. Véron.* ♦ ... La découverte par une compagnie d'assurances de la surévaluation des factures présentées par les auteurs d'une tentative d'escroquerie. • Crim. 27 avr. 2000 : *Dr. pénal 2000. 137 (2e arrêt), obs. préc. Véron.*

c. Repentir actif

81. Réparation du préjudice. La réparation du préjudice, alors que le délit est consommé, ne saurait effacer l'infraction. • Crim. 11 oct. 1872 : *DP 1873. 1. 391* • 9 mai 1979, n° 78-91.368 P.

82. La restitution opérée postérieurement à la consommation du détournement n'efface pas l'abus de confiance. • Crim. 27 oct. 1916 : *DP 1920. 1. 92 (2e esp.)* • 8 avr. 1967 : *D. 1967. 432 ; JCP 1967. II. 15248, note Gavalda ; Gaz. Pal. 1967. 1. 296* • 19 avr. 1967, n° 66-91.284 P. ♦ ... Il en est de même du désintéressement de la victime. • Crim. 10 mars 1970, n° 66-91.284 P • 18 janv. 1972, n° 70-91.734 P • 21 janv. 1976, n° 75-90.950 P.

83. Le délit d'abandon de famille est consommé du seul fait que le débiteur s'abstient de fournir pendant plus de deux mois l'intégralité des subsides mis à sa charge, le paiement ultérieur de la dette laissant subsister l'infraction. • Crim. 2 août 1935 : *DH 1935. 493.* • 23 mars 1981, n° 74-94.340 P : *RSC 1982. 349, obs. Levasseur.*

84. Le paiement, postérieur au détournement du gage, de la créance garantie, ne fait pas disparaître le délit, ni le préjudice en résultant, celui-ci ne se confondant pas avec la créance préexistante. • Crim. 16 mai 2001, n° 00-84.780 P : *Dr. pénal 2001. 127, obs. Véron.*

85. Il n'importe, au regard de la commission du délit de détournement de fonds publics, que la somme détournée au profit d'un emploi fictif ait été ultérieurement réintégrée par décision préfectorale dans la dotation budgétaire du syndicat qui en avait assuré le règlement. • Crim. 30 mai 2001, n° 00-84.102 P : *Dr. pénal 2001. 126, obs. Véron.*

86. La régularisation ultérieure de prélèvements illégaux n'enlève pas aux abus de biens sociaux leur caractère délictueux. • Crim. 22 sept. 2004, n° 03-82.266 : *Dr. pénal 2004. 177, obs. J.-H. Robert.*

87. En cas de recel, le prévenu reste répréhensible sans qu'il y ait lieu de retenir la rétrocession ultérieure d'une partie des sommes frauduleusement perçues, dans la mesure où un tel comportement, assimilable à un repentir tardif, demeure inopérant sur la sanction applicable. • Paris, 25 oct. 1993 : *Gaz. Pal. 1998. 1. Somm. 381.* ♦ ... La remise des documents entre les mains d'un tiers de bonne foi, en l'occurrence un juge, n'efface pas le délit constitué par la détention antérieure. • Grenoble, 17 mai 1995 : *JCP 1996. IV. 718.*

88. Régularisation. En cas de délit d'entrave à l'exercice du droit syndical, la réintégration postérieure du salarié dans ses fonctions n'a pas pour conséquence de faire disparaître une infraction déjà consommée. • Crim. 15 févr. 1994, n° 92-84.088 P. ♦ ... Il en est de même de la suspension du licenciement d'un membre du CHSCT prononcé sans autorisation administrative, le repentir de l'employeur ne pouvant avoir pour effet de faire disparaître une infraction déjà commise. • Crim. 4 avr. 1995, n° 93-80.312 P : *Dr. pénal 1995. 184, note J.-H. Robert.* ♦ Encourt la cassation la décision ayant confirmé le jugement qui a renvoyé les prévenus des fins de la poursuite du chef d'entrave à l'exercice du droit syndical pour divers manquements aux dispositions du code du travail, notamment l'absence de panneau d'affichage aux motifs que lesdits prévenus ont régularisé la situation et se sont mis en conformité avec la législation et qu'il n'est pas justifié de la persistance de ces manquements, ces motifs étant inopérants, s'agissant d'infractions instantanées auxquelles le repentir de l'employeur est indifférent. • Crim. 6 janv. 2004, n° 02-88.240 P : *Gaz. Pal. 2004. 2. Somm. 2759, obs. A.C.*

89. Retour sur les lieux. Pour constituer le délit de fuite, il suffit que le prévenu, sachant qu'il venait de causer un accident, ne se soit pas conformé à l'obligation stricte, qui lui est imposée, de s'arrêter aussitôt. • Crim. 19 mars 1956 : *Bull. crim. n° 272 ; D. 1957. Somm. 19* • 19 nov. 1974, n° 73-92.964 P. ♦ Il n'importe que, après avoir parcouru un trajet assez long après l'accident, il se soit présenté à la gendarmerie. • Crim. 19 mars 1956 : *préc.* ♦ ... Alors surtout qu'il ressort des constatations de l'arrêt qu'il avait été identifié par des témoins. • Crim. 19 nov. 1974 : *préc.* ♦ Il n'importe que le conducteur, dont le véhicule a causé un accident et qui ne s'est pas arrêté, soit revenu sur les lieux, dès lors que toutes les autres circonstances établissent qu'il a tenté d'échapper à la responsabilité pénale ou civile qu'il pouvait avoir encourue. • Crim. 30 oct. 1973, n° 72-91.809 P : *Gaz. Pal. 1974. 1. 32.*

90. Justification administrative. En matière d'urbanisme, l'éventuelle obtention d'un permis, alors que la construction a déjà été entreprise, ne saurait avoir pour effet d'effacer le délit de construction sans permis antérieurement consommé. • Crim. 12 janv. 1982, n° 81-92.481 P • 19 mars 1992, n° 91-83.290 P.

91. In dubio pro reo. Dans l'hypothèse où l'on ne saurait dire si la dérobade d'un individu prévenu de tentative de viol est à attribuer à la résistance de sa victime, à une déficience physique ou à un repentir tardif, il échet, dans le doute, de qualifier les faits de la façon la plus favorable au prévenu, en considérant l'acte impudique par lui commis comme un attentat à la pudeur avec violence. • Paris, 23 juin 1967 : *Gaz. Pal. 1967. 2. 189 ; JCP 1968. II. 15413.*

3° INDIFFÉRENCE À LA POSSIBILITÉ DU RÉSULTAT

92. Principe. Le texte de l'art. L. 121-5 nouv. C. pén. est rédigé de manière identique à celui de l'art. 2 de l'ancien C. pén., auquel renvoie l'art. 3 du même code ; ainsi la jurisprudence constante de la Cour de cassation relativement à l'indifférence de la possibilité du résultat en cas de tentative conserve toute sa pertinence (à propos du délit d'entrave à l'interruption volontaire de grossesse : CSP, art. L. 162-15). • T. corr. Le Puy-en-Velay, 14 mars 1995 : *Gaz. Pal. 1995. 2. Somm. 326.*

93. Infraction impossible. Sur les anciennes distinctions entre l'impossibilité de droit ou de fait, relative ou absolue, V. note Donnedieu de Vabres, *D.C. 1943. 89 et 95.*

94. Constitue le commencement d'exécution d'un vol caractérisant une tentative punissable : ... le fait d'introduire la main dans la poche d'un tiers, quand même il serait établi que la poche fouillée était vide. • Crim. 4 janv. 1895 : *DP 1896. 1. 21, note Garraud.* ♦ ... Le fait d'introduire une fausse clé dans la serrure d'une chambre d'hôtel dont le prévenu n'était pas locataire, alors même qu'il serait établi qu'il n'y aurait rien eu à voler dans ladite chambre. • Crim. 19 mai 1949, n° 91-83.290 P. ♦ ... Le fait de tenter de pénétrer dans des voitures pour s'emparer des objets pouvant s'y trouver, l'absence de tout objet à l'intérieur de ces voitures ne rendant pas le délit impossible mais constituant une des circonstances indépendantes de la volonté de l'auteur par suite de laquelle la tentative a manqué son effet. • Crim. 14 juin 1961, n° 91-83.290 P • 23 juill. 1969, n° 91-83.290 P : *D. 1970. 361, note Roujou de Boubée ; JCP 1970. II. 16507 bis, note Littmann ; Gaz. Pal. 1969. 2. 256.* ♦ ... Le fait de pénétrer dans une maison par effraction, malgré l'inexistence dans les lieux de tout objet de valeur, circonstance indépendante de la volonté de son auteur, par suite de laquelle la tentative a manqué son effet. • Crim. 15 mars 1994 : *Dr. pénal 1994. 153.*

95. Des manœuvres pratiquées avec l'intention et dans le but de procurer un avortement constituent, même si elles sont impuissantes à produire ce résultat, le commencement d'exécution caractéristique de la tentative, l'inefficacité des manœuvres n'étant qu'une circonstance indépendante de la volonté de leur auteur, par suite de laquelle la tentative a manqué son effet. • Crim. 9 nov. 1928 : *DH 1928. 577 ; DP 1929. 1. 97, note Henry ; JCP 1929. 239, note Garraud ; Gaz. Pal. 1928. 2. 850* • 21 déc. 1939, n° 93-81.607 P : *DH 1940. 78 ; JCP 1940. II. 1406* • 21 janv. 1942 : *DA 1942. Somm. 5 ; JCP 1942. II. 1821 (1re esp.), rapp. Nast et note J. L.* ♦ L'art. L. 162-15 CSP réprime notamment le fait d'empêcher ou de tenter d'empêcher une interruption volontaire de grossesse en perturbant l'accès aux établissements d'hospitalisation ou la libre circulation des personnes à l'intérieur de ces établissements ; caractérise dès lors la tentative d'entrave à interruption volontaire de grossesse, quoique aucune intervention n'ait été en cours ou prévue au moment de l'action, l'arrêt qui relève que, par leur intrusion dans les locaux de la maternité qui a eu pour effet d'interdire l'accès au bloc opératoire, dans le but d'empêcher la réalisation de ce type d'intervention, les prévenus ont perturbé la libre circulation du personnel soignant et gêné le fonctionnement du service. • Crim. 5 mai 1997, n° 96-81.462 P (rejet du pourvoi contre : • Paris, 15 févr. 1996 : *Gaz. Pal. 1996. 1. Chr. crim. 50*).

96. Commet une tentative d'homicide volontaire celui qui, croyant une personne encore en vie, exerce sur celle-ci des violences dans l'intention de lui donner la mort, le décès de la victime, antérieur auxdites violences, constituant une circonstance indépendante de la volonté de l'auteur. • Crim. 16 janv. 1986, n° 85-95.461 P : *D. 1986. 265, note Mayer et Gazounaud, et note Pradel ; JCP 1987. II. 20774, note Roujou de Boubée ; Gaz. Pal. 1986. 1. 377, note Doucet ; RSC 1986. 839, obs. Vitu, et 849, obs. Levasseur.*

97. C'est à bon droit qu'un tribunal a retenu la théorie du délit impossible et relaxé la prévenue, après avoir observé que celle-ci ne pouvait obtenir le passage à quai et l'accès aux rames de transport à l'aide d'un coupon magnétique, dans la mesure où aucun composteur n'existait à cet effet et dès lors qu'il n'y avait eu altération d'aucun document. • Versailles, 5 nov. 1979 : *Gaz. Pal. 1980. 1. 358.* ♦ Confirmation de • T. corr. Nanterre, 4 mai 1979 : *Gaz. Pal. 1979. 2. 567.*

98. *Provocation.* Sur la tentative punissable en cas de provocation par un agent de l'autorité à commettre un délit. • Crim. 28 oct. 1942 : *D.C. 1943. 89, note Donnedieu de Vabres.* • 27 janv. 1944 : *D.A. 1944. 92* et • 3 mars 1944 : *ibid.* ♦ *Adde* : les arrêts de cours d'appel rapportés, *D.C. 1943. 94, note Donnedieu de Vabres.*

Art. 121-6 **Sera puni comme auteur le complice de l'infraction, au sens de l'article 121-7.**

Art. 121-7 **Est complice d'un crime ou d'un délit la personne qui sciemment, par aide ou assistance, en a facilité la préparation ou la consommation.**

Est également complice la personne qui par don, promesse, menace, ordre, abus d'autorité ou de pouvoir aura provoqué à une infraction ou donné des instructions pour la commettre. — *V. art. R. 610-2.*

RÉP. PÉN. v° *Complicité*, par FOURNIER.

Corresp. : *C. pén., anciens art. 59 et 60.*

BIBL. ▶ CARBONNIER, *JCP 1952. I. 1034.* – DECOCQ, *JCP 1983. I. 3124.* – KOERING-JOULIN, *D. 1980. Chron. 231.* – J.-H. ROBERT, *JCP 1975. I. 2720.* – SALVAGE, *RSC 1981. 25.* – FOURNIER, *RSC 1995. 475*. – BIGUENET, *Dr. pénal 2001. Chron. 25* (de la nécessité d'opérer une distinction entre complicité et instigation). – DEFFERRARD, *RSC 2002. 233* (la provocation). – V. MALABAT, *Mél. B. Bouloc, Dalloz, 2006, p. 681* (responsabilité pénale du subordonné). – F. ROUSSEAU, *Dr. pénal 2007, Étude 11* (complice ou auteur indirect d'une infraction non intentionnelle ?). – S. DETRAZ, *Dr. pénal 2007, Études, 23* (l'enregistrement d'images de violence : un cas de présomption légale de complicité). – C. GIRAULT, *D. 2008. Chron. 1714* (concertation entre l'auteur principal et le complice). – G. WERLE et B. BURGHARDT, *RSC 2012, p. 47* (les formes de participation en droit international pénal). – J. FRANCILLON, *RSC 2015. 111* (responsabilité pénale du complice d'un délit de presse). – S. DETRAZ, *Gaz. Pal. 2015. 3962* (la nature de la complicité). – A. MIHMAN, *Gaz. Pal. 2015. 3966* (la répression de la complicité passive : distinction entre complicité par simple abstention et complicité par abstention aggravée). – Y. MAYAUD, *RSC 2016. 760* (la complicité des délits non intentionnels : une compatibilité confirmée). – MARÉCHAL, *Dr. pénal 2016. Étude 27* (réflexions sur la complicité des délits non intentionnels).

PLAN DES ANNOTATIONS

I. NOTION DE COMPLICITÉ

A. DOMAINE

1. Crimes et délits. Les art. 59 et 60 C. pén. qui prévoient et répriment la complicité des crimes et délits ont une portée générale et s'appliquent à toutes les infractions. • Crim. 24 nov. 1980, n° 80-90.469 P. ♦ ... A moins qu'un texte spécial n'en ait ordonné autrement. • Crim. 21 juin 1895 : *DP 95. 1. 438* • 21 oct. 1932 : *Bull. crim. n° 218 ; DH 1932. 589 ; S. 1934. I. 194* • 4 mai 1944 : *Bull. crim. n° 115.*

2. En l'absence d'exception formellement inscrite dans la loi, les règles de la complicité sont applicables à tous les délits, même non intentionnels. • Crim. 4 févr. 1898 : *DP 1898. 1. 369, note Appleton et rapp. Roulier* • 14 déc. 1934 : *Bull. crim. n° 209 ; DH 1935. 119 ; DP 1935. 1. 96.* ♦ V., pour le délit de publicité fausse ou de nature à induire en erreur (C. consom., art. L. 121-5) : • Crim. 15 févr. 1982 : *Bull. crim. n° 50 ; D. 1983. 275, note Mayer et Pizzio* • 23 avr. 1997, n° 96-81.498 P : *D. Affaires 1997. 892 ; Dr. pénal 1997. 114, obs. J.-H. Robert ; RSC 1998. 95, obs. Bouloc*. ♦ ... Pour une complicité de blessures involontaires par violation de la réglementation des lasers à usage médical, le prévenu, médecin responsable d'un centre laser, n'étant intervenu à aucun moment avant ou pendant les séances d'opérations d'épilation comme il en avait l'obligation. • Crim. 13 sept. 2016, n° 15-85.046 P : *D. actu. 27 sept. 2016, obs. Goetz ; D. 2017. Pan. 2501, obs. Roujou de Boubée ; JCP G 2016. 1038, obs. Maréchal ; ibid. 1067, note Rousseau ; Gaz. Pal. 2017. 406, obs. Detraz ; Dr. pénal 2016, n° 153, obs. Conte ; RSC 2016. 760, obs. Mayaud ; ibid. 2017. 353, obs. Mistretta*. ♦ Rappr., sur les difficultés soulevées par l'application de la complicité aux infractions d'imprudence : • Crim. 24 oct. 1956, n° 113554 P : *RSC 1957. 370, obs. Légal* • Chambéry, 8 mars 1956 : *JCP 1956. II. 9224, note Vouin ; RSC 1956. 531, obs. Légal.*

3. Aucune exception au principe applicable en matière correctionnelle ne saurait résulter du fait que le délit principal ne peut être commis que par des personnes déterminées, et la circonstance que la qualité personnelle de l'auteur de l'infraction est un élément constitutif et nécessaire de celle-ci n'exclut en rien la complicité des tiers dans les termes de l'art. 60. • Crim. 13 mars 1936 : *Bull. crim. n° 33 ; DH 1936. 254.*

4. Les prévenus doivent être déclarés coupables de complicité de conduite sous l'empire d'un état alcoolique. L'infraction est punissable dès lors que les textes relatifs à la complicité en droit pénal ont une portée générale qui vaut pour les infractions spécifiquement incriminées par le code de la route. En l'espèce, les prévenus ont permis à leur collègue de travail ivre, en le soutenant, de rejoindre sa voiture alors que celui-ci a, de manière expresse et déterminée, manifesté sa volonté de rejoindre son domicile en conduisant son véhicule. Les prévenus ont donc accompli un acte positif volontaire d'assistance qui a facilité la préparation et la consommation du délit principal de conduite sous l'empire d'un état alcoolique. Ayant une parfaite connaissance de l'état d'imprégnation alcoolique massive de leur collègue, l'analyse sanguine effectuée post-mortem ayant révélé un taux de 3,7 grammes d'alcool par litre de sang, les prévenus ont ainsi participé personnellement et directement à la préparation et à la réalisation du délit principal de conduite sous l'empire d'un état alcoolique avéré. • Angers, 3 oct. 2006 : *JCP 2007. IV. 2029.*

5. Contraventions. A justifié sa décision la cour d'appel qui, pour déclarer le prévenu responsable des conséquences dommageables de l'infraction de complicité de circulation de véhicules motorisés en dehors des voies de circulation, pour avoir loué des motocyclettes et des quadricycles au public et fourni des instructions d'utilisation de ces engins, retient que les circuits empruntés ne sont ni des voies appartenant au domaine public, ni des chemins ruraux, ni des voies privées ouvertes à la circulation publique des véhicules à moteur, ces circuits étant accessibles aux seuls véhicules tout-terrain, de façon payante et limitée à des heures d'ouverture, d'où il résulte que le prévenu n'a pas fait circuler les véhicules à des fins privées. • Crim. 7 sept. 2004 : *Dr. pénal 2004. 174 (1re esp.), obs. J.-H. Robert ; RSC 2005. 311, obs. J.-H. Robert*.

6. Complicité de complicité. La complicité au second degré, ou complicité de complicité, n'est pas punissable légalement. • Crim. 1er sept. 1987, n° 85-92.518 P. ♦ Rappr. : • Crim. 4 janv. 1975 : *Gaz. Pal. 1975. 1. 343, note J.-P. D. ; RSC 1976. 707, obs. Larguier* • 30 mai 1989, n° 89-81.578 P : *RSC 1990. 325, obs. Vitu*. ♦ Opposer : • Crim. 22 juill. 1943 : *Bull. crim. n° 76 ; JCP 1944. II. 2651 (3e esp.).*

7. Constitue la complicité incriminée par l'art. 121-7 C. pén. l'aide ou l'assistance apportée en connaissance de cause à l'auteur d'un délit (escroquerie), même par l'intermédiaire d'un autre complice. • Crim. 15 déc. 2004, n° 04-81.684 P : *D. 2005. 2128, note Royer ; JCP G 2005. II. 10050, note Maréchal ; RSC 2005. 298, obs. Vermelle*.

8. Tentative de complicité. La tentative de complicité d'une infraction n'est passible d'aucune peine. • Crim. 23 mars 1978, n° 77-92.792 P : *D. 1979. 319, note Bouloc.*

9. Complicité de tentative. V. *infra* : « *Fait principal punissable* ».

B. DIFFÉRENCE AVEC LA COACTIVITÉ

10. Principe de distinction. Dans les actes de complicité, il faut distinguer ceux qui, extrinsèques à l'acte, tendent à en préparer, faciliter et réaliser la consommation, de ceux qui, par la simultanéité d'action et l'assistance réciproque, en constituent la perpétration même ; il suit que les individus coupables de ces derniers actes sont bien moins des complices que des coauteurs de l'infraction. • Crim. 17 déc. 1859 : *D.P. 1860. 1. 196.* ♦ ... Et qu'ils sont punissables même en matière de contraventions. • Crim. 17 déc. 1859 : *préc.* • Amiens, 10 juill. 1969 : *RSC 1970. 384, obs. Vitu.*

11. Constatations. Ne caractérisent pas en tous ses éléments la complicité prévue par l'art. 60 C. pén. les juges du fond qui, pour requalifier des faits d'incendie volontaire en complicité de ce délit, relèvent, d'une part, que l'inculpé a donné des instructions et de l'argent pour mettre le feu à son hôtel à une personne non identifiée et, d'autre part, que l'hôtel a été volontairement incendié, en omettant de rechercher si la personne qui avait reçu les instructions et l'argent était elle-même auteur ou complice de celle qui avait commis l'infraction principale. • Crim. 10 oct. 1988, n° 87-90.832 P : *Gaz. Pal. 1989. 1. 189, note Doucet ; JCP 1990. II. 21416, note Demidoff.*

12. Pour déclarer deux prévenus coupables de dégradation ou détérioration aggravée du bien d'autrui, l'arrêt retient qu'ils étaient les organisateurs et les animateurs de l'opération et qu'ils donnaient aux militants venus au contact des thoniers français les ordres nécessaires à la conduite des opérations ; en prononçant ainsi, sans caractériser à l'encontre de chacun d'eux des actes matériels constitutifs de dégradation ou de détérioration, et sans mieux s'expliquer sur leur degré respectif d'implication en qualité d'auteur ou, le cas échéant, de complice de l'action ainsi entreprise, la cour d'appel n'a pas justifié sa décision. • Crim. 16 nov. 2016, n° 14-86.980 P : *D. actu. 2 déc. 2016, obs. Fucini ; AJ pénal 2017. 87, obs. Aubert ; Gaz. Pal. 2017. 405, obs. Dreyer.*

13. Applications. Ainsi, justifie légalement le renvoi de l'inculpé devant la cour d'assises en qualité de coauteur d'un assassinat commis par plusieurs personnes l'arrêt qui, en l'état des faits constatés, relève à la charge de l'accusé l'existence d'une participation personnelle, volontaire et directe à l'action criminelle dont s'agit. • Crim. 25 janv. 1962, n° 62-90.003 P. ♦ De même, c'est à tort que les juges du fond ont considéré comme complice d'un délit de vol, le prévenu ayant arrêté son véhicule automobile, après 23 heures, à proximité d'un château, en un point idéal pour contrôler les voies d'accès et de dégagement, donner l'alerte et permettre une retraite sûre ; il se déduit de ces constatations que ledit prévenu, en faisant le guet, s'est comporté comme un coauteur. • Crim. 25 janv. 1973 : *Gaz. Pal. 1973. 1. Somm. 94, note Doucet ; RSC 1974. 580, obs. Larguier.*

14. L'employeur qui donne l'ordre de commettre une infraction, réalisée matériellement par son préposé, simple agent d'exécution, est un auteur principal. • Crim. 4 déc. 1974 : *Gaz. Pal. 1975. Somm. 93 ; RSC 1976. 409, obs. Larguier.* ♦ Ainsi, les ordres donnés par un commettant qui constituent une faute dont les conséquences sont les blessures subies par la victime, font dudit commettant le coauteur du délit commis par son préposé. • Crim. 24 oct. 1956, n° 113554 P : *RSC 1957. 370, obs. Légal.* ♦ Est auteur principal, et non complice, du délit de démarchage financier prévu par l'art. 3 et réprimé par l'art. 10 de la L. n° 72-6 du 3 janv. 1972, le prévenu qui, dirigeant d'un groupe ayant pour objet la promotion immobilière, dispose, en tant qu'employeur, d'une autorité incontestable sur les conseillers financiers qu'il a embauchés en vue du placement de titres correspondant à un emprunt obligataire de 60 millions de francs, avec lesquels il a des contacts permanents, et qui sait qu'il est recouru au procédé du démarchage. • Crim. 28 mars 1996 : *Dr. pénal 1996. 223, obs. J.-H. Robert.* ♦ Sur la confusion de la complicité et de l'action principale en droit pénal des affaires, V. obs. J.-H. Robert, *Dr. pénal 2002. Comm. 57.*

15. Est complice, et non pas coauteur d'une escroquerie, l'employé de banque qui photocopie des comptes de clients de sa banque et des fiches de signatures de ces clients, puis remet ces documents, en sachant à quel usage ils serviront, à des individus qui les utilisent ensuite pour commettre une escroquerie au préjudice de la banque. • Crim. 7 mars 1972, n° 92-71.971 P.

16. N'est pas retenu comme auteur et complice d'un même viol l'accusé qui a été reconnu coupable, d'une part, d'avoir personnellement commis un viol aggravé et, d'autre part, d'avoir été le complice d'un viol aggravé et d'une tentative de viol aggravé commis successivement, le même jour, sur la même victime, par 2 autres accusés. • Crim. 19 sept. 1996, n° 96-80.280 P : *JCP 1996. IV. 2520.*

17. A justifié sa décision la cour d'appel qui, pour condamner le prévenu non comme complice mais comme auteur principal du délit de publicité illicite en faveur du tabac, caractérisant ainsi son fait personnel, retient que la société qu'il dirige a assuré la commercialisation, sous la marque d'un produit du tabac, de briquets fabriqués par une société du même groupe, titulaire d'une licence de marque concédée par un producteur de tabac. • Crim. 26 mars 1997, n° 95-85.620 P. ♦ Constitue un acte de complicité du délit de propagande ou publicité illicite en faveur du tabac le fait de participer à la mise en œuvre d'actions de promotion de produits utilisant des marques rappelant le tabac ou un produit du tabac ; en conséquence, justifie sa décision la cour d'appel qui retient la complicité du délit de publicité illicite en faveur du tabac à l'encontre de prévenus, dirigeants d'entreprises appartenant à un groupe fabriquant, important ou commercialisant du tabac et des produits du tabac, aux motifs que ceux-ci ont participé à l'élaboration, à l'organisation et au financement d'une campagne publicitaire en faveur de vêtements dont la marque rappelle la marque de cigarettes Winston. • Crim. 18 mars 2003, n° 02-83.015 P. ♦ En revanche, ne justifie pas sa décision la cour d'appel qui considère que ces mêmes dirigeants, qui ont approuvé la stratégie de diversification et de promotion de produits bénéficiaires de la marque de cigarettes Camel et y ont contribué, ne sont ni auteurs ni complices du délit de publicité illicite en faveur du tabac. • Crim. 18 mars 2003, n° 02-83.015 P (arrêt n° 2).

18. Le juge ne peut prononcer une peine sans avoir relevé tous les éléments constitutifs de l'infraction qu'il réprime. Pour condamner un contrôleur technique automobile agréé du chef de tromperie, l'arrêt attaqué, après avoir énoncé que la vente du véhicule, par le garagiste, également condamné pour la même infraction, à un acheteur non professionnel, ne pouvait être réalisée qu'après le contrôle technique, retient que le prévenu, qui a nécessairement constaté la déformation d'un longeron, et qui a omis de mentionner cette anomalie dans le procès-verbal de contrôle, a délibérément trompé l'acquéreur sur les qualités substantielles de l'automobile vendue. Mais en l'état de ces seuls motifs, qui ne caractérisent pas, à l'encontre d'un prévenu n'étant pas le cocontractant de l'acheteur du véhicule, l'élément matériel du délit de tromperie, la cour d'appel, qui n'a pas recherché si les faits pouvaient répondre à la qualification de complicité de ce délit, n'a pas justifié sa décision. • Crim. 13 janv. 2004 : *Dr. pénal 2004. 131, obs. J.-H. Robert ; RSC 2005. 91, obs. Ambroise-Castérot*.

19. Peine justifiée. Lorsqu'un arrêt a déclaré à tort coauteur d'une infraction un individu qui n'en était que complice, l'erreur relevée par la Cour de cassation ne saurait donner ouverture à cassation, la peine et les réparations civiles étant justifiées. • Crim. 7 mars 1972 : *préc. note 15.*

20. Complicité corespective. Le coauteur d'un crime aide nécessairement l'autre coupable dans les faits qui consomment l'action, et devient par la force des choses légalement son complice. • Crim. 9 juin 1848 : *S. 1848. 1. 527 ; DP 1848. 1. 154* • 15 juin 1860 : *S. 1861. 1. 398.*

21. C'est par application de la théorie de la complicité corespective (V. à ce sujet *RSC 1973. 879, obs. Larguier*) que, lorsque des blessures ont été faites volontairement par plusieurs prévenus au cours d'une scène unique de violences, l'infraction peut être appréciée dans son ensemble, sans qu'il soit nécessaire, pour les juges du fond, de préciser la nature des coups portés par chacun des prévenus à chacune des victimes. • Crim. 13 juin 1972, n° 92-24.671 P • 25 févr. 1975 : *Bull. crim. n° 65* • 10 avr. 1975 : *ibid. n° 90.* ♦ Comp., en matière de délits d'imprudence : • Crim. 7 mars 1968 : *Bull. crim. n° 81 ; Gaz. Pal. 1968. 1. 319 ; RSC 1968. 629, obs. Levasseur* • 19 mai 1978, n° 77-93.426 P : *D. 1978. IR 345, obs. Roujou de Boubée ; ibid. 1980. 3, note Galia-Beauchesne* • 23 juill. 1986 : *Bull. crim. n° 243.*

22. Coactivité corespective. Celui qui assiste l'auteur dans les faits de consommation coopère nécessairement à la perpétration de l'infraction en qualité de coauteur. • Crim. 24 août 1827 : *Bull. crim. n° 224.*

II. FAIT PRINCIPAL PUNISSABLE

A. PRINCIPE

23. Nécessité. L'acte poursuivi au titre de la complicité doit se référer à une infraction principale, elle-même punissable. • Crim. 2 juill. 1958, n° 90-74.457 P.

24. Le délit de corruption de personnes n'exerçant pas une fonction publique a été instauré par l'art. 445-2 C. pén. résultant de la L. n° 2005-750 du 4 juill. 2005 ; justifie sa décision la cour d'appel qui déclare coupable de complicité de ce délit le prévenu qui a, après l'entrée en vigueur de la loi précitée, continué de provoquer à la corruption en maintenant ses instructions, qui ont entraîné la poursuite des sollicitations et des remises de fonds. • Crim. 25 févr. 2015, n° 13-88.506 P : *Gaz. Pal. 2015. 1690, obs. Dreyer.*

25. Constatation. La complicité légale n'existant qu'autant qu'il y a un fait principal punissable, ce fait principal constitue un des éléments nécessaires de la complicité et doit être constaté. • Crim. 1er mars 1945 : *Bull. crim. n° 17 ; D. 1945. 265* • 13 nov. 1973 : *ibid. n° 414 ; Gaz. Pal. 1974. 1. 73* • 1er déc. 1987 : *ibid. n° 438* • 14 avr. 1999, n° 98-84.081 P : *RSC 1999. 809, obs. Bouloc*. ♦ La complicité n'est caractérisée qu'autant qu'il y a un fait principal punissable dont l'existence est établie en tous ses éléments constitutifs. • Crim. 4 mars 1998, n° 97-82.360 P.

26. Le juge répressif ne peut prononcer une peine sans avoir relevé tous les éléments constitutifs de l'infraction qu'il réprime. Pour déclarer le prévenu coupable de pollution maritime par immersion de déchets, la cour d'appel énonce que, responsable du groupement d'intervention de la Polynésie française, il a donné l'ordre au capitaine du remorqueur, navire appartenant à cet organisme, de procéder à l'immersion d'objets, parmi lesquels des cuves métalliques usagées, sans avoir obtenu l'autorisation administrative nécessaire. En se prononçant ainsi, sans avoir invité le prévenu à s'expliquer sur les faits de complicité susceptibles de lui être reprochés, et alors que l'auteur principal de l'infraction prévue et punie par l'art. 1er de la L. du 7 juill. 1976, devenu L. 218-48 C. envir., ne peut être que le capitaine du navire qui effectue l'opération d'immersion, la cour d'appel n'a pas justifié sa décision. • Crim. 5 oct. 2004, n° 03-86.321 P : *Dr. pénal 2004. 186 (4e esp.), obs. Maron.*

27. Incidence de l'élément moral. Lorsque le prétendu auteur principal d'un vol est acquitté pour défaut d'intention frauduleuse, il n'existe pas de fait principal délictueux, la soustraction de la chose d'autrui ne constituant le délit de vol que si elle a été frauduleuse. Par suite, il ne peut y avoir complicité par recel. • Crim. 30 oct. 1914 : *DP 1919. 1. 67.* ♦ Constitue, au sens de l'art. 622, 4°, C. pr. pén., un fait nouveau, de nature à exclure la culpabilité d'une personne condamnée pour complicité de banqueroute et d'abus de biens sociaux par un arrêt devenu définitif, la relaxe de l'auteur principal intervenue devant la cour d'appel de renvoi, après cassation, au motif que l'intention frauduleuse n'était pas caractérisée. • Crim. 20 juin 1994, n° 93-85.665 P (cour de révision). ♦ Lorsque aucune question n'a été posée sur le point de savoir si les violences volontaires dont il est résulté la mort de la victime ont été commises avec l'intention de la donner, l'infraction principale de meurtre n'est pas établie en tous ses éléments constitutifs ; en conséquence la complicité n'a pas été caractérisée. • Crim. 4 mars 1998, n° 97-82.360 P.

28. Dès lors que l'existence d'un fait principal punissable (exportation illicite de stupéfiants) a été souverainement constatée par la cour d'appel, la relaxe en faveur du prévenu principal pour défaut d'intention coupable n'exclut pas la culpabilité d'un complice. • Crim. 8 janv. 2003, n° 01-88.065 P : *D. 2003. 2661, note E. Garçon ; ibid. 2004. Somm. 310, obs. de Lamy ; JCP 2003. II. 10159, note Jeandidier ; RSC 2003. 553, obs. Bouloc .* ♦ Rappr. : • Crim. 15 déc. 2004 : *Dr. pénal 2005. 79, obs. J.-H. Robert.*

B. CONSÉQUENCES

1° FOND

29. Commission. La constatation par le juge que le fait incriminé n'a pas en lui-même les caractères d'une infraction punissable dispense de tout examen à l'égard de chacune des personnes poursuivies comme coauteurs ou complices. • Crim. 3 juill. 1909 : *DP 1911. 1. 290.* ♦ S'il est jugé que celui qui est poursuivi comme auteur principal n'a commis aucune infraction, celui qui est poursuivi comme complice ne peut qu'être relaxé. • Crim. 27 juin 1967, n° 92-31.765 P.

30. L'annulation par la Cour de cassation des questions portant sur la culpabilité de l'auteur principal doit entraîner celle des questions concernant la complicité. • Crim. 3 déc. 1980 : *Bull. crim. n° 332* • 30 oct. 1996, n° 96-80.541 P : *RSC 1997. 633, obs. Bouloc* • Crim. 14 avr. 1999, n° 98-84.081 P.

31. En l'état de faits non constitutifs d'évasion (fuite en passant par la grille d'enceinte du tribunal), l'intervention d'un garagiste chez qui le prévenu a trouvé refuge après sa fuite, et qui a accepté de couper la chaîne de ses menottes, intervention au demeurant postérieure à la fuite consommée de son coprévenu, ne peut être sanctionnée, ni au titre de la complicité visée à la prévention, en l'absence de fait principal punissable, ni au titre de la connivence à évasion, aucun acte de nature à procurer au détenu le moyen de s'évader n'ayant été établi à son encontre. • Crim. 5 mai 1998, n° 97-85.271 P : *Dr. pénal 1998. 110, obs. Véron ; JCP 1999. I. 112, n° 5, obs. Véron ; RSC 1999. 107-B, obs. Delmas Saint-Hilaire .*

32. Le crime d'empoisonnement, prévu par les art. 301 anc. et 221-5 C. pén., ne peut être caractérisé que si l'auteur a agi avec l'intention de donner la mort, élément moral commun à l'empoisonnement et aux autres crimes d'atteinte volontaire à la vie de la personne ; justifie, dès lors, la décision de non-lieu des chefs d'empoisonnement et complicité la chambre de l'instruction qui, après avoir constaté que seuls pourraient avoir été les auteurs principaux de ce crime les médecins qui ont prescrit à leurs patients des produits sanguins contaminés par le virus du sida, énonce que la preuve n'est pas rapportée qu'ils aient eu connaissance du caractère nécessairement mortifère des lots fournis par le Centre national de transfusion sanguine, et que des incertitudes régnaient encore, à l'époque, dans les milieux médicaux, quant aux conséquences mortelles du sida. • Crim. 18 juin 2003, n° 02-85.199 P : *D. 2004. 1620, note Rebut , et Somm. 2751, obs. Mirabail ; ibid. 2005. 195, note Prothais ; JCP 2003. II. 10121, note Rassat ; Dr. pénal 2003. Comm. 97, obs. Véron ; RSC 2003. 781, obs. Mayaud .* ♦ *Adde* : V. Malabat et J.-Ch. Saint-Pau : *Dr. pénal 2004. Chron. 2* (le droit pénal général malade du sang contaminé).

33. Aggravation. C'est à bon droit que la chambre de l'instruction énonce que la bande organisée s'analyse en une circonstance aggravante réelle qui a trait aux conditions dans lesquelles l'infraction a été commise et qui a vocation à s'appliquer à l'ensemble des coauteurs et complices. • Crim. 15 sept. 2004, n° 04-84.143 P.

34. Sont applicables au complice les circonstances aggravantes liées à la qualité de l'auteur principal ; ainsi de la qualité de personne chargée d'une mission de service public agissant dans l'exercice de sa mission (notaire) prévue par l'art. 441-4 C. pén. (faux en écriture publique ou authentique) • Crim. 7 sept. 2005, n° 04-84.235 P : *D. 2005. Pan. 2988, obs. Roujou de Boubée ; ibid. 2006. 835, note Dreyer ; AJ pénal 2005. 413 ; Dr. pénal 2005. 167, obs. Véron ; Gaz. Pal. 2006. 1. 1114, note Monnet.*

35. Les circonstances matérielles sont inhérentes au fait principal qui est un ; elles ne peuvent en être séparées et engagent la responsabilité de tout auteur ou complice de l'infraction ; il ne saurait être admis d'exception à ce principe que pour les circonstances aggravantes morales et personnelles. • Crim. 29 juin 2011, n° 10-84.195 : *Gaz. Pal. 2011. 2. 3437, note Dreyer.*

36. Tentative. Après avoir caractérisé des faits en les qualifiant d'actes préparatoires non punissables, un arrêt ne peut, sans se contredire, retenir la complicité de ces mêmes faits. • Crim. 16 juin 1955 : *JCP 1955. II. 8851, note Vouin ; RSC 1956. 99, obs. Légal.* ♦ Des actes répondant à la définition de la complicité donnée par l'art. 60 C. pén. échappent à la répression, dès lors que l'action principale ne peut être considérée, du fait de la défaillance de son auteur, comme étant constitutive d'un commencement d'exécution. • Crim. 25 oct. 1962 (2 arrêts), n° 90-11.362 P : *D. 1963. 221, note Bouzat ; JCP 1963. II. 12985, note Vouin ; RSC 1963. 553, obs. Légal.*

37. Est complice par instructions celui qui fournit des renseignements précis sur une personne afin d'exercer sur elle des menaces et tenter d'obtenir une augmentation du prix de cession d'actions. • Crim. 4 juin 1998 : *Dr. pénal 1998. 142 (1er arrêt), obs. Véron.* ♦ Est complice par aide et assistance celui qui fournit des avis sur le contenu de documents destinés à commettre une tentative d'escroquerie. • Crim. 11 juin 1998 : *Dr. pénal 1998. 142 (2e arrêt), obs. Véron, préc.* ♦ Est renvoyé à bon droit devant la cour d'assises des mineurs pour complicité de tentative d'assassinat, l'accusé qui, après avoir prêté un couteau à l'un de ses camarades, lequel lui aurait dit vouloir tuer une éducatrice et une femme de ménage du foyer dans lequel ils étaient l'un et l'autre hébergés, aurait demandé, à l'annonce de ce projet criminel, qu'il ne soit pas exécuté devant lui. • Crim. 19 mars 1998 : *Gaz. Pal. 1998. 2, chron. crim. 126.*

38. Se rend coupable de complicité de tentative de connivence à évasion, le détenu qui fait parvenir des renseignements permettant de réaliser son évasion, à une personne, elle-même complice, qui a recruté des exécutants et fourni les moyens de réaliser le délit, la tentative ayant été interrompue par l'arrivée des forces de police. • Douai, 21 oct. 2003 : *JCP 2004. II. 10115, note Maréchal ; Dr. pénal 2004. 59, obs. Véron.*

39. Culpabilité. La culpabilité du complice est indépendante de celle de l'auteur principal. • Crim. 10 avr. 1975, n° 92-82.674 P : *RSC 1977. 82, obs. Larguier.* ♦ L'acquittement de l'auteur principal d'un crime n'exclut nullement la criminalité de l'action ni la culpabilité des complices de cette action. • Crim. 20 oct. 1949 : *Bull. crim. n° 291* • 21 mai 1990, n° 89-86.119 P : *D. 1992. 153, note Le Calvez ; RSC 1991. 346, et 1993. 100, obs. Levasseur.*

40. Si l'existence d'un délit est constante, et si la personne poursuivie comme auteur principal a été acquittée, parce que le délit ne lui était pas imputable, le complice ne peut être acquitté par ce seul motif que l'absence de délit entraîne nécessairement l'absence de complicité. • Crim. 3 juill. 1909 : *DP 1911. 1. 290.* ♦ La réponse par laquelle le jury déclare non coupable celui qui est poursuivi comme auteur principal d'un crime ou d'un délit n'emporte pas nécessairement la preuve que ce crime ou ce délit n'a pas été commis ; elle n'est donc pas, par sa nature, contradictoire et inconciliable avec la réponse affirmative faite par le jury à la charge de celui qui est poursuivi comme complice. • Crim. 13 juin 1918 : *DP 1922. 5. 6.* ♦ Les réponses négatives aux questions relatives à la culpabilité de l'auteur principal et de certains complices n'excluent nullement la culpabilité d'autres complices de cette action, dès lors que la cour d'assises a constaté, dans deux questions distinctes, la criminalité de l'action principale et les éléments de la complicité. • Crim. 31 janv. 1996, n° 95-80.446 P : *RSC 1996. 847, obs. Bouloc.*

41. L'acquittement ou le renvoi des poursuites de l'accusé ou du prévenu principal, s'il est motivé sur une excuse ou une exception qui lui est personnelle, ne fait pas obstacle à la condamnation des complices du même crime ou délit. • Crim. 23 janv. 1873 : *DP 1874. 5. 128.* ♦ Spécialement, l'amnistie accordée à titre personnel à l'auteur principal d'une infraction ne peut produire d'effets qu'à son égard et n'abolit pas, en ce qui concerne le complice, les actes de la procédure. • Crim. 25 mai 1954 : *Bull. crim. n° 194 ; JCP 1954. II. 8305, note Delpech ; RSC 1954. 760, obs. Légal.* ♦ De même l'excuse légale prévue par l'art. 64 C. pén. (*nouveaux art. 122-1 et 122-2*) ne saurait, nécessairement, profiter aux complices, l'acte de complicité pouvant en effet être réprimé malgré la mise hors de cause de l'auteur principal, dès lors que le délit commis par celui-ci reste objectivement punissable. • T. corr. Bobigny, 22 nov. 1972 : *Gaz. Pal. 1972. 2. 890.*

42. La reconnaissance au plan civil d'une faute de service imputable aux auteurs principaux de destructions ne fait pas obstacle à l'engagement de leur responsabilité pénale ni de celle du donneur d'ordre pour complicité. • Crim. 13 oct. 2004, n° 03-81.763 P : *Gaz. Pal. 2005. 1. 1165, note Monnet ; RSC 2005. 66, obs. Fortis.*

2° PROCÉDURE

43. Poursuites. La circonstance que les auteurs principaux d'un délit sont restés inconnus et n'ont pu être poursuivis ne saurait exonérer les complices de leur responsabilité pénale dès lors que les constatations souveraines des juges du fond établissent l'existence d'un fait principal punissable. • Crim. 3 mars 1959, n° 92-58.358 P • 18 nov. 1976 : *Bull. crim. n° 332* • 28 mai 1990, n° 89-83.826 P : *RSC 1991. 346, obs. Levasseur.*

44. Dès lors que les juges ont constaté l'existence d'un fait principal punissable, il n'importe que seul le complice ait été poursuivi. • Crim. 28 nov. 2006, n° 06-81.060 P : *Dr. pénal 2007. 31, obs. Véron ; RSC 2007. 79, obs. Mayaud*.

45. Prescription. Suite à des actes d'instruction ou de poursuite ayant pour objet de constater un crime ou un délit, la prescription se trouve interrompue à l'égard de tous ceux qui peuvent avoir participé à l'infraction, qu'ils soient auteurs ou complices. • Crim. 29 mai 1884 : *D. 1885. 1. 381.*

46. Immunité. Aux termes de l'art. 380 C. pén. *(nouvel art. 311-12)*, les soustractions commises par un fils au préjudice de son père ne peuvent donner lieu qu'à des réparations civiles ; il résulte dudit article, combiné avec l'art. 59 du même code, que les complices de ces soustractions n'encourent aucune peine. • Crim. 8 janv. 1921 : *DP 1921. 1. 169, note A. L.*

47. Chose jugée. La condamnation est suffisamment justifiée à l'égard du complice, si la décision qui la prononce constate l'existence du délit et en relève les éléments constitutifs, alors même que la condamnation de l'auteur principal ne serait pas encore devenue définitive. • Crim. 10 avr. 1975 : *Bull. crim. n° 89 ; RSC 1977. 82, obs. Larguier.*

48. Aucun principe de droit ni aucune disposition de la loi ne s'opposent à ce que, dans une poursuite contre le complice seul, les juges modifient la qualification des faits déclarés constants, à la charge de l'auteur principal, par un précédent jugement devenu définitif. La chose jugée dans ce précédent jugement ne peut pas être opposée au complice, qui n'y était pas partie, et la contradiction résultant de la qualification de ces décisions ne présente aucune violation de la loi. • Crim. 25 juill. 1912 : *S. 1914. 1. 116.* ♦ Le principe de la chose jugée n'interdit pas, en ce qui concerne le complice, d'apprécier différemment les faits déclarés constants à l'égard de l'auteur principal par une précédente décision devenue définitive. • Crim. 28 févr. 1952 : *Bull. crim. n° 63 ; S. 1953. 1. 141* • 13 nov. 1973, n° 91-55.472 P : *Gaz. Pal. 1974. 1. 73.*

49. Le principe de la chose jugée n'interdit pas, en cas de poursuites séparées, de retenir à l'égard de l'auteur principal une circonstance aggravante du crime dont il est déclaré coupable, qui n'a pas été retenue à l'égard de ses complices condamnés par une précédente décision devenue définitive. • Crim. 18 mars 1998, n° 97-81.768 P.

50. La complicité supposant l'existence d'un fait principal punissable, la décision de la cour d'appel de renvoi relaxant l'auteur principal, qui a acquis l'autorité de la chose jugée, constitue un fait nouveau de nature à exclure la culpabilité de celui qui a été condamné comme complice, en sorte que la requête en révision de ce dernier entraîne l'annulation de la condamnation par la chambre criminelle sans qu'il y ait lieu à renvoi, cette annulation ne laissant rien subsister à sa charge qui puisse être qualifié crime ou délit. • Crim. 20 juin 1994, n° 93-85.665 P.

51. La réponse négative apportée par une cour d'assises aux questions relatives à la culpabilité d'un complice de crime ne fait pas obstacle à des poursuites distinctes, pour complicité de la même infraction, à l'égard d'une autre personne qui n'a pas été visée par des poursuites antérieures et qui n'a pas été mise hors de cause par une ordonnance de non-lieu devenue définitive. Saisi d'une plainte avec constitution de partie civile de ce chef, le juge d'instruction a l'obligation d'informer. • Crim. 15 janv. 2008, n° 07-86.077 P : *AJ pénal 2008. 194, obs. Saas*.

52. Le complice de l'auteur principal d'un délit peut, lorsque l'infraction est consommée, en être le receleur. • Crim. 20 févr. 2008, n° 07-82.977 P : *D. 2008. 1585, note Cutajar ; ibid. Pan. 1577, obs. Mascala ; ibid. 2009. Pan. 131, obs. Garé ; AJ pénal 2008. 234, obs. Darsonville ; JCP 2008. II. 10103, note Lasserre Capdeville ; Dr. pénal 2008. 67, obs. Véron ; Gaz. Pal. 2008. 1. 966, note J. N. ; ibid. Somm. 1906, note Teissedre ; ibid. 2009. 1. Somm. 1440, note Monnet ; RSC 2008. 607, obs. Matsopoulou*.

53. Révision. Constitue, au sens de l'art. 622-4° C. pr. pén., un fait nouveau de nature à faire naître un doute sur la culpabilité d'une personne condamnée pour complicité d'un délit par un jugement passé en force de chose jugée, la relaxe de l'auteur principal intervenue devant une autre juridiction, quel que soit le motif de la décision de relaxe. • Crim. 16 nov. 1998, n° 98-98.038 P : *JCP 1999. II. 10118, note Jeandidier.* ♦ ... Si la relaxe de l'auteur du délit d'où proviennent des objets recelés ne fait pas obstacle à la poursuite du receleur, celle-ci nécessite cependant la constatation, par le juge, de l'existence du délit principal. Constitue, dès lors, un élément nouveau de nature à faire naître un doute sur la culpabilité d'une personne condamnée pour recel, la décision ayant relaxé l'auteur principal, gérant d'une société à responsabilité limitée poursuivi pour abus de biens sociaux, au motif que sa participation au détournement d'espèces n'était pas suffisamment établie par les éléments de la procédure, dès lors que cette infraction ne pouvait être imputée qu'à ce seul prévenu, en vertu de l'art. 254-4° de la L. du 24 juill. 1966. • Même arrêt.

54. La relaxe d'un dirigeant de société, poursuivi pour abus de biens sociaux, ne constitue pas un fait nouveau, au sens de l'art. 622 C. pr. pén., justifiant la révision de la condamnation prononcée antérieurement, pour complicité et recel de ce délit, à l'encontre d'une employée de la même société, dès lors que ladite relaxe n'exclut pas que l'infraction principale ait été commise par un autre dirigeant de droit ou de fait. • Crim. 16 févr. 2000, n° 98-87.514 P.

55. La complicité reprochée à l'accusé supposant l'existence d'un fait principal punissable, l'acquittement des auteurs principaux par la cour d'assises statuant en appel constitue, au sens de l'art. 622-4° C. pr. pén., un fait nouveau de nature à faire naître un doute sur la culpabilité du condamné, résultant de l'arrêt d'une cour d'assises dont il n'a pas interjeté appel ; il y a lieu, en conséquence, de faire droit à la requête en révision en annulant l'arrêt rendu par la cour d'assises. • Crim. 24 mai 2006, n° 05-86.081 P : *AJ pénal 2006. 316*.

III. MODES DE COMPLICITÉ

A. GÉNÉRALITÉS

56. Constatation. Pour justifier l'application de l'art. 59 C. pén., les juges sont tenus d'énoncer en quoi a consisté la complicité. • Crim. 17 avr. 1956 : *Bull. crim. n° 309* • 23 mars 1978, n° 77-92.792 P. ♦ En se bornant à reproduire les termes de l'art. 60, al. 4, C. pén., sans préciser les faits qui en justifient l'application, un arrêt ne met pas la Cour de cassation en mesure d'exercer son contrôle. • Crim. 15 avr. 1972 : *Bull. crim. n° 124.*

57. La question relative à la complicité doit caractériser tous les éléments de l'un des modes de complicité prévus par les art. 6 ancien et 121-7 C. pén. ; tel n'est pas le cas de la question qui se borne à demander à la cour et au jury si l'accusée s'est rendue complice des crimes de viols commis par l'auteur principal. • Crim. 11 mars 1998, n° 97-84.422 P.

58. Si l'auteur d'un propos repris par un journaliste peut en répondre en qualité de complice dans les termes du droit commun, c'est à la condition que soient relevés, contre la personne poursuivie sous cette qualification, des faits personnels, positifs et conscients de complicité. • Crim. 6 mars 2007, n° 06-84.105 P : *D. 2007. Pan. 2635, obs. Roujou de Boubée ; AJ pénal 2007. 226 ; Dr. pénal 2007. 96, obs. Véron* • 10 nov. 2009, n° 08-88.484 P : *AJ pénal 2010. 36 ; D. 2010. AJ 18 ; Dr. pénal 2010. 17, obs. Véron ; Gaz. Pal. 2010. 1. Jur., p. 885, note Fourment* • 11 mai 2010, n° 09-87.070 P : *D. 2010. 1419 ; AJ pénal 2010. 396, obs. Royer ; JCP G 2010, n° 23, 628, p. 1179.*

59. Caractérise en tous leurs éléments, tant matériels qu'intentionnel, les délits de complicité d'abus de biens sociaux et de complicité de recel, l'arrêt de la Cour de justice de la République, qui par motifs exempts d'insuffisance et de contradiction, établit que le prévenu a sciemment permis que ces délits soient commis et réitérés. • Cass., ass. plén., 23 juill. 2010, n° 10-85.505 P.

60. Indivisibilité. Pris isolément, un seul des éléments de complicité spécifiés à l'art. 60 C. pén. suffit pour caractériser le crime et justifier l'application de la peine. • Crim. 6 mars 1963 : *Bull. crim. n° 105* • 29 mars 1971 : *ibid. n° 112* • 27 mai 1988, n° 87-92.134 P • 7 oct. 1992, n° 91-86.320 P : *RSC 1993. 769, obs. Bouloc*. ♦ Ainsi lorsque la prévention a relevé plusieurs modes de complicité, il est sans intérêt de rechercher si les déclarations de culpabilité relatives à certains d'entre eux sont entachées d'irrégularité, dès lors qu'un autre mode a été à bon droit retenu. • Crim. 6 mars 1963 : *préc.* ♦ Il en est de même lorsque l'accusation a relevé plusieurs modes de complicité, dès lors qu'une question concernant un autre mode de complicité a été régulièrement posée et a été résolue affirmativement. • Crim. 27 mai 1988 : *préc.*

61. Tous les modes de complicité spécifiés à l'art. 60 C. pén. ont un caractère commun de criminalité et emportent la même peine. • Crim. 11 juill. 1978 : *D. 1979. IR 69 ; Gaz. Pal. 1979. 1. Somm. 251* • 7 oct. 1992, n° 91-86.320 P : *RSC 1993. 769, obs. Bouloc*. ♦ Dès lors, si la fourniture de renseignements, en sachant qu'ils doivent servir à la commission d'une infraction, constitue un acte de complicité par instructions données, l'arrêt qui a retenu, de ce chef, la complicité par aide ou assistance (ou par fourniture de moyens), ne saurait encourir la cassation, en l'état de ses constatations et énonciations qui établissent l'existence d'un autre mode de complicité. • Crim. 11 juill. 1978 : *préc.*

62. Matérialité. Une complicité passive ne saurait rentrer dans aucun des cas prévus par les dispositions du code pénal relatives à la complicité. • Crim. 22 juill. 1897 : *DP 1899. 1. 92.* ♦ La complicité d'une action qualifiée crime ou délit consiste dans les faits ou actes spécialement déterminés par la loi. On ne saurait leur assimiler l'inaction de celui qui, volontairement, ne s'oppose pas à la perpétration d'un crime ou d'un délit, quelque blâmable que puisse être cette inaction au point de vue de la morale. • Crim. 26 oct. 1912 : *S. 1914. 1. 225.*

63. Pour qu'il y ait (aide ou assistance constitutive de la) complicité, il n'est pas nécessaire qu'il y ait participation aux faits mêmes qui constituent le délit. • Crim. 14 avr. 1904 : *DP 1905. 1. 342.* ♦ ... Il est, dès lors, sans intérêt de rechercher si les éléments constitutifs du délit (en l'espèce la pluralité d'actes participant d'une infraction d'habitude) se trouvent réunis en la personne du complice. • Crim. 29 janv. 1965, n° 91-73.164 P : *D. 1965. 288, note Combaldieu ; Gaz. Pal. 1965. 1. 347.* ♦ Pour être punissable, la complicité d'une infraction d'habitude n'exige pas l'aide ou l'assistance du prévenu à au moins deux actes de l'infraction principale (complicité de l'exercice illégal de la profession de banquier). • Crim. 19 mars 2008, n° 07-85.054 P : *D. 2008. AJ 1278, note Lavric ; ibid. 2008. 1665, note Lasserre Capdeville ; ibid. 2009. Pan. 125, obs. Roujou de Boubée ; AJ pénal 2008. 234 ; Dr. pénal 2008. Comm. 79, obs. Véron ; ibid. 2008.*

Comm. 89, obs. J.-H. Robert ; Gaz. Pal. 2008. 2. 3387, note G. Huchet.

64. La complicité est punissable dès lors que les faits incriminés entrent dans les prévisions de l'art. 60 C. pén. sans que, de surcroît, il soit besoin d'établir qu'ils étaient indispensables à la commission de l'infraction reprochée à l'auteur principal. • Crim. 3 nov. 1981 : *Bull. crim. n° 289 ; RSC 1984. 489, obs. Larguier* • 22 janv. 1991, n° 90-83.362 P : *JCP 1992. II. 21909, note Garé.*

65. Une société prévenue de complicité de publicité illicite en faveur du tabac ne saurait prétendre s'exonérer de sa responsabilité pénale en invoquant des mesures postérieures à la commission du délit, à savoir qu'elle a mis immédiatement en œuvre des moyens adéquats pour satisfaire les demandes du Comité national contre le tabagisme. • Crim. 21 janv. 2014, n° 12-87.689 P : *D. actu. 17 févr. 2014, obs. Fucini ; D. 2014. 285 ; RSC 2014. 71, obs. Mascala ; AJ pénal 2014. 302, obs. Lasserre Capdeville.*

66. Intention. L'élément intentionnel du délit de complicité exige seulement que son auteur ait eu conscience de l'aide apportée à l'action principale. • Crim. 1er oct. 1984 : *Gaz. Pal. 1985. Somm. 96.* ♦ ... Une simple négligence ne pouvant être assimilée à une participation intentionnelle. • Crim. 6 déc. 1989 : *Dr. pénal 1990. 117.* ♦ L'élément moral de la complicité implique une participation volontaire et consciente de l'aide apportée à la commission d'une infraction et il importe peu que le concert frauduleux réponde à des mobiles et objectifs différents de la part de l'auteur principal et de ses complices. • T. corr. Lyon, 19 déc. 1983 : *Gaz. Pal. 1985. Somm. 216, note Doucet.*

67. La complicité par aide et assistance prévue par l'al. 1er de l'art. 121-7 C. pén. n'est punissable que si cette aide a été apportée sciemment à l'auteur principal dans les faits qui ont facilité la préparation ou la consommation de l'infraction. • Crim. 19 juin 2001, n° 98-83.954 P : *Dr. pénal 2001. 111, obs. Véron ; Gaz. Pal. 2002. 1. 646, note Guerder ; RSC 2002. 97, obs. Bouloc.*

68. La complicité de banqueroute reprochée à un banquier n'est établie que si la démonstration est faite qu'il connaissait pertinemment l'état de cessation des paiements du débiteur, le caractère ruineux du crédit, ainsi que la volonté du débiteur de retarder le dépôt de bilan ; le fait de constater que le banquier ne pouvait ignorer la situation du débiteur ne suffit pas. • Saint-Denis de la Réunion, 17 déc. 1998 : *D. Affaires 1999, p. 609.* – Rappr. : • Crim. 24 mai 2000 : *Dr. pénal 2000. 129, obs. J.-H. Robert.*

69. Le directeur d'un journal, qui autorise la publication d'un article de presse dont il a nécessairement connaissance dans l'exercice de sa fonction de surveillance et de contrôle, participe sciemment, en qualité de complice, au délit prévu et réprimé par l'art. 2 de la L. du 2 juill. 1931 (publication d'une information relative à une constitution de partie civile), commis par l'auteur de l'article. • Crim. 27 oct. 1992, n° 91-85.215 P. ♦ Le directeur de publication ayant le devoir de surveiller et de vérifier tout ce qui est inséré dans le journal, l'autorisation donnée par lui de publier un article de presse dont il était tenu de prendre connaissance dans l'exercice de sa fonction de surveillance et de contrôle caractérise sa participation consciente, en qualité de complice, au délit prévu et réprimé par l'art. 2 de la L. du 2 juill. 1931, en l'absence de circonstances indépendantes de sa volonté l'ayant mis dans l'impossibilité de s'acquitter de son devoir. • Crim. 14 juin 2000, n° 98-87.894 P : *D. 2001. Somm. 515, obs. Pradel ; RSC 2001. 178, obs. Francillon.*

70. Les réponses affirmatives aux questions relatives à la culpabilité de l'accusé des chefs de complicité d'arrestations, de tentatives d'arrestations et de séquestrations arbitraires de certaines victimes ne sont pas incompatibles avec les réponses négatives aux questions concernant sa culpabilité des chefs de complicité d'assassinats ou tentatives d'assassinats des mêmes victimes, dès lors que la cour d'assises a pu, sans contradiction, estimer que l'accusé avait sciemment participé aux arrestations et séquestrations de ces personnes dans le cadre d'un plan concerté, dont il avait connaissance, visant à leur persécution systématique en raison de leur appartenance à une collectivité raciale ou religieuse, tout en ignorant que ces persécutions pouvaient conduire à leur extermination. • Cass., ass. plén., 11 juin 2004, n° 98-82.323 P : *AJ pénal 2004. 325, obs. Remillieux ; Gaz. Pal. 2005. 1. 456, note Monnet.*

71. S'est rendu complice d'exercice illégal de l'activité de transporteur public routier de marchandises le directeur général d'une société française qui a confié à une société de droit luxembourgeois des opérations de transport intérieur quasi quotidiennes sans qu'elle ne se soumette aux obligations imposées par la législation française, et en dirigeant l'activité de ses chauffeurs. • Crim. 30 oct. 2012, n° 12-80.194 : *D. 2013. 420, note Dreyer.*

72. La mauvaise foi du distributeur se déduit d'un défaut de vérification du produit, notamment de sa conformité aux règles en vigueur en matière de santé publique ; n'a pas justifié sa décision la cour d'appel qui, pour exonérer de toute responsabilité civile une société, prévenue de complicité de publicité illicite en faveur du tabac commise à l'occasion de la distribution sur le territoire français de paquets de cigarillos comportant des mentions laudatives, relève que ce n'est qu'en ouvrant les paquets que sont découvertes les mentions critiquées, et qui en déduit que la société ne pouvait en avoir connaissance.

• Crim. 21 janv. 2014, n° 13-80.075 P : *D. actu. 7 mars 2014, obs. Anane.*

73. Personnes morales. Pour un exemple de complicité retenue à l'encontre d'une personne morale. • Crim. 23 mai 2000, n° 99-80.008 P (complicité par un syndicat intercommunal de l'exploitation d'une installation classée sans autorisation).

B. AIDE OU ASSISTANCE

1° ACTE ANTÉRIEUR OU CONCOMITANT

74. Principe. La complicité par aide ou assistance ne peut résulter, aux termes de l'art. 60 C. pén., que de faits antérieurs ou concomitants à la perpétration du délit. • Crim. 23 juill. 1927 : *S. 1929. 1. 73.* ♦ La complicité par aide et assistance ne peut, aux termes de l'art. 60 C. pén., exister légalement qu'autant que cette aide et cette assistance se sont manifestées dans les faits qui ont préparé, facilité ou consommé le délit, ce qui exclut nécessairement les faits qui se sont produits postérieurement à sa perpétration. • Crim. 6 août 1945 : *Gaz. Pal. 1945. 2. 143 ; RSC 1946. 67, obs. Hugueney* • 4 déc. 1947 : *Bull. crim. n° 239.*

75. Justifie sa décision la cour d'appel qui, pour déclarer un directeur adjoint coupable de complicité d'abus de biens sociaux et d'abus de pouvoirs, retient des faits qui caractérisent des actes de complicité antérieurs ou concomitants à l'action principale. • Crim. 20 mars 1997 : *D. 1999. 28, note Boccara ; Dr. pénal 1997. 131, obs. J.-H. Robert.*

76. Est complice du délit d'atteinte à l'intimité de la vie privée commis par son époux, la prévenue qui a sciemment, par aide ou assistance, facilité la préparation ou la consommation de l'infraction, dès lors qu'elle conduisait le véhicule qui a servi à photographier une princesse. • Aix-en-Provence, 9 janv. 2006 : *JCP 2007. IV. 1499.*

77. Assouplissements. Mais il n'est pas interdit au juge de retenir, à titre de présomption, des faits postérieurs à la perpétration du délit et d'en déduire la preuve de l'existence d'actes antérieurs, constitutifs de la complicité. • Crim. 4 déc. 1947 : *préc. note 74.* ♦ Si la complicité ne peut résulter que d'actes antérieurs ou concomitants *au fait principal*, la preuve de l'intention frauduleuse peut se déduire de comportements ultérieurs. • Crim. 4 nov. 1991, n° 89-87.051 P.

78. L'aide ou l'assistance postérieure au délit, mais résultant d'un accord antérieur, constitue un acte de complicité. • Crim. 21 juin 1978 : *Bull. crim. n° 207 ; D. 1979. IR 37, obs. Puech* • 11 juill. 1994, n° 94-82.188 P : *RSC 1995. 343, obs. Bouloc.* ♦ La complicité peut résulter d'actes postérieurs au fait principal lorsqu'ils résultent d'un accord antérieur. • Crim. 1er déc. 1998 : *JCP 1999. I. 151, obs. Véron ; Dr. pénal 1999. Comm. 80, obs. Véron.*

79. Celui qui aide et assiste dans leur fuite les auteurs d'un vol peut être retenu comme complice par aide ou assistance, bien que le fait ainsi relevé soit postérieur au délit, si les juges du fond constatent que cette protection a été assurée par un accord antérieur au délit. • Crim. 30 avr. 1963 : *Bull. crim. n° 157 ; D. 1963. Somm. 71 ; RSC 1964. 134, obs. Légal* • 8 nov. 1972, n° 91-75.572 P : *D. 1973. Somm. 17 ; RSC 1974. 79, obs. Larguier.* ♦ ... A pu renvoyer l'accusé devant la cour d'assises pour complicité de vol avec usage ou menace d'une arme, la chambre d'accusation qui retient qu'il aurait fourni aux auteurs d'un vol à main armée, perpétré dans une agence bancaire, les postiches qu'ils devaient revêtir lors de l'agression, puis qu'il les aurait aidés à fuir selon un plan convenu à l'avance. • Crim. 30 oct. 1996 : *Gaz. Pal. 1997. 1, chron. crim. 49.*

80. Le délit d'évasion, prévu par l'art. 434-29, 3°, C. pén., étant un délit instantané, entièrement consommé à la date même où le condamné n'a pas réintégré l'établissement pénitentiaire, à l'issue d'une permission de sortir, l'intervention d'un tiers, postérieurement à cette date, aux fins d'aider l'auteur principal dans sa fuite, ne saurait constituer un acte de complicité punissable, en l'absence d'un accord antérieur à l'infraction. • Crim. 4 mai 2000, n° 99-86.563 P : *Dr. pénal 2000. 112, obs. Véron ; RSC 2001. 164, obs. Delmas Saint-Hilaire.*

81. En revanche le délit de recel étant continu, peut être déclaré complice de recel le surveillant pénitentiaire qui avertit un détenu d'une fouille à venir afin de lui permettre de dissimuler des objets détenus illicitement. • Crim. 5 juin 2019, n° 18-80.783 P : *D. actu. 1er juill. 2019, obs. Recotillet ; D. 2019. Pan. 2320, obs. Garé.*

82. Constatation. Est incomplète, et ne peut servir de base légale à la condamnation, la question qui laisse incertain le point de savoir si l'aide ou l'assistance prêtée à l'auteur principal a été antérieure ou concomitante au crime, ou ne lui a pas été postérieure. • Crim. 10 mai 1961 : *Bull. crim. n° 247* • 3 sept. 1986, n° 86-90.399 P. ♦ L'aide ou l'assistance postérieure au crime ne pouvant constituer un acte de complicité que si elle résulte d'un accord antérieur, la cour et le jury doivent constater ledit accord par une réponse affirmative à une question comportant cette précision. • Crim. 28 janv. 1981, n° 80-92.348 P.

2° ACTE POSITIF

83. Principe. Les actes antérieurs ou concomitants au crime constatés à la charge d'un complice justifient son renvoi devant la juridiction de jugement à condition qu'ils soient positifs. • Crim. 8 mars 1951 : *Bull. crim. n° 76.* ♦ Ne peut être déclaré coupable de complicité celui qui a facilité un crime ou un délit, non par un fait positif, mais par une simple inaction ou abstention.

• Crim. 21 oct. 1948 : *Bull. crim. n° 242* • 27 déc. 1960, n° 93-56.060 P. ♦ N'encourt pas la nullité l'arrêt d'une chambre d'accusation qui, pour renvoyer une personne devant une cour d'assises pour complicité d'assassinat par aide ou assistance, relève notamment que, selon un témoin, cette personne aurait pris une part active à cet assassinat ; la mise en accusation n'est en effet pas fondée sur une simple présence passive sur les lieux du crime. • Crim. 4 janv. 1995 : *JCP 1995. IV. 882.*

84. Constituent des actes positifs de complicité par aide et assistance, au regard tant des art. 59, 60, 296 et 297 C. pén. alors applicables, que des art. 121-7, 221-1 et 221-3 nouv. C. pén., les conseils prodigués par la mère d'un nouveau-né, accusée de complicité d'assassinat, qui sachant que son mari allait jeter le nourrisson dans un canal, après avoir pris ensemble la décision de le tuer, lui avait conseillé, au cours des préparatifs matériels nécessaires au transport de l'enfant, de prendre un sac et d'enrouler celui-ci dans une couverture. • Crim. 4 oct. 1994 : *Gaz. Pal. 1995. 1. Somm. 23.* ♦ Est à bon droit déclaré coupable de complicité du délit de violences volontaires, le prévenu qui a facilité la consommation du délit en s'opposant aux surveillants qui tentaient de mettre un terme à une rixe entre deux codétenus. • Crim. 19 mars 1997 : *Gaz. Pal. 1997. 2, chron. crim. 157.*

85. Seule peut être complice d'un crime ou d'un délit la personne qui sciemment par aide ou assistance en a facilité la préparation ou la consommation. Il résulte de l'arrêt attaqué que le dirigeant d'une société a été déclaré coupable d'abus de biens sociaux pour avoir fait régler par ladite société le paiement d'amendes pénales prononcées contre lui. Pour retenir la culpabilité de l'expert-comptable comme complice de ce délit, la cour d'appel relève qu'ayant l'obligation d'organiser, vérifier, apprécier et redresser la comptabilité de son client, il avait passé en écritures les éléments qui lui étaient fournis sans les redresser, et qu'en acceptant de laisser figurer au bilan de la société la prise en charge de dettes qu'il savait personnelles au dirigeant, il avait par son abstention aidé et assisté celui-ci dans la réalisation de l'abus de biens sociaux reproché. Mais en prononçant ainsi, sans caractériser aucun acte positif antérieur ou concomitant à la réalisation de l'abus de biens sociaux, et alors que, conformément à l'art. 2 de l'Ord. n° 45-2138 du 19 sept. 1945 modifiée, l'expert-comptable n'a fait que retranscrire fidèlement dans les écritures la réalité d'opérations qui mettaient en évidence les prélèvements opérés par le responsable de l'entreprise, la cour d'appel a méconnu le sens et la portée de l'art. 121-7 C. pén. • Crim. 6 sept. 2000 : *D. 2001. Somm. 2350, obs. Roujou de Boubée* ; *Dr. pénal 2000. 138, obs. J.-H. Robert ; RSC 2001. 395, obs. Renucci* .

86. Pour relaxer un commissaire aux comptes du chef de complicité d'escroqueries, la cour d'appel énonce notamment, que la complicité, supposant un acte positif par fourniture de moyens ou par aide ou assistance, ne peut exister que si l'aide ou l'assistance ont été antérieure ou concomitante au délit principal et que rien ne démontre que le prévenu ait participé à la préparation ou à l'exécution du délit d'escroquerie. Les juges ajoutent que la seule négligence ne saurait caractériser l'élément matériel de ce délit et que l'élément moral ne peut être assimilé à une simple négligence ou à un contrôle insuffisant qui n'est pas une participation active et intentionnelle à la commission de l'infraction. En se déterminant ainsi, alors qu'elle retenait que le commissaire aux comptes, déclaré coupable de non-révélation de faits délictueux au procureur de la République, avait connaissance des escroqueries commises par l'auteur principal et qu'elle relevait que les certifications réitérées des comptes avaient permis la poursuite des activités de la société au préjudice de l'État, appelé à rembourser chaque mois le montant de la TVA, la cour d'appel n'a pas tiré les conséquences légales de ses propres constatations. • Crim. 25 févr. 2004, n° 03-81.173 P : *Dr. pénal 2004. 91, obs. Véron ; Gaz. Pal. 2004. 2. 2514, note Pire ; Rev. sociétés 2004. 923, obs. Bouloc* ; *RSC 2005. 576, obs. Matsopoulou* .

87. Assouplissements. Si la complicité par aide ou assistance ne peut s'induire d'une simple inaction ou abstention, elle se trouve caractérisée, en revanche, par la promesse d'un prévenu de ne pas s'opposer, comme il l'aurait dû, du fait de ses fonctions, aux délits projetés, procurant ainsi aux auteurs de ceux-ci l'assurance de pouvoir les commettre sans être inquiétés. • Crim. 27 oct. 1971, n° 90-75.471 P : *D. 1971. Somm. 227 ; Gaz. Pal. 1972. 1. Somm. 2, note J.-P. D. ; RSC 1972. 375, obs. Légal, et 385, obs. Vitu.* ♦ Opposer : • Crim. 15 janv. 1948 : *Bull. crim. n° 10 ; D. 1948. 100 ; JCP 1948. II. 4268, note R. B. ; S. 1949. 1. 81, note Légal.* ♦ Elle est encore caractérisée lorsqu'un membre du directoire d'une société, ayant connaissance des abus de biens sociaux auxquels se livrait son président, les a laissé commettre, alors qu'il avait les moyens que lui donne la loi de s'y opposer. • Crim. 28 mai 1980 : *D. 1981. IR 137, obs. Roujou de Boubée.* ♦ Se rend complice du délit de fraude fiscale commis par son client l'expert comptable qui n'observe pas son obligation professionnelle d'organiser, vérifier, apprécier et redresser la comptabilité de son client. • Crim. 15 janv. 1979 : *Bull. crim. n° 21.* ♦ ... Caractérise la complicité par aide ou assistance du délit de publicité illicite en faveur du tabac l'arrêt qui retient que le prévenu est intervenu en tant que conseil lors de l'élaboration de la campagne publicitaire qui a abouti à la publicité illicite effectuée. • Crim. 6 févr. 1992, n° 91-81.831 P : *RSC 1993. 312, obs. Bouloc* .

88. Il convient d'admettre qu'une attitude passive qui, normalement, ne constitue qu'une abstention non punissable, peut, dans des circonstances particulières et de la part de certaines personnes (en l'espèce, un gardien de la paix qui laisse un collègue commettre un vol au cours d'une patrouille), revêtir le caractère d'une coopération coupable ; ce caractère réside bien moins dans le comportement de la personne pris en lui-même que dans l'influence que ce comportement a pu exercer sur l'esprit de l'auteur de l'infraction, dans l'espérance qu'il a pu faire naître dans sa conscience. • T. corr. Aix-en-Provence, 14 janv. 1947 : *JCP 1947. II. 3465, note Béraud ; Gaz. Pal. 1947. 1. 262 ; DC 1947. Somm. 19.* ♦ Rappr. la jurisprudence relative au tapage nocturne : le débitant de boissons qui laisse se perpétrer dans son établissement la contravention de bruits ou tapages nocturnes (C. pén., art. R. 34-8° anc., et R. 623-2 nouv.) doit être considéré comme complice de cette infraction. • Crim. 14 nov. 1924 : *DH 1924. 700* • 8 juill. 1949 : *Bull. crim. n° 237 ; JCP 1949. II. 5128 (1re esp.), note Colombini* • 17 févr. 1988, n° 86-96.819 P. ♦ V. également la jurisprudence relative aux paris clandestins : indépendamment des prévisions des art. 59 et 60 C. pén. alors applicables, l'art. 4 de la L. du 2 juin 1891 répute acte de complicité le seul fait, pour un tenancier, de laisser prendre des paris dans son établissement. • Crim. 15 mai 1997, n° 95-80.696 P : *Dr. pénal 1997. 129, obs. J.-H. Robert* (V. « Jeux, paris et loteries »).

89. A caractérisé en tous ses éléments constitutifs la complicité de malversation dont elle l'a déclaré coupable, la cour d'appel qui énonce qu'en raison de ses fonctions de président de chambre au tribunal de commerce et de juge commissaire, le prévenu avait le pouvoir et le devoir de s'opposer à la reprise des actifs d'une société en redressement judiciaire et de ses filiales par une société à laquelle était personnellement intéressé un juge consulaire, auteur principal du délit (ont également été reconnus complices le président du tribunal de commerce et l'administrateur judiciaire). • Crim. 30 juin 1999, n° 97-85.764 P : *D. Affaires 1999. 1290.*

90. Justifie le renvoi de l'accusée devant la cour d'assises sous l'accusation de complicité de parricide la chambre d'accusation qui relève que l'intéressée, mère de l'enfant qui se serait rendu coupable de parricide en donnant volontairement la mort à son père, et épouse de la victime, avait sur ses enfants un empire total et aurait facilité le crime en restituant aux gendarmes les armes de son mari ou celles relativement inoffensives de ses enfants, mais non le fusil à répétition, arme du crime, qui est resté dans la chambre des enfants et dont elle n'aurait pu ignorer l'existence. • Crim. 19 déc. 1989 : *D. 1990. 198, note Mayer ; Gaz. Pal. 1990. 2. Somm. 375 ; RSC 1990. 337, obs. Levasseur ; ibid. 775, obs. Vitu .*

91. Si la complicité ne peut s'induire d'une simple abstention, tel n'est pas le cas lorsque, par des actes ou manœuvres nettement caractérisés, il a été apporté avec connaissance à l'auteur de l'infraction une aide et une assistance dans les faits qui ont préparé, facilité ou consommé son action. • Crim. 10 avr. 1975, n° 92-82.674 P : *RSC 1977. 81, obs. Larguier* • 22 mai 1984 : *JCP 1984. IV. 244.* ♦ Ainsi en est-il : ... de la personne qui, par sa seule présence dans un groupe d'agresseurs, et alors qu'elle adhérait pleinement à l'intention délictueuse du groupe, a fortifié moralement les assaillants. • Crim. 26 mars 1992 : *Dr. pénal 1992. 194.* ♦ ... De la prévenue coupable de complicité du délit de menaces, qui accompagnait et assistait l'auteur principal lorsqu'il exerçait ses menaces à l'encontre de prostituées. • Crim. 22 janv. 1992 : *Gaz. Pal. 1992. 2. Somm. 304.*

3° ACTE IMPUTABLE

a. Principe

92. Connaissance. Pour constituer la complicité, l'aide ou l'assistance donnée à l'auteur de l'action doit l'avoir été avec connaissance. • Crim. 9 oct. 1941 : *DA 1941. 374* • 1er déc. 1944 : *D. 1945. 162.* ♦ ... Aucune complicité n'existant s'il y a concours d'action sans concours d'intention. • T. corr. Nevers, 8 mai 1964 : *JCP 1964. II. 13752 bis.*

93. La complicité par aide et assistance prévue par l'al. 1er de l'art. 121-7 C. pén. n'est punissable que si cette aide a été apportée sciemment à l'auteur principal dans les faits qui ont facilité la préparation ou la consommation de l'infraction. • Crim. 19 juin 2001, n° 98-83.954 P : *Dr. pénal 2001. 111, obs. Véron ; Gaz. Pal. 2002. 1. 646, note Guerder ; RSC 2002. 97, obs. Bouloc .*

94. L'infraction de complicité d'exercice illégal de la profession d'agent de voyages est constituée dès lors que l'auteur savait que l'organisation mise en place ne répondait pas aux obligations légales de l'exercice de l'activité d'agent de voyages. • Crim. 27 févr. 2007 : *Gaz. Pal. 2008. 2. 3340, note Gory.*

95. Constatation. L'arrêt qui condamne pour complicité d'un délit par aide ou assistance, doit constater que le prévenu a agi avec connaissance et préciser que cette aide ou assistance s'est manifestée dans les faits qui ont préparé, consommé ou facilité le délit. • Crim. 27 nov. 1952 : *Bull. crim. n° 283.*

96. La question de complicité par aide ou assistance doit préciser que l'aide ou l'assistance a été prêtée avec connaissance. • Crim. 19 mars 1986, n° 85-93.900 P. ♦ Est complice d'un crime ou d'un délit la personne qui sciemment, par aide ou assistance, en a facilité la préparation ou la consommation ; ne peut servir de base à une condamnation une question qui laisse incertain le point de savoir si l'aide ou l'assistance ont été prêtées en connaissance de cause. • Crim. 28 juin 1995, n° 94-85.423 P : *Dr. pénal 1995. 274, note Véron.*

97. La déclaration que le complice a agi avec connaissance, bien qu'essentielle, peut être valablement faite en termes équivalents, pourvu que cette constatation puisse s'induire clairement de la teneur de l'arrêt. • Crim. 20 avr. 1888 : *DP 1889. 1. 47* • 16 oct. 1957, n° 31.453 P.

98. Le défaut de mention, dans un jugement prononçant une condamnation pour complicité d'un délit par aide et assistance, que cette aide et cette assistance ont été données avec connaissance, est une omission dépourvue d'intérêt, lorsqu'il est énoncé, en outre, que le prévenu a donné des instructions pour commettre le délit, ce qui implique suffisamment qu'il connaissait le caractère de l'acte à l'exécution duquel il s'associait. • Crim. 27 déc. 1872 : *DP 1872. 1. 475.* ♦ Pareillement, quand la complicité consiste à la fois dans la provocation par dons ou promesses et dans l'aide ou l'assistance, les juges ne sont pas tenus de déclarer que le complice a agi avec connaissance, le fait même de la provocation au crime impliquant la connaissance de la criminalité de l'acte. • Crim. 24 juill. 1930 : *Bull. crim. n° 216.*

b. Illustrations

99. Avertissements. Les avertissements sur le risque encouru, adressés par le complice à l'auteur principal, ne sauraient retirer leur caractère délictueux aux actes de complicité commis antérieurement. • Crim. 15 janv. 1979, n° 77-90.394 P.

100. Lien de subordination. L'art. 64 C. pén. (nouvel art. 122-2) n'admet comme cause de non-imputabilité que la force majeure, et nullement l'obéissance que l'employé doit à celui qui l'emploie, et cet employé se rend complice des délits commis par son employeur lorsqu'il l'assiste dans les actes dont il peut apprécier le but et les conséquences coupables. • Crim. 28 févr. 1962 : *Bull. crim. n° 111* • 22 juin 1976, n° 75-90.105 P. ♦ Notamment, le lien de subordination qui existe entre un employé et celui qui l'emploie ne saurait avoir pour effet de soustraire cet employé à sa responsabilité pénale lorsqu'il se rend complice du délit de présentation de bilans inexacts commis par son employeur. • Crim. 14 janv. 1980, n° 77-92.082 P. ♦ Rappr. : • Crim. 9 nov. 1992, n° 92-81.954 P.

101. Pour relaxer un expert-comptable du chef de complicité d'escroquerie, la cour d'appel énonce notamment que la procédure n'a mis en évidence aucun acte matériel préalable et concomitant à l'escroquerie commise, et que rien n'indique qu'il avait connaissance du mécanisme de la fraude. En se prononçant ainsi, sans rechercher si, en établissant les comptes annuels et les déclarations mensuelles du chiffre d'affaires taxable, dont la fictivité ne pouvait échapper à un professionnel de la comptabilité, et en attestant pourtant leur conformité et leur sincérité, le prévenu n'avait pas sciemment permis à l'auteur principal de commettre et réitérer, chaque mois, les escroqueries commises au préjudice du Trésor public, la cour d'appel n'a pas justifié sa décision. • Crim. 25 févr. 2004, n° 03-81.173 P : *Gaz. Pal. 2004. 2. 2514, note Pire ; Rev. sociétés 2004. 923, obs. Bouloc ; RSC 2005. 576, obs. Matsopoulou.*

102. Maire. A justifié sa décision la cour d'appel qui, pour déclarer le maire d'une commune coupable de complicité du délit de construction sans permis, retient que le prévenu savait que son courrier ne valait pas permis de construire et que ce document a été un des éléments ayant conduit les auteurs principaux à entreprendre les travaux non autorisés ; les juges, qui relèvent que, dans le même temps, le maire a délivré un permis en bonne et due forme pour l'extension d'un chalet situé à proximité immédiate, en déduisent qu'il s'est ainsi sciemment rendu complice de l'infraction commise par les propriétaires ; il en résulte que le prévenu, par son aide et son assistance, a sciemment facilité la préparation et la consommation du délit de construction sans permis. • Crim. 15 oct. 2002, n° 01-87.640 : *Dr. pénal 2003. 25, obs. J.-H. Robert ; RSC 2003. 343, obs. J.-H. Robert.*

103. Notaire. Il n'importe qu'un notaire complice du délit de fraude fiscale commis par son client ait accompli, après chaque intervention, les formalités de publicité foncière, dès lors qu'il avait déjà commis des actes de complicité et a persisté à en commettre. • Crim. 22 déc. 1986, n° 85-91.140 P : *RSC 1989. 753, obs. Cosson.*

104. Surveillants pénitentiaires. Se rendent tous deux complices de recel par aide et assistance le surveillant pénitentiaire qui demande à son collègue d'avertir un détenu d'une fouille à venir, afin de lui permettre de dissimuler des objets détenus illicitement, et ledit collègue qui procède effectivement à l'avertissement du condamné. • Crim. 5 juin 2019, n° 18-80.783 P : *préc. note 81.*

105. Justifie sa décision, au regard de l'art. L. 423-11 CCH interdisant aux administrateurs des organismes d'HLM de recevoir directement ou indirectement, et sous quelque forme que ce soit, un avantage quelconque de la part de personnes qui interviennent dans les ventes ou échanges d'immeubles réalisés avec les organismes précités, la cour d'appel qui, pour retenir la complicité d'un notaire, relève qu'il s'est sciemment associé à l'action de l'auteur principal, membre de la même société civile professionnelle, qui a conservé des intérêts dans une entreprise apportant son concours à l'organisme HLM qu'il dirigeait. • Crim. 2 mai 2001, n° 00-84.917 P : *Dr. pénal 2001. 115, obs. J.-H. Robert ; RSC 2001. 800, obs. Bouloc.*

106. Contrebande. Pour déclarer le prévenu coupable de complicité de contrebande la cour d'appel relève que deux chargements de jeans ont été expédiés des États-Unis à Bruxelles puis acheminés à Roissy, avant d'être réexpédiés à Londres, puis à Paris, et, enfin, d'être livrés à une société à Colmar. Aucun des titres de transit, sous le couvert desquels ces opérations ont été effectuées, n'a été apuré. Les juges ajoutent que le prévenu, professionnel du marché des jeans, a accepté, en toute connaissance de l'organisation frauduleuse dont son ami était le principal animateur, d'avancer la somme de 59 508 F et de louer un entrepôt pour le compte de ce dernier, afin de réceptionner les marchandises de fraude. Le prévenu a été vu sur le site de cet entrepôt en train de décharger des caisses de confection. En l'état de ces motifs, qui établissent que le prévenu avait connaissance de l'infraction à laquelle il apportait son concours, la cour d'appel a justifié sa décision. • Crim. 23 févr. 2005 : *JCP 2005. IV. 1906.*

107. Crime contre l'humanité. Le ressortissant français qui, à l'instigation d'un responsable d'une organisation criminelle nazie, ordonne les assassinats de personnes choisies par lui exclusivement en raison de leur appartenance à la communauté juive, participe, en connaissance de cause, pour le compte d'un pays européen de l'Axe, au plan concerté d'extermination et de persécution de cette communauté mis en œuvre par le gouvernement national-socialiste allemand et se rend complice de crime contre l'humanité. • Crim. 21 oct. 1993, n° 93-83.325 P. ♦ ... Même s'ils ont été perpétrés à l'occasion et en représailles de l'assassinat d'un membre de la Milice française, de tels assassinats, commis dans de telles conditions, s'intègrent à ce plan concerté et constituent un crime contre l'humanité. • Même arrêt. ♦ Le haut fonctionnaire français qui, à l'instigation de responsables d'une organisation criminelle nazie, apporte, en connaissance de cause, son concours à l'arrestation, la séquestration et la déportation de personnes, choisies exclusivement en raison de leur appartenance à la communauté juive, participe au plan concerté de persécution et d'extermination de cette communauté mis en œuvre par le gouvernement national-socialiste allemand et se rend complice de crimes contre l'humanité. • Crim. 23 janv. 1997, n° 96-84.822 P : *D. 1997. 147, note Pradel ; JCP 1997. II. 22812, note J.-H. Robert ; Dr. pénal 1997. 38, obs. J.-H. Robert ; Gaz. Pal. 1997. 1. 185.* ♦ *Adde* : Delmas Saint-Hilaire, *D. 1997. Chron. 249.* – Grynfogel, *RSC 1998. 523.* ♦ L'art. 6, dernier al., du statut du tribunal militaire international n'exige pas que le complice de crimes contre l'humanité ait adhéré à la politique d'hégémonie idéologique des auteurs principaux, ni qu'il ait appartenu à une des organisations déclarées criminelles par le tribunal de Nuremberg. • Crim. 23 janv. 1997 : *préc.*

108. Le demandeur au statut de réfugié avait accueilli dans sa paroisse, à partir du 10 avr. 2004, des personnes d'origine tutsie poursuivies par des miliciens puis s'était enfui, le 14 avr., les laissant aux mains des autorités locales qui ne se sont pas opposées à leur massacre par les miliciens ; ces seuls faits, en l'état du dossier, ne permettent pas de fonder de sérieuses raisons de penser qu'il aurait manifesté l'intention, ce faisant, de permettre ou de faciliter la commission de ces crimes, ou aurait sciemment omis de les prévenir ou de s'en dissocier, dès lors, d'une part, que ses fonctions ne lui conféraient aucune autorité sur leurs auteurs et que toute résistance de sa part aurait probablement mis sa vie en danger, d'autre part, qu'aucun autre élément n'est de nature à établir son approbation du génocide, notamment pas le fait qu'il ait bénéficié de la protection de militaires dont il affirme sans être contredit avoir acheté les services ; ainsi les circonstances de l'espèce ne font pas apparaître de raison sérieuse de penser que l'intéressé s'est personnellement rendu coupable ni qu'il peut être regardé comme complice d'un crime de génocide au sens et pour l'application des stipulations du a) de l'art. 1.F de la Convention du 28 juill. 1951 ; il ne peut donc être exclu de statut de réfugié pour un tel motif. • CE 26 janv. 2011, n° 312833 : *D. actu. 2 févr. 2011, obs. Brondel.*

109. Discrimination. L'arrêt qui déclare le gérant d'un immeuble coupable de complicité par aide ou assistance du délit de discrimination raciale, sans s'expliquer sur l'étendue des pouvoirs dont il disposait en tant que mandataire du propriétaire, auteur principal du délit, ne met pas la Cour de cassation en mesure d'exercer son contrôle sur la légalité de sa décision. • Crim. 16 oct. 1975 : *Gaz. Pal. 1976. 1. Somm. 47 ; RSC 1977. 561, obs. Larguier.* ♦ Sur l'arrêt frappé de cassation : • Paris, 12 nov. 1974 : *D. 1975. 471, note Foulon-Piganiol.*

110. Ingérence. Est justifiée la décision de la cour d'appel de retenir la culpabilité du prévenu du chef de complicité d'ingérence (C. pén., art. 432-12), qui relève qu'en sa qualité de représentant légal de la société à laquelle les travaux publics avaient été confiés, il a en connaissance de cause participé à l'intervention occulte d'une société gérée par le maire. • Crim. 4 juin 1996, n° 94-84.405 P.

111. Journalisme. Le fait de livrer des informations à un journaliste au cours d'un entretien en toute connaissance de cause constitue un fait personnel, positif et conscient de complicité au sens de l'art. 121-7 C. pén. • Crim. 6 déc. 2011, n° 10-87.556 : *Gaz. Pal. 2012. 1. 1028, obs. Detraz.*

112. Publicité fausse. Le délit de publicité fausse ou de nature à induire en erreur, prévu par l'art. L. 121-1 C. consom., étant exclusif de la mauvaise foi, il faut et il suffit, pour retenir la complicité de ce délit, au sens de l'art. 121-7 du

C. pén., que soit établi que c'est en connaissance de cause que le complice a donné à l'annonceur des instructions ou lui a fourni les moyens de la création de la publicité. • Crim. 23 avr. 1997, n° 96-81.498 P : *D. Aff. 1997. 892 ; Dr. pénal 1997. 114, obs. J.-H. Robert ; RSC 1998. 95, obs. Bouloc*.

113. Tabagisme. Caractérise l'élément intentionnel de la complicité par fourniture de moyens et justifie sa décision au regard, tant des dispositions de l'art. 60 C. pén. que de celles de l'art. 121-7 C. pén. entré en vigueur le 1er mars 1994, la cour d'appel qui relève que le directeur d'une publication a sciemment et volontairement fourni le support publicitaire ayant servi à la commission du délit de publicité illicite en faveur du tabac. • Crim. 19 oct. 1994, n° 93-82.551 : *Dr. pénal 1995. Chron. 45, obs. Lesclous et Marsat* • 14 juin 1995, n° 94-81.516 : *Gaz. Pal. 1996. 1. Somm. 282* • 29 nov. 1995, n° 94-83.050 : *ibid. 1996. 1. Somm. 283* • 21 févr. 1996, n° 95-81.605 P. ♦ Pour la condamnation en tant qu'auteur du directeur de publication : • Crim. 19 janv. 1994, n° 92-86.649 P • 14 juin 1995, n° 94-80.086 P.

114. Il résulte de l'art. 3, al. 2, de la L. du 9 juill. 1976 modifiée, devenu l'art. L. 355-26 CSP, que la dérogation au régime de la publicité indirecte en faveur du tabac est exclue pour les produits commercialisés, même avant le 1er janv. 1990, par les entreprises qui, sans constituer juridiquement et financièrement une entité avec celle qui fabrique, importe ou commercialise du tabac ou un produit du tabac, se rattachent à cette dernière par un lien juridique ou financier, qu'il soit indirect ou occasionnel ; c'est dès lors à bon droit qu'une cour d'appel a déclaré un prévenu coupable de complicité de publicité illicite en faveur du tabac pour avoir, en sa qualité de dirigeant d'une société assurant l'exploitation commerciale de panneaux d'information et d'abribus, assuré, en exécution d'un contrat de publicité conclu avec une société exploitant une marque de cigarettes, la diffusion d'une affiche publicitaire destinée à promouvoir les montres de marque « Camel Trophy ». • Crim. 10 avr. 1997, n° 96-83.152 P : *D. Affaires 1997. 1001*. ♦ En permettant l'affichage d'une publicité en faveur d'un produit offert sous une dénomination qu'il savait être une marque de cigarettes (montres « Camel Trophy »), le prévenu de complicité de publicité illicite en faveur du tabac a sciemment procuré à l'annonceur les moyens de commettre une infraction ; il ne peut invoquer une erreur sur le droit alors que, professionnel de la publicité, il avait reçu une mise en garde de la partie civile. • Crim. 29 juin 1999, n° 98-81.413 : *Dr. pénal 1999. 143 (1er arrêt), obs. J.-H. Robert*.

115. Travail clandestin. Se rend coupable de complicité de travail clandestin celui qui, en connaissance de cause, participe à la gestion d'une société exerçant son activité sans qu'ait été accomplie l'une quelconque des obligations prévues par l'art. L. 324-10 C. trav. • Crim. 1er juill. 1997, n° 96-84.225 P.

4° FOURNITURES DE MOYENS

116. Arme. ... L'individu qui a procuré une arme ayant servi au fait principal, alors qu'il savait qu'elle devait y servir. • Crim. 17 mai 1962, n° 94-44.861 P : *D. 1962. 473*.

117. Circulation routière. ... Propriétaire d'un véhicule qui confie le volant à un conducteur déjà ivre, se rendant ainsi coupable de complicité du délit de conduite en état d'ivresse. • Alger, 20 oct. 1965 : *Gaz. Pal. 1966. 1. 133*. ♦ Comp., pour un restaurateur routier ayant servi de l'alcool à un individu déjà ivre, tout en sachant qu'il allait reprendre la route : • T. pol. Bar-sur-Seine, 28 mars 1980 : *Gaz. Pal. 1982. 2. Somm. 384*. ♦ Se rend coupable du délit de conduite d'un véhicule sous l'empire d'un état alcoolique le propriétaire d'un véhicule qui, bien que connaissant l'état d'ébriété du conducteur de son propre véhicule, l'a laissé cependant le conduire. • TGI Limoges, 10 août 1999 : *BICC 2000, n° 116*.

118. Le fait pour plusieurs personnes de consommer ensemble, librement et d'un commun accord, une très forte quantité d'alcool, au cours d'une soirée, n'emporte aucun acte positif pouvant être qualifié de complicité du délit d'homicide et blessures involontaires commis par l'un d'entre eux qui a causé ultérieurement un accident de la route, aucune des personnes présentes n'ayant incité l'auteur à conduire dans cet état, ni ne lui ayant fourni les moyens de commettre cette infraction. La consommation excessive d'alcool ne faisant pas l'objet en soi d'un interdit, en dehors des cas strictement prévus par la loi ou d'un péril avéré, il ne peut être exigé de quiconque d'intervenir pour mettre fin à l'alcoolisation d'autrui ou entraver sa liberté d'aller et de venir au motif de dangers purement éventuels. • Nancy, 25 avr. 2002 : *JCP 2003. IV. 1862*. ♦ ... En revanche, sauf à vider de leur sens les dispositions de l'art. 223-6 C. pén, c'est bien l'exercice d'une action efficace et à la mesure de ses moyens qui est attendu de chaque citoyen. En l'espèce, il convient d'envisager la mise en examen des deux derniers participants en contact avec l'auteur de l'accident qui, parfaitement conscients de l'état d'ivresse de leur ami et devant l'impossibilité dans laquelle ils se trouvaient de lui faire entendre raison, se sont abstenus d'user du moyen efficace d'empêcher des délits contre l'intégrité des personnes (art. 223-1 C. pén.) que constituait un signalement du comportement de leur ami aux policiers ou gendarmes chargés de veiller à la sécurité des usagers de la route sur le trajet emprunté par celui-ci. • Même arrêt.

119. Le fait pour le propriétaire d'un véhicule automobile de le prêter à un tiers, dont il sait qu'il n'est pas titulaire du permis de conduire, constitue le délit de complicité de conduite sans permis, par fourniture de moyens. • Crim. 14 déc. 2010, n° 10-81.189 P : *RSC 2011. 96, obs. Mayaud*.

120. Contrefaçon. ... Personne qui met à disposition des liens hypertextes renvoyant à d'autres sites proposant le téléchargement illégal de jeux vidéo, quand bien même il n'est pas proposé aux visiteurs du premier site le téléchargement direct des logiciels de jeux contrefaits. • Aix-en-Provence, 10 mars 2004 : *Gaz. Pal. 2005. 1. Somm. 633, note Barbry et Fiévée.*

121. Discrimination. ... Dirigeant d'une société de prestation de services, qui a fourni au directeur délégué d'une autre société, auteur principal, des moyens de pression à l'encontre de la CGT afin de réduire l'influence de ce syndicat, caractérisant ainsi une complicité de discrimination syndicale. • Crim. 2 sept. 2008, n° 07-81.661 : *D. 2008. 2437 ; JCP 2008. IV. 2640.*

122. Édition. ... Auteur d'un ouvrage pornographique qui procure le texte de cet ouvrage à l'éditeur en sachant qu'il sera édité et publié. • Crim. 14 nov. 1962 : *Bull. crim. n° 323.* ♦ ... Directeur de la publication d'une revue, qui fournit au directeur de la publication d'un quotidien un supplément gratuit accompagnant l'édition de ce quotidien, avec un entrefilet consacré à une publicité, au sens de l'art. 223-14 C. pén., en faveur de produits, d'objets ou de méthodes préconisés comme moyens de se donner la mort. • Paris, 18 janv. 2001 : *Dr. pénal 2001. 84, obs. Véron.* ♦ Confirmé par : • Crim. 13 nov. 2001, n° 01-81.418 P : *Dr. pénal 2002. 13, obs. Véron ; RSC 2002. 615, obs. Francillon*.

123. Exercice illégal d'une profession. ... Collecteurs de sommes d'argent en espèces auprès de particuliers, qui les ont transmises à un coprévenu en sachant que celui-ci avait pour activité habituelle de recevoir des fonds du public sous forme de dépôts, à charge de placer les capitaux ainsi recueillis, ces faits étant constitutifs de complicité d'exercice illégal de la profession de banquier. • Crim. 21 mars 1996, n° 94-86.134 P. ♦ ... Le médecin stomatologue, qui faisait pratiquer par son épouse, titulaire d'un diplôme de chirurgien-dentiste délivré par l'université d'Alger, en tant qu'assistante, des détartrages sous anesthésie locale, et qui, en lui fournissant les moyens de ces actes, s'est rendu complice du délit d'exercice illégal de la médecine, dès lors que les soins de détartrage dentaire réalisés à l'occasion d'un traitement dispensé par un médecin stomatologue relèvent de l'exercice de la médecine. • Crim. 16 déc. 2008, n° 08-80.453 P : *AJ pénal 2009. 78 ; JCP 2009. IV. 1191 ; Dr. pénal 2009, n° 33, obs. J.-H. Robert.*

124. Falsification. ... Responsable de la livraison d'un produit ayant servi à une fabrication propre à effectuer une falsification. • Crim. 10 oct. 1962 : *Bull. crim. n° 269.*

125. Fausse comptabilité. ... Expert-comptable et commissaire aux comptes d'une société comptabilisant des crédits fictifs de TVA, qui, le premier en ayant attesté de la conformité et de la sincérité de comptes dont le caractère fictif ne pouvait lui échapper, et le second en ayant certifié en connaissance de cause et sur plusieurs exercices lesdits comptes, ont sciemment fourni à l'auteur principal les moyens lui permettant de réitérer une escroquerie. • Crim. 31 janv. 2007, n° 05-85.886 P (arrêt n° 1) : *D. 2007. 1843, note Bouloc ; ibid. 2007. Pan. 1629, obs. Mascala ; AJ pénal 2007. 130 ; Dr. pénal 2007. 56 (1re esp.), obs. Véron.* ♦ ... Commissaire aux comptes d'une société holding, qui certifie en connaissance de cause, durant plusieurs exercices, des comptes inexacts, le prévenu ayant ainsi sciemment fourni au dirigeant de ladite société les moyens de commettre les escroqueries poursuivies. • Crim. 31 janv. 2007, n° 06-81.258 P (arrêt n° 2) : *D. 2007. Pan. 1629, obs. Mascala ; Dr. pénal 2007. 56 (2e esp.), obs. Véron.*

126. Fausses factures. ... Prévenu qui, en raison de sa participation à un système organisé de surfacturation destinée au détournement des fonds d'une association provenant de dons du public, a apporté son aide par fourniture de moyens, en l'occurrence des fausses factures, se rendant ainsi coupable de complicité d'abus de confiance. • Crim. 11 juill. 2001, n° 00-84.832 P : *JCP G 2001. IV. 2800.* ♦ ... Animateur d'une officine de fausse facturation qui fournit en connaissance de cause un lot de factures fictives destinées à justifier dans la comptabilité d'une entreprise la déduction de crédits de taxes, se rendant ainsi coupable de complicité du délit d'escroquerie à la TVA. • Crim. 13 mars 1995, n° 93-84.299 P : *RSC 1996. 113, obs. Bouloc*.

127. Journalisme. ... Journaliste qui fournit à l'auteur d'une violation du secret professionnel les moyens de révéler au public les faits secrets dont il est dépositaire. • Crim. 25 janv. 1968, n° 66-93.877 P.

128. Sport. ... Dirigeants d'un club de vacances qui ont eu sciemment recours à des jeunes gens dépourvus de diplôme pour constituer l'équipe d'animateurs sportifs, en les rémunérant pour une activité réservée aux seuls titulaires de récépissé d'une déclaration d'éducateur sportif. • Crim. 7 oct. 1998, n° 97-85.336 P : *Dr. pénal 1999. 10, obs. J.-H. Robert ; RSC 1999. 577, obs. Bouloc*.

129. Tabagisme. Directeur général et président du conseil d'administration d'une société de fabrication de tabac, représentant du bureau français de la société propriétaire d'une marque de cigarettes, poursuivis pour complicité de publicité illicite en faveur du tabac, à l'occasion d'une campagne publicitaire par voie d'affichage et au cinéma, qui ont approuvé la stratégie de diversification et de promotion des produits bénéficiaires de la marque et y ont contribué. • Crim. 18 mars 2003, n° 02-82.292 P.

130. Vol. ... Prévenu qui a donné à un mineur de 16 ans les précisions nécessaires à l'exécution du vol d'une carte bancaire, également condamné pour provocation de mineur à commettre le délit de vol aggravé. • Montpellier, 9 mars 2005 : *JCP 2005. IV. 3638.*

131. Autres exemples. ... Personne qui accepte le titre de gérant d'une SARL. pour permettre à un étranger d'exercer le commerce sans être titulaire d'une carte de commerçant. • Crim. 29 janv. 1980, n° 79-91.997 P. ♦ ... Personne qui, sachant qu'une association n'était pas titulaire d'une autorisation d'émettre, a continué à lui fournir un programme radiophonique. • Crim. 22 janv. 1991, n° 90-83.362 P : *JCP 1992. II. 21909, note Garé.* ♦ ... Mineur qui, s'étant rendu dans une écurie avec un camarade, fournit à ce dernier un briquet, après qu'il lui eut dit qu'il allait mettre le feu au bâtiment. • Crim. 12 mai 1993, n° 92-85.076 : *Gaz. Pal. 1993. 2. Somm. 463.* ♦ ... Vendeur de télécartes usagées dont il a retraité la mémoire, qui se rend ainsi complice des utilisateurs en leur donnant, en toute connaissance de cause, les moyens de la fraude. • Crim. 14 nov. 1994, n° 94-81.214 : *Dr. pénal 1995. 58 ; Gaz. pal. 1995. 1. Somm. 163.* ♦ ... Prévenu qui a fourni le matériel destiné à enregistrer des entretiens téléphoniques. • Crim. 3 mars 1998, n° 96-81.171 : *Gaz. Pal. 1998. 2, Chr. crim. 113.*

C. PROVOCATION

132. Condition. Les dons, promesses, menaces, abus d'autorité ou de pouvoir ... constituent une condition de la complicité par provocation. • Crim. 3 mars 1959 : *Bull. crim. n° 145* • 21 sept. 1994, n° 93-81.447 P : *RSC 1995. 343, obs. Bouloc*. ♦ En revanche, le simple conseil de commettre un crime ou un délit ne rentre pas dans l'un des modes de complicité prévus par le code pénal. • Crim. 24 déc. 1942 : *JCP 1944. II. 2651 (2e esp.) ; Gaz. Pal. 1943. 1. 117* • 13 janv. 1954 : *D. 1954. 128.*

1° DON, PROMESSE, MENACE

133. Illustrations. Se rendent coupables de complicité par provocation : ... celui qui remet une somme d'argent à l'auteur d'une fausse attestation pour le déterminer à la produire. • Crim. 30 janv. 1962, n° 61-92.882 P. ♦ ... Celui qui promet un repas ou de l'argent à l'ouvrier d'une usine afin de l'inciter à y mettre le feu. • Crim. 24 juill. 1985 : *Gaz. Pal. 1986. 1. Somm. 114.* ♦ ... L'employeur qui, pour obtenir de son employé un faux témoignage, le menace de licenciement. • Crim. 24 juill. 1958, n° 223456 P.

2° ORDRE

134. Circulation routière. Encourt la cassation l'arrêt qui, pour déclarer le passager d'un véhicule complice du délit de refus d'obtempérer, se borne à relever que l'ordre de prendre la fuite par lui donné au conducteur, qui ne lui était pas subordonné, est à l'origine de l'infraction commise. • Crim. 21 sept. 1994, n° 93-81.447 P : *Dr. pénal 1995. 2, note Véron ; RSC 1995. 343, obs. Bouloc*.

135. Justifie sa décision et caractérise en tous leurs éléments constitutifs les infractions reprochées la cour d'appel qui, pour déclarer le chauffeur du véhicule accidenté et le maire, conseiller régional, transporté à l'arrière, respectivement coupables du délit de mise en danger délibérée d'autrui et de complicité de ce délit, relève que le fait pour le chauffeur d'avoir franchi délibérément un feu rouge fixe en fin de matinée, près de la gare SNCF, dans un quartier urbain à forte densité de circulation, a exposé les usagers de la voie transversale, qui bénéficiaient d'un droit de priorité absolue, à un risque immédiat de mort ou de blessures graves, précise, à cet effet, que malgré la manœuvre entreprise par un véhicule prioritaire provenant de la rue latérale, un choc entre les deux engins n'a pu être évité, et que les occupants de la voiture prioritaire ont été fortement choqués, ajoute en outre, que, dans les mêmes circonstances une collision avait failli se produire quelques instants auparavant à un autre carrefour, et indique enfin que le chauffeur a agi sur injonction du passager donnée de l'arrière du véhicule et en l'absence de visibilité, dont les termes s'entendaient comme un ordre de passer l'intersection malgré ce feu. • Crim. 6 juin 2000, n° 99-85.937 P : *Dr. pénal 2000. 124, obs. Véron ; RSC 2000. 829, obs. Mayaud ; ibid. 2001. 152, obs. Bouloc*.

136. Exercice illégal d'une profession. Se rend coupable de complicité d'exercice illégal de la profession d'infirmier le directeur d'un laboratoire de biologie médicale qui enjoint à ses salariés, techniciens titulaires d'un certificat de capacité, de procéder à des prélèvements sanguins hors de son établissement, l'art. 130 de la L. n° 2004-806 du 9 août 2004, qui subordonne la licéité de tels prélèvements à des garanties de formation complémentaires qui n'existaient pas à la date des faits, n'étant pas susceptible de bénéficier rétroactivement à des actes qui ne pouvaient satisfaire aux conditions qu'elle édicte. • Crim. 7 févr. 2006, n° 05-82.490 P : *RSC 2006. 596, obs. Fortis*. ♦ ... Viole les art. L. 4311-1 CSP et 4 du Décr. du 15 mars 1993 relatif aux actes professionnels et à l'exercice de la profession d'infirmier, alors en vigueur, l'arrêt qui déclare le directeur d'un laboratoire de biologie médicale complice du délit d'exercice de la profession de médecin commis par ses salariés, qui ont procédé, sur ses instructions, à des prélèvements vaginaux, sans rechercher si ces actes, qui sont au nombre de ceux que peut réaliser un infirmier, avaient été réalisés en dehors de toute prescription médicale. • Même arrêt.

137. Violences. Un véhicule avait accéléré et s'était déporté sur la gauche de la chaussée pour forcer le passage barré par le véhicule d'une patrouille de gendarmerie, contraignant le militaire, qui s'apprêtait à en sortir pour procéder au contrôle, à refermer la portière ; le conducteur et le passager ayant reconnu les faits, le premier est condamné pour violences aggravées ; le passager, qui a incité le conducteur à forcer le passage en lui disant « fonce, fonce, ne t'arrête pas », propos constituant un ordre, se rend coupable de complicité de violence avec arme sur agent de la force publique. • Crim. 18 mars 2003, n° 02-85.565 P : *D. 2004. Somm. 311, obs. de Lamy ; Dr. pénal 2003, comm. 95, obs. Véron.*

138. Vol. Est à bon droit déclaré coupable de complicité de vol le gérant d'une société qui a sciemment donné l'ordre à quatre employés de son entreprise de récupérer chez une société cliente non seulement les quatorze moules demeurés impayés, livrés par lui et qu'il avait l'autorisation de reprendre, mais encore tous les moules en possession du client et provenant d'autres fournisseurs. • Crim. 3 nov. 1994, n° 94-82.314 : *Dr. pénal 1995. 58 ; Gaz. Pal. 1995. 1. Somm. 171.*

3° ABUS D'AUTORITÉ OU DE POUVOIR

139. Autorité morale. L'existence de la provocation, par abus d'autorité, ne dépend pas de la condition que l'autorité dont il a été fait abus soit une autorité légale ; il suffit que le complice ait abusé de l'autorité morale qu'il avait en fait sur l'auteur principal. • Crim. 24 nov. 1953 : *Bull. crim. n° 304* • 29 mars 1971, n° 70-91.194 P.

140. Extorsion. Caractérise la complicité de tentative d'extorsion de fonds le fait par des responsables d'entreprise de donner l'ordre à deux de leurs employés, en abusant de leur autorité sur eux, de récupérer les sommes dues par leurs clients, en dehors de toute mise en demeure ou de toute procédure judiciaire, au besoin par la force. • Crim. 28 juin 1993 : *Gaz. Pal. 1993. 2. Somm. 470.*

141. Fraude fiscale. Se rend coupable de complicité de fraudes fiscales par provocation avec abus d'autorité ou de pouvoir un entrepreneur de bâtiment qui a invité un fournisseur de main-d'œuvre dont il était le principal, puis, l'unique client, à s'abstenir de reverser au Trésor public les sommes dont ce prestataire de services était redevable au titre de la TVA, en lui imposant des facturations anormalement basses, faisant de la minoration de ces factures la condition du maintien de ses commandes. • Crim. 10 janv. 1973, n° 71-93.351 P : *RSC 1974. 580, obs. Larguier.*

142. Violences. Est encore à bon droit retenue la complicité d'un responsable syndical dans les actes de violences commis par des grévistes à l'encontre de travailleurs non grévistes, dès lors qu'il est constaté que le prévenu et deux autres responsables syndicaux s'étaient réparti la surveillance des ateliers envahis par les commandos de militants à la tête desquels ils se trouvaient, leur intimant l'ordre d'agir, contrôlant et dirigeant l'ensemble des exactions commises, énonciations qui mettent en évidence le rôle primordial joué, notamment par l'intéressé, en pleine connaissance de cause, dans le déchaînement de la violence et qui caractérisent, à sa charge, l'existence de tous les éléments constitutifs de la complicité par provocation, instructions et abus d'autorité. • Crim. 15 mai 1987, n° 86-91.015 P : *Gaz. Pal. 1987. 2. 665.* ♦ Mais ne peut être tenue pour complice la personne qui, au cours d'une réunion publique, a prononcé des paroles pouvant contenir une incitation directe à commettre le délit d'entrave à la circulation routière, si elle n'avait pas en fait à l'égard de ses auditeurs l'autorité morale requise au sens de l'art. 60 C. pén. ; c'est ainsi que le président d'un mouvement de jeunes viticulteurs ne jouit, à l'égard de ses auditeurs, d'aucune suprématie morale ou de fait, notamment à l'égard d'auditeurs libres assistant sans aucune obligation à une réunion publique. • Montpellier, 16 déc. 1964 : *D. 1965. 459 ; Gaz. Pal. 1965. 1. 266.* ♦ Comp. : • Crim. 29 mars 1971 : *préc. note 139.*

143. Question. La question de la complicité par provocation peut être posée sans qu'il soit nécessaire de mentionner explicitement que cette provocation a été exercée envers l'auteur principal. • Crim. 3 avr. 1996, n° 95-84.201 P : *Dr. pénal 1996. 252.*

D. INSTRUCTIONS

144. Nature. L'art. 121-7, al. 2, C. pén. ne prévoit qu'un seul mode de complicité ; dès lors, peut être posée une question unique visant la provocation et les instructions données. • Crim. 15 déc. 1999, n° 98-87.706 P. ♦ En sens contraire : • Crim. 3 mars 1959, n° 92-58.358 P • Crim. 19 nov. 1959, n° 182AM P. ♦ Rappr. : • Crim. 28 oct. 1965 : *JCP 1966. II. 14524 ; RSC 1966. 339, obs. Légal.*

145. Mode d'exécution. Les instructions consistent dans le fait de donner des renseignements ou des directives de nature à faciliter la commission de l'infraction, quel qu'en soit le mode d'exécution. • Crim. 31 janv. 1974, n° 73-92.681 P : *JCP 1975. II. 17984, note Mayer-Jack ; RSC 1975. 677, obs. Larguier.* ♦ Elles doivent avoir été données en sachant qu'elles serviraient à commettre l'infraction. • Crim. 19 mars 1986 : *Bull. crim. n° 112.* ♦ Il n'est pas exigé qu'elles soient données directement par leur auteur. • Crim. 30 mai 1989, n° 89-81.578 P :

RSC 1990. 325, obs. Vitu. ♦ ... Ni que la personne qui a reçu les instructions ait été dénommée. • Crim. 17 mars 1993, n° 92-84.552 P.

146. Le complice encourt la responsabilité de toutes les circonstances qui qualifient l'acte poursuivi, sans qu'il soit nécessaire que celles-ci aient été connues de lui. • Crim. 21 mai 1996, n° 95-84.252 P : *Dr. pénal 1996. 213, obs. Véron ; RSC 1997. 101, obs. Bouloc*. ♦ ... Ainsi, a fait l'exacte application des art. 60 anc. et 121-7 nouv. C. pén. la cour d'appel qui, pour déclarer un prévenu coupable de complicité du délit de violences avec arme ayant entraîné une incapacité totale de travail de plus de 8 jours, relève qu'il avait demandé qu'on « prenne à partie » la victime et qu'on lui fasse « une grande frayeur », retient que le prévenu doit supporter la responsabilité pénale des violences qui ont ensuite été exercées sur cette victime, alors même qu'il ignorait qu'il serait fait usage à son encontre d'une bombe lacrymogène et qu'il s'ensuivrait pour elle une incapacité totale de travail de 10 jours, et énonce enfin qu'il devait prévoir toutes les circonstances pouvant accompagner le délit dont il était l'instigateur. • Même arrêt.

147. Illustrations. – ... Abus de biens sociaux. N'a pas justifié sa décision la cour d'appel qui, ayant renvoyé le prévenu, administrateur provisoire d'une société désigné par le tribunal de commerce, des fins de la poursuite pour complicité d'abus de biens sociaux et de banqueroute, n'a pas recherché si, alors qu'il avait sciemment contrevenu à sa mission en maintenant à son poste le président et en mettant en place à ses côtés un « comité de direction », il n'avait pas eu conscience de fournir aux auteurs des détournements les moyens de les commettre pendant toute la durée de son mandat. • Crim. 22 sept. 2010, n° 09-87.363 : *D. 2011, Pan., p. 1864, obs. Mascala, et p. 2825, obs. Roujou de Boubée.*

148. ... Arrestation et séquestration arbitraires. Après avoir été interpellée dans un magasin par un agent de surveillance, alors qu'elle avait réglé l'achat d'un objet d'une valeur de 120 F avec un billet de 200 F qui avait paru suspect à la caissière, une adolescente de 14 ans a été retenue dans un local pendant 20 minutes jusqu'à l'arrivée des services de police, a été invitée à vider le contenu de son sac et a été interrogée sur l'origine du billet. La cour d'appel a pu déclarer le directeur du service de surveillance du magasin coupable de complicité, par instruction donnée, des actes d'arrestation et de séquestration arbitraires commis par son subordonné, dès lors qu'en l'absence d'indices apparents d'un comportement délictueux, la détention de la personne appréhendée ne pouvait être justifiée au regard des dispositions de l'art. 73 C. pr. pén. • Crim. 26 mai 1999 : *Gaz. Pal. 1999. 2, chron. crim. 122.*

149. ... Assassinat. Caractérise tous les éléments constitutifs du crime de complicité d'assassinat, par instructions données, l'arrêt d'une chambre d'accusation qui, renvoyant l'accusé devant la cour d'assises, expose que cet accusé a été l'instigateur du crime et que les renseignements et les directives donnés par lui ont abouti à la commission de l'infraction, alors même que le crime aurait été perpétré en son absence et suivant un mode d'exécution qu'il n'avait pas prévu. • Crim. 31 janv. 1974, n° 73-92.681 P : *JCP 1975. II. 17984, note Mayer-Jack ; RSC 1975. 677, obs. Larguier.* ♦ Mais aucun fait de complicité punissable ne saurait être retenu à la charge de celui qui donne mission à un homme de main de tuer une personne nommément désignée, dès lors que, de sa propre volonté et sans être soumis à aucune pression extérieure, l'individu qui devait accomplir ce crime s'abstient de le commettre et donne volontairement la mort à une autre victime. • Crim. 10 mars 1977, n° 76-92.552 P : *D. 1977. IR 237, obs. Puech ; RSC 1979.75, obs. Larguier.*

150. Constitue un acte de complicité d'une tentative d'assassinat, par instructions données, la fourniture de renseignements par un détenu en vue d'organiser son évasion, en sachant qu'ils devaient servir à la réalisation d'un attentat contre les gardiens. • Crim. 23 mai 1973, n° 90-53.673 P : *JCP 1974. II. 17675, note Mayer ; RSC 1974. 579, obs. Larguier.*

151. ... Destruction de bien. Pour déclarer une prévenue coupable de tentative de destruction du bien d'autrui par l'effet d'une substance explosive, d'un incendie ou de tout autre moyen de nature à créer un danger pour les personnes (C. pén., art. 322-6), et une autre de complicité de ce délit, les juges retiennent, notamment, que la tentative de destruction volontaire de l'étude d'un mandataire judiciaire, la veille d'un audit approfondi par le commissaire aux comptes, est l'aboutissement d'une volonté commune et ajoutent que la seconde des prévenues a donné des directives suivies d'effet ; en l'état de ces énonciations, qui établissent, d'une part, l'utilisation de substances explosives de nature à créer un danger pour les personnes, d'autre part, des actes de complicité par provocation et fourniture d'instructions, la cour d'appel a justifié sa décision. • Crim. 12 déc. 2007, n° 07-80.886 P : *Dr. pénal 2008. 28, obs. Véron.*

152. ... Discrimination. Le fait de subordonner l'octroi d'une prime de naissance à une condition de nationalité est constitutif du délit de discrimination prévu par les art. 225-1 et 225-2 C. pén. ; justifie sa décision la cour d'appel qui, pour retenir la culpabilité du maire d'une commune et de son adjoint du chef de discrimination, retient que, si la délibération instaurant une prime discriminatoire a été votée à bulletins secrets par le conseil municipal, organe collégial de la commune, le délit de discrimination est néanmoins imputable au maire et à son adjoint, qui ont personnellement participé à l'infraction, le maire, comme complice par fourniture d'instructions, en en prenant l'initiative, l'adjoint au maire, rapporteur du projet, comme auteur du délit, en inscrivant la question à l'ordre du jour et en la soumettant au vote. • Crim. 17 déc. 2002, n° 01-85.650 P : *Gaz. Pal. 2003. 2. 3030, note Monnet ; Dr. pénal 2003. 44, obs. Véron ; RSC 2003. 556, obs. Mayaud*. ♦ Confirmation de : • Aix-en-Provence, 18 juin 2001 : *JCP 2002. IV. 2173.* ♦ Comp. : • Crim. 11 mai 1999, n° 97-81.653 P : *D. 2000. Somm. 113, obs. Roujou de Boubée ; Dr. pénal 1999. 140 (2e arrêt), obs. Véron ; JCP 2000. I. 207, n° 1, obs. Véron ; RSC 2000. 194, obs. Bouloc, et 197, obs. Mayaud*.

153. Le premier adjoint au maire, qui a clairement insinué, lors d'une délibération municipale relative à la mise en place d'une prime de naissance, que les familles autres que celles devant en bénéficier, c'est-à-dire dans le contexte celles d'immigrés maghrébins, ne garantissent pas l'équilibre et ne contribuent pas à la vitalité de toute communauté humaine dont ils sont exclus, s'est rendu coupable, en tant qu'auteur, du délit de provocation à la discrimination, prévu par l'art. 24, al. 6, de la L. du 29 juill. 1881, à raison non seulement de la nationalité mais de l'origine ; le maire, en ce qui concerne ladite délibération, doit être déclaré coupable de complicité de ce délit par fourniture d'instructions. • Aix-en-Provence, 18 juin 2001 : *préc. note 152.* ♦ ... Le maire qui, dans une lettre adressée à ses concitoyens consacrée exclusivement à la prime municipale de naissance, démontre que la municipalité mettait en application le principe de préférence nationale en excluant du bénéfice de l'allocation les familles ne méritant pas d'être encouragées, se rend coupable d'incitation manifeste à la discrimination à raison de la nationalité ou de l'origine ; en revanche, son premier adjoint doit être relaxé du chef de ces poursuites dans la mesure où aucune preuve atteste de sa participation à la diffusion de la lettre incriminée. • Même arrêt. ♦ Sur l'annulation de ces considérants, mais par incidence seulement, par suite de l'irrecevabilité de la constitution de partie civile à l'origine de la poursuite : • Crim. 17 déc. 2002, n° 01-85.650 P : *Gaz. Pal. 2003. 2. 3030, note Monnet ; Dr. pénal 2003. 44, obs. Véron ; RSC 2003. 556, obs. Mayaud*.

154. ... Escroquerie. Est coupable de complicité de tentative d'escroquerie le dirigeant d'une société qui fournit des instructions à l'un de ses salariés pour empêcher un expert judiciaire de remplir sa mission et tenter ainsi de tromper un tribunal. • Crim. 6 sept. 2000, n° 99-87.547 : *Dr. pénal 2001. 30, obs. Véron.*

155. ... Remise irrégulière d'un objet à un détenu. Est complice de remise irrégulière d'un objet à un détenu, comme ayant donné des instructions afin de recevoir de ses visiteurs les objets interdits, le prévenu qui, exécutant une peine dans une maison d'arrêt, a demandé à son épouse de lui apporter une puce électronique pour alimenter un téléphone portable qu'il détenait irrégulièrement. • Douai, 23 juin 2004 : *Dr. pénal 2005. 5, obs. Véron.*

156. ... Violation de domicile. Relève de la complicité de violation de domicile par fourniture d'instruction l'accord donné par le président de l'office public des HLM à la mise en place, par son subordonné, d'un groupe de choc chargé d'entrer par effraction au domicile des locataires endettés, d'y changer les serrures et d'y enlever les meubles ; la complicité de vol se trouve pareillement établie, dès lors qu'il savait que les meubles ainsi enlevés étaient partagés entre les membres du commando. • Aix-en-Provence, 28 sept. 1994 : *Dr. pénal 1995. 58.*

157. ... Blessures involontaires. Doit être déclaré coupable du délit de complicité de blessures involontaires par instructions, le prévenu qui a accepté de conduire le chantier en ayant recours à des entreprises totalement déstructurées et alors que les règles de sécurité les plus élémentaires y étaient bafouées, étant précisé qu'il exerçait manifestement une certaine autorité sur les entreprises en donnant lui-même des instructions, et que dans ce contexte, il a demandé que l'espace entre le pignon et la toiture soit comblé, suggérant, dans l'organisation de cette tâche, l'utilisation du casier à bouteilles, prenant part à la décision, certes collective, d'utiliser le Manitou et désignant la caisse qui devait être arrimée aux fourches de l'engin. • Crim. 27 nov. 2018, n° 17-82.773 : *AJ pénal 2019. 34, obs. Lemoine ; D. 2019. Pan. 2320, obs. Roujou de Boubée*.

158. ... Propos incitant à commettre des actes illicites. L'action du syndicat qui, par l'intermédiaire de son président et la teneur de ses propos, a pris en charge l'organisation logistique des opérations, donné les instructions d'organisation d'une manifestation à tous les participants présents au rassemblement, donné ensuite dans ce cadre les directives « pour garer et ranger les pneus chez la société X... », fixé un nouveau rendez-vous aux manifestants à un rond-point d'où ils sont alors partis vers l'usine et qui s'est enfin tenu sur place lorsque ces pneus ont été embrasés, est constitutive de complicité par provocation au sens de l'art. 121-7 C. pén., et se trouve ainsi caractérisée une faute de nature à engager sa responsabilité sur le fondement de l'art. 1382, devenu 1240 C. civ., sans que puisse être invoqué le bénéfice de l'art. 23 de la L. du 29 juill. 1881 (provocation publique à commettre crimes et délits). • Cass., ch. mixte, 30 nov. 2018, n° 17-16.047 P : *D. actu. 17 déc. 2018, obs. Lavric.*

IV. RÉPRESSION

A. PEINES

159. Confiscation. Il résulte des termes des art. 121-6 et 432-17, 3° C. pén. que la peine complémentaire de la confiscation peut être prononcée, non seulement à l'encontre de l'auteur principal du trafic d'influence, mais aussi de son complice. • Crim. 19 mars 2008, n° 07-82.124 P.

B. POURSUITES

160. Constitution de partie civile. L'auteur d'une infraction n'est pas recevable à se constituer partie civile à l'encontre des personnes qui l'auraient incité à commettre celle-ci, en alléguant le préjudice que lui auraient causé sa déclaration de culpabilité et sa condamnation ; justifie donc légalement sa décision la cour d'appel qui déclare irrecevable la constitution de partie civile d'une personne condamnée à 20 ans de réclusion criminelle pour assassinat, alléguant que le crime, objet de sa condamnation, a été commis par lui « sous la contrainte morale et les pressions » de personnes qui, pour le tromper, lui ont présenté de fausses « cartes officielles ». • Crim. 28 oct. 1997, n° 96-85.880 P : *D. 1998. 268, note Mayer et Chassaing* ; *RSC 1998. 346, obs. Dintilhac*.

161. Compétence internationale. La juridiction compétente pour juger le fait principal est compétente pour juger le complice, quelle que soit sa nationalité, et quel que soit le lieu où les actes de complicité se sont accomplis. • Crim. 19 avr. 1888 (sol. impl.) : *DP 1888. 1. 284.*

162. Ainsi, un délit commis sur le territoire français donne compétence à la juridiction française à l'égard des complices, bien que ceux-ci soient de nationalité étrangère et que les actes de complicité se soient accomplis à l'étranger. • Crim. 13 mars 1891 : *DP 1892. 1. 76* • 17 févr. 1893 : *ibid. 1894. 1. 32* • 7 sept. 1893 : *ibid. 1896. 1. 434.* ♦ V., pour les coauteurs : • Crim. 8 juin 1912 : *DP 1913. 1. 154.*

163. Compétence interne. Le délit de diffamation perpétré par la voie de la presse écrite est réputé commis partout où l'écrit a été publié, distribué, ou mis en vente. La diffamation réalisée par la voie de la télévision est accomplie en tous lieux où les émissions télévisées ont pu être perçues. Le juge d'instruction dans le ressort duquel le délit principal a été commis, est territorialement compétent pour connaître des poursuites exercées contre un complice, même en l'absence de mise en cause des auteurs principaux. • Crim. 5 déc. 2000 : *Dr. pénal 2001. 44, obs. Véron.*

164. Prescription. En cas d'infractions connexes, un acte interruptif de prescription concernant l'une d'elles a nécessairement le même effet à l'égard des autres ; la cour d'appel a justifié sa décision de rejet de l'exception de prescription de l'action publique soulevée par le prévenu déclaré coupable de complicité d'escroquerie ; le juge d'instruction étant saisi *in rem*, l'effet interruptif joue à l'égard de tous les auteurs ou coauteurs que l'information viendrait à révéler, et par conséquent, non seulement à l'égard de l'auteur principal, mais également à l'égard des autres prévenus. • Crim. 6 juin 1996, n° 95-85.919 P : *JCP 1996. IV. 2266.*

165. Conflits de qualifications. Sur la possibilité d'une double poursuite pour complicité et recel des choses provenant des infractions objet de la complicité, V. ss. art. 321-1.

166. Requalification. Sur l'incidence quant aux droits de la défense d'une requalification, par la juridiction de jugement, du délit de banqueroute en complicité de banqueroute. • CEDH 25 mars 1999, *Pélissier et Sassi c/ France : D. 2000. 357, note D. Roets*. ♦ V. ss. art. 111-4.

167. La secrétaire de mairie d'une commune a été poursuivie et condamnée du chef du délit prévu par l'art. 432-15 nouveau C. pén., pour avoir, de 1993 à 1995, acquis dans son intérêt personnel du matériel et des livres, qui ont été payés par la commune, sur présentation de bons de commande et de factures signés par le maire ; ce dernier, poursuivi pour complicité dudit délit, a été déclaré coupable par les premiers juges, après une requalification des faits, du délit de négligence par dépositaire de l'autorité publique ayant permis une soustraction de fonds publics par un tiers, prévu par l'art. 432-16 nouv. C. pén. ; pour confirmer cette requalification des faits, les juges du second degré énoncent à bon droit que, si l'élément intentionnel du délit de complicité reproché au maire n'est pas suffisamment caractérisé, il y a lieu de retenir à sa charge les négligences ayant permis la réalisation des détournements, ajoutant que « la requalification d'une infraction volontaire en infraction involontaire est à l'évidence possible, les faits matériels étant rigoureusement identiques » ; en l'état de ces constatations et énonciations, desquelles il résulte que le prévenu s'est expliqué devant la cour d'appel sur la requalification des faits poursuivis et que les juges ont puisé les éléments de leur décision dans les faits mêmes dont ils étaient saisis, la décision est justifiée. • Crim. 9 nov. 1998, n° 97-84.696 : *Dr. pénal 1999. 53, obs. Véron.*

168. Solidarité. Selon l'art. 480-1 C. pr. pén., les personnes condamnées pour un même délit sont tenues solidairement des restitutions et dommages-intérêts ; encourt, dès lors, la cassation l'arrêt qui déclare irrecevable l'action sociale *ut singuli* exercée par un actionnaire d'une société anonyme à l'encontre de personnes qui ont été condamnées pour complicité des délits de faux et d'abus de biens sociaux commis par les administrateurs de la société, peu importe qu'elles n'aient pas elles-mêmes cette qualité. • Crim. 28 janv. 2004, n° 02-87.585 P : *Gaz. Pal. 2004. 2. Somm. 2608, obs. A.C.*

169. A justifié sa décision, pour établir l'existence d'un lien de connexité, et prononcer en conséquence la solidarité entre les différentes infractions retenues à l'encontre des prévenus, la cour d'appel qui relève que l'escroquerie, réalisée par la création d'associations fictives destinées à recevoir des subventions publiques, a été possible grâce à l'assistance de deux complices, lesquels avaient sciemment falsifié des documents indispensables à l'attribution desdites subventions. • Crim. 5 avr. 2006 : *RSC 2006. 598, obs. Fortis*.

170. Questions. La com[…] qu'autant qu'il y a un fait prin[…] présidente de la cour d'assi[…] question unique comprena[…] constituent le crime de viol […] tuent la complicité dudit crime. • C[…] 2005 : *Dr. pénal 2005. 182, obs. Maron.*

CHAPITRE II DES CAUSES D'IRRESPONSABILITÉ OU D'ATTÉNUATION DE LA RESPONSABILITÉ

***Corresp.** : C. pén., ancien art. 65.*

BIBL. ▶ LEPOINTE, *D. 1996. Chron. 247* (justifié, donc irresponsable). – MASSÉ, *Rev. pénit. et dr. pén. 1996. 247* (psychologie du délinquant). – SEGONDS, À propos d'une diversion juridique : l'absence d'enrichissement personnel, *D. 2003. Chron. 505* (l'absence d'enrichissement personnel). – PIN, *in* La réforme du code pénal et du code de procédure pénale. *Opinio doctorum. Thèmes et commentaires, Dalloz 2009* (l'irresponsabilité pénale [réflexions sur le sens des articles 122-1, 122-2, 122-3 et 122-8 du code pénal]). – SAMIN et ROBERT, *JCP G 2011, n° 1066* (l'influence de la volonté individuelle sur le champ d'application des incriminations pénales). – ROUIDI, *RSC 2016. 17* (une notion pénale à l'épreuve de la responsabilité civile : les faits justificatifs). – DEJEAN DE LA BÂTIE, *AJ pénal 2020. 21* (droit pénal et mobiles militants : de l'indifférence à la déférence). – CAPPELLO, *AJ pénal 2020. 339* s. (la liberté d'expression : un nouveau fait justificatif ?).

▶ **Consentement de la victime :** ALT-MAES, *RSC 1991. 244* (apport de la loi du 20 déc. 1988). – SALVAGE, *RSC 1991. 699* (consentement en droit pénal). – GROMB, *Gaz. Pal. 1996. 2. Doctr. 767* (influence du consumérisme sur l'humanisme médical). – PIN, *RSC 2003. 259* (droit pénal allemand). – PORTIER et SOBRY, *AJ pénal 2019. 431* s. (l'importance d'être consentant : les enjeux d'une exigence de consentement sexuel explicite en droit pénal français).

▶ **Droit de correction :** LAGOUTTE, *Dr. pénal 2019. Étude 18* (l'arbre qui cache la forêt. Commentaire de la loi du 10 juillet 2019 relative à l'interdiction des violences éducatives ordinaires).

▶ **Droit de riposte des forces de l'ordre :** GAVALDA-MOULENAT, *Dr. pénal 2021. Étude 3* (le droit de riposte des forces de l'ordre).

▶ **Euthanasie :** V. bibl. ss. art. 221-1.

▶ **Option de conscience :** A. LEPAGE, *Dr. pénal 1999. Chron. n° 1* (droit pénal et conscience). – MATHEY, *Mél. Jerry Sainte-Rose, Bruylant, 2012. 861* (l'objection de conscience).

▶ **Immunités :** AMAR, *Dr. pénal 2000. Chron. n° 32* (PACS et immunités familiales).

▶ **Droits de la défense :** MAYAUD, *Mél. R. Gassin, PUAM, 2007, p. 293* (droits de la défense, cause d'irresponsabilité pénale).

▶ **Dossier :** La portée des expertises psychiatriques et psychologiques, *AJ pénal 2014. 503* s. : COCHE, Quand les experts psychiatriques ou psychologues condamnent l'accusé, *p. 503*. – VOYER, Quand les avocats « condamnent » les experts psychiatres, *p. 507*. – MOTTE dit FALISSE, Connaissance du dossier et compréhension du sujet en expertise psychologique : de l'utilité d'un savoir au risque de son interdit, *p. 509*. – FOULON, Le poids de l'expertise devant la cour d'assises, *p. 513*. – BLANC, Le juge et l'expert psychiatre : qui dit et qui fait quoi ?, *p. 514*. – HERZOG-EVANS, La perception de l'expertise par les JAP : une recherche empirique, *p. 516*.

I. PRINCIPES

1. *Principe de légalité.* Le juge ne peut admettre des cas d'excuse en dehors de ceux qui ont été déterminés par la loi. • Crim. 17 févr. 1888 : *DP 1888. 1. 141.* ♦ Doit être annulée la décision de relaxe qui se fonde sur une excuse non prévue par la loi. • Crim. 19 mars 1956 : *Bull. crim. n° 280* • 23 déc. 1957 : *ibid. n° 877* • 25 avr. 1979 : *ibid. n° 143.* ♦ Un arrêt qui se refuse à vérifier l'existence ou la non-existence des éléments légaux de l'infraction poursuivie, en invoquant, dans une forme générale, des excuses non prévues par la loi, ne saurait être considéré comme ayant statué sur tous les chefs de la poursuite et comme satisfaisant aux conditions essentielles de son existence légale. • Crim. 22 juill. 1959, n° 95-00.958 P.

2. Il résulte de l'art. 34 Const., ainsi que du principe de la légalité des délits et des peines posé par l'art. 8 DDH, la nécessité pour le législateur de fixer lui-même le champ d'application de la loi pénale, de définir les crimes et délits en termes suffisamment clairs et précis pour permettre la détermination des auteurs d'infractions et d'exclure l'arbitraire dans le prononcé des peines, et de fixer dans les mêmes conditions le champ d'application des immunités qu'il instaure ; en

…ttant à l'appréciation du ministre de l'in-…eur la « vocation humanitaire » des associa-…ons, notion dont la définition n'a été précisée par aucune loi et de la reconnaissance de laquelle peut résulter le bénéfice de l'immunité pénale en cause, la disposition critiquée fait dépendre le champ d'application de la loi pénale de décisions administratives ; dès lors, nonobstant le pouvoir du juge pénal d'apprécier, conformément aux dispositions de l'art. 111-5 C. pén., la légalité de tout acte administratif, ladite disposition porte atteinte au principe de légalité des délits et des peines et méconnaît l'étendue de la compétence que le législateur tient de l'art. 34 Const. (à propos de l'art. 13 de la L. n° 98-349 du 11 mai 1998, qui a complété l'art. 21 *ter* de l'Ord. n° 45-2658 du 2 nov. 1945 relative aux conditions d'entrée et de séjour des étrangers en France, afin d'immuniser de leur responsabilité pénale pour aide directe ou indirecte à l'entrée, à la circulation ou au séjour irréguliers d'un étranger en France, les associations à but non lucratif à vocation humanitaire dont la liste était fixée par arrêté du ministre de l'intérieur). • Cons. const. 5 mai 1998, n° 98-399 DC : *JO 12 mai 1998, p. 7092 ; D. 1999. 209, note Mercuzot* ; *ibid. 2000. Somm. 59, obs. Pena-Gaïa*.

3. Principe d'égalité. Nul ne saurait, par une disposition générale de la loi, être exonéré de toute responsabilité personnelle quelle que soit la nature ou la gravité de l'acte qui lui est imputé ; si le législateur organique pouvait, pour garantir l'indépendance du Défenseur des droits et de ses adjoints, prévoir qu'ils bénéficient d'une immunité pénale, il devait, dans la définition de l'étendue de cette immunité, concilier le but ainsi poursuivi avec le respect des autres règles et principes de valeur constitutionnelle et, en particulier, le principe d'égalité ; dès lors, l'immunité pénale reconnue au Défenseur des droits et à ses adjoints ne saurait s'appliquer qu'aux opinions qu'ils émettent et aux actes qu'ils accomplissent pour l'exercice de leurs fonctions ; elle ne saurait exonérer le Défenseur des droits et ses adjoints des sanctions encourues en cas de méconnaissance des règles prévues par les art. 20 et 29 de la loi organique n° 2011-333 du 29 mars 2011, sur les secrets protégés par la loi, et par son art. 22, sur la protection des lieux privés ; sous ces réserves, les dispositions de l'art. 2 sont conformes à la Constitution. • Cons. const. 29 mars 2011, n° 2011-626 DC : *D. 2011. Pan. 2825, obs. Roujou de Boubée*.

4. Jurisprudence européenne. BIBL. Flauss, *D. 2003. Chron. 1246* (actes de torture et compétence civile universelle). ♦ A l'égard d'une personne privée de liberté, tout usage de la force physique qui n'est pas rendu strictement nécessaire par le propre comportement de ladite personne porte atteinte à la dignité humaine et constitue, en principe, une violation du droit garanti par l'art. 3 Conv. EDH ; les nécessités de l'enquête et les indéniables difficultés de la lutte contre la criminalité ne sauraient conduire à limiter la protection due à l'intégrité physique de la personne. • CEDH 4 déc. 1995 : *D. 1997. Somm. 202, obs. Renucci*.

5. L'un des rôles incontestablement dévolus à l'État est la régulation par le jeu du droit pénal des pratiques qui entraînent des dommages corporels ; que ces actes soient commis dans un cadre sexuel ou autre n'y change rien ; le choix du niveau de dommage que la loi doit tolérer lorsque la victime est consentante revient en premier lieu à l'État concerné car l'enjeu est lié, d'une part, à des considérations de santé publique et à l'effet dissuasif du droit pénal en général, et, d'autre part, au libre arbitre de l'individu. • CEDH 19 févr. 1997, *Laskey, Jaggard et Brown c/ Royaume-Uni : D. 1998. 97, note Larralde* ; *JCP 1998. I. 107, n° 34, obs. Sudre ; RTD civ. 1997. 1013, obs. Marguénaud* ; *Gaz. Pal. 1997. 2. Somm. 380.*

II. ILLUSTRATIONS

6. Exceptions retenues – Droits de la défense. V. ss. art. 311-1 et 311-2, sur la production en justice par un salarié de documents appartenant à son employeur.

7. Exceptions non retenues. V. également ss. art. 122-4. ♦ Ne sauraient constituer, en matière pénale, une cause légale d'excuse ou de justification :

8. … Le consentement de la victime. • Crim. 23 juin 1838 : *S. 1838. 1. 626, concl. Dupin* • 1er juill. 1937 : *S. 1938. 1. 193, note Tortat ; Gaz. Pal. 1937. 2. 358.* ♦ … Le consentement des salariés. • Crim. 5 déc. 1989, n° 89-82.001 P : *Gaz. Pal. 1990. 1. Somm. 248* (infraction au repos dominical) • 4 févr. 1992, n° 90-82.330 P (atteinte aux fonctions des délégués du personnel résultant de l'inobservation de la procédure de licenciement). ♦ … L'approbation ou le quitus donné aux dirigeants de personnes morales (sociétés, associations…) par les organes sociaux (conseil d'administration, assemblée générale…), ainsi que l'absence de réaction d'intervenants extérieurs (expert-comptable, commissaire aux comptes, contrôles fiscaux). • Crim. 5 mars 1937 : *Bull. crim. n° 47 ; Gaz. Pal. 1937. 2. 69* • 16 déc. 1975, n° 91-04.575 P : *Gaz. Pal. 1976. 1. 233 ; Rev. soc. 1976. 353, note Guilberteau* (abus de confiance) • 22 sept. 2004 : *Dr. pénal 2004. 177, obs. J.-H. Robert* (abus de biens sociaux).

9. … Le consentement d'une majorité là où est exigée l'unanimité (vol d'arbres sur pied appartenant à des propriétaires indivis). • Crim. 27 févr. 1996, n° 95-82.370 P.

10. … La réciprocité des voies de fait exercées. • Crim. 16 avr. 1864 : *DP 1867. 5. 466.* ♦ … Le défaut d'intérêt à l'infraction commise. • Lyon, 4 janv. 1884 : *DP 1884. 2. 159 (2 arrêts).* ♦ … Le motif que d'autres personnes que le prévenu auraient réalisé l'infraction (contravention) et n'auraient été l'objet d'aucune poursuite. • T. simple pol. Pau, 3 juill. 1907 : *DP 1908. 5. 18.* ♦ ... La crainte d'un risque pour soi-même et de poursuites pénales (faux témoignage en défense personnelle). • Crim. 11 avr. 1964, n° 63-91.601 P : *D. 1964. Somm. 86 ; JCP 1964. II. 13770, note Larguier.*

11. ... Des essais de réconciliation entre époux, qui ont pu faire croire au mari, débiteur de la pension alimentaire, qu'il était dispensé de la payer. • Crim. 15 janv. 1958, n° 93-79.957 P. ♦ ... Les soupçons que peut avoir une épouse quant à la conduite de son mari (détournement de correspondance). • Crim. 5 févr. 1958 : *Bull. crim. n° 125.*

12. ... Une circulaire émanant d'une fédération sportive (Fédération française de football). • Crim. 25 janv. 1996, n° 95-80.213 P : *BJS 1996. 229.*

13. ... La prétendue illégalité de l'acte accompli par un agent dans l'exercice de ses fonctions (outrages, violences, rébellion). • Crim. 3 mai 1961 : *Bull. crim. n° 234* • 2 juill. 1987, n° 86-94.149 P • 7 févr. 1995, n° 94-81.502 P • 1er sept. 2004, n° 04-80.362 P. ♦ ... L'illégalité prétendue de la décision de refus d'un permis (de construire), qui, à la supposer établie, ne saurait suppléer à l'autorisation requise. • Crim. 16 févr. 1994, n° 93-82.129 P.

14. ... L'état de cessation de payements (employeur prévenu de non-payement des salaires de ses employés). • Crim. 19 déc. 1956 : *Bull. crim. n° 860.*

15. ... Le dépôt d'un modèle ou d'une marque à l'Institut national de la propriété industrielle, ce qui n'autorise pas par lui-même son utilisation publicitaire (publicité en faveur du tabac ou de l'alcool). • Crim. 6 juin 1991, n° 90-83.824 P • 21 nov. 1991, n° 91-80.830 P • 31 mai 1995, n° 94-82.989 P. ♦ ... L'octroi d'une subvention des pouvoirs publics pour créer une entreprise, mais dont l'activité revenait à un exercice illégal de la profession de vétérinaire. • Crim. 20 oct. 1993, n° 92-85.049 P.

16. ... L'étiquetage européen mis en place par un producteur communautaire, alors qu'il incombe au commissionnaire français de s'assurer de la conformité des produits aux prescriptions relatives notamment à la loyauté des transactions commerciales. • Crim. 9 mars 1999, n° 97-83.825 P : *D. Affaires 1999. 826.* ♦ ... Le marquage « CE » apposé sur un produit d'un État membre de la Communauté européenne, ce qui ne dispense pas le responsable de la première mise sur le marché national de s'assurer de la conformité du produit à la réglementation en matière de sécurité. • Crim. 7 avr. 1999, n° 98-83.770 P : *Dr. pénal 1999. 103, obs. J.-H. Robert.* ♦ ... La confiance faite par un importateur de viande, prévenu de tromperie, aux contrôles administratifs. • Crim. 29 juin 1999 : *Dr. pénal 1999. 133, obs. J.-H. Robert.*

17. ... Un prétendu usage contraire aux dispositions réglementaires en vigueur (fraude ou fausse déclaration faite sciemment pour obtenir, faire obtenir ou tenter de faire obtenir des prestations qui ne sont pas dues ; CSS, art. L. 377-1). • Crim. 22 janv. 1998, n° 97-82.255 P.

18. Des convictions personnelles opposées par des pharmaciens à la vente de produits contraceptifs, lesquelles ne peuvent constituer un motif légitime au sens de l'art. L. 122-1 C. consom. • Crim. 21 oct. 1998, n° 97-80.981 P : *JCP G 1999. II. 10163, note Freund ; ibid. éd. E 1999, p. 1734.*

19. Provocation. La provocation à l'infraction (trafic de stupéfiants et association de malfaiteurs) par un agent de l'autorité publique exonère le prévenu de sa responsabilité pénale, lorsqu'elle procède de manœuvres de nature à déterminer les agissements délictueux, portant ainsi atteinte au principe de la loyauté des preuves. • Crim. 5 mai 1999, n° 97-83.117 P : *D. 1999. Somm. 325, obs. Pradel ; Dr. pénal 1999. 123, obs. Maron ; RSC 2000. 210, obs. Delmas Saint-Hilaire.* ♦ La participation simulée d'un fonctionnaire de police à une action illicite ne vicie pas la procédure lorsqu'elle ne détermine pas la personne intéressée à commettre le délit ; sont régulières l'enquête préliminaire et l'enquête sur commission rogatoire effectuées avec le concours d'un fonctionnaire de police ayant feint d'accepter des offres de sommes d'argent en échange de renseignements, dès lors que les investigations ont pour objet de recueillir les preuves d'un délit de corruption active préexistant. • Crim. 23 nov. 1999, n° 99-82.658 P.

III. IMMUNITÉS

BIBL. Ph. Conte, *D. 1999. Chron. 209* (immunité pénale des membres du gouvernement et art. 68-1 Const.). – T. S. Renoux, *JCP 1999. I. 161* (responsabilités pénales et politiques). – G. Giudicelli-Delage : *RSC 2003. 247* (immunités et privilèges de juridiction).

A. IMMUNITÉS POLITIQUES

1° PRÉSIDENT DE LA RÉPUBLIQUE

BIBL. E. Dezeuze, *RSC 1999. 497* (statut pénal du Président de la République). – Fr. Robbe, *Gaz. Pal. 1999. 2. Doctr. 1765* (incompétence du juge pénal pour statuer sur la responsabilité du Président de la République). – D. Chagnollaud, *RD publ. 1999, p. 1669* (responsabilité pénale du chef de l'État). – Ph. Chrestia, *D. 2000, n° 40, Point de vue* (la Constitution saisie par la politique). – P.-H. Prélot, *D. 2001. Chron. 949* (Président de la République : inviolabilité personnelle, immunité fonctionnelle, privilège de juridiction). – B. Mathieu et M. Verpeaux, *D. 2001, Point de vue, p. 1955* (responsabilité pénale du Président de la République). – L. Favoreu, *D. 2001. Chron. 3365* (Cour de cassation, Conseil constitutionnel et responsabilité pénale du Président de la République). – D. Chagnollaud, *RD publ. 2001, p. 1613* (Cour de cassation et la responsabilité pénale du chef de l'État). – O. Jouanjan et P. Wachsmann, *RFDA, nov.-déc. 2001. 1169* (Cour de cassation, Conseil constitutionnel et statut pénal du chef de l'État). – O. Beaud, *RFDA, nov.-déc. 2001. 1187* (autre interprétation de l'art. 68 Const.). – G. Delaloy, *Dr. pénal 2002. Chron. n° 1* (Cour de cassation et le statut pénal du Président de la République). – F. Hamon, *RSC 2002. 59* (statut pénal du chef de l'État : convergences et divergences entre le Conseil constitutionnel et la Cour de cassation). – F.-F. Flauss, *LPA 2002, n° du 31 déc., p. 4-10* (statut pénal du Président de la République et Conv. EDH). – B. Mathieu, *JCP 2003, Actualité, p. 53* (propositions de la « Commission Avril »). – L. Favoreu, *D. 2003, Interview, p. 430* (statut pénal du chef de l'État). – X..., *RD publ. 2003, Interview, p. 53* (statut pénal du chef de l'État). – O. Beaud et Ph. Lauvaux, *D. 2003. Chron. 2646* (« *impeachment* à la française »). – J.-P. Pancracio, *D. 2007, Point de vue, p. 1436* (les portes de l'Élysée résistent au juge d'instruction). – M. Verpeaux, *JCP 2007. I. 141* (révision du Titre IX de la Constitution). – B. Mathieu, *JCP 2007, Act., n° 264* (statut pénal de Jacques Chirac). – M.-L. Rassat, *JCP 2007, Act., n° 303* (statut pénal du Président de la République pour les infractions sans rapport avec la fonction) ; *Dr. pénal 2007, Étude 8* (statut dit « pénal » du Président de la République). – E. Vergès, *RSC 2007. 343* (loi constitutionnelle n° 2007-238 du 23 févr. 2007). – B. Bouloc, *RSC 2007. 573* (statut pénal du chef de l'État). – B. de Lamy, *RSC 2008. 121* (réforme de la responsabilité pénale du Président de la République). – Beaud, *D. 2009. Entretien. 2408* (la constitution de partie civile du chef de l'État). – Accoyer, *JCP G 2009, n° 51. 559* (recevabilité des commissions d'enquête : champ du contrôle parlementaire et responsabilité politique du Chef de l'État ; à propos de la demande de commission d'enquête sur les sondages). – Chrestia, *D. 2010. Point de vue. 24* (il faut modifier le statut du président de la République). – Amson, *Gaz. Pal. 2011. 1. Doctr. 693* (qui gagne perd ; à propos de la responsabilité pénale du chef de l'État). – Beaud, *D. 2011. 2946* (l'extension de l'immunité pénale aux collaborateurs du président. Un retour à la raison d'État ?). – Levade, *JCP G 2014. 1299* (procédure de destitution du président de la République). – Mathieu, *JCP G 2014. 1357* (statut pénal du Président de la République. 12 ans pour réaliser une réforme !).

20. Fait commis dans les fonctions. Il résulte de l'art. 68 Const. que le Président de la République, pour les actes accomplis dans l'exercice de ses fonctions et hors le cas de haute trahison, bénéficie d'une immunité ; au surplus, pendant la durée de ses fonctions, sa responsabilité pénale ne peut être mise en cause que devant la Haute Cour de justice, selon les modalités fixées par le même article. • Cons. const. 22 janv. 1999, n° 98-408 DC : *JO 24 janv., p. 1317 ; D. 1999. 285, note Chrestia ; RSC 1999. 354, obs. Seuvic ; ibid. 614, obs. Giudicelli ; LPA 1999, n° du 5 juill., obs. Esplugas.*

21. Fait commis hors des fonctions. L'art. 68 Const. a pour effet d'édicter, en faveur du Président de la République, pendant la durée de son mandat, un privilège de juridiction interdisant tout acte de poursuite dirigé à son encontre et sa mise en examen, devant la juridiction répressive de droit commun, pour les faits délictueux qui auraient été commis en dehors de l'exercice de ses fonctions ou avant son élection ; l'art. 68 n'entraîne par contre aucune incompétence du juge d'instruction pour instruire sur de tels faits, une mise en examen demeurant éventuellement possible après l'exercice de ce mandat ; une incompétence du juge d'instruction pendant la durée du mandat du Président de la République aurait pour effet d'interrompre le cours de la justice, également en l'espèce à l'égard des personnes mises en examen, l'ensemble des faits dont le juge d'instruction est saisi étant indivisible ; la compétence du juge d'instruction ne peut avoir pour effet de paralyser l'exercice par le chef de l'État de ses attributions constitutionnelles, ni d'instaurer un contrôle du pouvoir exécutif par la justice, les faits étant supposés avoir été commis avant que l'intéressé ait été élu Président de la République. • Versailles, 11 janv. 2000 : *D. 2000. IR 45.* ♦ *Adde* : *D. 2001, Le point sur... n° 2* (courrier du procureur général près la Cour de cassation au procureur général près la cour d'appel de Versailles).

22. Si l'autorité des décisions du Conseil constitutionnel s'attache non seulement au dispositif, mais aussi aux motifs qui en sont le soutien nécessaire, ces décisions ne s'imposent aux pouvoirs publics et aux autorités administratives et juridictionnelles qu'en ce qui concerne le texte soumis à l'examen du Conseil ; spécialement, la décision du 22 janv. 1999 n'a statué que sur la possibilité de déférer le Président de la République à la Cour pénale internationale pour y répondre des crimes de la compétence de cette cour ; il appartient, dès lors, aux juridictions de l'ordre judiciaire de déterminer si le Président de la République peut être entendu en qualité de témoin ou être poursuivi devant elles pour y répondre de toute autre infraction commise en dehors de l'exercice de ses fonctions ; rapproché de l'art. 3 et du titre II de la Constitution, l'art. 68 doit être interprété en ce sens qu'étant élu directement par le peuple pour assurer, notamment, le fonctionnement régulier des pouvoirs publics ainsi que la continuité de l'État, le Président de la République ne peut, pendant la durée de son mandat, être entendu comme témoin assisté, ni être mis en examen, cité ou renvoyé pour une infraction quelconque devant une juridiction pénale de droit commun ; il n'est pas d'avantage soumis à l'obligation de comparaître en tant que témoin prévue par l'art. 101 C. pr. pén., dès lors que cette obligation est assortie par l'art. 109 dudit code d'une mesure de contrainte par la force publique et qu'elle est pénalement sanctionnée ; la Haute Cour de justice n'étant compétente que pour connaître des actes de haute trahison du Président de la République commis dans l'exercice de ses fonctions, les poursuites pour tous les autres actes devant les juridictions pénales de droit commun ne peuvent être exercées pendant la durée du mandat présidentiel, la prescription de l'action publique étant alors suspendue. • Cass., ass. plén., 10 oct. 2001, n° 01-84.922 P : *BICC 2001, n° 545 (15 nov. 2001), concl. de Gouttes, rapp. Roman ; D. 2002. 237, note Ch. Debbasch ; ibid. 674, note Pradel ; JCP 2002. II. 10024, note Franck ; Gaz. Pal. 2001. 2. 1841, note Monnet ; Dr. pénal 2001. 144, obs. Maron ; RSC 2002. 128, obs. A. Giudicelli ; ibid. 2002. 676 ; ibid. 678, obs. Buck ; RTD civ. 2002. 169, obs. Molfessis .*

23. Qualité de victime. Le Président de la République, en sa qualité de victime, ayant joint son action à celle du ministère public, est recevable, en application de l'art. 2 C. pr. pén., à exercer les droits de la partie civile pendant la durée de son mandat ; au regard du droit à un tribunal indépendant et impartial, qui ne vise que les juges, la seule nomination des juges par le Président de la République ne crée pas pour autant une dépendance à son égard dès lors qu'une fois nommés, ceux-ci, inamovibles, ne reçoivent ni pressions ni instructions dans l'exercice de leurs fonctions juridictionnelles ; les garanties du procès équitable s'apprécient en fonction des circonstances de l'espèce. • Cass., ass. plén., 15 juin 2012, n° 10-85.678 P : *D. 2012. 1916, note Beaud ; AJ pénal 2013. 46, obs. Lavric ; JCP G 2012, n° 933, note Ambroise-Castérot ; Gaz. Pal. 2012. 2. 2083, note Rousseau.* ♦ *Adde* : Degoul, Fréty, Ganem et Gonzalez de Gaspard, *RSC 2010. 841* (la recevabilité de la constitution de partie civile du Président de la République : des soubresauts jurisprudentiels récents).

24. Membres du cabinet présidentiel. Aucune disposition constitutionnelle, légale ou conventionnelle ne prévoit l'immunité ou l'irresponsabilité pénale des membres du cabinet du Président de la République. • Crim. 19 déc. 2012, n° 12-81.043 : *D. 2013. 551, note Décima et Detraz .*

2° MEMBRES DU PARLEMENT

25. Art. 26 de la Constitution. Les membres du Parlement, en vertu du premier alinéa de l'art. 26 Const., bénéficient d'une immunité à raison des opinions ou votes émis dans l'exercice de leurs fonctions, et, en application du deuxième alinéa du même article, ne peuvent faire l'objet, en matière criminelle ou correctionnelle, hors les cas de flagrance ou de condamnation définitive, d'une arrestation ou de toute autre mesure privative ou restrictive de liberté qu'avec l'autorisation du bureau de l'assemblée dont ils font partie. • Cons. const. 22 janv. 1999 : *préc. note 20.*

26. Ne constitue pas une arrestation ou une mesure privative ou restrictive de liberté, au sens de l'art. 26, al. 2, Const., l'obligation faite à un parlementaire de comparaître en qualité de témoin, en application des art. 109 et 153 C. pr. pén., dès lors que ce dernier n'y est pas contraint par la force publique. • Crim. 19 sept. 2007 : *BICC 2008, n° 47 ; D. 2007. AJ 2873 .*

B. IMMUNITÉ DE JURIDICTION

BIBL. P. Morvan, *D. 2004. Chron. 288* (immunité pénale d'une personne poursuivie et nommée représentant permanent d'un État membre à l'Unesco). – Chanteloup, *Gaz. Pal. 2005. 1 Doctr. 49.* – A. Decocq, *Mél. B. Bouloc, Dalloz, 2006, p. 287* (poursuite d'un chef d'État étranger). – de Gouttes, *D. 2006. Chron. 606* .

27. Coutume internationale. La coutume internationale s'oppose à ce que les chefs d'État en exercice puissent, en l'absence de dispositions internationales contraires s'imposant aux parties concernées, faire l'objet de poursuites devant les juridictions pénales d'un État étranger ; méconnaît ce principe la chambre d'accusation qui, pour confirmer l'ordonnance du juge d'instruction disant y avoir lieu à information, nonobstant des réquisitions contraires du ministère public, retient que, si l'immunité des chefs d'État étrangers a toujours été admise par la société internationale, y compris la France, aucune immunité ne saurait couvrir les faits de complicité de destruction d'un bien par l'effet d'une substance explosive ayant entraîné la mort d'autrui, en relation avec une entreprise terroriste, alors qu'en l'état du droit international le crime dénoncé, qu'elle qu'en soit la gravité, ne relève pas des exceptions au principe de l'immunité de juridiction des chefs d'État étrangers. • Crim. 13 mars 2001, *Kadhafi*, n° 00-87.215 P : *D. 2001. 2631, note Roulot ; ibid. 2001. Somm. 2355, obs. Gozzi ; Gaz. Pal. 2001. 1. 772, concl. Launay ; RSC 2003. 894, obs. Massé .* ♦ Rappr. : M. Dobkine, *D. 2002. Chron. 1778* (Cour internationale de justice de La Haye et compétence universelle).

28. Le 17 oct. 2000, la République démocratique du Congo a déposé au greffe de la Cour une requête introduisant une instance contre le Royaume de Belgique au sujet d'un différend concernant un « mandat d'arrêt international qu'un juge d'instruction belge ... a décerné le

11 avr. 2000 contre le ministre des Affaires étrangères en exercice de la République démocratique du Congo » ; la Cour dit que l'émission, à l'encontre du mis en cause, du mandat d'arrêt du 11 avr. 2000, et sa diffusion sur le plan international, ont constitué des violations d'une obligation juridique du Royaume de Belgique à l'égard de la République démocratique du Congo, en ce qu'elles ont méconnu l'immunité de juridiction pénale et l'inviolabilité dont le ministre des Affaires étrangères en exercice de la République démocratique du Congo jouissait en vertu du droit international ; le Royaume de Belgique doit, par les moyens de son choix, mettre à néant le mandat d'arrêt et en informer les autorités auprès desquelles ce mandat a été diffusé. • CIJ, 14 févr. 2002 : *JCP 2002. II. 10185, note Lambert-Abdelgawad.*

29. Les États étrangers bénéficient de l'immunité de juridiction lorsque l'acte qui donne lieu au litige constitue un acte de puissance publique ou a été accompli dans l'intérêt d'un service public ; le requérant, arrêté, incarcéré, puis déporté, a été astreint à un travail forcé dans le cadre de l'économie de guerre mise en place par la puissance publique occupante dans le but de servir ses desseins offensifs, un contrat général ayant été passé entre l'administration centrale S.S. et les firmes utilisatrices de main-d'œuvre détenue ; ainsi, tant par les moyens mis en œuvre que par la finalité poursuivie, les faits dont le requérant a été la victime s'intègrent dans un ensemble d'opérations entreprises par l'État allemand dans le cadre de ses prérogatives de puissance publique ; en l'état du droit international, ces faits, quelle qu'en soit la gravité, ne sont pas, en l'absence de dispositions internationales contraires s'imposant aux parties concernées, de nature à faire échec au principe de l'immunité de juridiction des États étrangers. • Paris, 9 sept. 2002 : *Gaz. Pal. 2002. 2. 1773, obs. Ph. Bonnet.* ♦ ... Il convient d'observer que la mise en œuvre du principe de l'immunité de juridiction des États étrangers n'a pas pour effet de créer un régime d'irresponsabilité de la puissance publique de l'État allemand, le requérant ayant toujours conservé la faculté de saisir la juridiction compétente de cet État ; celui-ci rappelle d'ailleurs qu'en tant que successeur juridique du « Troisième Reich », il ne conteste pas sa responsabilité au titre des actes illégitimes dont ont été victimes notamment les travailleurs forcés, un fonds d'indemnisation ayant été institué par une L. du 6 juill. 2000. • Même arrêt.

30. Selon l'art. 14 du Protocole additionnel n° 1 à la Convention de coopération économique européenne du 16 avr. 1948, les fonctionnaires de l'OCDE bénéficient de l'immunité de juridiction pour les actes accomplis en leur qualité officielle ; selon l'art. 18 du même accord, les experts jouissent de l'immunité de juridiction en ce qui concerne les actes accomplis par eux au cours de leurs missions ; justifie sa décision la cour d'appel qui, en raison de l'immunité de juridiction dont ils bénéficient, déclare irrecevable l'action civile exercée du chef de dénonciation calomnieuse contre un fonctionnaire et un expert de l'OCDE, chargés de procéder à une mission d'enquête sur des faits de harcèlement sexuel et moral qui auraient été commis par un fonctionnaire de l'Organisation à l'encontre d'une de ses collègues ; encourt la censure l'arrêt qui écarte l'immunité de juridiction alors que les propos incriminés avaient été tenus par un fonctionnaire de l'OCDE au cours de l'enquête ordonnée par les autorités compétentes de cette Organisation sur des faits relatifs au fonctionnement de ses services. • Crim. 6 sept. 2006, n° 06-82.868 P : *AJ pénal 2006. 502* ; *Gaz. Pal. 2006. 2. Somm. 3339, note A.C.* ♦ ... L'immunité de juridiction dont bénéficient les fonctionnaires et experts de l'OCDE ne porte pas atteinte au droit d'accès à un juge, dès lors que la personne qui se prétend lésée peut exercer un recours devant le tribunal administratif de l'OCDE contre les actes accomplis par eux en leur qualité officielle ou au cours de leur mission. • Même arrêt.

31. Immunité diplomatique. Pour écarter l'argumentation du mémoire du prévenu invoquant le bénéfice de l'immunité diplomatique et le renvoyer devant le tribunal correctionnel, l'arrêt relève qu'il résulte des pièces du supplément d'information régulièrement versées aux débats qu'il a cessé ses fonctions à l'Unesco le 30 nov. 2001 et que les actes visés à la prévention ont été commis en dehors de l'exercice de ses fonctions ; en statuant ainsi, la chambre de l'instruction a fait l'exacte application de l'art. 39-2 de la Convention de Vienne sur les relations diplomatiques, en date du 18 avr. 1961, à laquelle renvoie l'art. 19-2 de l'accord de siège conclu entre la France et l'Unesco ; en effet, selon le premier de ces textes, le bénéfice de l'immunité diplomatique, qui cesse de plein droit à la fin des fonctions, peut être seulement prorogé pendant un délai raisonnable qui aura été accordé à l'agent pour quitter le pays. • Crim. 12 avr. 2005, n° 03-83.452 P : *RSC 2005. 875, obs. Commaret*.

32. La personne condamnée définitivement qui ne s'est, à aucun moment, prévalue d'une immunité diplomatique devant les juges saisis des poursuites, ne peut être admise à soulever une telle exception, qui ne relève pas du contentieux de l'exécution, sous le couvert d'une requête présentée en application de l'art. 710 C. pr. pén. (rectification d'erreur matérielle). • Crim. 22 juin 2005, n° 04-86.624 P.

33. L'immunité consulaire prévue par la convention de Vienne du 24 avr. 1963 doit s'appliquer au défendeur, qui n'a pas agi à titre personnel, mais en sa qualité de consul général de Turquie, n'ayant fait que diffuser la position officielle du gouvernement turc sur la question du génocide arménien, et la fonction d'information de l'opinion publique sur les choix officiels turcs, dans le cadre de laquelle la diffusion de ces propos s'inscrit, n'est pas interdite en France aux autorités consulaires de ce pays. • Paris, 8 nov. 2006 : *D. 2007. 857, note Racine et Dreyer*.

34. Il résulte de l'art. 38 § 1 de la Conv. de Vienne du 18 avr. 1961, applicable à l'accord de siège du 2 juill. 1954 conclu entre la France et l'UNESCO que les agents diplomatiques ayant la nationalité de l'État accréditaire ne bénéficient de l'immunité de juridiction pénale que pour les actes officiels accomplis dans l'exercice de leurs fonctions ; fait l'exacte application de ces dispositions la cour d'appel qui, pour rejeter l'exception de nullité de l'ordonnance de renvoi et d'incompétence, énonce que les faits reprochés au prévenu, ressortissant français, sont antérieurs à sa nomination par l'État angolais et sans lien avec l'exercice des fonctions diplomatiques. • Crim. 8 avr. 2010, n° 09-85.520 P. ♦ Il résulte de l'art. 38, 1, de la Conv. de Vienne sur les relations diplomatiques, en date du 18 avr. 1961, tel qu'interprété par l'instrument de ratification et auquel renvoie l'art. 18-1, de l'accord de siège conclu le 2 juill. 1954 entre la France et l'Unesco, que les agents diplomatiques ayant la nationalité de l'État accréditaire ne bénéficient de l'immunité de juridiction et de l'inviolabilité que pour les actes officiels accomplis dans l'exercice de leurs fonctions. • Crim. 8 avr. 2010, n° 09-88.675 P : *D. 2010. Actu. 1081, obs. Léna*.

35. Immunité d'exécution. L'immunité d'exécution dont jouissent les parlementaires européens, conformément aux dispositions des art. 8, 9 et 10 du protocole du 8 avr. 1965 relatif aux privilèges et immunités des Communautés européennes, ne fait pas obstacle à la saisie, par le juge d'instruction, de fonds provenant des indemnités parlementaires dont le député européen s'est dessaisi pour une affectation étrangère à son activité parlementaire, et qui ont été appréhendés en possession d'une personne soupçonnée d'un crime ou d'un délit. • Crim. 12 avr. 2005, n° 04-84.264 P : *RSC 2005. 876, obs. Commaret*.

Art. 122-1 **N'est pas pénalement responsable la personne qui était atteinte, au moment des faits, d'un trouble psychique ou neuropsychique ayant aboli son discernement ou le contrôle de ses actes.**

La personne qui était atteinte, au moment des faits, d'un trouble psychique ou neuropsychique ayant altéré son discernement ou entravé le contrôle de ses actes demeure punissable *(L. n° 2014-896 du 15 août 2014, art. 17, en vigueur le 1er oct. 2014)* **« . Toutefois, la juridiction tient compte de cette circonstance lorsqu'elle détermine la peine et en fixe le régime. Si est encourue une peine privative de liberté, celle-ci est réduite du tiers ou, en cas de crime puni de la réclusion criminelle ou de la détention criminelle à perpétuité, est ramenée à trente ans. La juridiction peut toutefois, par une décision spécialement motivée en matière correctionnelle, décider de ne pas appliquer cette diminution de peine. Lorsque, après avis médical, la juridiction considère que la nature du trouble le justifie, elle s'assure que la peine prononcée permette que le condamné fasse l'objet de soins adaptés à son état. »**

Corresp. : *C. pén., ancien art. 64.*

RÉP. PÉN. v° *Troubles psychiques – Malades mentaux*, par BONIS.

BIBL. ▸ VARAUT, *Ann. Univ. sciences sociales Toulouse, 1982, T. XXX, 83.* – PROTHAIS, *D. 1990. Chron. 51*. – M. LEMONDE, *RSC 1992. 521*. – FL. FRESNEL, *Gaz. Pal. 2000. 2. Doctr. 1348* (appréciation de l'altération des facultés mentales). – J.-P. GRIDEL, *Gaz. Pal. 2001. 1. Doctr. 408* (sénescence mentale et droit). – Y. MAYAUD, *AJ pénal 2004. 303* (les malades mentaux entre non-imputabilité et imputation). – P. JOURDAIN, *Mél. B. Bouloc, Dalloz, 2006, p. 511* (imputabilité). – PH. BONFILS, *Mél. R. Gassin, PUAM, 2007, p. 97* (discernement en droit pénal). – D. GUIHAL et TH. FOSSIER, *JCP 2007. I. 146* (régime des poursuites pénales engagées contre un majeur protégé). – J.-L. SENON et C. MANZANERA, *AJ pénal 2007. 155* (troubles mentaux et prison). – J. DANET et C. SAAS, *RSC 2007. Doctr. 779* (le fou et sa « dangerosité »). – P.-J. DELAGE, *RSC 2007. Doctr. 797* (la dangerosité éclipse de l'imputabilité et de la dignité). – N. DESCOT, *AJ pénal 2008. 21* (la participation effective du majeur protégé au procès pénal après la loi du 5 mars 2007). – B. VIAU et R. PERRAY, *Gaz. Pal. 2008. 1. Doctr. 32* (fichage des personnes atteintes de troubles mentaux). – H. MATSOPOULOU, *Dr. pénal 2008, Étude 5* (mesures de sûreté justifiées par la « dangerosité »). – S. DETRAZ, *RSC 2008. 873* (la décision d'irresponsabilité pénale pour cause de trouble mental). – MICHAUD-NÉRARD, *Gaz. Pal. 2009. 1. Doctr. 1921* (le problème de l'irresponsabilité pénale des malades mentaux « déclarés déments »). – LAURENT-BONNE, *RSC 2013. 547* (les origines de l'irresponsabilité pénale du somnambule). – DANET, *Gaz. Pal. 2014. 2. Dossier, p. 3404* (modification de l'art. 122-1 du code pénal par la loi du 15 août 2014). – MÉSA, *Gaz. Pal. 2014. 2. Doctr. 3538* (régime répressif de l'anormal mental). – BOURRAT-GUEGUEN, *Dr. pénal 2015. Études 4* (l'aménagement de la procédure pénale à l'égard de l'auteur d'une infraction atteint de troubles mentaux).

▸ **Dossiers :** Irresponsabilité pénale des malades mentaux : état des lieux, *AJ pénal 2004. 303 s.* – Poursuite et répression des personnes atteintes de troubles psychiques, *AJ pénal 2018. 481 s.*

▸ **Veille :** Les délinquants dangereux atteints de troubles psychiatriques, *Dr. pénal 2006, n° 31.*

A. ATTEINTE PSYCHIQUE

1° NATURE JURIDIQUE

1. Cause de non-imputabilité. La décision de déclaration d'irresponsabilité pénale pour cause de trouble mental ne revêt pas le caractère d'une sanction (considérant 31). • Cons. const. 21 févr. 2008, n° 2008-562 DC : *Gaz. Pal. 2008. 1. 391, et la note ; RSC 2009. 166, obs. de Lamy.*

2. La démence n'étant pas une excuse légale, elle est nécessairement comprise dans la question intentionnelle et par suite dans la question relative à la culpabilité. • Crim. 2 août 1951 : *Bull. crim. n° 243.* ♦ En répondant affirmativement aux questions relatives à la culpabilité de l'accusé, la cour et le jury ont, de façon irrévocable, nécessairement estimé qu'il n'était pas atteint d'un trouble psychique ou neuropsychique ayant aboli son discernement, au sens de l'art. 122-1, al. 1er, C. pén. • Crim. 28 janv. 1998, n° 97-81.676 P • 20 oct. 1999, n° 99-80.596 P.

3. Pouvoir des juridictions d'instruction. Il résulte des art. 706-120 et 706-125 C. pr. pén. que les juridictions d'instruction ne peuvent prononcer une décision d'irresponsabilité pénale pour cause de trouble mental qu'à l'égard d'une personne mise en examen ; encourt dès lors la censure l'arrêt de la chambre de l'instruction qui déclare pénalement irresponsable un témoin assisté. • Crim. 3 mars 2010, n° 09-86.405 P : *D. 2010. Actu. 1287, obs. Léna ; ibid. Pan. 2735, obs. Roujou de Boubée ; AJ pénal 2010. 348, obs. Ascensi ; RSC 2011. 149, obs. Danet.*

4. Inscription au casier judiciaire. Le VIII de l'art. 4 de la loi déférée (L. n° 2008-174 du 25 févr. 2008), qui complète l'art. 768 C. pr. pén., prévoit l'inscription au casier judiciaire national automatisé des décisions d'irresponsabilité pénale prononcées pour cause de trouble mental ; son X, qui complète l'art. 775 du même code, prévoit que ces décisions ne figurent pas au bulletin n° 2 du casier judiciaire, sauf si ont été prononcées des mesures de sûreté prévues par le nouvel art. 706-136 et tant que ces interdictions n'ont pas cessé leurs effets ; selon les requérants, les dispositions précitées, qui contreviendraient aux principes de nécessité et de proportionnalité énoncés par la L. du 6 janv. 1978 susvisée (L. n° 78-17 relative à l'informatique, aux fichiers et aux libertés), porteraient atteinte aux garanties légales du droit au respect de la vie privée ; il appartient au législateur d'assurer la conciliation entre le respect de la vie privée et d'autres exigences constitutionnelles liées notamment à la sauvegarde de l'ordre public ; la décision de déclaration d'irresponsabilité pénale pour cause de trouble mental ne revêt pas le caractère d'une sanction ; lorsque aucune mesure de sûreté prévue par l'art. 706-136 C. pr. pén. n'a été prononcée, cette information ne peut être légalement nécessaire à l'appréciation de la responsabilité pénale de la personne éventuellement poursuivie à l'occasion de procédures ultérieures ; dès lors, eu égard aux finalités du casier judiciaire, elle ne saurait, sans porter une atteinte non nécessaire à la protection de la vie privée qu'implique l'art. 2 de la Déclaration de 1789, être mentionnée au bulletin n° 1 du casier judiciaire que lorsque des mesures de sûreté prévues par le nouvel art. 706-136 C. pr. pén. ont été prononcées et tant que ces interdictions n'ont pas cessé leurs effets ; sous cette réserve, ces dispositions ne sont pas contraires à la Constitution (considérants 28 à 31). • Cons. const. 21 févr. 2008, n° 2008-562 DC : *préc. note 1.*

2° APPRÉCIATION

5. Charge de la preuve. A la suite d'un accident de la circulation dans lequel trois personnes ont été blessées, l'automobiliste a été poursuivi devant le tribunal de police pour blessures involontaires ayant entraîné une incapacité inférieure ou égale à trois mois, blessures involontaires n'ayant entraîné aucune incapacité totale de travail, et circulation sur la partie gauche de la chaussée ; après avoir énoncé que le prévenu, « âgé de 68 ans souffrant d'une grave insuffisance cardiaque, qui descendait de Paris à Perpignan au volant d'un camion de location, avait perdu le contrôle de son véhicule pour aller percuter deux véhicules circulant en sens inverse », que celui-ci avait déclaré n'avoir dormi que trois heures et avait indiqué que sa maladie cardiaque était la cause de son malaise au volant, la cour d'appel a déclaré le prévenu coupable des trois contraventions ; en se prononçant ainsi, et dès lors qu'il ne ressort d'aucune des conclusions régulièrement déposées que le demandeur ait invoqué la contrainte résultant de la maladie dite de l'apnée du sommeil, la cour d'appel a justifié sa décision. • Crim. 11 mai 2004 : *AJ pénal 2004. 285, obs. Leblois-Happe ; RSC 2004. 878, obs. Mayaud.*

6. A justifié sa décision la chambre de l'instruction qui, saisie sur le fondement de l'art. 706-120 C. pr. pén., après avoir relevé qu'il existait des charges suffisantes contre le mis en examen d'avoir commis les faits reprochés, et avoir analysé les expertises psychiatriques ainsi que les déclarations des experts, conclut que l'abolition du discernement au moment des faits n'est pas certain, qu'il ne peut donc être fait application de l'art. 122-1, al. 1, C. pén., et qu'il convient de le renvoyer devant la cour d'assises. • Crim. 21 mars 2012, n° 12-80.178 P : *D. actu. 11 mai 2012, obs. Priou-Alibert ; Gaz. Pal. 2012. 2. 2221, obs. Detraz.*

7. Moment des faits. Les dispositions de l'art. 706-139 C. pr. pén., qui répriment la méconnaissance des mesures de sûreté ordonnées à l'encontre d'une personne déclarée pénalement irresponsable, ne dérogent pas aux dispositions de l'art. 122-1 C. pén. en vertu desquelles l'irresponsabilité pénale d'une personne à raison de son état mental ou psychique s'apprécie au moment des faits ; dès lors, le délit prévu par l'art. 706-139 n'aura vocation à s'appliquer qu'à l'égard de personnes qui, au moment où elles ont méconnu les obligations résultant d'une mesure de sûreté, étaient pénalement responsables de leurs actes ; dès lors, le grief tiré de l'atteinte au principe de nécessité des délits et des peines doit être écarté (considérant 27). • Cons. Const. 21 févr. 2008, n° 2008-562 DC : *préc. note 1.*

8. L'art. 64 C. pén. n'a pas à recevoir son application, s'il n'est pas établi que l'accusé n'avait pas, au moment de l'action, conscience de ses actes, et le fait qu'il ait été considéré comme faible d'esprit ou déséquilibré dans des circonstances antérieures ne suffit pas à supprimer sa responsabilité lors des actes incriminés. • Crim. 27 mars 1924 : *Bull. crim. n° 141.* ♦ Il n'importe que l'ordonnance de renvoi soit rendue et la citation à comparaître délivrée à une époque à laquelle le prévenu se trouve en état de démence, dès lors qu'il est établi que cet état est apparu postérieurement aux faits poursuivis – en excluant ainsi l'application de l'art. 64 C. pén. – et qu'il a cessé à la date de l'examen de l'affaire au fond par la juridiction de jugement. • Crim. 10 juin 1985, n° 84-90.432 P.

9. Les juges de répression apprécient souverainement l'état mental de l'inculpé. • Crim. 8 juin 1955 : *Bull. crim. n° 286.* ♦ Ainsi les juges du fond ont pu, sans commettre de contradiction, déclarer le prévenu coupable d'outrages publics à la pudeur tout en énonçant qu'il y avait lieu de tenir compte, pour l'application de la peine, de ce que le prévenu donnait « l'impression d'être un malade, voire un déséquilibré » ; en effet, la circonstance ainsi relevée n'implique pas qu'au moment où il a commis les faits délictueux, le prévenu n'ait pas eu conscience de ses actes et qu'il se soit trouvé dans l'état de démence prévu par l'art. 64 C. pén., et en retenant sa culpabilité, les juges du fond n'ont fait qu'user du pouvoir d'appréciation de la responsabilité pénale qui leur appartenait souverainement. • Crim. 7 oct. 1958, n° 91-05.958 P : *D. 1958. 767.* ♦ De même, les juges du fond, qui relèvent les aspects particuliers du psychisme du prévenu, tels qu'ils résultent d'une expertise mentale et des témoignages, peuvent en déduire, par une appréciation souveraine de leur part, que la responsabilité du prévenu est atténuée mais ne caractérise pas l'état de démence au sens de l'art. 64 C. pén. • Crim. 6 juin 1979, n° 78-92.860 P : *Gaz. Pal. 1980. 1. Somm. 171.*

10. Doit être annulé pour défaut de motifs l'arrêt qui relaxe un prévenu en vertu de l'art. 64 C. pén. en se bornant à reproduire les dispositions de cet article et sans motiver autrement sa décision. • Crim. 28 mars 1936 : *Bull. crim. n° 41.* ♦ Méconnaît le sens et la portée de l'art. 64 C. pén. la cour d'appel qui, pour relaxer le prévenu, énonce que, compte tenu des termes du certificat médical du médecin psychiatrique et du comportement de l'intéressé à l'audience, il convient de le déclarer irresponsable, sans s'expliquer sur son état mental à la date des faits reprochés. • Crim. 7 oct. 1992, n° 92-82.181 P : *RSC 1993. 769, obs. Bouloc*

11. Dès lors qu'il n'est pas établi que les facultés de discernement du prévenu aient été abolies ni même réduites au moment des faits, alors qu'il résulte des pièces qu'il produit lui-même que ses troubles psychiques sont compensés par la cure ambulatoire qui lui est prescrite, et qu'il a été examiné pendant sa garde à vue par un médecin psychiatre qui n'a relevé aucun élément anormal de comportement, une mesure d'expertise n'étant plus désormais de nature à apporter des éléments nouveaux, il y a lieu de rejeter les conclusions tendant à faire bénéficier l'intéressé des dispositions de l'art. 122-1 C. pén. • Paris, 6 nov. 2001 : *BICC 2002, n° 779.*

12. Le prévenu qui a ajouté de la périciazine dans des briques de lait de son ancienne compagne se rend coupable d'administration de substances de nature à nuire à la santé, la preuve de l'infraction résultant notamment de ce que le prévenu était titulaire d'une ordonnance prescrivant la substance en cause, qu'il y a eu plusieurs incidents violents à la suite de la rupture, et que l'accès dans le garage, lieu d'entreposage du lait incriminé, était facile ; néanmoins, la peine sera atténuée en raison d'un trouble mental ayant altéré son discernement au moment des faits. • Grenoble, 28 févr. 2002 : *JCP 2002. IV. 3083.*

13. Justifie sa décision la cour d'appel qui, après avoir souverainement apprécié les conclusions de deux rapports successifs d'expertise psychiatrique, retiennent celles du second rapport, constatant qu'une pathologie psychiatrique avait altéré le discernement du prévenu au moment des faits. • Crim. 12 mai 2004, n° 03-84.592 P.

14. Est coupable de sévices graves ou actes de cruauté envers un animal domestique, apprivoisé ou captif, le prévenu qui place dans son congélateur une chatte qui lui avait été confiée quatre mois plus tôt par la SPA ; il expliquait son geste par l'attitude incontrôlable de cet animal, qui démolissait tout dans sa maison et s'attaquait à un autre chat aveugle ; le prévenu reconnaissait en l'espèce les faits, qu'il avait d'ailleurs lui-même portés à la connaissance de la SPA ; l'expertise psychiatrique conclut que le prévenu présente des anomalies mentales et psychiques en relation avec les faits, qu'il est peu accessible à une sanction pénale et qu'il était atteint, au moment des faits, d'un trouble psychique ayant altéré son discernement ; la cour souhaitant donner un avertissement solennel au prévenu, compte tenu de sa personnalité, doit être confirmée la peine qui paraît adaptée et modérée. • Pau, 28 avr. 2005 : *JCP 2005. IV. 3414.*

15. La prévenue a été poursuivie du chef de rébellion à agent de la force publique ; elle s'est présentée dans un commissariat de police pour se renseigner sur les conditions de l'obtention d'un port d'armes, et elle a été invitée à patienter à l'entrée par un fonctionnaire de police ; elle a franchi le portique de sécurité sans y être autorisée, et le fonctionnaire de police a tenté de retenir la prévenue, qui s'est débattue et a exercé des violences sur le policier ; les faits sont établis, mais il convient de prendre en compte l'état mental de la prévenue ; en effet, elle a été décrite par les témoins comme ayant eu une attitude proche de l'hystérie, et une expertise psychiatrique a conclu à la persistance d'une pathologie mentale de nature à atténuer la responsabilité pénale ; cette circonstance est donc prise en compte dans le prononcé de la peine. • Paris, 30 avr. 2007 : *JCP 2007. IV. 2178.*

16. Rôle de l'expert. Il ne résulte, ni de l'art. 6 Conv. EDH, ni d'aucun texte (article préliminaire) ou principe de procédure pénale (présomption d'innocence, droits de la défense), que l'accomplissement d'une mission d'expertise psychiatrique, relative à la recherche d'anomalies mentales susceptibles d'annihiler ou atténuer la responsabilité pénale du sujet, interdise aux médecins experts d'examiner les faits, d'envisager la culpabilité de la personne mise en examen, et d'apprécier son accessibilité à une sanction pénale. • Crim. 29 oct. 2003, n° 03-84.617 P : *Dr. pénal 2004. 27, obs. Maron.*

17. Procédure en cours. Dans le silence de la loi sur les effets du recours en cassation formé au nom d'un prévenu privé de l'exercice de ses facultés intellectuelles (hémiplégie) et qui ne peut communiquer avec son avocat, il appartient à la Cour de prendre les mesures nécessaires pour préserver les droits des parties et l'intérêt de la justice ; il y a donc lieu pour elle de surseoir à statuer sur l'examen des pourvois, jusqu'à ce qu'il soit justifié que l'état de santé du prévenu lui permette d'intervenir personnellement lors de l'instance engagée devant la Cour de cassation, un tel sursis étant sans incidence sur l'exécution des condamnations civiles, auxquelles, selon l'art. 569 C. pr. pén., ne s'attache pas l'effet suspensif du pourvoi en cassation. • Crim. 5 juin 1997, n° 96-82.783 P : *JCP 1997. II. 22908, rapp. de la Rosière de Champfeu.*

18. Il se déduit de l'art. 6, § 1 et 3, *a* et *c*, Conv. EDH et de l'art. préliminaire C. pr. pén. que, lorsque l'altération des facultés d'une personne mise en examen est telle que celle-ci se trouve dans l'impossibilité absolue d'assurer effectivement sa défense, serait-elle assistée d'un avocat, il doit être sursis à son renvoi devant la juridiction de jugement ; encourt dès lors la censure l'arrêt d'une chambre de l'instruction qui, après avoir relevé qu'aux termes d'un rapport d'expertise psychiatrique la personne mise en examen est, à la suite d'un accident vasculaire cérébral survenu en cours d'information, inapte à être auditionnée ou interrogée et inaccessible à une sanction pénale, confirme l'ordonnance du juge d'instruction ayant ordonné sa mise en accusation devant la cour d'assises. • Crim. 11 juill. 2007, n° 07-83.056 P : *Gaz. Pal. 2008. 1. Somm. 1992, note Monnet.*

19. Voies de recours. Pour confirmer l'ordonnance de non-lieu rendue par le juge d'instruction, la chambre de l'instruction, après avoir exposé les faits et analysé les conclusions des expertises psychiatriques, retient que l'intéressé était atteint, au moment des faits, d'un trouble psychique ou neuro-psychique ayant aboli son discernement ou le contrôle de ses actes au sens de l'art. 122-1, al. 1er, C. pén., et en déduit que l'intéressé n'est pas pénalement responsable ; est irrecevable le moyen des demandeurs qui se bornent à critiquer ces motifs, sans justifier d'aucun des griefs que l'art. 575 C. pr. pén. autorise la partie civile à proposer à l'appui de son pourvoi contre un arrêt de la chambre de l'instruction, en l'absence de recours du ministère public. • Crim. 23 juin 2004, n° 03-84.587 P : *AJ pénal 2004. 367.*

20. Hospitalisation d'office. L'art. 496 C. pr. pén., qui prévoit que les jugements rendus en matière correctionnelle peuvent être attaqués par la voie de l'appel, pose une règle générale qui doit recevoir application à moins qu'il n'y soit dérogé par une disposition légale expresse ; à défaut d'une telle disposition, l'appel d'une décision d'hospitalisation d'office prise sur le fondement de l'art. 706-135 du code précité est recevable. • Crim. 3 févr. 2010, n° 09-82.472 P : *D. 2010. AJ 585, obs. Léna ; ibid. 942, note Detraz ; ibid. Pan. 2735, obs. Roujou de Boubée ; AJ pénal 2010. 244, obs. Royer ; RSC 2011. 149, obs. Danet.*

B. TROUBLES PSYCHIQUES

21. Amnésie. L'affirmation d'un inculpé qu'il n'a aucun souvenir des faits délictueux qui lui sont reprochés soumet au juge, outre la recherche d'une simulation possible, un problème d'imputabilité : celui de savoir, au cas où l'amnésie serait réelle, si elle dénote un trouble psychique suffisant pour faire disparaître la responsabilité de l'agent ou l'atténuer ; et si l'expert, reconnaissant la nature comitiale et amnésique des faits incriminés, conclut à l'irresponsabilité de leur auteur, il y a lieu pour le juge de déclarer l'inculpé en état de démence au temps de l'action, et, par application de l'art. 64 C. pén., de le renvoyer des fins de la poursuite. • Alger, 18 déc. 1948 : *D. 1949. 382, note Vouin ; JCP 1949. II. 4901.*

22. Complexion. Pour un exemple d'altération du discernement par complexion psychique. • Crim. 25 sept. 1995 : *Gaz. Pal. 1996. 1, chron. crim. 8.*

23. Égarement. L'état d'égarement où se trouvait le délinquant au moment des faits n'est pas constitutif de la démence prévue par l'art. 64 C. pén. • Crim. 18 févr. 1942 : *Bull. crim. n° 11 ; DA 1942. 83* • 3 déc. 1963, n° 92-13.862 P : *RSC 1964. 606, obs. Légal.*

24. Épilepsie. A pu estimer que les faits matériellement reprochés à l'intéressé ne constituaient pas des crimes punissables, faute d'élément moral, à raison de l'état de démence de leur auteur au temps de l'action, la chambre d'accusation qui constate, conformément à l'avis exprimé par trois experts psychiatres, que le meurtre imputé à l'inculpé est l'expression de la psychose épileptique dissociative complexe dont il est atteint qui, dans le temps de l'action, ne lui permettait aucun contrôle volontaire des pulsions destructrices et que cet état mental au moment des faits répond à la définition de l'art. 64 C. pén. concernant l'état de démence. • Crim. 14 déc. 1982 : *Gaz. Pal. 1983. 1. Pan. 178.*

25. L'épilepsie peut être considérée comme excluant la responsabilité pénale de l'auteur d'une infraction, non seulement pour les actes commis par celui-ci pendant un accès de cette maladie, mais encore dans la période d'agitation qui précède immédiatement cet accès et qui soumet le malade à l'influence d'une attaque imminente. • Orléans, 22 juin 1886 : *D. 1887. 5. 213.*

26. Commet une faute caractérisée justifiant son maintien dans les liens de la prévention (homicide involontaire), l'auteur d'un accident mortel de la circulation, qui, sachant qu'il est susceptible de perdre, à tout moment, le contrôle de lui-même et de devenir ainsi dangereux pour les autres, en raison de crises d'épilepsie, circule avec son véhicule. • Paris, 27 mai 1970 : *Gaz. Pal. 1972. 2. Somm. 37 ; RSC 1971. 119, obs. Levasseur.*

27. Hypnose. Sur la responsabilité pénale de l'auteur d'une infraction en état hypnotique : Doucet, *Gaz. Pal. 1971. 1. 34, note ss.* • T. corr. Versailles, 13 mai 1970. ♦ V. aussi : Légal, *RSC 1971. 930.*

28. Ivresse. L'ivrogne qui a été condamné plus sévèrement parce qu'il a causé un accident étant en état d'ivresse ne peut se prévaloir de son ivresse pour faire casser le jugement. • Crim. 5 févr. 1957 : *Bull. crim. n° 112 ; RSC 1958. 93, obs. Légal.*

29. L'aliénation mentale consécutive à l'ivresse est souverainement appréciée par la juridiction de jugement. • Crim. 11 mars 1958, n° 3754MIL P. ♦ Le fait de conduire un véhicule sur un long parcours et d'être capable, malgré un accident, de poursuivre sa route, permet au juge, en l'absence de tout dosage de la quantité d'alcool ingurgitée par le conducteur, de présumer que celui-ci, malgré l'ivresse qu'il invoque, a conservé, lors de l'accident, la conscience de ses actes. • Amiens, 26 mai 1954 : *D. 1954. 579.*

30. La jurisprudence dominante se refuse à voir dans l'ivresse une cause légale d'exemption de peine, solution satisfaisante sur le plan logique : il y aurait en effet une contradiction évidente, alors que l'ivresse est de plus en plus souvent réprimée en tant que telle par la législation récente, de la retenir comme une cause d'atténuation ou d'exemption de responsabilité dans les hypothèses non visées par le législateur ; ainsi, lorsque le sujet connaît bien les propriétés enivrantes des multiples boissons par lui consommées, ce qui est significatif de son intention de parvenir graduellement à un point de non-retour dans l'état d'ivresse et à une excitation particulièrement dangereuse pour un buveur d'habitude, rendant inévitable l'absence de contrôle de lui-même et possible un comportement délictuel en tous domaines, il échet de considérer la responsabilité du prévenu comme entière dans la mesure où il a été volontairement l'auteur de la seule pathologie révélée par l'expertise psychiatrique, soit l'ivresse excitomotrice. • T. corr. Nevers, 30 janv. 1976 : *Gaz. Pal. 1976. 2. Somm. 227.*

31. Le prévenu conduisant sous l'empire d'un état alcoolique qui s'amuse à faire peur aux piétons en fonçant sur eux avant de freiner brutalement, pour finalement blesser l'un d'eux, ne se rend pas coupable du délit de blessures involontaires ; les faits méritent en effet, compte tenu de ce comportement intentionnel, d'être requalifiés en délit de blessures volontaires aggravées par l'usage d'une arme, en l'espèce la voiture. • Grenoble, 13 mars 2002 : *JCP 2002. IV. 3084.*

32. Consommation de stupéfiants. La circonstance qu'une bouffée délirante soit due à la consommation régulière de cannabis ne fait pas obstacle à ce que soit reconnue l'existence d'un trouble psychique ou neuropsychique ayant aboli le discernement de l'intéressé ou le contrôle de ses actes, dès lors qu'aucun élément du dossier n'indique que cette consommation a été effectuée avec la conscience que cet usage de stupéfiants puisse entraîner une telle bouffée délirante. • Paris, pôle 7 ch. 6, 19 déc. 2019, *Sarah Halimi*, n° 2019/05058 : *D. actu. 3 févr. 2020, obs. Fucini.*

33. Schizophrénie. La chambre d'accusation a justifié sa décision de non-lieu à l'égard de la personne mise en examen pour homicide volontaire aggravé, tentative de viol et viol avec menace d'une arme, en relevant qu'il résultait des expertises psychiatriques que l'inculpé, atteint d'une psychose dissociative de type schizophrénique, a commis « à son insu » les actes qui lui sont reprochés. • Crim. 18 févr. 1998, n° 97-81.702 P.

34. Pour une dispense de peine, par application de l'art. 122-1, al. 2, C. pén., en raison de la schizophrénie dont était atteint le prévenu au moment des faits (coups portés sur des agents de contrôle de la RATP). • Paris, 21 mai 1996 : *Dr. pénal 1996. Comm. 240, obs. Véron.*

C. DIMINUTION DE PEINE

35. L. du 15 août 2014 – Application dans le temps. Il résulte de l'art. 112-1 C. pén. que les dispositions d'une loi nouvelle s'appliquent aux infractions commises avant leur entrée en vigueur et n'ayant pas donné lieu à une condamnation passée en force de chose jugée lorsqu'elles sont moins sévères que les dispositions anciennes ; il résulte de l'art. 122-1, al. 2, C. pén., dans sa rédaction issue de la L. du 15 août 2014, que si la personne qui était atteinte, au moment des faits, d'un trouble psychique ou neuropsychique ayant altéré son discernement encourt une peine privative de liberté, celle-ci est réduite du tiers, la juridiction pouvant toutefois, par une décision spécialement motivée en matière correctionnelle, décider de ne pas appliquer cette diminution de peine ; la situation du prévenu n'a pas été examinée au regard des dispositions plus favorables de l'art. 122-1, al. 2, C. pén., entré en vigueur le 1er oct. 2014 ; il y a lieu, dès lors, de procéder à un nouvel examen de l'affaire au regard de ces dispositions plus favorables ; d'où il suit que l'annulation est encourue de ce chef ; elle sera limitée aux peines prononcées dès lors que la déclaration de culpabilité n'encourt pas la censure. • Crim. 15 sept. 2015, n° 14-86.135 P : *D. actu. 22 sept. 2015, obs. Fucini ; D. 2015. Actu. 1842 ; ibid. 2015. Pan. 2465, obs. Roujou de Boubée ; JCP G 2015. 1209, note Peltier ; Gaz. Pal. 2015. 3652, obs. Dreyer ; Dr. pénal 2015, n° 152, obs. Bonis-Garçon.*

Art. 122-2 N'est pas pénalement responsable la personne qui a agi sous l'empire d'une force ou d'une contrainte à laquelle elle n'a pu résister.

Corresp. : *C. pén., ancien art. 64.*

RÉP. PÉN. v° *Force majeure,* par DANTI-JUAN.

BIBL. ▸ **Contrainte et état de nécessité :** AUSSEL, *in Quelques aspects de l'autonomie du droit pénal, 1956, p. 267.* – CHEVALLIER, *Mél. Bouzat, 1980.* – CARTIER, *Ann. Univ. Sciences sociales Toulouse, 1982, T. XXX, p. 27.* – VITU, *RSC 1986. 87.*

▸ **Faute antérieure :** LÉAUTÉ, *D. 1981. Chron. 295.*

1. Domaine de la contrainte. L'art. 64 C. pén., d'après lequel il n'y a ni crime ni délit lorsque le prévenu a été contraint par une force à laquelle il n'a pu résister, est applicable même en matière de contravention de simple police. • Crim. 28 juill. 1881 : *DP 1882. 1. 95* • 16 déc. 1921 : *ibid. 1922. 1. 72* et • 18 févr. 1922 : *ibid.* • 8 nov. 1951 : *Bull. crim. n° 288.* ♦ V. art. 121-3, al. 3. ♦ ... Et quelle que soit la nature de l'infraction (ancien délit purement matériel de pollution de cours d'eau). • Crim. 15 mars 1988 : *Gaz. Pal. 1988. 2. Somm. 276, note Doucet.*

2. Nature juridique de la contrainte. La contrainte à laquelle l'accusé ne peut résister au sens de l'art. 64 C. pén. constitue, non un fait d'excuse, mais un fait justificatif qui se trouve substantiellement compris dans la question posée sur la culpabilité. • Crim. 12 nov. 1959 : *Bull. crim. n° 488* • 23 févr. 1960, n° 360AM P. ♦ C'est dire que la question relative à l'état de contrainte n'a pas à être posée séparément. • Crim. 16 juin 1971, n° 71-MI416 P : *D. 1971. Somm. 158 ; Gaz. Pal. 1971. 2. 559* • 19 nov. 1980, n° 80-91.425 P. ♦ ... Qu'elle ne peut être soulevée devant la Cour de cassation. • Crim. 9 déc. 1949 : *Bull. crim. n° 338* • 21 mars 1961 : *ibid. n° 194* • 21 août 1961, n° 4423MIL P. ♦ ... Et que la déclaration qu'il existe des charges suffisantes de culpabilité exclut nécessairement l'application de l'art. 64 C. pén. • Crim. 23 mars 1982, n° 81-93.750 P : *Gaz. Pal. 1982. 2. Somm. 290.*

3. Charge de la preuve. A la suite d'un accident de la circulation dans lequel trois personnes ont été blessées, l'automobiliste a été poursuivi devant le tribunal de police pour blessures involontaires ayant entraîné une incapacité inférieure ou égale à trois mois, blessures involontaires n'ayant entraîné aucune incapacité totale de travail, et circulation sur la partie gauche de la chaussée ; après avoir énoncé que le prévenu, « âgé de 68 ans souffrant d'une grave insuffisance cardiaque, qui descendait de Paris à Perpignan au volant d'un camion de location, avait perdu le contrôle de son véhicule pour aller percuter deux véhicules circulant en sens inverse », que celui-ci avait déclaré n'avoir dormi que trois heures et avait indiqué que sa maladie cardiaque était la cause de son malaise au volant, la cour d'appel a déclaré le prévenu coupable des trois contraventions ; en se prononçant ainsi, et dès lors qu'il ne ressort d'aucune des conclusions régulièrement déposées que le demandeur ait invoqué la contrainte résultant de la maladie dite de l'apnée du sommeil, la cour d'appel a justifié sa décision. • Crim. 11 mai 2004 : *AJ pénal 2004. 285, obs. Leblois-Happe ; RSC 2004. 878, obs. Mayaud .*

I. FORCE MAJEURE

A. NOTION

4. Définition. La force majeure ne peut résulter que d'un événement indépendant de la volonté humaine et que celle-ci n'a pu ni prévoir ni conjurer. • Crim. 29 janv. 1921 : *S. 1922. 1. 185, note Roux* • 20 mai 1949 : *Bull. crim. n° 184 ; D. 1949. 333 (1re esp.)* • 10 févr. 1960, n° 93-33.759 P • 12 déc. 1962, n° 91-54.062 P • 8 juill. 1971, n° 70-92.991 P : *D. 1971. 625, note E. Robert* • 8 mai 1974 : *Bull. crim. n° 165* • 11 oct. 1993, n° 92-86.131 P : *RSC 1994. 321, obs. Bouloc*. ♦ L'excuse de force majeure peut être admise lorsqu'un événement imprévisible et insurmontable a empêché le prévenu de se conformer à la loi. • Crim. 6 nov. 1947 : *Bull. crim. n° 215* • 31 oct. 1963, n° 63-90.704 P.

5. Des difficultés, même très considérables, contre lesquelles l'auteur de l'infraction a dû lutter ne sauraient constituer la force majeure. • Crim. 13 mars 1891 : *DP 1891. 5. 259* • 18 déc. 1956 : *Bull. crim. n° 844* • 9 oct. 1957 : *ibid. n° 613* • 10 févr. 1960 : *préc. note 4* • 30 oct. 1963, n° 62-92.677 P.

6. La contrainte physique, au sens de l'art. 122-2 C. pén., ne peut résulter que d'un événement imprévisible et insurmontable qui place l'auteur de l'infraction dans l'impossibilité absolue de se conformer à la loi. • Crim. 15 nov. 2006 : *D. 2007. Pan. 2636, obs. Roujou de Boubée ; JCP 2007. II. 10062, note Maréchal ; Dr. pénal 2007. 16, obs. Véron* • 28 oct. 2009, n° 09-84.484 : *Dr. pénal 2010, com. n° 4, Véron ; RSC 2010. 143, obs. Mascala*.

7. Appréciation. Si les juges du fond sont investis du droit d'apprécier les circonstances qui peuvent dépouiller les faits imputés de leur criminalité, leur appréciation à cet égard n'échappe au contrôle de la Cour de cassation qu'autant qu'elle n'est pas en contradiction avec les faits constatés ou avec le caractère légal qui appartient aux circonstances appréciées. • Crim. 12 déc. 1962, n° 91-54.062 P. ♦ Ainsi l'arrêt qui se borne à affirmer l'existence de la force majeure en raison d'un fait qu'il qualifie « d'imprévisible, fortuit et inévitable », encourt la cassation s'il ne spécifie pas les circonstances d'où résulte le caractère « fortuit, imprévisible et inévitable ». • Crim. 4 déc. 1958, n° 6-14.756 P : *D. 1959. 36.* ♦ De même, ne justifie pas la décision de relaxe du conducteur d'une bicyclette à moteur, poursuivi pour blessures involontaires, l'arrêt qui, après avoir constaté que le prévenu avait effectué une fausse manœuvre déterminante de l'accident, n'établit pas que cette manœuvre était due à un cas de force majeure et se borne à admettre la « possibilité d'une défaillance physique du prévenu ». • Crim. 10 oct. 1961 : *Bull. crim. n° 393.*

8. Faute antérieure. En admettant que sa détention au poste de police ait mis un marin inculpé de désertion dans l'impossibilité absolue de se rendre à son bord, cette détention, occasionnée par la faute qu'il avait commise en se mettant en état d'ivresse, n'a pas constitué un événement qu'il n'ait pu éviter. • Crim. 29 janv. 1921 : *S. 1922. 1. 185, note Roux*. ♦ C'est dire que l'auteur d'un délit ne peut arguer de l'existence d'un cas de force majeure pour tenter de s'exonérer de sa responsabilité pénale dès lors que, antérieurement, il a commis une faute qui a été, dans la réalité, génératrice de ladite force majeure. • Crim. 30 juin 1981, n° 80-91.173 P : *Gaz. Pal. 1982. 2. Somm. 291.*

9. En vertu des art. 1er et 5 du Décr. n° 91-1206 du 26 nov. 1991, les entreprises de surveillance à distance doivent, pour appeler les services de police et de gendarmerie, utiliser un numéro téléphonique réservé mis à leur disposition par ces services, et il leur est interdit, sous peine d'amende prévue pour les contraventions de la 5e classe, d'utiliser toute autre procédure ; il résulte de ce texte que, si l'entreprise de surveillance à distance n'a pas demandé ou n'a pas obtenu, dans une circonscription, de numéro réservé pour appeler les services de police ou de gendarmerie qui y sont implantés, elle ne peut avoir téléphoniquement recours à ces services pour faire vérifier la réalité du danger signalé par le déclenchement d'une alarme dans des bâtiments placés sous sa surveillance ; ainsi, le prévenu ne saurait prétendre avoir agi sous l'empire d'une force majeure et sans intention d'enfreindre la réglementation en vigueur dès lors qu'il lui appartenait pour ne pas commettre les infractions qui lui sont reprochées, soit de refuser d'assurer la télésurveillance de biens dans un appartement où il ne possédait pas de numéro réservé, soit de mettre en place tout autre système de son choix pour remplir légalement ses obligations contractuelles. • Crim. 13 sept. 2000 : *Dr. pénal 2001. 21, obs. J.-H. Robert.* ♦ Même solution sur le fondement de l'état de nécessité (C. pén., art. 122-7). • Crim. 22 sept. 1999, n° 98-84.520 P : *D. 2000. Somm. 114, obs. Roujou de Boubée ; Dr. pénal 2000. Comm. 7, obs. J.-H. Robert ; RSC 2000. 385, obs. Bouloc*.

B. APPLICATIONS

1° CIRCULATION ROUTIÈRE

10. Rejets classiques. En matière de circulation routière, ne constitue pas en soi une force majeure : ... la circonstance qu'un conducteur automobile se serait trouvé inopinément en panne d'essence, et ainsi dans l'impossibilité de se ranger sur l'accotement. • Crim. 12 févr. 1957 : *Bull. crim. n° 133* • 7 mai 1957, n° 24.355 P. ♦ ... Le fait pour un automobiliste d'avoir abandonné sa voiture sur la chaussée, à la suite d'un précédent accident, alors que les feux du véhicule étaient à peine visibles en raison de son orientation, de l'obscurité et du temps pluvieux, et que le prévenu avait négligé, eu égard à ces circonstances, de prendre les précautions indispensables afin d'arrêter sa voiture de façon à ne faire courir aucun risque aux autres usagers. • Crim. 17 févr. 1960 : *Bull. crim. n° 96.* ♦ ... Le fait de n'avoir pu freiner à temps dans un virage sans visibilité devant un obstacle inattendu. • Crim. 9 mai 1967, n° 66-92.538 P. ♦ ... Une défaillance mécanique, que par sa nature même le conducteur avait la possibilité de prévoir et de prévenir par une vérification préalable de sa voiture avant d'en faire usage. • Crim. 8 juill. 1971, n° 70-92.991 P. ♦ Rappr. : • Crim. 4 déc. 1958, n° 6-14.756 P : *D. 1959. 36.* ♦ Sur l'obligation constante du conducteur d'automobile de veiller au bon fonctionnement de la voiture qui lui est confiée. • Crim. 17 mai 1946 : *Bull. crim. n° 122.* ♦ L'existence d'une flaque d'eau sur la route, à la suite d'un orage d'une exceptionnelle violence. • Crim. 14 oct. 1975, n° 75-90.017 P.

11. Cycliste. Le juge de simple police peut considérer comme constituant un cas de force majeure le fait par un cycliste qui, tenant sa droite, a pris sa gauche au dernier moment pour éviter un accident grave. • Crim. 16 mai 1934 : *DH 1934. 367.*

12. Défaillance physique. Une défaillance physique que l'auteur de l'infraction avait la possibilité de prévoir ne saurait constituer une circonstance exclusive de la culpabilité. • Crim. 8 mai 1974, n° 73-91.025 P.

13. Ne peut être considéré comme pénalement responsable, dans la mesure où il a agi sous l'empire d'une contrainte à laquelle il n'a pu résister au sens de l'art. 122-2 C. pén., le prévenu qui, à l'occasion de la conduite de son véhicule, n'a pas été en mesure de prévenir la défaillance physique dont il a été atteint, celle-ci s'étant manifestée pour la première fois au moment de l'accident. • Douai, 24 oct. 2000 : *JCP G 2002. II. 10012, note Maréchal.*

14. Justifie la décision de relaxe du conducteur d'une automobile poursuivi pour homicides involontaires, mise en danger d'autrui et défaut de maîtrise, l'arrêt qui retient que, victime d'un malaise brutal et imprévisible qui lui a fait perdre le contrôle de l'accélération de son véhicule, lancé à une vitesse croissante sur l'autoroute puis l'aire de repos où il s'est immobilisé après avoir heurté les véhicules occupés par les victimes, le prévenu a agi sous l'empire d'une contrainte à laquelle il n'a pu résister. • Crim. 15 nov. 2005, n° 04-87.813 P : *D. 2006. 1582, note Dreyer ; ibid. Pan. 1652, obs. Roujou de Boubée ; Dr. pénal 2006. 32, obs. Véron ; RSC 2006. 61, obs. Mayaud.*

15. Une automobiliste, prévenue d'avoir effectué un arrêt ou un stationnement gênant sur un emplacement réservé aux véhicules des grands invalides, a soutenu, pour sa défense, qu'étant enceinte de huit mois, elle avait été prise d'un malaise qui l'avait empêché de continuer sa route ; pour la renvoyer des fins de la poursuite, le jugement retient qu'au moment où elle a été prise d'un malaise elle se trouvait dans l'incapacité de conduire son véhicule en toute sécurité et qu'en s'arrêtant sur le seul emplacement libre, à cet instant, elle a eu une réaction de bon sens ; le juge ajoute que l'infraction qu'elle a commise a eu pour effet d'éviter une perte de contrôle de son véhicule dont les conséquences pour elle-même et pour les autres auraient pu être graves ; mais en statuant ainsi, sans préciser en quoi la défaillance physique invoquée par la prévenue l'avait placée dans l'impossibilité absolue de se conformer à la loi, la juridiction de proximité n'a pas justifié sa décision ; d'où il suit que la cassation est encourue. • Crim. 15 nov. 2006 : *D. 2007. Pan. 2636, obs. Roujou de Boubée ; JCP 2007. II. 10062, note Maréchal ; Dr. pénal 2007. 16, obs. Véron.*

16. Poursuivi du chef de conduite d'un véhicule sans port de ceinture de sécurité, le prévenu a soutenu, pour sa défense, qu'il avait, la veille des faits, été blessé dans un accident ; il a versé un certificat attestant d'une plaie importante au niveau de l'épaule gauche ; pour le relaxer, le jugement retient que son état de santé constitue à la fois une contrainte et un cas de force majeure au sens des art. 122-2 et 121-3 C. pén. ; mais en prononçant ainsi, alors que l'état de santé invoqué par le prévenu était antérieur à la commission de l'infraction, la juridiction de proximité n'a pas justifié sa décision. • Crim. 28 oct. 2009, n° 09-84.484 : *Dr. pénal 2010, com. n° 4, Véron ; RSC 2010. 143, obs. Mascala.*

17. Essai de véhicule. En l'absence de contrainte morale ou de danger actuel ou imminent, un garagiste ne peut être relaxé du chef d'excès de vitesse sur le fondement des art. 122-2 et 122-7 C. pén., au motif qu'il était contraint, en sa qualité de garagiste tenu à une obligation de résultat, d'utiliser les moyens nécessaires pour détecter l'éventuel défaut d'un véhicule à vitesse élevée, et de faire un essai sur une route, faute de disposer d'un circuit adéquat à proximité, dès lors que celui-ci peut remplir son obligation de résultat sans enfreindre la loi, en se dotant des matériels nécessaires à la détection des véhicules défectueux. • Limoges, 24 mai 2000 : *BICC 2001. 207.*

18. Obstacle sur la route. L'arrêt qui constate le comportement inattentif d'un conducteur, en présence d'un obstacle dont la survenance lui était signalée, écarte par là-même le caractère imprévisible et inévitable d'une telle circonstance. • Crim. 21 juin 1972, n° 71-92.676 P. ♦ Il en est de même pour l'inattention d'un conducteur en présence d'un véhicule survenant dans son couloir de marche. • Crim. 29 nov. 1972, n° 72-90.899 P.

19. Poursuite d'un véhicule. Pour la relaxe,

fondée à la fois sur la contrainte et la nécessité, d'un prévenu ayant été verbalisé pour excès de vitesse, alors qu'il poursuivait une voiture dont les occupants venaient de lui tirer dessus à deux reprises, et qu'il tentait en vain de relever le numéro d'immatriculation de leur véhicule. • Paris, 11 oct. 1983 : *Gaz. Pal. 1984. 1. 28, note Doucet.*

20. Secours. La nécessité pour un médecin, voyageant en automobile, de se rendre rapidement auprès d'un malade dont l'état est très grave, constitue un cas de force majeure en présence duquel il ne peut y avoir contravention pour excès de vitesse. • T. pol. Marsanne, 17 mars 1910 : *D.P. 1910. 5. 29.* ♦ L'urgence qu'il y a à prêter assistance à des voiliers en péril constitue pour un hospitalier-sauveteur une contrainte irrésistible justifiant sa relaxe du chef de délit de fuite. • T. corr. Saint-Malo, 22 sept. 1961 : *Gaz. Pal. 1961. 2. 316.*

21. Verglas. Est constitutive de force majeure la présence de verglas sur une route, lorsque le danger en résultant s'est trouvé, en raison des conditions atmosphériques, subitement localisé sur une surface réduite. • Crim. 18 déc. 1978, n° 78-92.468 P : *D. 1979. IR 214, obs. Puech ; JCP 1980. II. 19261, note Alvarez ; RSC 1979. 558, obs. Levasseur.* ♦ Rappr. : • Rouen, 1er mars 1982 : *Gaz. Pal. 1982. 2. Somm. 392.* ♦ ... Et qu'aucune faute ni contravention au code de la route ne peut être relevée contre le prévenu. • Crim. 27 févr. 1958 : *Bull. crim. n° 205* • 12 mars 1959, n° 5-59.656 P • 14 oct. 1959 : *Bull. crim. n° 432.* ♦ Rappr. : • Crim. 4 janv. 1973 : *Gaz. Pal. 1973. 1. Somm. 152.*

22. Doit être déclaré coupable du délit de blessures involontaires et de la contravention de défaut de maîtrise, le conducteur dont le véhicule automobile a dérapé sur la route, s'est déporté sur la voie de gauche, et a heurté un véhicule venant en sens inverse ; le prévenu ne saurait légitimement invoquer l'art. 122-2 C. pén. pour s'exonérer de sa responsabilité pénale ; en effet, et contrairement à ce que soutient la personne poursuivie, l'existence d'une plaque de verglas, qui n'est d'ailleurs pas démontrée puisque les gendarmes ont simplement relevé que la chaussée était glissante car elle était mouillée, ne saurait constituer un cas de force majeure ; la formation du verglas à la fin du mois de décembre, alors que la température, aux dires mêmes du prévenu, était négative, n'est nullement imprévisible, et tout conducteur doit constamment rester maître de sa vitesse et régler celle-ci en fonction de l'état de la chaussée, des difficultés de la circulation et des obstacles prévisibles. • Toulouse, 24 juin 2008 : *JCP 2008. IV. 2644.*

23. Visibilité réduite. N'a commis aucune contravention, comme ayant été dans l'obligation, par application de l'art. 64 C. pén., de stationner ainsi qu'il l'a fait, le conducteur qui, déférant aux obligations que lui imposait un signal stop, a immobilisé sa voiture au-delà de la ligne blanche dessinée sur la chaussée, alors qu'un véhicule en stationnement limitait sa visibilité sur sa gauche et que, pour connaître l'état de la circulation à sa gauche, le conducteur devait s'avancer assez profondément au-delà de la bande blanche, ce qu'il a fait à une allure très ralentie. • Pau, 2 juill. 1968 : *D. 1969. 65 ; JCP 1969. II. 15879 (2e esp.), note Bouzat ; Gaz. Pal. 1969. 1. 11.*

2° EXPULSION

24. Impossibilité juridique. C'est à bon droit que les juges saisis d'une poursuite pour infraction à un arrêté d'expulsion écartent le moyen tiré par l'étranger de ce que, inculpé d'un autre délit et mis en liberté provisoire sous l'obligation de se présenter à tous les actes de la procédure, il était dans l'impossibilité juridique de quitter la France sans contrevenir aux ordres et injonctions de l'autorité judiciaire, et se trouvait ainsi, à l'égard de l'arrêté d'expulsion, dans un cas de force majeure exclusif de toute infraction. • Crim. 15 nov. 1934 : *DH 1935. 7 ; DP 1935. 1. 11, note Donnedieu de Vabres.*

25. Impossibilité absolue. La condamnation d'un étranger pour infraction à un arrêté d'expulsion est légalement justifiée, et l'excuse de force majeure à bon droit écartée, par l'arrêt qui constate que le prévenu offre seulement de prouver qu'il a été successivement refoulé sur le territoire français par les gouvernements de tous les pays limitrophes ; cette offre de preuve manque en effet de pertinence, comme ne tendant pas à établir que le prévenu a été dans l'impossibilité absolue de quitter la France, et notamment qu'il n'a pas pu se rendre dans un pays non limitrophe. • Crim. 8 févr. 1936 : *DP 1936. 1. 44, note Donnedieu de Vabres.* ♦ Rappr. : • Paris, 26 juill. 1934 : *DP 1934. 2. 113, note Donnedieu de Vabres.*

3° AUTRES EXEMPLES

26. Force majeure retenue. Ne peut être condamné pour abandon de famille celui qui, atteint d'une affection cardiaque l'obligeant à un repos complet et dépourvu de toutes ressources personnelles, se trouve à la charge de ses parents, une telle situation constituant un cas de force majeure. • Crim. 24 avr. 1937 : *DH 1937. 429.*

27. L'imputabilité du délit d'outrages peut n'être pas retenue à la charge de son auteur s'il est établi que son exaspération et son état de fatigue et de maladie ne lui permettaient pas d'avoir conscience du caractère outrageant de ses actes. • Crim. 24 juill. 1931 : *DH 1931. 462.*

28. Est pareillement un cas de force majeure : ... pour le défaut d'enregistrement d'un contrat de travail, le fait que l'administration se soit refusée à effectuer la formalité. • Crim. 8 nov. 1951 :

Bull. crim. n° 288 • 26 janv. 1956, n° 3130 P. ♦ ... Pour une insoumission, l'incarcération de l'intéressé à la date des faits. • Crim. 6 déc. 1951 : *Bull. crim. n° 335.*

29. Force majeure non retenue. En revanche, ne constitue pas un cas de force majeure : ... la circonstance qu'une personne, qui n'a pas payé dans les délais légaux les cotisations dues à la sécurité sociale, ait été déclarée en faillite antérieurement à la mise en demeure. • Crim. 26 nov. 1953 : *Bull. crim. n° 315.* ♦ ... La compensation effectuée d'office, par une banque, entre les fonds reçus à titre de mandat par le mandataire, et le compte personnel de celui-ci, dès lors qu'il lui appartenait de prendre toutes mesures utiles pour que cette compensation ne se produise pas. • Crim. 30 mai 1972, n° 71-92.003 P. ♦ ... Le fait pour l'auteur d'un délit flagrant appréhendé dans les conditions de l'art. 73 C. pr. pén., d'avoir exercé des violences volontaires pour tenter de se libérer. • Crim. 1er oct. 1979, n° 78-93.500 P : *D. 1980. IR 334, obs. Puech ; Gaz. Pal. 1980. 1. 306.*

30. Écarte à bon droit l'exception de force majeure invoquée par le prévenu l'arrêt dont il résulte que l'incendie partiel des locaux n'entraînait pas l'impossibilité absolue d'exécution des contrats de travail et qu'au contraire le licenciement des représentants du personnel a été en l'occurrence le résultat d'un choix délibéré fait par l'employeur au préjudice de ces salariés. • Crim. 4 oct. 1977, n° 76-93.433 P.

II. CONTRAINTE MORALE

A. NOTION

31. Irrésistibilité. L'art. 64 C. pén., qui admet l'excuse légale résultant de la contrainte morale, suppose une contrainte irrésistible dominant la volonté de celui qui la subit et ne lui laissant pas la faculté d'agir autrement qu'il a agi. • Crim. 11 juin 1926 : *DH 1926. 378* • Colmar, 8 déc. 1987 : *D. 1988. 131, note Koering-Joulin.*

32. Si la contrainte morale peut, comme la contrainte physique, exonérer l'auteur d'un crime ou d'un délit de toute responsabilité pénale, cette exception, laissée à la charge de l'inculpé, ne peut être utilement invoquée qu'autant qu'elle se fonde sur des faits et circonstances parfaitement établis, desquels il résulte qu'il était impossible d'échapper au péril imminent né de ces faits et circonstances, sans commettre d'infraction. • Crim. 29 déc. 1949 : *Bull. crim. n° 360 ; D. 1950. 419 ; JCP 1950. II. 5614 ; Gaz. Pal. 1950. 1. 295* • 19 déc. 1956, n° 59.556 P.

33. Extériorité. La contrainte qui fait disparaître l'imputabilité aux termes de l'art. 64 C. pén., supposant l'existence d'un fait extérieur, ne peut résulter de l'impulsivité du prévenu, c'est-à-dire d'un fait personnel à l'agent lui-même. • Crim. 11 avr. 1908 : *DP 1908. 1. 261, rapp. Mercier ; S. 1909. 1. 473, note Roux.*

B. APPLICATIONS

34. Menace. Lorsque la contrainte résulte d'une menace, le bénéfice de l'art. 64 ne peut être invoqué qu'autant que le péril qu'elle fait craindre est imminent et qu'elle met celui qui en est l'objet dans la nécessité ou de commettre l'infraction ou de subir les violences dont il est menacé. • Crim. 28 déc. 1900 : *DP 1901. 1. 91, note Le Poittevin ; S. 1903. 1. 254 ; Gaz. Pal. 1901. 1. 131.* ♦ C'est donc à bon droit que les juges ont refusé de prendre en considération la simple allégation d'une menace qui n'était ni pressante, ni assez directe pour enlever au prévenu sa liberté d'esprit. • Crim. 29 déc. 1949 : *Bull. crim. n° 360 ; D. 1950. 419 ; JCP 1950. II. 5614 ; Gaz. Pal. 1950. 1. 295.* ♦ Pour une menace, concernant des tiers, qui n'a pas été jugée assez pressante pour excuser un crime d'intelligence avec l'ennemi. • Crim. 20 avr. 1934 : *Bull. crim. n° 81.*

35. Obéissance. BIBL. V. Malabat, *Mél. B. Bouloc, Dalloz, 2006, p. 681* (responsabilité pénale du subordonné). ♦ Nul ne pouvant échapper aux conséquences pénales de ses faits directs et personnels, à moins qu'il n'ait été contraint par une force à laquelle il n'a pu résister, on ne saurait considérer comme une excuse effaçant toute responsabilité le fait que le prévenu aurait exécuté les ordres de la personne qui l'employait. • Crim. 20 sept. 1894 : *DP 1899. 1. 350.* ♦ L'art. 64 C. pén. n'admet comme cause de non-imputabilité que la force majeure, et nullement l'obéissance que l'employé doit à celui qui l'emploie, et cet employé se rend complice des délits commis par son employeur lorsqu'il l'assiste dans les actes dont il peut apprécier le but et les conséquences coupables. • Crim. 28 févr. 1962 : *Bull. crim. n° 111* • 22 juin 1976, n° 75-90.105 P. ♦ Rappr. : • Paris, 19 nov. 1952 : *D. 1953. 206 ; JCP 1953. II. 7483 ; Gaz. Pal. 1953. 1. 149.* ♦ ... Notamment, le lien de subordination qui existe entre un employé et celui qui l'emploie ne saurait avoir pour effet de soustraire cet employé à sa responsabilité pénale lorsqu'il se rend complice du délit de présentation de bilans inexacts commis par son employeur. • Crim. 14 janv. 1980, n° 77-92.082 P. ♦ Rappr. : • Crim. 9 nov. 1992, n° 92-81.954 P.

36. Mais celui qui, conscient ou non du caractère de l'acte qu'il accomplit, est tenu à l'obéissance passive (transporté en cours de peine), se trouve dans une contrainte exclusive de la responsabilité. • Crim. 18 janv. 1902 : *DP 1903. 5. 350 ; S. 1903. 1. 247.* ♦ Rappr., pour l'obéissance militaire : • Crim. 29 déc. 1948 : *Bull. crim. n° 299 ; JCP 1949. II. 4681.* ♦ Pour une contrainte morale liée à des instructions réitérées et catégoriques d'un maire. • T. corr. Senlis, 28 juin 1957 : *S. 1959. 65, note Mimin.* ♦ N'est pas pénalement responsable, car ayant agi sous l'empire d'une force ou d'une contrainte à laquelle elle n'a pu résister, la personne en état d'imprégnation alcoolique qui, à la demande des gendarmes, déplace son véhicule en stationnement, pour permettre à un autre véhicule de manœuvrer, le délit de conduite d'un véhicule sous l'empire d'un état alcoolique trouvant son origine dans l'initiative des gendarmes qui l'ont contrainte à prendre le volant. • Caen, 28 juin 1996 : *JCP 1996. IV. 2525.*

37. Provocation. BIBL. Maistre du Chambon, *JCP 1989. I. 3422.* ♦ La provocation au délit par agent de l'autorité ne saurait être de nature à exonérer un prévenu de toute responsabilité pénale, dès lors qu'elle n'a pas été déterminante de l'action délictueuse du prévenu et qu'elle n'a pas annihilé sa liberté de décision. • Crim. 16 mars 1972, n° 71-92.513 P • 2 juill. 1984 : *JCP 1989. I. 3422 (annexe).* ♦ Rappr. : • Crim. 27 janv. 1944 : *DA 1944. 92* • 3 mars 1944 : *ibid.* ♦ ... Mais qu'elle a eu seulement pour effet de permettre la constatation d'infractions déjà commises et d'en arrêter la continuation. • Crim. 2 mars 1971, n° 70-91.810 P • 2 oct. 1979, n° 79-90.587 P.

38. La simple incitation à commettre une infraction, spécialement à livrer des stupéfiants, ne saurait être assimilée à l'action d'une force irrésistible telle que le prévoit l'art. 64 C. pén. et ne fait nullement disparaître la culpabilité de l'auteur de cette infraction. • Basse-Terre, 3 oct. 1978 : *D. 1979. 360, note Lepointe ; Gaz. Pal. 1979. 1. Somm. 160.* ♦ Rappr., en matière de commerce d'or illicite, ou de hausse illicite des prix : • Toulouse, 13 mars 1942 : *DC 1943. 94 (1re esp.), note Donnedieu de Vabres* • Aix-en-Provence, 2 juin 1942 : *ibid. (3e esp.)* • Grenoble, 7 janv. 1943 : *ibid. (4e esp.), note Donnedieu de Vabres.* ♦ V. aussi : • Grenoble, 1er juill. 1943 : *S. 1943. 2. 61* • Rennes, 10 nov. 1948 : *D. 1949. 76.* ♦ Mais il en est autrement, et l'existence d'une telle pression doit faire écarter la responsabilité pénale du prévenu, lorsque, pour réaliser la provocation, les policiers ont eu recours à des procédés blâmables, à une mise en scène et à des manœuvres allant jusqu'à la contrainte. • Toulouse, 23 avr. 1942 : *DC 1943. 94 (2e esp.), note Donnedieu de Vabres.*

39. Autres exemples. Ont agi sous l'empire d'une contrainte morale irrésistible des israélites et des étrangers qui, pour échapper aux recherches des Allemands et éviter la déportation, ont pris dans une carte d'identité un état civil supposé ou ont fait usage de fausses pièces d'identité. • Paris, 6 oct. 1944 : *D. 1945. 115 ; S. 1945. 2. 81 ; Gaz. Pal. 1945. 1. 32* • 5 janv. 1945 : *S. 1945. 2. 81 ; Gaz. Pal. 1945. 1. 102.* ♦ Mais n'ont pas été jugées contraignantes pour un accusé de crimes contre l'humanité les menaces de représailles allemandes contre des fonctionnaires français, faute d'avoir été d'une intensité de nature à abolir son libre arbitre. • Crim. 23 janv. 1997, n° 96-84.822 P : *D. 1997. 147, note Pradel ; JCP 1997. II. 22812, note J.-H. Robert ; Dr. pénal 1997. 38, obs. J.-H. Robert ; Gaz. Pal. 1997. 1. 185.*

40. Ne suffisent pas à constituer les éléments d'une contrainte morale ayant annihilé la volonté d'une mère prévenue de complicité d'avortement à l'égard de sa fille, sa situation de mère abandonnée ayant par ses seuls moyens élevé trois enfants, l'âge de sa fille qui ne lui paraissait pas assez mûre pour assurer les charges d'une maternité, ses propres difficultés matérielles et enfin la volonté manifestée par sa fille de ne pas mener sa grossesse à terme. • T. corr. Bobigny, 22 nov. 1972 : *Gaz. Pal. 1972. 2. 890.* ♦ Sur l'état de nécessité, V. *infra*, ss. 122-7.

41. Doivent être exonérés de toute responsabilité pénale, comme ayant cédé à une contrainte morale irrésistible résultant d'une menace d'enlèvement et de la crainte pour leur petit-fils d'un mal suffisamment prégnant pour abolir leur volonté et leur liberté de choix, des prévenus de non-représentation d'enfant, dès lors qu'ils pouvaient craindre que le père ne mette à profit l'exercice du droit de visite et d'hébergement pour emmener l'enfant en Algérie où il avait conservé des liens, et dès lors que l'état de santé de cet enfant nécessitait une surveillance médicale régulière. • Dijon, 19 déc. 1984 : *Gaz. Pal. 1985. 1. 256 ; RSC 1985. 812, obs. Levasseur.* ♦ Pareillement, une mère, prévenue de refus d'exercice du droit de visite d'un mineur à celui qui était en droit de le réclamer, peut faire valoir à bon droit qu'elle a cédé à une contrainte morale irrésistible résultant de l'incarcération du père sous la prévention d'assassinat et des risques sous-évalués que le milieu carcéral ne peut manquer de produire chez un jeune enfant. • T. corr. Agen, 22 mai 1985 : *Gaz. Pal. 1985. 2. 587 ; RSC 1986. 87, obs. Vitu, et 102, obs. Levasseur.*

42. Ne peut valoir contrainte morale l'exacerbation des passions provoquée par les événements survenus en Nouvelle-Calédonie, lesquels n'étaient pas de nature à abolir la volonté de militaires néo-calédoniens qui ont délibérément choisi et décidé de persister dans leur refus d'obéissance. • Colmar, 8 déc. 1987 : *D. 1988. 131, note Koering-Joulin.*

Art. 122-3 N'est pas pénalement responsable la personne qui justifie avoir cru, par une erreur sur le droit qu'elle n'était pas en mesure d'éviter, pouvoir légitimement accomplir l'acte.

RÉP. PÉN. v° *Erreur sur le droit*, par Viriot-Barrial.

BIBL. ▸ Bourin, *Gaz. Pal. 1995. 1. Doctr. 599* (revirements en droit pénal). – V. Lesclous et Cl. Marsat, *Dr. pénal 1996. Chron. 44* (circulaires : éléments de bonne foi). – Amar, *Dr. pénal 1999.*

Chron. 15 (erreur sur le droit et parties au procès pénal). – HOSNI, L'erreur de droit et son influence sur la responsabilité pénale, *RSC 1999. 711* (influence de l'erreur de droit sur la responsabilité pénale). – MAYAUD, Cahiers des sciences morales et politiques, *PUF, 2007, p. 125* (erreur en droit pénal) ; *Mél. Jacques Foyer, Economica, 2008, p. 711* (l'erreur sur le principe même de l'application du droit pénal français). – HERRMANN, *Dr. pénal 2016. Étude 5* (quel avenir pour l'erreur sur le droit ?).

A. BÉNEFICE DE L'ERREUR

1. *Caractère inévitable.* Pour bénéficier de la cause d'irresponsabilité prévue par l'art. 122-3 C. pén., la personne poursuivie doit justifier avoir cru, par une erreur sur le droit qu'elle n'était pas en mesure d'éviter, pouvoir légitimement accomplir le fait reproché. • Crim. 13 mai 2003, n° 02-84.028 P : *Dr. pénal 2003, comm. 89, obs. Robert* • 11 mai 2004, n° 03-80.254 P : *D. 2004. 2326 (2e esp.), note Kobina Gaba ; ibid. Somm. 2759, obs. Roujou de Boubée ; JCP 2004. II. 10124 (1er arrêt), note Girault ; Dr. pénal 2004. 122 (1re esp.), obs. Véron ; LPA, 23 sept. 2004, note Debove ; RSC 2004. 635, obs. Fortis ; ibid. 866, obs. Vermelle* • 9 nov. 2004, n° 03-87.444 P : *AJ pénal 2005. 23, obs. Enderlin* • 12 sept. 2006, n° 05-83.235 P : *D. 2007. Pan. 1625, obs. Mascala ; AJ pénal 2006. 502 ; Dr. pénal 2006. 150, obs. Véron ; ibid.155, obs. Robert ; RSC 2007. 73, obs. Fortis* • 4 oct. 2011, n° 10-88.157 P : *D. actu. 4 nov. 2011, obs. Bombled ; AJ pénal 2012. 95, obs. Lasserre Capdeville* • 20 janv. 2015, n° 14-80.532 P : *D. actu. 9 févr. 2015, obs. Fonteix ; AJ pénal 2015. 142, obs. Sordino ; Dr. pénal 2015, comm. 32, obs. Véron ; RTD com. 2015. 395, obs. Bouloc ; RSC 2015. 639, obs. Fortis*.

2. Ne présente aucun caractère insurmontable, l'erreur de droit tirée de sa qualité d'agent détaché de l'administration alléguée par un prévenu dans des poursuites du chef de prise illégale d'intérêts. • Crim. 11 juin 1998 : *D. 1999. Somm. 159, obs. Segonds ; JCP 2000. I. 235, n° 2, obs. Véron.*

3. Ne donne pas de base légale à sa décision la cour d'appel qui, pour relaxer les prévenus du chef du délit de modification du message sanitaire général qui doit figurer sur les paquets de cigarettes, retient que l'indication de l'autorité auteur de ce message est autorisée par le droit communautaire, qu'elle est pratiquée dans onze pays de l'Union, ajoute qu'à la date des faits la jurisprudence française sur la légalité de cette indication était fluctuante, qu'un mémento pratique de la SEITA indiquait qu'elle était autorisée, et en déduit que l'erreur sur le droit, irrésistible en l'espèce, peut être invoquée par les prévenus, se prononçant ainsi par des motifs qui ne justifient ni le caractère inévitable de l'erreur, ni la croyance des prévenus dans la légitimité d'une adjonction interdite par les dispositions de droit interne. • Crim. 13 mai 2003, n° 02-84.028 : *préc. note 1.*

4. Ne donne pas de base légale à sa décision, la cour d'appel qui, pour relaxer un prévenu des chefs de construction sans permis et d'infraction au plan d'occupation des sols, retient une erreur de droit, au sens de l'art. 122-3 C. pén., sans justifier le caractère inévitable de l'erreur commise ni la croyance du prévenu dans la légitimité d'une prétendue autorisation. • Crim. 12 sept. 2006, n° 05-83.235 : *préc. note 1.*

5. L'erreur de droit ne saurait être admise au bénéfice d'officiers de police judiciaire ordonnant des fouilles à corps dans des cadres procéduraux qui leur sont habituels. • Crim. 9 avr. 2013, n° 12-81.100 : *Dr. pénal 2013, comm. 106, obs. Véron.*

6. En application de l'art. 19-1 du règlement (CE) n° 178/2002 du 28 janvier 2002, du Parlement européen et du Conseil dont la méconnaissance est sanctionnée par l'art. L. 237-2 III C. rur., l'exploitant du secteur alimentaire qui a des raisons de penser qu'une denrée alimentaire qu'il a importée, produite, transformée, fabriquée ou distribuée ne répond pas aux prescriptions relatives à la sécurité des denrées alimentaires, doit engager immédiatement les procédures de retrait du marché et en informer les autorités compétentes, obligation suffisamment claire pour se prêter à une erreur de droit. • Crim. 27 oct. 2015, n° 14-87.259 P : *D. actu. 17 nov. 2015, obs. Fucini.*

7. *Invocation.* Il résulte de l'art. 122-3 C. pén. que seule la personne poursuivie est fondée à invoquer une erreur sur le droit au sens de ce texte. • Crim. 15 nov. 1995, n° 94-85.414 P : *Dr. pénal 1996. 56-II, obs. Véron ; RSC 1996. 647, obs. Bouloc*.

8. Est irrecevable le moyen tiré de la violation de l'art. 122-3 C. pén. instituant l'erreur sur le droit, dont excipe le prévenu pour la première fois devant la Cour de cassation en invoquant les termes d'une circulaire interprétative. • Crim. 27 mars 1996, n° 95-80.889 P : *RSC 1997. 101, obs. Bouloc*. ♦ V. également : • Crim. 23 mars 1999, n° 98-80.248 P : *Dr. pénal 1999. Chron. n° 27, obs. Marsat* • 30 juin 1999, n° 97-85.764 P : *D. Affaires 1999. 1290.*

9. Les prévenus, qui, dans leurs conclusions, n'avaient invoqué une erreur sur le droit qu'à raison de leur ignorance d'un arrêt de la Cour de cassation du 22 mars 2005 qui aurait, selon eux, interdit la chasse de nuit dans un enclos, ne sauraient se prévaloir, pour la première fois devant la Cour de cassation, d'une erreur sur le droit fondée sur l'autorisation de chasse de nuit dans un tel enclos qui résulterait, selon eux, d'un arrêt du 3 mai 1984 dont ils n'avaient pas indiqué avoir connaissance devant les juges du fond. • Crim. 19 déc. 2019, n° 18-86.358 P : *D. actu. 5 févr. 2020, obs. Roques.*

10. La seule constatation de la violation en connaissance de cause d'une prescription légale ou réglementaire implique, de la part de son auteur, l'intention coupable exigée par l'art. 121-3, al. 1er, C. pén. ; méconnaît ce texte et ce principe la cour d'appel qui, pour relaxer le prévenu du chef d'acquisition d'oiseaux appartenant à des espèces protégées, retient que celui-ci, en achetant ses anatidés dans un établissement inscrit au registre du commerce avec remise d'une facture officielle pouvait légitimement penser que cette acquisition se faisait en toute légalité, les oiseaux étant de plus exclusivement destinés à l'agrément de son plan d'eau, alors que le prévenu n'alléguait pas avoir commis d'erreur sur le droit au sens de l'art. 122-3 C. pén. • Crim. 28 juin 2005, n° 05-82.189 P : *D. 2005. Pan. 2987, obs. Roujou de Boubée ; ibid. 2006. 561, note Fardoux ; Dr. pénal 2005, comm. 140 ; RSC 2005. 839, obs. Vermelle.*

B. SOURCES D'ERREUR

1° SOURCES ADMINISTRATIVES

11. Autorisation administrative. Si l'accord de la préfecture et l'octroi d'une subvention ne sont pas créateurs de droit pour un prévenu d'exercice illégal de la profession de vétérinaire, il n'en demeure pas moins qu'au vu de ceux-ci il pouvait en toute bonne foi considérer que l'activité qu'il exerçait était licite ; l'élément intentionnel de l'infraction fait donc défaut. • Dijon, 15 juin 1994 : *Gaz. Pal. 1994. 2. Somm. 681.*

12. L'erreur sur le droit, au sens de l'art. 122-3 C. pén., ne peut être retenue en faveur du responsable de la construction d'un bâtiment, réalisée postérieurement à l'annulation d'un arrêté préfectoral qui avait modifié le plan d'occupation des sols pour rendre cette construction licite. • Crim. 15 nov. 1995 : *préc. note 7.* ♦ Rappr. : • Crim. 22 janv. 1997 : *Dr. pénal 1997. 83, obs. J.-H. Robert.*

13. La seule constatation de la violation en connaissance de cause d'une prescription légale ou réglementaire implique, de la part de son auteur, l'intention coupable exigée par l'art. 121-3, al. 1er, C. pén. ; méconnaît ce texte et ce principe la cour d'appel qui, pour relaxer le prévenu du chef d'acquisition d'oiseaux appartenant à des espèces protégées, retient que celui-ci, en achetant ses anatidés dans un établissement inscrit au registre du commerce avec remise d'une facture officielle pouvait légitimement penser que cette acquisition se faisait en toute légalité, les oiseaux étant de plus exclusivement destinés à l'agrément de son plan d'eau, alors que le prévenu n'alléguait pas avoir commis d'erreur sur le droit au sens de l'art. 122-3 C. pén. • Crim. 19 mars 1997, n° 96-80.853 P : *D. Affaires 1997. 897 ; Dr. pénal 1997. 107 (1er arrêt), obs. Véron ; JCP 1998. II. 10095, note Fardoux ; RSC 1997. 827, obs. Bouloc ; RDI 1998. 149, obs. Roujou de Boubée.*

14. Un prévenu ne saurait bénéficier d'une erreur de droit exonératrice de sa responsabilité pénale au sens de l'art. 122-3 C. pén., dès lors qu'il ne rapporte pas la preuve d'une autorisation administrative, mais fournit simplement une lettre dans laquelle il fait part à un fonctionnaire de ses réflexions. • Agen, 15 janv. 1998 : *JCP 1998. IV. 3232.*

15. Une tolérance des autorités administratives, contraire à des textes en vigueur instituant des infractions à la police de la chasse, ne saurait faire disparaître ces dernières. • Crim. 16 oct. 2018, n° 17-86.802 P : *Dr. pénal 2019, n° 5, obs. Conte ; ibid. 2019, n° 7, obs. J.-H. Robert.*

16. Si le prévenu de recel d'objets provenant du délit de fixation, enregistrement ou transmission d'images de mineurs à caractère pornographique en vue de leur diffusion (C. pén., art. 227-23) a constaté que l'administration des douanes avait laissé parvenir à destination le colis en provenance des Pays-Bas, il ne peut pour autant alléguer la cause d'irresponsabilité édictée par l'art. 122-3 C. pén. • Crim. 9 juin 1999, n° 98-80.052 P : *Dr. pénal 1999. Comm. 138, obs. Véron.*

17. Il résulte de l'arrêt attaqué que, le 4 oct. 1996, les prévenus ont acquis un chalet de montagne en ruine dans un site inscrit ; ils ont procédé à sa reconstruction à partir du mois d'août 1996 ; poursuivis pour construction sans permis, ils se sont prévalus de deux lettres adressées à leur vendeur par le maire de la commune le 14 juin 1993, puis le 30 juill. 1996, la première autorisant la reconstruction du chalet, la seconde émettant un avis favorable au transfert de cette autorisation au nouveau propriétaire ; pour déclarer les prévenus coupables du délit, la cour d'appel retient que les deux lettres ne constituent pas un permis de construire et que les mis en cause ne pouvaient ignorer qu'ils devaient disposer d'une telle autorisation ; les juges ajoutent que les intéressés ne peuvent se prévaloir d'une erreur sur le droit, en l'espèce non invincible, puisqu'il résulte de l'acte de vente que l'acquéreur devait faire son affaire personnelle de la reconstruction du chalet ; en l'état de ces énonciations, la cour d'appel a, sans insuffisance ni contradiction, et en répondant aux chefs péremptoires des conclusions des parties, caractérisé en tous ses éléments, matériel et moral, le délit reproché aux prévenus. • Crim. 15 oct. 2002 : *Dr. pénal 2003. 25, obs. J.-H. Robert ; ibid. 31, obs. Véron ; RSC 2003. 343, obs. J.-H. Robert.*

18. Information administrative. Rejet du pourvoi contre un jugement qui, pour faire bénéficier des dispositions de l'art. 122-3 C. pén., le gérant d'une entreprise poursuivi pour avoir toléré, à douze reprises en un mois, une prolongation excessive de la durée de travail effectif de ses salariés, relève que l'intéressé n'a fait qu'appliquer les clauses d'un accord professionnel élaboré sous l'égide d'un médiateur désigné par le Gouvernement et faisant référence au code du travail, et en déduit que le prévenu soutient, à bon droit, n'avoir pu penser que les stipulations de cet accord étaient moins favorables pour les travailleurs que les prescriptions légales, le tribunal ayant pu admettre que l'erreur invoquée résultait, en l'espèce, d'une information erronée fournie par l'administration, représentée aux négociations préalables à la signature de l'accord illicite. • Crim. 24 nov. 1998 : *JCP 1999. II. 10208, note Houtmann ; D. 2000. Somm. 114, obs. Roujou de Boubée ; Dr. pénal 2000. 22, obs. J-H. Robert ; JCP 2000. I. 235, n° 2, obs. Véron.*

19. La réponse de l'administration fiscale, ne portant pas sur l'objet de la demande formée par l'expert-comptable engagé par deux cogérantes, ne permet pas de retenir l'erreur de droit inévitable à leur profit alors qu'elles étaient, dès le début de l'activité de la société, redevables de leurs obligations fiscales. • Crim. 3 mai 2018, n° 17-82.746 P : *D. actu. 28 mai 2018, obs. Recotillet ; AJ pénal 2018. 363, obs. Thierry .*

20. Réponses ministérielles. Pour l'appréciation du seuil de 300 000 F indiqué par l'art. 321 C. marchés publ., le prévenu soutenait que son interprétation de cet article était conforme à celle retenue par le Ministre de l'économie et des finances dans une réponse à un député, ainsi qu'aux indications figurant dans des documents envoyés par l'administration ; or, il ne résulte, ni de la réponse ministérielle, ni des documents administratifs, qu'une opération unique d'un montant supérieur à 300 000 F puisse faire l'objet d'un marché de gré à gré lorsque son financement est réparti sur plusieurs années ; la cour d'appel qui a écarté ses conclusions a donc justifié sa décision au regard de l'art. 122-3 C. pén. • Crim. 10 avr. 2002 : *JCP 2002. IV. 2203 ; Dr. pénal 2002. 105, obs. Véron ; Gaz. Pal. 2004. 1. Somm. 628, note A.C.*

21. Doivent être exonérés de toute responsabilité, pour erreur sur le droit qu'ils n'étaient pas en mesure d'éviter, les prévenus poursuivis pour construction sans permis de construire, après avoir installé une yourte sur un terrain, dès lors que plusieurs réponses ministérielles ont clairement indiqué que les yourtes non équipées étaient dispensées d'un tel permis. • Toulouse, 19 mai 2011, *Les brèves de l'Observatoire SMACL : 8 juin 2011.*

22. Lettres-circulaires. Encourt la cassation l'arrêt qui, après avoir relevé que le certificat qu'une entreprise française avait accepté de fournir à une entreprise des Émirats arabes unis attestant que le matériel qu'elle lui vendait ne serait pas livré par le canal d'un transporteur israélien ni ne transiterait par Israël, avait pour conséquence de rendre plus difficile l'exercice d'une activité économique, retient, pour relaxer les prévenus poursuivis pour discrimination économique à raison de l'origine nationale, que, compte tenu du conflit israélo-arabe, l'activité économique avec les Émirats arabes unis ne se déroulait pas dans des conditions normales, que le vendeur s'était trouvé, pour être payé, dans la nécessité impérieuse de satisfaire aux exigences de l'acheteur, que deux lettres adressées par le ministre du commerce extérieur au président de l'assemblée permanente des chambres de commerce et d'industrie avaient provoqué une erreur de droit insurmontable ; les juges ne pouvaient statuer comme ils l'ont fait, sans démontrer que l'erreur de droit invoquée était invincible, et que l'infraction commise pouvait seule permettre d'éviter l'événement qu'ils redoutaient à défaut de tout autre moyen. • Crim. 9 nov. 2004, n° 03-87.444 P : *AJ pénal 2005. 23, obs. Enderlin .*

23. Tolérance administrative. La tolérance administrative contraire à des textes instituant des infractions à la police de la chasse est insusceptible de faire disparaître ces infractions. • Crim. 16 oct. 2018, n° 17-86.802 P : *D. actu. 30 nov. 2018, obs. Recotillet ; D. 2019. Chron. 334, obs. Guého .*

2° SOURCES JUDICIAIRES

24. Attestation judiciaire. Caractérise l'erreur de droit, au sens de l'art. 122-3 C. pén., une attestation remise au prévenu par un agent de police judiciaire, agissant conformément aux instructions d'un vice-procureur de la République, selon laquelle la situation administrative du prévenu est parfaitement régulière malgré l'annulation de son permis de conduire français ; dès lors, l'intéressé a pu légitimement croire qu'il était autorisé à conduire avec son permis international, même s'il est avéré que cette attestation lui a été remise par erreur. • Crim. 11 mai 2006, n° 05-87.099 P : *D. 2007. Pan. 402, obs. Roujou de Boubée ; AJ pénal 2006. 358, obs. Leblois-Happe ; JCP 2006. II. 10207, note Fardoux ; Dr. pénal 2006. 109, obs. Véron ; RSC 2007. 73, obs. Fortis .* ♦ Rappr. : • Aix-en-Provence, 20 sept. 2007 : *AJ pénal 2008. 231, obs. Pellier ; Gaz. Pal. 2008. 1. 1873, note Pellier ; JCP 2008. IV. 1389.*

3° SOURCES JURIDIQUES

25. Pratiques et usages. Pour l'exemple d'une erreur de droit retenue sur le fondement d'une pratique commune contraire à un règlement sanitaire. • T. pol. Poitiers, 15 nov. 1994 : *Gaz. Pal. 1995. 1. Somm. 180.*

26. Incertitude juridique. Pour une application de l'art. 122-3 dans une espèce où un chef d'entreprise se voyait reprocher le délit d'entrave au fonctionnement du comité d'entreprise, faute d'avoir consulté ledit comité dans le cadre de départs négociés : il a été jugé qu'en l'état des textes et décisions existant à l'époque, le prévenu avait pu, par une erreur sur le droit qu'il n'était pas en mesure d'éviter, légitimement croire que la consultation préalable du comité d'entreprise n'était pas obligatoire. • Reims, 1er avr. 1994 : *Gaz. Pal. 1994. 1. Somm. 316.* ♦ Le prévenu ayant pratiqué des échographies animales, poursuivi pour exercice illégal de la profession de vétérinaire, ne saurait être retenu dans les liens de la prévention faute d'élément intentionnel, dès lors qu'il était un simple salarié agissant sur instructions de son employeur et qu'il n'était pas en mesure, à la date des faits, d'avoir connaissance de l'illégalité de cet acte, alors surtout qu'une discussion juridique s'était instaurée sur la nature de cet examen. • Nîmes, 16 oct. 1997 : *JCP 1999. IV. 2628.*

27. L'erreur de droit invoquée par un prévenu, portant sur l'interprétation de certaines dispositions de l'ordonnance du 16 janv. 1982, instituant la semaine de trente-neuf heures, ne présente pas un caractère insurmontable et n'entre donc pas dans les prévisions de l'art. 122-3 C. pén., dès lors que la portée des textes applicables pouvait faire l'objet d'une consultation auprès de l'inspection du travail. • Crim. 5 mars 1997, n° 95-83.492 P : *Dr. pénal 1997. 107 (2e arrêt), obs. Véron ; RSC 1997. 827, obs. Bouloc.* ♦ Sont inopérants les griefs invoquant une erreur sur le droit relative à la question de l'intégration de la rémunération forfaitaire du temps de pause dans le calcul destiné à la vérification du respect du SMIC. • Crim. 15 févr. 2011, n° 10-83.988 P : *Gaz. Pal. 2011. 1. 1065, note Dreyer.* ♦ Ne saurait bénéficier de la cause d'irresponsabilité prévue par l'art. 122-3 C. pén., la personne, de nationalité allemande, poursuivie pour travail dissimulé par dissimulation d'emploi salarié, dont l'entreprise est implantée de longue date en France et qui pouvait s'informer auprès des services de l'inspection du travail sur l'étendue de ses obligations en matière d'embauche de salariés. • Crim. 20 janv. 2015, n° 14-80.532 P : *D. actu. 9 févr. 2015, obs. Fonteix ; AJ pénal 2015. 142, obs. Sordino ; Dr. pénal 2015, comm. 32, obs. Véron ; RTD com. 2015. 395, obs. Bouloc ; RSC 2015. 639, obs. Fortis.*

28. Le moyen tiré d'une erreur sur le droit invoqué par le prévenu est à bon droit rejeté par les juges d'appel qui retiennent que le doute dont il fait état sur la portée réelle de l'art. 3 de la L. du 9 juill. 1976 (CSP, art. L. 355-26) ne pouvait conduire un professionnel de bonne foi qu'à s'abstenir de participer à une campagne publicitaire dont le comité national contre le tabagisme dénonçait le caractère illicite. • Crim. 10 avr. 1997, n° 96-83.152 P : *Dr. pénal 1997. 115, obs. J.-H. Robert.* ♦ En permettant l'affichage d'une publicité en faveur d'un produit offert sous une dénomination qu'il savait être une marque de cigarette, le prévenu de complicité de publicité illicite en faveur du tabac a sciemment procuré à l'annonceur les moyens de commettre une infraction ; il ne peut invoquer une erreur sur le droit alors que, professionnel de la publicité, il avait reçu une mise en garde de la partie civile. • Crim. 29 juin 1999, n° 98-81.962 P : *Dr. pénal 1999. 143 (1er arrêt), obs. J.-H. Robert.*

29. En photocopiant à l'insu de son employeur et à des fins personnelles, pour préparer sa défense dans une instance prud'homale, des documents dont il a la légitime possession dans le cadre de ses fonctions, un salarié appréhende frauduleusement ces documents le temps de leur production ; toutefois, en application de l'art. 6 Conv. EDH, tout citoyen doit pouvoir disposer de renseignements suffisants sur les normes juridiques applicables à ses actes, c'est-à-dire sur des règles suffisamment précises et constantes lui permettant de prévoir, à un degré raisonnable dans les circonstances de la cause, les conséquences de nature à dériver d'un acte déterminé ; la chambre sociale de la Cour de cassation reconnaissant le droit d'un salarié à produire en justice, pour la défense de ses intérêts, des documents dont il a eu connaissance dans l'exercice de ses fonctions, le salarié pouvait légitimement considérer qu'il ne commettait pas un acte pénalement répréhensible ; justifiant ainsi d'une erreur sur le droit qu'il n'était pas en mesure d'éviter, le salarié ne peut, en application de l'art. 122-3 C. pén., être déclaré coupable de vol. • Paris, 9 nov. 2000 : *D. 2001. Somm. 2345, obs. de Lamy ; Dr. pénal 2001. 57, obs. Véron ; RSC 2001. 829, obs. Giudicelli-Delage.* ♦ Pour bénéficier de la cause d'irresponsabilité prévue par l'art. 122-3 C. pén., la personne poursuivie doit justifier avoir cru, par une erreur sur le droit qu'elle n'était pas en mesure d'éviter, pouvoir légitimement accomplir le fait reproché ; tel n'est pas le cas de la prévenue qui, poursuivie pour vols, invoque une divergence d'interprétation existant entre la chambre sociale et la chambre criminelle de la Cour de cassation en matière de vol de documents produits en justice par un salarié dans une instance l'opposant à son employeur. • Crim. 11 mai 2004, n° 03-80.254 P : *D. 2004. 2326 (2e esp.), note Kobina Gaba, et Somm. 2759, obs. Roujou de Boubée ; JCP 2004. II. 10124 (1er arrêt), note Girault ; Dr. pénal 2004. 122 (1re esp.), obs. Véron ; LPA, 23 sept. 2004, note Debove ; RSC 2004. 635, obs. Fortis, et 866, obs. Vermelle.* ♦ La prévenue a été renvoyée devant la juridiction correctionnelle pour avoir frauduleusement soustrait, au préjudice de la société qui l'employait, des documents relatifs à un contrôle du service de la répression des fraudes, ainsi qu'une convocation devant le conseil des prud'hommes concernant un autre salarié ; parce que les documents de l'entreprise que la prévenue a appréhendés et reproduits sans l'autorisation de l'employeur étaient strictement nécessaires à l'exercice des droits de sa défense dans le litige l'opposant à ce dernier, la cour d'appel, abstraction faite de motifs erronés mais non déterminants relatifs à l'erreur de droit, a justifié sa décision. • Crim. 15 févr. 2005 : *Dr. pénal 2005. 72, obs. Véron*. – V. *infra*, ss. art. 311-1 et 311-2.

30. Selon l'art. 122-3 C. pén., l'erreur sur le droit n'entraîne une exonération de responsabilité pénale que si la personne qui s'en prévaut n'a pas été en mesure de l'éviter ; il résulte de l'arrêt attaqué et des pièces de procédure que le prévenu, qui ne possède pas le diplôme de pharmacien, a été poursuivi pour avoir, en sa qualité de directeur d'un magasin à grande surface, exercé illégalement la pharmacie en proposant à la vente, notamment, un produit présenté comme une « solution à 70° au camphre pour nettoyer et désinfecter » distribué par la Société européenne de diffusion ; pour le renvoyer des fins de la poursuite et débouter la partie civile de sa demande, les juges du second degré énoncent que, s'il est désormais admis que la solution d'alcool modifié à 70° commercialisée dans l'établissement dirigé par le prévenu est un médicament dont la vente est réservée aux pharmaciens, cette qualification était, à la date de la constatation des faits reprochés, si controversée que celui-ci avait cru pouvoir légitimement vendre ce produit ; mais en se déterminant ainsi, alors qu'il appartenait au prévenu de s'entourer de conseils appropriés, la cour d'appel a méconnu le texte et principe ci-dessus rappelés. • Crim. 15 oct. 2002 : *Dr. pénal 2003. 23, obs. J.-H. Robert ; ibid. 31, obs. Véron*.

31. A caractérisé l'élément intentionnel de l'infraction au regard de l'art. 122-3 C. pén. la cour d'appel qui, pour condamner un maire poursuivi pour complicité d'exécution de travaux en violation des règles d'utilisation du sol (C. urb., art. L. 160-1), qui invoquait une erreur de droit, retient qu'il avait pris conscience, lors d'une réunion tenue l'année précédant la délivrance du permis, à laquelle participait un fonctionnaire de la direction départementale de l'équipement, que la réalisation du projet de construction nécessitait une révision du POS et un changement d'affectation de zone, le terrain concerné étant classé en zone inconstructible, ajoutant qu'à la date de délivrance du permis de construire, n'était pas encore applicable le règlement en cours de révision, qui classait la parcelle concernée en zone NB constructible. • Crim. 14 juin 2005, n° 05-80.916 P : *Dr. pénal 2005, comm. 145, obs. J.-H. Robert*.

4° SOURCES DIVERSES

32. Conseils des auxiliaires de justice. N'est pas pénalement responsable de la violation de domicile qui lui est reprochée le prévenu qui, ayant acquis un appartement inhabité par adjudication, s'est cru légitimement propriétaire et autorisé, le soir même de l'adjudication, à demander à la concierge les clés de cet appartement et à y pénétrer, faisant changer le verrou après en avoir avisé le saisi, les informations de l'avocat qu'il avait mandaté pour la procédure d'adjudication, consignées dans une attestation délivrée par celui-ci, le confortant dans cette erreur. • Versailles, 27 janv. 1995 : *BICC 1995. 606 ; Gaz. Pal. 1996. 1. Somm. 152*.

33. L'erreur de droit qui entraîne une exonération de responsabilité pénale ne peut être relative au sens ou à la portée d'une décision judiciaire susceptible d'être interprétée par le juge ; cassation, pour violation de ce principe, de l'arrêt qui, pour faire bénéficier un époux, poursuivi du chef de violation de domicile, des dispositions de ce texte, relève que le prévenu, qui s'est introduit, en l'absence de son épouse dont il vivait séparé, dans l'appartement attribué à celle-ci par décision judiciaire, a consulté au préalable son avoué qui lui a fait connaître, par écrit, que, la cour d'appel ayant rejeté la demande en divorce formée par l'épouse, tout en autorisant les époux à résider séparément, il ne lui était pas interdit de regagner son logement où était implicitement fixée la résidence familiale, alors qu'en l'espèce, tout risque d'erreur pouvait être évité par une demande d'interprétation présentée en application de l'art. 461 C. pr. civ. • Crim. 11 oct. 1995, n° 94-83.735 P : *D. 1996. 469, note Muller ; Dr. pénal 1996. 56-I, obs. Véron ; RSC 1996. 646, obs. Bouloc*.

34. Doit être relaxée du chef de non-représentation d'enfant, en raison de sa bonne foi, la mère qui s'oppose à l'exercice du droit de visite accordé au père sur la base d'informations erronées fournies par son avocat. • Douai, 26 sept. 1996 : *Dr. pénal 1997. 60, obs. Véron*.

35. Un prévenu d'abandon de famille, soumis à une procédure collective, ne peut invoquer une lettre du représentant des créanciers lui enjoignant de cesser de payer la pension alimentaire ; en effet, il ne justifie pas avoir cru, par une erreur sur le droit, qu'il n'était pas en mesure d'éviter, pouvoir légitimement refuser de payer cette pension ; un simple avis donné par un professionnel du droit ne saurait constituer une erreur au sens de l'art. 122-3 C. pén. • Crim. 7 janv. 2004, n° 03-82.337 P : *D. 2004. 419, obs. Lienhard ; AJ pénal 2004. 114, obs. Bicheron ; JCP 2004. II. 10060, note Pomart ; Dr. pénal 2004. 49, obs. Véron ; Gaz. Pal. 2004. 2. Somm. 3307, obs. Monnet ; RSC 2004. 635, obs. Fortis*.

36. Inaction du ministère public. Doit être rejetée l'erreur de droit appuyée sur des avis juridiques autorisés et confortée par l'inaction du ministère public. • Crim. 16 mars 1999, n° 97-81.063 P.

37. Extranéité. Doit être rejetée l'erreur de droit fondée sur l'ignorance de la teneur exacte de la réglementation française en matière d'excès de vitesse, dont fait état un conducteur étranger, transporteur de profession, alors que la réglementation en cause a été portée à sa connaissance par une signalisation adéquate, d'abord dès l'entrée du territoire français, puis sur les voies qu'il a utilisées. • Douai, 26 oct. 1994 : *D. 1995. 172, note Couvrat et Massé* ; *Gaz. Pal. 1994. 2. 766, note J.-G. M.*

38. Poursuivi pour exportation sans déclaration de capitaux d'une valeur de plus de 50 000 F, le prévenu, ressortissant nigérian, plaidant sa bonne foi, soutenait qu'il avait déclaré le transport de francs CFA à la douane nigériane, et qu'il ignorait la réglementation applicable en France ; pour écarter, à bon droit, le fait justificatif invoqué, la cour d'appel relève que l'intéressé s'est présenté aux douaniers comme directeur d'une société spécialisée dans les opérations de change et de transport de devises, qu'il avait déjà réalisé des opérations semblables vers d'autres pays européens, et ne pouvait invoquer son ignorance des obligations déclaratives pesant sur lui au regard de l'art. 465 C. douanes, en prétextant qu'il remplissait les formalités requises par les autorités du Nigeria. • Crim. 7 nov. 1996 : *Gaz. Pal. 1997. 1, chron. crim. 71.* ♦ La loi française, étant d'application territoriale, s'applique à toute infraction commise sur le territoire national, même par un étranger non résident en France (sol. implicite) ; ainsi, l'étranger trouvé, après son passage de la frontière, en possession de devises non déclarées et dissimulées dans ses vêtements, n'est pas fondé à se prévaloir de son ignorance de la loi française, particulièrement des dispositions des art. 464 et 465 C. douanes imposant la déclaration du transfert de ces valeurs. • Crim. 29 mars 2000, n° 97-80.916 P.

39. L'erreur portant sur les modalités d'exécution de deux mesures successives d'annulation du permis de conduire, qui peut être évitée, soit par la saisine du juge en difficulté d'exécution, sur le fondement de l'art. 710 C. pr. pén., soit par la consultation de l'administration, ne constitue pas, au sens de l'art. 122-3 C. pén., une cause d'exonération de responsabilité pénale. • Crim. 17 févr. 1998, n° 96-86.257 P : *D. 1999. Somm. 153, obs. Roujou de Boubée* ; *RSC 1998. 765, obs. Bouloc*.

40. Faible niveau d'instruction. L'ignorance de la loi ne peut être un fait justificatif que si elle est excusable ; tel n'est pas le cas lorsque la connaissance de l'interdiction du port d'une arme de sixième catégorie fait partie de l'instruction civique de base de la population, même d'un niveau d'instruction peu développé. • Grenoble, 13 nov. 1996 : *Dr. pénal 1997. 92, obs. Véron ; JCP 1996. IV. 2051.*

41. Recours à un dictionnaire. Pour bénéficier de la cause d'irresponsabilité prévue par l'art. 122-3 C. pén., la personne poursuivie doit justifier avoir cru, par une erreur sur le droit qu'elle n'était pas en mesure d'éviter, pouvoir légitimement accomplir le fait reproché ; tel n'est pas le cas de la société prévenue, professionnel de la vente par correspondance de produits pour animaux, qui, poursuivie pour exercice illégal de la pharmacie, invoque une erreur de droit résultant de la définition donnée par le dictionnaire des médicaments vétérinaires. • Crim. 4 oct. 2011, n° 10-88.157 : *D. actu. 4 nov. 2011, obs. Bombled ; AJ pénal 2012. 95, obs. Lasserre Capdeville* ; *Dr. pénal 2011, n° 146, obs. Véron ; RPDP 2012. 140, obs. Chevallier.*

42. Particularité des circonstances. Doit être relaxé des poursuites pour vol le prévenu qui s'est emparé de la voiture de son « beau-père », à la suite d'un mouvement de colère, dans le seul but de « se défouler » ; si les éléments constitutifs du vol sont bien réunis, il ressort des circonstances de la cause qu'il doit bénéficier du fait justificatif d'erreur sur le droit prévu à l'art. 122-3 C. pén., n'ayant jamais eu l'intention de s'approprier définitivement le véhicule. • T. corr. Carcassonne, 16 mars 1994 : *LPA 1995, n° 69, note Bourin ; RSC 1998. 110, obs. Ottenhof*.

Art. 122-4 N'est pas pénalement responsable la personne qui accomplit un acte prescrit ou autorisé par des dispositions législatives ou réglementaires.

N'est pas pénalement responsable la personne qui accomplit un acte commandé par l'autorité légitime, sauf si cet acte est manifestement illégal. — *Pén. 213-4 ; Just. milit. L. 311-14.*

Corresp. : *C. pén., ancien art. 327.*

RÉP. PÉN. v° *Ordre de la loi*, par DANTI-JUAN.

BIBL. ▸ GUIHAL, *Gaz. Pal. 1995. 1. Doctr. 480* (nouveau code pénal et protection de l'environnement). – MEKHANTAR, *AJDA 2004. 1681* (le devoir de résistance du fonctionnaire aux ordres illégaux, depuis 1946). – MALABAT, *Mél. B. Bouloc, Dalloz, 2006, p. 681* (responsabilité pénale du subordonné). – KHALIFA, *RSC 2010. 786* (conditions préalables à la responsabilité du supérieur hiérarchique devant les juridictions pénales internationales). – WERLE et BURGHARDT, *RSC 2012. 47* (formes de participation en droit international pénal). – PARIGUET, *JCP 2013, n° 1000* (esquisse d'une définition de l'autorité en droit pénal).

I. ORDRE DE LA LOI

1. *Loi française.* L'ordre prétendu de la loi étrangère ne saurait être invoqué comme fait justificatif lorsque le délit poursuivi a été commis en territoire français ; ainsi ne peut s'exonérer de sa responsabilité pénale encourue du chef d'un délit commis sur le territoire national, le pilote d'un avion étranger, trouvé détenteur d'armes et de munitions après son atterrissage. • Crim. 27 juin 1973, n° 73-90.057 P.

2. *Infractions involontaires.* L'art. 2 protégeant le droit à la vie se place parmi les articles primordiaux de la Conv. EDH ; les exceptions définies au § 2 montrent que l'art. 2 vise certes le cas où la mort a été infligée intentionnellement, mais ce n'est pas son unique objet ; le texte de l'art. 2, pris dans son ensemble, démontre que le paragraphe 2 ne définit pas avant tout les situations dans lesquelles il est permis d'infliger intentionnellement la mort, mais décrit celles où il est possible d'avoir « recours à la force », ce qui peut conduire à donner la mort de façon involontaire ; le recours à la force doit être rendu « absolument nécessaire » pour atteindre l'un des objectifs mentionnés aux al. a), b) et c). • CEDH 27 sept. 1995, *Mac Cann, Farell et Savage c/ Royaume-Uni : Gaz. Pal. 1996. 2. 532, note Puéchavy ; RSC 1996. 462, obs. Kœring-Joulin*.

3. La cause d'irresponsabilité pénale prévue par les art. 122-4 C. pén. et 174 du décret du 20 mai 1903 relatif à la gendarmerie s'étend aux fautes involontaires commises au cours de l'exécution de l'acte prescrit ou autorisé par la loi ou le règlement. • Crim. 5 janv. 2000, n° 98-85.700 P : *D. 2000. 780, note de Lamy ; RSC 2000. 606, obs. Mayaud ; ibid. 817, obs. Bouloc*. ♦ Pour une confirmation implicite, avec précision que l'art. 174 du Décr. du 20 mai 1903 est compatible avec les dispositions de l'art. 2-2 Conv. EDH et n'est contraire à aucune disposition de droit interne. • Crim. 18 févr. 2003, n° 02-80.095 P : *D. 2003. 1317, note Defferrard et Durtette ; Dr. pénal 2003, comm. 57, obs. Véron ; Gaz. Pal. 2003. 1062, note Y. Monnet ; RSC 2003. 387, obs. Buisson ; ibid. 559, obs. Mayaud ; ibid. 565, obs. Delmas Saint-Hilaire*. ♦ *Adde* : F. Debove, *Dr. pénal 2003, chron. 22* (carton jaune pour les bleus !).

4. *Responsabilité civile.* Lorsque les dommages résultent de l'usage d'armes à feu, qui comporte des risques exceptionnels, l'État est responsable de ceux subis, en raison de la faute d'un de ses agents, par les personnes visées par les opérations de police judiciaire, sans qu'il soit nécessaire que cette faute présente le caractère d'une faute lourde. • Crim. 14 juin 2005, n° 04-82.208 P : *D. 2006. Pan. 618, obs. Pradel ; Gaz. Pal. 2006. 1. Somm. 593, note Monnet* • Rouen, 17 mars 2004 : *JCP 2005. IV. 1432* (sur renvoi après cassation par • Crim. 18 févr. 2003 : *préc. note 3).*

5. *CIVI.* Ne présentent pas le caractère matériel d'une infraction, au sens de l'art. 706-3 C. pr. pén., les faits pour lesquels leur auteur bénéficie de la cause d'irresponsabilité pénale prévue par l'art. 122-4, al. 1er, C. pén., selon lequel n'est pas pénalement responsable la personne qui accomplit un acte prescrit ou autorisé par des dispositions législatives ou réglementaires ; en conséquence ne saurait être fondée la demande en réparation de son préjudice, sur le fondement de l'art. 706-3 C. pr. pén., de la mère de la victime blessée à mort par le tir d'un gendarme reconnu pénalement irresponsable en application de l'art. 122-4, al. 1er, C. pén. • Crim. 26 mars 2015, n° 13-17.257 P : *D. actu. 14 avr. 2015, obs. Priou-Alibert*.

A. ORDRE FORMEL

6. *Action civile des contribuables.* Selon l'art. 122-4 C. pén., n'est pas pénalement responsable la personne qui accomplit un acte prescrit ou autorisé par des dispositions législatives ou réglementaires ; en application de l'art. L. 2132-5 CGCT le contribuable qui se propose d'exercer, avec l'autorisation du tribunal administratif, les actions qu'il croit appartenir à la commune, et que celle-ci a refusé ou négligé d'exercer, doit, préalablement, appeler les organes de la commune à en délibérer ; encourt en conséquence la cassation l'arrêt qui déclare coupable de la contravention de diffamation non publique le prévenu qui a adressé au maire de sa commune une lettre lui demandant d'exercer, au nom de celle-ci, une action pour prise illégale d'intérêts en raison de faits imputés au maire lui-même, alors qu'il invoquait l'application de l'art. L. 2132-5 CGCT, et qu'il lui incombait d'énoncer les motifs de sa démarche, de justifier du bien-fondé de l'action en justice qu'il requérait et de mettre les organes de la commune à même de se prononcer. • Crim. 27 mai 2015, n° 14-83.061 P : *D. actu. 8 juin 2015, obs. Lavric ; D. 2015. 1583, note Serinet ; JCP G 2015. 692, obs. Detraz ; Dr. pénal 2015, n° 143, obs. Conte*.

7. *Devoirs civils.* Sur la condamnation d'un mari pour proxénétisme malgré l'art. 215 C. civ. (cohabitation des époux). • Crim. 20 juin 1946 : *D. 1946. 360*.

8. *Motifs de licenciement.* Justifie sa décision la cour d'appel qui estime non caractérisée la diffamation non publique résultant de l'envoi, à un salarié, d'une lettre de licenciement lui imputant des faits de harcèlement sexuel, dès lors que la nécessité d'énoncer le ou les motifs du licenciement prévue par l'art. L. 122-14-2 C. trav. constitue un fait justificatif et que les juges retiennent que le courrier litigieux ne développait aucun grief ni aucune circonstance superflus. • Crim. 12 oct. 2004, n° 03-86.262 P : *AJ pénal 2004. 446 ; D. 2005. Pan. 1526, obs. Segonds ; RSC 2005. 65, obs. Fortis*.

9. Justifie légalement sa décision de débouté d'une demande de condamnation pour contravention de diffamation non publique relativement à des faits énoncés dans une lettre de licenciement, la cour d'appel qui constate qu'ont été respectées les dispositions impératives du droit du licenciement, lesquelles sont exclusives de l'application de la loi du 29 juill. 1881. • Civ. 1re, 7 nov. 2006, ♘ n° 05-19.011 P : *Gaz. Pal. 2007. 2. Somm. 3419, note Guerder.*

10. Motivations administratives. L'appréciation du maire sur la fausseté des renseignements fournis lors d'une demande de permis de construire ne saurait constituer une diffamation dès lors que la L. du 11 juill. 1979 impose à l'Administration de motiver en droit et en fait certaines décisions à caractère individuel, notamment celles rapportant une décision créatrice de droits, et qu'un retrait d'acte administratif doit intervenir dans le délai du recours contentieux, ou sans condition de délai si l'acte a été obtenu frauduleusement. • Crim. 3 mai 2000, ♘ n° 99-84.796 P.

11. Procédures collectives. Méconnaît le sens et la portée de l'art. L. 621-24 C. com. et 122-4 C. pén., la cour d'appel qui, pour condamner le prévenu qui avait retenu les cotisations ouvrières agricoles précomptées sur les salaires exigibles postérieurement au jugement d'ouverture de la procédure de redressement judiciaire des sociétés qu'il dirigeait, énonce que ces cotisations constituent des créances de la Mutualité sociale agricole sur les salariés, et non sur l'employeur, de sorte que leur versement par celui-ci échappe à l'interdiction de payer toute créance née antérieurement au jugement d'ouverture. • Crim. 24 janv. 2006, ♘ n° 05-82.519 P : *Dr. pénal 2006. 54, obs. J.-H. Robert ; RSC 2006. 595, obs. Fortis* ✎ • 24 janv. 2006, n° 05-85.521 : *ibid. n° 24 ; RSC 2006. 595, obs. Fortis* ✎. ♦ ... Sauf à rechercher si certaines des infractions poursuivies n'étaient pas caractérisées compte tenu des modalités d'exigibilité des cotisations, telles que définies par le décret n° 76-1282 du 29 déc. 1976 modifié, et de la date du jugement d'ouverture de la procédure de redressement judiciaire. • Crim. 24 janv. 2006 : ♘ *préc.*

12. Publications légales. Conformément à l'art. 327 C. pén., il n'y a pas diffamation lorsque la publication incriminée est ordonnée par la loi ; il en résulte que le directeur du *Journal officiel* ne saurait encourir aucune responsabilité du fait de l'insertion d'une déclaration d'association, dont il ne peut légalement se dispenser en exécution des art. 5 de la L. du 1er juill. 1901 et 1er du Décr. du 16 août 1901. • Crim. 17 févr. 1981, ♘ n° 79-95.028 P : *RSC 1982. 350, obs. Levasseur* • 14 nov. 1989, ♘ n° 87-85.561 P. ♦ Le directeur de la publication d'un journal ne saurait encourir aucune responsabilité du fait de l'insertion d'une annonce dont il ne peut légalement se dispenser (publication d'une annonce légale). • Crim. 17 oct. 1995, ♘ n° 93-85.440 P : *Gaz. Pal. 1996. 1. 103, note Doucet ; RSC 1996. 647, obs. Bouloc* ✎.

B. PERMISSION DE LA LOI

1° DROIT DE CORRECTION

13. Charte sociale européenne. BIBL. Perelmutter, *Gaz. Pal. 2010. 1. Doctr. 1322* (éduquer sans frapper). ♦ Le droit français ne prévoit pas d'interdiction suffisamment claire, contraignante et précise des châtiments corporels, en violation de l'art. 17 de la Charte sociale européenne. • CEDH 4 mars 2015, *Assoc. pour la protection des enfants c/ France*, n° 92/2013 : *JCP 2015. 338, obs. Matsopoulou.*

14. Droit coutumier. Lorsque, dans un établissement scolaire, un enseignant se rend coupable d'un geste de violence sur un élève perturbant le déroulement d'un cours, qu'il a déplacé de force au premier rang de la classe, il exerce un droit coutumier de correction manuelle des élèves par les maîtres, assimilé à celui reconnu aux père et mère de l'enfant, qui constitue un fait justificatif d'usage et doit conduire à sa relaxe des fins de la poursuite pour violences volontaires sans incapacité de travail, dès lors qu'il ressort des circonstances que ce droit a été exercé de manière adaptée, mesurée et nécessaire à la bonne tenue des élèves et au maintien de l'ordre dans la classe. • T. pol. Sarlat, 11 sept. 1997 : *BICC. 1998. 390.*

15. Exercice inoffensif. Aux ordres de la loi, au sens de l'art. 327 C. pén., il convient d'assimiler la permission de celle-ci et la permission de la coutume ; si les châtiments corporels ou même le traditionnel droit de correction ne correspondent plus à l'état de nos mœurs, les parents et les enseignants possèdent toujours, dans un but éducatif, un pouvoir disciplinaire pouvant éventuellement s'exercer sur de jeunes enfants sous forme de gifles ou tapes inoffensives. • T. pol. Bordeaux, 18 mars 1981 : *D. 1982. 182, note Mayer ; RSC 1982. 347, obs. Levasseur.* ♦ Rappr. : • Crim. 4 déc. 1908 : *Gaz. Pal. 1909. 1. 45.*

16. Le droit de correction reconnu aux parents par les conventions, la loi et la jurisprudence tant interne qu'européenne a pour limite l'absence de dommages causés à l'enfant, la correction devant rester proportionnée au manquement commis et ne pas avoir de caractère humiliant. • Paris, 31 mai 2012 : *inédit.* ♦ Confirmé par : • Crim. 29 oct. 2014, ♘ n° 13-86.371 : *AJ pénal 2015. 605, obs. Herzog-Evans* ✎.

17. Correction reconnue. L'élément intentionnel n'apparaît pas suffisamment caractérisé dès lors que le comportement en cause (cheveux d'une élève de 12 ans tirés par derrière au niveau de la nuque) ressort plutôt du droit de correction de l'enseignant. • Angers, 17 juin 1997 : *Dr. pénal 1998. 34, obs. Véron.* ♦ ... Relativement à une paire de gifles portée à la figure d'un élève de 15 ans, l'élément intentionnel n'apparaît pas suffisamment constitué en l'absence de conséquences corporelles établies et il convient de retenir le droit de correction. • Même arrêt.

18. On ne peut pas qualifier de violences volontaires commises par un enseignant, dans le cadre d'une intervention de sa responsabilité pour faire cesser avec l'autorité physique nécessaire un chahut, une dispute, une chamaillerie, voire une bagarre ou des faits plus graves encore, le simple fait de saisir la poignée du cartable que porte l'élève ; tous les enseignants, notamment ceux des petites classes, savent que ce geste peut permettre de faire cesser des actes d'indisciplines sérieux sans avoir à toucher physiquement l'élève ; cette manière de procéder, qui permet donc de ne pas toucher l'élève physiquement, ne saurait dès lors être assimilée, seule et sans autres circonstances démontrant la volonté de l'adulte d'agresser l'élève, à une violence volontaire sur cet élève. • Versailles, 16 juin 2003 : *RSC 2004. 87, obs. Mayaud*.

19. Pour la relaxe d'un père qui avait tenté de forcer deux de ses enfants à le suivre lors de l'exercice de son droit de visite et d'hébergement, ce qui s'était traduit par une contusion au niveau du bras pour l'un et une entorse d'un doigt pour l'autre, la cour d'appel ayant estimé que ces séquelles, mineures, étaient « tout au plus le résultat d'un pouvoir de direction et de correction exercé de manière très ponctuelle et très brève ». • Angers, 25 mars 2004 : *Dr. pénal 2004. 158.*

20. Correction non reconnue. La forte gifle, ainsi que le fait de plonger la tête d'un enfant de six ans dans la cuvette des W.C. et de tirer la chasse d'eau, dépassent par leur nature et par leurs conséquences, même en l'absence d'une incapacité de travail, les limites du droit de correction. • Crim. 21 févr. 1990 : *Dr. pénal 1990. 216 ; RSC 1990. 785, obs. Levasseur*. ♦ V. également : • CEDH 25 mars 1993 : *JCP 1994. II. 22262, note Mazière ; Gaz. Pal. 1994. 2. 481, note Derhy.*

21. Justifient leur décision les juges qui, pour déclarer un instituteur coupable de violences volontaires ayant entraîné une incapacité totale de travail personnel n'excédant pas huit jours sur la personne d'un élève dont il avait pincé et tiré les oreilles, retiennent que le « pouvoir disciplinaire » ne peut être invoqué par les enseignants que s'il s'exerce de manière inoffensive, ce qui n'a pas été le cas en l'espèce. • Crim. 31 janv. 1995, nº 93-85.711 P : *RSC 1995. 814, obs. Mayaud*.

22. Nul ne peut être soumis à des traitements inhumains ou dégradants ; cassation, pour violation des art. 222-13 et 222-14 C. pén., de l'arrêt qui, pour estimer justifiées les sanctions infligées à de jeunes pensionnaires autistes par le personnel éducatif d'une institution spécialisée – lesquelles consistaient en « privations de repas, enfermements dans un placard, administrations de douches froides ou obligations de ramassage de leurs excréments » – énonce que les mesures en question peuvent s'inscrire dans un cadre éducatif en raison du contexte particulier tenant à la pathologie lourde des personnes auxquelles elles ont été appliquées et qu'il n'apparaît pas de disproportion entre ces sanctions et la gravité des crises et comportements auxquels elles répondaient, alors que ne peuvent constituer des mesures éducatives des traitements dégradants imposés à des êtres humains. • Crim. 2 déc. 1998, nº 97-84.937 P : *Dr. pénal 1999. 83, obs. Véron.*

23. Dès lors que plusieurs gifles sur la figure et sur la tête ont été infligées à une élève âgée de 15 ans, provoquant le heurt avec la table de classe et occasionnant des blessures à l'œil qui ont nécessité des soins à l'infirmerie de l'établissement, l'élément intentionnel est caractérisé eu égard à la violence des coups et leurs conséquences. • Angers, 17 juin 1997 : *préc. note 17.*

24. Pour un « droit de correction » non reconnu, suite à un coup de poing porté au visage par un caporal instructeur sur un militaire, à qui il reprochait de perturber un cours de chant « en faisant exprès de mal chanter ». • Nîmes, 3 mai 2001 : *Dr. pénal 2001. 140, obs. Véron.*

25. Pour la condamnation : ... d'un père qui, irrité par l'attitude insolente de son fils, avait exercé des violences à son encontre et, notamment, giflé son visage, lui occasionnant saignement et hématome de la lèvre supérieure, avec gêne pour l'élocution et la mastication (la mère ayant confirmé le caractère habituel de ces violences). • Angers, 25 mars 2004 : *Dr. pénal 2004. 158.* ♦ Pour la condamnation : ... d'un père qui, irrité par l'attitude insolente de son fils, avait exercé des violences à son encontre, et, notamment, giflé son visage, lui occasionnant saignement et hématome de la lèvre supérieure, avec gêne pour l'élocution et la mastication (la mère ayant confirmé le caractère habituel de ces violences). • Paris, 4 mai 2004 : *Dr. pénal 2004. 158.* ♦ ... D'un père qui, également irrité par son fils de onze ans, avait exercé sur lui des violences commises au moyen de claques et de « coups de guitare », portés au visage et sur la cuisse, entraînant des lésions ecchymotiques orbitaires et un hématome à la cuisse (sans que fut relevé le caractère habituel de ces violences). • Paris, 11 mai 2004 : *Dr. pénal 2004. 158.*

26. Est coupable du délit de violences volontaires sans incapacité sur mineur de 15 ans, le prévenu, professeur d'une classe de SEGPA, qui a donné un coup de genou à un élève ; les élèves de SEGPA sont ceux qui ont été retirés des classes ordinaires en raison de leurs difficultés ; s'il est vrai que ces enfants peuvent être plus turbulents que d'autres, ils méritent toutefois plus d'attention que les autres, et la violence est tout particulièrement inadaptée en face d'eux ; en l'occurrence, le prévenu a donné, lors de la toute première heure de cours, un coup de genou à un élève qui, selon les propres explications de ce professeur à l'audience, laissait traîner ses jambes dans l'allée pour le faire tomber, ce qui de façon explicite prouve bien que le prévenu ne l'a pas touché par inadvertance, mais bien qu'il a répondu par la violence à ce qu'il a ressenti comme une menace de la part de cet élève ; ainsi, le coup porté à un mineur de quinze ans, à un moment où il était placé sous l'autorité de l'enseignant, n'avait aucune portée éducative, et n'avait aucune légitimité ; le prévenu ne saurait valablement invoquer pour sa défense un arrêt rendu par la Cour EDH, qui admet un châtiment corporel dans une école d'Écosse, et qui porte sur des faits s'étant déroulés en 1976 et 1977, compte tenu du contexte actuel de restriction progressive du droit de corriger les élèves ; en effet, face au développement de la violence chez les jeunes gens, la violence à leur égard ne cesse d'être critiquée, voire interdite par les normes les plus récentes. • Toulouse, 16 oct. 2008 : *JCP 2009. IV. 1523.*

2° FORCES DE L'ORDRE

BIBL. Herran, *Gaz. Pal. 2017. 627* (le droit pénal à l'épreuve de l'usage de la force dans les opérations de maintien de l'ordre).

a. Toutes forces

27. Protection due à l'intégrité physique. La Cour n'estime pas devoir examiner le système et les modalités de la garde à vue en France, ni en l'occurrence la durée et la fréquence des interrogatoires du requérant ; il lui suffit de noter que les certificats et rapports médicaux, établis en toute indépendance par des praticiens, attestent de l'intensité et de la multiplicité des coups portés à celui-ci ; il y a là deux éléments assez sérieux pour conférer à ce traitement un caractère inhumain et dégradant ; les nécessités de l'enquête et les indéniables difficultés de la lutte contre la criminalité, notamment en matière de terrorisme, ne sauraient conduire à limiter la protection due à l'intégrité physique de la personne (§ 115). • CEDH 27 août 1992, *Tomasi c/ France*, n° 12850/87 : *AJDA 1993. 105, chron. Flauss ; D. 1993. 383, obs. Renucci ; RSC 1993. 33, obs. Sudre ; ibid. 142, obs. Pettiti ; AFDI 1992. 629, obs. Coussirat-Coustère ; JDI 1993. 740, obs. Decaux et Tavernier ; RUDH 1993. 1, obs. Sudre et a. ; Gaz. Pal. 4/6 oct. 1992. 28, note Vorms.*

28. Lorsqu'un individu est privé de sa liberté ou, plus généralement, se trouve confronté à des agents des forces de l'ordre, l'utilisation à son égard de la force physique alors qu'elle n'est pas rendue strictement nécessaire par son comportement porte atteinte à la dignité humaine et constitue, en principe, une violation du droit garanti par l'art. 3 de la Conv. (§ 28). • CEDH 3 oct. 2013, *Douet c/ France*, n° 16705/10 : *D. actu. 9 oct. 2013, obs. Fucini.* ♦ ... S'agissant en particulier de l'usage de la force au cours d'une arrestation, la Cour doit rechercher si la force utilisée était strictement nécessaire et proportionnée et si l'État doit être tenu pour responsable des blessures infligées ; pour répondre à cette question, elle doit prendre en compte les blessures occasionnées et les circonstances dans lesquelles elles l'ont été ; de plus, il incombe normalement au Gouvernement d'apporter des preuves pertinentes démontrant que le recours à la force était à la fois proportionné et nécessaire. • Même décision.

29. Charge de la preuve. Pour une violation de l'art. 3 Conv. EDH fondée sur un faisceau d'indices suffisant, en l'absence de fourniture par les autorités internes d'une explication satisfaisante et convaincante à l'origine des lésions du requérant dont les symptômes se sont manifestés alors qu'il se trouvait entre les mains des fonctionnaires de police. • CEDH 16 juill. 2015, *Ghedir et a. c/ France*, n° 20579/12 : *AJ pénal 2015. 596, note Grégoire*. ♦ Rappr. : • CEDH 3 oct. 2013, *Douet c/ France*, n° 16705/10 : *préc.*

30. Techniques d'immobilisation. La Cour constate que la victime a été maintenue au sol pendant 35 minutes dans une position susceptible d'entraîner la mort par asphyxie dite « posturale » ou « positionnelle » ; or, la Cour observe que cette forme d'immobilisation d'une personne a été identifiée comme hautement dangereuse pour la vie, l'agitation dont fait preuve la victime étant la conséquence de la suffocation par l'effet de la pression exercée sur son corps (§ 102) ; la Cour déplore qu'aucune directive précise n'ait été prise par les autorités françaises à l'égard de ce type de technique d'immobilisation et que, malgré la présence sur place de professionnels formés au secours, aucun soin n'ait été prodigué à la victime avant son arrêt cardiaque (cf., *mutatis mutandis*, Makaratzis c/ Grèce [GC], n° 50385/99, § 70-71, CEDH 2004-XI et, *a contrario*, Scavuzzo-Hager et a., précité, §§ 67-68, § 103) ; dès lors, il y a eu, en l'espèce, manquement à l'obligation positive incombant aux autorités de protéger la vie de la victime ; partant, il y a eu violation de l'art. 2 de la Conv. à cet égard (§ 104). • CEDH 9 oct. 2007, *Saoud c/ France*, n° 9375/02 : *JCP 2008. II. 10012, note Thierry ; RSC 2008. 140, obs. Marguénaud*.

31. Gifle. La gifle assénée aux requérants par des agents de police alors qu'ils se trouvaient sous leur contrôle dans un commissariat, laquelle ne correspondait pas à une utilisation de la force physique rendue strictement nécessaire par leur comportement, a porté atteinte à leur dignité. • CEDH 28 sept. 2015, *Bouyid c/ Belgique*, n° 23380/09 : *AJ pénal 2016. 222, obs. Lavric*. ♦ ... Les requérants ne faisant état que de lésions corporelles légères et ne démontrant pas avoir enduré de vives souffrances physiques ou mentales, ce traitement ne peut être qualifié ni d'inhumain ni, *a fortiori*, de torture ; la Cour retient en conséquence qu'il y a eu traitement dégradant en l'espèce. • Même décision.

32. Peur, angoisse et impuissance. L'opération policière au domicile des requérants n'a pas été planifiée et exécutée de manière à assurer que les moyens employés soient strictement nécessaires pour atteindre ses buts ultimes, à savoir l'arrestation d'une personne suspectée d'avoir commis une infraction pénale et le rassemblement des preuves dans le cadre d'une enquête pénale ; les requérants ont été soumis à une épreuve psychologique qui a généré chez eux de forts sentiments de peur, d'angoisse et d'impuissance et qui, de par ses effets néfastes, s'analyse en un traitement dégradant au regard de l'art. 3 Conv. EDH. • CEDH 16 févr. 2016, *Govedasrski c/ Bulgarie,* n° 34957/12 : *AJ pénal 2016. 222, obs. Lavric*.

33. Malaise. Suite à un malaise à l'occasion de son interpellation par les services de police, une personne est décédée à l'hôpital où elle avait été transférée ; en confirmant l'ordonnance de non-lieu, sans rechercher si les contraintes exercées n'avaient pas été excessives au regard du comportement de l'intéressé et si l'assistance fournie avait été appropriée, la chambre de l'instruction n'a pas justifié sa décision. • Crim. 18 févr. 2014, n° 13-81.858 : *AJ pénal 2014. 435, obs. Saas*.

b. Gendarmerie

34. QPC. La question prioritaire de constitutionnalité est ainsi rédigée : « Les dispositions de l'art. L. 2338-3, al. 4, C. défense permettant à un gendarme, au titre de la permission ou de l'autorisation de la loi au sens de l'art. L. 121-4 C. pén. [lire 122-4], d'ouvrir le feu pour immobiliser un véhicule dont le conducteur n'obtempère pas à son ordre d'arrêt, sont-elles compatibles avec les dispositions de l'art. 9 de la Déclaration des droits de l'homme et du citoyen dès lors qu'elles ne sont encadrées par aucune réserve législative particulière propre à en réduire la rigueur et le caractère létal ? » ; la question posée ne présente pas un caractère sérieux, en ce que les dispositions légales critiquées ne méconnaissent aucun des droits et principes invoqués, dès lors que le droit pour les gendarmes de faire usage de leur arme, notamment quand ils ne peuvent immobiliser autrement les véhicules dont les conducteurs n'obtempèrent pas à l'ordre d'arrêt, n'est reconnu par le juge judiciaire que lorsque les circonstances de l'espèce rendent cet usage absolument nécessaire ; d'où il suit qu'il n'y a pas lieu de renvoyer la question au Conseil constitutionnel. • Crim. 1er avr. 2014, n° 13-85.519 QPC : *D. 2015. 113, obs. Guého ; Dr. pénal 2014, comm. 146, obs. Véron.*

35. Tenue militaire. Le fait justificatif tiré de l'art. 174 du décret du 20 mai 1903 portant règlement sur l'organisation du service de la gendarmerie, qui autorise l'emploi de la force armée pour immobiliser des véhicules dont les conducteurs n'obtempèrent pas aux ordres d'arrêt, ne saurait être étendu à un gendarme qui, hors service et en tenue civile, a fait usage de son arme personnelle pour empêcher la fuite de malfaiteurs surpris par lui ; en pareille circonstance, l'usage des armes est limité au cas de légitime défense. • Crim. 30 avr. 1996, n° 95-82.500 P : *Dr. pénal 1996. 176, obs. Maron ; RSC 1996. 860, obs. Mayaud ; ibid. 1997. 100, obs. Bouloc, et 116, obs. Delmas Saint-Hilaire*. – Cassation de : • Montpellier, 16 mars 1995 : *BICC 1995. 845.* ♦ Selon les dispositions combinées des art. 96 et 174 du Décr. du 20 mai 1903, seuls les gendarmes exerçant leur action en tenue militaire sont autorisés, sous les conditions définies par ce dernier texte, à faire usage des armes pour immobiliser les véhicules dont les conducteurs n'obtempèrent pas aux ordres d'arrêt ; cassation de l'ordonnance du juge d'instruction qui, sur la procédure suivie à l'encontre d'un gendarme prononce un non-lieu du chef de coups ou violences volontaires ayant entraîné la mort sans l'intention de la donner, en retenant que le gendarme n'avait d'autre moyen que d'ouvrir le feu « pour arrêter le véhicule et son conducteur » et qu'il remplissait les conditions prévues par l'art. 174 du décret précité autorisant l'usage de la force armée par la gendarmerie, alors que le gendarme n'était pas en uniforme pour exercer la mission de police judiciaire et ne se trouvait pas en état de légitime défense. • Crim. 16 janv. 1996, n° 94-81.585 P : *JCP 1996. II. 22737, note Fourment ; RSC 1996. 369, obs. Mayaud ; ibid. 848, obs. Bouloc* • Crim. 21 janv. 1998, n° 97-82.269 P : *RSC 1998. 354, obs. Dintilhac* (régularité de la constatation d'une infraction par des gendarmes en tenue civile de sport et ayant fait connaître leur qualité).

36. Violences involontaires. Selon l'art. 122-4 C. pén., n'est pas pénalement responsable la personne qui accomplit un acte prescrit ou autorisé par des dispositions législatives ou réglementaires ; ne tire pas les conséquences légales de ses propres constatations la cour d'appel qui, pour déclarer le prévenu, gendarme qui, blessé par un automobiliste qui tentait de prendre la fuite, a tiré plusieurs coups de feu en direction de la voiture en fuite et blessé mortellement le conducteur, coupable d'homicide involontaire, relève notamment que l'autorisation donnée aux militaires de gendarmerie de faire usage des armes pour immobiliser les véhicules dont les conducteurs n'obtempèrent pas à l'ordre d'arrêt, lorsqu'il ne peuvent le faire autrement, ne les dispensent pas de l'obligation de mener leur action avec prudence et un minimum d'adresse, et ajoute qu'en l'espèce, le tir instinctif qui a atteint la victime a été porté de manière particulièrement imprudente et maladroite quant à sa direction et sa hauteur, alors que la cour a retenu que les conditions d'application de l'art. 174 du décret du 23 mai 1903 sont réunies, et alors que la cause d'irresponsabilité pénale prévue par les textes susvisés s'étend aux fautes involontaires commises au cours de l'exécution de l'acte prescrit ou autorisé par la loi ou le règlement. • Crim. 5 janv. 2000, n° 98-85.700 P : *D. 2000. 780, note de Lamy ; RSC 2000. 606, obs. Mayaud , et 817, obs. Bouloc .*

37. Ne donne pas de base légale à sa décision la cour d'appel qui, pour renvoyer un gendarme des fins de la poursuite exercée contre lui du chef d'homicide involontaire pour avoir mortellement blessé d'un coup de feu un automobiliste qui avait refusé de s'arrêter à un contrôle et qu'il poursuivait, retient que le prévenu était autorisé par l'art. 174 du décret du 20 mai 1903 à faire usage de son arme de service, sans rechercher si cet usage était absolument nécessaire en l'état des circonstances de l'espèce. • Crim. 18 févr. 2003, n° 02-80.095 P : *D. 2003. 1317, note Defferrard et Durtette ; Dr. pénal 2003, comm. 57, obs. Véron ; Gaz. Pal. 2003. 1. 1062, note Y. Monnet ; RSC 2003. 387, obs. Buisson ; ibid. 559, obs. Mayaud ; ibid. 565, obs. Delmas Saint-Hilaire .* ♦ *Adde* : Debove, *Dr. pénal 2003, chron. 22* (carton jaune pour les bleus !).

38. Justifie sa décision la cour d'appel qui, après avoir écarté l'application de l'art. 122-4 C. pén., déclare coupable d'homicide involontaire un gendarme qui, en adaptant sa conduite automobile à celle particulièrement dangereuse de la conductrice poursuivie, a pris un risque disproportionné à l'obligation de mettre fin aux infractions constatées. • Crim. 23 mars 2004, n° 03-82.852 P : *D. 2004. Somm. 2755, obs. de Lamy .*

39. En l'état d'énonciations d'où il résulte que l'usage de son arme de service par un gendarme, membre d'une patrouille qui tentait d'intercepter un véhicule repéré lors d'un vol de carburant et d'un cambriolage, dont les occupants refusaient d'obtempérer aux sommations d'arrêt qui leur étaient adressées, était absolument nécessaire, la chambre de l'instruction a justifié sa décision de faire bénéficier le gendarme de la cause d'irresponsabilité pénale prévue à l'art. 122-4, al. 1er, C. pén. résultant de l'application de l'art. L. 2338-3 C. défense, et d'infirmer l'ordonnance de renvoi devant le tribunal correctionnel du chef d'homicide involontaire, sans méconnaître les exigences de l'art. 2 Conv. EDH. • Crim. 21 oct. 2014, n° 13-85.519 P : *D. 2015. 113, obs. Guého ; Dr. pénal 2014, comm. 146, obs. Véron.*

40. Violences volontaires. Est justifié l'arrêt de la chambre d'accusation qui, pour confirmer la décision de non-lieu entreprise du chef de violences volontaires ayant entraîné la mort sans intention de la donner, et après avoir analysé et qualifié l'ensemble des faits objet des poursuites, a exposé qu'il y avait lieu de constater que le mis en examen devait bénéficier de la cause d'irresponsabilité pénale, prévue à l'art. 122-4, al. 1er, C. pén., résultant de l'application de l'art. L. 2338-3 C. défense, dès lors qu'il a été établi que, en raison des circonstances de l'espèce, l'usage de son arme de service par le gendarme était absolument nécessaire pour contraindre le conducteur du véhicule, qui avait commis des infractions graves et refusé, à plusieurs reprises, d'obtempérer aux ordres d'arrêt des gendarmes dans des circonstances dangereuses pour leur sécurité. • Crim. 12 mars 2013, n° 12-82.683 P : *D. actu. 29 mars 2013, obs. Bombled ; Gaz. Pal. 2013. 1. 1724, obs. Dreyer ; Dr. pénal 2013, comm. 88, obs. Véron.*

3° FLAGRANCE

41. C. pr. pén., art. 73. BIBL. Lesclous et Marsat, *Dr. pénal 1997. Chron. 6* (conditions d'appréhension d'un malfaiteur par un citoyen).

42. Nécessité et proportionnalité. Si, aux termes de l'art. 73 C. pr. pén., toute personne est investie du pouvoir d'appréhender l'auteur présumé d'une infraction flagrante et de le conduire devant l'officier de police judiciaire le plus proche, l'usage, à cette fin, de la force doit être nécessaire et proportionnée aux conditions de l'arrestation. • Crim. 13 avr. 2005, n° 04-83.939 P : *D. 2005. 2920, note Lennon ; Gaz. Pal. 2005. 2. 3485, note Monnet ; Dr. pénal 2005. 117, obs. Maron ; RSC 2006. 419, obs. Buisson .* ♦ ... C'est à bon droit que la cour d'appel a déclaré coupable de violences avec arme le prévenu, propriétaire d'un appartement qui a tiré avec son arme sur un cambrioleur lors d'une tentative de pénétration par effraction dans son appartement, alors que celui-ci s'enfuyait et se trouvait à l'extérieur de l'immeuble. • Même arrêt.

43. Il résulte des art. 73 C. pr. pén. et 122-4 C. pén. que, si toute personne a qualité pour appréhender l'auteur présumé d'une infraction flagrante et le conduire devant l'officier de police judiciaire le plus proche, l'usage de la force, à cette fin, doit être nécessaire et proportionné aux conditions de l'arrestation ; encourt la censure l'arrêt qui, pour relaxer le prévenu du chef d'homicide involontaire énonce que le comportement de celui-ci a eu pour objet d'immobiliser les auteurs d'un délit flagrant dans l'attente de l'arrivée des forces de l'ordre, sans rechercher si le fait d'approcher de la portière d'un véhicule occupé un fusil armé, avec le doigt sur la queue de détente était absolument nécessaire en l'état des circonstances de l'espèce. • Crim. 28 mars 2006, n° 05-81.706 P : *D. 2006. 2721, note Chavent-Leclère ; Gaz. Pal. 2006. 2. Somm. 3474, note Monnet ; RSC 2006. 601, obs. Mayaud .*

44. L'art. 73 C. pr. pén., qui donne au citoyen

le pouvoir d'appréhender l'auteur d'un délit flagrant, ne peut être assimilé à une cause de justification de l'infraction pénale ; commet une imprudence caractérisée, et doit être déclaré coupable des délits d'homicide et de blessures involontaires, l'automobiliste qui poursuit avec son véhicule, en ville, à une vitesse excessive, les voleurs de son sac à main, et provoque une collision avec le véhicule de ces derniers, l'auteur principal du délit étant tué, et son complice blessé. • T. corr. Paris, 1er oct. 1991 : *D. 1992. 486, note Decheix* .

45. Alors qu'il poursuivait l'un des voleurs surpris en action dans l'appartement de ses grands-parents, le prévenu l'a rattrapé et ceinturé à hauteur des bras, provoquant ainsi sa chute face en avant ; le fuyard ayant réussi à se dégager et à reprendre sa course, il l'a arrêté une vingtaine de mètres plus loin ; ultérieurement le voleur a été pris d'un malaise et d'une crise d'épilepsie ; conduit à l'hôpital, il devait y décéder ; c'est à bon droit que, dans son arrêt civil, la cour d'assises a jugé que le comportement du prévenu avait été adopté en vertu du pouvoir d'arrestation qu'il tenait de l'art. 73 C. pr. pén., et qu'il ne pouvait être considéré comme fautif ; en effet, le simple fait qu'il ait poursuivi à pied, sur plusieurs centaines de mètres, le voleur pris en flagrant délit ne saurait rendre fautive son action ; d'ailleurs, il a entouré le fuyard de ses bras uniquement pour arrêter sa fuite et non pour causer sa chute, le saisissant au niveau de la poitrine, et non au niveau des jambes pour provoquer un plaquage ; c'est de façon fortuite qu'il a heurté de sa tête la chaussée en tombant ; en conséquence, le prévenu a usé des moyens appropriés pour tenter d'arrêter la fuite du voleur et ne s'est livré à aucune violence volontaire ; la circonstance qu'il ne se trouvait ni en danger, ni en péril est sans effet sur le droit qu'il possédait de tenter d'arrêter le fuyard en vertu de l'art. 73 précité ; il n'existe donc aucune preuve d'imprudence ou d'imprévoyance de nature à engager sa responsabilité civile. • Nîmes, 25 nov. 2004 : *JCP 2005. IV. 3640.*

46. Flagrance putative. Doit être relaxé du chef de coups et blessures volontaires, en application de l'art. 327 C. pén., le prévenu qui, venant d'arrêter l'auteur apparent d'une tentative de vol d'une voiture, a cru de bonne foi qu'une personne arrivée sur les lieux était un complice venu prêter main forte (alors qu'elle était étrangère à l'affaire) et, supposant logiquement que le nouvel arrivant était armé puisque le voleur l'était, l'a immédiatement frappé pour l'appréhender également, dès lors qu'il a agi pour l'exécution des lois et avait qualité pour le faire en application de l'art. 73 C. pr. pén., qui édicte que, « dans les cas … de délit flagrant puni d'une peine d'emprisonnement, toute personne a qualité pour en appréhender l'auteur », ne fût-il que l'auteur supposé. • Douai, 9 juin 1988 : *D. 1991. Somm. 66, obs. Azibert.*

47. Centres commerciaux. Sont justifiées l'arrestation puis la détention momentanée, effectuées dans un grand magasin par un professionnel de la surveillance, d'une cliente ayant refusé d'ouvrir son sac à la requête qui lui en avait été faite ; il y a lieu, en effet, d'assimiler à l'acte délictueux proprement dit, visé dans l'art. 73 C. pr. pén., le soupçon de sa réalisation, alors même qu'il ne serait pas vérifié par la suite, si du moins les circonstances de la cause sont telles qu'elles pouvaient le rendre vraisemblable. • TGI Marseille, 28 janv. 1982 : *D. 1983. IR 402, obs. J.-M. R.*

48. Aucune disposition légale ne prescrit aux commerçants d'interpeller ou de fouiller les personnes qu'ils suspectent être les auteurs d'une infraction ; à l'inverse, tant pour la sauvegarde des libertés individuelles que pour la protection de l'ordre public, il importe que les particuliers ne puissent pas poursuivre eux-mêmes les auteurs éventuels d'infractions dont ils auraient pu être les victimes. • T. pol. Carvin, 11 févr. 1994 : *D. 1995. 158, note Mayer* ; *RSC 1995. 817, obs. Mayaud* . ♦ Ainsi, si le fait pour la directrice d'un supermarché de demander à un enfant d'ouvrir son manteau, de fouiller toutes ses poches et de le palper sommairement ne paraît pas devoir être qualifié de violences, même légères, cet acte est cependant constitutif d'une voie de fait, infraction prévue et réprimée par le même texte : en effet, il s'agit d'une atteinte à la liberté d'une autre personne, spécialement caractérisée par le fait que le jeune âge de l'enfant ne lui permettait pas de s'opposer aux exigences de la directrice. • Même jugement.

49. Une société exploitant un magasin libre-service qui, après le déclenchement d'une alarme provoqué par le passage à une caisse d'une marchandise non facturée, fait procéder publiquement à la fouille d'un client, exige qu'il justifie de son identité et tarde à aviser les services de police, méconnaît les dispositions de l'art. 73 C. pr. pén. et engage sa responsabilité sur le fondement de l'art. 1382 C. civ. • Civ. 2e, 1er avr. 1999, nº 97-17.951 P : *D. 1999. 387, note Mayer* .

50. Après avoir été interpellée dans un magasin par un agent de surveillance, alors qu'elle avait réglé l'achat d'un objet d'une valeur de 120 F avec un billet de 200 F qui avait paru suspect à la caissière, une adolescente de 14 ans a été retenue dans un local pendant 20 minutes jusqu'à l'arrivée des services de police, a été invitée à vider le contenu de son sac et a été interrogée sur l'origine du billet ; la cour d'appel a pu déclarer le directeur du service de surveillance du magasin coupable de complicité, par instruction donnée, des actes d'arrestation et de séquestration arbitraires commis par son subordonné, dès lors qu'en l'absence d'indices apparents d'un comportement délictueux, la détention de la personne appréhendée ne pouvait être justifiée au regard des dispositions de l'art. 73 C. pr. pén.

• Crim. 26 mai 1999, ☎ n° 98-84.015 : *Gaz. Pal. 1999. 2, chr. crim. 122.*

51. L'interpellation suivie de la détention du client d'un centre commercial, qui venait de passer à la caisse en réglant toutes les marchandises qu'il avait en sa possession, constitue une faute caractérisée par une atteinte d'une certaine gravité à sa liberté et à son honorabilité. • Bordeaux, 26 mai 1999 : *JCP 1999. IV. 3118.*

52. Transports publics. Contrôlée à l'arrière d'un autobus par un agent de la RATP, la passagère n'a pu présenter de titre de transport ; exigeant de descendre immédiatement, elle s'est précipitée à l'avant du véhicule, a agressé un agent qui s'opposait à sa sortie et a porté des coups à deux autres qui tentaient de la calmer ; elle a été maintenue à l'intérieur de l'autobus et conduite au commissariat ; prévenue de violences sur des personnes chargées d'une mission de service public, elle a été relaxée par le tribunal correctionnel qui a annulé l'intégralité de la procédure, au motif que les agents de la RATP, en retenant la contrevenante contre sa volonté à l'intérieur du véhicule, sans ordre d'un officier de police judiciaire, avaient enfreint les dispositions de l'art. 529-4 C. pr. pén. ; pour déclarer la procédure régulière et entrer en voie de condamnation, la cour d'appel retient à bon droit que les violences poursuivies ont été commises alors que la prévenue n'avait pas refusé de justifier de son identité, ni ne se trouvait dans l'impossibilité de le faire, et qu'ainsi, les dispositions de l'art. 529-4 C. pr. pén. n'étaient pas applicables, cependant que celles de l'art. 73 autorisaient toute personne à appréhender l'intéressée et à la conduire devant l'officier de police judiciaire le plus proche. • Crim. 2 juin 2004, ☎ n° 03-87.876 P : *AJ pénal 2004. 327* ✎ ; *Gaz. Pal. 2005. 1. 652, obs. Monnet.*

4° CHIRURGIE

BIBL. Alt-Maes, *JCP 2004. I. 184* (dépénalisation du droit médical).

53. Stérilisation. Justifie sa décision la cour d'appel qui, pour condamner pour coups ou violences volontaires un chirurgien qui a procédé à l'ablation de l'appareil génital externe d'un patient, relève que l'opération a été faite, non pas dans l'intérêt thérapeutique de celui-ci, mais seulement par « curiosité scientifique ». • Crim. 30 mai 1991, ☎ n° 90-84.420 P : *Dr. pénal 1991. 255, obs. Véron ; Gaz. Pal. 1992. 1. 17 ; RSC 1992. 74, obs. Levasseur* ✎. ♦ Confirmation de : • Aix-en-Provence, 23 avr. 1990 : *Gaz. Pal. 1990. 2. 575, note Doucet ; JCP 1991. II. 21720, note Mémeteau ; RSC 1991. 565, obs. Levasseur* ✎. ♦ *Adde* : Mémeteau, *JCP 1995. I. 3838* (stérilisation non thérapeutique après les lois bioéthiques).

54. Chirurgie dentaire. Poursuivie du chef de violences volontaires, une prévenue avait, étant en désaccord avec son client, sur la qualité des soins qu'elle lui avait donnés et sur le montant des honoraires, enlevé les jackets qu'elle avait apposés dans sa mâchoire ; l'opération incriminée, qui portait atteinte à l'intégrité de la personne, et constituait ainsi par elle-même un fait de violences volontaires, ne pouvait être légitimée que si elle avait été faite dans un intérêt médical. • Crim. 9 nov. 1961 : *Gaz. Pal. 1962. 1. 104.*

5° SPORT

BIBL. Vial, *Gaz. Pal. 2004. 1. Doctr., p. 1693* (droit pénal et violence dans les stades). – Simon, *Gaz. Pal. 2007. 2. Doctr., p. 3566* (sources du droit du sport). – Benillouche, *Gaz. Pal. 2007. 2. Doctr., p. 3592* (droit pénal et blessures occasionnées lors de la pratique du sport).

55. Finalité. L'absence de sanction pénale pour des fautes habituellement répréhensibles pénalement, dérogation au droit commun, est la reconnaissance de l'essence même du sport en vue de permettre à l'athlète, libre de toute sujétion, de tendre sa volonté et ses forces vers la réalisation de la performance ; l'application de ce principe exige un cadre délimité par une organisation légalement habilitée pour le définir, l'installer et y contrôler l'application des règles du jeu. • Poitiers, 3 mai 1974 : *Gaz. Pal. 1974. 2. 784 ; RTD civ. 1975. 109, obs. Durry.*

56. Limites. Est coupable de coups ou violences volontaires au cours d'un match de rugby le prévenu qui a, en dehors des limites du jeu, violemment agressé par derrière un adversaire alors qu'il ramassait un ballon, et qui affirme avoir pu dans le jeu vouloir punir physiquement la victime pour un prétendu mauvais geste qu'elle aurait accompli sur un de ses coéquipiers. • Toulouse, 28 janv. 1999 : *JCP 1999. IV. 2810.*

6° AUTRES ILLUSTRATIONS

57. Devoir de secours. V. également ss. art. 223-6, al. 2. ♦ A caractérisé en tous ses éléments, tant matériel qu'intentionnel, le délit dont elle a déclaré la prévenue coupable, la cour d'appel qui a reconnu qu'elle avait commis un recel de malfaiteur en recevant chez elle, en France, un criminel blessé par arme à feu au Portugal, et en lui prodiguant pendant une semaine tous les soins nécessaires, ajoutant que si les infirmières avaient un devoir de secours et de soins à l'égard de toute personne malade, ce devoir n'allait pas jusqu'à prendre le risque de faire voyager sur des centaines de kilomètres un individu blessé et de l'héberger ensuite pendant une semaine à son domicile. • Crim. 17 sept. 2003, ☎ n° 03-80.524 P : *Dr. pénal 2004. 5, obs. Véron ; RSC 2004. 86, obs. Mayaud* ✎ ; *ibid. 645, obs. Delmas Saint-Hilaire* ✎.

58. Droit au logement. Confirment à bon droit la déclaration de culpabilité du chef de stationnement irrégulier de caravanes les juges d'appel qui retiennent que la prévenue ne saurait prétendre, au nom du droit au logement, pouvoir installer son habitation dans une zone inconstructible, au mépris des règles d'hygiène et de sécurité et au prétexte qu'il n'y aurait pas de place sur l'aire de stationnement communale, alors qu'il résulte de sa propre déclaration aux services de gendarmerie qu'elle a refusé, en indiquant « vouloir être chez elle », l'emplacement de stationnement de ses caravanes lui ayant été offert par la commune. • Crim. 1er juin 1999 : *Gaz. Pal. 1999. 2, chron. crim. 155.*

59. Droit d'alerte. Il résulte de la combinaison des articles L. 1152-2, L. 4131-1, al. 1er, C. trav. et 122-4 C. pén. que les salariés sont autorisés par la loi à dénoncer, auprès de leur employeur et des organes chargés de veiller à l'application des dispositions du code du travail, les agissements répétés de harcèlement moral dont ils estiment être victimes ; dès lors, la relation de tels agissements, auprès des personnes précitées, ne peut être poursuivie pour diffamation ; toutefois, lorsqu'il est établi, par la partie poursuivante, que le salarié avait connaissance, au moment de la dénonciation, de la fausseté des faits allégués, la mauvaise foi de celui-ci est caractérisée et la qualification de dénonciation calomnieuse peut, par suite, être retenue. • Civ. 1re, 28 sept. 2016, nº 15-21.823 : *D. actu. 11 oct. 2016, obs. Lavric.* ♦ En revanche, cette révélation doit se limiter aux seules personnes visées par le texte, à savoir l'employeur ou les organs chargés de veiller à l'application des dispositions du code du travail, et en aucun cas à des tiers. • Crim. 26 nov. 2019, nº 19-80.360 P : *D. actu. 18 déc. 2019, obs. Lavric ; AJ pénal 2019. 130, obs. Lasserre Capdeville.*

60. Droit de manifestation. Justifie sa décision, sans méconnaître les art. 10 Conv. EDH et 2 du protocole nº 4 de ladite Conv., la cour d'appel qui, pour déclarer les prévenus coupables d'entrave à la circulation publique, retient qu'ils ont délibérément fait obstacle au passage des véhicules en immobilisant, à plusieurs reprises, leurs automobiles et que la commission d'une infraction pénale ne saurait être justifiée par la participation à une manifestation sur la voie publique. • Crim. 8 mars 2005, nº 04-83.979 P : *RSC 2005. 836, obs. Vermelle ; ibid. 2006. 72, obs. Delmas Saint-Hilaire.*

61. Associations. Une cour d'appel n'a pas à apprécier les éléments constitutifs du délit de marchandage, dès lors que le seul constat que les associations intermédiaires ont exercé leur activité dans les limites de leur objet, tel que défini par la loi, exclue nécessairement la répression conformément aux dispositions du code du travail. • Crim. 30 mai 2000 : *Dr. pénal 2000. 119, obs. J.-H. Robert.*

62. Consommation. Aucune permission de la loi ne vient dispenser du respect cumulatif des deux exigences de l'art. 13, 4º, du Décr. du 19 août 1921 pour faire usage loyal et exempt de tromperie du terme « château » sur les récipients, les étiquettes, les documents commerciaux et publicitaires concernant les vins – produits bénéficiant d'une appellation d'origine –, un produit provenant d'une exploitation agricole existant réellement ; en réalité, l'art. 10 de la L. du 6 mai 1919, repris à l'art. 641-17 C. rur., édicte une interdiction spéciale d'utilisation « astucieuse » du terme « château » pour étiqueter un vin qui n'appartiendrait pas aux vins d'appellation d'origine contrôlée tout en s'abstenant de mentionner faussement « AOC » ; un tel texte n'a nullement pour effet de restreindre les exigences de l'art. 13 (4º) du décret du 19 août 1921. • Bordeaux, 20 mai 2003 : *D. 2003. 2004, note Agostini.*

63. Environnement. Se voit, à juste titre, refuser le bénéfice du fait justificatif prévu, pour les rejets à la mer des hydrocarbures ou des mélanges d'hydrocarbures provenant d'une avarie survenue à un navire ou à son équipement, par la règle nº 11 de l'annexe I de la Convention de Londres du 22 nov. 1973, dite Convention Marpol, le capitaine dont il est retenu qu'il a, avant cette survenance, agi témérairement et avec conscience qu'un dommage en résulterait probablement. • Crim. 4 avr. 2006, nº 05-84.721 P.

C. PERMISSION DE L'ADMINISTRATION

64. Stupéfiants. Sur la conformité à la Constitution de l'irresponsabilité pénale, fondée sur l'art. 122-4 C. pén., des intervenants agissant dans le cadre de la politique de réduction des risques et des dommages en direction des usagers de drogue, telle qu'elle a été mise en place par la L. nº 2016-41 du 26 janv. 2016 de modernisation de notre système de santé (art. 41 et art. 108) : • Cons. const. 21 janv. 2016, nº 2015-727 DC : *JO 27 janv. 2016.*

65. Le principe de la séparation des pouvoirs s'oppose à ce qu'une autorisation administrative relève le juge répressif du devoir qui n'incombe qu'à lui d'appliquer la loi pénale ; ainsi une autorisation administrative telle que le visa de la commission de contrôle des films cinématographiques ne constitue pas un fait justificatif au sens de l'art. 327 C. pén., si les affiches ou images pour lesquelles le visa a été obtenu, et qui ont été ensuite exposées dans les lieux publics, sont reconnues contraires à la décence par le juge répressif (C. pén. : art. R. 38-9º anc. ; art. R. 624-2 nouv.). • Crim. 26 juin 1974, nº 73-92.547 P : *D. 1975. 81, note Puech ; JCP 1975. II. 18011, note Lindon ; Gaz. Pal. 1974. 2. 722.* ♦ Dans des termes identiques, mais sur le fondement de l'excuse légale au sens de l'art. 65 C. pén. (non repris dans le nouveau code pénal). • Crim. 1er juin 1965, nº 64-90.692 P : *D. 1965. 667 ; Gaz. Pal. 1965. 2. 140.*

66. Les autorisations administratives ne sauraient être tenues pour un fait justificatif et priver les juges répressifs de leur pouvoir d'appréciation, au regard des seules dispositions pénales, si se trouvent réunis les éléments constitutifs de l'infraction dont ils sont saisis (outrage aux bonnes mœurs). • Crim. 26 avr. 1983 : *Gaz. Pal. 1984. 1. Somm. 2.*

67. L'existence d'une autorisation de l'autorité municipale ne saurait exonérer de sa responsabilité pénale l'auteur d'une infraction à l'art. L. 31 C. déb. boiss. (ouverture d'un débit de boissons sans déclaration préalable), dès lors que le fait matériel constitutif du délit a été constaté. • Crim. 24 oct. 1983, n° 81-92.255 P. ♦ Rappr. : • Crim. 29 déc. 1949, n° 81-92.255 P : *D. 1950. 193 ; JCP 1950. II. 5386, note Costes.*

68. S'il est vrai qu'aux termes de l'art. 122-4, qui reprend les dispositions de l'ancien art. 327 en y apportant des précisions consacrées par la jurisprudence, qu'une prescription ou une autorisation émanant directement du pouvoir législatif ou réglementaire peut justifier la commission d'une infraction, ces dispositions ne peuvent s'étendre aux actes individuels telle une autorisation préfectorale d'exploitation d'une pisciculture. • TGI Quimper, 2 juin 1994 : *Gaz. Pal. 1995. 1. 214.*

69. A justifié sa décision de relaxe la cour d'appel qui, sur des poursuites exercées contre les prévenus sur le fondement des art. 575-H, 1810, 1819 et 1799 CGI, pour avoir vendu des cigarettes à leur clientèle en violation du monopole institué par la réglementation sur les tabacs, après avoir rappelé qu'une circulaire de l'administration, à caractère réglementaire, autorisait la revente des tabacs dans les établissements bénéficiant d'une licence de restauration, sans qu'aucune disposition particulière ne vienne restreindre les modalités d'exploitation de celle-ci, énonce qu'en l'espèce la société exploitante était titulaire d'une telle licence, qu'elle vendait effectivement des repas rapides à l'intention des routiers et automobilistes et que la vente de cigarettes n'était que l'accessoire de ce commerce, dès lors que, selon l'art. 122-3 (122-4) C. pén., ne sont pas pénalement responsables les personnes qui accomplissent un acte autorisé par des dispositions législatives ou réglementaires. • Crim. 19 mai 1999 : *Gaz. Pal. 1999. 2, chron. crim. 125.*

70. Approbation. Encourt la cassation l'arrêt qui déclare non constitué le délit d'homicide involontaire reproché à l'exécutant d'un travail public, en se fondant uniquement sur l'approbation, donnée par l'administration, des conditions dans lesquelles ce travail a été réalisé. • Crim. 16 juill. 1987, n° 86-94.776 P : *Gaz. Pal. 1988. 1. Somm. 76.*

71. Tolérance. Il n'y a de tolérance opposable devant les tribunaux que celle qui résulte d'une disposition expresse de la loi, la tolérance de l'autorité ne pouvant constituer un droit, ni servir d'excuse à une infraction et paralyser la force obligatoire de règlements légalement pris. • Crim. 12 mars 1975, n° 74-90.876 P. ♦ V. aussi • Crim. 18 juill. 1956 : *Bull. crim. n° 547* • 16 oct. 1956 : *ibid. n° 641* • 31 janv. 1962 : *ibid. n° 72 ; D. 1962. 485 (1re esp.), note J.-M. R.* • 20 févr. 1989, n° 87-81.315 P • 11 mai 1992, n° 91-84.827 P : *RSC 1993. 542, obs. Bouloc.* ♦ Rappr. ss. anc. art. R. 644-6 (vente de muguet).

72. Ainsi le fait que l'administration ait toléré une construction irrégulièrement édifiée ne constitue ni un fait justificatif ni une excuse. • Crim. 24 nov. 1955, n° 74-90.876 P. ♦ Conf., pour une tolérance de surcharge en matière de transport de marchandises. • Crim. 4 mai 1962 : *Bull. crim. n° 180.* ♦ De même, les recommandations contenues dans une circulaire ministérielle ne représentent qu'une tolérance et ne sauraient être considérées comme portant dérogation à la réglementation ni comme constitutives d'un droit. • Crim. 20 févr. 1979, n° 77-93.505 P. ♦ De même encore, un chef d'établissement en infraction avec les règles concernant la sécurité des travailleurs ne saurait, pour solliciter sa relaxe, invoquer l'opinion contraire exprimée par un représentant du ministère du travail, s'agissant d'une simple tolérance administrative qui ne saurait déroger à la réglementation ou constituer un droit à son profit. • Crim. 28 oct. 1986, n° 85-91.163 P.

73. En matière douanière, ni la faute, ni l'erreur, ni la complaisance qui pourraient être imputées au service ne sont de nature à exonérer les contrevenants de leur responsabilité pénale. • Crim. 13 mars 1974, n° 73-90.628 P. ♦ En matière de contributions indirectes, sont sans effet juridique devant les tribunaux répressifs : ... les tolérances de l'administration autres que celles qui résultent d'une disposition expresse de la loi. • Crim. 20 févr. 1989, n° 87-81.315 P • 25 janv. 1996, n° 95-80.213 P. ♦ ... Les circulaires à usage interne. • Crim. 11 mai 1992, n° 91-84.827 P : *RSC 1993. 542, obs. Bouloc.*

74. La tolérance administrative contraire à des textes instituant des infractions à la police de la chasse est insusceptible de faire disparaître ces infractions. • Crim. 16 oct. 2018, n° 17-86.802 P : *D. actu. 30 nov. 2018, obs. Recotillet ; D. 2019. Chron. 334, obs. Guého.*

75. La personne poursuivie sur le fondement des dispositions de l'art. L. 222-4 C. trav., qui interdit d'employer les apprentis un jour de fête légale, ne saurait, pour obtenir sa relaxe, invoquer utilement des circulaires administratives à caractère interprétatif autorisant à certaines conditions un tel emploi, nonobstant les dispositions précitées. • Crim. 18 janv. 2005, n° 04-81.404 P : *D. 2005. Pan. 1521, obs. Roujou de Boubée ; AJ pénal 2005. 236.*

D. USAGES

76. *Usage local.* Un usage local, si ancien qu'il soit, et la tolérance de l'autorité ne sauraient constituer un droit ni servir d'excuse à une contravention. • Crim. 29 janv. 1898 : *DP 1899. 1. 262.*

77. *Pratique professionnelle.* Doit être cassé l'arrêt de la Chambre d'accusation qui, sur une plainte en séquestration arbitraire dirigée contre un officier de police judiciaire qui avait fait garder à vue un suspect, dit n'y avoir lieu à suivre, au motif que cet officier de police n'avait eu en vue que l'intérêt de l'enquête et n'avait fait qu'appliquer des dispositions consacrées par l'usage, de telles excuses n'étant pas prévues par la loi. • Crim. 22 juill. 1959 : *Bull. crim. n° 366.* ♦ Toute intention coupable ne saurait être écartée, dans une poursuite pour arrestation et séquestration arbitraire, au seul motif de « règles en usage » qui, même si elles existaient, ne pourraient constituer une cause de justification ou une excuse que la loi ne prévoit pas. • Crim. 5 janv. 1973, n° 91-84.827 P : *D. 1973. 541, note Roujou de Boubée.*

II. COMMANDEMENT DE L'AUTORITÉ LÉGITIME

A. AUTORITÉ

1° RENVOI À L'AUTORITÉ PUBLIQUE

78. *Principe.* L'autorité légitime visée par l'art. 327 C. pén. s'entend d'une autorité publique. • Crim. 28 avr. 1866 : *DP 1866. 1. 356* (recel successoral commis par un fils sur l'ordre de sa mère) • 4 oct. 1989, n° 89-80.643 P (dénonciation calomnieuse commise par une employée sur l'ordre de son directeur).

79. *Livraisons surveillées.* Sur les livraisons surveillées en matière de trafic de stupéfiants, V. : art. 706-32 C. pr. pén. ; art. 67 *bis* C. douanes. ♦ *Adde* : Delmas Saint-Hilaire, *RSC 1998. 555-558 ; ibid. 1999. 110.* – Dintilhac, *ibid. 1998. 580.*

80. L'autorisation de procéder à une livraison contrôlée prévue par l'art. 67 *bis* C. douanes, qui ne peut être donnée que pour des actes ne déterminant pas la commission des infractions visées au 1er al. de ce texte, ne crée pas de présomption de régularité de la procédure ; la provocation à l'infraction par un agent de l'autorité exonère le prévenu de sa responsabilité pénale lorsqu'elle procède de manœuvres de nature à déterminer les agissements délictueux, portant ainsi atteinte au principe de la loyauté des preuves. • Crim. 5 mai 1999, n° 97-83.117 P : *D. 1999. Somm. 325, obs. Pradel ; Dr. pénal 1999. 123, obs. Maron.*

81. *Droit de correction.* En application des dispositions de l'art. 122-4, al. 2, C. pén., la cour considère que le geste du maire, mesuré et adapté aux circonstances de fait de l'espèce, même s'il l'a lui-même regretté, était justifié en ce qu'il s'est avéré inoffensif et était une réponse adaptée à l'atteinte inacceptable portée publiquement à l'autorité de sa fonction. • Douai, 10 oct. 2012, n° 12/01253 : *Gaz. Pal. 2012. 2. 3321, note Pautrel et Partouche ; RLCT 2013, n° 2485. 22, note Mayaud ; RSC 2013. 343, obs. Mayaud.* ♦ L'attitude de la victime, voire l'insulte « bâtard » évoquée par le prévenu (maire), ne sont pas de nature à justifier une réaction de violence, fût-elle légère, sur le fondement de la légitime défense, en l'absence de toute tentative de violence physique. • T. corr. Avesnes-sur-Helpe, 17 févr. 2012, n° 199/2012 : *Gaz. Pal. 2012. 1. 1421, note Paulin ; RLCT 2013, n° 2485, p. 22, note Mayaud ; RSC 2013. 343, obs. préc. Mayaud* (même affaire que Douai, 10 oct. 2012, *préc.*, en première instance).

2° REJET DE L'AUTORITÉ PRIVÉE

82. *Exclusion des liens de subordination.* Le fait pour un prévenu de se conformer aux ordres de ses supérieurs hiérarchiques ne saurait constituer ni un fait justificatif, ni une excuse lui permettant d'échapper aux conséquences de l'infraction qu'il a commise. • Crim. 22 mai 1959 : *Bull. crim. n° 264* (suppression de correspondance par un receveur des postes) • 4 mai 1961 : *ibid. n° 236* (contrefaçon d'une œuvre musicale) • 12 janv. 1977, n° 75-91.613 P (pollution des eaux) • 4 oct. 1989 : *préc. note 78* (dénonciation calomnieuse). ♦ Aucune excuse légale ne peut être déduite des liens de subordination et de salariat invoqués par le prévenu. • Crim. 19 mars 1969, n° 68-92.606 P (complicité de fraudes fiscales). ♦ L'ordre reçu d'un supérieur hiérarchique ne constitue pas, pour l'auteur d'une infraction, une cause d'irresponsabilité pénale. • Crim. 13 mars 1997, n° 96-81.081 P : *D. 1997. Somm. 355, obs. Kulbokas* (fraude fiscale) ; *RSC 1997. 828, obs. Bouloc* • 26 juin 2002, n° 01-87.314 P : *D. 2003. Somm. 172, obs. Segonds ; Dr. pénal 2002. 133, obs. Véron* (dégradation du bien d'autrui par démontage d'équipements non payés). ♦ ... Si les juges admettent que le gérant, salarié, a exécuté les instructions de sa société, à raison de son état de subordination et de dépendance économique par rapport à celle-ci, ils retiennent justement que cette circonstance ne peut exonérer le prévenu de sa responsabilité, dès lors qu'il a agi en toute connaissance de cause, la cour établissant ainsi la participation personnelle et intentionnelle du dirigeant social aux délits qui lui sont reprochés. • Crim. 13 mars 1997 : *préc.*

83. *Responsabilité du préposé.* Le prévenu ayant pratiqué des échographies animales, poursuivi pour exercice illégal de la profession de vétérinaire, ne saurait être retenu dans les liens de la prévention faute d'élément intentionnel, dès lors qu'il était un simple salarié agissant sur instructions de son employeur et qu'il n'était pas en mesure, à la date des faits, d'avoir connaissance de l'illégalité de cet acte, alors surtout qu'une discussion juridique s'était instaurée sur la nature de cet examen. • Nîmes, 16 oct. 1997 : *JCP 1999. IV. 2628.*

84. Le préposé condamné pénalement pour avoir intentionnellement commis, fût-ce sur l'ordre du commettant, une infraction ayant porté préjudice à un tiers (faux, usage de faux et escroqueries), engage sa responsabilité civile à l'égard de celui-ci. • Cass., ass. plén., 14 déc. 2001, *Cousin*, n° 00-82.066 P : *BICC 1er mars 2002, p. 4, concl. de Gouttes ; D. 2002. 1230, note J. Julien ; ibid. 2002. Somm. 1317, obs. D. Mazeaud ; ibid. (cah. Aff.) 2002. Somm. 2117, obs. Thullier ; Gaz. Pal. 2002. 1. 124, concl. de Gouttes, et note Monnet ; JCP 2002. II. 10026, note Billiau ; ibid. 2002. I. 124, nos 22 s., obs. Viney ; ibid. E 2002, p. 279, note Brière ; RTD civ. 2002. 109, obs. Jourdain.* ♦ *Adde* : Petit, *Gaz. Pal. 2002. 2. Doctr. 1209* (responsabilité civile et pénale des préposés). ♦ Le préposé qui a intentionnellement commis une infraction ayant porté préjudice à un tiers engage sa responsabilité civile à l'égard de celui-ci, alors même que la juridiction répressive qui, saisie de la seule action civile, a déclaré l'infraction constituée en tous ses éléments, n'a prononcé contre lui aucune condamnation pénale. • Crim. 7 avr. 2004, n° 03-86.203 P : *Gaz. Pal. 2004. 2. 3802, note Monnet.*

B. COMMANDEMENT

85. Relais. Ne justifie pas sa décision la cour d'appel qui, après avoir constaté que le cumul des fonctions de président du conseil d'administration de l'Institut pour le financement du cinéma et des industries culturelles et de membre de la Commission permanente de contrôle des sociétés de perception et de répartition des droits constitue l'élément matériel du délit de prise illégal d'intérêts, se borne à énoncer, pour relaxer le prévenu, qu'il a été nommé dans ces deux fonctions, respectivement par arrêté ministériel et par décret. • Crim. 4 nov. 2004 : *Gaz. Pal. 2005. 1. Somm. 2136, note A.C.*

86. Légalité. Un ordre illégal ne peut soustraire un inculpé à sa responsabilité personnelle. • Crim. 17 févr. 1855 : *S. 1855. 1. 236.*

87. L'illégalité des ordres reçus ne peut, en aucun cas, autoriser un particulier à s'y opposer avec violences et voies de fait, toute résistance envers la force publique constituant le délit de rébellion (V. ss. art. 433-6), et les violences exercées ne rentrant pas dans un cas de nécessité actuelle de légitime défense (V. ss. art. 122-5). ♦ Doit être écartée l'argumentation du prévenu, qui affirme avoir agi sur commandement de l'autorité légitime, dans les termes de l'art. 327 C. pén., alors qu'il avait frappé la victime qui, loin de se rebeller, se bornait à protester contre l'opération de contrôle d'identité et la mesure de garde à vue dont elle était l'objet. • Crim. 19 oct. 1994 : *Dr. pénal 1995. 36, obs. Véron.*

88. Ordres légaux. En l'état d'une plainte avec constitution de partie civile pour viol, dénonçant un toucher rectal effectué par l'expert commis par le juge d'instruction (aux fins d'évacuation de corps étrangers susceptibles de contenir de la drogue), est justifié, au regard de l'art. 6-1 C. pr. pén., l'arrêt de la chambre d'accusation qui, pour confirmer l'ordonnance de refus d'informer du juge d'instruction, relève qu'une précédente décision définitive avait constaté le caractère légal de l'expertise et qu'ainsi les faits reprochés n'en étaient que l'exécution régulière. • Crim. 29 janv. 1997, n° 96-81.452 P.

89. Ordres illégaux. L'illégalité d'un ordre portant sur la commission de crimes contre l'humanité est toujours manifeste. • Crim. 23 janv. 1997, n° 96-84.822 P : *D. 1997. 147, note Pradel ; JCP 1997. II. 22812, note Robert ; Dr. pénal 1997. 38, obs. Robert ; Gaz. Pal. 1997. 1. 185.*

90. La mise à la disposition des communes des services extérieurs de l'État, prévue par l'art. L. 121-2 C. urb., n'impose pas aux agents concernés une « obéissance inconditionnelle » aux maires, dès lors que les « prétentions » formulées par ceux-ci sont « manifestement illégales » (à propos d'un faux en écriture publique par modification d'un document graphique annexé au plan d'occupation des sols, commis par l'agent d'une direction départementale de l'équipement en exécution d'instructions téléphoniques d'un maire). • Crim. 25 févr. 1998 : *Dr. pénal 1998. 94, obs. Véron.*

91. C'est à bon droit que, pour écarter le fait justificatif du commandement de l'autorité légitime, prévu par l'art. 122-4, al. 2, C. pén., la cour d'appel, après avoir rappelé que le préfet de région était une autorité légitime au sens du texte précité, relève que le prévenu, colonel de gendarmerie, n'a pu se méprendre sur le caractère manifestement illégal de l'ordre donné, y compris dans une situation de crise exceptionnelle, alors que les destructions ordonnées devaient se faire de manière clandestine, en utilisant un moyen dangereux sans requérir la force publique pour assurer la sécurité des personnes et des biens, et en laissant sur les lieux des tracts diffamatoires destinés à égarer les enquêteurs sur l'identité des auteurs des faits. • Crim. 13 oct. 2004, n° 03-81.763 P : *D. 2005. Pan. 1526, obs. Segonds ; Dr. pénal 2005. 2, obs. Véron ; Gaz. Pal. 2005. 1. 1165, note Monnet ; RSC 2005. 66, obs. Fortis.*

92. Pour refuser aux prévenus le bénéfice du fait justificatif prévu par l'art. 327 de l'ancien code pénal devenu l'art. 122-4 du même code, relatif au commandement de l'autorité légitime, l'arrêt relève qu'à l'époque des faits, aucune loi ne prévoyait les interceptions administratives, qui étaient mises en œuvre selon la décision n° 1 E du Premier ministre en date du 28 mars 1960 complétée par les recommandations d'un rapport de l'autorité judiciaire ; l'arrêt observe également que le dépassement de son champ de compétence par la « cellule élyséenne » (affaire dite des « écoutes téléphoniques ») a entraîné une large confusion entre les missions de lutte contre le terrorisme, la sécurité du Président de la République ainsi que de ses proches et la protection de la vie privée de ce dernier, et qu'à le supposer donné par le chef de l'État, l'ordre de procéder à des écoutes pour protéger sa vie privée ne pouvait légitimer cet acte, dès lors qu'il émanait d'une autorité ne disposant pas du pouvoir de le faire ; les juges ajoutent que les écoutes téléphoniques en cause ont été pratiquées de façon illégitime, sans respecter la procédure administrative mise en place ni les directives des Premiers ministres qui avaient interdit, sauf motifs particuliers sur lesquels l'attention devait être alertée, l'écoute d'avocats et de journalistes ; les juges énoncent enfin que le commandement de l'autorité légitime ne peut être retenu en faveur d'un officier supérieur de la gendarmerie et de hauts fonctionnaires dès lors que ne leur était imposée aucune obéissance inconditionnelle à des ordres manifestement illégaux ; en l'état de ces motifs, qui caractérisent des comportements faisant obstacle à l'application du fait justificatif invoqué, la cour d'appel a justifié sa décision. • Crim. 30 sept. 2008, n° 07-82.249 P : *D. 2008. 2975, note Matsopoulou*.

93. Incidences sur les responsabilités civile et administrative. Commet une faute de service dont les conséquences civiles ressortissent à la compétence des tribunaux administratifs le prévenu qui agit sur ordre, dans le cadre de ses fonctions, en usant des prérogatives, pouvoirs et moyens en résultant et sans poursuivre d'intérêt personnel. • Crim. 13 oct. 2004, n° 03-81.763 P : *Gaz. Pal. 2005. 1. 1165, note Monnet.*

94. Commet une faute personnelle détachable du service dont les conséquences civiles ressortissent à la compétence des tribunaux répressifs le prévenu qui, n'ayant reçu d'ordre de quiconque, accomplit ou donne l'ordre d'accomplir, de sa seule initiative, des faits délictueux. • Crim. 13 oct. 2004, n° 03-81.763 : *préc. note 93.*

Art. 122-4-1 *Abrogé par L. n° 2017-258 du 28 févr. 2017, art. 1er.*

Code de la sécurité intérieure

Art. L. 435-1 Dans l'exercice de leurs fonctions et revêtus de leur uniforme ou des insignes extérieurs et apparents de leur qualité, les agents de la police nationale et les militaires de la gendarmerie nationale peuvent, outre les cas mentionnés à l'article L. 211-9, faire usage de leurs armes en cas d'absolue nécessité et de manière strictement proportionnée :

1° Lorsque des atteintes à la vie ou à l'intégrité physique sont portées contre eux ou contre autrui ou lorsque des personnes armées menacent leur vie ou leur intégrité physique ou celles d'autrui ;

2° Lorsque, après deux sommations faites à haute voix, ils ne peuvent défendre autrement les lieux qu'ils occupent ou les personnes qui leur sont confiées ;

3° Lorsque, immédiatement après deux sommations adressées à haute voix, ils ne peuvent contraindre à s'arrêter, autrement que par l'usage des armes, des personnes qui cherchent à échapper à leur garde ou à leurs investigations et qui sont susceptibles de perpétrer, dans leur fuite, des atteintes à leur vie ou à leur intégrité physique ou à celles d'autrui ;

4° Lorsqu'ils ne peuvent immobiliser, autrement que par l'usage des armes, des véhicules, embarcations ou autres moyens de transport, dont les conducteurs n'obtempèrent pas à l'ordre d'arrêt et dont les occupants sont susceptibles de perpétrer, dans leur fuite, des atteintes à leur vie ou à leur intégrité physique ou à celles d'autrui ;

5° Dans le but exclusif d'empêcher la réitération, dans un temps rapproché, d'un ou de plusieurs meurtres ou tentatives de meurtre venant d'être commis, lorsqu'ils ont des raisons réelles et objectives d'estimer que cette réitération est probable au regard des informations dont ils disposent au moment où ils font usage de leurs armes.

Art. 122-5 ***N'est* pas pénalement responsable la personne qui, devant une atteinte injustifiée envers elle-même ou autrui, accomplit, dans le même temps, un acte commandé par la nécessité de la légitime défense d'elle-même ou d'autrui, sauf s'il y a disproportion entre les moyens de défense employés et la gravité de l'atteinte.**

N'est pas pénalement responsable la personne qui, pour interrompre l'exécution d'un crime ou d'un délit contre un bien, accomplit un acte de défense, autre qu'un homi-

cide volontaire, lorsque cet acte est strictement nécessaire au but poursuivi dès lors que les moyens employés sont proportionnés à la gravité de l'infraction.

RÉP. PÉN. v° *Légitime défense*, par BERNARDINI.

Corresp. *: C. pén., ancien art. 328.*

BIBL. ► EXERTIER et BOUZAT, *JCP 1979. I. 2963.* – PRADEL, *Mél. Bouzat, p. 215* (légitime défense des biens). – VIENNOIS, *RSC 2004. 295* (légitime défense en droit de la concurrence). – PRADEL, *D. 2016. Point de vue 2525* (responsabilité pénale. Pour une légitime défense spécifique aux membres des forces de l'ordre). – DÉCIMA, *D. 2016. Point de vue 2527* (légitime réforme ?). – DETRAZ, *Gaz. Pal. 24 oct. 2017, n° 36, p. 70* (la proportionnalité dans la légitime défense). – LUGA, *Dr. pénal 2019. Étude 3* (légitime défense et femmes battues).

I. EXCEPTION DE LÉGITIME DÉFENSE

1. Allégation. Le moyen tiré de la légitime défense, qui n'a pas été proposé devant les juges du fond, ne peut être invoqué pour la première fois devant la Cour de cassation. • Crim. 7 févr. 1989, n° 88-82.207 P.

2. Domaine. Une défense nécessaire doit excuser des infractions bien moins graves que l'homicide, les blessures et les coups ; ainsi, il y a lieu d'admettre que la menace, comme tout autre délit, cesse d'être punissable toutes les fois qu'il existe un fait justificatif. • T. corr. Seine, 18 nov. 1938 : *Gaz. Pal. 1939. 1. 209.*

3. Le fait justificatif de légitime défense s'applique non seulement aux crimes et délits, mais aussi à la contravention de violences légères. • Crim. 20 nov. 1956 : *Bull. crim. n° 761.* – V. pour exemple : • Toulouse, 25 nov. 1999 : *JCP 2000. IV. 1760.*

4. Exclusion des infractions non intentionnelles. Le fait justificatif de légitime défense est inconciliable avec le caractère involontaire de l'infraction. • Crim. 16 févr. 1967, n° 66-92.071 P : *JCP 1967. II. 15034, note Combaldieu ; RSC 1967. 659, obs. Levasseur, et 854, obs. Légal* • 9 juill. 1984 : *D. 1986. IR 106, obs. Roujou de Boubée ; Gaz. Pal. 1984. 2. 751, note Doucet* • 28 nov. 1991, n° 90-87.572 P : *D. 1993. Somm. 18, obs. Azibert ; RSC 1992. 751, obs. Levasseur ; ibid. 1993. 90, obs. Bouloc* • Paris, 5 juin 1985 : *D. 1987. 247, note Paire ; RSC 1987. 865, obs. Vitu* • T. corr. Mayenne, 6 mars 1957 : *D. 1957. 458, note Pageaud* • T. corr. Troyes, 24 mai 1978, *Legras : JCP 1979. II. 19046 (2e jugement), note Bouzat.* ♦ Sur les conséquences de cette solution quant au choix des qualifications : • Crim. 31 janv. 1974, n° 73-92.321 P : *Gaz. Pal. 1974. 1. 278* • Reims, 9 nov. 1978, *Legras : D. 1979. 92, note Pradel ; JCP 1979. II. 19046 (2e arrêt), note Bouzat ; RSC 1979. 329, obs. Levasseur* • T. corr. Aix-en-Provence, 21 avr. 1969 : *Gaz. Pal. 1969. 2. 159 ; RSC 1970. 97, obs. Levasseur, et 373, obs. Légal.* ♦ Rappr. : • Crim. 21 févr. 1996, n° 94-85.108 P : *D. 1997. 234, note Paulin ; RSC 1996. 849, obs. Bouloc.*

5. Nature justificative. La légitime défense constitue un fait justificatif et non une excuse. • Crim. 31 mai 1949 : *Bull. crim. n° 195* • 23 déc. 1955 : *ibid. n° 599.* ♦ ... La question qui la concerne se trouve dès lors nécessairement comprise dans celle de culpabilité. • Crim. 31 mai 1949 : *préc.* • 23 déc. 1955 : *préc.* • 7 avr. 1967, n° 66-93.682 P. ♦ ... Elle est donc résolue par la réponse affirmative de la cour et du jury sur la culpabilité de l'accusé. • Crim. 7 avr. 1967 : *préc.*

6. Si la déclaration de culpabilité répond implicitement à la question de légitime défense. • Crim. 25 nov. 1948 : *Bull. crim. n° 270* • 12 déc. 1956 : *ibid. n° 833* • 9 mai 1962 : *ibid. n° 187.* ♦ ... Il appartient cependant à la cour d'appel saisie de conclusions régulières excipant de la légitime défense de s'expliquer à cet égard. • Crim. 10 oct. 1962 : *Bull. crim. n° 271.* ♦ ... Les cours et tribunaux étant tenus de statuer sur les moyens de défense qui ont fait l'objet de conclusions expresses. • Crim. 9 mai 1962 : *préc.*

7. Effets civils. La légitime défense de soi-même exclut toute faute et ne peut donner lieu à une action en dommages-intérêts en faveur de celui qui l'a rendue nécessaire par son agression ou en faveur de ses ayants droit. • Crim. 31 mai 1972, n° 71-92.899 P • 5 oct. 1976, n° 76-90.116 P • 13 déc. 1989, n° 89-81.574 P. ♦ La légitime défense reconnue par le juge pénal ne peut donner lieu, devant la juridiction civile, à une action en dommages-intérêts de la part de celui qui l'a rendue nécessaire (arrêt rendu sur le fondement de l'art. 1384, al. 1er, C. civ.). • Civ. 2e, 22 avr. 1992, n° 90-14.586 P : *D. 1992. 353, note Burgelin ; Dr. pénal 1992. 226.*

8. Dès lors qu'il résulte des débats que l'accusé, en tirant des coups de feu sur la victime, s'est trouvé en état de légitime défense, il convient de dire qu'une telle défense, autorisée par la loi, est exclusive de toute faute et que les constitutions de parties civiles des proches parents de ladite victime sont irrecevables. • Paris, 30 mai 1983 : *Gaz. Pal. 1983. 2. 435.* ♦ Toutefois, et pour avoir égard à l'autorité de la chose jugée, l'acquiescement du prévenu aux dispositions pénales du jugement qui a consacré sa faute engage à laisser à sa charge une part de responsabilité civile. • Douai, 15 juin 1977 : *JCP 1979. II. 19232 (2e esp.), note Bouzat.*

9. Il appartient au juge répressif, lorsqu'il en est requis, de rechercher si, même en l'absence de légitime défense caractérisée au sens des art. 122-5 et 122-6 C. pén., les agissements fautifs des victimes, définitivement condamnées pour les dégradations et le vol aggravé qu'elles ont commis au préjudice de l'auteur de leurs blessures, n'ont pas concouru à la réalisation du délit et ne justifient pas un partage de responsabilité. • Crim. 7 déc. 1999, n° 98-86.337 P : *RSC 2000. 602, obs. Bouloc*.

10. Pour déclarer le prévenu entièrement responsable des dommages subis par la victime, l'arrêt énonce que l'absence de proportion entre la riposte et l'éventuelle attaque fait obstacle au partage de responsabilité plaidé par la défense ; en prononçant ainsi, sans rechercher si, malgré le rejet de l'excuse de légitime défense et la relaxe de la partie civile du chef de violences, celle-ci n'avait pas commis une faute qui avait concouru à son propre dommage, la cour d'appel n'a pas donné de base légale à sa décision. • Crim. 8 janv. 2008, n° 07-83.423 P : *D. 2008. 1590, note Robaczewski ; AJ pénal 2008. 136, obs. Lavric ; Gaz. Pal. 2009. 1. Somm. 1395, note Monnet.*

11. Il résulte de l'art. 1382 C. civ. que, lorsque plusieurs fautes ont concouru à la production du dommage, la responsabilité de leurs auteurs se trouve engagée dans une mesure dont l'appréciation appartient souverainement aux juges du fond ; n'a pas justifié sa décision la cour d'appel qui, pour condamner le prévenu définitivement relaxé à réparer le préjudice de la partie civile, a statué sans rechercher, comme elle y était invitée, si la victime n'avait pas commis des fautes ayant concouru à la réalisation de son dommage, de nature à justifier une exclusion ou une atténuation de la responsabilité du prévenu. • Crim. 16 juin 2015, n° 13-88.263 P : *D. actu. 21 juill. 2015, obs. Priou-Alibert ; AJ pénal 2015. 610, obs. Aubert*.

12. Référé. Le juge des référés ne peut accorder une provision au demandeur que dans le cas où l'obligation n'est pas sérieusement contestable ; viole l'art. 5-1 C. pr. pén. une cour d'appel qui, pour accueillir partiellement la demande d'allocation d'une provision de l'intéressé contre le gardien de la paix l'ayant blessé et l'agent judiciaire du Trésor, énonce qu'est versé aux débats le réquisitoire définitif aux termes duquel le procureur de la République considère qu'il ne saurait être question de légitime défense pour le coup de feu, résultant plus du stress d'une intervention solitaire en pleine obscurité, procédure par ailleurs anormale et périlleuse qui n'aurait jamais dû être adoptée dans ce cas, alors que le gardien prétendait avoir agi en état de légitime défense et que l'obligation était sérieusement contestable. • Civ. 2e, 27 mars 2003, *n° 01-12.663 P.*

II. CONDITIONS DE LA LÉGITIME DÉFENSE

13. Énoncé. Il n'y a légitime défense aux termes de l'art. 328 C. pén. que lorsque les coups portés et les blessures faites sont commandés par la nécessité de la légitime défense de soi-même ou d'autrui, ces coups devant être une défense à une attaque et en proportion avec elle. • Crim. 7 juin 1968, n° 67-90.776 P.

14. Justifie légalement sa décision la cour d'appel qui, pour condamner un prévenu du chef de violences aggravées, constate que ce dernier a tiré plusieurs coups de feu dans la direction des victimes qui se sont introduites par escalade, vers 8 heures 15, sur son terrain clôturé dont il exploitait les ressources mycologiques, les a, sous la menace de son fusil de chasse, sommés de le suivre, puis, alors qu'ils tentaient de prendre la fuite, a tiré plusieurs coups de feu dans leur direction, les atteignant l'un à l'épaule droite, l'autre à la face, à l'épaule et à l'avant bras droit, puis les a frappés avec la crosse d'une arme de poing et un gourdin et les a attachés à un arbre, avant de les livrer à la gendarmerie, chacune des deux victimes ayant subi une incapacité totale de travail d'une durée supérieure à huit jours, d'où il ressort que le prévenu ne se trouvait dans aucun des cas prévus par les art. 122-5, 122-6 et 122-7 C. pén., et a exercé, pour appréhender les auteurs des faits, des violences injustifiées par rapport au but légitime poursuivi. • Crim. 7 déc. 1999, n° 98-86.337 P : *RSC 2000. 602, obs. Bouloc*.

15. Constatation. Les juges du fond doivent mettre la Cour de cassation en mesure de vérifier si le fait justificatif des art. 328 et 329 C. pén. est caractérisé : faute de l'avoir fait, ou s'ils font état de motifs hypothétiques, contradictoires ou insuffisants, leur décision encourt la cassation. • Crim. 18 oct. 1972, n° 71-93.637 P : *Gaz. Pal. 1973. 1. 100* • 8 mai 1974, n° 73-91.207 P • 23 mars 1987, n° 86-90.980 P.

16. La cour d'assises a qualité pour apprécier souverainement si le fait justificatif de légitime défense résulte des débats. • Crim. 5 oct. 1976, n° 76-90.116 P • 13 déc. 1989, n° 89-81.574 P.

A. AGRESSION

1° ACTUALITÉ

17. Principe. La légitime défense n'est autorisée que pour repousser un mal présent, car c'est alors seulement qu'elle devient nécessaire. • Crim. 27 juin 1927 : *S. 1929. 1. 356.* ♦ L'état de légitime défense suppose la nécessité actuelle de la défense de soi-même ou d'autrui. • Crim. 21 déc. 1954 : *Bull. crim. n° 423.*

18. La provocation ne peut être invoquée puisqu'elle a été supprimée par le nouveau code pénal. • Pau, 12 oct. 1994 : *Dr. pénal 1995. 117, obs. Véron.*

19. Mesure. La légitime défense ne peut être invoquée lorsque les blessures (involontaires) ont été faites alors que ni la vie du demandeur ni celle d'autrui n'étaient en danger. • Crim. 11 oct.

1956, n° 2-47.455 P. ♦ Mais l'art. 328 n'exige pas, pour son application, que l'auteur ou la personne au secours de qui il s'est porté, se soient trouvés en péril de mort. • Crim. 22 mai 1959 : *Bull. crim. n° 268 ; D. 1959. Somm. 71 ; JCP 1959. II. 11161* • 23 déc. 1959 : *Bull. crim. n° 576* • 19 juin 1990, n° 90-80.888 P • 26 nov. 1991 : *Dr. pénal 1992. 120.*

20. Le danger moral couru par un garçon âgé de 16 ans peut constituer une excuse suffisante de la gifle donnée par sa mère à la jeune fille de 18 ans qui, par ses assiduités, risquait de compromettre l'avenir et les études de son fils. • T. pol. Valence, 19 mai 1960 : *S. 1960. 270, note Hugueney ; Gaz. Pal. 1960. 2. 28.*

21. En cas de rixe en plusieurs phases, les juges du fond peuvent admettre qu'après s'être trouvés dans un premier temps en état de légitime défense, les demandeurs s'étant, dans un second temps, « rués » sans nécessité sur leurs adversaires, ont alors commis le délit de violences volontaires retenu à leur charge. • Crim. 16 oct. 1979 : *D. 1980. IR 522, obs. Puech.* ♦ Comp. : • Crim. 28 juill. 1975 : *Gaz. Pal. 1975. 2. 713.*

22. A justifié sa décision la cour d'appel qui, après avoir rappelé la version du prévenu faisant état de l'intrusion de son employé et de son refus de quitter les lieux, retient que le certificat médical s'avère particulièrement éloquent quant à la force utilisée par lui pour mettre à la porte son employé, d'où il résulte que les violences qu'il a commises n'étaient pas commandées par la nécessité de la légitime défense. • Crim. 25 févr. 1997 : *Gaz. Pal. 1997. 1, chron. crim. 130.*

2° INJUSTICE

23. Critère du droit. L'art. 122-5 nouv. C. pén. n'autorise nullement à se défendre ou à défendre autrui contre un acte conforme au droit ; il est d'évidence que l'interruption volontaire de grossesse, certes pratiquée dans les conditions et formes de la loi, ne peut en aucun cas être assimilée à une « atteinte injustifiée envers autrui ». • T. corr. Le Puy-en-Velay, 14 mars 1995 : *Gaz. Pal. 1995. 2. Somm. 327.*

24. L'art. 122-5 C. pén. n'autorise nullement à défendre un bien contre un acte conforme au droit ; tel est le cas de la détention en parfaite légalité, dans une usine, de semences de maïs transgénique détruites par des manifestants, dès lors que cette détention est conforme aux différents avis rendus par les autorités et commissions compétentes ; doit être en conséquence rejetée l'exception de légitime défense soulevée par les prévenus, exception selon laquelle la mise en culture du maïs transgénique risque d'influencer négativement et de manière irréversible les autres cultures. • TGI Agen, 18 févr. 1998 : *Gaz. Pal. 1998. 1. 259, note Hermitte ; D. 1999. Somm. 334, note Galloux.*

25. Critère de l'apparence. Le fait justificatif de légitime défense ne peut être invoqué par des individus qui ont porté des coups ou exercé des violences sur des gardiens de la paix en uniforme, agissant dans l'exercice de leurs fonctions. • Crim. 9 févr. 1972, n° 71-91.349 P : *D. 1972. Somm. 80 ; Gaz. Pal. 1972. 1. 327.* ♦ ... L'opération exercée par les agents de l'autorité, en la supposant illégale, ne constituant pas le cas de nécessité actuelle de la légitime défense de soi-même ou d'autrui pouvant justifier pareilles violences. • Crim. 15 sept. 1864 : *S. 1865. 1. 152.* ♦ Rappr., en matière de rébellion : ss. art. 433-6.

26. Ne constitue pas une agression injuste le fait par un contrôleur de la SNCF de chercher à s'assurer de la personne d'un individu qui voyageait sans titre de transport régulier et avait tenté de s'enfuir. • T. pol. Écouen, 22 nov. 1972 : *JCP 1973. II. 17447.* ♦ Ne caractérise pas, en tous ses éléments, la légitime défense dont elle a fait bénéficier le prévenu, la cour d'appel qui, pour prononcer sa relaxe, retient que celui-ci, intercepté par les agents de contrôle à l'entrée d'une station de métro, alors qu'il n'avait pas atteint les composteurs, a été refoulé à deux reprises d'une manière illégale, « avant de revenir une troisième fois, avec son couteau à la main, pour se frayer le passage qui lui était dû », et que « sa réaction a été proportionnelle aux interventions effectuées à son encontre ». • Crim. 28 janv. 1998 : *Dr. pénal 1998. 80, obs. Véron ; Gaz. Pal. 1998. 1, chron. crim. 83.*

3° PUTATIVITÉ

27. Principe. L'art. 328 C. pén. n'a pas seulement en vue le cas d'une nécessité éclatante, absolue, indiscutable, mais encore le cas où celui qui se défend peut raisonnablement croire qu'il se trouve en péril. • Chambéry, 6 févr. 1907 : *DP 1907. 5. 19.*

28. Application. Spécialement, il en est ainsi lorsqu'une personne, réveillée la nuit par un malfaiteur qui s'est introduit chez elle pour voler des poules, a cru sa vie en danger et a déchargé sur ce malfaiteur le fusil dont elle s'était armée. • Chambéry, 6 févr. 1907 : *préc. note 27.* ♦ De même, l'exception péremptoire de légitime défense est justement admise, lorsqu'il a été établi après coup que la victime ne détenait pas d'arme. • T. corr. Lyon, 16 juill. 1948 : *D. 1948. 550 ; Gaz. Pal. 1948. 2. 198.* ♦ ... Ou qu'il est constaté que, voyant celui qu'il prenait pour un malfaiteur brandir dans la direction de son fils un pistolet automatique, l'accusé a tiré sur lui un coup de feu pour le devancer dans son attaque. • Crim. 14 févr. 1957, n° 4-69.456 P. ♦ ... Ou encore que le prévenu a tiré, après s'être trouvé soudainement face à un malfaiteur dans l'obscurité de la nuit et dont le brusque retournement était lourd de menaces, n'ayant pas la certitude que l'homme qui se dressait devant lui ne venait pas de sortir de sa poche une arme quelconque. • Nancy, 9 mars 1979 : *D. 1981. 462, note Bernardini ; Gaz. Pal. 1979. 2. 655.*

29. Pour une hypothèse de légitime défense par utilisation d'une bombe lacrymogène contre un officier ministériel, dont le comportement pouvait laisser croire à l'auteur de l'acte de défense qu'il était séquestré. • Crim. 20 oct. 1993 : *Gaz. Pal. 1994. 1. Somm. 16.* ♦ Ne peut prétendre au bénéfice de la légitime défense une personne prévenue d'avoir volontairement commis des violences en faisant usage d'une bombe lacrymogène, alors qu'assise dans son véhicule, elle a gazé à titre préventif son adversaire qui l'injuriait mais ne s'était livré à aucune violence et n'avait qu'esquissé un geste de la main en direction de sa poche, ce geste étant insuffisant pour caractériser un risque actuel auquel il serait apporté une riposte proportionnée. • Paris, 26 oct. 1999 : *BICC 2000. 358.* ♦ Pour un tir légitimé sous l'effet de la peur en relation avec un cambriolage. • Aix-en-Provence, 1er juin 2005 : *Dr. pénal 2005. 169 (3e esp.), obs. Véron.*

30. Un cambriolage s'est produit dans un garage automobile au cours duquel l'un des cambrioleurs a été mortellement blessé par l'employé de l'établissement dans lequel il occupait avec sa fille un logement de fonction ; a caractérisé l'existence d'un fait justificatif de la légitime défense au sens des art. 122-5 et 122-6 C. pén. la chambre de l'instruction, qui retient que le tir a été effectué dans un climat de peur, d'abord nourri par l'irruption des cambrioleurs en pleine nuit puis exacerbé par la frayeur ressentie au moment où le véhicule de ces derniers a foncé sur l'employé, celui-ci ayant tiré un coup de feu proportionné à l'attaque dont il pouvait légitimement penser faire l'objet. • Crim. 8 juill. 2015, nº 15-81.986 P : *Dr. pénal 2015. Comm. 138, obs. Conte ; Gaz. Pal. 2015. 3653, obs. Detraz.*

B. DÉFENSE

31. *Proportionnalité.* Il appartient aux juges du fond d'apprécier si la défense est, ou non, en disproportion avec l'attaque et se trouve justifiée par un péril actuel commandant la nécessité des coups portés ou des blessures faites. • Crim. 4 août 1949 : *Bull. crim. nº 274* • 14 avr. 1956 : *ibid. nº 299* • 21 nov. 1961 : *ibid. nº 474 ; D. 1962. 226* • 7 déc. 1971, nº 70-92.619 P • 5 juin 1984, nº 83-94.092 P : *Gaz. Pal. 1985. 1. 60, note Doucet.*

32. *Indifférence du résultat.* A justifié sa décision au regard de l'art. 122-5 C. pén. la cour d'appel qui, en l'état d'énonciations procédant de son appréciation souveraine des faits, relève, d'une part, que le prévenu avait répondu par un acte constitutif de violences volontaires aux coups de son agresseur, d'autre part qu'il n'existait pas de disproportion entre l'agression et les moyens de défense employés, peu important à cet égard le résultat de l'action. • Crim. 17 janv. 2017, nº 15-86.481 P : *D. actu. 3 févr. 2017, obs. Benelli-de Bénazé ; D. 2017. Pan. 2501, obs. Roujou de Boubée ; Dr. pénal 2017, nº 54, obs. Conte ; Gaz. Pal. 25 avr. 2017, p. 43, obs. Dreyer ; JCP 2017. 410, note Delage.*

1º DÉFENSE DES PERSONNES

a. Défense de soi-même

33. *Défense retenue.* Ont caractérisé la légitime défense les juges du fond qui ont constaté qu'en tirant un premier coup de feu en l'air et en ripostant par un deuxième coup de feu en direction des pieds des quatre agresseurs qui s'avançaient vers lui, armés de projectiles divers, le prévenu n'avait pas opposé à cette agression une défense disproportionnée à l'attaque. • Crim. 28 nov. 1972, nº 72-91.406 P : *D. 1973. Somm. 20.* ♦ Écarte à bon droit la responsabilité du chef d'homicide volontaire, l'arrêt qui énonce que les blessures présentées par la personne mise en examen, notamment à l'abdomen, « caractérisent la réalité et l'actualité de l'agression dont il a été l'objet », ajoutant que le moyen mis en œuvre pour repousser l'agresseur étant le même que celui utilisé par ce dernier, la riposte de l'intéressé, directement menacé dans son intégrité physique et dans sa vie, est proportionnée à l'attaque, et justifiée par l'état de légitime défense. • Crim. 11 juin 1997 : *Gaz. Pal. 1997. 2, chron. crim. 228.* ♦ Ont justifié la relaxe d'un professeur d'éducation physique des fins de la poursuite engagée à son encontre du chef de violences volontaires ayant entraîné une incapacité temporaire totale de travail personnel de 8 jours sur mineure de quinze ans, les juges du fond qui retiennent que, après avoir tenté de forcer le passage que le prévenu, dans l'exercice de ses fonctions, interdisait par sa présence physique, une élève l'a insulté en termes grossiers et blessants et a jeté son cartable dans sa direction, et qui ont estimé que le léger coup donné à la jambe de l'élève a été une riposte proportionnée à cette attaque. • Crim. 18 juin 2002 : *Dr. pénal 2002. 134, obs. Véron.*

34. Le délit de coups et blessures ne peut être retenu contre le responsable d'un camp de jeunes filles qui, pour repousser une attaque de jeunes gens dont les intentions ne pouvaient être que mauvaises, avait fait des moulinets avec un bâton dans l'obscurité, n'accomplissant ainsi qu'un geste de défense en aucune façon disproportionné à la menace et nullement guidé par la colère ou par la vengeance. • TGI Aix-en-Provence, 21 mars 1968 : *Gaz. Pal. 1968. 2. 66.* ♦ Est proportionnée à l'agression la défense consistant à désarmer son agresseur et, en cours de lutte, à faire feu à plusieurs reprises sur lui, alors que l'auteur de la défense pensait légitimement que sa vie était en danger. • Versailles, 18 déc. 1990 : *D. 1993. Somm. 18, obs. Azibert.*

♦ Constitue un moyen adéquat pour parvenir à sa protection le fait de s'emparer d'un couteau de cuisine et d'effectuer avec des moulinets pour empêcher ses agresseurs d'avancer et tenter de les faire reculer, quand bien même cette tentative a abouti à des coups et blessures volontaires. • T. corr. Lorient, 30 mars 1998 : *Gaz. Pal. 1998. 2, chron. crim. 107.* ♦ Doit être relaxé de la contravention de violences volontaires le prévenu directeur d'un restaurant qui a porté un coup de tête à un serveur de son établissement, alors que ce dernier venait lui-même, en plein service et devant témoins, de lui porter un coup ; en effet, il a accompli un acte commandé par les nécessités de sa défense et proportionné à l'agression dont il venait d'être victime. • Toulouse, 25 nov. 1999 : *JCP 2000. IV. 1760.*

35. Défense non retenue. Le bénéfice de la légitime défense doit être refusé à celui qui riposte par des coups de bâton à une agression au gaz lacrymogène en raison de la gravité des blessures infligées aux victimes. • Paris, 12 oct. 1999 : *Dr. pénal 2000. 29, obs. Véron.*

36. N'est pas une riposte proportionnée à des coups de poing, puis à une nouvelle tentative d'agression, le fait, pour un militaire de carrière à la stature physique imposante, de tirer deux balles dans la cuisse de son agresseur, alors que ce dernier agissait seul et n'était pas armé. • Crim. 26 juin 2012, n° 11-86.809 : *Gaz. Pal. 2012. 2. 3018, obs. Dreyer ; Dr. pénal 2012, n° 139, obs. Véron.*

37. L'attitude de la victime, voire l'insulte « bâtard » évoquée par le prévenu (maire), ne sont pas de nature à justifier une réaction de violence, fût-elle légère, sur le fondement de la légitime défense, en l'absence de toute tentative de violence physique. • T. corr. Avesnes-sur-Helpe, 17 févr. 2012, n° 199/2012 : *Gaz. Pal. 2012. 1. 1421, note Paulin ; RLCT 2013, n° 2485, p. 22, note Mayaud ; RSC 2013. 343, obs. Mayaud.* ♦ ... Mais, en application des dispositions de l'art. 122-4, al. 2, C. pén., relatif au commandement de l'autorité légitime, la cour considère que le geste du maire, mesuré et adapté aux circonstances de fait de l'espèce, même s'il l'a lui-même regretté, était justifié en ce qu'il s'est avéré inoffensif et était une réponse adaptée à l'atteinte inacceptable portée publiquement à l'autorité de sa fonction. • Douai, 10 oct. 2012, n° 12/01253 : *Gaz. Pal. 2012. 2. 3321, note Pautrel et Partouche ; RLCT 2013, n° 2485, p. 22, note Mayaud ; RSC 2013. 343, obs. Mayaud* (sur appel de T. corr. Avesne-sur-Helpe, 17 févr. 2012, *préc.*).

38. Autres exemples. Pour des hypothèses : ... d'empoignade par le col d'un vêtement. • Crim. 6 déc. 1995 : *Dr. pénal 1996. 98 (I), obs. Véron* (disproportion de la riposte par utilisation d'une chaussure à talon aiguille) • 21 févr. 1996, n° 94-85.108 P : *Dr. pénal 1996. 98 (II), obs. Véron, préc. ; RSC 1996. 849, obs. Bouloc* (proportionnalité de la riposte par utilisation d'une arme à feu). ♦ ... De coups de balai. • Paris, 8 juin 2005 : *Dr. pénal 2005. 169, (1re et 2e esp.), obs. Véron* • 14 juin 2005 : *ibid.* (proportionnalité retenue). ♦ ... D'utilisation d'un gaz lacrymogène, susceptible de causer d'importants troubles corporels, et qui ne peut être justifiée pour répondre à une agression limitée au tirage des cheveux. • Aix-en-Provence, 17 juin 2005 : *Dr. pénal 2005. 169 (4e esp.), obs. préc. Véron.*

b. Défense d'autrui

39. Défense retenue. Doit être considéré comme ayant agi en état de légitime défense d'autrui : ... le pompiste qui a tiré sur un voleur qui, menaçant son employé en le poussant dans le dos en dépit de ses sommations, tentait de s'enfuir. • T. corr. Lyon, 16 oct. 1973 : *JCP 1974. II. 17812, note Bouzat ; RSC 1975. 406, obs. Larguier.* ♦ ... L'agent de protection dans un magasin à grande surface, qui a blessé avec une cartouche dépourvue de plombs un individu faisant partie d'un groupe armé qui avait investi le magasin et malmené un autre agent. • Rouen, 28 févr. 1980 : *Gaz. Pal. 1980. 2. Somm. 392.* ♦ ... La personne qui vient au secours de la victime d'une agression tombée à terre et ayant perdu connaissance. • Crim. 19 juill. 1989 : *Dr. pénal 1990. 49.* ♦ ... Le prévenu qui, pour dégager son père d'un groupe hostile, s'est emparé d'une bouteille qu'il a lancée en direction de ce groupe, atteignant l'un de ses membres à la tête. • Crim. 10 juin 1998 : *Gaz. Pal. 1998. 2, chron. crim. 180.*

40. Défense non retenue. Le fœtus ne peut pas être assimilé à l'« autrui » de l'art. 122-5 C. pén., cet autrui étant nécessairement une « personne humaine » au sens de la loi pénale (à propos du délit d'entrave à l'interruption volontaire de grossesse : CSP, art. L. 162-15). • T. corr. Le Puy-en-Velay, 14 mars 1995 : *Gaz. Pal. 1995. 2. Somm. 327.*

2° DÉFENSE DES BIENS

41. Domaine. La légitime défense n'est admise en matière d'atteinte aux biens que lorsque l'acte commis a pour objet d'interrompre l'exécution d'un crime ou d'un délit, ce qui n'est pas le cas d'une contravention de dégradation volontaire d'un bien. • Toulouse, 24 janv. 2002 : *Dr. pénal 2002. 52, obs. Véron.*

42. Proportionnalité. A agi pour la légitime défense des biens d'un commerçant, victime d'un cambriolage, le voisin qui fait usage de son arme, afin d'immobiliser le véhicule dont l'emploi devait favoriser la fuite des voleurs, alors qu'il avait perçu comme des menaces les gestes faits par les occupants du véhicule, et après avoir vainement crié pour les empêcher de fuir. • Montpellier, 19 nov. 1979 : *D. 1981. IR 153, obs. Puech.*

♦ Rappr. : • Toulouse, 15 nov. 1979 : *JCP 1981. II. 19608, note Bouzat ; Gaz. Pal. 1980. 1. 356.*

3° FORCES DE POLICE/GENDARMERIE

43. Jurisprudence européenne. L'art. 2 protégeant le droit à la vie se place parmi les articles primordiaux de la Conv. EDH ; les exceptions définies au § 2 montrent que l'art. 2 vise certes le cas où la mort a été infligée intentionnellement, mais ce n'est pas son unique objet ; le texte de l'art. 2, pris dans son ensemble, démontre que le § 2 ne définit pas avant tout les situations dans lesquelles il est permis d'infliger intentionnellement la mort, mais décrit celles où il est possible d'avoir « recours à la force », ce qui peut conduire à donner la mort de façon involontaire ; le recours à la force doit être rendu « absolument nécessaire » pour atteindre l'un des objectifs mentionnés aux al. a), b) et c). • CEDH 27 sept. 1995, *Mac Cann, Farell et Savage c/ Royaume-Uni : Gaz. Pal. 1996. 2. 532, note Puéchavy ; RSC 1996. 462, obs. Koering-Joulin* . ♦ ... La Cour doit examiner de façon extrêmement attentive les cas où l'on inflige la mort, s'il est fait un usage délibéré de la force meurtrière, en prenant en considération non seulement les actes des agents de l'État, mais également les circonstances de l'affaire, notamment la préparation et le contrôle des actes en question. • CEDH 27 sept. 1995 : *préc.* ♦ ... Elle estime que le recours à la force par des agents de l'État, pour atteindre l'un des objectifs énoncés au § 2 de l'art. 2, peut se justifier au regard de cette disposition lorsqu'il se fonde sur une conviction honnête considérée, pour de bonnes raisons, comme valable à l'époque des événements mais qui se révèle ensuite erronée. • Même décision. ♦ ... Sur l'organisation et le contrôle de l'opération, eu égard à la décision de ne pas empêcher les suspects d'atteindre leur destination, à la prise en compte insuffisante par les autorités d'une possibilité d'erreur dans leurs appréciations en matière de renseignements, au moins sur certains aspects et au recours automatique à la force meurtrière lorsque les militaires ont ouvert le feu, la Cour n'est pas convaincue que la mort des trois terroristes ait résulté d'un recours à la force rendu absolument nécessaire pour assurer la défense d'autrui contre la violence illégale, au sens de l'art. 2, § 2 *a)*, de la Convention. • Même décision.

44. Eu égard à ses constatations sur la préparation et le contrôle de l'opération de sauvetage et sur la force utilisée, la Cour conclut que, dans les circonstances de l'espèce, l'homicide du couple est la conséquence de l'usage d'une force qui ne dépassait pas celle qui était absolument nécessaire pour défendre des personnes contre la violence illégale au sens de l'art. 2, § 2, *a)* Conv. EDH, et pour effectuer une arrestation régulière au sens de l'art. 2, § 2, b). • CEDH 9 oct. 1997, *Andronicou et Constantinou c/ Chypre : D. 1998. Somm. 205, obs. Renucci ; RSC 1998. 379, obs. Koering-Joulin* .

45. Est justifié le recours à la force meurtrière d'un carabinier qui, au vu des vidéos et photos de l'incident, a agi « dans la conviction honnête que sa propre vie et son intégrité physique, ainsi que la vie et l'intégrité physique de ses collègues, se trouvaient en péril » (§ 189) du fait d'une attaque illégale et très violente, et le recours à un moyen de défense potentiellement meurtrier, tel des coups de feu, après des sommations, « était absolument nécessaire » (§ 194). • CEDH 24 mars 2011, *Giuliani et Gaggio c/ Italie*, n° 23458/02 : *JCP 2011, n° 459, p. 753, obs. Gonzalez.*

46. Défense retenue. A agi en état de légitime défense : le gendarme contraint d'accomplir un acte nécessaire à la protection de sa collègue en danger de mort • Crim. 9 janv. 2018, n° 16-86.552 P : *D. actu. 25 janv. 2018, obs. Fucini ; D. 2018. Pan. 2259, obs. Roujou de Boubée ; AJ pénal 2018. 145, obs. Thierry ; RSC 2018. 87, note Mayaud* . ♦ ... Le policier qui a fait usage de son arme en direction de voleurs en fuite, blessant légèrement l'un d'eux, pour faire face au danger réel qui menaçait tant son collègue que lui-même. • Crim. 16 juill. 1986 : *D. 1988. 390 (1re esp.), note Dekeuwer.* ♦ Rappr. : • 20 avr. 1982 : *JCP 1983. II. 19958.* ♦ Comp. : • Crim. 16 juill. 1986 : *D. 1988. 390 (2e esp.), note préc. Dekeuwer ; Gaz. Pal. 1987. 1. Somm. 10* (justification sur le fondement de l'état de nécessité des coups et blessures involontaires commis par un policier qui, après sommations et à des fins d'intimidation, avait tiré un coup de feu à terre, blessant par ricochet un individu armé qu'il tentait d'appréhender, lequel avait précédemment fait usage de son arme et se trouvait dans un état d'excitation violente). ♦ ... Le gardien de la paix qui, poursuivant seul en pleine nuit et en des lieux obscurs qu'il connaissait mal l'auteur d'une tentative de vol, et savait qu'un complice armé d'une pince monseigneur risquait de réapparaître à tout moment pour prêter assistance à son compagnon, a, devant la réaction violente du malfaiteur lors de son interpellation, fait usage de son arme et blessé celui-ci. • Paris, 9 oct. 1978 : *JCP 1979. II. 19232 (1re esp.), note Bouzat.* ♦ ... Le policier qui a usé de son arme, alors que les gestes d'un dangereux malfaiteur avaient toutes les apparences d'une préparation au tir. • Lyon, 16 déc. 1986 : *Gaz. Pal. 1987. 1. Somm. 199, note Doucet.*

47. Défense non retenue. N'a pu se croire raisonnablement en péril l'inspecteur qui a reçu mission d'arrêter un individu connu pour dangereux, lorsque celui-ci a pris la fuite en bicyclette, se trouvant ainsi dans une position difficile pour se retourner et répondre à ses sommations en se servant d'une arme pour faire feu. • Lyon, 28 nov. 1962 : *Gaz. Pal. 1963. 2. 195.* ♦ Confirmation de : • TGI Lyon, 20 nov. 1961 : *D. 1962. 215 ; JCP 1962. II. 12560, note Vedel ; Gaz. Pal. 1962. 1. 71.*

48. Le fait justificatif tiré de l'art. 174 du Décr. du 20 mai 1903 portant règlement sur l'organisation du service de la gendarmerie, qui autorise l'emploi de la force armée notamment pour immobiliser les véhicules dont les conducteurs n'obtempèrent pas à l'ordre d'arrêt, ne saurait être étendu au gendarme qui exécute en tenue civile une mission de police judiciaire ; en pareille circonstance, l'usage des armes est limité au cas de légitime défense. • Crim. 16 janv. 1996, n° 94-81.585 P : *JCP 1996. II. 22737, note Fourment ; RSC 1996. 369, obs. Mayaud ; ibid. 848, obs. Bouloc.* ♦ Dans le même sens : • Crim. 30 avr. 1996, n° 95-82.500 P : *Dr. pénal 1996. 176, obs. Maron ; RSC 1996. 860, obs. Mayaud ; ibid. 1997. 100, obs. Bouloc ; ibid. 116, obs. Delmas Saint-Hilaire.* ♦ Comp. : • Montpellier, 16 mars 1995 : *BICC 1995. 845.* ♦ Cassé par • Crim. 30 avr. 1996 : *préc.* (V. ss. art. 122-4). ♦ Rappr. : • Crim. 21 janv. 1998, n° 97-82.269 P : *RSC 1998. 354, obs. Dintilhac* (régularité de la constatation d'une infraction par des gendarmes en tenue civile de sport et ayant fait connaître leur qualité).

49. N'est pas en état de légitime défense un gardien de la paix, accusé de violences avec arme ayant entraîné la mort sans intention de la donner, qui a fait usage de son arme en vue d'arrêter la progression de véhicules suspects, parvenus à une courte distance de lui, mais qui, changeant de trajectoire, ont viré dans une autre rue pour s'enfuir, évitant ainsi le contact direct et l'affrontement avec les forces de police, de sorte que la réaction n'était pas proportionnée à la menace. • Crim. 26 juill. 2000, n° 00-83.552 : *Gaz. Pal. 2001. 1. 77.*

50. N'a pas justifié sa décision la chambre de l'instruction qui retient l'état de légitime défense au bénéfice d'un brigadier-chef, lequel avait mortellement blessé une personne en fuite, tout en énonçant, par des motifs contradictoires, que les moyens de défense employés étaient, au regard des constatations faites sur place, disproportionnés à la gravité de l'atteinte portée à l'un de ses collègues. • Crim. 9 sept. 2015, n° 14-81.308 : *D. actu. 21 sept. 2015, obs. Gallois.*

Art. 122-6 **Est présumé avoir agi en état de légitime défense celui qui accomplit l'acte :**

1° Pour repousser, de nuit, l'entrée par effraction, violence ou ruse dans un lieu habité ; — *Pén. 311-4 (6°).*

2° Pour se défendre contre les auteurs de vols ou de pillages exécutés avec violence.

Corresp. : *C. pén., ancien art. 329.*

BIBL. ▶ SAVEY-CASARD, *RSC 1960. 29.* – ROMERIO, *JCP 1979. I. 2939.*

A. INTRUSION NOCTURNE

1. Domaine de la présomption. Le droit de défendre, même par l'homicide, l'inviolabilité de son domicile contre ceux qui tentent d'y pénétrer de nuit, n'est pas limité au cas où un vol est à redouter de la part de ceux-ci. • Crim. 8 déc. 1871 : *DP 1872. 1. 193.*

2. La présomption joue non seulement « à l'instant » où « l'on repousse » l'escalade, mais bien pendant tout le temps où l'on se trouve en présence de l'intrus, tant que celui-ci n'est pas mis hors d'état de nuire. • Dijon, 8 janv. 1965 : *Gaz. Pal. 1965. 1. 155 ; RSC 1965. 414, obs. Légal.* ♦ Rappr. : • Dijon, 21 mars 1900 : *DP 1901. 2. 473, note Tournier.*

3. Si l'art. 329 [devenu 122-6] C. pén. vise tout bâtiment ou toute dépendance, quels qu'en soient l'usage ou la nature, c'est à la condition toutefois que le bâtiment soit habité ou que la dépendance soit celle d'une maison habitée. • Crim. 15 oct. 1980, n° 78-92.653 P : *D. 1981. IR 138, obs. Roujou de Boubée ; Gaz. Pal. 1981. 1. 308 ; RSC 1981. 615, obs. Levasseur, et 853, obs. Larguier.*

4. Nature de la présomption. L'art. 329-1° C. pén. définit une présomption légale qui, loin de présenter un caractère absolu et irréfragable, est susceptible de céder devant la preuve contraire ; le texte dont s'agit ne saurait justifier des actes de violence lorsqu'il est démontré qu'ils ont été commis en dehors d'un cas de nécessité actuelle et en l'absence d'un danger grave et imminent dont le propriétaire ou les habitants de la maison aient pu se croire menacés dans leurs personnes ou dans leurs biens. • Crim. 19 févr. 1959 : *Bull. crim. n° 121 ; D. 1959. 161, note M.R.M.P. ; JCP 1959. II. 11112, note Bouzat ; S. 1959. 58 ; Gaz. Pal. 1959. 2. 19 ; RSC 1959. 839, obs. Légal.* ♦ Sur l'arrêt objet du pourvoi : • Bourges, 6 mars 1958 : *D. 1958. 279 ; S. 1958. 247.* ♦ V. encore : • Crim. 20 déc. 1983, n° 83-94.077 P • 26 sept. 1989 : *Dr. pénal 1990. 125 ; Gaz. Pal. 1990. 1. Somm. 237* • 12 oct. 1993 : *ibid. 1994. 1. 94, note Doucet* • 13 déc. 2011, n° 10-88.699 : *Gaz. Pal. 2012. 1. 1027, obs. Dreyer* • TGI Caen, 14 déc. 1967 : *Gaz. Pal. 1968. 1. 134* • TGI Toulouse, 8 oct. 1969 : *D. 1970. 315, note Cédié ; RSC 1970. 649, obs. Levasseur, et 851, obs. Légal.*

5. Ainsi, ne peut bénéficier de la légitime défense, faute d'une nécessité actuelle contre un danger imminent : ... le prévenu qui, ayant vu un homme s'introduire la nuit, par escalade, dans le jardin de sa maison, a blessé cet homme d'un coup de feu, alors qu'après un premier coup de feu du propriétaire, tiré en l'air, l'inconnu avait pris la fuite et s'était réfugié sous un arbre en direction de la sortie. • Crim. 8 juill. 1942 : *Bull. crim. n° 88.* ♦ ... Le propriétaire qui a tiré, de nuit, sur un individu en état d'ivresse qu'il avait vainement tenté d'exhorter à la raison, et qui avait pénétré par escalade dans le jardin attenant à la maison en vue de rendre visite à une domestique. • Crim. 19 févr. 1959 : *préc. note 4.* ♦ ... Le prévenu qui, ouvrant sa porte pour se trouver face à face avec un adversaire qui tente de tirer sur lui avec une arme à feu enrayée, rentre chez lui, et, au lieu de refermer sa porte et de se barricader en appelant les services de police, prend un fusil, le charge, et, ressortant, tire en direction de l'agresseur. • Crim. 26 sept. 1989 : *préc. note 4* ; sur l'arrêt objet du pourvoi : • Paris, 22 juin 1988 : *D. 1988. IR 244.* ♦ ... Le propriétaire d'une bijouterie, victime d'une tentative de vol par effraction commise la nuit contre son magasin, qui, de son logement situé à l'étage, a tiré sur ses agresseurs, alors que lui-même, sa femme et ses enfants n'étaient pas en danger immédiat, puisqu'ils étaient au premier étage de la maison, dont l'entrée n'avait pas été forcée, et qui disposait d'une arme puissante et dangereuse, alors que les intéressés se trouvaient sur la voie publique, n'étaient pas armés et n'étaient détenteurs que d'une pince et d'un tournevis qu'ils venaient d'utiliser pour forcer le volet de la bijouterie, étant précisé que des coups de feu les ont atteints dans le dos, alors qu'ils regagnaient la voiture qu'ils avaient volée dans l'intention de s'enfuir. • Crim. 11 mai 1995 : *Gaz. Pal. 1995. 2. Somm. 443.*

6. N'a pas agi en état de légitime défense, au sens des art. 122-5 et 122-6 C. pén., la personne qui, après avoir tenté d'appréhender sous la menace de son fusil de chasse deux individus qui s'étaient introduits par escalade sur son terrain clôturé pour y cueillir des champignons, les arrête dans leur fuite en tirant sur eux plusieurs coups de feu, les frappe à coups de crosse et de gourdin et les attache à un arbre avant de les livrer à la gendarmerie. • Crim. 7 déc. 1999, n° 98-86.337 P : *RSC 2000. 602, obs. Bouloc*.

7. Mais se trouve en état de légitime défense : ... le commerçant qui, ayant surpris, la nuit, un cambrioleur dans son magasin attenant à sa maison d'habitation, a fait usage du fusil de chasse dont il s'était muni en voyant l'homme s'élancer subitement alors qu'il l'avait sommé de ne pas bouger. • Toulouse, 15 nov. 1979 : *JCP 1981. II. 19608, note Bouzat ; Gaz. Pal. 1980. 1. 356.* ♦ Rappr. : • Crim. 8 janv. 1974 : *Gaz. Pal. 1974. 1. Somm. 110* • 11 oct. 1994 : *Dr. pénal 1995. 37, note Véron.* ♦ ... Le propriétaire d'un cinéma qui, au milieu de la nuit, a surpris un cambrioleur qui avait pénétré dans son cinéma en escaladant une verrière et qui, après l'avoir tenu en respect avec une arme à feu, a tiré sur le malfaiteur au moment où il prenait la fuite, étant précisé que le prévenu ne pouvait savoir si le malfaiteur était ou non armé et s'il n'allait pas couvrir sa fuite par l'usage d'une arme. • Dijon, 8 janv. 1965 : *Gaz. Pal. 1965. 1. 155 ; RSC 1965. 414, obs. Légal.* ♦ ... La personne qui repousse, de nuit, l'entrée par effraction d'un individu dans un lieu habité, dans la mesure où la chambre d'accusation constate qu'il n'y a pas disproportion entre les moyens de défense employés et la gravité de l'atteinte dont cette personne est l'objet. • Crim. 21 févr. 1996, n° 94-85.108 P : *D. 1997. 234, note Paulin ; RSC 1996. 849, obs. Bouloc*.

8. Allégation de la présomption. Il n'y a pas lieu d'interroger le jury par une question spéciale sur le point de savoir si les coups mortels ont été portés pour repousser pendant la nuit l'escalade d'une maison ; cette question est contenue dans celle de culpabilité. • Crim. 3 déc. 1936 : *Bull. crim. n° 129.*

B. VOLS OU PILLAGES AVEC VIOLENCE

9. Pour un exemple d'application de l'art. 329-2° C. pén., V. • Crim. 5 juin 1984, n° 83-94.092 P : *Gaz. Pal. 1985. 1. 60, note Doucet.*

Art. 122-7 **N'est pas pénalement responsable la personne qui, face à un danger actuel ou imminent qui menace elle-même, autrui ou un bien, accomplit un acte nécessaire à la sauvegarde de la personne ou du bien, sauf s'il y a disproportion entre les moyens employés et la gravité de la menace.**

RÉP. PÉN. v° *État de nécessité*, par DANTI-JUAN.

BIBL. ► DOUCET, *Mél. Jerry Sainte-Rose, Bruylant, 2012. 413* (nature juridique de l'état de nécessité). – V. également ss. art. 122-2.

I. EXCEPTION D'ÉTAT DE NÉCESSITÉ

1. Fondement. La reconnaissance de l'état de nécessité est un des fondements du droit ; toutes les civilisations juridiques évoluées, dégagées du légalisme initial, le consacrent, soit dans la loi, soit dans la doctrine et la jurisprudence ; ce qui caractérise l'état ou « l'effet » de nécessité, c'est la situation dans laquelle se trouve une personne qui, pour sauvegarder un intérêt supérieur, n'a d'autre ressource que d'accomplir un acte défendu par la loi pénale. • Colmar, 6 déc. 1957 : *D. 1958. 357 (1re esp.), note Bouzat ; S. 1958. 245 ; Gaz. Pal. 1958. 1. 202.* ♦ Sur la célèbre affaire *Ménard*, où l'état de nécessité fut moins retenu en tant que tel, que fondé sur l'absence de toute intention frauduleuse : • T. corr. Château-Thierry, 4 mars 1898 ; en appel : • Amiens, 22 avr. 1898 : *DP 1899. 2. 329, note Josserand ; S. 1899. 2. 1, note Roux.*

2. Les conditions de l'excuse de nécessité se ramènent à l'idée fondamentale que l'agent ne peut échapper au danger qui le menace qu'en commettant l'acte délictueux, le danger dont il s'agit devant être inévitable et imminent et le dommage causé devant être inférieur à celui qui se serait produit sans l'accomplissement de l'infraction. • Rennes, 25 févr. 1957 : *D. 1957. 338, note Bouzat ; S. 1957. 260.*

3. Constatation. Pour être retenu, l'état de nécessité suppose que les juges du fond démontrent, d'une part, que l'infraction réalisée par le prévenu pouvait seule permettre d'éviter l'événement qu'il redoutait, à l'exclusion de tout autre moyen moins périlleux pour les tiers ; d'autre part, que le risque hypothétique de dommage, à défaut de l'infraction commise, était de nature à entraîner des conséquences plus redoutables que le péril certain et très grave auquel, par son action, le prévenu a exposé les tiers ; enfin, que ce dernier n'a pas créé lui-même ce prétendu état de nécessité. • Crim. 25 juin 1958 : *D. 1958. 693, note M.R.M.P. ; JCP 1959. II. 10941, note Larguier ; RSC 1959. 111, obs. Légal.*

4. Une simple affirmation du juge du fond ne suffit pas à justifier un prétendu état de nécessité ; dès lors doit être cassée la décision qui relaxe un automobiliste du chef de blessures involontaires en se bornant à déclarer que la manœuvre opérée en l'espèce avait évité un accident plus grave que celui qui était l'objet de la poursuite. • Crim. 25 juin 1958, n° 93-05.257 P. ♦ Encourt la cassation l'arrêt qui s'abstient de s'expliquer sur un fait justificatif d'état de nécessité, opposé par un prévenu pour sa défense. • Crim. 6 janv. 1966 : *Gaz. Pal. 1966. 1. 209* • 29 nov. 1972, n° 72-91.149 P.

5. Aux termes de l'art. 122-7 C. pén., seul un danger actuel et imminent est de nature à justifier l'infraction ; après avoir retenu à bon droit que les agissements des prévenus étaient discriminatoires, pour constituer une entrave à l'exercice normal d'une activité économique (C. pén., art. 225-2, 2°), les juges ne pouvaient statuer comme ils l'ont fait, sans démontrer que l'infraction commise pouvait seule permettre d'éviter l'événement qu'ils redoutaient à défaut de tout autre moyen. • Crim. 9 nov. 2004, n° 03-87.444 P : *D. 2005. Pan. 2460, obs. Valette ; AJ pénal 2005. 23, obs. Enderlin ; Dr. pénal 2005. 35, obs. Véron ; Gaz. Pal. 2005. 1. Somm. 2178, note A.C.*

6. Effets. L'accomplissement d'un acte nécessaire exclut toute faute de la part de l'agent. • Crim. 12 mai 1950 : *Bull. crim. n° 154* • 4 janv. 1956, n° 4-63.954 P : *D. 1956. Somm. 130 ; RSC 1956. 831, obs. Légal ; S. 1956. 165, note Bouzat.* ♦ Dès lors doit être cassé l'arrêt qui, après avoir constaté qu'un motocycliste tenant régulièrement sa droite et voyant une automobile arriver sur lui en circulant sur la gauche de la chaussée a brusquement changé de direction pour éviter la collision, déclare, néanmoins, que la responsabilité doit être partagée entre l'auteur et la victime de l'accident. • Crim. 12 mai 1950 : *préc.*

II. CONDITIONS DE L'ÉTAT DE NÉCESSITÉ

A. DANGER

1° ACTUALITÉ OU IMMINENCE

a. Principe

7. Énoncé. Ne justifie pas l'infraction la simple crainte, et non le péril imminent. • Crim. 27 déc. 1961, n° 90-89.461 P. ♦ L'état de nécessité doit être un état de nécessité véritable et non de simple commodité, il doit placer l'auteur devant un danger immédiat et certain et non hypothétique ou futur. • T. corr. Nantes, 12 nov. 1956 : *D. 1957. 30 ; JCP 1957. II. 10041, note Aussel.*

8. L'art. 122-7 C. pén. ne prévoit d'irresponsabilité pénale que pour la personne qui, face à un danger « actuel » ou « imminent », qui menace elle-même, autrui ou un bien, accomplit un acte nécessaire à la sauvegarde de la personne ou du bien, sauf s'il y a disproportion ; il y a inadéquation entre cette notion juridique et la contravention de stationnement automobile ; en effet, le contrevenant est censé avoir fait le choix de son mode de circulation ce qui exclut par nature la menace imminente prévue par la loi. • Paris, 12 nov. 1998 : *D. 1999. IR 44.*

9. Appréciation. De jurisprudence constante de la Cour de cassation, l'état de nécessité se définit comme la situation dans laquelle se trouve une personne qui, pour sauvegarder un « intérêt supérieur », n'a d'autre ressource que d'accomplir un acte défendu par la loi pénale ; cet « intérêt supérieur » s'apprécie de façon objective ; il doit être perçu comme tel par tous ; il n'est pas possible à quelques-uns seulement – en raison de conceptions morales ou religieuses particulières – de s'ériger en juges de la valeur des intérêts à défendre et partant, de « l'actualité ou de l'imminence des dangers » – pour reprendre la terminologie de la loi nouvelle – contre lesquels « il faut nécessairement agir » – toujours pour reprendre la même terminologie (à propos du délit d'entrave à l'interruption volontaire de grossesse : CSP, art. L. 162-15). • T. corr. Le Puy-en-Velay, 14 mars 1995 : *Gaz. Pal. 1995. 2. Somm. 326.* ♦ L'état de nécessité se définit comme la situation dans laquelle se trouve une personne qui, pour sauvegarder un intérêt supérieur, n'a d'autre ressource que d'accomplir un acte défendu par la loi pénale ; l'état de nécessité dépend de circonstances objectives et il ne faut pas que chacun puisse, en vertu notamment de prétendues convictions religieuses, s'ériger en juge de la valeur des intérêts à défendre ou du caractère certain du péril ; la L. du 17 janv. 1975 autorise l'avortement en acceptant sous certaines conditions (tenant principalement à l'information de la femme, son état de détresse, une grossesse de moins de dix semaines) de sacrifier la vie du fœtus dont il est admis qu'il ne constitue qu'une personne humaine en devenir, à la vie et à la santé de la femme enceinte (à propos du délit d'entrave à l'interruption volontaire de grossesse : CSP, art. L. 162-15). • TGI Roanne, 27 juin 1995 : *Gaz. Pal. 1998. 1. 2, note Bonneau.*

b. Illustrations

10. Abus de faiblesse. Pour un danger d'ordre patrimonial résidant dans un abus de faiblesse dont était victime la partie civile, justificatif d'une atteinte à l'intimité de la vie privée au sens de l'art. 226-1 C. pén. • T. corr. Bordeaux, 12 janv. 2016, n° 11027000050 : *D. actu. 19 janv. 2016, obs. Fucini.*

11. Circulation routière. Un conducteur de camion qui a fait stationner son véhicule sur le trottoir pendant le temps du chargement ne peut invoquer, pour se justifier, le fait que l'accès des berges où il stationnait normalement était momentanément interdit et qu'il n'avait pas d'autre ressource pour exercer sa profession que d'embarrasser la voie publique en stationnant sur le trottoir. • Crim. 21 janv. 1959, n° 92-64.258 P. ♦ *Contra*, pour la justification d'infractions au stationnement, commises par une bijoutière, au nom du sentiment d'insécurité qu'elle éprouvait au cours de ses livraisons : • T. pol. Lyon, 20 nov. 1984 : *Gaz. Pal. 1986. 1. 159, note Guinchard et Mayaud ; JCP 1986. II. 20684, note Bouzat.*

12. Écarte à bon droit l'état de nécessité, invoqué par le prévenu, résultant d'un malaise de la conductrice du véhicule dont il était le passager, la cour d'appel qui énonce qu'à la supposer démontrée, une telle circonstance ne pouvait justifier l'infraction de conduite sans permis de conduire reprochée au prévenu, à qui s'offraient d'autres solutions pour regagner son domicile. • Crim. 4 mars 1998 : *Gaz. Pal. 1998. 2, chron. crim. 125.*

13. En l'absence de contrainte morale ou de danger actuel ou imminent, un garagiste ne peut être relaxé du chef d'excès de vitesse sur le fondement des art. 122-2 et 122-7 C. pén., au motif qu'il était contraint, en sa qualité de garagiste tenu à une obligation de résultat, d'utiliser les moyens nécessaires pour détecter l'éventuel défaut d'un véhicule à vitesse élevée, et de faire un essai sur une route, faute de disposer d'un *circuit adéquat à proximité*, dès lors que celui-ci peut remplir son obligation de résultat sans enfreindre la loi, en se dotant des matériels nécessaires à la détection des véhicules défectueux. • Limoges, 24 mai 2000 : *BICC 2001, n° 207.*

14. A justifié sa décision la cour d'appel qui, pour déclarer le prévenu coupable d'homicide et blessures involontaires, retient que, poursuivi par un autre véhicule et circulant à une vitesse manifestement excessive l'ayant empêché de freiner, il a percuté le véhicule de la victime, lequel, après l'arrêt à un panneau stop, arrivait sur sa droite ; au moment de l'accident, la course-poursuite qui s'était engagée n'était pas inéluctable en raison de la distance mise entre les deux véhicules, ce qui excluait toute prétention à un état de nécessité. • Crim. 26 juin 2012, n° 11-85.919 : *Gaz. Pal. 2012. 2. 3019, obs. Dreyer.*

15. Difficultés commerciales. Écarte à bon droit l'état de nécessité allégué par le prévenu une cour d'appel qui, pour réfuter l'argumentation dans laquelle ce dernier faisait état d'une rupture de stocks inopinée, estime que l'intéressé disposait d'autres solutions que la commission d'un délit de contrefaçon pour pallier les simples difficultés commerciales que pouvait créer une défaillance de son fournisseur, à supposer que celle-ci fût démontrée, et qu'ainsi les circonstances de l'espèce ne caractérisaient nullement le fait justificatif invoqué. • Crim. 11 févr. 1986, n° 84-94.952 P : *D. 1987. Somm. 41, obs. Burst.*

16. Difficultés financières. Des difficultés financières sont insuffisantes pour caractériser un danger réel et actuel ou imminent. • Poitiers, 11 avr. 1997 : *D. 1997. 512, note Waxin ; JCP 1997. II. 22933, note Olive ; RSC 1998. 110, obs. Ottenhof.* ♦ V. également : F. Debove, La faim ne justifie pas les moyens : *Dr. pénal 1998. Chron. 4.*

17. Difficultés de logement. Agit sous l'empire de la nécessité, et doit être relaxé du délit de bris de clôture, le locataire qui détruit une palissade édifiée par son propriétaire et destinée à rendre inaccessible aux occupants certaines parties communes d'un immeuble, afin d'établir un courant nécessaire à sa famille et faire cuire ses aliments. • Crim. 4 janv. 1956, n° 4-63.954 P : *D. 1956. Somm. 130 ; RSC 1956. 831, obs. Légal ; S. 1956. 165, note Bouzat.*

18. Le fait d'avoir commencé une construction à usage d'habitation sans avoir obtenu le permis de construire et d'avoir continué les travaux en violation d'un arrêté municipal qui en avait ordonné l'interruption, ne peut être retenu à la charge du prévenu, lorsque celui-ci, père de deux enfants, logé dans un baraquement insalubre, a été dans l'impossibilité de trouver à se loger décemment, tant dans la commune où il habite que dans les localités voisines. • T. corr. Colmar, 27 avr. 1956 : *D. 1956. 500 ; JCP 1957. II. 10041, note Aussel ; Gaz. Pal. 1956. 2. 64.* ♦ Rappr. : • T. corr. Dijon, 27 févr. 1968 : *D. 1968. 738, note Bouzat ; JCP 1968. II. 15501, note J.P.* ♦ Jugé, au contraire, que la volonté de quitter une caravane devenue insalubre pour loger ses cinq enfants ne justifie pas la violation des règles les plus élémentaires du droit de l'urbanisme, ceci dans la mesure où la prévenue ne démontre aucunement qu'elle s'est trouvée devant des refus tels qu'elle ne disposait pas d'autres alternatives pour se sédentariser. • Rennes, 16 mai 1991 : *Dr. pénal 1992. 186.*

19. Il y a lieu de condamner pour bris de clôture le prévenu qui a introduit une famille dans un appartement prétendument inhabité, alors que le logement occupé par cette famille, s'il était loin de répondre à ses besoins normaux, assurait cependant leur hébergement, que le squattage a été commis à la veille du printemps, et alors enfin qu'aucune demande d'occupation provisoire n'avait été faite au propriétaire ou au locataire de l'immeuble. • Rennes, 25 févr. 1957 : *D. 1957. 338, note Bouzat ; S. 1957. 260.* ♦ Il en est de même pour des prévenus ayant agi pour le compte de familles mal logées, mais dont aucune n'était sans abri, ni n'avait épuisé les moyens légaux de relogement, notamment celui résultant du droit de réquisition de l'autorité administrative. • T. corr. Brest, 20 déc. 1956 : *D. 1957. 348 ; S. 1957. 268.*

20. La circonstance selon laquelle le prévenu et sa famille vivaient dans un studio de 8 m², situé dans le 11e arrondissement de Paris, analysée au regard du fait que le prévenu avait un salaire mensuel de 7 500 F, qu'il était père d'un petite fille âgée d'un mois au moment des faits et qu'aucune suite concrète ne semblait avoir été donnée à sa demande de logement, trois mois auparavant, à la mairie de Paris pour transmission à l'OPAC de Paris, est objectivement constitutive d'un danger réel et actuel pour l'enfant, danger dont on ne peut dire, par ailleurs, qu'il résulterait d'un quelconque comportement fautif de la personne citée à comparaître devant le tribunal ; le fait de scier les gonds de la porte d'entrée d'un appartement inoccupé de l'OPAC, pour s'y installer avec sa famille, constitue pour le prévenu une réaction nécessaire et mesurée au danger réel, actuel et injuste, auquel son enfant, sa femme et lui étaient confrontés, justifiant ainsi sa relaxe des fins de la poursuite pour dégradation ou détérioration grave d'un bien appartenant à autrui, les éléments constitutifs de l'état de nécessité étant réunis. • TGI Paris, 28 nov. 2000 : *D. 2001. 512, note T. Garé ; JCP 2001. II. 10573, note Ginestet.*

21. Droits de la défense. Après avoir relevé que, lors de son interpellation, le prévenu a fait usage d'un faux nom en présentant de faux documents d'identité, la juridiction du second degré énonce que « le prévenu, en état d'évasion d'une prison helvétique, ne saurait se prévaloir d'un état de nécessité, au sens de l'art. 122-7 C. pén. » ; en l'état de ces énonciations, la cour d'appel, qui a souverainement estimé que les faits reprochés n'étaient pas justifiés par la nécessité de la sauvegarde de la personne du prévenu, face à un danger actuel ou imminent, s'est déterminée par des motifs n'encourant pas les griefs allégués. • Crim. 22 mai 1997, n° 96-82.080 P.

22. Pour la reconnaissance de l'état de nécessité à l'avantage d'un avocat poursuivi pour contravention d'accès, circulation ou stationnement irrégulier dans la zone publique d'un aérodrome, alors qu'il était intervenu aux fins d'assurer le seul exercice de sa profession en protestation d'une mesure d'expulsion concernant un de ses clients, mesure qui pouvait, à ses yeux, représenter un réel danger, voire un péril imminen. • T. Pol. Bayonne, j. prox., 16 févr. 2005 : *Gaz. Pal. 2005. 1. 1870.*

23. Éducateurs de prévention. Le fait justificatif tiré de l'état de nécessité ne saurait être invoqué par l'éducateur de prévention qui s'est abstenu d'empêcher par une action immédiate, sans risque pour lui-même, un délit contre l'intégrité corporelle d'une personne (C. pén. : art. 63, al. 1er, anc. ; art. 223-6 nouv.), dès lors que son abstention a été seulement motivée par la crainte qu'il éprouvait de compromettre éventuellement l'efficacité de son action de prévention et de sacrifier ainsi un intérêt hypothétique. • Crim. 21 nov. 1974, n° 73-93.525 P : *JCP 1975. II. 18143, note Chambon ; Gaz. Pal. 1975. 1. 68 ; RSC 1976. 89, obs. Larguier.* ♦ Rappr. : • Crim. 4 nov. 1971, n° 70-91.953 P : *JCP 1972. II. 17256, note Mayer-Jack.*

24. Exposition aux vols et agressions. Selon l'art. 122-7 C. pén., seul un danger actuel et imminent est de nature à justifier la commission de l'infraction ; encourt, dès lors, la cassation l'arrêt qui relaxe la gérante d'une société à responsabilité limitée exploitant une bijouterie, poursuivie du chef d'omission pour avoir omis de déposer au greffe du tribunal de commerce les comptes annuels et le rapport de gestion de la société, en relevant, notamment, que le fonds de commerce de bijouterie est particulièrement exposé aux vols et agressions et que la publicité des comptes sociaux et documents annexes, qui comportent des indications utilisables par les malfaiteurs pour commettre leurs exactions, place la prévenue face à un danger actuel et imminent. • Crim. 1er juin 2005, n° 05-80.351 P : *D. 2005, Pan. 2993, obs. Mascala ; AJ pénal 2005. 325 ; Dr. pénal 2005. Comm. 121, obs. Véron, et comm. 130, obs. J.-H. Robert ; Gaz. Pal. 2006. 1. Somm. 546, note Monnet.*

25. Forces de police. Ayant énoncé que l'action d'un policier, qui a tiré un coup de feu à terre, blessant par ricochet un individu armé qui avait précédemment fait usage de son arme et se trouvait dans un état d'excitation violente, avait été commandée par la nécessité réelle et urgente de l'appréhender et que le risque pris en tirant un coup de feu au sol pour l'intimider apparaît en rapport avec le danger créé par ce dernier, une cour d'appel a pu, sans priver sa décision de base légale, estimer que le prévenu – de coups et blessures involontaires – avait accompli un acte nécessaire exclusif de toute faute. • Crim. 16 juill. 1986 : *D. 1988. 390 (2e esp.), note Dekeuwer ; Gaz. Pal. 1987. 1. Somm. 10.*

26. Intérêt supérieur de l'enfant. Pour la reconnaissance par un expert psychiatre d'un danger actuel ou imminent menaçant l'équilibre psychique d'une très jeune enfant, danger de nature à justifier par état de nécessité le délit de non-représentation d'enfant. • Colmar, 18 juin 2014, n° 14/00493 : *AJ pénal 2014. 416, obs. Lasserre Capdeville.*

27. Organismes génétiquement modifiés. BIBL. J.-Ph. Feldman, *D. 2006. Chron. 814* (les « faucheurs d'OGM » et la Charte de l'environnement). ♦ Justifient leur décision les juges du fond qui, pour écarter l'argumentation tirée de la cause d'irresponsabilité prévue par l'art. 122-7 C. pén. et de l'atteinte à l'art. 8 Conv. EDH, et retenir la culpabilité des prévenus qui ont détruit des plants de riz génétiquement modifiés cultivés à des fins expérimentales, retiennent qu'aucune des conditions de l'état de nécessité n'est remplie et que les dispositions conventionnelles ne peuvent être utilement invoquées pour justifier le délit de destruction ou dégradation du bien d'autrui en réunion, commis dans un entrepôt après effraction. • Crim. 19 nov. 2002 : *D. 2003. jur. 1315, note Mayer ; ibid. 2006. Pan. 1652, obs. Roujou de Boubée.*

28. Devant les juges du fond, le prévenu a invoqué le bénéfice de la cause d'irresponsabilité prévue par l'art. 122-7 C. pén., faisant valoir que ses agissements étaient justifiés par le risque pour la santé et l'environnement que présentaient des organismes génétiquement modifiés et par la nécessité d'alerter sur ce point l'opinion publique ; il a également soutenu que les poursuites engagées à son encontre étaient contraires aux art. 2 et 8 Conv. EDH ; ont justifié leur décision, par des motifs exempts d'insuffisance et de contradiction, les juges qui, pour écarter cette argumentation et retenir la culpabilité du prévenu, énoncent, par les motifs propres et adoptés partiellement repris au moyen, qu'aucune des conditions de l'état de nécessité n'est remplie en l'espèce, et que les dispositions conventionnelles précitées ne peuvent être utilement invoquées pour justifier le délit reproché. • Crim. 18 févr. 2004 : *Dr. pénal 2004. 107.*

29. Ont justifié leur décision les juges qui, pour retenir la culpabilité des prévenus, poursuivis pour avoir volontairement détruit des plantations de maïs génétiquement modifié, et qui arguaient de ce que les poursuites dirigées contre eux étaient contraires, notamment, aux art. 2 et 8 Conv. EDH, 1er du protocole additionnel à ladite Convention, ainsi qu'au principe de précaution, affirmé, à l'époque des faits, par le seul droit communautaire, ont écarté l'état de nécessité, cause d'irresponsabilité prévue par l'art. 122-7 C. pén., dès lors qu'au surplus la Charte de l'environnement ne pouvait être invoquée, en l'espèce, pour fonder l'existence d'un tel état. • Crim. 7 févr. 2007, n° 06-80.108 : *D. 2007. 573, note Darsonville ; ibid. 1310, note Feldman ; JCP 2007. II. 10059, note Trébulle ; AJ pénal 2007. 133.*

30. Pour d'autres hypothèses de responsabilité affirmée et de rejet de l'état de nécessité : • Orléans, 27 juin 2006 : *JCP 2006. IV. 3180* • Versailles, 22 mars 2007 : *JCP 2007. IV. 2913.*

31. Péril climatique. Le dérèglement climatique constitue un danger actuel et se trouvent justifiés, car nécessaires, les faits ayant consisté à décrocher le portrait du président de la République dans une mairie, faits qui auraient pu en d'autres circonstances être qualifiés de vol en réunion. • TGI Lyon, 16 févr. 2019, n° 19168000015 : *D. actu. 26 sept. 2019, obs. Diaz ; D. 2019. 1973, obs. Roets.*

32. Santé. Est un état de nécessité le fait d'avoir à trancher entre l'impératif immédiat de protéger la vie des hémophiles, tributaires de produits prophylactiques, ou le risque plus lointain de les voir développer une maladie mortelle (affaire du sang contaminé). • Paris, ch. instr., 4 juill. 2002 : *D. 2003. 164, note Prothais.*

33. Est menacé par un danger actuel le prévenu, paraplégique à la suite d'un accident, qui invoque un état de nécessité pour justifier la détention de pieds de cannabis plantés, afin de confectionner des tisanes qui sont les seuls moyens de calmer ses douleurs, les autres médicaments proposés lui abîmant les reins ; il convient, par application de l'art. 122-7 C. pén., de retenir cette excuse, et de le relaxer, dès lors qu'il ne lui est pas reproché de commerce de cannabis ou d'offre ou de cession à des tiers de ces plants stupéfiants, et que le moyen employé n'est pas en l'espèce disproportionné par rapport à la gravité de la menace. • Papeete, 27 juin 2002 : *D. 2003. 584, note Gourdo ; Dr. pénal 2003. 3, obs. Véron.*

34. Soupçons d'atteintes sexuelles. Pour écarter l'argumentation de la prévenue qui justifiait son refus de représenter l'enfant à son père par la gravité des soupçons d'atteintes sexuelles que celui-ci aurait commises sur cette mineure et dont elle voulait empêcher le renouvellement, l'arrêt attaqué relève que la décision du juge des affaires familiales de suspendre le droit d'hébergement du père et d'organiser son droit de visite au domicile des grands-parents de l'enfant prenait en compte les soupçons d'abus sexuel pesant sur lui ; les juges constatent que la prévenue n'a pas demandé, comme elle était en droit de le faire, la suspension de l'exécution provisoire attachée à la décision de ce magistrat, et qu'elle a refusé de se rendre aux convocations de l'association chargée d'une mesure de médiation avant poursuites pénales ; ils retiennent qu'en l'absence d'un danger actuel ou imminent couru par la mineure, et qu'en raison de la disproportion que constituait l'opposition absolue de la prévenue à tout exercice du droit de visite, dans les conditions fixées par le juge aux affaires familiales, en l'état des simples soupçons pesant alors sur le père pris en considération par la décision de justice, la prévenue ne saurait invoquer les dispositions de l'art. 122-7 C. pén. ; en statuant par ces motifs, et dès lors que l'élément intentionnel du délit de non-représentation d'enfant est caractérisé par le refus délibéré ou indu comme étant, en l'espèce, contraire à une décision de justice, de remettre l'enfant à la personne qui est en droit de le réclamer, la cour d'appel a justifié sa décision. • Crim. 2 sept. 2004 : *Dr. pénal 2004. 172, obs. Véron.*

35. Soupçons de violences. A justifié sa décision la cour d'appel qui, pour confirmer le jugement de condamnation et écarter le moyen de défense pris de l'état de nécessité, retient que la violence supposée du père n'était pas établie par la procédure et les attestations produites et qu'il appartenait à la prévenue de faire respecter le jugement du juge aux affaires familiales ayant fixé la résidence habituelle du mineur chez son père, dès lors qu'à la date des faits incriminés, la décision de justice statuant sur la résidence du mineur était exécutoire, la modification ultérieure de cette décision, fût-elle avec effet rétroactif, ne pouvant faire disparaître le délit de non-représentation d'enfant qui avait été commis. • Crim. 14 mars 2012, n° 11-85.421 P : *D. actu. 27 mars 2012, obs. Bombled ; D. 2012. Pan. 2276, obs. Bonfils ; AJ fam. 2012. 279, obs. Lambert ; Gaz. Pal. 2012. 1. 1382, note Mésa.*

2° FATALITÉ

36. Péril inévitable. Pour pouvoir invoquer l'état de nécessité, l'auteur d'une infraction doit démontrer qu'il courait un péril inévitable par tout autre moyen que le délit qu'il a commis. • T. corr. Avesnes-sur-Helpe, 19 nov. 1958 : *JCP 1959. II. 11366, note Laplatte.*

37. L'état de nécessité n'est pas établi au profit du propriétaire d'une résidence secondaire dans laquelle des cambrioleurs ont été, l'un tué, l'autre blessé par l'explosion d'un appareil de radio piégé, alors qu'il n'apparaît pas que la pénétration des malfaiteurs dans la propriété n'aurait pas pu être empêchée par un autre moyen que celui qui a été employé. • T. corr. Troyes, 24 mai 1978, *Legras : JCP 1979. II. 19046 (2e jugement), note Bouzat.*

38. Sur le danger actuel représenté par le dérèglement climatique : V., *supra*, note 31.

39. Faute antérieure. La faute qui place son auteur dans la nécessité de commettre une infraction ne constitue pas un fait justificatif de cette infraction ; tel est le cas du conducteur d'un camion qui s'est engagé sur un passage à niveau dont la barrière était fermée d'un seul côté, faute qui l'a placé dans la nécessité d'enfoncer les deux vantaux de la barrière pour échapper à une collision avec un train qui approchait. • Rennes, 12 avr. 1954 : *S. 1954. 2. 185, note Bouzat.* ♦ V. aussi : • Crim. 28 juin 1958 : *D. 1958. 693, note M.R.M.P. ; JCP 1959. II. 10941, note Larguier ; RSC 1959. 111, obs. Legal.*

40. L'indicateur, qui a participé lui-même au plan de fraude, ne saurait se prévaloir de l'état de nécessité au seul motif qu'il aurait permis aux agents des Douanes, par les renseignements qu'il leur a fournis, de constater une importation en contrebande de véhicules automobiles. • Crim. 25 mars 1971, n° 70-90.685 P.

41. En vertu des art. 1er et 5 du Décr. n° 91-1206 du 26 nov. 1991, les entreprises de surveillance à distance doivent, pour appeler les services de police et de gendarmerie, utiliser un numéro téléphonique réservé mis à leur disposition, par ces services, et il leur est interdit, sous peine d'amende prévue pour les contraventions de la 5e classe, d'utiliser toute autre procédure ; il résulte de ce texte que, si l'entreprise de surveillance à distance n'a pas demandé ou n'a pas obtenu, dans une circonscription, de numéro réservé pour appeler les services de police ou de gendarmerie qui y sont implantés, elle ne peut avoir téléphoniquement recours à ces services pour faire vérifier la réalité du danger signalé par le déclenchement d'une alarme, dans des bâtiments placés sous sa surveillance ; ainsi, le prévenu ne saurait prétendre avoir agi en état de nécessité, dès lors qu'il lui appartenait, pour ne pas commettre les infractions qui lui sont reprochées, soit de refuser d'assurer la télésurveillance des biens dans un appartement où il ne possédait pas de numéro réservé, soit de mettre en place tout autre système de son choix pour remplir légalement ses obligations contractuelles. • Crim. 22 sept. 1999, n° 98-84.520 P : *D. 2000. Somm. 114, obs. Roujou de Boubée ; Dr. pénal 2000. 7, obs. J.-H. Robert ; RSC 2000. 385, obs. Bouloc.* ♦ Même solution sur le fondement de la force majeure (C. pén. art. 122-2). • Crim. 13 sept. 2000 : *Dr. pénal 2001. 21, obs. J.-H. Robert.*

42. Le 1er novembre 2004, sur la commune d'Urdos, dans le massif des Pyrénées, le prévenu a tué d'un coup de fusil de chasse l'ours dénommé Cannelle, dernier spécimen local femelle d'ours brun, animal inscrit sur la liste des espèces de vertébrés protégés menacés d'extinction en France ; l'enquête et l'information ont permis d'établir qu'il avait commis cet acte au cours d'une partie de chasse au sanglier et au chevreuil organisée par l'association communale de chasse, alors que l'ursidé le poursuivait en soufflant bruyamment ; renvoyé devant le tribunal correctionnel pour destruction d'un animal appartenant à une espèce protégée, délit prévu et puni par l'art. L. 415-3 C. envir., le prévenu a invoqué l'état de nécessité, cause d'irresponsabilité prévue par l'art. 122-7 C. pén., arguant de ce qu'il avait tiré sur l'ourse pour faire face au danger actuel ou imminent qui le menaçait, et ainsi accompli un acte nécessaire à la sauvegarde de sa personne ; le premier juge, retenant ce fait justificatif, l'a relaxé et a débouté de leurs demandes les associations et l'agent judiciaire du Trésor, parties civiles, qui ont, seuls, relevé appel de cette décision ; pour infirmer le jugement et retenir la responsabilité civile du prévenu à raison des faits poursuivis, l'arrêt énonce que, chasseur pyrénéen expérimenté et ancien président de l'association communale de chasse agréée d'Urdos, parfaitement au fait de la question de la protection de l'ours des Pyrénées, il savait, avec ses compagnons depuis le début de la chasse, qu'ils étaient susceptibles de rencontrer l'ourse « Cannell » et son ourson signalés récemment dans le secteur, ce qui aurait dû entraîner la suspension de toute battue ; la cour d'appel ajoute qu'en quittant la « niche en terrasse » au bord d'une falaise où il s'était réfugié après avoir été confronté une première fois à l'ourse, sans attendre les autres chasseurs, peu éloignés, qui l'avaient informé par téléphone qu'ils se portaient à son secours, il s'est placé lui-même dans une situation de danger, et que ce comportement fautif antérieur au coup de feu ne lui permet pas d'invoquer l'état de nécessité pour justifier son acte. • Crim. 1er juin 2010, n° 09-87.159 P : *D. 2010. Actu. 1792* ; *AJ pénal 2010. 393, obs. Lasserre Capdeville*. ♦ V. l'arrêt d'appel : • Pau, 10 sept. 2009 : *D. 2010. 484, note Potaszkin*.

B. SAUVEGARDE

1° CONFLIT D'INTÉRÊTS

43. *Existence du conflit.* L'état de nécessité, au sens de l'art. 122-7 C. pén., ne saurait être invoqué pour justifier le délit d'entrave à l'interruption volontaire de grossesse (CSP, art. L. 162-15), dès lors que celle-ci est autorisée, sous certaines conditions, par la loi n° 75-17 du 17 janv. 1975. • Crim. 31 janv. 1996, n° 95-81.319 P : *Dr. pénal 1996. 87, obs. J.-H. Robert ; Gaz. Pal. 1996. 2. Somm. 319, note Bonneau ; ibid. 1998. 1. Doctr. 336, obs. Pain-Masbrenier ; JCP 1996. II. 22713, note Dorsner-Dolivet ; RSC 1996. 670, obs. Delmas Saint-Hilaire* ; *ibid. 848, obs. Bouloc* • 27 nov. 1996, n° 96-80.223 P : *RSC 1998. 117, obs. Delmas Saint-Hilaire* • 27 nov. 1996, n° 95-85.118 P : *RSC 1998. 117, obs. préc. Delmas Saint-Hilaire* • 27 nov. 1996 : *Dr. pénal 1997. 39, obs. J.-H. Robert* • 5 mai 1997, *n° 96-81.889 P : RSC 1998. 117, obs. Delmas Saint-Hilaire* • 5 mai 1997, n° 96-81.462 P • TGI Roanne, 27 juin 1995 : *Gaz. Pal. 1998. 1. 2, note Bonneau.*

44. *Nature des intérêts en conflit.* Si l'état de nécessité est une notion strictement exceptionnelle, il serait contraire à son esprit d'en limiter l'application à la défense d'intérêts matériels, fussent-ils vitaux ; on doit l'étendre à la protection des intérêts moraux supérieurs, tel l'honneur de la personne et du foyer, qui, pour l'honnête homme, ont autant de prix que la vie ; spécialement, il peut excuser l'introduction, même brutale, d'un homme dans le logement de sa femme en instance de divorce, dès lors qu'il est certain que sa fille se trouvait en danger moral auprès de sa mère qui l'associait à sa vie sensuelle, axée sur le plaisir. • Colmar, 6 déc. 1957 : *D. 1958. 357 (1re esp.), note Bouzat ; S. 1958. 245 ; Gaz. Pal. 1958. 1. 202.*

45. *Valeur des intérêts en conflit.* La loi, expression de la volonté générale, contient nécessairement la meilleure définition des intérêts supérieurs dont la mise en péril caractérise l'état de nécessité ; en l'espèce, la L. du 17 janv. 1975 – dite loi Veil – autorise sous certaines conditions, et dans le respect de certaines formes, le sacrifice de la vie du fœtus, personne humaine en devenir, à la sauvegarde de la vie ou de la santé de la femme enceinte : pour rester sur le plan éthique, et s'il fallait vraiment conclure en termes d'« état de nécessité », on pourrait dire que le droit positif français a préféré l'« état de nécessité » de la femme enceinte à l'« état de nécessité » de l'embryon humain. • T. corr. Le Puy-en-Velay, 14 mars 1995 : *Gaz. Pal. 1995. 2. Somm. 326.*

46. Si l'état de nécessité peut enlever aux faits leur caractère délictueux, il suppose que le bien sacrifié soit d'une valeur inférieure à celle du bien ou de l'intérêt sauvegardé ; tel n'est pas le cas pour une mère prévenue de complicité d'avortement à l'égard de sa fille, alors que le tribunal n'a trouvé, ni dans les pièces de la procédure, ni dans les témoignages recueillis à l'audience, des éléments suffisants pour lui permettre d'affirmer que les intérêts, dont la prévenue poursuivait la protection, avaient une valeur supérieure à celle du bien sacrifié, c'est-à-dire le fœtus par nature destiné à devenir une personne humaine et juridiquement protégé dès la conception. • T. corr. Bobigny, 22 nov. 1972 : *Gaz. Pal. 1972. 2. 890.*

47. Si un conducteur, prévenu de contravention au code de la route, pour chevauchement d'une ligne jaune continue, a effectivement chevauché celle-ci, mais uniquement pour éviter de percuter deux piétons imprudents qui traversaient la chaussée sans s'inquiéter qu'une voiture arrivait à ce moment, il ne saurait être reproché au prévenu d'avoir effectué la manœuvre incriminée qui a eu pour effet d'éviter un grave accident. • T. pol. Avesnes-sur-Helpe, 12 déc. 1964 : *Gaz. Pal. 1965. 1. 91.*

48. Doit être relaxé des poursuites pour mise en circulation d'un véhicule non présenté à la visite technique, le transporteur qui, en juin 1968, pour pallier la carence d'un service public paralysé par la grève, transportait des denrées indispensables au ravitaillement de la population, alors que le transport incriminé était ainsi d'une utilité sociale telle qu'il convient de tenir l'infraction pour justifiée. • T. corr. Coutances, 22 oct. 1968 : *JCP 1969. II. 15879 (1re esp.), note Bouzat ; D. 1970. 139, note Guigue.*

49. Le directeur d'une fromagerie, prévenu d'avoir pollué les eaux d'une rivière en y déversant du sérum de lait, ne peut invoquer l'état de nécessité dû à la régression économique qui serait consécutive à la fermeture de son usine, surtout quand le déversement abusif par lui pratiqué n'était pas le seul moyen de se débarrasser du sérum, et alors qu'il ne peut être dit qu'en commettant les faits qui lui sont reprochés, il a sauvegardé des intérêts supérieurs, là où justement l'autorité publique, chargée du bien commun, admettait la nécessité d'une certaine pollution, au-delà de laquelle il n'est plus possible d'admettre cette cause justificative. • T. corr. Verviers, 24 déc. 1968 : *JCP 1970. II. 16535, note M.D. ; RSC 1971. 929, obs. Legal.* ♦ Rappr., en matière de bruits, et rejetant tout fait justificatif tiré « d'impérieuses nécessités professionnelles » : • Crim. 6 mars 1974, n° 73-90.148 P.

50. Ne se trouve pas en état de nécessité, tel que défini par l'art. 122-7 C. pén., la mère de deux enfants, prévenue de trois vols successifs de denrées alimentaires dans trois magasins différents, qui a déclaré avoir voulu « améliorer l'ordinaire » de ses enfants, et alors que ces vols portent sur des quantités importantes de viande ou de charcuterie, incompatibles avec le seul acte nécessaire à la sauvegarde de la personne menacée au sens de l'article susvisé. • Poitiers, 11 avr. 1997 : *D. 1997. 512, note Waxin ; JCP 1997. II. 22933, note Olive ; RSC 1998. 110, obs. Ottenhof.* ♦ V. également : F. Debove, La faim ne justifie pas les moyens, *Dr. pénal 1998. Chron. 4.*

51. Doit être relaxé de l'infraction de soustraction à l'exécution d'une mesure de reconduite à la frontière le prévenu tunisien qui, connu dans son pays pour ses prises de position de nature à provoquer des réactions hostiles de la part des services de sécurité locaux en cas de retour dans son pays d'origine, a refusé, sans violence, d'embarquer à bord de l'avion à destination de la Tunisie ; en effet, en se comportant ainsi, il a accompli un acte qui était nécessaire à sa sauvegarde, afin d'éviter le danger imminent qui le menaçait ; en l'occurrence, il n'y a pas eu de disproportion entre le moyen employé et l'intérêt sauvegardé. • Toulouse, 15 févr. 2001 : *D. 2003. Somm. 175, obs. Gozzi ; JCP 2001. IV. 2948 ; RSC 2002. 116, obs. Delmas Saint-Hilaire.*

52. Une association est poursuivie, sur le fondement de l'art. R. 644-2 C. pén., pour avoir embarrassé, sans nécessité, la voie publique, en déposant 198 tentes à l'occasion d'une manifestation de protestation contre les mauvaises conditions de logement de certaines personnes ; le défenseur de l'association n'a pas souhaité déposer de conclusions ; la juridiction a cru comprendre que la défense de l'association reposait sur l'invocation du fait justificatif de l'état de nécessité qui ferait obstacle à la constitution de l'infraction ; le fait justificatif d'état de nécessité se définit par le fait que l'agent a commis délibérément une infraction pénale pour s'éviter ou éviter à autrui un préjudice plus grave que ne l'était le trouble social causé par le fait commis, qu'il n'y avait aucune autre solution que la commission de l'infraction pour éviter ce préjudice, et enfin que la valeur sauvegardée a été supérieure à la valeur sacrifiée ; en l'espèce, aucune de ces conditions n'est réalisée ; les tentes n'étant occupées par personne, il est impossible de savoir si l'accueil de sans logis dans ces objets aurait amélioré la situation des personnes concernées ; il est même permis d'en douter sérieusement dans la mesure où le choix de rassembler un grand nombre de sans logis dans un même lieu ne pouvait qu'amener une intervention des autorités publiques ajoutant les désagréments d'une évacuation à l'absence d'abri ; la condition d'avantage social mise au jeu de l'état de nécessité fait à l'évidence défaut ; par ailleurs, il résulte de l'interrogatoire du président de l'association que celle-ci n'était pas sans contact avec les autorités publiques en charge des problèmes de logement, d'où il résulte que l'infraction commise n'était pas le seul moyen de faire progresser la cause du logement social en France puisque l'association avait toutes facultés intellectuelles, sociales et financières pour intervenir légalement dans le débat public ; l'état de nécessité, subordonné à l'impossibilité de faire autrement que ce qui a été fait, n'est donc pas davantage réalisé de ce point de vue ; l'association doit être déclarée responsable de l'infraction commise et également relevée ; le président de l'association a bien commis les faits qui lui sont reprochés ; il convient de l'en déclarer coupable et d'entrer en voie de condamnation à son encontre. • Paris, j. prox., 24 nov. 2008 : *D. 2008. AJ 3088.*

2° SAUVEGARDE DES PERSONNES

53. Sauvegarde de soi-même. M. X..., poursuivi du chef d'évasion en bande organisée, a soutenu que seule sa fuite hors du fourgon de police qui le transportait du local de garde à vue vers un hôpital lui avait permis d'échapper aux tirs d'arme à feu provenant de l'extérieur et dirigés vers le fourgon, ainsi qu'aux tirs de riposte des policiers ; pour écarter l'état de nécessité invoqué par le prévenu et le déclarer coupable de l'infraction poursuivie, la cour d'appel retient que M. X... a refusé de se soumettre à l'injonction d'un des policiers de se coucher au sol dans le fourgon, moyen de protection le plus approprié en l'espèce, qu'il s'est volontairement exposé au tir de l'agresseur en échappant au policier qui tentait de le protéger, qu'il a sauté du véhicule à seule fin de s'évader, qu'au surplus les policiers situés à l'arrière du fourgon n'ont pas fait usage de leurs armes pour ne pas risquer de blesser les passagers. • Crim. 11 janv. 2017, n° 16-80.610 : *D. actu. 25 janv. 2017, obs. Goetz ; D. 2017. Pan. 2501, obs. Gozzi ; Gaz. Pal. 2017. 265, note Tellier-Cayrol.*

54. Sauvegarde d'autrui. L'état de nécessité ne suppose pas nécessairement que le fait délictueux a été commis par celui-là même qui est personnellement en danger ; s'il l'a été pour secourir ce dernier, il convient toutefois de souligner que l'intéressé se trouvant plus que tout autre à même d'apprécier sa situation, de telles interventions ne peuvent être reconnues légitimes qu'avec circonspection. • Rennes, 25 févr. 1957 : *D. 1957. 338, note Bouzat ; S. 1957. 260.*

55. L'état de nécessité, fait justificatif, peut être invoqué pour la sauvegarde de soi-même ou pour celle d'autrui ; dans ce dernier cas, elle doit concerner une personne déterminée ; tel n'est pas le cas de personnes prévenues d'avoir fabriqué et remis des faux documents à des individus qu'elles disent être des réfugiés politiques, alors qu'elles n'indiquent pas le nom des bénéficiaires, ni les circonstances ou motifs précis de leur venue en France, ni les dangers qu'ils encourent et ce quand bien même elles n'auraient pas tiré un avantage matériel de leur activité irrégulière. • T. corr. Paris, 24 nov. 1980 : *D. 1982. 101, note Mayer ; RSC 1982. 765, obs. Larguier.* ♦ Comp., en matière de contrainte morale : ss. art. 122-2.

56. Vainement l'inculpé soutiendrait-il qu'il a agi en état de nécessité pour la sauvegarde d'autrui, alors que ses mobiles, louables au point de vue moral, sont critiquables du point de vue de l'ordre public, et que la généralisation de l'infraction commise (bris de clôture lors d'une opération de squattage), loin d'aider à la solution du problème du relogement et de la reconstruction, le compliquerait en provoquant le désordre et l'anarchie. • T. corr. Nantes, 12 nov. 1956 : *D. 1957. 30 ; JCP 1957. II. 10041, note Aussel.* ♦ Invoqué comme unique moyen de défense, le concept de nécessité, trouvant son origine et sa justification dans l'état de détresse actuel, ne peut excuser une personne intéressée à la solution de la crise du logement, mais qui n'en est pas la victime directe et personnelle. • Angers, 11 juill. 1957 : *D. 1958. 357 (2ᵉ esp.), note Bouzat.*

57. Si l'état de nécessité, qui trouve son fondement dans le principe du droit supérieur à l'existence, peut excuser une action individuelle, il ne saurait légitimer l'action collective, concertée, organisée d'une association de défense des « sans *logis* », qui croit pouvoir secourir par des moyens illégaux certains de ceux qui souffrent d'une situation dont pâtissent des centaines de milliers de citoyens, et qui a créé un état de nécessité généralisé auquel il ne peut être porté remède, en l'état même de son ampleur, à peine d'anarchie, que par l'intervention du droit positif (solution rendue en matière civile). • Angers, 16 avr. 1958 : *D. 1958. 647.* ♦ V. pour le jugement frappé d'appel : • T. civ. Le Mans, 9 juill. 1957 : *D. 1958. 357 (3ᵉ esp.), note Bouzat.*

3° SAUVEGARDE DES BIENS

58. Animal domestique. Un agent de la surveillance générale de la SNCF, en patrouille dans un train, avec son chien de service, muselé et tenu en laisse, a abattu, avec son arme de service, un chien dont la muselière s'était détachée et qui mordait le sien ; il a été poursuivi devant le tribunal de police pour avoir, sans nécessité, volontairement donné la mort à un animal domestique ; pour dire les faits non punissables et relaxer le prévenu, l'arrêt infirmatif attaqué, après avoir relevé l'encombrement du wagon, l'étroitesse des lieux, la présence d'un troisième chien, l'échec de l'intervention de l'agent de surveillance pour faire lâcher prise à l'animal qui mordait le sien et de celle de la personne accompagnant cet animal, retient que le prévenu s'est trouvé dans la nécessité, pour sauvegarder son propre chien, d'abattre celui qui l'agressait et le blessait ; les juges ajoutent que le moyen de défense employé n'est, à l'évidence, pas disproportionné ; il résulte de ces énonciations que, face à un danger actuel menaçant son animal, le prévenu a agi par nécessité. • Crim. 8 mars 2011 : *D. 2011. Pan. 2826, obs. Roujou de Boubée ; Dr. pénal 2011, n° 75, obs. Véron ; RPDP 2012. 146, obs. Chevallier.*

59. A caractérisé la nécessité au sens de l'art. R. 655-1 C. pén., relatif à la contravention de destruction volontaire d'un animal domestique, la cour d'appel qui, pour renvoyer le prévenu des fins des poursuites, énonce qu'il a d'abord tenté de faire partir les chiens en criant et en tirant en l'air, et que ce n'est que devant l'inanité de ces tentatives qu'il a tiré dans leur direction pour éviter qu'ils ne viennent tuer les canards appelants. • Crim. 5 avr. 2011 : *Dr. pénal 2011, n° 92, obs. Véron.*

60. Intelligence économique. Doit être condamné, pour non-dépôt au greffe du tribunal des documents comptables après approbation des comptes d'une société par actions, le prévenu qui n'a pas déposé les comptes de la société ; il souhaitait éviter une distorsion de la concurrence en livrant à des entreprises étrangères, contre lesquelles il obtient des marchés, des informations qu'elles-mêmes ne sont pas tenues de fournir ; le prévenu justifie de considérations relevant du processus « d'intelligence économique », discipline que le Gouvernement tente d'encourager, ce qui motive une dispense de peine. • Amiens, 4 juin 2010 : *JCP 2011, n° 8, obs. Benillouche.*

Art. 122-8 *(Ord. n° 2019-950 du 11 sept. 2019, art. 3 et 9, en vigueur le 30 sept. 2021 ; L. n° 2020-734 du 17 juin 2020, art. 25 ; L. n° 2021-218 du 26 févr. 2021, art. 2)* **Les mineurs capables de discernement sont pénalement responsables des crimes, délits ou contraventions dont ils ont été reconnus coupables, en tenant compte de l'atténuation de responsabilité dont ils bénéficient en raison de leur âge, dans des conditions fixées par le code de la justice pénale des mineurs.** — *V. CJPM, v° Enfance.*

Ancien art. 122-8 (L. n° 2002-1138 du 9 sept. 2002, art. 11) ***Les mineurs capables de discernement sont pénalement responsables des crimes, délits ou contraventions dont ils ont été reconnus coupables, dans des conditions fixées par une loi particulière qui détermine les mesures de protection, d'assistance, de surveillance et d'éducation dont ils peuvent faire l'objet.*** — V. Ord. n° 45-174 du 2 févr. 1945, App., v^is Enfance. — Enfance délinquante.

Cette loi détermine également les sanctions éducatives qui peuvent être prononcées à l'encontre des mineurs de dix à dix-huit ans ainsi que les peines auxquelles peuvent être condamnés les mineurs de treize à dix-huit ans, en tenant compte de l'atténuation de responsabilité dont ils bénéficient en raison de leur âge.

RÉP. PÉN. v^is *Enfance,* par GOUTTENOIRE et GUÉRIN ; *Enfance délinquante,* par BONFILS et BOURGEOIS-ITIER.

BIBL. GÉN. ▶ **Généralités :** CHAZAL, *RSC 1975. 891* (avenir de l'ordonnance du 2 févr. 1945) ; *ibid. 1979. 405* (protection judiciaire des mineurs et mouvement de la défense sociale nouvelle). – LAZERGES, *RSC 1991. 414* (seuils d'âge et responsabilité pénale en Europe). – SALAS, *RSC 1993. 238* (modèle tutélaire ou modèle légaliste dans la justice pénale des mineurs). – LAZERGES, *RSC 1995. 149* (relecture des art. 1er et 2 de l'ordonnance du 2 févr. 1945). – LE GUNEHEC, *JCP 1996. Actu. ; n° 30-35* (loi n° 96-585 du 1er juill. 1996). – GIUDICELLI, *RSC 1997. Chron. 29* (loi du 1er juill. 1996). – COLONNA D'ISTRIA, *RDSS 1997. Chron. 154* (loi du 1er juill. 1996). – LAZERGES et BALDUYCK, *RSC 1998, p. 610-620* (réponses à la délinquance des mineurs). – FOSSIER, *LPA 1999, n° 238, p. 11* (justice des mineurs et travail des enfants). – GAN-SJVL, *Gaz. Pal. 1999. 1, Doctr. 101* (responsabilité délictuelle du fait des agissements d'un mineur faisant l'objet d'une mesure de placement). – RENUCCI, *RSC 2000. 79* (droit pénal des mineurs entre son passé et son avenir). – AUGER, *Gaz. Pal. 2000. 1. Doctr. 661* (statut du mineur délinquant). – JACOPIN, *D. 2001. Chron. 2768* (diversités préservées en matière de minorité). – TAMION, *LPA 2001, n° 140* (présomption d'innocence et mineur auteur d'infraction). – BONFILS, *Dr. pénal 2007. Étude 25* (situation du mineur délinquant devenu majeur) ; *Dr. pénal 2007. Études n° 25* (situation du mineur délinquant devenu majeur) ; *I* (loi Loppsi 2 et droit pénal des mineurs). – LAZERGES, *RSC I* (la démolition méthodique de la justice des mineurs devant le Conseil constitutionnel). – MARTIN-CHENUT, *I* (l'internationalisation des droits de l'homme et le modèle d'intervention à l'égard de « l'enfance en conflit avec la loi »). – DEFFAINS, *Gaz. Pal. 2012. 2. Doctr. 1993* (cadre constitutionnel de la justice pénale des mineurs). – BONFILS, *Gaz. Pal. 2012. 2. Doctr. 2002* (centenaire mouvementé du tribunal pour enfants). – MOUYSSET, *Gaz. Pal. 2012. 2. Doctr. 2005* (réponses pénales à la délinquance juvénile : cent ans après). – GIUDICELLI-DELAGE et LAZERGES (ss. dir.), *Dalloz, Les sens du droit, 2014* (la minorité à contresens, enfants en danger, enfants délinquants). – DUBOIS et BOUCHET, *D. 2018. 1268* (réflexion sur les seuils d'âge en droit pénal de fond) ; *ibid. 1440* (le mineur de 13 ans au seuil de la responsabilité pénale).

▶ **Loi n° 2002-1138 du 9 sept. 2002 (loi Perben I) :** ROSENCZVEIG, *D. 2002, Interview, p. 1358.* – LE GUNEHEC, *JCP 2002, Actu. 450.* – BRIÈRE, *LPA 2002, n° du 20 déc., p. 4.* – SEUVIC, *RSC 2002, obs. p. 852 et 867* . – CASTELLA et SANCHEZ, *Dr. famille 2002. Chron. 28.* – CASTAIGNÈDE, *D. 2003. Chron. 779* . – LAZERGES, *RSC 2003. 172* . – GIACOPELLI, *JCP 2003. I. 139.* – POUYANNE, *Dr. pénal 2003. Chron. 14.* – BONFILS, *Personne et famille 2003, n° de juin, p. 6 à 9.* – DESLOGES, *AJ pénal 2004, p. 27* . – RAMON, *éd. Pedone, 2005, p. 53.* – SAINT-PAU, *L'Harmattan, 2007, p. 87* (la capacité pénale de l'enfant). – PIN, *Gaz. Pal. 2012. 2. Doctr. 1985* (âges du mineur : réflexions sur l'imputabilité et la capacité pénale du mineur).

▶ **Loi n° 2004-204 du 9 mars 2004 (loi Perben II) :** BONFILS, *JCP 2004. I. 140.*

▶ **Loi n° 2007-297 du 5 mars 2007 (prévention de la délinquance) :** BONFILS, *D. 2007. Chron. 1027* ; *AJ pénal 2007. 209* . – SULTAN, *AJ pénal 2007. 215* . – LETURMY, *Dr. pénal 2007, Étude 10.* – LAZERGES, *RSC 2008. 200* .

▶ **Loi n° 2011-267 du 14 mars 2011 (LOPPSI 2) :** BONFILS, *D. 2011. 1162* (la loi LOPPSI 2 et le droit pénal des mineurs). – VERGÈS, *RSC 2012. 201* (impartialité du juge des enfants et composition des juridictions des mineurs).

▶ **Loi n° 2011-1940 du 26 déc. 2011 (loi visant à instaurer un service citoyen pour les mineurs délinquants) :** BONFILS, *RSC* (réforme du droit pénal des mineurs). – ROUX-DEMARE,

Gaz. Pal. 2012. 2. Doctr. 2572 (rappel de la fonction éducative de la justice des mineurs : l'exemple du service citoyen).

▸ **Commission Varinard :** Pedron, *JCP 2008, Actu. 714*. – Pedron et Varinard (entretien), *JCP 2009. I. 100*. – Barbé (entretien), *D. 2009. 72*. – Saas, *Gaz. Pal. 2009. 1. Doctr. 54* (césure du procès pénal pour les mineurs : une chance à saisir !). – Lazerges, *RSC 2009. 226*. – Autesserre, *RSC 2009. 359* (audition de la FNAPTE). – Varinard, *Gaz. Pal. 2012. 2. Entretien, p. 1956* (nécessité de réécrire entièrement le droit pénal des mineurs).

▸ **Colloque :** Vienne (Autriche), 26-28 sept. 2002, *RID pén. 2004, p. 13* (la responsabilité pénale des mineurs dans l'ordre interne et international).

▸ **Dossiers :** Les mineurs délinquants, *AJ pénal 2005. 45 s. Dr. pénal 2008, n° 12, art. 6 et 7.* La justice des mineurs, *AJ pénal 2012. 311 s.* : Bonfils, *I* (autonomie du droit pénal des mineurs). – Ciabrini et Morin, *ibid. 315* (tribunal correctionnel pour mineurs). – Daoud et de Vareilles-Sommières, *ibid. 320* (saisine directe, nouvelle « PIM » et césure du procès). – Clavel, *ibid. 324* (une réponse citoyenne). – Clavel, *ibid. 326* (la réparation pénale).

▸ **Pratiques :** Grille, *AJ pénal 2010. 23* (le droit pénitentiaire des mineurs à l'épreuve des nouveaux EPM).

1. Principes fondamentaux du droit pénal des mineurs. L'atténuation de la responsabilité pénale des mineurs en fonction de l'âge, comme la nécessité de rechercher le relèvement éducatif et moral des enfants délinquants par des mesures adaptées à leur âge et à leur personnalité, prononcées par une juridiction spécialisée ou selon des procédures appropriées, ont été constamment reconnues par les lois de la République depuis le début du XXe siècle ; ces principes trouvent notamment leur expression dans la L. du 12 avr. 1906 sur la majorité pénale des mineurs, la L. du 22 juill. 1912 sur les tribunaux pour enfants et l'ordonnance du 2 févr. 1945 sur l'enfance délinquante. • Cons. const. 29 août 2002, n° 2002-461 DC : *JO 10 sept., p. 14953 ; D. 2003. Somm. 1127, obs. Domingo et Nicot ; RSC 2003. 606 s., obs. Bück* (loi n° 2002-1138 du 9 sept. 2002 d'orientation et de programmation pour la justice) • 13 mars 2003, n° 2003-467 DC : *JO 19 mars, p. 4789* (loi n° 2003-239 du 18 mars 2003 pour la sécurité intérieure) • 2 mars 2004, n° 2004-492 DC : *JO 10 mars, p. 4637 ; JCP 2004. II. 10048, note Zarka* (loi n° 2004-204 du 9 mars 2004 portant adaptation de la justice aux évolutions de la criminalité) • 3 mars 2007, n° 2007-553 DC : *JO 7 mars, p. 4356 ; D. 2008. Pan. 2034, obs. Bernaud et Gay ; Gaz. Pal. 2007. 1. 1030 ; RSC 2008. 133, obs. de Lamy ; ibid. 2012. 897, obs. Salvat* (L. n° 2007-297 du 5 mars 2007 relative à la prévention de la délinquance) • 9 août 2007, n° 2007-554 DC : *JO 11 août, p. 13478 ; D. 2008. Pan. 2034, obs. préc. Bernaud et Gay ; RSC 2008. 133 ; ibid. 136, obs. de Lamy* (L. n° 2007-1198 du 10 août 2007 renforçant la lutte contre la récidive des majeurs et des mineurs) • 4 août 2011, n° 2011-635 DC : *JO 11 août, p. 13763 ; RSC 2012. 227, obs. de Lamy* (L. *n° 2011-939* du 10 août 2011 sur la participation des citoyens au fonctionnement de la justice pénale et le jugement des mineurs) • 21 sept. 2012, n° 2012-272 QPC : *JO 22 sept., p. 15024 ; D. actu. 4 oct. 2012, obs. Léna ; AJ pénal 2013. 49, obs. Perrier* (à propos de l'art. 8-2 de l'Ord. n° 45-174 du 2 févr. 1945, dans sa rédaction postérieure à la L. n° 2011-1940 du 20 déc. 2011) • 29 nov. 2013, n° 2013-356 QPC : *JO 1er déc., p. 19602 ; Gaz. Pal. 2014. 1. 490, note Fourment.*

2. Toutefois, la législation républicaine antérieure à l'entrée en vigueur de la Constitution de 1946 ne consacre pas de règle selon laquelle les mesures contraignantes ou les sanctions devraient toujours être évitées au profit de mesures purement éducatives ; en particulier, les dispositions originelles de l'Ord. du 2 févr. 1945 n'écartaient pas la responsabilité pénale des mineurs et n'excluaient pas, en cas de nécessité, que fussent prononcées à leur égard des mesures telles que le placement, la surveillance, la retenue ou, pour les mineurs de plus de treize ans, la détention ; que telle est la portée du principe fondamental reconnu par les lois de la République en matière de justice des mineurs. • Cons. const. 29 août 2002, n° 2002-461 DC : *préc. note 1* • 2 mars 2004, n° 2004-492 DC : *préc. note 1* • 3 mars 2007, n° 2007-553 DC : *préc. note 1* • 9 août 2007, n° 2007-554 DC : *préc. note 1* • 4 août 2011, n° 2011-635 DC : *préc. note 1* • 21 sept. 2012, n° 2012-272 QPC : *préc. note 1* • 29 nov. 2013, n° 2013-356 QPC : *préc. note 1.*

3. Par ailleurs, il résulte des art. 8 et 9 de la Déclaration de 1789 que doivent être respectés, à l'égard des mineurs comme des majeurs, le principe de la présomption d'innocence, celui de la nécessité et de la proportionnalité des peines et celui des droits de la défense ; doit être respectée également la règle énoncée à l'art. 66 Const., selon laquelle : « Nul ne peut être arbitrairement détenu. L'autorité judiciaire, gardienne de la liberté individuelle, assure le respect de ce principe dans les conditions prévues par la loi ». • Cons. const. 29 août 2002, n° 2002-461 DC : *préc. note 1* • 3 mars 2007, n° 2007-553 DC : *préc. note 1* • 4 août 2011, n° 2011-635 DC : *préc. note 1.*

4. Enfin, lorsqu'il fixe les règles relatives au droit pénal des mineurs, le législateur doit veiller à concilier les exigences constitutionnelles énoncées ci-dessus avec la nécessité de rechercher les auteurs d'infractions et de prévenir les atteintes à l'ordre public, et notamment à la sécurité des personnes et des biens, qui sont nécessaires à la sauvegarde de droits de valeur constitutionnelle. • Cons. const. 29 août 2002, n° 2002-461 DC : *préc. note 1* • 3 mars 2007, n° 2007-553 DC : *préc. note 1* • 4 août 2011, n° 2011-635 DC : *préc. note 1.*

5. L'art. 11 de la loi déférée d'orientation et de programmation pour la justice (L. n° 2002-1138 du 9 sept. 2002), qui modifie l'art. 122-8 C. pén., prévoit le principe de « sanctions éducatives » à l'égard des mineurs de plus de dix ans, compte tenu de l'atténuation de responsabilité dont ils bénéficient en raison de leur âge ; l'art. 12 ajoute la mention des sanctions éducatives à l'art. 2 de l'ordonnance du 2 févr. 1945 susvisée ; l'art. 13 insère dans la même ordonnance un art. 15-1 dressant la liste de ces sanctions éducatives ; cette liste comprend : 1° la confiscation de l'objet ayant servi à commettre l'infraction ou qui en est le produit, 2° l'interdiction de paraître, pendant une durée qui ne saurait excéder un an, dans le ou les lieux dans lesquels l'infraction a été commise, à l'exception des lieux où le mineur réside habituellement, 3° l'interdiction, pour une durée qui ne saurait excéder un an, de rencontrer ou de recevoir la victime de l'infraction ou d'entrer en relation avec elle, 4° l'interdiction, pendant une durée qui ne saurait excéder un an, de rencontrer ou de recevoir le ou les coauteurs ou complices éventuels ou d'entrer en relation avec eux, 5° des mesures d'aide ou de réparation, 6° l'obligation de suivre un stage de formation civique d'une durée qui ne peut excéder un mois, ayant pour objet de rappeler au mineur les obligations résultant de la loi ; les deux saisines reprochent à ces dispositions de méconnaître un principe fondamental reconnu par les lois de la République qui exclurait la responsabilité pénale des enfants et consacrerait « le primat de l'éducatif sur le répressif » ; les principes constitutionnels propres à la justice des mineurs ne s'opposent pas à ce que leur soient infligées des sanctions telles que celles énumérées ci-dessus, lesquelles ont toutes, au demeurant, une finalité éducative ; en particulier, en application du principe de proportionnalité des peines, ces sanctions prendront naturellement en compte les obligations familiales et scolaires des intéressés. • Cons. const. 29 août 2002, n° 2002-461 DC : *préc. note 1.*

6. Détermination de l'âge. L'âge d'une personne est déterminé par le temps écoulé depuis sa naissance, calculé d'heure en heure. • Crim. 3 sept. 1985, n° 85-93.591 P : *Gaz. Pal. 1986. 1. 20, note Doucet ; RSC 1986. 355, obs. Vitu.* ♦ Devant les juridictions répressives, la preuve de l'âge réel d'un inculpé, d'un prévenu ou d'un accusé de nationalité étrangère peut être rapportée par tout moyen, et aucune force probante irréfragable ne s'attache aux actes de l'état civil des pays étrangers. • Crim. 17 juill. 1991, n° 91-82.771 P. ♦ ... Sur le contrôle de l'autorité desquels la France n'a aucune compétence. • Crim. 13 oct. 1986, n° 86-94.023 P : *RSC 1987. 863, obs. Vitu.* ♦ Justifie, en conséquence, sa décision, la chambre d'accusation qui motive la compétence de la juridiction de renvoi par le résultat d'expertises et de contre-expertises judiciaires, alors que l'inculpé faisait état d'un acte de naissance délivré dans son pays d'origine. • Crim. 13 oct. 1986 : *préc.* ♦ ... Ou encore se fonde sur divers documents, alors que l'inculpé faisait état des mentions portées sur le livret de famille de ses parents. • Crim. 17 juill. 1991 : *préc.*

Art. 122-9 *(L. n° 2016-1691 du 9 déc. 2016, art. 7)* **N'est pas pénalement responsable la personne qui porte atteinte à un secret protégé par la loi, dès lors que cette divulgation est nécessaire et proportionnée à la sauvegarde des intérêts en cause, qu'elle intervient dans le respect des procédures de signalement définies par la loi et que la personne répond aux critères de définition du lanceur d'alerte prévus à l'article 6 de la loi n° 2016-1691 du 9 décembre 2016 relative à la transparence, à la lutte contre la corruption et à la modernisation de la vie économique.**

BIBL. ▶ **Dossier :** La loi « SAPIN II » à hauteur des enjeux ?, *AJ pénal 2017. 61* s.

Le statut général de lanceur d'alerte, créé par la loi dite « Sapin II » entrée en vigueur pendant l'instance de cassation, s'applique rétroactivement aux faits commis par une inspectrice du travail, le récent art. 122-9 C. pén. étant plus favorable en ce qu'il instaure une nouvelle cause d'irresponsabilité pénale. • Crim. 17 oct. 2018, n° 17-80.485 : *D. actu. 7 nov. 2018, obs. Azoulay ; AJ pénal 2018. 574, obs. Sordino ; D. 2019. 105, avis Salomon ; ibid. 105, note Saenko ; ibid. Pan. 2320, obs. Roujou de Boubée.*

TITRE TROISIÈME DES PEINES

BIBL. GÉN. ▶ Colloque 27-28 janv. 1994, *Dalloz, 1994, p. 112 s.* – V. Dervieux, *Dr. pénal 1999. Chron. 10* (conversion en euros des amendes pénales). – Sempé, *Gaz. Pal. 1999. 1. Doctr. 339* (sanctions à caractère réel). – Couvrat, *RSC 2004. 153* (peines afflictives ou infamantes et peines accessoires au regard du Conseil d'État). – Detraz, *Dr. pénal 2005. Étude 9* (prononcé anticipé des peines). – X..., *Dr. pénal 2006. Étude 14* (harmonisation européenne du droit des peines). – Poncela, *Gaz. Pal. 29-30 sept. 2006* (punir au XXIe siècle : sous contrôle à perpétuité ?). – Royer, *D. 2007. Chron. 1745* (la victime et la peine, théorie du procès pénal « *post sententiam* »). – Walther, *RSC 2007. 23* (fondements théoriques de la peine). – Poncela, *RSC 2007. 883* (finir sa peine : libre ou suivi ?). – Penaud, *Gaz. Pal. 2008. 1. Doctr. 1363* (aménagement de peine). – Van de Kerchove, *RSC 2008. 805* (le sens de la peine dans la jurisprudence du Conseil constitutionnel français). – Herzog-Evans, *Gaz. Pal. 2009. 1. Doctr. 46* (marginalisation des juridictions de droit commun de l'application des peines). – Derlon, Fourment, Ménabé et Thierry, *Dalloz, 2009, p. 277* (de la peine à la répression judiciaire à la commission d'une infraction, *in* « La réforme du Code pénal et du Code de procédure pénale. *Opinio doctorum* »). – Stasiak et Royer, *Dalloz, 2009, p. 289* (pour une efficacité optimale de l'amende pénale ; les apports de l'analyse économique du droit à la réforme du Code pénal, *in* « La réforme du Code pénal et du Code de procédure pénale. *Opinio doctorum* »). – Garçon, *Dalloz, 2009, p. 313* (incohérences dans la juridictionnalisation au stade de l'exécution des sanctions pénales, *in* « La réforme du Code pénal et du Code de procédure pénale. *Opinio doctorum* »). – Giacopelli, *Dalloz, 2009, p. 325* (place de la victime dans l'exécution des peines, *in* « La réforme du Code pénal et du Code de procédure pénale. *Opinio doctorum* »). – Ponseille, *Dalloz, 2009, p. 339* (l'inexécution sanctionnée des peines prononcées, *in* « La réforme du Code pénal et du Code de procédure pénale. *Opinio doctorum* »). – Penaud, *Gaz. Pal. 2009. 2. Doctr. 2845* (de l'inflation législative à la surpopulation carcérale : pour une réforme des peines) ; *Gaz. Pal. 2010. 1. Doctr. 1319* (pour une écologie de la peine. Axe de réforme du système pénitentiaire et pénal). – Poncela, *RSC 2010. 645* (quelques aspects du respect de la dignité en droit de l'exécution des peines). – Mattei, « Bicentenaire du code pénal – 1810-2010 », Cour de cassation – Sénat, 25 et 26 nov. 2010, *Les colloques du Sénat, p. 239* (le sens de la peine : vengeance, réparation ou correction). – Robert, « Bicentenaire du code pénal – 1810-2010 », Cour de cassation – Sénat, 25 et 26 nov. 2010, *Les colloques du Sénat, p. 244* (la multiplication des peines). – Herzog-Evans, *D. 2011. 3016* (révolutionner la pratique judiciaire ; s'inspirer de l'inventivité américaine). – Coche, *RSC 2011. 21* (faut-il supprimer les expertises de dangerosité ?). – Scalia, *RSC 2011. 761* (légalité et égalité de l'exécution des peines en droit international pénal). – Cario, *AJ pénal 2011. 294* (les rencontres restauratives en matière pénale : de la théorie à l'expérimentation des RDV). – Darsonville, *coll. LEJEP, 2013, p. 97* (les sanctions pénales). – Poncela, *RSC 2013. 137* (droit au maintien des liens familiaux). – Forseti et Paul, *JCP 2014, n° 497* (en finir avec les peines plancher). – Senna, *Gaz. Pal. 2014. 2. Dossier, p. 2579* (de l'individualisation de la peine au second degré de juridiction post-sentenciel). – Senna, *AJ pénal 2014. 408* (application des droits fondamentaux en captivité). – Danti-Juan (ss. dir.), *PUJ Poitiers, Vol. XXIX, LGDJ, 2015* (l'ineffectivité des peines). – Poncela, *RSC 2015.143* (religion et prison). – Blanc, *RSC 2016. 47* (les longues peines, au risque de l'oubli). – Poncela, *RSC 2016. 565* (peines et prisons : la régression. A propos des lois du 3 juin et 21 juillet 2016). – Herzog-Evans, *AJ pénal 2016. 470* (lois du 3 juin et du 21 juill. 2016 et exécution des peines : communication, (im)précisions, et répression). – Saenko, *Gaz. Pal. 24 oct. 2017, n° 36, p. 73* (de la proportionnalité de la peine encourue). – Pradel, *D. 2019. Chron. 1002* (des dispositions de la loi du 23 mars 2019 sur le renforcement de l'efficacité et du sens de la peine : texte fondateur ou texte d'ajustement ?). – Frinchaboy, *AJ pénal 2019. 198* (le sens et l'efficacité des peines dans la loi de réforme pour la justice). – Chabas et Gio, *AJ pénal 2019. 201* (la réforme des stages en matière pénale).

▸ **Peine de mort :** Harouel, *Mél. J. Pradel, Cujas, 2006* (réflexions sur la phobie de la peine de mort). – Rassat, *JCP 2007, Libres propos, n° 142* (mort de la peine de mort). – de Lamy, *RSC 2008. 126* (peine de mort : de l'abolition à l'interdiction). – Manacorda, *RSC 2008. 563* (l'abolition de la peine capitale en Europe). – Delmas-Marty, *RSC 2008. 581* (peine de mort et suicide : passé, présent, comparaisons). – Marguénaud, *Gaz. Pal. 2011. 2. Doctr. 2575* (droit du Conseil de l'Europe). – Deffains, *Gaz. Pal. 2011. 2. Doctr. 2580* (droit constitutionnel). – Brach-Thiel, *Gaz. Pal. 2011. 2. Doctr. 2586* (obstacle à l'extradition ?), – Mastor, *Gaz. Pal. 2011. 2. Doctr. 2591* (la Cour suprême des États-Unis est-elle abolitionniste ?). – Fourment, *Gaz. Pal. 2011. 2. Doctr. 2596* (après l'abolition de la peine de mort, l'« abolition » de la peine de réclusion criminelle à perpétuité réelle ?). – Rome, *D. 2011. Édito. 2393* (peine de mort : le débat des siècles).

▸ **Perpétuité :** Poncela, *RSC 2013. 625* (longues, trop longues peines. Sur la réclusion criminelle à perpétuité et la suspension de peine médicale). – Roets, *RSC 2015. 159* (la « perpétuité réelle » française : une peine compatible avec l'art. 3 Conv. EDH). – Manacorda, *RSC 2015. 313* (Cesare Beccaria et la peine de la réclusion à perpétuité). – Cento, *Dr. pénal 2020. Étude 1* (la perpétuité incompressible en Italie sous le feu du dialogue des juges).

▸ **Mesure de sûreté :** Grégoire, *in* « Problèmes actuels de sciences criminelles », *Aix-Marseille Université, 2015, vol. XXVI, p. 147* (réflexions sur l'existence d'une notion européenne de « mesure de sûreté »).

▸ **Rétention de sûreté** *(L. n° 2008-174 du 25 févr. 2008)* : Pradel, *D. 2008. Chron. 1000* ; *Mél. J.-Fr. Burgelin, Dalloz, 2008* (Commission dite « Burgelin » sur les criminels dangereux et loi du 25 févr. 2008). – Mayaud, *D. 2008. Chron. 1359* (la mesure de sûreté après la décision du Conseil constitutionnel n° 2008-562 DC du 21 février 2008). – Lavielle, *Gaz. Pal. 2008. 1. Doctr. 572.* – Danet, *Gaz. Pal. 2008. 1. Doctr. 579.* – Roets, *D. 2008. Chron. 1840* . – Matsopoulou, *Dr. pénal 2008. Étude 5.* – Kupferberg, *Dr. pénal 2008. Étude 8* (rétention de sûreté allemande). – Courtin, *Dr. pénal 2008. Étude 11* (surveillance post-carcérale des personnes dangereuses et application de la loi pénale dans le temps). – Bonfils, *RSC 2008. 392* . – Herzog-Evans, *D. 2008. Chron. 3098* (textes d'application). – Casile-Hugues, *Gaz. Pal. 2008. 1. Doctr. 1466* (médicalisation de la répression). – Ch. Lazerges, *RSC 2008. 731* (malaise du Conseil constitutionnel).

▸ **Loi pénitentiaire** *(L. n° 2009-1436 du 24 nov. 2009)* : Céré, *JCP 2009, n° 50, 552.* – Herzog-Evans, *D. 2010, Chron. 31* . – Viriot-Barrial, *Gaz. Pal. 2010. 1. Dossier, 1843.* – Gallardo, *RSC, p. 444.*

▸ **Loi n° 2014-896 du 15 août 2014 :** Matsopoulou, *JCP 2013, n° 1153* (nouvelle peine de « contrainte pénale »). – Cario, *D. 2013. Point de vue. 1077* (la justice restaurative : vers un inévitable consensus). – Badinter et Beauvais, *D. 2014. 1829* (à propos de la nouvelle réforme pénale). – Poncela, *RSC 2014. 611* (les peines extensibles de la loi du 15 août 2014). – Ponseille, *RSC 2014. 729* (prise en considération de l'état de santé de la personne suspectée ou condamnée). – Beaussonie, *RSC 2014. 809* (commentaire). – Peltier, *JCP 2014, n° 883* (les « boîtes à outils » de Madame Taubira). – Robert, *JCP 2014, n° 934* (punir en milieu libre). – Pradel, *JCP 2014, n° 952* (un législateur bien imprudent). – Mesa, *Gaz. Pal. 2014. 2. Doctr. 3609* (quelques tendances jurisprudentielles après l'entrée en vigueur de la loi du 15 août 2014 : un principe de légalité à la fois respecté et malmené). – Rabut-Bonaldi, *D. 2015. Chron. 97* (justice restaurative). – Robert, *JCP 2015. 273* (justice restaurative).

▸ **Loi de programmation 2018-2022 et de réforme pour la justice :** Bourgais, *Dr. pénal 2018. Étude 27* (une nouvelle peine autonome de détention à domicile sous surveillance électronique ?). – Bonis, *Dr. pénal 2019. Étude 2* (peines de stages ou stage comme peine unique ?). – Griffon-Yarza, *AJ pénal 2019. 375* (nouvelles modalités du prononcé des peines d'emprisonnement ferme : un carcan législatif doublé d'un nouvel oxymoron juridique). – Perrier, *RSC 2019. Chron. 449* (la réforme du droit de la peine : tout changer pour que rien ne change). – Ménabé, *D. 2019. 1728* (la probation en France : vers un renforcement du sens et de l'efficacité des peines).

▸ **Journée d'études sur la loi du 15 août 2015,** *Gaz. Pal. 2015, p. 2028 s.* : Aurenche, *ibid. 2028* (esprit de la loi). – Nord-Wagner, *ibid. 2031* (justice restaurative et transaction policière). – Leblois-Happe, *ibid. 2035* (redéfinition des finalités et fonctions de la peine). – Lasserre Capdeville, *ibid. 2038* (personnalisation de la peine). – Straehli, *ibid. 2041* (application dans le temps). – Leblois-Happe, *ibid. 2045* (contrainte pénale). – Grosclaude-Hartmann, *ibid. 2047* (contrainte pénale et sursis avec mise à l'épreuve). – Corioland, *ibid. 2053* (contrôle du respect des obligations probatoires). – Aurenche, *ibid. 2056* (intervention des forces de l'ordre au stade de l'exécution des peines). – Lairet, *ibid. 2060* (respect des obligations probatoires par les services de police). – Glady, *ibid. 2063* (rôle du parquet).

▸ **Dossiers :** ***La nouvelle rétention de sûreté : éléments d'analyse,*** *AJ pénal 2008. 161 s.* : – Herzog-Evans (mise à mort des « principes cardinaux » de notre droit) ; Mbanzoulou (dangerosité des détenus, concept flou) ; Senon et Manzanera (psychiatrie et justice).

▸ ***La nouvelle rétention de sûreté, quelles perspectives ?,*** *AJ pénal 2008. 209 s.* : – Leblois-Happe, *ibid. 209* (comparaison franco-allemande). – Céré, *ibid. 220* (rétention de sûreté et Convention EDH). – Senna, *ibid. 223* (régime de sûreté des condamnés criminels dangereux).

▸ ***Procès, exécution des peines : la nouvelle place de la victime,*** *AJ pénal 2008. 349 s.* : Lemarchal, *ibid. p. 349.* – Boulay, *ibid. 352* . – Herzog-Evans, *ibid. 356* . – Bouzige, *ibid. 361* (juge délégué aux victimes).

▸ ***Le nouveau contexte de l'application des peines,*** *AJ pénal 2008. 397 s.* : – Razac, *ibid. 397* (évolution de l'application des peines à l'aune des « nouvelles mesures de sûreté »). – Mbanzoulou, *ibid. 400* (rétention de sûreté et pratiques professionnelles pénitentiaires). – Bruston, *ibid. 403* (la rétention de sûreté est-elle une modalité d'application des peines ?). – Bianchi, *ibid. 411* (l'avocat, la peine et l'application des peines : de nouvelles pratiques professionnelles).

▸ ***La loi pénitentiaire,*** *Gaz. Pal. 2010.1. Dossier, p. 582 s.* : Viout (entretien), *ibid. 582* (vue d'ensemble). – Delorme, *ibid. 584* (nouveau service public pénitentiaire). – Poncela, *ibid. 587* (droits des détenus et mesures de détention). – Lamothe, *ibid. 590* (santé des détenus). – Vicentini, *ibid. 592* (aménagements des peines). – Janas, *ibid. 597* (dispositions relatives au prononcé et à l'application des peines).

▸ ***Le nouveau droit de l'exécution des peines,*** *AJ pénal 2011, p. 157 s.*

▸ ***La place des associations dans le suivi des condamnés,*** *AJ pénal 2013, p. 185 s.* : Lavielle, *ibid. 186* (la peine, demain comme aujourd'hui ?). – Sueur, *ibid. 189* (SME associatif : un essai à transformer). – Boivent et Lassalle, *ibid. 192* (placement à l'extérieur non hébergé par l'administration pénitentiaire). – L'Hour et Lebéhot, *ibid. 196* (le secteur associatif : une expertise reconnue, un acteur à reconnaître !).

▸ ***Loi du 15 août 2014 relative à l'individualisation des peines et renforçant l'efficacité des sanctions pénales,*** *Gaz. Pal. 2014. 2, p. 3400 s.* : Dassa–Le Deist, *ibid. 3400* (justice restaurative : restaurer quoi ?). – Danet, *ibid. 3404* (sur l'altération du discernement, prudence et mesure de sûreté, mais pour quel résultat ?). – Mihman, *ibid. 3408* (nouvelles formes d'ajournement du prononcé de la peine). – Dreyer, *ibid. 3412* (conditions mises au prononcé d'une contrainte pénale). – Detraz, *ibid. 3416* (régime de la contrainte pénale). – Belloir, *ibid. 3419* (mise en liberté pour motif médical).

▸ ***La courte peine d'emprisonnement,*** *Gaz. Pal. 2013. 2, p. 2650 s.* : Portelli, *ibid. 2650* (prononcé des courtes peines d'emprisonnement). – Faucher, *ibid. 2654* (procédure simplifiée d'aménagement des peines applicable aux condamnés libres, dite du « 723-15 »). – Garreau, *ibid. 2661* (le SPIP et la procédure simplifiée d'aménagement de peine). – Farrugia et Rechard, *ibid. 2666* (les courtes peines en sursis ?). – Clochet, *AJ pénal 331 s.* (Le jour d'après – Réflexions libres sur les courtes peines d'emprisonnement).

▸ ***Quelle nouvelle peine ?,*** *AJ pénal 2013. 125 s.* : Tournier, *ibid. 126* (règles du Conseil de l'Europe relatives à la probation) ; *ibid. 127* (contrainte pénale communautaire). – Bouvier, *ibid. 132* (une nouvelle peine au service de la probation). – Herzog-Evans, *ibid. 136* (récidive et surpopulation : pas de baguette magique juridique) ; *ibid. 139* (*all hands on deck* : (re)mettre le travail en partenariat au centre de la probation).

▸ ***La place des associations dans le suivi des condamnés,*** *AJ pénal 2013. 185 s.* : Lavielle, *ibid. 186* (la peine, demain comme aujourd'hui ?). – Sueur (pôle judiciaire de l'Association Yves Le Febvre), *ibid. 189* (SME associatif : un essai à transformer). – Boivent et Lassalle, *ibid. 192* (le placement à l'extérieur non hébergé par l'administration pénitentiaire). – L'Hour et Lebéhot, *ibid. 196* (le secteur associatif : une expertise reconnue, un acteur à reconnaître).

▸ ***Les premiers placements sous surveillance de sûreté,*** *AJ pénal 2014, p. 105 s.* : Bianchi, *ibid. 106* (droits de la défense). – Lorho (interview), *ibid. 109* (l'audience devant la JRRS). – Baron Laforet et Casanova, *ibid. 111* (l'expertise psychiatrique et l'évaluation de la dangerosité pour la JRRS). – Van der Wolf, *ibid. 115* (« TBS », mesure de sûreté hollandaise).

▸ ***Les acteurs méconnus de l'exécution des peines,*** *AJ pénal 2014, p. 263 s.* : Logelin, *ibid. 264* (ministère public). – Cloarec, *ibid. 268* (SPIP). – Lassalle, *ibid. 272* (secteur associatif socio-judiciaire). – Bouvet, Abondo et Le Gueut, *ibid. 275* (médecin coordonnateur dans l'injonction de soins).

▸ ***La loi du 15 août 2014,*** *AJ pénal 2014, p. 447 s.* : Giacopelli, *ibid. 448* (un rendez-vous manqué). – Margaine, *ibid. 453* (milieu ouvert : vers un accroissement du contrôle des personnes condamnées). – Herzog-Evans, *ibid. 456* (quelques progrès sur fond de logiques comptables et répressives où l'équité et le réalisme comptent peu). – Sayous et Cario, *ibid. 461* (justice restaurative).

▸ ***Les longues peines,*** *AJ pénal 2015, p. 279 s.* : Bouvier, *ibid. 280* (le difficile aménagement des longues peines). – Blanc, *ibid. 284* (les longues peines, ou le risque de l'oubli). – Senon, Jonas et Voyer, *ibid. 289* (outils d'évaluation de la dangerosité des personnes condamnées...). – Jeangeorges et Kensey, *ibid. 294* (les condamnés à une longue peine. Données de cadrage...). – Bianchi, *ibid. 299* (la défense des personnes condamnées à de longues peines).

▸ ***A la recherche de la peine perdue...,*** *Dr. pénal, sept. 2015, Dossiers 1 à 11* : de Lamy (introduction). – Zabalza, *ibid. 18* (la peine perdue. Recherche philosophique de la peine). – Soula, *ibid. 22* (à la recherche de la peine : regard rétrospectif (XIIIe-XIXe s.)). – Gogorza, *ibid. 25* (la peine en droit pénal international). – Bonis-Garcon et Peltier, *ibid. 29* (à la recherche de la peine perdue dans la jurisprudence de la Cour européenne des droits de l'homme). – Taupiac-Nouvel, *ibid. 33* (à la recherche de la peine en droit de l'Union européenne). – Botton, *ibid. 36* (à la recherche de la peine perdue en droit constitutionnel). – X... (les fonctions de la peine). –

COCHARD, *ibid. 42* (la multiplication des peines : diversité ou dilution ?). – X... (la peine et la victime). – DANTRAS-BIOY, *ibid. 48* (l'application des peines : à la recherche du sens de la peine prononcée).

▸ **Réforme de la prescription pénale,** *Dr. pénal, mai 2017* : GRIFFON-YARZA (aspects pratiques de la réforme de la prescription pénale). – DAOUD (la prescription des infractions occultes ou dissimulées en droit pénal des affaires : à la poursuite du temps perdu).

▸ **L'économie de la peine,** *AJ pénal 2019. 7* s. : CHAVENT-LECLERE, *ibid. 8* (halo sur la jurisprudence de la chambre criminelle en matière de condiscations et saisies). – LE TALLEC, *ibid. 12* (rôle de l'AGRASC dans l'effectivité de la peine de confiscation). – DULIN, *ibid. 15* (rôle du parquet dans le choix de la sanction des infractions économiques et financières). – BAVITOT, *ibid. 18* (l'amende à taux mobile).

1. Peine de mort. Le protocole n° 13 à la Convention de sauvegarde des droits de l'homme et des libertés fondamentales, adopté à Vilnius le 3 mai 2002, abolit la peine de mort en toutes circonstances ; le deuxième protocole facultatif se rapportant au Pacte international relatif aux droits civils et politiques, visant à abolir la peine de mort, adopté à New York le 15 déc. 1989, stipule qu'« aucune personne... ne sera exécutée » et oblige tout État partie à abolir la peine de mort ; il ne permet de déroger à cette règle que pour les crimes de caractère militaire, d'une gravité extrême et commis en temps de guerre ; en outre, cette faculté doit être fondée sur une législation en vigueur à la date de la ratification et avoir fait l'objet d'une réserve formulée lors de celle-ci ; au cas où un engagement international contient une clause contraire à la Constitution, met en cause les droits et libertés constitutionnellement garantis ou porte atteinte aux conditions essentielles d'exercice de la souveraineté nationale, l'autorisation de le ratifier appelle une révision constitutionnelle ; les deux protocoles soumis à l'examen du Conseil constitutionnel ne contiennent aucune clause contraire à la Constitution et ne mettent pas en cause les droits et libertés constitutionnellement garantis ; la question posée est donc celle de savoir s'ils portent atteinte aux conditions essentielles d'exercice de la souveraineté nationale ; porte atteinte aux conditions essentielles d'exercice de la souveraineté nationale l'adhésion irrévocable à un engagement international touchant à un domaine inhérent à celle-ci ; le protocole n° 13 à la Convention de sauvegarde des droits de l'homme et des libertés fondamentales, s'il exclut toute dérogation ou réserve, peut être dénoncé dans les conditions fixées par l'art. 58 de cette Convention : dès lors, il ne porte pas atteinte aux conditions essentielles d'exercice de la souveraineté nationale ; en revanche, ne peut être dénoncé le deuxième protocole facultatif se rapportant au Pacte international relatif aux droits civils et politiques ; cet engagement lierait irrévocablement la France même dans le cas où un danger exceptionnel menacerait l'existence de la Nation ; il porte dès lors atteinte aux conditions essentielles d'exercice de la souveraineté nationale. • Cons. const. 13 oct. 2005, n° 2005-524/525 DC : *D. 2006. 634, note Ondoua ; ibid. 2006. Pan. 1650, obs. Roujou de Boubée ; JCP 2005. II. 10171, note B. Mathieu ; Gaz. Pal. 2005. 2. 4119, note Schoettl ; RTD civ. 2006. 83, obs. Encinas de Munagorri.*

2. Rétention de sûreté. Aux termes de l'art. 8 DDH : « La loi ne doit établir que des peines strictement et évidemment nécessaires et nul ne peut être puni qu'en vertu d'une loi établie et promulguée antérieurement au délit et légalement appliquée. » ; il s'ensuit que ces principes ne s'appliquent qu'aux peines et aux sanctions ayant le caractère d'une punition ; si, pour les personnes condamnées après l'entrée en vigueur de la loi, la rétention de sûreté ne peut être ordonnée que si la cour d'assises a expressément prévu, dans sa décision de condamnation, le réexamen, à la fin de sa peine, de la situation de la personne condamnée en vue de l'éventualité d'une telle mesure, la décision de la cour ne consiste pas à prononcer cette mesure, mais à la rendre possible dans le cas où, à l'issue de la peine, les autres conditions seraient réunies ; la rétention n'est pas décidée par la cour d'assises lors du prononcé de la peine mais, à l'expiration de celle-ci, par la juridiction régionale de la rétention de sûreté ; elle repose non sur la culpabilité de la personne condamnée par la cour d'assises, mais sur sa particulière dangerosité appréciée par la juridiction régionale à la date de sa décision ; elle n'est mise en œuvre qu'après l'accomplissement de la peine par le condamné ; elle a pour but d'empêcher et de prévenir la récidive par des personnes souffrant d'un trouble grave de la personnalité ; ainsi, la rétention de sûreté n'est ni une peine, ni une sanction ayant le caractère d'une punition ; la surveillance de sûreté ne l'est pas davantage ; dès lors, les griefs tirés de la méconnaissance de l'art. 8 de la Déclaration de 1789 sont inopérants ; toutefois, la rétention de sûreté, eu égard à sa nature privative de liberté, à la durée de cette privation, à son caractère renouvelable sans limite et au fait qu'elle est prononcée après une condamnation par une juridiction, ne saurait être appliquée à des personnes condamnées avant la publication de la loi ou faisant l'objet d'une condamnation postérieure à cette date pour des faits commis antérieurement ; dès lors, doivent être déclarés contraires à la Constitution les al. 2 à 7 du I de l'art. 13 de la loi déférée, son II et, par voie de conséquence, son IV (considérants 8 à 10). • Cons. const. 21 févr. 2008, n° 2008-562 DC : *D. 2008. Pan. 2035, obs. Bernaud et Gay* ; *ibid. 2009. Pan. 125, obs. Roujou de Boubée* ; *Gaz. Pal. 2008. 1. 391, et la note* ; *RSC 2009. 166, obs. de Lamy*. ♦ Sur le classement au rang des peines, par la CEDH, de la détention de sûreté allemande : • CEDH 17 déc. 2009, *M. c/ Allemagne*, n° 19359/04 : *D. 2010. AJ 209, obs. Léna* ; *ibid. 2010. 737, note Pradel* ; *AJ pénal 2010. 129, note Leblois-Happe* ; *JCP 2010, nos 3, 63, obs. Sudre* ; *ibid., nos 12, 334, note Giacopelli* ; *RSC 2010. 228* ; *ibid. 236, obs. Roets*.

3. Mesures de sûreté. Une personne mise en examen pour homicide volontaire, a, le 25 oct. 2007, fait l'objet d'une ordonnance de non-lieu pour irresponsabilité pénale au visa de l'art. 122-1, 1° *(sic)*, C. pén. ; cette décision a été confirmée, le 2 avr. 2008, par la juridiction d'instruction du second degré qui s'est conformée à la procédure en vigueur à la date de l'ordonnance entreprise ; en cet état, l'arrêt n'encourt pas le grief reprochant à la chambre de l'instruction de n'avoir pas fait application des dispositions de la L. du 25 févr. 2008, dès lors que le principe de la légalité des peines visé à l'art. 112-1, al. 2, C. pén. fait obstacle à l'application immédiate d'une procédure qui a pour effet de faire encourir à une personne des peines prévues à l'art. 706-136 C. pr. pén. que son état mental ne lui faisait pas encourir sous l'empire de la loi ancienne applicable au moment où les faits ont été commis ; d'où il suit que doit être écarté le moyen pris notamment de la violation de l'art. 112-2, 2°, C. pén. • Crim. 21 janv. 2009, n° 08-83.492 P : *D. 2009. 1111, note Matsopoulou* ; *ibid. Pan. 2826, obs. Roujou de Boubée* ; *JCP 2009. II. 10043, note Detraz* ; *RSC 2009. 136, obs. Giudicelli* ; *ibid. 2010. 129, obs. Fortis*. ♦ *Adde* : Delage, *RSC 2009. 69* (vérité et ambiguïté autour de l'imputabilité morale).

4. Encourt la cassation l'arrêt qui, pour déclarer la procédure prévue par les art. 706-119 s. C. pr. pén., issus de la L. n° 2008-174 du 25 févr. 2008, non applicable à une personne mise en examen pour des faits commis antérieurement à l'entrée en vigueur de ladite loi et susceptible d'être déclarée pénalement irresponsable, retient que les mesures prévues par les art. 706-135 et 706-136 du même code constituent des peines et qu'une procédure ayant pour effet de les faire encourir ne saurait être appliquée immédiatement ; en effet, l'art. 112-1, al. 2, C. pén., selon lequel seules peuvent être prononcées les peines légalement applicables à la date de commission de l'infraction, ne s'applique pas aux mesures de sûreté prévues, en cas de déclaration d'irresponsabilité pénale pour cause de trouble mental, par les art. 706-135 et 706-136 C. pr. pén. et, selon l'art. 112-2 C. pén., les lois fixant les modalités de poursuites et les formes de la procédure sont applicables immédiatement à la répression des infractions commises avant leur entrée en vigueur. • Crim. 16 déc. 2009, n° 09-85.153 P : *D. 2010. 144, obs. Léna* ; *ibid. 471, note Pradel* ; *ibid. Pan. 2734, obs. Roujou de Boubée* ; *AJ pénal 2010. 136, obs. Duparc* ; *JCP 2010, nos 1-2, 15, obs. Detraz* ; *ibid. nos 5, 117, note Mistretta* ; *Gaz. Pal. 2010. 1. Jur., p. 807, note Roets* ; *ibid. 976, note Detraz* ; *RSC 2010. 129, obs. Fortis*. ♦ Les dispositions de l'art. 112-1 C. pén. prescrivant que seules peuvent être prononcées les peines légalement applicables à la date de l'infraction ne s'appliquent pas aux mesures de sûreté prévues, en cas de déclaration d'irresponsabilité pénale pour cause de trouble mental, par les art. 706-135 et 706-136 C. pr. pén. issus de la L. n° 2008-174 du 25 févr. 2008. • Crim. 14 avr. 2010, n° 09-82.291 : *Gaz. Pal. 2010. 2. 2388, note Detraz*. ♦ Confirmé par • CEDH 3 sept. 2015, *Berland c/ France*, n° 42875/10 : *D. actu. 18 sept. 2015, obs. Autier* ; *D. 2015. Pan. 2467, obs. Roujou de Boubée* ; *AJ pénal 2015. 599, obs. Margaine* ; *RSC 2016. 129, obs. Roets* (les mesures ordonnées à la suite d'une déclaration d'irresponsabilité pénale pour cause de trouble mental ne sont pas des peines au sens de l'art. 7, § 1, Conv. EDH et le principe de non-rétroactivité n'a donc pas vocation à s'appliquer).

5. FIJAIS. La Cour estime que l'inscription au fichier judiciaire national automatisé des auteurs d'infractions sexuelles ou violentes (FIJAIS) et les obligations qui en découlent ne constituent pas une « peine » au sens de l'art. 7, § 1, Conv. EDH (pas de peine sans loi) et doivent être analysées comme une mesure préventive à laquelle le principe de non-rétroactivité énoncé dans cette disposition n'a pas vocation à s'appliquer ; dès lors, il convient de rejeter le grief tiré de l'art. 7 Conv. EDH comme étant incompatible *ratione materiae* avec les dispositions de la Convention ; la Cour estime que l'inscription au FIJAIS traduit un juste équilibre entre les intérêts privés et publics concurrents en jeu et que l'État défendeur n'a pas outrepassé sa marge d'appréciation acceptable en la matière ; partant il n'y a pas eu violation de l'art. 8 Conv. EDH (droit au respect de la vie privée et familiale). • CEDH 17 déc. 2009, *Bouchacourt c/ France*, n° 5335/06 P : *D. 2010. AJ 93, obs. Gachi* ; *ibid. Pan., p. 2734, obs. Roujou de Boubée* ; *JCP 2010, nos 3, 62, obs. Sudre* ; *RSC 2010. 239* ; *ibid. 240, obs. Roets*. ♦ Déjà dans le même sens : • Crim. 31 oct. 2006, n° 05-87.153 P : *Dr. pénal 2007. 7, obs. Véron*.

6. Garantie de paiement des amendes. Le juge des libertés et de la détention peut ordonner des mesures conservatoires afin de garantir le paiement des amendes encourues, et la réserve d'interprétation invoquée (décision du Conseil constitutionnel n° 2004-492 du 2 mars 2004) avait été émise par le Conseil constitutionnel à propos de l'infraction de vol en bande organisée relevant de l'art. 706-73 C. pr. pén., et non quant aux autres infractions qui y sont visées ; la chambre de l'instruction, qui a relevé que l'inscription d'hypothèque à hauteur d'une somme de 661 832 € n'était pas une mesure excessive au regard des amendes encourues, et qui était seulement tenue de s'assurer que les modalités prévues par les procédures d'exécution avaient été respectées, en a exactement déduit que la demande de mainlevée devait être rejetée. • Cass., ch. mixte, 11 déc. 2009, n° 08-86.304 P.

7. Régime des établissements pénitentiaires. Aux termes de l'art. 728 C. pr. pén., dans sa rédaction postérieure à la L. n° 87-432 du 22 juin 1987 relative au service public pénitentiaire : « Un décret détermine l'organisation et le régime intérieur des établissements pénitentiaires » ; selon le requérant, en adoptant ces dispositions, le législateur a méconnu l'étendue de sa compétence dans des conditions portant atteinte au droit au respect de la dignité humaine, au droit au respect de l'intégrité physique et à la santé des détenus, au droit au respect de la vie privée, au droit de propriété, à la présomption d'innocence et à la liberté religieuse ; il appartient au législateur de fixer les règles concernant les garanties fondamentales accordées aux personnes détenues ; celles-ci bénéficient des droits et libertés constitutionnellement garantis dans les limites inhérentes à la détention ; il en résulte que le législateur doit assurer la conciliation entre, d'une part, l'exercice de ces droits et libertés que la Constitution garantit et, d'autre part, l'objectif de valeur constitutionnelle de sauvegarde de l'ordre public ainsi que les finalités qui sont assignées à l'exécution des peines privatives de liberté ; l'art. 728 C. pr. pén., dans sa version antérieure à la L. n° 2009-1436 du 24 nov. 2009 pénitentiaire, confie au pouvoir réglementaire le soin de déterminer l'organisation et le régime intérieur des établissements pénitentiaires ; si l'art. 726 C. pr. pén., dans sa rédaction antérieure à cette même loi, prévoit certaines des mesures dont les personnes détenues peuvent faire l'objet à titre disciplinaire, aucune disposition législative ne prévoit les conditions dans lesquelles sont garantis les droits dont ces personnes continuent de bénéficier dans les limites inhérentes à la détention ; en renvoyant au décret le soin de déterminer ces conditions qui incluent notamment les principes de l'organisation de la vie en détention, de la surveillance des détenus et de leurs relations avec l'extérieur, les dispositions contestées confient au pouvoir réglementaire le soin de fixer des règles qui relèvent de la loi ; par suite, en adoptant les dispositions contestées, le législateur a méconnu l'étendue de sa compétence ; la méconnaissance, par le législateur, de sa compétence dans la détermination des conditions essentielles de l'organisation et du régime intérieur des établissements pénitentiaires prive de garanties légales l'ensemble des droits et libertés constitutionnellement garantis dont bénéficient les détenus dans les limites inhérentes à la détention ; il résulte de ce qui précède que l'art. 728 C. pr. pén., dans sa rédaction contestée, doit être déclaré contraire à la Constitution. • Cons. const. 25 avr. 2014, n° 2014-393 QPC : *D. actu. 28 avr. 2014, obs. Léna.*

Art. 130-1 *(L. n° 2014-896 du 15 août 2014, art. 1er, en vigueur le 1er oct. 2014)* **Afin d'assurer la protection de la société, de prévenir la commission de nouvelles infractions et de restaurer l'équilibre social, dans le respect des intérêts de la victime, la peine a pour fonctions :**

1° De sanctionner l'auteur de l'infraction ;

2° De favoriser son amendement, son insertion ou sa réinsertion.

BIBL. ▶ GASSIN, *RSC 1996. 155* et *443* (fondements juridiques de la réinsertion des délinquants). – PONCELA, *RSC 2000. 887* (droit de l'exécution des peines – remarques sur la loi du 15 juin 2000). – CARIO, *D. 2003. Chron. 145* (place de la victime dans l'exécution des peines). – DRÉAN-RIVETTE, *AJ Pénal 2006. 117* (l'art. 132-24, al. 2 : une perte d'intelligibilité de la loi pénale ?). – DREYER, *D. 2016. Chron. 2583* (l'objet de la sanction pénale).

Finalité de la peine. L'exécution des peines privatives de liberté en matière correctionnelle et criminelle a été conçue non seulement pour protéger la société et assurer la punition du condamné, mais aussi pour favoriser l'amendement de celui-ci et préparer son éventuelle réinsertion. • Cons. const. 20 janv. 1994, n° 93-334 DC : *JO 26 janv. ; D. 1995. Somm. 340, obs. Renoux*.

CHAPITRE PREMIER DE LA NATURE DES PEINES

RÉP. PÉN. v° *Peine (nature et prononcé)*, par CÉRÉ.

SECTION PREMIÈRE DES PEINES APPLICABLES AUX PERSONNES PHYSIQUES

SOUS-SECTION 1 DES PEINES CRIMINELLES

Art. 131-1 **Les peines criminelles encourues par les personnes physiques sont :**

1° La réclusion criminelle ou la détention criminelle à perpétuité ;

2° La réclusion criminelle ou la détention criminelle de trente ans au plus ;

3° La réclusion criminelle ou la détention criminelle de vingt ans au plus ;

4° La réclusion criminelle ou la détention criminelle de quinze ans au plus.

La durée de la réclusion criminelle ou de la détention criminelle à temps est de dix ans au moins.

RÉP. PÉN. v[is] *Détention criminelle et réclusion criminelle*, par GIACOPELLI.

1. Conventionnalité. Sur la compatibilité d'une détention de 41 ans avec les art. 3 (interdiction des peines ou traitements inhumains ou dégradants) et 5 (droit à la liberté) de la Conv. EDH. • CEDH 11 avr. 2006, n° 19324-02, *Léger c/ France : D. 2006. 1800, note Céré ; JCP 2006. I. 164, n°s 2 et 3, obs. Sudre ; AJ pénal 2006. 258, obs. Enderlin ; RSC 2007. 134, obs. Massias*. ♦ Rappr. l'arrêt de radiation de la grande chambre : • CEDH 30 mars 2009, *Léger c/ France*, n° 19324-02 : *D. 2009. 1463, note Renucci ; RSC 2009. 654, obs. Roets*.

2. Les États contractants doivent rester libres d'infliger des peines perpétuelles aux adultes auteurs d'infractions particulièrement graves telles que l'assassinat : le faire n'est pas en soi prohibé par l'art. 3 ni par aucune autre disposition de la Convention et n'est pas incompatible avec celle-ci. • CEDH 9 juill. 2013, *Vinter et a. c/ R.-U.*, n°s 66069/09, 130/10 et 3896/10 : *D. actu. 12 juill. 2013, obs. Léna ; D. 2013. 2081, note Renucci ; ibid. 2713, obs. Roujou de Boubée, Garé, Gozzi, Mirabail et Potaszkin ; ibid. 2014. 1235, obs. Céré, Herzog-Evans et Péchillon ; AJ pénal 2013. 494, obs. Van Zyl Smit ; JCP 2013. 918, obs. Sudre ; Dr. pénal 2013. 165, obs. Bonis-Garçon ; RSC 2013. 625, chron. Poncela ; ibid. 649, obs. Roets*. ♦ ... Toutefois, infliger à un adulte une peine perpétuelle incompressible peut soulever une question sous l'angle de l'art. 3 (*ibid.*) ; de ce principe découlent deux points particuliers, mais connexes, que la Cour juge nécessaire de souligner et de réaffirmer ; premièrement, le simple fait qu'une peine de réclusion à vie puisse en pratique être purgée dans son intégralité ne la rend pas incompressible ; une peine perpétuelle compressible *de jure* et *de facto* ne soulève aucune question sur le terrain de l'art. 3 ... ; deuxièmement, pour déterminer si dans un cas donné une peine perpétuelle peut passer pour incompressible, la Cour recherche si l'on peut dire qu'un détenu condamné à perpétuité a des chances d'être libéré ; là où le droit national offre la possibilité de revoir la peine perpétuelle dans le but de la commuer, de la suspendre, d'y mettre fin ou encore de libérer le détenu sous conditions, il est satisfait aux exigences de l'art. 3 ... ; pour demeurer compatible avec l'art. 3, une peine perpétuelle doit offrir à la fois une chance d'élargissement et une possibilité de réexamen... ; le droit européen et le droit international confortent aujourd'hui clairement le principe voulant que tous les détenus, y compris ceux purgeant des peines perpétuelles, se voient offrir la possibilité de s'amender et la perspective d'être mis en liberté s'ils y parviennent... ; la Cour considère qu'en ce qui concerne les peines perpétuelles l'art. 3 doit être interprété comme exigeant qu'elles soient compressibles, c'est-à-dire soumises à un réexamen permettant aux autorités nationales de rechercher si, au cours de l'exécution de sa peine, le détenu a tellement évolué et progressé sur le chemin de l'amendement qu'aucun motif légitime d'ordre pénologique ne permet plus de justifier son maintien en détention... ; il s'ensuit que, là où le droit national ne prévoit pas la possibilité d'un tel réexamen, une peine de perpétuité réelle méconnaît les exigences découlant de l'art. 3 de la Conv. ... ; dans le cas où le droit national ne prévoit aucun mécanisme ni aucune possibilité de réexamen des peines de perpétuité réelle, l'incompatibilité avec l'art. 3 en résultant prend naissance dès la date d'imposition de la peine perpétuelle et non à un stade ultérieur de la détention. • Même décision. ♦ Rappr. : • CEDH 3 févr. 2015, *Hutchinson c/ Royaume-Uni*, n° 57592/08 : *JCP 2015. 195, obs. Gonzalez ; Dr. pénal 2015. Comm. 61, obs. Bonis-Garçon.*

3. Application dans le temps. Si, en l'état d'une accusation de complicité de meurtre, et en raison de l'irrévocabilité des réponses de la cour et du jury à la question de culpabilité de l'accusé ainsi que de leur refus, à la majorité de 8 voix au moins, de lui accorder les circonstances atténuantes, seule pouvait être prononcée, par application des textes alors applicables, la peine légalement encourue de la réclusion criminelle à perpétuité, la Cour de cassation, faisant application de l'art. L. 131-5 COJ, est en mesure de lui substituer la peine maximale, plus douce, de 30 ans de réclusion criminelle, prévue, depuis le 1er mars 1994, par l'art. 221-1 C. pén. • Crim. 9 mars 1994, n° 92-82.356 P : *Dr. pénal 1994. 128, obs. Véron ; ibid. 147, obs. Maron ; RSC 1994. 760, obs. Bouloc* • 16 mars 1994 : *D. 1994. IR 123 ; Dr. pénal 1994. 128, obs. Véron.*

4. En application de l'art. 112-2 C. pén., les dispositions de l'art. 131-1 dudit code relatives à la durée des peines criminelles sont immédiatement applicables, comme participant de lois relatives au régime d'exécution et d'application des peines, à la répression des infractions commises avant leur entrée en vigueur le 1er mars 1994 ; encourt la cassation l'arrêt d'une cour d'assises qui condamne, pour meurtre commis avant le 1er mars 1994, l'accusé à la peine de 5 ans de réclusion criminelle alors que les dispositions combinées des art. 112-2, 131-1 et 131-3 C. pén. lui faisaient obligation d'appliquer la peine de 5 ans d'emprisonnement, la durée de la réclusion criminelle étant de 10 ans au moins. • Crim. 19 déc. 1994, n° 94-83.390 P : *Dr. pénal 1995. 84 (4e esp.) ; RSC 1995. 568, obs. Bouloc*.

5. Selon l'art. 131-1 C. pén., la durée de la réclusion criminelle est de dix ans au moins ; sera donc cassé, dans l'intérêt de la loi, l'arrêt de cour d'assises qui prononce des peines de 5 et 8 ans de réclusion criminelle pour vols avec usage ou menace d'une arme ; l'application de la règle de droit doit conduire dans l'intérêt du condamné à la substitution à la peine de réclusion criminelle d'une peine d'emprisonnement de même durée. • Crim. 14 déc. 1994, n° 94-84.202 P : *RSC 1995. 568, obs. Bouloc*. ♦ Aux termes de l'art. 131-1 C. pén., la durée de la réclusion criminelle à temps est de 10 ans au moins ; si une cour d'assises, après avoir déclaré le demandeur coupable de viols et d'attentats à la pudeur aggravés, n'encourt aucune censure pour l'avoir condamné à 9 ans de réclusion criminelle, peine dont la durée était fixée par l'art. 18 C. pén. alors applicable, cette condamnation non encore définitive ne peut être maintenue : il s'ensuit, les peines privatives de liberté étant de même nature, que la peine de 9 ans d'emprisonnement doit être substituée à celle de 9 ans de réclusion criminelle. • Crim. 15 févr. 1995, n° 94-81.586 P. ♦ La durée de la réclusion criminelle à temps est de 10 ans au moins ; doit être cassé l'arrêt qui, après avoir déclaré l'accusé coupable de viol sur mineure de 15 ans par ascendant légitime, le condamne à 9 ans de réclusion criminelle. • Crim. 19 avr. 2000, n° 99-86.469 P.

6. Aux termes de l'art. 112-1, al. 3, C. pén., les dispositions nouvelles s'appliquent aux infractions commises avant leur entrée en vigueur et n'ayant pas donné lieu à une condamnation passée en force de chose jugée lorsqu'elles sont moins sévères que les dispositions anciennes ; selon l'art. 131-1 C. pén., le maximum de la réclusion criminelle à temps est de 30 ans ; encourt la cassation l'arrêt d'une cour d'assises qui, pour viols aggravés commis en récidive, prononce à la majorité absolue une peine de 35 ans de réclusion criminelle, alors que la peine encourue, auparavant comprise entre 20 et 40 ans de réclusion criminelle, selon les art. 56, al. 1er, et 332, al. 3, anciens C. pén., ne pouvait excéder 30 ans, depuis l'entrée en vigueur, le 1er mars 1994, de l'art. 131-1 préc., lequel maximum doit être voté, comme le prescrit l'art. 362, al. 2, C. pr. pén., à la majorité de 8 voix au moins, à défaut de quoi, il ne peut être prononcé une peine supérieure à 20 ans de réclusion criminelle. • Crim. 10 nov. 1998, n° 98-81.490 P : *D. 1999. 367, note Coulon* ; *RSC 1999. 575, obs. Bouloc*.

7. Seules peuvent être prononcées les peines légalement applicables à la date où est commise l'infraction, lorsqu'elles sont moins sévères que les peines prévues par la loi nouvelle ; encourt la cassation l'arrêt d'une cour d'assises qui, pour meurtre sur ascendant commis en état de récidive, prononce une peine de 30 ans de réclusion criminelle, alors qu'à la date de la commission du crime, le maximum de la réclusion à temps était de 20 ans, conformément à l'art. 18 ancien C. pén., et qu'en cas de concours de la récidive avec les circonstances atténuantes, la peine était déterminée en faisant application d'abord de l'aggravation résultant de la récidive puis, sur la peine ainsi obtenue, des circonstances atténuantes. • Crim. 9 déc. 1998, n° 98-80.994 P : *RSC 1999. 576, obs. Bouloc*.

8. Peines afflictives et infamantes. Les catégories des peines afflictives et infamantes et des peines seulement infamantes qui figuraient dans l'ancien code pénal ont été supprimées dans le nouveau code pénal, issu de la L. du 22 juill. 1992, modifiée par la L. du 19 juill. 1993, et qui est entré en vigueur le 1er mars 1994 ; les peines constituant dans l'ancien code pénal la catégorie des peines seulement infamantes, qui étaient le bannissement et la dégradation civique, ont, en outre, été supprimées dans le nouveau code pénal ; si, en revanche, les peines de réclusion criminelle à perpétuité, de détention criminelle à perpétuité, de réclusion criminelle à temps et de détention criminelle à temps, qui constituaient, dans l'ancien code pénal, la catégorie des peines afflictives et infamantes, figurent dans le nouveau code pénal, celui-ci a prévu pour la réclusion criminelle à temps et la détention criminelle à temps des échelles nouvelles de peines ; enfin, il ressort des dispositions du nouveau code pénal, éclairées par leurs travaux préparatoires, que l'intention du législateur a été de limiter le nombre des peines de caractère accessoire ou complémentaire dont l'intervention découle obligatoirement de l'application de la peine principale ; or le législateur n'a pas précisé expressément les peines qui pourraient être regardées comme correspondant désormais aux peines qui étaient, dans l'ancien code pénal, qualifiées d'afflictives ou infamantes ; il résulte de ce qui précède que l'entrée en vigueur du nouveau code pénal a privé d'effet la disposition de l'art. L. 58 C. pens. retr. prévoyant, parmi les cas de suspension du droit à l'obtention ou à la jouissance de la pension et de la rente viagère d'invalidité, le cas d'une condamnation à une peine afflictive ou infamante. • CE 2 avr. 2003, avis n° 249475 : *D. 2003. 1797, concl. L. Vallée* ; *Dr. pénal 2003, comm. 77, obs. J.-H. Robert* • 4 juill. 2003, avis n° 244349, *Papon* : *D. 2003. IR 2124* ; *Dr. pénal 2003, comm. 102, obs. J.-H. Robert* ; *JCP 2003. IV. 3084*.

Loi n° 81-908 du 9 octobre 1981,

Portant abolition de la peine de mort (D. et BLD 1981. 347).

Art. 1er La peine de mort est abolie.

....

Constitution de la République française du 4 octobre 1958,

Art. 66-1 *(L. nº 2007-239 du 23 févr. 2007)* Nul ne peut être condamné à la peine de mort.

BIBL. ▶ Bonfils, *RSC 2007. 349*. – de Lamy, *RSC 2008. Chron. 126* (peine de mort : de l'abolition à l'interdiction).

Deuxième protocole facultatif, *se rapportant au Pacte international relatif aux droits civils et politiques visant à abolir la peine de mort, adopté à New York le 15 décembre 1989.*

Publié par Décr. nº 2008-37 du 10 janv. 2008 (JO 12 janv.). Entré en vigueur le 2 janv. 2008.

Art. 1er 1. Aucune personne relevant de la juridiction d'un État partie au présent protocole ne sera exécutée.

2. Chaque État partie prendra toutes les mesures voulues pour abolir la peine de mort dans le ressort de sa juridiction.

Protocole nº 13 *à la Convention de sauvegarde des droits de l'homme et des libertés fondamentales, relatif à l'abolition de la peine de mort en toutes circonstances, adopté à Vilnius le 3 mai 2002.*

Publié par Décr. nº 2008-193 du 27 févr. 2008 (JO 29 févr.). Entré en vigueur le 1er févr. 2008.

Art. 1er *Abolition de la peine de mort.* La peine de mort est abolie. Nul ne peut être condamné à une telle peine ni exécuté.

Art. 2 *Interdiction de dérogations.* Aucune dérogation n'est autorisée aux dispositions du présent Protocole au titre de l'article 15 de la Convention.

Art. 3 *Interdiction de réserves.* Aucune réserve n'est admise aux dispositions du présent Protocole au titre de l'article 57 de la Convention.

Art. 131-2 **Les peines de réclusion criminelle ou de détention criminelle ne sont pas exclusives d'une peine d'amende et d'une ou de plusieurs des peines complémentaires prévues à l'article 131-10.**

SOUS-SECTION 2 DES PEINES CORRECTIONNELLES

Art. 131-3 *(L. nº 2019-222 du 23 mars 2019, art. 71-I et 109-XIX, en vigueur le 24 mars 2020)* **Les peines correctionnelles encourues par les personnes physiques sont :**

1° L'emprisonnement ; cet emprisonnement peut faire l'objet d'un sursis, d'un sursis probatoire ou d'un aménagement conformément aux dispositions du chapitre II du présent titre ;

2° La détention à domicile sous surveillance électronique ;

3° Le travail d'intérêt général ;

4° L'amende ;

5° Le jour-amende ;

6° Les peines de stage ;

7° Les peines privatives ou restrictives de droits prévues à l'article 131-6 ;

8° La sanction-réparation ;

Ces peines ne sont pas exclusives des peines complémentaires prévues à l'article 131-10.

Les peines de contrainte pénale prononcées avant le 24 mars 2020 s'exécutent jusqu'à leur terme conformément aux dispositions applicables au jour de leur prononcé, sous la réserve que les attributions confiées en application de l'art. 713-47 C. pr. pén. au président du tribunal judiciaire ou au juge désigné par lui sont exercées par le juge de l'application des peines (L. nº 2019-222 du 23 mars 2019, art. 109-XIX).

BIBL. ▶ Chabas et Gio, *AJ pénal 2019. 201* (la réforme des stages en matière pénale).

Ancien art. 131-3 *Les peines correctionnelles encourues par les personnes physiques sont :*

1° L'emprisonnement ;

(L. n° 2014-896 du 15 août 2014, art. 19, en vigueur le 1er oct. 2014) « *2° La contrainte pénale ;* »

3° L'amende ;

4° Le jour-amende ;

(L. n° 2004-204 du 9 mars 2004, art. 44-I, en vigueur le 1er oct. 2004) « *5° Le stage de citoyenneté ;* »

6° Le travail d'intérêt général ;

7° Les peines privatives ou restrictives de droits prévues à l'article 131-6 ;

8° Les peines complémentaires prévues à l'article 131-10 ;

(L. n° 2007-297 du 5 mars 2007, art. 64) « *9° La sanction-réparation.* »

Sur les peines d'amende et le passage à l'euro, V. Circ. n° 98-18 du 24 déc. 1998 (JCP 1999. III. 20031).

RÉP. PÉN. v[is] *Amende pénale et Jour-amende*, par LASSALLE ; *Emprisonnement*, par BACHELET.

BIBL. ► F. DELBANO, *Dr. pénal 1996. Chron. 25* (juge de l'application des peines et courtes peines d'emprisonnement). – PIN, *D. 2003. Point de vue 75* (travail d'intérêt général). – RIBEYRE, *RSC 2007. 870* (sanction-réparation). – HERZOG-EVANS, *AJ pénal 2008. 274* (courtes peines d'emprisonnement). – LORRAIN et INGRAIN, *AJ pénal 2015. 589* (l'impact du *quantum* d'une peine d'emprisonnement encourue sur l'applicabilité de certaines règles de procédure pénale). – BAVITOT, *AJ pénal 2019. 18* (l'amende à taux mobile).

1. Gravité des peines. La gravité relative des peines se mesure, non par leur durée ou leur quotité, mais par le rang qu'elles occupent dans l'échelle établie par le code pénal, une peine d'amende étant moins grave qu'une peine d'emprisonnement. • Crim. 4 févr. 1938 : *Gaz. Pal. 1938. 1. 523 ; RSC 1938. 485, obs. Magnol* • 15 févr. 1956, n° 16.355 P. ♦ V. cependant, en cas de concours d'infractions : art. 132-5.

2. Civilement responsable. La partie civilement responsable ne peut être condamnée à l'amende en dehors des cas spéciaux dans lesquels l'amende n'a pas le caractère de peine. • Crim. 24 mars 1893 : *DP 1895. 1. 327* • 13 juill. 1893 : *ibid. 1894. 1. 250.*

3. Amendes fiscales. Les amendes fiscales constituent à la fois des peines et des réparations civiles. • Crim. 18 mai 1933 : *Bull. crim. n° 112 ; DH 1933. 382* • 29 févr. 1956 : *Bull. crim. n° 210* • 18 nov. 1959, n° 91-86.558 P. ♦ Il en est de même des amendes douanières. • Crim. 23 déc. 1959 : *Bull. crim. n° 574* • 23 nov. 1987, n° 84-94.729 P • 26 févr. 1990, n° 87-84.475 P • 7 avr. 1992 : *D. 1993. Somm. 80, obs. Pannier*. ♦ La charge peut en être mise à la personne déclarée civilement responsable, comme le serait tout dommage-intérêt. • Crim. 22 janv. 1958, n° 91-41.657 P.

4. Amendes forestières. Les amendes forestières, qui participent à la fois de la peine et de la réparation civile, ont un caractère mixte, de sorte qu'elles ne peuvent être suspendues par l'effet du sursis. • Crim. 25 nov. 1992, n° 91-86.397 P.

Art. 131-4 L'échelle des peines d'emprisonnement est la suivante :

1° Dix ans au plus ;

2° Sept ans au plus ;

3° Cinq ans au plus ;

4° Trois ans au plus ;

5° Deux ans au plus ;

6° Un an au plus ;

7° Six mois au plus ;

(L. n° 2003-239 du 18 mars 2003, art. 48) « **8° Deux mois au plus.** »

Sur les délits punis d'une peine d'emprisonnement supérieure à deux mois mais inférieure à six mois, V. L. n° 92-1336 du 16 déc. 1992, art. 325 ss. 727-3.

BIBL. ► LORRAIN et INGRAIN, *Dr. pénal 2015. Étude 20* (la nécessaire réforme des peines d'emprisonnement encourues « illégales »).

1. Durée de la peine. La durée de la peine d'emprisonnement est de dix ans au plus ; cassation, pour violation de l'art. 131-4 C. pén., de l'arrêt qui, après avoir reconnu une personne coupable de tentatives de meurtres aggravés, commises alors qu'elle était âgée de seize ans, décide qu'il y a lieu de lui appliquer une condamnation pénale mais qu'il n'y a pas lieu de l'exclure du bénéfice de la diminution de peine prévue à l'art. 20-2 de l'Ord. n° 45-174 du 2 févr. 1945, et la condamne à douze ans d'emprisonnement, alors que, si la cour et le jury peuvent infliger à l'accusé, en application de ce texte, une peine de réclusion criminelle d'une durée comprise entre dix et vingt ans, ils ne peuvent prononcer à son encontre une peine d'emprisonnement d'une durée supérieure à dix ans. • Crim. 6 oct. 1999, n° 98-87.691 P.

2. A violé le principe de la légalité des peines la cour qui a prononcé une peine de réclusion criminelle de neuf ans alors que, aux termes de l'art. 131-1 C. pén., la durée de la réclusion criminelle à temps est de dix ans au moins, et que la peine privative de liberté prononcée ressortissait, par sa durée, à l'échelle des peines d'emprisonnement fixée par l'art. 131-4 C. pén. • Crim. 19 avr. 2000, n° 99-86.469 P.

3. La durée de la réclusion criminelle étant de dix ans au moins, doit être cassé par l'arrêt qui, après avoir déclaré l'accusé coupable de viols, le condamne à six ans de réclusion criminelle ; les peines privatives de liberté étant de même nature, la cassation a lieu sans renvoi, par application de l'art. L. 131-5 COJ, l'emprisonnement étant substitué à la réclusion criminelle. • Crim. 18 déc. 2002, n° 02-81.666 P : *Dr. pénal 2003. 46 (1er arrêt), obs. Véron.*

Art. 131-4-1 *(L. n° 2019-222 du 23 mars 2019, art. 71-II et 109-XIX, en vigueur le 24 mars 2020)* **Lorsqu'un délit est puni d'une peine d'emprisonnement, la juridiction peut, à la place de l'emprisonnement, prononcer la peine de détention à domicile sous surveillance électronique pendant une durée comprise entre quinze jours et six mois, sans pouvoir excéder la durée de l'emprisonnement encouru.**

Cette peine emporte pour le condamné l'obligation de demeurer dans son domicile ou tout autre lieu désigné par la juridiction ou le juge de l'application des peines et du port d'un dispositif intégrant un émetteur permettant de vérifier le respect de cette première obligation.

Le condamné n'est autorisé à s'absenter de son domicile pendant des périodes déterminées par la juridiction ou le juge de l'application des peines que pour le temps nécessaire à l'exercice d'une activité professionnelle, au suivi d'un enseignement, d'un stage, d'une formation ou d'un traitement médical, à la recherche d'un emploi, à la participation à la vie de famille ou à tout projet d'insertion ou de réinsertion.

La juridiction peut décider que le condamné bénéficiera de mesures d'aide ayant pour objet de seconder ses efforts en vue de son reclassement social.

En cas de non-respect par le condamné de ses obligations, le juge de l'application des peines peut, selon des modalités précisées par le code de procédure pénale, soit limiter ses autorisations d'absence, soit ordonner son emprisonnement pour la durée de la peine restant à exécuter. *(L. n° 2019-1480 du 28 déc. 2019, art. 10)* **« La juridiction peut également soumettre le condamné à une ou plusieurs des obligations ou interdictions prévues aux articles 132-44 et 132-45. »**

V. note ss. C. pén., art. 131-3.

Ancien art. 131-4-1 (L. n° 2014-896 du 15 août 2014, art. 19, en vigueur le 1er oct. 2014) ***Lorsque la personnalité et la situation matérielle, familiale et sociale de l'auteur d'un délit puni d'une peine d'emprisonnement*** (Abrogé par L. n° 2014-896 du 15 août 2014, art. 19-II, à compter du 1er janv. 2017) ***« d'une durée inférieure ou égale à cinq ans » et les faits de l'espèce justifient un accompagnement socio-éducatif individualisé et soutenu, la juridiction peut prononcer la peine de contrainte pénale.***

La contrainte pénale emporte pour le condamné l'obligation de se soumettre, sous le contrôle du juge de l'application des peines, pendant une durée comprise entre six mois et cinq ans et qui est fixée par la juridiction, à des mesures de contrôle et d'assistance ainsi qu'à des obligations et interdictions particulières destinées à prévenir la récidive en favorisant son insertion ou sa réinsertion au sein de la société.

Dès le prononcé de la décision de condamnation, la personne condamnée est astreinte, pour toute la durée d'exécution de sa peine, aux mesures de contrôle prévues à l'article 132-44.

Les obligations et interdictions particulières auxquelles peut être astreint le condamné sont :

1° Les obligations et interdictions prévues à l'article 132-45 en matière de sursis avec mise à l'épreuve ;

2° L'obligation d'effectuer un travail d'intérêt général, dans les conditions prévues à l'article 131-8 ;

3° L'injonction de soins, dans les conditions prévues aux articles L. 3711-1 à L. 3711-5 du code de la santé publique, si la personne a été condamnée pour un délit pour lequel le suivi socio-judiciaire est encouru et qu'une expertise médicale a conclu qu'elle était susceptible de faire l'objet d'un traitement.

Le condamné peut, en outre, bénéficier des mesures d'aide prévues à l'article 132-46 du présent code.

Si elle dispose d'éléments d'information suffisants sur la personnalité du condamné et sur sa situation matérielle, familiale et sociale, la juridiction qui prononce la contrainte pénale peut

définir les obligations et interdictions particulières auxquelles celui-ci est astreint parmi celles mentionnées aux 1° à 3° du présent article.

La juridiction fixe également la durée maximale de l'emprisonnement encouru par le condamné en cas d'inobservation des obligations et interdictions auxquelles il est astreint. Cet emprisonnement ne peut excéder deux ans, ni le maximum de la peine d'emprisonnement encourue. Les conditions dans lesquelles l'exécution de l'emprisonnement peut être ordonnée, en tout ou partie, sont fixées par le code de procédure pénale.

Après le prononcé de la décision, le président de la juridiction notifie à la personne condamnée, lorsqu'elle est présente, les obligations et interdictions qui lui incombent ainsi que les conséquences qui résulteraient de leur violation.

Dans des conditions et selon des modalités précisées par le code de procédure pénale, après évaluation de la personnalité et de la situation matérielle, familiale et sociale du condamné par le service pénitentiaire d'insertion et de probation, le juge de l'application des peines, lorsqu'il n'a pas été fait application du neuvième alinéa du présent article, détermine les obligations et interdictions auxquelles est astreint le condamné parmi celles mentionnées aux 1° à 3°, ainsi que les mesures d'aide dont il bénéficie. S'il a été fait application du neuvième alinéa, le juge de l'application des peines peut modifier, supprimer ou compléter les obligations et interdictions décidées par la juridiction ; il détermine les mesures d'aide dont le condamné bénéficie. Au cours de l'exécution de la contrainte pénale, les obligations et interdictions et les mesures d'aide peuvent être modifiées, supprimées ou complétées par le juge de l'application des peines au regard de l'évolution du condamné.

La condamnation à la contrainte pénale est exécutoire par provision.

BIBL. ► Dreyer, *Gaz. Pal. 2014. 2. Dossier, p. 3412* (conditions mises au prononcé d'une contrainte pénale). – Detraz, *Gaz. Pal. 2014. 2. Dossier, p. 3416* (régime de la contrainte pénale). – Bonis-Garçon, *Dr. pénal 2015. Études 13* (de l'application dans le temps de la contrainte pénale). – Ficara et Kuentz, *AJ pénal 2017. 172* (la peine de contrainte pénale, entre constat d'échec et perspectives d'évolution).

1. *Constitutionnalité.* Les dispositions relatives à la contrainte pénale ne méconnaissent ni les principes de légalité, de proportionnalité et de nécessité des peines, ni le principe d'égalité devant la loi, ni le droit à une procédure juste et équitable devant une juridiction indépendante et impartiale, ni le principe de la séparation des autorités de poursuite et de jugement. • Cons. const. 7 août 2014, n° 2014-696 DC : *JO 17 août, p. 13659 ; Dr. pénal 2014, n° 133, obs. Peltier.*

2. *Application dans le temps.* Le juge saisi, à partir du 1er oct. 2014, d'un délit puni de cinq ans d'emprisonnement au plus commis avant cette date peut substituer à l'emprisonnement ferme qu'il envisageait de prononcer la contrainte pénale, immédiatement applicable en ce qu'elle constitue, aux termes de l'art. 131-4-1 nouv. C. pén., une peine alternative à la privation de liberté ; ne saurait, pour autant, encourir l'annulation la peine d'emprisonnement sans sursis prononcée pour un tel délit, avant le 1er oct. 2014, par des motifs qui satisfont aux exigences de l'art. 132-24, al. 3, C. pén., dans sa rédaction alors en vigueur. • Crim. 14 avr. 2015, n° 14-84.473 P. ♦ C'est à tort que, saisie d'un délit puni d'un maximum de cinq ans d'emprisonnement commis avant le 1er oct. 2014, la cour d'appel, statuant après cette date, dit la contrainte pénale non applicable au motif qu'il s'agit d'une nouvelle peine ne pouvant sanctionner les faits antérieurs à son entrée en vigueur, alors que, constituant une alternative à l'emprisonnement sans sursis, aux termes de l'art. 131-4-1 nouv. C. pén. qui l'a créée, la contrainte pénale est d'application immédiate ; la cassation n'est cependant pas encourue, aucune peine d'emprisonnement sans sursis n'ayant été prononcée. • Crim. 14 avr. 2015, n° 15-80.858 P. ♦ *Adde*, sous chacune de ces deux décisions : *D. actu. 24 avr. 2015, obs. Fucini ; D. 2015. 1307, note Detraz ; ibid. Pan. 1395, obs. Barbier ; ibid. 2465, obs. Roujou de Boubée ; AJ pénal 2015. 418, obs. Renaud-Duparc ; JCP 2015. 497, obs. Dubarry ; ibid. 697, note Peltier ; Gaz. Pal. 2015. 1625, note Pitti ; Dr. pénal 2015. Étude 13, obs. Bonis-Garçon ; RSC 2015. 407, obs. Boccon-Gibod.*

Art. 131-5 **Lorsqu'un délit est puni d'une peine d'emprisonnement, la juridiction peut prononcer une peine de jours-amende consistant pour le condamné à verser au Trésor une somme dont le montant global résulte de la fixation par le juge d'une contribution quotidienne pendant un certain nombre de jours. Le montant de chaque jour-amende est déterminé en tenant compte des ressources et des charges du prévenu ; il ne peut excéder** *(L. n° 2004-204 du 9 mars 2004, art. 173, en vigueur le 1er janv. 2005)* **« 1000 € ». Le nombre de jours-amende est déterminé en tenant compte des circonstances de l'infraction ; il ne peut excéder trois cent soixante.** – *Pén. 131-25 ; Pr. pén. 775.*

Corresp. : *C. pén., anciens art. 43-8 à 43-10.*

BIBL. ▶ PRADEL, *D. 1984. Chron. 111.* – FRANCILLON et SALVAGE, *JCP 1984. I. 3133.* – SCHÜTZ, *Mél. Vitu, 1989. 459.* – ROURE, *D. 1996. Chron. 64*.

1. Nature juridique. La peine de jour-amende, telle que prévue par l'art. 43-8 C. pén., est une modalité de l'amende et est de même nature que celle-ci. • Crim. 26 sept. 1990, nº 90-81.691 P : *RSC 1991. 75, obs. Delmas Saint-Hilaire*.

2. Montant. Les juges du fond disposent de la faculté dont ils ne doivent aucun compte de fixer le montant des jours-amende dans les limites prévues par la loi. • Crim. 1er juill. 1997, nº 96-84.225 P : *RSC 1998. 318, obs. Bouloc*.

Art. 131-5-1 *(L. nº 2019-222 du 23 mars 2019, art. 71-III et 109-XIX, en vigueur le 24 mars 2020)* **Lorsqu'un délit est puni d'une peine d'emprisonnement, la juridiction peut, à la place ou en même temps que l'emprisonnement, prescrire que le condamné devra accomplir, pendant une durée ne pouvant excéder un mois, un stage dont elle précise la nature, les modalités et le contenu eu égard à la nature du délit et aux circonstances dans lesquelles il a été commis.**

Sauf décision contraire de la juridiction, le stage, dont le coût ne peut excéder celui des amendes contraventionnelles de la 3e classe, est effectué aux frais du condamné.

Le stage est exécuté dans un délai de six mois à compter de la date à laquelle la condamnation est définitive, sauf impossibilité résultant du comportement ou de la situation du condamné.

Les stages que peut prononcer la juridiction sont :

1º Le stage de citoyenneté, tendant à l'apprentissage des valeurs de la République et des devoirs du citoyen ;

2º Le stage de sensibilisation à la sécurité routière ;

3º Le stage de sensibilisation aux dangers de l'usage de produits stupéfiants ;

4º Le stage de responsabilisation pour la prévention et la lutte contre les violences au sein du couple et sexistes ;

5º Le stage de sensibilisation à la lutte contre l'achat d'actes sexuels ;

6º Le stage de responsabilité parentale ;

7º Le stage de lutte contre le sexisme et de sensibilisation à l'égalité entre les femmes et les hommes.

Ancien art. 131-5-1 (L. nº 2004-204 du 9 mars 2004, art. 44-II, en vigueur le 1er oct. 2004) *Lorsqu'un délit est puni d'une peine d'emprisonnement, la juridiction peut, à la place de l'emprisonnement, prescrire que le condamné devra accomplir un stage de citoyenneté,* (L. nº 2017-86 du 27 janv. 2017, art. 170) *« tendant à l'apprentissage des valeurs de la République et des devoirs du citoyen. Les modalités et le contenu de ce stage sont fixés par décret en Conseil d'État. » La juridiction précise si ce stage, dont le coût ne peut excéder celui des amendes contraventionnelles de la troisième classe, doit être effectué aux frais du condamné.*

Cette peine ne peut être prononcée contre le prévenu qui la refuse ou n'est pas présent à l'audience. (L. nº 2016-731 du 3 juin 2016, art. 106) *« Toutefois, cette peine peut être prononcée lorsque le prévenu, absent à l'audience, a fait connaître par écrit son accord et qu'il est représenté par son avocat. »*

V. Circ. CRIM-05-9-E8 du 11 avr. 2005 relative au prononcé, à l'exécution et à l'application des peines, BOMJ, nº 98.

BIBL. ▶ GERMAIN et LASSALLE, *AJ pénal 2014. 467* (stage de citoyenneté : une mesure inégale ?).

1. Présence à l'audience. Aux termes de l'art. 131-5-1 C. pén., la peine de stage de citoyenneté ne peut être prononcée contre le prévenu qui la refuse ou n'est pas présent à l'audience ; pour condamner la prévenue, non comparante à l'audience mais représentée par un avocat muni d'un pouvoir, déclarée coupable de la contravention de dissimulation du visage dans l'espace public (L. nº 2010-1192 du 11 oct. 2010), *à accomplir un stage de citoyenneté*, le jugement énonce que la présence de la prévenue n'est exigée que lorsque cette peine est prononcée en matière correctionnelle, l'art. 131-16, 8º, C. pén., applicable en matière contraventionnelle, n'imposant pas la présence de la prévenue à l'audience ; en statuant ainsi, alors qu'elle ne pouvait, en l'absence de la prévenue, condamner celle-ci à accomplir un stage de citoyenneté, fût-ce pour une contravention, la juridiction de proximité a méconnu le texte susvisé ; d'où il suit que la cassation est encourue de ce chef. • Crim. 5 mars 2013, nº 12-80.891 P : *D. 2013. Actu. 710 ; AJ pénal 2013. 400, obs. de Combles de Nayves ; Dr. pénal 2013, nº 72, obs. Véron ; ibid., nº 85, obs. Bonis-Garçon ; Gaz. pal. 2013. 1. 1732, obs. Detraz.*

2. L'art. 131-5-1 C. pén. prévoit que la juridiction ne peut prescrire à titre de sanction l'accomplissement d'un stage de citoyenneté si la personne poursuivie refuse cette mesure ou si elle n'est pas présente à l'audience ; dès lors, encourt la censure le jugement d'une juridiction de proximité qui, après avoir déclaré la prévenue, représentée à l'audience par un avocat, coupable de la contravention de dissimulation du visage dans l'espace public, la condamne, fût-ce à titre de peine complémentaire, à accomplir un stage de citoyenneté. • Crim. 9 déc. 2014 : *D. actu. 13 janv. 2015, obs. Priou-Alibert ; Gaz. Pal. 2015. 1. 511, obs. Dreyer.*

Art. 131-6 *(L. n° 2004-204 du 9 mars 2004, art. 44-V, en vigueur le 1er oct. 2004)* **« Lorsqu'un délit est puni d'une peine d'emprisonnement, la juridiction peut prononcer, à la place de l'emprisonnement, une ou plusieurs des peines privatives ou restrictives de liberté suivantes : »**

1° La suspension, pour une durée de cinq ans au plus, du permis de conduire, cette suspension pouvant être limitée, selon des modalités déterminées par décret en Conseil d'État, à la conduite en dehors de l'activité professionnelle *(L. n° 2003-495 du 12 juin 2003, art. 5)* **« ; cette limitation n'est toutefois pas possible en cas de délit pour lequel la suspension du permis de conduire, encourue à titre de peine complémentaire, ne peut pas être limitée à la conduite en dehors de l'activité professionnelle » ;** — *V. art. R. 131-1 s. — Pr. pén. 702-1.*

2° L'interdiction de conduire certains véhicules pendant une durée de cinq ans au plus ; — *V. art. R. 131-3 s.*

3° L'annulation du permis de conduire avec interdiction de solliciter la délivrance d'un nouveau permis pendant cinq ans au plus ;

4° La confiscation d'un ou de plusieurs véhicules appartenant au condamné ;

5° L'immobilisation, pour une durée d'un an au plus, d'un ou de plusieurs véhicules appartenant au condamné, selon des modalités déterminées par décret en Conseil d'État ; — *V. art. R. 131-5 s.*

(L. n° 2014-896 du 15 août 2014, art. 52, en vigueur le 1er oct. 2014) **« 5°** ***bis*** **L'interdiction, pendant une durée de cinq ans au plus, de conduire un véhicule qui ne soit pas équipé, par un professionnel agréé ou par construction, d'un dispositif homologué d'anti-démarrage par éthylotest électronique. Lorsque cette interdiction est prononcée en même temps que la peine d'annulation ou de suspension du permis de conduire, elle s'applique, pour la durée fixée par la juridiction, à l'issue de l'exécution de cette peine ; »**

6° L'interdiction de détenir ou de porter, pour une durée de cinq ans au plus, une arme soumise à autorisation ;

7° La confiscation d'une ou de plusieurs armes dont le condamné est propriétaire ou dont il a la libre disposition ; — *Pén. 131-21.*

8° Le retrait du permis de chasser avec interdiction de solliciter la délivrance d'un nouveau permis pendant cinq ans au plus ;

9° L'interdiction pour une durée de cinq ans au plus d'émettre des chèques autres que ceux qui permettent le retrait de fonds par le tireur auprès du tiré ou ceux qui sont certifiés et d'utiliser des cartes de paiement ; — *Pén. 131-19 s.*

10° La confiscation de la chose qui a servi ou était destinée à commettre l'infraction ou de la chose qui en est le produit. Toutefois, cette confiscation ne peut pas être prononcée en matière de délit de presse ; — *Pén. 131-21.*

(L. n° 92-1336 du 16 déc. 1992) **« 11° L'interdiction pour une durée de cinq ans au plus d'exercer une activité professionnelle ou sociale dès lors que les facilités que procure cette activité ont été sciemment utilisées pour préparer ou commettre l'infraction. Cette interdiction n'est toutefois pas applicable à l'exercice d'un mandat électif ou de responsabilités syndicales. Elle n'est pas non plus applicable en matière de délit de presse ; »** — *Pr. pén. 471, 775, 777.*

(L. n° 2004-204 du 9 mars 2004, art. 44-V, en vigueur le 1er oct. 2004) **« 12° L'interdiction, pour une durée de trois ans au plus, de paraître dans certains lieux ou catégories de lieux déterminés par la juridiction et dans lesquels l'infraction a été commise ;**

« 13° L'interdiction, pour une durée de trois ans au plus, de fréquenter certains condamnés spécialement désignés par la juridiction, notamment les auteurs ou complices de l'infraction ;

« 14° L'interdiction, pour une durée de trois ans au plus, d'entrer en relation avec certaines personnes spécialement désignées par la juridiction, notamment la victime de l'infraction ; »

(L. nº 2008-776 du 4 août 2008, art. 70) **« 15º L'interdiction, pour une durée de cinq ans au plus, d'exercer une profession commerciale ou industrielle, de diriger, d'Administrer de gérer ou de contrôler à un titre quelconque, directement ou indirectement, pour son propre compte ou pour le compte d'autrui, une entreprise commerciale ou industrielle ou une société commerciale » ;**

(L. nº 2020-936 du 30 juill. 2020, art. 16) **« Lorsqu'un délit est puni d'une peine d'emprisonnement, la juridiction peut prononcer, à la place de ou en même temps que la peine d'emprisonnement, une ou plusieurs des peines privatives ou restrictives de liberté prévues aux 6º, 7º, 10º, 12º, 13º et 14º. »**

Corresp. : *C. pén., anciens art. 43-2, 43-3 et 43-4.*

RÉP. PÉN. vº *Chèque et carte de paiement*, par JEANDIDIER.

BIBL. ▶ GRIFFON-YARZA, *Dr. pénal 2015. Étude 23* (exécution des interdictions de séjour et de paraître).

1. Légalité. Pour le prononcé, à titre de peine principale, d'une des sanctions ou mesures prévues aux art. 43-3 s. C. pén., les juges du fond disposent, dans les limites et sous les réserves fixées par la loi, d'une faculté discrétionnaire dont ils ne doivent aucun compte. • Crim. 11 oct. 1989 : *JCP 1990. IV. 33.*

2. Selon l'art. 111-3 C. pén., nul ne peut être puni d'une peine qui n'est pas prévue par la loi ; encourt, dès lors, la cassation, limitée aux seules dispositions relatives à la peine, l'arrêt d'une cour d'appel qui, après avoir déclaré le prévenu coupable d'outrage à magistrat, délit prévu par l'art. 434-24 C. pén., le condamne à trois ans d'interdiction des droits civiques, civils et de famille, alors que, d'une part, l'art. 434-44 de ce code, qui énumère les délits passibles de la peine complémentaire de l'interdiction des droits civiques, civils et de famille, ne mentionne pas le délit d'outrage à magistrat, en sorte que cette peine ne pouvait être prononcée en application de l'art. 131-11 du même code, et que, d'autre part, cette mesure ne figure pas au nombre des peines privatives ou restrictives de droit énumérées à l'art. 131-6 du code susvisé et pouvant être prononcées à la place de l'emprisonnement ou de l'amende. • Crim. 13 avr. 2010, nº 09-84.583 P : *D. 2010. Actu. 1285* ; *AJ pénal 2010. 395, obs. Perrier*.

3. L'art. 131-6 C. pén. exige seulement, pour son application, que le délit soit puni d'une peine d'emprisonnement, sans que cette condition soit exclusive de la peine d'amende qui pourrait être également prévue. • Crim. 10 nov. 2015, nº 14-86.947 : *Gaz. Pal. 2016. 432, obs. Dreyer.*

4. Suspension du permis de conduire (art. 131-6, 1º). Conformément à l'art. 702-1, dernier al., C. pr. pén., la juridiction statuant sur une demande de relèvement de suspension du permis de conduire a désormais, en toute hypothèse, qu'il s'agisse d'une peine complémentaire *ou d'une peine alternative, la faculté de limiter* cette mesure à la conduite en dehors de l'activité professionnelle, dans les conditions prévues par les dispositions de l'art. 131-6,1º C. pén. • Crim. 26 juill. 1994, nº 93-85.407 P.

5. L'art. L. 14 C. route ne prévoit pas d'assortir du sursis une mesure de suspension du permis de conduire à laquelle a été condamné un automobiliste pour conduite sous l'empire d'un état alcoolique ; il ne saurait être dérogé à ce texte spécial par application des art. 131-6 et 132-31 C. pén. • Paris, 3 nov. 2000 : *D. 2001. IR 279.*

6. Une mesure de suspension du permis de conduire ne prend effet que du jour de la remise de ce document à l'agent de l'autorité publique chargé de l'exécution. • Crim. 12 mars 2008, nº 07-85.965 P : *Dr. pénal 2008. 63, obs. J.-H. Robert.*

7. Annulation du permis de conduire (art. 131-6, 3º). C'est à bon droit qu'une cour d'appel, ayant constaté qu'un automobiliste a refusé de restituer son permis de conduire suspendu, prononce, à titre de peine principale, l'annulation du permis assortie de l'exécution provisoire, dès lors que les cours et tribunaux peuvent, en application de l'art. L. 15, I, b), C. route, prononcer l'annulation du permis de conduire en cas de refus de restitution de ce document après notification de la décision de suspension ou de rétention, et ordonner l'exécution provisoire de cette sanction, prononcée à titre principal, conformément aux art. 43-1 C. pén. ancien, 131-6 C. pén. nouveau et 471 C. pr. pén. • Crim. 1er juin 1994, nº 93-81.034 P.

8. Confiscation d'armes (art. 131-6, 7º). L'art. 43-3, 6º, C. pén., qui permet de prononcer, à titre principal et comme substitut d'une peine d'emprisonnement sanctionnant un délit, la confiscation d'une ou plusieurs armes dont le prévenu est propriétaire ou dont il a la libre disposition, n'exige nullement que ladite arme ait été utilisée en vue de commettre l'infraction poursuivie ; ainsi, est justifiée, à l'encontre de l'auteur de menaces de mort par le moyen d'un couteau, la confiscation d'un fusil, dont la saisie avait été opérée en raison d'autres faits ayant motivé une procédure depuis lors classée sans suite. • Crim. 10 oct. 1978, nº 78-90.843 P : *D. 1979. IR 38, obs. Puech* ; *RSC 1980. 693, obs. Larguier.*

9. Confiscation de la chose qui a servi à commettre l'infraction… (art. 131-6, 10º). Nonobstant le principe de la personnalité des peines, la chose qui a servi ou était destinée à commettre l'infraction peut être confisquée même si elle n'appartient pas à l'auteur de l'infraction. • TGI Saint-Étienne, 10 août 1994 : *Gaz. Pal. 1994. 2. 775.*

10. Pour la confiscation d'un ensemble routier composé d'un tracteur et d'une semi-remorque prononcée à l'encontre d'un conducteur reconnu coupable du délit de mise en danger (C. pén., art. 223-1). • TGI Saint-Étienne, 4 août 1994 : *Gaz. Pal. 1994. 2. 773.* ♦ Pour la confiscation d'un tracteur routier dans les mêmes circonstances. • TGI Saint-Étienne, 10 août 1994 : *préc. note 9.* ♦ Est justifiée, au regard des art. 11 et 43-4 anciens et 131-6, 10°, C. pén., la confiscation du camion prononcée contre le dirigeant d'une entreprise de transports routiers, condamné pour avoir laissé ses préposés utiliser un contrôlographe défectueux, dès lors que le délit reproché ne peut concerner que des appareils en service sur des véhicules, lesquels constituent le moyen matériel de commettre l'infraction. • Crim. 13 févr. 1996, n° 94-84.765 P : *Dr. pénal 1996. 160, obs. J.-H. Robert ; RSC 1996. 850, obs. Bouloc.*

11. Pour la confiscation, en application des anciens art. 11 et 43-4 C. pén., de sommes déjà individualisées par une saisie effectuée par le juge d'instruction. • Crim. 26 mai 1983, n° 82-91.156 P.

12. Interdiction d'exercer une activité professionnelle ou sociale (art. 131-6, 11°). Pour un avocat, reconnu coupable d'outrage à magistrat, condamné, en application de l'ancien art. 43-2 C. pén., à l'interdiction de se livrer pendant un mois à son activité, sous quelque forme que ce soit. • T. corr. Brive, 9 mars 1979 : *Gaz. Pal. 1979. 1. 157, note Damien ; RSC 1979. 547, obs. Vitu.*

13. A fait l'exacte application de l'art. 131-6, 11°, C. pén., la cour d'appel qui, appréciant souverainement l'étendue de cette mesure, a prononcé contre le prévenu, déclaré coupable de tromperie, faux et usage de faux, délits punis de peines d'emprisonnement et commis en l'espèce à l'occasion de contrôles techniques d'automobile, la peine principale de cinq ans d'interdiction d'exercer une activité professionnelle ou sociale dans toutes les professions de l'automobile. • Crim. 1er avr. 2008, n° 07-82.787 P : *Dr. pénal 2008. 100, obs. J.-H. Robert.*

Art. 131-7 *(L. n° 2004-204 du 9 mars 2004, art. 44-VI, en vigueur le 1er oct. 2004)* **Les peines privatives ou restrictives de droits énumérées à l'article 131-6 peuvent également être prononcées, à la place de l'amende, pour les délits qui sont punis seulement d'une peine d'amende.**

Art. 131-8 Lorsqu'un délit est puni d'une peine d'emprisonnement, la juridiction peut prescrire *(L. n° 2004-204 du 9 mars 2004, art. 44-VII, en vigueur le 1er oct. 2004)* **« , à la place de l'emprisonnement, » que le condamné accomplira, pour une durée de** *(L. n° 2009-1436 du 24 nov. 2009, art. 67)* **« vingt à** *(L. n° 2019-222 du 23 mars 2019, art. 71-IV)* **« quatre cents » heures, un travail d'intérêt général non rémunéré au profit** *(L. n° 2007-297 du 5 mars 2007, art. 63)* **« soit d'une personne morale de droit public, soit d'une personne morale de droit privé chargée d'une mission de service public ou d'une association habilitées » à mettre en œuvre des travaux d'intérêt général.**

(L. n° 2019-222 du 23 mars 2019, art. 71-IV) **« Lorsque le prévenu est présent à l'audience, la peine de travail d'intérêt général ne peut être prononcée si celui-ci la refuse. Le président du tribunal, avant le prononcé du jugement, informe le prévenu de son droit de refuser l'accomplissement d'un travail d'intérêt général et reçoit sa réponse.**

« Lorsque le prévenu n'est pas présent à l'audience mais y est représenté par son avocat, cette peine peut être prononcée s'il a fait connaître par écrit son accord.

« Lorsque le prévenu n'est pas présent à l'audience et n'a pas fait connaître son accord, cette peine ne peut être prononcée que si le tribunal fait application des dispositions du deuxième alinéa de l'article 131-9. Dans ce cas, avant la mise à exécution de la peine de travail d'intérêt général, le juge de l'application des peines informe le condamné de son droit de refuser l'accomplissement d'un travail et reçoit sa réponse. En cas de refus, tout ou partie de l'emprisonnement ou de l'amende fixée par la juridiction peut être mis à exécution, dans les conditions prévues à l'article 712-6 du code de procédure pénale, sous réserve, s'il y a lieu, des possibilités d'aménagement ou de conversion. »

A titre expérimental et pour une durée de trois ans à compter de la publication du décret prévu infra, le travail d'intérêt général prévu à l'art. 131-8 C. pén. peut également être effectué : 1° Au profit d'une personne morale de droit privé remplissant les conditions définies à l'art. 1er de la L. n° 2014-856 du 31 juill. 2014 relative à l'économie sociale et solidaire et poursuivant un but d'utilité sociale au sens de l'art. 2 de la même loi ; 2° Au profit d'une société dont les statuts définissent une mission qui assigne à la société la poursuite d'objectifs sociaux et environnementaux. Les conditions spécifiques d'habilitation de ces personnes morales de droit privé et d'inscription des travaux qu'elles proposent sur la liste des travaux d'intérêt général ainsi que les obligations particulières mises à leur charge dans la mise en œuvre de ces travaux sont précisées par décret en Conseil d'État. Les départements dans lesquels cette mesure peut être prononcée pendant la durée de l'expérimentation, dont le nombre ne peut excéder vingt, sont déterminés par arrêté du ministre de la justice. Six mois au moins avant le terme de l'expérimentation, le Gouvernement adresse au Parlement un rapport procédant à son évaluation (L. n° 2019-222 du 23 mars 2019, art. 71-XIX).

Ancien art. 131-8 ***Lorsqu'un délit est puni d'une peine d'emprisonnement, la juridiction peut prescrire*** (L. n° 2004-204 du 9 mars 2004, art. 44-VII, en vigueur le 1er oct. 2004) ***« , à la place de l'emprisonnement, » que le condamné accomplira, pour une durée de*** (L. n° 2009-1436 du 24 nov. 2009, art. 67) ***« vingt à*** (L. n° 2014-896 du 15 août 2014, art. 21, en vigueur le 1er oct. 2014) ***« deux cent quatre-vingts » heures, un travail d'intérêt général non rémunéré au profit*** (L. n° 2007-297 du 5 mars 2007, art. 63) ***« soit d'une personne morale de droit public, soit d'une personne morale de droit privé chargée d'une mission de service public ou d'une association habilitées » à mettre en œuvre des travaux d'intérêt général.***

La peine de travail d'intérêt général ne peut être prononcée contre le prévenu qui la refuse ou qui n'est pas présent à l'audience. Le président du tribunal, avant le prononcé du jugement, informe le prévenu de son droit de refuser l'accomplissement d'un travail d'intérêt général et reçoit sa réponse. — Pén. 131-22 s., 434-42 ; Pr. pén. 471, 775, 777.

(L. n° 2016-731 du 3 juin 2016, art. 107) ***« La peine de travail d'intérêt général peut être prononcée lorsque le prévenu, absent à l'audience, a fait connaître par écrit son accord et qu'il est représenté par son avocat. »***

V. art. R. 131-12 s.

V. Circ. CRIM n° 2011-12/E3 du 19 mai 2011 (BOMJ, n° 2011-05).

Corresp. : *C. pén., ancien art. 43-3-1.*

RÉP. PÉN. vis *Justice restaurative*, par CARIO ; *Travail d'intérêt général*, par DELBOS.

BIBL. ▸ LEROY et KRAMER, *RSC 1983. 37.* – DURAND-COGOS et PUECHMAILLE, *Gaz. Pal. 1994. 1. Doctr. 226* (dix ans d'application du TIG). – PENAUD, *Gaz. Pal. 2011. 2. Doctr. 3213* (relancer le travail d'intérêt général : une peine réconciliatrice et solidaire).

L'interpellation adressée par le président à un accusé qui résulte de l'obligation prévue par l'art. 131-8 C. pén. est étrangère aux règles de la publicité des débats. • Crim. 22 nov. 1995, n° 95-81.501 P.

Art. 131-8-1 *(L. n° 2007-297 du 5 mars 2007, art. 64)* **Lorsqu'un délit est puni d'une peine d'emprisonnement, la juridiction peut prononcer, à la place ou en même temps que la peine d'emprisonnement, la peine de sanction-réparation. Il en est de même lorsqu'un délit est puni à titre de peine principale d'une seule peine d'amende.**

La sanction-réparation consiste dans l'obligation pour le condamné de procéder, dans le délai et selon les modalités fixés par la juridiction, à l'indemnisation du préjudice de la victime.

Avec l'accord de la victime et du prévenu, la réparation peut être exécutée en nature. Elle peut alors consister dans la remise en état d'un bien endommagé à l'occasion de la commission de l'infraction ; cette remise en état est réalisée par le condamné lui-même ou par un professionnel qu'il choisit et dont il rémunère l'intervention.

L'exécution de la réparation est constatée par le procureur de la République ou son délégué.

Lorsqu'elle prononce la peine de sanction-réparation, la juridiction fixe la durée maximum de l'emprisonnement, qui ne peut excéder six mois, ou le montant maximum de l'amende, qui ne peut excéder 15 000 €, dont le juge de l'application des peines pourra ordonner la mise à exécution en tout ou partie dans les conditions prévues par l'article 712-6 du code de procédure pénale si le condamné ne respecte pas l'obligation de réparation. Si le délit n'est puni que d'une peine d'amende, la juridiction ne fixe que le montant de l'amende, qui ne peut excéder 15 000 €, qui pourra être mis à exécution. Le président de la juridiction en avertit le condamné après le prononcé de la décision.

RÉP. PÉN. v° *Justice restaurative*, par CARIO.

BIBL. ► GIACOPELLI, *D. 2007. Point de vue 1551* (libres propos sur la sanction-réparation). – SALVAGE, *Dr. pénal 2008. Étude 9* (les peines de peine). – FOURNIER, *Mél. Robert, LexisNexis, 2012, p. 285* (la peine de sanction-réparation : les dangers du mélange des genres).

Art. 131-9 **L'emprisonnement ne peut être prononcé cumulativement avec une des peines privatives ou restrictives de droits prévues** *(L. n° 2020-936 du 30 juill. 2020, art. 16)* **« aux 1°, 2°, 3°, 4°, 5°, 5° bis, 8°, 9°, 11° et 15° de l'article 131-6** *[ancienne rédaction : à l'article 131-6]* **» ni avec** *(Abrogé par L. n° 2019-222 du 23 mars 2019, art. 71-V et 109-XIX, à compter du 24 mars 2020) (L. n° 2014-896 du 15 août 2014, art. 19, en vigueur le 1er oct. 2014)* ***« la peine de contrainte pénale ou »*** **la peine de travail d'intérêt général.**

(L. n° 2004-204 du 9 mars 2004, art. 44-VIII, en vigueur le 1er oct. 2004) **« Lorsqu'elle prononce une ou plusieurs des peines prévues par les articles 131-5-1, 131-6 ou 131-8, la juridiction peut fixer la durée maximum de l'emprisonnement ou le montant maximum de l'amende dont le juge de l'application des peines pourra ordonner la mise à exécution en tout ou partie, dans des conditions prévues par l'article 712-6 du code de procédure pénale, si le condamné ne respecte pas les obligations ou interdictions résultant de la ou des peines prononcées. Le président de la juridiction en avertit le condamné après le prononcé de la décision. L'emprisonnement ou l'amende que fixe la juridiction ne peuvent excéder les peines encourues pour le délit pour lequel la condamnation est prononcée ni celles prévues par l'article 434-41 du présent code. Lorsqu'il est fait application des dispositions du présent alinéa, les dispositions de l'article 434-41 ne sont alors pas applicables. »**

La peine de jours-amende ne peut être prononcée cumulativement avec la peine d'amende.

Corresp. : *C. pén., anciens art. 43-5 et 43-8.*

V. note ss C. pén., art. 131-3.

BIBL. ► J.-H. ROBERT, *Dr. pénal 1995. Chron. 8* (combinaison des peines de substitution et des peines complémentaires de même nature).

1. Peines concernées. Si l'art. 131-9, al. 1er, C. pén. interdit le prononcé cumulatif de l'emprisonnement avec une des peines privatives ou restrictives de droit prévues à l'art. 131-6 dudit code – au nombre desquelles figurent la suspension du permis de conduire et le retrait du permis de chasser – lorsqu'une telle peine est prononcée à titre de peine principale, il en va autrement, par application de l'art. 131-10 dudit code, lorsque lesdites sanctions constituent des peines complémentaires prévues par la loi. • Crim. 9 nov. 1994, n° 94-80.722 P : *Dr. pénal 1995. 96, obs. J.-H. Robert ; RSC 1995. 572, obs. Bouloc.*

2. A donné une base légale à sa décision la cour d'appel qui a condamné le prévenu à deux mois d'emprisonnement avec sursis et à l'obligation d'accomplir un travail d'intérêt général, et a constaté l'annulation de son permis de conduire, en interdisant à l'intéressé de solliciter la délivrance d'un nouveau permis avant un délai de 18 mois ; le travail d'intérêt général n'a pas été prononcé en application des art. 131-6 et 131-9 C. pén. relatifs aux peines alternatives à la peine d'emprisonnement, mais en application de l'art. 132-54 du même code prévoyant que la juridiction peut assortir le sursis de l'obligation d'accomplir un travail de cette nature ; par ailleurs, l'annulation du permis de conduire n'a pas été prononcée en application des art. 131-6 et 131-9, mais conformément à l'art. 131-10 C. pén. et à l'art. L. 15-II C. route. • Crim. 23 mai 1995 : *Dr. pénal 1995. 282, obs. J.-H. Robert.*

3. Cumuls prohibés. Le cumul d'une peine d'emprisonnement et d'une peine alternative de travail d'intérêt général est interdit par le code pénal ; par suite, les peines d'emprisonnement avec sursis avec obligation d'accomplir un travail d'intérêt général prononcées par un tribunal ne sont pas conformes aux dispositions de l'art. 131-9 C. pén. qui stipule que l'emprisonnement ne peut être prononcé cumulativement ni avec des peines privatives ou restrictives de droit, ni avec la peine de travail d'intérêt général. • Versailles, 3 févr. 1995 : *BICC 1996. 60.* ♦ Le tribunal correctionnel a condamné le prévenu, pour vol et recel portant sur deux véhicules, à une peine d'un an d'emprisonnement dont 9 mois avec sursis et obligation d'accomplir un travail d'intérêt général d'une durée de 200 heures ; en application de l'art. 131-9, al. 1er, C. pén., qui interdit le prononcé d'une peine d'emprisonnement cumulativement avec la peine de travail d'intérêt général (soit une peine mixte), et le prévenu acceptant le principe d'un travail d'intérêt général, la peine est modifiée et le prévenu condamné à un an d'emprisonnement assorti en totalité d'un sursis avec obligation d'effectuer un travail d'intérêt général d'une durée de 200 heures au profit d'une collectivité publique ou d'une association habilitée, dans un délai de douze mois. • Amiens, 21 févr. 2005 : *JCP 2006. IV. 1075 ; RSC 2006. 313, obs. Vermelle.*

4. Selon les art. 131-9 et 131-10 C. pén., l'emprisonnement ne peut être prononcé cumulativement avec une des peines privatives ou restrictives de droits, prévues à l'art. 131-6 du même code, sauf si la loi le prévoit expressément. • Crim. 10 mai 2000, n° 99-83.977 P : *Dr. pénal 2001. Comm. 10, obs. J.-H. Robert ; ibid. 2001. Chron. n° 23, obs. Marsat* • 4 mai 2004, n° 03-83.787 P : *D. 2004. 1811 ; Gaz. Pal. 2004. 2. Somm. 4021, obs. Monnet ; RSC 2004. 873, obs. Vermelle ; ibid. 2005. 88, obs. Ambroise-Castérot* • 26 oct. 2004, n° 04-84.744 P : *RSC 2005. 67, obs. Fortis*. ♦ ... Méconnaît ces textes et ce principe la cour d'appel qui, après avoir déclaré le prévenu coupable du délit d'exercice illégal de l'art dentaire et de fraude pour l'obtention de prestations d'assurances sociales indues, confirme le jugement ayant prononcé une interdiction professionnelle pendant cinq ans et condamne en outre le prévenu à trois mois d'emprisonnement avec sursis, alors que ni l'art. L. 376 CSP ni l'art. L. 377-1 CSS ne prévoient le cumul d'une peine d'emprisonnement avec une interdiction professionnelle. • Crim. 10 mai 2000 : *préc.* ♦ ... Méconnaît ces textes une cour d'appel qui prononce contre le prévenu, outre une peine d'emprisonnement de huit mois avec sursis, celle de trois ans d'interdiction d'exercer l'activité professionnelle de voyagiste, alors que les art. L. 213-1, L. 216-2 et L. 216-3 C. consom., ne prévoient pas le cumul d'une peine d'emprisonnement avec une interdiction professionnelle. • Crim. 4 mai 2004 : *préc.* ♦ ... Cassation, pour violation des art. 313-1 et 313-7 C. pén., ensemble les art. 111-3, 131-9 et 131-10 du même code, de l'arrêt qui, après avoir déclaré un prévenu coupable d'escroquerie, le condamne à 1 000 € d'amende, 6 mois de suspension du permis de conduire, et, en outre, à 6 mois d'emprisonnement avec sursis, alors que, d'une part, l'art. 313-1 C. pén. ne prévoit pas le cumul d'une peine d'emprisonnement avec les peines privatives ou restrictives des droits prévus par l'art. 131-6 du même code, et que, d'autre part, l'art. 313-7 n'inclut pas la suspension du permis de conduire parmi les peines complémentaires applicables aux personnes physiques déclarées coupables de délit d'escroquerie. • Crim. 26 oct. 2004 : *préc.*

5. Selon les art. 131-9 et 131-10 C. pén., les peines privatives ou restrictives de droit, prévues par l'art. 131-6 du même code, ne peuvent être prononcées cumulativement avec une peine d'emprisonnement sauf si la loi le prévoit expressément ; cassation, pour méconnaissance de ce principe et de ces textes de l'arrêt qui, après avoir déclaré une prévenue coupable de non-assistance à personne en péril, l'a condamnée à 18 mois d'emprisonnement avec sursis et à 5 ans d'interdiction d'exercer une activité professionnelle dans le domaine de la santé, alors que les art. 223-6 et 223-16 C. pén. ne prévoient pas le cumul d'une peine d'emprisonnement avec une interdiction professionnelle. • Crim. 13 avr. 2005, n° 04-82.895 P : *RSC 2005. 842, obs. Vermelle*.

SOUS-SECTION 3 DES PEINES COMPLÉMENTAIRES ENCOURUES POUR CERTAINS CRIMES OU DÉLITS

Art. 131-10 **Lorsque la loi le prévoit, un crime ou un délit peut être sanctionné d'une ou de plusieurs peines complémentaires qui, frappant les personnes physiques, emportent interdiction, déchéance, incapacité ou retrait d'un droit** *(L. n° 98-468 du 17 juin 1998)* **« , injonction de soins ou obligation de faire », immobilisation ou confiscation d'un objet** *(L. n° 2007-297 du 5 mars 2007, art. 25)* **« , confiscation d'un animal », fermeture d'un établissement ou affichage de la décision prononcée ou diffusion de celle-ci soit par la presse écrite, soit par tout moyen de** *(L. n° 2004-575 du 21 juin 2004, art. 2-III)* **« communication au public par voie électronique ».** *– Pén. 131-26 s., 434-41 ; Pr. pén. 471, 775, 777.*

RÉP. PÉN. v^is *Affichage*, par Kechichian ; *Peines complémentaires*, par Beziz-Ayache.

BIBL. ▶ J.-H. Robert, *Dr. pénal 1995. Chron. 8* (combinaison des peines de substitution et des peines complémentaires de même nature). – Matsopoulou, *Dr. pénal 2008. Études n° 24* (le nouveau régime des incapacités commerciales). – Vergès, *RSC 2008. 954* (peines complémentaires et alternatives d'incapacité d'exercice d'une activité commerciale ou industrielle). – Bollé, *Gaz. Pal. 2009. 1. Doctr. 1192* (le blocage des comptes bancaires en droit pénal).

A. GÉNÉRALITÉS

1. Nature. L'incapacité attachée à certaines condamnations, édictée par le texte régissant les conditions d'accès à la profession d'agent immobilier, ne constitue pas une peine complémentaire mais une mesure de sûreté qui, dès l'entrée en vigueur de la loi qui l'institue, frappe la personne antérieurement condamnée ; il ne saurait donc être reproché à une cour d'appel de rejeter la requête présentée par un agent immobilier, condamné, le 28 juin 1995, à une peine d'emprisonnement avec sursis probatoire, en relèvement de l'incapacité professionnelle résultant de plein droit de la condamnation, en application de l'art. 9, 2° *bis*, de la loi n° 70-9 du 2 janv. 1970, et qui faisait valoir que ces dispositions légales, issues de l'art. 46 de la loi n° 94-624 du 21 juill.

1994, qui a notamment étendu aux condamnations pour tromperie les causes d'incapacité prévues par l'art. 9, ne pouvaient, en vertu du principe de non-rétroactivité des lois pénales, s'appliquer à une condamnation antérieure à son entrée en vigueur le 1er juill. 1995. • Crim. 26 nov. 1997 : *D. 1998. IR 51.*

2. Légalité. Les juges de la répression peuvent prononcer une peine complémentaire facultative légale, même si le texte qui la prévoit n'a pas été visé dans la citation qui les a régulièrement saisis des faits poursuivis. • Crim. 31 mai 1988, n° 84-94.736 P • 30 nov. 1988, n° 87-82.703 P. ♦ Selon l'art. 551 C. pr. pén., le prononcé d'une peine complémentaire n'est pas subordonné au visa, dans le titre de poursuite, du texte qui le prévoit ; c'est donc à tort que la cour d'appel a infirmé partiellement le juge ayant notamment ordonné la suspension du permis de conduire du prévenu, au motif que cette peine complémentaire ne pouvait être prononcée, en l'absence de visa de l'art. R. 226 C. route dans la citation délivrée au prévenu. • Crim. 24 janv. 1996, n° 94-86.152 P.

3. Doivent être annulées (par voie de retranchement et sans renvoi) les dispositions d'un arrêt qui prononce une peine complémentaire non prévue par la loi : ... Cessation de certaines activités commerciales sous astreinte. • Crim. 16 juin 1973, n° 71-92.269 P (non-respect du périmètre de protection d'un marché d'intérêt national). ♦ ... Confiscation. • Crim. 12 mars 1990, n° 89-82.674 P (stupéfiants) • Crim. 10 mars 1993, n° 91-86.197 P : *RSC 1994. 104, obs. Bouloc* (exercice illégal de la pharmacie) • Crim. 17 nov. 1993, n° 92-82.659 P : *RSC 1994. 551, obs. Bouloc* (contravention aux prescriptions d'un plan de chasse au grand gibier) • Crim. 17 oct. 2000, n° 99-86.916 P : *D. 2001. 124, obs. Rondey* ; *RSC 2001. 373, obs. Bouloc* (mise en vente de marchandise dont l'identification a été altérée, art. L. 217-3 et L. 217-4 C. consom.). ♦ ... Interdiction de séjour. • Crim. 5 févr. 1990, n° 89-80.102 P (escroquerie). ♦ ... Interdiction du droit d'émettre des chèques. • Crim. 25 sept. 1990 : *Dr. pénal 1991. 100* (escroquerie). ♦ ... Interdiction des droits civiques, civils et de famille. • Crim. 25 sept. 1995, n° 92-81.379 P (détention de denrées corrompues ou toxiques) • 12 janv. 2000, n° 99-80.534 P (non ; dénonciation de mauvais traitements infligés à un mineur de quinze ans : C. pén., art. 434-3 et 434-44) • Cass., ass. plén., 24 oct. 2003, n° 97-85.763 P (publicité mensongère). ♦ ... Suspension du permis de conduire les navires en mer. • Crim. 18 sept. 1997, n° 97-80.675 P : *RSC 1998. 319, obs. Bouloc* (circulation à une vitesse supérieure à 5 nœuds dans la bande littorale réservée à la baignade et navigation en zone interdite aux véhicules nautiques à moteur). ♦ ... Suspension du permis de conduire un véhicule. • Crim. 18 mai 1998, n° 97-82.652 P (refus de restituer un permis de conduire, dès lors que le délit n'est pas commis à l'occasion de la conduite d'un véhicule). ♦ ... Interdiction de gérer ou administrer toute entreprise commerciale ou artisanale et toute personne morale. • Crim. 5 août 1998 : *Dr. pénal 1999. 42, obs. J.-H. Robert* (recel de banqueroute) • 12 sept. 2001 : *ibid. 2002. 6, obs. J.-H. Robert* (abus de biens sociaux). ♦ ... Interdiction d'exercer la profession d'agent sportif. • Crim. 24 janv. 2006, n° 04-85.016 P : *Dr. pénal 2006. 55, obs. J.-H. Robert ; RSC 2006. 314, obs. Vermelle* (exercice illégal de l'activité d'agent sportif : art. 15-2 de la loi n° 84-610 du 16 juill. 1984). ♦ ... Interdiction d'encadrer des activités sportives et diffusion par voie de presse. • Crim. 13 juin 2006, n° 05-85.920 P : *AJ pénal 2006. 405* ; *Dr. pénal 2006. 140, obs. J.-H. Robert* (opposition aux fonctions des agents et médecins habilités en matière de lutte contre le dopage). ♦ ... Interdiction d'exercer la profession d'expert-comptable et de commissaire aux comptes pendant trois ans. • Crim. 6 déc. 2006 : *D. 2007. Pan. 1631, obs. Mascala* (abus de biens sociaux). ♦ ... Interdiction d'exercer la profession d'expert-comptable et de commissaire aux comptes pendant cinq ans. • Crim. 11 févr. 2009, n° 08-83.870 : *Gaz. Pal. 2009. 2. Somm. 3144, note Lasserre Capdeville* (exercice illégal de la profession de banquier). ♦ ... Faillite personnelle. • Crim. 23 sept. 2009, n° 08-88.228 : *D. 2010. Pan. 1668, obs. Mascala* (abus de biens sociaux). ♦ V. également *infra*, « affichage ou diffusion ». ♦ ... Communication à l'Ordre national des médecins de la décision de condamnation d'un médecin pour agressions sexuelles aggravées. • Crim. 25 mai 2016, n° 15-81.511 : *Gaz. Pal. 2016. 2280, obs. Detraz.*

4. Cassation (sans renvoi avec application de la règle de droit appropriée, conformément à l'art. L. 131-5 COJ) de l'arrêt qui prononce une peine complémentaire excédant le maximum prévu par la loi, et qui méconnaît ainsi l'art. 111-3 C. pén. et le principe selon lequel nul ne peut être puni d'une peine qui n'est pas prévue par la loi. ♦ ... Prévenu coupable de fraude fiscale, condamné à cinq ans d'interdiction d'exercer les fonctions d'expert-comptable et de commissaire aux comptes, alors que le maximum prévu par l'art. 1750 CGI réprimant le délit reproché est de 3 ans. • Crim. 18 oct. 2000, n° 00-80.628 P. ♦ ... Prévenus coupables de vols commis par des personnes chargées d'une mission de service public dans l'exercice de leurs fonctions, délit prévu par les art. 311-1 et 311-4 C. pén., condamnés à l'interdiction définitive d'exercer une fonction publique, alors que le maximum prévu par l'art. 311-14, 2°, C. pén., est de 5 ans. • Crim. 25 oct. 2000, n° 00-82.152 P. ♦ V. également, « Affichage ou diffusion », note 14 s.

5. Après avoir condamné la prévenue, pour meurtre d'un mineur de quinze ans, à une peine d'emprisonnement, la cour d'assises et le jury ont prononcé contre elle un suivi socio-judiciaire pendant trois années avec injonction de soins ; en prononçant ainsi une peine complémentaire qui n'est pas prévue pour le meurtre d'un mineur de quinze ans, la cour d'assises a méconnu les dispositions des art. 111-3, 131-10, 131-36-1, 221-8 et 221-9-1 C. pén. • Crim. 18 févr. 2004, n° 03-84.182 P : *AJ pénal 2004. 201 ; Gaz. Pal. 2004. 2. Somm. 3384, obs. Monnet ; RSC 2004. 868, obs. Vermelle*. ♦ Selon l'art. 112-1 C. pén., peuvent seules être prononcées les peines légalement applicables à la date à laquelle les faits constitutifs d'une infraction ont été commis ; méconnaît ce texte la cour d'assises qui, après avoir déclaré l'intéressé coupable de viols aggravés, le condamne notamment à huit ans de suivi socio-judiciaire, alors que cette peine complémentaire, introduite dans les art. 131-36-1 s. C. pén. par la loi n° 98-468 du 17 juin 1998, n'était pas légalement prévue à la date de la commission des faits. • Crim. 2 sept. 2004, n° 04-80.518 P : *D. 2006. Pan. 1651, obs. Roujou de Boubée ; RSC 2005. 67, obs. Fortis*. ♦ Nul ne peut être puni, pour un crime ou un délit, d'une peine qui n'est pas prévue par la loi ; cassation, pour méconnaissance de ce principe et des art. 111-3, 131-10 et 131-36-1 C. pén., de l'arrêt qui, après avoir condamné une personne coupable de violences mortelles en réunion à une peine d'emprisonnement, a prononcé contre lui un suivi socio-judiciaire pendant cinq années avec injonction de soins, prononçant ainsi une peine complémentaire qui n'est pas prévue pour les violences mortelles en réunion. • Crim. 2 sept. 2004, n° 04-82.182 P.

6. A méconnu l'art. 111-3 C. pén. la cour d'appel qui, après avoir déclaré les prévenus coupables du délit prévu par l'art. L. 335-3 CPI et de complicité de ce délit, ordonne la destruction des vidéogrammes contrefaits saisis, alors que l'art. L. 335-6 du code précité, qui réprime les délits définis tant par l'art. L. 335-3 que par l'art. L. 335-4, prévoit seulement la confiscation. • Crim. 19 avr. 2005, n° 04-83.879 P : *RSC 2005. 842, obs. Vermelle*.

7. Égalité. Sa qualité d'étranger n'exempte pas un prévenu des incapacités édictées par l'art. 42 C. pén. (nouvel art. 131-26) lorsque le délit retenu à sa charge a été commis sur le territoire français. • Crim. 22 janv. 1963, n° 62-92.644 P.

8. Cumul. Si l'art. 131-9, al. 1er, C. pén. interdit le prononcé cumulatif de l'emprisonnement avec une des peines privatives ou restrictives de droit prévues à l'art. 131-6 dudit code – au nombre desquelles figurent la suspension du permis *de conduire et le retrait du* permis de chasser – lorsqu'une telle peine est prononcée à titre de peine principale, il en va autrement, par application de l'art. 131-10 dudit code, lorsque lesdites sanctions constituent des peines complémentaires prévues par la loi. • Crim. 9 nov. 1994, n° 94-80.722 P : *Dr. pénal 1995. 96, obs. J.-H. Robert ; RSC 1995. 572, obs. Bouloc*.

9. Application dans le temps. Sur l'application dans le temps des lois édictant des peines complémentaires, V. ss. art. 112-1.

B. SPÉCIFICITÉS

1° INTERDICTION, DÉCHÉANCE, INCAPACITÉ OU RETRAIT D'UN DROIT

10. Permis de conduire. Si la cour d'appel n'a pas répondu au moyen tiré du défaut de conformité de l'art. L. 13, al. 2, C. route à l'art. 6 Conv. EDH, une telle omission ne saurait donner lieu à cassation dès lors que la faculté pour le juge d'ordonner l'exécution provisoire d'une suspension du permis de conduire n'est pas incompatible avec les dispositions conventionnelles invoquées, qui n'interdisent pas le prononcé d'une mesure de protection, après déclaration de culpabilité. • Crim. 14 mai 1996, n° 95-84.123 P. ♦ L'exécution provisoire des peines complémentaires de suspension ou d'annulation du permis de conduire n'est pas incompatible avec les dispositions de l'art. 6, § 2, Conv. EDH, posant en principe la présomption d'innocence de toute personne accusée d'une infraction, dès lors que cette mesure, ordonnée en application de l'art. L. 13, al. 2, C. route, s'attache à une peine prononcée par la juridiction répressive après que celle-ci a décidé que la culpabilité du prévenu est légalement établie. • Crim. 10 juill. 1996, n° 95-85.785 P.

11. Permis de chasser. V. ss. art. 131-16.

2° CONFISCATION (ANCIEN ART. 11)

12. Nature juridique. Classée au nombre des peines par l'art. 11 C. pén. • Crim. 6 juin 1850 : *S. 1850. 1. 815* • 12 juill. 1860 : *ibid. 1860. 1. 1017.* ♦ ... La confiscation ne peut être assimilée à des dommages-intérêts, et ne rentre pas dans la classe des condamnations dont on est civilement responsable sur le fait d'autrui. • Crim. 6 juin 1850 : *préc.* ♦ ... A moins qu'elle ne présente le caractère d'une réparation civile, au profit exclusif de la victime de l'infraction. • Crim. 6 nov. 1969, n° 68-91.670 P : *JCP 1970. II. 16348, note H. Delpech.*

13. Détermination des objets confisqués. Dès lors que la feuille de question porte que « la cour et le jury, après en avoir délibéré dans les conditions prévues par l'art. 362 C. pr. pén. et avoir voté à la majorité requise par ce texte ..., ordonnent, par délibération spéciale, la confiscation des choses qui ont servi ou étaient destinées à commettre les infractions », une telle mention est suffisante pour identifier les objets dont la confiscation est ordonnée, sans qu'il soit besoin de spécifier à qui ils appartiennent, le visa de l'art. 362 impliquant, par ailleurs, qu'il a été voté sur ce point au scrutin secret et que le vote a été acquis à la majorité absolue. • Crim. 17 déc. 1997, ⚖ n° 97-81.318 P.

3° AFFICHAGE OU DIFFUSION (ANCIENS ART. 51 et 51-1)

14. Affichage ou diffusion-sanction. L'affichage et la publication d'une décision de justice constituent des sanctions pénales étrangères aux prévisions des art. 3 et 8, § 1, Conv. EDH. • Crim. 26 mars 1990, ⚖ n° 89-82.637 P • 29 mai 1990 : *Dr. pénal 1990. 293.*

15. Les juridictions répressives ne peuvent ordonner la publication et l'affichage de leurs décisions à titre de peines qu'en vertu d'une disposition formelle de la loi. • Crim. 24 janv. 1995, ⚖ n° 93-84.701 P : *RSC 1996. 115, obs. Bouloc* .

16. Doivent être annulées, par voie de retranchement et sans renvoi, les dispositions d'un arrêt qui prononce la peine complémentaire de l'affichage et/ou de la publication de la décision de condamnation, alors que cette peine n'est pas prévue par la loi. • Crim. 19 juin 1979, ⚖ n° 78-93.477 P • 9 nov. 1993, ⚖ n° 90-83.272 P : *RSC 1994. 551, obs. Bouloc* • 18 oct. 1995 : ⚖ *Dr. pénal 1996. 44 ; Gaz. Pal. 1996. 1. Somm. 275* • 5 déc. 1995, ⚖ n° 95-85.119 P : *RSC 1996. 649, obs. Bouloc* • 6 févr. 2001 : ⚖ *Dr. pénal 2001. 78, obs. J.-H. Robert* [publicité mensongère : affichage de la décision de condamnation, alors que seule est prévue sa publication ou la diffusion d'annonces rectificatives (C. consom., art. L. 121-4)] • Crim. 22 mai 1986, ⚖ n° 85-91.861 P • 12 mai 1992 : ⚖ *Dr. pénal 1992. 250* (homicide et blessures involontaires) • Crim. 12 juin 1989, ⚖ n° 89-81.609 P (escroquerie, faux et usage de faux) • Crim. 24 janv. 1995 : ⚖ *préc.* (diffamation publique envers un citoyen chargé d'un mandat public) • Crim. 12 oct. 1999, ⚖ n° 98-85.889 P (démarchage à domicile) • Crim. 3 nov. 2015, ⚖ n° 13-82.645 P : *D. actu. 18 nov. 2015, obs. Lavric ; AJ pénal 2016. 145, obs. Royer* (diffamation envers un particulier).

17. A violé le principe de légalité des peines la cour d'appel qui, après avoir condamné le prévenu pour travail clandestin, a ordonné l'affichage de la décision ainsi que sa publication par voie de presse en application de l'art. L. 362-4, 4°, C. trav., alors que ce texte ne prévoit que l'affichage « ou » la diffusion de la décision, dans les conditions prévues par l'art. 131-35 C. pén. • Crim. 13 mai 1997, ⚖ n° 97-80.772 P : *Dr. pénal 1997. 146, obs. J.-H. Robert ; RSC 1998. 97, obs. Bouloc* . ♦ Aux termes de l'art. 111-3, al. 2, C. pén., nul ne peut être puni d'une peine qui n'est pas prévue par la loi ; a méconnu ce principe la cour d'appel qui, après avoir déclaré les prévenus coupables d'homicide involontaire, a ordonné l'affichage de la décision ainsi que sa publication par voie de presse en application de l'art. 221-10 C. pén., alors que ce texte prévoit l'affichage ou la publication de la décision. • Crim. 12 sept. 2000, ⚖ n° 99-88.011 P.

18. Les juges ne sauraient prononcer une peine d'une durée supérieure à celle fixée par la loi ; cassation sans renvoi, avec application de la règle de droit appropriée (COJ, art. L. 131-5), de l'arrêt qui, après avoir déclaré le prévenu coupable de tromperie, prononce une peine d'affichage de la décision de condamnation pour une durée supérieure à celle prévue par l'art. L. 216-3 C. consom. (7 jours). • Crim. 30 oct. 1995, ⚖ n° 95-80.361 P : *Dr. pénal 1996. 62, obs. J.-H. Robert* • 28 sept. 1999 : ⚖ *Dr. pénal 2000. 34, obs. J.-H. Robert.*

19. Les juges ne peuvent, sans excéder leurs pouvoirs, prononcer d'autres peines ou mesures que celles prévues par la loi ; l'art. L. 480-5, al. 2, C. urb., selon lequel, en cas de condamnation pour une infraction prévue aux art. L. 160-1 et L. 480-4 (construction sans permis ou non conforme), les juges peuvent ordonner la publication de tout ou partie de la décision, exige que les journaux dans lesquels cette publication est ordonnée soient des journaux régionaux ou locaux diffusés dans tout le département ; en conséquence, encourt la censure la cour d'appel qui ordonne la publication dans un quotidien national. • Crim. 3 nov. 2004, ⚖ n° 04-82.713 P • 8 févr. 2005 : ⚖ *Dr. pénal 2005, comm. 40 et 76, obs. J.-H. Robert ; RSC 2005. 859, obs. J.-H. Robert* .

20. Aux termes de l'art. 111-3, al. 2, C. pén., nul ne peut être puni d'une peine qui n'est pas prévue par la loi ; par l'arrêt attaqué, la cour d'appel, après avoir condamné le prévenu pour infractions à la législation sur les installations classées, a ordonné l'affichage de la décision ainsi que sa publication par voie de presse en application de l'art. L. 514-14 C. envir. ; en se prononçant ainsi, alors que ce dernier texte ne prévoit que l'affichage « ou » la diffusion de la décision, dans les conditions prévues par l'art. 131-35 C. pén., l'arrêt encourt la cassation. • Crim. 8 févr. 2005 : ⚖ *Dr. pénal 2005. 89, obs. J.-H. Robert.*

21. L'art. L. 216-3 C. consom. autorisant les juges, qui prononcent une condamnation du chef de tromperie, à ordonner l'affichage intégral de la décision, ils ne sont pas tenus, lorsqu'ils en ordonnent l'affichage par extraits, de le restreindre aux seuls chefs de condamnation pour lesquels cette peine complémentaire est prévue. • Crim. 7 nov. 2006, ⚖ n° 06-81.087 P : *AJ pénal 2007. 83* *; Dr. pénal 2007. 10, obs. J.-H. Robert ; RSC 2007. 102, obs. Ambroise-Castérot* .

22. Affichage ou diffusion-réparation. S'il est vrai que les tribunaux répressifs ne peuvent prononcer légalement contre le condamné les peines complémentaires de l'affichage et de la publication de la décision qu'autant qu'un texte formel les y autorise, la cassation n'est pas encourue dans le cas où ces mesures ont été ordonnées à titre de réparation et sur la demande d'une partie civile. • Crim. 16 mars 1978, n° 76-93.516 P (entrave) • 4 févr. 1986, n° 84-95.402 P (entrave) • 15 janv. 1991, n° 90-83.538 P : *D. 1992. Somm. 100, obs. Pradel* (presse) • 4 avr. 2006, n° 05-82.455 P : *Gaz. Pal. 2006. 2. Somm. 4125, note Monnet* (exercice illégal de la pharmacie). ♦ ... Lesdites mesures seraient-elles insérées par erreur dans la partie du dispositif relative à l'action publique. • Crim. 16 mars 1978 : *préc.* • Crim. 4 avr. 2006 : *préc.* ♦ Le prévenu de diffamation par voie audiovisuelle ne saurait se faire un grief de ce que la cour d'appel a ordonné la lecture d'un communiqué sur les ondes de la radio, toutes les deux heures pendant vingt-quatre heures, dans le mois suivant la date à laquelle l'arrêt sera devenu définitif dès lors que, si les juridictions répressives ne peuvent ordonner la publication de leurs décisions à titre de peine qu'en vertu d'une disposition expresse de la loi, elles peuvent la prescrire à titre de réparation sur la demande de la partie civile ; cette réparation, qui est prescrite selon des modalités adaptées aux exigences du support technique concerné par la publication, n'est pas contraire aux dispositions de la Convention européenne des droits de l'homme. • Crim. 8 juin 1999, n° 98-84.175 P : *Dr. pénal 1999. 141, obs. Véron ; RSC 2000. 194, obs. Bouloc*.

23. Les juges du fond apprécient souverainement si la réparation de l'infraction doit être ordonnée sous la forme d'une publication de leur décision. • Crim. 9 avr. 1976, n° 75-92.623 P.

24. La durée de l'affichage et ses modalités doivent être précisées, car un affichage pour une date indéterminée ne répondrait pas à la réparation d'un préjudice précis. • Crim. 18 déc. 1952 : *Bull. crim. n° 314* • 13 mai 1954 : *ibid. n° 180* • 27 déc. 1956, n° 2-40.955 P.

25. La réparation du dommage causé par une infraction doit être intégrale, sans qu'il en résulte pour la victime ni perte ni profit ; les juges qui ordonnent la publication d'une décision, à la demande de dommages-intérêts formée par la victime d'une diffamation, sont tenus de préciser le coût maximum de l'insertion, lorsque celle-ci est effectuée dans un journal autre que celui par lequel les imputations diffamatoires ont été rendues publiques et dont le responsable a été condamné. • Crim. 22 nov. 1994, n° 93-82.618 P.

Art. 131-11 **Lorsqu'un délit est puni d'une ou de plusieurs des peines complémentaires mentionnées à l'article 131-10, la juridiction peut ne prononcer que la peine complémentaire ou l'une ou plusieurs des peines complémentaires encourues à titre de peine principale.**

(L. n° 2004-204 du 9 mars 2004, art. 44-IX, en vigueur le 1er oct. 2004) **« La juridiction peut alors fixer la durée maximum de l'emprisonnement ou le montant maximum de l'amende dont le juge de l'application des peines pourra ordonner la mise à exécution en tout ou partie, dans des conditions prévues par l'article 712-6 du code de procédure pénale, en cas de violation par le condamné des obligations ou interdictions résultant des peines prononcées en application des dispositions du présent article. Le président de la juridiction en avertit le condamné après le prononcé de la décision. L'emprisonnement ou l'amende que fixe la juridiction ne peuvent excéder les peines encourues pour le délit pour lequel la condamnation est prononcée, ni celles prévues par l'article 434-41 du présent code. Lorsqu'il est fait application des dispositions du présent alinéa, les dispositions de l'article 434-41 ne sont pas applicables. »**

Corresp. : *C. pén., ancien art. 43-1.*

BIBL. ▶ DECOCQ, *RSC 1976. 5.* – J. ROBERT, *JCP 1975. I. 2729, nos 5 à 14.* – PRADEL, *D. 1976. Chron. 63, nos 16 à 32.* – CAMBASSÉDÈS, *JCP 1980. I. 2977.* – LARGUIER, *RSC 1981. 601.* – FRANCILLON et SALVAGE, *JCP 1984. I. 3133.* – LORHO, *RSC 1991. 53*. – VITU, *RSC 1991. 331*.

▶ De la peine de substitution à la peine de réparation ? : *Dr. pénal 1990, n° spécial 8-9.*

1. Notion de peine complémentaire. La mise en conformité des lieux ou des ouvrages, la démolition de ces derniers ou la réaffectation du sol, prévues par l'art. L. 480-5 C. urb., qui peuvent être ordonnées en cas de condamnation pour une infraction prévue par les art. L. 160-1 et L. 480-4 dudit code, constituent des mesures à *caractère réel destinées à faire cesser une situation illicite*, et non des sanctions pénales ; elles ne peuvent, dès lors, être prononcées à titre de peine principale en application de l'art. 43-1 C. pén. • Crim. 8 juin 1989, n° 88-86.756 P • 22 nov. 1990 : *Dr. pénal 1991. 100.* ♦ Pour une formulation un peu différente : • Crim. 31 mai 1988, n° 87-90.661 P : *RSC 1989. 134, obs. Boulan ; ibid. 313, obs. Vitu.*

2. Il résulte de l'art. 131-11 C. pén. que seules les peines complémentaires peuvent être prononcées à titre principal ; la mise en conformité des lieux ou des ouvrages, la démolition de ces derniers ou la réaffectation du sol, prévues par l'art. L. 480-5 C. urb., constituent des mesures à caractère réel destinées à faire cesser une situation illicite, et non des sanctions pénales ; dès lors, doit être cassé l'arrêt qui prononce une de ces mesures à titre de peine principale. • Crim. 20 mars

2001, n° 00-84.968 P : *Dr. pénal 2001. 105, obs. J.-H. Robert ; RSC 2001. 803, obs. Bouloc, et 818, obs. J.-H. Robert* • 2 oct. 2007, n° 06-85.363 : *Dr. pénal 2007. 162, obs. Robert* • 30 oct. 2007, n° 07-80.003 : *ibid. 2008. 4 (4e esp.), obs. Véron* • 6 nov. 2012, n° 12-82.449 P : *D. actu. 27 nov. 2012, obs. Martineau ; JCP 2013. 144, note Dreyer ; Dr. pénal 2013, comm. 8 ; Gaz. Pal. 2013. 1. 454, obs. Detraz ; RSC 2013. 368, obs. Robert*. ♦ *Contra* : la mise en conformité des lieux ou des ouvrages, la démolition de ces derniers ou la réaffectation du sol, prévues par l'art. L. 480-5 C. urb., doivent bien être considérées comme constituant (...) des sanctions pénales, susceptibles d'être prononcées à titre de peine principale. • Bourges, 2 mai 2013 : *JCP 2013, n° 1101, note Leroy* (sur renvoi de • Crim. 6 nov. 2012 : *préc.*).

3. La publication de la décision, prononcée en vertu du deuxième alinéa de l'art. L. 480-5 C. urb., constitue, ainsi que le prévoient les art. 131-10 et 131-11 C. pén., une peine complémentaire qui peut être infligée à titre de peine principale. • Crim. 30 oct. 2007 : *Dr. pénal 2008. 12, obs. J.-H. Robert.*

4. Légalité des peines complémentaires. Selon l'art. 111-3 C. pén., nul ne peut être puni d'une peine qui n'est pas prévue par la loi ; encourt, dès lors, la cassation, limitée aux seules dispositions relatives à la peine, l'arrêt d'une cour d'appel qui, après avoir déclaré le prévenu coupable d'outrage à magistrat, délit prévu par l'art. 434-24 C. pén., le condamne à trois ans d'interdiction des droits civiques, civils et de famille, alors que, d'une part, l'art. 434-44 de ce code, qui énumère les délits passibles de la peine complémentaire de l'interdiction des droits civiques, civils et de famille, ne mentionne pas le délit d'outrage à magistrat, en sorte que cette peine ne pouvait être prononcée en application de l'art. 131-11 du même code, et que, d'autre part, cette mesure ne figure pas au nombre des peines privatives ou restrictives de droit énumérées à l'art. 131-6 du code susvisé et pouvant être prononcées à la place de l'emprisonnement ou de l'amende. • Crim. 13 avr. 2010, n° 09-84.583 P : *D. 2010. Actu. 1285 ; AJ pénal 2010. 395, obs. Perrier*.

5. Interdiction du territoire. Pour une interdiction du territoire français prononcée à titre de peine principale dans des poursuites du chef d'aide à l'entrée, à la circulation ou au séjour irréguliers d'un étranger en France (Ord. n° 45-2658 du 2 nov. 1945, art. 21). • Paris, 3 juill. 1998 : *Dr. pénal 1999. 3, obs. Véron.*

SOUS-SECTION 4 DES PEINES CONTRAVENTIONNELLES

RÉP. PÉN. v° *Contravention*, par COURTIN.

Art. 131-12 Les peines contraventionnelles encourues par les personnes physiques sont :

1° L'amende ;

2° Les peines privatives ou restrictives de droits prévues à l'article 131-14 ;

(L. n° 2007-297 du 5 mars 2007, art. 64) « 3° La peine de sanction-réparation prévue par l'article 131-15-1. »

Ces peines ne sont pas exclusives d'une ou de plusieurs des peines complémentaires prévues aux articles 131-16 et 131-17.

Corresp. : *C. pén., anciens art. 464 à 471.*

1. Suppression de la peine d'emprisonnement. Il résulte, tant de l'art. 464, modifié par la L. du 19 juill. 1993 et entrée en vigueur le 20 juill. 1993, que de l'art. L. 131-12 C. pén. entré en vigueur le 1er mars 1994, que l'emprisonnement a disparu de la nomenclature des peines contraventionnelles, la contravention de coups ou violences volontaires n'ayant pas échappé à cette règle. • Crim. 7 avr. 1994, n° 93-82.106 P.

2. Encourt la cassation l'arrêt qui, pour contravention de coups ou violences volontaires commise le 13 janv. 1993, prononce une peine d'emprisonnement alors qu'au moment de son prononcé cette peine avait été supprimée par la L. du 19 juill. 1993. • Crim. 14 déc. 1994, n° 94-83.064 P : *RSC 1995. 568, obs. Bouloc*. ♦ V. également ss. art. R. 625-1.

3. Encourt la cassation l'arrêt qui prononce une peine d'emprisonnement pour une contravention de violences volontaires commise en Polynésie, alors qu'il résulte de l'art. 131-12 C. pén., applicable dans les territoires d'outre-mer en vertu de l'art. 711-1 dudit code, entré en vigueur le 1er mars 1996, que seules peuvent être prononcées en matière contraventionnelle les peines d'amende ainsi que les peines restrictives des droits prévus à l'art. 131-14. • Crim. 6 janv. 1998, n° 97-84.790 P.

4. Nul ne peut être puni d'une peine qui n'est pas prévue par la loi ou le règlement ; méconnaît les art. L. 19 et R. 241-2 C. route, et les art. 111-3, al. 2, et 131-12 s. C. pén., la cour d'appel qui, pour condamner un prévenu du chef de « conduite d'un véhicule malgré l'annulation du permis de conduire » à deux mois d'emprisonnement, retient que le permis de conduire a été annulé pour perte totale des points, par arrêté du préfet, décision qui a été régulièrement notifiée au prévenu, alors que le fait de conduire un véhicule malgré l'invalidation du permis de conduire résultant de la perte totale des points n'est pas réprimé par l'art. L. 19 C. route, mais constitue la contravention de conduite sans permis, prévue et punie par les art. R. 241-2 C. route et 131-12 s. C. pén., lesquels n'édictent pas, pour la répression de cette contravention, de peine d'emprisonnement. • Crim. 6 mai 1998, n° 97-85.201 P.

5. Sur les conséquences de la suppression de la peine contraventionnelle d'emprisonnement en matière de chasse. • Crim. 25 janv. 1995 : *RSC 1996. 381, obs. J.-H. Robert* • 10 mai 1995, n° 94-83.512 P : *ibid.*

Art. 131-13 *(L. n° 2005-47 du 26 janv. 2005, art. 9-II, en vigueur le 1er avr. 2005)* **« Constituent des contraventions les infractions que la loi punit d'une amende n'excédant pas 3 000 €. »**

Le montant de l'amende est le suivant :

1° 38 € au plus pour les contraventions de la 1re classe ;

2° 150 € au plus pour les contraventions de la 2e classe ;

3° 450 € au plus pour les contraventions de la 3e classe ;

4° 750 € au plus pour les contraventions de la 4e classe ;

5° 1 500 € au plus pour les contraventions de la 5e classe, montant qui peut être porté à 3000 € en cas de récidive lorsque le règlement le prévoit *(L. n° 2003-495 du 12 juin 2003, art. 4)* **« , hors les cas où la loi prévoit que la récidive de la contravention constitue un délit ».**

V. art. R. 610-1 et R. 610-3 s.

Sur les peines d'amende et le passage à l'euro, V. Circ. n° 98-18 du 24 déc. 1998 (JCP 1999. III. 20031).

1. Légalité. Encourt la cassation l'arrêt qui prononce une peine dépassant le maximum prévu par la loi ; il en est ainsi d'une décision qui, dans une poursuite pour des contraventions de troisième classe aux prescriptions de la législation de sécurité sociale, condamne le prévenu à 3 amendes de 5 000 F chacune, alors que le maximum de la peine applicable, tel qu'il résulte des dispositions de l'art. 131-13, 3°, C. pén., est de 3 000 F. • Crim. 16 déc. 1998, n° 97-86.288 P.

2. Nul ne peut être puni d'une peine qui n'est pas prévue par la loi ; après avoir déclaré la prévenue coupable de divagation d'animaux dangereux, l'arrêt attaqué l'a condamnée, pour la contravention prévue par l'art. R. 622-2 C. pén., à 200 € d'amende ; en prononçant ainsi une peine excédant le maximum prévu par l'art. 131-13, 2°, C. pén. réprimant les contraventions de deuxième classe, la cour d'appel a méconnu le texte susvisé et le principe ci-dessus rappelé. • Crim. 26 sept. 2007 : *Dr. pénal 2008. 4 (1re esp.), obs. Véron.*

3. Le montant de l'amende encourue par le représentant légal de la personne morale titulaire du certificat d'immatriculation, pour les contraventions à la réglementation sur les vitesses maximales autorisées est celui défini par les art. R. 413-14 C. route et 131-13 C. pén. ; encourt la cassation l'arrêt qui condamne le représentant légal à une peine d'amende encourue, en application de l'art. 131-41 C. pén., par les seules personnes morales. • Crim. 12 mai 2010, n° 10-80.031 P : *D. 2010. 2693, note Bonfils et Céré.*

Art. 131-14 **Pour toutes les contraventions de la 5e classe, une ou plusieurs des peines privatives ou restrictives de droits suivantes peuvent être prononcées :** — *Pén. 434-41.*

1° La suspension, pour une durée d'un an au plus, du permis de conduire, cette suspension pouvant être limitée à la conduite en dehors de l'activité professionnelle *(L. n° 2003-495 du 12 juin 2003, art. 5)* **« ; cette limitation n'est toutefois pas possible en cas de contravention pour laquelle la suspension du permis de conduire, encourue à titre de peine complémentaire, ne peut pas être limitée à la conduite en dehors de l'activité professionnelle » ;**

2° L'immobilisation, pour une durée de six mois au plus, d'un ou de plusieurs véhicules appartenant au condamné ;

3° La confiscation d'une ou de plusieurs armes dont le condamné est propriétaire ou dont il a la libre disposition ;

4° Le retrait du permis de chasser, avec interdiction de solliciter la délivrance d'un nouveau permis pendant un an au plus ;

5° L'interdiction, pour une durée d'un an au plus, d'émettre des chèques autres que ceux qui permettent le retrait de fonds par le tireur auprès du tiré ou ceux qui sont certifiés et d'utiliser des cartes de paiement ; — *Pén. 131-19 s.*

6° La confiscation de la chose qui a servi ou était destinée à commettre l'infraction ou de la chose qui en est le produit. Toutefois, cette confiscation ne peut pas être prononcée en matière de délit de presse. — *Pén. 131-21.*

Art. 131-15 La peine d'amende ne peut être prononcée cumulativement avec une des peines privatives ou restrictives de droits énumérées à l'article 131-14.

Les peines privatives ou restrictives de droits énumérées à cet article peuvent être prononcées cumulativement.

Art. 131-15-1 *(L. n° 2007-297 du 5 mars 2007, art. 64)* Pour toutes les contraventions de la cinquième classe, la juridiction peut prononcer à la place ou en même temps que la peine d'amende la peine de sanction-réparation selon les modalités prévues par l'article 131-8-1.

Dans ce cas, la juridiction fixe le montant maximum de l'amende, qui ne peut excéder 1 500 €, dont le juge de l'application des peines pourra ordonner la mise à exécution en tout ou partie dans les conditions prévues par l'article 712-6 du code de procédure pénale si le condamné ne respecte pas l'obligation de réparation.

Art. 131-16 Le règlement qui réprime une contravention peut prévoir, lorsque le coupable est une personne physique, une ou plusieurs des peines complémentaires suivantes :

1° La suspension, pour une durée de trois ans au plus, du permis de conduire, cette suspension pouvant être limitée à la conduite en dehors de l'activité professionnelle *(L. n° 2003-495 du 12 juin 2003, art. 5)* « , sauf si le règlement exclut expressément cette limitation » ;

2° L'interdiction de détenir ou de porter, pour une durée de trois ans au plus, une arme soumise à autorisation ;

3° La confiscation d'une ou de plusieurs armes dont le condamné est propriétaire ou dont il a la libre disposition ;

4° Le retrait du permis de chasser, avec interdiction de solliciter la délivrance d'un nouveau permis pendant trois ans au plus ;

5° La confiscation de la chose qui a servi ou était destinée à commettre l'infraction ou de la chose qui en est le produit ;

(L. n° 2003-495 du 12 juin 2003, art. 6) « 6° L'interdiction de conduire certains véhicules terrestres à moteur, y compris ceux pour la conduite desquels le permis de conduire n'est pas exigé, pour une durée de trois ans au plus ; »

(L. n° 2019-222 du 23 mars 2019, art. 71-VI et 109-XIX, en vigueur le 24 mars 2020) « 7° Les peines de stage prévues à l'article 131-5-1 ;

« 8° La confiscation de l'animal ayant été utilisé pour commettre l'infraction ou à l'encontre duquel l'infraction a été commise ;

« 9° L'interdiction, pour une durée de trois ans au plus, de détenir un animal ;

« 10° Le retrait pour une durée d'un an au plus des titres de conduite en mer des navires de plaisance à moteur et, à l'encontre de toute personne embarquée sur un navire étranger, l'interdiction pour un an au plus de pratiquer la navigation dans les eaux territoriales ou les eaux intérieures maritimes françaises. »

Ancien art. 131-16 *Le règlement qui réprime une contravention peut prévoir, lorsque le coupable est une personne physique, une ou plusieurs des peines complémentaires suivantes :* — Pén. 434-41.

1° La suspension, pour une durée de trois ans au plus, du permis de conduire, cette suspension pouvant être limitée à la conduite en dehors de l'activité professionnelle (L. n° 2003-495 du 12 juin 2003, art. 5) *« , sauf si le règlement exclut expressément cette limitation » ;*

2° L'interdiction de détenir ou de porter, pour une durée de trois ans au plus, une arme soumise à autorisation ;

3° La confiscation d'une ou de plusieurs armes dont le condamné est propriétaire ou dont il a la libre disposition ;

4° Le retrait du permis de chasser, avec interdiction de solliciter la délivrance d'un nouveau permis pendant trois ans au plus ;

5° La confiscation de la chose qui a servi ou était destinée à commettre l'infraction ou de la chose qui en est le produit ; — Pén. 131-21.

(L. n° 2003-495 du 12 juin 2003, art. 6) *« 6° L'interdiction de conduire certains véhicules terrestres à moteur, y compris ceux pour la conduite desquels le permis de conduire n'est pas exigé, pour une durée de trois ans au plus ;*

« 7° L'obligation d'accomplir, à ses frais, un stage de sensibilisation à la sécurité routière ; »

(L. n° 2004-204 du 9 mars 2004, art. 44-III, en vigueur le 1er oct. 2004) *« 8° L'obligation d'accomplir, le cas échéant à ses frais, un stage de citoyenneté ; »*

(L. n° 2007-297 du 5 mars 2007, art. 65 et 25) *« 9° L'obligation d'accomplir, à ses frais, un stage de responsabilité parentale, selon les modalités fixées à l'article 131-35-1 ; »*

(L. n° 2016-444 du 13 avr. 2016, art. 21) *« 9° bis L'obligation d'accomplir, le cas échéant à ses frais, un stage de sensibilisation à la lutte contre l'achat d'actes sexuels ; »*

(L. n° 2018-703 du 3 août 2018, art. 15) *« 9° ter L'obligation d'accomplir, le cas échéant à ses frais, un stage de lutte contre le sexisme et de sensibilisation à l'égalité entre les femmes et les hommes ; »*

(L. n° 2007-297 du 5 mars 2007, art. 65 et 25) *« 10° La confiscation de l'animal ayant été utilisé pour commettre l'infraction ou à l'encontre duquel l'infraction a été commise ;*

« 11° L'interdiction, pour une durée de trois ans au plus, de détenir un animal ; »

(Ord. n° 2012-1218 du 2 nov. 2012, art. 13) *« 12° Le retrait pour une durée d'un an au plus des titres de conduite en mer des navires de plaisance à moteur et, à l'encontre de toute personne embarquée sur un navire étranger, l'interdiction pour un an au plus de pratiquer la navigation dans les eaux territoriales ou les eaux intérieures maritimes françaises. »*

RÉP. PÉN. v° *Peines complémentaires*, par BEZIZ-AYACHE.

BIBL. ▶ LAVAUD-LEGENDRE, *RSC 2016. 725* (quand le législateur se veut pédagogue... Retour sur les objectifs de la loi de lutte contre le système prostitutionnel). – CLAVERIE-ROUSSET, *Dr. pénal 2018. Étude 23* (commentaire des principales dispositions de la L. n° 2018-703 du 3 août 2018 renforçant la lutte contre les violences sexuelles ou sexistes). – SAENKO et DETRAZ, *D. 2018. Chron. 2031* (la L. n° 2018-703 du 3 août 2018 renforçant la lutte contre les violences sexuelles et sexistes : les femmes et les enfants d'abord !).

1. Principe de non-cumul des peines. Le décret n° 2004-1330 du 6 déc. 2004 a notamment pour objet d'ajouter au code de la route un art. R. 413-14-1 qui punit de l'amende prévue pour les contraventions de 5e classe le fait pour tout conducteur d'un véhicule à moteur de dépasser de 50 km/h ou plus la vitesse maximale autorisée, fixe la liste des peines complémentaires également encourues et prévoit que cette contravention donne lieu de plein droit à la réduction de six points du permis de conduire ; ... la sanction d'un retrait de six points et les effets qui s'y attachent pour les titulaires d'un permis probatoire ne sont pas disproportionnés compte tenu d'une part, de la situation particulière dans laquelle se trouvent les nouveaux titulaires du permis et notamment, des risques que, du fait de leur inexpérience, ils encourent pour eux-mêmes ou font courir à autrui et, d'autre part, de l'extrême gravité de l'infraction visée par le décret ; le principe de non-cumul des peines ne fait pas obstacle à ce qu'un même agissement puisse donner lieu, dans le respect du principe de proportionnalité appréhendé en fonction des circonstances propres à chaque affaire, au prononcé, non seulement d'une peine principale mais également d'une ou plusieurs peines complémentaires répondant à la prise en compte du particularisme de certains comportements délictueux ; ce principe ne s'oppose pas non plus à ce que puissent être infligées à raison des mêmes faits des sanctions distinctes dès lors que celles-ci visent à assurer le respect de réglementations distinctes ou à protéger des intérêts spécifiques ; le décret réprime l'infraction qu'il vise, en sus de l'amende prévue pour les contraventions de la 5e classe, d'une ou plusieurs des peines complémentaires prévues aux 1°, 5°, 6°, et 7° de l'art. 131-16 C. pén., et enfin de la sanction administrative de réduction de six points du permis de conduire ; en raison des justifications propres, tant aux peines complémentaires ainsi envisagées que de *(sic)* la sanction administrative applicable, les dispositions du décret ne sont pas contraires aux exigences qui découlent du principe de non-cumul des peines telle que sa portée a été définie ci-dessus. • CE 16 déc. 2005, n° 276190 : *JCP 2006. IV. 1127.*

2. Retrait du permis de chasser (art. 131-16-4°). Sur la compatibilité des dispositions de l'art. 131-16 C. pén. et de l'art. L. 228-21 C. rur., relatives à la peine complémentaire du retrait du permis de chasser. • Crim. 1er juin 1999, n° 98-85.520 P : *Dr. pénal 1999. 113, obs. J.-H. Robert.*

3. Stage de citoyenneté (art. 131-16-8°). Aux termes de l'art. 131-5-1 C. pén., la peine de stage de citoyenneté ne peut être prononcée contre le prévenu qui la refuse ou n'est pas présent à l'audience ; pour condamner la prévenue, non comparante à l'audience mais représentée par un avocat muni d'un pouvoir, déclarée coupable de la contravention de dissimulation du visage dans l'espace public (L. n° 2010-1192 du 11 oct. 2010), à accomplir un stage de citoyenneté, le jugement énonce que la présence de la prévenue n'est exigée que lorsque cette peine est prononcée en matière correctionnelle, l'art. 131-16, 8°, C. pén., applicable en matière contraventionnelle, n'imposant pas la présence de la prévenue à l'audience ; en statuant ainsi, alors qu'elle ne pouvait, en l'absence de la prévenue, condamner celle-ci à accomplir un stage de citoyenneté, fût-ce pour une contravention, la juridiction de proximité a méconnu le texte susvisé ; d'où il suit que la cassation est encourue de ce chef. • Crim. 5 mars 2013, n° 12-80.891 P : *D. 2013. Actu. 710 ; AJ pénal 2013. 400, obs. de Combles de Nayves ; Dr. pénal 2013, Comm. 72, obs. Véron ; Gaz. Pal. 2013. 1. 1732, obs. Detraz.*

Art. 131-17 **Le règlement qui réprime une contravention de la cinquième classe peut en outre prévoir la peine complémentaire d'interdiction, pour une durée de trois ans au plus, d'émettre des chèques autres que ceux qui permettent le retrait de fonds par le tireur auprès du tiré ou ceux qui sont certifiés.** — *Pén. 131-19 s.*

Le règlement qui réprime une contravention de la cinquième classe peut également prévoir, à titre de peine complémentaire, la peine de travail d'intérêt général pour une durée de vingt à cent vingt heures. — *Pén. 131-22 s., 434-41.*

RÉP. PÉN. v° *Peines complémentaires*, par BEZIZ-AYACHE.

Art. 131-18 **Lorsqu'une contravention est punie d'une ou de plusieurs des peines complémentaires mentionnées aux articles 131-16 et 131-17, la juridiction peut ne prononcer que la peine complémentaire ou l'une ou plusieurs des peines complémentaires encourues.**

Application dans le temps. Une loi nouvelle édictant des pénalités moins sévères doit être appliquée aux faits commis antérieurement ; la peine complémentaire de suspension du permis de conduire ayant été supprimée pour la contravention de conduite sous l'empire d'un état alcoolique (C. route, art. R. 233-5), par l'art. 3 du décret du 29 août 1995, entré en vigueur le 15 sept. 1995, doit, dès lors, être annulé l'arrêt, rendu postérieurement et qui prononce une telle peine, en application de l'art. 131-18 C. pén. • Crim. 20 mars 1996, n° 95-85.596 P.

SOUS-SECTION 5 DU CONTENU ET DES MODALITÉS D'APPLICATION DE CERTAINES PEINES

Art. 131-19 **L'interdiction d'émettre des chèques emporte pour le condamné injonction d'avoir à restituer au banquier qui les avait délivrées les formules en sa possession et en celle de ses mandataires.**

Lorsque cette interdiction est encourue à titre de peine complémentaire pour un crime ou un délit, elle ne peut excéder une durée de cinq ans.

RÉP. PÉN. v° *Chèque et carte de paiement*, par JEANDIDIER.

Art. 131-20 **L'interdiction d'utiliser des cartes de paiement comporte pour le condamné injonction d'avoir à restituer au banquier qui les avait délivrées les cartes en sa possession et en celle de ses mandataires.**

Lorsque cette interdiction est encourue à titre de peine complémentaire pour un crime ou un délit, elle ne peut excéder une durée de cinq ans.

RÉP. PÉN. v° *Chèque et carte de paiement*, par JEANDIDIER.

Art. 131-21 *(L. n° 2007-297 du 5 mars 2007, art. 66)* **« La peine complémentaire de confiscation est encourue dans les cas prévus par la loi ou le règlement. Elle est également encourue de plein droit pour les crimes et pour les délits punis d'une peine d'emprisonnement d'une durée supérieure à un an, à l'exception des délits de presse.**

« La confiscation porte sur tous les biens meubles ou immeubles, quelle qu'en soit la nature, divis ou indivis, ayant servi à commettre l'infraction ou qui étaient destinés à la commettre, et dont le condamné est propriétaire ou, sous réserve des droits du propriétaire de bonne foi, dont il a la libre disposition.

« Elle porte également sur tous les biens qui sont l'objet ou le produit direct ou indirect de l'infraction, à l'exception des biens susceptibles de restitution à la victime. Si le produit de l'infraction a été mêlé à des fonds d'origine licite pour l'acquisition d'un ou plusieurs biens, la confiscation peut ne porter sur ces biens qu'à concurrence de la valeur estimée de ce produit.

« La confiscation peut en outre porter sur tout bien meuble ou immeuble défini par la loi ou le règlement qui réprime l'infraction.

« S'il s'agit d'un crime ou d'un délit puni d'au moins cinq ans d'emprisonnement et ayant procuré un profit direct ou indirect, la confiscation porte également sur les biens meubles ou immeubles, quelle qu'en soit la nature, divis ou indivis, appartenant au condamné *(L. n° 2012-409 du 27 mars 2012, art. 17-I)* **« ou, sous réserve des droits du propriétaire de bonne foi, dont il a la libre disposition, lorsque ni le condamné, ni**

le propriétaire, mis en mesure de s'expliquer sur les biens dont la confiscation est envisagée, n'ont *[ancienne rédaction : lorsque celui-ci, mis en mesure de s'expliquer sur les biens dont la confiscation est envisagée, n'a]* **» pu en justifier l'origine.**

« Lorsque la loi qui réprime le crime ou le délit le prévoit, la confiscation peut aussi porter sur tout ou partie des biens appartenant au condamné *(L. nº 2012-409 du 27 mars 2012, art. 17-I)* **« ou, sous réserve des droits du propriétaire de bonne foi, dont il a la libre disposition », quelle qu'en soit la nature, meubles ou immeubles, divis ou indivis.**

« La confiscation est obligatoire pour les objets qualifiés de dangereux ou nuisibles par la loi ou le règlement, ou dont la détention est illicite, que ces biens soient ou non la propriété du condamné. »

(L. nº 2010-768 du 9 juill. 2010, art. 9) **« La peine complémentaire de confiscation s'applique dans les mêmes conditions à tous les droits incorporels, quelle qu'en soit la nature, divis ou indivis. »**

(L. nº 2012-409 du 27 mars 2012, art. 16-I) **« La confiscation peut être ordonnée en valeur** *[ancienne rédaction : Lorsque la chose confisquée n'a pas été saisie ou ne peut être représentée, la confiscation est ordonnée en valeur]* **».** *(L. nº 2013-1117 du 6 déc. 2013, art. 23)* **« La confiscation en valeur peut être exécutée sur tous biens, quelle qu'en soit la nature, appartenant au condamné ou, sous réserve des droits du propriétaire de bonne foi, dont il a la libre disposition. » Pour le recouvrement de la somme représentative de la valeur de la chose confisquée, les dispositions relatives à la** *(L. nº 2004-204 du 9 mars 2004, art. 198-V, en vigueur le 1er janv. 2005)* **« contrainte judiciaire » sont applicables.**

La chose confisquée est, sauf disposition particulière prévoyant sa destruction ou son attribution, dévolue à l'État, mais elle demeure grevée, à concurrence de sa valeur, des droits réels licitement constitués au profit de tiers. – *Pén. 442-13.*

(L. nº 2003-495 du 12 juin 2003, art. 6) **« Lorsque la chose confisquée est un véhicule qui n'a pas été saisi** *(L. nº 2004-204 du 9 mars 2004, art. 60-II)* **« ou mis en fourrière » au cours de la procédure, le condamné doit, sur l'injonction qui lui en est faite par le ministère public, remettre ce véhicule au service ou à l'organisme chargé de sa destruction ou de son aliénation. »**

RÉP. PÉN. vº *Confiscation*, par BEZIZ-AYACHE.

Corresp. *: C. pén., ancien art. 11.*

V. Circ. du 22 déc. 2010 relative à la présentation des dispositions résultant de la loi nº 2010-768 du 9 juill. 2010 visant à faciliter la saisie et la confiscation en matière pénale (BOMJ 2011, nº 1).

BIBL. ▶ LARGUIER, *RSC 1980. 693.* – MATSOPOULOU, *RSC 1995. 301*. – PIOTET, *Éd. Staempfli, Berne, 1995* (effets civils de la confiscation pénale). – J. A. E. VERVAELE, *RSC 1998. 39*. – DUCOULOUX-FAVARD et GUÉRIN, *LPA 2002, 31 oct., p. 9-25.* – RIBEYRE, *RSC 2007. 871* (modifications relatives à la peine de confiscation). – BOLLÉ, *AJ pénal 2008. 316* (saisie immobilière). – CUTAJAR, *JCP 2008, Actualités nº 733* (dix priorités stratégiques proposées par la Commission européenne) ; *D. 2010. Chron. 2305* (dispositions de droit interne de la loi du 9 juill. 2010). – GUERRERO, *Gaz. Pal. 2013. 2. Doctr. 2221* (saisies pénales : regard pratique). – BÉTEMPS et M. WAGNER, *Dr. pénal 2013. Prat. 1* (peine complémentaire de confiscation : bien (mal) acquis ne profite jamais ?). – ALMASEANU, *Gaz. Pal. 2017. Doctr. 121* (le refus de restitution de l'instrument ou du produit de l'infraction en procédure pénale). – HY, *AJ pénal 2018. 505* (peine de confiscation : pour en finir avec la mauvaise foi). – CAMOUS, *JCP 2019. 150* (contrôle de proportionnalité des saisies pénales). – RUBI-CAVAGNA, *D. 2019. 480*. *Entretien* (le règlement UE du 14 nov. 2018 concernant la reconnaissance mutuelle des décisions de gel et des décisions de confiscation). – CHAVENT-LECLÈRE, *AJ pénal 2019. 8* (halo sur la jurisprudence de la Chambre criminelle en matière de confiscations et saisies). – LE TALLEC, *ibid. 12* (rôle de l'AGRASC dans l'effectivité de la peine de confiscation). – CAMOUS, *Dr. pénal 2019. Étude 8* (le droit de propriété et la peine de confiscation).

▶ **Dossiers :** « Les nouvelles saisies pénales », *AJ pénal 2012. 123 s.* : CUTAJAR, *ibid. 124* (nouveau droit des saisies pénales). – PATTIN, GOJKOVIC-LETTE et LEBEAU, *ibid. 130* (captation des avoirs criminels et mise en œuvre par la gendarmerie nationale). – SOUVIRA, MATHYS et DEFOIS, *ibid. 134* (plate-forme d'identification des avoirs criminels, PIAC). – PELSEZ (interview), *ibid. 139* (agence de gestion et de recouvrement des avoirs saisis et confisqués, AGRASC). – STIFFEL, *ibid. 142* (activité de l'AGRASC en matière de saisie pénale immobilière et de confiscations immobilières). – DUCHAÎNE, *ibid. 143* (cas pratique). – PETIT, *ibid. 148* (nouvelle approche de la lutte contre la criminalité organisée : prise en compte du volet financier des enquêtes).

▶ « Saisie pénale et confiscation : récentes évolutions », *AJ pénal 2015. 227* ✎ s. : ASCENSI, *ibid. 228* ✎ (les saisies et confiscations en matière pénale après la loi du 9 juill. 2010 : l'édifice parachevé ?). – LELIEUR, *ibid. 232* ✎ (le dispositif juridique de l'UE pour la captation des avoirs criminels). – FONTEIX, *ibid. 239* ✎ (de la saisie à la confiscation : un point sur le contentieux). – DUCHAÎNE (interview), *ibid. 242* ✎ (de la nécessité d'un usage raisonné des saisies et confiscations. Punir le condamné ou punir l'État). – « Actualité de la peine de confiscation », *Dr. pénal juill.-août 2017* : CAMOUS (la confiscation en valeur). – DADOUIN (l'intensité variable de la proportionnalité de la peine de confiscation).

▶ « La confiscation », SAENKO, *Gaz. Pal. 2018, p. 3462* (confiscation et droit de propriété : les liaisons dangereuses). – DEZEUZE et HORION, *p. 3466* (la confiscation comme mesure de réparation). – DREYER, *p. 3470* (confiscation et proportionnalité). – BELLOIR, *p. 3475* (la confiscation obligatoire du véhicule automobile). – DETRAZ, *p. 3478* (la confiscation des objets nuisibles ou dangereux ou dont la détention est illicite). – DASSA-LE DEIST, *p. 3481* (la confiscation en droit de la presse).

▶ « Saisies et confiscations. État des lieux 10 ans après la loi Warsmann », *AJ pénal 2020. 439* ✎ *s.*

I. NATURE DE LA CONFISCATION

1. QPC. Selon le requérant, la confiscation du véhicule constitue une sanction manifestement disproportionnée par rapport à la contravention de grand excès de vitesse prévue et réprimée par l'art. R. 413-14-1 C. route ; dès lors, l'art. 131-21 C. pén., en ce qu'il laisse au pouvoir réglementaire la faculté de prévoir la peine complémentaire de confiscation, méconnaîtrait le principe de nécessité des peines ; l'art. 131-21 C. pén. prévoit l'existence d'une peine complémentaire applicable, en vertu de la loi, à certains crimes et délits et, en vertu du décret, à certaines contraventions ; l'existence d'une telle peine ne méconnaît pas, en elle-même, le principe de nécessité des peines ; s'agissant de la répression des contraventions, il appartient au pouvoir réglementaire, dans l'exercice de la compétence qu'il tient de l'art. 37 de la Const. et sous le contrôle des juridictions compétentes, de fixer, dans le respect des exigences de l'art. 8 de la Déclaration de 1789, les peines applicables aux contraventions qu'il définit ; l'art. 131-21 C. pén. ne dispense aucunement le pouvoir réglementaire du respect de ces exigences ; le Conseil constitutionnel n'est pas compétent pour apprécier la conformité de l'art. R. 413-14-1 C. route à ces exigences. • Cons. const. 26 nov. 2010, ⌂ n° 2010-66 QPC : *D. actu. 14 déc. 2010, obs. Léna ; D. 2011. Pan. 2826, obs. Roujou de Boubée* ✎ *; AJ pénal 2011. 31, obs. Perrier* ✎ *; JCP 2011, n° 15, note Robert ; Gaz. Pal. 2011. 1. p. 258, note Dreyer.* ♦ ... La deuxième phrase du 1er al. de l'art. 131-21 C. pén. prévoit que la peine de confiscation des biens qui ont servi à commettre l'infraction ou qui en sont le produit direct ou indirect est encourue de plein droit en cas de crime ou de délit puni d'une peine d'emprisonnement d'une durée supérieure à un an, à l'exception des délits de presse ; son 5e alinéa prévoit que la peine de confiscation des biens dont le condamné n'a pu justifier l'origine est également encourue en cas de crime ou de délit ayant procuré un profit direct ou indirect et puni d'au moins cinq ans d'emprisonnement ; son 7e alinéa prévoit la confiscation obligatoire des objets qualifiés de dangereux ou nuisibles par la loi ou le règlement ou dont la détention est illicite ; eu égard aux conditions de gravité des infractions pour lesquelles elles sont applicables et aux biens qui peuvent en faire l'objet, les peines de confiscation ainsi instituées ne sont pas manifestement disproportionnées ; l'art. 131-21 C. pén., qui préserve le droit de propriété des tiers de bonne foi, n'est contraire à aucun autre droit ou liberté que la Constitution garantit. • Même décision. ♦ Rappr. : • Crim. 24 avr. 2013, ⌂ n° 12-87.473 QPC : *D. actu. 5 juin 2013, obs. Bombled ; Dr pénal 2013, comm. 117, obs. Maron et Haas.*

2. Finalité. La peine complémentaire de confiscation du véhicule prévue par l'art. R. 413-14-1 C. route en cas de dépassement de plus de 50 km/h de la vitesse autorisée, sanction à caractère principalement dissuasif dont l'objet est de lutter plus efficacement contre les grands excès de vitesse et de réduire le nombre de morts et de blessés causés par les accidents de la route, répond à un impératif d'intérêt général et ne méconnaît aucun principe conventionnel. • Crim. 10 févr. 2016, ⌂ n° 15-82.324 P : *Gaz. Pal. 2016. 1149, obs. Detraz.*

3. Sanction à caractère réel. La confiscation n'a rien de personnel ; elle affecte l'objet de fraude, abstraction faite du propriétaire, et peut être, par suite, prononcée après le décès du contrevenant. • Crim. 16 déc. 1898 : *S. 1899. 1. 529 (2e esp.), note Roux* • 1er mars 1956, n° 53-3.391 P.

4. La mesure de confiscation ordonnée à l'occasion de poursuites correctionnelles et visant l'instrument du délit ou la chose produite par le délit constitue une sanction à caractère réel qui survit à l'extinction de l'action publique ; il y a lieu, en conséquence, s'agissant de cette seule mesure de confiscation, de statuer sur le pourvoi formé par un prévenu décédé postérieurement à la formulation de son recours. • Crim. 25 juin 2013, ⌂ n° 12-80.859 P : *Gaz. Pal. 2013. 2. 3243, obs. Detraz.*

5. Proportionnalité. Le principe de proportionnalité ne peut s'appliquer à la confiscation d'un bien qui, dans sa totalité, est le produit ou l'objet des infractions dont le prévenu a été déclaré coupable. • Crim. 7 déc. 2016, n° 16-80.879 P : *AJ pénal 2017. 142, obs. Violeau ; JCP 2017. 13, obs. Robert.*

6. A justifié sa décision la cour d'appel qui, par des motifs dépourvus d'insuffisance, s'est expliquée sur la nécessité et la proportionnalité de l'atteinte portée au droit de propriété de l'intéressé par la mesure de confiscation, prononcée à titre de peine complémentaire, de tout ou partie du patrimoine, au regard de sa situation personnelle et de la gravité concrète des faits. • Crim. 7 déc. 2016, n° 15-85.136 P : *AJ pénal 2017. 142, obs. Violeau ; JCP G 2017. 13, obs. J.-H. Robert.* ♦ Le juge qui prononce une mesure de confiscation de tout ou partie d'un patrimoine doit motiver sa décision au regard de la gravité des faits, de la personnalité de son auteur et de sa situation personnelle, et apprécier le caractère proportionné de l'atteinte portée au droit de propriété de l'intéressé ; a méconnu ce principe, ainsi que les art. 1er du Protocole additionnel n° 1 à la Conv. EDH, 131-21, al. 6, C. pén., 485 C. pr. pén., ensemble l'art. 132-1 C. pén., la cour d'appel qui, pour ordonner, à titre de peine complémentaire, la confiscation de la propriété du prévenu, d'une superficie de 892 m², retient que cette peine est adaptée à la nature des faits délictueux commis. • Crim. 8 mars 2017, n° 15-87.422 P : *D. actu. 3 avr. 2017, obs. Fonteix.*

7. Après avoir déclaré la société d'investissement X... coupable d'abus de confiance et de faux et usage, la cour d'appel a ordonné à son encontre, à titre de peine complémentaire, la confiscation en valeur dans la limite de 500 000 € d'un bien immobilier dont elle était propriétaire ; en statuant ainsi, et dès lors qu'il ressort des énonciations de l'arrêt que la valeur de la part du bien confisqué n'excède pas le montant du produit des infractions dont la prévenue a été déclarée coupable, la cour d'appel a justifié sa décision ; d'où il suit que le moyen, inopérant en ce qu'il invoque une violation du principe de proportionnalité, s'agissant d'une confiscation en valeur de l'objet ou du produit direct ou indirect de l'infraction, ne saurait être accueilli. • Crim. 3 mai 2018, n° 17-82.098 P : *D. actu. 4 juin 2018, obs. Priou-Alibert ; Gaz. Pal. 2018, p. 2133, obs. Detraz.*

8. En matière correctionnelle, le juge qui prononce une peine doit motiver sa décision au regard des circonstances de l'infraction, de la personnalité et de la situation personnelle de son auteur. *Hormis le cas* où la confiscation, qu'elle soit en nature ou en valeur, porte sur un bien qui, dans sa totalité, constitue le produit de l'infraction, le juge, en ordonnant une telle mesure, doit apprécier le caractère proportionné de l'atteinte portée au droit de propriété de l'intéressé lorsqu'une telle garantie est invoquée ou procéder à cet examen d'office lorsqu'il s'agit d'une confiscation de tout ou partie du patrimoine. Il incombe en conséquence au juge qui décide de confisquer un bien, après s'être assuré de son caractère confiscable en application des conditions légales, de préciser la nature et l'origine de ce bien ainsi que le fondement de la mesure et, le cas échéant, de s'expliquer sur la nécessité et la proportionnalité de l'atteinte portée au droit de propriété du prévenu ; pour confirmer la confiscation de fonds saisis sur un compte bancaire, l'arrêt énonce qu'elle est justifiée en raison de l'exceptionnelle gravité des faits, des circonstances de la cause et de la personnalité du prévenu, sans antécédent judiciaire ; en prononçant ainsi, par des motifs qui ne précisent pas à quel titre le bien a été confisqué, la cour d'appel, qui ne met pas la Cour de cassation en mesure de s'assurer que les exigences de motivation rappelées ci-dessus ont été respectées, n'a pas justifié sa décision. • Crim. 27 juin 2018, n° 16-87.009 : *D. 2018. 1494 ; ibid. 2266, obs. Ginestet ; D. actu. 24 juill. 2018, obs. Recotillet* • 27 juin 2018, n° 16-87.009 P : *D. actu. 24 juill. 2018, obs. Recotillet ; D. 2018. 1494 ; Gaz. Pal. 2018, p. 2453, note Mésa.*

9. Le juge qui autorise ou ordonne la saisie d'un bien acquis au moyen de fonds constituant l'objet ou le produit de l'infraction et de fonds licites doit motiver sa décision, s'agissant de ces derniers, au regard de la nécessité et la proportionnalité de l'atteinte ainsi portée au droit de propriété ; pour refuser de se prononcer sur le caractère proportionné de la mesure de saisie, l'arrêt énonce que, selon une jurisprudence de la Cour de cassation, le principe de proportionnalité ne s'applique pas aux saisies opérées sur le produit, direct ou indirect, de l'infraction en application de l'art. 131-21, al. 3, C. pén., ce texte n'imposant d'ailleurs pas au juge du fond de limiter la confiscation à la valeur du produit indirect de l'infraction, lorsqu'il a été mêlé des fonds d'origine licite pour l'acquisition du bien considéré ; en statuant ainsi, sans rechercher si la saisie immobilière ordonnée, en ce qu'elle concerne un bien acquis, pour partie, avec des fonds d'origine licite, ne portait pas une atteinte disproportionnée au droit de propriété de la demanderesse, la chambre de l'instruction n'a pas justifié sa décision. • Crim. 27 juin 2018, n° 17-84.280 P : *D. actu. 6 sept. 2018, obs. Fonteix ; Dr. pénal 2018, comm. 164 (3e arrêt), obs. Maron et Haas.*

10. En matière correctionnelle, le juge qui prononce une peine doit motiver sa décision au regard des circonstances de l'infraction, de la personnalité et de la situation personnelle de son auteur ; hormis le cas où la confiscation, qu'elle soit en nature ou en valeur, porte sur un bien qui, dans sa totalité, constitue le produit de l'infraction, le juge, en ordonnant une telle mesure, doit apprécier le caractère proportionné de l'atteinte portée au droit de propriété de l'intéressé lorsqu'une telle garantie est invoquée ou procéder à cet examen d'office lorsqu'il s'agit d'une confiscation de tout ou partie du patrimoine ; il incombe en conséquence au juge qui décide de confisquer un bien, après s'être assuré de son caractère confiscable en application des conditions légales, de préciser la nature et l'origine de ce bien ainsi que le fondement de la mesure et, le cas échéant, de s'expliquer sur la nécessité et la proportionnalité de l'atteinte portée au droit de propriété du prévenu ; pour prononcer la confiscation d'un immeuble à usage de commerce et d'habitation situé à Roubaix et d'une maison à usage d'habitation située à Comines, l'arrêt retient qu'il y a lieu d'ordonner à l'encontre de M. Z... la confiscation des deux biens immobiliers saisis à titre de peine complémentaire, en application de l'art. 131-21 C. pén. ; mais en prononçant ainsi, par des motifs qui ne précisent pas à quel titre le bien a été confisqué, la cour d'appel, qui ne met pas la Cour de cassation en mesure de s'assurer que les exigences de motivation rappelées ci-dessus ont été respectées, n'a pas justifié sa décision. • Crim. 16 janv. 2019, n° 17-86.581 : *D. 2019. 128* ; *AJ pénal 2019. 218, obs. Hennebois*.

11. Hormis le cas où la confiscation, qu'elle soit en nature ou en valeur, porte sur un bien qui, dans sa totalité, constitue le produit ou l'objet de l'infraction, le juge, en ordonnant une telle mesure, doit apprécier le caractère proportionné de l'atteinte portée au droit de propriété de l'intéressé lorsqu'une telle garantie est invoquée ou procéder à cet examen d'office lorsqu'il s'agit d'une confiscation de tout ou partie du patrimoine. • Crim. 24 juin 2020, n° 19-85.074 P : *D. actu. 4 sept. 2020, obs. Goudjil* • Crim. 12 juin 2019, n° 18-83.396 P : *D. actu. 8 juill. 2019, obs. Fucini ; D. 2019. Pan. 1858, obs. Mascala* • 29 janv. 2020, n° 17-83.577 P : *D. actu. 12 févr. 2020, obs. Claude ; AJ pénal 2020. 302, obs. Litaudon ; Dr. pénal 2020, n° 73, obs. Conte.*

12. Il se déduit des art. 706-141-1 et 706-153 C. pr. pén., et 131-21 C. pén., que peuvent être saisis en valeur les biens ou droits incorporels dont le mis en cause est propriétaire ou, sous réserve des droits du propriétaire de bonne foi, dont il a la libre disposition, dont la valeur représente celle des biens ayant servi à commettre l'infraction ou qui étaient destinés à la commettre. Il appartient dans ce cas au juge, d'une part, de s'assurer que les conditions de la confiscation de l'instrument de l'infraction prévues par l'art. 131-21, al. 2 C. pén. étaient réunies au moment de la commission des faits, d'autre part, de vérifier que la valeur du bien saisi n'excède pas celle de l'instrument de l'infraction, enfin, lorsqu'une telle garantie est invoquée, d'apprécier le caractère proportionné de l'atteinte portée au droit de propriété de l'intéressé au regard de la gravité concrète des faits et de sa situation personnelle. Encourt la cassation l'arrêt de la chambre de l'instruction qui a retenu que la saisie en valeur d'un bien doit être en corrélation avec le montant du produit de l'infraction, alors qu'elle avait constaté que, d'une part, les immeubles ayant servi à commettre le délit poursuivi, bien que cédés postérieurement aux faits, étaient lors de leur commission à la libre disposition du mis en examen et que la titulaire de la créance saisie n'était pas de bonne foi, d'autre part, les sommes saisies par le juge d'instruction représentaient la valeur de l'instrument de l'infraction. • Crim. 6 nov. 2019, n° 19-82.683 P : *D. actu. 4 déc. 2019, obs. Goudjil* • 4 mars 2020, n° 19-81.818 P.

13. Simple faculté. La confiscation des biens ayant servi à commettre l'infraction n'est, sauf disposition contraire, prévue par l'art. 131-21 C. pén. qu'à titre de simple faculté ; dès lors, ne peut être accueilli le moyen du ministère public pris de ce que la cour d'appel s'est abstenue de prononcer la confiscation d'un véhicule, fût-elle encourue de plein droit pour les crimes et délits punis d'une peine d'emprisonnement supérieure à un an. • Crim. 27 mai 2015, n° 14-84.086 P : *D. actu. 23 juin 2015, obs. Gayet ; Gaz. Pal. 2015. 2356, obs. Detraz.*

14. Questions. La confiscation étant une peine, elle doit obligatoirement être mentionnée sur la feuille de questions ; à défaut, l'arrêt de condamnation ne pouvait la prononcer. • Crim. 10 janv. 1996, n° 95-82.084 P • 12 févr. 1997, n° 96-83.198 : *Gaz. Pal. 1997. 1, chr. crim. 131.*

15. Non-cumul des peines. V. *infra*, ss. art. 132-3.

16. Décisions de confiscation étrangères. La condition tenant au caractère confiscable, selon le droit français, du bien concerné par la demande d'entraide, posée par l'art. 713-37-2° C. pr. pén., qui vise à écarter l'exécution d'une décision étrangère de confiscation contraire aux règles en vigueur sur le territoire national, s'apprécie au regard des règles applicables à la date où la juridiction française saisie de la demande statue. • Crim. 5 déc. 2018, n° 17-86.695 P : *D. actu. 24 déc. 2018, obs. Fucini ; D. 2018. 2416 ; Dr. pénal 2019, comm. 39, obs. Bonis.*

II. MODALITÉS DE LA CONFISCATION

A. PERSONNES

17. Décès du suspect. Il appartient à la chambre de l'instruction saisie d'un appel formé à l'encontre d'une ordonnance emportant saisie spéciale de biens appartenant à une personne mise en cause par une enquête préliminaire, laquelle décède au cours de l'instance, de sorte que l'action publique ne peut plus être mise en mouvement à son encontre, de s'assurer, même d'office, que les conditions légales de la saisie, dont celle du caractère confiscable des biens en application de l'art. 131-21 C. pén., demeurent réunies ; à défaut, elle est tenue d'ordonner la mainlevée de la saisie ; si le décès du suspect n'était pas en soi de nature à entraîner la clôture des investigations et la restitution des biens saisis, cette circonstance imposait cependant à la chambre de l'instruction de rechercher s'il existait ou non des présomptions de la participation aux faits objet de l'enquête de la personne propriétaire des fonds saisis, ou dont elle a la libre disposition. • Crim. 21 nov. 2018, n° 18-80.089 P : *D. actu. 18 déc. 2018, obs. Fonteix ; D. 2018. 2308*.

18. Situation du prévenu. L'art. 11 C. pén. ne fait aucune distinction, relativement au pouvoir du juge de prononcer la confiscation dans les cas prévus par la loi, suivant que le prévenu possède ou non l'intégralité de ses droits ; ainsi le dessaisissement de l'administration des biens d'un commerçant n'entraîne pas son expropriation, et reste compatible avec la confiscation du corps du délit. • Crim. 11 janv. 1945 : *D. 1945. 222 ; S. 1945. 1. 63 ; Gaz. Pal. 1945. 1. 95.*

19. Droits des tiers. Le tiers dont la requête en restitution d'un bien objet d'une mesure de confiscation ordonnée en application de l'art. 131-21 C. pén. a été rejetée par le procureur général dispose d'un recours (effectif) devant la cour d'appel ; fait une exacte application de l'art. préc. l'arrêt qui, pour dire n'y avoir lieu à restitution, caractérise l'existence d'un lien entre la somme confisquée et les activités du condamné. • Crim. 8 janv. 2014, n° 12-88.072 P.

20. Conjoint du condamné. La confiscation d'un bien commun prononcée en répression d'une infraction commise par l'un des époux emporte sa dévolution pour le tout à l'État, sans qu'il demeure grevé des droits de l'époux non condamné pénalement, y compris lorsque ce dernier est de bonne foi. Cependant, la confiscation, qui constitue une pénalité évaluable en argent, est susceptible de faire naître un droit à récompense pour la communauté lors de la dissolution de celle-ci, déduction faite du profit retiré par elle, en application de l'art. 1417 C. civ. Encourt la cassation l'arrêt de la cour d'appel qui, saisie d'un incident contentieux relatif à l'exécution d'un arrêt ayant ordonné la confiscation de biens communs en répression du délit d'abus de confiance commis par un époux seul, ordonne la restitution à l'époux de bonne foi de ses droits indivis sur les biens confisqués. • Crim. 9 sept. 2020, n° 18-84.619 P : *D. actu. 8 oct. 2020, obs. Fucini ; AJ pénal 2020. 465, obs. Duval-Stalla et De Tonquédec ; D. 2020. 2051, obs. Allix*.

21. Propriétaire de bonne foi. Si, en application de l'al. 3 de l'art. 99-2 C. pr. pén., le juge d'instruction peut ordonner de remettre au service des domaines, en vue de leur affectation, par l'autorité administrative, à des services de police ou des unités de gendarmerie, des biens meubles placés sous-main de justice dont la confiscation est prévue par la loi, c'est à la condition que ces biens appartiennent aux personnes poursuivies ; encourt en conséquence la cassation l'arrêt d'une chambre de l'instruction qui, pour confirmer une ordonnance prescrivant la remise d'un véhicule saisi sur le fondement de l'art. 99-2 préc., relève que, selon l'al. 7 de l'art. 131-21 C. pén., la confiscation des objets dont la détention est illicite est obligatoire, que ces biens soient ou non la propriété du condamné, sans s'arrêter au fait que la propriété du véhicule en cause était revendiquée par un tiers, qui n'était pas poursuivi. • Crim. 22 janv. 2013, n° 12-81.046 P.

22. Si c'est à tort que la cour d'appel a énoncé, pour déclarer irrecevable l'intervention volontaire d'une société, propriétaire du véhicule automobile dont la confiscation, assortie de l'exécution provisoire, avait été ordonnée, que l'action de cette société ne pouvait intervenir que dans le cadre d'une procédure de restitution, l'arrêt n'encourt pas la censure dès lors que les juges ont souverainement apprécié, par une motivation exempte d'insuffisance comme de contradiction, que ladite société n'était pas propriétaire de bonne foi au sens des dispositions de l'art. 131-21 C. pén. • Crim. 15 janv. 2014, n° 13-81.874 P : *D. actu. 3 févr. 2014, obs. Fonteix.*

23. Saisie en application de l'art. 710 C. pr. pén. d'une requête portant sur une difficulté d'exécution de la mesure de confiscation d'un bien immobilier acquis en commun par deux époux et définitive à l'égard du mari, condamné pénalement, la cour d'appel est tenue de statuer sur la demande de l'épouse, non condamnée, après avoir précisé si celle-ci doit être considérée ou non comme propriétaire de bonne foi de sa part indivise au sens des art. 131-21 et 222-49 C. pén. • Crim. 20 mai 2015, n° 14-81.741 P : *D. actu. 30 juin 2015, obs. Fonteix ; Gaz. Pal. 2015. 2190, note Mésa.*

24. La question prioritaire de constitutionnalité est ainsi rédigée : « 1° L'art. 481 C. pr. pén., dans sa rédaction issue de la L. n° 2016-731 du 3 juin 2016, en ce qu'il permet au juge de refuser la restitution d'un bien placé sous main de justice au propriétaire de bonne foi lorsque ce bien constitue le produit direct ou indirect de l'infraction portent-il atteinte au droit de propriété consacré aux art. 2 et 17 DDH ? » ; « 2° L'art. 481 C. pr. pén., dans sa rédaction issue de la L. n° 2016-731 du 3 juin 2016, en ce qu'il permet au juge de refuser la restitution d'un bien placé sous main de justice qui constitue le produit direct ou indirect de l'infraction, sans préciser les garanties légales attachées au propriétaire de bonne foi, sont-elles entachées d'incompétence négative au regard des dispositions de l'art. 34 de la Constitution, de sorte qu'elles portent atteinte au droit de propriété consacré aux art. 2 et 17 DDH ? » ; la question posée ne présente pas un caractère sérieux, dès lors que la méconnaissance alléguée de ses compétences par le législateur ne porte pas atteinte au droit de propriété garanti par les art. 2 et 17 DDH, les dispositions de l'art. 481, al. 3, C. pr. pén., qui doivent être interprétées à la lumière des dispositions de la Dir. 2014/42/UE du Parlement européen et du Conseil du 3 avr. 2014 et dont il résulte que le refus de restitution d'un bien saisi constituant l'instrument ou le produit direct ou indirect de l'infraction est une simple faculté pour la juridiction saisie, impliquant nécessairement d'être mises en œuvre en préservant les droits du requérant de bonne foi dont le titre de propriété ou de détention est régulier, ce dernier bénéficiant en outre d'un recours contre la décision rendue. • Crim. 27 juin 2018, n° 17-87.424 P : *D. actu. 16 nov. 2018, obs. Goetz.* ♦ Il se déduit de l'art. 482 C. pr. pén. que le jugement qui rejette une demande de restitution est susceptible d'appel de la part de la personne qui a formulé cette demande, sans que puisse lui être opposée l'autorité de la chose jugée de la décision ordonnant la confiscation ; si la demande de restitution doit être examinée sur le fondement de l'art. 481 C. pr. pén. lorsque les biens placés sous main de justice n'ont pas été confisqués, il doit être statué sur cette demande en faisant application des dispositions de l'art. 131-21 C. pén. lorsque les biens ont été confisqués ; conformément aux dispositions précises et inconditionnelles de l'art. 6, § 2, de la directive 2014/42/UE du Parlement européen et du Conseil du 3 avr. 2014, les droits du propriétaire de bonne foi doivent être réservés, même lorsque le bien constitue le produit direct ou indirect de l'infraction. • Crim. 7 nov. 2018, n° 17-87.424 : *D. 2018. 2138 ; AJ pénal 2019. 45, obs. Hy ; Dr. pénal 2018, comm. 216, obs. Camous ; Gaz. Pal. 2018, p. 3139, note Almaseanu.*

B. BIENS

25. *Produit de l'infraction (al. 3).* La saisie des immeubles dont la confiscation est prévue par l'art. 131-21 C. pén., prescrite par l'art. 706-150 C. pr. pén., n'est pas limitée aux biens dont les personnes visées par l'enquête sont propriétaires mais s'étend à tous les biens qui sont l'objet ou le produit direct ou indirect de l'infraction. • Crim. 4 sept. 2012, n° 11-87.143 P : *D. actu. 17 oct. 2012, obs. Bombled ; AJ pénal 2013. 56, obs. Lasserre Capdeville .* ♦ Rappr. : • TGI Saint-Étienne, 10 août 1994 : *Gaz. Pal. 1994. 2. 775.*

26. Tant l'art. 131-21, al. 3, que l'art. 324-7-8° C. pén. n'imposent pas que le prévenu ait la libre disposition du bien confisqué lorsque celui-ci est le produit de l'infraction. • Crim. 25 nov. 2015, n° 14-84.985 P : *D. actu. 17 déc. 2015, obs. Fucini.*

27. Il résulte de l'art. 131-21, al. 3, C. pén. qu'un bien qui constitue le produit de l'infraction peut faire l'objet d'une mesure de confiscation, totale ou partielle selon le choix opéré par les juges du fond, si ledit produit a été mêlé à des fonds d'origine licite pour l'acquisition du bien en cause ; d'autre part, les juges ont, en se fondant sur la situation personnelle du prévenu et sur la gravité concrète des faits, apprécié, par des motifs dépourvus d'insuffisance, la nécessité et la proportionnalité de l'atteinte portée à son droit de propriété et au droit au respect de sa vie privée et familiale ; d'où il suit que le moyen, inopérant en ce qu'il invoque le droit de propriété pour contester la confiscation de la partie du bien acquise avec des fonds d'origine illicite, doit être écarté. • Crim. 22 mars 2017, n° 16-82.051 : *préc. note 9.*

28. Pour confirmer la saisie d'un bien immobilier indivis, la chambre de l'instruction énonce, notamment, qu'en application de l'al. 6 de l'art. 131-21 C. pén., il est susceptible de confiscation comme appartenant au prévenu, que cette mesure ne porte pas une atteinte disproportionnée au droit de propriété des indivisaires, et qu'il relevait de l'office du juge d'instruction de l'ordonner sur ledit bien quand bien même il abritait le domicile familial et que le mis en examen était propriétaire d'autres immeubles ; en l'état de ces motifs, et dès lors que le demandeur n'a invoqué, devant les juges du fond, aucun élément de nature à démontrer que la saisie de l'immeuble qu'il critiquait en ce qu'il constituait son domicile, portait une atteinte excessive à sa vie privée et familiale, la chambre de l'instruction a justifié sa décision. • Crim. 15 mars 2017, n° 16-80.801 : *D. actu. 3 avr. 2017, obs. Azoulay ; D. 2017. Pan. 2501, obs. Ginestet ; AJ pénal 2017. 299, obs. Violeau .*

29. Est insuffisante à justifier la confiscation, au sens des dispositions de l'art. 131-21, al. 6, C. pén., la circonstance que le bien est saisissable en tant que chacune des personnes mises en examen détient des droits réels sur ce bien. • Crim. 31 mai 2017, n° 16-86.872 : *Bull. crim. n° 147 ; D. actu. 26 juin 2017, obs. Fucini.* ♦ La peine complémentaire de confiscation de tout ou partie du patrimoine peut, selon les dispositions de l'art. 131-21, al. 6, tant dans sa rédaction issue de la L. n° 2007-597 du 5 mars 2007 que dans ses versions ultérieures, porter sur tout ou partie des biens appartenant au condamné, quels qu'en soient la nature, meubles ou immeubles, et le régime, divis ou indivis. • Même arrêt.

30. Caractérise la libre disposition d'un bien, propriété d'une société immobilière, par la personne physique mise en examen du chef de blanchiment, de nature à en permettre la saisie en application des art. 131-21, al. 6, et 324-7-12° C. pén., le recours à l'interposition de cette société entre le mis en examen et son patrimoine immobilier ainsi qu'à des prête-noms de l'entourage familial pour exercer les fonctions ou les rôles de dirigeant de droit, d'administrateurs et d'associés, joint à une gestion de fait de la société par l'intéressé. • Crim. 8 nov. 2017, n° 17-82.632 P : *D. actu. 28 nov. 2017, obs. Goetz ; D. 2018. Chron. 196, obs. Pichon ; AJ pénal 2018. 101, obs. Luciani-Mien.*

31. Objets dangereux (al. 7). ... Armes de poing. • Crim. 30 avr. 1996, n° 96-80.829 : *Gaz. Pal. 1996. 2, chr. crim. 139.* ♦ ... Stupéfiants. • Crim. 22 mai 1997, n° 96-83.014 P : *RSC 1998. 97, obs. Bouloc.*

32. Confiscation en valeur (al. 9). Aux termes, tant de l'art. 369-4 C. douanes, que des art. L. 629 CSP et 131-21 C. pén., la confiscation en nature des stupéfiants saisis, produits dangereux pour la santé, est obligatoire ; encourt donc la censure la cour d'appel qui condamne le contrevenant au paiement d'une somme tenant lieu de confiscation des stupéfiants saisis mais non confisqués, alors qu'une telle condamnation ne peut intervenir qu'au cas où les objets susceptibles de confiscation n'ont pas été saisis ou lorsque, ceux-ci ayant été saisis, leur confiscation n'est que facultative. • Crim. 22 mai 1997, n° 96-83.014 P : *RSC 1998. 97, obs. Bouloc.* ♦ V. également *infra*, ss. art. 132-3.

33. L'art. 706-141-1 C. pr. pén., d'application immédiate, permet au juge d'instruction d'ordonner la saisie d'un bien représentant la valeur d'un autre bien dont la confiscation est prévue par l'art. 131-21 C. pén., dans sa rédaction applicable à l'époque des faits. • Crim. 24 sept. 2014, n° 13-88.602 P : *D. actu. 9 oct. 2014, obs. Fonteix ; D. 2014. 2227, note Saenko ; ibid. 2015. 121, obs. Azéma ; AJ pénal 2014. 592, obs. Ascensi ; JCP G 2014. 1250, note Rebut ; Gaz. Pal. 2014. 2. 3679, note Mésa.*

34. Il résulte de l'art. 706-141-1 C. pr. pén. que le montant d'une saisie pénale en valeur ne doit pas excéder la valeur de la chose susceptible de confiscation ; n'encourt pas la censure l'arrêt d'une chambre de l'instruction qui ne précise pas le montant du produit de chacune des infractions imputées à la personne mise en examen, dès lors que les motifs de la décision mettent la Cour de cassation en mesure de s'assurer que la valeur des biens saisis n'excède pas le montant estimé du produit de celles des infractions qui peuvent donner lieu à confiscation. • Crim. 30 sept. 2015, n° 15-81.744 P : *D. actu. 23 oct. 2015, obs. Fonteix ; Gaz. Pal. 2016. 1017, obs. Leduc.*

35. Il résulte de l'art. 706-141-1 C. pr. pén. que le montant d'une saisie pénale en valeur ne doit pas excéder la valeur du bien susceptible de confiscation ; lorsque plusieurs auteurs ou complices ont participé à un ensemble de faits, soit à la totalité soit à une partie de ceux-ci, chacun d'eux encourt la confiscation du produit de la seule ou des seules infractions qui lui sont reprochées, avec ou non la circonstance de bande organisée, à la condition que la valeur totale des biens confisqués n'excède pas celle du produit total de cette ou de ces infractions ; si le moyen pris de la violation du principe de proportionnalité au regard du droit de propriété est inopérant lorsque la saisie a porté sur la valeur du produit direct ou indirect de l'infraction (• Crim. 5 janv. 2017, n° 16-80.275), le juge qui ordonne la saisie en valeur d'un bien appartenant ou étant à la libre disposition d'une personne, alors qu'il ne résulte pas des pièces de la procédure de présomptions qu'elle a bénéficié de la totalité du produit de l'infraction, doit cependant apprécier, lorsque cette garantie est invoquée, le caractère proportionné de l'atteinte portée au droit de propriété de l'intéressé s'agissant de la partie du produit de l'infraction dont elle n'aurait pas tiré profit. • Crim. 24 oct. 2018, n° 18-80.834 P : *D. actu. 6 déc. 2018, obs. Fonteix ; D. 2018. 2093, et 2263, obs. Tricoire ; ibid. 2019. 53, note Petitprez ; ibid. 344, obs. Ascensi ; AJ pénal 2019. 46, obs. Violeau ; JCP 2018. 1209 ; ibid. 2019. 18, note J.-H. Robert ; Gaz. Pal. 2018, p. 3120, note Mésa ; Dr. pénal 2018, n° 217, obs. Camous.*

36. Le prévenu, M. X..., a été mis en examen des chefs de fraude fiscale, pour s'être frauduleusement soustrait à l'établissement ou au paiement de l'impôt en omettant sciemment de faire ses déclarations annuelles, en dissimulant volontairement une part des sommes sujettes à l'impôt et en organisant son insolvabilité, et de blanchiment de ce délit ; le juge d'instruction a ordonné la saisie du contrat d'assurance vie souscrit au nom de sa fille, Mme Jenna X..., d'un montant de 176 066,45 € ; n'a pas justifié sa décision la cour d'appel qui, pour confirmer cette saisie, s'est fondée sur les interceptions téléphoniques auxquelles il avait été procédé, mais sans s'assurer que Mme X... avait été destinataire d'une copie desdites interceptions, et alors que le montant des sommes figurant sur le contrat d'assurance vie excédait celui du produit de l'infraction, estimé à 149 910 €. • Crim. 30 janv. 2019, n° 18-82.644 P : *D. actu. 4 mars 2019, obs. Gallois.*

37. Saisie de certains biens ou droits mobiliers incorporels (C. pr. pén., art. 706-153 s.). Il résulte de l'art. 706-153 C. pr. pén. qu'au cours de l'enquête préliminaire, le juge des libertés et de la détention, saisi par requête du procureur de la République, peut autoriser par ordonnance motivée la saisie des biens ou droits incorporels dont la confiscation est prévue par l'art. 131-21 C. pén. ; pour réformer l'ordonnance du juge des libertés et de la détention, en date du 31 mai 2016, autorisant le procureur de la République à procéder à la saisie de la somme de 1 081 988 € figurant au crédit d'un compte bancaire ouvert auprès de CIC Helder Est au nom de la société O., mise en cause dans le cadre d'une enquête préliminaire en cours des chefs de travail dissimulé et blanchiment, ladite somme représentant en partie la valeur du produit des infractions, l'arrêt attaqué énonce que l'enquête préliminaire commencée en janv. 2015 n'a, à ce jour, pas donné lieu à une éventuelle décision de poursuite, privant l'intéressée, sur une longue durée, dont le terme n'est pas connu, d'une procédure contradictoire qui lui aurait permis de faire valoir son argumentation afin de s'opposer à la saisie contestée et que la taille et l'implication dans le tissu socio-économique français de la société, filiale de British Airways, rend particulièrement faible le risque de dissipation des sommes qui pourraient être réclamées, tout comme celui de soustraction de cette société à ses obligations qui résulteraient d'une éventuelle condamnation judiciaire ; en se déterminant ainsi par des motifs inopérants relatifs à la durée de la procédure judiciaire en cours et à l'absence de risque de dissipation des fonds sans emport sur la validité de la saisie qui a pu être contestée par l'appelante, alors qu'il lui appartenait seulement de contrôler que le juge des libertés et de la détention avait régulièrement autorisé le procureur de la République à procéder à la saisie de la valeur du produit des infractions représentée en partie par une somme figurant au compte bancaire de la personne morale mise en cause, après s'être assurée de son caractère confiscable en application des conditions légales et avoir précisé le fondement de la mesure, la chambre de l'instruction a méconnu les textes susvisés. • Crim. 5 déc. 2018, n° 18-80.059 P : *D. actu. 11 janv. 2019, obs. Fonteix ; AJ pénal 2019. 159, obs. Hennebois*.

C. SAISIE CONSERVATOIRE

38. C. pr. pén., art. 706-148. D'une part, selon les dispositions de l'art. 706-148 C. pr. pén., dans les cas où l'infraction poursuivie est punie d'au moins cinq ans d'emprisonnement et où la saisie de patrimoine est prévue par le texte de répression, le juge d'instruction peut ordonner la saisie de tout ou partie des biens de la personne concernée ; tel était le cas en l'espèce, le prévenu se voyant reprocher des infractions à la législation sur les stupéfiants et le délit d'association de malfaiteurs ; d'autre part, la saisie en cause, ordonnée à titre conservatoire pour garantir l'exécution de la confiscation encourue en cas de condamnation, ne constitue pas une peine, au sens de l'art. 132-24 C. pén. • Crim. 18 sept. 2012, n° 12-82.759 P : *D. actu. 9 oct. 2012, obs. Léna.*

39. La personnalité morale dont jouit une société civile immobilière ne fait pas obstacle à la saisie par un juge d'instruction de l'actif net résultant d'une vente d'un immeuble de cette société afin de garantir la peine de confiscation à laquelle des associés, qui détiennent de façon indivise 99, 55 % de son capital, sont susceptibles d'être condamnés pour des faits de blanchiment dès lors que ces derniers, qui ont le pouvoir de décider de l'affectation de cet actif, en ont la libre disposition, au sens des art. 131-21 C. pén. et 706-148 C. pr. pén., dans leur rédaction, issue de la loi du 27 mars 2012. • Crim. 23 mai 2013, n° 12-87.473 P : *D. actu. 5 juin 2013, obs. Bombled ; AJ pénal 2013. 482, obs. Ascensi ; JCP 2013, n° 804, note Cutajar ; Gaz. Pal. 2013. 2. 2287, note Mésa ; Dr pénal 2013, Comm. 117, obs. Maron et Haas.*

40. Il se déduit de l'art. 706-148 C. pr. pén. que la chambre de l'instruction, saisie d'un appel formé contre une ordonnance du juge des libertés et de la détention ayant autorisé, sur requête du procureur de la République, la saisie en valeur de biens, peut, en raison de l'effet dévolutif de l'appel, et après débat contradictoire, modifier le fondement légal de la saisie de ces biens dès lors que cette mesure a été précédée d'une requête du ministère public, peu important le fondement visé par celle-ci, et doit, s'il s'agit d'une saisie de patrimoine, l'ordonner elle-même. • Crim., 16 mai 2018, n° 17-83.584 : *D. 2018. 1075 ; ibid. 1719, obs. Ascensi*.

41. Code de procédure pénale, art. 706-150. Il résulte de l'art. 706-150 C. pr. pén. que le juge d'instruction peut, sans recueillir l'avis du ministère public, et sous réserve des droits des propriétaires de bonne foi, saisir les immeubles qui sont l'objet ou le produit, direct ou indirect, de l'infraction ; fait dès lors une exacte application de cet art. la cour d'appel qui, pour confirmer la saisie d'un immeuble par le magistrat instructeur, après avoir constaté que le transfert de la propriété de ce bien, revendiqué par un État étranger tiers à la procédure, n'est pas effectif et que l'immeuble, n'étant pas affecté à la mission diplomatique, ne bénéficie pas de l'immunité prévue à l'art. 22 de la Conv. de Vienne du 18 avr. 1961, relève qu'il est le produit direct de l'infraction de blanchiment poursuivie. • Crim. 5 mars 2014, n° 13-84.977 P : *D. actu. 3 avr. 2014, obs. Fonteix.*

42. Le préjudice dont se prévaut le propriétaire d'un bien saisi au cours d'une information judiciaire, ne trouvant pas sa source dans les infractions poursuivies, est indirect au sens de l'art. 2 C. pr. pén. ; justifie dès lors sa décision la chambre de l'instruction qui déclare irrecevable la constitution de partie civile d'une personne qui allègue comme seul préjudice celui résultant de la saisie du bien dont elle revendique la propriété. • Crim. 5 mars 2014, n° 13-84.978 P : *D. actu. 3 avr. 2014, obs. Fonteix.*

43. Est inopérant le grief consistant à invoquer le caractère disproportionné de la saisie, non pas avec la gravité concrète des faits et la situation personnelle de l'intéressée, mais avec une créance indemnitaire *in futurum* que la saisie n'a pas pour fonction de garantir. • Crim. 16 janv. 2019, n° 17-83.006 : *D. 2019. 131*.

44. Hypothèque provisoire. Pour prendre une ordonnance aux fins d'inscription provisoire d'hypothèque sur un immeuble financé par le produit d'infractions, un juge d'instruction s'est fondé sur les dispositions de l'art. 81 C. pr. pén., dans le but de prévenir toute possibilité de transmission de la propriété de ce bien, et afin de ne pas priver l'État de la perspective d'une confiscation ; mais les dispositions de ce texte n'autorisent pas le juge d'instruction à prendre une telle mesure, et aucune autre ne lui permettait de la prononcer, ni ne l'autorisait à rendre une telle ordonnance. • Versailles, 6 nov. 2009 : *D. 2010. 355, note Cutajar*.

D. SORT DE LA CHOSE CONFISQUÉE

45. Dévolution à l'État. Aux termes de l'art. 131-21 C. pén., la chose confisquée est, sauf disposition particulière prévoyant sa destruction ou son attribution, dévolue à l'État ; encourt la cassation l'arrêt qui, après avoir ordonné la confiscation de sommes saisies, en prononce l'affectation aux pénalités douanières mises à la charge du prévenu, alors qu'aucun texte n'autorise une telle attribution. • Crim. 15 mai 1997, n° 96-81.046 P : *RSC 1998. 97, obs. Bouloc*.

46. Restitution. La personne définitivement acquittée, qui prétend être titulaire de droits sur un bien confisqué par la cour d'assises, peut saisir la chambre de l'instruction d'une requête en incident contentieux relatif à l'exécution, sur le fondement des art. 131-21 C. pén. et 710 C. pr. pén. • Crim. 10 avr. 2019, n° 18-85.370 P : *AJ pénal 2019. 401, obs. Hennebois*.

47. Selon les dispositions des art. 481 et 484 C. pr. pén., lorsque les objets saisis ne sont pas susceptibles de confiscation et ne sont pas revendiqués par un tiers, la juridiction correctionnelle ne peut en refuser la restitution que si celle-ci présente un danger pour les personnes ou les biens ; encourt, dès lors, la cassation l'arrêt de condamnation qui, pour rejeter la demande de restitution d'objets saisis formée par le prévenu, se borne à énoncer qu'il n'a pas établi que ces objets (machine à écrire Brother et 34 disquettes) étaient sa propriété, sans rechercher s'ils étaient revendiqués par un tiers, si leur restitution présentait un danger pour les personnes ou les biens, ou s'ils étaient susceptibles de confiscation en vertu de l'art. 441-10 C. pén. • Crim. 22 mai 1997, n° 96-82.080 P.

48. Il résulte de l'art. 131-21, al. 2, C. pén., ensemble l'art. 710 C. pr. pén., que la confiscation porte sur la chose qui a servi ou était destinée à commettre l'infraction ou sur la chose qui en est le produit, à l'exception des objets susceptibles de restitution ; il en est ainsi lorsque l'objet *appartient à une personne* de bonne foi dont le titre de propriété ou de détention est régulier ; méconnaît ces textes l'arrêt qui rejette la requête en restitution présentée par le propriétaire d'un véhicule ayant servi à commettre le délit d'aide directe ou indirecte à l'entrée et au séjour irrégulier d'étrangers en France, en application de l'art. 21 de l'ordonnance n° 45-2658 du 2 nov. 1945, alors que le requérant n'a pas été poursuivi du chef du délit ayant donné lieu au prononcé de la confiscation, et que l'intéressé soutenait avoir prêté le véhicule au prévenu en ignorant l'usage qui en serait fait ; dès lors, les juges du fond auraient dû apprécier le bien-fondé de la demande au regard de cette argumentation. • Crim. 13 avr. 1999, n° 97-85.443 P : *Dr. pénal 1999. 110, obs. Véron ; RSC 1999. 811, obs. Bouloc*.

49. Selon l'art. 482 C. pr. pén., le jugement qui rejette une demande de restitution est susceptible d'appel de la part de la personne qui a formé cette demande ; devant le tribunal correctionnel saisi du vol commis par le prévenu dans la caravane appartenant à leurs parents, les parties civiles ont, par conclusions régulièrement déposées, sollicité la restitution des objets volés en ce lieu, que les enquêteurs avaient placés sous scellés ; le tribunal ayant, sans motiver sa décision, ordonné la restitution de l'un de ces scellés et la confiscation des autres, elles ont, seules, formé appel de cette décision ; pour rejeter leur demande de restitution des objets confisqués, la cour d'appel énonce que celle-ci ne peut être ordonnée à leur profit dès lors que la confiscation prononcée par les premiers juges, dont n'ont formé appel ni le condamné ni le ministère public, est devenue définitive ; en se déterminant ainsi, alors que la confiscation ordonnée par le tribunal s'analysait, à l'égard des parties civiles, en un refus de restitution sur lequel elle devait statuer, la cour d'appel a méconnu le sens et la portée du texte susvisé et du principe ci-dessus rappelé. • Crim. 26 janv. 2016, n° 14-86.030 P : *D. actu. 10 févr. 2016, obs. Fonteix*.

50. Sur la possibilité, pour le propriétaire de bonne foi, de s'adresser au juge pénal, après la condamnation, pour obtenir la restitution des biens confisqués. • Versailles, 6 juill. 2016 : *JCP 2016. 984, note Perrier*.

51. Prescription. La confiscation portant sur la chose qui est le produit de l'infraction, prévue par l'art. 131-21, al. 2, C. pén., constitue une peine complémentaire soumise aux dispositions de l'art. 133-3 dudit code relatives à la prescription des peines ; encourt la censure l'arrêt qui écarte l'exception de prescription de la mesure de confiscation, ordonnée à titre de peine complémentaire par une cour d'appel, portant sur une somme d'argent saisie sur un compte bancaire, sans s'être assurée que la décision avait été transmise, pour exécution, au comptable du Trésor public, dans le délai de cinq ans à compter de la date à laquelle la décision de condamnation est devenue définitive. • Crim. 26 juin 2007, n° 06-87.935 P.

Loi nº 47-520 du 21 mars 1947, *relative à diverses dispositions d'ordre financier.*

Art. 19 Toute décision judiciaire prononçant la confiscation totale ou partielle d'un patrimoine est publiée par extrait au *Journal officiel* et *(L. nº 2019-486 du 22 mai 2019, art. 3)* « sur un support habilité à recevoir des annonces légales dans le » département à la diligence du ministère public.

Art. 20 Tous détenteurs à un titre quelconque, tous gérants de biens meubles ou immeubles appartenant directement, indirectement ou par personne interposée, à des personnes dont le patrimoine est confisqué en totalité ou en partie, tous débiteurs de sommes, valeurs ou objets de toute nature envers les mêmes personnes, pour quelque cause que ce soit, doivent en faire la déclaration dans le délai de trois mois à dater de la publication au *Journal officiel* de l'extrait de la décision de confiscation ou de tout acte donnant lieu à déclaration.

Doivent être notamment déclarées les actions, parts de fondateurs, obligations et, d'une façon générale, toutes participations et tous intérêts dans les sociétés, maisons de commerce, entreprises ou exploitations quelconques ; l'obligation de la déclaration incombe, dans les sociétés, à tous associés en nom, gérants, directeurs ou administrateurs.

L'obligation de déclarer s'étend à tous actes et conventions affectant le patrimoine des personnes précitées, notamment ceux visés par l'article 24, 2e alinéa, ci-après, ainsi qu'aux biens qui viendraient à échoir à ces personnes.

Elle incombe également à toute personne qui a connaissance de la détention des biens, dans le cas où elle les a déposés ou fait déposer chez les détenteurs.

Si plusieurs personnes ont qualité, à quelque titre que ce soit, pour faire une même déclaration, elles y sont conjointement tenues, sauf à se concerter éventuellement pour n'effectuer qu'une seule et même déclaration.

Lorsque la confiscation d'un patrimoine a été précédée de sa mise sous séquestre, les personnes qui ont souscrit une déclaration au cours du séquestre n'ont pas à la renouveler pour les biens compris dans ladite déclaration.

Art. 21 La déclaration est faite par deux lettres recommandées, avec avis de réception, adressées, l'une au procureur de la République, l'autre au directeur des Domaines.

La compétence du procureur de la République et du directeur des Domaines est déterminée par le domicile ou la résidence du déclarant.

Art. 22 Il est fait, par le déclarant, une déclaration distincte pour chacune des personnes dont les biens sont à déclarer.

La déclaration doit contenir toutes indications utiles sur le nom et l'adresse du déclarant, la personne dont les biens sont confisqués en totalité ou en partie, la nature et la consistance exacte de ces biens ainsi que leur situation.

S'il s'agit de créances ou de toutes autres obligations, la déclaration indique le titre en vertu duquel intervient le déclarant, la date de la convention qui crée ce titre, la nature du droit, la désignation de l'objet sur lequel porte ce droit et les clauses et conditions diverses qui l'affectent.

La déclaration est appuyée, s'il y a lieu, par la copie certifiée conforme de tous documents utiles.

Art. 23 Les infractions et tentatives d'infractions, commises de mauvaise foi, aux dispositions des articles 20 à 22 ci-dessus seront punies d'un emprisonnement de cinq ans et d'une amende de 45 000 € ou de l'une seulement de ces deux peines *(Abrogé par L. nº 2009-526 du 12 mai 2009, art. 122-XVI)* « *, celles-ci pouvant être doublées en cas de récidive* ».

Seront punis des mêmes peines ceux qui, connaissant la provenance de biens dépendant d'un patrimoine confisqué, auront, à un titre ou par un moyen quelconque, facilité ou tenté de faciliter la soustraction de ces biens aux mesures de confiscation ou participé à cette soustraction.

Tout détournement de ces biens sera puni des peines ci-dessus prévues.

Art. 24 Est nul tout acte à titre onéreux ou gratuit, entre vifs ou testamentaire, accompli soit directement, soit par personne interposée ou tout autre moyen indirect, dans la mesure où il a eu pour but de soustraire des biens aux mesures de confiscation susceptibles de les atteindre.

Sauf preuve contraire qui peut être faite par tous moyens, tout acte de disposition ou d'administration est présumé avoir été accompli en vue de soustraire les biens aux mesures de confiscation s'il n'est pas établi qu'il est antérieur au 1er juin 1944.

Pour un exemple d'application : • Rennes, 6 déc. 1948 : *D. 1949. 189.*

Art. 25 L'annulation est prononcée par *(Ord. n° 2019-738 du 17 juill. 2019, art. 16)* « jugement du président du tribunal judiciaire statuant selon la procédure accélérée au fond », parties appelées, à la requête du ministère public sur le rapport du directeur des Domaines.

Au cas d'annulation d'un contrat à titre onéreux, le prix n'est restitué que dans la mesure où il a été effectivement versé.

Pour un exemple d'application : • Rennes, 6 déc. 1948 : *D. 1949. 189.*

Art. 26 Tout créancier chirographaire d'un patrimoine dont la confiscation totale ou partielle est prononcée doit déclarer le montant de sa créance dans les conditions prévues à l'article 20 et fournir toutes justifications nécessaires pour son admission au passif grevant les biens confisqués.

Une créance délictuelle ou quasi délictuelle n'existe et ne peut produire d'intérêts moratoires que du jour où elle est allouée judiciairement, la victime n'ayant, jusqu'à la décision de justice qui lui accorde une indemnité, ni titre de créance, ni droit reconnu dont elle puisse se prévaloir. • Crim. 4 mai 1939 : *Bull. crim. n° 107* • 5 mars 1942 : *ibid. n° 17* • 8 nov. 1945 : *ibid. n° 109 ; D. 1946. 95.* ♦ Il a cependant été jugé, contrairement à cette jurisprudence, que l'État, qui a recueilli les biens d'une personne condamnée à la confiscation, est tenu, à concurrence de l'actif recueilli, des dommages intérêts alloués à un tiers postérieurement à la confiscation, à raison de faits délictuels commis avant celle-ci. • T. civ. Bordeaux, 21 mai 1947 : *JCP 1947. II. 3901, note J. Mazeaud ; Gaz. Pal. 1947. 2. 190* • T. civ. Seine, 16 juill. 1947 : *JCP 1947. II. 3791, note J. Mazeaud.*

Art. 27 Les créanciers chirographaires qui n'ont pas souscrit ladite déclaration dans un délai de six mois à dater de la publication prévue à l'article 19 ne peuvent plus exercer d'action contre les patrimoines ou contre le produit de leur réalisation pour la quote-part des biens dévolus à l'État.

Les créanciers qui se seraient trouvés dans l'impossibilité de faire valoir leurs droits dans ce délai par suite d'une cause légitime telle qu'absence, éloignement du territoire métropolitain, incapacité ou non-liquidation de la créance, pourront dans le délai maximum de trois ans, demander à être relevés de la forclusion. Les demandes seront instruites et jugées *(Ord. n° 2019-738 du 17 juill. 2019, art. 16)* « *[par le président du tribunal judiciaire]* selon la procédure accélérée au fond ».

Art. 28 Les créanciers chirographaires, hypothécaires ou privilégiés d'un patrimoine confisqué en totalité ou en partie peuvent être remboursés avant l'exigibilité de leur créance, nonobstant toutes clauses contraires.

BIBL. ► VOIRIN, *JCP 1946. I. 504 ; D. 1947. Chron. 89.* – LAMBERT, *D. 1950. Chron. 29.*

Art. 131-21-1 *(L. n° 2007-297 du 5 mars 2007, art. 25)* **Lorsqu'elle est encourue comme peine complémentaire, la confiscation d'un animal ou d'une catégorie d'animal concerne l'animal qui a été utilisé pour commettre ou tenter de commettre l'infraction ou à l'encontre duquel l'infraction a été commise.**

Elle concerne également les animaux dont le condamné est propriétaire ou dont il a la libre disposition, si ces animaux étaient susceptibles d'être utilisés pour commettre l'infraction ou si l'infraction aurait pu être commise à leur encontre.

La juridiction qui prononce la confiscation de l'animal prévoit qu'il sera remis à une fondation ou à une association de protection animale reconnue d'utilité publique ou déclarée, qui pourra librement en disposer.

Si l'animal n'a pas été placé en cours de procédure, le condamné doit, sur injonction qui lui est faite par le ministère public, le remettre à l'organisme visé à l'alinéa précédent. Les dispositions du quatrième alinéa de l'article 131-21 sont également applicables.

Lorsque l'animal a été placé en cours de procédure, la juridiction qui ordonne sa confiscation peut mettre les frais de placement à la charge du condamné.

Lorsqu'il s'agit d'un animal dangereux, la juridiction peut ordonner qu'il soit procédé à son euthanasie, le cas échéant aux frais du condamné.

Art. 131-21-2 *(L. nº 2007-297 du 5 mars 2007, art. 25)* **Lorsqu'elle est encourue à titre de peine complémentaire, l'interdiction de détenir un animal peut être limitée à certains animaux ou certaines catégories d'animaux.**

Lorsqu'elle est encourue pour un crime ou un délit, cette interdiction est soit définitive, soit temporaire ; dans ce dernier cas, elle ne peut excéder une durée de cinq ans.

Art. 131-22 **La juridiction qui prononce la peine de travail d'intérêt général fixe le délai pendant lequel le travail d'intérêt général doit être accompli dans la limite de dix-huit mois. Le délai prend fin dès l'accomplissement de la totalité du travail d'intérêt général ; il peut être suspendu provisoirement pour motif grave d'ordre médical, familial, professionnel ou social.** *(L. nº 2009-1436 du 24 nov. 2009, art. 68)* **« Ce délai est suspendu pendant le temps où le condamné est assigné à résidence avec surveillance électronique, est placé en détention provisoire, exécute une peine privative de liberté ou accomplit les obligations du service national. Toutefois, le travail d'intérêt général peut être exécuté en même temps qu'une assignation à résidence avec surveillance électronique, qu'un placement à l'extérieur, qu'une semi-liberté ou qu' »** *(L. nº 2019-222 du 23 mars 2019, art. 74-X et 109-XIX, en vigueur le 24 mars 2020)* **« une détention à domicile sous surveillance électronique** *[ancienne rédaction : un placement sous surveillance électronique]*. **»**

(L. nº 2021-401 du 8 avr. 2021, art. 5, en vigueur au plus tard le 8 oct. 2021) **« La suspension du délai prévu au premier alinéa est décidée par le juge de l'application des peines dans » le ressort duquel le condamné a sa résidence habituelle ou, s'il n'a pas en France sa résidence habituelle, par le juge de l'application des peines du tribunal qui a statué en première instance.**

(L. nº 2021-401 du 8 avr. 2021, art. 5, en vigueur au plus tard le 8 oct. 2021) **« Le directeur du service pénitentiaire d'insertion et de probation ou son représentant est compétent pour décider des modalités d'exécution de l'obligation d'accomplir un travail d'intérêt général, sauf si le juge de l'application des peines décide d'exercer cette compétence. Le poste de travail choisi par le directeur du service pénitentiaire d'insertion et de probation, son représentant ou le juge de l'application des peines doit être adapté à la situation de la personne condamnée et de nature à favoriser sa réinsertion sociale et professionnelle. »**

(L. nº 2003-495 du 12 juin 2003, art. 5) **« Lorsque la personne a été condamnée pour un délit prévu par le code de la route ou sur le fondement des articles 221-6-1, 222-19-1, 222-20-1 et 434-10, elle accomplit de préférence la peine de travail d'intérêt général dans un des établissements spécialisés dans l'accueil des blessés de la route. »**

Au cours du délai prévu par le présent article, le condamné doit satisfaire aux mesures de contrôle déterminées *(L. nº 2019-222 du 23 mars 2019, art. 71-VII et 109-XIX, en vigueur le 24 mars 2020 ; L. nº 2019-1480 du 28 déc. 2019, art. 10)* **« à l'article 132-44. »** *(Abrogé par L. nº 2021-401 du 8 avr. 2021, art. 5, à compter au plus tard du 8 oct. 2021)* ***« Il doit en outre se soumettre à l'examen médical préalable à l'exécution de la peine qui a pour but de rechercher s'il n'est pas atteint d'une affection dangereuse pour les autres travailleurs et de s'assurer qu'il est médicalement apte au travail auquel il est envisagé de l'affecter. »***

Ancien art. 131-22, dernier al. ***Au cours du délai prévu par le présent article, le condamné doit satisfaire aux mesures de contrôle déterminées par l'article 132-55.***

V. art. R. 131-12 s.

V. Circ. CRIM nº 2011-12/E3 du 19 mai 2011 (BOMJ, nº 2011-05).

Corresp. : *C. pén., ancien art. 43-3-1.*

BIBL. ► V. ss. art. 131-8.

1. Durée du délai. Il résulte des dispositions de l'art. 43-3-1 C. pén. que le tribunal fixe, dans la limite de dix-huit mois, le délai pendant lequel le travail d'intérêt général doit être accompli ; encourt la cassation l'arrêt qui fixe ce délai à deux ans. • Crim. 30 mai 1989, nº 88-84.491 P.

2. Point de départ du délai. Sous réserve de l'application de l'art. 471, al. 4, C. pr. pén., qui permet aux juges de prescrire l'exécution provisoire, la condamnation, au titre de l'art. 43-3-1 C. pén., à l'accomplissement d'un travail d'intérêt général est exécutoire à compter du jour où elle est définitive, ainsi que le prévoit l'art. 708 C. pr.

pén., et doit être subie dans le délai imparti par la décision de condamnation. • Crim. 1er mars 1988, ☎ n° 87-85.443 P. ♦ Le point de départ de ce délai ne saurait être différé, quelle qu'en soit la cause, en raison du retard apporté par le juge de l'application des peines à rendre la décision prévue par l'art. R. 61-12 C. pr. pén. (nouvel art. R. 131-23 C. pén.), qui ne constitue qu'une modalité d'exécution de la peine prononcée. • Même arrêt. ♦ Et si l'art. 43-3-1 C. pén., en ses al. 3 et 4, autorise le juge de l'application des peines, pour les motifs énoncés par ce texte, à suspendre le cours de ce délai, il ne lui donne pas le pouvoir d'en déterminer le point de départ. • Même arrêt.

Art. 131-23 **Le travail d'intérêt général est soumis aux prescriptions législatives et réglementaires relatives au travail de nuit, à l'hygiène, à la sécurité ainsi qu'au travail des femmes et des jeunes travailleurs. Le travail d'intérêt général peut se cumuler avec l'exercice de l'activité professionnelle.**

Art. 131-24 **L'État répond du dommage ou de la part du dommage qui est causé à autrui par un condamné et qui résulte directement de l'application d'une décision comportant l'obligation d'accomplir un travail d'intérêt général.**

L'État est subrogé de plein droit dans les droits de la victime.

L'action en responsabilité et l'action récursoire sont portées devant les tribunaux de l'ordre judiciaire.

Art. 131-25 **En cas de condamnation à une peine de jours-amende, le montant global est exigible à l'expiration du délai correspondant au nombre de jours-amende prononcés.**

(L. n° 2019-222 du 23 mars 2019, art. 85) **« Sous réserve des dispositions de l'article 747-1-1 du code de procédure pénale, le »** *(L. n° 2004-204 du 9 mars 2004, art. 173, en vigueur le 1er janv. 2005)* **« défaut total ou partiel du paiement de ce montant entraîne l'incarcération du condamné pour une durée correspondant au nombre de jours-amende impayés. Il est procédé comme en matière de contrainte judiciaire. » La détention ainsi subie est soumise au régime des peines d'emprisonnement.**

V. Circ. CRIM-05-5-E8 du 21 mars 2005 relative à la contrainte judiciaire et à la peine de jours-amende (BOMJ 2005, n° 97, p. 94 s.).

BIBL. ▸ SALVAGE, *Dr. pénal 2000. Chron. 1* (l'inexécution d'une peine insusceptible d'exécution forcée, source de responsabilité pénale).

Art. 131-26 **L'interdiction des droits civiques, civils et de famille porte sur :**

1° Le droit de vote ; – *Élect. L. 117.*

2° L'éligibilité ; – *Élect. L. 117.*

3° Le droit d'exercer une fonction juridictionnelle ou d'être expert devant une juridiction, de représenter ou d'assister une partie devant la justice ; – *Pr. pén. 256.*

4° Le droit de témoigner en justice autrement que pour y faire de simples déclarations ;

5° Le droit d'être tuteur ou curateur ; cette interdiction n'exclut pas le droit, après avis conforme du juge des tutelles, le conseil de famille entendu, d'être tuteur ou curateur de ses propres enfants.

L'interdiction des droits civiques, civils et de famille ne peut excéder une durée de dix ans en cas de condamnation pour crime et une durée de cinq ans en cas de condamnation pour délit.

La juridiction peut prononcer l'interdiction de tout ou partie de ces droits.

L'interdiction du droit de vote ou l'inéligibilité prononcées en application du présent article emportent interdiction ou incapacité d'exercer une fonction publique. – *Pén. 132-21.*

Corresp. : *C. pén., anciens art. 42 et 43.*

RÉP. PÉN. v° *Interdiction des droits civiques, civils et de famille*, par RENAUT.

BIBL. ▸ MAYAUD, *RLCT 2013, n° 2596, p. 66* (le droit pénal des élections).

A. RÉGIME DE L'INTERDICTION

1. Application dans le temps. Contient des dispositions plus douces l'art. 222-45 C. pén., qui prévoit seulement la peine complémentaire facultative de l'interdiction des droits civiques, civils et de famille pour les personnes coupables notamment du crime de viol, alors que selon les dispositions des art. 28, 34 et 463 C. pén. applicables au moment des faits, toute condamnation à une peine criminelle emportait la dégradation civique, cette peine n'ayant un caractère facultatif que dans des hypothèses où une peine correctionnelle était prononcée pour des faits qualifiés de crime par la loi. • Crim. 11 janv. 1995, n° 94-82.649 P : *Dr. pénal 1995. 114, obs. Véron* • 1er févr. 1995, n° 94-83.459 P • 15 mars 1995 : *D. 1995. IR 130.* ♦ C'est donc à bon droit que, faisant application des art. 222-23 et 222-45 C. pén., une cour d'assises prononce pour une durée de dix ans l'interdiction des droits civiques, civils et de famille prévue par l'art. 131-26 du même code à l'encontre d'un condamné pour viol sur mineur de quinze ans par ascendant légitime. • Crim. 15 mars 1995 : *préc.* ♦ Si, à la date des faits, aucune peine complémentaire n'était expressément prévue pour le crime de viol par ascendant, la condamnation à une peine correctionnelle pour crime pouvait emporter, par application de l'art. 463, al. 2, ancien C. pén., la dégradation civique pour cinq ans au moins et dix ans au plus ; à cette peine a pu être substituée la peine complémentaire, moins sévère, de la privation des droits civiques, civils et de famille prévue par l'art. 131-26 nouveau du même code. • Crim. 21 janv. 1998, n° 96-86.603 P : *RSC 1998. 761, obs. Bouloc*.

2. Aux termes de l'art. 112-1 C. pén., les dispositions nouvelles s'appliquent aux infractions commises avant leur entrée en vigueur et n'ayant pas donné lieu à une condamnation passée en force de chose jugée lorsqu'elles sont moins sévères que les dispositions anciennes ; tel est le cas de l'art. 131-26 nouv. C. pén., qui édicte une peine moins sévère dans sa durée que la dégradation civique, prévue par les art. 28 et 34 anc. C. pén., laquelle, en excluant à perpétuité les condamnés à une peine criminelle de toutes fonctions, emplois ou offices publics, et en leur interdisant de déposer en justice autrement que pour y donner de simples renseignements, les privait nécessairement de l'exercice de fonctions juridictionnelles et du droit de représenter ou d'assister une partie devant les tribunaux. • Crim. 15 oct. 1997, n° 96-85.743 P • 14 oct. 1998, n° 97-84.730 P. ♦ ... C'est donc à bon droit que, faisant application de l'art. 221-9 C. pén., une cour d'assises prononce pour une durée de 10 ans l'interdiction des droits civiques, civils et de famille prévue par l'art. 131-26 C. pén. à l'encontre d'une personne condamnée à 18 ans de réclusion criminelle pour complicité d'assassinat et tentative d'assassinat, faits commis antérieurement à l'entrée en vigueur de l'art. 131-26. • Crim. 15 oct. 1997, n° 96-85.743 P : *préc.* ♦ ... De même, c'est à bon droit qu'une cour d'assises, faisant application des art. 222-23 et 222-45 C. pén., a prononcé pour une durée de 10 ans l'interdiction des droits civiques, civils et de famille prévue par l'art. 131-26 du même code. • Crim. 14 oct. 1998 : *préc.*

3. Cassation de l'arrêt de la cour d'appel qui, pour des délits de fraude fiscale commis en 1990 et 1991, a infligé au prévenu la peine complémentaire de 5 ans d'interdiction des droits civiques, civils et de famille, prévue tant par l'art. 42 C. pén. alors applicable que par l'art. 131-26 C. pén. entré en vigueur le 1er mars 1994 ; en prononçant ainsi, sans constater l'état de récidive, alors qu'avant la L. du 29 déc. 1994, qui a modifié l'art. 1741 CGI, la privation des droits civiques n'était édictée en matière de fraude fiscale que contre les récidivistes, la juridiction du second degré a méconnu l'art. 112-1 C. pén. • Crim. 19 sept. 1996, n° 96-80.436 P.

4. Les dispositions pénales nouvelles ne s'appliquent aux infractions commises avant leur entrée en vigueur que lorsqu'elles sont moins sévères que les dispositions anciennes ; la peine d'amende prévue par l'art. 175 anc. C. pén., égale au quart des restitutions et indemnités, ne peut être prononcée si les juges n'ont au préalable fixé le montant de ces dernières ; si les peines d'emprisonnement avec sursis et d'interdiction définitive d'exercer toute fonction publique, qui entrent à la fois dans les prévisions de l'art. 175 anc. et des art. 432-12, 432-17 et 131-27 C. pén., n'encourent pas la censure, les juges ne peuvent prononcer une peine d'amende en l'absence de toutes restitutions ou indemnités, ni la peine complémentaire de l'interdiction des droits civiques, civils et de famille, qui n'était pas encourue avant le 1er mars 1994, date d'entrée en vigueur des art. 432-12, 432-17 et 131-26 C. pén. • Crim. 5 nov. 1998, n° 97-80.419 P.

5. Les dispositions de droit transitoire prévues par l'art. 370 de la L. du 16 déc. 1992, qui ne définit pas une peine, ont pour seul objet de maintenir, postérieurement au 1er mars 1994, les effets de l'incapacité électorale résultant, pour toutes les personnes se trouvant dans cette situation, des condamnations pénales définitives prononcées avant cette date et visées par l'art. L. 5 C. élec., dans sa rédaction initiale, et, d'autre part, elles ne privent pas le condamné du droit de solliciter, en application de l'art. 702-1 C. pr. pén., le relèvement de cette incapacité, de sorte qu'elles ne portent atteinte aux principes d'égalité devant la loi et de nécessité et d'individualisation des peines découlant des art. 6 et 8 de la DDH invoqués. • Crim. 14 nov. 2012, n° 12-85.319 QPC : *AJ pénal 2013. 358, obs. Herzog-Evans*.

6. Prononcé. La majorité qualifiée, imposée par l'art. 362 C. pr. pén. pour le prononcé du maximum de la peine privative de liberté, n'a pas à être réunie pour l'application du maximum de la peine complémentaire de l'interdiction des droits civiques, civils et de famille prévue par l'art. 131-26 C. pén. • Crim. 1er févr. 1995, n° 94-83.257 P.

7. Doit être prononcée à la suite d'une délibération commune de la cour et du jury prise dans les conditions posées par l'art. 362 C. pr. pén. l'interdiction temporaire des droits énumérés à l'art. 131-26 C. pén. laquelle constitue une peine complémentaire. • Crim. 8 févr. 1995, n° 94-82.321 P.

8. Motivation. Aucune disposition légale n'impose au juge de motiver le choix d'une peine autre que l'emprisonnement sans sursis, telle l'interdiction des droits civiques énumérés aux 1° et 2° de l'art. 131-26 C. pén. • Crim. 16 déc. 1997, n° 96-82.509 P. ♦ Dans la limite du maximum qu'il fixe, l'art. 131-26 C. pén. offre aux juges une faculté dont ils ne doivent aucun compte. • Crim. 19 avr. 2000, n° 99-84.052 P. ♦ Aucune disposition légale ou conventionnelle n'impose au juge de motiver le choix de la peine d'interdiction des droits civiques, civils et de famille. • Crim. 31 janv. 2007, n° 06-85.070 P: *D. 2007. AJ 1017 ; AJ pénal 2007. 219, note Nord-Wagner ; JCP 2007. IV. 1550.*

9. Durée. Selon l'art. 131-26 C. pén., l'interdiction des droits civiques, civils et de famille est une peine complémentaire, qui ne peut excéder 10 ans en matière criminelle ; encourt la cassation l'arrêt d'une cour d'assises qui, omettant de juger la durée de l'interdiction, prononce ainsi une peine perpétuelle. • Crim. 1er mars 1995, n° 94-84.034 P. ♦ S'agissant d'une peine complémentaire, la cassation a lieu par voie de retranchement et sans renvoi. • Même arrêt. ♦ Méconnaît l'art. 131-26 C. pén. l'arrêt qui, après avoir condamné l'accusé à la peine de 13 ans de réclusion criminelle pour coups ou violences volontaires commis avec une arme et ayant entraîné une infirmité permanente, a prononcé l'interdiction des droits civiques, civils et de famille sans en préciser la durée. • Crim. 4 oct. 1995 : *Gaz. Pal. 1996. 1, chron. crim. 28.* ♦ Encourt la cassation partielle, sur un moyen relevé d'office, l'arrêt qui, en méconnaissance de l'art. 131-26 C. pén., prononce une peine de l'interdiction des droits civiques, civils et de famille sans en préciser la durée ; la cassation prononcée doit, par application de l'art. 612-1 C. pr. pén., avoir effet à l'égard du coprévenu, non demandeur au pourvoi, contre lequel cette peine complémentaire a été prononcée dans les mêmes conditions. • Crim. 4 déc. 1996, n° 96-82.038 P : *RSC 1997. 829, obs. Bouloc.*

10. Si une cour d'appel n'encourt aucune censure pour avoir prononcé contre le demandeur, déclaré coupable de faux et usage de faux, la privation pendant dix ans des droits énumérés par l'art. 42 C. pén. alors applicable, il résulte de l'art. 131-26 C. pén. entré en vigueur le 1er mars 1994 que l'interdiction des droits civiques, civils et de famille ne peut excéder une durée de 5 ans en cas de condamnation pour délit ; dès lors, la *peine maximale plus douce*, prévue par la loi nouvelle, doit lui être substituée. • Crim. 12 déc. 1994 : *BJS 1995. 150.* ♦ Selon l'art. 131-26 nouv. C. pén., applicable en vertu de l'art. 112-1, al. 3, aux infractions commises avant son entrée en vigueur, l'interdiction des droits civiques, civils et de famille ne peut excéder une durée de 5 ans en cas de condamnation pour délit ; a méconnu les textes susvisés la cour d'appel qui, après avoir déclaré coupables les deux prévenus, l'un de trafic d'influence, l'autre de recel de fonds provenant de cette infraction, a prononcé à leur égard, à titre de peine complémentaire, l'interdiction des droits civiques, civils et de famille pendant 10 ans. • Crim. 30 oct. 1995 : *Gaz. Pal. 1996. 1, chron. crim. 47.*

11. Selon l'art. 131-26 C. pén., l'interdiction des droits civiques, civils et de famille peut être portée à 10 ans en cas de condamnation pour crime ; c'est, dès lors, à bon droit qu'une cour d'assises prononce cette interdiction, pendant 10 ans, contre l'auteur d'une crime, alors même qu'il n'a été condamné qu'à une peine correctionnelle d'emprisonnement. • Crim. 4 nov. 1998, n° 97-86.146 P : *RSC 1999. 579, obs. Bouloc.*

12. Point de départ. V. ss. art. 131-29.

13. Mineurs. Sur l'impossibilité de prononcer à l'encontre d'un mineur les peines prévues aux art. 131-25 à 131-35, en application de l'ordonnance n° 45-174 du 2 févr. 1945 (art. 20-4), V. App., v° *Enfance – Enfance délinquante.*

B. MESURES D'INTERDICTION

14. Droit de vote. – Éligibilité (art. 131-26, al. 1er, 1° et 2°). Les peines de privation de droit de vote et d'élection ou d'éligibilité, qui concernent l'exercice des droits civiques, sont des peines de même nature ; cassation, pour violation des art. L. 6 C. élect. et 131-26 C. pén., du jugement qui, pour rejeter une demande d'inscription sur une liste électorale d'une personne qui soutient avoir recouvré ses droits de vote et d'éligibilité, après avoir relevé que, par l'effet de la confusion prononcée, la privation de droits d'éligibilité doit être considérée comme échue le 2 janv. 2001, retient que la peine prononcée le 6 mars 1997 (interdiction des droits civils, du droit de vote et de l'éligibilité pendant cinq ans), qui a un champ privatif plus large que la précédente, est d'une autre nature que celle-ci, et que la confusion étant, dès lors, impossible entre les peines d'inéligibilité et d'incapacité électorale, l'intéressé reste privé du droit de vote. • Civ. 2e, 8 févr. 2001, n° 01-60.027 P. ♦ Il ressort des dispositions des art. 131-26 C. pén. et L.O. 296, LO 127 et L. 2 C. élect. que les personnes qui ne jouissent pas de leurs droits civils et politiques sont inéligibles au Sénat. • Cons. const. 16 sept. 2014, décis. n° 2014-22-D : *JO 17 sept.*

15. L'art. 131-26 C. pén. ne limite pas l'inéligibilité aux mandats électoraux dans le cadre desquels ou à l'occasion desquels l'infraction a été commise. • Crim. 7 mars 2012, n° 11-81.918.

16. Représentation ou assistance d'une partie devant la justice (art. 131-26, al. 1er, 3°). L'interdiction du droit de représenter ou d'assister une partie devant la justice, prévue par l'art. 131-26, 3°, C. pén., ne peut être prononcée pour des motifs antérieurs au 1er mars 1994. • Crim. 30 avr. 1996, n° 94-86.107 P • 19 juin 1996, n° 95-83.756 P : *RSC 1997. 373, obs. Bouloc* • 30 juin 1999, n° 98-82.009 P. ♦ ... Ce droit n'étant pas compris dans ceux énumérés par l'art. 42 C. pén. alors applicable. • Crim. 6 juin 1996, n° 95-80.924 P : *Dr. pénal 1996. 241, obs. Véron ; RSC 1997. 373, obs. préc. Bouloc* • 13 mars 1997, n° 95-85.766 P • 12 nov. 1998, n° 97-82.954 P : *D. Affaires 1999. 257* • 30 juin 1999, n° 97-85.764 P : *D. Affaires 1999. 1290.*

17. Témoignage en justice (art. 131-26, al. 1er, 4°). Pour des applications de l'incapacité de déposer en justice, sur le fondement de l'interdiction légale aujourd'hui disparue (ancien art. 34 C. pén.). • Crim. 8 févr. 1989, n° 88-82.890 P • 10 mars 1993, n° 92-84.050 P.

18. Tutelle ou curatelle (art. 131-26, al. 1er, 5°). Doit être cassée la décision qui, en prononçant l'interdiction de toute tutelle ou curatelle, omet d'en déterminer la durée. • Crim. 13 juill. 1966, n° 65-93.918 P.

19. Fonction publique (art. 131-26, al. 4). L'interdiction ou l'incapacité d'exercer une fonction publique prévue par l'art. 131-26 C. pén. en conséquence de l'inéligibilité vise toutes les fonctions publiques, y compris électives ; en revanche, l'art. 131-27 C. pén., qui définit le régime des peines complémentaires d'interdiction d'exercice d'une fonction publique ou d'une activité professionnelle ou sociale n'a eu ni pour objet, ni pour effet d'abroger les dispositions prévoyant la perte des mandats électifs en cas d'inéligibilité ; est en conséquence rejetée la requête tendant à faire annuler le décret constatant, en application de ces dispositions, qu'il est mis fin au mandat de représentant au Parlement européen exercé par le requérant. • CE 6 oct. 2000 : *JCP 2000 Actu. n° 45.*

Art. 131-26-1 *(L. n° 2013-907 du 11 oct. 2013, art. 27)* **Dans les cas prévus par la loi et par dérogation au septième alinéa de l'article 131-26, la peine d'inéligibilité mentionnée au 2° du même article peut être prononcée pour une durée de dix ans au plus à l'encontre d'une personne exerçant une fonction de membre du Gouvernement ou un mandat électif public au moment des faits.**

Art. 131-26-2 *(L. n° 2017-1339 du 15 sept. 2017)* **I. — Le prononcé de la peine complémentaire d'inéligibilité mentionnée au 2° de l'article 131-26 et à l'article 131-26-1 est obligatoire à l'encontre de toute personne coupable d'un délit mentionné au II du présent article ou d'un crime.**

Cette condamnation est mentionnée au bulletin n° 2 du casier judiciaire prévu à l'article 775 du code de procédure pénale pendant toute la durée de l'inéligibilité.

II. — Les délits pour lesquels l'inéligibilité est obligatoirement prononcée sont les suivants :

1° Les délits prévus aux articles 222-9, 222-11, 222-12, 222-14, 222-14-1, 222-14-4, 222-15, 222-15-1 et 222-27 à 222-33-2-2 du présent code ;

2° Les délits prévus aux articles 225-1 à 225-2 ;

3° Les délits prévus aux articles 313-1, 313-2 et 314-1 à 314-3, ainsi que leur recel ou leur blanchiment ;

4° Les délits prévus au chapitre Ier du titre II du livre IV ;

5° Les délits prévus aux articles 432-10 à 432-15, 433-1 et 433-2, 434-9, 434-9-1, 434-43-1, 435-1 à 435-10 et 445-1 à 445-2-1, ainsi que leur recel ou leur blanchiment ;

6° Les délits prévus aux articles 441-2 à 441-6, ainsi que leur recel ou leur blanchiment ;

7° Les délits prévus aux articles L. 86 à L. 88-1, L. 91 à L. 104, L. 106 à L. 109, L. 111, L. 113 et L. 116 du code électoral ;

8° Les délits prévus aux articles 1741 et 1743 du code général des impôts, lorsqu'ils sont commis en bande organisée ou lorsqu'ils résultent de l'un des comportements mentionnés aux 1° à 5° *(L. n° 2018-898 du 23 oct. 2018, art. 36)* **« du II » de l'article L. 228 du livre des procédures fiscales, ainsi que leur recel ou leur blanchiment ;**

9° Les délits prévus aux articles L. 465-1 à L. 465-3-3 du code monétaire et financier, ainsi que leur recel ou leur blanchiment ;

10° Les délits prévus aux articles L. 241-3 et L. 242-6 du code de commerce, ainsi que leur recel ou leur blanchiment ;

11° Les délits prévus à l'article L. 113-1 du code électoral et à l'article 11-5 de la loi n° 88-227 du 11 mars 1988 relative à la transparence financière de la vie politique ;

12° Les délits prévus au I de l'article L.O. 135-1 du code électoral et à l'article 26 de la loi n° 2013-907 du 11 octobre 2013 relative à la transparence de la vie publique ;

[Dispositions déclarées non conformes à la Constitution par la Décis. n° 2017-752 DC du 8 sept. 2017.]

14° Le délit de participation à une association de malfaiteurs prévu à l'article 450-1 du présent code, lorsqu'il a pour objet un crime ou un délit mentionné aux 1° à 13° du présent II.

III. — Toutefois, la juridiction peut, par une décision spécialement motivée, décider de ne pas prononcer la peine prévue par le présent article, en considération des circonstances de l'infraction et de la personnalité de son auteur.

Art. 131-27 Lorsqu'elle est encourue à titre de peine complémentaire pour un crime ou un délit, l'interdiction d'exercer une fonction publique ou d'exercer une activité professionnelle ou sociale est soit définitive, soit temporaire ; dans ce dernier cas, elle ne peut excéder une durée de cinq ans.

(L. n° 2008-776 du 4 août 2008, art. 70) « L'interdiction d'exercer une profession commerciale ou industrielle, de diriger, d'Administrer de gérer ou de contrôler à un titre quelconque, directement ou indirectement, pour son propre compte ou pour le compte d'autrui, une entreprise commerciale ou industrielle ou une société commerciale est soit définitive, soit temporaire ; dans ce dernier cas, elle ne peut excéder une durée de *(L. n° 2013-1117 du 6 déc. 2013, art. 2)* « quinze *[ancienne rédaction : dix]* » ans. »

Cette interdiction n'est pas applicable à l'exercice d'un mandat électif ou de responsabilités syndicales. Elle n'est pas non plus applicable en matière de délit de presse. — *Pén. 434-40.*

RÉP. PÉN. v° *Interdiction et incapacité professionnelle*, par Bouloc.

BIBL. ▸ Couvrat, *RSC 2003. 598* (la durée des interdictions professionnelles prononcées par les juridictions pénales). – Matsopoulou, *Dr. pénal 2009. Étude 6* (portée de la peine accessoire d'interdiction commerciale résultant de condamnations antérieures à la loi du 4 août 2008). – Redon, *D. 2009. Chron. 1226* (l'interdiction commerciale et industrielle, ou la disparition des peines automatiques). – Mascala, *D. 2009. Pan. 1726* (loi de modernisation de l'économie du 4 août 2008 et réforme des incapacités commerciales) ; *D. 2009. Pan. 1727* (dispositions pénales de l'Ord. du 18 déc. 2008 portant réforme du droit des entreprises en difficulté).

1. Constitutionnalité – QPC. La question prioritaires de constitutionnalité est ainsi rédigée : « Les dispositions prévues par l'art. 131-27 C. pén. en ce qu'elles prévoient la possibilité pour les autorités juridictionnelles de prononcer une peine d'interdiction d'exercer une profession sans réserver l'hypothèse selon laquelle cette même interdiction est susceptible d'être prononcée à l'encontre de la même personne pour les mêmes faits par l'ordre professionnel concerné, méconnaît l'art. 8 de la DDH du 26 août 1789 et le principe de non cumul des peines » ; ... la question posée ne revêt pas un caractère sérieux dès lors que l'art. 131-27 C. pén. ne prévoit pas la possibilité, pour les autorités juridictionnelles, de prononcer une peine d'interdiction d'exercer une profession mais fixe la durée de cette peine susceptible d'être prononcée sur le fondement d'autres textes ; d'où il suit qu'il n'y a pas lieu de renvoyer la question au Conseil constitutionnel. • Crim. 26 janv. 2011, n° 10-85.340 : *D. actu. 15 févr. 2011, obs. Lavric.*

2. Application dans le temps. Pour une application de l'art. 131-27 à des faits antérieurs au 1er mars 1994 : ... en raison de son caractère moins sévère. • Crim. 19 déc. 1994 : *BJS 1995. 108* • 11 janv. 1995, n° 94-82.649 P : *Dr. pénal 1995. 114, obs. Véron.* ♦ ... En raison de son caractère équivalent. • Crim. 5 nov. 1998, n° 97-80.419 P.

3. Les dispositions d'une loi nouvelle s'appliquent aux infractions commises avant leur entrée en vigueur et n'ayant pas donné lieu à une condamnation passée en force de chose jugée, lorsqu'elles sont moins sévères que les dispositions anciennes ; suite à une condamnation de la CEDH, l'Assemblée plénière de la Cour de cassation réexamine un pourvoi précédemment rejeté ; l'intéressé ayant été condamné notamment à 10 ans d'interdiction d'exercer une profession commerciale, en application de l'art. 4 de la L. du 30 août 1947, il y a lieu d'annuler l'arrêt en ce qu'il a prononcé une telle peine, ces dispositions étant plus sévères que celles de l'art. 131-27 C. pén., applicable depuis le 1er mars 1994. • Cass., ass. plén., 22 nov. 2002, n° 92-82.460 P : *BICC, 1er févr. 2003, p. 5, avis Fréchède, et rapp. Challe ; D. 2003. IR 108, et la note ; JCP 2003. II. 10042,* note Jeandidier ; *Dr. pénal 2003. 37, obs. J.-H. Robert ; Gaz. Pal. 2003. 2. 2424,* note *Monnet ; RSC 2003. 325, obs. Bouloc.*

4. A justifié sa décision la cour d'appel qui a déclaré un prévenu coupable d'avoir exercé des fonctions de dirigeant de société malgré une interdiction de gérer, dès lors que, par application des dispositions de l'art. 6 du décret-loi du 8 août 1935, alors en vigueur au moment des faits, la condamnation pour escroquerie ou abus de confiance entraînait de plein droit une interdiction de gérer d'une durée illimitée, et qu'au surplus le prévenu n'a pas invoqué devant les juges du fond avoir fait l'objet, à titre de peine complémentaire, d'une interdiction de gérer d'une durée limitée dans le temps. • Crim. 17 oct. 2007 : *Dr. pénal 2008. 11, obs. J.-H. Robert.*

5. Fonctions et activités visées. L'activité de sapeur-pompier volontaire est l'une des activités professionnelles ou sociales dont l'exercice peut, en application des art. 131-10 et 131-27 C. pén., et selon les distinctions prévues par l'art. 131-28 dudit code, faire l'objet d'une interdiction, soit définitive, soit temporaire, à titre de peine complémentaire. • Crim. 2 nov. 2005, n° 05-82.004 P : *AJ pénal 2006. 121* .

6. Pour prononcer à l'encontre du prévenu à titre de peine complémentaire, une interdiction d'exercer la profession d'avocat pendant cinq ans, l'arrêt relève que les délits principaux de faux et usage ont été commis par l'expert-comptable du cabinet professionnel du prévenu, sur ses instructions, et que ce dernier, étant avocat, avait connaissance de l'impossibilité dans laquelle il se trouvait de gérer une société ; en l'état de ces motifs qui établissent que les infractions de complicité de faux et d'usage ont été commises par le prévenu à l'occasion de l'exercice de sa profession d'avocat, la cour d'appel a justifié sa décision. • Crim. 14 janv. 2009, n° 08-82.539 : *Gaz. Pal. 2009. 1. 1985, note J.-G.M.*

7. Motivation. Aucune disposition légale n'impose au juge de motiver le choix d'une peine autre que l'emprisonnement sans sursis ; ainsi de l'interdiction définitive d'exercer la chirurgie plastique et réparatrice. • Crim. 19 oct. 2004, n° 04-80.317 P : *D. 2005. Pan. 1527, obs. Roujou de Boubée* ; *Dr. pénal 2005. 19, obs. Véron ; RSC 2005. 70, obs. Fortis* .

8. Durée. L'art. 201 de la L. du 25 janv. 1985 (devenu art. L. 626-6 C. com.), qui permet au juge répressif de prononcer l'interdiction de gérer, de diriger ou d'administrer toute entreprise commerciale ou artisanale ou personne morale, n'impose nullement que la durée en soit limitée ; par ailleurs, selon l'art. 131-27 C. pén., l'interdiction d'exercer une activité professionnelle, lorsqu'elle est encourue à titre de peine complémentaire pour un crime ou un délit, est soit définitive, soit limitée à une durée de cinq ans ; il ne saurait donc être reproché à l'arrêt de n'avoir pas fixé la durée de l'interdiction. • Crim. 6 août 1996, n° 96-80.053 P : *Dr. pénal 1996. 268, obs. J.-H. Robert.* ♦ Le demandeur, déclaré coupable de banqueroute, ne saurait faire grief à l'arrêt attaqué de l'avoir condamné à 30 ans d'interdiction de gérer ou administrer toute entreprise commerciale ou artisanale ou toute personne morale, en application des art. 192 et 201 de la L. du 25 janv. 1985, dès lors que ces dispositions n'entrant pas dans les prévisions de l'art. 131-27 C. pén., la durée de l'interdiction est illimitée et que les juges l'ont partiellement relevé de cette mesure. • Crim. 5 août 1998 : *Dr. pénal 1999. 42, obs. J.-H. Robert.* ♦ Déclarés coupables de banqueroute, des prévenus ne sauraient faire grief à l'arrêt attaqué de les avoir condamnés à 10 ans d'interdiction de gérer ou administrer toute entreprise commerciale ou toute personne morale, en application des art. 192 et 201 de la L. du 25 janv. 1985, dès lors que ces dispositions n'entrant pas dans les prévisions de l'art. 131-27 C. pén., la durée de l'interdiction est illimitée et que les juges les ont partiellement relevés de cette mesure. • Crim. 27 oct. 1999 : *Dr. pénal 2000. 48, obs. J.-H. Robert.* ♦ *Contra* : l'interdiction d'exercer une activité professionnelle ou sociale est soit définitive soit temporaire ; dans ce dernier cas, elle ne peut excéder une durée de cinq ans ; méconnaît l'art. 131-27 C. pén. et ses principes la cour d'appel qui, après avoir déclaré une personne coupable de banqueroute, l'a condamnée à dix ans d'interdiction de diriger, gérer, administrer ou contrôler toute entreprise commerciale, artisanale, agricole et toute personne morale, en application des art. L. 625-8 et L. 626-6 C. com. ; d'où il suit que la cassation est encourue ; qu'elle aura lieu sans renvoi, la Cour de cassation étant en mesure d'appliquer directement la règle de droit et de mettre fin au litige, ainsi que le permet l'art. L. 131-5 COJ. • Crim. 8 janv. 2003, n° 02-82.555 P : *Dr. pénal 2003. 46 (2e arrêt), obs. Véron, et 47, obs. J.-H. Robert.*

9. Mandat électif. L'interdiction ou l'incapacité d'exercer une fonction publique prévue par l'art. 131-26 C. pén. en conséquence de l'inéligibilité vise toutes les fonctions publiques, y compris électives ; en revanche, l'art. 131-27 C. pén., qui définit le régime des peines complémentaires d'interdiction d'exercice d'une fonction publique ou d'une activité professionnelle ou sociale n'a eu ni pour objet, ni pour effet d'abroger les dispositions prévoyant la perte des mandats électifs en cas d'inéligibilité ; est en conséquence rejetée la requête tendant à faire annuler le décret constatant, en application de ces dispositions, qu'il est mis fin au mandat de représentant au Parlement européen exercé par le requérant. • CE 6 oct. 2000 : *JCP 2000. Actu. n° 45.*

10. Incapacités commerciales-Loi du 4 août 2008. Fait une exacte application des dispositions des art. 441-10 et 131-27 C. pén. relatives à l'interdiction d'exercer l'activité professionnelle dans l'exercice ou à l'occasion de laquelle l'infraction a été commise, qui n'ont pas été modifiées par la L. du 4 août 2008, la cour d'appel qui prononce une peine complémentaire d'interdiction de gérer, d'administrer ou de diriger toute entreprise commerciale, artisanale ou toute personne morale pour sanctionner les délits de faux et usage commis par le prévenu à l'occasion de ses fonctions de gérant de société. • Crim. 6 mai 2009, n° 08-85.201 P : *D. 2009. Pan. 1719, obs. Degorce*.

Art. 131-28 **L'interdiction d'exercer une activité professionnelle ou sociale peut porter soit sur l'activité professionnelle ou sociale dans l'exercice de laquelle ou à l'occasion de laquelle l'infraction a été commise, soit sur toute autre activité professionnelle ou sociale définie par la loi qui réprime l'infraction.** — *Pén. 434-40.*

RÉP. PÉN. v° *Interdiction et incapacité professionnelle*, par Bouloc.

Exécution provisoire. Les peines complémentaires encourues pour certains crimes ou délits en application des art. 131-10, 131-27 et 131-28 C. pén. peuvent, en vertu de l'art. 471, al. 4, C. pr. pén. être déclarées exécutoires par provision. • Crim. 2 nov. 2005, n° 05-82.004 P : *AJ pénal 2006. 121*.

Art. 131-29 **Lorsque l'interdiction d'exercer tout ou partie des droits énumérés à l'article 131-26, ou l'interdiction d'exercer une fonction publique ou une activité professionnelle ou sociale, accompagne une peine privative de liberté sans sursis, elle s'applique dès le commencement de cette peine et son exécution se poursuit, pour la durée fixée par la décision de condamnation, à compter du jour où la privation de liberté a pris fin.** — *Pén. 434-40.*

RÉP. PÉN. v° *Interdiction des droits civiques, civils et de famille*, par Renaut.

1. *Point de départ de l'interdiction.* Conformément aux règles qui régissent l'exécution des sentences pénales, le point de départ de l'interdiction des droits énumérés à l'art. 131-26 C. pén. – s'agissant d'une peine qui, par nature, n'exige aucun acte d'exécution – est nécessairement fixé au jour où la condamnation devient définitive ; toutefois, il résulte de l'art. 131-29 C. pén., que, si l'interdiction de séjour s'applique ou continue de s'appliquer pendant l'incarcération de la personne condamnée simultanément à une peine privative de liberté sans sursis, la durée de cette détention ne s'impute pas, contrairement à celle d'une détention intervenue pour autre cause, sur celle de l'interdiction telle que prononcée par les juges : encourt donc la cassation l'arrêt de cour d'appel énonçant que la détention à intervenir dans le cadre de l'exécution de la peine principale s'imputera sur la durée de l'interdiction. • Crim. 29 mars 1995, n° 94-84.139 P : *RSC 1996. 117, obs. Bouloc*.

2. C'est à bon droit qu'en application des dispositions de l'art. 708, al. 1er, C. pr. pén., un tribunal d'instance, qui constate le caractère définitif de la condamnation pénale d'un candidat aux élections municipales, par un arrêt d'une cour d'appel du 4 déc. 1997, à la peine de trois années d'interdiction des droits de vote et d'éligibilité énoncés à l'art. 131-26, 1° et 2° C. pén., dont les dispositions, moins sévères, ont été déclarées applicables au délit commis avant son entrée en vigueur, mentionne que, conformément aux règles qui régissent l'exécution des sentences pénales, le point de départ de l'interdiction des droits énumérés à l'art. 131-26 C. pén., s'agissant d'une peine qui par nature n'exige aucun acte d'exécution, est nécessairement fixé au jour où la condamnation devient définitive. • Civ. 2e, 18 mai 2000, n° 00-60.099 P.

Art. 131-30 **Lorsqu'elle est prévue par la loi, la peine d'interdiction du territoire français peut être prononcée, à titre définitif ou pour une durée de dix ans au plus, à l'encontre de tout étranger coupable d'un crime ou d'un délit.**

L'interdiction du territoire entraîne de plein droit la reconduite du condamné à la frontière, le cas échéant, à l'expiration de sa peine d'emprisonnement ou de réclusion.

(L. n° 97-396 du 24 avr. 1997) **« Lorsque l'interdiction du territoire accompagne une peine privative de liberté sans sursis, son application est suspendue pendant le délai d'exécution de la peine. Elle reprend, pour la durée fixée par la décision de condamnation, à compter du jour où la privation de liberté a pris fin. »**

(L. n° 2003-1119 du 26 nov. 2003, art. 78) **« L'interdiction du territoire français prononcée en même temps qu'une peine d'emprisonnement ne fait pas obstacle à ce que cette peine fasse l'objet, aux fins de préparation d'une demande en relèvement, de mesures de semi-liberté, de placement à l'extérieur, de** *(L. n° 2019-222 du 23 mars 2019, art. 74-X et 109-XIX)* **« détention à domicile sous surveillance électronique** *[ancienne rédaction : placement sous surveillance électronique]* **» ou de permissions de sortir. »**

RÉP. PÉN. v° *Interdictions judiciaires du territoire français*, par Saas.

BIBL. ▶ Nasri, *Dr. pénal 2000. Chron. 5* (fondement de l'interdiction du territoire français). – Van der Meeren, *AJDA 2003. 1854* (« double peine »). – Jacopin, *Dr. pénal 2006. Étude nº 9* (la réception par les lois pénales françaises contemporaines de l'art. 8 Conv. EDH).

1. Jurisprudence européenne. Sur le fondement de l'art. 8, § 2, Conv. EDH relatif au droit au respect de la vie privée et familiale, V. : ... pour des exemples d'ingérence nécessaire et proportionnée à la défense de l'ordre et à la prévention des infractions pénales. • CEDH 8 déc. 1998, *Benrachid c/ France : JCP 2001. II. 10503 (1er arrêt), note Lévinet* • 9 mars 1999, *Djaid c/ France : JCP 2001. II. 10503 (2e arrêt), note Levinet* • 30 nov. 1999, *Baghli c/ France : JCP 2001. II. 10503 (3e arrêt), note Levinet.* ♦ ... Pour un exemple d'ingérence non nécessaire ou disproportionnée. • CEDH 13 févr. 2001, *Ezzouhdi c/ France : D. 2001. IR 74 ; Gaz. Pal. 2002. 2. 1404, note Huet.*

2. Peine principale. Pour une interdiction du territoire français prononcée à titre de peine principale dans des poursuites du chef d'aide à l'entrée, à la circulation ou au séjour irrégulier d'un étranger en France (Ord. nº 45-2658 du 2 nov. 1945, art. 21). • Paris, 3 juill. 1998 : *Dr. pénal 1999. 3, obs. Véron.*

3. Nationalité étrangère. Un accusé ne saurait faire grief à la cour d'assises d'avoir prononcé à son encontre une interdiction définitive du territoire français, dès lors qu'il n'a à aucun moment, et notamment après la lecture de l'arrêt de renvoi lui attribuant la nationalité algérienne, fait état de sa nationalité française. • Crim. 13 nov. 1996, nº 96-80.531 P.

4. Réfugiés. Aucune disposition de la Convention de Genève du 28 juill. 1951 ne s'oppose à ce qu'une juridiction répressive puisse prononcer l'interdiction du territoire français à l'encontre d'un réfugié condamné pour un crime ou pour un délit. • Crim. 26 mars 1997, nº 95-84.948 P : *Dr. pénal 1997. 112 (1er arrêt), obs. J.-H. Robert.*

5. Demande de visa. Il résulte des dispositions des art. 5 de l'Ord. nº 45-2658 du 2 nov. 1945 et 131-30 C. pén. que l'autorité consulaire, saisie d'une demande de visa par un étranger frappé d'une peine d'interdiction du territoire français, est tenue, sauf dans le cas où la demande de visa est motivée par l'obligation faite à l'étranger de comparaître personnellement devant une juridiction française, de refuser le visa sollicité ; dans la mesure où il ressort du dossier que le ressortissant tunisien a été condamné notamment à une peine d'interdiction définitive du territoire français pour trafic de stupéfiants, par un jugement du tribunal correctionnel de Toulouse, le consul général de France à Tunis était tenu de lui refuser le visa qu'il avait demandé pour rendre visite à sa femme et à ses enfants qui résident en France ; il ne peut, dès lors, utilement soutenir que le refus qui lui a été opposé méconnaît les stipulations de l'art. 8 Conv. EDH. • CE 15 nov. 2000 : *D. 2000. IR 299.*

6. Reconduite à la frontière. Viole l'art. 35 *bis* de l'Ord. nº 45-2658 du 2 nov. 1945 et l'art. 131-30 C. pén., selon lequel l'interdiction du territoire entraîne de plein droit la reconduite du condamné à la frontière, un premier président qui, saisi d'une demande de prolongation d'une mesure de rétention d'un étranger condamné à une interdiction temporaire du territoire français, énonce que le juge doit examiner si l'étranger ne remplit pas les conditions de l'art. 25 de l'Ord. préc., alors que la reconduite à la frontière était une mesure d'exécution de plein droit de la peine d'interdiction du territoire français. • Civ. 2e, 3 juill. 2003, nº 02-50.039 P

7. Relèvement. Les décisions relatives à l'entrée, au séjour et à l'éloignement des étrangers n'emportent pas contestation sur des droits ou obligations de caractère civil du requérant ni n'ont trait au bien-fondé d'une accusation en matière pénale dirigée contre lui, au sens de l'art. 6, § 1, Conv. EDH ; partant, l'art. 6, § 1, ne trouve pas à s'appliquer en l'espèce, où le requérant alléguait que la durée de la procédure en relèvement de l'interdiction du territoire français, qu'il introduisit le 12 août 1994 et qui s'acheva avec un arrêt de la cour d'appel du 26 janv. 1998, avait dépassé le délai raisonnable de l'art. 6, § 1, Conv. EDH. • CEDH 5 oct. 2000 : *D. 2001. Somm. 2346, obs. de Lamy.*

8. Le droit à un recours effectif devant une instance nationale n'est garanti qu'aux personnes qui justifient d'un grief sérieux d'atteinte à un droit reconnu par la Conv. EDH ; encourt la censure l'arrêt qui, pour déclarer recevable la requête aux fins de relèvement de la mesure d'interdiction définitive du territoire français accompagnant la peine de huit ans d'emprisonnement prononcée contre lui pour infractions à la législation sur les stupéfiants, constate que depuis l'exécution de sa peine privative de liberté, l'intéressé vit et travaille en France depuis six ans, de tels éléments, qui découlaient de la situation irrégulière en France du requérant, ne constituant pas un grief sérieux d'atteinte à un droit protégé par l'art. 8, § 1, de la Convention. • Crim. 13 juin 2007, nº 06-86.065 P : *RSC 2008. 415, obs. Poncela.*

9. Le juge répressif doit rechercher, au jour où il statue sur une requête en relèvement de la peine complémentaire d'interdiction définitive du territoire français, si le maintien de la mesure respecte un juste équilibre entre, d'une part, le droit au respect de la vie privée et familiale du requérant et, d'autre part, les impératifs de sûreté publique, de prévention des infractions pénales et de protection de la santé publique, prévus par l'art. 8 Conv. EDH. • Crim. 30 mars 2011, n° 09-86.641 P : *D. actu. 2 mai 2011, obs. Bombled ; D. 2011. Actu. 1221, obs. Bombled*.

10. Prescription. La peine d'interdiction définitive du territoire français ne peut être prescrite, dès lors que cette peine privative de droit n'exige, en application de l'art. 131-30, al. 2, C. pén., aucun acte d'exécution. • Crim. 7 janv. 2009, n° 08-82.892 P : *D. 2009. Pan. 2828, obs. Roujou de Boubée*.

Art. 131-30-1 *(L. n° 2003-1119 du 26 nov. 2003, art. 78)* **En matière correctionnelle, le tribunal ne peut prononcer l'interdiction du territoire français que par une décision spécialement motivée au regard de la gravité de l'infraction et de la situation personnelle et familiale de l'étranger lorsqu'est en cause :**

1° Un étranger, ne vivant pas en état de polygamie, qui est père ou mère d'un enfant français mineur résidant en France, à condition qu'il établisse contribuer effectivement à l'entretien et à l'éducation de l'enfant dans les conditions prévues par l'article 371-2 du code civil depuis la naissance de celui-ci ou depuis au moins un an ;

2° Un étranger marié depuis au moins *(L. n° 2006-911 du 24 juill. 2006, art. 75-I)* **« trois** *[ancienne rédaction : deux]* **» ans avec un conjoint de nationalité française, à condition que ce mariage soit antérieur aux faits ayant entraîné sa condamnation, que la communauté de vie n'ait pas cessé** *(L. n° 2006-911 du 24 juill. 2006, art. 75-I)* **« depuis le mariage » et que le conjoint ait conservé la nationalité française ;**

3° Un étranger qui justifie par tous moyens qu'il réside habituellement en France depuis plus de quinze ans, sauf s'il a été, pendant toute cette période, titulaire d'une carte de séjour temporaire *(L. n° 2016-274 du 7 mars 2016, art. 57-IV, en vigueur au plus tard le 1er nov. 2016)* **« ou pluriannuelle » portant la mention "étudiant" ;**

4° Un étranger qui réside régulièrement en France depuis plus de dix ans, sauf s'il a été, pendant toute cette période, titulaire d'une carte de séjour temporaire *(L. n° 2016-274 du 7 mars 2016, art. 57, en vigueur au plus tard le 1er nov. 2016)* **« ou pluriannuelle » portant la mention "étudiant" ;**

5° Un étranger titulaire d'une rente d'accident du travail ou de maladie professionnelle servie par un organisme français et dont le taux d'incapacité permanente est égal ou supérieur à 20 %.

V. C. pr. pén., art. 41, prévoyant des restrictions de réquisitions du ministère public en matière d'interdiction du territoire français.

Sur le prononcé de la peine d'interdiction du territoire français, V. Circ. CRIM. n° 2004-01 E3 du 9 janv. 2004 (BOMJ 2004, n° 93).

BIBL. ▶ LIGER, *AJ pénal 2004. 102* (réforme de la double peine). – PONCELA, *RSC 2004. 434* (étrangers et droit des sanctions pénales).

1. Droits de la défense. Selon les art. 131-30-1 et 131-30-2 C. pén., le juge répressif ne peut prononcer la peine d'interdiction du territoire sans que le prévenu, présent ou représenté à l'audience, ait pu faire valoir ses observations sur sa situation au regard des dispositions desdits articles ; il ne résulte d'aucune mention de l'arrêt que le prévenu, présent à l'audience, a pu présenter ses observations sur sa situation au regard des art. 131-30-1 et 131-30-2 C. pén., avant d'être condamné à une peine d'interdiction définitive du territoire ; en cet état, la Cour de cassation n'est pas en mesure de s'assurer de la légalité de la décision rendue ; d'où il suit que la cassation est encourue de ce chef. • Crim. 11 juin 2008, n° 07-83.024 P : *D. 2008. AJ 1830* • Crim. 4 janv. 2011 : *Dr. pénal 2011. 48, obs. Véron.*

2. Charge de la preuve. Il appartient au prévenu, qui se prévaut d'une situation susceptible de relever des prévisions des art. 131-30-1 ou 131-30-2 C. pén., d'apporter à la juridiction les éléments de nature à lui permettre de s'en assurer ; par suite, la cour d'appel, qui retient qu'un prévenu se prévalant des dispositions de l'art. 131-30-1, 4°, C. pén. ne justifie pas résider régulièrement en France depuis plus de dix ans, n'inverse pas la charge de la preuve de la durée de ce séjour. • Crim. 31 mars 2015, n° 14-86.584 P.

3. Motivation spéciale. En ce sens que le principe de la motivation spéciale n'est pas incompatible avec l'art. 8 Conv. EDH, et pour des exemples de conformité reconnue audit article, V. : • Crim. 6 mai 1997, n° 95-82.746 P : *Gaz. Pal. 1998. 2. 739* • 19 juin 1997, n° 96-84.226 P • 3 juin 1998, n° 97-83.387 P • 29 févr. 2000, n° 98-80.518 P.

4. Le respect par la Cour et le jury des dispositions de l'art. 362 C. pr. pén. apporte la garantie que la décision sur la peine d'interdiction du territoire français est prise en considération de la gravité de l'infraction et de la situation personnelle et familiale du condamné ; la délibération et le vote de la Cour et du jury tiennent ainsi lieu de motivation spéciale, pour l'application de cette peine, dans les cas visés par l'art. 131-30 C.

pén. (ancienne rédaction). • Crim. 9 oct. 1996, n° 95-84.243 P : *Dr. pénal 1997. 19, obs. Véron* • 18 févr. 2004, n° 03-82.789 P : *Gaz. Pal. 2004. 2. 3235, note Monnet.*

5. Motive spécialement sa décision au regard des dispositions de l'art. 131-30 C. pén. (ancienne rédaction), la cour d'appel qui condamne un prévenu à l'interdiction temporaire du territoire français, en relevant que la gravité de l'infraction justifie la peine prononcée à l'encontre de l'étranger, lequel ne produit aucun document prouvant l'ancienneté de sa présence en France et soutient être père de deux enfants, nés en France, de son union avec une étrangère, également en situation irrégulière. • Crim. 4 nov. 1999, n° 98-87.822 P : *RSC 2000. 603, obs. Bouloc* .

6. Encourt la cassation l'arrêt de la cour d'appel qui : ... prononce une peine d'interdiction temporaire du territoire français sans motiver spécialement sa décision, comme le lui en fait obligation l'art. 131-30, al. 5, C. pén. (ancienne rédaction), au regard de la situation personnelle et familiale de l'intéressé, qui faisait valoir qu'il était marié à un conjoint de nationalité française. • Crim. 12 janv. 2000, n° 99-80.661 P : *RSC 2000. 818, obs. Bouloc* . ♦ ... En application de l'art. 222-48 C. pén., prononce l'interdiction définitive du territoire français à l'encontre d'un étranger, déclaré coupable d'infractions à l'art. 222-37 dudit, lequel invoquait la durée de sa résidence en France et le fait qu'il est le père d'enfants français, sans motiver le choix de cette peine au regard de sa situation personnelle et familiale. • Crim. 27 avr. 2000, n° 99-84.559 P : *Dr. pénal 2000. 99, obs. Véron.* ♦ ... Pour condamner le prévenu, de nationalité congolaise, à cinq ans d'interdiction du territoire français pour infraction à la législation sur les stupéfiants, relève qu'il a écoulé de l'héroïne en quantité importante et que la gravité des faits qui lui sont imputés en mettant en péril la santé physique et morale d'une population déjà fragile justifie dans un but de prévention générale la peine prononcée, sans motiver le choix de cette peine au regard de la situation personnelle et familiale dudit prévenu, qui a invoqué la durée de sa résidence en France et le fait qu'il est le père de deux enfants à charge nés et résidant dans ce pays. • Crim. 11 janv. 2001, n° 00-82.609 : *Dr. pénal 2001. 59, obs. Véron.*

Art. 131-30-2 *(L. n° 2003-1119 du 26 nov. 2003, art. 78)* **La peine d'interdiction du territoire français ne peut être prononcée lorsqu'est en cause :**

1° Un étranger qui justifie par tous moyens résider en France habituellement depuis qu'il a atteint au plus l'âge de treize ans ;

2° Un étranger qui réside régulièrement en France depuis plus de vingt ans ;

3° Un étranger qui réside régulièrement en France depuis plus de dix ans et qui, ne vivant pas en état de polygamie, est marié depuis au moins *(L. n° 2006-911 du 24 juill. 2006, art. 75-II)* **« quatre** *[ancienne rédaction : trois]* **» ans avec un ressortissant français ayant conservé la nationalité française, à condition que ce mariage soit antérieur aux faits ayant entraîné sa condamnation et que la communauté de vie n'ait pas cessé** *(L. n° 2006-911 du 24 juill. 2006, art. 75-II)* **« depuis le mariage » ou, sous les mêmes conditions, avec un ressortissant étranger relevant du 1° ;**

4° Un étranger qui réside régulièrement en France depuis plus de dix ans et qui, ne vivant pas en état de polygamie, est père ou mère d'un enfant français mineur résidant en France, à condition qu'il établisse contribuer effectivement à l'entretien et à l'éducation de l'enfant dans les conditions prévues par l'article 371-2 du code civil depuis la naissance de celui-ci ou depuis au moins un an ;

5° Un étranger qui réside en France sous couvert du titre de séjour *(Ord. n° 2020-1733 du 16 déc. 2020, art. 10, en vigueur le 1er mai 2021)* **« prévu à l'article L. 425-9** *[ancienne rédaction : prévu par le 11° de l'article L. 313-11]* **» du code de l'entrée et du séjour des étrangers et du droit d'asile** *[ancienne rédaction : « 12 bis de l'ordonnance n° 45-2658 du 2 novembre 1945 relative aux conditions d'entrée et de séjour des étrangers en France »]* **».**

Les dispositions prévues au 3° et au 4° ne sont toutefois pas applicables lorsque les faits à l'origine de la condamnation ont été commis à l'encontre du conjoint ou des enfants de l'étranger *(L. n° 2006-911 du 24 juill. 2006, art. 77-II)* **« ou de tout enfant sur lequel il exerce l'autorité parentale ».**

Les dispositions du présent article ne sont pas applicables aux atteintes aux intérêts fondamentaux de la nation prévus par les chapitres Ier, II et IV du titre Ier du livre IV et par les articles 413-1 à 413-4, 413-10 et 413-11, ni aux actes de terrorisme prévus par le titre II du livre IV, ni aux infractions en matière de groupes de combat et de mouvements dissous prévues par les articles 431-14 à 431-17, ni aux infractions en matière de fausse monnaie prévues aux articles 442-1 à 442-4.

Sur le prononcé de la peine d'interdiction du territoire français, V. Circ. CRIM. n° 2004-01 E3 du 9 janv. 2004 (BOMJ 2004, n° 93).

BIBL. ▶ PONCELA, *RSC 2004. 434* (étrangers et droit des sanctions pénales).

1. Application dans le temps. Aux termes de l'art. 112-1 C. pén., les dispositions nouvelles s'appliquent aux infractions commises avant leur entrée en vigueur et n'ayant pas donné lieu à une condamnation passée en force de chose jugée lorsqu'elles sont moins sévères que les dispositions anciennes ; tel est le cas de l'art. 131-30-2 du même code qui édicte que la peine d'interdiction du territoire ne peut être prononcée dans cinq cas énumérés par ce texte, et, notamment, lorsque est en cause un étranger qui réside sous couvert d'un titre de séjour prévu par le 11° de l'art. 12 *bis* de l'Ord. du 2 nov. 1945 ; doit, dès lors, être annulé l'arrêt rendu postérieurement à l'entrée en vigueur de ce texte, et doit être ordonné un nouvel examen de l'affaire, lorsque l'étranger concerné allègue être titulaire d'un tel titre de séjour. • Crim. 6 janv. 2004, n° 03-80.245 P : *Gaz. Pal. 2004. 2. Somm. 3375, obs. Monnet ; D. 2005. Pan. 1522, obs. Roujou de Boubée*.

2. Charge de la preuve. Un demandeur ne saurait se faire un grief de ce que, sans s'en expliquer spécialement, la cour d'appel ait confirmé la peine complémentaire d'interdiction du territoire français qui avait été prononcée par les premiers juges pour une durée de trois ans, dès lors qu'il s'est abstenu de se prévaloir d'une situation susceptible de relever des prévisions des art. 131-30-1 ou 131-30-2 C. pén. • Crim. 29 mars 2007, n° 6-84.445 P : *AJ pénal 2007. 279, obs. Leblois-Happe ; Dr. pénal 2007. 81 (1re esp.), obs. Véron.*

3. Motivation spéciale. Pour prononcer une peine complémentaire d'interdiction du territoire français qui n'a pas été ordonnée par les juges du premier degré, la cour d'appel doit spécialement motiver sa décision en vérifiant au préalable que le prévenu n'entre pas dans l'une des catégories de personnes visées aux art. 131-30-1 et 131-30-2 C. pén. ; en l'absence de cette vérification et de toute motivation spécifique, l'arrêt encourt la censure pour insuffisance de motifs. • Crim. 15 mars 2006, n° 05-86.648 P : *Gaz. Pal. 2006. 2. 3322, note Monnet.*

4. Après avoir déclaré les prévenues coupables de racolage, l'arrêt attaqué les a condamnées, chacune, à cinq ans d'interdiction du territoire français ; en statuant ainsi, sans rechercher si les prévenues ne se trouvaient pas dans l'un des cas prévus par les art. 131-30-1 et 131-30-2 C. pén., la cour d'appel n'a pas justifié sa décision. • Crim. 4 oct. 2006 : *Dr. pénal 2007. 17, obs. Véron.*

5. Ne justifie pas sa décision la cour d'appel qui, pour prononcer une peine de dix ans d'interdiction du territoire français, énonce que la requérante n'est pas en possession d'un titre de séjour délivré « au regard de son état de santé » et que son pays d'origine offre la possibilité de soins nécessaires à une bonne prise en charge de sa maladie par un personnel compétent, sans rechercher si la situation de la prévenue entrait dans les prévisions des art. 131-30-2, 5°, C. pén. et L. 313-11, 11°, CESEDA et alors que l'appréciation de la gravité de cet état de santé et des soins qu'il exigeait relevait de la compétence exclusive du préfet saisi de la demande de renouvellement du titre. • Crim. 26 juin 2013, n° 13-80.594 P.

Art. 131-31 **La peine d'interdiction de séjour emporte défense de paraître dans certains lieux déterminés par la juridiction. Elle comporte, en outre, des mesures de surveillance et d'assistance. La liste des lieux interdits ainsi que les mesures de surveillance et d'assistance peuvent être modifiées par le juge de l'application des peines, dans les conditions fixées par le code de procédure pénale.**

L'interdiction de séjour ne peut excéder une durée de dix ans en cas de condamnation pour crime et une durée de cinq ans en cas de condamnation pour délit. — *Pén. 434-38 ; Pr. pén. 762-1, 762-3.*

Corresp. : *C. pén., anciens art. 11 et 44.*

RÉP. PÉN. v° *Interdiction de séjour*, par DE GRAËVE.

BIBL. ▶ RENAUT, *RSC 2001. 307* (les avatars de l'interdiction de séjour). – GRIFFON-YARZA, *Dr. pénal 2015. Études 23* (de l'exécution de l'interdiction de séjour et de paraître).

1. Application dans le temps. V. « Loi d'adaptation » n° 92-1336 du 16 déc. 1992, ss. art. 337.

2. Aux termes de l'art. 112-2 C. pén., les lois fixant les formes de la procédure sont d'application immédiate ; tel est le cas des art. 131-31 et 131-32 C. pén. relatifs à l'interdiction de séjour qui se sont substitués à l'art. 44 C. pén. en vigueur à la date des faits. • Crim. 14 déc. 1994, n° 94-83.162 P : *RSC 1995. 568, obs. Bouloc* • 8 févr. 1995, n° 94-82.922 P : *RSC 1996. 116, obs. Bouloc*.

3. Prononcé. L'art. 131-31 C. pén. relatif au contenu et aux modalités d'application de la peine d'interdiction de séjour ne comporte pas l'exigence d'une décision spéciale et motivée.

• Crim. 8 févr. 1995, n° 94-82.922 P : *RSC 1996. 116, obs. Bouloc*.

4. La majorité qualifiée de 8 voix au moins ne concernant que le prononcé du maximum des peines privatives de liberté, la condamnation à une interdiction de séjour doit être prise à la majorité absolue. • Crim. 8 févr. 1995 : *préc. note 3.*

5. A pu être tenu pour nécessaire par les juges du fond, l'éloignement des prévenus « d'une région où ils paraissent disposer de soutien de la part de personnes plus âgées et afin de mettre un terme à leurs agissements ». • Crim. 2 sept. 2004 : *AJ pénal 2004. 448, obs. Herzog-Evans*.

6. Point de départ. V. ss. art. 131-32.

7. Relèvement. L'art. 702-1 C. pr. pén. permet à toute personne condamné à la peine complémentaire de l'interdiction de séjour d'en solliciter le relèvement auprès de la juridiction qui l'a prononcée depuis l'abrogation, intervenue le 1er mars 1994, de l'art. 44-2 C. pén. • Crim. 5 sept. 1994, n° 94-83.525 P. ♦ Cassation de l'arrêt d'une cour d'appel qui, saisie, non d'une demande de suspension ou de modification de l'étendue de l'interdiction de séjour, mais d'une requête en relèvement de celle-ci ressortissant de la seule compétence de la juridiction correctionnelle, énonce, pour déclarer la requête irrecevable, que le juge de l'application des peines tient de l'art. 337 de la L. du 16 déc. 1992 le pouvoir de modifier la liste des lieux interdits par arrêté ministériel, et que l'intervention de la juridiction correctionnelle n'est désormais prévue que selon les modalités fixées par les art. 762-4, al. 2, et 762-5, al. 1er, C. pr. pén., depuis l'abrogation de l'art. 44-2 C. pén. • Même arrêt.

8. Prescription. La peine d'interdiction de séjour est prescriptible, tant en matière criminelle qu'en matière correctionnelle ; hormis les cas d'interruption ou de suspension de la prescription, l'interdiction de séjour prononcée en matière correctionnelle se prescrit conformément aux dispositions générales de l'art. 764 C. pr. pén. • Crim. 2 févr. 1983, n° 82-92.136 P : *D. 1983. 534, note J.-M. R. ; Gaz. Pal. 1983. 2. Somm. 263, note Doucet ; RSC 1984. 98, obs. Robert, et 301, obs. Larguier* • 16 nov. 1983, n° 83-90.315 P : *D. 1984. IR 136, obs. J.-M. R.*

Art. 131-32 **Lorsque l'interdiction de séjour accompagne une peine privative de liberté sans sursis, elle s'applique dès le commencement de cette peine et son exécution se poursuit, pour la durée fixée par la décision de condamnation, à compter du jour où la privation de liberté a pris fin.**

Toute détention intervenue au cours de l'interdiction de séjour s'impute sur la durée de celle-ci.

Sous réserve de l'application de l'article 763 du code de procédure pénale, l'interdiction de séjour cesse de plein droit lorsque le condamné atteint l'âge de soixante-cinq ans.

Sur le régime transitoire des interdictions de séjour prononcées avant le 1er mars 1994, V. L. n° 92-1336 du 16 déc. 1992, art. 337, ss. art. 727-3.

Corresp. : *C. pén., anciens art. 44-1 et 48, al. 6.*

1. Prononcé. Il se déduit de l'art. 131-32 C. pén. que l'interdiction de séjour ne peut être prononcée lorsque le condamné a atteint l'âge de 65 ans. • Crim. 17 janv. 1996, n° 95-84.176 P : *Dr. pénal 1996. 125, obs. Véron ; RSC 1996. 850, obs. Bouloc*.

2. Début. Conformément aux règles qui régissent l'exécution des sentences pénales, le point de départ de l'interdiction de séjour prévue à l'art. 131-31 C. pén. – s'agissant d'une peine qui n'exige aucun acte d'exécution dès lors que la juridiction qui la prononce précise les lieux dans lesquels il est fait défense de paraître ainsi que les mesures de surveillance et d'assistance si elle en ordonne – est nécessairement fixé au jour où la condamnation devient définitive ; toutefois, il résulte de l'art. 131-32 C. pén. que, si l'interdiction de séjour s'applique ou continue de s'appliquer pendant l'incarcération de la personne condamnée simultanément à une peine privative de liberté sans sursis, la durée de cette détention, contrairement à celle d'une détention intervenue pour autre cause, ne s'impute pas sur celle de l'interdiction telle que prononcée par les juges : encourt donc la cassation l'arrêt de cour d'appel énonçant que la peine d'emprisonnement ferme s'imputera sur la durée de l'interdiction de séjour. • Crim. 29 mars 1995, n° 94-83.888 P : *RSC 1996. 117, obs. Bouloc*.

3. Imputation. Le mécanisme d'imputation de la détention sur la durée de l'interdiction de séjour, prévu par l'art. 48, al. 6, C. pén., ne touche pas le fond du droit, mais seulement le régime d'exécution d'une peine. • Paris, 16 déc. 1977 : *D. 1978. 483, note Valdès.* ♦ ... Il ne peut donner lieu qu'à une application immédiate aux situations en cours, en cas de conflit de lois dans le temps. • Crim. 7 oct. 1981, n° 81-91.063 P • Paris, 16 déc. 1977 : *préc.*

4. Fin. Pour une cassation dans l'intérêt de la loi et des condamnés, sur le fondement de l'ancien art. 44-1 C. pén., d'un jugement ayant prononcé l'interdiction de séjour pour des faits commis par des personnes âgées de 65 ans. • Crim. 4 juin 1982, n° 82-90.254 P.

Art. 131-32-1 *(L. nº 2019-290 du 10 avr. 2019, art. 7)* **La peine d'interdiction de participer à des manifestations sur la voie publique, qui ne peut excéder une durée de trois ans, emporte défense de manifester sur la voie publique dans certains lieux déterminés par la juridiction.**

Si la peine d'interdiction de participer à des manifestations sur la voie publique accompagne une peine privative de liberté sans sursis, elle s'applique à compter du jour où la privation de liberté a pris fin.

BIBL. ▸ LETTERON, *AJ pénal 2019. 259* (les débris de la loi « anti-casseurs »).

Art. 131-33 **La peine de fermeture d'un établissement emporte l'interdiction d'exercer dans celui-ci l'activité à l'occasion de laquelle l'infraction a été commise.**

Fermeture définitive. La fermeture définitive d'un débit de boissons est une peine complémentaire qui ne saurait être assimilée aux peines perpétuelles exclusives de la contrainte par corps, auxquelles fait référence l'art. 749 C. pr. pén., lequel ne concerne que la peine privative de liberté de la réclusion criminelle à perpétuité, sanctionnant un crime de droit commun. • Crim. 24 janv. 1996, nº 95-81.500 P : *Dr. pénal 1996. 191, obs. J.-H. Robert.* ♦ ... Elle ne fait pas obstacle à la mise en œuvre de cette mesure pour le recouvrement d'une amende ou de tout autre paiement au profit du Trésor public, n'ayant pas le caractère d'une réparation civile, prononcée par la même décision contre une personne physique. • Même arrêt.

Art. 131-34 **La peine d'exclusion des marchés publics emporte l'interdiction de participer, directement ou indirectement, à tout marché conclu par l'État et ses établissements publics, les collectivités territoriales, leurs groupements et leurs établissements publics, ainsi que par les entreprises concédées ou contrôlées par l'État ou par les collectivités territoriales ou leurs groupements.**

Art. 131-35 **La peine d'affichage de la décision prononcée ou de diffusion de celle-ci est à la charge du condamné. Les frais d'affichage ou de diffusion recouvrés contre ce dernier ne peuvent toutefois excéder le maximum de l'amende encourue.**

La juridiction peut ordonner l'affichage ou la diffusion de l'intégralité ou d'une partie de la décision, ou d'un communiqué informant le public des motifs et du dispositif de celle-ci. Elle détermine, le cas échéant, les extraits de la décision et les termes du communiqué qui devront être affichés ou diffusés.

L'affichage ou la diffusion de la décision ou du communiqué ne peut comporter l'identité de la victime qu'avec son accord ou celui de son représentant légal ou de ses ayants droit.

La peine d'affichage s'exécute dans les lieux et pour la durée indiqués par la juridiction ; sauf disposition contraire de la loi qui réprime l'infraction, l'affichage ne peut excéder deux mois. En cas de suppression, dissimulation ou lacération des affiches apposées, il est de nouveau procédé à l'affichage aux frais de la personne reconnue coupable de ces faits. — *Pén. 434-39.*

La diffusion de la décision est faite par le *Journal officiel* de la République française, par une ou plusieurs autres publications de presse, ou par un ou plusieurs services de *(L. nº 2004-575 du 21 juin 2004, art. 2-III)* **« communication au public par voie électronique ». Les publications ou les services de** *(L. nº 2004-575 du 21 juin 2004, art. 2-III)* **« communication au public par voie électronique » chargés de cette diffusion sont désignés par la juridiction. Ils ne peuvent s'opposer à cette diffusion.** — *Élect. L. 117.*

(L. nº 2011-525 du 17 mai 2011, art. 148) **« L'affichage et la diffusion peuvent être ordonnés cumulativement. »**

Corresp. *: C. pén., anciens art. 51 et 51-1.*

RÉP. PÉN. vº *Affichage ou diffusion de la décision*, par LASSALLE.

BIBL. ▸ SEGONDS, *RSC 2011. 879* (loi de simplification et d'amélioration de la qualité du droit).

1. Affichage ou diffusion. A violé le principe de légalité des peines, la cour d'appel qui, après avoir condamné le prévenu pour travail clandestin, a ordonné l'affichage de la décision ainsi que sa publication par voie de presse en application de l'art. L. 362-4, 4º, C. trav. [L. 8224-3 nouv.], alors que ce texte ne prévoit que l'affichage « ou » la diffusion de la décision, dans les conditions prévues par l'art. 131-35 C. pén. • Crim. 13 mai 1997, nº 97-80.772 P : *Dr. pénal 1997. 146, obs. J.-H. Robert.*

2. Personnalité de la peine. A justifié sa décision la cour d'appel qui, ayant déclaré les prévenus de fraude fiscale pour avoir frauduleusement soustrait la société dont ils étaient les gérants à l'établissement et au paiement de la

TVA due par cette société, a ordonné l'affichage de cette décision à la porte de l'entreprise, malgré la cession de cette dernière à un tiers ; en effet, selon l'art. 1741 CGI, toute décision de condamnation pour fraude fiscale commise en raison d'impositions dues par un contribuable, au titre de l'exercice d'une activité professionnelle, doit être affichée, intégralement ou par extraits, sur la porte extérieure de l'immeuble du ou des établissements professionnels du contribuable. • Crim. 28 févr. 2007, n° 06-83.014 P : *Dr. pénal 2007. 76, obs. J.-H. Robert ; RSC 2007. 555, obs. Matsopoulou*.

3. Nature des frais. Il résulte des dispositions combinées de l'art. 131-35 C. pén. et des art. 1741, al. 3, et 1743 CGI qu'en cas de condamnation pour fraude fiscale ou pour omission d'écritures ou passation d'écritures inexactes ou fictives en comptabilité, le tribunal ordonne la publication et l'affichage de la décision aux frais du condamné, la somme recouvrée contre ce dernier à ce titre ne devant toutefois pas excéder le maximum de l'amende encourue ; cassation, pour violation de ces textes, de l'arrêt qui, après avoir reconnu un prévenu coupable de ces délits, ordonne la publication et l'affichage de la décision, tout en laissant les frais s'y rapportant à la charge du Trésor public « eu égard aux nouvelles dispositions de l'art. 800-1 C. pr. pén. », alors que les frais de publication et d'affichage des jugements, qui ne sont pas des frais de justice criminelle, correctionnelle ou de police au sens des art. 800 et R. 92 C. pr. pén., échappent à l'application de l'art. 800-1 de ce code, issu de la loi n° 93-2 du 4 janv. 1993. • Crim. 12 oct. 1995, n° 94-80.186 P : *RSC 1996. 648, obs. Bouloc*.

4. Coût de la diffusion. L'art. 131-35 C. pén. ne prévoit pas la fixation du coût de la diffusion par le tribunal, qui n'a pour seule limite que le montant de l'amende encourue ; toutefois, cette absence de détermination *a priori* n'exclut pas un contrôle *a posteriori* dans le cadre des mémoires soumis au juge taxateur. • TGI Saint-Étienne, 10 août 1994 : *Gaz. Pal. 1994. 2. 775.*

5. La publication de la décision condamnant un prévenu pour fraude fiscale, prévue par l'art. 1741 CGI, constitue une peine complémentaire obligatoire et non une réparation civile ; les juges ne sont donc pas tenus de préciser le coût des insertions dans les journaux dont, en application des art. 131-35 C. pén. et 1741 précité, le montant peut atteindre, sans l'excéder, le maximum de l'amende prévue par ce dernier texte, soit la somme de 250 000 F ; en conséquence, encourt la censure la cour d'appel qui, sous couvert d'interprétation ou de rectification d'erreur d'un arrêt ayant condamné un prévenu à la peine de la publication sans en préciser le coût, fixe à 8 000 F le montant des frais ainsi mis à la charge du prévenu. • Crim. 28 mars 1996, n° 95-81.921 P : *Dr. pénal 1997. 9, obs. J.-H. Robert ; RSC 1997. 376, obs. Bouloc*. ♦ Rappr. : • Crim. 9 oct. 1997, n° 96-83.681 P.

6. Selon les art. 131-35 C. pén., 1741, al. 3, et 1743 CGI, en cas de condamnation pour fraude fiscale ou pour omission d'écritures en comptabilité, le tribunal, qui ordonne la publication et l'affichage de la décision aux frais du condamné, n'a pas à en fixer le coût, lequel ne doit toutefois pas excéder le maximum de l'amende encourue ; méconnaît ces textes et ce principe la cour d'appel qui, après avoir reconnu l'intéressé coupable des délits précités et ordonné la publication et l'affichage de la décision, a fixé à 500 € le coût maximal de l'insertion. • Crim. 10 sept. 2003, n° 02-86.510 P : *Dr. pénal 2003. 126, obs. J.-H. Robert ; RSC 2004. 655, obs. Matsopoulou*.

7. Régime d'exécution. Prononce une peine indéterminée, et encourt de ce fait cassation, l'arrêt qui ordonne la publication et l'affichage sans préciser le nombre des publications ainsi que le journal, ni les lieux et durée de l'affichage. • Crim. 6 mai 1964, n° 63-92.497 P. ♦ Lorsque l'affichage d'un jugement ou arrêt de condamnation est ordonné à titre de peine complémentaire, la durée de cet affichage doit être précisée par les juges, dans la limite de deux mois, fixée, sauf disposition contraire de la loi, par l'art. 51 C. pén. • Crim. 26 nov. 1985, n° 84-95.209 P • 7 janv. 1992 : *Dr. pénal 1992. 169* • 16 févr. 1993, n° 92-82.416 P : *RSC 1994. 103, obs. Bouloc*.

8. Les juges ne peuvent prononcer une peine d'une durée supérieure à celle fixée par la loi ; cassation, pour méconnaissance de ce principe et de l'art. 131-35 C. pén., ensemble l'art. 111-3 du même code, de l'arrêt qui, après avoir déclaré établi le délit poursuivi, a, notamment, ordonné l'affichage de la décision dans les locaux de la société pendant trois mois, alors que la peine d'affichage encourue par la personne morale déclarée coupable du délit d'homicide involontaire prévu par l'art. 221-6 C. pén. ne peut excéder la durée de deux mois, en application de l'art. 131-35 du même code. • Crim. 20 juin 2006, n° 05-85.255 P : *AJ pénal 2006. 405, obs. Remillieux ; JCP 2006. II. 10199, note Dreyer ; Dr. pénal 2006. 128 (2e esp.), obs. Véron.*

9. Contentieux de l'exécution. L'omission, par une juridiction répressive, de déterminer les extraits d'un jugement ou arrêt de condamnation dont l'affichage est ordonné, en application de l'art. 131-35, al. 2, C. pén., relève du contentieux de l'exécution prévu par les art. 710 et 711 C. pr. pén. • Crim. 3 avr. 1996, n° 95-81.857 P : *RSC 1997. 376, obs. Bouloc*. ♦ Les modalités de l'affichage relèvent du contentieux de l'exécution. • Crim. 9 oct. 1997, n° 96-83.681 P.

10. Opposition à la diffusion. Pour rejeter une requête aux fins de relevé de l'obligation de publication, mise à la charge de l'éditeur, de la condamnation d'une personne reconnue coupable de vente de produit propre à effectuer la falsification de vin, la cour d'appel énonce que la revue de celui-ci, qui comporte dix numéros par an, est soumise à l'obligation du dépôt légal, ce qui implique qu'elle est mise à la disposition du public, que le demandeur ne justifie pas que sa diffusion soit limitée aux seuls adhérents de l'association, et qu'il se déduit de la mention du coût de l'abonnement portée sur celle-ci que toute personne peut la recevoir, et en conclut qu'elle constitue une publication de presse, et qu'en application de l'art. 131-35, dernier alinéa, C. pén., son éditeur ne peut s'opposer à l'exécution de la condamnation prononcée ; ainsi, procédant de son appréciation souveraine, d'où il résulte que l'instrument de la publicité judiciairement ordonnée est un service utilisant un mode écrit de diffusion de la pensée mis à la disposition du public en général ou de catégories de public et paraissant à intervalles réguliers, la cour d'appel, qui a caractérisé la publication de presse définie à l'art. 1er de la loi n° 86-897 du 1er août 1986, justifie sa décision de rejet de la demande de l'éditeur. • Crim. 6 mars 2001, n° 00-82.842 P : *Dr. pénal 2001. 83, obs. Véron ; ibid. 90, obs. J.-H. Robert ; Gaz. Pal. 2001. 2. Somm. 2066, obs. Monnet ; RSC 2001. 802, obs. Bouloc*.

Art. 131-35-1 *(Abrogé par L. n° 2019-222 du 23 mars 2019, art. 71-XIV et 109-XIX, à compter du 24 mars 2020) (L. n° 2007-297 du 5 mars 2007, art. 65)* ***« Lorsqu'elle est encourue à titre de peine complémentaire, l'obligation d'accomplir un stage de sensibilisation à la sécurité routière, un stage de sensibilisation aux dangers de l'usage de produits stupéfiants*** *(L. n° 2016-444 du 13 avr. 2016, art. 21)* ***« , un stage de sensibilisation à la lutte contre l'achat d'actes sexuels » ou un stage de responsabilité parentale est exécutée dans un délai de six mois à compter de la date à laquelle la condamnation est définitive.***

« La juridiction précise si le stage est exécuté aux frais du condamné. Le stage de sensibilisation à la sécurité routière est toujours exécuté aux frais du condamné. »

L'accomplissement du stage donne lieu à la remise au condamné d'une attestation que celui-ci adresse au procureur de la République.

Sécurité routière. Au vu de l'absence d'antécédents judiciaires et de la situation personnelle de l'appelante, sans emploi et demeurant dans un village isolé, la cour d'appel réforme les peines prononcées en premier ressort (amende de 350 € et suspension du permis de conduire pour une durée d'un mois) et condamne l'intéressée à effectuer un stage de sensibilisation à la sécurité routière à titre de peine principale sur le fondement des art. 131-35-1 C. pén. et R. 412-30 C. route. • Pau, 10 févr. 2005 : *AJ pénal 2005. 200, obs. Céré*.

Art. 131-35-2 *(Abrogé par L. n° 2019-222 du 23 mars 2019, art. 71-XIV et 109-XIX, à compter du 24 mars 2020) (L. n° 2016-731 du 3 juin 2016, art. 108)* ***Lorsqu'une peine consiste dans l'obligation d'accomplir un stage, la durée de celui-ci ne peut excéder un mois et son coût, s'il est à la charge du condamné, ne peut excéder le montant de l'amende encourue pour les contraventions de la troisième classe.***

Art. 131-36 **Un décret en Conseil d'État détermine les modalités d'application des dispositions de la présente sous-section.**

Ce décret détermine également les conditions dans lesquelles s'exécutera l'activité des condamnés à la peine de travail d'intérêt général ainsi que la nature des travaux proposés *(L. n° 2021-401 du 8 avr. 2021, art. 6, en vigueur au plus tard le 8 oct. 2021)* **« , de même que les cas dans lesquels un examen médical préalable est obligatoire, au regard notamment de la situation du condamné ou de la nature des travaux proposés ».**

Il détermine en outre les conditions dans lesquelles :

1° *(L. n° 2021-401 du 8 avr. 2021, art. 6, en vigueur au plus tard le 8 oct. 2021)* **« Le directeur du service pénitentiaire d'insertion et de probation établit, après avis du ministère public et du juge de l'application des peines dans le ressort duquel se situe la structure d'accueil et après consultation de tout organisme public compétent en matière de prévention de la délinquance, la liste des travaux d'intérêt général susceptibles d'être accomplis dans le département** *[ancienne rédaction : Le juge de l'application des peines établit, après avis du ministère public et consultation de tout organisme public compétent en matière de prévention de la délinquance, la liste des travaux d'intérêt général susceptibles d'être accomplis dans son ressort]* **» ;** *— V. art. R. 131-17 s.*

2° Le travail d'intérêt général peut, pour les condamnés salariés, se cumuler avec la durée légale du travail ;

3° Sont habilitées *(L. n° 2019-222 du 23 mars 2019, art. 71-VIII)* **« les personnes morales de droit privé chargées d'une mission de service public et » les associations mentionnées au premier alinéa de l'article 131-8 ;** *— V. art. R. 131-12 s.*

(L. n° 2007-297 du 5 mars 2007, art. 53) **« 4° Sont désignées les personnes physiques ou morales chargées de participer à la mise en œuvre des stages mentionnés à l'article** *(L. n° 2019-222 du 23 mars 2019, art. 71-VIII)* **« 131-5-1** *[ancienne rédaction : 131-35-1]* **». »**

SOUS-SECTION 6 DU SUIVI SOCIO-JUDICIAIRE

(L. n° 98-468 du 17 juin 1998)

BIBL. ▸ J. Castaignède, *D. 1999. Chron. 23*. – Cayla, *RDSS 1998, p. 75* (l'injonction de soins dans le suivi socio-judiciaire). – Couvrat, *RSC 1999. 376*. – Du Mesnil du Buisson, *D. 1999. Chron. 496* (le juge de l'application des peines, entre le coupable et sa victime). – Salvage, *Dr. pénal 2000. Chron. 1* (l'inexécution d'une peine insusceptible d'exécution forcée, source de responsabilité pénale). – Lorho, *Dr. pénal 2000. Chron. 35* (des pratiques et de quelques déviances dans l'application de la loi n° 98-468 du 17 juin 1998) ; *Recueil Dalloz, Hors Série, mai 2001, p. 21* (les deux corps de la justice pénale – Du corps violé au corps enfermé). – Lameyre, *RSC 2001. 521* (pour une éthique des soins pénalement obligés). – Darbéda, *RSC 2001. 625* (l'injonction de soins et le suivi socio-judiciaire). – De La Vaissière, *Éd. Pedone, 2005, p. 75* (bilan de la gestion de l'état dangereux par l'instauration du suivi socio-judiciaire). – Viriot-Barrial, *Gaz. Pal. 2011. 1. p. 560* (l'injonction de soins dans la loi du 10 mars 2010).

▸ **Dossier** : *AJ pénal 2009. 53 s.* (loi du 17 juin 1998 : l'obligation de soins, 10 ans après).

Art. 131-36-1 **Dans les cas prévus par la loi, la juridiction de jugement peut ordonner un suivi socio-judiciaire.**

Le suivi socio-judiciaire emporte, pour le condamné, l'obligation de se soumettre, sous le contrôle du juge de l'application des peines et pendant une durée déterminée par la juridiction de jugement, à des mesures de surveillance et d'assistance destinées à prévenir la récidive. La durée du suivi socio-judiciaire ne peut excéder dix ans en cas de condamnation pour délit ou vingt ans en cas de condamnation pour crime. *(L. n° 2004-204 du 9 mars 2004, art. 46)* **« Toutefois, en matière correctionnelle, cette durée peut être portée à vingt ans par décision spécialement motivée de la juridiction de jugement ; lorsqu'il s'agit d'un crime puni de trente ans de réclusion criminelle, cette durée est de trente ans ; lorsqu'il s'agit d'un crime puni de la réclusion criminelle à perpétuité, la cour d'assises peut décider que le suivi socio-judiciaire s'appliquera sans limitation de durée, sous réserve de la possibilité pour le tribunal de l'application des peines de mettre fin à la mesure à l'issue d'un délai de trente ans, selon les modalités prévues par l'article 712-7 du code de procédure pénale. »**

La décision de condamnation fixe également la durée maximum de l'emprisonnement encouru par le condamné en cas d'inobservation des obligations qui lui sont imposées. Cet emprisonnement ne peut excéder *(L. n° 2004-204 du 9 mars 2004, art. 46)* **« trois ans** *[ancienne rédaction : deux ans]* **» en cas de condamnation pour délit et** *(L. n° 2004-204 du 9 mars 2004, art. 46)* **« sept ans** *[ancienne rédaction : cinq ans]* **» en cas de condamnation pour crime. Les conditions dans lesquelles le juge de l'application des peines peut ordonner, en tout ou partie, l'exécution de l'emprisonnement sont fixées par le code de procédure pénale.**

Le président de la juridiction, après le prononcé de la décision, avertit le condamné des obligations qui en résultent et des conséquences qu'entraînerait leur inobservation.
— Pén. 133-16, 221-9-1, 222-48-1, 227-31 ; Pr. pén. 736, 763-1 s., 775, 777.

1. Légalité. Après avoir condamné la prévenue, pour meurtre d'un mineur de quinze ans, à une peine d'emprisonnement, la cour d'assises et le jury ont prononcé contre elle un suivi socio-judiciaire pendant trois années avec injonction de soins ; en prononçant ainsi une peine complémentaire qui n'est pas prévue pour le meurtre d'un mineur de quinze ans, la cour d'assises a méconnu les dispositions des art. 111-3, 131-10, 131-36-1, 221-8 et 221-9-1 C. pén. • Crim. 18 févr. 2004, n° 03-84.182 P : *AJ pénal 2004. 201* ; *Gaz. Pal. 2004. Somm. 3384, obs. Monnet* ; ; *RSC 2004. 868, obs. Vermelle*.

2. Nul ne peut être puni, pour un crime ou un délit, d'une peine qui n'est pas prévue par la loi ; cassation, pour méconnaissance de ce principe et des art. 111-3, 131-10 et 131-36-1 C. pén., de l'arrêt qui, après avoir condamné une personne coupable de violences mortelles en réunion à une peine d'emprisonnement, a prononcé contre lui un suivi socio-judiciaire pendant cinq années avec injonction de soins, prononçant ainsi une peine complémentaire qui n'est pas prévue pour les violences mortelles en réunion. • Crim. 2 sept. 2004, n° 04-82.182 P.

3. Application dans le temps. Selon

l'art. 112-1 C. pén., peuvent seules être prononcées les peines légalement applicables à la date à laquelle les faits constitutifs d'une infraction ont été commis ; méconnaît ce texte la cour d'assises qui, après avoir déclaré l'intéressé coupable de viols aggravés, le condamne notamment à huit ans de suivi socio-judiciaire, alors que cette peine complémentaire, introduite dans les art. 131-36-1 s. C. pén. par la L. n° 98-468 du 17 juin 1998, n'était pas légalement prévue à la date de la commission des faits. • Crim. 2 sept. 2004, n° 04-80.518 P : *D. 2006. Pan. 1651, obs. Roujou de Boubée ; RSC 2005. 67, obs. Fortis*.

4. Le suivi socio-judiciaire n'est entré dans le cadre législatif que par la L. du 17 juin 1998 ; cette peine complémentaire ne peut être prononcée que pour des faits commis avant cette loi ; la mesure de surveillance judiciaire instituée par la L. du 12 déc. 2005 s'applique aux personne condamnées pour des faits pour lesquels le suivi socio-judiciaire est encouru ; ne peut donc faire l'objet d'un placement sous surveillance judiciaire la personne condamnée pour des faits commis à une date où la peine du suivi socio-judiciaire n'était pas encourue. • Versailles, 1er avr. 2008 : *AJ pénal 2008. 323, obs. Herzog-Evans*.

Art. 131-36-2 Les mesures de surveillance applicables à la personne condamnée à un suivi socio-judiciaire sont celles prévues à l'article 132-44.

Le condamné peut aussi être soumis par la décision de condamnation ou par le juge de l'application des peines aux obligations prévues à l'article 132-45. *(Abrogé par L. n° 2010-242 du 10 mars 2010, art. 11-I)* ***« Il peut également être soumis à une ou plusieurs obligations suivantes :***

« 1° S'abstenir de paraître en tout lieu ou toute catégorie de lieux spécialement désigné, et notamment les lieux accueillant habituellement des mineurs ;

« 2° S'abstenir de fréquenter ou d'entrer en relation avec certaines personnes ou certaines catégories de personnes, et notamment des mineurs, à l'exception, le cas échéant, de ceux désignés par la juridiction ;

« 3° Ne pas exercer une activité professionnelle ou bénévole impliquant un contact habituel avec des mineurs. » — *Pén. 221-9-1, 222-48-1, 227-31 ; Pr. pén. 763-1 s.*

Art. 131-36-3 Les mesures d'assistance auxquelles est soumise la personne condamnée à un suivi socio-judiciaire ont pour objet de seconder ses efforts en vue de sa réinsertion sociale. — *Pén. 221-9-1, 222-48-1, 227-31 ; Pr. pén. 763-1 s.*

Art. 131-36-4 *(L. n° 2007-1198 du 10 août 2007, art. 7, en vigueur le 1er mars 2008)* **« Sauf décision contraire de la juridiction, la personne condamnée à un suivi socio-judiciaire est soumise à une injonction de soins dans les conditions prévues aux articles L. 3711-1 et suivants du code de la santé publique, s'il est établi qu'elle est susceptible de faire l'objet d'un traitement, après une expertise médicale ordonnée conformément aux dispositions du code de procédure pénale. »** Le président avertit alors le condamné qu'aucun traitement ne pourra être entrepris sans son consentement, mais que, s'il refuse les soins qui lui seront proposés, l'emprisonnement prononcé en application du troisième alinéa de l'article 131-36-1 pourra être mis à exécution.

Lorsque la juridiction de jugement prononce une injonction de soins et que la personne a été également condamnée à une peine privative de liberté non assortie du sursis, le président informe le condamné qu'il aura la possibilité de commencer un traitement pendant l'exécution de cette peine. — *Pén. 221-9-1, 222-48-1, 227-31 ; Pr. pén. 763-1 s. ; Santé publ. L. 3711-1 s.*

BIBL. ▸ ROBERT, *RSC 2007. 859* (généralisation de l'injonction de soins).

Pour la mise en œuvre de l'injonction de soins, V. CSP, art. L. 3711-1 s., ***C. pr. pén.***

1. Avertissements à destination du condamné. Le visa, dans un arrêt de condamnation, des art. 131-36-1 à 131-36-8 C. pén. suffit à établir que, conformément aux prescriptions de ces textes, une obligation de soins a été imposée au vu d'une expertise médicale et que le président, après le prononcé de la décision, a donné à l'accusé les divers avertissements prévus aux art. 131-36-1 et 131-36-4. • Crim. 16 mars 2005, n° 04-81.328 P : *D. 2006. Pan. 1084, obs. Herzog-Evans ; AJ pénal 2005. 236, obs. Herzog-Evans ; RSC 2005. 840, obs. Vermelle*.

2. Le visa, dans l'arrêt de condamnation, de l'art. 131-36-4 C. pén., suffit à établir que, conformément aux prescriptions de ce texte, le président a averti le condamné soumis à une injonction de soins, qu'aucun traitement ne pourrait être entrepris sans son consentement, mais que, s'il refusait les soins qui lui seraient proposés, l'emprisonnement prononcé en application du 3e al. de l'art. 131-36-1 pourrait être mis à exécution. • Crim. 5 janv. 2011, n° 10-82.192 : *Gaz. Pal. 2011. 1. 1071, note Detraz.*

3. Place du rapport d'expertise. Pour

prononcer une injonction de soins, la cour d'assises n'est pas tenue par les conclusions du rapport d'expertise médicale figurant au dossier. • Crim. 16 oct. 2019, n° 18-84.374 P : *D. actu.* *6 nov. 2019, obs. Goudjil ; AJ pénal 2019. 609, obs. Thierry ; Dr. pénal 2019, n° 214, obs. Peltier.*

Art. 131-36-5 Lorsque le suivi socio-judiciaire accompagne une peine privative de liberté sans sursis, il s'applique, pour la durée fixée par la décision de condamnation, à compter du jour où la privation de liberté a pris fin.

Le suivi socio-judiciaire est suspendu par toute détention intervenue au cours de son exécution.

L'emprisonnement ordonné en raison de l'inobservation des obligations résultant du suivi socio-judiciaire se cumule, sans possibilité de confusion, avec les peines privatives de liberté prononcées pour des infractions commises pendant l'exécution de la mesure. — *Pén. 221-9-1, 222-48-1, 227-31 ; Pr. pén. 763-1 s.*

Art. 131-36-6 Le suivi socio-judiciaire ne peut être ordonné en même temps qu'une peine d'emprisonnement assorti, en tout ou partie, du sursis *(L. n° 2019-222 du 23 mars 2019, art. 81-VII, en vigueur le 24 mars 2020)* « probatoire ». — *Pén. 221-9-1, 222-48-1, 227-31 ; Pr. pén. 763-1 s.*

Art. 131-36-7 En matière correctionnelle, le suivi socio-judiciaire peut être ordonné comme peine principale. — *Pén. 221-9-1, 222-48-1, 227-31 ; Pr. pén. 763-1 s.*

Art. 131-36-8 Les modalités d'exécution du suivi socio-judiciaire sont fixées par le titre VII *bis* du livre V du code de procédure pénale. — *Pén. 221-9-1, 222-48-1, 227-31 ; Pr. pén. 763-1 s.*

V. C. pr. pén., art. 763-1 s., et CSP, art. L. 3711-1 s. et R. 3711-3 s.. — ***C. pr. pén. et CSP.***

SOUS-SECTION 7 DU PLACEMENT SOUS SURVEILLANCE ÉLECTRONIQUE MOBILE À TITRE DE MESURE DE SÛRETÉ

(L. n° 2005-1549 du 12 déc. 2005, art. 19)

Art. 131-36-9 Le suivi socio-judiciaire peut également comprendre, à titre de mesure de sûreté, le placement sous surveillance électronique mobile, conformément aux dispositions de la présente sous-section.

Art. 131-36-10 Le placement sous surveillance électronique mobile ne peut être ordonné qu'à l'encontre d'une personne majeure condamnée à une peine privative de liberté d'une durée égale ou supérieure à sept ans *(L. n° 2011-267 du 14 mars 2011, art. 40-II)* « ou, lorsque la personne a été condamnée pour un crime ou un délit commis une nouvelle fois en état de récidive légale, d'une durée égale ou supérieure à cinq ans, » et dont une expertise médicale a constaté la dangerosité, lorsque cette mesure apparaît indispensable pour prévenir la récidive à compter du jour où la privation de liberté prend fin.

Art. 131-36-11 *(L. n° 2019-222 du 23 mars 2019, art. 75)* La juridiction ne peut ordonner le placement sous surveillance électronique mobile qu'après avoir fait vérifier la faisabilité technique de la mesure et la disponibilité du dispositif technique devant être utilisé.

Art. 131-36-12 Le placement sous surveillance électronique mobile emporte pour le condamné l'obligation de porter pour une durée de deux ans, renouvelable une fois en matière délictuelle et deux fois en matière criminelle, un émetteur permettant à tout moment de déterminer à distance sa localisation sur l'ensemble du territoire national.

Le président de la juridiction avertit le condamné que le placement sous surveillance électronique mobile ne pourra être mis en œuvre sans son consentement, mais que, à défaut ou s'il manque à ses obligations, l'emprisonnement prononcé en application du troisième alinéa de l'article 131-36-1 pourra être mis à exécution.

Art. 131-36-12-1 *(L. n° 2010-769 du 9 juill. 2010, art. 6)* Par dérogation aux dispositions de l'article 131-36-10, le placement sous surveillance électronique mobile peut être ordonné à l'encontre d'une personne majeure, dont une expertise médicale a constaté la dangerosité, condamnée à une peine privative de liberté d'une durée égale ou supérieure à *(L. n° 2019-222 du 23 mars 2019, art. 75)* « deux ans pour des violences ou des menaces punies d'au moins cinq ans d'emprisonnement et *[ancienne rédaction : cinq ans pour des violences ou des menaces]* » commises :

1° Soit contre son conjoint, son concubin ou son partenaire lié par un pacte civil de solidarité ;

2° Soit contre ses enfants ou ceux de son conjoint, concubin ou partenaire.

Le présent article est également applicable lorsque les violences ont été commises par l'ancien conjoint ou concubin de la victime, ou par la personne ayant été liée à elle par un pacte civil de solidarité, le domicile concerné étant alors celui de la victime.

BIBL. ▸ Dossier, *AJ pénal 2014. 207 s.* (aide aux victimes et répression).

Art. 131-36-13 Les modalités d'exécution du placement sous surveillance électronique mobile sont fixées par le titre VII *ter* du livre V du code de procédure pénale.

SECTION II DES PEINES APPLICABLES AUX PERSONNES MORALES

SOUS-SECTION 1 DES PEINES CRIMINELLES ET CORRECTIONNELLES

Art. 131-37 Les peines criminelles ou correctionnelles encourues par les personnes morales sont :

1° L'amende ;

2° Dans les cas prévus par la loi, les peines énumérées à l'article 131-39 *(L. n° 2016-1691 du 9 déc. 2016, art. 18)* « et la peine prévue à l'article 131-39-2 ».

(L. n° 2007-297 du 5 mars 2007, art. 64) « En matière correctionnelle, les personnes morales encourent également la peine de sanction-réparation prévue par l'article 131-39-1. »

Contrainte par corps. La contrainte par corps ne peut être prononcée que contre les personnes physiques ; méconnaît les art. 749 s. C. pr. pén. la cour d'appel qui, après avoir déclaré un syndicat intercommunal coupable d'exploitation d'une installation classée sans autorisation préfectorale préalable, et l'avoir condamné à une amende, dispose que la contrainte par corps s'exercera suivant les modalités fixées par lesdits articles. • Crim. 23 mai 2000, n° 99-80.008 P.

Art. 131-38 Le taux maximum de l'amende applicable aux personnes morales est égal au quintuple de celui prévu pour les personnes physiques par la loi qui réprime l'infraction.

(L. n° 2004-204 du 9 mars 2004, art. 55) « Lorsqu'il s'agit d'un crime pour lequel aucune peine d'amende n'est prévue à l'encontre des personnes physiques, l'amende encourue par les personnes morales est de 1 000 000 €. »

L'art. 131-38 C. pén., dont la portée est générale, prévoit que le taux maximal de l'amende applicable aux personnes morales est égal au quintuple de celui prévu pour les personnes physiques par la loi qui réprime l'infraction. En conséquence il ne saurait être fait grief à une cour d'appel d'avoir dépassé le maximum de l'amende prévue par l'art. L. 4741-11 C. trav., dans sa version antérieure à l'Ord. n° 2016-413 du 7 avr. 2016, pour des faits de non-respect des règles de santé et de sécurité. • Crim. 27 févr. 2018, n° 17-80.387 P : *D. actu. 7 mars 2018, obs. Goetz.*

Art. 131-39 Lorsque la loi le prévoit à l'encontre d'une personne morale, un crime ou un délit peut être sanctionné d'une ou de plusieurs des peines suivantes : – *Pén. 434-43.*

1° La dissolution, lorsque la personne morale a été créée ou, lorsqu'il s'agit d'un crime ou d'un délit puni en ce qui concerne les personnes physiques d'une peine d'emprisonnement supérieure *(L. n° 2001-504 du 12 juin 2001)* « ou égale à trois ans » détournée de son objet pour commettre les faits incriminés ; – *Pén. 131-45.*

2° L'interdiction, à titre définitif ou pour une durée de cinq ans au plus, d'exercer directement ou indirectement une ou plusieurs activités professionnelles ou sociales ; – *Pén. 131-28, 131-48.*

3° Le placement, pour une durée de cinq ans au plus, sous surveillance judiciaire ; – *Pén. 131-46.*

4° La fermeture définitive ou pour une durée de cinq ans au plus des établissements ou de l'un ou de plusieurs des établissements de l'entreprise ayant servi à commettre les faits incriminés ; – *Pén. 131-33, 131-48.*

5° L'exclusion des marchés publics à titre définitif ou pour une durée de cinq ans au plus ; – *Pén. 131-34, 131-48.*

6° L'interdiction, à titre définitif ou pour une durée de cinq ans au plus, de *(Ord. n° 2009-80 du 22 janv. 2009, art. 12, en vigueur le 1er avr. 2009)* « procéder à une offre au public de titres financiers ou de faire admettre ses titres financiers aux négociations sur un marché réglementé » ; – *Pén. 131-47.*

7° L'interdiction, pour une durée de cinq ans au plus, d'émettre des chèques autres que ceux qui permettent le retrait de fonds par le tireur auprès du tiré ou ceux qui sont certifiés ou d'utiliser des cartes de paiement ; – *Pén. 131-19, 131-48.*

8° *(L. n° 2010-768 du 9 juill. 2010, art. 11)* « La peine de confiscation, dans les conditions et selon les modalités prévues à l'article 131-21 *[ancienne rédaction : La confiscation de la chose qui a servi ou était destinée à commettre l'infraction ou de la chose qui en est le produit]* » ; – *Pén. 131-21, 131-48.*

9° L'affichage de la décision prononcée ou la diffusion de celle-ci soit par la presse écrite, soit par tout moyen de *(L. n° 2004-575 du 21 juin 2004, art. 2-III)* « communication au public par voie électronique » ; – *Pén. 131-35, 131-48.*

(L. n° 2007-297 du 5 mars 2007, art. 25) « 10° La confiscation de l'animal ayant été utilisé pour commettre l'infraction ou à l'encontre duquel l'infraction a été commise ;

« 11° L'interdiction, à titre définitif ou pour une durée de cinq ans au plus, de détenir un animal » ;

(L. n° 2014-790 du 10 juill. 2014, art. 12) « 12° L'interdiction, pour une durée de cinq ans au plus de percevoir toute aide publique attribuée par l'État, les collectivités territoriales, leurs établissements ou leurs groupements ainsi que toute aide financière versée par une personne privée chargée d'une mission de service public. »

(L. n° 2010-768 du 9 juill. 2010, art. 11) « La peine complémentaire de confiscation est également encourue de plein droit pour les crimes et pour les délits punis d'une peine d'emprisonnement d'une durée supérieure à un an, à l'exception des délits de presse. »

Les peines définies aux 1° et 3° ci-dessus ne sont pas applicables aux personnes morales de droit public dont la responsabilité pénale est susceptible d'être engagée. Elles ne sont pas non plus applicables aux partis ou groupements politiques ni aux syndicats professionnels. La peine définie au 1° n'est pas applicable aux institutions représentatives du personnel.

RÉP. PÉN. v° *Syndicat professionnel*, par CHOPIN.

1. Légalité. Aux termes de l'art. 111-3, al. 2, C. pén., nul ne peut être puni d'une peine qui n'est pas prévue par la loi ; une cour d'appel, après avoir condamné une société pour abus de faiblesse, a ordonné l'affichage de la décision ainsi que sa publication par voie de presse ; en prononçant ainsi, alors que l'art. 223-15-4, applicable aux personnes morales, renvoie aux dispositions de l'art. 131-39 C. pén., dont le 9e § ne prévoit que l'affichage « ou » la diffusion de la décision, l'arrêt a méconnu les textes susvisés et le principe énoncé ci-dessus. • Crim. 7 févr. 2006 : *Dr. pénal 2006. 100, obs. Véron ; JCP 2006. II. 10058.*

2. Dissolution. Le prononcé de la peine de dissolution d'une personne morale par les juges relève, dans les limites prévues à l'art. 131-39, 1°, C. pén., d'une faculté qu'ils tiennent de la loi ; le moyen qui, en se fondant sur l'art. 8 de la DDH, tend à en contester la nécessité et la proportionnalité au regard de la gravité des faits de l'espèce est irrecevable en ce qu'il revient à invoquer l'inconstitutionnalité du texte législatif même. • Crim. 16 déc. 2015, n° 14-85.667 P : *D. actu. 22 janv. 2016, obs. Dufourq.*

Art. 131-39-1 *(L. n° 2007-297 du 5 mars 2007, art. 64)* En matière délictuelle, la juridiction peut prononcer à la place ou en même temps que l'amende encourue par la personne morale la peine de sanction-réparation selon les modalités prévues par l'article 131-8-1.

Dans ce cas, la juridiction fixe le montant maximum de l'amende, qui ne peut excéder ni 75 000 € ni l'amende encourue par la personne morale pour le délit considéré, dont le juge de l'application des peines pourra ordonner la mise à exécution en tout ou partie dans les conditions prévues par l'article 712-6 du code de procédure pénale si le condamné ne respecte pas l'obligation de réparation.

Art. 131-39-2 *(L. n° 2016-1691 du 9 déc. 2016, art. 18)* I. — Lorsque la loi le prévoit à l'encontre d'une personne morale, un délit peut être sanctionné par l'obligation de se soumettre, sous le contrôle de l'Agence française anticorruption, pour une durée maximale de cinq ans, à un programme de mise en conformité destiné à s'assurer de l'existence et de la mise en œuvre en son sein des mesures et procédures définies au II.

II. – La peine prévue au I comporte l'obligation de mettre en œuvre les mesures et procédures suivantes :

1° Un code de conduite définissant et illustrant les différents types de comportements à proscrire comme étant susceptibles de caractériser des faits de corruption ou de trafic d'influence ;

2° Un dispositif d'alerte interne destiné à permettre le recueil des signalements émanant d'employés et relatifs à l'existence de conduites ou de situations contraires au code de conduite de la personne morale ;

3° Une cartographie des risques prenant la forme d'une documentation régulièrement actualisée et destinée à identifier, analyser et hiérarchiser les risques d'exposition de la personne morale à des sollicitations externes aux fins de corruption, en fonction notamment des secteurs d'activités et des zones géographiques dans lesquels la personne morale exerce son activité ;

4° Des procédures d'évaluation de la situation des clients, fournisseurs de premier rang et intermédiaires au regard de la cartographie des risques ;

5° Des procédures de contrôles comptables, internes ou externes, destinées à s'assurer que les livres, registres et comptes ne sont pas utilisés pour masquer des faits de corruption ou de trafic d'influence. Ces contrôles peuvent être réalisés soit par les services de contrôle comptable et financier propres à la personne morale, soit en ayant recours à un auditeur externe à l'occasion de l'accomplissement des audits de certification de comptes prévus à l'article L. 823-9 du code de commerce ;

6° Un dispositif de formation destiné aux cadres et aux personnels les plus exposés aux risques de corruption et de trafic d'influence ;

7° Un régime disciplinaire permettant de sanctionner les salariés de la personne morale en cas de violation du code de conduite de la personne morale.

III. – Lorsque le tribunal prononce la peine prévue au I du présent article, les frais occasionnés par le recours par l'Agence française anticorruption à des experts ou à des personnes ou autorités qualifiées pour l'assister dans la réalisation d'analyses juridiques, financières, fiscales et comptables sont supportés par la personne morale condamnée, sans que le montant de ces frais ne puisse excéder le montant de l'amende encourue pour le délit au titre duquel cette peine est prononcée.

Un décret en Conseil d'État précise les règles déontologiques applicables à ces experts et à ces personnes ou autorités qualifiées.

SOUS-SECTION 2 DES PEINES CONTRAVENTIONNELLES

Art. 131-40 Les peines contraventionnelles encourues par les personnes morales sont :

1° L'amende ;

2° Les peines privatives ou restrictives de droits prévues à l'article 131-42 ;

(L. n° 2007-297 du 5 mars 2007, art. 64) « 3° La peine de sanction-réparation prévue par l'article 131-44-1. »

Ces peines ne sont pas exclusives d'une ou de plusieurs des peines complémentaires prévues à l'article 131-43.

Art. 131-41 Le taux maximum de l'amende applicable aux personnes morales est égal au quintuple de celui prévu pour les personnes physiques par le règlement qui réprime l'infraction.

Art. 131-42 Pour toutes les contraventions de la cinquième classe, la peine d'amende peut être remplacée par une ou plusieurs des peines privatives ou restrictives de droits *suivantes :*

1° L'interdiction, pour une durée d'un an au plus, d'émettre des chèques autres que ceux qui permettent le retrait de fonds par le tireur auprès du tiré ou ceux qui sont certifiés ou d'utiliser des cartes de paiement ; – *Pén. 131-19 s., 131-48.*

2° La confiscation de la chose qui a servi ou était destinée à commettre l'infraction ou de la chose qui en est le produit. – *Pén. 131-21, 131-48.*

Art. 131-43 Le règlement qui réprime une contravention peut prévoir, lorsque le coupable est une personne morale, *(L. n° 2007-297 du 5 mars 2007, art. 25)* « les peines complémentaires mentionnées aux 5°, » *(L. n° 2019-222 du 23 mars 2019, art. 71-X et 109-XIX, en vigueur le 24 mars 2020)* « 8° et 9° *[ancienne rédaction : 10° et 11°]* » de l'article 131-16. Pour les contraventions de la cinquième classe, le règlement peut, en outre, prévoir la peine complémentaire mentionnée au premier alinéa de l'article 131-17.

Art. 131-44 Lorsqu'une contravention est punie d'une ou de plusieurs des peines complémentaires prévues à l'article 131-43, la juridiction peut ne prononcer que la peine complémentaire ou l'une ou plusieurs des peines complémentaires encourues.

Art. 131-44-1 *(L. n° 2007-297 du 5 mars 2007, art. 64)* Pour les contraventions de la cinquième classe, la juridiction peut prononcer à la place ou en même temps que l'amende encourue par la personne morale la peine de sanction-réparation selon les modalités prévues par l'article 131-8-1.

Dans ce cas, la juridiction fixe le montant maximum de l'amende, qui ne peut excéder 7 500 €, dont le juge de l'application des peines pourra ordonner la mise à exécution en tout ou partie dans les conditions prévues par l'article 712-6 du code de procédure pénale si le condamné ne respecte pas l'obligation de réparation.

SOUS-SECTION 3 DU CONTENU ET DES MODALITÉS D'APPLICATION DE CERTAINES PEINES

Art. 131-45 La décision prononçant la dissolution de la personne morale comporte le renvoi de celle-ci devant le tribunal compétent pour procéder à la liquidation.

Art. 131-46 La décision de placement sous surveillance judiciaire de la personne morale comporte la désignation d'un mandataire de justice dont la juridiction précise la mission. *(L. n° 92-1336 du 16 déc. 1992)* « Cette mission ne peut porter que sur l'activité dans l'exercice ou à l'occasion de l'exercice de laquelle l'infraction a été commise. » Tous les six mois, au moins, le mandataire de justice rend compte au juge de l'application des peines de l'accomplissement de sa mission.

Au vu de ce compte rendu, le juge de l'application des peines peut saisir la juridiction qui a prononcé le placement sous surveillance judiciaire. Celle-ci peut alors soit prononcer une nouvelle peine, soit relever la personne morale de la mesure de placement.

V. art. R. 131-35 s.

Art. 131-47 L'interdiction de *(Ord. n° 2009-80 du 22 janv. 2009, art. 12, en vigueur le 1er avr. 2009)* « procéder à une offre au public de titres financiers ou de faire admettre ses titres financiers aux négociations sur un marché réglementé » emporte prohibition, pour le placement de titres quels qu'ils soient, d'avoir recours tant à des établissements de crédit, établissements financiers ou *(L. n° 96-597 du 2 juill. 1996, art. 94-II)* « prestataires de services d'investissement *[ancienne rédaction : sociétés de bourse]* » qu'à des procédés quelconques de publicité.

Art. 131-48 La peine d'interdiction d'exercer une ou plusieurs activités professionnelles ou sociales emporte les conséquences prévues à l'article 131-28.

La peine de fermeture d'un ou de plusieurs établissements emporte les conséquences prévues à l'article 131-33.

La peine d'exclusion des marchés publics emporte les conséquences prévues à l'article 131-34.

La peine d'interdiction d'émettre des chèques emporte les conséquences prévues au premier alinéa de l'article 131-19.

La peine de confiscation de la chose est prononcée dans les conditions prévues à l'article 131-21.

La peine d'affichage de la décision ou de diffusion de celle-ci est prononcée dans les conditions prévues à l'article 131-35.

Art. 131-49 Un décret en Conseil d'État détermine les modalités d'application des dispositions des articles 131-45 à 131-47 et fixe les conditions dans lesquelles les représentants du personnel sont avisés de la date d'audience.

CHAPITRE II DU RÉGIME DES PEINES

Art. 132-1 **Lorsque la loi ou le règlement réprime une infraction, le régime des peines qui peuvent être prononcées obéit, sauf dispositions législatives contraires, aux règles du présent chapitre.**

(L. n° 2014-896 du 15 août 2014, art. 2, en vigueur le 1er oct. 2014) **« Toute peine prononcée par la juridiction doit être individualisée.**

« Dans les limites fixées par la loi, la juridiction détermine la nature, le quantum et le régime des peines prononcées en fonction des circonstances de l'infraction et de la personnalité de son auteur ainsi que de sa situation matérielle, familiale et sociale, conformément aux finalités et fonctions de la peine énoncées à l'article 130-1. »

BIBL. ▶ Papatheodorou, *RSC 1997. 15*. – Garapon, *Justices 1998, n° 9, p. 137* (peine fixe). – Danet et Lavielle, *Gaz. Pal. 2000. 1. Doctr. 888* (la juste peine). – Sévely-Fournié, *RSC 2009. 783* (Répression et motivation. Réflexions sur la motivation des arrêts et jugements des juridictions répressives). – Biguenet, *Dr. pénal 2011, n° 3* (limites de la liberté du juge dans l'individualisation de la peine). – Peltier, *Dr. pénal 2011, n° 4* (individualisation de la peine dans les décisions liées aux QPC). – Beaussonie, *RSC 2014. 809* (L. n° 2014-896 du 15 août 2014).

▶ **Dossier : L'individualisation de la sanction en matière pénale,** *Aix-Marseille Université, 2015, in* « Les nouveaux problèmes actuels de sciences criminelles », *vol. XXVI : Eckert, p. 17* (perspectives historiques) ; *Detraz, p. 25* (les fondements supra-législatifs) ; *Giacopelli, p. 39* (traduction du principe dans la loi du 15 août 2014) ; *Robert, p. 53* (place du parquet) ; *Stasiak, p. 63* (droit pénal des affaires) ; *Catelan, p. 81* (individualisation des peines et *ne bis in idem*) ; *Hirschelmann, p. 93* (de l'individualisation à la personnalisation : l'apport de la psychocriminologie) ; *Cinamonti et Perrier, p. 113* (réflexions conclusives).

I. INDIVIDUALISATION DE LA PEINE

A. PORTÉE CONSTITUTIONNELLE

1. *Principe et limites.* Si, aux termes de l'art. 8 DDH, « la loi ne doit établir que des peines strictement et évidemment nécessaires », cette disposition n'implique pas que la nécessité des peines doive être appréciée du seul point de vue de la personnalité du condamné, et encore moins qu'à cette fin le juge doive être revêtu d'un pouvoir arbitraire que, précisément, l'art. 8 DDH a entendu proscrire et qui lui permettrait, à son gré, de faire échapper à la loi pénale, hors des cas d'irresponsabilité établis par celle-ci, des personnes convaincues de crimes ou de délits ; si la législation française a fait une place importante à l'individualisation des peines, elle ne lui a jamais conféré le caractère d'un principe unique et absolu prévalant de façon nécessaire et dans tous les cas sur les autres fondements de la répression pénale ; ainsi, à supposer même que le principe de l'individualisation des peines puisse, dans ces limites, être regardé comme l'un des principes fondamentaux reconnus par les lois de la République, il ne saurait mettre obstacle à ce que le législateur, tout en laissant au juge ou aux autorités chargées de déterminer les modalités d'exécution des peines un large pouvoir d'appréciation, fixe des règles assurant une répression effective des infractions. • Cons. const. 20 janv. 1981, *n° 80-127 DC : JO 22 janv. 1981, p. 308 ; JCP 1981. II. 19701, note Franck ; AJDA 1981, n° 6, p. 278, note Gournay* (L. n° 81-82 du 2 févr. 1981 renforçant la sécurité et protégeant la liberté des personnes).

2. Le principe d'individualisation des peines, qui découle de l'art. 8 DDH, ne saurait faire obstacle à ce que le législateur fixe des règles assurant une répression effective des infractions ; il n'implique pas davantage que la peine soit exclusivement déterminée en fonction de la personnalité de l'auteur de l'infraction. • Cons. const. 9 août 2007, n° 2007-554 DC : *JO 11 août, p. 13478 ; D. 2008. Pan. 2034, obs. Bernaud et Gay ; RSC 2008. 133, et 136, obs. de Lamy ; ibid. 2012. 897, obs. Salvat* (L. n° 2007-1198 du 10 août 2007 renforçant la lutte contre la récidive des majeurs et des mineurs).

3. Le principe d'individualisation des peines, qui découle de l'art. 8 DDH, implique qu'une sanction pénale ne puisse être appliquée que si le juge l'a expressément prononcée, en tenant compte des circonstances propres à chaque espèce ; il ne saurait toutefois faire obstacle à ce que le législateur fixe des règles assurant une répression effective des infractions. • Cons. const. 16 oct. 2015, n° 2015-493 QPC : *JO 18 oct., p. 19446.*

4. Aux termes de l'art. 8 DDH : « La loi ne doit établir que des peines strictement et évidemment nécessaires, et nul ne peut être puni qu'en vertu d'une loi établie et promulguée antérieurement au délit, et légalement appliquée » ; le principe d'individualisation des peines qui découle de cet article implique que la peine de publication et d'affichage du jugement ne puisse être appliquée que si le juge l'a expressément prononcée, en tenant compte des circonstances propres à chaque espèce ; en instituant une peine obligatoire de publication et d'affichage du jugement de condamnation pour des faits de fraude fiscale, la disposition contestée vise à renforcer la répression de ce délit en assurant à cette condamnation la plus large publicité ; le juge qui prononce une condamnation pour le délit de fraude fiscale est tenu d'ordonner la publication du jugement de condamnation au *Journal officiel* ; il doit également ordonner l'affichage du jugement ; il ne peut faire varier la durée de cet affichage fixée à trois mois par la disposition contestée ; il ne peut davantage modifier les modalités de cet affichage prévu, d'une part, sur les panneaux réservés à l'affichage des publications officielles de la commune où les contribuables ont leur domicile et, d'autre part, sur la porte extérieure de l'immeuble du ou des établissements professionnels de ces contribuables ; s'il peut décider que la publication et l'affichage seront faits de façon intégrale ou par extraits, cette faculté ne saurait, à elle seule, permettre que soit assuré le respect des exigences qui découlent du principe d'individualisation des peines ; dès lors, le 4e al. de l'art. 1741 CGI doit être déclaré contraire à la Constitution. • Cons. const. 10 déc. 2010, n° 2010-72/75/82 QPC : *JO 11 déc. p. 21710 ; D. 2011. 929, note Bouloc.* ♦ Si la nécessité des peines attachées aux infractions relève du pouvoir d'appréciation du législateur, il incombe au Cons. const. de s'assurer de l'absence de disproportion manifeste entre l'infraction et la peine encourue ; en outre, le principe d'individualisation des peines qui découle de l'art. 8 DDH implique qu'une amende fiscale ne puisse être appliquée que si l'administration, sous le contrôle du juge, l'a expressément prononcée en tenant compte des circonstances propres à chaque espèce ; il ne saurait toutefois interdire au législateur de fixer des règles assurant une répression effective de la méconnaissance des obligations fiscales ; les dispositions contestées doivent être déclarées conformes à la Constitution. • Cons. const., 17 sept. 2015, n° 2015-481 QPC : *JO 19 sept., p. 16585 ; D. actu. 28 sept. 2015, obs. Prats* (à propos de la méconnaissance des obligations déclaratives relatives aux comptes bancaires ouverts, utilisés ou clos à l'étranger, posées par les dispositions de l'al. 2 de l'art. 1649 A CGI).

5. Le principe d'individualisation des peines qui découle de l'art. 8 DDH implique qu'une sanction ayant le caractère d'une punition infligée par une autorité administrative indépendante exerçant un pouvoir de sanction ne puisse être appliquée que si l'autorité l'a expressément prononcée, en tenant compte des circonstances propres à chaque espèce. • Cons. const., 14 oct. 2015, n° 2015-489 QPC : *JO 16 oct., p. 19325.* ♦ ... L'art. L. 464-2 C. com. laisse à l'autorité administrative indépendante, sous le contrôle du juge, le soin de fixer le montant de la sanction pécuniaire, dans la limite du maximum déterminé par les dispositions contestées, et de proportionner cette sanction à la gravité des faits reprochés, à l'importance du dommage causé à l'économie, à la situation de l'entreprise sanctionnée ou du groupe auquel elle appartient et à l'éventuelle réitération de pratiques prohibées ; par suite, le grief tiré de la méconnaissance du principe d'individualisation des peines doit être écarté. • Même décision.

6. En premier lieu, les dispositions du 2e al. de l'art. L. 3352-2 CSP instituent une peine complémentaire obligatoire de fermeture du débit de boissons ouvert en dehors des conditions prévues par le CSP ; cette peine est directement liée au comportement délictuel réprimé ; en adoptant les dispositions contestées, le législateur a entendu, aux fins de lutter contre l'alcoolisme et de protéger la santé publique, assurer le respect de la réglementation relative aux débits de boissons ; en permettant de prononcer une fermeture, qui peut être temporaire ou définitive, du débit de boissons, le législateur n'a pas institué une peine manifestement disproportionnée ; en second lieu, en vertu des dispositions de l'art. 132-58 C. pén., le juge peut décider de dispenser la personne condamnée de cette peine complémentaire ; il résulte de la jurisprudence constante de la Cass. que la peine prononcée peut faire l'objet d'un relèvement en application de l'art. 132-21 C. pén. ; le juge dispose du pouvoir de fixer la durée de la fermeture du débit de boissons prononcée en tenant compte des circonstances propres à chaque espèce ; dans ces conditions, les dispositions contestées ne méconnaissent pas le principe d'individualisation des peines ; les griefs tirés de la méconnaissance des principes de nécessité, de proportionnalité et d'individualisation des peines doivent être écartés. • Cons. const., 16 oct. 2015, n° 2015-493 QPC : *préc. note 3.*

7. La QPC est ainsi rédigée : « L'article 369 du code des douanes est-il contraire au principe de l'égalité devant la loi tel que garanti par l'article 6 de la Déclaration des droits de l'homme et du citoyen et au principe d'individualisation des peines tel que garanti par l'article 8 de la même déclaration ? » ; la question posée ne présente pas un caractère sérieux dès lors que, d'une part, la disposition contestée ne porte pas atteinte au principe d'individualisation des peines, qui n'implique pas en soi que le montant d'une amende soit déterminé en tenant compte des ressources et des charges de l'auteur de l'infraction, le juge répressif pouvant réduire le montant des amendes fiscales jusqu'à un montant inférieur à leur montant minimal eu égard à l'ampleur et à la gravité de l'infraction commise, ainsi qu'à la personnalité de son auteur, d'autre part, le principe de l'égalité devant la loi, qui n'interdit pas au législateur de prévoir des règles différentes selon les faits, les situations et les personnes auxquels elles s'appliquent, à la condition que ces différences ne procèdent pas de discriminations injustifiées et que soient assurées aux justiciables des garanties égales, ne se trouve pas non plus méconnu, la différence tenant aux critères d'individualisation des amendes douanières et de droit commun étant justifiée par la spécificité des règles du droit douanier dont la violation est pénalement sanctionnée et la différence de nature existant entre les amendes douanières et de droit commun ; par ces motifs, dit n'y avoir lieu de renvoyer au Cons. const. la QPC. • Crim., QPC, 30 mai 2018, n° 17-86.290 : *Dr. pénal 2018, comm. 132, obs. Robert ; RSC 2018. 697, obs. Detraz*.

8. La requérante soutient que, en instaurant une peine d'emprisonnement d'au moins deux ans, les dispositions de l'art. 415 C. douanes, dans sa rédaction résultant de la L. n° 2011-267 du 14 mars 2011 d'orientation et de programmation pour la performance de la sécurité intérieure, méconnaîtraient le principe d'individualisation des peines, en ce qu'elles font ainsi obstacle à la faculté pour le juge de prononcer une peine inférieure ; l'art. 415 C. douanes punit d'une peine d'emprisonnement de deux à dix ans, de peines de confiscation et d'une amende le blanchiment de produits financiers provenant d'un délit douanier ou d'une infraction à la législation sur les stupéfiants ; il résulte de la jurisprudence constante de la Cass., telle qu'elle ressort de la décision de renvoi de la QPC, que la fixation, par les dispositions contestées, d'une durée minimale de deux ans à la peine d'emprisonnement interdit au juge de prononcer une peine inférieure ; toutefois, en premier lieu, le délit de blanchiment qui fait l'objet de cette peine minimale d'emprisonnement présente une particulière gravité (§ 7) ; en deuxième lieu, compte tenu, d'une part, de l'écart entre la durée minimale et la durée maximale de la peine d'emprisonnement et, d'autre part, du niveau des *quantums* ainsi retenus, la juridiction n'est pas privée de la possibilité de fixer, dans ces limites, la peine d'emprisonnement en fonction des circonstances de l'espèce (§ 8) ; en dernier lieu, l'instauration de cette peine d'emprisonnement minimale n'interdit pas à la juridiction de faire usage d'autres dispositions d'individualisation de la peine lui permettant de prononcer les peines et de fixer leur régime en fonction des circonstances de l'infraction et de la personnalité de son auteur ; ainsi, en vertu de l'art. 132-17 C. pén., la juridiction peut ne prononcer que l'une des peines encourues mentionnées à l'art. 415 C. douanes ; elle peut également, sur le fondement de l'art. 369 C. douanes, dispenser le coupable de la peine d'emprisonnement, ordonner qu'il soit sursis à son exécution et décider que la condamnation ne sera pas mentionnée au bulletin n° 2 du casier judiciaire (§ 9) ; il résulte de tout ce qui précède que le grief tiré de la méconnaissance du principe d'individualisation des peines doit être écarté (§ 10). • Cons. const. 14 sept. 2018, n° 2018-731 QPC : *JO 15 sept., texte n° 57 ; D. 2018. 1809 ; AJ pénal 2018. 515, obs. Grégoire ; Gaz. Pal. 2018, p. 2526, note Detraz ; Dr. pénal 2018, comm. 206, obs. Bonis.* ♦ Ce minimum a été supprimé par la L. n° 2018-898 du 23 oct. 2018 relative à la lutte contre la fraude (art. 5).

9. Selon l'art. 8 DDH : « La loi ne doit établir que des peines strictement et évidemment nécessaires... » ; les principes ainsi énoncés ne concernent pas seulement les peines prononcées par les juridictions pénales, mais s'étendent à toute sanction ayant le caractère d'une punition ; le principe d'individualisation des peines qui découle de cet article implique qu'une sanction disciplinaire ne puisse être appliquée que si le juge l'a expressément prononcée, en tenant compte des circonstances propres à chaque espèce. • Cons. const. 29 nov. 2019, n° 2019-815 QPC : *JO 30 nov. ; D. actu. 18 déc. 2019, obs. Deharo ; JCP 2019. 1378, obs. Brigant ; ibid. 2020. 62, note Robert ; Dr. pénal 2020. Comm. 45, obs. Peltier.*

10. Le principe d'individualisation des peines qui découle de l'art. 8 DDH implique qu'une sanction administrative ne puisse être appliquée que si l'administration, sous le contrôle du juge, l'a expressément prononcée en tenant compte des circonstances propres à chaque espèce. • Cons. const., 26 mars 2021, n° 2021-892 QPC, § 12 : *JO 27 mars.*

B. MODALITÉS JUDICIAIRES

11. Co-prévenus. Les peines prononcées contre les co-prévenus ne dépendent pas nécessairement de l'étendue de la responsabilité respectivement encourue par eux. • Crim. 24 janv. 1956 : *Bull. crim. n° 96.*

12. Égalité. Les juges qui prennent en considération, pour déterminer la peine qu'ils prononcent, la qualité ou les titres du prévenu, ne font qu'individualiser la peine, sans méconnaître le principe d'égalité. • Crim. 18 avr. 1991, n° 90-83.452 P : *D. 1992. Somm. 207, obs. Couvrat et Massé.*

13. Antécédents. Les juges ont le pouvoir, notamment pour personnaliser la peine applicable au prévenu, de tenir compte des antécédents administratifs ou fiscaux ou de tous autres éléments concernant le prévenu, figurant à la procédure et soumis aux débats contradictoires. • Crim. 2 juill. 1998, n° 97-83.483 P : *D. 1999. 434, note Tixier et Lamulle ; RSC 1999. 318, obs. Bouloc* (à propos d'une fraude fiscale). ♦ ... Encore qu'ils concernent une période atteinte par la prescription de l'action publique. • Crim. 19 sept. 1996, n° 96-80.436 P.

14. Permis à points. La L. du 10 juill. 1989 instituant le permis à points n'est pas incompatible avec les art. 132-17, 132-24 C. pén. et 702-1 C. pr. pén., qui ne sont que la reprise de textes antérieurs, dès lors que, d'une part, le nombre de points retirés est proportionnel à la gravité de la faute et que, d'autre part, l'art. L. 11-4 C. route a expressément exclu l'application de l'art. 702-1 C. pr. prén. • Crim. 16 nov. 1999, n° 98-87.635 P : *RSC 2000. 603, obs. Bouloc* • 3 mai 2000, n° 99-83.223 : *Dr. pénal 2000. 101, obs. Robert.*

II. MOTIVATION DE LA PEINE

BIBL. Dreyer, *JCP 2018, n° 330* (motivation des peines : quoi et comment ?) ; *D. 2018. 576* (pourquoi motiver les peines ?) ; *Dr. pénal 2018. Étude 8* (la Cass. contrôle-t-elle la motivation des peines par les juges du fond ?). – Perrocheau, Zeouki-Cottin et Milburn, *AJ pénal 2018. 139* (la motivation des décisions de cours d'assises). – Guérin, *Dr. pénal 2018. Étude 9* (la motivation des peines). – Zeouki-Cottin, *RSC 2018. 789* (réflexions pluridisciplinaires sur la motivation des peines par la cour d'assises). – Dadoun, *RSC 2018. 805* (l'obligation constitutionnelle de motivation des peines). – Verny, *RDA, déc. 2019, n° 19, p. 43* (la motivation exigée en procédure pénale).

A. PEINES CRIMINELLES

1° AVANT LA DÉCISION DU 2 MARS 2018

15. *Jurisprudence européenne.* En ce sens que la motivation ne porte que sur la culpabilité, non sur la peine : • CEDH 16 nov. 2010, n° 926-05 : *D. 2010. Actu. 2841, obs. Bachelet* ; *ibid. 2011. 47, note Renucci*; *ibid. 48, note Pradel* ; *Gaz. Pal. 2010. 2. 3424, note Bougain.* – *Adde :* Matsopoulou, *JCP 2010, art. 1228* (motivation des arrêts de la cour d'assises et exigences du procès équitable). – Sudre, *JCP 2010, art. 1250* (conventionalité de la non-motivation des arrêts de cours d'assises). ♦ V., cependant : • CEDH 14 sept. 2015, n° 34238-09 : *Gaz. Pal. 2016. 450, obs. Fourment* ; *RSC 2017. 128, obs. Marguénaud* .

16. En l'espèce, le requérant a disposé de garanties suffisantes lui permettant de comprendre le verdict de condamnation qui a été prononcé à son encontre par la cour d'assises d'appel spécialement composée ; au vu de l'examen conjugué des trois arrêts de mise en accusation particulièrement motivés, des débats au cours des audiences dont le requérant a bénéficié, ainsi que des questions, nombreuses et précises, posées à la cour d'assises, il ne saurait prétendre ignorer les raisons de sa condamnation (art. 6, § 1, Conv. EDH). • CEDH, 5e sect., 19 déc. 2017, *Ramda c/ France D. 2018. 11* , *et 2265, obs. Ginestet.*

17. La Cour rappelle que, dans l'arrêt Ramda c/ France (n° 78477/11, §§ 59 s., 19 déc. 2017), elle a déjà été appelée à se prononcer sur la question de la motivation des arrêts rendus par les cours d'assises spécialement composées, dans lesquelles siègent uniquement des magistrats professionnels ; elle a estimé que le requérant avait disposé de garanties suffisantes lui permettant de comprendre le verdict de condamnation qui a été prononcé à son encontre (§ 15) ; la Cour ne voit pas de raison d'aboutir à une conclusion différente dans les circonstances de l'espèce (§ 16) ; au vu de l'examen conjugué de l'ordonnance de mise en accusation particulièrement motivée, des débats au cours des audiences, et ce, tant en première instance qu'au cours de la procédure en appel dont le requérant a bénéficié, ainsi que des questions précises posées à la cour d'assises, le requérant ne saurait prétendre ignorer les raisons de sa condamnation (§ 21) ; la Cour estime qu'en l'espèce, le requérant a disposé de garanties suffisantes lui permettant de comprendre le verdict de condamnation qui a été prononcé à son encontre (§ 22) ; il s'ensuit que le grief du requérant tiré de l'art. 6, § 1, de la Conv. est manifestement mal fondé et doit être rejeté en application de l'art. 35 § 3 a) et 4 de la Conv. • CEDH 15 mai 2018, *Ider c/ France*, n° 20933/13 : *D. actu. 20 juin 2018, obs. Fucini.*

18. *Absence de motivation.* L'absence de motivation des peines de réclusion criminelle et d'emprisonnement prononcées par les cours d'assises, qui s'explique par l'exigence d'un vote à la majorité absolue ou à la majorité de six ou de huit voix au moins lorsque le maximum de la peine privative de liberté est prononcé, ne porte pas atteinte au droit à l'égalité devant la justice garanti par les art. 6 et 16 DDH, les personnes accusées de crime devant les cours d'assises étant ainsi dans une situation différente de celles poursuivies devant le tribunal correctionnel ; d'où il suit qu'il n'y a pas lieu de renvoyer la question au Cons. const. • Crim., QPC, 29 mai 2013, n° 12-86.630 : *Dr. pénal 2013. Comm. 139, obs. Véron.* ♦ Dans le même sens, et dans la même affaire : • Crim. 20 nov. 2013, n° 12-86.630 P : *D. actu. 5 déc. 2013, obs. Fucini* ; *AJ pénal 2014. 81, obs. de Combles de Nayves* .

19. Selon l'art. 365-1 C. pr. pén., en cas de condamnation par la cour d'assises, la motivation consiste dans l'énoncé des principaux éléments à charge qui l'ont convaincue de la culpabilité de l'accusé ; en l'absence d'autre disposition légale le prévoyant, la cour et le jury ne doivent pas motiver le choix de la peine qu'ils prononcent dans les conditions définies à l'art. 362 du code susvisé. • Crim. 8 févr. 2017 (4 arrêts), nos 15-86.914, 16-80.389, 16-80.391, 16-81.242 P • 28 juin 2017, n° 16-85.904 P : *D. actu. 27 juill. 2017, obs. Gallois.*

2° DÉCISION DU 2 MARS 2018

20. *QPC.* Il ressort des art. 7, 8 et 9 DDH qu'il appartient au législateur, dans l'exercice de sa compétence, de fixer des règles de droit pénal et de procédure pénale de nature à exclure l'arbitraire dans la recherche des auteurs d'infractions, le jugement des personnes poursuivies ainsi que dans le prononcé et l'exécution des peines ;

le principe d'individualisation des peines, qui découle de l'art. 8 de cette déclaration, implique qu'une sanction pénale ne puisse être appliquée que si le juge l'a expressément prononcée, en tenant compte des circonstances propres à chaque espèce ; ces exigences constitutionnelles imposent la motivation des jugements et arrêts de condamnation, pour la culpabilité comme pour la peine (§ 8) ; en application de l'art. 365-1 C. pr. pén., le président ou l'un des magistrats assesseurs désigné par lui doit rédiger la motivation de l'arrêt rendu par la cour d'assises ; selon l'al. 2 de cet art., en cas de condamnation, la motivation doit comprendre l'énoncé des principaux éléments à charge qui, pour chacun des faits reprochés à l'accusé, ont convaincu la cour d'assises au terme des délibérations sur la culpabilité ; en revanche, il résulte de la jurisprudence constante de la Cass. que l'art. 365-1 C. pr. pén. interdit la motivation par la cour d'assises de la peine qu'elle prononce (§ 9) ; en n'imposant pas à la cour d'assises de motiver le choix de la peine, le législateur a méconnu les exigences tirées des art. 7, 8 et 9 DDH ; par suite, et sans qu'il soit besoin d'examiner les autres griefs, le 2e al. de l'art. 365-1 C. pr. pén. doit être déclaré contraire à la Constit. • Cons. const. 2 mars 2018, n° 2017-694 QPC : *JO 3 mars 2018 ; D. actu. 6 mars 2018, obs. Goetz ; D. 2018. 461 ; ibid. 2018. 1191, note Botton ; ibid. 1621, obs. Pradel ; ibid. 2264, obs. Ginestet ; ibid. 2019. 1254, obs. Debaets et Jacquinot ; AJ pénal 2018. 192, obs. Robert ; AJDA 2018. 1561, obs. Verpeaux ; Gaz. Pal. 2018. 857, note Airiau ; ibid., p. 2042, obs. Malhière ; JCP 2018. 457, note Matsopoulou ; Dr. pénal 2018. Comm. 68, obs. Maron et Haas ; ibid. 2018. Comm. 72, obs. Bonis ; Constitutions 2018. 261, chron. Ponseille ; RSC. 2018. 981, obs. de Lamy*. ♦ ... L'abrogation immédiate des dispositions contestées aurait pour effet de supprimer les modalités selon lesquelles, en cas de condamnation, la motivation d'un arrêt de cour d'assises doit être rédigée en ce qui concerne la culpabilité ; elle entraînerait ainsi des conséquences manifestement excessives ; par suite, afin de permettre au législateur de remédier à l'inconstitutionnalité constatée, il y a lieu de reporter au 1er mars 2019 la date de cette abrogation (§ 12) ; afin de faire cesser l'inconstitutionnalité constatée à compter de la publication de la présente décision, il y a lieu de juger, pour les arrêts de cour d'assises rendus à l'issue d'un procès ouvert après cette date, que les dispositions du 2e al. de l'art. 365-1 C. pr. pén. doivent être interprétées comme imposant également à la cour d'assises d'énoncer, dans la feuille de motivation, les principaux éléments l'ayant convaincue dans le choix de la peine (§ 13) ; les arrêts de cour d'assises rendus en dernier ressort avant la publication de la présente décision et ceux rendus à l'issue d'un procès ouvert avant la même date ne peuvent être contestés sur le fondement de cette inconstitutionnalité (§ 14). • Même décision. ♦ Sur l'arrêt de renvoi au Cons. const. : • Crim. 13 déc. 2017, QPC, nos 17-82.086, 17-82.237, 17-82.858 : *Gaz. Pal. 2018. 901, obs. Méric.*

21. Application dans le temps. Si le Cons. const., dans sa Décis. n° 2017-694 QPC du 2 mars 2018, a déclaré contraire à la Const. l'art. 365-1, al. 2, C. pr. pén., en ce qu'il n'impose pas à la cour d'assises de motiver le choix de la peine qu'elle prononce, il a reporté au 1er mars 2019 les effets de cette abrogation et décidé que les arrêts de cour d'assises rendus en dernier ressort avant la publication de sa décision ne pourraient être contestés sur le fondement de cette inconstitutionnalité ; il ne résulte d'aucune disposition de la Conv. EDH que la cour d'assises, après avoir statué sur la culpabilité, soit tenue de motiver la peine qu'elle prononce. • Crim. 20 juin 2018, n° 17-82.237 P : *D. actu. 20 juill. 2018, obs. Fonteix ; D. 2018. 1388 ; ibid. 2265, obs. Ginestet* .

22. D'une part, par décision du 2 mars 2018, le Cons. const. a déclaré contraire à la Const. l'art. 365-1, al. 2, C. pr. pén. ; cette décision a reporté au 1er mars 2019 la date de cette abrogation et dit que les arrêts de cour d'assises rendus en dernier ressort avant la publication de cette décision et ceux rendus à l'issue d'un procès ouvert avant la même date ne peuvent être contestés sur le fondement de cette inconstitutionnalité ; les prévenus ont été condamnés par l'arrêt attaqué, avant la publication de la décision du Cons. const., le 3 mars 2018 ; d'autre part, il ne résulte d'aucune disposition de la Conv. EDH que la cour d'assises, après avoir statué sur la culpabilité, soit tenue de motiver la peine qu'elle prononce. • Crim. 17 oct. 2018, n° 17-87.568 : *Dr. pénal 2018. Comm. 221, obs. E. B.*

23. Si le Cons. const., dans sa Décis. n° 2017-694 QPC du 2 mars 2018, a déclaré contraire à la Const. l'art. 365-1, al. 2, C. pr. pén., en ce qu'il n'impose pas à la cour d'assises de motiver le choix de la peine qu'elle prononce, il a reporté au 1er mars 2019 les effets de cette abrogation et décidé que, pour les arrêts des cours d'assises prononcés postérieurement à la publication de sa décision, intervenue le 3 mars 2018, les dispositions du 2e al. de l'art. 365-1 C. pr. pén. devaient être interprétées comme imposant également à la cour d'assises d'énoncer, dans la feuille de motivation, les principaux éléments l'ayant convaincue dans le choix de la peine ; en l'espèce, l'arrêt attaqué ayant été prononcé le 29 juin 2018, il ne peut donc être fait grief à la cour d'assises d'avoir énoncé, dans la feuille de motivation, les principaux éléments l'ayant convaincue dans le choix de la peine. • Crim. 9 mai 2019, n° 18-84.876 : *Gaz. Pal. 2019. 2617, obs. Dreyer.*

24. Illustrations. Pour condamner l'accusé à une peine de dix-sept ans de réclusion criminelle, la cour d'assises, après avoir rappelé les faits de nature criminelle dont elle l'a déclaré coupable, a retenu, d'une part, leur particulière gravité, liée au jeune âge de la victime, à la nature des actes imposés pendant une longue période et à leur retentissement important sur l'état psychologique de la victime, d'autre part, la personnalité psychotique de l'accusé, dépourvue de toute empathie ou de simple capacité d'écoute des autres ; en l'état de ces motifs qui exposent les principaux éléments l'ayant convaincue dans le choix de la peine, la cour d'assises a justifié la peine appliquée, conformément aux exigences énoncées par le Cons. const. dans sa Décis. n° 2017-694 QPC du 2 mars 2018. • Crim. 27 mars 2019, n° 18-82.351 P : *D. 2019. 644 ; ibid. 2019. 1634, obs. Pradel ; ibid. 2324, obs. Ginestet ; D. actu. 12 avr. 2019, obs. Fucini ; AJ pénal 2019. 334, obs. Thierry ; JCP 2019. 394, obs. Giacopelli ; Dr. pénal 2019. Comm. 98, obs. Bonis.*

25. Pour condamner l'accusé à la peine de trente ans de réclusion de criminelle, la cour d'assises, après avoir souligné la gravité des faits, s'agissant de deux assassinats en bande organisée, leur contexte ainsi que le mode opératoire utilisé, retient que cette peine est proportionnée à cette forme de criminalité, au trouble occasionné à l'ordre public et à la douleur de la famille des victimes ; en l'état de ces motifs qui exposent les principaux éléments l'ayant convaincue dans le choix de la peine, la cour d'assises a justifié la peine appliquée, conformément aux exigences énoncées par le Cons. const. dans sa Décis. n° 2017-694 QPC du 2 mars 2018. • Crim. 10 avr. 2019, n° 18-83.053 P : *D. actu. 3 mai 2019, obs Azoulay ; D. 2019. 764 ; AJ pénal 2019. 334, obs. Thierry .*

26. En application des art. 132-1, 132-19, 132-23 C. pén., 485 et 593 C. pr. pén., et des principes constitutionnels tels que dégagés dans la Décis. n° 2017-694 QPC du 2 mars 2018, la juridiction qui prononce une peine d'emprisonnement sans sursis doit en justifier la nécessité au regard de la gravité de l'infraction, de la personnalité de son auteur et du caractère manifestement inadéquat de toute autre sanction ; si la période de sûreté constitue une modalité d'exécution de la peine, il résulte du point 9 de la Décis. du Cons. const. n° 2018-742 QPC du 26 oct. 2018, qu'elle « présente un lien étroit avec la peine et l'appréciation par le juge des circonstances propres à l'espèce », de sorte que, faisant corps avec elle, elle doit faire l'objet d'une décision spéciale, et motivée lorsqu'elle est facultative ou excède la durée prévue de plein droit ; toutefois, s'agissant de textes de procédure, l'objectif, reconnu par le Cons. const., d'une bonne administration de la justice, commande que la nouvelle interprétation qui en est donnée n'ait pas d'effet rétroactif, de sorte qu'elle ne s'appliquera qu'aux décisions prononcées à compter du présent arrêt. • Crim. 10 avr. 2019, n° 18-83.709 P : *D. actu. 2 mai 2019, obs. Fucini ; D. 2019. 764 ; ibid. 2321, obs. Gozzi ; ibid. 2324, obs. Ginestet ; AJ pénal 2019. 443, obs. Grégoire ; Gaz. Pal. 2019. 2617, obs. Dreyer ; Dr. pénal 2019. Comm. 119, obs. Bonis.*

27. L'accusé a été condamné à la peine de sept ans d'emprisonnement et à celle de cinq ans de suivi socio-judiciaire avec injonction de soins ; pour justifier ces peines, la cour d'assises a retenu, d'une part, la gravité des faits, s'agissant d'un viol, d'autre part, une personnalité marquée par une absence d'introspection ; ces motifs exposent les principaux éléments ayant convaincu la cour d'assises dans le choix de la peine, conformément aux exigences énoncées par le Cons. const., dans sa Décis. n° 2017-694 QPC du 2 mars 2018. • Crim. 16 oct. 2019, n° 18-84.374 : *D. 2019. 2039 ; D. actu. 6 nov. 2019, obs. Goudjil ; AJ pénal 2019. 609, obs. Thierry ; Dr. pénal 2019, comm. 214, obs. Peltier.*

28. Pour condamner l'accusé à la peine de vingt ans de réclusion criminelle, la cour d'assises, après avoir souligné la gravité des faits et leurs conséquences sur la victime, retient le pronostic extrêmement péjoratif de l'expert psychiatre qui évoque une dangerosité avérée, l'absence de curabilité et de prise de conscience par l'accusé de la portée de ses actes ; en l'état de ces motifs qui exposent les principaux éléments l'ayant convaincue dans le choix de la peine, la cour d'assises a justifié la peine appliquée, conformément aux exigences énoncées par le Cons. const. dans sa Décis. n° 2017-694 QPC du 2 mars 2018. • Crim. 27 nov. 2019, n° 18-84.858 : *Gaz. Pal. 2020. 443, obs. Dreyer.*

29. Pour condamner l'accusé à la réclusion criminelle à perpétuité assortie d'une période de sûreté de vingt-deux ans, la cour d'assises se réfère à l'extrême gravité des faits, l'intéressé n'ayant pas hésité à tirer pour tuer alors qu'il aurait pu s'enfuir ; elle expose que l'intéressé, âgé de trente-cinq ans lors des faits, condamné à de multiples reprises pour des faits de violences, de vols avec armes, d'extorsion, est en récidive ; elle ajoute que, dans un souci de justice et de protection de la société, la cour et le jury ont estimé indispensable de prononcer à son encontre la peine maximale et de fixer à son maximum la période de sûreté ; en prononçant ainsi, la cour d'assises a exposé les principaux éléments qui l'ont convaincue dans le choix de la peine, conformément à la Décis. n° 2017-694 QPC du Cons. const., en date du 2 mars 2018, qui n'impose pas que la feuille de motivation contienne une analyse de la personnalité de l'accusé et de sa situation matérielle, familiale et sociale, évoquées lors des débats. • Crim. 22 avr. 2020, n° 19-84.253 : *D. 2020. 984 ; D. actu. 8 juin 2020, obs. Engel ; Dr. pénal 2020. Comm. 120, obs. Maron et Haas.*

3° LOI N° 2019-222 DU 23 MARS 2019

30. Refonte. V. C. pr. pén., art. 365-1, al. 2, dans sa rédaction issue de la L. n° 2019-222 du 23 mars 2019 (art. 63, I, 6°).

31. Confiscation. Selon l'art. 131-21 C. pén., la confiscation est encourue de plein droit pour les crimes et porte sur tous les biens ayant servi à le commettre, ainsi que sur ceux qui en sont l'objet, ou le produit direct ou indirect ; selon l'art. 365-1 C. pr. pén., la motivation consiste, en cas de condamnation, dans l'énoncé des principaux éléments ayant convaincu la cour d'assises dans le choix de la peine, la motivation de la peine de la confiscation du produit ou de l'objet de l'infraction n'étant pas nécessaire ; il résulte de ces textes que, si la cour d'assises n'a pas à préciser les raisons qui la conduisent à ordonner la confiscation du produit ou de l'objet de l'infraction, elle doit néanmoins énumérer les objets dont elle ordonne la confiscation et indiquer, pour chacun d'eux, s'ils constituent l'instrument, le produit ou l'objet de l'infraction, afin de mettre la Cass. en mesure de s'assurer de la légalité de sa décision, et d'apprécier, le cas échéant, son caractère proportionné. • Crim. 16 déc. 2020, n° 19-87.622 : *Dr. pénal 2021. Comm. 41, obs. Bonis.* ♦ ... Après avoir déclaré l'accusé coupable et l'avoir condamné à une peine d'emprisonnement, la cour d'assises a ordonné la confiscation des scellés ; en prononçant ainsi, sans indiquer la nature et l'origine des objets placés sous scellés dont elle a ordonné la confiscation, ni le fondement de cette peine, la cour d'assises n'a pas mis la Cass. en mesure de contrôler la légalité de sa décision. • Même arrêt.

B. PEINES CORRECTIONNELLES

1° AVANT LA LOI N° 2014-896 DU 15 AOÛT 2014

32. Souveraineté d'appréciation. Les juges du fond disposent, quant à l'application de la peine, dans les limites fixées par la loi, d'une faculté discrétionnaire dont ils ne doivent aucun compte. • Crim. 3 nov. 1955 : *Bull. crim. n° 540* • 26 déc. 1962, n° 61-94.529 P • 5 oct. 1977, n° 76-93.302 P • 9 févr. 1987, n° 86-92.864 P • 5 sept. 1989, n° 89-80.092 P.

33. La détermination de la peine par les juges, dans les limites fixées par la loi, relève d'une faculté dont ils ne doivent aucun compte et à laquelle l'art. 132-24 C. pén. n'a apporté aucune restriction. • Crim. 7 oct. 1997, n° 96-81.485 : *JCP 1997. IV. 2487* • 29 nov. 2000, n° 00-80.451 (inédit). ♦ Ainsi de la fixation du montant de l'amende dans les limites du maximum légal. • Crim. 25 févr. 1997, n° 96-82.036 (inédit). ♦ Les juges répressifs disposent, pour le prononcé des peines propres à sanctionner l'infraction dont ils sont saisis, d'un pouvoir d'appréciation dont ils ne doivent aucun compte, et ils ne peuvent, en outre, à cette occasion, se faire juges de la constitutionnalité des lois qu'ils sont chargés d'appliquer. • Crim. 14 mai 1998, n° 96-84.622 P.

34. En conséquence, la cour d'appel qui, faisant droit à l'appel du ministère public, élève la peine prononcée par les premiers juges contre le prévenu, n'est tenue de donner aucun motif spécial à l'appui de sa décision. • Crim. 11 oct. 1960 : *Bull. crim. n° 440* • 26 déc. 1962, n° 61-94.529 P : *préc. note 32.*

35. Les appréciations par lesquelles les juges relèvent le comportement déloyal d'un prévenu au cours de l'information et des débats, et notamment son exceptionnelle mauvaise foi, très proche du défi lancé à l'institution judiciaire, dès lors qu'elles ne sont pas détachables des motifs relatifs à la déclaration de culpabilité et du prononcé de la peine, ne sont pas de nature à faire naître un doute sur l'impartialité de la juridiction, selon l'art. 6, § 1, Conv. EDH. • Crim. 11 juin 1998, n° 97-82.293 : *D. 1998. IR 218* ; *JCP 1998. IV. 3137.*

36. En prononçant contre le prévenu du chef de fraude ou fausse déclaration pour obtenir ou faire obtenir ou tenter de faire obtenir des prestations qui ne sont pas dues, la peine complémentaire d'exclusion des services des assurances sociales, sans limitation de durée, une cour d'appel n'a fait qu'user de la faculté qui lui est reconnue par les art. L. 377-1 et L. 377-5 CSS, dont elle n'a pas à apprécier la constitutionnalité. • Crim. 4 nov. 1998, n° 97-85.894 : *Dr. pénal 1999. 43, obs. Robert.*

37. En condamnant la prévenue, coupable d'homicide et blessures involontaires lors de la conduite d'un véhicule sous l'empire d'un état alcoolique, à 3 ans de prison avec sursis, les premiers juges n'ont pas prononcé une sanction proportionnée à la gravité des infractions et à sa personnalité ; en effet, les infractions ont eu de graves conséquences puisqu'elles ont causé la mort d'une mère et d'importants dommages à son fils ; en outre, cet accident n'est pas le résultat de la fatalité, mais résulte d'un comportement délibéré, la prévenue s'étant alcoolisée avant de prendre le volant ; de surcroît, le fait qu'elle ait été sous traitement médicamenteux susceptible d'augmenter son taux d'alcoolémie, ne saurait diminuer sa responsabilité ; il convient donc de prononcer une peine de 3 ans d'emprisonnement dont 2 ans avec sursis, les circonstances justifiant la délivrance d'un mandat de dépôt. • Montpellier, 12 janv. 2010 : *JCP 2010, n° 14, 373.*

2° DEPUIS LA L. N° 2014-896 DU 15 AOÛT 2014

38. Obligation de motivation. BIBL. Pichon, *Dr. pénal 2017. Étude 7* (une jurisprudence vivante : la justification du choix de la peine). –

Mihman et Maes, *Gaz. Pal. 2017. 913* (la motivation des peines [matière correctionnelle]).

39. En l'état d'énonciations qui répondent à l'exigence résultant des art. 132-1 C. pén. et 485 C. pr. pén., selon laquelle, en matière correctionnelle, toute peine doit être motivée en tenant compte de la gravité des faits, de la personnalité de son auteur et de sa situation personnelle, la cour d'appel a justifié son choix de prononcer une interdiction de gérer. • Crim. 1er févr. 2017, n° 15-85.199 P : *JCP 2017. 277, note Leblois-Happe* • 20 juin 2017, n° 16-80.982 P : *D. actu. 3 juill. 2017, obs. Goetz.*

40. Selon l'art. 132-1 C. pén., en matière correctionnelle, toute peine doit être motivée en tenant compte de la gravité des faits, de la personnalité de leur auteur et de sa situation personnelle ; ces exigences s'imposent en ce qui concerne les peines prononcée à l'encontre tant des personnes physiques que des personnes morales. • Crim. 9 janv. 2018, n° 17-80.200 P : *D. 2018. 2265, obs. Ginestet ; Dr. pénal 2018. Comm. 58, obs. Bonis ; AJ pénal 2018. 144, obs. Chopin .*

41. En matière correctionnelle, le juge qui prononce une peine doit motiver sa décision au regard des circonstances de l'infraction, de la personnalité et de la situation personnelle de son auteur ; le juge qui prononce une amende doit, en outre, motiver sa décision en tenant compte des ressources et des charges du prévenu ; lorsque plusieurs peines sont prononcées, les motifs peuvent être communs à celles-ci. • Crim. 27 juin 2018, n° 16-87.009 P : *D. 2018. 1494 ; ibid. 2266, obs. Ginestet ; D. actu. 24 juill. 2018, obs. Recotillet ; Gaz. Pal. 2018. 2453, note Mésa.* ♦ Toute peine prononcée doit être motivée au regard des circonstances de l'infraction, de la personnalité et de la situation personnelle de son auteur ; toutefois, lorsque plusieurs peines sont prononcées, la Cass. estime que le juge peut adopter une motivation commune à celles-ci (• Crim. 27 juin 2018, n° 16-87.009 P) ; en l'espèce, la motivation de la cour d'appel, commune aux différentes peines, justifie, du point de vue de la personnalité de leur auteur, aussi bien le prononcé de l'emprisonnement sans sursis que l'interdiction du territoire français et la confiscation. • Crim. 14 nov. 2019, n° 18-85.688 : *Dr. pénal 2020. Comm. 24, obs. Bonis.*

42. Il appartient au juge de motiver la peine qu'il prononce en se référant, dans sa décision, aux éléments qui résultent du dossier et à ceux qu'il a sollicités et recueillis lors des débats ; il revient au prévenu, à la demande du juge ou d'initiative, d'exposer sa situation et de produire, éventuellement, des justificatifs de celle-ci ; lorsque le prévenu n'a pas comparu et n'a pas fourni ni fait fournir d'éléments sur sa situation, il n'incombe pas au juge d'en rechercher d'autres que ceux dont il dispose. • Crim. 27 juin 2018, n° 16-87.009 P : *préc. note 41.* ♦ ... Pour confirmer l'amende de 300 000 € et l'interdiction de gérer d'une durée de dix ans, l'arrêt énonce, par des motifs communs aux peines prononcées, qu'elles sont justifiées en raison de l'exceptionnelle gravité des faits, des circonstances de la cause et de la personnalité du prévenu, sans antécédent judiciaire ; en prononçant ainsi, d'une part, sans s'expliquer sur la personnalité du prévenu et sa situation personnelle qu'elle devait prendre en considération pour prononcer les peines d'amende et d'interdiction de gérer, d'autre part sans mieux s'expliquer sur les ressources et charges du prévenu, pour le condamner à une amende, la cour d'appel n'a pas justifié sa décision. • Même décision.

43. Pour confirmer le jugement et fixer respectivement à 40 000 € et à 20 000 € le montant des amendes prononcées à l'encontre de la société Parc Oasis et de M. X..., l'arrêt, après avoir relevé que M. X... était gérant de cette société, énonce que le premier juge a fait une appréciation adaptée des éléments de la cause, notamment de la gravité de l'infraction et des circonstances de sa commission, étant relevé que les prévenus n'ont produit aucun élément sur la situation financière de la société et sur la situation matérielle de son gérant ; les prévenus ne sauraient se faire un grief de ce que la cour d'appel ne s'est pas mieux expliquée sur leur personnalité, dès lors que, absents tant en première instance qu'en appel, ils n'ont fait valoir aucun argument, que ce soit sur la personnalité du gérant ou sur les caractéristiques devant être retenues au titre de la personnalité de la société, au regard notamment de sa forme, de son objet social et de son importance. • Crim. 15 janv. 2019, n° 17-87.049 P : *D. 2019. 128 ; ibid. 2325, obs. Ginestet ; Gaz. Pal. 2019. 1575, obs. Dreyer.*

44. Ont satisfait aux exigences de motivation des peines d'emprisonnement et d'interdiction de gérer posées par les art. 132-19, 132-1 et 485 C. pén., les juges qui, d'une part, en se référant au casier judiciaire du prévenu, se sont prononcés en tenant compte de sa personnalité, d'autre part, n'ont pu prendre en compte des attestations relatives à son état psychologique jointes aux conclusions déposées devant la cour d'appel par le conseil du prévenu, non-comparant, faute pour ces attestations de contenir le moindre développement. • Crim. 18 mars 2020, n° 18-85.542 : *D. 2020. Actu. 654 ; D. actu. 26 mai 2020, obs. Gallois.* ♦ ... A satisfait aux dispositions des art. 132-1 et 132-20 C. pén. relatives à la motivation de la peine d'amende, la cour d'appel qui, d'une part a constaté que le prévenu, non-comparant devant elle, n'avait fait produire aucun élément de nature à justifier ses ressources et ses charges, et d'autre part a jugé qu'il ne lui appartenait pas de rechercher d'autres éléments que ceux dont elle disposait. • Même arrêt.

45. Amendes. En matière correctionnelle, le

juge qui prononce une amende doit motiver sa décision au regard des circonstances de l'infraction, de la personnalité et de la situation personnelle de son auteur, en tenant compte de ses ressources et de ses charges ; tout jugement ou arrêt doit comporter les motifs propres à justifier la décision ; l'insuffisance ou la contradiction des motifs équivaut à leur absence ; pour infirmer le jugement et porter le montant des amendes prononcées à l'encontre des prévenues de 5 000 € aux sommes respectives de 50 000 et 30 000 €, la cour d'appel, qui a également confirmé la peine d'un an d'emprisonnement avec sursis, énonce que la première, en sa qualité de conjointe, a reçu un bénéfice quotidien, sur de nombreuses années, des pratiques des faits d'extorsion ; les juges retiennent que les faits commis par la seconde revêtent une particulière gravité, non seulement en raison de la criminalité qu'elle a empruntée à ses frères, mais encore de la complaisance qu'elle a manifestée à l'égard de leurs agissements ; mais en prononçant ainsi, sans s'expliquer sur les ressources et les charges des prévenues qu'elle devait prendre en considération pour fonder sa décision, la cour d'appel ne l'a pas justifiée. • Crim. 1er févr. 2017, n° 15-83.984 P : *JCP 2017. 277, note Leblois-Happe.*

46. N'a pas justifié sa décision la cour d'appel qui, pour condamner le prévenu à huit mois d'emprisonnement avec sursis et 10 000 € d'amende, énonce que les agissements dont il s'est rendu coupable ont porté atteinte à la liberté d'accès aux marchés publics et à l'égalité des candidats, et ont entraîné pour la société concurrente un préjudice important, sans s'expliquer sur la personnalité du prévenu, sur sa situation personnelle et sur le montant de ses ressources comme de ses charges. • Crim. 15 mars 2017, n° 16-83.838 P : *D. actu. 7 avr. 2017, obs. Benelli-de Bénazé.*

47. Pour une amende de 5 000 € jugée proportionnée aux ressources du condamné, dès lors que celui-ci avait produit son avis d'imposition, mais sans évoquer ses charges ni les établir. • Crim. 22 mars 2017, n° 16-80.050 P.

48. Pour infirmer le jugement et ramener à 10 000 € l'amende infligée au prévenu, l'arrêt relève la difficulté du métier de pêcheur, leurs difficultés financières et endettement du fait de la modernisation nécessaire de la flotte, même s'il s'agit en l'espèce de thoniers familiaux et non de thoniers industriels, énonce que le respect des quotas apparaît indispensable au maintien des ressources halieutiques et est en lien direct avec le devenir de la pêche, et retient que la peine d'amende doit être en corrélation avec le profit que les prévenus ont retiré de la commission des faits délictueux ; en l'état de ces énonciations, d'où il résulte que les juges ont pris en considération les ressources et charges du prévenu ainsi que l'exigent les art. 132-1 et 132-20 C. pén., la cour d'appel a justifié sa décision. • Crim. 7 nov. 2017, n° 16-86.231 : *Gaz. Pal. 2018. 339, obs. Dreyer.*

49. Selon l'art. 132-20 C. pén., le juge qui prononce une amende doit motiver sa décision en tenant compte des ressources et des charges du prévenu ; n'a pas justifié sa décision la cour d'appel qui, pour confirmer le jugement et prononcer à l'encontre de la société prévenue 20 000 euros d'amende, ne s'est pas expliquée sur les ressources et charges de la personne morale. • Crim. 9 janv. 2018, n° 17-80.200 P : *D. 2018. 2265, obs. Ginestet ; Dr. pénal 2018. Comm. 58, obs. Bonis ; AJ pénal 2018. 144, obs. Chopin .*

50. Pour condamner la prévenue à une amende délictuelle de 50 000 € dont 30 000 € avec sursis, l'arrêt, après avoir relevé que les infractions commises sont d'une gravité certaine dès lors qu'elles sont révélatrices d'un éloignement du vétérinaire des élevages dont il accepte le suivi sanitaire et génèrent des risques importants, notamment en matière d'antibio-résistance et de santé des consommateurs, énonce que le tribunal a fait une juste appréciation de la peine qui doit les sanctionner au regard du bénéfice annuel dégagé par la prévenue s'élevant entre 200 000 et 300 000 € ; en prononçant ainsi, la cour d'appel, qui a nécessairement pris en compte les ressources et les charges de la prévenue, a justifié sa décision. • Crim. 30 janv. 2018, n° 16-87.131 P : *D. actu. 19 févr. 2018, obs. Goetz ; D. 2018. 2265, obs. Ginestet .*

51. Selon l'art. 132-1 C. pén., en matière correctionnelle, toute peine doit être motivée en tenant compte de la gravité des faits, de la personnalité de leur auteur et de sa situation personnelle ; selon l'art. 132-20, al. 2, C. pén., le juge qui prononce une amende doit motiver sa décision en tenant compte des ressources et des charges du prévenu, que celui-ci soit une personne physique ou une personne morale ; a méconnu le sens et la portée de ces textes et le principe ainsi rappelé, la cour d'appel qui a confirmé un jugement en ce qu'il a condamné une société à 20 000 € d'amende et son dirigeant à 40 000 € d'amende, outre une interdiction de gérer à titre définitif, d'une part, sans s'expliquer ni sur les ressources et, le cas échéant, les charges particulières du prévenu personne physique, ni sur la situation financière de la société, alors qu'il lui appartenait de prendre ces éléments en considération pour fonder sa décision sur les peines d'amende, d'autre part, en s'en tenant, pour confirmer la peine d'interdiction de gérer, à la gravité des faits et à la personnalité du prévenu, sans examiner sa situation personnelle. • Crim. 27 mars 2018, n° 16-87.585 P : *D. actu. 3 mai 2018, obs. Gallois ; D. 2018. 724 ; Dr. pénal 2018. Comm. 111, obs. Robert.*

52. Au terme d'une information judiciaire, les sociétés d'investissement X... et T... ont été renvoyées devant le tribunal correctionnel qui les a déclarées coupables, la première d'abus de confiance, faux et usage de faux, la seconde d'abus de confiance, et les a chacune condamnées par un jugement dont elles ont, ainsi que le ministère public, interjeté appel ; après avoir annulé le jugement et évoqué, la cour d'appel, pour déclarer les prévenues coupables des faits reprochés, énonce notamment que les flux financiers de ces sociétés n'étaient ni causés, ni dictés par un intérêt économique ou social, que la plupart des concours financiers croisés entre elles s'effectuaient hors de leur objet social et qu'en particulier, la société d'investissement X..., apparaissait comme une société-taxi et un point d'ancrage de nombreuses opérations financières et commerciales croisées avec les autres sociétés de la « galaxie » de M. X... ; la cour d'appel a condamné la société d'investissement X... à une peine d'amende de 10 000 € et la société T... à une peine d'amende de 5 000 € ; en l'état de ces énonciations, d'où il résulte que les ressources et les charges des sociétés prévenues étaient constituées du produit des infractions poursuivies, la cour d'appel a justifié sa décision. • Crim. 3 mai 2018, n° 17-82.098 P : *D. actu. 4 juin 2018, obs. Priou-Alibert.*

53. Pour condamner le prévenu notamment à 100 000 € d'amende et à 5 ans d'interdiction de gérer, l'arrêt relève, après avoir souligné que la société MC n'avait en réalité d'autre but que d'assurer la rémunération du prévenu, lequel de surcroît était rémunéré par d'autres entités du groupe, et qu'il avait fini par opérer une véritable confusion entre son patrimoine personnel et celui de la société, et avoir souligné la gravité des faits commis au préjudice des associations ATC et ARA, qu'il convient de prendre en considération les faits, mais aussi la personnalité des prévenus ; les juges ajoutent que le prévenu n'avait jamais été condamné à l'époque des faits et qu'une seule mention figure à son casier judiciaire ; ils énoncent encore que le prévenu a fourni un contrat de travail à temps partiel de mars 2017 pour un salaire mensuel net de 1 000 euros, mais a fourni un cautionnement de 200 000 € dans le cadre du contrôle judiciaire, dont 190 000 euros étaient affectés au paiement des dommages-intérêts et des amendes, et qu'ainsi, eu égard au montant des détournements et de ses capacités financières à l'époque des faits, une peine de 100 000 € d'amende est justifiée ; en l'état de ces énonciations, qui répondent, d'une part, à l'exigence résultant des art. 132-1 C. pén. et 485 C. pr. pén., selon laquelle, en matière correctionnelle, toute peine doit être motivée en tenant compte de la gravité des faits, de la personnalité de leur auteur et de sa situation personnelle, d'autre part, à l'exigence résultant des art. 132-20, al. 2, et 132-1 C. pén. et 485 et 593 C. pr. pén., selon laquelle, en matière correctionnelle, la peine d'amende doit être motivée au regard des circonstances de l'infraction, de la personnalité et de la situation personnelle de son auteur, en tenant compte de ses ressources et de ses charges, et dès lors qu'aux termes de ses conclusions déposées devant la cour d'appel, le prévenu ne faisait pas état de ses charges, la cour d'appel, qui s'est référée de manière surabondante aux capacités financières du prévenu à la date des faits, a justifié sa décision. • Crim. 12 sept. 2018, n° 17-85.825.

54. Le juge qui prononce une amende doit motiver sa décision au regard des circonstances de l'infraction, de la personnalité et de la situation personnelle de son auteur, en tenant compte de ses ressources et de ses charges ; en condamnant le prévenu à une peine d'amende sans s'expliquer sur le montant de ses ressources comme de ses charges, qu'elle devait prendre en considération, la cour d'appel n'a pas justifié sa décision. • Crim. 27 nov. 2018, n° 17-82.773 : *D. 2019. 2321, obs. Gozzi ; AJ pénal 2019. 34, obs. Lemoine.*

55. En matière correctionnelle, toute peine doit être motivée en tenant compte de la gravité des faits, de la personnalité de leur auteur et de sa situation personnelle ; le juge qui prononce une amende doit motiver sa décision en tenant compte des ressources et des charges du prévenu ; tout jugement ou arrêt doit comporter les motifs propres à justifier la décision ; l'insuffisance ou la contradiction des motifs équivaut à leur absence ; pour condamner le prévenu à 10 000 € d'amende, l'arrêt retient, après avoir fait état des antécédents judiciaires de l'intéressé et relevé que ses ressources s'élèvent à 2 000 € par mois, qu'il y a lieu d'ajouter cette peine à la confiscation ordonnée ; mais en prononçant ainsi, sans s'expliquer sur la gravité des faits, la cour d'appel n'a pas justifié sa décision. • Crim. 15 mai 2019, n° 18-84.494 : *D. actu. 13 juin 2019, obs. Jay ; D. 2019. 1105 ; Gaz. Pal. 2019. 2619, obs. Detraz.*

56. Pour condamner M.I... à 15 000 € d'amende, l'arrêt, après avoir rappelé que le prévenu est marié, père de trois enfants, qu'il exerce comme généraliste et qu'il perçoit des revenus mensuels de 8 000 € par mois, relève que le trouble résultant des délits commis n'a pas cessé et que le reclassement du prévenu n'est pas acquis, celui-ci maintenant le bien-fondé de sa position sur le plan médical l'ayant conduit à commettre les faits reprochés ; la cour d'appel, après avoir retenu que les conditions requises par l'art. 132-59 C. pén. pour prononcer une dispense de peine ne sont pas réunies, énonce qu'en l'absence de condamnations antérieures et compte tenu des circonstances de la commission des deux délits poursuivis non assortis de plaintes de patients, cette peine constitue un avertissement suffisant afin de prévenir la réitération des infractions ; en se déterminant ainsi, par des motifs qui satisfont aux dispositions des art. 132-1 et 132-20 C. pén., la cour d'appel a justifié sa décision. • Crim.

12 juin 2019, n° 17-81.235 : *D. actu. 12 juill. 2019, obs. Diaz.*

57. En matière correctionnelle, le juge qui prononce une amende doit motiver sa décision au regard des circonstances de l'infraction, de la personnalité et de la situation personnelle de son auteur, en tenant compte de ses ressources et de ses charges ; tout jugement ou arrêt doit comporter les motifs propres à justifier la décision ; l'insuffisance ou la contradiction des motifs équivaut à leur absence ; pour condamner le prévenu notamment à une peine de 100 000 € d'amende, l'arrêt retient que son action a été essentielle dans le schéma frauduleux mis en place ; il relève qu'il a renouvelé ses agissements à plusieurs reprises, sur plusieurs mois d'intervalle et se trouvait en janvier 2007 dans le même état d'esprit ; les juges ajoutent qu'il n'a aucun antécédent judiciaire, ni à l'époque des faits, ni depuis lors, et que les éléments obtenus des membres encadrant son exercice professionnel sont bons et ne remettent pas en cause ses compétences et capacités ; la cour d'appel en conclut qu'il y a lieu de prononcer une peine d'emprisonnement de dix-huit mois intégralement assortie du sursis simple outre une peine d'amende de 100 000 €, adaptée notamment à ses capacités financières ; en prononçant ainsi, sans préciser les ressources et les charges du prévenu qu'elle a prises en compte, la cour d'appel n'a pas justifié sa décision. • Crim. 24 juin 2020, n° 18-85.540 : *D. actu. 31 août 2020 ; ibid. 3 sept. 2020, obs. Engel ; Dr. pénal 2020. Comm. 157, obs. Robert.*

58. Confiscation. Relativement à la peine de confiscation d'un véhicule Porsche Cayenne, propriété de la prévenue déclarée coupable de complicité d'abus de biens sociaux : si c'est à bon droit que les juges ont retenu que ledit véhicule était susceptible de confiscation, les dispositions de l'art. 131-21, al. 5, C. pén. n'exigeant pas que le bien confisqué ait été acquis à l'aide du profit direct ou indirect procuré par l'infraction, la cour d'appel, qui a statué sans mieux s'expliquer sur la personnalité de la prévenue et sa situation personnelle, n'a pas justifié sa décision au regard des art. 132-1 C. pén. et 485, 512 et 593 C. pr. pén. • Crim. 21 mars 2018, n° 16-87.296 P : *D. 2018. 672 ; D. actu. 11 avr. 2018, obs. Priou-Alibert ; Dr. pénal 2018. Comm. 96, obs. Bonis.*

59. En matière correctionnelle, le juge qui prononce une peine doit motiver sa décision au regard des circonstances de l'infraction, de la personnalité et de la situation personnelle de son auteur ; hormis le cas où la confiscation, qu'elle soit en nature ou en valeur, porte sur un bien qui, dans sa totalité, constitue le produit de l'infraction, le juge, en ordonnant une telle mesure, doit apprécier le caractère proportionné de l'atteinte portée au droit de propriété de l'intéressé lorsqu'une telle garantie est invoquée ou procéder à cet examen d'office lorsqu'il s'agit d'une confiscation de tout ou partie du patrimoine ; il incombe en conséquence au juge qui décide de confisquer un bien, après s'être assuré de son caractère confiscable en application des conditions légales, de préciser la nature et l'origine de ce bien ainsi que le fondement de la mesure et, le cas échéant, de s'expliquer sur la nécessité et la proportionnalité de l'atteinte portée au droit de propriété du prévenu. • Crim. 16 janv. 2019, n° 17-86.581 P : *D. 2019. 128 ; AJ pénal 2019. 218, obs. Hennebois* • 12 juin 2019, n° 18-83.396 : *D. 2019. 1230 ; ibid. 1864, obs. Mascala ; D. actu. 8 juill. 2019, obs. Fucini ; AJ pénal 2019. 444, obs. Mayaud* • 29 janv. 2020, n° 17-83.577 : *D. 2020. 338 ; D. actu. 12 févr. 2020, obs. Claude ; AJ pénal 2020. 302, obs. Litaudon ; Gaz. Pal. 2020. 971, note Boudet et Rue ; JCP 2020. 633, note Detraz ; Dr. pénal 2020. Comm. 90, obs. Bonfils.* ♦ ... Pour prononcer la confiscation d'un immeuble à usage de commerce et d'habitation situé à Roubaix et d'une maison à usage d'habitation située à Comines, l'arrêt retient qu'il y a lieu d'ordonner à l'encontre de M. Z... la confiscation des deux biens immobiliers saisis à titre de peine complémentaire, en application de l'art. 131-21 C. pén. ; mais en prononçant ainsi, par des motifs qui ne précisent pas à quel titre le bien a été confisqué, la cour d'appel, qui ne met pas la Cass. en mesure de s'assurer que les exigences de motivation rappelées ci-dessus ont été respectées, n'a pas justifié sa décision. • Crim. 16 janv. 2019, n° 17-86.581 P : *préc.* ♦ ... N'a pas justifié sa décision la cour d'appel qui ne s'explique pas sur la nécessité et la proportionnalité de l'atteinte portée au droit de propriété, alors que les confiscations prononcées, en répression de délits punis d'au moins cinq ans d'emprisonnement et ayant procuré un profit direct ou indirect, portaient sur des biens dont les prévenus n'avaient pas justifié de l'origine, et qu'avait été invoqué dans les conclusions le caractère disproportionné de la confiscation de l'intégralité des sommes saisies. • Crim. 12 juin 2019, n° 18-83.396 : *préc.* ♦ ... Pour confirmer la condamnation de deux SCI, déclarées coupables de complicité de fraude fiscale par organisation d'insolvabilité et blanchiment, à la confiscation, à titre de peine principale, de biens immobiliers leur appartenant, l'arrêt attaqué retient par motifs propres et adoptés que Mme O... est la représentante légale de ces sociétés et l'associée très largement majoritaire, à hauteur de 98 % et de 99 % ; en prononçant ainsi, par des motifs qui ne précisent pas la nature et l'origine des biens confisqués, ni le fondement de la mesure et, par conséquent, ne permettent pas d'apprécier l'étendue de l'exigence de motivation des juges du fond, la cour d'appel n'a pas justifié sa décision. • Crim. 29 janv. 2020, n° 17-83.577 : *préc.*

60. Hormis le cas où la confiscation, qu'elle soit en nature ou en valeur, porte sur un bien qui, dans sa totalité, constitue le produit ou l'objet de l'infraction, le juge, en ordonnant une telle mesure, doit apprécier le caractère proportionné de l'atteinte portée au droit de propriété de l'intéressé lorsqu'une telle garantie est invoquée ou procéder à cet examen d'office lorsqu'il s'agit d'une confiscation de tout ou partie du patrimoine ; il incombe en conséquence au juge qui décide de confisquer un bien, après s'être assuré de son caractère confiscable en application des conditions légales, de préciser la nature et l'origine de ce bien ainsi que le fondement de la mesure et, le cas échéant, de s'expliquer sur la nécessité et la proportionnalité de cette peine. • Crim. 24 juin 2020, n° 19-85.074 : *D. 2020. 1361* ; *D. actu. 4 sept. 2020, obs. Goudjil.* ♦ ... Pour prononcer la peine de confiscation immobilière à l'encontre de Mme I... et les peines de confiscation de comptes bancaires à l'encontre de M. H... et de Mme C..., l'arrêt attaqué énonce que cette peine est prononcée à titre de peine complémentaire en application de l'art. 324-7, 12°, C. pén. ; en prononçant par ces seuls motifs sans s'expliquer sur la nécessité et la proportionnalité de l'atteinte ainsi portée au droit de propriété par la confiscation de patrimoine et alors que les prévenus avaient invoqué dans leurs conclusions le caractère disproportionné des confiscations déjà prononcées par le tribunal, la cour d'appel n'a pas justifié sa décision. • Même arrêt.

61. Emprisonnement ferme. Pour condamner le prévenu à la peine de six ans d'emprisonnement sans sursis, l'arrêt énonce notamment que les faits, d'une particulière gravité, s'agissant de violences commises avec arme dans un contexte de règlement de compte relatif aux stupéfiants et qui ont eu de lourdes conséquences pour la victime, ont été commis par un individu dangereux, sans aucun scrupule et n'ayant intégré aucune règle ni limite, et qu'en conséquence, le prononcé d'une peine d'emprisonnement sans sursis constitue le dernier recours possible et est nécessaire, toute autre sanction étant manifestement inadéquate ; en l'état de ces motifs, exempts d'insuffisance comme de contradiction, la cour d'appel, qui n'était pas tenue d'ordonner une mesure d'investigation sur la personnalité du prévenu, et qui, par une appréciation souveraine, a jugé que la gravité de l'infraction, la personnalité de son auteur et le caractère manifestement inadéquat de toute autre sanction rendaient nécessaire une peine d'emprisonnement sans sursis, a justifié sa décision. • Crim. 15 nov. 2017, n° 16-87.745 : *Gaz. Pal. 2018. 338, obs. Dreyer.*

62. Emprisonnement avec sursis. En matière correctionnelle, toute peine doit être motivée en tenant compte de la gravité des faits, de la personnalité de son auteur et de sa situation personnelle ; tout jugement ou arrêt doit comporter les motifs propres à justifier la décision ; l'insuffisance ou la contradiction des motifs équivaut à leur absence ; pour condamner le prévenu à un an d'emprisonnement avec sursis, la cour d'appel avait énoncé qu'il a repris les affaires de son père au fur et à mesure des démêlés judiciaires de ce dernier et qu'il lui a, en toute connaissance de cause, apporté son concours pour l'achat d'un voilier en sachant qu'il ne disposait pas des revenus lui permettant d'assumer seul cette dépense et qu'il était, lui-même, dans l'incapacité de rembourser la société pour un prêt étranger à l'intérêt social ; en prononçant ainsi, sans s'expliquer sur la personnalité du prévenu et sa situation personnelle, la cour d'appel n'a pas justifié sa décision au regard des art. 132-1 C. pén. et 485, 512 et 593 C. pr. pén. • Crim. 21 mars 2018, n° 16-87.296 P : *D. 2018. 672* ; *D. actu. 11 avr. 2018, obs. Priou-Alibert ; Dr. pénal 2018. Comm. 96, obs. Bonis.*

63. Pour condamner le prévenu à une peine de deux ans d'emprisonnement assorti du sursis avec mise à l'épreuve, l'arrêt énonce que les faits reprochés au prévenu sont d'une particulière gravité, compte tenu de leur durée dans le temps et des répercussions pérennes qu'ils ont engendrées sur la victime, que le condamné exerce la profession d'ingénieur et perçoit 2 800 euros de salaire mensuel, qu'il est célibataire et sans enfant à charge, qu'il est secouriste et très investi dans sa pratique religieuse, qu'il présente des traits d'obsessionalité anankastiques pouvant confiner parfois à la limite de la personnalité paranoïaque, que les conclusions de cette expertise psychiatrique, surtout au regard de la position du prévenu vis-à-vis des faits, rendent indispensable la mise en place d'un suivi psychologique à son bénéfice, qu'il importe que la partie civile puisse se sentir à l'abri de tout contact avec lui et qu'il convient de faire une application rigoureuse de la loi pénale ; en statuant ainsi, par des motifs qui satisfont aux exigences des art. 130-1, 132-1, 132-40 s. C. pén., la cour d'appel, qui n'était pas tenue de suivre le prévenu dans le détail de son argumentation, a justifié sa décision. • Crim. 25 juill. 2018, n° 17-84.032 : *Gaz. Pal. 2018. 3171, obs. Dreyer ; RSC 2019. 99, obs. Mayaud* .

64. Pour condamner le prévenu à la peine de deux ans d'emprisonnement avec sursis et mise à l'épreuve, l'arrêt attaqué retient que cette peine est de nature à sanctionner plus justement la gravité des actes commis et à permettre de façon plus effective le dédommagement de la victime, compte tenu de la résistance du prévenu ; en prononçant ainsi, sans s'expliquer sur la personnalité du prévenu et sa situation personnelle, la cour d'appel n'a pas justifié sa décision. • Crim. 17 oct. 2018, n° 17-86.910 : *Dr. pénal 2018. Comm. 220, obs. Bonis.*

65. A justifié sa décision la cour d'appel qui, pour infirmer le jugement ayant condamné le prévenu à trois mois d'emprisonnement avec sursis et mise à l'épreuve pendant trois ans en l'assortissant de nombreuses obligations et ramener cette peine à celle de trois mois d'emprisonnement avec sursis, relève que, au regard des principes posés par les art. 130-1 et 132-1 C. pén. quant à la fonction et à l'individualisation de la peine, et celle-ci devant rester proportionnée aux faits qui sont reprochés, une peine d'emprisonnement de trois mois totalement assorti du sursis paraît plus adaptée à sa personnalité. • Crim. 6 nov. 2018, n° 17-85.431 : *Dr. pénal 2019. Comm. 19, obs. Peltier.*

66. *Inéligibilité.* Pour confirmer le jugement entrepris, l'arrêt retient que les faits ont été commis par un homme politique, maire de la commune de Roquebrune-sur-Argens depuis treize ans, dont la mission est avant tout d'assurer la sécurité de l'ensemble des personnes sur sa commune ; les juges ajoutent que, compte tenu de la personnalité du prévenu et de la gravité des faits qui lui sont reprochés, une peine complémentaire d'inéligibilité pour une durée d'un an lui est infligée ; en l'état de ces motifs procédant de son appréciation souveraine, qui, d'une part, répondent à l'exigence, résultant des art. 132-1 C. pén. et 485 C. pr. pén., selon laquelle, en matière correctionnelle, toute peine doit être motivée au regard de la gravité des faits, de la personnalité de leur auteur et de sa situation personnelle, et dont il se déduit, d'autre part, que les juges ont apprécié le caractère proportionné de l'atteinte portée au principe de la liberté d'expression défini par l'art. 10 Conv. EDH tel qu'interprété par la CEDH, la cour d'appel a justifié sa décision. • Crim. 1er févr. 2017, n° 15-84.511 P : *Dr. pénal 2017. Comm. 50, obs. Peltier ; JCP 2017. 276, note Dreyer ; ibid. 277, note Leblois-Happe.*

67. *Interdiction d'exercer une fonction publique.* Pour prononcer à l'encontre de chacun des requérants, deux surveillants pénitentiaires coupables de complicité de recel pour avoir averti un détenu d'une fouille imminente, ce qui lui avait permis de dissimuler son téléphone, une peine de six mois d'emprisonnement avec sursis et, à titre complémentaire, l'interdiction d'exercer une fonction publique pendant une durée de cinq ans, la cour a relevé la gravité des faits commis au sein d'un établissement pénitentiaire, par un fonctionnaire dépositaire de l'autorité publique auquel il revenait de faire respecter les règles et non de les violer, en dépit de la personnalité et de la situation de chacun d'eux qui n'avaient pas auparavant fait l'objet de remarques négatives ou de sanctions ; les juges ajoutent que le comportement des intéressés a entraîné une perte de confiance dans leur capacité à exercer une fonction publique et à en respecter tous les devoirs, le premier étant celui du respect de la loi ; en l'état de ces énonciations, qui procèdent de son appréciation souveraine des faits et circonstances de la cause et répondent à l'exigence résultant des art. 132-1 et 321-9 C. pén. et 485 C. pr. pén., la cour d'appel a justifié sa décision. • Crim. 5 juin 2019, n° 18-80.783 : *D. actu. 1er juill. 2019, obs. Recotillet ; D. 2019. 1228 ; ibid. 2328, obs. Garré ; Gaz. Pal. 2019. 2616, obs. Detraz.*

68. *Interdiction de gérer.* En l'état d'énonciations qui répondent à l'exigence résultant des art. 132-1 C. pén. et 485 C. pr. pén., selon laquelle, en matière correctionnelle, toute peine doit être motivée en tenant compte de la gravité des faits, de la personnalité de son auteur et de sa situation personnelle, la cour d'appel a justifié son choix de prononcer une interdiction de gérer. • Crim. 1er févr. 2017, n° 15-85.199 P : *JCP 2017. 277, note Leblois-Happe* • 20 juin 2017, n° 16-80.982 P : *D. actu. 3 juill. 2017, obs. Goetz.* ♦ V. égal. : • Crim. 27 mars 2018, n° 16-87.585 : *D. actu. 3 mai 2018, obs. Gallois ; D. 2018. 724 ; Dr. pénal 2018. Comm. 111, obs. Robert* • 27 juin 2018, n° 16-87.009 : *D. 2018. 1494 ; ibid. 2266, obs. Ginestet ; D. actu. 24 juill. 2018, obs. Recotillet ; Gaz. Pal. 2018. 2453, note Mésa* • 12 sept. 2018, n° 17-85.825.

69. Ont justifié leur décision les juges qui ont condamné la prévenue à un an d'emprisonnement avec sursis, 30 000 euros d'amende, et cinq ans d'interdiction professionnelle d'exercer des fonctions de direction au sein d'un établissement d'hospitalisation ou de santé, dès lors qu'il résulte d'une part de la référence au casier judiciaire de la prévenue, d'autre part d'autres énonciations de l'arrêt rapportant des témoignages de personnes ayant travaillé avec elle, qui la décrivent comme étant dotée d'un fort caractère et sachant imposer son point de vue, qu'ils se sont prononcés en tenant compte notamment de la personnalité de l'auteur des faits. • Crim. 18 mars 2020, n° 18-86.492 : *D. 2020. 765 ; ibid. 1808, obs. Mascala ; D. actu. 19 mai 2020, obs. Goetz ; JCP 2020. 489, obs. Brigant ; ibid. 569, obs. Detraz ; Rev. sociétés 2020. 371, obs. Matsopoulou .*

70. *Modalités probatoires (exclusions).* Le demandeur ne saurait se faire un grief de ce que la cour d'appel n'aurait pas motivé les obligations particulières qui lui ont été imposées dans le cadre de la peine d'emprisonnement avec sursis et mise à l'épreuve prononcée à son encontre, dès lors que l'exigence selon laquelle, en matière correctionnelle, toute peine doit être motivée au regard de la gravité des faits, de la personnalité de son auteur et de sa situation personnelle s'applique au prononcé de cette peine, et non au choix de ses modalités que sont les obligations prévues à l'art. 132-45 C. pén., lesquelles sont susceptibles d'être modifiées par le juge de l'application des peines. • Crim. 22 nov. 2017, n° 16-83.549 P : *Gaz. Pal. 2018. 337, obs. Dreyer.*

71. *Travail d'intérêt général.* Un demandeur ne saurait se faire un grief d'un défaut de motivation de la peine de travail d'intérêt général au regard de sa situation personnelle, dès lors que le prononcé d'une telle peine étant subordonné à l'accord préalable de l'intéressé, il implique nécessairement la prise en compte de la gravité des faits, de la personnalité de son auteur et de la situation personnelle de celui-ci. • Crim. 16 avr. 2019, n° 18-83.434 P : *D. actu. 10 mai 2019, obs. Goetz ; D. 2019. 819 ; ibid. 2325, obs. Ginestet ; Dr. pénal 2019. Comm. 120, obs. Peltier.*

C. PEINES CONTRAVENTIONNELLES

72. QPC. En application des art. 132-1 et 132-20 C. pén., 485, 543 et 593 C. pr. pén. et des principes constitutionnels tels que dégagés dans la Décis. n° 2017-694 QPC du 2 mars 2018, la juridiction qui prononce une peine d'amende doit motiver sa décision au regard des circonstances de l'infraction, de la personnalité et de la situation personnelle de son auteur, en tenant compte de ses ressources et de ses charges ; cette obligation de motivation s'applique en matière contraventionnelle ; toutefois, s'agissant de textes de procédure, l'objectif, reconnu par le Cons. const., d'une bonne administration de la justice, commande que la nouvelle interprétation qui en est donnée n'ait pas d'effet rétroactif, de sorte qu'elle ne s'appliquera qu'aux décisions prononcées à compter du présent arrêt ; en tout état de cause, le demandeur ne saurait se faire un grief de ce que le jugement attaqué ne contient aucun motif relatif à l'amende de 135 € prononcée, dès lors que celle-ci correspond à l'amende forfaitaire qui aurait été due si l'intéressé n'avait pas formulé de requête en exonération et ne pouvait, en application de l'art. 530-1 C. pr. pén., être inférieure. • Crim., QPC, 30 mai 2018, n° 16-85.777 : *D. actu. 8 juin 2018, obs. Goetz ; D. 2018. 1208 ; ibid. 2018. 1713, obs. Guého ; AJ pénal 2018. 407, obs. Perrier ; JCP 2018. 703, obs. Collet ; ibid. 951, note Bonis ; Gaz. Pal. 2018. 1509, note Bachelet ; Dr. pénal 2018. Comm. 144, obs. Bonis.*

D. AMÉNAGEMENTS DES PEINES

73. Emprisonnement ferme. Les juges ne sont tenus de spécialement motiver leur décision au regard de la situation matérielle, familiale et sociale du prévenu que pour refuser d'aménager la peine d'emprisonnement sans sursis qu'ils prononcent, et non pour justifier la nécessité même d'une telle peine. • Crim. 15 nov. 2017, n° 16-87.745 : *Gaz. Pal. 2018. 338, obs. Dreyer.*

74. Libération conditionnelle. Pour confirmer le rejet de la demande de libération conditionnelle et l'interdiction faite au condamné de présenter une nouvelle demande tendant au prononcé de la même mesure pendant deux ans, la chambre de l'application des peines énonce qu'il résulte de la synthèse socio-éducative établie par le service pénitentiaire d'insertion et de probation que l'intéressé se prétend innocent des faits pour lesquels il a été condamné, qu'il ne manifeste aucune empathie envers les victimes, qu'il a cessé les versements volontaires qu'il effectuait auprès des parties civiles, qu'il s'emporte très vite et s'énerve verbalement et physiquement avec une grande intolérance à la frustration ; l'arrêt relève que la synthèse établie par la commission pluridisciplinaire des mesures de sûreté, effectuée après un placement du condamné en observation dans un centre pénitentiaire spécialisé, conclut qu'il s'est figé dans des modes extrêmement rigides, excluant toute remise en cause, que son absence de prise en compte de l'autre et sa mise à distance des affects sont inquiétants, que le risque de récidive est toujours présent et que la poursuite de la détention reste la meilleure garantie de prévention ; les juges retiennent que les avis psychiatriques se rejoignent pour considérer que le risque de récidive demeure actuel et que le condamné, compte tenu de son fonctionnement psychique, n'est pas accessible à un traitement ; ils ajoutent que le placement sous surveillance électronique ne saurait être de nature à garantir la protection de la société et celle de victimes potentielles, la remise en liberté du condamné étant de nature à raviver le grave trouble à l'ordre public causé par les faits commis, encore présents dans les esprits ; en l'état de ces motifs exempts d'insuffisance et relevant de son appréciation souveraine, la chambre de l'application des peines, qui a pris en considération l'avis de la commission pluridisciplinaire des mesures de sûreté, a justifié sa décision de rejeter la demande de libération conditionnelle présentée par le condamné et de fixer à deux ans le délai pendant lequel il ne pourra présenter une nouvelle demande tendant au prononcé de cette mesure, sans encourir les griefs allégués aux moyens, relatifs à l'absence de motivation, lesquels ne sauraient être admis. • Crim. 31 oct. 2018, n° 17-86.660 : *D. 2018. 2140 ; AJ pénal 2019. 48, obs. Carpentier ; RSC 2019. 149, obs. Parizot .*

E. AMENDE DOUANIÈRE

75. Spécificité. En condamnant le prévenu, sans autrement se déterminer, à une amende douanière de 362 795 euros, et dès lors que le prononcé, par le juge correctionnel, de l'amende prévue à l'art. 414 C. douanes en répression des infractions de contrebande et d'importation ou d'exportation sans déclaration de marchandises prohibées, est soumis aux dispositions spécifiques de l'art. 369 C. douanes et échappe, par conséquent, aux prescriptions des art. 132-1 et 132-20, al. 2, C. pén., la cour d'appel a justifié sa décision. • Crim. 7 nov. 2018, n° 17-84.616 P : *D. actu. 6 déc. 2018, obs. Recotillet ; Dr pénal 2019. Comm. 18, obs. Bonis.*

F. AMENDE CIVILE

76. Ressources et charges. Il se déduit des art. 177-2 et 212-2 C. pr. pén. que la juridiction d'instruction qui prononce une condamnation à une amende civile doit motiver sa décision en tenant compte des ressources et des charges du plaignant ; tout jugement ou arrêt doit comporter les motifs propres à justifier la décision ; l'insuffisance ou la contradiction des motifs équivaut à leur absence ; n'a pas justifié sa décision la chambre de l'instruction qui condamne la plaignante à une amende civile de 7 500 €, sans s'expliquer sur les ressources et les charges de l'intéressée. • Crim. 5 sept. 2018, n° 17-84.980 P : *D. actu. 18 sept. 2018, obs. Goetz ; D. 2018. 2266, obs. Garé ; JCP 2018. 949 ; Dr. pénal 2018. Comm. 201, obs. Maron et Haas.*

77. Pour la confirmation d'une amende civile prononcée par un juge d'instruction, alors que la partie civile n'avait fourni aucun élément concernant ses ressources et ses charges, ni ne s'était prévalue devant la juridiction du second degré de l'absence de prise en compte de celles-ci par le premier juge, V. : • Crim. 21 oct. 2020, n° 19-87.492 : *D. actu. 27 nov. 2020, obs. Goetz.*

SECTION PREMIÈRE DISPOSITIONS GÉNÉRALES

SOUS-SECTION 1 DES PEINES APPLICABLES EN CAS DE CONCOURS D'INFRACTIONS

Art. 132-2 **Il y a concours d'infractions lorsqu'une infraction est commise par une personne avant que celle-ci ait été définitivement condamnée pour une autre infraction.** — *Pén. 433-9, 434-23, 434-31.*

Corresp. : *C. pén., ancien art. 5.*

RÉP. PÉN. v° *Concours d'infractions*, par Bonfils et Gallardo.

BIBL. ▶ Lesclous, *RSC 1991. 717 , Dr. pénal 1998. Chron. 14* (interdiction de la double poursuite) *et 15* (à faute unique, qualification unique). – Gonzalvez et Di Marino, *PUAM, 2000* (étude critique du régime du concours réel d'infractions). – Guerrive, *D. 2002. Chron. 829* (« double peine » et police des étrangers). – Malabat, *Mél. R. Ottenhof, Dalloz, 2006* (le champ inutile du droit pénal : les doubles incriminations) ; *Dalloz, 2009, p. 71, in* « La réforme du Code pénal et du Code de procédure pénale. *Opinio doctorum* » (les infractions inutiles). Fricero, *Mél. J.-Fr. Burgelin, Dalloz, 2008* (le fabuleux destin de l'autorité de la chose jugée). – Cazalbou, *RSC 2018. 387* (retour critique sur le principe d'unicité de qualification des faits en droit pénal). – Besse, *AJ pénal 2019. 495* s. (principe *Ne bis in idem* et qualifications idéalement en concours dans une même procédure : une erreur de casting ?).

Dossier : « *Ne bis in idem* », *AJ pénal 2015, p. 171* *s.* : Mauro, *p. 172* (*ne bis in idem* : un tremblement de terre ?). – Parizot, *p. 173* (le principe *ne bis in idem* dans la jurisprudence de la Cour EDH). – Aubert, *p. 175* (le principe *ne bis in idem* dans la jurisprudence de la CJUE). – Bossan, *p. 179* (le cumul des poursuites appréhendé par le Conseil constitutionnel). – Lasserre Capdeville, *p. 182* (la décision du Conseil constitutionnel du 18 mars 2015 : impacts et adaptations envisageables). – Ayrault, *p. 185* (*non bis in idem* : les enjeux en matière fiscale).

Plan des annotations

I. CONCOURS RÉEL D'INFRACTIONS

A. DÉFINITION

1° PLURALITÉ DE FAITS

a. Faits divisibles

1. Faits successifs. Lorsque, après la soustraction d'une lettre adressée à un notaire, il a été procédé, en un second temps, à sa destruction, il y a lieu d'examiner si ce second geste tombe éventuellement sous le coup de l'art. 439 C. pén. (nouvel art. 322-2, al. 1er, 2°), alors que l'on se trouve en présence non d'un cumul idéal d'infractions, mais de faits successifs pour lesquels il échet d'appliquer, le cas échéant, le principe du non-cumul des peines. • Paris, 9 févr. 1974 : *D. 1974. Somm. 40.*

2. Faits distincts. Le prévenu est sans intérêt à reprocher à une cour d'appel de l'avoir déclaré coupable des mêmes faits sous plusieurs qualifications pénales, dès lors qu'elles comportent des éléments constitutifs différents et qu'une seule peine d'emprisonnement a été prononcée, conformément à l'art. 132-3 C. pén. • Crim. 27 juin 2012, n° 11-86.679 : *D. actu. 3 sept. 2012, obs. Priou-Alibert.*

3. Peuvent être cumulés le délit d'obtention de services non rétribués (C. pén., art. 225-13) et le délit de soumission à des conditions de travail et d'hébergement incompatibles avec la dignité humaine (C. pén., art. 225-14). • Crim. 30 mai 2006 : *Dr. pénal 2006. 117, obs. Véron.*

4. Les infractions aux dispositions du code général des impôts relatives à la déclaration d'ouverture d'une maison de jeux, à la tenue d'une comptabilité annexe, à la déclaration mensuelle de recettes et au paiement de l'impôt constituent des manquements à des obligations fiscales distinctes, dont chacun doit donner lieu à une déclaration sur la culpabilité. • Crim. 8 mars 2006, n° 05-82.319 P : *AJ pénal 2006. 216*.

5. Sur la double qualification de complicité et de recel des choses provenant des infractions objet de la complicité, V. ss. art. 321-1.

b. Faits indivisibles

6. Action unique. Lorsque le conducteur d'un véhicule occasionne par son imprudence des blessures à plusieurs personnes, une seule peine doit être prononcée, quelle que soit la durée de l'incapacité de travail. • Crim. 13 nov. 1962 : *Bull. crim. n° 316* • 28 janv. 1969 : *ibid. n° 51* • 22 févr. 1995, n° 94-82.111 P. ♦ V. ss. art. 132-7 (faute pénale unique) et 221-6 (principes de qualification).

7. Lorsque des poursuites pour l'une des infractions prévues par la loi du 29 juill. 1881 sont engagées en raison de la diffusion, sur le réseau internet, d'un message figurant sur un site, le point de départ du délai de prescription de l'action publique prévu par l'art. 65 de ladite loi doit être fixé à la date du premier acte de publication ; cette date est celle à laquelle le message a été mis pour la première fois à la disposition des utilisateurs ; la simple adjonction d'une seconde adresse pour accéder à un site existant ne saurait caractériser un nouvel acte de publication de textes figurant déjà à l'identique sur ce site. • Crim. 6 janv. 2009, n° 05-83.491 P : *D. 2009. 1260, note Courtin ; JCP G 2009, n° 46, 441, § 8, obs. Tricoire ; Gaz. Pal. 2009. 1. Somm. 1477, note Marcellesi et Bensoussan-Brulé.*

8. Des faits qui procèdent de manière indissociable d'une action unique caractérisée par une seule intention coupable ne peuvent donner lieu, contre le même prévenu, à deux déclarations de culpabilité de nature pénale, fussent-elle concomitantes ; pour déclarer le prévenu coupable de recel, l'arrêt retient que des fonds provenant de l'escroquerie commise par sa compagne ont été versés sur son compte ; en statuant ainsi, alors que le versement effectué sur le compte du prévenu ne constituait, au moins en partie, qu'une opération préalable nécessaire à l'achat du bien réalisé par ses soins et pour lequel il a été déclaré coupable de blanchiment, la cour d'appel a méconnu la règle *ne bis in idem* et le principe énoncé ci-dessus. • Crim. 26 oct. 2016, n° 15-84.552 : *D. actu. 7 nov. 2016, obs. Fucini ; D. 2017. Pan. 2501, obs. Roujou de*

Boubée ; AJ pénal 2017. 35, obs. Gallois ; JCP G 2017. 16, note Catelan ; Gaz. Pal. 2017. 413, obs. Detraz ; Dr. pénal 2017. comm. 4, obs. Conte. – Pour une décision en sens inverse, admettant le cumul du recel et du blanchiment, s'agissant de faits distincts, V. *infra*.

9. Encourt la cassation l'arrêt qui, pour condamner un prévenu du chef de blanchiment, énonce que ce dernier a fait effectuer, par une société et au profit d'une autre, des virements correspondant à des prestations inexistantes, alors qu'elle juge, par le même arrêt, que ces virements sont constitutifs du délit d'abus de biens sociaux dont elle déclare le même prévenu coupable. • Crim. 7 déc. 2016, n° 15-87.335 P : *D. actu. 18 janv. 2017, obs. Gallois ; D. 2016. 2572 ; ibid. 2017. 2501, obs. Roujou de Boubée ; RTD com. 2017. 205, obs. Saenko .*

10. En condamnant le prévenu des chefs d'escroquerie d'une part, et de faux et usage de faux d'autre part, pour les mêmes faits consistant à utiliser des factures, des feuilles de soins et des prescriptions médicales fictives pour obtenir des remboursements de la sécurité sociale et de mutuelles afférents à des montures et verres de lunettes, sans retenir des faits constitutifs de faux et usage distincts des manœuvres frauduleuses qu'elle a expressément retenues pour déclarer le prévenu coupable d'escroquerie, la cour d'appel a méconnu le principe *ne bis in idem*. • Crim. 25 oct. 2017, n° 16-84.133 : *Dr. pénal 2018, n° 1, obs. Conte.*

11. Cassation de l'arrêt d'appel ayant déclaré la prévenue coupable de violences, faux et usage, dénonciation mensongère, menaces de mort et appels téléphoniques malveillants, alors qu'il résultait de ses propres constatations que l'infraction de violences et les autres infractions retenues à l'encontre de la prévenue relevaient de la même intention coupable. • Crim. 24 janv. 2018, n° 16-83.045 P : *D. actu. 15 févr. 2018, obs. Fucini ; AJ pénal 2018. 196, obs. Clément ; RSC 2018. 412, obs. Mayaud .*

12. Des faits qui procèdent de manière indissociable d'une action unique caractérisée par une seule intention coupable ne peuvent donner lieu, contre le même accusé, à deux déclarations de culpabilité de nature pénale, fussent-elles concomitantes. Ne peuvent en conséquence être cumulées les qualifications, d'une part, d'assassinats, de tentatives d'assassinats, et de destructions, et dégradations dangereuses pour les personnes commises par l'effet d'une substance explosive, et, d'autre part, de transport ou port, hors de son domicile et sans motif légitime, d'un engin explosif assimilé à la catégorie A (grenade à main *explosive* défensive d'origine américaine). En effet, il apparaît que l'infraction de port ou transport d'une grenade était une opération préalable nécessaire à la commission des autres infractions, perpétrées le même jour, dont l'accusé a été reconnu coupable. Cette infraction à la législation sur les armes et les explosifs procède, de manière indissociable, d'une action unique avec les autres infractions dont l'accusé a été reconnu coupable, caractérisée par une seule intention coupable, et ne pouvait donner lieu à une déclaration de culpabilité distincte. • Crim. 14 nov. 2019, n° 18-83.122 P : *D. actu. 5 déc. 2019, obs. Fucini ; D. 2020. 204, obs. Delage ; AJ pénal 2020. 83, obs. Lacaze .*

13. Des faits qui procèdent de manière indissociable d'une action unique caractérisée par une seule intention coupable ne peuvent donner lieu, contre le même prévenu, à deux déclarations de culpabilité de nature pénale, fussent-elle concomitantes. Ainsi en va-t-il dès lors qu'il résulte des faits que la détention d'un dépôt d'armes dont le prévenu a été reconnu coupable sont inclus dans les faits d'association de malfaiteurs réprimés par ailleurs et procèdent de la même intention coupable. • Crim. 11 mars 2020, n° 19-84.887 P : *Dr. pénal 2020, n° 107, obs. Peltier.*

14. Actes répétés. Une question unique sur des actes répétés de viols (ou d'agressions sexuelles) sur la même personne peut être posée, lorsqu'ils ont été accomplis dans les mêmes conditions et entraînent les mêmes conséquences pénales. • Crim. 17 juin 1964, n° 64-90.412 P • 17 oct. 1990, n° 89-87.132 P • 7 janv. 1998, n° 97-82.408 P • 25 nov. 1998, n° 98-80.606 P. ♦ Mais encourt le grief de complexité prohibée la question unique qui interroge la cour et le jury sur des viols qui, bien que commis sur la même victime, ne constituent pas un acte unique et indivisible accompli dans le même trait de temps, mais plusieurs pénétrations sexuelles de nature différente perpétrées sur plusieurs jours par des auteurs différents. • Crim. 24 juin 1987, n° 86-96.712 P : *RSC 1988. 302, obs. Levasseur.* ♦ ... Ou en divers endroits par des auteurs différents. • Crim. 3 juin 1992, n° 91-86.096 P. ♦ Rappr. • Crim. 26 nov. 1990, n° 90-81.702 P : *RSC 1991. 347, obs. Levasseur .* ♦ Une question unique ne peut être posée sur des faits de viol commis sur plusieurs victimes, sans encourir le grief de complexité prohibée, ces faits constituant des crimes distincts devant faire l'objet de questions séparées. • Crim. 2 juill. 1984, n° 83-93.072 P.

15. Infraction collective. Les recels successifs d'un même objet constituent des délits collectifs, comme étant composés de faits de même nature, réitérés par des individus différents en exécution de la même résolution criminelle pour atteindre le même but, ce qui doit les faire considérer comme les éléments d'une seule infraction dont le caractère continu fait apparaître chacun des receleurs successifs, non pas comme auteur d'un délit distinct, mais comme coauteur d'un même délit ; en conséquence, c'est seulement lorsque le dernier receleur s'est dessaisi de l'objet au profit d'un tiers de bonne foi, ou en le restituant à son propriétaire, ou même en le détruisant, que cesse l'infraction à l'égard de tous. • Nancy, 24 mai 1950 : *Gaz. Pal. 1950. 2. 236.*

2° DÉCISION DÉFINITIVE

16. Localisation dans le temps. La règle du non-cumul des peines édictée par l'art. 5 C. pén. ne s'applique pas à deux condamnations dont la première était devenue définitive avant la perpétration des faits qui ont motivé la seconde. • Crim. 13 févr. 1936 : *Bull. crim. n° 26 ; DH 1936. 167* • 14 juin 1957, n° 90-51.257 P • 16 mars 1964, n° 63-93.355 P • 12 mai 1992, n° 91-85.064 P • 13 mai 1992, n° 91-80.753 P. ♦ Il en est ainsi alors même que cette dernière condamnation se confond avec une condamnation intermédiaire qui a absorbé la première. • Crim. 13 févr. 1936 : *préc.* • 16 mars 1964 : *préc.*

17. Fait une fausse application de la règle du non-cumul des peines, l'arrêt qui ordonne la confusion de la peine qu'il prononce avec celle résultant d'une condamnation antérieure, alors qu'il est constant que les faits qui ont motivé la seconde condamnation sont postérieurs, au moins pour partie, au jour où la première avait acquis le caractère définitif. • Crim. 2 mars 1966, n° 65-93.126 P.

B. NON-CUMUL DES PEINES

1° PRINCIPE

18. Énoncé. L'application de la règle du non-cumul constitue un principe général de pénalité, qui, en tant que tel, concerne les lois de fond. • C. sûreté État, 15 févr. 1977 : *D. 1977. 598, note Mayer.*

19. Étendue. L'art. 5 C. pén., qui prohibe le cumul des peines, pose un principe général applicable à toutes les infractions punies de peines criminelles ou correctionnelles, qui n'en ont pas été explicitement ou implicitement exceptées, soit par un texte formel de la loi, soit par le caractère de réparation civile attaché à certaines d'entre elles. • Crim. 22 déc. 1893 : *DP 1897. 1. 302* • 13 avr. 1922 : *ibid. 1925. 1. 225, note Donnedieu de Vabres* • 15 juin 1973, n° 72-90.070 P. ♦ … Y compris les délits résultant de lois spéciales. • Crim. 26 juill. 1895 : *DP 1897. 1. 302* • 12 août 1898 : *ibid. 1899. 1. 174* • 15 sept. 1898 : *ibid. 1899. 1. 174* • 16 févr. 1900 : *ibid. 1900. 1. 248.*

20. La règle du non-cumul des peines s'applique sans qu'il y ait lieu de distinguer selon que les infractions en concours font l'objet d'une seule poursuite ou de poursuites successives. • Crim. 21 mars 1989, n° 88-81.264 P : *RSC 1990. 61, obs. Vitu.*

2° EXCEPTIONS

a. Explicites

21. Renvois. Pour des exemples de textes dérogeant formellement à la règle du non-cumul : V. art. 314-8 (organisation frauduleuse de l'insolvabilité), 433-9 (rébellion), 434-23 (usurpation d'état civil), 434-31 (évasion). ♦ V. également : **C. pr. pén.**, art. 706-56 (refus de se soumettre à un prélèvement biologique) ; **C. trav.**, art. L. 263-2 [L. 4741-1 et L. 4741-9 nouv.] (hygiène et sécurité) ; C. envir., art. L. 581-34-III (publicité, enseignes et préenseignes : V. App., v° *Affichage*). ♦ *Adde* Vitu, *RSC 1992. 568.*

22. Code du travail. Si, par exception, la loi prévoit, dans le cas de certaines infractions délictuelles au code du travail, qu'il est prononcé autant d'amendes qu'il y a de travailleurs concernés, cette exception ne s'applique pas lorsqu'une telle infraction est poursuivie concurremment avec un délit puni d'une peine plus forte qui ne comporte qu'une seule amende. • Crim. 13 oct. 1992, n° 92-81.506 P. ♦ En application de l'art. 5 ancien C. pén., en cas de conviction de plusieurs crimes ou délits, la peine la plus forte est seule prononcée ; si, par exception, la loi prévoit, dans le cas des infractions correctionnelles aux règles protectrices de la sécurité des travailleurs, qu'il est prononcé autant d'amendes qu'il y a de salariés concernés, le cumul des peines principales est expressément exclu lorsqu'une telle infraction est poursuivie concurremment avec un délit d'homicide et de blessures involontaires ; viole les art. 5 ancien C. pén. et L. 263-2, dernier al., C. trav. et méconnaît le principe susvisé la cour d'appel qui inflige au prévenu, outre la peine de trois mois d'emprisonnement avec sursis pour le délit de blessures involontaires et une amende de 10 000 F pour la contravention de blessures involontaires, deux amendes de 10 000 F chacune pour infractions à la réglementation sur la sécurité des travailleurs. • Crim. 21 sept. 1999, n° 97-85.551 P : *D. 2000. Somm. 383, obs. Amauger-Lattes ; RSC 2000. 200, obs. Mayaud ; ibid. 386, obs. Bouloc ; ibid. 406, obs. Cerf.*

b. Implicites

23. Amendes réparatrices. Dans les matières régies par une législation spéciale, telles que les contributions indirectes, les douanes, la pêche, les forêts, le caractère exceptionnel attribué aux amendes exclut l'application de la règle du non-cumul ; ces amendes participent, en effet, du caractère de réparations civiles auxquelles elles sont étroitement liées, et le nombre des amendes encourues doit être déterminé par celui des différentes infractions à la loi qui résultent de chacun des faits constatés. • Crim. 27 févr. 1947 : *Bull. crim. n° 61 ; D. 1947. 211* • 8 juill. 1948 :

Bull. crim. n° 191 • 15 déc. 1949 : *ibid. n° 349 ; D. 1950. 94.*

24. Amendes fiscales. Le principe du non-cumul des peines est étranger aux sanctions fiscales qui présentent à la fois le caractère d'une peine et celui d'une indemnisation pour le préjudice subi par l'État. • Crim. 12 déc. 2007, n° 07-82.353 P : *Dr. pénal 2008. 34, obs. Robert ; RSC 2009. 162, obs. de Lamy.*

25. Contributions indirectes. • Crim. 23 mars 1944 : *DA 1944. 61* • 6 oct. 1954 : *Bull. crim. n° 286* • 29 févr. 1956 : *ibid. n° 210* • 6 juin 1956 : *ibid. n° 434* • 14 déc. 1960 : *ibid. n° 588* • 28 nov. 1962 : *ibid. n° 343* • 29 juill. 1970 : *ibid. n° 251* • 6 juill. 1976 : *ibid. n° 250* • 6 mars 1989 : *ibid. n° 104* • 17 févr. 1992, n° 91-82.112 P.

26. Amendes douanières. Lorsque des infractions de droit commun sont poursuivies en même temps que des infractions douanières, l'art. 5 C. pén. sur le non-cumul des peines n'est pas applicable aux amendes prononcées pour des infractions douanières, amendes qui présentent moins le caractère d'une peine que celui d'une réparation du préjudice causé à l'État. • Crim. 2 oct. 1975, n° 75-90.23 P. ♦ ... Les amendes douanières, dont le maximum est fixé en fonction du montant de la fraude, possèdent, en raison de leur caractère mixte, répressif et indemnitaire, une nature propre, qui les fait échapper à la règle du non-cumul des peines prévue par les art. 132-1 à 132-7 C. pén. • Crim. 2 oct. 1997 : *Dr. pénal 1998. 38, obs. J.-H. Robert* • 27 juin 2012, n° 11-86.679 : *D. actu. 3 sept. 2012, obs. Priou-Alibert.*

27. Forêts. • Crim. 22 avr. 1898 : *DP 1898. 1. 495* • 22 juin 1965, n° 64-92.293 P : *D. 1965. 686.* 23.

28. Pêche. • Crim. 29 déc. 1900 : *DP 1901. 1. 225, note Le Poittevin* • 27 févr. 1947 : *préc.* • 15 déc. 1949 : *préc.*

II. CONFLITS DE QUALIFICATIONS LÉGALES

A. QUALIFICATIONS COMPATIBLES

1° CONCOURS IDÉAL D'INFRACTIONS

a. Principe non bis in idem

29. Énoncé. En vertu de la règle *non bis in idem*, un même fait, autrement qualifié, ne saurait donner lieu à une double déclaration de culpabilité. • Crim. 3 déc. 1931 : *Bull. crim. n° 281* • 17 juin 1948 : *ibid. n° 163* • 13 janv. 1953 : *ibid. n° 12* • 23 déc. 1968, n° 67-91.025 P • 26 mai 1976, n° 75-91.203 P. ♦ Dès lors, lorsqu'un même fait se trouve poursuivi sous deux qualifications différentes, les juges ne doivent pas relaxer le prévenu du chef d'une des qualifications, mais seulement retenir le fait délictueux sous la plus haute expression pénale dont il est susceptible. • Crim. 26 juin 1930 : *Bull. crim. n° 190* • 4 févr. 1943 : *ibid. n° 8* • 3 mars 1966, n° 65-92.993 P.

30. L'art. 4 du Protocole n° 7 doit être compris comme interdisant de poursuivre ou de juger une personne pour une seconde « infraction » pour autant que celle-ci a pour origine des faits identiques ou des faits qui sont en substance les mêmes (§ 82). • CEDH 10 févr. 2009, *Sergueï Zolotoukhine c/ Russie*, n° 14939/03 : *D. 2009. 2014, note Pradel* (principe *Ne bis in idem*, poursuites successives de nature différente et Cour européenne des droits de l'homme) ; *RSC 2009. 675, obs. Roets.* ♦ Opposer : • CEDH 4 mars 2008, *Garretta c/ France*, n° 2529/04 : *RSC 2008. 708, obs. Roets.*

b. Application aux circonstances aggravantes

31. Même fait. Le même fait ne peut être retenu comme constitutif à la fois d'un crime ou d'un délit et d'une circonstance aggravante accompagnant une autre infraction. • Crim. 14 oct. 1954 : *Bull. crim. n° 294* • 23 juin 1977, n° 77-91.135 P • 21 mai 1980, n° 79-93.146 P • 3 oct. 1984, n° 83-92.880 P • 6 janv. 1999, n° 98-80.730 P • 20 févr. 2002, n° 00-81.093 P : *RSC 2002. 583, obs. Bouloc ; ibid. 590, obs. Mayaud.*

32. La circonstance aggravante de violences ne saurait être relevée à l'égard de l'auteur d'un vol également poursuivi à raison d'un meurtre concomitant ou corrélatif, s'il résulte des circonstances de la cause que les violences ne peuvent se distinguer du meurtre. • Crim. 14 oct. 1954 : *préc. note 31* • 23 juin 1977, n° 77-91.135 P : *préc. note 31.* ♦ Même solution pour les qualifications de vol avec violences et de coups mortels. • Crim. 21 mai 1980, n° 79-93.146 P : *préc. note 31.* ♦ Il ne peut être fait une application cumulative du délit d'homicide involontaire causé en état d'ivresse et du délit de conduite en état d'ivresse. • Crim. 3 oct. 1984, n° 83-92.880 P : *préc. note 31.* ♦ Les mêmes violences ne peuvent être retenues à la fois comme élément constitutif d'un viol et d'un délit de violences volontaires et comme circonstance aggravante d'un vol. • Crim. 6 janv. 1999, n° 98-80.730 P : *préc. note 31.*

33. Le délit de mise en danger délibérée d'autrui ne peut se cumuler avec le délit de blessures involontaires aggravées commis à l'égard des mêmes personnes. • Crim. 11 sept. 2001, n° 00-85.473 P : *Dr. pénal 2002. 4, obs. Véron ; Gaz. Pal. 2002. 2. Somm. 1596, note Monnet ; RSC 2002. 106, obs. Mayaud.* ♦ Pour un exemple de cumul d'homicide involontaire et de mise en danger de la vie d'autrui à l'égard de personnes différentes. • Bourges, 10 avr. 2003 : *JCP 2004. IV. 1832.*

34. Cassation, pour violation des art. 221-1, 221-3, 224-1 et 224-2 C. pén. et du principe précité de l'arrêt qui, pour confirmer l'ordonnance du juge d'instruction renvoyant trois accusés devant la cour d'assises, les deux premiers sous l'accusation d'assassinat et séquestration suivie de la mort de la victime, et le troisième sous l'accusation de complicité de ces crimes, énonce notamment que la circonstance purement objective que la séquestration ait été suivie de mort, qui ne rend compte ni du caractère volontaire de l'action de donner la mort, ni de sa préméditation, est encourue en aggravation aux côtés de l'incrimination d'assassinat sans heurter la règle *non bis in idem*, alors que la mort de la victime ne pouvait être retenue à la fois comme constitutive de l'assassinat et comme circonstance aggravante de la séquestration. • Crim. 20 févr. 2002, n° 00-81.093 P : *RSC 2002. 583, obs. Bouloc* ; *ibid. 590, obs. Mayaud*.

35. Des faits qui procèdent de manière indissociable d'une action unique caractérisée par une seule intention coupable ne peuvent être retenus comme élément constitutif d'une infraction et circonstance aggravante d'une autre infraction. Doit être cassé l'arrêt qui, pour caractériser la circonstance aggravante de bande organisée attachée aux infractions de vol avec arme et destruction ou dégradation volontaires par l'effet d'une substance explosive ou d'un incendie, retient les mêmes faits que pour caractériser le délit d'association de malfaiteurs. • Crim. 9 mai 2019, n° 18-82.800 P : *D. actu. 3 juin 2019, obs. Azoulay.*

36. Si un même fait ne peut être retenu comme constitutif à la fois d'un crime ou d'un délit et d'une circonstance aggravante accompagnant une autre infraction, rien ne s'oppose à ce qu'une même circonstance soit relevée comme aggravant des crimes ou délits distincts ; ainsi en est-il de la vulnérabilité de la victime en raison de son état physique ou mental, retenue à la fois pour viol et violences volontaires (C. pén. : ancien art. 309, al. 2, 1° ; nouvel art. 222-13, al. 1er, 2°) sur la même personne. • Crim. 14 févr. 1990, n° 89-83.191 P.

37. Le même fait ne peut être retenu comme constitutif de deux circonstances aggravantes ; une chambre d'accusation méconnaît le sens et la portée de ce principe en renvoyant une personne devant la cour d'assises sous l'accusation de viols sur mineure de quinze ans, personne particulièrement vulnérable en raison de son âge (C. pén., nouvel art. 222-24, 2° et 3°). • Crim. 4 févr. 1998, n° 97-86.090 P.

38. Faits distincts. Les faits qui constituent le délit de fuite ne sauraient être considérés comme de simples circonstances aggravantes du délit d'homicide ou de blessures involontaires qui a pu le précéder ; il s'agit en réalité d'un délit distinct, commis nécessairement dans un temps différent et caractérisé par des éléments constitutifs qui sont indépendants de ceux qui définissent les infractions prévues et réprimées par les art. 319 et 320 C. pén. (nouveaux art. 221-6 et 222-19) ; le fait que les peines édictées par lesdits articles soient portées au double par l'art. L. 2, al. 2, C. route, lorsque l'homicide ou les blessures involontaires ont été suivis d'un délit de fuite n'exclut aucunement que les deux infractions puissent être poursuivies et sanctionnées sous réserve du principe du non-cumul des peines. • Crim. 24 janv. 1973, n° 72-90.845 P : *Gaz. Pal. 1973. 1. 289.*

39. Ne méconnaît pas le principe selon lequel un même fait ne peut être retenu comme élément constitutif d'une infraction et circonstance aggravante d'une autre infraction la cour d'appel qui déclare le prévenu coupable d'association de malfaiteurs en vue de la préparation d'une évasion et d'évasion en bande organisée, dès lors qu'elle constate que les éléments constitutifs du premier de ces délits et la circonstance aggravante du second correspondent, en l'espèce, à des faits distincts. • Crim. 19 janv. 2010, n° 09-84.056 P : *JCP 2010, n° 7, p. 340 ; Gaz. Pal. 2010. 1. Jur. 981, note Detraz ; Dr. pénal 2010, comm. 43, obs. Véron.*

40. De la même façon une cour d'assises a pu, sans méconnaître le principe *non bis in idem*, caractériser un délit d'association de malfaiteurs distinct de la circonstance aggravante spécifiquement attachée à la tentative de vol en bande organisée, dès lors que l'association de malfaiteurs avait pour objet la préparation d'autres infractions. • Crim. 9 mai 2019, n° 18-82.885 P : *D. actu. 28 mai 2019, obs. Fucini ; AJ pénal 2019. 380, obs. Lacaze* ; *Dr. pénal 2019, nos 142 et 143, obs. Conte.* • Crim. 22 avr. 2020, n° 19-84.464 P : *D. actu. 25 mai 2020, obs. Charlent.*

41. Délit connexe à un crime. N'encourt pas la censure l'arrêt portant renvoi devant la cour d'assises, lorsque les faits poursuivis à tort sous deux qualifications en concours idéal, à la fois comme constitutif d'un délit et d'une circonstance aggravante accompagnant un autre délit, constituent, pris sous leur plus haute acception pénale, un délit connexe au crime pour lequel l'accusé est renvoyé devant la cour d'assises. • Crim. 15 déc. 1993, n° 93-84.515 P : *RSC 1994. 554, obs. Levasseur*.

42. Est sans intérêt le reproche fait à une chambre de l'instruction d'avoir renvoyé les demandeurs devant la cour d'assises à la fois du chef du crime de tortures ou actes de barbarie sur mineur de quinze ans par ascendant et de celui du délit connexe d'agressions sexuelles aggravées, plutôt que d'avoir retenu ces agressions comme la circonstance aggravante du crime, telle que prévue par l'art. 222-3, al. 2, C. pén., dès lors que, en cas de double déclaration de culpabilité, seules pourront être prononcées les peines encourues pour l'infraction la plus sévèrement réprimée, conformément à l'art. 132-3 dudit code. • Crim. 11 janv. 2005, n° 04-86.210 : *AJ pénal 2005. 242, obs. Redon*.

c. Application à la faute pénale unique

43. Renvoi. V. *infra*, ss. art. 132-7 et 221-6.

2° CUMUL DES QUALIFICATIONS

44. Principe. Un fait unique constituant un cumul idéal d'infractions peut recevoir plusieurs qualifications pénales différentes, dès lors que celles-ci ne présentent entre elles aucune incompatibilité et sont susceptibles d'être appliquées concurremment. • Crim. 19 mars 1996, n° 94-81.420 P.

45. Proportionnalité. Les éléments constitutifs du délit institué par l'art. L. 4-1 nouv. C. route (L. n° 99-505 du 18 juin 1999, art. 7) sont distincts de ceux du délit de mise en danger d'autrui institué par l'art. 223-1 C. pén., qui est puni d'un an d'emprisonnement et de 100 000 F d'amende ; en l'état de la législation, le dépassement d'au moins 50 km/h de la vitesse maximale autorisée ne constitue qu'une contravention de la 5e classe pour laquelle la récidive n'est pas prévue ; en prévoyant la récidive de cette contravention, pour répondre aux exigences de la lutte contre l'insécurité routière, et en la réprimant par une peine délictuelle de 3 mois d'emprisonnement et de 25 000 F d'amende, le législateur a fixé une peine maximale inférieure au quantum de la peine pouvant être prononcée si le comportement délictueux répond aux conditions de l'art. 223-1 C. pén., prenant ainsi en considération le degré de gravité propre aux différents faits incriminés ; enfin, si un même comportement est susceptible de faire l'objet de qualifications distinctes au titre tant de l'art. 223-1 C. pén. que de l'art. L. 4-1 C. route, la peine prononcée ne pourra excéder le maximum prévu pour le délit de mise en danger d'autrui. • Cons. const. 16 juin 1999, n° 99-411 DC : *JO 19 juin, p. 9018 ; D. 1999. 589, note Mayaud ; ibid. 2000. Somm. 197, obs. Sciortino-Bayart ; RD. publ. 1999. 1283, chron. par Luchaire ; AJDA 1999. 694, obs. Schoettl ; LPA 1999, n° 188, p. 12, obs. B. M.* ♦ *Adde* : Mathieu, *D. 1999. Dernière actualité, n° 27.*

46. En vertu de l'art. 8 de la DDH, la loi ne doit établir que des peines strictement et évidemment nécessaires ; le principe de proportionnalité qui en découle implique que, lorsque plusieurs dispositions pénales sons susceptibles de fonder la condamnation d'un seul et même fait, les sanctions subies ne peuvent excéder le maximum légal le plus élevé. • Cons. const. 12 janv. 2002, n° 2001-455 DC : *JO 18 janv., p. 1053 ; RSC 2002. 674, obs. Buck*. ♦ ... Il appartiendra aux autorités juridictionnelles, ainsi, le cas échéant, qu'aux autorités chargées du recouvrement des amendes, de respecter, dans l'application de la loi déférée, le principe de proportionnalité des peines ci-dessus énoncé ; sous cette réserve, l'instauration dans le code pénal et dans le code du travail de deux incriminations réprimant les agissements de harcèlement moral au travail (C. pén., art. 222-33-2 ; C. trav., art. L. 152-1-1), dont la première a d'ailleurs un champ d'application plus large que la seconde, n'est pas, en elle-même, contraire à la Constitution. • Même décision.

47. Intentions différentes. Le crime de destruction ou de détérioration d'un édifice habité ou servant à l'habitation par l'effet d'une substance explosive, mettrait-il en péril des vies humaines, n'en est pas moins essentiellement établi en vue d'assurer la protection des propriétés, étant constitué dans tous ses éléments dès que son auteur a agi volontairement, sachant qu'il détruisait ou tentait de détruire un édifice de cette espèce, sans qu'il soit nécessaire qu'il ait eu aucun dessein homicide ; il suit de là que si l'auteur d'un tel attentat a en vue, indépendamment de la destruction de l'édifice, la mort de personnes, qu'elles habitent ou non le local soumis à l'action de l'explosif, il commet un second crime, dont l'élément matériel est constitué sans doute par le même fait, mais qui se distingue du premier par son élément intentionnel, qui est la volonté de tuer : il ne s'agit pas, en tel cas, d'un crime unique, dont la poursuite sous deux qualifications différentes serait contraire au vœu de la loi, mais de deux crimes simultanés, commis par le même moyen, mais caractérisés par des intentions coupables essentiellement différentes. • Crim. 3 mars 1960 : *Bull. crim. n° 138 ; RSC 1961. 105, obs. Légal.*

48. Valeurs sociales distinctes. Sanctionnent la violation d'intérêts distincts et comportent des éléments constitutifs différents (ce qui rend possible une double déclaration de culpabilité sur le fondement d'un même fait matériel, avec pour conséquence d'avoir à respecter les règles applicables au concours réel d'infractions) :

49. ... Les crimes de guerre et les crimes contre l'humanité. • Crim. 20 déc. 1985, n° 85-95.166 P : *D. 1986. 500, note Chapar ; JCP 1986. II. 20655, rapp. Le Gunehec, concl. Dontenwille ; RSC 1987. 275 ; ibid. 937, obs. Lombois* • 25 nov. 1986, n° 86-92.714 P • Paris, 13 avr. 1992 : *Gaz. Pal. 1992. 1. 387 ; RSC 1993. 372, obs. Massé*.

50. ... Le détournement d'un aéronef et la prise d'otage sous condition avec menace de mort. • Crim. 22 nov. 1983, n° 83-93.975 P.

51. ... Des violences commises par une personne dépositaire de l'autorité publique (C. pén., art. 222-8, 7°, 222-10, 7°, 222-12, 7° et 222-13, 7°) et des actes attentatoires à la liberté individuelle (C. pén., art. 432-4). • Crim. 21 avr. 1998, n° 97-81.438 P.

52. ... Le délit d'homicide involontaire et le délit de violation des règles d'hygiène et de sécurité dans le monde du travail. • Crim. 8 nov. 1977, n° 76-93.617 P • 4 mai 1979, n° 78-93.408

P • 13 juin 1979, n° 78-93.327 P • 23 janv. 1985, n° 84-95.583 P • 21 sept. 1999, n° 97-85.551 P : *D. 2000. Somm. 383, obs. Amauger-Lattes ; RSC 2000. 200, obs. Mayaud, 386, obs. Bouloc ; ibid. 406, obs. Cerf.* ♦ ... Le délit d'homicide involontaire et les crimes ou délits d'usage et de trafic de stupéfiants. • Chambéry, 25 mars 1987 : *Gaz. Pal. 1987. 2. 603 ; RSC 1988. 86, obs. Levasseur* • Limoges, 4 juin 1997 : *BICC 1997. 1262 ; RSC 1998. 549, obs. Mayaud* .

53. ... Le délit de mise en danger d'autrui et les contraventions au code de la route. • Crim. 16 nov. 2016, n° 15-85.949 : *D. 2017. Pan. 2501, obs. Ginestet ; AJ pénal 2017. 83, obs. Céré ; Gaz. Pal. 2017. 409, obs. Dreyer* • Douai, 26 oct. 1994 : *D. 1995. 172, note Couvrat et Massé ; Gaz. Pal. 1994. 2. 766, note J.-G. M. ; RSC 1995. 579, obs. Mayaud* . ♦ *Contra* : • TGI Saint-Étienne, 4 août 1994 : *Gaz. Pal. 1994. 2. 773 ; RSC 1995. 580, obs. Mayaud* .

54. ... Le délit de fuite et le délit d'abstention prévu par l'art. 63 C. pén. (nouvel art. 223-6). • Rennes, 20 déc. 1948 : *D. 1949. 230.* ♦ ... Les délits de violences volontaires et de fuite. • Douai, 11 janv. 1995 : *Gaz. Pal. 1995. 2. 543.*

55. ... Le délit de l'art. 42 CPCE et celui de l'art. 369 C. pén. (nouvel art. 226-2). • T. corr. Paris, 2 juill. 1981 : *Gaz. Pal. 1983. 1. Somm. 49.* ♦ ... L'atteinte à l'intimité de la vie privée de particuliers prévue par l'art. 226-1 C. pén., qui a repris les dispositions de l'art. 368 ancien C. pén., et l'atteinte à la Constitution au sens de l'art. 114 ancien C. pén., en raison d'écoutes téléphoniques relevant d'un système institutionnalisé, de surcroît réalisées par une cellule constituée par les plus hautes autorités de l'État (cellule antiterroriste de l'Élysée). • Paris, 30 sept. 1996 : *D. 1997. 111, note Breen ; Gaz. Pal. 1997. 1. 1, note Doucet.* ♦ Sur pourvoi : • Crim. 4 mars 1997, n° 96-84.773 P : *Gaz. Pal. 1997. 1. 320, note J.P.D.*

56. ... Le délit de diffamation et le délit de violation du secret professionnel. • Crim. 19 oct. 1982, n° 80-93.260 P. ♦ ... Pour un même article de presse, le délit de diffamation et l'infraction à la loi du 2 juill. 1931 (publication d'informations relatives à une constitution de partie civile). • Crim. 19 mars 1996, n° 94-81.420 P. ♦ ... L'incrimination de diffamation raciale (L. du 29 juill. 1881, art. 32, al. 2) et le délit de contestation de crimes contre l'humanité (L. du 29 juill. 1881, art. 24 *bis*), qui ne concernent pas nécessairement les mêmes personnes ou les mêmes groupes de personnes. • Crim. 12 sept. 2000, n° 98-88.201 : *Dr. pénal 2001. 4 (1er arrêt), obs. Véron.*

57. ... Le délit de faux en écritures privées et le délit d'abus de blanc-seing (non repris en tant que tel depuis la réforme du code pénal). • Crim. 26 mai 1976, n° 75-91.203 P : *Gaz. Pal. 1976. 2. 725.* ♦ ... Les qualifications de faux et d'escroquerie. • Crim. 14 nov. 2013, n° 12-87.991 P : *AJ pénal 2014. 296, obs. Lasserre Capdeville* . – V. toutefois, • Crim. 25 oct. 2017, n° 16-84.133 : *préc. note 10.* – V. égal. Jurispr. ss. C. pén., art. 313-1 (escroquerie).

58. ... Le délit de publicité mensongère et le délit d'escroquerie. • Crim. 10 mai 1978, n° 77-91.445 P : *D. 1978. IR 348, obs. Roujou de Boubée* • Caen, 17 oct. 1997 : *D. 1998. IR 21* • Rennes, 28 sept. 2000 : *JCP 2001. II. 10592, note Geffroy et Belloir.* ♦ ... Le délit de publicité de nature à induire en erreur et le délit de tromperie (voyagiste qui a fait diffuser une publicité comportant des allégations fausses ou de nature à induire en erreur, et qui trompe volontairement les cocontractants sur la nature des prestations fournies). • Crim. 4 mai 2004, n° 03-83.787 P : *Gaz. Pal. 2004. 2. Somm. 4021, obs. Monnet ; RSC 2004. 873, obs. Vermelle* .

59. ... Les qualifications de tromperie et d'usurpation d'appellations d'origine. • Crim. 16 janv. 2007, n° 06-80.914 : *Dr. pénal 2007. 57, obs. J.-H. Robert.*

60. ... Le délit de tromperie et le crime d'empoisonnement. • CEDH 4 mars 2008, *Garretta c/ France*, n° 2529/04 : *RSC 2008. 708, obs. Roets* .

61. ... La qualification d'abus de faiblesse et celles résultant du non-respect des obligations prescrites par les art. L. 121-23 à L. 121-28 C. consom. en cas d'engagement conclu lors d'un démarchage à domicile, infractions qui ne présentent entre elles aucune incompatibilité et qui sont susceptibles d'être appliquées concurremment, dès lors qu'elles défendent des intérêts distincts tenant à la protection des personnes vulnérables et à celle des consommateurs. • Crim. 8 mars 2016, n° 14-88.347 P : *D. actu. 4 avr. 2016, obs. Gallois.*

62. ... La complicité d'escroquerie et la complicité d'exercice illégal de la profession de banquier ; en outre, rien ne s'oppose à ce que les prévenus, reconnus coupables de ces délits, puissent être également retenus comme receleurs des sommes provenant de ces infractions, s'agissant de faits distincts commis à des dates différentes. • Crim. 10 oct. 1996, n° 95-80.447 : *Dr. pénal 1997. 48, obs. Véron. 35.*

63. ... Le délit d'escroquerie et le délit de mise en circulation de fausse monnaie (C. pén., art. 442-2). • Crim. 12 janv. 2005, n° 04-81.540 : *AJ pénal 2005. 240, obs. Redon* .

64. ... Le délit de blanchiment et de recel de la même infraction. • Crim. 12 juin 2019, n° 18-83.396 P : *D. actu. 8 juill. 2019, obs. Fucini ; D. 2019. Pan. 1858, obs. Mascala* .

65. ... Le délit d'abus de biens sociaux et les délits de corruption active et passive de fonctionnaires. • Crim. 17 nov. 1986, n° 85-93.444 P. ♦ ... Les délits de corruption active et de complicité d'abus de biens sociaux. • Crim. 27 oct. 1997, n° 96-83.698 P : *D. Affaires 1997. 1429, note Boizard ; JCP E 1998. 310, note Dekeuwer.* ♦ ... Les délits de corruption active et de recel d'abus de biens sociaux. • Même arrêt. ♦ ... Les délits d'usage de faux et d'abus de biens sociaux. • Crim. 1er déc. 2010, n° 09-86.644 : *Gaz. Pal. 2011. 1. 1068, note Dreyer.*

66. ... Le licenciement pour motif économique d'un salarié sans autorisation administrative et le licenciement du même salarié, conseiller prud'homme, illégalement opéré. • Crim. 22 avr. 1986, n° 85-93.671 P.

67. ... Les infractions d'entrave à l'exercice du droit syndical et de harcèlement moral. • Crim. 6 févr. 2007, n° 06-82.601 P : *AJ pénal 2007. 179 ; RSC 2007. 527, obs. Fortis ; ibid. 818, obs. Mayaud ; ibid. 824, obs. Cerf-Hollender .*

68. ... Les infractions à la règle du repos dominical prescrite par l'art. L. 221-5 C. trav., devenu L. 3132-3, et les infractions à un arrêté préfectoral pris en application de l'art. L. 221-17 du même code, devenu L. 3132-29, prescrivant la fermeture au public un jour de la semaine, lorsqu'elles sont commises concomitamment : elles doivent être réprimées distinctement, ces infractions comportant des éléments constitutifs spécifiques. • Crim. 16 mars 2010, n° 08-88.418 P : *RSC 2010. 865, obs. Cerf-Hollender .*

69. ... La complicité de prise illégale d'intérêts (C. pén., art. 432-12) et l'usurpation de fonctions (C. pén., art. 433-12). • Crim. 21 févr. 2001, n° 00-81.167 P.

70. ... Les qualifications de tenue d'une comptabilité manifestement irrégulière ou incomplète, constitutive de banqueroute, et d'omission d'écritures en comptabilité, prévue par l'art. 1743 CGI. • Crim. 4 mai 2006, n° 05-84.786 : *Dr. pénal 2006. 101, obs. J.-H. Robert ; Gaz. Pal. 2006. 2. Doctr. 3006, obs. Robaczewski.*

71. ... L'implantation hors agglomération de panneaux publicitaires à moins de 200 mètres d'une voie rapide, sanctionnée par le Décr. n° 76-148 du 11 févr. 1976, ayant pour intérêt la sécurité routière, et les manquements à la L. n° 79-1150 du 29 déc. 1979, relative à la publicité, aux enseignes et préenseignes, prise pour la protection de l'environnement et du paysage. • Bordeaux, 25 févr. 2000 : *Dr. pénal 2001. 87, obs. Robert ; RSC 2001. 814, obs. Robert* (implicitement confirmé par • Crim. 10 janv. 2001, 2 arrêts, nos 00-82.336 et 00-82.335 : *inédits*).

72. ... D'une part, les infractions de déversement de substances nuisibles à la santé, à la faune et à la flore dans les eaux souterraines, superficielles ou de la mer prévues par l'art. L. 216-6 C. envir., d'autre part, celle de rejet en eau douce ou pisciculture de substances nuisibles au poisson ou à sa valeur alimentaire prévue par l'art. L. 432-2 du même code, dès lors que la seconde incrimination tend à la protection spécifique du poisson que la première exclut expressément de son propre champ d'application. • Crim. 16 avr. 2019, n° 18-84.073 P : *D. actu. 16 mai 2019, obs. Fucini ; Dr. pénal 2019, n° 143, obs. Conte.*

73. ... Le prononcé d'une amende civile pour constitution abusive ou dilatoire (C. pr. pén., art. 177-2) et le prononcé d'une sanction pour dénonciation calomnieuse (C. pén., art. 226-10). • Crim. 22 sept. 2015, n° 14-84.029 P : *D. actu. 6 oct. 2015, obs. Lavric ; JCP 2015. 1285, note Dreyer ; Gaz. Pal. 2015. 3026, note Mésa.*

74. ... Les infractions de construction sans permis et de violation du plan d'occupation des sols. • Crim. 8 déc. 2015, n° 14-85.548 P : *D. actu. 22 déc. 2015, obs. Benelli-de Bénazé ; AJ pénal 2016. 149, obs. Leost ; Dr. pénal 2016. Comm. 32, obs. Robert ; Gaz. Pal. 2016. 299, note Mésa.*

75. ... La contravention de conduite d'un véhicule à une vitesse excessive (C. route, art. R. 413-17) et le délit de destruction ou détérioration involontaire du bien d'autrui par l'effet d'un incendie provoqué par un manquement à une obligation de prudence ou de sécurité imposée par la loi ou le règlement (C. pén., art. 322-5). • Crim. 31 mars 2016, n° 15-85.082 P : *D. actu. 21 avr. 2016, obs. Goetz ; Gaz. Pal. 2016. 2288, obs. Detraz.*

76. ... L'aide à l'entrée, à la circulation ou au séjour irréguliers d'étrangers en France, le travail dissimulé, l'emploi d'étrangers non munis d'une autorisation de travail et la soumission de plusieurs personnes vulnérables à des conditions d'hébergement indignes, le premier participant de la police des étrangers, les deuxième et troisième, de la régulation du marché du travail ainsi que, pour le deuxième, de la garantie d'une égale et loyale concurrence entre entreprises supportant les mêmes charges, et le quatrième de la protection de la dignité de la personne humaine. • Crim. 22 juin 2016, n° 14-80.041 : *D. actu. 12 juill. 2016, obs. Goetz.*

3° NON-CUMUL DES QUALIFICATIONS

77. Principe. Il est de principe constant que lorsqu'un fait matériel unique est susceptible de recevoir plusieurs qualifications pénales, la juridiction saisie ne doit retenir que la qualification la plus grave lorsque l'un et l'autre de ces faits procèdent de la protection d'une même valeur sociale, individuelle ou collective, et lorsque l'attitude psychologique de l'auteur peut être tenue comme indivisible dans l'action ayant mis en péril cette valeur. • Bordeaux, 5 mars 1992 : *D. 1994. 305, note Mirabail .*

78. Un prévenu est sans intérêt à reprocher à une cour d'appel de l'avoir déclaré coupable des mêmes faits sous plusieurs qualifications, dès lors qu'une seule peine a été prononcée. • Crim. 28 juin 2011, n° 10-82.607 : *Gaz. Pal. 2011. 2,* *p. 3441, note Dreyer ; ibid. 3553, note Piedelièvre ; RSC 2012. 159, obs. Ambroise-Castérot* .

79. Valeurs sociales confondues. Ne peut donner lieu à une double déclaration de culpabilité un même fait poursuivi des chefs de diffamation publique envers un citoyen chargé d'un mandat public et de diffamation publique envers un particulier. • Crim. 21 avr. 1980, n° 78-92.567 P.

80. C'est à bon droit qu'une cour d'appel a relaxé un prévenu du chef d'injures envers des agents des douanes (C. douanes, art. 53-1 et 413 *bis*), dès lors qu'il était déjà poursuivi pour les mêmes faits sous la qualification d'outrage à personnes chargées d'une mission de service public (C. pén., art. 433-5), les éléments constitutifs des deux infractions étant identiques ; lorsque l'administration des douanes engage des poursuites devant la juridiction répressive pour infraction au code des douanes, elle doit respecter la règle *non bis in idem*. • Crim. 16 juill. 1997, n° 96-85.000 P.

81. Justifie sa décision la cour d'appel qui, pour condamner le prévenu du chef de rébellion et le relaxer du chef de violences exercées sur trois gardiens de la paix, retient qu'il n'a pas commis d'actes de violences distincts de ceux constituant une résistance violente à son arrestation, élément constitutif de la rébellion. • Crim. 21 févr. 2006, n° 05-81.561 P : *Dr. pénal 2006. 69, obs. Véron ; RSC 2006. 604, obs. Mayaud* . ♦ Opposer : • Besançon, 21 mars 1877 : *DP 1877. 2. 173* • T. corr. Nanterre, 29 avr. 1975 : *Gaz. Pal. 1976. 1. 367.*

82. Constituent une action indivisible qui, en raison de la similitude des valeurs sociales protégées, ne peut pas entraîner plusieurs déclarations de culpabilité, et doit être exclusivement réprimée sous sa plus haute expression pénale, les faits de destruction d'un animal non domestique appartenant à une espèce protégée et de chasse en temps et par des moyens prohibés. • Crim. 16 mai 2006, n° 05-86-860 : *Dr. pénal 2006. 121, obs. Robert.*

83. Procèdent de la lésion d'une seule et même valeur sociale, à savoir le droit de propriété, et ne sauraient donc être envisagés que sous la seule qualification la plus haute, des faits susceptibles d'être qualifiés soustraction frauduleuse de la chose d'autrui et dégradation volontaire d'objets mobiliers appartenant à autrui. • Bordeaux, 5 mars 1992 : *préc. note 77.* ♦ Lorsque le moyen frauduleux utilisé pour la délivrance indue d'un document administratif est un faux, il existe un concours de qualifications entre l'art. 441-2 et l'art. 441-6 C. pén., et devant l'unité d'infraction, il convient de retenir la plus haute des qualifications. • Douai, 1er juill. 1994 : *Gaz. Pal. 1994. 2. Somm. 770.*

84. Specialia generalibus derogant. Le fait de dénoncer malicieusement un individu à des magistrats composant une juridiction pénale et d'obtenir ainsi contre lui une condamnation à une peine et, corrélativement, à des dommages-intérêts, constitue une dénonciation calomnieuse et non pas le délit d'escroquerie ; si même tous les éléments du délit d'escroquerie paraissent pouvoir être relevés, ce n'en serait pas moins sous l'inculpation de dénonciation calomnieuse que l'auteur du délit devrait être poursuivi en vertu du principe général du droit pénal *specialia generalibus derogant*. • Paris, 18 févr. 1960 : *D. 1960. 285, note Larguier ; S. 1960. 182, note Hugueney.*

85. Il ne saurait être fait grief à une cour d'appel d'avoir retenu le délit général réprimé par l'art. L. 213-3, 1°, C. consom., plutôt que l'incrimination, moins sévèrement punie, prévue par les art. 2 et 6 de la L. du 16 juill. 1984 (C. rural, art. L. 234-2, § I et II, et L. 237-1), dès lors que les faits poursuivis consistaient, non dans l'administration à des animaux de substances anabolisantes, seule visée par cette loi, mais dans la falsification de denrées destinées à l'alimentation du bétail. • Crim. 21 mars 2006, n° 05-83.122 P : *Dr. pénal 2006. 89, obs. Robert ; Gaz. Pal. 2006. 1. Somm. 1353, note M. B.*

B. QUALIFICATIONS INCOMPATIBLES

1° INCOMPATIBILITÉS RECONNUES

86. En lien avec le recel. Les qualifications de vol et de recel sont exclusives l'une de l'autre. • Crim. 22 janv. 1948 : *Bull. crim. n° 26* • 15 déc. 1949 : *ibid. n° 350* • 6 juin 1979, n° 79-90.374 P. ♦ Rappr. : • Crim. 22 nov. 1994, n° 94-80.387 P. ♦ Un même fait ne peut donner lieu à une double inculpation, et celui qui a frauduleusement détourné un objet ne peut, en même temps, être retenu comme receleur du même objet, dès lors qu'en de telles circonstances les qualifications d'abus de confiance et de recel sont exclusives l'une de l'autre. • Crim. 2 déc. 1971, n° 71-90.215 P. ♦ Le délit de recel de prise illégale d'intérêts ne peut être reproché à la personne qui aurait commis l'infraction principale, celle-ci fût-elle prescrite. • Crim. 12 nov. 2015, n° 14-83.073 P : *Gaz. Pal. 2016. 436, obs. Detraz.*

87. Le délit de recel de cadavre, prévu par l'art. 359 C. pén. (nouvel art. 434-7), ne peut être constitué que par le fait de celui qui n'a pas participé à l'homicide volontaire ; à l'égard de l'auteur de l'homicide volontaire, le fait d'avoir recélé ou caché le cadavre de sa victime, qui n'est que la suite de ce crime, ne peut jamais prendre le caractère d'un délit distinct de l'homicide volontaire. • Crim. 19 juill. 1956 : *Bull. crim. n° 556.*

88. Autres exemples. Le délit de fuite ne peut être constitué que si le dommage corporel ou matériel a été occasionné involontairement, condition non remplie en cas de dégradation volontaire ; la prévention visée par l'art. 434 C. pén. (nouvel art. 322-1) et le délit de fuite sont dès lors des qualifications incompatibles. • T. corr. Foix, 26 avr. 1983 : *JCP 1986. II. 20581, note Bonzom.* ♦ *Contra* : Le délit de fuite prévu et réprimé par les art. 434-10 nouv. C. pén. et L. 2 C. route est susceptible d'être constitué même si le dommage corporel ou matériel a été occasionné volontairement ; « l'accident » visé à cet article doit en effet se définir non comme un évènement fortuit à l'origine d'un dommage non délibéré, mais comme une implication à l'occasion de la conduite d'un véhicule, dans une rupture du cours normal des choses se traduisant par des dommages matériels ou corporels dont l'origine intentionnelle ou non intentionnelle importe peu. • Douai, 11 janv. 1995 : *Gaz. Pal. 1995. 2. 543.*

89. Sur l'incompatibilité des infractions de dégradation ne présentant pas de danger pour les personnes et de mise en danger d'autrui. • Douai, 28 sept. 1994 : *BICC 1994. 1216 ; Gaz. Pal. 1994. 2. Somm. 709 ; RSC 1995. 580, obs. Mayaud*. ♦ V. *infra*, ss. art. 223-1.

90. Un fait unique de stationnement illicite ne peut être divisé en un stationnement interdit et en un stationnement prolongé au-delà de la durée autorisée, lorsqu'au lieu où le prévenu a stationné, aucune durée n'était autorisée. • Crim. 27 mars 1968, nº 67-92.361 P.

91. Si c'est à tort qu'une cour d'appel a retenu à la fois les qualifications d'abus de biens sociaux et de banqueroute, qui sont exclusives l'une de l'autre, la peine se trouve justifiée par la déclaration de culpabilité du chef de banqueroute qui, seule, doit être prononcée, les faits poursuivis ayant été commis après la date de cessation des paiements. • Crim. 27 oct. 1999, nº 98-85.651 : *Dr. pénal 2000. 48.* ♦ Sur les rapports entre l'abus de biens sociaux et la banqueroute par détournement d'actif, V. encore : Robert, *Dr. pénal 1998. 156* (note ss. Crim. 18 juin 1998 (2 arrêts) ; *ibid. 1999. 6*, note ss. Crim. 2 juill. 1998).

92. Les dispositions spéciales de l'art. L. 3421-1 CSP, incriminant l'usage illicite de produits stupéfiants, excluent l'application de l'art. 222-37 C. pén., incriminant la détention de tels produits, s'il est établi que les substances détenues étaient exclusivement destinées à la consommation personnelle du prévenu. • Crim. 16 sept. 2014, nº 14-90.036 QPC P : *D. actu. 23 oct. 2014, obs. Anane* • 14 mars 2017, nº 16-81.805 : *D. actu. 30 mars 2017, obs. Goetz ; D. 2017. Pan. 2501, obs. Roujou de Boubée ; AJ pénal 2017. 285, obs. Roux-Demare ; Gaz. Pal. 18 juill. 2017, p. 59, obs. Detraz.*

2º INCOMPATIBILITÉS REJETÉES

93. Violences mortelles et omission de porter secours. L'inculpation de coups et blessures volontaires ayant entraîné la mort sans intention de la donner n'est pas nécessairement exclusive de celle d'abstention volontaire de porter secours à une personne en péril. • Crim. 24 juin 1980, nº 79-93.828 P : *RSC 1981. 618, obs. Levasseur.* ♦ V. également *infra*, ss. art. 223-6.

94. Auto-blanchiment. Pour relaxer le prévenu du chef de blanchiment, pour avoir apporté son concours à une opération de placement, dissimulation ou de conversion du produit direct ou indirect des délits de travail clandestin et de fraude fiscale, la cour d'appel énonce que l'auteur principal ne peut être poursuivi pour blanchiment des sommes produites par sa propre activité illicite et que, en l'espèce, il n'est pas établi que les fonds proviennent d'infractions commises par d'autres personnes ; en statuant ainsi, la cour d'appel a méconnu les dispositions de l'art. 324-1, al. 2 C. pén., qui est applicable à l'auteur du blanchiment du produit d'une infraction qu'il a lui-même commise. • Crim. 14 janv. 2004, nº 03-81.165 P : *D. Affaires 2004. 1377, note Cutajar ; JCP 2004. II. 10081, note Matsopoulou ; Gaz. Pal. 2004. 1. 1171, note Raynaud ; ibid. 2004. 2. Somm. 2626, obs. A. C. ; Dr. pénal 2004. 48, obs. Véron ; RSC 2004. 350, obs. Ottenhof* • 20 févr. 2008, nº 07-82.977 P : *D. 2008. 1585, note Cutajar ; ibid. Pan. 1577, obs. Mascala ; ibid. 2009. Pan. 131, obs. Garé ; AJ pénal 2008. 234, obs. Darsonville ; JCP 2008. II. 10103, note Lasserre Capdeville ; Dr. pénal 2008. 67, obs. Véron ; Gaz. Pal. 2008. 1. 966, note J. N. ; ibid. Somm. 1906, note Teissèdre ; ibid. 2009. 1. Somm. 1440, note Monnet ; RSC 2008. 607, obs. Matsopoulou.*

95. Autres exemples. L'obligation de se soumettre aux vérifications médicales, dont le refus constitue le délit de l'art. L. 1er C. route, n'est pas incompatible avec la constatation de l'état d'ivresse publique et manifeste présenté par le prévenu. • Crim. 10 avr. 1973, nº 72-93.078 P.

96. La qualification d'empêcher un crime ou un délit contre l'intégrité corporelle (C. pén., art. 223-6 et 434-1) n'est pas incompatible avec celle de complicité d'abus de confiance, également retenue à la charge de l'accusée, alors même que le crime aurait eu pour mobile la dissimulation des détournements auxquels elle aurait contribué comme complice. • Crim. 27 nov. 1996, nº 96-83.924 : *RSC 1997. 379, obs. Mayaud*. ♦ Rappr. : • CEDH 8 févr. 1996, *John Murray c/ Royaume-Uni : RSC 1997. 476, obs. Koering-Joulin*.

97. Les qualifications de tenue d'une comptabilité manifestement irrégulière ou incomplète, constitutive de banqueroute, et d'omission d'écritures en comptabilité, prévue par l'art. 1743 CGI, ne sont pas incompatibles entre elles et peuvent être retenues pour un même fait dès lors qu'elles sanctionnent la violation d'intérêts distincts, comportent des éléments constitutifs différents et qu'une seule peine a été prononcée conformément à l'art. 132-3 C. pén. • Crim. 4 mai 2006, n° 05-84.786 : *Dr. pénal 2006. 101, obs. Robert ; Gaz. Pal. 2006. 2. Doctr. 3006, obs. Robaczewski.*

C. PEINE JUSTIFIÉE

BIBL. Boré, *D. 2011. Point de vue. 251* (Feu la peine justifiée ?).

98. Erreur de qualification. Si c'est à tort qu'un cour d'appel a estimé que les faits dont elle a reconnu le prévenu coupable ne constituaient pas des agressions sexuelles, prévues et réprimées par les art. 222-22 et 222-27 C. pén., mais seulement le délit de harcèlement sexuel, prévu et réprimé par l'art. 222-33 du même code, l'erreur de qualification ainsi commise ne saurait entraîner la censure de l'arrêt, dès lors que la peine prononcée entre dans la prévision des deux textes de répression. • Crim. 15 juin 2000, n° 99-84.171 P.

99. QPC. Il est soutenu que les dispositions de l'art. 598 C. pr. pén., qui fondent la théorie de la « peine justifiée », portent atteinte aux droits de la défense tels qu'ils sont garantis par les principes fondamentaux reconnus par les lois de la République et l'art. 16 de la DDH du 26 août 1789, ainsi qu'au principe d'individualisation des peines qui découle de l'art. 8 de cette Déclaration ; la question posée ne présente pas un caractère sérieux en ce qu'elle critique, non pas l'art. 598 C. pr. pén., mais la « théorie de la peine justifiée », élaborée à partir de cette disposition législative ; d'où il suit qu'il n'y a pas lieu de la transmettre au Conseil constitutionnel. • Crim. 19 mai 2010, n° 09-87.651 QPC : *D. 2010. Actu. 1351 ; JCP G 2010, n° 25, 688, p. 1287 ; Gaz. Pal. 2010. 1. 1545, note Rousseau ; RSC 2011. 185, obs. de Lamy.*

III. CONCOURS DE SANCTIONS PÉNALES ET DE SANCTIONS ADMINISTRATIVES

BIBL. Feldman, *D. 2010. Chron. 2852* (les « autorités administratives indépendantes » sont-elles légitimes ?). – Stein, *AJ pénal 2011. 443* (le principe *ne bis in idem* dans l'UE). – Bloud-Rey, *D. 2013. Chron. 2795* (quelle place pour l'action de la CNIL et du juge judiciaire dans le système de protection des données personnelles ?). – Le Fur et Schmidt, *D. 2014. Point de vue. 2059* (*non bis in idem* : un jugement attendu !). – Décima, *D. 2015. Point de vue. 874* (le fantôme de *ne bis in idem*). – Mauro, *AJ pénal 2015. 172* (*ne bis in idem* : un tremblement de terre ?). – Parizot, *AJ pénal 2015. 173* (le principe *ne bis in idem* dans la jurisprudence de la Cour européenne des droits de l'homme). – Aubert, *AJ pénal 2015. 175* (le principe *ne bis in idem* dans la jurisprudence de la CJUE). – Bossan, *AJ pénal 2015. 179* (le cumul des poursuites appréhendé par le Conseil constitutionnel). – Lasserre Capdeville, *AJ pénal 2015. 182* (décision du Conseil constitutionnel du 18 mars 2015 : impacts et adaptations envisageables). – Ollivier, *D. actu. 30 juin 2016* (de l'art de poser plus de questions que l'on en résout). – Collet et Collin, *JCP 2016, n° 847, p. 1453* (le cumul de sanctions pénale et fiscale face aux exigences constitutionnelles et européennes). – Robert, *AJ pénal 2016. 475* (le principe *non bis in idem* : vers un bouleversement du droit français de la sanction ?). – Le Fur, *D. 2016. Chron. 1091* (la rationalisation des sanctions, une exigence démocratique en faveur de leur efficacité). – Le Fur et Schmidt, *D. 2016. Chron. 2126* (le traitement du cumul des sanctions administratives et pénales en droit interne : entre incohérences et insécurité juridique).

A. PRINCIPE

1° JURISPRUDENCE EUROPÉENNE

a. Cour EDH

100. Combinaison possible de procédures différentes formant un tout intégré. C'est aux États contractants qu'il revient au premier chef de décider de l'organisation de leur système juridique, y compris de leurs procédures pénales ; rien dans la Convention n'interdit dans tel ou tel cas de séparer en différentes phases ou parties le processus de fixation de la peine, de sorte que différentes peines peuvent être prononcées, successivement ou parallèlement, pour une infraction qu'il convient de qualifier de « pénale » au sens autonome que revêt ce mot sur le terrain de la Conv. (§ 120) ; aux yeux de la Cour, les États devraient pouvoir légitimement opter pour des réponses juridiques complémentaires face à certains comportements dangereux pour la société (par exemple le non-respect du code de la route, le non-paiement des impôts ou l'évasion fiscale) au moyen de différentes procédures formant un tout cohérent, de manière à traiter sous ses différents aspects le problème social en question, pourvu que ces réponses juridiques combinées ne représentent pas une charge excessive pour la personne en cause (§ 121). • CEDH 15 nov. 2016, *A et B c/ Norvège*, n°s 24130/11 et 29758/11 (2 esp.) : *AJ pénal 2017. 45, obs. M. Robert.*

101. ... L'art. 4 du protocole n° 7 ne saurait avoir pour effet d'interdire aux États contractants d'organiser leur système juridique de manière à permettre la majoration à un taux standard d'impôts illégalement impayés et aussi dans les cas plus graves où il y aurait peut-être lieu de poursuivre l'auteur du méfait parce qu'un élément non retenu dans la procédure « administrative » en recouvrement des impôts, par exemple un comportement frauduleux, s'ajouterait au défaut de paiement (§ 123). • CEDH 15 nov. 2016, *A et B c/ Norvège*, n°s 24130/11 et 29758/11 (2 esp.) : *préc. note 100.* ♦ ... Pour la Cour, la question du caractère

« définitif » ou non d'une décision ne se pose pas dès lors qu'il n'y a non pas une répétition des poursuites à proprement parler mais plutôt une combinaison de procédures dont on peut considérer qu'elles forment un tout intégré (§ 127). • Même décision. ♦ ... En l'espèce, la Cour est convaincue que, si des sanctions différentes ont été imposées par deux autorités différentes, lors de procédures différentes, il existait néanmoins entre celles-ci un lien, tant matériel que temporel, suffisamment étroit pour les considérer comme s'inscrivant dans un mécanisme intégré de sanctions (§ 147, 153). • Même décision.

102. Rappr. : • CEDH 4 oct. 2016, *Rivard c/ Suisse*, n° 21563/12 : *Gaz. Pal. 2016. 3402, obs. Andriantsimbazovina* (cumul d'une amende pénale et du retrait du permis de conduire).

103. Opposer : ... En matière fiscale. • CEDH 27 nov. 2014, *Lucky Dev c/ Suède*, n° 7356/10 : *JCP 2014. 1349, obs. Milano* • 30 avr. 2015, *Kapetanios et a. c/ Grèce*, n°s 3453/12, 42941/12 et 9028/13 : *AJ pénal 2015. 367, obs. Mauro* ; *JCP 2015. 596, obs. Sudre* (non-respect du principe *non bis in idem* à défaut de l'annulation de procédures fiscales et de pénalités fiscales, alors que des poursuites pénales avaient abouti à la relaxe des requérants pour le chef d'infractions fiscales). ♦ ... Pour les délits boursiers. • CEDH 4 mars 2014, *Grande Stevens et a. c/ Italie*, n° 18640/10 : *D. 2015. 1506, obs. Mascala* ; *Rev. sociétés 2014. 675, obs. Matsopoulou* ; *RSC 2014. 110, obs. Stasiak*, et *2015. 169, obs. Marguénaud*.

b. CJUE

104. L'art. 50 de la Charte des droits fondamentaux ne s'oppose pas à ce qu'un État membre impose, pour les mêmes faits de non-respect d'obligations déclaratives dans le domaine de la taxe sur la valeur ajoutée, successivement une sanction fiscale et une sanction pénale, dans la mesure où la première sanction ne revêt pas un caractère pénal, ce qu'il appartient à la juridiction nationale de vérifier. • CJUE 26 févr. 2013, *Aklagaren c/ Hans Akerberg Fransson*, n° C-617/10 : *AJ pénal 2013. 270, note Copain*.

105. Le principe *ne bis in idem* énoncé à l'art. 54 de la CAAS, lu à la lumière de l'art. 50 de la Charte, doit être interprété en ce sens qu'une décision du ministère public mettant fin aux poursuites pénales et clôturant, de manière définitive sous réserve de sa réouverture ou de son annulation, la procédure d'instruction menée contre une personne, sans que des sanctions aient été imposées, ne peut être qualifiée de *décision définitive*, au sens de ces articles, lorsqu'il ressort de la motivation de cette décision que ladite procédure a été clôturée, sans qu'une instruction approfondie ait été menée, le défaut d'audition de la victime et celui d'un éventuel témoin constituant un indice de l'absence d'une telle instruction. • CJUE 29 juin 2016, *Piotr Sossowski*, n° C-486/14 : *AJ pénal 2016. 497, obs. Gallois*. ♦ Rappr. : • CJUE 15 déc. 2015 : *JCP 2016. 32, obs. Rebut.*

2° JURISPRUDENCE CONSTITUTIONNELLE

106. Cumul sous réserve de proportionnalité. Le principe selon lequel une même personne ne peut être punie deux fois pour le même fait ne reçoit pas application au cas de cumul entre sanctions pénales et sanctions administratives. • Cons. const. 28 juill. 1989 : *JO 1er août, p. 9676.* ♦ ... Mais si l'éventualité d'une double procédure, administrative et judiciaire, peut conduire à un cumul de sanctions, le principe de proportionnalité implique, qu'en tout état de cause, le montant global des sanctions éventuellement prononcées ne dépasse pas le montant le plus élevé de l'une des sanctions encourues. • Cons. const. 28 juill. 1989 : *préc.* • 30 déc. 1997, n° 97-395 DC : *JO 31 déc., p. 19313* ; *JCP 1998. III. 20016* ; *ibid. 1998. I. 125, n° 7, obs. J. Petit* ; *RSC 1998. 358, obs. Seuvic*. ♦ Rappr. : • CDBF 6 nov. 1992 : *JO 7 oct. 1993, p. 13969.* ♦ *Adde* : Lesclous et Marsat, *Dr. pénal 1996. Chron. 8.* ♦ *Contra* : • Cons. const. 23 juill. 1996, n° 96-378 DC : *JO 27 juill., p. 11400* ; *RSC 1997. 442, obs. Seuvic*.

107. Aux termes de l'art. 8 de la DDH : « La loi ne doit établir que des peines strictement et évidemment nécessaires, et nul ne peut être puni qu'en vertu d'une loi établie et promulguée antérieurement au délit, et légalement appliquée » ; les principes ainsi énoncés ne concernent pas seulement les peines prononcées par les juridictions pénales mais s'étendent à toute sanction ayant le caractère d'une punition ; le principe de nécessité des délits et des peines ne fait pas obstacle à ce que les mêmes faits commis par une même personne puissent faire l'objet de poursuites différentes aux fins de sanctions de nature administrative ou pénale en application de corps de règles distincts devant leur propre ordre de juridiction ; si l'éventualité que soient engagées deux procédures peut conduire à un cumul de sanctions, le principe de proportionnalité implique qu'en tout état de cause le montant global des sanctions éventuellement prononcées ne dépasse pas le montant le plus élevé de l'une des sanctions encourues. • Cons. const. 18 mars 2015, n°s 2014-453/454 QPC et 2015-462 QPC : *JO 20 mars, p. 5183* ; *D. actu. 20 mars 2015, obs. Lasserre-Capdeville* ; *D. 2015. 679* ; *ibid. 2015. 894, note Le Fur et Schmidt* ; *JCP 2015, n° 368, note Sudre* ; *ibid. n° 369, note J.-H. Robert* ; *Gaz. Pal. 2015. 1574, note Moulin* ; *ibid. 2015. 1585, note Raschel* ; *ibid. 2015. 1692, note Detraz* ; *ibid. 2015. 1867, note Bonnet et Régis* ; *Dr. pénal 2015, comm. 56, obs. Creux-Thomas* ; *ibid. comm. 79, obs. Peltier* ; *RJDA 2015, n° 5, p. 339, note Vandermeeren* ; *BJB 2015. 204, n° 5, note*

Bonneau ; Dr. sociétés 2015. 42, note Salomon ; Rev. sociétés 2015. 380, obs. Matsopoulou ; RSC 2015. 374, obs. Stasiak ; ibid. 2015. 705, obs. de Lamy • 14 janv. 2016, n° 2015-513/514/526 QPC : *JO 16 janv. ; D. 2016. 931, note Décima ; ibid. 1839, obs. Mascala ; Gaz. Pal. 2016. 1028, obs. Salles ; Dr. pénal 2016, comm. 52, obs. Peltier ; Rev. sociétés 2016. 246, obs. Dezeuze et Pellegrin ; RSC 2016. 293, obs. Stasiak ; RTD com. 2016. 151, obs. Rontchevsky* • 24 juin 2016, n°s 2016-545 QPC et 2016-546 QPC : *JO 30 juin ; D. actu. 27 juin 2016, obs. Gallois ; D. 2016. 1840, obs. Mascala ; ibid. 2442, note Décima ; AJ pénal 2016. 430, obs. Lasserre Capdeville ; JCP 2016. 1042, note Detraz ; Dr. pénal 2016. Comm. 135, obs. Peltier ; RSC. 2016. 524, obs. Detraz* • 22 juill. 2016, n° 2016-556 QPC : *JO 24 juill.* • 29 sept. 2016, *deux décisions, n°s 2016-570 QPC et 2016-573 QPC : JO 1er oct. ; D. 2017. Pan. 1877, obs. Mascala ; RSC 2017. 305, obs. Matsopoulou ; Gaz. Pal. 2017. 365, obs. Robaczewski* • 30 sept. 2016, n° 2016-572 QPC : *JO 2 oct. ; D. actu. 11 oct. 2016, obs. Dufourq ; AJ pénal 2016. 588, obs. Lasserre Capdeville ; JCP 2016. 1315, note J.-H. Robert* • 30 mars 2017, n° 2016-621 QPC : *JO 1er avr. ; RSC 2017. 325, obs. Cerf-Hollender*.

B. APPLICATIONS

1° SANCTIONS FISCALES

108. BIBL. Schiele, *Procédures, 1998, n° 8/9, p. 4* (cumul des sanctions fiscales « répressives » et des sanctions pénales pour fraude fiscale). – Sourzat, *RSC 199* (essai d'une analyse des rapports entre procédures fiscale et pénale). – Mascala, *RSC 2016. 75* (contagion de la remise en cause de la constitutionnalité des doubles poursuites pénales et administratives : affaire Wildenstein).

109. Cumul. Il résulte des termes du § 7 de l'art. 14 du Pacte international relatif aux droits civils et politiques que la règle *non bis in idem* qu'elle énonce ne se trouve à s'appliquer que dans le cas où une même infraction pénale ayant déjà donné lieu à un jugement définitif de condamnation ou d'acquittement ferait l'objet d'une nouvelle poursuite et, le cas échéant, d'une condamnation devant ou par une juridiction répressive ; le Conseil d'État est d'avis que l'art. 14, § 7, du Pacte international relatif aux droits civils et politiques ne fait donc pas obstacle à ce que le contribuable qui, ayant fait l'objet de poursuites du chef de fraude fiscale, sur le fondement de l'art. 1741 CGI, a été, soit définitivement relaxé des fins de cette poursuite, soit reconnu coupable du délit reproché et condamné définitivement par le tribunal correctionnel ou par la cour d'appel, à l'une des peines prévues par cet article, assortie, le cas échéant, en application de l'art. 1745 du même code, d'une obligation de paiement solidaire de l'impôt fraudé, se voit appliquer, s'il y a lieu, par l'administration, les sanctions fiscales que constituent les majorations prévues par les dispositions de l'art. 1728, 3, ou de l'art. 1729, 1, CGI. • CE 4 avr. 1997, avis n° 183658 : *JO 11 juin, p. 9319 ; D. 1997. IR 125*. ♦ Rappr. : • Crim. 10 nov. 1999, n° 98-84.076 : *Dr. pénal 2000. 46, obs. Robert.*

110. A donné une base légale à sa décision la cour d'appel qui, pour écarter les conclusions du prévenu et le condamner à des peines d'emprisonnement et d'amende entrant dans les prévisions de l'art. 1741 CGI, énonce que les poursuites pénales du chef de fraude fiscale, qui visent à réprimer des comportements délictueux tendant à la soustraction de l'impôt ont une nature et un objet différents de ceux poursuivis, par l'administration, dans le cadre du contrôle fiscal et qui tend au recouvrement des impositions éludées ; en effet, la règle *non bis in idem* consacrée par l'art. 4 du protocole n° 7, additionnel à la Conv. EDH, ne trouve à s'appliquer, selon les réserves faites par la France en marge de ce protocole, que pour les infractions relevant en droit français de la compétence des tribunaux statuant en matière pénale, et n'interdit pas le prononcé de sanctions fiscales parallèlement aux sanctions infligées par le juge répressif. • Crim. 20 juin 1996, n° 94-85.796 P : *D. 1997. 249, note Tixier et Lamulle ; DF 1997. 426, note Schiele ; RSC 1997. 372, obs. Bouloc* • 11 déc. 1997 : *Dr. pénal 1998. 55, obs. J.-H. Robert.*

111. Le cumul de sanctions fiscales, infligées par l'administration sous le contrôle du juge de l'impôt, et de sanctions pénales, prononcées par les juridictions correctionnelles, n'est pas contraire aux dispositions des art. 14-7 du Pacte de New York et 4 du protocole n° 7 additionnel à la Conv. EDH ; en effet, les dispositions de l'art. 14-7 précité ne trouvent à s'appliquer que dans le cas où une même infraction pénale ayant déjà donné lieu à un jugement définitif fait l'objet d'une nouvelle poursuite pénale ; cette règle *non bis in idem*, également visée par l'art. 4 du protocole n° 7, additionnel à la Conv. EDH, n'est applicable, selon les réserves faites par la France en marge de ce protocole, que pour les infractions relevant en droit français de la compétence des tribunaux statuant en matière pénale. • Crim. 6 nov. 1997, n° 96-86.127 P : *JCP 1998. II. 10087, note Cliquennois ; RSC 1998. 538, obs. Bouloc*.

112. L'interdiction d'une double condamnation à raison de mêmes faits prévue par l'art. 4 du protocole n° 7, additionnel à la Conv. EDH, ne trouve à s'appliquer, selon les réserves faites par la France en marge de ce protocole, que pour les infractions relevant en droit français de la compétence des tribunaux statuant en matière pénale et n'interdit pas le prononcé de sanctions fiscales parallèlement aux peines infligées par le juge répressif. • Crim. 4 juin 1998, n° 97-

80.620 P • 10 nov. 1999, n° 98-84.076 : *Dr. pénal 200. 46, obs. J.H. Robert.*

113. Justifie sa décision la cour d'appel qui, après avoir relevé que le prévenu avait été condamné, sur l'action publique, des chefs de tromperie et usurpation d'appellation d'origine, le déclare coupable de revendication abusive d'appellation d'origine contrôlée, dès lors que l'action fiscale, exercée en application de l'art. 1804 CGI, est distincte dans ses éléments et les intérêts qu'elle protège de l'action publique. • Crim. 15 déc. 2010, n° 09-88.235 P.

114. Proportionnalité. L'amende prévue par l'art. 1756 *quater* CGI s'applique « sans préjudice des sanctions de droit commun » ; le principe d'un tel cumul de sanctions n'est pas, en lui-même, contraire au principe de proportionnalité des peines garanti par l'art. 8 de la Déclaration de 1789 ; toutefois, lorsque deux sanctions prononcées pour un même fait sont susceptibles de se cumuler, le principe de proportionnalité implique que, en tout état de cause, le montant global des sanctions éventuellement prononcées ne dépasse pas le montant le plus élevé de l'une des sanctions encourues ; il appartient donc aux autorités administratives et judiciaires compétentes de veiller au respect de cette exigence ; sous ces réserves, le grief tiré de la méconnaissance de l'art. 8 de la Déclaration de 1789 doit être écarté. • Cons. const. 8 oct. 2014, n° 2014-418 QPC : *JO 10 oct., p. 16484.*

115. QPC – Réserves. Les dispositions de l'art. 1741 CGI ne sauraient, sans méconnaître le principe de nécessité des délits, permettre qu'un contribuable qui a été déchargé de l'impôt par une décision juridictionnelle devenue définitive pour un motif de fond puisse être condamné pour fraude fiscale. • Cons. const. 24 juin 2016, n°s 2016-545 QPC et 2016-546 QPC : *JO 30 juin, D. actu. 27 juin 2016, obs. Gallois ; D. 2016. 1840, obs. Mascala ; ibid. 2442, note Décima ; AJ pénal 2016. 430, obs. Lasserre Capdeville ; JCP 2016. 1042, note Detraz ; Dr. pénal 2016. Comm. 135, obs. Peltier ; RSC. 2016. 524, obs. Detraz* • 22 juill. 2016, n° 2016-556 QPC : *JO 24 juill.* (par renvoi aux deux décisions précédentes). ♦ *Adde* : Olivier, *D. actu. 30 juin 2016* (de l'art de poser plus de questions que l'on n'en résout). – Collet et Collin, *JCP 2016, n° 847, p. 1453* (le cumul de sanctions pénale et fiscale face aux exigences constitutionnelles et européennes). – Mayaud, *JCP 2016, n° 1595* (les décisions « *non bis in idem* » du Conseil constitutionnel : compétence judiciaire ou administrative ?). ♦ Sur les arrêts de renvoi au Conseil constitutionnel : • Crim. 30 mars 2016, n° 16-90.001 P : *Gaz. Pal. 2016. 2195, obs. Méric* • 30 mars 2016, n° 16-90.005 P : *ibid., obs. Méric.*

116. Le recouvrement de la nécessaire contribution publique et l'objectif de lutte contre la fraude fiscale justifient l'engagement de procédures complémentaires dans les cas de fraudes les plus graves ; aux contrôles à l'issue desquels l'administration fiscale applique des sanctions pécuniaires peuvent ainsi s'ajouter des poursuites pénales dans des conditions et selon des procédures organisées par la loi ; le principe de nécessité des délits et des peines ne saurait interdire au législateur de fixer des règles distinctes permettant l'engagement de procédures conduisant à l'application de plusieurs sanctions afin d'assurer une répression effective des infractions ; ce principe impose néanmoins que les dispositions de l'art. 1741 ne s'appliquent qu'aux cas les plus graves de dissimulation frauduleuse de sommes soumises à l'impôt ; cette gravité peut résulter du montant des droits fraudés, de la nature des agissements de la personne poursuivie ou des circonstances de leur intervention. • Cons. const. 24 juin 2016, n° 2016-545 QPC (deux décisions) : *préc. note 115* • 22 juill. 2016, n° 2016-556 QPC : *préc. note 115* (par renvoi).

117. Si l'éventualité que deux procédures soient engagées peut conduire à un cumul de sanctions, le principe de proportionnalité implique qu'en tout état de cause le montant global des sanctions éventuellement prononcées ne dépasse pas le montant le plus élevé de l'une des sanctions encourues ; sous cette réserve, l'application combinée des dispositions de l'art. 1729 et des dispositions de l'art. 1741 CGI ne méconnaît pas le principe de proportionnalité des peines. • Cons. const. 24 juin 2016, n° 2016-545 QPC (deux décisions) : *préc. note 115* • 22 juill. 2016, n° 2016-556 QPC : *préc. note 115* (par renvoi).

2° *SANCTIONS DOUANIÈRES*

118. Cumul. Un prévenu ne saurait soutenir que, relaxé par une précédente décision devenue définitive sur l'action publique, il ne peut être condamné à des pénalités douanières en raison de leur caractère pénal prépondérant, dès lors que l'action pour l'application des sanctions douanières est indépendante de l'action pour l'application des peines, et que le juge répressif doit prononcer les condamnations aux amendes et confiscations prévues par le code des douanes lorsque, comme en l'espèce, il déclare les infractions établies. • Crim. 23 janv. 1997 : *D. 1997. IR 91 ; Gaz. Pal. 1997. 1, chron. crim. 99.*

119. L'action pour l'application des sanctions fiscales, exercée par l'administration des douanes sur le fondement de l'art. 343-2 C. douanes, a le caractère d'une action publique qui est indépendante du droit d'obtenir le paiement des sommes fraudées ou indûment obtenues, que cette administration tient de l'art. 377 *bis* de ce code et qui, seul, a le caractère d'une action civile. • Crim. 6 févr. 1997, n° 94-84.670 P • 6 févr. 1997, n° 95-83.452 P. ♦ ... En conséquence, la délivrance de contraintes pour le recouvrement des droits compromis, dans les conditions prévues aux art. 345 à 347 C. douanes, antérieurement à la saisine de la juridiction répressive, est nécessairement sans effet sur les poursuites pénales engagées sur le fondement de l'art. 343-2 préc. • Crim. 6 févr. 1997 : *préc.* ♦ ... De même, méconnaît ces principes, la cour d'appel qui, saisie de l'appel de l'administration des Douanes limité aux dispositions civiles d'un jugement, prononce sur l'action pour l'application des sanctions fiscales. • Crim. 6 févr. 1997 : *préc.*

120. Les dispositions de l'art. 4 du protocole additionnel n° 7 à la Conv. EDH ne trouvent à s'appliquer que dans le cas où une même infraction pénale ayant donné lieu à un jugement définitif fait l'objet d'une nouvelle poursuite pénale ; elles ne sauraient donc être invoquées par un prévenu qui, dans la même procédure, pour violation de l'art. 265 *ter*, § 1, C. douanes, a été condamné au paiement de la taxe prévue au § 2 du même article et à l'amende prévue à l'art. 411 du même code. • Crim. 4 sept. 2002, n° 01-84.011 P. ♦ A fait l'exacte application de l'art. 6 C. pr. pén. et de l'art. 4 du protocole n° 7 de la Conv. EDH l'arrêt qui, après la déclaration d'irrecevabilité de l'action publique du chef d'importation de capitaux sans déclaration, pour avoir été irrégulièrement exercée par le ministère public seul, reçoit, à raison des mêmes faits et contre la même personne, l'action de l'administration des douanes pour l'application des sanctions fiscales. • Crim. 20 oct. 2004 : *Dr. pénal 2005. 45, obs. J.-H. Robert.*

121. L'interdiction d'une double condamnation en raison des mêmes faits ne fait pas obstacle au prononcé de pénalités douanières parallèlement aux sanctions pénales. • Crim. 10 févr. 2010, n° 09-81.690 : *Gaz. Pal. 2010. 1, Jur. 863, note Detraz.*

3° SANCTIONS PRONONCÉES PAR DES AUTORITÉS ADMINISTRATIVES INDÉPENDANTES

a. Commission des opérations de bourse (COB)

122. Cumul. La règle *non bis in idem* consacrée par l'art. 4 du protocole n° 7, additionnel à la Conv. EDH, ne trouve à s'appliquer, selon les réserves faites par la France en marge de ce protocole, que pour les infractions relevant en droit français de la compétence des tribunaux statuant en matière pénale ; elle n'interdit pas l'exercice de poursuites devant le juge répressif parallèlement à une procédure conduite devant la COB aux fins de sanctions administratives. • Crim. 1er mars 2000, n° 99-86.299 P : *Dr. pénal 2000, n° 75, obs. J.-H. Robert.*

123. Proportionnalité. Un prévenu poursuivi pour délit d'initié ne peut soutenir l'illégalité des poursuites au motif qu'il a déjà été sanctionné par décision de la Commission des opérations de bourse confirmée par arrêt de la cour d'appel de Paris, en invoquant les dispositions de la Convention européenne de sauvegarde des droits de l'homme et de son protocole additionnel n° 7, dès lors que le principe de proportionnalité est respecté, le juge répressif pouvant imputer la sanction pécuniaire infligée par la Commission des opérations de bourse sur l'amende qu'il prononce. • Paris, 26 oct. 1999 : *BICC 2000. 561.*

b. Autorité des marchés financiers (AMF)

BIBL. Nord-Wagner, *AJ pénal 2011. 67* (la double sanction des infractions boursières à l'épreuve du principe *non bis in idem*). – Oun-Tat Tieu et Hervey, *D. 2014. Point de vue. 2310* (le principe *ne bis in idem* dans le règlement et la directive Abus de marché 2). – Le Fur et Schmidt, *D. 2015. Chron. 1450* (sanctions des abus de marché : « l'aiguillage », source de déraillement). – Catelan, *RSC 2016. 467* (Constitution *vs* CESDH *vs* UE : *ne bis in idem* et la répression des opérations d'initié). – Chacornac, *D. 2016. Point de vue. 1264* (la répression des abus de marché à l'épreuve de la prévisibilité des peines : vers un autre Grande Stevens ?). – Dezeuze, *JCP 2016. 846* (la refonte de la répression des abus de marché. Loi n° 2016-819 du 21 juin 2016).

124. Cumul et proportionnalité. L'art. 50 de la Charte des droits fondamentaux de l'Union européenne ne s'oppose pas à ce qu'une personne sanctionnée pour un manquement relevant de la compétence de l'AMF puisse, en raison des mêmes faits, être poursuivie et condamnée pour un délit dès lors que, d'une part, ce cumul garantit la sanction effective, proportionnée et dissuasive, au sens de l'art. 14-1 de la directive n° 2003/6/CE du 28 janv. 2003, dont dépend la réalisation de l'objectif d'intérêt général reconnu par l'Union européenne, entrant dans les prévisions de l'art. 52 de la Charte et tendant à assurer l'intégrité des marchés financiers communautaires et à renforcer la confiance des investisseurs, d'autre part, le montant global des amendes susceptibles d'être prononcées ne peut dépasser le plafond de la sanction encourue la plus élevée. • Crim. 22 janv. 2014, n° 12-83.579 P : *D. actu. 6 févr. 2014, obs. Fucini ; D. 2014. 274 ; ibid. 600 , entretien Rontchevsky ; AJ pénal 2014. 180, note Lasserre Capdeville ; JCP 2014, n° 345, note Mauro ; Dr. pénal 2014, comm. 67, obs. Bonis-Garçon ; RSC 2014. 106 et 110, obs. Stasiak* . ♦ *Adde* : de Graëve, *Dr. pénal 2014, Étude 6* (réflexions sur le souhait des magistrats du quai de l'horloge de remettre les pendules (de la matière répressive) à l'heure). ♦ Rappr. : AMF, Comm. sanctions, 21 avr. 2005, *D. (aff.) 2005, p. 2221.*

125. QPC – Abus de marché, version de la loi n° 2008-776 du 4 août 2008 – Non-cumul. Les sanctions du délit d'initié et du manquement d'initié ne peuvent, pour les personnes autres que celles mentionnées au § II de l'art. L. 621-9 C. mon. fin., être regardées comme de nature différente en application de corps de règles distincts devant leur propre ordre de juridiction ; ni les art. L. 465-1 et L. 621-15 C. mon. fin., ni aucune autre disposition législative n'excluent qu'une personne autre que celles mentionnées au § II de l'art. L. 621-9 puisse faire l'objet, pour les mêmes faits, de poursuites devant la commission des sanctions de l'Autorité des marchés financiers sur le fondement de l'art. L. 621-15 et devant l'autorité judiciaire sur le fondement de l'art. L. 465-1 ; par suite, les art. L. 465-1 et L. 621-15 méconnaissent le principe de nécessité des délits et des peines ; sans qu'il soit besoin d'examiner les autres griefs, l'art. L. 465-1 C. mon. fin. et les dispositions contestées de l'art. L. 621-15 du même code doivent être déclarés contraires à la Constitution ; il en va de même, par voie de conséquence, des dispositions contestées des art. L. 466-1, L. 621-15-1, L. 621-16 et L. 621-16-1 du même code, qui en sont inséparables. • Cons. const. 18 mars 2015, nos 2014-453/454 QPC et 2015-462 QPC : *JO 20 mars, p. 5183 ; D. actu. 20 mars 2015, obs. Lasserre-Capdeville ; D. 2015. 679* ; *ibid. 2015. 894, note Le Fur et Schmidt* ; *JCP 2015, n° 368, note Sudre ; ibid. n° 369, note Robert ; Gaz. Pal. 2015. 1574, note Moulin ; ibid. 2015. 1585, note Raschel ; ibid. 2015. 1692, note Detraz ; ibid. 2015. 1867, note Bonnet et Régis ; Dr. pénal 2015, comm. 56, obs. Creux-Thomas ; ibid. comm. 79, obs. Peltier ; RJDA 2015, n° 5, p. 339, note Vandermeeren ; BJB 2015. 204, n° 5, note Bonneau ; Dr. sociétés 2015. 42, note Salomon ; Rev. sociétés 2015. 380, obs. Matsopoulou* ; *RSC 2015. 374, obs. Stasiak* ; *ibid. 2015. 705, obs. de Lamy*. ♦ *Adde* : Décima, *D. 2015. Point de vue. 874* (le fantôme de *ne bis in idem*). – Mauro, *AJ pénal 2015. 172* (*ne bis in idem* : un tremblement de terre ?). – Bossan, *AJ pénal 2015. 179* (le cumul des poursuites appréhendé par le Conseil constitutionnel). – Lasserre Capdeville, *AJ pénal 2015. 182* (la décision du Conseil constitutionnel du 18 mars 2015 : impacts et adaptations envisageables).

126. Pour une application différée du principe du non-cumul, tel que posé par la décision précitée du 18 mars 2015. • Crim. 20 mai 2015, n° 13-83.489 P : *Gaz. Pal. 2015. 2210, note Mesa.*

127. QPC – Abus de marché, versions de la loi n° 2009-526 du 12 mai 2009 et de l'ordonnance n° 2010-76 du 21 janvier 2010 – Non-cumul. Non-conformité à la Constitution, pour les mêmes raisons que celles ayant justifié la censure prononcée par la décision du 18 mars 2015. • Cons. const, 14 janv. 2016, n° 2015-513/514/526 QPC : *JO 16 janv. ; D. 2016. 931, note Décima* ; *ibid. 1839, obs. Mascala* ; *Gaz. Pal. 2016. 1028, obs. Salles ; Dr. pénal 2016, comm. 52, obs. Peltier ; Rev. sociétés 2016. 246, obs. Dezeuze et Pellegrin* ; *RSC 2016. 293, obs. Stasiak* ; *RTD com. 2016. 151, obs. Rontchevsky*.

128. QPC – Abus de marché, version de la loi n° 2006-1770 du 30 décembre 2006 – Cumul. Conformité à la Constitution, le délit d'initié et le manquement d'initié étant susceptibles de faire l'objet de sanctions de nature différente. • Cons. const, 14 janv. 2016, n° 2015-513/514/526 QPC : *préc. note 127.*

129. QPC – Abus de marché, version de la loi n° 2016-819 du 21 juin 2016 – Cumul. Conformité à la Constitution du cumul possible de poursuites et de sanctions des chefs et du délit de diffusion de fausses informations, sur le fondement de l'art. L. 465-2, al. 2, C. mon. fin., et du manquement de diffusion de fausses informations, sur le fondement de l'art. L. 621-15 du même code, avec une réserve lorsque la mise en mouvement de l'action publique et la notification des griefs sont l'une et l'autre intervenues avant le 23 juin 2016, date d'entrée en vigueur de la L. n° 2016-819 du 21 juin 2016. • Cons. const. 30 sept. 2016, n° 2016-572 QPC : *JO 2 oct. ; D. actu. 11 oct. 2016, obs. Dufourq ; AJ pénal 2016. 588, obs. Lasserre Capdeville*.

4° SANCTIONS DISCIPLINAIRES

130. Cumul. La règle de confusion des peines en cas de concours réel d'infractions ne trouve pas à s'appliquer en matière disciplinaire. • CE 14 mars 1994 : *D. 1994. IR 93.*

131. La règle *non bis in idem* consacrée par l'art. 4 du protocole n° 7, additionnel à la Convention européenne des droits de l'homme, ne trouve à s'appliquer, selon les réserves faites par la France en marge de ce protocole, que pour les infractions relevant en droit français de la compétence des tribunaux statuant en matière pénale et n'interdit pas le prononcé de sanctions disciplinaires parallèlement aux sanctions infligées par le juge répressif. • Crim. 27 mars 1997, n° 96-82.669 P : *D. 1998. Somm. 172, obs. Pradel* ; *RSC 1997. 830, obs. Bouloc*. ♦ Selon les réserves formulées par la France en marge du protocole n° 7 additionnel à la Conv. EDH, l'interdiction d'une double condamnation en raison des mêmes faits ne s'applique qu'aux infractions relevant des tribunaux statuant en matière pénale et ne fait pas obstacle au prononcé de mesures disciplinaires parallèlement aux sanctions pénales (suspension professionnelle, prononcée sans confusion, et comme sanction pénale, et comme sanction administrative). • Crim. 7 sept. 2004, n° 04-80.010 P : *Dr. pénal 2005. 24, obs. J.-H. Robert ; RSC 2005. 69, obs. Fortis*.

132. L'engagement de poursuites pénales, d'une part, disciplinaires, d'autre part, en raison de mêmes faits, n'est pas contraire aux dispositions de la Conv. EDH et du Pacte des Nations unies relatif aux droits civils et politiques ; sont donc dénués de tout fondement les griefs faits à l'arrêt attaqué par un avocat radié d'avoir violé la règle *non bis in idem* en le sanctionnant d'une mesure de radiation définitive pour des faits ayant déjà donné lieu à une condamnation pénale et, ce faisant, d'avoir contrevenu aux traités précités. • Civ. 1re, 2 avr. 1997, n° 95-13.599 P. ♦ La peine prononcée par le juge pénal et les sanctions disciplinaires étant de natures différentes, leur cumul n'est pas concerné par les dispositions de l'art. 4 du protocole n° 7 Conv. EDH et de l'art. 6 de cette même Convention. • Civ. 1re, 3 févr. 1998, n° 96-12.035 P (à propos de la destitution d'un notaire).

133. La sanction disciplinaire de mise en cellule, prévue par l'art. 726 C. pr. pén., et le refus de réduction de peine dont elle peut être accompagnée en application de l'art. 721 du même code, ne sauraient s'analyser comme des condamnations supplémentaires pour la même infraction, mais seulement comme des modalités d'exécution d'un emprisonnement antérieurement prononcé pour d'autres faits ; ces sanctions se cumulent donc nécessairement, sans qu'il soit porté atteinte aux dispositions conventionnelles des art. 6 Conv. EDH et 14, 7°, du Pacte international relatif aux droits civils et politiques. • Crim. 27 mars 1997, n° 96-82.669 P : *D. 1998. Somm. 172, obs. Pradel ; RSC 1997. 830, obs. Bouloc.* ♦ La sanction de placement en cellule disciplinaire prévue à l'art. R. 57-7-43 C. pr. pén. ne saurait s'analyser en une condamnation supplémentaire pour la même infraction, mais seulement en une modalité d'exécution d'un emprisonnement antérieurement prononcé pour d'autres faits ; d'autre part, le prononcé d'une telle sanction et le retrait d'un crédit de réduction de peine, qui n'ont pas la même nature juridique, ne tendent pas au même but, le premier assurant la tranquillité et la sécurité de l'établissement pénitentiaire et le second participant de l'application individualisée de la peine ; ces sanctions se cumulent donc, sans qu'il soit porté atteinte aux dispositions conventionnelles des art. 6 Conv. EDH et 4 du Protocole n° 7 additionnel à ladite convention, consacrant la règle *non bis in idem*, qui n'interdit pas le prononcé de sanctions disciplinaires parallèlement aux sanctions infligées par le juge répressif. • Crim. 10 janv. 2017, n° 15-85.519 : *D. actu. 14 févr. 2017, obs. Fonteix ; AJ pénal 2017. 145, obs. Falxa ; D. 2017. Pan. 1274, obs. Céré ; ibid. 2017. Pan. 2501, obs. Ginestet.*

134. La peine complémentaire d'interdiction d'exercer une fonction publique ou une activité professionnelle ou sociale prévue en matière pénale et la sanction disciplinaire de la destitution étant de nature différente, leur cumul échappe aux prévisions de l'art. 4, § 1, du Protocole n° 7 à la Conv. EDH ; dès lors, viole ce texte, comme l'art. 3 de l'Ord. n° 45-1418 du 28 juin 1945 relative à la discipline des notaires et de certains officiers ministériels, la cour d'appel qui, pour dire n'y avoir lieu à sanction disciplinaire à l'égard d'un notaire définitivement condamné à une peine complémentaire d'interdiction professionnelle temporaire par le juge pénal, retient que ce cumul de sanctions contreviendrait au principe *non bis in idem* édicté par le premier texte, tel qu'interprété par la Cour européenne des droits de l'homme. • Crim. 9 avr. 2015, n° 14-50.012 P : *D. actu. 11 mai 2015, obs. Kilgus ; D. 2015. 1187, avis Sudre ; ibid. 1192, note Décima ; Gaz. Pal. 2015. 1600, note Raschel ; Dr. pénal 2015. Comm. 92, obs. Peltier.*

5° AUTRES SANCTIONS

135. Contributions spéciales. Sur le cumul de la contribution spéciale pouvant être prononcée contre l'employeur d'étrangers non autorisés à travailler, recouvrée par l'État pour le compte de l'Office français de l'immigration et de l'intégration (C. trav., art. L. 8253-1), et des sanctions pénales par ailleurs applicables (C. trav., art. L. 8256-2). • Cons. const. 30 mars 2017, n° 2016-621 QPC : *JO 1er avr.*

136. Procédures collectives. Sur le cumul de sanctions en matière de banqueroute, V. : • Cons. const. 29 sept. 2016, nos 2016-570 QPC et 2016-573 QPC, deux décisions : *JO 1er oct. ; Gaz. Pal. 2017. 365, obs. Robaczewski.*

137. Sanctions étrangères. En cas de poursuites successives devant une juridiction étrangère et devant une juridiction française, il n'y a pas lieu, à défaut de dispositions spéciales, d'appliquer le principe général du non-cumul des peines. • Crim. 26 mai 1964, n° 63-90.945 P : *RSC 1965. 411, obs. Légal* • 20 août 1991, n° 90-87.706 P : *RSC 1992. 306, obs. Vitu.* ♦ ... Tel est le cas, notamment lorsqu'il s'agit d'une peine prononcée par une juridiction étrangère mais exécutée en France par application de l'art. 713-1 C. pr. pén. • Crim. 6 févr. 1996, n° 95-82.408 P.

IV. AUTORITÉ DE LA CHOSE JUGÉE

A. AUTORITÉ DU PÉNAL SUR LE PÉNAL

138. Même fait. Par jugement du tribunal correctionnel en date du 8 févr. 2001 le prévenu a été relaxé du chef de harcèlement sexuel pour des faits commis de juin 1998 à mars 2000 ; sur citation directe de la partie civile du chef d'agressions sexuelles aggravées, la même juridiction a prononcé une relaxe ; la cour d'appel, après avoir rejeté l'exception de chose jugée invoquée par le prévenu, l'a condamné pour avoir, de juin 1998 à mars 2000, commis des agressions sexuelles aggravées sur la même personne ; en statuant ainsi, alors que les faits visés par la seconde poursuite étaient les mêmes que ceux soumis à l'appréciation du tribunal correctionnel le 8 févr. 2001, la cour d'appel a méconnu le sens et la portée des art. 4.1 du protocole n° 7 additionnel à la Conv. EDH et 6, al. 1er, C. pr. pén. ; en effet, selon ces textes, l'action publique s'éteint par la chose jugée : un même fait ne peut donner lieu contre le même prévenu à deux actions pénales distinctes. • Crim. 19 janv. 2005, n° 04-81.686

P : *AJ pénal 2005. 196, obs. Porteron* ; *Gaz. Pal. 2005. 2. Somm. 2803, note Y. Monnet* ; *RSC 2005. 934, obs. Renucci*.

139. La Cour de justice de la République saisie de faits de corruption passive à l'égard du prévenu n'est pas tenue par les termes de l'arrêt définitif d'une cour d'appel statuant sur le délit de corruption active commis à l'égard du prévenu par d'autres parties. • Cass., ass. plén., 23 juill. 2010, n° 10-85.505 P.

140. Infraction unique. Le délit de publicité de nature à induire en erreur, même s'il se manifeste lors de chaque communication au public d'une telle publicité, constitue une infraction unique qui ne peut être poursuivie et sanctionnée qu'une seule fois dès l'instant où il s'agit d'allégations identiques, contenues dans le même message publicitaire et diffusées simultanément. • Crim. 8 déc. 1987, n° 85-92.404 P • 27 mars 2007, n° 06-85.442 P : *D. 2008. Pan. 2758, obs. Pradel* ; *Dr. pénal 2007. Comm. 87, obs. J.-H. Robert* ; *Gaz. Pal. 2008. 1. Somm. 505, note Monnet.* ♦ … Dès lors, encourt la cassation l'arrêt qui, pour écarter l'exception soulevée par des prévenus, retient que, si les faits commis dans un autre département, pour lesquels ils ont été condamnés par arrêt définitif, sont de même nature et correspondent à des opérations commerciales similaires à ceux visés par la poursuite, ils se sont déroulés en des lieux différents à l'égard de clientèles distinctes. • Crim. 27 mars 2007 : *préc.*

141. Faits distincts. La règle *non bis in idem* n'est pas applicable lorsque les faits qui ont motivé une première poursuite ne sont pas identiques dans leurs éléments, tant légaux que matériels, aux faits se rapportant à la seconde poursuite ; la relaxe d'un prévenu du chef de faux concernant l'émission de factures ne fait pas obstacle à une nouvelle poursuite de ce prévenu sur le fondement de l'art. 405 C. pén. (nouvel art. 313-1), pour des faits constitutifs d'un délit d'escroquerie commis à l'aide de ces mêmes factures. • Crim. 3 juin 1985, n° 83-95.073 P.

142. Il se déduit du principe *ne bis in idem* que des faits qui procèdent de manière indissociable d'une action unique caractérisée par une seule intention coupable ne peuvent donner lieu, contre le même prévenu, à deux déclarations de culpabilité de nature pénale, fussent-elles concomitantes. Il n'en est pas ainsi en cas de double déclaration de culpabilité pour faux et escroquerie, faute d'action et intention coupable uniques, lorsque l'infraction de faux consiste en une altération de la vérité dans un support d'expression de la pensée qui se distingue de son utilisation constitutive du délit d'usage de faux et, le cas échéant, d'un élément des manœuvres frauduleuses de l'infraction d'escroquerie. Dans cette hypothèse, seuls les faits d'usage sont de nature à procéder des mêmes faits que ceux retenus pour les manœuvres frauduleuses. Par conséquent, n'a pas méconnu le principe *ne bis in idem* la cour d'appel qui condamne une infirmière libérale des chefs d'escroquerie et de faux dès lors que les juges se sont fondés, au titre du faux, sur des faits de falsification d'ordonnances médicales qui sont distincts des faits d'utilisation de ces documents retenus comme élément des manœuvres frauduleuses de l'escroquerie à des fins de facturation de soins fictifs au préjudice de caisses d'assurance maladie et mutuelles de santé. • Crim. 9 sept. 2020, n° 19-84.301 P : *D. actu. 28 oct. 2020, obs. Roques* ; *Dr. pénal 2020, n° 183, obs. Conte.*

143. Constituent des publicités distinctes celles qui, adressées à des personnes différentes, mettent en scène de manière individualisée leurs destinataires, objet de leurs allégations trompeuses. • Crim. 30 janv. 1992, n° 91-81.756 P : *RTD com. 1993. 151, obs. Bouloc*. ♦ Justifie sa décision, la cour d'appel qui, pour écarter l'exception tirée de la chose jugée, invoquée par le dirigeant d'une société de vente par correspondance poursuivi pour infraction à l'art. L. 121-36 C. consom. (loterie avec prétirage), se prévalant d'une précédente condamnation devenue définitive pour publicité trompeuse et infraction à l'art. L. 121-36 préc., à raison de la même opération publicitaire, énonce que si les faits déférés à la cour et aux juges de la cour d'appel de Paris présentent un lien de connexité s'agissant d'une campagne publicitaire unique, il n'en demeure pas moins qu'ils sont distincts dans la mesure où la publicité se présente de manière individuelle. • Crim. 25 juin 1997 : *D. Affaires 1997. 1181* ; *Dr. pénal 1997. 145, obs. J.-H. Robert* ; *Gaz. Pal. 1997. 2, chron. crim. 228* ; *JCP 1997. IV. 2140.*

144. Pour rejeter l'argumentation de la prévenue, société commerciale de distribution, qui soutenait que, ayant déjà été définitivement condamnée pour l'utilisation d'un même logo et s'agissant d'une seule et même campagne publicitaire, elle ne pouvait être poursuivie une seconde fois, l'arrêt retient, par motifs adoptés, que les infractions sanctionnées, commises à des dates et dans des établissements distincts, concernent des consommateurs différents ; en l'état de ces énonciations, qui permettent à la Cour de cassation de s'assurer que les présentes poursuites portent sur des faits distincts de ceux ayant donné lieu à la précédente condamnation, la cour d'appel n'a pas méconnu les art. 4 du protocole n° 7 additionnel à la CEDH, 6, 591 et 593 C. pr. pén. • Crim. 17 mai 2011, n° 10-87.646 : *RSC 2012. 156, obs. Ambroise-Castérot*.

145. Infraction continue. Les principes admis en matière de chose jugée ne s'opposent pas à ce qu'une infraction qui a été réprimée par une première condamnation soit l'objet d'une nouvelle poursuite et d'une nouvelle condamnation lorsque cette infraction s'est renouvelée depuis la précédente condamnation et présente, par sa nature, le caractère d'une infraction successive. • Crim. 30 juin 1981, n° 80-91.173 P (détournement de mineur) • Crim. 10 avr. 1930 : *Bull. crim. n° 119* • 5 nov. 1936 : *ibid. n° 107 ; DH 1936. 573* • 30 juin 1937 : *Bull. crim. n° 138 ; DH 1937. 455* • 14 févr. 1957 : *Bull. crim. n° 150 ; D. 1958. Somm. 30* (non-représentation d'enfant) • Crim. 9 févr. 1965 : *D. 1965. 475 ; Gaz. Pal. 1965. 1. 420* • 2 déc. 1998, n° 97-83.671 P : *D. 2000. Somm. 36, obs. Mayaud ; JCP 1999. II. 10108, note Rebut ; ibid. 2000. I. 207, n° 3, obs. Véron ; Dr. pénal 1999. 64, obs. Véron ; Gaz. Pal. 1999. 2. Somm. 375, obs. Massip* (abandon de famille).

146. Le délit d'exploitation d'un débit de boissons par une personne frappée d'incapacité (CSP, art. L. 3336-2, L. 3336-3 et L. 3352-9) est un délit continu, qui se renouvelle chaque fois que son auteur démontre par son comportement sa volonté de persévérer dans son attitude ; le prévenu peut en conséquence être reconnu coupable, sans violation du principe *non bis in idem*, quand bien même il aurait fait l'objet, comme en l'espèce, de deux autres condamnations dans le cadre d'actions pénales distinctes. • Crim. 19 oct. 2004, n° 04-82.024 : *Dr. pénal 2005. 57, obs. Robert.*

147. Mais le détournement de gage, qui consiste dans la résistance injustifiée du débiteur défaillant à restituer l'objet gagé dont la détention lui a été transférée, ne peut donner lieu qu'à une seule poursuite, si même le débiteur persévère dans son refus malgré une nouvelle mise en demeure ; en conséquence, c'est à bon droit qu'après une première condamnation, la cour d'appel déboute le créancier gagiste, partie civile, de son action, au motif que l'action publique est éteinte par l'effet de la chose jugée. • Crim. 29 oct. 1963, n° 63-90.766 P.

148. Faits réitérés. Le fait de publication étant l'élément par lequel les délits de presse sont consommés, toute reproduction dans un écrit périodique rendu public d'un texte déjà publié, quelle que soit la langue dans laquelle il est rédigé, est constitutive d'une nouvelle infraction ; dès lors, sans qu'il y ait violation de la règle *non bis in idem*, les faits réitérés sont susceptibles de nouvelles poursuites, indépendamment de celles qui ont été exercées à la suite de la première publication. • Crim. 24 oct. 1989, n° 90-85.596 P. ♦ Ne constitue pas une infraction unique la publication d'un même message publicitaire sur des supports différents ou à des dates différentes. • Crim. 21 nov. 1991, n° 91-80.830 P.

149. Exception de chose jugée. Si l'exception *non bis in idem* peut être opposée pour la première fois devant la Cour de cassation, c'est à la condition que cette cour trouve dans les constatations des juges du fond les éléments nécessaires pour en apprécier la valeur ; à défaut de telles constatations, le moyen mélangé de fait et de droit est nouveau et comme tel irrecevable. • Crim. 3 juin 1997, n° 96-83.653 P.

150. Lorsque la poursuite comporte des chefs d'accusation multiples, les réponses négatives de la cour et du jury aux questions portant sur un chef d'accusation sont acquises à l'accusé, et ce chef d'accusation ne peut, après cassation de l'arrêt de condamnation, être repris devant la cour d'assises de renvoi. • Crim. 1er avr. 1998, n° 97-83.994 P.

151. Refus d'informer. Il se déduit de l'art. 6 C. pr. pén. qu'une décision de refus d'informer fondée sur la circonstance que les faits dénoncés ne peuvent admettre aucune qualification pénale, s'oppose, en raison de l'autorité de la chose jugée qui s'y attache, à toute nouvelle poursuite à raison des mêmes faits sous quelque qualification que ce soit. • Crim. 3 févr. 1998, n° 97-80.089 P.

152. Décision de non-lieu. Une ordonnance de non-lieu ne fait pas obstacle à la citation directe, pour les mêmes faits, d'une personne qui n'a été ni mise en examen lors de l'information ni entendue comme témoin assisté ni nommément désignée par les réquisitions du ministère public ou dans une plainte avec constitution de partie civile. • Crim. 12 nov. 2008, n° 07-88.222 P : *D. 2009. 606, note Detraz ; AJ pénal 2009. 82, obs. Duparc.* ♦ ... Lorsque l'action publique a été mise en mouvement sur citation directe d'une partie civile, sauf en matière de presse, toute personne qui prétend avoir été lésée par le délit objet de la poursuite est recevable à se constituer partie civile à l'audience, par voie d'intervention. • Même arrêt.

153. Justifie sa décision la cour d'appel qui, pour déclarer irrecevables les citations à comparaître devant la juridiction correctionnelle délivrées, à la demande des victimes d'un glissement de terrain ou de leurs ayants droit à trois préfets et à trois fonctionnaires de la direction départementale de l'équipement, au responsable du bureau de recherches géologiques et minières ainsi qu'à cet établissement public, retient que chacun des prévenus avait fait l'objet d'une mise en cause explicite, en sa qualité professionnelle, dans l'information conduite sur les mêmes faits et clôturée par une ordonnance de non-lieu devenue définitive, faute d'appel des mêmes victimes ou ayants droit, parties civiles. • Crim. 2 déc. 2008, n° 08-80.066 P.

154. Les dispositions des art. 188 et 190 C. pr. pén. ne s'appliquent pas lorsque les faits dénoncés par une nouvelle plainte sont distincts de ceux qui ont fait l'objet d'une autre procédure clôturée par une décision de non-lieu ; cassation de l'arrêt d'une chambre de l'instruction qui a déclaré irrecevable une plainte du chef d'assassinat en raison de l'autorité de la chose jugée, alors que les faits dénoncés n'étaient pas identiques à ceux qui avaient fait l'objet d'une précédente information. • Crim. 3 févr. 2010, n° 09-82.864 : *JCP 2010, n° 19-20, note Décima et Detraz ; RSC 2010. 613, obs. Mayaud.*

155. Interprétation ou rectification des décisions de justice. Si les juridictions répressives peuvent interpréter leurs décisions lorsque des difficultés s'élèvent sur le sens de celles-ci, il leur est interdit d'en restreindre ou d'en étendre les dispositions et de modifier ainsi la chose jugée. • Crim. 25 avr. 2006, n° 05-86.341 P : *AJ pénal 2006. 314 (2e esp.), obs. Herzog-Evans*.

B. AUTORITÉ DU PÉNAL SUR LE CIVIL

BIBL. Bonfils, *Dalloz, 2009, p. 257* (propos hétérodoxes sur la primauté du criminel sur le civil, *in* « La réforme du Code pénal et du Code de procédure pénale. *Opinio doctorum* »). – Tellier, *RSC 2009. 797* (en finir avec la primauté du criminel sur le civil !). – Botton, *JCP 2010, n° 24, 674* (futur code de procédure pénale).

156. Étendue. L'autorité de la chose jugée au pénal sur le civil ne s'étend qu'à ce qui a été nécessairement jugé quant à l'existence du fait qui forme la base commune de l'action civile et de l'action pénale, à sa qualification et à la culpabilité ou à l'innocence de celui à qui ce fait est imputé. • Civ. 2e, 4 juin 2009, n° 08-11.163 P : *JCP 2009, n° 27, p. 25* (reconnaissance d'actes de gestion fautifs ayant contribué à l'insuffisance d'actifs d'une société malgré des relaxes pour escroquerie et exercice illégal de la profession de banquier). ♦ L'autorité de la chose jugée au pénal sur le civil s'attache à ce qui a été définitivement, nécessairement et certainement décidé par le juge pénal sur l'existence du fait qui forme la base commune de l'action civile et de l'action pénale, sur sa qualification ainsi que sur la culpabilité de celui à qui le fait est imputé. • Civ. 1re, 24 oct. 2012, n° 11-20.442 P : *D. actu. 13 nov. 2012, obs. Kebir ; D. 2013. 68, note Rias* (à propos de l'impact d'une condamnation pour abus de faiblesse sur l'annulation d'un testament, en raison de l'insanité d'esprit de son auteur, et des ventes successives portant sur le bien immobilier légué).

157. La cour d'appel a constaté, d'une part, que les mêmes faits étaient invoqués par le salarié devant la juridiction répressive et devant la juridiction prud'homale et qu'ils constituaient la base commune de l'action publique et de l'action civile et d'autre part que le juge répressif, considérant que les éléments constitutifs du délit n'étaient pas établis, avait écarté la qualification de discrimination syndicale comme la culpabilité du directeur des ressources humaines ; elle en a justement déduit que le principe de l'autorité de la chose jugée au pénal par le tribunal correctionnel s'imposait au juge civil, saisi d'une requête en annulation du licenciement, peu important les règles de preuve différentes applicables à chacune de ces instances. • Soc., 28 févr. 2012, n° 10-18.283 : *Gaz. Pal. 2012. 1. 836, note Detraz.*

158. L'autorité de la chose jugée attachée à une relaxe du chef de tromperie sur les qualités substantielles ne constitue pas un obstacle à l'exercice, devant le juge civil, d'une action indemnitaire fondée sur la non-conformité de la chose délivrée, faute contractuelle qui, procédant d'une obligation de résultat, diffère de la faute pénale en ce que, hors toute absence de dissimulation fautive du vendeur, elle est fondée sur la délivrance d'une chose qui n'est pas conforme à celle commandée, au sens de l'art. 1604 C. civ. • Civ. 1re, 6 avr. 2016, n° 15-12.881 P : *D. actu. 22 avr. 2016, obs. Mélin.*

159. En application du principe de l'autorité, au civil, de la chose jugée au pénal, si la responsabilité du prévenu reconnu coupable des faits reprochés est acquise, l'évaluation du préjudice en résultant reste en discussion dans la limite des faits constatés qui constituent le soutien nécessaire de la condamnation pénale ; pour condamner une personne à payer à une société la somme de 451 689 € à titre de dommages-intérêts, l'arrêt attaqué retient que le montant du préjudice subi du fait du paiement de salaires injustifiés a été fixé définitivement par la condamnation pénale de cette dernière, qui a autorité au civil ; en s'interdisant d'apprécier elle-même le montant du dommage, la cour d'appel a violé le principe susvisé. • Crim. 1er juin 2016, n° 15-80.721 : *D. actu. 20 juin 2016, obs. Priou-Alibert.*

160. L'autorité de la chose jugée au pénal sur le civil s'étend aux motifs qui sont le soutien nécessaire du chef de dispositif prononçant la décision ; dès lors, doit être cassé l'arrêt civil d'une cour d'appel qui, pour rejeter la demande d'indemnisation d'une victime d'appels téléphoniques malveillants, a énoncé que n'était pas rapportée la preuve d'un lien de causalité direct entre sa tentative de suicide et les appels malveillants du défendeur, alors qu'elle avait, en déclarant antérieurement coupable celui-ci de trouble à la tranquillité d'autrui par une décision pénale devenue irrévocable, retenu l'existence d'un lien de causalité direct et certain entre ses appels malveillants et le préjudice de la victime. • Civ. 2e, 30 juin 2016, n° 14-25.070 : *D. actu. 29 juill. 2016, obs. Mélin.*

161. Appel limité aux intérêts civils. L'autorité de la chose jugée qui s'attache à la décision du tribunal sur l'action publique n'autorise pas la prévenue, appelante sur les seuls intérêts civils, à contester la compétence territoriale du premier juge. • Crim. 25 juin 2008, n° 07-87.515 P.

162. Saisi du seul appel d'un jugement de relaxe formé par la partie civile, le juge répressif ne peut rechercher si les faits qui lui sont déférés constituent une infraction pénale sans méconnaître le principe de la présomption d'innocence garanti par l'art. 6, § 2, Conv. EDH ; le dommage dont la partie civile, seule appelante d'un jugement de relaxe, peut obtenir réparation de la part de la personne relaxée résulte de la faute civile démontrée à partir et dans la limite des faits objet de la poursuite. • Crim. 5 févr. 2014, n° 12-80.154 P : *D. 2014. 807, note Saenko ; AJ pénal 2014. 422, obs. Renaud-Duparc .*

163. Si l'appel d'un jugement de relaxe formé par la seule partie civile a pour effet de déférer à la juridiction du second degré l'action en réparation du dommage pouvant résulter de la faute civile du prévenu définitivement relaxé, encore faut-il que cette faute soit démontrée à partir et dans la limite des faits objet de la poursuite ; encourt dès lors la cassation l'arrêt d'une cour d'appel qui, sur le seul appel des parties civiles d'un jugement de relaxe, retient la responsabilité civile d'une personne poursuivie pour s'être volontairement abstenue de porter témoignage en faveur d'un innocent, délit prévu et puni par l'art. 434-11 C. pén., alors que les faits objet de la poursuite n'entraient pas dans les prévisions de ce texte. • Crim. 11 mars 2014, n° 12-88.131 P : *D. 2014. 1188, note Dantras-Bioy ; AJ pénal 2014. 422, obs. Renaud-Duparc ; JCP 2014, n° 653, note Pradel.*

164. Méconnaît le principe de la présomption d'innocence, et dès lors encourt la censure, l'arrêt qui, pour allouer des dommages-intérêts à la partie civile appelante d'un jugement de relaxe, énonce que les faits qui lui sont déférés constituent une infraction pénale et prononce des déclarations de culpabilité. • Crim. 13 oct. 2015, n° 14-82.272 P : *D. actu. 2 nov. 2015, obs. Priou-Alibert.*

165. Plainte simple. Viole l'art. 4 C. pr. pén., dans sa rédaction alors applicable, une cour d'appel qui sursoit à statuer jusqu'au prononcé d'une décision définitive sur une plainte déposée par l'associé d'une société assigné en garantie de passif, alors qu'une simple plainte sans constitution de partie civile ne met pas en mouvement l'action publique. • Civ. 2e, 7 mai 2008, n° 07-11.150 P.

166. Composition pénale. Justifie sa décision au regard de l'art. 41-2, al. 9, C. pr. pén., selon lequel la composition pénale, si elle éteint l'action publique, ne fait pas échec au droit de la partie civile de délivrer citation directe devant le tribunal correctionnel statuant sur les seuls intérêts civils, la cour d'appel qui, pour déclarer recevable la demande de la partie civile, retient qu'à supposer qu'elle ait perçu la somme versée par l'auteur des faits en exécution d'une composition pénale, aucune transaction, au sens des art. 2044 s. C. civ., n'a été conclue. • Crim. 24 juin 2008, n° 07-87.511 P : *D. 2009, Chron. 45, obs. Chaumont ; Gaz. Pal. 2008. 2. 3371, note Detraz.*

167. L'ordonnance aux fins de validation de la composition pénale rendue par le président du tribunal en application de l'art. 41-2 C. pr. pén., sans débat contradictoire à seule fin de réparer le dommage, l'action publique étant seulement suspendue, n'a pas autorité de chose jugée au pénal sur le civil. • Soc. 13 janv. 2009, n° 07-44.718 P : *D. 2009. 291, obs. Lavric ; ibid. 709, note Beynex et Rouinski .*

168. Rappel à la loi. Le rappel à la loi auquel procède le procureur de la République en application de l'art. 41-1 C. pr. pén. est dépourvu de l'autorité de la chose jugée et n'emporte pas par lui-même preuve du fait imputé à un auteur et de sa culpabilité ; dès lors, n'encourt pas la censure la cour d'appel, statuant en matière prud'homale, qui, ayant apprécié souverainement les éléments de preuve produits, portant notamment sur les faits ayant donné lieu à un rappel à la loi, a estimé ces éléments insuffisamment probants. • Soc. 21 mai 2008, n° 06-44.948 P : *JCP 2008. II. 10135, note Detraz.* ♦ Le rappel à la loi auquel procède le procureur de la République en application de l'art. 41-1, 1°, C. pr. pén., qui n'est pas un acte juridictionnel, n'a pas autorité de la chose jugée. • Civ. 2e, 7 mai 2009, n° 08-10.362 P : *Gaz. Pal. 2009. 2, p. 2554, note Delage.*

169. Incident de procédure. Seules les décisions définitives des juridictions pénales statuant au fond sur l'action publique ont au civil autorité à l'égard de tous ; dès lors, viole ce principe l'arrêt qui retient que la décision de la chambre de l'instruction qui tranche un incident de procédure est revêtue de l'autorité de la chose jugée. • Cass., ch. mixte, 10 oct. 2008 : *Gaz. Pal. 2008. 2. 3420, avis R. de Gouttes ; JCP 2008. II. 10199, note Walther ; Dr. pénal 2008. 160, obs. Maron et Haas.*

170. Référés. La règle selon laquelle le criminel tient le civil en l'état n'est pas applicable devant le juge des référés dont les décisions de caractère provisoire sont dépourvues au principal de l'autorité de la chose jugée. • Civ. 3e, 7 janv. 2009, n° 07-21.501 P.

171. Sursis à statuer des actions à fin civile. Selon l'art. 4, al. 3, C. pr. pén., dans la rédaction issue de la L. n° 2007-291 du 5 mars 2007, la mise en mouvement de l'action publique n'impose pas la suspension du jugement des autres actions exercées devant la juridiction civile, de quelque nature qu'elles soient, même si la décision à intervenir au pénal est susceptible d'exercer, directement ou indirectement, une influence sur la solution du procès civil ; il en va de même, *a fortiori*, au cas de simple dépôt d'une plainte pénale, et il en résulte, en tout état de cause, que le simple exercice par le juge civil de la faculté discrétionnaire que la loi lui ouvre de mener à son terme le procès porté devant lui exclut toute atteinte de sa part à la présomption d'innocence de la personne dont il est amené, le cas échéant, à sanctionner le comportement. • Civ. 1re, 31 oct. 2012, n° 11-26.476 P : *D. actu. 21 nov. 2012, obs. Bombled ; Dr. pénal 2013, comm. 15, obs. Maron et Haas.*

C. ESPACE SCHENGEN

172. Une personne ne saurait être poursuivie dans un État membre pour les mêmes faits que ceux pour lesquels il a été mis fin à l'action pénale sans l'intervention d'une juridiction dans un autre État membre. • CJCE 11 févr. 2003, nos C-187/01 et C-385/01, *H. Gözütok et K. Brügge : Europe 2003, comm. 124, obs. Y. Gautier ; D. 2003. 1458, note F. Julien-Laferrière ; JCP 2003. I, n° 166, p. 1725, obs. A. Raynouard ; RSC 2003. 618, obs. Massias ; ibid. 2005. 942, obs. Manacorda*. ♦ Le principe *non bis in idem*, consacré à l'art. 54 de la Conv. de Schengen, s'applique également à des procédures d'extinction de l'action publique, par lesquelles le ministère public d'un État membre met fin, sans l'intervention d'une juridiction, à la procédure pénale engagée dans cet État, après que le prévenu a satisfait à certaines obligations et, notamment, a acquitté une certaine somme d'argent fixée par le ministère public ; dans le cadre de telles procédures, il est mis fin à l'action publique au moyen d'une décision émanant d'une autorité appelée à participer à l'administration de la justice pénale dans l'ordre juridique national concerné, et une procédure de ce type, dont les effets tels que prévus par la loi nationale applicable sont subordonnés à l'engagement du prévenu d'exécuter certaines obligations prescrites par le ministère public, sanctionne le comportement illicite reproché au prévenu ; lorsque, à la suite d'une telle procédure, l'action publique est définitivement éteinte, la personne concernée doit être considérée comme ayant été « définitivement jugée », au sens de l'art. 54 Conv. Schengen, pour les faits qui lui sont reprochés, et, en outre, une fois les obligations à charge du prévenu exécutées, la sanction que comporte la procédure d'extinction de l'action publique doit être considérée comme ayant été « subie », au sens de cette même disposition. • Même décision.

173. Le principe *non bis in idem*, consacré à l'art. 54 de la Convention d'application de l'accord de Schengen ne trouve pas à s'appliquer à une décision des autorités judiciaires d'un État membre déclarant qu'une affaire est clôturée, après que le ministère public a décidé de ne pas poursuivre l'action publique au seul motif que des poursuites pénales ont été engagées dans un autre État membre à l'encontre du même prévenu et pour les mêmes faits, et ce en l'absence de toute appréciation sur le fond. • CJCE 10 mars 2005, *aff. Miraglia*, n° C-469/03 : *D. 2005. IR 1248 ; RSC 2005. 943, obs. Manacorda*.

174. Le principe *non bis in idem* doit trouver à s'appliquer à une procédure pénale engagée dans un État contractant pour des faits qui ont déjà donné lieu à la condamnation de l'intéressé dans un autre État contractant, alors même que la convention d'application de l'accord de Schengen du 14 juin 1985 n'était pas encore en vigueur dans ce dernier État au moment du prononcé de ladite condamnation, pour autant qu'elle était entrée en vigueur dans les États contractants en cause au moment de l'appréciation des conditions d'application du principe *non bis in idem* par l'instance saisie d'une seconde procédure. • CJCE 9 mars 2006, n° C-436/04 : *AJ pénal 2006. 265, obs. Saas*. ♦ ... L'art. 54 de la même convention doit être interprétée en ce sens que : – le critère pertinent aux fins de l'application dudit article est constitué par celui de l'identité des faits matériels, compris comme l'existence d'un ensemble de faits indissociablement liés entre eux, indépendamment de la qualification juridique de ces faits ou de l'intérêt juridique protégé ; – les faits punissables consistant en l'exportation et en l'importation des mêmes stupéfiants et poursuivis dans différents États contractants à cette convention sont, en principe, à considérer comme « les mêmes faits » au sens de cet art. 54, l'appréciation définitive à cet égard appartenant aux instances nationales compétentes. • Même décision.

D. AUTORITÉ DU PÉNAL ET INSTANCES ADMINISTRATIVES OU DISCIPLINAIRES

175. *Autorité sur l'administratif.* En principe, l'autorité de la chose jugée au pénal ne s'impose aux autorités et juridictions administratives qu'en ce qui concerne les constatations de fait que les juges répressifs ont retenues et qui sont le support nécessaire de leurs décisions ; il en va toutefois autrement lorsque la légalité d'une décision administrative est subordonnée à la condition que les faits qui servent de fondement à cette décision constituent une infraction pénale ; dans cette hypothèse, l'autorité de la chose jugée s'étend exceptionnellement à la qualification juridique donnée aux faits par le juge pénal. • CE 27 juill. 2005 : *JCP 2005. IV. 3144 ; Gaz. Pal. 2006. 1. Somm. 1275*. ♦ ... Mais il résulte des dispositions de l'art. L. 43 CSP que le préfet est légalement tenu, lorsqu'il constate qu'une personne met à disposition, à titre gratuit ou onéreux, des locaux impropres à l'habitation, de mettre l'intéressé en demeure de faire cesser cette situation ; une telle mise en demeure a le caractère d'une décision administrative susceptible d'être déférée au juge de l'excès de pouvoir ; si le fait de ne pas y déférer dans le délai d'un mois est constitutif de l'infraction passible des sanctions pénales prévues par l'art. L. 45 du même code, la légalité de cette mise en demeure, adressée par le préfet préalablement à la survenance éventuelle d'une infraction pénale, n'est pas subordonnée à la condition que les faits sur lesquels elle est fondée forment ensuite l'un des éléments constitutifs d'une telle infraction. • Même arrêt.

176. *Autorité de l'administratif.* Les poursuites pénales exercées sur le fondement de l'art. 1741 CGI pour fraude fiscale et la procédure administrative tendant à fixer l'assiette et l'étendue de l'impôt étant, par leur nature et leur objet, différentes et indépendantes l'une de l'autre, le juge répressif n'a pas à surseoir à statuer jusqu'à la décision définitive du juge administratif, laquelle ne peut avoir autorité de la chose jugée à son égard. • Crim. 11 janv. 2006, n° 05-82.674 P : *AJ pénal 2006. 171, obs. Saas*. ♦ ... Encourt dès lors la censure l'arrêt d'une cour d'appel qui, pour surseoir à statuer sur la culpabilité du dirigeant de sociétés, soustraites à l'établissement et au paiement de la TVA, jusqu'à l'issue de la procédure pendante devant le tribunal administratif, saisi d'une contestation sur la date d'exigibilité de la taxe, retient que la décision de cette juridiction est susceptible d'influer sur la caractérisation de l'élément intentionnel du délit de fraude fiscale. • Même arrêt.

177. Si l'annulation d'un acte par la juridiction administrative prive de base légale la poursuite engagée pour violation de cet acte, elle ne peut avoir d'effet sur une condamnation passée en force de chose jugée, le juge répressif étant compétent pour apprécier la légalité des actes administratifs lorsque de cet examen dépend la solution du procès pénal. • Crim. 13 oct. 2008, n° 08REV043 P (Com. Révision).

178. Les dispositions de l'art. 1741 CGI ne sauraient, sans méconnaître le principe de nécessité des délits, permettre qu'un contribuable qui a été déchargé de l'impôt par une décision juridictionnelle devenue définitive pour un motif de fond puisse être condamné pour fraude fiscale. • Cons. const. 24 juin 2016, n°s 2016-545 QPC et 2016-546 QPC : *JO 30 juin ; D. actu. 27 juin 2016, obs. Gallois ; D. 2016. 1840, obs. Mascala ; ibid. 2442, note Décima ; AJ pénal 2016. 430, obs. Lasserre Capdeville ; JCP 2016. 1042, note Detraz ; Dr. pénal 2016. Comm. 135, obs. Peltier ; RSC. 2016. 524, obs. Detraz* • 22 juill. 2016, n° 2016-556 QPC : *JO 24 juill.* (par renvoi aux deux décisions précédentes). ♦ *Adde* : Ollivier, *D. actu. 30 juin 2016* (de l'art de poser plus de questions que l'on n'en résout). – Collet et Collin, *JCP 2016, n° 847, p. 1453* (le cumul de sanctions pénale et fiscale face aux exigences constitutionnelles et européennes). – Mayaud, *JCP E 2016, n° 1595* (les décisions « *non bis in idem* » du Conseil constitutionnel : compétence judiciaire ou administrative ?).

179. Autorité sur le disciplinaire. BIBL. Dudognon, *AJ pénal 2013. 324* (la répression disciplinaire des fédérations sportives nationales et le principe *non bis in idem*). ♦ En raison du principe d'indépendance des poursuites disciplinaires et des poursuites pénales, une mesure de réhabilitation ne fait pas obstacle à ce que les faits qui ont servi de base à une condamnation de la juridiction répressive, passée en force de chose jugée au pénal, puissent fonder des sanctions disciplinaires. • CE 2 févr. 2005 : *Gaz. Pal. 2005. 2. Somm. 2863.*

180. La procédure disciplinaire est indépendante de la procédure pénale ; par suite, y compris dans l'hypothèse où c'est en raison des mêmes faits que sont engagées parallèlement les deux procédures, l'autorité investie du pouvoir disciplinaire ne méconnaît pas le principe de la présomption d'innocence en prononçant une sanction sans attendre que les juridictions répressives aient définitivement statué. • CE 26 oct. 2005, n° 278224 : *D. 2006. IR 179*.

181. En raison de l'autonomie du droit disciplinaire, la formation de la cour d'appel appelée à statuer sur un recours formé à l'encontre d'une décision du Conseil de discipline de l'Ordre des avocats, conformément aux dispositions de l'art. 15 du Décr. n° 91-1197 du 27 nov. 1991 organisant la profession d'avocat, n'est en aucun cas liée par l'appréciation portée par une juridiction pénale sur le comportement d'un avocat. • Paris, 25 juin 2009 : *Gaz. Pal. 2009. 2, p. 3058, note Lambling.*

182. Autorité sur les juridictions financières. Aux termes du premier alinéa de l'art. L. 314-18 CJF, les poursuites devant la Cour de discipline budgétaire et financière ne font pas obstacle à l'exercice de l'action pénale et de l'action disciplinaire ; premièrement, la CDBF n'est pas une instance disciplinaire ; deuxièmement, ni l'art. L. 314-18 précité, ni aucun autre texte, n'autorise la cour à subordonner sa décision à l'intervention d'une décision du juge pénal ; notamment, l'art. 4 C. pr. pén., en vertu duquel il est sursis au jugement d'une action exercée devant une juridiction civile tant qu'il n'a pas été prononcé sur l'action pénale, n'est pas applicable à la CDBF qui n'est pas une juridiction civile ; la cour ne pourrait en conséquence surseoir à statuer sans méconnaître sa compétence ; dès lors, un sursis à statuer ne saurait être ordonné par la cour au motif tiré de ce qu'une information judiciaire, portant sur des faits soumis à l'appréciation de la cour, aurait été ouverte. • CDBF 24 févr. 2006, *Altus Finance : JCP 2006. II. 10152, note Gastinel.*

E. AUTORITÉ DU DISCIPLINAIRE SUR LE DISCIPLINAIRE

183. Aux termes de l'art. 4 du 7e protocole additionnel de la Conv. EDH et de l'art. 50 de la Charte des droits fondamentaux de l'Union européenne, nul ne peut être poursuivi ou puni pénalement deux fois pour une même infraction ; applicable en droit pénal, ce principe l'est tout autant en matière disciplinaire ; selon la règle *non bis in idem*, nul ne peut encourir deux fois une sanction de même nature pour les mêmes faits ; la sanction prononcée par la chambre de discipline (huissiers de justice) et la sanction prononcée par le tribunal de grande instance sont toutes deux des sanctions de même nature ; quelle que soit l'autorité qui les prononce, il s'agit, dans les deux cas, de sanctions disciplinaires ; le tribunal a rappelé à bon droit que les dispositions de la Conv. EDH ont une autorité supérieure à celle de la loi et qu'elles doivent donc prévaloir sur les dispositions nationales qui leur seraient contraires (art. 11 de l'Ord. n° 45-1418 du 28 juin 1945) ; il convient de confirmer le jugement qui a déclaré irrecevables les poursuites disciplinaires devant le tribunal de grande instance en application de la règle *non bis in idem*. • Douai, 25 janv. 2010 : *D. 2010. 1540, note Taisne*.

Art. 132-3 **Lorsque, à l'occasion d'une même procédure, la personne poursuivie est reconnue coupable de plusieurs infractions en concours, chacune des peines encourues peut être prononcée. Toutefois, lorsque plusieurs peines de même nature sont encourues, il ne peut être prononcé qu'une seule peine de cette nature dans la limite du maximum légal le plus élevé.**

Chaque peine prononcée est réputée commune aux infractions en concours dans la limite du maximum légal applicable à chacune d'entre elles. — *Trav. L. 4741-1 et L. 4741-9.*

BIBL. ▶ GRIFFON, *Dr. pénal 2013. Étude 17* (la réduction au maximum légal).

Corresp. *: C. pén., ancien art. 5.*

1. Conformité à la Conv. EDH. Les art. 132-3 et 132-4 C. pén., régissant les peines applicables aux infractions en concours ne sont pas incompatibles avec les art. 6.1, 7 et 14 Conv. EDH, ni avec les dispositions de la DDH. • Crim. 30 mars 1999 : *Gaz. Pal. 1999. 1, chron. crim. 86.*

2. Amende. Aux termes de l'art. 132-3 C. pén., lorsque, à l'occasion d'une même procédure, la personne poursuivie est reconnue coupable de plusieurs infractions en concours, chacune des peines encourues peut être prononcée ; toutefois, lorsque plusieurs peines de même nature sont encourues, il ne peut être prononcée qu'une seule peine de cette nature dans la limite du maximum légal le plus élevé ; cassation de l'arrêt qui, après avoir déclaré le prévenu coupable de tromperie et d'obtention indue d'un document administratif, l'a condamné notamment à deux amendes distinctes de 15 000 F et 3 000 F, alors qu'une seule peine d'amende devait être prononcée pour les deux délits ; dès lors que la déclaration de culpabilité n'encourt pas elle-même la censure, la cassation doit être limitée aux seules peines prononcées. • Crim. 29 mai 1996, n° 95-83.107 P : *Dr. pénal 1996. 254 (II), obs. Maron ; RSC 1997. 377, obs. Bouloc*. ♦ ... Encourt la censure l'arrêt qui, après avoir déclaré le prévenu coupable d'homicide involontaire et d'entrave au fonctionnement du comité d'hygiène, de sécurité et des conditions de travail, prononce, notamment, deux peines d'amende en répression de ces délits. • Crim. 5 déc. 2000, n° 00-82.108 P.

3. Lorsqu'à l'occasion d'une même procédure, la personne poursuivie est reconnue coupable de plusieurs infractions en concours, les unes visées à l'art. L. 263-2, al. 1er, C. trav., les autres d'homicide ou de blessures involontaires prévus par les art. 221-6, 222-19 et 222-20 C. pén., les peines de même nature se cumulent dès lors que leur total n'excède pas le maximum légal de la peine la plus élevée qui est encourue ; justifie dès lors sa décision l'arrêt qui, pour avoir déclaré un employeur coupable du délit de blessures involontaires et de trois infractions à la réglementation relative à la sécurité des travailleurs, le condamne à une amende de 6 000 € pour la première infraction et à trois amendes de 3 000 € pour les autres délits. • Crim. 13 sept. 2005, n° 04-85.736 P : *AJ pénal 2005. 371, obs. Delprat ; RSC 2006. 334, obs. Cerf-Hollander*. ♦ Comp., sous l'ancien code pénal, • Crim. 21 sept. 1999, n° 97-85.551 P : *D. 2000. Somm. 383, obs. Amauger-Lattes ; RSC 2000. 200, obs. Mayaud ; ibid. 2000. 386, obs. Bouloc, et 406, obs. Cerf*. ♦ En application des art. L. 263-2 ancien C. trav., devenu l'art. L. 4741-1 du même code, l'amende prononcée pour infraction à la réglementation sur la sécurité des travailleurs est appliquée autant de fois qu'il y a de salariés de l'entreprise concernés, indépendamment du nombre d'infractions relevées, ces amendes se cumulant avec celle prononcée pour homicide ou délit de blessures involontaires dès lors que leur total n'excède pas le maximum légal de la peine la plus élevée ; l'arrêt attaqué a infligé au prévenu, outre la peine de six mois d'emprisonnement avec sursis pour le délit de blessures involontaires, trois amendes de 200 € pour trois infractions à la réglementation sur la sécurité des travailleurs ne concernant qu'un seul salarié ; en prononçant ainsi, alors qu'une seule peine d'amende devait être prononcée pour les infractions à la réglementation sur la sécurité des travailleurs qui ne concernaient qu'un seul salarié, la cour d'appel a méconnu les textes susvisés et les principes ci-dessus rappelés. • Crim. 30 oct. 2012 : *Dr. pénal 2013, comm. 50, obs. Peltier.* ♦ Lorsqu'à l'occasion d'une même procédure, la personne poursuivie est reconnue coupable de plusieurs infractions en concours, les unes visées par l'art. L. 4741-1 C. trav., les autres prévues par les art. 221-6, 222-19 et 222-20 C. pén., les peines de même nature se cumulent, dès lors que leur total, comme en l'espèce, n'excède pas le maximum légal de la peine la plus élevée qui est encourue. • Crim. 9 déc. 2014, n° 13-

85.937 P : *D. actu. 22 janv. 2015, obs. Anane ; D. 2015. Actu. 11* ; *Gaz. Pal. 2015. 1. 282, note Mésa.*

4. Le prévenu est sans intérêt à reprocher à la cour d'appel de l'avoir déclaré coupable des mêmes faits sous plusieurs qualifications pénales, dès lors qu'elles comportent des éléments constitutifs différents, qu'une seule peine d'emprisonnement a été prononcée conformément à l'art. 132-3 C. pén., et que les amendes douanières échappent, en raison de leur caractère mixte, répressif et indemnitaire, à la règle du non-cumul des peines. • Crim. 27 juin 2012, nº 11-86.679 P : *D. actu. 3 sept. 2012, obs. Priou-Alibert.*

5. Emprisonnement. En application de l'art. 132-3 C. pén., lorsque, à l'occasion d'une même procédure, plusieurs peines de même nature sont encourues, il ne peut être prononcé qu'une seule peine de cette nature dans la limite du maximum légal le plus élevé ; ont méconnu le sens et la portée de ce texte les juges qui, après avoir déclaré le prévenu poursuivi sur le fondement de l'art. 434-42 C. pén., pour s'être soustrait aux obligations résultant de deux peines de travail d'intérêt général d'une durée de 160 heures chacune, prononcées à son encontre par deux jugements du même jour, l'ont condamné à deux peines d'emprisonnement d'une durée de 5 mois chacune. • Crim. 5 déc. 1996, nº 96-83.371 P : *Dr. pénal 1997. 77, obs. Véron ; RSC 1997. 829, obs. Bouloc*.

6. Des demandeurs sont sans intérêt à reprocher à une cour d'appel de les avoir déclarés coupables des mêmes faits sous les qualifications pénales de corruption et de complicité ou recel d'abus de biens sociaux – comportant au demeurant des éléments constitutifs différents – dès lors que, conformément aux art. 5 anc. et 132-3 nouv. C. pén., une seule peine a été prononcée. • Crim. 27 oct. 1997, nº 96-83.698 P : *D. Affaires 1997. 1429, note Boizard* • 16 mai 2001, nº 99-83.467 P. ♦ Même solution pour des faits de corruption passive par non-dénonciation d'une entente convenue entre diverses entreprises de travaux publics, et participation à l'élaboration de cette entente illicite. • Crim. 16 mai 2001 : *préc.*

7. Les deux qualifications de complicité de prise illégale d'intérêts et d'usurpation de fonctions ne sont pas incompatibles entre elles et peuvent être retenues pour un même fait, dès lors qu'elles sanctionnent la violation d'intérêts distincts, comportent des éléments constitutifs différents et qu'une seule peine a été prononcée conformément aux art. 5 anc. et 132-3 nouv. C. pén. • Crim. 21 févr. 2001, nº 00-81.167 P.

8. Confiscation. Les dispositions de l'art. 435 C. douanes – qui permettent à l'Administration de solliciter la condamnation d'un contrevenant au paiement d'une somme pour tenir lieu de confiscation, au cas où les objets susceptibles de confiscation n'ont pu être saisis ou lorsque, ceux-ci ayant été saisis, leur confiscation n'est que facultative – ne sauraient recevoir application, sans méconnaître la règle du non-cumul des peines de même nature, prévue par l'art. 132-3 C. pén., dans l'hypothèse où les juges ont déjà prononcé la confiscation des objets préalablement saisis ; doit en conséquence être approuvée la cour d'appel qui refuse de faire droit à la demande de confiscation en valeur présentée par l'administration des Douanes, motifs pris de ce que cette confiscation a déjà été prononcée en nature, sur le fondement des art. 369-4 C. douanes, L. 629 CSP et 131-21 C. pén., eu égard au caractère dangereux pour la santé des produits stupéfiants. • Crim. 21 mars 1996, nº 94-86.139 P : *Dr. pénal 1996. 214, obs. Véron ; RSC 1997. 374, obs. Bouloc*. ♦ Cassation de l'arrêt qui a condamné le prévenu à payer à l'administration des Douanes une somme de 435 000 F, tenant lieu de confiscation et représentant la valeur des produits saisis et non saisis, alors que, s'agissant de produits dangereux pour la santé, la confiscation en nature des stupéfiants réellement saisis est obligatoire, en application, tant de l'art. 369-4 C. douanes, que des art. L. 629 CSP et 131-21 C. pén. • Crim. 22 mai 1997, nº 96-83.014 P. ♦ Cassation de l'arrêt qui, après avoir déclaré le demandeur coupable de contrebande de produits stupéfiants, l'a condamné solidairement avec d'autres prévenus à payer à l'administration des Douanes deux sommes d'argent, l'une de 1 130 000 F, l'autre de 3 800 000 F, pour tenir lieu de confiscation de deux quantités de drogue, saisies au cours de la procédure, et dont les juges avaient ordonné la destruction, méconnaissant ainsi les art. 132-3 C. pén. et 435 C. douanes, les dispositions de ce dernier texte n'ayant pas à recevoir application lorsque les juges répressifs ont prononcé la confiscation en nature des objets saisis. • Crim. 1er oct. 1998 : *Dr. pénal 1999. 57, obs. J.-H. Robert.*

9. En matière de contributions indirectes, la confiscation ne peut être ordonnée que pour les objets, produits ou marchandises préalablement saisis ; cette mesure ne peut être prononcée qu'une seule fois pour un même objet de fraude, même si plusieurs infractions ont été relevées, et quelle que soit la modalité réelle ou fictive de la saisie opérée. • Crim. 6 mars 1997, nº 96-80.279 P. ♦ La confiscation ne peut être prononcée qu'une seule fois pour un même objet de fraude ; cassation de l'arrêt qui, après avoir, dans ses dispositions concernant l'action publique, ordonné « au profit de l'État la confiscation des scellés saisis », a, dans ses dispositions douanières, prononcé la confiscation de la drogue et du véhicule ayant servi à la contenir, qui avaient été saisis par l'administration des douanes ; d'une part, une telle décision ne précise pas le contenu des scellés dont elle ordonne la confiscation, et ne permet pas à la Cour de cassation de contrôler la régularité et l'étendue de la confiscation ordonnée ; d'autre part, la confiscation de la drogue et du véhicule ne peut être prononcée deux fois, une fois au titre de l'action publique, une fois au titre de l'action douanière. • Crim. 5 juin 1997, n° 96-83.086 P : *RSC 1998. 318, obs. Bouloc*.

10. Suspension du permis de conduire. Il résulte des art. 132-3 et 132-7 C. pén. que, lorsque, à l'occasion d'une même procédure, plusieurs peines de même nature, à l'exception des amendes pour contraventions, sont encourues pour des infractions en concours, il ne peut être prononcé qu'une seule peine de cette nature, dans la limite du maximum légal le plus élevé ; après avoir déclaré le prévenu coupable de deux contraventions d'excès de vitesse, la cour d'appel a prononcé à son encontre deux peines d'amende et deux peines complémentaires de 3 mois de suspension du permis de conduire ; en prononçant ainsi, alors qu'une seule peine de suspension du permis de conduire devait être prononcée pour les deux contraventions commises, la cour d'appel a méconnu les textes susvisés. • Crim. 22 juin 2010, n° 09-87.314 P.

11. Grâces collectives. Justifie sa décision la chambre de l'instruction qui, pour rejeter la requête du condamné, qui sollicitait le bénéfice des décrets de grâces collectives des 10 juill. 2002 et 9 juill. 2003, en soutenant qu'en application de l'art. 132-3, al. 2, C. pén., la peine pour violences sur personnes dépositaires de l'autorité publique, infraction l'excluant du bénéfice desdits décrets, était purgée depuis le 13 juill. 2002, date à laquelle le maximum légal applicable à cette infraction avait été atteint, relève qu'une peine unique et indivisible a été prononcée pour des infractions en concours, de sorte que, tant que la peine la plus forte n'est pas purgée, les autres peines ne peuvent être considérées comme exécutées. • Crim. 11 mai 2006, n° 05-84.237 P : *AJ pénal 2006. 359, obs. Herzog-Evans*.

Art. 132-4 Lorsque, à l'occasion de procédures séparées, la personne poursuivie a été reconnue coupable de plusieurs infractions en concours, les peines prononcées s'exécutent cumulativement dans la limite du maximum légal le plus élevé. Toutefois, la confusion totale ou partielle des peines de même nature peut être ordonnée soit par la dernière juridiction appelée à statuer, soit dans les conditions prévues par le code de procédure pénale. — *Pr. pén. 710.*

Corresp. : *C. pén., ancien art. 5.*

RÉP. PÉN. v° *Confusion de peines*, par HERZOG-EVANS.

BIBL. ▶ GRIFFON, *Dr. pénal 2013. 17* (la réduction au maximum légal).

I. EXÉCUTION CUMULATIVE

1. Réduction au maximum légal. Les peines de même nature prononcées successivement contre une même personne à raison de faits poursuivis séparément et antérieurs à la date à laquelle la première condamnation est devenue définitive, doivent être subies cumulativement, si le juge n'en a autrement ordonné, à moins que, par leur réunion, elles n'excèdent le maximum de la peine la plus forte. • Crim. 24 févr. 1943 : *Bull. crim. n° 18* • 9 oct. 1956, n° 32.356 P : *D. 1956. 742 ; JCP 1956. II. 9625* • 22 févr. 1961 : *Bull. crim. n° 115 ; D. 1961. 453, note J.-M. R.* • 27 avr. 1968, n° 67-MI182 P : *D. 1968. 565, note Doll* • 27 janv. 1972, n° 71-92.518 P : *D. 1972. Somm. 102 ; Gaz. Pal. 1972. 1. 294* • 2 oct. 1984 : *D. 1985. IR 131, obs. J.-M. R.* ♦ Les peines de même nature prononcées successivement contre un prévenu ne peuvent être cumulativement subies que lorsqu'elles n'excèdent pas, par leur réunion, le maximum de la peine édictée par la loi pour le fait le plus sévèrement réprimé. • Crim. 15 juin 1973, n° 72-90.070 P • 22 juin 1983, n° 83-90.170 P • 10 mars 1987, n° 87-80.127 P • 19 juill. 1989, n° 89-82.970 P : *RSC 1990. 555, obs. Vitu* • 6 févr. 1991, n° 90-82.930 P.

2. Ainsi, deux peines d'emprisonnement prononcées pour des infractions en concours ne peuvent être cumulativement subies que dans la limite du maximum édicté par la loi pour le fait le plus sévèrement puni. • Crim. 3 mars 1986, n° 86-90.158 P • 26 janv. 1988, n° 87-84.853 P. ♦ Rappr., pour deux peines de réclusion à temps : • Crim. 6 févr. 1964, n° 63-90.592 P.

3. Les peines successivement prononcées avant le 1er mars 1994 pour des infractions en concours, lorsque la réclusion criminelle à perpétuité était encourue pour l'une ou plusieurs d'entre elles, mais n'a pas été prononcée à raison des circonstances atténuantes accordées à l'accusé, ne peuvent être cumulativement subies au-delà du maximum légal de la réclusion criminelle à temps, alors fixé à vingt ans. • Crim. 16 janv. 1996, n° 95-81.722 P : *RSC 1996. 851, obs. Bouloc*.

4. Une même condamnation ne peut être incluse dans plusieurs opérations distinctes tendant au cumul de peines en concours dans la limite du maximum légal encouru ; méconnaît ce principe la chambre d'accusation qui, après avoir constaté qu'une peine A est en concours avec des peines B et C qui ne sont pas en concours entre elles, dit, d'une part, que la peine A se cumulera dans la limite du maximum légal encouru avec la peine B et, d'autre part, que cette même peinese cumulera également, dans la même limite, avec la peine C ; la Cour de cassation est en mesure de faire application de la règle de droit appropriée en disant que la peine C doit se cumuler avec la peine résultant du cumul des peines A et B dans la limite du maximum légal encouru. • Crim. 4 nov. 1997, n° 96-86.100 P : *RSC 1998. 537, obs. Bouloc*.

5. Pour rejeter la requête en confusion des peines du prévenu condamné à 8 ans d'emprisonnement pour vol avec arme, 15 ans de réclusion criminelle pour vol et tentative de vol avec arme, 10 ans de réclusion criminelle pour vols avec arme en récidive, la cour d'appel énonce que le maximum de la peine encourue de réclusion criminelle à perpétuité pour la prévention de vols avec arme et récidive n'a pas été atteint ; en statuant ainsi, alors que les infractions étaient en concours et que les peines privatives ne pouvaient, par leur cumul, excéder 30 ans, la chambre de l'instruction a méconnu le sens et la portée des art. 132-4 et 132-5 C. pén. • Crim. 12 févr. 2003, n° 02-81.800 P.

6. En application des art. 132-2 s. C. pén. et 362 C. pr. pén., lorsque, à l'occasion de procédures séparées, la personne poursuivie a été reconnue coupable de plusieurs infractions en concours, les peines privatives de liberté successivement prononcées ne peuvent s'exécuter cumulativement que dans la limite du maximum légal le plus élevé ; lorsque la peine de 30 ans de réclusion criminelle, encourue pour l'une des infractions en concours, n'a pas été prononcée, le maximum légal de la réclusion criminelle est fixé à 20 ans, en application de l'art. 362 C. pr. pén. ; les peines prononcées sont donc confondues de plein droit dans la limite de 20 ans. • Crim. 10 nov. 2004 : *AJ pénal 2006. 37, obs. Aubertin*.

7. Si, selon l'art. 362, al. 2, C. pr. pén., lorsque la peine de trente ans de réclusion criminelle n'a pas été prononcée, le maximum légal de la réclusion criminelle est fixé à vingt ans, ces dispositions ne sont pas applicables devant la cour d'assises spécialement composée. • Crim. 21 mai 2008, n° 07-84.112 P : *AJ pénal 2008. 334, obs. Herzog-Evans* ; *Dr. pénal 2009. Chron. 3, obs. Peltier.*

8. Dès lors que la demande en confusion de peines a été écartée, deux peines de même nature, prononcées successivement contre la même personne à raison de faits poursuivis séparément et antérieurs à la date à laquelle la première décision est devenue définitive, doivent être subies cumulativement. Ainsi d'une peine complémentaire d'interdiction des droits civiques, civils et de famille d'une durée de trois ans et d'une peine d'inéligibilité d'une durée de deux années, la seconde commençant à s'exécuter lorsque la première prend fin, la totalité n'excédant pas cinq années qui est le maximum encouru pour la peine d'interdiction des droits civiques, peine la plus forte. • Civ. 2e, 22 mars 2018, n° 18-11.645 P : *D. actu. 30 mars 2018, obs. Maupin* ; *AJ pénal 2018. 309, obs. Clément*.

9. Périodes de sûreté. Il se déduit de la combinaison des art. 132-4, 132-5 et 132-23 C. pén. que, lorsque, à l'occasion de procédures séparées, la personne poursuivie a été reconnue coupable de plusieurs infractions en concours, le principe de l'exécution cumulative dans la limite du maximum légal le plus élevé s'applique, en l'absence de décision de confusion, tant aux peines qu'aux périodes de sûreté. • Crim. 25 mai 2016, n° 15-86.024 P (2 arrêts) : *D. actu. 8 juin 2016, obs. Goetz* ; *D. 2016. Pan. 1597, obs. Laurent* ; *Dr. pénal 2016, n° 134, obs. Bonis-Garçon.*

II. CONFUSION FACULTATIVE

BIBL. D. Becheraoui, *RSC 2002. 531* (contentieux de la confusion des peines).

A. MÉCANISME

10. Application dans le temps. Aux termes de l'art. 112-2, 3°, C. pén., les lois relatives au régime d'exécution et d'application des peines, lorsqu'elles auraient pour résultat de rendre plus sévères les peines prononcées par la décision de condamnation, ne sont applicables qu'aux condamnations prononcées pour des faits commis postérieurement à leur entrée en vigueur ; cassation de l'arrêt qui, pour rejeter une requête tendant à la confusion de la peine de 9 mois d'emprisonnement prononcée par le tribunal correctionnel de Paris, le 6 janv. 1994, pour violences commises en 1993, avec celle de 8 ans d'emprisonnement prononcée par la cour d'assises de Paris, le 10 mai 1995, pour viol commis en 1992, énonce que sont applicables les dispositions de l'art. 132-4 C. pén., selon lesquelles la confusion des peines de même nature n'est que facultative, alors que, conformément aux art. 18 et 40 anc. C. pén., une peine privative de liberté d'une durée de 8 ans infligée pour un crime commis avant le 1er mars 1994 était nécessairement celle de la réclusion criminelle, et qu'une telle peine absorbait de plein droit une peine correctionnelle venue en concours. • Crim. 26 sept. 1996, n° 95-81.284 P : *RSC 1997. 631, obs. Bouloc*. ♦ Dans le même sens : • Crim. 17 mars 1998 : *JCP 1998. IV. 2636.*

11. La confusion est de droit entre une peine de 8 ans d'emprisonnement prononcée en janvier 1995 par une cour d'assises, pour des faits criminels commis en 1990, et celle d'un an d'emprisonnement infligée en avril 1995 à la même personne par un tribunal correctionnel, pour des faits perpétrés en 1991. • Crim. 20 nov. 1996, n° 96-85.276 P : *RSC 1997. 631, obs. Bouloc* ♦ Rappr., sur le fondement de l'art. 371 de la loi n° 92-1336 du 16 déc. 1992 (V. ss. C. pén., art. 727-3) : • Crim. 16 nov. 1994, n° 94-82.548 P : *RSC*

1995. 572, obs. Bouloc ✎. ♦ Mais, en application de l'art. 371 de la L. du 16 déc. 1992 et de l'art. 132-4 C. pén., peut être prononcée la confusion partielle entre une peine d'emprisonnement pour des faits commis en 1991 et une peine de réclusion criminelle pour des faits perpétrés en 1995, soit postérieurement à l'entrée en vigueur du nouveau code pénal, dès lors que cette dernière peine ne pouvait absorber de plein droit la peine correctionnelle. • Crim. 22 mars 2000, n° 99-83.501 P : *RSC 2000. 814* ✎ ; *ibid. 820, obs. Bouloc* ✎.

12. Étendue. La confusion des peines, qui est une faculté pour les juridictions répressives françaises, ne constitue pas une règle d'ordre public applicable au droit de l'extradition. • CE 15 juin 2001 : *D. 2001. IR 2724* ✎.

1° PEINES

13. Identité de nature. La contrainte par corps, mesure à caractère pénal prévue par la loi pour garantir l'exécution des condamnations pécuniaires, sanctions fiscales et droits fraudés, ainsi que l'autorise l'art. 5-1 *b* Conv. EDH, ne constitue pas une peine subsidiaire d'emprisonnement et n'est pas susceptible, à ce titre, de se confondre avec une peine privative de liberté par application des dispositions des art. 5 ancien, 132-3 et 132-4 C. pén. • Crim. 29 mai 1997, n° 96-82.480 P : *Dr. pénal 1997. 152, obs. Véron.* ♦ Justifie sa décision la cour d'appel qui, pour rejeter la demande en confusion d'une peine d'emprisonnement et de la contrainte par corps, retient que la contrainte par corps présente les caractères légaux, non d'une peine, mais d'une mesure d'exécution forcée se rattachant aux peines pécuniaires dont elle tend à assurer le recouvrement. • Crim. 16 sept. 1997, n° 96-83.754 P : *Gaz. Pal. 1998. 2. 621.* ♦ Rappr. : • CEDH 2 juill. 2002, *Götkan c/ France : JCP 2003. I. 109, n° 26, obs. Sudre.*

14. Les diverses peines de réclusion criminelle à temps constituent, quelle que soit leur durée, des peines de même nature et de même degré. • Crim. 4 nov. 1997, n° 96-86.100 P : *RSC 1998. 537, obs. Bouloc* ✎.

15. Définitives. La confusion des peines prononcées pour des faits, objet de poursuites distinctes, ne concerne que leur exécution et ne saurait être ordonnée qu'à l'égard de condamnations devenues définitives ; dès lors, il ne saurait être fait grief au juge pénal d'avoir omis de statuer sur la confusion entre la peine qu'il prononçait et une peine antérieurement infligée au prévenu. • Crim. 4 mars 1991, *n° 89-86.576 P.*

16. Une loi nouvelle plus douce modifiant le maximum encouru pour l'infraction la plus sévèrement réprimée est, pour leur confusion éventuelle, inapplicable à des peines devenues définitives et qui ont toutes été prononcées sous l'empire de la loi ancienne. • Crim. 15 juin 1982, n° 81-92.922 P.

17. Les tribunaux ne peuvent ordonner la confusion de la peine qu'ils prononcent avec une peine résultant d'une autre condamnation, que si cette dernière a acquis l'autorité de la chose jugée. • Crim. 20 juin 1968, n° 68-MI188 P • 15 janv. 1980 : *D. 1980. IR 457* • 11 déc. 1997, n° 97-82.487 P : *RSC 1998. 537, obs. Bouloc* ✎. ♦ ... Cassation, pour violation de l'art. 132-4 C. pén., de l'arrêt qui ordonne la confusion d'une peine de trois ans d'emprisonnement pour des faits de trafic de stupéfiants avec celle de quatre ans d'emprisonnement prononcée pour des faits similaires par un arrêt antérieur de la même cour, alors que les juges constatent que cet arrêt n'est pas définitif, ayant été frappé de pourvoi. • Crim. 11 déc. 1997 : *préc.*

18. Une condamnation ne devient définitive qu'après l'expiration des délais pour exercer les voies de recours ou épuisement de celles-ci ; dès lors, c'est à bon droit que, pour déclarer recevable une requête en confusion de deux peines, une juridiction relève notamment que, les faits sanctionnés par la seconde ayant été perpétrés alors que la première, résultant d'un jugement par défaut signifié à parquet, était encore susceptible d'opposition, en application de l'art. 492, al. 2, C. pr. pén., les condamnations ne sont pas définitives dans leurs rapports entre elles. • Crim. 27 oct. 1998, n° 98-84.621 P : *RSC 1999. 579, obs. Bouloc* ✎.

19. Lorsque, à l'occasion de procédures séparées, la personne poursuivie a été reconnue coupable de plusieurs infractions en concours, la confusion totale ou partielle des peines de même nature peut être ordonnée par la dernière juridiction appelée à statuer ; méconnaît l'art. 132-4 C. pén. et ce principe, la cour d'appel qui, pour infirmer les dispositions du jugement statuant sur la confusion de peines et déclarer irrecevable la demande présentée à cette fin par le condamné, énonce que seules peuvent être confondues des peines définitivement prononcées. • Crim. 4 janv. 2006, n° 05-84.664 P : *RSC 2006. 316, obs. Vermelle* ✎.

20. Les juges correctionnels ne peuvent statuer sur la confusion de la peine qu'ils prononcent avec une peine résultant d'une condamnation antérieure que si cette dernière est définitive ; après avoir condamné le prévenu aux peines de quinze mois d'emprisonnement et de 500 000 FCFP d'amende pour infraction à la législation sur les stupéfiants, l'arrêt dit n'y avoir lieu à confusion avec les peines de sept ans d'emprisonnement et de 1 000 000 FCFP prononcées par arrêt du même jour ; en statuant ainsi, la cour d'appel a méconnu l'art. 132-4 C. pén. • Crim. 3 sept. 2008, n° 08-82.258 P : *Dr. pénal 2009. Chron. 3, obs. Peltier.*

21. Non prescrites. Il appartient à la juridiction saisie d'une demande de confusion de peines, de s'assurer qu'aucune d'entre elles n'est atteinte par la prescription. • Crim. 9 févr. 1994, n° 92-85.138 P.

22. Prononcées par une juridiction nationale. La procédure de conversion prévue à l'art. 9, 1, *b* de la convention sur le transfèrement des personnes condamnées à l'étranger du 21 mars 1983 ayant été exclue par la France, la confusion ne saurait être admise entre une peine prononcée par une juridiction étrangère, même exécutée en France, et celle émanant d'une juridiction nationale. • Crim. 6 févr. 1996, n° 95-82.408 P : *RSC 1996. 851, obs. Bouloc* .

23. En cas de poursuites successives devant une juridiction étrangère et devant une juridiction française, il n'y a pas lieu d'appliquer le principe du non-cumul des peines à défaut de dispositions spéciales, lesquelles, en l'espèce, ne sont pas prévues par la convention de voisinage signée entre la France et la Principauté de Monaco le 18 mai 1963. • Crim. 26 oct. 2005, n° 05-82.408 P : *AJ pénal 2006. 43* .

24. A défaut de dispositions conventionnelles spéciales, l'art. 132-4 C. pén. n'est pas applicable à une condamnation prononcée à l'étranger, et la convention bilatérale du 10 août 1981, conclue entre la France et le Maroc, portant sur l'assistance aux personnes détenues et le transfèrement des condamnés, si elle permet de substituer à la peine prononcée par la juridiction d'un État celle prévue par la loi de l'État du transfert du détenu et d'exécution de la sanction, n'autorise pas la confusion de la peine française avec une peine étrangère. • Crim. 27 nov. 2019, n° 19-80.578 P : *D. actu. 13 déc. 2019, obs. Goetz ; Dr. pénal 2020, n° 23, obs. Peltier.*

25. Dispense de peine. Les dispositions de l'art. 132-4 C. pén. ne sauraient trouver application lorsqu'est sollicitée une mesure de confusion avec une précédente décision ayant prononcé une dispense de peine. • Crim. 8 nov. 2006, n° 05-85.181 P : *AJ pénal 2007. 27, obs. Herzog-Evans ; Gaz. Pal. 2008. 1. Somm. 1149, note Monnet.*

2° DEMANDE

26. Objet. Il ne saurait être fait grief à une cour d'appel d'avoir rejeté une requête en confusion de peines, dès lors que, dans sa demande présentée verbalement à la cour d'appel, le prévenu n'a pas précisé les condamnations dont il sollicitait la confusion ; en cet état, ont justifié leur décision les juges d'appel, qui, selon les termes de l'art. 132-4 C. pén., n'étaient pas tenus de statuer immédiatement, et qui pourront être saisis par l'intéressé dans les conditions prévues par l'art. 710 C. pr. pén., lorsque la dernière condamnation sera devenue définitive. • Crim. 10 juill. 1997, n° 96-83.605 P.

27. Délai. Aucun texte de loi ne limite dans le temps le droit pour un condamné de saisir la juridiction compétente d'une demande de confusion de peine ; il suffit que le condamné ait intérêt à obtenir cette confusion pour que sa requête soit recevable. • Crim. 8 avr. 1957 : *Bull. crim. n° 343 ; D. 1957. 692 ; JCP 1957. II. 10064 ; RSC 1957. 874, obs. Légal* • Colmar, 6 mai 1949 : *Gaz. Pal. 1949. 2. 302.*

28. Juridiction compétente. Un inculpé ne saurait invoquer devant les juridictions d'instruction la confusion des peines dont il estime devoir bénéficier en cas de condamnation, la règle posée par l'art. 5 C. pén. n'intervenant, s'il y a lieu, qu'après condamnation, et étant étrangère à ces juridictions. • Crim. 27 févr. 1990, n° 89-86.692 P.

29. Pour se déclarer territorialement incompétente pour une requête en confusion de peines d'une personne condamnée définitivement à dix ans de réclusion criminelle pour vol avec arme par la cour d'assises du Var et à douze ans de réclusion criminelle par la cour d'assises du Pas-de-Calais, la chambre d'accusation d'Aix-en-Provence retient qu'en application de l'art. 132-4 C. pén., la requête aurait dû être portée devant la chambre d'accusation de Douai, dès lors que la dernière condamnation avait été prononcée par la cour d'assises du Pas-de-Calais ; en se prononçant ainsi, alors que la cour d'assises du Var, ayant son siège dans son ressort, avait prononcé l'une des deux peines dont la confusion était demandée, la chambre d'accusation a méconnu les dispositions de l'art. 132-4 C. pén. • Crim. 6 juin 2001, n° 01-80.172 P : *Dr. pénal 2001. 112, obs. Véron ; Gaz. Pal. 2002. 1. Somm. 515, note Monnet ; RSC 2002. 99, obs. Bouloc* .

30. Chose jugée. L'autorité de la chose jugée s'attache à la décision par laquelle les juges se prononcent sur la confusion des peines. • Crim. 5 nov. 1985, n° 84-95.728 P • 25 juill. 1995, n° 94-85.218 P : *Dr. pénal 1996. Chron. 19 ; RSC 1996. 368, obs. Bouloc* • 4 oct. 2006 : *AJ pénal 2007. 27, obs. Herzog-Evans* . ♦ V. cependant : • Douai, 6 mars 1991 : *RSC 1992. 742, obs. Vitu* . ♦ ... C'est à bon droit qu'une chambre d'accusation, pour déclarer irrecevable une requête en confusion de peines, retient qu'il a été statué sur une précédente demande ayant le même objet, par arrêt de la même cour d'appel passé en force de chose jugée. • Crim. 25 juill. 1995 : *préc.*

31. Comparution. En application de l'art. 711 C. pr. pén., la chambre de l'instruction statuant sur la requête en confusion de peines d'un requérant détenu qui a demandé expressément dans sa requête à comparaître est tenue de l'entendre ; encourt la cassation l'arrêt qui rejette une demande de confusion de peines, sans avoir entendu le requérant détenu, non comparant, alors qu'il avait demandé expressément dans sa requête à comparaître et qu'il n'a pas manifesté ultérieurement sa volonté de ne pas être présent aux débats. • Crim. 30 mars 2011, n° 10-88.016 P : *D. actu. 4 mai 2011, obs. Léna.*

32. Réduction au maximum légal le plus élevé et demande concomitante en confusion facultative. La réduction au maximum légal, d'une durée de trente ans de réclusion criminelle, appliquée, de droit, en application des art. 132-4 et 132-5, al. 3, C. pén., sur instructions du procureur de la République, à une personne ayant fait l'objet de plusieurs condamnations à des peines de même nature et non définitives dans leurs rapports entre elles, ne fait pas obstacle au droit, pour l'intéressé, de présenter une requête en confusion facultative de ces peines à la chambre de l'instruction, à qui il appartient d'en apprécier les mérites. • Crim. 11 juill. 2017, n° 15-81.265 P : *D. actu. 18 sept. 2017, obs. Fonteix ; AJ pénal 2017. 442, obs. H.-Evans ; Dr. pénal 2017, n° 155, obs. Bonis-Garçon ; Gaz. pal. 24 oct. 2017, p. 44, obs. Dreyer.*

3° DÉCISION

33. Omission. Lorsqu'un arrêt a omis d'ordonner la confusion de la peine qu'il prononce avec une peine antérieurement appliquée à l'accusé, et que ni l'accusé, ni le ministère public n'ont pris de conclusions à cet égard, il n'en peut résulter aucun moyen de cassation, la question restant entière et pouvant être soulevée, s'il y a lieu, au moment de l'exécution de la seconde peine. • Crim. 26 mars 1931 : *Bull. crim. n° 88* • 24 mars 1944 : *ibid. n° 82* • 4 mars 1948 : *ibid. n° 79* • 5 mai 1949 : *ibid. n° 158.*

34. Selon l'art. 132-4 C. pén., les juges ne sont pas tenus de statuer immédiatement sur la confusion des peines complémentaires, l'intéressé pouvant saisir, à cette fin, la juridiction ayant prononcé l'une des deux condamnations. • Crim. 6 mars 2002, n° 01-84.857 P : *Dr. pénal 2002. 85, obs. J.-H. Robert ; RSC 2002. 811, obs. Bouloc .* ♦ ... Le rejet, par la dernière juridiction appelée à statuer, de la demande de confusion de peines d'emprisonnement ne fait pas obstacle à ce que le condamné saisisse ultérieurement d'une demande de confusion des peines d'interdiction de solliciter un permis de conduire, la juridiction ayant prononcé l'une des deux condamnations ; il ne saurait être fait grief à une cour d'appel de ne pas avoir statué sur la confusion des peines complémentaires alors que la demande de confusion ne portait que sur les peines d'emprisonnement. • Même arrêt.

35. Appréciation. Dès lors que l'addition de deux peines de même nature et de même degré n'aboutit pas à dépasser le maximum édicté par la loi pour l'infraction la plus sévèrement réprimée, la confusion, lorsqu'elle est juridiquement possible eu égard aux dates respectives des faits et des condamnations ayant sanctionné ceux-ci, n'intervient pas de plein droit, mais est simplement facultative. • Crim. 7 juin 1983, n° 82-93.532 P.

36. Les juges du fond, qui rejettent une demande de confusion de peines, après avoir constaté que les conditions légales étaient remplies, usent d'une faculté dont ils ne doivent aucun compte. • Crim. 20 juill. 1977, n° 77-90.686 P • 23 mai 1978, n° 78-90.038 P • 10 janv. 2018, n° 16-87.611 P : *D. actu. 23 janv. 2018, obs. Goetz ; Dr. pénal 2018, n° 57, obs. Peltier.*

37. Si, à l'occasion de procédures séparées, la personne poursuivie a été reconnue coupable de plusieurs infractions en concours, la confusion totale ou partielle des peines de même nature peut être ordonnée par la dernière juridiction appelée à statuer ; pour déclarer irrecevable la demande du prévenu, qui sollicitait la confusion de la peine susceptible d'être prononcée pour l'abus de confiance qu'il lui était reproché d'avoir commis entre 1997 et 2001 avec celle de 3 ans d'emprisonnement, dont 18 mois avec sursis, qui lui avait été infligée par jugement du tribunal de Perpignan du 25 sept. 2006 pour une escroquerie intervenue durant la même période, l'arrêt énonce que cette demande « est prématurée, la présente décision n'étant pas définitive » ; en statuant ainsi, la cour d'appel a méconnu l'art. 132-4 C. pén. et le principe ci-dessus rappelé ; d'où il suit que la cassation est encourue de ce chef. • Crim. 10 mars 2010, n° 09-84.088 : *Gaz. Pal. 2010. 2. 2394, note Detraz.*

38. En refusant d'ordonner la confusion de peines dont le cumul n'excède pas le maximum de la peine la plus forte encourue, la cour d'appel n'a fait qu'user de la faculté qu'elle tient de la loi. • Crim. 14 déc. 2011, n° 10-87.295 : *Gaz. Pal. 2012. 1. 1031, note Detraz.*

39. Constatations. Est nul, pour défaut de motifs, l'arrêt ordonnant que la peine qu'il prononce ne se confondra pas avec des peines précédemment (ou simultanément) prononcées contre le prévenu, sans préciser, ni quelles sont ces peines, ni pour quels faits et dans quelles conditions elles ont été prononcées. • Crim. 18 janv. 1935 : *Bull. crim. n° 15* • 16 nov. 1944 : *ibid. n° 179* • 1er mars 1945 : *ibid. n° 20 ; S. 1946. 1. 38* • 24 mars 1955 : *Bull. crim. n° 175* • 7 mai 1957 : *ibid. n° 386* • 18 févr. 1958 : *ibid. n° 166* • 20 oct. 1964, n° 64-91.309 P • 4 mai 1965, n° 64-92.884 P : *D. 1965. 631* • 19 oct. 1966, n° 66-91.034 P • 13 mars 1984, n° 83-94.820 P • 20 janv. 1987, n° 86-95.877 P. ♦ Doit être cassé l'arrêt ordonnant que la peine qu'il prononce ne se confondra pas avec une peine précédemment prononcée contre l'accusé, sans indiquer en quoi consiste cette condamnation. • Crim. 8 nov. 2000, n° 99-87.557 P : *RSC 2001. 374, obs. Bouloc .*

40. Il n'y a toutefois pas violation de la règle du non-cumul des peines, dès lors que la Cour de cassation est en mesure de vérifier que les deux peines prononcées n'excèdent pas, par leur réunion, le maximum de la peine édictée par la loi pour le fait le plus sévèrement réprimé. • Crim. 20 mai 1981, ☎ n° 80-94.173 P.

41. Motivation. Dès lors que l'ensemble de deux condamnations ne dépasse pas le maximum légal, les juges qui refusent la confusion ne sont pas tenus de faire connaître les motifs de leur décision. • Crim. 15 nov. 1945 : *D. 1946. 110.* ♦ Lorsque les juges disposent d'une faculté discrétionnaire, ils ne sauraient cependant, s'ils donnent les motifs de leur décision, fonder celle-ci sur une affirmation de fait ou de droit inexacte ; encourt ainsi la cassation l'arrêt qui, ayant constaté que les conditions légales rendant possible l'admission d'une requête en confusion de peines, la rejette en se fondant sur le motif de fait erroné que les deux peines prononcées l'auraient été en répression de faits de même nature. • Crim. 13 juin 1989, ☎ n° 88-86.466 P.

42. Un condamné est sans intérêt à se faire un grief de ce que la cour d'appel l'ait, sans motiver sa décision, fait bénéficier de la confusion de la peine prononcée par elle avec une autre peine prononcée antérieurement contre lui. • Crim. 13 mai 1969, ☎ n° 68-93.570 P.

43. Rejet d'office. Selon l'art. 132-4 C. pén. la dernière juridiction appelée à statuer peut « ordonner » la confusion totale ou partielle des peines de même nature ; il résulte de ce texte qu'il n'importe que la cour d'assises ait rejeté, en l'absence de demande des parties, la confusion entre la peine qu'elle infligeait et une autre peine prononcée antérieurement, dès lors qu'elle était compétente pour statuer d'office. • Crim. 7 déc. 2005, ☎ n° 04-87.547 P : *RSC 2006. 316, obs. Vermelle* ✎.

B. EFFETS

44. Survivance des peines confondues. L'effet de la confusion n'est pas d'enlever aux peines confondues leur existence propre et leurs conséquences légales, mais de déterminer que l'exécution en aura lieu simultanément avec celle de la peine la plus forte. • Crim. 13 juill. 1888 : *DP 1888. 1. 445, rapp. Poulet.* ♦ Elle n'est donc qu'une mesure d'exécution. • Crim. 19 juill. 1930 : *Bull. crim. n° 211* • 24 mars 1944 : *ibid. n° 82* • 16 mars 1964, ☎ n° 63-93.355 P. ♦ ... Qui affecte la peine la moins forte. • Crim. 11 janv. 1993, ☎ n° 92-81.539 P : *RSC 1994. 104, obs. Bouloc* ✎.

45. Cet effet est subordonné à la survivance de la peine la plus forte ; au cas où celle-ci vient à disparaître, les autres peines, que la confusion n'a pas effacées et qui sont demeurées entières, doivent être intégralement subies jusqu'à concurrence du maximum édicté par la loi pour l'infraction la plus grave. • Crim. 24 juill. 1968, ☎ n° 68-91.013 P : *D. 1969. 255, note J.-M. R. ; Gaz. Pal. 1968. 2. 280 ; RSC 1969. 656, obs. Légal* • Aix-en-Provence, 25 févr. 1982 : *Gaz. Pal. 1982. 1. Somm. 149.*

46. Le condamné ayant à exécuter une peine unique, par suite de l'absorption, en application de l'art. 5 C. pén. alors en vigueur, d'une peine correctionnelle par une peine criminelle en concours, doit être considéré comme récidiviste pour l'octroi des réductions supplémentaires de peine prévues par l'art. 721-1 C. pr. pén., s'il était en état de récidive légale lors de l'une des condamnations confondues prononcées contre lui. • Crim. 10 avr. 1996, ☎ n° 95-84.680 P : *RSC 1997. 376, obs. Bouloc* ✎. ♦ Rappr. : • Crim. 2 oct. 1987, ☎ n° 87-81.705 P.

47. Imputation de la détention. Au cas où une peine aurait reçu exécution avant d'être confondue avec une autre peine plus forte, la détention subie doit être imputée tout entière à partir du premier mandat de dépôt ou d'arrêt, et venir en déduction de la peine demeurant à subir. • Crim. 23 juill. 1897 : *S. 1899. 1. 153, note Roux* • 24 mars 1955 : *JCP 1956. II. 9141 (1re esp.), note Merle.*

48. La période de sûreté prévue par l'art. 720-2 C. pr. pén. (nouvel art. 132-23) n'est pas une mesure distincte de la peine qui en est assortie, mais constitue seulement une modalité d'exécution de celle-ci ; dès lors, en cas de confusion entre deux peines privatives de liberté, la durée de la détention subie antérieurement à cette mesure en exécution de la peine absorbée doit s'imputer sur la période de sûreté attachée à la peine absorbante. • Crim. 9 mars 1993, n° 92-87.480 P.

49. Imputation des remises gracieuses. Si les remises gracieuses accordées au condamné sur sa peine ultérieurement absorbée ne peuvent s'imputer sur la durée de la peine absorbante, leur imputation, en cas d'absorption partielle, s'effectue sur la partie non absorbée par la peine la plus élevée. • Crim. 31 oct. 2006, ☎ n° 05-85.074 P : *AJ pénal 2007. 27, obs. Herzog-Evans* ✎.

50. Prescription. En cas de confusion de deux peines de même nature et d'égale durée, c'est la première qui absorbe la seconde, laquelle ne peut plus être exécutée. • Crim. 4 déc. 1958 : *Bull. crim. n° 724 ; RSC 1959. 669, obs. Légal.* ♦ La prescription valant exécution de la peine, la deuxième peine ne peut plus être exécutée si la première peine est prescrite. • Même arrêt. ♦ ... Sous réserve, cependant, des crimes contre l'humanité, dont l'imprescriptibilité fait obstacle à ce qu'une règle de droit interne permette à une personne déclarée coupable de l'un de ces crimes de se soustraire à l'action de la justice. • Crim. 3 juin 1988, ☎ n° 87-84.240 P : *JCP 1988. II. 21149, rapp. Angevin ; Gaz. Pal. 1988. 2. 745, concl. E. Robert.*

51. Récidive. V. ss. art. 132-8 à 132-10.

Art. 132-5 **Pour l'application des articles 132-3 et 132-4, les peines privatives de liberté sont de même nature et toute peine privative de liberté est confondue avec une peine perpétuelle.**

Il est tenu compte, s'il y a lieu, de l'état de récidive. — *Pén. 132-8 s., 132-12 s.*

(L. n° 92-1336 du 16 déc. 1992) **« Lorsque la réclusion criminelle à perpétuité, encourue pour l'une ou plusieurs des infractions en concours, n'a pas été prononcée, le maximum légal est fixé à trente ans de réclusion criminelle. »**

Le maximum légal du montant et de la durée de la peine de jours-amende et celui de la peine de travail d'intérêt général sont fixés respectivement par les articles 131-5 et 131-8.

Le bénéfice du sursis attaché en tout ou partie à l'une des peines prononcées pour des infractions en concours ne met pas obstacle à l'exécution des peines de même nature non assorties du sursis.

Corresp. : *C. pén., ancien art. 5.*

BIBL. ► BECHERAOUI, *RSC 1999. 767* (la confusion des peines assorties du sursis avant et après le nouveau code pénal).

1. Dispositions transitoires. V. L. n° 92-1336 du 16 déc. 1992, art. 371, ss. C. pén., art. 727-3.

2. Peine la plus forte. La gravité de plusieurs peines d'emprisonnement doit être appréciée eu égard à leur seule durée, et sans tenir compte des modalités d'application de l'une d'elles ou plusieurs d'entre elles, singulièrement du sursis qui les affecte ; si la peine d'emprisonnement avec sursis est du chef de sa durée la peine la plus forte, elle absorbe, comme telle, les peines confondues. • Dijon, 22 oct. 1954 : *D. 1955. 259, note P. A. ; JCP 1955. II. 8545, note Merle ; Gaz. Pal. 1955. 1. 116.*

3. Il doit être tenu compte, pour déterminer le maximum de la peine encourue, de l'aggravation résultant de l'état de récidive légale, lorsque celui-ci a été visé par la prévention et retenu à l'encontre du prévenu. • Crim. 24 févr. 1943 : *Bull. crim. n° 18* • 6 févr. 1991, n° 90-82.930 P.

4. Peine perpétuelle. Pour rejeter la requête en confusion des peines du prévenu condamné à 8 ans d'emprisonnement pour vol avec arme, 15 ans de réclusion criminelle pour vol et tentative de vol avec arme, 10 ans de réclusion criminelle pour vols avec arme en récidive, la cour d'appel énonce que le maximum de la peine encourue de réclusion criminelle à perpétuité pour la prévention de vols avec arme et récidive n'a pas été atteint ; en statuant ainsi, alors que les infractions étaient en concours et que les peines privatives ne pouvaient, par leur cumul, excéder 30 ans, la chambre de l'instruction a méconnu le sens et la portée des art. 132-4 et 132-5 C. pén. • Crim. 12 févr. 2003, n° 02-81.800 P.

5. En application de l'art. 132-5 C. pén., toute peine privative de liberté est confondue avec une peine perpétuelle, lorsque lesdites peines ont été prononcées pour des infractions en concours ; il résulte de l'art. 720-2 C. pr. pén. qu'en cas de confusion entre deux peines privatives de liberté, la durée de la détention subie antérieurement à cette mesure en exécution de la peine absorbée doit s'imputer sur la période de sûreté attachée à la peine absorbante ; dès lors encourt la cassation, l'arrêt de la chambre de l'application des peines, qui déclare une demande de libération conditionnelle irrecevable en omettant, dans le calcul de la période de sûreté exécutée qui était attachée à une peine de réclusion criminelle à perpétuité, d'imputer l'exécution d'une peine correctionnelle relative à une condamnation pour aide à l'évasion d'un condamné à une peine perpétuelle, prévue par l'art. 240, al. 2, anc. C. pén. et 434-32 C. pén., cette infraction n'entrant pas dans le champ d'application des art. 245 anc. C. pén. et 434-31 C. pén. • Crim. 16 janv. 2008, n° 07-81.289 P : *Gaz. Pal. 2009. 1. Somm. 627, note Monnet ; AJ pénal 2008. 135, obs. Herzog-Evans* .

6. Sursis. Le sursis est une modalité d'exécution d'une peine unique, laquelle est indivisible ; il ne peut, pour l'application d'une mesure de confusion avec une autre peine, être fait de distinction selon que l'emprisonnement prononcé est partiellement ou non assorti du sursis. • Crim. 19 oct. 1981, n° 81-92.399 P : *RSC 1983. 466, obs. Larguier.*

7. En cas de confusion de deux peines d'emprisonnement, l'une avec sursis, l'autre sans sursis, chaque peine conserve son existence et ses caractéristiques propres ; dans ce cas, la peine d'emprisonnement sans sursis, devenue définitive, est immédiatement exécutoire, le bénéfice de la confusion étant de dispenser, en cas de révocation du sursis, de l'exécution de la totalité ou d'une partie de la peine d'emprisonnement avec sursis, suivant la durée de l'emprisonnement subi en vertu de la condamnation prononcée sans sursis. • Crim. 4 mai 1957 : *Bull. crim. n° 372 ; D. 1957. 543* • 16 mars 1964, n° 64-90.186 P : *JCP 1964. II. 13685, note A.-M. Larguier ; Gaz. Pal. 1964. 2. 31* • Riom, 22 déc. 1955 : *JCP 1956. II. 9152.*

8. Lorsque deux condamnations, comportant chacune une peine d'emprisonnement avec sursis partiel, ont été prononcées avec confusion, seule doit être exécutée la peine la plus forte, qui est indivisible ; la circonstance qu'une partie de l'emprisonnement ne soit pas immédiatement exécutoire ne modifie en rien cette situation, qui découle du principe posé par l'art. 5 C. pén. • Crim. 18 nov. 1980, n° 80-92.876 P : *RSC 1982. 108, obs. Larguier.* ♦ Mais par l'effet de la confusion partielle de ces peines, la situation du condamné ne saurait être aggravée, notamment en augmentant leur part immédiatement exécutoire, chaque peine d'emprisonnement conservant son existence et ses caractéristiques propres. • Crim. 27 janv. 1972, n° 71-92.518 P : *D. 1972. Somm. 102 ; Gaz. Pal. 1972. 1. 294.*

9. La confusion des peines successivement infligées au prévenu avec le bénéfice du sursis a pour effet de reporter le point de départ du délai d'épreuve à la date à laquelle la dernière condamnation est devenue définitive. • Crim. 11 févr. 1980, n° 79-91.049 P : *RSC 1981. 71, obs. Larguier* • 16 mai 1990, n° 90-80.275 P.

10. Aux termes de l'art. 132-5, C. pén., en son dernier al., le bénéfice du sursis attaché en tout ou en partie à l'une des peines prononcées pour des infractions en concours ne met pas obstacle à l'exécution des peines de même nature non assorties du sursis. • Crim. 24 janv. 2007, n° 06-84.085 P : *D. 2007. Actu. 728 ; AJ pénal. 2007. 146, obs. Herzog-Evans .*

11. La question est ainsi rédigée : « L'art. 132-5, al. 5, C. pén., tel qu'il est interprété de manière constante par la chambre criminelle de la Cour de cassation, viole-t-il le principe d'atténuation de la responsabilité pénale des mineurs, principe fondamental reconnu par les lois de la République et le principe d'égalité devant la loi pénale, en ce qu'il conduit à ce qu'une personne ayant commis des faits pénalement répréhensibles pendant une période durant laquelle il a été mineur puis majeur soit plus sévèrement punie qu'une personne ayant commis exactement les mêmes faits mais ayant été exclusivement majeure durant cette période ? » ; lorsque deux condamnations à l'emprisonnement assorties ou non d'un sursis partiel ont été prononcées et que la confusion totale a été accordée, seule doit être exécutée la partie d'emprisonnement sans sursis la plus longue ; d'où il suit que la question prioritaire de constitutionnalité ne présente pas un caractère sérieux et qu'il n'y a pas lieu de la renvoyer au Conseil constitutionnel. • Crim. 12 avr. 2012, n° 12-90.004 P : *D. actu. 23 avr. 2012, obs. Léna ; JCP 2012, n° 795, note Maréchal ; Gaz. Pal. 2012. 1. 1402, note Mésa ; ibid. 2012. 1. 1610, note Rousseau.*

12. Lorsque deux condamnations identiques à une peine d'emprisonnement assortie d'un sursis partiel ont été prononcées et que la confusion totale a été accordée, seule doit être exécutée l'une des deux parties d'emprisonnement sans sursis. • Crim. 10 mai 2012, n° 11-87.301 P : *D. actu. 7 juin 2012, obs. Léna.*

Art. 132-6 **Lorsqu'une peine a fait l'objet d'une grâce ou d'un relèvement, il est tenu compte, pour l'application de la confusion, de la peine résultant de la mesure ou de la décision.**

(L. n° 92-1336 du 16 déc. 1992) **« Le relèvement intervenu après la confusion s'applique à la peine résultant de la confusion. »**

La durée de la réduction de peine s'impute sur celle de la peine à subir, le cas échéant, après confusion. — *Pén. 133-7 s. ; Pr. pén. 703.*

Corresp. : *C. pén., ancien art. 5.*

1. Nature juridique de la grâce. Sur le principe jurisprudentiel antérieur à la réforme du code pénal, selon lequel la grâce valait exécution de la peine, et sur ses conséquences quant à la confusion des peines, V. • Crim. 22 janv. 1948 : *Bull. crim. n° 25* • 16 juin 1992, n° 92-81.181 P • 16 mars 1999, n° 98-84.292 P : *RSC 1999. 810, obs. Bouloc .*

2. Confusion des peines. Il résulte des art. 132-6 et 133-7 C. pén., applicables en la cause en raison de la date des faits ayant motivé la seconde condamnation (22 avr. 1995), que, la grâce ne valant plus exécution de peine mais seulement dispense d'exécution, les remises gracieuses portant sur une peine ultérieurement absorbée ne peuvent s'imputer sur la durée de la peine absorbante. • Crim. 29 sept. 2004, n° 03-83.772 P : *AJ pénal 2004. 445 ; Gaz. Pal. 2005. 1. Somm. 616, obs. Monnet.*

Art. 132-7 **Par dérogation aux dispositions qui précèdent, les peines d'amende pour contraventions se cumulent entre elles et avec celles encourues ou prononcées pour des crimes ou délits en concours.**

Corresp. : *C. pén., ancien art. 5.*

A. PRINCIPE

1. Cumul des peines. La règle du non-cumul des peines n'est pas applicable aux contraventions de police. • Cass., ch. réun., 7 juin 1842 : *S. 1842. 1. 496, concl. Dupin.* ♦ Des condamnations cumulatives à des peines contraventionnelles peuvent être prononcées lorsqu'il est relevé autant de fautes distinctes punissables séparément. • Crim. 8 juin 1971, n° 70-91.873

P • 6 mai 1976, n° 75-92.184 P • 3 janv. 1979, n° 78-91.722 P • 3 sept. 1986, n° 85-94.124 P • 17 févr. 1988, n° 87-83.242 P : *RSC 1989. 498, obs. Delmas Saint-Hilaire*.

2. Il résulte tant de l'art. 5 C. pén. alors en vigueur que de l'art. 132-7 nouv. C. pén. que les peines d'amende pour contraventions se cumulent avec celles encourues pour les délits en concours, à moins que les faits de la prévention ne procèdent d'une même action coupable. • Crim. 11 mai 1995 : *Gaz. Pal. 1995. 2. Somm. 443*.

3. Il résulte des art. 132-3 et 132-7 C. pén. que, lorsque, à l'occasion d'une même procédure, plusieurs peines de même nature, à l'exception des amendes pour contraventions, sont encourues pour des infractions en concours, il ne peut être prononcé qu'une seule peine de cette nature dans la limite du maximum légal le plus élevé ; cassation pour violation de ces textes de l'arrêt qui, après avoir déclaré une personne coupable de quatre contraventions au code de la route, prononce à son encontre quatre peines d'amende et, en répression de trois de ces infractions, trois peines complémentaires de 30 jours, 15 jours et 30 jours de suspension du permis de conduire, alors qu'une seule peine de suspension du permis de conduire devait être prononcée pour les contraventions poursuivies. • Crim. 11 janv. 2005, n° 04-85.916 P : *Gaz. Pal. 2005. 2. 2848, note Y. Monnet ; Dr. pénal 2005. 40, obs. J.-H. Robert ; RSC 2005. 300, obs. Vermelle*.

B. APPLICATIONS

4. Faute pénale unique. Une faute pénale unique ne peut être sanctionnée que par une seule peine. • Crim. 16 mai 1984, n° 84-90.052 P • 22 févr. 1995, n° 94-82.102 P • 22 févr. 1995, n° 94-82.111 P : *RSC 1996. 116, obs. Bouloc* • 21 sept. 1999, n° 97-85.551 P : *D. 2000. Somm. 383, obs. Amauger-Lattes ; RSC 2000. 200, obs. Mayaud ; ibid. 386, obs. Bouloc ; ibid. 406, obs. Cerf* • Crim. 26 oct. 2010 : *D. 2011. Pan. 2831, obs. Garé ; Gaz. Pal. 2001. 1, p. 259, note Dreyer.* ♦ Les faits poursuivis procédant d'une seule et même action coupable ne peuvent faire l'objet de peines d'amende cumulées. • Crim. 22 févr. 1995 : *préc.*

5. Une seule peine doit être prononcée, lorsque des contraventions et des délits sont compris dans la même poursuite, quand les faits de la prévention procèdent d'une même action coupable. • Crim. 8 mars 1972, n° 71-90.058 P : *D. 1972. Somm. 95* • 8 nov. 1977, n° 77-90.733 P • 24 mars 1981, n° 80-93.338 P • 18 mars 1992, n° 91-82.163 P : *RSC 1993. 314, obs. Bouloc ; Dr. pénal 1992. 248.* ♦ ... Ces faits devant être alors poursuivis et retenus sous leur plus haute expression pénale. • Crim. 21 avr. 1976, n° 75-91.956 P • 20 nov. 1978, n° 77-92.508 P.

6. Dès lors qu'un fait unique ne peut donner lieu à plusieurs sanctions pénales, le tribunal, saisi en même temps d'un délit et d'une contravention de blessures involontaires ne résultant pas de faits distincts mais procédant d'une seule et même action coupable, ne peut prononcer des peines séparées en répression de l'un et de l'autre. • Paris, 1er juill. 1999 : *BICC 2000. 360*.

7. Exemples. V. également ss. art. 221-6, « Répression ».

8. Relèvent d'un fait unique de stationnement illicite, le stationnement abusif au sens de l'art. R. 37 C. route, et le non-respect des règlements légalement pris en la matière, au sens de l'art. R. 26-15° C. pén. (nouvel art. R. 610-5). • Crim. 3 juill. 1968, n° 68-90.409 P. ♦ Une personne poursuivie pour avoir fait circuler un véhicule dont deux pneumatiques ne présentaient pas de sculptures apparentes sur toute leur surface de roulement, ne peut être condamnée à deux amendes, alors que, selon l'art. R. 238-1° C. route (devenu l'art. R. 314-1), l'inobservation des prescriptions réglementaires sur l'état des pneumatiques est constitutive d'une faute unique. • Crim. 25 mai 1994, n° 94-80.325 P : *RSC 1995. 99, obs. Bouloc*.

9. Un même fait ne saurait entraîner, ni une double déclaration de culpabilité, ni le prononcé de deux amendes distinctes ; cassation, pour violation de ces principes, de l'arrêt qui, saisi des poursuites contre un individu surpris en train de tuer un animal domestique en le projetant violemment au sol, poursuit ce dernier dans la même procédure, en raison de cet acte unique, sous la prévention délictuelle de l'art. 521-1 C. pén. pour avoir exercé des sévices graves ou commis un acte de cruauté envers un animal domestique, et sous la prévention contraventionnelle de l'art. R. 655-1, 1°, du même code, pour avoir commis un acte de destruction volontaire et sans nécessité d'un animal domestique, et inflige au prévenu deux amendes distinctes, l'une pour le délit et l'autre pour la contravention. • Crim. 4 févr. 1998, n° 97-82.417 P : *Dr. pénal 1998. Chron. 15, par El Hage.*

10. Fautes pénales distinctes. Si une seule peine doit être prononcée quand les faits de la prévention procèdent d'une même action coupable, il en est autrement lorsque les infractions diffèrent dans leurs éléments constitutifs. • Crim. 3 mai 1960, n° 93-78.059 P • 7 juill. 1971, n° 70-91.039 P • 5 févr. 1986, n° 84-95.562 P • 18 mars 1992, n° 91-82.163 P : *Dr. pénal 1992. 248 ; RSC 1993. 314, obs. Bouloc* • 20 sept. 1993 : *Gaz. Pal. 1993. 2. Somm. 573.* ♦ Si la règle du non-cumul des peines, édictée par l'art. 5 C. pén., n'est pas applicable en matière de contraventions, encore faut-il, pour que des condamnations cumulatives puissent être prononcées, qu'il existe autant de fautes distinctes, punissables séparément, qu'il est prononcé une condamnation à une peine de police. • Crim. 27 mars 1968, n° 67-92.361 P • 3 juill. 1968, n° 68-90.409 P • 8 juin 1971, n° 70-91.873 P • 5 oct. 1976, n° 75-92.085 P • 25 mai 1994, n° 94-80.325 P : *RSC 1995. 99, obs. Bouloc*. ♦ En application de l'art. 132-7 C. pén., les peines prononcées pour des contraventions ne se confondent pas avec celles qui le sont pour un délit compris dans la même poursuite lorsque ces infractions diffèrent en leurs éléments constitutifs. • Crim. 7 janv. 1998, n° 97-82.988 P : *RSC 1998. 766, obs. Bouloc*.

11. Exemples. V. également ss. art. 221-6, « Répression ».

12. Diffèrent dans leurs éléments constitutifs : ... la contravention de défaut de maîtrise du véhicule et le délit de conduite sous l'empire d'un état alcoolique. • Crim. 24 mars 1981, n° 80-93.338 P. ♦ ... La contravention à l'art. R. 11 C. route, qui consiste dans l'inobservation des prescriptions réglementaires relatives à la maîtrise du véhicule et à la vitesse du conducteur, et le délit de fuite. • Crim. 18 mars 1992 : *préc. note 10.* ♦ ... L'ivresse publique et la conduite en état d'ivresse. • T. corr. Montbéliard, 18 déc. 1964 : *D. 1965. 167, note Pelier.* ♦ ... La contravention de non-respect des prescriptions réglementaires et le délit de mise en danger délibérée d'autrui. • Douai, 26 oct. 1994 : *D. 1995. 172, note Couvrat et Massé* ; *Gaz. Pal. 1994. 2. 766, note J.-G. M* ; *RSC 1995. 579, obs. Mayaud*. ♦ *Contra :* • TGI Saint-Étienne, 4 août 1994 : *Gaz. Pal. 1994. 2. 773* ; *RSC 1995. 580, obs. Mayaud*. ♦ ... Le délit de propagation involontaire d'une épizootie dans l'espèce bovine et les contraventions d'omission de dépistage obligatoire de diverses maladies contagieuses. • Crim. 7 janv. 1998 : *préc. note 10.*

13. Justifie sa décision la cour d'appel qui condamne un employeur à la fois pour infraction à l'interdiction légale d'occuper un salarié plus de six jours par semaine et à la règle fixant à vingt-quatre heures la durée minimale du repos hebdomadaire : si elles peuvent être commises concomitamment, ces deux contraventions, qui comportent des éléments constitutifs spécifiques, doivent être réprimées distinctement. • Crim. 17 juill. 1986, n° 85-96.478 P. ♦ Les contraventions à la règle du repos hebdomadaire (interdiction légale d'occuper un salarié plus de 6 jours par semaine, prescrite par l'art. L. 221-2 C. trav. [L. 3132-1 nouv.]) et à la règle du repos dominical (prescrite par l'art. L. 221-5 [L. 3132-3 nouv.] dudit code), lorsqu'elles sont commises concomitamment, doivent être réprimées distinctement, ces deux contraventions comportant des éléments constitutifs spécifiques. • Crim. 25 nov. 1997, n° 96-86.297 P. ♦ Les infractions à la règle du repos hebdomadaire (interdiction légale d'occuper un salarié plus de 6 jours par semaine, prescrite par l'art. L. 221-2 C. trav. [L. 3132-1 nouv.]) et les infractions à un arrêté préfectoral pris en application de l'art. L. 221-17 du même code [L. 3132-29 et R. 3132-22 nouv.], prescrivant la fermeture au public, un jour de la semaine, d'une catégorie de commerces, lorsqu'elles sont commises concomitamment, doivent être réprimées distinctement, ces infractions comportant des éléments constitutifs spécifiques. • Crim. 11 janv. 2000, n° 98-87.599 P : *RSC 2000. 818, obs. Bouloc* ; *ibid. 845, obs. Giudicelli-Delage*.

14. Justifie sa décision la cour d'appel qui condamne le prévenu ayant mis en vente plusieurs exemplaires d'un produit comportant un mode d'utilisation en langue étrangère à autant d'amendes que de contraventions constatées à la législation sur l'emploi de la langue française, dès lors que la commercialisation de chaque article constitue une faute distincte, punissable séparément. • Crim. 26 avr. 2000, n° 98-86.408 P : *Dr. pénal 2000. Comm. 117, obs. J.-H. Robert.* ♦ Dès lors que la commercialisation de chaque article sans mode d'utilisation en langue française constitue une faute distincte punissable séparément, une cour d'appel prononce à bon droit autant d'amendes que de contraventions constatées. • Crim. 14 nov. 2000, n° 99-86.216 P : *JCP 2001. II. 10525, note E. Dreyer* ; *Dr. pénal 2001. 51, obs. J.-H. Robert.* ; *RSC 2001. 585, obs. Delmas Saint-Hilaire*.

SOUS-SECTION 2 DES PEINES APPLICABLES EN CAS DE RÉCIDIVE

RÉP. PÉN. v° *Récidive*, par Herzog-Evans.

BIBL. ► Bishop, *AJ pénal 2013. 199* (évaluation des programmes suédois de prévention de la récidive : travaux en cours). – Camous, *Dr. pénal 2009. Étude 3* (un droit de la récidive en quête de cohérence). – Herzog-Evans, *D. 2013. 720* (conférence de consensus : trop de droit ; pas assez d'envergure institutionnelle et scientifique). – Lazerges, *RSC 2012. 274* (le choix de la fuite en avant au nom de la dangerosité. Les lois 1, 2, 3, 4, 5 etc. sur la prévention et la répression de la récidive). – Pradel, *D. 2013. 725* (recommandations de la conférence de consensus sur la prévention de la récidive). – Bernardi, *RSC 2015. 573* (la lutte contre la récidive dans le système pénal italien). – Raoult, *AJ pénal 2016. 25* (récidive : trois ans après la conférence, pourquoi il n'y a toujours pas de consensus). – Monnery, *AJ pénal 2016. 253* (milieu ouvert, milieu fermé : quels effets sur la récidive ?).

▸ **Dossiers :** Prévenir la récidive, évaluer la dangerosité, *AJ pénal 2012. 63 s.* – Éviter la récidive du délinquant sexuel, *AJ pénal 2012. 621 s.* – Évaluation du risque de récidive : où en est-on ?, *AJ pénal 2018. 7 s.*

▸ **Loi n° 2009-526 du 12 mai 2009, de simplification et de clarification du droit et d'allégement des procédures.** – Vergès, *RSC 2009. Chron. légis. 875* (dispositions relatives à la récidive). – J.-H. Robert, *Dr. pénal 2009, n° 97* (alignement sur les règles du livre Ier du code pénal de nombreuses lois spéciales relatives à la récidive).

▸ **Loi n° 2010-242 du 10 mars 2010 tendant à amoindrir le risque de récidive criminelle et portant diverses dispositions de procédure pénale.** – J.-H. Robert, *Dr. pénal 2010. Étude 8* (récidive législative).

▸ **Loi n° 2013-1117 du 6 décembre 2013 relative à la lutte contre la fraude fiscale et la grande délinquance économique et financière.** – Segonds, *Dr. pénal 2014. Étude 3* (commentaire de la loi n° 2013-1117 du 6 décembre 2013 relative à la lutte contre la fraude fiscale et la grande délinquance économique et financière).

§ 1er PERSONNES PHYSIQUES

Art. 132-8 **Lorsqu'une personne physique, déjà condamnée définitivement pour un crime ou pour un délit puni de dix ans d'emprisonnement par la loi, commet un crime, le maximum de la peine de la réclusion criminelle ou de la détention criminelle est la perpétuité si le maximum fixé par la loi pour ce crime est de vingt ou trente ans. Le maximum de la peine est porté à trente ans de réclusion criminelle ou de détention criminelle si le crime est puni de quinze ans.** — *Pr. pén. 729 ; Just. milit. L. 265-3.*

Les condamnations prononcées pour crime ou délit militaire ne peuvent constituer le condamné en état de récidive. — Les juridictions des forces armées appliquent les dispositions des art. 132-8 à 132-15 C. pén. pour le jugement des infractions de droit commun (CJM, art. L. 265-3).

Le premier terme de l'état de récidive criminelle ne peut résulter que d'une condamnation définitive antérieure pour un crime ou pour un délit puni de dix ans d'emprisonnement. La personne définitivement condamnée pour agression sexuelle avec arme, délit puni de sept ans d'emprisonnement, condamnée, par la suite, pour viols aggravés, viols, dégradation volontaire du bien d'autrui et vol n'est pas en état de récidive légale et n'encourt, de ce fait, qu'une peine maximum de vingt ans de réclusion criminelle. • Crim. 6 nov. 2013, n° 13-83.798 P : *Dr. pénal 2014. Chron. 3, obs. Bonis-Garçon et Peltier.*

Art. 132-9 **Lorsqu'une personne physique, déjà condamnée définitivement pour un crime ou pour un délit puni de dix ans d'emprisonnement par la loi, commet, dans le délai de dix ans à compter de l'expiration ou de la prescription de la précédente peine, un délit puni de la même peine, le maximum des peines d'emprisonnement et d'amende encourues est doublé.**

Lorsqu'une personne physique, déjà condamnée définitivement pour un crime ou pour un délit puni de dix ans d'emprisonnement par la loi, commet, dans le délai de cinq ans à compter de l'expiration ou de la prescription de la précédente peine, un délit puni d'une peine d'emprisonnement d'une durée supérieure à un an et inférieure à dix ans, le maximum des peines d'emprisonnement et d'amende encourues est doublé. — *Pr. pén. 729 ; Just. milit. L. 265-3.*

Application dans le temps. Les dispositions de l'art. 132-9 peuvent s'appliquer à un délit commis avant 1994 sans qu'il y ait violation de l'art. 7 Conv. EDH, compte tenu de la jurisprudence constante de la Cour de cassation dans ce domaine (V. note 3 ss. art. 132-10). • CEDH 29 mars 2006, *Achour c/ France*, n° 67335/01 : *D. 2006. 2513, note Zerouki-Cottin ; AJ pénal 2006. 215*.

Art. 132-10 **Lorsqu'une personne physique, déjà condamnée définitivement pour un délit, commet, dans le délai de cinq ans à compter de l'expiration ou de la prescription de la précédente peine, soit le même délit, soit un délit qui lui est assimilé au regard des règles de la récidive, le maximum des peines d'emprisonnement et d'amende encourues est doublé.** — *Pr. pén. 729 ; Just. milit. L. 265-3.*

Corresp. : *C. pén., anciens art. 56 à 58.*

BIBL. ▶ M.-H. Renaut, *RSC 2000. 319* (de la notion de *consuetudo deliquendi* au concept de dangerosité). – P. Poncela, *RSC 2005. 613* (la question de la récidive). – M. Herzog-Evans, *D. 2006. Chron. 182* (L. n° 2005-1549 du 12 déc. 2005). – J.-H. Robert, *JCP 2006. I. 116 ; Dr. pénal 2006. Étude 2* (loi n° 2005-1549 du 12 déc. 2005). – D. Thomas, *Mél. B. Bouloc, Dalloz, 2006, p. 1119* (politique criminelle à propos de certains aspects de la L. n° 2005-1549 du 12 déc. 2005). – A. Kensey, *AJ pénal 2007. 393* (définir et mesurer la récidive).– J.-H. Robert, *Dr. pénal 2007. Étude 20* (L. n° 2007-1198 du 10 août 2007). – E. Vergès, *RSC 2007. 853* (peines-plancher et retour des circonstances d'atténuation de la peine). – J. Alvarez, *RSC 2008. 667* (prison et récidive). – E. Verny, *Mél. J.-Fr. Burgelin, Dalloz, 2008* (décisions du Conseil constitutionnel relatives à la récidive). – E. Camous, *Dr. pénal 2009. Étude 3* (un droit de la récidive en quête de cohérence). – A. Gallois, *JCP 2010, n° 13, 340* (amoindrir le risque de récidive criminelle : à propos de la loi du 10 mars 2010). – M. Herzog-Evans, *D. 2010. Chron. 1428* (la loi « récidive III » : extension et aggravation de la probation obligatoire). – R. Mésa, *Gaz. Pal. 2010. 1. Doctr. 752* (apports de la loi du 10 mars 2010 en matière de lutte contre la récidive). – C. Lazerges, *RSC 2012. 274* (le choix de la fuite en avant au nom de la dangerosité : les lois 1, 2, 3, 4, 5 etc. sur la prévention et la répression de la récidive). – N. Bishop et O. Martineau, *AJ pénal 2013. 1999* (évaluation des programmes suédois de prévention de la récidive : travaux en cours). – A. Bernardini, *RSC 2015. 573* (la lutte contre la récidive dans le système pénal italien). – B. Monnery, *AJ pénal 2016. 253* (milieu ouvert, milieu fermé : quels effets sur la récidive ?). – Dieu, *RSC 2020. 59* (brèves réflexions autour de la Justice restaurative et de la récidive : pour éclaircir la confusion possible avec la place des CSR en France).

Dossiers : ▶ *AJ pénal 2005. 305 s.* ; *ibid. 345 s.* (récidive : quelles réponses judiciaires ?). ▶ *AJ pénal 2007. 352 s.* (la loi du 10 août 2007 renforçant la lutte contre la récidive).

▶ *AJ pénal 2012. 63* s. (prévenir la récidive, évaluer la dangerosité).

Conférence de consensus : M. Herzog-Evans, *D. 2013. Chron. 720* (trop de droit ; pas assez d'envergure institutionnelle et scientifique). – J. Pradel, *D. 2013. Chron. 725* (recommandations de la conférence de consensus sur la prévention de la récidive). – S. Raoult, *AJ pénal 2016. 25* (récidive : trois ans après la conférence, pourquoi il n'y a toujours pas de consensus).

I. GÉNÉRALITÉS

A. TERMES DE LA RÉCIDIVE

1. *Localisation dans le temps.* Les condamnations effacées par une loi d'amnistie ne peuvent être comptées pour caractériser l'état de récidive. • Crim. 18 sept. 1890 : *DP 1891. 1. 186* • 21 avr. 1932 : *Bull. crim. n° 111 ; S. 1933. 1. 320* • 22 déc. 1966 : *JCP 1967. II. 14968* • 23 mars 1982 : *Bull. crim. n° 84* • 20 févr. 1989 : *ibid. n° 81* • 5 juin 1996, n° 95-84.478 P : *RSC 1997. 373, obs. Bouloc*. ♦ Il s'ensuit que le condamné auteur d'une seconde infraction à la réglementation de la profession d'agent immobilier, qui l'aurait, en l'absence d'amnistie de la première infraction, constitué en état de récidive légale, doit bénéficier également de l'amnistie pour la seconde, la seule peine encourue pour cette dernière, par suite de l'effacement de la première, étant une amende entrant elle-même dans les prévisions de l'art. 2 de la loi d'amnistie du 3 août 1996. • Crim. 5 juin 1996 : *préc.*

2. Lorsqu'une loi institue un nouveau cas de récidive, il suffit pour entraîner son application immédiate que l'infraction constitutive du second terme soit postérieure à son entrée en vigueur ; il n'importe que la condamnation constitutive du premier terme ait été prononcée avant l'entrée en vigueur de la loi nouvelle, l'aggravation résultant de la récidive constituant un supplément de peine, non pour la première infraction, mais pour la seconde qu'il dépend de l'agent de ne jamais commettre. • Crim. 14 juin 1945 : *Bull. crim. n° 68* • 29 janv. 1948 : *ibid., n° 38* • 11 févr. 1981, n° 80-92.614 P • 23 mars 1981, n° 80-95.101 P.

3. Il suffit pour entraîner l'application immédiate de la loi nouvelle instituant un nouveau régime de la récidive que l'infraction constitutive du second terme soit postérieure à son entrée en vigueur : l'aggravation de peine résultant de la récidive étant la conséquence de la seconde infraction qu'il dépend de l'agent de ne pas commettre ; méconnaît ce principe et encourt, dès lors, la censure l'arrêt qui, en l'état de poursuites pour conduite sous l'empire d'un état alcoolique commise postérieurement au 1er mars 1994, pour écarter l'application au prévenu des aggravations de peines résultant de la récidive, retient que la première condamnation pour ce délit, antérieure à cette date, ne comportant pas de peines d'emprisonnement, ne peut constituer le premier terme de la récidive au sens de l'ancien art. 58, al. 2, C. pén., dès lors qu'est plus sévère et non applicable l'art. 132-10 dudit code qui prévoit que le premier terme peut être constitué par toute condamnation pour un délit. • Crim. 27 mars 1996, n° 95-82.654 P : *RSC 1997. 375, obs. Bouloc*.

4. Lorsqu'une loi institue un nouveau régime

de la récidive, il suffit, pour entraîner son application immédiate, que l'infraction constitutive du second terme, qu'il dépend de l'agent de ne pas commettre, soit postérieure à son entrée en vigueur ; fait une exacte application de l'art. 132-9 C. pén. la cour d'appel qui, pour retenir contre un individu l'état de récidive prévu par ce texte, retient que celui-ci, prévenu d'un délit puni par l'art. 222-37 C. pén. de dix ans d'emprisonnement, commis courant 1995, a été définitivement condamné le 16 oct. 1984 pour une infraction à la législation sur les stupéfiants passible de la même peine en vertu de l'art. L. 627 CSP et que sa peine a été exécutée le 12 juill. 1986. • Crim. 29 févr. 2000, n° 98-80.518 P : *Dr. pénal 2000. Chron. 37, par Marsat ; RSC 2001. 167, obs. Delmas Saint-Hilaire* .

5. Il se déduit des derniers alinéas des art. 133-13 et 133-16 C. pén., issus de l'art. 43 de la L. n° 2007-297 du 5 mars 2007, entrée en vigueur le 7 mars 2008, qu'une condamnation avec sursis réputée non avenue peut constituer le premier terme de la récidive. • Crim. 26 janv. 2009, n° 08-00.013 P : *D. 2009. AJ 501, obs. Léna ; ibid. Pan. 2828, obs. Roujou de Boubée ; RSC 2010. 125, obs. Fortis* • 11 janv. 2011, n° 10-81.781 P : *D. 2011. Pan. 2827, obs. Potaszkin ; JCP 2011, n° 346, note Robert ; Gaz. Pal. 2011. 1. 1069, note Detraz.*

6. Une condamnation assortie du sursis avec mise à l'épreuve, bien que réputée non avenue, peut constituer le premier terme de la récidive. • Crim. 11 févr. 2011, n° 10-81.781 P.

7. Jurisprudence européenne. La Cour estime que lorsqu'une personne est condamnée en état de récidive par application d'une loi nouvelle, le principe de sécurité juridique commande que le délai de récidive légale, apprécié conformément aux principes du droit, notamment d'interprétation stricte du droit pénal, ne soit pas déjà échu en vertu de la précédente loi ; la garantie que consacre l'art. 7, élément essentiel de la prééminence du droit, occupe une place primordiale dans le système de protection de la Convention, comme l'atteste le fait que l'art. 15 n'y autorise aucune dérogation en temps de guerre ou autre danger public ; partant, il y a eu violation de l'art. 7 Conv. EDH. • CEDH 10 nov. 2004, *Achour c/ France : D. 2005. 1203, note Roets ; ibid. 2006. 53, note Zerouki-Cottin ; JCP 2005. I. 103, n° 9, obs. Sudre ; RSC 2005. 659, obs. Massias* .

8. La Cour note que le requérant a été condamné une première fois le 16 oct. 1984 pour trafic de stupéfiants, et qu'il a terminé de purger sa peine le 12 juill. 1986 ; par la suite, il a été à nouveau condamné en raison d'infractions à la législation sur les stupéfiants commises courant 1995 et jusqu'au 7 déc. 1995 ; dans leurs décisions des 14 avr. et 25 nov. 1997, le tribunal correctionnel et la cour d'appel de Lyon ont déclaré le requérant coupable de faits réprimés par l'art. 222-37 C. pén. et prononcé une peine conformément à cette disposition, ainsi qu'à l'art. 132-9 du même code relatif à la récidive ; la Cour constate que l'art. 132-9 prévoit que le maximum des peines d'emprisonnement et d'amende encourues est doublé en cas de récidive, et ce, non plus dans un délai de cinq ans comme le prescrivait l'ancienne loi, mais dans les dix ans à compter de l'expiration ou de la prescription de la peine antérieure ; ce nouveau régime légal étant entré en vigueur le 1er mars 1994, il était applicable lorsque le requérant a commis les nouvelles infractions au cours de l'année 1995, si bien que celui-ci avait juridiquement la qualité de récidiviste du fait de ces nouvelles infractions ; la Cour rappelle que la première condamnation du requérant, en date du 16 oct. 1984, n'était pas effacée et demeurait inscrite à son casier judiciaire ; de fait, il était loisible au juge interne de prendre en compte ce premier terme pour retenir l'état de récidive, étant par ailleurs entendu que cette première condamnation et l'autorité de la chose jugée qui y est attachée n'ont aucunement été modifiées ou affectées d'une manière quelconque par l'adoption de la nouvelle loi ; par ailleurs, la Cour constate que la jurisprudence de la Cour de cassation règle depuis longtemps la question de savoir si une loi nouvelle allongeant le délai entre les deux termes de la récidive peut s'appliquer à une seconde infraction commise postérieurement à son entrée en vigueur ; il ne fait dès lors aucun doute que le requérant pouvait prévoir qu'en commettant une nouvelle infraction avant le 13 juill. 1996, échéance du délai légal de dix ans, il courait le risque de se faire condamner en état de récidive et de se voir infliger une peine d'emprisonnement et/ou d'amende susceptible d'être doublée ; il était donc en mesure de prévoir les conséquences légales de ses actes et d'adapter son comportement ; eu égard à ce qui précède, la Cour considère que, tant le droit d'origine jurisprudentielle, que le droit d'origine législative étaient « prévisibles » au sens de l'art. 7 Conv. EDH. • CEDH, gr. ch., 29 mars 2006, *Achour c/ France : D. 2006. 2513, note Zerouki-Cottin ; ibid. 2006. IR 1249, et Pan. 1652, obs. Roujou de Boubée ; AJ pénal 2006. 360, obs. Saas ; JCP 2006. I. 164, n° 6, obs. Sudre ; RSC 2006. 677, obs. Massias* . ♦ ... De même, il ne saurait davantage y avoir aucun problème de rétroactivité, s'agissant d'une simple succession de lois qui n'ont vocation à s'appliquer qu'à compter de leur entrée en vigueur ; certes, les juges internes ont tenu compte de la condamnation prononcée en 1984, constitutive du premier terme, pour retenir la récidive ; néanmoins, la prise en compte rétrospective de la situation pénale antérieure du requérant par les juges du fond, rendue possible par l'inscription au casier judiciaire de la condamnation de 1984, n'est pas contraire aux dispositions de l'art. 7, les faits poursuivis et sanctionnés étant, quant à eux, effectivement apparus après l'entrée en vigueur de l'art. 132-9 du nouveau code pénal ; en tout état de cause, une telle démarche rétrospective se distingue de la notion de rétroactivité *stricto sensu*. • Même décision. ♦ ... En conclusion, la peine infligée au requérant, déclaré coupable et en état de récidive dans la procédure litigieuse, était applicable au moment où la seconde infraction a été commise, par application d'une « loi » accessible et prévisible ; le requérant pouvait donc précisément connaître, à l'époque des faits, les conséquences légales de ses actes délictueux ; partant, il n'y a pas eu violation de l'art. 7 Conv. EDH. • Même décision. ♦ *Adde :* O. Bachelet, *RTDH 2007. 233* ; E. Dreyer, *ibid. 2007. 733.*

9. Localisation dans l'espace. Seule une condamnation prononcée par une juridiction française peut constituer l'un des termes de la récidive. • Crim. 7 nov. 1968, n° 68-91.999 P : *D. 1969. 220 ; Gaz. Pal. 1969. 1. 20.*

10. Caractère définitif de la première condamnation. Il n'y a lieu à aggravation des peines en cas de récidive, que lorsque la décision qui prononce la condamnation antérieure est devenue définitive au moment où les faits nouveaux ont été commis. • Crim. 4 mai 1894 : *DP 1896. 1. 137* • 15 déc. 1894 : *ibid.* • 2 févr. 1895 : *ibid.* • 26 juill. 1895 : *ibid.* • 8 janv. 1942 : *DC 1942. 69* • 9 avr. 1957 : *Bull. crim. n° 349* • 8 juill. 1981, n° 79-93.385 P • 7 oct. 1981, n° 81-90.748 P : *Gaz. Pal. 1982. 1. Somm. 71* • 16 févr. 1983, n° 82-91.774 P • 30 oct. 1989, n° 89-81.673 P. ♦ ... La décision devant mentionner si la condamnation antérieure a le caractère contradictoire et définitif et indiquer la juridiction qui a statué. • Crim. 13 juill. 1951 : *Bull. crim. n° 215* • 11 juill. 1963, n° 63-90.802 P. ♦ ... Ces éléments pouvant, cependant, résulter des documents joints au dossier, notamment du casier judiciaire. • Crim. 13 juill. 1951 : *préc.* ♦ ... Ou d'un extrait des minutes du greffe et d'un extrait du registre d'écrou. • Crim. 11 juill. 1963 : *préc.*

11. Le recel de vol étant un délit continu, c'est à bon droit qu'est déclaré en état de récidive légale le prévenu déjà condamné de ce chef, et qui est à nouveau poursuivi pour le même recel perpétré depuis une date antérieure à la première condamnation. • Crim. 9 déc. 1958, n° 90-17.958 P.

B. ÉTAT DE RÉCIDIVE

12. Preuve. Selon l'art. 537 C. pr. pén., les procès-verbaux dressés par les officiers et agents de police judiciaire font foi jusqu'à preuve contraire des contraventions qu'ils constatent ; la preuve contraire ne peut être rapportée que par écrit ou par témoins ; ce texte trouve à s'appliquer lorsque les faits n'acquièrent un caractère délictuel qu'en raison de l'état de récidive dans laquelle ils ont été commis ; pour relaxer le prévenu du chef d'excès de vitesse d'au moins 50 km/h en récidive, l'arrêt attaqué énonce qu'un doute subsiste quant aux conditions de commission de l'infraction ; mais en statuant ainsi, sans constater expressément que la preuve contraire aux énonciations du procès-verbal avait été rapportée dans les conditions prévues par la loi, la cour d'appel a méconnu le texte susvisé. • Crim. 13 juin 2007, n° 06-85.441 P.

13. Office des juridictions du fond. Les juges du fond n'ont pas à relever d'office la circonstance aggravante résultant d'un état de récidive qui n'a pas été inclus dans la prévention, et alors qu'aucune mention de la décision n'indique que le prévenu ait accepté d'être jugé sur cette circonstance. • Crim. 20 févr. 1979, n° 77-91.591 P • 26 oct. 1987 : *Gaz. Pal. 1988. 1. 230, note Doucet.* ♦ Il s'ensuit que le moyen pris de la non-application en la cause d'une telle circonstance aggravante ne saurait être invoqué pour la première fois, même par le ministère public, devant la Cour de cassation. • Crim. 20 févr. 1979 : *préc.*

14. Les juges ne sont pas dans l'obligation de rechercher si les règles applicables en matière de récidive ont été respectées, dès lors que leur décision ne vise pas l'état de récidive et n'a pas fait application de l'art. 58 C. pén. • Crim. 27 déc. 1946 : *Bull. crim. n° 252* • 13 oct. 1965, n° 65-90.673 P • 27 juin 1990, n° 89-85.602 P.

15. Si les juges disposent du droit de relever d'office l'état de récidive, ils ne peuvent le faire qu'en respectant les droits de la défense ; méconnaît ce principe la cour d'appel qui, après avoir refusé le renvoi d'une affaire, pour retenir l'état de récidive contre un prévenu, non comparant, énonce que cette circonstance a été visée par la citation délivrée à la personne dudit prévenu pour être jugé en appel, alors que la citation devant la cour d'appel, qui n'est qu'indicative de la date d'audience, est sans incidence sur l'étendue de la saisine de la juridiction fixée par l'acte d'appel, et alors que le prévenu, non excusé et ne pouvant être représenté, n'a pas été mis en mesure de se défendre sur ce point. • Crim. 20 mars 1996, n° 95-83.060 P. ♦ Lorsque la circonstance aggravante de récidive n'a été visée, pour la première fois, que par la citation adressée au prévenu en vue de sa comparution devant la cour d'appel, cette circonstance ne peut être retenue par la cour si la personne poursuivie n'a pas été mise en mesure de se défendre sur ce point. • Crim. 3 avr. 1996, n° 95-84.638 P. ♦ Pour faire application de la circonstance aggravante de la récidive prévue par l'art. 132-10 C. pén., l'arrêt attaqué énonce que le prévenu a été avisé de cette circonstance et qu'il n'a pas contesté avoir été condamné auparavant pour une même infraction ; en cet état, la cour d'appel a justifié sa décision, dès lors qu'aucune contestation n'a été élevée devant les juges du fond et que l'état de récidive, bien que non visé à la prévention, a été soumis au débat contradictoire. • Crim. 7 avr. 1999 : *Gaz. Pal. 1999. 2, chron. crim. 115.*

16. L'état de récidive, qui n'est pas mentionné dans l'acte de renvoi, ne peut être relevé d'office que si le président de la cour d'assises a mis en demeure l'accusé ou son avocat de présenter leurs observations à ce sujet avant réquisitoire et plaidoirie. • Crim. 17 févr. 2010, n° 09-84.193 P : *AJ pénal 2010. 284, obs. Lasserre Capdeville ; JCP 2010, n° 12, p. 587.*

17. L'état de récidive du prévenu, lorsqu'il a été relevé par les premiers juges, se trouve dans le débat devant la cour d'appel. • Crim. 10 mai 2012, n° 10-87.493 P : *D. actu. 28 juin 2012, obs. Léna ; RSC 2012. 895, obs. Salvat .*

18. A justifié sa décision la cour d'appel qui retient que le prévenu était en état de récidive légale par des motifs établissant que les faits susceptibles d'en constituer le second terme ont été commis après le 7 mars 2008, la date d'entrée en vigueur de la loi du 5 mars 2007 ayant été reportée pour assurer son accessibilité et sa prévisibilité. • Crim. 27 juin 2012, n° 11-86.773 P : *Gaz. Pal. 2012. 2. 3019, obs. Detraz.*

19. Contrôle de la Cour de cassation. Les juges qui font application de la récidive légale doivent mettre la Cour de cassation en mesure d'exercer son contrôle. • Crim. 11 mars 1954 : *Bull. crim. n° 109.*

20. Ne saurait être invoqué pour la première fois devant la Cour de cassation le moyen critiquant les énonciations de l'arrêt relatives à l'état de récidive du prévenu, alors qu'aucune contestation n'a été élevée devant les juges du fond et que l'état de récidive était visé dans la prévention. • Crim. 21 mars 1984, n° 83-94.108 P • 16 mai 1984, n° 83-91.483 P • 27 juin 1989, n° 88-86.344 P • 8 févr. 1990, n° 89-81.832 P • 19 janv. 1999, n° 97-86.121 P. ♦ Ainsi en est-il du moyen qui conteste le caractère définitif de condamnations retenues comme premier terme de la récidive. • Crim. 10 janv. 1978, n° 76-92.534 P • 20 mars 1984, n° 83-93.873 P.

21. La simple énonciation par les juges du fond de l'état de récidive légale ne permet pas à la Cour de cassation de vérifier si les conditions en sont réunies, alors, au surplus, qu'aucune mention de l'arrêt attaqué n'indique que le prévenu ait été mis en mesure de s'expliquer sur cette circonstance aggravante. • Crim. 8 juill. 1981, n° 79-93.385 P • 16 févr. 1983, n° 82-91.774 P • 2 juill. 1991 : *Dr. pénal 1992. 1.* ♦ Et il importe peu que la peine prononcée soit justifiée, comme étant inférieure au maximum fixé par la loi, dès lors que la constatation de l'état de récidive, non soumise au débat contradictoire, a exercé une influence sur l'application de la peine et a ainsi préjudicié au demandeur. • Crim. 16 févr. 1983 : *préc.* • 2 juill. 1991 : *préc.* ♦ Rappr. : • Crim. 17 juill. 1991 : *Dr. pénal 1992. 31.*

22. Tout prévenu a droit à être informé d'une manière détaillée de la nature et de la cause de la prévention dont il est l'objet et il doit, par la suite, être mis en mesure de se défendre tant sur les divers chefs d'infraction qui lui sont imputés que sur chacune des circonstances aggravantes susceptibles d'être retenues à sa charge. • Crim. 17 déc. 1997, n° 97-81.852 P • 20 sept. 2000, n° 99-82.846 P : *Dr. pénal 2001. Chron. 14, obs. Cl. Marsat* • 21 nov. 2000, n° 00-80.616 P : *Gaz. Pal. 2001. 2. Somm. 1367, note Monnet ; RSC 2001. 409, obs. Commaret .* ♦ ... Méconnaît le principe ci-dessus rappelé la cour d'appel qui, pour faire application à un prévenu de vols accompagnés de deux des circonstances aggravantes prévues par l'art. 311-4 C. pén., des dispositions de l'art. 132-10 dudit code et prononcer contre lui une peine de neuf ans d'emprisonnement, dépassant le maximum légal des peines encourues pour de tels faits, énonce que les faits ont été commis par le prévenu « en état de récidive légale » et se réfère, en ce qui concerne le premier terme de la récidive, à une peine de deux ans d'emprisonnement prononcée pour vol avec violences, alors qu'il ne résulte d'aucune mention de l'arrêt que le prévenu ait été mis en mesure de s'expliquer sur cette circonstance aggravante, laquelle n'était pas visée à la prévention et n'avait pas donné lieu à de quelconques débats devant le juge du fond. • Crim. 17 déc. 1997 : *préc.* ♦ ... Méconnaît ce principe la cour d'appel qui, pour faire application à un prévenu de conduite sous l'empire d'un état alcoolique des dispositions de l'art. 132-10 C. pén., énonce qu'il a déjà été condamné de ce chef en 1994 par le tribunal correctionnel de Pontoise à 3 mois d'emprisonnement avec sursis et à la suspension de son permis de conduire, alors que cette circonstance aggravante n'était pas visée dans le titre de la poursuite et a été relevée d'office par les juges du second degré sans que le prévenu, non comparant, ait été mis en mesure de s'expliquer sur ce point. • Crim. 20 sept. 2000 : *préc.* ♦ ... Méconnaît ce principe la cour d'appel qui, pour aggraver la peine d'emprisonnement prononcée par les premiers juges à l'encontre du prévenu de vol avec violence ayant entraîné une incapacité totale de travail de plus de huit jours, et porte cette peine à cinq ans d'emprisonnement, retient la circonstance de récidive, alors qu'il ne résulte d'aucune mention de l'arrêt que le prévenu ait été mis en mesure de s'expliquer sur cette circonstance aggravante, laquelle n'était pas visée à la prévention ; il n'importe que la cour ait prononcé une peine inférieure à celle prévue par l'art. 311-6 C. pén., dès lors que la constatation de la récidive, non soumise au débat contradictoire, a exercé une influence sur l'application de la peine et ainsi préjudicié au prévenu. • Crim. 21 nov. 2000 : *préc.*

23. Encourt la cassation l'arrêt qui : ... déclare les prévenus en état de récidive légale, en se bornant à énoncer qu'ils ont déjà été condamnés à des peines d'emprisonnement pour des faits analogues d'abus de confiance et d'escroquerie. • Crim. 10 févr. 1954 : *Bull. crim. n° 68* • 1er févr. 1956, n° 1.606 P. ♦ ... Se fondant sur une condamnation antérieure, ne spécifie pas qu'elle avait acquis le caractère définitif au moment où ont été commis les faits ayant motivé la nouvelle poursuite. • Crim. 28 juin 1944 : *Bull. crim. n° 152 ; D. 1945. 82* • 27 janv. 1955 : *Bull. crim. n° 69* • 23 oct. 1957, n° 6-83.556 P. ♦ ... Ne constate pas la condamnation antérieure justifiant l'application de l'art. 58 C. pén., et le caractère définitif de cette condamnation. • Crim. 6 déc. 1961 : *Bull. crim. n° 507* • 13 nov. 1963, n° 63-90.910 P. ♦ ... Retient la récidive, mais laisse incertaine l'existence des conditions de délais auxquelles la loi attache cet état. • Crim. 20 nov. 1969, n° 69-91.582 P. ♦ ... Tout en indiquant la date de diverses condamnations, ne précise, ni les juridictions qui les ont prononcées, ni à quelles infractions elles s'appliquent, ni si elles ont acquis un caractère définitif. • Crim. 22 nov. 1956 : *Bull. crim. n° 773* • 4 oct. 1989, n° 89-84.131 P.

24. Incidence de la confusion des peines. Le condamné qui doit exécuter une peine unique, par suite de l'absorption, en application de l'art. 5 C. pén. alors en vigueur, d'une peine correctionnelle par une peine criminelle en concours, doit être considéré comme récidiviste pour l'octroi des réductions supplémentaires de peine prévues par l'art. 721-1 C. pr. pén., s'il était en état de récidive légale lors de l'une des condamnations confondues prononcées contre lui. • Crim. 10 avr. 1996, n° 95-84.680 P.

25. Le condamné ayant à exécuter une peine unique, par suite de l'absorption de plein droit, en application de l'art. 5 ancien C. pén. alors en vigueur, d'une peine correctionnelle par une peine criminelle en concours, doit être considéré comme récidiviste pour la détermination du temps d'épreuve prévu par l'art. 729, al. 2, C. pr. pén., s'il était en état de récidive légale pour la condamnation correctionnelle prononcée contre lui ; il n'importe que cette peine ait, comme en l'espèce, reçu exécution avant d'être confondue dès lors que cette circonstance, à la supposer établie, ne saurait faire obstacle aux conséquences attachées à son absorption ; celle-ci implique que les effets de l'état de récidive soient reportés sur la peine absorbante qui s'exécute en ce cas après imputation de la détention subie au titre de la peine confondue. • Crim. 30 sept. 1997, n° 96-83.379 P. ♦ ... Fait donc une exacte application de la loi la chambre d'accusation qui, en l'état de condamnations successives, pour des infractions commises en concours, à deux ans d'emprisonnement et à dix-huit ans de réclusion criminelle, et alors que le condamné, qui a exécuté la moitié de sa peine, s'est vu indiquer par le juge de l'application des peines qu'il ne pouvait bénéficier d'une mesure de libération conditionnelle avant l'expiration du temps d'épreuve applicable aux condamnés en état de récidive, rejette la requête en incident d'exécution de sentence pénale présentée par le condamné, qui fait valoir que l'état de récidive n'était visé que par la condamnation à l'emprisonnement, laquelle était absorbée de droit par la condamnation à la réclusion criminelle, en énonçant que la confusion des peines n'enlève pas aux peines confondues leur existence propre et leurs conséquences légales. • Même arrêt.

26. Assises. L'état de récidive, qui ne constitue ni un fait punissable ni une circonstance aggravante au sens de l'art. 349 C. pr. pén., n'a pas à donner lieu à une question soumise à la cour et au jury. • Crim. 26 mai 1999, n° 98-86.225 P • 23 févr. 2000, n° 99-83.784 P. ♦ ... Dès lors, n'encourt pas le grief de complexité prohibée la question qui interroge à la fois sur la culpabilité et l'état de récidive. • Crim. 26 mai 1999 : *préc.* ♦ La décision de la cour d'assises attaquée a condamné l'accusé à la peine de réclusion criminelle à perpétuité du chef de meurtre, en état de récidive légale, cet état de récidive légale étant constaté par une mention sur la feuille de questions ; dès lors, la décision n'encourt aucun grief, l'arrêt de condamnation énonçant que l'accusé était en état de récidive légale, cause d'aggravation sur laquelle la Cour et le jury, qui en ont nécessairement tenu compte au cours de leur délibération sur l'application de la peine, n'avaient pas à être interrogés. • Crim. 20 oct. 1999, n° 99-80.596 P. ♦ La feuille de questions, qui constate l'état de récidive en raison duquel était encourue la réclusion criminelle à perpétuité par application de l'art. 132-8 C. pén., et énonce que la Cour et le jury ont délibéré dans les conditions prévues par l'art. 362 C. pr. pén. et voté à la majorité requise par ce texte, implique que la décision a été acquise à la majorité absolue, dès lors que n'a pas été prononcé le maximum de la peine privative de liberté encourue. • Crim. 23 févr. 2000 : *préc.*

II. SPÉCIFICITÉS

A. RÉCIDIVE GÉNÉRALE ET PERPÉTUELLE (ART. 132-8)

27. Premier terme. Le premier terme de l'état de récidive criminelle ne peut résulter que d'une condamnation définitive antérieure pour un crime ou pour un délit puni de 10 ans d'emprisonnement ; la personne définitivement condamnée pour agression sexuelle avec arme, délit puni de 7 ans d'emprisonnement, condamnée, par la suite, pour viols aggravés, viols, dégradation volontaire du bien d'autrui et vol, n'est pas en état de récidive légale et n'encourt, de ce fait, qu'une peine maximale de 20 ans de réclusion criminelle ; l'arrêt condamnant l'accusé à 25 ans de réclusion criminelle doit, sur le pourvoi formé d'ordre du garde des sceaux, être cassé dans l'intérêt de la loi et du condamné, sans renvoi, la Cour de cassation étant en mesure de mettre fin au litige en fixant à 20 ans de réclusion criminelle la peine privative de liberté devant être subie. • Crim. 6 nov. 2013, n° 13-83.798 P : *AJ pénal 2014. 297, obs. Lasserre Capdeville*.

28. Meurtre. En condamnant l'accusé d'un meurtre commis en état de récidive, non à la peine maximale de la réclusion criminelle à perpétuité, mais à 30 ans de réclusion criminelle, alors qu'à la date du crime reproché à l'intéressé, le maximum de la réclusion criminelle à temps était de 20 ans, conformément à l'art. 18 ancien C. pén., la cour d'assises a méconnu l'art. 112-1, al. 2, C. pén. • Crim. 20 nov. 1996, n° 96-81.168 P : *Dr. pénal 1997. 35 (3e arrêt), obs. Véron.*

29. Vol. Pour rejeter la requête en confusion des peines du prévenu condamné à 8 ans d'emprisonnement pour vol avec arme, 15 ans de réclusion criminelle pour vol et tentative de vol avec arme, 10 ans de réclusion criminelle pour vols avec arme en récidive, la cour d'appel énonce que le maximum de la peine encourue de réclusion criminelle à perpétuité pour la prévention de vols avec arme et récidive n'a pas été atteint ; en statuant ainsi, alors que les infractions étaient en concours et que les peines privatives ne pouvaient, par leur cumul, excéder 30 ans, la chambre de l'instruction a méconnu le sens et la portée des art. 132-4 et 132-5 C. pén. • Crim. 12 févr. 2003, n° 02-81.800 P.

B. RÉCIDIVE GÉNÉRALE ET TEMPORAIRE (ART. 132-9)

30. Expiration ou prescription de la précédente peine. L'aggravation de peine portée par l'art. 57 C. pén. est uniquement attachée à l'état de récidive, le législateur n'ayant point entendu faire dépendre cet état de récidive de la prescription ou de l'accomplissement de la peine antérieurement prononcée. • Crim. 18 févr. 1898 (2 arrêts) : *DP 1898. 1. 201, note F.T.* • 28 avr. 1964, n° 63-92.715 P. ♦ ... Même dans l'hypothèse du sursis à l'exécution de cette peine. • Crim. 18 févr. 1898 (2e esp.) : *préc.* • 23 déc. 1963, n° 63-91.295 P. ♦ L'expiration ou la prescription de la peine sert simplement de point de départ au délai de cinq ans qui permettra de déterminer la date limite de la période durant laquelle l'intéressé sera susceptible d'encourir des aggravations de peine prévues par l'art. 57 C. pén. • TGI Lille, 1er mars 1962 : *D. 1962. Somm. 123.* ♦ Le délai de cinq ans dans lequel doit avoir été commis le nouveau délit se calcule sans interruption, et sans qu'il y ait lieu de retrancher la durée des peines d'emprisonnement que le prévenu peut avoir subies par suite d'autres condamnations. • Crim. 23 juin 1900 : *DP 1903. 1. 102.*

31. En l'état de l'art. 132-9, al. 2, nouv. C. pén., l'individu condamné pour un crime ou un délit puni de dix ans d'emprisonnement rentre dans la période de récidive légale dès que la condamnation prononçant cette peine est devenue définitive, et alors même que la peine n'est pas expirée ou prescrite ; l'expiration ou la prescription de la peine sert simplement de point de départ au délai de cinq ans qui permettra de déterminer la date limite de la période durant laquelle l'intéressé sera susceptible d'encourir les aggravations de peine prévues par cet article. • Douai, 2 juin 1994 : *Gaz. Pal. 1994. 2. Somm. 782 ; BICC 1995. 552.*

C. RÉCIDIVE SPÉCIALE ET TEMPORAIRE (ART. 132-10)

32. Application dans le temps. Le nouveau code pénal, qui a étendu le champ d'application de l'ancienne « grande récidive correctionnelle » a supprimé la notion dite de « petite récidive correctionnelle » ; par suite, le juge répressif, statuant après la mise en vigueur du nouveau code pénal sur des faits commis avant le 1er mars 1994 en état dit de « petite récidive correctionnelle », ne saurait, en l'absence de dispositions transitoires introduites par le législateur, retenir un tel état qui n'existe plus dans la loi nouvelle. • Douai, 12 janv. 1995 : *BICC 1995. 789.*

33. Premier terme. Une amende de composition pénale exécutée ne peut pas constituer le premier terme d'une récidive, au sens de l'art. 132-10 C. pén. • Cass., avis, 18 janv. 2010, n° 009-0005 P : *D. 2010. AJ 327, obs. Léna ; AJ pénal 2010. 187, note Danet ; Gaz. Pal. 2010. 1. Jur. 979, note Detraz.* ♦ Selon l'art. 132-10 C. pén., seule une condamnation pénale définitive peut constituer le premier terme d'une récidive, tel n'est pas le cas d'une mesure de composition pénale, qui constitue, en application des art. 40-1 et 41-2 C. pr. pén., une alternative aux poursuites. • Crim. 30 nov. 2010, n° 10-80.460 P : *D. 2011. Pan. 2827, obs. Potaszkin*.

34. Second terme. Selon l'art. 132-10 C. pén., il n'y a récidive de délit à délit qu'autant que la condamnation antérieure retenue comme premier terme de la récidive et la condamnation nouvelle sont encourues pour un même délit ou pour des délits assimilés au regard des règles de la récidive ; pour déclarer en état de récidive le prévenu, l'arrêt retient qu'il a déjà été condamné pour conduite sous l'empire d'un état alcoolique ; mais en statuant ainsi, alors que le délit de conduite sous l'empire d'un état alcoolique prévu par l'art. L. 234-1 C. route et le délit de blessures involontaires ayant entraîné une incapacité totale de travail n'excédant pas 3 mois, par conducteur de véhicule sous l'empire d'un état alcoolique, prévu par l'art. 222-20-1 C. pén., ne sont assimilés au regard de la récidive par l'art. 132-16-2 C. pén., que si le délit de conduite sous l'empire d'un état alcoolique en constitue le second terme, la cour d'appel a méconnu le texte susvisé et le principe ci-dessus rappelé. • Crim. 31 mai 2016, n° 15-84.329 : *D. actu. 20 juin 2016, obs. Fonteix ; Gaz. Pal. 2016. 2281, obs. Detraz.*

35. Identité de délit. L'aggravation des peines résultant de la récidive n'est encourue que si la condamnation nouvelle et la condamnation antérieure ont été prononcées pour un délit identique, et il ne peut être fait exception à cette règle que lorsque deux délits différents sont considérés par une loi, au point de vue de la récidive, comme un même délit. • Crim. 17 déc. 1943 : *Gaz. Pal. 1944. 1. 96.*

36. Ainsi, il n'y a pas récidive légale entre l'extorsion de signature et la tentative d'escroquerie. • Paris, 6 avr. 1891 : *DP 1891. 2. 297.* ♦ ... La filouterie d'aliments et le vol. • Crim. 22 févr. 1895 : *DP 1896. 1. 137* • 2 déc. 1898 : *ibid. 1900. 1. 343.* ♦ ... Les violences et voies de fait envers les agents de la force publique et celles exercées sur les particuliers. • Crim. 21 mars 1900 : *DP 1903. 1. 70.* ♦ ... Le détournement d'objets saisis et le vol ou l'abus de confiance. • Crim. 31 mars 1900 : *DP 1903. 1. 70.* ♦ ... Les infractions à la législation sur les chèques et le vol. • Crim. 25 févr. 1969, n° 68-92.417 P.

37. Constitue le même délit de manifestation illicite, du point de vue de la récidive, l'organisation d'une manifestation sans déclaration préalable et l'organisation d'une manifestation ayant été interdite, infractions toutes deux prévues par l'art. 431-9 C. pén. • Crim. 3 avr. 2001, n° 00-86.515 P : *Gaz. Pal. 2001. 2. Somm. 1996, note Monnet ; RSC 2001. 799, obs. Bouloc.*

38. La cour d'appel, qui relève l'état de récidive légale pour les délits de corruption de mineur de 15 ans commis moins de 5 ans après l'expiration de la peine d'emprisonnement prononcée, du même chef, par un jugement définitif antérieur, fait l'exacte application des dispositions de l'art. 132-10 C. pén. • Crim. 10 mai 2012, n° 10-87.493 P : *D. actu. 28 juin 2012, obs. Léna ; RSC 2012. 895, obs. Salvat.*

39. Délits assimilés. Selon les dispositions de l'art. 58, al. 3, C. pén. (nouvel art. 132-16), les délits de vol et d'escroquerie sont considérés comme étant, au point de vue de la récidive, un même délit ; il en est de même de la complicité de ces délits, la complicité n'étant qu'un des modes de participation à l'infraction, ainsi que de leur tentative. • Crim. 2 sept. 1897 : *Bull. crim. n° 306* • 19 déc. 1978, n° 78-91.000 P : *D. 1979. IR 215, obs. Puech.* ♦ Rappr. : • Crim. 4 févr. 1964 : *D. 1964. 250.*

40. Selon l'art. 132-10 C. pén., il n'y a récidive de délit à délit qu'autant que la condamnation antérieure retenue comme premier terme de la récidive et la condamnation nouvelle sont encourues pour un même délit ou pour des délits assimilés au regard des règles de la récidive ; les délits de conduite sous l'empire d'un état alcoolique et de conduite en état d'ivresse manifeste, prévus à l'art. L. 234-1 C. route, et le délit de refus de se soumettre aux vérifications destinées à établir la preuve de l'état alcoolique, réprimé par l'art. L. 234-8 du même code, ne sont pas assimilés au regard des règles de la récidive par l'art. 132-16-2 C. pén. • Crim. 21 juin 2005 : *Dr. pénal 2005. Comm. 139, obs. Véron.*

41. L'infraction de blanchiment est assimilable, au regard de la récidive, à l'infraction de recel de vol dont elle procède. • Crim. 21 janv. 2020, n° 18-84.899 P : *D. actu. 20 févr. 2020, obs. Roques ; Dr. pénal 2020, n° 107, obs. Peltier.*

42. Délai de récidive. Une condamnation assortie du sursis, bien que réputée non avenue, peut constituer le premier terme de la récidive ; le délai de récidive court, non à partir du jour où la première condamnation est devenue définitive, mais à compter de l'expiration ou de la prescription de la précédente peine ; encourt la cassation l'arrêt qui, pour écarter la récidive, retient qu'à la date de commission des faits ayant entraîné la seconde poursuite, la précédente condamnation était réputée non avenue et que cette condamnation est devenue définitive plus de 5 ans avant l'infraction constituant le second terme de la récidive, alors que le délai de récidive ne courait qu'à compter du jour où la condamnation assortie du sursis était non avenue. • Crim. 14 oct. 2014, n° 13-87.636 P : *AJ pénal 2015. 144, obs. Lasserre Capdeville ; Gaz. Pal. 2014. 2. 3703, note Pitti.*

43. Peines. Selon l'art. 111-3 C. pén., nul ne peut être punie d'une peine qui n'est pas prévue par la loi ; après avoir déclaré le prévenu coupable de séjour irrégulier d'un étranger en France en récidive, l'arrêt attaqué l'a condamné à six mois d'emprisonnement et à cinq ans d'interdiction du territoire français ; en prononçant ainsi une peine d'interdiction du territoire français, excédant le maximum de trois ans prévu par l'art. 9 de l'Ord. du 2 nov. 1945, devenu l'art. L. 621-1 CESEDA, réprimant le délit reproché, et alors que l'art. 132-10 C. pén. relatif à la récidive ne vise que les peines d'amende et d'emprisonnement, la cour d'appel a méconnu les texte et principe ci-dessus rappelés. • Crim. 18 janv. 2006 : *Dr. pénal 2006. 56.*

Art. 132-11 Dans les cas où le règlement le prévoit, lorsqu'une personne physique, déjà condamnée définitivement pour une contravention de la 5e classe, commet, dans le délai d'un an à compter de l'expiration ou de la prescription de la précédente peine, la même contravention, le maximum de la peine d'amende encourue est porté à 3 000 €. — *Just. milit. L. 265-3.*

(L. nº 2003-495 du 12 juin 2003, art. 4) « Dans les cas où la loi prévoit que la récidive d'une contravention de la cinquième classe constitue un délit, la récidive est constituée si les faits sont commis dans le délai de trois ans à compter de l'expiration ou de la prescription de la précédente peine. »

§ 2 PERSONNES MORALES

Art. 132-12 Lorsqu'une personne morale, déjà condamnée définitivement pour un crime ou pour un délit puni par la loi en ce qui concerne les personnes physiques de 100 000 € d'amende, engage sa responsabilité pénale par un crime, le taux maximum de l'amende applicable *(L. nº 2013-1117 du 6 déc. 2013, art. 4-1º)* « pour les personnes morales est doublé *[ancienne rédaction : est égal à dix fois celui qui est prévu par la loi qui réprime ce crime]* ». Dans ce cas, la personne morale encourt, en outre, les peines mentionnées à l'article 131-39, sous réserve des dispositions du dernier alinéa de cet article. — *Just. milit. L. 265-3.*

Art. 132-13 Lorsqu'une personne morale, déjà condamnée définitivement pour un crime ou pour un délit puni par la loi en ce qui concerne les personnes physiques de 100 000 € d'amende, engage sa responsabilité pénale, dans le délai de dix ans à compter de l'expiration ou de la prescription de la précédente peine, par un délit puni de la même peine, le taux maximum de l'amende applicable *(L. nº 2013-1117 du 6 déc. 2013, art. 4)* « pour les personnes morales est doublé *[ancienne rédaction : est égal à dix fois celui qui est prévu par la loi qui réprime ce délit]* ».

Lorsqu'une personne morale, déjà condamnée définitivement pour un crime ou pour un délit puni par la loi en ce qui concerne les personnes physiques de 100 000 € d'amende, engage sa responsabilité pénale, dans le délai de cinq ans à compter de l'expiration ou de la prescription de la précédente peine, par un délit puni par la loi en ce qui concerne les personnes physiques d'une peine d'amende *(L. nº 2001-504 du 12 juin 2001)* « d'au moins 15 000 € », le taux maximum de l'amende applicable *(L. nº 2013-1117 du 6 déc. 2013, art. 4)* « pour les personnes morales est doublé *[ancienne rédaction : est égal à dix fois celui qui est prévu par la loi qui réprime ce délit]* ». — *Just. milit. L. 265-3.*

(L. nº 2001-504 du 12 juin 2001) « Dans les cas prévus par les deux alinéas précédents, la personne morale encourt, en outre, les peines mentionnées à l'article 131-39, sous réserve des dispositions du dernier alinéa de cet article. »

Art. 132-14 Lorsqu'une personne morale, déjà condamnée définitivement pour un délit, engage sa responsabilité pénale, dans un délai de cinq ans à compter de l'expiration ou de la prescription de la précédente peine, soit par le même délit, soit par un délit qui lui est assimilé au regard des règles de la récidive, le taux maximum de l'amende applicable *(L. nº 2013-1117 du 6 déc. 2013, art. 4)* « aux personnes morales est doublé *[ancienne rédaction : est égal à dix fois celui qui est prévu par la loi qui réprime ce délit en ce qui concerne les personnes physiques]* ». — *Just. milit. L. 265-3.*

Art. 132-15 Dans les cas où le règlement le prévoit, lorsqu'une personne morale, déjà condamnée définitivement pour une contravention de la cinquième classe, engage sa responsabilité pénale, dans le délai d'un an à compter de l'expiration ou de la prescription de la précédente peine, par la même contravention, le taux maximum de l'amende applicable est égal à dix fois celui qui est prévu par le règlement qui réprime cette contravention en ce qui concerne les personnes physiques. — *Just. milit. L. 265-3.*

§ 3 DISPOSITIONS GÉNÉRALES

Art. 132-16 Le vol, l'extorsion, le chantage, l'escroquerie et l'abus de confiance sont considérés, au regard de la récidive, comme une même infraction. — *Pén. 311-1 s., 312-1 s., 312-10 s., 313-1 s., 314-1 s., 321-5.*

Corresp. : *C. pén., ancien art. 58, al. 3.*

Renvoi. V. notes ss. art. 132-10.

Art. 132-16-1 *(L. nº 98-468 du 17 juin 1998)* Les délits d'agressions sexuelles et d'atteintes sexuelles sont considérés, au regard de la récidive, comme une même infraction.

Art. 132-16-2 *(L. n° 2003-495 du 12 juin 2003, art. 4)* **Les délits d'homicide involontaire ou d'atteinte involontaire à l'intégrité de la personne commis à l'occasion de la conduite d'un véhicule terrestre à moteur prévus par les articles 221-6-1, 222-19-1 et 222-20-1 sont considérés, au regard de la récidive, comme une même infraction.**

Les délits prévus par les articles L. 221-2, L. 234-1, L. 235-1 et L. 413-1 du code de la route sont considérés, au regard de la récidive, comme une même infraction. Ils sont également assimilés aux délits mentionnés à l'alinéa précédent lorsqu'ils constituent le second terme de la récidive.

V. notes ss. art. 132-10.

Art. 132-16-3 *(L. n° 2005-1549 du 12 déc. 2005, art. 1er)* **Les délits de traite des êtres humains et de proxénétisme prévus par les articles 225-4-1, 225-4-2, 225-4-8, 225-5 à 225-7 et 225-10 sont considérés, au regard de la récidive, comme une même infraction.**

Art. 132-16-4 *(L. n° 2005-1549 du 12 déc. 2005, art. 1er)* **Les délits de violences volontaires aux personnes ainsi que tout délit commis avec la circonstance aggravante de violences sont considérés, au regard de la récidive, comme une même infraction.**

La violence que doit revêtir la résistance constitutive de la rébellion ne peut être retenue au regard de la récidive, comme caractérisant la circonstance aggravante de violences prévue par l'art. 132-16-4 C. pén. Justifie, dès lors, sa décision, la cour d'appel qui, en pareille occurrence, écarte la circonstance de la récidive. • Crim. 8 déc. 2009, n° 09-85.627 P : *D. 2010. AJ 153, note Gachi ; ibid. 1132, note Lennon ; RSC 2010. Chron. 859, obs. Mascala ; AJ pénal 2010. 191, obs. Duparc ; Dr. pénal 2010, n° 32 (2e esp.), obs. Véron ; Gaz. pal. 2010. 1. Jur. 980, note Detraz ; RPDP 2010. 118, obs. Chevallier.*

Art. 132-16-4-1 *(L. n° 2016-731 du 3 juin 2016, art. 26)* **Les délits relatifs au trafic d'armes prévus aux articles 222-52 à 222-67 sont considérés, au regard de la récidive, comme une même infraction.**

Art. 132-16-5 *(L. n° 2005-1549 du 12 déc. 2005, art. 16)* **L'état de récidive légale peut être relevé d'office par la juridiction de jugement même lorsqu'il n'est pas mentionné dans l'acte de poursuites, dès lors qu'au cours de l'audience la personne poursuivie en a été informée et qu'elle a été mise en mesure d'être assistée d'un avocat et de faire valoir ses observations.**

1. Cour d'assises. Méconnaît l'art. 132-16-5 C. pén. la cour d'assises qui relève d'office l'état de récidive non mentionné dans l'acte de renvoi, sans qu'il résulte des énonciations du procès-verbal des débats que le président ait mis l'accusé ou son avocat en mesure de présenter leurs observations, à ce sujet, avant réquisitoire et plaidoiries. • Crim. 16 janv. 2008, n° 07-83.218 P : *Gaz. Pal. 2009. 1. Somm. 1395, note Monnet* • 17 févr. 2010, n° 09-84.193 P : *AJ pénal 2010. 284, obs. Lasserre Capdevile ; Dr. pénal 2010, n° 67, obs. Véron.*

2. Cour d'appel. Il résulte des dispositions de l'art. 132-16-5 C. pén. que, lorsqu'il n'est pas mentionné dans l'acte de poursuites, l'état de récidive légale ne peut être relevé d'office par la juridiction de jugement que si le prévenu en a été informé et il a été mis en mesure d'être assisté par un avocat et de faire valoir ses observations ; en conséquence, c'est à bon droit qu'une cour d'appel rejette la demande du ministère public, présentée en cause d'appel, tendant à ce que soit prononcée contre un prévenu ayant demandé à être jugé en son absence en étant représenté par son avocat une peine entrant dans les prévisions de l'art. 132-19-1 (abrogé) C. pén., alors qu'il n'avait pas été satisfait aux prescriptions de l'art. 132-16-5 du même code. • Crim. 11 oct. 2011, n° 11-81.298 P : *D. actu. 2 nov. 2011, obs. Girault ; Dr pénal 2011, n° 12, comm. 148, obs. Véron ; RSC 2012. 895, obs. Salvat ; RPDP 2012. 144, obs. Chevallier.*

3. Si, aux termes de l'art. 132-16-5 C. pén., l'état de récidive légale peut être relevé d'office par la juridiction de jugement, même lorsqu'il n'est pas mentionné dans l'acte de poursuite, c'est à la condition que, au cours de l'audience, la personne poursuivie en ait été informée et qu'elle ait été mise en mesure d'être assistée d'un avocat et de faire valoir ses observations ; devant la cour d'appel, le ministère public a requis que soit constaté l'état de récidive légale du prévenu, invité à présenter ses observations sur cette circonstance aggravante, retenue par les juges du second degré ; en retenant cette circonstance, alors qu'elle n'avait pas été mentionnée dans l'acte de poursuite et que le prévenu qui avait sollicité la désignation d'un avocat commis d'office n'a pas pu en bénéficier, la cour d'appel a méconnu le texte susvisé et le principe ci-dessus rappelé. • Crim. 23 mai 2013, n° 12-83.721 P : *D. actu. 4 juin 2013, obs. Priou-Alibert ; JCP 2013, n° 875,* *note Bolze ; Dr. pénal 2013, comm. 137, obs. Bonis-Garçon ; ibid. 140, obs. Véron.*

Art. 132-16-6 *Abrogé par L. nº 2010-242 du 10 mai 2010, art. 17-I, à compter du 1er juill. 2010.*

SOUS-SECTION 3 DES PEINES APPLICABLES EN CAS DE RÉITÉRATION D'INFRACTIONS

(L. nº 2005-1549 du 12 déc. 2005, art. 3)

Art. 132-16-7 Il y a réitération d'infractions pénales lorsqu'une personne a déjà été condamnée définitivement pour un crime ou un délit et commet une nouvelle infraction qui ne répond pas aux conditions de la récidive légale.

Les peines prononcées pour l'infraction commise en réitération se cumulent sans limitation de quantum et sans possibilité de confusion avec les peines définitivement prononcées lors de la condamnation précédente.

BIBL. ▸ DARSONVILLE, *D. 2006, Point de vue, p. 2116* (la réitération, consécration légale d'une notion hybride). – THOMAS, *Mél. B. Bouloc, Dalloz, 2006, p. 1119* (réflexions de politique criminelle à propos de certains aspects de la loi nº 2005-1549 du 12 déc. 2005).

Condamnation définitive. Selon l'art. 132-16-7 C. pén., il y a réitération d'infractions pénales, faisant obstacle à la confusion des peines, lorsqu'une personne déjà condamnée définitivement pour crime ou délit commet une nouvelle infraction ne répondant pas aux conditions de la récidive légale ; la condamnation prononcée par un jugement encore susceptible d'appel, par le procureur général, ne peut constituer le premier terme de l'état de réitération d'infractions. • Crim. 12 mars 2014, nº 13.81-273 P : *D. actu. 31 mars 2014, obs. Fonteix.*

SOUS-SECTION 4 DU PRONONCÉ DES PEINES *(L. nº 2005-1549 du 12 déc. 2005, art. 3).*

RÉP. PÉN. vº *Peine (nature et prononcé)*, par CÉRÉ.

Art. 132-17 Aucune peine ne peut être appliquée si la juridiction ne l'a expressément prononcée.

La juridiction peut ne prononcer que l'une des peines encourues pour l'infraction dont elle est saisie.

BIBL. ▸ VRAY, *Gaz. Pal. 2003. 1. Doctr. 1439* (la juridiction pénale qui sanctionne le délit de publicité mensongère peut-elle s'abstenir d'ordonner la publication de sa décision ?). – THOMAS, *éd. Pedone, 2005, p. 65* (peines automatiques).

1. Régimes particuliers d'incapacité. V. notes ss. art. 132-21.

2. Peine complémentaire obligatoire. Si, en matière de fraude fiscale, les mesures de publication et d'affichage de la décision s'appliquent de plein droit, échappant à l'appréciation des juridictions répressives, leur prononcé est subordonné à la reconnaissance de la culpabilité de l'auteur d'une fraude fiscale par le juge pénal, après examen préalable de la cause par un tribunal indépendant et impartial ; dès lors, ne méconnaît pas l'art. 6-1 Conv. EDH la cour d'appel qui prononce ces peines complémentaires obligatoires contre un prévenu déclaré coupable de fraude fiscale. • Crim. 7 mars 2001, nº 00-82.538 P : *Gaz. Pal. 2001. 2. Somm. 2038, obs. Monnet ; RSC 2001. 802, obs. Bouloc.*

3. *En premier lieu*, les dispositions du second alinéa de l'art. L. 3352-2 CSP instituent une peine complémentaire obligatoire de fermeture du débit de boissons ouvert en dehors des conditions prévues par le code de la santé publique ; cette peine est directement liée au comportement délictuel réprimé ; en adoptant les dispositions contestées, le législateur a entendu, aux fins de lutter contre l'alcoolisme et de protéger la santé publique, assurer le respect de la réglementation relative aux débits de boissons ; en permettant de prononcer une fermeture, qui peut être temporaire ou définitive, du débit de boissons, le législateur n'a pas institué une peine manifestement disproportionnée ; en second lieu, en vertu des dispositions de l'art. 132-58 C. pén., le juge peut décider de dispenser la personne condamnée de cette peine complémentaire ; il résulte de la jurisprudence constante de la Cour de cassation que la peine prononcée peut faire l'objet d'un relèvement en application de l'art. 132-21 C. pén. ; le juge dispose du pouvoir de fixer la durée de la fermeture du débit de boissons prononcée en tenant compte des circonstances propres à chaque espèce ; dans ces conditions, les dispositions contestées ne méconnaissent pas le principe d'individualisation des peines ; les griefs tirés de la méconnaissance des principes de nécessité, de proportionnalité et d'individualisation des peines doivent être écartés. • Cons.

const. 16 oct. 2015, n° 2015-493 QPC : *JO 18 oct. 2015, p. 19446.*

4. Permis à points. La L. du 10 juill. 1989 instituant le permis à points n'est pas incompatible avec les art. 132-17, 132-24 C. pén. et 702-1 C. pr. pén., qui ne sont que la reprise de textes antérieurs, dès lors que, d'une part, le nombre de points retirés est proportionnel à la gravité de la faute et que, d'autre part, l'art. L. 11-4 C. route a expressément exclu l'application de l'art. 702-1 C. pr. pén. • Crim. 16 nov. 1999, n° 98-87.635 P : *RSC 2000. 603, obs. Bouloc* • 3 mai 2000 : *Dr. pénal 2000. Comm. 101, obs. J.-H. Robert.*

Art. 132-18 Lorsqu'une infraction est punie de la réclusion criminelle ou de la détention criminelle à perpétuité, la juridiction peut prononcer une peine de réclusion criminelle ou de détention criminelle à temps, ou une peine d'emprisonnement qui ne peut être inférieure à deux ans.

Lorsqu'une infraction est punie de la réclusion criminelle ou de la détention criminelle à temps, la juridiction peut prononcer une peine de réclusion criminelle ou de détention criminelle pour une durée inférieure à celle qui est encourue, ou une peine d'emprisonnement qui ne peut être inférieure à un an. — *Pr. pén. 362.*

Réclusion à temps. Selon l'art. 132-18, al. 2, C. pén., lorsqu'une infraction est punie de la réclusion criminelle, la cour d'assises peut prononcer soit une peine de réclusion criminelle pour une durée inférieure à celle encourue, soit une peine d'emprisonnement dont le maximum est fixé à 10 ans par l'art. 131-4 du même code. • Crim. 20 nov. 1996, n° 96-82.274 P.

Art. 132-18-1 *Abrogé par L. n° 2014-896 du 15 août 2014, art. 7, à compter du 1er oct. 2014.*

Art. 132-19 *(L. n° 2019-222 du 23 mars 2019, art. 74-I et 109-XIX, en vigueur le 24 mars 2020)* **Lorsqu'un délit est puni d'une peine d'emprisonnement, la juridiction peut prononcer une peine d'emprisonnement ferme ou assortie en partie ou en totalité du sursis pour une durée inférieure à celle qui est encourue. Elle ne peut toutefois prononcer une peine d'emprisonnement ferme d'une durée inférieure ou égale à un mois.**

Toute peine d'emprisonnement sans sursis ne peut être prononcée qu'en dernier recours si la gravité de l'infraction et la personnalité de son auteur rendent cette peine indispensable et si toute autre sanction est manifestement inadéquate.

Dans ce cas, si la peine est inférieure ou égale à six mois, elle doit, sauf impossibilité résultant de la personnalité ou de la situation du condamné, faire l'objet d'une des mesures d'aménagement prévues à l'article 132-25. Dans les autres cas prévus au même article 132-25, elle doit également être aménagée si la personnalité et la situation du condamné le permettent, et sauf impossibilité matérielle.

Le tribunal doit spécialement motiver sa décision, au regard des faits de l'espèce et de la personnalité de leur auteur ainsi que de sa situation matérielle, familiale et sociale conformément aux dispositions de l'article 464-2 du code de procédure pénale.

Ancien art. 132-19 *Lorsqu'une infraction est punie d'une peine d'emprisonnement, la juridiction peut prononcer une peine d'emprisonnement pour une durée inférieure à celle qui est encourue.*

(L. n° 2014-896 du 15 août 2014, art. 3, en vigueur le 1er oct. 2014) *« En matière correctionnelle, une peine d'emprisonnement sans sursis ne peut être prononcée qu'en dernier recours si la gravité de l'infraction et la personnalité de son auteur rendent cette peine nécessaire et si toute autre sanction est manifestement inadéquate ; dans ce cas, la peine d'emprisonnement doit, si la personnalité et la situation du condamné le permettent, et sauf impossibilité matérielle, faire l'objet d'une des mesures d'aménagement prévues aux sous-sections 1 et 2 de la section II du présent chapitre.*

« Lorsque le tribunal correctionnel prononce une peine d'emprisonnement sans sursis (L. n° 2016-731 du 3 juin 2016, art. 110) *« et » ne faisant pas l'objet d'une des mesures d'aménagement prévues aux mêmes sous-sections 1 et 2, il doit spécialement motiver sa décision, au regard des faits de l'espèce et de la personnalité de leur auteur ainsi que de sa situation matérielle, familiale et sociale. »*

RÉP. PÉN. v° *Emprisonnement*, par BACHELET.

BIBL. ► HASNAOUI, *Dr. pénal 2011. Étude 22* (de la motivation spéciale des peines d'emprisonnement ferme après la loi n° 2009-1436 du 24 nov. 2009 : précisions sur une petite révolution ?).

Dossier, La courte peine d'emprisonnement ferme, *Gaz. Pal. 21-23 juill. 2013, p. 4 s.* – L'emprisonnement : son prononcé, ses incidences, *AJ pénal 2011, p. 387 s.*

I. PEINES AUTRES QUE L'EMPRISONNEMENT SANS SURSIS

1. *Emprisonnement avec sursis.* Une personne condamnée pour tentative d'escroquerie à une peine d'emprisonnement de 6 mois avec sursis ne saurait faire grief à la cour d'appel d'avoir insuffisamment motivé le prononcé à son égard de la peine d'emprisonnement avec sursis, dès lors que, d'une part, la détermination de la peine par les juges dans les limites prévues par la loi relève d'une faculté dont ils ne doivent aucun compte et à laquelle l'art. 132-24 C. pén. n'a apporté aucune restriction et que, d'autre part, l'obligation de motiver spécialement le choix d'une peine d'emprisonnement ne leur est imposée par l'art. 132-19 du même code qu'au cas d'emprisonnement sans sursis. • Crim. 19 déc. 1996, n° 96-81.647 P.

2. *Contrainte par corps.* Ne constituant pas une peine d'emprisonnement, la contrainte par corps qui assortit une condamnation à des amendes fiscales peut être prononcée sans motivation spéciale, aucune disposition légale n'imposant aux juges une telle motivation. • Crim. 22 janv. 2003, n° 01-88.776 : *Dr. pénal 2003, comm. 64, obs. Robert.*

3. *Interdiction des droits civiques, civils et de famille.* Aucune disposition légale n'impose au juge de motiver le choix d'une peine autre que l'emprisonnement sans sursis à propos de l'interdiction des droits civiques, civils et de famille (C. pén., art. 131-26). • Crim. 16 déc. 1997, n° 96-82.509 P : *RSC 1998. 538, obs. Bouloc.*

II. EMPRISONNEMENT SANS SURSIS

4. *Exclusion de la matière criminelle.* Les dispositions de l'art. 132-19, al. 2, C. pén., relatives à la motivation du prononcé des peines d'emprisonnement sans sursis, ne sont pas applicables aux délibérations de la cour d'assises, lesquelles sont régies par l'art. 362 C. pr. pén. • Crim. 22 janv. 1997, n° 96-80.309 P • 29 avr. 1997, n° 95-82.669 P • 2 déc. 1998, n° 98-80.532 : *Gaz. Pal. 1999. 1, chr. crim. 69.*

5. La question prioritaire de constitutionnalité est ainsi rédigée : « Les dispositions combinées du deuxième al. de l'art. 132-19 et de l'art. 132-24 C. pén. prévoyant la motivation spéciale du prononcé d'une peine d'emprisonnement ferme, en ce qu'elles ne s'étendent pas à la matière criminelle, alors même qu'il incombe aux cours d'assises, depuis l'entrée en vigueur de la L. n° 2011-939 du 10 août 2011, de motiver leurs décisions en vertu de l'art. 365-1 C. pr. pén., portent-elles atteinte aux droits et libertés que la Constitution garantit et plus exactement aux principes d'égalité devant la loi et d'égalité devant la justice, garantis par les art. 1er, 6 et 16 de la DDH de 1789 ? » ; la question posée ne présente pas, à l'évidence, un caractère sérieux dès lors que l'absence de motivation des peines de réclusion criminelle et d'emprisonnement prononcées par les cours d'assises, qui s'explique par l'exigence d'un vote à la majorité absolue ou à la majorité de six ou de huit voix au moins lorsque le maximum de la peine privative de liberté est prononcé, ne porte pas atteinte au droit à l'égalité devant la justice garanti par les art. 6 et 16 de la DDH de 1789, les personnes accusées de crime devant les cours d'assises étant ainsi dans une situation différente de celles poursuivies devant le tribunal correctionnel ; d'où il suit qu'il n'y a pas lieu de renvoyer la question au Conseil constitutionnel. • Crim. 29 mai 2013, n° 12-86.630 : *Dr. pénal 2013, comm. 139, obs. Véron.* ♦ Dans le même sens, et dans la même affaire : • Crim. 20 nov. 2013, n° 12-86.630 P : *D. actu. 5 déc. 2013, obs. Fucini ; AJ pénal 2014. 81, obs. de Combles de Nayves.*

A. ART. 132-19 C. PÉN. – RÉDACTION L. N° 92-683 DU 22 JUILL. 1992

1° APPLICATION DANS LE TEMPS

6. *Loi de procédure.* L'art. 132-19 C. pén., qui ne concerne ni la définition des faits punissables ni la nature et le quantum des peines susceptibles d'être prononcées, n'entre pas dans les prévisions de l'art. 112-1, al. 3, mais dans celles de l'art. 112-2, 2° dudit code ; s'agissant d'une loi de procédure, il ne peut motiver rétroactivement l'annulation d'une décision sur le fond régulièrement rendue avant son entrée en vigueur. • Crim. 3 oct. 1994, n° 93-85.633 P : *RSC 1995. 345, obs. Bouloc* • 9 nov. 1994, n° 94-80.842 P : *RSC 1995. 568, obs. Bouloc* • 3 oct. 1995, n° 94-82.751 : *Gaz. Pal. 1996. 1, Chr. crim. 21.* ♦ Sauf dispositions contraires expresses, toute loi de procédure est d'effet immédiat et doit s'appliquer aux instances en cours à la date de son entrée en vigueur ; il en est ainsi de l'art. 132-19, al. 2, C. pén., lequel entre dans les prévisions de l'art. 112-2, 3° du même code ; encourt, en conséquence, la cassation l'arrêt qui, postérieurement au 1er mars 1994, prononce une peine d'emprisonnement sans sursis sans avoir spécialement motivé ce choix. • Crim. 21 juin 1995, n° 94-83.442 P : *RSC 1996. 141, obs. Dintilhac ; ibid. 368, obs. Bouloc.*

2° MOTIVATION

7. *Principe.* Aux termes de l'art. 132-19, al. 2 C. pén., en matière correctionnelle, la juridiction ne peut prononcer une peine d'emprisonnement sans sursis qu'après avoir spécialement motivé le choix de cette peine ; la cour d'appel qui se borne à confirmer le jugement sur la peine, lequel était lui-même dépourvu de motifs à cet égard, doit être cassé. • Crim. 21 juin 1995, n° 94-83.442 P : *RSC 1996. 141, obs. Dintilhac ; ibid. 368, obs. Bouloc.*

8. Divisibilité entre la peine et la déclaration de culpabilité. En imposant une motivation spéciale relative à l'emprisonnement, l'art. 132-19 C. pén. conduit à écarter l'indivisibilité entre la peine irrégulièrement prononcée et la déclaration de culpabilité, lorsque cette dernière n'encourt pas elle-même la censure. • Crim. 26 oct. 1995, n° 94-83.780 P : *Dr. pénal 1996. 189, obs. Robert* • 7 déc. 1995, n° 95-80.021 P : *RSC 1996. 648 et 649, obs. Bouloc* • 10 juill. 1996, n° 94-85.611 : *Gaz. Pal. 1997. 1, Chr. crim. 16.* ♦ Doit en conséquence être limitée à la peine la cassation de l'arrêt prononçant, sans s'en expliquer, une condamnation à une peine d'emprisonnement partiellement sans sursis contre un prévenu dont les autres moyens de cassation ont été écartés. • Crim. 26 oct. 1995, n° 94-83.780 P : *préc.* ♦ ... Ou une condamnation à une peine d'emprisonnement sans sursis contre un prévenu dont le pourvoi ne remet pas en cause la déclaration de culpabilité. • Crim. 7 déc. 1995, n° 95-80.021 P : *préc.*

9. La question prioritaire de constitutionnalité est ainsi rédigée : « Les dispositions des art. 132-19 C. pén. et 609 et 612 C. pr. pén. qui, telles qu'interprétées par la Cour de cassation, conduisent à écarter l'indivisibilité entre la peine irrégulièrement prononcée et la déclaration de culpabilité en permettant de limiter la cassation à la seule peine prononcée en sorte que la déclaration de culpabilité et le prononcé de la peine sont décidés par deux juridictions distinctes, en méconnaissance du principe de plénitude de juridiction, sont-elles contraires au droit à un tribunal, au droit à un recours juridictionnel effectif et à un procès équitable garanti par l'art. 16 de la DDH de 1789 et portent-elles atteinte aux principes de nécessité, proportionnalité et individualisation de la peine garanties par l'art. 8 de la DDH de 1789 ? » ; la question posée ne présente pas un caractère sérieux, dès lors que le juge appelé à statuer sur la peine est en possession de tous les éléments de fait afférents au délit dont l'auteur a été définitivement déclaré coupable et qui sont dans le débat contradictoire, et apprécie ainsi, en toute connaissance de cause, au regard de la gravité et des circonstances de l'infraction et de la personnalité de celui qui l'a commise, la sanction qui lui apparaît adéquate ; d'où il suit qu'il n'y a pas lieu de renvoyer la question au Conseil constitutionnel. • Crim. 9 mars 2016, n° 15-83.927 QPC P : *D. actu. 24 mars 2016, obs. Fleuriot ; Dr. pénal 2016. Comm. 87, obs. Bonis-Garçon.*

10. Limites. Si l'art. 132-19 C. pén. fait obligation au juge répressif, lorsqu'il prononce une peine d'emprisonnement sans sursis en matière correctionnelle, de motiver spécialement ce choix, il ne limite en rien sa faculté d'apprécier souverainement le quantum de la peine, dans la limite fixée par la loi ; dès lors, satisfait aux prescriptions de cet article l'arrêt qui, pour condamner le prévenu à une peine d'emprisonnement correctionnelle sans sursis, se ponpremier par des motifs propres repris de ceux retenus par le tribunal pour prononcer cette même peine assortie du sursis. • Crim. 18 sept. 1996, n° 95-83.678 P. ♦ A justifié sa décision la cour d'appel qui, pour augmenter la peine prononcée par les premiers juges, adopte les motifs du jugement, lequel a retenu qu'il convenait de prononcer une peine d'emprisonnement pour partie sans sursis en raison de la personnalité du prévenu et du fait qu'il avait joué un rôle prépondérant dans la commission des délits, notamment dans l'instauration du système de traites de cavalerie, dès lors que la fixation de la durée de la peine d'emprisonnement relève d'une faculté légale dont les juges ne doivent aucun compte. • Crim. 19 mai 1999, n° 98-80.773 P : *D. 2000. Somm. 115, obs. de Lamy ; RSC 2000. 195, obs. Bouloc.*

11. Applications. Cassation de l'arrêt qui, pour substituer à une peine d'emprisonnement assortie intégralement du sursis une peine d'emprisonnement en partie ferme, se borne à énoncer que « les premiers juges ont sainement analysé les faits de la cause » et qu'il y a lieu seulement de réformer sur l'application de la peine, « compte tenu des éléments de la cause » ; en prononçant ainsi, alors que le jugement ne contenait lui-même aucun motif concernant les faits reprochés au prévenu, et sans motiver spécialement le choix d'une peine d'emprisonnement sans sursis, la cour d'appel n'a pas justifié sa décision. • Crim. 25 janv. 1996, n° 95-81.789 P : *Dr. pénal 1996. 124, obs. Véron ; RSC 1996. 849, obs. Bouloc.*

12. Méconnaît l'exigence de la motivation spéciale prescrite par l'art. 132-19 C. pén. la cour d'appel qui, statuant sur l'appel du prévenu et du ministère public sur des poursuites pour outrage à agent dépositaire de l'autorité publique, prononce contre le prévenu une peine d'emprisonnement ferme, en se bornant à énoncer que « compte tenu de la nature des faits, il y a lieu d'aggraver la sanction prononcée par les premiers juges », se déterminant ainsi par la seule référence à la qualification de l'infraction poursuivie. • Crim. 27 nov. 1996, n° 96-80.087 P : *RSC 1997. 634, obs. Bouloc.*

13. Poursuivi devant le tribunal correctionnel pour vol, le prévenu a été déclaré coupable de ce délit et condamné à 2 mois d'emprisonnement ; sur les appels du prévenu et du ministère public, les juges du second degré, pour porter à 6 mois d'emprisonnement la peine prononcée, après avoir confirmé la décision entreprise sur la culpabilité, retiennent que les faits reprochés à l'intéressé ont été commis dans un contexte de violence ; en prononçant ainsi, les juges ont justifié leur décision dès lors que, d'une part, en aggravant la peine, sur l'appel du ministère public, dans la limite du maximum prévu par l'art. 311-3 C. pén., ils n'ont fait qu'user d'une faculté qu'ils tiennent de la loi et que, d'autre part, pour satisfaire aux exigences de l'art. 132-19 du même code, imposant de motiver spécialement la décision de condamner le prévenu à une peine d'emprisonnement sans sursis, ils pouvaient se référer aux éléments de fait ayant entouré la commission de l'infraction, lors même que ceux-ci n'avaient pas été retenus comme circonstance aggravante dans l'acte de poursuite. • Crim. 26 févr. 2008, n° 07-85.866 P : *AJ pénal 2008. 277, obs. Roussel* ; *Dr. pénal 2008. 83, obs. Véron.*

14. Ne saurait constituer, au regard de l'art. 132-19 C. pén., ensemble les art. 14 § 3 g du Pacte international relatif aux droits civils et politiques et 6 de la Conv. EDH, un motif de nature à justifier le prononcé d'une peine d'emprisonnement sans sursis, le fait que le prévenu ne reconnaisse pas sa culpabilité ; pour condamner le prévenu, déclaré coupable d'homicide involontaire par conducteur de véhicule, à 2 ans d'emprisonnement dont 8 mois avec sursis, l'arrêt énonce que la partie ferme de l'emprisonnement est justifiée pour empêcher le renouvellement de l'infraction « sérieusement à craindre dès lors que le prévenu ne s'estime pas responsable de l'accident mortel préférant en attribuer l'origine à la victime défunte » ; en prononçant ainsi, alors que tout prévenu a le droit de ne pas contribuer à sa propre incrimination, la cour d'appel a méconnu les textes susvisés et le principe ci-dessus rappelé. • Crim. 1er oct. 2008, n° 08-81.338 P : *AJ pénal 2009. 4* (*1re esp.*), *obs. Véron.*

15. N'a pas justifié sa décision la cour d'appel qui, pour condamner le prévenu à une peine d'emprisonnement sans sursis, se borne à énoncer qu'il avait déjà été condamné pour la même infraction à une peine d'emprisonnement avec sursis, alors que, ainsi qu'elle le relevait elle-même cette condamnation avait été frappée d'appel et n'était pas définitive. • Crim. 19 janv. 2011, n° 10-80.899 : *Gaz. Pal. 2011. 1. 1070, note Detraz.*

B. ART. 132-24 C. PÉN. – RÉDACTION L. N° 2009-1436 DU 24 NOV. 2009

16. Application dans le temps. Sur le caractère immédiatement applicable des dispositions de l'art. 132-24 C. pén., dans leur rédaction issue de la loi du 24 nov. 2009, avec pour conséquence d'avoir à procéder à un nouvel examen de l'affaire au regard de leur caractère plus favorable au sens de l'art. 112-1 C. pén. • Crim. 6 déc. 2011, n° 10-86.118 : *Gaz. Pal. 2012. 1. 1025, note Detraz.*

1° NÉCESSITÉ ET AMÉNAGEMENT

17. Principe. Il résulte de l'art. 132-24 C. pén. en sa rédaction issue de la loi du 24 nov. 2009, qu'en matière correctionnelle, en dehors des condamnations en récidive légale prononcées en application de l'art. 132-19-1, une peine d'emprisonnement sans sursis ne peut être prononcée qu'en dernier recours si la gravité de l'infraction et la personnalité de son auteur rendent cette peine nécessaire et si tout autre sanction est manifestement inadéquate ; dans ce cas, la peine d'emprisonnement doit, si la personnalité et la situation du condamné le permettent, et sauf impossibilité matérielle, faire l'objet d'une des mesures d'aménagement prévues aux art. 132-25 à 132-28. • Crim. 12 oct. 2010, n° 10-81.044 P : *D. 2010. Actu. 2775, obs. Léna* ; *ibid. 2011. Pan. 2828, obs. Potaszkin* • 20 oct. 2010, n° 10-81.800 : *Gaz. Pal. 2011, 1, p. 259, note Dreyer* • 6 avr. 2011, n° 10-85.457 : *Gaz. Pal. 2011. 2. 3008, note Robaczewski* • 27 sept. 2011, n° 11-80.252 P : *D. actu. 7 nov. 2011, obs. Priou-Alibert* ; *AJ pénal 2012. 289, obs. Priou-Alibert* • 3 nov. 2011, n° 10-87.502 P : *D. actu. 8 déc. 2011, obs. Léna* • 3 nov. 2011, n° 10-88.104 : *Gaz. Pal. 2012. 1. 1085, obs. Robaczewski* • 8 févr. 2012, n° 11-81.162 • 30 oct. 2012, n° 11-87.244 P : *D. actu. 17 déc. 2012, obs. Winckelmuller* • 30 janv. 2013, n° 11-89.224 P : *D. actu. 13 mars 2013, obs. Le Drevo* ; *AJ pénal 2013. 613, obs. Lasserre Capdeville* ; *Gaz. Pal. 2013. 1, p. 1605, note Mésa* ; *ibid. p. 1731, obs. Dreyer* • 8 oct. 2014, n° 14-80.633 : *D. actu. 5 nov. 2014, obs. Léna* ; *AJ pénal 2015. 200, obs. Lasserre Capdeville* ; *Gaz. Pal. 2014. 2. 3707, note Larregue* • 12 mai 2015, n° 14-83.310 P • 16 déc. 2015, n° 14-85.900 P : *D. actu. 19 janv. 2016, obs. Fonteix.*

2° MOTIVATION SUFFISANTE

18. Absence du prévenu régulièrement cité. En l'absence du prévenu régulièrement cité et faute d'éléments lui permettant d'apprécier la situation personnelle de celui-ci en vue d'aménager la peine d'emprisonnement, la cour d'appel justifie sa décision en ne la motivant qu'au regard de la gravité de l'infraction et de l'importance du casier judiciaire du prévenu. • Crim. 28 nov. 2012, n° 12-80.639 P : *D. actu. 20 déc. 2012, obs. Léna* ; *Dr. pénal 2013, comm. 20, obs. Véron.* ♦ N'est pas tenue, au regard des exigences de l'art. 132-24 C. pén., de caractériser autrement l'impossibilité d'ordonner une mesure d'aménagement de peine la cour d'appel qui prononce une peine d'emprisonnement en l'absence du prévenu régulièrement cité et faute d'éléments lui permettant d'apprécier la situation personnelle de celui-ci en vue d'un tel aménagement. • Crim. 28 nov. 2012, n° 12-81.140 P : *Dr. pénal 2013, comm. 20, obs. Véron.*

19. Mépris des décisions de justice. Pour condamner le prévenu à la peine de 18 mois d'emprisonnement sans sursis et décerner mandat de dépôt à son encontre, l'arrêt énonce que la particulière gravité des faits, le trafic de stupéfiants générant une économie parallèle et souterraine et causant une atteinte durable à la santé publique et la personnalité du prévenu, déjà condamné à cinq reprises, ayant enfreint les obligations du contrôle judiciaire imposées par le tribunal – ce qui démontre un profond mépris des décisions de justice – justifient une aggravation de la peine d'emprisonnement ferme prononcée par le tribunal, toute autre sanction étant manifestement inadéquate ; en l'état de ces énonciations, qui établissent la nécessité du prononcé de la peine d'emprisonnement sans sursis, la cour d'appel qui, en décernant mandat de dépôt, a nécessairement écarté toute possibilité d'aménager cette peine, a justifié sa décision. • Crim. 27 févr. 2013, n° 11-88.698 P : *D. actu. 21 mars 2013, obs. Winckelmuller ; AJ pénal 2013. 406, obs. Perrier ; Gaz. Pal. 2013. 1. 1605, note Mésa.*

20. Emprisonnement égal ou inférieur à 2 ans. Lorsqu'une peine d'emprisonnement sans sursis égale ou inférieure à, ans est prononcée, satisfait aux exigences de l'art. 132-24 C. pén. l'arrêt d'où il résulte que la possibilité d'aménager la peine ne ressort ni des pièces du dossier ni des éléments versés aux débats. • Crim. 22 févr. 2012, n° 11-82.975 P : *RSC 2012. 389, obs. Boccon-Gibod.*

21. A justifié sa décision la cour d'appel qui, après avoir déclaré le prévenu coupable d'escroqueries et de banqueroute, et pour le condamner à 4 ans d'emprisonnement dont 1 an avec sursis et mise à l'épreuve, prononce par des motifs d'où il résulte que la peine ferme d'emprisonnement était nécessaire, toute autre sanction étant manifestement inadéquate et qu'aucune mesure d'aménagement n'était permise en raison de la durée de la peine prononcée, supérieure à 2 ans. • Crim. 21 mars 2012, n° 11-83.154 P : *D. actu. 20 avr. 2012, obs. Priou-Alibert ; Gaz. Pal. 2012. 2. 2268, obs. Robaczewski.*

3° MOTIVATION INSUFFISANTE

22. Ne répond pas aux exigences de la motivation spéciale imposée par l'art. 132-24, al. 3 C. pén., dans sa rédaction issue de la loi pénitentiaire du 24 nov. 2009, et encourt, dès lors, la cassation, l'arrêt qui prononce une peine d'emprisonnement, pour partie sans sursis, sans caractériser la nécessité de la peine d'emprisonnement ferme ni l'impossibilité d'ordonner une mesure d'aménagement. • Crim. 10 nov. 2010, n° 10-80.265 P : *D. 2010. Pan. 2828, obs. Potaszkin ; Dr. pénal 2011, com. 5, obs. Véron ; Gaz. Pal. 2010, 2, p. 3734 ; RSC 2011. 872, obs. Boccon-Gibod.*

23. N'a pas justifié sa décision la cour d'appel qui :

24. ... Se borne à retenir que les faits sont d'autant plus graves qu'ils ont été commis au préjudice d'une personne âgée qui reste psychologiquement traumatisée et que la peine tient exactement compte de la personnalité du prévenu. • Crim. 12 oct. 2010, n° 10-81.044 P : *D. 2010. Actu. 2775, obs. Léna ; ibid. 2011. Pan. 2828, obs. Potaszkin.*

25. ... Après avoir déclaré la prévenue coupable d'abus de confiance, et pour la condamner à la peine de 10 mois d'emprisonnement sans sursis, se borne à retenir la multiplicité des procédures engagées à son encontre et la gravité des faits commis avec une intention délibérée. • Crim. 20 oct. 2010, n° 10-81.800 : *Gaz. Pal. 2011, 1, p. 259, note Dreyer.*

26. ... Pour condamner le prévenu à la peine de 18-huit mois d'emprisonnement, retient que cette peine est adaptée en raison du montant des abus de biens sociaux, de la gravité des faits et des nombreux antécédents judiciaires de ce dernier, dont le casier judiciaire ne comporte pas moins de dix-neuf mentions. • Crim. 6 avr. 2011, n° 10-85.457 : *Gaz. Pal. 2011. 2. 3008, note Robaczewski.*

27. ... Pour condamner les prévenus, le premier, à 3 ans d'emprisonnement sans sursis, et le second, à 5 ans d'emprisonnement sans sursis, énonce qu'en raison de la particulière gravité et de la nature des faits, seule une peine d'emprisonnement ferme est de nature à sanctionner de manière appropriée les délits qu'ils ont commis, alors que l'arrêt aurait dû expliquer en quoi, outre la gravité des faits, la personnalité des prévenus rendait les peines prononcées à leur encontre nécessaires et exclusives de toute autre sanction. • Crim. 27 sept. 2011, n° 11-80.252 P : *Lettre D. actu. 7 nov. 2011, obs. Priou-Alibert ; AJ pénal 2012. 289, obs. Priou-Alibert.*

28. ... A condamné le prévenu à la peine de 18 mois d'emprisonnement dont 10 mois assortis du sursis avec mise à l'épreuve, sans rechercher si la personnalité et la situation du condamné permettaient d'aménager la peine d'emprisonnement sans sursis ni justifier d'une impossibilité matérielle empêchant cet aménagement. • Crim. 3 nov. 2011, n° 10-87.502 P : *D. actu. 8 déc. 2011, obs. Léna.*

29. ... A déclaré le prévenu coupable de banqueroute par détournement d'actif, et qui, pour le condamner à 3 ans d'emprisonnement dont 2 ans avec sursis, se borne à retenir la gravité des faits et l'importance des détournements. • Crim. 3 nov. 2011, n° 10-88.104 : *Gaz. Pal. 2012. 1. 1085, obs. Robaczewski.*

30. ... Pour condamner la prévenue à 2 ans d'emprisonnement, se borne à énoncer que cette peine est justifiée au regard de la gravité des faits, commis au préjudice d'une personne âgée, pendant une longue période, et de la personnalité de ladite prévenue, dont le casier judiciaire mentionne cinq condamnations. • Crim. 8 févr. 2012, n° 11-81.162.

31. ... Pour condamner le prévenu à 4 mois d'emprisonnement, se borne à énoncer qu'il convient de tenir compte de la durée et de l'importance de l'activité dissimulée ainsi que des antécédents judiciaires de l'intéressé, sans caractériser la nécessité de la peine d'emprisonnement ferme conformément à l'art. 132-24 C. pén., ni l'impossibilité d'ordonner une mesure d'aménagement. • Crim. 30 oct. 2012, nº 11-87.244 P : *D. actu. 17 déc. 2012, obs. Winckelmuller.*

32. ... Pour condamner le prévenu, dirigeant de fait d'une association chargée de la gestion de mesures de protection judiciaire, à 4 ans d'emprisonnement, dont 2 ans sans sursis, a retenu que les faits dont il s'est rendu coupable sont d'autant plus condamnables qu'ils se sont déroulés sur une période longue, que les victimes de ses agissements étaient des personnes particulièrement vulnérables et que, bien que l'information ait mis à jour de manière incontestable la réalité des infractions commises, les débats, aussi bien devant le tribunal que devant la cour, mettent en évidence qu'il demeure dans le déni de toute responsabilité, alors que, en l'état de ces énonciations, la cour d'appel ne s'est pas expliquée sur le caractère manifestement inadéquat de toute autre sanction et n'a pas prononcé sur l'aménagement de la peine d'emprisonnement sans sursis. • Crim. 30 janv. 2013, nº 11-89.224 P : *D. actu. 13 mars 2013, obs. Le Drevo ; AJ pénal 2013. 613, obs. Lasserre Capdeville ; Gaz. Pal. 2013. 1, p. 1605, note Mésaibid., p. 1731, obs. Dreyer.*

33. ... Prononce une peine d'emprisonnement ferme au motif qu'une telle peine est la seule de nature à contraindre le prévenu à se soumettre au prélèvement biologique, justifié par sa condamnation prononcée pour des faits de violences. • Crim. 17 avr. 2013, nº 12-86.054 P : *Dr pénal 2013, comm. 118, obs. Bonis-Garçon.*

34. ... Pour condamner le prévenu à la peine de 2 ans d'emprisonnement, énonce que « les faits s'inscrivent dans un parcours de délinquance économique poursuivi depuis plusieurs années ; que, dès lors, compte tenu de la gravité de l'infraction et de sa personnalité, le prononcé d'une peine ferme apparaît indispensable et toute autre sanction serait manifestement inadéquate ; que cette peine ne pourra pas être assortie, même partiellement, du sursis simple dans la mesure où M. X... a été condamné dans les 5 ans précédant les faits, qui ont débuté au début de l'année 2003, à une peine d'emprisonnement avec sursis et mise à l'épreuve ; qu'il convient donc de le condamner à la peine de 2 ans d'emprisonnement », alors que, en l'état de ces énonciations, la cour d'appel n'a pas prononcé sur l'aménagement de la peine d'emprisonnement sans sursis. • Crim. 8 oct. 2014, nº 14-80.633 : *D. actu. 5 nov. 2014, obs. Léna ; AJ pénal 2015. 200, obs. Lasserre Capdeville ; Gaz. Pal. 2014. 2. 3707, note Larregue.*

35. ... Pour condamner le prévenu à une peine de 2 ans d'emprisonnement, dont un 1 an avec sursis, se borne à mentionner la gravité des faits et la mauvaise foi de l'intéressé, alors que, en prononçant ainsi, la cour d'appel ne s'est expliquée ni sur le caractère manifestement inadéquat de toute autre sanction que la partie ferme de la peine d'emprisonnement qu'elle a prononcée ni sur l'impossibilité matérielle d'ordonner une mesure d'aménagement d'une telle peine d'emprisonnement sans sursis. • Crim. 12 mai 2015, nº 14-83.310 P.

36. ... Prononce une peine de 5 ans d'emprisonnement, sans caractériser la nécessité de ladite peine, ni l'inadéquation de toute autre sanction. • Crim. 16 déc. 2015, nº 14-85.900 P : *D. actu. 19 janv. 2016, obs. Fonteix.*

C. ART. 132-19 C. PÉN. – RÉDACTION L. Nº 2014-896 DU 15 AOÛT 2014

37. Application dans le temps. Le demandeur, condamné pour vol en récidive à 4 ans d'emprisonnement et 8 ans d'interdiction du territoire français, sollicite le bénéfice des dispositions de l'art. 132-19 C. pén., tel que modifié à compter du 1er oct. 2014, par l'art. 3 de la L. nº 2104-896 du 15 août 2014 relative à l'individualisation des peines et renforçant l'efficacité des sanctions pénales, en vertu desquelles toute décision prononçant une peine d'emprisonnement sans sursis doit être spécialement motivée, disposition nouvelle qu'il estime moins sévère que les dispositions antérieurement applicables en cas de récidive ; contrairement à ce qui est allégué, l'art. 132-19 C. pén., qui ne concerne ni la définition des faits punissables ni la nature et le quantum des peines susceptibles d'être prononcées, n'entre pas dans les prévisions de l'art. 112-1, al. 3, mais dans celles de l'art. 112-2, 2º dudit code ; s'agissant d'une loi de procédure, elle ne peut entraîner l'annulation d'une décision sur le fond régulièrement rendue avant son entrée en vigueur. • Crim. 31 mars 2015, nº 14-86.584 P : *D. actu. 4 mai 2015, obs. Fonteix ; D. 2015. Pan. 2465, obs. Roujou de Boubée ; AJ pénal 2015. 491, obs. Lasserre Capdeville .*

38. D'une part, l'art. 132-19, al. 3, C. pén., tel qu'il résulte de la L. nº 2014-896 du 15 août 2014, selon lequel toute décision prononçant une peine d'emprisonnement sans sursis ou ne faisant pas l'objet d'une mesure d'aménagement doit être spécialement motivée au regard des faits de l'espèce et de la personnalité de leur auteur ainsi que de sa situation matérielle, familiale et sociale, ne concerne ni la définition de faits punissables ni la nature et le quantum des peines susceptibles d'être prononcées et n'entre pas dans les prévisions de l'art. 112-1, al. 3, mais dans celles de l'art. 112-2, 2º dudit code ; s'agissant d'une loi de procédure, il ne peut motiver l'annulation d'une décision sur le fond régulièrement rendue avant son entrée en vigueur. • Crim. 16 juin 2015, nº 14-85.136 P : *D. actu. 10 juill. 2015, obs. Benelli-de Bénazé ; D. 2015. Pan. 2465, obs. Roujou de Boubée* • 29 juin 2016, nº 14-86.372 : *D. actu. 28 juill. 2016, obs. Fucini.* ♦ ... D'autre part, les énonciations de l'arrêt attaqué mettent la Cour de cassation en mesure de s'assurer que la cour d'appel a prononcé une peine d'emprisonnement sans sursis par des motifs qui satisfont aux exigences de l'art. 132-24 C. pén., dans sa rédaction alors en vigueur. • Crim. 16 juin 2015, nº 14-85.136 P : *préc.*

39. Principes de nécessité et d'aménagement. Il résulte de l'art. 132-19 C. pén. que le juge qui prononce une peine d'emprisonnement sans sursis doit en justifier la nécessité au regard des faits de l'espèce, de la gravité de l'infraction, de la personnalité de son auteur, de sa situation matérielle, familiale et sociale, ainsi que du caractère inadéquat de toute autre sanction ; s'il décide de ne pas aménager la peine, le juge doit, en outre, motiver spécialement cette décision, soit en établissant que la personnalité et la situation du condamné ne permettent pas un tel aménagement, soit en constatant une impossibilité matérielle. • Crim. 30 mars 2016, nº 15-81.550 P : *D. actu. 2 mai 2016, obs. Goetz* • 4 mai 2016, nº 15-80.770 : *D. actu. 26 mai, obs. Gallois ; Dr. pénal 2016. Com. 119, obs. Bonis-Garçon* • 29 nov. 2016, nº 15-86.712 : *D. actu. 12 déc. 2016, obs. Fucini ; D. 2017. Pan. 2501, obs. Ginestet ; AJ pénal 2017. 96, obs. Robert* • 30 nov. 2016, nº 15-86.718 : *D. actu. 12 déc. 2016, obs. Fucini.*

40. Ne justifie pas sa décision la cour d'appel qui, pour condamner la prévenue à quatre ans d'emprisonnement dont deux ans assortis du sursis sans prononcer d'aménagement pour la partie ferme, énonce que la personnalité et la situation de l'intéressée ne permettent pas matériellement, en l'état, d'ordonner une mesure d'aménagement de la peine d'emprisonnement ferme prononcée, aucune pièce du dossier ne permettant d'évaluer la faisabilité technique d'une telle mesure, et ajoute que la mise en place des mesures d'aménagement prévues aux art. 132-25 à 132-28 du C. pén. pourra être envisagée en application de l'art. 707 C. pr. pén., qui dispose que les peines sont aménagées, avant leur mise à exécution ou en cours d'exécution, par le juge de l'application des peines informé de la présente décision. En effet, la cour d'appel, qui s'est prononcée par des motifs abstraits, ne s'est pas suffisamment expliquée sur les éléments relatifs à la personnalité et à la situation personnelle de la condamnée ayant fondé sa décision de ne pas aménager la peine prononcée ou rendant matériellement impossible cet aménagement, et l'absence d'étude technique de faisabilité ne saurait suffire à établir cette impossibilité matérielle. • Crim. 18 mars 2020, nº 18-85.542 *D. actu. 26 mai 2020, obs. Gallois ; Dr. pénal 2020, nº 107 [bis], obs. Conte.*

41. Les juges ne sont tenus de spécialement motiver leur décision au regard de la situation matérielle, familiale et sociale du prévenu que pour refuser d'aménager la peine d'emprisonnement sans sursis qu'ils prononcent, lorsque cette peine est d'une durée qui n'excède pas 2 ans, ou 1 an en cas de récidive, et non pour justifier la nécessité d'une telle peine. • Crim. 29 nov. 2016, nºs 15-86.116 et 15-83.108 : *D. actu. 12 déc. 2016, obs. Fucini ; AJ pénal 2017. 96, obs. Robert ; RSC 2017. 314, obs. Matsopoulou ; Dr. pénal 2017. comm. 15, obs. Bonis-Garçon.*

42. Il résulte des art. 132-19 C. pén., 723-2 et 723-7-1 C. pr. pén. que le juge du jugement, s'il doit renvoyer au juge de l'application des peines les modalités d'exécution de la semi-liberté, du placement à l'extérieur ou du placement sous surveillance électronique, doit en revanche, sauf s'il est dérogé au principe de l'aménagement de la peine d'emprisonnement ferme inférieure ou égale à deux ans, fût-elle assortie d'un sursis partiel, qu'il ordonne, prononcer sur la nature même de cet aménagement. Tel n'est pas le cas de l'arrêt qui énonce que la peine d'emprisonnement sans sursis prononcée à l'encontre du prévenu pourra faire l'objet d'un aménagement *ab initio* selon des modalités à définir en accord avec le juge d'application des peines. Ce faisant, la Cour a en effet renvoyé au juge de l'application des peines le choix de la nature de la mesure d'aménagement alors que ce choix lui incombait. • Crim. 20 avr. 2017, nº 16-80.091 P : *D. actu. 16 mai 2017, obs. Fonteix ; Dr. pénal 2017, nº 100, obs. Bonis-Garçon ; Gaz. Pal. 18 juill. 2017, p. 61, obs. Dreyer.*

43. Motivation insuffisante. Pour condamner un prévenu à la peine de 18 mois d'emprisonnement dont 10 mois avec sursis, l'arrêt attaqué énonce que le bulletin nº 1 de son casier judiciaire porte mention d'une condamnation en 2008, pour des faits commis en 2005 de même nature que ceux de l'espèce, et que la personnalité du prévenu justifie une telle peine ; en l'état de ces énonciations, la cour d'appel, qui ne s'est pas expliquée sur le caractère manifestement inadéquat de toute autre sanction et n'a pas prononcé sur l'aménagement de la peine d'emprisonnement sans sursis, a méconnu l'art. 132-19 C. pén. • Crim. 4 mai 2016, nº 15-80.770 : *D. actu. 26 mai, obs. Gallois ; Dr. pénal 2016. Com. 119, obs. Bonis-Garçon.*

44. Pour condamner le prévenu à la peine de 3 ans d'emprisonnement, l'arrêt retient qu'il a participé à un trafic de produits stupéfiants, de l'héroïne, d'une grande ampleur en termes géographiques puisque touchant le grand Est de la France, impliquant un grand nombre de consommateurs, 2 700 contacts ayant été recensés ; que les enquêteurs ont évalué à 24,5 kilos l'héroïne à destination de la France au cours des transactions réalisées avec les clients français qui ont généré des profits extrêmement importants ; les juges en déduisent que la gravité des faits et la personnalité du prévenu rendent nécessaire le prononcé d'une peine d'emprisonnement ferme et que toute autre sanction serait manifestement inadéquate ; en prononçant par ces seuls motifs, sans s'expliquer sur les éléments de la personnalité du prévenu qu'elle a pris en considération pour fonder sa décision et sur le caractère inadéquat de toute autre sanction, la cour d'appel a méconnu le sens et la portée de l'art. 132-19 C. pén. et du principe qu'il énonce. • Crim. 29 nov. 2016, n° 15-86.712 : *préc. note 39.*

45. A méconnu l'art. 132-19 C. pén. la cour d'appel qui prononce une peine d'1 an d'emprisonnement dont 6 mois avec sursis, sans s'expliquer sur le défaut d'aménagement de la peine ; la cassation est encourue de ce chef, limitée à la peine, dès lors que la déclaration de culpabilité n'encourt pas la censure. • Crim. 30 nov. 2016, n° 15-86.718 : *D. actu. 12 déc. 2016, obs. Fucini.*

46. Méconnaît l'art. 132-19 C. pén. la cour d'appel qui refuse d'aménager une peine, au motif qu'elle est dans l'impossibilité matérielle d'ordonner un tel aménagement en l'absence d'élément précis sur la situation professionnelle de l'intéressé, notamment quant à ses horaires de travail et lieux d'exercice de sa profession, alors que ce dernier, présent à l'audience, pouvait répondre à toutes les questions des juges leur permettant d'apprécier la faisabilité d'une mesure d'aménagement. • Crim. 9 avr. 2019, n° 18-83.874 P : *D. actu. 17 avr. 2019, obs. Goetz ; AJ pénal 2019. 403, obs. H.-Evans.*

47. A méconnu l'art. 132-19 C. pén. la cour d'appel qui prononce une peine de dix-huit mois d'emprisonnement aux motifs que la prévenue n'a pas d'antécédent judiciaire, qu'elle est actuellement détenue pour autre cause dans le cadre d'un dossier d'instruction ouvert auprès d'un juge d'instruction du pôle antiterroriste de Paris, qu'elle est mère de six enfants de trois pères différents, que son positionnement à l'audience laisse apparaître qu'elle ne reconnaît pas l'extrême danger dans lequel elle a placé ses enfants en les confrontant à un environnement de guerre et de combats, qu'elle s'est affranchie des décisions de justice rendues et a ainsi gravement compromis l'évolution de ses enfants sans autrement s'expliquer sur les éléments de la personnalité de la prévenue qu'elle a pris en considération pour fonder sa décision et pour retenir le caractère inadéquat de toute autre sanction. • Crim. 20 juin 2018, n° 17-84.128 P : *D. actu. 18 juill. 2018, obs. Recotillet ; D. 2018. Pan. 1672, obs. Bonfils ; ibid. 2259, obs. Ginestet ; RSC 2018. 678, obs. Mayaud ; AJ pénal 2018. 524, obs. Gallardo ; Dr. pénal 2018, n° 192, obs. Conte.*

48. La période de sûreté prévue par l'art. 132-23 C. pén. constitue une modalité d'exécution de la peine, mais fait corps avec elle, de sorte qu'elle doit faire l'objet d'une décision spéciale et motivée lorsqu'elle est facultative ou excède la durée prévue de plein droit. Toutefois l'objectif, reconnu par le Cons. const., d'une bonne administration de la justice commande que la nouvelle interprétation ainsi donnée à des dispositions de procédure n'ait pas d'effet rétroactif et ne s'applique donc qu'aux décisions prononcées à compter du présent arrêt. • Crim. 10 avr. 2019, n° 18-83.709 P : *D. actu. 2 mai 2019, obs. Fucini ; AJ pénal 2019. 443, obs. Grégoire ; D. 2019. Pan. 2320, obs. Roujou de Boubée.* ♦ Revirement par rapport à : • Crim. 29 janv. 1998, n° 97-81.573 P : *Dr. pénal 1998. 67, obs. Véron ; RSC 1998. 767, obs. Bouloc* (la décision spéciale par laquelle les juges portent, en application de l'art. 132-23 C. pén., la durée de la période de sûreté aux deux tiers de la peine n'a pas à être motivée) • Crim. 23 oct. 1989, n° 88-84.690 P • 22 mai 1990, n° 89-86.896 P • 5 juill. 1993, n° 92-86.681 P.

49. Motivation suffisante. Les juges ne sont pas tenus de motiver spécialement le choix, relevant de leur appréciation souveraine, de ne pas prononcer une peine de contrainte pénale. • Crim. 17 févr. 2016, n° 15-80.984 : *Gaz. Pal. 2016. 1150, obs. Dreyer.*

50. A justifié sa décision la cour d'appel qui après avoir relevé que la manière d'opérer, la nature de l'infraction commise, l'importance du profit financier tiré par son auteur, le détournement de la mission de défense opéré par ce dernier, sa volonté de porter atteinte à l'autorité de l'État et de tirer profit de la misère humaine de jeunes candidats à l'immigration signent un ancrage certain dans la délinquance organisée à visée lucrative et un professionnalisme qui doivent être sanctionnés par une peine d'emprisonnement sans sursis, retient que la gravité de l'infraction et la personnalité de son auteur, par ailleurs déjà condamné à deux reprises, rendent cette peine nécessaire, toute autre sanction étant manifestement inadéquate, et que la cour ne dispose pas de suffisamment d'éléments précis, actualisés et vérifiés concernant la personnalité et la situation matérielle, familiale et sociale du condamné ou son évolution pour apprécier la possibilité de prononcer en sa faveur une mesure d'aménagement de peine. • Crim. 18 oct. 2017, n° 16-83.108 P : *D. actu. 8 nov. 2017, obs. Gallois.*

51. En l'absence d'autres éléments portés à leur connaissance, les juges qui prononcent une peine d'emprisonnement sans sursis en matière correctionnelle peuvent, sans méconnaître les dispositions de l'art. 132-19 C. pén., fonder leur appréciation de la personnalité du prévenu sur le seul casier judiciaire. Justifie sa décision au regard des exigences de l'art. 132-19 C. pén., la cour d'appel, qui pour condamner le prévenu à 4 ans d'emprisonnement, relève que son casier judiciaire ne porte mention d'aucune condamnation mais que néanmoins les faits imputés au prévenu, détenu pour autre cause, sont d'une particulière gravité s'agissant d'association de malfaiteurs en vue de la préparation des délits de trafic de stupéfiants et du délit douanier d'exportation sans déclaration en douane de marchandises dangereuses pour la santé publique et que l'information a établi son rôle d'organisateur du trafic. • Crim. 15 janv. 2020, n° 18-81.617 P : *D. actu. 18 févr. 2020, obs. Goetz.*

D. TABLE ANALYTIQUE DE MOTIVATION

52. Abus de biens sociaux. Les juges ont suffisamment motivé leur décision de condamner les prévenus d'abus de biens sociaux à une peine d'emprisonnement ferme en relevant qu'ils ont bénéficié pendant plusieurs années de rémunérations occultes importantes et que ce comportement délictueux et organisé a causé un préjudice important aux sociétés et au Trésor public et doit être sanctionné de manière rigoureuse. • Crim. 20 juin 1996, n° 94-18.308 : *JCP 1996. IV. 2358.* ♦ A fait l'exacte application des art. 132-19 et 132-24 C. pén. l'arrêt qui, après avoir relevé le caractère immature et influençable du prévenu, dépeint comme homme de confiance et fidèle excécutant d'un coprévenu, retient, pour prononcer une peine d'emprisonnement en partie ferme que, dirigeant de droit de six sociétés, il a apporté pendant plus de 5 années son concours, important et largement rémunéré, à tous les détournements commis. • Crim. 6 févr. 1997, n° 96-80.615 : *Gaz. Pal. 1997. 1. 229, note Doucet ; Dalloz Affaires 1997. 281 ; JCP 1997. IV. 707.*

53. Les dirigeants d'un club de football, prévenus du chef d'abus de confiance, d'abus de biens sociaux et de faux en écritures privées, infractions qui caractérisent l'existence d'un processus concerté et frauduleux destiné à soustraire des finances du club des sommes considérables, ne peuvent justifier la fraude institutionnelle mise en place par l'objectif d'obtention des meilleurs joueurs afin de conquérir la coupe d'Europe, la voracité financière sans cesse croissante de certains joueurs, la surenchère des intermédiaires et l'existence de telles pratiques au sein d'autres clubs français ; pour autant, bien que le club de football constituait pour son président le meilleur tremplin pour parvenir à satisfaire ses ambitions politiques locales et nationales, et malgré le souci des autres prévenus de conserver leur situation matérielle confortable ou les honneurs ou avantages qu'elle pouvait leur conférer, la cour n'estime pas opportun d'infliger des peines d'emprisonnement fermes, compte tenu de l'absence de profit matériel personnel retiré des détournements opérés et de l'absence d'état de récidive des prévenus par rapport à la date des faits qui leur sont reprochés et à celle des condamnations qui figurent dans leur casier judiciaire respectif, mais tient compte de la capacité financière de chaque condamné pour la fixation des peines d'amende ; enfin, en ce qui concerne le président du club, la demande de confusion des peines qu'il sollicite, en l'espèce facultative, est rejetée. • Aix-en-Provence, 4 juin 1998 : *JCP 1998. IV. 2757.*

54. Comporte une motivation spéciale la décision qui condamne un prévenu au motif qu'il était un acteur central d'un système de versements occultes constitutifs d'un abus de biens sociaux. • Crim. 22 oct. 2008, n° 07-88.111 : *Dr. pénal 2009. 4* (2ᵉ esp.), obs. Véron.

55. Administration de substances nuisibles. Les faits commis par le prévenu sont d'une gravité particulière et ils ont occasionné pour les deux victimes des conséquences extrêmement lourdes sur le plan humain ; le prévenu a délibérément multiplié des relations sexuelles concomitantes non protégées après avoir été informé de sa séropositivité ; ... le prononcé d'une peine d'emprisonnement ferme est indispensable, pour éviter le renouvellement des infractions, pour faire cesser le trouble grave et durable apporté à l'ordre public et pour assurer une convenable exécution de la sanction. • Colmar, 4 janv. 2005 : *D. 2005. 1069, note Paulin.*

56. Agression sexuelle. Ont pu condamner le prévenu, poursuivi pour agression sexuelle, à une peine d'emprisonnement ferme, en fondant leur décision sur les circonstances de l'infraction et la personnalité de son auteur, les juges qui énoncent que : « la gravité des faits commis et le risque de les voir se reproduire – le prévenu étant décrit par les experts comme ayant de la difficulté à apprécier avec les nuances qui conviennent les situations interpersonnelles, notamment dans le domaine des relations intimes entre hommes et femmes – justifient une application sévère de la loi pénale se traduisant par une peine de 3 années d'emprisonnement ». • Crim. 3 mai 1995, n° 94-84.308 : *Gaz. Pal. 1995. 2. Somm. 444 ; Dr. pénal 1995. 194, note Véron.*

57. Aux termes de l'art. 2 du protocole n° 7 à la Conv. EDH, toute personne déclarée coupable d'une infraction pénale par un tribunal a le droit de faire examiner par une juridiction supérieure la déclaration de culpabilité ou la condamnation ; l'exercice de ce droit ne saurait constituer un motif d'aggravation de la peine prononcée par les premiers juges ; a méconnu ce principe et les art. 6 Conv. EDH, préliminaire, dernier alinéa, C. pr. pén., et 132-19 C. pén., l'arrêt qui, pour condamner le prévenu, déclaré coupable d'agressions sexuelles aggravées, à 4 ans d'emprisonnement, énonce notamment que la gravité des faits est renforcée par l'attitude dudit prévenu, qui a choisi d'imposer aux victimes un second procès, pour discuter non de l'ampleur de la sanction mais du principe de sa culpabilité, qu'il sait pourtant indiscutable, et au-delà par le choix de son mode de défense. • Crim. 24 janv. 2007, n° 06-

84.330 P : *AJ pénal 2007. 131* ; *Dr. pénal 2007. 60, obs. Maron.*

58. *Défaut de rémunération ou insuffisance de rémunération en rapport avec l'importance d'un travail.* Se rend coupable d'obtention abusive de la part d'une personne vulnérable ou en situation de dépendance de services insuffisamment rétribués l'exploitant d'un hôtel qui affecte des stagiaires, élèves d'écoles hôtelières préparant des brevets de technicien supérieur en hôtellerie, restauration et tourisme, à la réception de l'hôtel de 23 heures à 7 heures, 7 jours sur 7, pour une durée de travail hebdomadaire comprise entre 56 et 63 heures et pour une rémunération fixée à 1760 F pour 190 heures ; les stagiaires se trouvaient dans une situation de dépendance en raison, notamment, du caractère obligatoire de leur stage pour l'obtention du brevet ; leur rétribution était manifestement sans rapport avec le travail accompli ; la peine d'emprisonnement de 4 mois sans sursis répond aux exigences de l'art. 132-19 C. pén. • Crim. 3 déc. 2002, n° 02-81.453 : *JCP 2003. IV. 1096* ; *Dr. pénal 2003. 30, obs. Véron.*

59. *Délit d'initié.* Répondent aux exigences de l'art. 132-19 C. pén. les juges du second degré qui ont justifié contre l'auteur d'un délit d'initié le prononcé d'une peine d'emprisonnement assortie seulement pour partie du sursis, en se référant à « l'ampleur des opérations illicitement réalisées à partir des renseignements privilégiés communiqués » par lui et à « la gravité des faits retenus à sa charge ». • Crim. 26 oct. 1995, n° 94-83.780 P : *Dr. pénal 1996. 189, obs. Robert.*

60. *Dénonciation calomnieuse.* Satisfait aux exigences de l'art. 132-19 C. pén. l'arrêt qui condamne le prévenu à 18 mois d'emprisonnement dont 9 mois avec sursis et prononce à son encontre l'interdiction des droits civils, civiques et de famille pour 5 ans, aux motifs que la nature et la gravité des faits, s'agissant d'une dénonciation calomnieuse d'actes parfaitement justifiés et effectués par des fonctionnaires de police dans le cadre de leur mission, ainsi que le comportement fourbe et la personnalité du prévenu, qui ne daigne même pas se présenter à l'audience de la cour et présenter la moindre excuse, justifient que soit retenue une telle peine, correspondant au double de celle appliquée par les premiers juges. • Crim. 20 juin 2006, n° 05-85.750 : *D. 2007. Pan. 402, obs. Roujou de Boubée* .

61. *Destructions et dégradations.* A satisfait aux exigences prescrites par l'art. 132-19 C. pén. la cour d'appel qui a condamné le prévenu à une peine d'emprisonnement sans sursis (7 ans) pour avoir incendié un immeuble, en retenant que les faits ont occasionné un trouble grave et durable à l'ordre public et ont causé un préjudice grave aux victimes. • Crim. 24 juin 1998, n° 97-84.989 P.

62. *Escroquerie.* Pour condamner le prévenu, déclaré coupable d'escroquerie, à une peine d'emprisonnement partiellement sans sursis, l'arrêt confirmatif attaqué, après avoir énoncé que l'intéressé, exerçant la profession d'administrateur judiciaire, a organisé avec plusieurs complices un cambriolage simulé en vue de percevoir une indemnité de sa compagnie d'assurance, retient la particulière gravité des faits, « qui ont profondément et durablement troublé l'ordre public en raison de la qualité » du demandeur ; en prononçant ainsi, les juges, qui ont pu tenir compte de la profession du prévenu pour personnaliser la peine, ont fait l'exacte application des art. 132-19 et 132-24 C. pén. • Crim. 21 nov. 1996, n° 95-85.995 P.

63. *Extorsion de fonds.* Doit être infirmé le jugement qui a condamné le prévenu à 11 mois d'emprisonnement pour récidive d'extorsion de fonds par violence, menace ou contrainte ; les faits commis par le prévenu sont d'une gravité certaine, s'agissant d'une attaque en nombre de deux automobilistes qui ont été dépouillés sous la menace de violences physiques ; le prévenu étant en état de récidive légale, et compte tenu des trois mentions de son casier judiciaire sur une période de 2 ans, pour infraction à la législation sur les stupéfiants, pour vol avec violences et pour violences en réunion, une peine de 1 an d'emprisonnement ferme s'impose ; en effet, le prononcé d'une telle peine est indispensable pour les motifs précités, pour dissuader le prévenu de poursuivre dans la voie de cette délinquance particulière et pour faire cesser le trouble grave et durable à l'ordre public ; son maintien en détention est ordonné pour les mêmes motifs. • Colmar, 21 nov. 2006 : *JCP 2007. IV. 1697.*

64. *Fausse alerte à la bombe.* Pour une peine d'emprisonnement prononcée sans sursis à la suite d'une fausse alerte à la bombe (art. 322-14), compte tenu de la gravité des faits et de la personnalité du prévenu. • Paris, 10 oct. 1995 : *Dr. pénal 1996. 7, obs. Véron.*

65. *Fraude fiscale.* Justifie sa décision, au regard de l'art. 132-19 C. pén., la cour d'appel qui, pour prononcer une peine d'emprisonnement, dont partie ferme à concurrence de 4 mois, observe que le prévenu a fait fonctionner de manière occulte une entreprise de bâtiment dans le cadre de laquelle il a décompté 18, 60 % de TVA sur les factures adressées à ses clients, et qui ajoute qu'une telle manière de procéder est assez proche de l'escroquerie puisque l'intéressé a prélevé une imposition qu'il n'avait aucunement l'intention de verser au Trésor public et qu'il n'a pas reversée. • Crim. 4 sept. 1995, n° 94-83.344 : *Gaz. Pal. 1996. 1, Chr. crim. 9.*

66. *Homicide involontaire.* Ont justifié leur décision au regard de l'art. 132-19 C. pén. les juges qui, à la suite du décès d'un salarié dans l'éboulement d'une tranchée non étayée ou blindée, ont prononcé une peine d'emprisonnement ferme (15 jours) à l'encontre des deux cogérants de l'entreprise qui l'employait, aux motifs que la gravité de la faute et ses conséquences mortelles justifiaient le prononcé d'une telle peine, compte tenu de l'état du casier judiciaire de chacun des prévenus. • Crim. 12 sept. 2000, n° 99-88.011 P : *RSC 2001. 159, obs. Mayaud*.

67. Immigration clandestine. Répond aux exigences des art. 132-19 et 132-24 l'arrêt qui, pour prononcer à bon droit une peine d'emprisonnement pour partie sans sursis, énonce qu'il est clairement établi que le prévenu était au service d'une filière internationale et professionnelle d'immigration clandestine à but lucratif, et que, par ailleurs, la nature, la répétition et la gravité des faits reprochés, ainsi que la personnalité de leur auteur, conduisent la cour à prononcer à son encontre la peine de 24 mois d'emprisonnement dont 18 mois avec sursis. • Crim. 11 déc. 1996, n° 96-81.726 : *Gaz. Pal. 1997. 1, Chr. crim. 90.*

68. Publicité mensongère. La cour d'appel qui condamne le prévenu coupable de publicité de nature à induire en erreur à une peine d'emprisonnement sans sursis satisfait aux prescriptions de l'art. 132-19 C. pén., dès lors qu'elle se réfère, par un motif spécial, à la personnalité du prévenu, « coutumier des faits de la prévention » ; le prévenu ne saurait, par ce biais, contester la faculté qu'ont les juges d'apprécier souverainement, dans la limite fixée par la loi, le quantum de la peine. • Crim. 18 sept. 1996, n° 95-83.678 P.

69. Stupéfiants. Justifie sa décision par des considérations répondant aux exigences des art. 132-19, al. 2, et 132-24 C. pén. l'arrêt qui, pour condamner la prévenue pour cession et usage de stupéfiants à 6 mois d'emprisonnement, énonce que compte tenu de la personnalité de la prévenue, de la gravité des faits, de leur commission par une personne mise en examen et placée sous contrôle judiciaire, les peines d'amende ou de substitution sont inadaptées et que le prononcé d'une peine d'emprisonnement s'impose, et que si la peine de 6 mois est justifiée par la nature des faits et la personnalité de la prévenue, il n'apparaît pas opportun de la faire bénéficier du sursis. • Crim. 14 nov. 1994, n° 94-82.082 : *Dr. pénal 1995. 59 ; Gaz. Pal. 1995. 1. Somm. 172.*

70. Satisfait aux exigences des dispositions combinées des art. 132-19 et 132-24 C. pén. l'arrêt qui, pour condamner à une peine d'emprisonnement ferme un prévenu déclaré coupable d'infractions à la législation sur les stupéfiants, relève qu'il s'est livré pendant 2 ans à un trafic organisé, de nature à faciliter l'accès des jeunes à la délinquance engendrée par la toxicomanie, que ses actes ont été commis dans l'unique but de son enrichissement personnel et qu'il y a lieu en conséquence d'aggraver la peine d'emprisonnement partiellement assortie du sursis prononcée par les premiers juges. • Crim. 6 févr. 1995, n° 94-82.731 P : *RSC 1996. 115, obs. Bouloc ; Dr. pénal 1996. Chron. 37, obs. Lesclous et Marsat.*

71. Pour confirmer la peine d'emprisonnement ferme prononcée par les premiers juges, la cour d'appel a pu relever l'extrême gravité des faits de fourniture d'héroïne à un réseau de toxicomanes, le trouble persistant causé à l'ordre public par la nature même de ces faits, ainsi que la personnalité du prévenu, déjà condamné plusieurs fois à des peines d'emprisonnement pour vol et port d'arme, complicité de falsification de moyens de paiement privés, recel, contrefaçon de document administratif et détention d'arme de première catégorie. • Crim. 3 mai 1995, n° 94-84.020 : *Gaz. Pal. 1995. 2. Somm. 444 ; Dr. pénal 1995. 194, note Véron.*

72. Pour condamner le prévenu à une peine d'emprisonnement sans sursis, la cour d'appel énonce que le trafic de stupéfiants auquel il s'est livré met gravement en danger la santé publique et que les moyens mis en œuvre pour l'opération démontrent que l'intéressé et ses coprévenus sont des industriels en matière d'importation de stupéfiants ; ce faisant, la cour d'appel a satisfait aux exigences de l'art. 132-19 C. pén. • Crim. 6 mars 1997, n° 96-82.550 : *Gaz. Pal. 1997. 2, Chr. crim. 158 ; JCP 1997. IV. 1288.*

73. En retenant la gravité des faits, leur caractère intolérable, l'implication prépondérante du prévenu dans l'organisation d'un trafic de stupéfiants, ainsi que sa personnalité et ses antécédents judiciaires, une cour d'appel motive sans insuffisance une condamnation à 2 ans d'emprisonnement sans sursis. • Crim. 22 mai 1997, n° 96-83.014 : *JCP 1997. IV. 1910.*

74. A répondu aux exigences de l'art. 132-19 C. pén. la cour d'appel qui, pour aggraver la peine d'emprisonnement prononcée par les premiers juges et l'assortir d'une période de sûreté des deux tiers, énonce que le prévenu vivait d'un important trafic d'héroïne dont il tirait un profit substantiel et que les faits commis ont gravement porté atteinte à l'ordre et à la santé publique et doivent être sévèrement sanctionnés. • Crim. 29 janv. 1998, n° 97-81.573 P : *Dr. pénal 1998. 67, obs. Véron.*

75. Est à bon droit condamné à 10 ans d'emprisonnement, avec une mesure de sûreté pour les deux tiers et maintien en détention, ainsi qu'à l'interdiction définitive du territoire national, le prévenu de complicité d'importation, détention, offre et cession de stupéfiants qui n'hésite pas, malgré les sanctions dont il a déjà été l'objet, à organiser des livraisons de stupéfiants à partir d'un lieu de détention, ces peines étant considérées par la cour d'appel comme suffisamment dissuasives pendant une certaine période pour mettre fin à une dangerosité avérée de trafiquant de drogue professionnel. • Crim. 22 avr. 1998, n° 97-84.522 : *Gaz. Pal. 1998. 2, Chr. crim. 144.*

76. Justifient légalement les peines d'emprisonnement et l'interdiction du territoire qu'ils prononcent les juges qui précisent qu'il ressort de la procédure que l'intéressé, délinquant d'habitude, est l'animateur d'un réseau de trafiquants et que lesdites peines sont les seules sanctions, à l'exclusion de toutes autres, qui soient de nature à mettre un terme à ses agissements et à assurer la protection de l'ordre public. • Crim. 1er oct. 1998, n° 97-83.513 : *Gaz. Pal. 1999. 1, Chr. crim. 20.*

77. A justifié sa décision au regard de l'art. 132-19 C. pén. la cour d'appel qui, après avoir caractérisé la participation du demandeur à un trafic de cocaïne particulièrement rémunérateur, a confirmé sa condamnation par les premiers juges à 7 ans d'emprisonnement en relevant que son casier judiciaire le signalait comme un individu particulièrement dangereux pour la société. • Crim. 19 mai 1999, n° 98-84.192 : *Gaz. Pal. 1999. 2, Chr. crim. 135.*

78. Justifie sa décision, au regard de l'art. 132-19 C. pén. la cour d'appel qui condamne les prévenus, pour importations non autorisées de stupéfiants, à une peine d'emprisonnement sans sursis, dès lors que la peine s'impose compte tenu de la personnalité des prévenus et que, de manière organisée, ils ont, sur plusieurs mois, importé de l'héroïne et l'ont cédée à autrui dans le seul but d'obtenir de l'argent, ni l'un ni l'autre n'étant usager de stupéfiants. • Crim. 7 avr. 2004, n° 03-83.152 P.

79. En revanche, méconnaît le sens et la portée de l'art. 132-19 C. pén. la cour d'appel qui, pour prononcer une peine de trois ans d'emprisonnement dont un an avec sursis, retient, qu'il s'agit de faits graves compte tenu des quantités de produits stupéfiants concernés, qui troublent l'ordre public et contribuent à porter atteinte à la santé des consommateurs et que, même si le prévenu n'a jamais été condamné, et en tenant compte de sa situation personnelle et familiale, seule une peine d'emprisonnement ferme significative peut réprimer des délits de cette nature et prévenir la réitération. En effet, la cour aurait dû s'expliquer sur les éléments de la personnalité du prévenu qu'elle a pris en considération pour fonder son choix de prononcer une peine d'emprisonnement en partie ferme, et sur le caractère inadéquat de toute autre sanction, et spécialement motiver sa décision de ne pas aménager la peine ainsi prononcée au regard de la situation matérielle, familiale et sociale du prévenu. • Crim. 7 nov. 2018, n° 17-84.616 P : *D. actu. 6 déc. 2018, obs. Recotillet ; Dr. pénal 2019, n° 18, obs. Bonis.*

80. Trafic d'objets volés. A justifié sa décision au regard des art. 132-19 et 132-24 C. pén., la cour d'appel qui, pour prononcer une peine d'emprisonnement en partie ferme et une amende de 100 000 F contre la demanderesse, après avoir relevé qu'elle était, avec sa sœur, l'organisatrice d'un trafic à grande échelle d'articles de luxe volés dans les magasins par une équipe de femmes d'origine maghrébine et portant sur plusieurs centaines de milliers de francs, qu'elle était titulaire de deux livrets créditeurs de plus de 100 000 F, détenait de nombreux bijoux dans un coffre et possédait avec son mari un véhicule Mercedes neuf d'une valeur de 150 000 F, énonce que la peine est justifiée par la nécessaire répression d'une délinquance organisée qui, par son ampleur et sa durée, a causé un important préjudice. • Crim. 5 mars 1998, n° 97-80.920 : *Gaz. Pal. 1998. 2, Chr. crim. 127.*

81. Répond aux exigences de l'art. 132-19 C. pén. et a justifié sa décision la cour d'appel qui, pour condamner le prévenu, déclaré coupable de participation à une association de malfaiteurs, recel aggravé, falsification de document administratif et usage, tentative de vol en réunion et complicité de recel, à une peine d'emprisonnement ferme de 3 ans, énonce qu'il n'a, certes, jamais été condamné, que toutefois il a eu un rôle central dans le trafic de véhicules qui lui est reproché, que les faits se sont déroulés sur plusieurs années et ont fait de nombreuses victimes, et que l'ensemble de ces éléments justifie sa condamnation. • Crim. 4 avr. 2002, n° 01-84.625 P. ♦ *Adde* : Leblois-Happe, *Dr. pénal 2003, Chron. crim. 11* (libre choix de la peine par le juge).

82. Violences. La peine de 4 mois d'emprisonnement ferme est justifiée, au regard de l'art. 132-19 C. pén., pour le prévenu qui a participé à l'agression d'un automobiliste, la nuit, au bois de Boulogne, par quatre individus travestis qui l'ont malmené, frappé d'un tesson de bouteille, la victime désignant le prévenu comme l'ayant menacé d'un couteau ; la gravité des faits justifie le prononcé d'une peine ferme d'emprisonnement. • Crim. 6 janv. 2004, n° 03-80.245 P : *AJ pénal 2004. 111, obs. Leblois-Happe ; Dr. pénal 2004. 46 et 47, obs. Véron.*

83. Référence au casier judiciaire ou à la récidive. Le prononcé d'une peine d'emprisonnement correctionnelle sans sursis est spécialement motivé, sans insuffisance, par la cour d'appel qui mentionne l'existence au casier judiciaire du prévenu d'une peine de 3 ans d'emprisonnement dont 28 mois avec sursis et mise à l'épreuve pour contrefaçon de documents administratifs et usage, escroquerie, recel et falsification de chèques. • Crim. 3 avr. 1995, n° 94-81.851 : *JCP 1995. IV. 1690 ; Gaz. Pal. 1995. 2. Somm. 364.*

84. A justifié sa décision au regard des exigences de l'art. 132-19 C. pén., entré en vigueur le 1er mars 1994, la cour d'appel qui, pour confirmer la peine d'emprisonnement ferme prononcée par le tribunal ou condamner le prévenu à une peine d'emprisonnement sans sursis : ... énonce que le prévenu a été condamné à plusieurs reprises et que les premiers juges lui ont infligé une peine adaptée à la gravité des faits commis et à ses antécédents. • Crim. 19 avr. 1995, n° 94-84.903 : *Dr. pénal 1995. 194, obs. Véron.* ♦ ... Énonce notamment que, eu égard à la personnalité du prévenu « déjà condamné à plusieurs reprises pour des faits similaires », une peine d'emprisonnement sera prononcée. • Crim. 8 sept. 1998, n° 97-86.285 : *inédit.* ♦ ... Énonce que « les antécédents du prévenu, condamné à de nombreuses reprises à de lourdes peines d'emprisonnement ferme et de réclusion criminelle, justifient l'application d'une peine d'emprisonnement ferme de 18 mois ». • Crim. 19 janv. 1999, n° 97-86.121 P : *Dr. pénal 1999. 99, obs. Véron.* ♦ ... Relève que le prévenu avait déjà été condamné plusieurs fois. • Crim. 8 févr. 2000, n° 99-86.820 : *JCP 2000. IV. 1994.* ♦ ... Associe à la gravité de la faute commise et à ses conséquences mortelles (homicide involontaire) l'état du casier judiciaire de chacun des prévenus. • Crim. 12 sept. 2000, n° 99-88.011 P : *RSC 2001. 159, obs. Mayaud.*

Art. 132-19-1 *Abrogé par L. n° 2014-896 du 15 août 2014, art. 7, à compter du 1er oct. 2014.*

Art. 132-19-2 *Abrogé par L. n° 2014-896 du 15 août 2014, art. 7, à compter du 1er oct. 2014.*

Art. 132-20 Lorsqu'une infraction est punie d'une peine d'amende, la juridiction peut prononcer une amende d'un montant inférieur à celle qui est encourue.

(L. n° 2014-896 du 15 août 2014, art. 3, en vigueur le 1er oct. 2014) **« Le montant de l'amende est déterminé en tenant compte des ressources et des charges de l'auteur de l'infraction. »**

(L. n° 2016-731 du 3 juin 2016, art. 82) **« Les amendes prononcées en matière contraventionnelle, correctionnelle et criminelle, à l'exception des amendes forfaitaires, peuvent faire l'objet d'une majoration, dans la limite de 10 % de leur montant, perçue lors de leur recouvrement. Cette majoration, prononcée dans les conditions prévues à l'article 707-6 du code de procédure pénale, est destinée à financer l'aide aux victimes. »**

1. Art. 132-24 C. pén., rédaction antérieure à la loi du 15 août 2014. Si, aux termes de l'art. 132-24 C. pén., les juges doivent tenir compte des ressources et charges de la personne condamnée à une peine d'amende, ce texte ne leur impose pas de motiver spécialement leur décision à cet égard. • Crim. 22 oct. 1998, n° 97-84.186 P : *Dr. pénal 1999. 38, obs. Véron ; RSC 1999. 578, obs. Bouloc.* ♦ S'il prévoit que la juridiction doit déterminer le montant de la peine d'amende en tenant compte des ressources et des charges de l'auteur de l'infraction, l'art. 132-24 C. pén. ne lui impose pas de motiver sa décision ; dès lors, en condamnant les demandeurs à une amende, dans la limite du montant maximum encouru, la cour d'appel n'a fait qu'user d'une faculté qu'elle tient de la loi. • Crim. 22 oct. 2008, n° 07-88.111 : *Dr. pénal 2009. 1, obs. Véron.*

2. Les dispositions de l'art. 7 de la L. du 3 août 1995 portant amnistie ne font pas obstacle à l'aggravation par les juges d'appel de la peine d'amende prononcée par les premiers juges ; par ailleurs, en prononçant ainsi en considération de la gravité des faits, l'arrêt attaqué satisfait aux prescriptions de l'art. 132-24 C. pén. • Crim. 28 avr. 1997, n° 96-81.527 : *JCP 1997. IV. 1772 ; Gaz. Pal. 1997. 2, Chr. crim. 175.*

3. Motivation – Loi du 15 août 2014. V. *supra*, ss. art. 132-1.

4. Amende forfaitaire. Le régime de l'amende forfaitaire majorée ne porte pas atteinte au pouvoir du juge de fixer librement le quantum de la peine et n'est pas incompatible avec l'art. 6 Conv. EDH, dès lors que le juge de police, qui fixe la peine dans les limites comprises entre le montant de l'amende forfaitaire majorée et le maximum encouru, dispose du pouvoir de proportionner le montant de l'amende à la gravité de la contravention commise, à la personnalité de son auteur et à ses ressources. • Crim. 16 juin 1999, n° 98-82.881 P : *Dr. pénal 1999. 151, obs. J.-H. Robert.*

5. En matière de stationnement non payé, le juge a la possibilité de prononcer une peine plus forte que celle payable par timbre amende ; l'application de l'art. 7, § 1, Conv. EDH doit être ici écartée, ce texte se référant au seul principe d'application de la loi pénale dans le temps et non aux dispositions des art. 529 s. C. pr. pén. sur l'amende forfaitaire ; selon cette procédure, applicable au moment des faits, la condamnation peut être prononcée à hauteur de l'amende prévue pour les classes de contravention correspondantes. • Paris, 4 mai 2001 : *JCP 2001. IV. 3049.*

6. Majoration de 10 %. Sur la non-conformité à la Constitution de la majoration des amendes, dans la limite de 10 % de leur montant, telle qu'elle avait été prévue par la L. n° 2014-896 du 15 août 2014, en raison de leur caractère de peines accessoires. • Cons. const. 7 août 2014, n° 2014-696 DC : *JO 17 août, p. 13659.* ♦ Sur la censure du Conseil constitutionnel d'une deuxième version de la majoration, mais fondée sur son absence de lien, même indirect, avec le projet de loi initial, qui portait adaptation de la procédure pénale au droit de l'Union européenne, devenue L. n° 2015-993 du 17 août 2015. • Cons. const. 13 août 2015, n° 2015-719 DC : *JO 18 août, p. 14395.*

Art. 132-20-1 *(L. n° 2007-1198 du 10 août 2007)* **Lorsque les circonstances de l'infraction ou la personnalité de l'auteur le justifient, le président de la juridiction avertit, lors du prononcé de la peine, le condamné des conséquences qu'entraînerait une condamnation pour une nouvelle infraction** *(Abrogé par L. n° 2014-896 du 15 août 2014, art. 7, à compter du 1er oct. 2014)* **« *commise en état de récidive légale* ».**

Art. 132-21 L'interdiction de tout ou partie des droits civiques, civils et de famille mentionnés à l'article 131-26 ne peut, nonobstant toute disposition contraire, résulter de plein droit d'une condamnation pénale.

Toute personne frappée d'une interdiction, déchéance ou incapacité quelconque qui résulte de plein droit, en application de dispositions particulières, d'une condamnation pénale, peut, par le jugement de condamnation ou par jugement ultérieur, être relevée en tout ou partie, y compris en ce qui concerne la durée, de cette interdiction, déchéance ou incapacité, dans les conditions fixées par le code de procédure pénale. – *Pr. pén. 703.*

BIBL. ▸ G. LORHO, *Dr. pénal 2001. Chron. 29* (premier bilan d'application de l'art. L. 7 C. élect.). – E. GLASER, *RLCT 2007/21, n° 611* (perte automatique de la qualité de fonctionnaire suite à une condamnation pénale). – Y. MAYAUD, *RLCT 2007/30, n° 871* (incapacité de l'art. L. 7 C. élect., ou d'une peine justement redoutée...). – E. VERGÈS, *RSC 2008. 954* (L. n° 2008-776 du 4 août 2008 de modernisation de l'économie : peines complémentaires et alternatives d'incapacité d'exercice d'une activité commerciale ou industrielle).

1. Incapacités électorales. Sur l'inconstitutionnalité des dispositions de l'art. 194 de la L. n° 85-98 du 25 janv. 1985, relative au redressement et à la liquidation judiciaires des entreprises qui prévoyait que le jugement prononçant la faillite personnelle, l'interdiction de gérer une entreprise ou la liquidation judiciaire, emportait de plein droit l'incapacité d'exercer une fonction publique élective pour une durée au moins égale à 5 ans. • Cons. const. 15 mars 1999, n° 99-410 DC : *JO 21 mars, p. 4234 ; D. 2000. Somm. 116, obs. Roujou de Boubée ; AJDA 1999. 324, obs. Schoettl ; Dr. pénal 1999. 68 ; JCP 1999. I. 151, n° 5, obs. Robert ; ibid. I. 177, n° 19, obs. Pétel ; RSC 1999. 851, obs. Seuvic ; RTD civ. 1999. 724, obs. Molfessis.* ♦ *Adde* : obs. Robert, *Dr. pénal 2001. 36.* ♦ Opposer : • Com. 9 juill. 1996, n° 95-13.424 P : *D. 1996. 465, concl. de Gouttes ; D. Affaires 1996. 1132 ; Gaz. Pal. 1996. 2. Somm. 391, note Perdriau.* ♦ Rappr. : • CE 8 janv. 1997 : *D. 1997. 259, note Ghevontian.* ♦ L'Ord. n° 2000-912 du 18 sept. 2000 relative à la partie législative du code de commerce n'a pas repris le texte de l'art. 194 de la L. du 25 janv. 1985.

2. Sur l'inconstitutionnalité de l'art. L. 7 C. élect., qui était issu de la L. n° 95-65 du 19 janv.1995 relative au financement de la vie politique (JO 21 janv., p. 1105), et qui prévoyait l'exclusion de plein droit des listes électorales, pendant un délai de 5 ans à compter de la date à laquelle la condamnation était devenue définitive, des personnes « condamnées pour l'une des infractions prévues par les art. 432-10 à 432-16, 433-1, 433-2, 433-3 et 433-4 C. pén. ou pour le délit de recel de l'une de ces infractions, défini par les art. 321-1 et 321-2 C. pén. ». • Cons. const. 11 juin 2010, n° 2010-6/7 QPC : *JO 12 juin, p. 10849 ; D. 2010. Actu. 1560, obs. Lavric ; ibid. Pan. 2736, obs. Roujou de Boubée ; AJ pénal 2010. 392, obs. Perrier ; JCP 2010, n° 25, 697, obs. Del Prete ; Gaz. Pal. 2010. 2, p. 2392, note Dreyer ; ibid. 3402, note Mongin-Archambeaud ; ibid. 3434, note Sordino ; RSC 2011. 182, obs. de Lamy.* ♦ Sur la position contraire : ... de la Cour de cassation. • Civ. 2e, 1er mars 2001, n° 01-00.584 P • 18 déc. 2003, n° 03-60.315 P. ♦ ... Du Conseil d'État : • CE 1er juill. 2005, nos 261002 et 276521 : *D. 2005. 2931, note Jobart ; AJ pénal 2005. 326, obs. Enderlin.*

3. Faillite personnelle. L'art. 190, 2°, de la L. n° 2005-845 du 26 juill. 2005 de sauvegarde des entreprises dispose que les mesures de faillite personnelle et d'interdiction de gérer, ainsi que les déchéances et interdictions qui en ont résulté, prennent fin à la date de publication de la loi, soit le 27 juill. 2005, lorsque, à cette date, elles ont été prononcées plus de 15 années auparavant par une décision devenue définitive. • Crim. 29 nov. 2005 : *Dr. pénal 2006. 12, obs. J.-H. Robert.* ♦ *Adde* : H. Guyader, *RLDA 2007/18, n° 1116* (dispositions de droit transitoire de la L. du 26 juill. 2005). – Ph. Modat, *RLDA 2007/18, n° 1117* (nouveau droit des sanctions commerciales issu de la L. du 26 juill. 2005).

4. L'impossibilité pour une juridiction pénale de prononcer, à titre de peine complémentaire pour banqueroute, une mesure de faillite personnelle ou d'interdiction de gérer, lorsqu'une juridiction civile ou commerciale a déjà prononcé une telle mesure par une décision définitive, ne s'applique que si cette décision a été prise à l'occasion des mêmes faits. • Crim. 31 oct. 2007, n° 06-89.045 P : *D. 2008. Pan. 1579, obs. Mascala* ; *Dr. pénal 2008. 10, obs. J.-H. Robert.*

5. Inscription au FIJAIS. La juridiction de jugement, qui prononce une condamnation pour une infraction mentionnée à l'art. 706-47 C. pr. pén. et punie d'une peine supérieure à 5 ans d'emprisonnement, ne peut dispenser le condamné de son inscription au fichier judiciaire national automatisé des auteurs d'infractions sexuelles (FIJAIS) ; après avoir déclaré le prévenu coupable d'agressions sexuelles sur personnes particulièrement vulnérables, infraction visée à l'art. 706-47 C. pr. pén. et punie par l'art. 222-29 C. pén. d'une peine de 7 ans d'emprisonnement, l'arrêt attaqué énonce que la cour d'appel le dispense de l'inscription au FIJAIS ; mais en prononçant ainsi, alors que, d'une part, l'art. 132-21 C. pén., qui ne prévoit la possibilité de relèvement que pour les interdictions, déchéances et incapacités, ne peut trouver à s'appliquer en l'espèce, et que, d'autre part, l'art. 706-53-10 C. pr. pén. a mis en place, en la matière, une procédure particulière visant à obtenir l'effacement des informations figurant dans ce fichier, la cour d'appel a méconnu les textes susvisés et le principe ci-dessus rappelé. • Crim. 16 janv. 2008, n° 07-82.115 P : *D. 2008. Pan. 2764, obs. Pradel* ; *ibid. 2010. Pan. 610, obs. Gaumont-Prat* ; *AJ pénal 2008. 145, obs. Roussel* ; *Gaz. Pal. 2009. 1. Somm. 1442, note Monnet.*

6. La juridiction de jugement qui prononce une condamnation pour une infraction mentionnée à l'art. 706-47 C. pr. pén. et punie d'une peine supérieure à 5 ans d'emprisonnement ne peut dispenser le condamné de son inscription au fichier judiciaire national automatisé des auteurs d'infractions sexuelles (FIJAIS) ; encourt la censure l'arrêt qui, après avoir prononcé contre le prévenu une condamnation pour agression sexuelle par ascendant, infraction visée à l'art. 706-47 C. pr. pén. et punie par l'art. 222-28 C. pén. d'une peine de 7 ans d'emprisonnement, le dispense de l'inscription au fichier judiciaire national automatisé des auteurs d'infractions sexuelles. • Crim. 17 févr. 2010, n° 09-87.570 P : *D. 2010. AJ 831, obs. Priou-Alibert* .

7. Perte de grade. Il ressort d'une jurisprudence constante du Conseil d'État que, pour un militaire, la perte du grade constitue une peine ; le principe d'individualisation des peines qui découle de l'art. 8 de la Déclaration de 1789 implique que cette peine ne puisse être appliquée que si le juge l'a expressément prononcée, en tenant compte des circonstances propres à chaque espèce ; les dispositions contestées de l'art. L. 311-7 CJM, dans sa rédaction antérieure à la L. n° 2011-1862 du 13 déc. 2011 relative à la répartition des contentieux et à l'allègement de certaines procédures juridictionnelles, prévoient que toute condamnation prononcée pour crime entraîne de plein droit la perte du grade, que toute condamnation à une peine égale ou supérieure à 3 mois d'emprisonnement avec ou sans sursis emporte la perte du grade si elle est prononcée pour certains délits, et qu'il en est de même si la peine, même inférieure à 3 mois d'emprisonnement, s'accompagne soit d'une interdiction de séjour, soit d'une interdiction de tout ou partie des droits civiques, civils et de famille ou si le jugement déclare que le condamné est incapable d'exercer aucune fonction publique ; la peine de perte de grade, qui est définitive et entraîne la cessation de l'état militaire, est attachée de plein droit à diverses condamnations pénales sans que le juge qui les décide ait à la prononcer expressément ; même si le juge a la faculté, en prononçant la condamnation, d'exclure expressément sa mention au bulletin n° 2 du casier judiciaire, conformément aux dispositions de l'art. 775-1 C. pr. pén., cette faculté ne saurait, à elle seule, assurer le respect des exigences qui découlent du principe d'individualisation des peines ; par suite, l'art. L. 311-7 CJM, dans sa rédaction antérieure à la L. du 13 déc. 2011 susvisée, doit être déclaré contraire à la Constitution. • Cons. const. 3 févr. 2012, n° 2011-218 QPC : *JO 4 févr.* ; *Gaz. Pal. 2012. 1. 1030, note Detraz.*

8. Relèvement. Est à bon droit déclaré coupable d'infraction à la L. du 30 août 1947 relative à l'assainissement des professions commerciales, le prévenu qui, en dépit de deux condamnations pour escroqueries à des peines de 6 mois et 3 mois d'emprisonnement emportant, aux termes des art. 1er et 2 de ladite loi, interdiction de plein droit d'exercer une quelconque profession commerciale ou fonction de direction, de gérance ou d'administration dans une entreprise commerciale, a dirigé en fait une société à responsabilité limitée, alors qu'en l'absence de limitation expresse de la durée de l'interdiction, celle-ci était illimitée, sauf faculté pour l'intéressé d'en solliciter le relèvement. • Crim. 14 mars 1996 : *Dr. pénal 1996. 220, obs. J.-H. Robert.*

9. L'incapacité attachée à certaines condamnations, édictée par le texte régissant les conditions d'accès à la profession d'agent immobilier, ne constitue pas une peine complémentaire mais une mesure de sûreté qui, dès l'entrée en vigueur de la loi qui l'institue, frappe la personne antérieurement condamnée ; il ne saurait donc être reproché à une cour d'appel de rejeter la requête présentée par un agent immobilier, condamné, le 28 juin 1995, à une peine d'emprisonnement avec sursis probatoire, en relèvement de l'incapacité professionnelle résultant de plein droit de la condamnation, en application de l'art. 9, 2° *bis*, de la L. n° 70-9 du 2 janv. 1970, et qui faisait valoir que ces dispositions légales, issues de l'art. 46 de la L. n° 94-624 du 21 juill. 1994, qui a notamment étendu aux condamnations pour tromperie les causes d'incapacité prévues par l'art. 9, ne pouvaient, en vertu du principe de non-rétroactivité des lois pénales, s'appliquer à une condamnation antérieure à son entrée en vigueur le 1er juill. 1995. • Crim. 26 nov. 1997 : *D. 1998. IR 51.*

10. Pour rejeter la requête en relèvement des mesures de publication et d'affichage, formée verbalement à l'audience, par le prévenu poursuivi pour fraude fiscale, la cour d'appel énonce que l'art. 132-21 C. pén., sur lequel celui-ci fonde sa demande, et qui prévoit la possibilité d'un relèvement par la décision même de condamnation, ne vise que les interdictions, déchéances et incapacités ; elle a justifié sa décision, dès lors que la procédure de relèvement immédiat prévue par ce texte ne s'applique qu'aux peines qu'il énumère limitativement. • Crim. 3 juin 2004, nº 03-87.508 P : *Dr. pénal 2004. 132, obs. J.-H. Robert ; Gaz. Pal. 2005. 1. Somm. 1387, obs. A.C. ; RSC 2004. 873, obs. Vermelle ; ibid. 2005. 581, obs. Matsopoulou.* ♦ Les dispositions de l'art. 132-21 C. pén. ne s'appliquent qu'aux interdictions, déchéances ou incapacités, et donc pas à la peine complémentaire obligatoire d'affichage et de publication prévue par l'art. 174 CGI. • Crim. 21 sept. 2005 : *AJ pénal 2005. 414 ; Dr. pénal 2006. 13, obs. J.-H. Robert.*

11. Pour assurer l'effectivité des peines principale (amende) et complémentaire (interdiction des droits de vote et d'éligibilité pour une durée d'un an) expressément prononcées par la cour, et pour éviter toute controverse future devant le juge civil sur l'application des articles du code électoral, il y a lieu, d'une part, de rejeter la demande de non-inscription de la condamnation sur le bulletin nº 2 du casier judiciaire de l'intéressé et, d'autre part, en application de l'art. 132-21 C. pén., de relever le condamné de l'interdiction de figurer sur les listes électorales pendant un délai de 5 ans, résultant de plein droit de la condamnation pour prise illégale d'intérêts, incapacité prévue par l'art. L. 7 C. élect., qui aurait pour effet d'entraîner une inéligibilité de 10 ans, en application de l'art. L.O. 130, al. 1er, C. élect. • Versailles, 14 janv. 2005 : *AJ pénal 2005. 197, obs. Segonds ; Gaz. Pal. 2005. 2. Somm. 2848.*

12. Le refus d'exclure la mention d'une condamnation au bulletin nº 2 du casier judiciaire relève de l'exercice d'une faculté que les juges n'ont pas à motiver spécialement et ne conduit pas à méconnaître les dispositions de l'art. 3 du premier Protocole additionnel à la Conv. EDH, dès lors que le condamné peut, en application de l'art. 132-21, al. 2, C. pén., solliciter le relèvement de l'incapacité résultant de l'art. L. 7 C. élect. • Crim. 4 mai 2006, nº 05-81.151 P : *RLCT 2006/18, nº 518, note Mayaud.*

Art. 132-22 **Le procureur de la République, le juge d'instruction ou le tribunal saisi peuvent obtenir des parties, de toute administration, de tout établissement financier, ou de toute personne détenant des fonds du prévenu, la communication des renseignements utiles de nature financière ou fiscale, sans que puisse être opposée l'obligation au secret.**

SOUS-SECTION 5 DE LA PÉRIODE DE SÛRETÉ *(L. nº 2005-1549 du 12 déc. 2005, art. 3).*

Art. 132-23 **En cas de condamnation à une peine privative de liberté, non assortie du sursis, dont la durée est égale ou supérieure à dix ans, prononcée pour les infractions spécialement prévues par la loi, le condamné ne peut bénéficier, pendant une période de sûreté, des dispositions concernant la suspension ou le fractionnement de la peine, le placement à l'extérieur, les permissions de sortir, la semi-liberté et la libération conditionnelle.**

La durée de la période de sûreté est de la moitié de la peine ou, s'il s'agit d'une condamnation à la réclusion criminelle à perpétuité, de dix-huit ans. La cour d'assises ou le tribunal peut toutefois, par décision spéciale, soit porter ces durées jusqu'aux deux tiers de la peine ou, s'il s'agit d'une condamnation à la réclusion criminelle à perpétuité, jusqu'à vingt-deux ans, soit décider de réduire ces durées.

Dans les autres cas, lorsqu'elle prononce une peine privative de liberté d'une durée supérieure à cinq ans, non assortie du sursis, la juridiction peut fixer une période de sûreté pendant laquelle le condamné ne peut bénéficier d'aucune des modalités d'exécution de la peine mentionnée au premier alinéa. La durée de cette période de sûreté ne peut excéder les deux tiers de la peine prononcée ou vingt-deux ans en cas de condamnation à la réclusion criminelle à perpétuité.

Les réductions de peines accordées pendant la période de sûreté ne seront imputées que sur la partie de la peine excédant cette durée. — *Pr. pén. 720-2, 729, 729-1.*

En ce qui concerne les mineurs, V. Ord. nº 45-174 du 2 févr. 1945, art. 20-2, App., vº Enfance — Enfance délinquante...

Corresp. : *C. pr. pén., ancien art. 720-2.*

BIBL. ▶ J.-F. SEUVIC, *Rev. pénit. et dr. pén. 1996. 311*. – GRIFFON, *AJ pénal 2013. 591* (computation de la période de sûreté). – BOCCON-GIBOD et LAURENT, *AJ pénal 2014. 101* s. (période de sûreté et pluralité des peines : un autre regard). – GRIFFON-YARZA, *Dr. pénal 2016. Études 23* (les évolutions législatives et jurisprudentielles en matière de période de sûreté : un bilan très contrasté).

1. QPC. Le mécanisme d'application automatique d'une période de sûreté, sans donc que le juge ait à la prononcer expressément, ne méconnaît pas les principes d'individualisation et de nécessité des peines. • Cons. const. 26 oct. 2018, n° 2018-742 : *D. actu. 12 nov. 2018, obs. Goetz ; AJ pénal 2018. 589, obs. Grégoire ; Dr. pénal 2018, n° 219, obs. Peltier.*

2. Champ d'application. La période de sûreté de plein droit ne s'applique, selon l'art. 132-23, al. 1er, C. pén., qu'en cas de condamnation à une peine privative de liberté, non assortie du sursis, dont la durée est égale ou supérieure à dix ans, prononcée pour les infractions spécialement prévues par la loi. L'interprétation stricte de la loi pénale exclut tout recel criminel des dispositions de cet article. • Crim. 22 janv. 2020, n° 19-84.084 P : *D. actu. 18 févr. 2020, obs. Roques ; Dr. pénal 2020, n° 66, obs. Bonis.*

3. Application dans le temps. Il résulte du nouvel art. 132-23 C. pén., entré en vigueur le 1er mars 1994, que la durée de la période de sûreté assortissant la peine de la réclusion criminelle à perpétuité ne peut désormais excéder 22 ans ; par suite, ne peut être maintenue la période de sûreté, arrêtée par une cour d'assises à la durée maximale de 30 ans, prévue par l'art. 720-2 C. pr. pén., dans sa rédaction antérieure au 1er mars 1994 ; dès lors, par application de l'art. 112-1 C. pén., la durée maximale plus douce, fixée par la loi nouvelle, doit lui être substituée, l'arrêt étant annulé en ses seules dispositions fixant à 30 ans la durée de la période de sûreté, toutes autres dispositions étant expressément maintenues, et sans qu'il y ait lieu à renvoi. • Crim. 25 mai 1994, n° 93-83.820 P : *RSC 1995. 99, obs. Bouloc.*

4. Il ne saurait être fait grief à une cour d'assises d'avoir condamné une personne accusée d'avoir commis un meurtre le 19 avr. 1993, à 30 ans de réclusion criminelle et, par délibération spéciale, d'avoir fixé à 17 ans la durée de la période de sûreté, dès lors que la faculté pour les juges d'appliquer au condamné une période de sûreté pouvant atteindre les deux tiers de la peine privative de liberté trouve son fondement légal tant dans les dispositions de l'art. 720-2, al. 1er, 3°, C. pr. pén., applicable à la date des faits, que dans celles de l'art. 132-23, al. 3, C. pén., entré en vigueur le 1er mars 1994. • Crim. 23 juill. 1996, n° 95-85.634 P.

5. Constitutionnalité. Les principes énoncés par l'art. 8 DDH ne concernent pas seulement les peines prononcées par les juridictions répressives mais s'étendent au régime des mesures de sûreté qui les assortissent. • Cons. const. 20 janv. 1994, n° 93-334 DC : *JO 26 janv. ; D. 1995. Somm. 340, obs. T. S. Renoux.*

6. Conventionnalité. En condamnant l'accusé à la réclusion criminelle à perpétuité en disant qu'aucune des mesures énumérées à l'art. 132-23 C. pén. ne pourra lui être accordée. La cour d'assise n'a pas prononcé une peine inhumaine et dégradante au sens de l'art. 3 Conv. EDH, dès lors qu'il résulte de l'art. 720-4 C. pr. pén. qu'à l'issue d'une période de 30 ans, le tribunal de l'application des peines peut, au vu de gages sérieux de réadaptation sociale, mettre fin à l'application de cette mesure. • Crim. 20 janv. 2010, n° 08-88.301 P : *D. 2010. AJ 585 ; Procédures 2010, n° 140, obs. Buisson ; AJ pénal 2010. 252, obs. Royer ; Gaz. pal. 2010. 10 Jur. 981, note Dreyer.*

7. Infliger à un adulte une peine perpétuelle incompressible peut soulever une question sous l'angle de l'art. 3 de la Conv. ; ce qu'interdit cette disposition, c'est que la peine soit *de jure* et *de facto* incompressible ; pour déterminer si une peine perpétuelle peut passer pour incompressible, il faut rechercher si l'on peut dire qu'une détenu condamné à la perpétuité a des chances d'être libéré ; là où le droit national offre la possibilité de revoir la peine perpétuelle dans le but de la commuer, de la suspendre, d'y mettre fin ou encore de libérer le détenu sous conditions, il est satisfait aux exigences de l'art. 3 ; en ce qui concerne les peines perpétuelles, l'art. 3 doit être interprété comme exigeant qu'elles soient compressibles, c'est-à-dire soumises à un réexamen permettant aux autorités nationales de rechercher si, au cours de l'exécution de sa peine, le détenu a tellement évolué et progressé sur le chemin de l'amendement qu'aucun motif légitime d'ordre pénologique ne permet plus de justifier son maintien en détention ; un détenu condamné à la perpétuité réelle a le droit de connaître, dès la date d'imposition de cette peine, les conditions d'accès à un tel réexamen ; en l'absence de perspective d'être un jour libéré, faute de mécanisme ou de possibilité de réexamen d'une telle peine, l'incompatibilité avec l'art. 3 de la Convention en résultant prend naissance *ab initio* et non à un stade ultérieur de la détention. • CEDH 9 juill. 2013, *Vinter et a. c. R.-U., nos 66069/09, 130/10 et 3896/10 : D. actu. 12 juill. 2013, obs. Léna ; D. 2013. 2081, note Renucci ; ibid. 2713, obs. Roujou de Boubée, Garé, Gozzi, Mirabail et Potaszkin ; ibid. 2014. 1235, obs. Céré, Herzog-Evans et Péchillon ; AJ pénal 2013. 494, obs. Van Zyl Smit ; JCP 2013, n° 918, obs. Sudre ; Dr. pénal 2013. 165, obs. Bonis-Garçon ; RSC 2013. 625, chron. Poncela ;*

ibid. 649, obs. Roets. ♦ Rappr. : • CEDH 3 févr. 2015, *Hutchinson c/ Royaume-Uni*, n° 57592/08 : *JCP 2015. 195, obs. Gonzalez ; Dr. pénal 2015. Comm. 61, obs. Bonis-Garçon.*

8. Conformément à l'art. 720-4 C. pr. pén., à l'expiration d'une période de 30 ans d'incarcération, le condamné est susceptible de bénéficier d'une mesure d'aménagement de peine ; le requérant dispose par ailleurs de la possibilité de saisir le président de la République d'une demande de grâce et de demander une suspension de sa peine pour raisons médicales ; la Cour estime d'emblée qu'il convient d'exclure de son champ d'examen la requête en grâce qui n'est qu'une faveur accordée de manière discrétionnaire par le président de la République ; il en est de même de la suspension de peine pour raisons médicales qui, bien que constituant une garantie pour assurer la protection de la santé et du bien-être des prisonniers (*Mouisel c/ France*, n° 67263/01, § 43 et 44, CEDH 2002-IX), n'est pas un mécanisme qui correspond à la notion de « perspective d'élargissement » pour des motifs légitimes d'ordre pénologique (V. dans le même sens, Vinter, § 129) ; s'agissant du réexamen de la situation du requérant à l'issue d'un délai de 30 ans, tel que prévu par l'art. 720-4 C. pr. pén., la Cour observe qu'il aura précisément pour but de se prononcer sur sa dangerosité et de prendre en compte son évolution au cours de l'exécution de sa peine ; à la différence du système britannique, déclaré non conforme par la Cour dans l'arrêt Vinter, en raison de l'incertitude de l'état du droit régissant les possibilités d'élargissement des détenus condamnés à la perpétuité réelle, notamment quant aux délais et conditions d'une perspective de libération « dès la date d'imposition de la peine perpétuelle », la Cour observe que l'art. 720-4 prévoit un réexamen judiciaire de la période de sûreté perpétuelle, ouvert au ministère public et au condamné, dans la perspective de contrôler si des motifs légitimes justifient toujours le maintien en détention ; la Cour conclut que cette possibilité de réexamen de la réclusion à perpétuité est suffisante pour considérer que la peine prononcée contre le requérant est compressible aux fins de l'art. 3 de la Conv. ; partant, il n'y a pas eu violation de cette disposition. • CEDH 13 nov. 2014, *Bodein c/ France*, n° 40014/10 : *D. actu. 17 nov. 2014, obs. Léna ; D. 2014. Actu. 2303 ; AJ pénal 2015. 105, obs. Céré ; JCP 2014, n° 1223, obs. Milano ; Dr. pénal 2015, comm. 15, obs. Bonis-Garçon.*

9. L'absence de motivation des peines prononcées par les cours d'assises, qui s'explique par l'exigence d'un vote, n'est contraire ni à l'art. 6 Conv. EDH, ni aux art. 132-23 et 132-24 C. pén., ni au principe de personnalisation des peines. • Crim. 18 févr. 2015, n° 14-82.487 : *Dr. pénal 2015. Comm. 62, obs. Peltier.*

10. Nature juridique. La période de sûreté prévue par l'art. 720-2 C. pr. pén. n'est pas une mesure distincte de la peine qui en est assortie, mais constitue seulement une modalité d'exécution de celle-ci. • Crim. 16 janv. 1985, n° 84-93.553 P • 9 mars 1993, n° 92-84.480 P • 5 juill. 1993, n° 92-86.681 P.

11. Dès lors, en cas de confusion entre deux peines privatives de liberté, la durée de la détention subie antérieurement à cette mesure en exécution de la peine absorbée doit s'imputer sur la période de sûreté attachée à la peine absorbante. • Crim. 9 mars 1993 : *préc. note 10.*

12. La période de sûreté n'est pas une peine mais un mode d'exécution de celle-ci. Dès lors, l'interprétation stricte de la loi pénale exclut toute période de sûreté du recel criminel. • Crim. 22 janv. 2020, n° 19-84.084 P : *préc. note 2.*

13. Prononcé. La décision spéciale qui prononce la période de sûreté doit être acquise à la majorité absolue. • Crim. 5 juill. 1993, n° 92-86.681 P. ♦ Aux termes de l'art. 362 C. pr. pén., la majorité qualifiée de huit voix au moins n'est requise que pour le prononcé du maximum de la peine privative de liberté encourue ; il en résulte que la décision sur la période de sûreté doit être prise à la majorité absolue. • Crim. 8 févr. 1995, n° 94-82.153 P.

14. Motivation. La période de sûreté prévue par l'art. 132-23 C. pén. constitue une modalité d'exécution de la peine, mais fait corps avec elle, de sorte qu'elle doit faire l'objet d'une décision spéciale et motivée lorsqu'elle est facultative ou excède la durée prévue de plein droit. Toutefois l'objectif, reconnu par le Cons. const., d'une bonne administration de la justice commande que la nouvelle interprétation ainsi donnée à des dispositions de procédure n'ait pas d'effet rétroactif et ne s'applique donc qu'aux décisions prononcées à compter du présent arrêt. • Crim. 10 avr. 2019, n° 18-83.709 P : *D. actu. 2 mai 2019, obs. Fucini ; AJ pénal 2019. 443, obs. Grégoire ; D. 2019. Pan. 2320, obs. Roujou de Boubée*. ♦ Revirement par rapport à : • Crim. 29 janv. 1998, n° 97-81.573 P : *Dr. pénal 1998. 67, obs. Véron ; RSC 1998. 767, obs. Bouloc* (la décision spéciale par laquelle les juges portent, en application de l'art. 132-23 C. pén., la durée de la période de sûreté aux deux tiers de la peine n'a pas à être motivée). • Crim. 23 oct. 1989, n° 88-84.690 P • 22 mai 1990, n° 89-86.896 P • 5 juill. 1993, n° 92-86.681 P.

15. Aux termes de l'art. 132-23, al. 1er, C. pén., la durée de la période de sûreté est de la moitié de la peine ou, s'il s'agit d'une condamnation à la réclusion criminelle à perpétuité, de 18 ans ; la cour d'assises peut toutefois, par décision spéciale, soit porter ces durées jusqu'aux deux tiers de la peine ou, s'il s'agit d'une condamnation à la réclusion criminelle à perpétuité, jusqu'à 22 ans, soit décider de réduire ces durées ; dès lors, encourt la cassation l'arrêt de la cour d'assises qui, après avoir condamné un accusé à la réclusion criminelle à perpétuité, prononce à son encontre une période de sûreté des deux tiers de la peine. • Crim. 12 mars 2014, n° 13-83.536 P : *D. actu. 1er avr. 2014, obs. Fleuriot.*

16. Il résulte des énonciations de la feuille de questions que la cour et le jury, après en avoir délibéré dans les conditions prévues à l'art. 362 C. pr. pén. et voté à la majorité absolue, ont condamné l'accusé à la peine de 30 ans de réclusion criminelle puis, par décision spéciale, fixé la durée de la période de sûreté à 20 ans ; en cet état, la Cour de cassation est en mesure de s'assurer que la période de sûreté a été régulièrement prononcée, sur le fondement de l'art. 132-23 C. pén., faisant présumer que, pendant le délibéré, le président a complètement informé du sens et de la portée de cette disposition légale la cour et le jury, lesquels pouvaient l'être en outre par les parties durant les débats. • Crim. 15 mars 2017, n° 16-81.776 : *D. actu. 27 mars 2017, obs. Goetz ; AJ pénal 2017. 243, obs. Grégoire.*

17. Pluralité de périodes de sûreté. Sur les modalités de computation de la durée de la période de sûreté en cas de pluralité de périodes de sûreté, V. Circ. de la direction de l'Administration pénitentiaire du 19 mars 1998 *(BOMJ 1998, n° 69, p. 88).*

18. La loi n'apporte aucune réponse au fait de savoir si, application faite des dispositions des art. 132-4 et 132-5, al. 3, C. pén., les peines de sûreté attachées aux peines exécutoires continuent, pour ce qui les concerne, à se cumuler ; les dispositions d'une circulaire (19 mars 1998) ne sont de nature à faire échec, ni à la loi ni à la volonté d'un jury de cour d'assises, expressions du peuple souverain ; la loi ayant statué en faveur des condamnés au travers des dispositions des art. 132-4 et 132-5, al. 3, C. pén., il ne saurait être considéré que le même raisonnement ne puisse s'appliquer aux peines de sûreté attachées aux peines privatives de liberté, dont elles constituent des modalités d'exécution, et dont elles sont un élément en ce qu'elles relèvent de la décision de la juridiction qui peut en faire évoluer la durée (Cons. const, 3 sept. 1986) ; par application combinée des dispositions des art. 132-2, 132-4, 132-5, al. 3, et 132-23 C. pén., la période de sûreté attachée à une peine exécutable de 30 ans, au titre des peines s'étant confondues dans cette limite, doit être considérée comme étant fixée à hauteur de la moitié de la peine, soit 15 ans. • Paris, 11 avr. 2013, n° 2013/00346 : *D. actu. 10 oct. 2013, obs. Léna.*

19. Imputation de la détention provisoire. La période de sûreté prévue par l'art. 132-23 C. pén. n'étant qu'une modalité d'exécution de la peine privative de liberté qu'elle assortit, court à compter de la mise à exécution de celle-ci ; si la condamnation qui l'emporte ou la prononce a été précédée d'une détention provisoire, l'entier temps de celle-ci doit s'imputer sur la durée de la période de sûreté, sans qu'il y ait lieu de tenir compte, pour diminuer d'autant cette durée, du temps pendant lequel ont été simultanément exécutées une ou plusieurs condamnations à des peines non assorties d'une période de sûreté. • Crim. 25 juin 2014, n° 14-81.793 P : *D. actu. 26 juin 2014, obs. Léna ; D. 2014. Actu. 1379, obs. Léna ; AJ pénal 2014. 436, obs. Herzog-Evans ; Gaz. Pal. 2014. 2. 2220, note Mésa ; RSC 2014. 589, obs. Danet.*

20. Justifie sa décision le président de la chambre de l'application des peines qui énonce que le point de départ de la période de sûreté doit être fixé à partir du titre d'écrou initial, peu important que pendant la période de détention provisoire le détenu ait exécuté d'autres peines ; la période de sûreté, n'étant qu'une modalité d'exécution de la peine privative de liberté qu'elle assortit, court en effet à compter de la mise à exécution de celle-ci. • Crim. 10 déc. 2014, n° 14-83.130 P : *AJ pénal 2015. 332, obs. Herzog-Evans.*

21. Réductions de peine. Par application de l'art. 132-23, dernier alinéa, C. pén., les réductions de peine ne modifient pas la durée de la période de sûreté. • Crim. 14 oct. 2009, n° 09-82.267 P : *AJ pénal 2010. 202, obs. Herzog-Evans.*

22. Concours réel. Il se déduit de la combinaison des art. 132-4, 132-5, et 132-23 C. pén. que, lorsque, à l'occasion de procédures séparées, la personne poursuivie a été reconnue coupable de plusieurs infractions en concours, le principe de l'exécution cumulative dans la limite du maximum légal le plus élevé s'applique, en l'absence de décision de confusion, tant aux peines qu'aux périodes de sûreté. • Crim. 25 mai 2016, n° 15-86.024 P : *D. actu. 8 juin 2016, obs. Goetz ; Dr. pénal 2016. Comm. 134, obs. Bonis-Garçon.*

SOUS-SECTION 6 DES EFFETS DES CONDAMNATIONS PRONONCÉES PAR LES JURIDICTIONS PÉNALES D'UN ÉTAT MEMBRE DE L'UNION EUROPÉENNE

(L. n° 2010-242 du 10 mars 2010, art. 17-I, en vigueur le 1er juill. 2010)

Art. 132-23-1 Pour l'application du présent code et du code de procédure pénale, les condamnations prononcées par les juridictions pénales d'un État membre de l'Union européenne sont prises en compte dans les mêmes conditions que les condamnations prononcées par les juridictions pénales françaises et produisent les mêmes effets juridiques que ces condamnations.

Le présent article est entré en vigueur le 1er juillet 2010. Toutefois, les effets juridiques des condamnations prononcées par les juridictions pénales d'un État membre de l'Union européenne en matière de réhabilitation sont entrés en vigueur le 1er avril 2012 (L. no 2010-242 du 10 mars 2010, art. 17-III).

1. Application dans le temps. Pour la mise en œuvre des règles de la récidive en application de l'art. 132-23-1 C. pén. issu de la L. no 2010-242 du 10 mars 2010 prenant en compte les condamnations prononcées par une juridiction pénale d'un autre État membre de l'Union européenne, il suffit que l'infraction constitutive du second terme, qu'il dépend de l'agent de ne pas commettre, soit postérieure à l'entrée en vigueur de ladite disposition. • Crim. 24 mars 2015 : *D. actu. 14 avr. 2015, obs. Priou-Alibert ; AJ pénal 2015. 420, obs. Lasserre Capdeville.*

2. Selon l'art. 112-2, al. 1-3o C. pén., les lois relatives au régime d'exécution et d'application des peines sont applicables immédiatement à l'exécution des condamnations prononcées à raison de faits commis avant leur entrée en vigueur, quand elles n'ont pas pour résultat de rendre plus sévères les peines prononcées par la décision de condamnation. Il en est ainsi des dispositions de l'art. 132-23-1 C. pén. issu de la L. no 2010-242 du 20 mars 2010 qui permet de prendre en compte les condamnations prononcées par une juridiction d'un État membre de l'Union européenne dans les mêmes conditions que les condamnations prononcées par les juridictions françaises, lorsque son application permet de réduire au maximum légal le plus élevé la durée totale de plusieurs peines à exécuter, dont l'une a été prononcée dans une juridiction d'un État membre de l'Union européenne, et que la durée cumulée de ces peines excède ce maximum. • Crim. 8 janv. 2020, no 19-80.349 P : *D. actu. 4 févr. 2020, obs. Goetz.*

3. Confusion de peines. L'art. 132-23-1 C. pén., interprété à la lumière de l'art. 3 de la décision-cadre 2008/675/JAI du Conseil du 24 juill. 2008 et de l'arrêt de la CJUE en date du 21 sept. 2017 (C-171/16), permet d'ordonner la confusion d'une peine prononcée par une juridiction française et d'une peine prononcée par une juridiction d'un État membre de l'Union européenne dès lors que la seconde a été intégralement exécutée au jour où il est statué sur la requête en confusion. • Crim. 2 nov. 2017, no 17-80.833 P : *D. actu. 24 nov. 2017, obs. Fonteix ; AJ pénal 2017. 555, obs. Frinchaboy ; D. 2018. Chron. 196, obs. Laurent ; Dr. pénal 2017, no 186, obs. Bonis-Garçon.*

4. A l'inverse, l'art. 132-23-1 C. pén., tel qu'interprété à la lumière de la décision-cadre 2008/675/JAI du Conseil du 24 juill. 2008, relative à la prise en compte des décisions de condamnation entre les États membres de l'Union européenne à l'occasion d'une nouvelle procédure pénale, ne donne pas aux juridictions françaises le pouvoir d'ordonner la confusion, avec une peine prononcée et exécutée en France, d'une peine prononcée à l'étranger, sur laquelle il ne peut être influé. • Crim. 19 nov. 2014, no 13-80.161 P : *D. actu. 7 janv. 2015, obs. Léna ; D. 2014. Actu. 2411 ; Dr. pénal 2015. Chron. 3, obs. Peltier ; ibid. Comm. 28, obs. Bonis-Garçon.*

Art. 132-23-2 **Pour l'appréciation des effets juridiques des condamnations prononcées par les juridictions pénales d'un État membre de l'Union européenne, la qualification des faits est déterminée par rapport aux incriminations définies par la loi française et sont prises en compte les peines équivalentes aux peines prévues par la loi française.**

Le présent article est entré en vigueur le 1er juillet 2010. Toutefois, les effets juridiques des condamnations prononcées par les juridictions pénales d'un État membre de l'Union européenne en matière de réhabilitation sont entrés en vigueur le 1er avril 2012 (L. no 2010-242 du 10 mars 2010, art. 17-III).

SECTION II DES MODES DE PERSONNALISATION DES PEINES

Art. 132-24 *(L. no 2014-896 du 15 août 2014, art. 3, en vigueur le 1er oct. 2014)* **Les peines peuvent être personnalisées selon les modalités prévues à la présente section.**

BIBL. ► GASSIN, *RSC 1996, 155 ; ibid. 443* (fondements juridiques de la réinsertion des délinquants). – T. PAPATHEODOROU, *RSC 1997. 15* (personnalisation des peines). – A. GARAPON, *Justices 1998, no 9, p. 137* (peine fixe et individualisation). – DANET et LAVIELLE, *Gaz. Pal. 2000. 1. Doctr. 888* (la juste peine). – P. PONCELA : *RSC 2000. 887* (droit de l'exécution des peines – remarques sur la loi du 15 juin 2000). – R. CARIO, *D. 2003. Chron. 145* (place de la victime dans l'exécution des peines). – DREAN-RIVETTE, *AJ pénal 2006. 117* (l'art. 132-24, al. 2 : une perte d'intelligibilité de la loi pénale ?). – SÉVELY-FOURNIÉ, *RSC 2009. 793* (répression et motivation. Réflexions sur la motivation des arrêts et jugements des juridictions répressives). – BIGUENET, *Dr. pénal 2011, no 3* (limites de la liberté du juge dans l'individualisation de la peine ou l'inconventionnalité (entre autres anomalies) des condamnations *ultra petita*). – PELTIER, *Dr. pénal 2011, no 4* (individualisation de la peine dans les décisions liées aux questions prioritaires de constitutionnalité). – Hasnaoui, *Dr. pénal 2011. Étude 22* (de la motivation spéciale des peines d'emprisonnement ferme après la L. n° 2009-1436 du 24 nov. 2009 : précisions sur une petite révolution ?). – Beaussonie, *RSC 2014. 809* (L. n° 2014-896 du 15 août 2014 relative à l'individualisation des peines et renforçant l'efficacité des sanctions pénales).

▸ **Dossier :** La courte peine d'emprisonnement ferme, *Gaz. Pal. n*^{os} *202 à 204, 21-23 juill. 2013, p. 4 s.*

Obligation du prononcé de la peine. Selon l'art. 464 C. pr. pén., et sauf à faire application des dispositions particulières prévues par l'art. 469-1 du même code, le juge pénal ne peut retenir la culpabilité d'un prévenu sans prononcer simultanément la peine ; encourt dès lors la censure l'arrêt d'une cour d'appel qui, après avoir déclaré les prévenus coupables de certains chefs de la prévention, sans prononcer de peine, ordonne un supplément d'information sur la caractérisation d'une autre infraction. • Crim. 11 févr. 2009, n° 08-85.224 P.

Ancien art. 132-24 *Dans les limites fixées par la loi, la juridiction prononce les peines et fixe leur régime en fonction des circonstances de l'infraction et de la personnalité de son auteur. Lorsque la juridiction prononce une peine d'amende, elle détermine son montant en tenant compte également des ressources et des charges de l'auteur de l'infraction.*

(L. n° 2005-1549 du 12 déc. 2005, art. 4) *« La nature, le quantum et le régime des peines prononcées sont fixés de manière à concilier la protection effective de la société, la sanction du condamné et les intérêts de la victime avec la nécessité de favoriser l'insertion ou la réinsertion du condamné et de prévenir la commission de nouvelles infractions. »*

(L. n° 2009-1436 du 24 nov. 2009, art. 65) *« En matière correctionnelle, en dehors des condamnations en récidive légale prononcées en application de l'article 132-19-1, une peine d'emprisonnement sans sursis ne peut être prononcée qu'en dernier recours si la gravité de l'infraction et la personnalité de son auteur rendent cette peine nécessaire et si toute autre sanction est manifestement inadéquate ; dans ce cas, la peine d'emprisonnement doit, si la personnalité et la situation du condamné le permettent, et sauf impossibilité matérielle, faire l'objet d'une des mesures d'aménagement prévues aux articles 132-25 à 132-28. »*

A. PRONONCÉ DE LA PEINE

1. Appréciation. Les juges du fond disposent, quant à l'application de la peine, dans les limites fixées par la loi, d'une faculté discrétionnaire dont ils ne doivent aucun compte. • Crim. 3 nov. 1955 : *Bull. crim. n° 540* • 26 déc. 1962, n° 94-52.961 P • 5 oct. 1977, n° 76-93.302 P • 9 févr. 1987, n° 86-92.864 P • 5 sept. 1989, n° 89-80.092 P.

2. La détermination de la peine par les juges, dans les limites fixées par la loi, relève d'une faculté dont ils ne doivent aucun compte et à laquelle l'art. 132-24 C. pén. n'a apporté aucune restriction. • Crim. 7 oct. 1997 : *JCP 1997. IV. 2487* • 29 nov. 2000 : *inédit.* ♦ Ainsi de la fixation du montant de l'amende dans les limites du maximum légal. • Crim. 25 févr. 1997 : *inédit.* ♦ Les juges répressifs disposent, pour le prononcé des peines propres à sanctionner l'infraction dont ils sont saisis, d'un pouvoir d'appréciation dont ils ne doivent aucun compte, et ils ne peuvent, en outre, à cette occasion, se faire juge de la constitutionnalité des lois qu'ils sont chargés d'appliquer. • Crim. 14 mai 1998, n° 96-84.622 P. ♦ S'il prévoit que la juridiction doit déterminer le montant de la peine d'amende en tenant compte des ressources et des charges de l'auteur de l'infraction, l'art. 132-24 C. pén. ne lui impose pas de motiver sa décision ; dès lors, en condamnant les demandeurs à une amende, dans la limite du montant maximum encouru, la cour d'appel n'a fait qu'user d'une faculté qu'elle tient de la loi. • Crim. 22 oct. 2008 : *Dr. pénal 2009. 1 et 4, obs. Véron ; ibid. Chron. 3, obs. Garçon et Peltier.*

3. En conséquence, la cour d'appel qui, faisant droit à l'appel du ministère public, élève la peine prononcée par les premiers juges contre le prévenu n'est tenue de donner aucun motif spécial à l'appui de sa décision. • Crim. 11 oct. 1960 : *Bull. crim. n° 440* • 26 déc. 1962 : *préc. note 1.*

4. Une personne condamnée pour tentative d'escroquerie à une peine d'emprisonnement de six mois avec sursis ne saurait faire grief à la cour d'appel d'avoir insuffisamment motivé le prononcé à son égard de la peine d'emprisonnement avec sursis, dès lors que, d'une part, la détermination de la peine par les juges dans les limites prévues par la loi relève d'une faculté dont ils ne doivent aucun compte et à laquelle l'art. 132-24 C. pén. n'a apporté aucune restriction et que, d'autre part, l'obligation de motiver spécialement le choix d'une peine d'emprisonnement ne leur est imposée par l'art. 132-19 du même code qu'au cas d'emprisonnement sans sursis. • Crim. 19 déc. 1996, n° 96-81.647 P.

5. Les dispositions de l'art. 132-24 C. pén. imposent au juge pénal de motiver le prononcé d'une peine d'emprisonnement ferme au regard de sa nécessité, du caractère inadéquat de toute autre sanction, de la gravité de l'infraction et de la personnalité de l'auteur. Par ailleurs, si la situation le permet, et sauf impossibilité matérielle, la peine d'emprisonnement doit être aménagée. • Crim. 12 oct. 2010, n° 10-81.044 P : *D. 2010. 275, obs. Léna ; ibid. 2011. Pan. 2828, obs. Potaszkin* • Crim. 10 nov. 2010, n° 10-80.265 P : *D. actu. 16 déc. 2010, obs. Léna ; D. 2011. Pan. 2828, obs. Potaszkin ; RSC 2011. 872, obs. Boccon-Gibod* • Crim. 18 mai 2011 : *D. actu. 11 juill. 2011, obs. Léna* • Crim. 30 oct. 2012 : *D. actu. 17 déc. 2012, obs. Winckelmuller ; D. 2013. Pan. 2713 ; Procédures 2013, n° 27, obs. Buisson* (motivation jugée incomplète) • Crim. 8 oct. 2014, n° 14-80.633 P : *D. actu. 5 nov. 2014, obs. Léna ; AJ pénal 2015. 200, obs. Lasserre Capdeville ; Dr. pénal 2015. Chron. 3, obs. Bonis-Garçon.* ♦ En vertu de l'art. 132-24, al. 3, C. pén., issu de la loi pénitentiaire n° 2009-1436 du 24 nov. 2009, les juges correctionnels qui prononcent une peine d'emprisonnement ferme sont astreints à une double obligation de motivation au regard, d'une part, de la nécessité de cette peine au vu de la gravité de l'infraction et de la personnalité de son auteur et, d'autre part, de l'inadéquation de toute autre solution d'aménagement. • Crim. 27 sept. 2011 : *D. actu. 7 nov. 2011, obs. Priou-Alibert ; AJ pénal 2012. 289, obs. Priou-Alibert*. ♦ En matière correctionnelle, en dehors des condamnations en récidive prononcées en application de l'art. 132-19-1 C. pén., lorsque la peine d'emprisonnement sans sursis prononcée n'est pas supérieure à deux ans, cette peine doit, si la personnalité et la situation du condamné le permettent, et sauf impossibilité matérielle, faire l'objet d'une des mesures d'aménagement prévues aux art. 132-25 à 132-28 dudit code. En condamnant le prévenu à la peine de dix-huit mois d'emprisonnement dont dix mois assortis du sursis avec mise à l'épreuve, sans rechercher si la personnalité et la situation du condamné permettaient d'aménager la peine d'emprisonnement sans sursis ni justifier d'une impossibilité matérielle empêchant cet aménagement, la cour d'appel a méconnu le texte susvisé et le principe ci-dessus rappelé. • Crim. 3 nov. 2011, n° 10-87.502 P : *D. 2011. Actu. 2799*. ♦ Lorsqu'une peine d'emprisonnement sans sursis égale ou inférieure à deux ans est prononcée, satisfait aux exigences de l'art. 132-24 C. pén. l'arrêt d'où il résulte que la possibilité d'aménager la peine ne ressort ni des pièces du dossier ni des éléments versés aux débats. • Crim. 22 févr. 2012, n° 11-82.975 P : *D. 2012. Actu. 684 ; RSC 2012. 389, obs. Boccon-Gibod ; Dr. pénal 2012, n° 85, obs. Véron.*

6. Ne répond pas aux exigences de la motivation spéciale imposée par l'art. 132-24, al. 3, C. pén. et encourt, dès lors, la censure l'arrêt qui prononce une peine d'emprisonnement ferme au motif qu'une telle peine est la seule de nature à contraindre le condamné à se soumettre au prélèvement biologique, justifié par sa condamnation prononcée pour des faits de violences. • Crim. 17 avr. 2013, n° 12-86.054 P : *D. 2013. Pan. 2713 ; AJ pénal 2013. 473 ; Dr. pénal 2014. Chron. 3, obs. Bonis-Garçon et Peltier.*

7. En l'absence du prévenu régulièrement cité et faute d'éléments lui permettant d'apprécier la situation personnelle de celui-ci en vue d'aménager la peine d'emprisonnement, la cour d'appel justifie sa décision en ne la motivant qu'au regard de la gravité de l'infraction et de l'importance du casier judiciaire du prévenu. • Crim. 28 nov. 2012, n° 12-80.639 P : *D. actu. 20 déc. 2012, obs. Léna ; D. 2013. Pan. 2713 ; Dr. pénal 2013, n° 20, obs. Véron.*

8. Les dispositions de l'art. 7 de la L. du 3 août 1995 portant amnistie ne font pas obstacle à l'aggravation par les juges d'appel de la peine d'amende prononcée par les premiers juges ; par ailleurs, en prononçant ainsi en considération de la gravité des faits, l'arrêt attaqué satisfait aux prescriptions de l'art. 132-24 C. pén. • Crim. 28 avr. 1997 : *JCP 1997. IV. 1772 ; Gaz. Pal. 1997. 2, chron. crim. 175.*

9. Si aux termes de l'art. 132-24 C. pén., les juges doivent tenir compte des ressources et charges de la personne condamnée à une peine d'amende, ce texte ne leur impose pas de motiver spécialement leur décision à cet égard. • Crim. 22 oct. 1998, n° 97-84.186 P : *Dr. pénal 1999. 38, obs. Véron ; RSC 1999. 578, obs. Bouloc*.

10. Les appréciations par lesquelles les juges relèvent le comportement déloyal d'un prévenu au cours de l'information et des débats, et notamment son exceptionnelle mauvaise foi, très proche du défi lancé à l'institution judiciaire, dès lors qu'elles ne sont pas détachables des motifs relatifs à la déclaration de culpabilité et du prononcé de la peine, ne sont pas de nature à faire naître un doute sur l'impartialité de la juridiction, selon l'art. 6, § 1, Conv. EDH. • Crim. 11 juin 1998 : *D. 1998. IR 218 ; JCP 1998. IV. 3137.*

11. En prononçant contre le prévenu, du chef de fraude ou fausse déclaration pour obtenir ou faire obtenir ou tenter de faire obtenir des prestations qui ne sont pas dues, la peine complémentaire d'exclusion des services des assurances sociales, sans limitation de durée, une cour d'appel n'a fait qu'user de la faculté qui lui est reconnue par les art. L. 377-1 et L. 377-5 CSS, dont elle n'a pas à apprécier la constitutionnalité. • Crim. 4 nov. 1998 : *Dr. pénal 1999. 43, obs. J.-H. Robert.*

12. Justifie sa décision la cour d'appel qui, pour condamner le prévenu à quatre ans d'emprisonnement, relève que le prononcé d'une peine d'emprisonnement sans sursis était justifié par l'état de récidive, et énonce que, selon l'art. 132-19-1 C. pén., résultant de la L. du 10 août 2007, cette peine ne peut être inférieure à quatre ans si le délit, commis en état de récidive, est puni de dix ans d'emprisonnement, comme en l'espèce.

En l'état de ces seules énonciations et dès lors que l'infraction à la législation sur les stupéfiants, punie de dix ans d'emprisonnement, a été commise en récidive et après l'entrée en vigueur de la loi susvisée, la cour d'appel, qui n'est pas juge de la constitutionnalité des lois et qui n'était pas tenue de motiver le prononcé d'une telle peine, a fait l'exacte application de l'art. 132-19-1 C. pén. • Crim. 28 mai 2008 : *Dr. pénal 2009. Chron. 3, obs. Garçon.*

13. Le régime de l'amende forfaitaire majorée ne porte pas atteinte au pouvoir du juge de fixer librement le quantum de la peine et n'est pas incompatible avec l'art. 6 Conv. EDH, dès lors que le juge de police, qui fixe la peine dans les limites comprises entre le montant de l'amende forfaitaire majorée et le maximum encouru, dispose du pouvoir de proportionner le montant de l'amende à la gravité de la contravention commise, à la personnalité de son auteur et à ses ressources. • Crim. 16 juin 1999, n° 98-82.881 P : *Dr. pénal 1999. 151, obs. J.-H. Robert.*

14. Individualisation. Si, aux termes de l'art. 8 DDH, « la loi ne doit établir que des peines strictement et évidemment nécessaires », cette disposition n'implique pas que la nécessité des peines doive être appréciée du seul point de vue de la personnalité du condamné et encore moins qu'à cette fin le juge doive être revêtu d'un pouvoir arbitraire que, précisément, l'art. 8 de la Déclaration de 1789 a entendu proscrire et qui lui permettrait, à son gré, de faire échapper à la loi pénale, hors des cas d'irresponsabilité établis par celle-ci, des personnes convaincues de crimes ou de délits ; si la législation française a fait une place importante à l'individualisation des peines, elle ne lui a jamais conféré le caractère d'un principe unique et absolu prévalant de façon nécessaire et dans tous les cas sur les autres fondements de la répression pénale ; ainsi, à supposer même que le principe de l'individualisation des peines puisse, dans ces limites, être regardé comme l'un des principes fondamentaux reconnus par les lois de la République, il ne saurait mettre obstacle à ce que le législateur, tout en laissant au juge ou aux autorités chargées de déterminer les modalités d'exécution des peines un large pouvoir d'appréciation, fixe des règles assurant une répression effective des infractions. • Cons. const. 19 janv. 1981, n° 80-127 DC : *JO 22 janv., p. 308 ; JCP 1981. II. 19701, note C. Franck ; AJDA 1981, n° 6, p. 278, note Ch. Gournay* (L. n° 81-82 du 2 févr. 1981 renforçant la sécurité et protégeant la liberté des personnes).

15. Le principe d'individualisation des peines, qui découle de l'art. 8 de la Déclaration de 1789, ne saurait faire obstacle à ce que le législateur fixe des règles assurant une répression effective des infractions ; il n'implique pas davantage que la peine soit exclusivement déterminée en fonction de la personnalité de l'auteur de l'infraction. • Cons. const. 9 août 2007, n° 2007-554 DC : *JO 11 août, p. 13478 ; RSC 2008. 136, obs. de Lamy* (L. n° 2007-1198 du 10 août 2007 renforçant la lutte contre la récidive des majeurs et des mineurs).

16. Les peines prononcées contre les coprévenus ne dépendent pas nécessairement de l'étendue de la responsabilité respectivement encourue par eux. • Crim. 24 janv. 1956, n° 2.915 P.

17. Les juges qui prennent en considération, pour déterminer la peine qu'ils prononcent, la qualité ou les titres du prévenu, ne font qu'individualiser la peine, sans méconnaître le principe d'égalité. • Crim. 18 avr. 1991, n° 90-83.452 P : *D. 1992. Somm. 207, obs. Couvrat et Massé*. ♦ Pour condamner le prévenu, déclaré coupable d'escroquerie, à une peine d'emprisonnement partiellement sans sursis, l'arrêt confirmatif attaqué, après avoir énoncé que l'intéressé, exerçant la profession d'administrateur judiciaire, a organisé avec plusieurs complices un cambriolage simulé en vue de percevoir une indemnité de sa compagnie d'assurance, retient la particulière gravité des faits, « qui ont profondément et durablement troublé l'ordre public en raison de la qualité » du demandeur ; en prononçant ainsi, les juges, qui ont pu tenir compte de la profession du prévenu pour personnaliser la peine, ont fait l'exacte application des art. 132-19 et 132-24 C. pén. • Crim. 21 nov. 1996, n° 95-83.995 P. ♦ Répond aux exigences des art. 132-19 et 132-24 l'arrêt qui, pour prononcer à bon droit une peine d'emprisonnement pour partie sans sursis, énonce qu'il est clairement établi que le prévenu était au service d'une filière internationale et professionnelle d'immigration clandestine à but lucratif, et que, par ailleurs, la nature, la répétition et la gravité des faits reprochés, ainsi que la personnalité de leur auteur, conduisent la cour à prononcerà son encontre la peine de 24 mois d'emprisonnement dont 18 mois avec sursis. • Crim. 11 déc. 1996 : *Gaz. Pal. 1997. 1, chron. crim. 90.* ♦ A fait l'exacte application des art. 132-19 et 132-24 C. pén. l'arrêt qui, après avoir relevé le caractère immature et influençable du prévenu, dépeint comme homme de confiance et fidèle exécutant d'un coprévenu, retient, pour prononcer une peine d'emprisonnement en partie ferme que, dirigeant de droit de six sociétés, il a apporté pendant plus de cinq années son concours, important et largement rémunéré, à tous les détournements commis. • Crim. 6 févr. 1997 : *Gaz. Pal. 1997. 1. 229, note Doucet ; D. Affaires 1997. 281 ; JCP 1997. IV. 707.*

18. Les juges ont le pouvoir, notamment pour personnaliser la peine applicable au prévenu, de tenir compte des antécédents administratifs ou fiscaux ou de tous autres éléments concernant le prévenu, figurant à la procédure et soumis aux débats contradictoires. • Crim. 2 juill. 1998, n° 97-83.483 P : *D. 1999. 434, note Tixier et Lamulle*, *RSC 1999. 318, obs. Bouloc* (à propos d'une fraude fiscale). ♦ ... Encore qu'ils concernent une période atteinte par la prescription de l'action publique. • Crim. 19 sept. 1996, n° 96-80.436 P.

19. Permis à points. La L. du 10 juill. 1989 instituant le permis à points n'est pas incompatible avec les art. 132-17, 132-24 C. pén. et 702-1 C. pr. pén., qui ne sont que la reprise de textes antérieurs, dès lors que, d'une part, le nombre de points retirés est proportionnel à la gravité de la faute et que, d'autre part, l'art. L. 11-4 C. route a expressément exclu l'application de l'art. 702-1 C. pr. prén. • Crim. 16 nov. 1999, n° 98-87.635 P : *RSC 2000. 603, obs. Bouloc* • 3 mai 2000 : *Dr. pénal 2000. 101, obs. J.-H. Robert.*

20. Transaction. Il ressort des dispositions du code pénal relatives au prononcé des peines que la juridiction prononce les peines et fixe leur régime en fonction des circonstances de l'infraction et de la personnalité de son auteur ; par suite, en cas de poursuites devant la juridiction répressive faisant suite à une transaction qui n'a pas été entièrement exécutée, il est tenu compte, s'il y a lieu, des sommes déjà versées ou des autres obligations respectées par l'auteur de l'infraction au titre de la transaction ; il s'ensuit que manque en fait le grief tiré de ce que les dispositions de l'art. L. 173-12 C. envir. (lesquelles permettent à l'autorité administrative, tant que l'action publique n'a pas été mise en mouvement, de transiger avec les personnes physiques et les personnes morales sur la poursuite des contraventions et délits prévus et réprimés par ledit code) méconnaîtraient le principe de nécessité des peines en n'imposant pas au juge saisi de poursuites postérieures à une transaction qui n'a pas été complètement exécutée, qu'il soit tenu compte des sommes déjà versées et des autres obligations transactionnelles déjà exécutées. • Cons. const. 26 sept. 2014, n° 2014-416 QPC : *JO 28 sept. 2014 ; RSC 2015. 711, obs. de Lamy* .

B. CONTENTIEUX DE LA PEINE

BIBL. Couvrat, *RSC 1995. 381* (contrôle du juge sur les sanctions disciplinaires du milieu pénitentiaire). – Herzog-Evans, *ibid. 1995. 621* (droit commun pour les détenus). – J.-P. Céré, *RSC 1999. 874* (répartition juridictionnelle des compétences en droit de l'exécution des peines).

21. Répartition des contentieux. L'action fondée sur une responsabilité sans faute de l'État en raison du préjudice résultant d'un crime ou d'un délit commis au cours d'une permission de sortir accordée à un condamné par le juge de l'application des peines relève de la compétence de la juridiction administrative. • T. confl., 3 juill. 2000 : *JCP 2000. II. 10444, concl. R. Schwartz.*

22. Contentieux judiciaire. Selon l'art. 710, al. 2, C. pr. pén., la chambre d'accusation connaît des incidents d'exécution auxquels peuvent donner lieu les arrêts de la cour d'assises ; encourt en conséquence la cassation l'arrêt de la chambre d'accusation qui, en invoquant l'art. 148-1 dudit code dont les dispositions ne sont pas applicables aux peines en cours d'exécution, se déclare incompétente pour statuer sur la demande de mise en liberté d'un condamné à une peine criminelle qui conteste la validité de l'arrêté du ministre de la Justice révoquant sa libération conditionnelle. • Crim. 27 avr. 1994, n° 94-80.651 P.

23. Il n'appartient pas à la juridiction administrative de connaître des litiges relatifs à la nature et aux limites d'une peine infligée par une juridiction judiciaire et dont l'exécution est poursuivie à la diligence du ministère public. • CE 4 nov. 1994, *Korber : JCP 1995. II. 22422, note Lemaire, et IV. 2597, obs. Rouault ; D. 1994. IR 262.* ♦ La décision par laquelle le juge de l'application des peines ou le ministre de la Justice accorde à un condamné une libération conditionnelle ou la révoque ne se rattache pas au fonctionnement administratif du service pénitentiaire, mais constitue une mesure qui modifie les limites de la peine ; par suite, ne relèvent pas de la compétence de la juridiction administrative la demande tendant au sursis à l'exécution de l'arrêté par lequel le Garde des Sceaux révoque une libération conditionnelle et celle tendant à ce que le juge de l'application des peines communique à l'intéressé des documents relatifs à la mesure de révocation. • Même arrêt. ♦ La décision du juge de l'application des peines rejetant la demande de permission de sortir dont un condamné l'a saisi sur le fondement de l'art. 723-3 C. pr. pén., ne se rattache pas au fonctionnement du service pénitentiaire mais a trait à la nature et aux limites de la peine infligée ; par suite, la juridiction administrative n'est pas compétente pour connaître d'une requête dirigée contre une telle décision. • TA Orléans, 12 oct. 1995 : *JCP 1996. IV. 1804.*

24. La contrainte par corps constituant une mesure d'exécution forcée des peines pécuniaires, au sens de l'art. 112-2, 3°, C. pén., sa durée ne saurait être réduite en application des dispositions des art. 721 et 721-1 C. pr. pén. relatives aux seules peines d'emprisonnement. • Crim. 24 sept. 1996, n° 96-81.317 P.

25. La sanction disciplinaire de mise en cellule, prévue par l'art. 726 C. pr. pén. et le refus de réduction de peine dont elle peut être accompagnée en application de l'art. 721 du même code, ne sauraient s'analyser comme des condamnations supplémentaires pour la même infraction, mais seulement comme des modalités d'exécution d'un emprisonnement antérieurement prononcé pour d'autres faits ; ces sanctions se cumulent donc nécessairement, sans qu'il soit porté atteinte aux dispositions conventionnelles des art. 6 Conv. EDH et 14, 7°, du Pacte international relatif aux droits civils et politiques. • Crim. 27 mars 1997, n° 96-82.669 P. ♦ ... Par ailleurs, la règle *non bis in idem* consacrée par l'art. 4 du protocole n° 7, additionnel à la Convention européenne des droits de l'homme, ne trouve à s'appliquer, selon les réserves faites par la France en marge de ce protocole, que pour les infractions relevant en droit français de la compétence des tribunaux statuant en matière pénale et n'interdit pas le prononcé de sanctions disciplinaires parallèlement aux sanctions infligées par le juge répressif. • Même arrêt.

26. En réponse aux articulations du mémoire du demandeur, faisant valoir que les conditions de sa détention « dans un quartier disciplinaire non chauffé » constituaient, au regard de son état de santé déficient, un traitement inhumain au sens de l'art. 3 Conv. EDH, la chambre d'accusation se fonde sur un rapport d'expertise pour retenir que « cet état n'est pas incompatible avec la détention » ; elle ajoute à bon droit que « les dispositions de l'art. 3 de ladite Convention concernant la torture et le traitement inhumain ne sauraient être invoquées en l'espèce ». • Crim. 13 avr. 1999 : *Gaz. Pal. 1999. 2, chron. crim. 137.*

27. Contentieux administratif. Eu égard à la nature et à la gravité de cette mesure, la punition de cellule, prévue par les art. D. 167 et D. 169 C. pr. pén., constitue une décision faisant grief susceptible d'être déférée au juge de l'excès de pouvoir. • CE 17 févr. 1995, *Marie : Dr. pénal 1995. 210, note Maron ; Gaz. Pal. 1996. 1. 297, concl. Frydmann, et note S. Petit.*

28. Aux termes de l'art. D. 171 C. pr. pén., « la mise à l'isolement (d'un détenu) ne constitue pas une mesure disciplinaire. Les détenus qui en font l'objet sont soumis au régime ordinaire de détention » ; une telle mesure, qui n'a pas pour effet d'aggraver les conditions de détention, n'est pas, par nature, susceptible d'exercer une influence sur la situation juridique de la personne qui en est l'objet ; elle constitue ainsi une mesure d'ordre intérieur qui n'est pas susceptible d'être déférée au juge administratif par la voie du recours pour excès de pouvoir ; pour les mêmes motifs, et, en tout état de cause, les conclusions tendant à l'annulation de la décision de prolonger cet isolement prise par le directeur régional de l'administration pénitentiaire, doivent également être écartées. • CE 28 févr. 1996 : *D. 1996. IR 134 ; RSC 1997. 447, obs. Poncela.* ♦ Dans le même sens, • CE 6 juin 2001 : *D. 2001. 2785, note Herzog-Evans.*

29. Il n'appartient pas à la juridiction administrative de connaître des litiges relatifs à la nature et aux limites d'une peine infligée par une juridiction judiciaire et dont l'exécution est poursuivie à la diligence du ministère public. • CE 18 mars 1998 : *D. 1998. IR 117* • 9 févr. 2001 : *ibid. 2001. IR 1437.* ♦ ... La décision par laquelle le juge de l'application des peines, après consultation de la commission d'application des peines, accorde une réduction de peine ou une réduction supplémentaire de peine, en application des dispositions des art. 721 et 721-1 C. pr. pén., n'est pas une simple modalité du traitement pénitentiaire, mais constitue une mesure qui modifie les limites de la peine ; la juridiction administrative n'est donc pas compétente pour connaître de conclusions dirigées contre la « décision » de la commission d'application des peines. • CE 18 mars 1998 : *préc.* ♦ ... La décision, par laquelle le juge de l'application des peines accorde ou refuse à un condamné une permission de sortir, n'est pas une simple modalité de traitement pénitentiaire mais constitue une mesure qui modifie les limites de la peine ; dès lors, la juridiction administrative n'est pas compétente pour connaître de la requête d'un détenu tendant à l'annulation pour excès de pouvoir des décisions par lesquelles le juge de l'application des peines a rejeté ses demandes de permission de sortir et à ce qu'il enjoint le magistrat d'accéder à ses demandes. • CE 9 févr. 2001 : *préc.*

30. Si un détenu a été informé par écrit le 4 oct. 1991 à 14 heures des griefs formulés contre lui, il a été appelé à comparaître le même jour devant le directeur ; n'ayant pu consacrer à la préparation de sa défense un temps suffisant, il est fondé, dans ces conditions, à soutenir que la décision lui infligeant une sanction est intervenue en méconnaissance des droits de la défense et en obtenir l'annulation. • CAA Paris, 20 mars 2001 : *Gaz. Pal. 2002. 1. Somm. 883.*

SOUS-SECTION 1 DE LA DÉTENTION À DOMICILE SOUS SURVEILLANCE ÉLECTRONIQUE, DE LA SEMI-LIBERTÉ ET DU PLACEMENT À L'EXTÉRIEUR

(L. n° 2019-222 du 23 mars 2019, art. 74-II et 109-XIX, en vigueur le 24 mars 2020)

Art. 132-25 Lorsque la juridiction de jugement prononce une peine inférieure ou égale à six mois d'emprisonnement, un emprisonnement partiellement assorti du sursis ou du sursis probatoire et lorsque la partie ferme de la peine est inférieure ou égale à six mois, ou lorsque la juridiction prononce une peine pour laquelle la durée de l'emprisonnement restant à exécuter à la suite d'une détention provisoire est inférieure ou égale à six mois, elle doit, sauf impossibilité résultant de la personnalité ou de la situation du condamné, ordonner que la peine sera exécutée en totalité sous le régime de la détention à domicile sous surveillance électronique, de la semi-liberté ou du placement à l'extérieur.

Si la peine prononcée ou la partie ferme de la peine prononcée est supérieure à six mois et inférieure ou égale à un an d'emprisonnement, elle doit décider, si la personnalité et la situation du condamné le permettent, que la peine sera exécutée en tout ou partie sous le régime de la détention à domicile sous surveillance électronique, de la semi-liberté ou du placement à l'extérieur.

Art. 132-26 Le condamné placé sous détention à domicile sous surveillance électronique est soumis aux obligations prévues aux deuxième et troisième alinéas de l'article 131-4-1.

Le condamné admis au bénéfice de la semi-liberté est astreint à rejoindre l'établissement pénitentiaire pendant les périodes déterminées par le juge de l'application des peines.

Ces périodes sont notamment déterminées en fonction du temps nécessaire pour que le condamné puisse exercer une activité professionnelle, suivre un enseignement, un stage, une formation ou un traitement, rechercher un emploi ou participer à la vie de famille ou à tout projet d'insertion ou de réinsertion.

Le condamné admis au bénéfice du placement à l'extérieur est astreint, sous le contrôle de l'administration, à effectuer des activités ou à faire l'objet d'une prise en charge sanitaire en dehors de l'établissement pénitentiaire.

La détention à domicile sous surveillance électronique, la semi-liberté et le placement à l'extérieur emportent également pour le condamné l'obligation de répondre aux convocations de toute autorité publique désignée par le juge de l'application des peines.

La juridiction de jugement peut également soumettre le condamné aux mesures prévues aux articles 132-43 à 132-46.

SOUS-SECTION 2 DU FRACTIONNEMENT DES PEINES

Art. 132-27 En matière correctionnelle, la juridiction peut, pour motif *(Abrogé par L. nº 2009-1436 du 24 nov. 2009, art. 66) « grave »* d'ordre médical, familial, professionnel ou social, décider que l'emprisonnement prononcé pour une durée *(L. nº 2009-1436 du 24 nov. 2009, art. 66)* « de deux ans, ou, si la personne est en état de récidive légale, égale ou inférieure à un an » au plus sera, pendant une période n'excédant pas *(L. nº 2009-1436 du 24 nov. 2009, art. 66)* « quatre » ans, exécuté par fractions, aucune d'entre elles ne pouvant être inférieure à deux jours. — *Pr. pén. 720-1.*

Art. 132-28 En matière correctionnelle ou contraventionnelle, la juridiction peut, pour motif grave d'ordre médical, familial, professionnel ou social, décider que la peine d'amende sera, pendant une période n'excédant pas trois ans, exécutée par fractions. Il en est de même pour les personnes physiques condamnées à la peine de jours-amende ou à la peine de suspension du permis de conduire *(L. nº 2003-495 du 12 juin 2003, art. 5)* « ; le fractionnement de la peine de suspension de permis de conduire n'est toutefois pas possible en cas de délits ou de contraventions pour lesquels la loi ou le règlement prévoit que cette peine ne peut pas être limitée à la conduite en dehors de l'activité professionnelle ». — *Pén. 131-25 ; Pr. pén. 708.*

Corresp. **:** *C. pén., ancien art. 41.*

BIBL. ▶ J. Robert, *JCP 1975. I. 2729, nº 15.* – Pradel, *D. 1976. Chron. 63, nºs 5 à 7.* – B. Lapérou, *RSC 1999. 273* (fractionnement de l'amende et jours-amende).

Surendettement. Le recouvrement d'une amende pénale relève du seul régime de l'exécution des peines prévu par l'art. 708 C. pr. pén. ; dès lors, le juge du surendettement ne saurait, sans excéder ses pouvoirs et violer le texte précité, procéder au rééchelonnement de telles dettes, ni suspendre les voies d'exécution mises en œuvre pour leur recouvrement. • Civ. 1re, 17 nov. 1998, nº 96-19.821 P : *D. 1999. Somm. 206, obs. Chatain et Ferrière.*

SOUS-SECTION 3 DU SURSIS SIMPLE

Art. 132-29 La juridiction qui prononce une peine peut, dans les cas et selon les conditions prévus ci-après, ordonner qu'il sera sursis à son exécution.

Le président de la juridiction, après le prononcé de la peine assortie du sursis simple, avertit le condamné, lorsqu'il est présent, *(L. nº 2014-896 du 15 août 2014, art. 8, en vigueur le 1er janv. 2015)* « qu'en cas de condamnation pour une nouvelle infraction qui

serait commise dans les délais prévus aux articles 132-35 et 132-37, le sursis pourra être révoqué par la juridiction. »

Corresp. **:** *C. pr. pén. 737.*

RÉP. PÉN. v° *Sursis simple*, par GIACOPELLI.

Ancien art. 132-29 ***La juridiction qui prononce une peine peut, dans les cas et selon les conditions prévus ci-après, ordonner qu'il sera sursis à son exécution.***

Le président de la juridiction, après le prononcé de la peine assortie du sursis simple, avertit le condamné, lorsqu'il est présent, des conséquences qu'entraînerait une condamnation pour une nouvelle infraction qui serait commise dans les délais prévus par les articles 132-35 et 132-37. — Pr. pén. 734 ; Just. milit. L. 265-1.

1. Avertissement. Les dispositions relatives à l'avertissement donné au condamné concernant les conditions de révocation du sursis qui lui a été accordé ne sont pas prescrites sous peine de nullité. • Crim. 27 oct. 1905 : *DP 1907. 1. 157* • 31 juill. 1952 : *D. 1953. Somm. 57* • 15 avr. 1992, n° 91-84.740 P.

2. Aucune disposition légale n'impose, en l'absence du condamné, que l'avis (avertissement) prévu par l'art. 132-29 C. pén. soit donné à son avocat. • Crim. 13 sept. 2006, n° 06-81.022 P : *Dr. pénal 2007. Comm. 6, obs. Véron.*

3. Personnes morales. Pour un exemple d'application des règles du sursis simple (C. pén., art. 132-29 à 132-39) à une personne morale reconnue coupable de l'emploi de cinq étrangers non munis d'une autorisation de travail, ainsi que de dispense de l'inscription de sa condamnation au bulletin n° 2 du casier judiciaire (C. pr. pén., art. 775-1). • T. corr. Lyon, 2 juin 2000 : *Dr. pénal 2000. 118, obs. J.-H. Robert.*

§ 1er DES CONDITIONS D'OCTROI DU SURSIS SIMPLE

Art. 132-30 En matière criminelle ou correctionnelle, le sursis simple ne peut être ordonné à l'égard d'une personne physique que lorsque le prévenu n'a pas été condamné, au cours des cinq années précédant les faits, pour crime ou délit de droit commun, à une peine de réclusion ou d'emprisonnement.

Le sursis ne peut être ordonné à l'égard d'une personne morale que lorsque celle-ci n'a pas été condamnée, dans le même délai, pour un crime ou un délit de droit commun, à une amende d'un montant supérieur à 60 000 €. — *Pr. pén. 734 ; Just. milit. L. 265-1.*

Corresp. **:** *C. pr. pén., ancien art. 734-1.*

Condamnations antérieures. Encourt la cassation l'arrêt qui ordonne le sursis à l'exécution d'une peine sans préciser si les condamnations antérieures, dont le condamné a fait l'objet pour crime ou délit de droit commun, permettent l'application des dispositions tant de l'art. 734-1, al. 1er, C. pr. pén., pour des faits commis avant le 1er mars 1994, que de l'art. 132-30 C. pén., pour les faits postérieurs à cette date. • Crim. 27 nov. 1996, n° 95-81.829 P : *RSC 1997. 6314, obs. Bouloc.*

Art. 132-31 Le sursis simple est applicable, en ce qui concerne les personnes physiques, aux condamnations à l'emprisonnement prononcées pour une durée de cinq ans au plus, à l'amende ou à la peine de jours-amende, aux peines privatives ou restrictives de droits mentionnées à l'article 131-6, à l'exception de la confiscation, et aux peines complémentaires mentionnées à l'article 131-10, à l'exception de la confiscation, de la fermeture d'établissement et de l'affichage.

Le sursis simple ne peut être ordonné que pour l'emprisonnement lorsque le prévenu a été condamné dans le délai prévu à l'article 132-30 à une peine autre que la réclusion ou l'emprisonnement.

La juridiction peut décider que le sursis ne s'appliquera à l'exécution de l'emprisonnement que pour une partie dont elle détermine la durée dans la limite de cinq ans. — *Pr. pén. 734 ; Just. milit. L. 265-1.*

Corresp. **:** *C. pr. pén., ancien art. 734-1.*

1. Durée de l'emprisonnement. Le sursis simple n'est applicable qu'aux condamnations à l'emprisonnement prononcées pour une durée de cinq ans au plus ; doit donc être cassé l'arrêt de la cour d'assises qui a condamné l'accusé pour viols aggravés et agression sexuelle aggravée à neuf ans d'emprisonnement dont huit avec sursis. • Crim. 10 janv. 1996, n° 95-82.084 P : *RSC 1996. 849, obs. Bouloc.*

2. Suspension du permis de conduire. L'art. L. 14 C. route ne prévoit pas d'assortir du sursis une mesure de suspension du permis de conduire à laquelle a été condamné un automobiliste pour conduite sous l'empire d'un état alcoolique ; il ne saurait être dérogé à ce texte spécial par application des art. 131-6 et 132-31 C. pén. • Paris, 3 nov. 2000 : *D. 2001. IR 279.*

3. Selon l'art. 132-31 C. pén., qui ne comporte aucune restriction analogue à celle prévue par l'art. L. 234-2, II, C. route, le sursis simple est applicable à la peine de suspension du permis de conduire lorsque celle-ci est prononcée comme en l'espèce, sur le fondement des art. 131-6 et 131-9 C. pén. • Crim. 18 févr. 2004, n° 03-84.774 P : *AJ pénal 2004. 201 ; Dr. pénal 2004. 86 (2e esp.), obs. J.-H. Robert ; Gaz. Pal. 2004. 2. Somm. 3385, obs. Monnet ; RSC 2004. 870, obs. Vermelle .*

Art. 132-32 **Le sursis simple est applicable, en ce qui concerne les personnes morales, aux condamnations à l'amende et** *(L. n° 92-1336 du 16 déc. 1992)* **« aux peines mentionnées aux 2°, 5°, 6° et 7° de l'article 131-39 ».** — *Pr. pén. 734 ; Just. milit. L. 265-1.*

Art. 132-33 **En matière contraventionnelle, le sursis simple ne peut être ordonné à l'égard d'une personne physique que lorsque le prévenu n'a pas été condamné, au cours des cinq années précédant les faits, pour crime ou délit de droit commun, à une peine de réclusion ou d'emprisonnement.**

Le sursis simple ne peut être ordonné à l'égard d'une personne morale que lorsque celle-ci n'a pas été condamnée, dans le même délai, pour crime ou délit de droit commun, à une amende d'un montant supérieur à 15 000 €. — *Pr. pén. 734 ; Just. milit. L. 265-1.*

Art. 132-34 **Le sursis simple est applicable, en ce qui concerne les personnes physiques, aux condamnations aux peines privatives ou restrictives de droits mentionnées à l'article 131-14, à l'exception de la confiscation, aux peines complémentaires prévues par les 1°, 2° et 4° de l'article 131-16 ainsi qu'à la peine complémentaire prévue au premier alinéa de l'article 131-17. Il est également applicable à l'amende prononcée pour les contraventions de la 5e classe.**

En ce qui concerne les personnes morales, le sursis simple est applicable à la peine d'interdiction d'émettre des chèques ou d'utiliser des cartes de paiement prévue par les articles 131-42 et 131-43. Il est également applicable à l'amende prononcée pour les contraventions de la 5e classe. — *Pr. pén. 734 ; Just. milit. L. 265-1.*

Corresp. : *C. pr. pén., ancien art. 734-1.*

1. Contraventions. La cour d'appel qui condamne le prévenu à deux amendes de cent euros avec sursis, sur le fondement des art. 15.7 du règlement 3821/85/CEE du 20 déc. 1985, concernant l'appareil de contrôle dans le domaine des transports par route, et 3, al. 1er, du décret du 17 oct. 1986, pour défaut de présentation des feuilles d'enregistrement de la semaine en cours, contraventions de la quatrième classe, méconnaît l'art. 132-34 C. pén. qui dispose que le sursis n'est pas applicable à l'amende prononcée pour les contraventions des quatre premières classes. • Crim. 3 juin 2003, n° 03-81.021 P : *AJ pénal 2003. 25, obs. A.P .*

2. Il résulte de l'art. 132-34 C. pén. que le sursis n'est pas applicable à l'amende prononcée pour les contraventions des quatre premières classes. • Crim. 22 mars 2005 : *Dr. pénal 2005. Comm. 88, obs. Véron* • 25 mai 2005, n° 04-87.474 P : *RSC 2005. 843, obs. Vermelle* • Crim. 8 juin 2006, n° 05-87.692 P • 31 oct. 2006, n° 06-84.048 P • 15 juin 2011, n° 11-81.652 P : *JCP 2011, n° 893.* ♦ ... Après avoir retenu la culpabilité du prévenu sur le fondement des art. R. 236-6 et R. 236-54 C. envir., du chef de pêche en eau douce en temps prohibé, le tribunal l'a condamné à une amende de 70 € avec sursis ; en assortissant du sursis l'amende prononcée, alors que l'infraction dont le prévenu avait été déclarée coupable était une contravention de la troisième classe, le tribunal a méconnu le texte susvisé et le principe ci-dessus rappelé. • Crim. 22 mars 2005 : *préc.* ♦ ... Après avoir déclaré la prévenue coupable d'infraction à l'art. R. 610-5 C. pén., le tribunal l'a condamnée à une peine de dix euros avec sursis ; en assortissant du sursis l'amende prononcée alors que l'infraction dont la prévenue avait été déclarée coupable était une contravention de la première classe, le tribunal a méconnu les dispositions de l'art. 132-34 C. pén. • Crim. 25 mai 2005 : *préc.* ♦ ... Après avoir déclaré le prévenu coupable de dépôt de cartons sur la voie publique, contravention prévue et réprimée par l'art. 7 du décret du 21 mai 2003, la juridiction de proximité l'a condamné à une amende de 100 € avec sursis ; en assortissant du sursis l'amende ainsi prononcée, alors que l'infraction poursuivie est une contravention de la troisième classe, la juridiction de proximité a méconnu le texte susvisé et le principe ci-dessus énoncé. • Crim. 8 juin 2006 : *préc.* ♦ ... Après avoir déclaré le prévenu coupable de conduite d'un véhicule sans port de la ceinture de sécurité, la juridiction de proximité l'a condamné à 100 € d'amende avec sursis ; en assortissant du sursis l'amende prononcée, alors que l'infraction poursuivie était une contravention de la quatrième classe, la juridiction de proximité a méconnu le texte susvisé et le principe ci-dessus énoncé. • Crim. 31 oct. 2006 : *préc.* ♦ ... Méconnaît ce texte la juridiction de proximité qui assortit du sursis une amende prononcée pour violences n'ayant pas entraîné d'incapacité de travail, contravention de la quatrième classe. • Crim. 15 juin 2011, n° 11-81.652 P : *préc.*

§ 2 DES EFFETS DU SURSIS SIMPLE

Art. 132-35 La condamnation pour crime ou délit assortie du sursis simple est réputée non avenue si le condamné qui en bénéficie n'a pas commis, dans le délai de cinq ans à compter de celle-ci, un crime ou un délit de droit commun suivi d'une nouvelle condamnation *(L. n° 2014-896 du 15 août 2014, art. 8, en vigueur le 1er janv. 2015)* **« ayant ordonné la révocation totale du sursis dans les conditions définies à l'article 132-36 ; le caractère non avenu de la condamnation ne fait pas obstacle à la révocation totale ou partielle du sursis en cas d'infraction commise dans le délai de cinq ans** *[ancienne rédaction : sans sursis qui emporte révocation]* **».** *— Pr. pén. 734, 736 ; Just. milit. L. 265-1.*

BIBL. ▶ HARDOUIN-LE GOFF, *Dr. pénal 2009. Étude 1* (les fictions légales en droit pénal).

Corresp. *: C. pr. pén., ancien art. 735, al. 1er.*

1. Point de départ du délai. Le délai d'épreuve de cinq années prévu par l'art. 735 C. pr. pén. doit être calculé à partir de la date à laquelle la décision accordant le sursis est devenue définitive. • Crim. 12 déc. 1978 : *D. 1979. IR 286 ; RSC 1980. 698, obs. Larguier.* ♦ ... Notamment par l'expiration du délai d'appel du procureur général. • Crim. 5 avr. 1954 : *Bull. crim. n° 144 ; D. 1954. 331, note P. A. ; RSC 1954. 535, obs. Légal.* ♦ ... Et, plus largement, par l'expiration du délai imparti pour exercer les voies de recours ou par le rejet du pourvoi en cassation. • Crim. 31 mars 1987, n° 86-94.803 P : *RSC 1988. 836, obs. Couvrat.* ♦ *Adde* : obs. Vitu, *RSC 1985. 286 ; ibid. 1987. 679.*

2. Suspension du délai. Si le délai imposé au bénéficiaire du sursis simple par l'art. 735 C. pr. pén. ne peut commencer à courir que du jour où la condamnation prononcée contre lui est devenue définitive, le cours de ce délai doit être suspendu, en cas de sursis partiel, pendant l'exécution de la partie ferme de l'emprisonnement prononcé. • Crim. 9 févr. 1988, n° 87-83.853 P : *D. 1988. 335, note Pradel ; JCP 1988. II. 21056, rapp. Dardel ; RSC 1988. 767, obs. Vitu ; ibid. 836, obs. Couvrat.*

3. Condamnation non avenue. Une condamnation non avenue ne peut servir de base à une aggravation de la peine en cas de survenance d'une nouvelle infraction. • Crim. 28 nov. 1978, n° 78-90.579 P.

4. Lorsque le bénéfice du sursis simple n'a été accordé que pour une partie de la peine, la condamnation est considérée comme non avenue dans tous ses éléments si la révocation du sursis n'a pas été encourue dans le délai de cinq ans à compter de la condamnation. • Crim. 23 janv. 1985, n° 81-92.359 P : *JCP 1986. II. 20534, note Salvage.*

5. Révocation. Il résulte tant de l'art. 735 anc. C. pr. pén. que de l'art. 132-35 C. pén. en vigueur depuis le 1er mars 1994 que, même postérieure à l'expiration du délai d'épreuve, une nouvelle condamnation emporte révocation du sursis, dès lors qu'elle a été prononcée pour un crime ou un délit commis au cours de ce délai. • Crim. 10 déc. 1996, n° 96-82.206 P : *Dr. pénal 1997. 62, obs. Véron ; RSC 1997. 829, obs. Bouloc.*

6. Une peine ferme d'emprisonnement qui, en application des dispositions de l'art. 132-57 C. pén., a fait l'objet d'une conversion en une peine de jours-amende, ne peut révoquer un sursis simple antérieurement prononcé. • Crim. 28 avr. 2011, n° 10-87.471 P : *D. actu. 24 mai 2011, obs. Léna ; D. 2011. Pan. 1852, obs. Leprieur ; ibid. Pan. 2829, obs. Potaszkin ; Gaz. Pal. 2011. 2. 2343, note Dreyer.* ♦ Rappr. : • Crim. 28 avr. 2011, n° 10-87.481 P : *D. actu. 6 mai 2011, obs. Léna ; D. 2011. Actu. 1285, obs. Bombled ; ibid. Pan. 1852, obs. Leprieur ; ibid. 2829, obs. Potaszkin ; AJ pénal 2011. 302, obs. Lasserre Capdeville.*

Art. 132-36 *(L. n° 2014-896 du 15 août 2014, art. 8, en vigueur le 1er janv. 2015)* **La juridiction peut, par décision spéciale, révoquer totalement ou partiellement, pour une durée ou un montant qu'elle détermine, le sursis antérieurement accordé, quelle que soit la peine qu'il accompagne, lorsqu'elle prononce une nouvelle condamnation à une peine de réclusion ou à une peine d'emprisonnement sans sursis.**

La juridiction peut, par décision spéciale, révoquer totalement ou partiellement, pour une durée ou un montant qu'elle détermine, le sursis antérieurement accordé qui

accompagne une peine quelconque autre que la réclusion ou l'emprisonnement lorsqu'elle prononce une nouvelle condamnation d'une personne physique ou morale à une peine autre que la réclusion ou l'emprisonnement sans sursis.

(L. n° 2019-222 du 23 mars 2019, art. 72) **« Lorsque la juridiction ordonne la révocation du sursis en totalité ou en partie, elle peut, par décision spéciale et motivée, exécutoire par provision, faire incarcérer le condamné. »**

1. *Conditions de la révocation.* La juridiction prononçant une nouvelle condamnation est seule habilitée à dispenser le condamné de la révocation de plein droit du sursis simple prononcé par une décision antérieure, devenue définitive ; cette révocation n'est pas subordonnée à la régularité du prononcé du sursis, qui ne peut plus être remise en question ; la juridiction saisie d'un incident contentieux d'exécution ne saurait donc dire, par avance, qu'un sursis simple illégalement prononcé ne pourra, de ce fait, faire l'objet d'aucune révocation. • Crim. 4 avr. 2013, n° 10-88.834 P : *D. actu. 18 avr. 2013, obs. Winckelmuller ; D. 2013. Actu. 1004 ; AJ pénal 2013. 407, obs. Priou ; Dr. pénal 2013, comm. 103, obs. Peltier.*

2. Un sursis simple assortissant une peine d'emprisonnement ne peut être révoqué, fût-ce par décision spéciale, lors du prononcé d'une peine autre que la réclusion ou l'emprisonnement sans sursis, telle qu'une peine de jours-amende. • Crim. 4 sept. 2018, n° 17-85.957 P : *D. actu. 25 sept. 2018, obs. Azoulay ; Dr. pénal 2018, n° 188, obs. Bonis.*

3. *Application dans le temps.* Il résulte de l'art. 112-2 C. pén. que sont applicables immédiatement à la répression des infractions commises avant leur entrée en vigueur les lois relatives au régime d'exécution et d'application des peines ; il résulte de l'art. 132-36 C. pén. que la juridiction peut, par décision spéciale, révoquer totalement ou partiellement, pour une durée ou un montant qu'elle détermine, le sursis antérieurement accordé, quelle que soit la peine qu'il accompagne, lorsqu'elle prononce une nouvelle condamnation à une peine de réclusion ou à une peine d'emprisonnement sans sursis ; pour rejeter la demande de M. X... de dispense de révocation du sursis prononcé le 23 avr. 2012 par le tribunal correctionnel de Toulouse, la cour d'appel énonce que la réitération de faits aussi graves dans leurs conséquences à peine 18 mois après une première condamnation n'autorise pas à envisager une dispense de révocation du sursis alors prononcé ; mais en statuant ainsi, alors qu'à partir de l'entrée en vigueur de l'art. 132-36, le 1er janv. 2015, le sursis antérieurement accordé n'est pas révoqué par le prononcé d'une peine d'emprisonnement sans sursis, sinon par une décision spéciale, la cour d'appel a méconnu les textes susvisés et les principes ci-dessus rappelés. • Crim. 18 mai 2016, n° 15-84.748 : *D. actu. 15 juin 2016, obs. Gallois.*

4. Le demandeur ne saurait invoquer les dispositions de l'art. 132-36 C. pén., telles que modifiées par l'art. 8-I de la L. du 15 août 2014, dès lors que, selon l'art. 53 de cette loi, non contraire aux dispositions conventionnelles invoquées, les nouvelles dispositions de l'art. 132-36 C. pén. ne s'appliquent pas dans l'hypothèse où, comme en l'espèce, un sursis simple a été révoqué de plein droit par une condamnation prononcée antérieurement à l'entrée en vigueur de ladite loi. • Crim. 29 juin 2016, n° 14-86.372 : *D. actu. 28 juill. 2016, obs. Fucini.*

Ancien art. 132-36 ***Toute nouvelle condamnation à une peine d'emprisonnement ou de réclusion révoque le sursis antérieurement accordé quelle que soit la peine qu'il accompagne.***

Toute nouvelle condamnation d'une personne physique ou morale à une peine autre que l'emprisonnement ou la réclusion révoque le sursis antérieurement accordé qui accompagne une peine quelconque autre que l'emprisonnement ou la réclusion. — Pr. pén. 734 ; Just. milit. L. 265-1.

La juridiction prononçant une nouvelle condamnation est seule habilitée à dispenser le condamné de la révocation de plein droit du sursis simple prononcé par une décision antérieure, devenue définitive. Cette révocation n'est pas subordonnée à la régularité du prononcé du sursis, qui ne peut plus être remise en question. La juridiction saisie d'un incident contentieux d'exécution ne saurait donc dire, par avance, qu'un sursis simple illégalement prononcé ne pourra, de ce fait, faire l'objet d'aucune révocation. • Crim. 4 avr. 2013, n° 10-88.834 P : *AJ pénal 2013. 407, obs. Priou ; D. 2013. Pan. 2713 .*

Art. 132-37 **La condamnation pour contravention assortie du sursis simple est réputée non avenue si le condamné qui en bénéficie n'a pas commis, pendant le délai de deux ans à compter de celle-ci, un crime ou un délit de droit commun ou une contravention de la 5e classe suivie d'une nouvelle condamnation** *(L. n° 2014-896 du 15 août 2014, art. 8, en vigueur le 1er janv. 2015)* **« ayant ordonné la révocation du sursis** *[ancienne rédaction : sans sursis emportant révocation]* **» dans les conditions définies à l'article 132-36.** — *Pr. pén. 734 ; Just. milit. L. 265-1.*

Art. 132-38 **En cas de révocation du sursis simple** *(L. n° 2014-896 du 15 août 2014, art. 8, en vigueur le 1er janv. 2015)* **« ordonnée par la juridiction », la première peine est exécutée sans qu'elle puisse se confondre avec la seconde.**

(Abrogé par L. n° 2014-896 du 15 août 2014, art. 8, à compter du 1er janv. 2015) ***« Toutefois, la juridiction peut, par décision spéciale et motivée, dire que la condamnation qu'elle prononce n'entraîne pas la révocation du sursis antérieurement accordé ou n'entraîne qu'une révocation partielle, pour une durée qu'elle détermine, du sursis antérieurement accordé. Elle peut également limiter les effets de la dispense de révocation à l'un ou plusieurs des sursis antérieurement accordés. »*** *— Pr. pén. 734, 735 ; Just. milit. L. 265-1.*

Corresp. : *C. pr. pén., ancien art. 735, al. 2.*

BIBL. ► D. BECHERAOUI, *RSC 1999. 767* (la confusion des peines assorties du sursis avant et après le nouveau code pénal).

1. Révocation. La révocation du sursis simple étant attachée de plein droit au prononcé d'une nouvelle condamnation, les juges ne peuvent, sans commettre un excès de pouvoir, ordonner la mise à exécution de la condamnation affectée du sursis, mais seulement statuer, le cas échéant, sur une demande de dispense de révocation de ce sursis. • Crim. 17 mai 1988, n° 87-90.067 P.

2. L'arrêt qui constate dans ses motifs, de façon surabondante, que la peine prononcée entraîne la révocation du sursis simple dont était assortie une condamnation antérieure, n'encourt pas la cassation dès lors qu'il ne contient dans son dispositif aucune mention ordonnant la mise à exécution de ladite condamnation. • Crim. 10 juin 1991, n° 90-85.617 P.

3. Dispense de révocation. Il résulte de l'art. 735, al. 2, C. pr. pén. que, si les juges peuvent, dans leur décision de condamnation à une peine entraînant par l'effet de la loi la révocation d'un sursis antérieur, dire que cette peine n'entraînera pas la révocation, en revanche, ce texte ne les autorise pas, en l'absence de demande de dispense de révocation, à dire dans la même décision, qu'il n'y a pas lieu à dispense de révocation. • Crim. 1er oct. 1987, n° 86-95.844 P : *Gaz. Pal. 1988. 1. 395 ; RSC 1989. 96, obs. Vitu* • 14 févr. 1989, n° 88-84.994 P.

4. La disposition du deuxième al. de l'art. 735 C. pr. pén., qui autorise une juridiction, par décision spéciale et motivée, à dire que la condamnation qu'elle prononce n'entraînera pas la révocation du sursis simple antérieurement accordé, laisse à cette juridiction, en cas de pluralité de sursis antérieurs, la faculté de limiter à une partie seulement de ces sursis la dispense de révocation qu'elle accorde. • Crim. 16 janv. 1979, n° 78-92.467 P.

5. En dépit d'une nouvelle condamnation, la décision de dispense de révocation du sursis confère, à l'expiration du délai prévu par l'art. 735 C. pr. pén., le caractère non avenu à la condamnation avec sursis. • Crim. 23 janv. 1985, n° 81-92.359 P : *JCP 1986. II. 20534, note Salvage.*

Art. 132-39 **Lorsque le bénéfice du sursis simple n'a été accordé que pour une partie de la peine, la condamnation est réputée non avenue dans tous ses éléments si la révocation** *(L. n° 2014-896 du 15 août 2014, art. 8, en vigueur le 1er janv. 2015)* **« totale du sursis n'a pas été prononcée dans les conditions prévues à l'article 132-36** *[ancienne rédaction : du sursis n'a pas été encourue]* **», la peine de jours-amende ou l'amende ou la partie de l'amende non assortie du sursis restant due.** *— Pr. pén. 734 ; Just. milit. L. 265-1.*

Corresp. : *C. pr. pén., ancien art. 735, al. 3.*

Pour une application antérieure à la réforme du code pénal. • Crim. 23 janv. 1985, n° 81-92.359 P : *JCP 1986. II. 20534, note Salvage.*

SOUS-SECTION 4 DU SURSIS PROBATOIRE *(L. n° 2019-222 du 23 mars 2019, art. 80-I et 109-XIX, en vigueur le 24 mars 2020).*

§ 1er DES CONDITIONS D'OCTROI DU SURSIS PROBATOIRE *(L. n° 2019-222 du 23 mars 2019, art. 80-I et 109-XIX, en vigueur le 24 mars 2020).*

Art. 132-40 **La juridiction qui prononce un emprisonnement peut, dans les conditions prévues ci-après, ordonner qu'il sera sursis à son exécution, la personne physique condamnée étant placée sous le régime de la** *(L. n° 2019-222 du 23 mars 2019, art. 80-I et 109-XIX, en vigueur le 24 mars 2020)* **« probation.**

« Après le prononcé de l'emprisonnement assorti du sursis probatoire, le président de la juridiction notifie au condamné, lorsqu'il est présent, les obligations à respecter durant le délai de probation et l'avertit des conséquences qu'entraînerait une condam-

nation pour une nouvelle infraction commise au cours de ce délai ou un manquement aux mesures de contrôle et aux obligations particulières qui lui sont imposées. » Il l'informe de la possibilité qu'il aura de voir déclarer sa condamnation non avenue s'il observe une conduite satisfaisante.

(L. nº 2003-1119 du 26 nov. 2003, art. 79) « Lorsque la juridiction prononce, à titre de peine complémentaire, la peine d'interdiction du territoire français pour une durée de dix ans au plus, il est sursis à son exécution durant le temps de la *(L. nº 2019-222 du 23 mars 2019, art. 80-I et 109-XIX, en vigueur le 24 mars 2020)* « probation » prévue au premier alinéa. »

Art. 132-41 Le sursis *(L. nº 2019-222 du 23 mars 2019, art. 80-I et 109-XIX, en vigueur le 24 mars 2020)* « probatoire » est applicable aux condamnations à l'emprisonnement prononcées pour une durée de cinq ans au plus, en raison d'un crime ou d'un délit de droit commun. *(L. nº 2005-1549 du 12 déc. 2005, art. 5)* « Lorsque la personne est en état de récidive légale, il est applicable aux condamnations à l'emprisonnement prononcées pour une durée de dix ans au plus. »

Toutes les fois que la juridiction n'a pas prononcé l'exécution provisoire, la *(L. nº 2019-222 du 23 mars 2019, art. 80-I et 109-XIX, en vigueur le 24 mars 2020)* « probation » n'est applicable qu'à compter du jour où la condamnation devient exécutoire selon les dispositions du deuxième alinéa de l'article 708 du code de procédure pénale.

(L. nº 2005-1549 du 12 déc. 2005, art. 6) « La juridiction pénale ne peut prononcer le sursis *(L. nº 2019-222 du 23 mars 2019, art. 80-I et 109-XIX, en vigueur le 24 mars 2020)* « probatoire » à l'encontre d'une personne ayant déjà fait l'objet de deux condamnations assorties du sursis *(L. nº 2019-222 du 23 mars 2019, art. 80-I et 109-XIX, en vigueur le 24 mars 2020)* « probatoire » pour des délits identiques ou assimilés au sens des articles 132-16 à 132-16-4 et se trouvant en état de récidive légale. Lorsqu'il s'agit soit d'un crime, soit d'un délit de violences volontaires, d'un délit d'agressions ou d'atteintes sexuelles ou d'un délit commis avec la circonstance aggravante de violences, la juridiction ne peut prononcer le sursis *(L. nº 2019-222 du 23 mars 2019, art. 80-I et 109-XIX, en vigueur le 24 mars 2020)* « probatoire » à l'encontre d'une personne ayant déjà fait l'objet d'une condamnation assortie du sursis *(L. nº 2019-222 du 23 mars 2019, art. 80-I et 109-XIX, en vigueur le 24 mars 2020)* « probatoire » pour des infractions identiques ou assimilées et se trouvant en état de récidive légale. Toutefois, ces dispositions ne sont pas applicables lorsque le sursis *(L. nº 2019-222 du 23 mars 2019, art. 80-I et 109-XIX, en vigueur le 24 mars 2020)* « probatoire » ne porte que sur une partie de la peine d'emprisonnement prononcée en application des dispositions du dernier alinéa de l'article 132-42. »

Art. 132-41-1 *(L. nº 2019-222 du 23 mars 2019, art. 80-I et 109-XIX, en vigueur le 24 mars 2020)* Lorsque la personnalité et la situation matérielle, familiale et sociale de l'auteur d'un crime ou délit puni d'une peine d'emprisonnement et les faits de l'espèce justifient un accompagnement socio-éducatif individualisé et soutenu, la juridiction peut décider que le sursis probatoire consistera en un suivi renforcé, pluridisciplinaire et évolutif, faisant l'objet d'évaluations régulières par le service pénitentiaire d'insertion et de probation, afin de prévenir la récidive en favorisant l'insertion ou la réinsertion de la personne au sein de la société.

Dans ce cas, le dernier alinéa de l'article 132-41 n'est pas applicable.

Si elle dispose d'éléments d'information suffisants sur la personnalité du condamné et sur sa situation matérielle, familiale et sociale, la juridiction peut alors définir les obligations et interdictions particulières auxquelles celui-ci est astreint.

Dans le cas contraire, ces obligations et interdictions sont déterminées par le juge de l'application des peines dans des conditions et selon des modalités précisées par le code de procédure pénale, après évaluation de la personnalité et de la situation matérielle, familiale et sociale du condamné par le service pénitentiaire d'insertion et de probation.

Art. 132-42 La juridiction pénale fixe le délai *(L. nº 2019-222 du 23 mars 2019, art. 80-I et 109-XIX, en vigueur le 24 mars 2020)* « de probation » qui ne peut être inférieur à *(L. nº 2004-204 du 9 mars 2004, art. 175-II, en vigueur le 31 déc. 2006)* « douze *[ancienne rédaction : dix-huit]* » mois ni supérieur à trois ans. *(L. nº 2005-1549 du 12 déc. 2005, art. 5)* « Lorsque la personne est en état de récidive légale, ce délai peut être porté à cinq ans. Ce délai peut être porté à sept ans lorsque la personne se trouve à nouveau en état de récidive légale. »

Elle peut décider que le sursis ne s'appliquera à l'exécution de l'emprisonnement que pour une partie dont elle détermine la durée. *(L. n° 2005-1549 du 12 déc. 2005, art. 5)* « Cette partie ne peut toutefois excéder cinq ans d'emprisonnement. »

§ 2 DU RÉGIME PROBATOIRE *(L. n° 2019-222 du 23 mars 2019, art. 80-I et 109-XIX, en vigueur le 24 mars 2020).*

Art. 132-43 Au cours du délai *(L. n° 2019-222 du 23 mars 2019, art. 80-I et 109-XIX, en vigueur le 24 mars 2020)* « de probation », le condamné doit satisfaire aux mesures de contrôle qui sont prévues par l'article 132-44 et à celles des obligations particulières prévues par l'article 132-45 qui lui sont spécialement imposées. En outre, le condamné peut bénéficier de mesures d'aide destinées à favoriser son reclassement social.

Ces mesures et obligations particulières *(L. n° 2020-936 du 30 juill. 2020, art. 16)* « , à l'exception des interdictions de contact ou de paraître prévues au même article 132-45, » cessent de s'appliquer et le délai *(L. n° 2019-222 du 23 mars 2019, art. 80-I et 109-XIX, en vigueur le 24 mars 2020)* « de probation » est suspendu pendant le temps où le condamné est incarcéré. Le délai *(L. n° 2019-222 du 23 mars 2019, art. 80-I et 109-XIX, en vigueur le 24 mars 2020)* « de probation » est également suspendu pendant le temps où le condamné accomplit les obligations du service national.

Art. 132-44 Les mesures de contrôle auxquelles le condamné doit se soumettre sont les suivantes :

1° Répondre aux convocations du juge de l'application des peines ou *(L. n° 2019-222 du 23 mars 2019, art. 80-I et 109-XIX, en vigueur le 24 mars 2020)* « *[du]* service pénitentiaire d'insertion et de probation » désigné ;

2° Recevoir les visites *(L. n° 2019-222 du 23 mars 2019, art. 80-I et 109-XIX, en vigueur le 24 mars 2020)* « *[du]* service pénitentiaire d'insertion et de probation » et lui communiquer les renseignements ou documents de nature à permettre le contrôle de ses moyens d'existence et de l'exécution de ses obligations ;

3° Prévenir *(L. n° 2019-222 du 23 mars 2019, art. 80-I et 109-XIX, en vigueur le 24 mars 2020)* « *[le]* service pénitentiaire d'insertion et de probation » de ses changements d'emploi ;

4° Prévenir *(L. n° 2019-222 du 23 mars 2019, art. 80-I et 109-XIX, en vigueur le 24 mars 2020)* « *[le]* service pénitentiaire d'insertion et de probation » de ses changements de résidence ou de tout déplacement dont la durée excéderait quinze jours et rendre compte de son retour ;

(L. n° 2014-896 du 15 août 2014, art. 9, en vigueur le 1er oct. 2014) « 5° Obtenir l'autorisation préalable du juge de l'application des peines pour tout changement d'emploi ou de résidence, lorsque ce changement est de nature à mettre obstacle à l'exécution de ses obligations ;

« 6° Informer préalablement le juge de l'application des peines de tout déplacement à l'étranger. »

Art. 132-45 La juridiction de condamnation ou le juge de l'application des peines peut imposer spécialement au condamné l'observation de l'une ou de plusieurs des obligations suivantes :

1° Exercer une activité professionnelle ou suivre un enseignement ou une formation professionnelle ;

2° Établir sa résidence en un lieu déterminé ;

3° Se soumettre à des mesures d'examen médical, de traitement ou de soins, même sous le régime de l'hospitalisation. *(L. n° 2007-297 du 5 mars 2007, art. 49)* « Ces mesures peuvent consister en l'injonction thérapeutique prévue par les articles L. 3413-1 à L. 3413-4 du code de la santé publique, lorsqu'il apparaît que le condamné fait usage de stupéfiants ou fait une consommation habituelle et excessive de boissons alcooliques. » *(L. n° 2012-409 du 27 mars 2012, art. 5-II)* « Une copie de la décision ordonnant ces mesures est adressée par le juge de l'application des peines au médecin ou au psychologue qui doit suivre la personne condamnée. Les rapports des expertises réalisées pendant la procédure sont adressés au médecin ou au psychologue, à leur demande ou à l'initiative du juge de l'application des peines. Celui-ci peut également leur adresser toute autre pièce utile du dossier ; »

4° Justifier qu'il contribue aux charges familiales ou acquitte régulièrement les pensions alimentaires dont il est débiteur ;

5° Réparer en tout ou partie, en fonction de ses facultés contributives, les dommages causés par l'infraction, même en l'absence de décision sur l'action civile ;

6° Justifier qu'il acquitte en fonction de ses facultés contributives les sommes dues au Trésor public à la suite de la condamnation ;

7° S'abstenir de conduire certains véhicules déterminés par les catégories de permis prévues par le code de la route *(L. n° 2016-1547 du 18 nov. 2016, art. 34)* « ou de conduire un véhicule qui ne soit pas équipé, par un professionnel agréé ou par construction, d'un dispositif homologué d'antidémarrage par éthylotest électronique » ; *(L. n° 2014-896 du 15 août 2014, art. 9, en vigueur le 1er oct. 2014)* « 7° *bis* Sous réserve de son accord, s'inscrire et se présenter aux épreuves du permis de conduire, le cas échéant après avoir suivi des leçons de conduite ; »

8° Ne pas se livrer à l'activité *(L. n° 2010-242 du 10 mars 2010, art. 11-I)* « dans l'exercice ou à l'occasion de l'exercice de laquelle l'infraction a été commise ou ne pas exercer une activité impliquant un contact habituel avec des mineurs » ;

9° *(L. n° 2010-242 du 10 mars 2010, art. 11-I)* « S'abstenir de paraître en tout lieu, toute catégorie de lieux ou toute zone spécialement désignés ; »

10° Ne pas engager de paris, notamment dans les organismes de paris mutuels *(L. n° 2014-896 du 15 août 2014, art. 10, en vigueur le 1er oct. 2014)* « , et ne pas prendre part à des jeux d'argent et de hasard » ;

11° Ne pas fréquenter les débits de boissons ;

12° Ne pas fréquenter certains condamnés, notamment les auteurs ou complices de l'infraction ;

13° *(L. n° 2010-242 du 10 mars 2010, art. 11-I)* « S'abstenir d'entrer en relation avec certaines personnes, dont la victime, ou certaines catégories de personnes, et notamment des mineurs, à l'exception, le cas échéant, de ceux désignés par la juridiction ; »

14° Ne pas détenir ou porter une arme ; — *Pén. 131-36-2 ; Pr. pén. 723-10, 734, 739 ; Just. milit. L. 265-1.*

(L. n° 2019-222 du 23 mars 2019, art. 80-I et 109-XIX, en vigueur le 24 mars 2020) « 15° Accomplir à ses frais un des stages prévus à l'article 131-5-1 du présent code ; »

(L. n° 2004-204 du 9 mars 2004, art. 176, en vigueur le 1er janv. 2005) « 16° S'abstenir de diffuser tout ouvrage ou œuvre audiovisuelle dont il serait l'auteur ou le co-auteur et qui porterait, en tout ou partie, sur l'infraction commise et s'abstenir de toute intervention publique relative à cette infraction ; les dispositions du présent alinéa ne sont applicables qu'en cas de condamnation pour crimes ou délits d'atteintes volontaires à la vie, d'agressions sexuelles ou d'atteintes sexuelles ;

« 17° Remettre ses enfants entre les mains de ceux auxquels la garde a été confiée par décision de justice ; »

(Abrogé par L. n° 2019-222 du 23 mars 2019, art. 80-I et 109-XIX, à compter du 24 mars 2020) (L. n° 2004-204 du 9 mars 2004, art. 44-IV, en vigueur le 1er oct. 2004) *« 18° Accomplir un stage de citoyenneté ; »*

(L. n° 2019-222 du 23 mars 2019, art. 80-I et 109-XIX, en vigueur le 24 mars 2020) « 18° » *(L. n° 2006-399 du 4 avr. 2006, art. 12-IV)* « En cas d'infraction commise soit contre son conjoint, son concubin ou son partenaire lié par un pacte civil de solidarité, soit contre ses enfants ou ceux de son conjoint, concubin ou partenaire, résider hors du domicile ou de la résidence du couple et, le cas échéant, s'abstenir de paraître dans ce domicile ou cette résidence ou aux abords immédiats de celui-ci, ainsi que, si nécessaire, faire l'objet d'une prise en charge sanitaire, sociale ou psychologique ; les dispositions du présent 19° *[18°]* sont également applicables lorsque l'infraction est commise par l'ancien conjoint ou concubin de la victime, ou par la personne ayant été liée à elle par un pacte civil de solidarité, le domicile concerné étant alors celui de la victime. » *(L. n° 2014-873 du 4 août 2014, art. 35)* « Pour l'application du présent 19° *[18°]*, l'avis de la victime est recueilli, dans les meilleurs délais et par tous moyens, sur l'opportunité d'imposer au condamné de résider hors du logement du couple. Sauf circonstances particulières, cette mesure est prise lorsque sont en cause des faits de

violences susceptibles d'être renouvelés et que la victime la sollicite. La juridiction peut préciser les modalités de prise en charge des frais afférents à ce logement ; »

(L. n° 2019-1480 du 28 déc. 2019, art. 10) **« 18°** ***bis*** **Respecter l'interdiction de se rapprocher d'une victime de violences commises au sein du couple prévue à l'article 132-45-1 du présent code contrôlée par un dispositif électronique mobile anti-rapprochement ; »**

(L. n° 2019-222 du 23 mars 2019, art. 80-I et 109-XIX, en vigueur le 24 mars 2020) **« 19° »** *(L. n° 2014-896 du 15 août 2014, art. 9, en vigueur le 1er oct. 2014)* **« Obtenir l'autorisation préalable du juge de l'application des peines pour tout déplacement à l'étranger ; »**

(Abrogé par L. n° 2019-222 du 23 mars 2019, art. 80-I et 109-XIX, à compter du 24 mars 2020) (L. n° 2014-873 du 4 août 2014, art. 50) ***« 20° Accomplir à ses frais un stage de responsabilisation pour la prévention et la lutte contre les violences au sein du couple et sexistes ; »***

(L. n° 2019-222 du 23 mars 2019, art. 80-I et 109-XIX, en vigueur le 24 mars 2020) **« 20° »** *(L. n° 2016-731 du 3 juin 2016, art. 10)* **« Respecter les conditions d'une prise en charge sanitaire, sociale, éducative ou psychologique, destinée à permettre sa réinsertion et l'acquisition des valeurs de la citoyenneté ; cette prise en charge peut, le cas échéant, intervenir au sein d'un établissement d'accueil adapté dans lequel le condamné est tenu de résider. »**

(L. n° 2019-222 du 23 mars 2019, art. 80-I et 109-XIX, en vigueur le 24 mars 2020) **« 21° L'obligation d'accomplir un travail d'intérêt général, selon les modalités prévues à l'article 131-8 ;** *(Abrogé par L. n° 2021-401 du 8 avr. 2021, art. 7, à compter du 8 oct. 2021 au plus tard)* ***« le condamné doit en ce cas se soumettre à l'examen médical prévu au dernier alinéa de l'article 131-22 ; »***

« 22° L'injonction de soins, dans les conditions prévues aux articles L. 3711-1 à L. 3711-5 du code de la santé publique, si la personne a été condamnée pour un délit pour lequel le suivi socio-judiciaire est encouru et qu'une expertise médicale a conclu qu'elle était susceptible de faire l'objet d'un traitement ;

« 23° L'obligation de justifier de la remise d'un bien dont la confiscation a été ordonnée ;

« 24° L'obligation de justifier du paiement régulier des impôts ;

« 25° L'obligation de justifier de la tenue d'une comptabilité régulière certifiée par un commissaire aux comptes. »

Art. 132-45-1 *(L. n° 2019-1480 du 28 déc. 2019, art. 10)* **En cas d'infraction punie d'au moins trois ans d'emprisonnement commise contre son conjoint, son concubin ou son partenaire lié par un pacte civil de solidarité, y compris lorsqu'ils ne cohabitent pas, ou commise par l'ancien conjoint ou concubin de la victime ou par la personne ayant été liée à elle par un pacte civil de solidarité, la juridiction peut, à la demande ou avec le consentement exprès de la victime, qui peut être recueilli par tout moyen :**

1° Interdire au condamné de se rapprocher de la victime à moins d'une certaine distance fixée par la décision ;

2° Et, afin d'assurer le respect de cette interdiction, astreindre le condamné au port, pendant toute la durée de la mesure, d'un bracelet intégrant un émetteur permettant à tout moment de déterminer à distance sa localisation sur l'ensemble du territoire national et permettant de déterminer s'il s'approche de la victime à qui a été attribué un dispositif électronique permettant également de déterminer sa localisation.

Le condamné est avisé que la pose du bracelet ne peut être effectuée sans son consentement mais que le fait de la refuser constitue une violation des obligations qui lui incombent et peut donner lieu à la révocation de la mesure. Ce dispositif est homologué par le ministre de la justice. Sa mise en œuvre doit garantir le respect de la dignité, de l'intégrité et de la vie privée de la personne et ne doit pas entraver son insertion sociale.

Un décret en Conseil d'État précise les modalités d'application du présent article. Ce décret en Conseil d'État, pris après avis de la Commission nationale de l'informatique et des libertés, autorise la mise en œuvre d'un traitement automatisé de données à caractère personnel assurant le contrôle à distance de la localisation du condamné et de la victime ; ce décret peut étendre les finalités du traitement prévu à l'article

763-13 du code de procédure pénale. Les personnes contribuant au contrôle à distance, qui ne peut conduire à imposer la présence du condamné dans certains lieux, peuvent être des personnes privées habilitées dans des conditions prévues par ce décret.

Art. 132-46 Les mesures d'aide ont pour objet de seconder les efforts du condamné en vue de son reclassement social.

Ces mesures, qui s'exercent sous forme d'une aide à caractère social et, s'il y a lieu, d'une aide matérielle, sont mises en œuvre par le service *(L. n° 2019-222 du 23 mars 2019, art. 80-I et 109-XIX, en vigueur le 24 mars 2020)* « pénitentiaire d'insertion et de probation » avec la participation, le cas échéant, de tous organismes publics et privés.

§ 3 DE LA RÉVOCATION DU SURSIS PROBATOIRE EN CAS DE NOUVELLE INFRACTION *(L. n° 2019-222 du 23 mars 2019, art. 80-I et 109-XIX, en vigueur le 24 mars 2020).*

Art. 132-47 Le sursis *(L. n° 2019-222 du 23 mars 2019, art. 80-I et 109-XIX, en vigueur le 24 mars 2020)* « probatoire » peut être révoqué par la juridiction de jugement dans les conditions prévues par l'article 132-48.

Il peut également l'être par *(L. n° 2004-204 du 9 mars 2004, art. 183-I, en vigueur le 1er janv. 2005)* « le juge de l'application des peines », selon les modalités prévues par le code de procédure pénale, lorsque le condamné n'a pas satisfait aux mesures de contrôle et aux obligations particulières qui lui étaient imposées. *(L. n° 92-1336 du 16 déc. 1992)* « Tout manquement à ces mesures et obligations commis après que la *(L. n° 2019-222 du 23 mars 2019, art. 80-I et 109-XIX, en vigueur le 24 mars 2020)* « probation » est devenue exécutoire peut justifier la révocation du sursis. » *(L. n° 2004-204 du 9 mars 2004, art. 182, en vigueur le 1er janv. 2005)* « Si cette révocation est ordonnée alors que la condamnation n'avait pas encore acquis un caractère définitif, elle devient caduque dans le cas où cette condamnation serait ultérieurement infirmée ou annulée. »

Art. 132-48 Si le condamné commet, au cours du délai *(L. n° 2019-222 du 23 mars 2019, art. 80-I et 109-XIX, en vigueur le 24 mars 2020)* « de probation », un crime ou un délit de droit commun suivi d'une condamnation à une peine privative de liberté sans sursis, la juridiction de jugement peut, après avis du juge de l'application des peines, ordonner la révocation en totalité ou en partie du ou des sursis antérieurement accordés. *(L. n° 92-1336 du 16 déc. 1992)* « Cette révocation ne peut être ordonnée pour des infractions commises avant que la condamnation assortie du sursis ait acquis un caractère définitif. »

(L. n° 2003-1119 du 26 nov. 2003, art. 79) « La mesure d'interdiction du territoire français est exécutoire de plein droit en cas de révocation totale du sursis *(L. n° 2019-222 du 23 mars 2019, art. 80-I et 109-XIX, en vigueur le 24 mars 2020)* « probatoire » dans les conditions prévues au présent article. »

Art. 132-49 La décision ordonnant la révocation partielle du sursis ne met pas fin au régime de la *(L. n° 2019-222 du 23 mars 2019, art. 80-I et 109-XIX, en vigueur le 24 mars 2020)* « probation » et n'attache pas à la condamnation les effets d'une condamnation sans sursis.

Art. 132-50 *(L. n° 2014-896 du 15 août 2014, art. 8, en vigueur le 1er janv. 2015)* Si la juridiction ordonne l'exécution de la totalité de l'emprisonnement et si le sursis *(L. n° 2019-222 du 23 mars 2019, art. 80-I et 109-XIX, en vigueur le 24 mars 2020)* « probatoire » a été accordé après une première condamnation déjà prononcée sous le même bénéfice, elle peut, par décision spéciale, ordonner que la première peine sera également exécutée.

Art. 132-51 Lorsque la juridiction ordonne la révocation du sursis en totalité ou en partie, elle peut, par décision spéciale et motivée, exécutoire par provision, faire incarcérer le condamné.

§ 4 DES EFFETS DU SURSIS PROBATOIRE *(L. n° 2019-222 du 23 mars 2019, art. 80-I et 109-XIX, en vigueur le 24 mars 2020).*

Art. 132-52 La condamnation assortie du sursis *(L. n° 2019-222 du 23 mars 2019, art. 80-I et 109-XIX, en vigueur le 24 mars 2020)* « probatoire » est réputée non avenue

lorsque le condamné n'a pas fait l'objet d'une décision ordonnant l'exécution de la totalité de l'emprisonnement.

Lorsque le bénéfice du sursis *(L. n° 2019-222 du 23 mars 2019, art. 80-I et 109-XIX, en vigueur le 24 mars 2020)* **« probatoire » n'a été accordé que pour une partie de l'emprisonnement, la condamnation est réputée non avenue dans tous ses éléments si la révocation du sursis n'a pas été prononcée dans les conditions prévues par l'alinéa précédent.**

(L. n° 2014-896 du 15 août 2014, art. 9, en vigueur le 1er oct. 2014) **« Le caractère non avenu de la condamnation ne fait pas obstacle** *(L. n° 2019-222 du 23 mars 2019, art. 80-I et 109-XIX, en vigueur le 24 mars 2020)* **« à la prolongation ou » à la révocation totale ou partielle du sursis** *(L. n° 2019-222 du 23 mars 2019, art. 80-I et 109-XIX, en vigueur le 24 mars 2020)* **« probatoire » dès lors que le manquement ou l'infraction ont été commis avant l'expiration du délai** *(L. n° 2019-222 du 23 mars 2019, art. 80-I et 109-XIX, en vigueur le 24 mars 2020)* **« de probation ». »**

Art. 132-53 **Si le sursis** *(L. n° 2019-222 du 23 mars 2019, art. 80-I et 109-XIX, en vigueur le 24 mars 2020)* **« probatoire » a été accordé après une première condamnation déjà prononcée sous le même bénéfice, cette première condamnation est réputée non avenue si la seconde vient elle-même à être déclarée ou réputée non avenue dans les conditions et les délais prévus par le premier alinéa de l'article 132-52 ci-dessus ou par l'article** *(L. n° 2004-204 du 9 mars 2004, art. 183-X, en vigueur le 1er janv. 2005)* **« 744 » du code de procédure pénale.**

SOUS-SECTION 6 DE LA DISPENSE DE PEINE ET DE L'AJOURNEMENT

Art. 132-58 **En matière correctionnelle ou, sauf dans les cas prévus aux articles 132-63 à 132-65, en matière contraventionnelle, la juridiction peut, après avoir déclaré le prévenu coupable et statué, s'il y a lieu, sur la confiscation des objets dangereux ou nuisibles, soit dispenser le prévenu de toute autre peine, soit ajourner le prononcé de celle-ci dans les cas et conditions prévus aux articles ci-après.**

En même temps qu'elle se prononce sur la culpabilité du prévenu, la juridiction statue, s'il y a lieu, sur l'action civile. — *Just. milit. L. 222-65 ; Trav. L. 1146-2 et L. 1155-3.*

En ce qui concerne les mineurs, V. Ord. n° 45-174 du 2 févr. 1945, art. 20-7, App., v° Enfance — Enfance délinquante.

Corresp. *: C. pr. pén., ancien art. 469-1.*

RÉP. PÉN. v° *Justice restaurative*, par CARIO.

BIBL. ▶ J. ROBERT, *JCP 1975. I. 2729.* – PRADEL, *D. 1976. Chron. 63.* – DECOCQ, *RSC 1976. 5.* – LARGUIER, *RSC 1978. 617.* – MIHMAN, *Gaz. Pal. 2014. 2. 3408* (les nouvelles formes d'ajournement du prononcé de la peine issues de la loi du 15 août 2014).

§ 1er DE LA DISPENSE DE LA PEINE

Art. 132-59 **La dispense de peine peut être accordée lorsqu'il apparaît que le reclassement du coupable est acquis, que le dommage causé est réparé et que le trouble résultant de l'infraction a cessé.**

La juridiction qui prononce une dispense de peine peut décider que sa décision ne sera pas mentionnée au casier judiciaire.

La dispense de peine ne s'étend pas au paiement des frais du procès. — *Pr. pén. 469-1, 539, 768 ; Just. milit. L. 222-65 ; Trav. L. 1146-2 et L. 1155-3.*

Corresp. *: C. pr. pén., anciens art. 469-1 et 469-2.*

1. Domaine de la dispense. La disposition de l'art. 469-2 autorisant les tribunaux à dispenser de peine un prévenu déclaré coupable d'une infraction ne peut être appliquée que par les juridictions correctionnelles ou de police, ce qui exclut les tribunaux militaires (Tribunal permanent des Forces armées). • Crim. 11 juin 1976, n° 76-90.588 P • 15 mars 1977, n° 77-90.006 P : *D. 1977. IR 237, obs. Puech.*

2. Les dispositions de l'art. 469-2 C. pr. pén. sont applicables à la confiscation des marchandises mises en vente, prévue par l'art. 2 de la L. du 30 déc. 1906 réglementant les ventes au déballage ; cette confiscation est en effet une peine sanctionnant à titre principal toute contravention à la loi, et non une mesure de police et de sûreté. • Crim. 6 nov. 1984, n° 84-90.170 P : *RSC 1985. 585, obs. Pradel.* ♦ Mais la confiscation des instruments de pesage faux ou inexacts prévue par l'art. 6 de la L. du 1er août 1905 (C. consom., art. L. 216-2) constitue une mesure de police et de sûreté de caractère réel ; elle se trouve dès lors exclue du champ d'application de l'art. 469-2 C. pr. pén. • Crim. 23 mai 1977, n° 76-93.239 P.

3. L'art. 469-1 C. pr. pén. qui autorise les juridictions correctionnelles à dispenser de peine un prévenu déclaré coupable ne peut être appliqué lorsque la pénalité encourue est de nature fiscale. • Crim. 11 avr. 1983, n° 82-92.433 P.

4. Le requérant, reconnu coupable du délit de conduite malgré la suspension du permis de conduire, par jugement du tribunal de grande instance devenu définitif, qui a ainsi établi la réalité de l'infraction, a néanmoins été dispensé de peine en application de l'art. 469-1 C. pr. pén. ; la réduction du nombre de points affecté au permis de conduire ne constitue pas une sanction pénale accessoire à une condamnation et n'entre donc pas dans le champ d'application de l'art. 469-1, 2e al., C. pr. pén. ; ainsi, le moyen tiré de ce que la dispense de peine dont il a bénéficié exclurait l'application des dispositions précitées du code de la route est inopérant ; c'est également que le ministre de l'intérieur a réduit de six points le nombre de points affectés à son permis de conduire. • TA Dijon, 30 nov. 1999 : *Gaz. Pal. 2000. 1. Somm. 1205.*

5. Les dispositions des art. 539 et 530-1, al. 2, C. pr. pén. ne font pas obstacle à ce que la juridiction de proximité prononce une dispense de peine prévue, en matière contraventionnelle, par les art. 132-59 s. C. pén., pour toute contravention ayant fait l'objet d'une procédure d'amende forfaitaire majorée. • Crim. 9 nov. 2005, n° 05-84.504 P : *AJ pénal 2006. 80, obs. Céré ; Dr. pénal 2006. 28, 4e esp. obs. Maron ; Gaz. Pal. 2006. 1. 1858, note Monnet ; RSC 2006. 311, obs. Vermelle* • 18 janv. 2006 : *Dr. pénal 2006. 51, obs. J.-H. Robert.* ♦ Pour une dispense de peine par une juridiction de proximité en rapport avec un excès de vitesse. • Crim. 30 oct. 2012, n° 12-81.603 P : *D. actu. 12 déc. 2012, obs. Martineau.*

6. Décision de dispense. Même dans les cas où les conditions des art. 469-1 et 469-2 C. pr. pén. sont réunies, l'application de la dispense de peine est une faculté laissée à la libre appréciation des juges du fond, dont ils ne doivent aucun compte. • Crim. 20 nov. 1985, n° 84-94.491 P • 9 juill. 1991, n° 91-81.343 P.

7. Lorsqu'ils font application des art. 469-1 et 469-2 C. pr. pén., les juges peuvent dispenser le prévenu de toute peine, mais non d'une peine après l'avoir prononcée. • Crim. 27 nov. 1978, n° 76-90.944 P : *Gaz. Pal. 1979. 2. 311 ; RSC 1980. 115, obs. Larguier.*

8. En tant que représentant du syndicat des copropriétaires, un syndic d'immeuble a conclu un contrat de travail ; licencié à la suite d'un changement de syndic, le salarié a introduit une instance prud'homale au cours de laquelle il n'a pu produire l'original du contrat de travail ; le syndic, ayant retrouvé dans ses archives un double du contrat sur pelure, en a recopié le contenu sur une feuille, au bas de laquelle il a, comme l'ancien salarié, apposé sa signature ; le syndicat des copropriétaires s'étant aperçu que ce document, produit au cours de l'instance, portait l'en-tête d'une SARL, alors que le syndic, à la date du contrat initial, exerçait sa profession en son nom personnel, a découvert que le document avait été reconstitué ; à l'issue de l'information ouverte sur la plainte avec constitution de partie civile du syndicat, le syndic et l'ancien salarié ont été poursuivis pour faux ; pour les déclarer coupables la cour d'appel énonce que le document constitue un faux matériel et que le fait de fabriquer une pièce destinée, fût-elle conforme à l'original, à se substituer à un contrat écrit dont ils ne retrouvaient pas la trace, en vue de sa production en justice, à titre de preuve, constitue le délit de faux de nature à porter préjudice à autrui ; en l'état de ces énonciations, qui caractérisent en tous ses éléments l'infraction de faux, la cour d'appel, qui a pu, sans se contredire, pour motiver la dispense de peine, constater l'absence d'intention de nuire, a justifié sa décision. • Crim. 3 juin 2004, n° 03-81.704 P : *D. 2004. Somm. 2752, obs. de Lamy ; Dr. pénal 2004. 141, obs. Véron ; Gaz. Pal. 2005. 1. Somm. 1362, obs. A.C.*

9. Applications de la dispense. ... Conduite en état alcoolique, laquelle n'avait provoqué aucun dommage susceptible de n'avoir pas été réparé. • Versailles, 23 mai 1995 : *Gaz. Pal. 1996. 1. Somm. 168.* ♦ ... Personne atteinte de schizophrénie au moment des faits (coups portés sur des agents de contrôle de la RATP), le reclassement du coupable étant acquis par un suivi médical et social (attribution d'une allocation d'adulte handicapé), le dommage étant réparé en raison de la modification de leurs demandes par les parties civiles (réduction à 1 F de dommages et intérêts), et le trouble ayant cessé. • Paris, 21 mai 1996 : *Dr. pénal 1996. 240, obs. Véron.*

10. Est justifiée au regard de l'art. 132-59 C. pén. la dispense de peine prononcée à l'égard d'un prévenu déclaré coupable d'une infraction au code de la mutualité, au motif qu'il a agi sans discernement suffisant mais avec cœur et un dévouement total aux personnes auxquelles il est venu en aide ; le prévenu est néanmoins tenu au paiement du droit fixe de procédure défini à l'art. 1018 A CGI. • Crim. 24 juin 2014, n° 13-84.955 : *Gaz. Pal. 2014. 2. 3022, note Mésa.*

11. En revanche, le juge ne peut accorder une dispense de peine que s'il constate dans sa décision que le reclassement du coupable est acquis, que le dommage causé est réparé et que le trouble résultant de l'infraction a cessé. S'agissant de poursuites contre une société de taxi pour non-désignation du conducteur ayant commis un excès de vitesse avec un véhicule lui appartenant (C. route, art. L. 121-6), doit être cassée la décision du tribunal qui, pour retenir que les conditions de la dispense de peine sont remplies, énonce que le dommage est notamment réparé, le représentant légal de la société s'étant désigné à l'audience comme étant le conducteur lors de l'excès de vitesse. • Crim. 7 mai 2019, n° 18-85.729 P : *D. actu. 27 mai 2019, obs. Goetz ; Dr. pénal 2019, n° 139, obs. Bonis.*

12. Effets sur les interdictions, déchéances ou incapacités. Selon l'art. 469-1, al. 2, C. pr. pén., la déclaration de culpabilité suivie d'une dispense de peine exclut l'application des dispositions prévoyant des interdictions, déchéances ou incapacités de quelque nature qu'elles soient qui résulteraient de plein droit d'une condamnation ; c'est donc à bon droit qu'après avoir déclaré un conducteur coupable de conduite sous l'empire d'un état alcoolique en récidive, la cour d'appel le dispense de peine en précisant que cette dispense entraîne l'exclusion de l'application des dispositions de l'art. L. 224-13 C. route prévoyant que toute condamnation de ce chef donne lieu de plein droit à l'annulation du permis de conduire. • Crim. 4 févr. 2004, n° 03-85.591 P : *Dr. pénal 2004. 86 (1re esp.), obs. J.-H. Robert.*

13. Effets sur les empreintes génétiques. Le 16 févr. 2004, le procureur de la République de Grenoble a requis un prélèvement biologique destiné à permettre l'identification de l'empreinte génétique d'une personne déclarée coupable de vol aggravé par jugement du tribunal correctionnel, en date du 19 sept. 2003, qui l'a dispensée de peine ; ayant refusé, le 12 oct. 2005, de se soumettre au prélèvement, l'intéressé a été poursuivi sur le fondement de l'art. 706-56 C. pr. pén. ; a fait l'exacte application de la loi la cour d'appel qui, pour infirmer le jugement et relaxer le prévenu, retient que la dispense de peine ne constitue pas une condamnation permettant, en application des dispositions de l'art. 706-54, al. 1er, C. pr. pén., l'inscription au fichier national automatisé des empreintes génétiques. • Crim. 9 avr. 2008, n° 07-85.972 P : *D. 2008, Chron. C. cass., p. 1722, obs. Caron ; ibid. 2009. Pan. 126, obs. Roujou de Boubée ; AJ pénal 2008. 329, obs. Lasserre Capdeville.*

14. Autorité de la dispense sur le civil. Dès lors que, pour justifier le prononcé d'une dispense de peine, le tribunal correctionnel a explicitement constaté, conformément aux exigences des art. 469-2 C. pr. pén. et 132-59 nouv. C. pén., que « le dommage causé est réparé », il s'ensuit que cette constatation par le juge répressif de la réparation du dommage provenant de l'infraction, soutien nécessaire du dispositif de sa décision à présent irrévocable, a l'autorité absolue au civil de la chose définitivement jugée au pénal ; en conséquence, doit être déclarée irrecevable l'action en indemnisation ultérieurement exercée par la victime devant le juge civil. • Basse-Terre, 17 nov. 1997 : *Gaz. Pal. 1998. 1. Somm. 25, note Vray.*

15. Autorité de la dispense sur l'administratif. Il résulte des dispositions de l'art. L. 11-1 C. route, que le ministre de l'Intérieur ne peut régulièrement réduire le nombre de points affecté au permis de conduire d'un automobiliste, qu'à la suite du paiement d'une amende forfaitaire ou d'une condamnation définitive prononcée par le juge pénal ; est par suite fondée à demander l'annulation d'une décision de retrait de points, la personne qui a bénéficié d'une dispense de peine pour les faits dont elle a été déclarée coupable, faute de condamnation prononcée par le juge, et alors même qu'elle n'aurait pas payé l'amende forfaitaire. • TA Toulouse, 29 juin 1998 : *D. 2000. Somm. 116, obs. Roujou de Boubée ; Dr. pénal 1999. 69, obs. J.-H. Robert.*

16. Il résulte des dispositions de l'art. 469-1 C. pr. pén., qui sont d'interprétation stricte, qu'une décision par laquelle le juge pénal déclare le titulaire d'un permis de conduire coupable d'une infraction justifiant un retrait de points de son permis, mais le dispense de peine, ne aurait être assimilée à une condamnation au sens de l'art. L. 11-1 (devenu l'art. L. 223-1) C. route, et ne peut légalement fonder un retrait de points. • CE 16 juin 2004 : *D. 2005. 2516, note Père.*

§ 2 DE L'AJOURNEMENT SIMPLE

Art. 132-60 **La juridiction peut ajourner le prononcé de la peine lorsqu'il apparaît que le reclassement du coupable est en voie d'être acquis, que le dommage causé est en voie d'être réparé et que le trouble résultant de l'infraction va cesser.**

Dans ce cas, elle fixe dans sa décision la date à laquelle il sera statué sur la peine.

L'ajournement ne peut être ordonné que si la personne physique prévenue ou le représentant de la personne morale prévenue est présent à l'audience. — *Pr. pén. 469-1, 539, 734 ; Just. milit. L. 222-65 ; Trav. L. 1146-2 et L. 1155-3.*

Art. 132-61 **A l'audience de renvoi, la juridiction peut soit dispenser le prévenu de peine, soit prononcer la peine prévue par la loi, soit ajourner une nouvelle fois le prononcé de la peine dans les conditions et selon les modalités prévues à l'article 132-60.** — *Pr. pén. 469-1, 539, 734 ; Just. milit. L. 222-65 ; Trav. L. 1146-2 et L. 1155-3.*

Art. 132-62 La décision sur la peine intervient au plus tard un an après la première décision d'ajournement. — *Pr. pén. 469-1, 539, 734 ; Just. milit. L. 222-65 ; Trav. L. 1146-2 et L. 1155-3.*

BIBL. ▶ LESCLOUS et MARSAT, *Dr. pénal 1997. Chron. 8* (ajournement : décision contradictoire ?).

Corresp. *: C. pr. pén., anciens art. 469-1 et 469-3.*

A. DÉCISION D'AJOURNEMENT

1. Exclusions. Les art. 469-1 et 469-3 C. pr. pén. ne sont pas applicables en matière d'infractions à la loi sur la presse. • Crim. 2 déc. 1980, n° 79-91.096 P.

2. Appréciation. L'ajournement du prononcé de la peine prévu par l'art. 469-3 C. pr. pén. est une simple faculté laissée à la libre appréciation des juges du fond, qui n'en doivent aucun compte ; s'ils la refusent, ils n'ont pas à s'en expliquer dans leur décision. • Crim. 23 nov. 1982 : *D. 1983. IR 144.*

3. Le tribunal correctionnel a condamné les prévenus coupables d'infractions au code de l'urbanisme et de travail dissimulé à deux mois d'emprisonnement avec sursis et 1 500 € d'amende, a ordonné, sous astreinte, la démolition de l'ouvrage irrégulièrement construit et a prononcé sur les intérêts civils ; la cour d'appel, qui a confirmé le jugement sur la culpabilité et sur les intérêts civils, et a ajourné le prononcé des peines, n'a fait qu'user de la faculté que lui reconnaît l'art. 132-60 C. pén., aucune disposition légale ne prévoyant que doivent être énoncées les conditions d'application définies par l'al. 1er de ce texte. • Crim. 18 mai 2004, n° 04-80.109 P : *Dr. pénal 2004. 139, obs. Véron ; RSC 2004. 874, obs. Vermelle.*

4. Présence du prévenu. La disposition prescrivant la présence du prévenu devant la juridiction pour permettre l'ajournement du prononcé de la peine est d'ordre public, et la décison qui la méconnaît est entachée de nullité. • Crim. 22 mai 1986, n° 85-90.210 P • 17 nov. 1987, n° 86-94.186 P • 25 févr. 1992, n° 91-84.063 P : *Dr. pénal 1992. 192.*

5. Aux termes de l'art. 132-60 C. pén., l'ajournement du prononcé de la peine ne peut être ordonné que si la personne physique prévenue est présente à l'audience ; la Cour de cassation n'est pas en mesure de s'assurer que les prescriptions de ce texte ont été observées lorsqu'il ne résulte, ni de l'arrêt ajournant le prononcé de la peine ni de l'arrêt attaqué, que le prévenu était présent à cette première audience. • Crim. 11 mars 2009, n° 08-84.513 : *Dr. pénal 2009, n° 75, obs. Véron ; ibid. 2010. Chron. 2, obs. Garçon.*

6. Selon l'art. 132-60, al. 3, C. pén., l'ajournement du prononcé de la peine ne peut être ordonné qu'en présence du prévenu ; encourt la censure l'arrêt qui a condamné le prévenu à une peine, alors qu'il ne résulte pas de cette décision que le prévenu était présent à l'audience lors de laquelle la juridiction avait prononcé son ajournement. • Crim. 24 mars 2015, n° 14-84.836 P : *D. 2015. Actu. 735 ; AJ pénal 2015. 558, obs. Lasserre Capdeville.*

7. Appel. Les juges ne peuvent statuer en méconnaissance de l'effet dévolutif de l'appel. • Crim. 22 févr. 1988, n° 86-92.466 P.

8. Les juges du second degré, dès lors qu'ils sont saisis d'un appel contre un jugement qui déclare le prévenu coupable d'une infraction et renvoie le prononcé de la peine à une date ultérieure, ne sauraient, sans méconnaître les règles de leur saisine, statuer sur la seule culpabilité en laissant au tribunal le soin de fixer la peine. • Crim. 27 mars 1984, n° 83-92.422 P : *RSC 1985. 122, obs. J. Robert* • 11 juin 1986, n° 85-92.325 P • 18 mars 1987, n° 87-80.250 P • 12 avr. 1988, n° 87-90.609 P : *D. 1988. Somm. 356, obs. Pradel* • 28 févr. 1991, n° 90-82.555 P : *RSC 1991. 603, obs. Braunschweig* • 7 oct. 1992, n° 92-81.284 P. ♦ Il leur appartient : ... en cas d'appel du ministère public, de se prononcer sur la peine sans égard pour la date à laquelle le tribunal avait prévu de le faire. • Crim. 28 févr. 1991 : *préc.* • 7 oct. 1992 : *préc.* • 4 oct. 1995 : *JCP 1996. IV. 170.* ♦ ... S'ils sont saisis par le seul appel du prévenu, dont ils ne doivent pas aggraver le sort, d'ordonner une remise de cause, de façon à ne statuer sur la peine qu'après l'expiration du délai fixé par le tribunal. • Crim. 18 mars 1987 : *préc.* • 12 avr. 1988 : *préc.*

9. La cour d'appel, dès lors que le délai d'ajournement est expiré, doit évoquer et statuer par application des dispositions de l'art. 520 C. pr. pén., sans toutefois faire échec aux principes des art. 509 et 515 dudit code. • Crim. 23 mars 1987, n° 85-96.719 P.

10. Pourvoi en cassation. En cas de pourvoi en cassation contre un arrêt qui déclare le prévenu coupable d'une infraction et ajourne le prononcé de la peine, il est sursis à l'exécution de l'arrêt, conformément à l'art. 569 C. pr. pén., jusqu'à la décision de la Cour de cassation. • Crim. 8 févr. 1993, n° 92-83.479 P • 9 avr. 1997 : *Gaz. Pal. 1997. 2, chron. crim. 172.* ♦ ... Doit en conséquence être cassé l'arrêt de la cour d'appel qui, sans attendre la décision de la Cour de cassation, se prononce sur la peine après l'expiration du délai d'ajournement. • Crim. 8 févr. 1993 : *préc.* ♦ ... La cour d'appel, qui, dans l'attente de la décision de la Cour de cassation, n'a pu statuer à la date prévue, n'a pas à ordonner un nouvel ajournement, dans les conditions et selon les modalités prévues par les art. 132-60 et 132-61 C. pén. ; il lui suffit de renvoyer l'affaire à une audience ultérieure, pour être ainsi en mesure de statuer sur la peine, après un éventuel rejet du pourvoi. • Crim. 9 avr. 1997 : *préc.*

11. Le prévenu qui s'est pourvu contre un arrêt le déclarant coupable des faits reprochés et ajournant le prononcé de la peine ne peut déposer un mémoire personnel, en tant que demandeur non condamné pénalement par l'arrêt attaqué, que dans les conditions et délais prévus par l'art. 584 C. pr. pén. • Crim. 30 oct. 2000, n° 00-83.010 P : *Dr. pénal 2001. 24, obs. Maron.*

B. DÉCISION SUR LA PEINE

12. Délai. L'art. 469-3 C. pr. pén. a pour objet d'autoriser les juges à faire bénéficier le prévenu, reconnu coupable d'un délit, d'un ajournement de la décision sur la peine n'excédant pas un an, mais non d'assurer l'impunité à ce prévenu après l'expiration de ce délai ; celui-ci, qui n'a pas été institué en faveur du prévenu, mais relève d'un caractère seulement indicatif et incitatif à l'usage des autorités judiciaires, n'est pas prescrit à peine de nullité. • Crim. 3 oct. 1984, n° 83-90.701 P : *JCP 1985. II. 20447, note Chambon ; Gaz. Pal. 1985. 1. 238, note Doucet ; RSC 1985. 606, obs. J. Robert.* ♦ *Adde* : note Pradel, *D. 1983. 250*, et note Chambon : *JCP 1983. II. 19998*, ss. TGI Aix-en-Provence, 24 juin 1982.

13. Composition de la juridiction. Est régulière la composition d'une juridiction qui, après avoir déclaré coupable le prévenu et ajourné le prononcé de la peine, en application de l'art. 469-3 C. pr. pén., statue sur la peine dans une composition différente. • Crim. 14 nov. 1989, n° 88-83.758 P.

14. Comparution du prévenu. Les dispositions de l'art. 469-3 C. pr. pén. qui autorisent, dans certaines conditions, les juridictions de jugement à ajourner le prononcé de la peine après avoir statué sur la culpabilité du prévenu, mais seulement si celui-ci est présent et en fixant la date de l'audience à laquelle il sera statué sur la peine, impliquent nécessairement que, faute de comparution de l'intéressé à ladite audience, et en l'absence de toute excuse ou demande de renvoi, la décision sur la peine est contradictoire et le délai d'appel court du jour où elle a été prononcée, sans qu'une signification soit nécessaire. • Crim. 14 juin 1983, n° 83-90.196 P • 22 oct. 1986, n° 86-90.482 P • 4 nov. 1988, n° 88-80.761 P. ♦ Mais il ne peut en être de même lorsque, par cette décision, les juges se prononcent également sur l'action civile dont ils n'étaient pas précédemment saisis. • Crim. 7 févr. 1996, n° 95-82.546 P.

15. Preuves et débats. Il appartient au prévenu de satisfaire à l'obligation, prise par lui à l'audience d'ajournement, de réparer le dommage causé par l'infraction et, à l'audience du prononcé de la peine, de rapporter la preuve de cette réparation. • Crim. 16 oct. 1991, n° 90-87.390 P : *D. 1992. Somm. 321, obs. Pradel*.

16. Appelée à statuer sur les peines applicables en répression d'infractions au code de l'urbanisme dont une restauratrice a été déclarée coupable par un précédent arrêt d'ajournement de peines devenu définitif, la cour d'appel a confirmé la condamnation à la démolition de la véranda adossée au restaurant, d'une superficie de 40 m^2, édifiée sur la voie publique, dans le champ de visibilité d'un immeuble classé, sans permis de construire et en violation du plan d'occupation des sols ; n'étant pas tenue, après avoir ajourné le prononcé de la peine, d'entendre elle-même le représentant de la direction départementale de l'équipement, dès lors que cette audition avait déjà eu lieu en première instance, la cour d'appel a justifié sa décision. • Crim. 16 déc. 2003, n° 02-87.185 P.

17. Chose jugée sur la culpabilité. Lorsque la juridiction a, par une première décision, déclaré un prévenu coupable du délit qui lui était imputé et renvoyé le prononcé de la peine à une date ultérieure en application de l'art. 469-1 C. pr. pén., cette même juridiction ne peut, par la suite, rendre une décision de relaxe incompatible avec la déclaration de culpabilité qui a acquis l'autorité de la chose jugée. • Crim. 12 juin 1979, n° 79-90.710 P.

18. En l'état d'un appel interjeté contre un jugement qui statue sur la peine, après ajournement du prononcé de celle-ci, est irrecevable le moyen de cassation qui se borne à critiquer les dispositions du premier jugement ayant définitivement statué sur la culpabilité du prévenu. • Crim. 12 déc. 1989, n° 89-83.144 P. ♦ Rappr. : • Crim. 17 nov. 1987, n° 86-94.186 P.

19. Lorsque, par application des art. 469-1 et 469-3 C. pr. pén., un tribunal a, par jugement devenu définitif, déclaré un prévenu coupable, puis a par une décision ultérieure statué sur la peine, la cour d'appel saisie du seul recours formé contre cette dernière décision ne saurait, sans méconnaître à la fois l'autorité de la chose jugée et les règles de sa saisine, prononcer à nouveau sur la culpabilité. • Crim. 2 janv. 1980, n° 79-92.232 P • 15 mai 1984, n° 82-91.617 P. ♦ Lorsque, par application des art. 132-58, 132-60 C. pén. et 469-1 C. pr. pén., le tribunal, après avoir, par un premier jugement devenu définitif, déclaré le prévenu coupable, a, par un jugement ultérieur, statué sur la peine, la cour d'appel, saisie du seul recours formé contre cette dernière décision, ne saurait, sans méconnaître à la fois l'autorité de la chose jugée et les règles de sa saisine, prononcer de nouveau sur la culpabilité. • 19 avr. 2000, n° 99-84.052 P • 13 déc. 2006, n° 06-82.576 P : *AJ pénal 2007. 132, obs. Saas*.

§ 3 DE L'AJOURNEMENT AVEC PROBATION *(L. n° 2020-1672 du 24 déc. 2020, art. 26).*

Art. 132-63 Lorsque le prévenu, personne physique, est présent à l'audience, la juridiction peut ajourner le prononcé de la peine dans les conditions et selon les modalités définies à l'article 132-60 en plaçant l'intéressé sous le régime de la *(L. n° 2020-1672 du 24 déc. 2020, art. 26)* « probation » pendant un délai qui ne peut être supérieur à un an.

Sa décision est exécutoire par provision. — *Pr. pén. 469-1, 539, 734, 747-3 ; Just. milit. L. 222-65.*

Art. 132-64 Le régime de la *(L. n° 2020-1672 du 24 déc. 2020, art. 26)* « probation », tel qu'il résulte des articles 132-43 à 132-46, est applicable à l'ajournement avec *(L. n° 2020-1672 du 24 déc. 2020, art. 26)* « probation ». — *Pr. pén. 469-1, 539, 734 ; Just. milit. L. 222-65.*

Art. 132-65 A l'audience de renvoi, la juridiction peut, en tenant compte de la conduite du coupable au cours du délai *(L. n° 2020-1672 du 24 déc. 2020, art. 26)* « de probation », soit le dispenser de peine, soit prononcer la peine prévue par la loi, soit ajourner une nouvelle fois le prononcé de la peine dans les conditions et selon les modalités prévues à l'article 132-63. *(L. n° 2004-204 du 9 mars 2004, art. 180, en vigueur le 1er janv. 2005)* « Avec l'accord du procureur de la République, le juge de l'application des peines peut, trente jours avant l'audience de renvoi, prononcer lui-même la dispense de peine, à l'issue d'un débat contradictoire tenu conformément aux dispositions de l'article 712-6 du code de procédure pénale. »

La décision sur la peine intervient au plus tard un an après la première décision d'ajournement. — *Pr. pén. 469-1, 539, 734 ; Just. milit. L. 222-65.*

§ 4 DE L'AJOURNEMENT AVEC INJONCTION

Art. 132-66 Dans les cas prévus par les lois ou les règlements qui répriment des manquements à des obligations déterminées, la juridiction qui ajourne le prononcé de la peine peut enjoindre à la personne physique ou à la personne morale déclarée coupable de se conformer à une ou plusieurs des prescriptions prévues par ces lois ou règlements.

La juridiction impartit un délai pour l'exécution de ces prescriptions. — *Pr. pén. 469-1, 539, 734, 747-4 ; Just. milit. L. 222-65.*

Art. 132-67 La juridiction peut assortir l'injonction d'une astreinte lorsque celle-ci est prévue par la loi ou le règlement ; dans ce cas, elle fixe, dans les limites prévues par la loi ou le règlement, le taux de l'astreinte et la durée maximale pendant laquelle celle-ci sera applicable.

L'astreinte cesse de courir le jour où les prescriptions énumérées par l'injonction ont été exécutées. — *Pr. pén. 469-1, 539, 734 ; Just. milit. L. 222-65.*

BIBL. ► FOSSIER, *JCP 1998. I. 126.*

Art. 132-68 L'ajournement avec injonction ne peut intervenir qu'une fois ; il peut être ordonné même si la personne physique prévenue ou le représentant de la personne morale prévenue n'est pas présent.

Dans tous les cas, la décision peut être assortie de l'exécution provisoire. — *Pr. pén. 469-1, 539, 734 ; Just. milit. L. 222-65.*

Art. 132-69 A l'audience de renvoi, lorsque les prescriptions énumérées par l'injonction ont été exécutées dans le délai fixé, la juridiction peut soit dispenser le coupable de peine, soit prononcer les peines prévues par la loi ou le règlement.

Lorsque les prescriptions ont été exécutées avec retard, la juridiction liquide, s'il y a lieu, l'astreinte et prononce les peines prévues par la loi ou le règlement.

Lorsqu'il y a inexécution des prescriptions, la juridiction liquide s'il y a lieu l'astreinte, prononce les peines et peut en outre, dans les cas et selon les conditions prévues par la loi ou le règlement, ordonner que l'exécution de ces prescriptions sera poursuivie d'office aux frais du condamné.

Sauf dispositions contraires, la décision sur la peine intervient au plus tard un an après la décision d'ajournement. — *Pr. pén. 469-1, 539, 734 ; Just. milit. L. 222-65.*

Art. 132-70 Le taux de l'astreinte, tel qu'il a été fixé par la décision d'ajournement, ne peut être modifié.

Pour la liquidation de l'astreinte, la juridiction apprécie l'inexécution ou le retard dans l'exécution des prescriptions en tenant compte, s'il y a lieu, de la survenance d'événements qui ne sont pas imputables au coupable.

L'astreinte ne donne pas lieu à *(L. n° 2004-204 du 9 mars 2004, art. 198-V, en vigueur le 1er janv. 2005)* « contrainte judiciaire *[ancienne rédaction : contrainte par corps]* ». — *Pr. pén. 469-1, 539, 734 ; Just. milit. L. 222-65.*

BIBL. ▶ L. Boré, *Gaz. Pal.* 1996. 1. *Doctr.* 654. – Th. Fossier, *JCP* 1998. I. 126.

§ 5 DE L'AJOURNEMENT AUX FINS D'INVESTIGATIONS SUR LA PERSONNALITÉ OU LA SITUATION MATÉRIELLE, FAMILIALE ET SOCIALE

(L. n° 2014-896 du 15 août 2014, art. 5, en vigueur le 1er oct. 2014)

Art. 132-70-1 *(L. n° 2019-222 du 23 mars 2019, art. 73-III et 109-XIX, en vigueur le 24 mars 2020)* « La juridiction peut ajourner le prononcé de la peine à l'égard d'une personne physique lorsqu'il apparaît opportun d'ordonner à son égard des investigations, le cas échéant complémentaires, sur sa personnalité ou sa situation matérielle, familiale et sociale, de nature à permettre le prononcé d'une peine adaptée. Ces investigations peuvent être confiées au service pénitentiaire d'insertion et de probation ou à une personne morale habilitée.

« Dans ce cas, la juridiction fixe dans sa décision la date à laquelle il sera statué sur la peine et ordonne, s'il y a lieu, le placement de la personne jusqu'à cette date sous contrôle judiciaire, sous assignation à résidence avec surveillance électronique ou, si celle-ci comparaît détenue ou selon la procédure de comparution immédiate, en détention provisoire. »

(L. n° 2014-896 du 15 août 2014, art. 5, en vigueur le 1er oct. 2014) La décision sur la peine intervient au plus tard dans un délai de quatre mois après la décision d'ajournement, sous réserve des délais plus courts prévus au troisième alinéa de l'article 397-3 du code de procédure pénale quand la personne est placée en détention provisoire. Ce délai peut être prolongé pour une nouvelle durée maximale de quatre mois.

Ancien art. 132-70-1 *La juridiction peut ajourner le prononcé de la peine à l'égard d'une personne physique lorsqu'il apparaît nécessaire d'ordonner à son égard des investigations complémentaires sur sa personnalité ou sa situation matérielle, familiale et sociale, lesquelles peuvent être confiées au service pénitentiaire d'insertion et de probation ou à une personne morale habilitée.*

Dans ce cas, elle fixe dans sa décision la date à laquelle il sera statué sur la peine.

La décision sur la peine intervient au plus tard dans un délai de quatre mois après la décision d'ajournement, sous réserve des délais plus courts prévus au troisième alinéa de l'article 397-3 du code de procédure pénale quand la personne est placée en détention provisoire. Ce délai peut être prolongé pour une nouvelle durée maximale de quatre mois.

Art. 132-70-2 Lorsque la juridiction ajourne le prononcé de la peine, elle peut octroyer immédiatement à la victime des dommages et intérêts soit à titre provisionnel, soit à titre définitif.

§ 6 DE L'AJOURNEMENT AUX FINS DE CONSIGNATION D'UNE SOMME D'ARGENT

(L. n° 2014-896 du 15 août 2014, art. 6, en vigueur le 1er oct. 2014)

Art. 132-70-3 La juridiction peut ajourner le prononcé de la peine à l'égard d'une personne en la soumettant à l'obligation de consigner une somme d'argent en vue de garantir le paiement d'une éventuelle peine d'amende. Elle détermine le montant de cette consignation et le délai dans lequel celle-ci doit être déposée au greffe, qui ne saurait être supérieur à un an. Elle peut prévoir que cette consignation est effectuée en plusieurs versements, selon un échéancier qu'elle détermine.

Elle fixe dans sa décision la date à laquelle il sera statué sur la peine.

La décision sur la peine intervient au plus tard dans un délai d'un an après la décision d'ajournement.

SECTION III DE LA DÉFINITION DE CERTAINES CIRCONSTANCES ENTRAÎNANT L'AGGRAVATION, LA DIMINUTION OU L'EXEMPTION DES PEINES (*L. n° 2004-204 du 9 mars 2004, art. 12-I*).

RÉP. PÉN. v° *Circonstances aggravantes*, par M. DALLOZ.

BIBL. GÉN. ▶ DREYER, *in La réforme du Code pénal et du Code de procédure pénale. Opinio doctorum. Thèmes et commentaires, Dalloz 2009* (notations sur l'éclatement des circonstances aggravantes).

Art. 132-71 **Constitue une bande organisée au sens de la loi tout groupement formé ou toute entente établie en vue de la préparation, caractérisée par un ou plusieurs faits matériels, d'une ou de plusieurs infractions.** — *Pén. 222-35 s., 224-3, 225-8, 311-9, 312-6, 313-2, 321-2, 322-8, 442-2.*

***Corresp.* :** *C. pr. pén., ancien art. 385.*

1. Jurisprudence constitutionnelle. Le législateur tient de l'art. 34 Const., ainsi que du principe de légalité des délits et des peines, l'obligation de fixer lui-même le champ d'application de la loi pénale et de définir les crimes et délits en termes suffisamment clairs et précis ; cette exigence s'impose non seulement pour exclure l'arbitraire dans le prononcé des peines, mais encore pour éviter une rigueur non nécessaire lors de la recherche des auteurs d'infractions ; la jurisprudence dégagée par les juridictions pénales a apporté les précisions complémentaires utiles pour caractériser la circonstance aggravante de bande organisée, laquelle suppose la préméditation des infractions et une organisation structurée de leurs auteurs ; enfin, la convention des Nations unies contre la criminalité transnationale organisée, ratifiée par la France, a adopté une définition voisine, en invitant les États adhérents à prendre les mesures adéquates pour lutter efficacement contre tout « groupe structuré de trois personnes ou plus existant depuis un certain temps et agissant de concert dans le but de commettre une ou plusieurs infractions graves ou infractions établies conformément à la présente Convention, pour en tirer, directement ou indirectement, un avantage financier ou un autre avantage matériel » ; dans ces conditions, les infractions que le législateur a retenues sont rédigées en termes suffisamment clairs et précis pour respecter le principe de légalité ; en particulier, n'est ni obscure, ni ambiguë l'expression « bande organisée », qui est définie par l'art. 132-71 C. pén. comme « tout groupement formé ou toute entente établie en vue de la préparation, caractérisée par un ou plusieurs faits matériels, d'une ou de plusieurs infractions », et qui se distingue ainsi de la notion de réunion ou de coaction. • Cons. const. 2 mars 2004, n° 2004-492 DC : *JO 10 mars, p. 4637 ; D. 2004. Somm. 2757, obs. de Lamy* (à propos de la définition des infractions relevant de la criminalité et de la délinquance organisées, telle que résultant de la loi n° 2004-204 du 9 mars 2004 portant adaptation de la justice aux évolutions de la criminalité).

2. Différence avec l'association de malfaiteurs. Il résulte de la Décis. du Cons. const. n° 2004-492 DC du 2 mars 2004 que la bande organisée suppose la préméditation des infractions et, à la différence de l'association de malfaiteurs, une organisation structurée entre ses membres ; justifie en conséquence sa décision la chambre de l'instruction qui, pour retenir les qualifications correctionnelles de vols aggravés, destructions par incendie et association de malfaiteurs et renvoyer le prévenu devant le tribunal correctionnel, énonce que la seule constitution d'une équipe de plusieurs malfaiteurs ne peut suffire à qualifier la bande organisée dès lors que cette équipe ne répond pas au critère supplémentaire de structure existant depuis un certain temps et qu'en l'espèce les équipes de malfaiteurs n'étaient pas toujours constituées de la même manière mais de façon variable avec trois, quatre ou cinq membres. • Crim. 8 juill. 2015, n° 14-88.329 P : *D. actu. 31 août 2015, obs. Benelli-de Bénazé ; D. 2015. 2541, note Parizot ; AJ pénal 2016. 141, obs. Porteron ; Gaz. Pal. 2015. 3654, obs. Detraz.*

3. Pour retenir la circonstance aggravante de bande organisée, l'arrêt attaqué relève que l'évasion a été préparée par un groupe structuré, composé du frère du prévenu et d'individus, dont certains ont été identifiés, qui s'était procuré des armes et deux véhicules et dont l'objectif était d'attaquer le fourgon de police afin que M. X... puisse s'échapper ; les juges ajoutent que la bande organisée s'analyse en une circonstance aggravante réelle qui, ayant trait aux conditions dans lesquelles l'infraction a été commise, a vocation à s'appliquer à l'ensemble des coauteurs et complices, sans qu'il soit besoin de démontrer la participation personnelle et directe de M. X... à la préparation de son évasion. • Crim. 11 janv. 2017, n° 16-80.610 : *D. actu. 25 janv. 2017, obs. Goetz ; D. 2017. Pan. 2501, obs. Gozzi ; Gaz. Pal. 2017. 265, note Tellier-Cayrol.*

4. En vertu du principe *non bis in idem*, les faits qui procèdent de manière indissociable d'une action unique caractérisée par une seule intention coupable ne peuvent être retenus comme élément constitutif d'une infraction et circonstance aggravante d'une autre infraction. Méconnaît ce principe la cour d'appel qui retient des faits constitutifs d'association de malfaiteurs indissociables de ceux caractérisant la bande organisée comme circonstance aggravante de l'infraction d'escroquerie dont elle a déclaré le prévenu coupable. • Crim. 16 mai 2018, n° 17-81.151 P : *D. actu. 28 mai 2018, obs. Goetz ; D. 2018. Pan. 2259, obs. Garé ; AJ pénal 2018. 365, obs. Beaussonie ; Dr. pénal 2018, n° 148, obs. Conte.*

5. Questions. Les questions relatives aux circonstances aggravantes doivent être posées en fait ; dès lors que pour déclarer l'accusé coupable de détention ou séquestration suivie de la mort de la victime aggravée par la circonstance de bande organisée, la cour et le jury ont répondu affirmativement à la question ainsi libellée par le président : « la détention ou la séquestration ci-dessus visées ont-elles été commises en bande organisée ? », alors que la bande organisée est définie par l'art. 132-71 C. pén. comme étant tout groupement formé ou toute entente établie en vue de la préparation, caractérisée par un ou plusieurs faits matériels, d'une ou plusieurs infractions, le président a méconnu l'art. 349 C. pr. pén. • Crim. 15 mars 2006, n° 05-82.785 P : *Dr. pénal 2006. 94, obs. Véron.*

6. Stupéfiants. V. ss. art. 222-36.

Art. 132-71-1 *(L. n° 2007-297 du 5 mars 2007, art. 44)* **Le guet-apens consiste dans le fait d'attendre un certain temps une ou plusieurs personnes dans un lieu déterminé pour commettre à leur encontre une ou plusieurs infractions.** — *Pén. 221-3, 222-3, 222-8, 222-10, 222-12, 222-13, 222-14.*

BIBL. ▶ Jacobet de Nombel, *RCS 2010. 545* (l'originalité de la circonstance aggravante de guet-apens). – Safi, *Dr. pénal 2021. Étude 4* (la loi bavarde : l'exemple du guet-apens).

Art. 132-72 La préméditation est le dessein formé avant l'action de commettre un crime ou un délit déterminé. — *Pén. 221-3, 222-3, 222-8, 222-10, 222-12 s.*

BIBL. ▶ E. Monteiro, *Dr. pénal 2001. Chron. 21* (les crimes des frères Jourdain : une cruauté réfléchie ?).

1. Renvoi. Pour des applications de la notion de préméditation, V. ss. art. 221-3.

2. Victime. L'art. 132-72 C. pén. n'exige pas que la victime d'un crime ou d'un délit prémédité soit, par avance, déterminée. • Crim. 21 oct. 1998, n° 98-81.238 P : *Dr. pénal 1999. 39, obs. Véron.*

Art. 132-73 L'effraction consiste dans le forcement, la dégradation ou la destruction de tout dispositif de fermeture ou de toute espèce de clôture. Est assimilé à l'effraction l'usage de fausses clefs, de clefs indûment obtenues ou de tout instrument pouvant être frauduleusement employé pour actionner un dispositif de fermeture sans le forcer ni le dégrader. — *Pén. 311-4, 322-3, 434-27, 434-32.*

Corresp. : *C. pén., anciens art. 393, 395, 396 et 398.*

1. Effraction. Pour des applications de la notion d'effraction, V. ss. art. 311-4.

2. Est punissable, aux termes des art. 434-27 et 132-73 C. pén., l'évasion par effraction, qui peut consister dans le forcement d'un dispositif de fermeture ou de toute espèce de clôture ; tel est le cas des barbelés placés en haut des murs de la prison, lesquels ont été endommagés par les détenus qui y ont accroché volontairement les grappins prévus à cet effet. • Limoges, 11 févr. 1998 : *BICC 1998. 852.*

3. Il résulte de la combinaison des art. 132-73 et 434-27 C. pén., que le délit d'évasion par effraction n'est constitué que lorsque le détenu, gardé dans un endroit clos, brise le dispositif de fermeture qui fait obstacle à sa fuite ; dès lors, justifie sa décision la cour d'appel qui, pour confirmer le jugement de relaxe entrepris, retient qu'aucun acte de violence n'est établi à la charge du prévenu, lequel n'a fait que profiter, après être sorti du fourgon cellulaire le transportant et garé dans la cour du palais de justice, d'un moment d'inattention du seul policier chargé de sa garde, qui avait lâché ses menotes, qu'il a réussi à s'enfuir en passant par la grille d'enceinte du tribunal, alors ouverte, sans commettre aucun acte d'effraction, et en déduit que son évasion est le résultat d'une simple ruse, exclusive du délit poursuivi. • Crim. 5 mai 1998, n° 97-85.271 P : *Dr. pénal 1998. 110, obs. Véron ; RSC 1999. 107-B, obs. Delmas Saint-Hilaire.*

4. Fausses clefs. Doit être assimilée à une fausse clef celle dont le voleur fait usage pour ouvrir la serrure même à laquelle elle était destinée, soit qu'il l'ait préalablement dérobée, soit qu'il l'ait trouvée après avoir été perdue. • Crim. 16 déc. 1825 : *Bull. crim. n° 238* • 19 mai 1836 : *ibid. n° 151.* ♦ ... Surtout lorsque le propriétaire avait été placé dans la nécessité de la remplacer. • Crim. 27 avr. 1855 : *Bull. crim. n° 142 ; S. 1855. 1. 688.*

5. Pareillement, sont de fausses clefs celles qui, sans être imitées, contrefaites ou altérées, ont pourtant servi au voleur pour ouvrir une serrure à laquelle elles n'étaient pas destinées, telle la clef laissée sur la serrure extérieure d'un meuble par son propriétaire, qui ignorait qu'elle pouvait ouvrir les tiroirs intérieurs. • Crim. 12 août 1880 : *Bull. crim. n° 160 ; S. 1881. 1. 433.*

6. Sur l'usage de fausses clefs constitutif de manœuvres ou voies de fait caractéristiques du délit de violation de domicile, V. notes ss. art. 226-4.

Art. 132-74 **L'escalade est le fait de s'introduire dans un lieu quelconque, soit par-dessus un élément de clôture, soit par toute ouverture non destinée à servir d'entrée.** – *Pén. 311-4, 322-3.*

Corresp. : *C. pén., ancien art. 397.*

Renvoi. Pour des applications de la notion d'escalade, V. notes ss. art. 311-4.

Art. 132-75 **Est une arme tout objet conçu pour tuer ou blesser.**

Tout autre objet susceptible de présenter un danger pour les personnes est assimilé à une arme dès lors qu'il est utilisé pour tuer, blesser ou menacer ou qu'il est destiné, par celui qui en est porteur, à tuer, blesser ou menacer.

Est assimilé à une arme tout objet qui, présentant avec l'arme définie au premier alinéa une ressemblance de nature à créer une confusion, est utilisé pour menacer de tuer ou de blesser ou est destiné, par celui qui en est porteur, à menacer de tuer ou de blesser.

(L. nº 96-647 du 22 juill. 1996) **« L'utilisation d'un animal pour tuer, blesser ou menacer est assimilée à l'usage d'une arme. En cas de condamnation du propriétaire de l'animal ou si le propriétaire est inconnu, le tribunal peut décider de remettre l'animal à une œuvre de protection animale reconnue d'utilité publique ou déclarée, laquelle pourra librement en disposer. »** – *Pén. 222-3, 222-8, 222-10, 222-12 s., 222-24, 222-28, 222-30, 225-7, 311-8 s., 312-5 s., 431-5, 431-10, 433-8, 434-30, 434-32 s.*

En ce qui concerne la commercialisation de certains objets ayant l'apparence d'une arme à feu, V. Décr. nº 99-240 du 24 mars 1999. – ***C. consom.***

V. Circ. du 19 juill. 2010, BOMJ nº 2010-05.

Corresp. : *C. pén., ancien art. 102, al. 3 et 4.*

BIBL. ▶ M. VÉRON, *Dr. pénal 1996. 260* (les animaux peuvent devenir des armes). – M.-H. RENAUT, *RSC 1999. 519* (le port d'arme, de l'épée à la bombe lacrymogène).

▶ **Dossier.** L'animal en droit pénal, *Dr. pénal 2018, p. 13 s.*

1. Arme par nature. Sur le fondement de la législation sur les armes : ... nerf de bœuf, tube d'acier, rondin en bois et pieds de chaise. • Crim. 5 juin 1971, nº 70-92.735 P : *D. 1971. Somm. 145 ; Gaz. Pal. 1971. 2. 591, note J.-P. D. ; JCP 1972. II. 17039, note Vitu.* ♦ ... Fusil de chasse à canon scié. • Crim. 17 juill. 1976, nº 76-91.189 P.

2. Sur le fondement du vol (C. pén., ancien art. 384, et nouvel art. 311-8) : ... couteau à cran d'arrêt. • Crim. 29 janv. 1969, nº 68-91.697 P. ♦ ... Pistolet d'alarme. • Crim. 20 juin 1978, nº 78-91.367 P : *D. 1980. 240, note Hervieu* • 23 févr. 1982, nº 81-95.152 ♦ ... Bombe lacrymogène. • Crim. 7 juin 1989 : *Dr. pénal 1989. 6* • 21 mai 1996, nº 95-84.252 P : *Dr. pénal 1996. 213, obs. Véron.*

3. Sur le fondement de la participation délictueuse à une manifestation ou à une réunion publique (C. pén., ancien art. 106, et nouvel art. 431-10) : ... couteau poignard de camping. • Crim. 26 janv. 1965, nº 62-90.012 *D. 1965. 302 ; Gaz. Pal. 1965. 1. 291.*

4. Arme par destination. Sur le fondement des violences (C. pén., ancien art. 309, al. 2-6º, et nouv. art. 222-7 s.) : ... bâton. • Paris, 10 juill. 1981 : *D. 1982. 266, note Rassat.* ♦ Rappr., sur les bâtons et les pierres : Garçon, art. 101, nºs 28 s. ♦ ... Casque de motocycliste. • Rouen, 15 juin 1982 : *D. 1983. 145, note Chambon.* ♦ ... Tronçonneuse en marche. • Crim. 9 janv. 1986 : *Gaz. Pal. 1986. 2. 598.* ♦ ... Automobile. • Crim. 14 mars 1989, nº 88-82.822 *RSC 1989. 738, obs. Levasseur* • 19 déc. 1991 : *Dr. pénal 1992. 171 ; RSC 1992. 750, obs. Levasseur* • 8 déc. 1992 : *Dr. pénal 1993. 128 ; RSC 1993. 775, obs. Levasseur* • 7 sept. 1993 : *Gaz. Pal. 1993. 2. Somm. 570 ; RSC 1994. 330, obs. Levasseur* • TGI Aix-en-Provence, 26 juin 1975 : *D. 1975. Somm. 108 ; RSC 1976. 110, obs. Levasseur.* ♦ ... Drapeau de juge de touche. • Crim. 11 mai 1989 : *Dr. pénal 1989. 57 ; RSC 1990. 339, obs. Levasseur* ♦ ... Trousseau de clefs. • Pau, 12 oct. 1994 : *Dr. pénal 1995. 117, obs. Véron.* ♦ ... Engin agricole (pulvérisateur automoteur) muni d'une rampe de 24 mètres de large destinée à diffuser du désherbant. • Crim. 23 janv. 1995 : *Dr. pénal 1995. 116, obs. Véron ; Gaz. Pal. 1995. 1. Somm. 239.* ♦ ... Verre. • Crim. 7 mai 1996, nº 95-83.561 P : *Dr. pénal 1996. Comm. 215, obs. Véron.* ♦ ... Tabouret de bar. • Crim. 23 oct. 1996, nº 95-85.585 P.

5. Sur le fondement de la participation délictueuse à un attroupement (C. pén., ancien art. 104 s., et nouv. art. 431-3 s.) : ... tube galvanisé d'une longueur de 50 cm. • Toulouse, 7 juill.

1970 : *JCP 1971. IV. 152.* ♦ … Galets déversés sur la chaussée. • Crim. 28 juin 1995 : *Dr. pénal 1995. 278, obs. Véron.*

6. Arme factice. Le port d'une arme factice (pistolet) peut être considéré comme constitutif de la circonstance aggravante de l'art. 384, al. 2, C. pén. (nouvel art. 311-8). • Crim. 5 août 1992, n° 92-82.717 P : *D. 1994. Somm. 156, obs. Roujou de Boubée.* ♦ Est justifiée la décision d'une chambre d'accusation qui renvoie un accusé devant une cour d'assises pour vol aggravé et viol aggravé après avoir retenu qu'il avait menacé ses victimes avec un pistolet factice, dès lors qu'une arme factice est constitutive de la circonstance aggravante prévue par les art. 332 et 384 C. pén. en vigueur au moment des faits, et qu'il en est de même depuis le 1er mars 1994, conformément aux art. 132-75, 222-24 et 311-8. • Crim. 5 juill. 1995 : *Dr. pénal 1995. 276, obs. Véron.*

7. Utilisation d'un animal. Il se développe depuis quelques années une délinquance utilisant certaines races de chiens particulièrement impressionnants ou dangereux comme moyen d'intimidation ou d'action ; le législateur a, par la loi n° 96-647 du 22 juill. 1996, complété l'art. 132-75 C. pén., afin d'assimiler à l'usage d'une arme l'utilisation d'un animal pour tuer, blesser ou menacer, cette nouvelle forme faisant courir un risque très grave à l'ordre public et touchant particulièrement les personnes les plus vulnérables ; en l'espèce, pour commettre les infractions qui leur sont reprochées (vol par plusieurs personnes qui ont agi en qualité d'auteurs ou de complices sans qu'elles constituent une bande organisée, et précédé, accompagné ou suivi de violences n'ayant pas entraîné d'ITT), les trois prévenus ont menacé la victime de lâcher leur chien non muselé de race American Staffordshire terrier, cousin du pit-bull, à l'agressivité et la dangerosité notoires ; ces agissements sont d'une extrême gravité, tant dans le trouble causé à la victime par le fort choc émotif provoqué, que dans celui apporté à l'ordre public ; en conséquence, la nature des faits reprochés et les circonstances de leur commission imposent une peine d'emprisonnement et la cour aggravera les sanctions infligées par le tribunal. • Paris, 31 mai 2000 : *D. 2000. IR 200.*

Code rural et de la pêche maritime

(Ord. n° 2000-550 du 15 juin 2000 ; Ord. n° 2000-914 du 18 sept. 2000, art. 11)

Art. L. 215-1 *(L. n° 2007-297 du 5 mars 2007, art. 25)* I. — Est puni de six mois d'emprisonnement et de 7 500 € d'amende le fait de détenir un chien appartenant aux première ou deuxième catégories mentionnées à l'article L. 211-12, en contravention avec l'interdiction édictée à l'article L. 211-13.

II. — Les personnes physiques encourent également les peines complémentaires suivantes :

1° La confiscation du ou des chiens concernés ;

2° L'interdiction, pour une durée de cinq ans au plus, de détenir un chien des première ou deuxième catégories mentionnées à l'article L. 211-12.

III. — Les personnes morales reconnues pénalement responsables dans les conditions prévues à l'article 121-2 du code pénal de l'infraction prévue au I encourent les peines suivantes :

1° L'amende, dans les conditions fixées à l'article 131-38 du même code ;

2° La confiscation du ou des chiens concernés ;

3° L'interdiction, pour une durée de cinq ans au plus, de détenir un chien des première ou deuxième catégories mentionnées à l'article L. 211-12 du présent code.

Art. L. 215-2 *(L. n° 2007-297 du 5 mars 2007, art. 25)* I. — Est puni de six mois d'emprisonnement et de 15 000 € d'amende le fait d'acquérir, de céder à titre gratuit ou onéreux, hormis les cas prévus au troisième alinéa du I de l'article L. 211-11 ou au troisième alinéa de l'article L. 211-29, d'importer ou d'introduire sur le territoire métropolitain, *(Ord. n° 2012-789 du 31 mai 2012, art. 5)* « en Guadeloupe, en Guyane, à la Martinique, à La Réunion, à Mayotte, à Saint-Barthélemy, à Saint-Martin ou à Saint-Pierre-et-Miquelon » des chiens de la première catégorie mentionnée à l'article L. 211-12.

Le fait de détenir un chien de la première catégorie sans avoir fait procéder à sa stérilisation est puni des mêmes peines.

II. — Les personnes physiques encourent également les peines complémentaires suivantes :

1° La confiscation du ou des chiens concernés ;

2° L'interdiction, pour une durée de cinq ans au plus, d'exercer une activité professionnelle ou sociale dès lors que les facilités que procure cette activité ont été sciemment utilisées pour préparer ou commettre l'infraction ;

3° L'interdiction, pour une durée de cinq ans au plus, de détenir un chien des première ou deuxième catégories mentionnées à l'article L. 211-12.

III. — Les personnes morales reconnues pénalement responsables dans les conditions prévues à l'article 121-2 du code pénal des infractions prévues au I encourent les peines suivantes :

1° L'amende, dans les conditions fixées à l'article 131-38 du même code ;

2° La confiscation du ou des chiens concernés ;

3° L'interdiction, pour une durée de cinq ans au plus, de détenir un chien des première ou deuxième catégories mentionnées à l'article L. 211-12 du présent code.

Art. L. 215-2-1 *(L. nº 2007-297 du 5 mars 2007, art. 25)* Le fait, pour le propriétaire ou le détenteur d'un animal mis en demeure par l'autorité administrative *(L. nº 2008-582 du 20 juin 2008, art. 19)* « d'obtenir le permis de détention prévu » à l'article L. 211-14, de ne pas procéder à la régularisation requise dans le délai prescrit est puni de trois mois d'emprisonnement et de 3 750 € d'amende.

Les personnes physiques encourent également les peines complémentaires suivantes :

1° La confiscation du ou des chiens concernés dans le cas où l'euthanasie, telle que prévue à l'article L. 211-14, n'a pas été prononcée ;

2° L'interdiction de détenir un animal à titre définitif ou non.

Art. L. 215-3 *(L. nº 2007-297 du 5 mars 2007, art. 25)* I. — Est puni de six mois d'emprisonnement et de 7 500 € d'amende :

1° Le fait de dresser ou de faire dresser des chiens au mordant ou de les utiliser en dehors des activités mentionnées au premier alinéa de l'article L. 211-17 ;

2° Le fait d'exercer une activité de dressage au mordant sans être titulaire du certificat de capacité mentionné à l'article L. 211-17 ;

3° Le fait de vendre ou de céder des objets ou du matériel destinés au dressage au mordant à une personne non titulaire du certificat de capacité mentionné à l'article L. 211-17.

II. — Les personnes physiques encourent également les peines complémentaires suivantes :

1° La confiscation du ou des chiens concernés, des objets ou du matériel qui ont servi au dressage ou du matériel proposé à la vente ou à la cession ;

2° L'interdiction, pour une durée de cinq ans au plus, d'exercer une activité professionnelle ou sociale dès lors que les facilités que procure cette activité ont été sciemment utilisées pour préparer ou commettre l'infraction, dans les conditions prévues à l'article 131-29 du code pénal ;

3° L'interdiction, pour une durée de cinq ans au plus, de détenir un chien des première ou deuxième catégories mentionnées à l'article L. 211-12 du présent code.

III. — Les personnes morales reconnues pénalement responsables dans les conditions prévues à l'article 121-2 du code pénal des infractions prévues au I encourent les peines suivantes :

1° L'amende, dans les conditions fixées à l'article 131-38 du même code ;

2° La confiscation du ou des chiens concernés, des objets ou du matériel qui ont servi au dressage ou du matériel proposé à la vente ou à la cession ;

3° L'interdiction, pour une durée de cinq ans au plus, d'exercer une activité professionnelle ou sociale dès lors que les facilités que procure cette activité ont été sciemment utilisées pour préparer ou commettre l'infraction, dans les conditions prévues à l'article 131-29 du code pénal ;

4° L'interdiction, pour une durée de cinq ans au plus, de détenir un chien des première ou deuxième catégories mentionnées à l'article L. 211-12 du présent code.

Art. 132-76 *(L. nº 2017-86 du 27 janv. 2017, art. 171)* **Lorsqu'un crime ou un délit est précédé, accompagné ou suivi de propos, écrits, images, objets ou actes de toute nature qui soit portent atteinte à l'honneur ou à la considération de la victime ou d'un groupe de personnes dont fait partie la victime à raison de son appartenance ou de sa non-appartenance, vraie ou supposée, à une prétendue race, une ethnie, une nation ou une religion déterminée, soit établissent que les faits ont été commis contre la victime pour l'une de ces raisons, le maximum de la peine privative de liberté encourue est relevé ainsi qu'il suit :**

1° Il est porté à la réclusion criminelle à perpétuité lorsque l'infraction est punie de trente ans de réclusion criminelle ;

2° Il est porté à trente ans de réclusion criminelle lorsque l'infraction est punie de vingt ans de réclusion criminelle ;

3° Il est porté à vingt ans de réclusion criminelle lorsque l'infraction est punie de quinze ans de réclusion criminelle ;

4° Il est porté à quinze ans de réclusion criminelle lorsque l'infraction est punie de dix ans d'emprisonnement ;

5° Il est porté à dix ans d'emprisonnement lorsque l'infraction est punie de sept ans d'emprisonnement ;

6° Il est porté à sept ans d'emprisonnement lorsque l'infraction est punie de cinq ans d'emprisonnement ;

7° Il est porté au double lorsque l'infraction est punie de trois ans d'emprisonnement au plus.

Le présent article n'est pas applicable aux infractions prévues aux articles 222-13, 225-1 et 432-7 du présent code, ou au septième alinéa de l'article 24, au deuxième alinéa de l'article 32 et au troisième alinéa de l'article 33 de la loi du 29 juillet 1881 sur la liberté de la presse.

BIBL. ▶ C. Charbonneau et F.-J. Pansier, *Gaz. Pal. 2003. 1. Doctr. 210.* – F. Le Gunehec, *JCP 2003. Actu. 252.* – J.-F. Seuvic, *RSC 2003, obs. p. 342*. – Dassa le Deist, *Gaz. Pal. 8-11 mai 2013, p. 11* (retour sur la circonstance aggravante de racisme dans le code pénal). – Belloir, *Gaz. Pal. 8-11 mai 2013, p. 15* (difficultés de preuve des motifs discriminatoires). – Detraz, *Gaz. Pal. 25 avr. 2017, p. 68* (durcissement des circonstances aggravantes de discrimination).

Sur l'aggravation de violences par les insultes racistes d'un coauteur. • Crim. 16 déc. 2014, nº 14-80.854 : *Gaz. Pal. 2015. 1. 512, obs. Detraz.*

Art. 132-77 *(L. nº 2017-86 du 27 janv. 2017, art. 171)* **Lorsqu'un crime ou un délit est précédé, accompagné ou suivi de propos, écrits, images, objets ou actes de toute nature qui soit portent atteinte à l'honneur ou à la considération de la victime ou d'un groupe de personnes dont fait partie la victime à raison de son sexe, son orientation sexuelle ou identité de genre vraie ou supposée, soit établissent que les faits ont été commis contre la victime pour l'une de ces raisons, le maximum de la peine privative de liberté encourue est relevé ainsi qu'il suit :**

1° Il est porté à la réclusion criminelle à perpétuité lorsque l'infraction est punie de trente ans de réclusion criminelle ;

2° Il est porté à trente ans de réclusion criminelle lorsque l'infraction est punie de vingt ans de réclusion criminelle ;

3° Il est porté à vingt ans de réclusion criminelle lorsque l'infraction est punie de quinze ans de réclusion criminelle ;

4° Il est porté à quinze ans de réclusion criminelle lorsque l'infraction est punie de dix ans d'emprisonnement ;

5° Il est porté à dix ans d'emprisonnement lorsque l'infraction est punie de sept ans d'emprisonnement ;

6° Il est porté à sept ans d'emprisonnement lorsque l'infraction est punie de cinq ans d'emprisonnement ;

7° Il est porté au double lorsque l'infraction est punie de trois ans d'emprisonnement au plus.

Le présent article n'est pas applicable aux infractions prévues aux articles 222-13, 222-33, 225-1 et 432-7 du présent code, ou au huitième alinéa de l'article 24, au troisième alinéa de l'article 32 et au quatrième alinéa de l'article 33 de la loi du 29 juillet 1881 sur la liberté de la presse, ni lorsque l'infraction est déjà aggravée soit parce qu'elle est commise par le conjoint, le concubin de la victime ou le partenaire lié à celle-ci par un pacte civil de solidarité, soit parce qu'elle est commise contre une personne afin de la contraindre à contracter un mariage ou à conclure une union ou en raison de son refus de contracter ce mariage ou cette union.

BIBL. ▶ A. Cerf-Hollender, *Éd. Pedone, 2005, p. 129* (lutte contre l'homophobie). – Detraz, *Gaz. Pal. 25 avr. 2017, p. 68* (durcissement des circonstances aggravantes de discrimination).

Art. 132-78 *(L. nº 2004-204 du 9 mars 2004, art. 12-II)* **La personne qui a tenté de commettre un crime ou un délit est, dans les cas prévus par la loi, exempte de peine si, ayant averti l'autorité administrative ou judiciaire, elle a permis d'éviter la réalisation de l'infraction et, le cas échéant, d'identifier les autres auteurs ou complices.**

Dans les cas prévus par la loi, la durée de la peine privative de liberté encourue par une personne ayant commis un crime ou un délit est réduite si, ayant averti l'autorité administrative ou judiciaire, elle a permis de faire cesser l'infraction, d'éviter que l'infraction ne produise un dommage ou d'identifier les autres auteurs ou complices.

Les dispositions de l'alinéa précédent sont également applicables lorsque la personne a permis soit d'éviter la réalisation d'une infraction connexe de même nature que le crime ou le délit pour lequel elle était poursuivie, soit de faire cesser une telle infraction, d'éviter qu'elle ne produise un dommage ou d'en identifier les auteurs ou complices.

Aucune condamnation ne peut être prononcée sur le seul fondement de déclarations émanant de personnes ayant fait l'objet des dispositions du présent article.

V. Circ. CRIM 04-13 G1 du 2 sept. 2004 (BOMJ 2004, nº 91).

BIBL. ▶ MIHMAN, *Dr. pénal 2005. Étude 1.* – ROUSSEL, *AJ pénal 2005. 363* (l'introduction du « repenti » ou le pragmatisme appliqué du législateur).

La décision de la juridiction d'instruction portant sur l'application de l'art. 132-78 C. pén. ne lie pas la juridiction de jugement, devant laquelle le prévenu pourra toujours, s'il l'estime utile, invoquer le bénéfice des dispositions dudit article. • Crim. 16 nov. 2016, nº 16-85.101 : *D. actu. 28 nov. 2016, obs. Goetz.*

Art. 132-79 *(L. nº 2004-575 du 21 juin 2004, art. 37)* **Lorsqu'un moyen de cryptologie au sens de l'article 29 de la loi nº 2004-575 du 21 juin 2004 pour la confiance dans l'économie numérique a été utilisé pour préparer ou commettre un crime ou un délit, ou pour en faciliter la préparation ou la commission, le maximum de la peine privative de liberté encourue est relevé ainsi qu'il suit :**

1º Il est porté à la réclusion criminelle à perpétuité lorsque l'infraction est punie de trente ans de réclusion criminelle ;

2º Il est porté à trente ans de réclusion criminelle lorsque l'infraction est punie de vingt ans de réclusion criminelle ;

3º Il est porté à vingt ans de réclusion criminelle lorsque l'infraction est punie de quinze ans de réclusion criminelle ;

4º Il est porté à quinze ans de réclusion criminelle lorsque l'infraction est punie de dix ans d'emprisonnement ;

5º Il est porté à dix ans d'emprisonnement lorsque l'infraction est punie de sept ans d'emprisonnement ;

6º Il est porté à sept ans d'emprisonnement lorsque l'infraction est punie de cinq ans d'emprisonnement ;

7º Il est porté au double lorsque l'infraction est punie de trois ans d'emprisonnement au plus.

Les dispositions du présent article ne sont toutefois pas applicables à l'auteur ou au complice de l'infraction qui, à la demande des autorités judiciaires ou administratives, leur a remis la version en clair des messages chiffrés ainsi que les conventions secrètes nécessaires au déchiffrement.

RÉP. PÉN. vº *Cybercriminalité,* par CHOPIN.

Art. 132-80 *(L. nº 2006-399 du 4 avr. 2006, art. 7 ; L. nº 2010-769 du 9 juill. 2010, art. 32)* **Dans les cas respectivement prévus par la loi ou le règlement, les peines encourues pour un crime, un délit ou une contravention sont aggravées lorsque l'infraction est commise par le conjoint, le concubin ou le partenaire lié à la victime par un pacte civil de solidarité** *(L. nº 2018-703 du 3 août 2018, art. 13)* **« , y compris lorsqu'ils ne cohabitent pas ».**

La circonstance aggravante prévue au premier alinéa est également constituée lorsque les faits sont commis par l'ancien conjoint, l'ancien concubin ou l'ancien partenaire lié à la victime par un pacte civil de solidarité. Les dispositions du présent alinéa sont applicables dès lors que l'infraction est commise en raison des relations ayant existé entre l'auteur des faits et la victime.

BIBL. ▶ PH. BONFILS et E. VERGÈS, *RSC 2007. Chron. législ. 337*. – M.-FR. VIEVILLE-MIRAVETE : *Dr. pénal 2009. Étude 4* (la circonstance aggravante d'« ex » en matière de violences au sein du couple). – REVEL, *AJ pénal 2010. 70* (poursuites pénales sous la qualification d'« ex » : quelle défense ?).

1. Référence à la relation de conjugalité. Pour une espèce où rien ne permettait d'affirmer que les coups avaient été motivés par les relations de concubinage ayant existé entre les parties. • Toulouse, 8 sept. 2008 : *Dr. pénal 2009. 17, obs. Véron.*

2. Ne justifie pas sa décision au regard de l'art. 132-80 C. pén. la cour d'appel qui, pour écarter la circonstance aggravante prévue par ce texte, retient qu'il n'est pas établi avec certitude, compte tenu du délai écoulé depuis la séparation du prévenu et de la victime, que les violences, objet de la poursuite, commises à l'occasion de la remise au prévenu des enfants communs du couple, et alors que la victime se plaignait du retard dans le paiement de la pension alimentaire, aient un lien avec l'ancienne relation de couple des intéressés. • Crim. 7 avr. 2009, n° 08-87.480 P : *D. 2009. Pan. 2830, obs. Mirabail ; RSC 2009. 593, obs. Mayaud .*

3. La circonstance aggravante fondée sur les relations ayant existé entre l'ancien conjoint ou concubin de la victime de violences et leur auteur, telle qu'elle a été instituée par l'art. 132-80, al. 2, C. pén., est applicable, selon le premier alinéa de cet article, aux seuls crimes et délits, et non à la contravention prévue à l'art. R. 625-1 du même code. • Crim. 16 déc. 2009, n° 09-83.174 P : *D. 2010. 1006, note Revel ; ibid. AJ 268, obs. Gachi ; ibid. Pan. 2738, obs. Mirabail ; RSC 2010. 136, obs. Mayaud .* ♦ Le prévenu a été cité devant le tribunal correctionnel pour avoir exercé sur la personne de son ancienne conjointe, qui a subi un jour d'incapacité de travail, des violences en rapport avec leurs liens antérieurs ; déclarant le prévenu coupable de ces faits, les juges retiennent à son encontre la seule contravention de violences, en énonçant que la circonstance aggravante fondée sur les relations ayant existé entre l'auteur et la victime, telle qu'elle a été instituée par l'art. 132-80, al. 2, C. pén., n'est applicable, selon le premier alinéa de cet article, qu'aux peines encourues pour un crime ou un délit ; en statuant ainsi, la cour d'appel a fait l'exacte application de l'article précité dans sa rédaction en vigueur à la date des faits. • Crim. 8 sept. 2010, n° 10-80.350 : *Gaz. Pal. 2010, 2, p. 3557, note Detraz.* ♦ Comp. : * Rép. min. n° 72122 : *JOAN Q 26 oct. 2010.*

4. Tout arrêt de la chambre de l'instruction doit comporter les motifs propres à justifier la décision et répondre aux articulations essentielles des mémoires des parties ; l'insuffisance ou la contradiction de motifs équivaut à leur absence ; pour renvoyer le mis en examen devant la cour d'assises sous l'accusation de viol commis par l'ancien concubin de la victime, l'arrêt attaqué énonce que, ancien compagnon de la victime dont il était séparé depuis plusieurs mois et avec qui il entretenait occasionnellement des relations intimes, il lui a imposé un rapport sexuel en faisant usage de la violence ; en se déterminant ainsi, sans rechercher si, pour caractériser la circonstance aggravante, l'infraction avait été commise en raison des relations ayant existé entre l'auteur des faits et la victime, la chambre de l'instruction n'a pas justifié sa décision. • Crim. 12 oct. 2011, n° 11-85.474 P : *D. 2012. Pan. 2924, obs. Potaszkin ; JCP 2011, n° 1319 ; Gaz. Pal. 2012. 1. 200, note Bonnet ; ibid. 2012. 293, note Detraz.*

CHAPITRE III DE L'EXTINCTION DES PEINES ET DE L'EFFACEMENT DES CONDAMNATIONS

BIBL. ▸ H. Matsopoulou, *Mél. B. Bouloc, Dalloz, 2006. 771* (l'oubli en droit pénal).

▸ **Dossier.** *AJ pénal 2007. 412* (effacement des condamnations : peut-on encore parler de droit à l'oubli ?).

Art. 133-1 Le décès du condamné ou la dissolution de la personne morale, sauf dans le cas où la dissolution est prononcée par la juridiction pénale, la grâce et l'amnistie, empêchent ou arrêtent l'exécution de la peine. Toutefois, il peut être procédé au recouvrement de *(L. n° 92-1336 du 16 déc. 1992)* **« l'amende » et des frais de justice ainsi qu'à l'exécution de la confiscation après le décès du condamné ou après la dissolution de la personne morale jusqu'à la clôture des opérations de liquidation.**

La prescription de la peine empêche l'exécution de celle-ci.

La réhabilitation efface la condamnation.

RÉP. PÉN. v^is *Amnistie,* par Py ; *Grâce,* par Renaut ; *Prescription de la peine,* par Griffon-Yarza ; *Réhabilitation,* par Herzog-Evans.

BIBL. ▸ Buffeteau, *RSC 1992. 729* (de la transmission de peines par voie successorale).

Prescription de la peine. Pour faire droit à la requête en difficulté d'exécution de peines présentée par le condamné, faisant valoir que celle prononcée le 6 avr. 2000, prescrite et comme telle réputée exécutée, doit être déduite de la durée de la peine absorbante, l'arrêt énonce que la prescription de la peine vaut exécution de celle-ci ; mais en statuant ainsi, alors qu'une peine prescrite, ultérieurement absorbée, ne peut être imputée sur la durée de la peine absorbante, la cour d'appel a méconnu le sens et la portée de l'art. 133-1 C. pén. • Crim. 11 juin 2008, n° 07-88.426 P : *D. 2008. AJ 2002 ; Dr. pénal 2009. Chron. 3, obs. Peltier.*

Constitution de la République française du 4 octobre 1958 *(D. 1958. 324 ; BLD 1958. 661)*. **Art. 17** *(L. nº 2008-724 du 23 juill. 2008, art. 7)* Le Président de la République a le droit de faire grâce à titre individuel. — *Sur l'exercice du droit de grâce, V. Ord. nº 58-1271 du 22 déc. 1958, art. 15 à 18 (D. 1959. 25 ; BLD 1959. 23).*

....

Art. 34 ... La loi fixe les règles concernant : ... l'amnistie ...

SECTION PREMIÈRE DE LA PRESCRIPTION

BIBL. ▶ PERRIER, *D. 2017. Point de vue 713* (essentiel et détail de la réforme de la prescription en matière pénale).

▶ **Dossier :** Réformer la prescription, *AJ pénal 2016. 291* s.

RÉP. PÉN. vº *Prescription de la peine*, par GRIFFON-YARZA.

Art. 133-2 *(Abrogé par L. nº 2017-242 du 27 févr. 2017)* **« *Sous réserve des dispositions de l'article 213-5,* » Les peines prononcées pour un crime se prescrivent par vingt années révolues à compter de la date à laquelle la décision de condamnation est devenue définitive.**

(L. nº 2017-242 du 27 févr. 2017) **« Par dérogation au premier alinéa, les peines prononcées pour les crimes mentionnés aux articles 214-1 à 214-4 et 221-12 et au livre IV *bis* du présent code ainsi qu'aux articles 706-16, 706-26 et 706-167 du code de procédure pénale se prescrivent par trente années révolues à compter de la date à laquelle la décision de condamnation est devenue définitive.**

« Par dérogation au premier alinéa du présent article, les peines prononcées pour les crimes mentionnés aux articles 211-1 à 212-3 du présent code sont imprescriptibles. » — *Just. milit. L. 267-1.*

Art. 133-3 **Les peines prononcées pour un délit se prescrivent par** *(L. nº 2017-242 du 27 févr. 2017)* **« six » années révolues à compter de la date à laquelle la décision de condamnation est devenue définitive.**

(L. nº 2017-242 du 27 févr. 2017) **« Les peines prononcées pour les délits mentionnés au livre IV *bis* du présent code, aux articles 706-16 et 706-26 du code de procédure pénale et, lorsqu'ils sont punis de dix ans d'emprisonnement, à l'article 706-167 du même code se prescrivent par vingt années révolues à compter de la date à laquelle la décision de condamnation est devenue définitive. »** — *Just. milit. L. 267-1.*

Art. 133-4 **Les peines prononcées pour une contravention se prescrivent par** *(L. nº 2002-1576 du 30 déc. 2002, art. 81)* **« trois années » révolues à compter de la date à laquelle la décision de condamnation est devenue définitive.**

Corresp. : *C. pr. pén., anciens art. 763 à 765.*

BIBL. ▶ PIGACHE, *RSC 1983. 55.* – GRIFFON, *AJ pénal 2012. 462* (prescription de la peine : de la prescription sans fin à la fin de la prescription).

A. PEINES PRESCRITES

1. Nature. La peine d'interdiction de séjour est prescriptible, tant en matière criminelle qu'en matière correctionnelle ; c'est donc à bon droit qu'un tribunal correctionnel, en constatant cette prescription, a relaxé un prévenu poursuivi pour infraction à un arrêté d'interdiction de séjour, qui, pris le 7 mai 1971, ne lui avait été notifié que le 8 mai 1976, et alors que ledit prévenu avait purgé sa peine principale d'emprisonnement depuis le 2 févr. 1971, au plus tard. ● Crim. 2 févr. 1983, nº 82-92.136 *D. 1983. 534, note J.-M. R. ; Gaz. Pal. 1983. 2. Somm. 263 ; RSC 1984. 98, obs. J. Robert ; ibid. 301, obs. Larguier* ● 16 nov. 1983, nº 83-90.315

2. Si l'annulation du permis de conduire s'exécute de plein droit dès que la condamnation est devenue définitive et n'est pas susceptible de prescription, l'interdiction de solliciter la délivrance d'un nouveau permis avant un certain délai se prescrit à compter de la même date et n'est plus susceptible d'exécution après l'expiration du délai de prescription ; la notification prévue par l'art. L. 19 C. route est dès lors inopérante si elle intervient postérieurement au délai de prescription. ● Crim. 9 févr. 1994, nº 92-85.138 P.

3. La mise en conformité des lieux ou des ouvrages, leur démolition ou la réaffectation du sol prévues par l'art. L. 480-5 C. urb. constituent des mesures à caractère réel destinées à faire cesser une situation illicite mais non des sanctions pénales ; elles ne sont pas, dès lors, soumises à la prescription de la peine. • Crim. 23 nov. 1994, ☎ n° 93-81.605 P : *Dr. pénal 1995. 72 (3e décision), obs. J.-H. Robert.*

4. Il résulte des art. 131-21 et 133-3 C. pén. que la peine de confiscation de sommes produites par un délit est soumise au délai de prescription des peines correctionnelles ; selon l'art. 707-1 C. pr. pén., les poursuites pour le recouvrement des amendes et confiscations sont faites au nom du procureur de la République par le percepteur. • Crim. 26 juin 2007, ☎ n° 06-87.935 P.

5. Qualification. Lorsqu'a été prononcée une condamnation à l'emprisonnement à raison d'un fait qualifié délit, les peines accessoires ou complémentaires ajoutées à la peine principale sont nécessairement, et quel que soit leur caractère propre, des peines également correctionnelles ; il s'ensuit que la prescription est acquise comme en matière de délit. • Crim. 12 nov. 1953 : *Bull. crim. n° 294.*

6. Confusion. En cas de confusion de deux peines de même nature et d'égale durée, c'est la première qui absorbe la seconde, laquelle ne peut plus être exécutée. • Crim. 4 déc. 1958, n° 3-71.758 P : *RSC 1959. 669, obs. Légal.* ♦ La prescription valant exécution de la peine, la deuxième peine ne peut plus être exécutée si la première peine est prescrite. • Même arrêt. ♦ ... Sous réserve, cependant, des crimes contre l'humanité, dont l'imprescriptibilité fait obstacle à ce qu'une règle de droit interne permette à une personne déclarée coupable de l'un de ces crimes de se soustraire à l'action de la justice. • Crim. 3 juin 1988, ☎ n° 87-84.240 P : *JCP 1988. II. 21149, rapp. Angevin ; Gaz. Pal. 1988. 2. 745, concl. E. Robert.*

B. DÉLAI DE PRESCRIPTION

1° POINT DE DÉPART

7. Défaut. La signification d'un arrêt de défaut a pour effet de substituer à la prescription de l'action publique la prescription de la peine. • Crim. 8 déc. 1955, n° 3.774 P. (signification à parquet) • 18 juill. 1956 : *ibid. n° 542* (signification en mairie).

8. De la combinaison des art. 492, al. 2, et 764 C. pr. pén., il résulte que dans le cas d'un jugement prononcé par défaut et signifié à parquet, le délai de la prescription de la peine ne peut courir qu'à partir de l'expiration du seul délai d'appel. • Crim. 16 févr. 1981, ☎ n° 80-92.499 P : *RSC 1982. 367, obs. J. Robert.* ♦ ... En tenant compte, non seulement du délai de l'appel principal, mais aussi de celui de l'appel incident. • Paris, 30 mars 1987 : *JCP 1988. II. 20965, note Bouzat.* ♦ Une signification viciée de nullité ne saurait faire courir, ni le délai d'opposition, ni celui de prescription de la peine ; si, par suite, la prescription de l'action publique s'est elle-même accomplie entre-temps, il ne reste rien à juger par la juridiction répressive après la constatation de cette prescription. • Crim. 14 nov. 1972, ☎ n° 72-90.575 P.

9. Pourvoi. Au cas de recours en cassation formé contre l'arrêt de condamnation, le délai de prescription de la peine ne court qu'à compter du jour où le recours a été rejeté. • Crim. 16 févr. 1938 : *Bull. crim. n° 43 ; D. 1940. 1. 31, note Leloir.*

10. Sursis. Dès lors que le sursis avec mise à l'épreuve assortissant une condamnation à l'emprisonnement est révoqué, le point de départ de la prescription de la peine primitivement assortie du sursis révoqué se place au moment où la décision de révocation est devenue définitive. • Crim. 17 juill. 1985, ☎ n° 85-90.958 P : *RSC 1986. 357, obs. Vitu.*

2° INTERRUPTION

11. Acte d'exécution. La prescription de la peine n'est interrompue que par l'exercice des voies d'exécution que la loi autorise. • Crim. 24 juill. 1957 : *Bull. crim. n° 573.* ♦ Ainsi, faute d'acte d'exécution, la prescription n'est pas interrompue par les versements volontaires partiels du montant d'une transaction intervenue entre l'administration des douanes et le condamné. • Même arrêt.

12. Par arrêt de contumace, en date du 19 mai 1989, la cour d'assises des Bouches-du-Rhône a déclaré M. X... coupable, notamment, de vol avec arme et tentatives de vol avec arme, et l'a condamné à la réclusion criminelle à perpétuité ; plus de 20 ans s'étant écoulés, M. X... a, le 17 oct. 2011, saisi la chambre de l'instruction de la cour d'appel d'Aix-en-Provence d'une requête tendant à faire constater que la prescription de cette peine était acquise ; pour faire droit à cette demande, l'arrêt attaqué énonce, notamment, que ni le mandat d'arrêt européen émis le 6 mai 2004, ni la demande d'extradition adressée, le 28 avr. 2005, aux autorités de l'Arménie, ni l'autorisation donnée par le juge des libertés et de la détention, le 27 juin 2007, de procéder à l'interception de correspondances émises par la voie des télécommunications, ne constituent des actes d'exécution de la peine ayant interrompu la prescription de celle-ci ; en prononçant ainsi, la chambre de l'instruction a fait l'exacte application des art. 133-1 et 133-2 C. pén., dès lors qu'en l'absence de disposition législative applicable au litige, antérieur à l'entrée en vigueur de la L. n° 2012-409 du 27 mars 2012, les actes préparatoires à l'exécution d'une peine n'étaient pas de nature à interrompre le cours de sa prescription. • Crim. 26 juin 2013, ☎ n° 12-81.646 P : *D. actu. 11 juill. 2013, obs. Fucini ; Dr. pénal 2013, comm. 150, obs. Bonis-Garçon ; Gaz. Pal. 2013. 2. 3245, obs. Detraz.* ♦ Par arrêt de contumace, en date du 17 janv. 1992, la cour d'assises du Rhône a déclaré M. X... coupable de recel qualifié, commis en 1977, et l'a condamné à la réclusion criminelle à perpétuité ; l'avocat de M. X... ayant, par courrier du 16 avr. 2012, demandé au procureur général de constater la prescription de la peine, ce magistrat a saisi la chambre de l'instruction aux fins de voir dire que la prescription avait été interrompue par un mandat d'arrêt européen délivré le 30 déc. 2011 et qu'elle ne serait pas acquise avant le 30 déc. 2031 ; pour déclarer que la peine est prescrite depuis le 24 janv. 2012, en l'absence d'acte d'exécution forcée de celle-ci, l'arrêt retient que le premier terme du délai de prescription est le 24 janv. 1992, date à laquelle l'affichage de la décision a été réalisé ; les juges énoncent que la légalité de l'art. D. 48-5 C. pr. pén., issu du Décr. n° 2004-1364 du 13 déc. 2004, aux termes duquel la prescription de la peine est interrompue par les actes et décisions du ministère public qui tendent à son exécution, conditionne la solution du procès, en ce que la liberté de M. X... en dépend ; ils ajoutent que les règles de droit afférentes à l'interruption de la prescription de la peine sont en relation avec la détermination de la peine applicable au crime et qu'en tant que telles elles sont du ressort de la loi ; ils en déduisent, en écartant l'application du texte réglementaire, que la seule émission du mandat d'arrêt européen n'a pu avoir l'effet interruptif allégué par le ministère public ; en se déterminant ainsi, la chambre de l'instruction a fait l'exacte application des art. 133-1 et 133-2 C. pén., dès lors que, d'une part, en l'absence de disposition législative le prévoyant, les actes préparatoires à l'exécution d'une peine n'étaient pas de nature à interrompre le cours de sa prescription et, d'autre part, la loi du 27 mars 2012 qui a inséré de telles dispositions dans l'art. 707-1, al. 5, C. pr. pén. n'est applicable, conformément à l'art. 112-2, 4° C. pén., qu'aux peines dont la prescription n'était pas définitivement acquise, selon le droit antérieur, à la date de son entrée en vigueur, soit le 29 mars 2012. • Crim. 26 juin 2013, n° 12-88.265 P : *D. actu. 11 juill. 2013, obs. Fucini ; AJ pénal 2013. 493, obs. Herzog-Evans*.

13. L'arrestation du contumax, qui ne constitue pas un acte d'exécution de la peine, ne peut être considérée comme un acte d'interruption de la prescription de cette peine. • Crim. 8 mars 1955, n° 2.553 P.

14. Opposition. L'opposition, fût-elle déclarée irrecevable, à un jugement par défaut, interrompt la prescription de la peine et constitue le point de départ d'un nouveau délai de prescription de l'action publique, la poursuite ayant repris son cours. • Crim. 20 sept. 1994, n° 91-83.264 P • 20 mai 2009, n° 09-81.339 P.

3° SUSPENSION

15. Appel. L'appel constitue un obstacle de droit à l'exécution de la peine et doit être rangé parmi les causes de suspension de la prescription. • Crim. 23 déc. 1957 : *Bull. crim. n° 865.*

16. Détention à l'étranger. La maxime « *contra non valentem agere non currit prescriptio* » protège l'action du ministère public, lorsque celui-ci est mis dans l'impossibilité absolue de poursuivre l'exécution d'une peine prononcée contre un individu, par le fait que le condamné subit, en territoire étranger, une autre peine résultant d'une condamnation infligée par un tribunal du pays où il se trouve détenu. • Crim. 2 juin 1964, n° 64-90.046 P. • 5 oct. 1993, n° 92-86.194 P.

Art. 133-4-1 *(L. n° 2017-242 du 27 févr. 2017)* **Le délai de prescription des peines est interrompu dans les conditions prévues à l'avant-dernier alinéa de l'article 707-1 du code de procédure pénale.**

Art. 133-5 Les condamnés par contumace *(Abrogé par Cons. const. n° 2018-712 QPC du 8 juin 2018)* ***« ou par défaut »*** **dont la peine est prescrite ne sont pas admis à purger la contumace** *(Abrogé par Cons. const. n° 2018-712 QPC du 8 juin 2018)* ***« ou à former opposition »***. *— Just. milit. L. 267-1.*

Corresp. : *C. pr. pén., ancien art. 766.*

1. Prescription. Lorsqu'un individu, condamné par contumace à une peine afflictive et infamante, est ensuite jugé contradictoirement et n'est reconnu coupable que d'un délit emportant une peine correctionnelle, la prescription de cette peine lui est acquise s'il s'est écoulé plus de cinq ans entre l'arrêt de contumace et sa représentation. • Crim. 25 févr. 1954 : *Bull. crim. n° 88.*

2. L'arrestation du contumax, qui ne constitue pas un acte d'exécution de la peine, ne peut être considérée comme un acte d'interruption de la prescription de cette peine. • Crim. 8 mars 1955 : *Bull. crim. n° 143.*

3. Les juridictions d'instruction sont incompétentes pour connaître de faits ayant donné lieu à condamnation par contumace et, notamment, pour déclarer acquise la prescription à l'égard de ces faits. • Crim. 20 déc. 1985, n° 85-95.166 P.

4. Purge de la contumace. Le condamné par contumace ne peut ni former opposition, ni acquiescer à la décision intervenue contre lui ; la purge de la contumace est subordonnée à la représentation de l'accusé ou à son arrestation avant que la peine soit éteinte par prescription. • Crim. 6 déc. 1951 : *Bull. crim. n° 332.*

5. Détention provisoire. L'existence d'une condamnation prescrite, qui subsiste avec toutes ses conséquences de droit, et qui, lorsqu'elle a été prononcée par défaut, ou par contumace, devient irrévocable, en application de l'art. 133-5 C.

pén., permet de prolonger au-delà de quatre mois la détention provisoire d'une personne mise en examen, dans les conditions prévues par l'art. 145-1, al. 2 et 3, C. pr. pén. • Crim. 18 juin 2003, n° 03-81.622 P.

Art. 133-6 **Les obligations de nature civile résultant d'une décision pénale devenue définitive se prescrivent d'après les règles du code civil.** – *Just. milit. L. 267-1.*

Corresp. *: C. pr. pén., ancien art. 767.*

1. Nature des obligations. Les condamnations pécuniaires, prononcées du chef d'infraction à la réglementation des changes, pour tenir lieu de la confiscation du corps du délit, non saisi, se prescrivent dans les mêmes délais que les peines correctionnelles. • Crim. 18 févr. 1971, n° 69-93.305 P. ♦ Sur la prescription des pénalités fiscales : • Crim. 28 mai 1974, n° 73-93.260 P.

2. Prescription des obligations. Les condamnations civiles portées par les arrêts ou par les jugements rendus en matière criminelle, correctionnelle ou de police et devenus irrévocables, se prescrivent par les règles du code civil ; il en est ainsi notamment d'un jugement devenu définitif qui a alloué une provision à la victime d'un délit et nommé un expert pour l'évaluation du préjudice total qu'elle a subi. • Crim. 24 oct. 1931 : *Bull. crim. n° 238.*

3. La prescription quinquennale de l'art. 2277 C. civ. ne s'applique qu'autant que la prestation présente le double caractère de fixité et de périodicité ; par suite, les cotisations de chômage-intempéries, dues à la caisse des congés payés du bâtiment, étant essentiellement variables à chaque échéance, ne sont pas soumises à cette prescription. • Crim. 26 janv. 1956, n° 3.130.

4. Les décisions statuant sur l'action publique et ordonnant une expertise médicale ont nécessairement admis la responsabilité civile du prévenu relativement à la réparation du préjudice causé par le délit et ont donc statué à la fois sur l'action publique et l'action civile ; une telle condamnation se prescrit par trente ans. • Crim. 12 janv. 1960 : *Bull. crim. n° 12* • 1er mars 1960 : *ibid. n° 120* • 28 avr. 1964 : *ibid. n° 132.*

SECTION II DE LA GRÂCE

Art. 133-7 **La grâce emporte seulement dispense d'exécuter la peine.**

BIBL. ▶ PONCELA, *RSC 2005. 926* (les grâces collectives à la recherche d'une identité).

RÉP. PÉN. v° *Grâce*, par RENAULT.

Corresp. *: C. pr. pén., ancien art. 799.*

Art. 133-8 **La grâce ne fait pas obstacle au droit, pour la victime, d'obtenir réparation du préjudice causé par l'infraction.**

V. art. R. 133-1 s.

BIBL. ▶ LAFFARGUE et GODEFROY, *RSC 1982. 641* (pratique de la grâce et justice pénale en France). – RENAUT, *RSC 1996. 575* (le droit de grâce doit-il disparaître ?). – B. LAVIELLE et CH. LECOINTRE, *Gaz. Pal. 1997. 2. Doctr. 1422* (remarques critiques sur la pratique des décrets de grâces collectives). – B. LAVIELLE, *Gaz. Pal. 2000. 1. Doctr. 574* (grâces collectives). – M. HERZOG-EVANS, *AJ pénal 2005. 280* (grâces collectives : cumul et non-cumul de peines plurielles). – P. PONCELA, *RSC 2005. 926* (les grâces collectives à la recherche d'une identité). – G. ROUJOU DE BOUBÉE, *D. 2009. Pan. 126* (disparition des grâces collectives depuis la loi constitutionnelle n° 2008-724 du 23 juill. 2008). – J.-CL. ZARKA, *Gaz. Pal. 2008. 1. Doctr. 1675* (la réforme du droit de grâce). – E. VERGÈS, *RSC 2008. 952* (art. 7 de la loi constitutionnelle n° 2008-724 du 23 juill. 2008 de modernisation des institutions de la Ve République : réflexions sur la nature et la fonction de la grâce présidentielle). – X. PRÉTOT, *Economica, 3e éd., 2009, p. 546* (Constitution. Analyses et commentaires, article 17).

1. Bénéfice de la mesure de grâce. Malgré le maintien en détention prescrit par la cour d'appel, la peine d'emprisonnement prononcée contre un prévenu n'est exécutoire, en raison de l'effet suspensif du pourvoi en cassation, qu'à compter du rejet de ce pourvoi ; en conséquence, lorsqu'un décret de grâces collectives accorde des remises de peines aux condamnés dont la peine est devenue exécutoire à une date déterminée, celui qui a formé un pourvoi en cassation qui est rejeté après cette date ne peut bénéficier de la mesure de grâce. • Crim. 20 oct. 1992, n° 92-83.285 P. ♦ En cas de désistement du pourvoi formé par le condamné, la condamnation prononcée contre lui ne devient exécutoire qu'à la date à laquelle la Cour de cassation a donné acte du désistement du pourvoi. • Crim. 24 oct. 1991, n° 91-81.675 P.

2. Effets de la mesure de grâce. La grâce n'a d'autre effet que de dispenser entièrement ou partiellement celui qui en fait l'objet d'exécuter sa peine ; elle laisse subsister la condamnation, avec tous les effets et conséquences qu'elle comporte, notamment en ce qui concerne l'application éventuelle de l'amnistie. • Crim. 8 nov. 1960, n° 91-53.860 P. ♦ Rappr. : • Crim. 14 juin 1976, n° 75-91.330 P.

3. La remise totale ou partielle d'une peine par voie de grâce – y compris sous la forme de décret collectif – est une modalité d'exécution de la peine qui produit les mêmes effets que l'exécution normale ; c'est donc à bon droit qu'une cour d'appel, saisie d'un incident d'exécution, a estimé qu'un condamné à une peine de six mois d'emprisonnement, ayant bénéficié d'une remise gracieuse de trois mois, satisfaisait à la condition de délai prévu par l'art. 729, al. 2, C. pr. pén. pour sa libération conditionnelle. • Crim. 5 juill. 1983, n° 83-91.309 P.

4. La cour d'assises de renvoi, saisie après annulation d'un premier arrêt de condamnation, a l'obligation de se prononcer sur l'accusation qui lui est ainsi déférée ; il importe peu que l'accusé ait bénéficié d'une décision gracieuse depuis lors, la grâce laissant subsister la condamnation et la culpabilité de l'individu gracié et n'ayant d'autre effet que de le dispenser de l'exécution de la peine. • Crim. 10 janv. 1947 : *Bull. crim. n° 14.*

5. Confusion des peines. V. notes ss. art. 132-6.

6. Grâces collectives. Les peines privatives de liberté s'exécutant successivement, celles afférentes aux condamnations visées par l'art. 2 des décrets de grâces collectives des 10 juill. 1998, 9 juill. 1999 et 16 déc. 1999, n'entraînent plus, une fois purgées, l'exclusion du bénéfice de l'art. 1er desdits décrets. • Crim. 20 juin 2001, n° 01-81.313 P : *Gaz. Pal. 2002. 1. Somm. 515, note Monnet.*

7. Aux termes des art. 2 des décrets de grâces collectives des 9 juill. et 16 déc. 1999, 11 juill. 2000 et 10 juill. 2001, sont exclus du bénéfice de ces grâces les condamnés détenus pour l'exécution d'une ou plusieurs peines dont l'une au moins a été prononcée pour, notamment, infraction à la législation sur les stupéfiants ; cette exclusion est applicable en cas de confusion de cette peine avec une autre peine, qu'il s'agisse de la peine absorbante ou de la peine absorbée ; condamné à treize ans de réclusion criminelle pour vols avec arme et ensuite à deux mois d'emprisonnement pour infractions à la législation sur les stupéfiants par le tribunal correctionnel ayant ordonné la confusion des peines, le détenu avait demandé le bénéfice de ces grâces collectives ; a méconnu les textes précités la chambre d'instruction qui a fait droit partiellement à ses requêtes, alors que la peine absorbante et la peine absorbée s'exécutent simultanément en raison de la confusion prononcée. • Crim. 11 sept. 2002, n° 02-80.572 P : *RSC 2003. 327, obs. Bouloc.*

8. Il résulte des art. 132-6 et 133-7 C. pén., applicables en la cause en raison de la date des faits ayant motivé la seconde condamnation (22 avr. 1995) que, la grâce ne valant plus exécution de peine mais seulement dispense d'exécution, les remises gracieuses portant sur une peine ultérieurement absorbée ne peuvent s'imputer sur la durée de la peine absorbante. • Crim. 29 sept. 2004, n° 03-83.772 P : *AJ pénal 2004. 445.*

9. Les remises gracieuses régulièrement accordées sur le fondement des décrets de grâces collectives pour l'exécution d'une peine demeurent acquises au condamné en cas de confusion ultérieure de cette peine avec une autre peine exclue du bénéfice desdits décrets. • Crim. 17 mars 2004, n° 03-83.655 P : *AJ pénal 2004. 240, obs. Enderlin ; Gaz. Pal. 2004. 2. Somm. 3370, obs. Monnet.*

10. Justifie sa décision la chambre de l'instruction qui, pour rejeter la requête du condamné, qui sollicitait le bénéfice des décrets de grâces collectives des 10 juill. 2002 et 9 juill. 2003, en soutenant qu'en application de l'art. 132-3, al. 2, C. pén., la peine pour violences sur personnes dépositaires de l'autorité publique, infraction l'excluant du bénéfice desdits décrets, était purgée depuis le 13 juill. 2002, date à laquelle le maximum légal applicable à cette infraction avait été atteint, relève qu'une peine unique et indivisible a été prononcée pour des infractions en concours, de sorte que, tant que la peine la plus forte n'est pas purgée, les autres peines ne peuvent être considérées comme exécutées. • Crim. 11 mai 2006, n° 05-84.237 P : *AJ pénal 2006. 359, obs. Herzog-Evans.*

11. Le condamné ne peut se prévaloir d'aucun droit acquis au bénéfice de grâces collectives irrégulièrement accordées. • Crim. 31 mai 2007, n° 06-85.323 P : *D. 2008. Pan. 1021, obs. Herzog-Evans.*

SECTION III DE L'AMNISTIE

RÉP. PÉN. v° *Amnistie*, par PY.

BIBL. ▶ MERCADAL, *D. 1993. Chron.* 141 (interdictions professionnelles). – LORHO, *Dr. pénal 1994. Chron. 44.*

Art. 133-9 **L'amnistie efface les condamnations prononcées. Elle entraîne, sans qu'elle puisse donner lieu à restitution, la remise de toutes les peines. Elle rétablit l'auteur ou le complice de l'infraction dans le bénéfice du sursis qui avait pu lui être accordé lors d'une condamnation antérieure.**

BIBL. ▶ HARDOUIN-LE GOFF, *Dr. pénal 2009. Étude 1* (les fictions légales en droit pénal).

Art. 133-10 L'amnistie ne préjudicie pas aux tiers.

Art. 133-11 Il est interdit à toute personne qui, dans l'exercice de ses fonctions, a connaissance de condamnations pénales, de sanctions disciplinaires ou professionnelles ou d'interdictions, déchéances et incapacités effacées par l'amnistie, d'en rappeler l'existence sous quelque forme que ce soit ou d'en laisser subsister la mention dans un document quelconque. Toutefois, les minutes des jugements, arrêts et décisions échappent à cette interdiction. En outre, l'amnistie ne met pas obstacle à l'exécution de la publication ordonnée à titre de réparation.

BIBL. ► Mercadal, *D. 1993. Chron. 141* (interdictions professionnelles). – Lorho, *Dr. pénal 1994. Chron. 44*. – M. Conan, *RD publ. 2001, p. 1305* (amnistie présidentielle et tradition). – B. Py, *Dr. pénal 2002, chron. 12* (amnistie : le choix dans les dates). – B. Bouloc, *D. 2002, Interview, p. 1847* (quelques propos sur l'amnistie). – Hardouin-Le Goff, *Dr. pénal 2009. Étude 1* (les fictions légales en droit pénal).

1. Nature des lois d'amnistie. Les lois d'amnistie sont des lois d'exception, qui doivent être entendues et appliquées dans leurs termes mêmes, et ne peuvent être étendues des cas qu'elles ont spécifiés à un cas qu'elles n'ont pas prévu. • Crim. 14 avr. 1932 : *Bull. crim. n° 104* • 24 févr. 1949 : *ibid. n° 71.*

2. Ainsi, ne sont pas applicables les dispositions portant amnistie des délits pour lesquels seule une peine d'amende est encourue, lorsqu'ils sont susceptibles d'entraîner une peine complémentaire ou accessoire, fût-elle facultative. • Crim. 25 mars 1980, n° 79-90.313 P. (L. n° 69-700 du 30 juin 1969, art. 1er-2°, et L. n° 74-643 du 16 juill. 1974, art. 2-1°) • 6 déc. 1988 : *ibid. n° 410* (L. n° 88-828 du 20 juill. 1988, art. 2-1°) • 5 mai 1998, n° 97-82.669 P (L. n° 95-884 du 3 août 1995, art. 2, al. 1er).

3. Aucun texte ou principe de droit n'exclut le prévenu poursuivi pour un délit entrant dans les prévisions de la loi d'amnistie du bénéfice de celle-ci en raison d'un lien de connexité entre ce délit et une autre infraction non amnistiée. • Crim. 25 juin 1997, n° 96-81.108 P : *Dr. pénal 1997. 143, obs. J.-H. Robert.* ♦ ... Ainsi les infractions de violation de domicile, dégradations et outrages commis à l'occasion d'un conflit de caractère industriel, commercial, rural ou artisanal, doivent bénéficier de l'amnistie de la loi n° 95-884 du 3 août 1995 (art. 2, al. 2, 3°), même si elles sont connexes au délit d'actes d'intimidation contre une personne exerçant une fonction publique, délit expressément exclu du bénéfice de l'amnistie (art. 25, 4°). • Même arrêt. ♦ Toutefois, la cassation sera prononcée sans renvoi, la peine étant justifiée du chef du délit non amnistié. • Même arrêt.

I. BÉNÉFICIAIRES DE L'AMNISTIE

A. EFFACEMENT DES CONDAMNATIONS

1° PRINCIPE

4. Énoncé. L'amnistie efface la condamnation avec toutes ses conséquences pénales. • Crim. 21 juill. 1932 : *Bull. crim. n° 183.*

5. Survie de la matérialité des faits. Les délits d'homicide et de blessures involontaires, prévus par les art. 319 et 320 C. pén. (nouveaux art. 221-6 et 222-19), ne sont pas subordonnés à l'existence d'une contravention légalement punissable ; par suite, une violation de la réglementation de la sécurité du travail, bien qu'étant effacée par l'amnistie en tant que contravention, n'en existe pas moins en fait et peut être retenue comme formant un des éléments du délit d'homicide involontaire. • Crim. 28 juin 1972, n° 71-92.548 P.

6. Condamnations visées. Les règles de droit public concernant la souveraineté des États s'opposent à ce qu'une loi française d'amnistie puisse s'appliquer à des décisions rendues par une juridiction étrangère. • Crim. 14 mai 1957 : *Bull. crim. n° 397* • 22 mai 1963 : *ibid. n° 183.* ♦ ... Et, inversement, à ce qu'une loi étrangère d'amnistie puisse s'appliquer à des décisions rendues par une juridiction française. • Crim. 24 nov. 1965, n° 62-90.011 P.

2° PROCÉDURE

7. Constatations. A la différence de l'amnistie en raison de la nature de l'infraction qui, quand elle intervient en cours de procédure, doit être constatée par les juges, dès lors qu'ôtant leur caractère délictueux aux faits visés par la poursuite elle ne permet plus de se prononcer pénalement sur ceux-ci, l'amnistie en raison du *quantum* ou de la nature de la peine n'a pas à être mentionnée, dans sa décision, par la juridiction qui prononce la condamnation, les conséquences de celle-ci au regard de ladite amnistie ne pouvant être déterminées qu'au moment où, devenue définitive, cette condamnation est mise à exécution. • Crim. 3 nov. 1983, n° 82-94.478 P.

8. Arrêt des poursuites. La loi d'amnistie efface le délit et arrête les poursuites à partir du jour de sa promulgation. • Crim. 21 avr. 1932 : *Bull. crim. n° 110* • 8 juill. 1932 : *ibid. n° 178.* ♦ Il n'y a pas lieu, dès lors, de statuer sur les voies de recours ; il en est ainsi, qu'il s'agisse : ... d'une amnistie à raison de la peine. • Crim. 7 déc. 1950 : *Bull. crim. n° 278* • 10 juill. 1952 : *ibid.*

n° 177 • 30 déc. 1953 : *ibid. n° 355* • 4 nov. 1954 : *ibid. n° 312* • 24 févr. 1955 : *ibid. n° 119* • 19 mars 1956 : *ibid. n° 266* • 12 juill. 1956 : *ibid. n° 531* • 16 juill. 1958 : *ibid. n° 541* • 27 janv. 1959 : *ibid. n° 64* • 28 janv. 1959 : *ibid. n° 71.* ♦ ... De l'infraction. • Crim. 23 mars 1950 : *Bull. crim. n° 107.* ♦ ... Ou d'une amnistie personnelle. • Crim. 3 août 1950 : *Bull. crim. n° 226.*

9. L'amnistie arrête les poursuites à partir du jour de la promulgation de la loi qui l'accorde et s'oppose à ce que les faits amnistiés reçoivent une qualification autre que celle qui leur avait été antérieurement donnée par l'ordonnance ou l'arrêt de renvoi. • Crim. 3 juin 1932 : *Bull. crim. n° 132* • 31 mars 1949 : *ibid. n° 122* • 20 mai 1976 : *ibid. n° 171.* ♦ Une cour d'appel est en droit de restituer à la poursuite son exacte qualification, dès lors qu'elle puise les éléments de sa décision dans les faits mêmes dont elle est saisie et que l'infraction initialement retenue est exclue du bénéfice de l'amnistie. • Crim. 11 janv. 1990, n° 88-84.938 P. ♦ L'amnistie arrête les poursuites à partir du jour de la promulgation de la loi qui l'accorde et s'oppose à ce que les faits amnistiés reçoivent une qualification autre que celle qui leur avait été antérieurement donnée par la prévention et qui a été retenue dans un jugement ; il en est ainsi des faits litigieux poursuivis et jugés par le tribunal de police comme contravention de violences légères et dont la requalification en délit d'atteinte à l'exercice régulier des fonctions de conseiller salarié était à nouveau demandée en appel. • Crim. 6 mars 1997, n° 96-82.392 P : *Dr. pénal 1997. 96, obs. J.-H. Robert.* ♦ Il résulte de l'art. 133-9 C. pén. et de l'art. 15 de la L. du 6 août 2002 que l'amnistie éteint l'action publique à compter du jour de la promulgation de la loi qui l'accorde et s'oppose à ce que les mêmes faits reçoivent une qualification autre que celle qui leur avait été donnée dans des poursuites clôturées par une décision définitive. • Crim. 26 sept. 2006, n° 05-86.619 P : *RSC 2007. 76, obs. Mayaud*. ♦ Justifie sa décision la cour d'appel qui, pour déclarer amnistié (L. du 6 août 2002) le délit de destruction volontaire, par trois agriculteurs, de champs de colza transgénique appartenant à autrui, relève que l'infraction reprochée était en relation avec un conflit agricole ou rural, quand bien même elle poursuivait également un but environnemental, et dès lors que, au surplus, la circonstance aggravante de pluralité d'auteurs, non retenue par les juges, ne pouvait plus l'être en raison de l'arrêt des poursuites à compter du jour de la promulgation de la loi d'amnistie. • Crim. 31 oct. 2006, n° 06-80.083 P : *AJ pénal 2007. 26, obs. Herzog-Evans*.

10. Si l'amnistie est subordonnée au paiement de l'amende, elle n'est pas acquise de plein droit antérieurement à toute poursuite ou même en cours de poursuites aux infractions punies d'une simple amende, et il y a lieu en ce cas de statuer sur toutes les voies de recours. • Crim. 26 nov. 1953 : *Bull. crim. n° 313* • 8 déc. 1953 : *ibid. n° 327* • 17 févr. 1954 : *ibid. n° 78* • 23 mai 1955 : *ibid. n° 256* • 17 oct. 1956 : *ibid. n° 644* • 10 juill. 1958 : *ibid. n° 535.* ♦ Elle est cependant immédiatement acquise nonobstant toute voie de recours : ... si une condamnation à l'amende avec sursis a été prononcée. • Crim. 17 nov. 1953 : *Bull. crim. n° 296* • 1er déc. 1954 : *ibid. n° 362* • 27 oct. 1955 : *ibid. n° 426* • 21 févr. 1956 : *ibid. n° 177* • 3 juin 1957 : *ibid. n° 466* • 3 nov. 1959 : *ibid. n° 461* • 10 nov. 1959 : *ibid. n° 478.* ♦ ... S'il s'agit d'une amnistie personnelle. • Crim. 14 déc. 1954 : *Bull. crim. n° 388* • 13 janv. 1955 (2 arrêts) : *ibid. nos 31 et 32* • 23 juin 1955 : *ibid. n° 312* • 6 déc. 1955 : *ibid. n° 537* • 18 janv. 1956 : *ibid. n° 70* • 21 févr. 1956 : *ibid. n° 176.* ♦ ... Ou à raison de l'infraction, à condition, dans ce dernier cas, qu'aucune condamnation définitive n'ait été prononcée avant la promulgation de la loi d'amnistie. • Crim. 8 oct. 1959 (2 arrêts) : *Bull. crim. nos 415 et 416* • 14 oct. 1959 : *ibid. n° 431.*

11. Appel. Lorsqu'un jugement a prononcé contre un prévenu une peine n'entrant qu'à raison de son *quantum* dans les prévisions de la loi d'amnistie, la cour, saisie de l'appel du ministère public contre cette décision, peut aggraver la peine prononcée en première instance ; il n'importe que le prévenu, après avoir également interjeté appel du jugement, se soit désisté de ce recours. • Crim. 14 mai 1975, n° 74-93.258 P.

12. Pourvoi en cassation. Il n'y a pas lieu à statuer sur le pourvoi formé par le ministère public contre une décision rendue à l'occasion d'une infraction amnistiée. • Crim. 17 févr. 1932 : *Bull. crim. n° 41.* ♦ Lorsque l'arrêt de la cour d'appel déclare le délit amnistié en raison de la peine prononcée et donne acte à la partie civile de son désistement, le pourvoi du condamné est irrecevable. • Crim. 17 janv. 1956 : *Bull. crim. n° 57* • 23 févr. 1956 : *ibid. n° 192.* ♦ Lorsque l'arrêt de la cour d'appel déclare amnistiés les faits poursuivis, en raison de la nature de l'infraction, le prévenu n'est pas admis à critiquer cet arrêt et son pourvoi est irrecevable. • Crim. 10 janv. 1983, n° 82-91.220 P.

13. La Cour de cassation ne peut statuer sur l'exception d'amnistie proposée pour la première fois devant elle lorsque l'amnistie est accordée, non à raison du fait ou du *quantum* de la peine, mais en considération de l'état de la personne condamnée, l'application de la loi soulevant en ce cas une question de fait. • Crim. 21 juin 1951 : *Bull. crim. n° 179.*

14. Si le moyen tiré de l'amnistie peut être invoqué pour la première fois devant la Cour de cassation, c'est à la condition que cette Cour trouve dans les constatations des juges du fond les éléments nécessaires pour en apprécier la valeur ; à défaut de telles constatations, le moyen, mélangé de fait et de droit, est nouveau et, comme tel, irrecevable. • Crim. 16 juin 1999, n° 98-81.925 P.

B. REMISE DES PEINES

1° REMISE PERSONNELLE

15. *Amnistie personnelle.* Les circonstances étrangères à un fait délictueux, qui font disparaître la culpabilité de son auteur, ne produisent d'effets qu'à son égard et ne bénéficient ni au complice ni au receleur. • Crim. 19 mai 1949 : *Bull. crim. n° 173.* ♦ L'amnistie accordée à titre personnel à l'auteur principal d'une infraction ne peut produire d'effets qu'à son égard et n'éteint pas l'action publique à l'égard des co-prévenus, notamment : ... des receleurs. • Crim. 1er févr. 1950 : *Bull. crim. n° 29.* ♦ ... Ou à l'égard des complices. • Crim. 25 mai 1954 : *Bull. crim. n° 194.* ♦ Il en est également ainsi au cas où les faits principaux et les faits de recel ayant été commis par la même personne, celle-ci ne bénéficie de l'amnistie personnelle que pour les faits principaux, et non pour les faits de recel qui avaient été commis postérieurement à la date fixée par la loi d'amnistie pour son application. • Crim. 6 mars 1957, n° 3-52.955 P.

2° REMISE RÉELLE

16. *Incapacités et déchéances.* L'amnistie fait disparaître tous les effets de la condamnation, y compris les incapacités qui en sont la conséquence. • Crim. 17 sept. 1941 : *Bull. crim. n° 38* • 7 déc. 1950 : *ibid. n° 278* • 26 juin 1963 : *ibid. n° 228.*

17. Les incapacités (de droit) découlant d'une condamnation effacée par l'amnistie, qui présentent le caractère de mesure de sécurité publique et de police, survivent, malgré l'amnistie, à la décision qui les a entraînées. • Crim. 7 janv. 1972, n° 71-91.342 P : *D. 1972. 501 (2e esp.), note Roujou de Boubée.* ♦ Pour des exemples, en application des différentes lois d'amnistie : ... interdiction d'exercer la profession bancaire. • Paris, 6 janv. 1941 : *Gaz. Pal. 1941. 1. 193.* ♦ ... Interdiction de diriger une société. • Crim. 10 nov. 1965, n° 65-92.677 P. ♦ ... Interdiction d'exploiter un hôtel (proxénétisme). • Crim. 12 juin 1968, n° 67-92.268 P. ♦ ... Interdiction, temporaire ou définitive, d'exercer la profession de pharmacien (complicité d'avortement). • Crim. 25 oct. 1967, n° 67-92.193 P : *JCP 1968. II. 15375, note Michaud* • 16 déc. 1975 : *Bull. crim. n° 281.* ♦ ... Démolition d'une construction édifiée sans permis. • Crim. 9 juill. 1982 : *D. 1982. IR 524.* ♦ ... Suspension du permis de chasser. • Crim. 23 nov. 1982, n° 82-92.183 P : *Gaz. Pal. 1984. 1. 127, note Alauze.* ♦ ... Fermeture d'un débit de boissons. • Crim. 10 oct. 1983 : *D. 1984. IR 226, obs. Roujou de Boubée* • 10 mai 1989, n° 88-86.285 P. ♦ ... Annulation du permis de conduire, qui présente, en tant que mesure de police ou de sécurité, un caractère réel. • Crim. 21 déc. 1987, n° 86-96.529 P. ♦ ... Faillite personnelle. • Paris, 13 févr. 1989 : *Gaz. Pal. 1989. 2. 520, note Marchi.*

18. L'expulsion étant une mesure de sûreté dont dispose l'autorité administrative pour interdire le territoire français aux individus qui constituent une menace pour l'ordre public, ne saurait être assimilée à une sanction administrative prise en conséquence d'une infraction, et n'est donc pas automatiquement amnistiée du fait que cette infraction l'est elle-même. • Crim. 9 mai 1956, n° 1.756 P.

19. *Restitution.* L'amnistie n'entraîne pas la restitution d'objets dont la confiscation prononcée à titre de peine principale a été exécutée. • Crim. 9 nov. 1982, n° 82-91.256 P.

20. *Peine justifiée.* Si une peine d'emprisonnement a été prononcée à raison de plusieurs infractions dont les unes sont couvertes par la loi d'amnistie, cette peine se trouve justifiée dès lors qu'elle n'excède pas le maximum fixé par les textes applicables aux délits non amnistiés. • Crim. 28 juill. 1950 : *Bull. crim. n° 219.*

21. Doit être censuré l'arrêt qui déclare à tort le prévenu coupable d'un délit amnistié de droit en concours avec d'autres infractions ; toutefois, la cassation a lieu seulement par voie de retranchement et sans renvoi, dès lors que la déclaration de culpabilité et les peines prononcées sont justifiées, tant au regard de l'art. 319 ancien C. pén. que de l'art. 19 de la L. du 3 août 1995 portant amnistie, du chef du délit d'homicide involontaire, non amnistié, dont le prévenu a été également déclaré coupable, la Cour de cassation étant en mesure d'appliquer directement la règle de droit, ainsi que le permet l'art. L. 131-5 COJ. • Crim. 9 déc. 1997, n° 96-85.958 P.

C. INTERDICTION DES RAPPELS ET MENTIONS

22. *Avant la réforme du code pénal.* Si les dispositions d'une loi d'amnistie (L. n° 81-736 du 4 août 1981) qui interdisent le rappel d'une condamnation amnistiée ne prévoient pas la nullité de l'acte contenant la mention prohibée ... • Crim. 4 sept. 1982, n° 82-92.374 P. • 24 nov. 1982 : *ibid. n° 266.* ♦ Cette nullité doit cependant être prononcée lorsqu'il résulte des motifs d'une décision que la prise en considération de la condamnation amnistiée a influé sur l'appréciation de la peine sanctionnant la nouvelle infraction poursuivie. • Crim. 12 mars 1985, n° 84-90.374 P : *Gaz. Pal. 1985. 1. 644 ; RSC 1986. 599, obs. Vitu.*

23. *Depuis la réforme du code pénal.* Si les dispositions de l'art. 133-11 C. pén. (auxquelles renvoient celles de l'art. 133-16 du même code) ne prévoient pas la nullité de l'acte contenant la mention prohibée, cette nullité doit cependant être prononcée lorsqu'il résulte des motifs d'une décision que la prise en considération de la condamnation effacée a influé sur l'appréciation de la peine sanctionnant la nouvelle infraction poursuivie. • Crim. 8 nov. 1995, n° 95-81.306 P : *D. 1997. 321, note Fournier ; Dr. pénal 1996. 99, obs. Véron ; RSC 1996. 650, obs. Bouloc* (effacement par réhabilitation : V. notes ss. art. 133-16) • 6 mai 1997, n° 96-82.328 P (effacement par amnistie).

24. Pour rejeter la requête en réhabilitation, les juges retiennent que l'intéressé a déjà été condamné par une cour d'appel à la peine de 6 mois d'emprisonnement avec sursis pour escroquerie ; les pièces de procédure mettent la Cour de cassation en mesure de s'assurer que cette condamnation est amnistiée par application de la L. du 3 août 1995 ; en se déterminant en fonction d'un élément dont elle ne devait pas tenir compte, la chambre de l'instruction a méconnu les art. 23 de la L. du 3 août 1995 et 133-11 C. pén. ; en effet, si les dispositions du premier de ces textes interdisant le rappel d'une condamnation amnistiée ne prévoient pas la nullité de l'acte contenant la mention prohibée, cette nullité doit cependant être prononcée lorsqu'il résulte des motifs d'une décision que la prise en considération de la condamnation amnistiée a influé sur l'appréciation du bien-fondé de la requête en réhabilitation. • Crim. 26 mai 2004, n° 04-80.980 P : *AJ pénal 2004. 324*.

25. Justifie sa décision la cour d'appel qui, pour relaxer le prévenu des poursuites exercées contre lui du chef de rappel de sanctions disciplinaires amnistiées, retient que leur évocation était inhérente à la nature du litige opposant les parties, dès lors que l'interdiction du rappel de sanctions amnistiées ne peut faire obstacle, pour les tiers, à l'exercice normal des droits de la défense. • Crim. 19 juin 2007, n° 06-86.309 P. ♦ Justifie sa décision la cour d'appel qui, pour déclarer le prévenu coupable de rappel de sanction disciplinaire amnistiée, retient que ce rappel, qui tendait uniquement à illustrer le caractère procédurier de la plaignante à l'appui d'une demande d'indemnité de procédure, n'était pas nécessaire à l'exercice des droits de la défense. • Crim. 19 juin 2007, n° 06-87.340 P.

26. Dès lors qu'il n'est pas établi que les prévenus avaient les moyens d'accéder à la connaissance du paiement de l'amende à laquelle M. X... avait été condamné et qui lui a permis de bénéficier de l'amnistie conformément aux art. 5 et 15 de la L. du 6 août 2002, la preuve de l'élément intentionnel de l'infraction de référence à une condamnation amnistiée n'est pas rapportée. • Crim. 8 janv. 2019, n° 17-84.807 P : *Dr. pénal 2019, n° 47, obs. J.-H. Robert.*

II. TIERS À L'AMNISTIE

27. Notion de tiers. L'administration des contributions indirectes doit être considérée comme un tiers au regard de l'action publique et ses droits doivent être réservés, en dépit de l'amnistie, lorsque, sur la poursuite exercée par le ministère public, elle s'est constituée partie civile à l'effet d'obtenir condamnation aux peines fiscales. • Crim. 23 juill. 1937 : *Bull. crim. n° 160.*

A. SURVIE DE L'ACTION CIVILE

28. Principe. Si le délit poursuivi est amnistié, il y a lieu, bien que l'action publique soit éteinte, de statuer sur les intérêts civils en cause. • Crim. 9 avr. 1932 : *Bull. crim. n° 99.*

29. La partie civile est sans qualité pour se prévaloir d'un moyen, fondé sur la violation ou fausse application de la loi d'amnistie, dès lors que cette violation ou fausse application n'est pas susceptible de préjudicier à ses intérêts. • Crim. 25 janv. 1983, n° 82-90.137 P.

30. Phase de jugement. Lorsque saisie d'un pourvoi d'une partie civile contre un arrêt de la chambre d'accusation, la chambre criminelle de la Cour de cassation constate que l'infraction visée dans les poursuites a été amnistiée et que l'action publique est éteinte, il n'y a pas lieu à statuer sur le pourvoi de la partie civile dont l'action n'est susceptible d'aucune suite devant la juridiction répressive. • Crim. 27 juin 1989, n° 87-84.316 P. • 30 oct. 1990, n° 88-84.240 P. ♦ La constitution de partie civile devant le juge d'instruction, qui a pour seul effet de mettre l'action publique en mouvement, n'opère pas saisine de la juridiction de jugement ; l'action publique étant éteinte à la suite de la promulgation d'une loi d'amnistie, avant cette saisine, il n'y a pas lieu de statuer sur le pourvoi de la partie civile dont l'action n'est désormais susceptible d'aucune suite devant la juridiction répressive. • Crim. 19 juill. 1989, n° 87-81.772 P.

31. Pourvoi en cassation. Lorsque avant décision et postérieurement à l'arrêt de la cour d'appel, alors qu'un pourvoi est pendant devant la Cour de cassation, l'action publique est éteinte par l'amnistie et qu'ensuite le texte pénal en vertu duquel elle était exercée est abrogé, la Cour de cassation reste compétente pour statuer sur la partie du pourvoi concernant les intérêts civils. • Crim. 15 juin 1982, n° 80-94.069 P.

32. Règlement de juges. En cas de demande à fin de règlement de juges, il n'y a pas lieu de régler de juges du chef de l'action publique qui se trouve éteinte par l'effet de l'amnistie ; mais, lorsqu'il y a des parties civiles en cause, l'amnistie n'étant pas opposable aux droits des tiers, il y a lieu, pour rétablir le cours de la justice, de régler de juges et de renvoyer éventuellement la cause et les parties pour être statué à leur requête sur les intérêts civils devant la juridiction compétente. • Crim. 7 juill. 1933 : *Bull. crim. n° 150.* ♦ Il appartient à la Cour de cassation, saisie d'une demande en règlement de juges, de constater l'extinction de l'action publique concernant les infractions amnistiées de droit, et, pour rétablir le cours de la justice, de renvoyer la cause et les parties devant la juridiction compétente pour être statué tant sur la prévention des infractions non amnistiées que sur les conséquences civiles éventuelles de celles qui sont couvertes par l'amnistie, à la requête des parties dont les droits demeurent réservés. • Crim. 5 nov. 1969 : *Bull. crim. n° 293.*

33. Appréciation du caractère délictueux des faits. Les juges du fond qui ont admis un inculpé au bénéfice de l'amnistie, même pour une cause personnelle, par décision devenue définitive, n'ont nullement par là reconnu sa culpabilité, et demeurent tenus, en statuant sur l'action civile, de vérifier si le fait servant de base à la poursuite constituait ou non un délit. • Crim. 3 déc. 1958, n° 91-23.858 P. ♦ Demeurée compétente aux fins de statuer sur les conséquences dommageables d'une contravention amnistiée, une cour d'appel n'encourt nullement le grief d'avoir excédé ses pouvoirs en statuant sur l'action publique, dès lors que pour fonder sa décision quant aux intérêts civils, il lui appartenait d'apprécier si les éléments constitutifs de l'infraction étaient réunis. • Crim. 24 mars 1987, n° 84-91.330 P.

34. Si la juridiction pénale, saisie d'une procédure dans laquelle l'action publique se trouve éteinte par l'amnistie, reste compétente pour statuer, le cas échéant, sur les intérêts civils, elle ne saurait, en l'absence de constitution de partie civile, se prononcer sur la culpabilité de l'auteur présumé des faits poursuivis. • Crim. 14 déc. 1982, n° 81-94.740 P.

35. La juridiction pénale reste compétente pour statuer sur les intérêts civils en cas d'infraction amnistiée, même si elle a été saisie des poursuites après publication de la loi d'amnistie, dans l'hypothèse où le tribunal, initialement saisi d'un délit n'entrant pas dans le champ de la loi d'amnistie, a constaté l'amnistie après avoir procédé à une requalification des faits en contravention. • Versailles, 19 juin 1997 : *Gaz. Pal. 1999. 1. Somm. 2, n° 5.*

B. RÉSERVE DES DROITS

36. Réparation. L'amnistie sur l'action publique n'entraîne pas d'impossibilité légale pour le juge d'ordonner l'insertion du jugement de condamnation, à titre de réparation civile. • Crim. 18 janv. 1962, n° 94-57.560 P.

37. Dès lors que le tribunal de police, qui a ordonné une expertise pour déterminer la durée de l'incapacité de travail de la victime avant-dire droit sur l'action publique du chef de violences contraventionnelles, avait été saisi par la citation introductive d'instance avant la publication de la L. du 6 août 2002, la cour d'appel, qui infirme le jugement d'incompétence rendu par cette juridiction, doit, quand elle constate l'amnistie de la contravention, en application de l'art. 1er de ce texte, statuer sur les intérêts civils, conformément à l'art. 21 de ladite loi. • Crim. 20 nov. 2007, n° 07-80.400 P.

38. Sûretés. La disposition d'une loi d'amnistie qui contient l'expresse réserve des droits des tiers implique le maintien des sûretés attachées à l'exercice même de ces droits. • Crim. 22 juill. 1932 : *Bull. crim. n° 184.*

39. Solidarité. L'amnistie, qui ne préjudicie pas aux tiers en application des art. 133-10 C. pén. et 21 de la L. du 3 août 1995, ne fait pas obstacle à l'application de l'art. 480-1 C. pr. pén. selon lequel les personnes condamnées pour un même délit sont tenues solidairement des dommages-intérêts. • Crim. 10 janv. 2006, n° 05.82.048 P.

40. Déchéance d'assurance. Une clause de déchéance de garantie d'assurance en cas de conduite en état d'ivresse doit jouer dès lors que la compagnie d'assurances se prévaut d'une condamnation pour conduite en état d'ivresse prononcée par le tribunal correctionnel, bien que l'infraction ait été amnistiée, les effets de l'amnistie étant restreints à l'effacement du caractère délictuel de l'infraction commise. • Poitiers, 10 avr. 1961 : *D. 1961. 468.* ♦ L'amnistie d'une peine de suspension de permis de conduire ne fait pas obstacle à ce que l'assureur, pour refuser de prendre en charge les conséquences d'un accident survenu antérieurement à la loi d'amnistie, se prévale de la clause du contrat excluant sa garantie lorsque le conducteur ne possède pas un permis de conduire valable, alors que l'amnistie n'a pas fait disparaître la circonstance que le conducteur conduisait sans permis le jour de l'accident et qu'au surplus, dès cette date, l'assureur, tiers au sens de la loi d'amnistie, était en droit de se prévaloir de cette cause d'exclusion. • Civ. 1re, 20 déc. 1988, n° 87-12.307 P.

41. Dénonciation téméraire. Si l'art. 91 C. pr. pén. autorise, en cas de non-lieu, l'inculpé et toute personne visée dans une plainte avec constitution de partie civile, à demander au plaignant des dommages-intérêts devant la juridiction correctionnelle, cette disposition exceptionnelle, qui suppose une décision de non-lieu fondée sur l'insuffisance des charges, ne saurait recevoir application lorsque, en présence de charges suffisantes, le renvoi de l'inculpé devant la juridiction de jugement n'a été empêché que par l'effet d'une amnistie, laquelle ne peut préjudicier aux droits de la partie civile. • Crim. 26 nov. 1974, n° 74-90.472 P. ♦ Mais une personne objet d'une plainte avec constitution de partie civile ne saurait se voir privée du droit de réclamer réparation à son dénonciateur, sur le fondement de l'art. 91 C. pr. pén., au motif que l'intervention d'une loi d'amnistie a fait obstacle à ce que la décision de non-lieu dont elle avait bénéficié puisse, *stricto sensu*, devenir définitive. • Crim. 14 févr. 1984, n° 83-92.381 P.

42. *Droits de la défense.* Interdire à un avocat, par une application littérale de la loi, de faire état de l'amnistie dont a bénéficié son client, quand celui-ci conteste sa compétence, conduirait à le priver du droit d'assurer sa propre défense, alors même qu'il est de règle que l'amnistie ne peut préjudicier aux tiers ; dès lors qu'au nom du principe des droits de la défense qui revêt une valeur constitutionnelle, la transgression n'est pas étrangère, mais au contraire nécessaire à la cause, la règle posée par la loi d'amnistie ne saurait recevoir application. • TGI Paris, 26 juin 1998 : *BICC 1998. 1390.*

43. Les dispositions concernant l'amnistie n'ont pas, par elles-mêmes, pour objet d'interdire à un employeur qu'il soit fait référence devant une juridiction à des faits qui ont motivé une sanction disciplinaire amnistiée dès lors que cela est strictement nécessaire à l'exercice devant la juridiction de ses droits à la défense. • Soc. 4 juin 2014, n°s 12-28.740, 12-28.741 et 12-28.742 : *D. actu. 20 juin 2014, obs. Peyronnet ; D. 2014. 1677, note Mouly.*

SECTION IV DE LA RÉHABILITATION

BIBL. ▶ Lorho, *RSC 1993. 511* ; *Dr. pénal 1993. Chron. 18.*

RÉP. PÉN. v° *Réhabilitation*, par Herzog-Evans.

Art. 133-12 **Toute personne frappée d'une peine criminelle, correctionnelle ou contraventionnelle peut bénéficier, soit d'une réhabilitation de plein droit dans les conditions prévues à la présente section, soit d'une réhabilitation judiciaire accordée dans les conditions prévues par le code de procédure pénale.** — *Pr. pén. 782 s.*

La demande de réhabilitation d'une condamnation à une peine qui, par sa définition même, n'a pas fini d'être exécutée est irrecevable. Tel doit donc être le cas d'une demande de réhabilitation d'une peine d'interdiction définitive du territoire français. • Crim. 28 févr. 2018, n° 16-84.441 P : *D. actu. 12 mars 2018, obs. Goetz ; AJ pénal 2018. 210, obs. Falxa ; D. 2018. Chron. 1720, obs. Pichon.*

Art. 133-13 **La réhabilitation est acquise de plein droit à la personne physique condamnée qui n'a, dans les délais ci-après déterminés, subi aucune condamnation nouvelle à une peine criminelle ou correctionnelle :**

1° Pour la condamnation à l'amende ou à la peine de jours-amende après un délai de trois ans à compter du jour du paiement de l'amende ou du montant global des jours-amende, de l'expiration de la *(L. n° 2004-204 du 9 mars 2004, art. 198-V, en vigueur le 1er janv. 2005)* **« contrainte judiciaire** *[ancienne rédaction : contrainte par corps]* **» ou du délai de l'incarcération prévue par l'article 131-25 ou de la prescription accomplie ;**

2° Pour la condamnation unique soit à un emprisonnement n'excédant pas un an, soit à une peine autre que la réclusion criminelle, la détention criminelle, l'emprisonnement, l'amende ou le jour-amende, après un délai de cinq ans à compter soit de l'exécution de la peine, soit de la prescription accomplie ;

3° Pour la condamnation unique à un emprisonnement n'excédant pas dix ans ou pour les condamnations multiples à l'emprisonnement dont l'ensemble ne dépasse pas cinq ans, après un délai de dix ans à compter soit de l'expiration de la peine subie, soit de la prescription accomplie. — *Pr. pén. 769.*

(L. n° 2007-297 du 5 mars 2007, art. 43, en vigueur le 7 mars 2008) **« Les délais prévus au présent article sont doublés lorsque la personne a été condamnée pour des faits commis en état de récidive légale.**

« Lorsqu'il s'agit de condamnations assorties en tout ou partie du sursis, du *(L. n° 2019-222 du 23 mars 2019, art. 81-VII et 109-XIX, en vigueur le 24 mars 2020)* **« sursis probatoire » ou du sursis avec obligation d'accomplir un travail d'intérêt général, les délais de réhabilitation courent, pour chacune de ces condamnations et y compris en cas de condamnations multiples, à compter de la date à laquelle la condamnation est non avenue. »**

Les dispositions de l'art. 47 de la L. n° 2007-297 du 5 mars 2007 entrent en vigueur un an après la date de sa publication [JO du 7 mars 2007]. Elles sont alors immédiatement applicables aux condamnations figurant toujours au casier judiciaire, quelle que soit la date de commission de l'infraction ; toutefois, le doublement des délais de réhabilitation en cas de récidive n'est applicable que pour des faits commis postérieurement à la date de publication de ladite loi.

Acquisition de la nationalité française. Selon l'art. 21-27 C. civ., la condamnation à une peine égale ou supérieure à 6 mois d'emprisonnement non assortie d'une mesure de sursis ne peut faire obstacle à l'acquisition de la nationalité française si elle a fait l'objet d'une réhabilitation de plein droit dans les conditions prévues par l'art. 133-13 C. pén. ; le 28 nov. 2005, M. X... a souscrit, sur le fondement de l'art. 21-2 C. civ., une déclaration en vue d'acquérir la nationalité française à la suite de son mariage ; le 20 mars 2006, le ministère chargé des naturalisations lui a notifié un refus d'enregistrement de la déclaration au motif que celle-ci était irrecevable, en application de l'art. 21-27, premier et dernier al., C. civ., en raison de la condamnation dont il avait fait l'objet le 29 nov. 1990 par le tribunal correctionnel à une peine de 6 mois d'emprisonnement ; par jugement du 18 nov. 2008, le tribunal de grande instance de Bobigny a débouté M. X... de sa demande tendant à voir constater la réhabilitation de plein droit et a constaté son extranéité ; pour confirmer le jugement entrepris, la cour d'appel énonce que la condamnation prononcée à l'encontre de M. X... le 29 nov. 1990 a été suivie de deux nouvelles condamnations correctionnelles à des peines d'amende dans le délai de 5 ans suivant la prescription accomplie de sa peine prévue à l'art. 133-13, 2° C. pén. ; en statuant ainsi, alors que, au jour de sa demande acquisitive de nationalité, M. X... avait été réhabilité de plein droit du chef de ces deux dernières condamnations, la cour d'appel a violé les textes susvisés. • Civ. 1re, 29 févr. 2012, n° 11-10.970 P : *D. actu. 21 mars 2012, obs. Fleuriot.*

Art. 133-14 **La réhabilitation est acquise de plein droit à la personne morale condamnée qui n'a, dans les délais ci-après déterminés, subi aucune condamnation nouvelle à une peine criminelle ou correctionnelle :**

1° Pour la condamnation à l'amende, après un délai de cinq ans à compter du jour du paiement de l'amende ou de la prescription accomplie ;

2° Pour la condamnation à une peine autre que l'amende ou la dissolution, après un délai de cinq ans à compter soit de l'exécution de la peine, soit de la prescription accomplie. — *Pr. pén. 769.*

(L. n° 2007-297 du 5 mars 2007, art. 43, en vigueur le 7 mars 2008) **« Les délais prévus au présent article sont doublés lorsque la personne a été condamnée pour des faits commis en état de récidive légale.**

« Lorsqu'il s'agit d'une condamnation assortie du sursis, les délais de réhabilitation courent à compter de la date à laquelle la condamnation est non avenue. »

V. note ss. art. 133-13.

Art. 133-15 **Les peines dont la confusion a été accordée sont considérées comme constituant une peine unique pour l'application des dispositions des articles 133-13 et 133-14.**

Art. 133-16 **La réhabilitation produit les mêmes effets que ceux qui sont prévus par les articles 133-10 et 133-11. Elle efface toutes les incapacités et déchéances qui résultent de la condamnation.**

(L. n° 98-468 du 17 juin 1998) **« Toutefois, lorsque la personne a été condamnée au suivi socio-judiciaire prévu à l'article 131-36-1 ou à la peine d'interdiction d'exercer une activité professionnelle ou bénévole impliquant un contact habituel avec des mineurs, la réhabilitation ne produit ses effets qu'à la fin de la mesure. »** *(L. n° 2012-409 du 27 mars 2012, art. 13-I, 1°)* **« Par ailleurs, la réhabilitation ne produit ses effets qu'à l'issue d'un délai de quarante ans lorsqu'a été prononcée, comme peine complémentaire, une interdiction, incapacité ou déchéance à titre définitif. »** — *L'art. 13-I, 1° de la L. n° 2012-409 du 27 mars 2012 entre en vigueur, pour les condamnations concernant des faits commis après la publication de ladite loi, le 1er janv. 2015 (L. préc., art. 13-III).*

(L. n° 2007-297 du 5 mars 2007, art. 43, en vigueur le 7 mars 2008) **« La réhabilitation n'interdit pas la prise en compte de la condamnation, par les seules autorités judiciaires, en cas de nouvelles poursuites, pour l'application des règles sur la récidive légale. »**

V. note ss. art. 133-13.

BIBL. ▸ GIACOPELLI, *Rev. pénit. 2012. 766* (loi n° 2012-409 du 27 mars 2012 de programmation relative à l'exécution des peines).

1. Survie des faits. Justifie légalement sa décision la cour d'appel qui, après avoir énoncé que la réhabilitation n'avait pas effacé les faits commis par le demandeur à l'inscription à un barreau, considère, dans l'exercice de son pouvoir souverain d'appréciation, que le demandeur s'est réinséré dans la société et a donné des gages sérieux et suffisants de son aptitude à respecter les principes essentiels de la profession d'avocat. • Civ. 1re, 9 déc. 1997, n° 95-17.186 P : *Gaz. Pal. 1998, note Mascala.*

2. Incapacités et déchéances. Contrairement à l'amnistie, la réhabilitation, qui suppose l'amendement du condamné, tend à faciliter son reclassement ; elle efface la condamnation et fait cesser l'interdiction d'exercice d'une profession, dès lors que la loi n'en dispose pas autrement. • Crim. 14 oct. 1971 : *Bull. crim. n° 266 ; D. 1972. 501 (1re esp.), note Roujou de Boubée* • 14 déc. 1971, n° 71-91.658 P. • 7 janv. 1972 : *ibid. n° 4 ; D. 1972. 501 (2e esp.), note Roujou de Boubée.*

3. Si la réhabilitation ne saurait être invoquée relativement à une condamnation déjà effacée par l'amnistie, il n'en va pas de même à l'égard des incapacités de droit découlant de ladite condamnation et qui, présentant le caractère de mesure de sécurité publique et de police, survivent, malgré l'amnistie, à la décision qui les a entraînées. • Crim. 7 janv. 1972 : *préc. note 2.* ♦ Pour des exemples de ces incapacités : V. notes ss. 133-9 à art. 133-11.

4. Interdiction de rappeler la condamnation. En ce sens que les dispositions de l'art. 799 C. pr. pén., qui interdisaient de faire état d'une condamnation effacée par la réhabilitation, n'étaient pas prescrites à peine de nullité. • Crim. 21 nov. 1989, n° 89-85.128 P : *D. 1990. Somm. 225, obs. Pradel.* ♦ ... Au regard notamment des art. 170 s. dudit code (nullités de l'information). • Crim. 17 juill. 1976, n° 76-90.628 P.

5. Si les dispositions de l'art. 133-11 C. pén., auxquelles renvoient celles de l'art. 133-16 de ce même code, effaçant toutes les incapacités et déchéances qui frappent un condamné dès lors que celui-ci est réhabilité et interdisant le rappel, sous quelque forme que ce soit, d'une telle condamnation, ne prévoient pas la nullité de l'acte contenant la mention prohibée, cette nullité doit cependant être prononcée lorsqu'il résulte des motifs d'une décision que la prise en considération de la condamnation effacée par la réhabilitation a influé sur l'appréciation de la peine sanctionnant la nouvelle infraction poursuivie ; cassation de l'arrêt qui, après avoir rappelé qu'un prévenu avait été frappé d'une condamnation antérieure « pour des faits de même nature », déclare qu'il convient de modifier la peine prononcée par le tribunal correctionnel, dès lors que les pièces de la procédure mettent la Cour de cassation en mesure de s'assurer que le prévenu bénéficie de plein droit de la réhabilitation pour la condamnation visée, par application de l'art. 133-13,1°, C. pén. entré en vigueur le 1er mars 1994, d'où il résulte qu'en se déterminant pour le prononcé de la peine en fonction d'un élément que la loi lui faisait interdiction de prendre en considération, la cour d'appel a méconnu les principes et les textes susvisés. • Crim. 8 nov. 1995, n° 95-81.306 P : *D. 1997. 321, note Fournier ; Dr. pénal 1996. 99, obs. Véron ; RSC 1996. 650, obs. Bouloc.*

6. Il résulte des art. 133-11 et 133-16 C. pén. qu'une condamnation réhabilitée ne peut être prise en considération pour la détermination de la peine ; avant de prononcer une peine privative de liberté, les juges du second degré ont relevé, par motifs propres, que le prévenu avait déjà été condamné en juillet 1981 à deux années d'emprisonnement pour banqueroute simple et frauduleuse et abus de biens sociaux, et en novembre 1991 à trois années d'emprisonnement pour escroquerie, ajoutant qu'il n'avait tiré aucun enseignement des peines ainsi prononcées, ce qui excluait de lui infliger pour les nouveaux délits objet des poursuites une peine inférieure à celle prononcée en 1991 pour des faits d'escroquerie d'une gravité moindre ; mais les pièces de procédure mettent la Cour de cassation en mesure de s'assurer que le prévenu bénéficie de plein droit de la réhabilitation pour les condamnations visées, par application de l'art. 133-13, 3°, C. pén., entré en vigueur le 1er mars 1994 ; en se déterminant pour le prononcé de la peine en fonction d'un élément que la loi lui fait interdiction de prendre en considération, la cour d'appel a méconnu les principes susénoncés et les textes susvisés. • Crim. 19 oct. 2005, n° 05-81.799 P : *AJ pénal 2006. 37.*

7. Il résulte de la combinaison de l'art. 133-16 C. pén. et de l'art. 769 C. pr. pén., en leur rédaction issue de la L. du 5 mars 2007, qu'une condamnation réhabilitée, même si elle continue à figurer au casier judiciaire, ne peut être prise en compte par les autorités judiciaires, sauf cas prévus par la loi, pour la détermination de la peine ; les juges du second degré, avant de prononcer une peine contre X... du chef de travail dissimulé, relèvent qu'il résulte du casier judiciaire du prévenu qu'il a fait l'objet de six condamnations dont quatre pour travail dissimulé qui n'ont pas eu pour effet de le dissuader ; en se déterminant ainsi, alors que ces condamnations sont effacées par une réhabilitation de plein droit, la cour d'appel a méconnu les textes susvisés et le principe ci-dessus énoncé. • Crim. 10 nov. 2009, n° 09-82.368 P.

8. Incidence du sursis. Lorsqu'une condamnation à l'emprisonnement est assortie du sursis, le délai prévu par l'art. 786 C. pr. pén. ne court qu'à compter du jour où elle doit être considérée comme non avenue, la personne condamnée n'étant réputée avoir subi sa peine qu'à l'expiration du délai d'épreuve. • Crim. 17 févr. 1998, n° 97-80.334 P. ♦ Si la personne condamnée à une peine d'emprisonnement assortie en tout ou partie du sursis est admise à demander sa réhabilitation, dont les effets sont distincts de ceux résultant de plein droit de la bonne conduite de l'intéressé durant la période d'épreuve, une telle demande n'est recevable qu'à l'expiration du délai prévu par l'art. 786 C. pr. pén., calculé à compter du jour où la condamnation doit être considérée comme non avenue, la peine n'étant réputée subie qu'à l'issue de la période d'épreuve. • Crim. 9 nov. 1998, n° 98-81.489 P. – *Adde :* G. Lohro, *Dr. pénal 1999. Chron. 18.*

9. Incidence des condamnations réhabilitées sur le montant de l'amende prononcée. N'encourt pas la censure l'arrêt qui, pour justifier une condamnation à une amende « exorbitante », s'appuie sur des condamnations réhabilitées. • Crim. 28 mai 2013, n° 12-81.468 P : *D. actu. 12 juill. 2013, obs. Winckelmuller.*

Art. 133-16-1 *(L. n° 2012-409 du 27 mars 2012, art. 14-I)* **Si la personne a été condamnée par une juridiction pénale d'un État membre de l'Union européenne à une des peines suivantes, la réhabilitation n'est susceptible de produire ses effets sur les condamnations françaises antérieures qu'à l'issue des délais ci-après déterminés :**

1° Lorsque la peine prononcée est une sanction pécuniaire, qu'à partir de l'effacement de cette condamnation ou de l'écoulement d'un délai de trois ans à compter de son prononcé ;

2° Lorsque la peine prononcée est une peine d'emprisonnement d'une durée supérieure à un an, qu'à partir de l'effacement de cette condamnation ou de l'écoulement d'un délai de dix ans à compter de son prononcé ;

3° Lorsque la peine prononcée est une peine d'emprisonnement d'une durée supérieure à dix ans, qu'à partir de l'effacement de cette condamnation ou de l'écoulement d'un délai de quarante ans à compter de son prononcé ;

4° Lorsque la personne a été condamnée à une peine autre que celles définies aux 1° à 3°, qu'à partir de l'effacement de cette condamnation ou de l'écoulement d'un délai de cinq ans à compter de son prononcé.

Les dispositions de l'art. 133-16-1 ne sont applicables qu'aux condamnations prononcées par une juridiction étrangère à compter du 27 avr. 2012 (L. n° 2012-409 du 27 mars 2012, art. 14-III).

BIBL. ▶ Giacopelli, *Rev. pénit. 2012. 766* (loi n° 2012-409 du 27 mars 2012 de programmation relative à l'exécution des peines).

Art. 133-17 **Pour l'application des règles sur la réhabilitation, la remise gracieuse d'une peine équivaut à son exécution.**

Loi n° 92-683 du 22 juillet 1992,

Portant réforme des dispositions générales du code pénal.

Art. unique Les dispositions générales du code pénal sont fixées par le livre Ier annexé à la présente loi.

Ces dispositions entreront en vigueur à la date qui sera fixée par la loi relative à l'entrée en vigueur du Nouveau code pénal et à la modification de certaines dispositions de droit pénal et de procédure pénale rendue nécessaire par cette entrée en vigueur.

LIVRE DEUXIÈME DES CRIMES ET DÉLITS CONTRE LES PERSONNES

(L. nº 92-684 du 22 juill. 1992)

Le livre II du code pénal est entré en vigueur le 1er mars 1994 *(L. nº 92-1336 du 16 déc. 1992, art. 373, modifié par L. nº 93-913 du 19 juill. 1993).*

BIBL. GÉN. ▶ DESPORTES et LE GUNEHEC, *JCP 1992. I. 3615.* – VÉRON, *Dr. pénal 1993. Chron. 10.* – COUVRAT, *RSC 1993. 469* . – RASSAT, *Dalloz Service, 1995, p. 41 à 216.* – J.-P. DOUCET, *Gazette du Palais, 3e éd., 1999, préface A. Vitu* (la protection de la personne humaine). – R. DE GOUTTES, *RSC 2000. 133* (droit pénal et droits de l'homme). – R. MARTIN, *D. 2000. Chron. 505* (personne, corps et volonté). – X..., *Dr. pénal 2006. Étude 13* (l'influence de l'internationalisation du droit pénal sur la protection des personnes). – MAYAUD, *in* La réforme du Code pénal et du Code de procédure pénale. Opinio doctorum. Thèmes et commentaires, Dalloz 2009 (l'emprise contrastée de la jurisprudence sur le livre II du code pénal). – ROUSSEAU, *RPDP 2012. 805* (la victime des infractions contre les personnes : personne humaine ou personne juridique ?) ; *Dr. pénal 2013. Étude 11* (essai d'une reconfiguration des infractions pénales contre les personnes à l'aune des « scandales sanitaires »). – MAZIAU, *D. 2013. Chron. 1081* (la responsabilité des personnes morales au regard des crimes majeurs contre les droits de l'homme). – AMBROISE-CASTÉROT, *D. 2013. Chron. 1846* (les infractions parentales). – VERVAELE, *RSC 2014. 487* (violations graves des droits de l'homme et crimes internationaux).

▶ Colloque 27/28 janv. 1994, *Dalloz, 1994, p. 81 s.*

▶ Dossier : la protection pénale de l'enfant, *AJ pénal 2014. 9 s.* : BONFILS, *ibid. 10* (évolution de la protection pénale des mineurs victimes). – ZALOWSKI, *ibid. 13* (audition du mineur victime). – NASTORG, *ibid. 16* (administrateur *ad hoc* et parole de l'enfant : pratique d'un administrateur *ad hoc*). – MOREL, *ibid. 20* (enfant victime : la voix de l'enfant dans la procédure pénale).

TITRE PREMIER DES CRIMES CONTRE L'HUMANITÉ ET CONTRE L'ESPÈCE HUMAINE *(L. nº 2004-800 du 6 août 2004, art. 28-I).*

BIBL. ▶ DELMAS-MARTY, *RSC 2012. 495* (humanité, espèce humaine et droit pénal).

SOUS-TITRE PREMIER DES CRIMES CONTRE L'HUMANITÉ *(L. nº 2004-800 du 6 août 2004, art. 28-I).*

RÉP. PÉN. vº *Justice internationale pénale (Crimes),* par LEMASSON.

BIBL. GÉN. ▶ ROULOT, *RSC 1999. 545* (répression des crimes contre l'humanité par les juridictions criminelles en France). – DOBKINE, *D. 2000. Point de vue nº 42* (permanence et banalité du crime contre l'humanité). – COHEN, *Gaz. Pal. 2002. 1. Doctr. 329* (la problématique du crime contre l'humanité). – LELIEUR-FISCHER, *RSC 2004. 31* (l'impossible poursuite de tous les crimes contre l'humanité commis avant l'entrée en vigueur du nouveau code pénal ?). – SEVELY, *RSC 2005. 483* (réflexions sur l'inhumain et le droit. Le droit en quête d'humanité). – SÉRIAUX, *Mél. Gassin, PUAM, 2007, p. 315* (l'humanité au tourniquet de la peine). – BOSLY, *Mél. Pradel, Cujas, 2006* (la compétence extra-territoriale relative aux crimes de droit international humanitaire). – DELMAS-MARTY, *RSC 2009. 59* (violence et massacres : entre droit pénal de l'ennemi et droit pénal de l'inhumain). – P.-M. MARTIN, *D. 2009. Chron. 2125* (un différend entre la Belgique et le Sénégal : l'affaire Habré). – GOGORZA, *Dalloz 2009. 35* (compétence universelle en matière de crimes contre l'humanité, *in* « La réforme du Code pénal et du Code de procédure pénale. *Opinio doctorum* »). – FERENCZ, *RSC 2009. 739* (pour mettre un terme à l'impunité du crime d'agression) ; *JCP 2013, nº 1189* (l'utilisation illégale de la force armée en tant que crime contre l'humanité). – BEAUVALLET, *RSC 2009. 749* (Benjamin Ferencz et la lente *répression du* crime d'agression). – DEVOS, AJ *pénal* 2013. 255 (création d'un pôle judiciaire crimes contre l'humanité, crimes et délits de guerre). – BECTARTE et BAUDOUIN, *AJ pénal* 2013. *257* (la proposition de loi Sueur : vers une mise en conformité du droit français en termes de lutte contre l'impunité des crimes les plus graves). – PIERRE, *RSC 2015. 627* (le crime de masse en criminologie).

▶ Divers : *l'Astrée 1999, nº 8.*

CHAPITRE PREMIER DU GÉNOCIDE

Art. 211-1 **Constitue un génocide le fait, en exécution d'un plan concerté tendant à la destruction totale ou partielle d'un groupe national, ethnique, racial ou religieux, ou d'un groupe déterminé à partir de tout autre critère arbitraire, de commettre ou de faire commettre, à l'encontre de membres de ce groupe, l'un des actes suivants :**

— atteinte volontaire à la vie ;

— atteinte grave à l'intégrité physique ou psychique ;

— soumission à des conditions d'existence de nature à entraîner la destruction totale ou partielle du groupe ;

— mesures visant à entraver les naissances ;

— transfert forcé d'enfants.

Le génocide est puni de la réclusion criminelle à perpétuité.

Les deux premiers alinéas de l'article 132-23 relatif à la période de sûreté sont applicables au crime prévu par le présent article. — *Pén. 212-3, R. 645-1.*

BIBL. ► P.-M. MARTIN, *D. 2000. Chron. 477* (le crime de génocide, quelques paradoxes) ; *D. 2007. Chron. 2121* (quelques précisions sur le crime de génocide). – ZAKR, *RSC 2001. 263* (analyse spécifique du crime de génocide dans le Tribunal pénal international pour le Rwanda). – AZARI, *RSC 2007. Doctr. 739* (regards croisés sur l'intention génocidaire). – TEANI, *RSC 2007. Doctr. 765* (arrêt de la Cour internationale de justice du 26 février 2007). – GRÉCIANO, *D. 2008. Point de vue 363* (génocide rwandais : pas d'extradition contraire aux droits de l'homme).

1. Mesures visant à entraver les naissances. L'art. 211-1 nouv. C. pén. définit le génocide et punit des actes qui doivent avoir été commis « en exécution d'un plan concerté tendant à la destruction totale ou partielle d'un groupe national, ethnique, racial ou religieux ou d'un groupe déterminé à partir de tout critère arbitraire, à l'encontre des membres de ce groupe » ; parmi les cinq actes répréhensibles, figurent « les mesures visant à entraver les naissances » ; toutefois – qu'il s'agisse de l'interruption volontaire de grossesse pratiquée avant la fin de la dixième semaine ou qu'il s'agisse de l'interruption volontaire de grossesse pratiquée pour motif thérapeutique – manifestement la décision de recourir à l'interruption volontaire de grossesse est une décision de nature individuelle qui ne peut par essence être assimilée à « un plan concerté » au sens de la loi... ; ces deux types de décision n'ont rien à voir – de loin ou de près – avec la notion de génocide. • T. corr. Le Puy-en-Velay, 14 mars 1995 : *Gaz. Pal. 1995. 2. Somm. 324.*

2. L'avortement, dans les limites autorisées par la loi n° 75-17 du 17 janv. 1975, est étranger à l'incrimination de génocide. • Crim. 31 janv. 1996, n° 95-81.319 P : *JCP 1996. II. 22713, note Dorsner-Dolivet* • 27 nov. 1996 : *Dr. pénal 1997. 39, obs. J.-H. Robert.*

3. En portant de dix à douze semaines le délai pendant lequel peut être pratiquée une interruption volontaire de grossesse lorsque la femme enceinte se trouve, du fait de son état, dans une situation de détresse, la loi (n° 2001-588 du 4 juill. 2001) n'a pas, en l'état des connaissances et des techniques, rompu l'équilibre que le respect de la Constitution impose entre, d'une part, la sauvegarde de la dignité de la personne humaine contre toute forme de dégradation et, d'autre part, la liberté de la femme qui découle de l'art. 2 DDH ; il ressort du deuxième al. de l'art. 16-4 C. civ. que seule peut être qualifiée de pratique eugénique « toute pratique... tendant à l'organisation de la sélection des personnes » ; tel n'est pas le cas en l'espèce ; en réservant la faculté de recourir à l'interruption volontaire de grossesse à « la femme enceinte que son état place dans une situation de détresse », le législateur a entendu exclure toute fraude à la loi et, plus généralement, toute dénaturation des principes qu'il a posés, principes au nombre desquels figure, à l'art. L. 221-1-1 CSP, « le respect de l'être humain dès le commencement de sa vie ». • Cons. const. 27 juin 2001, n° 2001-446 DC : *JO 7 juill., p. 10828 ; D. 2001. 2533, note Mathieu ; JCP 2001. II. 10635, note Franck.*

4. Est justifiée la condamnation pour diffamation de deux militants qui avaient comparé la pratique de l'avortement à l'Holocauste. • CEDH 13 janv. 2011, *Hoffer et Annen c/ Allemagne*, n°s 397/07 et 2322/07 : *D. actu. 2 févr. 2011, obs. Lavric.*

5. Contestation de l'existence des génocides reconnus par la loi. D'une part, aux termes de l'art. 6 de la DDH : « La loi est l'expression de la volonté générale... » ; il résulte de cet article comme de l'ensemble des autres normes de valeur constitutionnelle relatives à l'objet de la loi que, sous réserve de dispositions particulières prévues par la Constitution, la loi a pour vocation d'énoncer des règles et doit par suite être revêtue d'une portée normative ; d'autre part, aux termes de l'art. 11 de la DDH : « La libre communication des pensées et des opinions est un des droits les plus précieux de l'homme : tout citoyen peut donc parler, écrire, imprimer librement, sauf à répondre de l'abus de cette liberté dans les cas déterminés par la loi » ; l'art. 34 de la Constitution dispose : « La loi fixe les règles concernant [...] les droits civiques et les garanties fondamentales accordées aux citoyens pour l'exercice des libertés publiques » ; sur ce fondement, il est loisible au législateur d'édicter des règles concernant l'exercice du droit de libre communication et de la liberté de parler, d'écrire et d'imprimer ; il lui est également loisible, à ce titre, d'instituer des incriminations réprimant les abus de l'exercice de la liberté d'expression et de communication qui portent atteinte à l'ordre public et aux droits des tiers. Toutefois, la liberté d'expression et de communication est d'autant plus précieuse que son exercice est une condition de la démocratie et l'une des garanties du respect des autres droits et libertés ; les atteintes portées à l'exercice de cette liberté doivent être nécessaires, adaptées et proportionnées à l'objectif poursuivi ; une disposition législative ayant pour objet de « reconnaître » un crime de génocide ne saurait, en elle-même, être revêtue de la portée normative qui s'attache à la loi. Toutefois, l'art. 1er de la loi déférée, visant à réprimer la contestation de l'existence des génocides reconnus par la loi, réprime la contestation ou la minimisation de l'existence d'un ou plusieurs crimes de génocide « reconnus comme tels par la loi française » ; en réprimant ainsi la contestation de l'existence et de la qualification juridique de crimes qu'il aurait lui-même reconnus et qualifiés comme tels, le législateur a porté une atteinte inconstitutionnelle à l'exercice de la liberté d'expression et de communication ; dès lors, et sans qu'il soit besoin d'examiner les autres griefs, l'art. 1er de la loi déférée doit être déclaré contraire à la Constitution ; son art. 2, qui n'en est pas séparable, doit être également déclaré contraire à la Constitution. • Cons. const. 28 févr. 2012, n° 2012-647 DC : *JO 2 mars ; D. actu. 1er mars 2012, obs. Lavric ; D. 2012. 987, note Roux* ; *JCP 2012. 425, note Levade et Mathieu ; ibid. 307, Libres propos, note Terré ; Gaz. Pal. 2012. 1. 808, note Amson ; RSC 2012. 179, obs. Francillon* ; *ibid. 2013. 436, obs. de Lamy* ; *AJDA 2012. 411, obs. Grand* ; *ibid. 1406, note Macaya et Verpeaux* ; *Dr. pénal 2012. Chron. 5, obs. Mouysset. – Adde :* Brunet, De la censure constitutionnelle de la loi « visant à réprimer la contestation de l'existence des génocides reconnus par la loi », *RSC 2012. 343.* – V. égal. jurispr. ss. L. du 29 juill. 1881, art. 24 *bis*, App., v° *Presse*.

6. Droit international humanitaire. V. également ss. art. 212-1. ♦ Il résulte de l'art. 689-2 C. pr. pén. que les juridictions françaises sont compétentes, dans les conditions prévues par l'art. 689-1 du même code, pour juger les personnes qui se seraient rendues coupables, à l'étranger, de tortures, au sens de l'art. 1er de la Convention de New York du 10 déc. 1984, dès lors que les faits délictueux sont susceptibles de revêtir, selon la loi française, une qualification entrant dans les prévisions de cet article ; cassation de l'arrêt de la chambre d'accusation qui, pour déclarer le juge d'instruction incompétent, après avoir décidé que les faits poursuivis (commis en 1994 sur le territoire du Rwanda) doivent être envisagés sous leur plus haute acception pénale, retient qu'ils constituent les crimes de génocide et de complicité de génocide, prévus par l'art. 211-1 C. pén., et que les éléments constitutifs de ces crimes ne sont pas compris dans la définition des actes de torture visés à l'art. 1er de la Convention de New York du 10 déc. 1984, alors qu'en affirmant que seule la qualification de génocide était applicable en l'espèce, la chambre d'accusation a méconnu l'art. 689-2 précité. • Crim. 6 janv. 1998, n° 96-82.491 P : *D. 2000. Somm. 25, obs. Mayaud* ; *JCP 1998. II. 10158, note Roulot ; Dr. pénal 1998. 70, obs. J.-H. Robert ; RSC 1998. 348, obs. Dintilhac* ; *RSC 1998. 837, obs. Massé*.

7. « Événements » d'Algérie. Les faits de violences commis en relation avec la guerre d'Algérie, dès lors qu'ils ne sont pas susceptibles de constituer un génocide ou un crime contre l'humanité, peuvent seulement revêtir une qualification de droit commun et entrent en conséquence dans le champ d'application de la loi n° 68-697 du 31 juill. 1968 portant amnistie. • Crim. 30 mai 2000, n° 99-84.024 P : *JCP 2001. II. 10559, note Roulot*.

8. Les dispositions de la L. du 26 déc. 1964 et celles du statut du Tribunal militaire international de Nuremberg, annexé à l'accord de Londres du 8 août 1945, ne concernent que les faits commis pour le compte des pays européens de l'Axe ; les principes de légalité des délits et des peines et de non-rétroactivité de la loi pénale plus sévère, énoncés par les art. 8 DDH, 7, § 1er, Conv. EDH, 15-1 du Pacte international relatif aux droits civils et politiques, 111-3 et 112-1 C. pén., font obstacle à ce que les art. 211-1 à 212-3 de ce code réprimant les crimes contre l'humanité s'appliquent aux faits commis avant la date de leur entrée en vigueur, le 1er mars 1994 ; la coutume internationale ne saurait pallier l'absence de texte incriminant, sous la qualification de crimes contre l'humanité, les faits dénoncés par la partie civile ; dès lors, il ne saurait être reproché à une cour d'appel de confirmer l'ordonnance de refus d'informer pour les crimes contre l'humanité commis en Algérie de 1955 à 1957, dès lors qu'elle retient que, ne pouvant être poursuivis sous la qualification de crimes contre l'humanité, les faits dénoncés entrent dans les prévisions de la loi n° 68-697 du 31 juill. 1968, portant amnistie. • Crim. 17 juin 2003, n° 02-80.719 P : *D. 2004. 92, note Daniel* ; *ibid., Somm. 312, obs. Gozzi* ; *AJ pénal 2003. 25, obs. J. L.-H.* ; *JCP 2003. II. 10146, note Roulot ; Dr. pénal 2003, comm. 96, obs. Véron ; RSC 2003. 894, obs. Massé*.

9. Complicité. Le demandeur au statut de réfugié avait accueilli dans sa paroisse, à partir du 10 avr. 2004, des personnes d'origine tutsie poursuivies par des miliciens puis s'était enfui, le 14 avr., les laissant aux mains des autorités locales qui ne se sont pas opposées à leur massacre par les miliciens ; ces seuls faits, en l'état du dossier, ne permettent pas de fonder de sérieuses raisons de penser qu'il aurait manifesté l'intention, ce faisant, de permettre ou de faciliter la commission de ces crimes, ou aurait sciemment omis de les prévenir ou de s'en dissocier, dès lors, d'une part, que ses fonctions ne lui conféraient aucune autorité sur leurs auteurs et que toute résistance de sa part aurait probablement mis sa vie en danger, et d'autre part, qu'aucun autre élément n'est de nature à établir son approbation du génocide, notamment pas le fait qu'il ait bénéficié de la protection de militaires dont il affirme sans être contredit avoir acheté les services ; ainsi les circonstances de l'espèce ne font pas apparaître de raison sérieuse de penser que l'intéressé s'est personnellement rendu coupable, ni qu'il peut être regardé comme complice d'un crime de génocide, au sens et pour l'application des stipulations du *a)* de l'art. 1.F de la Conv. du 28 juill. 1951 ; il ne peut donc être exclu du statut de réfugié pour un tel motif. • CE 26 janv. 2011, nº 312833 : *D. actu. 2 févr. 2011, obs. Brondel.*

Art. 211-2 *(L. nº 2010-930 du 9 août 2010)* **La provocation publique et directe, par tous moyens, à commettre un génocide est punie de la réclusion criminelle à perpétuité si cette provocation a été suivie d'effet.**

Si la provocation n'a pas été suivie d'effet, les faits sont punis de sept ans d'emprisonnement et de 100 000 € d'amende.

CHAPITRE II **DES AUTRES CRIMES CONTRE L'HUMANITÉ**

Art. 212-1 *(L. nº 2010-930 du 9 août 2010)* **« Constitue également un crime contre l'humanité et est puni de la réclusion criminelle à perpétuité l'un des actes ci-après commis en exécution d'un plan concerté à l'encontre d'un groupe de population civile dans le cadre d'une attaque généralisée ou systématique :**

« 1º L'atteinte volontaire à la vie ;

« 2º L'extermination ;

« 3º La réduction en esclavage ;

« 4º La déportation ou le transfert forcé de population ;

« 5º L'emprisonnement ou toute autre forme de privation grave de liberté physique en violation des dispositions fondamentales du droit international ;

« 6º La torture ;

« 7º Le viol, la prostitution forcée, la grossesse forcée, la stérilisation forcée ou toute autre forme de violence sexuelle de gravité comparable ;

« 8º La persécution de tout groupe ou de toute collectivité identifiable pour des motifs d'ordre politique, racial, national, ethnique, culturel, religieux ou sexiste ou en fonction d'autres critères universellement reconnus comme inadmissibles en droit international ; »

(L. nº 2013-711 du 5 août 2013, art. 15) **« 9º La disparition forcée ; »**

(L. nº 2010-930 du 9 août 2010) **« 10º Les actes de ségrégation commis dans le cadre d'un régime institutionnalisé d'oppression systématique et de domination d'un groupe racial sur tout autre groupe racial ou tous autres groupes raciaux et dans l'intention de maintenir ce régime ;**

« 11º Les autres actes inhumains de caractère analogue causant intentionnellement de grandes souffrances ou des atteintes graves à l'intégrité physique ou psychique. »

Les deux premiers alinéas de l'article 132-23 relatif à la période de sûreté sont applicables aux crimes prévus par le présent article. — *Pén. R. 645-1.*

En vertu des dispositions de l'art. L. 355-2 CSS, pour exécuter les condamnations à des réparations civiles ou aux frais dus à la victime au titre de l'art. 375 C. pr. pén. prononcées à l'encontre d'une personne jugée coupable de crime ou de complicité de crime contre l'humanité une saisie peut être effectuée sur la totalité de la rente ou de la pension avec pour seule réserve une somme d'un montant égal au tiers du minimum prévu au premier alinéa de l'art. L. 351-10 CSS.

RÉP. PÉN. v^is *Traite des êtres humains* par DARSONVILLE ; *Esclavage – Travail forcé – Traite des êtres humains*, par WILLMANN.

BIBL. ▶ VERGÈS, *RSC 2010. Chron. 896* (adaptation du droit international en droit français).

A. STATUT DU TRIBUNAL MILITAIRE INTERNATIONAL DE NUREMBERG

BIBL. Geouffre de la Pradelle, *JCP 1977. I. 2861* (crime contre l'humanité et justice). – Desous, *RSC 1984. 657* (arrêts Barbie). – Lombois, *Mél. Vitu, 1989* (un crime international en droit positif français). – Decocq, *Rev. sc. morales et politiques 1992. 357* (le droit et la notion de crime contre l'humanité). – Truche, *Esprit mai 1992* (la notion de crime contre l'humanité). – Grynfogel, *RSC 1993. 62* (Touvier et la justice). – Massé, *Actes sept. 1989* (les crimes contre l'humanité) ; *RSC 1989. 793* (du procès de Nuremberg à celui de P. Touvier, en passant par l'affaire Barbie) ; *RSC 1991. 398* (bilan d'une décennie) ; *RSC 1993. 372* (affaire Touvier). – J.-P. Delmas Saint-Hilaire, *D. 1997. Chron. 249* [définition juridique de la complicité de crime contre l'humanité (affaire Maurice Papon)]. – C. Grynfogel, *RSC 1998. 523* (les limites de la complicité de crime contre l'humanité). – Cazala, *RSC 2003. 721* (réflexions sur les relations entre juridictions nationales, tribunaux pénaux internationaux et Cour européenne des droits de l'homme).

1. *Fondement.* Les dispositions du statut du Tribunal militaire international de Nuremberg annexées à l'Accord de Londres du 8 août 1945 ont été régulièrement intégrées à l'ordre juridique interne ; en effet, aux termes mêmes de son art. 7, cet accord est entré en vigueur au jour de sa signature ; en outre il a été promulgué par décret du gouvernement provisoire de la République française, en date du 6 oct. 1945. • Crim. 1er juin 1995, n° 94-82.590 P : *Dr. pénal 1995. 273, note Véron.*

2. *Domaine.* Les dispositions de la L. du 26 déc. 1964 et du statut du Tribunal international de Nuremberg, annexé à l'accord de Londres du 8 août 1945, ne concernent que les faits commis pour le compte des pays européens de l'Axe. • Crim. 1er avr. 1993, n° 92-82.273 P : *Dr. pénal 1994. 38, obs. Robert* • 17 juin 2003, n° 02-80.719 P : *D. 2004. 92, note Daniel ; ibid. 2004. Somm. 312, obs. Gozzi ; AJ pénal 2003. 25, obs. J. L.-H. ; JCP 2003. II. 10146, note Roulot ; Dr. pénal 2003, comm. 96, obs. Véron ; RSC 2003. 894, obs. Massé.* ♦ ... Par ailleurs, la charte du Tribunal militaire international de Tokyo, qui n'a été ni ratifiée ni publiée en France, et qui n'est pas entrée dans les prévisions de la L. du 26 déc. 1964 ou de la résolution des Nations unies du 13 févr. 1946, ne vise, en son art. 5, que les exactions commises par les criminels de guerre japonais ou leurs complices ; dès lors, les persécutions et les traitements inhumains infligés à des prisonniers du Viêt-minh, après la seconde guerre mondiale, par un ressortissant français, ne sont pas susceptibles de recevoir la qualification de crimes contre l'humanité, et entrent nécessairement dans le champ d'application de l'art. 30 de la L. du 18 juin 1966, portant amnistie de tous les crimes commis en liaison avec les évènements consécutifs à l'insurrection vietnamienne. • Crim. 1er avr. 1993 : *préc.*

3. *Définition.* Constituent des crimes imprescriptibles contre l'humanité, au sens de l'art. 6 (c) du statut du Tribunal militaire international de Nuremberg annexé à l'accord de Londres du 8 août 1945 – alors même qu'ils seraient également qualifiables de crimes de guerre selon l'art. 6 (b) de ce texte – les actes inhumains et les persécutions qui, au nom d'un État pratiquant une politique d'hégémonie idéologique, ont été commis de façon systématique, non seulement contre les personnes en raison de leur appartenance à une collectivité raciale ou religieuse, mais aussi contre les adversaires de cette politique, quelle que soit la forme de leur opposition. • Crim. 20 déc. 1985, n° 85-95.166 P : *D. 1986. 500, note Chapar ; JCP 1986. II. 20655, rapp. Le Gunehec, concl. Dontenwille ; RSC 1987. 275 et 937, obs. Lombois* • 25 nov. 1986 : *Bull. crim. n° 353.*

4. Le fait que l'accusé, déclaré coupable de l'une des infractions énumérées à l'art. 6 du statut du Tribunal militaire international de Nuremberg, ait, en la perpétrant, pris part à l'exécution d'un plan concerté en vue de réaliser la déportation ou l'extermination de populations civiles pendant la guerre ou des persécutions pour des motifs politiques, raciaux ou religieux, constitue, non une infraction distincte ou une circonstance aggravante, mais un élément essentiel du crime contre l'humanité consistant en ce que les actes incriminés ont été accomplis de façon systématique au nom d'un État pratiquant par ces moyens une politique d'hégémonie idéologique. • Crim. 3 juin 1988, n° 87-84.240 P.

5. Alors qu'aux termes de l'art. 6 du statut du Tribunal international de Nuremberg les auteurs ou complices de crimes contre l'humanité ne sont punis que s'ils ont agi pour le compte d'un pays européen de l'Axe, une chambre d'accusation ne peut, sans se contredire, déclarer que les assassinats poursuivis ne constituaient pas des crimes contre l'humanité tout en relevant qu'ils avaient été perpétrés à l'instigation d'un responsable de la Gestapo, organisation déclarée criminelle comme appartenant à un pays ayant pratiqué une politique d'hégémonie idéologique. • Crim. 27 nov. 1992, n° 92-82.409 P.

6. Le ressortissant français qui, à l'instigation d'un responsable d'une organisation criminelle nazie, ordonne les assassinats de personnes choisies par lui exclusivement en raison de leur appartenance à la communauté juive, participe, en connaissance de cause, pour le compte d'un pays européen de l'Axe, au plan concerté d'extermination et de persécution de cette communauté mis en œuvre par le gouvernement national-socialiste allemand et se rend complice de crime contre l'humanité. • Crim. 21 oct. 1993, n° 93-83.325 P. ♦ ... Même s'ils ont été perpétrés à l'occasion et en représailles de l'assassinat d'un membre de la Milice française, de tels assassinats, commis dans de telles conditions, s'intègrent à ce plan concerté et constituent un crime contre l'humanité. • Même arrêt. ♦ Le haut fonctionnaire français qui, à l'instigation de responsables d'une organisation criminelle nazie, apporte, en connaissance de cause, son concours à l'arrestation, la séquestration et la déportation de personnes, choisies exclusivement en raison de leur appartenance à la communauté juive, participe au plan concerté de persécution et d'extermination de cette communauté mis en œuvre par le gouvernement national-socialiste allemand et se rend complice de crimes contre l'humanité. • Crim. 23 janv. 1997, n° 96-84.822 P : *D. 1997. 147, note Pradel ; JCP 1997. II. 22812, note J.-H. Robert ; Dr. pénal 1997. 38, obs. J.-H. Robert ; Gaz. Pal. 1997. 1. 185.* ♦ *Adde* : J.-P. Delmas Saint-Hilaire, *D. 1997. Chron. 249* ; C. Grynfogel, *RSC 1998. 523*.

7. L'art. 6, dernier al., du statut du tribunal militaire international n'exige pas que le complice de crimes contre l'humanité ait adhéré à la politique d'hégémonie idéologique des auteurs principaux, ni qu'il ait appartenu à une des organisations déclarées criminelles par le tribunal de Nuremberg. • Crim. 23 janv. 1997 : *préc. note 6.*

8. Nature. Les crimes contre l'humanité sont des crimes de droit commun commis dans certaines circonstances et pour certains motifs précisés dans le texte qui les définit, et la loi n'a prévu aucune juridiction spéciale pour en connaître. • Crim. 6 févr. 1975, n° 91-94.974 P : *D. 1975. 386, rapp. Chapar, note Coste-Floret* • 21 oct. 1982 : *Bull. crim. n° 231.*

9. Les éléments constitutifs des crimes contre l'humanité définis par l'art. 6 *c* de la charte du Tribunal international du 8 août 1945, auquel se réfère la L. du 26 déc. 1964 qui les déclare imprescriptibles, ne sont pas les mêmes que ceux des crimes de guerre prévus par l'art. 80 CJM et du crime d'intelligence avec l'ennemi prévu par les art. 70 s. C. pén. • Crim. 6 févr. 1975 : *préc. note 8.* ♦ *Adde : RSC 1976. 97, obs. Vitu.*

10. Justification. L'illégalité d'un ordre portant sur la commission de crimes contre l'humanité est toujours manifeste. • Crim. 23 janv. 1997, n° 96-84.822 P : *D. 1997. 147, note Pradel ; JCP 1997. II. 22812, note J.-H. Robert ; Dr. pénal 1997. 38, obs. J.-H. Robert ; Gaz. Pal. 1997. 1. 185.*

11. Ne sont pas constitutives de contrainte les menaces de représailles allemandes contre des fonctionnaires français, dès lors qu'elles n'ont jamais été d'une intensité de nature à abolir le libre arbitre de l'accusé. • Crim. 23 janv. 1997 : *préc. note 10.*

12. La qualité de membre de la Résistance invoqué par l'accusé ne permet pas d'exclure qu'il ait apporté, librement et avec connaissance, un concours personnel aux actes criminels perpétrés par les nazis à l'encontre des juifs. • Crim. 23 janv. 1997 : *préc. note 10.*

13. Procédure. Selon l'accord de Londres et le statut du Tribunal militaire international du 8 août 1945, et comme le recommande la résolution des Nations unies du 13 févr. 1946, les personnes soupçonnées d'être les auteurs de crimes contre l'humanité doivent être renvoyées dans les pays où ces crimes ont été commis, pour y être jugées, sans que soit nécessairement utilisée la procédure d'extradition ; ces dispositions sont conformes aux principes généraux de droit reconnus par l'ensemble des nations, auxquels se réfèrent le Pacte international relatif aux droits civils et politiques, ainsi que la Conv. EDH, et elles sont régulièrement intégrées à l'ordre juridique interne où elles bénéficient d'une autorité supérieure à celle des lois, en vertu de l'art. 55 Const.. • Crim. 6 oct. 1983, n° 83-93.194 P : *D. 1984. 113, rapp. Le Gunehec ; JCP 1983. II. 20107, rapp. Le Gunehec, concl. Dontenwille, et note Ruzié.*

14. Les dispositions de l'art. 30 de la L. du 27 oct. 1946 sur la constitution et le fonctionnement de la Haute Cour de justice créée par la loi constitutionnelle du même jour excluent que de nouvelles affaires soient déférées à la Haute cour instituée par l'ordonnance du 18 nov. 1944 ; il en résulte que la compétence exclusive prévue par l'art. 2 de cette ordonnance n'a plus d'application pour ces affaires après la mise en vigueur de ladite loi et que se sont substituées les règles de compétence définies par le code de procédure pénale. • Crim. 31 janv. 1991, n° 90-87.177 P : *D. 1991. 259, note Braunschweig*.

B. RÉFORME DU CODE PÉNAL

BIBL. Colloque 27/28 janv. 1994, *Dalloz, 1994, p. 99 s.* – Massé, *RSC 1994. 376* (les crimes contre l'humanité dans le Nouveau code pénal français). – Delmas-Marty, *RSC 1994. 477* (le crime contre l'humanité, les droits de l'homme et l'irréductible humain). – Jurovics, *RSC 2001. 781* (le procès international pénal face au temps).

15. Application dans le temps. Les dispositions spécifiques réprimant les crimes contre l'humanité commis au nom des puissances de l'Axe n'ont pas été abrogées par le code pénal entré en vigueur le 1er mars 1994, lequel n'a pas sur ce point d'effet rétroactif. • Crim. 1er juin 1995, n° 94-82.590 P : *Dr. pénal 1995. 273, note Véron.*

16. La répression des crimes de droit commun constitutifs des crimes contre l'humanité au sens du statut du Tribunal militaire international de Nuremberg annexé à l'accord de Londres du 8 août 1945 relève, selon ce texte, de la loi nationale ; il s'ensuit que n'est pas méconnu le principe de la non-rétroactivité de la loi pénale, lorsque la peine prononcée entre dans les prévisions des articles du code pénal applicables au moment des faits (art. 296, 297 et 302). • Crim. 1er juin 1995 : *préc. note 15.*

17. « Événements » d'Algérie. Les faits de violences commis en relation avec la guerre d'Algérie, dès lors qu'ils ne sont pas susceptibles de constituer un génocide ou un crime contre l'humanité, peuvent seulement revêtir une qualification de droit commun et entrent en conséquence dans le champ d'application de la loi n° 68-697 du 31 juill. 1968 portant amnistie. • Crim. 30 mai 2000, n° 99-84.024 P : *JCP 2001. II. 10559, note Roulot.*

18. Les dispositions de la L. du 26 déc. 1964 et celles du statut du Tribunal militaire international de Nuremberg, annexé à l'accord de Londres du 8 août 1945, ne concernent que les faits commis pour le compte des pays européens de l'Axe ; les principes de légalité des délits et des peines et de non-rétroactivité de la loi pénale plus sévère, énoncés par les art. 8 DDH, 7, § 1er, Conv. EDH, 15-1 du Pacte international relatif aux droits civils et politiques, 111-3 et 112-1 C. pén., font obstacle à ce que les art. 211-1 à 212-3 de ce code réprimant les crimes contre l'humanité s'appliquent aux faits commis avant la date de leur entrée en vigueur, le 1er mars 1994 ; la coutume internationale ne saurait pallier l'absence de texte incriminant, sous la qualification de crimes contre l'humanité, les faits dénoncés par la partie civile ; dès lors, il ne saurait être reproché à une cour d'appel de confirmer l'ordonnance de refus d'informer pour les crimes contre l'humanité commis en Algérie de 1955 à 1957, dès lors qu'elle retient que, ne pouvant être poursuivis sous la qualification de crimes contre l'humanité, les faits dénoncés entrent dans les prévisions de la loi n° 68-697, en date du 31 juill. 1968, portant amnistie. • Crim. 17 juin 2003, n° 02-80.719 P : *D. 2004. 92, note Daniel ; ibid. 2004. Somm. 312, obs. Gozzi ; AJ pénal 2003. 25, obs. J. L.-H ; JCP 2003. II. 10146, note Roulot ; Dr. pénal 2003, comm. 96, obs. Véron ; RSC 2003. 894, obs. Massé.*

19. Esclavage. Ne peut être opposée l'incompatibilité de la législation sur l'interruption volontaire de grossesse avec la Convention de Genève du 25 sept. 1926 relative à l'esclavage, complétée par celle du 7 sept. 1956, alors que les enfants à naître ne relèvent pas du champ d'application de ces conventions. • Crim. 31 janv. 1996, n° 95-81.319 P : *Dr. pénal 1996. 87, obs. J.-H. Robert ; JCP 1996. II. 22713, note Dorsner-Dolivet.*

20. Si la L. n° 2001-434 du 21 mai 2001 tend à la reconnaissance de la traite et de l'esclavage en tant que crime contre l'humanité, une telle disposition législative, ayant pour seul objet de reconnaître une infraction de cette nature, ne saurait être revêtue de la portée normative attachée à la loi et caractériser l'un des éléments constitutifs du délit d'apologie ; M. X a été renvoyé devant le tribunal correctionnel des chefs d'apologie de crime contre l'humanité et de provocation à la discrimination, à la haine ou à la violence raciale, sur le fondement des dispositions des art. 1er de la L. du 21 mai 2001 et 24, al. 5 et 8, de la L. du 29 juill. 1881, à raison des propos suivants, diffusés le 6 févr. 2009 au cours d'une émission de télévision de la chaîne Canal Plus Antilles et sur le site internet Megavideo.com : « Les historiens exagèrent un petit peu les problèmes. Ils parlent des mauvais côtés de l'esclavage, mais il y a les bons côtés aussi. C'est là où je ne suis pas d'accord avec eux. Il y a des colons qui étaient très humains avec leurs esclaves, qui les ont affranchis, qui leur donnaient la possibilité d'avoir un métier », et « Quand je vois des familles métissées, enfin blancs et noirs, les enfants sortent de couleurs différentes, il n'y a pas d'harmonie. Il y en a qui sortent avec des cheveux comme moi, il y en a d'autres qui sortent avec des cheveux crépus, dans la même famille avec des couleurs de peau différentes, moi je ne trouve pas ça bien. On a voulu préserver la race ». Le tribunal correctionnel a retenu à l'encontre de M. X le seul délit d'apologie de crime contre l'humanité à raison des premiers propos poursuivis, le relaxant pour le surplus ; sur les recours du prévenu, du ministère public et de l'association SOS Racisme, partie civile, la cour d'appel, statuant par motifs propres et adoptés, a confirmé le jugement entrepris sur la culpabilité ; mais en décidant ainsi, la cour d'appel a méconnu le texte susvisé et le principe ci-dessus rappelé ; d'où il suit que la cassation est encourue de ce chef. • Crim. 5 févr. 2013, n° 11-85.909 P : *D. actu. 25 févr. 2013, obs. Lavric ; D. 2013. 805, note Egéa ; ibid. 2014. 512, obs. Dreyer ; AJ pénal 2013. 218, obs. Décima ; Dr. pénal 2013. Chron. 6, n° 29, obs. Mouysset ; RSC 2013. 79, obs. Mayaud ; ibid. 99, obs. Francillon ; Légipresse, n° 303, 2013. III, note Dreyer ; ibid., n° 304, 2004. II, note Jouanneau.*

C. DROIT INTERNATIONAL HUMANITAIRE

BIBL. Khalifa, *RSC 2010. 786* (les conditions préalables à la responsabilité du supérieur hiérarchique devant les juridictions pénales internationales).

▸ **Tribunaux pénaux internationaux :** D. Marro et R. Maison, *Gaz. Pal. 1996. 1. Doctr. 489* (quelle répression internationale des crimes commis dans l'ex-Yougoslavie ? Le bilan d'une année d'activité judiciaire du Tribunal pénal international de La Haye). – *Adde :* Trib intern. des Nations unies (Ch. 1re inst.), 20 oct. 1995, *Gaz. Pal. 1996. 1. Somm. 262.* – P.-M. Martin, *LPA 1997, n° 26, p. 6* (l'affaire *Erdemovic* devant le Tribunal pénal international sur l'ex-Yougoslavie) ; *D. 1997. Chron. 286* (le droit international humanitaire à l'épreuve du tribunal pénal international sur l'ex-Yougoslavie). – M. Massé, *RSC 1997. 893* (Ex-Yougoslavie, Rwanda : une compétence « virtuelle » des juridictions françaises ?). – Hemptinne (de), *RTDH 1998, p. 763* (la définition du crime contre l'humanité par le Tribunal pénal international pour l'ex-Yougoslavie). – Patry, *Gaz. Pal. 25-27 mars 2001, p. 3* (le contentieux du génocide rwandais ou l'impasse judiciaire). – Zakr, *RSC 2001. 263* (analyse spécifique du crime de génocide dans le Tribunal pénal international pour le Rwanda). – Niang, *RSC 2001. 277* (les obligations du Procureur face à la défense devant le Tribunal pénal international pour le Rwanda). – Beauvallet, *Dr. pénal 2003. chron. 32* (la perspective d'achèvement du mandat du Tribunal pénal international pour l'ex-Yougoslavie). – Lambert-Abdelgawad, *RSC 2004, p. 185* (les États face à l'obligation de dessaisissement de leurs organes judiciaires au profit des Tribunaux pénaux internationaux : l'illusion d'un contrôle étatique ?). – Azari, *RSC 2007. 1* (le critère *Celebici* du cumul des déclarations de culpabilité en droit pénal international. Observations à la lumière de la jurisprudence récente des tribunaux pénaux internationaux pour l'ex-Yougoslavie et le Rwanda). – Poissonnier, *RSC 2007. 235* (mise en place des chambres extraordinaires au sein des tribunaux cambodgiens). – Tracol, *RSC 2007. 401* (le rôle du procureur au Tribunal pénal international pour l'ex-Yougoslavie). – Cahn, *RSC 2008. 273* (le jugement en France par délégation d'une juridiction pénale internationale). – Massé, *RSC 2008. 440* (actualité de la compétence universelle). – Massis, *Gaz. Pal. 2009. 2. Doctr. 3692* (la procédure de remise devant les juridictions pénales internationales). – Lemonde (entretien), *RSC 2011. 597* (quelles leçons tirer du procès des Khmers rouges ?). – Scalia, Rauschenbach et Staerklé, *RSC 2012. 727* (paroles d'accusés sur la légitimité de la justice pénale internationale).

▸ **Colloques.** Justice pénale internationale : modèle ou illusion ?, *in* « Les transformations de la justice pénale » (Cycle de conférences 2013 à la Cour de cassation, Guinchard et Buisson (dir.), *Dalloz, 2014, préface Lamenda*). – Beauvallet (l'échec du traitement par le droit pénal de la Première Guerre mondiale, *p. 265*). – Roux (*p. 287*). – Sorel (*p. 297*).

▸ **Cour pénale internationale :** La justice pénale internationale : perspectives historiques et contemporaines (Projet d'une juridiction permanente ; tribunaux créés *ad hoc* pour le Rwanda et l'ex-Yougoslavie), *RID pén. 1996/1 et 2, p. 21 à 295*. – Martin, *D. 1998. Chron. 337* (quel avenir pour une illusion ?). – Catalayud, *Gaz. Pal. 2-4 août 1998* (Echos et nouvelles) (instrument de liberté, de justice et de paix). – Mayer, *D. 1999. Chron. 215* (leçons à tirer des quelques rares expériences de fonctionnement des tribunaux pénaux internationaux). – Girault et Gravelet, *RSC 1999. 410* (à propos du traité international adopté à Rome le 17 juillet 1998). – Fontanaud, *La Documentation française, « Problèmes politiques et sociaux », n° 826, 27 août 1999* (la justice pénale internationale). – Besson de Vézac, *LPA 1999, n° 133, p. 21* (code des crimes contre la paix et la sécurité de l'humanité) ; *ibid. 1999, n° 225, p. 4* (Convention du 17 juill. 1998 instituant la Cour pénale internationale). – de Saint-Just, *Gaz. Pal. 1999. 2. Doctr. 1763* (statut de la Cour pénale internationale). – Nuss, *Gaz. Pal. 2000. 1. Doctr. 346* (la France et la Cour pénale internationale). – Kherad, *D. 2000. Chron. 587* (la compétence de la Cour pénale internationale). – Bassiouni, *RID pén. 2000, p. 10* (généralités ; compétence ; procédure ; organisation et fonctionnement). – Cassese, *D. 2001, Interview n° 34* (la justice pénale internationale). – François et Moghaddassi, *LPA 2001, n° du 27 août, p. 4 à 14* (les garanties juridictionnelles devant la Cour pénale internationale). – Szpiner, *D. 2002, Interview n° 21, p. 1685* (la Cour pénale internationale). – Guinchard, *Gaz. Pal. 2002. 2. Doctr. 1059* (la justice pénale internationale, entre le devoir d'exister et le droit de pardonner). – Malabat, *JCP 2002, Actualité, p. 1601* (la Cour pénale internationale). – Della Mort, *RID pén. 2002, p. 23* (les frontières de la compétence de la Cour pénale internationale : observations critiques). – Zakr, *JDI 2002. 449* (les aspects institutionnels de la Cour pénale internationale). – Delmas-Marty, *RSC 2003. 1* (la Cour pénale internationale et les interactions entre droit interne et international). – Manacorda et Werle, *RSC 2003. 501* (l'adaptation des systèmes pénaux nationaux au Statut de Rome). – Bullier, *Dr. pénal 2003. Chron. 33* (de la difficulté de juger les crimes du régime de Saddam Hussein). – Beauvallet, *Dr. pénal 2004, Études, n° 15* (les premières investigations du procureur près la Cour pénale internationale). – Cantegreil, *RSC 2004. 803* (sur la seconde loi française d'adaptation du statut de Rome, Essai de prospective systémale). – Patry, *Gaz. Pal. 10-11 juin 2005, n° 161-162, p. 2* (les victimes... au cœur de la Cour pénale internationale). – Canivet, *RSC 2005. 799* (les influences croisées entre juridictions nationales et internationales. Éloge de la « bénévolance » des juges). – Lambert-Abdelgawad, *RSC 2008. 184* (la répression du crime international d'agression : la révision programmée du Statut de Rome va-t-elle permettre l'impensable ?). – Kherad, *Mél. Fenet, LexixNexis, 2008* (la définition du crime d'agression. Les divergences persistantes au sein des États parties à l'aube de la révision du Statut de Rome). – Ongono, *Gaz. Pal. 2009. 2. Doctr. 3687* (la Cour pénal internationale : réflexions sur la saisine). – Poissonnier, *D. 2010. Chron. 1155* (la Conférence de révision du Statut de la Cour pénale internationale de Kampala, en Ouganda, du 31 mai au 11 juin 2010) ; *D. 2010. Chron. 2728* (Cour pénale internationale : la France refuse de respecter l'ensemble de ses engagements internationaux) ; *Gaz. Pal. 2010. 2. Doctr. 2095* (mise en œuvre par la France du statut de la Cour pénale internationale : la compétence extraterritoriale menacée). – Bitti, *RSC 2011. 293* (les victimes devant la Cour pénale internationale. Les promesses faites à Rome ont-elles été tenues ?). – Fofé Malewa, *RSC 2011. 343* (la preuve des faits similaires devant la Cour pénale internationale : mécanisme sous surveillance). – Pena, *AJ pénal 2013. 251* (un accès effectif à la justice ? La mise en œuvre des droits des victimes devant la Cour pénale internationale).

▸ **Colloques.** Souléliac (compte rendu par), *Gaz. Pal. 30 nov.-1er déc. 2001* (les enjeux de la loi d'adaptation – Maison du Barreau de Paris, 17 sept. 2001). – Gréciano (dir.), *Gaz. Pal. 2010, p. 3818 s.* (Justice pénale internationale et européenne. Crimes contre l'humanité et terrorisme – Palais de justice de Paris, 8 oct. 2010).

▸ **Dossiers :** – Cour pénale internationale : quelques éléments d'appréciation, *AJ pénal 2007. 253 s.* ; Hubrecht, Forces et faiblesses de la justice pénale internationale, *ibid. 253*. – Biju-Duval, La défense devant la Cour pénale internationale, *ibid. 257*. – Cario, Les droits des victimes devant la Cour pénale internationale, *ibid. 261*. – Saas, La nécessaire adaptation du droit français au statut de Rome, *ibid. 267*.

▸ **10e anniversaire de la Cour pénale internationale,** *JCP G 2012, Suppl. n° 52* : A propos de la Cour pénale internationale, *p. 2.* – Beauvallet, Les mécanismes procéduraux d'investigation, *p. 4.* – Bitti, La Cour pénale internationale a dix ans : quel bilan judiciaire ?, *p. 7.* – Delmas-Marty, Ambiguïtés et lacunes, *p. 11.* – Lazerges, La Cour pénale internationale doit redevenir une priorité de la France, *p. 17.* – Avis de la CNCDH sur la Cour pénale internationale (extraits), *p. 20.* – Badinter, L'âge de tous les possibles, *p. 23.*

21. Ex-Yougoslavie. La L. n° 95-1 du 2 janvier 1995, portant adaptation de la législation française aux dispositions de la résolution 827 du Conseil de sécurité des Nations unies instituant un Tribunal international, en vue de juger les personnes présumées responsables de violations graves du droit international humanitaire, commises sur le territoire de l'ex-Yougoslavie depuis le 1er janv. 1991, est applicable aux instances en cours ; il résulte des dispositions des art. 1er et 2 de ladite loi que les juridictions françaises ne peuvent poursuivre et juger, que s'ils sont trouvés en France, les auteurs ou complices de crimes ou délits définis par la loi française qui constituent, au sens des art. 2 à 5 du statut du tribunal international, des infractions graves aux conventions de Genève du 12 août 1949, des violations des lois ou coutumes de la guerre, un génocide ou des crimes contre l'humanité ; la présence en France des victimes de telles infractions ne saurait, à elle seule, justifier la mise en mouvement de l'action publique, dès lors que les auteurs ou complices soupçonnés de ces infractions n'ont pas été découverts sur le territoire français. • Crim. 26 mars 1996, n° 95-81.527 P : *Dr. pénal 1996. 131, obs. J.-H. Robert ; RSC 1996. 684, obs. Dintilhac ; ibid. 1997. 893, obs. Massé.*

22. Sont déclarés coupables les accusés, d'origine serbe, d'une part, de viol et torture, en tant qu'ils constituent à la fois une violation des lois ou coutumes de la guerre et un crime contre l'humanité, et, d'autre part, de réduction en esclavage et d'atteintes à la dignité des personnes en tant qu'elles constituent, quant à elles, un crime contre l'humanité. • TPI Yougoslavie, 22 févr. 2001 : *D. 2001. Somm. 2357, obs. Gozzi.*

23. Rwanda. Selon les art. 1er et 2 de la L. du 22 mai 1996, portant adaptation de la législation française aux dispositions de la résolution 955 du Conseil de sécurité des Nations unies instituant un tribunal international en vue de juger les personnes présumées responsables d'actes de génocide ou d'autres violations graves du droit international humanitaire commis sur le territoire du Rwanda en 1994, les auteurs ou complices des actes qui constituent, au sens des art. 2 à 4 du statut du tribunal international, des infractions graves à l'art. 3 commun aux Conventions de Genève du 12 août 1949 et au protocole additionnel II auxdites conventions en date du 8 juin 1977, un génocide ou des crimes contre l'humanité, peuvent, s'ils sont trouvés en France, être poursuivis et jugés par les juridictions françaises en application de la loi française ; ces dispositions sont applicables aux procédures en cours, en vertu de l'art. 112-2, 1°, C. pén. • Crim. 6 janv. 1998, n° 96-82.491 P : *JCP 1998. II. 10158, note Roulot ; Dr. pénal 1998. 70, obs. J.-H. Robert ; RSC 1998. 348, obs. Dintilhac, et 837, obs. Massé.*

24. Sur la définition du génocide retenue à l'art. 2 du statut du Tribunal international pour le Rwanda, V., Rép. min. n° 33948 : *JOAN Q, 11 mars 1996, p. 1362 ; JCP 1996. V. 81.*

25. Il résulte de l'art. 689-2 C. pr. pén. que les juridictions françaises sont compétentes, dans les conditions prévues par l'art. 689-1 du même code, pour juger les personnes qui se seraient rendues coupables, à l'étranger, de tortures, au sens de l'art. 1er de la Convention de New York du 10 déc. 1984, dès lors que les faits délictueux sont susceptibles de revêtir, selon la loi française, une qualification entrant dans les prévisions de cet article ; cassation de l'arrêt de la chambre d'accusation qui, pour déclarer le juge d'instruction incompétent, après avoir décidé que les faits poursuivis (commis en 1994 sur le territoire du Rwanda) doivent être envisagés sous leur plus haute acception pénale, retient qu'ils constituent les crimes de génocide et de complicité de génocide, prévus par l'art. 211-1 C. pén., et que les éléments constitutifs de ces crimes ne sont pas compris dans la définition des actes de torture visés à l'art. 1er de la Convention de New York du 10 déc. 1984, alors qu'en affirmant que seule la qualification de génocide était applicable en l'espèce, la chambre d'accusation a méconnu l'art. 689-2 précité. • Crim. 6 janv. 1998 : *préc. note 23.* ♦ *Adde : D. 2000. Somm. 25, obs. Mayaud.*

26. En l'état d'un mandat d'arrêt décerné par le juge du tribunal international pour le Rwanda contre une personne qui a été arrêtée en France, à la suite de la demande d'entraide adressée par cette juridiction conformément aux art. 7 et 8 de la loi n° 95-1 du 2 janv. 1995 et des dispositions de la loi n° 96-432 du 22 mai 1996, l'arrêt de la chambre d'accusation, saisie en application de l'art. 12 de la loi de 1995, qui rejette les demandes de l'accusé tendant à ce que soit mise en œuvre une enquête sur les conditions de l'interrogatoire qu'il a subi, au moment de son arrestation par les policiers français, par des enquêteurs du tribunal international, n'encourt pas la cassation dès lors que le grief invoqué, à l'état de simple allégation, est étranger tant au pouvoir de contrôle attribué à la chambre d'accusation par l'art. 13 de la loi de 1995, qu'à l'exécution des actes accomplis par les autorités françaises, au titre de l'entraide judiciaire, dans les formes prévues par le titre II de ladite loi. • Crim. 9 févr. 2000, n° 99-88.054 P : *RSC 2001. 896, obs. Massé*.

27. Il n'y a pas lieu d'accorder une suite favorable à la demande d'arrestation et de détention de l'ancien préfet rwandais en cause, dans l'attente que la chambre compétente, que le TPIR doit désigner, se soit prononcée sur le dessaisissement de cette procédure, en application de l'art. 11 *bis* du Règlement de procédure et de preuve. • Paris, 1er août 2007 : *D. 2007. 2985, note Gréciano*.

28. Cour pénale internationale. Il résulte des art. 53 et 55 Const. que le respect de la souveraineté nationale ne fait pas obstacle à ce que la France puisse conclure des engagements internationaux ; de tels engagements peuvent en particulier prévoir la création d'une juridiction internationale permanente destinée à protéger les droits fondamentaux appartenant à toute personne humaine ; toutefois, au cas où ces engagements contiennent une clause contraire à la Constitution, mettent en cause les droits et libertés constitutionnels garantis ou portent atteinte aux conditions essentielles d'exercice de la souveraineté nationale, l'autorisation de les ratifier appelle une révision constitutionnelle ; or, l'art. 27 du statut de la Cour pénale internationale relatif à la responsabilité pénale des titulaires de certaines qualités officielles est contraire aux régimes particuliers de responsabilité institués par les art. 26, 68 et 68-1 Const. ; en conséquence, l'autorisation de ratifier le Traité de Rome portant création de la Cour pénale internationale exige une révision constitutionnelle. • Cons. const. 22 janv. 1999, n° 98-408 DC : *JO 24 janv. 1999, p. 1317 ; D. 2000. Somm. 111, obs. Gozzi*. ♦ *Adde :* B. Genevois, *RFDA 1999. 285* [le Conseil constitutionnel et le droit pénal international (à propos de la décision n° 98-408 DC du 22 janv. 1999)].

29. M. X..., de nationalité rwandaise, réfugié politique en France, a fait l'objet d'un mandat d'arrêt délivré le 28 sept. 2010 par la chambre préliminaire de la Cour pénale internationale des chefs de crimes de guerre et crimes contre l'humanité, pour des faits commis entre janv. et le 31 déc. 2009 en République démocratique du Congo, puis d'une demande d'arrestation et de remise transmise à la France le 1er oct. 2010 ; arrêté le 11 oct. 2010 à Paris, il a comparu devant la chambre de l'instruction de la cour d'appel de Paris le 27 oct. suivant ; pour ordonner la remise de M. X... à la Cour pénale internationale, l'arrêt retient qu'il n'y a pas d'erreur évidente sur la personne, que l'ensemble des pièces transmises par la Cour répond aux prévisions des art. 89, 91 et 92 du Statut et 627-7 C. pr. pén. et que les juridictions françaises ne sont pas compétentes pour le juger, la poursuite ne pouvant, en application de l'art. 689-11 C. pr. pén., être exercée dans de tels cas en France que par le ministère public si aucune juridiction internationale ou nationale ne demande la remise ou l'extradition de la personne ; les juges ajoutent qu'ils ne leur appartient pas de rechercher si des poursuites pour de mêmes faits sont actuellement diligentées en Allemagne et qu'il convient de s'assurer que M. X... ne sera en aucun cas expulsé, refoulé ou extradé vers le Rwanda ; en l'état de ces énonciations, la chambre de l'instruction a justifié sa décision ; d'une part, la remise à la Cour pénale internationale de la personne demandée est subordonnée par l'art. 627-8 C. pr. pén. au seul constat qu'il n'y a pas d'erreur évidente sur celle-ci et la condition de non-remise fixée par la chambre de l'instruction est conforme aux art. 185-I et 214-4 du règlement de procédure et de preuve de la Cour pénale internationale, et d'autre part, l'art. 689-11 C. pr. pén. respecte le Statut de la Cour pénale internationale. • Crim. 4 janv. 2011, n° 10-87.760 P : *D. 2011. 716, note Gréciano*.

Art. 212-2 Lorsqu'ils sont commis en temps de guerre en exécution d'un plan concerté contre ceux qui combattent le système idéologique au nom duquel sont perpétrés des crimes contre l'humanité, les actes visés à l'article 212-1 sont punis de la réclusion criminelle à perpétuité.

Les deux premiers alinéas de l'article 132-23 relatif à la période de sûreté sont applicables aux crimes prévus par le présent article. — *Pén. R. 645-1.*

Art. 212-3 La participation à un groupement formé ou à une entente établie en vue de la préparation, caractérisée par un ou plusieurs faits matériels, de l'un des crimes définis par les articles 211-1, 212-1 et 212-2 est punie de la réclusion criminelle à perpétuité.

Les deux premiers alinéas de l'article 132-23 relatif à la période de sûreté sont applicables au crime prévu au présent article. — *Pén. R. 645-1.*

CHAPITRE III DISPOSITIONS COMMUNES

Art. 213-1 Les personnes physiques coupables des infractions prévues par le présent *(L. nº 2004-800 du 6 août 2004, art. 28-I)* « sous-titre » encourent également les peines suivantes :

1° L'interdiction des droits civiques, civils et de famille, selon les modalités prévues par l'article 131-26. *(L. nº 2010-930 du 9 août 2010)* « Toutefois, le maximum de l'interdiction est porté à quinze ans ;

« 2° L'interdiction, suivant les modalités prévues par l'article 131-27, d'exercer une fonction publique ou d'exercer l'activité professionnelle ou sociale dans l'exercice ou à l'occasion de l'exercice de laquelle l'infraction a été commise. Toutefois, le maximum de l'interdiction temporaire est porté à dix ans ; »

3° L'interdiction de séjour, selon les modalités prévues par l'article 131-31. *(L. nº 2010-930 du 9 août 2010)* « Toutefois, le maximum de l'interdiction est porté à quinze ans ; »

4° La confiscation de tout ou partie *(L. nº 2012-409 du 27 mars 2012, art. 13-I-2°)* « des biens leur appartenant ou, sous réserve des droits du propriétaire de bonne foi, dont elles ont la libre disposition *[ancienne rédaction : de leurs biens]* » ;

(L. nº 2008-776 du 4 août 2008, art. 70) « 5° L'interdiction, suivant les modalités prévues par l'article 131-27, soit d'exercer une fonction publique ou d'exercer l'activité professionnelle ou sociale dans l'exercice ou à l'occasion de l'exercice de laquelle l'infraction a été commise, soit d'exercer une profession commerciale ou industrielle, de diriger, d'Administrer de gérer ou de contrôler à un titre quelconque, directement ou indirectement, pour son propre compte ou pour le compte d'autrui, une entreprise commerciale ou industrielle ou une société commerciale. Ces interdictions d'exercice peuvent être prononcées cumulativement. »

Art. 213-2 L'interdiction du territoire français peut être prononcée dans les conditions prévues par l'article 131-30, soit à titre définitif, soit pour une durée de dix ans au plus, à l'encontre de tout étranger coupable de l'une des infractions définies au présent titre. *(Abrogé par L. nº 2003-1119 du 26 nov. 2003, art. 78)* (L. nº 93-1027 du 24 août 1993 ; L. nº 98-349 du 11 mai 1998) *« Les dispositions des sept derniers alinéas de l'article 131-30 ne sont pas applicables. »*

Art. 213-3 *(L. nº 2009-526 du 12 mai 2009, art. 124-I)* « Les personnes morales déclarées responsables pénalement, dans les conditions prévues par l'article 121-2, de crimes contre l'humanité encourent, outre l'amende suivant les modalités prévues par l'article 131-38 : »

1° Les peines mentionnées à l'article 131-39 ;

2° La confiscation de tout ou partie *(L. nº 2012-409 du 27 mars 2012, art. 13-I-2°)* « des biens leur appartenant ou, sous réserve des droits du propriétaire de bonne foi, dont elles ont la libre disposition *[ancienne rédaction : de leurs biens]* ».

Art. 213-4 L'auteur ou le complice d'un crime visé par le présent *(L. nº 2004-800 du 6 août 2004, art. 28-I)* « sous-titre » ne peut être exonéré de sa responsabilité du seul fait qu'il a accompli un acte prescrit ou autorisé par des dispositions législatives ou réglementaires ou un acte commandé par l'autorité légitime. Toutefois, la juridiction tient compte de cette circonstance lorsqu'elle détermine la peine et en fixe le montant.

Art. 213-4-1 *(L. nº 2010-930 du 9 août 2010)* Sans préjudice de l'application des dispositions de l'article 121-7, est considéré comme complice d'un crime visé par le présent sous-titre commis par des subordonnés placés sous son autorité et son contrôle effectifs le chef militaire ou la personne qui en faisait fonction, qui savait ou, en raison des circonstances, aurait dû savoir que ces subordonnés commettaient ou allaient commettre ce crime et qui n'a pas pris toutes les mesures nécessaires et raisonnables qui étaient en son pouvoir pour en empêcher ou en réprimer l'exécution ou pour en référer aux autorités compétentes aux fins d'enquête et de poursuites.

Sans préjudice de l'application des dispositions de l'article 121-7, est également considéré comme complice d'un crime visé par le présent sous-titre commis par des subordonnés placés sous son autorité et son contrôle effectifs le supérieur hiérarchique, n'exerçant pas la fonction de chef militaire, qui savait que ces subordonnés commettaient ou allaient commettre ce crime ou a délibérément négligé de tenir compte

d'informations qui l'indiquaient clairement et qui n'a pas pris toutes les mesures nécessaires et raisonnables qui étaient en son pouvoir pour en empêcher ou en réprimer l'exécution ou pour en référer aux autorités compétentes aux fins d'enquête et de poursuites, alors que ce crime était lié à des activités relevant de sa responsabilité *(L. nº 2013-711 du 5 août 2013, art. 23)* **« et** *[ancienne rédaction : ou]* **» de son contrôle effectifs.**

Art. 213-5 *(Abrogé par L. nº 2017-242 du 27 févr. 2017)* ***L'action publique relative aux crimes prévus par le présent*** *(L. nº 2004-800 du 6 août 2004, art. 28-I)* ***« sous-titre », ainsi que les peines prononcées, sont imprescriptibles.*** — Pr. pén. 7.

Pour la prescription des peines, V. C. pén., art. 133-2 ; pour la prescription de l'action publique, V. C. pr. pén., art. 7.

Loi nº 64-1326 du 26 décembre 1964,

Tendant à constater l'imprescriptibilité des crimes contre l'humanité.

Art. unique Les crimes contre l'humanité, tels qu'ils sont définis par la résolution des Nations unies du 13 février 1946, prenant acte de la définition des crimes contre l'humanité, telle qu'elle figure dans la charte du tribunal international du 8 août 1945, sont imprescriptibles par leur nature.

RÉP. PÉN. vº *Justice internationale pénale (crimes)* par LEMASSON.

BIBL. ▶ HERZOG, *RSC 1965. 337* (étude des lois concernant la prescription des crimes contre l'humanité). – LEVASSEUR, *JDI 1966. 259* (les crimes contre l'humanité et le problème de leur prescription).

1. Fondement de l'imprescriptibilité. Les crimes contre l'humanité sont imprescriptibles par nature ; leur imprescriptibilité se déduit tant des principes généraux de droit reconnus par l'ensemble des nations que du statut du Tribunal militaire international annexé à l'accord de Londres du 8 août 1945 ; la L. du 26 déc. 1964 s'est bornée à confirmer que cette imprescriptibilité était déjà acquise, en droit interne, par l'effet des textes internationaux auxquels la France avait adhéré. • Crim. 26 janv. 1984 : *Bull. crim. nº 34 ; JCP 1984. II. 20197, rapp. Le Gunehec, concl. Dontenwille, et note Ruzié.* ♦ ... Ainsi, bien que commis plus de trente ans avant la mise en mouvement de l'action publique, des crimes contre l'humanité ne sont pas couverts par la prescription. • Même arrêt.

2. Sur l'impossibilité pour les juridictions répressives de juger de la constitutionnalité de l'accord de Londres du 8 août 1945 et de son annexe définissant les crimes contre l'humanité, ainsi que de la L. du 26 déc. 1964 qui a constaté l'imprescriptibilité de ces crimes en se référant audit accord et à la résolution des Nations Unies du 13 févr. 1946. • Crim. 27 févr. 1990, ☎ nº 89-86.692 P.

3. Aucun principe de droit ayant une autorité supérieure à celle de la loi française ne permet de déclarer imprescriptibles les crimes de guerre, ni au sens de l'Accord de Londres du 8 août 1945 ni à celui de l'ordonnance du 28 août 1944 qui lui est antérieure. • Crim. 20 déc. 1985 : *Bull. crim. nº 407 ; D. 1986. 500, note Chapar ; JCP 1986. II. 20655, rapp. Le Gunehec, concl. Dontenwille ; RSC 1987. 275 et 937, obs. Lombois.*

4. Portée de l'imprescriptibilité. Le principe d'imprescriptibilité, résultant des dispositions du statut du Tribunal militaire international de Nuremberg annexé à l'accord de Londres du 8 août 1945 et de la résolution des Nations Unies du 13 févr. 1946, régit en tous leurs aspects, la poursuite et la répression des crimes contre l'humanité. • Crim. 3 juin 1988 : *Bull. crim. nº 246* • 21 oct. 1993, ☎ nº 93-83.325 P. ♦ Ce principe fait obstacle à ce qu'une règle de droit interne permette à une personne déclarée coupable de l'un de ces crimes de se soustraire à l'action de la justice en raison du temps écoulé, que ce soit depuis les actes incriminés ou depuis une précédente condamnation, dès lors que, comme en l'espèce, aucune peine n'a été subie. • Crim. 3 juin 1988 : *préc.* ♦ ... Il fait également obstacle à ce qu'une règle de droit interne, tirée de la chose jugée, permette à une personne poursuivie du chef de l'un de ces crimes de se soustraire à l'action de la justice en raison du temps écoulé, que ce soit depuis les actes incriminés ou depuis une précédente condamnation prononcée sous une autre qualification (intelligence avec l'ennemi). • Crim. 21 oct. 1993 : ☎ *préc.*

5. Lorsqu'elle est exercée devant la juridiction répressive, l'action civile se trouve, en vertu de l'art. 10 C. pr. pén., soumise au même régime de prescription que l'action publique ; dès lors, l'imprescriptibilité des crimes contre l'humanité s'applique tant à l'action publique qu'à l'action civile pouvant résulter de tels crimes. • Crim. 1er juin 1995, ☎ nº 94-82.590 P : *Gaz. Pal. 1995. 2. Chron. 463, par Doucet.*

6. En cas de confusion de deux peines de même

nature et d'égale durée, c'est la première qui absorbe la seconde, laquelle ne peut plus être exécutée. • Crim. 4 déc. 1958, n° 3-71.758 P : *RSC 1959. 669, obs. Légal.* ♦ La prescription valant exécution de la peine, la deuxième peine ne peut plus être exécutée si la première peine est prescrite. • Même arrêt. ♦ ... Sous réserve, cependant, des crimes contre l'humanité, dont l'imprescriptibilité fait obstacle à ce qu'une règle de droit interne permette à une personne déclarée coupable de l'un de ces crimes de se soustraire à l'action de la justice. • Crim. 3 juin 1988, ☎ n° 87-84.240 P : *JCP 1988. II. 21149, rapp. Angevin ; Gaz. Pal. 1988. 2. 745, concl. E. Robert.*

7. Est recevable la constitution de partie civile des ayants cause de la victime d'un homicide volontaire perpétré en 1944, victime exécutée pour la seule raison de son appartenance à la communauté juive ; ces faits sont susceptibles de constituer un crime contre l'humanité par nature imprescriptible, et il n'importe que les deux personnes ayant donné les ordres d'exécution soient décédées, dès lors que d'autres responsables à un niveau immédiatement inférieur sont susceptibles d'être identifiés et encore vivants. • Lyon, 19 mars 1999 : *Dr. pénal 1999. Comm. 97, obs. J.-H. Robert.*

SOUS-TITRE II DES CRIMES CONTRE L'ESPÈCE HUMAINE

(L. n° 2004-800 du 6 août 2004, art. 28-I)

BIBL. ▶ Véron, *Dr. pénal 2004, Ét. 16* (bioéthique : le contenu pénal de la loi du 6 août 2004). – M.-P. Peis-Hitier, *D. 2005. Chron. 865* (recherche d'une qualification juridique de l'espèce humaine). – Sautel, *éd. Pedone, 2005, p. 181* (le code pénal à l'épreuve de la bioéthique. Dix ans de réflexion, *in* « Le nouveau code pénal dix ans après »).

CHAPITRE PREMIER DES CRIMES D'EUGÉNISME ET DE CLONAGE REPRODUCTIF

Art. 214-1 Le fait de mettre en œuvre une pratique eugénique tendant à l'organisation de la sélection des personnes est puni de trente ans de réclusion criminelle et de 7 500 000 € d'amende.

Art. 214-2 Le fait de procéder à une intervention ayant pour but de faire naître un enfant génétiquement identique à une autre personne vivante ou décédée est puni de trente ans de réclusion criminelle et de 7 500 000 € d'amende.

Art. 214-3 Les infractions prévues par les articles 214-1 et 214-2 sont punies de la réclusion criminelle à perpétuité et de 7 500 000 € d'amende lorsqu'elles sont commises en bande organisée.

Les deux premiers alinéas de l'article 132-23 relatif à la période de sûreté sont applicables aux infractions prévues par le présent article.

Art. 214-4 La participation à un groupement formé ou à une entente établie en vue de la préparation, caractérisée par un ou plusieurs faits matériels, de l'un des crimes définis par les articles 214-1 et 214-2 est punie de la réclusion criminelle à perpétuité et de 7 500 000 € d'amende.

Les deux premiers alinéas de l'article 132-23 relatif à la période de sûreté sont applicables aux infractions prévues par le présent article.

CHAPITRE II DISPOSITIONS COMMUNES

Art. 215-1 Les personnes physiques coupables des infractions prévues par le présent sous-titre encourent également les peines suivantes :

1° L'interdiction des droits civiques, civils et de famille, selon les modalités prévues à l'article 131-26 ;

2° L'interdiction d'exercer une fonction publique, selon les modalités prévues par l'article 131-27 ;

3° *L'interdiction de séjour, selon* les modalités prévues par l'article 131-31 ;

4° La confiscation de tout ou partie *(L. n° 2012-409 du 27 mars 2012, art. 13-I-2°)* « des biens leur appartenant ou, sous réserve des droits du propriétaire de bonne foi, dont elles ont la libre disposition *[ancienne rédaction : de leurs biens]* », meubles ou immeubles, divis ou indivis ;

5° La confiscation du matériel qui a servi à commettre l'infraction ;

(L. n° 2008-776 du 4 août 2008, art. 70) « **6° L'interdiction, suivant les modalités prévues par l'article 131-27, soit d'exercer une fonction publique** *(L. n° 2009-1437 du 24 nov. 2009, art. 50)* « **ainsi que l'activité de prestataire de formation professionnelle continue au sens de l'article L. 6313-1 du code du travail pour une durée de cinq ans,** » **ou d'exercer l'activité professionnelle ou sociale dans l'exercice ou à l'occasion de l'exercice de laquelle l'infraction a été commise, soit d'exercer une profession commerciale ou industrielle, de diriger, d'Administrer de gérer ou de contrôler à un titre quelconque, directement ou indirectement, pour son propre compte ou pour le compte d'autrui, une entreprise commerciale ou industrielle ou une société commerciale. Ces interdictions d'exercice peuvent être prononcées cumulativement.** »

Art. 215-2 **L'interdiction du territoire français peut être prononcée, dans les conditions prévues par l'article 131-30, soit à titre définitif, soit pour une durée de dix ans au plus, à l'encontre de tout étranger coupable de l'une des infractions prévues au présent sous-titre.**

Les dispositions des sept derniers alinéas de l'article 131-30 ne sont pas applicables.

Art. 215-3 *(L. n° 2009-526 du 12 mai 2009, art. 124-I)* « **Les personnes morales déclarées responsables pénalement, dans les conditions prévues par l'article 121-2, des infractions définies au présent sous-titre encourent, outre l'amende suivant les modalités prévues par l'article 131-38 :** »

2° *[1°]* **Les peines mentionnées à l'article 131-39 ;**

3° *[2°]* **La confiscation de tout ou partie** *(L. n° 2012-409 du 27 mars 2012, art. 13-I-2°)* « **des biens leur appartenant ou, sous réserve des droits du propriétaire de bonne foi, dont elles ont la libre disposition** *[ancienne rédaction : de leurs biens]* », **meubles ou immeubles, divis ou indivis ;**

(L. n° 2009-1437 du 24 nov. 2009, art. 50) « **4°** *[3°]* **L'interdiction d'exercer une fonction de prestataire de formation professionnelle continue au sens de l'article L. 6313-1 du code du travail pour une durée de cinq ans.** »

Art. 215-4 *Abrogé par L. n° 2017-242 du 27 févr. 2017.*

TITRE DEUXIÈME DES ATTEINTES À LA PERSONNE HUMAINE

BIBL. ▶ CARREAU, *D. 2000. Chron. 226-23* (supplément au n° 16) (l'acte mortifère en droit pénal). – DESCOMBES et VIGARELLO, *Recueil Dalloz, hors série, mai 2001, p. 2* (peut-on séparer le corps de la personne ?). – PUIGELIER, *D. 2003. Chron. 2781* (qu'est-ce qu'un droit à la vie ?). – PROTHAIS, *Mél. Pradel, Cujas, 2006* (les principes d'un droit pénal humanitaire à vocation universelle). – VIAL, *AJ pénal 2013. 308* (violences et infractions d'imprudence dans les compétitions sportives). – LAGARDE, *AJ pénal 2013. 311* (répression de la violence des supporters). – ROMAN, *D. 2005. Chron. 1508* (la liberté sexuelle et ses juges : étude de droit français et comparé) ; *D. 2007. Chron. 1284* (la protection de l'individu contre lui-même). – DREYER, *Mél. Jerry Sainte-Rose, Bruylant, 2012, p. 431* (« Autrui » en matière pénale). – SOURD et LANGLADE, *AJ pénal 2020. 95* s. (les violences au sein du couple : quelles données pour quelles informations ?). – SAENKO, *D. 2020. Entretien. 2000* (la loi n° 2020-936 du 30 juillet 2020 visant à protéger les victimes de violences conjugales : une loi pour rien ?).

▶ **Dossier** : *AJ pénal 2020. 59* s. (Qu'attendre de la loi du 28 décembre visant à agir contre les violences au sein de la famille ?).

CHAPITRE PREMIER DES ATTEINTES À LA VIE DE LA PERSONNE

BIBL. ▶ MATHIEU, *Conseil de l'Europe, 2005* (le droit à la vie). – LEPAGE et MAISTRE DU CHAMBON, *Mél. Bouloc, Dalloz, 2006, p. 613* (les paradoxes de la protection pénale de la vie humaine). – PUIGELIER, *Mél. Bouloc, Dalloz, 2006, p. 923* (depuis Louis XIV. A propos du statut juridique de l'embryon et du fœtus). – GAZZANIGA, *Mél. Pradel, Cujas, 2006* (la défense de la vie dans le discours de Jean-Paul II). – DEBOVE, *Gaz. Pal. 2007. 2. Doctr. 2378* (la mort et le droit pénal). – G. GIUDICELLI-DELAGE, *RSC. 2008. 513* (approches de la vie et de la mort en Europe). – P.-J. DELAGE, *Gaz. Pal. 2009. 2. Doctr. 2838* (absence, disparition et homicide).

SECTION PREMIÈRE DES ATTEINTES VOLONTAIRES À LA VIE

Art. 221-1 **Le fait de donner volontairement la mort à autrui constitue un meurtre. Il est puni de trente ans de réclusion criminelle.** – *Pén. 421-1 ; Pr. pén. 2-1 s., 689-3, 689-5, 689-7 ; Aviation civ. L. 282-2 ; Civ. 21-8.*

RÉP. PÉN. v° *Meurtre*, par MAYAUD.

Corresp. : *C. pén., anciens art. 295 et 304, al. 3.*

BIBL. ▸ **Généralités.** – PRADEL, *Rev. pénit. 1997. 145* (l'homicide volontaire en droit pénal comparé). – PIERROUX, *Gaz. Pal. 2009. 2. Doctr. 2949* (la mort ou l'héritage ?). – PARIZOT, *D. 2013. Chron. 188* (prévention du meurtre : la Cour européenne des droits de l'homme va-t-elle trop loin ?). – DURIF-VAREMBONT, RAVIT et ELCHARDUS, *RSC 2013. Chron. 181* (meurtres d'enfants : perspectives psychiatriques sur une violence spécifique).

▸ **Euthanasie.** – GONZALVEZ, *PU Aix-Marseille, 1995, p. 105* (l'euthanasie en France : un problème juridique et social). – E. DUNET-LAROUSSE, *RDSS 1998. Chron. 265* (l'euthanasie : signification et qualification au regard du droit pénal). – MARIN, *Recueil Dalloz, hors série, mai 2001, p. 128* (l'euthanasie : question éthique, juridique, médicale ou politique). – POUSSON-PETIT, *Dr. fam. 2001. Chron. 3* (propos paradoxaux sur l'euthanasie à partir de textes récents). – CHEYNET DE BEAUPRÉ, *D. 2003. Chron. 2980* (euthanasie : vivre et laisser mourir) ; *D. 2005. Point de vue 164* (la loi sur la fin de vie). – ANDRÉ, *RSC 2004. 43* (euthanasie et droit pénal : la loi peut-elle définir l'exception ?). – PROTHAIS, *JCP 2004. I. 130* (accompagnement de la fin de vie et droit pénal). – LONGUET, *Gaz. Pal. 2004. 2. Doctr. 3104* (doit-on légiférer sur la fin de vie ?). – AUNE, *Gaz. Pal. 2004. 2. Doctr. 3682* (peut-on légaliser l'euthanasie ?). – BAILLEUL, *JCP 2005. I. 142* (le droit de mourir au nom de la dignité humaine. A propos de la loi relative aux droits des malades et à la fin de vie). – PRADEL, *Rev. pénit. 1997. 145* (l'homicide volontaire en droit pénal comparé) ; *D. 2005. Chron. 2106* (la Parque assistée par le Droit. Apports de la loi du 22 avril 2005 relative aux droits des malades et à la fin de vie). – VIALLA, *D. 2005. Point de vue, p. 1797* (droits des malades en fin de vie). – ALT-MAES, *JCP 2006. I. 119* (la loi sur la fin de vie devant le droit pénal) ; *Gaz. Pal. 2006. 1. Doctr. 1658* (le respect de la dignité au centre des pratiques et de la loi sur la fin de vie). – COELHO, *Gaz. Pal. 2006. 1. Doctr. 760* (droits des malades et fin de vie : une passerelle législative vers l'euthanasie indirecte à la morphine). – TZITZIS, *Mél. Pradel, Cujas, 2006* (la « belle mort », du droit à l'être aux droits de la personne). – CONTE, *Mél. Bouloc, Dalloz, 2006, p. 229* (le code de la santé publique et le choix de mourir exprimé par le malade : scène de crime à l'hôpital ?). – PUYBASSET, *D. 2007. Entretien. 1328* (faut-il légaliser l'euthanasie ?). – MATHIEU, *JCP 2008, Libre propos, n° 222* (euthanasie : ne pas céder à l'émotion). – VIALLA, *JCP G 2011, n° 98, p. 198* (vers un acte « médico-létal » ?). – PROTHAIS, *JCP 2011, n° 536, p. 880* (notre droit pénal permet plus qu'il n'interdit en matière d'euthanasie). – LEVENEUR, *Mél. Jerry Sainte-Rose, Bruylant, 2012, p. 793* (l'euthanasie et l'article 2 de la Convention européenne de sauvegarde des droits de l'homme). – VIALLA, *D. 2014. 2177* (fin de vie : rapport du Comité consultatif d'éthique sur le débat public). – BROUSSOLLE, *JCP 2014, n° 552* (l'aide à la mort. A qui, de dire le droit ?). – BÉNÉJAT-GUERLIN, *AJ pénal 2016. 522* (droit pénal et fin de vie).

Doc. : L'euthanasie, vol. I, Aspects éthiques et humains, *Conseil de l'Europe, 2003 (JO, 15 oct. 2003, p. 17577).*

I. INCRIMINATION

A. MATÉRIALITÉ

1. Moyens. Un homicide volontaire peut résulter de moyens multiples et successifs employés pendant un temps plus ou moins long, ce qui implique que le crime n'est pas nécessairement commis en un lieu unique. • Crim. 13 mai 1965 : *Bull. crim. n° 139* • 9 juin 1977 : *ibid. n° 211 ; D. 1977. IR 369 ; RSC 1978. 97, obs. Levasseur.*

2. Mort. Le fait de tirer des coups de feu en direction de trois personnes au cours d'une même tentative d'homicide volontaire constitue un seul crime, et, dès lors, n'est pas entachée de complexité la question unique mentionnant les noms des trois victimes. • Crim. 23 janv. 1985, n° 84-93.163 P : *RSC 1985. 808, obs. Levasseur.*

3. Sauf dans les cas où la détermination, soit de l'âge, soit de la qualité de la victime, doit servir à la qualification du fait ou à l'aggravation de la peine, il n'est pas nécessaire, pour qu'il y ait lieu de poursuivre l'auteur d'un crime ou d'un délit, que les personnes lésées par ce crime ou ce délit soient désignées ; ainsi donc, en matière de meurtre, il suffit que soient affirmées l'intention homicide de l'auteur et la personnalité humaine de la victime. • Crim. 15 mai 1946 : *Bull. crim. n° 120.*

B. INTENTION

4. Animus necandi. Le crime d'homicide volontaire implique que celui auquel il est reproché ait eu la volonté de tuer. • Crim. 8 janv. 1991, n° 90-80.075 P : *D. 1992. 115, note Croisier-Nérac ; RSC 1991. 760 , ibid. 1992. 748, obs. Levasseur .*

5. En omettant de mentionner le caractère volontaire de l'homicide reproché à l'accusé, la question principale n'a pas fait état de l'un des éléments constitutifs du meurtre ; il s'ensuit que l'accusé n'a pas été légalement déclaré coupable de ce crime et que la cassation est encourue. • Crim. 11 févr. 1998, n° 97-80.427 P : *D. 2000. Somm. 26, obs. Mayaud .*

6. Appréciation. L'intention homicide, dont l'appréciation appartient aux juges, peut s'induire de la circonstance que l'auteur des coups portés et des blessures faites volontairement a fait usage d'une arme dangereuse et frappé la victime sur une partie du corps particulièrement exposée. • Crim. 5 févr. 1957 : *Bull. crim. n° 110* • 13 nov. 1990 : *RSC 1991. 345, obs. Levasseur* • 18 juin 1991 : *Dr. pénal 1991. 277 ; RSC 1992. 73, obs. Levasseur* • 6 janv. 1993 : *Dr. pénal 1993. 103 ; RSC 1993. 773, obs. Levasseur* . ♦ ... Voire sur tout le corps. • Crim. 24 juill. 1974 : *Gaz. Pal. 1974. 2. Somm. 289.* ♦ Elle peut encore s'induire de tirs groupés ayant atteint la victime dans le dos. • Crim. 22 mai 1989 : *Dr. pénal 1989. 56.* ♦ ... Ou de la force avec laquelle le coup aurait été donné. • Crim. 9 janv. 1990, n° 89-15.889 P : *RSC 1990. 337, obs. Levasseur* . ♦ Ainsi, doit être cassé l'arrêt qui condamne pour délit de coups et blessures un prévenu qui a volontairement blessé, dans une partie essentielle du corps, un individu qui ne le menaçait pas, alors que cet arrêt n'énonce aucune circonstance de nature à faire échec à la présomption d'intention homicide découlant des faits ainsi constatés. • Crim. 13 juin 1931 : *Bull. crim. n° 169* • 20 oct. 1955 : *ibid. n° 415.*

7. Le fait de tirer des coups de feu sur un individu qui s'enfuit constitue une présomption grave de l'intention homicide ; dès lors, doit être cassé l'arrêt qui condamne l'auteur de cet acte pour violences et voies de fait sans relever aucune circonstance de nature à faire échec à cette présomption. • Crim. 6 nov. 1956, n° 2-27.056 P.

8. Dès lors que l'intéressé a, d'une part, utilisé un couteau dont la lame, par sa longueur, pouvait provoquer la mort, d'autre part, qu'il a frappé sciemment au niveau du thorax, qui constitue une zone vitale, la chambre de l'instruction, en retenant la qualification de coups mortels aggravés au motif que l'intention homicide ne résultait d'aucun élément du dossier, n'a pas tiré les conséquences de ses propres constatations. • Crim. 15 mars 2017, n° 16-87.694 P : *D. actu. 20 avr. 2017, obs. Gallois ; AJ pénal 2017. 348, obs. Floquet et Roth ; RSC 2017. 293, obs. Mayaud ; Gaz. Pal. 18 juill. 2017, p. 51, obs. Dreyer.*

9. L'acte de tirer sur une personne ou un lieu habité avec une arme à feu, s'il n'implique pas nécessairement chez son auteur l'intention de tuer, n'en constitue pas moins une présomption sérieuse d'un fait criminel, susceptible d'entrer dans les prévisions notamment des art. 295 et 304 C. pén. • Crim. 17 mai 1977 : *JCP 1978. II. 18869, note Bouzat* • 2 avr. 1979, n° 79-90.032 P. ♦ Rappr. : • Crim. 3 mars 1964 : *Bull. crim. n° 78.* ♦ N'a pas donné de base légale à sa décision la cour d'appel qui, pour accueillir l'exception d'incompétence fondée sur la nature criminelle de faits poursuivis du chef d'homicide involontaire, énonce que la version de ces faits, suivant laquelle le coup mortel serait parti au cours d'une manipulation de l'arme, après un premier coup de feu également accidentel, « n'emporte pas la conviction de la cour », sans s'expliquer sur le caractère volontaire de l'acte de tirer avec l'arme à feu sur la victime, lequel constituerait une présomption sérieuse d'un fait criminel. • Crim. 2 oct. 1996, n° 95-85.992 P : *RSC 1997. 108, obs. Mayaud* . ♦ Rappr. : • Crim. 19 févr. 1997 : *Gaz. Pal. 1997. 1, chron. crim. 115* (V. « Questions », notes 33 s.).

10. A justifié sa décision la chambre de l'instruction qui, pour infirmer partiellement l'ordonnance de renvoi du juge d'instruction devant la cour d'assises sous l'accusation d'homicide volontaire et lui substituer celle de coups mortels aggravés, énonce que, s'il résulte des constatations médico-légales que l'accusé a porté des coups et fait heurter violemment à plusieurs reprises la tête de sa femme sur une surface dure, cet élément reste en soi insuffisant pour caractériser une intention homicide. • Crim. 23 août 2006 : *Dr. pénal 2006. 151, obs. Véron.*

11. Tout arrêt de la chambre de l'instruction doit comporter les motifs propres à justifier la décision ; l'insuffisance ou la contradiction des motifs équivaut à leur absence ; pour renvoyer M. X... sous l'accusation de meurtre de Véronique Y... avec la circonstance qu'elle était son épouse, l'arrêt énonce qu'il avait au moment des faits une intention homicide à l'égard de lui-même ; les juges ajoutent qu'il se trouvait dans un état d'exaltation dû à des soucis professionnels et qu' il aurait pu se suicider si sa femme n'était pas arrivée à ce moment-là, ou peut-être tirer sur sa fille si elle était sortie de sa chambre, ou sur son ami s'il était entré le premier dans l'appartement ; en se déterminant par des motifs dubitatifs et hypothétiques, sans caractériser les charges de la volonté de donner la mort à autrui, alors que l'élément intentionnel du meurtre, au sens de l'art. 221-1 C. pén., ne saurait être caractérisé par l'existence d'une intention homicide à l'égard de soi-même, la chambre de l'instruction n'a pas justifié sa décision. • Crim. 6 juin 2012 : *Gaz. Pal. 26-27 oct. 2012. 34, obs. Dreyer.*

12. Le fait, gravement imprudent et, partant, constitutif d'une faute civile, d'ajuster une personne avec un fusil que l'on croit non chargé ne révèle aucune volonté de causer un dommage, et les blessures occasionnées à la victime sont le résultat d'une simple faute d'imprudence. • Versailles, 25 sept. 1997 : *Dr. pénal 1997. 149, obs. Maron.*

13. Aberratio ictus. L'accusé déclaré coupable d'avoir tiré un coup de fusil avec intention de tuer est passible des peines du meurtre, encore bien que la personne atteinte par le coup ne soit pas celle que cet accusé avait l'intention de tuer. • Crim. 31 janv. 1835 : *S. 1835. 1. 564.* ♦

L'intention homicide est caractérisée, dès lors que le coupable a la volonté de donner la mort, et alors même qu'il a tué une personne autre que celle qu'il se proposait d'atteindre. • Crim. 18 févr. 1922 : *Bull. crim. n° 82 ; S. 1922. 1. 329, note Roux.* ♦ Le fait d'avoir occasionné de graves blessures à des personnes, par l'envoi d'un colis contenant une forte charge d'explosif, est à bon droit considéré comme constitutif du crime de tentative d'homicide volontaire commis avec préméditation sur ces personnes ; il n'importe à cet égard que les victimes de l'acte commis dans une intention homicide aient été autres que celle visée dans l'intention de son auteur. • Crim. 4 janv. 1978, n° 77-90.947 P : *D. 1978. IR 330 ; RSC 1978. 859, obs. Levasseur.*

14. Si de la déclaration du jury il résulte que l'accusé avait l'intention de tuer une personne autre que celle sur laquelle il a commis un homicide volontaire, le fait ainsi reconnu constant ne constitue néanmoins qu'un seul attentat et n'offre nullement les caractères de deux crimes distincts, qui consisteraient l'un dans des violences ayant entraîné la mort de la victime sans intention de la lui donner, et l'autre en une tentative d'homicide volontaire sur la personne que l'accusé s'était proposé de tuer ; une telle distinction, en séparant et isolant les éléments d'un acte unique dans l'intention de l'agent comme dans l'exécution qu'il a reçue, en dénaturerait le caractère et serait en dehors de la réalité des faits. • Crim. 12 juin 1879 : *Bull. crim. n° 115 ; S. 1881. 1. 185.*

15. *Victimes indéterminées.* Constitue l'intention de donner la mort (au sens de l'ancien art. 233 C. pén., abrogé par la loi n° 81-82 du 2 févr. 1981) : le fait de lancer, en direction d'agents de la force publique, un camion sans conducteur et privé d'éclairage, avec l'accélérateur bloqué au moyen d'une pierre, en sachant que le poids lourd ne pouvait qu'atteindre mortellement celui ou ceux qu'il heurterait. • Crim. 10 juin 1970, n° 91-02.470 P : *D. 1970. 533 ; Gaz. Pal. 1970. 2. 192.* ♦ ... Le fait de tirer des coups de feu et de lancer des engins explosifs en direction des agents de la force publique dans l'exercice de leurs fonctions. • Crim. 10 avr. 1975, n° 92-97.874 P.

16. *Consentement de la victime.* L'homicide commis en duel tombe sous l'application des dispositions de la loi pénale qui réprime l'homicide volontaire. • Cass., ch. réun., 15 déc. 1837 : *S. 1838. 1. 5 (1re esp.), rapp. Béranger et concl. Dupin* • Crim. 23 janv. 1890 : *DP 1890. 1. 332.*

17. La circonstance qu'une tentative de meurtre a été le résultat du désir manifesté par celui contre lequel cette tentative a eu lieu ne constitue pas une excuse, mais peut être seulement considérée comme une circonstance atténuante. • Crim. 21 août 1851 : *DP 1851. 5. 237.* ♦ Si le suicide n'est pas punissable, le fait de donner la mort à un tiers sur sa demande constitue en droit un homicide volontaire. • Toulouse, 9 août 1973 : *D. 1974. 452.*

18. Pour renvoyer l'accusé devant la cour d'assises sous l'accusation d'homicide volontaire sur la personne de son épouse, l'arrêt attaqué, après avoir exposé les faits, énonce que l'intéressé, de son propre aveu, se serait jeté avec sa femme dans un marécage avec l'intention de la tuer et de se noyer ensuite ; en cet état, la chambre d'accusation a suffisamment caractérisé, au regard tant de l'art. 295 ancien que de l'art. 221-1 nouv. C. pén., les circonstances dans lesquelles l'accusé se serait rendu coupable d'homicide volontaire et a ainsi justifié sa décision de renvoi. • Crim. 10 avr. 1997 : *Gaz. Pal. 1997. 2, chron. crim. 162.*

19. Il n'est pas possible de déduire de l'art. 2 Conv. EDH un droit à mourir, que ce soit de la main d'un tiers ou avec l'assistance d'une autorité publique ; ... l'art. 3 de la Convention ne fait peser sur l'État défendeur aucune obligation positive de prendre l'engagement de ne pas poursuivre le mari de la requérante s'il venait à aider son épouse à se suicider ou de créer un cadre légal pour toute autre forme de suicide assisté ; partant, il n'y a pas eu violation de l'art. 3 ; ... la nature générale de l'interdiction du suicide assisté n'est pas disproportionnée ; il ne paraît pas arbitraire que le droit reflète l'importance du droit à la vie en interdisant le suicide assisté tout en prévoyant un régime d'application et d'appréciation par la justice qui permet de prendre en compte dans chaque cas concret tant l'intérêt public à entamer des poursuites que les exigences justes et adéquates de la rétribution et de la dissuasion. • CEDH 29 avr. 2002, *Pretty c/ Royaume Uni*, n° 2346/02 P : *JCP 2003. II. 10062, note Girault ; ibid. 2003. I. 132, n° 23, obs. Byk ; Gaz. Pal. 2002. 2. 1407, note Ch. Pettiti ; Rev. sc. crim. 2002. 645, obs. Massias ; RTD civ. 2002, p. 482, obs. Hauser, et p. 858, obs. Raynard.*

20. Le droit d'un individu de décider de quelle manière et à quel moment sa vie doit prendre fin, dès lors qu'il est en mesure de former librement sa volonté à ce propos et d'agir en conséquence, constitue l'un des aspects du droit au respect de la vie privée ; toutefois, en l'absence d'un consensus entre les États membres du Conseil de l'Europe sur la question du droit au suicide, ceux-ci disposent d'une considérable marge d'appréciation ; or, les autorités suisses encadrent strictement la délivrance d'une substance mortifère en la soumettant à prescription médicale ; le requérant, qui n'avait pas accompli toutes les démarches utiles en droit interne, ne pouvait donc prétendre que son droit n'était qu'illusoire ; dès lors, il n'y a pas eu violation de l'art. 8 Conv. EDH. • CEDH 20 janv. 2011, *Hass c/ Suisse : D. actu. 3 févr. 2011, obs. Bachelet ; D. 2011. 925, note Martinent, Reynier et Vialla ; ibid. 2012. 308, obs. Galloux et*

Gaumont-Prat ; RTD civ. 2011. 311, obs. Marguénaud.

21. Les recherches en droit comparé montrent que la majorité des États membres n'autorise aucune forme d'assistance au suicide ; seuls quatre des États étudiés autorisent les médecins à prescrire une dose létale de médicaments afin de permettre à un patient de mettre fin à ses jours ; partant, les États parties à la Convention sont loin d'avoir atteint un consensus à cet égard, ce qui implique de reconnaître à l'État défendeur une marge d'appréciation considérable dans ce contexte. • CEDH, 5e sect., 19 juill. 2012, *Koch c/ Allemagne : D. actu. 4 sept. 2012, obs. Bachelet ; RTD civ. 2012. 700, obs. Marguénaud.*

22. La législation suisse, qui, tout en permettant d'obtenir une dose mortelle de médicaments, ne fournit pas de directives suffisamment claires pour définir l'ampleur de ce droit, viole l'art. 8 Conv. EDH. • CEDH 14 mai 2013, *Gross c/ Suisse : D. actu. 5 juin 2013, obs. Lefebvre ; JCP 2013, n° 650, obs. Gonzalez.*

23. Conv. EDH et recours à la force meurtrière. Le devoir primordial d'assurer le droit à la vie implique notamment, pour l'État, l'obligation de mettre en place un cadre juridique et administratif approprié définissant les circonstances limitées dans lesquelles les représentants de l'application des lois peuvent recourir à la force et faire usage d'armes à feu, compte tenu des lignes directrices internationales en la matière ; conformément au principe de stricte proportionnalité, qui est inhérent à l'art. 2 Conv. EDH, le cadre juridique national régissant les opérations d'arrestation doit subordonner le recours aux armes à feu à une appréciation minutieuse de la situation et, surtout, à une évaluation de la nature de l'infraction commise par le fugitif et de la menace qu'il représente ; de surcroît, le droit national réglementant les opérations des forces de l'ordre doit offrir un système de garanties adéquates et effectives contre l'arbitraire et l'abus de la force, et même contre les accidents évitables ; en particulier, les représentants de la loi doivent être formés pour être à même d'apprécier s'il est ou non absolument nécessaire d'utiliser les armes à feu, non seulement en suivant la lettre des règlements pertinents, mais aussi en tenant dûment compte de la prééminence du respect de la vie humaine en tant que valeur fondamentale (§ 64) ; en l'espèce, la Cour estime en premier lieu que le cadre juridique pertinent sur l'usage de la force est conforme à la locution « absolument nécessaire » contenue à l'art. 2, § 2, de la Convention et qu'il n'y a pas eu violation de cette disposition en son volet matériel à cet égard ; en second lieu, la Cour estime que l'État défendeur a manqué aux obligations qui lui incombent en vertu de l'art. 2 de la Convention en raison de la force manifestement excessive employée contre M. Guerdner ; partant, il y a eu violation de cette disposition en ce qui concerne son décès (§ 74). • CEDH 17 avr. 2014, *Guerdner et a. c/ France : AJ pénal 2014. 359, obs. Roussel.*

24. On ne saurait reprocher à des policiers, compte tenu de la confirmation du vol du véhicule repéré, lequel a pris la fuite après avoir repéré leur présence, et du risque couru par autrui dans les circonstances de l'espèce, d'avoir décidé d'engager une course-poursuite, laquelle s'est soldée par la mort des fuyards, et ce au demeurant en évitant tout contact ou pression sur le véhicule poursuivi. • CEDH 8 juill. 2014, *Lamartine et a. c/ France et Taïtaï et a. c/ France : D. actu. 9 sept. 2014, obs. Demunck.*

II. RÉPRESSION

25. Application dans le temps. V. également notes ss. art. 112-1. Aux termes de l'art. 112-1, al. 3, C. pén., les dispositions nouvelles s'appliquent aux infractions commises avant leur entrée en vigueur et n'ayant pas donné lieu à une condamnation passée en force de chose jugée lorsqu'elles sont moins sévères que les dispositions anciennes ; spécialement, des prévenus ayant été déclarés coupables de meurtre et condamnés à la réclusion criminelle à perpétuité, si la cour d'assises n'encourt aucune censure pour avoir prononcé cette peine prévue par l'art. 304 C. pén. alors applicable, depuis l'entrée en vigueur de l'art. 221-1 nouv. C. pén., le meurtre, dont l'incrimination est demeurée identique, est désormais puni de trente ans de réclusion criminelle ; il s'ensuit que la peine prononcée, non encore définitive, ne peut être maintenue ; cependant, en raison de l'irrévocabilité des réponses de la cour d'assises et du jury à la question de culpabilité qui leur a été posée sur chacun des accusés, et de leur refus, à la majorité de huit voix au moins, d'accorder les circonstances atténuantes, seule pouvait être prononcée la peine légalement encourue de la réclusion criminelle à perpétuité ; dès lors, conformément au principe énoncé, la peine maximale plus douce, prévue par la loi nouvelle, doit lui être substituée ; faisant application de la règle de droit, il convient donc de dire que la peine que doivent subir les condamnés en raison du crime dont ils ont été déclarés coupables est de trente ans de réclusion criminelle, assortie de la période légale de sûreté. • Crim. 9 mars 1994, n° 92-82.356 P : *Dr. pénal 1994. 128, obs. Véron ; ibid. 147, obs. Maron ; RSC 1994. 760, obs. Bouloc* • 16 mars 1994 : *D. 1994. IR 123 ; Dr. pénal 1994. 128, obs. Véron.* ♦ Il ne saurait être reproché à une cour d'appel d'avoir méconnu les dispositions légales régissant la durée maximale de la réclusion criminelle à temps, dès lors que, en application de l'art. 362 C. pr. pén., la cour et le jury peuvent, à la majorité de huit voix au moins, infliger à l'accusé le maximum de la peine privative de liberté encourue, lequel, en vertu des dispositions de l'art. 112-1, al. 3, C. pén., se trouvait réduit, pour le crime de meurtre, à 30 ans de réclusion criminelle depuis l'entrée en vigueur, le 1er mars 1994, de l'art. 221-1 C. pén. • Crim. 23 juill. 1996, n° 95-85.634 P : *Dr. pénal 1997. 35 (2e arrêt), obs. Véron.* ♦ Le crime de meurtre, punissable à l'époque des faits de la réclusion criminelle à perpétuité, ne l'est plus, depuis l'entrée en vigueur, le 1er mars 1994, de l'art. 221-1 C. pén., que de la peine de 30 ans de réclusion criminelle et ce nouveau maximum légal moins sévère s'impose, en vertu des dispositions de l'art. 112-1, al. 3, du même code, à la cour d'assises prononçant à la majorité de huit voix au moins, prévue par l'art. 362 C. pr. pén. • Crim. 13 nov. 1996, n° 96-82.434 P.

26. Action civile. Il ressort des art. 1er, 2 et 85 C. pr. pén. que, pour qu'une constitution de partie civile soit recevable devant la juridiction d'instruction, il suffit que les circonstances sur lesquelles elle s'appuie permettent au juge d'admettre comme possibles l'existence du préjudice allégué et la relation directe de celui-ci avec une infraction à la loi pénale ; lorsqu'une information judiciaire a été ouverte à la suite d'une atteinte volontaire à la vie d'une personne, les parties civiles constituées de ce chef sont recevables à mettre en mouvement l'action publique pour l'ensemble des faits dont il est possible d'admettre qu'ils se rattachent à ce crime par un lien d'indivisibilité. • Crim. 4 avr. 2012, n° 11-81.124 P : *D. actu. 19 avr. 2012, obs. Bombled ; D. 2012. Pan. 2121, obs. Pradel ; JCP 2012, n° 674, note Cutajar ; RSC 2012. 553, obs. Matsopoulou.*

27. Tentative. V. aussi notes ss. art. 121-5. ♦ Commet une tentative d'homicide volontaire celui qui, croyant une personne encore en vie, exerce sur celle-ci des violences dans l'intention de lui donner la mort, le décès de la victime, antérieur auxdites violences, constituant une circonstance indépendante de la volonté de l'auteur. • Crim. 16 janv. 1986, n° 85-95.461 P : *D. 1986. 265, note Mayer et Gazounaud, et note Pradel ; JCP 1987. II. 20774, note Roujou de Boubée ; Gaz. Pal. 1986. 1. 377, note Doucet ; RSC 1986. 839, obs. Vitu ; ibid. 849, obs. Levasseur.*

28. Le verbe « tenter » impliquant en lui-même la volonté de commettre l'acte incriminé, la question principale est régulièrement posée, au sujet d'une tentative d'homicide volontaire, même lorsque le terme « volontairement » n'a pas été employé. • Crim. 22 juin 1988, n° 87-91.235 P : *RSC 1989. 318, obs. Levasseur.*

29. Prescription. Le crime d'homicide volontaire qui se commet par la détermination de la volonté et le délit d'imprudence qui l'exclut sont deux infractions distinctes : il en résulte que la procédure suivie devant la juridiction de jugement ou une décision de condamnation du chef d'homicide involontaire ne peuvent interrompre la prescription de l'action publique à l'égard du crime d'homicide volontaire commis par un tiers sur la même victime ; en revanche, cette prescription est susceptible d'avoir été interrompue par des actes de poursuite ou d'instruction intervenus avant la saisine de la juridiction de jugement du chef d'homicide involontaire. • Crim. 2 févr. 1993, n° 92-85.886 P : *RSC 1994. 106, obs. Levasseur.*

30. Justifie sa décision de retenir l'exception de prescription de l'action publique soulevée par le médecin chargé du suivi d'un patient ayant fait l'objet, en raison de son absence de discernement, d'une décision de non-lieu pour des faits d'assassinat, et poursuivi plus de trois ans après ceux-ci, la cour d'appel qui retient que les faits d'homicide involontaire qui lui sont reprochés ne procédaient pas d'une unité de conception, n'étaient pas déterminés par la même cause ou ne tendaient pas au même but que les faits d'homicide volontaire reprochés au patient, ou ne formaient pas avec eux un tout indivisible. • Crim. 15 sept. 2015, n° 14-83.740 P : *AJ pénal 2016. 29, note Mayaud.*

31. Si c'est à tort qu'une chambre de l'instruction a retenu que le point de départ de la prescription de l'action publique avait été reporté à la date à laquelle le ministère public avait eu connaissance de la découverte du cadavre d'une personne dont la disparition avait été signalée plus de dix ans auparavant, la censure n'est cependant pas encourue, dès lors qu'il résulte des propres constatations de l'arrêt que ni la date ni les causes de la mort de cette personne ne sont connues, de sorte que le point de départ de la prescription tel que fixé par l'art. 7 C. pr. pén. ne peut être déterminé au stade initial de l'information ouverte pour meurtre. • Crim. 19 sept. 2006, n° 06-83.963 P : *D. 2006. IR 2692.*

32. Selon l'art. 7 C. pr. pén., en matière de crime, l'action publique se prescrit par dix années révolues à compter du jour où il a été commis si, dans cet intervalle, il n'a été fait aucun acte d'instruction ou de poursuite ; encourt la censure l'arrêt qui, pour reporter le point de départ de la prescription de l'action publique concernant des homicides volontaires commis sur des enfants nouveau-nés, énonce que le secret entourant les naissances et les décès concomitants, qui a subsisté jusqu'à la découverte des corps des victimes, a constitué un obstacle insurmontable à l'exercice de l'action publique. • Crim. 16 oct. 2013, n° 11-89.002 P : *D. actu. 31 oct. 2013, obs. Bombled ; D. 2013. 2673, note Mayaud ; ibid. 2014. 1736, obs. Pradel ; AJ pénal 2014. 30, obs. Pradel ; JCP 2013, n° 1309, note Detraz ; Gaz. Pal. 2013. 2. 3739, note Mésa ; RSC 2013. 803, obs. Mayaud ; ibid. 833, obs. Salvat. – Adde :* Maréchal, Prescription du meurtre : « Couvrez ces cadavres que je ne saurais voir », *Dr. pénal 2013. Étude 18.* ♦ Si, selon l'art. 7, al. 1er, C. pr. pén., l'action publique se prescrit à compter du jour où le crime a été commis, la prescription est suspendue en cas d'obstacle insurmontable à l'exercice des poursuites ; l'arrêt retient que les grossesses de Mme Y..., masquées par son obésité, ne pouvaient être décelées par ses proches ni par les médecins consultés pour d'autres motifs médicaux, que les accouchements ont eu lieu sans témoin, que les naissances n'ont pas été déclarées à l'état civil, que les cadavres des nouveau-nés sont restés cachés jusqu'à la découverte fortuite des deux premiers corps le 24 juill. 2010 et que, dans ces conditions, nul n'a été en mesure de s'inquiéter de la disparition d'enfants nés clandestinement, morts dans l'anonymat et dont aucun indice apparent n'avait révélé l'existence ; en l'état de ces constatations et énonciations procédant de son appréciation souveraine des éléments de preuve, la chambre de l'instruction, qui a caractérisé un obstacle insurmontable à l'exercice des poursuites, ce dont il résultait que le délai de prescription avait été suspendu jusqu'à la découverte des cadavres, a, par ces seuls motifs, légalement justifié sa décision. • Cass., ass. plén., 7 nov. 2014 : *D. actu. 21 nov. 2014, obs. Fonteix ; D. 2014. 2498, note Parizot ; AJ pénal 2015. 36, note Darsonville ; Gaz. Pal. 2014. 2. 3710, note Raschel ; RSC 2014. 777, obs. Mayaud ; ibid. 803, obs. Boccon-Gibod ; ibid. 2015. 121, obs. A. Giudicelli . – Adde :* Saenko, *D. 2014, Point de vue 2469 ; Dr. pénal 2014. Alerte 57, obs. Maréchal ; ibid. Comm. 151, obs. Maron et Haas.* – Sur l'arrêt de la cour de renvoi, V. • Paris, 19 mai 2014 : *D. actu. 27 mai 2014, obs. Bombled ; Gaz. Pal. 2014. 2. 2191, note Larrègue.*

33. Questions. On ne saurait reprocher à la question demandant s'il est constant qu'un meurtre a été commis d'interroger la cour et le jury en droit et non en fait ; en effet, le mot meurtre exprime par lui-même le fait de donner volontairement la mort à autrui ; cette expression définie, tant par l'art. 295 ancien que par l'art. 221-1 C. pén., a un sens précis sur lequel les jurés ne sauraient se méprendre. • Crim. 3 avr. 1996, n° 95-84.201 P : *Dr. pénal 1996. 252, obs. Maron.*

34. A propos d'un homicide volontaire, trois questions ont pu être valablement posées à la cour et au jury, demandant successivement, la première, si l'accusé était coupable d'avoir volontairement exercé des violences sur la personne de la victime, la deuxième, si ces violences avaient occasionné la mort de celle-ci, la troisième, si l'accusé avait l'intention de donner la mort à ladite victime. • Crim. 19 févr. 1997 : *Gaz. Pal. 1997. 1, chron. crim. 115.* ♦ Rappr. : • Crim. 2 oct. 1996, n° 95-85.992 P : *RSC 1997. 108, obs. Mayaud .*

35. Le requérant prétend que son droit à un procès équitable n'a pas été respecté, compte tenu du fait que l'arrêt de la cour d'assises qui l'a condamné ne comportait pas de motifs et ne pouvait pas faire l'objet d'un recours devant un organe de pleine juridiction ; il invoque l'art. 6, § 1, de la Convention, dont la partie pertinente se lit ainsi : « Toute personne a droit à ce que sa cause soit entendue équitablement (...) par un tribunal (...) qui décidera (...) du bien-fondé de toute accusation en matière pénale dirigée contre elle. » (§ 36) ; en l'espèce, la formulation des questions posées au jury était telle que le requérant était fondé à se plaindre qu'il ignorait les motifs pour lesquels il avait été répondu positivement à chacune de celles-ci, alors qu'il niait toute implication personnelle dans les faits reprochés ; la Cour estime que ces réponses laconiques à des questions formulées de manière vague et générale ont pu donner au requérant l'impression d'une justice arbitraire et peu transparente ; sans au moins un résumé des principales raisons pour lesquelles la cour d'assises s'est déclarée convaincue de la culpabilité du requérant, celui n'était pas à même de comprendre – et donc d'accepter – la décision de la juridiction ; cela revêt toute son importance en raison du fait que le jury ne tranche pas sur la base du dossier mais sur la base de ce qu'il a entendu à l'audience ; il est donc important, dans un souci d'expliquer le verdict à l'accusé mais aussi à l'opinion publique, au « peuple », au nom duquel la décision est rendue, de mettre en avant les considérations qui ont convaincu le jury de la culpabilité ou de l'innocence de l'accusé et d'indiquer les raisons concrètes pour lesquelles il a été répondu positivement ou négativement à chacune des questions (§ 48) ; dans ces conditions, la Cour de cassation n'a pas été en mesure d'exercer efficacement son contrôle et de déceler, par exemple, une insuffisance ou une contradiction des motifs (§ 49) ; la Cour conclut qu'il y a eu violation du droit à un procès équitable, garanti par l'art. 6, § 1, de la Convention (§ 50). • CEDH 13 janv. 2009, *Taxquet c/ Belgique : Gaz. Pal. 2009. 1. Somm. 2119, note Desprez.* ♦ Le requérant se plaint du fait qu'il n'a pu à aucun moment de la procédure interroger ou faire interroger le témoin anonyme, dont les déclarations ont été déterminantes pour aboutir à sa condamnation, et qu'en toute hypothèse, il était impossible de savoir si tel était le cas dès lors que le verdict de culpabilité rendu par les jurés n'était pas motivé ; le requérant se plaint aussi du refus de la cour d'assises d'entendre ou de réentendre certains témoins ; il invoque l'art. 6, § 3 d), qui se lit ainsi : « Tout accusé a droit notamment à : (...) *d)* interroger ou faire interroger les témoins à charge et obtenir la convocation et l'interrogation des témoins à décharge dans les mêmes conditions que les témoins à charge ; » (§ 51) ; le fait que les jurés, qui ne sont pas des juges professionnels, se fondent sur leur intime conviction et que leur décision n'a pas à être motivée a pour effet de permettre à ceux-ci de ne pas être tributaires d'une hiérarchie dans les modes de preuve qu'ils prennent en considération ; en revanche, ces spécificités procédurales ne permettent pas non plus de vérifier si la condamnation se fonde, dans une mesure importante, sur d'autres preuves non obtenues de sources anonymes (§ 65) ; n'ayant pu interroger ou faire interroger le témoin anonyme à aucun stade de la procédure et compte tenu de l'absence de contrôle de la fiabilité de ce témoignage par un juge d'instruction, les craintes du requérant quant à l'utilisation faite des déclarations du témoin peuvent être considérées comme justifiées (§ 67) ; dans ces conditions, la Cour estime que la procédure devant la cour d'assises en l'espèce, considérée dans sa globalité et sa particularité, a été préjudiciable à l'exercice des droits de la défense du requérant ; ce dernier n'a donc pas bénéficié d'un procès équitable (§ 68) ; partant, il y a eu violation de l'art. 6, §§ 1 et 3 *d)*, de la Convention en ce que le requérant n'a pu à aucun moment de la procédure interroger ou faire interroger le témoin anonyme, dont les déclarations ont été déterminantes pour aboutir à la condamnation (§ 69). • Même décision. ♦ Devant les cours d'assises avec participation d'un jury populaire, il faut s'accommoder des particularités de la procédure où, le plus souvent, les jurés ne sont pas tenus de – ou ne peuvent pas – motiver leur conviction ; dans ce cas également, l'art. 6 exige de rechercher si l'accusé a pu bénéficier des garanties suffisantes de nature à écarter tout risque d'arbitraire et à lui permettre de comprendre les raisons de sa condamnation ; ces garanties procédurales peuvent consister par exemple en des instructions ou éclaircissements donnés par le président de la cour d'assises aux jurés quant aux problèmes juridiques posés ou aux éléments de preuve produits, et en des questions précises et non équivoques soumises au jury par ce magistrat, de nature à former une trame apte à servir de fondement au verdict ou à compenser adéquatement l'absence de motivation des réponses du jury (V. *Papon c/ France*) ; enfin, doit être prise en compte, lorsqu'elle existe, la possibilité pour l'accusé d'exercer des voies de recours (§ 92). • CEDH, gr. ch., 16 nov. 2010, *Taxquet c/* Belgique : *D. 2010. Actu. 2841, obs. Bachelet ; ibid. 2011, p. 47, note Renucci ; ibid., p. 48, note Pradel ; Gaz. Pal. 2010. 2, p. 3424, note Bougain. – Adde :* Matsopoulou, La motivation des arrêts de la cour d'assises et les exigences du procès équitable, *JCP 2010, n° 1228.* – Sudre, La conventionnalité de la non-motivation des arrêts de cours d'assises, *JCP 2010, n° 1250.*

36. Pour déclarer l'accusée coupable du crime d'homicide volontaire, avec cette circonstance que ce meurtre avait eu pour objet de préparer ou de faciliter le délit de vol, la cour d'assises s'est bornée à apposer la mention « oui à la majorité de dix voix au moins » aux deux questions qui lui étaient posées ; sont reprises dans l'arrêt de condamnation les réponses qu'en leur intime conviction, magistrats et jurés composant la cour d'assises d'appel, statuant dans la continuité des débats, à vote secret et à la majorité qualifiée des deux tiers, ont données aux questions sur la culpabilité, les unes, principales, posées conformément au dispositif de la décision de renvoi, les autres, subsidiaires, soumises à la discussion des parties ; en cet état, et dès lors qu'ont été assurés l'information préalable sur les charges fondant la mise en accusation, le libre exercice des droits de la défense, ainsi que le caractère public et contradictoire des débats, l'arrêt satisfait aux exigences légales et conventionnelles invoquées, soit les art. 6, § 1, Conv. EDH, 591 et 593 C. pr. pén., sans avoir à tenir compte du moyen selon lequel il résulte de la jurisprudence conventionnelle (• CEDH 13 janv. 2009, *Taxquet c/ Belgique,* n° 926/05) que ne répond pas aux exigences de motivation du procès équitable la formulation des questions posées au jury, vague et abstraite, qui ne permet pas à l'accusé de connaître les motifs pour lesquels il est répondu positivement ou négativement à celles-ci, et que, en condamnant l'accusée en l'absence de considérations de fait lui permettant de comprendre les raisons concrètes pour lesquelles il avait été répondu positivement ou négativement à chacune des questions posées à la cour et au jury, la cour d'assises avait méconnu le sens et la portée des dispositions conventionnelles susvisées en privant la demanderesse du droit à un procès équitable. • Crim. 14 oct. 2009 : *D. 2009. 2545, obs. Gachi ; ibid. 2778, note Pradel ; ibid. 2010, chron. C. cass., p. 39, obs. Leprieur ; JCP 2009, n° 47, p. 456, note Matsopoulou ; Gaz. Pal. 2009. 2, p. 3769, note Renucci. – Adde :* Simon-Delcros, « Cour d'assises, levez-vous ! », *Gaz. Pal. 2009. 1. Doctr. 1603 ;* Réformer mais pas tuer la cour d'assises !, *ibid. 2. Doctr. 2805.*

37. La question posée tend à faire constater que les dispositions des art. 349, 350, 353 et 357 C. pr. pén. sont contraires à la Constitution au regard des art. 7, 8, 9 et 16 de la Déclaration des droits de l'homme et du citoyen, ainsi qu'aux principes du droit à une procédure juste et équitable, d'égalité devant la loi et d'égalité devant la justice, en ce qu'ils ne permettent pas de motiver et d'expliquer les raisons de la décision de la déclaration de culpabilité d'un accusé et le quantum de sa condamnation, autrement que par des réponses affirmatives à des questions posées de façon abstraite, se bornant à rappeler chacune des infractions objets de l'accusation et ses éléments constitutifs légaux, et ne faisant aucune référence au comportement et à la personnalité de l'accusé ; aux termes de l'art. 61-1 de la Constitution, la question dont peut être saisi le Conseil constitutionnel est seulement celle qui invoque l'atteinte portée par une disposition législative aux droits et libertés que la Constitution garantit ; la question posée tend, en réalité, à contester non la constitutionnalité des dispositions qu'elle vise, mais l'interprétation qu'en a donnée la Cour de cassation au regard du caractère spécifique de la motivation des arrêts des cours d'assises statuant sur l'action publique ; comme telle, elle ne satisfait pas aux exigences du texte précité ; d'où il suit qu'il n'y a pas lieu de la transmettre au Conseil constitutionnel. • Crim. 19 mai 2010 (3 arrêts) : *Gaz. Pal. 2010. 1. 1545, note Rousseau ; RSC 2011. 190, obs. de Lamy*. – *Adde :* Nico, La Cour de cassation élude la question prioritaire de constitutionnalité relative à la motivation des arrêts de cours d'assises, *D. 2010. Point de vue 2236.*

38. Prononcé de la peine. Aux termes de l'art. 362, al. 2, C. pr. pén., lorsque la peine encourue est de trente ans de réclusion criminelle, si ce maximum n'a pas obtenu la majorité de dix voix, il ne peut être prononcé de peine supérieure à vingt ans ; encourt la cassation l'arrêt prononçant une peine de vingt-deux ans de réclusion criminelle en application de l'art. 221-1 C. pén. • Crim. 10 mai 2012, n° 11-81.437 P.

III. RÉPARATION

39. Responsabilité in solidum. Justifie légalement sa décision la cour d'appel qui, pour retenir, en même temps que la responsabilité de cinq autres membres d'un groupe ayant participé à une expédition meurtrière, celle d'un des membres qui en faisait partie, retient que, s'il n'a pas été possible de déterminer l'auteur du coup de feu mortel, la mort de la victime a eu pour cause la volonté commune des jeunes gens du groupe animé d'un désir de vengeance et d'intentions agressives, que le demandeur a accepté en connaissance de cause de participer à cette expédition en mettant son véhicule à la disposition du groupe, en transportant une arme, et en participant activement à la bagarre, constatations et énonciations dont la cour peut déduire que c'est l'enchaînement des comportements fautifs des membres de ce groupe qui a permis au drame de se réaliser et déclarer le demandeur responsable *in solidum* du décès d'un des membres du groupe adverse. • Civ. 2e, 2 avr. 1997, n° 95-14.428 P.

40. Faute de la victime. Encourt la cassation l'arrêt qui écarte tout partage de responsabilité entre l'auteur de meurtres et les victimes au motif qu'il n'apporte pas la preuve d'une provocation ou de ce que les victimes auraient joué un rôle déterminant dans la réalisation des dommages, sans rechercher si, en volant des marchandises dans un commerce, malgré l'opposition des personnes présentes, les victimes n'ont pas commis une faute qui a concouru à la réalisation de leur propre dommage. • Crim. 29 juin 2010, n° 09-87.463 P.

Art. 221-2 Le meurtre qui précède, accompagne ou suit un autre crime est puni de la réclusion criminelle à perpétuité.

Le meurtre qui a pour objet soit de préparer ou de faciliter un délit, soit de favoriser la fuite ou d'assurer l'impunité de l'auteur ou du complice d'un délit est puni de la réclusion criminelle à perpétuité.

Les deux premiers alinéas de l'article 132-23 relatif à la période de sûreté sont applicables aux infractions prévues par le présent article. — *Pr. pén. 2-1 s., 689-3, 689-5, 689-7 ; Aviation civ. L. 282-2.*

Corresp. : *C. pén., ancien art. 304, al. 1er et 2.*

A. CONCOMITANCE (art. 221-2, al. 1er ; ancien art. 304, al. 1er)

1. Domaine. La circonstance aggravante de concomitance avec un autre crime est uniquement prévue, par l'art. 304, al. 1er, C. pén., pour l'auteur d'un meurtre, et ne saurait être retenue contre un accusé reconnu coupable de coups et blessures volontaires ayant entraîné la mort sans intention de la donner. • Crim. 31 mars 1978, n° 77-92.998 P.

2. L'aggravation de peine prévue par l'art. 304 C. pén. est encourue lorsqu'un meurtre est concomitant avec un autre meurtre, aussi bien que lorsqu'il est en concours avec un crime d'une nature différente. • Crim. 6 juin 1878 : *DP 1879. 1. 482.*

3. La tentative d'un crime étant, aux termes de l'art. 2 C. pén. (nouvel art. 121-4), considérée comme le crime lui-même, il n'importe, pour que soit caractérisée la circonstance aggravante prévue par l'art. 304, al. 1er, dudit code, que le meurtre et l'autre crime concomitant aient été consommés ou seulement tentés. • Crim. 12 juill. 1982, n° 81-93.596 P : *RSC 1983. 261, obs. Levasseur.*

4. La peine appliquée par un arrêt qui relève à tort la circonstance aggravante de concomitance et vise l'art. 304 C. pén., alors que le verdict du jury a déclaré l'accusé coupable d'un meurtre et d'un simple délit, ne peut être considérée comme justifiée en vertu de l'art. 598 C. pr. pén. (art. 411 C. instr. crim.), même dans le cas où, abstraction faite de la circonstance aggravante, elle eût pu être la même ; l'erreur de la cour a en effet modifié, au préjudice possible de l'accusé, les bases d'après lesquelles elle a apprécié et déterminé la mesure de la répression. • Crim. 24 mars 1938 : *Bull. crim. n° 90.*

5. Nature. La concomitance est une circonstance aggravante purement matérielle qui se rattache au fait lui-même et ne peut exister à l'égard de l'un des auteurs du crime sans exister en même temps à l'égard de tous les autres. • Crim. 7 avr. 1932 : *Bull. crim. n° 93* • 21 juin 1939 : *ibid. n° 131* • 26 juill. 1955 : *ibid. n° 369* • 5 janv. 1973 : *ibid. n° 8.* ♦ Elle doit donc faire l'objet d'une question unique, qui n'a pas à spécifier par qui le meurtre a été commis. • Crim. 7 avr. 1932 : *préc.* ♦ ... Cette question pouvant être posée *in abstracto.* • Crim. 28 oct. 1992, n° 92-80.726 P.

6. Définition. Chacune des trois circonstances énoncées par l'art. 304, al. 1er, C. pén. suffit, à elle seule, à caractériser la circonstance aggravante de concomitance prévue par ce texte. • Crim. 5 oct. 1967 : *Bull. crim. n° 241.* ♦ Mais ces alternatives peuvent, sans complexité, être réunies dans une question unique. • Crim. 9 nov. 1971, n° 91-20.871 P. ♦ ... Dès lors que chacune a le même but et tend à faire préciser si les deux crimes en cause ont été concomitants. • Crim. 9 juin 1976, n° 76-90.561 P.

7. ... Même temps. La concomitance entre le crime de meurtre et un autre crime ne peut être retenue que si les deux crimes ont été commis dans le même temps ; en conséquence, il n'y a pas concomitance quand les deux crimes ont été commis à des jours et dans des lieux différents. • Crim. 14 janv. 1954 : *Bull. crim. n° 14.* ♦ Mais pour devenir un élément d'aggravation de la peine, la concomitance doit avoir été déclarée par la cour et le jury ; elle ne peut résulter légalement de cette circonstance que les deux crimes auraient été commis au même lieu et à la même date. • Crim. 30 oct. 1947 : *Bull. crim. n° 209.* ♦ Caractérise légalement la circonstance aggravante de concomitance prévue par l'art. 304, al. 1er, C. pén., la question qui se réfère aux deux questions relatives aux faits principaux de meurtre et de viol, alors qu'il résulte en outre de cette question que le meurtre a suivi le viol. • Crim. 15 mai 1991, n° 90-86.328 P.

8. ... Même auteur. Si la circonstance aggravante résultant de l'art. 304, al. 1er, C. pén. peut être retenue contre l'accusé d'un meurtre, c'est à la condition que cet accusé soit en même temps l'auteur ou le complice de l'autre crime et que les deux culpabilités se réunissent sur la même personne ; s'il en était autrement, la situation de l'accusé se verrait aggravée par un crime dont il n'aurait pas été déclaré coupable et qui, dès lors, doit être considéré comme lui étant étranger. • Crim. 10 mars 1970, n° 92-68.769 P : *D. 1970. Somm. 121.*

9. L'accusé déclaré coupable de complicité d'un meurtre ayant précédé, accompagné ou suivi un crime de vol qualifié, n'est passible de la peine de l'art. 304 C. pén. que si l'auteur principal du crime d'homicide volontaire a été déclaré coupable du crime de vol qualifié concomitant. • Crim. 7 mars 1935 : *Bull. crim. n° 26.*

10. Il résulte de l'art. 221-2 C. pén. qu'un accusé ne peut être déclaré coupable de meurtre ayant précédé, accompagné ou suivi un autre crime que si lui-même, ou l'un de ses coauteurs ou complices, a été déclaré coupable du crime concomitant ; aux termes de l'arrêt attaqué, M. X... a été déclaré seul coupable du meurtre de Mme Fabienne Y..., avec cette circonstance que ce crime a précédé, accompagné ou suivi un autre crime, en l'espèce des viols ; mais en prononçant ainsi, alors que, si la cour et le jury ont répondu affirmativement à la question « est-il constant qu'à Hellemmes, dans la nuit du 16 au 17 mars 2005, des actes de pénétration sexuelle, de quelque nature qu'ils soient, ont été commis par violence, contrainte, menace ou surprise sur la personne de Fabienne Y... ? », ils n'ont pas été interrogés sur la culpabilité de M. X... ou de quiconque d'autre de ce chef, la cour d'assises a méconnu le texte susvisé et le principe ci-dessus énoncé. • Crim. 26 févr. 2014 : *D. actu. 11 mars 2014, obs. Bombled ; AJ pénal 2014. 420, obs. de Combles de Nayves ; Dr. pénal 2014, n° 72, obs. Véron ; Gaz. Pal. 2014. 1. 1697, obs. Detraz.*

11. ... Actes successifs et distincts. N'est pas entaché de contradiction l'arrêt portant renvoi d'un accusé devant la cour d'assises du chef de vol commis avec la double circonstance aggravante de violence et d'emploi de tortures ou d'actes de barbarie, d'une part, et de meurtre concomitant, d'autre part, dès lors qu'il résulte des constatations de l'arrêt que les diverses violences exercées sur la victime ont constitué des actes successifs et distincts, et alors même qu'elles auraient eu pour but de permettre l'exécution d'une action criminelle unique ou d'assurer l'impunité de ses auteurs. • Crim. 13 nov. 1975, n° 91-40.275 P.

12. Tortures ou actes de barbarie. Caractérisent l'emploi de tortures ou d'actes de barbarie ayant précédé ou accompagné l'exécution d'un meurtre les agissements de l'inculpé par lesquels ce dernier se serait saisi d'un couteau dit « limonadier », dont il aurait porté plusieurs coups à la victime. • Crim. 13 sept. 1986 : *Gaz. Pal. 1987. 1. Somm. 102, note Doucet.*

B. CORRÉLATION (art. 221-2, al. 2 ; ancien art. 304, al. 2)

13. Domaine. L'art. 304, al. 2, C. pén. doit être interprété en ce sens que, si un délit peut aggraver un meurtre qui aurait eu pour objet d'assurer l'impunité de l'auteur d'un fait délictueux, il en est de même si le fait présente le caractère d'un crime. • Crim. 13 juill. 1965, n° 90-04.065 P. • 30 nov. 1965 : *ibid. n° 255.*

14. L'art. 380 C. pén. (nouvel art. 311-12) ne met obstacle à l'exercice de l'action publique, relativement aux soustractions commises par les descendants au préjudice de leurs ascendants, que lorsque ces soustractions forment l'objet principal de la prévention ; par contre, ce texte ne s'oppose pas à ce qu'une soustraction semblable, qui comprend tous les éléments constitutifs du délit de vol, forme dans les termes de l'art. 304, al. 2, dudit code une circonstance accessoire aggravante de l'homicide volontaire objet de l'accusation. • Crim. 17 juill. 1976, n° 76-90.562 P : *Gaz. Pal. 1976. 2. Somm. 305 ; RSC 1977. 333, obs. Levasseur.*

15. Nature. La circonstance aggravante de corrélation d'un meurtre avec un délit ou un autre crime, prévue par l'art. 304, al. 2, C. pén., est une circonstance morale et personnelle à chacun des coauteurs d'un même meurtre, et, en conséquence, elle doit, à peine de complexité prohibée, être constatée par une question distincte pour chaque accusé. • Crim. 12 déc. 1889 : *Bull. crim. n° 384* • 5 mars 1981 : *ibid. n° 83.*

16. Définition. Lorsqu'un crime de meurtre a été commis pour préparer, faciliter ou exécuter un délit, tel qu'un vol simple, cette circonstance suffit pour rendre applicable l'aggravation de peine édictée par l'art. 304 C. pén., sans qu'il soit nécessaire qu'il y ait eu également perpétration simultanée, ni que le délit favorisé et le meurtre aient eu le même auteur. • Crim. 16 mai 1863 : *DP 1866. 5. 241.*

17. Les divers éléments de l'énumération contenus dans l'al. 2 de l'art. 304 C. pén. représentent non des circonstances aggravantes distinctes les unes des autres, mais seulement les termes d'une même aggravation pénale, déterminée sous toutes ses formes et dans une même mesure par la considération unique d'une corrélation entre le crime et le délit. • Crim. 9 déc. 1987, n° 87-83.103 P. ♦ Par suite, n'est entachée d'aucun vice de complexité la question demandant si un homicide volontaire a eu pour objet de préparer, faciliter ou exécuter une soustraction frauduleuse ; bien que comportant une formule alternative, la question ainsi posée ne contient pas plusieurs faits ou circonstances qui peuvent donner lieu à des réponses distinctes, et qui, diversement appréciés, peuvent conduire à des conséquences différentes. • Crim. 25 juin 1975, n° 90-60.175 P : *RSC 1976. 109, obs. Levasseur.*

Art. 221-3 Le meurtre commis avec préméditation *(L. n° 2011-525 du 17 mai 2011, art. 149)* **« ou guet-apens » constitue un assassinat. Il est puni de la réclusion criminelle à perpétuité.** *— Pén. 132-72.*

Les deux premiers alinéas de l'article 132-23 relatif à la période de sûreté sont applicables à l'infraction prévue par le présent article. Toutefois, lorsque la victime est un mineur de quinze ans et que l'assassinat est précédé ou accompagné d'un viol, de tortures ou d'actes de barbarie *(L. n° 2011-267 du 14 mars 2011, art. 38-1°)* **« ou lorsque l'assassinat a été commis sur un magistrat, un fonctionnaire de la police nationale, un militaire de la gendarmerie, un membre du personnel de l'administration pénitentiaire ou toute autre personne dépositaire de l'autorité publique, à l'occasion de l'exercice ou en raison de ses fonctions »,** *(L. n° 94-89 du 1er févr. 1994)* **« la cour d'assises peut, par décision spéciale, soit porter la période de sûreté jusqu'à trente ans, soit, si elle prononce la réclusion criminelle à perpétuité, décider qu'aucune des mesures énumérées à l'article 132-23 ne pourra être accordée au condamné ; en cas de commutation de la peine, et sauf si le décret de grâce en dispose autrement, la période de sûreté est alors égale à la durée de la peine résultant de la mesure de grâce ».** *— Pén. 222-23 ; Pr. pén. 2-1 s., 306, 689-3, 689-5, 689-7, 720-4 ;* Aviation civ. L. 282-2.

Corresp. : *C. pén., anciens art. 296 et 297.*

BIBL. ▶ SECONDS, *RSC 2011. 881* (loi de simplification et d'amélioration de la qualité du droit).

1. Définition de la préméditation. V. art. 132-72.

2. La préméditation résulte du dessein formé par son auteur, avant l'action, d'attenter à la vie des victimes. • Crim. 28 févr. 1974, n° 92-59.673 P : *JCP 1974. II. 17774.* ♦ Sur la distinction entre « pré-résolution » et « préméditation ». • Crim. 30 janv. 1975, n° 90-59.674 P : *Gaz. Pal. 1975. 1. 260 ; RSC 1976. 107, obs. Levasseur.*

3. Le guet-apens suppose nécessairement la préméditation. • Crim. 22 déc. 1958 : *Bull. crim. n° 766* • 19 oct. 1977 : *ibid. n° 312.* ♦ ... Comportant nécessairement le dessein formé à l'avance. • Crim. 22 févr. 1989, n° 88-83.287 P : *Gaz. Pal. 1989. 2. 593, note Doucet ; RSC 1989. 737, obs. Levasseur.* – V. art. 132-71-1, réd. L. n° 2007-297 du 5 mars 2007 relative à la prévention de la délinquance.

4. Un arrêt peut, sans violer les dispositions des art. 297 C. pén. et 7 de la L. du 20 avr. 1810, se borner à déclarer que l'infraction relevée a été commise avec préméditation, ce mot exprimant par lui-même, et d'après la définition qui en est donnée par la loi, qu'un dessein a été formé, avant l'action, de commettre ladite infraction. • Crim. 27 mars 1952 : *Bull. crim. n° 86* • 5 janv. 1973 : *ibid. n° 8 ; RSC 1974. 870, obs. Levasseur* • 19 déc. 1974 : *Bull. crim. n° 376* • 20 avr. 1988 : *ibid. n° 170 ; RSC 1989. 107, obs. Levasseur.* ♦ Le mot « préméditation » exprime par lui-même qu'un dessein a été formé avant l'action, en sorte que les jurés n'ont pu se méprendre sur sa signification. • Crim. 17 mars 1993, n° 92-84.552 P • 31 mars 1999, n° 98-83.586 P : *D. 2000. Somm. 26, obs. Mayaud*

5. L'accusée fait grief à l'arrêt de retenir, pour

chacun des meurtres dont elle a à répondre, la circonstance aggravante de préméditation alors que, selon le moyen, ni le fait de prendre des précautions pour cacher des grossesses, ni celui de prendre un sac « destiné à contenir le corps de l'enfant » et des serviettes ne caractérisent le dessein de tuer le nouveau-né formé avant sa naissance, mais simplement celui d'en cacher l'existence, de sorte que les juges du fond n'ont pas légalement caractérisé la circonstance aggravante de préméditation ni le dessein réellement forgé avant l'action dans un laps de temps suffisant de supprimer l'enfant à naître ; mais l'arrêt relève que l'accusée a indiqué, au cours de l'information, avoir préparé, avant son premier accouchement, un sac plastique destiné à contenir le corps de l'enfant, et avoir fait de même avant chaque naissance, ayant même prévu de prendre avec elle un sac et des serviettes lors de son hospitalisation en 1991, et retient que le secret entourant chaque grossesse, les précautions prises pour s'isoler au moment de l'accouchement, sa détermination de ne plus avoir d'enfant, sa volonté de supprimer le fruit des relations incestueuses qu'elle dit avoir eues avec son père, outre la répétition des actes meurtriers, sont autant de charges à son encontre d'avoir prémédité ses actes homicides ; en l'état de ces motifs suffisants et exempts de contradiction, la chambre de l'instruction a légalement justifié sa décision. • Cass., ass. plén., 7 nov. 2014 : *D. actu. 21 nov. 2014, obs. Fonteix ; D. 2014. 2498, note Parizot ; AJ pénal 2015. 36, note Darsonville ; Gaz. Pal. 2014. 2. 3710, note Raschel ; RSC 2014. 777, obs. Mayaud ; ibid. 803, obs. Boccon-Gibod ; ibid. 2015. 121, obs. A. Giudicelli. – Adde :* Saenko, *D. 2014. Point de vue 2469.* – Sur l'arrêt de la cour de renvoi : • Paris, 19 mai 2014 : *Gaz. Pal. 2014. 2. 2191, note Larrègue. – Adde :* Lepage, *JCP 2015, n° 69* (la suspension, substitut ambigu du report du point de départ de la prescription pour cause de dissimulation de l'infraction).

6. *Constatation de la préméditation.* La circonstance aggravante de préméditation doit être recherchée dans les faits qui ont accompagné l'acte de l'auteur principal. • Crim. 19 juill. 1951 : *Bull. crim. n° 223.* ♦ Constatée pour cet auteur principal, celui-ci fût-il resté inconnu, elle sert à qualifier le crime à l'égard des complices. • Crim. 12 mai 1970 : *Bull. crim. n° 158 ; D. 1970. 515, rapp. Chapar.*

7. La circonstance de préméditation doit être caractérisée par la chambre de l'instruction pour motiver le renvoi du chef d'assassinat du mis en examen devant la cour d'assises. • Crim. 18 oct. 2016, *n° 16-84.863 P : D. actu. 8 nov. 2016, obs. Benelli-de Bénazé.*

8. A pu renvoyer l'accusé devant la cour d'assises sous l'accusation d'assassinats et tentative d'assassinat commis, pour trois victimes, sur des mineurs de quinze ans, la chambre d'accusation qui retient que, n'admettant pas la procédure de divorce intentée par son épouse, il aurait donné la mort à celle-ci ainsi qu'à deux de leurs enfants et tenté de donner la mort à un troisième, en tirant sur les victimes au moyen de pistolets qu'il se serait procurés à cette fin, les juges énonçant en outre que, selon les conclusions de l'expertise, il n'était pas atteint, au moment des faits, d'un trouble psychique ou neuropsychique ayant aboli son discernement ou le contrôle de ses actes. • Crim. 19 févr. 1997 : *Gaz. Pal. 1997. 1, chron. crim. 115.*

9. *Questions sur la préméditation.* Une question unique ne peut être posée sur des faits d'homicide volontaire commis sur deux victimes et également sur la circonstance aggravante de préméditation, sans encourir le grief de complexité prohibée, dès lors que les crimes en cause ne constituaient pas un acte unique et indivisible accompli dans le même trait de temps et devant entraîner les mêmes conséquences pénales, l'un des homicides pouvant avoir été prémédité sans que l'autre le soit. • Crim. 8 oct. 1986 : *Bull. crim. n° 278 ; RSC 1987. 426, obs. Levasseur.* ♦ C'est sans contradiction que la cour et le jury donnent des réponses tantôt affirmatives tantôt négatives aux questions relatives à la circonstance aggravante de préméditation lorsque les homicides volontaires dont l'accusé a été déclaré coupable ne constituent pas un acte unique et indivisible accompli dans les mêmes circonstances de temps et de lieu, inspiré par la même pensée homicide et devant entraîner les mêmes conséquences pénales. • Crim. 13 janv. 1993, n° 92-83.587 P.

10. S'il est admis que les circonstances aggravantes matérielles peuvent légalement n'être l'objet que d'une seule question commune à tous les accusés d'un même crime, par ce motif qu'une fois établi à l'égard d'un seul, le fait matériel l'est à l'égard de tous, il en est autrement des circonstances aggravantes morales qui, par leur nature même, sont personnelles à chacun d'eux ; ainsi en est-il de la préméditation, circonstance aggravante morale et personnelle, qui, en cas de pluralité d'accusés, doit faire l'objet d'une question distincte posée pour chacun d'eux. • Crim. 30 oct. 1996, n° 96-80.541 P • 14 avr. 1999, n° 98-84.081 P : *D. 1999. Somm. 323, obs. Pradel ; ibid. 2000. Somm. 26, obs. Mayaud.* ♦ Il y a dès lors complexité si les questions portant sur la culpabilité de plusieurs accusés se réfèrent à une question unique, relative à la préméditation, posée de manière abstraite. • Mêmes arrêts.

11. Encourt la cassation l'arrêt d'une cour d'assises qui déclare l'accusé coupable de tentative d'assassinat, alors que la feuille de questions fait mention d'une réponse négative à la question relative à la préméditation. • Crim. 20 oct. 1999, n° 98-84.939 P.

12. Lorsque l'accusé, poursuivi pour assassinat, a été condamné par la cour d'assises de première instance pour violences avec préméditation ayant entraîné la mort sans intention de la donner, la réponse négative à la question relative à l'intention de donner la mort ne lui est pas acquise, et l'appel du ministère public saisit la juridiction du second degré de l'accusation initiale du chef d'assassinat qui n'a pas été légalement et définitivement jugée. • Crim. 10 déc. 2003, n° 02-86.863 P : *Gaz. Pal. 2004. 2. 2579, note Monnet.*

13. Méconnaît l'art. 6, § 3, *a* et *b*, Conv. EDH le président de la cour d'assises qui pose une question spéciale de préméditation, circonstance aggravante non mentionnée dans la décision de renvoi, sans avoir prévenu les parties avant les réquisitions et les plaidoiries, qu'il envisageait de poser, comme résultant des débats, ladite question spéciale, pour permettre à l'accusé ou à son conseil de faire valoir toutes observations utiles à la défense. • Crim. 4 févr. 2009, n° 05-85.144 P.

14. La complicité légale n'existant qu'autant qu'il y a un fait principal punissable, l'annulation des questions portant sur le fait principal doit entraîner celle des questions concernant la complicité. • Crim. 30 oct. 1996 : *préc. note 10.*

15. Nature juridique de l'assassinat. Par sa nature, et quels qu'en aient été les motifs, l'assassinat constitue un crime de droit commun ; il ne perd point ce caractère par le fait qu'il a été commis sur la personne du Président de la République, faute d'un texte qui, par une survivance du crime de lèse-majesté, prévoirait spécialement les attentats contre la vie ou contre la personne du chef de l'État. • Crim. 20 août 1932 : *DP 1932. 1. 121, concl. Matter ; DH 1932. 430 ; Gaz. Pal. 1932. 2. 431.*

16. Conflit de qualifications. Tout attentat contre la vie des personnes, quoiqu'il ait eu lieu en même temps et par le même moyen qu'un crime de destruction d'immeuble par explosif, n'en doit pas moins être distingué de ce crime, lequel ne suppose pas l'intention homicide. • Crim. 3 mars 1960, n° 373AM P : *RSC 1961. 105, obs. Legal.* ♦ Le fait d'avoir jeté une grenade dans un café dans l'intention de détruire l'immeuble aussi bien que de tuer les personnes qui s'y trouvaient doit donc être envisagé tout à la fois comme tentative de destruction d'immeuble par explosif et comme tentative d'assassinat ; en conséquence, une double déclaration de culpabilité est possible, et aucune violation de la loi n'est commise du moment que la règle du non-cumul des peines est respectée. • Même arrêt.

17. Le même fait ne peut être retenu comme élément constitutif d'un crime et circonstance aggravante d'une autre infraction ; cassation, pour violation des art. 221-1, 221-3, 224-1 et 224-2 C. pén. et du principe précité, de l'arrêt qui, pour confirmer l'ordonnance du juge d'instruction renvoyant trois accusés devant la cour d'assises, les deux premiers sous l'accusation d'assassinat et de séquestration suivie de la mort de la victime, et le troisième sous l'accusation de complicité de ces crimes, énonce notamment que la circonstance purement objective que la séquestration ait été suivie de mort, qui ne rend compte ni du caractère volontaire de l'action de donner la mort, ni de sa préméditation, est encourue en aggravation aux côtés de l'incrimination d'assassinat sans heurter la règle *non bis in idem*, alors que la mort de la victime ne pouvait être retenue à la fois comme constitutive de l'assassinat et comme circonstance aggravante de la séquestration. • Crim. 20 févr. 2002, n° 00-81.093 P.

18. Action civile. Aux termes de l'art. 3 C. pr. pén., l'action civile est recevable pour tous chefs de dommage, aussi bien matériels que moraux, qui découlent des faits, objet de la poursuite ; est dès lors recevable la constitution de partie civile de personnes victimes de faits caractérisant la préméditation d'une tentative de meurtre commise sur un tiers. • Crim. 24 janv. 1996, n° 95-84.250 P.

Art. 221-4 **Le meurtre est puni de la réclusion criminelle à perpétuité lorsqu'il est commis :**

1° Sur un mineur de quinze ans ;

2° Sur un ascendant légitime ou naturel ou sur les père ou mère adoptifs ;

3° Sur une personne dont la particulière vulnérabilité, due à son âge, à une maladie, à une infirmité, à une déficience physique ou psychique ou à un état de grossesse, est apparente ou connue de son auteur ;

4° *(L. n° 2003-239 du 18 mars 2003, art. 60)* **« Sur un magistrat, un juré, un avocat, un officier public ou ministériel, un militaire de la gendarmerie nationale, un fonctionnaire de la police nationale, des douanes, de l'administration pénitentiaire ou toute autre personne dépositaire de l'autorité publique, un sapeur-pompier professionnel ou volontaire, un gardien assermenté d'immeubles ou de groupes d'immeubles ou un agent exerçant pour le compte d'un bailleur des fonctions de gardiennage ou de surveillance des immeubles à usage d'habitation en application de l'article L. 271-1 du code de la sécurité intérieure, dans l'exercice ou du fait de ses fonctions, lorsque la qualité de la victime est apparente ou connue de l'auteur ;** — *L'art. L. 127-1 CCH a été codifié au CSI, art. L. 271-1, par l'Ord. n° 2012-351 du 12 mars 2012.*

« 4° *bis* » *(L. n° 2010-201 du 2 mars 2010, art. 11-I)* **« Sur un enseignant ou tout membre des personnels travaillant dans les établissements d'enseignement scolaire, sur un agent d'un exploitant de réseau de transport public de voyageurs ou toute personne chargée d'une mission de service public, ainsi que sur un professionnel de santé, dans l'exercice ou du fait de ses fonctions, lorsque la qualité de la victime est apparente ou connue de l'auteur ; »**

(L. n° 2003-239 du 18 mars 2003, art. 60) **« 4° *ter* »** *(L. n° 2010-201 du 2 mars 2010, art. 11-I)* **« Sur le conjoint, les ascendants ou les descendants en ligne directe ou sur toute autre personne vivant habituellement au domicile des personnes mentionnées aux 4° et 4° *bis*, en raison des fonctions exercées par ces dernières ; »**

5° Sur un témoin, une victime ou une partie civile, soit pour l'empêcher de dénoncer les faits, de porter plainte ou de déposer en justice, soit en raison de sa dénonciation, de sa plainte ou de sa déposition ;

(Abrogé par L. n° 2017-86 du 27 janv. 2017, art. 171) « (L. n° 2003-88 du 3 févr. 2003) ***« 6° A raison de l'appartenance ou de la non-appartenance, vraie ou supposée, de la victime à une ethnie, une nation, une race ou une religion déterminée ;***

« (L. n° 2003-239 du 18 mars 2003, art. 47) ***« 7° A raison de l'orientation*** *(L. n° 2012-954 du 6 août 2012, art. 4)* ***« ou identité » sexuelle de la victime » ; »***

(L. n° 2004-204 du 9 mars 2004, art. 6-I) **« 8° Par plusieurs personnes agissant en bande organisée ; »**

(L. n° 2006-399 du 4 avr. 2006, art. 10) **« 9° Par le conjoint ou le concubin de la victime ou le partenaire lié à la victime par un pacte civil de solidarité ; »**

(L. n° 2010-769 du 9 juill. 2010, art. 33-I) **« 10° Contre une personne en raison de son refus de contracter un mariage ou de conclure une union. »**

Les deux premiers alinéas de l'article 132-23 relatif à la période de sûreté sont applicables aux infractions prévues par le présent article. Toutefois, lorsque la victime est un mineur de quinze ans et que le meurtre est précédé ou accompagné d'un viol, de tortures ou d'actes de barbarie *(L. n° 2011-267 du 14 mars 2011, art. 38-2°)* **« ou lorsque le meurtre a été commis en bande organisée sur un magistrat, un fonctionnaire de la police nationale, un militaire de la gendarmerie, un membre du personnel de l'administration pénitentiaire ou toute autre personne dépositaire de l'autorité publique, à l'occasion de l'exercice ou en raison de ses fonctions »,** *(L. n° 94-89 du 1er févr. 1994)* **« la cour d'assises peut, par décision spéciale, soit porter la période de sûreté jusqu'à trente ans, soit, si elle prononce la réclusion criminelle à perpétuité, décider qu'aucune des mesures énumérées à l'article 132-23 ne pourra être accordée au condamné ; en cas de commutation de la peine, et sauf si le décret de grâce en dispose autrement, la période de sûreté est alors égale à la durée de la peine résultant de la mesure de grâce ».** – *Pén. 222-23 ; Pr. pén. 2-1 s., 689-3, 689-5, 689-7, 720-4 ; Aviation civ. L. 282-2.*

1. Mineur de quinze ans (art. 221-4-1°). C'est à bon droit qu'une chambre d'accusation ordonne le renvoi de l'accusé devant la cour d'assises pour un meurtre commis antérieurement au 1er mars 1994, sur un mineur de quinze ans, en se fondant, pour retenir cette circonstance aggravante non prévue à la date de la commission des faits, sur la parité de la peine telle qu'elle résulte des art. 304, al. 3, ancien et 221-4 nouv. C. pén. • Crim. 5 juin 1996, n° 96-81.310 P.

2. Dépositaire de l'autorité publique (art. 221-4-4°). Si l'art. 221-4 C. pén. érige en circonstance aggravante la qualité de la victime d'un meurtre, ce texte n'a pas pour effet d'aggraver les peines encourues pour les faits de même nature en application des art. 295 et 304 C. pén. et 720-2-1° C. pr. pén. antérieurement en vigueur. • Crim. 20 déc. 1995, n° 95-85.192 P. ♦ N'encourt dès lors pas la censure l'arrêt qui ordonne le renvoi de l'accusé devant la cour d'assises, pour un meurtre commis antérieurement au 1er mars 1994 sur une personne dépositaire de l'autorité publique ou chargée d'une mission de service public, en retenant la circonstance aggravante prévue, depuis cette date, par l'art. 221-4, al. 1er, 4°, C. pén. • Même arrêt.

3. Action civile. Selon les art. 2 et 2-1 C. pr. pén., d'une part, l'exercice de l'action civile devant les juridictions pénales est un droit exceptionnel qui, en raison de sa nature, doit être strictement enfermé dans les limites fixées par le code de procédure pénale, d'autre part, si les associations régulièrement déclarées, se proposant par leurs statuts de combattre le racisme ou d'assister les victimes de discrimination fondée sur leur origine nationale, ethnique, raciale ou religieuse, peuvent, en ce qui concerne certaines infractions, exercer les droits reconnus à la partie civile, une telle action n'est recevable, lorsque l'infraction aura été commise envers une personne considérée individuellement, que si l'association justifie avoir reçu l'accord de la personne intéressée, lorsque cet accord peut être recueilli ; il résulte de l'arrêt attaqué et des pièces de la procédure que, dans l'information ouverte des chefs, notamment, de meurtre avec préméditation commis en raison de l'appartenance ou de la non-appartenance, vraie ou supposée, de la victime à une ethnie, une nation ou une religion déterminée, commis par plusieurs personnes agissant en bande organisée et précédé ou accompagné d'actes de torture et de barbarie, à la suite de la disparition et du décès de la victime, le juge d'instruction a déclaré irrecevable l'intervention du MRAP, en qualité de partie civile ; pour infirmer cette décision sur l'appel du MRAP et déclarer cette dernière recevable, l'arrêt retient que l'accord de la victime n'est exigé que dans le cas où celui-ci peut être recueilli ; les juges ajoutent que la circonstance que la victime soit décédée ne peut être opposée à l'association et que l'opposition de membres de la famille ne peut avoir d'effet juridique ; mais en prononçant ainsi, alors que l'accord de la victime, seule titulaire de ce droit, qui s'éteint à son décès, n'a pu être recueilli, la chambre de l'instruction a méconnu les textes susvisés et le principe ci-dessus énoncé, d'où il suit que la cassation est encourue. • Crim. 25 sept. 2007 : *D. 2008, chron. C. cass. 115, obs. Ménotti ; AJ pénal 2008. 83, note Saas ; JCP 2007. II. 10205, note Matsopoulou ; RSC 2008. 108, obs. Giudicelli*.

Art. 221-5 **Le fait d'attenter à la vie d'autrui par l'emploi ou l'administration de substances de nature à entraîner la mort constitue un empoisonnement.**

L'empoisonnement est puni de trente ans de réclusion criminelle.

Il est puni de la réclusion criminelle à perpétuité lorsqu'il est commis dans l'une des circonstances prévues aux articles 221-2, 221-3 et 221-4.

Les deux premiers alinéas de l'article 132-23 relatif à la période de sûreté sont applicables à l'infraction prévue par le présent article. – *Pr. pén. 689-3, 689-5, 689-7 ; Civ. 21-8.*

RÉP. PÉN. v° *Empoisonnement*, par VERNY.

***Corresp.* :** *C. pén., ancien art. 301.*

BIBL. ▶ PROTHAIS, *D. 1982. Chron. 107* (plaidoyer pour le maintien de l'incrimination spéciale de l'empoisonnement) ; *D. 1988. Chron. 25* (SIDA et empoisonnement) ; *Dr. pénal 2011. Étude 7* (crimes et délits : notre droit pénal permet plus qu'il n'interdit en matière d'euthanasie). – DANTI-JUAN, *Rev. dr. pén. et crim. 1992. 1102* (dissémination transfusionnelle du SIDA). – DELMAS SAINT-HILAIRE, *Gaz. Pal. 1993. 1. Doctr. 257 ; ibid. 1994. 1. Doctr. 173, et 2. Doctr. 1135* (affaire du sang contaminé). – MAYER, *D. 1994. Chron. 325* (notion de substance mortelle en matière d'empoisonnement). – MAYAUD, *RSC 1995. 347* (l'empoisonnement, une logique de mort – A propos de l'affaire du sang contaminé). – G. MATHIEU, *RSC 1996. 81* (SIDA et droit pénal). – PRADEL (sous la direction de), *Travaux de l'Institut des sciences criminelles de Poitiers, vol. XIV, Cujas 1996* (sang et droit pénal – A propos du sang contaminé). – VÉRON, *Dr. pénal 1996. Chron. 34* (crime d'empoisonnement et interprétation stricte). – O. BEAUD, *RD publ. 1997, p. 995* (traitement constitutionnel de l'affaire du sang contaminé). – REINHARD, *Dr. pénal 2003. Chron. 25* (droit pénal, droit vénal ?, Récit d'un glissement de frontières). – CHAPLEAU, *Dr. pénal 2006. Étude 18* (la pénalisation de la transmission du virus de l'immunodéficience humaine par voie sexuelle). – OLLARD, *RSC 2016. 37* (de l'opportunité de la pénalisation de la transmission du virus de l'immunodéficience humaine par voie sexuelle : analyse de droit comparé).

1. Matérialité. La remise à la victime, en vue de leur absorption, de médicaments susceptibles d'entraîner son décès constitue l'acte d'administration visé par l'art. 301 C. pén. • Crim. 8 juin 1993, n° 93-81.372 P : *Gaz. Pal. 1993. 2. 456, note Doucet ; RSC 1993. 774 ; ibid. 1994. 107, obs. Levasseur*.

2. Causalité. A la suite de l'explosion, le 26 avr. 1986, de l'un des réacteurs de la centrale nucléaire de Tchernobyl, des substances radioactives se sont échappées dans l'atmosphère sous forme d'un panache, constitué d'iode 131, de tellure 132 et de césium 137 et 134, qui, sous l'effet des vents, a été entraîné vers le sud-est de la France, où, arrivé le 29 avr. 1986, il est resté jusqu'au 5 mai suivant ; le 1er mars 2001, l'Association française des maladies de la thyroïde (AFMT), la Commission de recherche et d'information indépendante sur la radioactivité (CRIIRAD) et cinquante et une personnes physiques souffrant d'une affection thyroïdienne ont porté plainte et se sont constituées partie civile des chefs, notamment, d'empoisonnement, administration de substances nuisibles, blessures et homicides involontaires ; au cours de l'information, de nombreuses autres personnes physiques atteintes de ces mêmes pathologies ou des proches de personnes en étant décédées se sont constitués partie civile ; M. Y..., directeur du Service central de protection contre les rayonnements ionisants (SCPRI), mis en examen, le 31 mai 2006, des chefs de tromperie et de tromperie aggravée et entendu comme témoin assisté sur les faits de blessures et homicides involontaires, a sollicité la clôture de l'information ; l'arrêt attaqué, infirmant l'ordonnance de poursuite de l'information rendue par le juge d'instruction, a prononcé un non-lieu ; pour dire n'y avoir lieu à suivre des chefs de blessures et homicides involontaires, empoisonnement et administration de substances nuisibles à la santé, l'arrêt, après avoir relevé qu'à ce jour, il n'a pas été constaté, en France, une augmentation significative des cancers de la thyroïde, retient que, compte tenu de l'impossibilité de déterminer la dose d'iode ingérée par chaque malade, il est, en l'état des connaissances scientifiques actuelles, impossible d'établir un lien de causalité certain entre les pathologies constatées et les retombées du panache radioactif de Tchernobyl ; en prononçant ainsi, la chambre de l'instruction a justifié sa décision. • Crim. 20 nov. 2012, n° 11-87.531 P : *D. 2013. 218, note Lacroix* ; *Dr. pénal 2013. n° 17, obs. Véron* ; *RSC 2013. 89, obs. Ambroise-Castérot*. – V. également : *Dr. pénal 2013. n° 28, obs. J.-H. Robert.*

3. Intention. Pour caractériser la volonté criminelle de l'auteur de l'empoisonnement, les juges peuvent retenir que celui-ci connaissait l'effet mortifère de la prise massive des produits remis à la victime, pour en avoir absorbé une dose infime au cours d'une période de détention, dans le but d'impressionner l'administration pénitentiaire. • Crim. 8 juin 1993, n° 93-81.372 P : *Gaz. Pal. 1993. 2. 456, note Doucet* ; *RSC 1993. 774* ; *ibid. 1994. 107, obs. Levasseur*.

4. Ne donne pas de base légale à sa décision au regard des art. 301 ancien et 221-5 C. pén., 214 et 593 C. pr. pén., la chambre d'accusation qui, pour renvoyer un prévenu devant la cour d'assises sous l'accusation d'empoisonnement, retient que, connaissant le mode de transmission du VIH, virus d'une maladie mortelle, le prévenu aurait délibérément contaminé la victime, et énonce, d'une part, que l'intention d'empoisonner se caractérise par le fait de vouloir transmettre des substances mortifères en connaissance de cause, quel que soit le mode de transmission, et d'autre part, que le fait d'inciter sa partenaire à ne plus se protéger lors des rapports sexuels, alors qu'il avait connaissance qu'elle n'était pas porteuse du virus, suffit à caractériser l'intention homicide, le prévenu étant soigné pour cette maladie depuis plusieurs années, alors que la seule connaissance du pouvoir mortel de la substance administrée ne suffit pas à caractériser l'intention homicide. • Crim. 2 juill. 1998, n° 98-80.529 P : *D. 1998. 457, note Pradel* et *2000. Somm. 26, obs. Mayaud* ; *JCP 1998. II. 10132, note Rassat* ; *ibid. 1999. I. 112, n° 3, obs. Véron* ; *Gaz. Pal. 1999. 1. 13* ; *RSC 1999. 98, obs. Mayaud*. ♦ *Adde* : Prothais, *D. 1998. Chron. 334* (N'empoisonnez donc plus à l'arsenic !) ; *D. 2001. Chron. 2053* (le sida ne serait-il plus, au regard du droit pénal, une maladie mortelle ?). – Courtray, *LPA 21 oct. 1998, n° 126.* ♦ Opposer, en matière d'administration de substances nuisibles (C. pén., art. 222-15) : • Rouen, 22 sept. 1999 : *JCP 2000. IV. 2736* • Crim. 10 janv. 2006, n° 05-80.787 P : *D. 2006. 1096* ; *ibid., Pan. 1652, obs. Mirabail* ; *Dr. pénal 2006. 30, obs. Véron* ; *RSC 2006. 321, obs. Mayaud* (rejet du pourvoi contre • Colmar, 4 janv. 2005 : *D. 2005. 1069, note Paulin*) • Crim. 5 oct. 2010, n° 09-86.209 P : *RSC 2011. Chron. 101, obs. Mayaud*. ♦ *Adde* : Prothais, *D. 2001. Chron. 2053* (le sida ne serait-il plus, au regard du droit pénal, une maladie mortelle ?) ; *D. 2006. Chron. 1068* (le sida par complaisance rattrapé par le droit pénal).

5. Affaire du sang contaminé. L'empoisonnement (comme les infractions de l'art. 318 : nouvel art. 222-15) n'est pas seulement un acte conscient, voulu, mais un acte intentionnel, c'est-à-dire conscient, voulu et accompli en vue d'un résultat précisément recherché par son auteur, en l'espèce la mort ou l'atteinte à l'intégrité corporelle d'autrui. • TGI Paris, 23 oct. 1992 : *D. 1993. 222* (2e esp.), *note Prothais* ; *Gaz. Pal. 1993. 1. Somm. 118, note Doucet* ; *RSC 1995. 348, obs. Mayaud*. ♦ Rappr. : Delmas Saint-Hilaire, *Gaz. Pal. 1993. 1. Doctr. 257.* ♦ Si l'on peut induire l'intention homicide de la connaissance par l'agent du caractère mortifère du produit qu'il administre à autrui, cette induction n'est possible que lorsque les circonstances de la cause le justifient – ainsi l'existence par exemple de rapports conflictuels entre l'auteur et la victime –, ce qui n'est pas le cas lorsque les faits incriminés s'inscrivent dans le cadre d'une relation fabricant de produit thérapeutique-médecin-malade. • Paris, 13 juill. 1993 : *D. 1994. 118, note Prothais* ; *Gaz. Pal. 1994. 1. Doctr. 173* ; *RSC 1995. 349, obs. Mayaud*. ♦ V. également, ss. • Crim. 22 juin 1994 : *D. 1995. 65, concl. Perfetti* ; *ibid. 85, note Prothais* ; *Justices 1995. 1. 262, obs. Mayaud* ; *RSC 1995. 347, obs. Mayaud*. – Cohen, *Gaz. Pal. 1995. 1. Doctr. 131.* ♦ Sur les suites de l'Affaire du sang contaminé, V. • C. just. Républ., 9 mars 1999 : *Gaz. Pal. 1999. 1. 221* • Paris, 4 juill. 2002 : *D. 2003. 164, note Prothais*.

6. Pour dire n'y avoir lieu à suivre contre quiconque du chef d'empoisonnement, l'arrêt retient que seuls les médecins qui ont prescrit l'administration des produits sanguins auraient pu être les auteurs principaux de ce crime, mais que la preuve n'est pas rapportée qu'ils aient eu connaissance du caractère nécessairement mortifère des lots du CNTS, l'information n'ayant été communiquée, de façon partielle et confidentielle, que dans le cadre du CNTS et de la Direction générale de la santé, et des incertitudes régnant encore, à l'époque, dans les milieux médicaux quant aux conséquences mortelles du sida ; les juges en déduisent que la complicité d'empoisonnement ne peut être retenue contre quiconque ; en l'état de ces énonciations procédant de son appréciation souveraine, la chambre de l'instruction a justifié la décision de non-lieu des chefs d'empoisonnement et complicité ; en effet, le crime d'empoisonnement ne peut être caractérisé que si l'auteur a agi avec l'intention de donner la mort, élément moral commun à l'empoisonnement et aux autres crimes d'atteinte volontaire à la vie de la personne. • Crim. 18 juin 2003, n° 02-85.199 P : *D. 2004. 1620, note Rebut ; ibid. 2004. Somm. 2751, obs. Mirabail ; ibid. 2005. 195, note Prothais ; JCP 2003. II. 10121, note Rassat ; Dr. pénal 2003. Comm. 97, obs. Véron ; RSC 2003. 781, obs. Mayaud*. ♦ *Adde* : V. Malabat et Saint-Pau, *Dr. pénal 2004. Chron. 2* (le droit pénal général malade du sang contaminé).

7. Tentative. Constitue le crime de tentative d'empoisonnement : la remise d'un flacon contenant le breuvage empoisonné, mais présenté comme un médicament utile, à un tiers chargé de l'administrer. • Crim. 2 juill. 1886 : *S. 1887. 1. 489.* ♦ ... Le fait de jeter dans l'eau du puits alimentant la propriété d'un tiers un produit, dont la présence dans l'eau de boisson était de nature, selon les constatations souveraines des juges, à provoquer des phénomènes d'intoxication lente pouvant aboutir à la mort d'un être humain. • Crim. 5 févr. 1958, n° 94-35.357 P.

8. Conflits de qualifications. Le fait de causer la mort d'une personne en la poussant, dans ce but, à boire une trop forte quantité d'eau-de-vie constitue le crime de meurtre et non celui d'empoisonnement. • Poitiers, 14 janv. 1850 : *DP 1853. 2. 192.* ♦ Sur la prévention et la condamnation du chef de violences volontaires d'un prévenu, qui avait d'abord été inculpé d'empoisonnement, pour avoir mordu jusqu'au sang un policier avec l'intention de le contaminer par le virus du sida. • TGI Mulhouse, 6 févr. 1992 : *D. 1992. 301, note Prothais ; RSC 1992. 750, obs. Levasseur*.

9. L'administration d'une même substance peut motiver un renvoi, d'une part, pour le crime d'empoisonnement prévu par l'art. 301 C. pén., d'autre part, pour l'infraction visée par l'art. 318 (ancien art. 317, *in fine* ; nouvel art. 222-15), du même code, lorsque ladite substance a été employée dans des conditions différentes et pouvait, suivant le cas, soit occasionner la mort, soit entraîner une maladie ou une incapacité de travail. • Crim. 18 juill. 1952 : *Bull. crim. n° 193.*

10. Dès lors que les juges correctionnels sont saisis de la prévention de tromperie sur la marchandise, dont ils ont à bon droit déclaré un médecin coupable, ils ne peuvent, sans ajouter à cette prévention, retenir une qualification criminelle d'empoisonnement comportant des éléments constitutifs distincts, au regard notamment de l'intention coupable essentiellement différente, et qui serait susceptible de poursuites séparées (moyen relevé d'office, pris de la violation des art. 301 C. pén. anc. et 221-5 C. pén. nouv. et de l'art. 469 C. pr. pén.). • Crim. 22 juin 1994, *(Affaire du sang contaminé)*, n° 93-83.900 P : *D. 1995. 65, concl. Perfetti ; ibid. 85, note Prothais ; ibid. Somm. 141, obs. Pradel ; JCP 1994. II. 22310, note Rassat ; Gaz. Pal. 1994. 2. 592 ; Rev. Justices 1995. 1. 262, obs. Mayaud ; RSC 1995. 347, obs. Mayaud*. ♦ *Adde* : Delmas Saint-Hilaire, *Gaz. Pal. 1994. 2. Doctr. 1135* ; Cohen, *ibid. 1995. 1. Doctr. 131.*

11. L'art. 4 du Protocole n° 7 a pour but de prohiber la répétition de poursuites pénales définitivement clôturées, en évitant qu'une personne soit poursuivie ou punie pénalement deux ou plusieurs fois pour la même infraction (§ 72) ; l'art. 4 précité ne garantit pas seulement le droit de ne pas être condamné à nouveau, mais également celui ne pas être poursuivi ou jugé à nouveau, même si la nouvelle procédure aboutit à un acquittement ou une relaxe ; il n'en va autrement que si les nouvelles poursuites résultent d'une erreur et que les juridictions internes y mettent fin dès qu'elles s'en aperçoivent (§ 73) ; la violation du principe *non bis in idem* ne peut pas être écartée sur le simple constat qu'une personne a été poursuivie ou punie sur la base de deux infractions nominalement distinctes se fondant sur un seul et même comportement ; encore faut-il examiner si les deux infractions ne présentent pas en réalité les mêmes éléments essentiels (§ 78) ; en l'espèce, le requérant a été tout d'abord poursuivi, en application des art. 1er et 2 de la loi du 1er août 1905, pour le délit de tromperie sur la qualité substantielle des produits sanguins (§ 79) ; le requérant a ensuite fait l'objet de poursuites pour empoisonnement, crime prévu par les art. 301 et 302 de l'ancien C. pén. et par l'art. L. (sic) 221-5 du nouveau (sic) C. pén. et défini comme l'administration de substances de nature à entraîner la mort, ainsi que pour homicides et blessures involontaires (§ 80) ; le problème ne se pose donc, au regard du principe *non bis in idem*, que pour le cas de celles des huit parties civiles qui ont été parties successivement aux deux procédures ; dans la première comme dans la seconde procédure, il a été reproché au requérant d'avoir continué la distribution par le CNTS de produits sanguins alors qu'il les savait contaminés par le virus du sida (§ 85) ; la Cour en conclut donc qu'il s'agissait du même comportement au sens de la jurisprudence citée ci-dessus ; elle doit par conséquent établir si les infractions en cause présentaient les mêmes éléments essentiels (§ 86) ; lesdites infractions n'ont pas le même caractère de gravité : la tromperie sur les qualités substantielles d'un produit est un délit passible du tribunal correctionnel, punissable d'une peine d'emprisonnement maximal de deux ans (portée à quatre ans si le produit est dangereux pour la santé de l'homme), alors que l'empoisonnement est un crime passible de la cour d'assises, puni, sous l'empire de l'ancien code pénal, de la réclusion criminelle à perpétuité et, sous l'empire du nouveau code pénal, de trente ans de réclusion criminelle (§ 87) ; ces infractions se distinguent également quant à la valeur sociale qu'elles protègent : le délit de tromperie réprimé par la L. du 1er août 1905 vise à protéger les cocontractants contre les fraudes et à garantir l'intégrité de leur consentement ; la valeur sociale lésée est l'atteinte à la confiance contractuelle (intérêt de nature économique) ; le crime d'empoisonnement figure parmi les infractions les plus graves, à savoir les atteintes volontaires à la vie d'autrui ; il s'agit de protéger l'intégrité physique de la victime (§ 88) ; par ailleurs, les préjudices découlant de ces deux infractions ne se recouvrent pas puisque, comme l'ont retenu le tribunal correctionnel et la cour d'appel, le préjudice résultant de la fraude sur les qualités substantielles est constitué dès lors que l'intégrité du consentement a été atteinte, en dehors même de toute contamination éventuelle de la victime et même si le risque ne s'est pas réalisé (§ 89) ; la différence la plus importante réside dans l'élément moral, tel qu'il a été précisé par la jurisprudence interne : l'empoisonnement étant, ainsi que l'a relevé le tribunal correctionnel, « un acte intentionnel, conscient, voulu et accompli en vue d'un résultat précisément recherché par son auteur, en l'espèce la mort ou l'atteinte à l'intégrité corporelle », son élément moral est l'intention homicide ; or, cet aspect est totalement absent du délit prévu par les art. 1er et 2 de la loi du 1er août 1905, dont l'élément moral est l'intention d'induire le contractant en erreur, de le tromper (§ 90) ; c'est d'ailleurs au regard de « l'intention coupable essentiellement différente » des deux infractions que la Cour de cassation a, dans son arrêt du 22 juin 1994 rendu dans la première procédure, approuvé les juridictions correctionnelles d'avoir refusé de requalifier les faits comme le demandaient les parties civiles ; de même, la Haute Juridiction a rappelé, dans son arrêt du 18 juin 2003 mettant fin à la seconde procédure, que le crime d'empoisonnement ne pouvait être caractérisé que « si l'auteur a(vait) agi avec l'intention de donner la mort, élément moral commun à l'empoisonnement et aux autres crimes d'atteinte volontaire à la vie de la personne », cette intention ne résultant pas de la simple connaissance du caractère mortifère des produits sanguins (§ 91) ; dans ces conditions et au vu de l'ensemble de ces éléments, la Cour arrive à la conclusion que les infractions pour lesquelles le requérant a été poursuivi ne présentaient pas les mêmes éléments essentiels et qu'il n'y a pas, en l'espèce, d'apparence de violation de l'art. 4 du Prococole no 7 (§ 92). • CEDH 4 mars 2008, *Garretta c/ France : RSC. 2008. 708, obs. Roets*.

12. Prescription. Si le point de départ du délai de prescription de l'action publique relative au délit de blessures involontaires ou d'atteinte involontaire à l'intégrité de la personne, au sens de l'art. 222-19 C. pén., peut être fixé non pas au jour du fait délictueux mais à celui où s'est révélée la conséquence dommageable permettant la qualification de l'infraction, cette interprétation ne saurait, par analogie, être transposée au crime d'empoisonnement dont les éléments constitutifs sont radicalement distincts, à savoir l'administration volontaire de substances dont le caractère mortifère aurait été connu de l'auteur, qu'il s'ensuit que le point de départ de la prescription décennale de ce crime se situe au jour où les substances précitées sont administrées. • Versailles, 7 avr. 1998 : *BICC 1999, no 267 ; D. 2000. Somm. 26, obs. Mayaud*.

Art. 221-5-1 *(L. no 2004-204 du 9 mars 2004, art. 6-II)* **Le fait de faire à une personne des offres ou des promesses ou de lui proposer des dons, présents ou avantages quelconques afin qu'elle commette** *(L. no 2020-936 du 30 juill. 2020, art. 24)* **« , y compris hors du territoire national, » un assassinat ou un empoisonnement est puni, lorsque ce crime n'a été ni commis ni tenté, de dix ans d'emprisonnement et de 150 000 € d'amende.**

BIBL. ► Ponseille, *Dr. pénal 2004. Étude 10* (incrimination du mandat criminel).

Art. 221-5-2 *(L. no 2009-526 du 12 mai 2009, art. 124-I)* **« Les personnes morales déclarées responsables pénalement, dans les conditions prévues par l'article 121-2, des infractions définies à la présente section encourent, outre l'amende suivant les modalités prévues par l'article 131-38, les peines prévues par l'article 131-39. »**

(L. no 2001-504 du 12 juin 2001) **L'interdiction mentionnée au 2° de l'article 131-39 porte sur l'activité dans l'exercice ou à l'occasion de l'exercice de laquelle l'infraction a été commise.**

L'art. 221-5-1 est devenu l'art. 221-5-2 (L. no 2004-204 du 9 mars 2004, art. 6-II).

Art. 221-5-3 *(L. no 2004-204 du 9 mars 2004, art. 12-IV)* **Toute personne qui a tenté de commettre les crimes d'assassinat ou d'empoisonnement est exempte de peine si, ayant averti l'autorité administrative ou judiciaire, elle a permis d'éviter la mort de la victime et d'identifier, le cas échéant, les autres auteurs ou complices.**

La peine privative de liberté encourue par l'auteur ou le complice d'un empoisonnement est ramenée à vingt ans de réclusion criminelle si, ayant averti l'autorité admi-

nistrative ou judiciaire, il a permis d'éviter la mort de la victime et d'identifier, le cas échéant, les autres auteurs ou complices.

Art. 221-5-4 *(L. nº 2010-769 du 9 juill. 2010, art. 33-II)* **Dans le cas où le crime prévu par le 10º de l'article 221-4 est commis à l'étranger à l'encontre d'une personne résidant habituellement sur le territoire français, la loi française est applicable par dérogation aux dispositions de l'article 113-7.**

Art. 221-5-5 *(L. nº 2014-873 du 4 août 2014, art. 34)* **En cas de condamnation pour un crime ou un délit prévu à la présente section, commis par le père ou la mère sur la personne de son enfant ou de l'autre parent, la juridiction de jugement se prononce sur le retrait total ou partiel de l'autorité parentale** *(L. nº 2019-1480 du 28 déc. 2019, art. 8)* **« ou sur le retrait de l'exercice de cette autorité », en application des articles 378** *(L. nº 2016-297 du 14 mars 2016, art. 39)* **« , 379 » et 379-1 du code civil. Si les poursuites ont lieu devant la cour d'assises, celle-ci statue sur cette question sans l'assistance des jurés.**

BIBL. ▶ MARGAINE, *D. 2016. 1089* (retour de l'inceste dans le code pénal et extension de la protection du mineur victime).

SECTION II DES ATTEINTES INVOLONTAIRES À LA VIE

Art. 221-6 *(L. nº 2000-647 du 10 juill. 2000)* **« Le fait de causer, dans les conditions et selon les distinctions prévues à l'article 121-3 », par maladresse, imprudence, inattention, négligence ou manquement à une obligation** *(L. nº 2011-525 du 17 mai 2011, art. 185)* **« de prudence ou de sécurité » imposée par la loi** *(L. nº 2000-647 du 10 juill. 2000)* **« ou le règlement », la mort d'autrui constitue un homicide involontaire puni de trois ans d'emprisonnement et de 45 000 € d'amende.**

(L. nº 2000-647 du 10 juill. 2000) **« En cas de violation manifestement délibérée d'une obligation particulière** *(L. nº 2011-525 du 17 mai 2011, art. 185)* **« de prudence ou de sécurité » imposée par la loi ou le règlement », les peines encourues sont portées à cinq ans d'emprisonnement et à 75 000 € d'amende.** — *Pén. 434-10 ; Pr. pén. 2-12, 398-1 ; Route L. 234-1, L. 234-3 à L. 234-8, L. 234-12, L. 234-13, L. 130-1 à L. 130-3 ; Trav. L. 4741-1, L. 4741-2 et L. 4741-9.*

Sur la présentation des dispositions de la loi nº 2000-647 du 10 juill. 2000 tendant à préciser la définition des délits non intentionnels, V. Circ. CRIM. nº 2000-09 F1 du 11 oct. 2000 (BOMJ 2000, nº 80).

Sur la recherche et la constatation des infractions à l'art. 221-6 C. pén. commises à l'occasion d'accidents de la circulation, V. C. route, art. L. 130-1 à L. 130-3, App., vº Circulation.

Sur les pouvoirs du juge lorsque l'infraction visée à l'art. 221-6 C. pén. constitue un accident du travail, V. ***C. trav.****, art. L. 4741-1, L. 4741-2 et L. 4741-9.*

Corresp. : *C. pén., anciens art. 319 et 320.*

RÉP. PÉN. vis *Santé et sécurité au travail,* par SEGONDS ; *Violences involontaires (théorie générale ; applications et illustrations),* par MAYAUD.

BIBL. ▶ COSTA, *RSC 1964. 731.* – CHAVANNE et FAYARD, *RSC 1975. 5.* – DANTI-JUAN, *RD pén. crim. 1988. 631, et 1992. 1102* (problèmes posés par le Sida). – PH. SALVAGE, *JCP 1996. I. 3984* (l'imprudence en droit pénal). – Y. MAYAUD, *D. 1997. Chron. 37* (de l'art. 121-3 C. pén. à la théorie de la culpabilité en matière criminelle et délictuelle). – J. HERMANN, *D. 1998. Chron. 195* (le juge pénal, juge ordinaire de l'administration ?). – C. LIENHARD et M.-F. STEINLE-FEUERBACH, *D. Affaires 1998. 1514* (éléments de prévention du risque de catastrophes et d'accidents collectifs). – MAYAUD, *RSC 2001. 577* (la faute caractérisée selon la Cour de cassation). – GARRIGOS-KERJAN, *RSC 2006. 577* (amiante et droit pénal : à la recherche de la faute qualifiée). – C. LIENHARD, *Gaz. Pal. 2010. 2. Doctr. 3380* (actualité jurisprudentielle en droit des catastrophes et des accidents collectifs). – MAYAUD, *Mél. Jerry Sainte-Rose, Bruylant, 2012, p. 961* (la diversité non intentionnelle vue sous la répression du risque) ; *RLCT 2013/88, nº 2441* (la responsabilité pénale liée aux catastrophes naturelles : quelle défense pour les décideurs locaux ?). – THIERRY, *AJ pénal 2014. 392* (les catastrophes sanitaires en matière médicale : état des lieux et perspectives). – DAOUD et GHRENASSIA, *AJ pénal 2014. 398* (santé publique et défense pénale). – MASERA, *RSC 2015. 553* (évidence épidémiologique d'une augmentation de la mortalité et responsabilité pénale). – SÉRIAUX, *RSC 2017. 231* (l'appréciation de la faute pénale d'imprudence en droit français contemporain).

▶ **Lois nº 96-393 du 13 mai 1996 et nº 2000-647 du 10 juill. 2000 :** *V. Bibliographie ss. art. 121-3.*

Plan des annotations

I. RESPONSABILITÉ

A. FAUTE

1. QPC. La question prioritaire de constitutionnalité tend à faire constater que les dispositions de l'art. L. 4321-1 C. trav., combiné avec l'art. 221-6 C. pén., portent atteinte aux droits et libertés que la Constitution garantit et plus exactement aux principes de légalité et de prévisibilité de la loi, garantis par l'art. 8 de la Déclaration des droits de l'homme et du citoyen, ainsi qu'au principe à valeur constitutionnelle d'accessibilité et d'intelligibilité de la loi ; cette question ne présente pas, à l'évidence, un caractère sérieux, dès lors que la disposition légale critiquée définit, en des termes suffisamment clairs et précis pour exclure l'arbitraire, les principes régissant l'utilisation des équipements de travail et des moyens de protection mis en service dans les établissements recevant des travailleurs, dont l'application est déterminée par décret ; d'où il suit qu'il n'y a pas lieu de renvoyer la question au Conseil constitutionnel. • Crim., QPC, 3 janv. 2012, n° 11-90.107 P : *RSC 2012. 140, obs. Mayaud*.

2. Étendue. Bien que, sur le plan civil, la responsabilité puisse être considérée comme contractuelle, des poursuites pénales peuvent être exercées lorsque les faits de la cause caractérisent la maladresse, l'imprudence, l'inattention, la négligence ou l'inobservation des règlements visés par les art. 319 et 320 C. pén. • Crim. 12 déc. 1946 : *Bull. crim. n° 231* • 22 avr. 1950 : *ibid. n° 126 ; JCP 1950. II. 5690* • 30 déc. 1953 : *S. 1954. 1. 99* • 5 juin 1958 : *Bull. crim. n° 443* • 20 nov. 1973 : *ibid. n° 425 ; D. 1974. IR 12.*

3. N'est pas un manquement à une obligation particulière de prudence ou de sécurité, le fait, par un employeur, non pas d'avoir imposé des horaires de travail incompatibles avec la sécurité du personnel, mais d'avoir mis en place des horaires en infraction avec les durées quotidienne et hebdomadaire du travail sans autorisation ; le fait même que des dérogations soient prévues et organisées par les textes suffit à ôter à la réglementation en matière de durée maximale quotidienne et hebdomadaire du travail le caractère d'obligation de prudence ou de sécurité, dès lors que la loi ne saurait organiser des situations qu'elle considérerait par ailleurs systématiquement comme pénalement répréhensibles. • Toulouse, 1er févr. 2001 : *RSC 2002. 104, obs. Mayaud*.

4. Preuve. L'art. 319 C. pén. n'a pas institué une présomption de responsabilité pénale à l'encontre de celui qui a causé involontairement la mort d'autrui ; à défaut de preuve rapportée d'une faute, maladresse ou imprudence, négligence ou inobservation des règlements ayant un rapport de cause à effet avec l'accident, il y a lieu à acquittement du prévenu. • T. corr. Rouen, 17 janv. 1947 : *D. 1947. 208.*

1° FAUTE SIMPLE

5. Nature. Le délit d'homicide involontaire, prévu et réprimé par l'art. 319 C. pén., est constitué dès lors que cet homicide est le résultat d'une faute, même légère. • Crim. 23 avr. 1955 : *D. 1955. 524.* ♦ L'existence d'une faute lourde n'est pas indispensable pour caractériser les délits prévus par les art. 319 et 320 C. pén. • Crim. 28 oct. 1971, n° 90-75.070 P.

6. Les délits d'homicide et de blessures involontaires, prévus par les art. 319 et 320 C. pén., ne sont pas subordonnés à l'existence d'une contravention légalement punissable. • Crim. 22 févr. 1951 : *Bull. crim. n° 61 ; D. 1951. 255 ; S. 1952. 1. 103* • 3 févr. 1953 : *Bull. crim. n° 31 ; D. 1953. 240* • 28 juin 1972, n° 92-54.871 P. ♦ Dès lors, une contravention au code de la route, bien que non poursuivie ou prescrite, peut être relevée à la charge du prévenu comme l'un des éléments constitutifs du délit d'homicide ou de blessures involontaires. • Crim. 22 févr. 1951 : *préc.* • 3 févr. 1953 : *préc.* ♦... Et il ne saurait être fait grief à l'arrêt attaqué d'avoir relevé, à la charge du prévenu, des faits constituant une contravention de défaut de maîtrise qui n'était pas comprise dans les poursuites, dès lors qu'aucune condamnation n'a été prononcée de ce chef et que l'inobservation, par le prévenu, des prescriptions de l'art. R. 11-1 C. route n'a été retenue que pour caractériser un des éléments constitutifs des infractions de blessures involontaires, régulièrement visées par la prévention, dont il a été déclaré coupable. • Crim. 21 févr. 1996, n° 95-81.440 P : *RSC 1996. 854, obs. Mayaud*. ♦ Une violation de la réglementation de la sécurité du travail, bien qu'étant effacée par l'amnistie en tant que contravention, n'en existe pas moins en fait et peut être retenue comme formant un des éléments du délit d'homicide involontaire. • Crim. 28 juin 1972 : *préc.* ♦ Justifie également sa décision l'arrêt qui, pour déclarer coupable de blessures involontaires le directeur d'une société d'exploitation de téléphérique, relève à sa charge des fautes d'imprudence ou de négligence dans la mise en usage d'un télésiège, même en l'absence de toute infraction caractérisée aux règlements régissant l'installation et l'exploitation de ce genre d'appareils. • Crim. 4 juin 1973, n° 91-00.272 P. ♦ L'application des pénalités prévues à l'art. 320 C. pén. n'étant pas subordonnée à l'existence d'une contravention légalement punissable, la circonstance qu'un fait infractionnel se trouve dépourvu de sanction pénale, par l'effet de l'abrogation du texte qui l'incrimine (défaut de maîtrise), ne met pas obstacle à ce qu'il soit retenu comme l'un des éléments constitutifs du délit de blessures involontaires. • Crim. 28 juin 1995, n° 94-85.684 P : *Dr. pénal 1995. 218, note Véron*.

7. La négligence suffit à fonder la responsabilité pénale au sens des art. 319 et 320 C. pén. ; elle peut résulter notamment du fait que le prévenu connaissait les prescriptions de règlements de sécurité, même si l'observation desdits règlements ne lui incombait pas personnellement. • Crim. 31 mars 1965, n° 64-91.119 P. ♦ De même, doit être cassé pour insuffisance de motifs l'arrêt qui a relaxé les prévenus, au motif que le règlement dont l'inobservation était relevée par la prévention n'était pas applicable, sans rechercher s'ils n'avaient pas commis une imprudence ou une négligence qui aurait été en relation avec la mort de la victime. • Crim. 17 juill. 1973, n° 92-22.172 P.

8. Tout exploitant d'établissement industriel (ainsi d'EDF) est tenu, en vertu des principes généraux de droit, d'exercer son activité dans des conditions de nature à prévenir les risques auxquels cette activité est susceptible d'exposer les tiers ; cette obligation est générale et s'impose même en l'absence de textes particuliers. • TGI Grenoble, 15 sept. 1997 : *Gaz. Pal. 1997. 2, chron. crim. 211* confirmé par : • Grenoble, 12 juin 1998 : *Gaz. Pal. 1998. 2. 460, note S. Petit*. – V. en cassation, • Crim. 12 déc. 2000, n° 98-83.969 P : *BICC 2001, n° 529, p. 3, concl. Commaret, et rapp. Ferrari ; Gaz. Pal. 2000. 2. 2456, note Petit ; ibid. 2001. 2. 1196, note Monnet ; Dr. pénal 2001. 43, obs. Véron ; RSC 2001. 157, obs. Mayaud ; ibid. 372, obs. Bouloc*. ♦ La seule négligence, même s'il n'est pas fait référence à une loi ou à un règlement, constitue l'infraction dès lors qu'il existe un lien de causalité entre elle et le décès. • TGI Narbonne, 12 mars 1999 : *Gaz. Pal. 1999. 1. 405, note Petit* (négligence dans l'entretien d'une installation électrique).

9. Alors qu'il se rendait à son travail entre 9h30 et 10h00, le prévenu a oublié de déposer sa fille âgée de 19 mois à la crèche, la laissant dans son véhicule en stationnement jusqu'à 16h40 ; il n'a réalisé son oubli dramatique que lorsque son épouse l'a appelé quand elle n'a pas trouvé leur enfant à la crèche vers 16 h ; en dépit de l'intervention des secours, l'enfant est décédée d'une hyperthermie maligne à la suite de ce séjour prolongé dans un endroit clos où régnait une forte chaleur ; il convient donc de confirmer la condamnation du prévenu, dont l'inattention tragique a causé le décès de l'enfant, du chef d'homicide involontaire, précision étant faite que, contrairement à ses prétentions, s'agissant d'une inattention, l'absence de dispositions législative ou réglementaire, à supposer qu'elle puisse fonder une relaxe, est sans conséquence en l'espèce. • Montpellier, 14 avr. 2011 : *JCP 2011, n° 954*.

10. Appréciation. Les juges du fond apprécient souverainement les faits constituant des imprudences au sens de l'art. 319 C. pén. • Crim. 16 févr. 1956, n° 3-70.254 P.

11. L'imprudence d'un acte ne doit pas s'apprécier d'après son résultat mais uniquement au regard de l'obligation de diligence qui s'impose à tous ; action ou omission, l'imprudence suppose la prévisibilité raisonnable, compte tenu du comportement usuel des hommes. • Nîmes, 28 mai 1966 : *JCP 1967. II. 15311, note Chauveau*. ♦ S'il convient d'apprécier la culpabilité en tenant compte tant de la faute que de ses conséquences, il reste que la faute dans son principe conserve un caractère dominant dans le cadre de la responsabilité pénale, et ses conséquences un caractère dominant dans le cadre de la responsabilité civile pour les réparations auxquelles elle donne lieu. • Versailles, 8 avr. 1987 : *Gaz. Pal. 1987. 1. 226*.

12. Doit être cassé comme insuffisamment motivé l'arrêt qui relaxe d'une prévention d'homicide involontaire sans rechercher si les divers faits, relevés à l'encontre du prévenu, ne constituaient pas une imprudence en relation avec la mort ou les blessures des victimes. • Crim. 1er juill. 1954 : *Bull. crim. n° 245* • 26 juin 1956 : *ibid. n° 487* • 10 févr. 1959 : *ibid. n° 90*. ♦ Mais est légalement justifiée une condamnation pour blessures involontaires, alors que, pour expliquer de quelle manière l'accident s'est produit, l'arrêt attaqué a envisagé deux hypothèses et qu'il résulte de ses constatations que, quelle que soit l'hypothèse qui s'est réalisée, les blessures sont dues aux fautes du prévenu. • Crim. 4 juin 1931 : *Bull. crim. n° 154.*

2° DILIGENCES NORMALES

13. L. 13 mai 1996. BIBL. V. ss. art. 121-3. ♦ L'art. 121-3 C. pén., modifié par la loi n° 96-393 du 13 mai 1996, pose le principe de l'appréciation *in concreto* de la faute d'imprudence, de négligence ou de manquement à une obligation de sécurité, qui ne saurait plus être présumée ou déduite de la seule survenance d'un dommage résultant de l'un ou l'autre manquement ou omission susvisé, mais au contraire doit être écartée lorsque l'auteur des faits justifie d'une cause d'irresponsabilité consistant dans l'accomplissement des « diligences normales », c'est-à-dire de celles, adéquates, que sa situation lui permettait de concevoir et de mettre en œuvre pour prévenir le dommage. • TGI Lyon, 26 sept. 1996 : *D. 1997. 200, note Seillan ; RSC 1997. 833, obs. Mayaud*. ♦ ... Spécialement, le dirigeant d'une entreprise, en justifiant de l'accomplissement des diligences normales que la situation requérait, s'exonère de sa responsabilité découlant du manquement à l'obligation de sécurité qui lui est reproché ; aucune faute personnelle n'étant retenue à sa charge, il sera renvoyé des fins de la poursuite. • Même jugement.

14. L'art. 121-3 C. pén. dans sa nouvelle rédaction supprime une ambiguïté des art. 221-6 et 221-19, en ce sens que la simple démonstration de la violation d'une règle de prudence ou de sécurité prévue par la loi n'est pas suffisante pour caractériser le délit, la faute résultant de cette violation devant être également analysée au regard des circonstances de l'espèce. • T. corr. Toulouse, 19 févr. 1997 : *Gaz. Pal. 1997. 1. 396, note Riera ; RSC 1997. 832, obs. Mayaud*. ♦ Incontestablement plus douce que la loi en vigueur au temps des faits, la L. du 13 mai 1996 substitue à la référence au comportement moyen, et par conséquent abstrait, d'un individu placé dans la même situation que le prévenu, une analyse correcte (concrète) de la situation dans laquelle celui-ci se trouvait ; loi plus douce, elle est immédiatement applicable. • Toulouse, 29 janv. 1998 : *D. 1999. 56, note Bénoit* (confirmation de • T. corr. Toulouse, 19 févr. 1997 : *préc.* ; sur pourvoi : • Crim. 29 juin 1999, n° 98-81.413 P : *D. 2000. Somm. 29, obs. Mayaud ; Gaz. Pal. 2000. 1. 73, note Petit*).

15. Tout manquement par le conducteur d'un véhicule à ses obligations de prudence et de sécurité est nécessairement incompatible avec les diligences normales que lui impose le code de la route, et caractérise, à sa charge, la faute définie par l'art. 121-3, al. 3, C. pén., dans sa rédaction issue de la L. du 13 mai 1996. • Crim. 2 avr. 1997, n° 95-85.564 P : *RSC 1997. 837, obs. Mayaud*. ♦ Dès lors, n'encourt pas l'annulation au regard de cette loi nouvelle l'arrêt qui, pour déclarer le conducteur d'un véhicule coupable d'homicide involontaire, retient qu'il a été, par son défaut de maîtrise, à l'origine de l'accident à la suite duquel la victime est décédée. • Même arrêt.

16. Exemples positifs. Pour la constatation de telles diligences : divagation de chevaux par suite d'effractions commises par un tiers. • Crim. 1er oct. 1997, n° 95-83.471 P. ♦ ... Accident dans une cour de récréation. • Bastia, 30 juin 1999 : *Gaz. Pal. 2000. 1. 623.* ♦ ... Noyade d'un baigneur dans une baie à marée montante. • Amiens, 9 mai 2000 : *Gaz. Pal. 2000. 2. 1413, note Petit.*

17. Le reproche adressé à la prévenue, institutrice chargée de l'encadrement des enfants victimes du lâcher des eaux d'un barrage en amont de leur site d'observation, de n'avoir pas fait l'acquisition d'une carte détaillée et de n'avoir pas effectué une étude approfondie de la topographie des lieux, manifeste le plus total irréalisme, seules les diligences normales devant être exigées d'une simple institutrice, et non pas des diligences relevant de la compétence d'un officier d'état-major dont l'activité consiste à la recherche, à l'analyse des menaces et des moyens d'y remédier. • Lyon, 28 juin 2001 : *Gaz. Pal. 2001. 2. 1140, note Petit ; RSC 2001. 804, obs. Mayaud* (sur renvoi après cassation par • Crim. 12 déc. 2000 : *préc. note 8*).

18. Exemples négatifs. Pour la négation de telles diligences : Sécurité du travail. • Crim. 30 oct. 1996, n° 94-83.650 P : *Gaz. Pal. 1997. 1. Somm. 122, note Latry-Bonnart ; RSC 1997. 634, obs. Bouloc* • 17 juin 1997, n° 95-83.010 P : *Dr. pénal 1997. 139, obs. Véron ; RSC 1998. 316, obs. Bouloc* • 14 oct. 1997, n° 96-83.356 P : *Dr. pénal 1998. 25, obs. Robert ; RSC 1998. 328, obs. Mayaud ; RTD com. 1998. 431, obs. Bouloc* • 9 déc. 1997, n° 96-85.958 P • 30 juin 1998, n° 97-84.263 P : *JCP 1999. II. 10067, note Chevallier.*

19. ... Extubation et arrêt d'une réanimation par un anesthésiste contraires aux règles consacrées par la pratique médicale. • Crim. 19 févr. 1997, n° 96-82.377 P : *D. 1998. 236, note Legros ; JCP 1997. II. 22889, note Chevallier ; Dr. pénal 1997. 109 (1er arrêt), obs. Véron ; Gaz. Pal. 1999. 1. 379, note Bonneau.* ♦ ... Manquements dans l'organisation d'un service hospitalier. • Crim. 26 mars 1997, n° 95-81.439 P : *Dr. pénal 1997. 109 (3e arrêt), obs. Véron ; RSC 1997. 835, obs. Mayaud*. ♦ ... Défaut d'un examen clinique approfondi ayant eu pour effet d'empêcher un bon diagnostic et de retarder une intervention chirurgicale. • Crim. 29 juin 1999, n° 98-82.300 P : *D. 2000. Somm. 30, obs. Mayaud*. ♦ ... Utilisation maladroite et en méconnaissance des règles de l'art d'instruments d'accouchement. • Crim. 23 oct. 2001, n° 01-81.030 P : *Dr. pénal 2002. 27 (1er arrêt), obs. Véron ; Gaz. Pal. 2002. 1. 365, note Petit ; RSC*

2002. 102, obs. Mayaud ; *ibid. 2002. 320, obs. Bouloc*. ♦ ... Mauvais choix d'une table d'opération. • Crim. 23 oct. 2001, nº 01-81.227 P : *Dr. pénal 2002. 27 (2e arrêt), obs. Véron* ; *Gaz. Pal. 2002. 1. 363, et la note* ; *RSC 2002. 102, obs. Mayaud*, et *320, obs. Bouloc*. ♦ ... Négligence par un pédiatre, après l'accouchement difficile d'un nouveau-né, du risque majeur d'extension rapide d'un hématome superficiel et des complications hémorragiques qui pouvaient en résulter, et omission de mettre en place une surveillance médicale adaptée. • Crim. 13 nov. 2002, nº 01-88.462 P : *D. 2004. 1336, note Conte* ; *Gaz. Pal. 1er-2 août 2002, note Monnet* ; *RSC 2003. 331, obs. Mayaud*. ♦ ... Erreur de localisation d'une hernie discale de la part d'un chirurgien orthopédiste, et choix d'une voie opératoire dangereuse, obsolète, et inadaptée. • Crim. 21 sept. 2004, nº 03-85.510 P : *RSC 2005. 77, obs. Mayaud*.

20. ... Manquement à l'obligation de contrôle d'un matériel importé. • Crim. 12 mars 1997, nº 96-83.720 P : *D. 1998. Somm. 37, obs. Lacabarats* ; *Dr. pénal 1997. 141, obs. Véron*. ♦ ... Manquement, pour un professionnel du contrôle d'installations électriques, aux règles de l'art facilement décelable. • Crim. 21 janv. 1998 : *Dr. pénal 1998. 78, obs. Véron*.

21. ... Inobservation des règlements relatifs à la sécurité des installations sportives ouvertes au public et à leur contrôle technique. • Crim. 24 juin 1997, nº 96-82.424 P : *RSC 1997. 835, obs. Mayaud* ; *Gaz. Pal. 1998. 2. 650, note Petit*. ♦ ... Sécurité dans la pratique des sports. • Crim. 3 déc. 1997, nº 96-84.841 P : *D. 1999. Somm. 81, obs. Lagarde*. ♦ Rejet du pourvoi contre • Versailles, 13 sept. 1996 : *BICC 1997. 400* ; *Gaz. Pal. 1997. 1. Somm. 236* ; *RSC 1997. 833, obs. Mayaud*.

22. ... Négligences commises par des cadres de EDF lors de l'évacuation de débits excédentaires d'un barrage. • TGI Grenoble, 15 sept. 1997 : *Gaz. Pal. 1997. 2, chron. crim. 211*, confirmé par • Grenoble, 12 juin 1998 : *Gaz. Pal. 1998. 2. 460, note Petit*. – V. en cassation, • Crim. 12 déc. 2000 : *préc. note 8*.

3º FAUTE CARACTÉRISÉE

BIBL. Morvan, *Mél. Pradel, Cujas, 2006* (irrésistible ascension de la faute caractérisée).

23. *Renvoi.* V. ss. art. 121-3.

24. *Définition.* La faute caractérisée désigne une faute dont les éléments sont bien marqués et d'une certaine gravité, ce qui indique que l'imprudence ou la négligence doit présenter une particulière évidence ; elle consiste à exposer autrui, en toute connaissance de cause, que ce soit par un acte positif ou par une abstention grave, à un danger. • TGI La Rochelle, 7 sept. 2000 : *D. 2000. IR 250* ; *Gaz. Pal. 2000. 2. 2369* ; *LPA, 23 nov. 2000, nº 234, p. 13, note Vital-Durand* ; *RSC 2001. 159, obs. Mayaud*.

25. A la lumière des observations formulées devant l'Assemblée nationale et le Sénat, il est possible de dire que, pour revêtir les traits d'une faute caractérisée, la faute doit apparaître avec une particulière évidence, une particulière intensité, que sa constance doit bien être établie et qu'elle doit correspondre à un comportement présentant un caractère blâmable, inadmissible ; en outre, l'extrême gravité du dommage et ses conséquences ne sont pas de nature à qualifier a *posteriori* la gravité de la faute. • Poitiers, 2 févr. 2001 : *JCP 2001. II. 10534, note Salvage* (confirmation de • TGI La Rochelle, 7 sept. 2000 : *préc. note 24*).

26. La faute caractérisée, au sens de la L. du 10 juill. 2000, s'analyse comme un manquement caractérisé à des obligations professionnelles essentielles ou comme l'accumulation d'imprudences ou de négligences successives témoignant d'une impéritie prolongée. • Lyon, 28 juin 2001 : *D. 2001. IR 2562* ; *Gaz. Pal. 2001. 2. 1140, note Petit* ; *RSC 2001. 804, obs. Mayaud* (sur renvoi après cassation par • Crim. 12 déc. 2000 : *préc. note 8*) • Paris, 24 janv. 2002, nº 00/05096 ; confirmé par • Crim. 10 déc. 2002, nº 02-81.415 P : *Dr. pénal 2003. 45 (2e arrêt), obs. Véron* ; *RSC 2003. 332, obs. Mayaud* • Grenoble, 4 juill. 2007 : *JCP 2007. IV. 3248*.

27. *Appréciation.* Pour l'absence de faute caractérisée alors que la victime était elle-même en faute. • Paris, 22 déc. 2000 : *RSC 2001. 381, obs. Mayaud*.

28. Constituent des fautes caractérisées, au sens de l'art. 121-3, al. 4, C. pén., dans sa rédaction issue de la L. du 10 juill. 2000, commises par un médecin anesthésiste, de nombreux manquements en présence d'un risque connu : ainsi le fait qu'il ne se soit pas déplacé, ou qu'il ne soit pas demeuré en permanence au chevet du malade pour adapter en temps réel les prescriptions utiles (mais sa responsabilité n'est pas engagée, en l'absence d'une causalité « directe, certaine et exclusive » avec le décès). • Pau, 2 mai 2001 : *JCP 2001. IV. 3098*.

29. Titulaires d'un droit d'affouage, des parents se sont rendus avec leurs enfants dans une forêt communale, et alors que les enfants jouaient sur un tronc d'arbre long de 12,60 mètres, prenant appui en oblique sur deux autres grumes posées au sol parallèlement, le tronc, en basculant et en roulant en contrebas sur environ cinq mètres, a écrasé un des enfants qui est décédé ; c'est à bon droit que la cour d'appel a déclaré l'agent technique de l'Office national des forêts chargé par la commune de l'exploitation forestière, et l'artisan chargé des travaux de bûcheronnage et de débardage, coupables d'homicide involontaire ; chargé des opérations de cubage et de la surveillance de la coupe, l'agent technique avait constaté le jour même le danger que représentait la grume en équilibre instable et avait recommandé à la personne qui l'accompagnait de ne pas rester en aval du tronc ; malgré ce constat, et bien que sachant que les lots d'affouage venaient d'être distribués et que certains bénéficiaires profiteraient de ce jour férié pour ramasser du bois, il n'a pris aucune disposition ; l'inertie du prévenu constitue une faute caractérisée dont il n'ignorait pas qu'elle exposait autrui à un risque d'une particulière gravité ; en outre, les parents de la victime ignoraient l'existence du tas de grumes ; se trouvant au bord du chemin, dans des conditions normales, ils pouvaient légitimement laisser jouer les enfants sans être tenus à une surveillance de tous les instants. • Crim. 13 nov. 2002, n° 01-88.643 P : *RSC 2003. 337, obs. Mayaud*.

30. Un salarié d'une entreprise de peinture industrielle a été blessé alors qu'il surveillait le mélange de divers produits dans une cuve, son bras ayant été entraîné par l'arbre de l'appareil mélangeur ; la cour d'appel a infirmé le jugement condamnant l'employeur pour blessures involontaires, sur le fondement de l'art. R. 625-2 C. pén., et infractions à la réglementation relative à la sécurité, sur le fondement des art. L. 233-5 [L. 4311-1 s., L. 4313-1, L. 4314-1, R. 4312-1 et R. 4313-1 s. nouv.] et L. 263-2 [L. 4741-1 et L. 4741-9 nouv.] C. trav. ; elle a retenu que, si la faute de l'employeur apparaît caractérisée et ne saurait constituer une simple négligence ni une faute légère, et exposait les opérateurs à un risque particulièrement grave, en revanche, il n'est nullement établi que le prévenu ne pouvait ignorer ce risque ; la cour d'appel n'a pas donné de base légale à sa décision, car elle ne pouvait, sans se contredire, constater que le prévenu avait commis une faute caractérisée exposant autrui à un risque d'une particulière gravité en ne veillant pas personnellement au respect de la réglementation sur la sécurité des machines dangereuses, et relaxer celui-ci, au motif qu'il pouvait ignorer le risque découlant de ce manquement. • Crim. 11 févr. 2003, n° 02-85.810 P : *D. 2003. Somm. 1660, obs. Mathieu* ; *RSC 2003. 801, obs. Giudicelli-Delage* ; *Gaz. Pal. 2004. 2. Doctr. 2888, obs. Ponseille.*

31. Applications. V. ci-dessous, III, note 274 s.

4° FAUTE DÉLIBÉRÉE

32. Renvoi. V. ss. art. 121-3.

33. Appréciation. La loi d'orientation sur l'éducation du 10 juill. 1989, énonçant, dans son art. 14, le principe de la responsabilité des enseignants pour l'ensemble des activités scolaires des élèves, ne contient aucune obligation particulière de prudence ou de sécurité pénalement sanctionnée. • Lyon, 28 juin 2001 : *D. 2001. IR 2562* ; *Gaz. Pal. 2001. 2. 1140, note Petit* ; *RSC 2001. 804, obs. Mayaud* (sur renvoi après cassation par • Crim. 12 déc. 2000 : *préc. note 8*) • Paris, 24 janv. 2002, n° 00/05096, confirmé par • Crim. 10 déc. 2002 : *préc. note 26.* ♦ Aucun des lois et règlements qui posent le principe de la responsabilité des enseignants ne contient une obligation particulière de surveillance au sens de l'art. 121-3 C. pén. • T. corr. Tarascon, 29 oct. 2013 : *AJ pénal 2014. 134, obs. Vial*.

34. Si c'est à tort que les juges du second degré ont retenu la culpabilité de M. X... sur le fondement de l'art. 53 de la Délib. n° 91-013 modifiée de l'Assemblée territoriale de la Polynésie française du 17 janv. 1991, qui ne comporte que des dispositions générales de sécurité sans édicter d'obligations particulières de protection des travailleurs, l'arrêt n'encourt pas cependant la censure, dès lors que l'art. 34 de cette même délibération, prise pour l'application des dispositions de la L. du 17 juill. 1986 relative aux principes généraux du droit du travail, impose, lorsque les techniques le permettent, le captage à la source des émissions, sous forme de gaz, vapeurs ou aérosols de particules solides ou liquides, de substances insalubres, gênantes ou dangereuses pour la sécurité des travailleurs, et caractérise l'obligation particulière de sécurité exigée par les art. 222-20 et 223-1 C. pén. • Crim. 25 juin 2013, n° 12-81.820 P : *D. actu. 12 sept. 2013, obs. Le Drevo.*

35. Constituent des obligations particulières de prudence ou de sécurité les prescriptions des art. 14, 17 et 19 du Règl. CE n° 178/2002 du Parlement et du Conseil du 28 janv. 2002 aux termes desquels notamment, d'une part, lorsqu'une denrée alimentaire dangereuse fait partie d'un lot ou d'un chargement de denrées alimentaires de la même catégorie ou correspondant à la même description, il est présumé que la totalité des denrées alimentaires de ce lot ou chargement sont également dangereuses, sauf si une évaluation détaillée montre qu'il n'y a pas de preuve que le reste du lot ou du chargement soit dangereux, d'autre part, dans une telle situation l'exploitant doit retirer les denrées du marché, enfin, les exploitants du secteur alimentaire veillent, à toutes les étapes de la production, de la transformation et de la distribution dans les entreprises placées sous leur contrôle, à ce que les denrées alimentaires ou les aliments pour animaux répondent aux prescriptions de la législation alimentaire applicables à leurs activités et vérifient le respect de ces prescriptions. • Crim. 31 mars 2020, n° 19-82.171 P : *D. actu 14 mai 2020, obs. Charlent* ; *AJ pénal 2020. 356, obs. Lasserre Capdeville*.

36. Applications. V. ci-dessous, III, spéc. « Employeurs », « Circulation routière », « Fonctionnaires et militaires », « Médecins et professionnels de santé », « Transports », notes 274 s.

5° UNITÉ DES FAUTES CIVILE ET PÉNALE

37. Avant la L. du 10 juill. 2000. La faute pénale d'imprudence se confondant avec la faute quasi délictuelle civile, le juge répressif ne peut pas, sans que sa décision soit entachée d'une contradiction de motifs, relaxer le prévenu du chef de blessures involontaires tout en relevant à sa charge une faute dont les conséquences dommageables sont de nature à donner lieu à une réparation. • Civ. 18 déc. 1912 : *DP 1915. 1. 17, note L. S. ; S. 1914. 1. 249, note Morel ; Gaz. Pal. 1913. 1. 107* • 30 déc. 1929 : *DP 1930. 41 (3e esp.), note R. Savatier* • Crim. 6 juill. 1934 : *D. H. 1934. 446.* ♦ Rappr. : • Grenoble, 15 juin 1993 : *D. 1994. 239, note Lebreton* . ♦ L'autorité de la chose jugée au pénal ne s'attache qu'aux décisions de juridiction de jugement qui sont définitives et qui statuent sur le fond de l'action publique (à propos de l'unité des fautes civile et pénale). • Civ. 1re, 6 mars 1996 : *D. 1997. 93, note Lebreton* .

38. En l'état d'une décision pénale qui considère comme insuffisants, pour retenir une faute d'imprudence caractérisée, les éléments invoqués par le client d'un hôtelier victime d'une chute, l'autorité de la chose jugée au pénal empêche de qualifier au civil les mêmes faits de fautifs. • Civ. 1re, 22 mai 1991, n° 89-21.791 P : *Gaz. Pal. 1994. 2. 520, note Pohe.* ♦ Aucune faute ne peut être retenue par la juridiction civile contre un conducteur relaxé par une juridiction pénale du chef de blessures involontaires. • Civ. 2e, 29 mai 1996, n° 93-13.259 P • 12 juin 1996, n° 94-18.417 P.

39. Si les dispositions pénales ont sur le civil autorité entre les parties qui y ont été représentées, c'est à la condition toutefois que ces décisions soient fondées sur des dispositions certaines, indubitables, formelles et explicites qui doivent en être le soutien nécessaire ; ne répond pas à cette condition le tribunal de police qui expose seulement : « il ressort des pièces du dossier qu'une partie est entièrement responsable des conséquences dommageables de l'accident... », sans autre précision ; une telle disposition est en effet de pure forme et d'ordre général, de sorte que la juridiction civile dispose de son entier pouvoir d'apprécier une éventuelle faute de nature à limiter ou à exclure son droit à indemnisation. • Paris, 29 avr. 1997 : *BICC 1997. 1186.*

40. Les juges ayant à statuer sur l'action civile ne peuvent méconnaître une condamnation définitivement prononcée par la juridiction pénale ; ainsi, alors que la déclaration de culpabilité du prévenu, passée en force de chose jugée, impliquait à la charge de celui-ci l'existence d'une faute ayant concouru à la production du dommage subi par la partie civile, la cour d'appel a méconnu le principe susénoncé en considérant comme cause exclusive de l'accident le comportement de la victime. • Crim. 2 avr. 1997, n° 96-83.683 P.

41. La faute pénale n'est pas en soi une faute inexcusable au sens de la législation sociale. • Crim. 8 mai 1968, n° 91-93.367 P : *D. 1968. 497* • 15 oct. 1970, n° 93-38.368 P : *D. 1970. 733, note Costa ; Gaz. Pal. 1971. 1. 43.* ♦ V. cependant • Soc. 13 juill. 1994, n° 92-11.234 P : *JCP 1995. II. 22424, note Saint-Jours.* ♦ ... Ni une faute personnelle détachable des fonctions au sens du droit public. • Crim. 19 juin 1974, n° 73-72.918 P : *RSC 1975. 702, obs. Levasseur.* ♦ Conformément aux principes généraux, l'autorité de la chose jugée au pénal s'impose de manière absolue au civil dans le cas où l'action dont le juge civil est saisi tend à remettre en cause un point définitivement tranché par le juge répressif ; ainsi, si, en matière d'accident du travail, la faute inexcusable a un fondement social qui ne s'identifie pas avec la faute pénalement sanctionnée, il n'en reste pas moins que la juridiction de sécurité sociale doit, lorsqu'elle est saisie d'une action en reconnaissance d'une telle faute, respecter l'autorité de la chose jugée qui s'attache aux décisions de la juridiction pénale en ce qui concerne l'existence du fait incriminé, sa qualification et la culpabilité de celui auquel il est imputé ; au regard de ces principes, il est parfaitement clair qu'une décision de relaxe au profit du chef d'entreprise poursuivi à la fois pour blessures involontaires et non-respect des règles de sécurité suppose qu'aucune imprudence, négligence ou inobservation des règlements n'a été commise ; une telle relaxe s'oppose donc de manière absolue à ce que soit retenue à l'encontre de ce chef d'entreprise une faute quelconque par la juridiction de sécurité sociale. • Paris, 20 avr. 2000 : *D. 2000. 758, note Saint-Jours* . ♦ La décision de relaxe prononcée à l'égard de l'employeur n'interdit pas à la juridiction civile de rechercher sa responsabilité sur le fondement de la faute inexcusable dans le cas où il s'est substitué, dans ses fonctions de direction, un salarié n'ayant fait l'objet d'aucune poursuite pénale ; la cour d'appel, qui a écarté la faute inexcusable aux motifs que la relaxe de l'employeur a autorité de chose jugée par rapport aux faits compris dans la poursuite, après avoir constaté que le salarié, dont la faute était invoquée, n'avait pas fait l'objet de poursuites pénales, et qui n'a pas recherché si l'accident n'était pas imputable à la faute de ce salarié substitué, a violé l'art. 1351 C. civ. et privé sa décision de base légale au regard de l'art. L. 452-1 CSS. • Soc. 15 juin 2000, n° 98-21.929 P : *D. 2000. 795, note Saint-Jours* .

42. Cassation, pour violation de l'art. 1384, al. 2, C. civ., de l'arrêt qui, statuant à la suite de l'incendie d'un bâtiment dépendant d'une copropriété qui a causé des dommages à des installations de France Télécom, condamne à garantie l'assureur de la copropriété, dès lors que, après avoir exactement retenu que la contravention de grande voirie est une infraction matérielle qui n'implique pas d'intention coupable mais n'exclut pas l'existence d'une faute ou l'application d'une présomption de faute, il ajoute que « cette faute pénale correspond à la faute civile des art. 1382 à 1384 C. civ. », se déterminant ainsi sans caractériser la faute fondant la responsabilité de l'assuré et seule susceptible de permettre la mise en jeu de la garantie. • Civ. 1re, 7 oct. 1998, n° 96-18.096 P : *D. 1999. Somm. 263, obs. Jourdain*.

43. L. 10 juill. 2000. BIBL. Nuttens, *Gaz. Pal. 2000. 2. Doctr. 1740* (fin de la confusion de la faute civile et de la faute pénale d'imprudence). – Vachet, *Droit social, janv. 2001, p. 47* (incidence de la L. du 10 juill. 2000 sur la reconnaissance de la faute inexcusable de l'employeur). – Jourdain, *RSC 2001. 748* (conséquences de la L. du 10 juill. 2000 en droit civil). – Desnoyer, *D. 2002. Chron. 979* (art. 4-1 C. pr. pén., L. du 10 juill. 2000 et ambitions du législateur : l'esprit contrarié par la lettre). – Tapia, *Gaz. Pal. 2003. 1. Doctr. 686* (décadence et fin éventuelle du principe d'identité des fautes pénale et civile). – Giudicelli, *RSC 2003. 125* (principe de l'autorité de la chose jugée du pénal sur le civil) ; *ibid. 127* (mise en œuvre de l'art. 470-1 C. pr. pén.). – Monnet, « La procédure en tous ses états », *Mél. Jean Buffet, LPA, coll. Mél., 2004, p. 225 à 345* (faute civile et faute pénale dans les infractions non intentionnelles). – D'Hauteville, *Mél. Ottenhof, Dalloz, 2006* (brèves remarques sur le nouveau principe de la dualité des fautes civile et pénale d'imprudence).

44. La déclaration par le juge répressif de l'absence de faute pénale non intentionnelle ne fait pas obstacle à ce que le juge civil retienne une faute civile d'imprudence ou de négligence ; cassation, pour violation des art. 1351, ensemble 1147 et 1383 C. civ., de l'arrêt qui, pour écarter la responsabilité d'une personne, au sens de l'art. 1383 C. civ., retient que la faute civile qui lui est imputée est de nature identique à la faute pénale qui sous-tend la prévention sous laquelle elle a comparu et été relaxée, et que le juge civil est tenu de respecter l'autorité de la chose jugée au pénal. • Civ. 1re, 30 janv. 2001, n° 98-14.368 P : *D. 2001. Somm. 2232, obs. Jourdain* ; *JCP 2001. I. 338, n° 4, obs. Viney* ; *RTD civ. 2001. 376, obs. Jourdain* ; *RSC 2001. 613, obs. Giudicelli*.

45. La déclaration par le juge répressif de l'absence de faute pénale non intentionnelle ne fait pas obstacle à la reconnaissance d'une faute inexcusable en application de l'art. L. 452-1 CSS. • Soc. 12 juill. 2001, n° 99-18.375 P : *D. 2001. 3390, note Saint-Jours* ; *ibid. 2002. Somm. 1311, obs. Jourdain* ; *JCP E 2002. 86, note Amauger-Lattes* • 28 mars 2002, n° 00-11.627 P. ♦ Une cour d'appel peut donc, sans méconnaître l'autorité de la chose précédemment jugée, décider qu'une société, relaxée des chefs d'homicide involontaire et d'infractions aux règles d'hygiène et de sécurité, commet une faute inexcusable à l'origine du décès de son employé. • Soc. 12 juill. 2001 : *préc.*

46. Selon l'art. L. 230-3 [L. 4122-1 nouv.] C. trav., il incombe à chaque travailleur de prendre soin, en fonction de sa formation et selon ses possibilités, de sa sécurité et de sa santé, ainsi que de celle des autres personnes concernées du fait de ses actes ou de ses omissions au travail ; dès lors, alors même qu'il n'aurait pas reçu de délégation de pouvoir, il répond des fautes qu'il a commises dans l'exécution de son contrat de travail. • Soc. 28 févr. 2002, n° 00-41.220 P : *D. 2002. 2079, note Kobina Gaba*.

47. A violé les art. 4-1 C. pr. pén. et L. 452-1 CSS la cour d'appel qui, pour rejeter la demande de reconnaissance de la faute inexcusable de l'employeur, énonce que la juridiction de sécurité sociale doit respecter l'autorité de chose jugée attachée aux décisions de la juridiction pénale et que le jugement du tribunal correctionnel ayant relaxé l'employeur interdit de lui imputer une faute à l'origine de l'accident, alors que l'art. 4-1 C. pr. pén. dissocie la faute civile de la faute pénale non intentionnelle, notamment pour ce qui a trait à la reconnaissance de la faute inexcusable de l'employeur. • Civ. 2e, 16 sept. 2003, n° 01-16.715 P : *D. 2003. Somm. 2862, obs. Prétot* ; *ibid. 2004. 721, note Bonfils*.

48. A la suite d'une relaxe du chef d'homicide non intentionnel, le juge peut, sur le fondement de l'art. 470-1 C. pr. pén., apprécier la responsabilité civile du prévenu ; ainsi, en application de la L. du 10 juill. 2000, prévoyant la distinction entre la faute pénale et la faute civile, une faute de nature civile peut être retenue à l'encontre d'un chef d'entreprise malgré la relaxe dont il a fait l'objet ; en effet, s'il avait pris des dispositions en matière de sécurité du travail et de conformité des équipements, notamment en ayant recours à un spécialiste pour des missions d'assistance, celui-ci ayant d'ailleurs jugé conforme et sans risque la machine à l'origine de l'accident, ce qui ne permettait pas de relever contre le prévenu, auteur indirect du dommage, une faute délibérée ou caractérisée, il n'en demeure pas moins qu'il n'avait pas opéré de modification sur la machine en cause alors que des rapports constataient le niveau de sécurité insuffisant de l'utilisation de celle-ci, et qu'il connaissait tant son implantation inadaptée que l'exiguïté du poste de travail, la mauvaise appréciation de l'organe de vérification n'exonérant pas l'employeur de sa responsabilité civile, ce dernier n'étant pas lié par les prescriptions de l'organisme. • Pau, 26 juin 2001 : *JCP 2002. IV. 1613.*

49. En l'état d'un jugement de relaxe du chef d'homicide involontaire dont avait à répondre le prévenu (chirurgien), le tribunal a inexplicablement omis de statuer sur l'application des dispositions de l'art. 470-1 C. pr. pén, pourtant sollicitée par les parties civiles ; la cour, qui confirme la relaxe, estime ne pas devoir évoquer sur ce point compte tenu de la nature de l'affaire et de l'importance des préjudices sollicités pour préserver le double degré de juridiction. • Versailles, 16 mars 2004 : *D. 2005. Pan. 407, obs. Penneau*.

50. Agée de 56 ans, une patiente est décédée dans une clinique des suites d'une embolie pulmonaire ; après avoir confirmé la relaxe du chirurgien qui avait pratiqué sur sa personne une opération plastique, la cour d'appel a constaté que le tribunal avait omis de statuer sur la demande tendant à la réparation des préjudices dont les parties civiles l'avaient régulièrement saisie, en application de l'art. 470-1 C. pr. pén., et a renvoyé la cause et les parties devant le premier juge ; déboutées, les parties civiles ont relevé appel du jugement ; des fautes ont été relevées par la cour d'appel comme ayant contribué de façon directe à la production du dommage, justifiant la condamnation du chirurgien à la réparation du préjudice des ayants droit de la victime, au regard tant de l'art. 1147 C. civ. que des art. L. 1110-5 et L. 1142-1 CSP. • Crim. 5 juin 2007, n° 06-86.331 P : *RSC 2008. 78, obs. Mayaud*.

51. Si la juridiction correctionnelle, qui prononce une relaxe pour une infraction non intentionnelle, demeure compétente pour accorder, en application des règles du droit civil, réparation de tous les dommages résultant des pièces ayant fondé la poursuite, c'est à la condition que la partie civile ou son assureur ait formulé une demande en ce sens avant la clôture des débats ; méconnaît le sens et la portée de l'art. 470-1 C. pr. pén. l'arrêt qui, pour rejeter l'exception d'irrecevabilité de la constitution de partie civile et confirmer le jugement en toutes ses dispositions civiles, retient que le tribunal a statué en faisant application de la L. du 5 juill. 1985, « de sorte qu'il a nécessairement accordé à la partie civile le bénéfice de l'art. 470-1 C. pr. pén. », alors que, devant le tribunal correctionnel, la partie civile s'était bornée à demander une provision et une mesure d'expertise, sans invoquer les dispositions de l'art. 470-1 préc., ni aucune règle de droit civil. • Crim. 2 oct. 2007, n° 06-85.799 P : *Gaz. Pal. 2008. 1. Somm. 1904, note Monnet ; RSC 2008. 109, obs. Giudicelli*.

52. Fait l'exacte application de l'art. 470-1 C. pr. pén. l'arrêt qui, pour déclarer irrecevable la demande d'indemnisation des parties civiles sur le fondement de l'art. 1147 C. civ., retient qu'elle n'a pas été formulée avant la clôture des débats devant le tribunal qui a prononcé la relaxe, et qu'elle ne peut l'être pour la première fois devant la cour d' appel, saisie de la seule action civile. • Crim. 14 mai 2008, n° 08-80.202 P : *JCP 2008. II. 10189, note Mistretta*.

53. Des poursuites pénales ayant été engagées contre un médecin pour blessures par imprudence sur la personne d'une de ses patientes, un jugement a relaxé le prévenu et débouté les parties civiles de leurs demandes ; celles-ci ont engagé devant une juridiction civile une nouvelle action en indemnisation fondée sur la responsabilité contractuelle du médecin ; pour écarter la fin de non-recevoir tirée de l'autorité de la chose jugée soulevée par ce dernier et le condamner à payer certaines sommes aux demandeurs, l'arrêt retient que la juridiction pénale n'a statué que sur la responsabilité délictuelle du praticien ; en statuant ainsi, alors qu'il incombe au demandeur de présenter dès l'instance relative à la première demande l'ensemble des moyens qu'il estime de nature à fonder celle-ci, et qu'elle constatait que, comme la demande originaire, la demande dont elle était saisie, formée entre les mêmes parties, tendait à l'indemnisation des préjudices résultant de l'intervention médicale, la cour d'appel a violé l'art. 1351 C. civ. • Civ. 2e, 25 oct. 2007, n° 06-19.524 P.

54. La déclaration par le juge répressif de l'absence de faute pénale non intentionnelle ne fait pas obstacle à la reconnaissance d'une faute inexcusable en application de l'art. L. 452-1 CSS ; il suffit que la faute de l'employeur soit en lien de causalité avec le dommage pour que la responsabilité de ce dernier soit engagée, alors même que d'autres fautes auraient concouru à la réalisation du dommage ; justifie légalement sa décision une cour d'appel qui retient que l'employeur, tenu non seulement de mettre à disposition de ses salariés les dispositifs de sécurité et de protection imposés par la loi ou les règlements, mais de leur en imposer l'usage, a commis une faute inexcusable, eu égard aux circonstances de l'accident, alors même qu'il avait été relaxé du chef de blessures involontaires pour avoir manqué de donner à son salarié une formation à la sécurité adaptée à son poste de travail. • Civ. 2e, 16 févr. 2012 : *Gaz. Pal. 2012. 1. 827, note Dreyer.*

B. RÉSULTAT DOMMAGEABLE

55. Les infractions d'homicide et de blessures involontaires sont des infractions de même nature qui ne diffèrent que par leurs conséquences. • Douai, 2 juin 1987 : *Gaz. Pal. 1989. 1. 145, note Doucet ; JCP 1989. II. 21250, note Labbée ; RSC 1989. 319 ; ibid. 740, obs. Levasseur.*

1° HOMICIDE

56. Décès. BIBL. Véron, *Dr. pénal 1997. Chron. 7* (du constat de la mort et du constat de la vie).

♦ Le dommage consiste, en ce qui concerne le délit d'homicide involontaire, non en une perte de chance de survie mais dans le décès. • Crim. 20 nov. 1996, n° 95-85.013 P : *Dr. pénal 1997. 34, obs. Véron.*

57. Pour que le délit de l'art. 319 C. pén. soit possible, la victime doit être encore en vie au moment de l'action imprudente du prévenu. • Crim. 12 déc. 1972 : *Gaz. Pal. 1973. 1. 285 ; RSC 1973. 409, obs. Levasseur.* ♦ Réserver cependant l'hypothèse particulière de fautes conjuguées : V. ci-dessous, « Lien de causalité ».

58. Fœtus. BIBL. Sainte-Rose, *JCP 2004. I. 194* (l'enfant à naître : un objet destructible sans destinée humaine). – Mouly, *RSC 2005. 47* (du prétendu homicide de l'enfant à naître. Défense et illustration de la position de la Cour de cassation). – Lepage et Maistre du Chambon, *Mél. Bouloc, D. 2006. 613* (les paradoxes de la protection pénale de la vie humaine). – Puigelier, *Mél. Bouloc, D. 2006. 923* (depuis Louis XIV. A propos du statut juridique de l'embryon et du fœtus). – Roujou de Boubée et Vigneau, *D. 2008. 1862* (les conditions de l'inscription à l'état civil d'un enfant mort-né, note ss. Civ. 1re, 6 févr. 2008, *n° 06-16.498*). – Le Griel, *Mél. Jerry Sainte-Rose, Bruylant, 2012, p. 699* (l'absence de protection pénale de l'enfant conçu : essai d'explication. Pour un droit qui unit dans la diversité). – Sureau, *Mél. Jerry Sainte-Rose, Bruylant, 2012, p. 1299* (être prénatal et choix de société). – Vigneau, *Mél. Jerry Sainte-Rose, Bruylant, 2012, p. 1299* (mourir avant de naître. Diversité du droit ou contradictions ?).

59. Le délit d'homicide involontaire, commis sur la personne d'un enfant qui vient d'être mis au monde, ne peut être retenu que s'il est établi que ledit enfant a vécu. • Paris, 9 nov. 1951 : *Gaz. Pal. 1952. 1. 236.* ♦ Rappr. : • Crim. 20 mars 1996, n° 95-81.168 P. ♦ V. ci-dessous, « Médecins et professionnels de santé ».

60. Il n'y a pas lieu de rechercher si l'atteinte à la personne doit frapper un individu venu au monde, disposant d'une personnalité physique distincte de celle de la mère, étant seulement suffisant que la victime soit née vivante, viable si elle n'avait reçu de choc traumatique, et soit décédée en suite de ce choc imputable au prévenu par suite de sa faute pénale. • Paris, 10 janv. 1959 : *Gaz. Pal. 1959. 1. 223 ; RSC 1959. 678, obs. Hugueney* • Amiens, 28 avr. 1964 : *Gaz. Pal. 1964. 2. 167.* ♦ Ainsi le délit d'homicide par imprudence doit être retenu à la charge de l'automobiliste qui a renversé une femme enceinte si celle-ci, quelques heures après l'accident, a mis au monde un enfant né viable mais décédé douze heures plus tard. • Paris, 10 janv. 1959 : *préc.* ♦ Dès lors que rien ne permet de dire qu'il était mort avant l'accident, un enfant de 3,900 kg extrait de l'utérus de sa mère « mort-né frais », doit être considéré comme ayant été vivant à terme et viable en raison de son état de maturité, notamment par son poids. • Douai, 2 juin 1987 : *Gaz. Pal. 1989. 1. 145, note Doucet ; JCP 1989. II. 21250, note Labbée ; RSC 1989. 319 ; ibid. 740, obs. Levasseur.*

61. Sous réserve des dispositions relatives à l'interruption volontaire de la grossesse et de celles relatives à l'avortement thérapeutique, la loi consacre le respect de tout être humain dès le commencement de la vie, sans qu'il soit exigé que l'enfant naisse viable, du moment qu'il était en vie lors de l'atteinte qui lui a été portée ; la viabilité lors de la naissance, notion scientifiquement incertaine, est de surcroît dépourvue de toute portée juridique, la loi n'opérant aucune distinction à cet égard. • Lyon, 13 mars 1997 : *D. 1997. 557, note Serverin ; JCP 1997. II. 22955, note Fauré ; Dr. pénal 1997. Chron. 22, obs. Puigelier ; Defrénois 1997, art. 36578, p. 640, note Malaurie.* ♦ *Adde* : Jacquinot, *Gaz. Pal. 1997. 2. Doctr. 1389* (l'éthique du vivant). – Byk, *Gaz. Pal. 1997. 2. Doctr. 1391* (l'embryon jurisprudentiel). – Murat, *Dr. famille 1997. Chron. 9* (réflexions sur la distinction être humain/personne juridique). ♦ Tant l'application stricte des principes juridiques que les données acquises de la science que des considérations d'élémentaire bon sens conduisent à retenir la qualification d'homicide involontaire, s'agissant d'une atteinte par imprudence ou négligence portée à un fœtus âgé de 20 à 24 semaines en parfaite santé (ayant causé la mort de celui-ci à la suite d'un acte médical consistant en l'extraction d'un stérilet, le médecin n'ayant pas pratiqué d'examen clinique préalable). • Même arrêt.

62. L'enfant mort-né n'est pas protégé pénalement au titre des infractions concernant les personnes ; en effet, pour qu'il y ait « personne », il faut qu'il y ait un être vivant, c'est-à-dire venu au monde et non encore décédé ; il ne peut y avoir homicide qu'à l'égard d'un enfant dont le cœur battait à la naissance et qui a respiré ; la loi pénale est d'interprétation stricte ; aussi doit être renvoyé des fins de la poursuite le prévenu du chef d'homicide involontaire qui, circulant au volant de son véhicule sous l'empire d'un état alcoolique, a heurté une voiture qui venait en sens inverse, conduite par une femme enceinte de six mois, qui, quelques jours après l'accident, a accouché d'un enfant mort-né. • Metz, 3 sept. 1998 : *JCP 2000. II. 10231 (2e arrêt), note Fauré.*

63. A la suite de l'accident de la circulation, l'enfant que portait la conductrice est décédé *in utero*, ce décès nécessitant la réalisation d'une césarienne en urgence ; il est établi, eu égard aux blessures de la mère, notamment une fracture du bassin, que le décès de l'enfant a été occasionné par l'accident ; la conception de l'enfant remontait à huit mois ; un enfant, après huit mois de grossesse, a franchi le seuil de viabilité, étant, jusqu'à terme, apte à vivre de façon autonome ; dans ces conditions, bien que non séparé du sein de sa mère lors de son décès, l'enfant était une personne humaine et, en tant que telle, bénéficiait de la protection pénale ; le délit d'homicide involontaire est ainsi constitué dans tous ses éléments. • Reims, 3 févr. 2000 : *D. 2000. 873, note Chevallier ; Dr. pénal 2000. Comm. 54, obs.*

Véron ; Gaz. Pal. 2000. 1. 1106, note Bonneau ; JCP 2000. II. 10406, note Fauré.

64. La loi pénale est d'interprétation stricte ; cassation, pour violation de l'art. 111-4 C. pén., de l'arrêt qui, pour déclarer coupable d'homicide involontaire un médecin qui, à la suite d'une confusion résultant d'une homonymie entre deux patientes, a procédé à une intervention visant à extraire un stérilet, ce qui a provoqué la rupture de la poche des eaux et l'expulsion du fœtus, relève que l'art. 2 Conv. EDH et l'art. 6 du Pacte international relatif aux droits civils et politiques reconnaissent l'existence, pour toute personne, d'un droit à la vie protégé par la loi, souligne que la loi n° 75-17 du 17 janv. 1975, relative à l'interruption volontaire de grossesse, pose le principe du respect de l'être humain dès le commencement de sa vie, désormais rappelé par l'art. 16 C. civ. dans la rédaction issue de la loi n° 94-653 du 29 juill. 1994, et énonce qu'en intervenant sans examen clinique préalable le médecin a commis une faute d'imprudence et de négligence, qui présente un lien de causalité certain avec la mort de l'enfant que portait la patiente, alors que les faits reprochés au prévenu n'entrent pas dans les prévisions des art. 319 ancien et 221-6 C. pén. • Crim. 30 juin 1999, n° 97-82.351 P : *D. 1999. 710, note Vigneau ; ibid. 2000. Somm. 27, obs. Mayaud ; ibid. 169, obs. Desnoyer et Dumaine ; JCP 2000. II. 10231 (1er arrêt), note Fauré ; Gaz. Pal. 1999. 2. 676, note Bonneau ; ibid. 2, chron. crim. 139, obs. Doucet ; LPA, 17 nov. 1999, note Debove ; Dr. pénal 2000. 3, obs. Véron ; RSC 1999. 813, obs. Mayaud* (cassation • Lyon, 13 mars 1997 : *préc. note 61*). ♦ *Adde* : Roujou de Boubée et de Lamy, *D. 2000. Chron. 181* [contribution supplémentaire à l'étude de la protection pénale du fœtus (à propos de l'arrêt de la Chambre criminelle du 30 juin 1999)]. – Rassat, *Dr. pénal 2000. Chron. 12* (la victime des infractions contre les personnes après l'arrêt de la chambre criminelle du 30 juin 1999). ♦ Rappr. : Mathieu, *D. 1999. Chron. 451* (la recherche sur l'embryon au regard des droits fondamentaux constitutionnels). – Herzog-Evans, *RTD civ. 2000. 65* (homme, homme juridique et humanité de l'embryon). – Pedrot, *Recueil Dalloz, hors série, Le corps humain saisi par la justice, mai 2001, p. 69* (aux deux seuils de la vie).

65. Le principe de la légalité des délits et des peines, qui impose une interprétation stricte de la loi pénale, s'oppose à ce que l'incrimination prévue par l'art. 221-6 C. pén., réprimant l'homicide involontaire d'autrui, soit étendue au cas de l'enfant à naître dont le régime juridique relève de textes particuliers sur l'embryon ou le fœtus. • Cass., ass. plén., 29 juin 2001, n° 99-85.973 P : *BICC 2001, n° 540 (1er août 2001), concl. Sainte-Rose, et rapp. Sargos ; D. 2001. 2917, note Mayaud ; JCP 2001. II. 10569, rapp. Sargos, concl. Sainte-Rose, et note Rassat ; ibid. 2002. I. 101, n° 21, obs. Murat ; Gaz. Pal. 2001. 2. 1456, note Bonneau ; ibid. 2002. 1. 85, concl. Sainte-Rose ; ibid. 2. 998, note Monnier ; Dr. pénal 2001. chron. n° 34, obs. Demont ; RTD civ. 2001. 560, obs. Hauser ; RSC 2002. 97, obs. Bouloc* [rejet du pourvoi contre • Metz, 3 sept. 1998 : *JCP 2000. II. 10231 (2e arrêt), note Fauré*]. ♦ *Adde* : Avocat, *D. 2001. Interview n° 31* (un fœtus ne peut être victime d'un homicide involontaire). – Pradel, *D. 2001. Chron. 2907* (la seconde mort de l'enfant conçu…). – Ortolland, *Gaz. Pal. 2002. 1. Doctr. 67* (un arrêt blessant pour des parents). – Vigneau, *Dr. famille 2001. Chron. 21* (selon la Cour de cassation, l'homicide d'un enfant à naître, même non viable, n'en est pas un !). – Joly, *ibid. Chron. 22* (le passage de la personne, sujet de droit, à la personne, être humain). – Terrasson de Fougères, *RDSS 2001, p. 829* (le fœticide). – Bellivier et Egea, *D. 2004. Chron. 647* [Les chemins de la liberté (petite leçon de biopolitique)].

66. Le principe de la légalité des délits et des peines, qui impose une interprétation stricte de la loi pénale, s'oppose à ce que l'incrimination d'homicide involontaire s'applique au cas de l'enfant qui n'est pas né vivant ; méconnaît les art. 319 ancien, 221-6 et 111-4 C. pén. et les principes ci-dessus rappelés la cour d'appel qui, pour déclarer une sage-femme coupable d'homicide involontaire et un médecin, qui a été relaxé par le tribunal correctionnel, responsable des conséquences civiles de ce délit, retient que le décès de l'enfant est la conséquence des imprudences et négligences commises par eux, le médecin en s'abstenant d'intensifier la surveillance de la patiente en raison du dépassement du terme, la sage-femme en omettant de l'avertir d'une anomalie non équivoque de l'enregistrement du rythme cardiaque de l'enfant, les juges, après avoir relevé que l'enfant mort-né ne présentait aucune lésion organique pouvant expliquer le décès, énonçant « que cet enfant était à terme depuis plusieurs jours et que, si les fautes relevées n'avaient pas été commises, il avait la capacité de survivre par lui-même, disposant d'une humanité distincte de celle de sa mère ». • Crim. 25 juin 2002, n° 00-81.359 P : *D. 2002. 3099, note Pradel ; ibid. 2003. Somm. 243, obs. Mirabail ; ibid. 2003. 660, obs. Planckeel ; JCP 2002. II. 10155, note Rassat ; Dr. pénal 2002. Chron. 31, concl. Commaret ; ibid. Comm. 93, obs. Véron ; LPA, 10 sept. 2002, note Daille-Duclos ; Gaz. Pal. 2003. 1. 481, note Bonneau ; RSC 2003. 95, obs. Mayaud*. ♦ *Adde* : Sautel, *D. 2002. Point de vue, p. 2475* (récidives… Brèves considérations sur l'arrêt de la Chambre criminelle du 25 juin 2002).

67. Justifie sa décision la cour d'appel qui, pour déclarer le prévenu coupable d'homicide involontaire sur un enfant, né le jour de l'accident de circulation dans lequel sa mère, enceinte de huit mois, a été grièvement blessée, et décédé une heure après, retient que le conducteur, par un défaut de maîtrise de son véhicule, a causé la mort de l'enfant qui a vécu une heure après sa naissance et qui est décédé des suites des lésions vitales irréversibles subies au moment du choc. • Crim. 2 déc. 2003, n° 03-82.344 P : *D. 2004. 449, note Pradel ; AJ pénal 2004. 118, obs. Pitoun ; JCP 2004. II. 10054, note Rassat ; Dr. Famille 2004. 26, obs. de Lamy ; Dr. pénal 2004. 18, obs. Véron ; RSC 2004. 348, obs. Mayaud*. ♦ Confirmation • Versailles, 30 janv. 2003 : *RSC 2004. 83, obs. Mayaud*. ♦ *Adde* : Puigelier, *Gaz. Pal. 2004. 1. Doctr. 858* (l'homicide involontaire d'un nouveau-né).

68. Une parturiente, dont la grossesse était venue à terme, a été placée sous surveillance vers 19 heures 45 dans la salle de naissances d'un centre hospitalier où l'appareil de monitorage a révélé, à partir de 22 heures 30, des anomalies du rythme cardiaque fœtal qui se sont aggravées à 23 heures 40 ; appelé le lendemain à 1 heure 30, le gynécologue-obstétricien d'astreinte a procédé vers 2 heures 30 à l'extraction par césarienne d'un enfant dont le décès a été constaté ; si c'est à tort que, pour relaxer la sage-femme du chef d'homicide involontaire, les juges ont énoncé que faute d'avoir interprété le tracé du rythme cardiaque fœtal comme l'indice d'une hypoxie, elle a commis non pas une négligence ou un manquement à une obligation de sécurité ou de prudence imposée par la loi, mais une simple erreur de diagnostic n'engageant pas sa responsabilité pénale, alors qu'il résulte de l'art. L. 4151-3 CSP qu'en cas d'accouchement dystocique les sages-femmes doivent faire appeler un médecin, l'arrêt n'encourt cependant pas la censure, dès lors que, l'enfant n'étant pas né vivant, les faits ne sont susceptibles d'aucune qualification pénale. • Crim. 4 mai 2004, n° 03-86.175 P : *D. 2004. 3097, note Pradel ; ibid. 2004. Somm. 2754, obs. Roujou de Boubée ; RSC 2004. 884, obs. Mayaud*.

69. De l'avis de la Cour, le point de départ du droit à la vie relève de l'appréciation des États ; cela tient, d'une part, au fait que la majorité des pays ayant ratifié la Conv. EDH n'ont pas arrêté la solution à donner à cette question, et en particulier en France où elle donne lieu à un débat et, d'autre part, à l'absence de consensus européen sur la définition scientifique et juridique des débuts de la vie ; il ressort de la jurisprudence française et d'un récent débat législatif sur l'opportunité de créer un délit d'interruption involontaire de grossesse que la nature et le statut juridique de l'embryon et/ou du fœtus ne sont pas définis actuellement en France et que la façon d'assurer sa protection dépend de positions fort variées au sein de la société française ; quant au plan européen, il n'y a pas de consensus sur la nature et le statut de l'embryon et/ou du fœtus ; tout au plus peut-on trouver comme dénominateur commun l'appartenance à l'espèce humaine ; c'est la potentialité de cet être et sa capacité à devenir une personne qui doivent être protégés au nom de la dignité humaine sans pour autant en faire une personne qui aurait un droit à la vie au sens de l'art. 2 ; eu égard à ces considérations, la Cour est convaincue qu'il n'est ni souhaitable, ni même possible actuellement de répondre dans l'abstrait à la question de savoir si l'enfant à naître est une « personne » au sens de l'art. 2 de la Convention ; quant à la présente requête, la Cour considère qu'il n'est pas nécessaire d'examiner le point de savoir si la fin brutale de la grossesse de la requérante entre ou non dans le champ d'application de l'art. 2, dans la mesure où, à supposer même que celui-ci s'appliquerait, les exigences liées à la préservation de la vie dans le domaine de la santé publique n'ont pas été méconnues par la France ; la Cour constate en effet que l'enfant à naître n'est pas privé de toute protection en droit français ; contrairement à ce que soutient la requérante, l'obligation positive des États – consistant dans le domaine de la santé publique à adopter des mesures propres à assurer la protection de la vie des malades et à mener une enquête sur les circonstances du décès – n'exige pas nécessairement un recours de nature pénale ; en l'espèce, en plus des poursuites pénales contre le médecin pour blessures involontaires sur sa personne, la requérante avait la possibilité d'engager un recours administratif qui avait de sérieuses chances de succès ; ce recours aurait permis d'établir la faute médicale et de garantir dans l'ensemble la réparation du dommage causé par la faute du médecin ; des poursuites pénales ne s'imposaient donc pas en l'espèce ; par conséquent, à supposer même que l'art. 2 de la Convention trouve à s'appliquer en l'espèce, la Cour conclut qu'il n'y a pas eu violation de cette disposition. • CEDH 8 juill. 2004, *Vo c/ France : D. 2004. 2456, note Pradel ; ibid. 2004. Somm. 2534, obs. Burgogne-Larsen ; ibid. 2754, obs. Roujou de Boubée ; JCP 2004. II. 10158, note Levinet ; RTD civ. 2004. 714, obs. Hauser ; ibid. 799, obs. Marguénaud ; RSC 2005. 135, obs. Massias*. ♦ *Adde* : Serverin, *D. 2004. Chron. 2801* (réparer ou punir ? L'interruption accidentelle de grossesse devant la Cour européenne des droits de l'homme). – Bertrand-Mirkovic, *RGDM 2004, n° 14, p. 197* (l'enfant à naître est-il une personne protégée par la Convention européenne de sauvegarde des droits de l'homme ?). ♦ Les embryons ne peuvent se prévaloir du droit à la vie protégé par l'art. 2 Conv. EDH. • CEDH 10 avr. 2007, *Evans c/ Royaume-Uni : JCP 2007. II. 10097, note Mathieu.*

70. Au cours d'un accident de la circulation, une conductrice enceinte de 22 semaines a été tuée sur le coup, ainsi que son enfant à naître ; les parties civiles et le parquet général ont demandé que l'auteur de l'accident soit déclaré coupable d'homicide involontaire sur l'enfant à naître ; la Cour de cassation, à plusieurs reprises, rappelant le principe de l'interprétation stricte de la loi pénale, considère que « autrui » ne peut concerner l'enfant en voie de naître ; l'incrimination d'homicide involontaire ne peut s'appliquer qu'au cas de l'enfant né vivant ; il apparaît ainsi qu'aucune incrimination légale protégeant la vie de l'enfant à naître, notamment dans le cadre d'un homicide involontaire, n'existe, hormis la législation relative à l'interruption volontaire de grossesse et l'« esquisse » de législation concernant le statut de l'embryon humain ; la décision de relaxe du premier juge est donc confirmée. • Metz, 17 févr. 2005 : *JCP 2005. IV. 2465.* ♦ Le principe de la légalité des délits et des peines, qui impose une interprétation stricte de la loi pénale, s'oppose à ce que l'incrimination prévue par l'art. 221-6 C. pén., réprimant l'homicide involontaire d'autrui, soit étendu au cas de l'enfant à naître dont le régime juridique relève de textes particuliers sur l'embryon ou le fœtus. • Crim. 27 juin 2006 : *D. 2007. Pan. 403, obs. Mirabail* (rejet du pourvoi contre • Metz, 17 févr. 2005 : *préc.*).

71. Pour la poursuite et la condamnation du chef d'homicide involontaire de l'auteur d'un accident de la circulation à l'origine de la mort du fœtus, l'autopsie ayant révélé que les poumons de l'enfant extrait par césarienne, à la suite de cet accident, s'étaient défroissés, ce qui évoquait une respiration. • Lyon, 30 nov. 2006 : *D. 2007. Pan. 1108, obs. Galloux et Gaumont-Prat.*

72. Même si le prévenu se sentait totalement responsable de la perte de l'enfant à naître que portait la mère victime de l'accident de la circulation qu'il a provoqué, ainsi que de la douleur ressentie par les futurs parents, le principe de la légalité des délits et des peines, qui impose une interprétation stricte de la loi pénale, s'oppose à ce que l'incrimination prévue à l'art. 221-6 C. pén., réprimant l'homicide involontaire d'autrui, soit étendue au cas de l'enfant à naître dont le régime juridique relève de textes particuliers sur l'embryon ou le fœtus ; en conséquence, il n'est juridiquement pas possible d'entrer en voie de condamnation. • Pau, 5 févr. 2015 : *D. actu. 27 févr. 2015, obs. Gallois ; D. 2015. 378, obs. Mirkovic ; RSC 2015. 83, obs. Mayaud* (infirmation de • T. corr. Tarbes, 4 févr. 2014, n° 171/14).

2° INCAPACITÉ

BIBL. Chariot, Tedlaouti et Debout, *AJ pénal 2006. 300* (l'incapacité totale de travail et la victime de violences).

73. Fœtus né vivant. A justifié sa décision la cour d'appel qui, pour déclarer un obstétricien coupable de blessures involontaires, retient qu'en quittant la salle de naissance sans consulter le dossier de la parturiente, alors qu'il avait été informé par la sage-femme de la rupture prématurée des membranes, des anomalies du rythme cardiaque fœtal montrées par le monitorage et de la prématurité de l'enfant, ce qui aurait dû le conduire à pratiquer une césarienne le 17 févr. 1999, entre 2 et 3 h, il a commis une faute ayant contribué à causer à l'enfant des lésions irréversibles dont les séquelles ont été constatées après la naissance, intervenue le 17 févr. 1999 à 15 h 45. • Crim. 2 oct. 2007, n° 07-81.259 P : *D. 2009. Pan. 128, obs. Mirabail ; JCP 2008. II. 10027, note Vanette-Ercole ; Dr. pénal 2008. 1, obs. Véron ; Gaz. Pal. 2008, n° 1. Somm. 1945, note Monnet ; RSC 2008. 337, obs. Mayaud.*

74. Appréciation. L'incapacité doit s'apprécier non d'après le travail habituel de la victime, mais d'après un travail normal quelconque. • T. corr. Albi, 17 mai 1957 : *JCP 1957. II. 10101, note Colombini.* ♦ L'incapacité de travail personnel visée par l'art. 320 C. pén. est suffisamment caractérisée lorsqu'il est prouvé que le blessé n'est pas en état de reprendre son activité professionnelle, sans éprouver des fatigues et des douleurs anormales et excessives, qui risquent de compromettre sa guérison et d'aggraver son état. • Douai, 16 mai 1962 : *JCP 1963. II. 13198.*

75. Durée. La durée de l'incapacité totale de travail personnel supérieure à trois mois, qui est l'un des éléments constitutifs du délit de blessures involontaires, doit s'entendre de trois mois consécutifs ; dès lors, on ne peut additionner, pour atteindre cette durée, des périodes d'incapacité dont chacune est inférieure à celle-ci. • Crim. 15 mars 1988, n° 85-91.874 P : *Gaz. Pal. 1988. 2. 842, note J.-P. D.* ♦ Le délai de trois mois doit se compter non en jours mais de quantième à quantième. • TGI Paris, 28 juin 1971 : *D. 1971. 602, note Le Roy.*

76. N'est pas entaché de contradiction l'arrêt qui, tout en condamnant le prévenu du chef du délit de blessures involontaires prévu et réprimé par l'art. 320 C. pén., confirme la décision des premiers juges ordonnant une mesure d'expertise médicale à l'effet de déterminer la durée de l'incapacité de travail de la victime, une telle mesure n'ayant pour objet que de renseigner les juges du fond sur l'étendue et la réparation du dommage causé par l'infraction. • Crim. 4 juin 1973, n° 91-00.272 P : *D. 1973. IR 156.* ♦ Rappr. : • Crim. 15 déc. 1955 : *Bull. crim. n° 573* • 30 oct. 1956 : *ibid. n° 686* • 26 déc. 1956 : *ibid. n° 877.* ♦ N'est pas contraire aux art. 222-19 et R. 625-2 C. pén. l'arrêt qui a confirmé le jugement en ce qu'il a ordonné une expertise médicale des victimes des délits de blessures involontaires, dès lors que les premiers juges ont relevé que deux victimes avaient subi une incapacité totale de travail de plus de trois mois, la mesure d'instruction prescrite tendant seulement à la fourniture d'éléments complémentaires nécessaires à l'évaluation du préjudice corporel subi par ces parties civiles. • Crim. 8 mars 2005, n° 04-83.341 P.

77. Lorsqu'un tribunal de police et un tribunal correctionnel ont successivement décliné leur compétence pour connaître d'une même poursuite pour blessures involontaires, le conflit négatif de juridiction qui en résulte peut être réglé par le renvoi de la cause et des parties devant le tribunal correctionnel, cette juridiction étant, en pareil cas, compétente pour statuer sur la prévention, quelle que soit la qualification correctionnelle ou contraventionnelle retenue au terme des débats ; la partie civile n'est, dès lors, pas fondée à contester, par voie d'opposition formée en application de l'art. 661 C. pr. pén., l'arrêt de la Cour de cassation portant renvoi de l'affaire devant la juridiction correctionnelle. • Crim. 21 oct. 1998, n° 98-80.775 P.

C. LIEN DE CAUSALITÉ

1° AVANT LA LOI DU 10 JUILLET 2000

BIBL. Chapelet, *S. 1961. Chron. 13.* – Radé, *D. 2012. 112* (causalité juridique et causalité scientifique : de la distinction à la dialectique).

a. Causalité certaine

78. Principe. Les juges saisis d'une poursuite pour homicide et blessures involontaires ne sauraient retenir cette infraction à la charge du prévenu qu'à la condition que l'accident survenu se rattache de façon certaine, même indirectement, par une relation de cause à effet avec la faute reprochée au prévenu. • Crim. 11 déc. 1957, n° 4-35.256 P : *JCP 1958. II. 10423.* ♦ L'inobservation d'un règlement ne peut servir de base à une poursuite en homicide involontaire que s'il existe un lien de cause à effet entre le règlement violé et l'accident. • Nîmes, 28 mai 1966 : *JCP 1967. II. 15311, note Chauveau.*

79. Constatation. Si les art. 319 et 320 C. pén. n'exigent pas, pour recevoir application, qu'un lien de causalité directe et immédiate existe entre la faute du prévenu et le décès ou les blessures de la victime, encore faut-il que l'existence de ce lien soit certaine, et encourt la cassation l'arrêt qui ne le constate pas. • Crim. 24 oct. 1973, n° 93-59.872 P : *D. 1973. IR 222* • 6 oct. 1977, n° 76-92.647 P. • 7 janv. 1980 : *ibid. n° 10 ; Gaz. Pal. 1980. 2. 696* • 30 mai 1980, n° 78-92.764 P.

80. Encourt la cassation l'arrêt qui, ayant relevé, par référence à des rapports d'expert, des *manquements à la prudence* imputables au médecin directeur d'une clinique d'accouchement, se borne, sans s'en expliquer, à les déclarer sans relation de cause à effet avec le décès d'une parturiente. • Crim. 27 mars 1974, n° 73-92.162 P. ♦ Est justifiée la condamnation d'un médecin pour homicide involontaire, dès lors que la cour d'appel, qui n'était pas tenue de suivre les conclusions des experts, a déduit de l'analyse des faits l'existence d'un lien certain de causalité entre la faute du prévenu et le décès de la victime. • Crim. 27 nov. 1984, n° 83-94.889 P : *D. 1985. IR 404, obs. Penneau ; Gaz. Pal. 1985. 2. Somm. 223.*

81. Doit être cassé l'arrêt qui a relaxé un praticien du chef d'homicide involontaire à la suite du décès d'une parturiente consécutif à une septicémie post-opératoire, alors qu'ayant constaté que les fautes commises avaient provoqué les affections dont l'évolution avait entraîné la mort la cour ne pouvait sans se contredire écarter l'existence de tout lien de causalité entre lesdites fautes et le dommage. • Crim. 20 mars 1984 : *D. 1985. IR 363, note Penneau.*

82. Il résulte de la combinaison des art. R. 237-1, dernier al. [R. 4515-2 nouv.], et R. 237-8 [R. 4512-7 nouv.], al. 2, C. trav., que les travaux dangereux visés par le second de ces textes concernent l'ensemble des prestations nécessaires à la réalisation de l'opération ; il ne saurait être reproché à une cour d'appel de déclarer le responsable d'exploitation d'une entreprise utilisatrice, titulaire d'une délégation de pouvoirs en matière de sécurité, coupable du chef de blessures involontaires par inobservation des règlements, pour n'avoir pas établi par écrit un plan de prévention avant le commencement des travaux, en méconnaissance des art. R. 237-8 s. [R. 4512-7 s. nouv.] C. trav. et de l'arrêté du 19 mars 1993, lequel fixe la liste des travaux nécessitant l'élaboration d'un plan, dès lors qu'il se déduit de ses énonciations que l'utilisation d'une méthode défectueuse pour maintenir une lourde pièce aurait été nécessairement écartée si le plan de prévention avait été établi, ce qui caractérise le lien de causalité entre le non-respect de la réglementation spéciale de sécurité et les dommages subis par le salarié en raison de la chute de la pièce ainsi maintenue. • Crim. 4 août 1998, n° 97-85.021 P : *D. 1999. Somm. 183, obs. Amauger-Lattes* .

83. La cour d'appel qui établit, par des motifs suffisants et non contradictoires, qu'aucun de ceux à qui est reproché un accident (rupture d'un barrage) n'a commis aucune faute en relation médiate ou immédiate avec la catastrophe, n'a pas à s'expliquer sur ce qu'elle estime être la véritable cause de celle-ci. • Crim. 7 déc. 1967, n° 91-85.266 P.

84. Appréciation. Justifie l'application de l'art. 319 C. pén. l'arrêt qui constate que, si la victime est décédée des suites d'un cancer du poumon, les blessures par elle reçues dans l'accident de la circulation occasionné par l'auteur ont hâté sa mort, et qu'ainsi, bien que ne constituant pas la cause directe et exclusive du décès, l'accident y a contribué dans la mesure où il l'a précipité. • Crim. 2 nov. 1967, n° 90-74.867 P. ♦ Rappr. : • Paris, 24 janv. 1980 : *Gaz. Pal. 1980. 2. Somm. 387.*

85. Justifie sa décision de condamnation du chef d'homicide involontaire la cour d'appel qui, pour écarter l'argumentation du prévenu soutenait qu'à défaut d'autopsie, le lien de causalité entre l'accident et le décès de la victime ne pouvait être établi avec certitude, retient que l'accident, imputable au prévenu dont elle caractérise le défaut de maîtrise, a entraîné chez la victime, indemne de tout état préexistant, l'apparition d'un état pathologique qui a contribué, au moins pour partie, à son décès, d'où résulte l'existence d'un lien de causalité certain entre l'accident et le décès de la victime. • Crim. 2 avr. 1997, n° 95-85.564 P : *Dr. pénal 1997. 124, obs. Véron.*

86. Est coupable d'homicide involontaire le transporteur routier qui, lors d'un mouvement national de protestation, a participé à l'élaboration d'un barrage en disposant son ensemble routier de façon à entraver la circulation des autres poids lourds, et qui a ainsi contribué à la réalisation d'un accident mortel, en créant les conditions qui l'ont rendu possible ; en l'état de ces seuls motifs, caractérisant le lien de causalité, indirect mais certain, entre les faits d'entrave à la circulation publique reprochés au prévenu et l'accident, la cour d'appel a justifié sa décision au regard des art. 319 et 320 C. pén. • Crim. 22 nov. 1995 : *Gaz. Pal. 1996. 1, chron. crim. 53 ; Dr. pénal 1996. 78 (III).*

87. Relaxe à bon droit le prévenu, du chef d'homicide involontaire, l'arrêt qui constate que la faute commise par lui est sans lien de causalité avec le décès de la victime, ce décès étant dû à une crise cardiaque provoquée par une course déraisonnable qu'a entreprise la victime en poursuivant la voiture du prévenu après un accident sans gravité. • Crim. 25 avr. 1967, n° 92-58.766 P : *Gaz. Pal. 1967. 1. 343.* ♦ De même, l'existence du lien de causalité n'est pas certaine, dans une poursuite pour homicide involontaire, quand la cour d'appel relève que l'expert, envisageant deux causes possibles de la mort, a lui-même noté qu'aucune ne pouvait être affirmée de manière absolue en l'absence d'autopsie. • Crim. 8 janv. 1985 : *Gaz. Pal. 1986. 1. Somm. 124.* ♦ Rappr. : • Crim. 13 nov. 1974 : *Gaz. Pal. 1975. 1. Somm. 94* • 20 mai 1980 : *D. 1981. IR 257, obs. Penneau* • Colmar, 22 nov. 1957 : *Gaz. Pal. 1958. 1. 260.* ♦ Pour la relaxe au bénéfice d'un doute sur la preuve d'une causalité certaine entre les fautes de plusieurs médecins et la victime. • Crim. 10 janv. 1991 : *Dr. pénal 1991. 169 (1re esp.) ; RSC 1992. 77, obs. Levasseur.*

b. Causalité indirecte

88. Principe. Les art. 319 et 320 C. pén., qui punissent quiconque aura involontairement été la cause d'un homicide ou de blessures, n'exigent pas, pour leur application, que cette cause soit directe et immédiate. • Crim. 2 juill. 1932 : *Bull. crim. n° 166* • 3 nov. 1955 : *ibid. n° 447 ; D. 1956. 25* • 24 nov. 1965 : *D. 1966. 104* • 30 mai 1972, n° 92-09.771 P. • 7 févr. 1973 : *ibid. n° 72 ; D. 1973. IR 45* • 28 mars 1973, n° 92-33.171 P : *D. 1973. IR 115* • 21 mai 1974, n° 92-57.473 P : *Gaz. Pal. 1974. 2. 621* • 24 janv. 1989, n° 88-83.650 P. ♦ Il n'importe, dès lors, que les conséquences dommageables de la faute aient été, ou non, prévisibles pour son auteur. • Crim. 4 nov. 1971, n° 92-35.669 P : *D. 1972. Somm. 20* • 17 nov. 1971 : *Gaz. Pal. 1972. 1. 161.* ♦ Ni l'art. 319 ancien, ni l'art. 221-6 nouveau C. pén. n'exigent qu'un lien de causalité direct et immédiat existe entre la faute du prévenu et le décès de la victime ; il suffit que l'existence d'un lien de causalité soit certaine. • Crim. 14 févr. 1996, n° 95-81.765 P : *RSC 1996. 856, obs. Mayaud* • Metz, 8 janv. 1998 : *BICC 1998. 1324* (V. ci-dessous, « Médecins et professionnels de santé »). ♦ Le délit d'homicide involontaire n'exige pas qu'un lien de causalité direct et immédiat existe entre la faute du prévenu et le décès de la victime. • Crim. 23 sept. 1998 : *RSC 1999. 321, obs. Mayaud.*

89. Illustrations. Le décès de la victime d'un accident de la circulation, provoqué par une anesthésie au cours d'une opération chirurgicale jugée utile pour diminuer l'impotence fonctionnelle dont elle souffrait, justifie des poursuites pour homicide involontaire à l'encontre de l'auteur de l'accident. • Crim. 10 juill. 1952 : *Bull. crim. n° 185 ; D. 1952. 618 ; JCP 1952. II. 7272, note Cornu.* ♦ *Contra*, sur renvoi : • Rouen, 2 mars 1953 : *JCP 1953. II. 7757.* ♦ Même solution dans le cas où la victime, apparemment indemne, est décédée d'une hémorragie plusieurs heures après l'accident. • Crim. 6 mars 1956 : *Bull. crim. n° 222.* ♦ ... Ou lorsque la victime est décédée à la suite d'un traitement sérologique. • Crim. 15 janv. 1958 : *Bull. crim. n° 58 ; JCP 1959. II. 11026, note Esmein.*

90. Encourt la cassation l'arrêt qui déboute les parties civiles sollicitant la réparation du préjudice découlant du décès de la victime, en relevant qu'il n'existe entre l'accident et le décès de cette dernière qu'un « lien indirect » en raison d'une pathologie antérieure, étrangère à l'accident. • Crim. 14 févr. 1996 : *préc. note 88.* ♦ ... Qui requalifie un homicide involontaire en contravention de blessures involontaires, et limite en conséquence les réparations demandées par la partie civile, alors qu'il ne s'est pas prononcé sur le point de savoir si le traumatisme de l'accident n'avait pas révélé la pathologie antérieure de la victime ou, compte tenu de cette pathologie, « déclenché un processus mortel ». • Crim. 23 sept. 1998 : *préc. note 88.*

91. Est imputable à l'auteur d'un accident de la route la transmission du SIDA à la victime, à la suite d'importantes transfusions sanguines nécessitées par son état. • Paris, 7 juill. 1989 : *Gaz. Pal. 1989. 2. 752, concl. Pichot* • TGI Bobigny, 19 déc. 1990 : *Gaz. Pal. 30-31 janv. 1991.*

92. En formulant un diagnostic qui ne correspondait pas au mal réel qu'il pouvait envisager et qu'il devait prévoir, le guérisseur a commis une faute lourde, qui a privé, en fait, la victime des soins classiques médicaux et chirurgicaux qui auraient pu, sinon la guérir, du moins apporter une rémission dans l'évolution de son affection cancéreuse, et, dans la mesure où cette faute a été une cause immédiate de la mort de sa cliente, le guérisseur en reste responsable. • Paris, 7 nov. 1963 : *D. 1964. Somm. 43.*

93. Est justifié l'arrêt d'une cour d'appel qui, pour déclarer un prévenu coupable d'homicide involontaire et retenir sa seule responsabilité civile, énonce que la faute commise par ce dernier a été la cause du décès de la victime, le suicide de celle-ci étant la conséquence de l'affection mélancolique, elle-même révélée ou provoquée par le traumatisme, bien que son développement ait été lié partiellement à une prédisposition pathologique sans manifestation antérieure. • Crim. 14 janv. 1971, n° 92-99.469 P : *D. 1971. 164, rapp. Robert.* ♦ Rappr. : • Crim. 8 janv. 1985 : *Gaz. Pal. 1985. 2. Somm. 385, note Doucet.* ♦ Pour un défaut de surveillance sur une personne en état de dépression suicidaire considéré comme une négligence fautive ayant favorisé la réalisation du suicide, sans qu'il y ait à rechercher l'existence d'un lien direct et immédiat entre la faute et le dommage. • Crim. 5 mars 1992 : *Gaz. Pal. 1993. 2. Somm. 486, note Doucet ; RSC 1993. 326, obs. Levasseur.*

94. Peut être considéré comme pénalement responsable, nonobstant les fautes de conduite commises par son chauffeur, le propriétaire d'un véhicule, en raison du très mauvais état de ce dernier. • Crim. 15 févr. 1956 : *Bull. crim. n° 163.* ♦ C'est également à bon droit que les juges du fond ont estimé qu'il y avait un lien de causalité entre la contravention de stationnement irrégulier commis par un automobiliste et l'accident ayant entraîné des blessures, lequel ne se serait pas produit si la chaussée avait été laissée entièrement libre par le contrevenant. • Crim. 3 oct. 1962 : *D. 1963. 61 ; Gaz. Pal. 1962. 2. 340.*

95. C'est à bon droit que les juges du fond ont retenu la responsabilité, tant civile que pénale, des prévenus qui, par leurs fautes, ont contribué à la propagation d'un incendie – qu'ils n'avaient pas eux-mêmes allumé – et ont alloué des dommages-intérêts à des tiers, en réparation des brûlures par eux subies, alors pourtant que c'est de leur propre initiative que ces victimes s'étaient portées au lieu du sinistre afin de le combattre. • Crim. 15 févr. 1961 : *Bull. crim. n° 100.*

c. Causalité non exclusive

96. Principe. Les art. 319 et 320 C. pén. n'exigent pas pour leur application que la faute du prévenu ait été la cause exclusive de l'accident. • Crim. 30 mai 1972, n° 92-09.771 P. • 21 mai 1974 : *ibid. n° 187 ; Gaz. Pal. 1974. 2. 621* • 13 oct. 1980, n° 79-90.780 P. • 24 janv. 1989 : *ibid. n° 27* • 3 mai 1989 : *Dr. pénal 1989. 61* • 8 mars 1995, n° 94-80.649 P. ♦ Les art. 319 ancien et 221-6 nouveau C. pén., réprimant le délit d'homicide involontaire, n'exigent pas que la faute du prévenu en ait été la cause exclusive, directe ou immédiate. • Crim. 18 oct. 1995, n° 94-80.607 P.

97. Illustrations. Est coupable d'homicide involontaire le prévenu qui a causé un accident dont la victime est décédée, alors même qu'en raison de l'état de santé déficient de celle-ci cet accident n'a pas été la cause exclusive du décès auquel il a contribué. • Crim. 23 févr. 1972, n° 90-85.671 P.

98. Pour la responsabilité du directeur général des services techniques d'une ville, alors même que l'accident auquel il a contribué serait survenu à la suite d'une faute grave de la victime. • Crim. 22 févr. 1995, n° 94-80.810 P : *JCP 1996. II. 22730, note Proutière-Maulion ; RSC 1995. 812, obs. Bouloc ; ibid. 1995. 827, obs. Cerf-Hollender.*

99. Doit être cassé l'arrêt qui a déduit l'absence de lien de causalité, entre l'inobservation des règlements retenue à la charge du prévenu et les décès constatés, de la seule existence de fautes concurrentes imputables à des tiers. • Crim. 18 oct. 1995 : *préc. note 96.*

100. N'accomplit pas les diligences normales qui s'imposent à lui l'importateur de matériels sportifs qui se borne à faire procéder à un contrôle superficiel des lots de parapentes importés dont les suspentes n'offraient que d'insuffisantes garanties de solidité ; justifie dès lors sa décision la cour d'appel qui le retient, pour cette raison, dans les liens de la prévention du chef d'homicide involontaire aux côtés d'un parapentiste ayant provoqué une collision suivie de la chute mortelle d'un autre adepte de ce sport auquel il avait refusé la priorité. • Crim. 12 mars 1997, n° 96-83.720 P : *D. 1998. Somm. 37, obs. Lacabarats ; Dr. pénal 1997. 141, obs. Véron.*

101. Doit être confirmé le jugement qui a déclaré un dirigeant de l'Église de Scientologie coupable d'homicide involontaire sur une personne, dès lors qu'il résulte de l'analyse des faits de la procédure que le prévenu a non seulement créé les conditions générales favorisant le suicide de la victime, mais encore a commis une série de fautes ayant provoqué le passage à l'acte, un lien de causalité certaine existant entre ces fautes et le décès, sans que soit exigée une causalité exclusive. • Lyon, 28 juill. 1997 : *Gaz. Pal. 1997. 2. Somm. 340 ; ibid. 1997. 2, chron. crim. 180.*

102. Justifie légalement sa décision la cour d'appel qui, pour retenir la culpabilité d'un employeur poursuivi pour blessures involontaires et infraction à l'art. R. 233-3 ancien (abrogé par Décr. n° 93-41 du 11 janv. 1993) C. trav., un des employés ayant eu le pouce sectionné par le disque d'une tronçonneuse sur laquelle il usinait une pièce de métal, énonce, d'une part, que la tronçonneuse mise en service « avant 1981 », qui entre dans la catégorie « des machines-outils à instruments tranchants tournant à grande vitesse », visées par l'art. R. 233-3 précité, ne comporte pas les dispositifs de protection exigés par ce texte, et relève, d'autre part, que la partie non travaillante de la meule de découpe n'est pas complètement protégée et qu'aucun dispositif n'a été mis en place pour empêcher que les ouvriers ne puissent toucher involontairement la partie travaillante, un carter n'ayant été installé à cet effet qu'après l'accident ; en effet, les juges du fond ont pu, d'une part, en déduire qu'en laissant à la disposition des salariés une machine dangereuse insuffisamment protégée le prévenu a commis une faute personnelle caractérisant une infraction aux règles de sécurité en relation directe avec l'accident, la circonstance que le salarié n'ait pas fait un usage de la machine conforme à sa destination n'étant pas de nature à exonérer le prévenu de sa responsabilité dès lors que cette faute n'a pas été la cause exclusive du dommage, et, d'autre part, caractériser la faute du prévenu au sens de l'art. 121-3, al. 3, C. pén. • Crim. 30 juin 1998, n° 97-84.263 P : *JCP 1999. II. 10067, note Chevallier.*

103. Faute de la victime. Les art. 319 et 320 C. pén. n'exigent pas pour leur application que la victime n'ait aucune part de responsabilité dans l'accident. • Crim. 18 juin 1957 : *Bull. crim. n° 500.* ♦ Pour un exemple de responsabilité civile partagée en raison de la faute de la victime. • Crim. 14 juin 1995 : *Gaz. Pal. 1995. 2. Somm. 454* (V. ci-dessous : « Sports »).

104. La faute commise par la victime d'un homicide involontaire ne saurait exonérer le prévenu de la responsabilité pénale qu'il encourt du fait de sa propre faute. • Crim. 14 févr. 1989, n° 88-80.439 P. • 17 mai 1994 : *Dr. pénal 1994. 229* • 4 août 1998, n° 97-85.021 P : *D. 1999. Somm. 183, obs. Amauger-Lattes.* ♦ La faute de la victime concomitante ou antérieure à celle du prévenu ne saurait faire disparaître, pour celui-ci, le lien de causalité existant entre sa faute et le décès de la victime. • Crim. 8 janv. 1979, n° 76-91.791 P. • 13 févr. 1992 : *Gaz. Pal. 1992. 2. Somm. 373.*

105. La faute de la victime n'exonère le prévenu de la responsabilité de l'accident que si elle en a été la cause unique et exclusive. • Crim. 25 oct. 1972, n° 91-67.371 P. • 16 mars 1994 : *Dr. pénal 1994. 229.* ♦ V. par exemple, à propos de la mise en service d'une bouteille de gaz. • Douai, 8 oct. 1981 : *Gaz. Pal. 1982. 1. Somm. 84.* ♦ ... D'une réparation de fortune opérée sur une bouteille de gaz. • Crim. 4 avr. 1995 : *Gaz. Pal. 1995. 2. Somm. 354.* ♦ ... Du non-respect *d'une distance de sécurité nécessaire.* • Versailles, 13 sept. 1996 : *Gaz. Pal. 1997. 1, chron. crim., 33.* ♦ ... D'une vitesse excessive. • Crim. 30 sept. 1998, n° 97-80.135 P. ♦ ... De la négligence d'un salarié (travailleur temporaire) au regard des instructions reçues. • Crim. 19 févr. 2002 : *RSC 2002. 837, obs. Giudicelli-Delage.*

106. La L. du 5 juill. 1985 concernant les droits à l'indemnisation des victimes d'un accident de la circulation est sans incidence sur la responsabilité pénale de ces victimes et leurs obligations en cas de faute personnelle concourante. • Crim. 17 févr. 1986, n° 84-91.461 P.

107. Fait d'un tiers. La faute imputée à un tiers non compris dans les poursuites n'exonère le prévenu de la responsabilité de l'accident que si elle en a été la cause unique et exclusive. • Crim. 29 janv. 1976, n° 74-90.315 P : *RSC 1977. 96, obs. Levasseur.*

108. La simple allégation de faits ultérieurs imputables à des tiers, par exemple au médecin traitant qui a soigné la victime, n'est pas de nature à faire disparaître la responsabilité encourue par le prévenu et qui prend sa source dans le fait initial constituant son imprudence personnelle. • Crim. 15 janv. 1958 : *Bull. crim. n° 58.*

2° LOI DU 10 JUILLET 2000

BIBL. Mayaud, *Mél. A. Decocq, Litec, 2004, p. 475* (quelle certitude pour le lien de causalité dans la théorie de la responsabilité pénale ?). – Dreyer, *Dr. pénal 2007. Étude 9* (la causalité directe de l'infraction). – Grynbaum, *D. 2008. Dossier. 1928* (le lien de causalité en matière de santé : un élément de la vérité judiciaire). – Sargos, *D. 2008. Dossier. 1935* (la causalité en matière de responsabilité ou le « droit Schtroumpf »). – Olivier, *D. 2010. 813* (Affaire AZF : des responsables, mais pas de coupable). – V. égal. ss. art. 121-3.

109. Application dans le temps. V. ss. art. 121-3.

110. Constatation. A la suite du décès de son fils, survenu alors que celui-ci pilotait l'avion d'un centre de parachutisme, son père, constitué partie civile, a soutenu que son fils, encore inexpérimenté et n'ayant bénéficié d'aucun encadrement pour mener à bien l'opération de largage de parachutistes dont il avait été chargé le jour de l'accident, ne serait pas décédé si son appareil avait été équipé d'un siège spécifique destiné à assurer sa protection et de dispositifs de nature à empêcher tout déplacement intempestif des passagers mettant en danger le pilote ; il a demandé à la chambre de l'instruction de constater l'existence de manquements graves à la sécurité à l'origine de la mort de la victime ; pour écarter cette argumentation et confirmer l'ordonnance de non-lieu, l'arrêt retient qu'il serait vain de rechercher si les parachutistes transportés dans l'aéronef disposaient, ou non, comme le soutenait la partie civile, d'équipements de sécurité ; en se prononçant ainsi, sans répondre au mémoire de la partie civile qui invoquait à la charge des mis en examen, comme cause déterminante du décès, des manquements graves à la sécurité, la chambre de l'instruction n'a pas justifié sa décision. • Crim. 8 nov. 2005, n° 05-81.653 P.

a. Causalité certaine

111. Différence avec la perte de chance. Doit être relaxé du chef d'homicide involontaire, le prévenu, docteur anesthésiste, qui, bien qu'averti par téléphone de la dégradation de l'état de santé de la victime, s'abstient de se déplacer, se contentant de prescrire un traitement par téléphone ; la victime, suite à une nouvelle aggravation de sa situation décédera quelques heures plus tard d'un hémothorax post-traumatique ; les expertises médicales réalisées mettent bien en évidence l'existence de nombreux manquements constituant des fautes caractérisées commises par le docteur en présence d'un risque connu, et ce au sens de l'art. 121-3, al. 4, C. pén., dans sa rédaction issue de la L. du 10 juill. 2000 ; ainsi le fait qu'il ne se soit pas déplacé, ou qu'il ne soit pas demeuré en permanence au chevet du malade pour adapter en temps réel les prescriptions utiles ; toutefois, il faut constater que ces mêmes expertises notent que l'absence d'intervention du docteur n'a pas provoqué le décès du patient de façon directe, certaine et exclusive, mais a seulement entraîné une perte de chance de survie considérable ; ainsi, jusqu'à son aggravation, il n'existait aucune raison de s'inquiéter spécialement de l'état du patient ; c'est seulement lors de cette dégradation que l'état du malade a présenté des symptômes qui, s'ils avaient été mieux évalués, auraient peut-être permis d'améliorer ses chances de survie, sans qu'il soit possible d'affirmer que la prise d'une bonne décision thérapeutique l'aurait sauvé avec certitude ; il ne peut donc qu'être évoqué une perte de chance effective compromise en l'espèce par le prévenu, mais cette conséquence ne permet pas de retenir à sa charge, malgré les fautes caractérisées commises en présence d'un risque connu, la responsabilité du décès. • Pau, 2 mai 2001 : *JCP 2001. IV. 3098.*

112. A justifié sa décision la cour d'appel qui, énonçant qu'une patiente ayant seulement été privée d'une chance de survie, conclut qu'il n'existe pas de relation certaine de causalité entre son décès et les anomalies médicales constatées, d'où il résulte que le délit d'homicide involontaire n'est pas constitué. • Crim. 22 mars 2005 : *Dr. pénal 2005. 103 (1re esp.), obs. Véron.*

113. Un patient, âgé de 12 ans et atteint d'un anévrisme géant, est décédé à la suite d'une hémorragie cérébrale alors qu'il avait été hospitalisé pour la seconde fois en 5 jours pour des maux de tête et des convulsions ; le décès est survenu lors de la seconde hospitalisation, après le transfert tardif du patient dans un centre hospitalier universitaire ; la prévenue, médecin pédiatre, a été poursuivie du chef d'homicide involontaire ; elle a été condamnée par le tribunal correctionnel qui a relevé qu'elle avait commis une faute caractérisée exposant la victime à un risque qu'elle ne pouvait ignorer ; cependant, il n'est pas établi que le lien de causalité entre la faute et le dommage soit certain ; en effet, il n'est pas démontré qu'un diagnostic immédiat aurait permis d'éviter le décès de la victime en raison, notamment, du caractère inhabituel et très grave de l'affection cérébrale dont elle était atteinte ; il n'est pas prouvé qu'une intervention chirurgicale ou des soins adaptés à la pathologie et réalisés immédiatement auraient permis avec certitude d'éviter le risque mortel pour la victime ; dès lors, la décision de condamnation doit être infirmée. • Amiens, 4 avr. 2005 : *JCP 2006. IV. 1074.*

114. Prédispositions. L'imputabilité du dommage corporel doit être appréciée sans qu'il soit tenu compte des prédispositions de la victime dès lors que ces prédispositions n'avaient pas déjà eu des conséquences préjudiciables au moment où s'est produit le fait dommageable ; a méconnu les art. 121-3 et 221-6 C. pén., et 593 C. pr. pén., ainsi que ce principe, la cour d'appel qui, pour renvoyer une animatrice employée par une commune des fins de la poursuite du chef d'homicide involontaire sur la personne d'un adolescent décédé au cours d'une noyade, retient que le lien de causalité entre la faute de l'intéressée et le décès de la victime n'est pas établi, puisque la cause du décès ne peut être imputée avec certitude à la noyade, alors qu'il lui appartenait de rechercher si, d'une part, la décompensation de la pathologie cardiaque congénitale, dont la victime était atteinte, n'avait pas été provoquée par l'effort intense déployé par cette dernière, qui ne savait pas bien nager, afin de progresser dans un bassin de cinq mètres de profondeur interdit à la baignade, et, d'autre part, si le décès n'entretenait pas un lien direct ou indirect avec les fautes pouvant être reprochées aux animateurs qui avaient été confrontés à l'accident. • Crim. 30 janv. 2007, n° 05-87.617 P : *D. 2007. AJ 868 ; JCP 2007. IV. 1554 ; AJ pénal 2007. 179, obs. Roussel ; RSC 2007. 299, obs. Mayaud ; Dr. pénal 2007. Comm. 80, obs. Véron ; Gaz. Pal. 2007. 1. Somm. 1357, note M.B. ; RPDP. 2007. 899, obs. Saint-Pau.*

115. S'agissant d'une victime qui s'est suicidée en se tirant une balle dans la bouche en présence de plusieurs membres de sa famille, il convient de prononcer la condamnation du prévenu du chef d'homicide involontaire, dès lors qu'il est établi qu'il lui a vendu l'arme utilisée alors qu'il avait été informé que l'intéressé pouvait se suicider. • Nîmes, 2 oct. 2008 : *JCP 2009. IV. 1757.*

116. Appréciation. Toute infraction à la réglementation n'est pas en elle-même constitutive du délit d'homicide involontaire, et la preuve doit être rapportée que la violation des règlements ou l'imprudence reprochées au prévenu sont la cause du décès de la victime ; doit être relaxé du chef d'homicides involontaires l'importateur en France d'un appareil de type ULM après son écrasement au sol ayant provoqué la mort de deux personnes à son bord ; en dépit des déclarations inexactes du prévenu sur les caractéristiques de la machine, sa faute n'est pas en rapport de causalité avec le dommage, la surcharge de l'appareil alléguée à son encontre, par référence à la déclaration administrative qu'il avait effectuée, provenant plus directement de l'éventuel excès de poids dû à la présence, illicite, d'une autre personne aux côtés du pilote que de l'inexactitude de la masse à vide déclarée aux autorités administratives. • Paris, 16 nov. 2001 : *RSC 2002. 329, obs. Mayaud*.

117. Les délits d'homicide et blessures involontaires ont pour éléments constitutifs une faute du prévenu, entrant dans les prévisions des art. 319 et 320 anciens, 221-6 et 222-19 C. pén., et un lien de causalité entre cette faute et le décès de la victime ou l'incapacité de travail subie par elle ; l'appréciation de la faute et du lien de causalité par les juges du fond étant souveraine, n'encourt pas la censure l'arrêt qui, pour dire n'avoir lieu à suivre des chefs d'homicide et blessures involontaires sur des personnes décédées ou atteintes d'une maladie à la suite de l'administration de produits sanguins contaminés par le virus du sida, retient que les médecins n'avaient pas connaissance du caractère nécessairement mortifère des produits sanguins qu'ils prescrivaient et que, dans l'incertitude sur l'existence d'un lien de causalité entre les fautes reprochées aux responsables administratifs et le dommage, les manquements de ceux-ci ne peuvent être incriminés. • Crim. 18 juin 2003, n° 02-85.199 P : *D. 2005. 195, note Prothais ; JCP 2003. II. 10121, note Rassat ; Dr. pénal 2003. Comm. 97, obs. Véron.*

118. Un automobiliste a heurté un piéton qui traversait dans un passage protégé ; la victime, atteinte de trois plaies superficielles et d'une fracture du calcaneum droit ayant nécessité une intervention chirurgicale, est décédée dix jours après, des suites d'une infection nosocomiale ; pour déclarer le prévenu coupable du délit d'homicide involontaire, par suite de l'aggravation de l'état de la victime, la cour d'appel retient qu'en omettant de céder le passage dans ces circonstances, il a heurté le piéton et a créé la situation ayant permis la réalisation du dommage, commettant ainsi une faute caractérisée, en relation de causalité indirecte avec le décès, exposant autrui à un danger qu'il ne pouvait ignorer ; en se déterminant ainsi, la cour d'appel, qui a constaté *que l'existence* des blessures trouvait sa cause directe dans le heurt du piéton, et qui a attribué son décès à une maladie nosocomiale ultérieurement contractée par la victime sans rechercher si cette infection n'était pas le seul fait en relation de causalité avec le décès, n'a pas justifié sa décision au regard de l'art. 221-6 C. pén., qui exige, pour recevoir application, que soit constatée l'existence certaine d'un lien de causalité entre la faute du prévenu et le décès de la victime. • Crim. 5 oct. 2004, n° 03-86.169 P : *D. 2005. Pan. 1525, obs. Mirabail ; AJ pénal 2005. 25, obs. Coste ; Gaz. Pal. 2004. 2. 3831 (1er arrêt), concl. Commaret ; RSC 2005. 71, obs. Mayaud*. ♦ Sur l'arrêt cassé, • Aix-en-Provence, 19 sept. 2002 : *JCP 2003. IV. 1915.*

119. L'art. 221-6 C. pén. exige, pour recevoir application, que soit constatée l'existence certaine d'un lien de causalité entre la faute du prévenu et la mort de la victime ; le 25 sept. 1996, une personne a tiré avec une carabine sur l'adjoint au maire d'une commune ; la victime est décédée des suites de ses blessures ; la procédure a été classée sans suite après qu'un rapport établi par un médecin psychiatre désigné par le procureur de la République avait conclu que l'auteur du coup de feu était atteint, au moment des faits, d'un trouble psychique ayant aboli son discernement et nécessitant son hospitalisation d'office ; les ayants droit de la victime ont porté plainte et se sont constitués parties civiles ; à l'issue de l'information, le juge d'instruction a prononcé une ordonnance de non-lieu au bénéfice tant du mis en cause, sur le fondement de l'art. 122-1 C. pén., que de deux fonctionnaires de la direction départementale des affaires sanitaires et sociales, un directeur adjoint et un médecin-inspecteur de la santé publique, mis en examen du chef d'homicide involontaire ; sur appel des parties civiles, la chambre de l'instruction a infirmé partiellement cette ordonnance et a renvoyé les deux fonctionnaires devant le tribunal correctionnel sous cette dernière prévention ; les premiers juges ont relaxé les prévenus et débouté les parties civiles de leurs demandes ; seules celles-ci ont interjeté appel du jugement ; pour dire, pour les besoins de l'action civile, que les faits qui lui étaient déférés constituaient le délit prévu par les articles 121-3 et 221-6 C. pén., la cour d'appel a jugé que la faute de négligence qui leur était reprochée consistait à n'avoir pas pris l'initiative de la mise en œuvre d'une procédure tendant à l'hospitalisation d'office de l'auteur du coup mortel, alors que la situation du risque dans son ensemble leur était connue ; en se déterminant ainsi, sans rechercher si la saisine d'un médecin psychiatre aurait nécessairement conduit à une telle hospitalisation, la cour d'appel n'a pas donné de base légale à sa décision. • Crim. 4 mars 2008, n° 07-81.108 P : *D. 2009. Pan. 128, obs. Garé ; JCP 2008. II. 10098, note Benillouche ; Dr. pénal 2008, n° 82, obs. Véron ; RSC 2008. 901, obs. Mayaud*.

120. Justifie sa décision l'arrêt qui, pour relaxer le médecin ayant, après une liposuccion, prescrit une injection de calmant ayant entraîné le décès de la patiente, retient que l'origine de la complication, l'hypersensibilité ou l'interaction avec d'autres produits, est inconnue et que l'absence d'analyses préopératoires ainsi que celle d'un anesthésiste-réanimateur ne suffisent pas à établir l'existence d'une faute entretenant un lien de causalité certain avec le décès. • Crim. 14 mai 2008, n° 08-80.202 P : *D. 2009. Pan. 128, obs. Garé ; JCP 2008. II. 10189, note Mistretta.*

121. A la suite de l'explosion, le 26 avr. 1986, de l'un des réacteurs de la centrale nucléaire de Tchernobyl, des substances radioactives se sont échappées dans l'atmosphère sous forme d'un panache, constitué d'iode 131, de tellure 132 et de césium 137 et 134, qui, sous l'effet des vents, a été entraîné vers le sud-est de la France, où, arrivé le 29 avr. 1986, il est resté jusqu'au 5 mai suivant ; le 1er mars 2001, l'Association française des maladies de la thyroïde (AFMT), la Commission de recherche et d'information indépendante sur la radioactivité (CRIIRAD) et cinquante et une personnes physiques souffrant d'une affection thyroïdienne ont porté plainte et se sont constituées parties civiles des chefs, notamment, d'empoisonnement, administration de substances nuisibles, blessures et homicides involontaires ; au cours de l'information, de nombreuses autres personnes physiques atteintes de ces mêmes pathologies ou proches de personnes en étant décédées se sont constituées parties civiles ; M. Y..., directeur du Service central de protection contre les rayonnements ionisants (SCPRI), mis en examen, le 31 mai 2006, des chefs de tromperie et de tromperie aggravée et entendu comme témoin assisté sur les faits de blessures et homicides involontaires, a sollicité la clôture de l'information ; l'arrêt attaqué, infirmant l'ordonnance de poursuite de l'information rendue par le juge d'instruction, a prononcé un non-lieu ; pour dire n'y avoir lieu à suivre des chefs de blessures et homicides involontaires, empoisonnement et administration de substances nuisibles à la santé, l'arrêt, après avoir relevé qu'à ce jour, il n'a pas été constaté, en France, une augmentation significative des cancers de la thyroïde, retient que, compte tenu de l'impossibilité de déterminer la dose d'iode ingérée par chaque malade, il est, en l'état des connaissances scientifiques actuelles, impossible d'établir un lien de causalité certain entre les pathologies constatées et les retombées du panache radioactif de Tchernobyl ; en prononçant ainsi, la chambre de l'instruction a justifié sa décision. • Crim. 20 nov. 2012, n° 11-87.531 P : *D. 2013. 218, note Lacroix ; Dr. pénal 2013. n° 17, obs. Véron ; RSC 2013. 89, obs. Ambroise-Castérot .* – V. également : *Dr. pénal 2013. n° 28, obs. J.-H. Robert.*

122. Pour dégager un jeune cycliste qui, à la suite d'un choc, s'est retrouvé coincé sous l'essieu d'un car, le chauffeur de ce véhicule, alors qu'il disposait d'un système de surélévation, l'a remis en mouvement sur plusieurs mètres, aggravant ainsi les lésions de l'enfant ; le prévenu a été renvoyé devant le tribunal correctionnel pour avoir, étant conducteur d'un véhicule terrestre à moteur, par maladresse, négligence, imprudence, inattention ou manquement à une obligation de prudence imposée par la loi ou le règlement, involontairement causé la mort du cycliste ; la juridiction l'a condamné à deux ans d'emprisonnement dont dix-huit mois avec sursis, a prononcé l'annulation de son permis de conduire, l'interdiction définitive d'exercer l'activité professionnelle ayant permis la commission de l'infraction et a statué sur les intérêts civils ; le prévenu et le ministère public ont relevé appel de cette décision ; pour renvoyer le prévenu des fins de la poursuite, l'arrêt retient que l'on ne peut pas considérer que la manœuvre inappropriée du chauffeur et son manque de présence d'esprit ont fait perdre au jeune cycliste toute chance de survie et qu'une telle faute a été, avec certitude, la cause déterminante de sa mort ; en prononçant ainsi, sans rechercher si la faute commise, sans être déterminante, n'avait pas concouru, de manière certaine, au décès, la cour d'appel n'a pas justifié sa décision. • Crim. 23 avr. 2013 : *Dr. pénal 2013, n° 123, obs. Véron.*

123. Malgré une interdiction d'exercice, le prévenu disposait des compétences professionnelles techniques pour encadrer un groupe de neuf personnes dont quatre enfants ; tous les témoignages recueillis par les enquêteurs révèlent qu'il a su utiliser ses compétences professionnelles, que ce soit avant la collision du raft avec le kayak, pendant le renversement du raft, ou après celui-ci ; en conséquence, la transgression de l'interdiction notifiée au prévenu, qui constitue une faute, ne se trouve ni directement ni indirectement à l'origine du décès de la victime. • Grenoble, 18 nov. 2014 : *AJ pénal 2015. 145, obs. Vial .*

124. M. Gilles Z..., salarié en qualité de conducteur de la société X..., dont M. Guy X... est le gérant, a été écrasé, alors qu'il se trouvait entre le châssis et la benne d'un camion appartenant à l'entreprise, lorsque cette benne, qui était levée, est redescendue ; il est décédé des suites de ses blessures ; M. X... a été cité devant le tribunal correctionnel des chefs, notamment, d'homicide involontaire dans le cadre du travail et de mise à disposition d'un équipement de travail ne permettant pas de préserver la sécurité car non conforme à plusieurs normes de sécurité, en l'espèce un camion benne ; le tribunal a déclaré M. X... coupable de ces délits ; le prévenu et le ministère public ont interjeté appel de ce jugement ; pour confirmer cette décision, par motifs propres et adoptés, l'arrêt retient que, selon le rapport dressé par l'APAVE, la benne en cause présentait de nombreux manquements aux obligations prévues par les articles R. 4324-2, R. 4324-8, R. 4324-9, R. 4324-10, R. 4324-11, R. 4324-14, R. 4324-16 et R. 4324-20 C. trav. et qu'ainsi, n'étaient pas prévenus les risques d'un abaissement incontrôlé de cette benne et d'un écrasement du châssis bas qui pouvait en résulter ; les juges déduisent la connaissance que M. X... avait des risques présentés, pour le salarié, par cet équipement de travail lorsqu'il l'avait remis à M. Z... de ce qu'il faisait obligation aux salariés de placer une cale sous la benne dès que celle-ci était levée ; ils ajoutent que, même si les circonstances de l'accident sont restées incertaines, la benne qui a écrasé M. Z... n'a pu descendre inopinément qu'en raison de la manipulation du levier permettant de passer d'une utilisation « benne » du dispositif hydraulique à une utilisation « grue » de ce même dispositif ; ils énoncent que la faute ayant consisté, pour M. X..., à remettre à M. Z... l'équipement présentant les défauts de conformité à la réglementation précise rappelée ci-dessus a contribué au dommage ; en l'état de ces énonciations, d'où il résulte que le prévenu, qui a contribué à créer la situation ayant permis la réalisation du dommage et n'a pas pris les mesures permettant de l'éviter, a violé de façon manifestement délibérée une obligation particulière de prudence ou de sécurité prévue par la loi ou le règlement, au sens de l'art. 121-3, al. 4, C. pén., la cour d'appel, qui a répondu comme elle le devait aux chefs péremptoires des conclusions de M. X..., a justifié sa décision. • Crim. 9 déc. 2014 : *D. actu. 22 janv. 2015, obs. Anane ; D. 2015. Actu. 11 ; AJ pénal 2015. 147, obs. Sordino ; RSC 2015. 657, obs. Mayaud*.

b. Causalité directe

125. Paramètre déterminant. Un automobiliste circulant, de nuit sur une portion droite d'une route où la vitesse était limitée à 90 km/heure, à une vitesse estimée à 135 km/heure, a heurté un sanglier, surgi du côté de la chaussée ; l'animal, tué sur le coup, s'est encastré sous le capot avant du véhicule du prévenu qui a alors effectué, sur une centaine de mètres, des lacets sur les deux voies de circulation, avant d'entrer en collision avec une automobile qui circulait en sens inverse ; sous la violence du choc, la conductrice de ce véhicule est décédée ; pour déclarer le prévenu coupable d'homicide involontaire et excès de vitesse, la cour d'appel relève que sa vitesse, qui l'a empêché de maîtriser son véhicule, est un paramètre déterminant dans les causes et les conséquences de l'accident et que l'excès de vitesse est constitutif d'une faute en relation directe avec le décès de la victime ; la cour d'appel a ainsi caractérisé le lien de causalité directe entre la faute du prévenu et le décès *de la victime,* et a justifié sa décision, au regard des art. 121-3 et 221-6 C. pén., dans leur rédaction issue de la L. du 10 juill. 2000. • Crim. 25 sept. 2001, n° 01-80.100 P : *RSC 2002. 101, obs. Mayaud*.

126. Les juges qui, pour déclarer un chirurgien coupable d'homicide involontaire, retiennent à sa charge comme faute essentielle et déterminante ayant directement entraîné le décès, la décision d'intervention et la conduite d'ensemble du processus opératoire sans qu'ait été suffisamment examiné et pris en compte, à l'occasion d'une opération de chirurgie esthétique, le risque avéré de thrombose présenté par la victime en raison de son âge, constatent par là même que ce prévenu a causé directement le dommage. • Crim. 29 oct. 2002, n° 01-87.374 P : *RSC 2003. 330, obs. Mayaud*.

127. Un chien appartenant à la prévenue a mordu une passante ; pour la déclarer coupable de blessures involontaires, les juges retiennent qu'en laissant son chien sortir de sa propriété sans être contrôlé et tenu en laisse, elle a commis une négligence caractérisant le délit ; en l'état de ces énonciations, d'où il résulte que la faute commise par la prévenue a directement causé le dommage, la cour d'appel a justifié sa décision. • Crim. 29 mai 2013, n° 12-85.427 P : *D. actu. 18 juin 2013, obs. Gayet ; D. 2013. 2016, note Desprez ; AJ pénal 2013. 678, obs. Lasserre Capdeville ; Gaz. Pal. 2013. 2. 2431, obs. Detraz.* ♦ Il résulte de l'art. 121-3 C. pén. que cause directement le dommage subi par une personne mordue par un chien la faute de négligence du propriétaire de l'animal l'ayant laissé sortir de chez lui sans être contrôlé et tenu en laisse ; le 2 nov. 2008, à Lattes, Nadia B..., épouse X..., a été agressée par plusieurs chiens ; elle est décédée le jour même à la suite d'un choc hypovolémique provoqué par une importante perte sanguine liée à de multiples plaies causées par des morsures canines et des pertes de substances étendues ; une information judiciaire a été ouverte, au cours de laquelle il est apparu que trois des chiens de M. Jean-Marc Y..., propriétaire de quatre chiens dont deux de catégorie II, classés chiens de garde ou de défense, et voisin de la victime, se trouvaient à l'extérieur de sa propriété au moment de l'agression ; M. Y... a été renvoyé devant le tribunal correctionnel pour homicide involontaire ; il a été déclaré coupable des faits reprochés par jugement dont il a fait appel ; pour infirmer le jugement et relaxer le prévenu, l'arrêt retient qu'aucune prévention n'est retenue contre lui au titre de la divagation d'animaux ; les juges ajoutent que les chiens de M. Y... étaient habituellement enfermés pendant la journée dans un chenil clos et que les opérations d'expertise ont montré leur apparente absence de dangerosité ; ils en déduisent l'absence de violation d'une obligation particulière de sécurité prévue par la loi ou le règlement ainsi que l'inexistence d'une faute caractérisée ; mais en prononçant ainsi, la cour d'appel a méconnu le texte susvisé et le principe ci-dessus énoncé ; d'où il suit que la cassation est encourue. • Crim. 21 janv. 2014, n° 13-80.267 P : *D. actu. 12 févr. 2014, obs. Winckelmuller ; D. 2014. 1317, note*

Conte ; *AJ pénal 2014. 135, obs. Sordino* ; *Dr. pénal 2014, n° 39, obs. Véron ; Gaz. Pal. 2014. 1. 946, note Mésa ; RSC 2014. 59, obs. Mayaud* .

128. Processus mortel. Justifie sa décision au regard des art. 121-1 et 221-6 C. pén., tant dans leur rédaction antérieure à la loi n° 2000-647 du 10 juill. 2000, que dans leur rédaction issue de cette loi, la cour d'appel qui, pour déclarer un chirurgien hospitalier coupable d'homicide involontaire, retient que le décès de la patiente, survenu près de deux ans plus tard, est dû au grave processus de détresse neurologique observé immédiatement après l'intervention chirurgicale, lequel aurait pu être évité par le choix d'une table d'opération appropriée, énonciations d'où il résulte que le prévenu n'a pas accompli les diligences normales qui lui incombaient compte tenu de la nature de sa mission et de sa fonction, de sa compétence ainsi que du pouvoir et des moyens dont il disposait, et par lesquelles la cour a constaté que le prévenu a causé directement le dommage. • Crim. 23 oct. 2001, n° 01-81.227 P : *Dr. pénal 2002. 27 (2e arrêt), obs. Véron ; Gaz. Pal. 2002. 1. 363, et la note ; RSC 2002. 102, obs. Mayaud* ; *ibid. 320, obs. Bouloc* .

129. A justifié sa décision la cour d'appel qui conclut à l'existence de fautes essentielles et déterminantes pesant sur les prévenus, médecins intervenants, qui ont directement causé le décès de la victime, dû à l'état d'hypoxémie ayant provoqué l'arrêt cardio-respiratoire à l'origine d'une décérébation irréversible, le processus mortel étant engagé avant même la décision de procéder à l'intervention chirurgicale. • Crim. 5 avr. 2005 : *Dr. pénal 2005. 103 (2e esp.), obs. Véron.*

130. Lésions irréversibles. A la suite d'un accouchement pratiqué avec l'aide de forceps, l'enfant avait subi un traumatisme cranio-encéphalique avec hémorragie intracérébrale et intraventriculaire suivie de complications, qui dans les jours suivants ont entraîné son décès malgré les soins intensifs, après que la décision fut prise par ses parents et les responsables du service hospitalier de mettre un terme à sa réanimation ; la cour d'appel a déclaré à bon droit le médecin accoucheur coupable d'homicide involontaire, dès lors qu'il a choisi une technique d'extraction qui n'était pas justifiée par la situation, et que la mauvaise position des forceps l'a contraint à les repositionner et surtout à procéder à des efforts de traction fœtale violents et répétés ; l'utilisation maladroite de ces instruments, effectuée en méconnaissance des règles de l'art, est à l'origine directe des lésions cérébrales irréversibles ayant entraîné la mort ; il n'a pas accompli les diligences normales qui lui incombaient compte tenu de la nature de sa mission et de sa fonction, de sa compétence ainsi que du pouvoir et des moyens dont il disposait et a causé directement le dommage ; sa condamnation est justifiée au regard des art. 121-3 et 221-6 C. pén., tant dans leur rédaction antérieure à la L. du 10 juill. 2000 que dans leur rédaction issue de cette loi. • Crim. 23 oct. 2001, n° 01-81.030 P : *Dr. pénal 2002. 27 (1er arrêt), obs. Véron ; Gaz. Pal. 2002. 1. 365, note Petit ; RSC 2002. 102, obs. Mayaud* ; *ibid. 2002. 320, obs. Bouloc* .

131. A la suite d'un accouchement difficile à l'aide de forceps pratiqué dans une clinique, le nouveau-né, présentant notamment des lésions à la face, a été confié à un pédiatre par l'obstétricien ; après le départ du pédiatre, l'enfant, dont l'état s'était aggravé, a été transféré à l'initiative de l'obstétricien dans un hôpital local, puis dans un centre hospitalier universitaire où il est décédé quelques heures plus tard ; c'est à bon droit que la cour d'appel a déclaré le pédiatre coupable d'homicide involontaire, retenant qu'en portant son attention sur les seules lésions oculaires et orthopédiques, en négligeant le risque majeur d'extension rapide de l'hématome superficiel et les complications hémorragiques qui pouvaient en résulter, et en omettant de mettre en place une surveillance médicale adaptée, il a commis une faute en relation de causalité directe avec le décès, qui aurait pu être évité si l'enfant avait été transféré à temps dans un service spécialisé ; le pédiatre n'a pas accompli des diligences normales compte tenu de ses missions, de ses compétences et des moyens dont il disposait. • Crim. 13 nov. 2002, n° 01-88.462 P : *D. 2004. 1336, note Conte* ; *Gaz. Pal. 2003. 2. 2416, note Monnet ; RSC 2003. 331, obs. Mayaud* .

c. Causalité indirecte

132. Dépénalisation. En matière d'atteinte involontaire à l'intégrité de la personne, il est nécessaire, pour que les faits entrent dans le champ d'application de la loi pénale [C. pén., art. 222-19 et 121-3, tels que modifiés par la loi n° 2000-647 du 10 juill. 2000], que la faute d'imprudence, de négligence ou le manquement à une obligation de sécurité ou de prudence prévue par la loi ou le règlement ait directement causé le dommage et que son auteur n'ait pas accompli les diligences normales compte tenu de la nature et des moyens dont il disposait ; toutefois, lorsque l'auteur est une personne physique, et que son fait n'a qu'indirectement contribué au dommage, il n'encourt de condamnation que s'il a soit violé de façon manifestement délibérée une obligation particulière de prudence ou de sécurité prévue par la loi ou le règlement, soit commis une faute caractérisée, exposant autrui à un risque dont il connaissait la particulière gravité ; la L. du 10 juill. 2000, plus favorable, est d'application immédiate ; la causalité doit être regardée comme indirecte au sens de la loi nouvelle, lorsque cette faute a créé la situation à l'origine du dommage, sans que son auteur ait lui-même physiquement porté atteinte à la victime. • Paris, 4 déc. 2000 : *D. 2001. IR 433 ; Gaz. Pal. 2001. 1. 115, note Petit ; RSC 2001. 381, obs. Mayaud*.

133. Appréciation. Les cogérants d'une société ayant organisé une semaine d'animation sportive pour enfants doivent être relaxés du chef d'homicide non intentionnel à la suite de la mort d'une fillette, laquelle est tombée et s'est noyée sur le chemin de retour d'une sortie de spéléologie ; on ne peut en effet pas considérer qu'ils ont contribué à créer la situation conduisant à l'accident dès lors qu'ils avaient fait le choix d'un site adapté à l'âge des enfants et que, si le sentier présentait une dangerosité, celle-ci était néanmoins compatible avec son utilisation par un groupe d'enfants correctement encadrés ; or, les prévenus avaient précisément fait le choix de deux accompagnateurs hautement qualifiés. • Grenoble, 14 mars 2002 : *JCP 2002. IV. 3086*.

134. Le geste de saisir la poignée de son cartable pour ramener un élève turbulent à la raison n'est pas un geste portant atteinte physiquement de façon directe à cet élève. • Versailles, 16 juin 2003 : *RSC 2004. 87, obs. Mayaud*.

135. C'est à tort que la cour d'appel, pour déclarer un médecin spécialiste coupable d'homicide involontaire, retient que, consulté en urgence par une patiente présentant le tableau clinique d'un risque d'évolution vers un coma diabétique mortel, il a, en se bornant à prescrire par ordonnance des examens sanguins de dosage de la glycémie, causé directement le dommage, alors que, n'ayant pas pris les mesures permettant d'éviter celui-ci, il en est l'auteur indirect. • Crim. 12 sept. 2006, n° 05-86.700 P : *D. 2007. Pan. 401, obs. Mirabail et obs. Penneau ; AJ pénal 2006. 447 ; JCP 2007. II. 10006, note Faict et Mistretta ; Dr. pénal 2007. 4, obs. Véron ; RSC 2007. 82, obs. Mayaud*. ♦ La censure n'est pas pour autant encourue, dès lors qu'il résulte des constatations de l'arrêt que le prévenu a commis une faute caractérisée exposant autrui à un risque d'une particulière gravité qu'il ne pouvait ignorer. • Même arrêt.

136. Le salarié grutier d'une entreprise de bâtiment a été mortellement blessé lors du basculement d'une dalle qu'il tentait de mettre en place en utilisant une barre à mine ; pour condamner le dirigeant des chefs d'homicide involontaire et d'infraction aux règles relatives à la sécurité des travailleurs, les juges retiennent qu'il avait ordonné au grutier, pour faciliter la manœuvre, de détacher l'une des élingues retenant la dalle et qu'il avait tenté de l'ajuster en utilisant des barres à mine ; les juges ajoutent que, au lieu d'avoir recours à un échafaudage, il avait choisi une telle méthode par économie de temps et d'argent et n'avait pas interdit à son salarié, qui ne portait pas de harnais de sécurité, de venir le rejoindre sur la dalle ; la cour d'appel conclut que l'ensemble de ces éléments démontre l'imprudence caractérisée du prévenu et le manquement à ses obligations en matière de sécurité qui sont directement à l'origine de l'accident mortel dont a été victime son salarié ; en l'état de ces constatations, dont il résulte que le prévenu a directement créé le dommage au sens de l'art. 121-3 C. pén., les juges, qui n'avaient pas à rechercher s'il avait, en outre, commis une faute caractérisée qui exposait autrui à un risque d'une particulière gravité qu'il ne pouvait ignorer, ont justifié leur décision. • Crim. 16 sept. 2008, n° 08-80.204 P : *AJ pénal 2008. 507, obs. Dechepy-Tellier ; RSC 2009. 390, obs. Cerf-Hollender*.

d. Causalité partagée

137. Faute de la victime. Les dispositions particulières du décret du 28 avr. 1975, relatif à la protection des travailleurs contre les dangers des rayonnements ionisants dans les installations nucléaires de base, font obligation au chef d'établissement de prendre toutes dispositions matérielles pour rendre impossible l'accès à toute zone interdite ; par conséquent, l'erreur commise par un technicien salarié d'un centre nucléaire de production d'électricité, à savoir notamment son entrée intempestive dans un puits de cuve malgré l'interdiction qui lui en a été faite, ne peut constituer une faute, cause exclusive de son dommage résultant d'une irradiation aiguë, de nature à exonérer le directeur de la centrale de sa responsabilité pénale. • TGI Valence, 26 juin 2001 : *BICC 15 avr. 2002, p. 45, n° 400*.

138. Lors d'une croisière en mer sur un voilier, le chef de bord avait décidé de faire demi-tour en raison des mauvaises conditions météorologiques et avait confié la barre à un membre de l'équipage pour établir la route ; une grosse vague a soudainement déstabilisé le voilier et a provoqué un empannage non contrôlé ; la bôme a alors balayé le pont, heurtant violemment un membre de l'équipage qui est décédé des suites de ses blessures ; pour renvoyer le chef de bord et la personne tenant la barre des fins de la poursuite du chef d'homicide involontaire, et débouter les parties civiles de toutes leurs demandes, la cour d'appel, après avoir retenu que l'accident de mer trouve son origine dans un coup de roulis qui a déséquilibré le voilier d'une façon inattendue et imprévisible, énonce que les prévenus n'ont commis aucune faute en relation avec l'accident, dont la cause exclusive est l'imprudence et l'inattention de la victime qui n'a pas su éviter le coup de bôme ; en se déterminant ainsi, par des motifs empreints de contradiction, la cour d'appel n'a pas donné de base légale à sa décision. • Crim. 21 janv. 2003, n° 02-82.169 P.

139. Justifie la relaxe des professionnels de santé poursuivis pour homicide involontaire la décision qui constate que la victime, elle-même professionnelle de santé, qui se savait atteinte d'asthme grave, s'est abstenue d'appeler les secours, ce qui aurait permis la mise en œuvre des traitements en temps utile. • Crim. 23 sept.

2014 : *Dr. pénal 2014, n° 136, obs. Véron ; RSC 2015. 416, obs. Mistretta*.

140. La faute de la victime d'un accident mortel du travail n'est de nature à exonérer de leur responsabilité pénale les personnes chargées de la mise en œuvre ou de l'exécution des mesures de sécurité prévues par la loi ou le règlement que s'il est démontré qu'elle a été la cause exclusive de cet accident. Encourt la censure l'arrêt de la chambre de l'instruction qui, pour confirmer l'ordonnance de non-lieu du juge d'instruction, se borne à retenir qu'il n'existe pas de lien de causalité entre les fautes du coordinateur de sécurité et le décès de la victime, qu'il n'est pas démontré que le gérant de l'entreprise qui employait cette dernière, absent le jour des faits, aurait eu connaissance de la situation dans laquelle celle-ci s'est trouvé engagée, et qui ajoute que l'accident a pour causes le non-respect par la victime des consignes de quitter le chantier pour raison de sécurité données le matin même, notamment par l'architecte et la personne en charge de la mission d'ordonnancement, du pilotage et de la coordination, ainsi que l'absence d'utilisation, par la victime, des équipements de sécurité à disposition dans le véhicule de l'entreprise, d'une part, sans mieux expliquer en quoi la faute de la victime aurait été la cause exclusive de l'accident alors que les juges avaient relevé des manquements à l'encontre notamment du coordonnateur de sécurité et de l'employeur, d'autre part, en se fondant sur un motif inopérant relatif à l'absence du gérant. • Crim. 7 mai 2019, n° 18-80.418 P : *D. actu. 31 mai 2019, obs. Recotillet ; AJ pénal 2019. 385, obs. Gouesse et Dilmi ; RSC 2019. 624, obs. Mayaud ; Dr. pénal 2019, n° 122, obs. Conte.*

141. Fautes corrélatives. Le juge répressif ne peut prononcer une peine sans avoir relevé tous les éléments constitutifs de l'infraction qu'il réprime ; un accident de la circulation est survenu entre l'ensemble routier conduit par M. Y... et l'automobile conduite par M. Z... et dans laquelle se trouvait son épouse ; le bras de la nacelle élévatrice transportée par M. Y..., qui était mal arrimée, s'est déporté dans un virage et a heurté le véhicule des époux Z... qui venait en sens inverse ; ceux-ci ont été blessés et André Z... est décédé le 11 nov. 2003 des suites de ses blessures ; M. Y... ainsi que M. X..., responsable de l'agence de l'entreprise de location de matériel, dans laquelle le premier avait pris possession de la nacelle, ont été poursuivis du chef d'homicide et blessures involontaires par violation manifestement délibérée d'une obligation de sécurité ou de prudence ; les premiers juges les ont déclarés coupables ; pour disqualifier les faits et déclarer M. X... coupable d'homicide et blessures involontaires par imprudence, l'arrêt retient qu'il avait été constaté, après la précédente location, que l'axe de verrouillage du bras de la nacelle était difficile à mettre en place, mais qu'aucune réparation n'avait été faite avant que l'engin soit confié à M. Y..., que ceci explique, au moins partiellement, que l'axe n'était pas en place lors de l'accident et que ce défaut a directement contribué à la survenance de la collision ; en se déterminant ainsi, alors qu'elle relevait que M. Y... avait commis plusieurs fautes, dont celle de ne pas mettre correctement en place l'axe de verrouillage, en sorte que la faute imputée à M. X... n'était pas la cause directe du dommage et sans rechercher si cette faute était caractérisée et exposait autrui à un risque d'une particulière gravité qu'il ne pouvait ignorer, la cour d'appel n'a pas justifié sa décision. • Crim. 11 janv. 2011, n° 09-87.842 P : *D. 2011. Pan. 2830, obs. Garé ; RSC 2011. 99, obs. Mayaud*.

142. Fautes conjuguées. **BIBL.** Mayaud, *RSC 1999. 323* (les « fautes conjuguées », une notion originale aux effets limités). ♦ Les imprudences, négligences et inobservations des règlements imputables à plusieurs prévenus, bien que distinctes les unes des autres, peuvent, par leurs effets conjugués, être la cause directe ou indirecte d'un homicide involontaire ou de blessures involontaires, et suffisent à fonder la responsabilité pénale de chacun des prévenus. • Crim. 14 déc. 1967, n° 90-44.667 P : *D. 1968. Somm. 47* • 27 janv. 1971 : *ibid. n° 28 ; D. 1971. Somm. 44* • 20 nov. 1973, n° 91-86.572 P.

143. Se trouvent également en faute, au regard des art. 319 et 320 C. pén., et doivent répondre des conséquences tant pénales que civiles qui en résultent, deux prévenus qui ont participé ensemble à une action essentiellement dangereuse et créé, par leur commune imprudence, un risque grave dont un tiers a été la victime, alors même qu'il n'a pas été possible de déterminer l'incidence directe, sur ladite victime, des actes accomplis par chacun de ces prévenus. • Crim. 7 mars 1968, n° 90-02.767 P : *Gaz. Pal. 1968. 1. 319* • 19 mai 1978, n° 77-93.426 P : *D. 1978. IR 345, obs. Roujou de Boubée ; ibid. 1980. 3, note Galia-Beauchesne ; Gaz. Pal. 1979. 1. Somm. 147* • 23 juill. 1986, n° 77-93.426 P : *JCP 1987. II. 20897, note Borricand ; Gaz. Pal. 1987. 104, note Doucet ; RSC 1987. 199, obs. Levasseur* • 5 janv. 1988, n° 85-93.027 P : *Gaz. Pal. 1988. 1. Somm. 184 ; RSC 1988. 783, obs. Levasseur* • 23 mars 1994, n° 91-86.702 P.

144. Exemples. En matière de circulation routière. • Crim. 12 avr. 1930 : *Bull. crim. n° 124* • 23 juill. 1986 : *préc. note 143* • 5 janv. 1988 : *préc. note 143* • 23 mars 1994 : *préc. note 143.* ♦ Rappr. : • Crim. 4 nov. 1998 : *RSC 1999. 323, obs. Mayaud*. ♦ ... Dans la mise à la consommation de viande avariée. • Crim. 14 déc. 1967 : *préc. note 142.* ♦ ... Au cours de la manipulation d'une fronde. • Crim. 7 mars 1968 : *préc. note 143.* ♦ ... Ou d'une arme. • Crim. 19 mai 1978 : *préc. note 143.* ♦ ... Dans une opération de sous-traitance. • Crim. 26 févr. 1969, n° 91-76.668 P. ♦ ... Lors de travaux de construction. • Crim. 27 janv. 1971 : *préc. note*

142. ♦ ... Dans le montage d'un planeur. • Crim. 1er févr. 1972, n° 91-32.871 P : *Gaz. Pal. 1972. 2. Somm. 1978 ; RSC 1972. 875, obs. Levasseur.* ♦ ... Lors d'une intervention sur un appareil à gaz. • Crim. 20 nov. 1973 : *préc. note 142* • 24 mai 1977, n° 76-91.271 P. ♦ Rappr. : • Crim. 23 oct. 1968, n° 90-16.367 P.

145. Les deux fournisseurs habituels d'héroïne à un toxicomane qui devait décéder d'une « surdose » se rendent coupables du délit d'homicide involontaire ; il importe peu de savoir qui a fourni la dose mortelle dès lors qu'ils ont tous deux créé les conditions qui ont rendu possible l'intoxication régulière puis la mort de la victime sans lesquelles elle ne serait pas produite. • Limoges, 4 juin 1997 : *BICC. 1997. 1262 ; RSC 1998. 549, obs. Mayaud.*

D. EXONÉRATION

1° INDIFFÉRENCES

146. Diligences normales. L'art. 121-3 C. pén., dans sa rédaction issue de la L. du 13 mai 1996, n'institue aucun fait justificatif. • Crim. 14 oct. 1997, n° 96-83.356 P : *Dr. pénal 1998. 25, obs. Robert ; RSC 1998. 328, obs. Mayaud ; RTD com. 1998. 431, obs. Bouloc.* ♦ V. également ss. art. 121-3.

147. Légitime défense. Le fait justificatif de légitime défense est inconciliable avec le caractère involontaire de l'infraction. • Crim. 16 févr. 1967, n° 92-07.166 P : *JCP 1967. II. 15034, note Combaldieu ; RSC 1967. 659, obs. Levasseur, ibid. 1967. 854, obs. Légal* • 9 juill. 1984 : *D. 1986. IR 106, obs. Roujou de Boubée ; Gaz. Pal. 1984. 2. 751, note Doucet* • 28 nov. 1991, n° 90-87.572 P : *D. 1993. Somm. 18, obs. Azibert ; RSC 1992. 751 ; ibid. 1993. 329, obs. Levasseur* • Paris, 5 juin 1985 : *D. 1987. 247, note Paire ; RSC 1987. 865, obs. Vitu* • T. corr. Troyes, 24 mai 1978, *aff. Legras (2e jugement) : JCP 1979. II. 19046, note Bouzat.*

148. C'est à bon droit qu'une cour d'appel déclare coupable d'homicide involontaire le propriétaire d'une bergerie qui, ayant relié la porte de ce bâtiment à la détente d'une arme à feu dont l'axe de tir était situé à hauteur d'homme, a ainsi causé la mort d'une personne qui ouvrait la porte de ladite bergerie. • Crim. 18 janv. 1977, n° 76-91.125 P. ♦ Rappr. : • T. corr. Mayenne, 6 mars 1957 : *D. 1957. 458, note Pageaud.* ♦ En opérant le chargement à balle d'un « canon avertisseur » destiné à décourager les voleurs, contrairement aux prescriptions du fabricant, le propriétaire d'une maison s'est rendu coupable *d'une imprudence* et, un cambrioleur ayant été victime de ce système de défense, d'un homicide involontaire. • T. corr. Aix-en-Provence, 21 avr. 1969 : *D. 1970. Somm. 5 ; Gaz. Pal. 1969. 2. 159.*

149. Approbation ou tolérance administrative. Un chef d'établissement en infraction avec les règles concernant la sécurité des travailleurs ne saurait, pour solliciter sa relaxe, invoquer l'opinion exprimée par un représentant du ministère du travail, s'agissant d'une simple tolérance administrative qui ne saurait déroger à la réglementation ou constituer un droit à son profit. • Crim. 28 oct. 1986, n° 85-91.163 P. ♦ Encourt la cassation l'arrêt qui déclare non constitué le délit d'homicide involontaire reproché à l'exécutant d'un travail public, en se fondant uniquement sur l'approbation, donnée par l'Administration, des conditions dans lesquelles ce travail a été réalisé. • Crim. 16 juill. 1987, n° 86-94.776 P : *Gaz. Pal. 1988. 1. Somm. 76.* ♦ V. cependant art. 122-3 (erreur de droit).

150. Pouvoir de police du maire. Sauf à confondre compétence réglementaire et gestion directe, le fait que la police municipale comprenne la prévention des avalanches et le secours aux victimes n'autorise pas le maire à prendre personnellement la direction quotidienne du service de sécurité du domaine skiable exploité dans un cadre industriel et commercial, mais seulement à prendre en cette matière les arrêtés réglementaires s'imposant à l'exploitant et aux particuliers qu'il juge convenables ; les dispositions de l'art. L. 131-2, § 1, 6°, C. communes n'ont donc ni pour objet ni pour effet de dispenser les personnes publiques ou privées, titulaires d'une délégation de service public industriel et commercial d'exploitation d'un domaine skiable, d'accomplir les actes auxquels elles sont personnellement tenues par l'effet de la loi, d'un règlement, y compris d'un arrêté de police municipal, ou d'un contrat de droit privé comportant une obligation accessoire de sécurité. • Grenoble, 25 févr. 1998 : *BICC 1999, n° 141 ; JCP 1998. IV. 3537 ; Gaz. Pal. 1998. 1. Somm. 183 ; ibid. 1998. chron. crim. 67.* ♦ Confirmation de : • TGI Grenoble, 15 mai 1997 : *Gaz. Pal. 1997. 2. Somm. 339.* ♦ Confirmé par : • Crim. 9 nov. 1999, n° 98-81.746 P : *Dr. pénal 2000. Comm. 56 (1er arrêt), obs. Véron ; RSC 2000. 389, obs. Mayaud* (V. ci-dessous : « Sports »).

2° RÉFÉRENCES

a. Ordre de la loi

151. Secours à autrui. Dans l'accomplissement de son obligation légale, imposée par l'art. 63, al. 1er et 2, C. pén. (nouvel art. 223-6), d'empêcher une atteinte à l'intégrité corporelle d'autrui et de porter secours à une personne en péril, un passant commet le délit de blessures par imprudence lorsque, pour contraindre un enfant à lâcher la pierre dont il menace un camarade, il lui tord le bras si violemment qu'il lui cause une fracture ; réalisée à des fins légitimes, sans intention coupable ni recherche du résultat dommageable effectivement produit, une telle intervention brutale n'est pas constitutive du délit de coups et blessures volontaires. • Alger, 9 nov. 1953 : *D. 1954. 369, note Pageaud.*

152. Flagrance. L'art. 73 C. pr. pén., qui donne au citoyen le pouvoir d'appréhender l'auteur d'un délit flagrant, ne peut être assimilé à une cause de justification de l'infraction pénale ; commet, dès lors, une imprudence caractérisée, et doit être déclaré coupable des délits d'homicide et de blessures involontaires, l'automobiliste qui poursuit avec son véhicule, en ville, à une vitesse excessive, les voleurs de son sac à main, et provoque une collision avec le véhicule de ces derniers, l'auteur principal du délit étant tué, et son complice blessé. • T. corr. Paris, 1er oct. 1991 : *D. 1992. 486, note Decheix ; RSC 1993. 102, obs. Levasseur*. ♦ En appel, • Paris, 28 févr. 1992 : *Gaz. Pal. 19 sept. 1992, note Chabas ; RSC 1993. 102, obs. Levasseur*.

153. Ayant surpris des cambrioleurs, vers une heure du matin, le propriétaire d'une maison est parti à leur poursuite en voiture, après avoir fait aviser la gendarmerie et s'être muni d'un fusil à balles de caoutchouc ; ayant immobilisé le véhicule des fuyards sur le chemin privé menant à son domicile, il a tiré un coup de feu en l'air ; il a ensuite approché son arme de la portière du conducteur et un second coup de feu est parti alors que le passager arrière s'était emparé du canon de l'arme ; le conducteur, atteint à la tête, est décédé des suites de ses blessures ; pour confirmer le jugement de relaxe du chef d'homicide involontaire, l'arrêt énonce que le comportement du prévenu n'a eu pour objet que d'immobiliser les auteurs, même supposés, d'un délit flagrant dans l'attente de l'arrivée des forces de l'ordre qu'il avait demandé de prévenir, et que rien ne permet de considérer que le coup de feu qui a mortellement atteint le passager de la voiture des malfaiteurs ne découle pas exclusivement de l'intervention malheureuse d'un tiers ; en se déterminant ainsi, sans rechercher si le fait d'approcher de la portière d'un véhicule occupé un fusil armé, avec le doigt sur la queue de détente, était absolument nécessaire en l'état des circonstances de l'espèce, la cour d'appel n'a pas donné de base légale à sa décision ; en effet, il résulte des art. 73 C. pr. pén. et 122-4 C. pén. que, si toute personne a qualité pour appréhender l'auteur présumé d'une infraction flagrante et le conduire devant l'officier de police judiciaire le plus proche, l'usage de la force, à cette fin, doit être nécessaire et proportionné aux conditions de l'arrestation. • Crim. 28 mars 2006, n° 05-81.706 P : *D. 2006. 2721, note Chavent-Leclère ; Gaz. Pal. 2006. 2. Somm. 3474, note Monnet ; RSC 2006. 601, obs. Mayaud*.

154. Gendarmerie. Selon l'art. 122-4 C. pén., n'est pas pénalement responsable la personne qui accomplit un acte prescrit ou autorisé par des dispositions législatives ou réglementaires ; ne tire pas les conséquences légales de ses propres constatations la cour d'appel qui, pour déclarer le prévenu, gendarme qui, blessé par un automobiliste qui tentait de prendre la fuite, a tiré plusieurs coups de feu en direction de la voiture en fuite et blessé mortellement le conducteur, coupable d'homicide involontaire, relève notamment que l'autorisation donnée aux militaires de gendarmerie de faire usage des armes pour immobiliser les véhicules dont les conducteurs n'obtempèrent pas à l'ordre d'arrêt, lorsqu'ils ne peuvent le faire autrement, ne les dispense pas de l'obligation de mener leur action avec prudence et un minimum d'adresse, et ajoute qu'en l'espèce le tir instinctif qui a atteint la victime a été porté de manière particulièrement imprudente et maladroite quant à sa direction et sa hauteur, alors que la cour a retenu que les conditions d'application de l'art. 174 du décret du 23 mai 1903 sont réunies, et alors que la cause d'irresponsabilité pénale prévue par les textes susvisés s'étend aux fautes involontaires commises au cours de l'exécution de l'acte prescrit ou autorisé par la loi ou le règlement. • Crim. 5 janv. 2000, n° 98-85.700 P : *D. 2000. 780, note de Lamy ; RSC 2000. 606, obs. Mayaud ; ibid. 2000. 817, obs. Bouloc*. ♦ Ne donne pas de base légale à sa décision la cour d'appel qui, pour renvoyer un gendarme des fins de la poursuite exercée contre lui du chef d'homicide involontaire pour avoir mortellement blessé d'un coup de feu un automobiliste qui avait refusé de s'arrêter à un contrôle et qu'il poursuivait, retient que le prévenu était autorisé par l'art. 174 du décret du 20 mai 1903 à faire usage de son arme de service, sans rechercher si cet usage était absolument nécessaire en l'état des circonstances de l'espèce. • Crim. 18 févr. 2003, n° 02-80.095 P : *D. 2003. 1317, note Defferrard et Durtette ; Dr. pénal 2003. Comm. 57, obs. Véron ; Gaz. Pal. 2003. 1. 1062, note Monnet ; RSC 2003. 387, obs. Buisson ; ibid. 2003. 559, obs. Mayaud ; ibid. 2003. 565, obs. Delmas Saint-Hilaire*. ♦ *Adde* : Debove, *Dr. pénal 2003. Chron. 22* (carton jaune pour les bleus !).

b. État de nécessité

155. Principe. Encourt la cassation l'arrêt qui s'abstient de s'expliquer sur un fait justificatif d'état de nécessité opposé par un prévenu dans des poursuites du chef d'homicide involontaire. • Crim. 29 nov. 1972, n° 91-14.972 P.

156. Policier. Ayant énoncé que l'action d'un policier, qui a tiré un coup de feu à terre, blessant par ricochet un individu armé qui avait précédemment fait usage de son arme et se trouvait dans un état d'excitation violente, avait été commandée par la nécessité réelle et urgente de l'appréhender et que le risque pris en tirant un coup de feu au sol pour l'intimider apparaît en rapport avec le danger créé par ce dernier, une cour d'appel a pu, sans priver sa décision de base légale, estimer que le prévenu – de coups et blessures involontaires – avait accompli un acte nécessaire exclusif de toute faute. • Crim. 16 juill. 1986 : *D. 1988. 390 (2e esp.), note Dekeuwer ; Gaz. Pal. 1987. 1. Somm. 10.*

c. Force majeure

157. Définition. BIBL. Benayoun, *D. 1999. Chron. 476* (de l'autorité de la chose jugée au pénal en matière de cause étrangère). ♦ La force majeure ne peut résulter que d'un évènement indépendant de la volonté humaine et que cette volonté n'a pu ni prévoir ni conjurer. • Crim. 8 juill. 1971, n° 92-99.170 P : *D. 1971. 625, note Robert* • 8 mai 1974, n° 91-02.573 P : *Gaz. Pal. 1974. 2. 560.* ♦ Le juge doit en constater le caractère imprévisible et inévitable. • Crim. 9 mai 1967, n° 92-53.866 P.

158. Constatation. L'arrêt qui constate le comportement inattentif du prévenu écarte par là même le caractère imprévisible et inévitable de la force majeure. • Crim. 21 juin 1972, n° 92-67.671 P. • 29 nov. 1972, n° 90-89.972 P. ♦ ... La négligence serait-elle consécutive à un précédent accident. • Crim. 17 févr. 1960 : *Bull. crim. n° 96.*

159. Appréciation. Ne constitue pas le fait extérieur imprévisible et insurmontable, constitutif de la force majeure, l'existence d'une flaque d'eau sur la route, à la suite d'un orage d'une exceptionnelle violence. • Crim. 14 oct. 1975, n° 90-01.775 P. ♦ Mais est constitutive de force majeure la présence de verglas sur une route, lorsque le danger en résultant s'est trouvé, en raison des conditions atmosphériques, subitement localisé sur une surface réduite. • Crim. 18 déc. 1978, n° 78-92.468 P : *D. 1979. IR 214, obs. Puech ; JCP 1980. II. 19261, note Alvarez ; RSC 1979. 558, obs. Levasseur.* ♦ Rappr. : • Rouen, 1er mars 1982 : *Gaz. Pal. 1982. 2. Somm. 392.* ♦ ... Et qu'aucune faute ni contravention au code de la route ne peut être relevée contre le prévenu. • Crim. 27 févr. 1958 : *Bull. crim. n° 205* • 12 mars 1959 : *ibid. n° 176* • 14 oct. 1959 : *ibid. n° 432.* ♦ Rappr. : • Crim. 4 janv. 1973 : *Gaz. Pal. 1973. 1. Somm. 152.* ♦ Doit être déclaré coupable du délit de blessures involontaires et de la contravention de défaut de maîtrise le conducteur dont le véhicule automobile a dérapé sur la route, s'est déporté sur la voie de gauche et a heurté un véhicule venant en sens inverse ; le prévenu ne saurait légitimement invoquer l'art. 122-2 C. pén. pour s'exonérer de sa responsabilité pénale ; en effet, et contrairement à ce que soutient la personne poursuivie, l'existence d'une plaque de verglas, qui n'est d'ailleurs pas démontrée puisque les gendarmes ont simplement relevé que la chaussée était glissante car elle était mouillée, ne saurait constituer un cas de force majeure ; la formation du verglas à la fin du mois de décembre, alors que la température, aux dires mêmes du prévenu, était négative, n'est nullement imprévisible, et tout conducteur doit constamment rester maître de sa vitesse et régler celle-ci en fonction de l'état de la chaussée, des difficultés de la circulation et des obstacles prévisibles. • Toulouse, 24 juin 2008 : *JCP 2008. IV. 2644.*

160. L'indication d'une défaillance mécanique, que par sa nature même le conducteur avait la possibilité de prévoir et de prévenir par une vérification préalable de l'état de sa voiture avant d'en faire usage, ne saurait à elle seule constituer la force majeure, sans que les juges du fond aient spécifié les circonstances d'où résulte le caractère imprévisible et inévitable de ce fait. • Crim. 4 déc. 1958 : *Bull. crim. n° 722* • 8 juill. 1971 : *préc. note 157.* ♦ Par sa nature, l'éclatement d'un pneumatique est soudain et instantané ; il en résulte une surprise totale pour le conducteur, lequel est fondé à se prévaloir de la situation de force majeure prévue par les art. 64 (nouvel art. 122-2) et 65 (non repris) C. pén., qui efface et supprime sa culpabilité. • Douai, 20 févr. 1975 : *Gaz. Pal. 1975. 2. Somm. 209.*

161. Une défaillance physique que l'auteur de l'infraction avait la possibilité de prévoir ne saurait constituer une circonstance exclusive de la culpabilité. • Crim. 10 oct. 1961 : *Bull. crim. n° 393* • 8 mai 1974 : *préc. note 157.* ♦ Ainsi en est-il, lors de la conduite d'un véhicule, de courts instants de faiblesse inopinée, à raison des troubles physiologiques dont le prévenu était atteint. • Crim. 20 mars 1956 : *Bull. crim. n° 285.* ♦ ... D'un malaise prévisible à raison de troubles anciens et d'une tension très basse. • Crim. 12 févr. 1976, n° 75-91.931 P. *Gaz. Pal. 1976. 2. Somm. 220 ; RSC 1977. 94, obs. Levasseur.* ♦ ... De crises d'épilepsie. • Paris, 27 mai 1970 : *Gaz. Pal. 1970. 2. Somm. 37 ; RSC 1971. 120, obs. Levasseur.*

162. Il est reproché au prévenu d'avoir causé des blessures involontaires constitutives d'un délit et d'une contravention à l'occasion de la conduite de son véhicule, et ce par maladresse, imprudence, inattention, négligence ou manquement à une obligation de sécurité ou de prudence imposée par la loi ou les règlements, ce manquement étant caractérisé par la contravention de défaut de maîtrise qu'il se voit également reprocher ; il apparaît que le prévenu a toujours été constant dans ses déclarations, tant devant les enquêteurs que devant ses premiers juges, en expliquant qu'il n'avait en réalité jamais commis de faute dans la conduite de son véhicule, sa conscience et sa vigilance de conducteur ayant seulement été abolies à raison de la survenance d'un malaise brutal qu'il n'avait pu prévoir dans la mesure où il s'était manifesté pour la première fois au moment de l'accident ; outre le fait qu'il n'a pas été répondu par les premiers juges à cet argument susceptible d'écarter la responsabilité pénale du prévenu, il apparaît que plusieurs éléments de fait peuvent corroborer la réalité de ce malaise soudain ; une des victimes, témoin direct des faits, a elle-même indiqué devant les services enquêteurs que, lors de l'accident, le prévenu semblait être sous l'emprise de médicaments ou de produits stupéfiants, ce qui correspond à la description de son malaise par l'intéressé, qui a précisé avoir en quelque sorte perdu connaissance et n'avoir repris un peu ses esprits que postérieurement à l'accident ; les nombreuses pièces médicales fournies par le prévenu justifient de la survenance ultérieure d'autres malaises du même type, qui n'ont pu disparaître que plus tard grâce à l'adoption d'un régime alimentaire précisément dosé : enfin, il apparaît que le prévenu n'a pas été en mesure de prévenir la défaillance physique dont il a été atteint le jour des faits, celle-ci s'étant manifestée pour la première fois ce jour-là ; en conséquence, il apparaît que le prévenu ne peut être considéré comme pénalement responsable dans la mesure où il a agi sous l'empire d'une contrainte à laquelle il n'a pu résister, comme il est prévu par l'art. 122-2 C. pén. • Douai, 24 oct. 2000 : *JCP 2002. II. 10012, note Maréchal.*

163. A la suite d'un accident de la circulation dans lequel trois personnes ont été blessées, l'automobiliste a été poursuivi devant le tribunal de police pour blessures involontaires ayant entraîné une incapacité inférieure ou égale à trois mois, blessures involontaires n'ayant entraîné aucune incapacité totale de travail, et circulation sur la partie gauche de la chaussée ; après avoir énoncé que le prévenu, « âgé de 68 ans souffrant d'une grave insuffisance cardiaque, qui descendait de Paris à Perpignan au volant d'un camion de location, avait perdu le contrôle de son véhicule pour aller percuter deux véhicules circulant en sens inverse », que celui-ci avait déclaré n'avoir dormi que trois heures et avait indiqué que sa maladie cardiaque était la cause de son malaise au volant, la cour d'appel a déclaré le prévenu coupable des trois contraventions ; en se prononçant ainsi, et dès lors qu'il ne ressort d'aucune des conclusions régulièrement déposées que le demandeur ait invoqué la contrainte résultant de la maladie dite de l'apnée du sommeil, la cour d'appel a justifié sa décision. • Crim. 11 mai 2004 : *AJ pénal 2004. 285, obs. Leblois-Happe ; RSC 2004. 878, obs. Mayaud.*

164. Caractérise la contravention de blessures involontaires la juridiction du second degré qui relève que le prévenu, qui, atteint de troubles neurologiques nécessitant un traitement anticomitial lourd, se trouvait, en outre, en état d'ébriété, a pénétré par erreur dans l'appartement des victimes, puis s'est introduit de force dans leur chambre qu'il croyait être celle de ses parents, les juges ajoutant que ces faits ont eu un retentissement psychologique important sur les victimes, qui ont subi une incapacité de travail de 15 jours ; en l'état de ces motifs, caractérisant la faute d'imprudence du prévenu, lequel n'invoquait aucune cause d'irresponsabilité pénale, la cour d'appel a justifié sa décision. • Crim. 14 mai 1997 : *Gaz. Pal. 1997. 2, chron. crim. 180.*

165. Le fait qu'un véhicule sorte d'une file de façon intempestive est un événement prévisible que tout conducteur professionnel doit pouvoir anticiper. • Crim. 28 janv. 1998 : *Gaz. Pal. 1998. 1, chron. crim. 70.*

166. La prévenue, conductrice d'un véhicule automobile, a heurté un autre véhicule lors du franchissement d'une barrière automatique de péage ; poursuivie pour blessures involontaires avec incapacité n'excédant pas trois mois et défaut de maîtrise, elle invoque un dysfonctionnement de son régulateur de vitesse ; elle déclare ainsi avoir, à l'approche du péage, en vain tenté de ralentir sa voiture en actionnant le régulateur de vitesse, la pédale de frein et la pédale d'embrayage ; ses déclarations sont confirmées par les passagers du véhicule ; l'expertise ordonnée par le procureur de la République, restée incomplète en raison du coût trop élevé des opérations, a conclu que la vitesse relative entre les deux voitures était de 30 km/h au moment de l'impact, que les prétensionneurs des ceintures de sécurité et les airbags de la voiture de la prévenue n'ont pas été déclenchés et qu'il n'y a, en apparence, aucun dysfonctionnement des systèmes de freinage et de régulation de vitesse ; toutefois, l'expert ajoute qu'il est nécessaire de pratiquer des essais routiers dynamiques pour confirmer ce constat ; en conséquence, la prévenue doit être relaxée, en l'absence de certitude sur la réalité d'un fonctionnement normal du système de régulation de vitesse ; la preuve d'un défaut de maîtrise ne peut pas résulter du seul constat de l'accident. • Chambéry, 22 déc. 2007 : *JCP 2008. IV. 1685.*

167. En condamnant la prévenue, coupable d'homicide et blessures involontaires lors de la conduite d'un véhicule sous l'empire d'un état alcoolique, à trois ans de prison avec sursis, les premiers juges n'ont pas prononcé une sanction proportionnée à la gravité des infractions et à sa personnalité ; en effet, les infractions ont eu de graves conséquences puisqu'elles ont causé la mort d'une mère et d'importants dommages à son fils ; en outre, cet accident n'est pas le résultat de la fatalité mais résulte d'un comportement délibéré, la prévenue s'étant alcoolisée avant de prendre le volant ; de surcroît, le fait qu'elle ait été sous traitement médicamenteux susceptible d'augmenter son taux d'alcoolémie ne saurait diminuer sa responsabilité ; il convient donc de prononcer une peine de trois ans d'emprisonnement dont deux avec sursis, les circonstances justifiant la délivrance d'un mandat de dépôt. • Montpellier, 12 janv. 2010 : *JCP 2010, n° 14, p. 373.*

168. Faute de la victime et fait d'un tiers. V. ci-dessus, « Lien de causalité », notes 78 s.

II. RÉPRESSION

A. PEINES

1° MÊME ACTION COUPABLE

169. Peine unique. Un fait unique ne peut donner lieu à plusieurs sanctions pénales. • Crim. 13 nov. 1962 : *Bull. crim. n° 316.* ♦ Il résulte tant de l'art. 5 C. pén. alors en vigueur que de l'art. 132-7 du nouveau C. pén. que les peines d'amende pour contraventions se cumulent avec celles encourues pour les délits en concours, à moins que les faits de la prévention ne procèdent d'une même action coupable. • Crim. 11 mai 1995 : *Gaz. Pal. 1995. 2. Somm. 443.*

170. Les juges saisis en même temps d'un délit et d'une contravention de blessures involontaires ne résultant pas de faits distincts, mais procédant d'une seule et même action coupable, ne peuvent prononcer deux peines séparées en répression de l'un et de l'autre. • Crim. 4 janv. 1957 : *Bull. crim. n° 10* • 19 mai 1957 : *ibid. n° 268* • 16 oct. 1958 : *ibid. n° 636* • 26 oct. 1960 : *ibid. n° 481.* ♦ Dès lors qu'un fait unique ne peut donner lieu à plusieurs sanctions pénales, le tribunal, saisi en même temps d'un délit et d'une contravention de blessures involontaires ne résultant pas de faits distincts mais procédant d'une seule et même action coupable, ne peut prononcer des peines séparées en répression de l'un et de l'autre. • Paris, 1er juill. 1999 : *BICC 2000. 360.*

171. Lorsque le conducteur d'un véhicule occasionne par son imprudence des blessures à plusieurs personnes, une seule peine doit être prononcée, quelle que soit la durée de l'incapacité de travail. • Crim. 13 nov. 1962 : *Bull. crim. n° 316* • 22 févr. 1995, n° 94-82.111 P. ♦ Lorsque par le même fait deux personnes sont blessées et qu'il en résulte pour l'une plus de trois mois et pour l'autre moins de trois mois d'incapacité totale de travail, une seule peine, celle du délit, doit être prononcée. • Crim. 28 janv. 1969, n° 91-87.668 P. ♦ Une seule peine doit être prononcée lorsque des contraventions et des délits sont compris dans la même poursuite et que les faits de la prévention procèdent d'une même action coupable ; cassation de l'arrêt qui, pour sanctionner la prévenue, qui, alors qu'elle circulait au volant de sa voiture, avait percuté un véhicule venant en sens inverse, causant la mort du conducteur et des blessures à ses deux passagères, sans qu'il en résulte pour elles une incapacité totale de travail supérieure à trois mois, avait prononcé la suspension du permis de conduire pendant un an à titre de peine principale pour le délit et *l'avait condamnée à une amende* de 2 500 F pour les contraventions de blessures involontaires. • Crim. 29 janv. 1997 : *inédit.*

172. Une faute pénale unique ne peut être sanctionnée que par une seule peine ; les faits poursuivis procédant d'une seule et même action coupable ne pouvant faire l'objet de peines séparées, cassation de l'arrêt qui, alors que les mêmes faits ont été retenus à la charge du prévenu (inobservation du règlement à l'hygiène et à la sécurité des travailleurs), le condamne pour blessures involontaires à la fois à une peine d'emprisonnement avec sursis du chef de délit, et à une amende du chef de contravention. • Crim. 21 sept. 1999, n° 97-85.551 P : *D. 2000. Somm. 383, obs. Amauger-Lattes ; RSC 2000. 200, obs. Mayaud, 386, obs. Bouloc, et 406, obs. Cerf.*

173. Après avoir déclaré un automobiliste coupable des blessures involontairement causées à plusieurs personnes, l'une d'entre elles ayant subi une incapacité totale de travail n'excédant pas trois mois, trois autres victimes n'ayant subi aucune incapacité, la cour d'appel l'a condamné à deux amendes contraventionnelles de 500 et 400 € ; en prononçant une peine pour chaque catégorie de contraventions de blessures involontaires, alors que celles-ci résultaient du même fait générateur constituant une faute pénale unique, la cour d'appel a méconnu les dispositions des art. 132-3 et 132-7 C. pén. • Crim. 11 mai 2004, n° 03-85.925 P : *AJ pénal 2004. 285, obs. Leblois-Happe.*

174. Cassation, pour violation des art. 132-3 et 132-7 C. pén., de l'arrêt qui, après avoir déclaré un conducteur automobile coupable de délits et contraventions de blessures involontaires, a condamné cet automobiliste à huit mois de suspension du permis de conduire dont quatre mois avec sursis, à titre de peine principale pour les délits, ainsi qu'à deux amendes de 500 € pour les contraventions, alors que les délits et les contraventions de blessures involontaires, qui procédaient d'une même action coupable, ne pouvaient être punis séparément. • Crim. 8 mars 2005, n° 04-83.341 P : *AJ pénal 2005. 325 ; Gaz. Pal. 2005. 2. Somm. 3563, note Monnet ; RSC 2005. 549, obs. Fortis ; ibid. 2005. 558, obs. Mayaud.*

175. Une faute pénale unique ne peut être sanctionnée que par une seule peine ; or, après avoir déclaré la société EDF coupable d'homicide involontaire dans le cadre du travail, de blessures involontaires avec incapacité de plus de trois mois dans le cadre du travail et de blessures involontaires avec incapacité n'excédant pas trois mois dans le cadre du travail, la cour d'appel l'a condamnée à 200 000 € d'amende pour les délits d'homicides et blessures involontaires, ainsi qu'à une amende de 7 000 euros pour la contravention de blessures involontaires ; en statuant ainsi, alors que les délits et la contravention, qui procédaient d'une même action coupable, ne pouvaient être punis séparément, la cour d'appel a méconnu les art. 132-3 et 132-7 C. pén. et le principe ci-dessus rappelé. • Crim. 26 oct. 2010 : *D. 2011. Pan. 2831, obs. Garé ; Gaz. Pal. 2011. 1, p. 259, note Dreyer.*

2° FAUTES PÉNALES DISTINCTES

176. Peines séparées. Si une seule peine doit être prononcée quand les faits de la prévention procèdent d'une même action coupable, il en est autrement lorsque les infractions diffèrent dans leurs éléments constitutifs. • Crim. 3 mai 1960 : *Bull. crim. n° 236* • 7 juill. 1971 : *ibid. n° 221* • 5 févr. 1986 : *ibid. n° 47* • 18 mars 1992, n° 91-82.163 P : *Dr. pénal 1992. 248 ; RSC 1993. 314, obs. Bouloc* • 20 sept. 1993 : *Gaz. Pal. 1993. 2. Somm. 573.* ♦ Si la règle du non-cumul des peines, édictée par l'art. 5 C. pén., n'est pas applicable en matière de contraventions, encore faut-il, pour que des condamnations cumulatives puissent être prononcées, qu'il existe autant de fautes distinctes, punissables séparément, qu'il est prononcé une condamnation à une peine de police. • Crim. 27 mars 1968, n° 92-36.167 P. • 3 juill. 1968 : *ibid. n° 213* • 8 juin 1971 : *ibid. n° 183* • 5 oct. 1976 : *ibid. n° 279* • 25 mai 1994, n° 94-80.325 P : *RSC 1995. 99, obs. Bouloc*. ♦ En application de l'art. 132-7 C. pén., les peines prononcées pour des contraventions ne se confondent pas avec celles qui le sont pour un délit compris dans la même poursuite lorsque ces infractions diffèrent en leurs éléments constitutifs. • Crim. 7 janv. 1998, n° 97-82.988 P : *RSC 1998. 766, obs. Bouloc*.

177. Il en est notamment ainsi lorsque deux accidents successifs et indépendants l'un de l'autre ont occasionné, l'un des blessures entraînant une incapacité de travail supérieure à trois mois, l'autre des blessures inférieures à cette durée. • Crim. 3 mai 1960 : *préc. note 176.* ♦ De même, sont distincts la contravention au code de la route et les délit et contravention d'homicide et blessures involontaires, la première consistant dans l'inobservation de prescriptions réglementaires, les seconds étant constitués par les conséquences d'une telle inobservation des règlements. • Crim. 3 mai 1960 : *préc. note 176* • 7 juill. 1971 : *préc. note 176* • 8 mars 1972, n° 90-05.871 P : *D. 1972. Somm. 95* • 12 mai 1993, n° 92-84.179 P : *RSC 1994. 325, obs. Bouloc* • 20 sept. 1993 : *préc. note 176.* ♦ Conf. : • Crim. 19 avr. 1956 : *Bull. crim. n° 323.* ♦ Si l'existence d'une contravention sanctionnée par amende forfaitaire ne peut être remise en question, l'inobservation des règlements qu'elle caractérise n'en constitue *pas moins* l'un des éléments constitutifs du délit d'homicide involontaire retenu à la charge du contrevenant. • Crim. 8 déc. 1992, n° 91-80.573 P.

B. QUALIFICATION

1° CONFLITS DE QUALIFICATIONS

178. Violences volontaires. Un même fait répréhensible est susceptible de revêtir à la fois les caractères d'un acte intentionnel et d'une faute d'imprudence ; est dès lors insuffisamment motivé l'arrêt qui, eu égard au seul caractère volontaire de son geste, refuse de faire application, également, des dispositions de l'art. 319 C. pén. à un prévenu qui avait exercé des violences sur une personne, en provoquant sa chute sur la voie publique où elle devait être mortellement blessée par un véhicule qui y survenait. • Crim. 22 juill. 1971, n° 92-61.370 P : *Gaz. Pal. 1971. 2. 821.*

179. N'a pas donné une base légale à sa décision la cour d'appel qui, ayant retenu l'exception d'incompétence de la juridiction correctionnelle saisie de la prévention d'homicide involontaire, au motif que la version des faits suivant laquelle le coup mortel serait parti au cours d'une manipulation de l'arme, après un premier coup de feu également accidentel, « n'emporte pas la conviction de la cour », s'est déterminée par ce seul motif, sans s'expliquer sur le caractère volontaire de l'acte de tirer avec l'arme à feu sur la victime, lequel constituerait une présomption sérieuse d'un fait criminel. • Crim. 2 oct. 1996, n° 95-85.992 P : *RSC 1997. 108, obs. Mayaud*. ♦ Rappr. : • Crim. 19 févr. 1997 : *Gaz. Pal. 1997. 1, chron. crim. 115* (V. ss. art. 221-1). ♦ Justifie sa décision la chambre d'accusation qui, pour renvoyer l'intéressé devant le tribunal correctionnel du chef d'homicide involontaire, et après avoir analysé les faits et jugé que le crime de coups mortels n'est constitué que si les violences ont été volontaires, énonce que l'élément intentionnel n'est pas caractérisé. • Crim. 21 oct. 1997, n° 96-85.907 P. ♦ Pour déclarer le prévenu coupable d'homicide involontaire, l'arrêt retient qu'il n'a été démontré, ni au cours de l'information judiciaire ni pendant les débats devant les juridictions de jugement, que la pression sur la queue de détente de l'arme au moment du tir résultait d'un geste volontaire et délibéré du prévenu ; ont justifié leur décision les juges qui en déduisent que l'élément intentionnel du crime de violences volontaires ayant entraîné la mort sans intention de la donner fait défaut. • Crim. 16 juin 2009, n° 08-87.090 P : *Gaz. Pal. 2009. 2. Somm. 3219, note Mesa ; RSC 2009. 832, obs. Mayaud*.

180. Le fait, gravement imprudent et, partant, constitutif d'une faute civile, d'ajuster une personne avec un fusil que l'on croit non chargé ne révèle aucune volonté de causer un dommage, et les blessures occasionnées à la victime sont le résultat d'une simple faute d'imprudence. • Versailles, 25 sept. 1997 : *Dr. pénal 1997. 149, obs. Maron.*

181. Le prévenu conduisant sous l'empire d'un état alcoolique qui s'amuse à faire peur aux piétons en fonçant sur eux avant de freiner brutalement, pour finalement blesser l'un d'eux, ne se rend pas coupable du délit de blessures involontaires ; les faits méritent en effet, compte tenu de ce comportement intentionnel, d'être requalifiés en délit de blessures volontaires aggravées par l'usage d'une arme, en l'espèce la voiture. • Grenoble, 13 mars 2002 : *JCP 2002. IV. 3084.*

182. Usage et trafic de stupéfiants. Lorsque la mort de la victime résulte de l'injection d'héroïne fournie par le prévenu, ce dernier, dès lors qu'il en connaissait la destination et les risques d'utilisation, doit être déclaré coupable, non seulement d'usage et de trafic de stupéfiants, mais encore d'homicide involontaire. • Chambéry, 25 mars 1987 : *Gaz. Pal. 1987. 2. 603 ; RSC 1988. 86, obs. Levasseur.*

183. Les deux fournisseurs habituels d'héroïne à un toxicomane qui devait décéder d'une « surdose » se rendent coupables du délit d'homicide involontaire. • Limoges, 4 juin 1997 : *BICC 1997. 1262 ; RSC 1998. 549, obs. Mayaud* (V. également ci-dessus, « Fates conjuguées », notes 343 s.).

184. Un adolescent est décédé par défenestration accomplie sous l'empire d'une drogue, qui s'est révélée être du LSD surdosé, dont le revendeur s'était approvisionné chez deux individus dont le prévenu ; ce dernier se défend d'avoir été le fournisseur médiat des dosettes consommées par la victime ; mais il est avéré qu'il est l'associé du fournisseur direct de la drogue frelatée, partageant les bénéfices et un appartement avec celui-ci ; il a de plus assisté à la transaction ; l'absence de lien direct entre le prévenu et le revendeur est dû uniquement à une discorde ancienne entre eux, et ne peut être mis sur le compte d'une quelconque abstention vertueuse du prévenu ; en outre, le prévenu n'ignorait pas que le LSD qui faisait l'objet de la transaction devant lui, et occasionnellement d'autres transactions avec lui, était connu comme spécialement dangereux ; il doit être déclaré coupable d'homicide involontaire pour avoir contribué à créer la situation qui a permis la réalisation du dommage, et ce en commettant une faute caractérisée et qui exposait autrui à un risque d'une particulière gravité qu'il ne pouvait ignorer. • Riom, 15 janv. 2003 : *JCP 2004. IV. 1501.*

185. Saisi *in rem* de faits matériels qu'il lui appartenait de qualifier juridiquement, le premier juge ne pouvait condamner le prévenu pour cession non autorisée de produits stupéfiants et le relaxer de l'infraction prévue par l'art. 221-6, al. 2, C. pén., disposition en effet inapplicable, alors que le prévenu, toxicomane, en fournissant de l'héroïne à la victime, qui n'en était pas consommatrice et dont il ne pouvait ignorer l'état d'imprégnation alcoolique, s'était rendu coupable de l'infraction d'homicide involontaire *prévue par l'art.* 221-6, al. 1, C. pén. • Nancy, 4 juin 2009 : *JCP 2010, n° 5, p. 111.*

186. Omission de porter secours. Le manquement aux obligations d'un médecin de garde retenu par les experts judiciaires à son encontre, pour ne pas s'être déplacé auprès de son malade et pour ne s'être pas mis ainsi dans les conditions d'estimer réellement l'état clinique de celui-ci, n'est pas susceptible, par voie de requalification des faits, de constituer le délit d'homicide involontaire ; en effet, aucun lien de causalité n'a été établi entre cette faute pénale et le préjudice qui en est résulté pour la victime consistant en une perte de chance de survie ou de guérison indemnisable seulement par la juridiction civile. • Limoges, 7 mai 1997 : *RSC 1997. 838, obs. Mayaud*. ♦ Sur le concours avec l'infraction d'homicide involontaire, V. également obs. Levasseur, *RSC 1992. 81.*

187. Mise en danger. Le délit de mise en danger délibérée d'autrui ne peut se cumuler avec le délit de blessures involontaires aggravées commis à l'égard des mêmes personnes. • Crim. 11 sept. 2001, n° 00-85.473 P : *Dr. pénal 2002. 4, obs. Véron ; Gaz. Pal. 2002. 2. Somm. 1596, note Monnet ; RSC 2002. 106, obs. Mayaud*. ♦ Pour un exemple de cumul d'homicide involontaire et de mise en danger de la vie d'autrui à l'égard de personnes différentes. • Bourges, 10 avr. 2003 : *JCP 2004. IV. 1832.*

188. Contraventions au code de la route. A l'occasion d'un dépassement dangereux, le véhicule du prévenu a heurté de plein fouet le véhicule de la victime qui est décédée des suites de l'accident, les passagers arrières étant quant à eux blessés ; le prévenu, auteur direct de ces faits, doit être déclaré coupable des délits d'homicide involontaire par violation manifestement délibérée d'obligations particulières de sécurité ou de prudence imposées par la loi ou le règlement, et de blessures involontaires ayant entraîné une incapacité totale de travail inférieure ou égale à trois mois, par violation manifestement délibérée d'obligations particulières de sécurité ou de prudence imposées par la loi ou le règlement ; le dépassement dangereux étant un des éléments constitutifs de ces délits, il ne saurait être retenu comme constituant une contravention distincte. • Aix-en-Provence, 9 janv. 2003 : *JCP 2004. IV. 1051.*

189. Santé publique. Sur l'Affaire du sang contaminé et les poursuites exercées contre l'ancien Premier ministre, l'ancien ministre des Affaires sociales et de la Solidarité nationale, et l'ancien secrétaire d'État à la santé, V. : • C. just. Républ., 9 mars 1999 : *Gaz. Pal. 1999. 1. 221.* ♦ ... Relativement au caractère non fondé des poursuites mettant en cause une trentaine de personnes, dont certains hauts fonctionnaires, ainsi que des médecins déjà condamnés pour tromperie, V. : • Paris, ch. instr., 4 juill. 2002 : *D. 2003. 164, note Prothais* (sang contaminé : le procès pénal aura-t-il ou non lieu ?).

2° REQUALIFICATION

190. Causalité directe à causalité indirecte. Mathias D..., âgé de quatre ans et demi, a été retrouvé sans vie, la tête coincée sous le volet roulant de la porte du garage, au domicile de ses parents ; le volet automatique avait été vendu au propriétaire de la maison par la société A..., dont le gérant est Willy X... ; celui-ci ainsi que d'autres personnes physiques et morales ont été renvoyés devant le tribunal du chef d'homicide involontaire ; pour infirmer l'ordonnance de non-lieu dont avait bénéficié le demandeur, la chambre de l'instruction a retenu qu'il avait vendu une porte qui ne répondait pas aux normes de sécurité et qu'il avait ainsi commis une faute ayant directement causé l'accident ; pour confirmer le jugement qui a déclaré Willy X... coupable d'homicide involontaire, l'arrêt retient que, s'il n'a pas directement causé l'accident, il a, en exerçant son activité commerciale sans s'informer des règles élémentaires de sécurité et des normes applicables aux produits qu'il vendait, commis une faute caractérisée, qui a indirectement permis la réalisation du dommage ; en cet état, l'arrêt n'a pas méconnu le principe du contradictoire, dès lors que les juges n'ont pas modifié la qualification d'homicide involontaire retenue dans l'arrêt de renvoi et que Willy X... s'est expliqué dans ses conclusions sur l'existence d'une faute caractérisée. • Crim. 29 juin 2010, n° 09-84.439 P.

191. Blessures à homicide. Sur la qualification d'homicide involontaire en cas de décès de la victime survenu au cours d'une procédure initialement exercée du chef de blessures par imprudence. • Crim. 22 nov. 1956 : *Bull. crim. n° 772* • Nancy, 6 déc. 1963 : *S. 1964. 289, note Meurisse.*

192. Contravention à délit. Doit être confirmé l'arrêt d'une cour d'appel qui, saisie des poursuites dirigées contre un chef d'entreprise à la suite de l'accident dont a été victime un salarié, requalifie la contravention de blessures involontaires en délit de blessures involontaires, dès lors que, d'une part, elle n'a introduit aucun fait nouveau distinct de celui sur lequel reposait la poursuite et que, si la prévention a reçu une modification, celle-ci n'en a pas altéré la substance, que, d'autre part, l'employeur, prévenu d'une infraction involontaire, a pu s'expliquer sur les fautes qui lui étaient reprochées ainsi que sur leurs conséquences telles qu'elles résultaient des débats, d'où il suit que les juges avaient le devoir de donner aux faits leur exacte qualification sous la plus haute acception pénale. • Crim. 15 mars 1994, n° 93-81.110 P.

193. Délit à crime. Il résulte de l'al. 4 de l'art. 469 C. pr. pén. que, lorsqu'elle est saisie, par le renvoi ordonné par le juge d'instruction ou la chambre de l'instruction, d'une infraction non intentionnelle, la juridiction correctionnelle conserve la possibilité de se déclarer incompétente et de renvoyer le ministère public à mieux se pourvoir, s'il apparaît que les faits sont de nature à entraîner une peine criminelle parce qu'ils ont été commis de façon intentionnelle ; le 2 août 2000, le prévenu a blessé la victime en lui portant une prise de close-combat qui a provoqué une lésion de la colonne vertébrale, à l'origine de la mort survenue le 24 mai 2002 ; à l'issue d'une information, au cours de laquelle les ayants droit de la victime se sont constitués parties civiles et ont été assistés d'un avocat, le juge d'instruction, par ordonnance du 29 déc. 2005, a ordonné le renvoi de l'auteur des violences devant le tribunal correctionnel, sous la prévention d'homicide involontaire ; ni celui-ci ni les parties civiles n'ont interjeté appel de cette ordonnance dans les conditions prévues par l'art. 186-3 C. pr. pén. ; pour déclarer le prévenu coupable de ce chef, l'arrêt confirmatif relève que les parties n'ont pas remis en cause la qualification retenue par l'ordonnance de renvoi et que le prévenu n'a pas été invité à s'expliquer sur une qualification criminelle ; les juges en concluent qu'ils sont tenus de statuer en l'état de la qualification d'homicide involontaire ; en prononçant ainsi, la cour d'appel, à laquelle il appartenait de s'interroger sur le caractère intentionnel des faits, ce qui pouvait la conduire à se déclarer incompétente, a méconnu le sens et la portée du texte susvisé. • Crim. 24 mars 2009, n° 08-84.849 P : *D. 2009. 1207, obs. Léna ; ibid., Pan. 1714, obs. Chaumont ; ibid. 2140, note Mesa ; AJ pénal 2009. 318, obs. Roussel ; RSC 2009. 590, obs. Mayaud ; ibid. 858, obs. Finielz .*

3° CHOSE JUGÉE

194. Nouvelle plainte sur non-lieu. Les dispositions des art. 188 et 190 C. pr. pén. ne s'appliquent pas lorsque les faits dénoncés par une nouvelle plainte sont distincts de ceux qui ont fait l'objet d'une autre procédure clôturée par une décision de non-lieu ; il résulte de l'arrêt attaqué et des pièces de la procédure que le 31 août 1997, Lady Diana Z... et Emad X..., assis à l'arrière d'un véhicule conduit par Henri F..., ont trouvé, comme ce dernier, la mort dans un accident de la circulation survenu dans le souterrain du pont de l'Alma à Paris, tandis que leur garde du corps, Trevor G..., était grièvement blessé ; le 2 sept. 1997, le procureur de la République de Paris a requis l'ouverture d'une information des chefs de non-assistance à personne en danger à l'égard de sept photographes, et d'homicides et de blessures involontaires contre personne non dénommée ; le même jour, Mohamed X..., père d'Emad X..., s'est constitué partie civile sur les mêmes fondements, contre personne non dénommée ; dix personnes ont été mises en examen des chefs d'homicides involontaires, blessures involontaires et non-assistance à personne en péril ; le 3 sept. 1999, les juges d'instruction ont prononcé un non-lieu au motif que l'accident survenu le 31 août 1997 ne résultait pas d'un acte volontaire mais des imprudences commises par le conducteur du véhicule, et que ni les infractions d'homicides et blessures involontaires visées ni aucune autre qualification pénale n'étaient susceptibles d'être relevées ; pour confirmer cette décision de non-lieu, la chambre d'accusation de la cour d'appel de Paris a, par arrêt du 31 oct. 2000, retenu que l'information, particulièrement complète et méticuleuse, n'a pas permis de mettre en évidence les éléments constitutifs du crime de coups mortels et du délit de non-assistance à personne en danger, et qu'il n'existe aucune charge de nature à justifier le renvoi des mis en examen ou de toute autre personne identifiée des chefs de blessures et d'homicides involontaires ; le pourvoi formé par les parties civiles contre cet arrêt a été rejeté par la Cour de cassation le 3 avr. 2002 ; le 31 juill. 2007, Mohamed X... a porté plainte et s'est constitué partie civile contre personne non dénommée du chef d'assassinat commis sur son fils ; le juge d'instruction a déclaré la plainte irrecevable en raison de l'autorité de la chose jugée ; pour confirmer cette décision, alors que les faits dénoncés sous la qualification d'assassinat n'étaient pas identiques à ceux qui avaient fait l'objet de la précédente information, la chambre de l'instruction a méconnu les textes susvisés et le principe ci-dessus énoncé ; d'où il suit que la cassation est encourue. • Crim. 3 févr. 2010 : *JCP 2010, n° 19-20, note Décima et Detraz ; RSC 2010. 613, obs. Mayaud*.

4° NON-CUMUL DES PEINES

195. *Ancien code pénal.* En application de l'art. 5 ancien C. pén., en cas de conviction de plusieurs crimes ou délits, la peine la plus forte est seule prononcée ; si, par exception, la loi prévoit, dans le cas des infractions correctionnelles aux règles protectrices de la sécurité des travailleurs, qu'il est prononcé autant d'amendes qu'il y a de salariés concernés, le cumul des peines principales est expressément exclu lorsqu'une telle infraction est poursuivie concurremment avec un délit d'homicide et de blessures involontaires ; encourt la cassation l'arrêt qui, outre la peine de 3 mois d'emprisonnement avec sursis pour le délit de blessures involontaires et une amende de 10 000 F pour la contravention de blessures involontaires, a prononcé 2 amendes de 10 000 F chacune pour infractions à la réglementation sur la sécurité des travailleurs. • Crim. 21 sept. 1999, n° 97-85.551 P : *D. 2000. Somm. 383, obs. Amauger-Lattes ; RSC 2000. 200, obs. Mayaud ; ibid. 2000. 386, obs. Bouloc ; ibid. 2000. 406, obs. Cerf*.

196. *Nouveau code pénal.* Lorsque, à l'occasion d'une même procédure, la personne poursuivie est reconnue coupable de plusieurs infractions en concours, les unes visées à l'art. L. 263-2, al. 1er, [L. 4741-1 et L. 4741-9 nouv.] C. trav., les autres d'homicide ou de blessures involontaires prévus par les art. 221-6, 222-19 et 222-20 C. pén., les peines de même nature se cumulent dès lors que leur total n'excède pas le maximum légal de la peine la plus élevée qui est encourue ; justifie dès lors sa décision l'arrêt qui, pour avoir déclaré un employeur coupable du délit de blessures involontaires et de trois infractions à la réglementation relative à la sécurité des travailleurs, le condamne à une amende de 6 000 € pour la première infraction et à trois amendes de 3 000 € pour les autres délits. • Crim. 13 sept. 2005, n° 04-85.736 P : *AJ pénal 2005. 371, obs. Delprat ; RSC 2006. 334, obs. Cerf-Hollender*.

197. Lorsque à l'occasion d'une même procédure, la personne poursuivie est reconnue coupable de plusieurs infractions en concours, les unes visées à l'art. L. 263-2 C. trav., devenu l'art. L. 4741-1 du même code, les autres prévues par les art. 221-6, 222-19 et 222-20 C. pén., les peines de même nature se cumulent dès lors que leur total n'excède pas le maximum légal de la peine la plus élevée qui est encourue ; justifie dès lors sa décision l'arrêt qui, après avoir déclaré le prévenu coupable du délit d'homicide involontaire sur la personne d'un salarié, et d'infraction à la réglementation du travail, prononce deux amendes d'un montant respectif de 10 000 € et de 3 000 €. • Crim. 2 mars 2010, n° 09-82.607 P : *D. 2010. Actu. 1027 ; Gaz. Pal. 2010. 2. 2394, note Detraz.*

C. PRESCRIPTION

198. *Homicide involontaire.* Le délit d'homicide involontaire n'est constitué que du jour où se sont trouvés réunis les éléments constitutifs de l'infraction, soit celui du décès de la victime. • Crim. 4 nov. 1985, n° 84-90.634 P. • 17 déc. 1991 : *Dr. pénal 1992. 173.* ♦ Encourt la cassation l'arrêt qui fixe le point de départ de la prescription de l'action publique non pas à la date du décès mais à celle, antérieure, du fait délictueux qui en aurait été la cause. • Crim. 4 nov. 1985 : *préc.* • Aix-en-Provence, 12 janv. 1954 : *D. 1954. 338 ; JCP 1954. II. 8040, note Savatier.* ♦ La prescription de l'action publique ne court que du jour où l'infraction, objet de la poursuite, est constituée dans tous ses éléments ; le délit d'homicide involontaire n'est caractérisé qu'au jour du décès de la victime, élément constitutif de l'infraction prévue et réprimée tant par l'art. 319 ancien C. pén. que par l'art. 221-6 dudit code ; méconnaît les textes susvisés, ensemble les art. 6 et 8 C. pr. pén., et le principe susénoncé la chambre d'accusation qui, pour déclarer éteinte l'action publique, constate que la prescription triennale des faits qualifiés d'homicide involontaire sur la personne de la victime décédée le 30 nov. 1991, dénoncés par la plainte avec constitution de partie civile déposée par ses parents le 12 oct. 1993, était acquise, dès lors que la contamination, d'origine transfusionnelle, de l'intéressée par le virus du sida était la conséquence de soins prodigués en 1983 ou d'une opération pratiquée en 1984. • Crim. 4 nov. 1999, nº 99-81.279 P : *Dr. pénal 2000. 43, obs. Véron ; RSC 2000. 395, obs. Mayaud* .

199. Pour confirmer l'ordonnance d'un juge d'instruction déclarant irrecevable une constitution de partie civile, à la suite du décès de l'épouse du plaignant, des chefs d'homicide involontaire, abstention volontaire de porter secours à autrui et de mise en danger d'autrui, l'arrêt relève, notamment, que la plainte ayant entraîné l'ouverture de l'information est postérieure de trois ans à la mort de la victime ; en prononçant ainsi, et dès lors que, contrairement à ce qu'allègue le moyen, les délits d'homicide involontaire, d'abstention volontaire de porter secours à autrui et mise en danger d'autrui ne constituent pas des infractions clandestines par nature, la chambre de l'instruction a justifié sa décision. • Crim. 17 mars 2009 : *D. 2009. Pan. 2458, obs. Trébulle* .

200. Violences involontaires. Le délit de blessures involontaires n'est caractérisé qu'au jour où existe l'incapacité, élément constitutif de l'infraction prévue et réprimée par l'art. 320 C. pén. ; dès lors, c'est à bon droit qu'une cour d'appel fixe le point de départ de la prescription de l'action publique, non pas à la date à laquelle, postérieurement au fait délictueux ayant donné naissance aux blessures, l'existence de celles-ci est apparue en même temps qu'une possible appréciation de leurs conséquences, mais seulement à celle où il a été permis de constater que l'incapacité prévue par la loi avait duré plus de trois mois. • Crim. 22 oct. 1979, nº 77-93.117 P : *Gaz. Pal. 1980. 1. 373.* ♦ Encourt la cassation l'arrêt qui juge le point de départ de l'action publique relative à des troubles de l'audition, contractés à l'occasion du travail, au jour du départ de l'ouvrier, qui en est victime, de l'entreprise où il exerçait son activité, sans rechercher la date à laquelle s'est effectivement révélée ladite infirmité. • Crim. 4 déc. 1990, nº 90-81.772 P : *RSC 1992. 80, obs. Levasseur* . ♦ V. également • Bordeaux, 28 avr. 1987 : *Gaz. Pal. 1987. 2. 507.* ♦ Rappr., pour la prescription de l'action civile : • Cass., ch. mixte, 26 févr. 1971, nº 10-83.467 P : *D. 1971. 241, concl. Lindon ; Gaz. Pal. 1971. 2. 552 ; RSC 1971. 683, obs. Levasseur.*

201. Le délai de prescription de l'action publique relative au délit de blessures involontaires ou d'atteinte involontaire à l'intégrité de la personne, au sens de l'art. 222-19 C. pén., peut être fixé au jour où s'est révélée la conséquence dommageable permettant la qualification de l'infraction : lorsque des résultats d'analyse sanguine démontrent, sans ambiguïté, la présence d'anticorps anti-hépatite C dans le sang d'une victime, qui se savait ainsi atteinte de cette affection, comme l'établissent ses propres déclarations au magistrat instructeur, et qu'à cette même époque le lien entre l'hépatite C et une éventuelle transfusion sanguine était une donnée acquise de la science connue de l'ensemble du corps médical, il résulte de ces éléments que c'est à la date de l'analyse sanguine précitée que s'est révélée la conséquence dommageable permettant de qualifier l'infraction et que le point de départ du délai de prescription de l'action publique doit donc être situé au même jour. • Versailles, 7 avr. 1998 : *BICC 1999, nº 267 ; D. 2000. Somm. 26* *et 27, obs. Mayaud.*

202. Le 10 mai 2005, Daniel X... a porté plainte et s'est constitué partie civile pour mise en danger délibérée d'autrui et blessures involontaires, en exposant qu'il était atteint d'une leucémie myéloïde, diagnostiquée en 1998, et que cette maladie était la conséquence d'une exposition prolongée à des produits toxiques qu'il avait été amené à manipuler entre juin 1978 et 1995-1996, alors qu'il était employé au service informatique d'un établissement bancaire ; le juge d'instruction a constaté la prescription de l'action publique s'agissant des faits dénoncés sous la qualification de mise en danger délibérée d'autrui, mais a dit y avoir lieu à informer du chef de blessures involontaires ; le ministère public a interjeté appel de cette décision ; pour dire n'y avoir lieu à informer sur l'ensemble des faits dénoncés, l'arrêt retient que ceux visés sous la qualification de mise en danger d'autrui ont été commis entre 1978 et 1996 et qu'en l'absence de tout acte interruptif de prescription de l'action publique, ils étaient prescrits lors du dépôt de la plainte ; en réponse aux articulations du mémoire faisant valoir que le délit de blessures involontaires présente un caractère continu et que la prescription n'a commencé à courir qu'à compter du 20 juill. 2004, date à laquelle le plaignant a eu connaissance du caractère dangereux de l'usage prolongé des produits auxquels il avait été exposé et du non-respect par l'employeur des règles de sécurité, les juges retiennent notamment que, selon les propres indications fournies par Daniel X..., la maladie que celui-ci attribue à son exposition professionnelle à des produits toxiques a été diagnostiquée en 1998 et que, depuis cette date, il se trouve dans l'incapacité totale de travailler ; ils ajoutent que des certificats médicaux établis les 16 juin 2000, 30 nov. 2000 et 21 avr. 2001 évoquent un lien entre la maladie et un contact prolongé avec des dérivés du glycol et du benzène ; ils en concluent que la partie civile était, dès cette époque, en mesure de mettre en mouvement l'action publique pour ces faits, prescrits à la date du dépôt de la plainte ; en statuant de la sorte, la chambre de l'instruction a fait l'exacte application des art. 7 et 8 C. pr. pén. • Crim. 3 juin 2008 : *D. 2008. AJ 2003, note Darsonville* *; RSC 2008. 903, obs. Mayaud* *; Dr. pénal 2008, nº 122, obs. Véron.*

D. COMPLICITÉ

203. Renvoi. BIBL. Rousseau, *Dr. pénal 2007. Étude 11* (complice ou auteur indirect d'une infraction non intentionnelle ?). ♦ V. ci-dessous, « Circulation routière ».

E. COMPÉTENCE

204. Compétence interne. Est compétent pour statuer sur le délit d'homicide par imprudence le tribunal du lieu où s'est produit l'accident mortel, alors même que la négligence, cause de l'accident, se serait produite dans un lieu compris dans le ressort d'une autre cour d'appel. • Crim. 30 déc. 1953 : *Bull. crim. n° 356.*

205. Compétence internationale. Doit être cassé l'arrêt qui a déclaré la prévenue coupable de blessures involontaires commises à l'étranger, sans avoir recherché, au préalable, si la poursuite avait été ou non précédée d'une plainte de la victime ou d'une dénonciation officielle de l'autorité étrangère concernée, circonstances qui commandaient la compétence de la juridiction française. • Crim. 4 janv. 1996, n° 94-83.284 P. • 26 mai 2010, n° 09-86.499 P : *AJ pénal 2010. 338.*

F. ACTION CIVILE

1° RECEVABILITÉ

206. Préjudice direct. Fait l'exacte application des art. 2, 3 et 85 C. pr. pén. la chambre de l'instruction qui, pour confirmer une ordonnance déclarant irrecevable une constitution de partie civile, énonce qu'il ne peut exister de relation directe entre le préjudice résultant, pour la demanderesse, du suicide par balle de son fils et les infractions poursuivies (homicide involontaire et infraction à la législation sur les armes et recel), les circonstances dans lesquelles l'amie de celui-ci est entrée en possession du pistolet, qu'elles fussent légales ou non, étant sans lien direct avec la remise de l'arme et l'usage qui en a été fait, dès lors que ne peut se réclamer que d'un préjudice indirect la mère d'un adolescent s'étant suicidé à l'aide d'une arme qui lui a été donnée quelques jours avant sa mort par une personne mise en examen pour l'acquisition, la détention, la cession et le recel de cette arme. • Crim. 25 oct. 2005, n° 04-85.280 P : *D. 2006. Pan. 619, obs. Pradel.*

207. Constitue un préjudice indirect, au sens de l'art. 2 C. pr. pén., l'atteinte portée à l'image de marque d'un franchiseur à la suite d'une infraction d'homicide involontaire imputable à un franchisé, du fait d'un manquement de ce dernier aux règles d'hygiène et de sécurité. • Crim. 22 mai 2012, n° 11-85.507 P : *D. actu. 25 juin 2012, obs. Bombled ; AJ pénal 2012. 552, obs. Lasserre Capdeville ; RTD com. 2012. 629, obs. Bouloc ; RSC 2012. 884, obs. Salvat.* ♦ *Rappr., en matière de dopage :* • Crim. 29 sept. 2009, n° 09-81.159 P : *D. 2010. Pan. 2255, obs. Pradel ; RSC 2012. 884, obs. Salvat.*

208. Intervention. Le salarié d'une société ayant été irradié en manipulant un colis radioactif mal conditionné dont il était chargé d'assurer le transport pour le compte de son employeur a porté plainte et s'est constitué partie civile contre personne non dénommée des chefs de blessures involontaires, mise en danger délibérée d'autrui et infractions à la réglementation sur la sécurité des travailleurs ; au cours de l'information ouverte de ces chefs, la société a déclaré se constituer partie civile ; par décision devenue définitive, son intervention a été déclarée irrecevable ; la société s'est à nouveau constituée partie civile dans la même information en alléguant que l'expéditeur du colis aurait reconnu sa responsabilité ; le juge d'instruction a déclaré cette seconde constitution irrecevable ; la chambre de l'instruction a confirmé cette décision, rejetant la demande de communication de procédure ; en statuant de la sorte, les juges ont justifié leur décision : en effet, d'une part, une personne ne peut se constituer partie civile à nouveau pour les faits dont le juge d'instruction est saisi et pour lesquels elle a été déclarée irrecevable par une décision définitive ; d'autre part, ayant constaté que la société n'avait pas été admise comme partie civile dans l'information par une décision antérieure définitive, les juges étaient fondés à refuser de lui communiquer la procédure. • Crim. 29 janv. 2008, n° 06-89.245 P : *AJ pénal 2008. 236, obs. Saas.*

209. Séparation des pouvoirs. Encourt la cassation l'arrêt qui laisse sans réponse les conclusions de parties civiles soutenant que le syndicat intercommunal, assurant la gestion et l'aménagement d'un domaine skiable fréquenté par le public et par une clientèle privée, est un établissement public à caractère industriel et commercial et que, dès lors, les rapports entre cet établissement et la clientèle de la station étant de droit privé, doit être retenue la compétence des tribunaux judiciaires pour connaître des conséquences dommageables de l'homicide involontaire dont a été déclaré responsable, à la suite du décès d'un skieur, le président du syndicat intercommunal de gestion et d'aménagement. • Crim. 17 janv. 1996, n° 95-81.775 P.

210. Agents d'un service public. Les agents chargés d'une mission de service public ne sont personnellement responsables des conséquences civiles de l'acte délictueux qu'ils ont commis que si celui-ci constitue une faute détachable de leurs fonctions. • Crim. 30 sept. 1998 : *Gaz. Pal. 1999. 2. Somm. 735.* ♦ Sur la notion de faute détachable, V. • Dijon, 12 janv. 1999 : *BICC 1999. 1035.*

211. Une personne âgée de 45 ans est décédée à son domicile d'un infarctus du myocarde, avant l'arrivée du médecin envoyé par le SAMU saisi d'une demande de secours cinquante minutes plus tôt par l'épouse de la victime ; pour déclarer le médecin régulateur au centre de réception et de régulation des appels médicaux du SAMU coupable d'homicide involontaire, la cour d'appel énonce qu'en faisant le choix, après avoir procédé d'une manière rapide, superficielle et incomplète à l'interrogatoire téléphonique de l'épouse, d'envoyer sur place un médecin de quartier dépourvu des moyens d'intervention nécessaires plutôt que l'une des trois ambulances du service médical d'urgence alors disponibles, le prévenu, qui a contribué à créer la situation ayant permis la réalisation du dommage, a commis une faute caractérisée exposant le malade à un risque d'une particulière gravité qu'il ne pouvait ignorer eu égard à son expérience de praticien et aux informations qui lui étaient communiquées ; la cour d'appel a justifié sa décision au regard des art. 121-3, al. 4, et 221-6 C. pén. ; les fautes commises par le prévenu, alors agent d'un service public administratif, ne peuvent être considérées comme détachables de ses fonctions de médecin régulateur du centre de réception et de régulation des appels du SAMU, telles qu'elles résultent des dispositions de l'art. L. 711-7 devenu L. 6112-5 CSP et du décret du 16 déc. 1987 relatif aux missions et à l'organisation des unités participant au SAMU ; intervenant en cause d'appel, le prévenu et son assureur ont invoqué une exception d'incompétence, les faits reprochés constituant selon eux des fautes de service relevant de la compétence exclusive de la juridiction administrative ; pour écarter cette exception d'incompétence, la cour d'appel retient que le prévenu est un médecin libéral participant au service d'appel vers le service public ; en statuant ainsi, la cour d'appel a méconnu les dispositions de la loi des 16 et 24 août 1790 qui disposent que l'agent d'un service public n'est personnellement responsable des conséquences dommageables de l'acte délictueux qu'il commet que si celui-ci constitue une faute détachable de ses fonctions. • Crim. 2 déc. 2003, n° 02-85.254 P : *D. 2005. Pan. 407, obs. Penneau ; AJ pénal 2004. 118, obs. Pitoun ; JCP 2004. II. 10044, note Mistretta ; Gaz. Pal. 2004. 2. 2567, note Monnet ; Dr. pénal 2004. 17 (2e arrêt), obs. Véron ; ibid. 2004. 118 obs. Maron ; RSC 2004. 344, obs. Mayaud ; ibid. 2004. 671, obs. Giudicelli .*

212. Hospitalisé le 24 août 1996 à 4h32, à la suite d'un accident corporel de la circulation, dans le centre hospitalier de Royan, un patient a dû être transféré, le même jour à 17h15, au centre hospitalier universitaire de Bordeaux, où il a subi plusieurs pontages avant d'être amputé de la jambe gauche au cours de trois opérations réalisées entre le 12 sept. 1996 et le 29 avr. 1998 ; à l'issue de l'information ouverte sur sa plainte, le médecin urgentiste qui l'avait examiné à son arrivée au centre hospitalier de Royan et le chirurgien du service d'orthopédie de cet établissement qui, de garde à son domicile au cours de la nuit du 23 au 24 août 1996, ne l'avait opéré de ses diverses fractures, notamment fémorale, qu'entre 10 h et 14 h, ont été renvoyés devant le tribunal correctionnel du chef de blessures involontaires ; par jugement du 20 juill. 2005, cette juridiction, après avoir relaxé le premier, a condamné le second à une peine d'emprisonnement avec sursis, l'a déclaré responsable pour moitié du préjudice subi par la victime et l'a condamné dans cette limite à rembourser à la sécurité sociale le montant de ses débours et à indemniser la partie civile de son préjudice personnel ; ayant relevé appel de l'ensemble des dispositions du jugement, le chirurgien a non seulement contesté sa responsabilité pénale, confirmée par l'arrêt, mais décliné la compétence de la juridiction correctionnelle pour statuer sur l'action civile, en faisant valoir qu'à les supposer démontrées, les fautes qui lui étaient reprochées, commises dans l'exercice de ses fonctions au centre hospitalier de Royan, engageaient la responsabilité du service public hospitalier ; pour admettre cette exception et constater son incompétence pour connaître des demandes de la partie civile, la cour d'appel, après avoir confirmé la culpabilité du prévenu, énonce que les fautes dont le prévenu, agent du service public hospitalier, a été reconnu coupable, ne peuvent être considérées comme détachables de ses fonctions de médecin chirurgien au centre hospitalier de Royan ; en l'état de ces énonciations, la cour d'appel, qui a souverainement déduit de ses constatations que la faute du prévenu ne révélait pas un manquement volontaire et inexcusable à ses obligations d'ordre professionnel et déontologique, a justifié sa décision. • Crim. 14 mai 2008, n° 07-84.696 P.

213. Pour se déclarer incompétente pour statuer sur les demandes de réparation des parties civiles, la cour d'appel retient que M. A..., qui a été déclaré coupable d'homicide involontaire, a agi dans le cadre de son mandat électif, que les fautes caractérisées retenues à son encontre ont été commises dans l'exercice de sa mission de service public et n'en sont aucunement détachables, et qu'il s'ensuit que les demandes des parties civiles relèvent des juridictions administratives ; en l'état de ces énonciations, et dès lors que les dispositions de l'art. 470-1 C. pr. pén. n'apportent pas d'exception à la compétence de la juridiction administrative, la cour d'appel a justifié sa décision. • Crim. 22 mai 2013 : *RLCT 2014/99, n° 2652, p. 26, note Mayaud ; RSC 2014. 68, obs. Mayaud .*

214. Par arrêt de la cour d'appel de Grenoble du 13 sept. 2011, M. William X..., fonctionnaire de police, a été définitivement déclaré coupable des blessures involontaires commises lors de l'immobilisation de M. Abdelhak Y..., contrevenant au code de la route ; la cour d'appel s'est déclarée incompétente pour connaître des demandes de la victime et de la caisse du régime social des indépendants (RSI) des Alpes, subrogée dans ses droits, après avoir relevé que la faute de M. X... n'était pas détachable de ses fonctions ; par jugement du 30 déc. 2011, le tribunal administratif, saisi de l'action de la caisse contre l'État, a renvoyé au Tribunal des conflits le soin de décider sur la question de la compétence ; par décision du 15 oct. 2012, le Tribunal des conflits a reconnu la compétence de la juridiction de l'ordre judiciaire pour connaître du litige opposant la caisse RSI des Alpes à l'État, déclaré nul et non avenu l'arrêt de la cour d'appel en tant qu'il a déclaré la juridiction judiciaire incompétente pour connaître de ce litige et renvoyé la cause et les parties dans cette mesure devant cette cour ; pour rejeter le moyen d'irrecevabilité de sa mise hors de cause opposé par l'agent judiciaire de l'État et prononcer sur l'action civile, l'arrêt retient que le Tribunal des conflits, pour régler le conflit négatif de compétence entre les deux ordres de juridiction, a nécessairement considéré qu'il existait une identité de litige entre l'action civile dont était saisie la juridiction répressive, exercée par la partie civile et l'organisme de sécurité sociale, légalement subrogé dans ses droits, à l'encontre de l'agent, et l'action en réparation dirigée par cet organisme de sécurité sociale contre l'État devant la juridiction administrative ; les juges ajoutent qu'en conséquence de la décision attribuant compétence à la juridiction de l'ordre judiciaire, l'État, partie au procès, devait intervenir, sinon être appelé en intervention devant la cour, sans que puissent être valablement opposés l'art. 3 C. pr. pén. et le droit au double degré de juridiction ; en statuant ainsi, la cour d'appel a justifié sa décision. • Crim. 18 nov. 2014 : *D. actu. 6 janv. 2015, obs. Anane ; D. 2014. Actu. 2410*.

215. Action civile collective. Aucune infraction ayant porté un préjudice direct ou indirect à l'intérêt collectif des consommateurs n'est exclue des prévisions de l'al. 1er de l'art. L. 421-1 C. consom. ; encourt la cassation l'arrêt qui, pour déclarer une association de consommateurs agréée (Union fédérale des consommateurs : Que choisir ?) irrecevable en sa constitution de partie civile, dans les poursuites exercées du chef d'homicides et blessures involontaires consécutives à l'effondrement d'une tribune édifiée dans une enceinte sportive recevant du public (Furiani), retient que ces infractions « n'ont pas été commises à raison de considérations économiques en relation avec le droit de la consommation », que « l'intérêt collectif des citoyens dans leur sécurité générale ne se distingue pas des préjudices directs ou indirects qu'ont pu subir individuellement les victimes de la catastrophe », et que « l'intérêt collectif de l'association ne se distingue pas non plus du préjudice social né de l'ampleur de l'accident dont la réparation est assurée par l'exercice de l'action publique », alors que, selon l'art. L. 221-1 du code précité, les services doivent, dans des conditions normales d'utilisation, présenter la sécurité à laquelle on peut légitimement s'attendre. • Crim. 24 juin 1997, n° 96-82.424 P : *D. Affaires 1997. 954 ; Gaz. Pal. 1998. 2. 650, note Petit.* ♦ Aucune infraction ayant porté un préjudice direct ou indirect à l'intérêt collectif des consommateurs n'est exclue des prévisions de l'art. L. 421-1, al. 1er, C. consom. ; pour déclarer l'Union fédérale des consommateurs Que choisir, association agréée, irrecevable en sa constitution de partie civile, l'arrêt énonce que dès lors que les poursuites portent exclusivement sur les délits d'homicides involontaires, les associations de consommateurs ne subissent pas de préjudice direct ; en prononçant ainsi, alors que, selon l'art. L. 221-1 C. consom., les produits doivent, dans des conditions normales d'utilisation, présenter la sécurité à laquelle on peut légitimement s'attendre et ne pas porter atteinte à la santé des personnes, la cour d'appel a méconnu le sens et la portée de ces textes. • Crim. 1er avr. 2008 : *Dr. pénal 2008. Comm. 99, obs. J.-H. Robert ; RSC 2009. 109, obs. Ambroise-Castérot*.

216. Si les comités d'hygiène, de sécurité et des conditions de travail institués par l'art. L. 236-1 [L. 4523-11 s., L. 4524-1 et L. 4611-1 s. nouv.] C. trav. ont pour mission de contribuer à la protection de la santé et de la sécurité des salariés de l'entreprise ainsi qu'à l'amélioration de leurs conditions de travail, et s'ils sont dotés, dans ce but, d'une faculté d'expression collective pour la défense des intérêts dont ils ont la charge, il n'en demeure pas moins que, pour se constituer partie civile en cours d'instruction, ils doivent justifier de la possibilité d'un préjudice direct et personnel découlant des infractions poursuivies, comme l'exige l'art. 2 C. pr. pén. ; tel n'est pas le cas en la cause, s'agissant de délits d'homicides et de blessures involontaires subis par des tiers à cet organisme, suite à l'effondrement du terminal d'un aérogare. • Crim. 11 oct. 2005, n° 05-82.414 P : *Dr. soc. 2006. 43, obs. Duquesne ; RSC 2006. 335, obs. Cerf-Hollender*. ♦ ... Mais des syndicats de personnel navigant peuvent valablement se constituer parties civiles dans l'information ouverte du chef d'homicides et blessures involontaires suite à l'effondrement du terminal d'un aérogare, dès lors que les manquements constitutifs des infractions poursuivies ont pu compromettre la sécurité des travailleurs, dont certains circulaient dans le terminal où est survenu l'accident, et causer ainsi un préjudice aux intérêts collectifs des professions représentées par ces syndicats, sans qu'il soit nécessaire qu'un des salariés ait subi un préjudice direct et personnel. • Même arrêt.

217. Un syndicat professionnel ne saurait être partie civile dans la procédure suivie contre un membre de la profession qu'il représente, dès lors que la seule mise en examen de l'intéressé n'est pas de nature à causer un préjudice direct ou indirect aux intérêts collectifs défendus par ce syndicat ; justifie dès lors sa décision la chambre de l'instruction qui déclare irrecevable la constitution de partie civile, par voie d'intervention, du syndicat national des pharmaciens hospitaliers et praticiens hospitaliers universitaires dans une procédure dans laquelle le pharmacien chef de service d'un groupe hospitalier, membre de ce syndicat, a été mis en examen du chef d'homicide involontaire en raison du décès d'un enfant par suite d'une erreur dans l'administration d'un produit, ces faits ne portant pas par eux-mêmes un préjudice direct ou indirect aux intérêts collectifs de la profession de pharmacien hospitalier représentée par ce syndicat. • Crim., 10 mai 2011, n° 10-84.037 P : *AJ pénal 2011. 525, obs. Lasserre Capdeville* ; *RSC 2011. 855, obs. Cerf-Hollender* .

2° RÉPARATION

218. Dommage né de l'infraction. La dépense résultant, pour l'héritier de la victime d'un homicide involontaire, de l'obligation légale d'acquitter les droits de mutation après décès ne constitue pas un élément du préjudice né directement de l'infraction ou des faits objet de la poursuite. • Crim. 28 févr. 1996, n° 95-84.589 P • 29 avr. 2014, n° 13-80.693 P : *D. actu. 20 mai 2014, obs. Fonteix.* ♦ Justifie légalement sa décision la cour d'appel qui, pour rejeter la demande présentée par les héritiers d'une personne décédée dans un accident en indemnisation du manque à gagner résultant pour eux de la charge de la rente que le défunt servait à leur mère, à titre de prestation compensatoire, charge qu'ils assument désormais au lieu et place du débirentier, sans la contrepartie de ses salaires, retient que la rente n'est qu'une modalité d'exécution d'une obligation résultant du divorce de la victime, qui, si elle avait donné lieu à un versement en capital, se serait imputée sur l'actif successoral, et ajoute que la charge de cette rente ne résulte pas de l'accident, mais de la transmission universelle du patrimoine du défunt ; en effet, la dépense résultant, pour l'héritier, de l'obligation, prévue par l'art. 276-2 C. civ., d'assumer la charge de la rente que servait son ayant-cause à titre de prestation compensatoire, ne constitue pas un élément du préjudice né directement de l'infraction d'homicide involontaire. • Crim. 18 nov. 1998, n° 97-82.268 P : *D. 1999. Somm. 323, obs. Pradel* ; *JCP 1999. I. 147, n° 10, obs. Viney* ; *RTD civ. 1999. 848, obs. Jourdain* .

219. L'acquisition d'un logement par la victime atteinte d'une IPP de 70 % à la suite de l'accident survenu, et dont le handicap nécessite un aménagement de logement, ne saurait être prise en charge au motif que l'aménagement d'un logement en location s'avérerait impossible ; en effet, seule l'adaptation du logement est indemnisable en tant que conséquence directe du dommage, mais en aucun cas l'acquisition ou la location d'un logement propre, qui constitue un événement indépendant de l'état de la victime, et dont l'indemnisation serait alors source d'enrichissement sans cause ; de surcroît, l'acquisition d'une villa constitue un choix personnel en l'absence de preuve de l'impossibilité d'une autre solution, alors notamment qu'il existe actuellement des dispositions législatives ou réglementaires imposant la normalisation des immeubles pour faciliter l'accès aux personnes handicapées ; en tout état de cause, il s'agit d'un investissement dont la valeur reste acquise à son auteur et non une dépense imputable à l'accident. • Toulouse, 19 déc. 2006 : *JCP 2007. IV. 1750.*

220. L'aménagement d'un logement dans un sens plus adapté au handicap de la victime d'un accident du travail constitue un préjudice propre à celle-ci ; doit dès lors être approuvé l'arrêt d'une cour d'appel qui, sans méconnaître l'art. 8 Conv. EDH invoqué, rejette la demande au titre de l'aménagement du domicile conjugal, formée par le mari de la victime d'un accident du travail pour mettre un terme à la résidence séparée imposée par l'état de son épouse. • Crim. 3 janv. 2012, n° 09-87.288 P.

221. Intégralité du dommage. Le préjudice résultant d'une infraction doit être réparé dans son intégralité, sans perte ni profit pour aucune des parties. • Crim. 31 mai 2005, n° 04-83.989 P. ♦ Méconnaît les art. 1382 C. civ., 29 et 31 de la loi n° 85-677 du 5 juill. 1985 et le principe énoncé ci-dessus la cour d'appel qui, appelée à statuer sur les conséquences dommageables d'un accident de la circulation, dont un conducteur, reconnu coupable de blessures involontaires, a été déclaré tenu à réparation intégrale, a fixé le préjudice soumis à recours de la victime à une certaine somme comprenant celle réparant l'incapacité permanente partielle à laquelle les juges ont notamment ajouté une autre somme représentant le capital d'une rente accident servie par la caisse d'assurance maladie, incluant ainsi dans le préjudice corporel de la victime le montant d'une rente qui l'indemnise pour partie. • Même arrêt.

222. Justifie sa décision, sans méconnaître le principe de la réparation intégrale, la cour d'appel qui, pour limiter à la somme de 400 000 F l'indemnité réparatrice du préjudice économique résultant pour une personne du décès de son concubin, et après avoir relevé que la concubine a droit, comme l'épouse légitime, à l'indemnisation du préjudice patrimonial qu'elle subit du fait de la disparition de son compagnon, tient compte, pour évaluer ce préjudice, de la précarité et de l'instabilité s'attachant au concubinage. • Crim. 9 oct. 1996 : *Dr. pénal 1997. 12, obs. Maron.*

223. Il résulte de l'art. 515 C. pr. pén. que la partie civile ayant obtenu en première instance le montant intégral des dommages-intérêts qu'elle réclamait ne peut, en cause d'appel, demander une augmentation de ce montant, sauf dans le cas d'un préjudice souffert depuis la décision de première instance. • Crim. 18 sept. 2007, n° 07-80.684 P.

224. Selon l'art. 1382 C. civ., le préjudice résultant d'une infraction doit être réparé dans son intégralité, sans perte ni profit pour aucune des parties ; appelée à statuer sur les conséquences dommageables d'un accident de la circulation dont M. Y..., déclaré coupable de blessures involontaires, a été déclaré tenu à réparation intégrale, la juridiction du second degré était saisie de conclusions de la partie civile faisant valoir qu'elle avait dû refuser, en raison de son état de santé tel que résultant directement de l'accident, la proposition d'emploi à temps plein faite par son employeur et que c'est sur la base d'un travail à temps plein que ses préjudices devaient être calculés ; pour indemniser les préjudices susvisés, la cour d'appel retient que l'intéressé ne peut prétendre à une indemnisation calculée sur le salaire à temps plein qu'il aurait perçu sans l'accident dès lors que, antérieurement à celui-ci, il travaillait à temps partiel ; en statuant ainsi, sans rechercher si l'intéressé n'avait pas été privé de la chance d'occuper un emploi à temps plein par la survenance de l'accident, la cour d'appel n'a pas justifié sa décision. • Crim. 18 févr. 2014, n° 12-87.629 P : *D. actu. 6 mars 2014, obs. Priou-Alibert ; D. 2014. 2362, obs. Bacache, Guégan-Lécuyer et Porchy-Simon ; Dr. soc. 2014. 859, obs. Mouly .*

225. Appelée à statuer sur les conséquences dommageables d'un accident de la circulation dont Mme Y..., assurée à la MATMUT, reconnue coupable d'homicide involontaire, a été déclarée responsable, la cour d'appel a été saisie par Mme X..., épouse survivante de la victime, lourdement handicapée, d'une demande de réparation de son préjudice résultant de la perte de l'assistance que lui apportait son époux ; pour allouer à Mme X... une certaine somme, l'arrêt retient que l'indemnisation de son préjudice doit être liquidée sur la base de la perte de chance de bénéficier, sa vie durant, de l'assistance quotidienne de son époux, ce qui ne peut constituer qu'une espérance d'être aidée et aucunement une certitude de pouvoir l'être, la limitation à 50 % de cette indemnisation, compte tenu de l'âge de M. X... au jour de son décès accidentel, étant pleinement justifiée ; en l'état de ces énonciations, d'où il résulte que n'a pas été réparé le poste de préjudice lié à l'assistance par une tierce personne de la victime directe de l'accident, mais la perte de chance de la victime par ricochet de bénéficier d'une assistance viagère de la victime directe, l'arrêt n'encourt pas la critique. • Crim. 27 mai 2014, n° 13-82.116 P : *D. actu. 11 juin 2014, obs. Priou-Alibert ; D. 2014. 2362, obs. Bacache, Guégan-Lécuyer et Porchy-Simon ; ibid. 2015. 124, obs. Brun et Gout ; RTD civ. 2014. 659, obs. Jourdain ; JCP 2014, n° 843, note Bascoulergue.*

226. Évaluation. Si le droit pour la victime d'obtenir réparation du préjudice subi existe dès que le dommage a été causé, l'évaluation de ce préjudice doit être faite par le juge au moment où il rend sa décision, en tenant compte de tous les éléments connus à cette date ; encourt par suite la cassation l'arrêt qui se refuse à limiter, comme le demandait le prévenu, l'indemnisation allouée à la partie civile, héritière de la victime décédée en cours d'instance pour une cause étrangère à ses blessures, aux préjudices subis par cette dernière de la date d'infraction à la date de son décès. • Crim. 3 nov. 2004, n° 04-80.665 P : *Gaz. Pal. 2005. 1. Somm. 1278, note Monnet.* ♦ Si le droit pour la victime d'obtenir réparation du préjudice subi existe dès que le dommage a été causé, l'évaluation de ce préjudice doit être faite par le juge à la date où il se prononce ; encourt la cassation l'arrêt qui, pour accorder aux ayants droit d'une personne blessée, puis décédée en cours d'instance, une somme au titre d'un déficit fonctionnel permanent, énonce que le jugement, constitutif de droits, a fait entrer cette indemnité dans le patrimoine de la victime, avant de tomber dans celui de ses héritiers. • Crim. 13 nov. 2013, n° 12-84.838 P.

227. Le préjudice économique subi par les ayants droit d'une victime du fait du décès de celle-ci doit être évalué au jour de la décision qui le fixe en tenant compte de tous les éléments connus à cette date ; pour évaluer les préjudices économiques consécutifs à la disparition des revenus salariaux de la victime décédée, les juges doivent tenir compte du salaire auquel celle-ci aurait eu droit au jour de la décision. • Crim. 8 mars 2011, n° 10-81.741 P : *D. actu. 13 avr. 2011, obs. Fleuriot ; D. 2011. Actu. 1075 .*

228. Aggravation. La circonstance que la victime soit atteinte d'une incapacité permanente de 100 % n'exclut pas la possibilité d'une aggravation de son dommage. • Crim. 9 juill. 1996, n° 95-81.143 P : *JCP 1997. I. 4025, n° 23, obs. Viney.*

229. Préjudice économique. Justifie sa décision, au regard des art. 2 et 3 C. pr. pén., la cour d'appel qui rejette la demande d'indemnisation présentée par une société se prévalant d'un préjudice économique consécutif au décès accidentel de son dirigeant, dès lors que, la baisse d'activité alléguée par l'entreprise – à la supposer établie – ne découlant pas directement du délit d'homicide involontaire reproché au prévenu, elle était sans qualité pour se constituer partie civile de ce chef. • Crim. 3 janv. 1996, n° 94-85.841 P.

230. En incluant l'indemnité compensatrice des frais de garde de ses enfants mineurs dans le préjudice économique de leur père, tenu, pour assurer cette garde, de recourir aux services d'une tierce personne depuis le décès accidentel de son épouse, agent de l'État – au lieu d'en répartir le montant comme il était demandé par l'agent judiciaire du Trésor, entre les enfants en fonction de leur âge, au titre de leur préjudice soumis au recours de ce tiers payeur, appelé à servir à chacun d'eux un capital décès et une pension d'orphelin –, la cour d'appel n'a fait que réparer l'intégralité du dommage subi par le conjoint survivant, titulaire de l'autorité parentale. • Crim. 26 févr. 1997, n° 96-82.305 P.

231. Encourt la cassation l'arrêt qui refuse de réparer le préjudice économique d'un enfant naturel du conjoint de la victime d'un homicide involontaire au motif de l'absence de lien de filiation, alors qu'il n'était pas contesté que cet enfant vivait au foyer du défunt et était à sa charge. • Crim. 17 oct. 2000, n° 99-86.157 P.

232. Encourt la cassation pour défaut de base légale l'arrêt qui, pour refuser à une concubine sans profession la réparation du préjudice économique résultant du décès de son concubin, énonce, de manière inopérante, qu'elle n'apporte pas de justifications concernant son éventuelle vie professionnelle antérieure et ses capacités à subvenir seule à ses besoins et, après avoir constaté que les concubins vivaient avec les seuls revenus de la victime décédée, retient néanmoins que la partie civile ne justifie pas de la part des revenus mis en commun par les concubins et de celle qu'ils consacraient à leurs besoin personnels. • Crim. 29 mai 2001, n° 00-83.902 P : *D. 2002. Somm. 613, obs. Lemouland*.

233. Perte de chance de survie. Tout jugement ou arrêt doit comporter les motifs propres à justifier la décision ; l'insuffisance ou la contradiction des motifs équivaut à leur absence ; pour débouter la partie civile, agissant tant en son nom personnel qu'en qualité de représentant légal de sa fille mineure, de ses demandes en réparation des préjudices consécutifs à la perte de chance de survie de son épouse, présentées, à titre subsidiaire, en application de l'art. 470-1 C. pr. pén., les juges retiennent que le retard de diagnostic ne peut être considéré comme la cause directe et certaine du décès et qu'il n'existe aucune certitude quant à l'existence d'une chance de survie ; mais en prononçant ainsi, après avoir relevé que, compte tenu du pronostic toujours incertain du Hellp syndrome, les retards à la prise en charge ont probablement fait perdre à la patiente une chance de survie, la cour d'appel n'a pas justifié sa décision, dès lors que la disparition de la probabilité d'un événement favorable constitue une perte de chance. • Crim. 3 nov. 2010, n° 09-87.375 P : *D. 2011. Pan. 2831, obs. Garé ; Gaz. Pal. 2011. 209, note Lasserre-Capdeville ; JCP 2010, n° 1272.*

234. Aucun préjudice résultant de son propre décès n'a pu naître, du vivant de la victime, dans son patrimoine et être ainsi transmis à ses héritiers. • Crim. 26 mars 2013, n° 12-82.600 P : *D. actu. 22 mai 2013, obs. Priou-Alibert ; JCP 2013, n° 531, obs. Bourdoiseau ; ibid. n° 675, note Bakouche.*

235. En faisant droit, dans son principe, à la demande présentée au titre d'une perte de chance de survie par les héritiers d'un accidenté, les juges du second degré ont entendu réparer non pas le préjudice moral résultant pour eux du décès, mais la douleur morale ayant résulté pour le défunt, qui s'est débattu un certain temps avant de se noyer, de la conscience de sa mort imminente. • Crim. 29 avr. 2014, n° 13-80.693 P : *D. actu. 20 mai 2014, obs. Fonteix.*

236. Appelée à statuer sur les conséquences dommageables de l'accident mortel de la circulation dont Julien Y... a été victime, l'arrêt attaqué a notamment alloué aux parties civiles, au titre de leur action successorale, outre une indemnité à raison des souffrances physiques et morales qu'il a subies du fait de ses blessures entre le moment de l'accident et son décès, une indemnité réparant la souffrance psychique résultant d'un état de conscience suffisant pour envisager sa propre fin ; en statuant ainsi, la cour d'appel a justifié sa décision, dès lors que, sans procéder à une double indemnisation, elle a évalué séparément les préjudices distincts constitués par les souffrances endurées du fait des blessures et par l'angoisse d'une mort imminente. • Crim. 23 oct. 2012, n° 11-83.770 P.

237. Partage de responsabilité. Il résulte de l'art. 464 C. pr. pén. qu'en matière civile, la compétence de la juridiction pénale, limitée à l'examen des demandes formées par les parties civiles contre les prévenus, ne s'étend pas aux recours de ces derniers entre eux ; il s'ensuit qu'il n'appartient pas à cette juridiction de prononcer un partage de responsabilité entre les coauteurs du dommage dont la réparation a été ordonnée. • Crim. 7 avr. 2009, n° 08-85.519 P. ♦ De même, si l'auteur est unique mais a commis des fautes en concours, il n'appartient pas davantage à la juridiction pénale de déterminer la part de responsabilité découlant de chacune de ces fautes, ni d'en tirer de quelconques conséquences quant à la garantie d'un assureur. • Crim. 26 févr. 2013, n° 12-81.746 P : *D. actu. 28 mars 2013, obs. Priou-Alibert ; Dr. pénal 2013, n° 65, obs. Maron et Haas.*

238. Il n'y a pas lieu de prononcer un partage de responsabilité entre l'auteur d'un homicide involontaire et la victime dès lors que n'est pas démontrée une faute de la victime ayant contribué à la production de son dommage ; en effet, celle-ci avait abandonné l'attitude agressive qui avait été la sienne lors de l'arrivée des policiers, dont celui coupable de l'homicide, intervenus pour une tentative de vol d'un véhicule ; la victime cherchait uniquement à fuir ; il n'y a pas de lien de causalité direct entre le départ accidentel du coup de feu et le refus d'obtempérer reproché à la victime ; le dommage est dû uniquement à l'imprudence du policier (qui a conservé à la main son arme, alors que la situation de danger était écartée) et à sa maladresse (il a actionné involontairement la détente du revolver). • Toulouse, 22 mai 2003 : *JCP 2004. IV. 1183.*

239. Si l'état d'alcoolémie de la victime d'un

accident de la circulation constitue bien une faute, celle-ci ne peut être de nature à limiter ou à exclure son droit à réparation que s'il est démontré qu'elle a joué un rôle causal dans la survenance de l'accident ; dès lors, c'est à bon droit qu'une cour d'appel, qui a relevé l'absence de lien de causalité entre l'état d'alcoolémie de la victime et la réalisation de son dommage, a refusé de limiter ou d'exclure l'indemnisation de ses ayants droit. • Cass., ass. plén., 6 avr. 2007, n° 05-81.350 P : *Gaz. Pal. 2008. 1. Somm. 1022, note Monnet.* ♦ Fait une exacte application de l'art. 4 de la L. du 5 juill. 1985 la cour d'appel qui refuse de limiter ou d'exclure le droit de la victime à indemnisation intégrale après avoir examiné les circonstances de l'accident, d'où elle a pu déduire l'absence de lien de causalité entre l'état d'alcoolémie du conducteur victime et la réalisation de son préjudice, et retenu que l'excès de vitesse n'était pas établi. • Cass., ass. plén., 6 avr. 2007, n° 05-15.950 P : *Gaz. Pal. 2008. 1. Somm. 1022, note Monnet.*

240. Un équipage de trois gardiens de la paix est parvenu à immobiliser une automobile, dont le conducteur avait, peu de temps avant, refusé d'obtempérer à une sommation de s'arrêter et pris la fuite ; ce dernier est alors descendu de voiture, s'est dirigé vers un gardien de la paix qui avait sorti son revolver de service et a saisi la main dans laquelle se trouvait l'arme ; en se dégageant, le gardien de la paix a involontairement appuyé sur la détente et le coup est parti, blessant grièvement son agresseur ; pour dire que l'État ne serait tenu de réparer que les trois cinquièmes des préjudices résultant des blessures, l'arrêt énonce que, si le gardien de la paix a commis une faute d'imprudence en sortant son arme et en posant le doigt sur la détente, la victime a, par son comportement, largement contribué à la réalisation de son propre dommage, et que l'accident ne se serait pas produit sans son refus de s'arrêter ; la cour d'appel a ainsi justifié sa décision ; en effet, si l'État est responsable, en cas d'usage d'armes à feu, qui comporte des risques exceptionnels, des simples fautes de service commises par ses agents à l'occasion d'une opération de police judiciaire, cette responsabilité doit être partagée lorsque la victime, qui était visée par l'opération, a commis une faute qui a concouru à la réalisation de son propre dommage. • Crim. 22 mai 2007, n° 06-81.259 P : *Gaz. Pal. 2008. 1. Somm. 1205, note Monnet.*

241. En doublant par la gauche une file de voitures à l'arrêt, une motocyclette a percuté une automobile qui effectuait un demi-tour pour quitter la file immobilisée ; le motocycliste a été gravement blessé et l'automobiliste a été condamné pour blessures involontaires ainsi que pour contravention de changement de direction d'un véhicule effectué sans avertissement préalable ; le tribunal correctionnel a réduit de moitié l'indemnisation des dommages subis par le motocycliste en raison de sa faute consistant à avoir conduit une motocyclette de forte cylindrée sans être titulaire du permis approprié ; pour réformer le jugement sur ce point, l'arrêt retient que ce défaut de permis n'est pas de nature à justifier une limitation du droit à indemnisation de la victime, dès lors que le motocycliste, détenteur du permis de conduire les automobiles, n'était pas un conducteur novice et que rien n'établit qu'il ait roulé à une vitesse excessive ; en l'état de ces énonciations, a fait l'exacte application de l'art. 4 de la L. du 5 juill. 1985 la cour d'appel qui a déduit de l'examen des circonstances de l'accident l'absence de lien de causalité entre le défaut de permis de conduire imputable au conducteur victime et la réalisation des dommages subis par celui-ci. • Crim. 27 nov. 2007, n° 07-81.585 P : *JCP 2008. II. 10022, note Bakouche.*

242. Faute de la victime. En matière de poursuites exercées pour des blessures involontaires, la faute de la victime n'exonère le prévenu de la responsabilité de l'accident que si elle en a été la cause unique et exclusive ; doit, en conséquence, être rejeté le pourvoi dirigé contre l'arrêt d'une cour d'appel qui, pour recevoir la constitution de partie civile de la victime, blessée par l'explosion d'une bombe artificielle qu'elle avait contribué à fabriquer, retient que cette victime n'a pas été poursuivie du chef de blessures involontaires et que les autres prévenus, non appelants, ont été définitivement condamnés pour ces blessures sur sa personne, de sorte que le lien de causalité entre l'action des auteurs et le dommage ne pouvait plus être discuté. • Crim. 1er avr. 2008, n° 07-87.433 P.

243. Tout jugement ou arrêt doit contenir les motifs propres à justifier la décision et répondre aux chefs péremptoires des conclusions des parties ; après avoir déclaré M. X... coupable du délit d'homicide involontaire et de blessures involontaires par violation manifestement délibérée d'une obligation de sécurité ou de prudence, l'arrêt énonce qu'il y a lieu de le déclarer responsable du préjudice subi par les parties civiles ; mais en statuant ainsi, sans rechercher, comme le sollicitait le prévenu dans ses conclusions, si les victimes n'avaient pas contribué, par leurs fautes, à la réalisation du dommage, ce qui était de nature à entraîner un partage de responsabilité, la cour d'appel n'a pas justifié sa décision. • Crim. 29 avr. 2014, n° 13-80.693 P : *D. actu. 20 mai 2014, obs. Fonteix.*

244. Civilement responsable. La seule qualité de propriétaire du véhicule au moyen duquel a été commis un homicide involontaire n'est pas de nature à rendre celui-ci, lorsqu'il prête ce véhicule, civilement responsable des agissements du conducteur qui n'a aucun lien de subordination avec lui. • Crim. 18 juin 1997, n° 96-82.866 P.

245. Il résulte des art. 1384, al. 5, C. civ. et 1er

et 2 de la L. n° 85-677 du 5 juill. 1985, que n'est pas tenu à indemnisation à l'égard de la victime le préposé conducteur d'un véhicule de son commettant impliqué dans un accident de la circulation qui agit dans les limites de la mission qui lui a été impartie. • Civ. 2e, 28 mai 2009, n° 08-13.310 P : *D. 2009. 2667, note Pierre*. ♦ Les dispositions d'ordre public de la L. du 5 juill. 1985 relatives à l'indemnisation des victimes d'accidents de la circulation n'excluent pas celles de l'art. 1384, al. 5, C. civ. relatives à la responsabilité du commettant du fait de son préposé ; justifie sa décision la cour d'appel qui dit non tenu à indemnisation à l'égard de la victime le préposé, condamné pour blessures involontaires, conducteur du véhicule d'un tiers dans le cadre de l'activité accomplie pour le compte de son commettant. • Crim. 27 mai 2014, n° 13-80.849 P.

246. Les dispositions d'ordre public de la L. du 5 juill. 1985 n'excluent pas la responsabilité des parents, recherchés comme civilement responsables ; dès lors, justifie sa décision la cour d'appel qui écarte l'exception de non-garantie, fondée sur les dispositions relatives à l'assurance obligatoire des véhicules à moteur et soulevée par l'assureur de responsabilité de la mère du prévenu, appelée en la cause en qualité de civilement responsable de son enfant mineur, celui-ci ayant été déclaré coupable du vol d'un véhicule et d'homicide involontaire à l'occasion de la conduite de ce véhicule, la victime de l'homicide étant un passager du véhicule volé. • Crim. 8 févr. 2011, n° 10-81.568 P : *JCP 2011, n° 555, note Perdrix.*

247. La responsabilité de plein droit prévue par l'art. 1384, al. 4, C. civ. incombe au seul parent chez lequel la résidence habituelle de l'enfant a été fixée, quand bien même l'autre parent, bénéficiaire d'un droit de visite et d'hébergement, exercerait conjointement l'autorité parentale et aurait commis une faute civile personnelle dont l'appréciation ne relève pas du juge pénal ; Dylan X..., mineur de 14 ans, a mis le feu à de la paille dans un hangar agricole, causant ainsi la mort de Jonathan A... ; le tribunal pour enfants l'a définitivement reconnu coupable d'homicide involontaire ; pour confirmer le jugement ayant condamné le mineur *in solidum* avec son père et sa mère, cités en qualité de civilement responsables, à des réparations civiles, l'arrêt, après avoir énoncé que le jugement de divorce a fixé la résidence de l'enfant au domicile de sa mère, attribué un droit de visite et d'hébergement au père et conservé à chacun des parents l'exercice conjoint de l'autorité parentale, retient le comportement fautif du père qui s'est désintéressé de son enfant et n'a aucunement exercé son pouvoir de surveillance et de contrôle de l'éducation de celui-ci ; en se déterminant ainsi, alors que la résidence habituelle de l'enfant mineur était judiciairement fixée au domicile de la mère, la cour d'appel a méconnu le texte susvisé et le principe ci-dessus énoncé, ainsi que les art. 2 et 3 C. pr. pén. • Crim. 29 avr. 2014, n° 13-84.207 P : *D. actu. 14 mai 2014, obs. Cayol ; D. 2014. 1620, note Perdrix ; Gaz. Pal. 2014. 1. 1640, note Oudot.*

248. Assurance. Le juge pénal, saisi d'une exception présentée par l'assureur en application de l'art. 385-1 C. pr. pén., ne peut, lorsque les termes du contrat d'assurance sont clairs et précis, dénaturer les obligations qui en résultent, ni modifier les stipulations qu'il renferme ; encourt, dès lors, la cassation l'arrêt qui condamne l'assureur du père d'un mineur, civilement responsable, à le garantir des condamnations prononcées contre son fils, déclaré coupable de blessures involontaires, alors qu'il résulte des termes mêmes dudit contrat que les garanties qui restent acquises au représentant légal, civilement responsable de l'enfant mineur qui conduit à l'insu de ses parents un véhicule terrestre à moteur dont ces derniers ne sont ni propriétaires ni gardiens, sont exclues si l'enfant a la propriété ou la garde du véhicule. • Crim. 5 déc. 2006, n° 06-81.968 P : *Gaz. Pal. 2007. 2. Somm. 4088, note Monnet.*

249. Les dispositions contractuelles d'une police d'assurance excluant la garantie des dommages causés par un véhicule terrestre à moteur à l'occasion d'un accident régi par la L. du 5 juill. 1985 ont vocation à s'appliquer, s'agissant d'un accident survenu alors que le salarié d'une société manœuvrait dans les locaux de l'entreprise une nacelle autoportée qui, se déplaçant en roulant, était impliquée en tant que véhicule dans l'accident. • Crim. 15 janv. 2008, n° 07-80.800 P (à propos de la responsabilité pénale de la personne morale).

250. Appelée à intervenir dans la procédure suivie du chef d'un homicide involontaire commis à l'occasion d'un accident de la circulation, la société d'assurance a soutenu qu'elle ne devait pas sa garantie, la demande d'assurance souscrite par le prévenu n'ayant pas été acceptée, faute pour celui-ci de lui avoir adressé, dans un délai de trente jours, le relevé d'informations établi par son précédent assureur ; pour écarter cette argumentation, l'arrêt retient notamment que, le contrat ayant été conclu par internet, l'assuré a rempli le questionnaire du site, qu'il a demandé à être assuré immédiatement et qu'il lui a été répondu : « Sous réserve de l'exactitude de vos déclarations et dans un délai de trente jours de l'envoi d'un relevé d'informations confirmant vos déclarations et de l'encaissement de votre prime, vous êtes assuré à compter du jour de la demande » ; en l'état de ces seuls motifs, d'où il résulte que la demande d'assurance a été acceptée le jour où elle a été formée, et dès lors que la société d'assurance n'a pas, avant toute défense au fond, soulevé d'exception fondée sur une cause de nullité ou sur une clause du contrat, la cour d'appel a justifié sa décision. • Crim.

27 mai 2008, n° 07-88.176 P : *D. 2009. 1324, note Noguéro*.

251. L'assureur couvrant la responsabilité civile du prévenu, conducteur non autorisé d'un véhicule automobile et de son civilement responsable, qui a indemnisé la victime en cette qualité, ne peut exercer, devant la juridiction répressive, contre le responsable de l'accident ayant obtenu la garde ou la conduite du véhicule sans autorisation, l'action récursoire prévue à l'art. L. 211-1 C. assur. • Crim. 27 mai 2014, n° 13-80.849 P.

252. Assurances sociales. Le préjudice résultant d'une infraction doit être réparé dans son intégralité, sans perte ni profit pour aucune des parties, et la mise en cause de l'organisme social, prévue par l'art. L. 376-1 CSS, s'impose à peine d'irrecevabilité de la demande en réparation de la partie civile ; encourt la cassation l'arrêt qui prononce sur la demande en réparation des préjudices de la partie civile, sans s'assurer que l'organisme social avait été mis en cause et en s'abstenant de vérifier s'il avait contribué à indemniser le préjudice corporel de la victime et s'il bénéficiait d'un recours. • Crim. 18 sept. 2007, n° 07-80.347 P.

253. Recours du Trésor public. La juridiction correctionnelle saisie de l'action en remboursement d'une allocation temporaire d'invalidité, dont l'État dispose, par subrogation aux droits de la victime fonctionnaire, contre le tiers responsable de l'accident de service ayant entraîné pour celle-ci une incapacité permanente partielle d'au moins 10 %, doit évaluer en tous ses éléments, même réparés par le service de ladite allocation, le préjudice résultant pour la victime de l'atteinte à son intégrité physique, puis rechercher si les prestations servies par l'État n'indemnisent pas, au moins partiellement, de manière incontestable, un poste de son préjudice personnel. • Crim. 24 juin 2008, n° 07-87.465 P.

254. Méconnaît les art. 31 de la L. du 5 juill. 1985, dans sa rédaction issue de la L. du 21 déc. 2006, et 1er de l'Ord. du 7 janv. 1959, l'arrêt qui déduit des frais d'obsèques et de sépulture, exposés par la veuve de la victime, le capital décès qui lui a été servi par l'État en application de l'art. D. 713-8 CSS, alors que cette prestation indemnise notamment la perte des revenus ; selon ces textes, le recours subrogatoire de l'État contre les tiers s'exerce poste par poste sur les seules indemnités qui réparent les préjudices qu'il a pris en charge, à l'exclusion des préjudices à caractère personnel. • Crim. 10 mars 2009 : *JCP 2009. IV. 1702 ; RCA 2009. Comm. n° 133, note Groutel.*

255. Réformation du jugement. Le 2 juin 2002, Hubert Y... a été blessé mortellement par la chute, sur la cabine, du mât du chariot élévateur qu'il manœuvrait ; que MM. Z... et C..., respectivement directeur régional et technicien de la société qui louait l'engin à l'employeur de la victime, ont été reconnus coupables du chef d'homicide involontaire par le tribunal correctionnel qui, en ordonnant l'exécution provisoire, a alloué des dommages-intérêts aux ayants droit de la victime ; appel ayant été interjeté, la juridiction du second degré a confirmé la condamnation du premier et relaxé le second, puis a renvoyé l'examen des intérêts civils ; entre-temps, saisi par les ayants droit d'Hubert Y..., le tribunal des affaires de sécurité sociale a reconnu l'existence d'une faute inexcusable de l'employeur de la victime et alloué des indemnités aux consorts X...-Y... ; ce jugement a été confirmé par arrêt en date du 9 déc. 2009 ; l'arrêt attaqué, après avoir jugé que des sommes avaient été allouées à tort par le tribunal correctionnel en réparation du préjudice subi par les consorts X...-Y..., énonce qu'il n'appartient pas à la cour statuant en matière pénale de se prononcer sur la répétition de l'indu sollicitée par la société Allianz, assureur de l'employeur du prévenu ; si c'est à tort que la cour d'appel a ainsi statué, l'arrêt n'encourt pas la censure dès lors que l'obligation de rembourser résultait de plein droit de la réformation de la décision de première instance ayant indûment accordé des réparations aux parties civiles. • Crim. 25 mars 2014 : *D. actu. 15 avr. 2014, obs. Priou-Alibert ; D. 2014. 826*.

3° RÉGIMES SPÉCIAUX

256. Accident causé par un véhicule. Selon l'art. 1er de la L. n° 57-1424 du 31 déc. 1957, les tribunaux de l'ordre judiciaire sont seuls compétents pour statuer sur toute action en responsabilité tendant à la réparation des dommages de toute nature causés par un véhicule quelconque ; alors qu'il se trouvait en mission extérieure à Kaboul (Afghanistan), le sergent-chef X..., passager du véhicule conduit par le capitaine Z..., a été grièvement blessé au cours d'une collision avec un camion civil afghan ; M. Z... a été cité devant le tribunal correctionnel de Paris du chef de blessures involontaires aggravées ; par jugement du 25 sept. 2012, le tribunal correctionnel l'a relaxé et, statuant sur l'action civile par application des dispositions de l'art. 470-1 C. pr. pén., a ordonné une expertise médicale et condamné l'agent judiciaire de l'État à payer des provisions aux parties civiles ; ce dernier a interjeté appel de cette décision et le préfet de Paris a présenté un déclinatoire de compétence ; pour se déclarer incompétente, la cour d'appel a fait état du fait que M. X... était un agent titulaire de l'État, qu'il s'agissait de réparer les conséquences de l'accident de service survenu dans l'accomplissement de sa mission et qu'en conséquence, la connaissance du litige ressortissait aux juridictions de l'ordre administratif ; mais, en statuant ainsi, alors que les tribunaux de l'ordre judiciaire sont compétents pour la réparation des dommages causés par tout véhicule, peu important qu'il ait été conduit par un militaire, que la victime soit elle-même agent de l'État et qu'ils aient tous deux été dans l'exercice de leurs fonctions, dès lors que le préjudice découle de la seule action d'un véhicule, la cour d'appel a méconnu le texte susvisé. • Crim. 23 sept. 2014, n° 13-85.311 P : *D. actu. 14 oct. 2014, obs. Priou-Alibert ; AJDA 2015. 528, note Claeys ; ibid. 2014. 1858 ; D. 2014. 1938 ; AJFP 2015. 48*.

257. Navigation aérienne. Ayant relevé que le vol en deltaplane biplace organisé par un prévenu constituait, pour le passager, non un transport aérien, mais une initiation à une activité physique et sportive, une cour d'appel en a déduit à bon droit que, dans les poursuites exercées contre le prévenu pour homicide involontaire, à la suite du décès du passager dans un accident survenu au décollage, l'action en réparation exercée par les ayants droit de la victime, constitués parties civiles, n'était pas soumise à la Convention de Varsovie régissant la responsabilité du transporteur aérien. • Crim. 20 mars 2001, n° 00-84.046 P : *Dr. pénal 2001. 130, obs. Robert.* ♦ Rappr. : • Crim. 20 mars 2001, n° 00-83.286 P : *Dr. pénal 2001. 130, obs. préc. Robert* (le vol de découverte en parapente biplace constitue pour le passager une activité sportive et pour le pilote l'encadrement de cette activité). ♦ Comp. • Bourges, 2 juill. 2002 : *Dr. pénal 2003. 123, obs. Robert.* ♦ Opposer : • Civ. 1re, 22 nov. 2005, n° 02-18.584 P : *JCP 2006. II. 10051, note Gency-Tandonnet* (relève de la qualification de transport aérien le contrat relatif au baptême de l'air à bord d'un engin léger biplace).

258. Accident du travail. A la suite d'un accident du travail, l'employeur, poursuivi pour blessures involontaires, ayant été relaxé, la victime, constituée partie civile, avait interjeté appel du jugement ; même dans le cas où la réparation du dommage échappe à la compétence de la juridiction pénale, le tribunal des affaires de sécurité sociale étant compétent pour accorder une réparation, la personne qui, conformément à l'art. 2 C. pr. pén., prétend avoir été lésée par un délit, est recevable à se constituer partie civile aux fins de faire établir l'existence de l'infraction et possède, par l'effet de sa constitution, tous les droits reconnus à la partie civile, au nombre desquels celui d'interjeter appel. • Crim. 30 avr. 2002, n° 01-85.219 P : *D. 2003. Somm. 30, obs. Pradel*.

259. Selon l'art. L. 451-1 CSS, aucune action en réparation du préjudice causé par un accident du travail ne peut, en dehors des cas prévus par ce texte, être exercée conformément au droit commun, par la victime contre l'employeur ou ses préposés ; encourt, dès lors, la censure l'arrêt qui, après avoir dit les faits établis et jugé à bon droit la constitution de partie civile recevable, déclare néanmoins l'employeur responsable des préjudices subis par la victime d'un accident du travail. • Crim. 13 sept. 2005, n° 04-85.736 P.

260. Il résulte de l'art. L. 454-1 CSS que, lorsque la responsabilité d'un accident du travail est partagée entre l'employeur de la victime et un tiers, la caisse primaire d'assurance maladie dispose d'un recours contre ce dernier dans la mesure où les indemnités dues par elle en vertu de la loi dépassent celles réparant l'atteinte à l'intégrité physique de la victime qui auraient été mises à la charge de l'employeur en vertu du droit commun ; encourt la cassation l'arrêt qui, après avoir déclaré l'employeur de la victime et un tiers coupables de blessures involontaires à la suite de l'accident du travail dont a été victime un salarié, met à la charge du tiers le remboursement des débours que la caisse d'assurance maladie a versés à la victime, sans prononcer sur les parts respectives de responsabilité de l'employeur et du tiers responsable. • Crim. 9 oct. 2007, n° 06-88.798 P.

261. L'art. 31 de la L. du 5 juill. 1985, modifié par l'art. 25 de la L. du 21 déc. 2006, selon lequel le recours des caisses de sécurité sociale s'exerce poste par poste, s'applique lorsque l'accident a été pris en charge au titre de la législation sur les accidents du travail. • Crim. 5 févr. 2008, n° 07-83.327 P : *D. 2008. 1800, note Saint-Jours*. ♦ Sur les modalités d'exercice du recours des tiers payeurs, à rapprocher : • Cass., ass. plén., 29 oct. 2007, nos 07-00.015 P et 07-00.017 P.

262. Il est soutenu que les dispositions des art. L. 451-1 et L. 452-1 à L. 452-5 CSS, qui font obstacle à ce que la victime d'un accident du travail obtienne de son employeur, déclaré pénalement responsable par la juridiction correctionnelle, la réparation de chefs de préjudice ne figurant pas dans l'énumération prévue par l'article L. 452-3 du même code, sont contraires au principe constitutionnel d'égalité devant la loi et les charges publiques énoncé aux art. 1er, 6 et 13 de la Déclaration des droits de l'homme et du citoyen du 26 août 1789 ainsi qu'au principe selon lequel tout fait quelconque de l'homme qui cause à autrui un dommage oblige celui par la faute duquel il est arrivé à le réparer, découlant de l'art. 4 de ladite Déclaration ; les dispositions contestées sont applicables à la procédure, laquelle concerne la demande présentée à la juridiction correctionnelle par la victime d'un accident du travail dont son employeur (société d'aménagement touristique), a été déclaré pénalement responsable, aux fins d'indemnisation des frais d'aménagement de son domicile et d'adaptation de son véhicule nécessités par son état ; elles n'ont pas déjà été déclarées conformes à la Constitution dans les motifs et le dispositif d'une décision du Conseil constitutionnel ; la question posée présente un caractère sérieux au regard du principe constitutionnel d'égalité en ce que, hors l'hypothèse d'une faute intentionnelle de l'employeur et les exceptions prévues par la loi, la victime d'un accident du travail dû à une faute pénale de ce dernier, qualifiée de faute inexcusable par une juridiction de sécurité sociale, connaît un sort différent de celui de la victime d'un accident de droit commun, dès lors qu'elle ne peut obtenir d'aucune juridiction l'indemnisation de certains chefs de son préjudice en raison de la limitation apportée par les dispositions critiquées ; d'où il suit qu'il y a lieu de la transmettre au Conseil constitutionnel. • Crim., QPC, 7 mai 2010 : *D. 2010. Actu. 1219 ; JCP 2010, n° 22, 597, p. 1118 ; ibid. 605, p. 1132.* ♦ Sous la réserve que, en présence d'une faute inexcusable de l'employeur, les dispositions de l'art. L. 452-3 CSS ne sauraient, sans porter une atteinte disproportionnée au droit des victimes d'actes fautifs, faire obstacle à ce que ces mêmes personnes, devant les mêmes juridictions, puissent demander à l'employeur réparation de l'ensemble des dommages non couverts par le livre IV du CSS, les dispositions contestées ne sont contraires ni au principe de responsabilité, ni au principe d'égalité, ni à aucun autre droit ou liberté que la Constitution garantit. • Cons. const. 18 juin 2010 : *D. 2010. Actu. 1634. – Adde :* Teissonnière, *Gaz. Pal. 2010. 2, p. 3793* (la décision du Con. const. du 18 juin 2010 : et après ?). ♦ Il se déduit de la décis. n° 2010-8 QPC, en date du 18 juin 2010, du Conseil constitutionnel que si, en présence d'une faute inexcusable de l'employeur et indépendamment de la majoration de rente à laquelle elle a droit, la victime d'un accident du travail ou d'une maladie professionnelle peut demander à l'employeur la réparation, non seulement des chefs de préjudice énumérés par l'art. L. 452-3 CSS, mais aussi de l'ensemble des dommages non couverts par le livre IV de ce code, la juridiction correctionnelle est incompétente pour connaître de cette demande qui doit être présentée exclusivement à la juridiction de sécurité sociale. • Crim. 3 janv. 2012, n° 09-87.288 P.

263. La prescription biennale de l'action en reconnaissance de la faute inexcusable de l'employeur étant interrompue, en application de l'art. L. 431-2 CSS, par l'exercice de l'action pénale engagée pour les mêmes faits, cet effet interruptif subsiste jusqu'à la date à laquelle la décision ayant statué sur cette action est devenue irrévocable. • Civ. 2e, 28 avr. 2011 : *D. actu. 25 mai 2011, obs. Mavoka-Isana.*

264. Il résulte de l'art. 4-1 C. pr. pén. que la faute pénale non intentionnelle, au sens des dispositions de l'art. 121-3 C. pén., est dissociée de la faute inexcusable au sens des dispositions de l'art. L. 452-3 CSS ; il appartient dès lors à la juridiction de la sécurité sociale, saisie alors qu'une instance pénale est en cours, de rechercher, sans qu'il soit besoin de surseoir à statuer, si les éléments du dossier permettent de retenir la faute *inexcusable de l'employeur,* laquelle s'apprécie de façon distincte des éléments constitutifs de l'infraction d'homicide involontaire. • Civ. 2e, 15 mars 2012 : *D. actu. 5 avr. 2012, obs. Siro ; D. 2012. 1316, note Rias.*

265. Le Décr. n° 57-245 du 24 févr. 1957 relatif à la réparation et à la prévention des accidents du travail et des maladies professionnelles dans les territoires d'outre-mer, qui fixe un régime spécifique pour la réparation des accidents du travail dans les territoires d'outre-mer, exclut la réparation du préjudice conformément aux règles du droit commun lorsque l'accident n'est pas dû à la faute intentionnelle de l'employeur ou de ses préposés ; statuant sur la réparation du préjudice subi par les salariés de M. X..., qui s'étaient constitués parties civiles à raison des blessures involontaires lui étant imputées, les juges du second degré ont ordonné une expertise et condamné le prévenu à leur verser des indemnités provisionnelles ; en se déterminant ainsi, en l'absence de faute intentionnelle de l'employeur, la cour d'appel, qui était incompétente pour statuer sur la réparation des conséquences dommageables de l'infraction retenue, a méconnu le texte susvisé et le principe ci-dessus rappelé. • Crim. 25 juin 2013, n° 12-81.820 P : *D. actu. 12 sept. 2013, obs. Le Drevo.*

266. Justifie sa décision au regard des dispositions de la Conv. EDH la cour d'appel qui, à l'occasion de poursuites pour homicide involontaire, déclare irrecevables les demandes présentées aux fins de réparation de leur préjudice moral par la veuve et les enfants d'un salarié victime d'un accident mortel du travail survenu en Polynésie française et régi par le Décr. du 24 févr. 1957 applicable aux territoires d'outre-mer, en dehors de toute faute intentionnelle de l'employeur, dès lors que ces ayants droit ne sauraient se prévaloir d'un droit de caractère civil entrant dans les prévisions de l'art. 6, § 1, Conv. EDH et de l'art. 1er du Protocole additionnel à cette Convention qu'ils pourraient faire valoir devant les juridictions répressives. • Crim. 27 mars 2012, n° 10-85.130 P.

267. Accident de service relevant du statut militaire. Un militaire de carrière en congé de reconversion, mis à la disposition de deux sociétés privées pour une durée de six mois, en exécution d'une convention de période d'adaptation en entreprise selon laquelle il continuait à être payé par l'administration et à bénéficier de la couverture sociale résultant du statut militaire, a été victime d'un accident mortel survenu alors qu'il travaillait dans les locaux de l'usine exploitée par ces sociétés ; la cour d'appel a déclaré leur dirigeant coupable d'homicide involontaire, a sursis à statuer sur l'action civile de ses ayants droit et a renvoyé l'affaire à une audience ultérieure ; mise en cause pour la première fois devant la cour d'appel en sa qualité d'assureur des deux sociétés, civilement responsables, la compagnie AXA France IARD a soutenu que le militaire ayant été victime d'un accident de service relevant du statut militaire, la juridiction correctionnelle n'avait pas compétence pour se prononcer sur les intérêts civils ; pour écarter cette argumentation, l'arrêt retient que la victime étant toujours affiliée au régime de la sécurité sociale militaire à la date de l'accident et ne relevant pas du régime des accidents du travail au sens du code de la sécurité sociale, ses ayants droit ont à bon droit exercé devant la juridiction répressive leur action civile en réparation des préjudices subis, contre le prévenu, les sociétés civilement responsables et leur assureur ; en l'état de ces énonciations, et dès lors que la compétence de la juridiction administrative pour statuer sur l'action en réparation des conséquences dommageables d'un accident de service dont un militaire en congé de reconversion a été victime dans l'entreprise où il effectuait sa période d'adaptation n'est pas exclusive de celle des tribunaux répressifs saisis de l'action civile accessoirement à l'action publique, la cour d'appel a justifié sa décision. • Crim. 20 oct. 2009, n° 08-82.675 P : *D. 2009. Actu. 2753*.

268. Fonds de garantie des victimes d'infractions. Par la question posée, la juridiction de renvoi demande, en substance, si le droit communautaire s'oppose à la législation d'un État membre qui exclut les ressortissants des autres États membres, qui résident et travaillent sur son territoire, du bénéfice d'une indemnisation destinée à réparer les dommages qui résultent des atteintes à la personne causées par une infraction qui n'a pas été commise sur le territoire de cet État, au seul motif de leur nationalité ; dans l'affaire au principal, ainsi qu'il ressort de la décision de renvoi, un ressortissant britannique a fait usage de son droit à la libre circulation des travailleurs au sens de l'art. 39 du traité CE ou à la liberté d'établissement au sens de l'art. 43 dudit traité en venant travailler et résider en France depuis plus de 20 ans ; dès lors, sa situation relève du champ d'application du traité CE et il peut donc invoquer son droit de ne pas subir de discrimination en raison de sa nationalité ; à cet égard, il est de jurisprudence constante que le principe de non-discrimination exige que des situations comparables ne soient pas traitées de manière différente et que des situations différentes ne soient pas traitées de manière égale ; un tel traitement ne pourrait être justifié que s'il se fondait sur des considérations objectives indépendantes de la nationalité des personnes concernées et proportionnées à l'objectif légitimement poursuivi (V. • CJCE 2 oct. 2003, *Garcia Avello, C 148/02 : Rec. p. I 11613, point 31, et jurisprudence citée*) ; dans l'affaire au principal, le ressortissant britannique vit depuis plus de 20 ans en France et a perdu sa fille dans un accident survenu en dehors du territoire de la Communauté (Australie) ; au regard de la disparition de sa fille et du préjudice qui en résulte, il se trouve dans une situation comparable à celle d'une personne telle que sa compagne ; or, en vertu de la disposition nationale en cause au principal, le seul élément distinguant leur situation s'agissant de leur droit à être indemnisé est leur nationalité ; en effet, seule sa compagne, en raison de sa nationalité française, obtient une indemnisation du fait de ce préjudice ; ainsi, ce traitement différent, explicitement et uniquement fondé sur la nationalité du père de la victime, constitue une discrimination directe ; au demeurant, le gouvernement français admet lui-même que dans le cas tel que celui en cause au principal, il n'y a pas de motifs susceptibles de justifier une telle différence de traitement ; eu égard à ce qui précède, il convient de répondre à la question posée que le droit communautaire s'oppose à la législation d'un État membre qui exclut les ressortissants des autres États membres, qui résident et travaillent sur son territoire, du bénéfice d'une indemnisation destinée à réparer les dommages qui résultent des atteintes à la personne causées par une infraction qui n'a pas été commise sur le territoire de cet État, au seul motif de leur nationalité. • CJCE 5 juin 2008, *James Wood : D. 2008. Actu. 1767 ; RSC 2009. 461, obs. Aubert ; JCP 2008. Actu. 432.*

269. Peuvent être indemnisées, selon les dispositions de l'art. 706-3 C. pr. pén., les victimes exclues du bénéfice de la législation sociale applicable aux accidents du travail. • Civ. 2e, 7 mai 2009 : *D. 2009. Actu. 1487, obs. Lavric ; JCP 2009. IV. 1957.*

270. L'agression d'une victime ayant eu lieu à bord d'un train, le Fonds de garantie des actes de terrorisme et d'autres infractions peut exercer son recours subrogatoire contre la SNCF, tenue d'une obligation contractuelle de sécurité de résultat à l'égard de la victime transportée. • Civ. 2e, 7 avr. 2011 : *JCP 2011, n° 518, p. 858.*

271. Fonds de garantie des assurances obligatoires de dommages. En aucun cas, l'intervention du fonds de garantie des assurances de dommage ne peut entraîner sa condamnation. • Crim. 1er avr. 2008, n° 07-80.675 P.

272. Commission d'indemnisation des victimes d'infractions (CIVI). Selon l'art. 706-9 C. pr. pén., la CIVI tient compte, dans le montant des sommes allouées à la victime au titre de la réparation de son préjudice, des indemnités de toute nature reçues ou à recevoir d'autres débiteurs au titre du même préjudice ; par ailleurs, il résulte des art. L. 245-1 s. CASF que la prestation de compensation du handicap constitue une prestation indemnitaire dès lors qu'elle n'est pas attribuée sous condition de ressources et que, fixée en fonction des besoins individualisés de la victime d'un handicap, elle répare certains postes de préjudices indemnisables ; le 17 avr. 2005, M. X... a été blessé dans une fusillade ; à la suite d'une expertise médicale, il a demandé à la CIVI de liquider son préjudice corporel ; pour fixer à une certaine somme l'indemnisation du besoin en tierce personne, l'arrêt retient que la prestation de compensation du handicap versée par le conseil général n'a pas un caractère indemnitaire justifiant sa déduction des sommes allouées ; en statuant ainsi, alors qu'elle constatait que l'état de M. X... nécessitait une aide humaine, justifiant une indemnisation du besoin d'assistance par une tierce personne, la cour d'appel, qui a refusé d'imputer la prestation de compensation du handicap sur ce poste de préjudice qu'elle indemnise, les demandes relatives aux autres postes concernés ayant été réservées, a violé les textes susvisés et le principe de la réparation intégrale. • Civ. 2e, 13 févr. 2014 : *D. actu. 26 févr. 2014, obs. Marrocchella ; D. 2014. 489 ; ibid. 615, point de vue Adida-Canac ; ibid. 2362, obs. Bacache, Guégan-Lécuyer et Porchy-Simon ; ibid. 2015. 124, obs. Brun et Gout ; RDSS 2014. 388, obs. Dagorne-Labbe*.

G. PREUVES

273. Révision. Constitue, au sens de l'art. 622, 4°, C. pr. pén., un élément inconnu de la juridiction au jour du procès, de nature à faire naître un doute sur la culpabilité d'une automobiliste condamnée pour homicide involontaire et défaut de maîtrise, l'aveu, par une personne qui s'était présentée aux enquêteurs comme le témoin direct de l'accident, de la fausseté de ses déclarations, où la cour d'appel avait relevé son insistance sur la vitesse excessive de la voiture de la prévenue ; l'annulation de la condamnation doit être prononcée avec renvoi dès lors qu'il peut être procédé à de nouveaux débats contradictoires. • Crim. 19 déc. 2006, n° 06-85.841 P : *Gaz. Pal. 2006. 2. 4001.*

III. APPLICATIONS

A. CHEF D'ENTREPRISE

274. Responsabilité personnelle. Si, en principe, nul n'est passible de peines qu'à raison de son fait personnel, la responsabilité pénale peut cependant naître du fait d'autrui dans les cas exceptionnels où certaines obligations légales imposent le devoir d'exercer une action directe sur les faits d'un auxiliaire ou d'un préposé ; il en est ainsi, notamment, dans les industries ou commerces réglementés, où la responsabilité pénale remonte aux chefs d'entreprises, à qui sont personnellement imposés les conditions et le mode d'exploitation de leur industrie ou commerce. • Crim. 30 déc. 1892 : *S. 1894. 1. 201, note Villey* • 28 févr. 1956 : *Bull. crim. n° 205 ; D. 1956. 391 ; JCP 1956. II. 9304, note de Lestang* • 14 févr. 1967, n° 91-55.866 P. • 17 oct. 1967 : *ibid. n° 250 ; Gaz. Pal. 1967. 2. 290* • 25 avr. 1968 : *JCP 1969. II. 16100, note Puech* • 27 juill. 1970, n° 93-10.769 P.

1° ENTREPRENEUR

275. Direction d'usine. Sont pénalement responsables : le directeur d'une entreprise de distribution d'eau qui a négligé d'entretenir un égout traversant son usine, occasionnant ainsi une épidémie de fièvre typhoïde. • Crim. 23 oct. 1931 : *Bull. crim. n° 236.* ♦ ... Le directeur d'usine qui ne veille pas aux conditions dans lesquelles sont rechargés, dans son usine même, les réservoirs contenant le gaz propane utilisé par cette usine. • Crim. 11 juill. 1968, n° 91-74.167 P. ♦ ... Le chef d'entreprise qui ne s'assure pas du respect des règles du code de la route lors du chargement d'une remorque lui appartenant, alors que, faute d'avoir délégué ses pouvoirs, il avait conservé l'obligation qui lui était personnellement imposée par la réglementation en vigueur. • Crim. 8 nov. 1983, n° 81-93.797 P. ♦ Rappr. : • Crim. 7 févr. 1967, n° 91-19.066 P.

276. Direction de travaux. Sont encore responsables : l'entrepreneur chargé de la construction et de l'entretien d'un mât édifié sur la voie publique, et qui a négligé d'en baliser les haubans. • Crim. 9 mai 1957 : *Bull. crim. n° 396.* ♦ ... L'entrepreneur qui a manqué à l'obligation, déterminée par les clauses d'un marché d'adjudication, de signaler le creusement d'une chaussée en voie de réfection. • Crim. 9 juill. 1969, n° 90-67.268 P. ♦ ... L'entrepreneur de travaux de terrassement en raison de l'insuffisance des mesures de sécurité qu'il a prescrites. • Crim. 21 oct. 1969, n° 90-50.769 P. ♦ ... Le chef de chantier qui a commis la négligence, génératrice d'un accident mortel, de ne pas éclairer une tranchée. • Crim. 9 févr. 1972, n° 92-62.070 P. ♦ Comp. • Rouen, 19 mai 1954 : *D. 1954. 462.* ♦ ... Ou de ne pas signaler d'une façon spéciale la présence sur la chaussée d'une plaque d'égout surélevée. • Crim. 25 oct. 1972, n° 91-67.371 P. ♦ ... L'installateur d'un chauffe-eau qui a procédé à la pose de l'appareil en méconnaissant le mauvais état de l'enduit du mur et en utilisant des chevilles et vis inadaptées, en infraction aux dispositions de l'art. 2 du décret du 8 janv. 1965. • Crim. 11 mai 1995 : *Gaz. Pal. 1995. 2. Somm. 429.*

277. Commet une faute caractérisée au sens de la L. du 10 juill. 2000 le prévenu professionnel de la réparation navale ayant opéré un changement provisoire d'un câble d'inverseur, lequel s'est finalement brisé, obligeant le bateau à poursuivre sa course dans une écluse et à percuter deux bateaux de plaisance en attente, blessant leurs occupants ; en effet, le câble d'inverseur constitue un organe de sécurité essentiel, et le prévenu n'a pas respecté son obligation professionnelle de commander un câble adapté et de rappeler le bateau en réparation ; ce comportement est aggravé par le fait que le bateau avait séjourné dans ses ateliers pour entretien pendant plusieurs jours deux mois avant la pose du câble provisoire ; le fait que le propriétaire du bateau ne lui ait pas demandé expressément de poser un nouveau câble est à cet égard indifférent ; en conséquence le prévenu doit être condamné pour blessures non intentionnelles. • Chambéry, 6 mars 2002 : *JCP 2002. IV. 2643.*

278. Un enfant âgé de cinq ans a été mortellement blessé lors de la chute d'un des tuyaux de fonte, mal arrimé, qui avaient été entreposés devant son domicile en vue de travaux d'assainissement, dont l'exécution avait été confiée par la commune à une société de travaux publics ; cette société, deux de ses préposés et la commune ont été renvoyés devant la juridiction correctionnelle sur le fondement des dispositions des art. 221-6 C. pén., L. 235-1 [L. 4531-1 et L. 4531-2 nouv.] C. trav., ainsi que des art. 13 et 14, alors applicables, du décret du 8 janv. 1965 ; a justifié sa décision la cour d'appel qui, après avoir relevé que le défaut d'arrimage des matériaux n'était imputable qu'aux responsables du chantier auxquels il appartenait de veiller à la stricte application des règles de sécurité, énonce, notamment, que l'infraction aux dispositions de l'art. L. 235-1 C. trav. ne peut être retenue à l'égard de la commune, qui avait délégué ses obligations comme ce texte lui en donnait le pouvoir. • Crim. 14 mars 2006, n° 05-82.834 P : *RSC 2006. 599, obs. Mayaud* ; *AJ pénal 2006. 259* ; *AJDA 2006. 1463*.

279. Coordination de travaux. A la suite de la chute d'un salarié d'une entreprise de menuiserie, chargé de mettre en place l'encadrement d'une fenêtre dans un immeuble en réfection, le président de l'entreprise de gros œuvre, à qui il incombait d'installer les protections collectives prévues par le plan général de coordination dont il était signataire, fut poursuivi pour homicide involontaire ; il se vit reprocher, au titre de la faute constitutive du délit, d'avoir omis de respecter les dispositions de l'art. R. 238-31 [R. 4532-630 nouv.] C. trav., en ne prenant pas en compte les mesures de coordination générale décidées par le coordonnateur en matière de sécurité et de santé ; pour retenir la culpabilité du prévenu, l'arrêt énonce que le plan général de coordination en matière de sécurité et de protection de la santé mettait à la charge de la société qu'il dirigeait la mise en place de l'échafaudage, que la société ayant tardé à procéder à cette installation, le coordonnateur et l'architecte avaient adressé, avant l'accident, de nombreux rappels au prévenu, qui y avait opposé la plus totale inertie ; les juges ajoutent que le défaut de port des protections individuelles, par ailleurs constaté, n'a été fatal au salarié qu'en raison du refus persistant du prévenu d'installer les échafaudages prévus ; en l'état de ces énonciations, d'où il résulte que le prévenu, qui a contribué à créer la situation ayant permis la réalisation du dommage et n'a pas pris les mesures permettant de l'éviter, a commis une faute caractérisée et qui exposait autrui à un risque d'une particulière gravité qu'il ne pouvait ignorer, au sens de l'art. 121-3, al. 4, C. pén., la cour d'appel a justifié sa décision. • Crim. 31 janv. 2006 : *JCP 2006. II. 10079, note Dreyer.*

280. Un accident du travail s'est produit sur un chantier de construction jouxtant une ligne haute tension de la SNCF où deux salariés ont été victimes d'un choc électrique ; la responsabilité pénale du coordonnateur des travaux en tant qu'auteur indirect est engagée ; en effet, il a commis une faute caractérisée en ne prenant pas les mesures pour circonscrire le risque électrique énoncé dans un décret du 8 janv. 1965 sur les travaux entrepris au voisinage d'installations électriques ; il n'a, par ailleurs, pas mis en place la zone de sécurité de 3 mètres, et n'a pas accompli les diligences normales qui lui incombaient compte tenu notamment de ses compétences ; en outre, les victimes n'ayant pas conscience du risque électrique et n'ayant pas été mises en garde, le prévenu les a exposées à un risque grave qu'il n'ignorait pas. • Chambéry, 5 janv. 2006 : *JCP 2006. IV. 2729.* ♦ En outre, le PDG de la société maître de l'ouvrage doit être déclaré coupable de blessures non intentionnelles ; auteur indirect de l'infraction, il a commis une faute caractérisée au sens de la L. du 10 juill. 2000 ; il connaissait les risques électriques, comme le montre l'existence d'un projet de dépose de la ligne durant les travaux restés sans suite ; il ne pouvait pas ignorer les risques d'accident en raison des échanges fréquents avec le coordonnateur des travaux, et il n'a pas respecté ses obligations en matière de sécurité des salariés en l'absence de délégation de pouvoirs envers le coordonnateur des travaux. • Même arrêt.

281. Justifie sa décision au regard des art. 121-3 et 221-6 C. pén. la cour d'appel qui, pour déclarer coupable d'homicide involontaire le coordonnateur en matière de sécurité, à la suite du décès d'un enfant occasionné par la chute d'un panneau d'affichage, descellé pour pouvoir être déplacé, en fonction de l'avancement des travaux, par les salariés des diverses entreprises intervenant pour la réhabilitation d'une salle de sports municipale, retient qu'en laissant ledit panneau en appui instable contre un mur dans l'enceinte d'un chantier, dont il avait omis d'interdire l'accès au public, le prévenu a commis une faute caractérisée exposant autrui à un risque d'une particulière gravité qu'il ne pouvait ignorer. Il incombe en effet au coordonnateur en matière de sécurité, dans la phase de réalisation de l'ouvrage, d'anticiper les situations de risque pouvant résulter notamment des dispositions prises par les entreprises intervenant sur le chantier. • Crim. 9 juin 2009, n° 08-82.847 P : *RSC 2009. 845, obs. Cerf-Hollender* ; *D. 2009. AJ 1900, note Darsonville* ; *AJ pénal 2009. 368, obs. Lasserre Capdeville* ; *Dr. pénal 2009, n° 133, obs. Véron ; RDI 2009. 540, obs. Roujou de Boubée*.

282. Exploitation d'établissements recevant du public. Justifie légalement sa décision, au regard des art. 121-3 et 221-6 C. pén., la cour d'appel qui, pour déclarer le secrétaire général d'une station thermale coupable d'homicide involontaire à la suite d'un incendie dans son établissement, relève qu'en application des art. R. 123-3 et R. 123-43 CCH les exploitants des établissements recevant du public sont tenus, au cours de l'exploitation, de respecter les mesures de prévention et de sauvegarde propres à assurer la sécurité des personnes et qu'ils doivent s'assurer que les installations ou équipements sont maintenus et entretenus en conformité avec les dispositions de la réglementation contre les risques d'incendie et de panique et qu'il incombait au prévenu, en tant que chef d'établissement, au regard de son statut et des moyens dont il disposait, de veiller à la protection du public et des employés et à la mise en œuvre des mesures prescrites par le règlement de sécurité ; en effet, l'inexistence prétendue d'une délégation de pouvoir du chef d'entreprise, qui a la qualité d'exploitant, n'est pas de nature à exonérer le préposé de sa responsabilité pénale, dès lors que ce dernier a personnellement manqué aux obligations qui lui incombaient en tant que chef d'établissement. • Crim. 29 juin 1999, n° 98-81.413 P : *D. 2000. Somm. 29, obs. Mayaud ; Gaz. Pal. 2000. 1. 73, note Petit.* ♦ Confirmation de : • Toulouse, 29 janv. 1998 : *D. 1999. 56, note Bénoit*. ♦ V. en première instance : • T. corr. Toulouse, 19 févr. 1997 : *Gaz. Pal. 1997. 1. 396, note Riera ; RSC 1997. 832, obs. Mayaud*.

283. Exploitation d'installations classées. Est fautive, au sens des art. 319 ancien et 221-6 C. pén., l'exploitation en surproduction d'une installation classée sans une nouvelle autorisation préfectorale, à l'origine d'un accident mortel du travail. • Crim. 13 avr. 1999 : *Dr. pénal 1999. 129, obs. Robert ; RSC 1999. 825, obs. Robert*.

284. Le chef d'un dépôt d'hydrocarbures d'une société de pétroles, bénéficiaire d'une délégation de pouvoir en matière de sécurité, qui a fait exécuter d'importants travaux d'aménagement à l'intérieur de ce dépôt tout en y poursuivant sciemment de manière illicite la fabrication d'additifs de carburant – le dépôt du dossier de la demande d'autorisation définitive d'exploitation n'autorisant pas cette société à poursuivre la fabrication au-delà de la date de fin de validité de l'autorisation provisoire – jusqu'à ce qu'un incendie cause la mort de deux salariés appartenant à une entreprise tierce réalisant ces travaux, a contribué à créer la situation ayant permis la réalisation du dommage et n'a pas pris la moindre mesure permettant de l'éviter, ne serait-ce qu'en alertant sa hiérarchie sur la situation illégale qu'il venait de découvrir dans sa nouvelle affectation ; il a également violé de façon manifestement délibérée une obligation particulière de prudence ou de sécurité prévue par la L. du 19 juill. 1976 et le décret du 21 sept. 1977, lesquels soumettent les installations classées pour la protection de l'environnement à une autorisation accordée au terme d'une procédure appréciant *in concreto* les dangers résultant des procédés de fabrication et la dangerosité même des produits fabriqués ; il a aussi commis une faute caractérisée en faisant exécuter les travaux d'aménagement tout en poursuivant l'exploitation d'un produit dont le caractère dangereux lui était parfaitement connu et non inclus dans les autorisations provisoires, cette faute ayant exposé les deux victimes participant à ces travaux à un risque d'une particulière gravité qu'il ne pouvait ignorer du fait de sa qualité de professionnel et de sa formation d'ingénieur ; le prévenu doit donc être déclaré coupable d'homicides involontaires et d'exploitation sans autorisation d'une exploitation classée soumise à autorisation pour présenter de graves dangers. • Lyon, 21 déc. 2000 : *BICC 2001. 1015 ;* conf. par • Crim. 5 févr. 2002 : *RSC 2002. 585, obs. Mayaud*.

285. Opérations de contrôle technique. Justifie sa décision, au regard de l'art. 121-3 C. pén., en sa rédaction issue de la L. du 13 mai 1996, la cour d'appel qui, pour retenir la culpabilité du directeur d'une agence locale d'une société de contrôle technique du chef d'homicides et de blessures involontaires, à la suite de l'effondrement d'une tribune ouverte au public édifiée dans une enceinte sportive, relève qu'il a méconnu les obligations que lui imposait la charge du contrôle technique obligatoire qui lui avait été confiée, et qu'il avait accepté d'assumer sans réserves, dans le cadre d'une « mission globale » portant sur la solidité de l'ouvrage et la sécurité des personnes, telle que le prévoit l'art. R. 111-39 CCH. • Crim. 24 juin 1997, n° 96-82.424 P : *RSC 1997. 835, obs. Mayaud ; Gaz. Pal. 1998. 2. 650, note Petit.*

286. Le prévenu, chef artificier titulaire d'une licence régulière et valable, se rend coupable de blessures involontaires par négligence, dès lors qu'un accident s'est produit au cours d'une cérémonie officielle à l'occasion d'un tir effectué à partir d'une ancienne bombarde ; il est en effet établi que la zone de tir ne comprenait pas de ligne de sécurité conforme aux règlements en la matière, alors que le prévenu était tenu ès qualités d'en exiger la mise en place avant le tir ; il a donc eu un comportement négligent en lien de causalité avec le dommage subi par la victime. • Amiens, 11 déc. 1998 : *JCP 1999. IV. 2564.*

287. Sous-traitance. Pour le non-respect des conditions de sécurité en matière de sous-traitance. • Crim. 31 mai 1976, n° 74-91.585 P. • 24 janv. 1989, n° 88-83.650 P : *RSC 1989. 506, obs. Levasseur.* ♦ Rappr. : • Crim. 28 oct. 1969, n° 90-25.669 P.

288. Travailleurs indépendants. Il appartient à un travailleur indépendant d'assurer sa sécurité lors de l'exécution de son travail. • Crim. 3 nov. 1998 : *Gaz. Pal. 1999. 1, chron. crim. 36.*

2° PRODUCTEUR

289. Obligation de qualité. Le responsable de fabrication doit veiller personnellement à la qualité d'un produit jouissant d'une certaine notoriété, dont l'appellation est un appel à la confiance et qui est largement diffusé dans les magasins à grande surface (talc Morhange). • Versailles, 5 déc. 1980 : *Gaz. Pal. 1981. 1. Somm. 15.*

290. Obligation de sécurité. Ont été jugés responsables d'homicide involontaire ou de blessures involontaires : le fabricant tenu à un devoir de surveillance et de vérification, avant leur mise en vente, de la conformité de ses marchandises avec les règlements en vigueur. • Crim. 12 déc. 1956 : *Bull. crim. n° 836.* ♦ ... Le fabricant d'une machine dangereuse, non pourvue d'un dispositif de protection efficace assurant la sécurité des travailleurs. • Crim. 9 mai 1977, n° 76-92.599 P. ♦ ... Le fabricant d'un aéronef ULM, dont la ceinture de sécurité était inefficace. • Crim. 11 avr. 1991 : *Dr. pénal 1991. 279 (1re esp.) ; RSC 1992. 76, obs. Levasseur.* ♦ ... Le fabricant de mousquetons, dont la force de résistance était insuffisante. • Crim. 6 juin 1991 : *Dr. pénal 1991. 279 (2e esp.) ; RSC 1992. 76, obs. Levasseur.* ♦ ... L'importateur d'un parapente utilisé par la victime d'un accident mortel pour manquement à l'obligation de contrôle du matériel importé. • Crim. 12 mars 1997, n° 96-83.720 P : *D. 1998. Somm. 37, obs. Lacabarats ; Dr. pénal 1997. 141, obs. Véron.*

291. Toute infraction à la réglementation n'est pas en elle-même constitutive du délit d'homicide involontaire, et la preuve doit être rapportée que la violation des règlements ou l'imprudence reprochées au prévenu sont la cause du décès de la victime ; doit être relaxé du chef d'homicides involontaires l'importateur en France d'un appareil de type ULM après son écrasement au sol ayant provoqué la mort de deux personnes à son bord ; en dépit des déclarations inexactes du prévenu sur les caractéristiques de la machine, sa faute n'est pas en rapport de causalité avec le dommage, la surcharge de l'appareil alléguée à son encontre, par référence à la déclaration administrative qu'il avait effectuée, provenant plus directement de l'éventuel excès de poids dû à la présence, illicite, d'une autre personne aux côtés du pilote que de l'inexactitude de la masse à vide déclarée aux autorités administratives. • Paris, 16 nov. 2001 : *RSC 2002. 329, obs. Mayaud.*

292. En application des dispositions de la L. du 10 juill. 2000, le prévenu, en sa qualité de fournisseur d'un fût en bois destiné à être enterré dans le sol d'une aire de jeux pour enfants attenante à un camping municipal, et dont la chute lors de son utilisation a mortellement blessé un jeune enfant, ne peut voir sa responsabilité pénale engagée en l'absence de comportement fautif en relation directe avec la survenance du dommage causé ; nonobstant le fait d'avoir fourni, en sa qualité de fabricant averti, un équipement garanti 10 ans contre le pourrissement par traitement du bois sans aucune réserve ni indication d'installation, alors que par sa conception cet équipement devait être enterré dans du béton, il n'en demeure pas moins que cette faute d'imprudence ou de négligence ayant contribué au pourrissement et par suite à la chute prématurée de ce fût n'est qu'en relation indirecte avec le dommage : en effet, la possession par la municipalité responsable de l'exploitation de l'aire de jeu de notices et indications de montage pour d'autres équipements du même fournisseur répondant à ces mêmes caractéristiques, l'absence de contrôle par celle-ci pour s'assurer du risque de détérioration, et enfin la révélation par l'expertise de l'absence de violation relative à la législation sur la sécurité que doivent présenter certains produits sont autant d'éléments de nature à relever l'absence de violation manifestement délibérée d'une obligation particulière de prudence et de sécurité. • Rennes, 28 nov. 2002 : *JCP 2003. IV. 2761.*

293. Doivent être déclarés coupables du délit d'homicide involontaire les prévenus qui ont involontairement causé la mort de deux victimes en leur offrant un apéritif artisanal confectionné avec du méthanol. • Poitiers, 9 sept. 2004 : *JCP 2005. IV. 1858.*

294. Obligation d'information. Indépendamment des réglementations spéciales, il incombe à toute personne qui fabrique, vend ou introduit d'une manière quelconque dans un circuit de consommation des produits, substances ou matériaux susceptibles de présenter un danger, de prévenir la réalisation des risques en précisant les conditions d'utilisation et en recommandant les précautions nécessaires à tout utilisateur ; en conséquence, la livraison d'une substance dangereuse sans fourniture d'une documentation comportant une mise en garde complète, incorporée au produit, explicite et intelligible pour tous les utilisateurs, peut constituer une imprudence au sens de l'art. 319 C. pén. • T. corr. Lyon, 20 nov. 1972 : *Gaz. Pal. 1973. 1. 3.* ♦ Le fabricant ne doit pas se borner à décrire les moyens par lesquels le produit pourra remplir son but technique, il doit mettre en garde son utilisateur des dangers que le produit présente s'il est employé dans certaines conditions. • Lyon, 13 juill. 1973 : *Gaz. Pal. 1973. 2. 830 ; RSC 1974. 98, obs. Levasseur.*

295. Doit être déclaré coupable de blessures involontaires le fabricant d'un produit insecticide de consommation courante conditionné en bombe aérosol renfermant un propulseur inflammable comme composé de butane, de propane et d'isobutane, dont l'utilisation en intérieur a entraîné localement la formation d'une poche de gaz inflammable à l'origine de l'explosion survenue le lendemain lorsque la victime a, dans la zone concernée, allumé un briquet, alors que le mélange entre l'air et le gaz n'avait pas encore atteint sa limite inférieure d'inflammabilité ; la faute du prévenu consiste, en l'espèce, dans le fait d'avoir gravement contrevenu aux règles élémentaires d'information du consommateur et de sécurité en ne respectant pas scrupuleusement l'arrêté du 6 janvier 1978, applicable au moment des faits ; alors, en effet, que cet arrêté disposait que chaque générateur d'aérosol devait mentionner la prohibition de vaporisation « vers » une flamme ou corps incandescent, le fabricant des bombes litigieuses s'est contenté de mentionner la prohibition de vaporisation « sur » une flamme ou un corps incandescent, limitant ainsi singulièrement la portée de la prescription, puisque l'utilisateur n'était plus autant averti de la très grande inflammabilité du produit et du danger réel que pouvait constituer, après pulvérisation, la proximité d'une source de chaleur, quelle qu'elle soit, et non pas uniquement la pulvérisation du produit sur une flamme, alors surtout que les risques et dangers résultant de l'utilisation dudit produit étaient prévisibles, d'autres accidents ayant été antérieurement constatés ; cette faute est en relation directe avec le dommage subi par la victime, à qui l'on ne saurait imputer à faute une utilisation par trop prolongée d'un produit de consommation courante dont l'usage n'était pas signalé comme dangereux. • Amiens, 14 déc. 1995 : *JCP 1996. IV. 1743.*

296. Ont encore été reconnus coupables d'homicide ou de blessures involontaires : le vendeur de pièces d'artifice dont l'emploi défectueux a causé des blessures à un tiers, qui omet de remettre à l'acheteur la notice explicative qui accompagne le plus souvent de tels engins et lui donne des explications orales reconnues ultérieurement fausses. • Crim. 12 déc. 1952 : *Bull. crim. n° 306.* ♦ ... Celui qui, responsable de la fabrication d'une machine électrique, n'a pas pris les mesures nécessaires pour assurer l'utilisation sans danger de cette machine, alors qu'il était également responsable de sa vente à la clientèle. • Crim. 18 nov. 1959 : *Bull. crim. n° 493.* ♦ ... Le fabricant d'un jeu pour enfants qui n'a pas averti le public, par un procédé quelconque d'information, du danger qu'il présentait, alors que ce danger lui avait été révélé par des incidents survenus dans ses ateliers propres, postérieurement à la mise en vente de ce jeu. • Crim. 27 mai 1972, n° 91-93.571 P : *D. 1972. Somm. 178 ; Gaz. Pal. 1972. 2. 719.*

297. Mais a privé sa décision de base légale l'arrêt de cour d'appel qui ne répond pas au chef péremptoire des conclusions du prévenu soutenant que les mentions incriminées étaient conformes aux prescriptions prévues en matière d'étiquetage et d'emballage des préparations dangereuses par la directive CEE 88/1379 du 7 juin 1988 – et par voie de conséquence par l'arrêté du 21 févr. 1990 pris pour son application – et alors que les recommandations techniques du fabriquant non reproduites sur l'emballage y figuraient sous une autre forme. • Crim. 24 sept. 1997 : *Dr. pénal 1998. 53, obs. Robert.* ♦ Sur renvoi, pour une relaxe du chef d'homicide involontaire du dirigeant de la société commercialisant le produit dangereux. • Versailles, 9 sept. 1998 : *CCC 1999, n° 47, note Raymond.*

298. Doit être déclaré coupable de blessures involontaires, par la violation manifestement délibérée d'une obligation particulière de prudence ou de sécurité, le concepteur d'un équipement, qui ne répondait pas aux exigences fixées par les termes du Décr. n° 92-767 du 29 juill. 1992, à savoir préserver toute personne d'un risque d'atteinte à sa santé ou à sa sécurité, l'éventuelle faute de la victime (une petite fille qui avait vu son bras sectionné après l'avoir introduit dans un espace latéral du tapis roulant servant à distribuer les aliments aux moutons), à la supposer démontrée, ne pouvant être la cause exclusive de l'accident. • Crim. 27 févr. 2018, n° 16-87.147 P : *D. actu. 14 mars 2018, obs. Recotillet ; RSC 2018. 418, obs. Mayaud.*

B. EMPLOYEUR

BIBL. Catala, *JCP E 1976. II. 12010.* – Seillan, *ALD 1994. 209.* – Batut, *CJEG 1996. 131.* – Guigue, *Gaz. Pal. 1996. 1. Doctr. 638.* – Mayer, *D. 1998. Chron. 256.* – Dietz, *D. Affaires 1999. 1198.* – Morvan, *RJS 2001, p. 283 à 298.* – Mayaud, *Dr. soc., nov. 2000, p. 941 à 952.* – Richevaux, *Dr. ouvrier 2001, p. 451 à 473.* – Ponseille, *Gaz. Pal. 2004. 2. Doctr. 2864* (le document unique pour l'évaluation des risques professionnels). – Monerau, *AJ pénal 2005. 16.* – Corrignan-Carsin, *Mél. Bouloc, D. 2006. 233* (l'obligation de sécurité du salarié). – L. Jean, *Dr. pénal 2007, Pratique 1* (accidents du travail. Panorama Juris-Data).

1° RESPONSABILITÉ PERSONNELLE

299. Principe. Il appartient au chef d'entreprise de veiller personnellement à la stricte et constante exécution des dispositions édictées par le code du travail ou les règlements pris pour son application en vue d'assurer l'hygiène et la sécurité des travailleurs. • Crim. 21 nov. 1973, n° 93-89.872 P. • 17 nov. 1987 : *ibid. n° 416.* ♦ Par suite, le chef d'entreprise est pénalement responsable des infractions constatées à cet égard sur les chantiers. • Crim. 12 janv. 1988, n° 85-95.950 P.

300. L'employeur, au sens de l'art. L. 4741-1 C. trav., commet une faute personnelle en ne veillant pas lui-même à la stricte et constante exécution des dispositions édictées par le code du travail et les règlements pris pour son application en vue d'assurer la sécurité des travailleurs, à moins que ne soit apportée la preuve qu'il a délégué ses pouvoirs à un préposé investi par lui et pourvu de la compétence, de l'autorité et des moyens nécessaires pour veiller efficacement au respect des dispositions en vigueur. • Crim. 26 oct. 2010 : *Gaz. Pal. 2011. 1, p. 256, note Dreyer.*

301. L'absence de faute personnelle du chef d'entreprise ne saurait résulter de la seule circonstance qu'il n'était pas présent sur les lieux. • Crim. 2 oct. 1979, n° 78-93.334 P. ♦ ... Ni du seul motif que l'accident n'a eu pour cause que l'imprudence de la victime, sans qu'ait été préalablement recherché si cette imprudence n'avait pas été elle-même rendue possible par la négligence du prévenu ou l'inobservation des règlements. • Crim. 20 juin 1978, n° 77-92.553 P. ♦ ... Ni de l'absence d'observations de l'administration du travail ou des organismes de sécurité. • Crim. 7 déc. 1993 : *Gaz. Pal. 1994. 1. Somm. 144.* ♦ ... Ni du bon état du matériel, ainsi que de l'absence d'incident préalable et d'alerte sur une éventuelle dangerosité du matériel, les juges du fond devant rechercher si, en s'abstenant de donner des consignes suffisamment précises à la victime (apprenti) et de veiller personnellement à la stricte et constante application de la réglementation, le chef d'entreprise n'avait pas commis une faute caractérisée. • Crim. 5 mars 2002 : *RSC 2002. 837, obs. Giudicelli-Delage.*

302. Les gérants de droit ou de fait d'une même société peuvent être simultanément déclarés coupables d'homicide involontaire en cas de décès d'un salarié causé par un manquement à la réglementation relative à la sécurité des travailleurs, dès lors qu'en l'absence de délégation de pouvoirs chacun des cogérants, de droit ou de fait, a le devoir d'assurer le respect de cette réglementation. • Crim. 12 sept. 2000, n° 99-88.011 P : *Dr. pénal 2001. 3, obs. Véron ; Dr. soc. 2000. 1075 s., obs. Morvan ; RSC 2001. 154, obs. Bouloc ; ibid. 2001. 157 et 159, obs. Mayaud ; ibid. 2001. 399, obs. Cerf-Hollender ; ibid. 2001. 824, obs. Giudicelli-Delage.*

a. Avant la loi du 10 juillet 2000 – Inobservation des règlements et manquements à la sécurité

303. Identification des normes de sécurité. N'est pas un manquement à une obligation particulière de prudence ou de sécurité le fait, par un employeur, non pas d'avoir imposé des horaires de travail incompatibles avec la sécurité du personnel, mais d'avoir mis en place des horaires en infraction avec les durées quotidienne et hebdomadaire du travail sans autorisation ; le fait même que des dérogations soient prévues et organisées par les textes suffit à ôter à la réglementation en matière de durée maximale quotidienne et hebdomadaire du travail le caractère d'obligation de prudence ou de sécurité, dès lors que la loi ne saurait organiser des situations qu'elle considérerait par ailleurs systématiquement comme pénalement répréhensibles. • Toulouse, 1er févr. 2001 : *RSC 2002. 104, obs. Mayaud.*

304. Étendue de la sécurité. Les dispositions légales ou réglementaires du code du travail prises pour la sécurité des travailleurs s'appliquent, non seulement aux locaux où s'exerce habituellement l'activité professionnelle de l'employeur, mais aussi à tous les chantiers extérieurs sur lesquels les préposés de l'employeur interviennent sur instructions de celui-ci. • Crim. 11 oct. 1994, n° 93-83.967 P • 12 janv. 1988, n° 85-95.950 P.

305. Le chef d'entreprise est à bon droit déclaré coupable d'homicide et de blessures involontaires lorsqu'il est constaté que la mort d'un ouvrier et les blessures subies par d'autres ont été causées par l'inobservation de la réglementation relative à la sécurité des travailleurs. • Crim. 27 févr. 1973, n° 91-44.772 P : *D. 1973. Somm. 48.* ♦ ... Voire, par l'inobservation de l'obligation qui lui incombe, en application de l'art. L. 231-3-1 [L. 4111-6, L. 4143-1, L. 4141-2 s., L. 4142-2 s. et L. 4522-2 nouv.] C. trav., de s'assurer que les travailleurs embauchés dans son entreprise ont reçu la formation pratique et appropriée en matière de sécurité. • Crim. 2 mai 1989, n° 88-83.387 P : *Gaz. Pal. 1990. 1. Somm. 24.* ♦ Rappr. : • Crim. 14 janv. 1997 : *Gaz. Pal. 1997. 1, chron. crim. 96.*

306. A justifié sa décision la cour d'appel qui, pour retenir le délit d'homicide involontaire à l'encontre du gérant d'une société utilisatrice d'un salarié intérimaire, mortellement blessé par l'effondrement d'une dalle de béton alors qu'il manœuvrait une pelle hydraulique, a retenu que le prévenu ne s'était pas assuré que le salarié, appelé à effectuer un travail par nature dangereux, avait bénéficié d'une formation appropriée à la sécurité et avait été informé de manière suffisante sur le travail à effectuer, répondant ainsi aux chefs péremptoires des conclusions dont elle était saisie, et dès lors que la société, qui avait conclu un contrat de mise à disposition avec la société de travail temporaire, avait la qualité d'entreprise utilisatrice au sens de l'art. L. 124-4-6 [L. 1251-21 s. nouv.] C. trav. • Crim. 19 déc. 2000, n° 00-80.479 P.

307. La compétence et l'expérience des victimes ne saurait exonérer leurs employeurs de l'obligation qui leur incombe de veiller à la sécurité du personnel et au respect par celui-ci des règlements en vigueur. • Crim. 17 mai 1995, n° 94-81.366 P.

308. Mesures générales de protection et de salubrité (Décr. du 10 juill. 1913). Le délit de blessures involontaires n'est constitué que s'il est le résultat d'une faute imputable au prévenu ; ne donne pas de base légale à sa décision la cour d'appel qui, pour déclarer le directeur des ressources humaines de la société chargée de la gestion du restaurant d'entreprise d'une autre société, titulaire d'une délégation de pouvoir en matière d'hygiène et de sécurité, coupable du délit de blessures involontaires, suite à l'accident dont a été victime un salarié de la société gestionnaire en utilisant le monte-charge qui desservait la cuisine du restaurant, retient, après avoir relevé, à tort, que l'accident a eu notamment pour origine le non-respect, par le prévenu, des dispositions du décret n° 77-1321 du 29 nov. 1977, fixant les prescriptions particulières d'hygiène et de sécurité concernant les travaux effectués dans un établissement par une entreprise extérieure, que, en ne s'assurant pas des conditions de fonctionnement et d'entretien du monte-charge, le directeur des ressources humaines a commis une imprudence ayant concouru à la réalisation du dommage subi par son salarié, alors qu'il ressort des énonciations de l'arrêt que le chef de l'entreprise qui a confié la gestion de son restaurant était seul tenu aux obligations d'entretien, de réparation et de remplacement du gros matériel, en vertu, tant du contrat liant les parties, que des dispositions du décret du 10 juill. 1913 modifié, relatif aux mesures de sécurité concernant les appareils élévateurs, et que ce dirigeant n'avait pas procédé au remplacement du monte-charge, malgré l'avis d'un organisme de sécurité préconisant cette mesure, dont il avait été le seul destinataire. • Crim. 5 mars 1997, n° 95-82.532 P.

309. Sécurité des travailleurs sur les voies ferrées (anc. Décr. du 4 déc. 1915 ; actuel Décr. n° 92-352 du 1er avr. 1992). Un ouvrier ayant été gravement blessé par un locotracteur qui circulait alors qu'il était en train de décharger d'un wagon du « laitier » en fusion, un arrêt, après avoir relevé que les prescriptions de l'art. 11 du décret du 4 déc. 1915 n'avaient pas été respectées, a déclaré coupable du délit de blessures involontaires l'ingénieur principal chargé de la sécurité de l'ensemble des usines de l'entreprise et plus particulièrement de la prévention des accidents du travail dans les processus opératoires ; ayant estimé à bon droit qu'il appartenait à cet ingénieur de veiller à ce que les ouvriers disposassent d'un matériel de protection et que fussent respectées les prescriptions du décret précité, l'arrêt a pu considérer que ce prévenu avait commis une faute personnelle en ne donnant pas, à ces fins, les consignes nécessaires. • Crim. 27 févr. 1978 : *JCP 1978. II. 19005, note Cartier et Godard.*

310. Appareils de levage autres que les ascenseurs et monte-charge (Décr. n° 47-1592 du 23 août 1947). Justifie sa décision au regard, tant des art. 319 ancien et 221-6 nouveau C. pén., que de son art. 121-3, dans sa rédaction issue de la L. du 13 mai 1996, la cour d'appel qui relève que le prévenu, titulaire d'une délégation de pouvoirs et pourvu de la compétence, de l'autorité et des moyens nécessaires à l'exercice de sa mission, n'a pas accompli, avant son départ en congés annuels, les diligences normales qui lui incombaient pour assurer, en application du décret n° 47-1592 du 23 août 1947, concernant les appareils de levage, le respect des règles relatives à la sécurité des travailleurs chargés d'effectuer, en son absence, les travaux prévus au cours de cette période et qui exigeaient des précautions particulières, et que ce manquement a concouru à la survenance de l'accident. • Crim. 17 juin 1997, n° 95-83.010 P : *Dr. pénal 1997. 139, obs. Véron ; RSC 1998. 316, obs. Bouloc.*

311. Travaux du bâtiment, travaux publics et tous autres travaux concernant les immeubles (Décr. n° 65-48 du 8 janv. 1965). Prévention de la chute ou de l'accrochage des matériaux de longue dimension (art. 40, al. 1er et 3). • Crim. 30 oct. 1996, n° 94-83.650 P : *Gaz. Pal. 1997. 1. Somm. 122, note Latry-Bonnart ; RSC 1997. 634, obs. Bouloc.* ♦ Défaut de mise en place d'un dispositif de protection collective pour des personnes employées à des travaux sur une toiture (art. 157). • Crim. 12 nov. 1984, n° 83-90.967 P. ♦ Protection du personnel exécutant des travaux aux voisinages des installations électriques (art. 172 s.). • Crim. 15 oct. 1970, n° 93-38.368 P : *D. 1970. 733, note Costa ; Gaz. Pal. 1971. 1. 43* • 16 mars 1971, n° 92-53.970 P : *RSC 1971. 942, obs. Levasseur ; Gaz. Pal. 1971. Somm. 58* • 21 juin 1977, n° 76-93.682 P. • 27 janv. 1987 : *ibid. n° 45* • 12 mai 1992, n° 90-86.434 P : *RSC 1993. 778, obs. Levasseur.*

312. Travaux effectués dans un établissement par une entreprise extérieure (Décr. n° 77-1321 du 29 nov. 1977 ; aujourd'hui C. trav., art. R. 237-1 à R. 237-28 [R. 4511-1 s., R. 4512-1 s., R. 4513-1 s., R. 4514-1 s. et R. 4515-1 nouv.], réd. Décr. n° 92-158 du 20 févr. 1992). Le Décr. du 29 nov. 1977, fixant les prescriptions particulières d'hygiène et de sécurité applicables aux travaux effectués dans un établissement par une entreprise extérieure, a pour objet de parer aux risques professionnels pouvant résulter de l'interférence et de la simultanéité des activités des deux entreprises ; la concertation préalable de leurs dirigeants et une information précise et réciproque des salariés au sujet des dangers qu'ils peuvent courir du fait de ce concours sont alors indispensables. • Crim. 25 juin 1985, n° 84-93.825 P. ♦ Au cours de travaux de nettoyage effectués par une entreprise spécialisée dans les installations industrielles d'une usine de verrerie, un ouvrier, qui avait pénétré à reculons dans le conduit d'une cheminée horizontale, longue d'une dizaine de mètres, est tombé dans l'orifice d'une cheminée verticale qui y aboutissait et a fait une chute d'une hauteur de neuf mètres, se blessant mortellement ; à la suite de cet accident, des poursuites ont été engagées contre le gérant de la société intervenante et le directeur de la société utilisatrice, des chefs d'homicide involontaire et d'infractions aux dispositions du décret du 29 nov. 1977 ; pour déclarer la prévention établie, la cour d'appel a relevé que les ouvriers de l'entreprise de nettoyage ont reçu une information insuffisante, laissant planer l'incertitude sur l'étendue de leur tâche, et n'ont pas été efficacement mis en garde contre les dangers auxquels ils étaient exposés, l'imprécision des instructions données par les deux chefs d'entreprise étant à l'origine de l'accident mortel survenu au cours des travaux ; en l'état de ces motifs, exempts d'insuffisance et de toute contradiction, la cour d'appel, qui n'était pas tenue de répondre plus qu'elle ne l'a fait aux arguments développés par le prévenu dans ses conclusions, et qui a mis en évidence, tant la nature des fautes dont elle l'a reconnu coupable que le lien de causalité existant entre ces fautes et l'accident, a justifié sa décision par une appréciation souveraine des éléments de la cause. • Même arrêt.

313. Les règles applicables en matière d'hygiène et de sécurité du travail, dont la violation est pénalement punissable, sont d'interprétation stricte. • Crim. 25 juin 1985, ⚖ n° 84-90.404 P. • 5 mars 1997, ⚖ n° 95-82.532 P. ♦ Il en résulte que ne sont pas applicables les dispositions du décret précité lorsque les tâches exécutées par une enteprise extérieure ne dépassent pas le niveau de simples travaux périodiques d'entretien qui n'interfèrent en rien dans le fonctionnement de l'entreprise utilisatrice et qui, effectués par un technicien spécialisé de l'entreprise intervenante, ne présentent aucun risque pour le personnel de l'établissement concerné ; tel est le cas de l'entretien des ascenseurs d'une clinique, effectué de longue date, par le même technicien, lequel, ayant transgressé les règles de sécurité qui lui étaient imposées, et dont il était exactement informé, est victime d'un accident au cours de l'exécution de son travail. • Crim. 25 juin 1985 : ⚖ *préc.* ♦ De même, les dispositions dudit décret ne sont pas applicables, au contraire des dispositions du décret du 20 févr. 1992 qui l'a remplacé, à la fourniture d'une prestation de services telle la gestion d'un restaurant d'entreprise. • Crim. 5 mars 1997 : ⚖ *préc.*

314. Une société avait confié à une autre la mise en peinture, dans ses ateliers, de diverses pièces métalliques, notamment deux contrepoids de 450 kilos chacun ; au cours de ces travaux, alors que le contrepoids sur lequel travaillaient les salariés de la société intervenante avait été dressé sur sa base et maintenu en hauteur par un palan monté sur un portique, le serre-joint utilisé pour fixer la pièce a glissé et celle-ci a basculé sur l'un des ouvriers, lui occasionnant des blessures ; le responsable d'exploitation de l'entreprise utilisatrice, titulaire d'une délégation de pouvoirs en matière de sécurité, a été poursuivi du chef de blessures involontaires par inobservation des règlements, pour n'avoir pas établi par écrit un plan de prévention avant le commencement des travaux, en méconnaissance des art. R. 237-8 s. [R. 4512-7 s. nouv.] C. trav. et de l'arrêté du 19 mars 1993, lequel fixe, en application du texte précité, la liste des travaux dangereux nécessitant l'élaboration d'un tel plan ; a déclaré a bon droit le prévenu coupable la cour d'appel qui a relevé que les travaux nécessitaient le recours à un treuil ou à un appareil assimilé, mû à la main et installé temporairement audessus d'une zone de travail tel que visé par l'arrêté précité ; il résulte en effet de la combinaison des art. R. 237-1, dernier al. [R. 4511-4 nouv.], et R. 237-8 [R. 4512-7 nouv.], al. 2, C. trav., que les travaux dangereux visés par le second de ces textes concernent l'ensemble des prestations nécessaires à la réalisation de l'opération, et il se déduit des motifs de l'arrêt que l'utilisation du serre-joint défectueux, inadaptée au maintien du contrepoids en hauteur, aurait été nécessairement écartée si le plan de prévention avait été établi, caractérisant le lien de causalité entre le non-respect de la réglementation spéciale de sécurité reproché au prévenu et les dommages subis par le salarié en raison de la chute de la pièce. • Crim. 4 août 1998, ⚖ n° 97-85.021 P : *D. 1999. Somm. 183, obs. Amauger-Lattes* ✎.

315. Le salarié d'une entreprise de maintenance effectuant des travaux sur un mélangeur d'une société tiers a été mortellement blessé lors de la mise en marche inopinée de cet appareil, qui était sous tension ; le directeur de l'usine utilisatrice a été cité devant le tribunal correctionnel des chefs d'homicide involontaire et d'infractions aux règles de la sécurité, prévues par les art. R. 233-8 [R. 4323-15 nouv.] C. trav. et 49 du Décr. du 14 nov. 1949, ainsi que par les art. R. 237-1 s. [R. 4511-1 s. et R. 4515-1 nouv.] C. trav. ; a justifié sa décision la cour d'appel qui, pour le déclarer coupable de l'ensemble de ces infractions, a relevé que le prévenu, qui n'avait pas délégué ses pouvoirs en matière de sécurité dans les conditions prévues par l'art. R. 237-3, avait commis une faute personnelle en relation avec le décès de la victime, en omettant d'établir un plan de prévention avec le dirigeant de l'entreprise extérieure préalablement à l'exécution des travaux sur le mélangeur, et en ne fournissant pas d'instructions précises à l'ensemble des intervenants pour assurer la mise hors tension de cet appareil pendant toute la durée des travaux. • Crim. 12 mai 1998, ⚖ n° 97-82.188 P : *RSC 1999. 316, obs. Bouloc* ✎.

316. Code du travail. Art. R. 233-43 et R. 233-44 [R. 4323-104 s. nouv.] C. trav. relatifs à l'information et à la formation des travailleurs utilisant des équipements de protection individuelle (absence de casque de protection au moment de l'accident). • Crim. 27 févr. 1996 : ⚖ *Gaz. Pal. 1996. 1, chron. crim. 95.* ♦ Art. R. 234-12 [D. 4153-21 nouv.] C. trav. interdisant l'emploi des mineurs à des appareils dangereux, dont l'inobservation est constitutive d'une faute en relation de cause à effet avec les blessures subies par un travailleur de moins de dix-huit ans, alors même que la machine était pourvue des dispositifs réglementaires de protection. • Crim. 8 août 1977, n° 77-90.850 P. ♦ Art. R. 237-1 s. [R. 4511-1 s. et R. 4515-1 nouv.] C. trav., relatifs aux prescriptions particulières d'hygiène et de sécurité applicables aux travaux effectués dans un établissement par une entreprise extérieure (V. la jurisprudence ci-dessus).

b. Avant la loi du 10 juillet 2000 – Imprudences et négligences

317. Obligation générale de sécurité. Indépendamment du respect ou de la violation des règlements, aucune considération ne peut dispenser une cour d'appel de rechercher si le chef d'entreprise ou son délégué qualifié n'a pas commis une imprudence ou une négligence, en s'abstenant de prendre les mesures que les circonstances commandaient, comme relevant de l'obligation générale de sécurité qui leur incombe. • Crim. 29 oct. 1968, n° 93-66.167 P. ♦ V. également • Crim. 12 juill. 1988, n° 87-91.774 P : *RSC 1989. 140, obs. Lazerges.*

318. Condamnations. Ainsi, sont autant d'imprudences ou de négligences coupables : un manquement aux règles de sécurité appliquées dans la profession. • Angers, 21 janv. 1960 : *D. 1960. 436.* ♦ ... L'affectation d'un ouvrier inexpérimenté à un travail dangereux. • Crim. 18 oct. 1977, n° 75-92.866 P : *D. 1978. 472, note Benoît ; RSC 1979. 87, obs. Levasseur.* ♦ ... L'omission de programmer un entretien systématique et global du matériel. • Crim. 3 févr. 1982 : *D. 1982. 656, note Seillan.* ♦ ... Des méthodes de travail dangereuses. • Crim. 23 nov. 1982, n° 82-91.224 P. • T. corr. Caen, 9 juill. 1959 : *Gaz. Pal. 1959. 2. 189.* ♦ ... Une mauvaise conception de détail des travaux réalisés. • Crim. 30 oct. 1995 : *Gaz. Pal. 1996. 1, chron. crim. 53 ; Dr. pénal 1996. 78 (II).* ♦ ... L'affectation d'un ouvrier chargé du simple entretien à un travail exigeant la mise en œuvre d'une technique particulière habituellement confiée à une entreprise spécialisée. • Crim. 3 févr. 1998 : *Gaz. Pal. 1998. 1, chron. crim. 70.*

319. Ne donne pas de base légale à sa décision la cour d'appel qui, sur l'accident survenu à un ouvrier drousseur qui, pour procéder au contrôle d'une fileuse, a ouvert les portes de protection de la machine en marche, a perdu l'équilibre et a eu la main broyée, relaxe le dirigeant de l'entreprise poursuivi pour infraction à l'art. R. 233-3 [R. 4323-3 nouv.] C. trav., alors applicable, et pour blessures involontaires, dès lors que si les juges, appréciant souverainement les circonstances de la cause, ont pu estimer que la machine était conforme aux normes de sécurité *alors en vigueur et relaxer en conséquence* le prévenu de l'infraction au code du travail, ils ne pouvaient le relaxer de surcroît du chef de blessures involontaires sans rechercher si, en tant qu'employeur pourvu de la compétence, de l'autorité et des moyens nécessaires à sa mission, il avait accompli les diligences normales lui incombant, au sens de l'art. 121-3 C. pén., dans sa rédaction issue de la loi n° 96-393 du 13 mai 1996, notamment en veillant à l'application effective des consignes écrites de sécurité, et sans constater que l'accident avait pour cause exclusive la faute de la victime. • Crim. 19 nov. 1996, n° 95-85.945 P : *Dr. pénal 1997. 33, obs. Véron ; RSC 1997. 634, obs. Bouloc ; ibid. 835, obs. Mayaud.*

320. Le prévenu, dirigeant d'une société qui avait été chargée de l'abattage d'arbres dans la propriété d'un particulier, a été poursuivi devant le tribunal correctionnel des chefs d'homicide involontaire et d'infractions à la réglementation relative à l'hygiène et à la sécurité des travailleurs, en raison de l'accident mortel du travail subi par un salarié à la suite de la chute prématurée d'un arbre, proche de celui sur lequel ce dernier se trouvait, dont l'abattage était en cours de réalisation et qui était atteint d'une maladie cryptogamique ; les premiers juges ont dit la prévention non établie et débouté les parties civiles de leurs demandes ; saisis des appels du ministère public et des parties civiles, les juges du second degré, après avoir relevé que la victime, ayant constaté l'état sanitaire de l'arbre abattu, avait laissé son compagnon de travail, plus aguerri qu'elle, prendre en main l'opération d'abattage, retiennent qu'en raison de l'imprévisibilité de la direction de la chute de l'arbre et à défaut de caractériser à l'encontre du prévenu une méconnaissance du risque encouru par les salariés, voire un défaut de respect des règles élémentaires de sécurité, celui-ci doit être renvoyé des fins de la poursuite et le jugement confirmé en toutes ses dispositions ; en se déterminant ainsi, par des motifs contradictoires, alors qu'elle avait mis en évidence l'existence d'une situation dangereuse devant être connue de l'employeur, la cour d'appel, qui ne pouvait dès lors retenir que celui-ci avait pris les mesures nécessaires pour assurer la sécurité des travailleurs, n'a pas justifié sa décision. • Crim. 26 oct. 2010 : *Gaz. Pal. 2011. 1, p. 256, note Dreyer.*

321. Relaxes. Mais justifie sa décision de relaxe l'arrêt qui constate que le chef d'entreprise n'avait pas manqué à ses obligations, dès lors qu'il avait fait procéder sur l'appareil générateur de l'accident à des visites de contrôle suffisamment fréquentes. • Crim. 14 mai 1975 : *Gaz. Pal. 1975. 2. 506.* ♦ ... Ou encore qu'il n'avait pas commis d'infraction aux règles concernant la sécurité du travail, qu'il avait au contraire pris toutes mesures utiles pour que ces règles soient effectivement observées par le personnel de l'entreprise et que l'accident dont un salarié avait été la victime était dû à la faute de ce dernier. • Crim. 14 mars 1979, n° 78-90.957 P : *Gaz. Pal. 1979. 2. Somm. 532.* ♦ V. également : • Crim. 23 janv. 1979, n° 77-91.278 P.

c. Depuis la loi du 10 juillet 2000 – Faute délibérée

322. Violation manifestement délibérée. Directeur d'établissement d'une usine automobile, le prévenu a été poursuivi du chef de blessures par imprudence, après que la victime, salarié d'une société de nettoyage industriel chargée de travaux de nettoyage d'une chaîne de montage de l'usine, eut été gravement blessée lors d'une opération de nettoyage réalisée sur une chaîne en fonctionnement et de jour ; en vertu de l'art. 121-3 C. pén., dans sa rédaction issue de la L. du 10 juill. 2000, le dommage ayant été causé indirectement, la responsabilité du prévenu suppose la violation manifestement délibérée d'une obligation particulière de prudence ou de sécurité prévue par la loi ou le règlement ou la commission d'une faute caractérisée et qui exposait autrui à un risque d'une particulière gravité qu'il ne pouvait ignorer ; le prévenu a violé l'art. R. 237-12 [R. 4513-1 s. nouv.] C. trav. et le décret du 20 févr. 1992 ; ces dispositions édictent des obligations particulières de sécurité dans la mesure où elles définissent les mesures de prévention à respecter pour assurer la sécurité des salariés pendant l'exécution de travaux effectués dans un établissement par une entreprise extérieure ; l'absence de vérification personnelle par le prévenu du respect du plan de prévention constitue, à défaut de délégation de pouvoirs, un manquement délibéré au respect de ces dispositions ; cependant, il ne s'agit pas d'une violation manifestement délibérée au sens de l'art. 121-3 C. pén. ; il est établi en effet que le prévenu ignorait effectivement la modification apportée par un de ses subordonnés au plan de prévention ; en outre, il avait fait mettre en place une procédure de prévention des risques adaptée au contexte de l'intervention de la société extérieure ; cette procédure incluait un contrôle de la bonne exécution du plan de prévention ; il s'en déduit que le prévenu n'a pas eu conscience de faire courir, par la violation de son obligation personnelle de contrôle, un risque définissable de mise en danger d'autrui ; il doit donc être relaxé. • Douai, 26 mars 2002 : *JCP 2003. IV. 1041.*

323. Défaut de blindage d'une tranchée. Justifie sa décision la cour d'appel qui déclare un chef d'entreprise coupable d'homicide involontaire à la suite du décès d'un salarié dans l'éboulement d'une tranchée non étayée ou blindée, après avoir relevé que le prévenu, disposant de l'autorité et des moyens nécessaires pour embaucher et affecter les salariés et pour assurer la sécurité des chantiers, exerçait au sein de la société les pouvoirs d'un cogérant, et que, s'étant lui-même préoccupé de la sécurité du chantier au cours duquel est survenu l'accident mortel, il avait décidé de laisser au dépôt le matériel de blindage dont l'installation était pourtant prescrite par l'art. 72 du décret du 8 janv. 1965, d'où il résulte qu'il a commis une faute délibérée au sens de l'art. 121-3, al. 4, C. pén., dans sa rédaction issue de la loi n° 2000-647 du 10 juill. 2000. • Crim. 12 sept. 2000, n° 99-88.011 P : *Dr. pénal 2001. 3, obs. Véron ; Dr. soc. 2000. 1075 s., obs. Morvan ; RSC 2001. 154, obs. Bouloc ; ibid. 2001. 159, obs. Mayaud ; ibid. 2001. 399, obs. Cerf-Hollender ; ibid. 2001. 824, obs. Giudicelli-Delage.*

324. Défaut de protection de travaux en hauteur. Deux salariés d'une entreprise de charpente menuiserie étaient chargés par le directeur de cette société de travaux sur la toiture en plaques de fibro-ciment d'un hangar agricole ; l'un d'entre eux a été victime d'une chute de plus de six mètres en passant au travers d'une des plaques de fibro-ciment, matériaux particulièrement fragiles ; il ressort des résultats de l'enquête que la nature des travaux qui restaient à faire supposait des déplacements sur la toiture nécessitant l'utilisation d'un équipement de protection collective, équipement qui d'ailleurs avait été installé puis enlevé peu de temps avant l'accident ; en effet, travaillant sur une échelle à déplacer, la configuration des lieux risquait de leur faire prendre appui sur la couverture particulièrement fragile ; l'entrepreneur a été poursuivi, pour n'avoir pas respecté les règles de sécurité prévues par les dispositions réglementaires du décret du 8 janv. 1965 en matière de travaux en hauteur, des chefs d'homicide involontaire dans le cadre du travail et d'infraction à la réglementation générale sur l'hygiène et la sécurité ; en se dispensant d'une surveillance particulière du chantier le jour de l'accident et en se contentant de s'informer auprès des ouvriers sur le point de savoir s'ils n'avaient pas besoin du filet de sécurité, l'entrepreneur a, en application de l'art. 121-3 C. pén. issu de la L. du 10 juill. 2000 sur les délits non-intentionnels, violé de manière délibérée une obligation de prudence ou de sécurité prévue par le décret de 1965, et sans que l'alcoolémie de la victime au moment de l'accident puisse s'analyser comme la cause exclusive de l'accident. • Rennes, 6 mars 2003 : *JCP 2004. IV. 1122.*

325. Exposition à l'amiante. A la suite de la plainte avec constitution de partie civile de l'Association nationale de défense des victimes de l'amiante et de plusieurs personnes ayant travaillé sur le site de l'usine A..., manufacture d'amiante, une information a été ouverte, contre personne non dénommée, des chefs notamment d'empoisonnement, homicide et blessures involontaires, et abstention délictueuse ; M. Claude P..., directeur de l'usine du 19 juin au 6 déc. 1974, a été mis en examen notamment pour homicide et blessures involontaires ; saisie par lui d'une demande de règlement, la chambre de l'instruction a évoqué ; pour dire n'y avoir lieu à suivre contre quiconque, l'arrêt retient notamment que les art. R. 232-10 s. C. trav. énoncent des mesures générales afin d'assurer la propreté des locaux et non des mesures particulières afin de protéger les travailleurs du risque de l'amiante ; en prononçant ainsi, la chambre de l'instruction n'a pas justifié sa décision, alors que ces articles, pris en application des dispositions édictées en vue d'assurer la sécurité des travailleurs, imposent, dans les emplacements affectés au travail, d'une part, des mesures de protection collective assurant la pureté de l'air nécessaire à la santé des travailleurs tenant à des modalités particulières de nettoyage, à l'installation de système de ventilation ou d'appareils clos pour certaines opérations, d'autre part, dans le cas où l'exécution de ces mesures serait reconnue impossible, des appareils de protection individuelle appropriés mis à la disposition des travailleurs, et caractérisent ainsi l'obligation particulière de sécurité prévue par la loi ou le règlement. • Crim. 24 juin 2014, n° 13-81.302 P : *Gaz. Pal. 2014, p. 2206, note Mésa ; ibid., p. 3267, obs. Detraz.*

d. Depuis la loi du 10 juillet 2000 – Faute caractérisée

326. Affectation à un travail inadapté. La faute visée à la prévention, à savoir « laissé affecter un salarié, non qualifié pour la conduite d'engins de levage et après une formation insuffisante, à un travail pour lequel il ne disposait pas des équipements nécessaires, en l'espèce d'un support métallique permettant de déposer la pièce de béton de 900 kg sur laquelle il devait effectuer une opération de dévissage de l'insert », ne saurait, en l'absence d'autre précision dans la prévention, être considérée comme violant « une obligation particulière de prudence ou de sécurité prévue par la loi ou le règlement », mais pourrait être, à la supposer établie, une faute caractérisée ayant exposé le salarié à un risque dont son auteur n'ignorait pas la particulière gravité ; il est avéré que le salarié n'a reçu, avant d'occuper le poste dans lequel il a été accidenté, qu'une information très succincte d'un intérimaire, et qu'il ne disposait pas d'autant de supports que de voussoirs ou clés de voussoirs coulés en même temps ; l'accident était inévitable dès lors que le salarié tentait d'intervenir sur le voussoir ou la clé de voussoir, alors que celui-ci se trouvait suspendu par un pont roulant avec ventouse dont il n'avait qu'une connaissance approximative puisqu'il ne pouvait le poser sur un support ; il s'agit là d'une faute d'autant plus caractérisée que, déjà en juillet, puis, à nouveau, quinze jours auparavant, une charge soulevée par le pont roulant était tombée au sol, manquant de blesser le prédécesseur du salarié accidenté ; le directeur de l'usine, à raison de ces deux accidents préalables, ne pouvait ignorer que l'absence de supports en nombre suffisant exposait le salarié à un risque d'accident particulièrement grave, puisqu'il s'agissait d'un écrasement par une dalle de béton de près d'une tonne, et c'est donc à bon droit que sa culpabilité est retenue. • Paris, 4 déc. 2000 : *D. 2001. IR 433 ; Gaz. Pal. 2001. 1. 115, note Petit ; RSC 2001. 381, obs. Mayaud.*

327. Au cours d'une manœuvre d'appareillage d'un navire, un stagiaire âgé de 18 ans a été victime d'un accident du travail, ses jambes ayant été écrasées par un cordage ; pour condamner le gérant de fait de la société de l'armateur du navire pour blessures involontaires ayant entraîné plus de trois mois d'incapacité totale de travail, la cour d'appel constate que la victime, qui assurait la réception d'un cordage imposant et lourd et ne bénéficiait d'aucune protection, se trouvait dans une position particulièrement instable et périlleuse lorsque le bateau a démarré ; les juges énoncent que le prévenu ne peut nier avoir connu le caractère dangereux de la manœuvre, un autre accident s'étant produit dans des circonstances similaires ; il a donc commis une faute d'imprudence caractérisée en faisant travailler un jeune stagiaire à des tâches présentant un danger grave ; le prévenu ayant causé indirectement les blessures de la victime en ne prenant pas les mesures qui auraient permis de les éviter, et ayant commis une faute caractérisée qui exposait autrui à un risque d'une particulière gravité qu'il ne pouvait ignorer, la cour d'appel a fait l'exacte application des dispositions des art. 121-3, al. 4, et 222-19 C. pén. • Crim. 6 déc. 2005 : *JCP 2006. IV. 1041.*

328. Défaut d'organisation. – ... Exécution d'une sous-traitance. Justifie sa décision la cour d'appel qui déclare le chef d'une entreprise sous-traitante coupable d'homicide involontaire à la suite du décès d'un salarié dont la tête a été prise entre les tampons de deux wagons, après avoir relevé, d'une part, que les wagons étaient propulsés vers la victime, chargée de les arrimer, selon un procédé très dangereux, d'autre part, que le chef de manœuvre ne pouvait contrôler la position de celle-ci et le dégagement des voies, et enfin, que le salarié, pourtant isolé, et le chef de manœuvre ne disposaient d'aucun moyen efficace leur permettant de communiquer entre eux, le klaxon destiné à annoncer l'arrivée des wagons ne fonctionnant plus depuis plusieurs années ; est également justifiée la déclaration de culpabilité du chef de l'entreprise ayant sous-traité l'exploitation du chantier, auquel il est reproché de n'avoir pas transmis au sous-traitant les consignes de sécurité élaborées par le maître de l'ouvrage et de n'avoir pas veillé à l'entretien des équipements de sécurité dont ladite entreprise avait conservé la charge ; il résulte en effet de l'ensemble de ces éléments que les prévenus ont causé indirectement le décès de la victime en ne prenant pas les mesures qui eussent permis d'éviter le dommage et qu'ils ont commis une faute caractérisée, distincte de l'infraction à la réglementation du travail dont ils ont été relaxés, et qui exposait autrui à un risque d'une particulière gravité qu'ils ne pouvaient ignorer, de sorte qu'il a été établi à leur encontre, en tous ses éléments constitutifs, le délit d'homicide involontaire, tant au regard des art. 121-3 et 221-6 C. pén. dans leur rédaction issue de la loi n° 2000-647 du 10 juill. 2000 qu'au regard de ces textes dans leurs rédactions antérieures à cette loi et de l'art. 319 ancien de ce code en vigueur à l'époque des faits. • Crim. 5 déc. 2000, n° 00-82.108 P : *RSC 2001. 372, obs. Bouloc ; ibid. 379, obs. Mayaud*.

329. ... Abandon de la responsabilité d'un chantier à une personne incompétente. C'est à bon droit que, pour déclarer le directeur d'une association coupable du délit de blessures par imprudence de nature à engager sa responsabilité en sa qualité d'employeur, les premiers juges relèvent qu'il a abandonné la responsabilité d'un chantier à la victime sans s'assurer de sa compétence, alors que l'architecture des lieux rendait difficile et dangereuse l'exécution des travaux, précisent qu'il n'a donné aucune consigne interdisant de monter sur les poutres soutenant le faux plafond, ajoutent que la victime n'a pas reçu de formation en matière de sécurité pour l'exécution des travaux qui lui étaient confiés en sa qualité de chef d'entretien au sein de l'association, et en concluent que si la victime a pu commettre une imprudence en se déplaçant sur la poutre, il n'en demeure pas moins que l'accident est dû à un manquement dans l'organisation du travail, à une carence dans la prévention des risques et des moyens appropriés pour y remédier et à un défaut de surveillance imputables au prévenu ; en l'état de ces seules énonciations, dont il résulte que ce dernier, qui a contribué à créer la situation ayant permis la réalisation du dommage et n'a pas pris les mesures permettant de l'éviter, a commis une faute caractérisée qui exposait autrui à un risque d'une particulière gravité et qu'il ne pouvait ignorer, la cour d'appel a justifié sa décision, tant au regard de l'art. 222-19 que de l'art. 121-3 C. pén., issu de la L. du 10 juill. 2000. • Crim. 6 juin 2001 : *Gaz. Pal. 2002. 1. 357, note Petit.*

330. ... Difficultés de communication au sein de l'entreprise. Il est établi que le directeur d'une centrale nucléaire, dont un technicien salarié a été victime d'une irradiation aiguë par suite de son entrée intempestive dans un puits de cuve malgré l'interdiction qui lui en a été faite, n'a pas accompli les diligences normales compte tenu de la nature de ses fonctions, de ses compétences et des moyens dont il disposait, au sens de l'art. 121-3 C. pén. dans sa rédaction issue de la L. du 10 juill. 2000, dès lors que, disposant d'un budget annuel important et étant assisté d'un service de contrôle et de conseil notamment en matière de sécurité, il a fait preuve de carence dans l'élaboration et l'application des consignes et la vérification de leur efficacité ; sa responsabilité pénale est engagée dès lors qu'il a commis une faute caractérisée exposant autrui à un risque d'une particulière gravité qu'il ne pouvait ignorer, au sens du texte précité, en raison du non-respect des dispositions particulières du décret du 28 avr. 1975 relatif à la protection des travailleurs contre les dangers des rayonnements ionisants, et de la multiplicité des manquements relevés démontrant des difficultés d'organisation et de communication au sein de l'entreprise, alors que, de plus, l'utilisation de combustible nucléaire nécessite la mise en œuvre de moyens spécifiques de protection des travailleurs dont la violation expose nécessairement ceux-ci à un risque d'irradiation d'une particulière gravité que le directeur d'une centrale nucléaire ne peut ignorer. • TGI Valence, 26 juin 2001 : *BICC 15 avr. 2002, p. 45, n° 400.*

331. Absence de prévention. – Exposition à des vapeurs toxiques. Le corps d'un salarié d'une société ayant été découvert au fond d'une cuve de récupération d'eaux du sol contenant des vapeurs toxiques et des boues acides, c'est à bon droit que la cour d'appel a jugé le président de ladite société coupable d'homicide involontaire, en énonçant que la victime, compte tenu des fonctions occupées, pouvait être amenée à intervenir au niveau de la cuve, en raison de pannes fréquentes de pompes, comme cela s'est produit dans la nuit précédant la découverte du corps, en relevant cependant l'absence de dispositif de fermeture interdisant l'accès à la cuve, l'omission d'indications affichées sur les conditions d'intervention dans ladite cuve, et l'absence de mesure de sécurité en méconnaissance des art. L. 230-2 [L. 4121-2 s., L. 4522-1 et L. 4612-9 nouv.] et L. 233-2 [R. 4412-22 nouv.] C. trav., ajoutant enfin que le prévenu n'a pas mis en place une formation adéquate compte tenu du poste de travail et que l'ensemble de ces manquements a concouru à la réalisation de l'accident ; en effet, en l'état de ces énonciations, dont il résulte que le prévenu, qui a contribué à créer la situation ayant permis la réalisation du dommage et n'a pas pris les mesures permettant de l'éviter, a commis une faute caractérisée et qui exposait autrui à un risque d'une particulière gravité qu'il ne pouvait ignorer, au sens de l'art. 121-3, al. 4, C. pén., issu de la L. du 10 juill. 2000, les juges ont justifié leur décision. • Crim. 16 janv. 2001, n° 00-82.402 P : *Gaz. Pal. 2001. 2. Somm. 1291, note Monnet ; RSC 2001. 572, obs. Bouloc ; ibid. 579, obs. Mayaud ; ibid. 824, obs. Giudicelli-Delage*.

332. ... Travaux en hauteur dans les chantiers de construction et de réparation navale. A justifié sa décision, tant au regard de l'art. 221-6 C. pén. et de l'arrêté du 21 sept. 1982, qu'au regard de l'art. 121-3 C. pén. dans sa rédaction issue de la L. du 10 juill. 2000, la cour d'appel qui, pour déclarer coupable d'homicide involontaire et d'infractions aux prescriptions des art. 2 et 13, al. 2, de l'arrêté susvisé l'employeur d'une société sous-traitante dont le salarié avait fait une chute mortelle d'une hauteur de 5,60 mètres lors de travaux dans des gaines d'aération d'un navire, a retenu que le salarié n'était équipé d'aucun dispositif individuel de protection contre les chutes, alors que la configuration des lieux ne rendait pas impossible l'installation d'un tel dispositif, que l'employeur ne pouvait ignorer que le plancher de la plate-forme sur laquelle travaillait la victime était constitué d'un assemblage de madriers non fixés entre eux, de sorte qu'il aurait dû prendre toute mesure pour éviter tout basculement intempestif, et qu'il n'a donc pas pris les mesures permettant d'éviter le dommage et a commis une faute caractérisée et qui exposait autrui à un risque d'une particulière gravité qu'il ne pouvait ignorer. • Crim. 16 janv. 2001, n° 00-82.274 P : *RSC 2001. 572, obs. Bouloc* ; *ibid. 579, obs. Mayaud* ; *ibid. 824, obs. Giudicelli-Delage*.

333. ... Travaux effectués dans un établissement par une entreprise extérieure. Pour retenir la culpabilité du prévenu, salarié de l'entreprise principale donneur d'ordre (compagnie maritime), titulaire d'une délégation de pouvoirs en matière de sécurité, la cour d'appel a retenu qu'en application de l'art. 4 du décret du 29 nov. 1977, il n'a pas pris l'initiative, avant le début des travaux, de définir en commun avec le sous-traitant les mesures de sécurité à prendre en vue d'éviter les risques professionnels pouvant résulter de l'exercice simultané en un même lieu des activités des deux entreprises, et n'a pas organisé l'inspection commune des lieux de travail prévue par l'art. 6 du même texte ; que, si un procès-verbal définissant les mesures de sécurité avait été signé entre le donneur d'ordre et la société utilisatrice, les travaux excédant quatre cents heures, un tel procès-verbal aurait également dû être établi en commun, entre le donneur d'ordre et son sous-traitant, quel que soit le nombre d'heures de travail nécessaires ; qu'enfin la victime a travaillé sur des installations montées par les salariés du donneur d'ordre, sans être informée des risques particuliers d'accident et des mesures de prévention ; le prévenu n'a donc pas pris les mesures qui eussent permis d'éviter le dommage et a commis une faute caractérisée exposant autrui à un risque d'une particulière gravité qu'il ne pouvait ignorer. • Crim. 16 janv. 2001 : *préc. note 332.* ♦ La cour d'appel a fait l'exacte application, tant des dispositions de l'art. 121-3, al. 4, C. pén., issues de la L. du 10 juill. 2000, que des dispositions du décret du 29 nov. 1977, demeuré applicable aux travaux de réparation navale en vertu de l'art. 2 du décret du 20 févr. 1992 ; en effet, il résulte des dispositions des art. 11 et 20 du décret du 29 nov. 1977 que, lorsque des travaux sont effectués dans un établissement par une entreprise extérieure, l'obligation d'établir un procès-verbal détaillé définissant les mesures de sécurité prises ou à prendre par chaque entreprise s'impose nécessairement à l'entreprise intervenante dans ses rapports avec ses sous-traitants, dès lors qu'elle y était elle-même soumise dans ses rapports avec l'entreprise utilisatrice. • Même arrêt.

334. ... Insécurité liée à une machine dangereuse. Un salarié d'une entreprise de peinture industrielle a été blessé alors qu'il surveillait le mélange de divers produits dans une cuve, son bras ayant été entraîné par l'arbre de l'appareil mélangeur ; la cour d'appel a infirmé le jugement condamnant l'employeur pour blessures involontaires, sur le fondement de l'art. R. 625-2 C. pén., et infractions à la réglementation relative à la sécurité, sur le fondement des art. L. 233-5 [L. 4311-1 s., L. 4313-1, L. 4314-1, R. 4313-1 s. et R. 4312-1 nouv.] et L. 263-2 [L. 4741-1 et L. 4741-9 nouv.] C. trav. ; elle a retenu que, si la faute de l'employeur apparaît caractérisée et ne saurait constituer une simple négligence ni une faute légère, et exposait les opérateurs à un risque particulièrement grave, en revanche, il n'est nullement établi que le prévenu ne pouvait ignorer ce risque ; la cour d'appel n'a pas donné de base légale à sa décision, car elle ne pouvait, sans se contredire, constater que le prévenu avait commis une faute caractérisée exposant autrui à un risque d'une particulière gravité en ne veillant pas personnellement au respect de la réglementation sur la sécurité des machines dangereuses, et relaxer celui-ci, au motif qu'il pouvait ignorer le risque découlant de ce manquement. • Crim. 11 févr. 2003, n° 02-85.810 P : *D. 2003. Somm. 1660, obs. Mathieu* ; *RSC 2003. 801, obs. Giudicelli-Delage* ; *Gaz. Pal. 2004. 2. Doctr. 2888, obs. Ponseille.*

335. ... Défaut d'entretien du matériel d'exploitation. Un feu s'est déclaré au cours du moissonnage d'un champ de blé par une moissonneuse-batteuse conduite par un salarié de l'exploitant, locataire de la machine en crédit-bail ; en raison de la sécheresse et du vent, le feu s'est rapidement propagé sur une surface de 754 hectares, nécessitant l'intervention de 600 pompiers au sol ; deux d'entre eux n'ont pas échappé à un front de flammes, qui les a surpris, et ont trouvé la mort ; justifie sa décision, au regard des art. 121-3, al. 4, et 221-6 C. pén., la cour d'appel qui a déclaré l'exploitant coupable d'homicides involontaires ; elle retient que, après avoir constaté que le moteur encrassé de la moissonneuse-batteuse avait provoqué, en raison d'une mauvaise combustion, la projection des particules incandescentes à l'origine de l'incendie, le prévenu n'avait pas fait contrôler la machine agricole par un concessionnaire de la marque, comme le prévoyait la notice technique en sa possession, et avait fait moissonner, en période de sécheresse et par vent fort, un champ bordant la forêt ; il a ainsi contribué à créer la situation ayant permis la réalisation du dommage et a commis deux fautes caractérisées exposant autrui à un risque d'une particulière gravité qu'en sa qualité d'exploitant agricole de la région il ne pouvait ignorer. • Crim. 5 oct. 2004, n° 04-80.658 P : *D. 2005. Pan. 1525, obs. Mirabail ; Gaz. Pal. 2004. 2. 3831 (3e arrêt), concl. Commaret ; RSC 2005. 71, obs. Mayaud .*

336. ... Instabilité des équipements de travail. Le salarié d'une société a été blessé par la chute d'un cylindre d'acier d'une tonne et demie qu'il plaçait sur des tréteaux qui ont basculé ; à la suite de cet accident, le président de la société a été poursuivi du chef du délit de blessures involontaires et pour avoir mis à la disposition des trois salariés utilisant les tréteaux un équipement qui n'était pas adapté à la prévention des risques de chute d'objets ; pour le condamner de ces chefs, l'arrêt retient, par motifs propres et adoptés, que le chef d'établissement a, aux termes des art. L. 233-5-1 [L. 4321-1 s. et R. 4321-2 nouv.], R. 233-1 [R. 4321-1 s. nouv.] et R. 233-5 [R. 4323-6 nouv.] C. trav., l'obligation de mettre à disposition du personnel des équipements de travail installés de telle sorte que leur stabilité soit assurée ; les juges ajoutent que la conception des tréteaux, équipés de butées situées à l'extérieur de l'axe des pieds des tréteaux, et qui, en outre, n'étaient pas scellés aux sol, ne permettait pas d'en assurer l'équilibre ; ils relèvent que la chute de ces supports était prévisible, comme l'établissent les déclarations des salariés, et qu'elle a été la cause de l'accident dont a été victime le salarié ; en l'état de ces énonciations, d'où il résulte que le prévenu, qui a contribué à créer la situation ayant permis la réalisation du dommage et n'a pas pris les mesures permettant de l'éviter, a commis une faute caractérisée qui exposait autrui à un risque d'une particulière gravité qu'il ne pouvait ignorer, au sens de l'art. 121-3, al. 4, C. pén., la cour d'appel a justifié sa décision. • Crim. 13 sept. 2005, n° 04-85.736 P : *D. 2005. IR 2548 ; AJ pénal 2005. 371, obs. Delprat ; RSC 2006. 334, obs. Cerf-Hollender .*

337. ... Tolérance d'un comportement dangereux. M. B..., salarié agricole d'origine laotienne employé par M. X..., viticulteur, a trouvé la mort lors du renversement d'un tracteur agricole sur lequel il avait pris place et qui était conduit par M. G..., également salarié du même employeur ; M. G... et M. X... ont été poursuivis du chef d'homicide involontaire, le premier pour avoir conduit le tracteur à une vitesse excessive sur un terrain accidenté et transporté M. B... en violation des prescriptions de la notice d'utilisation, le second pour avoir laissé M. G... conduire dans de telles conditions et avoir fourni à la victime une information insuffisante en matière de sécurité, compte tenu de ses difficultés de compréhension de la langue française ; le tribunal a déclaré coupables les deux prévenus qui ont interjeté appel ainsi que le procureur de la République et les parties civiles ; pour confirmer le jugement, les juges du second degré, par motifs propres et adoptés, relèvent notamment que le renversement du tracteur a résulté de sa conduite à une vitesse excessive sur un terrain présentant une pente importante, alors que M. B... était assis sur l'engin en violation des consignes de sécurité ; les juges ajoutent que M. X..., qui avait toléré le comportement dangereux de ce salarié ainsi que l'avait indiqué l'inspecteur du travail, n'avait pas veillé à prodiguer à M. B... une formation spécifique à la sécurité dans une langue comprise par lui ; en l'état de ces motifs, exempts d'insuffisance, et répondant aux chefs péremptoires des conclusions des parties, dont il résulte que le prévenu a commis une faute caractérisée et qui exposait autrui à un risque d'une particulière gravité qu'il ne pouvait ignorer, au sens de l'art. 121-3 C. pén., la cour d'appel a justifié sa décision. • Crim. 11 mars 2014, n° 12-86.769 P : *D. actu. 28 mars 2014, obs. Fucini ; Gaz. Pal. 2014. 1. 946, note Mésa.*

338. Succession d'accidents. Le prévenu, en sa qualité de chef d'entreprise, a contribué à créer la situation qui a permis la réalisation des dommages mettant à la disposition de ses ouvriers des tourets à polir insuffisamment équipés au regard de l'art. R. 233-16 [R. 4324-2 nouv.] C. trav. ; si la survenance d'un premier accident peut être considérée comme ne faisant pas apparaître une faute caractérisée exposant autrui à un risque d'une particulière gravité que le prévenu ne pouvait ignorer, il n'en va pas de même pour le deuxième accident survenu environ quatre mois plus tard dans des circonstances similaires ; en effet, informé par le premier accident de la dangerosité de ses machines dont l'équipement ne respectait pas les prescriptions du code du travail, le chef d'entreprise a commis une faute caractérisée en laissant travailler l'ouvrier sur une machine dépourvue de dispositif de protection des pièces mobiles et de bouton d'arrêt efficace, alors qu'il ne pouvait ignorer, après le premier accident, qu'il exposait son ouvrier à un risque d'une particulière gravité, une sérieuse blessure. • Toulouse, 6 sept. 2001 : *D. 2001. IR 3399.*

e. Depuis la loi du 10 juillet 2000 – Dépénalisation

339. Faute simple indirecte. S'agissant d'un mécanicien victime d'une chute pendant la réparation de portes de bus, le directeur de la société doit être relaxé du chef de blessures involontaires ; en effet, en tant qu'auteur indirect, il n'a commis ni de faute caractérisée ni violé une obligation particulière de sécurité ou de prudence ; le fait qu'il ait mis à la disposition de la victime un escabeau pas totalement adapté au travail ne constitue en effet pas une telle violation ; par ailleurs, la victime n'avait pas fermé les portes du bus et ce en violation des consignes de sécurité. • Grenoble, 28 févr. 2002 : *JCP 2003. IV. 2273.*

340. V. également ss. art. R. 625-2 C. pén.

2° DÉLÉGATION DE POUVOIR

a. Délégation proprement dite

341. Critères. Le chef d'entreprise ne peut être exonéré de cette responsabilité que s'il rapporte la preuve qu'il a délégué la direction du chantier à un préposé investi et pourvu de la compétence ainsi que de l'autorité nécessaires pour veiller efficacement à l'observation des dispositions en vigueur, auquel cas sa responsabilité est transférée à son délégué. • Crim. 17 nov. 1987, n° 86-92.514 P. • 12 janv. 1988 : *ibid. n° 15* • 16 janv. 1990, n° 88-83.193 P. ♦ Sur les conditions de validité de la délégation de pouvoirs en matière d'hygiène et de sécurité au sein d'un groupe de sociétés. • Crim. 26 mai 1994 (trois arrêts), n° 93-83.179 P. ♦ Pour des exemples de délégation de pouvoirs à des personnes n'ayant ni la compétence, ni l'autorité, ni les moyens nécessaires à l'exécution de leurs fonctions. • Crim. 24 janv. 1978, n° 76-93.291 P. • 25 juill. 1991 : *Dr. pénal 1992. 34* • 2 févr. 1993 : *ibid. 1993. 139* • 21 août 1995 : *Gaz. Pal. 1995. 2. Somm. 575.*

342. Si, pour être exonératoire, une telle délégation doit être certaine et exempte d'ambiguïté, il n'est pas exigé qu'elle porte sur la totalité des pouvoirs propres au chef d'entreprise. • Crim. 22 janv. 1986, n° 84-95.210 P. ♦ ... Ni qu'elle soit expresse et écrite. • Crim. 22 oct. 1991 : *Dr. pénal 1992. 74.*

343. L'existence d'une délégation de pouvoirs ne saurait être « impliquée » par la nature du travail, et le cumul de plusieurs délégations pour l'exécution du même travail est de nature à restreindre l'autorité et à entraver les initiatives de chacun des prétendus délégataires. • Crim. 2 oct. 1979, n° 78-93.334 P.

344. A justifié sa décision, notamment au regard de l'art. 112-1 nouveau C. pén., la cour d'appel qui, pour déclarer le prévenu coupable de coups et blessures involontaires et d'infraction à la réglementation relative à la sécurité des travailleurs, énonce que, titulaire d'une délégation de pouvoirs et pourvu, comme tel, de la compétence, de l'autorité et des moyens nécessaires à l'exercice de sa mission concernant le respect des règles de sécurité au sein de l'établissement, il n'a pas accompli les diligences normales qui lui incombaient de ce chef au sens de l'art. 121-3 C. pén. dans sa rédaction issue de la L. du 13 mai *1996, lequel n'institue aucun fait justificatif.* • Crim. 14 oct. 1997, n° 96-83.356 P : *Dr. pénal 1998. 25, obs. Robert ; RSC 1998. 328, obs. Mayaud ; RTD com. 1998. 431, obs. Bouloc .*

345. En ce sens qu'en présence d'un administrateur judiciaire et d'un « responsable par intérim », les juges doivent désigner celui des deux qui répond des infractions aux règles de sécurité du travail. • Crim. 7 avr. 1999 : *Dr. pénal 1999. 131, obs. Robert.*

346. Justifie sa décision au regard des art. 121-2 *(sic)* et 121-3 C. pén. la cour d'appel qui, pour déclarer le chef de service de la partie « toiture haubans » d'une société de construction, titulaire d'une délégation de pouvoirs en matière d'hygiène et de sécurité, coupable d'homicide involontaire, blessures involontaires, et infraction à la réglementation sur la sécurité des travailleurs, deux salariés de la société, qui travaillaient à l'intérieur de la toiture d'un stade, ayant été surpris par l'ouverture d'une trappe retient qu'en ne prenant pas toutes les mesures pour vérifier la complète fermeture de cette trappe, le prévenu a omis de s'assurer que les travaux étaient accomplis conformément aux règles de sécurité prévues par l'art. 7 du Décr. du 8 janv. 1965, applicable à l'espèce, et que ce manquement a contribué à créer la situation ayant permis la réalisation du dommage, et ajoute que, compte tenu de la nature des travaux dont il ne pouvait ignorer les risques, le chef de service a violé de façon manifestement délibérée une obligation particulière de prudence ou de sécurité imposée par la loi ou le règlement, dès lors que, en l'état de ces motifs exempts d'insuffisance ou de contradiction et procédant de son appréciation souveraine des faits et circonstances de la cause, la cour d'appel a répondu comme elle le devait aux chefs péremptoires des conclusions dont elle était saisie. • Crim. 28 mars 2006, n° 05-82.975 P : *D. 2006. IR 1252 ; JCP 2006. II. 10188, note Mouly ; Gaz. Pal. 2006. 2. Somm. 3484, note Monnet.*

347. Encourt la cassation l'arrêt de la cour d'appel qui, dans la poursuite exercée à la suite d'un accident du travail contre le salarié d'une société assumant la maîtrise d'ouvrage déléguée d'une opération de construction de logements, déclare inopérante l'argumentation du prévenu prise d'un défaut de délégation de pouvoirs et retient à la charge dudit prévenu, outre le délit de blessures involontaires, une infraction aux règles de sécurité ne pouvant être imputée qu'au seul chef d'établissement ou à son délégataire selon les dispositions de l'art. L. 263-2 C. trav., devenu l'art. L. 4741-1 du même code. • Crim. 8 avr. 2008 : *AJ pénal 2008. 326 ; RSC. 2009. 388, obs. Cerf-Hollender .*

348. Y..., salarié de la société Socotrap, a été victime d'une chute mortelle, alors qu'il effectuait des travaux d'étaiement sur un balcon situé au quatrième étage d'un immeuble en construction ; à la suite de cet accident, Roger A..., directeur de production, et Philippe Z..., conducteur de travaux, ont été poursuivis pour homicide involontaire et infractions à la réglementation relative à la sécurité des travailleurs ; ils ont été renvoyés des fins de la poursuite et Isabelle X..., ès qualités de représentante légale de sa fille mineure, Charlène Y..., et l'Union syndicale de la construction CGT de la Haute-Garonne, parties civiles, ont été déboutées de leurs demandes ; les parties civiles et le ministère public ont interjeté appel de cette décision ; pour confirmer le jugement entrepris, l'arrêt retient que les prévenus ont délégué leurs pouvoirs en matière de sécurité à deux chefs de chantier disposant de la compétence, de l'autorité et des moyens nécessaires pour veiller efficacement à l'application de la réglementation relative à la sécurité des travailleurs ; mais en se déterminant de la sorte, par des motifs insuffisants ne permettant pas à la Cour de cassation de s'assurer que les délégations consenties aux deux chefs de chantier étaient régulières et que, dès lors, les prévenus Roger A..., directeur de production, et Philippe Z..., conducteur de travaux, et, à ce titre, chargé plus spécialement d'élaborer le plan particulier de sécurité et de protection de la santé, devaient être exonérés de leur responsabilité pénale, la cour d'appel n'a pas justifié sa décision ; d'où il suit que la cassation est encourue. • Crim. 27 oct. 2009 : *RSC. 2010. 435, obs. Cerf-Hollender*.

349. Effets. La même infraction ne peut être retenue à la fois contre le chef d'entreprise et contre le préposé délégué par lui. • Crim. 12 janv. 1988, nº 85-95.950 P.

350. Mais la délégation de pouvoirs à un préposé pourvu de la compétence et de l'autorité nécessaires ne saurait mettre obstacle à ce que les maladresses, imprudences, inattentions ou inobservations des règlements relevées à la charge d'autres membres de l'entreprise dans l'exécution des tâches qui leur sont confiées donnent lieu à des poursuites sur le fondement des art. 319, 320 et R. 40-4° (nouveaux art. 221-2, 222-19 et R. 625-2) C. pén. • Crim. 23 oct. 1984, nº 82-93.375 P : *Gaz. Pal. 1985. 1. Somm. 158.* ♦ V. les exemples : • Crim. 12 janv. 1971, nº 92-09.869 P. • 15 févr. 1994 : *Dr. pénal 1994. 151.*

351. Le prévenu, agent de maîtrise responsable de la sécurité au sein d'une entreprise de traitement de surfaces, doit être reconnu coupable d'homicide involontaire sur la personne d'un salarié intérimaire mis à disposition de cette société pour effectuer des travaux de ponçage sur un porte-avions ; cet ouvrier en tentant de sortir du local où il effectuait des travaux par un trou d'homme a été écrasé par une porte coulissante alors objet de manipulations en vue d'un dépannage ; ce trou se trouvait en effet sur la course de cette porte en mouvement ; le prévenu aurait dû, eu égard aux caractéristiques du local où travaillait pour la première fois et sans formation l'ouvrier décédé, établir un bon de travaux à risques, ce qui aurait entraîné l'intervention d'une équipe de contrôleurs de la direction des chantiers navals, qui n'aurait pas manqué de relever l'interaction avec des postes de travaux voisins, tels que les travaux opérés sur la porte du hangar ; de par ce manquement manifestement délibéré, le prévenu a indirectement concouru au décès du salarié. • Rennes, 24 oct. 2002 : *JCP 2003. IV. 2762.* ♦ Le prévenu technicien ouvrier doit également être reconnu coupable d'homicide involontaire ; s'il ne peut lui être reproché de ne pas avoir mis en place une procédure de sécurité qui ne lui incombait pas, il aurait dû, du fait de ses compétences personnelles, des moyens dont il disposait, de sa grande autonomie, et connaissant les manipulations que devait subir la porte du hangar et la présence d'ouvriers d'un autre corps de métiers dans le local desservi par ce trou d'homme, en alerter les autorités compétentes en matière de sécurité ; faute d'avoir accompli cette obligation d'information, le prévenu a commis une faute caractérisée qui a causé indirectement le décès de l'ouvrier. • Même arrêt.

352. Responsabilité civile du délégataire. Ont justifié leur décision les juges du second degré qui, pour condamner le prévenu, chef de service d'une société de construction, titulaire d'une délégation de pouvoir en matière d'hygiène et de sécurité, reconnu responsable d'homicide involontaire, blessures involontaires, et infraction à la réglementation sur la sécurité des travailleurs, à des réparations civiles envers les proches des victimes, et après avoir relevé, comme ils en avaient le pouvoir, que ceux-ci n'avaient pas la qualité d'ayants droit au sens de l'art. L. 451-1 CSS ou d'ascendants au sens de l'art. L. 434-13 du même code, énoncent que la faute pénale retenue contre le prévenu démontre que celui-ci n'a pas agi dans l'exercice normal de ses attributions, dès lors que le préposé, titulaire d'une délégation de pouvoir, auteur d'une faute qualifiée au sens de l'art. 121-3 C. pén., engage sa responsabilité civile à l'égard du tiers victime de l'infraction, celle-ci fût-elle commise dans l'exercice de ses fonctions. • Crim. 28 mars 2006, nº 05-82.975 P : *D. 2006. IR 1252* ; *JCP 2006. II. 10188, note Mouly* ; *Gaz. Pal. 2006. 2. Somm. 3484, note Monnet.*

353. Effet d'une fusion-absorption. Responsable d'établissement de la société J..., poursuivi des chefs de blessures involontaires et infraction à la réglementation sur la sécurité des travailleurs, le prévenu a soutenu que la délégation de pouvoir qui lui avait été consentie, par acte séparé, par le dirigeant de la société des établissements H..., était devenue caduque du fait de la fusion-absorption, intervenue avant l'accident, de cette société par la société susvisée, dont le président n'avait pas reconduit la délégation accordée par le dirigeant de la société absorbée, et a allégué que la modification de la situation juridique de son employeur avait eu pour effet de modifier la nature de ses attributions ; pour écarter cette argumentation, les juges énoncent que du fait de la fusion-absorption, le contrat de travail, dont la délégation de pouvoir est l'accessoire nécessaire et indissociable, a été de plein droit transféré à la société absorbante et que le changement de structure juridique n'ayant pas eu pour effet de modifier la portée des pouvoirs initialement consentis au prévenu, la délégation de pouvoir doit être considérée comme encore valable ; mais en se déterminant ainsi, sans rechercher si la fusion-absorption invoquée, qui avait donné lieu à la création d'une société distincte de la précédente et à un changement de dirigeant social, n'avait pas eu pour effet d'entraîner la caducité de la délégation de pouvoir accordée pour la durée de la responsabilité du prévenu au sein de la société absorbée, la cour d'appel n'a pas justifié sa décision. • Crim. 20 juill. 2011 : *RSC. 2011. 850, obs. Cerf-Hollender*. ♦ Comp., pour une poursuite parallèle du chef de prêt illicite de main-d'œuvre : pour dire le prévenu, salarié de la société des Établissements H..., devenue par fusion-absorption la société J..., et responsable de l'établissement de Brest, coupable de prêt illicite de main-d'œuvre, sur le fondement d'une délégation de pouvoirs qui lui avait été consentie par le dirigeant de la société absorbée, l'arrêt attaqué retient que le transfert du contrat de travail, qui lie le salarié à un nouvel employeur, en application de l'art. L. 122-12, devenu art. L. 1224-1, C. trav., ne modifie pas les droits et obligations de ce dernier vis-à-vis de son nouvel employeur ; les juges en déduisent que les obligations du prévenu à l'égard de son employeur et résultant de sa délégation de pouvoir ont perduré dès lors qu'il a gardé la même position hiérarchique au sein de la société, le nouveau président étant son supérieur hiérarchique direct comme l'était le président de la société absorbée, et que l'établissement de Brest se trouvait sous sa responsabilité dans la première comme dans la deuxième entité ; mais en se déterminant ainsi, sans rechercher si la fusion-absorption invoquée, qui avait donné lieu à la création d'une société distincte de la précédente et à un changement de dirigeant social, n'avait pas eu pour effet d'entraîner la caducité de la délégation de pouvoir accordée pour la durée de la responsabilité du prévenu au sein de la société absorbée, la cour d'appel n'a pas justifié sa décision. • Crim. 20 juill. 2011 : *RSC 2011. 850, obs. Cerf-hollander*.

b. Situations voisines de la délégation

354. Subdélégation. La subdélégation est possible. • Crim. 14 févr. 1991, n° 90-80.122 P. ♦ ... Mais dans les mêmes conditions que la délégation. • Crim. 4 janv. 1991 : *Dr. pénal 1991. 171.* ♦ ... Et pourvu qu'elle ne soit pas antérieure à celle-ci. • Crim. 28 nov. 1995 : *Gaz. Pal. 1996. 1, chron. crim. 66.* ♦ L'autorisation du chef d'entreprise à l'initiative de la délégation de pouvoirs initiale n'est pas nécessaire à la validité des subdélégations de pouvoirs, dès lors que celles-ci sont régulièrement consenties et que les subdélégataires sont pourvus de la compétence, de l'autorité et des moyens propres à l'accomplissement de leur mission. • Crim. 30 oct. 1996, n° 94-83.650 P : *Gaz. Pal. 1997. 1. Somm. 122, note Latry-Bonnart ; BJS 1997. 120, note Mascala.*

355. Pluralité de délégations. Le cumul de plusieurs délégations pour l'exécution du même travail est de nature à restreindre l'autorité et à entraver les initiatives de chacun des prétendus délégataires. • Crim. 2 oct. 1979, n° 78-93.334 P. ♦ Le chef d'entreprise ne peut déléguer ses pouvoirs à plusieurs personnes pour l'exécution d'un même travail, un tel cumul étant de nature à restreindre l'autorité et à entraver les initiatives des prétendus délégataires. • Crim. 19 mars 1996 : *BJS 1996. 846, note Barbiéri.* ♦ Si le chef d'entreprise a la faculté de déléguer la direction d'un chantier à un préposé investi par lui et pourvu de la compétence, de l'autorité et des moyens nécessaires pour veiller efficacement à l'observation des dispositions en vigueur, il ne peut, en revanche, déléguer ses pouvoirs à plusieurs personnes pour l'exécution d'un même travail, un tel cumul étant de nature à restreindre l'autorité et à entraver les initiatives de chacun des prétendus délégataires ; pour relaxer le président d'une entreprise de travaux publics, la cour d'appel retient qu'il a délégué ses pouvoirs en matière de sécurité à deux chefs de chantier ; en se déterminant ainsi, elle a méconnu le sens et la portée de l'art. L. 263-2 [L. 4741-1 et L. 4741-9 nouv.] C. trav. • Crim. 23 nov. 2004, n° 04-81.601 P : *D. 2005. Pan. 1527, obs. Segonds ; RSC 2005. 321, obs. Cerf-Hollender*.

356. Direction unique. Outre la délégation de pouvoirs, le chef d'entreprise ne peut être exonéré de sa responsabilité pénale que s'il est constaté expressément qu'en raison de la participation de plusieurs entreprises le travail aurait été placé sous une direction unique autre que la sienne. • Crim. 18 janv. 1973, n° 90-89.372 P. • 17 nov. 1987 : *ibid. n° 416.*

357. Rien n'interdit à des entreprises du bâtiment chargées des travaux de gros œuvre d'un même chantier de se constituer en une société en participation et de convenir de confier à un directeur de chantier les pouvoirs nécessaires pour prendre toutes mesures destinées à assurer, sur le site, l'hygiène et la sécurité de l'ensemble du personnel détaché sur celui-ci ; est dès lors valable la délégation de pouvoirs en matière de sécurité donnée par chaque dirigeant d'entreprise à un préposé de l'une d'entre elles, pour remplir cette mission. • Crim. 14 déc. 1999, n° 99-80.104 P : *Dr. pénal 2000, n° 56 (2e arrêt), obs. Véron ; RSC 2000. 600, obs. Bouloc*. ♦ Sur les conséquences de cette délégation en termes de responsabilité pénale des personnes morales, V. ss. art. 221-7.

358. Les infractions spécifiques concernant l'hygiène et la sécurité des travailleurs ne peuvent être imputées à un prévenu en ses qualités d'architecte et de maître d'œuvre, alors que les salariés dont s'agit n'étaient pas sous sa direction. • T. corr. Dieppe, 13 nov. 1984 : *Gaz. Pal. 1985. 1. Somm. 88.*

359. Mise à disposition. A justifié sa décision la cour d'appel qui, pour déclarer un employeur, dont l'un des salariés a été victime d'une chute d'une hauteur de 5,80 mètres sur un chantier, coupable de blessures involontaires dans le cadre du travail et de mise à disposition de matériels de protection inadapté, constate que, bien que la victime ait été mise à la disposition d'une autre société chargée de la construction d'un télésiège, c'est l'employeur qui a fourni la longe du harnais de sécurité, et énonce qu'en fournissant ces dispositifs de protection, non conformes aux prescriptions réglementaires (Décr. n° 65-48 du 8 janv. 1965, art. 17), et en ne s'assurant pas que ses salariés étaient encadrés par un personnel doté de l'autorité et de la compétence nécessaires, l'employeur a commis une négligence en relation directe avec les blessures subies par la victime, constatations et énonciations d'où il ressort que l'employeur s'est immiscé dans les travaux confiés à cette société et que la mise de son salarié à la disposition de cette dernière n'a pas eu pour effet de le décharger de l'obligation de veiller personnellement à sa sécurité. • Crim. 16 sept. 1997, n° 96-82.618 P.

360. Prêt de main-d'œuvre. C'est à bon droit qu'une cour d'appel, après avoir relevé que, sous couvert d'un prétendu contrat de sous-traitance, deux sociétés s'étaient livrées à un prêt de main-d'œuvre à but lucratif, en déduit qu'au moment des faits, le salarié, victime d'un accident mortel du travail, était sous la responsabilité du chef d'entreprise de la société utilisatrice, et condamne ce dernier, pour les fautes qu'elle relève à son encontre, pour homicide involontaire et infraction aux règles concernant la sécurité des travailleurs. • Crim. 14 févr. 1989, n° 88-80.439 P.

C. ÉLUS LOCAUX

BIBL. Steinle-Feuerbach, *JCP 1997. I. 4057.* – Petit, *Gaz. Pal. 1999. 2. Doctr. 1746.* – Moutouh, *D. 2000, n° 6, Point de vue, p. V.* – Pansier et Charbonneau, *LPA 2000, n° du 12 juill., p. 4 à 11.* – Jacopin, *D. 2002. Chron. 507.* – Brunet, *AJ pénal 2006. 153.* – Mayaud, *RLCT 2010/58, n° 1656* (loi Fauchon : bilan territorial de dix années d'application). – Vial, *AJ pénal 2013. 308* (violences et infractions d'imprudence dans les compétitions sportives). – Mayaud, *RLCT 2013/88, n° 2441, p. 79* (la responsabilité pénale liée aux catastrophes naturelles : quelle défense pour les décideurs locaux ?). – Mayaud, *RLCT 2014/100, n° 2671, p. 23* (la gestion du risque pénal par les décideurs locaux).

361. Renvois. V. également ci-dessous, « Enseignants », « Sports », et « Vacances et loisirs ».

1° INFRASTRUCTURES

a. Établissements recevant du public

362. Salles de danse. Justifie la décision déclarant un maire coupable d'homicide et de blessures involontaires l'arrêt qui déduit des circonstances de fait de la cause que le prévenu n'a pas accompli les obligations résultant pour lui, tant d'un arrêté préfectoral dont il était chargé d'assurer l'exécution, que du Décr. n° 54-856 du 13 août 1954 conférant au maire des attributions spéciales relativement à la protection contre les risques d'incendie et de panique dans les établissements recevant du public, et que ces fautes ont été l'une des causes qui ont entraîné la mort et les blessures de nombreuses victimes. • Crim. 14 mars 1974, n° 91-24.373 P. (Aff. du Cinq-Sept).

363. Thermes. Justifie sa décision, au regard des art. 121-3 C. pén. et L. 2123-34 CGCT, la cour d'appel qui, pour déclarer coupable d'homicide involontaire le maire de la commune où était installé un établissement thermal, énonce qu'en sa qualité d'autorité de droit commun pour la police spéciale des établissements recevant du public il était chargé d'assurer l'exécution de la réglementation sur la protection des risques d'incendie et de panique dans ces établissements et qu'il avait le pouvoir d'ordonner la fermeture des établissements exploités en violation des prescriptions réglementaires, et ajoute que le maire était informé de l'irrégularité de la situation de l'établissement au regard de la réglementation applicable, pour en déduire qu'au regard de sa mission, de son expérience et des pouvoirs et moyens qu'il tenait de la réglementation, le maire n'a pas accompli les diligences normales qui lui incombaient et que son abstention fautive a contribué à la mort de nombreuses victimes, caractérisant ainsi le lien de causalité entre les manquements du prévenu et le sinistre. • Crim. 29 juin 1999, n° 98-81.413 P : *D. 2000. Somm. 29, obs. Mayaud* ; *Gaz. Pal. 2000. 1. 73, note Petit* ; *Dr. pénal 1999. 148, obs. Véron.* ♦ Confirmation de : • Toulouse, 29 janv. 1998 : *D. 1999. 56, note Bénoit.* ♦ V. en première instance : • T. corr. Toulouse, 19 févr. 1997 : *Gaz. Pal. 1997. 1. 396, note Riera* ; *RSC 1997. 832, obs. Mayaud.*

364. Maisons de retraite. Une cour d'appel caractérise en tous ses éléments, tant au regard de l'art. 121-3 C. pén qu'au regard de l'art. L. 2123-34 CGCT, le délit d'homicide involontaire reproché à un maire à la suite de l'incendie d'une maison de retraite, dès lors qu'elle énonce, d'une part, qu'il exerçait une double responsabilité en tant que président du conseil d'administration de l'établissement et en tant que maire, titulaire de pouvoirs de police, chargé notamment de la prévention des incendies dans les établissements recevant du public, d'autre part, qu'il n'a pas effectué le contrôle minimum qui lui aurait permis de constater que les travaux prescrits par la commission de sécurité n'étaient pas réalisés, pour en déduire qu'il n'a pas, dans le cadre des pouvoirs qui lui étaient conférés, effectué les diligences normales au sens de l'art. 121-3 C. pén., lequel manquement, en contribuant à la non-conformité du bâtiment sinistré aux règles de sécurité en matière d'incendie, a eu un rôle causal dans le décès des victimes ; vainement est-il prétendu que, faute d'avoir été spécialement désigné en application de l'art. R. 123-16 CCH, le maire n'aurait aucun pouvoir dans le domaine de la sécurité incendie des établissements publics, dès lors que la désignation d'un fonctionnaire ou agent en application de l'art. R. 123-16 CCH n'exclut pas la responsabilité du maire découlant de ses pouvoirs de police. • Crim. 9 nov. 1999, n° 98-87.432 P : *Gaz. Pal. 2000. 1. 626, note Petit ; RSC 2000. 389, obs. Mayaud, et 601, obs. Bouloc*.

b. Ensembles sportifs

365. Stades. Irresponsabilité du maire d'une commune à la suite de l'effondrement d'une tribune mise en place dans un stade en vue d'une rencontre sportive, dès lors que la procédure afférente aux mesures de contrôle et de sécurité avait été mise en œuvre par les services de la préfecture, et que, en l'état de l'avis de la commission de sécurité, l'inculpé n'avait aucune raison de prendre un arrêté d'interdiction ou de prévoir des essais ou des vérifications complémentaires, d'où il résulte que n'existe aucun lien de causalité, même indirect, entre le comportement du maire et l'accident survenu. • Crim. 2 mars 1994, *Furiani*, n° 93-82.580 P.

366. Équipements. Il est établi que les cages de football mobiles ont été fabriquées à l'initiative du club de football, qui a été dissous depuis, et que celles-ci ont été remisées sur une aire inoccupée située entre le stade et le terrain de tennis contre la clôture grillagée et de plus enchaînées et cadenassées ; il ressort également de divers témoignages que ces buts mobiles ont été, à diverses périodes plus ou moins longues, placés sur le terrain de football ; il n'est pas démontré que l'attention du prévenu (le maire) ait été attirée de manière précise et certaine sur la présence sur le terrain de football de ces buts amovibles, alors qu'il reconnaît par ailleurs avoir reçu du préfet une information sur le décret relatif aux équipements sportifs et tout spécialement à leur fixation ; de plus, le syndicat mixte pour la gestion des services cantonaux dont le maire était le président avait sollicité l'intervention de la commission de sécurité qui s'est déplacée en 1997 sans qu'il vienne à l'idée de personne de vérifier les équipements du terrain de football ; par ailleurs, le collège n'utilisant pas les cages de football, son directeur en ayant prohibé leur usage, le principal a indiqué dans quelles conditions il avait été amené à contacter les différentes collectivités propriétaires des installations pour vérifier leur conformité, et il a précisé que le prévenu, en tant que conseiller général, président du syndicat mixte et maire de la commune, s'était montré attentif aux problèmes de sécurité, participant aux réunions et se déplaçant même sur les lieux pour se rendre compte de l'état des installations du collège et du gymnase ; il résulte de ces éléments que le prévenu n'a pas commis une faute caractérisée susceptible d'engager sa responsabilité pénale et seule une faute de négligence peut lui être reprochée car, en se rendant au moins une fois par mois au foyer socio-culturel, son attention aurait dû être attirée par ces cages de but mobiles et il aurait dû vérifier si elles étaient utilisées et à qui elles appartenaient ; le maire a ainsi commis une faute de négligence engageant sa responsabilité civile. • TGI La Rochelle, 7 sept. 2000 : *D. 2000. IR 250 ; Gaz. Pal. 2000. 2. 2369 ; LPA, 23 nov. 2000, n° 234, p. 13, note Vital-Durand ; RSC 2001. 159, obs. Mayaud*. ♦ Sur appel, • Poitiers, 2 févr. 2001 (arrêt confirmatif) : *JCP 2001. II. 10534, note Salvage*. ♦ En cassation, • Crim. 4 juin 2002 (rejet du pourvoi), n° 01-81.280 P : *D. 2003. 95, note Petit ; ibid. 2003. Somm. 244, obs. Roujou de Boubée ; RSC 2003. 127, obs. Giudicelli*.

c. Monuments et installations

367. Obus d'ornement. Responsabilité (homicide involontaire) du maire d'une commune qui connaissait l'instabilité des obus d'ornement d'un monument aux morts, savait qu'un accident s'était déjà produit, et n'avait pas, en méconnaissance de son obligation d'assurer la sécurité dans la commune, fait sceller au sol lesdits obus. • Crim. 13 févr. 1992 : *Gaz. Pal. 1992. 2. Somm. 373*.

368. Installations électriques. Justifie sa décision, au regard des dispositions, non contraires à l'art. 7 Conv. EDH, des art. 121-3, 221-6 et 222-19 C. pén. et de l'art. L. 2123-14 CGCT, la cour d'appel qui, pour déclarer le maire d'une commune coupable d'homicide et de blessures involontaires du fait de l'électrocution de plusieurs personnes entrées en contact avec les barrières métalliques délimitant la piste d'un bal « disco » organisé par le comité des fêtes de la commune, retient que, s'il ne pouvait lui être reproché d'avoir violé, de façon manifestement délibérée, une obligation particulière de prudence ou de sécurité prévue par la loi ou le règlement, il aurait dû se préoccuper de la vérification des installations électriques et des prescriptions à observer lors de manifestations sur la voie publique ; dès lors, en se désintéressant de l'organisation de la manifestation, confiée au comité des fêtes, qui a signé les contrats définissant les obligations à la charge de la commune quant à l'équipement électrique mis à disposition des intervenants, et en s'abstenant de vérifier ou de faire vérifier le respect des règles de sécurité, l'élu a commis une faute caractérisée exposant autrui à un risque d'une particulière gravité qu'il ne pouvait ignorer, d'où il résulte que le prévenu n'a pas accompli les diligences normales qui lui incombaient, compte tenu de ses compétences, du pouvoir et des moyens dont il disposait, ainsi que des difficultés propres aux missions que la loi lui confie. • Crim. 11 juin 2003, n° 02-82.622 P : *AJ pénal 2003. 24, obs. J. L.-H. ; Dr. pénal 2003. 120, obs. Véron ; RSC 2003. 784, obs. Mayaud .*

369. Lampadaires. Responsabilité du maire d'une commune, ainsi que du directeur d'un office public départemental d'HLM, du fait de l'électrocution d'un enfant qui jouait dans une flaque d'eau, au pied d'un lampadaire sans circuit de protection par raccordement à la terre. • TGI Narbonne, 12 mars 1999 : *Gaz. Pal. 1999. 1. 405, note Petit* (sur la responsabilité pénale de la commune et de l'office HLM en tant que personnes morales, V. ss. art. 221-7).

370. Aires de jeux. Un enfant âgé de sept ans, qui jouait sur l'aire de jeux d'un centre social communal, a trouvé la mort en tombant accidentellement d'une buse en béton que ses camarades s'amusaient à faire rouler ; l'enquête a mis en évidence l'absence de dispositif de scellement ou de calage de la buse qui reposait directement sur l'herbe, sur un sol de surcroît en légère pente ; c'est à bon droit que la cour d'appel retient, pour déclarer le maire de la commune coupable d'homicide involontaire, que l'installation de la buse, préalable à son élection mais connue de lui, destinée à l'écoulement des eaux et utilisée comme élément de jeux sans être ni fixée ni stabilisée, révélait un risque d'une particulière gravité que les circonstances de l'accident en elles-mêmes démontrent ; en outre, l'intéressé avait été personnellement informé de la dangerosité de l'aire de jeux et avait omis d'accomplir les diligences qui s'imposaient alors qu'il avait les compétences, les moyens et l'autorité pour prévenir le dommage en faisant enlever la buse avant, le cas échéant, de la faire fixer ou stabiliser ; il n'a donc pas pris les mesures permettant d'éviter le dommage, a commis une faute caractérisée et qui exposait autrui à un risque d'une particulière gravité qu'il ne pouvait ignorer, au sens de l'art. 121-3, al. 4, C. pén. • Crim. 2 déc. 2003, n° 03-83.008 P : *AJ pénal 2004. 114 ; Gaz. Pal. 2004. 2. Somm. 2667, obs. Monnet ; Dr. pénal 2004. 17 (1er arrêt), obs. Véron ; RSC 2004. 347, obs. Mayaud .*

2° ACTIVITÉS

a. Festivités

371. Défilés. Un défilé avait été organisé dans un village afin de marquer la fête de la Saint-Jean ; il avait été convenu que la fanfare marcherait en tête, selon un trajet déterminé par la municipalité, et que les dix-huit personnes la composant se déplaceraient, en tenue d'apparat, par rang de trois, suivies des familles et des spectateurs ; un conseiller municipal devait précéder le mouvement de plusieurs dizaines de mètres, afin de faire la circulation et de veiller au ralentissement des véhicules ; mais une voiture arriva à plus de 100 km/h, équipée de trois pneus lisses, et, malgré les signes désespérés faits en direction du conducteur, celui-ci ne put éviter l'accident, heurtant et blessant deux enfants ; poursuivi pour blessures involontaires, le maire de la commune fut reconnu coupable par la cour d'appel, qui lui reprocha les insuffisances de la procédure mise en place et dénonça son caractère inadapté : alors que seul un conseiller municipal se trouvait en avant du cortège, il aurait dû interdire la circulation pendant la durée du défilé, prescrire la mise en place de barrières de sécurité, faire précéder la fanfare par un véhicule muni d'un gyrophare, ou encore poster une personne à l'entrée du village ; le prévenu fut jugé responsable pour ne pas avoir accompli les diligences normales, compte tenu de la nature de ses missions ainsi que du pouvoir et des moyens dont il disposait pour éviter le drame, ayant manqué ainsi à une obligation de sécurité prévue par la loi au sens de l'art. 121-3 C. pén., puisqu'il n'avait manifestement pas pris les mesures propres à éviter l'accident, et ayant commis une faute caractérisée qui exposait autrui à un risque d'une particulière gravité qu'il ne pouvait ignorer, étant maire de la commune depuis une trentaine d'années ; mais, en relevant ainsi à la charge du maire un manquement à une obligation de sécurité prévue par la loi, sans préciser la source et la nature de cette obligation, et en déduisant de ce manquement prétendu qu'il avait commis une faute caractérisée exposant autrui à un risque d'une particulière gravité qu'il ne pouvait ignorer, sans rechercher en quoi les diligences du prévenu n'étaient pas normales au regard de l'art. 121-3, al. 3, C. pén., et adaptées aux risques prévisibles, la cour d'appel n'a pas donné de base légale à sa décision. • Crim. 18 juin 2002, n° 01-86.539 P : *D. 2003. 240, note Gauvin ; ibid. Somm. 244, obs. Roujou de Boubée ; Gaz. Pal. 2002. 2. 1743, note Petit ; Dr. pénal 2002. 120, obs. Véron ; RSC 2002. 814, obs. Mayaud .* ♦ Sur la reconnaissance de la faute caractérisée par la cour de renvoi, cf. • Rouen, 10 sept. 2003 : *JCP 2003. IV. 3015.*

372. Animations. Le président du comité des fêtes d'une commune a organisé un jeu à destination des enfants avec des taurillons dans une arène ; un enfant a été victime d'une fracture splénique ayant entraîné une ITT d'un mois ; le contrat de prestation de services signé avec un ganadero et loueur de vaches landaises ne contient aucune disposition sur la sécurité des participants à cette animation, ni délégation à la charge du prestataire de services, et comporte une clause l'exonérant de toute responsabilité ; la nature du jeu se déroulant dans une région peu habituée à ce genre d'attractions appelait des mesures particulières ; l'annonce parue dans la presse locale évoquant l'ambiance corrida avec un troupeau de vachettes venues pour défier les candidats à la cocarde, à leurs risques et périls, est nettement insuffisante pour exonérer les organisateurs de leur responsabilité ; l'acceptation des risques invoquée ne peut s'appliquer qu'à des risques parfaitement connus et acceptés par les victimes ; or, les parents de l'enfant n'avaient manifestement pas conscience du risque, d'autant que l'animateur avait incité les enfants à prendre part à ce jeu sans aucune information préalable ; il n'existait aucun secours sur place pour une manifestation qui attendait, selon les organisateurs, 15 000 personnes et qui prévoyait une animation comportant des risques sérieux de blessures ; il y a donc eu une prise en compte nettement insuffisante du caractère dangereux de l'animation proposée, un manque de moyens destinés à assurer la sécurité des personnes, caractérisant une faute grave d'imprudence ou de maladresse de la part des responsables de la manifestation ; cette faute a exposé la victime à un risque d'une particulière gravité, qui était parfaitement prévisible, et que le prévenu ne pouvait ignorer. • T. pol. Angers, 30 août 2006 : *JCP 2006. IV. 2906.* ♦ Dans le cadre de ses pouvoirs de police, le maire de la commune était tenu de veiller à ce que toutes les mesures tendant à assurer la sécurité des personnes aient été prises et ne pouvait s'en remettre à la bonne volonté des organisateurs ; il est établi qu'il ne connaissait pas le programme exact des animations et qu'il ne savait pas qu'un jeu allait être organisé dans l'arène avec des enfants ; son action s'est limitée à prendre les arrêtés nécessaires pour autoriser la manifestation, à effectuer les avis prévus par les règlements ; les problèmes de sécurité n'ont donné lieu à aucune synthèse entre les responsables de la commune, les services de secours et les organisateurs, sachant que ces derniers comptaient sur plus de 10 000 personnes ; le maire n'a donc pas accompli les diligences normales au regard de ses compétences, du pouvoir dont il disposait, et n'a pas pris la mesure des difficultés propres aux missions qui lui sont confiées par la loi ; il a délégué de fait, et sans exercer de contrôle, l'organisation de la manifestation au comité des fêtes et ne peut s'abriter sur la modestie des moyens de la commune ; s'agissant d'une petite collectivité locale, il se devait d'être d'autant plus présent et *impliqué dans l'organisation* de la fête dont la dimension et les risques particuliers exigeaient de sa part une particulière vigilance ; ce désengagement constitue une faute qui a exposé la victime à un risque d'une particulière gravité que le maire ne pouvait ignorer. • Même jugement.

373. Il résulte de l'art. L. 2122-18 CGCT que la délégation de fonctions du maire à un élu, opérant transfert de la responsabilité pénale, ne peut prendre que la forme d'un arrêté municipal. Méconnaît ce texte la cour d'appel qui, pour condamner du chef d'homicide involontaire deux conseillers municipaux responsables d'un comité des fêtes, retient qu'ils avaient reçu une délégation de fait du maire de la commune. • Crim. 18 juin 2013, n° 12-84.368 P : *AJ pénal 2014. 74, obs. Vial*.

b. Domaines skiables

374. Compétences respectives du maire et de l'exploitant. Dans le cadre de la police municipale, le maire prescrit les précautions convenables et pourvoit aux mesures d'assistance et de secours, non en effectuant lui-même les tâches nécessaires, mais en prescrivant par arrêté aux personnes qui y sont assujetties, particuliers ou employés municipaux, voire citoyens requis dans des circonstances exceptionnelles, d'accomplir les mesures concrètes correspondantes... ; sauf à confondre compétence réglementaire et gestion directe, le fait que la police municipale comprenne la prévention des avalanches et le secours aux victimes n'autorise pas le maire à prendre personnellement la direction quotidienne du service de sécurité du domaine skiable exploité dans un cadre industriel et commercial, mais seulement à prendre en cette matière les arrêtés réglementaires s'imposant à l'exploitant et aux particuliers qu'il juge convenables ; les dispositions de l'art. L. 131-2, § 1, 6° C. communes n'ont donc ni pour objet ni pour effet de dispenser les personnes privées titulaires d'une délégation de service public industriel et commercial d'exploitation d'un domaine skiable d'accomplir les actes auxquels elles sont personnellement tenues par l'effet de la loi, d'un règlement, y compris d'un arrêté de police municipale, ou, comme en l'espèce, d'un contrat de droit privé comportant une obligation accessoire de sécurité. • Grenoble, 25 févr. 1998 : *Gaz. Pal. 1998. 1. Somm. 183, et chron. crim. 67.* ♦ Confirmé par : • Crim. 9 nov. 1999, n° 98-81.746 P : *Dr. pénal 2000, n° 56 (1er arrêt), obs. Véron ; RSC 2000. 389, obs. Mayaud*.

375. Prévention des avalanches. Dès lors que des conditions météorologiques laissaient craindre des risques d'avalanche, et en l'absence de dispositif permettant un déclenchement artificiel des plaques neigeuses présentant un danger dans un secteur signalé comme comportant de tels risques, et où avait eu lieu l'année précédente une coulée importante, a commis une faute de négligence, d'imprudence et d'inobservation des règlements, en relation de causalité directe avec le décès de deux skieurs, le maire d'une commune qui s'est abstenu d'ordonner la fermeture d'une piste de ski. • Grenoble, 5 août

1992 : *JCP 1992. II. 21959, note Sarraz-Bournet ; RSC 1993. 103, obs. Levasseur* .

376. Passage des engins d'entretien. Après avoir quitté son emplacement de stationnement, un engin à chenille, tirant une dameuse dont la fraise rotative était en mouvement, a emprunté une piste de ski de fond perpendiculaire à la piste réservée à la pratique de la luge ; le véhicule a coupé la trajectoire d'un enfant de trois ans et demi, qui, sous la surveillance de ses parents, glissait sur sa luge à une vitesse modérée ; l'enfant s'est encastré dans l'engin et est décédé ; c'est à bon droit que la cour d'appel a retenu la culpabilité du maire pour homicide involontaire ; en effet, le prévenu avait pris le parti d'assurer seul la responsabilité de la sécurité de la station de ski gérée directement par la commune ; il s'était borné, par un arrêté intercommunal datant du 23 févr. 1973, à autoriser les engins de damage à accéder aux pistes de ski alpin, sans réglementer les conditions de leur circulation dans les autres lieux de la station ; à tout moment de la journée les dameuses, cachées par un rideau d'arbres, quittaient leur garage et accédaient immédiatement aux pistes de luge et de fond fréquentées par tous les usagers et notamment par de jeunes enfants n'ayant pas la maîtrise de leur équipement de glisse, créant ainsi un risque apparent et permanent ; le maire, qui connaissait parfaitement la configuration des lieux, n'a pas pris les mesures qui auraient permis d'éviter un accident prévisible, et a commis une faute caractérisée exposant autrui à un risque d'une particulière gravité qu'il ne pouvait ignorer. • Crim. 18 mars 2003, n° 02-83.523 P : *RSC 2003. 783, obs. Mayaud* ; *Gaz. Pal. 2004. 1. 534, note Bodecher.* ♦ En première instance, V. • T. corr. Millau, 12 sept. 2001 : *LPA, 6 mars 2002, n° 47, p. 13, note Steinle-Feuerbach.*

377. Accumulation de négligences. A commis une faute caractérisée par accumulation de négligences le prévenu, maire d'une petite commune de montagne exploitant en régie un domaine skiable, poursuivi du chef d'homicide involontaire, après qu'un jeune adolescent de 14 ans eut effectué, en bordure d'une piste, et à l'intersection d'une autre, un saut de 13 mètres de longueur, pour retomber 5 ou 6 mètres en contrebas, cette chute lui ayant occasionné une mort immédiate ; lui ont été reprochés : l'ouverture prématurée de la station avant la livraison de balises conformes aux exigences de sécurité, alors que la présence d'une telle signalisation eût averti le jeune skieur du danger, voire l'aurait incité, malgré sa vitesse, à changer de direction et, en cas d'impossibilité technique, à se laisser tomber sur la piste, ce qui aurait évité, sinon l'accident, du moins ses conséquences mortelles ; l'inobservation des recommandations des gendarmes quant à l'opportunité de filets de protection, qui auraient également contribué à prévenir l'accident, notamment en évitant le franchissement du fossé, et en assurant un amortissement de la chute de la victime ; l'ouverture de la station sans avoir préalablement réuni la commission intercommunale de sécurité ; le fait que la station avait connu de graves accidents, dont un mortel, survenu moins de deux ans auparavant, et à propos duquel la signalisation des pistes avait été déjà mise en cause. • Toulouse, 13 nov. 2003 : *RSC 2004. 637, obs. Mayaud* .

c. Baignades

378. Cumul de négligences. Les maîtres nageurs, chargés de la surveillance d'une zone de baignade sur un lac municipal, doivent être relaxés du chef de blessures involontaires par négligence, sur la personne d'un enfant de cinq ans qui, ne sachant pas nager et étant dépourvu de brassards, s'est noyé en passant du petit dans le grand bain ; les prévenus ne peuvent en effet se voir reprocher aucune faute, dans la mesure où ils étaient présents au moment des faits et où ils ont été les premiers à remarquer la position anormale de l'enfant, à le repêcher et à donner l'alerte ; en revanche, le maire de la commune doit être retenu dans les liens de la même prévention dès lors qu'il existe à son encontre de nombreuses négligences : les secteurs de baignade n'étaient pas séparés par un filet solidement fixé au fond, le personnel de surveillance était trop faible par rapport à la fréquentation des lieux et assumait une moyenne d'heures de travail trop importante sur un site où les profondeurs n'étaient pas indiquées. • Grenoble, 23 mai 1996 : *JCP 1996. IV. 2228.* ♦ La personne à qui des parents ont confié leur enfant de sept ans, qui s'abstient de le surveiller de manière constante pendant sa baignade dans une zone signalée comme dangereuse et non surveillée, et alors qu'elle n'ignore pas qu'il ne sait pas nager, commet une faute engageant sa responsabilité pénale, dès lors que l'enfant s'est noyé pendant qu'elle discutait avec une tierce personne ; la même infraction doit être retenue à l'égard du maire de la commune propriétaire de l'étang où se sont déroulés les faits, dès lors qu'il n'a pas observé les dispositions réglementaires en matière de sécurité des plans d'eau : la publicité des conditions de la réglementation était insuffisante, les panneaux ne signalant pas l'existence d'une zone surveillée à l'entrée du plan d'eau et ne concordant pas avec le contenu de la réglementation ; la personne ayant la garde de la victime n'a ainsi pas pu être attirée sur les dangers qu'elle faisait courir à l'enfant en l'emmenant sur les lieux de l'accident. • Même arrêt.

379. Diligences normales. Accomplit les diligences normales relatives à la sécurité sur sa commune le maire qui, compte tenu de la topographie de sa commune (littoral long de 14 km), de ses moyens en personnel et de ses impératifs budgétaires fait apposer des panneaux de signalisation informant les baigneurs des dangers de la baie de Somme à marée montante et qui a fait procéder à une surveillance des plages ; il ne résulte dès lors pas de charges suffisantes à l'encontre du maire qui, en application de l'art. 121-3 nouveau C. pén. issu de la L. du 13 mai 1996, ne peut voir sa responsabilité pénale engagée pour maladresse, imprudence, négligence ou inobservation des règlements, à la suite du décès d'un baigneur, qui lui-même ne peut invoquer l'existence d'un panneau indiquant l'existence d'une plage pour établir une faute de l'élu à l'origine de l'accident. • Amiens, 9 mai 2000 : *Gaz. Pal. 2000. 2. 1413, note Petit.*

380. Faute caractérisée. Un jeune garçon qui voulait se baigner dans un étang municipal a, en plongeant, heurté, avec sa tête, un muret séparant deux bassins, recouvert par de l'eau et se trouvant dans le prolongement du ponton d'où il s'était élancé ; les expertises médicales ont révélé que la victime, qui s'était fracturée deux vertèbres, présentait une tétraplégie en lien avec l'accident ; l'enquête a mis en évidence l'absence de signalisation du muret immergé ; pour déclarer la prévenue, maire de la commune, coupable de blessures involontaires, l'arrêt retient, par motifs propres et adoptés, qu'à la suite d'un précédent accident, son attention avait été appelée sur la disparition de la ligne d'eau, antérieurement installée pour signaliser cet obstacle invisible sous l'eau ainsi que sur le risque de blessures graves qui pouvait, en cas de plongeon, en résulter pour les baigneurs ; les juges ajoutent que l'intéressée, qui s'était bornée à faire commander une nouvelle ligne d'eau, toujours attendue lors de la survenance du second accident, avait omis d'accomplir les diligences qui s'imposaient alors qu'elle avait les compétences, les moyens et l'autorité nécessaire pour apporter une réponse adaptée au risque existant ; en l'état de ces énonciations, d'où il résulte que la prévenue, qui a contribué à créer la situation ayant permis la réalisation du dommage et n'a pas pris les mesures permettant de l'éviter, a commis une faute caractérisée et qui exposait autrui à un risque d'une particulière gravité qu'elle ne pouvait ignorer, au sens de l'art. 121-3, al. 4, C. pén., la cour d'appel a justifié sa décision. • Crim. 22 janv. 2008 : *Dr. pénal 2008, n° 43 (2e esp.), obs. Véron ; RSC. 2008. 899, obs. Mayaud.*

d. Navigation

381. Ligne à haute tension. Justifie sa décision la cour d'appel qui, pour déclarer le président du syndicat intercommunal d'un plan d'eau coupable de blessures involontaires, à la suite de l'électrocution d'un plaisancier, lequel avait heurté une ligne électrique à haute tension avec le mât de son bateau, relève que l'interdiction de naviguer à moins de 30 mètres des berges, édictée par le règlement intérieur du syndicat, et matérialisée par des panneaux qui ne comportaient aucune référence à la présence d'un ouvrage électrique, était manifestement insuffisante et inadaptée à la prévention des risques résultant de la présence d'une ligne électrique à haute tension en surplomb d'une zone accessible à la navigation, et qu'il appartenait au prévenu d'imposer, notamment aux clubs nautiques agréés par le syndicat, les mesures propres à informer les usagers du danger existant ainsi qu'à empêcher toute navigation dans la zone dangereuse en procédant soit à un marquage approprié, soit à un remblayage partiel, d'ailleurs réalisé depuis l'accident, pour en déduire que le prévenu n'avait pas accompli les diligences normales qui lui incombaient. • Crim. 3 déc. 1997, n° 96-84.841 P : *D. 1999. Somm. 81, obs. Lagarde.* ♦ Rejet du pourvoi contre : • Versailles, 13 sept. 1996 : *BICC 1997. 400 ; Gaz. Pal. 1997. 1. Somm. 236 ; RSC 1997. 833, obs. Mayaud.*

e. Sites dangereux

382. Escalades. Le maire d'une commune, sur le territoire de laquelle se trouve une cascade de glace rudimentairement aménagée par les services communaux, se rend coupable d'homicide involontaire à la suite de la chute mortelle de jeunes gens ayant entrepris, dans le cadre d'une sortie organisée, l'escalade du site ; il a commis une faute dans l'exercice de ses pouvoirs de police insusceptibles de délégation, dès lors que, connaissant l'existence d'un précédent accident, et la dangerosité du site, étant lui-même montagnard, il n'a pas pris les dispositions nécessaires pour sécuriser les lieux ou mettre en place une information utile. • Chambéry, 5 janv. 2000 : *JCP 2000. IV. 2770* (V. également ci-dessous, « Enseignants »).

383. Randonnées. Ne commet pas la faute caractérisée exigée par l'al. 4 de l'art. 121-3 C. pén. le maire d'une commune qui contribue à créer la situation qui a permis la réalisation du dommage, en ne disposant pas sur les sentiers côtiers de l'île d'Ouessant une signalisation indiquant la dangerosité des abords escarpés où a fait une chute mortelle un élève qui participait à une randonnée cycliste organisée et encadrée par des enseignants. • Rennes, 19 sept. 2000 : *Gaz. Pal. 2000. 2. 2361 ; LPA, 23 nov. 2000, n° 234, p. 13, note Vital-Durand ; RSC 2001. 158, obs. Mayaud.*

384. Lieux de ramassage scolaire. Le 27 nov. 2007, Morgan A... a été mortellement blessé alors qu'il tentait de rattraper son bus scolaire, qui avait quitté son emplacement de stationnement et attendait à la sortie de la gare routière de pouvoir s'insérer dans le flot de circulation ; lorsque la conductrice du car a redémarré, ne regardant pas vers la droite, elle n'a pas vu le jeune homme qui, après avoir longé le côté droit du véhicule, s'est trouvé à hauteur de la porte avant ; déséquilibrée par la manœuvre du car, qui tournait à droite, la victime a été écrasée par la roue avant droite du véhicule ; n'a pas justifié sa décision la chambre de l'instruction qui a confirmé l'ordonnance ayant dit n'y avoir lieu à suivre contre le maire de la commune, sans rechercher si, comme elle y était invitée, le maire, à raison notamment de la dangerosité des lieux et de l'inadaptation du tracé de la route au volume et à la longueur des cars scolaires, avait effectué toutes les diligences normales au regard du risque d'accident prévisible, compte tenu de ses pouvoirs en matière de circulation. • Crim. 4 juin 2013 : *RLCT 2014/102, n° 2713, p. 27, note Mayaud ; RSC 2014. 339, obs. Mayaud*. – V. également ci-dessous, « Transports routiers ».

D. FONCTIONNAIRES ET MILITAIRES

BIBL. Guerder, *Rapport de la Cour de cassation 1998, 1999, p. 89* (la faute pénale non intentionnelle des fonctionnaires). – Petit, *Gaz. Pal. 1999. 2. Doctr. 1746.*

1° AVANT LA LOI DU 13 MAI 1996

385. Directeur des services techniques d'une ville. Responsabilité du directeur général des services techniques d'une ville, chargé en cette qualité, et sous la responsabilité du maire, de la mise en œuvre des règles d'hygiène et de sécurité, conformément au décret n° 85-603 du 10 juin 1985 relatif à l'hygiène et à la sécurité du travail dans la fonction publique territoriale et à une note de service prise pour son application le 5 août 1985 : il lui incombait de rappeler la nécessité de respecter ces règles même dans le cas d'opérations courantes et de mettre en œuvre des dispositifs permettant d'en vérifier l'observation sur les chantiers, notamment par des contrôles périodiques ; s'étant abstenu d'y procéder, il a contribué à la réalisation de l'accident survenu à la suite d'une faute grave de la victime, laquelle n'a pas respecté les règles élémentaires de sécurité pour la visite des égouts. • Crim. 22 févr. 1995, n° 94-80.810 P : *JCP 1996. II. 22730, note Proutière-Maulion ; RSC 1995. 812, obs. Bouloc ; ibid. 1995. 827, obs. Cerf-Hollender*.

2° DEPUIS LA LOI DU 13 MAI 1996

386. Préfet. Irresponsabilité d'un préfet dont la nature des missions dans le domaine de la sécurité des établissements recevant du public (thermes), telle que constatée par le tribunal, conduit à penser qu'il a accompli les diligences normales dans le cadre qui lui était imposé et qu'aucune faute ne peut, en la matière, lui être reprochée. • T. corr. Toulouse, 19 févr. 1997 : *Gaz. Pal. 1997. 1. 396, note Riera ; RSC 1997. 832*. *ibid. 835, obs. Mayaud.*

387. Directeur de cabinet d'un préfet, président de la commission départementale de sécurité. Selon l'art. 11 *bis* A de la L. du 13 juill. 1983, les fonctionnaires et les agents non titulaires de droit public ne peuvent être condamnés sur le fondement du troisième alinéa du code pénal pour des faits non intentionnels commis dans l'exercice de leurs fonctions que s'il est établi qu'ils n'ont pas accompli les diligences normales, compte tenu de leurs compétences, du pouvoir et des moyens dont ils disposaient ainsi que des difficultés propres aux missions que la loi leur a confiées ; justifie sa décision, au regard de ce texte, la cour d'appel qui déclare le directeur de cabinet du préfet, en sa qualité de président de la commission départementale de sécurité, coupable d'homicides et blessures involontaires, à la suite de l'effondrement d'une tribune ouverte au public édifiée dans une enceinte sportive homologuée, après avoir relevé que ce fonctionnaire, qui avait reçu pour mission de consacrer l'essentiel de son temps à cette rencontre sportive, avait commis des manquements personnels dans la tenue de réunions de la commission, laquelle s'est abstenue de vérifier, comme le lui imposait le code de la construction et de l'habitation, l'existence d'une autorisation d'aménagement, d'un rapport attestant la stabilité de l'ouvrage ainsi que d'un arrêté du maire autorisant l'ouverture de l'établissement, et n'a expressément formulé aucun avis définitif. • Crim. 24 juin 1997, n° 96-82.424 P : *RSC 1997. 835, obs. Mayaud ; Gaz. Pal. 1998. 2. 650, note Petit.*

388. Agents et employés municipaux. En application des nouvelles dispositions de la L. du 10 juill. 2000, les prévenus, en leur qualité respective d'agent de maîtrise municipal et d'employé de collectivité locale, ayant effectué des tests de sécurité sur un fût en bois enterré dans le sol d'une aire de jeux pour enfants attenante à un camping municipal, et ce quelques mois avant la survenance d'un accident causé par la chute dudit équipement ayant mortellement blessé un jeune enfant, ne peuvent voir leur responsabilité pénale engagée en l'absence de comportement fautif en relation directe avec la survenance du dommage ; nonobstant le fait que si les tests de contrôle avaient correctement été effectués par les prévenus, ces derniers auraient dû déceler l'existence d'une défectuosité, il n'en demeure pas moins qu'il ne peut être établi qu'ils aient commis une violation délibérée d'une obligation particulière de prudence ou de sécurité dans la mesure où, à la date des faits, aucun règlement spécifique n'était applicable à ce contrôle de sécurité et que ces tests de contrôle destinés à la recherche des risques possibles ont été réalisés de leur propre chef, ce type de contrôle ne relevant pas de leurs attributions. • Rennes, 28 nov. 2002 : *JCP 2003. IV. 2761.*

389. Un employé municipal, se trouvant sur une échelle pour réaliser la pose d'un portique pour une foire-exposition, a été blessé à la suite d'une chute de six mètres de hauteur ; c'est à bon droit que la cour d'appel a déclaré coupables de blessures involontaires l'ingénieur en chef responsable du service technique de la ville et un agent de maîtrise principal ; en effet, le premier a organisé le montage du portique dans la précipitation et a méconnu les dispositions du décret du 10 juin 1985 relatif à l'hygiène et à la sécurité du travail dans la fonction publique territoriale ; il n'a prévu ni l'utilisation d'une nacelle, ni l'installation d'échafaudages ou même d'une plate-forme ; le second prévenu a refusé, en pleine connaissance de cause, de fournir à l'équipe travaillant sur le chantier les dispositifs de protection ; les deux prévenus, agents de la fonction publique territoriale, ont contribué à créer la situation ayant permis la réalisation du dommage et n'ont pas pris les mesures nécessaires permettant de l'éviter ; le premier a violé d'une façon manifestement délibérée une obligation particulière de sécurité prévue par la loi ou le règlement, et le second a commis une faute caractérisée exposant autrui à un risque d'une particulière gravité. • Crim. 3 déc. 2002, n° 01-85.109 P : *Gaz. Pal. 2003. 2. 3038, note Monnet ; RSC 2003. 334, obs. Mayaud*.

390. Agent de l'Office national des forêts. Titulaire d'un droit d'affouage, des parents se sont rendus avec leurs enfants dans une forêt communale, et alors que les enfants jouaient sur un tronc d'arbre long de 12,60 mètres, prenant appui en oblique sur deux autres grumes posées au sol parallèlement, le tronc, en basculant et en roulant en contrebas sur environ cinq mètres, a écrasé un des enfants qui est décédé ; c'est à bon droit que la cour d'appel a déclaré l'agent technique de l'Office national des forêts chargé par la commune de l'exploitation forestière, et l'artisan chargé des travaux de bûcheronnage et de débardage, coupables d'homicide involontaire ; chargé des opérations de cubage et de la surveillance de la coupe, l'agent technique avait constaté le jour même le danger que représentait la grume en équilibre instable et avait recommandé à la personne qui l'accompagnait de ne pas rester en aval du tronc ; malgré ce constat, et bien que sachant que les lots d'affouage venaient d'être distribués et que certains bénéficiaires profiteraient de ce jour férié pour ramasser du bois, il n'a pris aucune disposition ; l'inertie du prévenu constitue une faute caractérisée dont il n'ignorait pas qu'elle exposait autrui à un risque d'une particulière gravité ; en outre, les parents de la victime ignoraient l'existence du tas de grumes ; se trouvant au bord du chemin, dans des conditions normales, ils pouvaient légitimement laisser jouer les enfants sans être tenus à une surveillance de tous les instants. • Crim. 13 nov. 2002, n° 01-88.643 P : *RSC 2003. 337, obs. Mayaud*.

391. Capitaine de vaisseau commandant d'une base aéronautique. Justifie sa décision, tant au regard des art. 319 ancien et 221-6 nouveau C. pén., qu'au regard des art. 121-3 de ce code dans sa rédaction issue de la L. du 13 mai 1996 et 16-1 de la L. du 13 juill. 1972 portant statut général des militaires, issu de la L. du 19 déc. 1996, la cour d'appel qui, pour confirmer le jugement ayant déclaré le prévenu, capitaine de vaisseau, commandant d'une base aéronavale, coupable d'homicide involontaire sur la personne d'un ouvrier d'État employé au service industriel de la base, lequel avait fait une chute mortelle, alors qu'il était occupé à une hauteur de plus de 3 mètres à la pose du toit d'un hangar, sans aucun dispositif de sécurité, individuel ou collectif, retient, après avoir estimé être en possession d'éléments d'information suffisants pour apprécier « les problèmes de gestion budgétaire » invoqués par le prévenu, que celui-ci a commis une faute personnelle en laissant exécuter les travaux concernés par les services techniques de la base plutôt que « par une entreprise civile rompue aux problèmes de sécurité » et en ne s'assurant pas, en sa qualité de commandant de base, de l'existence et de la mise en œuvre des dispositifs de protection individuelle ou collective appropriés, précisant que l'intéressé connaissait parfaitement la nécessité d'installer ces dispositifs, exigés par l'ordre particulier n° 11/80 du 27 oct. 1980 relatif à la prévention des risques de chute en hauteur, intégrant et complétant les prescriptions correspondantes du décret du 8 janv. 1965 relatives aux travaux en hauteur ; en l'état de ces motifs, d'où il résulte que le prévenu, qui était responsable de l'application des règles d'hygiène et de sécurité du travail au sein de la base en vertu de l'art. 9 du décret n° 85-755 du 19 juill. 1985, n'a pas accompli toutes les diligences normales qui s'imposaient à lui, compte tenu, notamment, de ses compétences ainsi que du pouvoir et des moyens dont il disposait. • Crim. 9 déc. 1997, n° 96-85.958 P.

E. ENSEIGNANTS

BIBL. Buttner, *AJ fam. 2004. 90* (atteintes par imprudence dans le cadre scolaire) ; *AJ pénal 2006. 156* (répression de l'imprévoyance des personnels d'éducation).

1° FONCTIONS DE DIRECTION

a. Directeur d'école

392. Installation de jeux. On peut considérer qu'au-delà de la gestion administrative de l'établissement les fonctions de direction confiées à une institutrice comportent une responsabilité à l'égard des enfants qui lui sont confiés, sans qu'il s'agisse pour autant de mettre à sa charge une obligation de résultat en matière de sécurité ; cependant, la prévenue, qui souligne sa mise à l'écart lors de l'installation de jeux, a fait preuve par la suite, et jusqu'à la survenance du dommage, d'une passivité évidente tant à l'égard de la mairie, en estimant qu'à sa qualité de propriétaire des équipements étaient rattachées les différentes obligations d'entretien ou de sécurité, que vers son ministère de tutelle qu'elle n'a jamais interpellé ni interrogé sur les éventuelles précautions à mettre en œuvre après leur installation ; cette passivité synonyme d'inactions peut être analysée comme une négligence au regard du principe énoncé ci-dessus ; de même, en reconnaissant n'avoir pris aucune mesure d'initiative ou recherche d'information auprès de sa hiérarchie à la suite du conseil d'école au cours duquel elle était pourtant directement et spécialement interpellée sur les problèmes de sécurité posés par ces jeux, la prévenue a fait preuve de négligence fautive dans l'organisation de la sécurité, et également d'une carence dans la mise en œuvre des pouvoirs dont elle était investie dans ce domaine ; cette négligence a un lien direct avec la chute survenue à la victime qui n'a pu se réceptionner sur un sol pourvu d'un système de sécurité, et c'est pourquoi la prévenue sera reconnue coupable des faits de blessures involontaires. • TGI Bastia, 10 mars 1999 : *Gaz. Pal. 1999. 1. 232, note Petit.*

393. Organisation de sorties ou de classes extérieures. Fait preuve de négligence la directrice d'un établissement scolaire qui n'assiste pas personnellement ou ne délègue pas quelqu'un pour assister au départ d'une classe de découvertes, et qui, agissant de manière administrative et non concrète, refuse par principe la participation des parents, au motif que tout était pris en charge par la ville, alors qu'elle ne s'est pas assurée personnellement de la réalité de cette prise en charge. • Grenoble, 12 juin 1998 : *Gaz. Pal. 1998. 2. 460, note Petit.* ♦ *Contra*, dans la même affaire, sur renvoi après cassation (• Crim. 12 déc. 2000 : *préc. note 8*) : la directrice d'un établissement scolaire a pu, avec l'autorisation de l'inspecteur de l'Éducation nationale, confier une classe de son école au service public organisé et dirigé par la ville, sans avoir à assister ou à se faire représenter au départ du car. • Lyon, 28 juin 2001 : *Gaz. Pal. 2001. 2. 1140, note Petit ; RSC 2001. 804, obs. Mayaud.* ♦ Conf. par • Crim. 18 juin 2002, n° 01-85.537 P : *D. 2003. Somm. 244, obs. Roujou de Boubée ; Gaz. Pal. 2002. 2. 994, note Petit ; Dr. pénal 2002. 121, obs. Véron.*

b. Proviseur de lycée

394. Formation montagne. Le proviseur d'un lycée organisant une formation montagne, formation au cours de laquelle des élèves ont chuté mortellement alors qu'ils escaladaient une cascade de glace, se rend coupable d'homicide involontaire, dès lors qu'il a désigné pour encadrer le groupe une personne qui n'avait pas l'expérience suffisante et qu'il n'a pas supervisé de manière suffisamment rigoureuse l'organisation du stage litigieux. • Chambéry, 5 janv. 2000 : *JCP 2000. IV. 2770.*

2° FONCTIONS D'ÉDUCATION

a. Surveillance générale

395. Absence d'obligations particulières de prudence ou de sécurité. La loi d'orientation sur l'éducation du 10 juill. 1989, énonçant, dans son art. 14, le principe de la responsabilité des enseignants pour l'ensemble des activités scolaires des élèves, ne contient aucune obligation particulière de prudence ou de sécurité pénalement sanctionnée. • Lyon, 28 juin 2001 : *D. 2001. IR 2562 ; Gaz. Pal. 2001. 2. 1140, note Petit ; RSC 2001. 804, obs. Mayaud.* ♦ Sur renvoi après cassation par • Crim. 12 déc. 2000 : *préc. note 8.* ♦ Aucun des lois et règlements qui posent le principe de la responsabilité des enseignants ne contient une obligation particulière de surveillance au sens de l'art. 121-3 C. pén. • T. corr. Tarascon, 29 oct. 2013 : *AJ pénal 2014. 134, obs. Vial.*

396. Pratique de jeux dangereux. Un élève de dix ans avait quitté la classe entre 16 heures 10 et 16 heures 20 pour se rendre aux toilettes ; à la fin du cours, à 16 heures 30, ses camarades l'ont découvert inanimé dans les toilettes, pendu à l'essuie-mains mural ; il est décédé six jours plus tard sans avoir repris connaissance ; le tribunal correctionnel a relaxé l'institutrice du chef d'homicide involontaire au motif qu'il n'est pas établi que la prévenue ait commis une faute de surveillance en causalité directe avec l'accident ; la cour d'appel a justifié sa décision au regard des art. 121-3 et 221-6 C. pén., confirmant ce jugement, après avoir relevé que l'enfant, qui avait souffert d'une occlusion intestinale, bénéficiait d'une permission de se rendre sans autorisation préalable aux toilettes pendant les cours ; l'institutrice, qui ignorait qu'il se livrait depuis peu à un jeu dangereux dont il a été victime, n'a pas violé d'obligation particulière de prudence ou de sécurité prévue par la loi ou le règlement ; les dispositions invoquées par les parties civiles des lois du 18 sept. 1937 et du 10 juill. 1989 ne prescrivent aucune obligation de cette nature ; elle n'a pas commis non plus de faute caractérisée exposant la victime à un risque qu'elle ne pouvait ignorer. • Crim. 10 déc. 2002, n° 02-81.415 P : *Dr. pénal 2003. 45 (2e arrêt), obs. Véron ; RSC 2003. 332, obs. Mayaud.* ♦ Confirmation de • Paris, 24 janv. 2002, n° 00/05096.

397. Chutes. Justifie sa décision la cour d'appel qui, pour déclarer un instituteur coupable d'homicide involontaire, relève que, connaissant la dangerosité de la situation résultant de l'ouverture des fenêtres pour les enfants, il n'a pas pris à leur arrivée dans la classe les mesures de fermeture permettant d'éviter le dommage (chute d'un élève par la fenêtre), et a ainsi commis une faute caractérisée exposant les élèves à un risque d'une particulière gravité qu'il ne pouvait ignorer, d'où il résulte que le prévenu n'a pas accompli les diligences normales qui lui incombaient, compte tenu de ses fonctions, de ses compétences ainsi que du pouvoir et des moyens dont il disposait. • Crim. 6 sept. 2005, n° 04-87.778 P : *D. 2005. Pan. 2988, obs. Garé* ; *AJ pénal 2006. 38, obs. Saas* ; *AJFP 2006. 45* ; *Dr. pénal 2006. 3, obs. Véron* ; *RSC 2006. 62, obs. Mayaud*.

398. Stages d'initiation. Justifient leur décision les juges qui, pour déclarer coupable d'homicide involontaire un professeur d'éducation physique, retiennent que la faute caractérisée qu'il a commise, en exerçant seul avec l'assistance d'une collègue non qualifiée, au cours d'un stage d'initiation à la voile, une surveillance insuffisante sur un groupe de vingt et un enfants, embarqués sur onze dériveurs légers, dont il savait qu'ils n'avaient aucune expérience de la navigation et qu'ils étaient exposés à des réactions de panique, entretient un lien de causalité certain avec la noyade et le décès de l'un d'eux. • Crim. 4 oct. 2005, n° 04-84.199 P : *Dr. pénal 2006. 2, obs. Véron* ; *RSC 2006. 64, obs. Mayaud*.

399. Rappel à la discipline. Le geste de saisir la poignée de son cartable pour ramener un élève turbulent à la raison, n'est pas un geste portant atteinte physiquement de façon directe à cet élève. • Versailles, 16 juin 2003 : *RSC 2004. 87, obs. Mayaud*.

400. Aucune des lois et règlements qui posent le principe de la responsabilité des enseignants ne contient une obligation particulière de surveillance au sens de l'art. 121-3 C. pén. ; en conséquence, en l'absence de faute délibérée, l'institutrice qui a exclu un élève du cours et l'a laissé seul dans un couloir sans surveillance doit être relaxée du délit d'homicide involontaire. • T. corr. Tarascon, 29 oct. 2013 : *préc. note 33.*

401. Repas de fin d'année. Justifie sa décision au regard de l'art. 121-3 C. pén. la cour d'appel qui, pour déclarer un enseignant d'un centre de formation recevant des jeunes majeurs coupable d'homicide involontaire à la suite du décès de l'un de ses élèves en lien avec son alcoolisation, retient que cet enseignant a contribué à créer la situation ayant permis la réalisation du dommage en achetant et en introduisant dans l'établissement des boissons alcoolisées qui ont été consommées à l'occasion d'un repas de fin d'année organisé à l'initiative des élèves avec son aval et qu'il n'a pas pris les mesures permettant de l'éviter, en laissant, par suite d'un défaut de surveillance, la victime quitter l'établissement au volant de son véhicule alors qu'elle se trouvait *sous l'emprise d'un état alcoolique*, le tout étant constitutif d'une faute caractérisée et qui exposait autrui à un risque d'une particulière gravité qu'il ne pouvait ignorer. • Crim. 12 janv. 2010, n° 09-81.799 P : *D. 2010. Pan. 2736, obs. Garé* ; *RSC 2010. 134, obs. Mayaud*.

b. Classes de découverte – Affaire du Drac

402. Juridictions du fond. Lorsqu'un intervenant extérieur vient se joindre à un enseignant dans une activité scolaire, l'enseignant doit alors assurer, non seulement l'organisation pédagogique de la séance, mais également le contrôle effectif de son déroulement ; il lui appartient, s'il est à même de constater que les conditions de sécurité ne sont manifestement plus réunies, de suspendre ou d'interrompre immédiatement l'activité ; d'autre part, toute personne qui doit assurer la responsabilité d'une activité en raison de ses fonctions doit se donner les moyens lui permettant d'apprécier objectivement les risques que cette activité est susceptible d'entraîner ; cette obligation de vigilance est encore plus exigeante quand sont en cause de jeunes enfants confiés par leurs parents à un établissement d'enseignement ; enfin, la qualité d'une sortie dépend largement de la préparation dont elle a fait l'objet de la part du maître ; en conséquence, une prévenue, institutrice dans l'enseignement privé, ne saurait être fondée à se prévaloir de son manque de connaissance des risques que les activités qu'elle projetait (promenade dans le lit d'une rivière) pouvaient entraîner pour les jeunes enfants dont elle avait la charge, alors que son ignorance procède de sa négligence dans la préparation de son projet pédagogique. • TGI Grenoble, 15 sept. 1997 : *Gaz. Pal. 1997. 2, chron. crim. 211* ; conf. par : • Grenoble, 12 juin 1998 : *Gaz. Pal. 1998. 2. 460, note Petit.*

403. Cassation. Les dispositions d'une loi nouvelle s'appliquent aux infractions commises avant leur entrée en vigueur et n'ayant pas donné lieu à une condamnation passée en force de chose jugée, lorsqu'elles sont moins sévères que les dispositions anciennes ; ne peuvent être condamnées pour blessures ou homicide involontaires la directrice et l'institutrice d'une école, ayant contribué indirectement à la réalisation du dommage, que s'il est établi qu'au regard de l'art. 121-3, al. 4, C. pén., dans sa rédaction issue de la L. du 10 juill. 2000 tendant à préciser la définition des délits non intentionnels, elles ont soit violé de façon manifestement délibérée une obligation de prudence ou de sécurité prévue par la loi ou le règlement, soit commis une faute caractérisée et qui exposait autrui à un risque d'une particulière gravité qu'elles ne pouvaient ignorer. • Crim. 12 déc. 2000 : *préc. note 8* (cassation de • Grenoble, 12 juin 1998 : *préc. note 402*). ♦ *Adde* : Moutouh, *D. 2001. Forum internet n° 7* (l'accident du Drac : une application de la nouvelle définition des délits non intentionnels).

404. Cour de renvoi. En recevant avant son départ en classe hors de l'école la dirigeante du centre agréé correspondant à la destination choisie, en envisageant avec elle les conditions de séjour et les possibilités d'activités, en s'entretenant dans les mêmes conditions, avec une collègue l'ayant précédée dans ledit centre, laquelle ne lui avait signalé aucune anomalie, la prévenue a accompli les diligences normales d'une institutrice soucieuse de ses devoirs, compte tenu de la nature de sa mission ou de ses fonctions, de ses compétences ainsi que du pouvoir et des moyens dont elle disposait, alors qu'elle bénéficiait d'une autorisation délivrée en toute connaissance de son projet par un inspecteur de l'Éducation nationale, qu'elle adhérait à un véritable service public organisé et dirigé par la ville, fonctionnant à la satisfaction de tous depuis des années ; les griefs d'impréparation, de manque de curiosité, de passivité formulés contre elle sont totalement injustifiés ; le reproche adressé au cours des débats de n'avoir pas fait l'acquisition d'une carte détaillée et de n'avoir pas effectué une étude approfondie de la topographie des lieux, manifeste le plus total irréalisme, seules les diligences normales devant être exigées d'une simple institutrice, et non pas des diligences relevant de la compétence d'un officier d'état-major dont l'activité consiste à la recherche, à l'analyse des menaces et des moyens d'y remédier. • Lyon, 28 juin 2001 : *Gaz. Pal. 2001. 2. 1140, note Petit ; RSC 2001. 804, obs. Mayaud* (sur renvoi après cassation par • Crim. 12 déc. 2000 : *préc. note 8*).

405. *Rejet du pourvoi.* A fait une exacte application des art. 121-3 et 221-6 C. pén., dans leur rédaction résultant de la L. du 10 juill. 2000, l'arrêt attaqué (• Lyon, 28 juin 2001 : *préc. note 404*) qui, après avoir rappelé que la seule cause directe du décès de six enfants péris par noyade est un lâcher d'eau effectué sans précaution par des préposés d'Électricité de France, relève par les motifs repris aux moyens que ni l'institutrice, qui avait obtenu de l'inspecteur de l'Éducation nationale l'autorisation de conduire ses élèves dans le lit du Drac pour leur faire découvrir l'environnement local avec l'assistance d'une animatrice qualifiée de la ville de Grenoble agissant en exécution du service public communal d'animation des classes de découverte suivies par les enfants des écoles publiques et privées pendant le temps scolaire, ni la directrice, qui s'était bornée à émettre un avis favorable à la demande d'autorisation formulée par l'institutrice, n'ayant pu envisager le risque auquel étaient exposés les élèves, n'ont commis une faute caractérisée et n'ont violé de façon manifestement délibérée une obligation particulière de prudence ou de sécurité prévue par la loi ou le règlement. • Crim. 18 juin 2002, n° 01-85.537 P : *D. 2003. Somm. 244, obs. Roujou de Boubée ; Gaz. Pal. 2002. 2. 994, note Petit ; Dr. pénal 2002. 121, obs. Véron.*

c. Sorties scolaires

406. *Préparation.* Doit être relaxée du délit d'homicide involontaire l'institutrice qui a organisé une sortie scolaire au cours de laquelle trois écoliers ont trouvé la mort suite à une collision entre le minibus qui les transportait et un train sur un passage à niveau ; en effet, il apparaît qu'elle n'a commis aucun manquement à la réglementation en vigueur au moment des faits ; ainsi, la circulaire du 20 août 1976 relative aux sorties et voyages collectifs d'élèves prévoit que si l'enseignant prépare le projet de sortie, c'est le chef d'établissement qui donne ou non son accord au projet et qui conserve la responsabilité entière de l'opération et des engagements avec l'extérieur que la sortie exige, et que c'est à lui qu'il appartient d'évaluer le nombre d'accompagnateurs nécessaire. • Aix-en-Provence, 29 nov. 1999 : *JCP 2000. IV. 2665.* ♦ Par ailleurs, l'exigence d'un accompagnateur supplémentaire dans le cas de transport en commun d'enfants, régie par l'arrêté du 29 août 1984, n'était prévue que dans le cas de transport d'enfants handicapés ; dans ces conditions, il ne saurait être reproché à la prévenue, qui, dans sa demande de sortie avait précisé, d'une part, que le chauffeur de bus cumulait les fonctions de chauffeur et d'accompagnateur, d'autre part, le nombre d'enfants présents, de ne pas avoir vérifié que le véhicule prévu pour 20 places mais qui comportait des strapontins, dont elle pouvait croire qu'ils pouvaient être utilisés, permettait le transport de tous les enfants ; cette vérification incombait au directeur d'école, qui a d'ailleurs été condamné pour cela. • Même arrêt.

407. *Encadrement.* Le prévenu enseignant encadrant une sortie de ski qui laisse partir 3 élèves vers une cascade de glace en vue de son escalade après la pratique du ski, se rend coupable d'homicide involontaire après la chute mortelle de l'un d'eux pendant l'escalade ; il a commis une faute en ne s'opposant pas à leur projet alors qu'il était le seul habilité à ce moment à contrôler le groupe et qu'il disposait des pouvoirs et des moyens nécessaires pour interdire aux élèves de donner suite à leur projet d'escalade. • Chambéry, 5 janv. 2000 : *JCP 2000. IV. 2770.* ♦ Sur la responsabilité du proviseur du lycée en sa qualité d'organisateur, V. ci-dessus, « Fonctions de direction », 392 s.

408. *Évacuation en cas d'accident.* Il apparaît que la prévenue, institutrice ayant organisé une sortie scolaire au cours de laquelle trois écoliers ont trouvé la mort suite à une collision entre le minibus qui les transportait et un train sur un passage à niveau, n'a commis aucune faute d'imprudence et de négligence en relation de causalité certaine avec l'accident, ayant dans le temps extrêmement court dont elle disposait fait tout ce qu'elle pouvait, même si elle n'y est pas parvenue entièrement, pour sauver les enfants ; en effet, même si les experts, qui ont établi qu'un délai de 25 secondes s'était écoulé entre l'immobilisation du véhicule sur le passage à niveau et la collision, ont estimé que ce délai aurait été suffisant pour permettre l'évacuation totale du minibus si la décision d'évacuer avait été prise rapidement et énergiquement et si l'évacuation s'était faite simultanément par la porte avant d'accès normal et par la porte arrière prévue en tant qu'issue de secours, à l'évidence la reconstitution des faits, telle quelle a été effectuée par les experts avec de jeunes policiers, qui ne se trouvaient pas dans le même état psychologique que celui de l'institutrice et des enfants, et qui savaient à l'avance qu'au moment du signal ils devaient sortir du minibus, ne renseigne que sur le temps objectivement nécessaire à l'évacuation d'un certain nombre de personnes dont la vie n'est pas en danger dans un temps donné. • Aix-en-Provence, 29 nov. 1999 : *JCP 2000. IV. 2665.* ♦ Par ailleurs, il s'avère que l'origine immédiate et directe de l'accident est la conséquence du cumul des fautes gravissimes du chauffeur qui a non seulement franchi la barrière du passage à niveau au mépris des signaux sonores et lumineux, et n'a pas réussi après avoir calé à remettre le minibus en marche, mais surtout qui a adopté une attitude suicidaire, restant totalement passif, ne faisant rien ni pour faciliter l'ouverture difficile de la portière avant que l'institutrice avait du mal à manipuler, ni pour ouvrir la porte de secours. • Même arrêt. ♦ Dans ces conditions, on ne saurait reprocher à la prévenue, après avoir elle-même essayé en vain de faire redémarrer le minibus, d'avoir couru dans un premier temps et un court instant en direction du train pour faire signe au conducteur de s'arrêter, ce au risque de sa propre vie, ignorant que ce dernier compte tenu du temps nécessaire pour arrêter le convoi ne pouvait matériellement empêcher la collision, avant de retourner rapidement vers le minibus pour faire procéder elle-même à l'évacuation des enfants, ni même d'avoir pensé, en l'absence de toute formation à cet égard, à utiliser la porte arrière dont elle ne connaissait pas le fonctionnement ; en outre, rien ne permet d'affirmer avec certitude qu'un accompagnateur supplémentaire, qui pas davantage que la prévenue n'aurait connu le fonctionnement de la porte arrière, puisque aucune explication n'avait été donnée à cet égard, aurait rendu plus rapide l'évacuation des enfants. • Même arrêt.

F. MÉDECINS ET PROFESSIONNELS DE SANTÉ

BIBL. Akida, *LGDJ 1994, Préface Chavanne* (responsabilité pénale des médecins). – Di Marino, Problèmes actuels de science criminelle, *Vol. VIII, PU Aix-Marseille, 1995* (responsabilité pénale des membres de l'équipe d'anesthésie). – Goni et Delmas, *Gaz. Pal. 1996. 2. Doctr. 729 (chirurgie sans transfusion* de sang). – Guigue, *Gaz. Pal. 1996. 2. Doctr. 774* (responsabilité médicale : expert ou juge ?). – Véron, *Gaz. Pal. 1996. 2. Doctr. 1440* (responsabilité pénale au sein d'une équipe médicale). – Garay, *Gaz. Pal. 2000. 2. Doctr. 2275* (régime pénal de l'erreur de diagnostic). – Lachaud, *Gaz. Pal. 2001. 2. Doctr. 1352* (causalité indirecte et faute qualifiée en responsabilité médicale). – Duval, *RD publ. 2001, p. 1843* (faute personnelle, faute disciplinaire et faute pénale, et activité médicale hospitalière). – Mistretta, *JCP 2002. I. 149* (responsabilité pénale médicale à l'aune de la L. du 10 juill. 2000). – Gontier, Icard et Pansier, *Gaz. Pal. 2002. 2. Doctr. 1748* (bilan jurisprudentiel en matière de responsabilité médicale). – Alt-Maes, *JCP 2004. I. 184* (dépénalisation du droit médical) ; *Mél. Bouloc, Dalloz, 2006. 1* (la grande illusion : la dépénalisation attachée à l'application de la L. du 10 juill. 2000 au médecin). – Wester-Ouisse, *RGDM 2008, n° spéc., p. 245* (dépénalisation du droit médical, *in* Le sens des mots en droit des personnes et droit de la santé). – Bertella-Geffroy, *Gaz. Pal. 2008. 2. Doctr. 3068* (justice pénale, santé individuelle et santé publique). – Hérail, *Gaz. Pal. 2008. 2. Doctr. 3077* (droit pénal des produits de santé). – Carrère, *Gaz. Pal. 2008. 2. Doctr. 3082* (juge pénal et professionnels de santé). – Verny, *RDSS, hors série 2008, p. 58* (la responsabilité pénale au sein de l'équipe médicale). – Rialland, *Gaz. Pal. 2009. 2. Doctr. 2802* (l'interne en médecine face à sa responsabilité pénale). – Alt-Maes, *Gaz. Pal. 2009. 2. Doctr. 2862* (suicide d'un malade et responsabilité des établissements et personnels de soins). – CEERDS Montpellier, *D. 2009. 1459* (affaire de « l'hormone de croissance » : tout ça pour ça ?).

1° CHIRURGIENS ET ANESTHÉSISTES

a. Principes de responsabilité

409. Surveillance personnelle. Le médecin est personnellement astreint à la surveillance des actes accomplis, sous sa direction immédiate, pendant une intervention chirurgicale, par le personnel placé sous ses ordres, et commet une faute engageant sa responsabilité pénale dès lors qu'il n'exerce pas cette surveillance avec toute l'attention nécessaire. • Crim. 9 mai 1956 : *Bull. crim. n° 355 ; JCP 1956. II. 9435, note Savatier.*

410. L'existence d'une faute relevée à l'encontre du médecin anesthésiste pendant la période post-opératoire n'exclut pas nécessairement l'éventualité de celle du chirurgien auquel a été confiée l'intervention ; telle est l'hypothèse du chirurgien qui, ayant quitté la clinique en compagnie du médecin-anesthésiste, savait qu'il abandonnait le malade entre les mains d'une infirmière et non entre celles d'un médecin qualifié. • Crim. 10 mai 1984, n° 83-91.174 P : *D. 1985. 256, note Penneau ; JCP 1984. II. 20303, note Dorsner-Dolivet ; RSC 1985. 79, obs.* Levasseur ; cassation de • Paris, 24 févr. 1983 : *Gaz. Pal. 1983. 1. 297 ; JCP 1984. II. 20303, note Dorsner-Dolivet ;* et, sur renvoi, • Versailles, 4 mars 1985 : *Gaz. Pal. 1985. 1. 300.* ♦ Si la surveillance post-opératoire incombe au médecin anesthésiste pour ce qui concerne sa spécialité, le chirurgien n'en demeure pas moins tenu, à cet égard, d'une obligation générale de prudence et de diligence, notamment de s'assurer que le malade reste sous la surveillance d'une personne qualifiée. • Cass., ass. plén., 30 mai 1986, n° 85-91.432 P : *RSC 1986. 851, obs. Levasseur.*

411. Justifie sa décision la cour d'appel qui, pour renvoyer le prévenu des fins de la poursuite pour homicide involontaire sur la personne d'un enfant âgé de un an, qu'il avait opéré d'une hernie inguinale, et qui était décédé le lendemain d'une crise d'hyperthermie maligne, syndrome rare et imprévisible, difficile à diagnostiquer, retient que, n'ayant constaté aucun indice de complication, il avait pu considérer son rôle comme terminé, sauf à être appelé par l'une des professionnelles chargée de la surveillance des opérés, relève que l'enfant était placé dans une unité de soins où étaient affectées des personnes qualifiées en nombre suffisant, et énonce que si, selon les experts, le personnel de surveillance avait mal évalué les symptômes et appelé le pédiatre tardivement, au moment où aucune thérapeutique ne pouvait plus être mise en œuvre, le prévenu n'était pas en cause et ne pouvait avoir commis une faute d'imprudence ou de négligence, puisqu'il n'avait été informé d'aucune manière de l'évolution de son opéré. • Crim. 28 sept. 1999, n° 97-82.353 P : *RSC 2000. 393, obs. Mayaud.*

412. Recours aux données actuelles de la science. Dès lors que la victime a présenté, sinon au moment de son admission à l'hôpital, du moins dans les jours qui ont suivi, des symptômes, en présence desquels le médecin anesthésiste et les deux médecins chirurgiens responsables auraient dû suspecter l'existence d'une tétraplégie et procéder à un examen radiologique du rachis cervical en entier, ces médecins se sont rendus coupables d'un manque de précaution au sens de l'art. 320 C. pén. ; en s'abstenant de procéder à cet examen, ils n'ont pas été suffisamment attentifs et n'ont pas utilisé les moyens d'investigation dont ils disposaient pour établir le diagnostic de la luxation. • Dijon, 18 janv. 1995 : *BICC 1995. 1251.*

413. Justifie sa décision la cour d'appel qui, après avoir relevé que l'erreur de diagnostic imputable à un anesthésiste-réanimateur et à un chirurgien ne procédait pas d'une ignorance ou *d'une négligence dans les examens préopératoires*, et que la thérapeutique à laquelle ils n'avaient pas eu recours n'était pas encore de pratique courante, en déduit que les intéressés n'ont pas commis de faute. • Crim. 3 nov. 1988, n° 87-82.088 P : *RSC 1990. 71, obs. Levasseur.*

414. En l'absence de symptômes permettant d'évoquer une affection, les médecins n'avaient pas, au regard des données actuelles de la science, à prescrire d'examens spécifiques, au demeurant dangereux. • Crim. 15 nov. 1995 : *Dr. pénal 1996. 100 (I), obs. Véron ; Gaz. Pal. 1996. 1, chron. crim. 53.*

415. Erreur de diagnostic. Pour une erreur de diagnostic non constitutive en elle-même d'une faute pénalement punissable, en raison de la complexité et de l'équivoque des symptômes, ainsi que de la difficulté de leur constatation et de leur interprétation. • Crim. 17 janv. 1991 : *Dr. pénal 1991. 169 (2e esp.) ; RSC 1992. 78, obs. Levasseur.*

416. Fautes communes. Pour des exemples de faute commune imputée à la fois au chirurgien et à l'anesthésiste. • Crim. 22 juin 1972, n° 90-25.172 P. • 22 juin 1972 : *ibid. n° 219 ; JCP 1972. II. 17266 ; Gaz. Pal. 1972. 2. 757* • 23 nov. 1994 : *Dr. pénal 1995. 88, obs. Véron* • T. corr. Montpellier, 21 déc. 1970 : *D. 1971. 637, note Chabas ; Gaz. Pal. 1971. 1. 76.*

417. Faute caractérisée. L'art. 121-3 C. pén., modifié par la L. du 10 juill. 2000, ne retient la responsabilité pénale d'une personne physique ayant causé indirectement un dommage que si celle-ci a, soit violé de façon manifestement délibérée une obligation particulière de prudence ou de sécurité prévue par la loi ou le règlement, soit commis une faute caractérisée et qui exposait autrui à un risque d'une particulière gravité qu'elle ne pouvait ignorer ; la faute qualifiée n'est pas caractérisée à l'égard d'un chirurgien et d'un anesthésiste, prévenus d'homicide involontaire à l'égard d'une patiente décédée d'un arrêt cardiaque consécutif à une insuffisance rénale aiguë, survenue à la suite d'une réimplantation urétéro-vésicale, dès lors que les experts judiciaires ont fait état du caractère exceptionnel de cette complication lorsqu'elle survient au troisième ou quatrième jour de l'opération, et qu'un traitement a été prescrit après constatation d'une baisse de la diurèse, et que si ces experts ont indiqué que des examens biologiques pratiqués plus tôt auraient utilement orienté la thérapeutique, et que la gravité de la situation avait été sous-évaluée par les praticiens, il n'est cependant pas permis de considérer que ceux-ci savaient que leur comportement créait à l'encontre de leur patiente un danger d'une particulière importance. • Agen, 27 nov. 2000 : *BICC 2001. 606.* ♦ Cependant, par référence aux dispositions de l'art. 470-1 C. pr. pén., la responsabilité contractuelle des praticiens tenus d'une obligation de moyens sera retenue, en application des règles du droit civil, pour accorder réparation aux parties civiles, la preuve de l'existence du lien de causalité entre le fait dommageable et le préjudice étant à suffisance rapportée. • Même arrêt.

418. Constitue nécessairement une faute caractérisée le fait pour un médecin de prendre en charge, sauf circonstances exceptionnelles, une pathologie relevant d'une spécialité étrangère à sa qualification dans un établissement ne disposant pas des équipements nécessaires. • Crim.

23 oct. 2012 : *Dr. pénal 2013, n° 3, obs. Véron ; Gaz. Pal. 2013. 1. 291, note Merckx.*

419. Causalité. Ni l'art. 319 ancien, ni l'art. 221-6 nouveau C. pén. n'exigent qu'un lien de causalité exclusif direct et immédiat existe entre la faute du prévenu et le décès de la victime ; il suffit que l'existence d'un lien de causalité soit certaine ; tel est le cas lorsqu'un médecin obstétricien et un médecin anesthésiste, qui connaissaient l'état antérieur de la patiente, à savoir deux précédentes césariennes avec hypertension artérielle, en ne procédant pas notamment à un examen pré-anesthésique et à une vérification de la disponibilité immédiate de sang afin de faire face à une césarienne difficile pouvant intervenir à tout moment avec un risque hémorragique prévisible, et en prenant en charge la patiente en clinique au lieu de décider son transfert sur un centre hospitalier mieux à même de faire face aux complications redoutées même si elles étaient éventuelles, alors que les experts ont relevé que la toxémie survenue en fin de césarienne, à l'origine de l'hémorragie disséminée, n'était pas imprévisible, ont commis des négligences et imprudences qui ont nécessairement contribué au décès de la victime. • Metz, 8 janv. 1998 : *BICC 1998. 1324.*

b. Chirurgiens

420. Nécessité de défaillances causales. Est coupable d'homicide involontaire le chirurgien à la charge duquel ont été constatées des négligences en relation de cause à effet avec le décès de l'opéré. • Crim. 18 nov. 1976, n° 75-91.803 P : *JCP 1977. II. 18617.*

421. Causalité. Les juges qui, pour déclarer un chirurgien coupable d'homicide involontaire, retiennent à sa charge, comme faute essentielle et déterminante ayant directement entraîné le décès, la décision d'intervention et la conduite d'ensemble du processus opératoire sans qu'ait été suffisamment examiné et pris en compte, à l'occasion d'une opération de chirurgie esthétique, le risque avéré de thrombose présenté par la victime en raison de son âge, constatent par là même que ce prévenu a causé directement le dommage. • Crim. 29 oct. 2002, n° 01-87.374 P : *RSC 2003. 330, obs. Mayaud.*

422. Le lien de causalité entre l'intervention chirurgicale et le décès du patient ne peut être qu'indirect, ledit décès n'étant pas la conséquence de l'opération mais des complications survenues dans les suites opératoires, et ce, quelle que soit l'interprétation des conclusions médicales des experts qui ont relevé que le décès était dû à une embolie pulmonaire présentée par le patient en période postopératoire, en l'absence de prescription d'un traitement anticoagulant ; dans ces conditions, le chirurgien se situe comme un auteur indirect ou médiat du dommage, c'est-à-dire ayant contribué à créer la situation, ayant permis sa réalisation ou n'ayant pas pris les mesures pouvant permettre de l'éviter ; le choix de l'anesthésie utilisée, compte tenu du bon état général de la victime confirmé par ses proches, ne relevait pas nécessairement de la responsabilité du chirurgien, dans la mesure où le choix d'une anesthésie loco-régionale apparaissait adapté à son état de santé ; il n'est pas non plus médicalement établi que l'administration d'anticoagulants à titre préventif soit absolument nécessaire, le risque de thrombose apparaissant limité ; en l'absence de violation délibérée ou de faute caractérisée, il apparaît que la responsabilité pénale du chirurgien doit être écartée et il convient de confirmer le jugement de relaxe intervenu. • Versailles, 16 mars 2004 : *D. 2005. Pan. 407, obs. Penneau.*

423. A justifié sa décision la cour d'appel qui conclut à l'existence de fautes essentielles et déterminantes pesant sur les prévenus, médecins intervenants, qui ont directement causé le décès de la victime, dû à l'état d'hypoxémie ayant provoqué l'arrêt cardio-respiratoire à l'origine d'une décérébration irréversible, le processus mortel étant engagé avant même la décision de procéder à l'intervention chirurgicale. • Crim. 5 avr. 2005 : *Dr. pénal 2005. 103 (2e esp.), obs. Véron.*

424. Pour déclarer le prévenu coupable des faits reprochés, l'arrêt retient qu'il résulte des pièces médicales du dossier que le décès de la victime est en relation directe, certaine et exclusive avec les lésions d'effraction liées à l'action d'un instrument chirurgical pendant l'intervention, la pénétration de cet instrument dans le crâne résultant d'une erreur de trajet répétée à plusieurs reprises ; en l'état de ces énonciations, dépourvues de caractère dubitatif, et qui caractérisent l'absence de diligences normales du chirurgien, compte tenu de la nature de ses fonctions et de ses compétences, la cour d'appel a justifié sa décision. • Crim. 30 oct. 2007 : *Dr. pénal 2008, n° 18, obs. Véron.*

425. Fautes. Oubli d'une pince dans l'abdomen d'un opéré, • Aix-en-Provence, 12 janv. 1954 : *D. 1954. 338 ; JCP 1954. II. 8040, note Savatier.* ♦ ... Intervention tardive. • Crim. 25 mai 1982, n° 80-95.056 P : *Gaz. Pal. 1982. 2. Somm. 359 ; RSC 1983. 264, obs. Levasseur.* ♦ ... Insuffisance d'information de l'anesthésiste sur les antécédents d'un malade. • Toulouse, 24 avr. 1973 : *D. 1973. Somm. 94 ; Gaz. Pal. 1973. 1. 401.* ♦ Opposer • Paris, 23 juin 1995 : *Dr. pénal 1995. 249, obs. Véron.* ♦ ... Passivité dans le suivi postopératoire. • Pau, 21 nov. 1989 : *JCP 1991. II. 21683, note Nérac-Croisier ; RSC 1992. 79, obs. Levasseur* • Versailles, 25 oct. 1993 : *Gaz. Pal. 1994. 1. Somm. 203.* ♦ ... Omission d'examens postopératoires exigés par les données actuelles de la science médicale, et qui auraient pu éviter une amputation. • Crim. 7 juill. 1993 : *Dr. pénal 1993. 255, obs. Véron ; Gaz. Pal. 1996. 1. 18, note Chabas.* ♦ ... Carences dans le suivi post-opératoire, alors qu'il importait de mettre en œuvre une surveillance d'autant plus vigilante que la parturiente, hospitalisée depuis plusieurs mois, était soumise à un traitement anticoagulant, le prévenu s'étant borné à faire une visite, le lendemain de l'intervention, sans exiger que l'anesthésiste et le personnel soignant le tiennent informé de l'évolution de l'état de santé de sa patiente demeurée sous leur surveillance. • Crim. 26 févr. 1997 : *Dr. pénal 1997. 109 (2e arrêt), obs. Véron.* ♦ Comp. • Versailles, 16 mars 2004 : *D. 2005. Pan. 407, obs. Penneau* (V. ci-dessus).

426. Sur la responsabilité du chirurgien : en l'absence d'un médecin anesthésiologue. • Crim. 26 janv. 1977, n° 76-90.076 P. ♦ ... A la suite d'une anesthésie locale. • Crim. 9 nov. 1977, n° 77-91.286 P : *D. 1978. IR 71, obs. Roujou de Boubée ; Gaz. Pal. 1978. 1. 233, note Doll ; RSC 1978. 341, obs. Levasseur.*

427. Diligences normales. Est justifié l'arrêt qui, pour déclarer coupable d'homicide involontaire le chef du service de gynécologie obstétrique d'un hôpital, retient qu'il n'a pas procédé à un examen clinique approfondi de la patiente et que sa négligence, qui l'a empêché de diagnostiquer la lésion et a retardé l'intervention chirurgicale, a causé la mort de la victime, d'où il résulte, en l'état de ces seuls motifs, procédant de l'appréciation souveraine de la cour d'appel, que le prévenu n'a pas accompli les diligences normales qui lui incombaient, compte tenu de sa mission et des moyens dont il disposait. • Crim. 29 juin 1999, n° 98-82.300 P : *D. 2000. Somm. 30, obs. Mayaud* .

428. Justifie sa décision au regard des art. 121-1 et 221-6 C. pén., tant dans leur rédaction antérieure à la loi n° 2000-647 du 10 juill. 2000, que dans leur rédaction issue de cette loi, la cour d'appel qui, pour déclarer un chirurgien hospitalier coupable d'homicide involontaire, retient que le décès de la patiente, survenu près de deux ans plus tard, est dû au grave processus de détresse neurologique observé immédiatement après l'intervention chirurgicale, lequel aurait pu être évité par le choix d'une table d'opération appropriée, énonciations d'où il résulte que le prévenu n'a pas accompli les diligences normales qui lui incombait compte tenu de la nature de sa mission et de sa fonction, de sa compétence ainsi que du pouvoir et des moyens dont il disposait, et par lesquelles la cour a constaté que le prévenu a causé directement le dommage. • Crim. 23 oct. 2001, n° 01-81.227 P : *Dr. pénal 2002. 27 (2e arrêt), obs. Véron ; Gaz. Pal. 2002. 1. 363, et la note ; RSC 2002. 102, obs. Mayaud* ; *ibid. 2002. 320, obs. Bouloc* .

429. A la suite d'interventions en raison d'une hernie discale dorsale avec compression médullaire, la patiente souffre d'une paraplégie totale et définitive ; pour déclarer le chirurgien orthopédiste coupable de blessures involontaires, la cour d'appel retient qu'il a pris la décision d'opérer seul, un lundi férié, bien que l'état de la patiente n'ait pas justifié une telle urgence, sans aviser celle-ci des risques encourus et sans l'assistance nécessaire d'un chirurgien thoracique ; n'ayant pas procédé au repérage artériel et aux contrôles radiologiques indispensables, il a commis une erreur de localisation de la hernie lors de la première intervention et provoqué une lésion médullaire ; il a choisi une voie opératoire d'abord postérieure par laminectomie dont les experts soulignent les dangers et le caractère obsolète ; il a, lors de la seconde intervention, bien que la voie choisie soit inadaptée, extrait le fragment discal attaché à la moelle, provoquant une rupture de la dure-mère ; les juges ajoutent que ces fautes, que n'aurait pas commises un praticien normalement prudent, diligent et avisé, sont directement à l'origine de la paraplégie totale et définitive dont est atteinte la patiente ; il résulte que le praticien n'a pas accompli les diligences normales qui lui incombaient compte tenu de la nature de sa mission et de sa fonction, de sa compétence ainsi que du pouvoir et des moyens dont il disposait ; la cour d'appel, qui a constaté que le prévenu avait causé directement le dommage, a justifié sa décision, au regard des art. 121-3 et 221-6 *(sic)* C. pén., tant dans leur rédaction antérieure à la L. du 10 juill. 2000 que dans leur rédaction issue de cette loi. • Crim. 21 sept. 2004, n° 03-85.510 P : *RSC 2005. 77, obs. Mayaud* .

430. Pour déclarer le chirurgien, spécialiste d'oto-rhino-laryngologie, compétent en chirurgie cervico-faciale et titulaire d'un diplôme de la Société française de chirurgie esthétique, coupable de blessures involontaires, la cour d'appel retient qu'après avoir tenté de réaliser sur sa patiente, atteinte d'une mastopathie récidivante, une reconstruction des seins autour d'implants gonflables dans le prolongement de la mastectomie sous-cutanée bilatérale réalisée par un confrère gynécologue, il a procédé tardivement, soit trois mois plus tard, malgré l'échec de la cicatrisation puis l'objectivation d'un abcès sous-cutané et d'une nécrose des tissus des mamelons à l'occasion de deux autres interventions chirurgicales inefficaces, à l'ablation des prothèses infectées en les remplaçant par des prothèses d'expansion cutanée ; en omettant de faire procéder aux examens bactériologiques que justifiaient les signes d'infection apparus un peu plus d'un mois après l'intervention, en laissant en place trop longtemps les prothèses rejetées puis en les remplaçant par de nouvelles prothèses dans les loges rétropectorales largement ouvertes sur une zone infectée, le prévenu, qui n'a pas accompli les diligences normales lui incombant compte tenu de sa mission, de ses compétences ainsi que des moyens dont il disposait, a commis de graves fautes de négligence et d'imprudence ayant un lien de causalité certain avec le dommage subi par la victime dont l'incapacité totale de travail a été fixée à six mois ; le prévenu est bien l'auteur direct des dommages subis par la victime que rien ne permet d'attribuer à une infection nosocomiale. • Crim. 19 oct. 2004, nº 04-80.317 P : *RSC 2005. 77, obs. Mayaud*.

431. Faute caractérisée. Une personne ayant reçu des coups de couteau au cours d'une rixe, arrivée en urgence à l'hôpital, avait été prise en charge par le service de radiologie et transférée au bloc opératoire ; le médecin anesthésiste réanimateur sur place avait posé un drain thoracique, puis une laparotomie avait été effectuée par un chirurgien, puis une thoracotomie par un autre chirurgien, le patient étant décédé au cours de cette dernière intervention ; le prévenu, chirurgien chef de service, n'est pas coupable d'homicide involontaire pour n'avoir pas répondu aux appels téléphoniques ; la preuve n'est pas établie qu'en l'absence de tableau de service régulier, tableau de garde établi non pas la veille des faits mais le lendemain du décès, à l'initiative ou sur instruction d'un des médecins en cause, ce chirurgien était de service ; le prévenu n'a pas créé ou contribué à créer une situation ayant permis la réalisation du dommage, n'a pas omis de prendre des mesures permettant d'éviter le dommage, et n'a pas violé de manière manifestement délibérée une obligation particulière de prudence ou de sécurité ; l'impossibilité de joindre le prévenu pour une intervention immédiate n'est pas une faute caractérisée exposant autrui à un risque d'une particulière gravité, les praticiens suffisamment qualifiés ayant pu être joints étant en nombre suffisant. • Paris, 6 mars 2003 : *JCP 2003. IV. 3069.*

432. Se rend coupable d'homicide involontaire le prévenu, chirurgien, qui a procédé à la mise en place d'un anneau gastrique sur un patient et a perforé, sans le détecter, une partie de son estomac, provoquant ainsi une infection, elle-même non détectée, qui aboutira au décès du patient ; en tant qu'auteur indirect de l'infraction, la perforation constituant un aléa thérapeutique insusceptible d'expliquer à lui seul le décès, il a commis une faute caractérisée par l'accumulation de négligences témoignant d'une impéritie prolongée ; en l'espèce, la victime présentait après l'opération une température corporelle supérieure à 38, 5° C et se plaignait de douleurs costales ; une telle température n'est pas une température postopératoire banale ; or le prévenu n'a pas prescrit immédiatement d'examens complémentaires, lesquels auraient permis de détecter suffisamment tôt l'infection provoquée par la perforation de l'estomac ; il n'a pas non plus réopéré immédiatement le patient après détection du problème par scanner ; c'est donc son absence de réactivité face au tableau hyperthermique du patient, son défaut de célérité pour prescrire des examens complémentaires et le retard dans la reprise chirurgicale qui permettent de retenir à sa charge l'existence d'une faute caractérisée, qui a exposé son patient à un risque de mort qu'il ne pouvait ignorer, en sa qualité de spécialiste des gastroplasties. • Grenoble, 4 juill. 2007 : *JCP 2007. IV. 3248.*

c. Anesthésistes

433. Causalité. Doit être relaxé du chef d'homicide involontaire, le prévenu, docteur anesthésiste, qui, bien qu'averti par téléphone de la dégradation de l'état de santé de la victime, s'abstient de se déplacer, se contentant de prescrire un traitement par téléphone ; la victime, suite à une nouvelle aggravation de sa situation décédera quelques heures plus tard d'un hémothorax post-traumatique ; les expertises médicales notent que l'absence d'intervention du docteur n'a pas provoqué le décès du patient de façon directe, certaine et exclusive, mais a seulement entraîné une perte de chance de survie considérable, cette conséquence ne permettant pas de retenir à sa charge, malgré les fautes caractérisées commises en présence d'un risque connu, la responsabilité du décès. • Pau, 2 mai 2001 : *JCP 2001. IV. 3098.*

434. Devoir de surveillance. Le médecin anesthésiste a le devoir d'exercer une surveillance constante de son malade, et ne peut l'abandonner qu'en le laissant sous la surveillance d'un personnel qualifié. • TGI Bobigny, 7 juill. 1999 : *Gaz. Pal. 2000. 1. 612, note Bonneau.*

435. Commet une faute le médecin anesthésiste qui s'absente à deux reprises délibérément de la salle d'opération, mettant ainsi un terme à sa mission de surveillance d'une patiente opérée, bien que celle-ci soit en phase de réveil et que le suivi de l'anesthésie ait été particulièrement difficile, même s'il s'est absenté pour venir en aide à un brancardier victime d'un malaise dans la salle de stérilisation : s'agissant d'une clinique importante, d'autres membres du personnel soignant pouvaient lui porter secours ; la présence du médecin aurait non seulement fourni les éléments de constatation clinique sur l'état de la patiente dans les instants qui ont précédé son décès, mais aussi et surtout ce médecin aurait pu prendre les mesures adaptées à son état : l'existence d'un lien de causalité entre la faute reprochée au médecin et le décès de la patiente est donc rapportée. • Rouen, 26 oct. 1995 : *BICC 1996. 420.*

436. Le médecin anesthésiste qui ne surveille pas suffisamment son patient dans la phase de réveil, ne donne pas de directives précises à l'infirmière lors du retour en chambre et laisse la clinique sans organisation spécifique pour faire face à l'accident qui a entraîné le décès du patient est responsable pénalement d'homicide involontaire ; en effet, la cause probable de la mort de la victime, opérée en urgence, sous anesthésie générale, est une recirculation de drogue conduisant à un arrêt cardio-respiratoire secondaire à une dépression respiratoire ; or, le médecin a fait preuve d'imprudence en ordonnant trop tôt la remontée du patient dans sa chambre ; par ailleurs, la durée de surveillance en salle post-interventionnelle a été manifestement insuffisante puisqu'elle ne couvrait pas le délai le plus fréquent de survenue des recirculations des drogues anesthésiques ; enfin, un défaut majeur d'organisation empêchait une réaction rapide pour faire face à un arrêt respiratoire. • Rennes, 10 oct. 2000 : *JCP 2001. IV. 2654.*

437. A justifié sa décision la cour d'appel qui, pour déclarer le médecin anesthésiste coupable d'homicide involontaire, retient qu'elle n'a pas donné instruction aux infirmières de contrôler régulièrement la tension artérielle et la fréquence cardiaque de l'enfant, et que cette insuffisance de surveillance, constitutive d'une faute caractérisée, dont la prévenue, en sa qualité d'anesthésiste expérimentée, ne pouvait ignorer qu'elle faisait courir à la patiente un risque d'une particulière gravité, a concouru à la sous-évaluation de l'ampleur de l'hémorragie et au décès de l'enfant. • Crim. 13 févr. 2007, n° 06-82.202 P : *JCP 2007. II. 10107 (2e arrêt), note Mistretta ; RSC. 2007. 295, obs. Mayaud.*

438. Diligences normales. Justifie sa décision, au regard tant des art. 319 ancien et 221-6 nouveau C. pén. que de ses art. 112-1 et 121-3, ce dernier en sa rédaction issue de la L. du 13 mai 1996, l'arrêt qui, pour déclarer un médecin anesthésiste coupable d'un homicide involontaire, commis antérieurement à l'entrée en vigueur de cette loi et dont a été victime un blessé dont il avait la responsabilité, relève que ce praticien n'a pas accompli les diligences normales qui lui incombaient, compte tenu de ses fonctions, de ses compétences ainsi que du pouvoir et des moyens dont il disposait au moment des faits qui lui sont reprochés. • Crim. 19 févr. 1997, n° 96-82.377 P : *D. 1998. 236, note Legros ; JCP 1997. II. 22889, note Chevallier ; Dr. pénal 1997. 109, obs. Véron ; Gaz. Pal. 1999. 1. 379, note Bonneau.*

439. Il résulte de l'arrêt attaqué et des pièces de procédure qu'une enfant est décédée à l'âge de cinq ans, le samedi 24 octobre 1998, vers 6 heures, dans la clinique où elle avait subi la veille une intervention chirurgicale ayant pour objet l'ablation des amygdales et une paracentèse ; à l'issue de l'information ouverte sur les circonstances de ce décès, la médecin anesthésiste-réanimateur, d'astreinte à la clinique du vendredi 23 octobre, à 14 heures, au lundi suivant, a été renvoyée devant le tribunal correctionnel pour homicide involontaire ; pour la déclarer coupable de ce délit, l'arrêt énonce qu'en omettant, pendant la période de plus de seize heures, qui s'est écoulée entre le moment où elle a ordonné le transfert de l'enfant de la salle de réveil à sa chambre, le 23 octobre à 13 heures, et celui du décès, de rendre visite à la patiente et de procéder à l'examen clinique qu'imposaient, tant la mention de « petits problèmes d'hémostase à surveiller », portée au dossier par le chirurgien, que l'état de somnolence persistant et les vomissements mentionnés par l'infirmière sur la feuille de surveillance postopératoire, la prévenue a commis une faute de négligence caractérisée exposant l'enfant à un risque d'une particulière gravité qu'elle ne pouvait ignorer ; les juges ajoutent que cette faute, qui lui a interdit de diagnostiquer et de traiter la complication postopératoire d'origine non chirurgicale, qui a entraîné la défaillance cardio-respiratoire à laquelle l'enfant a succombé, présente un lien de causalité certain, quoique indirect avec le décès ; en l'état de ces énonciations, procédant de son appréciation souveraine, d'où il résulte que la prévenue n'a pas accompli des diligences normales compte tenu de ses missions, de ses compétences et des moyens dont elle disposait, la cour d'appel a justifié sa décision. • Crim. 29 nov. 2005 : *JCP 2006. II. 10160, note Alt-Maes ; Gaz. Pal. 2006. 1. Somm. 2019, note Viriot-Barrial.*

440. Faute caractérisée. Victime, au cours de la soirée du 19 oct. 2000, à l'âge de trois ans, d'un œdème cérébral au centre hospitalier de Mantes-la-Jolie (Yvelines), où elle avait subi dans la matinée une ablation des amygdales et des végétations, Mélissa B... a été transférée au cours de la nuit au centre hospitalier universitaire du Kremlin-Bicêtre (Val-de-Marne), où son décès a été constaté le 20 octobre 2000 ; l'enquête, puis l'information, ouverte sur la plainte avec constitution de partie civile de sa mère, ont permis d'établir que l'enfant avait été victime d'une intoxication à l'eau, provoquée par la perfusion, le 19 oct. 2000, à partir de 15 h, du contenu de deux poches de 500 millilitres chacune d'une solution isotonique de sérum glucose à 5 % ; l'infirmière qui avait mis en place cette perfusion, Christine X..., a expliqué qu'elle croyait ainsi exécuter la prescription « Perf. = GV » inscrite sur la feuille de réanimation post opératoire par l'anesthésiste-réanimateur, Messabi Z..., selon lequel les lettres « GV » signifiaient en réalité « garder la veine » ; à l'issue de l'information, Messabi Z... et Christine X... ont été renvoyés du chef d'homicide involontaire devant le tribunal correctionnel, qui a relaxé le premier et condamné la seconde ; le ministère public, la partie civile et Christine X... ont relevé appel du jugement ; pour réformer partiellement le jugement et déclarer Messabi Z... coupable d'homicide involontaire, l'arrêt retient qu'il n'a pas formulé avec toute la clarté indispensable sa prescription relative à la perfusion, alors qu'il n'ignorait ni le danger de l'administration à un jeune enfant de solutions de sérum glucose à 5 %, ni les obligations résultant du décret relatif à l'exercice de la profession d'infirmier alors en vigueur, selon lequel l'infirmière ne pouvait accomplir ce type d'acte qu'en exécution d'une prescription écrite, qualitative et quantitative du médecin ; en l'état de ces seules énonciations, d'où il résulte que le prévenu, qui disposait des pouvoirs et des moyens nécessaires à l'exécution de sa mission, a commis une faute caractérisée exposant la victime à un risque d'une particulière gravité qu'il ne pouvait ignorer, la cour d'appel a justifié sa décision. • Crim. 1er avr. 2008 : *D. 2009. Pan. 1307, obs. Penneau ; Dr. pénal 2008, n° 93, obs. Véron.*

441. Faute délibérée. Justifie sa décision la cour d'appel qui déclare un médecin anesthésiste coupable de blessures involontaires aggravées en raison de l'inoculation intraveineuse à des patients d'un produit infecté ou avarié, afin de pratiquer des endoscopies dans un cabinet médical, avec utilisation du même flacon et de deux seringues communes à six patients, sans respect des précautions d'utilisation propres au produit employé (Diprivan) ; en méconnaissance du décret du 5 déc. 1994, le prévenu n'a procédé à aucune consultation pré-anesthésique, ni examen médical le jour de l'intervention, alors que l'un des malades portait un simulateur cardiaque ; enfin, après l'intervention, il n'a assuré aucune surveillance, laissant ses patients regagner leur domicile, malgré les troubles qu'ils présentaient ; en utilisant un produit dont l'emploi est réservé, dès l'origine, par l'arrêté autorisant sa mise sur le marché, aux établissements disposant d'un matériel d'assistance respiratoire et de réanimation, et en ne contrôlant pas les effets résiduels des médicaments, et leur élimination afin de faire face aux complications éventuelles, le prévenu a, par un manquement délibéré à une obligation particulière de prudence ou de sécurité imposée par la loi ou le règlement, involontairement causé des blessures aux six patients. • Crim. 11 sept. 2001, n° 00-85.473 P : *Dr. pénal 2002. 4, obs. Véron ; Gaz. Pal. 2002. 2. Somm. 1596, note Monnet ; RSC 2002. 106, obs. Mayaud.*

2° GÉNÉRALISTES ET SPÉCIALISTES

442. Causalité. Il résulte de l'arrêt attaqué et des pièces de procédure que la victime est décédée à son domicile au cours de la nuit du 28 au 29 janv. 2000, à l'âge de 21 ans, des suites de l'inhalation bronchique de liquides et d'aliments pendant une crise de coma diabétique ; à l'issue de l'information ouverte sur les circonstances de son décès, la prévenue, docteur en médecine, spécialiste en endocrinologie, gynécologie médicale et pathologie de la reproduction, qu'elle consultait régulièrement depuis le 9 oct. 1998 pour un hirsutisme, une surcharge pondérale et des affections gynécologiques, a été renvoyée devant le tribunal correctionnel sous la prévention d'homicide involontaire ; pour la déclarer coupable de ce délit, l'arrêt, après avoir relevé qu'elle avait reçu, le 25 janv. 2000, en urgence, la patiente, qui se plaignait d'une soif intense l'obligeant à boire quatre litres d'eau par jour, retient que le médecin s'est borné à lui prescrire par ordonnance des examens sanguins de dosage de la glycémie, sans en mentionner l'urgence ni prescrire de vérification du taux d'acétone dans les urines, et sans avoir utilisé l'appareil de lecture automatique équipant son cabinet ; les juges en concluent que la prévenue, qui avait posé un diagnostic d'hyperglycémie dès le 18 déc. 1998 et qui était en possession, le 25 janv. 2000, d'un tableau clinique révélant le risque d'une évolution vers un coma diabétique mortel, n'a pas accompli les diligences normales qui lui incombaient, compte tenu des moyens dont elle disposait, et a ainsi commis des fautes d'imprudence et de négligence qui sont la cause directe de la mort de la victime ; en cet état, si c'est à tort que la cour d'appel a retenu que le médecin avait causé directement le dommage, la censure n'est pas pour autant encourue, dès lors qu'il résulte des propres constatations de l'arrêt que la prévenue, qui n'a pas pris les mesures permettant d'éviter le dommage, a commis une faute caractérisée exposant autrui à un risque d'une particulière gravité qu'elle ne pouvait ignorer, au sens de l'art. 121-3, al. 4, C. pén. • Crim. 12 sept. 2006, n° 05-86.700 P : *D. 2007. Pan. 401, obs. Mirabail ; AJ pénal 2006. 447 ; JCP 2007. II. 10006, note Faict et Mistretta ; Dr. pénal 2007. 4, obs. Véron ; RSC 2007. 82, obs. Mayaud.*

443. Erreur ou tardiveté du diagnostic. Toute erreur de diagnostic ne constitue pas par elle-même une faute pénalement punissable ; une telle erreur engage la responsabilité du médecin, notamment lorsqu'elle procède d'une ignorance grave et dans le cas où elle résulte d'une négligence dans l'examen clinique, conduit de manière rapide, superficielle ou incomplète. • Lyon, 1er déc. 1981 : *D. 1982. IR 276, obs. Penneau.* ♦ Rappr., en matière de responsabilité civile : • Paris, 11 mai 1995 : *Gaz. Pal. 1996. 2. 401, note Bonneau* • Crim. 29 juin 1999, n° 98-83.517 P : *D. 2000. Somm. 30, obs. Mayaud ; RSC 2000. 204, obs. Mayaud* (V. ci-dessous, « Intervenants et praticiens non médecins », notes 461 s.).

444. L'erreur de diagnostic, ou sa tardiveté, ne sont pénalement punissables, que lorsqu'elles procèdent d'une négligence, caractérisée par le fait que le médecin s'est abstenu de prendre les précautions nécessaires et de s'informer suffisamment sur l'état du patient compte tenu des données admises de la science médicale et des moyens techniques dont il pouvait disposer au moment des faits ; dès lors, la tardiveté d'un diagnostic ne constitue pas une faute pénale, lorsqu'elle s'explique par la complexité des symptômes et la difficulté de leur constatation et de leur interprétation. • Nancy, 6 mai 1999 : *Gaz.*

Pal. 1999. 2. 681, note Bonneau ; D. 2000. 889, note Mistretta.

445. La seule sous-estimation de la gravité de l'affection présentée et le fait d'avoir laissé les parents transporter eux-mêmes leur enfant malade ne peuvent suffire à caractériser une faute pénale à l'encontre d'un médecin. • Crim. 21 janv. 2014 : *Dr. pénal 2014, n° 54, obs. Véron.*

446. Administration de produits sanguins. Les délits d'homicide et blessures involontaires ont pour éléments constitutifs une faute du prévenu, entrant dans les prévisions des art. 319 et 320 anciens, 221-6 et 222-19 C. pén., et un lien de causalité entre cette faute et le décès de la victime ou l'incapacité de travail subie par elle ; l'appréciation de la faute et du lien de causalité par les juges du fond étant souveraine, n'encourt pas la censure l'arrêt qui, pour dire n'avoir lieu à suivre des chefs d'homicide et blessures involontaires sur des personnes décédées ou atteintes d'une maladie à la suite de l'administration de produis sanguins contaminés par le virus du sida, retient que les médecins n'avaient pas connaissance du caractère nécessairement mortifère des produits sanguins qu'ils prescrivaient et que, dans l'incertitude sur l'existence d'un lien de causalité entre les fautes reprochées aux responsables administratifs et le dommage, les manquements de ceux-ci ne peuvent être incriminés. • Crim. 18 juin 2003, n° 02-85.199 P : *D. 2005. 195, note Prothais ; JCP 2003. II. 10121, note Rassat ; Dr. pénal 2003. Comm. 97, obs. Véron.*

447. Chef de service. Pour déclarer un chef de service coupable d'homicide involontaire, la cour d'appel énonce que l'affection dont était atteinte la victime, diagnostiquée avant son admission à l'hôpital, nécessitait un traitement antibiotique en extrême urgence, associé à la mise en œuvre de moyens de réanimation, et relève que, par suite de négligences fautives imputables au chef de service « dans l'organisation de la délégation des pouvoirs dévolus à chaque praticien » en cas d'extrême urgence, le malade n'a bénéficié d'aucun soin pendant plusieurs heures, ce qui a irrémédiablement entraîné son décès ; en l'état de ces motifs procédant de l'appréciation souveraine, par les juges du fond, des faits et circonstances de la cause, d'où il résulte que, compte tenu de sa mission et des moyens dont il disposait, le prévenu n'a pas accompli les diligences normales qui lui incombaient quant à l'organisation de son service, et dès lors que la responsabilité pénale des membres de l'équipe soignante n'est pas exclusive de celle de son dirigeant, la cour d'appel a justifié sa décision, notamment au regard de l'art. 121-3 C. pén. • Crim. 26 mars 1997, n° 95-81.439 P : *Dr. pénal 1997. 109 (3e arrêt), obs. Véron ; RSC 1997. 835, obs. Mayaud*.

448. Interne. Est coupable d'homicide involontaire, a commis une faute caractérisée exposant le patient à un risque d'une particulière gravité qu'il ne pouvait ignorer et a privé la victime de toute chance de survie le prévenu qui, interne de garde, après avoir pris connaissance des résultats des examens biologiques prescrits lors de l'admission du malade, lesquels révélaient des taux très élevés de potassium, d'urée et de créatinine permettant de diagnostiquer une hyperkaliémie majeure, s'est borné, sans consulter le médecin qui avait prescrit l'hospitalisation ni son chef de service, et sans entrer en contact avec un responsable du laboratoire, à réduire la perfusion de potassium et à ordonner, tardivement, un nouvel examen biologique, au lieu d'interrompre la perfusion et d'organiser le transfert immédiat du patient dans une unité de soins intensifs. • Crim. 1er avr. 2003 : *Dr. pénal 2003. Comm. 110, obs. Véron.*

449. En l'état d'une thyroïdectomie pratiquée par un chirurgien, chef de service, assisté d'un interne, sur un patient décédé des suites d'une complication hémorragique, après une opération qui aurait nécessité une reprise chirurgicale immédiate, encourt la cassation l'arrêt qui déclare l'interne coupable d'homicide involontaire sans répondre aux conclusions qui faisaient valoir, en se prévalant de l'art. R. 6153-3 CSP, que la décision de réopérer dont la tardiveté était la cause du décès appartenait au seul chef de service qui était présent lors de la survenance de l'hémorragie. • Crim. 3 mai 2006, n° 05-82.591 P : *AJ pénal 2006. 308 ; Gaz. Pal. 2006. 2. Somm. 4073, note David ; RSC 2006. 827, obs. Mayaud*.

450. Le prévenu, interne dans un hôpital, est relaxé du chef d'homicide involontaire, dès lors que les éléments constitutifs du délit ne sont pas établis ; après avoir entendu les doléances de la patiente, il a effectué un examen visuel, puis un toucher rectal, conformément aux instructions données par son chef de service ; il n'a détecté aucune anomalie décelable à l'œil nu, ni de corps étranger au toucher rectal ; or, les experts ont établi que le type de tumeur en cause, situé au niveau de l'utérus, est extrêmement rare, et que, vu la rareté, le prévenu, débutant et praticien non confirmé, n'a pu être en mesure d'en supposer la présence ; compte tenu de ces constatations, il n'est pas établi que le prévenu a commis une faute caractérisée ayant exposé la jeune fille à un risque d'une particulière gravité ; en outre les experts n'établissent pas qu'un diagnostic positif avec des moyens d'investigation poussée aurait pu sauver la jeune fille. • Amiens, 3 avr. 2006 : *JCP 2007. IV. 1046.* ♦ Le prévenu ayant été relaxé du chef d'homicide involontaire d'une patiente, les parties civiles ont sollicité l'application de l'art. 470-1 C. pr. pén. ; leur conseil demande à la cour de dire et juger que le praticien a commis une faute contractuelle en application des art. 1382 s. C. civ. ; ce visa est manifestement erroné, l'art. 1382 précité définissant la faute quasi délictuelle, c'est-à-dire une responsabilité pour faute en l'absence de contrat de droit privé ou de droit public ; or, le prévenu, interne dans un hôpital public, a été consulté en cette qualité par la jeune fille décédée par la suite ; le lien contractuel créé a donc été établi entre la patiente (ou ses ayants droit et représentants légaux) et l'hôpital ; ce contrat est un contrat de droit public relevant de la compétence exclusive de la juridiction administrative ; la juridiction civile est incompétente pour accorder des réparations civiles ; le tribunal ne pouvait accepter une action directe contre le praticien que si une faute caractérisée par une gravité exceptionnelle et inexcusable détachable du service était caractérisée, ce qui n'est pas le cas en l'espèce ; les parties civiles sont donc déboutées de leurs demandes. • Même arrêt.

451. Doit être cassé l'arrêt d'une cour d'appel qui, pour relaxer un médecin poursuivi du chef d'homicide involontaire, retient que la mort de sa patiente est due à une hémorragie secondaire à une plaie chirurgicale de l'aorte à la suite d'une incision cutanée pratiquée par une interne sous son contrôle, et que ledit médecin n'a commis aucune faute caractérisée, le retard de diagnostic, au surplus erroné, pouvant lui être reproché, s'expliquant par la morphologie particulière de la victime et le caractère exceptionnel des complications auxquelles il s'est trouvé confronté, alors qu'il appartenait à la cour d'appel de rechercher si le prévenu, auquel il incombait de contrôler l'acte pratiqué par l'interne, n'avait pas commis une faute entretenant un lien direct de causalité avec la mort de la patiente. • Crim. 10 févr. 2009, n° 08-80.679 P : *RSC 2009. 371, obs. Mayaud ; D. 2009. Pan. 2832, obs. Garé ; AJ pénal 2009. 224, note Demarchi ; Dr. pénal 2009, n° 60, obs. Véron.*

452. Médecin accoucheur. Est responsable le médecin : qui, en créant imprudemment un risque mortel et en négligeant d'en empêcher les effets, a privé une parturiente de toute possibilité de survie. • Crim. 9 juin 1977, n° 75-90.597 P : *JCP 1978. II. 18839, note Savatier ; Gaz. Pal. 1977. 2. 502.* ♦ ... Qui, en tardant à venir au chevet d'une parturiente, malgré plusieurs appels de la sage-femme, est à l'origine d'un handicap grave pour le nouveau-né. • Crim. 9 janv. 1992 : *Dr. pénal 1992. 172 ; RSC 1993. 328, obs. Levasseur.*

453. A la suite d'un accouchement pratiqué avec l'aide de forceps, l'enfant avait subi un traumatisme crânio-encéphalique avec hémorragie intracérébrale et intraventriculaire suivie de complications, qui dans les jours suivants ont entraîné son décès malgré les soins intensifs, après que la décision fut prise par ses parents et les responsables du service hospitalier de mettre un terme à sa réanimation ; la cour d'appel a déclaré à bon droit le médecin accoucheur coupable d'homicide involontaire, dès lors qu'il a choisi une technique d'extraction qui n'était pas justifiée par la situation, et que la mauvaise position des forceps l'a contraint à les repositionner et surtout à procéder à des efforts de traction fœtale violents et répétés ; l'utilisation maladroite de ces instruments, effectuée en méconnaissance des règles de l'art, est à l'origine directe des lésions cérébrales irréversibles ayant entraîné la mort ; il n'a pas accompli les diligences normales qui lui incombaient compte tenu de la nature de sa mission et de sa fonction, de sa compétence ainsi que du pouvoir et des moyens dont il disposait et a causé directement le dommage ; sa condamnation est justifiée au regard des art. 121-3 et 221-6 C. pén., tant dans leur rédaction antérieure à la L. du 10 juill. 2000 que dans leur rédaction issue de cette loi. • Crim. 23 oct. 2001, n° 01-81.030 P : *Dr. pénal 2002. 27 (1er arrêt), obs. Véron ; Gaz. Pal. 2002. 1. 365, note Petit ; RSC 2002. 102, obs. Mayaud ; ibid. 320, obs. Bouloc.*

454. L'agent d'un service public n'est personnellement responsable des conséquences dommageables de l'acte délictueux qu'il commet que si celui-ci constitue une faute détachable de ses fonctions ; un enfant est décédé des suites d'une septicémie, dans un centre hospitalier où il était né la veille ; à l'issue de l'information ouverte sur les circonstances de ce décès, le gynécologue-obstétricien, qui assurait par astreinte à domicile le service de garde de la maternité de cet établissement, a été renvoyé devant le tribunal correctionnel du chef d'homicide involontaire ; il fut condamné à une peine d'emprisonnement assortie du sursis et, recevant les parents et le frère de la victime en leurs constitutions de partie civile, la juridiction l'a déclaré tenu de réparer la moitié du préjudice moral résultant pour chacun d'eux du décès de la victime ; ayant relevé appel des seules dispositions civiles du jugement, le prévenu a décliné la compétence de la juridiction correctionnelle pour statuer sur l'action civile des ayants droit de la victime, en soutenant que les fautes dont il avait été déclaré coupable, commises dans l'exercice de ses fonctions, engageaient la responsabilité du service public hospitalier ; pour écarter cette exception d'incompétence et condamner le prévenu à réparer personnellement, dans la proportion fixée par les premiers juges, les conséquences dommageables du décès de l'enfant, l'arrêt retient qu'en s'abstenant de se transporter de son domicile au centre hospitalier pour prendre lui-même en main la situation de péril de la mère et de l'enfant, révélée par une température supérieure à 40, une tachycardie fœtale et la coloration du liquide amniotique, dont la sage-femme de service l'avait informé à 2 h 45, et en se bornant à prescrire au téléphone, sans procéder lui-même à l'examen de la patiente, l'administration à celle-ci d'un ocytocique puis d'un médicament antalgique et antipyrétique, le médecin, qui n'a pu entreprendre l'accouchement par césarienne qu'après son arrivée, à 4 h 15, alors que la survie de l'enfant était compromise, a commis un manquement inexcusable à ses obligations d'ordre professionnel et déontologique ; la cour d'appel ajoute que cette faute est d'une telle gravité qu'elle ne peut être assimilée à une faute de service et justifie la compétence de la juridiction judiciaire ; mais en l'état de ces énonciations, d'où il ressort que les fautes dont le prévenu, agent du service public hospitalier, a été déclaré responsable ne peuvent être considérées comme détachables de ses fonctions, la cour d'appel a méconnu la L. des 16-24 août 1790 et le principe ci-dessus rappelé. • Crim. 13 févr. 2007, n° 06-82.264 P : *AJ pénal 2007. 227* ; *RSC. 2007. 532, obs. Mayaud*.

455. Médecin de garde. Pour déclarer le médecin généraliste coupable d'homicide involontaire, la cour d'appel énonce que l'intéressée a passé sa nuit de garde au domicile de son ami qui n'était pas équipé d'une ligne téléphonique et qu'elle a enregistré sur son propre téléphone fixe un message indiquant le numéro de son téléphone portable ; elle a toutefois reconnu qu'au domicile de son ami les communications ne passaient pas toujours et qu'elle n'a entendu aucun signal sonore lorsque a été reçu le message du SAMU ; elle n'a découvert qu'après la fin de la nuit l'enregistrement de l'appel de l'enfant, âgé de 10 ans, dont le père, pris d'un malaise, avait besoin de secours ; a justifié sa décision la cour d'appel qui en déduit que, en ne prenant pas les dispositions nécessaires pour être jointe, la prévenue a retardé la mise en œuvre du bilan médical initial susceptible d'entraîner l'engagement des secours adaptés, et que cette faute caractérisée, alors que les risques d'appel étaient multipliés par la grève des praticiens libéraux, exposait autrui à un risque d'une particulière gravité que l'intéressée ne pouvait ignorer. • Crim. 13 févr. 2007, n° 06-81.089 P : *D. 2008. Pan. 512, obs. Penneau* ; *JCP 2007. II. 10107 (1er arrêt), note Mistretta* ; *RSC 2007. 298, obs. Mayaud*.

456. Pédiatre. A la suite d'un accouchement difficile à l'aide de forceps pratiqué dans une clinique, le nouveau-né, présentant notamment des lésions à la face, a été confié à un pédiatre par l'obstétricien ; après le départ du pédiatre, l'enfant, dont l'état s'était aggravé, a été transféré à l'initiative de l'obstétricien dans un hôpital local, puis dans un centre hospitalier universitaire où il est décédé quelques heures plus tard ; c'est à bon droit que la cour d'appel a déclaré le pédiatre coupable d'homicide involontaire, retenant qu'en portant son attention sur les seules lésions oculaires et orthopédiques, en négligeant le risque majeur d'extension rapide de l'hématome superficiel et les complications hémorragiques qui pouvaient en résulter, et en omettant de mettre en place une surveillance médicale adaptée, il a commis une faute en relation de causalité directe avec le décès, qui aurait pu être évité si l'enfant avait été transféré à temps dans un service spécialisé ; le pédiatre n'a pas accompli des diligences normales compte tenu de ses missions, de ses compétences et des moyens dont il disposait. • Crim. 13 nov. 2002, n° 01-88.462 P : *D. 2004. 1336, note Conte* ; *Gaz. Pal. 2003. 2. 2416, note Monnet* ; *RSC 2003. 331, obs. Mayaud*.

457. Un patient, âgé de 12 ans et atteint d'un anévrisme géant, est décédé à la suite d'une hémorragie cérébrale alors qu'il avait été hospitalisé pour la seconde fois en 5 jours, pour des maux de tête et des convulsions ; le décès est survenu lors de la seconde hospitalisation, après transfert tardif du patient dans un centre hospitalier universitaire ; la prévenue, médecin pédiatre, a été poursuivie du chef d'homicide involontaire ; elle a été condamnée par le tribunal correctionnel qui a relevé qu'elle avait commis une faute caractérisée exposant la victime à un risque qu'elle ne pouvait ignorer ; la faute consiste dans le fait que la prévenue n'a pas su établir un diagnostic et n'a pas fait réaliser de scanner cérébral lors de la première hospitalisation ; cet examen a été réalisé tardivement lors de la seconde hospitalisation ; en outre, la victime a été transférée au centre hospitalier par des moyens inadaptés, sans recours aux moyens d'urgence ; la victime a donc perdu une chance de bénéficier d'un traitement à un stade moins tardif ; la réaction de la prévenue a été inadaptée et manifestement imprudente, en présence de symptômes devant nécessairement conduire à envisager la pathologie du patient ; elle a commis une erreur manifeste d'interprétation des symptômes et des résultats d'analyses ; cependant, il n'est pas établi que le lien de causalité entre la faute et le dommage soit certain ; en effet, il n'est pas démontré qu'un diagnostic immédiat aurait permis d'éviter le décès de la victime en raison, notamment, du caractère inhabituel et très grave de l'affection cérébrale dont elle était atteinte ; il n'est pas prouvé qu'une intervention chirurgicale ou des soins adaptés à la pathologie et réalisés immédiatement auraient permis avec certitude d'éviter le risque mortel pour la victime ; dès lors, la décision de condamnation doit être infirmée. • Amiens, 4 avr. 2005 : *JCP 2006. IV. 1074.*

458. Médecin régulateur du SAMU. Une personne âgée de 45 ans est décédée à son domicile d'un infarctus du myocarde, avant l'arrivée du médecin envoyé par le SAMU saisi d'une demande de secours cinquante minutes plus tôt par l'épouse de la victime ; pour déclarer le médecin régulateur au centre de réception et de régulation des appels médicaux du SAMU coupable d'homicide involontaire, la cour d'appel énonce qu'en faisant le choix, après avoir procédé d'une manière rapide, superficielle et incomplète à l'interrogatoire téléphonique de l'épouse, d'envoyer sur place un médecin de quartier dépourvu des moyens d'intervention nécessaires plutôt que l'une des trois ambulances du service médical d'urgence alors disponibles, le prévenu, qui a contribué à créer la situation ayant permis la réalisation du dommage, a commis une faute caractérisée exposant le malade à un risque d'une particulière gravité qu'il ne pouvait ignorer eu égard à son expérience de praticien et aux informations qui lui étaient communiquées ; la cour d'appel a justifié sa décision au regard des art. 121-3, al. 4, et 221-6 C. pén. • Crim. 2 déc. 2003, n° 02-85.254 P : *D. 2005. Pan. 407, obs. Penneau ; AJ pénal 2004. 118, obs. Pitoun ; JCP 2004. II. 10044, note Mistretta ; Gaz. Pal. 2004. 2. 2567, note Monnet ; Dr. pénal 2004. 17 (2e arrêt), obs. Véron ; ibid. 118, obs. Maron ; RSC 2004. 344, obs. Mayaud*.

459. Autres exemples de responsabilité. Est responsable le médecin : qui procède à une seconde injection de sérum antitétanique, que les règles de l'art interdisaient de pratiquer à raison des symptômes réactionnels présentés par l'enfant immédiatement après la première injection de ce sérum. • Crim. 31 janv. 1956 : *Bull. crim. n° 110 ; D. 1956. 251.* ♦ V. pour l'injonction d'un produit anesthésique. • Crim. 12 juill. 1961 : *Bull. crim. n° 335.* ♦ ... Qui, chef du laboratoire ayant délivré un produit toxique, est à l'origine de l'administration mortelle dudit produit à deux malades, suite à une erreur imputable à la mauvaise organisation du laboratoire. • Crim. 29 avr. 1964 : *Bull. crim. n° 140.* ♦ ... Qui a commis une faute professionnelle grave en méconnaissant le danger que courait un blessé venu le consulter, auquel il n'a pas donné les soins nécessaires. • Crim. 20 juin 1968, n° 93-07.167 P : *Gaz. Pal. 1968. 2. 126 ; JCP 1970. II. 16513.* ♦ ... Qui ne convainc pas assez tôt sa malade de la nécessité de son transfert dans un milieu hospitalier spécialisé et mieux équipé pour y subir une nouvelle intervention. • Crim. 18 nov. 1992 : *Dr. pénal 1993. 129 ; RSC 1993. 780, obs. Levasseur*. ♦ ... Qui commet des négligences en manquant d'esprit critique face à un diagnostic « aberrant » au regard de la personnalité du malade et en ne tenant pas compte des doléances de celui-ci et de sa famille, alors que les symptômes de l'affection étaient apparents, ces négligences ayant permis l'issue fatale qui aurait pu être évitée. • Crim. 25 sept. 1996 : *Dr. pénal 1997. 3, obs. Véron.* ♦ ... Qui prescrit une cure de sommeil à domicile à un patient toxicomane, sans procéder à son examen clinique approfondi, sans consulter le dossier de l'hôpital que l'intéressé venait de quitter, sans disposer des résultats des examens biologiques qui auraient dû précéder un tel traitement, et en confiant le contrôle de cette cure à la compagne du patient, dépourvue de formation médicale. • Crim. 5 sept. 2000 : *Gaz. Pal. 2001. 160.*

460. Exemples d'irresponsabilité. N'est pas responsable le médecin : qui n'a commis aucune imprudence ou négligence en relation de cause à effet avec la mort du malade, et dont seule la compétence médicale est critiquée. • Crim. 28 oct. 1971, n° 90-75.070 P. ♦ ... Qui, sans faute dans l'élaboration du diagnostic, a pris la décision de différer l'antibiothérapie dans l'attente de résultats d'examens préalables, ce qui constituait une « conduite de sagesse » dès lors que la vie du malade ne paraissait pas en danger. • Crim. 5 oct. 1994 : *Dr. pénal 1995. 32, note Véron.* ♦ ... Dont la faute, qui a consisté à prescrire l'administration d'une substance inadaptée à l'état du patient, n'est pas en relation de causalité certaine avec les dommages cérébraux présentés par celui-ci. • Crim. 3 janv. 1996 : *Dr. pénal 1996. 100 (II), obs. Véron.* ♦ ... Dont l'imprudence, manifestée par le déclenchement du travail d'accouchement en l'absence de raison médicale impérieuse, a augmenté le risque de contamination infectieuse du nouveau-né, mais sans qu'il soit possible d'affirmer que, né à terme, l'enfant aurait survécu s'il avait contracté la même méningite fulgurante, aucun lien de causalité n'étant par suite démontré entre la faute et le décès. • Crim. 20 mars 1996, n° 95-81.168 P. ♦ ... Dont la faute a fait perdre à la victime des chances de survie, mais sans qu'il soit toutefois démontré qu'une intervention plus rapide aurait permis de la sauver, de même que l'importance de la dose mortelle absorbée par celle-ci, sa maladie cardiaque et l'incertitude qui demeure sur l'heure d'absorption des médicaments ne permettaient pas d'affirmer que, sans les négligences commises, la victime aurait survécu, le lien de causalité certain entre la faute et le dommage n'étant pas de ce fait établi. • Crim. 20 nov. 1996, n° 95-85.013 P : *Dr. pénal 1997. 34, obs. Véron.* ♦ ... Dont les manquements aux obligations générales d'apporter tous les soins au patient en fonction des méthodes les mieux adaptées et des données acquises de la science, et de ne pas lui faire courir un risque injustifié, imputés lors de la mise en œuvre d'une pratique d'accouchement naturel non prohibée, ne peuvent, en l'absence de relation de causalité avec le décès de l'enfant, caractériser le délit d'homicide involontaire qui lui est reproché. • Versailles, 28 juin 1996 : *arrêt n° 563 (inédit).*

3° INTERVENANTS ET PRATICIENS NON MÉDECINS

461. Dirigeants hospitaliers. Est justifiée la décision d'une cour d'appel qui, pour retenir la responsabilité du dirigeant d'une clinique, relève qu'au moment des faits, le personnel de garde n'était constitué que d'une aide-soignante qui, placée sous la responsabilité d'une unique infirmière, en poste dans un autre service, s'est avérée incapable d'assurer les soins d'urgence adaptés à l'état de la malade, ajoutant que cette mauvaise organisation du service, imputable au prévenu, est à l'origine directe du décès de la victime, privée de la surveillance et des soins qu'un personnel compétent aurait pu assurer. • Crim. 26 févr. 1997 : *Dr. pénal 1997. 109 (2e arrêt), obs. Véron.*

462. Il est de jurisprudence constante que le directeur d'un établissement hospitalier a le devoir de fournir un matériel adapté et un personnel ayant les qualifications requises pour assurer la sécurité des patients, laquelle ne saurait dépendre de l'existence ou de l'absence de législation. • TGI Bobigny, 7 juill. 1999 : *Gaz. Pal. 2000. 1. 612, note Bonneau.*

463. Doit être relaxé du délit de violences involontaires commis contre un ouvrier électricien, victime d'une explosion en éteignant l'interrupteur d'une fontaine électrique, le prévenu directeur d'un établissement public hospitalier qui a laissé fonctionner ladite fontaine à dégraissant avec du Solvac 3, produit particulièrement inflammable ; en effet, s'il a été établi que cet accident a eu pour origine l'inflammation des vapeurs en suspension du solvant Solvac 3 par l'étincelle générée par l'interrupteur électrique placé au-dessus du bac de nettoyage, le prévenu ne saurait se voir reprocher d'avoir violé de façon manifestement délibérée une obligation particulière de prudence ou de sécurité, ou d'avoir commis une faute caractérisée exposant autrui à un risque d'une particulière gravité qu'il ne pouvait ignorer ; certes, le défaut de possession de la notice technique du produit Solvac 3, utilisé sans incident depuis plusieurs années, est avéré alors que cette notice aurait pu avertir du caractère facilement inflammable du solvant et recommander des précautions d'emploi pour l'utilisation de ce produit avec une fontaine à dégraissant mue électriquement ; cependant, le défaut de possession ne saurait constituer une faute caractérisée qu'à la condition que ladite notice ait été demandée par les services de l'hôpital ou par des intervenants extérieurs ; or, il apparaît qu'à la suite d'un contrôle de l'atelier électricité réalisé par un inspecteur du travail, seule la fiche de données de sécurité d'un produit dénommé Deverox LP a été réclamée ; le visa de ce seul produit a conduit le directeur des services techniques à demander exclusivement sa notice technique et non celle du Solvac 3, produit dont la dangerosité n'était pas soupçonnée après des années d'utilisation ; en outre, de nombreux contrôles réalisés par des organismes spécialisés ont été prescrits, à la fois par le prévenu directeur de l'hôpital, mais aussi par des intervenants extérieurs qui avaient des connaissances techniques supérieures à celles du directeur de l'hôpital ; ils n'ont cependant donné lieu à aucune observation sur l'utilisation concomitante d'une fontaine électrique à dégraissant avec du Solvac 3. • Toulouse, 19 sept. 2002 : *JCP 2003. IV. 1709.*

464. Au mois de juillet 2002, trente-cinq cas, dont vingt et un avérés, de légionellose ont été détectés sur des personnes ayant séjourné à l'hôpital de S… ou résidant à proximité ; parmi quatre décès, l'un fut expressément rattaché à la légionellose tandis que plusieurs personnes subissaient des incapacités totales de travail n'excédant pas trois mois ; à l'issue de plusieurs expertises scientifiques, il a été établi que l'une des deux tours de refroidissement de l'hôpital, dont aucune n'avait donné lieu à déclaration préfectorale d'installation, se trouvait à l'origine de la contamination par la légionelle ; à l'issue de l'information, plusieurs personnes physiques et morales, dont les demandeurs au pourvoi, ont été renvoyées des chefs d'homicide et blessures involontaires par suite d'une violation délibérée d'une obligation particulière de prudence et de sécurité, devant le tribunal correctionnel, qui les a relaxées et a débouté les parties civiles de leurs demandes ; pour infirmer partiellement le jugement et retenir la culpabilité du Centre hospitalier de Sarlat et de son directeur au moment des faits, M. X…, l'arrêt retient notamment qu'en s'abstenant délibérément de faire la déclaration prévue par les art. L. 512-8 C. envir. et 8 de l'arrêté préfectoral du 20 août 2000, dont ils savaient qu'elle leur incombait et dont ils ont faussement laissé ou fait mentionner qu'elle avait été effectuée, les prévenus ont privé de tout contrôle par l'inspecteur des installations classées la tour aéroréfrigérante B, à l'origine de la contamination par la légionelle, contrôle à l'issue duquel, en cas de prélèvements et analyses se révélant positifs, les prévenus auraient dû mettre immédiatement un terme au fonctionnement du système de refroidissement de la tour concernée ; en l'état de ces énonciations, qui caractérisent, d'une part, un lien de causalité certain entre la faute et le dommage causé, d'autre part, la violation manifestement délibérée d'une obligation particulière de prudence ou de sécurité prévue par la loi ou le règlement, et nonobstant la référence énoncée mais surabondante dans l'un des motifs de l'arrêt attaqué relatif à l'existence d'une faute caractérisée, la cour d'appel a justifié sa décision. • Crim. 16 oct. 2012 : *Dr. pénal 2013, n° 3, obs. Véron.*

465. Chirurgiens-dentistes. Est justifié l'arrêt qui constate l'imprudence ou la négligence dont a fait preuve un chirurgien-dentiste en ne prenant pas toutes les précautions qui s'imposaient avant de prescrire un médicament injectable. • Crim. 28 nov. 1974, n° 93-51.872 P : *Gaz. Pal. 1975. 1. 311.*

466. Infirmiers. Les infirmiers qui, par inattention ou négligence, laissent un aliéné confié à leur garde mettre fin à ses jours, commettent le délit d'homicide involontaire, la mort de l'aliéné étant due, en effet, non à sa libre volonté, mais à la faute de ses gardiens. • Crim. 22 avr. 1950 : *Bull. crim. n° 126* • Agen, 1er juill. 1948 : *JCP 1949. II. 4807.*

467. S'est rendue coupable d'homicide involontaire l'infirmière du service de cardiologie d'une clinique qui a laissé une élève infirmière administrer une substance dangereuse à un patient, hors de sa présence, et sans s'être assurée qu'elle connaissait le mode opératoire, commettant ainsi une faute caractérisée ayant exposé le patient à un risque d'une particulière gravité qu'elle ne pouvait ignorer. • Crim. 26 juin 2001 : *Dr. pénal 2001. 124, obs. Véron.*

468. A la suite d'une intoxication au monoxyde de carbone, deux personnes ont été conduites dans un centre médico-chirurgical pour y subir un traitement par caisson hyperbare mis en œuvre par un médecin et un cadre infirmier hyperbariste ; les deux patients ont perdu successivement connaissance à la fin de la séance et sont décédés sans avoir pu être réanimés ; selon les experts, la mort était due à une embolie pulmonaire provoquée par une décompression trop rapide ; le médecin et le cadre infirmier ont été renvoyés devant le tribunal correctionnel sous la prévention d'homicides involontaires ; a justifié sa décision la cour d'appel qui, pour déclarer l'infirmier coupable, retient qu'il a pris l'initiative, relevant de sa compétence, d'ouvrir au maximum, et en urgence, la vanne d'échappement du sas, provoquant ainsi une décompression accélérée du caisson, en méconnaissance des normes imposées par le protocole en la matière, qu'il n'a pas respecté son obligation de surveillance alors qu'un suivi en temps réel de la séance d'oxygénothérapie et une présence constante auprès des patients, qui était d'autant plus nécessaire que l'un d'eux présentait un état jugé comme sévère, auraient dû le conduire à arrêter la décompression voire à l'inverser, ce qui aurait limité les conséquences de l'accident, et en déduisent que le prévenu a commis des fautes en relation directe avec le décès des patients. • Crim. 16 janv. 2007, n° 06-83.179 P : *RSC 2007. 530, obs. Mayaud ; AJ pénal 2007. 132 ; Dr. pénal 2007. 49, obs. Véron.*

469. Pour confirmer la condamnation de Christine X..., infirmière hospitalière, l'arrêt, après avoir rappelé que l'art. 29 du décret du 15 mars 1993 relatif aux actes professionnels et à l'exercice de la profession d'infirmier, devenu l'art. R. 4312-29 CSP, impose à l'infirmier de demander au médecin prescripteur un complément d'information s'il estime être insuffisamment informé, relève qu'ayant constaté, à l'arrivée de l'enfant dans le service (où elle avait subi une ablation des amygdales et des végétations), que le produit perfusé était du plasmolyte à 250 millilitres, la prévenue a mis en place une perfusion de 500 millilitres de sérum à 5 % de glucose sans demander au médecin prescripteur ce que signifiait la mention « perf = GV », sur le sens de laquelle elle s'est méprise ; les juges ajoutent que Christine X... a reconnu que, la première poche de 500 millilitres s'étant vidée en moins de cinq heures alors qu'une poche de ce volume se vide habituellement en douze heures, elle avait mis en place une nouvelle poche aux seuls motifs que la précédente était pratiquement vide et que la veine risquait de se boucher ; ils retiennent qu'en administrant ainsi à la jeune patiente, dans un délai court, sans mieux s'informer et sans contrôler le débit de la perfusion, une grande quantité d'un produit inapproprié, la prévenue, qui n'a pas accompli les diligences normales que ses compétences, ainsi que le pouvoir et les moyens dont elle disposait lui permettaient d'assurer, a commis une faute de négligence et d'imprudence entretenant un lien de causalité certain et direct avec le dommage ; en l'état de ces énonciations, la cour d'appel, qui a caractérisé en tous ses éléments l'infraction dont elle a déclaré la prévenue coupable, a justifié sa décision. • Crim. 1er avr. 2008 : *préc. note 215.*

470. Sages-femmes – ... Erreur de diagnostic. Une erreur de diagnostic ne saurait constituer une faute susceptible d'entraîner à l'encontre d'une sage-femme une sanction pénale du chef d'homicide involontaire ; mais cette incrimination doit être retenue si la sage-femme a fait preuve, dans les soins donnés par elle, de négligence et d'inobservation des règlements, spécialement en ne faisant pas, comme elle en avait l'obligation, appel en temps utile à l'interne de service, alors que ces manquements sont en relation directe avec le décès, suivant les conclusions des experts. • Aix-en-Provence, 23 mai 1973 : *JCP 1974. II. 17632, note Chabas ; Gaz. Pal. 1974. 1. 250, note Doll.*

471. Justifie légalement sa décision la cour d'appel qui, saisie des poursuites du chef d'homicide involontaire ouvertes, à la suite du décès d'un nouveau-né par hypoxie réfractaire, à l'encontre d'un médecin et d'une sage-femme à qui il était reproché, au premier de n'avoir pas donné des instructions telles que des rythmes anormaux lui soient immédiatement signalés, de n'avoir pas pris personnellement connaissance des tracés du monitoring et de n'avoir pas reconnu la gravité de l'état de l'enfant, et à la seconde d'avoir méconnu les anomalies du rythme cardiaque fœtal et de n'avoir pas appelé le médecin dès leur apparition, énonce que s'il eût fallu pratiquer une césarienne plus tôt, il ne peut être reproché aux prévenus qu'une erreur de diagnostic qui n'est pas une faute pénale au sens de l'art. 221-6 C. pén. et qu'il n'est pas certain que la césarienne aurait permis de sauver l'enfant, la cause de l'hypoxie étant inconnue, énonciations qui procèdent d'une appréciation souveraine. • Crim. 29 juin 1999, n° 98-83.517 P : *D. 2000. Somm. 30, obs. Mayaud ; RSC 2000. 204, obs. Mayaud.*

472. ... Appel tardif du médecin accoucheur. Est pénalement responsable du chef de blessures involontaires sur la personne de l'enfant à naître la sage-femme qui, après avoir prescrit un examen destiné à rechercher l'origine des anomalies enregistrées dans le rythme cardiaque du fœtus, n'a, malgré la persistance de ces troubles, avisé le gynécologue accoucheur que tardivement, cette faute, constitutive d'un manquement aux prescriptions de l'art. L. 369, al. 2, CSP, qui fait obligation aux sages-femmes d'appeler un médecin en cas d'accouchement dystocique, ayant concouru à la réalisation des dommages subis par l'enfant (séquelles graves et irréversibles du système nerveux). • Crim. 25 sept. 1996 : *Gaz. Pal. 1997. 1, chron. crim. 20.*

473. ... Accouchement gémellaire. C'est à tort qu'une cour d'appel a relaxé une sage-femme du chef d'homicide involontaire, au motif qu'en l'état d'un accouchement gémellaire présentant « une haute probabilité de risques », il appartenait au médecin gynécologue de donner à celle-ci les directives nécessaires au sujet de la durée de la perfusion de produits ocytociques et de procéder lui-même à l'examen clinique qui aurait permis de diagnostiquer l'hémorragie interne ; en se déterminant ainsi, alors que, d'une part, au cours de la phase postopératoire, la sage-femme était libre de prescrire ou d'interrompre, sous sa propre responsabilité, l'administration d'ocytociques, inscrits sur la liste des médicaments que les sages-femmes peuvent prescrire, et que, d'autre part, l'existence des fautes relevées à l'encontre du gynécologue pendant les opérations d'évacuation de la cavité utérine ne suffit pas à exclure l'éventualité de fautes commises par la sage-femme pendant ces opérations ou dans la surveillance des suites de couches, la cour d'appel n'a pas justifié sa décision. • Crim. 21 oct. 1998, n° 97-84.999 P : *D. 1999. Somm. 391, obs. Penneau ; RSC 1999. 320, obs. Mayaud*.

474. Sage-femme libérale. Une mauvaise surveillance de l'accouchement, l'abstention de solliciter le concours de la sage-femme de l'hôpital et d'une infirmière présentes dans les lieux, le retard à faire appel au gynécologue-obsétricien sont des négligences en lien direct de causalité avec la mort de l'enfant, puisqu'elles n'ont pas permis une intervention efficace en temps utile commandée par la constatation d'une souffrance initiale et de la descente difficile de l'enfant ; dès lors, la prévenue – sage-femme libérale – ne justifie pas avoir accompli les diligences normales auxquelles elle était tenue compte tenu de ses obligations professionnelles, de la nature de sa fonction, de ses compétences, ainsi que de l'autonomie et des moyens dont elle disposait ; en outre, l'exercice libéral de sa profession de sage-femme lui confère une indépendance et une autonomie à l'égard du gynécologue, en sorte qu'elle ne peut soutenir avoir dû obéir à ses consignes ; il s'ensuit que le délit d'homicide involontaire qui lui est reproché se trouve caractérisé en tous ses éléments constitutifs. • Versailles, 28 juin 1996 : *arrêt n° 563 (inédit).*

475. Pharmaciens. Justifie sa décision la cour d'appel qui, pour déclarer coupables d'homicides involontaires un pharmacien d'officine ainsi que le représentant légal d'une société, spécialisée dans la fabrication de médicaments à base de plantes, qui lui a livré six kilogrammes d'une herbe importée de Chine sous la dénomination de *Stephania tetranda*, réputée pour ses vertus amincissantes, retient que les prévenus ont commis des fautes caractérisées, le premier, en omettant d'analyser, en méconnaissance des bonnes pratiques des préparations officinales et des recommandations du conseil de l'ordre, l'identité de la matière première qui lui a été livrée, le second, en n'effectuant pas les contrôles, prévus par la monographie de la pharmacopée chinoise, alors que ces vérifications auraient permis de détecter la présence d'*Aristolochia fangchi*, plante dont est issu l'acide aristolochique, substance cancérigène et néphrotoxique. • Crim. 1er avr. 2008, n° 06-88.948 P : *D. 2008. AJ 1405, note Darsonville ; ibid. 2009. Pan. 127, obs. Garé ; AJ pénal 2008. 326 ; RSC 2009. 109, obs. Ambroise-Castérot ; Dr. pénal 2008, n° 110, obs. Véron.*

476. Laboratoires. Un chef de laboratoire de recherche à l'Institut Pasteur a été poursuivi du chef d'homicide involontaire ; il était responsable de la production d'hormone de croissance qui a été administrée à de nombreux enfants souffrant d'insuffisance hypophysaire les empêchant de grandir, et les victimes ont été ultérieurement atteintes de la maladie de Creutzfeldt-Jakob ; toutefois, il ne peut être reproché au prévenu une violation manifestement délibérée d'une obligation particulière de sécurité ou de prudence ; il n'a pas méconnu la réglementation relative à l'autorisation de mise sur le marché des médicaments, ni les dispositions de la loi relative aux prélèvements d'organes ; il n'a pas non plus commis de faute caractérisée ; en effet, il n'avait pas connaissance des risques possibles de contamination à l'époque des faits et les bonnes pratiques au sein du laboratoire, pour l'extraction et la purification de l'hormone de croissance, ont été respectées ; le prévenu doit donc être relaxé. • Paris, 5 mai 2011 : *JCP G 2011, note Mistretta.* ♦ La prévenue a été poursuivie du chef d'homicide involontaire ; elle était responsable de la collecte des hypophyses à l'Institut Pasteur et il lui est reproché d'avoir commis une faute délibérée en collectant des hypophyses dans des établissements à risque ou non habilités ; cependant, la prévenue n'était pas à l'origine de cette collecte et elle n'avait pas le devoir de vérifier l'existence d'une habilitation des établissements ; l'existence d'une faute caractérisée n'est pas non plus établie dès lors qu'elle n'avait pas l'obligation de veiller au respect des règles sanitaires concernant les prélèvements et qu'elle n'a pas incité à procéder à des prélèvements d'hypohyses en dehors d'un contrôle médical ; il n'est pas établi qu'elle ait eu connaissance des risques liés à la méthode de prélèvement ou au mélange d'hypophyse de qualités différentes ; elle doit donc être relaxée. • Même arrêt. ♦ Le directeur de la Pharmacie centrale des hôpitaux de Paris a été poursuivi du chef d'homicide involontaire ; il ne peut lui être reproché une faute caractérisée dès lors qu'il n'était pas chargé des contrôles de qualité de la poudre d'hypophyse provenant de l'Institut Pasteur et transformée en médicament ; l'omission de retirer des lots présentant de mauvais résultats à certains contrôles ne constitue pas une faute dès lors qu'il n'est pas établi que le prévenu avait connaissance de la situation et qu'il ne lui appartenait pas de décider le retrait de ces lots. • Même arrêt. ♦ Le directeur de la direction de la pharmacie et du médicament au ministère de la santé a été poursuivi du chef d'homicide involontaire ; le prévenu était membre ès qualité d'une association collectant des hypophyses en vue de la distribution d'hormone de croissance à des malades, atteints ultérieurement de la maladie de Creutzfeldt-Jakob ; le prévenu n'était pas compétent pour exercer un contrôle sur les conditions de prélèvement des hypophyses par l'association ni pour contrôler les conditions de purification et de fabrication de l'hormone de croissance ; il a pris la décision de contrôler la sécurité du médicament six semaines après avoir été informé de décès suspects de malades et une telle décision, scientifiquement fondée et raisonnée, a été prise sans retard ; le délit n'est donc pas constitué. • Même arrêt. ♦ Un médecin endocrinologue a été poursuivi du chef d'homicide involontaire pour avoir prescrit un traitement à base d'hormones de croissance à un patient qui est décédé de la maladie de Creutzfeldt-Jakob ; la prévenue n'a pas commis de faute d'imprudence ou de négligence en décidant de prescrire le traitement ; en revanche, le fait de le reprendre après une suspension constitue une faute d'imprudence ainsi que l'omission d'informer les parents du patient sur les risques liés à l'hormone de croissance ; cependant, ces fautes ne sont pas en lien de causalité direct et certain avec le décès ; la responsabilité de la prévenue ne peut donc être retenue. • Même arrêt.

477. Il résulte des art. L. 511 et L. 512 CSP, dans leur version applicable au moment des faits, que relève du monopole pharmaceutique la préparation des médicaments destinés à l'usage de la médecine humaine, notamment de tout produit pouvant être administré à l'homme en vue de restaurer, corriger ou modifier ses fonctions organiques ; l'extraction et la purification de l'hormone de croissance d'origine humaine entrent dans la préparation du produit pouvant être administré à l'homme et relèvent en conséquence du monopole pharmaceutique. • Crim. 7 janv. 2014, n° 11-84.456 P : *AJ pénal 2014. 239, obs. Lasserre Capdeville* ; *JCP 2014, n° 200, note Mistretta ; Dr. pénal 2014, n° 57, obs. J.-H. Robert* (cassation de • Paris, 5 mai 2011).

G. SPORTS

BIBL. Honorat, *D. 1969. Chron. 207* (atteintes à l'intégrité corporelle consécutives à l'exercice des sports). – Lassalle, Problèmes actuels de science criminelle, *Vol. VIII, PU Aix-Marseille, 1995* (violence dans le sport) ; *JCP 2000. I. 277* (violences sportives). – Bodecher, *Gaz. Pal. 2004. 1. Doctr. 260* (accidents de ski). – Bellaarousi, *Gaz. Pal. 2004. 2. Doctr. 2860* (rapports entre le droit pénal et le sport). – Vial, *Gaz. Pal. 2004. 1. Doctr., p. 1693* (violence dans les stades). – Gauvin, *Gaz. Pal. 2005. 1. Doctr. 152* (accidents de ski et de montagne). – Milliand, *Gaz. Pal. 2006. 1. Doctr. 258* (accidents de montagne). – Benillouche, *Gaz. Pal. 2007. 2. Doctr. 3592* (droit pénal et blessures occasionnées lors de la pratique du sport : entre impunité et autorégulation).

478. Encadrement des fédérations sportives. L'absence de sanction pénale pour des fautes habituellement répréhensibles pénalement, dérogation au droit commun, est la reconnaissance de l'essence même du sport en vue de permettre à l'athlète, libre de toute sujétion, de tendre sa volonté et ses forces vers la réalisation de la performance ; l'application de ce principe exige un cadre délimité par une organisation légalement habilitée pour le définir, l'installer et y contrôler l'application des règles du jeu. • Poitiers, 3 mai 1974 : *Gaz. Pal. 1974. 2. 784 ; RTD civ. 1975. 109, obs. Durry.*

1° SPORTS TERRESTRES

a. Matchs

479. Installations ouvertes au public. Les dirigeants d'une fédération sportive ou de l'un de ses organes, pourvus de la compétence, des pouvoirs et des moyens nécessaires, sont tenus de veiller à l'accomplissement des mesures réglementaires relatives à la sécurité des installations ouvertes au public, sous le contrôle effectif de la commission de sécurité ; justifie sa décision, au regard de l'art. 121-3 C. pén., en sa rédaction issue de la L. du 13 mai 1996, la cour d'appel qui, pour retenir la culpabilité des dirigeants d'une fédération sportive et de l'un de ses organes du chef d'homicides et blessures involontaires, à la suite de l'effondrement d'une tribune ouverte au public, relève qu'en présence de la modification substantielle d'un stade homologué les prévenus, en autorisant la délivrance de billets d'entrée supplémentaires sous le couvert d'un prétendu procès-verbal, manifestement irrégulier, établi au nom de la commission de sécurité, alors qu'ils n'ignoraient pas que le contrôleur technique avait limité son avis à la résistance du sol, n'ont pas exercé effectivement les pouvoirs qu'ils tenaient de leurs attributions, quant aux contrôles et avis réglementaires préalables à l'ouverture du stade. • Crim. 24 juin 1997, *Furiani,* n° 96-82.424 P : *RSC 1997. 835, obs. Mayaud* ; *Gaz. Pal. 1998. 2. 650, note Petit.*

480. Football, rugby. D'une manière générale, les juridictions répressives sanctionnent les joueurs qui, aux actes violents en eux-mêmes mais imposés par les nécessités du jeu, surajoutent une violence inutile telle que torsion, morsure, arrachement, coup ; tel n'est pas le cas du prévenu dont l'acte, quelque malheureuses qu'en aient été les conséquences, ne témoigne ni d'une violence volontaire ni d'une imprudence ou d'une maladresse caractérisée. • Agen, 12 avr. 1962 : *D. 1962. 589* ; *Gaz. Pal. 1962. 2. 154.* ♦ Pour un « tacle latéral » rude mais régulier. • Crim. 8 juin 1994 : *Dr. pénal 1994. 230.* ♦ Si toute infraction à la règle du jeu doit trouver sa sanction normale dans la concession par l'arbitre d'un avantage à l'équipe adverse, l'application des sanctions et réparations du droit commun se trouve justifiée lorsque cette faute cause un dommage corporel anormal à l'un des joueurs et procède soit d'une imprudence ou d'une maladresse caractérisée, soit de la simple brutalité volontaire. • Toulouse, 20 janv. 1977 : *JCP 1978. II. 18788, note Remplon* ; *ibid. 18810 bis* (*erratum*).

481. Ainsi fait à bon droit application des art. 319 et 320 C. pén. l'arrêt qui relève, dans ses motifs, que le prévenu s'est rendu coupable, au cours d'un match de football, de certaines fautes de jeu constituant autant d'imprudences caractérisées ayant entraîné des blessures pour d'autres joueurs. • Crim. 24 janv. 1956 : *Bull. crim. n° 92* ; *D. 1956. 197* • 25 mars 1980 : *Gaz. Pal. 1981. 1. Somm. 5.* ♦ ... Alors même que l'arbitre de la rencontre, n'ayant pas observé le déroulement de cette phase de la compétition, n'aurait pas sanctionné lesdites fautes. • Crim. 16 oct. 1984, n° 83-94.343 P.

b. Courses

482. Responsabilité des compétiteurs – ... Condamnations. Dès lors qu'un accident mortel est dû à un excès de vitesse et à un défaut de maîtrise d'un pilote de course automobile, empêché par une vitesse exagérée de négocier normalement un virage en épingle à cheveux, le plus dangereux du circuit, il convient de le déclarer responsable pénalement. • Chambéry, 2 juill. 1987 : *Gaz. Pal. 1987. 2. Somm. 382.*

483. Justifie sa décision la cour d'appel qui déclare coupable de blessures involontaires le pilote qui, à l'occasion d'une épreuve de vitesse spéciale d'un rallye automobile, perd le contrôle de son véhicule et renverse cinq spectateurs alors qu'il circule à une vitesse exagérée sur une route mouillée et grasse, dans un virage rendu dangereux par une bosse dont la présence pouvait être décelée par une reconnaissance appropriée de l'itinéraire. • Crim. 8 mars 2005, n° 04-83.341 P : *Gaz. Pal. 2005. 2. Somm. 3563, note Monnet* ; *RSC 2005. 557, obs. Mayaud* .

484. ... Relaxes. La finalité d'une épreuve de vitesse dans un rallye automobile étant, pour chaque concurrent, d'obtenir la meilleure place du classement, c'est-à-dire de parcourir la distance de l'épreuve dans un temps moindre que celui mis par les autres compétiteurs, ce qui oblige à la recherche permanente de la vitesse maximum et des meilleures trajectoires, chaque pilote doit mobiliser la totalité de son adresse, de ses compétences techniques, de son imagination et de son audace pour tendre en permanence vers ses propres limites et celles de sa machine, que ce soit dans les ressources du moteur de l'engin, dans ses qualités de tenue de route ou d'adhérence ; dans ce contexte, si le pilote doit constamment rester maître de sa vitesse et de son engin pour figurer au classement, la perte de contrôle momentanée ou durable de celui-ci et la sortie de route qui la sanctionne ne peut constituer une infraction, mais une simple péripétie ou événement prévisible de la course, selon ses conséquences, lucidement envisagée et redoutée par chaque pilote, prise en compte par les organisateurs et les responsables du déroulement de la course ; non seulement elle est prévisible mais souvent attendue ou espérée par les autres concurrents et par certains spectateurs qui cherchent à se placer là où elle peut se produire ; en tout cas, elle ne peut être reprochée à un concurrent qui a pris le départ après une préparation satisfaisante, en disposant de tous ses moyens intellectuels et physiques, ainsi que d'une machine dont l'équipement et l'état d'entretien sont irréprochables ; l'infraction de défaut de maîtrise ne pouvant être juridiquement constituée à l'encontre du pilote qui est sorti de la route dans un virage, et aucune faute d'imprudence, de négligence ou d'inobservation des règlements ne pouvant lui être imputée en relation de causalité avec le décès d'un spectateur fauché par son véhicule, le pilote doit être renvoyé des fins de la poursuite pour homicide involontaire sur le fondement de l'art. 221-6 C. pén. • Paris, 16 sept. 1998 : *D. 1998. IR 239.*

485. Responsabilité des organisateurs – ... Condamnations. Est responsable le directeur d'une course, dès lors qu'aucune disposition n'a été prise pour interdire aux spectateurs de se placer à l'extérieur d'un virage particulièrement dangereux, et que ceux-ci ont eu un libre accès à l'intégralité du parcours où aucun emplacement ne leur a été réservé. • Chambéry, 2 juill. 1987 : *Gaz. Pal. 1987. 2. Somm. 382.*

486. Constitue une faute ayant concouru au décès d'un spectateur heurté par l'automobile d'un concurrent participant à un rallye le fait, par le président de l'association organisatrice, le directeur de course et le directeur de l'épreuve d'avoir laissé des spectateurs stationner dans un virage dangereux insuffisamment balisé ; constitue également une faute en partie à l'origine de l'accident le fait, par le directeur de l'épreuve chargé de la sécurité sur le circuit, d'avoir autorisé les pilotes à rouler sur le trottoir gravillonné du virage ou de ne pas avoir pris les mesures qui s'imposent à l'égard du gravillonnage ; en revanche aucune faute de conduite spécifique aux règles des courses de vitesse n'apparaît caractérisée à l'encontre du pilote dont l'automobile a heurté le spectateur, étant précisé que la finalité des courses de vitesse est de faire prendre des risques aux pilotes en les soumettant à des situations de danger dont ils doivent triompher en un minimum de temps. • Douai, 3 avr. 1997 : *D. 1999. Somm. 83, obs. Lacabarats*.

487. En ce qui concerne la responsabilité de l'organisateur dans l'accident, il convient de relever que l'organisation du rallye était gravement déficiente quant aux moyens réunis pour assurer la sécurité des concurrents et des spectateurs et pour prodiguer les premiers soins et évacuer les blessés ; si, quant à la protection du public, aucune obligation contractuelle de sécurité ne pesait sur les organisateurs au profit des spectateurs dès lors que l'accès aux abords du circuit n'était pas payant, la présence du public était cependant non seulement tolérée mais également recherchée par la publicité faite en faveur de l'épreuve ; les organisateurs ne peuvent donc se soustraire à leur éventuelle responsabilité délictuelle ; celle-ci est engagée dès lors qu'aucun service d'ordre n'a été mis en place afin de veiller à ce que le public ne puisse se placer dans des endroits dangereux, notamment, en raison des risques prévisibles de sortie de route, sur la trajectoire des concurrents ; de même, l'organisateur du rallye a désigné un commissaire de course qui ne possédait pas les connaissances les plus élémentaires pour exécuter la mission qui lui était confiée d'assurer la sécurité des spectateurs et des concurrents et aucune instruction ne lui a été donnée alors même qu'il se trouvait à proximité du virage potentiellement dangereux ; l'organisateur a donc commis une faute d'imprudence et de négligence en relation de causalité directe avec les faits d'homicide involontaire qui lui sont reprochés. • Paris, 16 sept. 1998 : *D. 1998. IR 239.*

488. Des épreuves de course automobile dénommées « rallycross » ont eu lieu sur un circuit comportant des parties en terre battue et d'autres recouvertes d'asphalte ; au cours d'une épreuve, deux véhicules, sortant de la piste, ont escaladé un talus et l'un d'eux a heurté les spectateurs ; cinq personnes ont été tuées et vingt-trois autres blessées ; un rapport d'expertise a mis en cause l'état de la piste rendue glissante par un arrosage et l'insuffisance de pente du talus ; ont été renvoyés devant le tribunal, qui les a déclarés coupables d'homicides et blessures *involontaires*, le membre de la commission de « rallycross » de la Fédération française de sport automobile et le directeur de la course ; pour confirmer le jugement en ce qu'il avait retenu la culpabilité de ce dernier, l'arrêt retient, par motifs propres et adoptés, qu'il avait la maîtrise de l'arrosage du circuit en sa qualité de directeur de la course et que, la poussière gênant les spectateurs, il avait donné l'ordre d'arroser la piste avant chaque épreuve, sans s'assurer à chaque fois que l'état du sol le permettait et sans observer la règle du code sportif international édictée par la Fédération internationale automobile prescrivant l'information des pilotes suffisamment longtemps à l'avance pour leur permettre de choisir leurs pneus ; les juges en concluent que le prévenu a commis une faute caractérisée exposant autrui à un risque d'une particulière gravité qu'il ne pouvait ignorer ; en l'état de ces énonciations, la cour d'appel a justifié sa décision. • Crim. 18 sept. 2007, n° 07-80.848.

489. Relaxes. Doit être relaxé, à la suite de dommages dont ont été victimes des coureurs cyclistes renversés par un automobiliste, en état d'ébriété, s'étant déporté vers le milieu de la route, le commissaire d'une course régulièrement autorisée par arrêté préfectoral et empruntant des routes ouvertes à la circulation publique ; son rôle causal dans l'accident est nul dès lors qu'il n'avait pas le droit d'arrêter la circulation au carrefour, sa mission consistant uniquement à orienter les compétiteurs et à avertir les véhicules survenant au moment du passage de la course. • Besançon, 10 févr. 1983 : *D. 1984. IR 189, obs. Karaquillo.*

490. Il ne peut être fait grief au directeur d'une écurie de course participant à une course de moto, chargé de l'intendance et de l'administration de celle-ci, du décès accidentel d'un pilote survenu en raison du serrage insuffisant des vis de fixation de l'étrier droit du frein avant, suite à une intervention des mécaniciens, sa mission comme la répartition des tâches au sein de l'équipe excluant qu'il vérifiât le travail de ces derniers, lesquels étaient compétents, expérimentés et en nombre suffisant. • Angers, 1er mars 1988 : *Gaz. Pal. 1989. 1. 36.*

491. Aucune faute caractérisée exposant autrui à un risque d'une particulière gravité ne peut être reprochée au directeur salarié d'une société sportive de courses, responsable de la sécurité aux termes de son contrat de travail, et renvoyé devant le tribunal correctionnel pour blessures involontaires après la chute accidentelle d'un driver, dès lors que les circonstances de l'accident ne permettent pas d'en établir la réalité : vétusté de la lice mais non dangerosité apparente, incertitude quant au déroulement exact de l'accident, poursuite des courses après l'accident. • Toulouse, 7 févr. 2002 : *inédit.*

c. Escalades, randonnées

492. Répartition des responsabilités. Une course de montagne comporte normalement un certain nombre de risques ; il importe, en cas d'accident, de distinguer la simple réalisation de ces risques par le fait des circonstances tenant aux difficultés de l'escalade, aux conditions atmosphériques, et l'accident dû à la faute de l'organisateur ou du guide. • Chambéry, 26 juin 1958 : *Gaz. Pal. 1958. 2. 266.*

493. Organisateurs. Doivent être condamnés pour homicide par imprudence le président d'une association organisant l'ascension du Mont-Blanc au profit de personnes non expérimentées et le responsable de cette expédition au cours de laquelle un accident mortel s'est produit, dès lors qu'ils n'ont pas mis en place un encadrement suffisant pour assurer la sécurité des participants ; en l'espèce, bien que le document à valeur contractuelle de l'association prévoyait la présence de trois cadres, et malgré les usages locaux selon lesquels, pour une telle ascension, un guide encadre au maximum deux alpinistes, le groupe de sept personnes n'était encadré que par deux guides ; par ailleurs, l'expérience de ces derniers n'était en rien comparable à celle de guides diplômés du massif alpin. • Chambéry, 9 janv. 1997 : *JCP 1997. IV. 2499.*

494. Les cogérants d'une société ayant organisé une semaine d'animation sportive pour enfants doivent être relaxés du chef d'homicide non intentionnel à la suite de la mort d'une fillette, laquelle est tombée et s'est noyée sur le chemin retour d'une sortie spéléologie ; on ne peut en effet pas considérer qu'ils ont contribué à créer la situation conduisant à l'accident dès lors qu'ils avaient fait le choix d'un site adapté à l'âge des enfants et que, si le sentier présentait une dangerosité, celle-ci était néanmoins compatible avec son utilisation par un groupe d'enfants correctement encadrés ; or, les prévenus avait précisément fait le choix de deux accompagnateurs hautement qualifiés. • Grenoble, 14 mars 2002 : *JCP 2002. IV. 3086.*

495. Guides professionnels. Commet des fautes d'imprudence le guide de haute montagne qui entreprend une ascension beaucoup plus difficile que celle qui était initialement prévue. • Crim. 29 sept. 1979, n° 77-90.998 P : *Gaz. Pal. 1980. 1. 256.* ♦ Sur l'arrêt objet du pourvoi, V. • Chambéry, 24 févr. 1977 : *D. 1978. IR 204, obs. Larroumet ; Gaz. Pal. 1978. 1. 50, note Rabinovitch.* ♦ ... Qui organise une randonnée en choisissant un itinéraire dangereux, et sans tenir compte des bulletins nivo-météorologiques. • Crim. 8 nov. 1983, n° 83-90.906 P : *D. 1985. IR 486, obs. Marty.* ♦ V. encore • TGI Annecy, 18 janv. 1980 : *D. 1980. 576, note Rabinovitch.*

496. A commis une faute le guide professionnel qui lors d'une séance d'escalade d'un rocher n'a pas pris la précaution de vérifier personnellement et directement l'encadrement correct de chaque enfant avant chaque ascension ; il a également commis une faute d'imprudence en assurant simultanément la sécurité de deux enfants ; en effet il ne pouvait faire face à aucun problème sans risquer de mettre en danger ces derniers ; il est coupable d'une troisième faute d'imprudence en prenant dans ses bras, pour la disposer au mieux à environ deux mètres, l'enfant qui a chuté d'une hauteur d'environ cinq mètres ; au regard de l'art. 222-19, al. 1er, C. pén., les éléments constitutifs de l'infraction de blessures involontaires avec incapacité de plus de trois mois reprochée au prévenu sont réunis, dès lors qu'il a du reste reconnu avoir commis une maladresse, imprudence ou négligence à l'origine de l'atteinte à l'intégrité physique de la fille avec incapacité de travail de plus de trois mois, en ne vérifiant pas d'une manière efficace, avant l'ascension en cause, que son encordement était satisfaisant ; c'est à bon droit que le tribunal l'a retenu, compte tenu de la gravité de la faute tenant à sa qualité de guide professionnel chargé dans l'exercice de sa profession d'encadrer les enfants, dans les liens de la prévention. • Chambéry, 9 janv. 1997 : *Gaz. Pal. 1998. 2. Somm. 666.*

497. Se rendent coupables d'homicide non intentionnel les deux accompagnateurs professionnels hautement qualifiés encadrant, avec deux animatrices, un groupe de 18 enfants dans une randonnée de moyenne montagne, dès lors qu'ils n'ont pas pris les mesures suffisantes pour sécuriser un passage délicat, ni donné aux animatrices les consignes pour s'intercaler entre les enfants ; en l'espèce, l'une des fillettes a glissé au niveau du passage délicat, est tombée dans le torrent en contrebas et y a trouvé la mort, la faute des deux prévenus ayant directement concouru à la réalisation de l'accident. • Grenoble, 14 mars 2002 : *préc. note 133.*

498. Accompagnateurs bénévoles. Se rend coupable d'homicide involontaire l'accompagnateur bénévole d'un groupe de 10 personnes lors d'une ascension du Mont-Blanc pour avoir laissé repartir un des membres du groupe seul au refuge, celui-ci ayant dévissé dans la descente avant de chuter mortellement ; si le prévenu n'a au sens de la L. du 10 juill. 2000 pas violé une obligation de sécurité ou de prudence, il a en revanche commis une faute caractérisée ; en effet, ami personnel de la victime, il connaissait son inexpérience, ainsi que sa volonté initiale de ne pas faire la course en raison de son état de fatigue ; il l'a malgré tout laissé partir alors qu'un parcours en solitaire nécessite de grandes aptitudes physiques et morales et que les accompagnateurs bénévoles ou non ne doivent jamais laisser seule une personne de la cordée sauf urgence ; la faute exceptionnellement lourde exposant autrui à un risque grave connu du prévenu résulte donc de la non-évaluation des aptitudes de la victime ayant décidé de faire demi-tour et de l'acceptation de son départ seule, de nuit, par température basse et sur un itinéraire rendu difficile par une neige gelée. • Chambéry, 16 janv. 2002 : *JCP 2002. IV. 2642.*

499. Participants. Doivent être déclarés coupables d'homicide involontaire les prévenus qui, en ne se maintenant pas au contact de leur compagnon, décédé lors d'une ascension en montagne, alors qu'ils pouvaient et devaient le faire, se sont privés des informations directes qu'ils pouvaient obtenir de lui sur ses difficultés, lesquelles ont pu évoluer avec sa fatigue, tout comme ils se sont privés de la possibilité de l'aider directement par des gestes techniques adéquats ou leur simple présence et la mise en commun de leurs compétences et de leurs expériences de la montagne ; ce comportement est constitutif d'une imprudence, qui n'a pas permis aux prévenus d'évaluer correctement le choix de la victime de progresser malgré tout jusqu'au sommet de l'Aiguille Verte, où il devait se retrouver seul, sans corde, un crampon en moins, cette faute ayant contribué à sa mort accidentelle. • TGI Lyon, 6 sept. 1999 : *D. 2000. 200, note Molins*.

d. Ski

500. Gestion du domaine skiable. La responsabilité pénale d'une personne ayant travaillé dans une société exploitant un domaine skiable ne saurait être engagée du chef de blessures par imprudence après qu'un skieur a chuté dans une crevasse située à proximité de la piste ; il est en effet établi que cette personne n'avait pas la qualité de dirigeant de droit ou de fait et que, par ailleurs, elle était à la retraite depuis une date antérieure à l'accident et n'était intervenue que comme conseiller technique dans la convention d'attribution de la gestion du domaine skiable et n'avait donc aucun devoir ni aucun pouvoir à intervenir dans la gestion de la piste sur laquelle s'est produit l'accident. • Chambéry, 18 mars 1998 : *JCP 1999. IV. 2820.*

501. Les dirigeants d'une société chargée de la gestion et de l'exploitation d'un domaine skiable situé en haute montagne se rendent coupables de blessures par imprudence, dès lors qu'à la suite de leur comportement négligent un skieur a chuté dans une crevasse ; en l'espèce la crevasse est située hors piste mais à proximité immédiate de la piste, en dévers, la pente y conduisant naturellement ; or les prévenus n'ont pas veillé à ce qu'un dispositif permettant d'enrayer la glissade involontaire d'un skieur soit installé ; ils ne peuvent à cet égard se retrancher derrière l'absence d'agrément de leur société par le maire s'agissant de la sécurisation des pistes, dès lors que cette circonstance ne les exonère pas de toute obligation de sécurité ; de la même manière, l'obligation générale de surveillance incombant au maire n'est pas susceptible de les exonérer. • Chambéry, 18 mars 1998 : *préc. note 500.*

502. Justifie sa décision la cour d'appel qui, pour relaxer le directeur d'exploitation d'une station de ski, poursuivi du chef d'homicide involontaire à la suite du décès d'un pisteur dont le véhicule (« quad ») s'est renversé, retient, après avoir rappelé qu'il n'avait pas reçu de délégation en matière de sécurité, que, s'il aurait pu être plus précis dans ses instructions et confier à son remplaçant son propre poste de radio, d'usage plus facile, il n'a pas commis de faute caractérisée. • Crim. 16 mai 2006, n° 05-84.944 P : *Dr. pénal 2006. 134, obs. Véron ; RSC 2006. 600, obs. Mayaud*.

503. Avalanches. Le déclenchement d'un phénomène naturel, tel une avalanche, n'est exclusif de toute poursuite pénale que si celui qui a provoqué cette avalanche n'a commis aucune faute dans la pratique normale et prudente des sports de haute montagne ; tel n'est pas le cas du guide de haute montagne qui a commis l'imprudence de se livrer sur une neige vierge au ski hors piste, alors que les autorités locales avaient signalé le danger d'avalanches. • Crim. 13 nov. 1980, n° 79-90.506 P : *Gaz. Pal. 1981. 1. Somm. 70.* ♦ Sur l'arrêt objet du pourvoi, V. • Chambéry, 4 janv. 1979 : *JCP 1980. II. 19285, note Rabinovitch ; Gaz. Pal. 1979. 1. 259.*

504. Dès lors que des conditions météorologiques laissaient craindre des risques d'avalanches, et en l'absence de dispositif permettant un déclenchement artificiel des plaques neigeuses présentant un danger dans un secteur signalé comme comportant de tels risques, et où avait eu lieu l'année précédente une coulée importante, a commis une faute de négligence, d'imprudence et d'inobservation des règlements, en relation de causalité directe avec le décès de deux skieurs, le maire d'une commune qui s'est abstenu d'ordonner la fermeture d'une piste de ski. • Grenoble, 5 août 1992 : *JCP 1992. II. 21959, note Sarraz-Bournet ; RSC 1993. 103, obs. Levasseur*.

505. Est constitutive d'une faute, qui doit être considérée comme la cause du décès de la victime, la décision prise par les responsables techniques d'une société d'aménagement touristique d'ouvrir des pistes dont les pentes supérieures se trouvaient dans un état d'instabilité très marquée, proche de la limite de déclenchement naturel ; manifestement, les techniciens de la société se sont fiés à l'absence de précédent connu en ce lieu pour estimer que le risque d'avalanche y était négligeable, et la force de l'habitude a pu ainsi abolir leur esprit critique. • TGI Grenoble, 15 mai 1997 : *Gaz. Pal. 1997. 2. Somm. 339 ;* confirmé par : • Grenoble, 25 févr. 1998 : *JCP 1998. IV. 3537 ; Gaz. Pal. 1998. 1. Somm. 183 ; ibid. 1998. chron. crim. 67 ; BICC 1999, n° 141.* ♦ Sur le rejet du pourvoi : • Crim. 9 nov. 1999, n° 98-81.746 P : *Dr. pénal 2000, n° 56 (1er arrêt), obs. Véron ; RSC 2000. 389, obs. Mayaud* (sur les prolongements de cette affaire en termes de responsabilité pénale de la société elle-même, V. ss. art. 121-2, et ss. art. 221-7).

506. Le 23 janv. 1998, sur la commune de Crots (Hautes-Alpes), au cour d'une randonnée en raquettes, une avalanche a enseveli vingt-six élèves et deux professeurs d'une classe de 4e d'un collège des Yvelines, ainsi que deux moniteurs qui les accompagnaient, causant la mort de neuf adolescents, d'une enseignante et d'une monitrice, et des blessures à dix-sept adolescents, un enseignant et un moniteur ; l'enquête a établi que les services météorologiques avaient annoncé la veille un risque élevé d'avalanche sur la zone, évalué au niveau 4 (« danger important ») sur une échelle de 1 à 5 ; le guide de haute montagne, responsable de la course, et le directeur du centre local de l'Union nationale des centres de plein air (UCPA), chargé d'organiser le séjour et les activités sportives de la classe, ont été renvoyés devant le tribunal correctionnel sous la prévention d'homicides et de blessures involontaires ; les parties civiles ont cité l'accompagnateur en moyenne montagne et le professeur d'éducation physique du collège à l'audience du tribunal correctionnel pour y répondre des mêmes délits ; après avoir déclaré le guide de haute montagne coupable d'homicides et de blessures involontaires et seul responsable, avec l'UCPA, des conséquences dommageables des infractions, les premiers juges ont renvoyé les autres prévenus des fins de la poursuite et débouté les parties civiles des demandes formées contre ceux-ci ; pour confirmer cette décision, les juges du second degré, après avoir relevé qu'à la date des faits aucune disposition particulière de la loi ou du règlement ne s'appliquait à la pratique des activités de raquettes à neige dans les séjours de vacances déclarés, retiennent que la seule cause directe des dommages est la rupture d'une plaque à vent constituée d'une couche de neige déstabilisée par le passage imprudent du guide de haute montagne et des randonneurs qui le suivaient ; ils relèvent que ni le professeur d'éducation physique, qui a accompli les diligences normales dans la préparation et la surveillance du séjour à la montagne de la classe dont il était responsable, ni le directeur du centre de plein air, qui a fourni au groupe un encadrement professionnel et des moyens matériels suffisants au regard des usages alors en vigueur lors des randonnées en raquettes à neige, et qui a demandé à l'accompagnateur de montagne, spécialiste de cette activité, de reconnaître préalablement le parcours, n'ont violé de façon manifestement délibérée une obligation particulière de prudence ou de sécurité prévue par la loi ou le règlement, ou commis une faute caractérisée exposant autrui à un risque d'une particulière gravité qu'ils ne pouvaient ignorer ; ils ajoutent qu'il ne peut être reproché à l'accompagnateur d'avoir, pour encadrer le retour d'un groupe de randonneurs moins aguerris, laissé le guide, sous l'autorité duquel il se trouvait, conduire seul le reste du groupe sur la dernière partie de l'itinéraire qu'il lui avait indiqué ; en l'état de ces énonciations, procédant de son appréciation souveraine des faits et circonstances de la cause, ainsi que des éléments de preuve contradictoirement débattus, la cour d'appel a justifié sa décision. • Crim. 26 nov. 2002, n° 01-88.900 P : *Dr. pénal 2003. 45 (1er arrêt), obs. Véron ; RSC 2003. 335, obs. Mayaud.*

507. Balisage et signalisation. L'obligation du responsable d'un domaine skiable se limite à assurer la sécurité des skieurs sur les pistes et espaces assimilés, notamment par la mise en place d'un balisage et de protections lorsque les accidents de terrain naturels créent un danger grave et imprévisible ; en conséquence, sa responsabilité pénale pour homicide involontaire n'est pas retenue dès lors que la victime, par la pratique du hors piste ou le non-respect d'une interdiction signalée, est à l'origine de l'accident mortel. • Crim. 28 sept. 1993 : *D. 1995. Somm. 59, obs. Lacabarats.*

508. Est responsable du délit d'homicide involontaire le directeur des remontées mécaniques qui a négligé d'assurer la signalisation d'un danger et la protection totale d'une faille située à proximité de la piste mais cachée à la vue des skieurs ; mais est à bon droit retenu un partage de responsabilité, pour limiter en conséquence la réparation du préjudice des proches parents de la victime, constitués parties civiles, dès lors que le skieur a commis une imprudence en évoluant hors de la piste balisée, et que cette faute, conjuguée à la maladresse qui lui a fait perdre le contrôle de ses skis, a concouru à sa chute mortelle dans le gouffre. • Crim. 14 juin 1995 : *Gaz. Pal. 1995. 2. Somm. 454.*

509. Est caractérisé en tous ses éléments constitutifs le délit d'homicide involontaire à l'encontre du président du syndicat intercommunal de gestion et d'aménagement d'une station de ski et du président de la commission intercommunale de sécurité, dès lors qu'il est retenu que les prévenus avaient pris la décision d'ouverture de la station sans vérifier au préalable l'état du balisage des pistes ; la cour d'appel en déduit un lien de causalité certain, fût-il indirect, avec l'accident. • Crim. 17 janv. 1996, n° 95-81.775 P.

510. Le dispositif de balisage d'une piste du domaine skiable d'une station de sports d'hiver mis en place par les responsables du service des pistes de celle-ci, s'il pouvait être légitime pour éviter des accidents au croisement de deux pistes, était inadapté car très peu visible par beau temps et constituait en réalité un danger extrême pour les skieurs empruntant la piste sur laquelle il avait été installé ; outre son manque de visibilité dû au fait que le dispositif de liaison était une corde jaune et noire, d'une faible épaisseur et sur laquelle ne se trouvaient que trois balises, dont une était placée sur le jalon, la dangerosité du balisage résulte d'autres éléments relevés dans l'enquête de gendarmerie : l'absence d'élasticité de la corde, sa fixation à un poteau fixe appelé Totem ne pouvant bouger en raison de son ancrage profond dans le sol, sa position par rapport à la piste puisqu'elle était installée non le long de celle-ci mais en travers, ainsi que sa position par rapport au sol puisqu'elle se trouvait à une hauteur d'environ 1,10 m et qu'elle pouvait en remontant atteindre la gorge des skieurs ; ces éléments conjugués ont rendu le balisage particulièrement dangereux même pour des skieurs normalement prudents et attentifs ; ce risque ne pouvait être ignoré par les prévenus car sa prévisibilité était élevée ; le simple examen des photographies prises par les gendarmes le jour des faits témoigne de cette dangerosité évidente qui ne pouvait échapper à des professionnels habitués à mettre en place de nombreux balisages sur les pistes ; s'il apparaît en outre que la norme NP relative au balisage et à la signalisation des pistes admet comme possible l'utilisation de cordes jaunes et noires comme dispositifs de liaison, il est d'une part préconisé de les équiper de fanions de couleurs très visibles et en outre très rapprochés les uns des autres, ce qui n'était pas le cas pour le dispositif en cause, il paraît d'autre part nécessaire d'éviter de barrer une piste par ce type de balisage plus destiné à être placé le long d'une piste ; le fait, pour le chef de secteur du service des pistes d'avoir procédé à l'installation d'un dispositif aussi dangereux sans qu'il ait jugé nécessaire de la faire modifier, et pour le directeur du service des pistes d'avoir omis de contrôler par toute mesure adaptée l'absence de dangerosité des balisages mis en place sur les pistes de la station dont il dirige la sécurité, constitue pour chacun d'eux une faute caractérisée ayant exposé autrui à un risque d'une particulière gravité qui ne pouvait être ignoré d'eux. • TGI Albertville, 24 mars 2003 : *Gaz. Pal. 2003. 2. 2457, note Battistini.* ♦ Sur la responsabilité pénale de la société d'aménagement de la station en tant que personne morale, V. ss. art. 221-7.

511. Damage. Doit être retenu dans les liens de la prévention, pour imprudences particulièrement graves, le conducteur d'un véhicule à chenilles tirant une dameuse de ski de fond, poursuivi du chef d'homicide involontaire, auteur direct de l'accident mortel survenu à un enfant de trois ans et demi, qui pratiquait la luge sur une piste située en face du bâtiment des services techniques de la station, et qui a été déchiqueté par la fraise en mouvement de l'engin remorqué ; le prévenu n'a pris aucune précaution particulière alors, d'une part, qu'il traversait un espace très fréquenté par les skieurs et surtout les pratiquants du sport de luge, majoritairement des enfants qui ne sont pas toujours maîtres de leur luge, et, d'autre part, que la visibilité se trouvait réduite à cet endroit, dans la mesure où la piste de luge, plus haut sur sa droite, était cachée à sa vue par un rideau d'arbres le séparant de la piste de ski alpin ; de plus, aucune raison technique ne justifiait la mise en fonctionnement de la fraise rotative à l'arrière de la chenille et tournant à environ 2 000 tours minute, alors que le prévenu venait de démarrer et n'avait parcouru, selon sa propre déclaration, qu'une vingtaine de mètres et qu'il ne se trouvait donc pas sur la piste de fond, lieu de son intervention. • T. corr. Millau, 12 sept. 2001 : *LPA, 6 mars 2002, n° 47, p. 13, note Steinle-Feuerbach.*

512. A commis une faute caractérisée, engageant sa responsabilité pénale pour homicide involontaire, le responsable du damage des pistes d'une station de ski, où un enfant de trois ans et demi a trouvé la mort alors qu'il pratiquait la luge sur une piste située en face du bâtiment des services techniques de la station, après avoir été déchiqueté par la fraise en mouvement d'une dameuse ; le prévenu a donné l'ordre d'effectuer le damage d'une piste alors qu'il savait que le conducteur de la dameuse devrait, seul, manœuvrer un engin dangereux et traverser un espace particulièrement fréquenté par les skieurs, lugeurs et piétons, parmi lesquels des enfants en bas âge ; il est également établi qu'il a donné instruction au conducteur de la dameuse de faire fonctionner la fraise rotative à l'arrière de la chenillette, tournant à environ 2 000 tours minute, et alors même que celui-ci n'était pas encore parvenu sur le lieu de son intervention ; bien qu'alerté du danger que représentait le passage d'un engin de damage, à proximité de skieurs, lugeurs et piétons, le prévenu a laissé persister ces risques d'une particulière gravité, ne tirant aucune conséquence des remarques faites par des parents qui, la veille de l'accident, lui avaient fait part de leur indignation au sujet de manœuvres exactement similaires réalisées dans les mêmes circonstances ; il s'ensuit qu'il ne pouvait ignorer le risque d'une particulière gravité encouru par les utilisateurs du domaine. • T. corr. Millau, 12 sept. 2001 : *préc. note 376.*

513. Pistage. L'infraction de coups et blessures par imprudence est constituée à l'encontre d'un pisteur secouriste, responsable de la sécurité de la piste sur laquelle une fillette a glissé sous un filet de protection présentant un écart important entre son niveau le plus bas et celui de la neige, se blessant ainsi grièvement ; dès lors que le prévenu, en congé le jour de l'accident, était responsable de la sécurité de la piste, il devait organiser son service de façon à ce qu'elle fût assurée même pendant son absence. • Grenoble, 26 avr. 1995 : *JCP 1996. IV. 714.*

514. Le pisteur secouriste qui a emprunté, hors de son travail, à des fins personnelles, sans autorisation, un des traîneaux entreposés dans le local des pisteurs secouristes pour descendre de nuit, à 3 h 30 du matin, une personne mal positionnée face à la pente, sur un traîneau de secours pesant à lui seul 30 kg, se rend coupable du délit d'homicide par imprudence qui lui est reproché, à la suite de l'accident mortel survenu à la personne transportée, alors qu'il effectuait la descente de nuit, étant sous l'emprise d'un état alcoolique, ayant au surplus consommé du cannabis, et devant traverser des secteurs ne bénéficiant pas, en raison de la configuration du terrain, de la luminosité offerte, empruntant une piste classée noire comportant, là encore au lieu de l'accident, une difficulté technique, à savoir un mur. • Grenoble, 15 avr. 2005 : *Gaz. Pal. 2006. 1. 493.*

515. Monitorat. N'a pas commis le délit d'homicide involontaire le moniteur de ski conduisant un groupe de skieurs dont l'un fut victime d'une chute mortelle, dès lors qu'il ne peut lui être reproché, ni d'avoir insuffisamment évalué le niveau technique des skieurs au moment de l'affectation dans le groupe, ni d'avoir choisi un parcours beaucoup trop difficile, ni d'avoir fait arrêter les élèves sur une arête inappropriée et dangereuse, ni d'avoir omis d'informer les skieurs sur tous les dangers encourus. • Chambéry, 28 sept. 1994 : *JCP 1995. IV. 2065.*

516. Télésiège. Commet, d'une part, une faute d'imprudence ou de négligence à l'origine directe du dommage le passager d'un télésiège qui, en participant à l'abaissement de la nacelle, coince le cou d'un enfant de cinq ans entre l'accoudoir et le garde-corps, et, d'autre part, une faute caractérisée indirectement à l'origine du préjudice de l'enfant ce même passager qui ne prête aucune attention à celui-ci durant le trajet, la compression cervicale qui s'est prolongée tout le temps de la montée ayant provoqué un coma dû à un œdème cérébral associé à une hémorragie du cerveau. • Chambéry, 23 mai 2002 : *Gaz. Pal. 2007. 1. Somm. 1258, obs. Quézel-Ambrunaz.*

e. Chasse

517. Organisation. Doit être relaxé du délit d'homicide involontaire le prévenu président d'une société de chasse qui est resté étranger à l'organisation d'une chasse au sanglier en battue au cours de laquelle un chasseur a trouvé la mort, dès lors qu'il est établi qu'il avait délégué à un autre la charge d'organiser cette battue ; en effet, la délégation en question, quoique verbale, était valable et transmettait bien au délégataire la responsabilité de l'organisation de cette action de chasse collective. • Toulouse, 15 févr. 2001 : *JCP 2001. IV. 2951.*

518. Est coupable du délit d'homicide involontaire le prévenu responsable d'une battue de chasse au cours de laquelle un chasseur a trouvé la mort, dès lors qu'il a contribué, en laissant la victime se poster à un endroit inhabituel et où la visibilité était mauvaise, à créer la situation qui a permis la réalisation du dommage en commettant une faute caractérisée qui exposait la victime au risque, qu'il ne pouvait ignorer, d'être atteint par un projectile tiré par un autre chasseur ; la battue au gros gibier est une pratique cynégétique extrêmement dangereuse en raison de la puissance des munitions employées et du caractère collectif de l'action de chasse qui exige une organisation rigoureuse ; or, le prévenu a omis de rappeler, avant le début de la chasse, les consignes de sécurité recommandées par les fédérations de chasseurs et applicables dans toutes les associations de chasse, à savoir la définition préalable d'une zone de tir, le repérage de la position des autres participants et des tirs fichants seuls autorisés ; même si ces consignes sont communiquées aux chasseurs au début de la saison de chasse, elles doivent être rappelées systématiquement au début de chaque action de chasse collective afin d'inciter les participants à mieux les respecter ; en outre, les chasseurs présents sur les lieux du drame ne portaient pas de tenue visible permettant à chaque chasseur de localiser avec précision ses voisins de poste, la battue était mobile et, chaque fois qu'une ligne de tir était constituée, les chasseurs se plaçaient à leur gré, sans aucune directive de l'organisateur ; certes, le responsable de la battue ce jour-là ne pouvait pas être présent physiquement au niveau de la ligne de tir où la victime a trouvé la mort puisqu'il occupait des fonctions de piqueur, menant ou suivant les chiens, mais il lui appartenait non seulement de définir au préalable avec précision l'emplacement des postes de tir, en évitant pour ces postes les zones à visibilité réduite, mais aussi de donner aux participants des indications précises sur la localisation de leurs postes respectifs de tir, le cas échéant au moyen de plans, et enfin de désigner les délégués chargés de vérifier en son absence que les tireurs étaient correctement postés. • Toulouse, 15 févr. 2001 : *préc. note 517.*

519. Un chasseur, qui participait à une battue au grand gibier organisée par une association de chasse, réunissant douze chasseurs postés et trois traqueurs, a été mortellement blessé par le tir horizontal d'un autre chasseur effectué en direction de son poste ; ce dernier, ainsi que l'association et son président, responsable de la battue, ont été condamnés par le tribunal correctionnel pour homicide involontaire ; pour déclarer la personne morale et son président coupables des faits reprochés, la cour d'appel, après avoir énoncé que le décès trouve sa cause directe dans le tir du chasseur définitivement condamné, relève qu'en méconnaissance des consignes diffusées par l'office nationale de la chasse la traque a été sonnée sans matérialisation des postes, sans placement préalable et avertissement donné à chaque tireur, sans rappel de l'obligation de procéder à un tir fichant au sol, et sans détermination des angles de tir autorisés et prohibés ; les juges ajoutent que l'auteur de l'accident, qui connaissait l'existence de ces consignes et qui était chargé de diriger la battue en agissant pour le compte de l'association, a admis qu'il n'avait rappelé aucun de ces impératifs aux participants ; les juges en déduisent qu'il ne pouvait pas ignorer que, s'agissant d'une chasse aux chevreuils pour laquelle les munitions sont constituées par des balles à fort pouvoir de pénétration, sa carence exposait les participants à un risque d'une particulière gravité ; dès lors que le prévenu a contribué à créer la situation ayant permis la réalisation du dommage et n'a pas pris les mesures permettant de l'éviter, la cour d'appel, qui a souverainement apprécié les faits et circonstances de la cause, a justifié sa décision au regard des art. 121-2, 121-3, al. 3 et 4, et 221-6 C. pén. • Crim. 8 mars 2005, n° 04-86.208 P : *D. 2005. Pan. 2989, obs. Garé ; Dr. pénal 2005. 70, obs. Véron ; RSC 2005. 555, obs. Mayaud*.

520. Participation. Le chasseur qui a occasionné la mort d'un autre chasseur par le départ accidentel d'un coup de feu lors de sa chute dans un étang doit être condamné pour homicide involontaire ; en effet, il a commis deux fautes d'imprudence en relation avec le décès, d'une part son doigt était posé sur la détente en dehors de toute action de chasse, d'autre part, les abords de l'étang étaient particulièrement dangereux et glissants et le prévenu s'en est approché avec un fusil chargé. • Angers, 27 nov. 2001 : *JCP 2002. IV. 2843*.

521. Doit être déclaré coupable de blessures involontaires avec incapacité supérieure à trois mois le chasseur responsable et organisateur d'une battue au sanglier qui a tiré en direction d'un autre chasseur et l'a blessé au genou ; en l'espèce, les règles de sécurité concernant l'alignement des chasseurs pour le rabat n'ont pas été respectées ; le prévenu a omis de s'assurer qu'il pouvait tirer le gibier sans danger pour autrui et ne peut raisonnablement prétendre, au vu des circonstances, qu'il n'avait pas remarqué la victime dans sa ligne de tir ; malgré le mauvais positionnement de la victime au moment de l'accident, il ne saurait y avoir partage de responsabilité étant donné que les carences et les négligences commises par le prévenu ont été la cause exclusive de la blessure. • Orléans, 11 févr. 2003 : *JCP 2004. IV. 1830*.

2° SPORTS NAUTIQUES

a. Régates

522. Départ. Engage sa responsabilité pénale le président du comité de course d'une compétition nautique qui laisse prendre le départ d'une régate à des participants sans prendre toutes les mesures de sécurité exigées de sa part et sans tenir compte des difficultés prévisibles au cas d'accident en raison des conditions météorologiques défavorables. • Poitiers, 16 oct. 1981 : *D. 1982. 644, note Daverat ; RSC 1983. 81, obs. Levasseur.*

523. Abordage. La prévenue, organisatrice d'une course nautique, qui maintient, dans un espace limité, des navires importants et peu manœuvrants en instance de départ d'une régate et des navires plus petits en situation de course, a commis des fautes d'imprudence et de négligence qui ont concouru à la réalisation de l'abordage entre les navires, et doit être, dans ces conditions, déclarée coupable du délit d'homicide involontaire. • Aix-en-Provence, 19 janv. 1998 : *D. 2000. Somm. 224, obs. Lacabarats ; JCP 1998. IV. 2763.* ♦ N'a pas accompli les diligences normales lui incombant en sa qualité d'organisatrice la prévenue qui a omis de différer le départ des navires importants jusqu'à ce que ceux de la classe inférieure aient terminé leur circuit, alors qu'elle ne pouvait ignorer que la course était ouverte à des navigateurs de tous niveaux et qu'il lui appartenait de surveiller le déroulement de celle-ci. • Même arrêt. ♦ En outre, les dispositions de l'arrêté du 3 mai 1995 prévoyant une responsabilité cumulative, la responsabilité du capitaine de navire ou de l'équipage n'exclut en rien celle de l'organisatrice. • Même arrêt.

524. Le prévenu, capitaine d'un navire participant à une régate, doit être déclaré coupable du délit d'homicide involontaire dès lors qu'il est établi qu'il n'a pas vu à temps le navire qu'il allait heurter, ce qui démontre de sa part un manquement à la règle 5 du règlement international de 1972 relatif à la prévention des abordages en mer, exigeant d'assurer en permanence une veille visuelle et auditive appropriée de manière à permettre une pleine appréciation de la situation et du risque d'abordage ; or, ce manquement a concouru à la réalisation de l'abordage entre les navires dans lequel un membre de l'équipage happé par l'hélice du bateau a trouvé la mort. • Aix-en-Provence, 19 janv. 1998 : *préc. note 523.* ♦ Le prévenu, capitaine d'un navire participant à une régate, doit être déclaré coupable du délit d'homicide involontaire dès lors qu'il est établi qu'au moment où l'abordage entre les navires allait se produire il n'a pas effectué une manœuvre, qu'il était seul en mesure de faire, pour éviter ledit abordage et ce, au mépris de l'art. 17 du règlement international. • Même arrêt.

525. Le prévenu, skipper de son état, doit être déclaré coupable du délit d'homicide involontaire dès lors qu'il est établi qu'il n'a pas effectué les manœuvres nécessaires pour éviter l'abordage entre les navires. • Aix-en-Provence, 19 janv. 1998 : *préc. note 523.*

b. Plongée

526. Surpression pulmonaire. Se rendent coupables d'homicide involontaire par violation manifestement délibérée d'une obligation de sécurité ou de prudence, sur le fondement de l'art. 121-3 C. pén., pour avoir commis des fautes graves ayant contribué à un accident de surpression pulmonaire survenu à un élève, le directeur de plongée qui, en méconnaissance des consignes de la Fédération française d'études et de sports sous-marins, a imposé à la victime un exercice de remontée de 10 mètres sans embout respiratoire dépassant largement ses capacités et son niveau, et le guide de palanquée, en ne se souciant pas de connaître la progression de l'élève jusqu'alors et son comportement en milieu naturel, conformément à l'art. 5 de l'arrêté du 20 sept. 1991, en se mettant dans l'impossibilité de s'assurer de la bonne exécution de la remontée jusqu'à la sortie de la tête hors de l'eau, et en déclenchant l'alerte tardivement à la suite de la disparition de la victime. • TGI Mulhouse, 14 févr. 2002 : *BICC 2002, n° 772.*

3° SPORTS AÉRIENS

527. Aviation. Constitue une négligence ou une imprudence, en rapport de cause à effet avec les blessures subies par le mécanicien d'un club d'aviation, l'omission par un membre du club d'appliquer les règles de pilotage propres à éviter l'accident. • Crim. 21 oct. 1971, n° 90-96.970 P.

528. Doit être relaxé du chef d'homicide involontaire le prévenu, commissaire général du Tour de France aérien des jeunes pilotes 1995, au cours duquel deux concurrents ont perdu la vie dans une collision aérienne, aucune faute pénale ne pouvant être retenue à son encontre ; en l'espèce, un circuit d'attente avait été créé par les organisateurs pour faciliter le trafic de l'aérodrome de Biarritz ; cependant, en raison d'un problème de fréquence de radio, les responsables durent recourir à une autre fréquence, et en informèrent les concurrents en plein vol sans vérifier si ces derniers avaient bien reçu cette communication ; dès lors, en raison de ce problème radio, ignorant la présence de deux autres avions près de lui, un pilote monta en altitude et percuta un de ces derniers ; les deux pilotes furent tués ; néanmoins, aucune faute caractérisée ne pouvait être retenue à l'encontre du prévenu, commissaire général de la course, malgré son rôle prépondérant et décisionnel sur l'organisation et la surveillance, ce dernier étant incompétent en matière de navigation aérienne et n'étant pas intervenu dans la définition et la mise en œuvre du processus d'approche et d'atterrissage ; de même, aucune faute pénale ne fut relevée par les magistrats dans l'organisation du Tour de France, puisqu'une procédure gérant les capacités d'absorption de l'aéroport était prévue : création d'un circuit d'attente, utilisation de plusieurs fréquences radios, procédures d'accès à certains points, arrivées d'avions successives encadrées, phase d'atterrissage gérée par des navigateurs aériens spécialement détachés par le prévenu ; en outre, il était remis aux concurrents des fiches de consignes rappelant les règles en matière de vol à vue, des briefing étaient organisés, et les pilotes disposaient déjà de qualifications techniques ; la certitude du lien de causalité entre ces simples facteurs contributifs et l'accident n'était pas, par ailleurs, démontrée. • Pau, 27 déc. 2001 : *JCP 2002. IV. 2374.*

529. ULM. Toute infraction à la réglementation n'est pas en elle-même constitutive du délit d'homicide involontaire, et la preuve doit être rapportée que la violation des règlements ou l'imprudence reprochées au prévenu sont la cause du décès de la victime ; doit être relaxé du chef d'homicides involontaires l'importateur en France d'un appareil de type ULM après son écrasement au sol ayant provoqué la mort de deux personnes à son bord ; en dépit des déclarations inexactes du prévenu sur les caractéristiques de la machine, sa faute n'est pas en rapport de causalité avec le dommage, la surcharge de l'appareil alléguée à son encontre, par référence à la déclaration administrative qu'il avait effectuée, provenant plus directement de l'éventuel excès de poids dû à la présence, illicite, d'une autre personne aux côtés du pilote que de l'inexactitude de la masse à vide déclarée aux autorités administratives. • Paris, 16 nov. 2001 : *RSC 2002. 329, obs. Mayaud* .

H. VACANCES ET LOISIRS

530. Camping. Le 15 juill. 2003, une violente tempête a touché le nord-ouest du département des Landes, au cours de laquelle Lucienne X... a été grièvement blessée par la chute d'un arbre sur son mobil home installé au camping Les Écureuils à Biscarosse ; une information a été ouverte à la suite de la plainte avec constitution de partie civile de son époux, M. Janick X..., après son décès le 21 mai 2005 pour autre cause ; le juge d'instruction a rendu une ordonnance de non-lieu ; par arrêt avant-dire droit, la chambre de l'instruction a ordonné un supplément d'information ; pour dire qu'il n'existait pas de charges suffisantes contre quiconque d'avoir commis le délit de blessures involontaires, l'arrêt retient, par motifs propres et adoptés, qu'en classant le phénomène en alerte orange, Météo France n'a commis aucune erreur manifeste d'appréciation quant à son intensité au regard de l'état de la science météorologique et de la législation de l'époque, l'alerte rouge étant réservée à des phénomènes exceptionnels et de plus grande amplitude géographique, et la commune de Biscarosse ayant fait l'objet d'un phénomène très violent et très localisé pouvant correspondre à une alerte orange ; les juges ajoutent qu'elle a rempli ses obligations, conformément à la réglementation, par la diffusion de messages délivrant une information suffisamment explicite et des bulletins régionaux de suivi le jour même dès 6 heures du matin et à plusieurs reprises annonçant notamment des orages localement violents de plus de 100 km/h et causant des dégâts importants ; les juges retiennent que les préfectures ont été avisées de ces informations, disposant à l'époque d'une certaine latitude pour les décliner localement, et sans qu'une faute puisse être retenue contre quiconque dans l'absence d'information de la mairie de Biscarosse ; ils relèvent enfin que, par arrêt du 6 oct. 2011, la cour d'appel de Pau a écarté la responsabilité des exploitants de camping en raison notamment de l'absence de faute de leur part ; en l'état de ces énonciations, la chambre de l'instruction, qui a répondu sans contradiction et insuffisance aux articulations essentielles du mémoire dont elle était saisie, a justifié sa décision. • Crim. 21 oct. 2014 : *Dr. pénal 2014, n° 145, obs. Véron.*

531. Baignades. Caractérise en tous ses éléments constitutifs le délit d'homicide involontaire la cour d'appel qui, ayant à connaître d'un accident survenu au cours d'un séjour de vacances organisé par l'établissement spécialisé auquel la victime, un enfant âgé de quatorze ans, avait été confiée en raison de troubles de comportement et du caractère, qui avait été trouvé mort sous quelques centimètres de sable sur la plage où il jouait, reproche à l'éducatrice responsable de l'encadrement de s'être éloignée de l'enfant une vingtaine de minutes, ayant ainsi permis, par sa négligence et son inattention, que se réalisent les conditions de l'asphyxie par le sable. • Crim. 10 nov. 1992 : *Dr. pénal 1993. 131.*

532. L'homicide involontaire n'est pas établi lorsqu'il est relevé par la cour d'appel que la méconnaissance de la réglementation relative à l'organisation des baignades et des jeux dans l'eau est étrangère à la noyade d'un enfant âgé de treize ans, survenue au cours d'une sortie de loisirs organisée au bord d'un lac, lors d'un camp de vacances, par l'établissement spécialisé auquel il avait été confié en raison de troubles de la personnalité, et qu'elle ajoute que, compte tenu de la personnalité de la victime, de ses capacités physiques et des circonstances, aucune faute de surveillance, d'imprudence ou de négligence en relation causale avec le décès n'est établie à la charge des prévenus (éducateur stagiaire et directeur de l'établissement). • Crim. 23 nov. 1994 : *Dr. pénal 1995. 60.*

533. A justifié sa décision au regard de l'art. 121-2 C. pén. la cour d'appel qui a caractérisé des fautes simples en relation causale avec le dommage à la charge de la représentante d'une association prévenue d'homicide involontaire, à la suite de la noyade d'un enfant placé dans un centre psycho-pédagogique, et dès lors que la prétendue faute de la victime ne constitue pas la cause exclusive de l'accident. • Crim. 27 mai 2014 : *AJ pénal 2014. 535, obs. Vial ; RSC 2015. 655, obs. Mayaud.*

534. Plongées. A justifié sa décision la cour d'appel qui, pour relaxer les prévenus, respectivement dirigeant d'un village de vacances et animateur sportif, du chef de blessures involontaires survenues lors d'un accident de plongée, la victime ayant été mordue par une murène et ayant dû être amputée d'une main, relève que leur responsabilité pénale ne peut être retenue, ceux-ci n'étant pas chargés de l'organisation technique des activités de plongées sous-marines, ce rôle étant rempli par un moniteur compétent bénéficiant d'une délégation de pouvoirs en matière de sécurité des plongeurs, et aucune faute n'ayant été relevée à leur charge dans l'application des consignes générales de sécurité du club, non plus que dans la surveillance des moniteurs. • Crim. 1er juill. 1997, n° 96-85.320 P : *D. 1998. Somm. 199, obs. Jourdain.*

535. Est coupable d'homicide involontaire par imprudence et négligence le prévenu, propriétaire de matériel de plongée, qui le prête à un tiers sans avoir effectué au préalable l'entretien nécessaire. • Rennes, 17 févr. 2000 : *JCP 2000. IV. 2342.* ♦ ... Le prévenu qui s'improvise guide de plongée, alors qu'il ne possède pas la qualification technique nécessaire. • Même arrêt.

536. Plaisance – ... Chute en mer d'un passager. Commettent le délit d'homicide involontaire les personnes assurant le commandement d'un voilier qui, après la chute accidentelle en mer d'une passagère, ne prennent pas toutes dispositions utiles pour assurer dans l'immédiat la survie de la personne tombée à l'eau et qui ne prennent pas toutes les mesures nécessaires pour retrouver, rejoindre la victime et la ramener à bord. • Crim. 18 mai 1982, n° 81-93.795 P.

537. ... Empannage. Lors d'une croisière en mer sur un voilier, le chef de bord avait décidé de faire demi-tour en raison des mauvaises conditions météorologiques et avait confié la barre à un membre de l'équipage pour établir la route ; une grosse vague a soudainement déstabilisé le voilier et a provoqué un empannage non contrôlé ; la bôme a alors balayé le pont, heurtant violemment un membre de l'équipage qui est décédé des suites de ses blessures ; pour renvoyer le chef de bord et la personne tenant la barre des fins de la poursuite du chef d'homicide involontaire, et débouter les parties civiles de toutes leurs demandes, la cour d'appel, après avoir retenu que l'accident de mer trouve son origine dans un coup de roulis qui a déséquilibré le voilier d'une façon inattendue et imprévisible, énonce que les prévenus n'ont commis aucune faute en relation avec l'accident, dont la cause exclusive est l'imprudence et l'inattention de la victime qui n'a pas su éviter le coup de bôme ; en se déterminant ainsi, par des motifs empreints de contradiction, la cour d'appel n'a pas donné de base légale à sa décision. • Crim. 21 janv. 2003, n° 02-82.169 P.

538. ... Manutention d'un voilier sur un terre-plein. Commet une négligence grave et est pénalement responsable des dommages corporels occasionnés à autrui lors de sa manutention le propriétaire d'un voilier entreposé sur un terre-plein portuaire, qui omet de le libérer de tout amarrage avant d'ordonner son enlèvement ; il en va de même pour le conducteur de l'engin de levage, faute d'avoir pris la précaution élémentaire de s'assurer qu'aucune attache ni qu'aucun objet ne risquait de perturber la manœuvre et de la rendre dangereuse pour le voilier comme pour les tiers ; la responsabilité pénale du directeur de la régie portuaire propriétaire de l'outillage de manutention est également engagée, pour ne pas avoir donné de consignes de sécurité aux agents chargés de la manœuvre, et pour ne pas avoir prévu un personnel suffisant pour le déroulement de l'opération, ceci en violation des dispositions du décret n° 47-1592 du 23 août 1947 relatif à la sécurité des appareils de levage autres que les ascenseurs et monte-charge. • Poitiers, 22 nov. 1996 : *Gaz. Pal. 1997. 2. 671, note Rezenthel.*

539. ... Présence d'une ligne de haute tension dans une zone de navigation. V. également ci-dessus, « Élus locaux ».

540. Le fait de maintenir en exploitation, au-dessus d'un plan d'eau dont la navigation est réglementée par un arrêté municipal valable, un ouvrage électrique dont la hauteur est inférieure à celle prescrite par l'arrêté interministériel du 26 mai 1978 – relatif aux conditions techniques auxquelles doivent satisfaire les distributions d'énergie électrique –, alors que le réhaussement de cet ouvrage constituait une nécessité de caractère urgent au sens de l'art. 100 de ce texte, que commandait l'existence d'une précédente électrocution, caractérise une inobservation des règlements susceptibles, en cas de blessures occasionnées à un tiers, d'engager la responsabilité pénale du responsable local d'EDF, sur le fondement de l'art. 222-19 C. pén. • Crim. 3 déc. 1997, n° 96-84.841 P : *D. 1999. Somm. 81, obs. Lagarde*. ♦ Rejet du pourvoi contre : • Versailles, 13 sept. 1996 : *BICC 1997. 400 ; Gaz. Pal. 1997. 1. Somm. 236 ; RSC 1997. 833, obs. Mayaud*.

541. ... État du bateau. Se rend coupable de blessures non intentionnelles, le propriétaire d'un bateau dont le câble d'inverseur s'est rompu, l'obligeant ainsi à poursuivre sa course dans une écluse et à percuter deux bateaux de plaisance en attente, blessant ainsi leurs occupants ; il a en effet commis une faute caractérisée, dès lors qu'il connaissait la défaillance du câble, le caractère provisoire de la réparation effectuée n'ayant pas donné lieu à facturation, et le caractère essentiel de cet organe de sécurité, et qu'il n'a rien fait pour remédier à ce problème. • Chambéry, 6 mars 2002 : *JCP 2002. IV. 2643.*

542. Scooter des mers. Justifie sa décision au regard de l'art. 121-3 C. pén. la cour d'appel qui, pour déclarer coupable d'homicide et blessures involontaires le loueur professionnel d'un scooter des mers dont l'utilisateur, effectuant une manœuvre de dépassement sans respect des règles de prudence et de sécurité, est entré en collision avec un autre véhicule du même type, retient qu'en fournissant un engin potentiellement dangereux à un client qu'il savait dépourvu du permis imposé par la réglementation et totalement ignorant des règles de base de la navigation maritime, a commis une faute caractérisée exposant autrui à un risque d'une particulière gravité et a ainsi créé la situation ayant permis la réalisation du dommage. • Crim. 5 oct. 2004, n° 04-81.024 P : *AJ pénal 2005. 26 ; Gaz. Pal. 2004. 2. 3831 (2e arrêt), concl. Commaret ; RSC 2005. 71, obs. Mayaud*.

543. Vélo aquatique. Un enfant âgé de 12 ans s'est noyé alors que, participant à un stage de catamaran multi-sports dans un centre de loisirs, il jouait sur le plan d'eau à faire chavirer son vélo aquatique (*surfbike*) et que, lors d'un retournement de l'engin, une sangle de son gilet de sauvetage est restée accrochée au guidon ; le prévenu, chargé de l'encadrement du groupe de sept enfants âgés de 9 à 12 ans auquel appartenait la victime, a été renvoyé du chef d'homicide involontaire devant le tribunal correctionnel, qui l'a relaxé ; pour le déclarer coupable, l'arrêt retient qu'il a laissé les enfants s'amuser à chavirer dans l'eau, alors que l'utilisation normale des engins consiste à évoluer comme avec une bicyclette sur la terre, et que le guide du matériel, que l'intéressé reconnaît avoir consulté, attire l'attention sur les conséquences d'un emploi inapproprié ; les juges relèvent ensuite qu'en surveillant les enfants depuis le bord du plan d'eau, de façon intermittente et inadaptée, il n'a pas été en mesure de constater la disparition de la victime et d'intervenir à temps pour le sauver ; en l'état de ces énonciations, exemptes d'insuffisance comme de contradiction, d'où il résulte l'existence de fautes caractérisées ayant exposé la victime à un risque d'une particulière gravité que le prévenu ne pouvait ignorer et qui établissent une relation certaine de causalité entre ces fautes et le dommage, la cour d'appel a justifié sa décision. • Crim. 24 mars 2009 : *D. 2010. Pan. 406, obs. Alaphilippe*.

544. Randonnées en eaux vives. L'organisation de randonnées en eaux vives, activité purement ludique, en tous cas présentée comme telle sans mesure de précaution préventive, exige de l'organisateur non seulement une obligation de sécurité de moyens mais également de résultat ; l'organisateur doit veiller à ce que chaque participant puisse revenir sain et sauf, quitte à réduire ou modifier le parcours, voire interrompre la randonnée. • Saint-Denis de la Réunion, 23 oct. 2003 : *Gaz. Pal. 2004. 2. Somm. 2666.*

545. Sauts à l'élastique. Engagent leur responsabilité pénale l'organisateur de sauts à l'élastique et son salarié, dès lors que, constatant et connaissant les turbulences aériennes et leurs effets au passage d'un pont, ils n'ont pas pris toutes mesures utiles pour empêcher l'accident en veillant à l'installation du système de saut. • Grenoble, 31 janv. 1991 : *JCP 1991. 21727, note Sarraz-Bournet ; RSC 1992. 753, obs. Levasseur*.

546. Spectacles. Justifie légalement sa décision la cour d'appel qui, sur les poursuites du chef de blessures involontaires engagées contre un entrepreneur de spectacle à la suite des blessures infligées à un spectateur par un tigre en compagnie duquel se produisait un illusionniste, relaxe le prévenu en estimant qu'il n'agissait qu'en qualité d'intermédiaire entre le comité des œuvres sociales du personnel municipal qui a organisé le spectacle et les artistes qui y participaient et ajoute que, l'accident résultant des conditions d'organisation de la scène, le prévenu, dont il n'est pas établi qu'il ait refusé de transmettre au comité, chargé de la mise en place des services de sécurité et de l'organisation de la salle, les consignes qu'il appartenait à l'artiste de fournir, n'a commis aucune faute. • Crim. 4 déc. 1996 : *D. 1997. IR 44 ; Gaz. Pal. 1997. 1, chron. crim. 77.*

547. Soirées dansantes. Des étudiants d'un institut universitaire de technologie (IUT) ont confié à une agence de communication l'organisation d'une soirée dansante, en s'engageant à assurer la vente des billets ; en exécution de ce contrat, a été louée à une société d'économie mixte une salle dont la capacité d'accueil était limitée à un effectif maximal de 2 500 personnes ; la responsabilité de la mise en place d'un service d'ordre chargé d'assurer la sécurité du public au cours de la soirée a été confiée à une société spécialisée dans la protection ; vers minuit et demi, le dispositif d'accès et de contrôle du public mis en place, qui avait permis l'accueil de mille six cent quarante personnes en deux heures trente, n'a pas supporté l'arrivée supplémentaire de deux mille personnes en moins d'une heure ; une réaction de panique s'est produite dans le hall ainsi qu'à l'extérieur du bâtiment et la bousculade a causé la mort de cinq personnes et des blessures à d'autres victimes ; des poursuites ont été exercées, notamment contre le dirigeant de la société de protection, qui a été reconnu coupable d'homicides involontaires, aux motifs que, en acceptant de limiter à dix-sept le nombre des agents de protection mis en place sur le site pour obtenir le marché, alors que, dans un devis antérieur, il avait évalué à vingt-deux agents l'encadrement nécessaire des deux mille participants annoncés, il a privé le dispositif de sécurité de cinq agents dont la présence était nécessaire pour assurer la régulation des entrées et des sorties du public, qu'il a quitté les lieux à 23 h 30 sans émettre d'objection après avoir constaté que les limites de la capacité de la salle où devait se dérouler la soirée étaient atteintes et que le dispositif d'accès à cette salle, composé de quatre files de barrières métalliques placées perpendiculairement à l'entrée d'un hall de soixante-huit mètres carrés, dont les portes s'ouvraient de l'intérieur vers l'extérieur, était défaillant, eu égard à la foule qui s'amassait, enfin que, « professionnel de la sécurité », dirigeant une société qui, aux termes du contrat passé, s'était engagée à assurer la protection des personnes au cours de la soirée, il a ainsi commis une faute caractérisée au sens de l'art. 121-3 C. pén. ; en l'état de ces motifs, d'où il résulte que le prévenu, qui n'a pas pris les mesures permettant d'éviter le dommage, et qui n'a pas accompli les diligences normales, compte tenu de la nature de sa mission, ainsi que du pouvoir et des moyens dont il disposait, a commis une faute caractérisée exposant autrui à un risque d'une particulière gravité qu'il ne pouvait ignorer et entretenant un lien de causalité certain avec le décès des victimes, la cour d'appel a justifié sa décision. • Crim. 11 déc. 2007 : *Dr. pénal 2008, n° 43 (1re esp.), obs. Véron.*

548. Bricolage. Pour une imprudence à se faire aider bénévolement à fendre du bois au moyen d'une fendeuse rotative, alors qu'elle était dépourvue de tout système de protection, et que la victime y travaillait avec des vêtements amples. • Crim. 8 mars 1995 : *Dr. pénal 1995. 139 ; Gaz. Pal. 1995. 2. Somm. 341.*

I. CIRCULATION ROUTIÈRE

BIBL. Pire, *D. 2003. Point de vue. 771* (conduite automobile et usage de stupéfiants). – Guédon, *JCP 2003. I. 179* (violence routière). – Lienhard, *D. 2006. Chron. 398* (catastrophe du tunnel du Mont-Blanc).

1° PRINCIPES DE RESPONSABILITÉ

549. Autonomie de la faute pénale par rapport aux infractions routières. L'inobservation des prescriptions du code de la route, lors même qu'elle n'a pas été poursuivie, constitue l'un des éléments constitutifs des délits et contravention d'homicide et de blessures involontaires, prévus par les art. 319, 320 et R. 40-4° (nouvel art. R. 625-2) C. pén. • Crim. 16 févr. 1972, n° 92-18.270 P. • 23 janv. 1974 : *ibid. n° 36 ; D. 1974. IR 51* • 15 juin 1977, n° 76-93.274 P. ♦ En revanche, la relaxe du chef de blessures involontaires implique nécessairement l'inexistence d'une faute de conduite à la charge du prévenu. • Civ. 2e, 3 mars 1993, n° 91-19.193 P.

550. Le simple fait qu'un véhicule soit arrêté au moment où se produit un accident ne suffit pas à dégager son conducteur de toute responsabilité au regard des art. 319 et 320 C. pén. • Crim. 6 mars 1973, n° 92-17.472 P : *D. 1973. Somm. 55.*

551. L'incrimination de défaut de maîtrise ne doit pas aboutir à une responsabilité pénale sans faute prouvée. • T. corr. Guéret, 4 juin 1981 : *Gaz. Pal. 1982. 1. Somm. 31.* ♦ Sur les recherches nécessaires pour parvenir à cette preuve. • Crim. 18 déc. 1984, n° 82-92.034 P : *Gaz. Pal. 1985. 2. Somm. 222.*

552. La preuve d'un défaut de maîtrise ne peut pas résulter du seul constat d'un accident. • Chambéry, 22 déc. 2007 : *JCP 2008. IV. 1685.*

553. Causalité. Un automobiliste circulant, de nuit, sur une portion droite d'une route où la vitesse était limitée à 90 km/heure, à une vitesse estimée à 135 km/heure, a heurté un sanglier, surgi du côté de la chaussée ; l'animal, tué sur le coup, s'est encastré sous le capot avant du véhicule du prévenu qui a alors effectué, sur une centaine de mètres, des lacets sur les deux voies de circulation, avant d'entrer en collision avec une automobile qui circulait en sens inverse ; sous la violence du choc, la conductrice de ce véhicule est décédée ; pour déclarer le prévenu coupable d'homicide involontaire et excès de vitesse, la cour d'appel relève que sa vitesse, qui l'a empêché de maîtriser son véhicule, est un paramètre déterminant dans les causes et les conséquences de l'accident et que l'excès de vitesse est constitutif d'une faute en relation directe avec le décès de la victime ; la cour d'appel a ainsi caractérisé le lien de causalité directe entre la faute du prévenu et le décès de la victime, et a justifié sa décision, au regard des art. 121-3 et 221-6 C. pén., dans leur rédaction issue de la L. du 10 juill. 2000. • Crim. 25 sept. 2001, n° 01-80.100 P : *RSC 2002. 101, obs. Mayaud*.

554. Un automobiliste a heurté un piéton qui traversait dans un passage protégé ; la victime, atteinte de trois plaies superficielles et d'une fracture du calcaneum droit ayant nécessité une intervention chirurgicale, est décédée dix jours après, des suites d'une infection nosocomiale ; pour déclarer le prévenu coupable du délit d'homicide involontaire, par suite de l'aggravation de l'état de la victime, la cour d'appel retient qu'en omettant de céder le passage dans ces circonstances, il a heurté le piéton et a créé la situation ayant permis la réalisation du dommage, commettant ainsi une faute caractérisée, en relation de causalité indirecte avec le décès, exposant autrui à un danger qu'il ne pouvait ignorer ; en se déterminant ainsi, la cour d'appel, qui a constaté que l'existence des blessures trouvait sa cause directe dans le heurt du piéton, et qui a attribué son décès à une maladie nosocomiale ultérieurement contractée par la victime sans rechercher si cette infection n'était pas le seul fait en relation de causalité avec le décès, n'a pas justifié sa décision au regard de l'art. 221-6 C. pén., qui exige, pour recevoir application, que soit constatée l'existence certaine d'un lien de causalité entre la faute du prévenu et le décès de la victime. • Crim. 5 oct. 2004, n° 03-86.169 P : *D. 2005. Pan. 1525, obs. Mirabail ; AJ pénal 2005. 25, obs. Coste ; Gaz. Pal. 2004. 2. 3831 (1er arrêt), concl. Commaret ; RSC 2005. 71, obs. Mayaud*. ♦ Sur l'arrêt cassé, • Aix-en-Provence, 19 sept. 2002 : *JCP 2003. IV. 1915.* ♦ Dans le même sens, sur la nécessaire certitude du lien causal : • Crim. 14 mai 2008, n° 08-80.202 P : *D. 2009. Pan. 128, obs. Garé ; AJ pénal 2008. 371, obs. Duparc ; Dr. pénal 2008. Comm. n° 111, obs. Véron.*

555. Force majeure. Il est reproché au prévenu d'avoir causé des blessures involontaires constitutives d'un délit et d'une contravention à l'occasion de la conduite de son véhicule, et ce par maladresse, imprudence, inattention, négligence ou manquement à une obligation de sécurité ou de prudence imposée par la loi ou les règlements, ce manquement étant caractérisé par la contravention de défaut de maîtrise qu'il se voit également reprocher ; il apparaît que le prévenu a toujours été constant dans ses déclarations, tant devant les enquêteurs que devant ses premiers juges, en expliquant qu'il n'avait en réalité jamais commis de faute dans la conduite de son véhicule, sa conscience et sa vigilance de conducteur ayant seulement été abolies à raison de la survenance d'un malaise brutal qu'il n'avait pu prévoir dans la mesure où il s'était manifesté pour la première fois au moment de l'accident ; outre le fait qu'il n'a pas été répondu par les premiers juges à cet argument susceptible d'écarter la responsabilité pénale du prévenu, il apparaît que plusieurs éléments de fait peuvent corroborer la réalité de ce malaise soudain ; une des victimes, témoin direct des faits, a elle-même indiqué devant les services enquêteurs que, lors de l'accident, le prévenu semblait être sous l'emprise de médicaments ou de produits stupéfiants, ce qui correspond à la description de son malaise par l'intéressé, qui a précisé avoir en quelque sorte perdu connaissance et n'avoir repris un peu ses esprits que postérieurement à l'accident ; les nombreuses pièces médicales fournies par le prévenu justifient de la survenance ultérieure d'autres malaises du même type, qui n'ont pu disparaître que plus tard grâce à l'adoption d'un régime alimentaire précisément dosé : enfin, il apparaît que le prévenu n'a pas été en mesure de prévenir la défaillance physique dont il a été atteint le jour des faits, celle-ci s'étant manifestée pour la première fois ce jour-là ; en conséquence, il apparaît que le prévenu ne peut être considéré comme pénalement responsable dans la mesure où il a agi sous l'empire d'une contrainte à laquelle il n'a pu résister, comme il est prévu par l'art. 122-2 C. pén. • Douai, 24 oct. 2000 : *JCP 2002. II. 10012, note Maréchal.*

556. A la suite d'un accident de la circulation dans lequel trois personnes ont été blessées, l'automobiliste a été poursuivi devant le tribunal de police pour blessures involontaires ayant entraîné une incapacité inférieure ou égale à trois mois, blessures involontaires n'ayant entraîné aucune incapacité totale de travail, et circulation sur la partie gauche de la chaussée ; après avoir énoncé que le prévenu, « âgé de 68 ans souffrant d'une grave insuffisance cardiaque, qui descendait de Paris à Perpignan au volant d'un camion de location, avait perdu le contrôle de son véhicule pour aller percuter deux véhicules circulant en sens inverse », que celui-ci avait déclaré n'avoir dormi que trois heures et avait indiqué que sa maladie cardiaque était la cause de son malaise au volant, la cour d'appel a déclaré le prévenu coupable des trois contraventions ; en se prononçant ainsi, et dès lors qu'il ne ressort d'aucune des conclusions régulièrement déposées que le demandeur ait invoqué la contrainte résultant de la maladie dite de l'apnée du sommeil, la cour d'appel a justifié sa décision. • Crim. 11 mai 2004 : *AJ pénal 2004. 285, obs. Leblois-Happe ; RSC 2004. 878, obs. Mayaud*.

557. Justifie la décision de relaxe du conducteur d'une automobile poursuivi pour homicides involontaires, mise en danger d'autrui et défaut de maîtrise, l'arrêt qui retient que, victime d'un malaise brutal et imprévisible qui lui a fait perdre le contrôle de l'accélération de son véhicule, lancé à une vitesse croissante sur l'autoroute puis l'aire de repos où il s'est immobilisé après avoir heurté les véhicules occupés par les victimes, le prévenu a agi sous l'empire d'une contrainte à laquelle il n'a pu résister. • Crim. 15 nov. 2005, nº 04-87.813 P : *D. 2006. 1582, note Dreyer, ibid. 2006. Pan. 1652, obs. Roujou de Boubée ; Dr. pénal 2006. 32, obs. Véron ; RSC 2006. 61, obs. Mayaud*.

558. *Faute de la victime.* N'est pas en faute l'automobiliste qui a procédé à une manœuvre de freinage afin d'obtempérer à un ordre légitime de l'autorité, invité qu'il était par deux motocyclistes CRS de se rabattre sur la voie de droite, la chute de l'un des motocyclistes n'ayant pas été provoquée par cette manœuvre, mais par le fait qu'il suivait la voiture du prévenu sans respecter la distance de sécurité nécessaire, alors que les deux policiers auraient dû coordonner leur manœuvre de manière à ne courir aucun risque, le ralentissement brusque du conducteur étant parfaitement prévisible. • Versailles, 13 sept. 1996 : *Gaz. Pal. 1997. 1, chron. crim. 33.*

559. *Complicité.* Le fait pour plusieurs personnes de consommer ensemble, librement et d'un commun accord, une très forte quantité d'alcool, au cours d'une soirée, n'emporte aucun acte positif pouvant être qualifié de complicité du délit d'homicide et blessures involontaires commis par l'un d'entre eux qui a causé ultérieurement un accident de la route, aucune des personnes présentes n'ayant incité l'auteur à conduire dans cet état, ni ne lui ayant fourni les moyens de commettre cette infraction ; la consommation excessive d'alcool ne faisant pas l'objet en soi d'un interdit, en dehors des cas strictement prévus par la loi ou d'un péril avéré, il ne peut être exigé de quiconque d'intervenir pour mettre fin à l'alcoolisation d'autrui ou entraver sa liberté d'aller et de venir au motif de dangers purement éventuels ; aucun reproche ne peut en l'espèce être fait aux participants de n'être pas intervenus au début ou au cours de la soirée, ceux-ci ayant à ce moment bon espoir que le conducteur passerait la nuit chez l'un d'entre eux sans reprendre le volant. • Nancy, 25 avr. 2002 : *JCP 2003. IV. 1862.* ♦ En revanche, sauf à vider de leur sens les dispositions de l'art. 223-6 C. pén., c'est bien l'exercice d'une action efficace et à la mesure de ses moyens qui est attendu de chaque citoyen ; en l'espèce, il convient d'envisager la mise en examen des deux derniers participants en contact avec l'auteur de l'accident qui, parfaitement conscients de l'état d'ivresse de leur ami et devant l'impossibilité dans laquelle ils se trouvaient de lui faire entendre raison, se sont abstenus d'user du moyen efficace d'empêcher des délits contre l'intégrité des personnes (art. 223-I C. pén.) que constituait un signalement du comportement de leur ami aux policiers ou gendarmes chargés de veiller à la sécurité des usagers de la route sur le trajet emprunté par celui-ci ; ces personnes se trouvant en présence d'un risque extrême pour autrui qu'il était en leur mesure d'empêcher, le devoir d'humanité leur commandait de donner la priorité à la sécurité des usagers de la route contre un danger immédiat et non à leur amitié, le conflit psychologique en résultant n'étant pas de nature à les libérer de leur obligation. • Même arrêt.

560. Un automobiliste, qui circulait de nuit sous l'empire d'un état alcoolique caractérisé par un taux de 2,31 grammes d'alcool par litre de sang, est décédé après avoir perdu le contrôle du véhicule qu'il conduisait sans permis ; l'enquête a révélé qu'il sortait d'une soirée organisée par le prévenu à l'occasion de laquelle il avait bu de l'alcool et qu'il avait emprunté l'automobile de ce dernier ; pour déclarer le prévenu coupable d'homicide involontaire et de complicité de conduite d'un véhicule sans permis, l'arrêt énonce que, cédant à l'insistance de la victime qui voulait « faire un tour » avec sa voiture, il lui en a remis volontairement les clés alors qu'il savait que celui-ci n'était pas titulaire du permis de conduire et se trouvait sous l'emprise de l'alcool ; les juges retiennent que le prévenu, qui ne pouvait ignorer le risque d'accident encouru par la victime en lui permettant de conduire dans de telles circonstances, a contribué à créer la situation qui a permis la réalisation du dommage et commis une faute caractérisée exposant autrui à un risque d'une particulière gravité qu'il ne pouvait ignorer ; ils ajoutent qu'en agissant ainsi, le prévenu a sciemment facilité la consommation du délit de conduite sans permis ; dès lors, la cour d'appel a justifié sa décision. • Crim. 14 déc. 2010, nº 10-81.189 P : *D. 2011. Pan. 2830, obs. Garé ; RSC 2011. 96, obs. Mayaud*.

2º DÉCLINAISON DES RESPONSABILITÉS

561. *Auto-écoles.* Pour une espèce dans laquelle le directeur et le moniteur d'une auto-école ont été déclarés responsables de blessures involontaires sur la personne d'un élève motocycliste. • Grenoble, 6 juin 1990 : *Gaz. Pal. 1993. 1. Somm. 273* ; RSC 1994. 331, obs. Levasseur.

562. Justifie sa décision la cour d'appel qui, pour déclarer l'exploitante d'un établissement d'enseignement de la conduite des véhicules à moteur coupable d'homicide et de blessures involontaires et seule responsable des conséquences dommageables de l'accident survenu au cours d'une leçon de conduite automobile, retient qu'elle a demandé à l'élève de s'engager à l'intersection des routes au mépris des règles de priorité, qu'elle ne lui a pas ordonné de s'arrêter à la vue d'un véhicule prioritaire, qu'elle n'a pas actionné la pédale de frein dont elle disposait, et qu'ayant neutralisé la pédale d'accélérateur de la double commande, elle n'a pu accélérer le mouvement du véhicule pour le faire échapper à la collision. • Crim. 29 févr. 2000, n° 99-85.986 P : *RSC 2000. 827, obs. Mayaud*.

563. Défaut de maîtrise. Tout manquement par le conducteur d'un véhicule à ses obligations de prudence et de sécurité est nécessairement incompatible avec les diligences normales que lui impose le code de la route, et caractérise, à sa charge, la faute définie par l'art. 121-3, al. 3, C. pén., dans sa rédaction issue de la L. du 13 mai 1996. • Crim. 2 avr. 1997, n° 95-85.564 P : *RSC 1997. 837, obs. Mayaud*. ♦ Dès lors, n'encourt pas l'annulation au regard de cette loi nouvelle l'arrêt qui, pour déclarer le conducteur d'un véhicule coupable d'homicide involontaire, retient qu'il a été, par son défaut de maîtrise, à l'origine de l'accident à la suite duquel la victime est décédée. • Même arrêt.

564. Se rend coupable d'homicide involontaire à l'occasion de la conduite d'une automobile le prévenu qui, en se déportant sur la voie de circulation de gauche, a méconnu une règle de prudence et de sécurité occasionnant ainsi le décès des occupants du véhicule arrivant sur la voie opposée ; en effet, le prévenu ayant voulu éviter un troisième véhicule venant en sens inverse et qui en doublait un autre, a réalisé un brutal écart à gauche sans pour autant ralentir sa propre vitesse et sans anticiper la présence nécessaire d'un second véhicule sur l'autre voie de circulation ; nonobstant le fait que les deux voies de circulation aient été délimitées par une signalisation d'interdiction de franchissement de la ligne de séparation et que le dépassement opéré par le troisième véhicule ait été réalisé en violation flagrante des règles de circulation, il n'en demeure pas moins que le prévenu n'a manifestement pas conservé la maîtrise de son véhicule ; en conséquence de quoi, il n'a pas su adapter sa vitesse de circulation, non pas par rapport à la réglementation générale mais par rapport aux conditions ponctuelles de circulation ; c'est donc à bon droit que le jugement a retenu la qualification d'homicide involontaire. • Rennes, 28 févr. 2005 : *JCP 2005. IV. 3334.*

565. Dépassement. A l'occasion d'un dépassement dangereux, le véhicule du prévenu a heurté de plein fouet le véhicule de la victime qui est décédée des suites de l'accident, les passagers arrière étant quant à eux blessés ; le prévenu, auteur direct de ces faits, doit être déclaré coupable des délits d'homicide involontaire par violation manifestement délibérée d'obligations particulières de sécurité ou de prudence imposées par la loi ou le règlement, et de blessures involontaires ayant entraîné une incapacité totale de travail inférieure ou égale à trois mois, par violation manifestement délibérée d'obligations particulières de sécurité ou de prudence imposées par la loi ou le règlement ; le dépassement dangereux étant un des éléments constitutifs de ces délits, il ne saurait être retenu comme constituant une contravention distincte. • Aix-en-Provence, 9 janv. 2003 : *JCP 2004. IV. 1051.*

566. État des routes. En cas d'accident mortel dû exclusivement à l'état défectueux de la chaussée, non signalé par des panneaux de ralentissement, il importe de rechercher si le fait dommageable ne se rattache pas, par un lien de causalité, à une négligence coupable des fonctionnaires des Ponts et Chaussées responsables de l'entretien. • Crim. 7 déc. 1965 : *Gaz. Pal. 1966. 1. 418.*

567. État du véhicule. Constitue une négligence, en rapport de cause à effet avec l'accident ayant causé des blessures à un usager de la route, l'absence de vérification par un garagiste de l'état de la voiture qu'il a mise en vente et dont les longerons, détériorés dans un précédent accident, se sont rompus. • Crim. 20 oct. 1971, n° 91-63.370 P : *D. 1971. Somm. 217 ; JCP 1972. II. 16968 ; RSC 1972. 112, obs. Levasseur.*

568. Constitue une faute par inobservation des règlements, en rapport de cause à effet avec l'accident ayant occasionné des blessures à des usagers de la route, le fait pour le propriétaire d'un tracteur agricole de confier à son fils mineur ce véhicule muni de dispositifs de signalisation insuffisants. • Crim. 5 oct. 1976, n° 75-92.085 P.

569. Il résulte de l'arrêt infirmatif attaqué que la voiture prêtée par le prévenu, garagiste de son état, s'est, dans un virage signalé sur la gauche, mise en travers de la chaussée, et a heurté une camionnette qui circulait sur la voie opposée ; la conductrice da la voiture est décédée dans l'accident, et les conducteur et passager de la camionnette ont été blessés ; pour déclarer le prévenu coupable d'homicide et blessures involontaires, les juges du second degré retiennent notamment que l'usure des pneumatiques arrière du véhicule a contribué à la survenance de l'accident sur une chaussée rendue glissante par la pluie ; qu'en prêtant un véhicule ainsi équipé, le prévenu, qui, par sa profession, connaît les graves dangers de l'utilisation de pneumatiques trop usagés, a commis une faute caractérisée ; en l'état de ces seules énonciations procédant de son appréciation souveraine, d'où il résulte que le prévenu, qui a contribué à créer la situation ayant permis la réalisation des dommages, a commis une faute caractérisée et qui exposait autrui à un risque d'une particulière gravité qu'il ne pouvait ignorer, au sens de l'art. 121-3, al. 4, C. pén., la cour d'appel a justifié sa décision.

• Crim. 4 févr. 2003 : *Dr. pénal 2003. Comm. 71, obs. Véron.*

570. Panne. Est constitutif d'une imprudence le fait, pour un chauffeur routier parvenu à l'extrême limite de sa réserve de gas-oil, s'exposant ainsi à une panne imminente, de vouloir à tout prix franchir la frontière dans le seul but de réaliser une économie sur le prix du carburant. • TGI Perpignan, 27 mars 1987 : *Gaz. Pal. 1987. 1. Somm. 209.*

571. Passage protégé. Le dépassement d'une voiture en train de s'arrêter devant un passage protégé constitue, non pas une simple imprudence, mais la violation manifestement délibérée de l'obligation de sécurité et de prudence prévue par l'art. 220-20 C. pén., dans la mesure où le conducteur, qui était pressé au retour du travail, n'a pas pris la peine de s'assurer qu'aucun piéton ne s'était engagé sur le passage protégé et a délibérément dépassé le véhicule, alors que le ralentissement de la voiture qui le précédait révélait la présence quasi certaine d'un piéton qu'il a renversé alors qu'il lui devait la priorité. • Toulouse, 26 avr. 2001 : *D. 2001. IR 2558.*

572. Priorité. Le droit de priorité prévu par l'art. R. 28 C. route au profit des véhicules des services de police, de gendarmerie, des douanes, de lutte contre l'incendie, ou des véhicules d'intervention des unités mobiles hospitalières, ne s'applique qu'à la condition que leur approche ait été annoncée par l'emploi des signaux lumineux et sonores prévus aux art. R. 92 (5°) et R. 95 du même code ; le droit de priorité de l'art. R. 28 C. route ne dispense pas les conducteurs qui en bénéficient de l'observation des règles générales de prudence s'imposant aux usagers de la route ; encourt, dès lors, la cassation, l'arrêt d'une cour d'appel qui relaxe des chefs d'homicide et blessures involontaires le conducteur d'un véhicule des sapeurs-pompiers ayant heurté une voiture automobile après avoir franchi un feu rouge, au motif inopérant qu'il ne peut être tenu responsable du fonctionnement trop bref de l'avertisseur sonore à deux tons, dont la manœuvre, commandée par son chef de bord, lui échappait. • Crim. 26 avr. 2000, n° 99-80.716 P : *RSC 2000. 827, obs. Mayaud ; Dr. pénal 2001. 6, obs. Robert.* ♦ Cassation de • Grenoble, 30 sept. 1998 : *JCP 1999. IV. 1811* (le conducteur d'un véhicule de pompier se rendant d'urgence sur les lieux d'un sinistre, qui, à un carrefour, percute une voiture et provoque le décès de son conducteur, doit être relaxé du chef d'homicide involontaire en l'absence de toute faute d'imprudence ; en l'espèce, *il ne peut* être considéré qu'il a violé une disposition du code de la route et on ne peut pas lui reprocher de n'avoir pas actionné la sirène deux tons d'avertissement à l'approche du carrefour ; en effet, une telle tâche n'incombe pas au conducteur du véhicule mais au chef de bord et il est constant que le prévenu avait accompli toutes les diligences normales compte tenu de la nature de ses propres fonctions).

573. Doit être condamné pour refus de priorité par conducteur d'un véhicule venant d'une aire de stationnement, infraction prévue à l'art. R. 415-9 C. route, et blessures involontaires le prévenu qui, alors qu'il quittait sa place de stationnement au volant de sa voiture, est entré en collision avec une mobylette ; le prévenu ne saurait invoquer valablement le fait que la victime n'ait pas respecté la signalisation du parking de grand magasin sur lequel ils se trouvaient ; en effet, si les règles du code de la route s'appliquent sur tout terrain privé ouvert à la circulation publique, les indications portées en ces lieux par le propriétaire ne peuvent constituer des obligations légalement répréhensibles pour les usagers ; les conducteurs ne sont pas tenus de respecter le marquage au sol sur un parking privé ; en l'espèce, le marquage au sol était confus, une flèche autorisant à aller tout droit malgré la présence d'une ligne continue ; le prévenu ne peut donc prétendre que la victime a violé la signalisation des lieux ; il avait en revanche l'obligation, en quittant son stationnement, de vérifier qu'il pouvait le faire sans danger pour autrui. • Nancy, 30 juin 2004 : *JCP 2005. IV. 1952.*

574. Stationnement gênant. Le seul stationnement gênant et non dangereux au sens de l'art. R. 37-2 C. route ne s'analyse pas en une violation délibérée d'une obligation particulière de prudence ou de sécurité ; doit être relaxé du délit d'homicide involontaire le prévenu conducteur d'un camion dont le stationnement sur un trottoir aurait prétendument incité le piéton victime, percuté par un véhicule circulant sur la voie, à descendre de la chaussée, dès lors qu'il n'est pas établi qu'il a violé délibérément une obligation particulière de prudence ou de sécurité ; en effet, le stationnement gênant et non dangereux incriminé ménageait en l'occurrence un espace d'environ 50 centimètres sur le trottoir entre le véhicule irrégulièrement stationné et le bâtiment, de telle sorte que le piéton victime pouvait utiliser ce passage et n'était pas dans l'obligation de descendre de la chaussée ; au surplus, si la victime avait été effectivement obligée de descendre de la chaussée, l'intensité et les conditions de la circulation (en plein jour et bonne visibilité) n'étaient pas sur les lieux de l'accident de nature à exposer la victime à un risque d'une particulière gravité. • Toulouse, 4 oct. 2001 : *D. 2002. 1383, note Vignette ; JCP 2002. IV. 1464 ; RSC 2002. 106, obs. Mayaud.*

575. Tunnels. Sur la condamnation, du chef d'homicides involontaires, du responsable des services techniques et de la sécurité du tunnel du Mont-Blanc, côté français, pour retard dans la détection d'un incendie et une surveillance défaillante du régulateur, ce qui a entraîné la mort de 38 personnes. • Chambéry, 14 juin 2007 : *JCP 2008. IV. 1686.*

576. Usage de stupéfiants. Constitue un manquement délibéré à une obligation de sécurité et de prudence imposée par la loi ou les règlements le fait de conduire après avoir fait usage de produits stupéfiants. • T. corr. Vesoul, 6 oct. 1994 : *Gaz. Pal. 1995. 2. 440.*

J. TRANSPORTS

1° TRANSPORTS ROUTIERS

577. Coordination. La législation sur la coordination des transports a pour objet d'assurer la protection des salariés et des usagers de la route ; un transporteur, en s'affranchissant habituellement des dispositions de cette réglementation, a assumé le risque de causer la mort à autrui, risque qui en l'espèce s'est réalisé suite à un accident causé par l'un de ses préposés. • Douai, 29 mai 1997 : *Gaz. Pal. 2000. 1. Somm. 408.* ♦ Il doit être considéré que l'état alcoolique du chauffeur routier, au demeurant inférieur à la limite légale, sur un organisme fatigué par des cadences de travail, n'a joué qu'un rôle causal secondaire dans l'accident, mais que la violation habituelle des règles de la coordination des transports dans l'entreprise gérée par l'employeur prévenu, et qui lui est précisément reprochée, est en relation, directe ou indirecte, mais certaine avec l'accident et ses conséquences. • Même arrêt.

578. Mise en circulation. Le seul fait, par le chef de dépôt d'une entreprise de transports routiers, d'avoir ordonné la sortie d'un convoi dont la mise en circulation était interdite par les règlements est en rapport de cause à effet avec l'accident survenu au cours du transport et ayant occasionné la mort d'un piéton. • Crim. 17 déc. 1968, n° 90-30.368 P. ♦ Mais la personne qui a mis en circulation un véhicule de travaux publics, sans avoir obtenu l'autorisation préfectorale exigée pour les transports exceptionnels (C. route, art. R. 48), n'est passible des peines prévues aux art. 319, 320 et R. 40-4° (nouvel art. R. 625-2) C. pén. que si une relation de cause à effet est constatée entre cette inobservation des règlements et l'accident corporel survenu au cours du transport. • Crim. 14 mai 1968, n° 93-14.867 P. • 2 févr. 1972 : *ibid. n° 42 ; D. 1972. Somm. 82.* ♦ Rappr. : • Riom, 21 nov. 1991 : *Gaz. Pal. 1994. 2. Somm. 791.* ♦ Même solution en cas de contravention aux règles de circulation d'ensembles de véhicules (C. route, art. R. 47). • Crim. 4 juin 1973, n° 90-21.472 P.

579. Surcharge. Ne commet aucun excès de pouvoir la cour d'appel qui, pour retenir le délit d'homicide involontaire imputé à un employeur, même si elle a surabondamment examiné la matérialité de la contravention de surcharge de véhicule, déjà définitivement sanctionnée par le paiement d'une amende forfaitaire, recherche si cette surcharge avait contribué à la réalisation de l'accident, et estime qu'elle avait aggravé les effets de la fatigue du conducteur, consécutive à la privation de son temps de repos avant le transport. • Crim. 8 déc. 1992, n° 91-80.573 P.

580. Opérations de déchargement. Un chauffeur au service d'une entreprise de transport, qui effectuait la livraison de deux poutrelles métalliques pesant 9 tonnes chacune sur un chantier de travaux publics, a été tué par suite de la chute de l'une d'elles lors des opérations de déchargement auxquelles il participait ; à la suite de cet accident, le président de l'entreprise de transport et le président de la société de travaux publics ont été poursuivis, notamment, pour homicide involontaire et pour infraction aux dispositions du code du travail relatives aux mesures destinées à empêcher les chutes d'objet et de matériaux ; pour relaxer le président de l'entreprise de transport, la cour d'appel retient que cette société n'avait que la seule obligation d'assurer le transport des poutrelles jusqu'à la destination déterminée par la société de travaux publics qui devait en assurer le déchargement ; en se prononçant ainsi, sans mieux s'expliquer sur les raisons pour lesquelles le chauffeur avait pu se trouver sur le chantier au moment des opérations de déchargement et sans rechercher si le prévenu n'avait pas failli à ses obligations en matière de sécurité, notamment en n'interdisant pas à ce salarié de participer à ces travaux ou de se trouver sur le chantier au cours de ces opérations, la cour d'appel n'a pas donné de base légale à sa décision. • Crim. 23 nov. 2004, n° 04-81.601 P : *RSC 2005. 321, obs. Cerf-Hollender.*

581. Ramassages scolaires. Le 27 nov. 2007, Morgan A... a été mortellement blessé, alors qu'il tentait de rattraper son bus scolaire, qui avait quitté son emplacement de stationnement et attendait à la sortie de la gare routière de pouvoir s'insérer dans le flot de circulation ; lorsque la conductrice du car a redémarré, ne regardant pas vers la droite, elle n'a pas vu le jeune homme qui, après avoir longé le côté droit du véhicule, s'est trouvé à hauteur de la porte avant ; déséquilibrée par la manœuvre du car, qui tournait à droite, la victime a été écrasée par la roue avant droite du véhicule ; n'a pas justifié sa décision la chambre de l'instruction qui a confirmé l'ordonnance ayant dit n'y avoir lieu à suivre contre la conductrice, mais sans rechercher, comme elle y était invitée, s'il ne lui appartenait pas de s'assurer, avant de remettre en mouvement son véhicule, de ce qu'aucun obstacle ne gênait la progression de celui-ci, compte tenu de sa trajectoire. • Crim. 4 juin 2013 : *RLCT 2014/102, n° 2713, p. 27, note Mayaud ; RSC 2014. 339, obs. Mayaud.*

2° TRANSPORTS AÉRIENS

582. Conditions d'exploitation. Pour caractériser le délit d'homicide involontaire, les juges retiennent, à bon droit, qu'en contrevenant aux prescriptions de l'art. L. 323-2 C. aviat. (exercice sans autorisation d'une activité de transport aérien public), le prévenu, qui s'est soustrait non seulement à la procédure d'agrément – et notamment aux contrôles portant sur les conditions d'exploitation des aéronefs et sur la formation des équipages –, mais encore aux prescriptions réglementaires régissant la sécurité des transports aériens, a placé le pilote, de surcroît peu expérimenté, en situation de commettre des fautes graves qui, jointes à des conditions climatiques difficiles et à un mauvais réglage des moteurs, l'ont amené à perdre la maîtrise de son appareil lors du décollage. • Crim. 19 févr. 1997, n° 95-81.352 P.

583. Justifie sa décision la cour d'appel qui, pour déclarer un prévenu coupable d'homicides et blessures involontaires à la suite d'un accident d'avion dû à une panne de moteur trouvant son origine dans un défaut d'entretien ayant causé une rupture de fatigue du vilebrequin et dans un précédent accident survenu plusieurs années auparavant, qui avait causé des dommages importants au moteur, lesquels auraient nécessité des vérifications approfondies qui n'ont pas été faites, retient que le dirigeant de fait de l'association propriétaire de l'aéronef, qui exerçait également les fonctions de chef pilote, devait s'assurer que les conditions d'entretien et de révision des appareils étaient conformes aux règles en vigueur et répondaient aux nécessités liées à leur utilisation ; qu'en ne tenant pas à jour les documents où devaient être consignées les opérations d'entretien et leurs résultats, il n'a pas accompli les diligences normales lui incombant, compte tenu de la nature de ses fonctions ainsi que des moyens mis à sa disposition, ce qui a contribué à créer la situation ayant permis la réalisation du dommage, et a violé de façon manifestement délibérée une obligation particulière de prudence et de sécurité prévue par un règlement. • Crim. 18 nov. 2008, n° 08-81.672 P : *D. 2009. Pan. 2829, obs. Garé ; AJ pénal 2009. 35 ; Dr. pénal 2009, n° 18 (2e esp.), obs. Véron.*

584. Plan de vol. Entrent à bon droit en voie de condamnation à l'encontre de la gérante d'une société de transport par hélicoptère les juges du second degré qui, après avoir caractérisé les fautes commises par le pilote dans l'exécution de sa mission (également poursuivi), relèvent que ce dernier, qui ignorait certaines des spécificités techniques de l'hélicoptère qui lui était confié, n'a disposé ni du temps, ni des informations nécessaires à la préparation d'un plan de vol sérieux, et qui énoncent que ces manquements, imputables à l'exploitante de la société de transport aérien, tenue notamment de contrôler la compétence de ses pilotes, ont contribué à la réalisation de l'accident, en créant les conditions qui l'ont rendu possible. • Crim. 5 avr. 1995 : *Gaz. Pal. 1995. 2. Somm. 353.*

585. Opérations d'envol. En l'état d'une collision survenue entre deux aéronefs autorisés à emprunter concomitamment la même piste d'envol, doivent être considérées comme la cause directe des délits d'homicide et blessures involontaires visés à la prévention les fautes commises simultanément par les personnes chargées d'assurer, ensemble, le contrôle des mouvements de ces avions. • Crim. 16 oct. 2007, n° 07-81.916 P.

586. Sont coupables d'homicide involontaire les prévenus qui ont commis des violations manifestement délibérées d'obligations de prudence ou de sécurité imposées par la loi ou le règlement, en l'espèce l'Arr. du 12 mai 1997, l'OPS 1.945 et son appendice 1 que le manuel d'exploitation (MANEX) se borne à reprendre en les adaptant à l'entreprise. • Crim. 8 sept. 2020, n° 18-82.150 P : *D. actu. 21 oct. 2020, obs. Goudjil.*

587. Pilotage. Alors qu'il allait atterrir à Papeete, un avion bimoteur s'est écrasé en mer à une centaine de mètres de la côte, provoquant la mort de dix des vingt-deux passagers et membres d'équipage ; cet accident était dû à une panne du moteur gauche de l'avion à laquelle l'équipage, insuffisamment formé à l'exploitation de ce nouvel appareil, n'a pu remédier ; si l'arrêté du 5 nov. 1987 relatif aux conditions d'utilisation des avions exploités par une entreprise de transport aérien, rendu applicable par l'arrêté du 17 juill. 1990, n'était pas entré en vigueur en Polynésie française à la date des faits, faute de promulgation et publication locales régulières, il était néanmoins appliqué par les services locaux de l'aviation civile et les entreprises de transport aérien ; en conséquence, si la méconnaissance des prescriptions de ce texte ne s'identifie pas à la violation d'une obligation particulière de sécurité au sens de l'art. 121-3, al. 4, C. pén., elle peut, en revanche, constituer la faute caractérisée prévue par ce texte. • Crim. 15 oct. 2002, n° 01-83.351 P : *D. 2003. Somm. 244, obs. Roujou de Boubée ; Dr. pénal 2003. 4, obs. Véron ; RSC 2003. 96, obs. Mayaud.*

588. Pour déclarer l'instructeur de la compagnie aérienne coupable d'homicides involontaires, la cour d'appel relève qu'il a formé au pilotage de l'avion les équipages de la compagnie aérienne et selon un programme qui n'avait pas été approuvé par le service de l'État de l'aviation civile ; notamment, le pilote de l'avion a été admis à l'examen de stage théorique avec une moyenne générale inférieure à celle requise et malgré des notes désastreuses sur les questions portant sur les procédures d'urgence, et n'a pas été entraîné suffisamment à voler sur l'appareil ; le manuel d'exploitation remis au pilote, et rédigé par l'instructeur, omettait de préciser, pour de nombreux incidents susceptibles de se produire en vol, et notamment pour celui à l'origine de l'accident, la répartition des tâches entre les divers membres de l'équipage ; après avoir observé que les manquements reprochés à l'instructeur expliquent en partie les fautes du pilote et ont ainsi conduit à l'accident, les juges énoncent que l'instructeur a contribué à créer le dommage en déclarant apte au pilotage et en programmant sur un vol un commandant de bord dont il connaissait l'insuffisance professionnelle et de surcroît, sans lui fournir, pour la préparation du vol, un manuel d'exploitant approprié ; le prévenu a donc commis une faute caractérisée exposant autrui à un risque d'une particulière gravité qu'il ne pouvait ignorer. • Crim. 15 oct. 2002 : *préc. note 587.*

589. Pour déclarer le responsable de la direction locale de l'aviation civile coupable d'homicides involontaires, les juges d'appel, après avoir rappelé les obligations que la tutelle des entreprises de transport aérien fait peser sur les services de l'aviation civile en matière de sécurité, relèvent que le prévenu, chargé du contrôle de la compagnie aérienne, a autorisé la reprise de l'exploitation de l'avion, un temps suspendue par son service à raison des insuffisances du manuel d'exploitation servant de support à la formation des pilotes, sans imposer à la compagnie de compléter ce document dont il connaissait les graves lacunes ; c'est à bon droit que les juges en ont déduit que le prévenu s'est abstenu de prendre les mesures permettant d'éviter le dommage, et a commis une faute caractérisée exposant autrui à un risque d'une particulière gravité qu'il ne pouvait ignorer. • Crim. 15 oct. 2002 : *préc. note 587.*

590. Pour déclarer coupables d'homicides involontaires le gérant de la compagnie aérienne et le pilote agréé par l'aviation civile, les juges d'appel relèvent que les prévenus ont commis des violations manifestement délibérées d'obligations de prudence ou de sécurité imposées par la loi ou le règlement, en l'espèce l'Arr. du 12 mai 1997, l'OPS 1.945 et son appendice 1 que le manuel d'exploitation (MANEX) se borne à reprendre en les adaptant à l'entreprise, et que ces violations étaient en lien certain avec l'accident. • Crim. 8 sept. 2020, n° 18-82.150 P : *D. actu. 21 oct. 2020, obs. Goudjil.*

591. Équipements de sécurité. A la suite du décès de son fils, survenu alors que celui-ci pilotait l'avion d'un centre de parachutisme, son père, constitué partie civile, a soutenu que son fils, encore inexpérimenté et n'ayant bénéficié d'aucun encadrement pour mener à bien l'opération de largage de parachutistes dont il avait été chargé le jour de l'accident, ne serait pas décédé si son appareil avait été équipé d'un siège spécifique destiné à assurer sa protection et de dispositifs de nature à empêcher tout déplacement intempestif des passagers mettant en danger le pilote ; il a demandé à la chambre de l'instruction de constater l'existence de manquements graves à la sécurité à l'origine de la mort de la victime ; pour écarter cette argumentation et confirmer l'ordonnance de non-lieu, l'arrêt retient qu'il serait vain de rechercher si les parachutistes transportés dans l'aéronef disposaient, ou non, comme le soutenait la partie civile, d'équipements de sécurité ; en se prononçant ainsi, sans répondre au mémoire de la partie civile qui invoquait à la charge des mis en examen, comme cause déterminante du décès, des manquements graves à la sécurité, la chambre de l'instruction n'a pas justifié sa décision. • Crim. 8 nov. 2005, n° 05-81.653 P.

592. Manifestations aériennes. Sont coupables des délits d'homicide et de blessures involontaires, en relation avec un accident survenu à un avion Airbus A-320, exploité par la compagnie nationale Air France, qui, dans le cadre d'une manifestation aérienne, s'est écrasé en lisière du terrain d'aviation qu'il avait survolé à basse altitude, avec plus de 125 passagers à bord : le président de l'aéro-club organisateur de la manifestation, qui, en sa qualité de « directeur de vol », et parfaitement informé des devoirs de son état pour avoir déjà organisé les années précédentes des manifestations aériennes comparables, s'est abstenu de convoquer l'équipage au briefing du meeting en dépit de l'obligation réglementaire existant en ce sens ; le directeur des opérations aériennes de la compagnie Air France, pour ne pas avoir fait respecter par ladite compagnie le principe réglementaire de la prohibition des vols de présentation avec passagers à bord, ainsi que celui de la prohibition des vols à basse altitude de 100 pieds ; l'officier de sécurité des vols au sein de la compagnie Air France, pour avoir, en tant que professionnel et spécialiste de la sécurité, adressé des conseils imparfaits, et même illégaux pour certains d'entre eux ; le pilote commandant de bord de l'appareil, pour avoir commis une succession de fautes d'imprudence et de négligence graves, tant dans la préparation du vol que dans sa réalisation, la plus importante (constitutive de mise en danger délibérée d'autrui) étant celle d'avoir fait le choix d'un passage à basse altitude avec passagers à bord à l'incidence « alpha-max » (voisin des limites du domaine de vol), alors qu'il n'en avait reçu l'ordre de personne, et ne disposait pas des capacités pour le faire ; le copilote, à qui les mêmes fautes que celles du commandant de bord peuvent être reprochées, pour les avoir pleinement acceptées, même s'il n'en était pas l'initiateur. • TGI Colmar, 14 mars 1997 : *Gaz. Pal. 1998. 1. 267.* ♦ Sur appel, V. l'arrêt confirmatif de • Colmar, 9 avr. 1998 : *Gaz. Pal. 2001. 1. 665.* – En cassation, V. l'arrêt de rejet de • Crim. 23 mai 2000 : *Gaz. Pal. 2001. 1. 687.*

3° TRANSPORTS MARITIMES

593. Zone de pêche. A justifié sa décision la cour d'appel qui, pour déclarer le capitaine d'un cargo coupable d'homicides involontaires sur le patron d'un chalutier et sur son matelot, retient que le naufrage du chalutier, qui mesurait douze mètres de long, pesait vint-quatre tonnes au plus et disposait d'une réserve de stabilité double de celle qui était nécessaire pour affronter les vents de la zone, classés entre six et sept sur l'échelle de Beaufort, a été causé directement, en l'absence de toute collision, par le déferlement, combiné à la houle, de vagues d'étrave provenant du cargo, qui, mesurant cent soixante mètres de long et ayant un tirant d'eau moyen de six mètres cinquante pour un franc-bord de six mètres, est passé, au mépris du Règlement international pour prévenir les abordages en mer (RIPAM), à une distance trop faible du bateau de pêche auquel il devait la priorité alors que celui-ci se trouvait en fin de relevage de chalut et portait ses marques de pêche. • Crim. 13 mars 2007 : *Dr. pénal 2007, n° 79 ; ibid. 82, obs. Véron.* ♦ Les juges ajoutent qu'en pénétrant dans la zone de pêche côtière, à la sortie du rail d'Ouessant, pour s'abriter des vents de force huit à neuf annoncés par les services de la météorologie, sans se mettre à l'abri dans la baie de Douarnenez, comme le lui conseillait le centre régional opérationnel de surveillance et de sauvetage de Corsen (CROSS Corsen), en naviguant dans cette zone sans disposer de cartes marines permettant de le faire en toute sécurité, puis en négligeant de changer de cap ou de réduire sa vitesse pour éviter de croiser la route du chalutier prioritaire, alors qu'ayant précédemment croisé un autre bateau du même type, il n'ignorait pas qu'il se trouvait dans une zone de pêche, le commandant du cargo, qui disposait du pouvoir et des moyens nécessaires pour éviter de mettre en danger le chalutier, a commis des fautes d'imprudence qui entretiennent un lien de causalité certain avec le décès des victimes. • Même arrêt. ♦ V. également, pour cette affaire, note ss. art. 223-6.

K. GESTION D'IMMEUBLES

594. Intoxications. Sont coupables d'homicides involontaires les propriétaires ou gérants d'immeubles, lorsque les occupants de ces immeubles sont décédés d'une intoxication due au mauvais état ou au mauvais fonctionnement d'appareils à gaz : V. • Crim. 1er juill. 1976, n° 75-91.718 P : *Gaz. Pal. 1976. 2. Somm. 305* • 11 juill. 1977, n° 76-90.292 P. • 13 sept. 1988 : *ibid. n° 321 ; Gaz. Pal. 1989. 1. 175, note Doucet* • TGI Chartres, 6 juin 1990 : *Gaz. Pal. 1993. 1. Somm. 272 ; RSC 1993. 779, obs. Levasseur*. ♦ Mais il y a lieu de les relaxer : en l'absence d'imprudence, de négligence ou d'inobservation des règlements. • Versailles, 12 nov. 1993 : *Gaz. Pal. 1994. 1. Somm. 203.* ♦ ... En cas d'usage intensif par la victime d'une installation ne présentant par elle-même aucun danger avec un entretien courant et une utilisation sans excès. • Versailles, 13 déc. 1978 : *Gaz. Pal. 1979. 1. Somm. 160.* ♦ Comp. • Chambéry, 14 févr. 1963 : *D. 1964. Somm. 43* • Bordeaux, 14 juin 1976 : *Gaz. Pal. 1976. 2. Somm. 315.*

595. Sur la responsabilité de l'installateur. • Crim. 23 nov. 1992 : *Dr. pénal 1993. 83 ; RSC 1993. 779, obs. Levasseur*.

596. Justifie sa décision, au regard de l'art. 121-3 C. pén., dans sa rédaction issue de la L. du 10 juill. 2000 tendant à préciser la définition des délits non intentionnels, la cour d'appel qui, pour retenir la culpabilité du chef d'homicide involontaire des dirigeants d'une société, relève qu'ayant concédé à une filiale la licence d'exploitation d'un procédé de nettoyage des canalisations d'évacuation des eaux usées et établi le devis des travaux à exécuter dans un immeuble, il ont omis d'informer le gérant de la filiale, opérateur local, du risque particulier de réaction chimique présenté par le produit dont l'utilisation a causé la mort par intoxication de l'une des occupantes de cet immeuble ; une telle négligence constitue en effet une faute caractérisée exposant autrui à un risque d'une particulière gravité que ses auteurs ne pouvaient ignorer. • Crim. 10 janv. 2001, n° 00-83.103 P : *Gaz. Pal. 2001. 2. Somm. 1291, note Monnet ; RSC 2001. 572, obs. Bouloc ; ibid. 2001. 578, obs. Mayaud*.

597. Incendies. Est coupable d'homicide involontaire l'exploitant d'un hôtel, qui n'a pas répondu aux recommandations de la commission municipale de sécurité, destinées, en cas d'incendie, à éviter une concentration trop forte des fumées et à faciliter la progression des secours, négligence fautive ayant concouru au décès de quatre personnes à la suite d'un incendie effectivement survenu dans son établissement. • Crim. 20 sept. 1993 : *Gaz. Pal. 1993. 2. Somm. 570 ; RSC 1994. 330, obs. Levasseur*.

598. Pour déclarer la prévenue coupable d'homicide involontaire, l'arrêt retient qu'elle a donné en location une chambre de service dont l'installation électrique n'était pas conforme à la réglementation en vigueur, n'avait jamais été vérifiée depuis qu'elle en était propriétaire, et dont l'unique fusible avait été modifié par remplacement du fil de plomb par un fil de cuivre ; que ce mauvais état de l'installation a joué un rôle déterminant dans l'incendie du téléviseur qui s'est propagé à la pièce, et a créé les conditions d'apparition de la boule de feu ayant causé la mort des cinq sapeurs-pompiers lors de l'ouverture de la porte de la chambre ; les juges ajoutent que si la date d'intervention sur le fusible n'a pu être déterminée, la prévenue a pris le risque de louer un logement ne répondant pas aux exigences de l'art. 1720 C. civ. et notamment à la norme NFC 15 100 et au Décr. du 30 juin 2002 précisant que l'installation électrique doit être conforme aux normes de sécurité définies par la loi et les règlements et être en bon état d'usage et de fonctionnement ; ils ajoutent que, bailleresse de plusieurs appartements, elle n'a pris aucune des mesures nécessaires pour la mise aux normes et la vérification de la sécurité de l'installation électrique dans la chambre qu'elle louait ; en l'état de ces énonciations, d'où il résulte que la prévenue, qui a contribué à créer la situation ayant permis la réalisation du dommage et n'a pas pris les mesures permettant de l'éviter, a commis une faute caractérisée et qui exposait autrui à un risque d'une particulière gravité qu'elle ne pouvait ignorer, au sens de l'art. 121-3, al. 4, C. pén., la cour d'appel a justifié sa décision. • Crim. 7 sept. 2010 : *Gaz. Pal. 2010. 2, p. 3558, note Dreyer.*

599. Explosions. Abstraction faite de motifs erronés mais surabondants, relatifs à une erreur sur le droit, a justifié sa décision la cour d'appel qui, pour relaxer les prévenus, occupants d'un appartement, du chef d'homicide involontaire, retient qu'on ne saurait leur reprocher d'avoir méconnu la loi mécanique de désolidarisation énoncée par l'expert à propos de l'emmanchement d'un tuyau souple élastique sur un embout de diamètre différent, dès lors qu'ils avaient constaté que l'installation avait une bonne tenue, même sans collier de serrage, et ajoute qu'on ne saurait leur imputer la faute de s'être abstenus de fermer la vanne d'arrivée du gaz de ville, en présence d'une situation normale. • Crim. 20 nov. 1996, nº 96-81.107 P.

600. A, à bon droit, déclaré le prévenu coupable d'homicides involontaires la cour d'appel qui retient notamment que, ayant fait exécuter par une entreprise de terrassement, sur une parcelle lui appartenant située dans le périmètre protégé d'un oléoduc, des travaux au cours desquels la canalisation a été perforée par une pelleteuse, l'explosion des gaz qui se sont échappés ayant provoqué un incendie dans lequel ont péri plusieurs personnes, il a entrepris des travaux sans avoir préalablement effectué la déclaration prescrite par l'arrêté préfectoral du 22 janv. 1975, au risque de percer la conduite, alors qu'en 1980 le surveillant principal de ligne pour le compte de la société exploitant l'oléoduc l'avait averti de son obligation de faire une déclaration préalable d'intervention de travail un mois avant d'agir et une déclaration de chantier 8 jours avant le début des travaux, et ajoute que l'imprudence ainsi caractérisée est en relation de cause à effet avec le décès des victimes. • Crim. 7 oct. 1998 : *Gaz. Pal. 1999. 1, chron. crim. 15.*

601. L'occupante d'un logement où s'est produite une fuite de gaz à l'origine d'une violente explosion qui a détruit partiellement un immeuble, tuant et blessant plusieurs personnes, a commis une faute qualifiée en s'abstenant de faire vérifier, au moment de son entrée dans les lieux, la conformité de son intallation de gaz à la réglementation, en faisant changer, quelques mois avant l'accident, le tube de raccordement de la cuisinière par un non-professionnel, et en ne fermant pas le robinet d'arrivée de gaz pendant son absence prolongée. • Crim. 18 nov. 2008, nº 08-81.361 P : *D. 2009. 1320, note Joseph-Ratineau ; ibid. 2009. Pan. 2458, obs. Trébulle ; ibid. Pan. 2832, obs. Garé ; RSC 2009. 94, obs. Mayaud.* ♦ Les agents de Gaz de France ont commis également une faute qualifiée en ne concentrant pas leurs contrôles à l'étage où était situé ce logement, alors que la poursuite de leurs investigations leur aurait permis de découvrir la fuite de gaz. • Même arrêt.

602. Amas de neige. Cassation de l'arrêt qui, dans des poursuites du chef d'homicide involontaire, pour la mort d'un enfant atteint par un bloc de glace détaché du toit d'un immeuble administré par une société, a renvoyé les prévenues, ladite société et sa gérante, des fins de la poursuite, sans rechercher si les intéressées n'avaient pas commis une imprudence ou une négligence, d'une part, en ne proposant pas à la copropriété d'équiper le toit de l'immeuble d'un nouveau dispositif contre les amas de neige, d'autre part, en n'assurant pas le balisage de la zone dangereuse au pied de l'immeuble. • Crim. 1er juin 1999 : *Gaz. Pal. 1999. 2, chron. crim. 142, obs. Doucet.*

603. Clôtures. Alors qu'une personne circulant à vélo tout terrain sur la propriété des prévenus a chuté et s'est blessée à la suite d'un choc avec un fil barbelé destiné à interdire l'accès au chemin, aucune infraction de blessures involontaires ne peut être retenue contre les propriétaires du terrain ; en effet le lien de causalité entre la pose du fil barbelé et les blessures est indirect et aucune violation manifestement délibérée d'une obligation particulière de sécurité ou de prudence par les propriétaires ni aucune faute caractérisée ne peut être établie ; les prévenus étaient en droit de clore, même partiellement, leur parcelle, le dispositif ne contrevenant à aucune obligation légale ou réglementaire de prudence, mais étant simplement destiné à dissuader les tiers de pénétrer sur une propriété privée. • Grenoble, 12 mai 2004 : *JCP 2005. IV. 1578.*

L. GARDE DES ANIMAUX

604. Responsabilité personnelle. Si le propriétaire d'un animal peut être pénalement responsable des blessures causées par cet animal, la loi n'établit pas contre lui, au point de vue criminel, la même présomption de faute que celle posée, en droit civil, par l'art. 1385 C. civ. ; si l'animal blesse quelqu'un, il faut, pour condamner le propriétaire, établir à la charge de celui-ci une faute quelconque dans les termes des art. 319 et 320 C. pén. • T. corr. Albi, 20 juin 1958 : *D. 1958. 688.*

605. Abeilles. Commet le délit de blessures involontaires le propriétaire d'abeilles qui, avant de lever les cadres de miel des ruches, n'a pas pris les mesures nécessaires pour éviter à un voisin de subir des blessures graves causées par les piqûres d'abeilles lors de l'envol de ces insectes. • Crim. 19 févr. 1957 : *Bull. crim. nº 165.*

606. Chiens. Constitue une négligence, au sens des art. 319 et 320 C. pén., le fait par le prévenu d'avoir laissé imprudemment son chien divaguer sur la voie publique, alors que ce chien, qui avait l'habitude, en jouant, d'attaquer les passants, a renversé une personne âgée et lui a de ce fait occasionné des blessures. • Crim. 3 juin 1957 : *Bull. crim. n° 466.*

607. Est coupable de coups et blessures involontaires (art. R. 40-4° C. pén. ; nouvel art. R. 625-2) le gardien de nuit d'un dancing qui, tenant son chien en laisse, n'évite pas qu'il morde une personne. • Pau, 2 oct. 1991 : *Dr. pénal 1992. 95 ; RSC 1992. 752, obs. Levasseur* .

608. Constitue le délit de mise en danger d'autrui le fait de laisser deux chiens de type pitt-Bull. se mouvoir sur la voie publique sans être ni muselés ni tenus en laisse ; doit être déclaré coupable de blessures involontaires le propriétaire de ces chiens lorsque, n'étant ni muselés ni tenus en laisse, ceux-ci ont attaqué et mordu une personne qui vaquait à ses occupations devant son domicile. • T. corr. Bobigny, 29 mai 1998 : *Gaz. Pal. 1999. 2, Somm. 559-560, note Lévy.*

609. La possession d'un chien pittBull. exige de son maître une surveillance toute particulière, dans la mesure où l'agressivité de cette race est notoire et d'ailleurs recherchée par la plupart des éleveurs ; en l'espèce, il est manifeste que le prévenu a commis une faute d'imprudence au sens de l'art. R. 625-2 C. pén. en ne surveillant pas suffisamment un animal dont il avait la garde lors des faits, puisqu'il résulte de la procédure et des débats que le pittbull, qui n'était muni d'aucune muselière sur la voie publique, ne pouvait au surplus être étroitement contrôlé par le prévenu qui circulait à bicyclette. • Paris, 17 déc. 1996 : *Dr. pénal 1997. 46, obs. Véron.*

610. Le propriétaire de chiens pittbull, lesquels ont attaqué une personne en la blessant gravement, se rend coupable de blessures involontaires (outre la mise en danger d'autrui) dès lors qu'il n'a pas respecté le règlement municipal sur la circulation et l'utilisation des chiens dangereux en les laissant dans un jardin dont les barrières ne garantissaient pas leur isolement. • Paris, 25 févr. 2000 : *JCP 2000. IV. 2861.*

611. La victime, garagiste, souhaitait s'entretenir avec un couple de clients ; elle s'est donc rendue à leur domicile et c'est là qu'elle s'est fait attaquer par leurs deux chiens ; les animaux en cause sont de race *American Staffordshire Terrier* et sont classés en catégorie 2 ; ce sont des chiens de défense potentiellement dangereux mais qui n'ont pas été dressés pour attaquer, s'agissant d'animaux de compagnie élevés pour participer à des concours de beauté ; le jour de l'accident, les chiens ne divaguaient pas mais se trouvaient dans leur jardin, espace privatif clôturé par un grillage et un portail qui n'était pas fermé à clef, mais au loquet, et sur lequel figurait une pancarte avec la photo d'un *American staff*, avec un avertissement destiné à quiconque pénétrerait dans l'enclos ; malgré cette pancarte, la victime s'est introduite dans le jardin ; en voyant s'introduire sur leur territoire un inconnu, qui plus est muni d'un objet d'allure agressive, les chiens, dans un réflexe de peur, se sont rués sur lui, sans toutefois s'acharner ; ainsi, cet accident regrettable n'est pas dû à une imprudence des propriétaires des chiens, qui n'ont manqué à aucune des précautions nécessaires ; par conséquent, lesdits propriétaires doivent être relaxés du chef de blessures involontaires. • Limoges, 3 mai 2006 : *JCP 2008. IV. 1437.*

612. Un enfant de deux mois a été retrouvé mort au domicile de la prévenue ; la victime est décédée en raison d'une hémorragie interne liée aux perforations des poumons, de la rate et du foie et à une compression antéropostérieure du thorax ; l'origine de ces lésions reste indéterminée, mais des lésions externes retrouvées sur le corps de l'enfant, même non susceptibles d'avoir entraîné le décès, ont manifestement été provoquées par des morsures et griffures d'un animal, en l'occurrence le chien croisé berger allemand resté à l'intérieur de l'habitation ; en laissant sans surveillance, après avoir absorbé une importante quantité d'alcool ayant provoqué un sommeil profond, un bébé de deux mois incapable de se défendre ou de se dégager d'une emprise, au contact de deux chiens dont l'un avait déjà manifesté de l'agressivité à l'égard de l'enfant, la prévenue s'est rendue coupable d'homicide involontaire par imprudence et négligence. • Douai, 17 juill. 2008 : *JCP 2009. IV. 1036.*

613. Chevaux. Constitue une négligence, au sens de l'art. 319 C. pén., le fait de la part du propriétaire d'un cheval de laisser cet animal pendant la nuit dans une prairie mal clôturée, d'où il peut s'échapper et divaguer sur la voie publique. • Crim. 29 avr. 1964 : *Bull. crim. n° 135 ; JCP 1964. II. 13912, note Meurisse.*

614. A justifié sa décision, au regard tant des dispositions de l'art. 319 ancien C. pén., que de celles de l'art. 121-3, al. 3, nouveau C. pén., désormais applicables, la cour d'appel qui, pour infirmer le jugement et relaxer le prévenu des fins de la poursuite, relève que les chevaux, qu'il avait parqués dans un enclos électrifié dont le chemin d'accès était barré par une chaîne munie d'un cadenas, n'ont pu s'enfuir que par suite des effractions commises par un tiers, ajoutant que le prévenu, qui ne disposait d'aucun moyen, en usage chez les éleveurs, de se prémunir contre les conséquences d'un tel acte de vandalisme, a pris toutes les précautions utiles pour empêcher la divagation de ses animaux. • Crim. 1er oct. 1997, n° 95-83.471 P.

615. A caractérisé tous les éléments du délit prévu par l'art. 221-6, al. 1er, C. pén. et déterminé de façon précise la faute imputée à la prévenue la cour d'appel qui relève que celle-ci a commis une imprudence en laissant le libre usage de sa jument à sa fille, âgée de 11 ans, qui a elle-même manqué de vigilance en confiant l'animal, muni d'une longe de dimension excessive, à son amie âgée de 12 ans, avant de s'absenter sans s'assurer du contrôle que celle-ci exerçait sur l'animal. • Crim. 26 nov. 1997 : *Gaz. Pal. 1998. 1, chron. crim. 34.*

616. Ménagerie. Doit être annulée comme contradictoire et non motivée la décision qui relaxe le président d'une entreprise foraine de cirque, prévenu d'homicide et blessures involontaires causés par les éléphants de la ménagerie, au motif qu'une expérience constante prouverait que les éléphants peuvent être mis sans danger au contact du public et qu'un accident est très rare. • Crim. 11 janv. 1967, n° 91-19.466 P : *Gaz. Pal. 1967. 1. 118.*

M. NAVIGATION MARITIME

617. Responsabilité de l'armateur. Dans le cas d'un accident du travail subi par le matelot d'un navire à raison d'agissements imputables au marin d'un autre navire du même armement, justifie sa décision la cour d'appel qui déclare l'armateur coupable du délit de blessures involontaires en retenant que celui-ci, en sa qualité de capitaine du second navire, a omis de remplir les obligations de sécurité lui incombant à l'égard des préposés se trouvant sous ses ordres ; dès lors que les actes et abstentions fautifs en lien certain de causalité avec le dommage sont imputables à l'armateur poursuivi, celui-ci, pour se soustraire à sa responsabilité, ne peut utilement invoquer la délégation générale en matière d'hygiène et de sécurité dont bénéficiait, pour sa part, le capitaine du premier navire. • Crim. 25 juin 2013, n° 11-88.037 P.

Art. 221-6-1 *(L. n° 2003-495 du 12 juin 2003, art. 1er)* **Lorsque la maladresse, l'imprudence, l'inattention, la négligence ou le manquement à une obligation législative ou réglementaire** *(L. n° 2011-525 du 17 mai 2011, art. 185)* **« de prudence ou de sécurité » prévu par l'article 221-6 est commis par le conducteur d'un véhicule terrestre à moteur, l'homicide involontaire est puni de cinq ans d'emprisonnement et de 75 000 € d'amende.**

Les peines sont portées à sept ans d'emprisonnement et à 100 000 € d'amende lorsque :

1° Le conducteur a commis une violation manifestement délibérée d'une obligation particulière *(L. n° 2011-525 du 17 mai 2011, art. 185)* **« de prudence ou de sécurité » prévue par la loi ou le règlement autre que celles mentionnées ci-après ;**

2° Le conducteur se trouvait en état d'ivresse manifeste ou était sous l'empire d'un état alcoolique caractérisé par une concentration d'alcool dans le sang ou dans l'air expiré égale ou supérieure aux taux fixés par les dispositions législatives ou réglementaires du code de la route, ou a refusé de se soumettre aux vérifications prévues par ce code et destinées à établir l'existence d'un état alcoolique ;

3° Il résulte d'une analyse sanguine *(L. n° 2016-41 du 26 janv. 2016, art. 45-I)* **« ou salivaire » que le conducteur avait fait usage de substances ou de plantes classées comme stupéfiants, ou a refusé de se soumettre aux vérifications prévues par le code de la route destinées à établir s'il conduisait en ayant fait usage de stupéfiants ;**

4° Le conducteur n'était pas titulaire du permis de conduire exigé par la loi ou le règlement ou son permis avait été annulé, invalidé, suspendu ou retenu ;

5° Le conducteur a commis un dépassement de la vitesse maximale autorisée égal ou supérieur à 50 km/h ;

6° Le conducteur, sachant qu'il vient de causer ou d'occasionner un accident, ne s'est pas arrêté et a tenté ainsi d'échapper à la responsabilité pénale ou civile qu'il peut encourir.

Les peines sont portées à dix ans d'emprisonnement et à 150 000 € d'amende lorsque l'homicide involontaire a été commis avec deux ou plus des circonstances mentionnées aux 1° et suivants du présent article.

BIBL. ▶ PAULIN, *Dr. pénal 2006. Étude 11* (vitesse, sms,... détresse). – JEAN, *AJ pénal 2010. 182* (transformations de la politique criminelle envers les usagers de stupéfiants depuis la loi du 5 mars 2007). – JOSSEAUME, *Gaz. Pal. 2014. 2. Doctr. 2939* (drogues au volant : quand la procédure part en fumée).

Art. 221-6-2 *(L. n° 2008-582 du 20 juin 2008, art. 13-I)* **Lorsque l'homicide involontaire prévu par l'article 221-6 résulte de l'agression commise par un chien, le propriétaire ou celui qui détient le chien au moment des faits est puni de cinq ans d'emprisonnement et de 75 000 € d'amende.**

Les peines sont portées à sept ans d'emprisonnement et à 100 000 € d'amende lorsque :

1° La propriété ou la détention du chien est illicite en application de dispositions législatives ou réglementaires ou d'une décision judiciaire ou administrative ;

2° Le propriétaire ou le détenteur du chien se trouvait en état d'ivresse manifeste ou sous l'emprise manifeste de produits stupéfiants ;

3° Le propriétaire ou le détenteur du chien n'avait pas exécuté les mesures prescrites par le maire, conformément à l'article L. 211-11 du code rural et de la pêche maritime, pour prévenir le danger présenté par l'animal ;

4° Le propriétaire ou le détenteur du chien n'était pas titulaire du permis de détention prévu à l'article L. 211-14 du code rural et de la pêche maritime ;

5° Le propriétaire ou le détenteur du chien ne justifie pas d'une vaccination antirabique de son animal en cours de validité lorsqu'elle est obligatoire ;

6° Il s'agissait d'un chien de la première ou de la deuxième catégorie prévues à l'article L. 211-12 du code rural et de la pêche maritime qui n'était pas muselé ou tenu en laisse par une personne majeure conformément aux dispositions prévues au II de l'article L. 211-16 du même code ;

7° Il s'agissait d'un chien ayant fait l'objet de mauvais traitements de la part de son propriétaire ou de son détenteur.

Les peines sont portées à dix ans d'emprisonnement et à 150 000 € d'amende lorsque l'homicide involontaire a été commis avec deux ou plusieurs des circonstances mentionnées aux 1° et suivants du présent article.

BIBL. ► **Dossier.** L'animal en droit pénal, *Dr. pénal 2018, p. 13 s.*

Art. 221-7 *(L. n° 2009-526 du 12 mai 2009, art. 124-I)* **« Les personnes morales déclarées responsables pénalement** *[ancienne rédaction : peuvent être déclarées responsables pénalement]*, **dans les conditions prévues par l'article 121-2, des infractions définies à l'article 221-6 encourent, outre l'amende suivant les modalités prévues par l'article 131-38, les peines prévues par les 2°, 3°, 8° et 9° de l'article 131-39. »**

L'interdiction mentionnée au 2° de l'article 131-39 porte sur l'activité dans l'exercice ou à l'occasion de l'exercice de laquelle l'infraction a été commise.

Dans les cas visés au second alinéa de l'article 221-6, est en outre encourue la peine mentionnée au 4° de l'article 131-39.

BIBL. ► STEINLE-FEUERBACH, *JCP 2007. I. 173* (infractions non intentionnelles et responsabilité pénale des collectivités territoriales : entre singularité et pragmatisme). – CONSIGLI, *RSC 2014. 297* (la responsabilité pénale des personnes morales pour les infractions involontaires : critères d'imputation).

I. COLLECTIVITÉS TERRITORIALES

1. Conventions de délégation de service public. V. notes ss. art. 121-2.

II. ENTREPRISES

A. REPRÉSENTANT DE LA PERSONNE MORALE

1° NOTION

2. Délégation de pouvoirs. Le salarié d'une société, titulaire d'une délégation de pouvoirs en matière d'hygiène et de sécurité, est un représentant de la personne morale au sens de l'art. 121-2 C. pén. ; il engage donc la responsabilité pénale de celle-ci en cas d'atteinte involontaire à la vie ou à l'intégrité physique trouvant sa cause dans un manquement aux règles qu'il était tenu de faire respecter en vertu de sa délégation. • Crim. 30 mai 2000, n° 99-84.212 P : *D. 2001. Somm. 2350, obs. Roujou de Boubée ; JCP E 2001. 950, note Ferries ; RSC 2000. 816, obs. Bouloc ; ibid. 851, obs. Giudicelli-Delage.*

3. Ne justifie pas sa décision faute de s'être mieux expliquée sur l'existence effective d'une délégation de pouvoirs ni sur le statut et les attributions de deux agents de la société EDF, la cour d'appel qui retient la responsabilité pénale de cette dernière du chef d'homicide involontaire dans le cadre du travail « nonobstant l'absence formelle d'une délégation de pouvoirs ». • Crim. 11 oct. 2011, n° 10-87.212 P : *D. 2011. 2600, obs. Bombled ; ibid. 2841, note Rias ; AJ pénal 2012. 35, note Bouloc ; JCP 2011, n° 1385, note Robert ; Gaz. Pal. 2012. 1. 292, note Dreyer ; ibid. 2012. 1. 1441, note Hervet et Benouniche ; RSC 2011. 825, obs. Mayaud.*

4. Le salarié d'une société titulaire d'une délégation de pouvoirs en matière d'hygiène et de sécurité, et comme tel investi dans ce domaine de la compétence, de l'autorité et des moyens nécessaires à l'exercice de sa mission, est un représentant de la personne morale au sens de l'art. 121-2 C. pén., et engage la responsabilité de celle-ci en cas d'atteinte involontaire à la vie ou à l'intégrité physique trouvant sa cause dans un manquement aux règles qu'il était tenu de faire respecter en vertu de sa délégation. • Crim. 25 mars 2014, n° 13-80.376 P : *D. actu. 29 avr. 2014, obs. Winckelmuller ; JCP 2014, n° 421, obs. Donnier ; ibid. n° 716, note Robert ; Gaz. Pal. 2014. 1. 1696, obs. Dreyer.*

5. Groupement d'entreprises. Rien n'interdit à des entreprises du bâtiment chargées des travaux de gros œuvre d'un même chantier de se constituer en une société en participation et de convenir de confier à un directeur de chantier les pouvoirs nécessaires pour prendre toutes mesures destinées à assurer, sur le site, l'hygiène et la sécurité de l'ensemble du personnel détaché sur celui-ci ; est dès lors valable la délégation de pouvoirs en matière de sécurité donnée par chaque dirigeant d'entreprise à un préposé de l'une d'entre elles, pour remplir cette mission ; justifie sa décision la cour d'appel qui, après avoir relevé que le délégataire de pouvoirs avait manqué à son obligation de mettre à la disposition des travailleurs un instrument de travail approprié aux travaux à effectuer eu égard à la configuration des lieux et que ce manquement était à l'origine de l'accident survenu à un salarié de l'une des entreprises, déclare la société employeur de cette victime coupable du délit de blessures involontaires, en énonçant que ce délégataire de pouvoirs devait être considéré comme le représentant de cette personne morale au sens de l'art. 121-2 C. pén. • Crim. 14 déc. 1999, n° 99-80.104 P : *Dr. pénal 2000, n° 56 (2e arrêt), obs. Véron ; RSC 2000. 600, obs. Bouloc.*

6. En cas d'accident du travail, les infractions en matière d'hygiène et de sécurité commises par le délégataire de pouvoirs désigné par chacune des sociétés membres d'un groupement d'entreprises engagent, en application de l'art. 121-2 C. pén., la responsabilité pénale de la seule personne morale employeur de la victime ; encourt la cassation l'arrêt qui déclare une société membre d'un groupement d'entreprises responsable des blessures involontaires subies par le salarié d'une autre société du fait que, mandataire du groupement auprès du maître d'ouvrage, elle a joué un rôle majeur dans ce groupement. • Crim. 13 oct. 2009, n° 09-80.857 P : *D. 2010. 557, note Planque ; ibid. Pan. 1665, obs. Mascala ; JCP 2010, n° 6, 152, note Robert ; RSC 2009. 834, obs. Mayaud.*

7. En cas d'accident du travail, les manquements en matière d'hygiène et de sécurité des travailleurs commis par le délégataire de pouvoirs désigné par chacune des sociétés constituant un groupement d'entreprises à l'occasion de l'attribution d'un marché, engagent la responsabilité pénale de la personne morale, membre du groupement, qui est l'employeur de la victime, ou, en cas de recours à une main-d'œuvre intérimaire, de la personne morale ayant la qualité d'entreprise utilisatrice au sens des dispositions du code du travail relatives au travail temporaire. • Crim. 23 nov. 2010, n° 09-85.115 P.

8. Il résulte des dispositions de l'art. 121-2 C. pén. que les personnes morales, à l'exclusion de l'État, sont responsables pénalement des infractions commises pour leur compte, par leurs organes ou représentants ; encourt en conséquence la censure l'arrêt de la cour d'appel qui, pour condamner des chefs d'homicide et de blessures involontaires une des personnes morales appartenant à un groupement d'entreprises chargé de la construction d'un ensemble commercial, à la suite d'un accident du travail subi par deux salariés employés par d'autres sociétés du groupement, lui impute un défaut de conception dans l'acte de construire, sans mieux s'expliquer sur ce point, ni préciser en quoi les infractions retenues à l'encontre de la société prévenue avaient été commises pour son compte, par un de ses organes ou représentants. • Crim. 22 janv. 2013, n° 12-80.022 P : *AJ pénal 2013. 273, obs. Lasserre Capdeville ; Dr. pénal 2013. Comm. 55, obs. Véron ; Gaz. Pal. 2013. 1. 1723, obs. Dreyer ; RSC 2013. 73, obs. Mayaud.*

9. Fusion-absorption. V. notes ss. art. 121-1.

2° *IDENTIFICATION*

10. Renvoi. V. notes ss. art. 121-2.

B. RESPONSABILITÉS

1° PRINCIPES

11. QPC. La QPC est ainsi rédigée : « Les dispositions de l'article 121-3, alinéa 4 du code pénal, en ce qu'elles excluent les personnes morales du régime favorable de responsabilité institué pour les délits non intentionnels au bénéfice des personnes physiques dont la faute n'a pas directement causé le dommage, portent-elles atteinte aux principes constitutionnels d'égalité devant la loi, d'égalité devant la justice et de garantie des droits découlant des articles 6 et 16 de la Déclaration des droits de l'homme et du citoyen ? » ; la question posée ne présente pas un caractère sérieux, dès lors que le principe d'égalité ne s'oppose ni à ce que le législateur règle de façon différente des situations différentes, ni à ce qu'il déroge à l'égalité pour des raisons d'intérêt général, pourvu que, dans l'un et l'autre cas, la différence de traitement qui en résulte soit en rapport direct avec l'objet de la loi qui l'établit ; la différence de situation entre les personnes physiques et les personnes morales justifie la différence de traitement induite par l'art. 121-3, al. 4, C. pén., laquelle est en rapport direct avec l'objet de la loi qui l'établit ; d'où il suit qu'il n'y a pas lieu de renvoyer la question au Cons. const. • Crim., QPC, 21 mars 2017, n° 17-90.003 : *RSC 2017. 515, obs. Mayaud.*

12. Lois spéciales. Les art. 221-6 et 221-7 C. pén. sont applicables lorsque la responsabilité pénale d'une personne morale est engagée, nonobstant les dispositions spéciales de l'art. 19 de la L. du 15 juill. 1845 réprimant l'homicide involontaire sur les chemins de fer ou dans les gares ou stations. • Crim. 18 janv. 2000, nº 99-80.318 P : *D. 2000. 636, note Saint-Pau ; JCP 2000. II. 10395, note Debove ; Dr. pénal 2000, nº 72, obs. Véron ; RSC 2000. 816, obs. Bouloc*.

13. Autonomie des qualifications. Justifie sa décision la cour d'appel qui, en raison d'un accident du travail subi par le salarié d'une société mortellement blessé alors qu'il manœuvrait, avec l'aide d'un ouvrier intérimaire désigné dans les heures précédent l'accident, une nacelle autoportée de location mise le matin même à la disposition de la société sans aucune démonstration de fonctionnement, déclare cette personne morale, du fait de ses organes ou représentants, coupable de l'infraction d'homicide involontaire, après avoir relevé que la victime n'avait pas reçu la formation à la sécurité correspondant au type de matériel utilisé, ainsi que le recommandait la notice d'utilisation dudit matériel remise à la société par le loueur ; un tel manquement à une obligation de sécurité ou de prudence imposée par la loi ou le règlement rentrant dans les prévisions de l'art. 221-6 C. pén. qui définit et réprime le délit d'homicide involontaire, il n'importe que la société ait elle-même préalablement bénéficié d'une décision de non-lieu partiel s'agissant de l'infraction distincte prévue en matière de formation à la sécurité par l'art. L. 231-3-1 C. trav., infraction pour laquelle, à l'époque des faits, la responsabilité pénale de la personne morale n'était pas encourue. • Crim. 15 janv. 2008, nº 07-80.800 P : *AJ pénal 2008. 189, obs. Saas ; JCP 2008. II. 10082, note Maréchal ; Dr. pénal 2008. 71, obs. Véron.*

14. Constatations. Il résulte de l'art. 121-2 C. pén. que les personnes morales ne peuvent être déclarées responsables que s'il est établi qu'une infraction a été commise, pour leur compte, par leurs organes ou représentants ; ne donne pas de base légale à sa décision, au regard de l'art. 121-2 C. pén., la cour d'appel qui, pour déclarer la SNCF, personne morale, coupable d'homicide involontaire – un enfant ayant été heurté mortellement par un TGV alors qu'il traversait les voies ferrées sur le passage réservé aux piétons, dans une gare classée par la SNCF en « point d'arrêt non géré », et où, à ce titre, aucun agent ne se trouvait sur place pour assurer la surveillance de la traversée des voies par les voyageurs – retient que, par l'intermédiaire de ses ingénieurs et responsables locaux, la prévenue a évalué les dangers existants dans les gares telles que celles où l'accident a eu lieu, et que cette situation aurait dû la conduire à prendre des mesures de sauvegarde, et en déduit que la SNCF a commis, soit par elle-même, soit par ses agents qui avaient la maîtrise des décisions, des négligences, imprudences, manquements aux obligations de sécurité qui ont concouru à la réalisation de l'accident, alors qu'elle aurait dû rechercher si les négligences, imprudences, et manquements aux obligations de sécurité énoncés ont été commis par les organes ou représentants de la SNCF, au sens de l'article susvisé. • Crim. 18 janv. 2000, nº 99-80.318 P : *préc. note 12.*

15. Pour relaxer la société prévenue du chef de blessures involontaires, l'arrêt retient qu'aux termes de l'art. 121-2 C. pén., les personnes morales ne peuvent être déclarées pénalement responsables que s'il est établi qu'une infraction a été commise pour leur compte, par leurs organes ou leurs représentants et que les investigations n'ont pas démontré que le président-directeur de la société gérant ce commerce avait été informé de ce que la machine en cause, un hachoir, avait fait l'objet d'une modification par suppression de sa grille de sécurité ; les juges ajoutent que l'audit annuel en matière d'hygiène et de sécurité n'avait formulé aucune observation quant à cette machine ; ils énoncent qu'il appartenait à l'utilisateur de ce hachoir, rendu non-conforme à la suite d'un acte volontaire et particulièrement dangereux, d'utiliser cet appareil en faisant usage d'un poussoir mis à sa disposition ; ils en déduisent l'absence de toute faute et de tout manquement imputable aux organes ou représentants de la société ; en se déterminant ainsi, sans rechercher si la société prévenue n'avait pas contribué, par l'un de ses organes ou représentants, à créer la situation ayant permis la réalisation du dommage, en ne prenant pas les mesures permettant de l'éviter, alors qu'elle a laissé en fonction, pendant plusieurs mois, un appareil non-conforme à la réglementation en vigueur et constituant une machine dangereuse pour chacun de ses utilisateurs, la cour d'appel n'a pas justifié sa décision. • Crim. 17 oct. 2017, nº 16-84.541 : *Gaz. Pal. 2018. 335, obs. Detraz.*

2º ACCIDENTS DU TRAVAIL

16. Diligences normales. Justifie sa décision, au regard des art. 121-2 et 121-3 C. pén., la cour d'appel qui déclare une société coupable d'homicide involontaire dans le cadre du travail après avoir relevé notamment qu'elle aurait dû veiller à la mise en place d'un dispositif de protection qui eût empêché la chute mortelle de son salarié ; il résulte en effet de telles énonciations que le président de la société ou son délégataire en matière de sécurité n'a pas accompli toutes les diligences normales pour faire respecter les prescriptions qui s'imposaient à la personne morale en ce domaine. • Crim. 1er déc. 1998, nº 97-80.560 P : *D. 2000. 34, note Houtmann ; JCP E 1999. 1930, note Leroy ; RSC 1999. 336, obs. Giudicelli-Delage ; ibid. 577, obs. Bouloc*.

17. Faute simple. Il résulte des art. 121-2, 121-3 et 222-19 C. pén., tant dans leur rédaction antérieure à la L. du 10 juill. 2000 que dans celle issue de cette loi, que les personnes morales sont responsables pénalement de toute faute non intentionnelle de leurs organes ou représentants ayant entraîné une atteinte à l'intégrité physique constitutive du délit de blessures involontaires, alors même qu'en l'absence de faute délibérée ou caractérisée au sens de l'art. 121-3, al. 4 [nouveau], la responsabilité pénale des personnes physiques ne pourrait être recherchée ; encourt dès lors la censure l'arrêt qui, dans des poursuites contre une société pour blessures involontaires causées à l'un de ses salariés, prononce la relaxe de celle-ci après avoir relevé des éléments de fait caractérisant un manquement aux prescriptions de l'art. 5 du Décr. du 8 janv. 1965, sans rechercher si ce manquement n'était pas dû pour partie à un défaut de surveillance ou d'organisation du travail imputable au chef d'établissement ou, le cas échéant, à son délégataire en matière de sécurité et susceptible, nonobstant l'absence de faute délibérée ou caractérisée, d'engager la responsabilité pénale de la société. • Crim. 24 oct. 2000, n° 00-80.378 P : *D. 2002. 514, note Planque ; ibid. 2002. Somm. 1801, obs. Roujou de Boubée ; Dr. pénal 2001. 29, obs. Véron ; JCP 2001. II. 10535, note Daury-Fauveau ; Gaz. Pal. 2001. 1. Somm. 1015, note Monnet ; RSC 2001. 162, obs. Mayaud ; ibid. 371, obs. Bouloc ; ibid. 399, obs. Cerf-Hollender ; ibid. 824, obs. Giudicelli-Delage* .

18. Il résulte des art. 121-2 et 121-3 C. pén. que les personnes morales sont responsables pénalement de toute faute non intentionnelle de leurs organes ou représentants ayant entraîné une atteinte à l'intégrité physique, alors même qu'en l'absence de faute délibérée ou caractérisée au sens de l'art. 121-3, al. 4, dudit code, la responsabilité pénale de ces derniers, en tant que personnes physiques, ne pourrait être recherchée ; justifie dès lors sa décision, la cour d'appel qui pour déclarer une société coupable d'homicide involontaire, après avoir relaxé son dirigeant, relève, notamment, que l'accident a eu lieu en raison d'un manquement aux règles de sécurité relatives à l'environnement de travail. • Crim. 28 avr. 2009, n° 08-83.843 P : *D. 2009, Pan. 2827, obs. Roujou de Boubée ; JCP 2009, n° 45, 402, note Maréchal ; Gaz. Pal. 2009. 1. 2059, note Sordino.*

19. Le prévenu, employeur, a été poursuivi du chef d'homicide involontaire à la suite du décès d'un salarié qui démontait une porte de garage avec un autre salarié de la société ; auteur indirect, il n'a pas commis de faute délibérée, en l'absence d'identification d'un risque particulier lié à l'équipement en cause ; en revanche, la société doit être déclarée coupable du même chef ; en effet, l'employeur a commis, en tant qu'organe de la personne morale, une faute simple en ne procédant pas à un examen plus approfondi de l'équipement à l'origine de l'accident, qui eût permis de détecter sa dangerosité potentielle dans certains circonstances. • Chambéry, 13 janv. 2010 : *JCP 2010, n° 15, 409.*

20. Cumul de responsabilités. Responsabilité pénale d'une société coopérative agricole en tant qu'auteur principal, après qu'a été retenue, également en qualité d'auteur principal, la responsabilité du directeur général pour n'avoir pas veillé lui-même à la stricte et constante exécution des prescriptions édictées par le C. trav. en vue d'assurer la sécurité des salariés. • T. corr. Verdun, 12 juill. 1995 : *JCP 1996. II. 22639, note Guéry et Accomando.*

21. Justifie sa décision la cour d'appel qui déclare une personne morale et son dirigeant coupables, l'une et l'autre, d'homicide involontaire et, en outre, le second, d'infraction à la réglementation sur la sécurité des travailleurs, à la suite du décès d'un salarié tombé d'une passerelle d'une hauteur de 12 m par une trappe laissée ouverte et dénuée de toute protection, après avoir relevé que le terme « d'ouvrant » défini à l'art. R. 235-3-6 devenu l'art. R. 4214-5 C. trav. peut être appliqué à une telle trappe et qu'en installant un caillebotis mobile sur une passerelle ne comportant aucun dispositif de sécurité de nature à protéger les travailleurs contre les risques de chute, les prévenus ont commis une faute de nature à entraîner leur condamnation des chefs précités. • Crim. 2 mars 2010, n° 09-82.607 P : *D. 2010. Actu. 1027* .

22. Intérimaire. Il résulte des dispositions de l'art. L. 1251-21 C. trav. que la personne morale ayant recours aux services d'un travailleur intérimaire est chargée, en tant qu'entreprise utilisatrice, d'assurer à son égard la sécurité au travail ; justifie sa décision la cour d'appel qui, à la suite d'un accident du travail subi par un travailleur intérimaire mis à la disposition d'une société, déclare établie à l'encontre de cette personne morale la prévention de blessures involontaires en se fondant sur la faute non intentionnelle de l'un de ses représentants, alors même qu'en l'absence de faute délibérée ou caractérisée au sens de l'art. 121-3, al. 4, C. pén., la responsabilité des personnes physiques ne pouvait être recherchée. • Crim. 2 oct. 2012, n° 11-85.032 P : *AJ pénal 2013. 99, obs. Lasserre Capdeville ; Dr. soc. 2013. 142, chron. Salomon et Martinel ; RSC 2013. 385, obs. Cerf-Hollender* .

23. Stagiaire. Le 16 juin 2010, M. François X..., âgé de 19 ans, en stage dans une société de charpentes qui avait conclu une convention avec l'établissement d'enseignement professionnel dans lequel il était scolarisé, a apporté, sur leur demande, son aide à deux salariés de l'entreprise occupés à charger des fermes sur le plateau d'un camion ; au cours de cette opération, une ferme en attente de chargement s'est renversée et a écrasé le stagiaire qui a subi une incapacité totale de travail de treize mois suivie de très lourdes séquelles ; pour confirmer le jugement ayant déclaré la société coupable du délit de blessures involontaires, l'arrêt, par motifs propres et adoptés, retient qu'en raison d'une avarie survenue sur la grue du camion et de l'indisponibilité d'un chariot muni de bras télescopiques, l'entreprise n'avait mis à la disposition de ses salariés qu'un chariot élévateur inadapté au travail à accomplir et que l'accident est survenu alors que la dépose de la ferme, placée en équilibre précaire, avait été rendue nécessaire par l'inadaptation de l'engin utilisé ; les juges relèvent qu'aucun mode opératoire spécifique n'avait été préalablement défini et que les salariés chargés de la formation du stagiaire n'avaient pas été clairement informés des tâches pouvant lui être confiées ; en l'état de ces énonciations, la cour d'appel qui a, sans insuffisance ni contradiction, répondu aux chefs péremptoires des conclusions régulièrement déposées devant elle, a justifié sa décision. • Crim. 23 juin 2015, n° 14-80.513 P : *D. actu. 16 juill. 2015, obs. Fleuriot.*

3° AUTRES ILLUSTRATIONS

24. Centre hospitalier universitaire. Justifie sa décision la cour d'appel qui, pour déclarer un centre hospitalier universitaire coupable d'homicide involontaire à la suite du décès d'une patiente dans le service des urgences, retient qu'en ne permettant pas, en infraction au règlement intérieur de l'hôpital imposant la présence d'un médecin senior dans chaque unité fonctionnelle de ce service, à celle-ci d'être examinée par un médecin senior tant lors de son arrivée qu'à son retour du service de radiologie alors que le diagnostic vital était engagé, il a commis une faute entretenant un lien de causalité certain avec la mort de la victime. • Crim. 9 mars 2010, n° 09-80.543 P : *D. 2010. 2135, note Maréchal ; RSC 2010. 617, obs. Mayaud.*

25. Société d'aménagement touristique. **BIBL.** Bodecher, *Gaz. Pal. 2004. 1. Doctr. 260* (l'application de la L. du 10 juill. 2000 aux accidents de ski). ♦ Responsabilité pénale d'une société d'aménagement touristique, prise en sa qualité d'exploitante de remontées mécaniques et d'un domaine skiable, pour ne pas avoir assuré la sécurité de la clientèle, suite à la décision qui fut prise par les responsables techniques d'ouvrir les pistes du domaine, dont les pentes supérieures se trouvaient dans un état d'instabilité très marqué, proche de la limite de déclenchement naturel spontané, caractérisant ainsi une défaillance constitutive d'une faute pénale imputable à la société dans l'organisation du service public industriel et commercial qui lui avait été délégué. • TGI Grenoble, 15 mai 1997 : *Gaz. Pal. 1997. 2. Somm. 339.* ♦ Une société, exploitant des pistes de ski, engage sa responsabilité pénale pour homicide involontaire à la suite d'une avalanche ayant traversé le domaine skiable et emporté plusieurs skieurs, dès lors que l'on peut relever une faute de négligence commise en son nom par ses représentants ; en l'occurrence, la prévenue avait l'obligation de sécuriser l'espace skiable conformément aux données actuelles de la science et de la technique ; or, la plaque de neige à l'origine de l'avalanche n'a pas été repérée avant l'ouverture des pistes et n'a en conséquence pas fait l'objet d'une purge à l'explosif ; il y a donc eu une erreur manifeste d'appréciation de la sécurité des pistes constituant une faute pénale commise par les représentants de la société, en l'espèce le directeur des pistes et le responsable du secteur où s'est produite l'avalanche ; aucune exonération tirée de l'application de l'art. L. 131-2, § 1, al. 6, C. communes, qui confie au maire la prévention des avalanches, ne saurait être admise, dès lors que cette disposition ne dispense pas les titulaires de la délégation de service public d'exploitation des pistes d'accomplir les vérifications de sécurité. • Grenoble, 25 févr. 1998 : *JCP 1998. IV. 3537 ; Gaz. Pal. 1998. 1. Somm. 183, et chron. crim. 67 ; BICC 1999, n° 141* (conf. de • TGI Grenoble, 15 mai 1997 : *préc.*). ♦ Sur le rejet du pourvoi : • Crim. 9 nov. 1999, n° 98-81.746 P : *Dr. pénal 2000, n° 56 (1er arrêt), obs. Véron ; RSC 2000. 389, obs. Mayaud ; ibid. 600, obs. Bouloc.* ♦ Sur les prolongements de cette affaire en termes de responsabilité personnelle des représentants de la société, V. ss. art. 221-6.

26. Responsabilité pénale de la société d'aménagement qui, en tant que personne morale et par l'intermédiaire de ses responsables, a commis une faute consistant à avoir installé sur une piste un balisage de nature à constituer un risque important pour les skieurs. • TGI Albertville, 24 mars 2003 : *Gaz. Pal. 2003. 2. 2457, note Battistini.* ♦ Sur la responsabilité personnelle du chef de secteur du service des pistes et du directeur du service des pistes, V. notes ss. art. 221-6.

SECTION III **PEINES COMPLÉMENTAIRES APPLICABLES AUX PERSONNES PHYSIQUES**

Art. 221-8 *(L. n° 2012-304 du 6 mars 2012, art. 20)* « I. — » **Les personnes physiques *coupables des infractions prévues au présent chapitre encourent également les peines complémentaires suivantes :***

1° *(L. n° 2008-776 du 4 août 2008, art. 70)* « **L'interdiction, suivant les modalités prévues par l'article 131-27, soit d'exercer une fonction publique ou d'exercer l'activité professionnelle ou sociale dans l'exercice ou à l'occasion de l'exercice de laquelle l'infraction a été commise, soit, pour les crimes prévus par les articles 221-1, 221-2,**

221-3, 221-4 et 221-5, d'exercer une profession commerciale ou industrielle, de diriger, d'Administrer de gérer ou de contrôler à un titre quelconque, directement ou indirectement, pour son propre compte ou pour le compte d'autrui, une entreprise commerciale ou industrielle ou une société commerciale. Ces interdictions d'exercice peuvent être prononcées cumulativement ; »

2° L'interdiction de détenir ou de porter, pour une durée de cinq ans au plus, une arme soumise à autorisation ;

3° La suspension, pour une durée de cinq ans au plus, du permis de conduire, cette suspension pouvant être limitée à la conduite en dehors de l'activité professionnelle *(L. n° 2003-495 du 12 juin 2003, art. 5)* « ; dans les cas prévus par l'article 221-6-1, la suspension ne peut pas être assortie du sursis, même partiellement, et ne peut pas être limitée à la conduite en dehors de l'activité professionnelle ; dans les cas prévus par les 1° à 6° et le dernier alinéa de l'article 221-6-1, la durée de cette suspension est de dix ans au plus » ;

4° L'annulation du permis de conduire avec interdiction de solliciter la délivrance d'un nouveau permis pendant cinq ans au plus ;

(Abrogé par L. n° 2019-222 du 23 mars 2019, art. 71-XIV et 109-XIX, à compter du 24 mars 2020) (L. n° 2007-297 du 5 mars 2007, art. 53) ***« 4° bis L'obligation d'accomplir un stage de sensibilisation aux dangers de l'usage de produits stupéfiants, selon les modalités fixées à l'article 131-35-1 ; »***

5° La confiscation d'une ou de plusieurs armes dont le condamné est propriétaire ou dont il a la libre disposition ;

6° Le retrait du permis de chasser avec interdiction de solliciter la délivrance d'un nouveau permis pendant cinq ans au plus ;

(L. n° 2003-495 du 12 juin 2003, art. 6) « 7° Dans les cas prévus par l'article 221-6-1, l'interdiction de conduire certains véhicules terrestres à moteur, y compris ceux pour la conduite desquels le permis de conduire n'est pas exigé, pour une durée de cinq ans au plus ; »

(Abrogé par L. n° 2019-222 du 23 mars 2019, art. 71-XIV et 109-XIX, à compter du 24 mars 2020) ***« 8° Dans les cas prévus par l'article 221-6-1, l'obligation d'accomplir, à ses frais, un stage de sensibilisation à la sécurité routière ; »***

« 9° Dans les cas prévus par l'article 221-6-1, l'immobilisation, pendant une durée d'un an au plus, du véhicule dont le condamné s'est servi pour commettre l'infraction, s'il en est le propriétaire ;

« 10° Dans les cas prévus par l'article 221-6-1, la confiscation du véhicule dont le condamné s'est servi pour commettre l'infraction, s'il en est le propriétaire. »

(L. n° 2011-267 du 14 mars 2011, art. 73-I) « La confiscation du véhicule est obligatoire dans les cas prévus par les 4° et dernier alinéa de l'article 221-6-1 ainsi que, dans les cas prévus par les 2°, 3° et 5° du même article, en cas de récidive ou si la personne a déjà été définitivement condamnée pour un des délits prévus par les articles L. 221-2, L. 224-16, L. 234-1, L. 234-8, L. 235-1, L. 235-3 ou L. 413-1 du code de la route ou pour la contravention mentionnée à ce même article L. 413-1. La juridiction peut toutefois ne pas prononcer cette peine, par une décision spécialement motivée ;

« 11° Dans les cas prévus par les 2° et dernier alinéa de l'article 221-6-1, l'interdiction, pendant une durée de cinq ans au plus, de conduire un véhicule qui ne soit pas équipé par un professionnel agréé ou par construction d'un dispositif d'anti-démarrage par éthylotest électronique, homologué dans les conditions prévues à l'article L. 234-17 du code de la route. Lorsque cette interdiction est prononcée en même temps que la peine d'annulation ou de suspension du permis de conduire, elle s'applique, pour la durée fixée par la juridiction, à l'issue de l'exécution de cette peine. »

(L. n° 2003-495 du 12 juin 2003, art. 6) « Toute condamnation pour les délits prévus par les 1° à 6° et le dernier alinéa de l'article 221-6-1 donne lieu de plein droit à l'annulation du permis de conduire avec interdiction de solliciter un nouveau permis pendant dix ans au plus. En cas de récidive, la durée de l'interdiction est portée de plein droit à dix ans et le tribunal peut, par décision spécialement motivée, prévoir que cette interdiction est définitive. »

(L. n° 2012-304 du 6 mars 2012, art. 7) « II. — En cas de condamnation pour les infractions prévues à la section I du présent chapitre, le prononcé des peines complé-

mentaires prévues aux 2°, 5° et 6° du I est obligatoire. La durée des peines prévues aux 2° et 6° du I est portée à quinze ans au plus.

« Toutefois, la juridiction peut, par une décision spécialement motivée lorsque la condamnation est prononcée par une juridiction correctionnelle, décider de ne pas prononcer ces peines, en considération des circonstances de l'infraction et de la personnalité de son auteur. »

Si l'art. 42 de la Convention sur la circulation routière signée à Vienne le 8 nov. 1968 permet aux juridictions françaises de priver un conducteur ressortissant d'un autre État signataire, qui a commis en France une infraction susceptible d'entraîner le retrait du permis de conduire en vertu de la législation française, du droit de faire usage, sur le territoire français, du permis de conduire, national ou international, dont ce conducteur est titulaire, il n'autorise pas ces juridictions à prononcer l'annulation du permis de conduire de ce même conducteur ; il résulte de l'arrêt attaqué et des pièces de procédure qu'une conductrice de nationalité allemande et titulaire du permis de conduire délivré par la République fédérale d'Allemagne, a provoqué, en France, un accident de la route qui a causé la mort de trois personnes et des blessures à cinq autres ; après avoir déclaré l'intéressée coupable d'homicides et blessures involontaires ainsi que de la contravention de défaut de maîtrise, l'arrêt prononce à son encontre, notamment, l'annulation du permis de conduire, avec interdiction de solliciter la délivrance d'un nouveau permis pendant dix-huit mois ; en prononçant cette peine complémentaire, la cour d'appel a méconnu le sens et la portée de l'art. 221-8 C. pén., de l'art. 42 susvisé, et du principe énoncé ci-dessus. • Crim. 13 févr. 2007, n° 06-83.564 P : *D. 2007. AJ 1017* ; *AJ pénal 2007. 183* ; *Dr. pénal 2008. Chron. 20, obs. Peltier.*

Art. 221-9 **Les personnes physiques coupables des infractions prévues par la section 1 du présent chapitre encourent également les peines complémentaires suivantes :**

1° L'interdiction des droits civiques, civils et de famille, selon les modalités prévues par l'article 131-26 ;

2° L'interdiction d'exercer une fonction publique, selon les modalités prévues par l'article 131-27 ;

3° La confiscation prévue par l'article 131-21 ;

4° L'interdiction de séjour, suivant les modalités prévues par l'article 131-31.

Interdiction des droits civiques, civils et de famille. Aux termes de l'art. 112-1 C. pén., les dispositions nouvelles s'appliquent aux infractions commises avant leur entrée en vigueur et n'ayant pas donné lieu à une condamnation passée en force de chose jugée lorsqu'elles sont moins sévères que les dispositions anciennes ; tel est le cas de l'art. 131-26 nouv. C. pén., qui édicte une peine moins sévère dans sa durée que la dégradation civique, prévue par les art. 28 et 34 anciens C. pén., laquelle, en excluant à perpétuité les condamnés à une peine criminelle de toutes fonctions, emplois ou offices publics, et en leur interdisant de déposer en justice autrement que pour y donner de simples renseignements, les privait nécessairement de l'exercice de fonctions juridictionnelles et du droit de représenter ou d'assister une partie devant les tribunaux ; c'est donc à bon droit que, faisant application de l'art. 221-9 C. pén., une cour d'assises prononce pour une durée de 10 ans l'interdiction des droits civiques, civils et de famille prévue par l'art. 131-26 C. pén. à l'encontre d'une personne condamnée à 18 ans de réclusion criminelle pour complicité d'assassinat et tentative d'assassinat, faits commis antérieurement à l'entrée en vigueur de l'art. 131-26. • Crim. 15 oct. 1997, n° 96-85.743 P.

Art. 221-9-1 *(L. n° 2005-1549 du 12 déc. 2005, art. 23)* **Les personnes physiques coupables des crimes prévus par la section I du présent chapitre encourent également le suivi socio-judiciaire selon les modalités prévues par les articles 131-36-1 à 131-36-13.**

Après avoir condamné la prévenue, pour meurtre d'un mineur de quinze ans, à une peine d'emprisonnement, la cour d'assises et le jury ont prononcé contre elle un suivi socio-judiciaire pendant trois années avec injonction de soins ; en prononçant ainsi une peine complémentaire qui n'est pas prévue pour le meurtre d'un mineur de quinze ans, la cour d'assises a méconnu les dispositions des art. 111-3, 131-10, 131-36-1, 221-8 et 221-9-1 C. pén. • Crim. 18 févr. 2004, n° 03-84.182 P : *AJ pénal 2004. 201* ; *Gaz. Pal. 2004. 2. Somm. 3384, obs. Monnet* ; *RSC 2004. 868, obs. Vermelle*.

Art. 221-9-2 *(L. n° 2020-1576 du 14 déc. 2020, art. 103)* **Les personnes physiques coupables des crimes prévus à la section I du présent chapitre, lorsque ces crimes ont été commis à l'encontre de leur époux assuré, encourent également la peine complé-**

mentaire d'interdiction de percevoir la pension due au conjoint survivant ou divorcé en application des dispositions du code de la sécurité sociale ou du code rural et de la pêche maritime.

Le prononcé de cette peine est obligatoire. Toutefois, la juridiction peut, par une décision spécialement motivée, décider de ne pas prononcer cette peine, en considération des circonstances de l'infraction et de la personnalité de son auteur.

Art. 221-10 **Les personnes physiques coupables des infractions prévues par la section II du présent chapitre encourent également la peine complémentaire d'affichage ou de diffusion de la décision prévue par l'article 131-35.**

1. Peines alternatives. Aux termes de l'art. 111-3, al. 2, C. pén., nul ne peut être puni d'une peine qui n'est pas prévue par la loi ; a méconnu ce principe la cour d'appel qui, après avoir déclaré les prévenus coupables d'homicide involontaire, a ordonné l'affichage de la décision ainsi que sa publication par voie de presse en application de l'art. 221-10 C. pén., alors que ce texte prévoit l'affichage ou la publication de la décision. • Crim. 12 sept. 2000, n° 99-88.011 P.

2. La peine complémentaire prévue par l'art. 221-10 C. pén. est celle de l'affichage ou de la diffusion de la décision rendue ; encourt la cassation l'arrêt qui prononce, cumulativement, à l'égard du même condamné, ces deux sanctions. • Crim. 5 oct. 2004, n° 04-81.024 P : *RSC 2005, p. 67, obs. Fortis ; ibid. 2005, p. 301, obs. Vermelle.*

Art. 221-11 **L'interdiction du territoire français peut être prononcée dans les conditions prévues par l'article 131-30, soit à titre définitif, soit pour une durée de dix ans au plus, à l'encontre de tout étranger coupable de l'une des infractions définies à la section I du présent chapitre.**

Art. 221-11-1 *(L. n° 2013-711 du 5 août 2013, art. 19)* **Dans le cas prévu au 10° de l'article 221-4, peut être également prononcée l'interdiction, pour une durée de dix ans au plus, de quitter le territoire de la République.**

BIBL. ► BEAUSSONIE, *RSC 2014. 861* (Loi n° 2013-711 du 5 août 2013 portant diverses dispositions d'adaptation dans le domaine de la justice en application du droit de l'Union européenne et des engagements internationaux de la France).

CHAPITRE PREMIER *BIS* DES ATTEINTES À LA PERSONNE CONSTITUÉES PAR LES DISPARITIONS FORCÉES

(L. n° 2013-711 du 5 août 2013, art. 15)

BIBL. ► CHAVENT-LECLÈRE, *AJ pénal 2013. 510* (adaptation du code pénal français aux engagements européens). – LE COZ, *AJ pénal 2013. 512* (répression des atteintes aux personnes dans la loi n° 2013-711 du 5 août 2013). – BRACH-THIEL, *AJ pénal 2013. 520* (et une compétence universelle de plus…). – BEAUSSONIE, *RSC 2014. 861* (loi n° 2013-711 du 5 août 2013 portant diverses dispositions d'adaptation dans le domaine de la justice en application du droit de l'Union européenne et des engagements internationaux de la France).

Art. 221-12 **Constitue une disparition forcée l'arrestation, la détention, l'enlèvement ou toute autre forme de privation de liberté d'une personne, dans des conditions la soustrayant à la protection de la loi, par un ou plusieurs agents de l'État ou par une personne ou un groupe de personnes agissant avec l'autorisation, l'appui ou l'acquiescement des autorités de l'État, lorsque ces agissements sont suivis de sa disparition et accompagnés soit du déni de la reconnaissance de la privation de liberté, soit de la dissimulation du sort qui lui a été réservé ou de l'endroit où elle se trouve.**

La disparition forcée est punie de la réclusion criminelle à perpétuité.

Les deux premiers alinéas de l'article 132-23, relatifs à la période de sûreté, sont applicables au crime prévu par le présent article.

Art. 221-13 **Sans préjudice de l'application de l'article 121-7, est considéré comme complice d'un crime de disparition forcée mentionné à l'article 221-12 commis par des subordonnés placés sous son autorité et son contrôle effectifs le supérieur qui savait, ou a délibérément négligé de tenir compte d'informations qui indiquaient clairement que ses subordonnés commettaient ou allaient commettre un crime de disparition forcée et qui n'a pas pris toutes les mesures nécessaires et raisonnables qui étaient en son pouvoir pour en empêcher ou en réprimer l'exécution ou pour en réfé-**

rer aux autorités compétentes aux fins d'enquête et de poursuites, alors que ce crime était lié à des activités relevant de sa responsabilité et de son contrôle effectifs.

Art. 221-14 I. – Les personnes physiques coupables du crime prévu à l'article 221-12 encourent également les peines complémentaires suivantes :

1° L'interdiction des droits civiques, civils et de famille, selon les modalités prévues à l'article 131-26 ;

2° L'interdiction, suivant les modalités prévues à l'article 131-27, soit d'exercer une fonction publique ou l'activité professionnelle ou sociale dans l'exercice ou à l'occasion de l'exercice de laquelle l'infraction a été commise, soit d'exercer une profession commerciale ou industrielle, de diriger, d'Administrer de gérer ou de contrôler à un titre quelconque, directement ou indirectement, pour son propre compte ou pour le compte d'autrui, une entreprise commerciale ou industrielle ou une société commerciale. Ces interdictions d'exercice peuvent être prononcées cumulativement ;

3° L'interdiction de séjour, selon les modalités prévues à l'article 131-31 ;

4° La confiscation prévue à l'article 131-21.

II. – En cas de condamnation pour le crime prévu à l'article 221-12, le prononcé des peines complémentaires suivantes est obligatoire :

1° L'interdiction de détenir ou de porter, pour une durée de quinze ans au plus, une arme soumise à autorisation ;

2° La confiscation d'une ou de plusieurs armes dont le condamné est propriétaire ou dont il a la libre disposition.

Toutefois, la cour d'assises peut décider de ne pas prononcer ces peines, en considération des circonstances de l'infraction et de la personnalité de son auteur.

Art. 221-15 Les personnes physiques coupables du crime prévu à l'article 221-12 encourent également le suivi socio-judiciaire selon les modalités prévues aux articles 131-36-1 à 131-36-13.

Art. 221-16 L'interdiction du territoire français peut être prononcée dans les conditions prévues à l'article 131-30 soit à titre définitif, soit pour une durée de dix ans au plus, à l'encontre de tout étranger coupable du crime prévu à l'article 221-12.

Art. 221-17 Les personnes morales déclarées responsables pénalement, dans les conditions prévues à l'article 121-2, du crime défini à l'article 221-12 encourent, outre l'amende suivant les modalités prévues à l'article 131-38, les peines mentionnées à l'article 131-39.

Art. 221-18 *(Abrogé par L. n° 2017-242 du 27 févr. 2017) **L'action publique à l'égard du crime défini à l'article 221-12 ainsi que les peines prononcées se prescrivent par trente ans.***

CHAPITRE II DES ATTEINTES À L'INTÉGRITÉ PHYSIQUE OU PSYCHIQUE DE LA PERSONNE

SECTION PREMIÈRE DES ATTEINTES VOLONTAIRES À L'INTÉGRITÉ DE LA PERSONNE

§ 1er DES TORTURES ET ACTES DE BARBARIE

Art. 222-1 Le fait de soumettre une personne à des tortures ou à des actes de barbarie est puni de quinze ans de réclusion criminelle. – *Pén. 421-1 ; Pr. pén. 2-1 s., 689-2 s., 689-5, 689-7.*

Les deux premiers alinéas de l'article 132-23 relatif à la période de sûreté sont applicables à l'infraction prévue par le présent article.

BIBL. ▶ NICOLAY, *Rev. pénit. 1996. 10* (rôle et pouvoirs du Comité européen pour la prévention de la torture et des peines ou traitements inhumains ou dégradants). – ANSTETT, *Rev. pénit. 1997. 195* (Convention européenne pour la prévention de la torture). – POISSONNIER, *AJ pénal 2013. 259* (extrader ou juger : une obligation pour les États s'agissant des crimes de torture. Retour sur l'arrêt de la Cour internationale de justice du 20 juill. 2012).

1. Application dans le temps. Il convient d'examiner la question de l'accessibilité et de la prévisibilité de la loi française appliquée au requérant ; la Cour note que les faits de torture et d'actes de barbarie étaient, comme elle l'a relevé, expressément prévus par le code pénal applicable à l'époque des faits ; il ne saurait être déterminant, en l'espèce, qu'ils aient alors constitué non des infractions distinctes, mais des circonstances aggravantes : ils pouvaient en tout état de cause être légalement opposés à toute personne auteur d'un crime ou d'un délit, et constituaient, sur le fondement d'un texte spécial, des éléments supplémentaires et distincts de l'infraction principale, entraînant une peine supérieure à celle prévue pour l'infraction principale ; par ailleurs la peine infligée au requérant n'a pas dépassé le maximum encouru aux termes des dispositions de l'ancien art. 303 C. pén. applicable à l'époque des faits ; quant aux dispositions de l'art. 222-1 C. pén. entrées en vigueur le 1er mars 1994, elles constituent essentiellement, aux yeux de la Cour, une évolution du code pénal entraînant non pas l'apparition d'une nouvelle infraction, mais un aménagement législatif concernant des comportements qui étaient déjà expressément visés et réprimés par l'ancien code pénal ; force est de constater que la peine plus forte encourue au regard de l'art. 222-1 n'a pas été appliquée au requérant en l'espèce ; il ne saurait donc y avoir un quelconque problème de rétroactivité ; eu égard à tout ce qui précède, la Cour estime qu'au moment où elles ont été commises, les actions du requérant constituaient des infractions définies avec suffisamment d'accessibilité et de prévisibilité d'après le droit français et le droit international, et que le requérant pouvait raisonnablement, au besoin à l'aide d'un avis juridique éclairé, prévoir le risque d'être poursuivi et condamné pour les actes de torture qu'il a commis entre 1990 et 1991 ; dès lors, la condamnation du requérant par les juridictions françaises n'est pas intervenue en méconnaissance de l'art. 7, § 1, de la Convention. • CEDH 17 mars 2009, *Ould Dah c/ France*, n° 13113/03 : *D. 2009. 1573, note Renucci ; ibid. Pan. 2826, obs. Roujou de Boubée ; JCP G 2009, n° 28, 114, p. 38, note Madelaine ; Gaz. Pal. 2009. 1. Somm. 1400, note Zarka ; RSC 2009. 659, obs. Roets .*

2. Tortures ou actes de barbarie. Les tortures ou actes de barbarie supposent la démonstration, et d'un élément matériel consistant dans la commission d'un ou plusieurs actes d'une gravité exceptionnelle qui dépassent de simples violences et occasionnent à la victime une douleur ou une souffrance aiguë, et d'un élément moral consistant dans la volonté de nier dans la victime la dignité de la personne humaine. • Lyon, ch. acc., 19 janv. 1996 : *D. 1996. 258, note Coste .*

3. Tel n'est pas le cas lorsque, attiré sous un prétexte fallacieux dans un bois par deux camarades de son âge qui voulaient lui extorquer des fonds par la violence, un jeune garçon a été à deux reprises contraint de se dénuder, et frappé à coups de bâtons, de pied et de poing, qu'au cours de la deuxième séquence de cette action fut introduit par deux fois un bâton dans l'anus de la victime attachée, lui causant une affection cutanée superficielle, et que la victime a été menacée de noyade avant d'être détachée : si ces graves atteintes n'ont pu que causer à la victime une humiliation très importante, elles ne s'analysent cependant pas, prises dans le contexte des relations entre les trois jeunes gens, comme des actes de torture ou de barbarie ; en particulier, il n'apparaît pas que leurs auteurs aient eu la volonté, en accomplissant les actes qui leur sont reprochés, de causer à la victime des souffrances aiguës, ou de nier en elle la dignité de la personne humaine ; l'élément intentionnel spécifique du crime ou de la circonstance aggravante de tortures et actes de barbarie n'est en l'espèce pas suffisamment caractérisé. • Lyon, ch. acc., 19 janv. 1996 : *préc. note 2.* ♦ Sur le règlement de juges à l'origine du renvoi devant la cour d'appel de Lyon : • Crim. 9 déc. 1993, n° 93-81.044 P : *D. 1995. Somm. 138, obs. Malbrancq ; Dr. pénal 1994. Chron. 26, rapp. Nivôse, et Chron. 31, concl. Perfetti.*

4. Dans le cadre d'une requête dirigée contre le gouvernement français, la Cour constate l'existence de plusieurs certificats médicaux contenant des informations précises et concordantes, ainsi que l'absence d'explication plausible pour l'origine des blessures et de certains autres faits ; des douleurs ou souffrances physiques et mentales ont été infligées intentionnellement au requérant, par des policiers dans l'exercice de leur fonction, aux fins notamment d'obtenir des aveux sur les faits qui lui étaient reprochés ; les actes dénoncés étaient assurément de nature à créer des sentiments de peur, d'angoisse et d'infériorité propres à humilier, avilir et briser éventuellement sa résistance physique et morale ; la Cour relève donc des éléments assez sérieux pour conférer à ce traitement un caractère « inhumain et dégradant » ; reste à savoir si les « douleurs ou souffrances » infligées au requérant peuvent être qualifiées d'« aiguës » au sens de l'art. 1er de la Convention des Nations unies contre la torture entrée en vigueur le 26 juin 1987 ; le niveau d'exigences croissant en matière de protection des droits de l'homme implique, parallèlement et inéluctablement, une plus grande fermeté dans l'appréciation des atteintes à ces droits ; la Cour, qui a pu se convaincre de la multitude des coups portés au requérant, relève également qu'il a été victime d'un certain nombre d'actes dont elle ne peut que constater le caractère odieux et humiliant ; la Cour note enfin qu'il est clairement établi que le requérant a subi des violences répétées et prolongées, réparties sur plusieurs jours d'interrogatoires ; dans ces conditions, la Cour est convaincue que les actes de violence physique et mentale commis sur la personne du requérant, pris dans leur ensemble, ont provoqué des douleurs et des souffrances « aiguës » et revêtent un caractère particulièrement grave et cruel ; de tels agissements doivent être regardés comme des actes de « torture » au sens de l'art. 3 de la convention. • CEDH 28 juill. 1999, *Selmouni c/ France : BICC 1999. 1233 ; D. 2000. Somm. 31, obs. Mayaud ; ibid. 2000. Somm. 179, obs. Renucci ; JCP 1999. II. 10193, note Sudre ; ibid. 2000. I. 203, n° 2, obs. Sudre ; RSC 1999. 891, obs. Massias ; RTD civ. 1999. 911, obs. Marguénaud*. ♦ *Adde* : J. Thierry, *D. 2000, n° 3, point de vue, p. V.* (dans l'affaire S..., la Cour européenne des droits de l'homme a-t-elle commis un excès de pouvoir ?).

5. Traitements inhumains ou dégradants. A l'égard d'une personne privée de sa liberté, tout usage de la force physique qui n'est pas rendu strictement nécessaire par le propre comportement de ladite personne porte atteinte à la dignité humaine et constitue, en principe, une violation du droit garanti par l'art. 3 Conv. EDH ; les nécessités de l'enquête et les indéniables difficultés de la lutte contre la criminalité ne sauraient conduire à limiter la protection due à l'intégrité physique de la personne (lésions subies par le requérant pendant sa garde à vue, et qui ont été considérées comme relevant d'un traitement à la fois inhumain et dégradant). • CEDH 4 déc. 1995, *Ribistch c/ Autriche : BICC 1996. 526.* ♦ Un mauvais traitement doit atteindre un minimum de gravité pour tomber sous le coup de l'art. 3 Conv. EDH ; l'appréciation de ce minimum est relative par essence ; elle dépend de l'ensemble des données de la cause et, notamment, de la durée du traitement, de ses effets physiques et/ou mentaux ainsi que, parfois, du sexe, de l'âge et de l'état de santé de la victime (garde à vue pendant laquelle le requérant a été détenu dans une cellule sombre et froide, a eu les yeux bandés et a été traité, au cours de son interrogatoire, d'une manière qui a laissé sur son corps des traces de blessures et des ecchymoses). • CEDH 9 juin 1998, *Tekin c/ Turquie : BICC 1998. 940.* ♦ La plainte avec constitution de partie civile contre les services de la gendarmerie pour coups et blessures volontaires sur la personne du requérant pendant sa garde à vue ayant donné lieu à une enquête effective du procureur de la République et à de nombreuses diligences de la chambre d'accusation, la force utilisée contre lui lors de sa tentative de fuite de la gendarmerie ayant été proportionnée, ses allégations de mauvais traitements commis par les gendarmes postérieurement à sa tentative de fuite n'étant pas étayées de façon suffisamment précise et suffisamment exempte de contradiction, il n'y a pas eu violation de l'art. 3 Conv. EDH. • CEDH 20 juill. 2000, *Caloc c/ France : BICC 2000. 1255.*

6. Si l'on ne peut conclure à une obligation générale de libérer un détenu pour motifs de santé, l'art. 3 Conv. EDH impose en tout cas à l'État de protéger l'intégrité physique des personnes privées de liberté, notamment par l'administration des soins médicaux requis ; en définitive, la Cour est d'avis que les autorités nationales n'ont pas assuré une prise en charge de l'état de santé du requérant lui permettant d'éviter des traitements contraires à l'art. 3 de la Convention ; son maintien en détention a porté atteinte à sa dignité, a constitué une épreuve particulièrement pénible et causé une souffrance allant au-delà de celle que comporte inévitablement une peine d'emprisonnement et un traitement anticancéreux ; la Cour conclut en l'espèce à un traitement inhumain et dégradant en raison du maintien en détention dans les conditions examinées ci-avant ; partant, il y a eu violation de l'art. 3 de la Convention (unanimité). • CEDH 14 nov. 2002, *Mouisel c/ France : D. 2003. 303, note Moutouh ; ibid. 2003. Somm. 524, obs. Renucci ; JCP 2003. I. 109, n° 2, obs. Sudre ; Dr. pénal 2003. 52 (1er arrêt), obs. Maron et Haas ; RSC 2003. 144, obs. Massias*. ♦ Rappr. : • CEDH 7 juin 2001, *Papon c/ France : D. 2001. 2335, note Céré ; RSC 2003. 144, obs. Massias*.

7. Pour tomber sous le coup de l'art. 3 Conv. EDH, un mauvais traitement doit atteindre un seuil minimal de gravité ; l'appréciation de ce seuil dépend de l'ensemble des données de la cause, notamment de la durée du traitement et de ses effets physiques et mentaux, ainsi que, parfois, du sexe, de l'âge et de l'état de santé de la victime. • CEDH 27 nov. 2003, *Henaf c/ France : D. 2004. 1196, note Roets ; AJ pénal 2004. 78, obs. Céré ; JCP 2004. II. 10093, note Di Raimondo ; RSC 2004. 452, obs. Massias*. ♦ En l'espèce, compte tenu de l'âge du requérant, de son état de santé, de l'absence d'antécédents faisant sérieusement craindre un risque pour la sécurité, des consignes écrites du directeur du centre de détention pour une surveillance normale et non renforcée, du fait que l'hospitalisation intervenait la veille d'une opération chirurgicale, la Cour estime que la mesure d'entrave (menottage du prisonnier à son lit d'hôpital) était disproportionnée au regard des nécessités de la sécurité, d'autant que deux policiers avaient été spécialement placés en faction devant la chambre du requérant. • Même décision.

8. Même s'il n'y a pas eu d'intention positive de faire subir au plaignant un traitement humiliant ou dégradant, la Cour considère que les conditions de détention et particulièrement la surpopulation subie durant neuf mois constituent en soi, en violation de l'art. 3, une atteinte à la dignité humaine et un traitement dégradant. • CEDH 20 janv. 2005, *Mayzit c/ Russie : AJ pénal 2005. 165, obs. Herzog-Evans*.

9. L'art. 3 Conv. EDH prohibe en termes absolus la torture et les peines ou traitements inhumains ou dégradants ; pour tomber sous le coup de l'art. 3, un mauvais traitement doit atteindre un minimum de gravité dont l'appréciation dépend de l'ensemble des données de la cause, notamment de la durée du traitement et de ses effets physiques ou mentaux ainsi que, parfois, du sexe, de l'âge, de l'état de santé de la victime ; le fait d'isoler un détenu ne permet pas d'aboutir à un constat de violation de l'art. 3 Conv. EDH. • CEDH 27 janv. 2005, *Sanchez c/ France : D. 2005. 1272, note Céré ; JCP 2005. I. 159, obs. Sudre.* ♦ L'art. 13 Conv. EDH garantit l'existence en droit interne d'un recours permettant de se prévaloir des droits et libertés de la Convention tels qu'ils peuvent s'y trouver consacrés ; cette disposition a donc pour conséquence d'exiger un recours interne habilitant à examiner le contenu d'un « grief défendable » fondé sur la Convention et à offrir le redressement approprié ; il y a eu violation de l'art. 13 Conv. EDH à raison de l'absence en droit interne d'un recours qui eut ou aurait permis au requérant de contester les mesures de prolongation de mise à l'isolement. • Même décision.

10. La Cour admet que la détention du requérant pose de sérieuses difficultés aux autorités françaises et comprend qu'elles aient estimé nécessaire de prendre des mesures extraordinaires de sécurité, afin de détenir l'homme qui dans les années 70 était considéré comme le terroriste le plus dangereux dans le monde, et qui, depuis lors, n'a jamais manifesté de regret concernant ses actes ; la Cour rappelle que l'exclusion d'un détenu de la collectivité carcérale ne constitue pas, en elle-même, une forme de traitement inhumain ; la Cour estime que les décisions de prolongation d'un isolement qui dure devraient être motivées de manière substantielle afin d'éviter tout risque d'arbitraire, et que l'on ne devrait recourir à cette mesure, qui représente une sorte « d'emprisonnement dans la prison », qu'exceptionnellement et avec beaucoup de précautions. • CEDH 4 juill. 2006, *Sanchez c/ France : D. 2006. IR 2210.* ♦ La Cour tient néanmoins à souligner qu'un maintien à l'isolement, même relatif, ne saurait être imposé à un détenu indéfiniment ; en outre, il est indispensable que celui-ci puisse voir une autorité judiciaire indépendante statuer sur le bien-fondé et les motivations de cette mesure prolongée et serait également souhaitable que des solutions alternatives à la mise à l'isolement soient recherchées pour les individus considérés comme dangereux et pour lesquels une détention dans une prison ordinaire et dans des conditions normales est considérée comme inappropriée ; sur ce point, la Cour relève notamment qu'après avoir été détenu dans des conditions normales, le requérant fut à nouveau placé à l'isolement après avoir donné une interview dans laquelle il refusait de demander pardon aux victimes de ses actes ; les autorités françaises n'ont donc pas fait preuve d'une volonté de l'humilier ou de le rabaisser en le maintenant systématiquement à l'isolement, mais ont plutôt recherché une solution adaptée à sa personnalité et à sa dangerosité ; enfin, la Cour tient également compte des préoccupations du gouvernement français selon lesquelles le requérant pourrait utiliser les communications à l'intérieur ou à l'extérieur de la prison pour reprendre contact avec des membres de son groupe terroriste, ou tenter de faire du prosélytisme auprès des autres détenus et éventuellement préparer une évasion ; en conclusion, tout en partageant les soucis du CPT (Comité européen pour la prévention de la torture et des peines ou traitements inhumains ou dégradants) concernant les éventuels effets à long terme de l'isolement imposé au requérant, la Cour considère que les conditions de son maintien à l'isolement n'ont pas atteint le seuil minimum de gravité nécessaire pour constituer un traitement inhumain au sens de l'art. 3 de la Convention compte tenu notamment de la personnalité et de la dangerosité hors normes de l'intéressé ; certes, la Cour est préoccupée, malgré les circonstances spécifiques de la présente affaire, par la durée particulièrement longue du placement du requérant au régime pénitentiaire de l'isolement (8 ans), et elle a pris bonne note du fait que, depuis le 5 janv. 2006, il bénéficie d'un régime normal de détention, lequel, aux yeux de la Cour, ne devrait normalement plus être remis en cause à l'avenir ; dans ces circonstances, la Cour conclut à la non-violation de l'art. 3. • Même décision.

11. Le suicide ou la mort d'un détenu incarcéré peut constituer une violation par l'État défendeur de l'art. 3 Conv. EDH ; ainsi, le manque de soins médicaux appropriés, et, plus généralement, la détention d'une personne malade dans des conditions inadéquates, peut en principe constituer un traitement contraire audit article ; en définitive, les autorités nationales n'ont pas assuré une prise en charge adéquate de l'état de santé du requérant lui permettant d'éviter des traitements contraires à l'art. 3 de la Convention ; son maintien en détention, sans encadrement médical approprié, constitue dès lors une épreuve particulièrement pénible et l'a soumis à une détresse ou à une épreuve d'une intensité qui excède le niveau inévitable de souffrance inhérent à la détention ; la Cour conclut en l'espèce à un traitement inhumain et dégradant en raison du maintien en détention dans les conditions examinées ci-dessus ; compte tenu de ce qui précède, la Cour parvient en définitive à la conclusion qu'il y a violation de l'art. 3 de la Convention en l'espèce. • CEDH 11 juill. 2006, *Jean-Luc R. c/ France : D. 2007. Pan. 1230, obs. Céré ; Gaz. Pal. 2006. 2. Somm. 4079, note Viriot-Barrial.*

12. La détention d'une personne handicapée dans un établissement où elle ne peut se déplacer et en particulier quitter sa cellule, par ses propres moyens, constitue un « traitement dégradant » au sens de l'art. 3 Conv. EDH. • CEDH 24 oct. 2006, *Vincent c/ France : D. 2007.*

Pan. 1230, obs. Céré ; AJ pénal 2006. 500, note Céré ; JCP 2007. II. 10007, note Thierry.

13. Pour tomber sous le coup de l'art. 3, un mauvais traitement doit atteindre un minimum de gravité ; l'appréciation de ce minimum est relative par essence ; elle dépend de l'ensemble des données de la cause, notamment de la durée du traitement et de ses effets physiques et mentaux, ainsi que, parfois, du sexe, de l'âge et de l'état de santé de la victime (§ 119) ; est affirmé le droit de tout prisonnier à des conditions de détention conformes à la dignité humaine, de manière à assurer que les modalités d'exécution des mesures prises ne soumettent pas l'intéressé à une détresse ou à une épreuve d'une intensité qui excède le niveau inévitable de souffrance inhérent à la détention ; outre la santé du prisonnier, c'est son bien-être qui doit être assuré de manière adéquate eu égard aux exigences pratiques de l'emprisonnement ; en particulier, pour apprécier si le traitement ou la sanction concernés étaient incompatibles avec les exigences de l'art. 3, il faut, dans le cas des malades mentaux, tenir compte de leur vulnérabilité et de leur incapacité, dans certains cas, à se plaindre de manière cohérente ou à se plaindre tout court des effets d'un traitement donné sur leur personne (§ 120) ; en effet, le traitement infligé à un malade mental peut se trouver incompatible avec les normes imposées par l'art. 3 s'agissant de la protection de la dignité humaine, même si cette personne n'est pas en mesure, ou pas capable, d'indiquer des effets néfastes précis (§ 121). • CEDH 16 oct. 2008, n° 5608/05 *(Rénolde c/ France) : D. 2009. Pan. 1382, obs. Céré ; JCP 2008. II. 10196, note Belda ; Gaz. Pal. 2009. 1. Somm. 1450, note M. Matei ; RSC 2009. 173, obs. Marguénaud, ibid. 439, obs. Poncela.* ♦ Dans le cas d'espèce, le détenu souffrait de troubles psychotiques aigus qui se sont manifestés par une tentative de suicide le 2 juill. 2000 ; dans les jours suivants, bien que son état se soit amélioré en raison du traitement neuroleptique, il a continué à manifester un comportement préoccupant, notamment en agressant une surveillante (§ 122) ; bien qu'elle soit consciente des difficultés auxquelles se heurtent les autorités pénitentiaires et de la nécessité de sanctionner les agressions visant les personnels de surveillance, la Cour est frappée par le fait que le détenu se soit vu infliger la sanction maximale pour une faute du premier degré, sans aucune prise en compte de son état psychique et alors qu'il s'agissait d'un premier incident (§ 124) ; l'état d'un prisonnier dont il est avéré qu'il souffre de graves problèmes mentaux et présente des risques suicidaires appelle des mesures particulièrement adaptées en vue d'assurer la compatibilité de cet état avec les exigences d'un traitement humain (§ 128) ; le détenu s'est vu infliger une sanction lourde, à savoir quarante-cinq jours de cellule disciplinaire, ce qui était susceptible d'ébranler sa résistance physique et morale ; une telle sanction n'est pas compatible avec le niveau de traitement exigé à l'égard d'un malade mental et cette sanction constitue un traitement et une peine inhumains et dégradants (§ 129) ; en conséquence, il y a eu violation de l'art. 3 (§ 130). • Même arrêt.

14. L'art. 3 de la Convention consacre l'une des valeurs fondamentales des sociétés démocratiques ; il ne prévoit pas de restrictions, en quoi il contraste avec la majorité des clauses normatives de la Convention, et d'après l'art. 15, § 2, il ne souffre nulle dérogation, même en cas de danger public menaçant la vie de la nation ; la Convention interdit en termes absolus la torture et les peines et traitements inhumains ou dégradants indépendamment de la conduite de la personne concernée (§ 99) ; pour tomber sous le coup de l'art. 3, un mauvais traitement doit atteindre un minimum de gravité ; l'appréciation de ce minimum dépend de l'ensemble des données de la cause, notamment de la durée du traitement et de ses effets physiques ou mentaux, ainsi que, parfois, du sexe, de l'âge, de l'état de santé de la victime, etc. (§ 100) ; les mesures privatives de liberté s'accompagnent inévitablement de souffrance et d'humiliation ; s'il s'agit là d'un état de fait inéluctable qui, en tant que tel et à lui seul n'emporte pas violation de l'art. 3, cette disposition impose néanmoins à l'État de s'assurer que tout prisonnier est détenu dans des conditions compatibles avec le respect de la dignité humaine, que les modalités de sa détention ne le soumettent pas à une détresse ou à une épreuve d'une intensité qui excède le niveau inévitable de souffrance inhérent à une telle mesure et que, eu égard aux exigences pratiques de l'emprisonnement, sa santé et son bien-être sont assurés de manière adéquate ; en outre, les mesures prises dans le cadre de la détention doivent être nécessaires pour parvenir au but légitime poursuivi (§ 102) ; certes, l'exclusion d'un détenu de la collectivité carcérale ne constitue pas en elle-même une forme de traitement inhumain ; dans de nombreux États parties à la Convention existent des régimes de plus grande sécurité à l'égard des détenus dangereux ; destinés à prévenir les risques d'évasion, d'agression ou la perturbation de la collectivité des détenus, ces régimes ont comme base la mise à l'écart de la communauté pénitentiaire accompagnée d'un renforcement des contrôles (§ 103) ; par ailleurs, la Cour a précédemment jugé que si les fouilles à corps pouvaient parfois s'avérer nécessaires pour assurer la sécurité dans une prison, défendre l'ordre ou prévenir des infractions pénales, elles devaient être menées selon les modalités adéquates et être justifiées ; la Cour a estimé que, même isolée, une fouille corporelle pouvait s'analyser en un traitement dégradant eu égard à la manière dont elle était pratiquée, aux objectifs d'humiliation et d'avilissement qu'elle pouvait poursuivre et à son caractère injustifié (§ 105) ; la Cour a déjà eu à se prononcer sur le système français des fouilles corporelles pratiquées dans les établissements pénitentiaires, tel que prévu par l'art. D. 275 C. pr. pén. et la circulaire du 14 mars 1986 ; dans l'arrêt *Frérot C. France* (n° 70204/01, 12 juin 2007), elle a conclu que les modalités de ces fouilles n'étaient pas, d'un point de vue général, inhumaines ou dégradantes ; toutefois, compte tenu de la fréquence notable des fouilles intégrales subies par l'intéressé en l'espèce, dont un certain nombre d'inspections anales, et du fait que, de l'avis de la Cour, celles-ci ne reposaient pas sur un « impératif convaincant de sécurité », elle a conclu que les fouilles litigieuses s'analysaient en un traitement dégradant et qu'il y avait violation de l'art. 3 (§ 106) ; la Cour considère que si le transfert d'un détenu vers un autre établissement peut s'avérer nécessaire pour assurer la sécurité dans une prison et empêcher tout risque d'évasion, il n'en demeure pas moins qu'en l'espèce, les quatorze transfèrements du requérant sur sept années de détention n'apparaissaient plus au fil du temps justifiés par de tels impératifs (§ 110) ; de plus, elle estime qu'un nombre si élevé de transferts du requérant pendant son incarcération, même s'ils ont eu lieu dans des prisons de la région parisienne, était de nature à créer chez lui un sentiment d'angoisse aigu quant à son adaptation dans les différents lieux de détention et la possibilité de continuer de recevoir les visites de sa famille et rendait quasi impossible la mise en place d'un suivi médical cohérent sur le plan psychologique (§ 111) ; l'isolement ne constitue pas une mesure disciplinaire et la seule référence à l'appartenance au grand banditisme ou à un risque d'évasion, non étayé, est insuffisante ; de même, le classement d'un détenu au registre des détenus particulièrement signalés ou la commission d'une faute disciplinaire même grave ne peuvent justifier à eux seuls un placement à l'isolement ; en cas de transfert suivi d'une nouvelle décision de placement à l'isolement, il convient notamment de rappeler dans la motivation en quoi le transfert n'a pas été suffisant pour assurer la sécurité des personnes ou l'établissement (§ 115) ; la Cour rappelle que dans l'arrêt *Frérot* précité, elle a considéré que des fouilles intégrales systématiques, non justifiées et non dictées par des impératifs de sécurité, pouvaient créer chez les détenus le sentiment d'être victimes de mesures arbitraires ; le sentiment d'arbitraire, celui d'infériorité et l'angoisse qui y sont souvent associés, et celui d'une profonde atteinte à la dignité que provoque l'obligation de se déshabiller devant autrui et de se soumettre à une inspection anale visuelle, caractérisent un degré d'humiliation dépassant celui, tolérable parce qu'inéluctable, que comporte inévitablement la fouille corporelle des détenus (§ 127) ; la Cour attache beaucoup d'importance aux constats du CPT à ce sujet, qui, dans son rapport de 2007, a relevé que les fouilles de sécurité étaient dans nombre de cas d'une fréquence excessive et a également estimé qu'une fréquence élevée de fouilles à corps – avec mise à nu systématique – d'un détenu comportait un risque élevé de traitement dégradant (§ 128) ; le caractère répété de ces fouilles, combiné avec le caractère strict des conditions de détention dont le requérant se plaint, ne paraissent pas être justifiées par un impératif convaincant de sécurité, de défense de l'ordre ou de prévention des infractions pénales et sont, de l'avis de la Cour, de nature à créer en lui le sentiment d'avoir été victime de mesures arbitraires (§ 129) ; selon la Cour, ces fouilles répétées, pratiquées sur un détenu qui présentait des signes d'instabilité psychiatrique et de souffrance psychologique, ont été de nature à accentuer son sentiment d'humiliation et d'avilissement à un degré tel qu'on peut les qualifier de traitements dégradants (§ 130) ; selon la Cour, les conditions de détention du requérant, classé DPS dès le début de son incarcération, soumis à des transfèrements répétés d'établissements pénitentiaires, placé en régime d'isolement à long terme et faisant l'objet de fouilles corporelles intégrales régulières s'analysent, par leur effet combiné et répétitif, en un traitement inhumain et dégradant au sens de l'art. 3 ; il y a donc violation de cette disposition (§ 133). • CEDH 9 juill. 2009, *Khider c/ France*, n° 39364/05 *D. 2009. 2462, note Herzog-Evans ; ibid. Pan. 2828, obs. Roujou de Boubée ; ibid. 2010. Pan. 1378, obs. Céré ; JCP G 2010, n° 5, 135, § 8, obs. Abadie ; Gaz. Pal. 2009. 2. Somm. 3231, note Renucci ; RSC 2010. 225, obs. Marguénaud*.

15. Le fait pour des enfants, en bas âge et dont les médecins ont diagnostiqué un état de santé préoccupant, d'avoir été détenus plus d'un mois dans un centre fermé dont les infrastructures étaient inadaptées à leur accueil, constitue un traitement inhumain et dégradant, et ce quand bien même les enfants n'auraient pas été séparés de leur mère ; une telle situation emporte, de surcroît, violation de l'art. 5, § 1, de la Convention européenne. • CEDH 19 janv. 2010, *Muskhadzhiyeva et a. c/ Belgique*, n° 41442/07 *Gaz. Pal. 2010. 1. Jur. 819, note Desprez*.

16. La Cour a estimé qu'un traitement était « inhumain », notamment pour avoir été appliqué avec préméditation pendant des heures et avoir causé, sinon de véritables lésions, du moins de vives souffrances physiques et morales, et « dégradant » parce qu'il était de nature à créer chez ses victimes des sentiments de peur, d'angoisse et d'infériorité propres à les humilier et à les avilir ; pour qu'une peine ou le traitement dont elle s'accompagne soient « inhumains » ou « dégradants », la souffrance ou l'humiliation doivent en tout cas aller au-delà de celles que comporte inévitablement une forme donnée de traitement ou de peine légitime ; la question de savoir si le traitement avait pour but d'humilier ou de rabaisser la victime est un autre élément à prendre en compte ; l'absence d'un tel but ne saurait toutefois exclure de façon définitive un constat de violation de l'art. 3 (§ 33) ; la Cour rappelle que les mesures privatives de liberté s'accompagnent inévitablement de souffrance et d'humiliation ; s'il s'agit là d'un état de fait inéluctable qui, en tant que tel et à lui seul, n'emporte pas violation de l'art. 3, cette disposition impose néanmoins à l'État de s'assurer que tout prisonnier est détenu dans des conditions compatibles avec le respect de la dignité humaine, que les modalités de sa détention ne le soumettent pas à une détresse ou à une épreuve d'une intensité qui excède le niveau inévitable de souffrance inhérent à une telle mesure et que, eu égard aux exigences pratiques de l'emprisonnement, sa santé et son bien-être sont assurés de manière adéquate (§ 34) ; la Cour relève que le requérant mentionne qu'il s'était engagé dans des projets stables et insiste sur les conséquences positives de cet engagement, qui s'inscrivait dans un projet d'insertion et d'apprentissage ; elle ajoute qu'il avait notamment réalisé des démarches afin d'indemniser les parties civiles grâce aux sommes perçues dans le cadre de ces activités ; elle mentionne encore que, placé en détention normale à la centrale de Clairvaux, il s'est investi dans des activités sportives et culturelles et que son changement d'affectation a interrompu les projets et activités dans lesquels il s'était auparavant engagé (§ 35) ; la Cour estime toutefois que les conséquences de ses transfèrements invoquées par le requérant ne sauraient être considérées comme atteignant le seuil minimal de gravité nécessaire pour constituer un traitement inhumain ou dégradant au sens de l'art. 3 de la Convention ; en effet, si les nombreux changements d'établissement imposés au requérant ont pu perturber sa vie et ses habitudes, ils ne comportaient aucune souffrance physique ou morale grave et n'étaient pas de nature à susciter chez lui des sentiments de peur, d'angoisse et d'infériorité propres à l'humilier ou à l'avilir (§ 36) ; la Cour souligne que l'interdiction de contacts avec d'autres détenus pour des raisons de sécurité, de discipline et de protection ne constitue pas en elle-même une forme de peine ou de traitement inhumain (§ 40) ; la Cour note qu'en l'espèce, le requérant a été placé à l'isolement pendant sept ans sur la totalité des dix-sept années qu'il a passées en détention ; à cet égard, elle constate que la mise à l'isolement du requérant sur une telle période ne fut pas continue, ce dernier ayant été placé en détention normale pendant plusieurs mois en 2006, 2007, 2009, 2010 et depuis octobre 2011 (§ 41) ; elle observe en outre que le requérant n'a pas été soumis à un isolement social total, mais seulement relatif (§ 42) ; elle note que le requérant n'a invoqué aucune conséquence physique ou psychique résultant de sa mise à l'isolement (§ 43) ; la Cour estime que les conditions de détention du requérant à l'isolement n'ont pas atteint le seuil minimal de gravité nécessaire pour constituer un traitement inhumain ou dégradant au sens de l'art. 3 de la Convention (§ 47) ; la Cour en conclut que cette partie de la requête est manifestement mal fondée et qu'elle doit être rejetée en application de l'art. 35, §§ 3 a) et 4, de la Convention (§ 48) ; des fouilles corporelles, même intégrales, peuvent parfois se révéler nécessaires pour assurer la sécurité dans une prison – y compris celle du détenu lui-même –, défendre l'ordre ou prévenir les infractions pénales ; en outre, on ne saurait dire que par principe, une telle fouille implique un degré de souffrance ou d'humiliation dépassant l'inévitable (§ 50) ; en l'espèce, la Cour relève que le requérant se plaint du régime général des fouilles auquel il a été soumis ; il allègue qu'il a fait l'objet de fouilles intégrales à chaque entrée et sortie de sa cellule, ainsi qu'après chaque visite reçue au parloir, sans toutefois indiquer dans quels établissements et à quelles dates il aurait été soumis à un tel régime ; ainsi, force est de constater que le grief du requérant s'avère peu étayé, celui-ci ne précisant pas la fréquence des fouilles subies (fouilles par palpation et fouilles intégrales confondues), ni leur nombre ; partant, la Cour estime que le requérant n'a fourni aucune preuve permettant de conclure qu'il y a eu une méconnaissance de l'art. 3 de la Convention ; dans ces circonstances, la Cour ne saurait déceler aucune apparence de violation de l'art. 3 de la Convention (§ 51) ; il s'ensuit que cette partie de la requête doit également être rejetée comme manifestement mal fondée, en application de l'art. 35, §§ 3 a) et 4, de la Convention (§ 52). • CEDH 1er oct. 2013, *Khider c/ France*, n° 56054/12 *D. actu. 13 nov. 2013, obs. Sadoun-Jarin.*

17. L'excision constitue une mutilation du corps de la femme qui génère des souffrances très intenses ; elle est fréquemment suivie de complications infectieuses pouvant entraîner la mort ; aucune nécessité thérapeutique ou tout autre motif d'ordre sanitaire ne la justifie, et elle procède du seul usage rituel et culturel ; par suite, l'excision pratiquée contre leur volonté sur une personne ou sur ses enfants constitue un traitement inhumain ou dégradant au sens de l'art. 3 Conv. EDH. • TA Lyon, 12 juin 1996 : *RUDH 1996. 695, note Lévinet ; D. 1998. Somm. 16, obs. F. Julien-Laferrière* ✎, *et 304, obs. F. Vasseur* ✎ ; *RUDH 1996. 695, note Lévinet ; JCP 1997. I. 3996, obs. H. Fulchiron.* ♦ Dès lors, est illégale la décision par laquelle le préfet, pour l'exécution d'un arrêté définitif d'interdiction du territoire français, prescrit l'éloignement de l'intéressée à destination de la Guinée, pays dont elle a la nationalité et où elle ne serait pas en mesure de s'opposer à la volonté de sa belle-famille de procéder à l'excision de ses filles. • Même jugement.

18. Le centre de rétention dispose d'un espace réservé aux familles, mais il n'en reste pas moins que celui-ci reste un lieu où sont retenus des étrangers en vue de leur éloignement du territoire français ; le fait de maintenir dans un tel lieu une jeune mère de famille, son mari et leur bébé de deux mois et demi constitue un traitement inhumain au sens de l'art. 3 Conv. EDH en raison, d'une part, des conditions de vie anormales imposées à ce très jeune enfant quasiment dès sa naissance, après avoir été gardé en garde à vue avec sa mère, et, d'autre part, de la grande souffrance morale et psychique infligée à la mère et au père par cet enfermement, souffrance manifestement disproportionnée au but poursuivi, c'est-à-dire à la reconduite à la frontière. • Toulouse, 21 févr. 2008 : *D. 2008. 2910, note Lombard et Haroune* ✐.

19. Pratiques sexuelles consenties – Sadomasochisme. L'un des rôles incontestablement dévolus à l'État est la régulation par le jeu du droit pénal des pratiques qui entraînent des dommages corporels, que ces actes soient commis dans un cadre sexuel ou autre n'y change rien ; le choix du niveau de dommage que la loi doit tolérer lorsque la victime est consentante revient en premier lieu à l'État concerné car l'enjeu est lié, d'une part, à des considérations de santé publique et à l'effet dissuasif du droit pénal en général, et, d'autre part, au libre arbitre de l'individu. • CEDH 19 févr. 1997, *Laskey, Jaggard et Brown c/ Royaume-Uni : D. 1998. 97, note J.-M. Larralde* ✐ *; JCP 1998. I. 107, n° 34, obs. Sudre ; RTD civ. 1997. 1013, obs. Marguénaud* ✐ *; Gaz. Pal. 1997. 2. Somm. 380.*

20. Sur la violation alléguée de l'art. 7 Conv. EDH, la Cour constate d'emblée que le texte même des dispositions litigieuses n'est pas mis en cause en l'espèce ; l'argumentation des requérants vise essentiellement l'existence d'une tolérance qui se serait développée dans une « société permissive, libérale et individualiste », où des formes d'expérience sexuelle collective seraient tolérées et où le citoyen moyen ne serait plus choqué par nombre de pratiques ; cette tolérance serait, de l'avis des requérants, de nature à les induire à considérer que leurs pratiques ne seraient plus susceptibles de leur être pénalement reprochées sur la base du code pénal (§ 54) ; de l'avis de la Cour, on ne saurait attacher, comme le font les requérants, une importance déterminante à l'absence de précédents jurisprudentiels comparables, s'agissant des coups et blessures ; les pratiques en question étaient tellement violentes – et donc sans doute tellement rares – que l'absence de jurisprudence pertinente ne saurait guère étonner ; l'absence de précédents ne pouvait être une circonstance empêchant les autorités nationales d'intervenir (§ 55) ; il est vrai que la jurisprudence estime qu'il existe des cas spécifiques d'autorisation – explicite ou implicite – par la loi d'actions ou de comportements pouvant être qualifiés de coups et blessures ; si l'on peut déduire des décisions rendues en l'espèce par la cour d'appel et la Cour de cassation que la loi ne sanctionne pas toute pratique sadomasochiste, de telles pratiques ne pouvaient toutefois être justifiées en droit interne que dans les limites de l'autorisation de la loi, c'est-à-dire dans le respect des règles applicables dans ce domaine ; tel n'est pas le cas en l'espèce et les requérants, en particulier le premier comme magistrat, se devaient de le savoir (§ 56) ; à cet égard, aux yeux de la Cour, deux éléments doivent être pris en considération dans le cas d'espèce ; d'une part, il apparaît que les règles normalement reconnues pour ce genre de pratiques n'ont pas été respectées par les requérants : non seulement de grandes quantités d'alcool ont été consommées lors de ces séances, ce qui leur a fait perdre tout contrôle de la situation, mais en outre ils auraient également ignoré que la victime criait « pitié » et « stop », mots par lesquels il aurait été convenu entre les intéressés que ceux-ci devaient mettre fin aux opérations ; d'autre part, les requérants ont loué des lieux privés pour se livrer à leurs pratiques car ils les savaient interdites par le règlement des clubs sadomasochistes qu'ils fréquentaient jusque-là ; or, les propriétaires ou gérants de ces clubs étaient et sont, du fait de leurs activités, spécialement à même d'évaluer les divers risques que peuvent comporter des pratiques sadomasochistes (§ 57) ; la Cour en déduit que les requérants ne pouvaient ignorer le risque de poursuites pour coups et blessures auxquel ils s'exposaient ; elle rappelle, en outre, que les requérants sont respectivement professionnels du droit (magistrat) et de l'art de guérir (médecin) (§ 58) ; partant, il n'y a pas eu violation de l'art. 7 de la Convention (§ 61). • CEDH 17 févr. 2005, *K.A. et A.D. c/ Belgique*, n°s 42758/98 et 45558/99 : *inédit.* ♦ *Adde* : Fabre-Magnan, *D. 2005. Chron. 2973* ✐ (le sadisme n'est pas un droit de l'homme).

21. Sur la violation alléguée de l'art. 8 Conv. EDH, la Cour a souvent souligné que l'expression de « vie privée » est large et ne se prête pas à une définition exhaustive ; des éléments tels que le sexe, l'orientation sexuelle et la vie sexuelle sont des composantes importantes du domaine personnel protégé par l'art. 8 (§ 79) ; pour se concilier avec l'art. 8 § 2, une ingérence dans l'exercice d'un droit garanti par l'art. 8 doit être « prévue par la loi », inspirée par un ou des buts légitimes énoncés dans ce paragraphe et « nécessaire, dans une société démocratique », à la poursuite de ce ou ces buts (§ 80) ; compte tenu de la conclusion à laquelle elle est arrivée quant au respect de l'art. 7 de la Convention, la Cour conclut que l'ingérence est sans nul doute prévue par la loi (§ 80) ; de l'avis de la Cour, elle poursuivait en outre un ou des buts légitimes pleinement compatibles avec la Convention ; les poursuites et la condamnation pour coups et blessures visaient la protection « des droits et libertés d'autrui » dans la mesure où les juridictions nationales ont mis en cause, en l'espèce, la question du consentement de la « victime » ; ces juridictions ont aussi visé la « protection de la santé » ; quant à l'art. 380 *bis* C. pén., la Cour constate qu'il tend à protéger la « défense de l'ordre » et la « prévention des infractions pénales » ; rien ne donne à penser qu'en visant ces divers buts, les autorités judiciaires belges aient recherché d'autres objectifs, étrangers à la Convention (§ 81) ; reste donc à déterminer si la condamnation des requérants pouvait passer pour nécessaire « dans une société démocratique » pour atteindre ces buts ; à cet égard, la mesure en cause doit se fonder sur un besoin social impérieux ce qui impose, notamment, qu'elle demeure proportionnée au but légitime recherché (§ 82) ; l'art. 8 de la Convention protège le droit à l'épanouissement personnel, que ce soit sous la forme du développement personnel ou sous l'aspect de l'autonomie personnelle qui reflète un principe important qui sous-tend l'interprétation des garanties de l'art. 8 (*Pretty c/ Royaume-Uni*, arrêt du 29 avr. 2002, Recueil 2002-III, § 61) ; ce droit implique le droit d'établir et entretenir des rapports avec d'autres êtres humains et le monde extérieur, en ce compris dans le domaine des relations sexuelles, qui est l'un des plus intimes de la sphère privée et est à ce titre protégé par cette disposition ; le droit d'entretenir des relations sexuelles découle du droit de disposer de son corps, partie intégrante de la notion d'autonomie personnelle ; à cet égard, « la faculté pour chacun de mener sa vie comme il l'entend peut également inclure la possibilité de s'adonner à des activités perçues comme étant d'une nature physiquement ou moralement dommageables ou dangereuses pour sa personne ; en d'autres termes, la notion d'autonomie personnelle peut s'entendre au sens du droit d'opérer des choix concernant son propre corps » (*Pretty*, préc., § 66) (§ 83) ; il en résulte que le droit pénal ne peut, en principe, intervenir dans le domaine des pratiques sexuelles consenties qui relèvent du libre arbitre des individus ; il faut dès lors qu'il existe des « raisons particulièrement graves » pour que soit justifiée, aux fins de l'art. 8 § 2 de la Convention, une ingérence des pouvoirs publics dans le domaine de la sexualité (§ 84) ; en l'espèce, en raison de la nature des faits incriminés, l'ingérence que constituent les condamnations prononcées n'apparaît pas disproportionnée ; si une personne peut revendiquer le droit d'exercer des pratiques sexuelles le plus librement possible, une limite qui doit trouver application est celle du respect de la volonté de la « victime » de ces pratiques, dont le propre droit au libre choix quant aux *modalités d'exercice de sa sexualité* doit aussi être garanti ; ceci implique que les pratiques se déroulent dans des conditions qui permettent un tel respect, ce qui ne fut pas le cas ; en effet, à la lumière notamment des éléments retenus par la cour d'appel, il apparaît que les engagements des requérants visant à intervenir et arrêter immédiatement les pratiques en cause lorsque la « victime » n'y consentait plus n'ont pas été respectés ; de surcroît, au fil du temps, toute organisation, tout contrôle de la situation étaient devenus absents ; il y a eu une escalade de violence et les requérants ont eux-mêmes avoué qu'ils ne savaient pas où elle se serait terminée (§ 85) ; eu égard à ces circonstances, la Cour considère que les autorités nationales étaient en droit de juger que les poursuites engagées contre les requérants et leur condamnation étaient des mesures nécessaires dans une société démocratique à la protection « des droits et libertés d'autrui » au sens de l'art. 8 § 2 de la Convention (§ 87) ; partant, il n'y a pas eu violation de l'art. 8 de la Convention (§ 88). • CEDH 17 févr. 2005, *K.A. et A.D. c/ Belgique*, n°s 42758/98 et 45558/99 : *préc. note 20.* ♦ Rappr., pour un licenciement en rapport avec des pratiques sadomasochistes, • CEDH 16 sept. 2008, *Pay c/ Royaume-Uni*, n° 32792/05 : *D. 2009. 1861, note Marguénaud et Mouly*. ♦ Comp. : • Grenoble, 11 mars 2009 : *JCP G 2009, n° 27, 65, p. 8.*

22. Compétence internationale. BIBL. Flauss, *D. 2003. Chron. 1246* [répression des actes de torture et compétence civile universelle (à propos de l'arrêt *Al Adsani* de la Cour européenne des droits de l'homme)]. ♦ L'exercice par une juridiction française de la compétence universelle emporte la compétence de la loi française, même en présence d'une loi étrangère portant amnistie ; les art. 689-1 et 689-2 C. pr. pén. donnent compétence aux juridictions françaises pour poursuivre et juger, si elle se trouve en France, toute personne qui s'est rendue coupable, hors du territoire français, de tortures au sens de la Convention de New York ; s'agissant de faits commis en Mauritanie, la loi mauritanienne du 14 juin 1993 portant amnistie ne saurait recevoir application sous peine de priver de toute portée le principe de compétence universelle. • Crim. 23 oct. 2002, n° 02-85.379 P : *D. 2004. Somm. 309, obs. Gozzi* ; *JCP 2003. II. 10078, note Roulot ; Gaz. Pal. 2003. 2. 2411, note Monnet ; RSC 2003. 425, obs. Massé*.

23. En l'espèce (la même que celle ayant donné lieu à • Crim. 23 oct. 2002 : *préc. note 22*), la Cour relève que les juridictions françaises bénéficient dans certains cas d'une compétence universelle, dont le principe est posé par l'art. 689-1 C. pr. pén. ; elles peuvent ainsi juger l'auteur d'une infraction quelle que soit sa nationalité, celle de sa victime et le lieu de commission, à la double condition qu'il se trouve sur le territoire français et que cela intervienne en application de certaines conventions internationales ; la Cour estime que ces deux conditions étaient remplies en l'espèce. • CEDH 17 mars 2009, *Ould Dah c/ France*, n° 13113/03 : *D. 2009. 1573, note Renucci* ; *ibid. Pan. 2826, obs. Roujou de Boubée* ; *JCP G 2009, n° 28, 114, p. 38, note*

Madelaine ; Gaz. Pal. 2009. 1. Somm. 1400, note Zarka ; RSC 2009. 659, obs. Roets . ♦ La Cour estime, en accord avec la jurisprudence du TPIY, que l'interdiction de la torture a valeur de norme impérative, c'est-à-dire de *jus cogens* ; de l'avis de la Cour, l'impérieuse nécessité de l'interdiction de la torture et de la poursuite éventuelle des personnes qui enfreignent cette règle universelle ainsi que l'exercice par un État signataire de la compétence universelle prévue par la Convention contre la torture seraient vidés de leur substance s'il fallait retenir seulement la compétence juridictionnelle de cet État, sans pour autant admettre l'applicabilité de la législation pertinente dudit État. • Même décision. ♦ A l'instar du Comité des droits de l'homme des Nations unies et du TPIY, elle considère que l'amnistie est généralement incompatible avec le devoir qu'ont les États d'enquêter sur de tels actes ; force est de constater qu'en l'espèce, la loi d'amnistie mauritanienne est intervenue non pas après jugement et condamnation du requérant, mais précisément en vue d'empêcher toute poursuite pénale à l'encontre de celui-ci ; certes, d'une manière générale, on ne saurait exclure la possibilité d'un conflit entre, d'une part, la nécessité de poursuivre les crimes commis et, d'autre part, la volonté de réconciliation du corps social d'un pays ; en tout état de cause, aucun processus de réconciliation de ce type n'a été mis en place en Mauritanie ; on ne saurait dès lors remettre en cause l'obligation de poursuivre de tels faits en accordant l'impunité à son auteur par l'adoption d'une loi d'amnistie susceptible d'être qualifiée d'abusive au regard du droit international. • Même décision. ♦ Enfin, une lecture combinée des art. 4 et 7 de la Convention contre la torture qui prévoient, d'une part, l'obligation qu'ont les États de veiller à ce que les actes de torture constituent des infractions au regard de leur propre législation et, d'autre part, la compétence des autorités internes pour prendre leur décision dans les mêmes conditions que pour toute infraction de droit commun de caractère grave en vertu de leur droit interne, permet raisonnablement d'en conclure, comme le fit la cour d'appel de Nîmes, à la compétence, non seulement des juridictions françaises, mais également de la loi française ; la Cour note d'ailleurs que le Comité contre la torture des Nations unies, dans ses conclusions et recommandations relatives à la France en date du 3 avr. 2006, a expressément salué l'arrêt de la cour d'assises de Nîmes condamnant le requérant. • Même décision. ♦ Eu égard à ce qui précède, la Cour estime, en l'espèce, que la loi d'amnistie mauritanienne n'était pas de nature, en soi, à empêcher l'application de la loi française par les juridictions françaises saisies des faits au titre de la compétence universelle, et que la solution retenue par les juridictions françaises était fondée. • Même décision.

24. Selon les art. 689, 689-1 et 689-2 C. pr. pén., peut être poursuivie et jugée par les juridictions françaises, si elle se trouve en France, toute personne qui, hors du territoire de la République, s'est rendue coupable de torture au sens de l'art. 1er de la Convention contre la torture et autres peines ou traitements cruels, inhumains ou dégradants, adoptée à New York, le 10 déc. 1984. • Crim. 10 janv. 2007, n° 04-87.245 P : *D. 2007. AJ 305* ; *JCP 2007. Actu. 30 ; RSC 2007. 566, obs. A. Giudicelli* .

25. Les juges du fond ont écarté la compétence de la juridiction française au regard des ressortissants français et étrangers présumés complices d'actes de torture ; selon l'art. 689 C. pr. pén., les auteurs ou complices d'infractions commises hors du territoire de la République peuvent être poursuivis et jugés par les juridictions françaises, soit lorsque, conformément aux dispositions du livre Ier du code pénal ou d'un autre texte législatif, la loi française est applicable, soit lorsqu'une convention internationale donne compétence aux juridictions françaises pour connaître de l'infraction ; en excluant la compétence de la juridiction française sur le fondement des règles fixées par le livre Ier du code pénal, alors qu'ayant constaté que les faits étaient susceptibles de revêtir la qualification d'actes de torture au sens de l'art. 1er de la Convention contre la torture et autres peines ou traitements cruels, inhumains ou dégradants du 10 déc. 1984, seules étaient applicables les dispositions de l'art. 689-2 C. pr. pén., qui donnent compétence aux juridictions françaises pour poursuivre et juger, si elle se trouve en France, toute personne, auteur ou complice, française ou étrangère, qui s'est rendue coupable, hors du territoire de la République, de faits entrant dans le champ d'application de ladite Convention, la chambre de l'instruction a méconnu les art. 689, 689-1 et 689-2 C. pr. pén. • Crim. 21 janv. 2009, n° 07-88.330 P : *RSC 2009. 829, obs. Mayaud* .

26. Prescription. C'est à bon droit que la chambre de l'instruction a retenu la compétence universelle de la juridiction française, retenant que, si les tortures ou actes de barbarie ont été érigés en crime autonome par le code pénal entré en vigueur le 1er mars 1994, ils n'en constituaient pas moins, sous l'empire du droit antérieur, une circonstance aggravante des crimes et des délits, ayant notamment pour effet de donner une qualification criminelle aux violences prévues par l'art. 309 ancien C. pén., en les réprimant, conformément aux dispositions de l'ancien art. 303, al. 2, dudit code, de cinq à dix ans de réclusion criminelle ; en conséquence, les faits de tortures et actes de barbarie objet de l'accusation (commis en Mauritanie) constituaient déjà des crimes au moment de leur commission en 1990 et 1991 ; dénoncés en 1999, ils ne sont pas prescrits. • Crim. 23 oct. 2002 : *D. 2004. Somm. 309, obs. Gozzi* ; *JCP 2003. II. 10078, note Roulot ; RSC 2003. 425, obs. Massé* .

27. Conflits de qualifications. A supposer, comme le soutient le moyen, que le fait de castration d'un enfant de quatre ans, ne caractérise pas à l'égard de l'accusé le crime visé dans l'arrêt attaqué d'actes de barbarie ayant entraîné une mutilation ou une infirmité permanente, il n'en constituerait pas moins le crime de violences ayant entraîné une mutilation, infraction commise sur un mineur de quinze ans et avec usage d'une arme ; cette constatation suffit pour que l'arrêt n'encoure pas la censure ; il appartiendra à la cour d'assises, qui n'est pas liée par les qualifications retenues par la décision de renvoi, de caractériser les faits objet de l'accusation. • Crim. 16 nov. 2004 : *Dr. pénal 2005. 22, obs. Véron.*

28. Questions. Est régulière comme portant sur une question de fait et non de droit la question par laquelle il est demandé à la Cour et au jury si l'accusé a, pour la commission de viols, employé des tortures ou des actes de barbarie, dès lors que cette circonstance n'est pas définie par la loi. • Crim. 24 oct. 2007, n° 07-82.282 P.

Art. 222-2 L'infraction définie à l'article 222-1 est punie de la réclusion criminelle à perpétuité lorsqu'elle précède, accompagne ou suit un crime autre que le meurtre ou le viol.

Les deux premiers alinéas de l'article 132-23 relatif à la période de sûreté sont applicables à l'infraction prévue par le présent article. — *Pr. pén. 2-1 s., 689-2 s., 689-5, 689-7.*

Art. 222-3 L'infraction définie à l'article 222-1 est punie de vingt ans de réclusion criminelle lorsqu'elle est commise :

1° Sur un mineur de quinze ans ;

2° Sur une personne dont la particulière vulnérabilité, due à son âge, à une maladie, à une infirmité, à une déficience physique ou psychique ou à un état de grossesse, est apparente ou connue de son auteur ;

3° Sur un ascendant légitime ou naturel ou sur les père ou mère adoptifs ;

4° *(L. n° 2003-239 du 18 mars 2003, art. 60)* « Sur un magistrat, un juré, un avocat, un officier public ou ministériel, *(L. n° 2010-930 du 9 août 2010)* « un membre ou un agent de la Cour pénale internationale, » un militaire de la gendarmerie nationale, un fonctionnaire de la police nationale, des douanes, de l'administration pénitentiaire ou toute autre personne dépositaire de l'autorité publique, un sapeur-pompier professionnel ou volontaire, un gardien assermenté d'immeubles ou de groupes d'immeubles ou un agent exerçant pour le compte d'un bailleur des fonctions de gardiennage ou de surveillance des immeubles à usage d'habitation en application de l'article L. 127-1 du code de la construction et de l'habitation, dans l'exercice ou du fait de ses fonctions, lorsque la qualité de la victime est apparente ou connue de l'auteur ;

« 4° *bis* » *(L. n° 2010-201 du 2 mars 2010, art. 11-I)* « Sur un enseignant ou tout membre des personnels travaillant dans les établissements d'enseignement scolaire, sur un agent d'un exploitant de réseau de transport public de voyageurs ou toute personne chargée d'une mission de service public, ainsi que sur un professionnel de santé, dans l'exercice ou du fait de ses fonctions, lorsque la qualité de la victime est apparente ou connue de l'auteur ; »

(L. n° 2003-239 du 18 mars 2003, art. 60) « 4° *ter* » *(L. n° 2010-201 du 2 mars 2010, art. 11-I)* « Sur le conjoint, les ascendants ou les descendants en ligne directe ou sur toute autre personne vivant habituellement au domicile des personnes mentionnées aux 4° et 4° *bis*, en raison des fonctions exercées par ces dernières ; »

5° Sur un témoin, une victime ou une partie civile, soit pour l'empêcher de dénoncer les faits, de porter plainte ou de déposer en justice, soit en raison de sa dénonciation *(L. n° 2010-930 du 9 août 2010)* « ou de sa plainte, soit à cause de sa déposition devant une juridiction nationale ou devant la Cour pénale internationale » ;

(Abrogé par L. n° 2017-86 du 27 janv. 2017, art. 171) « (L. n° 2003-88 du 3 févr. 2003) « 5° bis A raison de l'appartenance ou de la non-appartenance, vraie ou supposée, de la victime à une ethnie, une nation, une race ou une religion déterminée ; »

« (L. n° 2003-239 du 18 mars 2003, art. 47) « 5° ter A raison de l'orientation (L. n° 2012-954 du 6 août 2012, art. 4) « ou identité » sexuelle de la victime » ; »

(L. n° 2016-444 du 13 avr. 2016, art. 11) « 5° *quater* Sur une personne qui se livre à la prostitution, y compris de façon occasionnelle, si les faits sont commis dans l'exercice de cette activité ; »

6° Par le conjoint ou le concubin de la victime *(L. n° 2006-399 du 4 avr. 2006, art. 8)* **« ou le partenaire lié à la victime par un pacte civil de solidarité » ;**

(L. n° 2010-769 du 9 juill. 2010, art. 33-III) **« 6° *bis* Contre une personne afin de la contraindre à contracter un mariage ou à conclure une union ou en raison de son refus de contracter ce mariage ou cette union ; »**

7° Par une personne dépositaire de l'autorité publique ou chargée d'une mission de service public dans l'exercice ou à l'occasion de l'exercice de ses fonctions ou de sa mission ;

8° Par plusieurs personnes agissant en qualité d'auteur ou de complice ;

9° Avec préméditation *(L. n° 2007-297 du 5 mars 2007, art. 44)* **« ou avec guet-apens » ;** *— Pén. 132-71-1 et 132-72.*

10° Avec usage ou menace d'une arme. *— Pén. 132-75.*

L'infraction définie à l'article 222-1 est également punie de vingt ans de réclusion criminelle lorsqu'elle est accompagnée d'agressions sexuelles autres que le viol. *— Pén. 222-22, 222-27 s. ; Pr. pén. 306.*

La peine encourue est portée à trente ans de réclusion criminelle lorsque l'infraction définie à l'article 222-1 est commise sur un mineur de quinze ans par un ascendant légitime, naturel ou adoptif ou par toute autre personne ayant autorité sur le mineur.

Les deux premiers alinéas de l'article 132-23 relatif à la période de sûreté sont applicables aux infractions prévues par le présent article. *— Pr. pén. 2-1 s., 689-2 s., 689-5, 689-7.*

Lorsque le dommage est causé par des tortures et des actes de barbarie, des violences ou des agressions sexuelles commises contre un mineur, l'action en responsabilité civile est prescrite par vingt ans (C. civ., art. 2270-1, al. 2).

1. Application dans le temps. Fait l'exacte application de l'art. 112-1 C. pén. la chambre de l'instruction qui, pour écarter l'argumentation de la prévenue qui a soutenu que l'incrimination d'attentat à la pudeur accompagné de tortures ou d'actes de barbarie prévue par l'art. 333-1 ancien C. pén. était abrogée, et que le principe de la non-rétroactivité de la loi pénale faisait obstacle à l'application des nouvelles dispositions de l'art. 222-3, al. 2, C. pén. réprimant le crime de tortures ou d'actes de barbarie en concours avec une agression sexuelle, énonce que l'art. 222-3, al. 2, précité assure la continuité de l'incrimination prévue par l'art. 333-1 ancien C. pén. • Crim. 11 mai 2005, n° 05-81.331 P : *D. 2005. Pan. 2987, obs. Roujou de Boubée ; Gaz. Pal. 2005. 2. 4111, note Monnet ; RSC 2005. 835, obs. Vermelle .*

2. Agressions sexuelles (art. 222-3, al. 2 ; ancien art. 333-1). Les sévices sexuels, consistant en des actes autres que de pénétration, constituent le crime d'attentat à la pudeur accompagné de tortures prévu par l'art. 333-1 C. pén., dès lors qu'ils sont commis avec violence, contrainte ou surprise. • Crim. 5 sept. 1990 : *D. 1991. 13, note Angevin .*

3. Est justifié l'arrêt confirmatif de l'ordonnance renvoyant deux accusés devant la cour d'assises du chef, notamment, de tortures ou actes de barbarie sur mineur de quinze ans par ascendant et agressions sexuelles sur mineur de quinze ans par ascendant, et de complicité de ces crimes et délits ; la chambre de l'instruction, qui a répondu comme elle le devait aux articulations essentielles des mémoires dont elle était saisie, a caractérisé, au regard des art. 222-1 et 222-3, avant-dernier al., et 222-27, 222-29, 1°, et 222-30, 2°, C. pén., les circonstances dans lesquelles la première accusée aurait commis le crime de tortures ou actes de barbarie sur mineur de quinze ans par ascendant et le délit connexe d'agressions sexuelles sur mineur de quinze ans par ascendant, de même que celles dans lesquelles le second accusé se serait rendu complice de ces infractions ; les demandeurs sont sans intérêt à reprocher à la chambre de l'instruction de les avoir renvoyés devant la cour d'assises à la fois du chef du crime de tortures ou actes de barbarie sur mineur de quinze ans par ascendant et de celui du délit connexe d'agressions sexuelles aggravées, plutôt que d'avoir retenu ces agressions comme la circonstance aggravante du crime, telle que prévue par l'art. 222-3, al. 2, C. pén., dès lors qu'en cas de double déclaration de culpabilité, seules pourront être prononcées les peines encourues pour l'infraction la plus sévèrement réprimée, conformément à l'art. 132-3 dudit code. • Crim. 11 janv. 2005 : *AJ pénal 2005. 242, obs. Redon .*

4. Excision. L'excision constitue une mutilation du corps de la femme qui génère des souffrances très intenses ; elle est fréquemment suivie de complications infectieuses pouvant entraîner la mort ; aucune nécessité thérapeutique ou tout autre motif d'ordre sanitaire ne la justifie, et elle procède du seul usage rituel et culturel ; par suite, l'excision pratiquée contre leur volonté sur une personne ou sur ses enfants constitue un traitement inhumain ou dégradant au sens de l'art. 3 Conv. EDH. • TA Lyon, 12 juin 1996 : *D. 1998. Somm. 16, obs. Julien-Laferrière , et 304, obs. Vasseur ;*

RUDH 1996. 695, note Levinet ; JCP 1997. I. 3996, obs. H. Fulchiron.

5. Conditions de détention pénitentiaire. La tâche de la Cour n'est pas d'apprécier si la peine prononcée contre le requérant (dix ans de réclusion criminelle alors qu'il était âgé de 88 ans) est ou non justifiée, mais de s'assurer que son exécution ne contrevient pas aux dispositions de l'art. 3 Conv. EDH. • CEDH 7 juin 2001 : *D. 2001. 2335, note Céré ; ibid. 2002. Somm. 683, obs. Renucci*. ♦ ... Pour tomber sous le coup de cet article, un traitement doit atteindre un minimum de gravité ; l'appréciation de ce minimum est relative par essence ; elle dépend de l'ensemble des données de la cause et notamment de la nature et du contexte du traitement, de ses modalités d'exécution, de sa durée, de ses effets physiques ou mentaux, ainsi que, parfois, du sexe, de l'âge et de l'état de santé de la victime ; s'agissant de personnes privées de liberté, l'art. 3 impose à l'État de s'assurer que tout prisonnier est détenu dans des conditions qui sont compatibles avec le respect de la dignité humaine, que les modalités d'exécution de la mesure ne soumettent pas l'intéressé à une détresse ou une épreuve d'une intensité qui excède le niveau inévitable de souffrance inhérent à la détention et que, eu égard aux exigences pratiques de l'emprisonnement, la santé et le bien-être du prisonnier sont assurés de manière adéquate, notamment par l'administration des soins médicaux requis. • Même décision. ♦ ... En l'espèce, le requérant se fonde essentiellement sur son grand âge conjugué avec son état de santé ; la Cour observe que, dans aucun des pays membres du Conseil de l'Europe, l'âge élevé ne constitue en tant que tel un obstacle à la détention, qu'elle soit provisoire ou en exécution d'une condamnation ; toutefois, l'âge, en conjonction avec d'autres facteurs, tels que l'état de santé, peut être pris en compte soit au moment du prononcé de la peine, soit lors de son exécution (par exemple suspension de l'exécution ou transformation de la détention en assignation à domicile) ; si aucune disposition de la Convention n'interdit en tant que telle la détention au-delà d'un certain âge, la Cour a déjà eu l'occasion d'indiquer que, dans certaines conditions, le maintien en détention pour une durée prolongée d'une personne d'un âge avancé pourrait poser problème sous l'angle de l'art. 3 de la Convention ; cependant, il convient dans chaque cas d'avoir égard aux circonstances particulières de l'espèce. • Même décision. ♦ ... Après s'être livrée à une appréciation de l'ensemble des faits, la Cour estime que la situation du requérant n'atteint pas, en l'état, un niveau suffisant de gravité pour rentrer dans le champ d'application de l'art. 3 de la Convention ; toutefois, si les problèmes de santé du requérant, joints à son grand âge, venaient à s'aggraver, la Cour rappelle que le droit français offre aux autorités nationales des moyens d'intervenir ; d'une part, selon l'art. 729 C. pr. pén., modifié par la L. du 15 juin 2000, les condamnés peuvent bénéficier d'une libération conditionnelle notamment lorsqu'ils justifient « de la nécessité de subir un traitement » ; d'autre part, lorsqu'une situation d'une particulière gravité appelle des mesures humanitaires, le président de la République peut à tout moment exercer le droit de grâce, dans les conditions prévues aux art. 17 et 19 Const. • Même décision.

Art. 222-4 **L'infraction définie à l'article 222-1 est punie de trente ans de réclusion criminelle lorsqu'elle est commise** *(L. nº 2004-204 du 9 mars 2004, art. 6-III)* **« en bande organisée ou » de manière habituelle sur un mineur de quinze ans ou sur une personne dont la particulière vulnérabilité, due à son âge, à une maladie, à une infirmité, à une déficience physique ou psychique ou à un état de grossesse, est apparente ou connue de son auteur.**

Les deux premiers alinéas de l'article 132-23 relatif à la période de sûreté sont applicables à l'infraction prévue par le présent article. — *Pr. pén. 2-1 s., 689-2 s., 689-5, 689-7.*

Art. 222-5 **L'infraction définie à l'article 222-1 est punie de trente ans de réclusion criminelle lorsqu'elle a entraîné une mutilation ou une infirmité permanente.**

Les deux premiers alinéas de l'article 132-23 relatif à la période de sûreté sont applicables à l'infraction prévue par le présent article. — *Pr. pén. 2-1 s., 689-2 s., 689-5, 689-7.*

Art. 222-6 **L'infraction définie à l'article 222-1 est punie de la réclusion criminelle à perpétuité lorsqu'elle a entraîné la mort de la victime sans intention de la donner.**

Les deux premiers alinéas de l'article 132-23 relatif à la période de sûreté sont applicables à l'infraction prévue par le présent article. — *Pr. pén. 2-1 s., 689-2 s., 689-5, 689-7.*

Caractérise des actes de torture et de barbarie ayant entraîné la mort sans intention de la donner le fait d'avoir, au cours d'une séance de désenvoûtement, pendant plus de cinq heures, flagellé de manière répétée les pieds de la victime, de l'avoir obligée à ingurgiter une grande quantité d'eau salée, de lui avoir serré la gorge avec vigueur, de lui avoir enfoncé une serviette dans la bouche et de l'avoir contrainte à plusieurs reprises à plonger la tête dans une bassine d'eau, sans se préoccuper de ses cris, de ses plaintes ou de ses souffrances, sans s'inquiéter davantage du sang qui coulait de sa bouche et de son nez, ni de son visage qui devenait bleu, la mort ayant été le résultat d'une ingestion massive d'eau salée ; il n'importe que, aux dires de l'accusé, compte tenu de ses convictions religieuses, ces souffrances aient été infligées, non à la victime, mais au « démon logé en elle », le mobile ne pouvant ôter à de tels actes leur caractère d'actes de torture et de barbarie. • Crim. 3 sept. 1996 : *Dr. pénal 1997. 4, obs. Véron ; Gaz. Pal. 1997. 1, chron. crim. 20.*

Art. 222-6-1 *(L. n° 2009-526 du 12 mai 2009, art. 124-I)* **« Les personnes morales déclarées responsables pénalement, dans les conditions prévues par l'article 121-2, des infractions définies au présent paragraphe encourent, outre l'amende suivant les modalités prévues par l'article 131-38, les peines prévues par l'article 131-39. »**

(L. n° 2001-504 du 12 juin 2001) **L'interdiction mentionnée au 2° de l'article 131-39 porte sur l'activité dans l'exercice ou à l'occasion de l'exercice de laquelle l'infraction a été commise.**

V. Décr. n° 87-916 du 9 nov. 1987 (D. et ALD 1987. 441) portant publication de la convention contre la torture et autres peines ou traitements cruels, inhumains ou dégradants, adoptée à New York le 10 déc. 1984 ; Décr. n° 89-283 du 2 mai 1989 (D. et ALD 1989. 165) portant publication de la convention européenne pour la prévention de la torture et des peines ou traitements inhumains ou dégradants (ensemble une annexe), faite à Strasbourg le 26 nov. 1987 ; Circ. du 25 mars 1996 (JO 27 mars) et Circ. du 8 mars 2000 (JO 9 mars) relatives à la mise en œuvre de la convention européenne pour la prévention de la torture.

Art. 222-6-2 *(L. n° 2004-204 du 9 mars 2004, art. 12-V)* **Toute personne qui a tenté de commettre les crimes prévus par le présent paragraphe est exempte de peine si, ayant averti l'autorité administrative ou judiciaire, elle a permis d'éviter la réalisation de l'infraction et d'identifier, le cas échéant, les autres auteurs ou complices.**

La peine privative de liberté encourue par l'auteur ou le complice d'un des crimes prévus au présent paragraphe est réduite de moitié si, ayant averti l'autorité administrative ou judiciaire, il a permis de faire cesser l'infraction ou d'éviter que l'infraction n'entraîne mort d'homme ou infirmité permanente et d'identifier, le cas échéant, les autres auteurs ou complices. Lorsque la peine encourue est la réclusion criminelle à perpétuité, celle-ci est ramenée à vingt ans de réclusion criminelle.

Art. 222-6-3 *(L. n° 2010-769 du 9 juill. 2010, art. 33-IV)* **Dans le cas où le crime prévu par le 6° *bis* de l'article 222-3 est commis à l'étranger à l'encontre d'une personne résidant habituellement sur le territoire français, la loi française est applicable par dérogation aux dispositions de l'article 113-7.**

Art. 222-6-4 *(L. n° 2020-936 du 30 juill. 2020, art. 24)* **Le fait de faire à une personne des offres ou des promesses ou de lui proposer des dons, présents ou avantages quelconques afin qu'elle commette, y compris hors du territoire national, un des crimes prévus par le présent paragraphe est puni, lorsque ce crime n'a été ni commis, ni tenté, de dix ans d'emprisonnement et de 150 000 € d'amende.**

§ 2 DES VIOLENCES

RÉP. PÉN. v° *Violences volontaires*, par MAYAUD.

BIBL. ▶ LABBÉE, *D. 2009. 2814* (le ministre et les violences dans le couple). – BOUCHARD, *RPDP 2012. 19* (de la lutte contre les violences). – LIBCHABER, *D. 2012. 2044* (circoncision, pluralisme et droits de l'homme). – AMBROISE-CASTÉROT, *D. 2013. Chron. 1846* (les infractions parentales). – PARTOUCHE, *RSC 2014. 759* (tentative et violences volontaires dans la jurisprudence contemporaine). – CLAVERIE-ROUSSET, *Dr. pénal 2018. Étude 23* (commentaire des principales dispositions de la L. n° 2018-703 du 3 août 2018 renforçant la lutte contre les violences sexuelles ou sexistes). – SAENKO et DETRAZ, *D. 2018. Chron. 2031* (la L. n° 2018-703 du 3 août 2018 renforçant la lutte contre les violences sexuelles et sexistes : les femmes et les enfants d'abord !). – LAGOUTTE, *Dr. pénal 2019. Étude 18* (l'arbre qui cache la forêt. Commentaire de la loi du 10 juillet 2019 relative à l'interdiction des violences éducatives ordinaires).

Art. 222-7 Les violences ayant entraîné la mort sans intention de la donner sont punies de quinze ans de réclusion criminelle. – *Pén. 421-1 ; Pr. pén. 2-1 s., 689-3, 689-5, 689-7 ; Civ. 21-8.*

En cas de violences lors de manifestations, V. CSI, art. L. 211-1 s., ss. art. 431-12.

Pour la sanction des violences commises dans un aéronef ou un aéroport, V. C. aviat., art. L. 322-5 [devenu C. transp., art. L. 6433-2].

V. notes ss. art. 222-13.

Art. 222-8 L'infraction définie à l'article 222-7 est punie de vingt ans de réclusion criminelle lorsqu'elle est commise :

1° Sur un mineur de quinze ans ;

2° Sur une personne dont la particulière vulnérabilité, due à son âge, à une maladie, à une infirmité, à une déficience physique ou psychique ou à un état de grossesse, est apparente ou connue de son auteur ;

3° Sur un ascendant légitime ou naturel ou sur les père ou mère adoptifs ;

4° *(L. n° 2003-239 du 18 mars 2003, art. 60)* « Sur un magistrat, un juré, un avocat, un officier public ou ministériel, *(L. n° 2010-930 du 9 août 2010)* « un membre ou un agent de la Cour pénale internationale, » un militaire de la gendarmerie nationale, un fonctionnaire de la police nationale, des douanes, de l'administration pénitentiaire ou toute autre personne dépositaire de l'autorité publique, un sapeur-pompier professionnel ou volontaire, un gardien assermenté d'immeubles ou de groupes d'immeubles ou un agent exerçant pour le compte d'un bailleur des fonctions de gardiennage ou de surveillance des immeubles à usage d'habitation en application de l'article L. 127-1 du code de la construction et de l'habitation, dans l'exercice ou du fait de ses fonctions, lorsque la qualité de la victime est apparente ou connue de l'auteur ;

« 4° *bis* » *(L. n° 2010-201 du 2 mars 2010, art. 11-I)* « Sur un enseignant ou tout membre des personnels travaillant dans les établissements d'enseignement scolaire, sur un agent d'un exploitant de réseau de transport public de voyageurs ou toute personne chargée d'une mission de service public, ainsi que sur un professionnel de santé, dans l'exercice ou du fait de ses fonctions, lorsque la qualité de la victime est apparente ou connue de l'auteur ; »

(L. n° 2003-239 du 18 mars 2003, art. 60) « 4° *ter* » *(L. n° 2010-201 du 2 mars 2010, art. 11-I)* « Sur le conjoint, les ascendants ou les descendants en ligne directe ou sur toute autre personne vivant habituellement au domicile des personnes mentionnées aux 4° et 4° *bis*, en raison des fonctions exercées par ces dernières ; »

5° Sur un témoin, une victime ou une partie civile, soit pour l'empêcher de dénoncer les faits, de porter plainte ou de déposer en justice, soit en raison de sa dénonciation *(L. n° 2010-930 du 9 août 2010)* « ou de sa plainte, soit à cause de sa déposition devant une juridiction nationale ou devant la Cour pénale internationale » ;

(Abrogé par L. n° 2017-86 du 27 janv. 2017, art. 171) « *(L. n° 2003-88 du 3 févr. 2003)* « ***5° bis A raison de l'appartenance ou de la non-appartenance, vraie ou supposée, de la victime à une ethnie, une nation, une race ou une religion déterminée ;*** »

« *(L. n° 2003-239 du 18 mars 2003, art. 47)* « ***5° ter A raison de l'orientation*** *(L. n° 2012-954 du 6 août 2012, art. 4)* « ***ou identité*** » ***sexuelle de la victime*** » ; »

(L. n° 2016-444 du 13 avr. 2016, art. 11) « 5° *quater* Sur une personne qui se livre à la prostitution, y compris de façon occasionnelle, si les faits sont commis dans l'exercice de cette activité ; »

6° Par le conjoint ou le concubin de la victime *(L. n° 2006-399 du 4 avr. 2006, art. 8)* « ou le partenaire lié à la victime par un pacte civil de solidarité » ;

(L. n° 2010-769 du 9 juill. 2010, art. 33-V) « 6° *bis* Contre une personne afin de la contraindre à contracter un mariage ou à conclure une union ou en raison de son refus de contracter ce mariage ou cette union ; »

7° Par une personne dépositaire de l'autorité publique ou chargée d'une mission de service public dans l'exercice ou à l'occasion de l'exercice de ses fonctions ou de sa mission ;

8° Par plusieurs personnes agissant en qualité d'auteur ou de complice ;

9° Avec préméditation *(L. n° 2007-297 du 5 mars 2007, art. 44)* « ou avec guet-apens » ; – *Pén. 132-71-1 et 132-72.*

10° Avec usage ou menace d'une arme. – *Pén. 132-75.*

(L. n° 2018-703 du 3 août 2018, art. 13) « La peine encourue est portée à trente ans de réclusion criminelle lorsque l'infraction définie à l'article 222-7 est commise :

« a) Sur un mineur de quinze ans par un ascendant légitime, naturel ou adoptif ou par toute autre personne ayant autorité sur le mineur ;

« b) Alors qu'un mineur assiste aux faits et que ceux-ci sont commis par le conjoint ou le concubin de la victime ou le partenaire lié à la victime par un pacte civil de solidarité ou, si la victime est mineure, par un ascendant légitime, naturel ou adoptif ou par toute autre personne ayant autorité sur le mineur victime. » – *NDLR : cette circonstance aggravante a été ajoutée par la L. n° 2018-703 du 3 août 2018.*

Les deux premiers alinéas de l'article 132-23 relatif à la période de sûreté sont applicables aux infractions prévues par le présent article. – *Pr. pén. 2-1 s., 689-3, 689-5, 689-7 ; Discipl. et pén. mar. march. 42, 58.*

V. notes ss. art. 222-13.

Art. 222-9 Les violences ayant entraîné une mutilation ou une infirmité permanente sont punies de dix ans d'emprisonnement et de 150 000 € d'amende. – *Pr. pén. 2-1 s., 8, 689-3, 689-5, 689-7.*

V. notes ss. art. 222-13.

Art. 222-10 L'infraction définie à l'article 222-9 est punie de quinze ans de réclusion criminelle lorsqu'elle est commise :

1° Sur un mineur de quinze ans ;

2° Sur une personne dont la particulière vulnérabilité, due à son âge, à une maladie, à une infirmité, à une déficience physique ou psychique ou à un état de grossesse, est apparente ou connue de son auteur ;

3° Sur un ascendant légitime ou naturel ou sur les père ou mère adoptifs ;

4° *(L. n° 2003-239 du 18 mars 2003, art. 60)* « Sur un magistrat, un juré, un avocat, un officier public ou ministériel, *(L. n° 2010-930 du 9 août 2010)* « un membre ou un agent de la Cour pénale internationale, » un militaire de la gendarmerie nationale, un fonctionnaire de la police nationale, des douanes, de l'administration pénitentiaire ou toute autre personne dépositaire de l'autorité publique, un sapeur-pompier professionnel ou volontaire, un gardien assermenté d'immeubles ou de groupes d'immeubles ou un agent exerçant pour le compte d'un bailleur des fonctions de gardiennage ou de surveillance des immeubles à usage d'habitation en application de l'article L. 127-1 du code de la construction et de l'habitation, dans l'exercice ou du fait de ses fonctions, lorsque la qualité de la victime est apparente ou connue de l'auteur ;

« 4° *bis* » *(L. n° 2010-201 du 2 mars 2010, art. 11-I)* « Sur un enseignant ou tout membre des personnels travaillant dans les établissements d'enseignement scolaire, sur un agent d'un exploitant de réseau de transport public de voyageurs ou toute personne chargée d'une mission de service public, ainsi que sur un professionnel de santé, dans l'exercice ou du fait de ses fonctions, lorsque la qualité de la victime est apparente ou connue de l'auteur ; »

(L. n° 2003-239 du 18 mars 2003, art. 60) « 4° *ter* » *(L. n° 2010-201 du 2 mars 2010, art. 11-I)* « Sur le conjoint, les ascendants ou les descendants en ligne directe ou sur toute autre personne vivant habituellement au domicile des personnes mentionnées aux 4° et 4° *bis*, en raison des fonctions exercées par ces dernières ; »

5° Sur un témoin, une victime ou une partie civile, soit pour l'empêcher de dénoncer les faits, de porter plainte ou de déposer en justice, soit en raison de sa dénonciation *(L. n° 2010-930 du 9 août 2010)* « ou de sa plainte, soit à cause de sa déposition devant une juridiction nationale ou devant la Cour pénale internationale ; »

(Abrogé par L. n° 2017-86 du 27 janv. 2017, art. 171) « *(L. n° 2003-88 du 3 févr. 2003)* « *5° bis A raison de l'appartenance ou de la non-appartenance, vraie ou supposée, de la victime à une ethnie, une nation, une race ou une religion déterminée ;* »

« *(L. n° 2003-239 du 18 mars 2003, art. 47)* « *5° ter A raison de l'orientation (L. n° 2012-954 du 6 août 2012, art. 4) « ou identité » sexuelle de la victime » ;* »

(L. n° 2016-444 du 13 avr. 2016, art. 11) **« 5° *quater* Sur une personne qui se livre à la prostitution, y compris de façon occasionnelle, si les faits sont commis dans l'exercice de cette activité ; »**

6° Par le conjoint ou le concubin de la victime *(L. n° 2006-399 du 4 avr. 2006, art. 8)* **« ou le partenaire lié à la victime par un pacte civil de solidarité » ;**

(L. n° 2010-769 du 9 juill. 2010, art. 33-V) **« 6° *bis* Contre une personne afin de la contraindre à contracter un mariage ou à conclure une union ou en raison de son refus de contracter ce mariage ou cette union ; »**

7° Par une personne dépositaire de l'autorité publique ou chargée d'une mission de service public dans l'exercice ou à l'occasion de l'exercice de ses fonctions ou de sa mission ;

8° Par plusieurs personnes agissant en qualité d'auteur ou de complice ;

9° Avec préméditation *(L. n° 2007-297 du 5 mars 2007, art. 44)* **« ou avec guet-apens » ;** — *Pén. 132-71-1 et 132-72.*

10° Avec usage ou menace d'une arme. — *Pén. 132-75.*

(L. n° 2018-703 du 3 août 2018, art. 13) **« La peine encourue est portée à vingt ans de réclusion criminelle lorsque l'infraction définie à l'article 222-9 est commise :**

« a) Sur un mineur de quinze ans par un ascendant légitime, naturel ou adoptif ou par toute autre personne ayant autorité sur le mineur ;

« b) Alors qu'un mineur assiste aux faits et que ceux-ci sont commis par le conjoint ou le concubin de la victime ou le partenaire lié à la victime par un pacte civil de solidarité ou, si la victime est mineure, par un ascendant légitime, naturel ou adoptif ou par toute autre personne ayant autorité sur le mineur victime. » — *NDLR : cette circonstance aggravante a été ajoutée par la L. n° 2018-703 du 3 août 2018.*

Les deux premiers alinéas de l'article 132-23 relatif à la période de sûreté sont applicables aux infractions prévues par le présent article. — *Pr. pén. 2-1 s., 689-3, 689-5, 689-7 ; Discipl. et pén. mar. march. 42, 58.*

V. notes ss. art. 222-13.

Art. 222-11 **Les violences ayant entraîné une incapacité totale de travail pendant plus de huit jours sont punies de trois ans d'emprisonnement et de 45 000 € d'amende.** — *Pr. pén. 2-1 s., 8, 398-1, 689-5.*

BIBL. ► CHARIOT, TEDLAOUTI et DEBOUT, *AJ pénal 2006. 300* (l'incapacité totale de travail et la victime de violences).

V. notes ss. art. 222-13.

Art. 222-12 **L'infraction définie à l'article 222-11 est punie de cinq ans d'emprisonnement et de 75 000 € d'amende lorsqu'elle est commise :**

1° Sur un mineur de quinze ans ; — *Pr. pén. 689-3, 689-7.*

2° Sur une personne dont la particulière vulnérabilité, due à son âge, à une maladie, à une infirmité, à une déficience physique ou psychique ou à un état de grossesse, est apparente ou connue de son auteur ;

3° Sur un ascendant légitime ou naturel ou sur les père ou mère adoptifs ;

4° *(L. n° 2003-239 du 18 mars 2003, art. 60)* **« Sur un magistrat, un juré, un avocat, un officier public ou ministériel,** *(L. n° 2010-930 du 9 août 2010)* **« un membre ou un agent de la Cour pénale internationale, » un militaire de la gendarmerie nationale, un fonctionnaire de la police nationale, des douanes, de l'administration pénitentiaire ou toute autre personne dépositaire de l'autorité publique, un sapeur-pompier professionnel ou volontaire, un gardien assermenté d'immeubles ou de groupes d'immeubles ou un agent exerçant pour le compte d'un bailleur des fonctions de gardiennage ou de surveillance des immeubles à usage d'habitation en application de l'article L. 127-1 du code de la construction et de l'habitation, dans l'exercice ou du fait de ses fonctions, lorsque la qualité de la victime est apparente ou connue de l'auteur ;**

« 4° *bis* » *(L. n° 2010-201 du 2 mars 2010, art. 11-I)* **« Sur un enseignant ou tout membre des personnels travaillant dans les établissements d'enseignement scolaire, sur un agent d'un exploitant de réseau de transport public de voyageurs ou toute personne chargée d'une mission de service public, ainsi que sur un professionnel de santé, dans**

l'exercice ou du fait de ses fonctions, lorsque la qualité de la victime est apparente ou connue de l'auteur ; »

(L. n° 2003-239 du 18 mars 2003, art. 60) « 4° *ter* » *(L. n° 2010-201 du 2 mars 2010, art. 11-I)* « Sur le conjoint, les ascendants ou les descendants en ligne directe ou sur toute autre personne vivant habituellement au domicile des personnes mentionnées aux 4° et 4° *bis*, en raison des fonctions exercées par ces dernières ; »

5° Sur un témoin, une victime ou une partie civile, soit pour l'empêcher de dénoncer les faits, de porter plainte ou de déposer en justice, soit en raison de sa dénonciation *(L. n° 2010-930 du 9 août 2010)* « ou de sa plainte, soit à cause de sa déposition devant une juridiction nationale ou devant la Cour pénale internationale » ;

(Abrogé par L. n° 2017-86 du 27 janv. 2017, art. 171) « *(L. n° 2003-88 du 3 févr. 2003)* « *5° bis A raison de l'appartenance ou de la non-appartenance, vraie ou supposée, de la victime à une ethnie, une nation, une race ou une religion déterminée ;* »

« *(L. n° 2003-239 du 18 mars 2003, art. 47)* « *5° ter A raison de l'orientation* *(L. n° 2012-954 du 6 août 2012, art. 4)* « *ou identité* » *sexuelle de la victime* » ; »

(L. n° 2016-444 du 13 avr. 2016, art. 11) « 5° *quater* Sur une personne qui se livre à la prostitution, y compris de façon occasionnelle, si les faits sont commis dans l'exercice de cette activité ; »

6° Par le conjoint ou le concubin de la victime *(L. n° 2006-399 du 4 avr. 2006, art. 8)* « ou le partenaire lié à la victime par un pacte civil de solidarité » ;

(L. n° 2010-769 du 9 juill. 2010, art. 33-VI) « 6° *bis* Contre une personne, en raison de son refus de contracter un mariage ou de conclure une union ou afin de la contraindre à contracter un mariage ou à conclure une union ; »

7° Par une personne dépositaire de l'autorité publique ou chargée d'une mission de service public dans l'exercice ou à l'occasion de l'exercice de ses fonctions ou de sa mission ;

8° Par plusieurs personnes agissant en qualité d'auteur ou de complice ;

9° Avec préméditation *(L. n° 2007-297 du 5 mars 2007, art. 44)* « ou avec guet-apens » ; — *Pén. 132-71-1 et 132-72.*

10° Avec usage ou menace d'une arme ; — *Pén. 132-75.*

(L. n° 2007-297 du 5 mars 2007, art. 48) « 11° Dans des établissements d'enseignement ou d'éducation ou dans les locaux de l'administration, ainsi que, lors des entrées ou sorties des élèves ou du public ou dans un temps très voisin de celles-ci, aux abords de ces établissements ou locaux ; »

(L. n° 2002-1138 du 9 sept. 2002, art. 25) « 12° Par un majeur agissant avec l'aide ou l'assistance d'un mineur ; »

(L. n° 2003-239 du 18 mars 2003, art. 78) « 13° Dans un moyen de transport collectif de voyageurs ou dans un lieu destiné à l'accès à un moyen de transport collectif de voyageurs ; »

(L. n° 2007-297 du 5 mars 2007, art. 54) « 14° Par une personne agissant en état d'ivresse manifeste ou sous l'emprise manifeste de produits stupéfiants » ;

(L. n° 2010-201 du 2 mars 2010, art. 3) « 15° Par une personne dissimulant volontairement en tout ou partie son visage afin de ne pas être identifiée. »

(L. n° 2018-703 du 3 août 2018, art. 13) « Les peines encourues sont portées à dix ans d'emprisonnement et à 150 000 euros d'amende lorsque l'infraction définie à l'article 222-11 est commise :

« a) Sur un mineur de quinze ans par un ascendant légitime, naturel ou adoptif ou par toute autre personne ayant autorité sur le mineur ;

« b) Alors qu'un mineur assiste aux faits et que ceux-ci sont commis par le conjoint ou le concubin de la victime ou le partenaire lié à la victime par un pacte civil de solidarité ou, si la victime est mineure, par un ascendant légitime, naturel ou adoptif ou par toute autre personne ayant autorité sur le mineur victime. » — *NDLR : cette circonstance aggravante a été ajoutée par la L. n° 2018-703 du 3 août 2018.*

(L. n° 96-647 du 22 juill. 1996) « Les peines sont portées à sept ans d'emprisonnement et 100 000 € d'amende lorsque cette infraction est commise dans deux des circonstances prévues aux *(L. n° 2003-239 du 18 mars 2003, art. 78)* « 1° et suivants *[ancienne rédaction : 1° à 12°]* » du présent article. Les peines sont portées à dix ans d'emprisonnement et 150 000 € d'amende lorsqu'elle est commise dans trois de ces circonstances. »

Les deux premiers alinéas de l'article 132-23 relatif à la période de sûreté sont applicables *(L. n° 96-647 du 22 juill. 1996)* « aux infractions » *(L. n° 2018-703 du 3 août 2018, art. 13)* « prévues au présent article lorsqu'elles sont punies de dix ans d'emprisonnement ». – *Pr. pén. 2-1 s., 8, 398-1, 689-5 ; Discipl. et pén. mar. march. 42, 58.*

V. notes ss. art. 222-13.

Art. 222-13 *(L. n° 96-647 du 22 juill. 1996)* « Les violences ayant entraîné une incapacité de travail inférieure ou égale à huit jours ou n'ayant entraîné aucune incapacité de travail » sont punies de trois ans d'emprisonnement et de 45 000 € d'amende lorsqu'elles sont commises :

1° Sur un mineur de quinze ans ;

2° Sur une personne dont la particulière vulnérabilité, due à son âge, à une maladie, à une infirmité, à une déficience physique ou psychique ou à un état de grossesse, est apparente ou connue de leur auteur ;

3° Sur un ascendant légitime ou naturel ou sur les père ou mère adoptifs ;

4° *(L. n° 2003-239 du 18 mars 2003, art. 60)* « Sur un magistrat, un juré, un avocat, un officier public ou ministériel, *(L. n° 2010-930 du 9 août 2010)* « un membre ou un agent de la Cour pénale internationale, » un militaire de la gendarmerie nationale, un fonctionnaire de la police nationale, des douanes, de l'administration pénitentiaire ou toute autre personne dépositaire de l'autorité publique, un sapeur-pompier professionnel ou volontaire, un gardien assermenté d'immeubles ou de groupes d'immeubles ou un agent exerçant pour le compte d'un bailleur des fonctions de gardiennage ou de surveillance des immeubles à usage d'habitation en application de l'article L. 127-1 du code de la construction et de l'habitation, dans l'exercice ou du fait de ses fonctions, lorsque la qualité de la victime est apparente ou connue de l'auteur ;

« 4° *bis* *(L. n° 2010-201 du 2 mars 2010, art. 11-I)* « Sur un enseignant ou tout membre des personnels travaillant dans les établissements d'enseignement scolaire, sur un agent d'un exploitant de réseau de transport public de voyageurs ou toute personne chargée d'une mission de service public, ainsi que sur un professionnel de santé, dans l'exercice ou du fait de ses fonctions, lorsque la qualité de la victime est apparente ou connue de l'auteur ; »

(L. n° 2003-239 du 18 mars 2003, art. 60) « 4° *ter* » *(L. n° 2010-201 du 2 mars 2010, art. 11-I)* « Sur le conjoint, les ascendants ou les descendants en ligne directe ou sur toute autre personne vivant habituellement au domicile des personnes mentionnées aux 4° et 4° *bis*, en raison des fonctions exercées par ces dernières ; »

5° Sur un témoin, une victime ou une partie civile, soit pour l'empêcher de dénoncer les faits, de porter plainte ou de déposer en justice, soit en raison de sa dénonciation *(L. n° 2010-930 du 9 août 2010)* « ou de sa plainte, soit à cause de sa déposition devant une juridiction nationale ou devant la Cour pénale internationale » ;

(L. n° 2003-88 du 3 févr. 2003) « 5° *bis* A raison de l'appartenance ou de la non-appartenance, vraie ou supposée, de la victime à une ethnie, une nation, une *(L. n° 2017-86 du 27 janv. 2017, art. 171)* « prétendue race » ou une religion déterminée ; »

(L. n° 2017-86 du 27 janv. 2017, art. 171) « 5° *ter* A raison du sexe, de l'orientation sexuelle ou de l'identité de genre vraie ou supposée de la victime ; »

(L. n° 2016-444 du 13 avr. 2016, art. 11) « 5° *quater* Sur une personne qui se livre à la prostitution, y compris de façon occasionnelle, si les faits sont commis dans l'exercice de cette activité ; »

6° Par le conjoint ou le concubin de la victime *(L. n° 2006-399 du 4 avr. 2006, art. 8)* « ou le partenaire lié à la victime par un pacte civil de solidarité » ;

(L. n° 2010-769 du 9 juill. 2010, art. 33-VI) « 6° *bis* Contre une personne, en raison de son refus de contracter un mariage ou de conclure une union ou afin de la contraindre à contracter un mariage ou à conclure une union ; »

7° Par une personne dépositaire de l'autorité publique ou chargée d'une mission de service public dans l'exercice ou à l'occasion de l'exercice de ses fonctions ou de sa mission ;

8° Par plusieurs personnes agissant en qualité d'auteur ou de complice ;

9° Avec préméditation *(L. n° 2007-297 du 5 mars 2007, art. 44)* « ou avec guet-apens » ; – *Pén. 132-71-1 et 132-72.*

10° Avec usage ou menace d'une arme ; – *Pén. 132-75.*

(L. n° 2007-297 du 5 mars 2007, art. 48) « 11° Dans des établissements d'enseignement ou d'éducation ou dans les locaux de l'administration, ainsi que, lors des entrées ou sorties des élèves ou du public ou dans un temps très voisin de celles-ci, aux abords de ces établissements ou locaux ; »

(L. n° 2002-1138 du 9 sept. 2002, art. 25) « 12° Par un majeur agissant avec l'aide ou l'assistance d'un mineur ; »

(L. n° 2003-239 du 18 mars 2003, art. 78) « 13° Dans un moyen de transport collectif de voyageurs ou dans un lieu destiné à l'accès à un moyen de transport collectif de voyageurs ; »

(L. n° 2007-297 du 5 mars 2007, art. 54) « 14° Par une personne agissant en état d'ivresse manifeste ou sous l'emprise manifeste de produits stupéfiants » ;

(L. n° 2010-201 du 2 mars 2010, art. 3) « 15° Par une personne dissimulant volontairement en tout ou partie son visage afin de ne pas être identifiée. »

(L. n° 2018-703 du 3 août 2018, art. 13) « Les peines encourues sont portées à cinq ans d'emprisonnement et à 75 000 euros d'amende lorsque l'infraction définie au premier alinéa du présent article est commise :

« a) Sur un mineur de quinze ans par un ascendant légitime, naturel ou adoptif ou par toute autre personne ayant autorité sur le mineur ;

« b) Alors qu'un mineur assiste aux faits et que ceux-ci sont commis par le conjoint ou le concubin de la victime ou le partenaire lié à la victime par un pacte civil de solidarité ou, si la victime est mineure, par un ascendant légitime, naturel ou adoptif ou par toute autre personne ayant autorité sur le mineur victime. » – *NDLR : cette circonstance aggravante a été ajoutée par la L. n° 2018-703 du 3 août 2018.*

(L. n° 96-647 du 22 juill. 1996) « Les peines sont également portées à cinq ans d'emprisonnement et 75 000 € d'amende lorsque cette infraction, ayant entraîné une incapacité totale de travail inférieure ou égale à huit jours, est commise dans deux des circonstances prévues aux *(L. n° 2003-239 du 18 mars 2003, art. 78)* « 1° et suivants *[ancienne rédaction : 1° à 12°]* » du présent article. Les peines sont portées à sept ans d'emprisonnement et 100 000 € d'amende lorsqu'elle est commise dans trois de ces circonstances ». – *Pr. pén. 2-1 s., 8, 398-1, 689-5 ; Discipl. et pén. mar. march. 42, 58.*

***Corresp.** : C. pén., anciens art. 186, 198, 228 et 309 à 312.*

BIBL. ▸ VIAL, *Gaz. Pal. 2004. 1. Doctr. 1693* (violence dans les stades). – LIBCHABER, *D. 2012. Chron. 2044* (circoncision, pluralisme et droits de l'homme). – LAGARDE, *AJ pénal 2013. 311* (répression de la violence des supporters). – PARTOUCHE, *RSC 2013. 759* (tentative et violences volontaires dans la jurisprudence contemporaine). – ANCEL, *JCP G 2014, n° 918* (vers une évolution des mœurs ? A propos de la L. n° 2014-873 du 4 août 2014).

▸ **L. n° 2006-399 du 4 avr. 2006 :** REBOURG, *JCP 2006. Actu. n° 173.* – VIRIOT-BARIAL, *D. 2006. Chron. 2350*. – BONFILS et VERGÈS, *RSC 2007. 337*. – VIEVILLE-MIRAVETE, *Dr. pénal 2009. Étude 4* (circonstance aggravante d' « ex » en matière de violences au sein du couple).

▸ **Dossier :** Les violences familiales : aide aux victimes et répression, *AJ pénal 2014. 207 s.* : ALIX, *AJ pénal 2014. 208* (dispositif français de protection des victimes de violences conjugales). – DOUVRELEUR, *AJ pénal 2014. 212* (mise en place d'une politique pénale régionale de lutte contre les violences familiales : l'exemple de la région parisienne). – LAUFERON, *AJ pénal 2014. 215* (place des associations dans la lutte contre les violences familiales). – HERZOG-EVANS, *AJ pénal 2014. 217* (violence dite « domestique » : une responsabilité sociétale et peu de perspectives de traitement). – ALLEGREZZA, *AJ pénal 2014. 222* (protection pénale des victimes en Italie).

PLAN DES ANNOTATIONS

I. VIOLENCES

A. MATÉRIALITÉ

1. Constatation. Encourt la cassation l'arrêt qui omet d'indiquer les faits constitutifs du délit de coups et blessures volontaires et se borne à constater ce délit dans les termes de la loi. • Crim. 22 nov. 1955 : *Bull. crim. n° 505* • 17 déc. 1957 : *ibid. n° 844.*

2. Acte positif. On ne saurait comprendre un délit de violences ou de voies de fait sans violences effectives, et, même si certains jurisconsultes pensent qu'un délit d'omission peut quelquefois y suppléer, ce n'est qu'autant que cette omission porte sur un devoir incombant juridiquement à son auteur. • Poitiers, 20 nov. 1901 : *D. 1902. 2. 81, note Le Poittevin ; S. 1902. 2. 305, note Hémard.* ♦ Rappr. : • Agen, 6 mars 1952 : *JCP 1953. II. 7645.*

3. Pour déclarer le prévenu, maire d'une commune, coupable de violences volontaires, l'arrêt attaqué énonce que le fait, pour la victime, employée municipale, d'avoir été mise dans l'impossibilité, entre avr. et juill. 2001, d'utiliser le matériel informatique du service de l'habitat où elle avait été temporairement affectée à des tâches de secrétariat, ainsi que l'attribution, en oct. 2001, d'un nouveau poste au sein du service de l'assainissement dont les bureaux se trouvaient à la station d'épuration, sont constitutifs d'actes positifs qui ont été sciemment commis par le prévenu avec la prévision qu'il en résulterait une atteinte à la personne de l'intéressée, laquelle a subi une décompensation dépressive ayant entraîné une incapacité totale de travail supérieure à huit jours ; mais en se déterminant ainsi, sans répondre aux conclusions du prévenu, qui faisait valoir que l'ordinateur initialement attribué à la victime pouvait lui permettre d'accomplir son travail de secrétariat et que l'envoi ultérieur en réparation de cet appareil trouvait sa justification dans la nécessité où la commune s'était trouvée de faire réviser l'ensemble des matériels informatiques à la suite de dégradations commises par l'équipe municipale précédente, la cour d'appel, à qui il appartenait, en outre, de rechercher si la décision de mutation interne sans formalité, ne s'accompagnant ni d'un changement de résidence ni d'une modification administrative de la situation de l'agent concerné et relevant des pouvoirs propres du maire, pouvait, à elle seule, constituer un acte positif entrant dans les prévisions de l'art. 222-11 C. pén., n'a pas justifié sa décision. • Crim. 19 juin 2007 : *RPDP 2007. 902, obs. Saint-Pau.*

4. Atteinte physique. Le prévenu qui a lancé un chien contre un tiers pour le mordre, a commis, alors qu'il est constaté que ces morsures ont entraîné pour la victime une incapacité totale de plus de huit jours, non la contravention prévue par l'art. R. 30-7° C. pén. (nouvel art. R. 623-3 : excitation d'animaux dangereux), mais le délit puni par l'art. 309 dudit code, l'animal n'ayant été alors qu'un instrument ayant servi à causer des blessures volontaires. • Crim. 7 avr. 1967, n° 90-74.266 P : *D. 1967. 601 ; JCP 1968. II. 15366, note Volff.* ♦ V. aussi ci-dessous, « Circonstances aggravantes » (usage ou menace d'une arme, notes 146 s.).

5. Ne commet pas le délit de coups et blessures volontaires ou violences, même légères, le médecin commis par un juge d'instruction qui pratique sur un inculpé une piqûre de penthotal, alors que le patient a accepté de la subir, et que cette piqûre ne lui a causé aucune douleur appréciable, ni ne pouvait nuire à sa santé. • T. corr. Seine, 23 févr. 1949 : *S. 1950. 2. 149, note Légal ; JCP 1949. II. 4786, note R.V.*

6. On ne peut pas qualifier de violences volontaires commises par un enseignant, dans le cadre d'une intervention de sa responsabilité pour faire cesser avec l'autorité physique nécessaire un chahut, une dispute, une chamaillerie, voire une bagarre ou des faits plus graves encore, le simple fait de saisir la poignée du cartable que porte l'élève ; tous les enseignants, notamment ceux des petites classes, savent que ce geste peut permettre de faire cesser des actes d'indisciplines sérieux sans avoir à toucher physiquement l'élève ; cette manière de procéder, qui permet donc de ne pas toucher l'élève physiquement, ne saurait dès lors être assimilée, seule et sans autres circonstances démontrant la volonté de l'adulte d'agresser l'élève, à une violence volontaire sur cet élève. • Versailles, 16 juin 2003 : *RSC 2004. 87, obs. Mayaud*.

7. Choc émotif. En visant les violences et voies de fait exercées volontairement, le législateur a entendu réprimer notamment celles qui, sans atteindre matériellement la personne, sont cependant de nature à provoquer une sérieuse émotion. • Crim. 19 févr. 1892 : *DP 1892. 1. 550* • 22 oct. 1936 : *Bull. crim. n° 97 ; DH 1937. 38* • 16 déc. 1953 : *D. 1954. 129* • 3 janv. 1969, n° 91-28.868 P : *D. 1969. 152 ; JCP 1969. II. 15791 ; Gaz. Pal. 1969. 1. 249* • 14 oct. 1970, n° 93-19.569 P : *D. 1970. 774* • 7 mars 1972, n° 91-30.371 P : *Gaz. Pal. 1972. 1. 450* • 18 févr. 1976, n° 75-92.403 P : *Gaz. Pal. 1976. 1. 330 ; RSC 1976. 967, obs. Levasseur.* ♦ Le délit de violences peut être constitué, en dehors de tout contact matériel avec le corps de la victime, par tout acte ou comportement de nature à causer sur la personne de celle-ci une atteinte à son intégrité physique ou psychique caractérisée par un choc émotif ou une perturbation psychologique. • Crim. 2 sept. 2005, n° 04-87.046 P : *D. 2005. Pan. 2989, obs. Garé ; RSC 2006. 69, obs. Mayaud*. ♦ Le délit de violences est constitué, même sans atteinte physique de la victime, par tout acte de nature à impressionner vivement celle-ci et à lui causer un choc émotif. • Crim. 18 mars 2008, n° 07-86.075 P : *D. 2008. AJ 1414 ; ibid. 2009. Pan. 127, obs. Mirabail ; RSC 2008. 587, obs. Mayaud ; AJ pénal 2008. 283, obs. Roussel ; Dr. pénal 2008. Comm. 84, obs. Véron ; Gaz. Pal. 3-4 sept. 2008. 13, note Desprez.* ♦ Même solution pour les violences légères (art. R. 38-1° C. pén. ; nouvel art. R. 624-1). • Crim. 8 janv. 1974 : *Gaz. Pal. 1974. 1. 190.* ♦ ... Pour les violences envers les dépositaires de l'autorité et de la force publique (ancien art. 228 C. pén.). • Crim. 14 janv. 1949 : *Bull. crim. n° 17 ; S. 1949. 1. 53* • 2 mai 1952 : *Bull. crim. n° 117* • 8 mai 1952 : *ibid. n° 128* • 18 nov. 1970 : *ibid. n° 303 ; D. 1971. 70 ; JCP 1971. II. 16719 ; Gaz. Pal. 1971. 1. 65* • 26 nov. 1970, n° 93-43.869 P : *D. 1971. Somm. 64* • 4 févr. 1971, n° 91-78.270 P : *JCP 1972. II. 17272, note Koering-Joulin ; Gaz. Pal. 1971. 1. 252.*

8. Il n'est nullement nécessaire que le choc émotionnel subi par la victime soit concomitant avec les faits pour qu'il y ait délit de violences volontaires ; ainsi du choc ressenti par une jeune femme après qu'elle eut découvert que le prévenu avait filmé ses dessous en empruntant les escalators d'une galerie commerciale. • Douai, 1er mars 2006 : *Dr. pénal 2006. 138, obs. Véron.*

9. Ne donne pas de base légale à sa décision la cour d'appel qui, constatant qu'une personne, agissant faussement au nom d'un conseil général, a adressé à un quotidien une télécopie demandant la parution d'un avis faisant part du décès imaginaire d'un préfet, la déclare coupable de violences volontaires aggravées en se bornant à énoncer que la parution de l'avis de décès « n'a pu qu'impressionner la victime et provoquer en elle un choc ou un trouble psychologique », sans rechercher si la victime a eu connaissance de cet avis et si elle a effectivement subi une atteinte à son intégrité physique ou psychique. • Crim. 27 oct. 1999, n° 98-86.017 P : *Dr. pénal 2000. 30, obs. Véron ; RSC 2000. 396, obs. Mayaud*. ♦ Le délit de violences avec préméditation, s'il ne suppose pas un contact matériel avec le corps de la victime, est constitué par tout acte ou comportement de nature à causer sur la personne de celle-ci une atteinte à son intégrité physique ou psychique, caractérisée par un choc émotif ou une perturbation psychologique ; l'annonce du décès d'un préfet dans un quotidien et les vœux de repos éternel formulés trois semaines à peine après le décès de son prédécesseur, sont de nature à l'impressionner vivement malgré les critiques et les dangers auxquels il était exposé en raison des fonctions exercées ; le préfet en cause a eu immédiatement connaissance de cet avis et a subi un grand préjudice moral, c'est-à-dire une vive émotion, même si son emploi du temps de l'époque ne lui a pas permis de faire attester par certificat médical d'une atteinte à son intégrité psychique ; la vive émotion ainsi causée caractérise l'élément matériel du délit. • Toulouse, 26 juin 2003 : *D. 2003. IR 2728* (sur renvoi de • Crim. 27 oct. 1999 : *préc.*).

10. Même dans son expression la plus dématérialisée (envoi de lettres anonymes, persécutions téléphoniques), le délit de violences suppose un acte positif sciemment commis avec la prévision qu'il en résultera une atteinte à la personne d'autrui : l'agissement matériel incriminé ne peut se concevoir de manière autonome, indépendamment de tout rattachement à une ou plusieurs victimes. • TGI Paris, 8 mars 2000 : *D. 2000. 502, note Beignier*.

11. Caractérisent des violences punissables, propres à causer une vive impression sur autrui : le fait d'aborder, avec une pierre à la main et dans une attitude agressive, une petite fille, et de lui faire une proposition obscène. • Crim. 14 nov. 1931 : *Bull. crim. n° 258.* ♦ ... Le fait de menacer une personne avec un revolver. • Crim. 7 août 1934 : *DH 1934. 477.* ♦ ... Le fait de tirer des pétards pour effrayer une personne. • Crim. 3 janv. 1936 : *DH 1936. 150.* ♦ ... Des coups d'une extrême violence portés sous le plancher d'une chambre, dans le but de rendre la vie intenable à ses occupants. • Crim. 22 oct. 1936 : *préc. note 7.* ♦ ... L'exhibition d'un couteau de poche ouvert, lorsque les circonstances qui l'ont accompagnée, et notamment la nature des paroles prononcées, lui ont donné un caractère menaçant. • Crim. 9 mars 1944 : *Bull. crim. n° 69.* ♦ ... L'invasion en troupe du domicile d'un particulier, à l'occasion d'une manifestation. • Crim. 16 déc. 1953 : *préc. note 7.* ♦ ... Le comportement du prévenu de nature à inciter la victime, sous l'effet de la panique, à essayer de s'enfuir en sautant par une fenêtre. • Crim. 21 nov. 1988, n° 87-91.721 P : *RSC 1989. 320, obs. Levasseur.* ♦ ... L'envoi d'un colis d'excréments. • Crim. 8 nov. 1990 : *Dr. pénal 1991. 102.* ♦ ... L'envoi de quarante-cinq lettres anonymes, contenant toutes des croix gammées et des cercueils, ainsi que, pour certaines, des termes injurieux, parfois menaçants. • Crim. 13 juin 1991, n° 90-84.103 P : *RSC 1992. 74, obs. Levasseur.*

12. ... Les appels téléphoniques multiples et intempestifs, systématiquement réitérés dans le but de troubler l'existence de la personne appelée. • Crim. 3 janv. 1969 : *préc. note 7* • 14 oct. 1970 : *préc. note 7* • 18 févr. 1976 : *préc. note 7* • 7 mars 1990 : *Dr. pénal 1990. 290 ; RSC 1991. 80, obs. Levasseur.* ♦ Mais ne sauraient constituer des violences et voies de fait des appels téléphoniques abusifs n'ayant créé pour le plaignant qu'un dérangement, dès lors qu'il n'est pas allégué que la santé de l'intéressé s'en soit trouvée atteinte, ou qu'il ait éprouvé une émotion sérieuse ou violente. • Paris, 24 févr. 1972 : *D. 1972. Somm. 120 ; Gaz. Pal. 1972. 1. 260.* ♦ V. cependant ss. art. 222-16. ♦ A justifié sa décision, au regard des art. 309 ancien et 222-13 C. pén., la cour d'appel qui, pour retenir la culpabilité du prévenu, relève que la victime des courriers et appels téléphoniques malveillants a subi des perturbations du sommeil et des manifestations anxieuses entraînant un traumatisme psychologique, et ajoute que ces faits caractérisent l'infraction de violences avec préméditation, s'agissant d'un « comportement persécutoire » à l'égard de la victime. • Crim. 1er juin 1999 : *Gaz. Pal. 1999. 2, chron. crim. 142.* ♦ Constitue le délit de violences volontaires le fait de fréquenter un site de rencontres en usurpant l'identité d'une autre personne, en la dénigrant, et en laissant ses coordonnées téléphoniques à tous les utilisateurs du site, de sorte qu'elle reçoive de nombreux appels non sollicités et particulièrement perturbants (10 jours d'arrêt de travail). • TGI Carcassonne, 16 juin 2006 : *Gaz. Pal. 2006. 2. Somm. 3509, note Barbry et Dufief.*

13. Il résulte des pièces du dossier, spécialement des déclarations du prévenu et du destinataire de l'envoi, amis de longue date, que l'acte reproché, une lettre adressée à « M et Mme L..., 24 rue de L..., centre de dépistage de l'anthrax albigeois, 81000 Albi », s'inscrit dans un contexte de plaisanterie – quel qu'en soit le goût – habituellement pratiqué ; son contenu, anodin (photographies d'articles de presse représentant Oussama Ben Laden avec comme libellé « gloire à toi grand commandeur de la foi, sauve-nous de Mc Do ») et ne présentant aucun risque pour autrui, n'a pas entraîné d'investigations ou d'analyses ou de mesures particulières de précaution pour le centre de tri, qui reconnaît l'absence de retard dans l'exécution de sa mission à l'occasion de la découverte de cette correspondance ; en conséquence, n'est pas caractérisé l'élément matériel de l'infraction de violences volontaires. • Toulouse, 26 sept. 2002 : *D. 2002. IR 2987.*

14. A justifié sa décision la cour d'appel qui, pour déclarer le prévenu coupable de violence aggravée, énonce, par motifs propres, que le fait de projeter volontairement un objet solide, tel une pâtisserie, au visage d'une personne, et de l'atteindre, constitue par nature un acte de violence physique envers cette personne, et, par motifs adoptés, qu'au-delà de l'atteinte physique, cette violence est de nature à provoquer un choc émotif. • Crim. 9 juin 2004 : *Dr. pénal 2004. 173.*

15. Pour déclarer le prévenu coupable, notamment, de violences volontaires ayant entraîné une incapacité totale de travail pendant plus de huit jours avec usage ou menace d'une arme, l'arrêt attaqué énonce que lesdites violences, sans atteindre matériellement les victimes, à l'exception d'un médecin blessé aux jambes par une cantine métallique, ont été de nature à provoquer chez elles une sérieuse émotion, et ce quel que soit le mobile ayant inspiré le prévenu, et alors même qu'il n'avait pas voulu causer les dommages qui en sont résultés ; en l'état de ces énonciations, la cour d'appel a justifié sa décision, dès lors que, en reculant brutalement avec son véhicule afin de détruire les portes vitrées de l'entrée du service des urgences hospitalières, le prévenu avait nécessairement conscience des atteintes à l'intégrité physique ou psychique qui pouvaient en résulter pour les personnes présentes. • Crim. 16 févr. 2005 : *Dr. pénal 2005. 106 ; JCP 2006. I. 113, obs. Véron.*

16. Le prévenu a été poursuivi pour violences n'ayant entraîné aucune incapacité de travail, avec usage ou menace d'une arme, sur la personne de la victime ; requalifiant les faits, le tribunal l'a condamné pour dégradation ou détérioration grave de bien appartenant à autrui ; pour infirmer le jugement de ce chef et déclarer le prévenu coupable de violences aggravées, l'arrêt retient que ce dernier, qui circulait en automobile, prétextant qu'une jeune conductrice lui aurait fait un geste injurieux, l'a poursuivie, dépassée et contrainte à s'arrêter ; il est alors descendu de son véhicule avec une barre de fer à la main et il en a frappé l'arrière du véhicule de la victime ; celle-ci, effrayée, est repartie dès qu'elle a pu ; les juges ajoutent que le geste du prévenu était destiné à intimider et à faire peur à la conductrice ; en cet état, la cour d'appel a justifié sa décision ; en effet, le délit de violences est constitué, même sans atteinte physique de la victime, par tout acte de nature à impressionner vivement celle-ci et à lui causer un choc émotif. • Crim. 18 mars 2008 : *préc. note 7.*

17. Sur la circonstance aggravante de préméditation : V. note 138, « Préméditation ».

B. INTENTION

18. Indifférence aux mobiles. Les coups et blessures volontaires sont par leur nature, et quels qu'en soient les mobiles, des délits de droit commun. • Crim. 12 mars 1969, n° 92-60.768 P.

19. Indifférence au résultat atteint. Le délit de coups ou violences volontaires est constitué dès qu'il existe un acte volontaire de violence, quel que soit le mobile qui l'ait inspiré et alors même que son auteur n'aurait pas voulu causer le dommage qui en est résulté. • Crim. 3 janv. 1958 : *Bull. crim. n° 3* • 7 juin 1961 : *ibid. n° 290* • 21 oct. 1969 : *ibid. n° 258* • 29 nov. 1972 : *ibid. n° 368 ; Gaz. Pal. 1973. 1. 109* • 24 févr. 1976, n° 75-91.836 P. • 15 mars 1977 : *ibid. n° 94 ; JCP 1979. II. 19148, note Bonjean* • 5 févr. 1979, n° 78-91.704 P. • 21 nov. 1988 : *ibid. n° 392* • 30 mai 1989 : *Gaz. Pal. 1990. 1. Somm. 24* • 3 oct. 1991 : *Dr. pénal 1992. 57 ; Gaz. Pal. 1992. 1. Somm. 38 ; RSC 1992. 748, obs. Levasseur* • Nîmes, 3 mai 2001 : *Dr. pénal 2001. 140, obs. Véron.* ♦ ... L'auteur étant responsable non seulement des conséquences qu'il avait prévues et voulues, mais aussi de toutes celles qui ont pu se produire. • Civ. 2e, 15 déc. 1965 : *Bull. civ. II, n° 1021 ; D. 1966. 356 ; Gaz. Pal. 1966. 1. 240.* ♦ ... Tacle irrégulier au cours d'un match de football. • TGI Annecy, 9 oct. 1991 : *D. 1993. Somm. 337, obs. Mouly ; RSC 1994. 107, obs. Levasseur*.

20. Ainsi, lorsque, pour plaisanter, un ouvrier a appliqué l'extrémité d'un tuyau d'air comprimé sur le fondement d'un camarade, et que l'air éjecté, pénétrant dans l'anus de la victime à travers ses vêtements, a provoqué une lésion entraînant une incapacité de plus six mois, c'est à tort que la cour d'appel a disqualifié l'infraction et retenu le délit de blessures involontaires, alors que sont constatés tous les éléments légaux du délit prévu par l'art. 309 C. pén., et notamment le caractère volontaire de l'acte. • Crim. 7 juin 1961 : *préc. note 19.* ♦ Opposer • TGI Pontoise, 3 mai 1983 : *Gaz. Pal. 1985. 1. Somm. 88, note Doucet.*

21. Alors qu'il travaillait avec un apprenti sur un chantier, le prévenu qui utilisait une agrafeuse pneumatique l'a soudain appliquée contre le pantalon du jeune apprenti, déclenchant le tir d'une agrafe de 3, 5 millimètres et provoquant ainsi des blessures au sexe de la victime ; bien qu'il soutienne ne pas avoir agi intentionnellement, le prévenu doit être condamné pour violences volontaires commises avec usage d'une arme ; il résulte, en effet, du dossier que le prévenu reconnaît avoir voulu chahuter avec la victime ; son acte initial était donc volontaire ; d'ailleurs, selon une jurisprudence constante en matière de violences, le fait que le prévenu n'ait pas voulu le résultat importe peu, à partir du moment où il existe bien un acte volontaire au départ. • Chambéry, 16 déc. 2010 : *JCP G 2011, n° 406, obs. Gauvin.*

22. Le délit de coups et blessures volontaires prévu par l'art. 309 C. pén. est consommé dès lors que l'acte initial, même accompli par jeu ou plaisanterie, a été intentionnel, son résultat, voulu ou prévisible, étant une atteinte à l'intégrité de la victime ; il en est ainsi quand un agent de police blesse une jeune fille avec un revolver en voulant simplement lui faire peur. • Rouen, 7 janv. 1970 : *D. 1970. Somm. 76.*

23. Pour des coups ou violences volontaires par concubin dans le cadre d'une relation ludique ayant dégénéré. • Toulouse, 8 févr. 2001 : *JCP 2001. IV. 2071.* – V. ci-dessous, « Conjoint ou concubin », notes 129 s.

24. Dans l'accomplissement de son obligation légale, imposée par l'art. 63, al. 1er et 2, C. pén. (nouvel art. 223-6), d'empêcher une atteinte à l'intégrité corporelle d'autrui et de porter secours à une personne en péril, un passant commet le délit de blessures par imprudence lorsque, pour contraindre un enfant à lâcher la pierre dont il menace un camarade, il lui tord le bras si violemment qu'il lui cause une fracture ; réalisée à des fins légitimes, sans intention coupable ni recherche du résultat dommageable effectivement produit, une telle intervention brutale n'est pas constitutive du délit de coups et blessures volontaires. • Alger, 9 nov. 1953 : *D. 1954. 369, note Pageaud.*

25. Indifférence à la victime. La culpabilité prévue et punie par les art. 309 s. C. pén. consiste essentiellement dans la volonté de porter le coup qui a causé la mort ou une incapacité de travail plus ou moins prolongée ; elle est donc étrangère à l'individu qui a été frappé. • Crim. 7 avr. 1853 : *Bull. crim. n° 127 ; DP 1853. 1. 174.* ♦ Constitue une violence volontaire le fait d'occasionner des blessures à une personne autre que celle que l'auteur des violences voulait atteindre. • Crim. 13 janv. 1960 : *Bull. crim. n° 15* • 25 avr. 1977 : *ibid. n° 133* • 21 nov. 1984 : *ibid. n° 362.* ♦ Il n'importe que la victime n'ait pas été personnellement visée. • Crim. 30 mai 1989 : *Gaz. Pal. 1990. 1. Somm. 24.* ♦ L'erreur sur la personne n'a pas pour effet de faire disparaître les infractions d'homicide ou coups et blessures volontaires commises par celui qui a tiré un coup de fusil dans l'intention d'atteindre une personne qu'il croyait être un cambrioleur. • Montpellier, 12 févr. 1947 : *D. 1947. Somm. 22 ; Gaz. Pal. 1947. 1. 220.*

26. Référence à la volonté. L'acte de violence doit être intentionnel, c'est-à-dire conçu et exercé avec la conscience de sa brutalité et de son danger à l'égard des personnes, et la volonté cependant de le commettre ; or, en l'espèce, il apparaît que l'auteur de la publication litigieuse (reportage, accompagné de plusieurs photographies, consacré à un accident ayant provoqué la mort de plusieurs personnes) a agi, non pas avec le dessein délibéré de blesser les sentiments de détresse des familles endeuillées, ou la volonté d'accroître leur peine, mais au contraire dans l'indifférence de celle-ci, pour présenter à un large public, étranger à cette catastrophe, un cliché jugé particulièrement spectaculaire ; si ce comportement est susceptible de donner lieu à un débat, d'ordre éthique, sur les pratiques du photojournalisme, il ne saurait relever de la définition de l'acte de violence et de l'intention coupable telle qu'elle doit être strictement interprétée dans le cadre du délit de l'art. 222-13. • TGI Paris, 8 mars 2000 : *D. 2000. 502, note Beignier* .

27. Une patiente avait consulté un chirurgien en vue de l'ablation d'un kyste ovarien, et celui-ci, observant que cette patiente avait souffert d'embolies pulmonaires à l'occasion de deux grossesses antérieures, lui avait proposé de mettre l'intervention à profit pour réaliser une stérilisation tubaire, ce qu'il avait fait ; la patiente, à l'issue de la consultation, n'avait exprimé ni son consentement ni son refus, mais avait indiqué son refus au médecin chargé de la consultation préanesthésique ; pour condamner le prévenu pour violences ayant entraîné plus de huit jours d'incapacité totale de travail, suite à un syndrome dépressif de la victime, la cour d'appel a retenu l'atteinte à l'intégrité physique de la patiente en procédant à cette stérilisation tubaire non imposée par une nécessité évidente ou un danger immédiat, et sans assurance de son consentement libre et éclairé, les juges ajoutant que la faute de service que constituait l'absence de transmission du refus de stérilisation recueilli par le médecin chargé de la consultation préanesthésique n'était pas de nature à exonérer le chirurgien de sa responsabilité pénale ; mais, en se déterminant ainsi, sans caractériser l'élément intentionnel du délit de violences, la cour d'appel n'a pas justifié sa décision. • Crim. 6 févr. 2001, n° 00-82.434 P : *D. 2001. Somm. 2350, obs. Roujou de Boubée* ; *Dr. pénal 2001. 73, obs. Véron* ; *RSC 2001. 580, obs. Mayaud* .

28. Un alpiniste très qualifié qui, pour des raisons liées à une prétendue volonté de nettoyer un site, sectionne une corde de descente en rappel installée sur une falaise en sortie d'un trou utilisé par des spéléologues, se rend coupable de blessures volontaires dès lors qu'à la suite de cette opération, un spéléologue ayant emprunté cette voie a fait une chute de plus de cent mètres et a été gravement blessé ; le prévenu ne pouvait en effet pas ignorer l'usage de la corde sectionnée et son geste traduit bien la volonté de blesser autrui, ce d'autant que des messages insultants pour les spéléologues ont été inscrits sur le livre d'or d'un refuge ; néanmoins, cette dernière circonstance ne permet pas de retenir contre le prévenu la circonstance aggravante de préméditation, dans la mesure où il est établi que les inscriptions ont été portées sur le livre d'or postérieurement à l'acte poursuivi. • Chambéry, 28 févr. 2001 : *JCP 2001. IV. 2595.*

29. Ne correspond pas à une atteinte volontaire l'envoi d'une lettre contenant de la « poudre blanche », en fait du bicarbonate de soude, laissant penser à une agression au bacille charbon, adressée par plaisanterie à un ami, mais ouverte malencontreusement par une employée dans les locaux d'un centre de tri postal, la conscience de la brutalité et du danger de l'acte faisant défaut. • Toulouse, 21 févr. 2002 : *D. 2003. Somm. 244, obs. Gozzi* ; *ibid. 2003. 1001, note Moine-Dupuis* ; *Dr. pénal 2002. 83, obs. Véron* ; *RSC 2002. 587, obs. Mayaud* . ♦ Rappr. : • Toulouse, 26 sept. 2002 : *D. 2002. IR 2987* (V. ci-dessus, « Matérialité », notes 1 s.). ♦ Le prévenu a envoyé une lettre contenant de la poudre à un ami ; il est constant que le prévenu comme sa victime faisaient partie d'un groupe d'amis se livrant à des farces et plaisanteries, qu'il n'a pas dissimulé son écriture, et que la lettre n'était pas adressée à des personnes ou à des organismes ou institutions impliquées dans la gestion de la situation née de la panique liée à l'apparition du phénomène de l'anthrax aux États-Unis ; cependant, le prévenu a suscité une réaction de prudence de cet ami, intrigué mais non apeuré ; le tribunal a donc justement écarté la qualification de violence volontaire et requalifié ces faits en violence involontaire, le prévenu s'étant tout de même rendu coupable d'imprudence eu égard à l'époque concernée. • Nîmes, 15 janv. 2002 : *JCP 2003. IV. 1268.*

30. Le prévenu conduisant sous l'empire d'un état alcoolique qui s'amuse à faire peur aux piétons en fonçant sur eux avant de freiner brutalement, pour finalement blesser l'un d'eux, ne se rend pas coupable du délit de blessures involontaires ; les faits méritent en effet, compte tenu de ce comportement intentionnel, d'être requalifiés en délit de blessures volontaires aggravées par l'usage d'une arme, en l'espèce la voiture. • Grenoble, 13 mars 2002 : *JCP 2002. IV. 3084.*

31. Pour des violences volontaires par « balayage » reprochées à un gardien de but lors d'un match de football : • Crim. 12 mars 2003 : *Gaz. Pal. 2004. 2. Doctr. p. 2877, obs. Bellaaroussi.*

32. Doit être relaxé du chef de violences n'ayant pas entraîné d'incapacité de travail commises sur un mineur de 15 ans par un ascendant légitime avec une arme, le prévenu qui a donné des coups de baguette et un coup de pied aux fesses de son fils, même si un certificat médical fait état d'ecchymoses sur le genou droit et dans la région lombaire de l'enfant ; en effet, la possibilité est donnée à tout parent d'user d'une force mesurée et appropriée à l'attitude et l'âge de leur enfant, dès lors que cela n'a pas de conséquence corporelle ou psychique pour celui-ci, cette possibilité s'inscrivant dans le cadre de l'obligation éducative des parents ; cette dernière retire alors l'élément intentionnel de l'infraction de violence. • Angers, 23 mars 2006 : *JCP 2006. IV. 2905.*

C. CAUSALITÉ

33. Scène unique de violences. Justifie suffisamment l'application de l'art. 309 C. pén., l'arrêt qui, sans pouvoir préciser la part individuellement prise par chacun des prévenus dans une scène unique de violences, et la nature des coups portés par chacun, constate du moins, appréciant l'infraction dans son ensemble, que chacun d'entre eux a exercé des violences sur la victime. • Crim. 14 déc. 1955 : *Bull. crim. n° 56* • 22 mai 1957 : *ibid. n° 436* • 19 nov. 1958 : *ibid. n° 681.* ♦ Même solution pour les violences légères (art. R. 38-1° C. pén. ; nouvel art. R. 624-1). • Crim. 30 nov. 1961 : *Bull. crim. n° 487.*

34. Lorsque des blessures ont été faites volontairement par plusieurs prévenus au cours d'une scène unique de violences, l'infraction peut être appréciée dans son ensemble, sans qu'il soit nécessaire, pour les juges du fond, de préciser la nature des coups portés par chacun des prévenus à chacune des victimes. • Crim. 13 juin 1972, n° 92-24.671 P : *D. 1972. Somm. 202 ; RSC 1973. 879 s., obs. Larguier* • 10 avr. 1975, n° 92-97.874 P. ♦ Ainsi, s'applique à tous les prévenus la circonstance matérielle que les blessures ont occasionné une incapacité de plus de huit jours (ancienne incapacité de plus de vingt jours). • Crim. 23 mars 1953 : *Bull. crim. n° 103* • 14 déc. 1955 : *préc. note 33* • 26 juin 1956 : *Bull. crim. n° 484* • 22 mai 1957 : *préc. note 33* • 19 déc. 1957, n° 3-08.556 P.

35. Une cour d'appel ne peut qualifier, d'une part, violences à l'égard d'un des prévenus, d'autre part, blessures involontaires à l'égard d'un autre prévenu, des faits qui ont été commis dans le même trait de temps, dans le même lieu et ayant été déterminés par le même mobile. • Crim. 28 juill. 1969, n° 93-57.868 P : *Gaz. Pal. 1969. 2. 364.*

36. Des violences exercées par plusieurs personnes sur une ou plusieurs autres peuvent constituer un fait unique sans qu'il y ait eu nécessairement préméditation ou concertation préalable. • Crim. 25 févr. 1975, n° 90-33.073 P : *RSC 1975. 1016, obs. Levasseur.*

37. Lorsque plusieurs prévenus ont pris une part active et personnelle aux violences exercées sur la personne de la victime en jetant des pierres dans sa direction, si même l'information n'a pas permis de déterminer lequel de ces prévenus a porté le coup reçu par la victime, le fait étant unique, les conséquences matérielles résultant de ce même fait s'appliquent à tous les coauteurs ; ils sont tenus, dès lors, de réparer solidairement, dans sa totalité, le dommage résultant directement de leurs agissements délictueux. • Crim. 12 oct. 1961, n° 94-66.460 P. ♦ Conf. : • Crim. 12 nov. 1975, n° 92-29.074 P.

38. Le demandeur et son frère cadet ont été renvoyés devant le tribunal correctionnel pour violences ayant entraîné une incapacité de travail de plus de huit jours sur la personne de leur oncle, avec les circonstances de réunion et d'usage d'une arme, ainsi que pour dégradation, également en réunion, du véhicule de la victime ; pour déclarer le demandeur coupable et prononcer contre lui une peine d'emprisonnement pour partie sans sursis, l'arrêt retient, qu'accompagné par son frère, il a, au volant de son véhicule, délibérément heurté celui de leur oncle au cours d'un dépassement ; les trois protagonistes sont alors descendus de voiture et l'oncle a été grièvement blessé à coups de couteau et de hache par ses deux neveux, le frère cadet reconnaissant pour sa part avoir donné de tels coups ; les juges ajoutent que l'extrême gravité des faits justifie qu'une peine d'emprisonnement, pour partie sans sursis et pour l'autre assortie d'une mise à l'épreuve, soit prononcée contre le demandeur, qui n'a jamais été condamné ; en l'état de ces motifs, d'où il résulte que la victime a été blessée au cours d'une scène unique de violences à laquelle le prévenu a participé, la cour d'appel a justifié sa décision. • Crim. 12 janv. 2010 : ♔ *Gaz. Pal. 2010. 1. Jur. 978, note Detraz.*

II. QUALIFICATIONS

A. MORT (ART. 222-7 ; ANCIEN ART. 311, AL. 1er)

39. Acte volontaire. Les dispositions de l'art. 311 C. pén. sont applicables lorsqu'un acte volontaire de violence a été accompli, quel que soit le mobile qui l'ait provoqué, et alors même que son auteur n'aurait pas voulu la mort qui en est résulté. • Crim. 5 févr. 1979, ♔ n° 78-91.704 P. • 6 juill. 1993 : ♔ *Gaz. Pal. 1993. 2. Somm. 469, note Doucet.*

40. Il suffit, pour l'application de cet article, que les coups ou les blessures soient volontaires, sans qu'il y ait lieu de distinguer si la volonté a ou non pour objet la personne frappée, et alors même que ces violences auraient été destinées à un autre que celui qui en a été victime. • Crim. 7 avr. 1853 : *Bull. crim. n° 127 ; DP 1853. 1. 174.*

41. Ne saurait être admis le moyen selon lequel, en s'abstenant de préciser si l'acte incriminé a été commis volontairement, une question serait entachée de nullité, alors que, conforme à l'arrêt de renvoi, ladite question a été posée dans les termes de l'art. 222-7 C. pén., applicable à l'espèce, qui ne mentionne pas le caractère intentionnel des violences exercées, dont le principe est affirmé par l'art. 121-3 C. pén., pour tous les crimes et délits à l'exception des infractions d'imprudence. • Crim. 19 sept. 1996, n° 96-81.198 P.

42. N'a pas donné une base légale à sa décision la cour d'appel qui, ayant retenu l'exception d'incompétence de la juridiction correctionnelle saisie de la prévention d'homicide involontaire, au motif que la version des faits suivant laquelle le coup mortel serait parti au cours d'une manipulation de l'arme, après un premier coup de feu également accidentel, « n'emporte pas la conviction de la cour », s'est déterminée par ce seul motif, sans s'expliquer sur le caractère volontaire de l'acte de tirer avec l'arme à feu sur la victime, lequel constituerait une présomption sérieuse d'un fait criminel. • Crim. 2 oct. 1996, n° 95-85.992 P : *RSC 1997. 108, obs. Mayaud*. ♦ Rappr. : • Crim. 19 févr. 1997 : *Gaz. Pal. 1997. 1, chron. crim. 115* (V. ss. art. 221-1). ♦ Justifie sa décision la chambre d'accusation qui, pour renvoyer l'intéressé devant le tribunal correctionnel du chef d'homicide involontaire, et après avoir analysé les faits et jugé que le crime de coups mortels n'est constitué que si les violences ont été volontaires, énonce que l'élément intentionnel n'est pas caractérisé. • Crim. 21 oct. 1997, n° 96-85.907 P. ♦ Pour déclarer le prévenu coupable d'homicide involontaire, l'arrêt retient qu'il n'a été démontré, ni au cours de l'information judiciaire ni pendant les débats devant les juridictions de jugement, que la pression sur la queue de détente de l'arme au moment du tir résultait d'un geste volontaire et délibéré du prévenu ; ont justifié leur décision les juges qui en déduisent que l'élément intentionnel du crime de violences volontaires ayant entraîné la mort sans intention de la donner fait défaut. • Crim. 16 juin 2009, n° 08-87.090 P : *Gaz. Pal. 2009. 2. Somm. 3219, note Mesa ; RSC 2009. 832, obs. Mayaud* • Crim. 22 juin 2016, n° 15-81.725 P : *D. actu. 1er juill. 2016, obs. Goetz.*

43. Les parties civiles sont irrecevables à se plaindre de ce que la chambre de l'instruction, saisie de l'appel d'une ordonnance de mise en accusation du chef de violences ayant entraîné la mort sans intention de la donner, ait ordonné le renvoi devant le tribunal correctionnel du chef d'homicide involontaire, dès lors que le tribunal saisi de la poursuite a le pouvoir de modifier les dispositions de l'arrêt, le dernier al. de l'art. 469 C. pr. pén. lui ouvrant la faculté de renvoyer le ministère public à se pourvoir s'il résulte des débats que les faits sont de nature à entraîner une peine criminelle pour avoir été commis de façon intentionnelle. • Crim. 5 sept. 2006, n° 05-87.407 P.

44. Résultat mortel. La qualification criminelle de l'art. 311 C. pén. ne peut être retenue, si n'est pas établie la relation directe de cause à effet entre les coups portés à la victime et son décès. • Crim. 3 mai 1989 : *Dr. pénal 1989. 58.* ♦ Le crime de coups mortels implique que la mort de la victime ait nécessairement procédé des violences volontairement commises à son encontre et ne soit pas due à une cause étrangère à ces violences, telle la déficience d'un appareil de réanimation à la suite de l'intervention chirurgicale nécessitée par les blessures subies. • Crim. 8 janv. 1991, n° 90-80.075 P : *D. 1991. Somm. 271, obs. Azibert ; ibid. 1992. 115, note Croisier-Nérac ; RSC 1993. 100, obs. Levasseur*.

45. Dès qu'il est reconnu que les coups portés volontairement ont occasionné la mort, il y a lieu à l'application des peines édictées par l'art. 311 C. pén., sans que cette application puisse, en aucun cas, être éludée ou modifiée par la considération de l'état dans lequel pouvait se trouver la victime de ces violences. • Crim. 15 nov. 1928 : *D. P. 1932. 1. 56.* ♦ Le lien de causalité entre les violences et la mort est suffisamment caractérisé, dès l'instant que ces violences ont hâté ou aggravé une affection pathologique dont souffrait déjà la victime. • Crim. 31 mars 1992 : *Gaz. Pal. 1992. 2. Somm. 357 ; RSC 1993. 101, obs. Levasseur* • 26 avr. 1994 : *Gaz. Pal. 1994. 2. Somm. 411 ; Dr. pénal 1994. 176.*

46. A justifié sa décision la chambre d'accusation qui, pour renvoyer le demandeur devant la cour d'assises sous l'accusation de violences mortelles, et après avoir rappelé que la victime était décédée à la suite d'une altercation avec l'accusé, retient que l'expertise médicale a révélé que, si les coups constatés sur le corps de la victime n'avaient pas entraîné directement sa mort, l'émotion intense et l'effort violent provoqués par l'altercation étaient à l'origine du malaise cardiaque dont elle était décédée, caractérisant ainsi, à supposer les faits établis, le lien de causalité entre les violences et le décès de la victime. • Crim. 13 mai 1998 : *Gaz. Pal. 1998. 2, chron. crim. 148.*

47. Le lien entre les violences et la mort de la victime peut résulter du constat d'hématomes relevés sur le corps de la victime d'une noyade, hématomes provenant de coups portés avant qu'elle ne se jette à l'eau pour échapper à ses agresseurs. • Crim. 17 juin 2014 : *Dr. pénal 2014, n° 137, obs. Véron.*

48. Conflits de qualifications. Le fait, par deux individus, d'avoir pratiqué des manœuvres abortives à la suite desquelles une personne est décédée constitue, non le simple délit d'homicide par imprudence, mais le crime de violences ayant entraîné la mort sans intention de la donner. • Crim. 9 nov. 1955, n° 3.051 P : *D. 1956. 80 ; JCP 1956. II. 9249, note Granier.* ♦ Opposer • Crim. 3 mars 1986 : *Gaz. Pal. 1986. 2. Somm. 429, note Doucet ; RSC 1987. 426, obs. Levasseur.*

49. Lorsqu'il est constaté que des manœuvres abortives ont eu pour résultat la mort de la patiente, les faits poursuivis constituent, non le simple délit d'avortement, mais le crime de violences volontaires ayant entraîné la mort sans intention de la donner. • Crim. 1er déc. 1971, n° 91-03.671 P : *D. 1972. Somm. 18 ; JCP 1972. II. 16987 ; Gaz. Pal. 1972. 1. 223 ; RSC 1972. 389, obs. Levasseur.* ♦ Comp., dans une affaire où un médecin a été déclaré coupable, et d'avortement, et de coups et blessures volontaires : • Crim. 5 avr. 1978 : *Gaz. Pal. 1978. 2. 441.*

B. MUTILATION OU INFIRMITÉ (ART. 222-9 ; ANCIEN ART. 310)

50. Mutilation. Constitue une mutilation : l'arrachement du pavillon d'une oreille. • Crim. 8 mars 1912 : *Bull. crim. n° 138.* ♦ ... L'ablation de la rate, la suppression de cet organe étant en outre de nature à entraîner pour la victime une infirmité permanente. • Crim. 18 déc. 1962 : *Bull. crim. n° 375 ; D. 1963. 189 ; Gaz. Pal. 1963. 1. 267.* ♦ Rappr. : • Amiens, 25 juin 2008 : *JCP 2009. IV. 1086.* ♦ Opposer, pour l'amputation d'un rein. • T. corr. Seine, 29 mars 1962 : *Gaz. Pal. 1962. 2. 116.* ♦ ... L'ablation du clitoris. • Crim. 20 août 1983, n° 83-92.616 P. • 9 mai 1990 : *Dr. pénal 1990. 291* • Paris, 10 juill. 1987 : *D. 1987. IR 197 ; RSC 1989. 108, obs. Levasseur.*

51. A supposer, comme le soutient le moyen, que le fait de castrer d'un enfant de quatre ans, ne caractérise pas à l'égard de l'accusé le crime visé dans l'arrêt attaqué d'actes de barbarie ayant entraîné une mutilation ou une infirmité permanente, il n'en constituerait pas moins le crime de violences ayant entraîné une mutilation, infraction commise sur un mineur de quinze ans et avec usage d'une arme ; cette constatation suffit pour que l'arrêt n'encoure pas la censure ; il appartiendra à la cour d'assises, qui n'est pas liée par les qualifications retenues par la décision de renvoi, de caractériser les faits objet de l'accusation. • Crim. 16 nov. 2004 : *Dr. pénal 2005. 22, obs. Véron.*

52. A justifié sa décision la cour d'appel qui, pour confirmer une ordonnance de non-lieu dans des poursuites exercées contre un médecin accoucheur du chef de violences volontaires ayant entraîné une mutilation ou une infirmité permanente, pour avoir, sans leur consentement, procédé à une ligature des trompes de deux de ses patientes, constate que le caractère criminel de l'infraction ne pouvait être retenu, les victimes n'étant, d'une part, ni mutilées, ni infirmes permanentes, au sens de l'art. 222-9 C. pén., et, d'autre part, leur stérilité étant réversible. • Crim. 19 janv. 2005 : *D. 2006. Pan. 1205, obs. Galloux ; Dr. pénal 2005. 55, obs. Véron.*

53. Infirmité permanente. La surdité affectant une oreille, lorsqu'elle a un caractère définitif, constitue une infirmité permanente au sens de l'art. 310 C. pén. • Crim. 6 nov. 1985, n° 84-90.706 P : *RSC 1986. 611, obs. Levasseur.*

54. A renvoyé à bon droit l'accusé devant la cour d'assises, sous l'accusation de violences ayant entraîné une infirmité permanente et commises sur un mineur de 15 ans par un ascendant, l'arrêt attaqué qui, après avoir exposé et analysé les faits, énonce que l'enfant a subi des violences volontaires que seule sa mère a pu lui infliger et qui ont entraîné une cécité totale et définitive de la victime. • Crim. 19 févr. 1997, n° 96-85.884 P.

55. Pour renvoyer l'accusé devant la cour d'assises du chef de violences aggravées ayant entraîné une infirmité permanente, l'arrêt attaqué énonce, notamment, qu'il ressort du rapport d'expertise que la victime a subi une perte de substance de la corde vocale gauche responsable d'une béance glottique, cause d'une sévère dysphonie irréversible ; en cet état, à les supposer établis, les faits retenus à la charge de la personne mise en examen, qui ont entraîné chez la victime une atteinte sévère de l'organe de la phonation, dont l'altération de la fonction demeure irréversible, sont qualifiés crime par la loi. • Crim. 21 mars 2006 : *Dr. pénal 2006. 98, obs. Véron.*

56. On ne saurait assimiler une incapacité permanente à une « infirmité » permanente. • Amiens, 29 juill. 1952 : *JCP 1953. IV. 59.* ♦ Il en est ainsi de la simple diminution de l'usage d'un membre. • Crim. 25 juill. 1935 : *Bull. crim. n° 103.* ♦ ... D'une incapacité permanente de 9 %, résultant de la perte de plusieurs dents. • Crim. 23 nov. 1945 : *Bull. crim. n° 118 ; S. 1946. 1. 21.* ♦ ... D'un simple affaiblissement de la vue. • Crim. 22 mars 1946 : *Bull. crim. n° 93 ; D. 1946. 242.* ♦ ... D'un simple affaiblissement de la paroi abdominale, qui expose la victime à être atteinte un jour d'occlusion intestinale. • Amiens, 29 juill. 1952 : *préc.*

57. Ne justifie pas légalement l'application de l'art. 310, al. 1er, C. pén. (ancien art. 309, al. 3), le jugement qui constate seulement que la victime demeure atteinte, fût-ce d'une manière permanente, d'une fatigue intellectuelle rapide et d'un certain retard dans la pensée et dans l'élocution. • Crim. 17 oct. 1957, n° 92-04.157 P. ♦ Mais peut être considérée comme atteinte d'une infirmité permanente la personne qui, du fait des violences volontaires dont elle a été victime, présente une atteinte grave et définitive de ses facultés mentales, la rendant incapable de mener une vie indépendante. • Crim. 25 mars 1980, n° 80-90.402 P : *D. 1981. 660, note Jeandidier ; RSC 1981. 87, obs. Levasseur.*

C. INCAPACITÉ (ART. 222-11 ; ANCIEN ART. 309, AL. 1er)

BIBL. Chariot, Tedlaouti et Debout, *AJ pénal 2006. 300* (l'incapacité totale de travail et la victime de violences).

58. Définition. L'incapacité temporaire totale de travail n'implique pas nécessairement l'impossibilité pour la victime de se livrer à un effort physique afin d'accomplir elle-même certaines tâches ménagères. • Crim. 22 nov. 1982, ♔ n° 81-92.856 P. • 6 févr. 2001, ♔ n° 00-84.692 P : *Dr. pénal 2001. 72, obs. Véron ; RSC 2001. 582, obs. Mayaud*. ♦ Encourt dès lors la censure l'arrêt qui, pour apprécier la durée de l'incapacité totale de travail et disqualifier le délit poursuivi sur le fondement de l'art. 222-11 C. pén. en contravention de violences, ne prend pas en compte la durée de l'incapacité de travail professionnel de la victime au motif que celle-ci était, au cours de cette période, néanmoins en état d'accomplir des tâches ménagères. • Crim. 6 févr. 2001 : ♔ *préc.* ♦ Opposer • T. pol. Saint-Denis, 5 déc. 1962 : *Gaz. Pal. 1963. 1. 181.*

59. Constatation. L'incapacité totale de travail personnel pendant plus de huit jours doit, à peine de nullité, être constatée et formellement énoncée par les juges du fond pour motiver et justifier l'application de l'art. 309 C. pén. • Basse-Terre, 22 févr. 1994 : *Gaz. Pal. 1994. 1. Somm. 298.* ♦ Encourt la cassation l'arrêt qui ne fait pas connaître la nature et la gravité des coups portés et des violences exercées. • Crim. 20 mars 1958, n° 91-91.757 P. ♦ En l'état d'énonciations desquelles il se déduit l'existence d'un lien de causalité entre les violences commises et le dommage, une cour d'appel donne une base légale à sa décision. • Crim. 5 sept. 1995 : ♔ *Gaz. Pal. 1996. 1, chron. crim. 1.*

60. Aux termes de l'art. 85 C. pr. pén., toute personne qui se prétend lésée par un crime ou un délit peut, en portant plainte, se constituer partie civile devant le juge d'instruction compétent ; encourt la censure, la chambre d'accusation qui, par le seul examen abstrait de la plainte de la partie civile, énonce que les violences dénoncées sont de nature contraventionnelle, alors que seule une information préalable pouvait permettre de le déterminer, en recherchant tant la durée de l'incapacité de travail que l'existence éventuelle de l'une des circonstances énumérées par l'art. 222-13 C. pén., ignoré par l'arrêt attaqué ; encore qu'elle ait été qualifiée d'irrecevabilité, une telle décision équivaut à un refus d'informer en dehors des cas limitativement énumérés par la loi. • Crim. 11 mai 1999, ♔ n° 97-85.795 P.

61. Appréciation. Il entre dans les pouvoirs d'appréciation des juges du fait de fixer la durée de l'incapacité de travail personnel qui a résulté, pour la victime, d'un délit de coups et blessures volontaires. • Crim. 9 févr. 1950 : *Bull. crim. n° 44* • 23 déc. 1957 : *ibid. n° 869.* ♦ Si un certificat médical n'est pas indispensable pour établir la durée de cette incapacité totale, c'est à la condition que les juges soient en mesure de vérifier eux-mêmes cette durée par les éléments de la cause. • Basse-Terre, 22 févr. 1994 : *préc. note 59.*

62. A supposer qu'une durée de plus de huit jours ne se soit pas écoulée entre le moment où les coups furent portés à la victime et son décès, il n'en demeure pas moins que l'incapacité qui en est résultée entre dans la classe de celle prévue par l'art. 309, al. 1er, C. pén., dès lors que les juges du fond, par une souveraine appréciation des moyens de preuve dont ils avaient la disposition, et notamment de l'expertise médicale qui avait conclu à une incapacité de travail de trois semaines, ont constaté que des coups portés ou des blessures faites à la victime était résultée une incapacité totale de travail personnel supérieure à huit jours. • Crim. 4 févr. 1965, n° 91-93.564 P : *JCP 1965. II. 14119.* ♦ Opposer : • T. corr. Villefranche-sur-Saône, 3 nov. 1953 : *Gaz. Pal. 1954. 1. 105.*

63. Lorsqu'un premier certificat médical établi le jour des faits estime la durée de l'incapacité résultant de l'agression à 7 jours, et qu'un second certificat, dressé quatre jours plus tard, évalue cette durée à 10 jours, est à bon droit retenue la qualification de coups ou violences volontaires ayant entraîné une incapacité temporaire totale de travail personnel supérieure à huit jours, dès lors que ces documents médicaux sont complémentaires et non contradictoires, que la gravité de certaines lésions n'apparaît pas immédiatement après un traumatisme, et qu'un délai est parfois indispensable avant la manifestation des symptômes permettant le diagnostic. • Crim. 20 févr. 1995 : ♔ *Dr. pénal 1995. 138, obs. Véron.*

64. En condamnant le prévenu pour blessures volontaires avec arme ayant entraîné une incapacité totale de travail d'une durée de dix jours et en ordonnant une expertise médicale pour évaluer le préjudice corporel de la victime, la cour d'appel ne s'est pas contredite, dès lors que la mesure d'instruction ordonnée visait seulement à évaluer le préjudice corporel de la victime, et, éventuellement, à déterminer si la durée de son incapacité excédait celle résultant des pièces de la procédure. • Crim. 13 juin 1996 : ♔ *Dr. pénal 1996. 267, obs. Véron ; JCP 1996. IV. 2357.*

65. Il résulte de l'art. 549 C. pr. pén., que lorsque la cour d'appel, saisie de l'appel d'un jugement d'incompétence du tribunal de police, constate que le fait poursuivi constitue un délit, elle prononce la peine et statue, s'il y a lieu, sur les dommages-intérêts ; cassation de l'arrêt qui, après avoir retenu que l'incapacité temporaire totale de travail subie par la victime à raison des faits de violence poursuivis est d'au moins 10 jours, se borne à confirmer le jugement d'incompétence du tribunal de police, alors que, le fait poursuivi constituant un délit, elle devait prononcer au fond. • Crim. 2 mai 2001, ♔ n° 00-85.493 P.

66. Contestation. Quant à la nature de l'incapacité, il appartient au prévenu de la contester devant les juges du fait, et il n'est pas recevable à la discuter pour la première fois devant la Cour de cassation. • Crim. 3 janv. 1967, n° 92-41.466 P. ♦... Le moyen qui tend au contrôle des conséquences pour la victime des violences exercées sur elle par un prévenu nécessitant une recherche d'éléments de fait à laquelle la Cour de cassation ne peut procéder. • Crim. 22 avr. 1966, n° 92-93.265 P.

D. CONFLITS DE QUALIFICATIONS

67. Tortures et actes de barbarie. A supposer, comme le soutient le moyen, que le fait de castration d'un enfant de quatre ans, ne caractérise pas à l'égard de l'accusé le crime visé dans l'arrêt attaqué d'actes de barbarie ayant entraîné une mutilation ou une infirmité permanente, il n'en constituerait pas moins le crime de violences ayant entraîné une mutilation, infraction commise sur un mineur de quinze ans et avec usage d'une arme ; cette constatation suffit pour que l'arrêt n'encoure pas la censure ; il appartiendra à la cour d'assises, qui n'est pas liée par les qualifications retenues par la décision de renvoi, de caractériser les faits objet de l'accusation. • Crim. 16 nov. 2004 : *préc. note 51.*

68. Violences légères. Doit être annulé le jugement de simple police qui, après avoir constaté que les plaignants ont reçu un coup de poing et un soufflet du prévenu, a néanmoins statué comme en matière de violences légères. • Crim. 14 avr. 1930 : *Bull. crim. n° 127* • 4 août 1934 : *ibid. n° 158.* ♦ La contravention de violences légères prévue et réprimée par l'art. R. 38-1° C. pén. (ancien art. 483 ; nouvel art. R. 624-1) n'existe qu'à la condition que leur auteur n'ait blessé, ni frappé personne. • Nancy, 22 févr. 1951 : *Gaz. Pal. 1951. 1. 272.* ♦ Du moment qu'un coup a été volontairement porté, doivent seuls recevoir application les art. 309 et R. 40 (nouvel art. R. 625-1) C. pén. • Crim. 27 mai 1959 : *Bull. crim. n° 280.*

69. S'il résulte de voies de fait ou de violences légères une maladie ou une incapacité totale de travail personnel supérieure à huit jours, ces voies de fait et violences constituent, non la contravention prévue par l'art. R. 38-1° C. pén. (nouvel art. R. 624-1), mais le délit de l'art. 309 du même code, sans qu'il soit exigé l'existence d'un lien de causalité direct et immédiat. • Crim. 28 avr. 1981, n° 80-91.396 P. ♦ Rappr. : • Crim. 20 nov. 1952 : *Bull. crim. n° 267.* ♦ Même solution par référence à l'art. R. 40-1° C. pén. (nouvel art. *R. 625-1). • Crim. 27 févr. 1992,* n° 91-84.621 P : *RSC 1992. 749, obs. Levasseur.*

70. L'arrêt qui constate qu'il n'est pas résulté des blessures faites ou des coups portés une incapacité totale de travail personnel de plus de huit jours caractérise l'infraction prévue et punie par l'art. R. 40-1° C. pén. (nouvel art. R. 625-1). • Crim. 6 juin 1967, n° 90-19.667 P.

71. Omission de porter secours. S'il appartient aux juridictions correctionnelles de modifier la qualification des faits et de substituer une qualification nouvelle à celle sous laquelle ils leur étaient déférés, puis de se déclarer incompétentes si cette dernière leur apparaît criminelle, c'est à la condition qu'il ne soit rien changé ni ajouté aux faits de la prévention et que ceux-ci restent tels qu'ils ont été retenus dans l'acte de saisine ; en conséquence, les juges saisis de la seule prévention d'omission de porter secours à personne en péril ne sauraient, sans ajouter aux faits de la poursuite, se déclarer incompétents au motif que serait constitué à l'égard des prévenus le crime de coups et blessures volontaires sur mineure de quinze ans ayant entraîné la mort sans intention de la donner, distinct en ses éléments constitutifs du délit prévu par l'art. 63, al. 2, C. pén. (nouvel art. 223-6, al. 2). • Crim. 22 avr. 1986, n° 84-95.759 P. (à propos d'une excision mortelle).

72. S'il appartient aux juges répressifs de restituer aux faits dont ils sont saisis leur véritable qualification, c'est à la condition de n'y rien ajouter, sauf acceptation expresse par le prévenu d'être jugé sur des faits ou circonstances aggravantes non compris dans la poursuite ; ce principe n'est pas respecté dès lors qu'il ne résulte d'aucune mention de l'arrêt que le prévenu ait accepté d'être jugé pour le délit d'omission de porter secours, différent dans ses éléments constitutifs de celui de violences volontaires, objet de la poursuite. • Crim. 22 mars 2000, n° 98-87.496 P.

73. Empoisonnement. Sur la prévention et la condamnation du chef de violences volontaires d'un prévenu, qui avait d'abord été inculpé d'empoisonnement, pour avoir mordu jusqu'au sang un policier avec l'intention de le contaminer par le virus du sida. • TGI Mulhouse, 6 févr. 1992 : *D. 1992. 301, note Prothais ; RSC 1992. 750, obs. Levasseur.* ♦ Comp. : • TGI Cherbourg, 31 mars 1981 : *D. 1981. 536, note Mayer ; RSC 1982. 119, obs. Levasseur* (V. ss. art. 222-15).

74. Harcèlement moral. La loi n° 2002-73 du 17 janv. 2002 de modernisation sociale a inséré dans le code pénal une division intitulée « Du harcèlement moral », comprenant un art. 222-33-2 qui permet d'appréhender des faits jusque là poursuivis sous la prévention de violence avec préméditation, réprimée à l'art. 122-13 C. pén. quand il en est résulté une incapacité de travail inférieure ou égale à huit jours ou quand il n'en est résulté aucune incapacité de travail, et réprimée à l'art. 222-12 C. pén. dans le cas inverse ; en ce sens, les dispositions de la loi nouvelle sont plus douces ; la loi publiée incrimine également des situations qui, auparavant, n'étaient pas pénalement répréhensibles ; ainsi la notion de harcèlement, « agissements répétés ayant pour objet ou pour effet une dégradation des conditions de travail susceptible de porter atteinte à ses droits et à sa dignité, d'altérer sa santé physique ou mentale ou de compromettre son avenir professionnel », ne se confond pas avec la notion de violence, comportement de nature à impressionner vivement la victime ; le délit est constitué dans des hypothèses où le comportement réprimé n'a pas eu pour objet ni pour effet d'altérer la santé de la victime ; de ce fait, la loi prend en compte des situations qui ne pourraient recevoir la qualification de violence ; par ailleurs le mobile est pris en considération indépendamment du résultat ; le délit de harcèlement moral est constitué en présence d'agissements répétés ayant pour objet de porter un préjudice, quand bien même il n'en est résulté aucun résultat défavorable pour la personne ainsi prise pour cible ; en conséquence, les dispositions de la L. du 17 janv. 2002 sont également plus sévères ; la loi dite de modernisation sociale comprend ainsi des dispositions à la fois plus douces et plus sévères ; cette incrimination de harcèlement moral n'est définie qu'en une seul phrase, de sorte que les nouvelles dispositions sont indivisibles ; dès lors, en application de l'art. 112-1 C. pén., le tribunal ne peut appliquer rétroactivement la L. du 17 janv. 2002, et le délit de violences reproché au prévenu doit être retenu. • TGI La Roche-sur-Yon, 22 avr. 2002 : *Gaz. Pal. 2002. 2. 1017, note Rovinski.*

75. Le prévenu, directeur de cabinet d'un maire nouvellement élu, qui s'en prend à une collaboratrice en place depuis plusieurs années en multipliant les attitudes vexatoires notamment par agressions verbales par téléphone, retrait systématique des attributions de la victime, jet de ses dossiers et modifications des emplois du temps, se rend coupable de violences volontaires dès lors qu'il est établi que l'ITT de plus de 8 jours subie par la victime à la suite d'une dépression nerveuse a bien pour cause cette attitude. • Grenoble, 7 juin 2006 : *JCP 2006. IV. 3322.* ♦ En retirant aux personnels de la mairie leurs attributions principales, en leur imputant des mensonges, en multipliant les invectives et les injures, il se rend également coupable de harcèlement moral à leur encontre, dès lors que cette attitude a provoqué chez les victimes des troubles physiques et psychiques. • Même arrêt.

76. Tout jugement ou arrêt doit comporter les motifs propres à justifier la décision et répondre aux chefs péremptoires des conclusions des parties ; l'insuffisance ou la contradiction des motifs équivaut à leur absence ; vendeuse dans un commerce de boulangerie, une employée a dénoncé les insultes permanentes proférées à son égard par les propriétaires du fonds ; pour déclarer le prévenu coupable de violences, l'arrêt attaqué, après avoir rappelé la dégradation des relations entre la salariée et ses employeurs, retient que son comportement, fait d'une agressivité quotidienne pendant plusieurs mois et d'insultes proférées dans des termes extrêmement violents, caractérise le délit de violences ayant entraîné une incapacité totale de travail personnel de plus de huit jours, en l'espèce cent soixante-quatre jours ; en l'état de ces seuls motifs, qui ne permettent pas de caractériser un acte volontaire de nature à causer un choc émotif à la victime et, qui ne répondent pas aux conclusions du prévenu, qui soutenait qu'aucun acte de cette nature n'était établi à son encontre, la cour d'appel, qui, à supposer les faits non établis sous cette qualification, aurait dû rechercher s'ils ne pouvaient constituer le délit de harcèlement moral, n'a pas justifié sa décision. • Crim. 25 janv. 2011 : *Gaz. Pal. 2011. 1. 1072, note Dreyer.*

77. Harcèlement sexuel. Le prévenu a été renvoyé devant le tribunal correctionnel, pour avoir, d'une part, commis des faits de harcèlement sexuel au préjudice de la partie civile et, d'autre part, exercé des violences sur cette dernière, alors que, professeur de l'enseignement supérieur, elle dispensait un cours, à l'intérieur d'un établissement d'enseignement ; pour déclarer le prévenu coupable de ces deux chefs de la prévention, l'arrêt confirmatif attaqué retient, par motifs propres et adoptés, en premier lieu que celui-ci, qui ne pouvait ignorer que la partie civile se refusait à toute relation avec lui, lui a adressé de nombreux courriers violents et menaçants à connotation sexuelle et se montrait dans les lieux qu'elle fréquentait, en second lieu, que certains de ces comportements, propos et agissements, notamment son intrusion dans un cours dispensé par la partie civile, ont, en raison de l'émotion provoquée, causé une atteinte psychique, justifiant, selon les constatations médicales, une incapacité totale de travail de cinq jours ; en l'état de ces énonciations, la cour d'appel a caractérisé en tous leurs éléments constitutifs les délits de violences commises au sein d'un établissement d'enseignement et de harcèlement sexuel, lesquels sont distincts, tant dans leurs éléments matériels que légaux. • Crim. 21 sept. 2010 : *Gaz. Pal. 2011 1, p. 260, note Dreyer.*

78. Dommages aux biens. Ne constitue pas l'infraction de violences ou voies de fait préméditées de l'art. 309 C. pén., en l'absence de l'élément constitutif d'incapacité totale de travail personnel d'une durée quelconque subie par la personne visée à travers l'acte, mais seulement l'infraction de dégradation volontaire légère d'objet mobilier d'autrui de l'art. R. 38-6° C. pén. (art. R. 635-1), le sabotage du système de freinage d'un véhicule. • Nancy, 13 avr. 1993 : *JCP 1993. IV. 2440.*

79. Droit de la presse. L'application de l'art. 222-13 C. pén. en matière de presse se heurte à d'évidentes difficultés : la liberté d'expression, dont le principe est proclamé par l'art. 10 Conv. EDH, et qui revêt en France une valeur constitutionnelle, ne peut être restreinte que par des normes énoncées avec suffisamment de précision pour permettre au citoyen de régler sa conduite, et de prévoir, à un degré raisonnable, les conséquences de nature à découler d'un acte déterminé (arrêt *Sunday Times* du 26 avril 1979) ; ces restrictions sont, pour l'essentiel, comprises, en France, dans la L. du 29 juill. 1881 ; celle-ci édicte ainsi, aux art. 39 s., un certain nombre d'interdictions de publier, destinées notamment à protéger les victimes de certaines infractions (art. 39 *quinquies*) ; appliquer les dispositions générales des art. 222-7 s. C. pén. en matière de presse aboutirait alors à se porter au-delà des prévisions du législateur, et à exposer à la répression, dans des conditions de totale imprévisibilité, tout reportage photographique ou toute image se rapportant à un accident, à un attentat, ou à un conflit national ou international ; une telle situation serait, à l'évidence, incompatible avec le principe de liberté d'expression et d'information, garanti par les textes nationaux et internationaux. • TGI Paris, 8 mars 2000 : *D. 2000. 502, note Beignier* ✎. ♦ Il reste à relever que le plaignant n'est pas privé de toute voie de recours pour faire valoir ses droits en justice : la publication de la photographie litigieuse, au cours de la période de deuil des proches parents des victimes de la catastrophe apparaît de nature à constituer, sous réserve de l'appréciation de la juridiction compétente, une profonde atteinte à leurs sentiments d'affliction, partant à l'intimité de leur vie privée. • Même jugement.

III. CIRCONSTANCES AGGRAVANTES

80. Requalification. Les juges correctionnels, qui ont le devoir de restituer aux faits leur véritable qualification, peuvent retenir une circonstance distincte de celles qui sont prévues par la citation, dès lors que la qualification s'applique aux mêmes faits et que le prévenu a été mis en mesure de s'expliquer ; ainsi, il ne saurait être fait grief à un arrêt d'avoir, sans constater l'acceptation préalable du prévenu, requalifié en violences sur une personne dépositaire de l'autorité publique, à l'occasion de l'exercice de ses fonctions, le délit de violences commises en réunion reproché par la citation, dès lors que la circonstance tenant à la qualité de la victime des violences est prévue par le même art. 222-13 C. pén., visé à la citation, que la commission du délit en réunion de plusieurs personnes agissant en qualité de coauteurs ou de complices, qu'elle est constatée dans les motifs du jugement dont le prévenu a relevé appel, qu'il a ainsi été mis en mesure de se défendre à son sujet, et qu'il l'a discutée dans ses propres conclusions. • Crim. 23 nov. 1999, ☎ n° 98-87.849 P.

81. S'il appartient aux juges répressifs de restituer aux faits dont ils sont saisis leur véritable qualification, c'est à la condition que le prévenu ait été mis en mesure de se défendre sur la nouvelle qualification envisagée ; le demandeur, renvoyé devant le tribunal correctionnel pour violences ayant entraîné une incapacité totale de travail supérieure à huit jours sur une personne chargée d'une mission de service public, et condamné par les premiers juges sous cette qualification, avait été déclaré coupable, par la cour d'appel, de violences ayant entraîné une incapacité totale de travail supérieure à huit jours sur un agent exerçant des fonctions de gardiennage ou de surveillance d'un immeuble à usage d'habitation, au surplus au visa erroné de l'art. 222-12, al. 1er, 4 *ter*, C. pén., sans avoir été invité à se défendre sur cette nouvelle qualification ; en statuant ainsi, la cour d'appel a méconnu le sens et la portée de l'art. 388 C. pr. pén., ensemble l'art. 6, § 1 et 3, *a* et *b*, Conv. EDH, de l'art. préliminaire C. pr. pén. et du principe ci-dessus énoncé. • Crim. 16 mai 2007, ☎ n° 06-87.866 P : *AJ pénal 2007. 332* ✎ *; Gaz. Pal. 2008. 1. Somm. 1170, note Monnet.*

A. MINEUR DE QUINZE ANS (ANCIEN ART. 312)

82. Preuve de l'âge. Il est établi que la victime, âgée de 14 ans, a subi de terribles violences de la part de la prévenue, sa tutrice légale ; cette dernière, qui l'avait recueillie et ramenée du Maroc deux ans auparavant, l'utilisait comme bonne à tout faire, la frappait avec divers objets, et l'attachait avec une corde au pied de son lit ; ses déclarations sont confirmées par les conclusions du médecin légiste, qui a constaté des traces de coups, notamment un volumineux hématome sur la cuisse compatible avec des blessures par objet contondant, ainsi que de nombreux hématomes sur le corps révélant de probables violences habituelles ; en dépit des dénégations de la prévenue, c'est à bon droit que les premiers juges ont retenu sa culpabilité du chef de violences sur mineure de 15 ans ayant entraîné une incapacité inférieure ou égale à huit jours par personne ayant autorité ; c'est vainement qu'elle produit un certificat de vaccination mentionnant que la victime serait née en 1985 et non en 1989, et qu'ainsi la qualité de mineure de 15 ans ne peut être retenue ; en effet, ce certificat, arrivé du Maroc quelques jours avant l'audience, est démenti par les experts médicaux, qui ont constaté que l'âge réel de l'enfant correspondait bien à son acte de naissance ; de plus, elle produit elle-même un document administratif marocain datant de sept. 2001 attestant qu'elle est tutrice de la victime âgée de 12 ans. • Nîmes, 31 mai 2007 : *JCP 2007. IV. 2718.*

83. Choc émotif. Est à bon droit déclaré coupable de violences commises sur une mineure de 15 ans n'ayant pas entraîné une incapacité totale de travail personnel pendant plus de huit jours, le prévenu qui a cherché à attirer la victime, âgée de 9 ans, et, devant sa résistance, qui l'a prise de force dans ses bras pour la lâcher un peu plus loin alors qu'elle se débattait vivement, la qualification de violences sur mineure de 15 ans devant être retenue pour une agression qui a fortement choqué la fillette. • Crim. 4 févr. 1997 : ☎ *Gaz. Pal. 1997. 1, chron. crim. 117.*

84. Sur la condamnation d'un chauffeur de bus

scolaire pour violences sur mineur de quinze ans suivies d'une incapacité inférieure à huit jours, qui, devant l'indiscipline des élèves, avait saisi une fillette de dix ans par les bras, l'avait assise fermement sur un amas de cartables, et dit, d'un ton menaçant : « tu te calmes ou je t'en colle une ». • Toulouse, 28 févr. 2006 : *D. 2006. Pan. 1653, obs. Garé.*

85. Excision. L'excision constitue une mutilation du corps de la femme qui génère des souffrances très intenses ; elle est fréquemment suivie de complications infectieuses pouvant entraîner la mort ; aucune nécessité thérapeutique ou tout autre motif d'ordre sanitaire ne la justifie, et elle procède du seul usage rituel et culturel ; par suite, l'excision pratiquée contre leur volonté sur une personne ou sur ses enfants constitue un traitement inhumain ou dégradant au sens de l'art. 3 Conv. EDH. • TA Lyon, 12 juin 1996 : *D. 1998. Somm. 16, obs. Julien-Laferrière* ; *ibid. 1998. 304, obs. Vasseur* ; *RUDH 1996. 695, note Levinet* ; *JCP 1997. I. 3996, obs. Fulchiron.* ♦ Dès lors, est illégale la décision par laquelle le préfet, pour l'exécution d'un arrêté définitif d'interdiction du territoire français, prescrit l'éloignement de l'intéressée à destination de la Guinée, pays dont elle a la nationalité et où elle ne serait pas en mesure de s'opposer à la volonté de sa belle-famille de procéder à l'excision de ses filles. • Même jugement.

86. Castration. A supposer, comme le soutient le moyen, que le fait de castrer d'un enfant de quatre ans ne caractérise pas à l'égard de l'accusé le crime visé dans l'arrêt attaqué d'actes de barbarie ayant entraîné une mutilation ou une infirmité permanente, il n'en constituerait pas moins le crime de violences ayant entraîné une mutilation, infraction commise sur un mineur de quinze ans et avec usage d'une arme ; cette constatation suffit pour que l'arrêt n'encoure pas la censure ; il appartiendra à la cour d'assises, qui n'est pas liée par les qualifications retenues par la décision de renvoi, de caractériser les faits objet de l'accusation. • Crim. 16 nov. 2004 : *préc. note 51.*

87. Personne ayant autorité sur le mineur. Justifie l'application à la mère des peines prévues à l'art. 312 (ancien) C. pén., l'arrêt qui constate que la mère a participé en connaissance de cause à des mauvais traitements et sévices dus à l'initiative du père. • Crim. 26 déc. 1961, nº 92-69.361 P.

88. Le coupable de coups et blessures volontaires sur un enfant mineur de quinze ans, qui vit en concubinage avec la mère de celui-ci et a une habitation commune avec la mère et l'enfant, exerce nécessairement sur cet enfant une autorité de fait constituant la circonstance aggravante prévue par les al. 2 et 3 de l'art. 312 C. pén. (ancien art. 312, al. 8). • Crim. 28 févr. 1956, nº 5-21.755 P. ♦ Mais la qualité de concubin de la mère ne peut, par elle seule, justifier l'aggravation de pénalité, sans indication d'aucune autre circonstance, telle la cohabitation de l'accusé avec la victime, de nature à établir l'autorité qu'il exerçait sur elle. • Crim. 29 juin 1976, nº 76-90.604 P. • 1er févr. 1989 : *ibid. nº 42* ; *RSC 1989. 739, obs. Levasseur.*

89. A renvoyé à bon droit l'accusé devant la cour d'assises, sous l'accusation de violences ayant entraîné une infirmité permanente et commises sur un mineur de 15 ans par un ascendant, l'arrêt attaqué qui, après avoir exposé et analysé les faits, énonce que l'enfant a subi des violences volontaires que seule sa mère a pu lui infliger et qui ont entraîné une cécité totale et définitive de la victime. • Crim. 19 févr. 1997 : *préc. note 54.*

90. Dans des poursuites du chef de violences aggravées, caractérise la circonstance aggravante d'autorité l'arrêt qui retient que la prévenue était la nourrice de l'enfant et qu'elle la gardait à son domicile dans la journée. • Crim. 13 sept. 2000 : *Gaz. Pal. 2001. 1. 63.*

91. Sont relaxés du chef de coups ou violences volontaires envers un mineur de 15 ans par ascendant ayant entraîné une incapacité supérieure à 8 jours les parents d'un nourrisson de 3 mois, admis à l'hôpital à la suite de convulsions et sur lequel les examens médicaux ont révélé de nombreux traumatismes ; en l'espèce, l'enfant souffrait d'hématomes et de fractures multiples sur l'ensemble du corps et les examens d'imagerie médicale ont décelé de sévères lésions cérébrales entraînant une infirmité permanente ; si les experts médicaux s'accordent pour dire que ces traumatismes ne sont pas d'origine accidentelle et ne relèvent pas d'une pathologie d'ostéogénèse imparfaite, aussi appelée maladie des os de verre, ils divergent quant à l'origine de ces traumatismes : le diagnostic du syndrome de Silvermann, ou enfant secoué, est établi, mais certains médecins estiment que les lésions peuvent survenir d'un événement unique alors que d'autres penchent en faveur de traumatismes répétés dans le temps ; de la même manière, il subsiste un doute quant à l'auteur des coups portés au nourrisson ; si les parents s'occupent quotidiennement de l'enfant, aucun n'accuse l'autre de mauvais traitements et les témoignages des proches convergent en leur faveur ; à défaut d'auteur identifié, l'infraction ne peut être imputée à aucun des prévenus. • Poitiers, 16 mars 2006 : *JCP 2007. IV. 1289.*

B. PERSONNE VULNÉRABLE (ANCIEN ART. 309, AL. 2-1º)

BIBL. Mémeteau, *Gaz. Pal. 1996. 2. Chron. 760* (de l'existence d'un droit médical du handicapé moteur ?). – Thomas, Thomas-Hazif, Pradère et Darrieux, *Gaz. Pal. 1996. 2. Chron. 805* (dépendance affective de la personne âgée et abus de faiblesse).

92. Si un même fait ne peut être retenu comme constitutif à la fois d'un crime ou d'un délit et d'une circonstance aggravante accompagnant une autre infraction, rien ne s'oppose à ce qu'une même circonstance soit relevée comme aggravant des crimes ou délits distincts : ainsi en est-il de la circonstance aggravante de vulnérabilité de la victime, qui peut être retenue à la fois du chef de viol et de coups et violences volontaires. • Crim. 14 févr. 1990, n° 89-83.191 P.

C. DÉPOSITAIRE DE L'AUTORITÉ PUBLIQUE

1° DÉPOSITAIRE VICTIME (ANCIENS ART. 228 ET 309, AL. 2-3°)

BIBL. Renaut, *Gaz. Pal. 2002. 2. Chron. 1455* (l'huissier de justice face au droit pénal : auteur et victime).

93. Personnes visées. Sur le fondement de l'ancien art. 228 C. pén., ont été considérés comme des « magistrats » protégés contre les violences : le président de la République. • Crim. 9 juill. 1909 : *Bull. crim. n° 363 ; S. 1911. 1. 293.* ♦ ... Un maire. • Crim. 30 oct. 1925 : *DH 1926. 6.* ♦ ... Un commissaire de police. • Crim. 8 nov. 1955, n° 1.101 P. ♦ ... Un préfet. • Crim. 18 nov. 1970, n° 90-97.570 P : *D. 1971. 70 ; JCP 1971. II. 16719 ; Gaz. Pal. 1971. 1. 65.* ♦ ... Un ministre. • Crim. 26 nov. 1970, n° 93-43.869 P : *D. 1971. Somm. 64.* ♦ ... Un chef de service de l'éducation surveillée. • Crim. 4 févr. 1971, n° 91-78.270 P : *JCP 1972. II. 17272, note Koering-Joulin ; Gaz. Pal. 1971. 1. 252.*

94. Pour des violences à officier ministériel : • Crim. 15 mai 1952 : *Gaz. Pal. 1952. 2. 33* • 8 nov. 1973 : *ibid. 1974. 1. Somm. 35* • T. corr. Le Mans, 23 déc. 1946 : *Gaz. Pal. 1947. 1. 69* • T. corr. Lille, 12 févr. 1948 : *D. 1948. 305.*

95. Est dépositaire de la force ou de l'autorité publique le surveillant de maison d'arrêt dans l'exercice de ses fonctions. • Crim. 22 nov. 1989, n° 89-83.200 P.

96. Même non assermentés, les agents d'une société concessionnaire du service public des transports de voyageurs dans le périmètre d'une communauté urbaine ont, délégués par la puissance publique, les attributions de surveillance qui se rattachent à la police des transports, et sont investis d'une portion de l'autorité publique ; ils doivent donc être considérés comme exerçant la qualité de citoyen chargé d'un ministère de service public au sens de l'art. 309, al. 2-3°, C. pén. • T. corr. Dunkerque, 21 janv. 1983 : *D. 1983. 299, note J.-M. R.* ♦ Le fait que la RATP, établissement public industriel et commercial, exerce une activité d'intérêt général, le transport public des voyageurs, ne saurait en soi suffire, pour l'application d'une loi pénale, pour considérer que les agents qui effectuent ce transport assurent une mission de service public au sens de l'art. 222-12, 4°, C. pén. ; par ailleurs, le fait qu'un conducteur d'autobus de la RATP soit légitimement amené à exercer une certaine autorité, voire, en particulier en l'absence de contrôleur, un pouvoir d'injonction à l'égard des usagers du véhicule dont il a la responsabilité pour faire respecter le règlement régissant les conditions de transport, ne permet pas, non plus, d'en déduire que cette autorité procède, en l'absence de tout texte réglementaire ou assermentation, d'une délégation de la puissance publique, la loi pénale étant d'interprétation stricte. • Paris, 17 avr. 1996 : *Dr. pénal 1996. 181, obs. Véron.*

97. L'employé de la Direction départementale de l'Équipement qui, dans le cadre de travaux effectués aux abords d'une route nationale, a mis en place des panneaux de signalisation de travaux et de limitation de vitesse, est une personne chargée d'une mission de service public au sens des art. 222-13, 4°, et 433-5, al. 1er, C. pén. • Crim. 9 oct. 2002, n° 02-81.191 P : *Dr. pénal 2003. 20, obs. Véron ; RSC 2003. 100, obs. Mayaud.*

98. Un joueur de football a donné un violent coup de pied à la cuisse gauche de l'arbitre qui intervenait en sa qualité de membre de l'Union nationale des arbitres de football ; la victime était régulièrement investie de l'autorité inhérente à la fonction d'arbitre, disposant comme tel du pouvoir disciplinaire sur le terrain, sous le contrôle de la Fédération française de football, elle-même investie d'une mission de service public en vertu de la loi du 16 juill. 1984 ; l'arbitre étant donc chargé d'une mission de service public, au sens de l'art. 222-13, 4° *ter*, C. pén., le prévenu s'est rendu coupable de violences ayant entraîné une incapacité de travail n'excédant pas huit jours sur une personne chargée d'une mission de service public (quinze jours d'emprisonnement avec sursis). • Orléans, 10 janv. 2006 : *JCP 2007. IV. 2120.*

99. La qualité de personne chargée d'une mission de service public ne peut se déduire de la seule appartenance de la victime de violences volontaires à Électricité de France, sans caractériser les actes personnellement accomplis par elle se rattachant directement à l'exécution de l'une des missions de service public spécifiquement imparties à cette société ; dès lors, encourt la cassation l'arrêt de la cour d'appel, qui se borne à relever que les deux victimes de violences volontaires, respectivement hôtesse d'accueil et responsable d'une agence d'Électricité de France, participaient à des titres différents à la gestion et au bon fonctionnement de cette agence de cet établissement public chargé d'une mission de service public et qu'elles ont été agressées dans l'exercice de leurs fonctions. • Crim. 15 nov. 2006, n° 05-84.222 P : *D. 2007. Pan. 2640, obs. Garé ; AJ pénal 2007. 33 ; Dr. pénal 2007. Comm. 18, obs. Véron.*

100. Le géomètre, même placé sous les ordres d'une commission de remembrement, reste un simple agent technique et n'est pas un citoyen chargé d'un ministère de service public au sens de l'art. 309, al. 2-3°, C. pén. (ancien art. 230). • Crim. 10 févr. 1959, n° 2-26.156 P. ♦ Mais a cette qualité le garde particulier assermenté, qui a notamment pour mission d'assurer la police de l'ensemble d'un groupe de bâtiments appartenant à un office public d'habitations. • Paris, 30 oct. 1961 : *Gaz. Pal. 1962. 1. 16.*

101. Sont constitutives du délit de violence sur une personne chargée d'une mission de service public suivie d'incapacité n'excédant pas huit jours les violences exercées sur le surveillant général d'un lycée, commises devant l'établissement et entraînant une ITT de quatre jours, la mission de sécurité du surveillant n'étant pas géographiquement limitée à l'enceinte de l'établissement scolaire. • Aix-en-Provence, 26 mai 2009 : *JCP G 2009, n° 48, p. 467.* ♦ Justifie sa décision la cour d'appel qui, saisie de poursuites du chef de violences aggravées commises, sur son lieu de travail, sur une conseillère principale d'éducation employée par un établissement privé d'enseignement sous contrat, par le père d'un élève, retient qu'en cette qualité, la victime participait à une mission de service public. • Crim. 1er déc. 2009, n° 09-83.374 P : *D. 2010. Pan. 2739, obs. Garé ; JCP G 2010, n° 3, p. 29 ; RSC 2010. 137, obs. Mayaud.*

102. Les auteurs d'actes de violences sur un commissaire de police ne sauraient, pour la première fois devant la Cour de cassation, mettre en doute la qualité de leur victime. • Crim. 8 nov. 1955, n° 1.101 P.

103. Actes visés. L'art. 309 C. pén. (anciens art. 228 et 230) ne réprime que les actes de violence dirigés contre la personne physique du fonctionnaire ou agent de la force publique et non les violences ou voies de fait contre les choses ; encourt la cassation l'arrêt qui constate que le prévenu a exercé des violences contre des gendarmes en jetant des pierres dans les vitres d'une caserne où ils exerçaient le service d'ordre. • Crim. 31 oct. 1956, n° 5-62.155 P : *Gaz. Pal. 1957. 1. 71.*

104. Est constitutif de violences réprimées par l'art. 309 C. pén. (anciens art. 228 et 230) : le fait de jeter sur deux policiers le contenu d'une tasse de café. • Crim. 4 juin 1980, n° 79-93.998 P : *Gaz. Pal. 1981. 1. 91.* ♦ ... Le fait pour un automobiliste de se diriger droit sur des gendarmes. • Crim. 19 oct. 1993 : *Gaz. Pal. 1994. 1. Somm. 8.* ♦ Un véhicule avait accéléré et s'était déporté sur la gauche de la chaussée pour forcer le passage barré par le véhicule d'une patrouille de gendarmerie, contraignant le militaire, qui s'apprêtait à en sortir pour procéder au contrôle, à refermer la portière ; le conducteur et le passager ayant reconnu les faits, le premier est condamné pour violences aggravées ; le passager, qui a incité le conducteur à forcer le passage en lui disant : « fonce, fonce, ne t'arrête pas », propos constituant un ordre, se rend coupable de complicité de violence avec arme sur agent de la force publique. • Crim. 18 mars 2003, n° 02-85.565 P : *D. 2004. Somm. 311, obs. de Lamy ; Dr. pénal 2003, comm. 95, obs. Véron.*

105. Caractérise le délit de violences volontaires n'ayant pas entraîné d'incapacité totale de travail pendant plus de huit jours, avec cette circonstance que lesdites violences ont été commises sur des personnes dépositaires de l'autorité publique dans l'exercice de leurs fonctions (art. 222-13-4°), le fait, en fonçant sur les membres des forces de l'ordre, d'avoir cherché à leur faire peur pour s'opposer à leur action. • Douai, 11 janv. 1995 : *Gaz. Pal. 1995. 2. 543.*

106. Constitue le délit de violences sur une personne dépositaire de l'autorité publique, à l'occasion de l'exercice de ses fonctions, le fait d'agripper par ses vêtements un maire, tout en l'invectivant, lorsque ces violences sont commises en raison même de la qualité de la victime, manifestée par le port de l'écharpe tricolore. • Crim. 23 nov. 1999, n° 98-87.849 P.

107. Doit être déclaré coupable du délit de violences volontaires commises sur personne dépositaire de l'autorité publique sans incapacité le prévenu ayant donné des coups de pied à un lieutenant de police et un gardien de la paix, la qualité de personne dépositaire de l'autorité publique étant apparente ou connue du prévenu. • Poitiers, 24 juin 2004 : *JCP 2005. IV. 3264.*

108. Est constitutif de violence le fait pour deux élèves d'écraser une tarte composée de divers condiments sur le visage d'un surveillant de leur lycée. • Aix-en-Provence, 26 mai 2009 : *JCP G 2009, n° 48, p. 467.*

109. Indifférence à l'illégalité de l'acte. Le caractère délictueux des violences et des outrages envers les dépositaires de l'autorité ou de la force publique dans l'exercice de leurs fonctions n'est pas subordonné à la valeur légale des actes qu'ils accomplissent. • Crim. 29 nov. 1946 : *Bull. crim. n° 219* • 19 mai 1980 : *ibid. n° 152 ; RSC 1981. 373, obs. Vitu* • T. corr. Le Mans, 23 déc. 1946 : *Gaz. Pal. 1947. 1. 69.* ♦ Ce principe ne comporte de dérogation que lorsque l'agent, procédant de sa propre initiative, agit dans des conditions manifestement illégales, lorsqu'il sort du cadre de ses attributions. • T. corr. Lille, 12 févr. 1948 : *D. 1948. 305.*

110. A la supposer établie, l'illégalité d'un contrôle d'identité ne saurait entraîner la nullité des poursuites relatives à des outrages et coups ou violences volontaires commis contre les autorités de police à l'occasion dudit contrôle. • Crim. 7 févr. 1995, n° 94-81.502 P : *Dr. pénal 1996. 73, obs. Maron ; RSC 1996. 131, obs. Delmas Saint-Hilaire.* ♦ L'irrégularité d'un contrôle d'identité d'une personne non conforme aux exigences de l'art. 78-2 C. pr. pén., qui ouvrait à cette dernière le droit de contester cette mesure, par les voies légales, ne constitue pas un fait justificatif aux outrages et violences que la prévenue a sciemment commis en flagrant délit postérieurement au contrôle à l'égard d'un agent de la force publique, et qu'elle a reconnus tant devant les services de police que devant le procureur de la République. • Versailles, 15 déc. 1995 : *Gaz. Pal. 1996. 1. Somm. 267.* ♦ Rappr., en matière de rébellion : ss. art. 433-6.

111. Doit être cassé, pour violation de l'art. 593 C. pr. pén., l'arrêt qui a condamné les prévenus pour violence à agent de la force publique et infraction au régime de l'importation en franchise temporaire de véhicule automobile, sans répondre à leurs conclusions soulevant la nullité du procès-verbal d'infraction pour rétention arbitraire par les agents des douanes. • Crim. 4 déc. 1997 : *JCP 1998. IV. 1937.*

112. Le fait justificatif de légitime défense ne peut être invoqué par des individus qui ont porté des coups ou exercé des violences sur des gardiens de la paix, agissant dans l'exercice de leurs fonctions. • Crim. 9 févr. 1972, n° 91-34.971 P : *D. 1972. Somm. 80.*

113. Infraction de droit commun. Les violences ou voies de fait dirigées contre un agent de la force publique ou un citoyen chargé d'un service public dans l'exercice ou à l'occasion de l'exercice de ses fonctions constituent, quel que soit le mobile qui ait animé leur auteur, des infractions de droit commun, justifiant l'application de la contrainte par corps. • Crim. 14 janv. 1958 : *Bull. crim. n° 52* • 4 févr. 1971 : *ibid. n° 41.*

114. Conflits de qualifications. V. notes ss. art. 433-6 C. pén. (rébellion).

2° DÉPOSITAIRE AUTEUR (ANCIENS ART. 186 ET 198)

115. Jurisprudence européenne. D'une part, lorsqu'un individu est privé de sa liberté ou, plus généralement, se trouve confronté à des agents des forces de l'ordre, l'utilisation à son égard de la force physique alors qu'elle n'est pas rendue strictement nécessaire par son comportement porte atteinte à la dignité humaine et constitue, en principe, une violation du droit garanti par l'art. 3 de la Convention ; d'autre part, les allégations de mauvais traitements contraires à l'art. 3 doivent être étayées par des éléments de preuve appropriés ; pour l'établissement des faits allégués, la Cour se sert du critère de la preuve « au-delà de tout doute raisonnable », une telle preuve pouvant néanmoins résulter d'un faisceau d'indices, ou de présomptions non réfutées, suffisamment graves, précis et concordants (§ 28). • CEDH 3 oct. 2013, *Douet c/ France : D. actu. 9 oct. 2013, obs. Fucini.*

116. Personnes visées. L'employé chargé par la fabrique d'une église de percevoir le prix de la location des chaises, ne peut être considéré comme exerçant une fonction publique. • Crim. 30 janv. 1885 : *DP 1886. 1. 348.*

117. Actes visés. Un agent de la force publique ne puise pas dans cette seule qualité un droit général de recourir à la violence (en l'espèce, des blessures mortelles portées sur un fuyard), lorsqu'il n'assure l'exécution ni d'un mandat de justice, ni d'une décision judiciaire, mais se livre seulement à des recherches sur l'ordre de ses chefs. • TGI Lyon, 20 nov. 1961 : *D. 1962. 215 ; JCP 1962. II. 12560, note Vedel ; Gaz. Pal. 1962. 1. 71.* ♦ Rappr. : • Crim. 6 nov. 1991 : *Dr. pénal 1992. 90 ; RSC 1992. 751, obs. Levasseur.*

118. Ont été considérés comme des violences illégitimes, en application des art. 186 et 198 C. pén. : l'expulsion d'un membre du conseil municipal exécutée par les agents de la force publique sur les ordres d'un maire. • Montpellier, 3 juill. 1886 : *DP 1887. 2. 21.* ♦ ... Le fait par des inspecteurs de police d'avoir, sur une simple plainte en abus de confiance, amené de force au commissariat une personne qui s'était refusée de s'y rendre, aucun fait de rébellion n'ayant été relevé à son encontre. • Paris, 31 oct. 1955 : *JCP 1956. II. 9092 ; Gaz. Pal. 1955. 2. 409.* ♦ ... Les agissements du maire sortant d'une commune qui, à la veille des élections municipales, fait, sans raison apparente, appréhender un adversaire politique, et, celui-ci ayant opposé une certaine résistance, le frappe brutalement au visage, lui occasionnant ainsi une incapacité de travail de plusieurs jours. • Crim. 22 nov. 1956, n° 28.554 P.

119. Doit être réformé le jugement ayant relaxé des poursuites pour violences volontaires sans incapacité, le prévenu policier municipal, qui a pénétré en uniforme dans l'enceinte d'un gymnase pendant un cours, et a volontairement provoqué un choc émotif à une collégienne en l'admonestant verbalement ; en effet, il résulte des témoignages que la victime est revenue en cours, après avoir été convoquée par le prévenu, très contrariée et perturbée par la visite d'un homme en uniforme et des propos qu'il lui avait tenus ; au demeurant, le prévenu a déclaré qu'il avait « fait flipper la gamine » afin qu'elle ne recommence pas. • Riom, 3 nov. 2004 : *JCP 2005. IV. 3537.*

120. Le prévenu, gardien de la paix, a été poursuivi pour violences volontaires par personne dépositaire de l'autorité publique ; la victime a violemment été interpellée après une course-poursuite alors qu'elle pilotait un scooter ; le prévenu l'a giflée, puis lui a porté des coups de poing sur les oreilles ; la victime a subi une perforation du tympan ; l'existence de lésions bilatérales ne peut s'expliquer par une chute de la victime, ni par un état de fragilité antérieure, puisque l'expert a précisé que ces lésions provenaient d'un traumatisme ; les faits sont donc avérés, les déclarations de la victime étant réitérées et concordant avec un état de santé médicalement constaté immédiatement après les faits ; le parcours professionnel positif du prévenu n'exclut pas la réalité d'un acte isolé qui s'avère inadmissible de la part d'un fonctionnaire de police ; la déclaration de culpabilité est donc confirmée. • Douai, 7 mars 2007 : *JCP 2007. IV. 2648.*

121. Ordre de la loi et légitime défense. V. également ss. art. 122-4 et 122-5. ♦ A supposer que les textes permettent la violence, celle-ci doit toujours être utilisée avec modération, sans excès et dans la seule mesure où elle se révèle indispensable. • Crim. 6 août 1932 : *Bull. crim. n° 203 ; Gaz. Pal. 1932. 2. 765 ; S. 1934. 1. 158.*

122. Lorsqu'un individu se trouve privé de sa liberté (garde à vue), l'utilisation à son égard de la force physique, alors qu'elle n'est pas rendue strictement nécessaire par son comportement, porte atteinte à la dignité humaine et constitue une violation du droit garanti par l'art. 3 Conv. EDH. • CEDH 1er avr. 2004 : *AJ pénal 2004. 206, obs. Coste.*

123. Conflits de qualifications. Des violences commises par une personne dépositaire de l'autorité publique et des actes attentatoires à la liberté individuelle constituent des infractions différentes qui peuvent justifier des poursuites distinctes ; méconnaît ce principe la chambre d'accusation qui, pour déclarer irrecevable la seconde plainte déposée par le demandeur du chef d'acte attentatoire à la liberté individuelle (art. 114 ancien et 432-4 nouveau C. pén.), énonce que, à la date où elle a été déposée, la procédure ouverte à la suite de la première plainte, déposée pour des violences commises sur sa personne, lors de son interpellation par des gendarmes, dénonçait les mêmes faits en cours. • Crim. 21 avr. 1998, n° 97-81.438 P.

124. Pour refuser d'informer sur les faits de violences allégués par un détenu comme ayant été commises sur sa personne lors de son transfèrement, l'arrêt énonce que les faits, à les supposer constitués, n'ayant entraîné aucune incapacité totale de travail, seraient constitutifs d'une contravention, non susceptible d'être l'objet d'une plainte avec constitution de partie civile ; ils ajoutent qu'ils se seraient produits hors du ressort ; mais en se prononçant ainsi, alors que la partie civile mettait en cause des personnes dépositaires de l'autorité publique ou chargées d'une mission de service public et, sans avoir vérifié par une information préalable sa compétence territoriale, la chambre d'accusation a méconnu les art. 85 et 86 C. pr. pén. et 222-13 C. pén. • Crim. 30 janv. 2001, n° 00-80.656 P.

125. Responsabilité civile personnelle. Si la responsabilité de l'État est engagée en raison des fautes commises par ses agents lorsqu'elles ne sont pas dépourvues de tout lien avec le service, cette responsabilité n'est pas exclusive de celle des fonctionnaires auxquels est reproché un manquement volontaire et inexcusable à des obligations d'ordre professionnel et déontologique ; méconnaît l'art. 13 de la loi des 16 et 24 août 1790, le décret du 16 fructidor an III, l'art. 3 C. pr. pén., et le principe ci-dessus rappelé, la cour d'appel qui, pour infirmer le jugement qui a déclaré deux gardiens de la paix coupables du chef de violences ayant entraîné une incapacité de travail inférieure à huit jours et condamner l'agent judiciaire du Trésor, aux lieu et place des prévenus, au paiement des sommes allouées à la partie civile, énonce qu'ils ont commis des fautes personnelles non détachables de leurs fonctions, dès lors que les violences illégitimes ont été exercées au sein du commissariat, alors qu'il résulte de ses constatations que les fautes commises par les prévenus, si elles avaient été commises à l'occasion du service, constituaient néanmoins des manquements volontaires et inexcusables à des obligations d'ordre professionnel et déontologique. • Crim. 14 juin 2005, n° 04-83.574 P : *Gaz. Pal. 2006. 1. Somm. 592, note Monnet.*

126. Si la responsabilité de l'État est engagée en raison des fautes commises par ses agents lorsqu'elles ne sont pas dépourvues de tout lien avec le service, cette responsabilité n'est pas exclusive de celle des fonctionnaires auxquels est reprochée une faute personnelle détachable du service ; encourt la cassation l'arrêt d'une cour d'appel qui, après avoir condamné un fonctionnaire de la police nationale pour des violences aggravées commises sur le conducteur d'un véhicule qu'il venait d'interpeller, en lui portant des coups de poing au visage et en usant de « bien plus de force que nécessaire », se déclare incompétente pour connaître des demandes en réparation formées par la partie civile à l'encontre du policier, aux motifs que, si les violences exercées par le policier constituent une infraction pénale, elles l'ont été avec les moyens du service et à l'occasion de l'interpellation d'un délinquant, de sorte que la faute commise n'est pas détachable du service et que le contentieux de sa réparation relève des juridictions administratives. • Crim. 10 févr. 2009, n° 08-84.339 P : *RSC 2009. 373, obs. Mayaud.*

D. TÉMOIN, VICTIME OU PARTIE CIVILE (ANCIEN ART. 309, AL. 2-4°)

BIBL. Lemonde, *RSC 1996. 815* (la protection des témoins devant les tribunaux français).

127. En l'état de motifs qui ne caractérisent pas en quoi les faits visés à la prévention constitueraient des menaces de mort, non plus que des violences commises sur une victime ou une partie civile en raison de sa plainte ou de sa déposition, une cour d'appel ne donne pas de base légale à sa décision. • Crim. 25 juin 1997 : *Dr. pénal 1997. 151, obs. Véron.*

128. Il résulte des dispositions prévues à l'art. 309, 4° C. pén. en vigueur au moment des faits et reprises aujourd'hui par l'art. 222-13, 5° nouv. C. pén., que la loi ancienne exigeait, et que la loi nouvelle exige, qu'un temps minimal se soit écoulé, entre les faits susceptibles de dénonciation, de plainte ou de déposition, et l'infraction de violences pouvant constituer un obstacle à ces dénonciation, plainte ou déposition ; or, en l'espèce, cet intervalle temporel manque, puisque l'immédiateté des violences résultant de l'éjection d'un train en mouvement de la victime d'une agression sexuelle qui venait d'avoir lieu, ne pouvait avoir pour but d'empêcher cette victime de dénoncer l'agression ou de porter plainte pour celle-ci, sans que cet empêchement aboutisse par la mort de l'agressée à l'abolition certaine de la possibilité de la dénonciation ou de la plainte de celle-ci ; le délit de violences volontaires destinées à empêcher la victime d'une agression sexuelle de dénoncer cette infraction n'est pas caractérisé ; en revanche, la cour constate qu'il existe des charges suffisantes contre le prévenu d'avoir, par un commencement d'exécution, commis la tentative du crime d'homicide volontaire sur une personne, tentative qui n'a manqué son effet qu'en raison de circonstances indépendantes de la volonté de son auteur, faits prévus et réprimés par les art. 121-5 et 221-1 nouv. C. pén. • Versailles, 6 juin 1996 : *Gaz. Pal. 1996. 2. Somm. 502 ; BICC 1996. 1185.*

E. CONJOINT OU CONCUBIN

BIBL. Labbée, *D. 2009. Point de vue. 2814* (le ministre et les violences dans le couple). – Mulon et Casey, *Gaz. Pal. 2010. 2. Doctr. 3265* (loi du 9 juillet 2010 et décret du 29 septembre 2010 sur les violences conjugales : aspects de droit civil et de droit pénal).

129. Conjoint. Justifient leur décision les juges qui condamnent un mari sur le fondement de l'art. 222-13-6° C. pén. pour violences sur la personne de son épouse, n'ayant pas entraîné d'incapacité temporaire totale de travail pendant plus de huit jours, sans avoir égard au fait que le prévenu résidait alors séparément de cette dernière, dès lors que ce texte n'exige pas une communauté de vie pour recevoir application. • Crim. 7 avr. 1998, n° 97-84.068 P : *D. 1999. Somm. 156, obs. Mirabail ; Dr. pénal 1998. 114, obs. Véron.*

130. A justifié sa décision l'arrêt attaqué qui, pour relaxer le prévenu, retient qu'aucun témoin n'a décrit les violences dénoncées par la partie civile et que les enfants du couple ont déclaré n'avoir jamais assisté à des scènes de violences entre leurs parents, ajoutant que les constatations du seul certificat médical se rapportant à la période de la prévention, qui fait état de traumatismes, hématomes et contusions « susceptibles d'avoir été provoqués par une chute secondaire à une bousculade », ne sont pas de nature à démontrer, en l'absence d'autres éléments, que les blessures décrites aient été commises par le prévenu. • Crim. 21 févr. 2006, n° 05-84.015 P : *AJ pénal 2006. 264 ; RSC 2006. 830, obs. Mayaud.* ♦ En l'absence de griefs invoqués à l'appui d'une demande de divorce ou de séparation de corps, la prohibition du témoignage des descendants, prévue par l'art. 205 NCPC [devenu C. pr. civ.], n'est pas applicable à une procédure de violences entre époux. • Même arrêt.

131. Concubin. Dès lors que le mis en cause et la victime ne sont plus concubins au moment des faits, la victime elle-même ayant déclaré qu'il s'agissait de son ex-ami, les faits constituent non le délit de coups et blessures volontaires avec ITT de moins de 8 jours à concubin, prévu et réprimé par l'art. 222-13 (6°) C. pén., mais en réalité la contravention de violences volontaires avec ITT inférieure à huit jours, prévue et réprimée par l'art. R. 625-1 C. pén. • T. corr. Nanterre, 16 sept. 1994 : *Gaz. Pal. 1994. 2. Somm. 708.* ♦ La scène ayant donné lieu aux violences en cause se situant explicitement dans le contexte d'une liaison non contestée, c'est à bon droit que les premiers juges ont retenu la circonstance aggravante liée à la relation de concubinage. • Paris, 21 sept. 1999 : *Dr. pénal 2000, n° 57, obs. Véron.*

132. Est coupable du délit de coups ou violences volontaires par concubin le prévenu qui a donné des coups de poing à sa compagne dans le cadre d'une relation ludique qui a dégénéré ; s'il est vrai qu'il est arrivé aux concubins de s'administrer par jeu quelques tapes sur les fesses ou de s'agripper par les cheveux, en revanche, le nombre, la force et la localisation des coups (sur l'épaule et la cuisse de la victime) ne pouvaient que faire prendre conscience au prévenu qu'il avait dépassé les limites du jeu. • Toulouse, 8 févr. 2001 : *JCP 2001. IV. 2071.*

133. Tout jugement ou arrêt doit comporter les motifs propres à justifier la décision ; la contradiction des motifs équivaut à leur absence ; pour déclarer le prévenu coupable de violences par conjoint ou concubin suivies d'une incapacité n'excédant pas huit jours, l'arrêt attaqué énonce que la victime était encore sa concubine lors de la commission des faits, mais précise qu'à cette date il avait quitté le domicile commun depuis plus d'un mois pour retrouver une ancienne amie avec laquelle il avait eu précédemment un enfant, et qu'il était simplement revenu, ce jour-là, reprendre possession de ses affaires personnelles ; en prononçant ainsi, par des motifs contradictoires, la cour d'appel n'a pas justifié sa décision. • Crim. 1er févr. 2006 : *Dr. pénal 2006. 70, obs. Véron ; JCP 2006. I. 159, obs. Véron.*

134. La circonstance aggravante fondée sur les relations ayant existé entre l'ancien conjoint ou concubin de la victime de violences et leur auteur, telle qu'elle a été instituée par l'art. 132-80, al. 2, C. pén., est applicable, selon le premier alinéa de cet art., aux seuls crimes et délits, et non à la contravention prévue à l'art. R. 625-1 du même code. • Crim. 16 déc. 2009, n° 09-83.174 P : *D. 2010. AJ 268, obs. Gachi ; ibid. Pan. 2738, obs. Mirabail ; RSC 2010. 136, obs. Mayaud*. ♦ Le prévenu a été cité devant le tribunal correctionnel pour avoir exercé sur la personne de son ancienne conjointe, qui a subi un jour d'incapacité de travail, des violences en rapport avec leurs liens antérieurs ; déclarant le prévenu coupable de ces faits, les juges retiennent à son encontre la seule contravention de violences, en énonçant que la circonstance aggravante fondée sur les relations ayant existé entre l'auteur et la victime, telle qu'elle a été instituée par l'art. 132-80, al. 2, C. pén., n'est applicable, selon le premier al. de cet art., qu'aux peines encourues pour un crime ou un délit ; en statuant ainsi, la cour d'appel a fait l'exacte application de l'art. préc. dans sa rédaction en vigueur à la date des faits. • Crim. 8 sept. 2010 : *Gaz. Pal. 2010. 2. 557, note Detraz*. ♦ Comp. : Rép. min. n° 72122 : *JOAN Q 26 oct. 2010*.

135. Il est établi que le prévenu, en état d'ivresse manifeste, a porté des coups de poing au visage de la plaignante et il importe peu que cette dernière désire retirer sa plainte, cette volonté manifestée de retirer sa plainte n'est pas de nature à minimiser la gravité des actes commis par le prévenu à son endroit, mais pourrait attester de la peur de celle-ci ; en revanche, on ne saurait retenir la circonstance aggravante tirée de la qualité de conjoint, de concubin ou de partenaire lié à la victime par un pacte de solidarité ; en effet, le prévenu n'est pas le conjoint de la victime et ils ne sont pas liés par un pacte civil de solidarité ; le prévenu n'est pas plus son concubin au sens juridique du terme dès lors que l'art. 515-8 C. civ. dispose que « le concubinage est une union de fait, caractérisée par une vie commune présentant un caractère de stabilité et de continuité, entre deux personnes de sexe différent ou de même sexe, qui vivent en couple » ; or, en l'espèce, la victime et le prévenu ne se connaissaient que depuis un mois et demi, avaient un domicile séparé et leur vie commune ne présentait aucun caractère de stabilité et de continuité. • Montpellier, 6 avr. 2011 : *JCP G 2011, n° 952, obs. Zemrak*.

F. RACISME

136. Conditions. Il résulte de l'art. 132-76, al. 2, C. pén. que la circonstance aggravante visée au 5° *bis* de l'art. 222-12 C. pén. est constituée lorsque les violences incriminées par l'art. 222-11 du même code sont précédées, accompagnées ou suivies de propos, écrits, images, objets ou actes de toute nature portant atteinte à l'honneur ou à la considération de la victime ou d'un groupe de personnes dont fait partie la victime à raison de leur appartenance ou de leur non-appartenance, vraie ou supposée, à une ethnie, une nation, une race ou une religion déterminée ; encourt en conséquence la cassation l'arrêt d'une chambre de l'instruction, saisie de poursuites exercées sur le fondement des art. 222-11 et 222-12, 5° *bis*, C. pén., qui écarte la circonstance aggravante prévue par ce dernier texte au motif que manqueraient des éléments objectifs démontrant que la victime a subi des violences à raison de la couleur de sa peau, alors que cette juridiction a constaté que des propos racistes ont été tenus par les personnes mises en examen avant et pendant les violences. • Crim. 25 juin 2013, n° 12-84.790 P : *Gaz. Pal. 2013. 2. 3244, obs. Detraz*.

G. RÉUNION

137. Émotion. Justifie sa décision la cour d'appel qui, pour déclarer les prévenus coupables de violences n'ayant entraîné aucune incapacité de travail commises en réunion, après avoir relevé qu'ils ont retenu, pendant environ une heure, trois personnes dans une salle de la préfecture dont ils avaient fermé les issues, énonce qu'une telle action constitue une forme de violence qui, si elle n'a pas atteint physiquement les victimes, a été de nature à leur causer une sérieuse émotion. • Crim. 6 févr. 2002 : *D. 2002. 1510, note Mayer ; Dr. pénal 2002. 69, obs. Véron*.

H. PRÉMÉDITATION (ANCIEN ART. 309, AL. 2-5°)

138. Appréciation. Les juges du fond apprécient souverainement l'existence de la préméditation. • Crim. 29 oct. 1969, n° 90-75.969 P. • 19 nov. 1975 : *ibid. n° 251 ; Gaz. Pal. 1976. 1. 97*.

139. Le fait que les victimes auraient consenti aux violences n'est pas exclusif de la préméditation. • Crim. 1er juill. 1937 : *Bull. crim. n° 139 ; S. 1938. 1. 193, note Tortat*.

140. Constatation. Le mot « préméditation », défini par l'art. 297 C. pén. (nouveaux art. 132-72 et 221-3), qui lui a donné un sens précis, exprimant par lui-même qu'un dessein a été formé avant l'action, justifie sa décision l'arrêt qui, pour retenir à la charge du prévenu l'art. 309, al. 2-5°, dudit code (ancien art. 311), énonce que les violences ont été exercées avec préméditation. • Crim. 22 juill. 1965, n° 90-14.165 P.

141. Est entaché de contradiction l'arrêt qui constate, d'une part, que l'auteur de coups et blessures volontaires a agi avec préméditation, d'autre part, que le prévenu a porté lesdits coups dans un mouvement subit de colère. • Crim. 18 juin 1969, n° 93-17.168 P.

142. Illustrations. Appels téléphoniques anonymes, répétés et injurieux. • Crim. 4 janv. 1974, n° 90-88.773 P : *D. 1974. Somm. 10 ; JCP 1974. II. 17731, note Lindon ; Gaz. Pal. 1974. 1. 184 ; RSC 1974. 589, obs. Levasseur* • 3 mars 1992, n° 90-

85.373 P. ♦ A justifié sa décision, au regard des art. 309 ancien et 222-13 C. pén., la cour d'appel qui, pour retenir la culpabilité du prévenu, relève que la victime des courriers et appels téléphoniques malveillants a subi des perturbations du sommeil et des manifestations anxieuses entraînant un traumatisme psychologique, et ajoute que ces faits caractérisent l'infraction de violences avec préméditation, s'agissant d'un « comportement persécutoire » à l'égard de la victime. • Crim. 1er juin 1999 : *Gaz. Pal. 1999. 2, chron. crim. 142.* ♦ V. cependant art. 222-16.

143. ... Fait de passer des annonces dans le minitel rose, mentionnant les coordonnées d'un tiers, ce qui entraîne la réception d'un courrier obscène pour cette personne. • Metz, 22 mai 1991 : *JCP 1992. IV. 1841, p. 201* ; conf. par • Crim. 17 juin 1992, nº 91-83.979 P.

144. ... Envoi de lettres de menaces (application de l'art. 222-13-9º). • Crim. 27 juin 1995 : *Gaz. Pal. 1995. 2. Somm. 454.* ♦ ... Envoi de deux lettres anonymes, espacées de quatre mois, dont le contenu, constitué d'attaques véhémentes sur sa façon d'élever ses enfants, a causé à la victime un choc émotif certain, ainsi qu'en atteste son médecin traitant dans un certificat médical, aux termes duquel il apparaît qu'elle a présenté un épisode d'anxiété avec perturbation du sommeil pendant quelques semaines. • Crim. 12 juin 1997 : *Gaz. Pal. 1997. 2, chron. crim. 215.*

145. ... Actes de détournement d'avion. • TGI Corbeil, 12 mars 1969 : *D. 1969. Somm. 102 ; JCP 1969. II. 16023, note de Juglart et du Pontavice* • Paris, 10 févr. 1969 : *ibid.*

I. USAGE OU MENACE D'UNE ARME (ANCIEN ART. 309, AL. 2-6º)

146. Définition des armes. V. art. 132-75.

147. Constituent des armes au sens de l'art. 309, al. 2-6º, C. pén., non seulement les armes par nature, mais encore les armes par l'usage qu'on en fait. • Crim. 14 mars 1989, nº 88-82.822 P : *RSC 1989. 738, obs. Levasseur.*

148. Ainsi en est-il : d'un bâton. • Paris, 10 juill. 1981 : *D. 1982. 266, note Rassat.* ♦ ... D'une tronçonneuse en marche. • Crim. 9 janv. 1986 : *Gaz. Pal. 1986. 2. 598.* ♦ ... D'une automobile. • Crim. 14 mars 1989 : *préc. note 147* • 19 déc. 1991 : *Dr. pénal 1992. 171 ; RSC 1992. 750, obs. Levasseur* • 8 déc. 1992 : *Dr. pénal 1993. 128 ; RSC 1993. 775, obs. Levasseur* • 7 sept. 1993 : *Gaz. Pal. 1993. 2. Somm. 570 ; RSC 1994. 330, obs. Levasseur* • 18 mars 2003, nº 02-85.565 P : *D. 2004. Somm. 311, obs. de Lamy ; Dr. pénal 2003, comm. 95, obs. Véron* (passage en force d'un barrage de gendarmerie) • Grenoble, 13 mars 2002 : *JCP 2002. IV. 3084* (prévenu conduisant sous l'empire d'un état alcoolique qui s'amuse à faire peur aux piétons en fonçant sur eux avant de freiner brutalement) • Toulouse, 19 sept. 2002 : *Dr. pénal 2003. 2 (1re esp.) et 6, obs. Véron* (« queue de poisson » effectuée à grande vitesse sur autoroute) • TGI Aix-en-Provence, 26 juin 1975 : *D. 1975. Somm. 108 ; RSC 1976. 110, obs. Levasseur.* ♦ ... D'un drapeau de juge de touche. • Crim. 11 mai 1989 : *Dr. pénal 1989. 57 ; RSC 1990. 339, obs. Levasseur.* ♦ ... D'un trousseau de clefs. • Pau, 12 oct. 1994 : *Dr. pénal 1995. 117, obs. Véron.* ♦ ... D'un engin agricole (pulvérisateur automoteur) muni d'une rampe de 24 mètres de large destinée à diffuser du désherbant. • Crim. 23 janv. 1995 : *Dr. pénal 1995. 116, obs. Véron ; Gaz. Pal. 1995. 1. Somm. 239.* ♦ ... D'un verre. • Crim. 7 mai 1996, nº 95-83.561 P : *Dr. pénal 1996. 215, obs. Véron.* ♦ ... De tabourets de bar. • Crim. 23 oct. 1996 : *inédit.*

149. Appréciation de l'usage. Justifie légalement sa décision, tant au regard de l'art. 309, al. 2-6º, ancien, que de l'art. 222-13-10º, C. pén., la cour d'appel qui, pour condamner un prévenu du chef de violences n'ayant pas entraîné une incapacité totale de travail pendant plus de huit jours mais commises avec arme, retient qu'au cours d'une altercation l'opposant à des jeunes gens, le prévenu a tiré, en visant le sol, un coup de feu au moyen d'un fusil à pompe chargé de munitions en caoutchouc et qu'un projectile a déchiré le bas de la jambe droite du pantalon de la victime, ces constatations établissant que le coup de feu a été tiré pour causer un choc émotif. • Crim. 30 avr. 1996, nº 95-84.271 P : *Dr. pénal 1996. 216, obs. Véron.*

150. Doit être condamnée du chef de violences avec menace d'une arme sur un professionnel de santé la prévenue qui a menacé une infirmière se trouvant à l'accueil d'un centre médico-psychologique avec une arme de poing ; les violences visées à l'art. 222-13 C. pén. comprennent celles qui, sans atteindre matériellement la victime, sont de nature à provoquer un choc émotif ; tel est le cas en l'espèce. • Bourges, 3 avr. 2008 : *JCP 2009. IV. 1933.*

151. Questions. En décomposant la question de meurtre en trois questions, permettant ainsi à la cour d'assises de déterminer si les faits dont elle était saisie par l'arrêt de renvoi étaient constitutifs de meurtre ou de violences mortelles, le président pouvait, sans altérer la substance dudit arrêt, poser, comme résultant des débats, la question spéciale d'usage d'une arme dans l'hypothèse où seule la qualification de violences mortelles serait retenue par la cour et le jury et mettait ainsi l'accusé en mesure de s'expliquer sur les faits constitutifs de la circonstance aggravante objet de ladite question. • Crim. 7 nov. 2007 : *D. 2008. Chron. C. cass. 109, obs. Caron.*

J. LOCAUX D'ENSEIGNEMENT OU DE L'ADMINISTRATION

152. Les locaux de l'administration au sens de l'art. 222-13, 11º, C. pén. ne constituent une circonstance aggravante des violences volontaires que s'ils dépendent des établissements d'enseignement, et ne concernent pas les locaux des autres administrations. • Crim. 14 oct. 2020, n° 19-86.759 : *D. actu. 3 déc. 2020, obs. Albisetti.*

IV. POURSUITES

153. *Agent public.* Lorsque la responsabilité d'un membre de l'enseignement public se trouve engagée à la suite d'un fait dommageable commis au détriment des élèves qui lui sont confiés, la responsabilité de l'État est substituée à celle de l'enseignant. • Crim. 7 nov. 2017, n° 16-84.329 P : *D. actu. 20 nov. 2017, obs. Goetz ; RSC 2017. 740, obs. Mayaud ; Dr. pénal 2018, n°s 3 et 4, obs. Conte.*

154. *Action civile.* Le conseil départemental de l'ordre des médecins est irrecevable à se constituer partie civile du fait des violences avec armes subies par un médecin, qui avait été contraint par des toxicomanes de délivrer une ordonnance prescrivant des stupéfiants ; le conseil n'a subi aucun dommage matériel ou moral du fait de l'infraction, et aucune disposition légale ne l'habilitait à intervenir dans une cause qui lui était étrangère. • Crim. 5 juin 1996, n° 95-83.374 P. ♦ La chambre régionale des huissiers de justice est irrecevable à se constituer partie civile à l'occasion des poursuites exercées contre les prévenus du chef de violences sur un officier ministériel ; le préjudice invoqué ne peut résulter des infractions de violences reprochées au prévenu et aucune disposition légale ne l'habilite à demander réparation d'un préjudice indirect causé à l'intérêt collectif des huissiers de justice. • Crim. 14 nov. 1996, n° 96-80.350 P : *JCP 1997. II. 22850, note Boré.*

155. N'a pas introduit un fait nouveau, distinct de celui sur lequel reposait la poursuite, la cour d'appel qui, par des motifs exempts d'insuffisance et relevant de son appréciation souveraine, a énoncé qu'il appartient aux juges saisis de l'action civile de tenir compte, dans l'appréciation du préjudice, non seulement de tous faits accessoires s'identifiant aux faits délictueux, mais également de faits même postérieurs à l'infraction, dès lors qu'ils en sont la conséquence dommageable directe ; qu'en l'espèce, il ne pouvait être sérieusement contesté, au regard des éléments du dossier, que la partie civile n'avait sauté par la fenêtre que pour échapper à son agresseur, lequel l'avait déjà menacé de mort par téléphone, était armé, le caractère factice de l'arme, qui n'a pas été retrouvée, n'ayant pu être établi, et avait, quatre heures durant, fait preuve d'un particulier sadisme ; qu'ainsi, quelles qu'aient été ses intentions réelles, sa victime pouvait légitimement craindre pour son intégrité physique, voire même pour sa vie ; que les graves blessures occasionnées par sa chute du deuxième étage constituaient donc bien une conséquence dommageable directe des violences commises par le prévenu, qui devra en assurer la réparation intégrale. • Crim. 11 févr. 1998 : *Dr. pénal 1998. 89, obs. Maron.*

156. Il résulte de l'arrêt attaqué et des pièces de la procédure que, le 30 juill. 2003, Patrick X... a porté plainte et s'est constitué partie civile en exposant que, le 3 août 2000, Raymonde X..., sa mère, décédée en déc. 2000, avait été victime de la part de Dominique X..., sa sœur, de violences matérialisées par une ecchymose sur chaque bras et ayant entraîné une incapacité totale de travail pendant six jours ; que, dans sa plainte, Patrick X... indiquait agir en qualité d'héritier, à raison de « l'atteinte physique incontestable et du choc émotif majeur » qu'aurait subis la victime ; le juge d'instruction a déclaré cette constitution de partie civile irrecevable au motif que Patrick X... ne justifiait pas d'un préjudice personnel ; devant la chambre de l'instruction, la partie civile appelante a produit un mémoire articulant qu'elle avait subi, non seulement « un préjudice successoral résultant des faits de violence dont sa mère aurait souffert depuis l'agression », mais aussi « un préjudice moral distinct du préjudice successoral mais venant s'y ajouter » ; pour confirmer l'ordonnance entreprise, la chambre de l'instruction retient que Patrick X... ne justifie pas d'un préjudice personnel et n'a pu recueillir, en qualité d'héritier, une action que sa mère n'avait pas engagée ; en prononçant ainsi, les juges ont justifié leur décision : d'une part, la plainte, qui émanait non de la victime, mais de l'un de ses proches, ne s'appuyait, en l'espèce, sur aucune circonstance personnelle permettant au juge d'admettre comme possible l'existence du préjudice allégué et la relation directe de celui-ci avec l'infraction ; d'autre part, l'action publique n'ayant été mise en mouvement ni par la victime elle-même ni par le ministère public, le demandeur ne pouvait exercer que devant la juridiction civile le droit à réparation du dommage qui lui avait été transmis en sa qualité d'héritier. • Crim. 27 avr. 2004, n° 03-87.065 P : *JCP 2004. II. 10157, note Boré et de Salve de Bruneton ; Gaz. Pal. 2004. 2. Somm. 3890, obs. Monnet ; RSC 2004. 904, obs. Commaret.*

157. Selon l'art. 3 C. pr. pén., les tribunaux répressifs ne sont compétents pour connaître de l'action civile en réparation du dommage né d'une infraction qu'accessoirement à l'action publique ; il en découle que ces tribunaux ne peuvent se prononcer sur l'action civile qu'autant qu'il a été préalablement statué au fond sur l'action publique ; poursuivi pour avoir menacé M. Y... d'exercer contre lui le délit de violences avec arme, M. X... a été relaxé par jugement du 10 oct. 2008 devenu définitif ; le 2 mars 2010, M. Y... a fait citer M. X... devant le tribunal correctionnel pour le voir, en raison des mêmes faits, déclaré coupable de violences avec armes et condamné à réparer le préjudice résultant de cette infraction ; par jugement du 28 mars 2012, le tribunal a déclaré l'action publique éteinte par la chose jugée et l'action civile irrecevable ; M. Y... a interjeté appel de ce jugement ; pour confirmer le jugement en ce qu'il a déclaré l'action publique éteinte et pour déclarer l'action civile recevable, la cour d'appel énonce qu'en raison de la survivance de l'action civile, les juges d'appel sont tenus de vérifier si les faits qui leur sont déférés entrent dans les prévisions des textes fondant la poursuite lorsque celle-ci a été clôturée par une relaxe, que ce soit pour inexistence des faits ou pour extinction de l'action publique ; en statuant ainsi, alors qu'en raison de l'extinction de l'action publique, les juges répressifs ne pouvaient pas statuer sur l'action civile, la cour d'appel a méconnu le sens et la portée du texte susvisé et le principe ci-dessus rappelé. • Crim. 18 nov. 2014 : *D. actu. 9 déc. 2014, obs. Priou-Alibert ; D. 2014. Actu. 2410 ; AJ pénal 2015. 93, obs. Gallois ; ibid. 149, obs. Perrier ; JCP G 2014. 1246, obs. Donnier.*

158. Réparation. Estimant que des policiers s'adressaient de façon agressive à un groupe de jeunes gens dont ils contrôlaient l'identité, une personne a tenté de s'interposer entre eux ; l'un des gardiens de la paix l'a frappée au visage avec une matraque dissimulée le long de son bras et lui a brisé plusieurs dents ; après avoir condamné le gardien de la paix du chef de violences ayant entraîné une incapacité de travail inférieure à huit jours commises par une personne dépositaire de l'autorité publique et avec usage d'une arme, la cour d'appel a déclaré irrecevable la demande en réparation de la victime, en énonçant que la faute du policier a été commise dans l'exercice de ses fonctions, avec les moyens du service et que, quelle que soit sa gravité, elle n'est pas dépourvue de lien avec le service, de sorte que la responsabilité de l'État doit se substituer à celle de son agent ; en se déterminant ainsi, alors qu'elle constatait que la faute imputée au gardien de la paix, si elle n'était pas dépourvue de tout lien avec le service, constituait néanmoins un manquement volontaire et inexcusable à des obligations d'ordre professionnel et déontologique, la cour d'appel a méconnu l'art. 13 de la loi des 16 et 24 août 1790, le décret du 16 fructidor an III et l'art. 3 C. pr. pén. ; en effet, la juridiction judiciaire est tenue de statuer sur la réparation des conséquences dommageables de la faute commise par un agent public et revêtant le caractère d'une faute personnelle, détachable de la fonction ; constitue une telle faute celle qui révèle un manquement volontaire et inexcusable à des obligations d'ordre professionnel et déontologique. • Crim. 16 nov. 2004, n° 03-87.114 P : *AJ pénal 2005. 76 ; Gaz. Pal. 2005. 1. Somm. 2092, note A.C.*

159. Les dispositions de l'art. 4 de la L. du 5 juill. 1985 ne sont pas applicables lorsque les dommages corporels subis par le conducteur d'un véhicule sont la conséquence des violences volontaires dont le conducteur du véhicule qui l'a heurté a été déclaré coupable. • Crim. 29 mars 2006, n° 05-82.515 P : *AJ pénal 2006. 311, obs. Roussel .*

160. Selon l'art. L. 911-4 C. éduc., lorsque la responsabilité d'un membre de l'enseignement public se trouve engagée à la suite d'un fait dommageable commis au détriment des élèves qui lui sont confiés, la responsabilité de l'État est substituée à celle de l'enseignant, qui ne peut jamais être mis en cause devant les tribunaux civils par la victime ou ses représentants ; les règles de compétence des juridictions sont d'ordre public et peuvent être invoquées à tous les stades de la procédure ; méconnaît ces principes et l'art. 591 C. pr. pén., l'arrêt qui, après avoir déclaré le prévenu coupable de violences sur une de ses élèves, le condamne à payer des dommages-intérêts à la partie civile, alors que, si la constitution de partie civile, qui tend seulement à établir la culpabilité du prévenu, était recevable, l'action civile en réparation du dommage ne pouvait être suivie contre l'enseignant. • Crim. 20 sept. 2006, n° 05-87.229 P : *D. 2007. 187, note Ambroise-Castérot ; ibid. 2007. 974, obs. Pradel ; AJ pénal 2006. 503 ; RSC 2007. 116, obs. Giudicelli .*

161. Les dispositions de l'art. 11 de la L. du 13 juill. 1983 établissent à la charge de l'État ou des collectivités publiques intéressées, et au profit des fonctionnaires lorsqu'ils ont été victimes d'attaques à l'occasion de l'exercice de leurs fonctions, une obligation de protection à laquelle il ne peut être dérogé, sous le contrôle du juge, que pour des motifs d'intérêt général ; cette obligation de protection peut avoir pour objet, non seulement de faire cesser les attaques auxquelles le fonctionnaire est exposé, et de l'assister dans les procédures judiciaires qu'il pourrait engager, mais aussi de lui assurer une réparation intégrale des préjudices qu'il a subis (en l'espèce le préjudice moral d'un professeur victime d'une agression par un de ses élèves). • TA Versailles, 14 nov. 2008 : *JCP 2009. II. 10014, note Piastra.*

162. L'auteur d'un accident doit réparer l'intégralité des conséquences dommageables ; principal actionnaire d'une société exploitant un fonds de commerce, une personne a été victime d'une agression ayant entraîné pour elle une incapacité de travail d'un an ; elle a cédé ses actions à un prix inférieur à celui du marché ; pour limiter le montant du préjudice économique à la perte d'une chance de mieux vendre les actions, l'arrêt attaqué retient que la victime pouvait, au bout de dix mois, être présente à nouveau au restaurant pour accueillir la clientèle et au besoin diriger le personnel et que la vente n'était pas la seule solution envisageable, alors qu'elle avait tout le temps nécessaire pour trouver un acquéreur à un prix acceptable devant une situation qui, à dire d'expert, était saine sur le plan financier ; que, dans un contexte pressant, elle a pris une responsabilité certaine en vendant rapidement et dans ces conditions son fonds de commerce ; en statuant ainsi, alors qu'elle retenait que la vente des actions avait constitué une mesure de gestion raisonnable et qu'il existait un lien de causalité entre cette vente et l'infraction, ce dont il devait résulter que le préjudice consistait dans la moins-value, la cour d'appel a violé le texte susvisé. • Civ. 2e, 22 janv. 2009 : *D. 2009. AJ 430 ; JCP 2009. IV. 1299.*

163. Les dispositions propres à l'indemnisation des victimes d'infractions sont applicables aux victimes d'un accident du travail imputable à la faute intentionnelle de l'employeur ou de l'un de ses préposés ; en énonçant le contraire, une cour d'appel a violé l'art. 706-3 C. pr. pén., ensemble l'art. L. 452-5 CSS. • Civ. 2e, 4 févr. 2010 : *D. 2010. AJ 507*.

164. Si les juges du fond apprécient souverainement le montant du préjudice subi par la victime d'une infraction, il en va différemment lorsque cette appréciation est déduite de motifs insuffisants, contradictoires ou erronés ; le 7 avr. 2010, M. Y... a tiré, sans l'atteindre, en direction de M. X..., gendarme, qui tentait de l'interpeller après une tentative de vol à main armée ; M. X... a été en arrêt de travail durant cinq jours à la suite des faits ; il a été de nouveau arrêté en oct. 2010 et a cessé son activité de gendarme en raison d'importants troubles psychologiques ; la cour d'assises, après avoir retenu la culpabilité de M. Y..., a reçu la constitution de partie civile de M. X... et condamné M. Y... à lui verser la somme de 5 000 euros en réparation du préjudice moral subi ; M. X..., invoquant avoir subi d'autres préjudices, a relevé appel de cette décision ; pour limiter la réparation due à M. X... à celle de son préjudice moral, l'arrêt attaqué se fonde sur deux examens psychologique et médical relevant l'existence d'un état de stress post-traumatique et en déduit que l'intéressé a uniquement subi un traumatisme psychologique résultant des violences commises et qu'en l'absence de blessures, aucun déficit fonctionnel temporaire ou permanent et aucun préjudice professionnel ne peuvent être retenus ; mais, en écartant l'éventualité de préjudices corporels en l'absence de blessures, alors même que le médecin ayant examiné M. X... avait retenu une invalidité consécutive à cet état de stress, la cour d'appel a méconnu les textes susvisés et le principe ci-dessus rappelé ; d'où il suit que la cassation est encourue. • Crim. 21 oct. 2014 : *D. actu. 7 nov. 2014, obs. Priou-Alibert.*

165. Partage de responsabilité. Les victimes de violences volontaires, blessées aux membres inférieurs par des coups de fusil, doivent voir leur indemnisation limitée eu égard à la gravité et au rôle causal respectif des fautes commises par chacune d'elles à l'origine de leur préjudice corporel ; en effet, il s'agissait de deux squatters qui troublaient la tranquillité des autres habitants, notamment en participant à de la musique nocturne agressive et plus précisément de la batterie (à 4 fûts) et du djembé (tambour africain), et cela de façon habituelle ; la proportion du dommage laissée à la charge de chacune des victimes doit être fixée à un quart. • Toulouse, 2 juin 2003 : *JCP 2004. IV. 1184.*

166. Solidarité. La solidarité, édictée par l'art. 480-1 C. pr. pén., entre les individus condamnés pour un même délit, s'applique également à ceux qui ont été déclarés coupables de différentes infractions rattachées entre elles par des liens d'indivisibilité ou de connexité ; il en est ainsi en cas de violences commises en réunion sur plusieurs personnes, procédant d'une action concertée, déterminée par la même cause et tendant au même but ; cassation, pour méconnaissance du sens et de la portée de ce texte, de l'arrêt qui, pour débouter de leurs demandes en réparation des fonctionnaires de police blessés lors d'un attroupement et constitués parties civiles, et limiter la solidarité des prévenus déclarés coupables, en ce qui concerne les réparations civiles mises à leur charge, énonce qu'il y a lieu « de personnaliser les condamnations », que « la solidarité ne se présume pas, que la charge des dommages-intérêts sera affectée à chacun des prévenus formellement identifié comme ayant porté des coups à tel ou tel fonctionnaire » et « qu'il n'y a pas lieu d'ordonner le paiement des dommages-intérêts lorsque l'auteur des coups n'a pu être identifié », alors que les juges du fond constatent que l'ensemble des dommages corporels subis par les parties civiles ont été causés à la suite des faits de rébellion et de violences commis en réunion auxquels les prévenus déclarés coupables se sont livrés sur les policiers, après l'arrestation de l'un d'eux, caractérisant ainsi le lien de connexité existant entre les différentes actions coupables. • Crim. 22 oct. 1997, n° 96-85.970 P.

167. Prescription. Il résulte des art. 7 et 9 C. pr. pén. qu'en matière de contravention, la prescription de l'action publique est d'une année révolue à compter du jour où l'infraction a été commise, si, dans cet intervalle, il n'a été fait aucun acte d'instruction ou de poursuite ; ces textes ne prévoient aucune exception à la règle qu'ils édictent ; méconnaît ces dispositions l'arrêt qui énonce que la prescription ne peut être acquise avant que le tribunal correctionnel n'ait disqualifié en contravention le délit dont il avait été saisi par citation directe de la partie civile, malgré l'absence de tout acte d'instruction ou de poursuite, pendant plus d'un an, entre la date de cette citation et celle des faits imputés au prévenu. • Crim. 7 mai 1996, n° 95-83.992 P.

168. La prescription de l'action publique n'est pas suspendue par l'exécution d'une expertise ordonnée par la juridiction pénale ; encourt, dès lors, la cassation l'arrêt confirmatif ayant disqualifié en contravention les faits poursuivis comme délit de violences et condamné la prévenue après avoir écarté la prescription de l'action publique, alors que plus d'un an s'était écoulé entre le jugement ayant ordonné l'expertise en vue de déterminer la durée de l'incapacité totale de travail de la victime et la nouvelle citation à comparaître devant le tribunal correctionnel. • Crim. 3 oct. 2000, n° 00-81.257 P : *Gaz. Pal. 2001. 1. Somm. 973, note Monnet.*

169. Il se déduit de l'al. 2 de l'art. 8 C. pr. pén., dans sa rédaction issue de la loi du 9 mars 2004, que la règle, selon laquelle le délai de prescription des délits commis sur des mineurs ne commence à courir qu'à partir de la majorité de la victime, ne s'applique qu'aux infractions mentionnées à l'art. 706-47 C. pr. pén. et à celles définies par les art. 222-12, 222-30 et 227-26 C. pén., à l'exclusion de celles prévues par l'art. 222-13 ; encourt la cassation en application de ce texte l'arrêt qui condamne un prévenu pour des violences volontaires n'ayant entraîné aucune incapacité totale de travail, sur des mineurs de 15 ans, infraction définie par l'art. 222-13 C. pén., alors que les faits ont été commis plus de trois ans avant l'entrée en vigueur de la loi du 9 mars 2004 et qu'aucun acte interruptif de prescription n'ayant été effectué sous l'empire de la loi du 17 juin 1998, la prescription de l'action publique était acquise au moment de l'entrée en vigueur de la loi nouvelle. • Crim. 25 nov. 2009, n° 09-81.040 P : *D. 2010. AJ 20* ; *JCP G 2009, n° 52, p. 28.*

170. Complicité. Le complice encourt la responsabilité de toutes les circonstances qui qualifient l'acte poursuivi, sans qu'il soit nécessaire que celles-ci aient été connues de lui ; ainsi, a fait l'exacte application des art. 60 ancien et 121-7 nouveau C. pén. la cour d'appel qui, pour déclarer un prévenu coupable de complicité du délit de violences avec arme ayant entraîné une incapacité totale de travail de plus de 8 jours, relève qu'il avait demandé qu'on « prenne à partie » la victime et qu'on lui fasse « une grande frayeur », retient que le prévenu doit supporter la responsabilité pénale des violences qui ont ensuite été exercées sur cette victime, alors même qu'il ignorait qu'il serait fait usage à son encontre d'une bombe lacrymogène et qu'il s'ensuivrait pour elle une incapacité totale de travail de 10 jours, et énonce enfin qu'il devait prévoir toutes les circonstances pouvant accompagner le délit dont il était l'instigateur. • Crim. 21 mai 1996, n° 95-84.252 P : *Dr. pénal 1996. 213, obs. Véron.*

171. Caractérise des modes de complicité punissables, tant par aide, assistance, que par provocation, dons, promesses, menaces, abus d'autorité ou de pouvoir, au sens de l'art. 60 C. pén. en vigueur jusqu'au 1er mars 1994 et des art. 121-6 et 121-7 nouveaux C. pén., le fait, par le propriétaire d'une discothèque, de mettre à la disposition de son personnel divers instruments, tels que battes de base-ball, barres, manches de pioches, matraques cachées, mais accessibles, à l'entrée de l'établissement, et que le personnel avait consigne d'utiliser « en cas de besoin », étant précisé que ces employés seraient « couverts » s'il y avait des incidents graves, mais « qu'en cas d'inobservation de ces consignes, ils pouvaient être mis à la porte ». • Crim. 3 avr. 1996 : *Gaz. Pal. 1996. 2, chron. crim. 142.*

Art. 222-14 **Les violences habituelles sur un mineur de quinze ans ou sur une personne dont la particulière vulnérabilité, due à son âge, à une maladie, à une infirmité, à une déficience physique ou psychique ou à un état de grossesse, est apparente ou connue de leur auteur sont punies :**

1° De trente ans de réclusion criminelle lorsqu'elles ont entraîné la mort de la victime ;

2° De vingt ans de réclusion criminelle lorsqu'elles ont entraîné une mutilation ou une infirmité permanente ;

3° De dix ans d'emprisonnement et de 150 000 € d'amende lors qu'elles ont entraîné une incapacité totale de travail pendant plus de huit jours ;

4° De cinq ans d'emprisonnement et de 75 000 € d'amende lors qu'elles n'ont pas entraîné une incapacité totale de travail pendant plus de huit jours.

(L. n° 2010-769 du 9 juill. 2010, art. 25-I) **« Les peines prévues par le présent article *sont également applicables* aux violences habituelles commises par le conjoint ou le concubin de la victime ou par le partenaire lié à celle-ci par un pacte civil de solidarité. Les dispositions du second alinéa de l'article 132-80 sont applicables au présent alinéa. »**

Les deux premiers alinéas de l'article 132-23 relatif à la période de sûreté sont applicables aux cas prévus aux 1° et 2° du présent article. – *Pr. pén. 2-1 s., 8, 689-5.*

Sur certaines violences volontaires ayant entraîné une incapacité totale de travail d'une durée inférieure ou égale à huit jours, V. aussi art. R. 625-1 ; ... n'ayant entraîné aucune incapacité, V. art. R. 624-1.

1. Traitements inhumains ou dégradants. Nul ne peut être soumis à des traitements inhumains ou dégradants ; cassation, pour violation des art. 222-13 et 222-14 C. pén., de l'arrêt qui, pour estimer justifiées les sanctions infligées à de jeunes pensionnaires autistes par le personnel éducatif d'une institution spécialisée – lesquelles consistaient en « privations de repas, enfermements dans un placard, administration de douches froides ou obligations de ramassage de leurs excréments » – énonce que les mesures en question peuvent s'inscrire dans un cadre éducatif en raison du contexte particulier tenant à la pathologie lourde des personnes auxquelles elles ont été appliquées et qu'il n'apparaît pas de disproportion entre ces sanctions et la gravité des crises et comportements auxquels elles répondaient, alors que ne peuvent constituer des mesures éducatives des traitements dégradants imposés à des êtres humains. • Crim. 2 déc. 1998, n° 97-84.937 P : *D. 2000. Somm. 32, obs. Mayaud* ; *Dr. pénal 1999. 83, obs. Véron.*

2. Limites de la simple correction. Pour punir le fils aîné de son compagnon, âgé de 12 ans, qui venait de briser la vitre arrière du véhicule de son père, la prévenue l'a obligé à rester dans la cour à genoux sur un morceau de bois pendant plusieurs heures en plein soleil ; l'examen de l'enfant a révélé la présence de multiples hématomes sur les fesses, les cuisses, le dos et à hauteur de l'arcade sourcilière de l'enfant ; ses déclarations, comme celles de son frère âgé de 10 ans, ont mis en évidence des faits de maltraitance habituelle imputés tant à leur père qu'à sa compagne ; en dépit des déclarations des prévenus, ces violences vont bien au-delà de la simple correction administrée en cas de mauvaise conduite des enfants ; elles s'inscrivent dans un contexte de franche hostilité de la prévenue à l'égard des enfants du premier lit de son compagnon qui prenait parti pour elle ; il convient donc de confirmer leur condamnation du chef de violences habituelles sur mineurs de 15 ans. • Amiens, 29 août 2007 : *JCP 2008. IV. 1077.*

3. Action civile. L'art. 378 C. civ. institue non pas une peine accessoire frappant le condamné mais une mesure de protection de ses enfants d'ordre purement civil ; selon l'art. 497 C. pr. pén., la faculté d'appeler appartient à la partie civile, quant à ses intérêts civils ; il résulte de l'arrêt attaqué et des pièces de procédure que le prévenu a été renvoyé devant le tribunal correctionnel pour avoir commis des violences habituelles sur ses deux enfants mineurs et porté des coups à son épouse ; constituée partie civile, celle-ci a notamment demandé au tribunal, au nom de ses enfants, de retirer l'autorité parentale au prévenu en application de l'art. 378 C. civ. ; après avoir déclaré le prévenu coupable des infractions poursuivies et prononcé tant sur la peine que sur les réparations, le tribunal a rejeté cette demande ; la partie civile a, seule, interjeté appel du jugement en limitant son recours au refus du retrait de l'autorité parentale ; pour confirmer le jugement, l'arrêt énonce, d'une part, que la juridiction du second degré, statuant sur l'action civile, ne peut se prononcer en l'absence du ministère public, non appelant, d'autre part, que la partie civile n'a pas la faculté de remettre en cause une disposition prise, à bon droit, par le tribunal correctionnel au titre de l'action pénale ; en prononçant ainsi, alors que le représentant légal d'un enfant victime d'un crime ou d'un délit commis par son père ou sa mère peut demander à la juridiction pénale, au titre de l'action civile, le retrait de l'autorité parentale, la cour d'appel, à laquelle il incombait de renvoyer la cause à une audience ultérieure tenue en présence du ministère public, a méconnu le sens et la portée des textes susvisés. • Crim. 23 sept. 2008 : *D. 2008. AJ 2724.*

Art. 222-14-1 *(L. n° 2007-297 du 5 mars 2007, art. 44)* **Lorsqu'elles sont commises en bande organisée ou avec guet-apens, les violences commises avec usage ou menace d'une arme sur un fonctionnaire de la police nationale, un militaire de la gendarmerie, un membre du personnel de l'administration pénitentiaire ou toute autre personne dépositaire de l'autorité publique, ou sur un sapeur-pompier civil ou militaire ou un agent d'un exploitant de réseau de transport public de voyageurs dans l'exercice, à l'occasion de l'exercice ou en raison de ses fonctions ou de sa mission, sont punies :**

1° De trente ans de réclusion criminelle lorsqu'elles ont entraîné la mort de la victime ;

2° De vingt ans de réclusion criminelle lorsqu'elles ont entraîné une mutilation ou une infirmité permanente ;

3° De quinze ans de réclusion criminelle lorsqu'elles ont entraîné une incapacité totale de travail pendant plus de huit jours ;

4° De dix ans d'emprisonnement et de 150 000 € d'amende lorsqu'elles n'ont pas entraîné une incapacité totale de travail pendant plus de huit jours.

Les deux premiers alinéas de l'article 132-23 relatif à la période de sûreté sont applicables aux infractions prévues par le présent article.

L'incapacité totale de travail **est, à la demande de la victime ou de la personne poursuivie, constatée par un médecin expert selon les modalités prévues par les articles 157 et suivants du code de procédure pénale.**

Art. 222-14-2 *(L. n° 2010-201 du 2 mars 2010, art. 1er-I)* **Le fait pour une personne de participer sciemment à un groupement, même formé de façon temporaire, en vue**

de la préparation, caractérisée par un ou plusieurs faits matériels, de violences volontaires contre les personnes ou de destructions ou dégradations de biens est puni d'un an d'emprisonnement et de 15 000 € d'amende.

V. Circ. CRIM 2010-6/E8 du 16 mars 2010 relative à la présentation des dispositions de droit pénal et de procédure pénale de la loi n° 2010-201 du 2 mars 2010 renforçant la lutte contre les violences de groupes et la protection des personnes chargées d'une mission de service public, BOMJ n° 2010-02.

BIBL. ▸ GARÉ, *D. 2010. Pan. 2736* (violences de groupe). – PARIZOT, *D. 2009. Chron. 2701* (l'incrimination de participation à une bande ayant des visées violentes, un nouvel exemple de mépris[e] à l'égard des principes du droit pénal). – PERRIER, *RSC 2010. 468* (loi n° 2010-201 du 2 mars 2010 renforçant la lutte contre les violences de groupes et la protection des personnes chargées d'une mission de service public). – NIORE, *Gaz. Pal. 2010. 1. Doctr. 735* (d'une loi anti-casseurs défunte à une loi anti-bandes conforme à la Constitution : la résurrection...).

Art. 222-14-3 *(L. n° 2010-769 du 9 juill. 2010, art. 31)* **Les violences prévues par les dispositions de la présente section sont réprimées quelle que soit leur nature, y compris s'il s'agit de violences psychologiques.**

BIBL. ▸ LASBATS, *AJ pénal 2011. 182* (les violences conjugales : aspects psychologiques).

Art. 222-14-4 *(L. n° 2013-711 du 5 août 2013, art. 19)* **Le fait, dans le but de contraindre une personne à contracter un mariage ou à conclure une union à l'étranger, d'user à son égard de manœuvres dolosives afin de la déterminer à quitter le territoire de la République est puni de trois ans d'emprisonnement et de 45 000 € d'amende.**

BIBL. ▸ CHAVENT-LECLÈRE, *AJ pénal 2013. 510* (adaptation du code pénal français aux engagements européens). – LE COZ, *AJ pénal 2013. 512* (répression des atteintes aux personnes dans la loi n° 2013-711 du 5 août 2013). – BEAUSSONIE, *RSC 2014. 861* (loi n° 2013-711 du 5 août 2013 portant diverses dispositions d'adaptation dans le domaine de la justice en application du droit de l'Union européenne et des engagements internationaux de la France).

Art. 222-15 L'administration de substances nuisibles ayant porté atteinte à l'intégrité physique ou psychique d'autrui est punie des peines mentionnées aux articles 222-7 à *(L. n° 2007-297 du 5 mars 2007, art. 44)* **« 222-14-1 » suivant les distinctions prévues par ces articles.**

Les deux premiers alinéas de l'article 132-23 relatif à la période de sûreté sont applicables à cette infraction dans les mêmes cas que ceux prévus par ces articles. – *Pr. pén. 2-1 s., 8, 689-5.*

RÉP. PÉN. v° *Administration de substances nuisibles*, par LASSERRE CAPDEVILLE.

Corresp. : *C. pén., ancien art. 318.*

BIBL. ▸ CHAPLEAU, *Dr. pénal 2006. Étude 18* (la pénalisation de la transmission du virus de l'immunodéficience humaine par voie sexuelle).

1. Constatation. Ne donne pas une base légale à sa décision et doit être annulé l'arrêt qui fait application de l'art. 318 C. pén. sans constater, ni le caractère nuisible à la santé de la substance administrée, ni la connaissance que le prévenu avait de ce caractère, ni le lien de causalité ayant existé entre le fait poursuivi et la maladie ou l'incapacité de travail subie par la personne à laquelle cette substance a été administrée. • Crim. 10 mai 1972, n° 90-49.772 P : *D. 1972. 733, note D. S. ; RSC 1973. 902, obs. Levasseur.*

2. Causalité. A la suite de l'explosion, le 26 avr. 1986, de l'un des réacteurs de la centrale nucléaire de Tchernobyl, des substances radioactives se sont échappées dans l'atmosphère sous forme d'un panache, constitué d'iode 131, de tellure 132 et de césium 137 et 134, qui, sous l'effet des vents, a été entraîné vers le sud-est de la France, où, arrivé le 29 avr. 1986, il est resté jusqu'au 5 mai suivant ; le 1er mars 2001, l'Association française des maladies de la thyroïde (AFMT), la Commission de recherche et d'information indépendante sur la radioactivité (CRIIRAD) et cinquante et une personnes physiques souffrant d'une affection thyroïdienne ont porté plainte et se sont constituées partie civile des chefs, notamment, d'empoisonnement, administration de substances nuisibles, blessures et homicides involontaires ; au cours de l'information, de nombreuses autres personnes physiques atteintes de ces mêmes pathologies ou proches de personnes en étant décédées se sont constituées partie civile ; M. Y..., directeur du Service central de protection contre les rayonnements ionisants (SCPRI), mis en examen le 31 mai 2006 des chefs de tromperie et de tromperie aggravée et, entendu comme témoin assisté sur les faits de blessures et homicides involontaires, a sollicité la clôture de l'information ; l'arrêt attaqué, infirmant l'ordonnance de poursuite de l'information rendue par le juge d'instruction, a prononcé un non-lieu ; pour dire n'y avoir lieu à suivre des chefs de blessures et homicides involontaires, empoisonnement et administration de substances nuisibles à la santé, l'arrêt, après avoir relevé qu'à ce jour, il n'a pas été constaté, en France, une augmentation significative des cancers de la thyroïde, retient que, compte tenu de l'impossibilité de déterminer la dose d'iode ingérée par chaque malade, il est, en l'état des connaissances scientifiques actuelles, impossible d'établir un lien de causalité certain entre les pathologies constatées et les retombées du panache radioactif de Tchernobyl ; en prononçant ainsi, la chambre de l'instruction a justifié sa décision. • Crim. 20 nov. 2012, n° 11-87.531 P : *D. 2013. 218, note Lacroix* ; *Dr. pénal 2013, n° 17, obs. Véron ; RSC 2013. 89, obs. Ambroise-Castérot* . – V. également : *Dr. pénal 2013, n° 28, obs. J.-H. Robert.*

3. Applications. Le fait pour un ouvrier de dissimuler, dans le véhicule de son chef de quart, des substances radioactives, constitue l'infraction prévue et réprimée par l'art. 318, al. 1er, C. pén., dès lors qu'est confirmé le caractère nuisible pour la santé de l'irradiation subie par la victime ; il importe peu qu'administrées en plus grande quantité, les radiations aient été de nature à provoquer la mort, le tribunal ne devant tenir compte que de l'effet pouvant résulter de l'administration des substances dans les circonstances et conditions où elles ont été administrées. • TGI Cherbourg, 31 mars 1981 : *D. 1981. 536, note Mayer ; RSC 1982. 119, obs. Levasseur.*

4. C'est à tort que les juges du fond ont requalifié le délit d'administration d'une substance nuisible à la santé en violences ou voies de fait avec préméditation, alors qu'ils avaient constaté que l'absorption de valium contenu dans des bouteilles d'eau minérale, mises à la disposition d'une équipe de football adverse, avait occasionné une altération des capacités physiques et donc de la santé de certains joueurs ; les faits caractérisent l'infraction prévue tant par l'art. 318 C. pén. alors applicable que par l'art. 222-15 C. pén. entré en vigueur le 1er mars 1994, et il s'ensuit que la peine et les dommages-intérêts prononcés sont justifiés et que le pourvoi doit être rejeté. • Crim. 14 juin 1995, n° 94-83.025 P : *Dr. pénal 1995. 217, note Véron.*

5. Constitue l'infraction d'administration d'une substance de nature à nuire à la santé le fait de dissimuler volontairement son état de séropositivité pour avoir des relations sexuelles non protégées avec sa partenaire qui a été finalement contaminée ; l'élément moral de l'infraction ne suppose en effet, comme c'est le cas en l'espèce, que l'administration volontaire d'une substance en connaissance de son caractère nuisible pour la santé ; or, le prévenu ne pouvait pas ignorer les risques de contamination liés à son comportement. • Rouen, 22 sept. 1999 : *JCP 2000. IV. 2736.* ♦ Opposer, en matière d'empoisonnement (C. pén., art. 221-5) : • Crim. 2 juill. 1998, n° 98-80.529 P : *D. 1998. 457, note Pradel* ; *ibid. 2000. Somm. 26, obs. Mayaud* ; *JCP 1998. II. 10132, note Rassat ; ibid. 1999. I. 112, n° 3, obs. Véron ; Gaz. Pal. 1999. 1. 13 ; RSC 1999. 98, obs. Mayaud* . ♦ *Adde :* Prothais, *D. 1998, Chron. 334* (n'empoisonnez donc plus à l'arsenic !) ; *D. 2001. Chron. 2053* (le sida ne serait-il plus, au regard du droit pénal, une maladie mortelle ?). – Courtray, *LPA, 21 oct. 1998, n° 126* (de l'empoisonnement en matière de contamination sexuelle par le VIH). ♦ Il ne saurait être reproché à une cour d'appel, qui, pour déclarer le prévenu coupable du délit d'administration de substances nuisibles aggravée par l'infirmité permanente des victimes et le condamner à réparer le préjudice des parties civiles, retient que, sachant depuis 1998 qu'il était porteur du VIH, le prévenu a multiplié les relations sexuelles non protégées avec plusieurs jeunes femmes auxquelles il dissimulait volontairement son état de santé, et a ainsi contaminé par la voie sexuelle les deux plaignantes, désormais porteuses d'une affection virale constituant une infirmité permanente, caractérisant en tous ses éléments, tant matériel qu'intentionnel, le délit prévu et réprimé par les art. 222-15 et 222-9 C. pén. • Crim. 10 janv. 2006, n° 05-80.787 P : *D. 2006. 1096* ; *ibid. 2006. Pan. 1652, obs. Mirabail* ; *Dr. pénal 2006. 30, obs. Véron ; RSC 2006. 321, obs. Mayaud* ; *D. 2010. Actu. 2519, note Bombled ; AJ pénal 2011. 77, obs. Roussel ; Dr. pénal 2010, n° 133, obs. Véron.* ♦ Rejet du pourvoi contre • Colmar, 4 janv. 2005 : *D. 2005. 1069, note Paulin* . ♦ Dans le même sens : • Crim. 5 oct. 2010, n° 09-86.209 P : *RSC 2011. Chron. 101, obs. Mayaud*. ♦ *Adde :* Prothais, *D. 2006. Chron. 1068* (le sida par complaisance rattrapé par le droit pénal). ♦ A caractérisé en tous ses éléments, tant matériel qu'intentionnel, le délit prévu et réprimé par les art. 222-15 et 222-9 C. pén. l'arrêt qui retient que, connaissant sa contamination déjà ancienne au VIH pour laquelle il devait suivre un traitement, le prévenu a entretenu pendant plusieurs mois des relations sexuelles non protégées avec sa compagne en lui dissimulant volontairement son état de santé et a ainsi contaminé par la voie sexuelle la plaignante, désormais porteuse d'une affection virale constituant une infirmité permanente. • Crim. 5 oct. 2010, n° 09-86.209 P : *D. 2010. 2519, obs. Bombled* ; *D. 2011. Pan. 2829, obs. Mirabail* ; *Gaz. Pal. 2010. 2. 3559, note Detraz ; RSC 2011. 101, obs. Mayaud* . ♦ En ayant eu des rapports non protégés et compte tenu du niveau d'information qui était le sien à l'époque des faits, le prévenu ne pouvait pas ignorer qu'il allait contaminer la partie civile ; dès lors, il s'est rendu coupable de lui avoir volontairement administré des substances nuisibles, en l'occurrence le virus du Sida, ayant entraîné une mutilation ou une infirmité permanente. • Rennes, 24 août 2010 : *JCP G 2010, n° 1077 ; Gaz. Pal. 2011, 1, p. 568, note M. Wagner.*

6. En revanche, ne sera pas poursuivi du chef d'administration de substances nuisibles pour défaut d'élément matériel l'individu, soumis à un traitement de longue date contre le virus de l'immunodéficience humaine (VIH), dès lors que la victime, ignorant la pathologie de son partenaire, n'a pas été contaminée. • Crim. 5 mars 2019, n° 18-82.704 P : *D. actu. 21 mars 2019, obs. Recotillet ; D. 2019. 1149, obs. Besse ; ibid. Pan. 2320, obs. Mirabail ; AJ pénal 2019. 327, obs. Liévaux ; RSC 2019. 347, obs. Mayaud .*

7. Le prévenu qui a ajouté de la périciazine dans des briques de lait de son ancienne compagne se rend coupable d'administration de substances de nature à nuire à la santé, la preuve de l'infraction résultant notamment de ce que le prévenu était titulaire d'une ordonnance prescrivant la substance en cause, qu'il y a eu plusieurs incidents violents à la suite de la rupture, et que l'accès dans le garage, lieu d'entreposage du lait incriminé, était facile ; néanmoins, la peine sera atténuée en raison d'un trouble mental ayant altéré son discernement au moment des faits. • Grenoble, 28 févr. 2002 : *JCP 2002. IV. 3083.*

8. Est coupable d'administration de substances nuisibles sans ITT mais ayant porté atteinte à l'intégrité physique d'autrui une mère de famille qui a administré à chacun de ses enfants deux cachets d'un anxiolytique ; si le pronostic vital n'était pas engagé, ce médicament a provoqué une profonde somnolence non naturelle ; la prévenue affirme qu'elle savait que les doses administrées étaient sans risque vital, puisqu'elle s'était renseignée auprès d'un médecin ; la prévenue, qui avait pris elle-même des anxiolytiques, a justifié son geste par une déprime passagère et un fort besoin de repos ; la tentative de suicide collectif a été écartée. • Caen, 2 juin 2008 : *JCP 2009. IV. 1674.*

8 bis. Commet le délit d'administration de substances nuisibles l'individu qui prépare et remet à un autre une infusion à base de Brugmensia, plante qu'il savait être une drogue nocive et toxique pour en avoir lui-même précédemment consommé, peu important que l'ingestion de celle-ci ne soit intervenue qu'ultérieurement et hors sa présence. • Crim. 23 mars 2021, n° 20-81.713 P : *D. actu., 2 avr. 2021, obs. Goetz.*

9. Conflits de qualifications. L'administration d'une même substance peut motiver un renvoi, d'une part, pour le crime d'empoisonnement prévu par l'art. 301 C. pén. (nouvel art. 221-15), d'autre part, pour l'infraction visée par l'art. 318 (ancien art. 317, *in fine*), du même code, lorsque ladite substance a été employée dans des conditions différentes et pouvait, suivant le cas, soit occasionner la mort, soit entraîner une maladie ou une incapacité de travail. • Crim. 13 juill. 1952 : *Bull. crim. n° 193.*

Art. 222-15-1 *(L. n° 2007-297 du 5 mars 2007, art. 44)* **Constitue une embuscade le fait d'attendre un certain temps et dans un lieu déterminé un fonctionnaire de la police nationale, un militaire de la gendarmerie, un membre du personnel de l'administration pénitentiaire ou toute autre personne dépositaire de l'autorité publique, ainsi qu'un sapeur-pompier civil ou militaire ou un agent d'un exploitant de réseau de transport public de voyageurs, dans le but, caractérisé par un ou plusieurs faits matériels, de commettre à son encontre, à l'occasion de l'exercice de ses fonctions ou de sa mission, des violences avec usage ou menace d'une arme.**

L'embuscade est punie de cinq ans d'emprisonnement et de 75 000 € d'amende.

Lorsque les faits sont commis en réunion, les peines sont portées à sept ans d'emprisonnement et à 100 000 € d'amende.

BIBL. ▶ Vergès, *RSC 2008. Chron. 869* (création du délit d'embuscade). – Ponseille, *RSC 2009. 535* (à propos du délit d'embuscade de l'article 222-15-1 du code pénal).

Art. 222-16 Les appels téléphoniques malveillants *(L. n° 2003-239 du 18 mars 2003, art. 49)* **« réitérés** *(L. n° 2014-873 du 4 août 2014, art. 39)* **« , les envois réitérés de messages malveillants émis par la voie des communications électroniques » ou les agressions sonores » en vue de troubler la tranquillité d'autrui, sont punis d'un an d'emprisonnement et de 15 000 € d'amende.** — *Pr. pén. 2-1 s., 398-1, 689-5.*

(L. n° 2020-936 du 30 juill. 2020, art. 20) **« Lorsqu'ils sont commis par le conjoint ou le concubin ou le partenaire lié à la victime par un pacte civil de solidarité, ces faits sont punis de trois ans d'emprisonnement et de 45 000 euros d'amende. »**

RÉP. PÉN. v° *Appels téléphoniques malveillants, messages malveillants émis par voie de communication électronique et agressions sonores,* par Casile-Hugues.

1. Appels téléphoniques. Toutes les fois que, parmi différentes lois en conflit, l'une d'elles embrasse sous tous ses aspects l'action punissable, seule cette dernière loi, qui est adaptée au fait précis, est applicable ; par suite, en l'état d'agissements – commis avant le 1er mars 1994, date de mise en vigueur du nouveau code pénal, mais jugés après cette date – consistant en des appels téléphoniques malveillants qui, par leur réitération, ont provoqué chez leur destinataire un choc émotif sans toutefois entraîner d'incapacité totale de travail personnel, convient-il de requalifier le délit de violences avec préméditation, visé à la prévention et continuant d'être réprimé sous la même qualification sous l'empire du nouveau code pénal, en délit d'appels téléphoniques malveillants, réitérés en vue de troubler la tranquillité d'autrui, infraction spécifique couvrant de tels agissements sous l'ensemble de leurs aspects, prévue à l'art. 222-16 dudit code et moins sévèrement réprimée. • Douai, 3 nov. 1994 : *BICC 1995. 193.*

2. Justifie légalement sa décision, au regard de l'art. 222-16 C. pén., la cour d'appel qui, pour condamner un prévenu pour appels téléphoniques malveillants et réitérés en vue de troubler la tranquillité d'autrui, relève qu'il a composé, pendant plusieurs heures, deux cents ou trois cents fois au cours de trois demi-journées, le numéro d'une société, d'où il résulte que, même s'il était animé par l'intention de nuire à un concurrent, le prévenu a agi en vue de troubler la tranquillité de la personne destinataire des appels téléphoniques. • Crim. 25 oct. 2000, n° 99-87.371 P : *D. 2001. Somm. 2349, obs. Mirabail.*

3. Le délit prévu à l'art. 222-16 C. pén. est caractérisé par des appels téléphoniques malveillants réitérés en vue de troubler la tranquillité d'autrui ; méconnaît ce texte et ce principe la cour d'appel qui retient que la seule interlocutrice identifiée et entendue par les enquêteurs n'a reçu que deux communications téléphoniques dont la seconde suivait et complétait la première, ce qui excluait la réitération, ajoute que la teneur de la communication portant sur des faits de viol sur enfant handicapé était seulement susceptible d'éveiller l'attention de la correspondante ainsi portée à dénoncer ces agissements sans la perturber personnellement, et en déduit que le caractère malveillant de l'appel n'est ainsi pas établi et que son but ou son résultat n'a pas été de troubler la tranquillité de la correspondante concernée, mais de l'inciter à en révéler le contenu afin de déclencher une enquête policière, alors que deux appels successifs, même effectués à des destinataires différents, suffisent à caractériser la réitération, la cour ne recherchant pas si l'intention de troubler la tranquillité d'autrui et le caractère malveillant des appels téléphoniques ne se déduisait pas du contenu même du message. • Crim. 4 mars 2003, *n° 02-86.172 P : D. 2004. Somm. 316, obs. Mirabail ; JCP 2003. II. 10112, note Maréchal ; Dr. pénal 2003. Comm. 82, obs. Véron ; RSC 2003. 788, obs. Mayaud.*

4. Justifie sa décision la cour d'appel qui déclare le prévenu coupable du délit d'appels téléphoniques malveillants, aux motifs que le fait que les appels eussent été adressés la plupart du temps à une boîte vocale ne modifiait pas le caractère malveillant des appels dont la répétition avait pour but et pour résultat d'atteindre, de manière différée, la personne concernée en créant un climat d'insécurité propre à perturber la vie privée du plaignant et troubler sa tranquillité, d'où il résulte que le prévenu a agi en vue de troubler la tranquillité de la personne destinataire des appels téléphoniques, qu'ils soient reçus directement ou sur une boîte vocale. • Crim. 20 févr. 2002, n° 01-86.329 P : *D. 2003. Somm. 248, obs. Mirabail.*

5. Est coupable d'appels téléphoniques malveillants réitérés, le prévenu qui appelle régulièrement son ancienne amie à toutes heures du jour et de la nuit, le listing des appels relevant près de 300 appels en moins de deux mois, appels parfois enregistrés sur le répondeur de la victime ; l'atteinte à la tranquillité d'autrui était ainsi caractérisée dans la mesure où le prévenu avait conscience du fait que la victime ne souhaitait plus communiquer avec lui ; le prévenu alléguait, quant à lui, le fait qu'il cherchait simplement à récupérer les effets qu'il avait laissés chez la victime, argument jugé inopérant. • Pau, 14 avr. 2004 : *JCP 2004. IV. 2995.*

6. La prévenue qui, au cours d'une même nuit, appelle plus de 80 fois les services de police secours dans le seul but d'entendre la voix qualifiée de « sensuelle » de l'opérateur, se rend coupable du délit d'appels téléphoniques malveillants réitérés ; il est, en effet, indifférent que les appels n'aient aucun contenu injurieux ou outrageant, dès lors qu'ils ont perturbé le fonctionnement d'un service réservé aux appels d'urgence de victimes. • Amiens, 18 juill. 2007, *JCP 2008. IV. 1075. – Adde : J.-C. Planque, Gaz. Pal. 2008. 1. Doctr. 1385* (ne troublez pas la tranquillité de la police ! Portée du délit d'appels téléphoniques malveillants).

7. M. X... a laissé sur le répondeur téléphonique de M. et Mme Y... deux messages, le premier à 21 h 25, le second à 21 h 34 ; M. et Mme Y..., estimant que M. X... avait commis une faute, au sens de l'art. 1382 C. civ., en raison du caractère malveillant de ces messages, l'ont assigné devant un tribunal d'instance en réparation de leur préjudice moral ; pour déclarer prescrite la demande d'indemnisation de M. et Mme Y..., l'arrêt énonce que l'action civile en réparation fondée sur l'art. 1382 C. civ. n'est recevable que si les faits invoqués à l'appui de cette action sont distincts de ceux qui constituent une infraction prévue et réprimée par la L. du 29 juill. 1881 ; que les propos tenus par M. X... constituent la contravention d'injure non publique de l'art. R. 621-2 C. pén. ; qu'en application de l'art. 65 de la L. du 29 juill. 1881, l'action en réparation du dommage qui en résulte se prescrit par trois mois révolus à compter du jour où les faits ont été commis ou du jour du dernier acte de poursuite ; qu'en l'espèce, l'action engagée est prescrite ; en statuant ainsi, alors qu'elle constatait que M. et Mme Y... avaient reçu deux appels téléphoniques au contenu agressif et ordurier, caractérisant ainsi la commission par M. X... des éléments constitutifs du délit d'appels téléphoniques malveillants réitérés en vue de troubler la tranquillité d'autrui, prévu et réprimé par l'art. 222-16 C. pén., la cour d'appel, qui n'a pas tiré les conséquences légales de ses constatations, a violé les art. 222-16 C. pén. et 2270-1 C. civ. alors applicable, ensemble l'art. 12 C. pr. civ. • Civ. 2e, 13 janv. 2012, n° 10-23.679 P : *Dr. pénal 2012. Chron. 3, obs. Verly. D. 2012. Actu. 219*.

8. Ont insuffisamment motivé leur décision les juges qui déduisent le caractère malveillant des messages SMS de leur répétition, du contexte dans lequel ils ont été reçus par la destinataire et de leur contenu visant à troubler la tranquillité de la mineure, sans mieux rechercher en quoi les messages émis caractérisaient la volonté du prévenu de nuire à la jeune fille (SMS à caractère sexuel adressés par l'enseignant d'un lycée professionnel à une élève de son établissement, âgée de quinze ans). • Crim. 11 janv. 2017, n° 16-80.557 P : *D. actu. 3 févr. 2017, obs. Goetz ; Dr. pénal 2017, n° 33, obs. Conte ; Gaz. Pal. 25 avr. 2017, p. 46, obs. Detraz.*

9. L'art. 222-16 C. pén., dans sa rédaction issue de la L. 18 mars 2003, n'exige pas, pour réprimer les appels téléphoniques malveillants réitérés, qu'ils aient été émis en vue de troubler la tranquillité d'autrui. • Crim. 28 mars 2018, n° 17-81.232 P : *D. actu. 11 avr. 2018, obs. Recotillet ; D. 2018. Pan. 2259, obs. Mirabail ; RSC 2018. 409, obs. Mayaud ; Dr. pénal 2018, n° 102, obs. Conte.*

10. Agressions sonores. Se rend coupable d'agressions sonores réitérées, délit prévu par l'art. 222-16 C. pén., le propriétaire qui abrite dans sa maison de nombreux chiens qui aboient jour et nuit à chaque passage de voiture ou de piéton, dès lors que ces aboiements répétés créent une très importante nuisance sonore pour le voisinage et dès lors que le propriétaire n'a jamais pris, ni même envisagé de prendre, les mesures nécessaires pour éviter ou limiter les conséquences nuisibles du comportement de ses chiens (condamnation à quatre mois d'emprisonnement ferme). • Montpellier, 28 avr. 1998 : *D. 1998. IR 167.* ♦ V., pour une situation proche, • Crim. 2 juin 2015, n° 14-85.073 P : *D. actu. 23 juin 2015, obs. Gallois ; RSC 2015. 654, obs. Mayaud ; Dr. pénal 2015, n° 135, obs. Conte.*

11. L'exploitant d'un bar, contre lequel a été retenu le délit d'agressions sonores réitérées en vue de troubler la tranquillité d'autrui visé à l'art. 222-16 C. pén., doit réparer le préjudice corporel personnel et moral subi par la victime, qui justifie des conséquences médicalement constatées de ces agressions sur son état de santé, déjà fragilisé par l'âge et une grave maladie. • Rouen, 21 sept. 1998 : *BICC 1999, n° 551.*

12. Le bruit émanant de raves-parties ne permet pas de retenir à l'égard des organisateurs le délit d'agressions sonores, mais seulement la contravention de tapage nocturne dès lors qu'ils ont eu le souci de choisir des lieux isolés, qu'ils procédaient à un repérage à cet effet et qu'ils n'ont manifesté aucune intention de nuire. • Toulouse, 16 mars 2000 : *JCP 2001. IV. 1134.*

13. SMS et textos (avant la loi du 4 août 2014). Pour déclarer le prévenu coupable d'appels téléphoniques malveillants réitérés en vue de troubler la tranquillité d'autrui, l'arrêt attaqué relève que, du mois d'avril au mois de mai 2007, il a adressé à la partie civile des SMS malveillants et réitérés, de jour comme de nuit, ayant pour objet de troubler la tranquillité de cette dernière ; en cet état, et dès lors que la réception d'un SMS se manifeste par l'émission d'un signal sonore par le téléphone portable de son destinataire, la cour d'appel a justifié sa décision. • Crim. 30 sept. 2009, n° 09-80.373 P : *D. 2009. AJ 2687, obs. Gachi ; ibid. Pan. 2740, obs. Mirabail ; JCP G 2009, n° 52, p. 587, note Lasserre Capdeville ; RSC 2009. 838, obs. Mayaud.*

Art. 222-16-1 *(L. n° 2009-526 du 12 mai 2009, art. 124-I)* **« Les personnes morales déclarées responsables pénalement, dans les conditions prévues par l'article 121-2, des infractions définies au présent paragraphe encourent, outre l'amende suivant les modalités prévues par l'article 131-38, les peines prévues par l'article 131-39. »**

(L. n° 2001-504 du 12 juin 2001) **« L'interdiction mentionnée au 2° de l'article 131-39 porte sur l'activité dans l'exercice ou à l'occasion de l'exercice de laquelle l'infraction a été commise. »**

Art. 222-16-2 *(L. n° 2006-399 du 4 avr. 2006, art. 14)* **Dans le cas où les crimes et délits prévus par les articles 222-8, 222-10 ou 222-12 sont commis à l'étranger sur une victime mineure résidant habituellement sur le territoire français, la loi française est applicable par dérogation aux dispositions de l'article 113-7. S'il s'agit d'un délit, les dispositions de la seconde phrase de l'article 113-8 ne sont pas applicables.**

BIBL. ▶ Bonfils et Vergès, *RSC 2007. Chron. légis. 337.*

Code du sport

(Ord. nº 2006-596 du 23 mai 2006)

RÉP. PÉN. vº *Sport et activités physiques*, par LACABARATS et PASTOR.

Art. L. 111-3 Outre les officiers et agents de police judiciaire agissant conformément aux dispositions du code de procédure pénale, les fonctionnaires relevant du ministre chargé des sports habilités à cet effet par le même ministre et assermentés dans des conditions fixées par décret en Conseil d'État peuvent rechercher et constater par procès-verbal les infractions prévues par les dispositions du présent code à l'exception de celles mentionnées aux articles L. 232-11, L. 241-5 et L. 322-8. — *V. Décr. nº 93-710 du 27 mars 1993, art. 1er à 3 (JO 28 mars).*

Les fonctionnaires relevant du ministre chargé des sports mentionnés au premier alinéa peuvent accéder aux établissements mentionnés à l'article L. 322-2 en vue de rechercher et de constater les infractions, demander la communication de tout document professionnel et en prendre copie, recueillir, sur convocation ou sur place, les renseignements et justifications. Les fonctionnaires ne peuvent accéder à ces établissements que pendant leurs heures d'ouverture au public et, s'ils ne sont pas ouverts au public, qu'entre 8 heures et 20 heures. Ils ne peuvent accéder aux locaux qui servent pour partie de domicile aux intéressés.

Le procureur de la République est préalablement informé par les fonctionnaires mentionnés au deuxième alinéa des opérations envisagées en vue de la recherche des infractions.

Les procès-verbaux font foi jusqu'à preuve contraire et sont transmis au procureur de la République dans les cinq jours suivant leur établissement. Une copie en est également remise à l'intéressé.

Le fait de s'opposer, de quelque façon que ce soit, à l'exercice des fonctions dont sont chargés les agents mentionnés au présent article est puni de 7 500 € d'amende et d'un an d'emprisonnement. — *[L. nº 84-610 du 16 juill. 1984, art. 49-1.]*

....

Art. L. 332-1 Les organisateurs de manifestations sportives à but lucratif peuvent être tenus d'y assurer un service d'ordre dans les conditions prévues à l'article L. 211-11 du code de la sécurité intérieure.

(L. nº 2016-564 du 10 mai 2016, art. 1er) « Aux fins de contribuer à la sécurité des manifestations sportives, les organisateurs de ces manifestations peuvent refuser ou annuler la délivrance de titres d'accès à ces manifestations ou en refuser l'accès aux personnes qui ont contrevenu ou contreviennent aux dispositions des conditions générales de vente ou du règlement intérieur relatives à la sécurité de ces manifestations.

« A cet effet, les organisateurs peuvent établir un traitement automatisé de données à caractère personnel relatives aux manquements énoncés à l'avant-dernier alinéa du présent article, dans des conditions fixées par décret en Conseil d'État pris après avis motivé et publié de la Commission nationale de l'informatique et des libertés. »

Art. L. 332-1-1 *(L. nº 2016-564 du 10 mai 2016, art. 5)* Les cartes annuelles d'abonnement donnant accès aux compétitions sportives professionnelles auxquelles participe une association sportive ou une société mentionnée aux articles L. 122-2 et L. 122-12 ne peuvent être vendues que par celles-ci, par une société commerciale mandatée par elle à cet effet ou par un comité d'entreprise.

Ces titres d'accès peuvent être nominatifs.

Art. L. 332-2 Les sociétés *(L. nº 2016-564 du 10 mai 2016, art. 2)* « mentionnées au 1º de l'article L. 611-1 du code de la sécurité intérieure » assurent la surveillance de l'accès aux enceintes dans lesquelles est organisée une manifestation sportive rassemblant plus de *(L. nº 2011-267 du 14 mars 2011, art. 95-II)* « 300 *[ancienne rédaction : 1 500]* » spectateurs dans les conditions prévues *(L. nº 2016-564 du 10 mai 2016, art. 2)* « aux articles L. 613-1 à L. 613-7 du même code ».

V. L. nº 83-629, in C. pr. pén., App., vº Agents de sécurité. — **C. pr. pén.**

Art. L. 332-2-1 *(L. nº 2006-784 du 5 juill. 2006)* Lorsqu'un système de *(L. nº 2011-267 du 14 mars 2011, art. 17)* « vidéoprotection » est installé dans une enceinte où une manifestation sportive se déroule, les personnes chargées de son exploitation, conformément à l'autorisation préfectorale délivrée en application du chapitre III du titre II et du titre V du livre II du code de la sécurité intérieure, et l'organisateur de la manifestation sportive s'assurent, préalablement au déroulement de ladite manifestation, du bon fonctionnement du système de *(L. n° 2011-267 du 14 mars 2011, art. 17)* « vidéoprotection ».

Est puni de 15 000 € d'amende le fait de méconnaître l'obligation fixée au premier alinéa.

Art. L. 332-3 Le fait d'introduire ou de tenter d'introduire par force ou par fraude dans une enceinte sportive, lors du déroulement ou de la retransmission en public d'une manifestation sportive, des boissons alcooliques au sens de l'article L. 3321-1 du code de la santé publique est puni d'un an d'emprisonnement et de 7 500 € d'amende.

Les dispositions du premier alinéa ne sont pas applicables aux personnes autorisées à vendre ou à distribuer de telles boissons en application des troisième au sixième alinéas de l'article L. 3335-4 du même code. – *[L. n° 84-610 du 16 juill. 1984, art. 42-5.]*

Art. L. 332-4 Le fait d'accéder en état d'ivresse à une enceinte sportive lors du déroulement ou de la retransmission en public d'une manifestation sportive est puni de 7 500 €. Le fait, pour l'auteur de cette infraction, de se rendre coupable de violences ayant entraîné une incapacité totale de travail d'une durée inférieure ou égale à huit jours est puni d'un an d'emprisonnement et de 15 000 € d'amende. – *[L. n° 84-610 du 16 juill. 1984, art. 42-4, al. 1 à 3.]*

Art. L. 332-5 Le fait d'avoir, en état d'ivresse, pénétré ou tenté de pénétrer par force ou par fraude dans une enceinte sportive lors du déroulement ou de la retransmission en public d'une manifestation sportive est puni d'un an d'emprisonnement et de 15 000 € d'amende. – *[L. n° 84-610 du 16 juill. 1984, art. 42-4 ; al. 4.]*

Art. L. 332-6 Lors d'une manifestation sportive ou de la retransmission en public d'une telle manifestation dans une enceinte sportive, le fait de provoquer, par quelque moyen que ce soit, des spectateurs à la haine ou à la violence à l'égard de l'arbitre, d'un juge sportif, d'un joueur ou de toute autre personne ou groupe de personnes est puni d'un an d'emprisonnement et de 15 000 € d'amende. – *[L. n° 84-610 du 16 juill. 1984, art. 42-7.]*

Lors d'un match de football opposant, au Stade de France, le club du Paris Saint-Germain à celui du Racing Club de Lens, une banderole de plusieurs mètres de long a été déployée dans la tribune occupée par les supporters parisiens, portant l'inscription : « Pédophiles, chômeurs, consanguins... Bienvenue chez les Chtis » ; l'information a permis d'identifier les auteurs de cette exhibition, notamment MM. X... et Y... ; renvoyés devant le tribunal correctionnel, ces derniers ont été retenus dans les liens de la prévention du chef de provocation à la haine ou à la violence à l'occasion d'une manifestation sportive ; l'arrêt relève que l'assimilation, sur la banderole exhibée, des personnes originaires du Nord de la France, et précisément des supporters du club de Lens, présents dans le stade, à des « pédophiles, des chômeurs et des consanguins », a caractérisé une entreprise dénigrante, et qu'en les réduisant à des individus ayant des relations sexuelles avec des mineurs, ayant choisi de ne pas travailler et issus de relations entre parents, cette attaque, consignée sur une banderole de plusieurs dizaines de mètres de long, tenue par une centaine d'individus, dont certains masqués, a constitué une provocation à la haine ou à la violence envers les personnes du Nord et les supporters du club de Lens ; en prononçant ainsi, les juges ont justifié leur décision, dès lors qu'ils ont constaté que, tant par son sens que par sa portée, le propos incriminé, affiché sur une banderole visible de tous, tendait, lors d'une manifestation sportive, à inciter le public présent dans l'enceinte à la haine ou à la violence à l'égard d'un groupe de personnes, et que les éléments constitutifs du délit prévu par l'art. L. 332-6 C. sport étaient ainsi réunis. • Crim. 25 juin 2013, n° 12-86.537 P : *D. actu. 25 sept. 2013, obs. Pastor ; Dr. pénal 2013, n° 143, obs. Véron ; RSC 2013. 571, obs. Francillon.*

Art. L. 332-7 Le fait d'introduire, de porter ou d'exhiber dans une enceinte sportive, lors *du déroulement ou de la retransmission en public* d'une manifestation sportive, des insignes, signes ou symboles rappelant une idéologie raciste ou xénophobe est puni d'un an d'emprisonnement et de 15 000 € d'amende.

La tentative du délit prévu au premier alinéa est punie des mêmes peines. – *[L. n° 84-610 du 16 juill. 1984, art. 42-7-1.]*

Art. L. 332-8 Le fait d'introduire *(L. n° 2010-201 du 2 mars 2010, art. 9)* « , de détenir ou de faire usage » des fusées ou artifices de toute nature ou d'introduire sans motif légitime tous objets susceptibles de constituer une arme au sens de l'article 132-75 du code pénal dans une enceinte sportive lors du déroulement ou de la retransmission en public d'une manifestation sportive est puni de trois ans d'emprisonnement et de 15 000 € d'amende.

La tentative du délit prévu au premier alinéa est punie des mêmes peines.

Le tribunal peut également prononcer la confiscation de l'objet qui a servi ou était destiné à commettre l'infraction. – *[L. n° 84-610 du 16 juill. 1984, art. 42-8.]*

Art. L. 332-9 Le fait de jeter un projectile présentant un danger pour la sécurité des personnes dans une enceinte sportive lors du déroulement ou de la retransmission en public d'une manifestation sportive est puni de trois ans d'emprisonnement et de 15 000 € d'amende.

Le fait d'utiliser ou de tenter d'utiliser les installations mobilières ou immobilières de l'enceinte sportive comme projectile est puni des mêmes peines. – *[L. n° 84-610 du 16 juill. 1984, art. 42-9.]*

Art. L. 332-10 Le fait de troubler le déroulement d'une compétition ou de porter atteinte à la sécurité des personnes ou des biens, en pénétrant sur l'aire de compétition d'une enceinte sportive, est puni d'un an d'emprisonnement et de 15 000 € d'amende. – *[L. n° 84-610 du 16 juill. 1984, art. 42-10.] – V. Arr. du 28 août 2007 portant création d'un traitement automatisé de données à caractère personnel relatif aux personnes interdites de stade (JO 4 sept.).*

Art. L. 332-11 Les personnes coupables de l'une des infractions définies aux articles L. 332-3 à L. 332-10 *(L. n° 2006-784 du 5 juill. 2006)* « et L. 332-19 » du présent code encourent également la peine complémentaire d'interdiction de pénétrer ou de se rendre aux abords d'une enceinte où se déroule une manifestation sportive, pour une durée qui ne peut excéder cinq ans. *(L. n° 2006-784 du 5 juill. 2006)* « La personne condamnée à cette peine est astreinte par le tribunal à répondre, au moment des manifestations sportives, aux convocations de toute autorité ou de toute personne qualifiée *(L. n° 2011-267 du 14 mars 2011, art. 62)* « que la juridiction désigne dans sa décision. Cette décision peut prévoir que l'obligation de répondre à ces convocations s'applique au moment de certaines manifestations sportives, qu'elle désigne, se déroulant sur le territoire d'un État étranger. »

Cette peine complémentaire est également applicable aux personnes coupables de l'une des infractions définies aux articles 222-11 à 222-13, 322-1 à 322-4, 322-6, 322-11 et 433-6 du code pénal lorsque cette infraction a été commise dans une enceinte où se déroule une manifestation sportive ou, à l'extérieur de l'enceinte, en relation directe avec une manifestation sportive. – *[L. n° 84-610 du 16 juill. 1984, art. 42-11, al. 1 et 2.]*

Art. L. 332-12 Lorsqu'une personne est condamnée en état de récidive légale pour l'une des infractions mentionnées à l'article L. 332-11, la peine complémentaire prévue à cet article peut également être prononcée. – *[L. n° 84-610 du 16 juill. 1984, art. 42-11, al. 3.]*

Art. L. 332-13 Toute personne qui pénètre ou se rend, en violation de la peine d'interdiction prévue aux articles L. 332-11 et L. 332-12, dans ou aux abords d'une enceinte où se déroule une manifestation sportive *(L. n° 2006-784 du 5 juill. 2006)* « ou qui, sans motif légitime, se soustrait à l'obligation de répondre aux convocations qui lui ont été adressées au moment des manifestations sportives » est punie de deux ans d'emprisonnement et de 30 000 € d'amende.

Dernier al. abrogé par L. n° 2006-784 du 5 juill. 2006.

Art. L. 332-14 Lorsque la personne condamnée est de nationalité étrangère et a son domicile hors de France, le tribunal peut, si la gravité des faits commis le justifie, prononcer au lieu de la peine complémentaire définie au premier alinéa de l'article L. 332-11 celle de l'interdiction du territoire français pour une durée au plus égale à deux ans. – *[L. n° 84-610 du 16 juill. 1984, art. 42-11, al. 6.]*

Art. L. 332-15 *(L. n° 2011-267 du 14 mars 2011, art. 63)* Dans des conditions précisées par décret en Conseil d'État, le préfet du département ou, à Paris, le préfet de police communique aux associations et sociétés sportives ainsi qu'aux fédérations sportives agréées l'identité des personnes ayant été condamnées à la peine complémentaire en application des articles L. 332-11 à L. 332-13.

Il peut la communiquer aux associations de *supporters* mentionnées à l'article L. 332-17.

L'identité des personnes mentionnées au premier alinéa peut également être communiquée *aux autorités d'un* pays étranger lorsque celui-ci accueille une manifestation sportive à laquelle participe une équipe française *(L. n° 2016-564 du 10 mai 2016, art. 4)* « , ainsi qu'aux organismes sportifs internationaux lorsqu'ils organisent une manifestation sportive à laquelle participe une équipe française ».

Art. L. 332-16 Lorsque, par son comportement d'ensemble à l'occasion de manifestations sportives *(L. n° 2010-201 du 2 mars 2010, art. 10 ; L. n° 2011-267 du 14 mars 2011, art. 64-1°)* « , par la commission d'un acte grave à l'occasion de l'une de ces manifestations, du fait de son appartenance à une association ou un groupement de fait ayant fait l'objet d'une dissolution en application de l'article L. 332-18 ou du fait de sa participation aux activités qu'une association ayant fait l'objet d'une suspension d'activité s'est vue interdire en application du même article », une personne constitue une menace pour l'ordre public, le représentant de l'État dans le département et, à Paris, le préfet de police peuvent, par arrêté motivé, prononcer à son encontre une mesure d'interdiction de pénétrer ou de se rendre aux abords des enceintes où de telles manifestations se déroulent ou sont retransmises en public.

L'arrêté, valable sur le territoire national, fixe le type de manifestations sportives concernées. Il ne peut excéder une durée de *(L. nº 2011-267 du 14 mars 2011, art. 64-2º-a ; L. nº 2016-564 du 10 mai 2016, art. 3)* « vingt-quatre mois ». *(L. nº 2010-201 du 2 mars 2010, art. 10)* « Toutefois, cette durée peut être portée à *(L. nº 2011-267 du 14 mars 2011, art. 64-2º-b ; L. nº 2016-564 du 10 mai 2016, art. 3)* « trente-six mois » si, dans les trois années précédentes, cette personne a fait l'objet d'une mesure d'interdiction. »

Le représentant de l'État dans le département et, à Paris, le préfet de police peuvent également imposer, par le même arrêté, à la personne faisant l'objet de cette mesure l'obligation de répondre, au moment des manifestations sportives objet de l'interdiction, aux convocations de toute autorité ou de toute personne qualifiée qu'il désigne. *(L. nº 2011-267 du 14 mars 2011, art. 64-3º)* « Le même arrêté peut aussi prévoir que l'obligation de répondre à ces convocations s'applique au moment de certaines manifestations sportives, qu'il désigne, se déroulant sur le territoire d'un État étranger. » *(L. nº 2016-564 du 10 mai 2016, art. 3)* « Cette obligation doit être proportionnée au regard du comportement de la personne. »

Le fait, pour la personne, de ne pas se conformer à l'un ou à l'autre des arrêtés pris en application des alinéas précédents est puni *(L. nº 2010-201 du 2 mars 2010, art. 10)* « d'un an d'emprisonnement et » de 3 750 € d'amende.

(L. nº 2006-784 du 5 juill. 2006) « Le préfet du département et, à Paris, le préfet de police *(L. nº 2011-267 du 14 mars 2011, art. 64-4º-a)* « communique aux associations et sociétés sportives, ainsi qu'aux fédérations sportives agréées » l'identité des personnes faisant l'objet de la mesure d'interdiction mentionnée au premier alinéa. » *(L. nº 2011-267 du 14 mars 2011, art. 64-4º-b)* « En outre, il peut la communiquer aux associations de supporters mentionnées à l'article L. 332-17. »

(L. nº 2011-267 du 14 mars 2011, art. 64-5º) « L'identité des personnes mentionnées au premier alinéa peut également être communiquée aux autorités d'un pays étranger lorsque celui-ci accueille une manifestation sportive à laquelle participe une équipe française » *(L. nº 2016-564 du 10 mai 2016, art. 4)* « , ainsi qu'aux organismes sportifs internationaux lorsqu'ils organisent une manifestation sportive à laquelle participe une équipe française ».

Un décret en Conseil d'État fixe les modalités d'application du présent article. — *[L. nº 84-610 du 16 juill. 1984, art. 42-12.]*

*V. **C. sport**, art. R. 332-4 à R. 332-9.*

V. Arr. du 28 août 2007 portant création d'un traitement automatisé de données à caractère personnel relatif aux personnes interdites de stade (JO 4 sept.).

Art. L. 332-16-1 *(L. nº 2011-267 du 14 mars 2011, art. 60)* Le ministre de l'intérieur peut, par arrêté, interdire le déplacement individuel ou collectif de personnes se prévalant de la qualité de supporter d'une équipe ou se comportant comme tel sur les lieux d'une manifestation sportive et dont la présence est susceptible d'occasionner des troubles graves pour l'ordre public.

L'arrêté énonce la durée, limitée dans le temps, de la mesure, les circonstances précises de fait qui la motivent ainsi que les communes de point de départ et de destination auxquelles elle s'applique.

Le fait pour les personnes concernées de ne pas se conformer à l'arrêté pris en application des deux premiers alinéas est puni de six mois d'emprisonnement et d'une amende de 30 000 €.

Dans le cas prévu à l'alinéa précédent, le prononcé de la peine complémentaire d'interdiction judiciaire de stade prévue à l'article L. 332-11 pour une durée d'un an est obligatoire, sauf décision contraire spécialement motivée.

Art. L. 332-16-2 *(L. nº 2011-267 du 14 mars 2011, art. 61)* Le représentant de l'État dans le département ou, à Paris, le préfet de police peut, par arrêté, restreindre la liberté d'aller et de venir des personnes se prévalant de la qualité de supporter d'une équipe ou se comportant comme tel sur les lieux d'une manifestation sportive et dont la présence est susceptible d'occasionner des troubles graves pour l'ordre public.

L'arrêté énonce la durée, limitée dans le temps, de la mesure, les circonstances précises de fait et de lieu qui la motivent, ainsi que le territoire sur lequel elle s'applique.

Le fait pour les personnes concernées de ne pas se conformer à l'arrêté pris en application des deux premiers alinéas est puni de six mois d'emprisonnement et d'une amende de 30 000 €.

Dans le cas prévu à l'alinéa précédent, le prononcé de la peine complémentaire d'interdiction judiciaire de stade prévue à l'article L. 332-11 pour une durée d'un an est obligatoire, sauf décision contraire spécialement motivée.

Art. L. 332-17 Les fédérations sportives agréées *(L. n° 2017-261 du 1er mars 2017, art. 5)* «, les ligues professionnelles créées en application de l'article L. 132-1 », les associations de supporters et les associations ayant pour objet la prévention de la violence à l'occasion de manifestations sportives agréées par *(Décr. n° 2019-1394 du 18 déc. 2019, art. 1er)* « l'autorité administrative » et toute autre association ayant pour objet social la lutte contre le racisme, la xénophobie et l'antisémitisme et ayant été déclarées depuis au moins trois ans au moment des faits peuvent exercer les droits reconnus à la partie civile en ce qui concerne les infractions mentionnées aux articles L. 312-14 à L. 312-17 et L. 332-3 à L. 332-10. – *[L. n° 84-610 du 16 juill. 1984, art. 42-13.]*

V. Décr. n° 87-893 du 30 oct. 1987 (JO 5 nov.) portant publication de la convention européenne sur la violence et les débordements de spectateurs lors des manifestations sportives, et notamment de matches de football, faite à Strasbourg le 19 août 1985.

Art. L. 332-18 *(L. n° 2006-784 du 5 juill. 2006)* Peut être dissous *(L. n° 2010-201 du 2 mars 2010, art. 10)* « ou suspendu d'activité pendant douze mois au plus » par décret, après avis de la Commission nationale consultative de prévention des violences lors des manifestations sportives, toute association ou groupement de fait ayant pour objet le soutien à une association sportive mentionnée à l'article L. 122-1, dont des membres ont commis en réunion, en relation ou à l'occasion d'une manifestation sportive, des actes répétés *(L. n° 2010-201 du 2 mars 2010, art. 10)* « ou un acte d'une particulière gravité et qui sont » constitutifs de dégradations de biens, de violence sur des personnes ou d'incitation à la haine ou à la discrimination contre des personnes à raison de leur origine, de leur orientation *(L. n° 2017-86 du 27 janv. 2017, art. 207)* « sexuelle ou identité de genre », de leur sexe ou de leur appartenance, vraie ou supposée, à une ethnie, une nation, une race ou une religion déterminée.

Les représentants des associations ou groupements de fait et les dirigeants de club concernés peuvent présenter leurs observations à la commission.

Cette commission comprend :

1° Deux membres du Conseil d'État, dont le président de la commission, désignés par le vice-président du Conseil d'État ; – *A compter du prochain renouvellement de chaque commission, au 1° de l'art. L. 332-18 C. sport, les mots : « membres du Conseil d'État » sont remplacés par les mots : « membres de la juridiction administrative » (L. n° 2019-222 du 23 mars 2019, art. 102-IX et 109-XXIV).*

2° Deux magistrats de l'ordre judiciaire, désignés par le premier président de la Cour de cassation ;

3° Un représentant du Comité national olympique et sportif français, un représentant des fédérations sportives et un représentant des ligues professionnelles, nommés par le ministre chargé des sports ;

4° Une personnalité choisie en raison de sa compétence en matière de violences lors des manifestations sportives, nommée par le ministre chargé des sports.

Les conditions de fonctionnement de la commission sont fixées par décret en Conseil d'État.

Art. L. 332-19 *(L. n° 2006-784 du 5 juill. 2006)* Le fait de participer au maintien ou à la reconstitution, ouverte ou déguisée, d'une association ou d'un groupement dissous en application de l'article L. 332-18 *(L. n° 2011-267 du 14 mars 2011, art. 65-1°)* «, ainsi que le fait de participer aux activités qu'une association suspendue d'activité s'est vue interdire en application du même article, sont punis » d'un an d'emprisonnement et de 15 000 € d'amende.

Le fait d'organiser le maintien ou la reconstitution, ouverte ou déguisée, d'une association ou d'un groupement dissous en application de l'article L. 332-18 *(L. n° 2011-267 du 14 mars 2011, art. 65-2°)* «, ainsi que le fait d'organiser les activités qu'une association suspendue d'activité s'est vue interdire en application du même article, sont punis » de deux ans d'emprisonnement et de 30 000 € d'amende.

Les peines prévues aux premier et deuxième alinéas sont portées respectivement à trois ans d'emprisonnement et 45 000 € d'amende et à cinq ans d'emprisonnement et 75 000 € d'amende si les infractions à l'origine de la dissolution *(L. n° 2011-267 du 14 mars 2011, art. 65-3°)* « ou de la suspension » de l'association ou du groupement ont été commises à raison de l'origine de la victime, de son orientation *(L. n° 2017-86 du 27 janv. 2017, art. 207)* « sexuelle ou identité de genre », de son sexe ou de son appartenance, vraie ou supposée, à une ethnie, une nation, une race ou une religion déterminée.

Art. L. 332-20 *(L. n° 2009-526 du 12 mai 2009, art. 125-XXIII-1°)* « Les personnes morales déclarées responsables pénalement, dans les conditions prévues par l'article 121-2 du code pénal, des infractions définies aux articles L. 312-14, L. 312-15, L. 312-16, L. 332-8, L. 332-9 et L. 332-10, au deuxième alinéa de l'article L. 332-11 et à l'article L. 332-19 encourent, outre l'amende suivant les modalités prévues par l'article 131-38 du code pénal, les peines prévues par l'article 131-39 du même code. »

(L. n° 2006-784 du 5 juill. 2006) L'interdiction mentionnée au 2° de l'article 131-39 du code pénal porte sur l'activité dans l'exercice ou à l'occasion de l'exercice de laquelle l'infraction a été commise.

Art. L. 332-21 *(L. n° 2006-784 du 5 juill. 2006)* Les personnes physiques ou morales coupables des infractions prévues par l'article L. 332-19 encourent également les peines suivantes :

1° La confiscation des biens mobiliers et immobiliers appartenant à ou utilisés par l'association ou le groupement maintenu ou reconstitué ;

2° La confiscation des uniformes, insignes, emblèmes, armes et tous matériels utilisés ou destinés à être utilisés par l'association ou le groupement maintenu ou reconstitué.

BIBL. ▸ BONFILS, *RSC 2007. 348* (loi n° 2006-784 du 5 juill. 2006 relative à la prévention des violences lors des manifestations sportives). – CASTILLON, *Dr. pénal 2007. Étude 26* (prévention et sanction des violences sportives).

Sur la sécurité des manifestations sportives, V. **C. sport**, *art. R. 332-1 à R. 332-13.*

Art. 222-16-3 *(L. n° 2010-769 du 9 juill. 2010, art. 33-VII)* **Dans le cas où les infractions prévues par le 6° *bis* des articles 222-8, 222-10, 222-12 et 222-13 sont commises à l'étranger à l'encontre d'une personne résidant habituellement sur le territoire français, la loi française est applicable par dérogation aux dispositions de l'article 113-7. S'il s'agit d'un délit, les dispositions de la seconde phrase de l'article 113-8 ne sont pas applicables.**

§ 3 DES MENACES

RÉP. PÉN. v° *Menaces*, par PERRIER.

Art. 222-17 La menace de commettre un crime ou un délit contre les personnes dont la tentative est punissable est punie de six mois d'emprisonnement et de 7 500 € d'amende lorsqu'elle est, soit réitérée, soit matérialisée par un écrit, une image ou tout autre objet.

La peine est portée à trois ans d'emprisonnement et à 45 000 € d'amende s'il s'agit d'une menace de mort. — *Pén. 421-1 ; Pr. pén. 2-1 s., 398-1, 689-3, 689-5.*

Bien qu'adressé à un tiers, journaliste en l'occurrence, le courriel qui énonce « il est fort à craindre que dans les jours qui viennent je mette fin à mes jours si je ne suis pas entendu et je peux vous assurer que je ne partirai pas seul, quelques magistrats et avocats véreux de ce tribunal m'accompagneront » constitue une menace de mort dès lors qu'en envoyant le courriel, le prévenu savait que le journaliste allait le communiquer aux autorités par crainte d'engager sa responsabilité pénale pour omission de porter secours. En effet, l'art. 223-6 C. pén. impose, sous peine de poursuites pénales, à quiconque pouvant empêcher par son action immédiate soit un crime soit un délit contre l'intégrité corporelle d'une personne de prendre les mesures à sa portée pour y parvenir. En conséquence, l'auteur d'une menace de mort formulée, en des termes précis, auprès, non de la personne directement visée mais d'un tiers, ne peut prétendre avoir ignoré qu'elle serait portée à la connaissance de l'autorité publique par ce dernier. • Crim. 23 mai 2018, n° 17-82.355 P : *D. actu. 13 juin 2018, obs. Recotillet ; AJ pénal 2018. 418, obs. Clément ; RSC 2018. 686, obs. Mayaud ; ibid. 712, obs. Dreyer.*

Art. 222-18 **La menace, par quelque moyen que ce soit, de commettre un crime ou un délit contre les personnes, est punie de trois ans d'emprisonnement et de 45 000 € d'amende, lorsqu'elle est faite avec l'ordre de remplir une condition.**

La peine est portée à cinq ans d'emprisonnement et à 75 000 € d'amende s'il s'agit d'une menace de mort. — *Pr. pén. 2-1 s., 398-1, 689-3, 689-5.*

Sur les menaces de violences, V. art. R. 623-1.

Corresp. : *C. pén., anciens art. 305 et 306.*

BIBL. ▶ VÉRON, *Dr. pénal 2001. Comm. 138.*

A. MATÉRIALITÉ

1. ***Appréciation.*** Il appartient aux juges du fait de rechercher le véritable sens des propos qui leur sont dénoncés comme constituant une menace et d'en déterminer la portée ; leur pouvoir d'interprétation à cet égard est soumis au contrôle de la Cour de cassation. • Crim. 4 juill. 1963,

2. En l'état de motifs qui ne caractérisent pas en quoi les faits visés à la prévention constitueraient des menaces de mort, non plus que des violences commises sur une victime ou une partie civile en raison de sa plainte ou de sa déposition, une cour d'appel ne donne pas de base légale à sa décision. • Crim. 25 juin 1997 : *Dr. pénal 1997. 151, obs. Véron.*

3. ***Destinataire.*** Il n'est pas nécessaire que les menaces aient été adressées directement à la personne visée ; mais, dans le cas où elles ont été prononcées hors de sa présence, il faut qu'elles soient parvenues à sa connaissance et que leur auteur ait eu l'intention de les y faire parvenir. • Besançon, 17 mai 1906 : *DP 1908. 2. 166* • Nancy, 24 juill. 1946 : *S. 1946. 2. 135 ; Gaz. Pal. 1946. 2. 169.* ♦ Cette intention doit être présumée, lorsque les menaces ont été proférées publiquement ou prononcées devant des individus qui, en raison de leur situation vis-à-vis de la personne menacée, ou des rapports particuliers qu'ils ont avec elle, devaient vraisemblablement les lui transmettre. • Besançon, 17 mai 1906 : *préc.* ♦ Ainsi, un détenu, qui adresse à sa femme une lettre menaçante pour un juge d'instruction, ne peut ignorer qu'en vertu de l'art. D. 416 C. pr. pén., une telle lettre, soumise au contrôle de l'administration pénitentiaire, serait nécessairement communiquée au juge d'instruction. • Crim. 21 févr. 1991 : *Dr. pénal 1991. 226 ; RSC 1991. 761, obs. Levasseur.*

1° MENACES SANS ORDRE

4. ***Réitération.*** Le délit de menace suppose, pour être constitué, que les menaces aient été, soit réitérées, soit matérialisées par un écrit, une image ou tout autre objet ; la formule reprochée au prévenu « toi on va te crever et te pourrir la vie jusqu'au bout » n'ayant été prononcée qu'une fois, l'infraction n'est pas réalisée. • Aix-en-Provence, 11 juin 2001 : *Dr. pénal 2001. 138 (2e arrêt), obs. Véron.*

5. C'est à bon droit que la cour d'appel, pour écarter l'argumentation du prévenu déclaré coupable de menaces de mort réitérées, qui faisait valoir que les paroles et gestes reprochés avaient eu lieu dans une seule unité de temps et de lieu, relève que, même si cela s'est passé dans un temps très court, les menaces ont été répétées et accompagnées du geste d'égorgement ; en outre, l'art. 222-17 C. pén. ne prévoit pas de délai avant la réitération. • Crim. 26 févr. 2002, n° 01-83.545 P : *Dr. pénal 2002. 67, obs. Véron ; RSC 2002. 591, obs. Mayaud.*

6. L'art. 222-17 C. pén. ne prévoit pas de délai avant la réitération des menaces ; dès lors, peu importe que les menaces aient été proférées dans un même laps de temps, dès lors qu'elles l'ont été à plusieurs reprises. • Toulouse, 27 oct. 2004 : *Dr. pénal 2005. 23.*

7. L'art. 222-17 C. pén. exige que, pour être punissables, les menaces de commettre un crime ou délit contre les personnes dont la tentative est punissable, qui ne sont pas matérialisées par un écrit, une image ou un objet, soient réitérées à l'égard de la même victime ; échappent aux prévisions de ce texte les menaces de violences correctionnelles ainsi que les menaces de mort qui n'ont pas été réitérées à l'égard de la même victime. • Crim. 24 oct. 2007, n° 07-83.726 P : *AJ pénal 2008. 89, obs. Lacroix ; Dr. pénal 2008, n° 19, obs. Véron.* ♦ Rappr. : • Crim. 30 sept. 2009, n° 09-80.373 P : *D. 2009. AJ 2687, obs. Gachi ; ibid. Pan. 2740, obs. Mirabail ; JCP G 2009, n° 52, p. 587, note Lasserre Capdeville ; RSC 2009. 838, obs. Mayaud.*

8. ***Menace de mort.*** L'expression « Vulgaire crapule, tu n'y couperas pas », contenue dans un écrit adressé à la personne visée, peut, à raison des circonstances de la cause et de l'animosité toute particulière du prévenu contre le destinataire de la lettre, être considérée comme une menace de mort sans condition. • Crim. 17 mai 1930 : *DH 1930. 493.*

9. Doivent être relaxés du chef de menaces de mort réitérées les auteurs de menaces dans un funérarium, dans un contexte agité, les déclarations contradictoires des protagonistes ne permettant pas d'en démontrer la teneur et, surtout, la réitération ; les menaces en question n'étaient pas, non plus, matérialisées par écrit, image ou autre objet ; le doute bénéficiait alors aux prévenus ; pour les mêmes raisons, les prévenus sont relaxés du chef de menaces de destruction dangereuse pour les personnes. • Pau, 24 févr. 2005 : *JCP 2005. IV. 3041.*

10. M. Daniel X..., opposé dans plusieurs litiges à Me Y..., avocat au barreau de Clermont-Ferrand, a adressé à plusieurs avocats du barreau de Lyon une lettre sollicitant leur concours pour exercer une action en justice à son encontre ; dans cette lettre, il a notamment indiqué que « l'intime conviction qui grandit en mon esprit est que la seule façon d'obtenir justice contre cette avocate pourrie sera de me procurer une arme et de lui ôter la vie » ; Me Y..., informée de l'existence de cette correspondance par le bâtonnier de Clermont-Ferrand, a porté plainte contre l'auteur de la lettre pour menace de commettre un crime contre un avocat ; en déclarant le prévenu coupable du délit, la cour d'appel a justifié sa décision dès lors que le délit de menace de commettre un crime contre une personne est établi lorsque son auteur ne pouvait ignorer que la menace formulée parviendrait à la connaissance de la ou des personnes visées. • Crim. 10 déc. 2014 : *D. 2015. Actu. 12 ; Dr. pénal 2015, no 18, obs. Véron.*

11. Ne constitue pas une image ou un objet matérialisant la menace le fait, pour un employeur, d'avoir pointé du doigt quatre salariées comme s'il tenait une arme en disant « pan, pan, pan, pan, toutes les quatre fusillées » et en mimant l'acte de souffler sur le canon d'un pistolet. Une telle action ne peut s'analyser qu'en un simple geste accompagnant une menace verbale. • Crim. 22 sept. 2015, no 14-82.435 P : *D. actu. 15 oct. 2015, obs. Gallois ; Dr. pénal 2015, no 156, obs. Conte.*

12. Requalification. S'il appartient au juge de restituer aux faits dont il est saisi leur véritable qualification, c'est à la condition que le prévenu ait été mis en mesure de se défendre sur la nouvelle qualification envisagée ; encourt, dès lors, la cassation l'arrêt condamnant pour la contravention de violences légères un prévenu poursuivi pour menaces de mort réitérées, sans qu'il résulte d'aucune mention de l'arrêt ou des pièces de procédure que le prévenu ait été mis en mesure de se défendre sur cette nouvelle qualification dont les éléments constitutifs diffèrent de celle pour laquelle il a été poursuivi. • Crim 13 févr. 2008, no 07-81.097 P : *D. 2008. 1805 (2e arrêt), note Lennon ; Gaz. Pal. 2009. 1. Somm. 638, note Monnet.*

2o MENACES AVEC ORDRE

13. Portée de l'ordre. La menace faite sous condition comprend, dans la généralité de ses termes, la menace sous condition de ne pas faire, comme celle de faire. • Crim. 1er févr. 1834 : *S. 1834. 1. 266* • 20 juill. 1935 : *DH 1935. 510* • Limoges, 9 janv. 1851 : *DP 1851. 2. 205.*

14. Une menace avec ordre ou sous condition est punissable, encore que l'auteur de la menace n'y ait eu recours que pour la défense d'un droit légitime : il n'est pas nécessaire, pour que cette menace constitue un délit, que l'ordre donné soit injuste ou que la condition soit préjudiciable au droit de celui à qui la menace est adressée. • Crim. 18 sept. 1851 : *DP 1851. 5. 356.* ♦ L'application de l'art. 305 C. pén. ne saurait dépendre du plus ou moins de fondement du droit dont l'exercice serait troublé par la menace. • Crim. 27 juin 1927 : *S. 1929. 1. 356.*

15. Personne menaçante. L'art. 222-18 C. pén. n'exclut pas que l'ordre de remplir une condition accompagnant les menaces soit donné par une autre personne que l'auteur de ces menaces. • Crim. 6 mai 2002, no 01-85.107 P : *Dr. pénal 2002. Comm. 106, obs. Véron ; D. 2003. Somm. 245, obs. Gozzi .*

16. Personne menacée. Le délit de menace sous condition exige que soit visée une personne déterminée ou déterminable, puisque sans cela les menaces ou interdictions seraient inopérantes et sans objet. • T. corr. Paris, 16 févr. 1973 : *JCP 1973. II. 17408, note J.A. ; RSC 1973. 903, obs. Levasseur.*

17. Applications. C'est à bon droit que les juges du fond ont estimé, dans les circonstances de fait qu'ils constatent, que le prévenu, en déclarant à la gérante d'un cabaret de nuit qu'il avait chez lui six kilogrammes de plastic et que, si elle persistait à ne pas lui verser l'« amende » qu'il lui avait « infligée », son « établissement serait transformé en charcuterie », s'est rendu coupable, non d'escroquerie, mais de menaces verbales d'attentat contre les personnes. • Crim. 13 mars 1967, no 93-67.366 P : *D. 1967. Somm. 51 ; Gaz. Pal. 1967. 1. 282 ; RSC 1967. 661, obs. Levasseur.* ♦ Rappr. : • Crim. 21 mai 1963 : *Bull. crim. no 179.*

18. Est justifiée la décision qui, pour retenir le demandeur dans les liens de la prévention de menace de mort avec ordre ou condition, constate qu'il a dit à la victime, après lui avoir arraché des mains un dossier, « partez avant qu'il vous arrive le pire ». • Crim. 4 juin 1966 : *JCP 1967. II. 14985 ; Gaz. Pal. 1966. 2. 138.* ♦ Pour des menaces de mort sous condition proférées par un détenu à l'encontre de son amie « si elle ne se dépêchait pas de lui écrire ». • Crim. 25 avr. 1990 : *Dr. pénal 1990. 289 ; RSC 1991. 81, obs. Levasseur .*

19. Caractérisent à la charge des prévenus la réunion de tous les éléments constitutifs du délit de menaces verbales de mort sous condition les juges qui énoncent que la victime, mise en présence de ces prévenus, les a reconnus comme étant ceux qui, la nuit précédente, l'avaient « mis à l'amende faute de quoi il serait descendu ». • Crim. 21 févr. 1973 : *Gaz. Pal. 1973. 1. Somm. 151.*

20. Pour la condamnation à deux mois d'emprisonnement avec sursis de l'auteur de menaces de mort adressées par Internet à un député-maire, menaces ainsi libellées : « Laisse les pits en paix ..., sinon nous t'abattons ». • TGI Nanterre, 28 avr. 1998 : *Gaz. Pal. 1999. 1. Somm. 198, note Manseur-Rivet.*

21. Sont des menaces faites avec ordre de remplir une condition, en l'espèce laisser le prévenu accéder avec ses complices à un terminal d'embarquement afin d'agresser les voyageurs, les propos suivants adressés à la victime : « je sais où tu habites, où tu fais tes courses et tu vas pas le sentir passer ». • Aix-en-Provence, 16 janv. 2001 : *Dr. pénal 2001. 138 (1er arrêt), obs. Véron.*

22. Se rend coupable de menaces de crime ou de délit contre les personnes avec l'ordre de remplir une condition le dirigeant d'une société dont le compte était bloqué par un avis à tiers détenteur, qui appelle le receveur principal, et au cours de l'entretien téléphonique, lui déclare que « ça allait péter » et qu'il allait « monter avec un fusil » et « venir avec les membres de son syndicat » ; en outre, le responsable de ce syndicat avait appelé le receveur quelques instants plus tard, lui faisant entendre que son camarade était dangereux et l'avait menacé de le faire muter si la mainlevée de l'avis à tiers détenteur n'intervenait pas ; le prévenu a donc formulé des menaces verbales de destructions et de violences aggravées visant personnellement tant le fonctionnaire que ses collègues, menaces suivies immédiatement de l'ordre de remplir une condition ; l'art. 222-18 C. pén. n'exclut pas que cet ordre accompagnant les menaces qu'il réprime soit donné par une autre personne que leur auteur. • Crim. 6 mai 2002, n° 01-85.107 P : *D. 2003. Somm. 245, obs. Gozzi ; Dr. pénal 2002. 106, obs. Véron.*

B. INTENTION

23. Constatation. L'existence de l'intention délictueuse chez le prévenu résulte de l'affirmation par le juge répressif de la culpabilité. • Crim. 17 mai 1930 : *DH 1930. 493.*

24. Définition. L'intention plus ou moins démontrée de passer de la menace à l'exécution, de la part du délinquant, n'est nullement prise en considération, non seulement parce que la preuve de cette intention peut constituer un autre genre d'infraction plus grave, mais encore parce que la simple menace est à elle seule un délit *sui generis*, qui existe par lui-même et dont la répression s'explique par la nécessité de ne pas laisser impunie une violence qui, bien que non suivie d'effet, est déjà un trouble grave à la paix publique. • Bordeaux, 8 août 1867 : *S. 1867. 2. 273.* ♦ La loi réprimant la menace n'exige point que l'auteur de celle-ci ait voulu la mettre à exécution, ni même qu'il ait été capable de le faire ; il suffit que son auteur l'ait sciemment prononcée, en se rendant compte de sa portée. • Crim. 11 mai 1964, n° 93-19.663 P. ♦ ... Son intention serait-elle uniquement de faire peur à l'intéressé. • Nancy, 24 juill. 1946 : *S. 1946. 2. 135 ; Gaz. Pal. 1946. 2. 169.* ♦ L'art. 222-18 C. pén. n'exige pas que l'auteur de la menace ait entendu mettre sa menace à exécution. • Crim. 20 sept. 2016, n° 15-84.746 P : *D. actu. 13 oct. 2016, obs. Goetz ; Dr. pénal 2017, n° 3, obs. Conte ; RSC 2016. 762, obs. Mayaud ; Gaz. Pal. 24 janv. 2017, p. 49, obs. Detraz.*

25. Le délit de menaces de mort par écrit doit comporter, pour être retenu, la volonté clairement exprimée d'exécuter un attentat contre les personnes, ce qui revient à dire que l'acte que l'auteur de l'écrit se propose d'accomplir doit constituer en lui-même un attentat ; tel n'est pas le cas d'une simple menace d'entraver la circulation aérienne, dès lors que les circonstances sont exclusives de toute intention homicide. • Lyon, 9 juill. 1954 : *D. 1954. 580 ; JCP 1956. II. 9175, note Meurisse (arrêt ici daté du 9 juill. 1955) ; Gaz. Pal. 1954. 2. 205 ; RSC 1954. 767, obs. Hugueney.* ♦ V. le jugement infirmé : • T. corr. Nantua, 12 févr. 1954 : *D. 1954. 323.*

26. La relaxe doit être prononcée dès lors qu'on ne découvre en aucune partie des écrits incriminés l'indication d'un dessein criminel qu'aurait formé leur auteur, ni l'expression de sa volonté de se livrer à un attentat. • Basse-Terre, 17 mars 1970 : *D. 1970. 658.*

C. AGGRAVATION

27. Menace de mort. La menace adressée à un tiers dans un écrit anonyme de « lui faire passer le goût du pain » a pu être considérée comme contenant la menace, contre la personne du destinataire de l'écrit, d'un attentat passible, s'il eût été commis, au moins d'une peine perpétuelle (travaux forcés). • Crim. 20 oct. 1892 : *DP 1894. 1. 140.*

Art. 222-18-1 *Abrogé par L. n° 2017-86 du 27 janvier 20017 art. 171.*

Art. 222-18-2 *(L. n° 2009-526 du 12 mai 2009, art. 124-I)* **« Les personnes morales déclarées responsables pénalement, dans les conditions prévues par l'article 121-2, des infractions définies au présent paragraphe encourent, outre l'amende suivant les modalités prévues par l'article 131-38 : »**

(L. n° 2001-504 du 12 juin 2001) **« 2°** *[1°]* **Les peines mentionnées aux 2° à 9° de l'article 131-39 ;**

« 3° *[2°]* **La peine mentionnée au 1° de l'article 131-39 pour les infractions définies par les articles 222-17 (deuxième alinéa)** *(L. n° 2017-86 du 27 janv. 2017, art. 171)* **« et 222-18 ».**

« L'interdiction mentionnée au 2° de l'article 131-39 porte sur l'activité dans l'exercice ou à l'occasion de l'exercice de laquelle l'infraction a été commise. » — *Anc. art. 222-18-1.*

Art. 222-18-3 *(L. n° 2010-769 du 9 juill. 2010, art. 6)* **Lorsqu'elles sont commises par le conjoint ou le concubin de la victime ou le partenaire lié à la victime par un pacte civil de solidarité, les menaces prévues au premier alinéa de l'article 222-17 sont punies de** *(L. n° 2019-1480 du 28 déc. 2019, art. 10)* **« trois ans d'emprisonnement et de 45 000 €** *[ancienne rédaction : deux ans d'emprisonnement et de 30 000 €]* **» d'amende, celles prévues au second alinéa du même article et au premier alinéa de l'article 222-18 sont punies de cinq ans d'emprisonnement et de 75 000 € d'amende et celles prévues au second alinéa de l'article 222-18 sont punies de sept ans d'emprisonnement et de 100 000 € d'amende.**

SECTION II DES ATTEINTES INVOLONTAIRES À L'INTÉGRITÉ DE LA PERSONNE

Art. 222-19 *(L. n° 2000-647 du 10 juill. 2000)* **« Le fait de causer à autrui, dans les conditions et selon les distinctions prévues à l'article 121-3 », par maladresse, imprudence, inattention, négligence ou manquement à une obligation** *(L. n° 2011-525 du 17 mai 2011, art. 185)* **« de prudence ou de sécurité » imposée par la loi** *(L. n° 2000-647 du 10 juill. 2000)* **« ou le règlement », une incapacité totale de travail pendant plus de trois mois est puni de deux ans d'emprisonnement et de 30 000 € d'amende.**

(L. n° 2000-647 du 10 juill. 2000) **« En cas de violation manifestement délibérée d'une obligation particulière** *(L. n° 2011-525 du 17 mai 2011, art. 185)* **« de prudence ou de sécurité » imposée par la loi ou le règlement », les peines encourues sont portées à trois ans d'emprisonnement et à 45 000 € d'amende.** — *Pén. 434-10 ; Pr. pén. 2-12, 398-1 ; Route L. 234-1, L. 234-3 à L. 234-8, L. 234-12, L. 234-13, L. 130-1 à L. 130-3 ; Trav. L. 4741-1, L. 4741-2 et L. 4741-9.*

Sur la présentation des dispositions de la loi n° 2000-647 du 10 juill. 2000 tendant à préciser la définition des délits non intentionnels, V. Circ. CRIM. n° 2000-09 F1 du 11 oct. 2000 (BOMJ 2000, n° 80).

Sur la recherche et la constatation des infractions à cet article commises à l'occasion d'accidents de la circulation, V. C. route, art. L. 234-11 et L. 130-1 à L. 130-3, App., v° Circulation.

V. C. pr. pén., art. 398-1 qui prévoit la procédure de jugement à juge unique pour les délits de l'art. 222-19.

Corresp. *: C. pén., anciens art. 319 et 320.*

RÉP. PÉN. v° *Santé et sécurité au travail, par* SEGONDS.

Renvoi. V. bibliographie et annotations de jurisprudence ss. art. 221-6.

Art. 222-19-1 *(L. n° 2003-495 du 12 juin 2003, art. 2)* **Lorsque la maladresse, l'imprudence, l'inattention, la négligence ou le manquement à une obligation législative ou réglementaire** *(L. n° 2011-525 du 17 mai 2011, art. 185)* **« de prudence ou de sécurité » prévu par l'article 222-19 est commis par le conducteur d'un véhicule terrestre à moteur, l'atteinte involontaire à l'intégrité de la personne ayant entraîné une incapacité totale de travail pendant plus de trois mois est punie de trois ans d'emprisonnement et de 45 000 € d'amende.**

Les peines sont portées à cinq ans d'emprisonnement et à 75 000 € d'amende lorsque :

1° Le conducteur a commis une violation manifestement délibérée d'une obligation particulière de prudence ou de sécurité prévue par la loi ou le règlement autre que celles mentionnées ci-après ;

2° Le conducteur se trouvait en état d'ivresse manifeste ou était sous l'empire d'un état alcoolique caractérisé par une concentration d'alcool dans le sang ou dans l'air expiré égale ou supérieure aux taux fixés par les dispositions législatives ou réglementaires du code de la route, ou a refusé de se soumettre aux vérifications prévues par ce code et destinées à établir l'existence d'un état alcoolique ;

3° Il résulte d'une analyse sanguine *(L. n° 2016-41 du 26 janv. 2016, art. 45)* « ou salivaire » que le conducteur avait fait usage de substances ou de plantes classées comme stupéfiants, ou a refusé de se soumettre aux vérifications prévues par le code de la route destinées à établir s'il conduisait en ayant fait usage de stupéfiants ;

4° Le conducteur n'était pas titulaire du permis de conduire exigé par la loi ou le règlement ou son permis avait été annulé, invalidé, suspendu ou retenu ;

5° Le conducteur a commis un dépassement de la vitesse maximale autorisée égal ou supérieur à 50 km/h ;

6° Le conducteur, sachant qu'il vient de causer ou d'occasionner un accident, ne s'est pas arrêté et a tenté ainsi d'échapper à la responsabilité pénale ou civile qu'il peut encourir.

Les peines sont portées à sept ans d'emprisonnement et à 100 000 € d'amende lorsque l'atteinte involontaire à l'intégrité de la personne a été commise avec deux ou plus des circonstances mentionnées aux 1° et suivants du présent article.

V. bibliographie et notes ss. art. 221-6 et 221-6-1.

Art. 222-19-2 *(L. n° 2008-582 du 20 juin 2008, art. 13-II)* **Lorsque l'atteinte involontaire à l'intégrité de la personne ayant entraîné une incapacité totale de travail de plus de trois mois prévue par l'article 222-19 résulte de l'agression commise par un chien, le propriétaire ou celui qui détient le chien au moment des faits est puni de trois ans d'emprisonnement et de 45 000 € d'amende.**

Les peines sont portées à cinq ans d'emprisonnement et à 75 000 € d'amende lorsque :

1° La propriété ou la détention du chien est illicite en application de dispositions législatives ou réglementaires ou d'une décision judiciaire ou administrative ;

2° Le propriétaire ou le détenteur du chien se trouvait en état d'ivresse manifeste ou sous l'emprise manifeste de produits stupéfiants ;

3° Le propriétaire ou le détenteur du chien n'avait pas exécuté les mesures prescrites par le maire, conformément à l'article L. 211-11 du code rural et de la pêche maritime, pour prévenir le danger présenté par l'animal ;

4° Le propriétaire ou le détenteur du chien n'était pas titulaire du permis de détention prévu à l'article L. 211-14 du code rural et de la pêche maritime ;

5° Le propriétaire ou le détenteur du chien ne justifie pas d'une vaccination antirabique de son animal en cours de validité lorsqu'elle est obligatoire ;

6° Il s'agissait d'un chien de la première ou de la deuxième catégorie prévues à l'article L. 211-12 du code rural et de la pêche maritime qui n'était pas muselé ou tenu en laisse par une personne majeure conformément aux dispositions prévues au II de l'article L. 211-16 du même code ;

7° Il s'agissait d'un chien ayant fait l'objet de mauvais traitements de la part de son propriétaire ou de son détenteur.

Les peines sont portées à sept ans d'emprisonnement et à 100 000 € d'amende lorsque l'atteinte involontaire à l'intégrité de la personne a été commise avec deux ou plusieurs des circonstances mentionnées aux 1° et suivants du présent article.

BIBL. ▶ **Dossier.** L'animal en droit pénal, *Dr. pénal 2018, p. 13 s.*

Art. 222-20 *(L. n° 2000-647 du 10 juill. 2000)* **« Le fait de causer à autrui, par la violation manifestement délibérée d'une obligation particulière** *(L. n° 2011-525 du 17 mai 2011, art. 185)* **« de prudence ou de sécurité » imposée par la loi ou le règlement », une incapacité totale de travail d'une durée inférieure ou égale à trois mois, est puni d'un an d'emprisonnement et de 15 000 € d'amende.** — *Pr. pén. 398-1 ; Trav. L. 4741-1, L. 4741-2 et L. 4741-9.*

Sur la présentation des dispositions de la loi n° 2000-647 du 10 juill. 2000 tendant à préciser la définition des délits non intentionnels, V. Circ. CRIM. n° 2000-09 F1 du 11 oct. 2000 (BOMJ 2000, n° 80).

Sur les pouvoirs du juge lorsque les infractions visées aux art. 222-19 et 222-20 C. pén. constituent des accidents du travail, V. ***C. trav.****, art. L. 4741-1, L. 4741-2 et L. 4741-9.*

V. C. pr. pén., art. 398-1 qui prévoit la procédure de jugement à juge unique pour les délits de l'art. 222-20.

1. Faute délibérée. V. notes ss. art. 221-6.

2. Incapacité. V. notes ss. art. R. 625-2.

Art. 222-20-1 *(L. nº 2003-495 du 12 juin 2003, art. 2)* **Lorsque la maladresse, l'imprudence, l'inattention, la négligence ou le manquement à une obligation législative ou réglementaire** *(L. nº 2011-525 du 17 mai 2011, art. 185)* **« de prudence ou de sécurité » prévu par l'article 222-19 est commis par le conducteur d'un véhicule terrestre à moteur, l'atteinte involontaire à l'intégrité de la personne ayant entraîné une incapacité totale de travail d'une durée inférieure ou égale à trois mois est punie de deux ans d'emprisonnement et de 30 000 € d'amende.**

Les peines sont portées à trois ans d'emprisonnement et à 45 000 € d'amende lorsque :

1º Le conducteur a commis une violation manifestement délibérée d'une obligation particulière de prudence ou de sécurité prévue par la loi ou le règlement autre que celles mentionnées ci-après ;

2º Le conducteur se trouvait en état d'ivresse manifeste ou était sous l'empire d'un état alcoolique caractérisé par une concentration d'alcool dans le sang ou dans l'air expiré égale ou supérieure aux taux fixés par les dispositions législatives ou réglementaires du code de la route, ou a refusé de se soumettre aux vérifications prévues par ce code et destinées à établir l'existence d'un état alcoolique ;

3º Il résulte d'une analyse sanguine *(L. nº 2016-41 du 26 janv. 2016, art. 45)* **« ou salivaire » que le conducteur avait fait usage de substances ou de plantes classées comme stupéfiants, ou a refusé de se soumettre aux vérifications prévues par le code de la route destinées à établir s'il conduisait en ayant fait usage de stupéfiants ;**

4º Le conducteur n'était pas titulaire du permis de conduire exigé par la loi ou le règlement ou son permis avait été annulé, invalidé, suspendu ou retenu ;

5º Le conducteur a commis un dépassement de la vitesse maximale autorisée égal ou supérieur à 50 km/h ;

6º Le conducteur, sachant qu'il vient de causer ou d'occasionner un accident, ne s'est pas arrêté et a tenté ainsi d'échapper à la responsabilité pénale ou civile qu'il peut encourir.

Les peines sont portées à cinq ans d'emprisonnement et 75 000 € d'amende lorsque l'atteinte involontaire à l'intégrité de la personne a été commise avec deux ou plus des circonstances mentionnées aux 1º et suivants du présent article.

1. V. bibliographie ss. art. 221-6-1.

2. Requalification. Le prévenu a été convoqué devant le tribunal correctionnel pour contravention de blessures involontaires prévue par l'art. R. 625-2 C. pén., faits qui auraient été commis le 14 janv. 2004 ; le tribunal l'a déclaré coupable de blessures involontaires par conducteur d'un véhicule, délit prévu par les dispositions de l'art. 222-20-1 C. pén. introduites par la loi du 12 juin 2003 ; les juges du second degré ont confirmé la déclaration de culpabilité ; contrairement à ce qui est allégué, aucune atteinte n'a été portée aux droits du demandeur, dès lors que, d'une part, les éléments constitutifs du délit retenu étaient compris dans les termes de la prévention initiale et que, d'autre part, la requalification ayant été opérée par les premiers juges, le prévenu a été mis en mesure de se défendre devant la cour d'appel. • Crim. 30 janv. 2008, nº 06-81.027 P : *D. 2008. 1805* *(1er arrêt), note Lennon.*

Art. 222-20-2 *(L. nº 2008-582 du 20 juin 2008, art. 13-III)* **Lorsque l'atteinte involontaire à l'intégrité de la personne ayant entraîné une incapacité totale de travail de moins de trois mois prévue par l'article 222-20 résulte de l'agression commise par un chien, le propriétaire ou celui qui détient le chien au moment des faits est puni de deux ans d'emprisonnement et de 30 000 € d'amende.**

Les peines sont portées à trois ans d'emprisonnement et à 45 000 € d'amende lorsque :

1º La propriété ou la détention du chien est illicite en application de dispositions législatives ou réglementaires ou d'une décision judiciaire ou administrative ;

2º Le propriétaire ou le détenteur du chien se trouvait en état d'ivresse manifeste ou sous l'emprise manifeste de produits stupéfiants ;

3º Le propriétaire ou le détenteur du chien n'avait pas exécuté les mesures prescrites par le maire, conformément à l'article L. 211-11 du code rural et de la pêche maritime, pour prévenir le danger présenté par l'animal ;

4° Le propriétaire ou le détenteur du chien n'était pas titulaire du permis de détention prévu à l'article L. 211-14 du code rural et de la pêche maritime ;

5° Le propriétaire ou le détenteur du chien ne justifie pas d'une vaccination antirabique de son animal en cours de validité lorsqu'elle est obligatoire ;

6° Il s'agissait d'un chien de la première ou de la deuxième catégorie prévues à l'article L. 211-12 du code rural et de la pêche maritime qui n'était pas muselé ou tenu en laisse par une personne majeure conformément aux dispositions prévues au II de l'article L. 211-16 du même code ;

7° Il s'agissait d'un chien ayant fait l'objet de mauvais traitements de la part de son propriétaire ou de son détenteur.

Les peines sont portées à cinq ans d'emprisonnement et à 75 000 € d'amende lorsque l'atteinte involontaire à l'intégrité de la personne a été commise avec deux ou plusieurs des circonstances mentionnées aux 1° et suivants du présent article.

BIBL. ▶ **Dossier.** L'animal en droit pénal, *Dr. pénal 2018, p. 13 s.*

Art. 222-21 *(L. nº 2009-526 du 12 mai 2009, art. 124-I)* **« Les personnes morales déclarées responsables pénalement, dans les conditions prévues par l'article 121-2, des infractions définies par la présente section encourent, outre l'amende suivant les modalités prévues par l'article 131-38, les peines prévues par les 2°, 3°, 8° et 9° de l'article 131-39. »**

L'interdiction mentionnée au 2° de l'article 131-39 porte sur l'activité dans l'exercice ou à l'occasion de l'exercice de laquelle l'infraction a été commise.

Dans les cas visés au deuxième alinéa de l'article 222-19 est en outre encourue la peine mentionnée au 4° de l'article 131-39.

Sur certaines atteintes involontaires à l'intégrité de la personne, V. art. R. 622-1 et R. 625-2 s.

BIBL. ▶ V. ss. art. 121-2 et 221-7.

1. Accidents du travail. Condamnation de deux sociétés, reconnues coupables, à la suite d'un accident du travail, de blessures involontaires ayant causé à un salarié une incapacité de plus de trois mois, la première, qui employait la victime, pour n'avoir pas vérifié la solidité de l'échafaudage à l'origine de l'accident, la seconde, qui avait fourni et installé le matériel, pour ne pas avoir été particulièrement spécialisée dans l'activité à laquelle elle s'était malgré tout livrée. • TGI Paris, 3 nov. 1995 : *Dr. soc. 1996. 157, et chron. Cœuret ; RSC 1996. 392, obs. Giudicelli-Delage* .

2. Un salarié a été blessé à la main par la presse à clavette qu'il utilisait pour façonner une pièce et qui s'était inopinément remise en route ; la société a été renvoyée devant la juridiction correctionnelle sur le fondement de l'art. 220-20 C. pén., dans sa rédaction issue de la L. du 10 juill. 2000, pour avoir involontairement causé au salarié des blessures entraînant une incapacité de travail inférieure à trois mois, ensuite de la violation manifestement délibérée d'une obligation de prudence ou de sécurité imposée par la loi ou le règlement, consistant dans la mise à disposition d'une presse non conforme à la réglementation applicable et dont la dangerosité excluait toute utilisation ; pour dire la prévention établie, les juges du fond retiennent que le jour des faits le président de la société avait donné pour instruction au salarié de procéder à la fabrication d'une pièce au moyen de la presse, qui avait été mise en service dans l'entreprise dans les années 1970, et maintenue en fonctionnement sans équipements de protection ni évaluation des risques d'utilisation ; dès lors que la société a causé à autrui des blessures involontaires entraînant une incapacité totale de travail inférieure à trois mois, par violation manifestement délibérée d'une obligation particulière de sécurité ou de prudence imposée à la date des faits, en application du Décr. nº 93-41 du 11 janv. 1993, par les art. R. 233-3 et R. 233-4 C. trav., la cour d'appel a donné une base légale à sa décision. • Crim. 12 juin 2007, nº 06-88.900 P.

3. Pour déclarer une société coupable de blessures involontaires et d'infraction à la sécurité des travailleurs, à la suite d'un accident du travail subi par un salarié sous contrat de professionnalisation, lequel avait œuvré sur un chantier de cette entreprise, la cour d'appel, infirmant sur ce point le jugement entrepris, retient par les motifs repris au moyen qu'à défaut d'avoir dispensé une formation pratique et appropriée, la personne morale a créé la situation ayant permis la réalisation du dommage ou n'a pas pris les mesures permettant de l'éviter ; en prononçant ainsi, sans mieux rechercher si les manquements relevés résultaient de l'abstention d'un des organes ou représentants de la société, et s'ils avaient été commis pour le compte de cette société, au sens de l'art. 121-2 C. pén., la cour d'appel n'a pas justifié sa décision. • Crim. 11 avr. 2012, nº 10-86.974 P : *D. actu. 3 mai 2012, obs. Bombled ; D. 2012. 1381, note Saint-Pau* ; *JCP G* 2012, nº 740, note J.-H. Robert ; Gaz. Pal. 2012. 1. *1441, note Hervet et Benouniche ; ibid. 2. 2220, obs. Dreyer ; RSC 2012. 375, obs. Mayaud* ; *ibid. 377, obs. Cerf-Hollender* .

4. Activités d'enseignement. V. notes ss. art. 221-7.

5. Incidences de la L. du 10 juill. 2000. V. notes ss. art. 121-2.

6. Affichage ou diffusion de la décision. Après avoir déclaré une société coupable de blessures involontaires, l'arrêt a ordonné l'affichage de la décision ainsi que sa publication par voie de presse ; en se prononçant ainsi, alors que la société, qui n'était pas poursuivie pour des infractions aux règles de sécurité rendant applicables les dispositions de l'art. L. 263-6 C. trav., encourait par application de l'art. 222-21 C. pén., pour la seule infraction de blessures involontaires prévue par l'art. 222-20 du même code, soit la peine complémentaire d'affichage, soit celle de diffusion de la décision, la cour d'appel a méconnu les art. 111-3 et 222-21 C. pén. • Crim. 12 juin 2007 : *préc. note 2.*

SECTION III DU VIOL, DE L'INCESTE ET DES AUTRES AGRESSIONS SEXUELLES

(L. n° 2021-478 du 21 avr. 2021, art. 1er).

BIBL. ▸ ALVAREZ et GOURMELON, *RSC 2007. 618* (prise en charge des auteurs d'agressions sexuelles par l'administration pénitentiaire). – COURTAIGNE-DESLANDES, *Dr. pénal 2013. Étude 5* (à la recherche du fondement des infractions sexuelles contemporaines). – DASSA LE DEIST, *Gaz. Pal. 26-27 oct. 2012, p. 4* (les infractions en matière sexuelle à l'aune du principe de légalité pénale). – GERMAIN, *RSC 2011. 817* (consentement des mineurs victimes d'infractions sexuelles). – AMBROISE-CASTÉROT, *D. 2013. Chron. 1846* (les infractions parentales). – YATES et KINGSTON, *AJ pénal 2017. 272* (insuffisances du traitement des délinquants sexuels). – BESSE, *RSC 2018. 21* (les agressions sexuelles dans la sphère conjugale, casse-tête de Cupidon à l'adresse du juge répressif). – SOURZAT et OLIVIER, *Dr. pénal 2018. Étude 16* (réflexion pluridisciplinaire sur la prescription en matière d'agressions sexuelles après la repésentation du projet de loi renforçant la lutte contre les violences sexuelles et sexistes). – TELLIER-CAYROL, *AJ pénal 2018. 400* s. (L. du 3 août 2018 renforçant la lutte contre les violences sexuelles et sexistes. Des objectifs respectables, une efficacité incertaine). – CLAVERIE-ROUSSET, *Dr. pénal 2018. Étude 23* (commentaire des principales dispositions de la L. n° 2018-703 du 3 août 2018 renforçant la lutte contre les violences sexuelles ou sexistes). – SAENKO et DETRAZ, *D. 2018. Chron. 2031* (la L. n° 2018-703 du 3 août 2018 renforçant la lutte contre les violences sexuelles et sexistes : les femmes et les enfants d'abord !). – GRUNVALD, *AJ pénal 2019. 344* (les violences sexuelles sous le feu des données chiffrées). – PORTIER et SOBRY, *AJ pénal 2019. 431* s. (l'importance d'être consentant : les enjeux d'une exigence de consentement sexuel explicite en droit pénal français). – JEAN, *AJ pénal 2020. 316* s. (les violences sexuelles dans la famille : une approche statistique). – ROUSSEAU, *AJ pénal 2020. 396* s. (le renforcement de la lutte contre les commanditaires d'abus sexuels en *Live streaming*).

▸ **Dossiers :** Éviter la récidive du délinquant sexuel, *AJ pénal 2012. 621* s. Les violences sexuelles familiales, *AJ pénal 2020. 271* s.

Art. 222-22 Constitue une agression sexuelle toute atteinte sexuelle commise avec violence, contrainte, menace ou surprise *(L. n° 2021-478 du 21 avr. 2021, art. 1er)* **« ou, dans les cas prévus par la loi, commise sur un mineur par un majeur ».**

(L. n° 2006-399 du 4 avr. 2006, art. 11) **« Le viol et les autres agressions sexuelles sont constitués lorsqu'ils ont été imposés à la victime dans les circonstances prévues par la présente section, quelle que soit la nature des relations existant entre l'agresseur et sa victime, y compris s'ils sont unis par les liens du mariage. »** *(Abrogé par L. n° 2010-769 du 9 juill. 2010, art. 36)* ***« Dans ce cas, la présomption de consentement des époux à l'acte sexuel ne vaut que jusqu'à preuve du contraire. »***

(L. n° 98-468 du 17 juin 1998) **« Lorsque les agressions sexuelles sont commises à l'étranger contre un mineur par un Français ou par une personne résidant habituellement sur le territoire français, la loi française est applicable par dérogation au *deuxième alinéa de l'article 113-6* et les dispositions de la seconde phrase de l'article 113-8 ne sont pas applicables. »** — *Pr. pén. 2-2, 706-3.*

RÉP. PÉN. v° *Infractions sexuelles,* par MALABAT.

BIBL. ▸ NIVÔSE, *Dr. pénal 1995, Chron. 27* (des atteintes aux mœurs et à la pudeur aux agressions sexuelles). – CORPART, *Gaz. Pal. 1995. 2. Doctr. 888* (l'inceste en droit français). – FR.-L. COSTE, *D. 1997. Chron. 179* (le sexe, la loi pénale et le juge ou évolutions d'un principe séparateur instituant l'altérité). – GUÉRY, *D. 1998. Chron. 47* (l'inceste : étude de droit pénal comparé). – BEN KEMOUN, *D. 2002, Point de vue, p. 491* (la confiance violée de l'enfant : refonder la norme pénale). – REDON, *D. 2002, Point de vue, p. 2131* (violences sexuelles et pédophilie). – LAMEYRE, *RSC 2002. 547* (du régime pénal spécial appliqué, en France, aux auteurs d'infractions sexuelles). – MAYAUD, *AJ pénal 2004. 9* (les qualifications relatives aux atteintes sexuelles). – DAMIANI, *AJ pénal 2004. 22* *(interview)* (la prise en charge des victimes de violences sexuelles). – Kensey, *AJ pénal 2004. 49* (éléments statistiques sur les infractions sexuelles). – Lameyre, *AJ pénal 2004. 54* (la préhension pénale des auteurs d'infractions sexuelles). – Blanc, *AJ pénal 2004. 58* (la peine vue par un président d'assises). – Bahuchet, *AJ pénal 2004. 65* (comment appréhender la peine aux assises ? Récit d'une double expérience). – Guével, *Gaz. Pal. 2004. 2. Doctr. 3043* (la famille incestueuse). – Koering-Joulin, *Mél. Pradel, Cujas, 2006* (défaut de consentement du mineur de 15 ans victime de viols ou d'agressions sexuelles). – Alvarez et Gourmelon, *RSC 2007. 618* (prise en charge des auteurs d'agressions sexuelles par l'administration pénitentiaire). – Lepage, *JCP G 2010, n° 12, 335* (réflexions sur l'inscription de l'inceste dans le Code pénal par la L. du 8 févr. 2010). – Lazerges, *RSC 2010. Chron. 728* (politique criminelle et droit de la pédophilie). – Germain, *RSC 2011. 817* (consentement des mineurs victimes d'infractions sexuelles). – Courtaigne-Deslandes, *Dr. pénal 2013, Étude 5* (à la recherche du fondement des infractions sexuelles contemporaines). – Detraz et Saenko, *Dr. pénal 2014, Étude 1* (l'art. 222-2-2 C. pén., hypothèse d'emprunt de matérialité).

Dossiers, Les violences sexuelles, *AJ pénal 2004. 9. s.* – Délinquance sexuelle : quelle peine ?, *ibid. 2004. 49 s.* – L'indemnisation des victimes de violences sexuelles, *Gaz. Pal. 2009. 2. Doctr., p. 2275 s.*

1. Ancien code pénal. Commis avec ou sans violence, l'attentat à la pudeur implique un acte matériel sur la personne de la victime. • Crim. 28 avr. 1971, n° 92-67.470 P. ♦ ... Laquelle doit être une personne vivante. • Crim. 13 juill. 1965 : *Bull. crim. n° 175.*

2. La publicité des faits d'attentat à la pudeur ne modifie en rien le caractère propre de ces faits, ni ne peut jouer sur leur qualification. • Crim. 24 févr. 1949 : *Bull. crim. n° 72.*

3. Nouveau code pénal. Le code pénal entré en vigueur le 1er mars 1994 a supprimé la qualification d'attentat à la pudeur et créé celle d'agression sexuelle ; cette modification ne saurait être prise pour une simple modernisation de vocabulaire, ni l'expression d'attentat ni celle de pudeur n'étant tombées en désuétude ; elle traduit la volonté du législateur de tenir compte de l'évolution des mœurs pour désigner avec précision les seuls agissements répréhensibles. • Reims, 10 nov. 1994 : *BICC 1995. 1241.*

4. La loi pénale réprime essentiellement les conduites asociales et non pas celles qui sont seulement nuisibles à leur auteur ; en incriminant les agressions sexuelles, elle a envisagé les atteintes objectivement portées au sexe d'autrui et non point celles qui procèdent de l'instinct sexuel du sujet dont elles émanent. • Reims, 10 nov. 1994 : *préc. note 3.*

5. L'art. 222-22 C. pén. donne du viol et des agressions sexuelles autres que le viol une définition qui n'étend pas leur champ d'application par rapport aux anciens textes ; en effet, la menace n'est qu'une forme de la contrainte. • Crim. 14 oct. 1998, n° 97-84.730 P : *Dr. pénal 1999. 40, obs. Véron.*

6. La QPC est ainsi rédigée : « L'art. 222-22 C. pén., en tant qu'il énonce que constitue une agression sexuelle toute atteinte sexuelle commise avec violence, contrainte, menace ou surprise, tandis qu'aucune disposition légale ne définit les critères de l'atteinte sexuelle, est-il conforme au principe de légalité des délits et des peines et à l'exigence de définition de la loi pénale posés par les art. 7 et 8 DDHC 1789 et à l'art. 34 Const. ? » ; la question posée ne présente pas, à l'évidence, un caractère sérieux dès lors que l'interprétation de l'art. 222-22 C. pén., qui définit de manière suffisamment claire et précise le délit d'agression sexuelle, entre dans l'office du juge pénal, de sorte qu'il n'est porté aucune atteinte au principe de légalité des délits et des peines ; d'où il suit qu'il n'y a pas lieu de renvoyer la question au Cons. const. • Crim. 7 août 2013 : *Dr. pénal 2013, n° 151, obs. Véron.*

6 bis. Notion d'atteinte sexuelle. Si l'atteinte sexuelle suppose bien un contact physique entre l'auteur et la victime, le caractère sexuel de la caresse peut être déduit de la manière dont elle est effectuée et du contexte dans lequel les faits se sont déroulés. Les juges du fond ont ainsi pu estimer à juste titre que se rend coupable du délit d'agression sexuelle au sens de l'art. 222-22 C. pén. l'individu qui, assis à côté d'un enfant, a effectué à plusieurs reprises des caresses à même la peau sur la main gauche et la jambe gauche de l'enfant, en partant du mollet jusqu'au genou, et qu'à l'arrivée des agents de sécurité, son sexe, en semi-érection, était sorti de sa braguette, déduisant de ces faits que ces zones du corps, sans être spécifiquement sexuelles en elles-mêmes, ont été de nature à exciter le prévenu au niveau sexuel (alors que l'enfant n'avait ni la maturité ni le pouvoir de s'opposer de manière efficiente à ces attouchements de nature sexuelle). • Crim. 3 mars 2021, n° 20-82.399 P : *D. actu. 12 mars 2021, obs. Chollet.*

7. Défaut de consentement. L'absence totale de consentement de la victime, élément constitutif de l'agression sexuelle, doit être caractérisée pour que l'infraction soit constituée. • Crim. 20 juin 2001 : *Dr. pénal 2002. 2, obs. Véron.* ♦ Tel n'est pas le cas lorsque l'arrêt relève que le prévenu « ne pouvait pas ne pas se rendre compte que sa victime n'était pas tout à fait consentante ». • Même arrêt.

8. Doit être cassé l'arrêt qui, pour condamner du chef d'agressions sexuelles aggravées, se borne à retenir que les victimes ont déclaré, de façon crédible, avoir été l'objet d'attouchements sexuels de la part du prévenu, sans caractériser en quoi les atteintes sexuelles dénoncées auraient été commises avec violence, contrainte ou surprise. • Crim. 17 mars 1999, n° 98-83.799 P : *D. 2000. Somm. 32, obs. Mayaud ; Dr. pénal 1999. 96, obs. Véron.* ♦ Doit être cassé l'arrêt qui, pour condamner du chef d'agression sexuelle, se borne à établir la réalité des atteintes sexuelles reprochées, sans caractériser en quoi elles auraient été commises avec violence, contrainte, menace ou surprise. • Crim. 14 avr. 1999, n° 98-85.212 P : *D. 2000. Somm. 32, obs. préc. Mayaud*. ♦ Doit être cassé l'arrêt qui, pour condamner du chef d'agressions sexuelles aggravées, ne définit pas les atteintes sexuelles reprochées au prévenu, ni ne caractérise en quoi elles auraient été commises avec violence, contrainte, menace ou surprise. • Crim. 22 sept. 1999, n° 98-86.324 P : *D. 2000. Somm. 32, obs. préc. Mayaud*. ♦ N'a pas donné de base légale à sa décision la cour d'appel qui ne caractérise pas en quoi les attouchements pratiqués sur la victime l'auraient été par violence, contrainte, menace ou surprise. • Crim. 10 mai 2001, n° 00-87.659 P : *Dr. pénal 2001. 110, obs. Véron ; RSC 2001. 808, obs. Mayaud* • 4 sept. 2019, n° 18-83.467 : *D. actu. 9 oct. 2019, obs. Charlent.*

9. Constitue une agression sexuelle commise par surprise le fait de profiter, en connaissance de cause, de l'erreur d'identification commise par une personne pour pratiquer sur elle des gestes à caractère sexuel comportant un contact corporel. • Crim. 11 janv. 2017, n° 15-86.680 P : *D. actu. 20 févr. 2017, obs. Gallois ; D. 2017. Pan. 2501, obs. Mirabail ; Dr. pénal 2017, n° 71, obs. Conte ; Gaz. Pal. 25 avr. 2017, p. 45, obs. Detraz.* ♦ Caractérise la surprise ou la contrainte, et justifie sa décision au regard des art. 222-22 nouveau et 331 ancien C. pén., la cour d'appel qui, pour déclarer le prévenu coupable d'agression sexuelle commise en novembre 1993, sur la personne d'une victime née le 19 septembre 1978, constate souverainement l'existence d'un stratagème de nature à surprendre le consentement d'un adolescent de l'âge de cette victime. • Crim. 22 janv. 1997, n° 96-80.353 P : *RSC 1998. 325, obs. Mayaud*.

10. Caractérise l'élément de surprise ayant accompagné l'atteinte sexuelle et l'élément moral de l'infraction poursuivie le fait que le prévenu, sachant que la partie civile ne souhaitait pas avoir une relation avec lui, a sciemment utilisé, pour y parvenir, la méprise de Mme C. quant à l'identité de la personne avec laquelle elle souhaitait avoir une relation, en utilisant un stratagème ne lui permettant pas de l'identifier immédiatement. • Crim. 4 sept. 2019, n° 18-85.419 : *D. actu. 14 oct. 2019, obs. Charlent ; D. 2019. 2071, obs. Dubois ; ibid. Pan. 2320, obs. Garé ; Dr. pénal 2019. Chron. 10, obs. Lepage.*

11. Ne donne pas de base légale à sa décision la chambre d'accusation qui, pour renvoyer un couple devant la cour d'assises sous l'accusation de viols et agressions sexuelles aggravés et complicité, énonce que « c'est à l'âge de treize ans que, sous des motivations pseudo-pédagogiques, un enfant a été encouragé par son père à observer et toucher la nudité de sa belle-mère, âgée de vingt et un ans de plus que lui, que, feignant la tendresse et exploitant le besoin qu'ils avaient eux-mêmes suscité, les accusés ont ensuite proposé à l'enfant des relations sexuelles, et qu'ainsi, compte tenu de son jeune âge, de son manque de discernement et du lien d'autorité existant, l'enfant s'est trouvé dans un état de dépendance affective caractérisant à son égard la contrainte morale qui s'est maintenue tout au long des relations sexuelles, y compris au-delà de la majorité »... ; se fondant ainsi, pour caractériser la violence, la contrainte ou la surprise, sur l'âge de la victime et la qualité d'ascendant ou de personne ayant autorité des auteurs présumés, alors que ces éléments, s'ils permettent de retenir, contre ces derniers, le délit d'atteinte sexuelle aggravée sur mineur, prévu et réprimé par les art. 331 et 331-1 anciens et 227-25, 227-26 et 227-27 C. pén., ne constituent que des circonstances aggravantes du crime de viol ou du délit d'agression sexuelle. • Crim. 21 oct. 1998, n° 98-83.843 P : *D. 1999. 75, note Mayaud ; JCP 1998. II. 10215, note Mayer ; Dr. pénal 1999, n° 5, obs. Véron.* ♦ Rappr. : • Crim. 1er mars 1995, n° 94-85.393 P : *D. 1996. Somm. 241, obs. Malbrancq-Decourcelle ; Dr. pénal 1995. 171 (1er arrêt), note Véron.* ♦ N'a pas donné de base légale à sa décision la cour d'appel qui, pour caractériser la contrainte, se fonde sur l'autorité attribuée au prévenu, alors que cet élément ne constitue qu'une circonstance aggravante du délit d'agression sexuelle. • Crim. 10 mai 2001 : *préc. note 8.* ♦ Pour condamner le prévenu du chef d'agressions sexuelles aggravées sur deux mineures à l'égard desquelles il avait autorité, la cour d'appel, après avoir retenu la réalité des attouchements sexuels, énonce que le prévenu a agi en profitant de l'ignorance des victimes et en abusant de son autorité sur elles ; en prononçant ainsi, sans caractériser en quoi l'ignorance des victimes aurait été constitutive d'un élément de violence, de contrainte, de menace ou de surprise, et alors que l'autorité attribuée au prévenu ne pouvait constituer qu'une circonstance aggravante du délit d'agression sexuelle, la cour d'appel n'a pas justifié sa décision. • Crim. 14 nov. 2001, n° 01-80.865 P.

12. Justifie sa décision la cour d'appel qui, pour déclarer le prévenu coupable d'atteintes sexuelles avec violence, contrainte, menace ou surprise sur trois mineurs, énonce, notamment, que l'état de contrainte ou de surprise résulte du très jeune âge des enfants qui les rendaient incapables de réaliser la nature et la gravité des actes qui leur étaient imposés. • Crim. 7 déc. 2005, n° 05-81.316 P : *D. 2006. IR 175, obs. Girault ; ibid. 2006. 1655, obs. Garé ; AJ pénal 2006. 81 ; Dr. pénal 2006. 31, obs. Véron ; RSC 2006. 319, obs. Mayaud*.

13. S'il est vrai que, pour déclarer un prévenu coupable d'agression sexuelle sur une mineure de quinze ans, avec cette circonstance qu'en sa qualité de concubin de la mère, il avait autorité sur la victime, les juges n'ont pas énoncé les circonstances propres à caractériser la violence, la contrainte, la menace ou la surprise, l'arrêt attaqué n'encourt pas pour autant la censure, dès lors que la peine prononcée est justifiée au regard des art. 227-25, 227-26 et 227-29 C. pén., lesquels n'exigent pas, pour la répression des infractions qu'ils définissent, l'existence de violence, contrainte, menace ou surprise. • Crim. 18 juin 2003 : *Dr. pénal 2003. 141, obs. Véron.*

14. L'élément constitutif du délit d'agression sexuelle, au sens de l'art. 222-22 C. pén., consiste à surprendre le consentement de la victime et ne saurait se confondre avec la surprise exprimée par cette dernière. • Crim. 25 avr. 2001, n° 00-85.467 P : *Dr. pénal 2001. 97, obs. Véron ; JCP 2003. II. 10001, note Prothais ; RSC 2001. 808, obs. Mayaud*. ♦ ... Cassation de l'arrêt qui, pour déclarer le prévenu coupable d'agression sexuelle, énonce que la différence d'âge entre les protagonistes était de 30 ans, et qu'« après les avances poussées » du prévenu, la jeune femme « était tombée des nues », « cette expression familière et imagée » caractérisant la surprise. • Même arrêt.

15. Le prévenu a reconnu que la plaignante, handicapée mentale qui passait des vacances dans le même camping que lui, était venue dans son mobile home, qu'il l'avait embrassée, lui avait caressé la poitrine et le sexe ; elle a ensuite baissé son bermuda et s'est allongée sur le lit où il l'a rejointe pour se frotter contre elle ; cependant, c'est à bon droit que le tribunal l'a relaxé du chef d'agression sexuelle ; en effet, l'infraction définie par l'art. 222-22 C. pén. suppose que l'auteur ait employé la violence, la menace, la contrainte ou la surprise, éléments matériels de l'infraction qui ne doivent pas être confondus avec les circonstances aggravantes tenant à l'âge ou à la vulnérabilité de la victime ; or aucune preuve n'est rapportée que le prévenu a employé la violence, la contrainte ou la menace ; quant à la surprise, si la plaignante pouvait apparaître comme vulnérable du fait de sa trisomie, il reste qu'aucun élément du dossier ne permet de déterminer le degré de son handicap et de considérer qu'elle n'était pas en mesure de consentir aux attouchements sexuels reconnus par le prévenu ; en outre, les déclarations de la plaignante ont été recueillies difficilement et ne correspondent pas à la réalité, puisque les actes de pénétration qu'elle a décrit avoir subis n'ont pas été corroborés par l'expertise médico-légale. • Montpellier, 16 janv. 2007 : *JCP 2007. IV. 2717.*

16. Prescription. Sur l'application dans le temps des dispositions de l'art. 7, dernier al., C. pr. pén. (réd. L. n° 89-487 du 10 juill. 1989 et L. n° 95-116 du 4 févr. 1995), relatives à la réouverture du délai de prescription lorsque la victime est mineure et que le crime a été commis par un ascendant légitime, naturel ou adoptif ou par une personne ayant autorité sur elle, V. note ss. art. 112-2.

17. Selon les art. 7, al. 3, et 8, al. 2, C. pr. pén., le point de départ du délai de prescription d'un crime ou d'un délit perpétré sur une victime mineure n'est reporté à la majorité de celle-ci que lorsque les faits ont été commis par une personne ayant autorité sur elle ou par un ascendant légitime, naturel ou adoptif ; tel n'est pas le cas d'un frère aîné, alors que l'intéressé n'a pas la qualité d'ascendant de la victime et que l'arrêt n'a pas caractérisé à son encontre la circonstance aggravante personnelle d'autorité sur cette dernière. • Crim. 17 sept. 1997, n° 97-83.617 P : *Dr. pénal 1998. 2, obs. Véron.*

18. L'interruption de la prescription décennale de l'action publique applicable à un crime est sans incidence sur la prescription propre aux délits, seraient-ils connexes, indivisibles ou en concours, qui auraient été commis plus de trois ans avant l'acte initial de poursuite. • Crim. 22 sept. 1998, n° 98-83.568 P : *RSC 1999. 344, obs. Giudicelli* • 21 févr. 2007, n° 06-88.735 P : *D. 2007. AJ 1142 ; ibid. 2007. Pan. 2638, obs. Garé ; AJ pénal 2007. 181, obs. Royer ; Dr. pénal 2007. Comm. 68 (4e esp.), obs. Véron.* ♦ Cassation, pour violation des art. 7, 8, 203 et 593 C. pr. pén., de l'arrêt qui, sur la plainte déposée le 21 août 1997 par une jeune femme, née le 12 novembre 1972, accusant son père de viol commis au cours du mois d'août 1987 et d'agressions sexuelles perpétrées de septembre 1987 à juin 1988, déclare non prescrite l'action publique concernant les faits constitutifs d'agressions sexuelles aggravées en retenant que ces faits sont liés à ceux reprochés au père sous la qualification de viols sur mineur de quinze ans par ascendant et que, « s'agissant d'infractions connexes les actes interruptifs de prescription concernant les unes ont produit effet à l'égard des autres », alors que les faits délictueux ont été dénoncés aux autorités compétentes par la victime plus de trois ans après sa majorité. • Crim. 22 sept. 1998 : *préc.* ♦ Cassation, pour violation des art. 7, 8, 203 et 593 C. pr. pén., de l'arrêt qui, sur la plainte déposée le 4 sept. 2002 adressée à la brigade des mineurs par un homme né le 12 sept. 1974, suivie d'une enquête dès le 9 sept. 2002, dénonçant des viols et agressions sexuelles que lui auraient fait subir trois personnes mises en cause, déclare non prescrite l'action publique concernant les faits constitutifs d'agressions sexuelles aggravées qui auraient été perpétrés en 1987 et en 1988 par les mêmes auteurs et deux autres non visés dans la plainte, en retenant que ces faits sont connexes à ceux reprochés aux mêmes personnes sous la qualification de viols aggravés. • Crim. 21 févr. 2007 : *préc.*

19. Le demandeur a été mis en examen pour avoir commis, de déc. 1986 à sept. 1987, des viols et agressions sexuelles sur la personne de la partie civile, née le 7 juill. 1980, avec les circonstances qu'elle était mineure de quinze ans et qu'il avait autorité sur elle, les faits ayant été perpétrés dans un studio qu'il louait à Paris et qui était occupé par sa compagne, mère de l'enfant ; la victime a porté plainte le 7 mars 2003 ; pour écarter l'exception de prescription de l'action publique, les juges ont, sans insuffisance, exposé les circonstances dont il résulte que le mis en examen entrait dans la catégorie des personnes ayant autorité sur la victime, et en ont déduit qu'en application de la L. du 10 juill. 1989 ayant reporté à la date de la majorité le point de départ du délai de prescription des crimes commis sur un mineur par un ascendant ou une personne ayant autorité, des dispositions de l'art. 8 C. pr. pén. qui fixent les règles de prescription de l'action publique en se référant à celles de l'art. 7 dudit code, et de la L. du 17 juin 1998 applicable, en vertu de son art. 50, aux infractions non encore prescrites à son entrée en vigueur, ayant porté à dix ans le délai de prescription du délit d'agression sexuelle commis sur un mineur, la prescription n'était pas acquise à la date de la plainte. • Crim. 4 avr. 2007 : *Dr. pénal 2007, n° 110, obs. Maron.*

20. L'amnésie chez la victime d'un viol, provoquée par le traumatisme infantil subi, ne justifie pas le recul du point de départ de la prescription de l'action publique au jour où l'infraction lui est finalement apparue. • Crim. 18 déc. 2013 : *Gaz. Pal. 2014. 1. 269, note Raschel.*

21. Il résulte des art. 7 et 8 C. pr. pén., dans leur rédaction issue de la loi n° 89-467 du 10 juill. 1989 modifiée par celle n° 95-116 du 4 févr. 1995, qu'en matière de délit, l'action publique se prescrit par trois années révolues, si dans cet intervalle, il n'a été fait aucun acte d'instruction ou de poursuite ; le point de départ du délai de la prescription triennale d'un délit perpétré sur une victime mineure est reporté à la majorité de celle-ci lorsque les faits on été commis par une personne ayant autorité sur elle ou par un ascendant légitime, naturel ou adoptif ; cassation, pour violation de ces textes, de l'arrêt qui, pour renvoyer une personne devant la cour d'assises pour avoir de janvier 1984 à mars 1992, commis des agressions sexuelles sur une mineure, née le 14 janvier 1974, sur laquelle il avait autorité, énonce que la victime a révélé les faits le 12 mai 1997, alors qu'au moment de la dénonciation des faits, un délai de plus de trois ans s'était écoulé depuis la majorité de la victime, et alors que le dernier al. de l'art. 8 C. pr. pén. dans sa rédaction issue de la loi n° 98-468 du 17 juin 1998, n'était pas applicable à des infractions déjà prescrites. • Crim. 17 nov. 1999, n° 99-85.940 P.

22. La dénonciation de viols aux autorités compétentes pour y donner suite est suffisante pour la mise en œuvre de l'action publique, les art. 7, al. 3, et 8 C. pr. pén. n'exigeant pas le dépôt préalable d'une plainte avec constitution de partie civile. • Crim. 3 sept. 1997 : *JCP 1997. IV. 2466.*

23. Preuve. A justifié sa décision la chambre d'accusation qui, pour renvoyer l'accusé devant la cour d'assises sous l'accusation de viols et agressions sexuelles aggravées, énonce que les accusations portées par la victime ont été renouvelées à plusieurs reprises sans variation importante et maintenues lors d'une confrontation, et que l'accusé a reconnu une partie des faits, même s'il les a ensuite minimisés. • Crim. 15 déc. 1999 : *JCP 2000. IV. 1604 ; Gaz. Pal. 2000. 2, chron. crim. 1483.* ♦ A justifié sa décision la cour d'appel qui, pour déclarer le prévenu coupable d'agression sexuelle sur la personne de la victime, apprentie-serveuse, relève, par motifs propres et adoptés, qu'alors qu'elle était occupée à faire le ménage dans une chambre de l'hôtel qu'il dirigeait, il avait tenté de l'embrasser, lui avait caressé les seins et l'avait fait tomber sur le lit, ajoutant qu'elle s'était débattue et avait menacé de prévenir l'épouse de l'agresseur, les juges, en l'état de ces énonciations, ayant retenu la constance et la précision des déclarations de la victime ainsi que leur compatibilité avec la version des faits donnée par le prévenu. • Crim. 31 mai 2000, n° 99-81.042 P.

24. Les déclarations, particulièrement tardives, d'une fille qui dit avoir menti lorsqu'elle a accusé son père d'atteintes sexuelles sur sa personne, qui précise que, ses parents étant en instance de divorce, elle a voulu priver son père d'un droit de visite et le contraindre à l'obligation de soigner son alcoolisme chronique, et qui indique s'être inspirée de l'histoire vécue par une camarade, refusant néanmoins de fournir le nom de celle-ci, ne présentent pas, en l'absence d'autres éléments objectifs, et dès lors que les juges du fond ont nécessairement apprécié la sincérité des accusations de la plaignante, une force probante suffisante pour permettre à la Cour de cassation de les considérer comme de nature à faire naître un doute sur la culpabilité du condamné au sens de l'art. 622-4° C. pr. pén. (révision). • Crim. 26 janv. 2000, n° 99-82.100 P.

25. Jurisprudence européenne. Sur l'équivalence, dans la jurisprudence européenne, et antérieurement à la réforme du code pénal, des faits de contrainte à la violence et à l'abus d'autorité. • CEDH 27 sept. 1995, *G. c/ France : RSC 1996. 472, obs. Kœring-Joulin.*

26. Sur la conciliation du droit au respect de la

vie privée au sens de l'art. 8 Conv. EDH et du principe de poursuites pénales du chef de pratiques sadomasochistes. • CEDH 19 févr. 1997, *Laskey, Jaggard et Brown c/ Royaume-Uni : D. 1998. 97, note Larralde ; JCP 1998. I. 107, n° 34, obs. Sudre ; RTD civ. 1997. 1013, obs. Marguénaud ; Gaz. Pal. 1997. 2. Somm. 380.*

27. Sur la condamnation de la France pour excès de formalisme par application de l'art. 186-3 C. pr. pén., à propos de la correctionnalisation d'un viol en agression sexuelle. • CEDH 15 déc. 2011, *Poirot c. France*, n° 29938/07 *RSC 2012. 142, obs. Mayaud*. ♦ Rappr. : • Crim. 4 juin 2014, n° 14-80.544 P : *D. actu. 23 juin 2014, obs. Fonteix ; AJ pénal 2014. 582, obs. Lasserre Capdeville ; JCP G 2014, n° 789, note Gallardo.*

Art. 222-22-1 *(L. n° 2010-121 du 8 févr. 2010)* **La contrainte prévue par le premier alinéa de l'article 222-22 peut être physique ou morale.** *(Abrogé par L. n° 2018-703 du 3 août 2018, art. 2)* ***« La contrainte morale peut résulter de la différence d'âge existant entre une victime mineure et l'auteur des faits et de l'autorité de droit ou de fait que celui-ci exerce sur cette victime. »***

(L. n° 2018-703 du 3 août 2018, art. 2) **« Lorsque les faits sont commis sur la personne d'un mineur, la contrainte morale mentionnée au premier alinéa du présent article ou la surprise mentionnée au premier alinéa de l'article 222-22 peuvent résulter de la différence d'âge existant entre la victime et l'auteur des faits et de l'autorité de droit ou de fait que celui-ci** *(L. n° 2021-478 du 21 avr. 2021, art. 2)* **« a** *[ancienne rédaction : exerce]* **» sur la victime, cette autorité de fait pouvant être caractérisée par une différence d'âge significative entre la victime mineure et l'auteur majeur.**

« Lorsque les faits sont commis sur la personne d'un mineur de quinze ans, la contrainte morale ou la surprise sont caractérisées par l'abus de la vulnérabilité de la victime ne disposant pas du discernement nécessaire pour ces actes. »

BIBL. ▶ DETRAZ, *Dr. pénal 2015. Étude 24* (l'article 222-22-1, *in fine*, du Code pénal à la lumière de la jurisprudence). – GUÉRY, *AJ pénal 2010. 126* (définir ou bégayer : la contrainte morale après la loi sur l'inceste). – LAZERGES, *RSC 2010. Chron. 728* (politique criminelle et droit de la pédophilie).

1. QPC. En précisant que la contrainte peut résulter de la différence d'âge existant entre une victime mineure et l'auteur des faits et de l'autorité de droit ou de fait que celui-ci exerce sur cette victime, la seconde phrase de l'art. 222-22-1 C. pén. a pour seul objet de désigner certaines circonstances de fait sur lesquelles la juridiction saisie peut se fonder pour apprécier si, en l'espèce, les agissements dénoncés ont été commis avec contrainte ; elle n'a en conséquence pas pour objet de définir les éléments constitutifs de l'infraction ; il s'ensuit que, dès lors qu'il ne résulte pas de ces dispositions qu'un des éléments constitutifs du viol ou de l'agression sexuelle est, dans le même temps, une circonstance aggravante de ces infractions, ces dispositions ne méconnaissent pas le principe de légalité des délits ; par suite, le grief tiré de l'atteinte au principe de légalité des délits et des peines doit être écarté. • Cons. const. 6 févr. 2015 (JO 8 févr.) : *D. 2015. Actu. 324 ; ibid. Pan. 2465, obs. Roujou de Boubée ; RSC 2015. 86, obs. Mayaud*. ♦ Sur la question objet du renvoi : • Crim. 13 nov. 2014 : *Dr. pénal 2015, n° 1, obs. Véron.*

2. En disposant que la contrainte, constitutive du crime de viol ou du délit d'agression sexuelle, peut résulter de la différence d'âge existant entre une victime mineure et l'auteur des faits et de l'autorité de droit ou de fait que celui-ci exerce sur cette victime » alors que, par ailleurs, la peine encourue par l'auteur de ces infractions est aggravée lorsqu'il a, sur la victime, une autorité de droit ou de fait, les dispositions contestées n'instituent pas une sanction pénale qui méconnaît les principes de nécessité et de proportionnalité des peines. • Cons. const. 6 févr. 2015 : *préc. note 1.*

3. Application dans le temps. Les dispositions de l'art. 222-22-1 C. pén., issues de la L. n° 2018-703 du 3 août 2018 relatives à l'abus de vulnérabilité de la victime mineure ne disposant pas du discernement nécessaire pour des actes sexuels, sont des dispositions interprétatives d'application immédiate. • Crim. 17 mars 2021, n° 20-86.318 P : *D. actu 1er avr. 2021, obs. Chollet.*

Art. 222-22-2 *(L. n° 2013-711 du 5 août 2013, art. 5)* **Constitue également une agression sexuelle le fait** *(L. n° 2021-478 du 21 avr. 2021, art. 5)* **« d'imposer à une personne, par violence, contrainte, menace ou surprise, le fait de subir une atteinte sexuelle de la part d'un tiers ou de procéder sur elle-même à une telle atteinte** *[ancienne rédaction : de contraindre une personne par la violence, la menace ou la surprise à subir une atteinte sexuelle de la part d'un tiers]*. **»**

Ces faits sont punis des peines prévues aux articles 222-23 à 222-30 selon la nature de l'atteinte subie et selon les circonstances mentionnées à ces mêmes articles.

La tentative du délit prévu au présent article est punie des mêmes peines.

BIBL. ▶ DETRAZ et SAENKO, *Dr. pénal 2014. Étude 1* (l'article 222-22-2 du code pénal, hypothèse d'emprunt de matérialité). – LE COZ, *AJ pénal 2013. 512* (répression des atteintes aux personnes dans la loi n° 2013-711 du 5 août 2013). – BEAUSSONIE, *RSC 2014. 861* (loi n° 2013-711 du 5 août 2013 portant diverses dispositions d'adaptation dans le domaine de la justice en application du droit de l'Union européenne et des engagements internationaux de la France). – PLANQUE, *Dr. pénal 2019. Étude 4* (répression du « cyber-viol » : simple adaptation ou prémices d'une révolution des concepts pénaux ?).

Art. 222-22-3 *(L. n° 2021-478 du 21 avr. 2021, art. 1er)* **Les viols et les agressions sexuelles sont qualifiés d'incestueux lorsqu'ils sont commis par :**

1° Un ascendant ;

2° Un frère, une sœur, un oncle, une tante, un grand-oncle, une grand-tante, un neveu ou une nièce ;

3° Le conjoint, le concubin d'une des personnes mentionnées aux 1° et 2° ou le partenaire lié par un pacte civil de solidarité à l'une des personnes mentionnées aux mêmes 1° et 2°, s'il a sur la victime une autorité de droit ou de fait.

§ 1er DU VIOL ET DU VIOL INCESTUEUX *(L. n° 2021-478 du 21 avr. 2021, art. 1er).*

Art. 222-23 **Tout acte de pénétration sexuelle, de quelque nature qu'il soit,** *(L. n° 2021-478 du 21 avr. 2021, art. 9)* **« ou tout acte bucco-génital » commis sur la personne d'autrui** *(L. n° 2018-703 du 3 août 2018, art. 2)* **« ou sur la personne de l'auteur » par violence, contrainte, menace ou surprise est un viol.**

Le viol est puni de quinze ans de réclusion criminelle. — *Pr. pén. 2-2, 40, 306, 706-3, 706-47 s., R. 53 s. ; CSS L. 322-3.*

Corresp. : *C. pén., ancien art. 332, al. 1er et 2.*

RÉP. PÉN. v° *Viol*, par DARSONVILLE.

BIBL. ▶ MAYER, *D. 1981. Chron. 283* (le nouvel éclairage donné au viol par la réforme du 23 décembre 1980). – ROMAN, *D. 2005. Chron. 1508* (la liberté sexuelle et ses juges : étude de droit français et comparé). – CLAVERIE-ROUSSET, *Dr. pénal 2018. Étude 23* (commentaire des principales dispositions de la L. n° 2018-703 du 3 août 2018 renforçant la lutte contre les violences sexuelles ou sexistes). – SAENKO et DETRAZ, *D. 2018. Chron. 2031* (la L. n° 2018-703 du 3 août 2018 renforçant la lutte contre les violences sexuelles et sexistes : les femmes et les enfants d'abord !). – PLANQUE, *Dr. pénal 2019. Étude 4* (répression du « cyber-viol » : simple adaptation ou prémices d'une révolution des concepts pénaux ?). – GUERY, *RSC 2020. 255* (on crée le crime en le nommant : pour une redéfinition du viol).

▶ Dossier : Le traitement pénal des viols, *AJ pénal 2017. 255* s.

I. INCRIMINATION

A. MATÉRIALITÉ

1° PÉNÉTRATION SEXUELLE

1. *Application dans le temps.* Dès lors que les faits retenus par la décision de renvoi comme constitutifs de viol sont antérieurs à l'entrée en vigueur de la L. du 23 déc. 1980, la cour et le jury doivent, à peine de nullité, être interrogés sur la culpabilité de l'accusé dans les termes de l'art. 332, al. 1er, C. pén. en sa rédaction applicable au moment des faits, qui, incriminant le viol et le définissant par ce seul terme, soumet à la cour et au jury le point de fait auquel ils doivent répondre. • Crim. 15 nov. 2006, n° 06-80.655 P.

2. *Nécessité.* Il résulte de l'art. 222-23 C. pén. que seul est constitutif de viol un acte de pénétration sexuelle, de quelque nature qu'il soit, commis sur la personne d'autrui par violence, contrainte, menace ou surprise ; c'est donc à tort qu'une cour d'assises a qualifié de viol et tentatives de viol des agressions sexuelles exemptes d'actes de pénétration. • Crim. 29 oct. 1997, n° 96-86.199 P.

3. *Définition.* La loi n° 80-1041 du 23 déc. 1980 a modifié les éléments de l'incrimination du crime de viol, en étendant son champ d'application par le jeu de la définition nouvelle qu'elle en donne. • Crim. 2 juin 1981, n° 81-92.409 P. • 22 août 1981 : *ibid. n° 246* • 21 avr. 1982 : *ibid. n° 97.* ♦ Elle ne peut, du fait de cette extension, s'appliquer à des faits commis avant son entrée en vigueur. • Crim. 8 févr. 1994, n° 92-86.333 P : *Gaz. Pal. 1994. 1. 358, note Doucet.*

4. En introduisant dans l'art. 332, al. 1er, C. pén., pour caractériser l'acte de pénétration sexuelle constitutif du viol, les mots « de quelque nature qu'il soit », la L. du 23 déc. 1980 a institué une incrimination plus large que celle qui résultait de la loi ancienne. • Crim. 20 janv. 1982, n° 81-93.126 P. • 4 juin 1982 : *ibid. n° 148.* ♦ Ces mots ne déterminent pas un élément légal du viol, mais signifient seulement qu'aucune sorte d'acte de pénétration sexuelle n'est exclue du champ d'application de l'art. 332 C. pén. • Crim. 29 nov. 1984, n° 84-93.024 P. ♦ ... Il en résulte qu'il n'est pas nécessaire qu'ils figurent dans la question posée à la cour et au jury. • Crim. 29 nov. 1984 : *préc.* • 4 janv. 1985, n° 84-92.942 P : *Gaz. Pal. 1986. 1. 19.*

5. Sont constitutifs de viol : ... des actes de pénétration buccale (fellation). • Crim. 22 févr. 1984, n° 83-95.053 P : *D. 1984. IR 228 ; RSC 1984. 743, obs. Levasseur* • 9 juill. 1991, n° 91-82.611 P : *RSC 1992. 755, obs. Levasseur* • 22 mai 1996, n° 95-84.899 P. • 12 janv. 2000, n° 99-81.635 P. ♦ ... Ou anale (sodomisation). • Crim. 24 juin 1987, n° 86-96.712 P : *RSC 1988. 302, obs. Levasseur* • 3 juill. 1991 : *Dr. pénal 1991. 314 ; RSC 1992. 756, obs. Levasseur* • 27 avr. 1994, n° 94-80.547 P • 12 janv. 2000, n° 99-81.635 P. ♦ ... L'introduction de corps étrangers dans le sexe ou dans l'anus. • Crim. 24 juin 1987 : *préc.* • 5 sept. 1990, n° 90-83.786 P : *D. 1991. 13, note Angevin ; JCP 1991. II. 21629, note Rassat ; Gaz. Pal. 1991. 1. 58, note Doucet ; RSC 1991. 348, obs. Levasseur* • 27 avr. 1994 : *préc.* • 6 déc. 1995, n° 95-84.881 P : *Dr. pénal 1996. 101, obs. Véron ; RSC 1996. 374, obs. Mayaud*. ♦ ... Ces actes pouvant être commis ou subis indifféremment par un homme ou par une femme. • Crim. 4 janv. 1985 : *Bull. crim. n° 10 ; Gaz. Pal. 1986. 1. 19* (viol commis par une femme) • 24 juin 1987 : *préc.* • 3 juill. 1991 : *préc.* (viol subi par un homme). ♦ Est une tentative de viol (qui relève également du crime de l'art. 333-1 C. pén. ; nouvel art. 222-26) le fait d'imposer un accouplement avec un chien à une femme non consentante. • Douai, 10 oct. 1991 : *RSC 1992. 69, obs. Vitu*.

6. Tout acte de fellation constitue un viol au sens des art. 332 ancien et 222-23 nouv. C. pén., dès lors qu'il est imposé par violence, contrainte, menace ou surprise, à celui qui le subit ou à celui qui le pratique. • Crim. 16 déc. 1997, n° 97-85.455 P : *JCP 1998. II. 10074, note Mayer.* ♦ *Adde* : Angevin, *Dr. pénal 1998. Chron. 7* (viol d'autrui ou viol de la loi). – Nivôse, *ibid. 1998. Chron. 10* (le crime de viol et l'égalité des sexes). – Mayaud, *D. 1998. Chron. 212* (le viol sur soi-même, nouveau cas d'interprétation *contra legem* et... *contra rationem*). ♦ Il résulte des art. 111-4, 332 ancien et 222-23 C. pén. que l'élément matériel du crime de viol n'est caractérisé que si l'auteur réalise l'acte de pénétration sexuelle sur la personne de la victime ; cassation, pour méconnaissance du sens et de la portée de ces textes, de l'arrêt qui énonce que constitue un *viol le fait pour* une femme d'abuser de l'autorité dont elle dispose sur un jeune garçon pour lui imposer d'avoir avec elle des relations sexuelles. • Crim. 21 oct. 1998, n° 98-83.843 P : *D. 1999. 75, note Mayaud ; JCP 1998. II. 10215, note Mayer ; ibid. 1999. I. 112, n° 4, obs. Véron ; Dr. pénal 1999, n° 5, obs. Véron.* ♦ Justifie sa décision la chambre de l'instruction qui estime que les fellations pratiquées par l'auteur sur la victime ne constituent pas des viols, mais des délits d'agression sexuelle ; en effet, l'élément matériel du crime de viol n'est caractérisé que si l'auteur réalise l'acte de pénétration sexuelle sur la personne de la victime. • Crim. 22 août 2001, n° 01-84.024 P : *D. 2002. Somm. 1803, obs. Gozzi ; Gaz. Pal. 2002. 2. Somm. 1099, obs. Monnet.*

7. Pour renvoyer le prévenu, médecin généraliste, devant la cour d'assises sous l'accusation de viols, la cour d'appel énonce que trois jeunes patientes ont été contraintes, à l'occasion de consultations à son cabinet, d'introduire dans leur bouche un objet de forme phallique recouvert d'un préservatif et de lui faire accomplir des mouvements de va-et-vient ; les juges ajoutent que « l'introduction sous la contrainte d'un objet dans un organe qui n'est pas sexuel par nature est constitutif d'un viol lorsque les faits ont été commis dans un contexte sexuel et que l'auteur a exprimé la volonté d'accomplir un acte sexuel » ; en se prononçant ainsi, alors que, pour être constitutive d'un viol, la fellation implique une pénétration par l'organe sexuel masculin de l'auteur et non par un objet le représentant, la chambre de l'instruction a méconnu les art. 111-4 et 222-23 C. pén. ; selon le second de ces textes, pour constituer un viol, l'acte commis sur la personne d'autrui par violence, contrainte, menace ou surprise doit consister en un acte de pénétration sexuelle. • Crim. 21 févr. 2007, n° 06-89.543 P : *D. 2007. Pan. 2633, obs. Roujou de Boubée ; RSC 2007. 301, obs. Mayaud ; Dr. pénal 2007. Comm. 68 (3e esp.), obs. Véron ; JCP 2007. IV. 1691.*

8. L'expression « relations sexuelles » implique nécessairement un acte de pénétration sexuelle. • Crim. 28 mars 1990 : *Dr. pénal 1990. 296.*

9. En l'absence de preuve concernant la profondeur, l'intensité, la durée ou le mouvement de la pénétration dénoncée, qui aurait permis d'affirmer qu'elle a effectivement été commise, c'est à bon droit que la chambre de l'instruction a requalifié l'infraction de viol aggravé en agression sexuelle aggravée. • Crim. 14 oct. 2020, n° 20-83.273 : *D. actu. 13 nov. 2020, obs. Dominati ; AJ pénal 2020. 590, obs. Darsonville*.

10. Viols répétés. Une question unique sur des actes répétés de viols (ou d'agressions sexuelles) sur la même personne peut être posée à la cour et au jury, lorsqu'ils ont été accomplis dans les mêmes conditions et entraînent les mêmes conséquences pénales. • Crim. 17 juin 1964 : *Bull. crim. n° 203* • 17 oct. 1990, n° 89-87.132 P • 7 janv. 1998, n° 97-82.408 P • 25 nov. 1998, n° 98-80.606 P • 12 mai 1999, n° 98-85.364 P • 5 janv. 2005 : *Dr. pénal 2005. 67.* ♦ Échappe au grief de complexité allégué la question unique se rapportant à des actes de même nature commis par le même accusé dans les mêmes conditions et entraînant les mêmes conséquences pénales. • Crim. 10 janv. 2007 : *Dr. pénal 2007. 68 (1re esp.), obs. Véron.* ♦ Dès lors que sont énoncés des actes de même nature, commis sur la même personne, par le même accusé dans les mêmes conditions, et entraînant les mêmes conséquences pénales, les faits ont pu être réunis dans la même question enfermant l'indication de l'époque dans les limites de laquelle ils se sont succédé, sans que la question soit entachée de complexité. • Crim. 20 janv. 2010, nº 09-80.652 P.

11. Mais encourt le grief de complexité prohibée la question unique qui interroge la cour et le jury sur des viols qui, bien que commis sur la même victime, ne constituent pas un acte unique et indivisible accompli dans le même trait de temps, mais plusieurs pénétrations sexuelles de nature différente perpétrées sur plusieurs jours par des auteurs différents. • Crim. 24 juin 1987, nº 86-96.712 P : *RSC 1988. 302, obs. Levasseur.* ♦ ... Ou en divers endroits par des auteurs différents. • Crim. 3 juin 1992, nº 91-86.096 P. ♦ Est entachée de complexité prohibée, comme englobant en une formule unique des crimes distincts perpétrés sur une même victime par deux auteurs différents, la question, posée de manière abstraite, par laquelle il est demandé à la cour et au jury si des actes de pénétration sexuelle par violence, contrainte ou surprise ont été commis sur la même personne. • Crim. 26 nov. 1990, nº 90-81.702 P : *RSC 1991. 347, obs. Levasseur* • 14 janv. 1998, nº 97-81.432 P. • 2 sept. 2004 : *Dr. pénal 2004. 187, obs. Maron.* ♦ ... En sorte que, en répondant affirmativement aux questions subséquentes portant sur la culpabilité de chaque accusé pour des faits spécifiés dans la première question, la cour et le jury ont nécessairement déclaré chacun d'eux coupable, non seulement d'un ou des viols qui lui étaient personnellement imputés, mais en outre de ceux qui l'étaient à l'autre. • Crim. 2 sept. 2004 : *préc.*

12. Une déclaration de la cour et du jury entachée de contradiction ne saurait servir de base à l'application d'une peine ; après avoir déclaré un accusé non coupable de l'ensemble des viols qui lui étaient imputés au cours d'une période déterminée, la cour et le jury ne peuvent, sans contradiction, retenir sa culpabilité pour des viols commis dans un laps de temps compris dans cette période. • Crim. 3 déc. 1997, nº 97-80.446 P.

13. Les actes de complicité se référant à des faits principaux distincts doivent faire l'objet de questions séparées ; est, dès lors, entachée de complexité la question unique qui demande à la cour et au jury si l'accusé s'est rendu complice de viols qui ont été commis sur la même personne par des auteurs principaux différents. • Crim. 29 nov. 1989, nº 89-82.400 P. ♦ Une question *in abstracto* suffit sur la matérialité du viol, lorsque l'un des auteurs principaux a bénéficié d'un non-lieu. • Crim. 13 mars 1991, nº 90-83.913 P.

14. Pluralité de victimes. Une question unique ne peut être posée sur des faits de viol commis sur plusieurs victimes, sans encourir le grief de complexité prohibée, ces faits constituant des crimes distincts devant faire l'objet de questions séparées. • Crim. 2 juill. 1984, nº 83-93.072 P. ♦ Solution à considérer depuis que les viols en série ont été érigés en circonstance aggravante par la L. nº 2005-1549 du 12 déc. 2005 : V. ci-dessous, art. 222-24, 10º.

2º DÉFAUT DE CONSENTEMENT

15. Principe. V. également notes ss. art. 222-22.

16. Le crime de viol consiste dans le fait d'abuser d'une personne contre sa volonté, soit que le défaut de consentement résulte de la violence physique ou morale exercée à son égard, soit qu'il résulte de tout autre moyen de contrainte ou de surprise pour atteindre, en dehors de la volonté de la victime, le but que se propose l'auteur de l'action. • Crim. 25 juin 1857 : *S. 1857. 1. 711* • 29 avr. 1960 : *Bull. crim. nº 225 ; S. 1960. 253* • 10 juill. 1973, nº 90-10.473 P : *RSC 1974. 594, obs. Levasseur.*

17. En l'état d'énonciations qui ne relèvent aucun élément de contrainte ou de surprise, ni de violence concomitante aux actes de pénétration sexuelle, une chambre d'accusation ne donne pas de base légale à sa décision (à propos de pratiques sexuelles entre deux enfants, en exécution de gages contractés à l'occasion de parties de cartes). • Crim. 17 sept. 1997, nº 97-83.617 P : *RSC 1998. 327, obs. Mayaud*. ♦ Ne caractérise pas tous les éléments constitutifs du viol la question, à laquelle la cour et le jury ont répondu affirmativement, ne mentionnant pas que l'acte de pénétration sexuelle avait été commis par violence, contrainte ou surprise. • Cass., ass. plén., 8 juill. 2005, nº 99-83.846 P : *D. 2006. Pan. 1654, obs. Garé ; Gaz. Pal. 2006. 1. Somm. 1315, note Monnet.*

18. Ne donne pas de base légale à sa décision la chambre d'accusation qui, pour renvoyer un couple devant la cour d'assises sous l'accusation de viols et agressions sexuelles aggravés et complicité, énonce que « c'est à l'âge de treize ans que, sous des motivations pseudo-pédagogiques, un enfant a été encouragé par son père à observer et toucher la nudité de sa belle-mère, âgée de vingt et un ans de plus que lui, que, feignant la tendresse et exploitant le besoin qu'ils avaient eux-mêmes suscité, les accusés ont ensuite proposé à l'enfant des relations sexuelles, et qu'ainsi, compte tenu de son jeune âge, de son manque de discernement et du lien d'autorité existant, l'enfant s'est trouvé dans un état de dépendance affective caractérisant à son égard la contrainte morale qui s'est maintenue tout au long des relations sexuelles, y compris au-delà de la majorité… » ; se fondant ainsi, pour caractériser la violence, la contrainte ou la surprise, sur l'âge de la victime et la qualité d'ascendant ou de personne ayant autorité des auteurs présumés, alors que ces éléments, s'ils permettent de retenir, contre ces derniers, le délit d'atteinte sexuelle aggravée sur mineur, prévu et réprimé par les art. 331 et 331-1 anciens et 227-25, 227-26 et 227-27 C. pén., ne constituent que des circonstances aggravantes du crime de viol ou du délit d'agression sexuelle. • Crim. 21 oct. 1998, n° 98-83.843 P : *D. 1999. 75, note Mayaud ; JCP 1998. II. 10215, note Mayer ; ibid. 1999. I. 112, n° 4, obs. Véron ; Dr. pénal 1999, n° 5, obs. Véron.* ♦ Rappr. : • Crim. 1er mars 1995, n° 94-85.393 P : *D. 1996. Somm. 241, obs. Malbrancq-Decourcelle ; Dr. pénal 1995. 171 (1er arrêt), note Véron.*

19. N'est pas entachée de complexité la question qui réunit les trois circonstances caractérisant le crime défini par l'art. 332 C. pén., une seule de ces circonstances suffisant à constituer l'infraction et à entraîner les pénalités édictées par ce texte. • Crim. 5 janv. 1983, n° 81-94.605 P. ♦ N'interroge pas la cour et le jury sur l'un des éléments constitutifs du crime de tentative de viol, objet de l'accusation, la question qui ne mentionne pas que l'acte de pénétration sexuelle que l'accusé a tenté de commettre l'a été par violence, par contrainte ou par surprise. • Crim. 9 oct. 1985, n° 85-92.223 P. ♦ L'emploi pour commettre un acte de pénétration sexuelle, d'un seul ou de deux des éléments de violence, de contrainte ou de surprise suffit à caractériser le crime de viol ; dès lors les questions qui ne reprennent que deux de ces éléments ont été posées conformément à la loi. • Crim. 30 sept. 1998 : *JCP 1999. IV. 1361.* ♦ Les questions posées lors des débats de la cour d'assises, la première dans les termes de l'ancien art. 332 C. pén., la seconde dans ceux de l'art. 222-23 C. pén., ne sont pas entachées de complexité, dès lors qu'elles réunissent, en une formule alternative unique, plusieurs éléments de fait ou modes de perpétration d'une même infraction, exempts entre eux de contradiction, et dont chacun caractérise à lui seul le crime et entraîne les mêmes conséquences pénales. • Crim. 22 nov. 2000 : *JCP 2001. IV. 1199.*

20. Le refus de se prêter à l'agression sexuelle peut se déduire des circonstances de l'espèce, tel le fait de n'y avoir cédé que sous l'empire d'un trouble paralysant qui avait physiquement empêché la victime de protester et de s'enfuir. • Nîmes, 9 déc. 1983 : *JCP 1985. II. 20482, note Pansier.* ♦ *Conf. par : • Crim. 13 mars 1984,* n° 84-90.218 P.

21. Contrainte. La contrainte doit s'apprécier de manière concrète en fonction de la capacité de résistance de la victime. • Crim. 8 juin 1994, n° 94-81.376 P.

22. Il ne saurait y avoir méprise sur la passivité de la partie civile, lorsqu'elle est l'expression de troubles graves (psychonévrose dépressive et obsessionnelle) et non celle d'une quelconque adhésion aux actes que l'accusé reconnaît avoir pratiqués sur elle. • Crim. 8 juin 1994 : *préc. note 21.*

23. Fait état d'une contrainte physique le motif selon lequel la victime a déclaré que l'accusé lui avait maintenu la tête pour qu'elle lui fasse une fellation. • Crim. 8 juin 1994 : *préc. note 21.*

24. Caractérise l'élément de contrainte (voire de surprise) : … l'état de grande vulnérabilité dans lequel se trouve placée une femme face à son médecin dans le cadre d'une consultation médicale. • Crim. 25 oct. 1994 : *Dr. pénal 1995. 63, note Véron.* ♦ … La crainte éprouvée par une jeune femme, âgée seulement de dix-huit ans et demi, timide et réservée, face à son directeur, de caractère despotique et tyrannique. • Crim. 8 févr. 1995 : *Dr. pénal 1995. 171 (2e arrêt), note Véron.* ♦ … L'état dépressif et la faiblesse mentale de la victime. • Crim. 27 nov. 1996 : *(inédit).*

25. Surprise. Doit être cassé et annulé l'arrêt d'une chambre d'accusation qui, pour renvoyer devant la cour d'assises une personne poursuivie sous l'accusation de viols sur mineurs de quinze ans, et après avoir énoncé qu'aucun élément de violence ou de contrainte ne résulte de l'information, retient qu'en raison de leur jeune âge, les mineurs ne pouvaient apprécier l'anormalité des exigences de l'adulte, et que, devant ce comportement, ils ont cédé sous l'effet de la surprise ; en l'état de ces motifs, qui déduisent la surprise, malgré la répétition des faits, du seul âge des victimes, la chambre d'accusation n'a pas donné de base légale à sa décision. • Crim. 1er mars 1995, n° 94-85.393 P : *D. 1996. Somm. 241, obs. Malbrancq-Decourcelle ; Dr. pénal 1995. 171 (1er arrêt), note Véron.*

26. L'emploi d'un stratagème destiné à dissimuler l'identité et les caractéristiques physiques de son auteur pour surprendre le consentement d'une personne et obtenir d'elle un acte de pénétration sexuelle constitue la surprise. • Crim. 23 janv. 2019, n° 18-82.833 P : *D. actu. 1er févr. 2019, obs. Goetz ; D. 2019. 361, note Dreyer ; ibid. 945, obs. Daury-Fauveau ; ibid. Pan. 2320, obs. Mirabail ; AJ pénal 2019. 153, obs. Darsonville ; RSC 2019. 88, obs. Mayaud ; Dr. pénal 2019, n° 42, obs. Gauvin ; ibid. Chron. 10, obs. Lepage.* ♦ Rappr. : • Crim. 4 sept. 2019, n° 18-85.419 : *D. actu. 14 oct. 2019, obs. Charlent ; D. 2019. 2071, obs. Dubois ; ibid. Pan. 2320, obs. Garé ; Dr. pénal 2019. Chron. 10, obs. Lepage.*

27. Applications. Il y a viol punissable : … dans le fait, par un individu, après s'être introduit dans la chambre et le lit d'une femme encore endormie, dont le mari était absent, et profitant de l'erreur de cette femme, de consommer sur elle l'acte de copulation. • Crim. 25 juin 1857 : *S. 1857. 1. 711.* ♦ ... Dans le fait, par un policier, d'avoir des rapports sexuels complets avec une femme qu'il avait menacée de prison, et qui était terrorisée à la pensée qu'elle avait affaire à la police. • Crim. 29 avr. 1960, n° 94-79.659 P : *S. 1960. 253.* ♦ ... Dans le fait, par l'accusé, d'avoir eu des relations sexuelles avec une jeune fille, malgré ses supplications, et bien qu'elle se fût laissée embrasser. • Crim. 10 juill. 1973, n° 90-10.473 P : *RSC 1974. 594, obs. Levasseur.* ♦ ... Dans le fait, par l'inculpé, d'avoir exercé sur sa victime, outre des violences physiques, un chantage consistant à la menacer de l'abandonner sur place, en pleine nuit, dans un froid vif, par un temps de brouillard dense, loin de toute habitation, si elle ne cédait pas à ses avances. • Crim. 11 févr. 1992 : *Dr. pénal 1992. 174 ; RSC 1993. 331, obs. Levasseur.* ♦ ... Dans le fait pour un individu entré en contact avec la victime *via* un site de rencontre internet, de se faire passer pour un individu totalement différent de sa personne réelle, photo falsifiée à l'appui, et d'organiser une rencontre et un rapport sexuel sous la forme d'un jeu consistant notamment à demander à la victime de placer avant la rencontre un bandeau sur ses yeux et de l'enlever seulement une fois le rapport sexuel terminé. • Crim. 23 janv. 2019, n° 18-82.833 P : *préc. note 26.*

28. Le fait d'attirer un jeune garçon et de tenter de lui extorquer une somme d'argent après l'avoir contraint à se déshabiller, lui avoir lié les mains et les pieds avec ses lacets de chaussures, l'avoir frappé en le menaçant de mort et lui avoir, à deux reprises, introduit un bâton dans l'anus, ne constitue pas un viol au sens de l'art. 332 C. pén. mais une tentative d'extorsion de fonds accompagnée de tortures ou d'actes de barbarie, crime prévu et puni par l'art. 303, 2ᵉ al., C. pén. (nouvel art. 312-7). • Crim. 9 déc. 1993, n° 93-81.044 P : *D. 1995. Somm. 138, obs. Malbrancq ; Dr. pénal 1994. Chron. 26, rapp. Nivôse, et Chron. 31, concl. Perfeti.* ♦ Après règlement de juges, la cour d'appel de Lyon, désignée comme cour de renvoi, a finalement retenu les préventions de violences volontaires avec armes et de tentative d'extorsion de fonds. • Lyon, ch. acc., 19 janv. 1996 : *D. 1996. 258, note F.-L. Coste.* ♦ Mais est justifié le renvoi de l'accusée devant la cour d'assises du chef de viol accompagné de tortures ou actes de barbarie, dès lors qu'il est retenu que le fait d'introduire un corps étranger dans l'anus de la victime n'était pas de la même espèce que les autres sévices endurés, qu'il s'agissait d'attenter à son intimité sexuelle, et que l'utilisation d'un préservatif pour recouvrir le morceau de bois était à cet égard significatif, la chambre d'accusation ayant ainsi établi le caractère sexuel des faits reprochés. • Crim. 6 déc. 1995, n° 95-84.881 P : *Dr. pénal 1996. 101, obs. Véron ; RSC 1996. 374, obs. Mayaud.*

29. Viol entre époux. V. également art. 222-22, al. 2, réd. L. n° 2006-399 du 4 avr. 2006. ♦ L'art. 332 C. pén., en sa rédaction issue de la L. du 23 déc. 1980, n'a d'autre fin que de protéger la liberté de chacun, et n'exclut pas de ses prévisions les actes de pénétration sexuelle entre personnes unies par les liens du mariage, lorsqu'ils sont imposés dans les circonstances prévues par ce texte. • Crim. 5 sept. 1990, n° 90-83.786 P : *D. 1991. 13, note Angevin ; JCP 1991. II. 21629, note Rassat ; Gaz. Pal. 1991. 1. 58, note Doucet ; RSC 1991. 348, obs. Levasseur.* ♦ ... La présomption de consentement des époux aux actes sexuels accomplis dans l'intimité de la vie conjugale ne valant que jusqu'à preuve contraire. • Crim. 11 juin 1992, n° 91-86.346 P : *D. 1993. 117, note Rassat, et Somm. 13, obs. Azibert ; JCP 1993. II. 22043, note Garé ; Dr. pénal 1992. 227 ; Gaz. Pal. 1992. 2. 614 ; RSC 1993. 330 ; ibid. 780, obs. Levasseur.*

30. Méconnaît les dispositions de l'art. 332 C. pén. la chambre d'accusation qui, constatant qu'un inculpé se serait livré à des actes de pénétration sexuelle à l'aide de violence sur son épouse, autorisée à avoir une résidence séparée, et avec laquelle il était en instance de divorce, refuse d'ordonner l'inculpation du chef de viol. • Crim. 17 juill. 1984, n° 84-91.288 P : *D. 1985. 7, note Mayer ; RSC 1985. 82, obs. Levasseur.*

31. En matière répressive, la compétence des juridictions est d'ordre public ; il appartient aux juges correctionnels, saisis de la cause entière par l'appel du ministère public, de se déclarer incompétents, même d'office, lorsque les faits poursuivis ressortissent à la juridiction criminelle ; cassation de l'arrêt qui, pour déclarer le prévenu coupable d'agression sexuelle aggravée, après avoir rappelé que certaines des photographies versées aux débats représentent l'épouse de celui-ci subissant par surprise, pendant son sommeil, l'intromission d'un doigt dans son vagin et d'un sexe d'homme dans sa bouche, relève que le prévenu reconnaît être l'auteur de ces atteintes sexuelles, alors que de tels faits, qui entrent dans les prévisions de l'art. 222-23 C. pén., se trouvent justiciables de la cour d'assises, et qu'ainsi la juridiction correctionnelle, qui avait été saisie par voie de citation directe, était incompétente pour en connaître. • Crim. 31 janv. 2007 : *Dr. pénal 2007. 68 (2ᵉ esp.), obs. Véron.*

32. Il existe des charges suffisantes contre un mari d'avoir commis le crime de viol sur son épouse alors que, flanqué d'un tiers, requis pour la circonstance, il s'est emparé avec l'aide de celui-ci de la personne de son épouse, l'a entraînée dans un lieu désert où, après l'avoir déshabillée de force, giflée et lui avoir lacéré profondément les chairs au coupe-moquette, il lui a imposé des rapports sexuels complets tandis qu'elle était maintenue à terre par le tiers complice. • Grenoble, 4 juin 1980 : *D. 1981. IR 154, obs. Puech.*

33. Sur l'impossibilité de critiquer en cassation la valeur des charges au vu desquelles la chambre d'accusation a renvoyé le demandeur sous l'accusation de viol. • Crim. 26 sept. 1994 : *Dr. pénal 1995. 6, note Véron.*

34. Sur la jurisprudence européenne relative au viol entre époux, V. • CEDH 22 nov. 1995 (2 arrêts), *C.R. et S.W. c/ Royaume-Uni : RSC 1996. 473, obs. Kœring-Joulin ; RTD civ. 1996. 512, obs. Marguénaud ; Gaz. Pal. 1997. 2. Doctr. 945, obs. P. Nuss.*

B. INTENTION

35. Un acquittement du chef de viol ne postule nullement le consentement de la victime ; il peut se justifier par le défaut d'intention de l'auteur ou par un simple doute sur la réalité de cette intention, le défaut d'intention pouvant résulter de cette circonstance, prouvée ou présumée, que l'accusé s'est mépris ou a pu se méprendre sur les dispositions véritables de la femme et estimer, à tort, que sa résistance n'était pas sérieuse. • C. assises Haut-Rhin, 21 avr. 1959 : *D. 1960. 369, note Aberkane.*

36. A pu dénier l'existence de l'intention criminelle, et écarter en conséquence la qualification de viol, la cour d'appel qui, tout en retenant à la charge du prévenu les violences initiales dont il s'était rendu coupable à l'encontre de la victime, s'est fondée sur le comportement de cette dernière pour en déduire que le prévenu avait pu croire à son consentement aux rapports qu'il avait eus avec elle. • Crim. 11 oct. 1978 : *D. 1979. IR 120.* ♦ Comp. : • Crim. 10 juill. 1973 : *ibid. n° 322 ; D. 1973. IR 188 ; RSC 1974. 594, obs. Levasseur.*

37. La préméditation ne constitue pas légalement un élément constitutif du viol. • Crim. 7 févr. 1973, n° 93-51.972 P.

II. RÉPRESSION

38. Prescription. V. notes ss. art. 222-22.

39. Compétence. En matière répressive, la compétence des juridictions est d'ordre public ; il appartient aux juges correctionnels, saisis de la cause entière par l'appel du ministère public, de se déclarer incompétents, même d'office, lorsque les faits poursuivis ressortissent à la juridiction criminelle. • Crim. 22 mai 1996, n° 95-84.899 P. • 20 juin 2001 : *Dr. pénal 2002. 2, obs. Véron.* ♦ *Cassation pour violation* des art. 222-23 nouveau et 332 ancien C. pén., de l'arrêt rendu par une cour d'appel qui, après avoir énoncé que les faits visés à la prévention sont des agressions de nature sexuelle, et plus précisément des fellations que le prévenu aurait imposées à une enfant de 7 ans, et ce, sur une période d'un an, ne se déclare pas incompétente, alors que de tels faits entrent dans les prévisions tant de l'art. 332 ancien que de l'art. 222-23 nouveau C. pén., dès lors que la fellation constitue un acte de pénétration sexuelle, et deviennent justiciables de la cour d'assises, d'où il résulte que la juridiction correctionnelle est incompétente pour en connaître. • Crim. 22 mai 1996 : *préc.* ♦ Cassation pour violation de l'art. 222-23 C. pén. de l'arrêt rendu par une cour d'appel qui, pour condamner le prévenu du chef d'agressions sexuelles, se prononce par les motifs reproduits au moyen desquels il résulte que ledit prévenu aurait imposé, à plusieurs reprises, des actes de pénétration sexuelle à la victime, alors que de tels faits entrent dans les prévisions de l'art. 222-23 C. pén. et sont justiciables de la cour d'assises, la juridiction correctionnelle étant ainsi incompétente pour en connaître. • Crim. 20 juin 2001 : *préc.* ♦ Doit être censurée la décision qui retient la compétence du juge correctionnel malgré le constat d'un acte de pénétration sexuelle. • Crim. 31 janv. 2007 : *Dr. pénal 2007. Comm. 68 (2e esp.), obs. Véron.*

40. Aux termes de l'art. 186-3 C. pr. pén., la personne mise en examen et la partie civile peuvent interjeter appel des ordonnances de renvoi devant le tribunal correctionnel dans le cas où elles estiment que les faits renvoyés devant cette juridiction constituent un crime qui aurait dû faire l'objet d'une ordonnance de mise en accusation devant la cour d'assises ; à l'issue d'une information ouverte pour viols, faits de nature criminelle, et violences aggravées, séquestration de moins de sept jours et non-assistance à personne en péril, le juge d'instruction a renvoyé le mis en examen devant le tribunal correctionnel sous la prévention d'agressions sexuelles aggravées et de violences aggravées ; ce dernier a déclaré interjeter appel ; pour refuser d'admettre son appel de l'ordonnance de non-lieu partiel, de requalification et de renvoi devant le tribunal correctionnel, le président de la chambre de l'instruction retient que cette ordonnance n'est pas de celles dont l'art. 186, al. 6, C. pr. pén. autorise l'appel ; en statuant ainsi, le président de la chambre de l'instruction a excédé ses pouvoirs, d'où il suit que l'annulation est encourue. • Crim. 25 nov. 2009, n° 09-84.814 P : *D. 2010. Actu. 153, obs. Girault .*

41. Selon les dispositions de l'art. 469 C. pr. pén., lorsqu'il est saisi par le renvoi ordonné par le juge d'instruction ou la chambre de l'instruction, et que la victime, constituée partie civile, était assistée d'un avocat lorsque ce renvoi a été ordonné, le tribunal correctionnel ne peut, d'office ou à la demande des parties, se déclarer incompétent au motif que le fait déféré serait de nature à entraîner une peine criminelle ; dans l'information ouverte contre M. X... du chef de viols, Mme Z..., se disant victime des faits, s'est constituée partie civile et a été assistée d'un avocat ; son appel de l'ordonnance renvoyant le mis en examen devant le tribunal correctionnel du chef de harcèlement sexuel a été déclaré irrecevable ; pour dire recevable l'exception d'incompétence soulevée par l'Association européenne contre les violences faites aux femmes au travail, également constituée partie civile au cours de l'instruction mais n'ayant pas été assistée d'un avocat, les juges retiennent, notamment, que cette association avait la qualité de victime ; mais en statuant ainsi, alors que la victime des faits poursuivis, seule visée par l'art. 469, al. 4, C. pr. pén., était constituée partie civile et assistée d'un avocat lorsque le renvoi devant le tribunal correctionnel a été ordonné et que les parties ne pouvaient plus soulever l'incompétence du tribunal correctionnel, la cour d'appel a méconnu le sens et la portée du texte susvisé et le principe ci-dessus énoncé ; d'où il suit que la cassation est encourue de ce chef. • Crim. 23 juin 2011, n° 10-85.671 P : *D. actu. 6 juill. 2011, obs. Bombled ; RSC 2011. 605, obs. Mayaud* ; *ibid. 662, obs. Danet* .

42. Complicité. N'a pas été condamné à la fois comme auteur et comme complice d'un même crime, l'accusé déclaré coupable, d'une part, d'avoir personnellement commis un viol aggravé, et d'autre part, d'avoir été le complice d'un viol aggravé et d'une tentative de viol aggravé commis successivement, le même jour, sur la même victime, par les coaccusés. • Crim. 19 sept. 1996, n° 96-80.280 P.

43. La question relative à la complicité doit caractériser tous les éléments de l'un des modes de complicité prévus par les art. 6 ancien et 121-7 C. pén. ; tel n'est pas le cas de la question qui se borne à demander à la cour et au jury si l'accusée s'est rendue complice des crimes de viols commis par l'auteur principal. • Crim. 11 mars 1998, n° 97-84.422 P.

44. Tentative. Pour renvoyer l'accusé devant la cour d'assises pour tentative de viol et pour attentat à la pudeur avec violence, l'arrêt attaqué retient que l'intéressé, après avoir mis un préservatif, aurait tenté de pénétrer la victime et que seule une déficience momentanée l'aurait contraint à abandonner son projet ; en cet état, les juges, qui ont répondu aux articulations essentielles du mémoire dont ils étaient saisis, ont caractérisé le commencement d'exécution et l'absence de désistement volontaire et ainsi justifié la mise en accusation et le renvoi devant la cour d'assises. • Crim. 10 janv. 1996, n° 95-85.284 P : *Dr. pénal 1996. 97, obs. Véron ; RSC 1996. 656, obs. Mayaud* ; *ibid. 846, obs. Bouloc*.

45. Justifie sa décision la chambre de l'instruction d'une cour d'appel qui, pour renvoyer l'accusé devant la cour d'assises sous l'accusation de tentative de viol aggravé, relève notamment que la victime, ayant peur de l'accusé, aurait cédé, sous la contrainte, à ses avances, mais se serait opposée physiquement à ce que ce dernier se livre sur sa personne à un acte de sodomie, ce qui aurait empêché l'auteur de réaliser son projet. • Crim. 22 août 2001 : *D. 2002. Somm. 1803, obs. Gozzi* .

46. Conflits de qualifications. Un même fait ne peut entraîner une double déclaration de culpabilité ni être retenu comme élément constitutif d'un crime et comme circonstance aggravante d'une autre infraction ; c'est ainsi que les mêmes violences ne peuvent être retenues à la fois comme élément constitutif d'un viol et d'un délit de violences volontaires et comme circonstance aggravante d'un vol. • Crim. 6 janv. 1999, n° 98-80.730 P.

47. Action civile. A défaut de disposer de la capacité juridique, une mineure non émancipée victime d'un viol incestueux n'est pas recevable à se constituer partie civile. • Douai, 18 déc. 1991 : *D. 1993. 75 (1re esp.), note Prothais* ; *RSC 1993. 331, obs. Levasseur.* ♦ Pour les mêmes raisons, est irrecevable le pourvoi que cette mineure forme contre l'arrêt qui refuse d'accueillir sa constitution de partie civile dès lors qu'il n'a pas été fait application de l'art. 87-1 C. pr. pén., qui permet au juge d'instruction de désigner un administrateur *ad hoc*. • Crim. 16 juin 1992 : *D. 1993. 75 (2e esp.), note Prothais* ; *RSC 1993. 331, obs. Levasseur* .

48. Dès lors que les conditions d'indemnisation de l'art. 706-3 C. pr. pén. sont réunies en ce qui concerne la victime directe de l'infraction, ce qui n'est pas contesté en l'espèce, toutes les personnes qui subissent un préjudice personnel en lien avec les faits peuvent en réclamer indemnisation auprès de la Commission d'indemnisation des victimes d'infractions ; il en est ainsi de l'enfant né du viol de sa mère, son préjudice moral, constitué par le caractère nécessairement douloureux que prendra l'évocation de sa conception et de sa naissance, étant personnel, certain et en lien avec les faits. • Caen, 7 nov. 2000 : *JCP 2002. II. 10001, note Sériaux.*

49. Le fait d'user de son autorité d'employeur pour inciter son employée à se prêter à des relations sexuelles sur le lieu du travail, et d'avoir été ainsi à l'origine d'un choc psychologique incontestable qui l'a déterminée à abandonner son emploi, apparaît constitutif d'une faute qui résulte des éléments visés dans l'accusation de viol, sans pour autant être inconciliable avec la décision d'acquittement de ce chef. • C. assises Hauts-de-Seine, 24 juin 1996 : *Dr. pénal 1996. 274, obs. Maron.*

50. En l'état d'une plainte avec constitution de partie civile pour viol, dénonçant un toucher rectal effectué par l'expert commis par le juge d'instruction (aux fins d'évacuation de corps étrangers susceptibles de contenir de la drogue), est justifié, au regard de l'art. 6-1 C. pr. pén., l'arrêt de la chambre d'accusation qui, pour confirmer l'ordonnance de refus d'informer du juge d'instruction, relève qu'une précédente décision définitive avait constaté le caractère légal de l'expertise et qu'ainsi les faits reprochés n'en étaient que l'exécution régulière. • Crim. 29 janv. 1997, n° 96-81.452 P.

51. Si, aux termes de l'art. L. 411-11 C. trav. [L. 2132-3 nouv.], les syndicats professionnels peuvent, devant toutes les juridictions, exercer tous les droits réservés à la partie civile, c'est à la condition que les faits déférés au juge portent par eux-mêmes un préjudice direct ou indirect à l'intérêt collectif de la profession qu'ils représentent ; est irrecevable la constitution de partie civile d'un syndicat professionnel, dans l'information ouverte des chefs de viols et harcèlement sexuel, au motif que les faits auraient été perpétrés sur le lieu de travail de la victime et par son supérieur hiérarchique, alors que ces circonstances ne suffisent pas à caractériser une atteinte à l'intérêt collectif des salariés du secteur. • Crim. 23 janv. 2002, n° 01-83.559 P : *Dr. pénal 2002. 66, obs. Véron ; Gaz. Pal. 2003. 2. 2314, note A.C. ; RSC 2002. 832, obs. Giudicelli-Delage*.

52. Est fondée à obtenir la réparation de son préjudice moral sur le fondement de l'art. 1382 C. civ. la victime de viols et d'agressions sexuelles commis lors de sa minorité, dès lors qu'elle rapporte la preuve d'une faute de son ex-beau-père. • Pau, 29 juin 2005 : *JCP 2006. IV. 1571*.

53. Les dispositions propres à l'indemnisation des victimes d'infractions sont applicables aux victimes d'un accident du travail imputable à la faute intentionnelle de l'employeur ou de l'un de ses préposés ; ayant constaté qu'une salariée avait été victime d'une faute intentionnelle commise par un préposé de son employeur (viol), la cour d'appel a décidé à bon droit qu'en application de l'art. L. 452-5 CSS, elle était fondée à demander réparation de son préjudice sur le fondement de l'art. 706-3 C. pr. pén. • Civ. 2e, 7 mai 2009 : *D. 2009. AJ 1487, obs. Lavric ; JCP G 2009, n° 25, 19, p. 37, note Radé*.

54. Prononcé de la peine. La feuille de questions mentionne que la cour et le jury, avant de statuer sur la peine, en ont délibéré dans les conditions prévues par l'art. 362 C. pr. pén. ; l'observation de ces dispositions apporte la garantie qu'une telle décision a été prise en application de l'art. 132-24 C. pén., dont le président a donné lecture et selon lequel la juridiction prononce la peine, dans les limites fixées par la loi, notamment, en fonction des circonstances de l'infraction et de la personnalité de son auteur ; ainsi, les exigences conventionnelles invoquées (art. 6 Conv. EDH) n'ont pas été méconnues. • Crim. 20 janv. 2010, n° 09-80.652 P : *Gaz. Pal. 2010. 1. Jur. 982, note Dreyer*.

55. Réductions de peine. Selon l'art. 721-1 C. pr. pén., sauf décision du juge de l'application des peines prise après avis de la commission d'application des peines, les personnes condamnées pour l'une des infractions mentionnées à l'art. 706-47 C. pr. pén., parmi lesquelles figure le crime de viol commis sans circonstance aggravante, ne peuvent bénéficier de réductions supplémentaires de peine si, lorsque leur condamnation est devenue définitive, le casier judiciaire faisait mention d'une telle condamnation ; pour infirmer la décision du juge de l'application des peines et accorder des réductions supplémentaires de peine à un détenu, condamné le 11 mai 2006 à quinze ans de réclusion criminelle pour viol en récidive, et déjà condamné pour viol le 24 janv. 1997, la présidente de la chambre de l'application des peines énonce que l'art. 706-47 vise, en son premier alinéa, les infractions dont sont victimes des mineurs et, en son second alinéa, les meurtres ou assassinats commis avec tortures ou actes de barbarie, et les meurtres ou assassinats commis en récidive ; elle ajoute que le casier judiciaire du condamné ne mentionne pas de telles condamnations ; en prononçant ainsi, alors qu'au nombre des infractions énumérées à l'art. 706-47 figure le viol, prévu et réprimé par l'art. 222-23 C. pén., sans qu'il soit précisé que ce crime doit être commis sur un mineur, la présidente de la chambre de l'application des peines a méconnu les textes susvisés et le principe ci-dessus énoncé ; d'où il suit que la cassation est encourue. • Crim. 21 nov. 2007, n° 07-81.787 P. *AJ pénal 2008. 149, obs. Herzog-Evans*.

Art. 222-23-1 *(L. n° 2021-478 du 21 avr. 2021, art. 1er)* **Hors le cas prévu à l'article 222-23, constitue également un viol tout acte de pénétration sexuelle, de quelque nature qu'il soit, ou tout acte bucco-génital commis par un majeur sur la personne d'un mineur de quinze ans ou commis sur l'auteur par le mineur, lorsque la différence d'âge entre le majeur et le mineur est d'au moins cinq ans.**

La condition de différence d'âge prévue au premier alinéa du présent article n'est pas applicable si les faits sont commis en échange d'une rémunération, d'une promesse de rémunération, de la fourniture d'un avantage en nature ou de la promesse d'un tel ***avantage.***

Art. 222-23-2 *(L. n° 2021-478 du 21 avr. 2021, art. 1er)* **Hors le cas prévu à l'article 222-23, constitue un viol incestueux tout acte de pénétration sexuelle, de quelque nature qu'il soit, ou tout acte bucco-génital commis par un majeur sur la personne d'un mineur ou commis sur l'auteur par le mineur, lorsque le majeur est un ascendant**

ou toute autre personne mentionnée à l'article 222-22-3 ayant sur le mineur une autorité de droit ou de fait.

Art. 222-23-3 *(L. nº 2021-478 du 21 avr. 2021, art. 1er)* **Les viols définis aux articles 222-23-1 et 222-23-2 sont punis de vingt ans de réclusion criminelle.**

Art. 222-24 **Le viol** *(L. nº 2021-478 du 21 avr. 2021, art. 8)* **« défini à l'article 222-23 » est puni de vingt ans de réclusion criminelle :**

1º Lorsqu'il a entraîné une mutilation ou une infirmité permanente ;

2º Lorsqu'il est commis sur un mineur de quinze ans ; — *Pén. 221-4 ; Civ. 21-8.*

3º Lorsqu'il est commis sur une personne dont la particulière vulnérabilité, due à son âge, à une maladie, à une infirmité, à une déficience physique ou psychique ou à un état de grossesse, est apparente ou connue de l'auteur ;

(L. nº 2018-703 du 3 août 2018, art. 7) **« 3º *bis* Lorsqu'il est commis sur une personne dont la particulière vulnérabilité ou dépendance résultant de la précarité de sa situation économique ou sociale est apparente ou connue de l'auteur ; »**

4º *(L. nº 2010-121 du 8 févr. 2010)* **« Lorsqu'il est commis par un ascendant ou par toute autre personne ayant sur la victime une autorité de droit ou de fait ; »**

5º Lorsqu'il est commis par une personne qui abuse de l'autorité que lui confèrent ses fonctions ;

6º Lorsqu'il est commis par plusieurs personnes agissant en qualité d'auteur ou de complice ;

7º Lorsqu'il est commis avec usage ou menace d'une arme ;

(L. nº 98-468 du 17 juin 1998) **« 8º Lorsque la victime a été mise en contact avec l'auteur des faits grâce à l'utilisation, pour la diffusion de messages à destination d'un public non déterminé, d'un réseau de** *(L. nº 2011-525 du 17 mai 2011, art. 150-1º)* **« communication électronique » ;** — *Pén. 132-75 ; Pr. pén. 2-2 s., 40, 306, 706-3, 706-47 s., R. 53 s. ; CSS L. 322-3 et R. 322-9.*

*(Abrogé par L. nº 2017-86 du 27 janv. 2017, art. 171) « (L. nº 2003-239 du 18 mars 2003, art. 47) « 9º **Lorsqu'il a été commis à raison de l'orientation** (L. nº 2012-954 du 6 août 2012, art. 4) « **ou identité** » **sexuelle de la victime** » ; »*

(L. nº 2005-1549 du 12 déc. 2005, art. 32) **« 10º Lorsqu'il est commis en concours avec un ou plusieurs autres viols commis sur d'autres victimes » ;**

(L. nº 2006-399 du 4 avr. 2006, art. 11) **« 11º Lorsqu'il est commis par le conjoint ou le concubin de la victime ou le partenaire lié à la victime par un pacte civil de solidarité » ;**

(L. nº 2007-297 du 5 mars 2007, art. 54) **« 12º Lorsqu'il est commis par une personne agissant en état d'ivresse manifeste ou sous l'emprise manifeste de produits stupéfiants ; »**

(L. nº 2016-444 du 13 avr. 2016, art. 11) **« 13º Lorsqu'il est commis, dans l'exercice de cette activité, sur une personne qui se livre à la prostitution, y compris de façon occasionnelle » ;**

(L. nº 2018-703 du 3 août 2018, art. 13) **« 14º Lorsqu'un mineur était présent au moment des faits et y a assisté ; »**

(L. nº 2018-703 du 3 août 2018, art. 3) **« 15º Lorsqu'une substance a été administrée à la victime, à son insu, afin d'altérer son discernement ou le contrôle de ses actes. »**

Lorsque le dommage est causé par [...] des violences ou des agressions sexuelles commises contre un mineur, l'action en responsabilité civile est prescrite par vingt ans (C. civ., art. 2270-1, al. 2).

Corresp. *: C. pén., ancien art. 332, al. 3.*

1. Différence entre éléments constitutifs et circonstances aggravantes. Ne donne pas de base légale à sa décision la chambre d'accusation qui, pour renvoyer un couple devant la cour d'assises sous l'accusation de viols et agressions sexuelles aggravés et complicité, énonce que « c'est à l'âge de treize ans que, sous des motivations pseudo-pédagogiques, un enfant a été encouragé par son père à observer et toucher la nudité de sa belle-mère, âgée de vingt et un ans de plus que lui, que, feignant la tendresse et exploitant le besoin qu'ils avaient eux-mêmes suscité, les accusés ont ensuite proposé à l'enfant des relations sexuelles, et qu'ainsi, compte tenu de son jeune âge, de son manque de discernement et du lien d'autorité existant, l'enfant s'est trouvé dans un état de dépendance affective caractérisant à son égard la contrainte morale qui s'est maintenue tout au long des relations sexuelles, y compris au-delà de la majorité... » ; se fondant ainsi, pour caractériser la violence, la contrainte ou la surprise, sur l'âge de la victime et la qualité d'ascendant ou de personne ayant autorité des auteurs présumés, alors que ces éléments, s'ils permettent de retenir, contre ces derniers, le délit d'atteinte sexuelle aggravée sur mineur, prévu et réprimé par les art. 331 et 331-1 anciens et 227-25, 227-26 et 227-27 C. pén., ne constituent que des circonstances aggravantes du crime de viol ou du délit d'agression sexuelle. • Crim. 21 oct. 1998, n° 98-83.843 P : *D. 1999. 75, note Mayaud* ; *JCP 1998. II. 10215, note Mayer* ; *Dr. pénal 1999, n° 5, obs. Véron.* ♦ Rappr. : • Crim. 1er mars 1995, n° 94-85.393 P : *D. 1996. Somm. 241, obs. Malbrancq-Decourcelle* ; *Dr. pénal 1995. 171 (1er arrêt), note Véron.*

2. En précisant que la contrainte peut résulter de la différence d'âge existant entre une victime mineure et l'auteur des faits et de l'autorité de droit ou de fait que celui-ci exerce sur cette victime, la seconde phrase de l'art. 222-22-1 C. pén. a pour seul objet de désigner certaines circonstances de fait sur lesquelles la juridiction saisie peut se fonder pour apprécier si, en l'espèce, les agissements dénoncés ont été commis avec contrainte ; elle n'a en conséquence pas pour objet de définir les éléments constitutifs de l'infraction ; il s'ensuit que, dès lors qu'il ne résulte pas de ces dispositions qu'un des éléments constitutifs du viol ou de l'agression sexuelle est, dans le même temps, une circonstance aggravante de ces infractions, ces dispositions ne méconnaissent pas le principe de légalité des délits ; par suite, le grief tiré de l'atteinte au principe de légalité des délits et des peines doit être écarté. • Cons. const. 6 févr. 2015 (*JO 8 févr.*) : *D. 2015. Actu. 324* ; *ibid. Pan. 2465, obs. Roujou de Boubée* ; *RSC 2015. 86, obs. Mayaud*. ♦ Sur la question objet du renvoi : • Crim. 13 nov. 2014 : *Dr. pénal 2015, n° 1, obs. Véron.* ♦ En disposant que la contrainte, constitutive du crime de viol ou du délit d'agression sexuelle, « peut résulter de la différence d'âge existant entre une victime mineure et l'auteur des faits et de l'autorité de droit ou de fait que celui-ci exerce sur cette victime », alors que, par ailleurs, la peine encourue par l'auteur de ces infractions est aggravée lorsqu'il a, sur la victime, une autorité de droit ou de fait, les dispositions contestées n'instituent pas une sanction pénale qui méconnaît les principes de nécessité et de proportionnalité des peines. • Cons. const. 6 févr. 2015 : *préc.*

3. Pluralité de circonstances aggravantes. Dès lors que la cour et le jury ont été interrogés, *par des questions distinctes*, sur plusieurs circonstances aggravantes conduisant à des conséquences identiques, et que l'une de ces questions, régulièrement posée, a été résolue par l'affirmative, il est sans intérêt de rechercher si la déclaration de culpabilité relative à une autre circonstance aggravante est affectée d'irrégularité. • Crim. 21 janv. 1998, n° 97-82.059 P. ♦ Après avoir déclaré l'accusé coupable de viol, la cour et le jury ont répondu affirmativement à deux questions relatives à des circonstances aggravantes de ce crime tenant, la première, à la minorité de 15 ans de la victime, la seconde, à l'autorité de l'auteur ; il n'y a pas lieu d'examiner le moyen visant la seconde de ces questions, dès lors que la peine prononcée trouve son support légal dans la réponse apportée à la première. • Crim. 14 oct. 1998, n° 97-84.730 P.

4. L'irrégularité d'une question relative à une circonstance aggravante ne peut donner ouverture à cassation, lorsque la réponse affirmative à cette question n'a entraîné aucune aggravation de la peine, et que celle-ci se trouve justifiée par la déclaration de culpabilité concernant le fait principal. • Crim. 21 janv. 1998 : *préc. note 3.*

1° MUTILATION OU INFIRMITÉ

5. Renvoi. V. notes ss. art. 222-7 à 222-13.

2° MINEUR DE QUINZE ANS

BIBL. Lameyre, Le corps humain saisi par la justice, *Recueil Dalloz, Hors Série, mai 2001. 21* (les deux corps de la justice pénale – Du corps violé au corps enfermé).

6. Constatation. Les constatations relativement à l'âge sont souveraines en fait et échappent au contrôle de la Cour de cassation. • Crim. 31 janv. 1968, n° 92-21.367 P.

7. Cumul de circonstances aggravantes. Le même fait ne peut être retenu comme constitutif de deux circonstances aggravantes ; une chambre d'accusation méconnaît le sens et la portée de ce principe en renvoyant une personne devant la cour d'assises sous l'accusation de viols sur mineure de quinze ans, personne particulièrement vulnérable en raison de son âge. • Crim. 4 févr. 1998, n° 97-86.090 P.

8. Prescription. V. notes ss. art. 222-22.

9. Questions. Dans une accusation de viol sur la personne d'un enfant âgé de moins de quinze ans, la circonstance de l'âge de la victime doit faire l'objet d'une question distincte, et ne peut être comprise dans la question sur le fait principal. • Crim. 2 juin 1848 : *S. 1849. 1. 544.* ♦ Une question qui interroge la cour et le jury à la fois sur le fait principal et sur les circonstances aggravantes est entachée de complexité. • Crim. 10 janv. 1996, n° 95-82.084 P. ♦ Telle la question réunissant le fait principal de viol et les circonstances aggravantes relatives à l'autorité de l'accusé sur la victime et la minorité de quinze ans de cette dernière. • Crim. 21 févr. 1996, n° 95-82.085 P.

10. La question relative à la circonstance aggravante de minorité est régulière dès lors qu'elle est posée dans les termes de la loi. • Crim. 7 janv. 1998, n° 97-82.408 P. ♦ Est régulièrement posée la question interrogeant la cour et le jury sur le point de savoir si la victime d'un viol était, à la date des faits, âgée de moins de 15 ans, sans que soit nécessaire l'indication de la date de naissance de celle-ci. • Crim. 12 janv. 2000, n° 99-82.010 P.

3° PERSONNE VULNÉRABLE

11. Circonstance réelle. Est réelle la circonstance aggravante tirée du fait que la victime du viol est une personne particulièrement vulnérable ; il en résulte, qu'en cas de pluralité d'auteurs, cette question peut n'être posée qu'une fois, et si elle est posée plusieurs fois, elle ne peut être résolue tantôt affirmativement tantôt négativement, sous peine d'entacher de contradiction la déclaration de la cour et du jury. • Crim. 10 oct. 1984, n° 83-92.777 P.

12. Origine de la vulnérabilité. La circonstance aggravante réelle de vulnérabilité de la victime doit résulter d'un état préexistant aux faits, objet de la poursuite, et non être la conséquence de ces faits eux-mêmes. • Crim. 17 oct. 1984, n° 83-94.450 P : *RSC 1985. 813, obs. Levasseur.* ♦ Rappr. : • Crim. 18 mai 1983, n° 82-93.836 P. • 9 août 2006 : *Dr. pénal 2006. 137, obs. Véron.*

13. Apparence ou connaissance de la vulnérabilité. Selon l'art. 112-1, al. 3, C. pén., les dispositions nouvelles, lorsqu'elles sont moins sévères, s'appliquent aux infractions commises avant leur entrée en vigueur ; tel est le cas de l'art. 222-24-3° C. pén., qui exige désormais que la particulière vulnérabilité de la victime d'un viol ait été apparente ou connue de l'auteur des faits. • Crim. 11 déc. 1996, n° 96-82.303 P. ♦ Il résulte de l'art. 349 C. pr. pén. que la cour d'assises doit être interrogée sur tous les éléments constitutifs de l'infraction et des circonstances qui l'aggravent ; prive sa décision de base légale la cour d'assises qui, pour déclarer l'accusé coupable de viols sur une mineure particulièrement vulnérable en raison de l'hémiplégie dont elle était atteinte, fonde la condamnation qu'elle prononce sur des réponses affirmatives à des questions qui ont omis de caractériser l'apparence de cette vulnérabilité ou la connaissance qu'en avait l'auteur des faits ; et les questions n'ayant pas été posées dans les termes de l'arrêt de renvoi, le président était tenu d'en donner lecture. • Même arrêt.

14. Vulnérabilité due à l'âge. Prononce par des motifs insuffisants l'arrêt qui, pour mettre en accusation devant la cour d'assises du chef de viol commis sur une personne particulièrement vulnérable, en raison de son âge, 70 ans, apparent ou connu de l'auteur du crime, ne précise pas en quoi un tel âge mettait la victime dans une situation de particulière vulnérabilité. • Crim. 8 juin 2010, n° 10-82.039 P : *D. 2010. Pan. 2739, obs. Garé ; ibid. 2888, note Hasnaoui ; RSC 2010. 619, obs. Mayaud.*

15. Applications. ... Viol d'une jeune arriérée mentale de 16 ans. • Civ. 1re, 6 nov. 1961 : *D. 1961. 733, note Holleaux ; RSC 1962. 98, obs. Hugueney.* ♦ Viol d'une femme atteinte de troubles mentaux et dénuée de capacité de résistance. • Crim. 4 janv. 1990 : *Gaz. Pal. 1990. 2. 387 ; RSC 1990. 341, obs. Levasseur.* ♦ ... Viol imposé à une cliente par un radiesthésiste-magnétiseur. • Crim. 3 sept. 1991 : *Gaz. Pal. 1992. 1. Somm. 38 ; RSC 1993. 107, obs. Levasseur.* ♦ ... Viol d'une femme en état d'ivresse. • Crim. 18 déc. 1991 : *Gaz. Pal. 1992. 1. Somm. 178.* ♦ ... Viol d'une hémiplégique. • Crim. 11 déc. 1996, n° 96-82.303 P.

16. Conflits de qualifications. Le même fait ne peut être retenu comme constitutif à la fois d'un crime ou d'un délit et d'une circonstance aggravante accompagnant une autre infraction ; c'est ainsi que le même acte de violence ne peut être relevé à la fois comme constituant le délit de coups volontaires et la circonstance aggravante de vulnérabilité de la victime, en raison d'une déficience physique consécutive auxdites violences, accompagnant le crime de viol. • Crim. 18 mai 1983 : *préc. note 12.* ♦ Mais rien ne s'oppose à ce qu'une même circonstance soit relevée comme aggravant des crimes ou délits distincts ; ainsi en est-il de la vulnérabilité de la victime en raison de son état physique ou mental, retenue à la fois pour viol et violences volontaires (C. pén., art. 309, al. 2-1° ; nouv. art. 222-8, 222-10, 222-12 et 222-13) sur la même personne. • Crim. 14 févr. 1990, n° 89-83.191 P.

17. Questions. La question unique sur la vulnérabilité de la victime du viol et le fait que cette vulnérabilité était connue de l'accusé n'est pas entachée de complexité dès lors qu'elle a été régulièrement posée dans les termes de l'art. 222-24-3° C. pén. • Crim. 19 mars 1997 : *Dr. pénal 1997. 100, obs. Maron ; JCP 1997. IV. 1217.*

4° ASCENDANT OU PERSONNE AYANT AUTORITÉ

18. Ascendance. Caractérise le crime de viol par contrainte ou par surprise par ascendant sur un mineur de 15 ans le fait par un père, qui, pour parvenir à ses fins contre la volonté de son fils, a profité du manque de discernement de ce dernier pour abuser de son autorité. • Crim. 11 juin 1992, n° 91-85.847 P : *RSC 1993. 781, obs. Levasseur.* ♦ Pour renvoyer le demandeur devant la cour d'assises sous l'accusation de viol par ascendant légitime sur mineure de quinze ans, la chambre d'accusation énonce qu'il résulte de l'information des charges suffisantes contre l'intéressé d'avoir commis des actes de pénétration sexuelle sur sa fille mineure de quinze ans, charges assises sur des déclarations précises de la victime, laquelle ne présente pas de tendance à la mythomanie ; en conséquence, l'arrêt attaqué a suffisamment caractérisé, au regard des art. 222-23 et 222-24 C. pén., les circonstances dans lesquelles, à supposer les faits établis, le demandeur se serait rendu coupable des faits objet de l'accusation. • Crim. 19 juin 1996, n° 96-81.544 P.

19. Le point de savoir si l'accusé est le père de la victime est une question de fait dont la solution appartient à la cour et au jury. • Crim. 11 janv. 1989, n° 88-82.375 P. ♦ Rappr. : • Crim. 15 oct. 1957 : *ibid. n° 633.* ♦ Et le fait que la paternité de l'accusé ait été qualifiée, dans la question, de « légitime » est sans incidence sur l'application de l'aggravation de peine, les mêmes conséquences pénales s'attachant à la qualité d'« ascendant légitime, naturel ou adoptif de la victime ». • Crim. 11 janv. 1989 : *préc.* ♦ Conforme à ces décisions, V., pour le grand-père de la victime : • Crim. 21 août 1990 : *Dr. pénal 1990. 319.*

20. La question par laquelle il est demandé si l'accusé, déclaré coupable de viols, est l'ascendant légitime de la victime dont, selon le dispositif de l'arrêt de renvoi, il est le père légitime, est posée dans les termes de la loi et caractérise exactement la circonstance aggravante prévue par l'art. 332, al. 3, C. pén. • Crim. 23 déc. 1986, n° 86-93.360 P. • 21 janv. 1998, n° 96-86.603 P.

21. Autorité. V. également notes ss. art. 222-28. ♦ Le coupable de viol qui vit en concubinage avec la mère de la victime mineure, et a une habitation commune avec la mère et sa fille, exerce sur cette dernière une autorité de fait constituant la circonstance aggravante prévue par l'art. 332, al. 3, C. pén. (ancien art. 333). • Crim. 14 oct. 1958 : *Bull. crim. n° 620* • 9 juin 1971 : *ibid. n° 185 ; D. 1971. Somm. 154 ; RSC 1972. 390, obs. Levasseur.* ♦ Il n'importe que l'accusé vive à son propre domicile ou au domicile de la femme. • Crim. 9 juin 1971 : *préc.*

22. Entre dans la catégorie des personnes ayant autorité sur la victime le fils de la nourrice à laquelle ladite victime avait été confiée par le service de l'aide sociale à l'enfance, dès lors qu'il est relevé que l'auteur du viol vivait avec son épouse à la même adresse que ses parents, et qu'il arrivait qu'en l'absence de ceux-ci, il soit conduit à assurer la garde des enfants. • Crim. 9 juill. 1991 : *Dr. pénal 1991. 315 ; RSC 1992. 755, obs. Levasseur*. ♦ Rappr. : • Crim. 10 juill. 2002, n° 02-83.179 P : *RSC 2002. 817, obs. Mayaud* (doit être écartée l'argumentation de l'accusé, qui soutenait que le point de départ de la prescription ne pouvait être reporté à la majorité de la victime, dès lors qu'il n'avait pas autorité sur elle au sens des dispositions de l'art. 7, al. 3, C. pr. pén., dans sa rédaction issue de la L. du 10 juill. 1989 modifiée par la L. du 4 févr. 1995, applicable à la cause, alors que, étant le mari de la nourrice à laquelle la victime avait été confiée par ses parents, il avait effectivement autorité sur l'enfant lorsque celle-ci se trouvait chez lui, hors la présence de ses père et mère).

23. Dès lors que la circonstance aggravante personnelle d'autorité est distincte de la contrainte, la violence et la surprise, éléments constitutifs des infractions de viol et d'attentat à la pudeur, la cour d'assises n'encourt pas le grief de contradiction si elle apporte, après avoir répondu affirmativement aux questions de culpabilité relatives aux viols, aux attentats à la pudeur ainsi qu'à celles de la minorité de 15 ans des victimes, une réponse négative aux questions posées sur le point de savoir si, lors des faits reprochés, l'accusé avait autorité sur elles. • Crim. 27 avr. 1994, n° 93-84.984 P.

24. La mort de la concubine de l'accusé n'a pas eu pour conséquence immédiate de priver ce dernier de l'autorité de fait dont il disposait à l'égard des enfants de celle-ci, lesquels, au demeurant, ignoraient, lorsqu'ils ont été victimes des faits reprochés, que celui-ci venait de tuer leur mère. • Crim. 7 déc. 2005 : *Dr. pénal 2006. 50, obs. Véron.*

25. En l'état de motifs, retenus pour renvoyer des personnes devant la cour d'assises sous l'accusation de viols et agressions sexuelles sur mineur de quinze ans par personne ayant autorité, qui ne caractérisent aucun élément de contrainte ou de surprise ni de violence concomitante aux actes de pénétration sexuelle ou d'atteinte sexuelle, et alors que la qualité de personne ayant autorité sur la victime ne saurait résulter des seuls sentiments de soumission éprouvés par cette dernière, la chambre de l'instruction n'a pas donné de base légale à sa décision au regard des art. 332 ancien, 222-23 et 222-24 C. pén., 214 et 593 C. pr. pén. • Crim. 21 févr. 2007, n° 06-88.735 P : *D. 2007. AJ 1142 ; ibid. 2007. Pan. 2638, obs.Garé ; AJ pénal 2007. 181, obs. Royer ; Dr. pénal 2007. Comm. 68 (4ᵉ esp.), obs. Véron.*

26. Sont régulières, comme posées dans les termes de la loi, les questions par lesquelles il est demandé à la cour et au jury si l'auteur des viols et des agressions sexuelles avait autorité sur la victime, une telle circonstance de pur fait n'ayant pas à être autrement caractérisée. • Crim. 27 juin 2007, n° 06-88.511 P.

27. Action publique. L'action publique pour la poursuite de viols commis sur un mineur par un ascendant ou une personne ayant autorité est régulièrement mise en mouvement dès lors que les faits ont été révélés par la victime aux autorités compétentes pour y donner suite, les dispositions des art. 7, al. 3, et 8 C. pr. pén. n'exigeant pas le dépôt préalable d'une plainte avec constitution de partie civile. • Crim. 3 sept. 1997, n° 97-83.351 P.

28. Action civile. Selon les art. 2 et 3 C. pr.

pén., les proches de la victime d'une infraction sont recevables à rapporter la preuve d'un dommage dont ils ont personnellement souffert et qui découle des faits, objet de la poursuite ; méconnaît les textes et le principe ci-dessus visés la cour d'appel qui, pour déclarer irrecevable la constitution de partie civile d'une mère, agissant au nom de son enfant, né des relations incestueuses que son père lui a imposées au cours de sa minorité, énonce que l'enfant « n'est pas victime du crime de viol commis sur la personne de sa mère et qu'il ne subit aucun préjudice découlant de cette infraction », la cour ne reconnaissant ainsi qu'à la seule personne ayant subi un viol le droit d'exercer l'action civile contre l'auteur des faits. • Crim. 4 févr. 1998, n° 97-80.305 P : *D. 1999. 445, note Bourgault-Coudevylle ; JCP 1999. II. 10178, note Moine-Dupuis ; Dr. pénal 1998. 104, obs. Maron ; RSC 1998. 579, obs. Dintilhac .*

29. Le prévenu a été condamné à six ans d'emprisonnement pour agressions sexuelles aggravées en récidive, après avoir constaté qu'il avait imposé à sa fille des rapports sexuels et qu'un enfant était né de ces relations incestueuses ; sur l'action civile, les juges du premier degré ont déclaré irrecevables les demandes formées par la victime en qualité de représentante légale de son fils mineur, aux motifs que l'enfant ne pouvait alléguer d'un préjudice résultant uniquement de sa naissance et qu'il n'était pas la victime directe de l'infraction ; pour déclarer recevable l'action, l'arrêt d'appel retient que les circonstances de sa conception (viol) justifient réparation du traumatisme lié à la connaissance que l'enfant aura de ces faits en grandissant, et aux difficultés qu'il rencontrera pour se construire en raison de sa filiation incestueuse, outre le fait qu'il est définitivement privé du droit d'établir sa véritable filiation ; il est donc certain qu'il subit divers préjudices directs et personnels du fait du viol de sa mère et que ceux-ci ne s'analysent pas comme des préjudices résultant seulement de sa naissance ; en l'état de ces énonciations, et dès lors que, d'une part, aux termes de l'art. 3 C. pr. pén, l'action civile est recevable pour tous chefs de dommages, aussi bien matériels que corporels ou moraux, qui découlent des faits, objet de la poursuite, d'autre part, le préjudice indemnisé, en l'espèce, ne résulte pas de la seule naissance de l'enfant, la cour d'appel a justifié sa décision. • Crim. 23 sept. 2010, n° 09-84.108 P : *D. 2010. 2365, obs. Léna ; ibid. 2011. 126, obs. Lazerges-Cousquer ; Gaz. Pal. 2011. 1. 1574, note Mekki.* ♦ Aux termes des art. 2 et 3 C. pr. pén., les proches de la victime d'une infraction sont recevables à rapporter la preuve d'un dommage dont ils ont personnellement souffert et qui découle des faits, objet de la poursuite ; encourt la cassation l'arrêt qui, pour écarter la demande tendant à la réparation du préjudice moral de l'enfant né d'un viol, partie civile, retient que celui-ci ne peut se prévaloir d'un préjudice du seul fait des circonstances dans lesquelles il a été conçu, la conception ne pouvant être dissociée de la naissance, alors que le préjudice invoqué résulte directement des faits criminels poursuivis. • Crim. 23 sept. 2010, n° 09-82.438 P : *D. 2011. 126, obs. Lazerges-Cousquer ; Gaz. Pal. 2011. 1. 1574, note Mekki.*

30. Selon l'art. 85 C. pr. pén., pour qu'une constitution de partie civile soit recevable devant la juridiction d'instruction, il suffit que les circonstances sur lesquelles elle s'appuie permettent au juge d'admettre comme possibles l'existence du préjudice allégué et la relation de celui-ci avec une infraction à la loi pénale. • Crim. 16 juin 1998, n° 97-82.171 P. • 27 mai 2009, n° 09-80.023 P : *Gaz. Pal. 2009. 2, p. 2583, note Detraz.* ♦ Ne justifie pas sa décision au regard du texte précité la chambre d'accusation de la cour d'appel qui, pour confirmer l'ordonnance d'irrecevabilité de la constitution de partie civile formée par une grand-mère faisant état du préjudice moral qu'elle subissait personnellement, résultant de la découverte d'actes incestueux commis sur sa petite-fille, dont elle s'occupait presque quotidiennement, et de la constatation de la dégradation psychique de l'enfant, se borne à énoncer que, la grand-mère, ne disposant pas de l'autorité parentale, ne pouvait exercer les droits reconnus à la partie civile au nom de l'enfant, et qu'elle ne pouvait, par ailleurs, justifier d'un dommage personnel directement causé par l'infraction, alors que les faits dénoncés, à les supposer établis, étaient de nature à causer un préjudice personnel à la plaignante. • Crim. 16 juin 1998 : *préc.* ♦ Encourt la cassation l'arrêt qui, pour déclarer irrecevable une constitution de partie civile, énonce qu'est nécessairement indirect pour la sœur de la victime le préjudice moral résultant de l'atteinte physique ou du trouble psychologique causé par des faits de viols et agressions sexuelles aggravés. • Crim. 27 mai 2009 : *préc.*

31. Préjudice indemnisable. Aux termes de l'art. 706-3 C. pr. pén., toute personne ayant subi un préjudice résultant des faits présentant le caractère matériel d'une infraction peut obtenir la réparation intégrale des dommages qui résultent des atteintes à la personne lorsque sont réunies certaines conditions ; si parmi les conditions édictées figure l'obligation que les faits délictueux ont entraîné la mort, une incapacité permanente ou une incapacité de travail personnel égale ou supérieure à trois mois, contrairement à ce que prétend le Fonds de garantie des victimes des actes de terrorisme et autres infractions, selon le même article, cette condition n'est pas exigée lorsque les faits sont ceux de viol, prévus et réprimés par l'art. 222-23 C. pén. ; en visant toute personne dont le préjudice découle d'une atteinte à la personne résultant d'une infraction, l'art. 706-3 n'exclut pas l'indemnisation d'un proche de la personne sur qui l'infraction a été commise ; tel est le cas d'une enfant, issue du viol incestueux commis sur sa mère, son préjudice étant constitué par le « désinvestissement » de sa mère et son « éloignement », son placement à l'aide sociale pour l'enfance et par l'impossibilité d'établir sa filiation paternelle. • Paris, 25 juin 1999 : *D. 1999. IR 226.* ♦ Rappr. : • TGI Lille, CIVI, 6 mai 1996 : *D. 1997. 543, note Labbée* (recevabilité de l'action en réparation du préjudice moral souffert par l'enfant né d'un viol incestueux, qui, du fait même de sa conception, est dans l'impossibilité d'établir sa filiation) • TGI Lille, 10 avr. 1998 : *D. 1998. IR 146* (recevabilité de l'action en réparation du préjudice tant moral que psychologique et biologique de l'enfant issu de viols incestueux multiples).

32. Déchéance de l'autorité parentale. L'art. 378 C. civ., qui permet à la juridiction pénale de prononcer la déchéance de l'autorité parentale contre les père et mère qui sont condamnés pour un crime ou un délit commis sur la personne de leur enfant, institue, non une peine accessoire contre les personnes qui y sont visées, mais une mesure de protection pour leurs enfants ; d'ordre purement civil, elle échappe à la compétence des jurés, et il appartient à la cour, statuant sans l'assistance du jury, de la prononcer. • Crim. 4 janv. 1985 : *Bull. crim. n° 10 ; Gaz. Pal. 1986. 1. 19 ; RSC 1985. 814, obs. Levasseur* • 14 oct. 1992, n° 92-81.146 P. *RSC 1993. 332, obs. Levasseur*. ♦ La déchéance de l'autorité parentale ne peut être prononcée, contre un condamné, qu'à l'égard de ses enfants mineurs au moment de la décision. • Crim. 30 sept. 1998 : *Gaz. Pal. 1999. 1, chron. crim. 12.*

5° ABUS D'AUTORITÉ

33. Personnel de santé. Pour des violences perpétrées par l'accusé, pendant son service, sur une patiente particulièrement vulnérable de l'hôpital dans lequel il était employé en qualité d'infirmier, abusant ainsi de l'autorité conférée par ses fonctions. • Crim. 8 juin 1994, n° 94-81.376 P. ♦ Pour un médecin abusant d'une femme dans le cadre d'une consultation médicale. • Crim. 25 oct. 1994 : *Dr. pénal 1995. 63, obs. Véron.*

34. QPC. La question prioritaire de constitutionnalité est ainsi rédigée : « Les dispositions des art. 222-24-5° et 222-28-3° C. pén., qui créent une circonstance aggravante du viol et de l'agression sexuelle lorsque ces infractions sont commises « par une personne qui abuse de l'autorité que *lui confèrent ses fonctions* », sans définir les critères de l'autorité, et ce alors même que toute fonction n'emporte pas nécessairement un lien d'autorité avec la victime, sont-elles contraires aux principes de légalité, de clarté de la loi, de prévisibilité juridique et de sécurité juridique garantis par les art. 5, 8 et 16 DDH et 34 Const. ? » ; la circonstance aggravante d'abus d'autorité suppose, pour être caractérisée, l'existence entre l'auteur présumé de l'infraction et la victime d'une relation de subordination ou de dépendance de droit ou de fait ; ces critères suffisamment précis et soumis au contrôle de la Cour de cassation excluent tout arbitraire ; la question posée est dépourvue de caractère sérieux ; d'où il suit qu'il n'y a pas lieu de renvoyer la question prioritaire de constitutionnalité au Conseil constitutionnel. • Crim. 1er sept. 2011 : *Gaz. Pal. 2012. 1. 292, note Dreyer.* ♦ Rappr. : • Cons. const. 6 févr. 2015 (JO 8 févr.) : *D. 2015. Actu. 324 ; RSC 2015. 86, obs. Mayaud*. ♦ Sur la question objet du renvoi : • Crim. 13 nov. 2014 : *Dr. pénal 2015, n° 1, obs. Véron.*

6° PLURALITÉ D'AUTEURS OU DE COMPLICES

35. Définition de la pluralité. La circonstance aggravante de viol commis par deux ou plusieurs auteurs ou complices est constituée même si l'un des deux coauteurs est demeuré inconnu. • Crim. 21 sept. 1993, n° 93-83.057 P : *RSC 1994. 110, obs. Levasseur* .

36. Question. La question demandant si un viol a été commis en réunion ne caractérise pas l'une des circonstances aggravantes prévues par l'art. 332 C. pén., lequel dispose que le viol est aggravé lorsqu'il a été commis par deux ou plusieurs auteurs ou complices. • Crim. 26 janv. 1983, n° 82-90 ;910 P. • 24 juin 1987, n° 86-96.712 P : *RSC 1988. 302, obs. Levasseur.*

37. Lorsque deux accusés ont été déclarés coupables d'avoir commis chacun un ou plusieurs viols sur la personne d'une même victime, les viols commis par l'un et par l'autre n'en constituent pas moins des crimes distincts ; il s'ensuit que la circonstance aggravante de viol commis par deux ou plusieurs auteurs ou complices doit être posée de façon distincte pour chacun des accusés. • Crim. 9 janv. 1985, n° 84-91-868 P. ♦ ... Une question abstraite et générale encourant le grief de complexité. • Crim. 13 févr. 1985, n° 84-91.471 P. • 24 juin 1987 : *préc. note 36.*

38. N'est pas retenu comme auteur et complice d'un même viol l'accusé qui a été reconnu coupable, d'une part, d'avoir personnellement commis un viol aggravé et, d'autre part, d'avoir été le complice d'un viol aggravé et d'une tentative de viol aggravé commis successivement, le même jour, sur la même victime, par deux autres accusés. • Crim. 19 sept. 1996, n° 96-80.280 P.

7° USAGE OU MENACE D'UNE ARME

39. Définition des armes. V. notes ss. art. 132-75 et 222-7 à 222-13.

40. Questions. La question par laquelle il est demandé à la cour et au jury si un viol a été commis sous la menace d'une arme est régulière, sans qu'il soit nécessaire de préciser la nature de l'arme. • Crim. 7 déc. 1988, n° 88-81.895 P : *RSC 1989. 507, obs. Levasseur.*

41. Selon l'art. 6, § 3 *a* et *b*, Conv. EDH, tout accusé a droit notamment à être informé dans le plus court délai de la nature et de la cause de l'accusation portée contre lui et doit disposer du temps et des facilités nécessaires à la préparation de sa défense ; le procès-verbal énonce qu'après clôture des débats, le président a donné lecture des questions auxquelles la cour et le jury auraient à répondre, telles que résultant des débats ; aucune observation n'ayant été formulée par les parties, la cour et le jury se sont retirés pour délibérer ; mais en procédant ainsi et en posant une question spéciale d'usage ou menace d'une arme, circonstance aggravante non mentionnée dans la décision de renvoi, qui a permis de porter la condamnation du demandeur à dix-huit ans de réclusion criminelle pour viols aggravés, et sans qu'il résulte des énonciations du procès-verbal que, pour permettre à l'accusé ou à son conseil de faire valoir toutes observations utiles à la défense, le président ait prévenu les parties, avant les plaidoiries et réquisitions, qu'il envisageait de poser, comme résultant des débats, ladite question spéciale, le président a méconnu le texte et le principe susénoncés ; d'où il suit que la cassation est encourue de ce chef. • Crim. 13 juin 2007, n° 06-89.266 P. *D. 2008. chron. C. cass. 109, obs. Caron* .

8° CONJOINT, CONCUBIN, PACSÉ

42. Référence à la relation de conjugalité. Tout arrêt de la chambre de l'instruction doit comporter les motifs propres à justifier la décision et répondre aux articulations essentielles des mémoires des parties ; l'insuffisance ou la contradiction de motifs équivaut à leur absence ; pour renvoyer le mis en examen devant la cour d'assises sous l'accusation de viol commis par l'ancien concubin de la victime, l'arrêt attaqué énonce que, ancien compagnon de la victime dont il était séparé depuis plusieurs mois et avec qui il entretenait occasionnellement des relations intimes, il lui a imposé un rapport sexuel en faisant usage de la violence ; en se déterminant ainsi, sans rechercher si, pour caractériser la circonstance aggravante, l'infraction avait été commise en raison des relations ayant existé entre l'auteur des faits et la victime, la chambre de l'instruction n'a pas justifié sa décision. • Crim. 12 oct. 2011, n° 11-85.474 P : *D. 2012. Pan. 2924, obs. Potaszkin* ; *JCP éd. G. 2011, n° 1319 ; Gaz. Pal. 2012. 1. 200, note Bonnet ; ibid. 293, note Detraz.*

Art. 222-25 Le viol *(L. n° 2021-478 du 21 avr. 2021, art. 8)* **« défini aux articles 222-23, 222-23-1 et 222-23-2 » est puni de trente ans de réclusion criminelle lorsqu'il a entraîné la mort de la victime.**

Les deux premiers alinéas de l'article 132-23 relatif à la période de sûreté sont applicables à l'infraction prévue par le présent article. — *Pr. pén. 2-2 s., 40, 306, 706-3, 706-47 s., R. 53 s. ; CSS L. 322-3.*

Art. 222-26 Le viol *(L. n° 2021-478 du 21 avr. 2021, art. 8)* **« défini aux articles 222-23, 222-23-1 et 222-23-2 » est puni de la réclusion criminelle à perpétuité lorsqu'il est précédé, accompagné ou suivi de tortures ou d'actes de barbarie.**

Les deux premiers alinéas de l'article 132-23 relatif à la période de sûreté sont applicables à l'infraction prévue par le présent article. — *Pr. pén. 2-2 s., 40, 306, 706-3, 706-47 s., R. 50-33 s. ; CSS L. 322-3.*

Corresp. : *C. pén., ancien art. 331-1.*

1. Tortures ou actes de barbarie. Outre la tentative de viol, relève du crime de l'art. 333-1 C. pén. le fait d'imposer un accouplement avec un chien à une femme non consentante. • Douai, 10 oct. 1991 : *RSC 1992. 69, obs. Vitu* .

2. Aux termes de l'art. 303 de l'ancien code pénal, étaient punis comme coupables d'assassinat tous malfaiteurs, quelle que soit leur dénomination, qui, pour l'exécution de leurs crimes, employaient des tortures ou commettaient des actes de barbarie ; c'est donc à bon droit que la cour et le jury ont été interrogés sur le point de savoir si les viols ont été précédés ou accompagnés de tortures ou d'actes de barbarie, les faits de cette nature étant prévus tant par les art. 303 et 332 de l'ancien code pénal que par l'art. 222-26 C. pén., et le maximum de la peine privative de liberté encourue étant, dans l'un et l'autre cas, le même. • Crim. 24 janv. 1996, n° 95-81.210 P : *RSC 1996. 845, obs. Bouloc* .

3. Les tortures ou actes de barbarie supposent la démonstration, et d'un élément matériel consistant dans la commission d'un ou plusieurs actes d'une gravité exceptionnelle qui dépassent de simples violences et occasionnent à la victime une douleur ou une souffrance aiguë, et d'un élément moral consistant dans la volonté de nier dans la victime la dignité de la personne humaine. • Lyon, ch. acc., 19 janv. 1996 : *D. 1996. 258, note F.-L. Coste* . ♦ ... Tel n'est pas le cas lorsque, attiré sous un prétexte fallacieux dans un bois par deux camarades de son âge qui voulaient lui extorquer des fonds par la violence, un jeune garçon a été à deux reprises contraint de se dénuder, et frappé à coups de bâtons, de pied et de poing, qu'au cours de la deuxième séquence de cette action fut introduit par deux fois un bâton dans l'anus de la victime attachée, lui causant une affection cutanée superficielle, et que la victime a été menacée de noyade avant d'être détachée : si ces graves atteintes n'ont pu que causer à la victime une humiliation très importante, elles ne s'analysent cependant pas, prises dans le contexte des relations entre les trois jeunes gens, comme des actes de torture ou de barbarie ; en particulier, il n'apparaît pas que leurs auteurs aient eu la volonté, en accomplissant les actes qui leur sont reprochés, de causer à la victime des souffrances aiguës, ou de nier en elle la dignité de la personne humaine ; l'élément intentionnel spécifique du crime ou de la circonstance aggravante de tortures et actes de barbarie n'est en l'espèce pas suffisamment caractérisé. • Lyon, ch. acc., 19 janv. 1996 : *préc.* ♦ Sur le règlement de juges à l'origine du renvoi devant la cour d'appel de Lyon : • Crim. 9 déc. 1993, n° 93-81.044 P : *D. 1995. Somm. 138, obs. Malbrancq ; Dr. pénal 1994. Chron. 26, rapp. Nivôse, et Chron. 31, concl. Perfeti.*

4. Le viol d'un détenu par un agent de l'État doit être considéré comme une forme particulièrement grave et odieuse de mauvais traitement, compte tenu de la facilité avec laquelle l'agresseur peut abuser de la vulnérabilité de sa victime et de sa fragilité. • CEDH 25 sept. 1997, *Aydin c/ Turquie : JCP 1998. I. 107, n° 6, obs. Sudre.*

5. Conflits de qualifications. Le fait d'attirer un jeune garçon et de tenter de lui extorquer une somme d'argent après l'avoir contraint à se déshabiller, lui avoir lié les mains et les pieds avec ses lacets de chaussures, l'avoir frappé en le menaçant de mort et lui avoir, à deux reprises, introduit un bâton dans l'anus, ne constitue pas un viol au sens de l'art. 332 C. pén. (nouvel art. 222-23) mais une tentative d'extorsion de fonds accompagnée de tortures ou d'actes de barbarie, crime prévu et puni par l'art. 303, 2e al., C. pén. (nouvel art. 312-7). • Crim. 9 déc. 1993 : *préc. note 3.*

6. Questions. Est régulière comme portant sur une question de fait et non de droit la question par laquelle il est demandé à la Cour et au jury si l'accusé a, pour la commission de viols, employé des tortures ou des actes de barbarie, dès lors que cette circonstance n'est pas définie par la loi. • Crim. 24 oct. 2007, n° 07-82.282 P.

Art. 222-26-1 *(L. n° 2020-936 du 30 juill. 2020, art. 24)* **Le fait de faire à une personne des offres ou des promesses ou de lui proposer des dons, présents ou avantages quelconques afin qu'elle commette un viol, y compris hors du territoire national, est puni, lorsque ce crime n'a été ni commis, ni tenté, de dix ans d'emprisonnement et de 150 000 € d'amende.**

§ 2 DES AUTRES AGRESSIONS SEXUELLES

Art. 222-27 Les agressions sexuelles autres que le viol sont punies de cinq ans d'emprisonnement et de 75 000 € d'amende. — *Pr. pén. 2-2, 8, 40, 706-3, 706-47 s., R. 53 s. ; CSS L. 322-3.*

Dossier : ▶ Focus infractions sexuelles autres que le viol, *Gaz. Pal. 2012. 2. 3121 s.* : Dassa Le Deist, *p. 3121* (les infractions en matière sexuelle à l'aune du principe de légalité pénale) ; Dreyer, *p. 3125* (commentaire des dispositions de la loi du 6 août 2012) ; Detraz, *p. 3132* (le harcèlement sexuel, nouveau motif de discrimination pénalement illicite) ; Belfanti, *p. 3136* (poursuite et répression du délit d'exhibition sexuelle) ; Plantevin, *p. 3141* (les propositions sexuelles faites à un mineur de 15 ans par un moyen de communication électronique).

Corresp. : *C. pén., ancien art. 333, al. 1er.*

1. Défaut de consentement. V. également notes ss. art. 222-22.

2. Le crime d'attentat à la pudeur avec violence (ancien art. 332, al. 3 et 4) consiste dans le fait de commettre un acte impudique sur une personne contre sa volonté, soit que le défaut de consentement résulte de la violence physique ou morale exercée à son égard, soit qu'il résulte de tout autre moyen de contrainte ou de surprise employé pour atteindre le but recherché par *l'auteur de l'action. • Crim. 1er juill. 1959, n° 90-86.459 P : Gaz. Pal. 1959. 2. 228* • 17 nov. 1960 : *Bull. crim. n° 528.*

3. La violence, la contrainte ou la surprise sont des éléments constitutifs de l'infraction ; n'encourt donc pas le grief de complexité la question principale qui les comprend. • Crim. 9 déc. 1992, n° 92-83.244 P.

4. Ne donne pas de base légale à sa décision la chambre d'accusation qui, pour renvoyer un couple devant la cour d'assises sous l'accusation de viols et agressions sexuelles aggravés et complicité, énonce que « c'est à l'âge de treize ans que, sous des motivations pseudo-pédagogiques, un enfant a été encouragé par son père à observer et toucher la nudité de sa belle-mère, âgée de vingt et un ans de plus que lui, que, feignant la tendresse et exploitant le besoin qu'ils avaient eux-mêmes suscité, les accusés ont ensuite proposé à l'enfant des relations sexuelles, et qu'ainsi, compte tenu de son jeune âge, de son manque de discernement et du lien d'autorité existant, l'enfant s'est trouvé dans un état de dépendance affective caractérisant à son égard la contrainte morale qui s'est maintenue tout au long des relations sexuelles, y compris au-delà de la majorité »... ; se fondant ainsi, pour caractériser la violence, la contrainte ou la surprise, sur l'âge de la victime et la qualité d'ascendant ou de personne ayant autorité des auteurs présumés, alors que ces éléments, s'ils permettent de retenir, contre ces derniers, le délit d'atteinte sexuelle aggravée sur mineur, prévu et réprimé par les art. 331 et 331-1 anciens et 227-25, 227-26 et 227-27 C. pén., ne constituent que des circonstances aggravantes du crime de viol ou du délit d'agression sexuelle. • Crim. 21 oct. 1998, n° 98-83.843 P : *D. 1999. 75, note Mayaud* ; *JCP 1998. II. 10215, note Mayer* ; *Dr. pénal 1999, n° 5, obs. Véron.* ♦ Rappr. : • Crim. 1er mars 1995, n° 94-95.393 P : *D. 1996. Somm. 241, obs. Malbrancq-Decourcelle* ; *Dr. pénal 1995. 171 (1er arrêt), note Véron.* ♦ N'a pas donné de base légale à sa décision la cour d'appel qui, pour caractériser la contrainte, se fonde sur l'autorité attribuée au prévenu, alors que cet élément ne constitue qu'une circonstance aggravante du délit d'agression sexuelle. • Crim. 10 mai 2001, n° 00-87.659 P : *Dr. pénal 2001. 110, obs. Véron* ; *RSC 2001. 808, obs. Mayaud*. ♦ Pour condamner le prévenu du chef d'agressions sexuelles aggravées sur deux mineures à l'égard desquelles il avait autorité, la cour d'appel, après avoir retenu la réalité des attouchements sexuels, énonce que le prévenu a agi en profitant de l'ignorance des victimes et en abusant de son autorité sur elles ; en prononçant ainsi, sans caractériser en quoi l'ignorance des victimes aurait été constitutive d'un élément de violence, de contrainte, de menace ou de surprise, et alors que l'autorité attribuée au prévenu ne pouvait constituer qu'une circonstance aggravante du délit d'agression sexuelle, la cour d'appel n'a pas justifié sa décision. • Crim. 14 nov. 2001, n° 01-80.865 P. ♦ V. également ci-dessous, « Peine justifiée ».

5. Justifie sa décision la cour d'appel qui, pour déclarer le prévenu coupable d'atteintes sexuelles avec violence, contrainte, menace ou surprise sur trois mineurs, énonce, notamment, que l'état de contrainte ou de surprise résulte du très jeune âge des enfants qui les rendaient incapables de réaliser la nature et la gravité des actes qui leur étaient imposés. • Crim. 7 déc. 2005, n° 05-81.316 P : *D. 2006. IR 175, obs. Girault* ; *ibid. 2006. Pan. 1655, obs. Garé* ; *AJ pénal 2006. 81* ; *Dr. pénal 2006. 31, obs. Véron* ; *RSC 2006. 319, obs. Mayaud*.

6. A justifié sa décision la cour d'appel, qui, pour déclarer le prévenu coupable d'agressions sexuelles commises sur sa fille, retient que la contrainte résulte de l'incapacité de la fillette, en raison de son tout jeune âge, six ans lors des premiers faits, à résister à l'emprise de son père et à donner un consentement valable à ses sollicitations, et ajoute que la victime a précisé que son père la terrorisait pour l'empêcher de parler, et que ce n'était qu'à l'âge de 16 ans qu'elle avait été en mesure de s'opposer définitivement à ce type d'agissement. • Crim. 5 déc. 2007 : *D. 2008. Pan. 1861, obs. Bonfils*.

7. *Intention.* L'infraction d'agression sexuelle suppose la connaissance par le prévenu qu'il accomplit un acte obscène ou immoral avec la conscience du caractère anormal, grave et pervers de cet acte ; en l'espèce, le prévenu, éducateur dans un centre médico-éducatif, a rasé un pensionnaire âgé de 20 ans, handicapé mental souffrant d'autisme, au niveau du sexe et de l'anus ; poursuivi pour agression sexuelle, il doit être relaxé, faute d'élément intentionnel ; il prétend avoir agi dans un but de propreté et d'hygiène afin de faciliter la toilette du jeune pensionnaire ; l'enquête a démontré que le prévenu avait évoqué, au cours de réunions de travail, les difficultés liées à la toilette et avait affirmé sa volonté de procéder au rasage des pensionnaires ; la preuve d'un comportement pervers ou malsain n'est donc pas rapportée ; le prévenu a, d'ailleurs, récusé toute idée de maltraitance dès la survenance des faits incriminés ; s'il a adopté un comportement choquant et inapproprié du point de vue de l'éthique et répréhensible sur le plan disciplinaire, il n'a pas commis l'infraction pénale d'agression sexuelle, en l'absence de volonté de commettre un acte obscène ou immoral à connotation perverse. • Chambéry, 9 janv. 2008 : *JCP 2008. IV. 1684.*

8. *Applications.* Constitue le crime d'attentat à la pudeur : le fait d'un individu qui, s'étant introduit la nuit dans le lit d'une femme mariée, en employant des manœuvres frauduleuses devant avoir pour effet de se faire passer pour son mari, se livre sur cette femme à des actes lubriques. • Crim. 27 déc. 1883 : *S. 1885. 1. 516 (1re esp.).* ♦ ... Le fait, pour un chirurgien-dentiste, d'avoir commis divers actes obscènes sur la personne de plusieurs de ses clientes venues se faire soigner à son cabinet. • Crim. 1er juill. 1959 : *préc. note 2.*

9. Caractérise le délit d'attentat à la pudeur avec contrainte l'arrêt qui énonce que le prévenu s'est livré à des attouchements sur les seins de la victime, qu'il faisait partie des trois individus qui l'ont déshabillée, et qu'il a reconnu lui avoir maintenu les bras avec l'aide d'un coprévenu. • Crim. 11 juill. 1989 : *Dr. pénal 1990. 51.* ♦ Commet le délit d'attentat à la pudeur avec violence, le prévenu qui se livre à des attouchements sexuels sur une femme endormie et lui porte une gifle. • Bourges, 21 juin 1990 : *Dr. pénal 1991. 135.* ♦ ... Le prévenu qui pince les fesses de la victime tout en tentant de la faire monter de force dans sa voiture. • Crim. 15 avr. 1992 : *Dr. pénal 1992. 276.*

10. A justifié sa décision la cour d'appel qui, pour déclarer le prévenu coupable d'agression sexuelle sur la personne de la victime, apprentie-serveuse, relève, par motifs propres et adoptés, qu'alors qu'elle était occupée à faire le ménage dans une chambre de l'hôtel qu'il dirigeait, il avait tenté de l'embrasser, lui avait caressé les seins et l'avait fait tomber sur le lit, ajoutant qu'elle s'était débattue et avait menacé de prévenir l'épouse de l'agresseur, les juges, en l'état de ces énonciations, ayant retenu la constance et la précision des déclarations de la victime ainsi que leur compatibilité avec la version des faits donnée par le prévenu. • Crim. 31 mai 2000, n° 99-81.042 P.

11. Doit être infirmé le jugement de relaxe du prévenu du chef d'attentat à la pudeur, la cour d'appel constatant qu'après la prise de photographies de la victime, torse nu, que celle-ci avait pleinement acceptée, le modèle avait subi des attouchements manuels de la part du prévenu qui, en prétendant n'avoir eu que la volonté pour d'autres photographies de faire pointer la poitrine en touchant la pointe des seins, fournit là une explication subjective, à laquelle la plaignante n'a pas adhéré puisque c'est ce contact corporel qu'elle a ressenti comme une agression à sa pudeur jusqu'alors non atteinte par son propre consentement aux désirs artistiques du prévenu. • Versailles, 3 avr. 1995 : *JCP 1995. IV. 2327 ; Gaz. Pal. 1996. 1. Somm. 150.* ♦ Constituent l'élément matériel de l'attentat à la pudeur au sens de l'art. 333 C. pén. applicable au moment des faits ou des atteintes sexuelles au sens de l'art. 222-22 C. pén. des attouchements sur les fesses de deux victimes, ainsi que des « chatouilles », étant précisé que ces actes ont été commis avec contrainte ou surprise dès lors que le prévenu a reconnu que les intéressés n'appréciaient pas et qu'il agissait ainsi sans leur consentement. • Paris, 20 juin 1995 : *Dr. pénal 1995. 250.*

12. Dans une espèce où l'on ne saurait dire si la dérobade d'un individu prévenu de tentative de viol est à attribuer à la résistance de sa victime, à une déficience physique ou à un repentir tardif, il échet, dans le doute, de qualifier les faits de la façon la plus favorable au prévenu, en considérant l'acte impudique par lui commis comme un attentat à la pudeur avec violence. • Paris, 23 juin 1967 : *Gaz. Pal. 1967. 2. 189 ; JCP 1968. II. 15413.*

13. Est coupable d'agression sexuelle le prévenu qui filme en dessous d'une jupe d'une femme à l'aide de son téléphone portable dans un magasin. • T. corr. Saverne, 8 déc. 2011 : *Gaz. Pal. 2012. 1. 815, note Lasserre Capdeville.* ♦ *Adde* : Pautrel et Partouche, *Gaz. Pal. 2012. 1. 639 (le voyeur et le droit pénal* : quelle qualification se cache sous les jupes des filles ?).

14. Conflits de qualifications. Si c'est à tort qu'une cour d'appel a estimé que les faits dont elle a reconnu le prévenu coupable ne constituaient pas des agressions sexuelles, prévues et réprimées par les art. 222-22 et 222-27 C. pén., mais seulement le délit de harcèlement sexuel, prévu et réprimé par l'art. 222-33 du même code, l'erreur de qualification ainsi commise ne saurait entraîner la censure de l'arrêt, dès lors que la peine prononcée entre dans la prévision des deux textes de répression. • Crim. 15 juin 2000, n° 99-84.171 P.

15. En application des dispositions de l'art. 469, al. 4, C. pr. pén., issues de la L. du 9 mars 2004 et entrées en vigueur le 1er oct. 2004, qui ne sont pas incompatibles avec les art. 6 et 13 Conv. EDH, les parents d'une victime sont irrecevables à soulever l'incompétence de la juridiction correctionnelle au motif que les faits déférés sous la qualification de délits seraient de nature à entraîner une peine criminelle, dès lors que la victime directe était constituée partie civile et assistée d'un avocat lorsque le renvoi a été ordonné, et qu'elle avait alors la faculté d'interjeter appel de l'ordonnance en application de l'art. 186-3 C. pr. pén. • Crim. 20 nov. 2013, n° 12-85.185 P : *D. actu. 3 déc. 2013, obs. Winckelmuller ; RSC 2013. 808, obs. Mayaud.*

16. Autorité de chose jugée. Par jugement du tribunal correctionnel en date du 8 févr. 2001 le prévenu a été relaxé du chef de harcèlement sexuel pour des faits commis de juin 1998 à mars 2000 ; sur citation directe de la partie civile du chef d'agressions sexuelles aggravées, la même juridiction a prononcé une relaxe ; la cour d'appel, après avoir rejeté l'exception de chose jugée invoquée par le prévenu, l'a condamné pour avoir, de juin 1998 à mars 2000, commis des agressions sexuelles aggravées sur la même personne ; en statuant ainsi, alors que les faits visés par la seconde poursuite étaient les mêmes que ceux soumis à l'appréciation du tribunal correctionnel le 8 févr. 2001, la cour d'appel a méconnu le sens et la portée des art. 4.1 du protocole n° 7 additionnel à la Conv. EDH et 6, al. 1er, C. pr. pén. ; en effet, selon ces textes, l'action publique s'éteint par la chose jugée : un même fait ne peut donner lieu contre le même prévenu à deux actions pénales distinctes. • Crim. 19 janv. 2005, n° 04-81.686 P : *AJ pénal 2005. 196, obs. Porteron ; Gaz. Pal. 2005. 2. Somm. 2803, note Monnet ; RSC 2005. 934, obs. Renucci.*

17. Peine justifiée. S'il est vrai que, pour déclarer un prévenu coupable d'agression sexuelle sur une mineure de quinze ans, avec cette circonstance qu'en sa qualité de concubin de la mère, il avait autorité sur la victime, les juges n'ont pas énoncé les circonstances propres à caractériser la violence, la contrainte, la menace ou la surprise, l'arrêt attaqué n'encourt pas pour autant la censure, dès lors que la peine prononcée est justifiée au regard des art. 227-25, 227-26 et 227-29 C. pén., lesquels n'exigent pas, pour la répression des infractions qu'ils définissent, l'existence de violence, contrainte, menace ou surprise. • Crim. 18 juin 2003 : *Dr. pénal 2003. 141, obs. Véron.*

Art. 222-28 L'infraction définie à l'article 222-27 est punie de sept ans d'emprisonnement et de 100 000 € d'amende :

1° Lorsqu'elle a entraîné une blessure *(L. nº 2018-703 du 3 août 2018, art. 14)* « , une lésion ou une incapacité totale de travail supérieure à huit jours ; »

2° *(L. nº 2010-121 du 8 févr. 2010)* « Lorsqu'elle est commise par un ascendant ou par toute autre personne ayant sur la victime une autorité de droit ou de fait ; »

3° Lorsqu'elle est commise par une personne qui abuse de l'autorité que lui confèrent ses fonctions ;

4° Lorsqu'elle est commise par plusieurs personnes agissant en qualité d'auteur ou de complice ;

5° Lorsqu'elle est commise avec usage ou menace d'une arme ;

(L. nº 98-468 du 17 juin 1998) « 6° Lorsque la victime a été mise en contact avec l'auteur des faits grâce à l'utilisation, pour la diffusion de messages à destination d'un public non déterminé, d'un réseau de *(L. nº 2011-525 du 17 mai 2011, art. 150-1º)* « communication électronique » ;

(L. nº 2006-399 du 4 avr. 2006, art. 11) « 7° Lorsqu'elle est commise par le conjoint ou le concubin de la victime ou le partenaire lié à la victime par un pacte civil de solidarité » ; *— Pén. 132-75 ; Pr. pén. 2-2, 8, 40, 706-3, 706-47 s., R. 53 s. ; CSS L. 322-3.*

(L. nº 2007-297 du 5 mars 2007, art. 54) « 8° Lorsqu'elle est commise par une personne agissant en état d'ivresse manifeste ou sous l'emprise manifeste de produits stupéfiants ; »

(L. nº 2016-444 du 13 avr. 2016, art. 11) « 9° Lorsqu'elle est commise, dans l'exercice de cette activité, sur une personne qui se livre à la prostitution, y compris de façon occasionnelle » ;

(L. nº 2018-703 du 3 août 2018, art. 13) « 10° Lorsqu'un mineur était présent au moment des faits et y a assisté ; »

(L. nº 2018-703 du 3 août 2018, art. 3) « 11° Lorsqu'une substance a été administrée à la victime, à son insu, afin d'altérer son discernement ou le contrôle de ses actes. »

Corresp. : *C. pén., ancien art. 333, al. 2.*

BIBL. ▶ CLAVERIE-ROUSSET, *Dr. pénal 2018. Étude 23* (commentaire des principales dispositions de la L. nº 2018-703 du 3 août 2018 renforçant la lutte contre les violences sexuelles ou sexistes). – SAENKO et DETRAZ, *D. 2018. Chron. 2031* (la loi nº 2018-703 du 3 août 2018 renforçant la lutte contre les violences sexuelles et sexistes : les femmes et les enfants d'abord !).

1. Renvois. Sur les circonstances visées, V. également notes ss. art. 222-24, et ss. art. 222-30 et 227-26.

2. Ascendant. A justifié sa décision la cour d'appel, qui, pour déclarer le prévenu coupable d'agressions sexuelles commises sur sa fille, retient que la contrainte résulte de l'incapacité de la fillette, en raison de son tout jeune âge, six ans lors des premiers faits, à résister à l'emprise de son père et à donner un consentement valable à ses sollicitations, et ajoute que la victime a précisé que son père la terrorisait pour l'empêcher de parler, et que ce n'était qu'à l'âge de 16 ans qu'elle avait été en mesure de s'opposer définitivement à ce type d'agissement. • Crim. 5 déc. 2007 : *D. 2008. 1861, obs. Bonfils.*

3. Autorité sur la victime (art. 222-28-2°). Pour l'autorité d'un chef de fabrication sur la personne de deux vendeuses. • Paris, 20 juin 1995 : *Dr. pénal 1995. 250.*

4. Pour condamner le prévenu du chef d'agressions sexuelles sur mineure de quinze ans par personne ayant autorité, l'arrêt attaqué se borne à énoncer que les faits ont été commis par le grand-oncle de la mineure, qui avait autorité sur elle ; en se déterminant ainsi, sans rechercher les circonstances dans lesquelles le demandeur était amené à exercer cette autorité, la cour n'a pas justifié sa décision. • Crim. 4 févr. 2004 : *Dr. pénal 2004. 105.*

5. Sont régulières, comme posées dans les termes de la loi, les questions par lesquelles il est demandé à la cour et au jury si l'auteur des viols et des agressions sexuelles avait autorité sur la victime, une telle circonstance de pur fait n'ayant pas à être autrement caractérisée. • Crim. 27 juin 2007, nº 06-88.511 P.

6. Pour déclarer le prévenu coupable d'agressions sexuelles sur mineures par personne ayant autorité, l'arrêt attaqué a relevé qu'il était le grand-oncle des parties civiles ; en l'état de ces énonciations, qui ne caractérisent ni en quoi l'atteinte sexuelle reprochée aurait été commise avec violence, contrainte, menace ou surprise, ni en quoi le prévenu exerçait une autorité sur la victime, la cour d'appel n'a pas donné de base légale à sa décision. • Crim. 4 janv. 2012 : *Gaz. Pal. 2012. 1. 828, note Dreyer.*

7. Abus d'autorité (art. 222-28-3°). A justifié sa décision de condamnation, tant au regard de l'art. 333 ancien, en vigueur au moment des faits, que des art. 222-27 et 222-28-3° C. pén., l'arrêt de cour d'appel qui énonce qu'une prostituée, se trouvant avec un client dans un parking public, a été surprise par les prévenus, et que ceux-ci, faisant état de leur qualité de policiers, l'ont contrainte à pratiquer sur eux des attouchements sexuels, en échange de leur renonciation à établir une procédure d'outrage public à la pudeur. • Crim. 11 mars 1998 : *Gaz. Pal. 1998, chron. crim. 113.*

8. Pour condamner le prévenu, interne du service d'oto-rhino-laryngologie d'un hôpital, pour agressions sexuelles aggravées sur la personne d'une patiente, abusant de l'autorité conférée par ses fonctions, la cour d'appel retient que les touchers vaginal et rectal auxquels il a procédé ne pouvaient être médicalement justifiés dans le cadre d'une telle consultation ; ces actes, que le prévenu n'a pas inscrits sur la fiche d'examen, avaient été exécutés hâtivement, sans qu'il ait recueilli le consentement de la patiente ni respecté les précautions exigées par la pratique médicale ; les juges tiennent également pour établi, à partir des aveux circonstanciés du prévenu au cours de sa garde à vue, de la cohérence des déclarations de la victime, de la présence, constatée par un témoin, d'une tache sur les vêtements de celle-ci, qu'il a éjaculé sur elle à son insu ; il résulte que le prévenu a commis, par surprise, les atteintes sexuelles qui lui sont reprochées, sous le prétexte fallacieux de réaliser des examens cliniques ; la cour d'appel a, sans méconnaître l'art. 6, § 1 et 2, Conv. EDH, caractérisé en tous ses éléments, tant matériels qu'intentionnels, le délit d'agression sexuelle aggravée. • Cass., ass. plén., 14 févr. 2003, n° 96-80.088 P : *Dr. pénal 2003. Comm. 55, obs. Véron ; Gaz. Pal. 2003. 1. 1055 ; RSC 2003. 557, obs. Mayaud*. ♦ Rappr. : • Crim. 19 juin 2007 : *Gaz. Pal. 2007. 2. Somm. 4193, note Viriot-Barrial* (V. ss. art. 222-29).

9. FIJAIS. La juridiction de jugement qui prononce une condamnation pour une infraction mentionnée à l'art. 706-47 C. pr. pén. et punie d'une peine supérieure à cinq ans d'emprisonnement ne peut dispenser le condamné de son inscription au fichier judiciaire national automatisé des auteurs d'infractions sexuelles (FIJAIS) ; encourt la censure l'arrêt qui, après avoir prononcé contre le prévenu une condamnation pour agression sexuelle par ascendant, infraction visée à l'art. 706-47 C. pr. pén. et punie par l'art. 222-28 C. pén. d'une peine de sept ans d'emprisonnement, le dispense de l'inscription au fichier judiciaire national automatisé des auteurs d'infractions sexuelles. • Crim. 17 févr. 2010, n° 09-87.570 P : *D. 2010. Actu. 831, obs. Priou-Alibert*.

10. Action civile. Il résulte des art. 2 et 3 C. pr. pén. que les proches de la victime d'une infraction sont recevables à rapporter la preuve d'un dommage dont ils ont personnellement souffert et découlant des faits, objet de la poursuite ; en conséquence, sont recevables les constitutions de partie civile des sœurs de la victime d'agressions sexuelles aggravées, qui ont subi un dommage moral, personnel, distinct de celui subi par leur jeune sœur, et en relation avec les infractions à caractère sexuel dénoncées par cette dernière. • Crim. 27 mars 2008, n° 07-85.076 P.

11. Réparation. Le comportement gravement fautif d'un concubin, condamné pénalement pour agression sexuelle sur la fille de sa concubine, qui a conduit de façon inévitable à la rupture du concubinage, occasionne à la concubine un préjudice moral important qu'il convient de réparer sur le fondement de l'art. 1382 C. civ. ; ce préjudice de la concubine, qui résulte de la séparation après vingt-cinq ans de vie commune, est différent du préjudice moral déjà indemnisé par la juridiction pénale suite à l'agression sexuelle dont sa fille a été victime ; le concubin doit donc verser 10 000 euros de dommages-intérêts à son ex-concubine, au titre de ce préjudice distinct. • Lyon, 11 oct. 2007 : *JCP 2008. IV. 2249.*

Art. 222-29 **Les agressions sexuelles autres que le viol sont punies de sept ans d'emprisonnement et de 100 000 € d'amende lorsqu'elles sont imposées** *(L. n° 2013-711 du 5 août 2013, art. 5)* **« à une personne dont la particulière vulnérabilité due à son âge, à une maladie, à une infirmité, à une déficience physique ou psychique ou à un état de grossesse** *(L. n° 2018-703 du 3 août 2018, art. 7)* **« ou résultant de la précarité de sa situation économique ou sociale » est apparente ou connue de son auteur ».**

Pour les agressions sexuelles commises sur mineur de quinze ans, V. désormais C. pén., art. 222-29-1.

Lorsque le dommage est causé par […] des violences ou des agressions sexuelles commises contre un mineur, l'action en responsabilité civile est prescrite par vingt ans (C. civ., art. 2270-1, al. 2).

Corresp. : *C. pén., anciens art. 331, al. 3, et 333, al. 2.*

1. Renvoi. Pour les agressions sexuelles commises sur mineur de quinze ans, V., désormais, C. pén., art. 222-29-1. ♦ Sur les deux circonstances visées, V. également notes ss. art. 222-24 et 222-27.

2. Mineur de quinze ans. En sanctionnant les agressions sexuelles « imposées à un mineur de quinze ans », l'art. 222-29 nouv. C. pén. vise tout aussi bien les actes impudiques, autres que le viol, perpétrés par le coupable sur la personne du mineur que les actes de lubricité que le mineur se trouve contraint de pratiquer sur la personne du coupable. • Douai, 14 juin 1995 : *BICC 1996. 268 ; Gaz. Pal. 1995. 2. Somm. 565.*

3. Caractérise l'élément de contrainte et déclare à bon droit le prévenu coupable d'agressions sexuelles sur mineurs de 15 ans, la cour d'appel qui énonce qu'il a profité de sa « stature physique et financière » pour pratiquer à domicile, au détriment d'enfants défavorisés, une sorte de « tourisme sexuel », et qu'ainsi il n'a pas hésité à user de sa position sociale et économique dominante pour obtenir, sous une contrainte morale, les « faveurs » de cinq mineurs en situation de faiblesse sur le plan éducatif, social et financier. • Crim. 31 mars 1999 : *Gaz. Pal. 1999. 1, chron. crim. 89.*

4. A titre de préjudice subi par une fillette victime d'un attentat à la pudeur avec contrainte, il convient de retenir, outre la frayeur ressentie lors des faits et le trouble consécutif à leur évocation, la perte d'une chance dans l'harmonieux épanouissement de la personnalité, notamment dans ses éléments d'ordre affectif et intime. • Dijon, 24 juin 1983 : *Gaz. Pal. 1984. 1. Somm. 167.*

5. Ne constituent pas des attouchements de nature sexuelle des baisers sur les seins d'une petite fille non pubère et des massages du dos. • Aix-en-Provence, 18 janv. 2005 : *JCP 2006. IV. 1437.*

6. Personne vulnérable. Pour un exemple d'attentat à la pudeur par des actes impudiques et contre nature imposés par un employeur à un employé majeur placé sous tutelle en raison d'une déficience mentale. • Crim. 30 juin 1993 : *Gaz. Pal. 1993. 2. Somm. 470.*

7. Se rendent coupables d'agression sexuelle aggravée commise sur une personne particulièrement vulnérable, en l'espèce un handicapé physique et mental, les prévenus qui ont déshabillé leur victime, l'ont exposée nue sur une table, et ont pratiqué des attouchements répétés provoquant des douleurs au sexe et lui ont fait croire qu'ils prenaient des photographies. • Grenoble, 7 juill. 2000 : *JCP 2001. IV. 1469.*

8. Doit être relaxé du chef d'agression sexuelle imposée à une personne vulnérable, le prévenu, directeur d'un établissement spécialisé servant de lieu d'hébergement et d'éducation de personnes majeures atteintes d'un trouble mental, qui s'investit personnellement dans les « toilettes » de certains résidents, allant jusqu'à décalotter, avec mouvements répétés, l'un d'entre eux, qui refusera par la suite de réintégrer le foyer ; si le prévenu reconnaît avoir effectué la toilette intime en question, il conteste l'acte de masturbation qui lui est reproché ; il est démontré que l'intervention était consécutive à l'appel d'une élève aide médico-psychologue, et que les faits ont été réalisés avec la porte ouverte en présence de cette élève ; en outre, s'il est incontestable que le prévenu a pour tendance de vouloir tout faire par lui-même sans déléguer, l'élément intentionnel du délit d'agression sexuelle n'est pas rapporté ; dès lors, le doute profitant à l'accusé, l'agression sexuelle n'est pas caractérisée, la nature sexuelle des faits n'étant pas certaine. • Pau, 12 nov. 2002 : *JCP 2003. IV. 2986.*

9. Est coupable du délit d'agression sexuelle aggravée le prévenu qui, au terme d'une soirée alcoolisée passée entre amis dans une boîte de nuit, a profité du fait qu'une jeune fille de seize ans s'était endormie, après avoir absorbé son traitement médical, sur la banquette arrière d'un véhicule automobile, pour lui imposer un rapport sexuel ; en l'occurrence il s'agissait bien d'une atteinte sexuelle, commise par surprise, sur une personne qui n'y avait pas consenti ; la circonstance aggravante de déficience physique ou psychique apparente ou connue de l'auteur était constituée par l'état manifeste de prostration et d'inconscience dans lequel se trouvait la victime au moment des faits, qui a permis au prévenu de la déshabiller et de procéder à des intromissions digitales, puis de son sexe, sans qu'elle fût en mesure de manifester son acceptation ou son refus à de tels rapports. • Toulouse, 16 mai 2006 : *JCP 2006. IV. 3121.*

10. Dès lors que le Décr. du 25 mars 2007 relatif aux actes et aux conditions d'exercice de l'ostéopathie, pris pour l'application des dispositions de l'art. 75 de la L. du 4 mars 2002, interdit aux praticiens justifiant d'un titre d'ostéopathe les manipulations gynéco-obstétricales et les touchers pelviens, la cour d'appel a, sans insuffisance ni contradiction, répondu aux chefs péremptoires des conclusions dont elle était saisie et caractérisé en tous ses éléments, tant matériel qu'intentionnel, le délit d'agressions sexuelles sur personne particulièrement vulnérable dont elle a déclaré le prévenu coupable, et a ainsi justifié l'allocation, au profit de la partie civile, de l'indemnité propre à réparer le préjudice en découlant. • Crim. 19 juin 2007 : *Gaz. Pal. 2007. 2. Somm. 4193, note Viriot-Barrial.* ♦ Rappr. : • Cass., ass. plén., 14 févr. 2003, n° 96-80.088 P : *Dr. pénal 2003, n° 55, obs. Véron ; Gaz. Pal. 2003. 1. 1055 ; RSC 2003. 557, obs. Mayaud* (V. ss. art. 222-28).

Art. 222-29-1 *(L. n° 2013-711 du 5 août 2013, art. 5)* **Les agressions sexuelles autres que le viol sont punies de dix ans d'emprisonnement et de 150 000 € d'amende lorsqu'elles sont imposées à un mineur de quinze ans** *(L. n° 2021-478 du 21 avr. 2021, art. 1er)* **« par violence, contrainte, menace ou surprise ».**

Art. 222-29-2 *(L. n° 2021-478 du 21 avr. 2021, art. 1er)* **Hors le cas prévu à l'article 222-29-1, constitue également une agression sexuelle punie de dix ans d'emprison-**

nement et de 150 000 € d'amende toute atteinte sexuelle autre qu'un viol commise par un majeur sur la personne d'un mineur de quinze ans, lorsque la différence d'âge entre le majeur et le mineur est d'au moins cinq ans.

La condition de différence d'âge prévue au premier alinéa du présent article n'est pas applicable si les faits ont été commis en échange d'une rémunération, d'une promesse de rémunération, de la fourniture d'un avantage en nature ou de la promesse d'un tel avantage.

Art. 222-29-3 *(L. nº 2021-478 du 21 avr. 2021, art. 1er)* Hors le cas prévu à l'article 222-29-1, constitue une agression sexuelle incestueuse punie de dix ans d'emprisonnement et de 150 000 € d'amende toute atteinte sexuelle autre qu'un viol commise par un majeur sur la personne d'un mineur, lorsque le majeur est un ascendant ou toute autre personne mentionnée à l'article 222-22-3 ayant sur le mineur une autorité de droit ou de fait.

Art. 222-30 L'infraction définie à l'article 222-29 est punie de dix ans d'emprisonnement et de 150 000 € d'amende :

1º Lorsqu'elle a entraîné une blessure ou une lésion ;

2º *(L. nº 2010-121 du 8 févr. 2010)* « Lorsqu'elle est commise par un ascendant ou par toute autre personne ayant sur la victime une autorité de droit ou de fait ; »

3º Lorsqu'elle est commise par une personne qui abuse de l'autorité que lui confèrent ses fonctions ;

4º Lorsqu'elle est commise par plusieurs personnes agissant en qualité d'auteur ou de complice ;

5º Lorsqu'elle est commise avec usage ou menace d'une arme ; — *Pén. 132-75 ; Pr. pén. 2-2 s., 8, 40, 706-3, 706-47 s., R. 50-33 s. ; CSS L. 322-3.*

(Abrogé par L. nº 2017-86 du 27 janv. 2017, art. 171) « *(L. nº 2003-239 du 18 mars 2003, art. 47)* « *6º Lorsqu'elle a été commise à raison de l'orientation (L. nº 2012-954 du 6 août 2012, art. 4) « ou identité » sexuelle de la victime » ;* »

(L. nº 2007-297 du 5 mars 2007, art. 54) « 7º Lorsqu'elle est commise par une personne agissant en état d'ivresse manifeste ou sous l'emprise manifeste de produits stupéfiants ; »

(L. nº 2018-703 du 3 août 2018, art. 3) « 8º Lorsqu'une substance a été administrée à la victime, à son insu, afin d'altérer son discernement ou le contrôle de ses actes. »

1. Renvois. Sur les circonstances visées, V. également notes ss. art. 222-24 et 222-28, et ss. art. 227-26.

2. Il convient de requalifier le délit d'agression sexuelle avec violence, menace ou surprise sur une victime mineure âgée de moins de 15 ans et particulièrement vulnérable en raison de son état psychique par personne ayant autorité, retenu sur le fondement de l'art. 222-30 C. pén., en délit d'agression sexuelle avec violence, menace ou surprise sur une victime mineure âgée de moins de 15 ans et particulièrement vulnérable en raison de son état psychique sur le fondement de l'art. 222-29 C. pén., dès lors que le prévenu, qui est l'oncle du père de l'enfant, n'est pas un ascendant pour ce dernier, et n'avait également aucune autorité sur l'enfant puisque ce dernier était en visite à son domicile accompagné par ses parents. • Douai, 11 mai 2000 : *D. 2001. Somm. 2871, obs. Dumaine*.

3. Doit être relaxée du chef d'agression sexuelle sur mineur de 15 ans par personne ayant autorité, l'institutrice à l'encontre de laquelle *tous les éléments* constitutifs du délit n'ont pu être caractérisés ; en effet, si l'élément matériel est en l'espèce constitué par des caresses sur les fesses de plusieurs enfants, actes réalisés dans sa salle de classe, il n'est pas démontré qu'elle ait eu conscience de commettre un acte immoral ou obscène contre la volonté des victimes ; à aucun moment, il n'est ainsi prouvé que l'intéressée se soit livrée à ces caresses dans un but de lubricité ou d'impudicité ; la prévenue se définit comme une personne « tactile » et reconnaît n'avoir pas trouvé la bonne distance entre elle et ses élèves ; il s'agissait, pour elle, de gestes familiers et spontanés ; elle ne se dissimulait d'ailleurs pas au regard de la classe pour effectuer les caresses en question et les cours particuliers qu'elle a pu assurer auprès de certains élèves n'ont donné lieu à aucune plainte ; les expertises psychiatrique et psychologique réalisées sur la prévenue ne relèvent, enfin, aucune anomalie particulière liée aux faits qui lui sont reprochés. • Pau, 6 janv. 2005 : *JCP 2005. IV. 2101*.

4. Est dépourvu de l'autorité de fait sur un enfant le simple visiteur occasionnel de la famille et en l'absence de communauté de vie. • Grenoble, 1er févr. 2006 : *JCP 2006. IV. 3324*.

5. Compétence. L'arrêt attaqué a déclaré le prévenu coupable d'agressions sexuelles sur mineures de 15 ans par ascendant ; le demandeur ne saurait invoquer l'incompétence de la chambre correctionnelle de la cour d'appel, au prétexte que les faits retenus par l'arrêt attaqué caractériseraient le crime de viol prévu par l'art. 222-23 C. pén., pour constituer des actes de pénétration sexuelle, et partant seraient justiciables de la cour d'assises, dès lors qu'il résulte de l'art. 469, al. 4, C. pr. pén., dans sa rédaction issue de la L. du 9 mars 2004 entrée en vigueur le 1er oct. 2004, que les juridictions correctionnelles ne peuvent d'office ou à la demande des parties se déclarer incompétentes pour juger des faits de nature à entraîner une peine criminelle si la victime était constituée partie civile et assistée d'un avocat lorsque le renvoi devant la juridiction de jugement a été ordonné par le juge d'instruction, ce qui était le cas en l'espèce. • Crim. 3 févr. 2010 : *JCP G 2010, n° 27, p. 758, note Detraz.*

6. Questions. Dès lors que la circonstance aggravante personnelle d'autorité est distincte de la contrainte, la violence et la surprise, éléments constitutifs des infractions de viol et d'attentat à la pudeur, la cour d'assises n'encourt pas le grief de contradiction si elle apporte, après avoir répondu affirmativement aux questions de culpabilité relatives aux viols, aux attentats à la pudeur ainsi qu'à celles de la minorité de 15 ans des victimes, une réponse négative aux questions posées sur le point de savoir si, lors des faits reprochés, l'accusé avait autorité sur elles. • Crim. 27 avr. 1994, n° 93-84.984 P.

7. Conflits de qualifications. Est justifié l'arrêt confirmatif de l'ordonnance renvoyant deux accusés devant la cour d'assises du chef, notamment, de tortures ou actes de barbarie sur mineur de quinze ans par ascendant et agressions sexuelles sur mineur de quinze ans par ascendant, et de complicité de ces crimes et délits ; la chambre de l'instruction, qui a répondu comme elle le devait aux articulations essentielles des mémoires dont elle était saisie, a caractérisé, au regard des art. 222-1 et 222-3, avant dernier al., ainsi que 222-27, 222-29, 1°, et 222-30, 2°, C. pén., les circonstances dans lesquelles la première accusée aurait commis le crime de tortures ou actes de barbarie sur mineur de quinze ans par ascendant et le délit connexe d'agressions sexuelles sur mineur de quinze ans par ascendant, de même que celles dans lesquelles le second accusé se serait rendu complice de ces infractions ; les demandeurs sont sans intérêt à reprocher à la chambre de l'instruction de les avoir renvoyés devant la cour d'assises à la fois du chef du crime de tortures ou actes de barbarie sur mineur de quinze ans par ascendant et de celui du délit connexe d'agressions sexuelles aggravées, plutôt que d'avoir retenu ces agressions comme la circonstance aggravante du crime, telle que prévue par l'art. 222-3, al. 2, C. pén., dès lors qu'en cas de double déclaration de culpabilité, seules pourront être prononcées les peines encourues pour l'infraction la plus sévèrement réprimée, conformément à l'art. 132-3 dudit code. • Crim. 11 janv. 2005 : *AJ pénal 2005. 242, obs. Redon.*

Art. 222-30-1 *(L. n° 2018-703 du 3 août 2018, art. 3)* **Le fait d'administrer à une personne, à son insu, une substance de nature à altérer son discernement ou le contrôle de ses actes afin de commettre à son égard un viol ou une agression sexuelle est puni de cinq ans d'emprisonnement et de 75 000 € d'amende.**

Lorsque les faits sont commis sur un mineur de quinze ans ou une personne particulièrement vulnérable, les peines sont portées à sept ans d'emprisonnement et à 100 000 € d'amende.

Art. 222-30-2 *(L. n° 2020-936 du 30 juill. 2020, art. 24)* **Le fait de faire à une personne des offres ou des promesses ou de lui proposer des dons, présents ou avantages quelconques afin qu'elle commette une agression sexuelle, y compris hors du territoire national, est puni, lorsque cette agression n'a été ni commise, ni tentée, de cinq ans d'emprisonnement et de 75 000 € d'amende.**

Lorsque l'agression sexuelle devait être commise sur un mineur, les peines sont portées à sept ans d'emprisonnement et à 100 000 € d'amende.

Art. 222-31 **La tentative des délits prévus par les articles 222-27 à** *(L. n° 2018-703 du 3 août 2018, art. 3)* **« 222-30-1 » est punie des mêmes peines.** — *Pr. pén. 2-2, 40, 706-47 s., R. 50-33 s. ; CSS L. 322-3.*

1. Illustrations. Commet une tentative d'agression sexuelle l'individu qui entre en contact avec une jeune femme à la recherche d'un emploi, se présente sous la fausse qualité de médecin, la conduit à son appartement sommairement aménagé pour l'occasion en cabinet médical, et lui demande de se déshabiller pour subir l'examen médical présenté comme un préalable obligatoire à son embauche, dès lors que de tels faits constituent non pas des actes préparatoires, mais un véritable commencement d'exécution pénalement punissable, dans la mesure où ils doivent être considérés comme des actes directement et immédiatement liés au délit et entrant dans la phase d'exécution de la tentative, laquelle a échoué par suite, non d'un désistement volontaire du prévenu, mais de circonstances indépendantes de sa volonté, la victime ayant fui après avoir compris le stratagème. • Crim. 14 juin 1995, n° 94-85.119 P : *Dr. pénal 1995. 222, obs. Véron ; RSC 1996. 365, obs. Bouloc.*

2. L'enfant n'a jamais fait état de violences, de contraintes, de menaces précédant ou accompagnant le geste de son père ; la surprise du consentement de la victime ne saurait se confondre avec la surprise exprimée par cette dernière, or elle ne fait état d'aucune surprise similaire à l'égard du geste dénoncé ; le prévenu ne décrit ni violence, ni menace, ni contrainte ni surprise non plus ; faute d'un des éléments constitutifs le délit d'agression sexuelle visé par les art. 222-27 et 222-28 C. pén. ne peut être retenu pas plus que la tentative de ce délit prévue à l'art. 222-31 ; les faits dénoncés doivent mieux s'analyser en délit d'atteinte sexuelle sans violence, contrainte, menace ni surprise commise sur un mineur de 15 ans par un ascendant légitime (art. 227-25, 227-26 C. pén.) ; cependant le geste reproché au prévenu et reconnu par lui, qui tend à approcher sa main du sexe de sa fille vêtue d'un pantalon, dans l'intention de lui toucher le sexe, geste interrompu par l'enfant qui repousse cette main avec la sienne sans que le prévenu ne parvienne à ses fins et ne touche ni le pantalon ni le sexe, ne peut s'analyser comme le délit consommé ; ce geste du prévenu pourrait s'analyser comme le commencement d'exécution du délit si ce dernier prévoyait une tentative punissable ; cette tentative d'atteinte sexuelle sans violence, contrainte, menace ni surprise n'étant pas prévue par le code pénal, le prévenu doit être renvoyé des fins de la poursuite ; ainsi donc la relaxe initiale sera confirmée par substitution de motifs. • Douai, 11 mars 2003 : *JCP 2004. IV. 10070, note Maréchal.*

3. Indemnisation par la CIVI. Cassation de l'arrêt qui, pour déclarer irrecevable la demande de la victime de tentatives d'agressions sexuelles dont l'auteur a été déclaré coupable, tendant à obtenir la réparation de son préjudice auprès de la Commission d'indemnisation des victimes d'infractions (CIVI), énonce que l'art. 706-3 C. pr. pén. est d'interprétation stricte, et qu'il ne vise pas les faits prévus par l'art. 222-31 C. pén. réprimant les tentatives des délits prévus par les art. 222-27 à 222-30 dudit code, alors qu'il résulte de la combinaison des art. 222-22, 222-27 et 222-31 C. pén. que la tentative d'agression sexuelle, qui est assimilée à l'infraction consommée, entre dans les prévisions de l'art. 706-3 C. pr. pén. • Civ. 2e, 15 mars 2007 : *D. 2007. AJ 1014 ; JCP 2007. IV. 1820.*

§ 3 DISPOSITIONS COMMUNES AUX VIOLS ET AUX AGRESSIONS SEXUELLES EN CAS D'INCESTE *(L. n° 2021-478 du 21 avr. 2021, art. 1er).*

(L. n° 2010-121 du 8 févr. 2010)

BIBL. ▶ Redon, *AJ pénal 2006. 34* (délinquance sexuelle et autorité parentale : une réforme attendue). – Garé, *D. 2009. Pan. 2830* (inceste : inscription au code pénal). – Lepage, *JCP G 2010, n° 12, p. 335* (réflexions sur l'inscription de l'inceste dans le code pénal par la loi du 8 février 2010). – Baldes, *Dr. pénal 2010. Étude 7* (le retour de l'inceste dans le code pénal : pourquoi faire ?). – Detraz, *Gaz. Pal. 2010. 1. Doctr. 662* (l'inceste : l'inconnu du droit positif). – Bonfils, *RSC 2010. 462* (loi n° 2010-121 du 8 février 2010). – Germain, *RSC. 2010. 599* (l'inceste en droit pénal : de l'ombre à la lumière). – Labbée, *Gaz. Pal. 2012. 2. Doctr. 3219* (les paradoxes de l'inceste). – Lepage, *Dr. pénal 2016. Étude 11* (le retour de la qualification d'incestueux dans le code pénal : une cote toujours mal taillée).

Art. 222-31-1 *(Abrogé par L. n° 2021-478 du 21 avr. 2021, art. 1er) (L. n° 2016-297 du 14 mars 2016, art. 44)* ***Les viols et les agressions sexuelles sont qualifiés d'incestueux lorsqu'ils sont commis*** *(Abrogé par L. n° 2018-703 du 3 août 2018, art. 2)* ***« sur la personne d'un mineur » par :***

1° Un ascendant ;

2° Un frère, une sœur, un oncle, une tante, un neveu ou une nièce ;

3° Le conjoint, le concubin d'une des personnes mentionnées aux 1° et 2° ou le partenaire lié par un pacte civil de solidarité avec l'une des personnes mentionnées aux mêmes 1° et 2°, s'il a sur *(L. n° 2018-703 du 3 août 2018, art. 2)* ***« la victime*** [ancienne rédaction : le mineur] ***» une autorité de droit ou de fait.***

BIBL. ▶ Margaine, *D. 2016. 1089* (retour de l'inceste dans le code pénal et extension de la protection du mineur victime). – Lepage, *Dr. pénal 2016. Étude 11* (le retour de la qualification d'incestueux dans le code pénal : une cote toujours mal taillée). – Perrier, *RSC 2016. 381* (le retour de l'inceste dans le code pénal). – Mistretta, *RSC 2017. 273* (les bonnes mœurs sexuelles : un concept mal ressuscité en droit pénal). – Tellier-Cayrol, *AJ pénal 2018. 400 s.* (L. du 3 août 2018 renforçant la lutte contre les violences sexuelles et sexistes. Des objectifs respectables, *une efficacité incertaine*). – Claverie-Rousset, *Dr. pénal 2018.* Étude 23 (commentaire des principales dispositions de la L. n° 2018-703 du 3 août 2018 renforçant la lutte contre les violences sexuelles ou sexistes). – Saenko et Detraz, *D. 2018. Chron. 2031* (la loi n° 2018-703 du 3 août 2018 renforçant la lutte contre les violences sexuelles et sexistes : les femmes et les enfants d'abord !).

V. pour les anciens textes sur l'inceste.

Art. 222-31-2 *(L. n° 2010-121 du 8 févr. 2010)* **Lorsque le viol** *(L. n° 2016-297 du 14 mars 2016, art. 44)* **« incestueux ou l'agression sexuelle incestueuse » est commis contre un mineur par une personne titulaire sur celui-ci de l'autorité parentale, la juridiction de jugement doit se prononcer sur le retrait total ou partiel de cette autorité** *(L. n° 2019-1480 du 28 déc. 2019, art. 8)* **« ou sur le retrait de l'exercice de cette autorité » en application des articles 378 et 379-1 du code civil.**

Elle peut alors statuer sur le retrait de cette autorité *(L. n° 2019-1480 du 28 déc. 2019, art. 8)* **« ou sur le retrait de l'exercice de cette autorité » en ce qu'elle concerne les frères et soeurs mineurs de la victime.**

Si les poursuites ont lieu devant la cour d'assises, celle-ci statue sur cette question sans l'assistance des jurés.

V. pour les anciens textes sur l'inceste 🏛.

Code de l'éducation

Art. L. 121-1 Les écoles, les collèges, les lycées et les établissements d'enseignement supérieur sont chargés de transmettre et de faire acquérir connaissances et méthodes de travail. Ils contribuent à favoriser *(L. n° 2005-380 du 23 avr. 2005, art. 5)* « la mixité et » l'égalité entre les hommes et les femmes *(L. n° 2005-380 du 23 avr. 2005, art. 6)* « , notamment en matière d'orientation ». *(L. n° 2007-297 du 5 mars 2007, art. 12, 1°)* « Ils concourent à l'éducation à la responsabilité civique *(L. n° 2018-698 du 3 août 2018)* « , y compris dans l'utilisation d'internet et des services de communication au public en ligne, » et participent à la prévention de la délinquance. » Ils assurent une formation à la connaissance et au respect des droits de la personne ainsi qu'à la compréhension des situations concrètes qui y portent atteinte. Ils dispensent une formation adaptée dans ses contenus et ses méthodes aux évolutions économiques, sociales et culturelles du pays et de son environnement européen et international. Cette formation peut comprendre un enseignement, à tous les niveaux, de langues et cultures régionales. *(L. n° 2013-595 du 8 juill. 2013, art. 10-I)* « L'éducation artistique et culturelle » ainsi que l'éducation physique et sportive concourent directement à la formation de tous les élèves. Dans l'enseignement supérieur, des activités physiques et sportives sont proposées aux étudiants. *(L. n° 2010-121 du 8 févr. 2010, art. 3-I)* « Les écoles, les collèges et les lycées assurent une mission d'information sur les violences *(L. n° 2020-766 du 24 juin 2020, art. 14)* « , y compris en ligne, » et une éducation à la sexualité » *(L. n° 2018-703 du 3 août 2018, art. 10)* « ainsi qu'une obligation de sensibilisation des personnels enseignants aux violences sexistes et sexuelles et à la formation au respect du non-consentement. »

....

Art. L. 542-1 *(L. n° 2007-293 du 5 mars 2007, art. 25-I)* Les médecins, l'ensemble des personnels médicaux et paramédicaux, les travailleurs sociaux, les magistrats, les personnels enseignants, les personnels d'animation sportive, culturelle et de loisirs et les personnels de la police nationale, des polices municipales et de la gendarmerie nationale reçoivent une formation initiale et continue, en partie commune aux différentes professions et institutions, dans le domaine de la protection de l'enfance en danger. *(L. n° 2010-121 du 8 févr. 2010)* « Cette formation comporte un module pluridisciplinaire relatif aux infractions sexuelles à l'encontre des mineurs et leurs effets. » Cette formation est dispensée dans des conditions fixées par voie réglementaire.

....

Art. L. 542-3 Au moins une séance annuelle d'information et de sensibilisation sur l'enfance maltraitée *(L. n° 2010-121 du 8 févr. 2010)* « , notamment sur les violences intrafamiliales à caractère sexuel, » est inscrite dans l'emploi du temps des élèves des écoles, des collèges et des lycées.

Ces séances, organisées à l'initiative des chefs d'établissement, associent les familles et l'ensemble des personnels, ainsi que les services publics de l'État, les collectivités locales et les associations intéressées à la protection de l'enfance. – *[CSP, art. L. 198-2.]*

§ 4 DE L'EXHIBITION SEXUELLE ET DU HARCÈLEMENT SEXUEL *(L. n° 2010-121 du 8 févr. 2010).*

Art. 222-32 **L'exhibition sexuelle imposée à la vue d'autrui dans un lieu accessible aux regards du public est punie d'un an d'emprisonnement et de 15 000 € d'amende.** – *Pr. pén. 2-2, 40, 398-1, 706-47 s., R. 53 s. ; CSS L. 322-3.*

(L. n° 2021-478 du 21 avr. 2021, art. 12) **« Même en l'absence d'exposition d'une partie dénudée du corps, l'exhibition sexuelle est constituée si est imposée à la vue d'autrui, dans un lieu accessible aux regards du public, la commission explicite d'un acte sexuel, réel ou simulé.**

« Lorsque les faits sont commis au préjudice d'un mineur de quinze ans, les peines sont portées à deux ans d'emprisonnement et à 30 000 euros d'amende. »

Corresp. : *C. pén., ancien art. 330.*

RÉP. PÉN. v° *Infractions sexuelles,* par MALABAT.

BIBL. ▶ BELFANTI, *Gaz. Pal. 26-27 oct. 2012, p. 19* (poursuite et répression du délit d'exhibition sexuelle). – LAPLATTE, *Gaz. Pal. 1965. 2. Doctr. 49.* – DOUBLIER, *RSC 1971. 27.*

1. Ratio legis. A la différence de l'attentat à la pudeur, la prévention d'outrage public à la pudeur n'a pas essentiellement pour objet la répression d'actes impudiques, en tant que commis à l'égard d'une personne déterminée, mais la réparation du scandale causé par de tels actes, à raison de leur publicité. • Crim. 27 oct. 1932 : *Bull. crim. n° 220 ; DP 1933. 1. 133 (1re esp.), note Vandamme* • 25 nov. 1958 : *ibid. n° 692 ; D. 1959. 54* • T. corr. Paris, 5 nov. 1976 : *Gaz. Pal. 1977. 1. 56.*

2. La personne qui a consenti à des relations sexuelles accomplies dans un lieu public ne saurait être reçue partie civile sur des poursuites pour outrage public à la pudeur, le consentement par elle donné à ces relations n'autorisant pas à admettre que sa pudeur ait été outragée. • T. corr. Cholet, 25 avr. 1952 : *Gaz. Pal. 1952. 2. 20.*

3. Constatations. Doit être cassé l'arrêt qui, pour retenir le délit, reproduit les termes de la loi, sans énoncer les circonstances de la cause et sans préciser ni la nature des actes contraires à la pudeur ni les faits caractéristiques de la publicité. • Crim. 17 juin 1981, n° 80-93.125 P.

4. Procédure. Aux termes de l'art. 706-47 C. pr. pén., les personnes poursuivies notamment du chef d'exhibition sexuelle, infraction prévue par l'art. 222-32 C. pén., doivent être soumises, avant tout jugement au fond, à une expertise médicale ; la méconnaissance de cette règle d'ordre public constitue une nullité substantielle. • Colmar, 18 avr. 2001 : *BICC 2002. 216.*

I. EXHIBITION

5. Définition. Le délit d'exhibition sexuelle suppose que le corps ou la partie du corps volontairement exposé à la vue d'autrui soit ou *paraisse dénudé*. • Crim. 4 janv. 2006, n° 05-80.960 P : *D. 2006. IR 392 ; ibid. Pan. 1655, obs. Garé ; Dr. pénal 2006. Comm. 33, obs. Véron ; RSC 2006. 320, obs. Mayaud* • 7 déc. 2011 : *Dr. pénal 2012, n° 32, obs. Véron.* ♦ Si le législateur n'a pas défini l'atteinte à la pudeur – et s'il est très difficile de le faire – l'on peut, néanmoins, observer qu'il s'agit d'un instinct moral qui interdit de montrer certaines parties du corps, en raison de ce qu'elles se rattachent à l'acte sexuel ou de faire devant d'autres personnes des gestes sexuels, les exhibitions ayant pour effet soit d'éveiller certains désirs chez autrui, soit de provoquer sa répulsion en raison de leur obscénité. • Limoges, 13 juin 1975 : *D. 1976. Somm. 17.*

6. Culpabilité. En matière d'outrage public à la pudeur, l'intention coupable n'est pas une des conditions du délit, la culpabilité de son auteur résultant, soit de la volonté délibérée de froisser la pudeur publique, soit de la seule négligence apportée à dissimuler l'acte obscène à la vue des tiers. • Crim. 20 oct. 1955 : *Bull. crim. n° 421 ; D. 1956. 117* • 17 juin 1965, n° 90-75.265 P. ♦ ... Elle n'a pas à être déclarée en termes exprès, mais il suffit qu'elle s'induise nécessairement des circonstances de fait retenues par le juge. • Crim. 3 mars 1898 : *DP 1899. 1. 59.*

7. Illustrations. Est contraire à la pudeur : ... le fait pour un prévenu de s'être livré, ensemble et de concert avec un autre homme, à des gestes obscènes dans une vespasienne, lieu accessible au public. • Crim. 5 juin 1958, n° 4-84.956 P. ♦ ... Le fait, pour un homme, d'uriner sur la voie publique du haut d'une chambre, et de livrer ainsi ses parties sexuelles à la vue des nombreuses personnes présentes sur les lieux. • Poitiers, 18 févr. 1858 : *DP 1859. 5. 37.* ♦ ... Le fait, pour deux prévenus, d'avoir uriné en direction des agents de la force publique, puis devant un commissariat de police, sans qu'il puisse être soutenu que la vue d'un organe viril fonctionnant en tant qu'émonctoire n'est pas de nature à entraîner une répulsion, donc à froisser la pudeur. • Limoges, 13 juin 1975 : *D. 1976. Somm. 17.* ♦ ... Le fait de se livrer à une scène de sodomisation dans un établissement ouvert au public (sauna). • TGI Paris, 5 déc. 1978 : *JCP 1979. II. 19138, note Brière de l'Isle.*

8. Le spectacle de la nudité du corps humain, fréquent à notre époque, pour des raisons de sport, d'hygiène ou d'esthétique, n'a rien en soi qui puisse outrager une pudeur normale, même délicate, s'il ne s'accompagne pas de l'exhibition des parties sexuelles ou d'attitudes ou gestes lascifs et obscènes. • Riom, 16 nov. 1937 : *DH 1938. 109 ; RSC 1938. 301, obs. Hugueney* • Aix-en-Provence, 20 janv. 1965 : *D. 1965. 417 ; JCP 1965. II. 14143 ; Gaz. Pal. 1965. 1. 208* • Douai, 28 sept. 1989 : *D. 1991. Somm. 65, obs. Azibert*.

9. En l'absence de gestes ou d'attitudes déplacés, la seule exhibition d'une nudité dans une ambiance nudiste (île du Levant) ne constitue pas une atteinte à la pudeur. • T. corr. Toulon, 4 déc. 1952 : *D. 1953. 31 ; S. 1953. 2. 101, note Carias ; JCP 1953. II. 7451, note Combaldieu ; Gaz. Pal. 1953. 1. 114.* ♦ ... Mais se rend coupable d'outrage public à la pudeur le nudiste, qui, traversant une rue, s'expose à la rencontre fortuite et non imprévisible de touristes et de promeneurs. • Aix-en-Provence, 10 déc. 1953 : *D. 1954. 113 ; S. 1954. 2. 80 ; JCP 1954. II. 7943.* (sur appel de : • T. corr. Toulon, 4 déc. 1952 : *préc.*)

10. Le fait, pour une jeune femme, de se livrer en public au jeu de « ping-pong », vêtue d'un simple cache-sexe, les seins entièrement nus, s'analyse en une exhibition provocante de nature à offenser la pudeur publique et à blesser le sentiment moral de ceux qui ont pu en être les témoins. • Crim. 22 déc. 1965, n° 91-99.765 P : *D. 1966. 144 ; JCP 1966. II. 14509 ; Gaz. Pal. 1966. 1. 167.* ♦ Cassation de : • Aix-en-Provence, 20 janv. 1965 : *préc. note 8.* ♦ V. également la décision de première instance : • T. corr. Grasse, 23 sept. 1964 : *JCP 1965. II. 13974, note Reig ; Gaz. Pal. 1965. 1. 95.*

11. Le spectacle d'une femme s'exhibant la poitrine entièrement nue, dans les rues d'une ville, même à proximité d'une plage, est de nature à provoquer le scandale et à offenser la pudeur du plus grand nombre. • T. corr. Grasse, 29 mai 1965 : *JCP 1965. II. 14323.*

12. Les prostitués travestis très court-vêtus sous un long manteau ouvert qui laissent apparaître leurs organes génitaux au passage des automobilistes, alors qu'ils se trouvent dans un lieu public, en l'espèce un bois, se rendent coupables d'exhibition sexuelle. • Versailles, 3 mai 2000 : *JCP 2001. IV. 1032.*

13. Le délit d'exhibition sexuelle suppose que le corps ou la partie du corps volontairement exposé à la vue d'autrui soit ou paraisse dénudé ; méconnaît l'art. 222-32 C. pén., ensemble l'art. 111-4 C. pén., la cour d'appel qui, pour déclarer le prévenu coupable d'exhibition sexuelle, relève qu'il a fait un geste obscène en direction d'une des personnes présentes en prenant son sexe entre ses mains à travers son short. • Crim. 4 janv. 2006, n° 05-80.960 P : *D. 2006. Pan. 1655, obs. Garé ; Dr. pénal 2006. 33, obs. Véron ; RSC 2006. 320, obs. Mayaud*.

14. Le fait pour une femme, en vue de contester la doctrine de l'Église catholique, de pénétrer dans une église qu'elle savait accessible aux regards du public, de dénuder sa poitrine sur laquelle sont inscrits les mots « 344e salope », avant de procéder, sur l'autel, à un simulacre d'avortement, à l'aide de morceaux d'abats censés représenter le fœtus de Jésus, constitue, en tous ses éléments tant matériels que morals, le délit d'exhibition sexuelle, peu important les mobiles ayant, selon elle, inspiré son action. En outre, aucune atteinte excessive n'a été portée à la liberté d'expression de l'intéressée, laquelle doit se concilier avec le droit pour autrui, reconnu par l'art. 9 Conv. EDH, de ne pas être troublé dans la pratique de sa religion. • Crim. 9 janv. 2019, n° 17-81.618 P : *D. actu. 21 janv. 2019, obs. Goetz ; D. 2019. 738, note Saenko ; ibid. Pan. 2320, obs. Mirabail ; AJ pénal 2019. 152, obs. Ménabé ; RSC 2019. 91, obs. Mayaud*.

15. Si l'exhibition de la poitrine d'une femme entre bien dans les prévisions du délit prévu à l'art. 222-32 C. pén., l'incrimination d'un tel comportement, lorsqu'il s'inscrit dans une démarche de protestation politique, compte tenu de la nature et du contexte de l'agissement en cause, constituerait une ingérence disproportionnée dans l'exercice de la liberté d'expression. • Crim. 26 févr. 2020, n° 19-81.827 P : *D. actu. 6 mars 2020, obs. Blocman ; AJ pénal 2020. 247, obs. Thierry ; ibid. 2020. 339, obs. Cappello ; Dr. pénal 2020, n° 69, obs. Conte.*

II. PUBLICITÉ

16. Nécessité. Doit être annulé l'arrêt qui prononce une condamnation pour outrage public à la pudeur, sans préciser aucun des faits caractéristiques de la publicité, élément essentiel du délit. • Crim. 22 févr. 1934 : *Bull. crim. n° 40.* ♦ ... La simple mention d'après laquelle les relations sexuelles « auraient » pu être vues par des tiers n'étant pas suffisante pour caractériser cette publicité. • T. corr. Marmande, 3 mai 1984 : *Gaz. Pal. 1984. 2. Somm. 431.*

17. L'outrage à la pudeur n'est puni qu'autant qu'il est commis dans un lieu public ou que, commis dans un lieu privé, il a pu être aperçu du public. • Crim. 14 nov. 1903 : *DP 1903. 1. 592.* ♦ ... Le degré de moralité, voire l'immoralité des éventuels témoins étant sans influence sur la commission du délit. • TGI Paris, 5 déc. 1978 : *JCP 1979. II. 19138, note Brière de l'Isle.* ♦ ... De même qu'il ne saurait être fait de distinction sur la qualité de témoin volontaire ou involontaire. • T. corr. Paris, 5 nov. 1976 : *Gaz. Pal. 1977. 1. 56.* ♦ Rappr. : • T. corr. Chartres, 31 janv. 1872 : *DP 1872. 3. 79.*

18. Objectivité. Le délit d'outrage public à la pudeur existe indépendamment de toute volonté d'affronter la publicité, et par cela seul que l'agent n'a point fait tout ce qui était nécessaire pour l'éviter. • Crim. 28 avr. 1881 : *DP 1881. 1. 447.*

A. LIEU ACCESSIBLE

1° LIEU PUBLIC

19. Constate la publicité la décision qui déclare que les faits ont été commis : ... sur un chemin public. • Crim. 1er déc. 1848 : *S. 1849. 1. 543.* ♦ ... Dans une grange accessible à tous (où se trouvait une enfant qui a été témoin des scènes incriminées). • Crim. 7 juill. 1932 : *Bull. crim. n° 174.* ♦ ... Dans une vespasienne. • Crim. 5 juin 1958, n° 4-84.956 P. ♦ ... Dans le dortoir d'une école. • T. corr. Chartres, 31 janv. 1872 : *préc. note 17.* ♦ ... Dans un sauna accessible à toute personne acquittant un droit d'entrée. • TGI Paris, 5 déc. 1978 : *préc. note 17.* ♦ ... Dans un club, non réservé à ses seuls membres, mais d'accès facile pour le public, largement informé par la publicité faite dans des revues sur les rencontres qui peuvent s'y pratiquer. • T. corr. Paris, 5 nov. 1976 : *préc. note 17.*

20. En revanche, un champ de maïs situé le long d'une route n'est pas un lieu public ou accessible au regard du public, n'étant pas un lieu de passage ou de promenade dans lequel de nombreuses personnes sont susceptibles de se trouver ou de séjourner. • T. corr. Marmande, 3 mai 1984 : *Gaz. Pal. 1984. 2. Somm. 431.*

21. Avisés par plusieurs personnes qu'un couple était en train de faire l'amour sur la plage, les gendarmes se sont rendus sur place et ont pu constater que la femme ne portait qu'un débardeur remonté jusqu'à la poitrine, que l'homme était entièrement nu, et qu'ils poursuivaient leurs ébats sans se soucier des enfants qui passaient à proximité ; les prévenus ayant reconnu qu'ils se trouvaient dénudés et avaient eu une relation sexuelle dans un lieu accessible au regard du public, il convient de confirmer leur condamnation du chef d'exhibition sexuelle. • Montpellier, 8 mars 2007 : *JCP 2007. IV. 3303.*

2° LIEU PRIVÉ

22. L'outrage à la pudeur devient public lorsque, accompli dans un lieu privé, il a pu être involontairement aperçu par des tiers à défaut de précautions suffisantes. • Crim. 5 juin 1920 : *DP 1921. 1. 68* • 10 nov. 1932 : *Bull. crim. n° 233 ; DP 1933. 1. 133 (2e esp.), note Vandamme* • 6 mai 1943 : *Bull. crim. n° 32* • 10 févr. 1944 : *ibid. n° 47* • 19 juill. 1956 : *ibid. n° 555 ; S. 1957. 169, note Meurisse ; Gaz. Pal. 1956. 2. 222* • 7 déc. 1960, n° 90-48.860 P : *D. 1961. 94 ; Gaz. Pal. 1961. 1. 162* • 4 juin 1969 : *ibid. 1969. 2. Somm. 4* • 14 déc. 1971, n° 91-89.071 P. ♦ Mais la circonstance qu'une personne aurait été involontairement témoin d'actes impudiques ne suffit pas à caractériser l'élément nécessaire de publicité, alors qu'il n'est pas spécifié dans quelle mesure ces actes, bien que commis dans un lieu privé, étaient susceptibles d'être aperçus par des tiers. • Crim. 13 juill. 1954 : *Bull. crim. n° 259* • 25 nov. 1958 : *ibid. n° 692 ; D. 1959. 54.*

23. Ainsi, constitue l'outrage public à la pudeur l'acte commis : dans une salle de cercle, dont la porte a été seulement poussée, alors que ce local était à la disposition de tous les membres du cercle et du personnel, qui y allaient et venaient à tout moment, et pouvaient y pénétrer à leur gré. • Crim. 18 févr. 1938 : *DH 1938. 293.* ♦ ... Dans une chambre d'hôtel, dont la porte était seulement poussée et où tout le monde pouvait entrer. • Crim. 19 juill. 1956 : *préc. note 22.* ♦ ... Dans une bergerie, alors que les faits ont été vus par un tiers regardant par un trou du mur. • Crim. 7 déc. 1960 : *préc. note 22.* ♦ ... Dans une pièce du domicile de la victime, dont la porte d'entrée était restée ouverte, des familiers de la maison ayant pu être témoins involontaires des faits. • Crim. 11 oct. 1979 : *D. 1980. IR 105.*

24. Mais la circonstance que la porte d'un local privé n'est pas fermée à clef et donne sur un couloir commun ne caractérise pas l'élément de publicité nécessaire pour constituer le délit prévu par l'art. 330 C. pén. • Crim. 11 déc. 1952 : *Bull. crim. n° 300.* ♦ Rappr. : • 3 févr. 1905 : *DP 1905. 1. 488.* ♦ Comp. : pour une chambre simplement fermée au loquet, dans laquelle un tiers, colocataire, avait le droit d'entrer à tout instant. • Limoges, 1er avr. 1887 : *DP 1890. 2. 24.* ♦ ... Pour la porte d'une écurie seulement poussée, sans être assujettie à l'intérieur. • Crim. 9 mars 1906 : *DP 1907. 1. 158.*

25. La présence d'un certain nombre de personnes à des actes obscènes accomplis dans un lieu privé ne suffit pas pour caractériser la publicité nécessaire à la constitution du délit, lorsque ces personnes ont consenti soit à en être les témoins, soit à y participer, ayant été les uns et les autres successivement acteurs et témoins volontaires des actes de débauche qui leur sont reprochés. • Crim. 14 nov. 1903 : *DP 1903. 1. 592.* ♦ Mais la publicité dans un lieu même non accessible aux regards peut exister en cas de pluralité de victimes d'actes obscènes, lorsque, involontairement, celles-ci en sont tour à tour les objets et les témoins. • Crim. 27 oct. 1932 : *Bull. crim. n° 220 ; DP 1933. 1. 133 (1re esp.), note Vandamme.* ♦ ... Ou lorsque les actes ont été imposés, par surprise, à la vue de témoins involontaires. • Crim. 12 mai 2004, n° 03-84.592 P : *D. 2004. Somm. 2750, obs. Roujou de Boubée ; RSC 2004. 879, obs. Mayaud ; JCP 2004. IV. 2430.*

26. S'il appartient à l'avocat de s'assurer que les conversations qu'il a avec ses clients restent confidentielles, il n'en résulte pas nécessairement que le lieu où elles se tiennent soit inaccessible au regard du public. • Crim. 31 mars 1999 : *Dr. pénal 1999. 127, obs. Véron ; D. 2000. Somm. 33, obs. Mayaud.*

27. Le prévenu qui se montre entièrement nu dans un lieu privé, en l'espèce des parties privées du lieu de travail, se rend coupable d'exhibition sexuelle, dès lors que le lieu est accessible à la vue du public, tout salarié pouvant s'y rendre pour raison professionnelle ; en outre, la demande du prévenu aux parties civiles salariées de se rendre dans ces lieux privés est constitutive d'une demande d'ingérence d'un tiers dans un lieu privé au sens de cette infraction. • Grenoble, 7 juill. 2000 : *JCP 2001. IV. 1469.*

28. Caractérise le délit d'exhibition sexuelle imposée à la vue d'autrui dans un lieu accessible aux regards du public, une cour d'appel qui, pour déclarer le prévenu coupable d'exhibition sexuelle, relève qu'à plusieurs reprises, dans son domicile comme dans celui de ses petits-enfants, ainsi que dans une « cabane » ou encore une « grange », le prévenu s'est soudainement déshabillé devant les deux enfants, âgés respectivement de onze et huit ans, et leur a montré son sexe, accompagnant son geste de commentaires obscènes, dès lors que, une partie des faits se serait-elle déroulée dans des lieux privés, tous les actes ont été imposés, par surprise, à la vue de témoins involontaires. • Crim. 12 mai 2004 : ⚖ *préc. note 25.*

B. VUE D'AUTRUI

29. L'incrimination de l'exhibition sexuelle est plus restrictive que l'ancien délit d'outrage public à la pudeur (art. 330 ancien), et relève ainsi de dispositions plus douces, en ce qu'elle stipule non seulement que cet acte doit avoir été commis dans un lieu accessible au regard du public, mais en ce qu'elle exige aussi que cet acte ait été imposé à la vue d'autrui ; tel n'est pas le cas de l'exhibition commise à l'intérieur d'un véhicule régulièrement stationné dans un parking, toutes portes fermées, et qui, en raison de la position des intéressés, n'était pas normalement visible de l'extérieur, sauf à venir tout spécialement regarder à l'intérieur du véhicule. • Paris, 13 déc. 1994 : *Dr. pénal 1995. 89, obs. Véron ; ibid. 1998. Chron. 11, obs. Lesclous et Marsat.*

30. Constitue le délit d'outrage public à la pudeur : le fait de se livrer à des actes obscènes dans une voiture, lorsqu'il résulte des constatations souveraines du juge du fait que des tiers passant à proximité pouvaient les apercevoir. • Crim. 18 juill. 1930 : *Bull. crim. n° 205 ; DH 1930. 462.* ♦ ... Le fait que le prévenu, étant dans son automobile, a été trouvé et aperçu par un tiers dans une attitude indécente, l'acte, commis dans un lieu privé, n'ayant été perçu par des tiers qu'à défaut de précautions suffisantes de son auteur. • Crim. 19 juill. 1935 : *DH 1935. 528.* ♦ ... Le fait d'avoir eu, même la nuit, des rapports intimes avec une femme, sur la voie publique, à l'intérieur d'une voiture automobile, dans des conditions telles qu'ils pouvaient être vus du public circulant sur la route. • Crim. 19 avr. 1939 : *Bull. crim. n° 89 ; Gaz. Pal. 1939. 1. 855.* ♦ ... Le fait de commettre des actes impudiques dans la cabine d'un camion où des tiers peuvent les apercevoir. • T. corr. Poitiers, 24 juill. 1958 : *JCP 1958. II. 10855, note de Lestang.* ♦ V. encore : • Crim. 1er juill. 1970 : *Bull. crim. n° 220 ; RSC 1971. 122, obs. Levasseur.*

Art. 222-33 *(L. n° 2012-954 du 6 août 2012)* **I. — Le harcèlement sexuel est le fait d'imposer à une personne, de façon répétée, des propos ou comportements à connotation sexuelle** *(L. n° 2018-703 du 3 août 2018, art. 11)* **« ou sexiste » qui soit portent atteinte à sa dignité en raison de leur caractère dégradant ou humiliant, soit créent à son encontre une situation intimidante, hostile ou offensante.**

(L. n° 2018-703 du 3 août 2018, art. 11) **« L'infraction est également constituée :**

« 1° Lorsque ces propos ou comportements sont imposés à une même victime par plusieurs personnes, de manière concertée ou à l'instigation de l'une d'elles, alors même que chacune de ces personnes n'a pas agi de façon répétée ;

« 2° Lorsque ces propos ou comportements sont imposés à une même victime, successivement, par plusieurs personnes qui, même en l'absence de concertation, savent que ces propos ou comportements caractérisent une répétition. »

II. — Est assimilé au harcèlement sexuel le fait, même non répété, d'user de toute forme de pression grave dans le but réel ou apparent d'obtenir un acte de nature sexuelle, que celui-ci soit recherché au profit de l'auteur des faits ou au profit d'un tiers.

III. — Les faits mentionnés aux I et II sont punis de deux ans d'emprisonnement et de 30 000 € d'amende.

Ces peines sont portées à trois ans d'emprisonnement et 45 000 € d'amende lorsque les faits sont commis :

1° Par une personne qui abuse de l'autorité que lui confèrent ses fonctions ;

2° Sur un mineur de quinze ans ;

3° Sur une personne dont la particulière vulnérabilité, due à son âge, à une maladie, à une infirmité, à une déficience physique ou psychique ou à un état de grossesse, est apparente ou connue de leur auteur ;

4° Sur une personne dont la particulière vulnérabilité ou dépendance résultant de la précarité de sa situation économique ou sociale est apparente ou connue de leur auteur ;

5° Par plusieurs personnes agissant en qualité d'auteur ou de complice ;

(L. n° 2018-703 du 3 août 2018, art. 11) **« 6° Par l'utilisation d'un service de communication au public en ligne ou par le biais d'un support numérique ou électronique ; »**

(L. n° 2018-703 du 3 août 2018, art. 13) **« 7° Alors qu'un mineur était présent et y a assisté ;**

« 8° Par un ascendant ou par toute autre personne ayant sur la victime une autorité de droit ou de fait. »

BIBL. ▶ BENILLOUCHE, *Dr. pénal 2015. Étude 18* (pour la création d'une qualification unique de harcèlement). – CONTE, *Dr. pénal 2012. Étude 24* (*Invenias disjecti membra criminis* : lecture critique de la nouvelle définition du harcèlement sexuel). – DETRAZ, *Gaz. Pal. 26-27 oct. 2012, p. 15* (le harcèlement sexuel, nouveau motif de discrimination pénalement illicite). – DREYER, *Gaz. Pal. 26-27 oct. 2012, p. 8* (commentaire des dispositions de la loi du 6 août 2012 relative au harcèlement sexuel). – VÉRON, *Dr. pénal 2012, n° 127* (une nouvelle définition de l'infraction : application dans le temps et remèdes au vide juridique). – AUBIN, *RLCT 2014/99, n° 2649, p. 17* (le harcèlement sexuel dans la fonction publique : vers une définition de droit commun ?).

▶ **Loi n° 2012-954 du 6 août 2012 :** MAYAUD, *RLCT 2012/83, n° 2311* (du harcèlement sexuel au harcèlement moral : un enjeu de légalité). – LEPAGE, *JCP G 2012, n° 662* (à propos de l'abrogation de l'article 222-33 du code pénal). – BEAUSSONIE, *RSC 2012. 906* (loi relative au harcèlement sexuel). – FROUIN, *Gaz. Pal. 2012. 1. Doctr. 2659* (les nouvelles dispositions concernant le harcèlement sexuel). – MARÉCHAL, *JCP G 2012, n° 953* (harcèlement sexuel : nouvelle définition et nouvelles malfaçons). – DREYER, *Gaz. Pal. 2012. 2. Dossier 3125* (commentaire des dispositions de la loi du 6 août 2012) ; *JCP G 2012, n° 1057* (que veut-on prouver au titre du harcèlement sexuel ?). – DETRAZ, *Gaz. Pal. 2012. 2. Dossier 3132* (le harcèlement sexuel, nouveau motif de discrimination pénalement illicite).

▶ **Loi n° 2018-703 du 3 août 2018 :** TELLIER-CAYROL, *AJ pénal 2018. 400* s. (loi du 3 août 2018 renforçant la lutte contre les violences sexuelles et sexistes. Des objectifs respectables, une efficacité incertaine). – CLAVERIE-ROUSSET, *Dr. pénal 2018. Étude 23* (commentaire des principales dispositions de la loi n° 2018-703 du 3 août 2018 renforçant la lutte contre les violences sexuelles ou sexistes). – SAENKO et DETRAZ, *D. 2018. Chron. 2031* (la loi n° 2018-703 du 3 août 2018 renforçant la lutte contre les violences sexuelles et sexistes : les femmes et les enfants d'abord !). – MÉSA, *D. 2018. 2255* (de la consommation du harcèlement et des conflits de lois dans le temps).

1. Il résulte de la répétition et de l'insistance des propositions de nature sexuelle faites à des salariées en dépit de leur refus que le prévenu a agi en connaissance de cause au sens de l'art. 222-33 C. pén. • Crim. 18 nov. 2015, n° 14-85.591 P : *D. actu. 4 déc. 2015, obs. Goetz ; Gaz. Pal. 26 janv. 2016, p. 54, obs. Dreyer ; Dr. pénal 2016, n° 21, obs. Conte.*

2. Le délit de harcèlement sexuel ne s'applique pas aux faits commis antérieurement à l'entrée en vigueur de la loi qui le prévoit. • Crim. 16 nov. 2016, n° 16-82.377 P : *D. actu. 7 déc. 2016, obs. A. André ; Dr. pénal 2017, n° 53, obs. Conte ; Gaz. Pal. 24 janv. 2017, p. 48, obs. Detraz.*

3. Indemnisation. C'est à bon droit que la cour d'appel, ayant relevé qu'il résulte des déclarations constantes des trois victimes, concordantes entre elles et corroborées par les déclarations d'autres personnes, que M. X..., usant de l'autorité que lui ont conférée ses fonctions, les a soumises de manière répétée à des gestes licencieux et à des propos indécents et déplacés dans le but de leur arracher des faveurs de nature sexuelle, en a déduit que l'intéressé a commis à leur égard des faits qui, poursuivis à l'origine sous une qualification pénale depuis abrogée, n'en constituent pas moins une faute qui a directement causé à ces trois femmes un dommage personnel dont il doit être déclaré entièrement responsable et qu'il est nécessairement tenu de réparer. L'art. 12 de la L. n° 2012-954 du 6 août 2012 énonce, en effet, qu'en raison de l'abrogation de l'art. 222-33 C. pén. résultant de la décision du Cons. const. n° 2012-240 QPC du 4 mai 2012, lorsque le tribunal correctionnel ou la chambre des appels correctionnels constate l'extinction de l'action publique, la juridiction demeure compétente, sur la demande de la partie civile formulée avant la clôture des débats, pour accorder, en application des règles du droit civil, réparation de tous les dommages résultant des faits qui ont fondé la poursuite, et commande que la juridiction saisie procède à l'examen tant des agissements fautifs imputés par les victimes à l'intéressé, qu'à l'évaluation des préjudices invoqués susceptibles d'en résulter. • Crim. 14 nov. 2017, n° 16-85.161 P : *D. actu. 28 nov. 2017, obs. Goetz ; AJ pénal 2018. 42, obs. Darsonville.*

Ancien art. 222-33 (Abrogé par Cons. const. n° 2012-240 QPC du 4 mai 2012) ***Le fait de harceler autrui dans le but d'obtenir des faveurs de nature sexuelle est puni d'un an d'emprisonnement et de 15 000 € d'amende.*** — Pr. pén. 2-2.

Les art. 222-32 et 222-33 incriminant l'exhibition sexuelle et le harcèlement sexuel font désormais l'objet, depuis la L. n° 2010-121 du 8 févr. 2010, d'un même § 4.

BIBL. ▸ Pralus-Dupuy, *ALD 1993. 53.* – Dekeuwer-Défossez, *JCP 1993. I. 3662.* – Roy-Loustaunau, *JCP E 1993. I. 237 ; Dr. soc. 1995. 545.* – Cl. Katz, *Gaz. Pal. 1994. 2. Chron. 1378* (dénonciation calomnieuse en matière de harcèlement sexuel) ; *ibid. 1998. 1. Doctr. 688* (preuve en matière de harcèlement sexuel). – C. Ahumada, *RPDS 2000, p. 219* (le harcèlement sexuel dans l'entreprise). – Laurent-Merle, *Dr. pénal 2001. Chron. 3058* (harcèlement sexuel dans les États membres de l'Union européenne). – Roets, *D. 2002. Point de vue. 2059* [métamorphose du délit de harcèlement sexuel (à propos de la réécriture de l'art. 222-33 C. pén. par la loi n° 2002-73 du 17 janv. 2002)]. – Conte, *JCP 2002. Actualité, n° 320* (à propos de la nouvelle définition du harcèlement sexuel). – Rotkopf, *TPS 2002. Chron. 15* (harcèlement sexuel : l'exception française). – Viottolo, *JCP E 2003. 1324* (harcèlement sexuel dans les relations de travail. Spécificité française confrontée au droit communautaire). – Roujou de Boubée, *D. 2012. Point de vue 1344* (Valmont doit-il aller en prison ?). – Radé, *D. 2012. Entretien 1392* (abrogation du délit de harcèlement sexuel : quelles conséquences en droit du travail ?).

1. QPC – Abrogation de l'art. 222-33. Aux termes de l'art. 222-33 C. pén., « Le fait de harceler autrui dans le but d'obtenir des faveurs de nature sexuelle est puni d'un an d'emprisonnement et de 15 000 euros d'amende » ; selon le requérant, en punissant « le fait de harceler autrui dans le but d'obtenir des faveurs de nature sexuelle » sans définir précisément les éléments constitutifs de ce délit, la disposition contestée méconnaît le principe de légalité des délits et des peines ainsi que les principes de clarté et de précision de la loi, de prévisibilité juridique et de sécurité juridique ; le législateur tient de l'art. 34 de la Constitution, ainsi que du principe de légalité des délits et des peines qui résulte de l'art. 8 DDHC 1789, l'obligation de fixer lui-même le champ d'application de la loi pénale et de définir les crimes et délits en termes suffisamment clairs et précis ; dans sa rédaction résultant de la L. n° 92-684 du 22 juill. 1992, le harcèlement sexuel, prévu et réprimé par l'art. 222-33, était défini comme « Le fait de harceler autrui en usant d'ordres, de menaces ou de contraintes, dans le but d'obtenir des faveurs de nature sexuelle, par une personne abusant de l'autorité que lui confèrent ses fonctions » ; l'art. 11 de la L. n° 98-468 du 17 juin 1998 a donné une nouvelle définition de ce délit en substituant aux mots : « en usant d'ordres, de menaces ou de contraintes » les mots : « en donnant des ordres, proférant des menaces, imposant des contraintes ou exerçant des pressions graves » ; l'art. 179 de la L. n° 2002-73 du 17 janv. 2002 a de nouveau modifié la définition du délit de harcèlement sexuel en conférant à l'art. 222-33 la rédaction contestée ; il résulte de ce qui précède que l'art. 222-33 permet que le délit de harcèlement sexuel soit punissable sans que les éléments constitutifs de l'infraction soient suffisamment définis ; ainsi ces dispositions méconnaissent le principe de légalité des délits et des peines et doivent être déclarées contraires à la Constitution ; l'abrogation de l'art. 222-33 prend effet à compter de la publication de la présente décision ; elle est applicable à toutes les affaires non jugées définitivement à cette date. • Cons. const. 4 mai 2012 (JO 5 mai) : *D. 2012. 1372, note Detraz ; Gaz. Pal. 2012. 1. 1391, note Kerebel ; ibid. 2. 3004, note V. Mazeaud ; RSC 2012. 371, obs. Mayaud ; ibid. 380, obs. Cerf-Hollender ; ibid. 2013. 436, obs. de Lamy*. ♦ *Adde* : Roujou de Boubée, *D. 2012. Point de vue. 1344* (Valmont doit-il aller en prison ?).

2. Il résulte de l'art. 6, al. 1er, C. pén., que l'action publique s'éteint par la chose jugée ; par jugement définitif en date du 9 mai 2012, le tribunal correctionnel, saisi de poursuites exercées contre M. X... du chef de harcèlement sexuel, pour des faits commis du 1er sept. 2008 au 19 janv. 2009, sur la personne de Mme F..., a déclaré l'action publique éteinte en raison de l'abrogation de l'art. 222-33 C. pén., dans sa version issue de la L. n° 2002-73 du 17 janv. 2002, applicable à la cause ; le 19 nov. 2012, le ministère public a de nouveau fait citer M. X... devant le même tribunal, sous la prévention d'agressions sexuelles, pour avoir commis des attouchements de nature sexuelle sur la personne de Mme F..., entre le 1er sept. 2008 et le 19 janv. 2009 ; pour rejeter l'exception de chose jugée régulièrement invoquée par M. X..., l'arrêt attaqué énonce que les faits initialement poursuivis par le ministère public n'ont fait l'objet d'aucune décision relative à la culpabilité ou à la relaxe du prévenu ; que le tribunal, saisi *in rem*, aurait dû rechercher si les faits étaient susceptibles de recevoir une autre qualification ; qu'en l'absence d'une telle requalification, il était loisible au ministère public de renvoyer de nouveau le prévenu devant le tribunal correctionnel du chef d'agressions sexuelles ; mais en se déterminant ainsi, alors que l'autorité de la chose jugée, attachée à la décision définitive du tribunal correctionnel qui a constaté l'extinction de l'action publique par l'abrogation de la loi d'incrimination susvisée, faisait obstacle à la reprise de l'action publique sur les mêmes faits autrement qualifiés, la cour d'appel a méconnu le sens et la portée du texte et du principe rappelés ci-dessus. • Crim. 10 déc. 2014 : *pourvoi n° 14-80.230.*

3. Ordres, menaces ou contraintes. L'usage d'ordres, de menaces ou de contraintes par une personne abusant de son autorité est un élément constitutif du harcèlement sexuel prévu et réprimé par l'art. 222-33 C. pén., dans sa rédaction antérieure à la L. du 17 juin 1998 ; ne justifie pas sa décision la cour d'appel qui ne caractérise pas en quoi le prévenu aurait usé d'ordres, de menaces ou de contraintes, en abusant de son autorité, en vue d'obtenir de la victime des faveurs sexuelles. • Crim. 31 mai 2000, n° 99-81.042 P. ♦ Ainsi, ne caractérisent pas un chantage à l'emploi, imputable au prévenu, les gestes posés par lui (tentative d'embrassade, attouchement sur le cou dans un bar) qui n'auraient été supportés par la victime que sous l'effet de la contrainte liée à sa dépendance économique, alors qu'il est particulièrement difficile de trouver un stage d'apprentissage. • Même arrêt.

4. Le fait pour un professeur d'art dramatique, exerçant dans le cadre d'un enseignement à visée professionnelle, d'user de menaces et de pressions graves à l'encontre de ses élèves dans le but d'obtenir des faveurs de nature sexuelle, en abusant de l'autorité que lui confèrent ses fonctions, constitue le délit de harcèlement sexuel. • Crim. 15 juin 2000, n° 99-84.171 P.

5. Un président-directeur général ne se rend pas coupable de harcèlement sexuel envers une salariée en lui manifestant des sentiments amoureux à l'aide de lettres et de poèmes sans pour autant abuser de son autorité par ordres, menaces, contraintes ou pressions dans le but d'obtenir des faveurs sexuelles, dès lors que ces poèmes et ces lettres ne traduisent que l'émoi sentimental de son auteur, sans contenir aucun terme indécent ou obscène dépassant la simple expression d'une passion amoureuse et pouvant affecter la dignité de la salariée dans sa vie professionnelle. • Versailles, 30 juin 1993 : *D. 1993. IR 228* (conflit prud'homal).

6. Par l'art. 222-33 C. pén., dont la nature pénale commande une interprétation stricte, le législateur a entendu incriminer un comportement qui, dans le dessein de faveurs de nature sexuelle et par le recours à des moyens dont l'énumération évoque les manifestations objectives d'une relation d'autorité, caractérise l'exploitation d'une situation de subordination ou de dépendance de la victime ; en effet, il a expressément écarté le terme de pressions et a choisi de ne pas incriminer la seule (toute) attitude de séduction même émanant d'un supérieur hiérarchique. • Versailles, 29 nov. 1996 : *BICC 1997. 711 ; Gaz. Pal. 1997. 1. Somm. 288 ; RSC 1998. 105, obs. Mayaud* • 31 janv. 1997 : *RSC 1998. 105, obs. préc. Mayaud*. ♦ Dès lors qu'un employeur a adopté, à l'égard de sa secrétaire, une attitude générale de séduction exempte de délicatesse et de tact et non dénuée d'arrière-pensées, assortie de manières et de propos douteux suggestifs, grivois ou grossiers, mais qu'aucun élément objectif ne vient cependant caractériser les contraintes résultant d'un abus d'autorité, en vue de faveurs de nature sexuelle, ce comportement reproché au prévenu, qui a pu apparaître insupportable à la partie civile et faire naître, en elle, un sentiment de contrainte, mais dont il n'est pas prouvé qu'il ait mis en œuvre objectivement le rapport d'autorité existant entre l'un et l'autre, n'entre pas dans les prévisions du texte réprimant le harcèlement sexuel. • Versailles, 29 nov. 1996 : *préc.* ♦ Mais procède d'un abus d'autorité le fait, par le gérant d'une société, d'avoir usé de menaces et créé une situation de contrainte dans le but d'obtenir des faveurs de nature sexuelle de la part de son employée, dont l'avenir professionnel était manifestement remis en cause si elle ne cédait pas, et a, par de tels moyens, subordonné ou lié son maintien dans l'entreprise ou les modalités de son activité professionnelle à l'accomplissement de telles faveurs (lesquelles ont été obtenues), un tel comportement, consistant à exploiter la situation de dépendance ou de subordination d'une personne, étant l'expression du mépris de l'autre. • Versailles, 31 janv. 1997 : *préc.*

7. Les faits, pour un président-directeur général, d'avoir effleuré les mains d'une salariée au moment de la pause café devant d'autres employés, de lui avoir « fait du pied » sous la table, de lui avoir dit qu'il l'aimait, de lui avoir porté des regards langoureux ou enjôleurs, de lui avoir fait un cadeau au retour de voyage, comme à deux autres employés, de lui avoir verbalement proposé de l'embrasser sur la bouche, de lui avoir dit, alors qu'elle était au chômage partiel, qu'elle lui manquait « énormément » lorsqu'elle n'était pas au bureau, d'avoir placé sur un véhicule une revue pornographique de façon à ce qu'elle ne puisse pas ne pas la voir, pris séparément ou considérés dans leur ensemble, ne peuvent permettre de caractériser l'infraction de harcèlement sexuel ; en l'occurrence, ni indécents, ni humiliants, ces actes n'ont pu porter atteinte à la dignité de la plaignante ; ils n'ont pas pu constituer un abus d'autorité par ordres, commandes, contraintes ou pressions, dans le but d'obtenir des faveurs sexuelles ; commis sans chantage, ils n'ont été que de simples signaux sociaux conventionnels, lancés de façon espacée les uns des autres dans le temps, de façon à permettre d'exprimer la manifestation, non fautive au plan pénal, d'une inclination pouvant être sincère. • Douai, 10 sept. 1997 : *JCP 1998. II. 10037, note Garé.*

8. Des attouchements répétés, imposés par un supérieur hiérarchique, entrent dans les pressions de toutes natures exercées dans le but d'obtenir des faveurs sexuelles prévues par l'art.

L. 122-46 C. trav. [L. 1153-1 à L. 1153-4 nouv.]. • Paris, 18 sept. 1996 : *D. 1996. IR 264* (conflit prud'homal).

9. Sont des menaces et des contraintes émanant du contremaître d'une usine, prévenu qualifié d'« obsédé sexuel » par la permanence de ses sollicitations, les faits de déclarer à une de ses subordonnées : « n'oubliez pas que je suis le chef et que j'ai mon mot à dire auprès du directeur, alors il faut être gentille avec le chef », et d'indiquer à une autre que si elle faisait des « histoires », son emploi serait menacé, menace d'autant plus caractérisée que cette salariée était sous contrat à durée déterminée. • Lyon, 26 nov. 1998 : *JCP 1999. II. 10145, note Mistretta.*

10. Commet une faute au sens du harcèlement sexuel le chef d'entreprise qui, après une déclaration d'amour à sa secrétaire, opère en sa faveur une brusque augmentation de salaire, puis lui offre de s'associer et d'être intéressée, pour immédiatement formuler des griefs sur l'activité professionnelle, les faits ayant en l'espèce été commis sur les lieux et pendant les heures de travail ; l'attitude du prévenu manifeste sans ambiguïté le dessein d'une activité sexuelle. • Rouen, 11 oct. 1999 : *JCP 2000. IV. 2741.*

11. Le fait d'obliger son employée à porter des tenues à tendance exhibitionniste dans le cadre du travail, à le supposer établi, ne constitue pas le délit de harcèlement sexuel en l'absence de preuve d'une opposition formelle de la partie civile ou de l'obtention en contrepartie d'avantages financiers directs ou de l'existence d'inconvénients sur le plan professionnel ; il en est de même en ce qui concerne une invitation de la part du prévenu à une soirée échangiste hors du travail, l'invitation n'ayant pu se concrétiser qu'avec le consentement nécessaire de la partie civile venue librement avec son compagnon adulte comme elle. • Grenoble, 7 juill. 2000 : *JCP 2001. IV. 1469.*

12. Est coupable du délit de harcèlement sexuel le prévenu, chef de magasin d'un supermarché, qui, dans le cadre de l'exercice de son activité professionnelle, a usé sur une longue période de menaces ou de contraintes exercées sur trois employées du supermarché pour obtenir d'elles des faveurs de nature sexuelle ; tout d'abord, si le délit ne saurait être caractérisé en présence d'agissements démontrant de la simple séduction ou un sentiment sincère, en l'occurrence, la multiplicité des victimes destinataires des propositions de nature sexuelle, au nombre de trois, s'avère incompatible avec la notion de sincérité ou de simple séduction, mais vise à exploiter de manière sexuelle des problèmes ou des difficultés professionnelles rencontrées par ces jeunes femmes ; ensuite, l'abus d'autorité du prévenu, apparaissant aux termes des auditions comme le dirigeant de fait du supermarché, est établi dès lors que ce dernier n'a pas hésité à utiliser ses prérogatives professionnelles pour faire dépendre l'évolution du statut de la partie civile de ses seules initiatives ; les pièces de la procédure font ressortir que le prévenu avait une attitude particulière caractéristique avec la partie civile, consistant à passer plus de temps avec elle qu'avec les autres employées, à la tutoyer, à l'inviter à déjeuner, à multiplier les appels téléphoniques à son domicile dont la teneur n'avait rien de professionnel, à lui faire des cadeaux et à se promener en ville en sa compagnie ; en outre, il a été démontré que le prévenu avait eu une attitude pour le moins équivoque lors du renouvellement du CDD de la partie civile, et de son éventuelle transformation en CDI, qui peut être analysée comme un chantage visant à l'obtention de faveurs sexuelles de la partie civile ; cette attitude fut d'autant plus ambiguë, puisque, à partir du moment où la victime eut obtenu son CDI, il avait cherché à lui nuire par d'autres moyens, en particulier au plan disciplinaire, de manière à maintenir une pression d'origine sexuelle, mais plus pernicieuse, dans le but de confirmer la précarité de cette victime dont il se présentait comme le seul à même de pouvoir faire évoluer la situation personnelle. • Toulouse, 7 nov. 2002 : *JCP 2003. IV. 1707.*

13. Doit être relaxé du chef de harcèlement pour obtention de faveur sexuelle le P.-D.G. d'un centre commercial qui invite à de multiples reprises une de ses employés, et qui se rend notamment avec elle à Paris, voyage au cours duquel il réserve deux places au Lido et une seule chambre d'hôtel ; bien que ces faits aient eu pour conséquence la démission de la victime, suite à un épisode dépressif majeur, il ne ressort pas des faits que le prévenu ait voulu abuser de l'autorité de sa fonction, la victime n'ayant pas fait l'objet de mesures disciplinaires ou de rétorsions à la suite de ses refus réitérés ; ainsi, en l'absence d'éléments objectifs de contraintes exercées par le prévenu, il ne s'agissait que d'une attitude de séduction maladroite et insistante ne permettant pas la caractérisation de l'infraction. • Pau, 6 mai 2004 : *JCP 2004. IV. 3550.*

14. N'a pas justifié sa décision la cour d'appel qui a déclaré le prévenu coupable de harcèlement sexuel sur une de ses élèves, sans caractériser en quoi il avait harcelé la jeune fille dans le but d'obtenir de sa part des faveurs de nature sexuelle, au sens de l'art. 222-33 C. pén. et sans rechercher si les faits n'étaient pas susceptibles de revêtir la qualification d'atteinte sexuelle (fait, pour un professeur, d'embrasser sur la bouche l'une de ses élèves). • Crim. 10 nov. 2004, nº 03-87.986 P : *AJ pénal 2005. 72, obs. Remillieux ; Dr. pénal 2005. 53, obs. Véron ; RSC 2005. 78, obs. Mayaud .*

15. Faveurs de nature sexuelle. Au-delà du coït, il convient d'entendre par « faveurs de nature sexuelle », tout acte de nature sexuelle, et notamment les simples contacts physiques destinés à assouvir un phantasme d'ordre sexuel, voire à accentuer ou provoquer le désir sexuel. • Paris, 18 janv. 1996 : *Gaz. Pal. 1996. 1. 267, note Katz* (référé prud'homal).

16. Preuve. Le directeur général d'une station de radio est justement déclaré coupable de harcèlement sexuel commis au préjudice d'une journaliste de cette station, dès lors que les déclarations de la victime ont été corroborées tant par les constatations objectives ayant trait à la carrière de la jeune fille – dont l'étonnante ascension puis la mise à pied et le licenciement furent aussi rapides qu'injustifiés – que par le témoignage précis et circonstancié d'une collègue de travail. • Paris, 6 oct. 1995 : *Dr. pénal 1996. 31.*

17. Si l'enregistrement d'une conversation téléphonique privée, effectué à l'insu de l'auteur des propos invoqués, est un procédé déloyal rendant irrecevable en justice la preuve ainsi obtenue, il n'en est pas de même de l'utilisation par le destinataire des messages écrits téléphoniquement adressés, dits SMS, dont l'auteur ne peut ignorer qu'ils sont enregistrés par l'appareil récepteur ; ainsi, c'est par une appréciation souveraine qu'une cour d'appel a constaté que les messages écrits litigieux, adressés téléphoniquement à la salariée, et les autres éléments de preuve soumis à son examen établissaient l'existence d'un harcèlement. • Soc. 23 mai 2007, n° 06-43.209 P : *D. 2007. 2284, note Castets-Renard ; JCP 2007. II. 10140, note Weiller.*

18. Peines. Encourt la cassation d'office l'arrêt qui prononce une peine excédant celle prévue par la loi ; il en est ainsi d'une décision qui, pour harcèlement sexuel, condamne le prévenu à 13 mois d'emprisonnement avec sursis, alors que la peine d'emprisonnement applicable à cette infraction est, aux termes de l'art. 222-33 C. pén., d'un an. • Crim. 14 janv. 1998, n° 95-85.685 P.

19. Conflits de qualifications. Sur les difficultés de qualification (harcèlement sexuel, tentative d'agression sexuelle, exhibition sexuelle, violences volontaires avec ITT de moins de huit jours) du comportement d'une personne obsédée par le sexe, tenant quotidiennement des propos obscènes, qui ne cherche pas à obtenir des faveurs de nature sexuelle par ordre, menace ou contrainte en abusant de l'autorité que lui confère ses fonctions, mais qui cherche simplement à satisfaire ses pulsions au besoin par la force et dans l'instant. • Pau, 22 oct. 1997 : *Dr. pénal 1998. 127, obs. Véron.*

20. Si c'est à tort qu'une cour d'appel a estimé que les faits dont elle a reconnu le prévenu coupable ne constituaient pas des agressions sexuelles, prévues et réprimées par les art. 222-22 et *222-27 C. pén., mais seulement* le délit de harcèlement sexuel, prévu et réprimé par l'art. 222-33 du même code, l'erreur de qualification ainsi commise ne saurait entraîner la censure de l'arrêt, dès lors que la peine prononcée entre dans la prévision des deux textes de répression. • Crim. 15 juin 2000, n° 99-84.171 P.

21. Le prévenu a été renvoyé devant le tribunal correctionnel pour avoir, d'une part, commis des faits de harcèlement sexuel au préjudice de la partie civile et, d'autre part, exercé des violences sur cette dernière, alors que, professeur de l'enseignement supérieur, elle dispensait un cours, à l'intérieur d'un établissement d'enseignement ; pour déclarer le prévenu coupable de ces deux chefs de la prévention, l'arrêt confirmatif attaqué retient, par motifs propres et adoptés, en premier lieu que celui-ci, qui ne pouvait ignorer que la partie civile se refusait à toute relation avec lui, lui a adressé de nombreux courriers violents et menaçants à connotation sexuelle et se montrait dans les lieux qu'elle fréquentait, en second lieu, que certains de ses comportements, propos et agissements, notamment son intrusion dans un cours dispensé par la partie civile ont, en raison de l'émotion provoquée, causé une atteinte psychique, justifiant, selon les constatations médicales, une incapacité totale de travail de cinq jours ; en l'état de ces énonciations, la cour d'appel a caractérisé en tous leurs éléments constitutifs les délits de violences commises au sein d'un établissement d'enseignement et de harcèlement sexuel, lesquels sont distincts, tant dans leurs éléments matériels que légaux. • Crim. 21 sept. 2010 : *Gaz. Pal. 2011. 1, p. 260, note Dreyer.*

22. Autorité de la chose jugée au pénal sur le pénal. Par jugement du tribunal correctionnel en date du 8 févr. 2001 le prévenu a été relaxé du chef de harcèlement sexuel pour des faits commis de juin 1998 à mars 2000 ; sur citation directe de la partie civile du chef d'agressions sexuelles aggravées, la même juridiction a prononcé une relaxe ; la cour d'appel, après avoir rejeté l'exception de chose jugée invoquée par le prévenu, l'a condamné pour avoir, de juin 1998 à mars 2000, commis des agressions sexuelles aggravées sur la même personne ; en statuant ainsi, alors que les faits visés par la seconde poursuite étaient les mêmes que ceux soumis à l'appréciation du tribunal correctionnel le 8 févr. 2001, la cour d'appel a méconnu le sens et la portée des art. 4.1 du protocole n° 7 additionnel à la Conv. EDH et 6, al. 1er, C. pr. pén. ; en effet, selon ces textes, l'action publique s'éteint par la chose jugée : un même fait ne peut donner lieu contre le même prévenu à deux actions pénales distinctes. • Crim. 19 janv. 2005, n° 04-81.686 P : *AJ pénal 2005. 196, obs. Porteron ; Gaz. Pal. 2005. 2. Somm. 2803, note Monnet ; RSC 2005. 934, obs. Renucci .*

23. Autorité de la chose jugée au pénal sur le civil. Les décisions de la juridiction pénale ont au civil l'autorité de chose jugée à l'égard de tous et il n'est pas permis au juge civil de méconnaître ce qui a été jugé par le tribunal répressif ; cassation, pour violation du principe de l'autorité de la chose jugée au pénal sur l'action portée devant la juridiction civile, de l'arrêt qui, pour condamner un employeur au paiement de dommages-intérêts pour harcèlement sexuel, retient qu'il est établi que le supérieur hiérarchique s'est livré à des manœuvres de séduction et à des pressions diverses sur la salariée, et qu'il n'importe que le tribunal correctionnel ait prononcé sa relaxe du chef de harcèlement sexuel, la qualification correspondant au délit pénalement sanctionné étant différente du comportement fautif de harcèlement sexuel dans les relations de travail, et l'appréciation du juge prud'homal étant nécessairement différente de celle du juge pénal, alors qu'il résulte des motifs du jugement correctionnel que la matérialité des faits de harcèlement sexuel et la culpabilité de celui auquel ils étaient imputés n'étaient pas établies. • Soc. 3 nov. 2005, n° 03-46.839 P.

24. Action civile. Si, aux termes de l'art. L. 411-11 C. trav. [L. 2132-3 nouv.], les syndicats professionnels peuvent, devant toutes les juridictions, exercer tous les droits réservés à la partie civile, c'est à la condition que les faits déférés au juge portent par eux-mêmes un préjudice direct ou indirect à l'intérêt collectif de la profession qu'ils représentent ; est irrecevable la constitution de partie civile d'un syndicat professionnel, dans l'information ouverte des chefs de viols et harcèlement sexuel, au motif que les faits auraient été perpétrés sur le lieu de travail de la victime et par son supérieur hiérarchique, alors que ces circonstances ne suffisent pas à caractériser une atteinte à l'intérêt collectif des salariés du secteur. • Crim. 23 janv. 2002, n° 01-83.559 P : *Dr. pénal 2002. 66, obs. Véron ; Gaz. Pal. 2003. 2. 2314, note A.C. ; RSC 2002. 832, obs. Giudicelli-Delage*.

Code du travail

Art. L. 1153-1 *(L. n° 2012-954 du 6 août 2012, art. 7)* Aucun salarié ne doit subir des faits :

1° Soit de harcèlement sexuel, constitué par des propos ou comportements à connotation sexuelle répétés qui soit portent atteinte à sa dignité en raison de leur caractère dégradant ou humiliant, soit créent à son encontre une situation intimidante, hostile ou offensante ;

2° Soit assimilés au harcèlement sexuel, consistant en toute forme de pression grave, même non répétée, exercée dans le but réel ou apparent d'obtenir un acte de nature sexuelle, que celui-ci soit recherché au profit de l'auteur des faits ou au profit d'un tiers.

Ancien art. L. 1153-1 *Les agissements de harcèlement de toute personne dans le but d'obtenir des faveurs de nature sexuelle à son profit ou au profit d'un tiers sont interdits.*

1. Caractère répétitif des actes de harcèlement. Le harcèlement ne peut être caractérisé par un seul acte. • Soc. 14 nov. 2007 : *06-45.263.* ♦ La répétition, inhérente à la notion même de harcèlement, peut intervenir sur un court laps de temps. • Soc. 26 mai 2010 : *D. 2010. 1988, note Dedessus-Le-Moustier ; D. actu. 15 juin 2010, obs. Dechristé ; RJS 2010. 580, n° 640 ; JCP S 2010. 1330, obs. Leborgne-Ingelaere ; JS Lamy 2010, n° 281-282-5, obs. Julien-Paturle ; SSL 2010, n° 1449, p. 8, obs. Pelletier.*

2. Illustrations. Constituent des faits de harcèlement sexuel la tenue de propos à caractère sexuel à des collègues féminines, des réflexions déplacées à une autre sur son physique et le fait d'avoir suivi une troisième dans les toilettes ; peu importe que ce comportement ait eu lieu en dehors du temps et du lieu de travail dès lors que ces propos et attitudes déplacés s'adressent à des personnes en contact avec le salarié harceleur en raison de son travail. • Soc. 19 oct. 2011 : *D. actu. 19 oct. 2011, obs. Perrin ; D. 2011. Actu. 2661 ; RJS 2012. 24, n° 7.* ♦ ... Ou physiques, • Paris, 18 janv. 1996 : *Dr. ouvrier 1997. 76.* ♦ ... Les insultes et dénigrements, • Paris, 18 janv. 1996 : *Dr. ouvrier 1997. 76.* ♦ ... Les propos déplacés ou obscènes, • Rennes, 26 juin 1997 : *Juris-Data, n° 046600.* ♦ ... Les gestes déplacés, • Chambéry, 18 janv. 2000 : *RJS 4/2000, n° 371.* ♦ ... Ou encore de faire des compliments à une salariée sur sa poitrine et ses jambes, de lui poser des questions intimes, de se livrer à des attouchements et de lui faire des propositions à caractère sexuel, • Paris, 11e ch. B, 25 avr. 2001 : *Juris-Data n° 144505.*

3. Caractérise un harcèlement sexuel le comportement d'un cadre, dénoncé par sa subordonnée mineure, consistant à tenter de l'embrasser contre son gré sur le lieu de travail, à l'emmener à son domicile en renouvelant à cette occasion des avances de nature sexuelle, et à l'appeler fréquemment par téléphone en dénigrant la relation affectueuse que celle-ci entretenait avec un tiers, provoquant par ces agissements, angoisse et même dépression. • Soc. 24 sept. 2008 : *JCP S 2008. 1537, obs. Leborgne-Ingeleare ; JS Lamy 2008, n° 242-2.*

4. Preuve. Si l'enregistrement d'une conversation téléphonique privée, effectuée à l'insu de l'auteur des propos invoqués, est un procédé déloyal rendant irrecevable la preuve ainsi obtenue, il n'en est pas de même de l'utilisation par destinataire des messages écrits téléphoniquement adressés, dits SMS, dont l'auteur ne peut ignorer qu'ils sont enregistrés par l'appareil récepteur. • Soc. 23 mai 2007 : *D. 2007. AJ 1598, obs. Fabre ; D. 2007. 2284, note Castets-Renard ; RDT 2007. 530, obs. Quenaudon ; JS Lamy 2007, n° 214-4 ; SSL 2007, n° 1311, p. 12 ; JCP S 2007. 1601, note Bossu.*

§ 5 RESPONSABILITÉ PÉNALE DES PERSONNES MORALES *(L. n° 2010-121 du 8 févr. 2010).*

Art. 222-33-1 *(L. n° 2009-526 du 12 mai 2009, art. 124-I)* **« Les personnes morales déclarées responsables pénalement, dans les conditions prévues par l'article 121-2, des infractions définies aux articles 222-22 à 222-31 encourent, outre l'amende suivant les modalités prévues par l'article 131-38, les peines prévues par l'article 131-39. »**

(L. n° 2001-504 du 12 juin 2001) **L'interdiction mentionnée au 2° de l'article 131-39 porte sur l'activité dans l'exercice ou à l'occasion de l'exercice de laquelle l'infraction a été commise.**

L'art. 222-33-1 fait désormais l'objet d'un § 5 spécifique introduit par la L. n° 2010-121 du 8 févr. 2010.

SECTION III *BIS* DU HARCÈLEMENT MORAL

(L. n° 2002-73 du 17 janv. 2002)

Art. 222-33-2 **Le fait de harceler autrui par des** *(L. n° 2014-873 du 4 août 2014, art. 40)* **« propos ou comportements** *[ancienne rédaction : agissements]* **» répétés ayant pour objet ou pour effet une dégradation des conditions de travail susceptible de porter atteinte à ses droits et à sa dignité, d'altérer sa santé physique ou mentale ou de compromettre son avenir professionnel, est puni** *(L. n° 2012-954 du 6 août 2012, art. 2)* **« de deux ans d'emprisonnement et de 30 000 € d'amende** *[ancienne rédaction : d'un an d'emprisonnement et de 15 000 € d'amende]* **».**

RÉP. PÉN. v° *Harcèlement*, par MISTRETTA.

BIBL. ▸ BROUILLAUD et CHAVERON, *Editions du Puits Fleuri, 320 p.* (vaincre le harcèlement moral dans l'entreprise – moyens disponibles, stratégies, risques, exemples de mise en œuvre). – RAVISY, *Delmas, Express 2000* (le harcèlement moral au travail). – SCHEIDT et MILET, *RPDS 2000. 201 à 215* (le harcèlement moral devant les tribunaux). – DEBOUT (présentation par), *Les éditions des Journaux officiels, 2001* (le harcèlement moral au travail, Avis du Conseil économique et social). – DUQUESNE, *D. 2001. Chron. 2845* (harcèlement moral et subordination. Désillusions en marge de la discussion relative au harcèlement moral au travail). – ROLIN, *AJDA 2002. 733* (le harcèlement moral au risque du droit administratif). – PLATEL et VIALA, *JCP E 2002. 762* (le fabuleux destin du concept de harcèlement moral). – SEUVIC, *RSC 2002. 364* (chron. législ.). – PICCA, *LPA n° 15, 21 janv. 2002, p. 53* (le harcèlement moral au travail). – CHARBONNEAU, *CSBP 2002, p. 103* (lutte contre le harcèlement moral). – LAPÉROU-SCHNEIDER, *Dr. social 2002. 313* (les mesures de lutte contre le harcèlement moral). – GAVA, *Prat éd., 2002* (harcèlement moral : comment s'en sortir ?). – MONTEIRO, *RSC 2003. 277* (le concept de harcèlement moral dans le code pénal et le code du travail). – MILET, *RPDS 2003. 273* (le harcèlement moral au travail). – KATZ, *AJ pénal 2005. 13* (le délit de harcèlement moral. Une incrimination nécessaire ? Une application problématique). – DEHARO, *Gaz. Pal. 2010. 2. Doctr. 2629* (du management autoritaire au harcèlement moral : quel rôle pour le certificat médical dans les procédures judiciaires en harcèlement moral ?). – BENILLOUCHE, *Dr. pénal 2015. Étude 18* (pour la création d'une qualification unique de harcèlement). – PHILIP, *Dr. pénal 2018. Pan. 1* (harcèlement moral).

Dossier : La gestion pénale des risques psycho-sociaux, *AJ pénal 2010. 525 s.* : ROUSSEL (prévenir les risques psycho-sociaux en entreprise). – KATZ (dénoncer ou témoigner de faits de harcèlement moral : quels risques encourus ?). – LE SUEUR (harcèlement moral au travail : le positionnement pragmatique du parquet). – DAOUD et DESPLANQUES (la gestion pénale des risques psycho-sociaux en entreprise). – PLACE (risques psycho-sociaux : une communication sous contrainte, un management de la réputation à appréhender).

1. Constitutionnalité. Dès lors que les dispositions de l'art. 222-33-2 C. pén. ont déjà été déclarées conformes à la Constitution par le Conseil constitutionnel dans les motifs et le dispositif de sa Décis. n° 2001-455 DC du 12 janv. 2002 relative à la L. n° 2002-73 du 17 janv. 2002 de modernisation sociale, il n'y a pas lieu de les soumettre à nouveau à son examen en l'absence de changements intervenus, depuis la précédente décision, dans les normes de constitutionnalité applicables ou dans les circonstances, de droit ou de fait, de nature à affecter la portée des dispositions législatives critiquées. En particulier, les dispositions discutées ne sont pas affectées par la Décis. n° 2012-240 QPC du 4 mai 2012 ayant déclaré contraire à la Constitution l'art. 222-33 C. pén. réprimant le délit de harcèlement sexuel, dont les éléments constitutifs n'étaient pas suffisamment définis, dès lors que l'incrimination de harcèlement moral précise que les faits commis doivent présenter un caractère répété et avoir pour objet ou pour effet une dégradation des conditions de travail susceptible de porter atteinte aux droits et à la dignité de la personne harcelée, d'altérer sa santé physique ou mentale ou de compromettre son avenir professionnel. • Crim. 11 juill. 2012 : *D. 2012. Actu. 1967 ; AJ pénal 2012. 655, obs. Lasserre Capdeville ; Rev. pénit. 2012. 627, obs. Lepage.* ♦ Le législateur tient de l'art. 34 Const., ainsi que du principe de la légalité des délits et des peines, l'obligation de fixer lui-même le champ d'application de la loi pénale et de définir les crimes et délits en termes suffisamment clairs et précis pour permettre la détermination des auteurs d'infractions et pour exclure l'arbitraire dans le prononcé des peines. • Cons. const. 12 janv. 2002 : *JO 18 janv., p. 1053 ; RSC 2002. 673, obs. Buck .* ♦ Si l'art. L. 122-49 nouveau C. trav. n'a pas précisé les « droits » du salarié auxquels les agissements incriminés sont susceptibles de porter atteinte, il doit être regardé comme ayant visé les droits de la personne au travail, tels qu'ils sont énoncés à l'art. L. 120-2 C. trav. ; sous cette réserve, doivent être rejetés les griefs tirés tant du défaut de clarté de la loi que de la méconnaissance du principe de légalité des délits. • Même décision.

2. En vertu de l'art. 8 DDH, la loi ne doit établir que des peines strictement et évidemment nécessaires ; le principe de proportionnalité qui en découle implique que, lorsque plusieurs dispositions pénales sont susceptibles de fonder la condamnation d'un seul et même fait, les sanctions subies ne peuvent excéder le maximum légal le plus élevé. • Cons. const. 12 janv. 2002 : *préc. note 1.* ♦ Il appartiendra aux autorités juridictionnelles, ainsi, le cas échéant, qu'aux autorités chargées du recouvrement des amendes, de respecter, dans l'application de la loi déférée, le principe de proportionnalité des peines ci-dessus énoncé ; sous cette réserve, l'instauration dans le code pénal et dans le code du travail de deux incriminations réprimant les agissements de harcèlement moral au travail, dont la première a d'ailleurs un champ d'application plus large que la seconde, n'est pas, en elle-même, contraire à la Constitution. • Même décision. ♦ Sur le caractère « regrettable » de la coexistence, pour la même infraction, de deux textes d'incrimination assortis de pénalités différentes, V. les observations du Gouvernement sur les recours dirigés contre la loi de modernisation sociale (n° 2002-73 du 17 janv. 2002) à l'origine du harcèlement moral *(JO 18 janv. 2002, p. 1080).*

3. QPC. La question prioritaire de constitutionnalité est ainsi rédigée : « Les dispositions de l'art. 222-33-2 C. pén., qui définissent le harcèlement moral, faute de préciser suffisamment les éléments constitutifs de cette infraction, portent-elles atteinte aux droits et libertés que la Constitution garantit et plus exactement au principe de légalité des délits et des peines découlant de l'art. 8 DDH ? » ; les dispositions contestées ont déjà été déclarées conformes à la Constitution par le Cons. const. dans les motifs et le dispositif de sa Décis. n° 2001-455 DC du 12 janv. 2002 relative à la L. n° 2002-73 du 17 janv. 2002 de modernisation sociale ; il n'y a pas lieu de les soumettre à nouveau à son examen en l'absence de changements intervenus, depuis la précédente décision, dans les normes de constitutionnalité applicables ou dans les circonstances, de droit ou de fait, de nature à affecter la portée des dispositions législatives critiquées ; en particulier, les dispositions discutées ne sont pas affectées par la Décis. n° 2012-240 QPC du 4 mai 2012 ayant déclaré contraire à la Constitution l'art. 222-33 C. pén. réprimant le délit de harcèlement sexuel dont les éléments constitutifs n'étaient pas suffisamment définis, dès lors que l'incrimination de harcèlement moral précise que les faits commis doivent présenter un caractère répété et avoir pour objet ou pour effet une dégradation des conditions de travail susceptible de porter atteinte aux droits et à la dignité de la personne harcelée, d'altérer sa santé physique ou mentale ou de compromettre son avenir professionnel ; d'où il suit qu'il n'y a pas lieu de renvoyer la question au Cons. const. • Crim. 11 juill. 2012, n° 11-88.114 P : *D. 2012. Actu. 1967 ; AJ pénal 2012. 655, obs. Lasserre Capdeville ; RPDP 2012. 627, obs. Lepage.*

4. Conventionnalité. Les art. 122-49 C. trav. et 222-33-2 C. pén. n'offrent aucune garantie réelle quant à la prévisibilité des poursuites pénales et, par suite, sont incompatibles avec l'art. 7 Conv. EDH, de sorte qu'ils ne peuvent recevoir application. • TGI Auch, 24 août 2006 : *AJ pénal 2006. 449, obs. Royer ; RSC 2006. 841, obs. Cerf-Hollender .*

5. C'est vainement que le prévenu, poursuivi pour harcèlement moral, invoque la non-conformité de l'art. 222-33-2 C. pén. à l'art. 7 Conv. EDH ; en effet, les termes employés par ce texte renvoient à des notions suffisamment précises ; en outre, la loi ne peut disposer qu'en termes généraux, la définition plus détaillée résultant des lumières du juge ; en ce sens, le texte critiqué n'est pas plus vague que celui qui renvoie à la notion de « cause réelle et sérieuse » de licenciement, à celle de « chose » dans le vol, à celle de manœuvres dans le délit d'escroquerie, ou à celle « d'atteinte » dans le délit d'atteinte sexuelle ; il n'est pas besoin de préciser quels droits sont protégés dès lors que la loi entend protéger les droits de toute nature du salarié ; il est d'ailleurs surprenant de lire que la dignité serait un concept flou. • Montpellier, 4 sept. 2008 : *JCP 2008. IV. 2962.*

6. Application dans le temps. La loi n° 2002-73 du 17 janv. 2002 de modernisation sociale a inséré dans le code pénal une division intitulée « Du harcèlement moral », comprenant un art. 222-33-2 qui permet d'appréhender des faits jusque-là poursuivis sous la prévention de violence avec préméditation, réprimée à l'art. 222-13 C. pén. quand il en est résulté une incapacité de travail inférieure ou égale à huit jours ou quand il n'en est résulté aucune incapacité de travail, et réprimée à l'art. 222-12 C. pén. dans le cas inverse ; en ce sens, les dispositions de la loi nouvelle sont plus douces ; la loi publiée incrimine également des situations qui, auparavant, n'étaient pas pénalement répréhensibles ; ainsi la notion de harcèlement, « agissements répétés ayant pour objet ou pour effet une dégradation des conditions de travail susceptible de porter atteinte à ses droits et à sa dignité, d'altérer sa santé physique ou mentale ou de compromettre son avenir professionnel », ne se confond pas avec la notion de violence, comportement de nature à impressionner vivement la victime ; le délit est constitué dans des hypothèses où le comportement réprimé n'a pas eu pour objet ni pour effet d'altérer la santé de la victime ; de ce fait, la loi prend en compte des situations qui ne pourraient recevoir la qualification de violence ; par ailleurs, le mobile est pris en considération indépendamment du résultat ; le délit de harcèlement moral est constitué en présence d'agissements répétés ayant pour objet de porter un préjudice, quand bien même il n'en est résulté aucun résultat défavorable pour la personne ainsi prise pour cible ; en conséquence, les dispositions de la L. du 17 janv. 2002 sont également plus sévères ; la loi dite de modernisation sociale comprend ainsi des dispositions à la fois plus douces et plus sévères ; cette incrimination de harcèlement moral n'est définie qu'en une seul phrase, de sorte que les nouvelles dispositions sont indivisibles ; dès lors, en application de l'art. 112-1 C. pén., le tribunal ne peut appliquer rétroactivement la L. du 17 janv. 2002, et le délit de violences reproché au prévenu doit être retenu. • TGI La Roche-sur-Yon, 22 avr. 2002 : *Gaz. Pal. 2002. 2. 1017, note Rovinski.*

7. Nature des actes. Pour être caractérisé, le délit de harcèlement moral n'exige pas que les agissements répétés soient de nature différente et aient initialement eu pour objet ou pour effet une dégradation des conditions de travail susceptible de porter atteinte à la dignité et à la santé de la victime. • Crim. 26 janv. 2016, n° 14-80.455 : *D. actu. 15 févr. 2016, obs. Gallois ; D. 2016. Pan. 2424, obs. Miniato ; RSC 2016. 71, obs. Mayaud ; Dr. pénal 2016, n° 58, obs. Conte.*

8. Intention. Le délit de harcèlement moral ne suppose pas que l'auteur ait voulu le dommage survenu à la victime. • Crim. 15 déc. 2016, n° 15-81.853 P : *Dr. pénal 2017, n° 52, obs. Conte.*

9. Nécessité d'une relation de travail. Le délit de harcèlement moral nécessite pour être constitué l'existence d'une relation de travail entre le « harceleur » et la victime. Une telle relation n'existe pas entre une psychologue qui loue un cabinet à un médecin et ce dernier, même si elle exerce en conséquence son activité au sein des mêmes locaux que celui-ci. • Crim. 13 déc. 2016, n° 16-84.253 P : *D. actu. 19 janv. 2017, obs. Benelli-de Bénazé ; RSC 2017. 281, obs. Mayaud .*

10. Illustrations. La fourniture de travail, contrepartie du salaire perçu, est une obligation pour l'employeur, qui ne peut s'en affranchir, même pour des motifs de rationalisation, sans porter atteinte à la dignité du salarié ; par conséquent, le refus de fournir du travail, de façon persistante et accompagné de pressions visant à exclure une salariée ancienne et titulaire d'un mandat syndical de son activité professionnelle, alors que celle-ci reprenait son poste à la suite d'un arrêt maladie, est constitutif de harcèlement moral. • Paris, 10 sept. 2002 : *BICC 2003, n° 114.*

11. S'il existait une profonde mésentente professionnelle entre une salariée et sa supérieure hiérarchique, la première n'acceptant pas l'autorité de la seconde et lui vouant une totale antipathie, rien n'établit qu'au-delà de ce conflit de personnes aient été commis des faits dépassant l'exercice normal du pouvoir hiérarchique, ni des brimades ou vexations répétées destinées à déstabiliser la salariée ; les nombreux certificats médicaux produits, qui lient l'état de santé actuel de la salariée à un harcèlement moral subi au travail, sont insuffisamment probants alors qu'une mésentente dégénérant en conflit de personnes est susceptible d'avoir des répercussions identiques sur l'état de santé. • Rennes, ch. prud'h., 19 juin 2003 : *JCP 2004. IV. 1118.*

12. Le harcèlement moral se définit par des agissements répétés de l'employeur envers le salarié ayant pour objet ou pour effet une dégradation des conditions de travail susceptible de porter atteinte à ses droits, à sa dignité, d'altérer sa santé physique ou mentale ou de compromettre son avenir professionnel ; seul le juge, à la lumière des faits, peut dire si celui-ci est ou non caractérisé ; en l'espèce, la réalité du harcèlement moral ne peut ressortir du certificat médical ; en effet, un salarié peut, jusqu'à subir une altération de sa santé, mal vivre les contraintes de son travail sans que cela soit forcément imputable à son employeur, même s'il y a conflit de personnes ; les attestations fournies par la salariée mentionnent les appréciations de leurs auteurs qui ne procèdent que de leur ressenti nécessairement subjectif et confirment seulement que la conception du travail tel qu'il doit être exécuté était radicalement différente entre l'employeur nécessairement désintéressé dans une association sans but lucratif, mais alors forcément motivé et passionné par une mission militante, et la salariée utilisant sa force de travail à la seule fin de la rémunération et de la formation qu'elle lui procurait ; le document présenté comme un journal intime ne peut valoir comme tel, dès lors que manifestement, tant son support, que sa présentation en page et sa typographie excluent qu'il ait pu être tenu et écrit au jour le jour ; l'employeur, même s'il a pu être maladroit, n'est pas allé au-delà des limites de son pouvoir de direction et de contrôle mis en œuvre en l'espèce avec un souci de qualité et une exigence que ne partageait pas forcément la salariée mais que son état de subordination lui imposait ; le harcèlement n'étant pas caractérisé, la demande de dommages-intérêts formulée en réparation du préjudice tiré de ce prétendu comportement de l'employeur ne peut donc qu'être rejetée. • Toulouse, ch. soc., 5 nov. 2004 : *JCP 2005. IV. 1317.*

13. Pour déclarer le maire d'une commune coupable de harcèlement moral envers une secrétaire de mairie, à compter de l'entrée en vigueur de la L. du 17 janv. 2002 ayant institué l'art. 222-33-2 C. pén., l'arrêt, après avoir énoncé que les faits survenus postérieurement au mois d'août 2002 et jusqu'à la radiation de la secrétaire de mairie pour abandon de poste au mois de janvier 2003, s'ils n'entraient pas dans la prévention, devaient être rappelés à titre de renseignements, dans la mesure où ils s'inscrivaient dans le prolongement des agissements poursuivis et en constituaient l'aboutissement logique, relève notamment que le prévenu a tardé à mettre en œuvre les mesures relatives à la réduction du temps de travail, dont le principe avait été voté par le conseil municipal, et qu'il a modifié les permanences de la mairie en imposant délibérément à la secrétaire des heures de présence incompatibles avec les occupations professionnelles de cet agent dans une autre mairie ; les juges ajoutent que le prévenu l'a empêchée d'accéder librement à son lieu de travail, tout comme aux documents qu'elle devait traiter et à l'ordinateur de la mairie, qu'il lui a adressé, souvent devant témoins, des reproches injustifiés quant à l'exécution de son travail, ou des réflexions désobligeantes, et, qu'à partir du mois de juillet 2002, il l'a irrégulièrement privée de salaires ; la cour d'appel en déduit que le maire a pris à l'encontre de la secrétaire un ensemble de mesures vexatoires, injustes et inappropriées trouvant leur justification dans sa volonté de se séparer d'une secrétaire de mairie qui ne lui convenait plus ; la cour d'appel a caractérisé le délit retenu en tous ses éléments constitutifs, tant matériels qu'intentionnel, dès lors qu'elle a mis en évidence, à la charge du maire, des agissements répétés ayant pour objet ou pour effet d'entraîner une dégradation des conditions de travail susceptible de porter atteinte aux droits de la victime, au sens de l'art. L. 120-2 C. trav., et à sa dignité. • Crim. 21 juin 2005, n° 04-86.936 P : *D. 2005. Pan. 2989, obs. Garé ; ibid. 2006. Pan. 31, obs. Escande-Varniol ; AJ pénal 2005. 329, obs. Boisset ; RLCT 2005/6, n° 148, obs. Mayaud ; Dr. pénal 2005. 157, obs. Véron ; RSC 2005. 850, obs. Mayaud .* ♦ Rejet du pourvoi contre • Riom, 4 nov. 2004 : *JCP 2005. IV. 3536.*

14. Est victime d'un harcèlement moral la salariée, engagée en qualité de vendeuse, dès lors que les propos de l'employeur, jamais démentis, et les mesures prises par celui-ci constituent des agissements répétés ayant pour objet ou pour effet une dégradation des conditions de travail susceptibles de porter atteinte aux droits et à la dignité de la salariée au sens de l'art. L. 122-49 C. trav., l'employeur n'apportant pas la preuve contraire visée à l'art. L. 122-52 puisqu'il avait l'intention de « lui en faire baver » ; ... peu importe que des attestations témoignent de relations de travail normales avec des collègues, la salariée étant victime d'un traitement personnel, et peu importe qu'il soit fait état de réactions inopportunes et de la susceptibilité de la salariée, celles-ci ne disculpant pas les faits de harcèlement. • Douai, ch. soc., 31 mars 2005 : *JCP 2005. IV. 3832.*

15. Le prévenu, chef d'entreprise, a été poursuivi du chef de harcèlement moral pour avoir insulté un salarié en raison de la mauvaise qualité du travail accompli et pour l'avoir laissé, avec un autre salarié, sur le chantier, sans véhicule pour rentrer chez eux ; le délit prévu par l'art. 222-33-2 C. pén. nécessite la répétition d'agissements ayant pour objet ou pour effet une dégradation des conditions de travail ; en l'espèce, les faits se sont déroulés au cours de la même journée, dans un court laps de temps ; ce déroulement en une journée ne peut avoir eu pour effet une dégradation des conditions de travail ; de plus, il n'est pas établi que le prévenu ait eu la volonté de désorganiser les conditions de travail ; dès lors, le délit n'est pas constitué et la décision de condamnation doit être infirmée. • Douai, 13 sept. 2005 : *JCP 2005. IV. 3829.*

16. Les juges du fond apprécient souverainement l'existence d'un harcèlement moral ; la cour d'appel, statuant par motifs propres ou adoptés, a constaté que le changement de bureau était motivé par le souci de la direction de rapprocher la surveillante générale de ses propres bureaux, qu'elle avait conservé sa qualification et ses fonctions nonobstant l'allégement de ses tâches, qui était consécutif à ses plaintes sur ses charges de travail, que ses astreintes, dont la rémunération avait été maintenue, avaient été rétablies après une diminution d'un mois, et que la mention dans un document d'une autre surveillante générale procédait d'une erreur matérielle ; ces appréciations souveraines échappent aux critiques du moyen selon lequel la cour d'appel aurait violé l'art. L. 122-49 C. trav. en déboutant la salariée de sa demande de dommages-intérêts en réparation du harcèlement moral dont elle soutient avoir été victime de la part de son employeur. • Soc. 23 nov. 2005, n° 04-46.152 P. ♦ Dès lors qu'il est établi, par des témoignages recueillis auprès de collègues, que le prévenu a outrepassé les limites de l'exercice de son pouvoir de direction et que les actes accomplis ont porté atteinte à la santé de sa subordonnée, une enquête interne concluant à l'inexistence d'un harcèlement moral ne lie pas le juge. • Crim. 8 juin 2010 : *Dr. pénal 2010, n° 117, obs. Véron.*

17. L'art. 222-33-2 C. pén. ne distingue pas entre les auteurs potentiels des actes de harcèlement, et il s'ensuit qu'ils sont susceptibles d'être imputés tant à l'employeur, ou à une personne substituée à lui, qu'à un collègue de travail ; en l'espèce, le prévenu et la victime sont salariés d'une société et le prévenu a exprimé en public des moqueries et des quolibets à l'encontre de la victime ; il a affiché, sur des panneaux syndicaux, des faire-part de son remariage avec l'ex-épouse du plaignant et de la naissance de l'enfant né de cette union, ces panneaux étant lus par l'ensemble du personnel ; le prévenu a également proféré des menaces de mort contre la victime, et il a profité de ses fonctions de délégué syndical pour intervenir auprès de l'inspection du travail afin de nuire à celle-ci ; ces faits ont entraîné une dégradation des conditions de travail de l'intéressé portant atteinte à sa dignité ; ils ont également nui à sa santé, et la victime justifie avoir été suivie par des psychologues et un psychiatre depuis plusieurs années ; ils ont enfin compromis l'avenir professionnel du plaignant en le discréditant aux yeux de ses supérieurs. • Douai, 24 janv. 2006 : *JCP 2006. IV. 2872.*

18. Le prévenu, directeur de cabinet d'un maire nouvellement élu, qui s'en prend à une collaboratrice en place depuis plusieurs années en multipliant les attitudes vexatoires notamment par agressions verbales par téléphone, retrait systématique des attributions de la victime, jet de ses dossiers et modifications des emplois du temps, se rend coupable de violences volontaires dès lors qu'il est établi que l'ITT de plus de 8 jours subie par la victime à la suite d'une dépression nerveuse a bien pour cause cette attitude. • Grenoble, 7 juin 2006 : *JCP 2006. IV. 3322.* ♦ En retirant aux personnels de la mairie leurs attributions principales, en leur imputant des mensonges, en multipliant les invectives et les injures, il se rend également coupable de harcèlement moral à leur *encontre, dès lors que* cette attitude a provoqué chez les victimes des troubles physiques et psychiques. • Même arrêt.

19. Il résulte du jugement, de l'arrêt et des pièces de procédure que le prévenu, président d'une société, a été poursuivi pour avoir, entre le mois d'avril 2002 et le mois de juin 2003, d'une part, pris en considération l'appartenance de Jean-Pierre B au syndicat auquel il était affilié, pour arrêter ses décisions relatives à la répartition du travail, la rémunération et l'octroi d'avantages sociaux, en l'affectant à des tâches dévalorisantes, en effectuant des retenues sur salaire illicites et en lui interdisant d'utiliser les moyens collectifs de transport de l'entreprise, et, d'autre part, pour avoir, au cours de la même période, harcelé ledit salarié par des agissements répétés ayant pour objet ou pour effet d'entraîner une dégradation de ses conditions de travail susceptible de porter atteinte à ses droits et à sa dignité, d'altérer sa santé et de compromettre son avenir professionnel ; pour dire l'infraction de discrimination syndicale établie, l'arrêt, confirmant le jugement entrepris, énonce notamment que Jean-Pierre B., affecté à des tâches ne correspondant pas à sa qualification, a subi des retenues sur salaire injustifiées et a été privé, contrairement aux autres membres de la société occupant des fonctions de nature identique aux siennes, des facilités de transport consenties gracieusement par l'entreprise pour effectuer les déplacements professionnels, ainsi que de divers avantages ; pour déclarer le prévenu également coupable de harcèlement moral au préjudice du même salarié, sur le fondement de l'art. 222-33-2 C. pén., les juges du fond relèvent que les diverses brimades auxquelles le prévenu a procédé de façon répétée ont entraîné la dégradation des conditions de travail de Jean-Pierre B. ; ils ajoutent que ce salarié, empêché d'exercer pleinement ses fonctions de chef d'équipe, a été discrédité vis-à-vis de ses collègues de travail, qu'il s'est retrouvé dans une situation financière difficile, que sa santé tant physique que mentale s'en est trouvée altérée, au point qu'il a été contraint, à la suite des faits, d'interrompre l'exercice de son activité, et que son avenir professionnel a été compromis ; les juges énoncent enfin que, bien que procédant des mêmes agissements du prévenu, les infractions d'entrave à l'exercice du droit syndical et de harcèlement moral doivent être toutes deux retenues, dès lors que ces infractions sanctionnent la violation d'intérêts distincts ; en se déterminant ainsi, par des motifs caractérisant en tous leurs éléments constitutifs les délits retenus, la cour d'appel, qui a répondu aux chefs péremptoires des conclusions dont elle était saisie, a, en l'état des mentions de l'acte de poursuite, justifié sa décision sans méconnaître les textes légaux et conventionnels invoqués par le demandeur. • Crim. 6 févr. 2007, n° 06-82.601 P : *D. 2007. AJ 870 ; RSC 2007. 527, obs. Fortis ; ibid. 2007. 818, obs. Mayaud ; ibid. 824, obs. Cerf-Hollender ; AJ pénal 179, obs. Royer ; JCP 2007. IV. 1551.*

20. Tout jugement ou arrêt doit comporter les motifs propres à justifier la décision et répondre aux chefs péremptoires des conclusions des parties, et l'insuffisance ou la contradiction des motifs équivaut à leur absence ; il résulte de l'arrêt attaqué et des pièces de procédure que le prévenu, négociateur dans une agence immobilière, a été poursuivi devant le tribunal correctionnel, sur le fondement de l'art. 222-32-2 C. pén., pour avoir harcelé moralement un collègue d'origine centrafricaine, placé sous ses ordres, notamment en lui parlant régulièrement « petit nègre » et en se moquant de lui ; les premiers juges ont déclaré le prévenu coupable de ce délit ; pour infirmer la décision entreprise sur l'appel du prévenu, l'arrêt retient que « si elle révèle une forme d'esprit regrettable et un humour déplacé et inapproprié », la manière dont le prévenu parlait à son collègue, bien que perçue comme difficilement supportable, ne constitue pas une pression répétée portant atteinte aux droits de la partie civile ; en se déterminant ainsi, sans rechercher si la manière de parler du prévenu n'était pas constitutive, par son caractère habituel, d'agissements répétés ayant pour objet ou pour effet une dégradation des conditions de travail de la victime, susceptible de porter atteinte à ses droits et à sa dignité, d'altérer sa santé physique ou mentale ou de compromettre son avenir professionnel, la cour d'appel n'a pas légalement justifié sa décision. • Crim. 12 déc. 2006 : *Dr. pénal 2007. 48, obs. Véron.*

21. Pour confirmer le jugement ayant déclaré les prévenus coupables de harcèlement moral, les juges du second degré énumèrent et analysent les faits et circonstances, ainsi que les témoignages recueillis et les pièces versées aux débats, dont ils déduisent que les conditions de travail de la partie civile se sont dégradées en raison des agissements répétés des prévenus, qui ont outrepassé les limites de l'exercice de leur pouvoir disciplinaire, et ont porté atteinte aux droits, à la dignité et à la santé de la salariée ; en l'état de ces motifs, exempts d'insuffisance comme de contradiction et qui répondent aux chefs péremptoires des conclusions dont elle était saisie, la cour d'appel, qui n'a pas excédé sa saisine, a justifié sa décision au regard des dispositions de l'art. 222-33-2 C. pén. • Crim. 25 sept. 2007 : *JCP 2008. II. 10004, note Colonna.*

22. A commis le délit de harcèlement moral à l'encontre de sa secrétaire le prévenu, exerçant une activité commerciale de réparation et de vente de petits appareils pour l'agriculture, qui lui a fait parvenir dans un laps de temps très court un nombre considérable de lettres recommandées avant de la licencier ; certes, il n'appartient pas à la juridiction correctionnelle de juger des relations professionnelles entre cette salariée et son employeur ; toutefois, force est de constater que le nombre, la précipitation et l'accumulation des lettres recommandées, en si peu de temps (six avertissements et une mise à pied en un peu plus d'un mois), dans ce cas, étaient bel et bien de nature à perturber la salariée par la pression morale qu'elles faisaient peser sur elle, l'empêchant au surplus de travailler dans des conditions ordinaires et compromettant ainsi son avenir professionnel. • Toulouse, 19 juin 2008 : *JCP 2008. IV. 2646.*

23. Pour confirmer le jugement ayant condamné le prévenu du chef de harcèlement moral envers Christiane Y..., sa salariée, l'arrêt, après avoir retenu le témoignage de personnes qui n'étaient plus employées du prévenu au moment des faits incriminés, se fonde sur « les éléments concrets issus du vécu personnel » d'autres employés pour en déduire « des agissements répétés du prévenu ayant eu pour effet une dégradation de leurs conditions de travail qui ont porté atteinte à leur dignité et altéré leur santé physique et mentale, en particulier en ce qui concerne Christiane Y... » ; en prononçant ainsi, sans caractériser les agissements répétés du prévenu envers Christiane Y... ayant eu pour effet une dégradation des conditions de travail de celle-ci, la cour d'appel n'a pas justifié sa décision. • Crim. 1er sept. 2010 : *Gaz. Pal. 2010. 2, p. 3560, note Dreyer.*

24. Est constitutif de harcèlement moral le fait, par le maire d'une commune rurale, d'avoir pris, pendant trois années, en toute connaissance de cause, à l'encontre de la secrétaire de mairie qui ne lui convenait pas, un ensemble de mesures vexatoires, injustes et inappropriées. • Crim. 22 nov. 2011 : *RSC 2012. 547, obs. Mayaud ; RLCT 2012/82, n° 2288, note Mayaud.*

25. D'une part, selon l'art. 222-33-2 C. pén., constitue le délit de harcèlement moral le fait de harceler autrui par des agissements répétés ayant pour objet ou pour effet une dégradation des conditions de travail susceptible de porter atteinte à ses droits et à sa dignité, d'altérer sa santé physique ou mentale, ou de compromettre son avenir professionnel ; d'autre part, sur le fondement des art. 591 et 593 C. pr. pén., tout jugement ou arrêt doit comporter les motifs propres à justifier la décision ; l'insuffisance ou la contradiction des motifs équivaut à leur absence ; à la suite du suicide de M. X..., chef d'un service d'action sociale territoriale, M. Y..., éducateur au sein de ce service, a été cité à comparaître devant le tribunal correctionnel, sur le fondement de l'art. 222-33-2 C. pén., pour avoir harcelé M. X... en dévalorisant de façon réitérée son action, en diffusant à son propos une image d'incompétence dans son milieu professionnel, et en adoptant à son égard un comportement irrévérencieux et méprisant ; le tribunal correctionnel a dit la prévention établie, en retenant notamment que le dénigrement auquel s'était livré le prévenu pendant plusieurs années avait contribué à dégrader les conditions de travail de M. X..., au point d'altérer sa santé physique ou mentale et de compromettre son avenir professionnel ; le prévenu, le ministère public et les ayants droit de M. X... ont relevé appel de la décision ; pour infirmer le jugement et débouter les parties civiles de leur demandes, après avoir relevé que les agissements répétés de M. Y... avaient pu avoir pour effet de dégrader les conditions de travail de M. X... au sein du service, l'arrêt énonce que, pour constituer le délit de harcèlement moral, les agissements commis doivent avoir nécessairement porté atteinte aux droits, à la dignité de la victime, ou altéré sa santé physique ou mentale, ou encore compromis son avenir professionnel ; les juges ajoutent que le prévenu, subordonné de la victime, n'avait ni les qualités ni les moyens de compromettre l'avenir professionnel de celle-ci, et qu'aucun élément de la procédure ne permet d'établir que les faits en cause aient été à l'origine d'une dégradation physique ou mentale du défunt ; mais en l'état de ces motifs pour partie contradictoires, la cour d'appel, qui a ajouté à la loi des conditions qu'elle ne comporte pas, d'une part, en retenant que les conséquences de la dégradation des conditions de travail devaient être avérées, alors que la simple possibilité de cette dégradation suffit à consommer le délit de harcèlement moral, et, d'autre part, en subordonnant le délit à l'existence d'un pouvoir hiérarchique, alors que le fait que la personne poursuivie soit le subordonné de la victime est indifférent à la caractérisation de l'infraction, a méconnu les textes susvisés et les principes ci-dessus énoncés. • Crim. 6 déc. 2011, n° 10-82.266 P : *D. 2012. 225, obs. Girault ; RLCT 2012/79, n° 2189, note Mayaud ; JCP G 2012, n° 410, note Mistretta ; Gaz. Pal. 2012. 1.828, note Dreyer ; RSC 2012. 138, obs. Mayaud*.

26. D'une part, selon l'art. 222-33-2 C. pén., constitue le délit de harcèlement moral le fait de harceler autrui par des agissements répétés ayant pour objet ou pour effet une dégradation des conditions de travail susceptible de porter atteinte à ses droits et à sa dignité, d'altérer sa santé physique ou mentale, ou de compromettre son avenir professionnel ; d'autre part, au regard de l'art. 593 C. pr. pén., tout jugement ou arrêt doit comporter les motifs propres à justifier la décision, et l'insuffisance ou la contradiction des motifs équivaut à leur absence ; pour dire n'y avoir charges suffisantes contre les mis en examen d'avoir commis le délit de harcèlement moral, l'arrêt énonce notamment que la succession d'arrêts de travail fondés sur des certificats médicaux laconiques ne saurait démontrer, en l'absence de tout document médical sérieux, une altération de la santé physique ou mentale de M. X... ; en l'état de ces seuls motifs, la chambre de l'instruction, qui a ajouté à la loi des conditions qu'elle ne comporte pas, en retenant que *les conséquences* de la dégradation des conditions de travail devaient être avérées, alors que la simple possibilité d'une telle dégradation suffit à consommer le délit de harcèlement moral, a méconnu les textes susvisés et les principes ci-dessus énoncés. • Crim. 14 janv. 2014, n° 11-81.362 P : *D. actu. 7 févr. 2014, obs. Le Dré ; AJ pénal 2014. 301, obs. Porteron ; Dr. pénal 2014, n° 53, obs. Véron ; RSC 2014. 66, obs. Mayaud*.

27. Il résulte de l'arrêt attaqué et des pièces de procédure que M. X..., maire d'une commune, est poursuivi du chef de harcèlement moral de Mme Y..., employée municipale, en usant d'agissements répétés et, notamment, en l'isolant de son environnement professionnel et en dévalorisant son travail et sa personnalité, et ce, à de multiples reprises ; pour confirmer le jugement ayant déclaré le prévenu coupable de ce délit, l'arrêt prononce par les motifs repris aux moyens ; en l'état de ces motifs, fondés sur son appréciation souveraine des faits et éléments de preuve contradictoirement débattus, la cour d'appel, qui n'a pas excédé sa saisine ni inversé la charge de la preuve, a caractérisé, sans insuffisance ni contradiction, le délit retenu en tous ses éléments, tant matériels qu'intentionnel, dès lors qu'elle a mis en évidence à la charge de M. X... des agissements répétés, étrangers à son pouvoir d'organisation et de direction des services municipaux, ayant pour objet ou pour effet d'entraîner une dégradation des conditions de travail de la partie civile susceptible d'altérer sa santé physique ou mentale ou de compromettre son avenir professionnel. • Crim. 4 sept. 2012 : *RLCT 2012/85, n° 2361, note Mayaud ; RSC 2012. 857, obs. Mayaud*. ♦ Pour déclarer les agissements du prévenu détachables de ses fonctions de maire, l'arrêt énonce que, s'ils ont été commis à l'occasion de l'exercice de celles-ci, M. X... s'est livré personnellement, de manière intentionnelle et répétée, à des actes fautifs ayant gravement dégradé les conditions de travail de Mme Y... et ayant concouru à l'altération de son état de santé ; en l'état de ces motifs, la cour d'appel a justifié sa décision, dès lors qu'il résulte de ses constatations que les faits commis par le prévenu constituaient des manquements volontaires et inexcusables à des règles d'ordre professionnel et déontologique. • Même arrêt. ♦ La responsabilité de l'administration en raison des fautes commises par un agent n'est pas exclusive de celle dudit agent ayant commis un manquement volontaire et inexcusable à des obligations d'ordre professionnel et déontologique (à propos du maire d'une commune condamné pour harcèlement moral à l'encontre de deux employés). • Crim. 29 nov. 2016, n° 15-80.229 P : *D. actu. 20 déc. 2016, obs. Benelli de Bénazé*.

28. Pour dire M. X... coupable, notamment, d'avoir, par des agissements répétés ayant pour objet ou pour effet une dégradation des conditions de travail susceptible de porter atteinte aux droits et à la dignité de M. Z... et de Mme Y..., salariés de la société investis de fonctions représentatives, d'altérer leur santé physique ou mentale ou de compromettre leur avenir professionnel, les juges du fond retiennent que M. Z... a fait successivement l'objet, de la part du prévenu, d'une plainte pour incendie volontaire classée sans suite en raison du caractère accidentel des faits, puis d'une mise à pied injustifiée et de trois procédures de licenciement, toutes refusées par l'inspection du travail, et que la répétition de ces initiatives, qui se sont révélées infondées, a entraîné une altération de la santé du salarié ; les juges ajoutent que Mme Y... qui, ayant soutenu M. Z..., a fait aussi l'objet d'une procédure de licenciement ensuite abandonnée, a, à plusieurs reprises, été mise en cause de façon violente par M. X..., et que ces faits ont également entraîné une altération de sa santé ; en l'état de ces constatations et énonciations, dont il résulte que les agissements dénoncés, commis de façon répétée, ont entraîné la dégradation des conditions de travail des deux salariés, au sens de l'art. 222-33-2 C. pén., la cour d'appel a justifié sa décision. • Crim. 28 mai 2013 : *D. actu. 12 juill. 2013, obs. Winckelmuller ; AJ pénal 2013. 544, obs. Priou*.

29. Une cour d'appel a caractérisé en tous ses éléments, tant matériel qu'intentionnel, le délit de harcèlement moral dont elle a déclaré coupable le maire d'une commune, et, après avoir retenu à bon droit sa compétence pour statuer sur l'action civile en l'état d'agissements fautifs du prévenu détachables du service, a justifié l'allocation, au profit des parties civiles, de l'indemnité propre à réparer le préjudice moral découlant de l'infraction. • Crim. 8 avr. 2014 : *RLCT 2014/107, n° 2808, p. 31, note Mayaud ; RSC 2014. 782, obs. Mayaud*.

30. Conflits de qualifications. V. ss. art. 222-13.

31. Action civile. Toute personne victime d'un dommage, quelle qu'en soit la nature, a droit d'en obtenir réparation de celui qui l'a causé par sa faute ; par ailleurs, lorsque l'action publique a été mise en mouvement par le ministère public et que la victime n'a pas renoncé à l'action civile, ses ayants droit sont recevables à agir devant la juridiction saisie ; encourt dès lors la cassation l'arrêt de la chambre de l'instruction qui, dans l'information ouverte, du chef de harcèlement moral, sur la plainte avec constitution de partie civile des ayants droit d'une personne qui s'est donnée la mort, déclare irrecevable leur appel de l'ordonnance de non-lieu rendue par le juge d'instruction, au motif qu'ils ne justifient pas d'un préjudice personnel et que ni le ministère public, ni la victime de l'infraction reprochée n'ont mis en mouvement l'action publique du vivant de cette dernière. • Crim. 1er sept. 2010, n° 09-87.624 P.

32. En accueillant la constitution de partie civile de la veuve d'un homme – dont elle relève que, vivant avec celui-ci dans le temps de la prévention, elle est fondée à se prévaloir des répercussions que la situation créée a pu avoir sur sur leur vie de couple – à raison du préjudice personnel par elle subi du fait du délit de harcèlement moral dont celui-ci avait fait l'objet, une cour d'appel applique les art. 2 et 3 C. pr. pén. • Crim. 5 févr. 2013 : *Dr. pénal 2013, n° 81, obs. Maron et Haas.*

33. A justifié sa décision au regard des dispositions de l'art. L. 2132-3 C. trav. la cour d'appel qui, pour dire recevable la constitution de partie civile du syndicat CGT Bourse Investissements, relève que les agissements poursuivis, en ce qu'ils ont eu pour effet de porter atteinte, à l'occasion de la réorganisation de la société E..., aux conditions d'emploi et à la santé au travail d'un salarié de cette entreprise, ont nécessairement porté atteinte aux intérêts collectifs de la profession. • Crim. 5 févr. 2013, n° 11-89.125 : *préc. note 32.*

34. Responsabilité civile. D'une part, selon l'al. 1er de l'art. L. 122-49 C. trav., aucun salarié ne doit subir les agissements répétés de harcèlement moral qui ont pour objet ou pour effet une dégradation des conditions de travail susceptible de porter atteinte à ses droits et à sa dignité, d'altérer sa santé physique ou mentale ou de compromettre son avenir professionnel ; d'autre part, la responsabilité de l'employeur, tenu de prendre, en vertu de l'art. L. 230-2-II (g) C. trav., les mesures nécessaires à la prévention des risques professionnels liés au harcèlement moral n'exclut pas la responsabilité du travailleur auquel il incombe, selon l'art. L. 230-3 du même code, de prendre soin de la sécurité et de la santé des personnes concernées du fait de ses actes ou de ses omissions au travail ; il résulte de ces dispositions spécifiques aux relations de travail au sein de l'entreprise, qu'engage sa responsabilité personnelle à l'égard de ses subordonnés le salarié qui leur fait subir intentionnellement des agissements répétés de harcèlement moral. • Soc. 21 juin 2006 : *D. 2006. 2831, note Miné ; ibid. 2007. Pan. 183, obs. Dockès ; Gaz. Pal. 2006. 2. 2489, avis Allix ; JCP 2006. II. 10166, note Petit ; Dr. soc. 2006. 832, note Radé.*

35. L'employeur est tenu envers ses salariés d'une obligation de sécurité de résultat en matière de protection de la santé et de la sécurité des travailleurs dans l'entreprise, notamment en matière de harcèlement moral, et l'absence de faute de sa part ne peut l'exonérer de sa responsabilité. • Soc. 21 juin 2006 : *préc. note 34.* ♦ Il doit répondre des agissements des personnes qui exercent, de fait ou de droit, une autorité sur ses salariés (insultes du président du conseil syndical envers un gardien d'immeuble). • Soc. 19 oct. 2011 : *D. 2011. AJ 2661*.

36. En vertu du contrat de travail le liant à son salarié, l'employeur est tenu d'une obligation de sécurité de résultat, et le manquement à cette obligation a le caractère d'une faute inexcusable, au sens de l'art. L. 452-1 CSS, lorsque l'employeur avait ou aurait dû avoir conscience du danger auquel était exposé le salarié et qu'il n'a pas pris les mesures nécessaires pour l'en préserver ; les énonciations de l'arrêt, selon lesquelles l'équilibre psychologique du salarié avait été gravement compromis à la suite de la dégradation continue des relations de travail et du comportement de l'employeur (tentative de suicide), caractérisent le fait que ce dernier avait ou aurait dû avoir conscience du danger auquel était exposé son salarié et qu'il n'a pas pris les mesures nécessaires pour l'en préserver. • Civ. 2e, 22 févr. 2007, n° 05-13.771 P : *D. 2007. 791, obs. Fabre ; ibid. 1767, note Kobina Gaba ; JCP 2007. II. 10144, note Colonna ; Gaz. Pal. 2007. 1. 1953, note Bachelot ; RLDA 2007/16, n° 971, note Cornesse.*

37. Estimant que le suicide d'une salariée était la conséquence directe du harcèlement moral que lui avait fait subir le chef du service de la comptabilité de la société, son veuf, agissant tant en son nom personnel qu'au nom de ses enfants mineurs, a assigné devant le tribunal de première instance le chef de service et la société en réparation de leur préjudice moral ; pour les condamner à réparer le préjudice subi, l'arrêt avait retenu que le comportement fautif, en tant que chef de service de la société, était à l'origine du suicide de la salariée et que la société, en tant que commettant, était civilement responsable de son préposé ; en statuant ainsi, sans rechercher si les circonstances du décès ne conduisaient pas à le qualifier d'accident du travail, ce qui rendrait seules applicables les dispositions d'ordre public du Décr. n° 57-245 du 24 févr. 1957 (relatif à la réparation et à la prévention des accidents du travail et des maladies professionnelles dans les territoires d'outre-mer), la cour d'appel a privé sa décision de base légale au regard du texte précité. • Civ. 2e, 10 mai 2007, n° 06-10.230 P.

38. Electa una via. Selon les dispositions de l'art. 5 C. pr. pén., la partie qui a exercé son action devant la juridiction civile compétente ne peut la porter devant la juridiction répressive ; le prévenu ayant fait valoir que l'action pénale engagée à son encontre des chefs d'entrave, de discrimination syndicale et de harcèlement moral, était irrecevable au regard des dispositions de l'art. 5 C. pr. pén., la partie civile ayant auparavant saisi le conseil de prud'hommes d'une demande indemnitaire pour les mêmes faits d'entrave, de discrimination syndicale et de harcèlement moral, une cour d'appel, pour rejeter cette exception, avait retenu que les deux actions n'opposaient pas les mêmes parties en relevant que le délégué syndical à l'origine de la procédure a dirigé son action prud'homale contre la société qui l'emploie, et que, par ailleurs, il a poursuivi son président, personnellement, devant la juridiction répressive ; en se déterminant ainsi, alors que les deux actions avaient le même objet et la même cause et visaient les mêmes parties, le prévenu étant poursuivi devant la juridiction répressive en sa qualité de président de la société employeur, la cour d'appel a méconnu le sens et la portée de l'art. 5 C. pr. pén. • Crim. 3 avr. 2007, n° 06-86.748 P : *D. 2008. Pan. 2757, obs. Pradel ; AJ pénal 2007. 328 .*

Code du travail

1re PARTIE : LÉGISLATIVE

PREMIÈRE PARTIE. LES RELATIONS INDIVIDUELLES DE TRAVAIL

LIVRE Ier. DISPOSITIONS PRÉLIMINAIRES

TITRE V. HARCÈLEMENTS

CHAPITRE II. *HARCÈLEMENT MORAL*

Art. L. 1152-1 Aucun salarié ne doit subir les agissements répétés de harcèlement moral qui ont pour objet ou pour effet une dégradation de ses conditions de travail susceptible de porter atteinte à ses droits et à sa dignité, d'altérer sa santé physique ou mentale ou de compromettre son avenir professionnel. – *[Anc. art. L. 122-49, al. 1.]*

1. Éléments constitutifs. Peuvent constituer un harcèlement moral des agissements répétés ayant pour objet ou pour effet une dégradation des conditions de travail susceptibles de porter atteinte aux droits et à la dignité du salarié, d'altérer sa santé physique ou mentale ou de compromettre sa vie professionnelle. • Soc. 24 sept. 2008 : *D. 2009. Pan. 590, obs. Wolmark ; RJS 2008. 890, n° 1070 ; Dr. soc. 2009. 57, note Savatier ; JCP S 2008. 1537, avis Allix, obs. Leborgne-Ingelaere.* ♦ Constituent des faits caractéristiques de harcèlement moral, de par leur conjonction et leur répétition, le retrait sans motif à une salariée de son téléphone portable à usage professionnel, de l'instauration d'une obligation nouvelle et sans justification de se présenter tous les matins au bureau de sa supérieure hiérarchique, de l'attribution de tâches sans rapport avec ses fonctions, faits générateurs d'un état dépressif médicalement constaté nécessitant des arrêts de travail, la conjonction et la répétition de ces faits constituaient un harcèlement moral. • Soc. 27 oct. 2004, n° 04-41.008 P : *Dr. soc. 2005. 100, obs. Roy-Loustaunau ; JS Lamy 2004, n° 156-2.* ♦ Caractérisent un harcèlement moral les méthodes de gestion mises en œuvre par un supérieur hiérarchique dès lors qu'elles se manifestent pour un salarié déterminé par des agissements répétés ayant pour objet et pour effet d'entraîner une dégradation des conditions de travail susceptibles de porter atteinte à ses droits et à sa dignité, d'altérer sa santé physique ou mentale ou de compromettre son avenir professionnel. • Soc. 1er mars 2011 : *Dr. soc. 2011. 594, obs. Radé ; JS Lamy 2011, n° 297-6, obs. Tayefeh.* ♦ Est victime de harcèlement moral le salarié qui produit des attestations précises, circonstanciées et concordantes selon lesquelles l'employeur a, à plusieurs reprises cherché à le déstabiliser, lors de réunions, menaçant de produire des documents émanant d'une entreprise commanditaire mettant en cause ses prestations ; de plus l'employeur n'avait de cesse quotidiennement de dénigrer ses employés et de leur faire perdre confiance, et avait des réactions démesurées, menaçant par exemple d'appeler la police pour un incident précis, et cherchant en permanence à créer le conflit entre salariés. • Paris, 27 mars 2003 : *RJS 2003. 867, n° 1252 (1re esp.).* ♦ Constituent des faits caractéristiques de harcèlement moral, le fait d'installer une salariée dans le bureau de son supérieur hiérarchique avec lequel elle ne s'entendait pas et sans lui fournir les moyens lui permettant d'effectuer son travail. • Paris, 27 mai 2003 : *RJS 2003. 867, n° 1252 (2e esp.).* ♦ ... Ou le fait qu'une salariée ait été installée avec une collègue dans un bureau aux dimensions restreintes, qu'elle ait été laissée pour compte, et que le travail qui lui était confié se limitait à l'archivage et à des rectificatifs de photocopies. • Soc. 10 nov. 2009 : *D. 2009. AJ 2857, obs. Maillard ; D. 2010. Pan. 672, obs. Porta ; JCP S 2010. 1125, note Leborgne-Ingelaere ; Dr. soc. 2010. 112, obs. Radé.* ♦ ... Ou les méthodes de gestion consistant, pour un supérieur hiérarchique, à soumettre ses subordonnés à une pression continuelle, des reproches incessants, des ordres et contre-ordres dans l'intention de diviser l'équipe, se traduisant pour le salarié par sa mise à l'écart, un mépris affiché à son égard, une absence de dialogue caractérisée par une communication par l'intermédiaire d'un tableau, ayant entraîné un état dépressif, quand bien même l'employeur aurait pu prendre des dispositions en vue de le faire cesser. • Soc. 10 nov. 2009 : *D. 2009. AJ 2857, obs. Maillard ; ibid. 2010. Pan. 672, obs. Pasquier ; RJS 2010. 17, n° 8 ; RDT 2009. 109, obs. Radé ; Dr. ouvrier 2010. 117, note Adam ; JCP S 2010. 1125, note Leborgne-Ingelaere ; JS Lamy 2009 n° 267.368-3.* ♦ ... Le harcèlement moral est caractérisé dès lors que l'employeur impose à un salarié de manière répétée, au mépris des prescriptions du médecin du travail, d'effectuer des tâches de manutention lourde qui avaient provoqué de nombreux arrêts de travail puis, au vu des avis médicaux successifs, avait proposé des postes d'un niveau inférieur. • Soc. 28 janv. 2010 : *D. 2010. AJ 447 ; RDT 2010. 239, obs. Pignarre .* ♦ En revanche, le harcèlement moral ne suppose pas établie la preuve d'une quelconque intention de nuire. • Soc. 10 nov. 2009 : *R., p. 346 ; D. 2009. AJ 2866, obs. Maillard ; ibid. 2010. Pan. 672, obs. Pasquier ; RJS 2010. 16, n° 7 ; Dr. ouvrier 2010. 117, note Adam ; JCP S 2010. 1125, note Leborgne-Ingelaere ; Dr. soc. 2010. 111, obs. Radé ; JS Lamy 2010, n° 269-4, obs. Tourreil* • Soc. 15 nov. 2011 : *D. actu. 31 déc. 2011, obs. Perrin ; D. 2011. Actu. 2874 .*

2. *Agissements répétés.* Ne peut s'analyser en agissements répétés constitutifs de harcèlement moral une décision de l'employeur de rétrograder un salarié, peu important que, répondant aux protestations réitérées de celui-ci, il ait maintenu par divers actes sa décision. • Soc. 9 déc. 2009 : *R., p. 348 ; D. 2010. AJ 95, obs. Perrin ; RJS 2010. 123, n° 148 ; JS Lamy 2010, n° 272-5.* ♦ Les faits constitutifs de harcèlement moral peuvent se dérouler sur une brève période. • Soc. 26 mai 2010 : *D. 2010. 1988, note Dedessus-Le-Moustier ; D. actu. 15 juin 2010, obs. Dechristé ; RJS 2010. 580, n° 640 ; JCP S 2010. 1330, obs. Leborgne-Ingelaere ; JS Lamy 2010, n° 281-282-5, obs. Julien-Paturle ; SSL 2010, n° 1449, p. 8, obs. Pelletier.*

3. *Harcèlement moral et exécution déloyale du contrat.* Dès lors qu'une exécution fautive du contrat de travail réunit les éléments constitutifs du harcèlement morall, cette qualification doit être retenue. • Soc. 6 juin 2012 : *D. actu. 19 juin 2012, obs. Siro ; D. 2012. Actu. 1620 .*

4. *Contrôle de la Cour de cassation.* Les juges du fond doivent mettre la Cour de cassation en mesure d'exercer son contrôle sur le point de savoir si les faits établis ne sont pas de nature à faire présumer un harcèlement moral. • Soc. 24 sept. 2008 : *D. 2008. AJ 2423, obs. Perrin ; ibid. 2009. Pan. 590, obs Wolmark ; RJS 2008. 891, n° 1070 ; Dr. soc. 2009. 57, note Savatier ; JCP S 2008. 1537, avis Allix, obs. Leborgne-Ingelaere ; JS Lamy 2008, n° 242-2.* ♦ Déjà anté. • Soc. 23 nov. 2005 : *Dr. soc. 2006. 229, obs. Savatier* • 12 janv. 2011 : *D. actu. 3 févr. 2011, obs. Ines ; D. 2011. Actu. 310 ; JS Lamy 2011 n° 294-6, obs. Tourreil.*

5. *Accident du travail et maladie professionnelle.* Le juge ne peut rejeter la demande d'un salarié de reconnaissance de harcèlement moral au seul motif de l'absence de relation entre l'état de santé et la dégradation des conditions de travail. • Soc. 30 avr. 2009 : *D. 2009. AJ 1421, obs. Perrin ; RJS 2009. 557, n° 625 ; Dr. soc. 2009. 870, obs. Chaumette ; JS Lamy 2009, n° 256-2.* ♦ Comp. : Le harcèlement moral ne peut être constitutif d'un accident du travail si le salarié ne rapporte pas la preuve de ce que l'arrêt de travail qui lui avait été prescrit a été causé par une brutale altération de ses facultés mentales en relation avec les faits de harcèlement invoqués. • Civ. 2e, 24 mai 2005 : *JCP S 2005. 1019, note Prétôt.* ♦ La législation sur les accidents du travail et maladies professionnelles ne fait pas obstacle à l'attribution de dommages-intérêts au salarié en réparation du préjudice que lui a causé le harcèlement moral dont il a été victime antérieurement à la prise en charge de son affection par la sécurité sociale. • Soc. 15 nov. 2006 : *D. 2006. IR 2945 ; JS Lamy 2006, n° 201-6.*

6. Obligation de sécurité de l'employeur et tiers à l'entreprise. L'employeur est tenu envers ses salariés d'une obligation de sécurité de résultat en matière de protection de la santé et de la sécurité des travailleurs, notamment en matière de harcèlement moral, et l'absence de faute de sa part ne peut l'exonérer de sa responsabilité ; il doit répondre des agissements des personnes qui exercent, de fait ou de droit, une autorité sur les salariés. • Soc. 19 oct. 2011 : *D. actu. 19 nov. 2011, obs. Perrin ; D. 2012. 901, obs. Lokiec et Porta ; RJS 2012. 23, n° 5 ; JS Lamy 2011, n° 311-312-6 ; JCP S 2011. 1569, obs. Leborgne-Ingelaere* • Soc. 4 avr. 2012 : *D. actu. 25 avr. 2012, obs. Siro.*

7. Preuve. Dès lors que le salarié concerné établit des faits qui permettent de présumer l'existence d'un harcèlement, il incombe à la partie défenderesse, au vu de ces éléments, de prouver que ces agissements ne sont pas constitutifs d'un tel harcèlement et que sa décision est justifiée par des éléments objectifs étrangers à tout harcèlement. • Soc. 24 sept. 2008 : *D. 2008. AJ 2423, obs. Perrin ; RDT 2008. 744, obs. Pignarre ; JCP S 2008. 1537, avis Allix, note Leborgne-Ingelaere ; Dr. ouvrier 2008. 545, note Adam ; Dr. soc. 2009. 57, note Savatier.*

8. Réparation. Les obligations résultant des art. L. 1152-4 et L. 1152-1 sont distinctes en sorte que la méconnaissance de chacun d'elles, lorsqu'elle entraîne des préjudices différents, peut ouvrir droit à des réparations spécifiques. • Soc. 6 juin 2012 : *D. actu. 19 juin 2012, obs. Siro ; D. 2012. Actu. 1619 .*

Art. 222-33-2-1 *(L. n° 2010-769 du 9 juill. 2010, art. 31)* **Le fait de harceler son conjoint, son partenaire lié par un pacte civil de solidarité ou son concubin par des** *(L. n° 2014-873 du 4 août 2014, art. 40)* **« propos ou comportements** *[ancienne rédaction : agissements]* **» répétés ayant pour objet ou pour effet une dégradation de ses conditions de vie se traduisant par une altération de sa santé physique ou mentale est puni de trois ans d'emprisonnement et de 45 000 € d'amende lorsque ces faits ont causé une incapacité totale de travail inférieure ou égale à huit jours ou n'ont entraîné aucune incapacité de travail et de cinq ans d'emprisonnement et de 75 000 € d'amende lorsqu'ils ont causé une incapacité totale de travail supérieure à huit jours** *(L. n° 2018-703 du 3 août 2018, art. 13)* **« ou ont été commis alors qu'un mineur était présent et y a assisté ».**

Les mêmes peines sont encourues lorsque cette infraction est commise par un ancien conjoint ou un ancien concubin de la victime, ou un ancien partenaire lié à cette dernière par un pacte civil de solidarité.

(L. n° 2020-936 du 30 juill. 2020, art. 9) **« Les peines sont portées à dix ans d'emprisonnement et à 150 000 € d'amende lorsque le harcèlement a conduit la victime à se suicider ou à tenter de se suicider. »**

BIBL. ► SYGUT, *Gaz. Pal. 2010. 2. Doctr. 2786* (harcèlement au travail, harcèlement au sein du couple : quand les faits de même nature produisent le même droit). – TELLIER-CAYROL, *AJ pénal 2018. 400 s.* (L. du 3 août 2018 renforçant la lutte contre les violences sexuelles et sexistes. Des objectifs respectables, une efficacité incertaine). – CLAVERIE-ROUSSET, *Dr. pénal 2018. Étude 23* (commentaire des principales dispositions de la L. n° 2018-703 du 3 août 2018 renforçant la lutte contre les violences sexuelles ou sexistes). – SAENKO et DETRAZ, *D. 2018. Chron. 2031* (la L. n° 2018-703 du 3 août 2018 renforçant la lutte contre les violences sexuelles et sexistes : les femmes et les enfants d'abord !).

L'infraction de harcèlement moral n'est pas constituée lorsque les propos ou comportements reprochés au prévenu résultent d'un fait unique – comme c'est le cas de l'envoi concomitant de courriers identiques ou similaires à des collègues de la victime, sur leur lieu de travail commun – et qu'une dégradation des conditions de vie de la victime se traduisant par une atteinte à sa santé physique ou mentale n'a pas été suffisamment démontrée. • Crim. 9 mai 2018, n° 17-83.623 P : *D. actu. 6 juin 2018, obs. Recotillet ; AJ pénal 2018. 367, obs. Saas ; RSC 2018. 681, obs. Mayaud .*

Art. 222-33-2-2 *(L. n° 2014-873 du 4 août 2014, art. 41)* **Le fait de harceler une personne par des propos ou comportements répétés ayant pour objet ou pour effet une dégradation de ses conditions de vie se traduisant par une altération de sa santé physique ou mentale est puni d'un an d'emprisonnement et de 15 000 € d'amende lors-**

que ces faits ont causé une incapacité totale de travail inférieure ou égale à huit jours ou n'ont entraîné aucune incapacité de travail.

(L. n° 2018-703 du 3 août 2018, art. 11) **« L'infraction est également constituée :**

« a) Lorsque ces propos ou comportements sont imposés à une même victime par plusieurs personnes, de manière concertée ou à l'instigation de l'une d'elles, alors même que chacune de ces personnes n'a pas agi de façon répétée ;

« b) Lorsque ces propos ou comportements sont imposés à une même victime, successivement, par plusieurs personnes qui, même en l'absence de concertation, savent que ces propos ou comportements caractérisent une répétition. »

Les faits mentionnés *(L. n° 2018-703 du 3 août 2018, art. 11)* **« aux premiers à quatrième alinéas » sont punis de deux ans d'emprisonnement et de 30 000 € d'amende :**

1° Lorsqu'ils ont causé une incapacité totale de travail supérieure à huit jours ;

2° Lorsqu'ils ont été commis sur un mineur de quinze ans ;

3° Lorsqu'ils ont été commis sur une personne dont la particulière vulnérabilité, due à son âge, à une maladie, à une infirmité, à une déficience physique ou psychique ou à un état de grossesse, est apparente ou connue de leur auteur ;

4° Lorsqu'ils ont été commis par l'utilisation d'un service de communication au public en ligne *(L. n° 2018-703 du 3 août 2018, art. 11)* **« ou par le biais d'un support numérique ou électronique » ;**

(L. n° 2018-703 du 3 août 2018, art. 13) **« 5° Lorsqu'un mineur était présent et y a assisté. »**

Les faits mentionnés *(L. n° 2018-703 du 3 août 2018, art. 11)* **« aux premiers à quatrième alinéas » sont punis de trois ans d'emprisonnement et de 45 000 € d'amende lorsqu'ils sont commis dans deux des circonstances mentionnées aux 1° à** *(L. n° 2018-703 du 3 août 2018, art. 13)* **« 5° ».**

BIBL. ▶ Chauvet, *D. 2015. Chron. 174* (mérites ou démérites du délit général de harcèlement moral créé par la loi du 4 août 2014 ?). – Tellier-Cayrol, *AJ pénal 2018. 400* s. (loi du 3 août 2018 renforçant la lutte contre les violences sexuelles et sexistes. Des objectifs respectables, une efficacité incertaine). – Claverie-Rousset, *Dr. pénal 2018. Étude 23* (commentaire des principales dispositions de la loi n° 2018-703 du 3 août 2018 renforçant la lutte contre les violences sexuelles ou sexistes). – Saenko et Detraz, *D. 2018. Chron. 2031* (la loi n° 2018-703 du 3 août 2018 renforçant la lutte contre les violences sexuelles et sexistes : les femmes et les enfants d'abord !). – Mésa, *D. 2018. 2255* (de la consommation du harcèlement et des conflits de lois dans le temps. A propos de la loi n° 2018-703 du 3 août 2018 renforçant la lutte contre les violences sexuelles et sexistes).

SECTION III *TER* DE L'ENREGISTREMENT ET DE LA DIFFUSION D'IMAGES DE VIOLENCE

(L. n° 2007-297 du 5 mars 2007, art. 44)

Art. 222-33-3 Est constitutif d'un acte de complicité des atteintes volontaires à l'intégrité de la personne prévues par les articles 222-1 à 222-14-1 et 222-23 à 222-31 *(L. n° 2014-873 du 4 août 2014, art. 43)* **« et 222-33 » et est puni des peines prévues par ces articles le fait d'enregistrer sciemment, par quelque moyen que ce soit, sur tout support que ce soit, des images relatives à la commission de ces infractions.**

Le fait de diffuser l'enregistrement de telles images est puni de cinq ans d'emprisonnement et de 75 000 € d'amende.

Le présent article n'est pas applicable lorsque l'enregistrement ou la diffusion résulte de l'exercice normal d'une profession ayant pour objet d'informer le public ou est réalisé afin de servir de preuve en justice.

BIBL. ▶ Delage, *D. 2007. Point de vue 1282 s.* (*« happy slappers and bad lawyers »*). – Lacroix, *JCP 2007. I. 167* (*happy slapping* : prise en compte d'un phénomène criminel à la mode). – Detraz, *Dr. pénal 2007. Étude 23* (enregistrement d'images de violence : un cas de présomption légale de complicité). – A. G. Robert, *RSC 2008. Chron. 867* (répression spécifique du *happy slapping*).

SECTION IV DU TRAFIC DE STUPÉFIANTS

BIBL. ▶ Timbart, *Dir. Adm. gén. équipement, 1996* (les infractions à la législation sur les stupéfiants). – Decourrière, Travaux et monographies de l'École des sciences criminologiques Léon-Cornil, *éd. Bruylant, 1996, coll.* (les drogues dans l'Union européenne – Le droit en question). – Gentil, Masson et Urbaniak, *Les annonces de la Seine 1996, n° 43* (lutte contre la toxicomanie et le trafic de stupéfiants). – Vaubaillon, *RSC 1997. 35* (politique de poursuites en matière d'usage et de trafic de stupéfiants). – Lowenstein et Siri, Le corps humain saisi par la justice, *Recueil Dalloz, Hors Série, mai 2001, p. 34* (le dopage : une drogue comme une autre ?). – Besacier, *AJ pénal 2006. 251* (trafic de stupéfiants : une approche scientifique). – Guéry, *Dr. pénal 2008. Étude 6* (de l'art de naviguer à vue : la saisine du juge d'instruction et le trafic de stupéfiants). – Bisiou, *AJ pénal 2017. 486 s.* (cannabis : payer pour fumer).

Art. 222-34 Le fait de diriger ou d'organiser un groupement ayant pour objet la production, la fabrication, l'importation, l'exportation, le transport, la détention, l'offre, la cession, l'acquisition ou l'emploi *(L. n° 92-1336 du 16 déc. 1992)* **« illicites » de stupéfiants est puni de la réclusion criminelle à perpétuité et de 7 500 000 € d'amende.**

Les deux premiers alinéas de l'article 132-23 relatif à la période de sûreté sont applicables à l'infraction prévue par le présent article. — *Pr. pén. 706-26 s. ; Santé publ. L. 3422-1 s. ; Trav. L. 5423-8, L. 5423-18 ; Civ. 21-8.*

Art. 222-35 La production ou la fabrication illicites de stupéfiants *(L. n° 92-1336 du 16 déc. 1992)* **« sont punies » de vingt ans de réclusion criminelle et de 7 500 000 € d'amende.** — *Pour les infractions commises avant le 1er mars 1994 mais jugées postérieurement à cette date, V. L. n° 92-1336 du 16 déc. 1992, art. 338 et 373 ss. 727-3.*

Ces faits sont punis de trente ans de réclusion criminelle et de 7 500 000 € d'amende lorsqu'ils sont commis en bande organisée. — *Pén. 132-71.*

Les deux premiers alinéas de l'article 132-23 relatif à la période de sûreté sont applicables aux infractions prévues par le présent article. — *Pr. pén. 706-26 s. ; Santé publ. L. 3422-1 s. ; Trav. L. 5423-8, L. 5423-9 et R. 5423-18.*

Art. 222-36 L'importation ou l'exportation illicites de stupéfiants *(L. n° 92-1336 du 16 déc. 1992)* **« sont punies » de dix ans d'emprisonnement et de 7 500 000 € d'amende.**

Ces faits sont punis de trente ans de réclusion criminelle et de 7 500 000 € d'amende lorsqu'ils sont commis en bande organisée. — *Pour les infractions commises en bande organisée avant le 1er mars 1994 mais jugées postérieurement à cette date, V. L. n° 92-1336 du 16 déc. 1992, art. 338 et 373 ss. 727-3.*

Les deux premiers alinéas de l'article 132-23 relatif à la période de sûreté sont applicables aux infractions prévues par le présent article. — *Pén. 132-71 ; Pr. pén. 706-26 s. ; Santé publ. L. 3422-1 s. ; Trav. L. 5423-8, L. 5423-9 et R. 5423-18.*

(L. n° 2009-1437 du 24 nov. 2009, art. 50) **« Les personnes physiques ou morales coupables du délit prévu à la présente section encourent également la peine complémentaire suivante : interdiction de l'activité de prestataire de formation professionnelle continue au sens de l'article L. 6313-1 du code du travail pour une durée de cinq ans. »**

Corresp. : *CSP, ancien art. L. 627, al. 1er et 2.*

A. IMPORTATION OU EXPORTATION

1. Application dans le temps. Sur la rétroactivité de l'art. 222-36, al. 1er, C. pén., en raison de la réduction du maximum de la peine d'emprisonnement par rapport à l'ancien art. L. 627, al. 1er, CSP. • Crim. 19 sept. 1995 : *Dr. pénal 1996, 4-I, obs. Véron.*

2. Schengen. L'art. 54 de la convention d'application de l'accord de Schengen du 14 juin 1985 doit être interprété en ce sens que : – le critère pertinent aux fins de l'application dudit article est constitué par celui de l'identité des faits matériels, compris comme l'existence d'un ensemble de faits indissociablement liés entre eux, indépendamment de la qualification juridique de ces faits ou de l'intérêt juridique protégé ; – les faits punissables consistant en l'exportation et en l'importation des mêmes stupéfiants et poursuivis dans différents États contractants à cette convention sont, en principe, à considérer comme « les mêmes faits » au sens de cet art. 54, l'appréciation définitive à cet égard appartenant aux instances nationales compétentes. • CJCE 9 mars 2006, n° C-436/04 : *AJ pénal 2006. 265, obs. Saas.*

3. Incriminations. L'exportation de stupéfiants perpétrée en France et, à la supposer punissable, l'importation des mêmes substances dans un pays étranger constituent des infractions distinctes ; dès lors, l'action publique est exercée à bon droit contre l'auteur du premier de ces délits, sans qu'il y ait à rechercher s'il a été jugé antérieurement à l'étranger pour le second. • Crim. 22 nov. 1973, n° 91-84.073 P.

4. La détention sur un navire à l'intérieur du territoire douanier français, sans justification d'une introduction régulière en France, de cannabis ou chanvre indien, constitue à la fois une importation en contrebande de marchandise prohibée au sens du code des douanes, et une importation de substances ou plantes vénéneuses classées stupéfiants au sens de l'art. L. 627 CSP. • Crim. 3 juin 1982, n° 81-95.048 P.

5. Le classement de la résine de cannabis comme stupéfiant au sens de l'art. L. 627 CSP, alors applicable, résultant des art. R. 5173 et R. 5181 introduits dans la partie réglementaire de ce code par le décret du 29 déc. 1988, en conformité avec la Convention unique sur les stupéfiants du 30 mars 1961 publiée par décret du 2 mai 1969, c'est à bon droit et sans violer le principe de la légalité criminelle qu'une cour d'appel a prononcé une condamnation pour importation illicite de ce stupéfiant. • Crim. 13 mars 1995, n° 94-81.343 P.

6. A justifié sa décision de condamnation pour trafic de stupéfiants, la cour d'appel qui a relevé que le prévenu avait participé à la conception de l'opération d'importation de drogue en participant à des réunions, qu'il avait acquis le véhicule ayant servi au transport de la drogue et qu'il avait surveillé les travaux d'aménagement des caches. • Crim. 6 mars 1997 : *JCP 1997. IV. 1288.*

7. Pour déclarer deux prévenus coupables d'importations non autorisées de stupéfiants et, en ce qui concerne l'un d'eux, de contrebande de marchandises prohibées, la cour d'appel relève qu'ils se sont rendus à plusieurs reprises aux Pays-Bas, où ils ont acheté de l'héroïne qu'ils ont fait ensuite livrer à Strasbourg par un passeur ; en l'état de ces motifs, et dès lors que la Convention unique sur les stupéfiants, du 30 mars 1961, si elle définit la notion d'importation, laisse aux États signataires le soin d'énoncer les critères à prendre en considération pour juger qu'une personne a la qualité d'importateur, la cour d'appel a justifié sa décision. • Crim. 7 avr. 2004 : *Dr. pénal 2004. 121, obs. Véron.*

8. Questions. Selon l'art. 349 C. pr. pén., la cour d'assises doit être interrogée sur toutes les circonstances constitutives de l'infraction retenue par l'arrêt de renvoi de la chambre d'accusation ; tel n'est pas le cas lorsque la question principale omet de mentionner le caractère illicite des faits d'importation, de transport et de détention de stupéfiants reprochés à l'accusé. • Crim. 8 nov. 2000, n° 99-87.557 P.

B. BANDE ORGANISÉE

9. Application dans le temps. Pour les peines, V. L. n° 92-1336 du 16 déc. 1992, ss. art. 338.

10. Ne constitue pas l'infraction de provocation à l'usage de stupéfiants le fait d'exposer dans une boutique des vêtements ou objets tels que des cendriers ou des briquets sur lesquels sont reproduits des feuilles de cannabis ou la mention « *Cannabis, legalize it* ». • Poitiers, 12 nov. 2015, n° 15/663 : *D. actu. 21 déc. 2015, obs. Fonteix.*

11. L'importation illicite de stupéfiants commise en bande organisée est une infraction instantanée qui se commet chaque fois qu'une importation est effectuée ; en conséquence, c'est à bon droit que la chambre d'accusation a retenu une qualification criminelle pour les importations réalisées postérieurement au 1er mars 1994, date d'entrée en vigueur de l'art. 222-36 C. pén. • Crim. 5 sept. 1995, n° 95-83.498 P : *Dr. pénal 1996, 4-II, obs. Véron ; RSC 1996. 643, obs. Bouloc.*

12. Notion. V. également, art. 132-71. ♦ Les infractions d'importation illicite de stupéfiants et de participation à une entente en vue d'une telle importation, commises sous l'empire de l'art. L. 627, al. 1 et 2, CSP, dans sa rédaction alors applicable, trouvent leur support légal, depuis l'entrée en vigueur du code pénal, dans les art. 132-71 et 222-36 dudit code incriminant l'importation illicite de stupéfiants commise en bande organisée, la définition de cette circonstance recouvrant celle de l'entente. • Crim. 22 juin 1994, n° 92-85.123 P. • 9 oct. 1996 : *Gaz. Pal. 1997. 1, chron. crim. 38.* ♦ La notion de bande organisée définie à l'art. 132-71 C. pén. est similaire à celle d'association ou d'entente prévue à l'art. L. 627, al. 2, CSP, ce qui justifie que soient requalifiés au sens des art. 222-36 et 222-37 C. pén. des faits initialement poursuivis sur le fondement de l'art. L. 627 CSP alors applicable, d'autant plus qu'en vertu de l'art. 338 de la loi d'adaptation du 16 déc. 1992, la peine de 20 ans d'emprisonnement continue d'être encourue par ceux qui ont agi en bande organisée avant l'entrée en application du nouveau code pénal. • Crim. 6 juin 1996 : *Gaz. Pal. 1996. 2, chron. crim. 173.*

13. Les circonstances d'entente et de bande organisée sont à bon droit déduites du nombre des réunions préparatoires à la livraison interceptée, des multiples déplacements des prévenus, et de la minutie avec laquelle ils ont mis en place les opérations. • Crim. 3 avr. 1997 : *Gaz. Pal. 1997. 2, chron. crim. 165 ; Dr. pénal 1997. 126 (1er arrêt), obs. Véron.* ♦ Rappr. : • Crim. 1er oct. 1998 : *Gaz. Pal. 1999. 1, chron. crim. 20.*

14. Il ne saurait être reproché à une chambre de l'instruction de renvoyer un prévenu devant la cour d'assises, dès lors qu'elle caractérise, au regard des art. 121-6, 121-7, 132-71 et 222-36 C. pén., les circonstances dans lesquelles l'intéressé se serait rendu coupable du crime de complicité d'importation de stupéfiants en bande organisée en énonçant qu'il a, en toute connaissance de cause, joué un rôle actif au moment du transbordement des ballots de drogue, de leur camouflage, puis de leur largage en mer pour les soustraire aux recherches de la marine française, ajoutant que la bande organisée s'analyse en une circonstance aggravante réelle qui a trait aux conditions dans lesquelles l'infraction a été commise et qui a vocation à s'appliquer à l'ensemble des coauteurs et complices. • Crim. 15 sept. 2004, n° 04-84.143 P.

15. Le délit d'entente ou association en vue de commettre l'infraction d'importation de stupéfiants, prévu par les dispositions anciennes de l'art. L. 627 CSP, doit être requalifié en complicité d'importation de stupéfiants en bande organisée, infraction prévue par les art. 121-6, 121-7 (complicité), 132-71 et 222-36 C. pén. • Versailles, 17 nov. 1994 : *BICC 1995. 793.*

16. Correctionnalisation. A l'issue d'une information ouverte du chef, notamment, du crime d'importation de stupéfiants en bande organisée, le juge d'instruction a rendu une ordonnance requalifiant les faits et renvoyant devant le tribunal correctionnel M. X..., lequel en a interjeté appel ; pour déclarer irrecevable ce recours, le président de la chambre de l'instruction retient que la déclaration d'appel, pour échapper à l'irrecevabilité de principe édictée par l'art. 186 C. pr. pén., devait faire apparaître de manière non équivoque qu'il était exercé en application de l'art. 186-3 dudit code ; en prononçant ainsi, alors que la recevabilité, au regard des dispositions de l'art. 186-3 C. pr. pén., de l'appel d'une ordonnance de renvoi devant le tribunal correctionnel, portant requalification des faits, peut être appréciée, non seulement au vu des indications figurant dans l'acte d'appel, mais aussi en fonction des motifs de ce recours exposés par mémoire devant la chambre de l'instruction, le président de cette juridiction a excédé ses pouvoirs. • Crim. 4 juin 2014, n° 14-80.544 P : *D. actu. 23 juin 2014, obs. Fonteix ; AJ pénal 2014. 582, obs. Lasserre Capdeville ; JCP G 2014, n° 789, note Gallardo.* ♦ Rappr. : • CEDH 15 déc. 2011, *Poirot c/ France,* n° 29938/07 : *D. actu. 5 janv. 2012, obs. Bachelet ; RSC 2012. 142, obs. Mayaud.*

Art. 222-37 **Le transport, la détention, l'offre, la cession, l'acquisition ou l'emploi illicites de stupéfiants** *(L. n° 92-1336 du 16 déc. 1992)* **« sont punis » de dix ans d'emprisonnement et de 7 500 000 € d'amende.**

Est puni des mêmes peines le fait de faciliter, par quelque moyen que ce soit, l'usage illicite de stupéfiants, de se faire délivrer des stupéfiants au moyen d'ordonnances fictives ou de complaisance, ou de délivrer des stupéfiants sur la présentation de telles ordonnances en connaissant leur caractère fictif ou complaisant.

Les deux premiers alinéas de l'article 132-23 relatif à la période de sûreté sont applicables aux infractions prévues par le présent article. — *Pr. pén. 706-26 s. ; Santé publ. L. 3422-1 s. ; Trav. L. 5423-8, L. 5423-9 et R. 5423-18.*

Corresp. : *CSP, ancien art. L. 627, al. 1er et 5.*

1. QPC. Il n'y a pas lieu de renvoyer au Conseil constitutionnel la question de savoir si « les art. 222-37 et 222-41 C. pén. ainsi que l'art. L. 5132-7 CSP en ne définissant pas la notion de stupéfiant sont (ou non) conformes à l'art. 34 de la Constitution qui exige que la loi détermine les crimes et les peines qui leur sont applicables », dès lors que la question, ne portant pas sur l'interprétation d'une disposition constitutionnelle dont le Conseil n'aurait pas encore eu l'occasion de faire application, n'est pas nouvelle et que la question posée ne présente pas un caractère sérieux, les textes susvisés ne méconnaissant pas le principe de la légalité des délits et des peines en renvoyant à une définition des stupéfiants donnée par voie réglementaire en conformité avec la Convention unique sur les stupéfiants du 30 mars 1961 à laquelle la France a adhéré avec l'autorisation du législateur. • Crim. 11 janv. 2011 : *D. 2011. Pan. 2824, obs. Roujou de Boubée ; JCP G 2011, n° 347, note J. Huet ; RSC 2012. 221, obs. de Lamy.*

2. La question prioritaire de constitutionnalité est ainsi rédigée : « Les art. 222-37 C. pén. et L. 3421-1 CSP ne définissant pas la détention et/ou ne précisant pas que la consommation de produits stupéfiants emporte nécessairement détention desdits produits, ces dispositions portent-elles atteinte au principe de légalité des délits et des peines, au principe de légalité et de prévisibilité des peines, au principe de proportionnalité des peines ? » ; les dispositions spéciales de l'art. L. 3421-1 CSP, incriminant l'usage illicite de produits stupéfiants, excluent l'application de l'art. 222-37 C. pén., incriminant la détention de tels produits, s'il est établi que les substances détenues étaient exclusivement destinées à la consommation personnelle du prévenu ; en conséquence, la question posée ne présente pas un caractère sérieux ; d'où il suit qu'il n'y a pas lieu de la renvoyer au Conseil constitutionnel. • Crim. 16 sept. 2014, n° 14-90.036 P : *D. actu. 23 oct. 2014, obs. Anane.* ♦ Rappr. : • Agen, 17 janv. 2013, n° 2012/1438 : *AJ pénal 2013. 153, note Fournié.*

3. Trafic. Justifie sa décision, tant au regard des art. L. 626 et L. 627 CSP, alors applicables, que de l'art. 222-37 C. pén., la cour d'appel qui déclare coupable d'infraction à la législation sur les stupéfiants le prévenu qui n'avait pas seulement offert des produits stupéfiants à un tiers pour sa consommation personnelle, mais avait choisi de se livrer au commerce des stupéfiants par des déplacements réguliers, alors qu'il ne s'adonnait pas lui-même à la consommation d'héroïne. • Crim. 30 oct. 1995 : *Gaz. Pal. 1996. 1, chron. crim. 36.*

4. Est justifié l'arrêt de la cour d'appel qui, pour condamner à bon droit la prévenue des chefs de transport, détention, offre ou cession, acquisition et emploi non autorisé de stupéfiants, énonce qu'il résulte de ses déclarations qu'elle a été l'associée en parfaite connaissance de cause du trafic de son concubin, et que le conditionnement de la drogue et les commandes s'effectuaient au domicile du couple, et ajoute que, selon un usager, l'étalage de la prévenue, sur la voie publique, servait aussi à passer de telles commandes, et que celle-ci a été arrêtée en même temps que son concubin alors qu'ils allaient livrer de l'héroïne. • Crim. 14 janv. 1998 : *Gaz. Pal. 1998. 1, chron. crim. 72.* ♦ Caractérise les infractions reprochées au prévenu, prévues par l'art. 222-37 C. pén., la cour d'appel qui, pour le déclarer coupable d'offre et cession illicites de stupéfiants, retient qu'il admet avoir « dépanné » une toxicomane, qu'il a été découvert à son domicile des barrettes de résine de cannabis, une cinquantaine de grammes d'héroïne ainsi qu'une balance de précision habituellement utilisée par les revendeurs de drogue, qu'il a été formellement mis en cause comme revendeur d'héroïne par deux coprévenus et un certain nombre de toxicomanes notoires qui ont déclaré s'être fournis auprès de lui, et qu'il a ainsi joué un rôle majeur dans le trafic de stupéfiants révélé par cette procédure. • Crim. 5 nov. 1998 : *Gaz. Pal. 1999. 1, chron. crim. 39.* ♦ A justifié sa décision la cour d'appel qui, pour déclarer le prévenu coupable d'acquisition, transport, offre et cession de produits stupéfiants, énonce qu'ont été découverts à son domicile 57 kg de cannabis et une somme en numéraire de 618 000 F, qu'il possédait, conjointement avec sa mère ou sa compagne, de nombreux comptes en banque en France ou à l'étranger, dont les avoirs totalisaient plus de 9 millions de francs, qu'il était sans ressources avouables depuis plusieurs années, et qu'il avait été mis en cause, comme vendeur, au moins par trois personnes. • Crim. 29 févr. 2000, n° 98-80.518 P.

5. Détention. Caractérise la détention de substances stupéfiantes, au sens, tant de l'art. L. 627 CSP, alors applicable, que de l'art. 222-37 C. pén. entré en vigueur le 1er mars 1994, le fait pour un prévenu de reconnaître qu'il savait que la drogue (1 g de haschich) était cachée dans sa cellule, bien qu'il ait soutenu que celle-ci avait été cachée à cet emplacement par un autre détenu et qu'il n'avait pas osé l'en ôter de peur de représailles. • Crim. 17 oct. 1994, n° 93-85.517 P.

6. Doit être relaxé du délit de détention illicite de stupéfiants le prévenu destinataire d'un colis postal contenant trois sachets d'herbes de cannabis qu'il a accepté ; en effet, le fait d'accepter ce colis dont aucun élément ne permettait d'en déceler le contenu ne suffit pas à caractériser l'élément intentionnel de l'infraction, et la mauvaise foi du prévenu ne peut se présumer au regard des déclarations volontairement floues de ce dernier. • Toulouse, 30 janv. 2003 : *JCP 2003. IV. 2658.*

7. Les prévenus ont reconnu qu'ils cultivaient les 11 plants de cannabis découverts par les services de gendarmerie pour leur consommation personnelle ; il est donc établi que ces plants satisfaisaient leurs besoins, ce qui induit que lesdits plants, contrairement à ce qu'ont déclaré les premiers juges, contiennent le principe actif (dit THC) qui caractérise ces stupéfiants ; en tout état de cause, l'analyse des plants saisis n'est prescrite par aucun texte ; il y a donc lieu de réformer la décision et de condamner les prévenus pour détention non autorisée de substances ou plantes classées comme stupéfiants. • Montpellier, 4 mai 2005 : *JCP 2006. IV. 1781.*

8. Illicéité. Selon l'art. 349 C. pr. pén., la cour d'assises doit être interrogée sur toutes les circonstances constitutives de l'infraction retenue par l'arrêt de renvoi de la chambre d'accusation ; tel n'est pas le cas lorsque la question principale omet de mentionner le caractère illicite des faits d'importation, de transport et de détention de stupéfiants reprochés à l'accusé. • Crim. 8 nov. 2000, n° 99-87.557 P.

9. Facilitation de l'usage. Les dispositions de l'al. 2 de l'art. 222-37 C. pén., autrefois contenues dans l'art. L. 627 CSP, incriminent non une simple abstention, mais le fait d'accomplir un acte de nature à faciliter à autrui l'usage illicite de stupéfiants ; fait l'exacte application de ces textes, la cour d'appel qui, recherchant les actes « positifs » accomplis par le prévenu, relève que l'intéressé n'a pas été le témoin impuissant d'un échange de produits stupéfiants dans son établissement, mais qu'il a délibérément permis, dans le seul souci d'accroître sa clientèle, que celui-ci serve de lieu de rendez-vous à des toxicomanes pour y acheter, vendre ou consommer de l'héroïne ou de la résine de cannabis, allant même parfois jusqu'à confier à un revendeur le soin d'assurer un service d'ordre ou jusqu'à prêter à certains les fonds nécessaires à l'acquisition de stupéfiants. • Crim. 27 févr. 1997, n° 95-82.750 P. ♦ Constitue le fait de faciliter à autrui l'usage de stupéfiants, délit prévu et puni par l'art. 222-37, al. 2, C. pén., le fait, pour un dirigeant ou un animateur d'un établissement ouvert au public, de permettre sciemment le trafic et l'usage de produits stupéfiants dans son établissement ; justifie dès lors sa décision la cour d'appel, qui, pour déclarer les prévenus coupables du délit, retient qu'ayant connaissance des faits de trafic et de consommation de stupéfiants qui se déroulaient dans les discothèques qu'ils dirigeaient ou animaient et qui contribuaient au succès commercial de celles-ci, ils ont facilité l'usage de stupéfiants en effectuant peu ou pas de contrôle et en mettant de fait leurs locaux à la disposition des vendeurs et consommateurs de stupéfiants. • Crim. 13 déc. 2000, n° 99-86.322 P : *D. 2001. IR 832* ; *Dr. pénal 2001. Comm. 60, obs. Véron* ; *RSC 2001. 376, obs. Mayaud* .

10. Ne constitue pas l'infraction de provocation à l'usage de stupéfiants le fait d'exposer dans une boutique des vêtements ou objets tels que des cendriers ou des briquets sur lesquels sont reproduits des feuilles de cannabis ou la mention « Cannabis, legalize it ». • Poitiers, 12 nov. 2015, n° 15/663 : *D. actu. 21 déc. 2015, obs. Fonteix.*

11. Complaisance. La simple violation de l'obligation faite à tout médecin d'examiner le malade avant la prescription de l'une des substances portées au tableau B ne suffit pas à caractériser le délit de l'art. L. 627 ; ce texte, en effet, et notamment les mots « dans ce but », subordonne la réalisation de l'infraction à la conscience que doit avoir le médecin, au moment de la prescription du médicament, de l'usage illicite auquel ce produit est destiné, et seul l'examen des circonstances ayant entouré la délivrance du produit permet de déceler l'existence de cette conscience. • Toulouse, 2 déc. 1982 : *Gaz. Pal. 1983. 1. Somm. 47.*

12. Justifie sa décision déclarant un médecin coupable d'infractions à la réglementation des stupéfiants la cour qui constate que, pendant trois années successives, ce médecin a délivré à une même personne de nombreuses ordonnances prescrivant du palfium, substance classée comme stupéfiant au tableau B, sans observer le délai prévu par l'art. R. 5202 CSP, et sans faire figurer les mentions exigées par les art. R. 5201 et R. 5202 de ce code, et retient, pour rejeter les conclusions du médecin qui prétendait avoir été moralement contraint d'établir les ordonnances incriminées en faveur de l'intéressé qu'il considérait non comme un drogué mais comme un malade, après avoir souligné l'importance des doses indiquées excédant très largement les besoins d'un individu, que ce médecin, qui n'était pas sûr que le drogué qu'il soignait ait réservé pour lui seul le palfium prescrit, s'était parfaitement moqué de la réglementation qu'il avait voulu délibérément tourner. • Crim. 6 déc. 1983 : *D. 1985. IR 464, obs. Penneau.*

13. Se rendent coupables d'infractions de même nature des praticiens qui acceptent de délivrer des ordonnances prescrivant du dolosal, analgésique classé au tableau B, en faveur d'une toxicomane qui, traitée à la suite de plusieurs interventions chirurgicales avec ce médicament auquel elle s'était accoutumée, cherchait à s'en procurer par des manœuvres et moyens divers, alors qu'ils ne pouvaient ignorer l'usage illicite, en dehors de toute nécessité thérapeutique, qui serait fait de cette spécialité, eu égard aux circonstances dans lesquelles les ordonnances étaient établies (nombre parfois élevé et omissions de l'examen préalable), ayant agi ainsi par pure complaisance. • Crim. 10 janv. 1984 : *D. 1985. IR 464, obs. Penneau.* ♦ Rejet du pourvoi contre : • Toulouse, 2 déc. 1982 : *préc. note 11.*

14. Conflits de qualifications. Lorsque la mort de la victime résulte de l'injection d'héroïne fournie par le prévenu, ce dernier, dès lors qu'il en connaissait la destination et les risques d'utilisation, doit être déclaré coupable, non seulement d'usage et de trafic de stupéfiants, mais encore d'homicide involontaire. • Chambéry, 25 mars 1987 : *Gaz. Pal. 1987. 2. 603* ; *RSC 1988. 86, obs. Levasseur.* ♦ Les deux fournisseurs habituels d'héroïne à un toxicomane qui devait décéder d'une « surdose » se rendent coupables du délit d'homicide involontaire. • Limoges, 4 juin 1997 : *BICC 1997. 1262* ; *RSC 1998. 549, obs. Mayaud* .

15. Justifie légalement sa décision la cour d'appel qui, pour déclarer les prévenus coupables du délit réputé importation en contrebande de marchandises prohibées, et les condamner solidairement, par application des art. 406 et 407 C. douanes, à payer une amende de 900 000 F, énonce que les cachets d'ecstasy litigieux, qui ont fait l'objet de transactions et ont été consommés dans les établissements des prévenus, sont soumis à l'art. 215 C. douanes, selon lequel, à défaut de justifications d'origine, ces produits sont réputés avoir été importés en contrebande, que la facilitation de l'usage de stupéfiants par la mise à disposition de locaux constitue le fait d'avoir coopéré d'une manière quelconque à un plan de fraude et que, s'il importe peu que les prévenus aient eu connaissance du plan lui-même, il convient de relever qu'ils avaient un intérêt à ces opérations qui contribuaient à développer le chiffre d'affaires des entreprises qu'ils dirigeaient ou animaient, d'où il résulte que les prévenus avaient un intérêt direct à la fraude constatée, au sens de l'art. 399, 2, a), C. douanes. • Crim. 13 déc. 2000 : *préc. note 9.*

16. Pour déclarer M. X... coupable de détention et de cession de stupéfiants, l'arrêt attaqué relève, d'une part, qu'au cours de la perquisition effectuée à son domicile ont été découverts des pieds de cannabis, un morceau de résine et des sachets d'herbe de cette substance qu'il cultivait, d'autre part, que le prévenu remettait ponctuellement des stupéfiants à son beau-fils aux fins de revente ; en prononçant par des motifs qui établissent la commission d'infractions distinctes, quoique réprimées par un même texte, la cour d'appel a justifié sa décision. • Crim. 10 déc. 2014 : *D. actu. 12 janv. 2015, obs. Fonteix.*

17. Ne méconnaît pas le principe *Ne bis in idem* la cour d'appel qui retient, à l'encontre du prévenu, les deux qualifications d'infraction à la législation sur les stupéfiants et de contrebande de marchandises prohibées, ces dernières étant susceptibles d'être appliquées concurremment dès lors qu'elles résultent de la mise en œuvre d'un système intégrant poursuites et actions pénales et douanières, permettant au juge pénal de réprimer un même fait sous ses deux aspects, de manière prévisible et proportionnée, le montant global des sanctions éventuellement prononcées ne devant pas dépasser le montant le plus élevé de l'une des sanctions encourues. • Crim. 11 juill. 2017, n° 16-81.797 P : *D. actu. 29 sept. 2017, obs. Fonteix ; AJ pénal 2017. 440, obs. Roussel ; D. 2018. Chron. 196, obs. Pichon .*

18. Les dispositions spéciales de l'art. L. 3421-1 CSP, incriminant l'usage illicite de produits stupéfiants, excluent l'application de celles de l'art. 222-37 C. pén., incriminant la détention de tels produits, si les substances détenues étaient exclusivement destinées à la consommation personnelle du prévenu. • Crim. 14 mars 2017, n° 16-81.805 P : *D. actu. 30 mars 2017, obs. Goetz ; AJ pénal 2017. 285, obs. Roux-Demare ; Gaz. Pal. 18 juill. 2017, p. 59, obs. Detraz.* ♦ Rappr : L'acquisition, la détention et l'usage de stupéfiants sont des infractions distinctes, l'usage supposant en particulier de prouver que les substances stupéfiantes sont destinées à la consommation personnelle du prévenu. • Crim. 21 oct. 2015, n° 14-82.832 P : *D. actu. 3 nov. 2015, obs. Goetz.*

Art. 222-38 *(L. n° 96-392 du 13 mai 1996)* **Est puni de dix ans d'emprisonnement et de 750 000 € d'amende le fait de faciliter, par tout moyen, la justification mensongère de l'origine des biens ou des revenus de l'auteur de l'une des infractions mentionnées aux articles 222-34 à 222-37 ou d'apporter son concours à une opération de placement, de dissimulation ou de conversion du produit de l'une de ces infractions. La peine d'amende peut être élevée jusqu'à la moitié de la valeur des biens ou des fonds sur lesquels ont porté les opérations de blanchiment.**

Lorsque l'infraction a porté sur des biens ou des fonds provenant de l'un des crimes mentionnés aux articles 222-34, 222-35 et 222-36, deuxième alinéa, son auteur est puni des peines prévues pour les crimes dont il a eu connaissance.

Les deux premiers alinéas de l'article 132-23 relatifs à la période de sûreté sont applicables aux infractions prévues par le présent article.

1. Justifie légalement sa décision la cour d'appel qui, pour déclarer un notaire coupable de blanchiment de fonds provenant d'un trafic de stupéfiants, après avoir énoncé qu'il a reçu la visite, sous un nom d'emprunt, d'un trafiquant international de stupéfiants souhaitant acquérir un appartement, relève qu'ayant été informé de l'arrestation de cet individu, des motifs de celle-ci et de sa véritable identité, il a néanmoins régularisé l'acte de vente au profit de la concubine de ce trafiquant, en lui conseillant de payer le prix de l'appartement par des virements bancaires internationaux et non par des transferts de devises, afin de présenter l'opération comme plus transparente, et retient encore que le prévenu savait que certains des documents utilisés lors de cette acquisition étaient falsifiés et, qu'en sa qualité de notaire, son attention a été attirée sur le recyclage des fonds provenant du trafic des stupéfiants, d'où la cour déduit que le notaire connaissait la nature exacte des fonds au moyen desquels l'acquisition était envisagée et qu'il a apporté sciemment son concours à une opération de placement du produit d'un trafic de stupéfiants ; de plus, l'art. 2 de la loi n° 90-614 du 12 juill. 1990 fait obligation à toutes les personnes qui, dans l'exercice de leur profession, réalisent, contrôlent ou conseillent des opérations entraînant des mouvements de capitaux, de déclarer au procureur de la République les opérations dont elles ont connaissance, portant sur des sommes qu'elles savent provenir de stupéfiants ou d'organisations criminelles. • Crim. 7 déc. 1995, n° 95-80.888 P : *Dr. pénal 1996. 139, obs. Véron ; RSC 1996. 666, obs. Delmas Saint-Hilaire .*

2. Caractérise le délit de blanchiment au sens de l'art. 222-38 C. pén., la cour d'appel, qui retient que participe à une opération de placement, de dissimulation ou de conversion du produit d'un trafic de stupéfiants celui qui, connaissant l'origine des fonds, alimente un compte bancaire ouvert à son nom au moyen de versements en espèces ou de chèques, dont certains obtenus d'une tierce personne en échange de sommes en numéraire, et transfère ces fonds à l'étranger sous le couvert de mandats postaux. • Crim. 23 oct. 1997, n° 96-85.048 P : *Dr. pénal 1998. 31, obs. Véron.*

3. Caractérise en tous ses éléments, tant matériels qu'intentionnels, le délit de blanchiment du produit d'un trafic de stupéfiants la cour d'appel qui relève que les témoignages recueillis au cours de l'enquête et de l'information, ainsi que certaines déclarations des prévenus, démontrent qu'ils savaient que l'auteur du trafic de stupéfiants, avec qui ils entretenaient des relations familiales et d'affaires, se livrait à cette activité ; que, pendant la période de ce trafic, ils se sont trouvés en possession d'importantes sommes d'argent qu'ils ont, d'une part, utilisées pour acquérir des biens immobiliers, et d'autre part, déposées sur de nombreux comptes bancaires, ouverts à leur demande, par des membres de leur famille ; que le grand nombre de mouvements effectués sur ces comptes ne constitue qu'un montage destiné à rendre impossible toute investigation cohérente ; que le patrimoine des prévenus est très supérieur aux revenus qu'ils déclarent avoir perçus à l'époque des faits et qu'il ne peut provenir des revenus tirés de leur activité professionnelle non déclarés à l'administration des impôts ; que ces éléments démontrent que les prévenus savaient que l'argent qu'ils plaçaient avait pour origine un trafic de stupéfiants. • Cass., ass. plén., 4 oct. 2002, n° 93-81.533 P : *BICC 15 nov. 2002, p. 7, avis Benmakhlouf et rapp. Dulin ; Dr. pénal 2003. 34, obs. Véron.*

4. A commis le délit de blanchiment de fonds provenant d'un trafic de stupéfiants le prévenu qui a placé des sommes d'argent importantes sur ses comptes bancaires espagnols, sans ignorer la provenance des sommes en cause, qui lui avaient été remises par un codétenu par l'intermédiaire de sa concubine ; si le prévenu a reconnu que les fonds provenaient en partie de ses anciennes activités illégales personnelles, il n'en demeure pas moins qu'il connaissait pertinemment l'origine frauduleuse du reste des sommes qui lui avaient été confiées, puisqu'il connaissait parfaitement les motifs pour lesquels le propriétaire des fonds avait été placé en détention provisoire lors de leur rencontre dans une maison d'arrêt ; ainsi, il a donc apporté sciemment son concours à une opération de placement du produit d'un trafic de stupéfiants. • Toulouse, 8 nov. 2006 : *JCP 2007. IV. 1745.*

Art. 222-39 *(L. n° 92-1336 du 16 déc. 1992)* **« La cession ou l'offre illicites » de stupéfiants à une personne en vue de sa consommation personnelle** *(L. n° 92-1336 du 16 déc. 1992)* **« sont punies » de cinq ans d'emprisonnement et de 75 000 € d'amende.**

La peine d'emprisonnement est portée à dix ans lorsque les stupéfiants sont offerts ou cédés, dans les conditions définies à l'alinéa précédent, à des mineurs ou dans des *(L. n° 2007-297 du 5 mars 2007, art. 48)* **« établissements d'enseignement ou d'éducation ou dans les locaux de l'administration, ainsi que, lors des entrées ou sorties des élèves ou du public ou dans un temps très voisin de celles-ci, aux abords de ces établissements ou locaux ».**

Les deux premiers alinéas de l'article 132-23 relatif à la période de sûreté sont applicables à l'infraction prévue par l'alinéa précédent. — *Pr. pén. 706-26 s. ; Santé publ. L. 3422-1 s. ; Trav. L. 5423-8, L. 5423-9 et R. 5423-18.*

1. Peines. Encourt la cassation l'arrêt qui prononce une peine dépassant le maximum prévu par la loi ; il en est ainsi d'une décision qui, dans des poursuites des chefs d'offre ou cession de stupéfiants à une personne en vue de sa consommation personnelle et d'usage illicite de stupéfiants, condamne le prévenu à une peine de 7 ans d'emprisonnement, alors que le maximum de la peine applicable pour le fait le plus sévèrement réprimé, tel qu'il résulte de l'art. L. 627-2 CSP, est de 5 ans d'emprisonnement. • Crim. 14 nov. 1988, n° 88-83.690. P

2. Conflits de qualifications. Interpellé au moment où il s'apprêtait à vendre une partie des 280 grammes d'herbe de cannabis qu'il détenait, l'intéressé a été poursuivi sous les qualifications d'usage illicite de stupéfiants, de détention non autorisée de stupéfiants et d'offre ou de cession de stupéfiants à une personne en vue de sa consommation personnelle ; pour le relaxer du chef de détention non autorisée de stupéfiants, la cour d'appel retient que les poursuites pour détention de produits stupéfiants font double emploi avec celles exercées pour offre ou cession de ces substances ; l'arrêt n'encourt pas la censure dès lors que les dispositions spéciales de l'art. 222-39 C. pén. sont également applicables aux faits de détention de stupéfiants lorsque les substances détenues sont destinées à être offertes ou cédées à une personne en vue de sa consommation personnelle. • Crim. 22 juin 2005, n° 05-80.395 P : *RSC 2005. 847, obs. Mayaud*.

Art. 222-40 **La tentative des délits prévus par les articles 222-36 (premier alinéa) à 222-39 est punie des mêmes peines.**

Corresp. : *CSP, ancien art. L. 627.*

1. Tentative d'importation ou d'exportation de stupéfiants. Pour un exemple, V. : • Crim. 12 juill. 1994 : *Dr. pénal 1995. 1, obs. Véron.*

2. Tentative de cession ou d'offre de stupéfiants. La tentative n'est caractérisée qu'à la double condition que l'acte ait eu pour conséquence directe de consommer le délit et que celui-ci soit entré dans sa phase d'exécution. • Crim. 18 août 1973, n° 90-43.473 P. • 15 mai 1979 : *ibid. n° 175.*

3. Tel est bien le cas d'une négociation qui tend à la cession et à l'acquisition d'une certaine quantité de stupéfiants, alors même que les parties ne se sont pas encore mises d'accord sur le prix au moment de leur interpellation par les policiers. • Crim. 18 août 1973 : *préc. note 2.*

4. Mais n'est pas une tentative punissable la remise d'une somme d'argent à un tiers avec mission d'acquérir du haschich, alors qu'aucun contact n'a été pris avec un vendeur de stupéfiants. • Crim. 15 mai 1979 : *préc. note 2.*

5. Tentative de moyens de nature à faciliter l'usage de stupéfiants. Dès lors que la poursuite vise l'organisation d'une fête qui n'a pas eu lieu (organisation d'un débat sur le cannabis), le fait poursuivi n'est pas réalisé ; or la tentative du délit, visé à l'art. L. 630 CSP, n'est pas punissable ; si la tentative du délit visé à l'art. 222-37 C. pén. est quant à elle punissable, les éléments matériels de ce délit, à savoir, en l'espèce, l'usage de moyens de nature à faciliter l'usage de stupéfiants, n'apparaissent pas caractérisés à l'encontre du prévenu. • Toulouse, 29 juin 2000 : *D. 2001. IR 182.*

Art. 222-41 **Constituent des stupéfiants au sens des dispositions de la présente section les substances ou plantes classées comme stupéfiants en application de l'article L. 627 du code de la santé publique** *[CSP, art. L. 5132-7.]*

Corresp. *: CSP, ancien art. L. 627, al. 1er.*

1. QPC. Il n'y a pas lieu de renvoyer au Cons. const. la question de savoir si « les art. 222-37 et 222-41 C. pén. ainsi que l'art. L. 5132-7 CSP en ne définissant pas la notion de stupéfiant sont (ou non) conformes à l'art. 34 de la Constitution qui exige que la loi détermine les crimes et les peines qui leur sont applicables », dès lors que la question, ne portant pas sur l'interprétation d'une disposition constitutionnelle dont le Conseil n'aurait pas encore eu l'occasion de faire application, n'est pas nouvelle et que la question posée ne présente pas un caractère sérieux, les textes susvisés ne méconnaissant pas le principe de la légalité des délits et des peines en renvoyant à une définition des stupéfiants donnée par voie réglementaire en conformité avec la Convention unique sur les stupéfiants du 30 mars 1961 à laquelle la France a adhéré avec l'autorisation du législateur. • Crim. 11 janv. 2011 : *D. 2011. Pan. 2824, obs. Roujou de Boubée ; JCP G 2011, n° 347, note J. Huet ; RSC 2012. 221, obs. de Lamy .*

2. Cannabis. Le cannabis se définit non par référence aux dispositions réglementaires du code de la santé publique, mais à la convention internationale unique du 30 mars 1961, qui, en application de l'art. 55 Const., a acquis une autorité supérieure à la loi interne dès sa publication au *Journal officiel* du 22 mai 1969. • Crim. 12 déc. 1984, n° 84-92.896 P. • 9 mars 1992, n° 90-87.478 P.

3. Cette convention, qui exclut de son champ d'application la culture de la plante de cannabis à des fins uniquement industrielles, n'opère aucune distinction entre la culture de cannabis en vue du trafic et la culture aux fins de consommation personnelle, ses art. 23 et 28 précisant au contraire que le producteur de cannabis est tenu de livrer la totalité de sa récolte à l'organisme national de contrôle. • Crim. 9 mars 1992 : *préc. note 2.*

4. Indépendamment de l'Arr. du 22 févr. 1990, le classement du cannabis comme stupéfiant, au sens de l'art. L. 627 CSP, résulte des art. R. 5173 et R. 5181 introduits dans la partie réglementaire de ce code par le décret du 29 déc. 1988, en conformité avec la convention unique sur les stupéfiants du 30 mars 1961, publiée par décret le 22 mai 1969. • Crim. 13 mars 1995, n° 94-81.343 P.

5. Aux termes de l'art. 222-41 C. pén., constituent des stupéfiants, les substances ou plantes classées comme stupéfiants en application de l'art. L. 627 CSP ; il résulte des textes susvisés, de l'art. R. 5181 CSP, et de l'arrêté du 22 août 1990, que le principe posé est celui d'une interdiction générale de l'usage et du commerce du cannabis et de ses dérivés, principe auquel il ne peut être dérogé qu'en cas d'utilisation industrielle et commerciale des variétés de cannabis dépourvues de propriétés stupéfiantes. • Basse-Terre, 29 avr. 1997 : *Gaz. Pal. 1997. 2, chron. crim. 141.*

6. Il résulte de l'arrêté du 22 août 1990 que le cannabis n'est classé comme stupéfiant interdit par l'art. L. 626 CSP que s'il s'agit de « cannabis sativa L » dont le poids THC est supérieur à 30 % ; il y a donc lieu de relaxer le prévenu qui prétend que tel n'était pas le cas du cannabis trouvé en sa possession, et dès lors que le ministère public ne peut rapporter la preuve qu'il s'agissait d'herbe de cannabis interdite, celle-ci ayant été détruite sans qu'une expertise ait été effectuée. • T. corr. Basse-Terre, 3 mai 1996 : *Gaz. Pal. 1997. 2, chron. crim. 217.*

7. Un fonctionnaire de police, informé de ce qu'au cours de l'Université d'été d'un parti politique étaient mises en vente des boissons pouvant contenir du cannabis, et exposés des ouvrages qui en prônaient l'usage, a procédé à la saisie de canettes de bière et de soda renfermant des traces de delta 9-tetrahydrocannabinol (THC) et de documents favorables à l'usage du cannabis ; le responsable du parti et organisateur du congrès a été poursuivi pour cession de stupéfiants et provocation à l'usage de stupéfiants ; pour relaxer le prévenu du chef de cession de stupéfiants, la cour d'appel, après avoir constaté que le delta 9-tétrahydrocannabinol contenu dans les boissons offertes à la vente ne peut être quantifié, retient que l'art. R. 5181 CSP permet d'autoriser l'utilisation de certaines variétés de cannabis, dans une proportion fixée par arrêté interministériel du 22 août 1990 à moins de 0,3 % ; les juges en concluent que le doute résultant de cette situation doit profiter au prévenu ; en se déterminant ainsi, sans rechercher si le delta 9-tétrahydrocannabinol mis en évidence était un produit de synthèse ou, si, étant d'origine végétale et dépourvu de propriétés stupéfiantes, il était utilisé à des fins industrielles ou commerciales, conditions nécessaires à une utilisation licite, la cour d'appel n'a pas légalement justifié sa décision. • Crim. 22 juin 2004, n° 03-85.630 P : *Dr. pénal 2004. 126, obs. Robert.*

Art. 222-42 *(L. nº 2009-526 du 12 mai 2009, art. 124-I)* « Les personnes morales déclarées responsables pénalement, dans les conditions prévues par l'article 121-2, des infractions définies aux articles 222-34 à 222-39 encourent, outre l'amende suivant les modalités prévues par l'article 131-38, les peines prévues par l'article 131-39. »

L'interdiction mentionnée au 2° de l'article 131-39 porte sur l'activité dans l'exercice ou à l'occasion de l'exercice de laquelle l'infraction a été commise.

Art. 222-43 La peine privative de liberté encourue par l'auteur ou le complice des infractions prévues par *(L. nº 2004-204 du 9 mars 2004, art. 12-VI)* « les articles 222-35 à 222-39 » est réduite de moitié si, ayant averti les autorités administratives ou judiciaires, il a permis de faire cesser les agissements incriminés et d'identifier, le cas échéant, les autres coupables. *(L. nº 2004-204 du 9 mars 2004, art. 12-VI)* « Dans le cas prévu à l'article 222-34, la peine de la réclusion criminelle à perpétuité est ramenée à vingt ans de réclusion criminelle. »

Corresp. *: CSP, ancien art. L. 627-5.*

1. La reconnaissance du bénéfice de la réduction de moitié de la peine maximale encourue par tout auteur ou complice de l'une des infractions énumérées à l'art. L. 627 CSP, prévue en sa faveur par l'art. L. 627-5, al. 2, du même code, lorsque cette personne aura, après l'engagement des poursuites, permis ou facilité l'arrestation des autres coupables, est une question de fait qui relève de l'appréciation souveraine des juges du fond. • Crim. 25 juill. 1991, nº 90-85.653 P.

2. Les causes d'exemption ou d'atténuation de la peine prévues par l'art. L. 627-5 CSP, qui ne peuvent bénéficier qu'aux personnes déclarées coupables de l'une des infractions mentionnées audit article, relèvent de la seule appréciation des juridictions de jugement ; elles ne sauraient, dès lors, être prises en compte pour la détermination de la peine d'emprisonnement encourue au sens des al. 2 et 3 de l'art. 145-1 C. pr. pén. (détention provisoire). • Crim. 23 avr. 1992, nº 92-80.962 P.

3. Ne peut à bon droit bénéficier de la réduction de peine prévue par l'art. 222-43 C. pén., le condamné qui a servi d'intermédiaire lors de deux livraisons de produits stupéfiants, dont l'une portait sur 300 kg, et qui n'a pas averti les enquêteurs de l'existence d'un trafic, mais s'est borné à répondre à leurs questions après son arrestation. • Crim. 20 juin 1996 : *Gaz. Pal. 1996. 2, chron. crim. 173 ; JCP 1996. IV. 2418.*

4. Bénéficie à bon droit de la réduction de moitié de la peine prévue par l'art. 222-43 C. pén., le prévenu déclaré coupable d'infractions aux art. 222-36 et 222-37 du même code, dès lors que l'arrêt attaqué énonce que ce texte n'impose ni que les renseignements fournis par l'auteur des infractions soient préalables à l'enquête, ni que celui-ci ne soit tenu à une obligation de résultat, les juges ajoutant que la prévenue a rapidement reconnu les faits et fourni l'ensemble des informations en sa possession, permettant d'identifier les commanditaires et de reconstituer les circonstances du trafic, et que « la cessation des agissements incriminés relevait du pouvoir des différentes autorités étrangères concernées », et non de la volonté du prévenu. • Crim. 19 juin 1997 : *Gaz. Pal. 1997. 2, chron. crim. 217.*

Art. 222-43-1 *(L. nº 2004-204 du 9 mars 2004, art. 12-VII)* Toute personne qui a tenté de commettre les infractions prévues par la présente section est exempte de peine si, ayant averti l'autorité administrative ou judiciaire, elle a permis d'éviter la réalisation de l'infraction et d'identifier, le cas échéant, les autres auteurs ou complices.

SECTION V PEINES COMPLÉMENTAIRES APPLICABLES AUX PERSONNES PHYSIQUES

Art. 222-44 *(L. nº 2012-304 du 6 mars 2012, art. 20)* « I. — » Les personnes physiques coupables des infractions prévues *(L. nº 2016-731 du 3 juin 2016, art. 26)* « aux sections I à IV du » présent chapitre encourent également les peines complémentaires suivantes :

1° *(L. nº 2008-776 du 4 août 2008, art. 70)* « L'interdiction, suivant les modalités prévues par l'article 131-27, soit d'exercer une fonction publique ou d'exercer l'activité professionnelle ou sociale dans l'exercice ou à l'occasion de l'exercice de laquelle l'infraction a été commise, soit, pour les infractions prévues par les articles 222-1 à 222-6, 222-7, 222-8, 222-10, les 1° et 2° de l'article 222-14, les 1° à 3° de l'article 222-14-1, les articles 222-15, 222-23 à 222-26, 222-34, 222-35, 222-36, 222-37, 222-38 et 222-39, d'exercer une profession commerciale ou industrielle, de diriger, d'Administrer de gérer ou de contrôler à un titre quelconque, directement ou indirectement, pour son propre compte ou pour le compte d'autrui, une entreprise commerciale ou industrielle ou une société commerciale. Ces interdictions d'exercice peuvent être prononcées cumulativement ; »

2° L'interdiction de détenir ou de porter, pour une durée de cinq ans au plus, une arme soumise à autorisation ;

3° La suspension, pour une durée de cinq ans au plus, du permis de conduire, cette suspension pouvant être limitée à la conduite en dehors de l'activité professionnelle *(L. n° 2003-495 du 12 juin 2003, art. 5)* « ; dans les cas prévus par les articles 222-19-1 et 222-20-1, la suspension ne peut pas être assortie du sursis, même partiellement, et ne peut pas être limitée à la conduite en dehors de l'activité professionnelle ; dans les cas prévus par les 1° à 6° et le dernier alinéa des articles 222-19-1 et 222-20-1, la durée de cette suspension est de dix ans au plus » ;

4° L'annulation du permis de conduire avec interdiction de solliciter la délivrance d'un nouveau permis pendant cinq ans au plus ;

5° La confiscation d'un ou plusieurs véhicules appartenant au condamné ;

6° La confiscation d'une ou plusieurs armes dont le condamné est propriétaire ou dont il a la libre disposition ;

7° La confiscation de la chose qui a servi ou était destinée à commettre l'infraction ou de la chose qui en est le produit ; *— Pén. 131-21.*

(L. n° 2003-495 du 12 juin 2003, art. 6) « 8° Dans les cas prévus par les articles 222-19-1 et 222-20-1, l'interdiction de conduire certains véhicules terrestres à moteur, y compris ceux pour la conduite desquels le permis de conduire n'est pas exigé, pour une durée de cinq ans au plus ;

(Abrogé par L. n° 2019-222 du 23 mars 2019, art. 71-XIV et 109-XIX, à compter du 24 mars 2020) ***« 9° Dans les cas prévus par les articles 222-19-1 et 222-20-1, l'obligation d'accomplir, à leurs frais, un stage de sensibilisation à la sécurité routière ;***

(L. n° 2007-297 du 5 mars 2007, art. 53) ***« 9° bis L'obligation d'accomplir un stage de sensibilisation aux dangers de l'usage de produits stupéfiants, selon les modalités fixées à l'article 131-35-1 ; »***

« 10° Dans les cas prévus par les articles 222-19-1 et 222-20-1, l'immobilisation, pendant une durée d'un an au plus, du véhicule dont le condamné s'est servi pour commettre l'infraction, s'il en est le propriétaire ;

(L. n° 2007-297 du 5 mars 2007, art. 25) « 11° La confiscation de l'animal ayant été utilisé pour commettre l'infraction ;

« 12° L'interdiction, à titre définitif ou temporaire, de détenir un animal ; »

(L. n° 2011-267 du 14 mars 2011, art. 73-II) « 13° Dans les cas prévus par les articles 222-19-1 et 222-20-1, la confiscation du véhicule dont le condamné s'est servi pour commettre l'infraction, s'il en est le propriétaire. La confiscation du véhicule est obligatoire dans les cas prévus par les 4° et dernier alinéa de ces articles ainsi que, dans les cas prévus par les 2°, 3° et 5° des mêmes articles, en cas de récidive ou si la personne a déjà été définitivement condamnée pour un des délits prévus par les articles L. 221-2, L. 224-16, L. 234-1, L. 234-8, L. 235-1, L. 235-3 ou L. 413-1 du code de la route ou pour la contravention mentionnée à ce même article L. 413-1. La juridiction peut toutefois ne pas prononcer cette peine, par une décision spécialement motivée ;

« 14° Dans les cas prévus par les 2° et dernier alinéa des articles 222-19-1 et 222-20-1 du présent code, l'interdiction, pendant une durée de cinq ans au plus, de conduire un véhicule qui ne soit pas équipé par un professionnel agréé ou par construction d'un dispositif d'anti-démarrage par éthylotest électronique, homologué dans les conditions prévues à l'article L. 234-17 du code de la route. Lorsque cette interdiction est prononcée en même temps que la peine d'annulation ou de suspension du permis de conduire, elle s'applique, pour la durée fixée par la juridiction, à l'issue de l'exécution de cette peine ; »

(Abrogé par L. n° 2019-222 du 23 mars 2019, art. 71-XIV et 109-XIX, à compter du 24 mars 2020) (L. n° 2014-873 du 4 août 2014, art. 50) ***« 15° La réalisation, à leurs frais, d'un stage de responsabilisation pour la prévention et la lutte contre les violences au sein du couple et sexistes. »***

« Toute condamnation pour les délits prévus par les 1° à 6° et le dernier alinéa de l'article 222-19-1 donne lieu de plein droit à l'annulation du permis de conduire avec interdiction de solliciter un nouveau permis pendant dix ans au plus. »

(L. nº 2012-304 du 6 mars 2012, art. 8) « II. — En cas de condamnation pour les crimes ou pour les délits commis avec une arme prévus aux sections I, II, III *ter* et IV du présent chapitre, le prononcé des peines complémentaires prévues aux 2° et 6° du I est obligatoire. La durée de la peine prévue au 2° du I est portée à quinze ans au plus.

« Toutefois, la juridiction peut, par une décision spécialement motivée lorsque la condamnation est prononcée par une juridiction correctionnelle, décider de ne pas prononcer ces peines, en considération des circonstances de l'infraction et de la personnalité de son auteur. »

1. Interdiction d'une activité professionnelle. Aucune disposition légale n'impose au juge de motiver le choix d'une peine autre que l'emprisonnement sans sursis ; ainsi de l'interdiction définitive d'exercer la chirurgie plastique et réparatrice. • Crim. 19 oct. 2004, nº 04-80.317 P : *D. 2005. Pan. 1527, obs. Roujou de Boubée ; Dr. pénal 2005. 19, obs. Véron ; RSC 2005. 70, obs. Fortis .*

2. Le directeur d'un institut médico-éducatif a été poursuivi pour harcèlement moral à l'encontre d'une psychologue de cet établissement ; en prononçant contre le prévenu la peine complémentaire d'interdiction définitive d'exercer toute fonction de direction, sous-direction, de chef de service ou de tout emploi assimilé dans tout établissement à caractère social, éducatif, médical, médico-social, médico-éducatif ou assimilé, la cour d'appel a usé de la faculté qui lui est reconnue par l'art. 222-44, al. 1er, C. pén. ; en effet, en application de ce texte, la peine d'interdiction d'exercer l'activité professionnelle dans l'exercice ou à l'occasion de l'exercice de laquelle l'infraction a été commise est encourue par toute personne déclarée coupable du délit prévu par l'art. 222-33-2 C. pén. • Crim. 13 avr. 2010 : *Gaz. Pal. 2010. 2. 2393, note Detraz.*

3. Suspension du permis de conduire. En condamnant le prévenu, déclaré coupable de violences sur personne chargée d'une mission de service public, à la peine complémentaire de suspension du permis de conduire, la cour d'appel n'a fait qu'user de la faculté prévue par l'art. 222-44, 3°, C. pén. • Crim. 9 oct. 2002, nº 02-81.191 P : *Dr. pénal 2003. 20, obs. Véron.*

4. Confiscation. Sur l'impossibilité, par application de la règle du non-cumul des peines de même nature, prévue par l'art. 132-3 C. pén., de prononcer, à la fois, la confiscation en nature au titre de l'action publique et la confiscation en valeur à des fins douanières de produits stupéfiants préalablement saisis. • Crim. 21 mars 1996, nº 94-86.139 P : *Dr. pénal 1996. 214, obs. Véron.*

5. Les demandeurs ne sauraient faire grief à l'arrêt d'avoir ordonné la confiscation des sommes figurant sur leurs comptes bancaires respectifs dès lors, d'une part, qu'il résulte des constatations des juges du fond que les sommes versées sur les comptes de l'un d'eux provenaient du trafic de stupéfiants auquel il se livrait et, d'autre part, que les autres prévenus ayant été déclarés coupables de ne pouvoir justifier de ressources correspondant à leur train de vie tout en étant en relations habituelles avec une ou plusieurs personnes se livrant à des opérations illicites portant sur les stupéfiants (C. pén., art. 222-39-1), il s'ensuit nécessairement qu'ils ne pouvaient ignorer le caractère frauduleux de l'usage des fonds qui alimentaient leur train de vie. • Crim. 5 déc. 2001 : *Dr. pénal 2002. 41, obs. Véron.*

6. Pour ordonner, au titre de la peine complémentaire de confiscation, prévue par l'art. 222-44-11° C. pén., l'euthanasie des animaux, l'arrêt retient, par motifs propres et adoptés, qu'en application des dispositions de l'art. 131-21-1 du même code, lorsque la confiscation de l'animal est encourue et que celui-ci est dangereux, la juridiction peut ordonner son euthanasie ; en l'espèce, les deux chiens ont suffisamment démontré leur dangerosité par les sévères blessures occasionnés à la victime, les précédentes morsures à l'origine de deux autres procédures, les témoignages unanimes soulignant leur dangerosité et la crainte qu'ils inspirent ; les juges ajoutent que l'un des animaux relève d'une des catégories de chiens susceptibles d'être dangereux prévue à l'art. L. 211-12 C. rur. ; en l'état de ces motifs, la cour d'appel a justifié sa décision, tant au regard des dispositions des art. L. 211-11 s. C. rur., relatifs aux animaux dangereux, que de celles de l'art. 131-21-1 C. pén., sans méconnaître les textes conventionnés et légaux invoqués (Conv. EDH, art. 6 et 7). • Crim. 29 janv. 2013 : *Dr. pénal 2013, nº 69, obs. Véron.* ♦ Rappr. : • Crim. 20 nov. 2012 : *Dr. pénal 2013, nº 35, obs. Véron.*

Art. 222-45 Les personnes physiques coupables des infractions prévues par les sections 1, 3 et 4 encourent également les peines suivantes :

1° L'interdiction, suivant les modalités prévues par l'article 131-26, des droits civiques, civils et de famille ;

2° L'interdiction, suivant les modalités prévues par l'article 131-27, d'exercer une fonction publique ;

3° *(L. nº 98-468 du 17 juin 1998)* « L'interdiction d'exercer, soit à titre définitif, soit pour une durée de dix ans au plus, une activité professionnelle ou bénévole impliquant un contact habituel avec des mineurs » ;

(Abrogé par L. n° 2019-222 du 23 mars 2019, art. 71-XIV et 109-XIX, à compter du 24 mars 2020) (L. n° 2004-204 du 9 mars 2004, art. 44-X, en vigueur le 1er oct. 2004) ***« 4° L'obligation d'accomplir un stage de citoyenneté, selon les modalités prévues par l'article 131-5-1 » ;***

(L. n° 2007-297 du 5 mars 2007, art. 65) ***« 5° L'obligation d'accomplir un stage de responsabilité parentale, selon les modalités fixées à l'article 131-35-1 ». »***

1. Application dans le temps. Il résulte de l'art. 112-1 C. pén. qu'une loi édictant une peine complémentaire ne peut s'appliquer à des faits antérieurs à son entrée en vigueur ; il en est ainsi de la L. du 17 juin 1998 instituant l'interdiction d'exercer une activité professionnelle ou bénévole impliquant un contact habituel avec des mineurs prévue par l'art. 222-45, 3°, C. pén. • Crim. 4 janv. 2006, n° 05-83.096 P : *RSC 2006. 314, obs. Vermelle* • 23 mai 2012, n° 11-85.768 P : *D. 2012. Actu. 1614*.

2. Viol. Contient des dispositions plus douces l'art. 222-45 C. pén., qui prévoit seulement la peine complémentaire facultative de l'interdiction des droits civiques, civils et de famille pour les personnes coupables notamment du crime de viol, alors que selon les dispositions des art. 28, 34 et 463 C. pén. applicables au moment des faits, toute condamnation à une peine criminelle emportait la dégradation civique, cette peine n'ayant un caractère facultatif que dans des hypothèses où une peine correctionnelle était prononcée pour des faits qualifiés de crime par la loi. • Crim. 11 janv. 1995, n° 94-82.649 P : *Dr. pénal 1995. 114, obs. Véron* • 1er févr. 1995, n° 94-83.459 P • 15 mars 1995 : *D. 1995. IR 130.* ♦ C'est donc à bon droit que, faisant application des art. 222-23 et 222-45 C. pén., une cour d'assises prononce pour une durée de dix ans l'interdiction des droits civiques, civils et de famille prévue par l'art. 131-26 du même code à l'encontre d'un condamné pour viol sur mineur de quinze ans par ascendant légitime. • Crim. 15 mars 1995 : *préc.* ♦ ... Et l'interdiction d'exercer une fonction publique pendant cinq ans de l'art. 131-27 à l'encontre d'un condamné pour viol et vol. • Crim. 11 janv. 1995 : *préc.*

3. Si, à la date des faits, aucune peine complémentaire n'était expressément prévue pour le crime de viol par ascendant, la condamnation à une peine correctionnelle pour crime pouvait emporter, par application de l'art. 463, al. 2, ancien C. pén., la dégradation civique pour cinq ans au moins et dix ans au plus ; à cette peine a pu être substituée la peine complémentaire, moins sévère, de la privation des droits civiques, civils et de famille prévue par l'art. 131-26 nouv. du même code. • Crim. 21 janv. 1998, n° 96-86.603 P : *RSC 1998. 761, obs. Bouloc*.

4. C'est à bon droit qu'une cour d'assises, faisant application des art. 222-23 et 222-45 C. pén., a prononcé pour une durée de 10 ans l'interdiction des droits civiques, civils et de famille prévue par l'art. 131-26 du même code ; en effet, aux termes de l'art. 112-1 C. pén., les dispositions nouvelles s'appliquent aux infractions commises avant leur entrée en vigueur et n'ayant pas donné lieu à une condamnation passée en force de chose jugée lorsqu'elles sont moins sévères que les dispositions anciennes ; tel est le cas de l'art. 131-26 nouv. C. pén., qui édicte une peine moins sévère dans sa durée que la dégradation civique, prévue par les art. 28 et 34 anciens dudit code, laquelle, en excluant à perpétuité les condamnés à une peine criminelle de toutes fonctions, emplois ou offices publics, et en leur interdisant de déposer en justice autrement que pour y donner de simples renseignements, les privait nécessairement de l'exercice de fonctions juridictionnelles et du droit de représenter ou d'assister une partie devant la justice. • Crim. 14 oct. 1998, n° 97-84.730 P : *JCP 1999. IV. 1353.*

5. Violences volontaires. La peine complémentaire de 5 ans d'interdiction des droits visés à l'art. 131-26, 1°, 2° et 3°, C. pén., entre dans les prévisions tant des art. 309, al. 1, et 42 anciens que des art. 222-11 et 222-45 C. pén. • Crim. 26 févr. 1997 : *Gaz. Pal. 1997. 1, chron. crim. 115.*

Art. 222-46 **Les personnes physiques coupables des infractions prévues par la section 2 du présent chapitre encourent également la peine complémentaire d'affichage ou de diffusion de la décision prévue par l'article 131-35.**

Art. 222-47 **Dans les cas prévus par les articles 222-1 à 222-15, 222-23 à 222-30 et 222-34 à 222-40, peut être prononcée à titre de peine complémentaire l'interdiction de séjour, suivant les modalités prévues par l'article 131-31.**

(L. n° 2019-290 du 10 avr. 2019, art. 7) **« Dans les cas prévus aux articles 222-7 à 222-13 et 222-14-2, lorsque les faits sont commis lors du déroulement de manifestations sur la voie publique, peut être prononcée la peine complémentaire d'interdiction de participer à des manifestations sur la voie publique, dans les conditions prévues à l'article 131-32-1. »**

Dans les cas prévus par les articles *(L. n° 2006-399 du 4 avr. 2006, art. 15* **« 222-23 à 222-30, lorsqu'ils sont commis sur des mineurs,** *(L. n° 2013-711 du 5 août 2013,* *art. 19)* « par le 6° *bis* des articles 222-3, 222-8, 222-10, 222-12 et 222-13, par l'article 222-14-4 » et par les articles » 222-34 à 222-40, peut être également prononcée l'interdiction, pour une durée de cinq ans au plus, de quitter le territoire de la République.

Art. 222-48 L'interdiction du territoire français peut être prononcée dans les conditions prévues par l'article 131-30, soit à titre définitif, soit pour une durée de dix ans au plus, à l'encontre de tout étranger coupable de l'une des infractions définies aux articles 222-1 *(L. n° 2018-778 du 10 sept. 2018, art. 37)* « à 222-12, 222-14, 222-14-1, 222-14-4, 222-15, 222-15-1, 222-23 à 222-31 et 222-34 à 222-40 ».

Al. abrogé par L. n° 2003-1119 du 26 nov. 2003, art. 78.

1. Trafic de stupéfiants (CSP, ancien art. L. 630-1). La qualité d'étranger ne constituant ni un élément constitutif ni une circonstance aggravante de l'une quelconque des infractions à la législation sur les stupéfiants, cette qualité n'a pas à être spécialement visée dans l'acte saisissant les juges ; ceux-ci ont pu prononcer contre le prévenu l'interdiction définitive du territoire français, quoique sa qualité d'étranger n'ait pas été visée dans la prévention, dès lors qu'il a pu s'expliquer devant les juges tant sur sa nationalité que sur la peine complémentaire qu'il encourait. • Crim. 5 sept. 1989, n° 88-86.714 P.

2. C'est à bon droit qu'une cour d'appel a prononcé, en vertu de l'art. L. 630-1 CSP, à l'encontre d'un étranger, reconnu coupable d'infractions à l'art. L. 627 du même code, l'interdiction définitive du territoire français, qui entraîne de plein droit la reconduite du condamné à la frontière à l'expiration de sa peine, sans s'arrêter aux prescriptions des art. 19 et 25 de l'ordonnance du 2 nov. 1945 relative aux conditions d'entrée et de séjour en France des étrangers, lesquelles sont exclusives de celles de l'art. L. 630-1 sus-énoncé. • Crim. 3 janv. 1986, n° 84-93.870 P.

3. L'interdiction de toute discrimination fondée notamment sur la race ou l'origine nationale, telle qu'elle est prévue par l'art. 14 de la Conv. EDH, ne concerne que la jouissance des droits et libertés reconnus dans ladite convention, parmi lesquels ne figure évidemment pas le trafic de stupéfiants, et ne fait pas obstacle à ce que soit prononcée en application de la loi nationale, contre un étranger reconnu coupable d'un tel trafic, l'interdiction définitive du territoire. • Crim. 18 févr. 1985, n° 84-95.008 P. • 21 avr. 1986 : *ibid. n° 130* • 17 juill. 1986 : *ibid. n° 238* • 2 mai 1989 : *ibid. n° 173.* ♦ ... Au demeurant, l'art. 2, § 3, du protocole n° 4 annexé à la même convention permet au législateur d'un État démocratique d'interdire l'accès de son territoire à un étranger lorsque cette mesure est nécessaire à la sécurité nationale, à la sûreté publique, au maintien de l'ordre public, à la prévention des infractions pénales, à la protection de la santé ou de la morale, ou à la protection des droits et libertés d'autrui. • Crim. 18 févr. 1985 : *préc.* • 21 avr. 1986 : *préc.* • 17 juill. 1986 : *préc.* • 1er oct. 1987, n° 88-85.196 P. • 2 mai 1989 : *préc.* • 3 mai 1990, n° 88-87.457 P. ♦ ... Et selon l'art. 1er du protocole additionnel n° 7 à cette convention, les étrangers résidant sur le territoire d'un État peuvent en être expulsés ou être reconduits à la frontière en exécution d'une décision prise conformément à la loi. • Crim. 6 nov. 1991, n° 91-81.179 P.

4. Les stipulations du traité de Rome, notamment en ce qu'elles posent le principe de la libre circulation des personnes, sont inapplicables aux situations ou comportements reconnus comme délictueux par l'ensemble des législations nationales, tel le trafic de stupéfiants. • Crim. 3 mai 1990 : *préc. note 3.*

5. Trafic de stupéfiants. Nouveau code pénal. Le refus opposé à un étranger, condamné pour trafic de stupéfiants, de le relever de l'interdiction du territoire français constitue une mesure qui est nécessaire à la sûreté publique, à la protection de la santé et à la prévention des infractions pénales, et n'a pas à être plus motivé que ne le serait le prononcé de l'interdiction elle-même, en application des art. 131-30 et 222-48, al. 2, C. pén. • Crim. 28 nov. 1995 : *Gaz. Pal. 1996. 1, chron. crim. 70.*

6. En vertu de l'art. 222-48, al. 2, C. pén., non contraire aux dispositions de l'art. 8 Conv. EDH, la juridiction correctionnelle a la faculté de prononcer, sans motivation particulière, l'interdiction du territoire français à l'encontre de tout étranger reconnu coupable d'importation de stupéfiants. • Crim. 6 mars 1997, n° 96-82.550 P.

7. Pour condamner le prévenu, déclaré coupable notamment de complicité d'importation de plusieurs kilogrammes d'héroïne, à une peine d'emprisonnement sans sursis, le maintenir en détention et prononcer contre lui l'interdiction définitive du territoire français, l'arrêt énonce qu'il est de nationalité étrangère et que la sanction est proportionnée à la gravité des faits, adaptée à sa personnalité, et conforme aux exigences de l'ordre public ; en prononçant ainsi, et dès lors qu'en vertu du dernier al. de l'art. 222-48 C. pén., elle n'avait pas, pour prononcer l'interdiction définitive du territoire français dans le cas d'une importation de stupéfiants, à rechercher si l'intéressé relevait de l'une des situations d'exclusion de cette mesure, la cour d'appel a, sans méconnaître les dispositions de la Conv. EDH, justifié sa décision. • Crim. 13 mars 1997 : *Gaz. Pal. 1997. 2, chron. crim. 141.*

8. Ont justifié leur décision conformément aux dispositions de l'art. 131-30 C. pén., les juges qui, pour prononcer contre le prévenu une peine d'interdiction du territoire français pour une durée de 10 ans, énoncent qu'il a mis en péril la santé physique et morale d'autres personnes par son trafic de drogue et que cette mesure permettait d'éviter la récidive. • Crim. 29 févr. 2000, n° 98-80.518 P.

9. Selon l'art. 131-30 C. pén., la juridiction correctionnelle ne peut prononcer l'interdiction du territoire français à l'encontre de tout étranger reconnu coupable de l'une des infractions visées à l'art. 222-48, al. 1er, C. pén., qui se trouve dans l'un des cas prévus à l'al. 4 de l'art. 131-30, qu'après avoir spécialement motivé le choix de cette peine au regard de la gravité de l'infraction et de la situation personnelle et familiale de cet étranger ; ne donne pas de base légale à sa décision, au regard de l'art. 131-30 C. pén., la cour d'appel qui, après avoir déclaré un étranger coupable d'infractions à l'art. 222-37 C. pén. et énoncé que « les faits tels que rapportés ont gravement et durablement troublé l'ordre public et mis en péril la santé publique », prononce à son encontre l'interdiction définitive du territoire français, et ce, sans motiver le choix de cette peine au regard de la situation personnelle et familiale du prévenu, qui invoquait la durée de sa résidence et le fait qu'il est le père d'enfants français. • Crim. 27 avr. 2000, n° 99-84.559 P : *Dr. pénal 2000. Comm. 99, obs. Véron.*

10. Jurisprudence européenne. Dès lors que le requérant est entré en France en 1975, à l'âge de cinq ans, et y réside depuis lors et qu'il y a suivi toute sa scolarité et travaillé plusieurs années, en outre, que sa mère, ses frères et sœurs y résident, la cour ne doute pas que la mesure litigieuse d'interdiction temporaire du territoire français s'analyse en une ingérence dans le droit du requérant au respect non seulement de sa vie privée mais également de sa vie familiale ; s'il est de la prérogative des États contractants d'assurer l'ordre public, leurs décisions en la matière, dans la mesure où elles porteraient atteinte à un droit protégé par le § 1er de l'art. 8 Conv. EDH, doivent se révéler nécessaires dans une société démocratique, c'est-à-dire justifiées par un besoin social impérieux et, notamment, proportionnées au but légitime poursuivi. • CEDH 13 févr. 2001 : *D. 2001. IR 747.*

11. « Les rapports entre adultes ne bénéficieront pas nécessairement de la protection de l'art. 8 sans que soit démontrée l'existence d'éléments supplémentaires de dépendance, autres que les liens affectifs normaux » ; en l'occurrence, s'il a gardé sa nationalité marocaine, le requérant n'a vécu au Maroc que dans sa prime jeunesse et prétend ignorer la langue arabe ; l'essentiel de ses attaches familiales et sociales se trouve en France et il n'apparaît pas des indications fournies par le gouvernement qu'il ait conservé avec son pays natal des liens autres que la seule nationalité ; un élément essentiel pour l'évaluation de la proportionnalité de la mesure d'expulsion est la gravité des infractions commises par le requérant ; à cet égard, selon l'arrêt de la cour d'appel, le requérant a été condamné à une peine de deux ans d'emprisonnement pour des infractions à la législation sur les stupéfiants qui apparaissent essentiellement liées à des faits d'usage et de consommation de drogues ; on ne peut raisonnablement soutenir que, du fait de ces infractions, le requérant constituait une menace grave pour l'ordre public, comme le montre la légèreté relative de la peine prononcée en première instance et en appel, malgré le constat d'un état de récidive ; les infractions commises par le requérant ne sauraient donc, ni séparément, ni dans leur ensemble, être considérées comme étant d'une particulière gravité, alors que l'ingérence est rigoureuse pour le requérant, qui possède des liens intenses avec la France et n'apparaît pas avoir avec le Maroc d'autres attaches que la nationalité ; en outre, le caractère définitif de l'interdiction apparaît comme particulièrement rigoureux ; dès lors, la mesure d'interdiction définitive du territoire français est disproportionnée aux buts légitimes poursuivis ; il y a donc eu violation de l'art. 8 Conv. EDH. • CEDH 13 févr. 2001 : *préc. note 10.*

Art. 222-48-1 *(L. n° 98-468 du 17 juin 1998 ; L. n° 2005-1549 du 12 déc. 2005, art. 24)* **Les personnes physiques coupables de tortures ou d'actes de barbarie ou des infractions définies aux articles 222-23 à 222-32 peuvent également être condamnées à un suivi socio-judiciaire selon les modalités prévues par les articles 131-36-1 à 131-36-13.**

(L. n° 2007-297 du 5 mars 2007, art. 33) **« Les personnes physiques coupables des infractions définies aux articles 222-8, 222-10, 222-12, 222-13** *(L. n° 2010-769 du 9 juill. 2010, art. 6)* **« , 222-14 et 222-18-3 » peuvent également être condamnées à un suivi socio-judiciaire, selon les modalités prévues par les articles 131-36-1 à 131-36-13, lorsque l'infraction est commise soit par le conjoint ou le concubin de la victime ou par le partenaire lié à celle-ci par un pacte civil de solidarité, ou par son ancien conjoint, son ancien concubin ou l'ancien partenaire lié à elle par un pacte civil de solidarité, soit, sur un mineur de quinze ans, par un ascendant légitime, naturel ou adoptif, ou par toute autre personne ayant autorité sur la victime.**

« Pour les infractions prévues par l'alinéa précédent *(L. nº 2010-769 du 9 juill. 2010, art. 25-II)* « qui sont commises sur un mineur de quinze ans par un ascendant légitime, naturel ou adoptif, ou par toute autre personne ayant autorité sur la victime », le suivi socio-judiciaire est obligatoire en matière correctionnelle lorsqu'il s'agit de violences habituelles, sauf en cas de condamnation à une peine d'emprisonnement assortie du *(L. nº 2019-222 du 23 mars 2019, art. 81-VII et 109-XIX, en vigueur le 24 mars 2020)* « sursis probatoire » ou si le tribunal correctionnel considère, par décision spécialement motivée, qu'il n'y a pas lieu de prononcer cette mesure ; en matière criminelle, la cour d'assises délibère de façon spécifique sur le prononcé d'un suivi socio-judiciaire. »

Art. 222-48-2 *(L. nº 2014-873 du 4 août 2014, art. 34)* En cas de condamnation pour un crime ou un délit prévu aux sections I, III ou III *bis*, commis par le père ou la mère sur la personne de son enfant ou de l'autre parent, la juridiction de jugement se prononce sur le retrait total ou partiel de l'autorité parentale *(L. nº 2019-1480 du 28 déc. 2019, art. 8)* « ou sur le retrait de l'exercice de cette autorité », en application des articles 378 *(L. nº 2016-297 du 14 mars 2016, art. 39)* « , 379 » et 379-1 du code civil. Si les poursuites ont lieu devant la cour d'assises, celle-ci statue sur cette question sans l'assistance des jurés.

BIBL. ▶ MARGAINE, *D. 2016. 1089* (retour de l'inceste dans le code pénal et extension de la protection du mineur victime).

Art. 222-48-3 *(L. nº 2020-1576 du 14 déc. 2020, art. 103)* Les personnes physiques coupables des infractions prévues aux paragraphes 1 et 2 des sections I et III du présent chapitre, lorsque celles-ci ont été commises à l'encontre de leur époux assuré, encourent également la peine complémentaire d'interdiction de percevoir la pension due au conjoint survivant ou divorcé en application des dispositions du code de la sécurité sociale ou du code rural et de la pêche maritime.

Le prononcé de cette peine est obligatoire. Toutefois, la juridiction peut, par une décision spécialement motivée, décider de ne pas prononcer cette peine, en considération des circonstances de l'infraction et de la personnalité de son auteur.

Art. 222-48-4 *(L. nº 2021-478 du 21 avr. 2021, art. 14)* En cas de condamnation pour une infraction prévue à la section III du présent chapitre commise sur un mineur, la peine complémentaire d'interdiction d'exercer une activité professionnelle ou bénévole impliquant un contact habituel avec des mineurs prévue au 3° de l'article 222-45 est prononcée à titre définitif. La juridiction peut, par une décision spécialement motivée, décider de ne pas prononcer cette peine en considération des circonstances de l'infraction et de la personnalité de son auteur ou de la prononcer pour une durée de dix ans au plus.

SECTION VI DISPOSITIONS COMMUNES AUX PERSONNES PHYSIQUES ET AUX PERSONNES MORALES

Art. 222-49 Dans les cas prévus par les articles *(L. nº 92-1336 du 16 déc. 1992)* « 222-34 » à 222-40, doit être prononcée la confiscation des installations, matériels et de tout bien ayant servi, directement ou indirectement, à la commission de l'infraction, ainsi que tout produit provenant de celle-ci, à quelque personne qu'ils appartiennent et en quelque lieu qu'ils se trouvent, dès lors que leur propriétaire ne pouvait en ignorer l'origine ou l'utilisation frauduleuse.

Dans les cas prévus par les articles *(L. nº 92-1336 du 16 déc. 1992)* « 222-34, » 222-35, 222-36, *(L. nº 2010-768 du 9 juill. 2010, art. 10)* « 222-37 et 222-38 », peut également être prononcée la confiscation de tout ou partie des biens du condamné *(L. nº 2012-409 du 27 mars 2012, art. 13-I-4°)* « ou, sous réserve des droits du propriétaire de bonne foi, dont il a la libre disposition », quelle qu'en soit la nature, meubles ou immeubles, divis ou indivis. — *CSP, art. L. 3421-3.*

1. Trafic de stupéfiants (CSP, ancien art. L. 629). Justifie légalement sa décision la cour d'appel qui, pour rejeter partiellement une demande de restitution portant sur des fonds bloqués par décision du juge d'instruction saisi d'une information du chef de blanchiment et de recel de fonds provenant d'un trafic de stupéfiants, énonce que les sommes bloquées sont susceptibles de confiscation en raison de leur origine suspecte, et relève, à bon droit, que la demande de restitution aurait pu être rejetée pour le tout ; en effet, selon l'art. 99 C. pr. pén., la restitution peut être refusée quand elle porte sur un objet placé sous main de justice dont la confiscation est prévue par la loi ; tel est le cas en matière de trafic de stupéfiants en vertu tant de l'art. L. 629 CSP, alors applicable, que de l'art. 222-49 C. pén. • Crim. 8 févr. 1996, n° 95-80.242 P : *Dr. pénal 1996. 163, obs. J.-H. Robert ; RSC 1996. 850, obs. Bouloc*.

2. Justifie sa décision au regard de l'art. 222-49, al. 1er, C. pén., la cour d'appel qui prononce la confiscation d'une maison appartenant à un prévenu, déclaré coupable d'infractions à l'art. 222-37 C. pén., après avoir relevé que les matériaux utilisés pour sa construction et l'achat du terrain ont été financés par des sommes de provenance illicite. • Crim. 27 avr. 2000, n° 99-84.559 P : *Dr. pénal 2000. 99, obs. Véron.*

3. Les dispositions de l'art. 222-49, al. 2, C. pén., non abrogées, sont de portée équivalente à celles de l'art. 321-10-1, al. 2, dudit code, en sa rédaction issue de la L. du 23 janv. 2006, en ce que ces dernières permettent le prononcé à l'encontre des auteurs du délit de non-justification de ressources des peines complémentaires encourues pour les crimes ou délits commis par les personnes avec lesquelles ils étaient en relation habituelle (notamment la confiscation de biens immobiliers appartenant à ces derniers). • Crim. 20 févr. 2008, n° 07-81.247 P : *AJ pénal 2008. 232, obs. Roussel ; Dr. pénal 2008, n° 80, obs. Véron.*

4. La confiscation d'un terrain et d'une maison d'habitation peut être prononcée à titre de peine complémentaire contre une personne physique déclarée coupable des infractions à la législation sur les stupéfiants. • Crim. 15 juin 2011 : *JCP G 2011, n° 893.* ♦ La peine complémentaire de confiscation de tout ou partie de ses biens ou, sous réserve des droits du propriétaire de bonne foi, dont elle a la libre disposition, quelle qu'en soit la nature, meubles ou immeubles, divis ou indivis, peut être prononcée sans qu'il soit exigé que le bien sur lequel porte cette peine soit l'objet ou le produit direct ou indirect de l'infraction. Et les juges doivent s'expliquer sur la nécessité et la proportionnalité de l'atteinte portée au droit de propriété de l'intéressé par la mesure de confiscation de tout ou partie du patrimoine, au regard de sa situation personnelle et de la gravité concrète des faits. • Crim. 7 déc. 2016, n° 15-85.136 P: *AJ pénal 2017. 142, obs. Violeau*.

Art. 222-50 **Les personnes physiques ou morales coupables de l'une des infractions prévues par les articles** *(L. n° 92-1336 du 16 déc. 1992)* **« 222-34 » à 222-40 encourent également les peines complémentaires suivantes :**

1° Le retrait définitif de la licence de débit de boissons ou de restaurant ;

2° La fermeture, à titre définitif ou pour une durée de cinq ans au plus, de tout établissement ouvert au public ou utilisé par le public dans lequel ont été commises, par l'exploitant ou avec la complicité de celui-ci, les infractions définies par ces articles. — *Pén. 131-33.*

Art. 222-50-1 *(L. n° 2010-769 du 9 juill. 2010, art. 35)* **Les personnes physiques ou morales coupables de l'une des infractions prévues par les articles 222-33 et 222-33-2 encourent également la peine complémentaire d'affichage ou de diffusion de la décision prévue par l'article 131-35.**

Application dans le temps. Selon l'art. 111-3 C. pén., nul ne peut être puni d'une peine qui n'est pas prévue par la loi ; après avoir déclaré le prévenu, maire d'une commune, coupable de harcèlement moral, pour des faits commis entre déc. 2002 et déc. 2005, l'arrêt attaqué le condamne, notamment, à des mesures d'affichage et de publication de la décision ; mais en prononçant des peines complémentaires non prévues dans le code pénal à la date des faits, antérieure à l'entrée en vigueur des dispositions de l'art. 222-50-1 issu de la L. du 9 juill. 2010, qui les a étendues à la répression du délit prévu par l'art. 222-33-2 du même code, la cour d'appel a méconnu les texte et principe ci-dessus rappelés ; d'où il suit que la cassation est encourue de ce chef. • Crim. 22 nov. 2011 : *RSC 2012. 547, obs. Mayaud ; RLCT 2012/82, n° 2288, note Mayaud.*

Art. 222-51 **La fermeture temporaire prévue par l'article 222-50 emporte suspension de la licence de débit de boissons ou de restaurant pour la même durée. Le délai de péremption de celle-ci est suspendu pendant la durée de la fermeture.**

La fermeture définitive prévue par l'article 222-50 emporte retrait définitif de la licence de débit de boissons ou de restaurant.

SECTION VII **DU TRAFIC D'ARMES**

(L. n° 2016-731 du 3 juin 2016, art. 26)

Art. 222-52 **Le fait d'acquérir, de détenir ou de céder des matériels de guerre, armes, éléments d'armes ou munitions relevant des catégories A ou B, sans l'autorisation pré-**

vue au I de l'article L. 2332-1 du code de la défense, en violation des articles L. 312-1 à L. 312-4, L. 312-4-3, L. 314-2 et L. 314-3 du code de la sécurité intérieure, est puni de cinq ans d'emprisonnement et de 75 000 € d'amende.

Les peines sont portées à sept ans d'emprisonnement et à 100 000 € d'amende si l'auteur des faits a été antérieurement condamné pour une ou plusieurs infractions mentionnées aux articles 706-73 et 706-73-1 du code de procédure pénale à une peine égale ou supérieure à un an d'emprisonnement ferme.

Les peines sont portées à dix ans d'emprisonnement et à 500 000 € d'amende lorsque l'infraction est commise par au moins deux personnes agissant en qualité d'auteur ou de complice.

Art. 222-53 Le fait de détenir un dépôt d'armes ou de munitions des catégories A ou B est puni de cinq ans d'emprisonnement et de 75 000 € d'amende.

Les peines sont portées à dix ans d'emprisonnement et à 500 000 € d'amende si l'auteur des faits a été antérieurement condamné pour une ou plusieurs infractions mentionnées aux articles 706-73 et 706-73-1 du code de procédure pénale à une peine égale ou supérieure à un an d'emprisonnement ferme.

Les mêmes peines sont applicables lorsque l'infraction est commise par au moins deux personnes agissant en qualité d'auteur ou de complice.

Art. 222-54 Le fait de porter ou de transporter, hors de son domicile, sans motif légitime, et sous réserve des exceptions résultant des articles L. 315-1 et L. 315-2 du code de la sécurité intérieure, des matériels de guerre, armes, éléments d'armes ou munitions relevant des catégories A ou B, même en en étant régulièrement détenteur, est puni de sept ans d'emprisonnement et de 100 000 € d'amende.

Les peines sont portées à dix ans d'emprisonnement et à 500 000 € d'amende si l'auteur des faits a été antérieurement condamné pour une ou plusieurs infractions mentionnées aux articles 706-73 et 706-73-1 du code de procédure pénale à une peine égale ou supérieure à un an d'emprisonnement ferme.

Les mêmes peines sont applicables si deux personnes au moins sont trouvées ensemble porteuses de matériels de guerre, armes, éléments d'armes ou munitions ou si le transport est effectué par au moins deux personnes.

Art. 222-55 Le fait pour une personne habilitée ou autorisée à pénétrer dans un établissement scolaire de pénétrer ou de se maintenir dans un tel établissement en étant porteuse d'une arme sans motif légitime est puni de sept ans d'emprisonnement et de 100 000 € d'amende.

Art. 222-56 Le fait de frauduleusement supprimer, masquer, altérer ou modifier de façon quelconque les marquages, poinçons, numéros de série, emblèmes ou signes de toute nature apposés ou intégrés sur des matériels mentionnés à l'article L. 311-2 du code de la sécurité intérieure, des armes ou leurs éléments essentiels afin de garantir leur identification de manière certaine suivant les modalités fixées par un décret en Conseil d'État est puni de cinq ans d'emprisonnement et de 75 000 € d'amende.

Art. 222-57 L'acquisition, la vente, la livraison ou le transport de matériels, d'armes et de leurs éléments essentiels mentionnés à l'article L. 311-2 du code de la sécurité intérieure dépourvus des marquages, poinçons, numéros de série, emblèmes ou signes de toute nature apposés ou intégrés sur les matériels, les armes ou leurs éléments essentiels, nécessaires à leur identification de manière certaine suivant les modalités fixées par le décret en Conseil d'État prévu à l'article 222-56 du présent code, ou dont les marquages, poinçons, numéros de série, emblèmes ou signes de toute nature ont été supprimés, masqués, altérés ou modifiés, est puni de cinq ans d'emprisonnement et de 75 000 € d'amende.

Les peines sont portées à dix ans d'emprisonnement et à 500 000 € d'amende lorsque l'infraction est commise en bande organisée.

Art. 222-58 Le fait de contrefaire un poinçon d'épreuve ou d'utiliser frauduleusement des poinçons contrefaits est puni de cinq ans d'emprisonnement et de 75 000 € d'amende.

Art. 222-59 Le fait de constituer ou de reconstituer une arme est puni de cinq ans d'emprisonnement et de 75 000 € d'amende.

Est puni des mêmes peines le fait de modifier une arme et d'en changer ainsi la catégorie au sens de l'article L. 311-2 du code de la sécurité intérieure ou de détenir en connaissance de cause une arme ayant fait l'objet d'une modification mentionnée à l'article 222-56 du présent code.

Les peines sont portées à sept ans d'emprisonnement et à 100 000 € d'amende si l'auteur des faits a été antérieurement condamné pour une ou plusieurs infractions mentionnées aux articles 706-73 et 706-73-1 du code de procédure pénale à une peine égale ou supérieure à un an d'emprisonnement ferme.

Les peines sont portées à dix ans d'emprisonnement et à 500 000 € d'amende lorsque l'infraction est commise en bande organisée.

Art. 222-60 La tentative des délits prévus aux articles 222-52 et 222-56 à 222-58 est punie des mêmes peines.

Art. 222-61 Les personnes morales déclarées responsables pénalement, dans les conditions prévues à l'article 121-2, des infractions définies à la présente section encourent, outre l'amende suivant les modalités prévues à l'article 131-38, les peines prévues à l'article 131-39.

L'interdiction mentionnée au 2° du même article 131-39 porte sur l'activité dans l'exercice ou à l'occasion de l'exercice de laquelle l'infraction a été commise.

Art. 222-62 I. – Les personnes physiques coupables des infractions prévues à la présente section encourent également les peines complémentaires suivantes :

1° L'interdiction de détenir ou de porter, pour une durée maximale de quinze ans, une arme soumise à autorisation ;

2° La confiscation d'une ou de plusieurs armes dont le condamné est propriétaire ou dont il a la libre disposition.

II. – En cas de condamnation pour les infractions prévues à la présente section, le prononcé des peines complémentaires est obligatoire. Toutefois, la juridiction peut, par une décision spécialement motivée, décider de ne pas prononcer ces peines, en considération des circonstances de l'infraction et de la personnalité de son auteur.

Art. 222-63 Pour les infractions prévues à la présente section, peut être prononcée à titre de peine complémentaire l'interdiction de séjour, suivant les modalités prévues à l'article 131-31.

Art. 222-64 L'interdiction du territoire français peut être prononcée dans les conditions prévues à l'article 131-30, soit à titre définitif, soit pour une durée maximale de dix ans, à l'encontre de tout étranger coupable de l'une des infractions prévues à la présente section.

Art. 222-65 Les personnes physiques coupables d'une infraction prévue à la présente section peuvent également être condamnées à un suivi socio-judiciaire, selon les modalités prévues aux articles 131-36-1 à 131-36-13.

Art. 222-66 Dans les cas prévus à la présente section, doit être prononcée, à l'encontre des personnes physiques et des personnes morales, la confiscation des installations, des matériels et de tout bien ayant servi, directement ou indirectement, à la commission de l'infraction, ainsi que de tout produit provenant de celle-ci, à quelque personne qu'ils appartiennent et en quelque lieu qu'ils se trouvent, dès lors que leur propriétaire ne pouvait en ignorer l'origine ou l'utilisation frauduleuse.

Peut également être prononcée la confiscation de tout ou partie des biens du condamné ou, sous réserve des droits du propriétaire de bonne foi, dont il a la libre disposition, quelle qu'en soit la nature, meubles ou immeubles, divis ou indivis.

Art. 222-67 L'article L. 317-1 du code de la sécurité intérieure est applicable à la présente section.

CHAPITRE III DE LA MISE EN DANGER DE LA PERSONNE

BIBL. ▶ Masera, *RSC 2015. 553* (évidence épidémiologique d'une augmentation de la mortalité et responsabilité pénale).

SECTION PREMIÈRE DES RISQUES CAUSÉS À AUTRUI

Art. 223-1 **Le fait d'exposer directement autrui à un risque immédiat de mort ou de blessures de nature à entraîner une mutilation ou une infirmité permanente par la violation manifestement délibérée d'une obligation particulière** *(L. n° 2011-525 du 17 mai 2011, art. 185)* **« de prudence ou de sécurité » imposée par la loi ou le règlement est puni d'un an d'emprisonnement et de 15 000 € d'amende.**

V. C. pr. pén., art. 398-1 qui prévoit la procédure de jugement à juge unique pour les délits de l'art. 223-1.

RÉP. PÉN. v^is *Risques causés à autrui*, par MAYAUD ; *Santé et sécurité au travail*, par SEGONDS.

BIBL. ▶ PUECH, *D. 1994. Chron. 153*. – BOURDEAU, *ALD 1994. 188*. – PRADEL, *Rev. jur. Centre Ouest, juill. 1994, n° 14, p. 63*. – SEILLAN, *ALD 1994. Comm. législ. 209* (nouveau code pénal et santé/sécurité au travail). – CEDRAS, *D. 1995. Chron. 18* (le dol éventuel ; aux limites de l'intention). – ACCOMANDO et GUÉRY, *RSC 1994. 681*. – PRALUS, *JCP 1995. I. 3830*. – MAYER, *in Problèmes actuels de science criminelle, vol. VIII, PU Aix-Marseille, 1995*. – MAYAUD, *RSC 1995. 575* ; *ibid. 1996. 651* ; *D. 1997. Chron. 37*. – SALVAGE, *JCP 1996. I. 3984*. – P. BORDESSOULE DE BELLEFEUILLE et M. HAAS, *Rev. pénit. et Dr. pén. 1996. 289*. – C. LIENHARD et M.-F. STEINLÉ-FEUERBACH, *D. Affaires 1998. 1514* (prévention du risque de catastrophes et d'accidents collectifs). – G. DEFRANCE, *Jurispr. auto 1998, p. 268* (mise en danger imputable à un conducteur de véhicule). – P. SASSOUST, *Rapport de la Cour de cassation 1998, 1999, p. 151* (contrôle, par la Chambre criminelle, de l'application de l'art. 223-1 C. pén.). – G. DEFRANCE, *Jurispr. auto 1999, p. 389* (mise en danger de la vie d'autrui sur la route). – V. MALABAT, *JCP 2000. I. 208*. – J. SIMOLA, *Gaz. Pal. 26-28 mars 2000. 1. Doctr. 576*. – CH. RUSSO, *LPA 2000, n° du 18 août, p. 6 à 13* (le risque dans le délit de mise en danger délibérée d'autrui). – MONTEIRO, *RSC 2005. 509* (atteintes à l'environnement et infractions de mise en danger : vers une incrimination commune de l'Europe ?). – CHARPENTIER, *éd. Pedone, 2005, p. 95* (1994-2004 : le délit de mise en danger en 100 jurisprudence, *in* « Le nouveau code pénal dix ans après »). – MAURY, *Gaz. Pal. 2006. 2. Doctr. 3862* (à propos du délit de mise en danger : analyse du contentieux). – CHACORNAC, *RSC 2008. 849* (le risque comme résultat dans les infractions de mise en danger : les limites de la distinction des infractions matérielles et formelles). – PARIGUET et MANSION, *JCP G 2011, n° 838* (impasses et perspectives du risque en matière de responsabilité). – ZELCEVIC-DUHAMEL, *Gaz. Pal. 2011. 1. 1851* (les risques causés à autrui en matière de santé). – DENIS, *Gaz. Pal. 2011. 2. Doctr. 2679* (risques industriels et mise en danger de la vie d'autrui. Vers une extension du domaine du délit ?). – LASSERRE, *D. 2011. Chron. 1632* (le risque). – MAYAUD, *Mél. Jerry Sainte-Rose, Bruylant, 2012, p. 961* (la diversité non intentionnelle vue sous la répression du risque). – ROUSSEAU, *AJ pénal 2020. 198* s. (les infractions de violation des restrictions liées au virus covid-19).

▶ **Colloque**. – Société française de droit aérien et spatial, 19 oct. 1995, les incidences de l'évolution du droit pénal français sur les activités aéronautiques, *RFD aérien 1996, p. 149 à 214*.

PLAN DES ANNOTATIONS

I. INCRIMINATION

A. OBLIGATION DE SÉCURITÉ OU DE PRUDENCE

1. *Condition préalable.* En l'absence de la violation d'une obligation particulière de sécurité ou de prudence imposée par la loi ou le règlement, le délit prévu et réprimé par l'art. 223-1 C. pén. n'apparaît pas constitué, sans qu'il soit nécessaire d'examiner plus avant les autres éléments constitutifs. • Aix-en-Provence, 22 nov. 1995 : *D. 1996. 405, note Borricand* ; *Gaz. Pal. 1996. 1. 112, note Doucet.* ♦ Pour entrer en voie de condamnation du chef de risques causés à autrui, les juges doivent rechercher la loi ou le règlement édictant une obligation particulière de prudence ou de sécurité qui aurait été violée de façon manifestement délibérée. • Crim. 22 sept. 2015, n° 14-84.355 P : *D. actu. 8 oct. 2015, obs. Fonteix ; RSC 2015. 854, obs. Mayaud ; Dr. pénal 2015, n° 157, obs. Conte.*

2. Il incombe aux juges du fond de rechercher celles des obligations particulières de prudence ou de sécurité imposées par la loi ou le règlement qui, objectives, immédiatement perceptibles et clairement applicables sans faculté d'appréciation personnelle du sujet, sont susceptibles d'avoir été méconnues, puis d'apprécier dans cette hypothèse, les plaignants ont été exposés à un risque immédiat, de mort ou de blessures de nature à entraîner une mutilation ou une infirmité permanente, enfin de rechercher si le ou les manquements le cas échéant relevés ressortaient d'une violation manifestement délibérée de l'obligation de sécurité. • Crim. 13 nov. 2019, n° 18-82.718 P : *D. actu. 2 déc. 2019, obs. Charlent ; AJ pénal 2020. 87, obs. Lasserre Capdeville ; Dr. pénal 2020, n° 3, obs. Conte.*

3. Identification. N'est pas un manquement à une obligation particulière de prudence ou de sécurité, le fait, par un employeur, non pas d'avoir imposé des horaires de travail incompatibles avec la sécurité du personnel, mais d'avoir mis en place des horaires en infraction avec les durées quotidienne et hebdomadaire du travail sans autorisation ; le fait même que des dérogations soient prévues et organisées par les textes suffit à ôter à la réglementation en matière de durée maximale quotidienne et hebdomadaire du travail le caractère d'obligation de prudence ou de sécurité, dès lors que la loi ne saurait organiser des situations qu'elle considérerait par ailleurs systématiquement comme pénalement répréhensibles. • Toulouse, 1er févr. 2001 : *RSC 2002. 104, obs. Mayaud.*

4. Source légale ou réglementaire. Le règlement, au sens de l'art. 223-1 C. pén., s'entend des actes des autorités administratives à caractère général et impersonnel ; tel n'est pas le cas d'un arrêté préfectoral ayant déclaré un immeuble insalubre et imposé au propriétaire des travaux de mise en conformité. • Crim. 10 mai 2000, n° 99-80.784 P.

5. Le règlement au sens de l'art. 223-1 C. pén. s'entend des actes des autorités administratives à caractère général et impersonnel ; ne relève pas de cette catégorie un arrêté préfectoral autorisant une installation classée et imposant à son exploitant des conditions de fonctionnement ; toutefois, il appartient au juge du fond, saisi de poursuites du chef de mise en danger d'autrui par la violation manifestement délibérée des prescriptions d'un tel acte, de rechercher si le préfet ne s'est pas borné à faire application à l'installation de normes fixées par des arrêtés ministériels à caractère réglementaire. • Crim. 30 oct. 2007, n° 06-89.365 P : *D. 2008, Pan. 2397, obs. Trébulle ; ibid. 2009. Pan. 128, obs. Mirabail ; AJ pénal 2008. 91, obs. Lavric ; Gaz. Pal. 2007. 2. Somm. 4136, note M. B. ; Dr. pénal 2008, n° 65, obs. Robert ; RSC 2008. 75, obs. Mayaud.*

6. La notion de règlement doit être entendue dans le sens constitutionnel du terme et un règlement intérieur ne saurait entrer dans les prévisions de l'art. 223-1 C. pén. • Aix-en-Provence, 22 nov. 1995 : *préc. note 1.*

7. Un maire excède ses pouvoirs de police en prenant un arrêté d'interdiction totale et générale visant la possession d'une ou plusieurs races de chiens (pitt bulls), et la violation de ce règlement, déclaré illégal par application de l'art. 111-5 C. pén., ne peut servir de fondement à des poursuites pénales du chef de mise en danger d'autrui. • Paris, 17 déc. 1996 : *Dr. pénal 1997. 46, obs. Véron.*

8. Particularisme. Les dispositions du code de l'aviation civile relatives aux règles de l'air et aux services de la circulation aérienne et celles de l'arrêté relatif aux procédures générales de circulation aérienne pour l'utilisation des aérodromes constituent des obligations générales de sécurité et de prudence et non des obligations particulières ... imposant un modèle de conduite circonstanciée. • Aix-en-Provence, 22 nov. 1995 : *préc. note 1.*

9. Aux termes de l'art. 223-1 C. pén., le délit de mise en danger d'autrui exige pour être caractérisé la violation d'une obligation particulière de sécurité ou de prudence imposée par la loi ou le règlement, laquelle ne peut se confondre avec la simple faute d'imprudence ou de négligence ; or, le fait de jeter un sac de détritus sur la chaussée avant le passage d'un véhicule ne constitue pas la violation d'une obligation légale de sécurité ou de prudence, aucune disposition du code de la route n'incriminant un tel comportement ; dès lors, si les prévenus ont bien commis une faute d'imprudence, leur geste ne suffit pas à caractériser le délit de mise en danger d'autrui. • Bordeaux, 15 mai 1997 : *JCP 1998. IV. 1647.*

10. La distinction entre l'obligation générale de prudence qui pèse de façon subjective sur tout un chacun et serait de nature à amener sa condamnation en cas de blessures ou d'homicide subséquents, et la réglementation qui pose des règles objectives précises immédiatement perceptibles et clairement applicables de façon obligatoire sans faculté d'appréciation individuelle du sujet, est le critère de la notion même d'obligation légale ou réglementaire dont la violation serait susceptible d'entraîner la responsabilité pénale dans le cadre de la mise en danger. • Grenoble, 19 févr. 1999 : *D. 1999. 480, note Redon ; ibid. 2000. Somm. 33, obs. Mayaud ; JCP 1999. II. 10171, note Le Bas.* ♦ Ne comporte aucune obligation directe pesant sur les usagers un arrêté municipal qui oblige l'exploitant à signaler les points dangereux d'un domaine skiable par des panneaux et des jalons, à mettre en place une signalisation appropriée en cas de danger d'avalanche, et éventuellement à arrêter les remontées mécaniques donnant accès aux pistes menacées en cas de danger imminent d'avalanche. • Même arrêt. ♦ Dès lors, et par application du principe d'interprétation stricte de la loi pénale qui permet de distinguer le droit pénal de la morale, en l'absence d'un règlement déterminant un comportement objectif interdit, la faute reprochée aux prévenus, qui consiste en dernière analyse à avoir pratiqué le surf en station au-dessus de leur niveau de compétence alors que la piste de fait sur laquelle ils évoluaient n'avait pas été correctement fermée, ne peut être sanctionnée en l'absence d'atteintes corporelles qui en aient été la conséquence. • Même arrêt.

11. Ayant relevé que l'art. L. 131-2-6° C. communes, devenu l'art. L. 2212-2-5° CGCT, qui confie au maire de façon générale le soin de prévenir et faire cesser tous les événements survenant sur le territoire de sa commune et de nature à compromettre la sécurité des personnes, ne crée pas à sa charge d'obligation particulière de sécurité au sens de l'art. 223-1 C. pén., en raison du caractère général de ses prescriptions, qu'il en est de même du décret n° 74-415 du 13 mai 1974 modifié, relatif à la surveillance de la qualité de l'air dans les agglomérations, qui laisse au préfet toute liberté d'appréciation dans la mise en œuvre des procédures d'alerte à la pollution envisagées, et n'impose pas à leur sujet d'obligation particulière de sécurité et de prudence, c'est à bon droit que la chambre d'accusation confirme l'ordonnance de refus d'informer rendue sur une plainte avec constitution de partie civile reprochant au maire et au préfet de police de Paris d'avoir exposé directement les personnes à un risque immédiat de mort ou de blessures en ne prenant pas des mesures suffisamment efficaces pour pallier les effets de la pollution atmosphérique. • Crim. 25 juin 1996, n° 95-86.205 P : *Dr. pénal 1996. 265, obs. Véron ; RSC 1997. 106, obs. Mayaud ; ibid. 1997. 390, obs. Robert.*

12. Constitue, au sens de l'art. 223-1 C. pén., une obligation particulière de sécurité ou de prudence, dont la violation est sanctionnée dans les conditions prévues par ce texte, la prescription, édictée par l'art. R. 14, al. 5, C. route, imposant au conducteur de se porter suffisamment sur la gauche pour ne pas risquer d'accrocher l'usager qu'il veut dépasser. • Crim. 23 juin 1999, n° 97-85.267 P : *D. 2000. Somm. 33, obs. Mayaud ; Dr. pénal 2000. 4, obs. Véron ; AJ pénal 2007. 538, obs. Royer.*

13. L'art. 223-1 précité n'exige pas, pour son application, que soit visé dans la citation ou la convocation en justice le texte législatif ou réglementaire prévoyant et réprimant l'obligation particulière de sécurité ou de prudence dont la violation constitue l'élément matériel du délit de mise en danger d'autrui défini par cet article. • Crim. 23 juin 1999 : *préc. note 12.*

14. Encourt la cassation pour défaut de base légale l'arrêt qui, pour relaxer le prévenu du chef de mise en danger de la personne, et après avoir énoncé que l'art. 223-1 C. pén. exige que la violation d'une règle de sécurité résulte d'une disposition légale ou réglementaire particulière, retient notamment que l'al. 2 de l'art. 2 du décret du 8 janv. 1965 n'était pas applicable à l'espèce, concernant un salarié occupé à l'aménagement d'un chemin au moyen d'une pelle mécanique, alors que le prévenu était tenu, aux termes de l'art. 1er du décret du 8 janv. 1965, d'appliquer les mesures de sécurité prévues par l'art. 2 dudit texte. • Crim. 8 oct. 2002, n° 01-85.550 P : *Gaz. Pal. 2003. 2. 2428, note Monnet ; RSC 2003. 354, obs. Cerf-Hollender.*

15. Le délit de mise en danger d'autrui ne peut être caractérisé qu'en cas de violation manifestement délibérée d'une obligation particulière de sécurité ou de prudence prévue par la loi ou le règlement ; a méconnu le sens et la portée de l'art. 223-1 C. pén. l'arrêt qui, pour déclarer une société coupable de mise en danger d'autrui, énonce qu'elle a, par la violation manifestement délibérée d'une obligation de sécurité ou de prudence imposée par les art. L. 230-1 à L. 230-3 et L. 230-6 [anciens] C. trav. applicable dans la collectivité territoriale de Mayotte, exposé directement trois ouvriers travaillant sur un site à un risque immédiat de mort ou de blessures de nature à entraîner une mutilation ou une infirmité permanente, alors qu'aucun règlement applicable dans la collectivité territoriale n'a été pris en application de ces dispositions générales du code du travail local pour préciser les obligations particulières de protection de la sécurité des travailleurs dans les établissements qui mettent en œuvre des courants électriques. • Crim. 17 sept. 2002 : *Dr. pénal 2003. 19, obs. Véron.*

16. Le garagiste qui n'a pas détecté un défaut majeur de freinage lors d'une révision sur les systèmes de freins, ne commet pas pour autant de faute au sens de l'infraction d'exposition d'autrui à un risque grave ; en effet, il ne peut être déduit des règles de la responsabilité civile contractuelle et notamment des dispositions de l'art. 1147 C. civ. et de l'obligation de résultat dont sont débiteurs les garagistes chargés de la réparation des véhicules, qu'il incomberait nécessairement à ces professionnels en matière de révision ou d'intervention sur un véhicule, une obligation particulière de prudence ou de sécurité imposée par la loi ou le règlement au sens des termes de l'art. 223-1 C. pén. • Rouen, 25 mars 2004 : *JCP 2005. IV. 1428.*

17. Le délit de mise en danger d'autrui ne peut être caractérisé qu'en cas de violation manifestement délibérée d'une obligation particulière de sécurité ou de prudence prévue par la loi ou le règlement ; un médecin de garde, appelé, dans la nuit du 8 au 9 oct. 1998, au chevet d'une patiente, qui avait subi, le 16 sept. précédent, une intervention de chirurgie cardiaque avec pose d'une prothèse valvulaire aortique et mitrale et qui souffrait de vomissements et de violentes douleurs abdominales, a diagnostiqué, après un examen qualifié de sommaire par un expert, une gastro-entérite ne relevant pas d'une hospitalisation dans l'établissement où la malade avait été opérée ; averti trois quarts d'heure plus tard de l'aggravation de l'état de cette patiente, il s'est borné à conseiller téléphoniquement une hospitalisation et à fournir les coordonnées d'un ambulancier en indiquant qu'il passerait, le lendemain, signer le bon de transport ; la patiente a finalement été admise, à 6 heures 30, dans un hôpital cardiologique, où a été diagnostiquée une complication post opératoire justifiant un drainage chirurgical en urgence ; pour déclarer le médecin coupable de mise en danger d'autrui, l'arrêt énonce qu'en procédant à un examen médical sommaire de la malade, dont il connaissait les antécédents chirurgicaux, en omettant de consulter le médecin régulateur du SAMU, puis d'organiser le transfert de la patiente à l'hôpital, il a fait preuve d'insuffisance professionnelle, doublée de désinvolture, caractérisant la violation de l'obligation particulière de sécurité et de prudence définie aux art. 32 et 33 C. déont. méd., devenus art. R. 4127-32 et R. 4127-33 CSP, de sorte que la malade a été exposée à un risque immédiat de mort ou de blessures de nature à entraîner une mutilation ou une infirmité permanente ; mais en se déterminant ainsi, alors que les art. 32 et 33 C. déont. méd., devenus art. R. 4127-32 et R. 4127-33 CSP, n'édictent pas d'obligation particulière de sécurité ou de prudence au sens de l'art. 223-1 C. pén., la cour d'appel a méconnu le sens et la portée de ce texte (cassation sans renvoi). • Crim. 18 mars 2008, n° 07-83.067 P : *AJ pénal 2008. 282, obs. Duparc* ; *JCP 2008. II. 10127, note Mistretta.*

18. Si c'est à tort que les juges du second degré ont retenu la culpabilité de M. X... sur le fondement de l'art. 53 de la délib. n° 91-013 modifiée de l'Assemblée territoriale de la Polynésie française du 17 janv. 1991, qui ne comporte que des dispositions générales de sécurité sans édicter d'obligations particulières de protection des travailleurs, l'arrêt n'encourt pas cependant la censure, dès lors que l'art. 34 de cette même délibération, prise pour l'application des dispositions de la L. du 17 juill. 1986 relative aux principes généraux du droit du travail, impose, lorsque les techniques le permettent, le captage à la source des émissions, sous forme de gaz, vapeurs ou aérosols de particules solides ou liquides, de substances insalubres, gênantes ou dangereuses pour la sécurité des travailleurs et caractérise l'obligation particulière de sécurité exigée par les art. 222-20 et 223-1 C. pén. • Crim. 25 juin 2013, n° 12-81.820 P : *D. actu. 12 sept. 2013, obs. Le Drevo.*

B. *EXPOSITION AUX RISQUES*

1° *MATÉRIALITÉ*

19. Nécessité. Une réglementation ne saurait à elle-seule suffire à caractériser que le non-respect des contraintes qui en relèvent créerait un risque immédiat pour autrui (à propos d'appareils à pression de gaz et de vapeur d'eau). • T. corr. Péronne, 4 juill. 1995 : *Gaz. Pal. 1996. 1, chron. crim. 96.*

20. Des conditions météorologiques favorables ne sauraient à elles seules exclure le risque majeur pour des passagers d'un navire en surnombre, confrontés à la survenance toujours possible d'une avarie mécanique, d'un incendie, voire d'une collision, de ne pouvoir disposer tous d'engins de sauvetage garantissant la sauvegarde de leur vie. • Rennes, 26 sept. 1996 : *JCP 1997. II. 22902, note Chevallier.* ♦ Sur pourvoi, V. : • Crim. 11 févr. 1998, n° 96-84.929 P : *JCP 1998. II. 10084, note Coche ; Dr. pénal 1998. 81, obs. Véron ; RSC 1998. 545, obs. Mayaud.*

21. Constatation. Une station de surveillance de la qualité de l'air ayant enregistré un taux de dioxyde de soufre supérieur au seuil d'alerte de la population, et cette pollution s'étant révélée imputable à un dysfonctionnement temporaire d'une raffinerie, installation classée, justifie sa décision de relaxe des exploitants du chef de mise en danger d'autrui, la cour d'appel qui relève qu'il n'est produit aucune expertise au soutien de l'action publique, et que, en revanche, une étude réalisée à la demande des prévenus par un professeur de toxicologie conclut à l'absence d'impact mesurable de l'incident sur la population. • Crim. 4 oct. 2005, n° 04-87.654 P : *D. 2006. Pan. 1655, obs. Garé ; Dr. pénal 2006. 10, obs. Robert ; RSC 2006. 68, obs. Mayaud ; ibid. 2006. 329, obs. Robert.*

2° *CULPABILITÉ*

22. Version intentionnelle. L'exigence d'une violation manifestement délibérée traduit la nécessité d'une méconnaissance intentionnelle de l'obligation de sécurité imposée par la loi ou le règlement, à l'exclusion de tout manquement par imprudence ou négligence. • TGI Saint-Étienne, 10 août 1994 : *Gaz. Pal. 1994. 2. 775 ; RSC 1995. 575, obs. Mayaud.*

23. En droit, tout délit comporte nécessairement un élément intentionnel depuis l'entrée en vigueur des nouvelles dispositions du code pénal ; l'intention exigée par l'infraction volontaire de mise en danger d'autrui est celle de mettre autrui en danger, et non celle d'enfreindre la réglementation, car sinon elle ne se distinguerait pas de l'intention de commettre la contravention au règlement spécialement punie de peines inférieures ; il faut donc que soient constatées et la présence de l'autrui mis en danger, et la connaissance par l'auteur de la présence d'autrui, et la volonté spéciale de l'auteur de le mettre en danger, c'est-à-dire la conscience qu'il sera nécessairement mis en danger par son comportement. • Grenoble, 19 févr. 1999 : *D. 1999. 480, note Redon ; ibid. 2000. Somm. 34, obs. Mayaud ; JCP 1999. II. 10171, note Le Bas.*

24. Version non intentionnelle. Le délit de risque causé à autrui, qui n'est pas un délit intentionnel, exclut la recherche délibérée d'un résultat dommageable et vient seulement sanctionner une imprudence, cela quand bien même celui qui le commet prend un risque de façon manifestement délibérée. • Douai, 11 janv. 1995 : *Gaz. Pal. 1995. 2. 543 ; RSC 1996. 651, obs. Mayaud .*

25. Violation délibérée de l'obligation de sécurité ou de prudence. La qualification de mise en danger suppose que le prévenu ait pu avoir conscience du risque créé et qu'il ait de façon délibérée décidé de passer outre. • T. corr. Péronne, 4 juill. 1995 : *Gaz. Pal. 1996. 1, chron. crim. 96.* ♦ Il n'est pas nécessaire d'établir spécialement la conscience chez l'agent d'exposer directement autrui à un risque immédiat de mort ou de blessures, l'art. 223-1 C. pén. se contentant de poser la nécessité d'une violation manifestement délibérée d'une obligation de sécurité ; sans doute, l'art. 121-3 fait référence génériquement à la mise en danger délibérée de la personne d'autrui, mais, en tout état de cause, cette notion est nécessairement présente dans le comportement de celui qui méconnaît intentionnellement une obligation légale ou réglementaire de sécurité, dès lors que celle-ci contient en germe une potentialité de mort ou de blessures pour autrui : il est alors patent que l'agent a présent à l'esprit le risque causé à autrui, et il est superfétatoire d'en faire autrement la démonstration. • TGI Saint-Étienne, 10 août 1994 : *Gaz. Pal. 1994. 2. 775 ; RSC 1995. 575, obs. Mayaud .*

26. Il résulte de l'art. 223-1 C. pén. que la faute constitutive du délit de mise en danger d'autrui est caractérisée par la violation manifestement délibérée d'une obligation de prudence ou de sécurité imposée par la loi ou le règlement ; ce texte n'exige pas que l'auteur du délit ait eu connaissance de la nature du risque particulier effectivement causé par son manquement. • Crim. 16 févr. 1999, n° 97-86.290 P : *D. 2000. 9, note Cerf ; ibid. 2000. Somm. 34, obs. Mayaud ; Dr. pénal 1999. 82, obs. Véron ; RSC 581, obs. Mayaud ; ibid. 808, obs. Bouloc ; ibid. 837, obs. Giudicelli-Delage .* ♦ L'élément intentionnel résulte de la violation manifestement délibérée d'une obligation particulière de sécurité et de prudence imposée par la loi ou le règlement exposant autrui à un risque de mort ou de blessure grave. • Crim. 1er juin 1999 : *Gaz. Pal. 1999. 2, chron. crim. 143.*

27. L'élément intentionnel de l'infraction prévue à l'art. 223-1 C. pén. résulte du caractère manifestement délibéré de la violation d'une obligation particulière de prudence ou de sécurité imposée par la loi ou le règlement, de nature à causer un risque immédiat de mort ou de blessures graves pour autrui ; procédant d'une appréciation souveraine, justifie légalement sa décision, au regard de ce texte, la cour d'appel qui, pour déclarer des prévenus coupables du délit de mise en danger délibérée d'autrui, pour avoir provoqué une avalanche dans une station de sport d'hiver, en pratiquant le surf sur une piste interdite par un arrêté municipal, pris pour la sécurité des skieurs, l'un des prévenus ayant récidivé deux jours plus tard, retient que les services météorologiques signalaient, le jour des premiers faits, un risque maximum d'avalanche, et relève que les intéressés, pratiquants expérimentés, se sont engagés sur une piste barrée par une corde et signalée par des panneaux d'interdiction réglementaires, en dépit d'une mise en garde du conducteur du télésiège, et ajoute enfin que les deux surfeurs n'avaient pas une vue globale du site et que la coulée de neige est passée à proximité d'un groupe de pisteurs. • Crim. 9 mars 1999, n° 98-82.269 P : *D. 2000. 81, note Sordino et Ponseille ; ibid. Somm. 227, obs. Mouly ; JCP 1999. II. 10188, note Do Carmo Silva ; RSC 1999. 581, obs. Mayaud ; ibid. 808, obs. Bouloc .* ♦ N'est pas fondée une condamnation pour mise en danger lorsqu'il ne résulte pas de la procédure que les prévenus aient eu réellement une connaissance consciente de la présence en aval d'usagers pouvant être atteints par une coulée déclenchée par eux, dont ils ont manifestement sous-estimé l'ampleur possible. • Grenoble, 19 févr. 1999 : *D. 1999. 480, note Redon ; ibid. 2000. Somm. 34, obs. Mayaud ; JCP 1999. II. 10171, note Le Bas.*

28. L'élément intentionnel de l'infraction de mise en danger d'autrui résulte du caractère manifestement délibéré de la violation d'une obligation particulière de prudence ou de sécurité : en l'espèce, s'il est établi que le coup de feu mortel a bien été déclenché par la perte d'équilibre du prévenu au bord de l'étang, il ne résulte pas des éléments du dossier que le chasseur ait transgressé de manière manifestement délibérée une obligation de prudence. • Angers, 27 nov. 2001 : *JCP 2002. IV. 2843.*

29. Pour déclarer un prévenu coupable de mise en danger délibérée d'autrui, l'arrêt attaqué retient que, posté à cent quarante-trois mètres d'une maison, alors qu'un arrêté préfectoral interdisait l'usage d'arme à feu à moins de cent cinquante mètres des habitations, il a tiré sur un chevreuil, qu'il a manqué, et que la balle est allée se ficher dans la carrosserie d'une voiture garée près de cette maison et à proximité d'enfants occupés à jouer ; en l'état de ces seules énonciations, qui n'établissent pas le caractère manifestement délibéré de la violation de l'obligation particulière de sécurité imposée par l'arrêté préfectoral applicable, la cour d'appel n'a pas justifié sa décision. • Crim. 16 oct. 2007, n° 07-81.855 P : *Dr. pénal 2008, n° 3 (2e esp.), obs. Véron. AJ pénal 2007. 536, obs. Lavric*.

3° CAUSALITÉ

30. Directe et immédiate. V. également *infra*, ss. art. 223-2. ♦ Le délit de mise en danger d'autrui n'est constitué que si le manquement défini par l'art. 223-1 C. pén. a été la cause directe et immédiate du risque auquel a été exposé autrui, et si les juridictions du fond ne sont pas tenues de constater que l'auteur du délit avait connaissance de la nature du risque particulier effectivement causé par son manquement, il leur appartient de caractériser un lien immédiat entre la violation des prescriptions réglementaires et le risque auquel ont été exposés les victimes. • Crim. 16 févr. 1999 : *préc. note 26.*

31. L'art. 223-1 C. pén. n'exige pas que les fautes reprochées au prévenu soient la cause exclusive du danger ; encourt la cassation l'arrêt qui, pour prononcer une relaxe de ce chef, retient qu'il n'est pas établi que le risque résultant pour les victimes de l'exposition à des émissions aériennes de plomb et de cadmium ait pour seule origine les faits d'inobservation des normes de rejet de ces substances pendant la période de trois années visée par la prévention. • Crim. 30 oct. 2007, n° 06-89.365 P : *D. 2008. Pan. 2397, obs. Trébulle ; AJ pénal 2008. 91, obs. Lavric ; Gaz. Pal. 2007. 2. Somm 4136, note M. B. ; Dr. pénal 2008. 65, obs. Robert ; RSC 2008. 75, obs. Mayaud*.

C. CONFLITS DE QUALIFICATIONS

32. Contraventions routières. Sur l'application, en matière de circulation routière, des dispositions du nouveau code pénal relatives à la mise en danger : V. Circ. du 24 juin 1994, *infra*, App., v° *Circulation*.

33. Doivent être retenus cumulativement le délit de mise en danger d'autrui et les contraventions par la commission desquelles celui-ci s'est réalisé. En effet, d'une part, le délit et les contraventions considérées diffèrent dans leurs éléments constitutifs, le premier n'étant pas caractérisé par la seule inobservation des prescriptions réglementaires, d'autre part, ces délit et contraventions protègent des valeurs sociales différentes. • Crim. 16 nov. 2016, n° 15-85.949 P : *D. actu. 22 déc. 2016, obs. Fonteix ; D. 2017. Pan. 2501, obs. Ginestet ; AJ pénal 2017. 83, obs. Céré ; Gaz. Pal. 24 janv. 2017, p. 47, obs. Dreyer.* ♦ La Cour suprême a posé pour principe qu'on doit considérer comme distincts la contravention au code de la route et les délits et contraventions de blessures involontaires, la première consistant dans l'inobservation des règlements, les seconds consistant dans les blessures involontaires causées par cette inobservation ; un tel raisonnement ne peut qu'être appliqué au délit de mise en danger délibérée d'autrui : ce délit consiste, en effet, dans le fait d'exposer autrui à un risque immédiat de mort ou de blessures de nature à entraîner une mutilation ou une infirmité permanente par la violation d'un règlement n'impliquant pas, à elle seule, l'exposition à un tel risque. • Douai, 26 oct. 1994 : *D. 1995. 172, note Couvrat et Massé ; Gaz. Pal. 1994. 2. 766, note J.-G. M. ; RSC 1995. 579, obs. Mayaud*. ♦ *Contra* : • TGI Saint-Étienne, 4 août 1994 : *Gaz. Pal. 1994. 2. 773 ; RSC 1995. 580, obs. Mayaud* (la contravention de non-respect des prescriptions réglementaires est totalement comprise dans l'élément matériel du délit de mise en danger et ne saurait donc faire l'objet de poursuites distinctes).

34. Délit de « grand excès de vitesse ». Les éléments constitutifs du délit institué par l'art. L. 4-1 nouv. C. route (L. n° 99-505 du 18 juin 1999, art. 7) [L. 413-1 actuel] sont distincts de ceux du délit de mise en danger d'autrui institué par l'art. 223-1 C. pén. qui est puni d'un an d'emprisonnement et de 100 000 F d'amende ; en l'état de la législation, le dépassement d'au moins 50 km/h de la vitesse maximale autorisée ne constitue qu'une contravention de la 5e classe pour laquelle la récidive n'est pas prévue ; en prévoyant la récidive de cette contravention, pour répondre aux exigences de la lutte contre l'insécurité routière, et en la réprimant par une peine délictuelle de trois mois d'emprisonnement et de 25 000 F d'amende, le législateur a fixé une peine maximale inférieure au quantum de la peine pouvant être prononcée si le comportement délictueux répond aux conditions de l'art. 223-1 C. pén., prenant ainsi en considération le degré de gravité propre aux différents faits incriminés ; enfin, si un même comportement est susceptible de faire l'objet de qualifications distinctes au titre tant de l'art. 223-1 C. pén. que de l'art. L. 4-1 C. route [L. 413-1 actuel], la peine prononcée ne pourra excéder le maximum prévu pour le délit de mise en danger d'autrui. • Cons. const. 16 juin 1999 : *JO 19 juin, p. 9018 ; D. 1999. 589, note Mayaud ; ibid. 2000. Somm. 197, obs. Sciortino-Bayart ; RD publ. 1999. 1283, chron. par Luchaire ; AJDA 1999. 694, obs. Schoettl ; LPA 1999, n° 188, p. 12, obs. B. M.* ♦ *Adde* : Mathieu, *D. 1999. Dernière actualité n° 27* (la sécurité routière fait progresser le droit constitutionnel pénal).

35. Destructions, dégradations et détériorations. La juridiction de jugement saisie, par voie de comparution immédiate, en application du nouveau code pénal des chefs des délits de dégradation ne présentant pas de danger pour les personnes et de mise en danger d'autrui se doit de requalifier les faits en délit de dégradation d'un bien appartenant à autrui par un moyen de nature à créer un danger pour les personnes ; les infractions de dégradation ne présentant pas de danger pour les personnes et de mise en danger d'autrui sont en effet incompatibles, dès lors que le premier de ces délits implique la recherche délibérée d'un résultat dommageable alors que le second d'entre eux, qui exclut une telle recherche, implique seulement que son auteur, tout en envisageant la survenue de la mort d'autrui ou de blessures graves à même de lui être infligées comme un risque qu'il espérait éviter, a néanmoins persisté dans son action qui, malgré la violation manifestement délibérée de l'obligation particulière de sécurité ou de prudence à laquelle il s'est livré, ne s'est, par chance, pas caractérisée par la survenance de ce risque. • Douai, 28 sept. 1994 : *BICC 1994. 1216 ; Gaz. Pal. 1994. 2. Somm. 709 ; RSC 1995. 580, obs. Mayaud* (en l'espèce, le prévenu, au volant de sa voiture, avait volontairement dégradé, en le percutant par l'arrière à plusieurs reprises, un véhicule automobile qui le précédait et dont le conducteur avait perdu la maîtrise sans toutefois être blessé) • 12 oct. 1994 : *BICC 1995. 1196.* ♦ Sur les conséquences de cette requalification sur la procédure de comparution immédiate. • Douai, 28 sept. 1994 : *D. 1995. Somm. 323, obs. Pradel*.

36. Le fait pour un prévenu d'avoir cherché à plusieurs reprises à percuter un véhicule des forces de l'ordre afin de le neutraliser est constitutif, non pas du délit de risque causé à autrui prévu à l'art. 223-1 nouv. C. pén., mais de tentative de dégradation d'un bien appartenant à autrui par l'effet d'un moyen dangereux pour les personnes, en l'espèce l'utilisation comme projectile d'un véhicule volé pour les percuter, infraction prévue et réprimée par les art. 322-6 et 322-11 nouv. C. pén. ; ce délit, contrairement au délit de risque causé à autrui est en effet un délit intentionnel dans la mesure où il exige que le coupable agisse avec la volonté d'endommager ou de détruire le bien. • Douai, 11 janv. 1995 : *Gaz. Pal. 1995. 2. 543 ; RSC 1996. 651, obs. Mayaud*.

37. Violences involontaires aggravées. Le délit de mise en danger délibérée d'autrui ne peut se cumuler avec le délit de blessures involontaires aggravées commis à l'égard des mêmes personnes. • Crim. 11 sept. 2001, n° 00-85.473 P : *Dr. pénal 2002. 4, obs. Véron ; Gaz. Pal. 2002. 2. Somm. 1596, note Monnet ; RSC 2002. 106, obs. Mayaud*.

II. ILLUSTRATIONS

A. CIRCULATION ROUTIÈRE

1° CONDAMNATIONS

38. Conduite accompagnée. En application des dispositions de l'art. R. 123-3 C. route, issu du décret du 23 nov. 1990, pendant la période de conduite accompagnée, l'élève conducteur doit être sous la surveillance constante et directe d'un accompagnateur titulaire du permis de conduire ; cette surveillance constante et directe a pour conséquence de soumettre l'accompagnateur à une obligation particulière de conseil, de prudence, de responsabilité et de sécurité ; dès lors, doit être condamnée du chef de mise en danger d'autrui sur le fondement de l'art. 223-1 nouv. C. pén., pour avoir violé ces obligations et exposé elle-même et autrui en connaissance de cause à un risque immédiat de mort ou de blessures de nature à entraîner une mutilation ou une infirmité permanente, la mère qui, en situation d'accompagnateur, a laissé son fils rouler à une vitesse très excessive, de plus du double de celle autorisée, sur une route particulièrement dangereuse, alors qu'elle devait surveiller sa conduite et lui prodiguer des conseils de prudence. • TGI Chartres, 11 juill. 2000 : *BICC 2000. 1408.*

39. Conduite dangereuse. En conduisant un véhicule automobile, la nuit, en franchissant des intersections au feu rouge fixe, en roulant sur la voie de gauche et en empruntant un sens interdit, en effectuant des embardées dangereuses à l'approche d'un policier à moto, un prévenu expose directement autrui à un risque immédiat de mort ou de blessures graves de nature à entraîner une mutilation ou une infirmité permanente par la violation manifestement délibérée d'une obligation particulière de sécurité ou de prudence imposée par la loi ou le règlement ; l'infraction de mise en danger d'autrui prévue et réprimée par les dispositions nouvelles de l'art. 223-1 C. pén. est caractérisée. • Versailles, 3 févr. 1995 : *BICC 1996. 60.*

40. Doit être déclaré coupable du délit de mise en danger d'autrui le conducteur qui, interpellé de nuit en zone urbaine par des agents en uniforme, continue sa route et, en dépit des mauvaises conditions atmosphériques, roule à une vitesse par moments de 180 km/h et effectue des dépassements des autres usagers par la gauche comme par la droite, risquant une collision. • Paris, 27 oct. 1995 : *D. 1996. 445, note Coche ; Dr. pénal 1996. 5, obs. Véron.*

41. Est coupable de mise en danger d'autrui, le prévenu moniteur d'auto-école qui a conduit un véhicule de la place du passager avant sur une route ouverte à la circulation et non dépourvue de tout trafic, tout en laissant la direction de ce véhicule à son fils âgé de 7 ans, la direction que l'on apporte à un véhicule en mouvement par l'intermédiaire du volant participant à la conduite d'un véhicule au même titre que la maîtrise des pédales de frein, d'embrayage et d'accélérateur ; tout conducteur d'un véhicule doit en effet être titulaire d'un permis de conduire et doit se tenir constamment en état et en position d'exécuter commodément et sans délai les manœuvres qui lui incombent ; en violant délibérément les obligations imposées par les art. R. 123, al. 1, et R. 3-1 C. route, le prévenu a ainsi exposé directement autrui à un risque de mort ou de blessures graves dès lors qu'il est établi que son véhicule faisait des embardées dangereuses au moment où un véhicule automobile s'apprêtait à le dépasser. • Rouen, 31 mai 2000 : *JCP 2001. IV. 1763.*

42. La prévenue est poursuivie du chef d'exposition d'autrui à un risque grave et conduite à une vitesse excessive eu égard aux circonstances ; après avoir absorbé huit comprimés d'un médicament anxiolytique, elle a pris le volant d'un véhicule automobile ; elle a expliqué avoir voulu se suicider à la suite d'une déception affective ; la prévenue a heurté plusieurs véhicules qui étaient en stationnement sur un parking avant de s'arrêter ; elle soutient qu'elle doit être relaxée dès lors qu'elle n'a pas roulé vite et qu'elle s'est immédiatement endormie au volant ; la décision de condamnation doit être confirmée dès lors que la prévenue a créé des risques pour les autres usagers de la voie publique présents au même moment. • Paris, 28 janv. 2004 : *JCP 2004. IV. 2443.*

43. *Courses entre plusieurs véhicules.* Le seul fait de se livrer à une course entre deux véhicules sur la voie publique constitue un manquement manifeste aux obligations de sécurité ou de prudence édictées par le code de la route, et relève donc de l'art. 223-1 C. pén. • T. corr. Avignon, 2 mars 1998 : *Gaz. Pal. 1998. 1, chron. crim. 70.*

44. Caractérise le délit prévu par l'art. 223-1 C. pén. l'arrêt qui, pour déclarer un conducteur coupable du délit de mise en danger délibérée d'autrui, retient qu'au volant de son véhicule, un dimanche en début d'après-midi, il faisait la course avec deux autres voitures, sur une chaussée en mauvais état, dans une cité où jouaient de nombreux enfants et alors que la vitesse était limitée à 40 km/h, les juges ajoutant qu'un tel comportement constitue une violation manifestement délibérée de l'obligation de respecter la limitation de vitesse et que le prévenu a ainsi exposé directement autrui à un risque immédiat de mort ou de blessures de nature à entraîner une mutilation ou une infirmité permanente. • Crim. 27 sept. 2000, n° 00-81.635 P : *Dr. pénal 2001. 17, obs. Véron.*

45. *Croisements.* Caractérise l'infraction prévue par l'art. 223-1 C. pén. l'arrêt qui énonce que le prévenu, au volant de sa voiture, s'est déporté sans nécessité, à trois reprises, sur la partie gauche d'une voie étroite lors du croisement de motocyclistes, provoquant la chute de l'un d'eux, un tel comportement, en ce qu'il transgresse l'art. R. 4 C. route, qui impose à tout conducteur de maintenir son véhicule près du bord droit de la chaussée, constituant la violation manifestement délibérée d'une obligation particulière de sécurité qui a exposé directement autrui à un risque immédiat de mort ou de blessures irréversibles. • Crim. 12 nov. 1997, n° 96-85.756 P : *Dr. pénal 1998. 49, obs. Véron ; RSC 1998. 547, obs. Mayaud* .

46. *Défaut de signalisation.* A justifié sa décision au regard de l'art. 223-1 C. pén. la cour d'appel qui, pour condamner à bon droit le prévenu du chef de mise en danger d'autrui, énonce que celui-ci a perdu le contrôle de son véhicule, qui est venu percuter un support d'éclairage public avant de s'immobiliser sur la gauche de la route, ce qui a eu pour effet de faire tomber le lampadaire en travers de la route et de plonger les lieux dans l'obscurité, et que l'accident s'est produit à la sortie d'un virage sur une route très fréquentée, les juges ajoutant qu'en omettant d'utiliser une présignalisation ou les feux de détresse du véhicule abandonné sur la chaussée, en contravention à l'art. R. 41-2 C. route, le prévenu a commis le délit de mise en danger d'autrui ; en effet, l'élément intentionnel résulte de la violation manifestement délibérée d'une obligation particulière de sécurité et de prudence imposée par la loi ou le règlement exposant autrui à un risque de mort ou de blessure grave. • Crim. 1er juin 1999 : *Gaz. Pal. 1999. 2, chron. crim. 143.*

47. *Dépassements.* Caractérise l'infraction prévue par l'art. 223-1 C. pén. l'arrêt qui énonce que le prévenu, au volant de son automobile, sur une bretelle d'autoroute ne comportant qu'une voie de circulation, a procédé, à vive allure, au dépassement par la droite du véhicule le précédant avant de se rabattre brusquement et de contraindre celui-ci à un écart, un tel comportement constituant une violation manifestement délibérée d'une obligation particulière de sécurité qui a exposé directement autrui à un risque immédiat de mort ou de blessures graves. • Crim. 12 mars 1997, n° 96-83.205 P.

48. Il ne saurait être reproché à une cour d'appel de condamner le conducteur d'un véhicule du chef de mise en danger d'autrui, dès lors que les juges énoncent que, au volant de son véhicule automobile, le prévenu s'est approché à grande vitesse d'une voiture qui le précédait et effectuait un dépassement au point de la toucher, qu'il a lui-même dépassé cette voiture après qu'elle eût terminé sa manœuvre et s'est rabattu brusquement devant elle en ralentissant sa vitesse, forçant ainsi son conducteur à freiner pour éviter une collision, les juges ajoutant qu'un tel comportement constitue une violation manifestement délibérée des obligations particulières de sécurité imposées par les art. R. 14 et R. 19 C. route, et qu'ainsi le prévenu a exposé directement autrui à un risque immédiat de mort ou de blessures graves, constatation d'où il résulte que la cour d'appel a caractérisé l'infraction prévue par l'art. 223-1 C. pén. • Crim. 11 mars 1998, n° 96-80.026 P : *JCP 1999. II. 10064, note Hoyez.*

49. A bon droit a déclaré coupable du délit de mise en danger délibérée d'autrui la cour d'appel qui retient, qu'étant conducteur d'un véhicule, sur une route nationale à trois voies comportant une ligne continue sur une distance de plusieurs kilomètres, le prévenu a, franchissant cette ligne, dépassé à vive allure une première voiture devant laquelle il s'est prématurément rabattu, puis dépassé à nouveau, à deux reprises, à une vitesse excessive à proximité d'un carrefour, d'autres véhicules, contraignant l'un des conducteurs à ralentir pour lui permettre de se rabattre, et énonce qu'un tel comportement constitue une violation manifestement délibérée des obligations particulières imposées pour la sécurité de tous les usagers par le code de la route, et qu'ainsi le prévenu a exposé directement autrui à un risque de mort ou de blessures graves. • Crim. 10 nov. 1998 : *Gaz. Pal. 1999. 1, chron. crim. 36.*

50. Il ne saurait être reproché à une cour d'appel de condamner du chef de mise en danger d'autrui un automobiliste qui, circulant, de nuit, sur une autoroute, à une vitesse supérieure à 120 km/h, s'est placé à la hauteur d'un véhicule, puis s'est déporté progressivement sur sa droite pour contraindre le conducteur de ce véhicule à s'arrêter, provoquant ainsi un heurt latéral entre les deux automobilistes. • Crim. 23 juin 1999, n° 97-85.267 P : *D. 2000. Somm. 33, obs. Mayaud ; Dr. pénal 2000. 4, obs. Véron.*

51. Deux-roues. Caractérisent à bon droit le délit de mise en danger délibérée d'autrui, dont ils ont déclaré le prévenu coupable, les juges du second degré qui relèvent, outre les motifs repris au moyen, qu'il circulait à motocyclette, sur une chaussée humide, à la vitesse de 156 km/h, dans une zone habitée d'une agglomération, à proximité d'un carrefour, et qu'un tel comportement, qui est habituel de sa part, a engendré un climat d'insécurité chez les habitants des communes qu'il traverse. • Crim. 9 juin 1999 : *Gaz. Pal. 1999. 2, chron. crim. 143.*

52. État du véhicule. Le garagiste professionnel qui prête à un tiers un véhicule en très mauvais état, notamment en ce qui concerne le système de freinage, se rend coupable du délit de mise en danger d'autrui ; il a en effet exposé l'emprunteur à un risque immédiat de mort ou de blessures graves en lui confiant une voiture insusceptible de répondre aux critères d'un contrôle technique et ne pouvait, en sa qualité de professionnel, ignorer l'état déplorable du véhicule ; en l'espèce, cet état a conduit à un grave accident de la circulation par sortie de route de la voiture litigieuse. • Amiens, 22 sept. 1998 : *JCP 1999. IV. 2562.*

53. Excès de vitesse. Pour déclarer le prévenu coupable du délit de mise en danger de la vie d'autrui, l'arrêt attaqué a retenu que des gendarmes ont constaté qu'à trois reprises, dont deux alors qu'il roulait de front avec un autre véhicule, il a traversé en automobile, à quelques minutes d'intervalle et à une vitesse qu'ils ont évaluée à 80 ou 100 km/h, une agglomération dans laquelle la vitesse était limitée à 30 km/h, les juges ayant ajouté que l'emploi d'un appareil de contrôle n'est pas nécessaire pour constater un dépassement de vitesse aussi important et que ces faits ont eu lieu devant un collège dont les élèves étaient en train de sortir ; en cet état, et dès lors que l'emploi d'un cinémomètre n'est pas le seul mode de preuve d'un excès de vitesse, la cour d'appel a justifié sa décision. • Crim. 18 sept. 2007, n° 06-89.496 P : *Gaz. Pal. 2008. 1. Somm. 1920, note Monnet.*

54. Feu rouge. Justifie sa décision et caractérise en tous leurs éléments constitutifs les infractions reprochées la cour d'appel qui, pour déclarer le chauffeur du véhicule accidenté et le maire, conseiller régional, transporté à l'arrière, respectivement coupables du délit de mise en danger délibérée d'autrui et de complicité de ce délit, relève que le fait pour le chauffeur d'avoir franchi délibérément un feu rouge fixe en fin de matinée, près de la gare SNCF, dans un quartier urbain à forte densité de circulation, a exposé les usagers de la voie transversale, qui bénéficiaient d'un droit de priorité absolue, à un risque immédiat de mort ou de blessures graves, précise, à cet effet, que malgré la manœuvre entreprise par un véhicule prioritaire provenant de la rue latérale, un choc entre les deux engins n'a pu être évité, et que les occupants de la voiture prioritaire ont été fortement choqués, ajoute en outre, que, dans les mêmes circonstances une collision avait failli se produire quelques instants auparavant à un autre carrefour, et indique enfin que le chauffeur a agi sur injonction du passager donnée de l'arrière du véhicule et en l'absence de visibilité, dont les termes s'entendaient comme un ordre de passer l'intersection malgré ce feu. • Crim. 6 juin 2000, n° 99-85.937 P : *Dr. pénal 2000. 124, obs. Véron ; RSC 2000. 829, obs. Mayaud ; ibid. 2001. 152, obs. Bouloc.* ♦ Rappr. : encourt la cassation l'arrêt qui, pour déclarer le passager d'un véhicule complice du délit de refus d'obtempérer, se borne à relever que l'ordre de prendre la fuite par lui donné au conducteur, qui ne lui était pas subordonné, est à l'origine de l'infraction commise. • Crim. 21 sept. 1994, n° 93-81.447 P : *RSC 1995. 343, obs. Bouloc ; Dr. pénal 1995. 2, note Véron.*

55. Itinéraire interdit. Doit être déclaré coupable du délit prévu et réprimé par l'art. 223-1 C. pén. le prévenu qui a emprunté intentionnellement un itinéraire interdit à l'ensemble routier qu'il conduisait, et qui a ainsi méconnu de façon manifestement délibérée l'obligation de sécurité édictée par voie réglementaire, les arrêtés préfectoraux d'interdiction ayant été pris à raison de la dangerosité toute particulière du tracé routier et de sa déclivité, dangerosité elle-même établie par de nombreux accidents mortels occasionnés par des poids lourds. • TGI Saint-Étienne, 4 août 1994 : *Gaz. Pal. 1994. 2. 773 ; RSC 1995. 575, obs. Mayaud* • 10 août 1994 : *Gaz. Pal. 1994. 2.*

775 ; RSC 1995. 575, obs. Mayaud .

56. Passagers. Expose directement autrui à un risque immédiat de mort ou de blessures graves par la violation manifestement délibérée d'une obligation particulière de sécurité ou de prudence imposée par les dispositions du code de la route relatives, notamment, à l'arrêt ou au stationnement sur une voie rapide urbaine, le passager d'un véhicule qui, conducteur de fait, tire soudainement le frein à main dudit véhicule, alors qu'il effectuait le dépassement d'un camion, et provoque une collision avec ce dernier, puis l'arrêt brutal de la voiture sur la partie gauche de la voie sans que les autres usagers aient pu en être avertis. • Crim. 22 juin 2005, n° 04-85.340 P : *D. 2005. Pan. 2990, obs. Garé* ; *Dr. pénal Comm. 159, obs. Véron ; ibid. 2005. Comm. 161, obs. Robert ; RSC 2006. 69, obs. Mayaud* ; *ibid. 73, obs. Delmas Saint-Hilaire* .

2° RELAXES

57. Conduite sous l'emprise de stupéfiants. Doit être relaxé le conducteur à qui est reproché d'avoir mis en danger autrui par la violation manifestement délibérée d'une obligation de sécurité et de prudence, en ayant pris le volant de son véhicule après avoir fumé un joint de résine de cannabis, dès lors que le procès-verbal ne fournit pas les éléments nécessaires à caractériser l'état physique du prévenu, relevant seulement qu'il semblait être « sous l'emprise de l'alcool ou sous l'effet d'un produit stupéfiant ». • TGI Poitiers, 28 mai 1998 : *D. 1999. 110, note Laporte* .

58. Équipements défectueux. Doit être relaxé du délit de risques causés à autrui le prévenu gérant d'une société de transport qui a fait monter sur le troisième essieu de quatre camions de son entreprise des pneumatiques recyclés, dont l'utilisation était limitée, selon les prescriptions mêmes du fabricant, à une vitesse maximum de 30 km/h, dès lors qu'il n'apparaît pas que le risque créé par l'équipement défectueux des véhicules en cause fût suffisant pour constituer l'infraction poursuivie ; en effet, le risque incriminé par l'art. 223-1 C. pén. ne serait encouru qu'à la condition que l'équipement défectueux des poids-lourds soit susceptible d'entraîner une perte de contrôle de la part du conducteur et de provoquer ainsi un grave accident ; or, d'une part, l'avis technique du fabricant de pneumatiques figurant au dossier ne fait état, en cas d'utilisation desdits pneumatiques au-delà des limites prescrites, que de troubles de conduite ; s'il envisage un possible danger en cas de dépassement de la vitesse de 30 km/h, il ne précise pas la nature de ce danger ; d'autre part dans l'hypothèse où un pneumatique recyclé viendrait à éclater du fait de conditions anormales d'utilisation, il n'est nullement établi que le chauffeur perdrait le contrôle de son véhicule, dans la mesure où le poids-lourd, comportant trois essieux, serait susceptible de conserver une stabilité suffisante même en pareille hypothèse. • Toulouse, 22 mai 2003 : *JCP 2004. IV. 1181.*

59. Excès de vitesse. Il ne saurait être posé pour principe que le fait pour un automobiliste de rouler à plus de 200 km/h sur un certain type de voie constitue une violation de la réglementation présentant une particulière gravité qui est, à elle seule, et quelles que soient les circonstances, objectivement de nature à créer un risque direct et immédiat. • Douai, 26 oct. 1994 : *BICC 1994. 1207 ; D. 1995. 172, note Couvrat et Massé* ; *Gaz. Pal. 1994. 2. 766, note J.-G. M. ; RSC 1995. 578, obs. Mayaud* . ♦ Dans le même sens : • Douai, 26 oct. 1994 : *Gaz. Pal. 1995. 1. Somm. 178.*

60. Méconnaît les exigences de l'art. 223-1 C. pén. la cour d'appel qui condamne un automobiliste pour risques causés à autrui, aux motifs, d'une part, que le fait de rouler à une vitesse de 200 km/h, un jour de grande circulation comme peut l'être un jour de période estivale, à une heure particulièrement fréquentée, alors que, selon les constatations des gendarmes se trouvant sur les lieux mêmes de l'infraction, les trois voies de circulation étaient utilisées, a indiscutablement exposé les autres usagers de l'autoroute à un risque immédiat de collision, nécessairement de nature, eu égard à cette vitesse, à entraîner sinon la mort, à tout le moins des blessures graves, car interdisant au prévenu de réagir utilement à tout obstacle susceptible de gêner sa progression, et, d'autre part, qu'il a délibérément choisi de conduire à une telle vitesse éminemment dangereuse, sans caractériser un comportement particulier, s'ajoutant au dépassement de la vitesse autorisée et exposant directement autrui à un risque immédiat. • Crim. 19 avr. 2000, n° 99-87.234 P : *D. 2000. 631, note Mayaud* ; *Dr. pénal 2000. 98, obs. Véron.*

61. Doit être relaxé du délit de risques causés à autrui le prévenu dont le véhicule automobile a atteint une vitesse de 197 km/h sur une autoroute, dès lors qu'aucun comportement particulier conjugué à la vitesse excessive reprochée n'a pu être relevé ; en effet, le seul excès de vitesse ne peut suffire à lui seul à caractériser la mise en danger d'autrui ; en outre, la sécurité du gendarme auxiliaire positionné afin de faire ralentir les véhicules en raison d'un accident sur la voie n'a pas été menacée, aucun passager ne se trouvait dans le véhicule du prévenu, et il n'a pas été relevé que les autres usagers aient été gênés par la circulation à grande vitesse de son automobile ; par conséquent, aucun risque immédiat de mort ou d'infirmité ne peut être établi en l'occurrence. • Toulouse, 27 sept. 2001 : *JCP 2002. IV. 1466.*

62. Le fait de circuler à la vitesse de 215 km/h sur une portion d'autoroute limitée à 110 km/h ne suffit pas à caractériser l'infraction de mise en danger de la vie d'autrui, dès lors que, si le conducteur n'a certes manifestement pas pris en compte les autres usagers de la route, nombreux à cette heure de la journée comme en atteste le relevé de la société d'autoroute, aucun comportement particulier, s'ajoutant au dépassement de la vitesse autorisée, ou l'existence de circonstances de fait particulières, exposant directement autrui à un risque immédiat de mort ou de blessures de nature à entraîner une mutilation ou une infirmité permanente, n'ont été caractérisés. • Crim. 16 déc. 2015, n° 15-80.916 P : *D. actu. 2 févr. 2016, obs. Goetz ; D. 2016. Pan. 2424, obs. Mirabail* ; *AJ pénal 2016. 264, obs. Lasserre Capdeville* ; *RSC 2015. 851, obs. Mayaud* ; *Dr. pénal 2016, n° 43, obs. Conte.*

63. Contrôle de police. Le prévenu, passager d'un véhicule automobile, doit être relaxé du chef de complicité de mise en danger d'autrui, même s'il a incité le conducteur à se soustraire au contrôle des gendarmes et a guidé ce dernier qui ne connaissait pas la ville ; en effet, les risques et la mise en danger auxquels le conducteur a exposé autrui, en circulant à une vitesse excessive en agglomération et en franchissant un stop, ne permettent pas de caractériser à l'encontre du prévenu des actes personnels de complicité ; le prévenu se rend en revanche coupable de complicité de refus par le conducteur d'un véhicule d'obtempérer à une sommation de s'arrêter, pour avoir incité le conducteur à prendre la fuite lors d'un contrôle routier, sachant que celui-ci avait bu et qu'il allait perdre son permis. • Rennes, 19 mai 2008 : *JCP 2008. IV. 2816.*

64. Ne saurait justifier la condamnation d'un individu pour mise en danger de la vie d'autrui le seul fait que lors d'un contrôle sur la voie publique, celui-ci aurait accéléré brutalement alors qu'un gardien de la paix tenait sa portière ouverte afin de procéder au contrôle des pièces de son véhicule, dès lors qu'aucun comportement particulier s'ajoutant à la rébellion et au refus de se soumettre aux vérifications, ou l'existence de circonstances de fait exposant autrui à un risque immédiat de mort ou de blessures de nature à entraîner une mutilation ou une infirmité permanente, ne sont caractérisés et que n'est pas davantage précisée l'obligation particulière de sécurité ou de prudence imposée par la loi ou le règlement qui aurait été violée. • Crim. 12 janv. 2016, n° 14-86.503 P : *D. actu. 28 janv. 2016, obs. Goetz ; D. 2016. Pan. 2424, obs. Mirabail* ; *RSC 2016. 72, obs. Mayaud* .

B. TRANSPORTS

65. Transport aérien. La prévention se bornant à viser le non-respect des règles de manœuvres générales de circulation sur un aérodrome et non d'une obligation particulière imposant un modèle de conduite circonstanciée, et en l'absence de la violation d'une obligation particulière de sécurité ou de prudence imposée par la loi ou le règlement, le délit prévu et réprimé par l'art. 223-1 C. pén. n'apparaît pas constitué. • Aix-en-Provence, 22 nov. 1995 : *préc. note 1* .

66. Transport maritime. Justifie sa décision, au regard de l'art. 223-1 C. pén., la cour d'appel qui, pour condamner le commandant d'un navire poursuivi du chef de mise en danger délibéré d'autrui pour avoir, alors que son navire avait, aux termes du permis de navigation, une capacité limitée à 600 passagers, assuré un transport en surcharge de 112 personnes, écarte l'argumentation du prévenu – soutenant que, eu égard aux conditions de navigation existantes le jour des faits, la surcharge du bateau n'avait entraîné aucun risque immédiat pour les passagers – en retenant que l'existence de conditions météorologiques favorables ne saurait exclure, pour des passagers en surnombre confrontés à la survenance toujours possible d'une avarie mécanique, d'un incendie voire d'une collision, le risque majeur de ne pouvoir, tous, disposer d'engins de sauvetage garantissant la sauvegarde de leur vie, et ajoute que le commandant, alerté par l'affluence des personnes présentes sur le quai au moment de l'embarquement, avait nécessairement perçu les risques d'un chargement excédant largement les capacités de son navire, et qu'il a ainsi délibérément violé les règles de sécurité qui s'imposaient à lui. • Crim. 11 févr. 1998, n° 96-84.929 P : *JCP 1998. II. 10084, note Coche ; Dr. pénal 1998. 81, obs. Véron ; RSC 1998. 545, obs. Mayaud* . ♦ Rejet du pourvoi contre : • Rennes, 26 sept. 1996 : *JCP 1997. II. 22902, note Chevallier.*

67. Transport ferroviaire. Pour la condamnation, du chef de mise en danger d'autrui, du mécanicien conducteur d'un train de voyageurs qui, en état d'ivresse manifeste, avait conduit sa locomotive en omettant d'en maîtriser la vitesse ainsi que de respecter l'arrêt en gare. • Poitiers, 17 sept. 1998 : *JCP 1999. IV. 2178.*

68. Se rend coupable de mise en danger d'autrui le prévenu qui viole les règles relatives à la circulation ferroviaire en perturbant le départ d'un train par simulation du rôle de chef de gare, ayant donné un coup de sifflet de départ de train à l'aide d'un sifflet identique à celui des contrôleurs ; l'élément moral de l'infraction se déduit notamment de l'aveu par le prévenu de la commission de précédentes perturbations identiques dans le métro parisien, ainsi que du fait qu'il existe de nombreuses plaintes à son endroit de la part d'usagers qu'il aurait poussés sur les voies. • Paris, 21 janv. 2004 : *JCP 2004. IV. 2442.*

C. SÉCURITÉ DU TRAVAIL

69. Appareils à pression. Une violation manifestement délibérée d'une obligation de sécurité ne saurait être retenue contre le directeur d'une usine en infraction à la réglementation relative aux appareils à pression de gaz ou de vapeur, dès lors que, nouvellement installé dans ses fonctions, il n'apparaît pas que son attention ait été attirée par l'autorité administrative sur les violations en cause, et qu'il a réagi immédiatement à la visite de l'inspecteur en opérant les mises en conformité visées par le procès-verbal. • T. corr. Péronne, 4 juill. 1995 : *Gaz. Pal. 1996. 1, chron. crim. 96.*

70. Travaux par une entreprise extérieure. Le délit de mise en danger d'autrui n'est constitué que si le manquement défini par l'art. 223-1 C. pén. a été la cause directe et immédiate du risque auquel a été exposé autrui ; méconnaît le sens et la portée de ce texte la cour d'appel qui, pour déclarer un prévenu coupable de mise en danger d'autrui, relève, d'une part, que ce dernier, directeur d'usine, n'a pas tenu compte d'une lettre de mise en garde, adressée par l'inspection du travail avant l'accident survenu dans l'usine lors de travaux de maintenance, sur un compresseur de gaz, par l'écoulement brusque d'eau brûlante d'une canalisation, qui lui faisait connaître que le plan annuel élaboré par la société ne satisfaisait pas aux prescriptions réglementaires relatives aux travaux effectués par une entreprise extérieure, ajoute, d'autre part, que l'inspection des lieux et l'élaboration consécutive d'un plan de prévention en application des art. R. 237-6 et R. 237-7 [R. 4512-2 s. nouv.] C. trav. auraient seules permis une étude exhaustive des risques potentiels, leur absence ayant induit l'absence de vérification de l'état des vannes de vapeur et de la vanne de sécurité en cause dans l'accident litigieux, et en déduit enfin que l'absence de prise en compte du risque eau chaude est la conséquence directe de la faute du prévenu, alors que, si la cour n'était pas tenue de constater que l'auteur du délit avait eu connaissance de la nature du risque particulier effectivement causé par son manquement, il lui appartenait de caractériser un lien immédiat entre la violation des prescriptions réglementaires et le risque auquel avaient été exposés les salariés. • Crim. 16 févr. 1999 : ♔ *préc. note 26.*

71. Poussières d'amiante. Le non-respect des obligations réglementaires relatives à la protection contre les risques liés à l'exposition à l'inhalation de poussières d'amiante expose de manière directe et immédiate à un risque certain de mort ou d'infirmité permanente tenant au risque de développer un cancer dans les trente à quarante ans. • Crim. 19 avr. 2017, ♔ n° 16-80.695 P : *D. actu. 5 mai 2017, obs. Fucini ; AJ pénal 2017. 340, obs. Cohen-Donsimoni* ✎ *; RSC 2017. 285, obs. Mayaud* ✎ *; Gaz. Pal. 18 juill. 2017, p. 55, obs. Dreyer.* ♦ A exposé les salariés à un risque immédiat de mort ou de blessures par inhalation de poussières d'amiante l'employeur qui n'a pas établi de notice d'information à l'intention des travailleurs exposés, ayant ainsi négligé de communiquer les dispositions à prendre pour éviter les risques encourus ; en effet, l'absence d'information concernant les risques sur la santé et le fait de ne pas avoir mis à la disposition des salariés des équipements de protection sont constitutifs de l'infraction. • Douai, 6 mars 2008 : *Gaz. Pal. 2009. 2. Somm. 2678.*

D. SPORTS ET LOISIRS

72. Camping. En laissant s'installer dans un site boisé non aménagé, où les risques d'incendie en période estivale sont réels et sérieux, des campeurs ne disposant que de deux points d'eau, d'aucun système de lutte contre l'incendie, le prévenu a pris délibérément un risque pour la vie ou l'intégrité d'autrui, l'absence d'aménagement du site, la précarité des installations multipliant les risques, déjà réels par ailleurs, d'incendie. • Aix-en-Provence, 1er déc. 1997 : *Dr. pénal 1998. 136, obs. Maron.*

73. Motoneiges. Est coupable de mise en danger d'autrui le prévenu qui emprunte avec une motoneige, et dans des conditions illégales, deux pistes de ski, une de ces pistes, de couleur verte, étant réservée aux débutants éprouvant des difficultés à éviter les obstacles, et l'engin étant par ailleurs dépourvu de signalisation lumineuse ou sonore permettant de se faire entendre des usagers des pistes. • Chambéry, 11 mai 2000 : *JCP 2000. IV. 1769.*

74. Le juge répressif ne peut prononcer une peine sans avoir relevé tous les éléments constitutifs de l'infraction qu'il réprime ; n'a pas justifié sa décision la cour d'appel qui, pour déclarer le prévenu coupable du délit de mise en danger délibérée d'autrui, après avoir rappelé qu'un arrêté du maire interdisait l'utilisation d'engins à moteur sur les pistes du domaine skiable pendant les heures d'ouverture, énonce que le prévenu avait créé une situation dangereuse pour les skieurs en empruntant deux pistes de ski, dont l'une était fréquentée par des débutants ayant des difficultés pour s'arrêter et éviter les obstacles, alors que son engin ne disposait d'aucun dispositif de signalisation lumineuse et sonore pour les avertir de son approche, et ajoute que le comportement du prévenu, qui a été vu à maintes reprises circulant sur les pistes dans les mêmes conditions, constitue une violation manifestement délibérée des obligations particulières imposées par l'arrêté municipal pour la sécurité des usagers des pistes, et qu'ainsi il avait exposé directement autrui à un risque de mort ou de blessures, au sens de l'art. 223-1 C. pén., sans préciser les circonstances de fait, tirées de la configuration des lieux, de la manière de conduire du prévenu, de la vitesse de l'engin, de l'encombrement des pistes, des évolutions des skieurs ou de toute autre particularité de l'espèce, caractérisant le risque immédiat de mort ou de blessures de nature à entraîner une mutilation ou une infirmité permanente auquel le prévenu, par la violation de l'arrêté municipal constatée au procès-verbal, a exposé directement autrui. • Crim. 3 avr. 2001, n° 00-85.546 P : *Dr. pénal 2001. 100, obs. Véron ; RSC 2001. 575, obs. Mayaud ; JCP 2002. II. 10056, note Gauvin.* ♦ Rappr. : la desserte, au moyen d'un engin motorisé conçu pour la progression sur neige, d'une maison d'habitation servant de résidence principale ou de résidence secondaire n'est pas une utilisation de cet engin à des fins de loisirs au sens de l'art. 3 de la L. du 3 janv. 1991 devenu l'art. L. 362-3 C. envir., lorsque l'accès par la voirie publique est impossible en raison de l'enneigement. • Chambéry, 6 sept. 2001 : *BICC 2001. 1218.*

75. Ski hors piste. Force est de constater qu'aucune possibilité technique d'appréciation objective du risque n'est disponible pour le ski ou le surf en station et qu'il n'y a pas d'autre technique possible de gestion du risque d'avalanche que l'ouverture ou la fermeture de telle ou telle piste ou secteur au cas par cas ; le fait de skier ou surfer hors piste par risque 4 ne constitue donc pas nécessairement et automatiquement une imprudence fautive, c'est encore plus le cas si le skieur ou surfeur n'a pas eu connaissance de la présence de tiers en aval. • Grenoble, 19 févr. 1999 : *D. 1999. 480, note Redon ; ibid. 2000. Somm. 34, obs. Mayaud ; JCP 1999. II. 10171, note Le Bas.* ♦ Opposer : • Crim. 9 mars 1999 : *préc. note 27.*

76. Rave party. L'organisateur d'une soirée clandestine dite « Rave Party », qui viole délibérément la réglementation prévue pour les lieux ouverts au public, met directement la vie d'autrui en danger, puisque la surpopulation de personnes dans les lieux qui ne sont pas aménagés à cet effet et le manque de dispositif particulier pour la sécurité des personnes pourraient s'avérer désastreux, dès le moindre incident. • Paris, 31 mai 2000 : *D. 2000. IR 203.* ♦ En revanche, il n'est pas possible de retenir dans les liens de cette prévention celui qui participe même activement à la soirée, en venant jouer, en apportant du matériel, ou en aidant à l'installation. • Même arrêt.

77. Les gendarmes ayant constaté que des carrières de craie, qui comptent de très nombreuses grottes, ont été interdites au public, en raison des risques d'effondrement existants, et qu'une commission de sécurité, qui avait visité les lieux pour donner un avis sur une possible exploitation avait répondu négativement en raison de l'absence de sorties de secours, d'éclairage, de système d'alarme, de plans et de consignes de sécurité, les organisateurs d'une soirée clandestine dite « rave party » ne sont pas coupables de l'infraction de mise en danger d'autrui, dès lors qu'il est établi qu'ils sont restés en dehors des carrières. • Paris, 28 juin 2000, n° 00/00567.

78. Opérations de sauvetage. Inexpérimentés dans la pratique du canoë, des jeunes gens ont été récupérés par les services de la sécurité civile, après s'être aventurés, vers 12 heures, sans le matériel nécessaire, dans une descente connue pour sa dangerosité, en dépit de l'affichage, au début du parcours, de deux arrêtés préfectoraux prescrivant un départ avant 10 heures et un équipement spécifique ; poursuivis et condamnés devant le tribunal correctionnel, il leur fut reproché d'avoir mis en danger le personnel de secours, le pilote d'hélicoptère, le mécanicien, le médecin et les gendarmes ; mais, outre la violation d'une obligation particulière de sécurité ou de prudence imposée par la loi ou le règlement, à savoir, la violation des obligations imposées par les deux arrêtés préfectoraux, le délit suppose l'exposition directe d'autrui à un risque immédiat de mort, de mutilation ou d'infirmité permanente ; il n'est pas démontré que les prévenus aient directement exposé les sauveteurs à un tel risque, et il convient en conséquence de les renvoyer des fins de la poursuite. • Aix-en-Provence, 26 nov. 2001 : *Dr. pénal 2002. 82, obs. Véron.*

E. AUTRES EXEMPLES

79. Divagation d'animaux. Caractérise dans tous ses éléments le délit de risques causés à autrui, et alors que l'art. R. 622-2 C. pén. interdit de laisser divaguer un animal dangereux pour autrui, le fait pour la propriétaire de chiens appartenant à une race capable d'attaquer, de les laisser en liberté, alors que ceux-ci avaient déjà attaqué des passants et se montraient très agressifs en raison d'un effet de meute, et que, par ailleurs, après qu'ils aient mordu des personnes, ladite propriétaire avait refusé de les soumettre à un contrôle antirabique. • Paris, 9 nov. 1995 : *Dr. pénal 1996. 57, obs. Véron.*

80. Constitue le délit de mise en danger d'autrui le fait de laisser deux chiens de type pitt-Bull. se mouvoir sur la voie publique sans être ni muselés ni tenus en laisse ; doit être déclaré coupable de blessures involontaires le propriétaire de ces chiens lorsque, n'étant ni muselés ni tenus en laisse, ceux-ci ont attaqué et mordu une personne qui vaquait à ses occupations devant son domicile. • T. corr. Bobigny, 29 mai 1998 : *Gaz. Pal. 1999. 2. Somm. 559-560, note Lévy.*

81. Le propriétaire de chiens de race pitt-Bull. qui les laisse en liberté dans un jardin dont les clôtures ne garantissent pas l'isolement, en violation d'un règlement municipal réglementant la circulation et l'utilisation des chiens dangereux, se rend coupable de mise en danger d'autrui, dès lors que les chiens avaient déjà agressé une personne et qu'ils ont renouvelé l'agression sur le voisin du prévenu (outre la qualification de blessures involontaires). • Paris, 25 févr. 2000 : *JCP 2000. IV. 2861.*

82. L'infraction de mise en danger d'autrui est

caractérisée par la volonté de la prévenue, propriétaire d'un chien réputé dangereux, de se dérober aux obligations légales en ne prenant pas les précautions qui s'imposent ; contrairement à ses allégations, son chien n'est pas un « pitt-Bull. joueur », puisqu'il a, à deux reprises, mordu un autre chien et causé des risques de blessures graves à des promeneurs. • Paris, 28 juin 2000, n° 00/00641.

83. Le prévenu est poursuivi du chef de risques causés à autrui ; une collision est survenue de nuit entre une automobile et une vache appartenant au prévenu, sur une chaussée non éclairée ; le prévenu a soutenu qu'il n'avait pas commis une violation manifestement délibérée d'une obligation de sécurité ou de prudence ; cependant, l'accident s'est produit à proximité de son exploitation agricole et trouve sa cause dans la divagation d'une de ses bêtes sur une route qu'il savait non éclairée ; en outre, le prévenu a fait l'objet de plusieurs poursuites pour des divagations d'animaux ; il ne pouvait donc ignorer, en raison de la dangerosité des lieux, les risques qu'il faisait courir à autrui, en ne prenant aucune mesure de nature à éviter la présence d'un animal sur la chaussée ; le jugement de condamnation doit être confirmé. • Douai, 27 mai 2004 : *JCP 2004. IV. 3209.*

84. Jets d'objets divers. Le fait de jeter un sac de détritus sur la chaussée avant le passage d'un véhicule ne constitue pas la violation d'une obligation légale de sécurité ou de prudence, aucune disposition du code de la route incriminant un tel comportement ; dès lors, si les prévenus ont bien commis une faute d'imprudence, leur geste ne suffit pas à caractériser le délit de mise en danger d'autrui. • Bordeaux, 15 mai 1997 : *JCP 1998. IV. 1647.*

85. Médecine de garde. Est coupable de mise en danger délibérée d'autrui le prévenu, médecin de garde qui a été dépêché par le SAMU auprès d'une patiente prise de vomissements et de violentes douleurs abdominales ; il ressort de l'expertise médicale que l'examen réalisé par le prévenu a été des plus sommaires et que la description qu'il a pu faire de l'état de la patiente comporte des lacunes et des imprécisions ; il a fait preuve d'insuffisance professionnelle en ne prenant pas contact avec le médecin régulateur du SAMU, alors qu'il se trouvait en présence d'une patiente ayant subi quelques jours avant une intervention chirurgicale sur le muscle cardiaque ; cette insuffisance, doublée de désinvolture, caractérise la violation de l'obligation particulière de sécurité et de prudence définie aux art. 32 et 33 C. déont. méd. (CSP, art. R. 4127-32 et R. 4127-33) ayant exposé la patiente à un risque immédiat de mort ou de blessures de nature à entraîner une mutilation ou une infirmité permanente ; en l'espèce, la patiente avait pris le soin d'indiquer au médecin qu'elle avait subi trois semaines avant une intervention chirurgicale consistant en un double remplacement valvulaire aortique et mitral par prothèse, destiné à soigner un rhumatisme articulaire aigu ayant atteint le muscle cardiaque, mais le médecin n'en a pas tenu compte, diagnostiquant une simple gastro-entérite ; il a par ailleurs répondu à la patiente qu'une hospitalisation était tout à fait inutile, et l'a quittée après lui avoir administré des médicaments censés la soulager ; l'état de la patiente ne s'étant pas amélioré, elle a été admise à l'hôpital où un autre médecin a diagnostiqué une « tamponnade » (complication inhérente à la chirurgie cardiaque) qui a nécessité une opération en urgence. • Grenoble, 28 févr. 2007 : *JCP 2007. IV. 2348.* ♦ S'il n'est pas possible de reprocher pénalement au prévenu une erreur de diagnostic, en revanche, le médecin ne peut pas prétendre valablement que les poursuites pénales exercées contre lui sont injustifiées en droit dans la mesure où le Conseil national de l'ordre des médecins a exclu « tout manquement du médecin à ses obligations » ; cette décision ordinale ne saurait en effet lier les juridictions de l'ordre judiciaire, d'autant que la procédure suivie devant le Conseil national de l'ordre des médecins n'avait pas été contradictoire envers la patiente. • Même arrêt.

86. Assistance médicale à la procréation. Justifie sa décision la cour d'appel qui, pour déclarer un médecin coupable de mise en danger d'autrui, retient qu'en réalisant des assistances médicales à la procréation en méconnaissance des dispositions de l'art. L. 2141-1 CSP et de l'Arr. du 12 janv. 1999 relatif aux règles de bonnes pratiques cliniques et biologiques en assistance médicale à la procréation, alors que les traitements de stimulations ovariennes réalisées à de fortes posologies peuvent entraîner un risque mortel d'hémorragie, d'épanchement, de phlébite ou d'embolie pulmonaire, il a, par la violation manifestement délibérée d'obligations particulières de sécurité ou de prudence imposées par la loi et le règlement, exposé plusieurs patientes à un risque immédiat de mort ou de blessures de nature à entraîner une mutilation ou une infirmité permanente. • Crim. 29 juin 2010, n° 09-81.661 P : *RSC 2010. 856, obs. Mayaud.*

87. Pollution. C'est à bon droit qu'une chambre d'accusation confirme l'ordonnance de refus d'informer rendue sur une plainte avec constitution de partie civile reprochant au maire et au préfet de police de Paris d'avoir exposé directement les personnes à un risque immédiat de mort ou de blessures en ne prenant pas des mesures suffisamment efficaces pour pallier les effets de la pollution atmosphérique, alors que les textes invoqués à l'appui de ces insuffisances (art. L. 131-2-6° C. communes, devenu art. L. 2212-2-5° CGCT, et Décr. n° 74-415 du 13 mai 1974) n'imposaient pas à leur sujet d'obligation particulière de sécurité et de prudence. • Crim. 25 juin 1996, n° 95-86.205 P : *Dr. pénal 1996. 265, obs. Véron ;*

RSC 1997. 106, obs. Mayaud ; ibid. 390, obs. J.-H. Robert .

88. Saturnisme. Les art. L. 1334-1 à L. 1334-3 CSP imposent à l'État une obligation particulière de sécurité ou de prudence ; sans qu'il soit besoin de s'interroger sur les capacités du parc immobilier social mis à la disposition du représentant de l'État pour assurer le relogement des enfants atteints de saturnisme, cette absence de relogement dans les conditions de la loi présente le caractère matériel, au sens de l'art. 706-3 C. pr. pén. (indemnisation par le Fonds de garantie des victimes des actes de terrorisme et d'autres infractions), de l'infraction prévue par l'art. 223-1 C. pén., qui réprime le fait d'exposer directement autrui à un risque immédiat de blessures de nature à entraîner une infirmité permanente par la violation manifestement délibérée d'une obligation particulière de sécurité ou de prudence imposée par la loi ou le règlement. • Paris, 25 nov. 2005 : *D. 2006. IR 14.*

89. La société M..., dont M. Y... est le dirigeant de fait, gère pour le compte de son propriétaire un appartement dans lequel un diagnostic technique, en date du 18 juin 2004, a révélé la présence de plomb sur des éléments directement accessibles et sur divers revêtements dégradés, concluant à une « accessibilité au plomb au sens du code de la santé publique » ; par contrat du 1er août 2005, ce logement a été donné à bail à Mme X..., dont la fille Jade-Olivia, âgée de six mois au moment de l'entrée en jouissance, a ingéré du plomb et a été intoxiquée ; la société M... et M. Y... ont été poursuivis par le ministère public du chef de mise en danger de l'enfant, entre le 7 sept. 2007 et le 31 mai 2008, à raison de la violation de l'obligation, prévue à l'art. L. 1334-2 CSP, incombant au propriétaire d'un local d'hébergement de réaliser les travaux nécessaires à la suppression du risque d'exposition au plomb susceptible d'être à l'origine de l'intoxication d'un mineur ; pour confirmer le jugement les en ayant relaxés, l'arrêt énonce qu'il n'est pas allégué que l'intoxication ait eu une autre origine que l'ingestion de peinture par l'enfant entre juill. et déc. 2005, soit au cours d'une période non visée par la prévention, et que c'est du fait de l'administration, puis des parties civiles, que les prévenus n'ont pu exécuter avant juill. 2008 les travaux que, le 7 sept. 2007, l'administration leur avait enjoint d'exécuter ; en se déterminant ainsi, sans rechercher si le bailleur n'était pas tenu, depuis l'origine du bail, d'une obligation de remettre au locataire un logement décent ne laissant pas apparaître de risques manifestes pouvant porter atteinte à la sécurité physique ou à la santé, et alors qu'il résultait de ses propres constatations que l'enfant avait été exposé au risque de saturnisme au cours de la période visée à la prévention, la cour d'appel n'a pas justifié sa décision. • Crim. 20 nov. 2012 : *Dr. pénal 2013. Comm. 38, obs. Véron.*

90. Vente d'objets dangereux. Ne constitue pas le délit de risques causés à autrui la vente d'une moto qui s'est révélée, à l'occasion d'une crevaison, avoir été gravement accidentée et classée comme épave, dès lors que n'ont été caractérisés, ni le risque immédiat de blessures ou de mort, ni l'obligation particulière de sécurité violée. • Douai, 5 mars 1998 : *BID 6/1999. 18.*

III. POURSUITES

91. Action civile. Pour la recevabilité en sa constitution de partie civile d'une association de consommateurs : • Aix-en-Provence, 1er déc. 1997 : *Dr. pénal 1998. 136, obs. Maron.* ♦ L'action civile n'est ouverte qu'à ceux qui ont personnellement souffert du dommage directement causé par l'infraction. L'atteinte à l'image d'une commune n'étant pas la conséquence directe de la mise en danger de mort de personnes physiques, ladite commune n'est pas recevable en sa constitution de partie civile. • Crim. 5 avr. 2011 : *Dr. pénal 2011, n° 88, obs. Véron.*

92. Prescription. Pour confirmer l'ordonnance d'un juge d'instruction déclarant irrecevable une constitution de partie civile, à la suite du décès de l'épouse du plaignant, des chefs d'homicide involontaire, abstention volontaire de porter secours à autrui et mise en danger d'autrui, l'arrêt relève, notamment, que la plainte ayant entraîné l'ouverture de l'information est postérieure de trois ans à la mort de la victime ; en prononçant ainsi, et dès lors que, contrairement à ce qu'allègue le moyen, les délits d'homicide involontaire, d'abstention volontaire de porter secours à autrui et de mise en danger d'autrui ne constituent pas des infractions clandestines par nature, la chambre de l'instruction a justifié sa décision. • Crim. 17 mars 2009 : *D. 2009. Pan. 2458, obs. Trébulle .*

Art. 223-2 *(L. n° 2009-526 du 12 mai 2009, art. 124-I)* **« Les personnes morales déclarées responsables pénalement, dans les conditions prévues par l'article 121-2, des infractions définies à l'article 223-1 encourent, outre l'amende suivant les modalités prévues par l'article 131-38, les peines prévues par les 2°, 3°, 8° et 9° de l'article 131-39. »**

L'interdiction mentionnée au 2° de l'article 131-39 porte sur l'activité dans l'exercice ou à l'occasion de l'exercice de laquelle l'infraction a été commise.

1. Imputation. Il y a lieu à application des art. 121-2 et 223-2 C. pén. dès lors que les violations manifestement délibérées ayant exposé directement les salariés à un risque immédiat de mort ou d'infirmité permanente imputables au représentant de la société ont été commises pour le compte de cette société (non-respect des réglementations en matière de poussières d'amiante). • Douai, 6 mars 2008 : *Gaz. Pal. 2008. 1. Somm. 2010, note Viriot-Barrial.*

2. Causalité. Le 17 sept. 2009, M. F..., salarié de la société A..., qui venait de laver un flacon ayant contenu de l'hydrogène sulfuré, a été pris d'un malaise, ayant entraîné un jour d'incapacité totale de travail, causé par l'inhalation de ce produit, dont le débit insuffisant du dispositif de ventilation équipant son local de travail n'avait pas permis la complète évacuation ; poursuivie pour mise en danger d'autrui, en raison de l'inobservation des prescriptions des art. R. 4222-20, R. 4222-22 et R. 4412-39 C. trav., la société a sollicité sa relaxe, au motif que, nonobstant cette inobservation, son salarié n'avait pas été exposé à un risque immédiat de mort, de mutilation ou d'infirmité permanente, et qu'à supposer même un tel risque établi, l'existence d'un lien de causalité, direct et immédiat, entre celui-ci et la violation de l'obligation particulière de prudence ou de sécurité lui étant reprochée n'était pas établie ; le tribunal ayant écarté cette argumentation, la société a interjeté appel du jugement la condamnant ; pour confirmer la déclaration de culpabilité, l'arrêt attaqué retient qu'il est constant que l'inhalation d'hydrogène sulfuré est de nature à entraîner pour la victime des conséquences néfastes sur sa santé, voire fatales, et que dès lors, l'exposition certaine à un risque d'inhalation de ce produit éminemment toxique constitue bien le délit de mise en danger d'autrui ; en se déterminant ainsi, par des motifs qui établissent l'exposition d'autrui à un risque de mort, de mutilation ou d'infirmité permanente, en relation directe et immédiate avec la violation, manifestement délibérée et non contestée, des dispositions du code du travail visées à la prévention, la cour d'appel a justifié sa décision. • Crim. 7 janv. 2015 : *D. actu. 19 janv. 2015, obs. Priou-Alibert ; D. 2015. Actu. 210 ; Dr. pénal 2015, n° 33, obs. Véron ; RSC 2015. 89, obs. Mayaud .*

SECTION II DU DÉLAISSEMENT D'UNE PERSONNE HORS D'ÉTAT DE SE PROTÉGER

Art. 223-3 Le délaissement, en un lieu quelconque, d'une personne qui n'est pas en mesure de se protéger en raison de son âge ou de son état physique ou psychique est puni de cinq ans d'emprisonnement et de 75 000 € d'amende.

BIBL. ▶ Mémeteau, *Gaz. Pal. 1996. 2. Chron. 760* (de l'existence d'un droit médical du handicapé moteur ?). – Thomas, Thomas-Hazif, Pradère et Darrieux, *Gaz. Pal. 1996. 2. Chron. 805* (dépendance affective de la personne âgée et abus de faiblesse).

1. Volonté d'abandon. Selon l'art. 223-3 C. pén., le délit de délaissement suppose un acte positif, exprimant de la part de son auteur la volonté d'abandonner définitivement la victime. • Crim. 23 févr. 2000, n° 99-82.817 P : *RSC 2000. 610, obs. Mayaud* • 13 nov. 2007, n° 07-83.621 P : *D. 2009, Pan. 129, obs. Mirabail ; AJ pénal 2008. 88, obs. Royer ; Dr. pénal 2008, n° 17, obs. Véron ; RSC 2008. 342, obs. Mayaud* • 9 oct. 2012, n° 12-80.412 P : *D. actu. 29 nov. 2012, obs. Bombled ; AJ pénal 2013. 39, obs. Lasserre Capdeville ; Dr. pénal 2013, n° 1, obs. Véron ; Gaz. Pal. 2013. 1. 458, obs. Detraz.*

2. Méconnaît les exigences de ce texte la cour d'appel qui déclare un couple coupable de délaissement de personne hors d'état de se protéger aux motifs que leurs enfants, dont ils avaient la responsabilité, se sont retrouvés, à la suite d'un malentendu, seuls à l'arrivée d'un bateau et ont été récupérés par la police, alors que ces faits n'entrent pas dans les prévisions de l'art. 223-3 C. pén. • Crim. 23 févr. 2000 : *préc. note 1.*

3. Il résulte de l'arrêt attaqué et des pièces de procédure qu'un prévenu, cité pour avoir « délaissé sa mère, personne vulnérable hors d'état de se protéger en raison de son âge, notamment en faisant obstacle à la venue d'une aide-ménagère », a été relaxé par le tribunal correctionnel au motif que son comportement, pour moralement blâmable qu'il fût, ne caractérisait pas le délit poursuivi, en l'absence de la démonstration d'une volonté d'abandon définitif ; pour déclarer le prévenu coupable, l'arrêt avait retenu qu'il s'est énergiquement opposé à l'intervention de l'aide-ménagère envoyée par une association au domicile de sa mère, sans apporter à celle-ci, âgée de 84 ans et venant d'être hospitalisée, une autre forme d'assistance ; les juges en concluaient que le délaissement était caractérisé par le comportement délibéré du prévenu, de nature à mettre en danger une personne vulnérable ; en prononçant ainsi, alors que les faits retenus n'entraient pas dans les prévisions de l'art. 223-3 C. pén., la cour d'appel a méconnu les exigences de ce texte. • Crim 13 nov. 2007 : *préc. note 1.*

4. Le prévenu a été poursuivi pour avoir délaissé sa mère, personne vulnérable, hors d'état de se protéger en raison de son âge ou de son état physique ou psychique ; il a été condamné par jugement du tribunal correctionnel dont il a fait appel ; pour confirmer ce jugement et le déclarer coupable des faits reprochés, l'arrêt retient qu'il a congédié les infirmiers chargés de soigner les plaies de sa mère grabataire sans mettre en place les protections minimales du lit lui occasionnant les blessures et refusé l'aide d'une auxiliaire de vie malgré la prescription du médecin ; les juges ajoutent qu'il l'a laissée pendant plusieurs semaines macérer dans ses excréments jusqu'à ce qu'en dernière extrémité, il sollicite son médecin traitant qui, devant l'état d'inconscience de la patiente, l'a faite hospitaliser ; les juges en concluent que le délaissement est caractérisé par les conditions de vie dégradantes dans lesquelles le prévenu a maintenu sa mère âgée de 89 ans et présentant un état de délabrement physique et mental ; mais en prononçant ainsi, alors que les faits retenus n'entraient pas dans les prévisions de l'art. 223-3 C. pén., la cour d'appel a méconnu les exigences de ce texte ; d'où il suit que la cassation est encourue, et, n'impliquant pas qu'il soit à nouveau statué sur le fond, elle aura lieu sans renvoi, ainsi que le permet l'art. L. 411-3 COJ. • Crim. 9 oct. 2012 : *préc. note 1.*

5. *Mineur isolé étranger.* Le refus opposé à un mineur isolé étranger ne constitue pas le délit de délaissement prévu à l'art. 223-3 C. pén. dans la mesure où le service compétent n'assumait pas encore la responsabilité de la prise en charge de la victime. • Crim. 23 mai 2018, n° 17-84.067 P : *D. actu. 14 juin 2018, obs. Recotillet ; D. 2018. Pan. 2259, obs. Mirabail ; RSC 2018. 685, obs. Mayaud ; Dr. pénal 2018, n° 145, obs. Conte.*

Art. 223-4 **Le délaissement qui a entraîné une mutilation ou une infirmité permanente est puni de quinze ans de réclusion criminelle.**

Le délaissement qui a provoqué la mort est puni de vingt ans de réclusion criminelle.

SECTION III DE L'ENTRAVE AUX MESURES D'ASSISTANCE ET DE L'OMISSION DE PORTER SECOURS

Art. 223-5 **Le fait d'entraver volontairement l'arrivée de secours destinés à faire échapper une personne à un péril imminent ou à combattre un sinistre présentant un danger pour la sécurité des personnes est puni de sept ans d'emprisonnement et de 100 000 € d'amende.**

Art. 223-6 **Quiconque pouvant empêcher par son action immédiate, sans risque pour lui ou pour les tiers, soit un crime, soit un délit contre l'intégrité corporelle de la personne s'abstient volontairement de le faire est puni de cinq ans d'emprisonnement et de 75 000 € d'amende.**

Sera puni des mêmes peines quiconque s'abstient volontairement de porter à une personne en péril l'assistance que, sans risque pour lui ou pour les tiers, il pouvait lui prêter soit par son action personnelle, soit en provoquant un secours.

(L. n° 2018-703 du 3 août 2018, art. 5) **« Les peines sont portées à sept ans d'emprisonnement et 100 000 euros d'amende lorsque le crime ou le délit contre l'intégrité corporelle de la personne mentionnée au premier alinéa est commis sur un mineur de quinze ans ou lorsque la personne en péril mentionnée au deuxième alinéa est un mineur de quinze ans. »**

RÉP. PÉN. v° *Omissions de porter secours – Entrave aux mesures d'assistance,* par REBUT.

Corresp. : *C. pén., ancien art. 63, al. 1er et 2.*

BIBL. ▶ GUÉRY, *D. 2001. Chron. 3293* (le défaut de protection de l'enfant par le professionnel : un nouveau délit ?). – CLAVERIE-ROUSSET, *Dr. pénal 2018. Étude 23* (commentaire des principales dispositions de la loi n° 2018-703 du 3 août 2018 renforçant la lutte contre les violences sexuelles ou sexistes). – SAENKO et DETRAZ, *D. 2018. Chron. 2031* (la loi n° 2018-703 du 3 août 2018 renforçant la lutte contre les violences sexuelles et sexistes : les femmes et les enfants d'abord !).

PLAN DES ANNOTATIONS

I. OMISSION D'EMPÊCHER UNE INFRACTION (art. 223-6, al. 1er)

BIBL. Chomienne et Guéry, *ALD 1995. Comm. 85* (limites de la liberté de conscience du professionnel dans le nouveau code pénal).

1. Infraction. Le suicide ne constituant pas, en droit français, un crime ou un délit contre l'intégrité corporelle d'une personne, une inculpation du chef de l'al. 1er de l'art. 63 C. pén. ne peut être juridiquement retenue en la matière contre quiconque se serait abstenu d'agir. • Crim. 23 avr. 1971, n° 92-87.470 P : *D. 1971. Somm. 121.* ♦ V. cependant *infra*, art. 223-13 s.

2. Omission. L'abstention se trouve constituée au moment où l'intervention est possible, son existence découlant de l'instantanéité de l'obligation d'intervenir. • Hte C. just., Comm. instr., 5 févr. 1993 : *D. 1993. 261, note Pradel ; Dr. pénal 1993. 75, et Chron. 8 (réquisitions Truche) et 9 (obs. Maron) ; Gaz. Pal. 1993. 1. Somm. 73 ; RSC 1993. 327, obs. Levasseur.*

3. L'obligation d'agir prévue par l'art. 63, al. 1er, C. pén. n'est imposée qu'à celui qui a le moyen d'empêcher le crime ou le délit sans risque pour lui et les tiers ; cet élément constitutif de l'infraction doit être expressément constaté dans l'arrêt de condamnation. • Crim. 16 nov. 1955, n° 2-92.4 P. ♦ Mais, à l'évidence, et à peine d'inefficacité, on ne saurait prétendre que les mesures qui s'imposent doivent être prises seulement au moment de l'exécution des faits ; il faut et il suffit, pour que la loi soit applicable, que l'on ait eu des motifs sérieux de croire que le crime devait être commis. • T. corr. Lille, 27 juin 1950 : *JCP 1950. II. 5837.*

4. Se rendent coupables du délit prévu par l'art. 63, al. 1er, C. pén. : le gendarme qui laisse exercer en sa présence des violences sur un détenu par des gardes placés sous ses ordres. • Crim. 23 mars 1950 : *Bull. crim. n° 109.* ♦ ... La femme qui, ne pouvant avoir de doute sur l'imminence d'un crime projeté par son amant contre son mari, s'abstient de toute action en vue de l'empêcher, alors qu'elle était en état de le faire immédiatement et personnellement, sans risque pour elle-même ou pour les tiers. • Crim. 4 mai 1951 : *Bull. crim. n° 121 ; D. 1951. 452 ; JCP 1951. II. 6518 ; Gaz. Pal. 1951. 1. 379.* ♦ V. l'arrêt frappé de pourvoi : • Bourges, 16 févr. 1950 : *D. 1950. 405 ; JCP 1950. II. 5629, note Chavanne ; Gaz. Pal. 1950. 1. 289 ; RSC 1950. 412, obs. Hugueney.* ♦ ... Des jeunes gens qui, au cours d'une partie de chasse, ont laissé deux de leurs camarades mettre à exécution le projet qu'ils avaient formé d'abattre le garde-chasse. • Crim. 18 janv. 1951 : *Bull. crim. n° 24.* ♦ ... L'exploitant d'un moulin, qui s'abstient de faire échec au projet conçu par sa femme et son fils d'y mettre le feu, dans le but de toucher les indemnités prévues aux contrats d'assurances. • Crim. 17 déc. 1959 : *Bull. crim. n° 568.* ♦ ... L'épouse qui s'abstient d'intervenir efficacement pour empêcher le renouvellement par son mari de relations sexuelles sur leur fille adoptive, allant même jusqu'à s'absenter pour lui « laisser le champ libre ». • Crim. 31 mars 1992 : *Gaz. Pal. 1992. 2. Somm. 357 ; RSC 1994. 332, obs. Levasseur.* ♦ ... Le témoin d'une partie de « roulette russe », qui, étant à deux mètres des protagonistes, omet d'intervenir avant le coup mortel. • Crim. 16 sept. 1992 : *Dr. pénal 1993. 78 ; RSC 1993. 777, obs. Levasseur.* ♦ ... Les prévenus qui assistent sans les empêcher à des scènes d'agression sexuelle sur un handicapé, alors qu'ils connaissaient les auteurs de l'infraction et avaient donc nécessairement conscience de l'absence de risque à intervenir immédiatement pour protéger la victime. • Grenoble, 7 juill. 2000 : *JCP 2001. IV. 1469.* ♦ ... Les personnes en contact avec l'auteur d'un accident, qui, parfaitement conscientes de l'état d'ivresse de ce dernier, et devant l'impossibilité dans laquelle elles se trouvaient de lui faire entendre raison, se sont abstenues d'user du moyen efficace d'empêcher des délits contre l'intégrité des personnes (art. 223-l C. pén.) que constituait un signalement du comportement de leur ami aux policiers ou gendarmes chargés de veiller à la sécurité des usagers de la route sur le trajet emprunté par celui-ci. • Nancy, 25 avr. 2002 : *JCP 2003. IV. 1862.*

5. Deux alpinistes présents lors du sectionnement par l'auteur principal d'une corde de descente en rappel utilisée par des spéléologues commettent le délit de non-obstacle à la commission d'un crime ou d'un délit contre les personnes dès lors qu'ils pouvaient intervenir, sans danger pour eux ; en l'espèce, il est établi qu'ils avaient la possibilité, soit d'empêcher l'auteur principal de monter vers la corde, soit de s'opposer à l'utilisation du couteau ; ils ne sauraient se défendre en arguant du fait qu'ils ont protesté car de telles protestations, à les supposer établies, auraient été insuffisantes à empêcher la réalisation du dommage, en l'espèce la chute d'un spéléologue sur plus de cent mètres ; par ailleurs, en tant qu'alpinistes confirmés ils ne peuvent prétendre avoir ignoré le danger représenté par le geste de l'auteur principal. • Chambéry, 28 févr. 2001 : *JCP 2001. IV. 2595.*

6. Mais l'art. 63, al. 1er, C. pén. n'impose pas l'obligation de dénonciation, et doit être cassé l'arrêt qui, pour condamner un brigadier de police du chef de non-dénonciation de crime, sur le fondement de ce texte, constate qu'il savait que son beau-frère commettrait un hold-up le lendemain et qu'il s'est abstenu sciemment de dénoncer à ses supérieurs le crime qui se préparait de façon imminente. • Crim. 7 nov. 1990, n° 88-85.439 P : *RSC 1991. 569, obs. Levasseur*. ♦ Sur la qualification de non-dénonciation de crime, V. *infra*, ss. art. 434-1.

7. M. X..., médecin attaché au pôle gérontologique Nord-Sarthe, a été poursuivi pour s'être abstenu d'informer les autorités judiciaires ou administratives de mauvais traitements infligés par des membres du personnel de l'hôpital de Bonnétable envers des pensionnaires hors d'état de se protéger ; la cour d'appel a requalifié les faits et déclaré M. X... coupable du délit d'omission d'empêcher une infraction prévu par l'art. 223-6, al 1er, C. pén. ; en premier lieu, le demandeur ne saurait se faire un grief de la requalification contestée au moyen dès lors que celle-ci, qui ne portait pas sur des faits nouveaux, a été soumise au débat contradictoire, qu'elle a fait l'objet de réquisitions du ministère public et que le prévenu a été mis en mesure de s'en expliquer ; en second lieu, pour déclarer le prévenu coupable du délit d'omission d'empêcher une infraction, l'arrêt relève, en substance, que le Dr X..., sachant que plusieurs membres du personnel avaient un comportement maltraitant envers des pensionnaires âgés et dépendants, s'est abstenu d'intervenir auprès de l'encadrement des infirmiers, même s'il n'avait pas autorité sur le personnel soignant, afin que soient prises des dispositions, telles qu'une meilleure surveillance, tendant à prévenir le renouvellement de faits constituant des atteintes à l'intégrité de personnes hospitalisées ; l'arrêt ajoute qu'en cas d'échec de cette démarche, il lui appartenait de s'entretenir de la situation avec la direction de l'hôpital afin que la qualité des soins prodigués aux pensionnaires soit préservée par des mesures appropriées ; en l'état de ces énonciations, la cour d'appel a, sans insuffisance ni contradiction, et sans méconnaître le principe du secret médical, caractérisé les éléments constitutifs du délit précité. • Crim. 23 oct. 2013, n° 12-80.793 P : *D. actu. 13 nov. 2013, obs. Le Drevo ; Dr. pénal 2013, n° 166, obs. Véron ; ibid. 2014, n° 15, obs. Maron et Haas ; Gaz. Pal. 2014. 1. 476, note Detraz.*

8. Intention. Des médecins, en s'abstenant de dénoncer les privations de soins et d'aliments infligés par le personnel d'un foyer à des enfants de moins de quinze ans, n'ont pas commis l'infraction prévue par l'art. 63, al. 1er, C. pén., *dès lors qu'ils n'ont* pas eu conscience que ces agissements constituaient des délits. • Paris, 15 juin 1951 : *D. 1951. 568.*

9. Mobiles. L'obligation qu'impose à un éducateur de jeunes délinquants ou inadaptés l'art. 63, al. 1er, C. pén. d'empêcher par une action immédiate un délit contre l'intégrité corporelle d'une personne, alors qu'une telle action est sans risque pour lui-même, doit prévaloir sur la crainte qu'il peut éprouver de compromettre éventuellement l'efficacité de son action de prévention et de sacrifier ainsi un intérêt hypothétique. • Crim. 21 nov. 1974, n° 93-52.573 P : *JCP 1975. II. 18143, note Chambon ; Gaz. Pal. 1975. 1. 68.*

10. La qualification d'empêcher un crime ou un délit contre l'intégrité corporelle n'est pas incompatible avec celle de complicité d'abus de confiance, également retenue à la charge de l'accusée, alors même que le crime aurait eu pour mobile la dissimulation des détournements auxquels elle aurait contribué comme complice. • Crim. 27 nov. 1996 : *RSC 1997. 379, obs. Mayaud*. ♦ Rappr. : • CEDH 8 févr. 1996, *John Murray c/ Royaume-Uni : RSC 1997. 476, obs. Koering-Joulin*.

11. Le fait pour plusieurs personnes de consommer ensemble, librement et d'un commun accord, une très forte quantité d'alcool, au cours d'une soirée, n'emporte aucun acte positif pouvant être qualifié de complicité du délit d'homicide et blessures involontaires commis par l'un d'entre eux qui a causé ultérieurement un accident de la route, aucune des personnes présentes n'ayant incité l'auteur à conduire dans cet état, ni ne lui ayant fourni les moyens de commettre cette infraction ; la consommation excessive d'alcool ne faisant pas l'objet en soi d'un interdit, en dehors des cas strictement prévus par la loi ou d'un péril avéré, il ne peut être exigé de quiconque d'intervenir pour mettre fin à l'alcoolisation d'autrui ou entraver sa liberté d'aller et de venir au motif de dangers purement éventuels ; aucun reproche ne peut en l'espèce être fait aux participants de n'être pas intervenus au début ou au cours de la soirée, ceux-ci ayant à ce moment bon espoir que le conducteur passerait la nuit chez l'un d'entre eux sans reprendre le volant ; en revanche, sauf à vider de leur sens les dispositions de l'art. 223-6 C. pén, c'est bien l'exercice d'une action efficace et à la mesure de ses moyens qui est attendu de chaque citoyen ; en l'espèce, il convient d'envisager la mise en examen des deux derniers participants en contact avec l'auteur de l'accident qui, parfaitement conscients de l'état d'ivresse de leur ami et devant l'impossibilité dans laquelle ils se trouvaient de lui faire entendre raison, se sont abstenus d'user du moyen efficace d'empêcher des délits contre l'intégrité des personnes (art. 223-l C. pén.) que constituait un signalement du comportement de leur ami aux policiers ou gendarmes chargés de veiller à la sécurité des usagers de la route sur le trajet emprunté par celui-ci ; ces personnes se trouvant en présence d'un risque extrême pour autrui qu'il était en leur mesure d'empêcher, le devoir d'humanité leur commandait de donner la priorité à la sécurité des usagers de la route contre un danger immédiat et non à leur amitié, le conflit psychologique en résultant n'étant pas de nature à les libérer de leur obligation. • Nancy, 25 avr. 2002 : *JCP 2003. IV. 1862.*

12. *Conflits de qualifications.* Dans l'accomplissement de son obligation légale imposée par l'art. 63, al. 1er et 2, C. pén. (nouvel art. 223-6), d'empêcher une atteinte à l'intégrité corporelle d'autrui et de porter secours à une personne en péril, un passant commet le délit de blessures par imprudence lorsque, pour contraindre un enfant à lâcher la pierre dont il menace un camarade, il lui tord le bras si violemment qu'il lui cause une fracture ; réalisée à des fins légitimes, sans intention coupable ni recherche du résultat dommageable effectivement produit, une telle intervention brutale n'est pas constitutive du délit de coups et blessures volontaires. • Alger, 9 nov. 1953 : *D. 1954. 369, note Pageaud.*

13. *Action civile.* Aux termes de l'art. 2 C. pr. pén., l'action civile en réparation du dommage causé par un crime, un délit ou une contravention appartient à tous ceux qui ont personnellement souffert du dommage causé par l'infraction ; tel est le cas du préjudice qui trouve sa source dans un délit d'abstention d'empêcher la réalisation ou la tentative d'un crime. • Crim. 1er févr. 1995 : *Gaz. Pal. 1995. 2. Somm. 334.*

14. *CIVI.* Mme X... a été victime, de 1971 à 1999, de la part de son père, décédé en 1999, de viols et de sévices sexuels ; l'épouse de ce dernier, Mme Y..., a été déclarée, par un arrêt du 18 avr. 2008, coupable du délit d'abstention volontaire d'empêcher les crimes et délits commis par Raymond X... sur sa fille pour la période de temps non couverte par la prescription, soit entre le 10 août 1998 et le 19 nov. 1999 ; statuant sur l'action civile, la cour d'appel a condamné Mme Y... à payer à titre de dommages-intérêts la somme de 6 000 € à Mme X... ; celle-ci a saisi une commission d'indemnisation des victimes d'infractions aux fins de réparation du préjudice moral résultant de l'infraction commise par Mme Y... ; Mme X... fait grief à l'arrêt de déclarer irrecevable sa requête sur le fondement de l'art. 706-3 C. pr. pén. ; l'arrêt est légalement justifié, qui retient que Mme X... n'établit pas avoir subi une incapacité temporaire totale de travail supérieure à un mois ou être en état d'incapacité permanente partielle résultant de l'infraction d'abstention volontaire d'empêcher un crime ou un délit contre l'intégrité d'une personne commise par Mme Y... • Crim. 16 mai 2013 : *D. actu. 11 juin 2013, obs. Marrocchella.*

II. OMISSION DE PORTER SECOURS (art. 223-6, al. 2)

BIBL. Mayer, *JCP 1977. I. 2851.* – Rolland, *RSC 1965. 583.* – Fillette, *JCP 1995. I. 3868.*

Sur la responsabilité des médecins : Monzein, *RSC 1971. 861.* – Toulemon, *Rec. dr. pén. 1966. 275.* – Penneau, *D. 2002. Interview. 2877* (le médecin face au refus du patient de subir un acte médical). – Lachaud, *Gaz. Pal. 2002. 2. Doctr. 1729* (le droit au refus de soins après la L. du 4 mars 2002 : premières décisions de la juridiction administrative). – Gonzalez, *Mél. Dubouis, D. 2002. 795* (l'objection à certains soins ou actes médicaux dictée par la conscience religieuse et la Convention européenne des droits de l'homme). – Hennette-Vauchez, *D. 2004. Chron. 3154* (Kant contre Jéhovah ?, Refus de soins et dignité de la personne humaine). – Alt-Maes, *JCP 2004. I. 184* (esquisse et poursuite d'une dépénalisation du droit médical) ; *Gaz. Pal. 2009. 2. Doctr. 2862* (suicide d'un malade et responsabilité des établissements et personnels de soins).

15. Pour que le délit d'abstention volontaire puni par l'art. 63, al. 2, C. pén. soit constitué, il faut, d'une part, que la personne en état de porter secours ait connu l'existence d'un péril immédiat et constant rendant son intervention nécessaire, et, d'autre part, qu'elle se soit volontairement refusée à intervenir par les modes qu'il lui était possible d'employer en vue de le conjurer. • Crim. 25 juin 1964 : *D. 1964. 594 ; Gaz. Pal. 1964. 2. 385.*

A. LE PÉRIL

1° GRAVITÉ

16. *Imminence.* L'obligation de porter secours concerne seulement le cas de personnes se trouvant en état de péril imminent et constant, et nécessitant une intervention immédiate. • Crim. 13 janv. 1955, n° 2-33.2 P : *JCP 1955. II. 8560, note Pageaud.*

17. Faute de caractériser l'existence d'un péril grave et imminent, les prévenus doivent être relaxés du délit de non-assistance à personne en danger (aff. de Clichy-sous-Bois). • TGI Rennes, 18 mai 2015 : *D. actu. 21 mai 2015, obs. Fucini.*

18. L'état de péril est un état dangereux ou une situation critique qui fait craindre de graves conséquences pour la personne qui y est exposée et qui risque, selon les circonstances, soit de perdre la vie, soit des atteintes corporelles graves (définition donnée comparativement à la « situation de détresse » en matière d'avortement). • T. corr. Rouen, 9 juill. 1975 : *D. 1976. 531, note Roujou de Boubée ; JCP 1976. II. 18258, note Savatier ; Gaz. Pal. 1975. 2. 798, note Magdi Sami Zaki ; RSC 1976. 726, obs. Levasseur.* ♦ Sur l'interdiction légale d'une intervention immédiate en matière d'avortement, et les conséquences à en tirer quant à l'absence de péril, V. encore : • T. corr. Rouen, 9 juill. 1975 : *préc.*

19. Ont été à bon droit relaxés de la prévention de s'être abstenus volontairement de porter, à un de leurs clients, l'assistance qu'ils pouvaient lui prêter, l'employé-videur d'une boîte de nuit et son propriétaire qui, ayant trouvé leur client en état d'ivresse allongé sur le sol devant la porte de sortie, l'ont relevé et installé dans son véhicule, dès lors qu'il est établi qu'un laps de temps prolongé s'est écoulé entre la sortie du client et son départ en voiture et qu'au moment de son installation dans son véhicule il ne se trouvait sous la menace d'aucun danger immédiat. • Poitiers, 3 févr. 1977 : *D. 1978. 34, note Couvrat.*

20. C'est à bon droit que la chambre d'accusation a estimé qu'il n'y avait pas lieu de poursuivre les médecins du chef de non-assistance à personne en danger pour n'avoir pas fait passer de tests de dépistage du SIDA à une patiente polytransfusée ; en effet, le caractère imminent du péril n'était pas établi au moment des transfusions, la maladie venant d'apparaître à cette époque, et les délais entre la contamination et le décès étaient de plusieurs années. • Crim. 4 nov. 1999 : *JCP 2000. IV. 1263.* ♦ Par des motifs non critiqués aux moyens, l'arrêt relève qu'il n'existe pas de charges suffisantes contre les deux seuls médecins mis en examen du chef de non-assistance à personne en danger pour n'avoir pas pris les mesures de nature à prévenir la contamination par voie sexuelle de personnes proches des patients déjà infectés ; si c'est à tort que la chambre d'instruction n'a pas recherché si les faits reprochés aux autres défendeurs aux pourvois n'ayant pas été précédemment condamnés à raison des mêmes faits pouvaient caractériser le même délit, l'arrêt, néanmoins, n'encourt par la censure, dès lors qu'il résulte des constatations des juges que les intéressés n'avaient pu avoir conscience, en raison des incertitudes régnant alors dans les milieux médicaux, de l'existence d'un péril d'une imminente gravité qu'ils n'auraient pu écarter par leur intervention immédiate. • Crim. 18 juin 2003 : *D. 2005. 195, note Prothais ; JCP 2003. II. 10121, note Rassat.*

21. Constatation. Le péril ne doit pas être présumé, mais constaté. • Poitiers, 3 févr. 1977 : *D. 1978. 34, note Couvrat.* ♦ Pour son appréciation, la loi ne prend pas en considération les circonstances ultérieures qui démontreraient soit que le péril n'était pas si grave qu'il ne pût être conjuré sans assistance, soit, au contraire, qu'il était tel que le secours eût été nécessairement inefficace ; elle a seulement égard à la nature du péril à l'heure même où la personne qui peut y porter secours en a connaissance. • Crim. 21 janv. 1954 : *Bull. crim. n° 25 ; D. 1954. 224 ; JCP 1954. II. 8050, note Pageaud.* ♦ Rappr. : • T. corr. Charleville, 6 févr. 1952 : *D. 1952. 481 ; JCP 1952. II. 6987* • Colmar, 12 mai 1960 : *Gaz. Pal. 1960. 2. 112.*

22. Selon les art. 85 et 86 C. pr. pén., la juridiction d'instruction régulièrement saisie d'une plainte avec constitution de partie civile a le devoir d'instruire quelles que soient les réquisitions du ministère public ; cette obligation ne cesse, suivant les dispositions de l'al. 4 de l'art. 86, que si, pour des causes affectant l'action publique elle-même, les faits ne peuvent comporter légalement une poursuite ou si, à supposer les faits démontrés, ils ne peuvent admettre aucune qualification pénale ; doit être cassé l'arrêt qui, pour confirmer une ordonnance de refus d'informer sur une plainte de la partie civile portée contre personne non dénommée du chef de non-assistance à personne en danger, relève que l'existence d'un péril imminent ne ressort pas des déclarations de la partie civile, sans avoir vérifié, par une information préalable, la réalité des faits dénoncés dans la plainte. • Crim. 21 sept. 1999 : *D. 1999. IR 280* .

2° NATURE

23. Indifférence. L'art. 63, al. 2, C. pén. ne fait aucune distinction selon la cause ou la nature du péril auquel la personne dont l'état requiert secours est exposée ; la loi exige seulement que ce péril, quel que soit l'événement d'où il résulte, soit imminent et constant, et nécessite une intervention immédiate. • Crim. 31 mai 1949 : *Bull. crim. n° 202 ; D. 1949. 347 ; S. 1949. 1. 126 ; JCP 1949. II. 4945, note Magnol ; Gaz. Pal. 1949. 2. 143* • T. corr. Le Mans, 22 oct. 1951 : *JCP 1951. II. 6557.* ♦ On ne saurait donc, sans ajouter arbitrairement au texte, exiger que la personne en péril ait été victime d'un crime ou d'un délit contre l'intégrité corporelle. • T. corr. Saint-Claude, 11 févr. 1949 : *JCP 1949. II. 4945 ; Gaz. Pal. 1949. 1. 177.* ♦ Rappr. : • Crim. 31 mai 1949 : *préc.* ♦ De même, l'attitude agressive antérieure de la victime n'exclut pas l'intention délictueuse du prévenu. • Besançon, 16 déc. 1975 : *D. 1976. 166, note Pélier* • Crim. 24 janv. 1996 : *Dr. pénal 1996. 152, obs. Véron.*

24. Le prévenu qui assiste à la commission d'un attentat à la pudeur, sans empêcher l'auteur de ce délit et sans aider la victime qui se trouve en danger, commet l'infraction de la non-assistance à personne en danger prévue et réprimée par l'art. 63 C. pén. • Bourges, 21 juin 1990 : *Dr. pénal 1991. 135.* ♦ A justifié sa décision la cour d'appel qui, pour déclarer la prévenue coupable d'omission de porter secours, retient, par motifs propres et adoptés, que l'intéressée, directrice diocésaine de l'enseignement catholique, bien qu'elle ait appris, en 1990, qu'existaient des soupçons de comportements impudiques à l'égard d'élèves, et qu'elle ait été alertée, dès février 1992, à propos de « choses qui se passaient sous les douches après les cross en forêt », avait attendu le 12 juin 1992, après le dépôt de plaintes par des parents d'élèves, pour saisir l'organisme de gestion de l'établissement scolaire, motifs d'où il résulte que la prévenue s'est volontairement abstenue de conjurer, alors qu'elle en avait le pouvoir, le péril immédiat et constant dont elle avait connaissance et auquel ont été exposées les victimes des agressions sexuelles commises de février à juin 1992. • Crim. 9 avr. 1997 : *Gaz. Pal. 1997. 2, chron. crim. 163.* ♦ Justifie légalement sa décision la cour d'appel qui, pour déclarer coupables de non-assistance à personne en péril un éducateur, une assistante sociale, un psychologue, un psychiatre et le directeur d'un service de placement familial, relève qu'un enfant de sept ans a été violé à plusieurs reprises par un mineur de dix-huit ans résidant avec lui chez une assistante maternelle où ils avaient été placés, et que, à la suite des actes de sodomie perpétrés sur sa personne, et alors qu'il était atteint de mucoviscidose, il s'est trouvé dans une situation critique faisant craindre pour lui de graves conséquences tant physiques que morales et que, informés de cette situation, au plus tard cinq jours après la commission des faits, les prévenus n'ont pas pris en considération l'imminence du péril et s'en sont tenus à une simple mesure d'éloignement de l'agresseur, sans présenter la victime à un médecin ni envisager sa prise en charge par un pédopsychiatre et que, à l'instigation de l'éducateur et du psychiatre, soucieux de minimiser, voire de dissimuler les faits, ils ont pris le parti de remettre l'examen de l'affaire à plus de trois semaines... ; motifs qui caractérisent la nécessité d'une intervention immédiate, établie par le fait que l'enfant, atteint par ailleurs d'une maladie grave, présentait encore, dix-huit jours après les faits, des fissures anales douloureuses, ce dont les prévenus, professionnels de la santé ou de l'assistance, ne pouvaient qu'avoir conscience. • Crim. 8 oct. 1997, nº 94-84.801 P : *D. 1998. Somm. 305, obs. Dekeuwer-Défossez* ; *Dr. pénal 1998. 50, obs. Véron ; RSC 1998. 320, obs. Mayaud* ; rejet du pourvoi contre : • Angers, 12 juill. 1994 : *Gaz. Pal. 1994. 2. 720, note Bonneau.*

25. La loi exige que le péril soit, non seulement imminent et constant, nécessitant une intervention immédiate, mais encore qu'il soit accidentel, c'est-à-dire soudain, imprévu et imprévisible ; tel n'est pas le cas de la femme enceinte qui, au terme d'une grossesse normale, n'a pas été surprise par sa proche délivrance et dont l'accouchement imminent commande des mesures et des précautions qui ont été négligées ou omises par elle et son mari, et sous leur seule responsabilité. • Paris, 8 juill. 1952 : *D. 1952. 582 ; Gaz. Pal. 1952. 2. 128.*

3º CONSCIENCE

a. Principe

26. Absence de méprise sur la gravité du péril. Le délit prévu par l'art. 63, al. 2, C. pén. est constitué dès lors que le prévenu dont le concours est demandé ne pouvait se méprendre sur la gravité du péril auquel se trouvait exposée une personne et qu'il s'est volontairement abstenu de lui porter secours. • Crim. 17 févr. 1972, nº 91-74.670 P : *D. 1972. 325 ; JCP 1973. II. 17474 (1re esp.), note Moret.* ♦ Rappr. : • Crim. 15 mars 1961 : *Bull. crim. nº 162 ; D. 1961. 610 ; JCP 1961. II. 12226 ; Gaz. Pal. 1961. 2. 107* • 26 mars 1997, nº 95-81.439 P : *D. 1999. Somm. 384, obs. Penneau ; RSC 1997. 838, obs. Mayaud.*

27. Les dispositions de l'art. 63, al. 2, C. pén., qui visent le refus de porter secours à une personne en péril, exigent, pour être applicables, que le prévenu ait eu personnellement conscience du caractère d'imminente gravité du péril auquel se trouvait exposée la personne dont l'état requérait secours et qu'il n'ait pu mettre en doute la nécessité d'intervenir immédiatement en vue de le conjurer. • Crim. 3 nov. 1954 : *Bull. crim. nº 311 ; D. 1955. 64, note Pageaud ; Gaz. Pal. 1954. 2. 385* • 26 nov. 1969, nº 91-63.169 P : *Gaz. Pal. 1970. 1. 82.* ♦ V. aussi • Crim. 17 déc. 1959 : *D. 1960. 398, note Bouzat ; S. 1960. 176 ; Gaz. Pal. 1990. 2. 473 et 571, note J.-P. D ; RSC 1991. 570, obs. Levasseur* • 30 oct. 1990 : *Dr. pénal 1991. 39 ; RSC 1991. 571, obs. Levasseur* • 10 mars 1993 : *Dr. pénal 1993. 151 ; RSC 1993. 777, obs. Levasseur.* ♦ Même solution sur le fondement du nouvel art. 223-6. • Crim. 26 mars 1997 : *Dr. pénal 1997. 125, obs. Véron ; D. 1999. Somm. 384, obs. Penneau.*

28. La conscience de l'existence d'un péril imposant l'assistance prescrite par l'art. 223-6, al. 2, C. pén., s'apprécie *in concreto*, en tenant compte, notamment, de l'absence de connaissances médicales de la personne mise en cause, ainsi que de la complexité ou de l'ambiguïté de la situation dont elle a été témoin. • Crim. 22 juin 2016, nº 14-86.243 P : *D. actu. 21 juill. 2016, obs. Gallois ; D. 2016. Pan. 2424, obs. Roujou de Boubée ; AJ pénal 2016. 535, obs. Lasserre Capdeville ; Gaz. Pal. 4 oct. 2016, p. 49, obs. Detraz.*

29. Obligation de s'informer. Encore faut-il, pour l'application de ce principe, que le praticien soit mis en demeure d'apprécier exactement l'état du malade en provoquant au besoin les explications de celui qui le requiert ; en négligeant de demander des précisions, un médecin requis d'intervenir s'est mis lui-même dans l'impossibilité de juger de la gravité de l'état du malade et du danger qu'il courait. • T. corr. Béthune, 22 mars 1963 : *JCP 1963. II. 13386, note Patureau.* ♦ V. dans le même sens : • T. corr. Nancy, 2 juin 1965 : *JCP 1965. II. 14371, note Savatier ; Gaz. Pal. 1965. 2. 96.* ♦ L'abstention délictueuse est réalisée dès lors que le médecin, dont le concours était demandé, averti d'un péril dont il était seul à même d'apprécier la gravité, a refusé son concours sans s'être préalablement assuré, comme il pouvait le faire, que ce péril ne requérait pas son intervention immédiate. • Crim. 21 janv. 1954 : *Bull. crim. nº 25 ; D. 1954. 224 ; JCP 1954. II. 8050, note Pageaud.* ♦ Rappr. : • Colmar, 12 mai 1960 : *Gaz. Pal. 1960. 2. 112.*

30. L'appel adressé à un médecin équivaut à

une présomption de péril imposant au praticien, seul en capacité à raison de ses compétences professionnelles d'apprécier l'éventuel danger encouru, de s'informer sur l'état de la personne pour le compte de qui l'appel est adressé avant de faire le choix de s'abstenir de se déplacer ; se rend ainsi coupable de non-assistance à personne en danger le médecin qui n'a pas répondu aux sollicitations téléphoniques pressantes émanant à 2 reprises du tenancier d'un débit de boissons, l'informant qu'un client avait perdu connaissance et ne parvenait pas à se réveiller, ceci bien que le médecin n'a pas été informé du heurt de la tête du client sur le carrelage de la salle du bar. • Riom, 7 juin 2000 : *BICC 2000. 1352.*

31. N'a pas justifié sa décision la cour d'appel qui, pour renvoyer le prévenu, brigadier-chef de police, des fins de la poursuite du chef de non-assistance à personne en danger, relève, par des motifs contradictoires, que, d'une part, en refusant de prêter attention aux déclarations de la victime qui, à deux reprises, avait souligné le danger encouru par ses deux enfants, âgés de sept et cinq ans, en présence d'un père ivre, violent et refusant de les lui remettre, au prétexte qu'il s'agissait d'un contentieux civil et qu'elle pourrait déposer plainte le lendemain, puis en mettant brutalement fin au troisième coup de téléphone de celle-ci après avoir expressément refusé d'envoyer une équipe de police-secours faute de motifs légitimes d'intervention, le prévenu s'était mis, de son fait, hors d'état d'apprécier la réalité de la situation décrite alors que ses fonctions lui enjoignaient d'obtenir tous renseignements afin d'évaluer la gravité du péril encouru, et que, d'autre part, il n'était pas établi que l'intéressé ait délibérément omis de porter secours à une personne dont il avait clairement conscience qu'elle était en danger. • Crim. 4 avr. 2007 : *Dr. pénal 2007. 100, obs. Véron.*

b. Condamnations

32. Médecins. Médecin qui, sachant qu'un nouveau-né était en péril du fait de sa naissance clandestine et qu'il présentait des chances de survie appréciables, la vie persistante du nouveau-né lui ayant été signalée lors de ses visites, s'abstient d'apporter à l'enfant l'assistance qu'il pouvait lui prêter. • Crim. 23 juin 1955, n° 4-39.2 P : *D. 1955. 575.* ♦ Médecin qui, connaissant la nécessité urgente de son intervention auprès d'un malade, subordonne cette intervention à l'appel préalable du médecin traitant, bien que n'ignorant pas que son confrère ne pourra intervenir immédiatement ainsi que l'exige l'état du patient. • Crim. 20 févr. 1958, n° 5-47.455 P : *S. 1958. 329 ; JCP 1958. II. 10805.* ♦ Médecin de garde et épouse de ce dernier qui, informés téléphoniquement d'un accouchement survenu à domicile dans des conditions d'hébergement précaires, et ainsi avertis de la gravité imminente du péril couru par des nouveau-nés, se sont volontairement abstenus d'intervenir par les modes qu'il leur était possible d'employer. • Crim. 17 févr. 1972, n° 91-74.670 P : *D. 1972. 325 ; JCP 1973. II. 17474 (1re esp.), note Moret.* ♦ Médecin ayant pratiqué une thérapeutique nouvelle sur sa cliente, à la suite de quoi celle-ci s'est trouvée dans un état de santé alarmant. • Crim. 16 mars 1972, n° 92-41.871 P : *D. 1972. 394 (1re esp.), note Costa ; JCP 1973. II. 17474 (2e esp.), note Moret, préc. ; Gaz. Pal. 1972. 2. 564 (1er arrêt), note J.-P. D.* ♦ Médecin qui, alors que les symptômes qui lui avaient été décrits pouvaient être le signe d'affections à traiter d'urgence, a, sans examen clinique du malade, pris une mesure dilatoire sans effet sur le processus infectieux qu'il a consciemment et volontairement refusé de diagnostiquer selon les règles de son art. • Crim. 26 mars 1997, n° 95-81.439 P : *D. 1999. Somm. 384, obs. Penneau ; RSC 1997. 838, obs. Mayaud.*

33. Chirurgien de garde qui, informé téléphoniquement qu'un blessé de la route souffrant de plusieurs traumatismes importants était dirigé sur l'hôpital et que sa présence était demandée, refuse de se déplacer alors qu'il avait à cet instant connaissance du péril grave encouru par la personne blessée. • T. corr. Draguignan, 28 janv. 1983 : *D. 1983. IR 400.* ♦ ... Chirurgien qui n'est pas intervenu auprès de son patient, alors qu'il avait été informé par le centre de transfusion sanguine de la contamination par le virus VIH du sang qu'il lui avait antérieurement transfusé au cours d'une opération. • Crim. 17 sept. 1997, n° 96-84.972 P : *D. 1998. 399, obs. Rebut.*

34. Infirmières. Infirmière professionnelle, dès lors qu'aucun doute ne pouvait subsister dans l'esprit de la prévenue, femme avertie, quant à la nécessité absolue d'agir en vue de tenter de conjurer, par des soins ou un secours appropriés, les conséquences d'un état de santé alarmant. • Crim. 11 avr. 1964, n° 92-81.263 P : *Gaz. Pal. 1964. 2. 147.*

35. Pharmaciens. Pharmacien, qui néglige d'avertir immédiatement le médecin traitant de l'erreur commise dans la délivrance d'un produit dangereux, alors que, par ses connaissances professionnelles, il est en mesure d'apprécier l'urgence de cet avertissement. • T. corr. Nice, 2 nov. 1949 : *D. 1950. 53 ; Gaz. Pal. 1949. 2. 420.*

36. Autres exemples. Prévenue qui, responsable de l'accident de la victime, et ayant assisté à une partie de son agonie, s'est volontairement abstenue de lui porter assistance ou de provoquer des secours, alors qu'elle ne pouvait avoir aucun doute sur l'imminence du péril. • Crim. 20 sept. 1993 : *Dr. pénal 1994. 1 ; RSC 1994. 334, obs. Levasseur.*

37. Tenancier d'un bar qui s'est volontairement abstenu d'avertir les services de police, alors qu'un danger imminent menaçait la victime, lié au fait qu'il régnait un climat extrêmement tendu dans l'établissement en raison d'une altercation entre bandes rivales, et que l'un des protagonistes était spécialement revenu armé pour régler le différend. • Crim. 27 sept. 1995, n° 94-80.034 P.

38. Pilote d'un avion militaire à l'origine de la chute d'un hélicoptère, qui est passé à basse altitude au-dessus du lieu de l'accident, et qui, en raison de la fumée dégagée, ne pouvait ignorer que l'hélicoptère était tombé et que ses occupants avaient besoin de soins urgents, l'évocation de l'accident par le prévenu, à son retour à la base, ayant été si vague et si hypothétique que les secours ont été organisés avec plusieurs heures de retard, et que l'une des victimes, décédée peu avant l'arrivée des sauveteurs, a ainsi perdu une chance de gain. • Crim. 4 mars 1998 : *Gaz. Pal. 1998. 2, chron. crim. 111 ; Dr. pénal 1998. 97, obs. Véron.*

39. Mari et belle-mère de la victime qui ont tardé à avertir les secours alors que celle-ci, ayant déjà tenté à trois reprises de mettre fin à ses jours, avait absorbé une forte quantité de médicaments, et qu'il était établi, par des indices nombreux, précis et concordants, qu'ils avaient pris une conscience aiguë de la gravité de la situation : en effet, la victime s'était évanouie, puis avait vomi, et leurs tentatives en vue de la réveiller étaient restées vaines ; préférant régler la difficulté eux-mêmes, les prévenus se sont isolés alors que seule une intervention médicalisée était adaptée à la situation, ce qu'ils ne pouvaient ignorer du fait de la personnalité dépressive de la victime et des ses antécédents. • Pau, 23 mai 2001 : *JCP 2001. IV. 3095.*

40. Auteur de violences volontaires aggravées, lequel connaissait le mauvais état de santé général de sa concubine, et son frère, en présence duquel le coup a été porté à la victime, dès lors qu'ils ne se sont pas préoccupés de son sort ; si le coup porté à celle-ci n'a pas été une cause déterminante de son décès selon les expertises médicales, les deux prévenus ont eu cependant parfaitement conscience de la gravité de ce coup et ont pu croire que ce choc allait avoir des conséquences irrémédiables dès lors qu'à la suite du coup porté à la tête de la victime, cette dernière était tombée à terre avec le crâne ensanglanté ; par conséquent, en présence de l'apparence d'un danger vital pour la victime, et quel que soit leur état d'imprégnation alcoolique, ils étaient tenus de prévenir les services de secours qui auraient pu diagnostiquer les véritables affections dont souffrait la victime et lui dispenser les soins appropriés ; or, au lieu d'effectuer ce genre d'humanité élémentaire, ils sont partis boire un dernier verre chez leur oncle. • Toulouse, 18 déc. 2003 : *JCP 2004. IV. 2704.*

c. Relaxes

41. Erreur de diagnostic. L'art. 63, al. 2, C. pén. réprime un manquement au devoir d'humanité et ne sanctionne pas le professionnel du service de santé qui, à la suite d'un diagnostic erroné, n'aurait pas donné à un malade les soins requis par son état de santé réel et méconnu par lui. • Pau, 11 avr. 1956 : *D. 1957. 153 (1re esp.), note Pageaud ; JCP 1957. II. 9696, note Seignolle.* ♦ V. dans ce sens : • Crim. 25 juin 1964 : *D. 1964. 594 ; Gaz. Pal. 1964. 2. 385* (erreur d'appréciation de l'infirmière d'un hôpital) • 26 nov. 1969, n° 91-63.169 P (erreur d'un médecin) • 3 févr. 1993, n° 92-83.526 P : *RSC 1994. 109, obs. Levasseur* (erreur sur l'utilité d'une réanimation).

42. Une erreur de diagnostic ne suffit pas à caractériser le délit de non-assistance à personne en danger qui implique l'abstention volontaire d'intervention de celui qui a la possibilité de porter assistance en ayant conscience de l'existence d'un péril immédiat ; si l'attitude d'un médecin des urgences n'est pas exempte de critiques, dès lors que, en présence d'une patiente présentant une grossesse extra-utérine qu'il n'a pas su diagnostiquer, il ne procède pas à une hospitalisation immédiate et laisse repartir la patiente chez elle en prescrivant des examens pour le lendemain, ce qui constitue une erreur d'appréciation, voire une imprudence, il n'y a pas abstention volontaire de porter assistance en ayant conscience d'un péril. • Paris, 18 févr. 2000 : *D. 2000. IR 95.*

43. Refus de transfusions sanguines. Pour que le délit de l'omission de porter secours soit constitué, il convient que les mis en examen sachent qu'une personne se trouve en péril ; cet élément constitutif de l'infraction n'existe pas dans l'hypothèse où, pour des raisons religieuses (témoins de Jéhovah), des parents s'opposent à une transfusion sanguine sur leur enfant, tout en sachant, pour en avoir été avertis expressément, qu'en cas de refus de la transfusion, il serait passé outre grâce à une mesure de placement provisoire prise par le procureur de la République ; dans ces circonstances, parce qu'ils n'ignoraient pas que leur enfant serait transfusé avec ou sans leur accord, ils pouvaient exprimer en toute liberté des convictions, sur lesquelles le tribunal n'a pas à se prononcer. • TGI Besançon, 29 mai 1998 : *Gaz. Pal. 1998. 2. 731, note Pansier.*

44. L'obligation faite au médecin de toujours respecter la volonté du malade en état de l'exprimer, si elle puise son fondement dans les principes d'inviolabilité et d'intégrité du corps humain, n'en trouve pas moins sa limite dans l'obligation qu'a également le médecin, conformément à la finalité même de son activité, de protéger la santé, c'est-à-dire en dernier ressort, la vie elle-même de l'individu ; par suite, ne saurait être qualifié de fautif le comportement de médecins qui, dans une situation d'urgence, lorsque le pronostic vital est en jeu et en l'absence d'alternative thérapeutique, pratiquent les actes indispensables à la survie du patient et proportionnés à son état, fût-ce en pleine connaissance de la volonté préalablement exprimée par celui-ci de les refuser pour quelque motif que ce soit (témoins de Jéhovah). • CAA Paris, 9 juin 1998 : *D. 1999. 277, note Pellissier* ; *Gaz. Pal. 1999. 1. 391 (2 esp.), note Bladier.* ♦ Une personne hospitalisée en raison d'une insuffisance rénale aiguë a subi des transfusions sanguines à la suite de l'apparition d'une grave anémie malgré son refus de recevoir des produits sanguins en tant que témoin de Jéhovah ; pour rejeter sa demande tendant à ce que l'administration hospitalière soit condamnée à raison du préjudice résultant de la méconnaissance de la volonté du malade, la cour administrative d'appel a entendu faire prévaloir de façon générale l'obligation pour le médecin de sauver la vie sur celle de respecter la volonté du malade ; ce faisant, elle a commis une erreur de droit justifiant l'annulation de son arrêt ; compte tenu de la situation extrême dans laquelle la victime se trouvait, les médecins qui la soignaient ont choisi, dans le seul but de tenter de la sauver, d'accomplir une acte indispensable à sa survie et proportionné à son état ; dans ces conditions, et quelle que fût par ailleurs leur obligation de respecter sa volonté fondée sur ses convictions religieuses, ils n'ont pas commis de faute de nature à engager la responsabilité de l'Assistance Publique-Hôpitaux de Paris ; en raison de la gravité de l'anémie dont souffrait le patient, le recours aux transfusions sanguines s'est imposé comme le seul traitement susceptible de sauvegarder la vie du malade ; ainsi, le service hospitalier n'a pas commis de faute en ne mettant pas en œuvre des traitements autres que des transfusions sanguines ; le patient ayant été en mesure d'exprimer sa volonté, son épouse n'est pas fondée à soutenir que les médecins auraient commis une faute en s'abstenant de la consulter préalablement ; les transfusions sanguines administrées à la victime ne sauraient constituer un traitement inhumain ou dégradant, ni une privation du droit à la liberté au sens des dispositions des art. 3 et 5 Conv. EDH. • CE 26 oct. 2001 : *Gaz. Pal. 2002. 2. 1451, note Frion ; RTD civ. 2002. 484, obs. Hauser* (annulation de • CAA Paris, 9 juin 1998 : *préc.*).

45. Aux termes de l'art. L. 1111-4 CSP : « Aucun acte médical ni aucun traitement ne peut être pratiqué sans le consentement libre et éclairé de la personne et le consentement peut être retiré à tout moment » ; le droit ainsi reconnu d'accepter ou de refuser tout acte médical ou traitement constitue une liberté fondamentale pour la sauvegarde de laquelle le juge des référés peut, en cas d'urgence, ordonner toutes mesures nécessaires pour faire en sorte que l'administration n'y porte pas, dans l'exercice de l'un de ses pouvoirs, une atteinte grave et manifestement illégale (CJA, art. L. 521-2) ; il en va de même de la liberté de conscience et de religion, reconnue notamment par l'art. 1er de la L. du 9 déc. 1905 et l'art. 9 Conv. EDH ; toutefois, aucune liberté n'est générale ni absolue ; il y a lieu pour le médecin d'apprécier au cas par cas comment et dans quelle mesure doivent être conciliées son obligation de sauver la vie du malade et celle de respecter la volonté de ce dernier ; il en est ainsi notamment du malade se trouvant dans une situation extrême pour lequel le médecin peut être amené, sans commettre de faute, à choisir, dans le seul but de tenter de le sauver, d'accomplir un acte indispensable à sa survie et proportionné à son état ; il ne ressort pas des pièces du dossier que la patiente se trouve, à la date de l'audience, dans une situation extrême de nature à justifier une nouvelle transfusion, qui constituerait alors une violation grave et manifestement illégale de sa liberté d'accepter ou de refuser des soins et de sa liberté religieuse ; il y a lieu, dès lors, d'enjoindre au Centre hospitalier universitaire de s'abstenir de procéder à une nouvelle transfusion ; cette injonction cessera toutefois de s'appliquer si la patiente venait à se trouver dans une situation extrême mettant en jeu un pronostic vital qu'il appartiendra au médecin lui prodiguant des soins d'apprécier. • TA Lyon, réf., 9 août 2002 : *Gaz. Pal. 2002. 2. 1345, note Pansier.*

46. Le droit pour le patient majeur de donner, lorsqu'il se trouve en état de l'exprimer, son consentement à un traitement médical, revêt le caractère d'une liberté fondamentale ; toutefois, les médecins ne portent pas à cette liberté fondamentale, telle qu'elle est protégée par les dispositions de l'art. 16-3 C. civ. et par celle de l'art. L. 1111-4 CSP, une atteinte grave et manifestement illégale lorsque, après avoir tout mis en œuvre pour convaincre un patient d'accepter les soins indispensables, ils accomplissent, dans le but de le sauver, un acte indispensable à sa survie et proportionné à son état ; le recours, dans de telles conditions, à un acte de cette nature n'est pas non plus manifestement incompatible avec les exigences qui découlent de la Convention européenne des droits de l'homme, et notamment de son art. 9 ; il résulte de ce qui précède que la patiente (témoin de Jéhovah ayant déjà subi une transfusion sanguine) n'est pas fondée à soutenir que c'est à tort que, par l'ordonnance attaquée, le juge des référés du tribunal administratif, à qui il appartenait de déterminer les limites de l'injonction qu'il formulait, a décidé que l'injonction qu'il adressait au centre hospitalier de s'abstenir de procéder à des transfusions sur la patiente cesserait de s'appliquer si l'intéressée venait à se trouver dans une situation extrême mettant en jeu un pronostic vital ; il y a lieu toutefois d'ajouter à la réserve mentionnée par le juge des référés qu'il incombe au préalable aux médecins du centre hospitalier de tout mettre en œuvre pour convaincre la patiente d'accepter les soins indispensables, d'autre part, de s'assurer que le recours à une transfusion soit un acte indispensable à la survie de l'intéressée et proportionné à son état. • CE, réf., 16 août 2002 : *D. 2004. Somm. 602, obs. Penneau* ; *JCP 2002. II. 10184, note Mistretta ; Gaz. Pal. 2002. 2. 1346, note Pansier ; RTD civ. 2002. 781, obs. Hauser* (sur appel de • TA Lyon, réf., 9 août 2002 : *préc. note 45*). ♦ *Adde* : Bonneau, *Gaz. Pal. 2003. 1. Doctr. 1470* (la raison proportionnée en droit médical ou l'empirisme logique. Le refus de soins et ses limites).

47. Aux termes de l'art. L. 1111-4 CSP : « Toute personne prend avec le professionnel de santé et compte tenu des informations et préconisations qu'il lui fournit, des décisions concernant sa santé. – Le médecin doit respecter la volonté de la personne après l'avoir informée des conséquences de ses choix. Si la volonté de la personne de refuser ou d'interrompre un traitement met sa vie en danger, le médecin doit tout mettre en œuvre pour la convaincre d'accepter les soins indispensables. – Aucun acte médical ni aucun traitement ne peut être pratiqué sans le consentement libre et éclairé de la personne et ce consentement peut être retiré à tout moment... » ; ces dispositions réglementent le principe de l'inviolabilité du corps humain qui se rattache au principe constitutionnel de la sauvegarde de la personne humaine et de la liberté individuelle ; l'accomplissement d'un acte médical exige le consentement libre et éclairé du patient ; spécialement, et alors qu'il n'est pas allégué par le centre hospitalier que le refus de respecter la volonté de la patiente serait rendu nécessaire du fait d'un danger immédiat pour sa vie, l'absence de respect de la volonté de la patiente, personne majeure, par le centre hospitalier, constitue une atteinte grave et manifestement illégale à ces libertés fondamentales ; il y a donc lieu de faire droit aux conclusions de la requête sur ce point et de faire injonction au centre hospitalier de ne pas procéder à l'administration forcée de transfusion sanguine à la patiente contre son gré et à son insu. • TA Lille, réf., 25 août 2002 : *D. 2002. IR 2581 ; JCP 2003. II. 10098, note Lambert-Garrel, Flasaquier, Pitcho et Vialla ; Gaz. Pal. 2002. 2. 1348, note Pansier ; ibid. 2003. 1. 486, note Garay ; RTD civ. 2002. 781, obs. Hauser*. ♦ *Adde*, Yacoub, *Gaz. Pal. 2003. 1. Doctr. 772* [l'art. L. 1111-4 CSP à l'épreuve du référé-liberté (ou le refus de soins, liberté fondamentale)].

48. SAMU. Doit être relaxé du délit de non-assistance à personne en danger le prévenu, médecin régulateur du SAMU, qui n'a pas eu connaissance de la situation de péril du patient décédé ; en effet, il ressort de la fiche établie par le prévenu qu'il a été appelé la nuit par un patient de 45 ans dont les symptômes consistaient en des diarrhées et vomissements ; aucune antériorité pathologique n'a été constatée ; ces éléments ne caractérisent pas une situation de péril ; en outre, aucun élément ne permet de penser que les questions du médecin nécessaires à l'appréciation du risque vital n'ont pas été posées ; l'expertise démontre que le prévenu a fait une juste appréciation de l'urgence et relève que la décision du prévenu d'envoyer un médecin de garde n'est pas critiquable ; le second appel du patient, dix minutes après le premier, ne permettait en rien d'établir une aggravation de son état, l'examen de la fiche informatisée laissant penser qu'il s'agissait d'un simple rappel d'impatience ; il n'est pas établi que le prévenu ait eu connaissance du contre-appel téléphonique du médecin de garde qui, s'étant rendu sur les lieux, a trouvé porte close ; l'organisation du SAMU fait que le médecin régulateur n'a pas connaissance des contre-appels dès lors que le suivi de l'affaire est transféré au service de continuité des soins. • Nancy, 17 juin 2004 : *JCP 2005. IV. 1956.*

49. Doit être relaxé du délit de non-assistance à personne en danger, le prévenu, médecin de garde, qui, alors qu'il était envoyé chez le patient, décédé, par le médecin régulateur du SAMU, a trouvé porte close et a décidé de poursuivre ses visites médicales ; en effet, le prévenu n'a pas eu conscience de la situation de péril du patient et ne s'est pas abstenu volontairement de lui porter secours ; le fait de faire appel, de nuit, aux services du SAMU, n'implique pas nécessairement l'existence d'une urgence ; le prévenu n'avait par ailleurs aucune raison de penser que le patient était en situation de péril : il ne disposait pas d'informations médicales alarmantes et la décision du médecin régulateur d'envoyer un médecin de garde au lieu d'une ambulance laissait penser qu'il n'y avait pas de péril ; le prévenu a pu penser que le patient avait quitté les lieux : il y avait un autre nom sur la porte du domicile qui pouvait laisser croire qu'un tiers aurait emmené le patient à l'hôpital ; si le prévenu a fait preuve de légèreté en décidant de poursuivre ses visites, après en avoir informé le centre de régulation suite à son contre-appel téléphonique, il n'a pas pour autant eu connaissance du péril et ne s'est pas abstenu volontairement de porter secours au patient. • Nancy, 17 juin 2004 : *préc. note 48.*

50. Disponibilité. L'infraction énoncée à la prévention incrimine le médecin qui est informé d'un péril dont il est à même d'apprécier la gravité et qui s'abstient volontairement de donner l'assistance imposée par ce péril ; s'agissant d'un délit intentionnel commis par celui qui s'abstient volontairement de porter secours, il doit être établi que le médecin avait connaissance ou au moins conscience de l'imminence de ce péril ; tel n'est pas le cas lorsque le médecin, informé téléphoniquement des tremblements et palpitations cardiaques d'un patient, prescrit la prise d'un traitement et demande à être rappelé dans un court délai si la situation ne s'améliorait pas : en l'état de ces éléments de fait, il n'apparaît pas que ce patient se soit trouvé aux yeux du médecin dans un état de péril, puisqu'au contraire ce dernier n'a pas exclu une intervention plus immédiate et n'a donc pas manifesté sa volonté de ne pas agir. • Limoges, 7 mai 1997 : *RSC 1997. 838, obs. Mayaud* ; *D. 1999. Somm. 384, obs. Penneau*.

51. Faible niveau intellectuel. Doivent être renvoyés des fins de la poursuite dirigée contre eux les parents qui, étant donné leur niveau intellectuel et leurs faibles connaissances, ont pu se méprendre sur la gravité de l'état de leur enfant et ne requérir le secours du médecin que tardivement, leur inaction ne résultant pas d'une volonté délibérée de refuser de porter assistance à leur enfant. • Angers, 19 déc. 1963 : *D. 1965. Somm. 23.*

52. Guides de haute montagne. Doivent être relaxés du chef de non-assistance à personne en péril, dès lors qu'ils ne pouvaient pas avoir conscience du danger, les guides de haute montagne chargés d'encadrer un groupe de skieurs et de surfeurs qui n'ont pas immédiatement donné l'alerte après avoir perdu l'un des membres du groupe retrouvé décédé après une chute depuis une barre rocheuse ; en l'espèce, les prévenus ont adopté le comportement habituel en cas de perte d'un skieur sur un domaine sécurisé et banalisé en demeurant à proximité des remontées mécaniques ; ils ne pouvaient pas raisonnablement prévoir que la victime emprunterait, seule, sans avertir quiconque un itinéraire hors piste, sans trace, dans un massif et une station où elle venait pour la première fois ; un tel comportement n'est pas normalement prévisible, même de la part du jeune surfeur le moins respectueux des règles traditionnelles de prudence et le plus ignorant des choses de la montagne. • Grenoble, 28 mai 1998 : *JCP 1998. IV. 3535.*

B. L'ASSISTANCE

1° POSSIBILITÉ

53. Constatation. Le juge répressif ne peut prononcer une peine sans avoir relevé tous les éléments constitutifs de l'infraction qu'il réprime ; pour déclarer M. Y... coupable de non-assistance à personne en danger, l'arrêt attaqué énonce qu'il se trouvait sur les lieux de l'altercation ayant opposé M. Z... à M. A... et qu'il s'est abstenu de porter assistance à ce dernier, qui se trouvait manifestement en situation de péril ; en l'état de ces seules énonciations, qui n'établissent pas que le demandeur aurait pu, sans risque pour lui ou pour les tiers, porter assistance à M. A..., alors que l'absence d'un tel risque est l'un des éléments constitutifs du délit de non-assistance à personne en danger, la cour d'appel n'a pas justifié sa décision. • Crim. 20 févr. 2013 : *Dr. pénal 2013, n° 89, obs. Véron.*

54. Appréciation. L'abstention délictueuse prévue par l'art. 63, al. 2, C. pén., implique nécessairement l'existence d'une certaine proportion entre la nature du danger encouru et le degré du risque auquel s'exposerait l'agent lors de son intervention ou de son assistance, la loi n'imposant point l'héroïsme ou la témérité, mais attribuant toutefois au tribunal un pouvoir d'appréciation sur le caractère même du risque. • T. corr. Mont-de-Marsan, 21 janv. 1959 : *JCP 1959. II. 11086.*

55. S'est rendu coupable du délit de l'art. 63, al. 2, C. pén. l'individu qui, réputé pour être un thaumaturge, auquel les parents amènent leur jeune fils victime d'un accident, s'étant rendu compte de l'état grave de l'enfant et sachant qu'il est le seul à pouvoir décider les parents à faire donner à leur fils des soins médicaux, s'est volontairement abstenu de provoquer un secours. • Crim. 29 juin 1967, n° 93-62.766 P : *D. 1968. 2 ; JCP 1968. II. 15377, note Pradel ; Gaz. Pal. 1967. 2. 193.*

56. Celui qui se connaît le pouvoir de guérir ne peut s'abstenir auprès des malades en péril de mort pour lesquels les médecins ne peuvent plus rien, sans commettre le délit prévu et puni par l'art. 63 C. pén. • T. corr. Orléans, 29 nov. 1950 : *D. 1951. 246, note Tunc ; JCP 1951. II. 6195, note Larguier ; Gaz. Pal. 1951. 1. 122.* ♦ Mais le prévenu convaincu d'exercer illégalement la médecine et la pharmacie, alors qu'il est constaté qu'il a reçu habituellement des malades, a pris part à l'établissement d'un diagnostic, leur a prescrit des traitements et leur a délivré les médicaments de sa préparation, invoque vainement l'obligation où il se serait trouvé, d'après l'art. 63 C. pén., de porter secours à des personnes en péril. • Crim. 2 juill. 1975, n° 92-94.473 P. ♦ V. aussi • Crim. 9 déc. 1959 : *Bull. crim. n° 541.*

57. Il est contraire au bon sens de reprocher à un individu entièrement occupé à se donner la mort de ne pas songer dans le même temps à porter secours à une personne qu'il croit déjà morte, alors que pendant la période où l'inculpée aurait eu la possibilité matérielle d'intervenir, elle se trouvait dans l'impossibilité morale de le faire. • T. corr. Paris, 27 juin 1968 : *D. 1968. Somm. 104 ; Gaz. Pal. 1968. 2. 228 ; JCP 1969. II. 15728, note de Lestang.*

58. Ne peut être considéré comme coupable du délit de commission par omission, l'automobiliste dont la voiture avait pris feu pendant qu'on était en train de la réparer et qui, au lieu de porter secours à l'ouvrier dont les vêtements commençaient à brûler, s'est occupé d'éteindre l'incendie du véhicule, dès lors qu'il importait d'empêcher l'extension de cet incendie pour éviter une explosion constituant un risque pour lui et pour les tiers et alors, d'autre part, que des passants, mieux placés que lui, avaient immédiatement donné à l'ouvrier l'aide que nécessitait son état. • Riom, 20 mars 1947 : *D. 1947. 304.*

59. Le médecin, informé qu'un malade est en péril, ne commet pas le délit de non-assistance à personne en danger si, dans l'impossibilité de se déplacer, il s'assure que la personne à secourir reçoit d'un tiers les soins nécessaires. • Crim. 26 mars 1997 : *D. 1999. Somm. 384, obs. Penneau* ; *Dr. pénal 1997. 125, obs. Véron.*

60. A caractérisé en tous ses éléments, tant matériel qu'intentionnel, le délit dont elle a déclaré la prévenue coupable, la cour d'appel qui a reconnu qu'elle avait commis un recel de malfaiteur en recevant chez elle, en France, un criminel blessé par arme à feu au Portugal, et en lui prodiguant pendant une semaine tous les soins nécessaires, ajoutant que si les infirmières avaient un devoir de secours et de soins à l'égard de toute personne malade, ce devoir n'allait pas jusqu'à prendre le risque de faire voyager sur des centaines de kilomètres un individu blessé et de l'héberger ensuite pendant une semaine à son domicile. • Crim. 17 sept. 2003, nº 03-80.524 P : *Dr. pénal 2004. 5, obs. Véron ; RSC 2004. 86, obs. Mayaud ; ibid. 2004. 645, obs. Delmas Saint-Hilaire* .

2º MODALITÉS

61. Alternative. Si l'art. 63 C. pén. oblige celui qui est en état de le faire, sans risque pour lui et pour autrui, à prêter assistance à une personne en péril, soit par son action personnelle, soit en provoquant un secours, la loi n'a pas entendu, en formulant cette alternative, lui laisser une option arbitraire entre deux modes d'assistance dont l'efficacité peut être différente selon la nature du péril et les circonstances particulières du moment ; elle lui fait, au contraire, l'obligation d'intervenir par celui-là même de ces deux modes que la nécessité commande et même, s'il le faut, par leur emploi cumulatif. • Crim. 26 juill. 1954 : *Bull. crim. nº 276 ; D. 1954. 666 ; JCP 1954. II. 8320 ; Gaz. Pal. 1954. 2. 270* • 9 oct. 1956, nº 2-73.855 P : *JCP 1956. II. 9598 ; Gaz. Pal. 1956. 2. 298.*

62. Si la loi oblige celui qui est en état de le faire à prêter assistance à une personne en péril, soit par son action personnelle, soit en provoquant un secours, elle n'a pas entendu, en formulant cette alternative, lui laisser une option arbitraire entre deux modes d'assistance dont l'efficacité, selon la nature et les circonstances du péril, peut être bien différente ; elle lui fait au contraire un devoir d'intervenir par celui-là même de ces deux modes que la nécessité commande, et même, s'il le faut, par leur emploi cumulatif, fût-il même démontré que le secours commandé par le devoir d'humanité dut être, en définitive, inefficace. • Crim. 13 mars 2007 : *Dr. pénal 2007. 82, obs. Véron.*

63. L'art. 223-6, al. 2, C. pén. qui fait devoir à celui qui est en état de le faire sans risque pour lui ou pour les tiers de porter assistance à une personne en péril soit par son action personnelle, soit en provoquant un secours, n'a pas entendu ouvrir une option arbitraire entre deux modes d'assistance mais fait, tout au contraire, obligation d'intervenir, s'il le faut, par leur emploi cumulatif. • Crim. 4 juin 2013 : *Dr. pénal 2013, nº 138, obs. Véron.*

64. Applications. Le fait d'avoir tenté de provoquer un secours n'exclut pas le délit dès lors que l'imminence du péril requérait une action immédiate et que le prévenu pouvait porter secours sans risque pour lui-même ou pour autrui. • Crim. 26 juill. 1954 : *préc. note 61.* ♦ Rappr. : • Crim. 7 mars 1991 : *Dr. pénal 1991. 246 ; RSC 1992. 82, obs. Levasseur* . ♦ Lorsque les juges du fond précisent que le prévenu ne pouvait se méprendre sur l'extrême gravité du péril couru par les victimes, ni sur la nécessité de leur prêter un secours immédiat, le prévenu allègue vainement qu'à défaut d'une action personnelle, il aurait du moins cherché à provoquer du secours. • Crim. 9 oct. 1956 : *préc. note 61.* ♦ L'action personnelle doit être la règle et la faculté de provoquer du secours, l'exception ; cette dernière option ne saurait se concevoir que lorsqu'il y a péril ou risque grave pour la personne appelée à porter secours, ou encore dans le cas où le secours ne peut être efficace qu'avec l'intervention d'un homme de l'art. • T. corr. Bayeux, 22 juin 1954 : *D. 1954. 603 ; JCP 1954. II. 8290 ; Gaz. Pal. 1954. 2. 220.*

65. L'assistance doit se manifester sous forme d'engagement personnel suffisant et adapté à la situation. • Crim. 27 mars 1991 : *Dr. pénal. 1991. 247 ; RSC 1992. 82, obs. Levasseur* . ♦ L'art. 63, al. 2, C. pén. vise aussi bien l'abstention totale que l'insuffisance de secours, compte tenu, dans ce dernier cas, des moyens dont dispose l'auteur de l'infraction. • Grenoble, 9 avr. 1954 : *D. 1954. 375 ; JCP 1954. II. 8139, note Pageaud.* ♦ Ainsi, l'insuffisance de secours se trouve réalisée lorsqu'en présence d'un malade dont l'état grave est manifeste, les personnes appelées à lui donner des soins s'abstiennent, alors qu'elles en ont le pouvoir, de faire appel à un médecin, mieux qualifié que quiconque pour prendre les mesures nécessitées par l'état du malade ou pour prescrire une thérapeutique appropriée. • Même arrêt. ♦ Rappr. : • Crim. 11 oct. 1978 : *Gaz. Pal. 1979. 2. Somm. 349* (hypothèse d'un directeur d'école qui, confronté à un malade atteint de crises de délire, avait décidé de ne pas faire intervenir un médecin). ♦ Pour une insuffisance d'assistance non constitutive d'abstention volontaire : • T. corr. Villefranche-sur-Saône, 17 mars 1953 : *D. 1953. 417 ; Gaz. Pal. 1953. 1. 347.*

66. N'a pas provoqué un secours le médecin qui s'est contenté de se décharger de son obligation d'assistance sur un tiers, en conseillant aux parents d'un enfant malade d'aller à l'hôpital, et faute d'avoir appelé le SAMU, les pompiers, ou même l'hôpital pour préparer la venue de cet enfant. • Crim. 4 févr. 1998 : *D. 1999. Somm. 384, obs. Penneau* ; *Dr. pénal 1998. 96, obs. Véron.*

67. A caractérisé à la charge du prévenu, capitaine d'un cargo par ailleurs reconnu coupable d'homicides involontaires sur le patron d'un chalutier et sur son matelot, le délit prévu par l'art. 223-6, al. 2, C. pén. la cour d'appel qui retient que, si l'équipage du cargo a immédiatement signalé le naufrage du chalutier en précisant sa position, il a maintenu le cargo à une distance de cinquante à quatre-vingt mètres du bateau naufragé, sous le vent de celui-ci, se bornant à lancer inutilement à la mer deux bouées-couronnes, et omettant toute manœuvre efficace d'assistance au matelot du chalutier, qui, d'abord agrippé à la proue, s'est jeté à l'eau et a réussi à nager pendant une dizaine de minutes avant de couler, les juges ajoutant que le capitaine du cargo, dont la manœuvrabilité était suffisante en l'état de la mer et du vent, aurait pu, par son action personnelle, sans risque pour lui ou les membres de l'équipage, porter à cette victime l'assistance nécessaire en se plaçant au vent plus près du chalutier, et en utilisant les autres moyens de sauvetage embarqués à bord, et qu'il a volontairement omis de le faire. • Crim. 13 mars 2007 : *préc. note 62.*

3° EFFICACITÉ

68. Indifférence. Celui qui a volontairement omis de porter secours à une personne en péril invoque vainement, pour se dégager de la responsabilité pénale encourue de ce chef, la circonstance que le secours, en raison de la gravité des blessures, eût été inefficace. • Crim. 23 mars 1953 : *Bull. crim. n° 104 ; D. 1953. 371 ; JCP 1953. II. 7584 ; Gaz. Pal. 1953. 1. 416.* ♦ La loi fait un devoir d'intervenir, fût-il même démontré que le secours commandé par le devoir d'humanité dut être, en définitive, inefficace. • Crim. 13 mars 2007 : *préc. note 62.*

69. L'art. 63 réprimant un manquement à un devoir d'humanité, l'omission de porter secours est indépendante de l'état physiologique de la victime et de son évolution fatale ; l'infraction n'est pas de ne pas avoir sauvé la vie de quelqu'un, mais de ne pas lui avoir prêté une aide ou une assistance sans que l'intervention soit subordonnée à l'efficacité du secours. • Nancy, 27 oct. 1965 : *D. 1966. 30, note Lorentz.* ♦ V. aussi • Bordeaux, 28 oct. 1953 : *D. 1954. 13 ; JCP 1953. II. 7857.* ♦ C'est l'égoïsme excessif et sans excuse, indépendamment du résultat auquel il aboutit, qui par ses conséquences antisociales ne relève pas seulement de la loi morale, que le législateur a voulu sanctionner pénalement. • Aix-en-Provence, 23 déc. 1952 : *D. 1953. 227 ; JCP 1953. II. 7429, note Pageaud.* ♦ Même menacé de mort proche et certaine, tout être humain doit être considéré comme en péril et a droit à l'assistance. • Colmar, 12 mai 1960 : *Gaz. Pal. 1960. 2. 112.* ♦ Rappr. : • Montpellier, 17 févr. 1953 : *D. 1953. 209 ; S. 1953. 2. 119 ; JCP 1953. II. 7499 ; Gaz. Pal. 1953. 1. 382.* ♦ Vainement les prévenus (dirigeants d'une secte hostile à tous soins médicaux) feraient-ils observer que, atteinte d'un cancer, la victime était perdue de toute façon et qu'aucun traitement ne pouvait la sauver, alors qu'un traitement aurait pu alléger ses souffrances ou prolonger sa vie. • T. corr. Seine, 11 mai 1965 : *D. 1965. Somm. 115.*

70. Si la disposition de l'art. 63 C. pén. exige qu'il soit porté secours aux personnes en péril, même si ce secours doit être inefficace, ce texte devient nécessairement sans application lorsque la personne qui a été exposée à un péril, a succombé à ce péril avant qu'aucune assistance ait pu lui être prêtée. • Crim. 1er févr. 1955, n° 2.394 P : *D. 1955. 384 ; JCP 1955. II. 8582, note Pageaud ; Gaz. Pal. 1955. 1. 245.* ♦ *Contra* : • T. corr. Belley, 22 oct. 1953 : *D. 1953. 711, note Pageaud ; JCP 1953. II. 7817 ; Gaz. Pal. 1954. 1. 26.* ♦ Par suite, quelque déplorable que soit l'attitude d'automobilistes qui abandonnent un cycliste accidenté sur la route, sans essayer de lui porter secours, l'art. 63 ne saurait leur être appliqué dès lors qu'il est établi que la mort de la victime a été immédiate et alors même que les prévenus ignoraient cette circonstance au moment de leur abandon. • T. corr. Poitiers, 27 avr. 1950 : *JCP 1950. II. 5618, note Pageaud.* ♦ Rappr. : • T. corr. Poitiers, 25 oct. 1951 : *JCP 1952. II. 6932, note Pageaud.*

C. L'ABSTENTION

1° MATÉRIALITÉ

71. Délit formel. La mort, si elle est un élément constitutif du délit d'homicide involontaire, demeure étrangère à l'abstention définie à l'art. 63, al. 2, C. pén., laquelle se trouve constituée au moment où l'intervention est possible, son existence découlant de l'instantanéité de l'obligation d'intervenir. • Hte C. just., Comm. instr., 5 févr. 1993 : *préc. note 2.*

72. Délit instantané. V. ci-dessous « Prescription », notes 93 s. ♦ V. également • Hte C. just., Comm. instr., 5 févr. 1993 : *préc. note 2.*

2° INTENTION

73. Refus volontaire. L'art. 63, al. 2, C. pén. est destiné, au vœu du législateur, à sanctionner non de simples négligences, erreurs ou autres fautes, même lourdes, susceptibles d'engager la responsabilité de leurs auteurs devant les juridictions compétentes, mais uniquement un comportement intentionnel : le refus de porter secours à une personne en péril. • Paris, 18 févr. 1964 : *Gaz. Pal. 1964. 1. 443.*

74. Appréciation. L'intention coupable, élément constitutif du délit prévu par l'art. 63, al. 2, C. pén., peut être déduite de l'attitude anormale du médecin qui, connaissant la situation dangereuse dans laquelle se trouvait un malade, et requis d'intervenir, s'abstient cependant de lui donner les soins nécessaires. • T. corr. Béthune, 19 oct. 1950 : *JCP 1951. II. 5990.*

75. Caractérise les éléments matériels et intentionnels du délit de l'art. 63, al. 2, C. pén., l'arrêt constatant que l'auteur d'un ouvrage intitulé « Suicide, mode d'emploi », consulté sur l'efficacité de certaines méthodes préconisées, puis sur la dose mortelle d'un médicament, par une personne lui faisant part, à deux reprises, de sa détermination à se donner la mort, non seulement s'abstient de conjurer le péril dont il avait connaissance, mais encore fournit à son correspondant des renseignements lui permettant de mettre son projet à exécution ; de ces constatations souveraines, les juges ont acquis la conviction que le prévenu n'avait jamais eu l'intention de porter secours au désespéré. • Crim. 26 avr. 1988, ☎ n° 87-82.011 P : *D. 1990. 479, note Fenaux* ✎ ; *RSC 1989. 111, obs. Levasseur ;* sur la décision de 1re instance, V. • TGI Paris, 20 nov. 1985 : *D. 1986. 369, note Calais ; RSC 1987. 202, obs. Levasseur.* ♦ Sur la provocation au suicide, V. *infra*, art. 223-13 s.

76. Le délit de l'art. 63, al. 2, C. pén. ne saurait être retenu à l'encontre d'un médecin, dès lors qu'il est constaté que la thérapeutique adéquate ordonnée par lui n'a pas été appliquée en raison du refus obstiné et même agressif du malade de se soumettre aux soins prescrits, le malade ayant d'ailleurs signé un certificat constatant ce refus. • Crim. 3 janv. 1973, n° 91-82.071 P : *D. 1973. 220.*

77. L'élément intentionnel du délit d'abstention volontaire se trouve constitué, lorsque le prévenu (directeur d'hôpital), ayant su que le malade courait un péril imminent et constant, nécessitant une intervention immédiate, et sachant qu'il lui suffisait de l'admettre dans son établissement, où lui seraient procurés les soins adéquats, ou d'alerter un hôpital voisin pour y obtenir l'admission immédiate du malade, a, à deux reprises, refusé d'admettre ce malade dans son établissement. • T. corr. Douai, 20 déc. 1951 : *Gaz. Pal. 1952. 1. 175.*

78. A fait preuve d'une inaction rare caractérisant sa volonté de ne pas porter secours, l'officier de police judiciaire en service, qui ne pouvait à l'évidence commettre une erreur d'appréciation de la situation portée à sa connaissance (menaces de mort pesant sur des enfants, d'ailleurs mises à exécution), alors qu'il pouvait agir personnellement et provoquer des secours sans danger. • T. corr. Saint-Brieuc, 18 sept. 1997 : *Gaz. Pal. 1997. 2, chron. crim. 233.* ♦ Si l'art. 8 C. déont. police nationale fait obligation au fonctionnaire de la police nationale, même lorsqu'il n'est pas en service, d'intervenir de sa propre initiative pour porter assistance à toute personne en danger, cette obligation avait d'autant plus de force qu'il s'agissait d'une prescription légale et d'un fonctionnaire de police en service doté de la qualité d'OPJ. • Même jugement. ♦ De même, les éléments constitutifs de l'infraction sont réunis à l'encontre du brigadier chef de poste, qui, à même d'apprécier la gravité du péril et la nécessité d'intervenir immédiatement, s'est retranché à tort derrière l'attitude de l'OPJ, alors qu'il pouvait provoquer des secours adaptés et qu'il a eu plusieurs heures pour le faire, le simple fait d'avoir fait aviser ce dernier ne pouvant suffire à le décharger de son obligation personnelle de porter assistance. • Même jugement. ♦ En revanche, l'élément intentionnel fait défaut concernant l'attitude d'un sous-brigadier, à qui il est reproché de ne pas avoir transmis un renseignement essentiel, dès lors qu'il ne découle pas des circonstances de l'espèce la volonté d'occulter ce renseignement, ayant pu l'oublier sans intention malicieuse. • Même jugement.

79. A commis le délit de non-assistance à personne en danger le prévenu, gérant d'une SARL exploitant un centre ayant pour objet l'enseignement et la diffusion de l'alimentation macrobiotique, qui a manqué à son devoir d'humanité en ne portant pas secours à l'une des pensionnaires de ce centre, atteinte du SIDA, et dont l'état de santé, s'étant détérioré au cours de son séjour, aurait requis des soins immédiats ; en effet, les examens médicaux ont révélé l'existence d'une anorexie avec dénutrition durant les trois semaines précédant l'hospitalisation de la victime ; la seule démarche du prévenu fut d'aviser ses parents alors qu'elle se trouvait dans un état désespéré, démarche apparaissant surtout motivée par la volonté de se débarrasser d'une pensionnaire dont la présence devenait gênante, et dont le décès sur place aurait été susceptible de porter préjudice à la bonne renommée du centre ; il ne fait aucun doute que le prévenu a eu conscience du péril qui menaçait la jeune femme ; il savait pertinemment qu'elle était atteinte du SIDA et ne pouvait ignorer de surcroît qu'elle avait cessé de s'alimenter depuis plusieurs jours dès lors que, selon ses propres dires, il veillait à ce que la nourriture soit portée dans la caravane où elle était installée ; le prévenu ne saurait également légitimement prétendre qu'il ne s'était pas rendu compte de la gravité de l'état de santé de la victime ; il suffit en effet de rappeler que la dénutrition avait provoqué chez elle une amyotrophie des quatre membres et qu'elle avait adressé un courrier à sa sœur précisant qu'elle ne pouvait se lever et marcher que difficilement. • Toulouse, 9 oct. 2003 : *JCP 2004. IV. 1668.*

80. Pour déclarer le prévenu coupable d'omission de porter secours, l'arrêt retient, par motifs propres et adoptés, qu'il s'est arrêté après le choc entre son véhicule et la motocyclette conduite par la victime, qu'il est descendu de sa voiture, que, s'approchant de la motocycliste, il a pris son pouls et constaté que son cœur battait encore, puisque, pris de panique et voyant que l'état de la jeune femme était très grave, il est reparti sans donner l'alerte, comme le lui aurait permis son téléphone portable ; les juges ajoutent qu'il est revenu un peu plus tard sur les lieux de l'accident, alors que les secours, alertés par des tiers, étaient sur place ; en l'état de ces motifs d'où il résulte que le prévenu, qui n'a pas prétendu que sa volonté aurait été abolie lorsqu'il a quitté les lieux sans alerter les secours, a eu conscience que la victime courait un danger immédiat, la cour d'appel a justifié sa décision. • Crim. 15 avr. 2008 : *Dr. pénal 2008. 94, obs. Véron ; RSC 2008. 910, obs. Mayaud*.

3° RÉPRESSION

81. Conflits de qualifications. Outre le délit de fuite, commet également le délit d'abstention prévu par l'art. 63 C. pén., l'automobiliste qui, ayant causé un accident, et alors surtout qu'il est docteur en médecine, néglige de porter secours à un homme qu'il sait en péril ; ces deux délits, de fuite et d'abstention, aux éléments constitutifs différents, peuvent être retenus simultanément contre l'inculpé. • Rennes, 20 déc. 1948 : *D. 1949. 230*. ♦ Se rend coupable des délits prévus et réprimés par les art. 434-10 (délit de fuite) et 223-6 (non-assistance à personne en danger) C. pén. le capitaine d'un navire étranger qui a abordé dans les eaux internationales un navire de pêche français, entraînant le naufrage de ce dernier, et qui s'est abstenu de se porter au secours des marins en détresse. • TGI Les Sables-d'Olonne, 7 déc. 1995 : *D. 1996. IR 473, note Morin*.

82. L'inculpation de coups et blessures volontaires ayant entraîné la mort sans intention de la donner n'est pas nécessairement exclusive de celle d'abstention volontaire de porter secours à une personne en péril. • Crim. 24 juin 1980, nº 79-93.828 P : *RSC 1981. 618, obs. Levasseur*. ♦ Rappr. : • Toulouse, 18 déc. 2003 : *JCP 2004. IV. 2704*. ♦ *Contra* : • Douai, 30 sept. 1954 : *D. 1955. 55, note Pageaud* (l'inculpation d'abstention délictueuse n'est pas compatible avec un fait volontaire de violences, antérieur ou concomitant, imputable au même auteur). ♦ Sur les possibilités de requalification, soit de l'omission de porter secours en violences volontaires, soit de violences volontaires en omission de porter secours, V. respectivement : • Crim. 22 avr. 1986, nº 84-95.759 P (à propos d'une excision mortelle) • 22 mars 2000, nº 98-87.496 P (V. ss. art. 111-4). ♦ V. également : • Crim. 19 févr. 1959, nº 91-89.858 : *D. 1959. 161, note M.R.M.P.* (la Cour de cassation retient la qualification de coups et blessures volontaires, mais refuse de se prononcer sur le délit de non-assistance par application de la peine justifiée).

83. Sur le concours avec l'infraction d'homicide involontaire, V. obs. Levasseur, *RSC 1992. 81*. ♦ Le manquement aux obligations d'un médecin de garde retenu par les experts judiciaires à son encontre, pour ne pas s'être déplacée auprès de son malade et pour ne s'être pas mise ainsi dans les conditions d'estimer réellement l'état clinique de celui-ci, n'est pas susceptible, par voie de requalification des faits, de constituer le délit d'homicide involontaire ; en effet, aucun lien de causalité n'a été établi entre cette faute pénale et le préjudice qui en est résulté pour la victime consistant en une perte de chance de survie ou de guérison indemnisable seulement par la juridiction civile. • Limoges, 7 mai 1997 : *RSC 1997. 838, obs. Mayaud*.

84. Pour la substitution de la qualification d'abandon moral d'enfants mineurs (nouvel art. 227-17) à celle de non-assistance à personne en danger, à l'encontre de parents poursuivis pour des faits d'inceste, V. : • Lyon, 28 mars 1997 : *RSC 1997. 636, obs. Mayaud*.

85. Le fait pour le prévenu de dissimuler à sa partenaire sa séropositivité en vue d'avoir avec elle des rapports sexuels non protégés, rapports ayant abouti à la contamination de la victime, ne peut pas constituer l'infraction de non-assistance à personne en danger ; en effet, le danger a été occasionné par un acte volontaire du prévenu incompatible avec l'abstention délictueuse qui est un élément constitutif de l'infraction poursuivie ; les fait doivent en conséquence être requalifiés en délit d'administration d'une substance nuisible à la santé. • Rouen, 22 sept. 1999 : *JCP 2000. IV. 2736*.

86. Action publique. C'est à bon droit que la cour d'appel déclare que la poursuite est valablement engagée, conformément aux exigences de l'art. 691 C. pr. pén. (nouvel art. 113-8), sur la plainte de la partie offensée, dès lors qu'il est constaté que préalablement à cette poursuite exercée à la requête du ministère public du chef du délit prévu à l'art. 63, al. 2, C. pén., il existait une plainte du frère de la victime décédée des suites de l'infraction, et que le préjudice moral par lui invoqué correspondait à une réalité. • Crim. 3 juin 1976, nº 75-92.599 P.

87. Action civile individuelle. Si les dispositions de l'art. 63, al. 2, C. pén. ont pour objet l'intérêt général de la collectivité et répriment le trouble causé à l'ordre public par une abstention délictueuse, elles ont aussi pour but la protection des intérêts privés ; dès lors l'action civile née de ce délit peut être régulièrement exercée devant la juridiction répressive dans les conditions prévues aux art. 2 et 3 C. pr. pén., et la victime du délit est en droit de demander réparation du dommage né de l'infraction. • Crim. 16 mars 1972 : *Bull. crim. nº 109 ; D. 1972. 394 (1re esp.), note Costa ; JCP 1973. II. 17474 (2e esp.), note Moret ; Gaz. Pal. 1972. 2. 564 (1er arrêt), note J.-P. D.* ♦ Rappr. : • Nancy, 27 oct. 1965 : *D. 1966. 30, note Lorentz*.

88. Mais il ne saurait en être ainsi, que si la

preuve est rapportée de la relation de cause à effet entre l'indifférence des prévenus et l'aggravation de l'état de la victime du fait de cette abstention • Paris, 11 juill. 1969 : *JCP 1970. II. 16375, note Chambon.* ♦ ... L'infraction peut également être source d'indemnisation, s'il en est résulté pour la victime un dommage moral résultant du désarroi engendré par l'abandon : il n'en est pas ainsi quand la victime a perdu connaissance aussitôt après avoir été frappée, cet état comateux s'étant prolongé jusqu'à l'admission à l'hôpital. • Même arrêt. ♦ Justifie sa décision, au regard des dispositions des art. 2 et 3 C. pr. pén., la cour d'appel qui condamne le prévenu à réparer le préjudice moral des parents de la victime, grièvement blessée au volant d'une voiture volée qu'elle conduisait sans permis, mais qui aurait pu survivre à ses blessures si elle avait été secourue à temps, dès lors que l'action civile des ayants droit était exercée contre le passager du véhicule, reconnu coupable du délit de non-assistance à personne en péril pour avoir pris la fuite après l'accident. • Crim. 19 juin 1996, n° 95-81.945 P : *D. 1997. Somm. 142, obs. Pradel* ; *Dr. pénal 1996. 236, obs. Maron.* ♦ Est recevable la constitution de partie civile de la mère de deux enfants tués par leur père, en son nom personnel et en qualité d'ayant droit de ses enfants, pour omission de porter secours reprochée à deux fonctionnaires de la police nationale, qui, dans l'exercice de leurs missions, n'ont pas pris les mesures qui auraient pu sauver ces enfants, la mère ayant subi un préjudice moral personnel résultant de l'angoisse vécue par elle dans l'attente de savoir si les secours demandés avaient permis de les secourir, et compte tenu du préjudice moral patent desdits enfants, né de l'absence de secours jusqu'à leur meurtre. • T. corr. Saint-Brieuc, 18 sept. 1997 : *Gaz. Pal. 1997. 2, chron. crim. 233.*

89. Le préjudice résultant pour la victime d'un délit de blessures involontaires et celui résultant d'une omission volontaire de porter secours à une personne en péril n'ayant pas le même fondement, la réparation qui en est ordonnée pour l'un et pour l'autre de chacun de ces délits, doit nécessairement être justifiée par des motifs distincts et donner lieu à une évaluation distincte du dommage ; cette obligation qui s'impose aux juges ne saurait toutefois faire obstacle à l'application éventuelle de la solidarité, si les conditions des art. 55 C. pén. (C. pr. pén., art. 480-1 nouv.) ou 203 C. pr. pén. sur la connexité se trouvent remplies. • Crim. 20 mars 1972, n° 91-73.570 P : *D. 1972. 394 (2e esp.), note Costa ; JCP 1973. II. 17474 (3e esp.), note Moret ; Gaz. Pal. 1972. 2. 564 (2e arrêt), note J.-P. D.* ♦ Pour déclarer deux prévenus majeurs de non-assistance à personne en péril responsables pour partie du préjudice corporel subi par la victime d'un accident de voiture, les juges du second degré retiennent que l'expert désigné par le tribunal pour enfants ayant eu à connaître des poursuites exercées contre un mineur également prévenu, a mentionné que la résistance opposée par ladite victime, pour tenter de sauvegarder ses vêtements, alors qu'elle était détroussée par le mineur et ses deux complices, n'a pu qu'aggraver les lésions occasionnées par l'accident ; en cet état, et dès lors qu'en cas de poursuites séparées, l'action civile peut être exercée, tant devant le tribunal correctionnel que devant le tribunal pour enfants, à l'encontre de chacun des prévenus relevant de la compétence de ces juridictions, la cour d'appel, qui, par ailleurs, a constaté souverainement le lien de causalité existant entre l'aggravation des blessures de la victime et le comportement des intéressés, a justifié sa décision. • Crim. 3 déc. 1997 : *Gaz. Pal. 1998. 1, chron. crim. 52.*

90. La juridiction judiciaire est compétente pour statuer sur la réparation des conséquences dommageables de la faute commise par un agent public et revêtant le caractère d'une faute personnelle, détachable de la fonction : caractérise une telle faute l'infraction constatée de non-assistance à personne en péril. • Crim. 2 avr. 1992, n° 90-87.579 P : *Gaz. Pal. 1992. 2. 608, note Doucet ; Dr. pénal 1992. 195 ; JCP 1993. II. 22105, note Vallar ; RSC 1993. 326 ; ibid. 780, obs. Levasseur .*

91. Action civile collective. Le délit prévu par l'art. 63, al. 2, C. pén. ne figurant pas parmi les infractions énumérées par les art. 2-2 et 2-3 C. pr. pén., les associations visées dans ces deux textes ne sauraient se constituer parties civiles à raison d'un tel délit dont un tiers a été victime. • Crim. 3 mai 1988, n° 87-84.365 P : *RSC 1989.112, obs. Levasseur.*

92. La constitution de partie civile présentée par l'union nationale des associations pour la défense des familles et de l'individu fondée sur l'art. 2-17 C. pr. pén. du chef de non-assistance à personne en danger est jugée irrecevable ; si ce texte prévoit en effet la possibilité par des associations de la défense de l'individu d'exercer les droits de la partie civile en ce qui concerne un certain nombre d'infractions, dont celle poursuivie, commises « par toute personne physique ou morale dans le cadre d'un mouvement ou organisation ayant pour but ou pour effet de créer, de maintenir ou d'exploiter une sujétion psychologique ou physique », il serait inexact en l'espèce de reprocher au prévenu d'avoir tenté de soumettre la victime à une sujétion psychologique ou physique ; la jeune femme, qui était parfaitement lucide sur l'évolution de sa maladie et qui avait fait le choix en connaissance de cause de l'expérience de l'alimentation macrobiotique, n'a pas été victime d'un mouvement de type sectaire, mais de l'indifférence manifestée à son égard par le prévenu. • Toulouse, 9 oct. 2003 : *JCP 2004. IV. 1668.*

93. Prescription. L'abstention délictueuse

reprochée à un médecin, qui n'est pas intervenu auprès de son patient, alors qu'il avait été informé par le centre de transfusion sanguine de la contamination par le virus VIH du sang qu'il lui avait antérieurement transfusé au cours d'une opération, a été commise au moment où le médecin a eu connaissance de la contamination et avait l'obligation de la révéler ; la prescription du délit d'omission de porter secours poursuivi commence à courir à cette date. • Crim. 17 sept. 1997, n° 96-84.972 P : *D. 1998. 399, note Rebut*.

94. Lorsque deux infractions sont connexes, un acte interruptif de prescription concernant l'une d'elles a nécessairement le même effet à l'égard de l'autre ; tel est le cas de la plainte des parties civiles pour homicide involontaire, qui a interrompu la prescription de l'infraction de non-assistance à personne en péril ; en effet, il existe une connexité entre les faits reprochés aux médecins mis en examen ; il leur est reproché, d'une part, leur négligence lors de la transfusion d'un patient, contaminé par le virus du SIDA à cette occasion, et, d'autre part, de ne pas avoir informé ce patient de sa contamination alors qu'eux-mêmes avaient été avertis par le centre de transfusion sanguine, ce qui a retardé le traitement de la victime. • Crim. 17 sept. 1997 : *préc. note 93.*

95. Pour confirmer l'ordonnance d'un juge d'instruction déclarant irrecevable une constitution de partie civile, à la suite du décès de l'épouse du plaignant, des chefs d'homicide involontaire, abstention volontaire de porter secours à autrui et de mise en danger d'autrui, l'arrêt relève, notamment, que la plainte ayant entraîné l'ouverture de l'information est postérieure de trois ans à la mort de la victime ; en prononçant ainsi, et dès lors que, contrairement à ce qu'allègue le moyen, les délits d'homicide involontaire, d'abstention volontaire de porter secours à autrui et mise en danger d'autrui ne constituent pas des infractions clandestines par nature, la chambre de l'instruction a justifié sa décision. • Crim. 17 mars 2009 : *D. 2009. Pan. 2458, obs. Trébulle*.

96. Indemnisation. Une personne a, en compagnie de ses amis, absorbé au domicile de la mère de l'un d'entre eux, une quantité importante de boissons alcoolisées puis a chuté lourdement dans un escalier ; constatant que la victime ne parlait plus et ronflait, ses amis l'ont couché sur le canapé et se sont absentés vers minuit pour revenir le lendemain au domicile vers huit heures ; les secours ont été appelés vers onze heures ; le père de la victime, agissant en sa qualité de curateur, a saisi une commission d'indemnisation des victimes d'infractions aux fins d'expertise médicale et d'octroi d'une indemnité provisionnelle à titre de réparation du préjudice résultant de l'infraction de non-assistance à personne en danger ; ayant constaté que la victime avait absorbé une quantité importante de boissons alcoolisées et retenu que la chute accidentelle dans l'escalier s'expliquait par son état d'ivresse, la cour d'appel en a justement déduit que ces éléments démontraient que la victime avait, par son comportement fautif, directement concouru au dommage résultant de l'infraction de non-assistance à personne en danger et souverainement estimé que son indemnisation devait être réduite de moitié. • Civ. 2e, 10 juin 2004, n° 03-12.133 P.

97. Solidarité. Après avoir déclaré un prévenu coupable de coups ou violences volontaires et un autre prévenu coupable de non-assistance à personne en péril envers la même victime, les juges ne peuvent les condamner solidairement à des réparations civiles sans constater l'existence d'un lien de connexité entre les deux infractions. • Crim. 27 sept. 1995, n° 94-80.034 P.

98. Agent d'un service public – Faute personnelle. L'agent d'un service public n'est personnellement responsable, devant les juridictions répressives, des conséquences dommageables de l'acte délictueux qu'il commet que si celui-ci constitue une faute détachable de ses fonctions ; pour retenir la compétence du juge répressif pour liquider le préjudice subi par les consorts Y..., la cour d'appel retient que M. X..., médecin régulateur employé par une association d'aide médicale d'urgence de droit privé mais participant en qualité d'agent au centre de réception et de régulation des appels médicaux du SAMU 78, service public, en application des dispositions de l'art. L. 6112-5 CSP dans sa rédaction applicable au moment des faits et du décret du 16 déc. 1987 relatif aux missions et à l'organisation des unités participant au SAMU, ne peut voir sa responsabilité mise en cause que si est établie l'existence d'une faute personnelle de sa part ; la cour d'appel indique que l'infraction de non-assistance à personne en danger qu'il a commise, en ne prenant pas en considération les nombreux signes de gravité qui étaient portés à sa connaissance par la mère de Marie Y..., enfant en péril, en s'abstenant de poser les questions qui lui auraient permis de préciser l'état de celle-ci, puis en ne déclenchant pas les secours appropriés, constitue une faute personnelle détachable de ses fonctions dont les conséquences doivent être réparées par le juge répressif ; les juges ajoutent que les parties civiles non appelantes ne formulent pas de demandes devant la cour ; mais en se déterminant ainsi, alors que la faute, quelle que soit sa gravité, commise par un agent du service public, dans l'exercice de ses fonctions et avec les moyens du service, n'est pas détachable de ses fonctions, la cour d'appel, qui n'a pas tiré les conséquences de ses propres constatations, a méconnu le texte susvisé et le principe ci-dessus rappelé ; d'où il suit que la cassation est encourue de ce chef. • Crim. 30 nov. 2010, n° 10-80.447 P.

Art. 223-7 **Quiconque s'abstient volontairement de prendre ou de provoquer les mesures permettant, sans risque pour lui ou pour les tiers, de combattre un sinistre de nature à créer un danger pour la sécurité des personnes est puni de deux ans d'emprisonnement et de 30 000 € d'amende.**

Art. 223-7-1 *(L. n° 2009-526 du 12 mai 2009, art. 124-I)* **« Les personnes morales déclarées responsables pénalement, dans les conditions prévues par l'article 121-2, des infractions définies à la présente section encourent, outre l'amende suivant les modalités prévues par l'article 131-38 : »**

(L. n° 2001-504 du 12 juin 2001) **« 2°** *[1°]* **Les peines mentionnées aux 2° à 9° de l'article 131-39 ;**

« 3° *[2°]* **La peine mentionnée au 1° de l'article 131-39 pour les infractions prévues aux articles 223-5 et 223-6.**

« L'interdiction mentionnée au 2° de l'article 131-39 porte sur l'activité dans l'exercice ou à l'occasion de l'exercice de laquelle l'infraction a été commise. »

SECTION IV **DE L'EXPÉRIMENTATION SUR LA PERSONNE HUMAINE**

Art. 223-8 *(L. n° 2012-300 du 5 mars 2012, art. 1er-IX)* **« Le fait de pratiquer ou de faire pratiquer sur une personne une recherche mentionnée aux 1° ou 2° de l'article L. 1121-1** *(Ord. n° 2016-800 du 16 juin 2016, art. 6-II)* **« ou sur un essai clinique mentionné à l'article L. 1124-1 » du code de la santé publique sans avoir recueilli le consentement libre, éclairé et, le cas échéant, écrit de l'intéressé, des titulaires de l'autorité parentale ou du tuteur ou d'autres personnes, autorités ou organes désignés pour consentir à la recherche ou pour l'autoriser, dans les cas prévus par le code de la santé publique** *(Ord. n° 2016-800 du 16 juin 2016, art. 6-II)* **« ou par les articles 28 à 31 du règlement (UE) n° 536/2014 du Parlement européen et du Conseil du 16 avril 2014 relatif aux essais cliniques de médicaments », est puni de trois ans d'emprisonnement et de 45 000 € d'amende.**

« Les mêmes peines sont applicables lorsque la recherche interventionnelle est pratiquée alors que le consentement a été retiré.

« Les mêmes peines sont applicables lorsqu'une recherche non interventionnelle est pratiquée alors que la personne s'y est opposée. »

(L. n° 2004-800 du 6 août 2004, art. 5-IV) **« Les dispositions du présent article ne sont pas applicables à l'examen des caractéristiques génétiques d'une personne ou à son identification par ses empreintes génétiques effectués à des fins de recherche scientifique. »**

La L. n° 2012-300 du 5 mars 2012 prévoyait, en son art. 11, une entrée en vigueur de ses dispositions à compter de la publication au JO des Décr. mentionnés aux art. L. 1121-17 et L. 1123-14 CSP, ainsi qu'à son art. 8. Ledit art. 11 a été abrogé par l'Ord. n° 2016-800 du 16 juin 2016 (art. 8-I, lequel prévoit que les dispositions de l'Ord. préc. entreront en vigueur à compter de la publication des décrets prévus par le code de la santé publique pour son application et au plus tard le 31 déc. 2016).

Ancien art. 223-8 ***Le fait de pratiquer ou de faire pratiquer sur une personne une recherche biomédicale sans avoir recueilli le consentement libre, éclairé et exprès de l'intéressé, des titulaires de l'autorité parentale ou du tuteur*** (L. n° 2004-806 du 9 août 2004, art. 94) ***« ou d'autres personnes, autorités ou organes désignés pour consentir à la recherche ou pour l'autoriser, » dans les cas prévus par les dispositions du code de la santé publique est puni de trois ans d'emprisonnement et de 45 000 € d'amende.***

Les mêmes peines sont applicables lorsque la recherche biomédicale est pratiquée alors que le consentement a été retiré. — CSP, art. L. 1126-1 à L. 1126-4.

(L. n° 2004-800 du 6 août 2004, art. 5-IV) ***« Les dispositions du présent article ne sont pas applicables à l'examen des caractéristiques génétiques d'une personne ou à son identification par ses empreintes génétiques effectués à des fins de recherche scientifique. »***

Corresp. : *CSP, ancien art. L. 209-19 (nouvel art. L. 1126-1 CSP).*

BIBL. ▶ Byk, *JCP 1996. I. 3949* (la recherche sur l'embryon humain). – Labrusse-Riou, *Justices 1996. 133* (pouvoirs scientifiques sur la vie et justice). – Neirinck, *D. 2003. Chron. 841* (l'embryon humain : une catégorie juridique à dimension variable ?). – Delmas-Marty, *D. 2003. Chron. 2517* (faut-il interdire le clonage humain ?). – Raoul-Cormeil, *JCP 2008. I. 128* (clonage reproductif et filiation. La chaîne des interdits).

1. L'art. L. 209-9 CSP [L. 1122-1-1 nouveau CSP] dispose de façon non équivoque que le consentement libre, éclairé et exprès de la personne doit être recueilli préalablement à la réalisation de la recherche biomédicale ; la recherche biomédicale commence dès le moment où le placebo est prescrit, sans même qu'il soit nécessaire de s'interroger sur le point de savoir s'il a été ou non ingéré. • Paris, 1er mars 1996 : *D. 1999. 603, note Roujou de Boubée* .

2. En cas de doute sur la personne ayant pris l'initiative de l'administration du placebo, véritable début de l'expérimentation, la relaxe doit bénéficier au prévenu suspecté. • Paris, 1er mars 1996 : *préc. note 1.*

3. Justifie sa décision au regard des dispositions de l'art. 223-8 C. pén. la cour d'appel qui, pour déclarer un médecin coupable de recherche biomédicale non consentie, retient qu'il a entrepris cette recherche sur un patient très affaibli et manifestement dans l'impossibilité de donner un consentement libre, éclairé et exprès, lequel n'a été recueilli ni par écrit ni par une autre façon. • Crim. 24 févr. 2009, n° 08-84.436 P : *D. 2009. 2087, note Delage ; ibid. Pan. 2830, obs. Mirabail ; AJ pénal 2009. 227, note Royer ; Dr. pénal 2009, n° 59, obs. Véron ; JCP G 2009, n° 25, n° 13, p. 29, note Mistretta ; Gaz. Pal. 2009. 1. Somm. 2147, note Viriot-Barial.* ♦ Rejet du pourvoi contre • Aix-en-Provence, 19 mai 2008 : *JCP 2009. IV. 1457.*

Art. 223-9 *(L. n° 2009-526 du 12 mai 2009, art. 124-I)* **« Les personnes morales déclarées responsables pénalement, dans les conditions prévues par l'article 121-2, des infractions définies à l'article 223-8 encourent, outre l'amende suivant les modalités prévues par l'article 131-38, les peines prévues par l'article 131-39. »**

L'interdiction mentionnée au 2° de l'article 131-39 porte sur l'activité dans l'exercice ou à l'occasion de l'exercice de laquelle l'infraction a été commise. — *CSP, art. L. 1126-1, L. 1126-2.*

SECTION V DE L'INTERRUPTION ILLÉGALE DE LA GROSSESSE

RÉP. PÉN. v° *Interruption volontaire de grossesse*, par MISTRETTA.

Art. 223-10 L'interruption de la grossesse sans le consentement de l'intéressée est punie de cinq ans d'emprisonnement et de 75 000 € d'amende.

Pour une application, V. • Amiens, 1er sept. 2014 : *AJ pénal 2015. 89, obs. Benillouche* .

Art. 223-11 *(L. n° 2013-711 du 5 août 2013, art. 19)* **La tentative du délit prévu à l'article 223-10 est punie des mêmes peines.**

BIBL. ▶ CHAVENT-LECLÈRE, *AJ pénal 2013. 510* (adaptation du code pénal français aux engagements européens). – BEAUSSONIE, *RSC 2014. 861* (Loi n° 2013-711 du 5 août 2013 portant diverses dispositions d'adaptation dans le domaine de la justice en application du droit de l'Union européenne et des engagements internationaux de la France).

Art. 223-12 *Abrogé par L. n° 2001-588 du 4 juill. 2001.*

V. CSP, art. L. 2222-2 et L. 2222-4.

Code de la santé publique

1re PARTIE : **LÉGISLATIVE**

(Ord. n° 2000-548 du 15 juin 2000)

LIVRE II (DE LA DEUXIÈME PARTIE). **INTERRUPTION VOLONTAIRE DE GROSSESSE**

CHAPITRE II (DU TITRE Ier). *INTERRUPTION PRATIQUÉE AVANT LA FIN DE LA DOUZIÈME SEMAINE DE GROSSESSE (L. n° 2001-588 du 4 juill. 2001).*

Art. L. 2212-1 La femme enceinte *(L. n° 2014-873 du 4 août 2014, art. 24)* « qui ne veut pas poursuivre une grossesse » peut demander à un médecin *(L. n° 2016-41 du 26 janv. 2016, art. 127)* « ou à une sage-femme » l'interruption de sa grossesse. Cette interruption ne peut être pratiquée qu'*(L. n° 2001-588 du 4 juill. 2001)* « avant la fin de la douzième semaine de grossesse ».

Art. L. 2212-2 *(Ord. n° 2003-850 du 4 sept. 2003, art. 9)* L'interruption volontaire d'une grossesse ne peut être pratiquée que par un médecin *(L. n° 2016-41 du 26 janv. 2016,* *art. 127)* « ou, pour les seuls cas où elle est réalisée par voie médicamenteuse, par une sage-femme ».

Elle ne peut avoir lieu que dans un établissement de santé, public ou privé, ou dans le cadre d'une convention conclue entre *(L. n° 2007-1786 du 19 déc. 2007, art. 71-II)* « le praticien *(L. n° 2016-41 du 26 janv. 2016, art. 127)* « ou la sage-femme » ou un centre de planification ou d'éducation familiale ou un centre de santé » et un tel établissement, dans des conditions fixées par décret en Conseil d'État.

1. Jurisprudence européenne. **BIBL.** Lévinet, *Mél. Jerry Sainte-Rose, Bruylant, 2012, p. 803* (les atermoiements de la Cour de Strasbourg face à la diversité des approches des États européens dans le domaine de l'avortement). ♦ La Cour rappelle qu'une législation qui réglemente l'interruption de grossesse touche à la sphère de la vie privée, dans la mesure où, lorsqu'une femme est enceinte, sa vie privée devient étroitement associée au fœtus qui se développe ; la Cour décide d'examiner le grief du point de vue de l'obligation positive que l'art. 8 fait peser sur tout État de garantir l'intégrité physique des futures mères ; la Cour considère que, dès lors que le législateur décide d'autoriser l'avortement, il ne doit pas l'encadrer par des règles juridiques limitant dans la réalité la possibilité d'obtenir une telle intervention ; de surcroît, il doit prévoir une forme de procédure devant un organe indépendant et compétent, qui, après avoir eu l'occasion d'entendre la femme enceinte en personne, puisse rendre rapidement une décision motivée ; tenant compte de la nature même des questions en jeu dans les décisions d'interruption de grossesse, la Cour estime que les procédures en place doivent être conçues pour que pareilles décisions soient prises en temps et en heure, afin de prévenir ou de limiter le préjudice qui pourrait découler pour la santé de la femme d'un avortement tardif ; eu égard aux circonstances de l'affaire considérées dans leur ensemble, la Cour conclut que, dans le contexte d'une controverse portant sur le droit à un avortement thérapeutique, l'État polonais est resté en défaut de sauvegarder le droit de la requérante au respect de sa vie privée et qu'il y a donc eu violation de l'art. 8. • CEDH 20 mars 2007, *Tysiqc c/ Pologne*, n° 5410/03 : *D. 2007. 2648, note Hennion-Jacquet*.

2. Constitutionnalité. Dans sa rédaction résultant de l'art. 4 de la L. n° 75-17 du 17 janv. 1975 relative à l'interruption volontaire de la grossesse, la première phrase de l'art. L. 162-1 CSP, devenu son art. L. 2212-1, dispose : « La femme enceinte que son état place dans une situation de détresse peut demander à un médecin l'interruption de sa grossesse » ; l'art. 24 de la loi déférée (L. n° 2014-873 du 4 août 2014, pour l'égalité réelle entre les femmes et les hommes) remplace les mots : « que son état place dans une situation de détresse » par les mots : « qui ne veut pas poursuivre une grossesse » ; selon les requérants, la suppression de l'exigence selon laquelle le droit de la femme de demander l'interruption de sa grossesse est conditionné à une situation de détresse n'est pas justifiée ; elle romprait le compromis et l'équilibre résultant de la L. du 17 janv. 1975 et porterait dès lors atteinte « au principe du respect de l'être humain dès le commencement de sa vie » ; la L. du 17 janv. 1975 a autorisé une femme à demander l'interruption volontaire de sa grossesse lorsque « son état » la « place dans une situation de détresse » ; ces dispositions réservent à la femme le soin d'apprécier seule si elle se trouve dans cette situation ; la modification, par l'art. 24, de la rédaction des dispositions de la première phrase de l'art. L. 2212-1, qui prévoit que la femme enceinte qui ne veut pas poursuivre une grossesse peut en demander l'interruption à un médecin, ne méconnaît aucune exigence constitutionnelle ; par suite, cet article doit être déclaré conforme à la Constitution. • Cons. const. 31 juill. 2014, n° 2014-700 DC : *JO 5 août, p. 12966*. ♦ *Adde* : Mathieu, *JCP G 2014, n° 917* (le contrôle de constitutionnalité virtuel de la législation relative à l'IVG).

CHAPITRE Ier (DU TITRE II) *[ABROGÉ]. PROVOCATION À L'INTERRUPTION VOLONTAIRE DE GROSSESSE (Abrogé par L. n° 2001-588 du 4 juill. 2001).*

CHAPITRE II (DU TITRE II). *INTERRUPTION ILLÉGALE DE GROSSESSE*

Art. L. 2222-2 *(L. n° 2001-588 du 4 juill. 2001)* L'interruption de la grossesse d'autrui est punie de deux ans d'emprisonnement et de 30 000 € d'amende lorsqu'elle est pratiquée, en connaissance de cause, dans l'une des circonstances suivantes :

1° Après l'expiration du délai dans lequel elle est autorisée par la loi, sauf si elle est pratiquée pour un motif médical ;

2° Par une personne n'ayant pas la qualité de médecin *(L. n° 2016-41 du 26 janv. 2016, art. 127)* « ou de sage-femme » ;

3° Dans un lieu autre qu'un établissement d'hospitalisation public ou qu'un établissement d'hospitalisation privé satisfaisant aux conditions prévues par la loi, ou en dehors du cadre d'une convention conclue selon les modalités prévues à l'article L. 2212-2.

Cette infraction est punie de cinq ans d'emprisonnement et de 75 000 € d'amende si le coupable la pratique habituellement.

La tentative des délits prévus au présent article est punie des mêmes peines.

BIBL. ▸ **Loi du 17 janv. 1975 :** Roujou de Boubée, *D. 1975. Chron. 209.* – Vouin, *D. 1976. Chron. 1.* – Decocq, *RSC 1975. 725 et 734.* – D'Onorio, *JCP 1986. I. 3246.* – Rubellin-Devichi, *LPA 1996, n° 69* (le droit et l'interruption de grossesse). – Duval-Arnould, *D. 1999. Chron. 471* (minorité et interruption volontaire de grossesse). – Redon, *D. 2001. Chron. 1194* (l'interruption volontaire de grossesse de la mineure ou l'exercice interposé du droit parental). – Sargos, *JCP 2001. I. 322* (réflexions « médico-légales » sur l'interruption volontaire de grossesse pour motif thérapeutique). – Memmi, *Recueil Dalloz, Hors Série, mai 2001, p. 78* (faire parler : une nouvelle technique de contrôle des corps ? L'exemple de l'avortement).

Loi du 4 juill. 2001 : Seuvic, *RSC 2001. 867* s. – Bellivier, *RTD civ. 2001. 972*. – Taquet, *Gaz. Pal. 2002. 1. Doctr. 267.*

1. Constatation. Doit être annulé l'arrêt qui prononce une condamnation en vertu de l'art. 317 C. pén., en reproduisant seulement les termes de la loi, sans préciser les faits qui en justifieraient l'application. • Crim. 16 nov. 1944 : *Bull. crim. n° 176 ; Gaz. Pal. 1945. 1. 43* • 6 déc. 1951 : *Bull. crim. n° 330* • 19 janv. 1971 : *ibid. n° 16 ; D. 1971. Somm. 33.* ♦ Cette énonciation étant insuffisante pour caractériser le délit, une condamnation pour complicité d'avortement ne peut être non plus justifiée. • Crim. 1er mars 1945 : *Bull. crim. n° 17.*

2. Habitude. L'habitude d'avortement prévue par l'art. 317, al. 2, C. pén., est caractérisée par l'accomplissement de deux faits d'avortement successifs. • Poitiers, 16 août 1940 : *DC 1941. 78, note Lebrun.* ♦ ... Quelle que soit l'identité de la personne sur laquelle les manœuvres ont été pratiquées. • Crim. 24 mars 1944 : *Bull. crim. n° 83 ; DA 1944. 75 ; Gaz. Pal. 1944. 1. 254.*

3. Tentative. Constitue le commencement d'exécution, caractérisant la tentative du délit d'avortement : ... le fait par un individu de forcer une femme enceinte à absorber le contenu d'un flacon, de lui faire avaler des pilules pendant trois jours, et, devant sa résistance, de lui porter un coup au ventre. • Crim. 20 oct. 1938 : *Bull. crim. n° 206.* ♦ ... Le fait par un médecin de s'être rendu auprès d'une femme enceinte, porteur d'instruments nécessaires pour provoquer une fausse couche, alors qu'il avait accepté de procéder à cette opération et en avait fixé le prix, et de ne s'être retiré que sur l'intervention d'un tiers. • Crim. 30 juill. 1942 : *Bull. crim. n° 98 ; JCP 1942. II. 2054, note Brouchot.* ♦ ... Le fait par une ancienne sage-femme de s'être rendue, munie des instruments nécessaires et après avoir fixé la date de l'opération, auprès de la personne dont elle devait provoquer l'avortement, et de n'avoir été contrainte de se retirer que sur l'intervention de la police. • Crim. 5 avr. 1954 : *Bull. crim. n° 140 ; D. 1954. 404.* ♦ ... Le fait par un prévenu d'avoir apporté des sondes dans l'atelier de son amie dans l'intention de provoquer son avortement, de les avoir mises à bouillir dans de l'eau additionnée de permanganate de potasse et de s'être enduit les mains de vaseline, alors qu'il n'a interrompu ses manœuvres que devant le refus formel et la résistance opposés par la femme. • Crim. 16 mars 1961, n° 92-73.960 P : *JCP 1961. II. 12157, note Larguier.*

4. Des manœuvres pratiquées avec l'intention et dans le but de procurer un avortement constituent, même si elles sont impuissantes à produire ce résultat, le commencement d'exécution caractéristique de la tentative, l'inefficacité des manœuvres n'étant qu'une circonstance indépendante de la volonté de leur auteur, par suite de laquelle la tentative a manqué son effet. • Crim. 9 nov. 1928 : *DH 1928. 577 ; DP 1929. 1. 97, note Henry ; JCP 1929. 239, note Garraud* • 21 déc. 1939 : *Bull. crim. n° 192 ; DH 1940. 78 ; JCP 1940. II. 1406* • 21 janv. 1942 : *DA 1942. Somm. 5 ; JCP 1942. II. 1821 (1re esp.), rapp. Nast et note J. L.* ♦ Rappr. : • Crim. 28 mars 1950 : *Bull. crim. n° 117 ; D. 1951. Somm. 5 ; S. 1950. 1. 176 ; RSC 1950. 592, obs. Hugueney* • 23 oct. 1956, n° 1-51.155 P. • 21 déc. 1965 : *JCP 1966. IV. 17* • T. corr. La Rochelle, 23 oct. 1941 : *Gaz. Pal. 1941. 2. 554.*

5. Complicité. Se rend complice d'avortement (sous réserve de la dépénalisation, opérée par la L. n° 93-121 du 27 janv. 1993, de l'interruption de grossesse pratiquée par la femme enceinte sur elle-même) celui qui, en connaissance de cause : ... accompagne une femme enceinte chez l'auteur des manœuvres abortives, sachant que ces manœuvres devaient avoir lieu. • Crim. 5 nov. 1941 : *S. 1942. 1. 89, note Bouzat* • 26 nov. 1943 : *D. 1945. Somm. 2 ; Gaz. Pal. 1944. 1. 65.* ♦ ... Remet à une femme enceinte une somme d'argent, bien supérieure au montant de l'avortement, en vue de la déterminer à y consentir. • Crim. 25 févr. 1942 : *DA 1942. 91.* ♦ ... Assure à la femme enceinte le concours de l'avorteuse, et assiste aux manœuvres abortives pratiquées par celle-ci. • Crim. 8 juill. 1943 : *DA 1943. 66.* ♦ ... Indique l'adresse d'une sage-femme et donne l'autorisation de se présenter chez elle de sa part. • Crim. 22 juill. 1943 : *S. 1943. 1. 115 ; Gaz. Pal. 1943. 2. 109.* ♦ ... Indique l'adresse d'une avorteuse et se met en rapport avec cette dernière. • Crim. 5 juin 1947 : *Bull. crim. n° 142 ; D. 1947. Somm. 37.* ♦ ... Conduit l'avorteuse au domicile d'une femme enceinte et la rémunère de ses manœuvres, ou indique à une femme enceinte le nom d'une avorteuse et fait rencontrer les deux femmes à son domicile. • Crim. 4 janv. 1951 : *Bull. crim. n° 5 ; D. 1951. Somm. 21.* ♦ ... Accepte que l'avortement soit pratiqué en son propre domicile. • Crim. 12 déc. 1956 : *Bull. crim. n° 830.* ♦ ... Menace d'abandon sa maîtresse qu'il sait enceinte et profondément attachée à lui. • T. corr. Grasse, 8 janv. 1947 : *S. 1947. 2. 103.*

6. Mais laisse incertain le point de savoir si une prévenue s'est rendue complice du délit perpétré par un avorteur l'arrêt qui énonce qu'une femme enceinte et voulant interrompre sa grossesse s'est adressée, dans le dessein de trouver un avorteur, à cette prévenue, laquelle, par l'intermédiaire d'une tierce personne, l'a mise en rapport avec l'individu qui a pratiqué l'avortement ; l'arrêt ne relève, en effet, aucun élément de fait qui établirait ou duquel il se déduirait que la prévenue se serait mise elle-même en rapport avec l'avorteur. • Crim. 4 janv. 1975 : *Gaz. Pal. 1975. 1. 343.* ♦ Encourt la cassation l'arrêt qui retient le délit de complicité d'avortement par aide et assistance contre un prévenu, en se fondant sur le seul motif qu'il a fait disparaître le fœtus en l'enterrant dans son jardin. • Crim. 6 août 1945 : *Gaz. Pal. 1945. 2. 143 ; RSC 1946. 67, obs. Hugueney.*

7. Lorsque la peine prononcée pour avortement est justifiée, il importe peu que le prévenu ait participé au fait délictueux comme auteur principal ou comme complice. • Crim. 5 juin 1947 : *Bull. crim. n° 142 ; D. 1947. Somm. 37.*

8. Conflit de qualifications. Le fait, par deux individus, d'avoir pratiqué des manœuvres abortives à la suite desquelles une personne est décédée constitue, non le simple délit d'homicide par imprudence, mais le crime de violences ayant entraîné la mort sans intention de la donner. • Crim. 9 nov. 1955, n° 3.051*Bull. crim. n° 467 ; D. 1956. 80 ; JCP 1956. II. 9249, note Granier.* ♦ Opposer : • Crim. 3 mars 1986 : *Gaz. Pal. 1986. 2. Somm. 429, note Doucet ; RSC 1987. 426, obs. Levasseur.* ♦ Lorsqu'il est constaté que des manœuvres abortives ont eu pour résultat la mort de la patiente, les faits poursuivis constituent, non le simple délit d'avortement, mais le crime de violences volontaires ayant entraîné la mort sans intention de la donner. • Crim. 1er déc. 1971 : *Bull. crim. n° 330 ; D. 1972. Somm. 18 ; JCP 1972. II. 16987 ; Gaz. Pal. 1972. 1. 223 ; RSC 1972. 389, obs. Levasseur.* ♦ Comp., dans une affaire où un médecin a été déclaré coupable, et d'avortement, et de coups et blessures volontaires. • Crim. 5 avr. 1978 : *Gaz. Pal. 1978. 2. 441.*

9. L'avortement étant le fait de provoquer l'accouchement avant terme d'une femme enceinte, dans le but de priver de l'existence l'enfant qu'elle porte, le délit d'avortement ne peut être considéré comme consommé, mais seulement la tentative d'avortement, lorsque l'enfant a survécu quelque temps ; en revanche, lorsque l'enfant est mort, le délit d'homicide involontaire doit, en outre, être retenu contre l'auteur de la tentative. • T. corr. Versailles, 15 janv. 1947 : *S. 1947. 2. 78.*

10. Action civile individuelle. Le mari et les enfants d'une femme décédée des suites de manœuvres abortives sont recevables à se constituer parties civiles contre l'auteur de ces manœuvres, aux fins de réparation du dommage matériel et moral personnel, conséquence directe des agissements délictueux du prévenu. • Crim. 6 juin 1952 : *D. 1954. 494 ; JCP 1952. II. 7074 ; Gaz. Pal. 1952. 2. 64* • Amiens, 4 déc. 1952 : *JCP 1953. II. 7586, note Colombini ; Gaz. Pal. 1953. 1. 130.* ♦ *Contra* : • Paris, 30 juin 1951 : *Gaz. Pal. 1951. 2. 90.* ♦ Il en est ainsi, alors même que n'aurait pas été retenue dans l'ordonnance de renvoi du juge d'instruction la qualification de violences volontaires ayant entraîné la mort sans intention de la donner, s'il est constant que cette mort est la conséquence, sinon immédiate, du moins certaine, des manœuvres constitutives de l'avortement. • Crim. 16 avr. 1932 : *Bull. crim. n° 107.*

11. L'action civile introduite contre l'avorteur par les parents d'une fille mineure, en réparation du préjudice personnel qui leur est causé par la folie de leur fille due aux manœuvres abortives, doit être rejetée en raison de la faute des parents, faute constituée par un défaut de vigilance de leur part dans la surveillance de la conduite de leur fille. • Montpellier, 6 juill. 1950 : *JCP 1951. II. 5963.* ♦ Le père d'une fille décédée des suites de manœuvres abortives est fondé à réclamer des dommages-intérêts en réparation du préjudice tant matériel que moral subi par lui du fait dudit décès. • T. corr. Seine, 6 avr. 1955 : *Gaz. Pal. 1955. 1. 432.*

12. Action civile collective. Si l'art. L. 375 CSP donne aux conseils de l'ordre des médecins la possibilité de se constituer partie civile dans toute poursuite intentée par le ministère public pour exercice illégal de la médecine, cette faculté est limitée à ce cas et ne concerne pas les délits d'avortement et de complicité d'avortement, dès lors qu'il n'est pas démontré, par ailleurs, que ces conseils ont été directement lésés par ces délits. • Crim. 9 nov. 1972 : *Bull. crim. n° 333 ; D. 1973. Somm. 17 ; Gaz. Pal. 1973. 1. Somm. 32.* ♦ Rappr. : • Crim. 26 mai 1956 : *Bull. crim. n° 396.*

13. Une association constituée sous le régime de la L. du 1er août 1901 et à laquelle aucune disposition spéciale de la loi ne reconnaît un droit particulier (en l'espèce, une association familiale locale), n'est pas recevable à se constituer partie civile devant les tribunaux répressifs à raison de faits d'avortement ou de propagande anticonceptionnelle, quels que soient les buts qu'elle se propose statutairement. • Crim. 20 déc. 1977 : Bull. crim. n° 404 ; Gaz. Pal. 1978. 2. Somm. 296.

Art. L. 2222-3 Le fait de procéder à une interruption de grossesse après diagnostic prénatal sans avoir respecté les modalités prévues par la loi est puni de deux ans d'emprisonnement et de 30 000 € d'amende. — *[Anc. art. L. 162-19.]*

Art. L. 2222-4 *(L. n° 2001-588 du 4 juill. 2001)* Le fait de fournir à la femme les moyens matériels de pratiquer une interruption de grossesse sur elle-même est puni de trois ans d'emprisonnement et de 45 000 € d'amende. Ces peines sont portées à cinq ans d'emprisonnement et à 75 000 € d'amende si l'infraction est commise de manière habituelle. En aucun cas, la femme ne peut être considérée comme complice de cet acte.

La prescription ou la délivrance de médicaments autorisés ayant pour but de provoquer une interruption volontaire de grossesse ne peut être assimilée au délit susmentionné.

CHAPITRE III (DU TITRE II). *ENTRAVE À L'INTERRUPTION LÉGALE DE GROSSESSE*

Art. L. 2223-1 Toute association régulièrement déclarée depuis au moins cinq ans à la date des faits, dont l'objet statutaire comporte la défense des droits des femmes à accéder à la contraception et à l'interruption de grossesse, peut exercer les droits reconnus à la partie civile en ce qui concerne les infractions prévues par l'article L. 2223-2 lorsque les faits ont été commis en vue d'empêcher ou de tenter d'empêcher une interruption volontaire de grossesse ou les actes préalables prévus par les articles L. 2212-3 à L. 2212-8. — *[Anc. art. L. 162-15-1.]*

C'est à bon droit que la cour d'appel a déclaré recevables les constitutions de partie civile de plusieurs associations ; la Cour de cassation est en mesure de s'assurer que l'objet statutaire de la confédération nationale du mouvement français pour le planning familial et de son association départementale comprenait nécessairement, depuis au moins 5 ans avant les faits, le but assigné par l'art. L. 162-15-1 CSP ; de même l'objet social de l'Union des femmes françaises, tendant, antérieurement à la modification de ses statuts, à « la défense des droits et de la dignité de la femme ... » incluait nécessairement la défense du droit des femmes à accéder à la contraception et à l'avortement • Crim. 27 nov. 1996, n° 96-80.223 P. ♦ La Cour de cassation est en mesure de s'assurer que l'objet statutaire de l'association départementale des Hauts-de-Seine du mouvement français pour le planning familial comprenait nécessairement, depuis au moins 5 ans avant la date des faits, le but assigné par l'art. L. 162-15-1 CSP. • Crim. 5 mai 1997 : *JCP 1997. IV. 1425.*

Art. L. 2223-2 *(L. n° 2017-347 du 20 mars 2017)* Est puni de deux ans d'emprisonnement et de 30 000 euros d'amende le fait d'empêcher ou de tenter d'empêcher de pratiquer ou de s'informer sur une interruption volontaire de grossesse ou les actes préalables prévus par les articles L. 2212-3 à L. 2212-8 par tout moyen, y compris par voie électronique ou en ligne, notamment par la diffusion ou la transmission d'allégations ou d'indications de nature à induire intentionnellement en erreur, dans un but dissuasif, sur les caractéristiques ou les conséquences médicales d'une interruption volontaire de grossesse :

1° Soit en perturbant l'accès aux établissements mentionnés à l'article L. 2212-2, la libre circulation des personnes à l'intérieur de ces établissements ou les conditions de travail des personnels médicaux et non médicaux ;

2° Soit en exerçant des pressions morales et psychologiques, des menaces ou tout acte d'intimidation à l'encontre des personnes cherchant à s'informer sur une interruption volontaire de grossesse, des personnels médicaux et non médicaux travaillant dans les établissements mentionnés au même article L. 2212-2, des femmes venues recourir à une interruption volontaire de grossesse ou de l'entourage de ces dernières.

BIBL. ► LEPAGE, *Dr. pénal 2017. Étude 15* (réflexions sur la nouvelle extension du délit d'entrave à l'interruption volontaire de grossesse).

Ancien art. L. 2223-2 (L. n° 2001-588 du 4 juill. 2001) *Est puni de deux ans d'emprisonnement et de 30 000 € d'amende le fait d'empêcher ou de tenter d'empêcher* (L. n° 2014-873 du 4 août 2014, art. 25) *« de pratiquer ou de s'informer sur » une interruption de grossesse ou les actes préalables prévus par les articles L. 2212-3 à L. 2212-8 :*

— soit en perturbant de quelque manière que ce soit l'accès aux établissements mentionnés à l'article L. 2212-2, la libre circulation des personnes à l'intérieur de ces établissements ou les conditions de travail des personnels médicaux et non médicaux ;

— soit en exerçant des pressions morales et psychologiques, des menaces ou tout acte d'intimidation à l'encontre des personnels médicaux et non médicaux travaillant dans ces établissements, des femmes venues y subir (L. n° 2014-873 du 4 août 2014, art. 25) *« ou s'informer sur » une interruption volontaire de grossesse ou de l'entourage de ces dernières.*

BIBL. ▶ Véron, *Dr. pénal 1997. Chron. n° 7* (du constat de la mort et du constat de la vie). – Prieur, *LPA 5 nov. 1997, n° 133, p. 12* (la répression judiciaire du délit d'entrave à l'IVG : réflexions à propos de quatre années d'application jurisprudentielle de l'art. L. 162-15 CSP). – Dhavernas, *RSC 1997. 821* (entrave à l'interruption volontaire de grossesse).

1. Fondements juridiques. Il n'y a pas d'incompatibilité entre l'art. L. 162-15 CSP et les art. 9 et 10 de la Conv. EDH, dès lors que la liberté d'opinion et la liberté de manifester ses convictions peuvent être restreintes par des mesures nécessaires à la protection de la santé ou des droits d'autrui. • Crim. 31 janv. 1996, n° 95-81.319 P : *Dr. pénal 1996. 87, obs. J.-H. Robert ; Gaz. Pal. 1996. 2. Somm. 319, note Bonneau ; ibid. 1998. 1. Doctr. 336, obs. Pain-Masbrenier ; JCP 1996. II. 22713, note Dorsner-Dolivet.*

2. La loi n° 75-17 du 17 janv. 1975 n'admet qu'il soit porté atteinte au principe du respect de tout être humain dès le commencement de la vie, rappelé dans son art. 1er, qu'en cas de nécessité et selon les conditions et limitations qu'elle définit. • Crim. 27 nov. 1996 (2 arrêts), n° 96-80.223 P : *Dr. pénal 1997. 39, obs. J.-H. Robert ; RSC 1998. 117, obs. Delmas Saint-Hilaire* • 2 avr. 1997 : *Gaz. Pal. 1997. 2, chron. crim. 161* • 5 mai 1997 : *JCP 1997. IV. 1606 ; Gaz. Pal. 1997. 2, chron. crim. 179* • 5 mai 1997 : *JCP 1997. IV. 1425 ; RSC 1998. 117, obs. préc. Delmas Saint-Hilaire*. ♦ … Eu égard aux conditions ainsi posées par le législateur, l'ensemble des dispositions issues de cette loi et de celles de la loi n° 79-1204 du 31 déc. 1979 relatives à l'interruption volontaire de grossesse, de même que les dispositions pénales de l'art. L. 162-15 CSP, ne sont pas incompatibles avec les stipulations de l'art. 2 Conv. EDH et de l'art. 6 du Pacte international sur les droits civils et politiques qui reconnaissent, l'un et l'autre, l'existence, pour toute personne, d'un droit à la vie protégé par la loi. • Crim. 27 nov. 1996 (2 arrêts) : *préc.* • 5 mai 1997 (2 arrêts) : *préc.* • TGI Roanne, 27 juin 1995 : *Gaz. Pal. 1998. 1. 2, note Bonneau.*

3. L'interruption volontaire de grossesse, telle qu'elle est autorisée par la L. du 17 janv. 1975, ne saurait constituer un acte de torture au sens de l'art. 3 Conv. EDH. • Crim. 5 mai 1997 : *préc. note 2.*

4. En l'état de la déclaration interprétative faite par la France lors de la signature à New York, le 26 janv. 1990, de la convention relative aux droits de l'enfant, et selon laquelle celle-ci ne saurait être interprétée comme faisant obstacle à l'application des dispositions de la législation française relative à l'interruption volontaire de grossesse, les prévenus d'entrave à l'interruption volontaire de grossesse ne sont pas recevables à présenter une exception prise d'une prétendue incompatibilité des textes fondant la poursuite avec cette convention. • Crim. 27 nov. 1996 (2 arrêts) : *préc. note 2* • 5 mai 1997 (2 arrêts) : *préc. note 2.*

5. Ne peut être opposée l'incompatibilité de la législation sur l'interruption volontaire de grossesse avec la Convention de Genève du 25 sept. 1926 relative à l'esclavage, complétée par celle du 7 sept. 1956, alors que les enfants à naître ne relèvent pas du champ d'application de ces conventions. • Crim. 31 janv. 1996 : *préc. note 1.*

6. L'état de nécessité, au sens de l'art. 122-7 C. pén., ne saurait être invoqué pour justifier le délit d'entrave à l'interruption volontaire de grossesse, dès lors que celle-ci est autorisée, sous certaines conditions, par la loi n° 75-17 du 17 janv. 1975. • Crim. 31 janv. 1996 : *préc. note 1 ; RSC 1996. 670, obs. Delmas Saint-Hilaire , et 848, obs. Bouloc* • 27 nov. 1996 (2 arrêts) : *préc. note 2* • 5 mai 1997 (2 arrêts) : *préc. note 2* • TGI Roanne, 27 juin 1995 : *préc. note 2.*

7. La cour n'a pas à revenir sur la qualité de personne humaine décernée par le législateur à l'embryon et à la durée maximale de gestation permettant l'interruption volontaire de grossesse ; il s'agit d'une loi régulièrement votée, et ni les prévenus, ni la cour, dans la mesure où aucune norme légale supranationale n'a jusqu'ici reconnu à l'embryon un droit absolu à la vie, ne peuvent en faire litière au nom de considérations morales, psychologiques, politiques, philosophiques, religieuses, voire médicales. • Dijon, 30 nov. 1995 : *Gaz. Pal. 1998. 1. Somm. 9.* ♦ Les réflexions sur le statut de l'enfant conçu ou de l'enfant à naître en droit pénal français, quel que soit leur intérêt, sont sans rapport avec les faits reprochés aux prévenus ; en effet, les art. L. 162-1 s. CSP définissent les conditions dans lesquelles l'interruption volontaire de grossesse peut être pratiquée avant la fin de la dixième semaine ; le législateur a voulu ainsi fixer les limites à l'intérieur desquelles une telle interruption était légale, étant précisé qu'elle constituait un délit si elle n'était pas pratiquée dans ces conditions limitatives ; le juge n'a pas à statuer en dehors de ce cadre légal ; il sortirait manifestement de son rôle s'il le faisait, risquant ainsi de s'ériger en moraliste ou en philosophe ; à cet égard, on peut rappeler que d'éminents scientifiques n'ont pas déterminé de façon précise et univoque le début de la vie humaine, que le juge ne peut donc que s'en remettre à la loi … • Paris, 15 févr. 1996 : *Gaz. Pal. 1996. 1, chron. crim. 50.*

8. Condition préalable. La preuve du respect par l'établissement hospitalier des exigences des art. L. 162-1 s. CSP n'est pas une condition préalable du délit de l'art. L. 162-15 de ce code. • Crim. 5 mai 1997, n° 96-81.889 P : *JCP 1997. IV. 1425 ; Gaz. Pal. 1997. 2, chron. crim. 179* • 2 sept. 1997 : *Dr. pénal 1997. 156 (2e arrêt), obs. J.-H. Robert* • 7 avr. 1999, n° 97-85.978 P : *Dr. pénal 1999. 102, obs. J.-H. Robert ; JCP 2000. I. 207, n° 6, obs. J.-H. Robert ; RSC 2000. 209, obs. Delmas Saint-Hilaire*. ♦ *Contra :* Le législateur a posé et maintenu dans le cadre des réformes successives le principe fondamental du droit à la vie de l'enfant conçu, et celui du caractère d'exception de l'interruption de grossesse ; il n'est pas concevable, dans ces conditions, qu'il ait entendu réprimer l'entrave à l'avortement même lorsque celui-ci est pratiqué de manière non conforme à la loi. • Chambéry, 20 nov. 1996 : *Gaz. Pal. 1997. 2. 619, note Clavel ; Dr. pénal 1997. 156 (1er arrêt), obs. J.-H. Robert* (décision cassée par : • Crim. 7 avr. 1999 : *préc.*).

9. Consommation. Justifie légalement sa décision la cour d'appel qui, pour caractériser le délit de l'art. L. 162-15 CSP, énonce que, par leur intrusion dans les locaux du centre hospitalier et leur enchaînement nécessitant le recours aux services de police, les prévenus ont perturbé la libre circulation à l'intérieur du centre d'orthogénie, et ainsi empêché plusieurs interruptions volontaires de grossesse de même que des entretiens et consultations préalables à cette intervention. • Crim. 31 janv. 1996, n° 95-81.319 P : *Dr. pénal 1996. 87, obs. J.-H. Robert ; Gaz. Pal. 1996. 2. Somm. 319, note Bonneau ; ibid. 1998. 1. Doctr. 336, obs. Pain-Masbrenier ; JCP 1996. II. 22713, note Dorsner-Dolivet.*

10. Pour caractériser l'entrave à interruption volontaire de grossesse, l'arrêt attaqué énonce que, par leur intrusion dans les locaux qui a eu pour effet d'interdire l'accès au bloc opératoire, de suspendre l'intervention qui était en cours et de différer celles qui étaient prévues, dans le but d'empêcher la réalisation des interruptions volontaires de grossesse, les prévenus ont perturbé la libre circulation du personnel soignant et provoqué l'interruption du fonctionnement normal du service ; en l'état de ces seuls motifs, et dès lors que la preuve du respect par l'établissement hospitalier des exigences des art. L. 162-1 s. CSP n'est pas une condition préalable du délit de l'art. L. 162-15 de ce code, la cour d'appel a justifié sa décision sans encourir les griefs allégués. • Crim. 5 mai 1997, n° 96-81.889 P : *JCP 1997. IV. 1425 ; Gaz. Pal. 1997. 2, chron. crim. 179.*

11. L'entrave est constituée dès lors qu'il ressort des éléments de la cause, que les faits reprochés aux prévenus ont largement contribué au dysfonctionnement du service dans lequel ils avaient décidé d'intervenir et qui est visé par la prévention ; il apparaît nettement que les personnels de la maternité ont été quant à eux profondément marqués et intimidés par la manifestation, fût-elle silencieuse, des prévenus ; l'irruption du groupe des prévenus a non seulement paralysé le fonctionnement de la salle d'intervention du centre d'orthogénie, mais également le centre de planification inclus dans le même bâtiment, et dans lequel auraient dû se dérouler ce matin-là plusieurs entretiens avant interruption volontaire de grossesse. • Dijon, 30 nov. 1995 : *Gaz. Pal. 1998. 1. Somm. 9.* ♦ Si les prévenus insistent particulièrement sur le caractère silencieux de leur manifestation contre l'interruption volontaire de grossesse, force est de constater que leur liberté d'opinion ou d'expression s'arrête là où commence celle des autres, et que, n'étant ni médecins, ni membres du service de la maternité, ils n'avaient nulle qualité pour consulter ou donner des conseils en la matière ; on ne voit pas, de surcroît, quel type de recours le groupe enchaîné pouvait apporter à des patientes en passe de commettre un acte « illégal » lorsque l'on sait que trois heures furent nécessaires aux services compétents pour libérer le groupe enchaîné. • Même arrêt.

12. A été accrochée sur le tableau de service du centre de planification d'un hôpital une enveloppe sur laquelle était inscrite la phrase : « Pour remettre SVP à l'assassin diplômé des facultés qui sévit dans l'avortoir de l'hôpital » ; au verso de l'enveloppe figurait le cachet de l'expéditeur suivi de la mention manuscrite : « Non avorteur bien que médecin » ; à l'intérieur de ladite enveloppe se trouvait un papier à en-tête du prévenu comportant une signature précédée de la phrase suivante : « Quand arrêteras-tu, vil assassin déguisé en médecin, de tuer les petits enfants ? » ; même si la citation reproche au prévenu d'avoir fait des pressions morales ou psychologiques, alors que l'art. L. 2223-2 exige que les pressions soient morales et psychologiques, il n'en reste cependant pas moins que cette qualification erronée doit être rectifiée, les faits visés dans la prévention étant clairement précisés, de même que le texte qui les réprime ; il convient de rechercher si la lettre envoyée par le prévenu ainsi libellée constitue une pression morale et psychologique ; pour constituer une pression, un acte doit avoir un effet intimidant de nature à constituer, pour ses destinataires, une contrainte morale et psychologique susceptible de les empêcher de poursuivre leurs tâches ; en l'espèce, la lettre envoyée par le prévenu ne contient aucune menace de sanction ou d'action quelconque ; elle ne mentionne pas, en particulier, que si les interruptions de grossesse continuent à être pratiquées, il serait fait recours à des actions d'une autre nature, pacifiques ou violentes ; l'auteur du courrier est, par ailleurs, clairement identifié, ce qui permet de savoir qui il est et de supprimer toutes spéculations de ce chef ; il s'agit, en outre, d'un envoi unique, lequel ne permet pas de considérer que les parties civiles ou le personnel de l'hôpital ont été soumis à un harcèlement susceptible de créer objectivement un émoi légitime ; la lettre ne vise nommément aucune personne, de sorte qu'il apparaît bien que son auteur ne connaît pas le personnel de l'hôpital ; dans ces conditions, quels que soient les termes excessifs employés, il ne peut être considéré que cet écrit unique, ne comportant aucune menace, adressé par une personne identifiée, fasse craindre un incident ou soit de nature à impressionner et à créer une contrainte morale et psychologique ; il ne sera donc pas retenu que le prévenu ait commis l'infraction qui lui est reprochée, d'avoir empêché ou tenté d'empêcher des interruptions volontaires de grossesse. • Bordeaux, 6 avr. 2007 : *Gaz. Pal. 2007. 2. Somm. 4108, note Mémeteau.*

13. Preuve. S'il est vrai qu'aucune patiente n'a été entendue par les enquêteurs, ceci résulte de l'absolu secret médical qui doit entourer tant les consultations que les interventions ; il convient dès lors de retenir les attestations des médecins aux termes desquelles une interruption volontaire de grossesse était programmée le matin des faits, et qu'elle avait dû être reportée à une date ultérieure. • Dijon, 30 nov. 1995 : *Gaz. Pal. 1998. 1. Somm. 9.*

14. Tentative. Il importe peu de savoir si une ou plusieurs IVG se déroulaient ou avaient été programmées au moment de l'intervention des prévenus devant l'entrée du bloc opératoire ; il suffit, en effet, pour que le délit soit constitué, que la tentative soit punissable – ce qui est bien le cas de la tentative prévue et punie par l'art. L. 162-15 CSP – et que son échec soit indépendant de la volonté de l'infracteur, ce qui est également le cas de l'espèce, l'échec de l'action menée par les prévenus ayant eu, en l'occurrence, une double cause : l'absence d'IVG en cours et l'intervention de la police. • Paris, 15 févr. 1996 : *Gaz. Pal. 1996. 1, chron. crim. 50.* ♦ L'art. L. 162-15 CSP réprime notamment le fait d'empêcher ou de tenter d'empêcher une interruption volontaire de grossesse en perturbant l'accès aux établissements ou la libre circulation des personnes à l'intérieur de ces établissements ; caractérise dès lors la tentative d'entrave à interruption volontaire de grossesse, quoiqu'aucune intervention n'ait été en cours ou prévue au moment de l'action, l'arrêt qui relève que, par leur intrusion dans les locaux de la maternité qui a eu pour effet d'interdire l'accès au bloc opératoire, dans le but d'empêcher la réalisation de ce type d'intervention, les prévenus ont perturbé la libre circulation du personnel soignant et gêné le fonctionnement du service. • Crim. 5 mai 1997, 🏛 n° 96-81.462 P : *JCP 1997. IV. 1606 ; Gaz. Pal. 1997. 2, Chron. crim. 179.* ♦ Rejet du pourvoi contre : • Paris, 15 févr. 1996 : *préc.*

15. Action civile. Est recevable et bien fondée la constitution de partie civile du chef de service d'un centre d'orthogénie, des membres du personnel de ce centre et d'une personne dont l'interruption volontaire de grossesse a été retardée d'une semaine à la suite du délit, dès lors que l'arrêt attaqué énonce que cette dernière a souffert d'un préjudice d'ordre psychologique et que les premiers ont été victimes de perturbations dans leur service et leur pratique professionnelle, en relation de causalité directe avec les faits poursuivis. • Crim. 31 janv. 1996 : 🏛 *préc. note 1.* ♦ De même, en allouant une indemnité au centre hospitalier universitaire, correspondant aux salaires versés aux membres de son personnel empêchés de travailler pendant l'occupation des locaux, la cour d'appel a justifié sa décision au regard de l'art. 3 C. pr. pén. • Même arrêt. ♦ Le centre hospitalier, dans les locaux duquel l'infraction a été commise, est recevable et fondé à demander réparation du trouble subi dans son fonctionnement et de l'atteinte à sa mission, dès lors que les art. 2 et 3 C. pr. pén. ouvrent l'action civile à tous ceux qui ont personnellement souffert du dommage matériel ou moral, découlant des faits, objet de la poursuite, sans exclure les personnes morales de droit public. • Crim. 27 nov. 1996 (2 arrêts), 🏛 n° 96-80.223 P : *Dr. pénal 1997. 39, obs. J.-H. Robert.*

16. Sont recevables en leur constitution de partie civile les syndicats des services de santé et des services sociaux, dès lors que l'arrêt se fonde non sur l'art. L. 162-15-1 CSP, applicable aux seules associations, mais sur l'art. L. 411-11 C. trav. [L. 2132-3 nouv.], aux termes duquel les syndicats professionnels peuvent, devant toutes les juridictions, exercer tous les droits réservés à la partie civile relativement aux faits portant un préjudice direct ou indirect à l'intérêt collectif de la profession qu'ils représentent. • Crim. 31 janv. 1996 : 🏛 *préc. note 1* • 27 nov. 1996 : (2 arrêts) : 🏛 *préc. note 2* • 5 mai 1997 : 🏛 *JCP 1997. IV. 1425 ; Gaz. Pal. 1997. 2, chron. crim. 199.*

17. Sursis à statuer. A justifié sa décision la cour d'appel qui, sur une demande de sursis à statuer jusqu'à l'issue d'une plainte déposée pour interruption illégale de grossesse, a écarté cette demande et condamné les prévenus poursuivis pour entrave à l'interruption volontaire de grossesse et entrave à l'exercice de la liberté du travail, dès lors qu'une juridiction, saisie d'infractions en état d'être jugées, apprécie souverainement les causes de renvoi ou de sursis à statuer, en l'absence de texte les réglementant. • Crim. 5 mai 1997, 🏛 n° 96-83.085 P • 2 sept. 1997 : 🏛 *Dr. pénal 1997. 156 (2e arrêt), obs. J.-H. Robert.*

LIVRE III (DE LA DEUXIÈME PARTIE). ÉTABLISSEMENTS, SERVICES ET ORGANISMES

TITRE Ier. ORGANISMES DE PLANIFICATION, D'ÉDUCATION ET DE CONSEIL FAMILIAL

CHAPITRE Ier. *CENTRES ET ÉTABLISSEMENTS*

Art. L. 2311-1 Les établissements d'information, de consultation ou de conseil familial et les centres de planification ou d'éducation familiale ne doivent poursuivre aucun but lucratif. — *[L. n° 67-1176 du 28 déc. 1967, art. 4, al. 5.]*

Art. L. 2311-2 Le président du conseil général agrée les centres de planification ou d'éducation familiale, à l'exception des centres de planification relevant d'une collectivité publique.

Dans ce cas, la création ou l'extension de ces centres est décidée par la collectivité concernée, après avis du président du conseil général. — *[L. n° 67-1176 du 28 déc. 1967, art. 4, al. 2 et 3.]*

....

Art. L. 2311-4 Les centres de planification ou d'éducation familiale sont autorisés à délivrer, à titre gratuit, des médicaments, produits ou objets contraceptifs *(Abrogé par L. n° 2001-588 du 4 juill. 2001) « sur prescription médicale »*, aux mineurs désirant garder le secret ainsi qu'aux personnes ne bénéficiant pas de prestations maladie, assurées par un régime légal ou réglementaire. Dans ces cas, les frais d'examens de biologie médicale ordonnés en vue de prescriptions contraceptives sont supportés par les centres de planification ou d'éducation familiale.

Les modalités d'application du présent article sont précisées par décret. — *[L. n° 67-1176 du 28 déc. 1967, art. 4, al. 6.]*

Art. L. 2311-5 Les centres de planification ou d'éducation familiale peuvent, dans le cadre de leurs activités de prescription contraceptive et sous la responsabilité d'un médecin, assurer *(L. n° 2016-41 du 26 janv. 2016, art. 79)* « la prévention, » le dépistage et le traitement de maladies transmises par la voie sexuelle. Ils assurent de manière anonyme le dépistage et le traitement de ces maladies. Ils interviennent à titre gratuit en faveur des mineurs qui en font la demande et des personnes qui ne relèvent pas d'un régime de base d'assurance maladie ou qui n'ont pas de droits ouverts dans un tel régime. Dans ces cas, les dépenses relatives *(L. n° 2016-41 du 26 janv. 2016, art. 79)* « à la prévention, » au dépistage et au traitement sont prises en charge par les régimes d'assurance maladie, sans qu'il soit fait application des dispositions du code de la sécurité sociale et du code rural et de la pêche maritime relatives à l'ouverture du droit aux prestations couvertes par les régimes de base, au remboursement de la part garantie par l'assurance maladie et à la participation de l'assuré aux tarifs servant de base aux remboursements.

(L. n° 2016-41 du 26 janv. 2016, art. 79) « Au titre de leur mission de prévention, les centres de planification ou d'éducation familiale réalisent les vaccinations prévues par le calendrier des vaccinations. Les dispositions relatives au respect de l'anonymat ne s'appliquent pas. »

Un décret pris après avis du *(L. n° 2004-806 du 9 août 2004, art. 4-I)* « Haut Conseil de la santé publique » fixe les modalités d'application du présent article. Ce décret fixe également les conditions dans lesquelles les dépenses afférentes *(L. n° 2016-41 du 26 janv. 2016, art. 79)* « à cette prévention, » à ce dépistage et à ce traitement sont prises en charge par les organismes d'assurance maladie sur la base des tarifs déterminés dans les conditions prévues au chapitre II du titre VI du livre Ier du code de la sécurité sociale. — *[L. n° 67-1176 du 28 déc. 1967, art. 6 bis.]*

Art. L. 2311-6 Sont déterminées par décret en Conseil d'État :

1° Les conditions de fonctionnement des établissements d'information, de consultation ou de conseil familial ;

2° Les conditions de fonctionnement et de contrôle des centres de planification ou d'éducation familiale, ainsi que les conditions d'agrément des centres de planification ou d'éducation familiale ne relevant pas d'une collectivité publique. — *[L. n° 67-1176 du 28 déc. 1967, art. 4, al. 1 et 4.]*

CHAPITRE II (DU TITRE II). *ÉTABLISSEMENTS DE SANTÉ RECEVANT DES FEMMES ENCEINTES*

(Ord. n° 2003-850 du 4 sept. 2003, art. 9-III)

Art. L. 2322-1 Les dispositions du livre Ier de la sixième partie sont applicables aux établissements de santé recevant des femmes enceintes.

Art. L. 2322-2 Les installations autorisées dont les établissements de santé privés sont tenus de disposer pour pratiquer des interruptions volontaires de grossesse sont fixées par décret.

CHAPITRE VI (DU TITRE II). *DISPOSITIONS PÉNALES*

....

Art. L. 2326-2 Le fait d'ouvrir ou de diriger sans autorisation un des établissements mentionnés à l'article L. 2322-1 ou de négliger de se conformer aux conditions de l'autorisation est puni de 4 500 € d'amende.

L'établissement peut, en outre, être fermé.

La récidive dans les trois ans, est punie de deux ans d'emprisonnement et de 9 000 € d'amende sans préjudice des peines plus fortes encourues notamment du fait des crimes et délits par l'article L. 2221-1 du présent code et les articles 223-3, 223-4, 223-10 à 223-12, 227-1, 227-2 et 227-13 du code pénal. — *[Anc. art. L. 176, al. 3.]*

Art. L. 2326-3 Le fait de faire obstacle aux inspections prévues à l'article L. 2322-2 est puni de six mois d'emprisonnement et de 3 750 € d'amende.

La fermeture de l'établissement peut être prononcée. — *[Anc. art. L. 177, al. 2.]*

....

LIVRE Ier (DE LA CINQUIÈME PARTIE). **PRODUITS PHARMACEUTIQUES**

CHAPITRE IV (DU TITRE III). *CONTRACEPTIFS*

Art. L. 5134-1 *(L. n° 2016-41 du 26 janv. 2016, art. 11)* « I A. — En application des articles L. 1111-2 et L. 1111-4, toute personne a le droit d'être informée sur l'ensemble des méthodes contraceptives et d'en choisir une librement.

« Cette information incombe à tout professionnel de santé dans le cadre de ses compétences et dans le respect des règles professionnelles qui lui sont applicables. Seules l'urgence ou l'impossibilité d'informer peuvent l'en dispenser. »

(L. n° 2001-588 du 4 juill. 2001, art. 24-I) I. — Le consentement des titulaires de l'autorité parentale ou, le cas échéant, du représentant légal n'est pas requis pour la prescription, la délivrance ou l'administration de contraceptifs aux personnes mineures.

(L. n° 2012-1404 du 17 déc. 2012, art. 52-II-2°) « La délivrance *(L. n° 2015-1702 du 21 déc. 2015, art. 64)* « de contraceptifs, la réalisation d'examens de biologie médicale en vue d'une prescription contraceptive, la prescription de ces examens ou d'un contraceptif, ainsi que leur prise en charge, » sont protégées par le secret pour les personnes mineures. »

La délivrance aux mineures des médicaments ayant pour but la contraception d'urgence et qui ne sont pas soumis à prescription médicale obligatoire s'effectue à titre gratuit dans les pharmacies selon des conditions définies par décret. Dans les établissements d'enseignement du second degré, *(Abrogé par L. n° 2016-41 du 26 janv. 2016, art. 10)* « *si un médecin (L. n° 2009-879 du 21 juill. 2009, art. 86-IV)* « *, une sage-femme* » *ou un centre de planification ou d'éducation familiale n'est pas immédiatement accessible,* » les infirmiers peuvent, *(Abrogé par L. n° 2016-41 du 26 janv. 2016, art. 10)* « *à titre exceptionnel et* » en application d'un protocole national déterminé par décret, dans les cas d'urgence *(Abrogé par L. n° 2016-41 du 26 janv. 2016, art. 10)* « *et de détresse caractérisés* », administrer aux élèves mineures et majeures une contraception d'urgence. Ils s'assurent de l'accompagnement psychologique de l'élève et veillent à la mise en œuvre d'un suivi médical *(L. n° 2016-41 du 26 janv. 2016, art. 10)* « , notamment en orientant l'élève vers un centre de planification ou d'éducation familiale ». — *V. art. D. 5134-1 à D. 5134-4.*

II. — Les contraceptifs intra-utérins ainsi que les diaphragmes et les capes ne peuvent être délivrés que sur prescription *(L. n° 2009-879 du 21 juill. 2009, art. 86-IV)* « d'un médecin ou d'une sage-femme » et uniquement en pharmacie ou dans les centres de planification ou d'éducation familiale mentionnés à l'article L. 2311-4. *(Abrogé par L. n° 2009-879 du 21 juill. 2009, art. 86-IV)* « *Les sages-femmes sont habilitées à prescrire les diaphragmes, les capes, ainsi que les contraceptifs locaux.* » La première pose du diaphragme ou de la cape doit être faite par un médecin ou une sage-femme.

L'insertion des contraceptifs intra-utérins ne peut être pratiquée que par un médecin *(L. nº 2009-879 du 21 juill. 2009, art. 86-IV)* « ou une sage-femme ». Elle est faite soit au lieu d'exercice du *(L. nº 2009-879 du 21 juill. 2009, art. 86-IV)* « praticien », soit dans un établissement de santé ou dans un centre de soins agréé.

(L. nº 2004-806 du 9 août 2004, art. 102-I ; L. nº 2009-879 du 21 juill. 2009, art. 86-IV et 87) « III. — Les sages-femmes sont habilitées à prescrire les contraceptifs locaux et les contraceptifs hormonaux. *(Abrogé par L. nº 2011-2012 du 29 déc. 2011, art. 44-1º) « La surveillance et le suivi biologique sont assurés par le médecin traitant.* »

« Dans les services de médecine de prévention des universités, la délivrance de médicaments ayant pour but *(Abrogé par L. nº 2011-2012 du 29 déc. 2011, art. 44-2º) « la contraception, et notamment »* la contraception d'urgence s'effectue dans des conditions définies par décret. *(L. nº 2011-2012 du 29 déc. 2011, art. 44-2º)* « Les infirmiers exerçant dans ces services peuvent procéder à la délivrance et l'administration de ces médicaments. » Ces services s'assurent de l'accompagnement psychologique de l'étudiant et veillent à la mise en œuvre d'un suivi médical. »

*Sur les conditions d'administration de la contraception d'urgence aux élèves des établissements d'enseignement du second degré, V. CSP, art. D. 5134-5 s. — **CSP.***

*Sur les conditions de délivrance aux mineures des médicaments ayant pour but la contraception d'urgence, V. CSP, art. D. 5134-1 s. — **CSP.***

Art. L. 5134-2 *(Abrogé par Ord. nº 2016-966, du 15 juill. 2016, art. 2) Les dispositions des articles L. 5122-1 à L. 5122-3, du premier alinéa de l'article L. 5122-6, des articles L. 5122-7, L. 5122-8, L. 5122-9 et L. 5122-11 sont applicables à la publicité pour les produits, autres que les médicaments, mentionnés à l'article L. 5134-1.*

Toutefois, seules les dispositions des articles L. 5122-1, L. 5122-2, L. 5122-8 et L. 5122-9 sont applicables à la publicité pour les préservatifs. — [L. nº 67-1176 du 28 déc. 1967, art. 5.]

Art. L. 5134-3 Sont déterminées par décret en Conseil d'État :

1º Les mesures d'application de l'article L. 5134-1 ;

2º Les conditions particulières de délivrance des contraceptifs *(Ord. nº 2017-1178 du 19 juill. 2017)* « en Guadeloupe, en Guyane, en Martinique, à La Réunion, à Mayotte » *(Ord. nº 2010-331 du 25 mars 2010, art. 43)* « et à Saint-Barthélemy et à Saint-Martin. » — *[L. nº 67-1176 du 28 déc. 1967, art. 3, décret en Conseil d'État et art. 6.]*

V. Décr. nº 74-3 du 3 janv. 1974 (D. et BLD 1974. 63), mod. par Décr. nº 75-315 du 5 mai 1975, art. 9 et 10 (D. et BLD 1975. 141), Décr. nº 80-756 du 22 sept. 1980, art. 5 (D. et BLD 1980. 365).

CHAPITRE V (DU TITRE III). *PRODUITS APTES À PROVOQUER UNE INTERRUPTION VOLONTAIRE DE GROSSESSE*

Art. L. 5135-1 *Al. 1er à 3 abrogés par L. nº 2001-588 du 4 juill. 2001.*

Il est interdit aux fabricants et négociants en appareils gynécologiques de vendre *(L. nº 2001-588 du 4 juill. 2001)* « des dispositifs médicaux utilisables pour une interruption volontaire de grossesse » à des personnes n'appartenant pas au corps médical ou ne faisant pas elles-mêmes profession *(Abrogé par L. nº 2001-588 du 4 juill. 2001) « comme commerçants patentés »* de vendre des appareils chirurgicaux.

LIVRE IV (DE LA CINQUIÈME PARTIE). DISPOSITIONS PÉNALES

CHAPITRE IV (DU TITRE III). *CONTRACEPTIFS*

....

Art. L. 5434-2 *(L. nº 2001-588 du 4 juill. 2001)* Le fait de délivrer des contraceptifs mentionnés à l'article L. 5134-1 en infraction aux dispositions du *(L. nº 2004-806 du 9 août 2004, art. 102-II)* « premier alinéa du II et du III » dudit article et du 1º de l'article L. 5134-3 est puni de six mois d'emprisonnement et de 7 500 € d'amende. — *Applicable à Mayotte (art. 28, L. nº 2001-588 du 4 juill. 2001).*

CHAPITRE V (DU TITRE III). *PRODUITS APTES À PROVOQUER UNE INTERRUPTION VOLONTAIRE DE GROSSESSE*

Art. L. 5435-1 *(L. nº 2001-588 du 4 juill. 2001)* La vente, par les fabricants et négociants en appareils gynécologiques, de dispositifs médicaux utilisables pour une interruption volontaire de grossesse à des personnes n'appartenant pas au corps médical ou ne faisant pas elles-mêmes profession de vendre ces dispositifs est punie de deux ans d'emprisonnement et de 30 000 € d'amende.

(Abrogé par L. nº 2009-526 du 12 mai 2009, art. 125-XXI-36º) « Les personnes morales peuvent être déclarées pénalement responsables des infractions, définies au présent article, dans les conditions prévus à l'article 121-2 du code pénal. Elles encourent la peine d'amende suivant les modalités prévues à l'article 131-38 du code pénal. »

Les personnes physiques et les personnes morales encourent également les peines suivantes :

1º La confiscation des dispositifs médicaux saisis ;

2º L'interdiction d'exercer la profession ou l'activité à l'occasion de laquelle le délit a été commis, pour une durée qui ne peut excéder cinq ans.

Code de l'action sociale et des familles

(Ord. nº 2000-1249 du 21 déc. 2000)

Art. L. 213-2 Les pouvoirs publics reconnaissent la mission des associations familiales et autres mouvements qualifiés pour la préparation lointaine et proche des jeunes au mariage et à la vie adulte, ainsi que pour l'information objective des adultes aux divers problèmes de la vie du couple, de la famille et de l'éducation des jeunes. — *[L. nº 67-1176 du 28 déc. 1967, art. 4, al. 7.]*

Décret nº 72-180 du 7 mars 1972,

Portant application du quatrième alinéa de l'article 3 de la loi nº 67-1176 du 28 décembre 1967 relative à la régulation des naissances [CSP, art. L. 5134-1].

Art. 1er *Abrogé par Décr. nº 80-756 du 22 sept. 1980.*

Art. 2 L'agrément prévu à l'alinéa 4 de l'article 3 de la loi susvisée du 28 décembre 1967 *[CSP, art. L. 5134-1, al. 2]* peut être accordé aux centres de soins préventifs ou curatifs, et notamment aux centres de protection maternelle et infantile mentionnés aux articles L. 148 *[devenu CSP, art. L. 2112-1]* et L. 149 *[devenu CSP, art. L. 2112-2]* du code de la santé publique *[CSP, art. L. 2212-1 et L. 2212-2]*, lorsque ces centres donnent, dans l'intérêt de la santé, des garanties suffisantes. — *V. les art. L. 2212-1, L. 2212-2 et L. 5134-1.*

Al. abrogé par Décr. nº 80-756 du 22 sept. 1980.

L'agrément est donné et retiré par arrêté préfectoral.

Art. 3 *Abrogé par Décr. nº 80-756 du 22 sept. 1980.*

Art. 4 Celles des infractions aux dispositions du présent décret qui ne peuvent donner lieu à l'application des sanctions prévues à l'article 7 de la loi susvisée du 28 décembre 1967 seront passibles de l'amende prévue pour les contraventions de la 5e classe.

Sur l'extension et l'adaptation à Mayotte des dispositions réglementaires relatives à la santé publique, V. Décr. nº 90-740 du 14 août 1990 (JO 17 août), mod. par Décr. nº 93-1098 du 13 sept. 1993 (JO 18 sept.).

SECTION VI DE LA PROVOCATION AU SUICIDE

RÉP. PÉN. vº *Provocation*, par LASSALLE.

Art. 223-13 Le fait de provoquer au suicide d'autrui est puni de trois ans d'emprisonnement et de 45 000 € d'amende lorsque la provocation a été suivie du suicide ou d'une tentative de suicide.

Les peines sont portées à cinq ans d'emprisonnement et à 75 000 € d'amende lorsque la victime de l'infraction définie à l'alinéa précédent est un mineur de quinze ans.

(*L. nº 2009-1437 du 24 nov. 2009, art. 50*) « Les personnes physiques ou morales coupables du délit prévu à la présente section encourent également la peine complé-

mentaire suivante : interdiction de l'activité de prestataire de formation professionnelle continue au sens de l'article L. 6313-1 du code du travail pour une durée de cinq ans. »

BIBL. ▶ BORRICAND, *JCP 1988. I. 3359.* – BOULOC, *RSC 1988. 554.* – GENDREL, *ALD 1988. 171.* – PRALUS-DUPUY, *RDSS 1988. 203.* – JACQUINOT, *Gaz. Pal. 1995. 2. Doctr. 954.*

1. Provocation. La remise d'un couteau à une personne dont on connaît le comportement suicidaire et déséquilibré, en la défiant de s'en servir, ne comporte aucun caractère contraignant ou convaincant de nature à paralyser sa volonté en ne laissant d'autre alternative que la mort pour résoudre ses difficultés. • TGI Lille, 5 avr. 1990 : *D. 1993. Somm. 14, obs. Azibert ; Dr. pénal 1991. 196 ; RSC 1993. 325, obs. Levasseur.*

2. Sur l'intention de provoquer la mort d'autrui, V. : Rép. min. n° 42543 : *JOAN Q, 2 déc. 1996, p. 6325 ; JCP 1997. V. 13.*

3. Conflits de qualifications. Sur la qualification d'homicide involontaire dans une affaire où les prévenus se sont vu reprocher un défaut de surveillance sur une personne en état de dépression suicidaire. • Crim. 5 mars 1992 : *Gaz. Pal. 1993. 2. Somm. 486, note Doucet ; RSC 1993. 325, obs. Levasseur.*

Art. 223-14 La propagande ou la publicité, quel qu'en soit le mode, en faveur de produits, d'objets ou de méthodes préconisés comme moyens de se donner la mort est punie de trois ans d'emprisonnement et de 45 000 € d'amende.

1. Publicité. Si le fait de se suicider ou de tenter de le faire n'est plus pénalement incriminé et, en conséquence, constitue un droit, cela ne signifie nullement que ce droit puisse faire légalement l'objet d'une publicité quelconque destinée à en décrire les modalités possibles d'exercice ; le chapitre 10 de l'ouvrage « Suicide mode d'emploi » constitue objectivement une publicité en faveur de méthodes préconisées comme moyens de se donner la mort, publicité interdite par la L. du 31 déc. 1987 (nouvel art. 223-14) ; la réédition de l'ouvrage incriminé faite à l'initiative de l'éditeur le rend passible de l'application, sans rétroactivité, de la L. du 31 déc. 1987 puisque cet acte de réédition constitue un fait nouveau ; l'éditeur ayant fait procéder à cette réédition à l'insu des auteurs de l'ouvrage ou, du moins, sans leur demander préalablement de l'autoriser à le faire, ceux-ci sont relaxés au bénéfice du doute. • TGI Paris, 11 avr. 1995 : *JCP 1996. II. 22729, note Lucas-Gallay.*

2. La motivation de celui qui acquiert l'ouvrage étant nécessairement de s'informer sur les techniques de suicide, la publicité en faveur de l'ouvrage se confond avec la publicité en faveur de produits, objets ou méthodes préconisés comme moyens de se donner la mort. • Paris, 18 janv. 2001 : *Dr. pénal 2001. 84, obs. Véron.* ♦ Conf. par • Crim. 13 nov. 2001, n° 01-81.418 P : *Dr. pénal 2002. 13, obs. Véron ; RSC 2002. 615, obs. Francillon.*

Art. 223-15 Lorsque les délits prévus par les articles 223-13 et 223-14 sont commis par la voie de la presse écrite ou audiovisuelle, les dispositions particulières des lois qui régissent ces matières sont applicables en ce qui concerne la détermination des personnes responsables.

V. art. 42 s. L. 29 juill. 1881, App., v° Presse et communication.

Corresp. *: C. pén., anciens art. 318-1 et 318-2.*

Presse écrite. Caractérise, à l'encontre du directeur de publication d'un journal, le délit de propagande ou de publicité en faveur de produits, objets ou méthodes préconisés comme moyen de se donner la mort, prévu et réprimé par l'art. 223-14 C. pén., la cour d'appel qui constate qu'a été publié dans le journal concerné un entrefilet consacré à un livre présenté comme un « guide du suicide » préconisant environ vingt méthodes pour se donner la mort dont « l'asphyxie et l'overdose », le texte incriminé précisant les moyens de se procurer cet ouvrage, prétendument « censuré » en France, et communiquant l'adresse d'un site internet permettant de localiser l'association la plus proche ayant pour objet la défense du droit à la mort ; il résulte en effet de ces constatations que le texte incriminé constitue une publicité en faveur des « procédés de suicide » décrits dans l'ouvrage, même si seulement deux d'entre eux y sont cités ; diffusée uniquement sous la forme d'un supplément gratuit du quotidien, la revue en était indissociable et était intégrée à l'édition concernée du quotidien ; le prévenu n'ayant ni allégué ni établi l'existence de circonstances indépendantes de sa volonté l'ayant mis dans l'impossibilité de s'acquitter de son devoir de surveillance et de contrôle que lui imposaient ses fonctions de directeur de publication, l'autorisation de publier ce texte, donnée par lui, caractérise à son encontre l'élément intentionnel de la mise en danger prévue par l'art. 223-14 C. pén., par provocation au suicide. • Crim. 13 nov. 2001, n° 01-81.418 P : *Dr. pénal 2002. 13, obs. Véron.* ♦ Sur l'arrêt confirmé, • Paris, 18 janv. 2001 : *Dr. pénal 2001. 84, obs. Véron ; RSC 2002. 615, obs. Francillon.*

Art. 223-15-1 *(L. n° 2009-526 du 12 mai 2009, art. 124-I)* **« Les personnes morales déclarées responsables pénalement, dans les conditions prévues par l'article 121-2, des infractions définies à la présente section encourent, outre l'amende suivant les modalités prévues par l'article 131-38 : »**

(L. n° 2001-504 du 12 juin 2001) **« 2°** *[1°]* **Les peines mentionnées aux 2° à 9° de l'article 131-39 ;**

« 3° *[2°]* **La peine mentionnée au 1° de l'article 131-39 pour l'infraction prévue au deuxième alinéa de l'article 223-13.**

« L'interdiction mentionnée au 2° de l'article 131-39 porte sur l'activité dans l'exercice ou à l'occasion de l'exercice de laquelle l'infraction a été commise. »

SECTION VI *BIS* DE L'ABUS FRAUDULEUX DE L'ÉTAT D'IGNORANCE OU DE FAIBLESSE

(L. n° 2001-504 du 12 juin 2001)

NOTA : *L'abus frauduleux de l'état d'ignorance et de faiblesse est désormais incriminé aux art. 223-15-2 à 223-15-4 C. pén., et non plus à l'art. 313-4 C. pén., abrogé par la loi n° 2001-504 du 12 juin 2001.*

BIBL. ▶ **Dossier :** Le délit d'abus d'ignorance ou de faiblesse, *AJ pénal 2018. 219* *s.*

Art. 223-15-2 **Est puni de trois ans d'emprisonnement et de 375 000 € d'amende l'abus frauduleux de l'état d'ignorance ou de la situation de faiblesse soit d'un mineur, soit d'une personne dont la particulière vulnérabilité, due à son âge, à une maladie, à une infirmité, à une déficience physique ou psychique ou à un état de grossesse, est apparente** *(L. n° 2009-526 du 12 mai 2009, art. 133-II)* **« ou connue » de son auteur, soit d'une personne en état de sujétion psychologique ou physique résultant de l'exercice de pressions graves ou réitérées ou de techniques propres à altérer son jugement, pour conduire ce mineur ou cette personne à un acte ou à une abstention qui lui sont gravement préjudiciables.**

Lorsque l'infraction est commise par le dirigeant de fait ou de droit d'un groupement qui poursuit des activités ayant pour but ou pour effet de créer, de maintenir ou d'exploiter la sujétion psychologique ou physique des personnes qui participent à ces activités, les peines sont portées à cinq ans d'emprisonnement et à 750 000 € d'amende.

V. C. consom., art. L. 122-8 qui réprime également l'abus de faiblesse. — ***C. consom.***

A. CODE PÉNAL

1° AVANT LA LOI DU 12 JUIN 2001 (NOUV. C. PÉN., ART. 313-4)

BIBL. Thomas, Thomas-Hazif, Pradère et Darrieux, *Gaz. Pal. 1996. 2. Doctr. 805* (dépendance affective de la personne âgée et abus de faiblesse). – Malabat, *RLDA 2008/25, n° 1546* (devoirs du banquier et complicité d'abus de faiblesse).

1. État d'ignorance ou de faiblesse. A caractérisé en tous ses éléments, tant matériel qu'intentionnel, le délit prévu par l'art. 313-4 C. pén., la cour d'appel qui relève que la prévenue a reconnu avoir, à l'occasion de ses fonctions d'aide ménagère auprès d'un couple de 86 et 84 ans, reçu du mari des sommes d'argent et des avantages en nature, alors qu'elle se rendait compte que celui-ci ne connaissait pas la valeur de la monnaie, confondant nouveaux et anciens francs ; que les juges retiennent le témoignage d'un employé de banque selon lequel « lorsque le mari faisait un retrait, il demandait à son aide ménagère combien il devait retirer et c'était elle qui indiquait la somme » ; qu'ils font état de certificats médicaux indiquant que les deux époux présentaient des signes de détérioration intellectuelle ; enfin, qu'ils observent que les fonds remis frauduleusement à la prévenue, en sus de son salaire, ont constitué une part importante des revenus des victimes ; autant de motifs, qui font apparaître la situation de dépendance des victimes dont a profité la prévenue pour obtenir de leur part des sommes indues. • Crim. 30 avr. 1996, n° 96-80.068 P : *Dr. pénal 1996. 217, obs. Véron ; RSC 1997. 110, obs. Ottenhof* .

2. Caractérise en tous ses éléments le délit d'abus de faiblesse, prévu par l'art. 313-4 C. pén., l'arrêt qui retient que le prévenu, qui donnait verbalement à bail, depuis 1992, à la victime, un appartement de 50 m², a déménagé le mobilier de son locataire, âgé de 89 ans et souffrant d'une importante surdité, dans un studio de 18 m² pour la location duquel il lui a fait signer un bail d'un an non reconductible, ajoute que l'état de dépendance de la victime est établi par un certificat médical et que la personne qui lui prêtait habituellement assistance se trouvait absente au moment du déménagement et de la signature du contrat. • Crim. 17 janv. 2001, n° 00-84.466 P.

3. Dès lors que, dans les poursuites diligentées à l'encontre d'une personne à qui il est reproché d'avoir frauduleusement abusé de la vulnérabilité d'une personne âgée pour l'obliger à lui signer des chèques, le juge des tutelles, qui a placé la personne âgée sous curatelle après avoir estimé qu'elle avait besoin d'être conseillée ou contrôlée dans les actes de la vie civile, et qui a ainsi déjà pris parti sur un élément constitutif de l'infraction reprochée, ne peut faire partie du tribunal correctionnel qui, après avoir statué sur la culpabilité et sur la peine, est entré en voie de condamnation, sous peine de ne pas être impartial, au sens de l'art. 6 Conv. EDH. • Riom, 5 mai 1999 : *D. 1999. IR 163.*

4. Est constitutif d'un abus d'ignorance ou de faiblesse d'une personne vulnérable le fait, pour un agent d'assurance, de rendre visite à une personne âgée de 85 ans pour lui faire signer un contrat d'assurance-vie, dès lors que, même si elle ne présentait pas de troubles manifestes de la compréhension ni de la mémoire, l'intéressée souffrait de difficultés visuelles et auditives de nature à diminuer son autonomie de jugement par le fait de ne pouvoir, ni par la lecture, ni par l'audition, recueillir tous les éléments lui permettant de se forger une opinion sur la proposition qui lui était faite, lesquelles difficultés étaient, ainsi, de nature à amoindrir sa résistance psychologique aux sollicitations commerciales. • Paris, 2 avr. 2001 : *D. 2002. Somm. 1804, obs. Gozzi ; RSC 2002. 821, obs. Ottenhof .*

5. A caractérisé en tous ses éléments, tant matériel qu'intentionnel, le délit prévu par l'art. 313-4 C. pén., l'arrêt qui relève, notamment, que la prévenue a reconnu avoir bénéficié de sommes très importantes de la part de deux personnes âgées de 92 et 87 ans, chez qui elle vivait alternativement, dans l'oisiveté la plus complète, que les juges se réfèrent à des expertises psychiatriques diligentées sur les victimes, d'où ils concluent que leur fragilité psychologique était évidente, et qu'après avoir rappelé le détail des sommes qu'elles ont versées et des engagements qu'elles ont souscrits au profit de la prévenue, ils ajoutent que cette dernière les a dépouillées systématiquement et méthodiquement, les conduisant à la ruine financière et à la détresse morale. • Crim. 29 nov. 2000 : *Dr. pénal 2001. 70, obs. Véron.*

6. Se rend coupable d'abus frauduleux de la situation de faiblesse d'un couple de patients le médecin neurologue qui a obtenu des victimes l'avance de diverses sommes d'argent, ce couple ayant opéré sur ce médecin un « transfert massif » en relation avec un état de santé ayant nécessité plusieurs années de soins ; le praticien qui connaissait la vulnérabilité de ses patients, a admis avoir obtenu d'eux, en endormant leur méfiance et en leur dissimulant sa situation d'insolvabilité, le prêt de diverses sommes, dont celle de 450 000 F, sans intérêts, qui provenaient d'une indemnité de licenciement et d'un héritage dont lui-même avait appris l'existence lors d'une consultation ; c'est à bon droit que la cour d'appel a caractérisé en tous ses éléments, tant matériel qu'intentionnel, le délit prévu par l'art. 313-4, devenu l'art. 223-15-2 C. pén., le prévenu ayant profité de la situation de dépendance des victimes, pour obtenir le prêt de sommes qui n'ont été que partiellement remboursées. • Crim. 5 oct. 2004, n° 02-86.522 P : *AJ pénal 2005. 71, obs. Leblois-Happe ; Dr. pénal 2005. 1, obs. Véron.*

7. Préjudice. Si l'art. 314 C. pén. prévoit que l'acte obtenu de la victime doit être de nature à lui causer un grave préjudice, il n'exige pas que cet acte soit valable, ni que le dommage se soit réalisé ; justifie sa décision la cour d'appel qui, pour déclarer le prévenu coupable d'abus frauduleux de l'état d'ignorance ou de la situation de faiblesse d'une personne particulièrement vulnérable, relève que le médecin traitant savait que l'état général, physique et psychique, de son patient s'était dégradé, qu'il a obtenu de lui la signature d'un acte de vente sous conditions suspensives d'un terrain et que le prix prévu dans cet acte était anormalement bas, et ajoute que le médecin, qui s'est abstenu de rechercher si le prix fixé par lui était justifié, avait l'intention de réaliser une affaire immobilière intéressante à son profit, et qu'il n'importe que l'acte, qui lésait gravement les intérêts de son patient, ultérieurement placé sous tutelle, n'a pas été réitéré par son représentant légal, constatant ainsi souverainement l'existence de l'intention frauduleuse résultant de l'absence de toute vérification du prix fixé. • Crim. 12 janv. 2000, n° 99-81.057 P : *D. 2001. 813, note Maréchal ; Dr. pénal 2000, n° 69, obs. Véron ; RSC 2000. 614, obs. Ottenhof .*

8. L'acte, obtenu par abus de l'ignorance ou de la faiblesse d'une personne vulnérable, étant en l'espèce un testament olographe, il ne devait prendre effet qu'au décès de son auteur et donc ne peut lui porter préjudice étant révocable à tout moment ; le préjudice résultant de la rédaction de l'acte ne pouvant affecter les héritiers qui s'estiment lésés et qui disposent de la voie de droit de l'art. 901 C. civ., lequel ouvre l'action en annulation du testament pour insanité d'esprit du testateur, il s'ensuit que l'élément indispensable de préjudice subi directement par l'auteur du testament contesté faisant défaut, le délit de l'art. 313-4 n'est pas établi dans tous ses éléments constitutifs. • Paris, 4 mai 2000 : *D. 2000. IR 191.*

2° DEPUIS LA LOI DU 12 JUIN 2001

BIBL. Dosner-Dolivet, *JCP 2001, Actualité n° 48 ; D. 2002. Chron. 1086 .* – Seuvic, *obs. RSC*

2001. 852. – Bellivier, *obs. RTD civ. 2001. 682*. – Bourin, *éd. Pedone, 2005, p. 115.*

9. Application dans le temps. Pour entrer en voie de condamnation, l'arrêt retient que la victime se trouvait dans une situation de faiblesse due à son âge, à son état physique et psychique ainsi qu'à des deuils récents, les juges ajoutant que, dans ces circonstances, le seul fait pour le prévenu d'avoir disposé, pour des besoins personnels ou des placements hasardeux, du patrimoine de la victime, qui a été vidé de sa substance, suffit à caractériser l'infraction d'abus de faiblesse ; en l'état de ces seules constatations, qui n'établissent pas que la situation de faiblesse de la victime était apparente ou connue du prévenu, et dès lors que le délit d'abus de faiblesse à l'égard d'une personne majeure n'était pas incriminé avant le 1er mars 1994, la cour d'appel n'a pas légalement justifié sa décision. • Crim. 27 mai 2004, nº 03-82.738 P : *D. 2004. Somm. 2750, obs. Mirabail* ; *D. 2005. Pan. 685, obs. Pradel* ; *Dr. pénal 2004. 130, obs. Véron* ; *RSC 2004. 881, obs. Mayaud* ; *ibid. 886, obs. Ottenhof*.

10. Les juges ne peuvent, pour des faits antérieurs à la L. du 12 juin 2001 instituant l'art. 223-15-2 C. pén., faire rétroagir un texte qui, en modifiant les éléments constitutifs de l'infraction par la suppression de la condition de contrainte, étend le champ d'application de l'incrimination et constitue une disposition plus sévère. • Crim. 23 juin 2009, nº 08-82.411 P : *D. 2009. AJ 1975, obs. Darsonville* ; *Gaz. Pal. 2009. 2. Somm. 3904, note Mésa* ; *RSC 2009. 837, obs. Mayaud*.

11. État de vulnérabilité. La prévenue s'est fait remettre de l'argent liquide et s'est fait acheter de nombreux biens matériels par deux hommes, mentalement déficients, qu'elle avait abordés dans la rue, et auxquels elle avait fait des avances et de fausses promesses de remboursement ; la déficience psychique des victimes étant apparente à toute personne qui les côtoie, la prévenue ne pouvait l'ignorer ; elle est donc condamnée pour abus frauduleux d'ignorance ou de faiblesse d'une personne particulièrement vulnérable. • Poitiers, 23 juin 2005 : *JCP 2006. IV. 1315.*

12. Le 20 juin 1997, Nadine E... F..., qui souffrait d'éthylisme chronique et qui sera placée sous tutelle par jugement du 22 déc. 1998, a remis à François B... C... un chèque signé par elle, sans indication de montant ni d'ordre ; le chèque, libellé pour une somme de 5 450 000 francs à l'ordre de Me Alain D..., a été encaissé par ce notaire ; à l'issue de l'information faisant suite à la plainte adressée au procureur de la République par le tuteur de Nadine E... F..., François B... C... et Alain D... ont été poursuivis des chefs d'abus de faiblesse et de recel de ce délit ; le tribunal correctionnel les a relaxés et a débouté les parties civiles de leurs demandes ; statuant sur les appels de ces dernières et du ministère public, l'arrêt confirmatif, après avoir relevé que Nadine E... F... se trouvait en état de particulière vulnérabilité, manifesté notamment par de la confusion mentale, et que François B... C... avait connaissance de cet état, retient qu'elle n'a pas été conduite à un acte qui lui soit gravement préjudiciable, dès lors qu'elle a remis le chèque sans y être contrainte ; en se déterminant ainsi, la cour d'appel, qui ne pouvait, sans se contredire, constater la particulière vulnérabilité de la victime, tout en énonçant qu'elle avait agi de son plein gré, n'a pas justifié sa décision. • Crim. 16 oct. 2007 : *Dr. pénal 2008. 9, obs. Véron.*

13. Le moyen fait vainement grief à l'arrêt attaqué d'avoir déclaré la prévenue coupable d'avoir détourné un chèque de 7 620 000 € qui, en définitive, n'a pas été encaissé, dès lors que le montant exorbitant de ce chèque au regard du patrimoine de la victime n'a été mentionné par la cour d'appel que pour démontrer la particulière vulnérabilité de la victime. • Crim. 8 févr. 2012 : *Gaz. Pal. 2012. 2. 2222, obs. Dreyer.*

14. La contrainte morale exercée par le prévenu sur sa grand-mère, âgée de 85 ans, handicapée à 90 %, et sur son grand-père, âgé de 92 ans et présentant un important déficit intellectuel, se déduit de la nature des actes accomplis à leur préjudice. • Crim. 11 déc. 2013 : *Dr. pénal 2014, nº 20, obs. Véron.*

15. Le délit d'abus frauduleux de l'état d'ignorance ou de la situation de faiblesse d'une personne particulièrement vulnérable du fait de son âge n'exige pas la preuve d'une altération des facultés mentales de cette personne. • Crim. 11 juill. 2017, nº 17-80.421 P : *RSC 2017. 507, obs. Mayaud* ; *Gaz. pal. 24 oct. 2017, p. 51, obs. Detraz.*

16. État de sujétion psychologique. L'état de sujétion psychologique, au sens de l'art. 223-15-2 C. pén., ne peut être que celui qui résulte de manœuvres et techniques destinées à soumettre la victime à l'emprise de son auteur ; dès lors, s'il n'est pas discutable que, du fait des circonstances de la catastrophe d'AZF et de l'impérieuse nécessité de procéder à des travaux urgents de clos et de couvert, les victimes se sont trouvées psychologiquement fragilisées face aux prévenus, qui leur ont proposé l'exécution rapide de ces travaux, elles ne présentaient pas pour autant l'état de sujétion psychologique prévue par la loi. • Toulouse, 4 janv. 2005 : *D. 2005. Pan. 2990, obs. Garé* ; *AJ pénal 2005. 199, obs. Rondey* ; *RSC 2005. 306, obs. Mayaud*.

17. Les prévenues doivent être condamnées du chef d'abus de faiblesse d'une personne en état de sujétion psychologique ; se présentant comme des voyantes auprès d'une jeune fille de 20 ans, elles ont su instaurer un état de sujétion psychologique par des pressions graves et réitérées consistant à alléguer, lors de nombreuses rencontres ou appels téléphoniques, l'existence de visions angoissantes et de sorts maléfiques pesant sur la victime et son entourage familial, de nature à mettre en cause leur santé ou leur intégrité ; les prévenues prétendaient que seules des prières ou bénédictions sur de l'argent ou des objets remis par la victime pouvaient lever ces sorts ; elles ont ainsi obtenu la remise d'importantes sommes d'argent et de cadeaux ; dès lors que l'état de sujétion psychologique est caractérisé, il n'est pas besoin de rechercher l'existence d'une particulière vulnérabilité de la victime ; l'intention des prévenues est caractérisée par la volonté de profiter de la victime et de la dépouiller de ses biens. • Paris, 8 mars 2010 : *JCP G 2010, n° 835, obs. Maréchal.*

18. Les violences et la domination exercées sur une victime psychologiquement fragile, dans un contexte qui l'a conduite à remettre l'intégralité de ses biens, caractérisent les pressions graves ou réitérées entraînant un état de sujétion psychologique l'ayant amenée à un acte qui lui est gravement préjudiciable. • Crim. 27 oct. 2015, n° 14-82.032 P : *D. actu. 26 nov. 2015, obs. Priou-Alibert ; RSC 2015. 847, obs. Mayaud ; Gaz. Pal. 26 janv. 2016, p. 52, obs. Dreyer ; Dr. pénal 2016, n° 1, obs. Conte.*

19. Intention. La prévenue a été renvoyée devant le tribunal correctionnel et condamnée pour avoir frauduleusement abusé de l'état de faiblesse d'un homme qu'elle fréquentait, en se faisant remettre par lui des chèques d'un montant total de 120 000 € et en obtenant qu'il se marie avec elle ; pour infirmer le jugement entrepris et la relaxer faute d'élément intentionnel, l'arrêt, après s'être expressément référé au jugement qui énonce qu'elle ne pouvait ignorer l'état de vulnérabilité de la victime lors de ses visites à l'hôpital à l'occasion desquelles les chèques lui ont été remis et que l'intéressé ne pouvait pas présenter un état mental ordinaire lors du mariage, énonce que, d'une part, la remise de chèques constituait une libéralité correspondant à une volonté, préalablement affirmée, et que, d'autre part, la victime avait manifesté, avant sa maladie, le souhait de l'épouser ; en prononçant ainsi, alors que l'abus de faiblesse doit s'apprécier au regard de l'état de particulière vulnérabilité au moment où est accompli l'acte gravement préjudiciable à la personne, la cour d'appel n'a pas justifié sa décision. • Crim. 26 mai 2009, n° 08-85.601 P : *D. 2009. AJ 1830, obs. Darsonville ; ibid. Pan. 1720, obs. Degorce ; ibid. 2831, obs. Mirabail ; JCP G 2009, n° 39, p. 261, note Salvage ; Gaz. Pal. 2009. 2. Somm. 3904, note Mésa ; RSC 2009. 594, obs. Mayaud.*

20. Préjudice. Pour une personne vulnérable, l'acte de disposer de ses biens par testament en faveur de la personne qui l'a obligée à cette disposition, constitue un acte gravement préjudiciable au sens, tant de l'art. 313-4 ancien, que de l'art. 223-15-2 nouveau C. pén. • Crim. 15 nov. 2005 : *Dr. pénal 2006. 29, obs. Véron ; JCP 2006. II. 10057, note Maréchal ; RSC 2006. 833, obs. Ottenhof.* ♦ Au sens de l'art. 223-15-2 C. pén., constitue un acte gravement préjudiciable pour une personne vulnérable celui de disposer de ses biens par testament en faveur d'une personne l'ayant conduite à cette disposition ; la prévenue a été renvoyée devant le tribunal correctionnel pour, notamment, avoir frauduleusement abusé de la situation de faiblesse d'une personne âgée de 83 ans, atteinte de la maladie d'Alzheimer et placée de ce fait sous sauvegarde de justice, en obtenant qu'elle rédige à son profit un testament olographe l'instituant sa légataire universelle, délit prévu par l'art. 223-15-2 C. pén. ; elle a été condamnée de ce chef par le tribunal ; elle a interjeté appel, de même que le ministère public et l'Union départementale des associations familiales, partie civile ; pour relaxer la prévenue, l'arrêt retient qu'un testament, qui ne prend effet qu'au décès de son auteur, ne peut porter préjudice qu'aux héritiers évincés de la succession, qu'il peut être révoqué par le testateur et être soumis à une action en nullité par les héritiers qui s'estimeraient lésés ; les juges ajoutent que la testatrice n'a pas d'héritiers réservataires, qu'elle n'avait jamais manifesté d'intention libérale à l'égard de quiconque et qu'elle se désintéressait de la question de sa succession ; ils en déduisent que ces circonstances excluent que la victime se soit trouvée conduite à un acte qui lui ait été gravement préjudiciable ; mais en prononçant ainsi, la cour d'appel a méconnu le texte susvisé et le principe ci-dessus énoncé. • Crim. 21 oct. 2008, n° 08-81.126 P : *D. 2009. Jur. 911, note Roujou de Boubée ; RSC 2009. 100, obs. Mayaud.* ♦ Constitue un acte gravement préjudiciable ouvrant droit à réparation le fait pour une personne vulnérable de disposer de ses biens par testament en faveur de la personne l'ayant conduite à cette disposition ; Mme X... a été renvoyée devant le tribunal correctionnel pour avoir frauduleusement abusé de la situation de faiblesse d'Andrée Y... en obtenant notamment qu'elle rédige à son profit un testament olographe l'instituant légataire universelle ; le tribunal l'a relaxée ; pour débouter la partie civile de ses demandes, l'arrêt retient que, si Andrée Y...présentait, au moment des faits visés à la prévention, des déficiences physiques caractérisant un état de particulière vulnérabilité susceptible de la placer dans une situation de faiblesse, la désignation dans un testament d'un nouveau légataire universel, dénuée de tout caractère irrévocable, est sans incidence sur la disponibilité du patrimoine de la testatrice de son vivant ; les juges en déduisent qu'un tel acte de disposition *post-mortem* est insusceptible de lui être gravement préjudiciable ; en prononçant ainsi, la cour d'appel, saisie sur renvoi après cassation des seuls intérêts civils, a méconnu les textes susvisés et le principe ci-dessus rappelé. • Crim. 16 déc. 2014 : *D. actu. 8 janv. 2015, obs. Priou-Alibert ;*

D. 2015. Actu. 76 ; *Dr. pénal 2015, n° 30, obs. Véron.*

21. Le prévenu est poursuivi du chef d'abus frauduleux de l'état de faiblesse d'une personne vulnérable ; la victime présentait à l'époque des faits des troubles psychiques ayant entraîné à plusieurs reprises une hospitalisation en psychiatrie ; elle recherchait la dépendance et commettait des dépenses inconsidérées dites thérapeutiques ; sa vulnérabilité était apparente comme l'attestent les témoignages de son entourage ; le prévenu ne pouvait pas ignorer cet état et il a reconnu savoir que la victime était suivie par un psychiatre ; il a obtenu de la victime la mise à disposition d'un compte et d'une carte bancaire, et lui a fait rédiger une attestation autorisant sa concubine, que la victime ne connaissait pas, à vendre son véhicule et à encaisser le prix de vente ; il a également obtenu la remise d'espèces et de chèques et a fait souscrire par la victime des emprunts à son profit, ce qui a conduit celle-ci à être condamnée civilement à payer une somme importante à une société de crédit, avant de faire l'objet d'une procédure de surendettement ; les actes réitérés du prévenu se sont ainsi révélés, par leur importance, gravement préjudiciables à la victime et le délit est ainsi caractérisé. • Douai, 28 août 2007 : *JCP 2007. IV. 3345.*

22. Les prévenus, livrant à domicile des produits alimentaires, sont coupables d'abus de l'ignorance ou de la faiblesse d'une personne vulnérable pour l'obliger à un acte ; en l'espèce, la victime, une femme âgée, leur a remis de l'argent ne correspondant pas à la valeur des biens livrés à sa demande ; les prévenus sont incapables de justifier de la remise de factures à chacun de leurs passages ; les conséquences des actes commis par les prévenus ont été désastreuses pour la victime puisque, pour faire face aux paiements réclamés, elle a dû puiser dans son épargne, racheter la totalité de deux assurances vie et vendre des SICAV ; ils ont profité de la vulnérabilité de la victime, laquelle était âgée de 83 ans, dans l'impossibilité de se déplacer, seule et incapable de faire la différence entre les francs et les euros, et donc de comprendre le changement intervenu dans le domaine monétaire ; ils n'ont pu ignorer cet état de faiblesse de la victime et le fait qu'elle était tributaire d'eux. • Paris, 18 déc. 2007 : *JCP 2008. IV. 1328.*

23. Nature de l'acte. L'acte auquel a été conduite la personne vulnérable, au sens de l'art. 223-15-2 C. pén., peut être tant matériel que juridique : ainsi de relations sexuelles. • Crim. 19 févr. 2014 : *Dr. pénal 2014, n° 52, obs. Véron ; Gaz. Pal. 2014. 1. 1698, note Detraz ; Dr. pénal 2015. Chron. 3, obs. Peltier ; ibid., n° 30, obs. Véron.*

24. Ainsi en va-t-il de la modification de la clause relative au bénéficiaire, au même titre que la souscription d'un contrat d'assurance-vie. • Crim. 18 sept. 2019, n° 18-85.038 P : *D. actu. 18 oct. 2019, obs. Charlent ; D. 2019. 2335, obs. Dejean de la Bâtie* ; *AJ pénal 2019. 554, obs. Thierry* ; *RSC 2019. 810, note Mayaud* .

25. Conflits de qualifications. Pour la requalification en abus de situation de faiblesse de faits initialement poursuivis du chef d'escroquerie au préjudice d'une personne vulnérable (C. pén., art. 313-2, 4°). • Nîmes, 15 nov. 2002 : *RSC 2003. 340, obs. Ottenhof* .

26. S'il appartient aux juges répressifs de restituer aux faits dont ils sont saisis leur véritable qualification, c'est à la condition que la personne poursuivie, intimée sur le seul appel de la partie civile, ait été en mesure de se défendre sur la nouvelle qualification envisagée ; Monique Y... a été poursuivie du chef d'abus de confiance aggravé pour avoir détourné, au préjudice de Marie-Antoinette Z..., personne particulièrement vulnérable, des sommes qu'elle s'était appropriées au lieu de les utiliser dans l'intérêt de la victime, prétendant être ainsi rémunérée des services qu'elle rendait à cette dernière ; statuant sur le seul appel de la partie civile du jugement relaxant la prévenue, l'arrêt, pour condamner Monique Y... à réparer le préjudice subi par Marie-Antoinette Z..., par les motifs repris aux moyens, a dit que les faits caractérisaient en réalité le délit d'abus frauduleux d'un état de particulière vulnérabilité, prévu par l'art. 223-15-2 C. pén. ; mais en prononçant ainsi, alors qu'il ne résulte ni des mentions de l'arrêt ni des pièces de procédure que Monique Y... ait été invitée à se défendre sur cette nouvelle qualification, la cour d'appel a méconnu l'art. 388 C. pr. pén., ensemble l'art. 6 Conv. EDH et l'art. préliminaire C. pr. pén., ainsi que le principe ci-dessus rappelé. • Crim. 4 juin 2009, n° 08-87.943 P.

27. Action civile. Une personne ayant désigné par testament une association comme légataire universel avait été victime, avant son décès, d'un abus de faiblesse ; pour déclarer irrecevable la constitution de partie civile de l'association légataire du testateur qui, décédé avant l'audience du jugement, s'était constitué partie civile au cours de l'information suivie pour abus de faiblesse, la cour d'appel retient que cette association ne peut se prévaloir d'un préjudice direct né avant le décès du testateur, le legs universel ne donnant qu'une vocation éventuelle à la totalité de la succession ; en statuant ainsi, alors qu'un héritier a repris l'instance, la cour d'appel a méconnu les dispositions des art. 2 et 3 C. pr. pén., et 1003 C. civ. • Crim. 4 nov. 2003, n° 03-81.567 P : *AJ pénal 2004. 32* .

28. La partie civile a cité directement devant le tribunal correctionnel plusieurs personnes, des chefs d'abus de faiblesse et d'autres infractions, pour obtenir réparation tant de son préjudice personnel que de celui de sa mère alors décédée ; elle fait grief à l'arrêt d'avoir déclaré irrecevable la citation directe qu'elle a délivrée pour les faits dont aurait été victime sa mère, alors, selon le moyen, qu'est recevable l'action civile des ayants droit de la victime tendant à la réparation du préjudice personnel directement causé à cette dernière par l'infraction, la cour d'appel ayant ainsi violé les art. 6 Conv. EDH, 223-15-12 C. pén., 2, 591 et 593 C. pr. pén. ; mais, sauf exceptions légales, le droit de la partie civile de mettre en mouvement l'action publique est une prérogative de la victime qui a personnellement souffert de l'infraction ; l'action publique n'ayant été mise en mouvement ni par la victime ni par le ministère public, seule la voie civile était ouverte à la demanderesse pour exercer le droit à réparation reçu en sa qualité d'héritière. • Cass., ass. plén., 9 mai 2008, n° 06-85.751 P : *D. 2008. Pan. 2759, obs. Pradel ; JCP 2008. II. 10124 (2e arrêt), note Maréchal.* ♦ A rapprocher : toute personne victime d'un dommage, quelle qu'en soit la nature, a droit d'en obtenir réparation de celui qui l'a causé par sa faute ; le droit à réparation du préjudice éprouvé par la victime avant son décès, étant né dans son patrimoine, se transmet à ses héritiers ; selon l'arrêt attaqué rendu sur renvoi après cassation, les parties civiles demandaient devant la cour d'appel saisie des seuls intérêts civils, en leur qualité d'héritiers, la réparation des préjudices matériels et moraux causés par les faits de falsifications de chèques et usage dont leur auteur avait été victime ; pour déclarer cette demande irrecevable, après avoir dit constitués à la charge de la prévenue, renvoyée devant le tribunal correctionnel par ordonnance du juge d'instruction du 17 juin 2002, les éléments des infractions de falsifications de chèques et usage, l'arrêt retient que le parties civiles ne pouvaient être considérées comme victimes directes de ces faits, alors même que leur auteur, bien qu'il en fût informé, n'avait jamais déposé plainte ni même manifesté l'intention de le faire ; a violé les art. 2 et 3 C. pr. pén., ensemble l'art. 731 C. civ., la cour d'appel en statuant ainsi, alors que le droit à réparation des préjudices subis par le *de cujus*, né dans son patrimoine, avait été transmis à ses héritiers qui étaient recevables à l'exercer devant la cour d'appel saisie des seuls intérêts civils, peu important que leur auteur n'ait pas introduit d'action à cette fin avant son décès, dès lors que le ministère public avait mis en mouvement l'action publique et que la victime n'avait pas renoncé à l'action civile. • Cass., ass. plén., 9 mai 2008 : *préc.* ♦ *Adde* : M. Sanchez, *Dr. pénal 2008. Étude 12* (vers une meilleure définition de la partie lésée par l'infraction : à propos de deux arrêts rendus par l'assemblée plénière le 9 mai 2008).

29. Le demandeur, en qualité de légataire universel, a porté plainte avec constitution de partie civile en alléguant que son auteur avait été victime de vols, d'abus de confiance et d'abus de faiblesse, et que ces délits lui avaient causé un préjudice personnel en diminuant la valeur de son héritage ; à l'issue de l'information le juge d'instruction, sur réquisitions conformes du ministère public, a prononcé un non-lieu ; en déclarant irrecevable la constitution de partie civile la cour d'appel a justifié sa décision, dès lors que le demandeur se réclame d'un préjudice qui ne peut qu'être indirect. • Crim. 20 mai 2008, n° 06-88.261 P.

30. Le prévenu a été renvoyé devant le tribunal pour avoir détourné des chèques que lui avait remis la victime et pour avoir abusé de la faiblesse de celle-ci en obtenant qu'elle lui vende sa maison ; déclaré coupable par les premiers juges des deux délits, le prévenu a été relaxé par la cour d'appel du chef d'abus de faiblesse et déclaré coupable d'abus de confiance ; pour refuser de surseoir à statuer sur l'action civile et déclarer les neveux et nièce de la victime, décédée depuis les faits, irrecevables à demander réparation des abus de confiance commis par le prévenu, les juges retiennent que la victime avait institué le prévenu comme légataire universel et que si ses neveux ont demandé à la juridiction civile d'annuler le testament, ils ne justifient en l'état ni d'un préjudice direct résultant de l'infraction ni de la qualité d'ayants droit ; en cet état, et dès lors que le droit des parties civiles de demander le renvoi de l'affaire à une audience ultérieure pour qu'il soit statué sur l'action civile n'appartient qu'à celles qui ont préalablement été déclarées recevables, la cour d'appel a justifié sa décision. • Crim. 9 sept. 2008, n° 07-82.027 P.

31. Toute personne victime d'un dommage, quelle qu'en soit la nature, a droit d'en obtenir réparation de celui qui l'a causé par sa faute ; le droit à réparation du préjudice éprouvé par la victime avant son décès, étant né dans son patrimoine, se transmet à ses héritiers ; par ailleurs, lorsque l'action publique a été mise en mouvement par le ministère public et que la victime n'a pas renoncé à l'action civile, ses ayants droit sont recevables à agir devant la juridiction saisie ; Nicole X... a porté plainte et s'est constituée partie civile contre son frère Marc-Antoine X..., le 8 janv. 2007, du chef d'abus de faiblesse, en exposant que leur mère Émilie Y..., décédée le 27 nov. 2005, avait été dépouillée de ses biens par celui-ci ; le 10 déc. 2008, le juge d'instruction a rendu une ordonnance d'irrecevabilité de la constitution de partie civile, dont Nicole X... a relevé appel ; pour confirmer l'ordonnance entreprise, l'arrêt retient qu'au moment de la plainte, ni Émilie Y..., ni le ministère public n'avaient antérieurement mis en mouvement l'action publique, que le droit à réparation des héritiers ne peut, en un tel cas, être exercé que devant la juridiction civile, et que Nicole X... ne justifie pas avoir souffert personnellement d'un préjudice direct consécutif à l'infraction dénoncée ; mais en statuant ainsi, alors que les réquisitions initiales aux fins d'informer du procureur de la République avaient mis en mouvement l'action publique, peu important qu'elles aient suivi la plainte déposée par l'ayant droit de la victime, la chambre de l'instruction a méconnu les art. 2, 3 et 87 C. pr. pén. et les principes ci-dessus énoncés. • Crim. 10 nov. 2009, n° 09-82.028 P.

32. Prescription. Pour écarter l'exception de prescription soulevée par le prévenu, l'arrêt retient que la prescription n'a commencé à courir que du jour où la victime, qui n'était pas destinataire des relevés de ses comptes bancaires, a eu connaissance de la perte de son patrimoine, ce dont elle a été informée par d'autres membres de sa famille ; si c'est à tort que la cour d'appel a situé le point de départ de la prescription au jour où la victime a été en mesure d'avoir connaissance des conséquences des faits poursuivis, l'arrêt n'encourt cependant pas la censure de ce chef dès lors que ces faits, à les supposer constitutifs de l'infraction visée à la prévention, procèdent d'un mode opératoire unique et que les prélèvements bancaires, réalisés au moyen de la même procuration, ont pris fin moins de trois ans avant le premier acte de poursuite. • Crim. 27 mai 2004 : *préc. note 9.*

33. Un couple a fait l'avance de diverses sommes à leur médecin neurologue, sur sa demande : celui-ci leur a signé une reconnaissance de dette pour le premier versement de 450 000 F et a émis un chèque de garantie du même montant, qu'il a postdaté ; cette somme n'ayant pas été remboursée à cette échéance, le chèque, présenté à l'encaissement, a été rejeté, pour défaut de provision ; à la suite de la plainte d'un des prêteurs, le prévenu a été renvoyé devant le tribunal correctionnel du chef, notamment, d'abus de faiblesse ; la cour d'appel a rejeté l'exception de prescription de l'action publique soulevée par le demandeur, s'appliquant au versement initial de 450 000 F ; si c'est à tort que la cour d'appel a fixé le point de départ du délai de prescription au jour où le prêteur a été en mesure de savoir qu'il ne pourrait pas être remboursé, l'arrêt n'encourt pas la censure dès lors que les faits procèdent d'un mode opératoire unique et que, les infractions ayant été réalisées à la suite d'une succession de versements effectués de 1995 à 1996, dont l'ensemble a gravement préjudicié à cette victime, la prescription court, pour chacune d'elles, à compter du dernier de ces versements, intervenu moins de trois ans avant le premier acte de poursuite. • Crim. 5 oct. 2004, n° 02-86.522 P : *AJ pénal 2005. 71, obs. Leblois-Happe ; Dr. pénal 2005. 1, obs. Véron.*

34. En matière d'abus de faiblesse, la prescription ne commence à courir qu'à partir du dernier prélèvement effectué sur le patrimoine de la victime, lorsque l'abus frauduleux procède d'un mode opératoire unique. Dès lors qu'en l'espèce la souscription d'un contrat d'assurance-vie, effectuée par A... N. à l'instigation du prévenu au profit de la fille de celui-ci, le 18 janv. 2006, pour un montant de 75 000 €, d'une part, et la modification de la clause de ce contrat relative au bénéficiaire, en mars 2012, afin de le transférer aux petits-enfants du prévenu, d'autre part, procèdent d'une opération unique, la prescription de l'action publique à l'égard de l'ensemble de cette opération n'était pas acquise au mois de mai 2012, date à laquelle elle a été interrompue par une réquisition d'enquête du procureur de la République. • Crim. 18 sept. 2019, n° 18-85.038 P : *préc. note 24.*

35. Responsabilité civile. Un arrêt retient que les fonctions d'une gardienne d'une résidence pour personnes âgées mettaient celle-ci régulièrement et quotidiennement au contact des pensionnaires, dans l'intimité de leur chambre, que la gardienne a donc pu, à l'occasion de l'exercice de ses fonctions, connaître l'incontinence nocturne dont souffrait l'une des pensionnaires de la résidence, qu'elle a fait naître chez cette dernière la crainte chimérique d'être renvoyée de la résidence, en raison de son trop grand âge et de son incontinence, et s'est attribuée le pouvoir imaginaire d'empêcher le départ de la pensionnaire afin d'obtenir d'elle le tirage de chèques à son profit ou à celui de son entourage, que la circonstance que ce pouvoir aurait été exercé au détriment de l'employeur n'est pas de nature à faire de la tromperie dont les divers éléments sont indissociables un acte étranger à l'activité de la gardienne laquelle, grâce à ses fonctions, a été mise en relation avec la victime, a pu connaître ses faiblesses psychologiques et physiques et lui faire croire à son pouvoir d'assurer son maintien dans la résidence ; de ces constatations et énonciations, dont il résulte que la victime se trouvait dans une situation de particulière vulnérabilité, une cour d'appel peut décider, le délit d'abus de faiblesse imputable à la gardienne n'impliquant pas nécessairement qu'elle ait agi hors du cadre de ses fonctions au sens de l'art. 1384, al. 5, C. civ., que la gardienne n'avait pas agi hors des fonctions auxquelles elle était employée et que son employeur (association) ne s'exonérait pas de sa responsabilité. • Civ. 2e, 16 juin 2005, n° 03-19.705 P.

36. Les proches de la victime d'un abus frauduleux de l'état d'ignorance ou de faiblesse sont recevables à rapporter la preuve d'un dommage dont ils ont personnellement souffert et qui découle directement des faits, objet de la poursuite ; les parties civiles ont demandé au tribunal correctionnel de condamner le prévenu à leur verser un euro de dommages-intérêts en réparation de leur préjudice personnel et 50 000 € au titre de l'art. 475-1 C. pr. pén. ; le tribunal a fait droit à leur demande de dommages-intérêts et leur a accordé 10 000 € au titre de l'art. 475-1 ; pour infirmer cette décision, et déclarer les demandeurs irrecevables en leur action civile, l'arrêt énonce que le préjudice qu'ils ont pu subir en conséquence des faits établis dans la procédure ne peut être qu'indirect, la seule victime directe des infractions commises par le prévenu ayant été leur mère ; en prononçant ainsi, la cour d'appel a méconnu les art. 2 et 3 C. pr. pén., ensemble l'art. 223-15-2 C. pén. et le principe ci-dessus rappelé. • Crim. 3 nov. 2009, nº 08-88.438 P : *D. 2009. AJ 2866 ; ibid. 2010. Chron. 43, obs. Chaumont ; ibid. Pan. 2256, obs. Pradel ; Gaz. Pal. 2010. 1. Jur. 274, note Mésa.* ♦ D'une part, le préjudice résultant d'une infraction doit être réparé dans son intégralité, sans perte ni profit pour aucune des parties ; d'autre part, tout jugement ou arrêt doit comporter les motifs propres à justifier la décision et répondre aux chefs péremptoires des conclusions des parties ; l'insuffisance ou la contradiction des motifs équivaut à leur absence ; appelée à statuer sur les conséquences dommageables des infractions reprochées au prévenu, la juridiction du second degré était saisie de conclusions du gérant de tutelle de la victime tendant à la condamnation du prévenu à lui rembourser, notamment, le prix d'acquisition d'une automobile Jaguar, évalué à 50 000 €, au titre des abus de faiblesse, et les valeurs de trois sculptures de Rodin et de dix tableaux de Cocteau et de Vuillard, fixées, respectivement, à 200 000 € et à 161 500 €, au titre des vols ; l'arrêt se borne, par les motifs repris au moyen, à confirmer les dispositions du jugement relatives au montant des dommages-intérêts, qui ne prononçaient pas sur ces demandes ; en se déterminant ainsi, sans répondre aux conclusions de la partie civile, et alors que le prévenu avait été déclaré coupable des infractions en relation avec ces biens, la cour d'appel n'a pas justifié sa décision au regard des art. 1382 C. civ., 2, 3 et 593 C. pr. pén. • Même arrêt.

B. CODE DE LA CONSOMMATION

BIBL. Bazin, *RLDA 2007/16, nº 978* (de l'abus de faiblesse en droit de la consommation).

37. Référence. Sur l'incrimination de l'abus de faiblesse dans le code de la consommation, V. l'art. 122-8 de ce code. ♦ Pour des applications : • Crim. 5 août 1997 : *Dr. pénal 1998. 37, obs. Robert ; RSC 1999. 102, obs. Ottenhof.*

38. Applications. Caractérisent à bon droit l'abus de faiblesse, délit prévu par l'art. L. 112-8 C. consom., les juges qui énoncent qu'en la présence et sous la direction du prévenu, commerçant ambulant en fruits et légumes, son salarié s'est présenté chez la victime, vivant seule à son domicile, âgée de 74 ans et placée sous tutelle, et lui a vendu et livré plus de 200 kg de légumes pour le prix de 2 150 F qu'elle a payé aussitôt, alors que, confondant anciens et nouveaux francs, elle croyait n'avoir commandé que pour 215 F de marchandises. • Crim. 2 déc. 1998 : *Gaz. Pal. 1999. 1, chron. crim. 62.*

39. Cassation de l'arrêt qui énonce que le délit d'abus de faiblesse incriminé par l'art. L. 122-8 C. consom., contrairement à celui incriminé par l'art. 313-4 C. pén., n'exige pas, comme élément constitutif, l'existence d'un état de faiblesse objectif des victimes, ajoutant que cet état peut découler, comme en l'espèce, de la mise en scène ainsi que des ruses et artifices déployés par le vendeur pour le convaincre de souscrire la commande. • Crim. 18 mai 1999 : *Gaz. Pal. 1999. 2, chron. crim. 126.*

40. Justifie sa décision la cour d'appel qui, pour caractériser les éléments constitutifs du délit d'abus de faiblesse prévu et puni par les art. L. 122-8 et L. 122-10 C. consom., d'une part, retient que les prévenus se sont fait remettre par la victime, moyennant la promesse de souscrire à son profit un placement unique, des bons au porteur et un contrat d'assurance et lui ont fait signer une demande de rachat de bons, sans mentionner leur nombre, leur montant ni leurs numéros, et sans lui délivrer de reçu, d'autre part, relève que la contrepartie est incertaine, le remboursement des valeurs ayant été demandé par un intermédiaire en son nom propre et non pas au nom de la victime, et enfin, ajoute que les prévenus ont profité de la solitude et de l'affaiblissement des facultés de la victime, les personnes en contact avec elle ayant constaté qu'elle n'était plus en état de gérer son patrimoine et la mise en place d'une mesure de protection judiciaire étant en cours à la date des faits. • Crim. 26 oct. 1999, nº 98-86.014 P : *RSC 2000. 614, obs. Ottenhof.*

41. Il résulte de l'arrêt attaqué qu'une société de commercialisation d'articles en textile a organisé une excursion comportant, à l'intention des participants, dans les locaux d'un restaurant, une démonstration publicitaire suivie d'une offre de vente effectuée par un agent commercial pour le compte de la société ; à cette occasion, la partie civile a passé commande de marchandises pour un prix d'environ 8 000 F et aussitôt payé un acompte, sans bénéficier d'un délai de renonciation ; pour déclarer coupable de complicité d'abus de faiblesse, après requalification, le dirigeant de la société initialement poursuivi comme auteur de ce délit, les juges d'appel retiennent que l'excursion était organisée dans le seul but de convaincre les participants, âgés pour la plupart, d'acheter la marchandise proposée à un prix élevé ; ils relèvent que l'acheteuse, âgée de 78 ans et isolée par son veuvage, soumise, pendant la journée entière passée dans les locaux du restaurant, à la pression d'arguments publicitaires, ayant trait notamment au soulagement des rhumatismes par les articles vendus, ne pouvait que céder aux sollicitations qui l'ont conduite à souscrire la commande ; ils ajoutent que si la victime abusée n'a été en contact qu'avec l'agent commercial, celle-ci, chargée de commercialiser la marchandise à titre exclusif, s'est conformée aux directives de la société et a exécuté « le travail qui lui était attribué » ; ils en déduisent que le prévenu, organisateur du procédé de vente par voyage publicitaire mis en œuvre, s'est rendu complice du délit commis par l'agent commercial ; en cet état, si c'est à tort que la cour d'appel a requalifié les faits en complicité du délit d'abus de faiblesse prévu par les art. L. 122-8 et L. 122-9 C. consom., l'arrêt, néanmoins, n'encourt pas la censure dès lors que les faits souverainement constatés par les juges du fond caractérisent la culpabilité du prévenu comme auteur de l'infraction. • Crim. 1er févr. 2000, n° 99-84.378 P : *D. 2000. 198, obs. Rondey* ; *Dr. pénal 2000, n° 59, obs. Robert* ; *RSC 2000. 614, obs. Ottenhof* ; *ibid. 2000. 815, obs. Bouloc*.

42. Le délit d'abus de faiblesse prévu par l'art. 122-8 C. consom. est constitué dès lors que les victimes démarchées, particulièrement vulnérables, se sont trouvées dans un état de contrainte, ne leur permettant plus d'apprécier la portée des engagements qu'elles prenaient et de déceler les artifices déployés pour les convaincre. • Crim. 21 nov. 2001 : *Dr. pénal 2002. 46, obs. Robert.*

43. C'est à bon droit que, pour déclarer le prévenu coupable du délit d'abus de faiblesse prévu par l'art. L. 122-8 C. consom., la cour d'appel retient qu'il s'est présenté à deux reprises, en compagnie d'un autre vendeur, au domicile de la victime qui, pressée par les deux hommes, a commandé deux systèmes d'alarme, pour un montant global de près de 100 000 F, et signé deux offres de crédit comportant des mensualités supérieures au tiers de ses faibles revenus ; les juges ajoutent que la victime, âgée de soixante-quatorze ans au moment des faits, a été contrainte d'accepter ces engagements d'un coût exorbitant et d'une utilité douteuse tant au regard de la modestie de son cadre de vie que de l'absence de délinquance dans cette petite commune rurale, obligations dont elle n'a pas été en mesure d'apprécier la portée. • Crim. 19 avr. 2005, n° 04-83.902 P : *RSC 2006. 325, obs. Ottenhof*.

44. Doit être retenu comme coupable du délit d'abus de faiblesse prévu par l'art. L. 122-8 C. consom. le démarcheur qui obtenu la signature de contrats par des personnes septuagénaires dont l'une, vivant seule avec son fils alcoolique, et dont il a reconnu qu'elle semblait avoir des problèmes de mémoire au point qu'il avait préféré s'adresser à ce fils pour discuter, souffrait de la maladie d'Alzheimer et avait été placée sous sauvegarde de justice en raison des troubles qu'elle présentait, et l'autre était en proie à un profond choc émotionnel consécutif au récent décès de sa sœur dont elle partageait l'existence et à une grande fatigue attestée par un tiers, cet état étant parfaitement connu du démarcheur. • TGI Quimper, 28 mai 2001 : *Gaz. Pal. 2001. 2. Somm. 1784, note Vray.*

45. C'est à bon droit que les premiers juges ont relaxé du chef d'abus de faiblesse la prévenue gérante de société qui avait contracté avec la plaignante âgée de 73 ans pour réaliser des travaux de traitement des bois de charpente de sa demeure ; en effet, il ne s'agissait pas d'un démarchage à domicile tel que défini par l'art. L. 122-8 C. consom., puisque la société avait été contactée par la plaignante préalablement à sa visite ; dès lors, faute d'autres éléments le caractérisant, l'état de faiblesse ne peut résulter du seul âge de la victime. • Montpellier, 7 déc. 2000 : *JCP 2002. IV. 1257.*

Art. 223-15-3 **Les personnes physiques coupables du délit prévu à la présente section encourent également les peines complémentaires suivantes :**

1° L'interdiction des droits civiques, civils et de famille, suivant les modalités prévues par l'article 131-26 ;

2° L'interdiction, suivant les modalités prévues par l'article 131-27, d'exercer une fonction publique ou d'exercer l'activité professionnelle ou sociale dans l'exercice ou à l'occasion de l'exercice de laquelle l'infraction a été commise, pour une durée de cinq ans au plus *(L. n° 2009-1437 du 24 nov. 2009, art. 50)* **« , ainsi que l'activité de prestataire de formation professionnelle continue au sens de l'article L. 6313-1 du code du travail, pour la même durée » ;**

3° La fermeture, pour une durée de cinq ans au plus, des établissements ou de l'un ou de plusieurs des établissements de l'entreprise ayant servi à commettre les faits incriminés ;

4° La confiscation de la chose qui a servi ou était destinée à commettre l'infraction ou de la chose qui en est le produit, à l'exception des objets susceptibles de restitution ;

5° L'interdiction de séjour, suivant les modalités prévues par l'article 131-31 ;

6° L'interdiction, pour une durée de cinq ans au plus, d'émettre des chèques autres que ceux qui permettent le retrait de fonds par le tireur auprès du tiré ou ceux qui sont certifiés ;

7° L'affichage ou la diffusion de la décision prononcée, dans les conditions prévues par l'article 131-35.

Les personnes coupables du délit d'abus de faiblesse encourent notamment la peine complémentaire d'interdiction, suivant les modalités prévues par l'art. 131-27 C. pén., d'exercer une fonction publique ou d'exercer l'activité professionnelle ou sociale dans l'exercice ou à l'occasion de l'exercice de laquelle l'infraction a été commise, pour une durée de cinq ans au plus. Méconnaît ces dispositions la cour d'appel qui, pour condamner la prévenue à la peine complémentaire d'interdiction d'exercer pendant une durée de cinq ans des fonctions d'aide-soignante, auxiliaire de vie et aide ménagère, retient qu'elle a indiqué effectuer des heures de travail sans être déclarée auprès de personnes âgées et parfois impotentes, la nature des faits pour lesquels elle est déclarée coupable commandant de recourir à une mesure de prévention à l'égard des tiers, sans néanmoins démontrer que l'infraction aurait été commise dans l'exercice ou à l'occasion de l'exercice d'une telle activité professionnelle. • Crim. 19 avr. 2017, n° 16-80.718 P : *D. actu. 28 avr. 2017, obs. Goetz ; AJ pénal 2017. 345, obs. Grégoire ; RSC 2017. 283, obs. Mayaud ; Gaz. Pal. 18 juill. 2017, p. 54, obs. Detraz.*

Art. 223-15-4 *(L. n° 2009-526 du 12 mai 2009, art. 124-I)* **« Les personnes morales déclarées responsables pénalement, dans les conditions prévues par l'article 121-2, des infractions définies à la présente section encourent, outre l'amende suivant les modalités prévues par l'article 131-38, les peines prévues par l'article 131-39. »**

L'interdiction mentionnée au 2° de l'article 131-39 porte sur l'activité dans l'exercice ou à l'occasion de l'exercice de laquelle l'infraction a été commise.

Ancien art. 223-15-4 ***Les personnes morales peuvent être déclarées responsables pénalement, dans les conditions prévues par l'article 121-2, de l'infraction définie à la présente section.***

Les peines encourues par les personnes morales sont :

1° L'amende, suivant les modalités prévues par l'article 131-38 ;

2° Les peines mentionnées à l'article 131-39.

L'interdiction mentionnée au 2° de l'article 131-39 porte sur l'activité dans l'exercice ou à l'occasion de l'exercice de laquelle l'infraction a été commise.

1. Responsabilité de la personne morale. Pour déclarer une société coupable d'abus de faiblesse, l'arrêt énonce que l'infraction a été commise, pour le compte de ladite société, par un de ses salariés, par ailleurs condamné, qui a déclaré y avoir occupé les fonctions de directeur de développement après l'avoir créée, avoir vu tous les documents signés par les victimes et avoir eu le pouvoir de mettre fin à l'exécution de leurs engagements ; en l'état de ces énonciations, d'où il résulte que le salarié, pourvu de la compétence, de l'autorité et des moyens nécessaires, avait reçu une délégation de la part des organes de la personne morale poursuivie, la cour d'appel a justifié sa décision. • Crim. 7 févr. 2006 : *Dr. pénal 2006. 100, obs. Véron ; JCP 2006. II. 10058.*

2. Légalité des peines. Aux termes de l'art. 111-3, al. 2, C. pén., nul ne peut être puni d'une peine qui n'est pas prévue par la loi ; une cour d'appel, après avoir condamné une société pour abus de faiblesse, a ordonné l'affichage de la décision ainsi que sa publication par voie de presse ; en prononçant ainsi, alors que l'art. 223-15-4, applicable aux personnes morales, renvoie aux dispositions de l'art. 131-39 C. pén., dont le 9ᵉ § ne prévoit que l'affichage « ou » la diffusion de la décision, l'arrêt a méconnu les textes susvisés et le principe énoncé ci-dessus. • Crim. 7 févr. 2006 : *préc. note 1.*

SECTION VII **PEINES COMPLÉMENTAIRES APPLICABLES AUX PERSONNES PHYSIQUES**

Art. 223-16 **Les personnes physiques coupables de l'une des infractions prévues par les articles 223-3 à 223-8, 223-10 à 223-14 encourent également l'interdiction des droits civiques, civils et de famille, suivant les modalités prévues par l'article 131-26.**

Interdiction professionnelle. Selon les art. 131-9 et 131-10 C. pén., les peines privatives ou restrictives de droit, prévues par l'art. 131-6 du même code, ne peuvent être prononcées cumulativement avec une peine d'emprisonnement sauf si la loi le prévoit expressément ; cassation, pour méconnaissance de ce principe et de ces textes de l'arrêt qui, après avoir déclaré une prévenue coupable de non-assistance à personne en péril, l'a condamnée à 18 mois d'emprisonnement avec sursis et à 5 ans d'interdiction d'exercer une activité professionnelle dans le domaine de la santé, alors que les art. 223-6 et 223-16 C. pén. ne prévoient pas le cumul d'une peine d'emprisonnement avec une interdiction professionnelle. • Crim. 13 avr. 2005, n° 04-82.895 P : *RSC 2005. 842, obs. Vermelle.*

Art. 223-17 **Les personnes physiques coupables de l'une des infractions prévues aux articles 223-3, 223-4, 223-8, 223-10 à 223-14 encourent également les peines suivantes :**

1° *(L. nº 2008-776 du 4 août 2008, art. 70)* **« L'interdiction, suivant les modalités prévues par l'article 131-27, soit d'exercer une fonction publique ou d'exercer l'activité professionnelle ou sociale dans l'exercice ou à l'occasion de l'exercice de laquelle l'infraction a été commise, soit, pour le crime prévu par l'article 223-4, d'exercer une profession commerciale ou industrielle, de diriger, d'Administrer de gérer ou de contrôler à un titre quelconque, directement ou indirectement, pour son propre compte ou pour le compte d'autrui, une entreprise commerciale ou industrielle ou une société commerciale. Ces interdictions d'exercice peuvent être prononcées cumulativement ; »**

2° La confiscation définie à l'article 131-21 ; dans les cas prévus aux articles 223-13 et 223-14, peuvent être saisis ou confisqués les documents écrits, visuels ou sonores ayant servi à réaliser l'infraction ; la juridiction peut en outre ordonner la destruction, en tout ou partie, de ces documents ;

3° La fermeture définitive ou pour une durée de cinq ans au plus de l'un, de plusieurs ou de l'ensemble des établissements de l'entreprise ayant servi à commettre l'infraction. – *Pén. 131-33.*

Dans le cas prévu par l'article 223-8, peut être également prononcée l'exclusion des marchés publics à titre définitif ou pour une durée de cinq ans au plus. – *Pén. 131-34.*

Art. 223-18 **Les personnes physiques coupables de l'infraction prévue à l'article 223-1 encourent également les peines suivantes :**

1° L'interdiction, suivant les modalités prévues par l'article 131-27, d'exercer l'activité professionnelle ou sociale dans l'exercice ou à l'occasion de l'exercice de laquelle l'infraction a été commise ;

2° L'interdiction, pour une durée de cinq ans au plus, de détenir ou de porter une arme soumise à autorisation ;

3° La suspension, pour une durée de cinq ans au plus, du permis de conduire, cette suspension pouvant être limitée à la conduite en dehors de l'activité professionnelle *(L. nº 2003-495 du 12 juin 2003, art. 5)* **« ; si le délit a été commis à l'occasion de la conduite d'un véhicule terrestre à moteur, la suspension ne peut pas être assortie du sursis, même partiellement, et ne peut pas être limitée à la conduite en dehors de l'activité professionnelle » ;**

4° L'annulation du permis de conduire, avec interdiction de solliciter la délivrance d'un nouveau permis pendant cinq ans au plus ;

(Abrogé par L. nº 2019-222 du 23 mars 2019, art. 71-XIV et 109-XIX, à compter du 24 mars 2020) (L. nº 2007-297 du 5 mars 2007, art. 53 et 65) ***« 4° bis L'obligation d'accomplir un stage de sensibilisation aux dangers de l'usage de produits stupéfiants, selon les modalités fixées à l'article 131-35-1 ;***

« 4° ter L'obligation d'accomplir un stage de responsabilité parentale, selon les modalités fixées à l'article 131-35-1 ; »

(L. nº 2003-495 du 12 juin 2003, art. 6) **« 5° Lorsque l'infraction a été commise à l'occasion de la conduite d'un véhicule terrestre à moteur, l'interdiction de conduire certains véhicules terrestres à moteur, y compris ceux pour la conduite desquels le permis de conduire n'est pas exigé, pour une durée de cinq ans au plus ; »**

(Abrogé par L. nº 2019-222 du 23 mars 2019, art. 71-XIV et 109-XIX, à compter du 24 mars 2020) ***« 6° Lorsque l'infraction a été commise à l'occasion de la conduite d'un véhicule terrestre à moteur, l'obligation d'accomplir, à leurs frais, un stage de sensibilisation à la sécurité routière ; »***

(L. nº 2003-495 du 12 juin 2003, art. 6) **« 7° Lorsque l'infraction a été commise à l'occasion de la conduite d'un véhicule terrestre à moteur, l'immobilisation, pendant une durée d'un an au plus, du véhicule dont le condamné s'est servi pour commettre l'infraction, s'il en est le propriétaire ;**

« 8° Lorsque l'infraction a été commise à l'occasion de la conduite d'un véhicule terrestre à moteur, la confiscation du véhicule dont le condamné s'est servi pour commettre l'infraction, s'il en est le propriétaire. »

Interdiction d'exercer une activité professionnelle. Sur la culpabilité d'une exploitante agricole du chef de mise en danger d'autrui par violation délibérée d'une obligation réglementaire de sécurité ou de prudence du fait de la divagation fréquente de ses bêtes sur la voie publique et sur les propriétés avoisinantes, et sa condamnation à la peine ferme d'un an d'emprisonnement, accompagnée d'un mandat d'arrêt, ainsi qu'à une interdiction définitive d'exercer l'activité professionnelle d'éleveur en fait ou en droit d'animaux de quelques espèces que ce soit. • Crim. 26 sept. 2007 : *Dr. pénal 2008. 3 (1re esp.), obs. Véron.*

Art. 223-19 **Les personnes physiques coupables de l'une des infractions prévues par les articles 223-10 et 223-11 encourent, outre les peines mentionnées par ces articles, l'interdiction, pour une durée de cinq ans au plus, d'exercer une activité de nature médicale ou para-médicale.**

Corresp. : *C. pén., ancien art. 317, al. 4.*

L'art. 317, al. 4, C. pén. ne subordonne pas l'application de la peine accessoire de la suspension de l'exercice de la profession qu'il édicte à la circonstance que les faits délictueux qu'il réprime aient été commis à titre onéreux dans l'exercice ou à l'occasion de l'exercice des fonctions énumérées. • Crim. 8 juill. 1942 : *Bull. crim. n° 86 ; Gaz. Pal. 1942. 2. 136.*

Art. 223-20 **Les personnes physiques coupables de l'une des infractions prévues par les articles 223-1 et 223-8 encourent également la peine complémentaire d'affichage ou de diffusion de la décision prévue par l'article 131-35.**

Risques causés à autrui. Pour la diffusion d'un communiqué prononcée à l'encontre d'un conducteur routier reconnu coupable du délit de mise en danger (C. pén., art. 223-1). • TGI Saint-Étienne, 10 août 1994 : *Gaz. Pal. 1994. 2. 775.*

Art. 223-21 *(L. n° 2018-778 du 10 sept. 2018, art. 37)* **L'interdiction du territoire français peut être prononcée dans les conditions prévues à l'article 131-30, soit à titre définitif, soit pour une durée maximale de dix ans, à l'encontre de tout étranger coupable de l'une des infractions prévues à la section V du présent chapitre.**

CHAPITRE IV DES ATTEINTES AUX LIBERTÉS DE LA PERSONNE

SECTION PREMIÈRE DE LA RÉDUCTION EN ESCLAVAGE ET DE L'EXPLOITATION DE PERSONNES RÉDUITES EN ESCLAVAGE

(L. n° 2013-711 du 5 août 2013, art. 3)

BIBL. ► CHAVENT-LECLÈRE, *AJ pénal 2013. 510* (adaptation du code pénal français aux engagements européens). – LE COZ, *AJ pénal 2013. 512* (répression des atteintes aux personnes dans la loi n° 2013-711 du 5 août 2013). – GOZZI, *D. 2013. Pan. 2713* (loi n° 2013-711 du 5 août 2013). – FABRE-MAGNAN, *D. 2014. Point de vue. 491* (les nouvelles formes d'esclavage et de traite, ou le syndrome de la ligne Maginot). – BEAUSSONIE, *RSC 2014. 861* (loi n° 2013-711 du 5 août 2013 portant diverses dispositions d'adaptation dans le domaine de la justice en application du droit de l'Union européenne et des engagements internationaux de la France).

Art. 224-1 A **La réduction en esclavage est le fait d'exercer à l'encontre d'une personne l'un des attributs du droit de propriété.**

La réduction en esclavage d'une personne est punie de vingt années de réclusion criminelle.

Les deux premiers alinéas de l'article 132-23 relatif à la période de sûreté sont applicables à l'infraction prévue au présent article.

BIBL. ► PLUEN, *RSC 2015. 29* (le crime de réduction en esclavage).

Art. 224-1 B **L'exploitation d'une personne réduite en esclavage est le fait de commettre à l'encontre d'une personne dont la réduction en esclavage est apparente ou connue de l'auteur une agression sexuelle, de la séquestrer ou de la soumettre à du travail forcé ou du service forcé.**

L'exploitation d'une personne réduite en esclavage est punie de vingt années de réclusion criminelle.

Les deux premiers alinéas de l'article 132-23 relatif à la période de sûreté sont applicables à l'infraction prévue au présent article.

Art. 224-1 C **Le crime de réduction en esclavage défini à l'article 224-1 A et le crime d'exploitation d'une personne réduite en esclavage définis à l'article 224-1 B sont punis de trente années de réclusion criminelle lorsqu'ils sont commis :**

1° A l'égard d'un mineur ;
2° A l'égard d'une personne dont la vulnérabilité due à son âge, à une maladie, à une infirmité, à une déficience physique ou psychique ou à un état de grossesse est apparente ou connue de l'auteur ;
3° Par un ascendant légitime, naturel ou adoptif ou par une personne qui a autorité sur la victime ou abuse de l'autorité que lui confèrent ses fonctions ;
4° Par une personne appelée à participer, par ses fonctions, à la lutte contre l'esclavage ou au maintien de l'ordre public ;
5° Lorsque le crime est précédé ou accompagné de tortures ou d'actes de barbarie.
Les deux premiers alinéas de l'article 132-23 relatif à la période de sûreté sont applicables aux infractions prévues au présent article.

SECTION PREMIÈRE *BIS* DE L'ENLÈVEMENT ET DE LA SÉQUESTRATION *(L. n° 2013-711 du 5 août 2013, art. 3).*

L'ancienne section Ire est devenue section Ire bis (L. n° 2013-711 du 5 août 2013, art. 3).

RÉP. PÉN. v° *Enlèvement et séquestration,* par MISTRETTA.

Art. 224-1 Le fait, sans ordre des autorités constituées et hors les cas prévus par la loi, d'arrêter, d'enlever, de détenir ou de séquestrer une personne, est puni de vingt ans de réclusion criminelle. — *Pén. 421-1.*

Les deux premiers alinéas de l'article 132-23 relatif à la période de sûreté sont applicables à cette infraction.

Toutefois, si la personne détenue ou séquestrée est libérée volontairement avant le septième jour accompli depuis celui de son appréhension, la peine est de cinq ans d'emprisonnement et de 75 000 € d'amende, sauf dans les cas prévus par l'article 224-2. — *Pr. pén. 2-2, 689-3.*

Corresp. *: C. pén., ancien art. 341.*

RÉP. PÉN. v° *Arrestation,* par AMBROISE-CASTÉROT.

BIBL. ► V. AUGER, *Gaz. Pal. 1997. 2. Doctr. 1068* (libération volontaire après arrestation ou enlèvement).

A. INCRIMINATION

1° ÉLÉMENTS

1. Matérialité. Les crimes d'arrestation illégale et de séquestration illégale, bien que prévus et réprimés par le même texte, n'en constituent pas moins deux crimes distincts, dont la nature et les éléments constitutifs sont différents ; l'arrestation illégale est une infraction instantanée qui consiste à appréhender au corps un individu, tandis que la séquestration est une infraction continue qui consiste à retenir en un lieu quelconque, contre son gré, la personne séquestrée. • Crim. 26 juill. 1966, *(Ben Barka) : Bull. crim. n° 211 ; JCP 1966. II. 14864, note N. S.* • 12 juin 1981 : ⚖ *Bull. crim. n° 198* • 24 janv. 1996, ⚖ n° 95-81.210 P. ♦ Rappr. : • Crim. 8 nov. 1979, ⚖ *(Trignol) : Bull. crim. n° 311.*

2. Dès lors, c'est à bon droit qu'une chambre d'accusation, après avoir relevé contre un inculpé des charges d'avoir participé à l'arrestation illégale d'une personne puis d'avoir été complice de sa séquestration illégale, renvoie cet inculpé devant la cour d'assises sous la double accusation d'arrestation illégale et de complicité de séquestration illégale. • Crim. 26 juill. 1966 : *préc. note 1.*

3. Il en résulte encore que les faits faisant l'objet des questions relatives aux crimes d'arrestation arbitraire, d'une part, de séquestration, d'autre part, justifient une double déclaration de culpabilité. • Crim. 12 juin 1981 : ⚖ *préc. note 1.* ♦ De même, est, en conséquence, entachée de complexité prohibée, la question par laquelle il est demandé à la cour et au jury si un accusé est coupable d'avoir arrêté, détenu ou séquestré une personne. • Crim. 23 mars 1983 : ⚖ *Bull. crim. n° 92 ; RSC 1984. 76, obs. Levasseur* • 30 juin 1987 : ⚖ *Bull. crim. n° 273 ; RSC 1988. 303, obs. Levasseur.* ♦ Excède ses pouvoirs le président de la cour d'assises qui pose la question de savoir si un accusé, renvoyé sous la seule accusation de séquestration illégale, est coupable d'arrestation, détention ou séquestration illégales. • Crim. 9 nov. 1983 : ⚖ *Bull. crim. n° 297.*

4. Selon l'art. 231 C. pr. pén., la cour d'assises ne peut connaître d'aucune autre accusation que celle qui est contenue dans le dispositif de l'arrêt de renvoi ; sous réserve des dispositions de l'art. 351 dudit code, la cour et le jury ne peuvent, sans excès de pouvoir, être interrogés par une question substituant ou ajoutant un fait principal nouveau aux faits retenus par l'arrêt de mise en accusation ; l'arrestation illégale et la séquestration illégale constituant des crimes distincts, excède en conséquence ses pouvoirs, le président qui pose la question de savoir si un accusé, renvoyé sous la seule accusation de séquestration illégale, est coupable d'arrestation illégale. • Crim. 24 janv. 1996 : *préc. note 1.* ♦ ... Cependant, la personne séquestrée l'ayant été comme otage et ayant été libérée volontairement avant le 7e jour accompli depuis celui de son appréhension, les faits, aux termes de l'art. 224-4 nouv. C. pén., sont délictuels ; il en résulte que l'irrégularité commise n'a pu avoir pour effet de porter atteinte aux intérêts du demandeur, la peine prononcée trouvant son seul support légal dans les réponses affirmatives de la cour et du jury aux questions régulièrement posées conformément à l'arrêt de renvoi, le déclarant coupable, par ailleurs, de faits qualifiés crimes. • Même arrêt.

5. Les crimes d'arrestation, d'une part, d'enlèvement, d'autre part, de détention ou de séquestration de personne de troisième part, bien que prévus et réprimés par le même art. 224-1 C. pén., n'en constituent pas moins des crimes distincts ; est, en conséquence, entachée de complexité prohibée la question par laquelle il est demandé à la cour et au jury s'il est constant qu'une personne a été arrêtée, enlevée, détenue ou séquestrée. • Crim. 30 oct. 1996, n° 95-85.744 P.

6. Le fait d'avoir arrêté, détenu ou séquestré des personnes, et celui de les avoir « fait » arrêter, détenir ou séquestrer, constituent l'un et l'autre le crime d'arrestation ou de séquestration arbitraire, et entraînent les mêmes conséquences pénales. • Crim. 4 août 1948 : *Bull. crim. n° 221.*

7. Durée de la détention ou de la séquestration. La durée de la détention ou de la séquestration constitue, en vertu de l'art. 341 C. pén., non une circonstance aggravante, mais un élément constitutif de l'infraction. • Crim. 4 mai 1984 : *Bull. crim. n° 157.* ♦ N'encourt pas le grief de complexité la question qui interroge la cour et le jury à la fois sur une arrestation illégale et sur la durée de la séquestration, la durée de la séquestration constituant non une circonstance aggravante, mais un élément constitutif de l'arrestation illégale. • Crim. 24 oct. 1984 : *Bull. crim. n° 321.*

8. En matière de séquestration de personne, si la durée de celle-ci a pour effet de modifier la gravité de la peine encourue, elle ne modifie pas substantiellement la nature de l'infraction, constituée indépendamment de ladite durée ; il en résulte que l'abrogation, par la L. du 10 juin 1983, du 4° ajouté à l'art. 341 C. pén. par la L. du 2 févr. 1981, punissant d'un mois à deux ans d'emprisonnement la séquestration de personnes pendant moins de vingt-quatre heures, n'a pas fait disparaître cette infraction, dorénavant punie par le 3° dudit article d'une peine de deux ans à cinq ans d'emprisonnement. • Crim. 15 avr. 1986 : *Bull. crim. n° 128.*

9. Doit être considérée comme crime de séquestration au sens de l'art. 341, 2°, C. pén., même si la rétention n'a duré que quelques instants, la détention illégale d'une personne, dès lors que ses auteurs n'ont pas, ainsi que le prévoit cette disposition, volontairement « rendu la liberté » à leur victime. • Crim. 12 oct. 1977 : *Bull. crim. n° 302 ; RSC 1978. 632, obs. Levasseur* • 4 juin 1982 : *Bull. crim. n° 146 ; Gaz. Pal. 1982. 2. 601, note Doucet ; RSC 1983. 271, obs. Levasseur.* ♦ Dès lors que les auteurs d'un vol avec armes n'ont pas eux-mêmes rendu la liberté à leur victime, qu'ils avaient attachée sur son siège à l'aide de menottes, ces faits sont de nature à constituer le crime d'arrestation ou détention illégale prévu par l'art. 341, 2°, C. pén. alors applicable, et par l'art. 224-1, al. 1er, C. pén. entré en vigueur le 1er mars 1994. • Crim. 11 mai 1995 : *Gaz. Pal. 1995. 2. Somm. 431, par Doucet ; RSC 1996. 372, obs. Mayaud.*

10. Justifie sa décision la chambre d'accusation qui énonce, pour renvoyer l'accusé devant une cour d'assises sous l'accusation de tentative d'enlèvement de mineure de 15 ans, que la qualification correctionnelle prévue par l'art. 224-1, al. 3, C. pén., qui suppose une libération volontaire de la personne détenue ou séquestrée, est inapplicable à la tentative d'enlèvement, dès lors que la résistance opposée par la victime a seule mis fin à l'acte en cours d'exécution. • Crim. 26 avr. 2000, n° 00-80.694 P : *Dr. pénal 2000. 137 (1er arrêt), obs. Véron.*

11. Intention. L'intention délictuelle est caractérisée par la volonté d'empêcher la victime d'aller et venir librement pendant un temps plus ou moins long ou de l'isoler du monde extérieur. • T. corr. Caen, 24 nov. 1972 : *Cah. prud'h. 1973. 106.*

2° APPLICATIONS

12. Conflits du travail. Constitue le délit de séquestration arbitraire le fait, par des salariés, de retenir contre son gré, pendant moins de cinq jours, un chef d'entreprise sur les lieux du travail, même s'il n'est pas usé de violences, afin de le contraindre d'accorder les avantages qu'ils réclament ; encourt la cassation pour contradiction de motifs l'arrêt qui, ayant expressément relevé l'existence des éléments, tant matériel qu'intentionnel de l'infraction, relaxe néanmoins les prévenus au motif essentiel que les conflits collectifs du travail constituent souvent des sources d'affrontements pouvant impliquer des immobilisations de personnes plus ou moins prolongées, qui ne sauraient, en l'absence de violences caractérisées, donner matière à poursuites répressives. • Crim. 23 déc. 1986 : *Bull. crim. n° 384 ; RSC 1987. 696, obs. Levasseur.* ♦ Rappr. : • Crim. 19 févr. 1991 : *Dr. pénal 1991. 227.* ♦ Pour l'enfermement de différents cadres dans un bureau pendant trente-deux heures, V. : • T. corr. Caen, 24 nov. 1972 : *Cah. prud'h. 1973. 106.*

13. La présence des prévenus sur les lieux d'un mouvement de grève entrepris par une cinquantaine d'employés n'implique pas une participation directe et personnelle à la séquestration de deux dirigeants ; cette présence au milieu de l'action, même s'ils ne l'ont pas désavouée et qu'ils entendaient s'y associer, n'est pas suffisante à caractériser une telle participation, et, faute de preuve d'un rôle actif joué dans la volonté d'empêcher les victimes de circuler librement ou de les isoler du monde extérieur, le délit reproché aux prévenus n'est pas constitué. • Crim. 6 sept. 1989 : *Dr. pénal 1990. 55.*

14. Le délit de séquestration de l'art. 224-1 C. pén. nécessite que soient précisés les actes matériels dirigés contre la prétendue victime, qui l'auraient privée de sa liberté d'aller et de venir. Tel n'est pas le cas lorsqu'un salarié énonce qu'en le plaçant dans un bureau et en lui demandant d'y rester jusqu'à nouvel ordre, son employeur lui a fait subir une contrainte morale irrésistible, l'exposant à un licenciement pour faute s'il avait voulu en partir, précision étant faite que l'employeur, qui a connaissance de faits répréhensibles, susceptibles d'être disciplinairement sanctionnés, peut procéder à une enquête interne et recueillir les explications de ses salariés. • Crim. 28 févr. 2018, n° 17-81.929 P : *D. actu. 30 mars 2018, obs. Morgante ; AJ pénal 2018. 256, obs. Airiau ; RSC 2018. 415, obs. Mayaud ; Dr. pénal 2018. 73, obs. Conte.*

15. Le délit de séquestration de personnes a pour objet la protection des seules personnes physiques, et une société, qui ne saurait exciper d'un préjudice direct et personnel, est sans qualité pour se constituer partie civile en raison de la séquestration de ses dirigeants. • Crim. 12 mars 1985 : *Bull. crim. n° 107.*

16. Appréhension de l'auteur d'un crime ou délit flagrant (C. pr. pén., art. 73). Aux termes de l'art. 73 C. pr. pén., dans les cas de crime flagrant ou de délit flagrant puni d'une peine d'emprisonnement, toute personne a qualité pour en appréhender l'auteur et le conduire devant l'officier de police le plus proche ; ce texte interdit de considérer comme ayant commis une arrestation ou une détention illégale la personne qui ayant appréhendé l'auteur d'un vol, l'a retenu jusqu'à l'arrivée de l'officier de police qui en a été avisé dans les meilleurs délais permis par les circonstances. • Crim. 1er oct. 1979 : *Bull. crim. n° 263 ; D. 1980. IR 334, obs. Puech ; Gaz. Pal. 1980. 1. 306, note P.L.G. ; RSC 1980. 984, obs. Levasseur.* ♦ Mais tel n'est pas le cas de prévenus de séquestration arbitraire qui, après appréhension en flagrant délit de l'auteur d'un vol, attendent plusieurs heures (sept heures) avant d'aviser l'officier de police judiciaire, et ont ainsi privé de sa liberté, pendant ce temps, la personne arrêtée. • Crim. 16 févr. 1988 : *Bull. crim. n° 75 ; Gaz. Pal. 1988. 1. Somm. 185.*

17. Sont justifiées l'arrestation puis la détention momentanée, effectuées dans un grand magasin par un professionnel de la surveillance, d'une cliente ayant refusé d'ouvrir son sac à la requête qui lui en avait été faite ; il y a lieu, en effet, d'assimiler à l'acte délictueux proprement dit, visé dans l'art. 73 C. pr. pén., le soupçon de sa réalisation, alors même qu'il ne serait pas vérifié par la suite, si du moins les circonstances de la cause sont telles qu'elles pouvaient le rendre vraisemblable. • TGI Marseille, 28 janv. 1982 : *D. 1983. IR 402, obs. J.-M. R.* ♦ Après avoir été interpellée dans un magasin par un agent de surveillance, alors qu'elle avait réglé l'achat d'un objet d'une valeur de 120 F avec un billet de 200 F qui avait paru suspect à la caissière, une adolescente de 14 ans a été retenue dans un local pendant 20 minutes jusqu'à l'arrivée des services de police, a été invitée à vider le contenu de son sac et a été interrogée sur l'origine du billet ; la cour d'appel a pu déclarer le directeur du service de surveillance du magasin coupable de complicité, par instruction donnée, des actes d'arrestation et de séquestration arbitraires commis par son subordonné, dès lors qu'en l'absence d'indices apparents d'un comportement délictueux, la détention de la personne appréhendée ne pouvait être justifiée au regard des dispositions de l'art. 73 C. pr. pén. • Crim. 26 mai 1999 : *Gaz. Pal. 1999. 2, chron. crim. 122.* ♦ Rappr., pour le blocage du client d'un garage, suite à un désaccord d'ordre contractuel : • Crim. 11 mai 2005 : *Dr. pénal 2005. comm. 134, obs. Maron.*

18. Ont justifié leur décision les juges du fond qui, pour dire le prévenu, avocat de son état, coupable du délit de complicité de séquestration arbitraire, énoncent qu'après avoir empêché sa collaboratrice d'assurer sa mission auprès des clients qui l'avaient choisie pour défendre leurs intérêts, en lui interdisant d'accéder à ses dossiers, ainsi qu'à sa documentation personnelle, il a donné instruction à sa secrétaire d'enfermer l'intéressée dans les locaux professionnels qu'elle s'apprêtait à quitter, de même que la personne qui l'accompagnait, alors qu'il ne disposait d'aucun élément objectif de nature à lui laisser croire que celles-ci avaient commis ou qu'elles allaient commettre une infraction pénale. • Crim. 3 oct. 2006 : *Dr. pénal 2007. 5, obs. Véron.*

19. Hospitalisations. BIBL. Prothais, *D. 1990. Chron. 51.* ♦ L'arrêt de la chambre d'accusation qui constate qu'une femme, soupçonnée de se livrer à la prostitution, a été mise en observation dans un hôpital et a été maintenue, malgré ses protestations, pendant plusieurs jours dans un service de vénérologie, au mépris de la réglementation établie en matière de prophylaxie des maladies vénériennes, relève par là même la réunion de tous les éléments du crime de séquestration arbitraire prévu par les art. 341 s. C. pén. • Crim. 12 mars 1959 : *Bull. crim. n° 175.*

20. Dès lors qu'un internement psychiatrique, entouré de toutes les précautions, est fondé sur un état anormal de la partie civile, serait-il lié à un comportement inhabituel (en l'espèce, suite à une expulsion), est justifiée la décision de non-lieu intervenue au profit du médecin ayant décidé le placement d'office, et poursuivi pour arrestation illégale et séquestration de personne. • Crim. 6 sept. 1990 : *Dr. pénal 1990. 320.*

B. RÉPRESSION

21. Application dans le temps. V. également notes 7 s. ♦ Si une cour d'assises n'encourt aucune censure pour avoir prononcé, pour arrestation illégale et séquestration de personnes avec menaces de mort, une peine de douze ans de réclusion criminelle assortie d'une période de sûreté de huit ans, prévue par les art. 341, al. 3, et 344, al. 2, C. pén. alors applicable, depuis le 1er mars 1994, selon l'art. 224-1 C. pén., l'arrestation illégale et la séquestration de personne suivie d'une libération volontaire avant le septième jour, ce qui est le cas en l'espèce, et alors que les menaces de mort ne constituent plus une circonstance aggravante, sont désormais punies de peines plus douces ; la peine prononcée, non encore définitive, n'étant plus légale, il convient de prononcer l'annulation tant de l'arrêt pénal que de l'arrêt civil, et de renvoyer l'affaire devant la même cour d'assises autrement composée pour être fait s'il y a lieu par celle-ci, à raison de la plénitude de sa juridiction, application de la loi nouvelle. • Crim. 6 avr. 1994, n° 93-83.597 P : *Dr. pénal 1994. 128, obs. Véron ; ibid. 147, obs. Maron.*

22. Application dans l'espace. Selon les art. 85 et 86 C. pr. pén., la juridiction d'instruction régulièrement saisie d'une plainte avec constitution de partie civile a le devoir d'instruire, quelles que soient les réquisitions du ministère public ; cette obligation ne cesse, suivant les dispositions de l'al. 4 de l'art. 86, que si, pour des causes affectant l'action publique elle-même, les faits ne peuvent comporter légalement une poursuite ou si, à supposer les faits démontrés, ils ne peuvent admettre aucune qualification pénale ; une chambre de l'instruction ne justifie pas, par le seul examen abstrait de la plainte, son refus d'informer sur les faits d'arrestation illégale, détention arbitraire et abstention volontaire de mettre fin à une détention arbitraire, sans rechercher, par une information préalable, si l'arrestation et les conditions de détention des plaignants, deux ressortissants français détenus sur la base de Guantanamo, qu'elle devait analyser, au regard, notamment, de la troisième Convention de Genève du 12 août 1949 et du Pacte international relatif aux droits civils et politiques du 19 déc. 1966, n'entraient pas dans les prévisions de l'art. 224-1 C. pén. et, comme telles, en raison de la nationalité française des plaignants, ne relevaient pas de la compétence des lois et juridictions françaises, en application des art. 113-7 C. pén. et 689 C. pr. pén. • Crim. 4 janv. 2005, n° 03-84.652 P : *D. 2005. Pan. 1524, obs. Gozzi ; AJ pénal 2005. 158, obs. Roussel ; RSC 2005. 297, obs. Vermelle.*

23. Conflits de qualifications. L'art. 114 C. pén. (attentats à la liberté : nouvel art. 432-4) suppose que les fonctionnaires publics, agents ou préposés du gouvernement, qui y sont visés, agissent dans l'exercice de leurs fonctions et par abus de l'autorité qui leur a été déléguée, et non dans un intérêt privé, pour la satisfaction de leurs passions personnelles, auquel cas sont seuls applicables les art. 341 s. C. pén. • Crim. 4 déc. 1862 : *DP 1868. 5. 232.*

24. Il n'existe aucune contradiction à affirmer que, dans les mêmes circonstances de temps et de lieu, un accusé a pu commettre un homicide avec préméditation précédé d'une arrestation illégale ; aucun des éléments de ce dernier crime n'exclut chez son auteur le dessein prémédité de donner ensuite la mort à la victime. • Crim. 3 mars 1960 : *Bull. crim. n° 141.*

25. Prescription. Interrompt le cours de la prescription de l'action publique tout acte du procureur de la République tendant à la recherche et à la poursuite des infractions à la loi pénale ; un soit-transmis, s'il est destiné à une autorité administrative, n'en constitue pas moins un acte ayant pour objet de rechercher des infractions et d'en découvrir les auteurs puisqu'il fait suite à la remise, par un dirigeant d'une association de défense de handicapés, de documents alertant le parquet sur la disparition suspecte de sept personnes, dont quatre nommément désignées, disparition qui avait donné lieu à une enquête préliminaire de gendarmerie ; le cours de la prescription ayant été interrompu par les procès-verbaux de l'enquête réalisée en 1984, puis par l'envoi d'un soit-transmis du 3 mai 1993, l'action publique n'était pas prescrite, en ce qui concerne les crimes d'enlèvement, commis de 1975 à 1979, lorsque, le 3 juill. 1996, ont été portées les plaintes avec constitution de partie civile. • Crim. 20 févr. 2002, n° 01-85.042 P : *D. 2002. IR 1115 ; JCP 2002. II. 10075, note Maistre du Chambon ; RSC 2003. 585, obs. Giudicelli.*

Art. 224-2 **L'infraction prévue à l'article 224-1 est punie de trente ans de réclusion criminelle lorsque la victime a subi une mutilation ou une infirmité permanente provoquée volontairement ou résultant soit des conditions de détention, soit d'une privation d'aliments ou de soins.**

Elle est punie de la réclusion criminelle à perpétuité lorsqu'elle est précédée ou accompagnée de tortures ou d'actes de barbarie ou lorsqu'elle est suivie de la mort de la victime.

Les deux premiers alinéas de l'article 132-23 relatif à la période de sûreté sont applicables aux infractions prévues par le présent article. — *Pr. pén. 2-2, 689-3.*

Corresp. : *C. pén., ancien art. 344, al. 3.*

1. Tortures ou actes de barbarie. La circonstance que la séquestration a été suivie de tortures est une circonstance purement matérielle se rattachant au fait lui-même, et qui, une fois constatée, vaut pour tous les auteurs de la séquestration, qu'ils aient ou non pris une part personnelle à l'administration des tortures ; il en résulte qu'il n'est pas nécessaire que la question relative à cette circonstance soit répétée à l'égard de chacun des accusés, coauteurs ou complices, dès lors qu'elle a d'abord été posée *in abstracto.* • Crim. 7 mai 1948 : *RSC 1949. 109, obs. crit. Hugueney ; ibid. 578, obs. approbatives Patin.*

2. Les violences et voies de fait se rattachant d'une manière inséparable au fait même de la séquestration ne sauraient être considérées comme un délit distinct pouvant donner lieu à des poursuites séparées, mais elles constituent la circonstance aggravante de tortures corporelles, prévue par l'art. 344 C. pén. ; ainsi en est-il du fait d'attacher la victime à un pieu, les mains liées derrière le dos et fortement serrées l'une contre l'autre. • Rennes, 19 févr. 1879 : *DP 1879. 2. 76 ; S. 1879. 2. 287.*

3. Mais un acquittement sur le crime de séquestration ne fait pas obstacle à une poursuite ultérieure sous la qualification de coups et blessures volontaires. • Crim. 6 déc. 1894 : *Bull. crim. n° 307.* ♦ Sur le caractère discutable de cette solution, Garçon, art. 341 à 344, n° 62.

4. Mort. Pour un exemple de renvoi devant la cour d'assises de deux personnes sous l'accusation d'enlèvement suivi de mort et pour tentative d'extorsion de fonds. • Crim. 2 avr. 1997 : *Gaz. Pal. 1997. 2, chron. crim. 163.*

5. Le même fait ne peut être retenu comme élément constitutif d'un crime et circonstance aggravante d'une autre infraction ; cassation, pour violation des art. 221-1, 221-3, 224-1 et 224-2 C. pén. et du principe précité, de l'arrêt qui, pour confirmer l'ordonnance du juge d'instruction renvoyant trois accusés devant la cour d'assises, les deux premiers sous l'accusation d'assassinat et séquestration suivie de la mort de la victime, et le troisième sous l'accusation de complicité de ces crimes, énonce notamment que la circonstance purement objective que la séquestration ait été suivie de mort, qui ne rend compte ni du caractère volontaire de l'action de donner la mort, ni de sa préméditation, est encourue en aggravation aux côtés de l'incrimination d'assassinat sans heurter la règle *non bis in idem,* alors que la mort de la victime ne pouvait être retenue à la fois comme constitutive de l'assassinat et comme circonstance aggravante de la séquestration. • Crim. 20 févr. 2002, n° 00-81.093 P : *RSC 2002. 583, obs. Bouloc ; ibid. 2002. 590, obs. Mayaud .*

Art. 224-3 **L'infraction prévue par l'article 224-1 est punie de trente ans de réclusion criminelle lorsqu'elle est commise** *(Abrogé par L. n° 2004-204 du 9 mars 2004, art. 6-V)* ***« soit en bande organisée, soit »*** **à l'égard de plusieurs personnes.** — *Pén. 132-71.*

Les deux premiers alinéas de l'article 132-23 relatif à la période de sûreté sont applicables à cette infraction.

Toutefois, si la personne détenue ou séquestrée ou toutes les personnes détenues ou séquestrées sont libérées volontairement dans le délai prévu par le troisième alinéa de l'article 224-1, la peine est de dix ans d'emprisonnement, sauf si la victime ou l'une des victimes a subi l'une des atteintes à son intégrité physique mentionnées à l'article 224-2. — *Pr. pén. 2-2, 689-3.*

Art. 224-4 **Si la personne arrêtée, enlevée, détenue ou séquestrée l'a été comme otage soit pour préparer ou faciliter la commission d'un crime ou d'un délit, soit pour favoriser la fuite ou assurer l'impunité de l'auteur ou du complice d'un crime ou d'un délit, soit pour obtenir l'exécution d'un ordre ou d'une condition, notamment le versement d'une rançon, l'infraction prévue par l'article 224-1 est punie de trente ans de réclusion criminelle.**

Les deux premiers alinéas de l'article 132-23 relatif à la période de sûreté sont applicables à cette infraction.

Sauf dans les cas prévus à l'article 224-2, la peine est de dix ans d'emprisonnement si la personne prise en otage dans les conditions définies au premier alinéa est libérée volontairement avant le septième jour accompli depuis celui de son appréhension, sans que l'ordre ou la condition ait été exécuté. — *Pr. pén. 2-2, 689-3.*

Corresp. : *C. pén., ancien art. 343.*

1. Circonstance réelle. La circonstance aggravante de prise d'otage est une circonstance aggravante réelle, la prise d'otage étant inhérente au fait principal d'arrestation, de détention ou de séquestration et ne pouvant en être séparée, et engageant par suite la responsabilité de tous les auteurs. • Crim. 24 oct. 1984 : *Bull. crim. n° 321.*

2. Questions. Le fait, prévu par l'art. 343 C. pén., que la personne arrêtée, détenue ou séquestrée l'a été comme otage, constitue une circonstance aggravante du crime défini à l'art. 341 du même code et doit, à ce titre, à peine de complexité, faire l'objet d'une question distincte. • Crim. 30 juin 1987 : *Bull. crim. n° 273* • 27 avr. 1988 : *ibid. n° 184.*

3. La réunion dans une même question des éléments caractérisant la circonstance aggravante de prise d'otage ne constitue pas une complexité prohibée, bien qu'ils comportent une formule alternative. • Crim. 24 oct. 1984 : *préc. note 1.* ♦ N'est pas entachée de complexité prohibée la question qui porte qu'une prise d'otages a été exécutée pour faciliter la commission d'un crime et pour permettre la fuite de ses auteurs, dès lors que l'une ou l'autre de ces circonstances, prévues par l'art. 343 C. pén., entraîne à elle seule les mêmes conséquences pénales. • Crim. 27 avr. 1988 : *préc. note 2.*

4. La question relative à la circonstance aggravante de prise d'otage définie par l'art. 343 C. pén. doit se référer aux éléments constitutifs du crime que l'arrestation illégale ou la séquestration ont eu pour but de préparer ou faciliter. • Crim. 2 juill. 1987 : *Bull. crim. n° 279 ; RSC 1988. 523, obs. Levasseur.*

5. Peines. La cour d'assises, statuant par contumace, qui a condamné à 30 ans de réclusion criminelle un individu accusé de vols avec arme et séquestrations de personnes comme otages, commis avant le 1er mars 1994, n'a pas prononcé une peine illégale dès lors qu'aucune disposition ne lui interdit de prononcer le maximum de la peine encourue et que, en raison de l'entrée en vigueur des art. 224-4 et 311-8 C. pén., les faits poursuivis n'étaient plus réprimés de la réclusion criminelle à perpétuité mais d'une peine maximale, moins sévère, de 30 ans de réclusion criminelle, faisant ainsi une juste application de l'art. 112-1 C. pén. • Crim. 10 juill. 1996, n° 95-84.688 P : *Dr. pénal 1997. 35 (1er arrêt), obs. Véron.*

6. Durée de la prise d'otage. Selon le 3e al. de l'art. 224-4 C. pén., l'enlèvement ou la séquestration avec prise d'otage devient un délit lorsque la personne prise en otage est libérée volontairement avant le septième jour depuis celui de son appréhension ; cette disposition s'applique à l'ensemble des cas prévus par le 1er al. du même texte, notamment à celui où la prise d'otage a été commise pour préparer ou faciliter la commission d'un crime ou d'un délit, et non pas dans le seul cas où l'ordre ou la condition qui assortit ladite prise d'otage n'a pas été exécuté. • Crim. 8 juin 2006, n° 06-82.326 P : *AJ pénal 2006. 406, obs. Remillieux ; JCP 2006. II. 10190, note Conte ; Gaz. Pal. 2007. 1. Somm. 575, note Monnet.*

7. Les faits de prise d'otage sont de nature criminelle lorsque la libération, même avant le septième jour, n'intervient que par l'effet de l'exécution, par la victime, d'un ordre ou d'une condition. • Crim. 9 juill. 2008, n° 08-83.077 P : *RSC 2008. 909, obs. Mayaud ; AJ pénal 2008. 464, obs. Lasserre Capdeville ; Dr. pénal 2008. Comm. 126, obs. Véron.*

Art. 224-5 **Lorsque la victime de l'un des crimes prévus aux articles 224-1 à 224-4 est un mineur de quinze ans, la peine est portée à la réclusion criminelle à perpétuité si l'infraction est punie de trente ans de réclusion criminelle et à trente ans de réclusion criminelle si l'infraction est punie de vingt ans de réclusion criminelle.**

Les deux premiers alinéas de l'article 132-23 relatif à la période de sûreté sont applicables dans les cas prévus par le présent article. — *Pr. pén. 2-2, 689-3 ; Trav. L. 5423-8, L. 5423-9 et R. 5423-18.*

V. Décr. n° 2000-724 du 25 juill. 2000 (JO 2 août) portant publication de la convention internationale contre la prise d'otages, faite à New York le 17 déc. 1979.

Corresp. : *C. pén., art. 354 et 355.*

1. Ratio legis. S'il apparaît qu'aucune circonstance n'est propre à démontrer que l'enlèvement faisant l'objet de la poursuite ait compromis la filiation de l'enfant, la poursuite doit être fondée, non sur l'art. 345 (nouvel art. 227-13), mais sur les art. 354 s. C. pén., lesquels prévoient des infractions exclusivement dirigées contre la *personne* de l'enfant, et de nature à être sanctionnées (poursuivies) sans qu'aucune question de filiation ait été préalablement résolue. • Crim. 3 juin 1955 : *Bull. crim. n° 265 ; D. 1955. 521, rapp. Patin.*

2. Éléments constitutifs. L'enlèvement d'un mineur et la séquestration illégale du même mineur constituent des crimes distincts, dont la nature et les éléments constitutifs sont différents ; en conséquence, le coauteur de la séquestration peut n'avoir été ni l'auteur, ni le coauteur, ni le complice de l'enlèvement qui a permis ensuite la réalisation de ladite séquestration. • Crim. 21 févr. 1979 : *Bull. crim. n° 80 ; RSC 1980. 435, obs. Levasseur.*

3. L'enlèvement des mineurs ne peut avoir lieu que lorsque, par fraude ou violence, on les dérobe aux personnes qui les surveillent ; tel n'est pas le cas du prévenu qui, rencontrant une jeune fille sur une place publique, où elle attendait son père, l'entraîne sous un faux prétexte, dans une maison voisine (maison de tolérance), pour en abuser, et, sur son refus, la laisse aussitôt libre de retourner auprès de son père. • Montpellier, 10 févr. 1846 : *D. 1847. 2. 5.*

4. Constate suffisamment la fraude, qui est un élément du crime de détournement de mineurs de l'art. 354 C. pén., l'arrêt suivant les énonciations duquel les accusés ont, par des manœuvres dolosives consistant dans une publicité faite dans les journaux, des annonces trompeuses, des voyages, abusé de la crédulité des parents pour se faire remettre des enfants mineurs ou les détourner des lieux où ils avaient été mis par ceux à l'autorité desquels ils étaient soumis. • Crim. 12 mars 1925 : *S. 1925. 1. 283.*

Art. 224-5-1 *(L. nº 2004-204 du 9 mars 2004, art. 12-VIII)* **Toute personne qui a tenté de commettre les crimes prévus par la présente section est exempte de peine si, ayant averti l'autorité administrative ou judiciaire, elle a permis d'éviter la réalisation de l'infraction et d'identifier, le cas échéant, les autres auteurs ou complices.**

La peine privative de liberté encourue par l'auteur ou le complice d'un des crimes prévus à la présente section est réduite de moitié si, ayant averti l'autorité administrative ou judiciaire, il a permis de faire cesser l'infraction ou d'éviter que l'infraction n'entraîne mort d'homme ou infirmité permanente et d'identifier, le cas échéant, les autres auteurs ou complices. Lorsque la peine encourue est la réclusion criminelle à perpétuité, celle-ci est ramenée à vingt ans de réclusion criminelle.

Art. 224-5-2 *(L. nº 2004-204 du 9 mars 2004, art. 6-VI)* **Lorsque les infractions prévues par le premier alinéa de l'article 224-1 et par les articles 224-2 à 224-5 sont commises en bande organisée, les peines sont portées à 1 000 000 € d'amende et à :**

1º Trente ans de réclusion criminelle si l'infraction est punie de vingt ans de réclusion criminelle ;

2º La réclusion criminelle à perpétuité si l'infraction est punie de trente ans de réclusion criminelle.

Les deux premiers alinéas de l'article 132-23 relatif à la période de sûreté sont applicables dans les cas prévus aux 1º et 2º.

SECTION II **DU DÉTOURNEMENT D'AÉRONEF, DE NAVIRE OU DE TOUT AUTRE MOYEN DE TRANSPORT**

Art. 224-6 Le fait de s'emparer ou de prendre le contrôle par violence ou menace de violence d'un aéronef, d'un navire ou de tout autre moyen de transport à bord desquels des personnes ont pris place, ainsi que d'une plate-forme fixe située sur le plateau continental, est puni de vingt ans de réclusion criminelle.

Les deux premiers alinéas de l'article 132-23 relatif à la période de sûreté sont applicables à cette infraction. — *Pén. 421-1 ; Pr. pén. 689-5 s. ; C. transp., art. L. 6372-4 ; Trav. L. 5423-8, L. 5423-9 et R. 5423-18.*

Corresp. : *C. pén., ancien art. 462.*

RÉP. PÉN. vº *Navigation maritime*, par MONTAS et DECOLLAND.

BIBL. ▸ POISSONNIER, *D. 2008. chron. 2097* (les pirates de la Corne de l'Afrique et le droit français).

1. Conflits de qualifications. Si le détournement d'un aéronef entraîne nécessairement la détention et la séquestration des passagers et de l'équipage, faits constituant une prise d'otage en vue de l'exécution d'un ordre ou d'une condition, il n'en demeure pas moins qu'il s'agit de deux crimes distincts, se caractérisant par des éléments moraux différents et par la violation d'intérêts collectifs ou individuels distinctement protégés par les textes violés, ce qui rend possible une double déclaration de culpabilité, sous cette réserve qu'une seule peine soit effectivement prononcée. • Crim. 22 nov. 1983 : *Bull. crim. nº 308.*

2. Questions. La cour d'assises doit être interrogée sur tous les éléments constitutifs de l'infraction et dans les termes de la loi ; tel n'est pas le cas lorsque la question, d'une part, omet de mentionner la présence à bord des navires détournés de personnes y ayant pris place et, d'autre part, vise à la fois le fait de s'emparer et de prendre le contrôle desdits navires. • Crim. 24 oct. 2007, nº 07-80.179 P : *Dr. pénal 2008, nº 2, obs. Véron.*

Art. 224-6-1 *(L. n° 2011-13 du 5 janv. 2011)* **Lorsque l'infraction prévue à l'article 224-6 est commise en bande organisée, la peine est portée à trente ans de réclusion criminelle.**

Les deux premiers alinéas de l'article 132-23 sont applicables à cette infraction.

BIBL. ▶ PORTOLANO, *RSC 2011. Chron. 437* (loi relative à la lutte contre la piraterie et à l'exercice des pouvoirs de l'État (loi n° 2011-13 du 5 janv. 2011)).

Art. 224-7 **L'infraction définie à l'article 224-6 est punie de la réclusion criminelle à perpétuité lorsqu'elle est accompagnée de tortures ou d'actes de barbarie ou s'il en est résulté la mort d'une ou de plusieurs personnes.**

Les deux premiers alinéas de l'article 132-23 sont applicables à cette infraction. – *Pr. pén. 689-5 s. ; Aviation civ. L. 282-1.*

Art. 224-8 **Le fait par quiconque, en communiquant une fausse information, de compromettre sciemment la sécurité d'un aéronef en vol ou d'un navire est puni de cinq ans d'emprisonnement et de 75 000 € d'amende.**

(L. n° 92-1336 du 16 déc. 1992) **« La tentative de l'infraction prévue au présent article est punie des mêmes peines. »** – *Pr. pén. 689-5.*

Corresp. *: C. pén., ancien art. 462-1.*

Le fait de communiquer une fausse information selon laquelle une bombe avait été placée dans un avion, dont les portes avaient été closes et qui était sur son axe de départ, ne constitue le délit prévu et réprimé par l'art. 462-1 C. pén. que s'il est justifié, comme l'exige ce texte, que la sécurité de l'aéronef a été compromise ; à défaut, ce fait constitue le délit prévu par l'art. 308-1 C. pén. (nouvel art. 322-14). • Crim. 24 févr. 1987 : *Bull. crim. n° 94 ; RSC 1987. 695, obs. Levasseur.*

Art. 224-8-1 *(L. n° 2004-204 du 9 mars 2004, art. 12-IX)* **Toute personne qui a tenté de commettre les crimes prévus par la présente section est exempte de peine si, ayant averti l'autorité administrative ou judiciaire, elle a permis d'éviter la réalisation de l'infraction et d'identifier, le cas échéant, les autres auteurs ou complices.**

La peine privative de liberté encourue par l'auteur ou le complice d'un des crimes prévus à la présente section est réduite de moitié si, ayant averti l'autorité administrative ou judiciaire, il a permis de faire cesser l'infraction ou d'éviter que l'infraction n'entraîne mort d'homme ou infirmité permanente et d'identifier, le cas échéant, les autres auteurs ou complices. Lorsque la peine encourue est la réclusion criminelle à perpétuité, celle-ci est ramenée à vingt ans de réclusion criminelle.

SECTION III **PEINES COMPLÉMENTAIRES APPLICABLES AUX PERSONNES PHYSIQUES**

RÉP. PÉN. v° *Enlèvement et séquestration*, par MISTRETTA.

Art. 224-9 *(L. n° 2012-304 du 6 mars 2012, art. 20)* **« I. – » Les personnes physiques coupables des infractions prévues au présent chapitre encourent les peines complémentaires suivantes :**

1° L'interdiction, suivant les modalités prévues par l'article 131-26, des droits civiques, civils et de famille ;

2° *(L. n° 2008-776 du 4 août 2008, art. 70)* **« L'interdiction, suivant les modalités prévues par l'article 131-27, soit d'exercer une fonction publique ou d'exercer l'activité professionnelle ou sociale dans l'exercice ou à l'occasion de l'exercice de laquelle l'infraction a été commise, soit, pour les crimes prévus par le premier alinéa de l'article 224-1, l'article 224-2, le premier alinéa des articles 224-3 et 224-4 et les articles 224-5, 224-5-2, 224-6 et 224-7, d'exercer une profession commerciale ou industrielle, de diriger, d'Administrer de gérer ou de contrôler à un titre quelconque, directement ou indirectement, pour son propre compte ou pour le compte d'autrui, une entreprise commerciale ou industrielle ou une société commerciale. Ces interdictions d'exercice peuvent être prononcées cumulativement ; »**

(Abrogé par L. n° 2012-304 du 6 mars 2012, art. 9) ***« 3° L'interdiction, pour une durée de cinq ans au plus, de détenir ou de porter une arme soumise à autorisation ; »***

(Abrogé par L. n° 2019-222 du 23 mars 2019, art. 71-XIV et 109-XIX, à compter du 24 mars 2020) (L. n° 2007-297 du 5 mars 2007, art. 65) ***« 4° S'il s'agit des crimes visés***

(L. n° 2013-711 du 5 août 2013, art. 3) **« aux sections I et I *bis* » du présent chapitre, l'obligation d'accomplir un stage de responsabilité parentale, selon les modalités fixées à l'article 131-35-1 ».**

(L. n° 2012-304 du 6 mars 2012, art. 9) **« II. — En cas de condamnation pour les infractions prévues au présent chapitre, le prononcé de la peine complémentaire d'interdiction de détenir ou de porter, pour une durée de dix ans au plus, une arme soumise à autorisation est obligatoire.**

« Toutefois, la juridiction peut, par une décision spécialement motivée lorsque la condamnation est prononcée par une juridiction correctionnelle, décider de ne pas prononcer cette peine, en considération des circonstances de l'infraction et de la personnalité de son auteur. »

Art. 224-10 *(L. n° 2005-1549 du 12 déc. 2005, art. 23)* **Les personnes physiques coupables des crimes prévus par** *(L. n° 2013-711 du 5 août 2013, art. 3)* **« les sections I et I *bis* » du présent chapitre encourent également le suivi socio-judiciaire selon les modalités prévues par les articles 131-36-1 à 131-36-13.**

Art. 224-11 *(L. n° 2018-778 du 10 sept. 2018, art. 37)* **L'interdiction du territoire français peut être prononcée dans les conditions prévues à l'article 131-30, soit à titre définitif, soit pour une durée maximale de dix ans, à l'encontre de tout étranger coupable de l'une des infractions prévues au présent chapitre.**

CHAPITRE V DES ATTEINTES À LA DIGNITÉ DE LA PERSONNE

RÉP. PÉN. v° *Dignité de la personne humaine*, par VIRIOT-BARRIAL.

BIBL. ▶ PECH, Le corps humain saisi par la justice, *Recueil Dalloz, hors série, mai 2001, p. 90* (la dignité humaine – du droit à l'éthique de la relation). – MISTRETTA, *JCP 2005. I. 100* (la protection de la dignité de la personne et les vicissitudes du droit pénal). – DREYER, *D. 2008. Chron. 2730* (la dignité opposée à la personne). – BOULOC, *D. 2009. Chron. 1373* (vers un déclin de la sanction pénale des atteintes à la dignité). – MATHIEU, *Mél. Jerry Sainte-Rose, Bruylant, 2012, p. 909* (la dignité humaine ou le refus d'assumer une exigence constitutionnelle).

SECTION PREMIÈRE DES DISCRIMINATIONS

RÉP. PÉN. v° *Discriminations*, par DANTI-JUAN.

BIBL. ▶ DETRAZ, *Gaz. Pal. 8-11 mai 2013, Dossier, p. 4* (la lutte contre les discriminations).

Art. 225-1 **Constitue une discrimination toute distinction opérée entre les personnes physiques** *(L. n° 2016-1547 du 18 nov. 2016, art. 86)* **« sur le fondement de leur origine, de leur sexe, de leur situation de famille, de leur grossesse, de leur apparence physique, de la particulière vulnérabilité résultant de leur situation économique, apparente ou connue de son auteur, de leur patronyme, de leur lieu de résidence, de leur état de santé, de leur perte d'autonomie, de leur handicap, de leurs caractéristiques génétiques, de leurs mœurs, de leur orientation sexuelle, de leur identité de genre, de leur âge, de leurs opinions politiques, de leurs activités syndicales, de leur capacité à s'exprimer dans une langue autre que le français, de leur appartenance ou de leur non-appartenance, vraie ou supposée, à une ethnie, une Nation, une prétendue » race ou une religion déterminée.**

Constitue également une discrimination toute distinction opérée entre les personnes morales *(L. n° 2016-1547 du 18 nov. 2016, art. 86)* **« sur le fondement de l'origine, du sexe, de la situation de famille, de la grossesse, de l'apparence physique, de la particulière vulnérabilité résultant de la situation économique, apparente ou connue de son auteur, du patronyme, du lieu de résidence, de l'état de santé, de la perte d'autonomie, du handicap, des caractéristiques génétiques, des mœurs, de l'orientation sexuelle, de l'identité de genre, de l'âge, des opinions politiques, des activités syndicales, de la capacité à s'exprimer dans une langue autre que le français, de l'appartenance ou de la non-appartenance, vraie ou supposée, à une ethnie, une Nation, une prétendue » race ou une religion déterminée des membres ou de certains membres de ces personnes morales.** — *Pén. 432-7.*

Corresp. : *C. pén., anciens art. 416 et 416-1.*

RÉP. PÉN. v° *Syndicat professionnel*, par CHOPIN.

BIBL. ▶ FOULON-PIGANIOL, *D. 1972. Chron. 261 ; ibid. 1975. Chron. 159.* – BRILL, *RSC 1977. 35.* – DANTI-JUAN, *RD pén. crim. 1988. 631* (discrimination et sida) ; *Mél. Pradel, Cujas, 2006* (existe-t-il encore une égalité en droit pénal ?). – VÉRON, *Dr. pénal, oct. 1990. Chron.* (lois des 12 et 13 juill. 1990) ; *Dr. pénal 2003. Repères 1* (lutter contre le racisme : une troisième voie). – MAYAUD, *RSC 1998. 543* (sida et discrimination au logement). – KORMAN, *Gaz. Pal. 8-10 oct. 1998* (situation française en matière de législation antiraciste). – CŒURET, *Cah. dr. entr. 2006. 65* (discriminations sur le lieu de travail) ; *Mél. Bouloc, Dalloz, 2006. 207* (le droit pénal du travail à l'épreuve des discriminations). – KELLER, *D. 2002, Le point sur..., p. 1355* (loi du 16 nov. 2001). – GONZALEZ, *RFDA 2002. 113* (protocole additionnel n° 12 à la Conv. EDH portant interdiction générale de discriminer). GARDIN et ZABEL, *RJS 2003. 87* (les discriminations raciales au travail). – BOUGRAB, *AJDA 2003. 1640* (l'égalité entre les femmes et les hommes dans les jurisprudences des cours suprêmes européennes et nationales). – CERF, *Mél. Ottenhof, Dalloz, 2006* (l'extension du champ pénal de lutte contre les discriminations). – CŒURET, *Mél. Bouloc, Dalloz, 2006, p. 207* (le droit pénal du travail à l'épreuve des discriminations). – DANTI-JUAN, *Mél. Pradel, Cujas, 2006* (existe-t-il encore une égalité en droit pénal ?). – MAYAUD, *Dr. social 2007, n° 9/10, p. 930* (La HALDE, ou d'un transfert de répression). – WILLMANN, *Dr. social 2007, n° 9/10, p. 936* (définir la « race » et l'ethnie) ; *Mél. Jacques Foyer, Économica, 2008, p. 1037* (discriminations ethniques et raciales en entreprise et « invisibilité statistique »). – DETRAZ, *Dr. pénal 2008. Étude 10* (la discrimination « par ricochet » : un aspect latent du délit de discrimination). – DELNAUD, *D. 2008. Dossier. 2533* (prescription et discrimination). – ROMAN, *D. 2013. Chron. 1911* (discrimination fondée sur la condition sociale, une catégorie manquante du droit français). – MERCAT-BRUNS, *D. 2013. Chron. 2475* (la personne au prisme des discriminations indirectes). – PÉRONNE et DAOUD, *AJ pénal 2014. 570* (discriminations et réseaux sociaux).

▶ **Loi n° 2001-1066 du 16 novembre 2001 relative à la lutte contre les discriminations :** TAQUET, *Gaz. Pal. 2002. 1. Doctr. 345.* – PUTMAN, *RJPF 2002, n° de févr., p. 10.*

▶ **Dossier : Lutte contre la discrimination : la voie pénale**, *AJ pénal 2008. 303 s.* : FORTIS, *ibid. 303* (réprimer les discriminations depuis la loi du 27 mai 2008 : entre incertitudes et impossibilités). – AMEGADJIE, *ibid. 307* (la compétence pénale de La HALDE, contours et enjeux). – LASSERRE CAPDEVILLE, *ibid. 310* (le *testing*). – SAGARDOYTHO, *ibid. 313* (le droit pénal de la discrimination, un droit à construire).

▶ **Dossier : La lutte contre les discriminations,** *Gaz. Pal. 2013. 1, p. 2016 s.* : DETRAZ, *ibid. 2013* (la cohérence des infractions de discrimination). – DASSA LE DEIST, *ibid. 2023* (retour sur la circonstance aggravante de racisme dans le code pénal). – BELLOIR, *ibid. 2027* (les difficultés de preuve des motifs discriminatoires). – DREYER, *ibid. 2031* (sur la prescription des infractions de presse commises avec un mobile discriminatoire).

1. Handicap. Est condamné pour discrimination en raison d'un handicap la société propriétaire d'un fonds de commerce d'exploitation cinématographique qui refuse la délivrance de billets à des personnes en fauteuil roulant sans justifier d'un motif légitime ; en l'espèce, les projets d'aménagement du cinéma, notamment par la création d'une rampe d'accès, n'ont jamais abouti, car la société estime que la sécurité des personnes en cas de sinistre ne serait plus bien assurée ; en réalité, il n'est pas démontré une impossibilité technique à la mise en accessibilité des lieux, et les juges mettent en avant la mauvaise foi de la prévenue, qui a pleinement conscience de ses agissements discriminatoires, mais renonce à y mettre fin pour des motifs économiques. • Poitiers, 1er sept. 2005 : *JCP 2006. IV. 2296.*

2. Est suffisamment caractérisé le délit de discrimination dans l'offre ou la fourniture d'un bien ou d'un service en raison d'un handicap, prévu et réprimé par les art. 225-1, 225-2, 1° et 4°, et 225-19 C. pén., par le fait pour un propriétaire de refuser de louer un appartement à une personne handicapée, dès lors qu'il apparaît que ledit handicap physique est la motivation exclusive du refus. • TGI Paris, 28 juin 2005 : *Gaz. Pal. 2006. 2. 2634, note Paulin.*

3. Caractérise en tous ses éléments constitutifs une discrimination punissable, l'arrêt qui retient que les représentants d'une société d'exploitation cinématographique ont refusé l'accès des salles de projection aux personnes se déplaçant en fauteuil roulant malgré les propositions d'aménagement des locaux émanant de la municipalité, alors que l'impossibilité technique de rendre ces locaux accessibles à cette clientèle n'est pas démontrée. • Crim. 20 juin 2006 : *Dr. pénal 2006. 133, obs. Véron.*

4. Dès lors qu'une compagnie aérienne ne forme pas son personnel de bord à l'assistance aux besoins spécifiques des personnes handicapées, elle ne peut invoquer un motif de sécurité pour justifier le refus d'embarquement opposé à une personne à mobilité réduite voyageant sans accompagnateur. • Crim. 15 déc. 2015, n° 13-81.586 P : *D. actu. 12 janv. 2016, obs. Goetz ; D. 2016. 828, obs. Detraz ; AJ pénal 2016. 263, obs. Bénéjat-Guerlin*

5. Homosexualité. L'agrément aux fins d'adoption d'un pupille de l'État ne peut être accordé à une jeune femme homosexuelle dès lors que, eu égard à ses conditions de vie et malgré des qualités humaines et éducatives certaines, elle ne présente pas des garanties suffisantes sur les plans familial, éducatif et psychologique pour accueillir un enfant adopté ; ce refus d'agrément n'étant pas fondé sur une position de principe à l'égard du choix de vie de l'intéressée, celle-ci n'est pas fondée à invoquer la méconnaissance, ni des art. 8 et 14 Conv. EDH, qui posent les principes du droit au respect de la vie privée et familiale et à la jouissance des droits et libertés reconnus dans la convention, ni de l'art. 225-1 C. pén. ; elle ne peut utilement se prévaloir de l'art. 26 du Pacte international de New York qui ne peut concerner que les droits civils et politiques qu'il mentionne. • CAA Nancy, 12 déc. 2000 : *D. 2001. IR 283.*

6. Doit être relaxée des poursuites du chef de discrimination dans l'offre ou la fourniture d'un bien ou d'un service à raison des mœurs, la société de transport maritime qui refuse le bénéfice d'un « forfait couple » à un couple d'homosexuels, au motif que cette offre promotionnelle était réservée aux couples composés d'un homme et d'une femme ; si en opposant un tel refus, la société a, de fait, opéré une distinction entre les couples hétérosexuels et les couples homosexuels, elle n'était en revanche animée d'aucune intention délictueuse caractérisée ; en effet, le traité d'Amsterdam, disposant en son art. 6A que le Conseil peut prendre les mesures nécessaires en vue de combattre toute discrimination fondée sur le sexe, la race ou l'orientation sexuelle, a été publié postérieurement aux faits incriminés ; de même, si dans sa résolution en date du 8 févr. 1994, le Parlement européen estimait que la Communauté européenne devait s'engager à concrétiser le principe de l'égalité de traitement d'une personne indépendamment de sa tendance sexuelle, ce principe n'était concrétisé qu'après décision du Conseil constitutionnel en date du 9 nov. 1999 relative à la loi sur le Pacte civil de solidarité qui lui a été déférée, également postérieure aux faits poursuivis, de même que la Charte des droits fondamentaux du 9 déc. 1999 ; antérieurement à la date du 9 nov. 1999, la notion de couple, au sens d'union entre deux êtres, ne recouvrait, que ce soit au niveau des textes législatifs en vigueur ou dans le langage courant reflétant une opinion communément admise, que l'union d'un homme et d'une femme ; dans un tel contexte, il n'est pas démontré que la société ait été animée d'une volonté discriminatoire à l'égard des homosexuels ; ainsi, à la date du 6 avr. 1999, le tarif couple n'a pas été refusé aux parties civiles à raison de leurs mœurs mais en raison du programme informatique de la société, non adapté à la situation qui lui était soumise, laquelle n'avait pas été envisagée ; par ailleurs, le fait que la société ait postérieurement aux faits, rectifié son offre promotionnelle après avoir réalisé qu'elle pouvait avoir pour conséquence d'opérer une distinction entre les couples et d'exclure ainsi les homosexuels, démontre suffisamment que l'acte incriminé n'a pas été déterminé par l'une des causes énumérées à l'art. 225-1 C. pén., les mœurs de ses passagers lui étant indifférentes. • Aix-en-Provence, 14 mai 2001 : *JCP 2001. IV. 3006.*

7. Opinions politiques. L'adjointe au maire responsable du recrutement au sein d'une association, qui refuse la candidature d'une employée municipale au motif qu'elle a été la secrétaire particulière de l'ancien maire et indique que les postes disponibles devaient être pourvus par des sympathisants de son parti, doit être condamnée pour discrimination fondée sur des opinions politiques, dès lors qu'il est établi que son refus n'est nullement fondé sur les capacités professionnelles de l'employée mais sur son adhésion vraie ou supposée aux idées politiques de l'ancien maire. • Aix-en-Provence, 11 janv. 1999 : *JCP 1999. IV. 3154.*

8. Constitue une discrimination l'offre d'emploi d'un tiers, même si elle était assortie d'une condition suspensive implicite tenant à l'élection du prévenu en qualité de maire, dès lors qu'elle est subordonnée à une condition fondée sur l'un des éléments visés à l'art. 225-1 C. pén., en l'espèce les opinions politiques du bénéficiaire de l'embauche. • Crim. 11 mars 2014 : *Dr. pénal 2014, n° 86, obs. Véron.*

9. Le refus du renouvellement d'un contrat à durée déterminée d'un salarié, qui entre dans le champ d'application de l'art. 225-2, 3°, C. pén., constitue une discrimination au sens de l'art. 225-1 de ce même code dès lors qu'est avérée la prise en considération, par l'auteur du refus, de l'engagement politique d'un membre de la famille du salarié concerné. • Crim. 21 juin 2016, n° 15-80.365 P : *D. actu. 12 sept. 2016, obs. Gallois ; D. 2016. Pan. 2424, obs. Garé ; Dr. pénal 2016, n° 136, obs. Conte ; Gaz. Pal. 4 oct. 2016, p. 48, obs. Detraz.*

10. Activités syndicales. Pour une discrimination à l'emploi au motif que la victime n'était pas d'origine calédonienne et n'appartenait pas au syndicat USTKE. • Crim. 12 sept. 2000 : *Gaz. Pal. 1. 68.*

11. Primes sous condition de nationalité. Une prime municipale de naissance ne constitue pas un refus du bénéfice d'un droit accordé par la loi, mais une offre de prestation familiale municipale s'ajoutant aux prestations légales, en considération, non de la qualité de citoyen, mais de celle de parents d'un nouveau-né ; à l'évidence, elle n'entre pas dans les prévisions de l'art. 432-7 C. pén. ; elle doit être considérée comme l'offre d'un bien ou d'un service, au sens très général qu'a voulu lui donner le législateur dans l'art. 225-1, dont la fourniture ne peut être subordonnée aux distinctions discriminatoires prohibées par ledit article ; l'infraction se commet dès lors qu'il y a discrimination, selon les distinctions énoncées dans ledit article, dans l'offre elle-même, indépendamment de sa mise en application effective ; aux termes de l'art. L. 512-1 et L. 512-2 CSS, le versement des prestation familiales n'est nullement subordonné à une condition de nationalité, mais suppose seulement, s'il s'agit d'un étranger, ressortissant ou non de l'Union européenne, que celui-ci réside en France et ce de façon régulière ; en subordonnant l'attribution de la prime municipale de naissance à la nécessité pour l'un au moins des parents d'être de nationalité française ou ressortissant de l'Union européenne, la délibération du conseil municipal a créé une discrimination prohibée, par ailleurs censurée par la juridiction administrative qui l'a définitivement annulée. • Aix-en-Provence, 18 juin 2001 : *JCP 2002. IV. 2173.*

12. Le fait que la décision discriminatoire ait été prise par bulletin secret par un organe collégial, le maire ayant donné procuration pour le vote à son premier adjoint, ne saurait avoir pour effet de supprimer toute responsabilité des auteurs (par leur vote positif) de la décision, mais rend seulement plus difficile la preuve de la participation à l'infraction ; le premier adjoint, rapporteur du projet, qu'il a proposé au vote, doit être considéré comme l'auteur du délit ; par ailleurs, si la prévenue maire était absente lors de la séance du conseil municipal, elle a voté par procuration, et si elle n'a pas voulu dévoiler le sens de son vote, elle a quand même admis devant le juge d'instruction qu'elle « souscrivait » à cette idée de prime de naissance ; en outre, indépendamment du fait que la mesure instituée n'est que la réalisation de son programme électoral, elle a elle-même publiquement revendiqué avoir été à l'initiative de ladite mesure dans la lettre du maire, diffusée trois jours seulement après le vote, exclusivement consacrée à l'allocation de la prime de naissance ; dans ces conditions, elle doit être déclarée coupable, non comme auteur intellectuel, mais de complicité du délit par fourniture d'instructions. • Même arrêt. ♦ Le fait de subordonner l'octroi d'une prime de naissance à une condition de nationalité est constitutif du délit de discrimination prévu par les art. 225-1 et 225-2 C. pén. ; justifie sa décision la cour d'appel qui, pour retenir la culpabilité du maire d'une commune et de son adjoint du chef de discrimination, retient que, si la délibération instaurant une prime discriminatoire a été votée à bulletins secrets par le conseil municipal, organe collégial de la commune, le délit de discrimination est néanmoins imputable au maire et à son adjoint qui ont personnellement participé à l'infraction, le maire, en en prenant l'initiative, l'adjoint au maire, rapporteur du projet, en inscrivant la question à l'ordre du jour et en la soumettant au vote. • Crim. 17 déc. 2002, n° 01-85.650 P : *Gaz. Pal. 2003. 2. 3030, note Monnet ; Dr. pénal 2003. 44, obs. Véron ; RSC 2003. 556, obs. Mayaud* (confirmation de • Aix-en-Provence, 18 juin 2001 : *préc. note 11*).

13. Appartenance à une religion. A caractérisé en tous ses éléments, tant matériels qu'intentionnels, le délit de discrimination par une personne dépositaire de l'autorité publique, à raison de l'appartenance religieuse, l'arrêt qui a condamné le prévenu, maire de sa commune, pour avoir privé une élue, conseillère municipale, de l'exercice de son droit de parole en raison du port par cette dernière d'un insigne symbolisant son appartenance à la religion chrétienne ; la cour d'appel a justifié sa décision, qui retient qu'il n'est nullement établi qu'en l'espèce, le port d'une croix par la partie civile ait été un facteur de trouble susceptible de justifier que le maire, usant de son pouvoir de police, la prive de son droit à s'exprimer, en sa qualité d'élue municipale, et qui ajoute qu'aucune disposition législative, nécessaire en vertu de l'art. 9 Conv. EDH, pour que des restrictions soient apportées à la liberté de manifester sa religion ou ses convictions, ne permet au maire d'une commune, dans le cadre des réunions du conseil municipal, lieu de débats et de confrontations d'idées, d'interdire aux élus de manifester publiquement, notamment par le port d'un insigne, leur appartenance religieuse. • Crim. 1er sept. 2010, n° 10-80.584 P : *D. 2010. 2624, note Detraz ; AJ pénal 2010. 506, obs. Royer ; JCP G 2010, n° 1208, note Dreyer ; Dr. pénal 2010, n° 135, obs. Véron ; RLCT 2010/62, n° 1762, note Mayaud ; RSC. 2010. 853, obs. Mayaud*.

14. Action civile collective. Lorsque l'infraction de discrimination raciale a été commise envers une personne considérée individuellement, l'accord de celle-ci est nécessaire pour rendre recevable la constitution de partie civile de l'association, tant par voie d'action que par voie d'intervention ; fait l'exacte application de l'art. 2-1 C. pr. pén. la cour d'appel qui, pour déclarer irrecevable la constitution de partie civile par voie d'intervention de l'Association SOS Racisme dans l'information ouverte par le procureur de la République du chef de discrimination raciale envers sept personnes nommément désignées, retient que cette constitution a été faite sans l'accord préalable des personnes intéressées. • Crim. 25 nov. 2008, n° 07-88.006 P : *RSC 2009. 133, obs. Giudicelli*.

Art. 225-1-1 *(L. n° 2012-954 du 6 août 2012, art. 3)* **Constitue une discrimination toute distinction opérée entre les personnes parce qu'elles ont subi ou refusé de subir des faits de harcèlement sexuel tels que définis à l'article 222-33 ou témoigné de tels**

faits, y compris, dans le cas mentionné au I du même article, si les propos ou comportements n'ont pas été répétés.

Art. 225-1-2 *(L. n° 2017-86 du 27 janv. 2017, art. 177)* **Constitue une discrimination toute distinction opérée entre les personnes parce qu'elles ont subi ou refusé de subir des faits de bizutage définis à l'article 225-16-1 ou témoigné de tels faits.**

Art. 225-2 **La discrimination définie** *(L. n° 2012-954 du 6 août 2012, art. 3)* **« aux articles** *(L. n° 2017-86 du 27 janv. 2017, art. 177)* **« 225-1 à 225-1-2 », commise à l'égard d'une personne physique ou morale, est punie de** *(L. n° 2004-204 du 9 mars 2004, art. 41-I)* **« trois ans d'emprisonnement et de 45 000 € d'amende** *[ancienne rédaction : deux ans d'emprisonnement et de 30 000 euros d'amende]* **» lorsqu'elle consiste :**

1° A refuser la fourniture d'un bien ou d'un service ;

2° A entraver l'exercice normal d'une activité économique quelconque ;

3° A refuser d'embaucher, à sanctionner ou à licencier une personne ;

4° A subordonner la fourniture d'un bien ou d'un service à une condition fondée sur l'un des éléments visés à l'article 225-1 *(L. n° 2012-954 du 6 août 2012, art. 3)* **« ou prévue** *(L. n° 2017-86 du 27 janv. 2017, art. 177)* **« aux articles 225-1-1 ou 225-1-2 » » ;**

5° A subordonner une offre d'emploi *(L. n° 2001-1066 du 16 nov. 2001)* **« , une demande de stage ou une période de formation en entreprise » à une condition fondée sur l'un des éléments visés à l'article 225-1** *(L. n° 2012-954 du 6 août 2012, art. 3)* **« ou prévue** *(L. n° 2017-86 du 27 janv. 2017, art. 177)* **« aux articles 225-1-1 ou 225-1-2 » ;** — *Pr. pén. 2-1, 2-6, 2-8, 2-10 ; Trav. L. 8112-1 à L. 8112-4, R. 8111-2.*

(L. n° 2001-1066 du 16 nov. 2001) **« 6° A refuser d'accepter une personne à l'un des stages visés par le 2° de l'article L. 412-8 du code de la sécurité sociale. »**

(L. n° 2004-204 du 9 mars 2004, art. 41-I) **« Lorsque le refus discriminatoire prévu au 1° est commis dans un lieu accueillant du public ou aux fins d'en interdire l'accès, les peines sont portées à cinq ans d'emprisonnement et à 75 000 € d'amende. »**

Les dispositions de l'art. 225-2 ne sont pas applicables lorsque les faits visés dans cet article sont conformes à des directives du Gouvernement prises dans le cadre de sa politique économique et commerciale ou en application de ses engagements internationaux (L. n° 77-574 du 7 juin 1977, art. 32-III, mod. par L. n° 92-1336 du 16 déc. 1992, art. 309 et 373). — V. Circ. du 17 juill. 1981 (D. et BLD 1981. 287).

Art. 225-3 **Les dispositions de l'article précédent ne sont pas applicables :**

1° Aux discriminations fondées sur l'état de santé, lorsqu'elles consistent en des opérations ayant pour objet la prévention et la couverture du risque décès, des risques portant atteinte à l'intégrité physique de la personne ou des risques d'incapacité de travail ou d'invalidité. *(L. n° 2002-303 du 4 mars 2002)* **« Toutefois, ces discriminations sont punies des peines prévues à l'article précédent lorsqu'elles se fondent sur la prise en compte de tests génétiques prédictifs ayant pour objet une maladie qui n'est pas encore déclarée ou une prédisposition génétique à une maladie** *(L. n° 2011-814 du 7 juill. 2011, art. 7)* **« ou qu'elles se fondent sur la prise en compte des conséquences sur l'état de santé d'un prélèvement d'organe tel que défini à l'article L. 1231-1 du code de la santé publique » ; »**

2° Aux discriminations fondées sur l'état de santé ou le handicap, lorsqu'elles consistent en un refus d'embauche ou un licenciement fondé sur l'inaptitude médicalement constatée soit dans le cadre du titre IV du livre II du code du travail, soit dans le cadre des lois portant dispositions statutaires relatives à la fonction publique ;

(L. n° 2008-496 du 27 mai 2008, art. 7) **« 3° Aux discriminations fondées, en matière d'embauche, sur** *(L. n° 2016-1547 du 18 nov. 2016, art. 86)* **« un motif mentionné à l'article 225-1 du présent code », lorsqu'un tel motif constitue une exigence professionnelle essentielle et déterminante et pour autant que l'objectif soit légitime et l'exigence proportionnée ;**

« 4° Aux discriminations fondées, en matière d'accès aux biens et services, sur le sexe lorsque cette discrimination est justifiée par la protection des victimes de violences à caractère sexuel, des considérations liées au respect de la vie privée et de la décence, la promotion de l'égalité des sexes ou des intérêts des hommes ou des femmes, la liberté d'association ou l'organisation d'activités sportives ;

« 5° Aux refus d'embauche fondés sur la nationalité lorsqu'ils résultent de l'application des dispositions statutaires relatives à la fonction publique ; »

(L. n° 2014-173 du 21 févr. 2014, art. 15) **« 6° Aux discriminations liées au lieu de résidence lorsque la personne chargée de la fourniture d'un bien ou service se trouve en situation de danger manifeste.**

« Les mesures prises en faveur des personnes résidant dans certaines zones géographiques et visant à favoriser l'égalité de traitement ne constituent pas une discrimination. »

Les dispositions insérées par la L. n° 2008-496 du 27 mai 2008 s'appliquent à toutes les personnes publiques ou privées, y compris celles exerçant une activité professionnelle indépendante, sans préjudice des dispositions et conditions relatives à l'admission et au séjour des ressortissants des pays non membres de l'Union européenne et des apatrides (L. préc., art. 5).

Corresp. *: C. pén., anciens art. 416 et 416-1.*

A. REFUS D'UN BIEN OU D'UN SERVICE (ART. 225-2-1° ; ANCIEN ART. 416-1° ET 2°)

1. Définition des biens et services. Les expressions « bien ou service » doivent s'entendre de toutes les choses qui sont susceptibles d'être l'objet d'un droit et qui représentent une valeur pécuniaire ou un avantage. • Paris, 12 nov. 1974 : *D. 1975. 471, note Foulon-Piganiol.*

2. Constitue une discrimination toute distinction opérée entre les personnes à raison de leurs opinions politiques, la discrimination pouvant consister à refuser la fourniture d'un bien ou d'un service ; ce bien ou ce service doivent être susceptibles d'être objets d'un droit représentant une valeur pécuniaire ou un avantage ; l'accès à la « Fête du livre » constitue, pour un auteur, un avantage susceptible d'avoir une valeur pécuniaire. • Paris, 25 janv. 2005 : *Gaz. Pal. 2005. 1. 1268, note Monnet.*

3. Consommation du refus. Le délit prévu par l'art. 416-1° C. pén. se trouve consommé au moment du refus de la fourniture du bien ou du service requis, quelle que soit la forme sous laquelle le refus est exprimé. • Paris, 12 nov. 1974 : *préc. note 1.*

4. Illustrations. Se rend coupable du délit prévu et puni par l'art. 416-1° C. pén. : ... l'hôtelier qui, après avoir reçu la visite d'une Française lui demandant une chambre pour deux personnes, refuse ensuite de la lui louer lorsqu'il la voit réapparaître accompagnée d'un homme de race noire, son époux. • Douai, 25 juin 1974 : *D. 1975. 492 (1re esp.), note Foulon-Piganiol.* ♦ ... Le propriétaire d'un appartement proposé à la location, qui refuse de le louer à des personnes de race africaine, le gérant de l'immeuble pouvant être retenu comme complice. • Paris, 12 nov. 1974 : *préc. note 1.* ♦ ... La tenancière d'un débit de boissons qui refuse de servir de la bière à deux clients de race arabe, alors que ces clients ne sont pas en état d'ébriété et ne causent pas de scandale. • TGI Strasbourg, 21 nov. 1974 : *D. 1975. 492 (2e esp.), note préc. Foulon-Piganiol.* ♦ ... Le restaurateur qui refuse de servir un repas à un handicapé au motif de son handicap. • TGI Nantes, 1er mars 1990 : *Dr. pénal 1991. 47.* ♦ ... Le responsable d'une compagnie aérienne qui interdit d'embarquement les personnes handicapées sans mobilité, réalisant ainsi le refus punissable d'un service en raison d'un handicap, incriminé par l'art. 416-1° C. pén. en vigueur au moment des faits, et par les art. 225-1 et 225-2-1° C. pén. entrés en vigueur le 1er mars 1994. • Paris, 19 sept. 1994 : *JCP 1995. II. 22511, note Moine.*

5. Mais les contrats d'assurance proposés uniquement à des femmes ne comportent aucune discrimination fondée sur le sexe susceptible d'être réprimée par l'art. 416 C. pén. • Crim. 8 juin 1993 : *Gaz. Pal. 1996. 1. 224.* ♦ *Adde :* J.L.S., *Gaz. Pal. 1996. 1. Doctr. 470* (le droit divertissant : tarif automobile préférentiel et discrimination sexuelle).

6. Seul peut refuser de fournir un bien ou un service celui qui a pris l'initiative de le fournir ou de l'offrir ; la société n'avait en l'espèce proposé aucun service, elle se contentait de faire suite à des demandes de stage, émanant souvent de sa clientèle ; il est admis que ne peut être poursuivie la personne qui, n'ayant fait aucune offre, se borne à opposer une fin de non-recevoir à une sollicitation. • Montpellier, 17 févr. 2000 : *Dr. pénal 2000. Comm. 125 (2e arrêt), obs. Véron.*

7. Aux termes de l'art. 5 de la convention pour la protection des personnes à l'égard du traitement automatisé de données à caractère personnel signée à Strasbourg le 28 janv. 1981, ratifiée en vertu de la L. du 19 oct. 1982 et publiée au *Journal officiel* en vertu du décret du 15 nov. 1985 : « les données à caractère personnel faisant l'objet d'un traitement automatisé sont : *c)* ... adéquates, pertinentes et non excessives par rapport aux finalités pour lesquelles elles sont enregistrées » ; pour l'application de ces stipulations, les données pertinentes au regard de la finalité d'un traitement automatisé d'informations nominatives sont celles qui sont en adéquation avec la finalité du traitement et qui sont proportionnées à cette finalité ; le traitement automatisé d'informations nominatives en cause est destiné à aider à la prise des décisions d'octroi ou de refus d'un prêt en contribuant à évaluer le risque qu'une demande présente pour l'établissement prêteur ; il consiste à combiner dans un calcul automatisé divers critères tirés des renseignements que les auteurs de demandes fournissent sur leur situation familiale, professionnelle et bancaire ; la prise en compte de la nationalité d'un demandeur de prêt comme élément d'appréciation d'éventuelles difficultés de recouvrement des créances correspond à la finalité d'un tel traitement ; il ne ressort pas des pièces du dossier relatives aux conditions dans lesquelles cet élément est combiné avec les autres données du calcul automatisé d'un risque que cette prise en compte soit disproportionnée à son objet ; c'est à tort que la CNIL s'est fondées sur ce que la nationalité du candidat à un crédit ne constituerait pas une donnée « pertinente, adéquate et non excessive » au regard de la finalité du traitement ; il est vrai que la CNIL a également entendu se fonder sur les stipulations du traité instituant la Communauté économique européenne prohibant les discriminations fondées sur la nationalité et sur les art. 225-1 et 225-2 C. pén. ; toutefois, la référence à la nationalité comme l'un des éléments de pur fait d'un calcul automatisé du risque, dont la mise en œuvre n'entraîne pas le rejet d'une demande sans l'examen individuel de celle-ci, ne constitue pas une discrimination et, dès lors, n'entre pas, en tout état de cause, dans le champ d'application de l'art. 6 du traité CE, devenu, après modification, l'art. 12 CE ; elle ne saurait davantage, en l'absence d'élément intentionnel, être regardée comme tombant sous le coup des art. 225-1 et 225-2 C. pén. ; la délibération du 22 déc. 1998 de la CNIL portant modification de la recommandation relative à la gestion des crédits ou des prêts consentis à des personnes physiques par les établissements de crédit doit être annulée. • CE 30 oct. 2001 : *D. 2002. 1869, note Audit ; Gaz. Pal. 2002. 1. Somm. 509, note Lebon ; RTD civ. 2002. 498, obs. Mestre et Fagès*.

8. L'invitation à participer à la « Fête du livre », donnée à un auteur, étant laissée à la libre initiative de l'organisateur, elle relève de l'entière liberté de ce dernier, cette invitation étant une faveur et susceptible, comme telle, d'être à tout moment accordée ou retirée par son auteur ; si un commerçant fait une offre permanente de biens ou de services à tous ses clients potentiels, ayant l'obligation de vendre à qui veut et peut acheter, un invitant peut légitimement annuler l'invitation qu'il délivre, en ce qu'elle ne constitue qu'une faveur, ne conférant aucun droit à son bénéficiaire ; le retrait d'une invitation, fût-ce à raison des opinions politiques de l'invité, ne constitue donc pas l'infraction de discrimination, un invitant étant libre de retirer son invitation pour toute raison ; ainsi, le directeur d'un organe de presse est fondé à inviter à une fête dont il a la responsabilité, puis à décommander, qui il veut à raison de la ligne éditoriale de son journal. • Paris, 25 janv. 2005 : *Gaz. Pal. 2005. 1. 1268, note Monnet*.

9. Sont coupables de discrimination dans l'offre ou la fourniture d'un bien ou d'un service à raison de la race, infraction prévue par les art. 225-2, 1°, et 225-1 C. pén., les époux qui refusent de procéder à la vente de leur maison en considération de l'origine des candidats à l'acquisition. • Besançon, 27 janv. 2005 : *D. 2006. 357, note Paulin*.

10. Complicité. La vente d'un bien immobilier par un particulier à un autre ne caractérise pas l'exercice d'une activité économique au sens de l'art. 432-7, 2°, C. pén. ; justifie dès lors sa décision la cour d'appel qui, saisie du chef de discrimination économique par personne dépositaire de l'autorité publique contre un maire ayant fait pression sur une de ses administrées pour qu'elle renonce à vendre un terrain à une personne appartenant à la communauté des gens du voyage, requalifie les faits en complicité de discrimination par refus de fourniture d'un bien en raison de l'appartenance à une ethnie ; il n'importe que seul le complice ait été poursuivi, dès lors que le fait principal est punissable. • Crim. 28 nov. 2006, n° 06-81.060 P : *Dr. pénal 2007. 31, obs. Véron ; RSC 2007. 79, obs. Mayaud*.

B. ENTRAVE À L'EXERCICE NORMAL D'UNE ACTIVITÉ ÉCONOMIQUE (ART. 225-2-2° ; ANCIEN ART. 416-1)

11. Fait constitutif. Une société ayant son siège aux Émirats arabes unis a passé commande de divers matériels à une société française, qui a accepté de verser au dossier d'ouverture de crédit documentaire, d'une part, un certificat attestant que les biens exportés étaient d'origine française, qu'ils ne renfermaient aucun matériau ou composant industriel venant d'Israël, n'étaient pas d'origine israélienne et ne contenaient aucun matériau ou apport de main d'œuvre israélienne, d'autre part, une attestation selon laquelle la livraison n'interviendrait pas par l'intermédiaire d'un transporteur israélien ni ne transiterait par Israël ; ces documents ont été visés par la chambre de commerce et d'industrie sous la signature de son directeur ; c'est à bon droit que la cour d'appel a relaxé la société française et son dirigeant du chef de discrimination économique à raison de l'origine nationale, en ce qui concerne le certificat d'origine exclusivement française des biens importés, dès lors que ne peut avoir pour objet de faire échec à l'activité économique d'autrui le fait pour un contractant de certifier *a posteriori* l'origine d'un produit objet d'un contrat de vente déjà conclu et en cours d'exécution. • Crim. 9 nov. 2004, n° 03-87.444 P : *D. 2005. Pan. 2460, obs. Valette ; AJ pénal 2005. 23, obs. Enderlin ; Dr. pénal 2005. 35, obs. Véron ; Gaz. Pal. 2005. 1. Somm. 2178, note A.C.*

12. Pour la condamnation d'une militante

ayant appelé au boycott de produits israéliens, en opposant, dans le rayon d'une grande surface, sur une bouteille de jus de fruits provenant d'Israël et sur une caisse du magasin deux étiquettes autocollantes en ce sens. • Bordeaux, 22 oct. 2010 : *D. 2011. 931, note Poissonnier*. ♦ Rappr. : • Caen, 24 nov. 2014 : *D. 2015. Actu. 158, obs. Poissonnier*.

13. Fait justificatif. Si, en vertu du § III de l'art. 32 de la loi n° 77-574 du 7 juin 1977, le gouvernement, agissant par voie de directives, a la faculté de déterminer des catégories d'opérations commerciales d'exportation à l'occasion desquelles certains faits, entrant dans le champ d'application des art. 187-2 (nouvel art. 432-7) ou 416-1 C. pén., n'entraînent pas l'application de ces articles, il n'a pu, sans violer l'art. 32, § III, de la loi, qui doit être interprété strictement, donner, par avis publié au *Journal officiel*, une définition générale de ces opérations. • CE 18 avr. 1980 : *D. 1981. 3, note Bismuth ; JCP 1980. II. 19364, concl. Hagelsteen ; Gaz. Pal. 1980. 2. 460, note Ruzié ; JDI 1980. 866, note Eisemann ; RSC 1980. 703, obs. Vitu.* ♦ Pour une application de l'art. 416-1 C. pén. en relation avec le fait justificatif tiré de la L. du 7 juin 1977. • Crim. 21 nov. 1994 : *Dr. pénal 1995. 62.*

14. Constitue une discrimination punissable, au sens des art. 225-2, 2°, et 225-1 C. pén., le fait d'entraver l'exercice normal d'une activité économique quelconque en opérant une distinction entre les personnes notamment en raison de leur appartenance ou de leur non-appartenance à une nation déterminée ; à la suite de la conclusion d'un contrat portant sur la fourniture de machines de décoration de vaisselle entre la société Al Manal Glass Co, sise aux Emirats Arabes Unis, et la société Elmeceram, ayant son siège à Oradour-sur-Vayre (Haute-Vienne), cette dernière société, à la demande de sa cliente et de la banque Commercial Bank Int, a accepté de verser au dossier d'ouverture de crédit documentaire, notamment, une attestation selon laquelle la livraison de la marchandise n'interviendrait pas par le canal d'un transporteur israélien ni ne transiterait par Israël ; ce document a été visé par la chambre de commerce et d'industrie de Limoges, sous la signature de son directeur ; la société Elmeceram, son dirigeant, la chambre de commerce et d'industrie de Limoges et son directeur ont été poursuivis devant la juridiction correctionnelle pour discrimination économique en raison de l'origine nationale, complicité et recel ; pour dire que les prévenus n'avaient pas commis de faute sur le fondement de l'art. 225-2, 2°, C. pén., les juges d'appel, saisis sur renvoi après cassation, des seuls intérêts civils, retiennent que la mesure discriminatoire reprochée est intervenue dans le contexte d'un « boycott » économique réciproque entre la quasi-totalité des États arabes et Israël qui, s'ils ne sont pas en guerre au sens du droit international, se trouvent dans une situation de belligérance privant de conditions normales l'exercice des relations commerciales aussi bien pour les acteurs économiques des États en conflit que pour ceux des pays tiers ; en prononçant ainsi, alors qu'une discrimination en matière économique ne peut être justifiée par l'existence d'un boycott irrégulier que l'art. 225-2, 2°, C. pén. a pour but de sanctionner, la cour d'appel n'a pas légalement justifié sa décision. • Crim. 18 déc. 2007, n° 06-82.245 P : *D. 2008. Jur. 893, note Detraz ; ibid. Chron. 1727, obs. Ménotti ; ibid. 2009. Pan. 130, obs. Garé ; AJ pénal 2008. 140, obs. Roussel ; Dr. pénal 2008. 41, obs. Véron ; Gaz. Pal. 2008. 2. 3384, note Monnet.*

15. Erreur de droit. Selon l'art. 225-2, 2°, C. pén., constitue une discrimination punissable le fait d'entraver l'exercice normal d'une activité économique quelconque en opérant une distinction entre les personnes notamment en raison de leur appartenance ou de leur non-appartenance à une nation déterminée ; aux termes de l'art. 122-7 C. pén., seul un danger actuel et imminent est de nature à justifier l'infraction ; pour bénéficier de la cause d'irresponsabilité prévue par l'art. 122-3 C. pén., la personne poursuivie doit justifier avoir cru, par une erreur sur le droit qu'elle n'était pas en mesure d'éviter, pouvoir légitimement accomplir l'acte reproché ; pour relaxer les prévenus en ce qui concerne le certificat attestant que la livraison des biens exportés n'interviendrait pas par le canal d'un transporteur israélien ni ne transiterait par Israël, la cour d'appel, après avoir énoncé que ce document introduit une discrimination dans les relations économiques et que l'action ou l'omission dont s'agit a pour conséquence de rendre plus difficile l'exercice d'une activité économique, retient que, compte tenu du conflit israélo-arabe, l'activité économique avec les Émirats Arabes Unis ne se déroulait pas dans des conditions normales au sens de l'art. 225-2, 2°, C. pén. ; les juges relèvent qu'en raison du risque important de ne pas être payé, le vendeur s'est trouvé dans la nécessité impérieuse de satisfaire aux exigences de l'acheteur ; une lettre adressée par le ministre de l'industrie et du commerce extérieur aux présidents des assemblées permanentes des chambres de commerce comportait un modèle de certificat d'origine invitant à mentionner seulement l'origine unique et exclusive des marchandises et un modèle d'attestation de transport autorisant le vendeur à faire figurer sur le certificat d'origine un engagement de ne pas charger les marchandises à bord d'un moyen de transport appartenant à des personnes de nationalité israélienne ou faisant escale dans un port ou un aéroport israélien, notamment à destination des pays arabes ; une autre lettre circulaire donnait des instructions visant à obtenir des documents conformes à la loi française et aux usages du commerce international, les intervenants s'engageant, en raison des risques de confiscation, à ne pas faire charger les marchandises à bord d'un bateau ou d'un avion enregistré en Israël ou appartenant à des personnes de nationalité israélienne lorsque ces marchandises sont exportées vers les Émirats Arabes Unis ; la cour d'appel a retenu que ces lettres ont provoqué une erreur de droit insurmontable ; après avoir retenu à bon droit que les agissements des prévenus étaient discriminatoires, les juges ne pouvaient statuer comme ils l'ont fait, sans démontrer que l'erreur de droit invoquée était invincible, et que l'infraction commise pouvait seule permettre d'éviter l'événement qu'ils redoutaient à défaut de tout autre moyen. • Crim. 9 nov. 2004 : *préc. note 11.* ♦ ... La cour d'appel, qui a relaxé la chambre de commerce et d'industrie et son directeur, n'a pas donné de base légale à sa décision, alors qu'il résulte des énonciations de l'arrêt que le certificat de transport sur lequel le directeur a apposé son visa était établi à partir d'un modèle fourni par la chambre de commerce et d'industrie. • Même arrêt.

C. REFUS D'EMBAUCHE, SANCTION OU LICENCIEMENT (ART. 225-2-3° ; ANCIEN ART. 416-3°)

16. Refus d'embauche. Les dispositions de l'art. 416-3° C. pén. répriment, notamment, toute discrimination fondée sur des considérations raciales ou de nationalité, non seulement à l'occasion du licenciement d'un salarié titulaire d'un contrat de travail, mais également lors de l'embauche, laquelle ne revêt un caractère définitif qu'à l'expiration de la période d'essai ; justifie, dès lors, sa décision la cour d'appel qui condamne un employeur qui, pendant la période d'essai, a congédié un salarié au motif, expressément invoqué, qu'il était de nationalité étrangère. • Crim. 14 oct. 1986 : *Bull. crim. n° 287 ; Gaz. Pal. 1987. 1. Somm. 193.*

17. Tombe sous le coup de l'art. 416-3° C. pén., l'assistante sociale chef, fonctionnaire d'une collectivité territoriale, qui prend l'initiative, dans une note relative à l'embauche d'aides ménagères, de recommander aux bureaux d'aide sociale concernés d'« éviter le personnel de couleur ». • Paris, 21 janv. 1988 : *D. 1988. IR 86.* ♦ Confirmé par : • Crim. 14 nov. 1989 : *Bull. crim. n° 416.*

18. Le directeur de l'ANPE, établissement public national spécialisé dans la recherche des emplois, correspond à la définition légale de la personne appelée, par ses fonctions, à employer pour autrui des préposés (élément de définition aujourd'hui supprimé) : en tant que directeur général de l'agence, il lui appartient d'organiser le recrutement en se conformant à la L. du 11 juill. 1975, notamment en faisant modifier un formulaire comprenant une distinction fondée sur le sexe ; en s'abstenant de donner des directives à ce sujet, le directeur de l'agence réalise le délit de l'art. 416-3° C. pén. • T. corr. Saumur, 26 janv. 1979 : *D. 1979. 486, note Brill.*

19. Est discriminatoire le refus par une compagnie aérienne d'une candidature masculine à un emploi d'« hôtesse navigante », même dans le souci de satisfaire les préférences de la clientèle pour un personnel féminin (sur le fondement du motif légitime, au sens de l'art. 416-3° C. pén., applicable en la cause dans sa rédaction antérieure à la L. du 13 juill. 1983). • T. corr. Morlaix, 20 janv. 1984 : *Gaz. Pal. 1984. 1. 121, note Doucet.*

20. Des stages n'ont pas le caractère d'embauche ; en effet, un stage est « une période pendant laquelle une personne est accueillie en entreprise en vue de compléter sa formation professionnelle » ; le stagiaire n'est pas, en tant que tel, titulaire d'un contrat de travail ; ainsi le refus d'un stage ne peut être assimilé à un refus d'embauche. • Montpellier, 17 févr. 2000 : *Dr. pénal 2000. Comm. 125 (2e arrêt), obs. Véron.*

21. Les termes d'une note interne exprimant dans une formulation dépourvue de la moindre ambiguïté la volonté du directeur d'une Caisse primaire d'assurance maladie que les candidatures pour des emplois d'été n'émanent que des seuls agents dont les orientations syndicales ne sont pas celles du syndicat CGT, l'objectivité commande d'admettre que la note en question subordonne l'offre d'emplois d'été à une condition fondée sur l'activité syndicale et, par suite, ce document présente un caractère discriminatoire évident. • TGI Arras, 18 mars 2003 : *Gaz. Pal. 2003. 1. 1768, note Pansier.*

22. Le refus, par une société recourant aux services d'une entreprise de travail temporaire, de conclure un contrat de mise à disposition constitue un refus d'embauche au sens de l'art. 225-2 C. pén., dès lors qu'il fait obstacle à l'embauche, par l'entreprise de travail temporaire, du salarié visé dans le contrat. • Crim. 2 sept. 2003, n° 02-86.048 P : *RSC 2004. 363, obs. Cerf-Hollender ; Dr. pénal 2004. Comm. 3, obs. Véron.* ♦ ... L'employeur ne peut invoquer les absences trop fréquentes de l'intéressé et la désorganisation du service, alors qu'elles étaient liées à ses activités syndicales et que, lors de précédentes missions effectuées pour son compte, il avait été systématiquement prévenu de ces absences et que l'entreprise de travail temporaire avait assuré sans difficulté le remplacement du salarié. • Même arrêt.

23. Sanction. S'est rendu coupable du délit de discrimination syndicale prévu par les art. 225-1 et 225-2 C. pén., le directeur d'une agence bancaire qui a stigmatisé un excès d'activité syndicale, et un manque de disponibilité de ce fait, pour justifier un refus d'avancement. • TGI Bastia, 3 juin 1997 : *RSC 1998. 99, obs. Mayaud.*

♦ Rappr., pour le délit de discrimination syndicale fondé sur les art. L. 412-2 et L. 481-3 C. trav. : • Crim. 31 mars 1998 : *Dr. pénal 1998. 133.*

24. La décision de l'employeur affectant la carrière, la rémunération d'un salarié peut revêtir, si elle est infondée, le caractère d'une sanction au sens de l'art. 225-2 3° C. pén. relatif aux discriminations. • Crim. 28 avr. 2009, n° 07-82.901 P.

25. Licenciement. Est coupable de licenciement pour un motif racial le directeur commercial d'une société propriétaire du magasin dans lequel était employée la partie civile, qui a reconnu avoir déclaré, à deux reprises, lors de conversations avec la responsable dudit magasin, « deux blacks, ça ne va pas », se référant à des « considérations sociologiques » inspirées par la nature de la clientèle. • T. corr. Paris, 28 mai 1998 : *Gaz. Pal. 1999. 1, chron. crim. 6, par Doucet.*

26. Les dispositions des art. 225-2 C. pén. et L. 412-2 C. trav. concernant les délits de discrimination et d'entrave à l'exercice du droit syndical n'instituent aucune dérogation à la charge de la preuve en matière pénale, qui incombe à l'accusation ; dans ces conditions, il ne saurait être reproché aux juges du fond, pour statuer sur une poursuite exercée contre un employeur en application des textes précités, de ne pas s'être déterminés par référence à l'art. L. 122-45 C. trav., selon lequel, lorsque le salarié présente des éléments de fait laissant supposer l'existence d'une discrimination directe ou indirecte, il incombe à la partie défenderesse de prouver que sa décision est justifiée par des éléments objectifs étrangers à toute discrimination. • Crim. 3 avr. 2007, n° 06-81.784 P.

27. Justifie sa décision au regard des art. 225-1 et 225-2 C. pén. la cour d'appel qui déclare constitutif du délit de discrimination le licenciement d'un salarié auquel il était reproché d'avoir commis une faute lourde en quittant l'entreprise sans autorisation d'absence afin d'assurer les fonctions d'assistance et de représentation devant les juridictions prud'homales prévues par l'art. L. 516-4, devenu l'art. L. 1453-4 C. trav., en se fondant sur le défaut de dispositions légales ou conventionnelles imposant des modalités d'utilisation du crédit d'heures accordé par la loi pour assurer ces fonctions. • Crim. 6 mai 2008, n° 07-80.530 P : *Dr. pénal 2008, comm. 112, obs. Véron ; RSC 2009. 391, obs. Cerf-Hollender.*

D. FOURNITURE CONDITIONNÉE D'UN BIEN OU D'UN SERVICE (ART. 225-2-4° ; ANCIEN ART. 416-1°)

28. Bail d'habitation. C'est à bon droit qu'une cour d'appel déclare le propriétaire de locaux à usage d'habitation coupable de discrimination, sur le fondement de l'art. 225-2, 4°, C. pén., qui réprime le fait de subordonner la fourniture d'un bien ou d'un service à une condition fondée, notamment, sur l'état de santé, après avoir relevé que le prévenu, ayant appris que l'un des preneurs était atteint du sida, a imposé à ses cocontractants, deux jours avant la remise des clefs et la prise de possession des lieux, des obligations supplémentaires dont la nature et le délai d'exécution exorbitants n'avaient d'autre justification que l'état de santé déficient de l'un d'eux (exigence de deux cautions supplémentaires tenues de produire trois bulletins de salaire outre une fiche d'état civil). • Crim. 25 nov. 1997, n° 96-85.670 P : *RSC 1998. 543, obs. Mayaud.* ♦ ... La partie civile, que les agissements susvisés ont privé de l'accès au logement dont elle était colocataire, subit un préjudice direct lui ouvrant droit à la restitution de la caution versée lors de la signature du bail. • Même arrêt.

29. Cautionnement. La cour d'appel qui relève qu'il n'apparaît pas anormal qu'un bailleur se constitue des sûretés de nature à garantir le paiement de loyers à proportion des risques de possibles difficultés en cas de défaillance des preneurs et que, au regard du droit international, il est plus difficile pour un ressortissant d'un État de l'union européenne de faire valoir ses droits à l'extérieur de l'Union, et retient que le preneur n'établit pas que lui seul se serait vu réclamer une caution pour la seule raison de son appartenance à un groupe ethnique particulier, en déduit exactement que les garanties prises en la circonstance ne sauraient être qualifiées de discriminations. • Civ. 3e, 19 mars 2003, n° 01-03.730 P.

E. OFFRE D'EMPLOI (ART. 225-2-5° ; ANCIEN ART. 416-1°)

30. Appartenance à une religion. Est une offre conditionnelle fondée sur l'appartenance à une religion déterminée l'annonce ainsi libellée : « dentiste française sœur musulmane récemment diplômée recherche dentiste musulman(e) pour remplacement ou collaboration... » ; la réalité résultant des termes mêmes de l'annonce d'un choix discriminatoire fondé sur la religion par l'exclusivité accordée dans l'annonce aux adeptes de l'islam, caractérise l'élément matériel de l'infraction ; l'élément intentionnel, suffisamment constitué par l'existence incontestable d'un fait volontaire et conscient, découle nécessairement des éléments délibérément insérés dans l'annonce religieuse. • TGI Paris, 19 déc. 1991 : *Gaz. Pal. 1996. 1. Somm. 51.*

31. L'exclusivité fondée sur l'appartenance à une religion (islam) ne peut être assimilée à une discrimination à caractère racial, dès lors qu'il existe des adeptes de cette religion parmi les individus de diverses races. • TGI Paris, 19 déc. 1991 : *préc. note 30.*

32. Se rend coupable de discrimination en raison de l'appartenance politique des candidats, l'adjoint au maire d'une commune, qui, par la rédaction et la plus large diffusion du courrier litigieux, soumet la candidature des employés municipaux à des mises à disposition à une condition fondée sur leur appartenance politique ou sur leur absence d'appartenance politique, la mention « pourvoir les postes manquants soit par des employés(es) sympathisants(es) du Front national, soit par des employés(es) totalement neutres », constituant, non une simple recommandation, mais une injonction d'avoir à ne pas présenter des candidats appartenant à des formations politiques déterminées. • TGI Toulon, 5 mai 1998 : *D. 1999. 162, note Retterer*.

33. Appartenance à une nation. Une société privée de surveillance a publié une offre d'emploi d'agents de sécurité, demandant aux candidats de fournir, notamment, une carte d'électeur ; un ressortissant béninois a pris l'attache de l'entreprise et reçu l'indication que son dossier serait rejeté s'il ne possédait pas la nationalité française ; pour déclarer le représentant légal et la personne morale coupables des faits poursuivis, non pas sur le fondement de l'art. 225-2, 3°, du code pénal, visé à la prévention, mais par référence au 5° de ce même texte, qui réprime le fait de subordonner une offre d'emploi à une condition fondée, notamment, sur la nationalité, les juges, après avoir soumis cette requalification à la discussion contradictoire des parties, retiennent que les intéressé ont procédé à la diffusion d'une offre d'emploi pour laquelle était exigée la présentation de la carte d'électeur du candidat, alors que le droit de vote n'est accordé qu'aux nationaux et, dans une certaine mesure, aux ressortissants de l'Union européenne, et qu'ainsi ladite offre était subordonnée à une condition de nationalité, constitutive d'une discrimination prohibée ; ils ajoutent que le dirigeant a manifesté la conscience qu'il avait du caractère discriminatoire du critère de nationalité ; en l'état de ces motifs, la cour d'appel, sans excéder les limites de sa saisine, a caractérisé en tous ses éléments, tant matériels qu'intentionnel, le délit dont elle a déclaré le prévenu coupable. • Crim. 20 janv. 2009, n° 08-83.710 P : *D. 2009. 997, note Detraz ; AJ pénal 2009. 180, obs. Lasserre Capdeville ; RSC 2009. 589, obs. Mayaud ; ibid. 925, obs. Renucci*.

34. Constitue le délit d'offre d'emploi discriminatoire la recherche d'animatrices d'une opération d'animation-vente de produits coiffants sur la base de critères d'origine et exclut les personnes non-européennes ou de couleur alors que les produits à promouvoir ne justifient pas l'exclusion de ces personnes. • Crim. 23 juin 2009, n° 07-85.109 P : *JCP G 2009, n° 31-35, p. 28.*

Art. 225-3-1 *(L. n° 2006-396 du 31 mars 2006, art. 45)* **Les délits prévus par la présente section sont constitués même s'ils sont commis à l'encontre d'une ou plusieurs personnes ayant sollicité l'un des biens, actes, services ou contrats mentionnés à l'article 225-2 dans le but de démontrer l'existence du comportement discriminatoire, dès lors que la preuve de ce comportement est établie.**

1. QPC. La question prioritaire de constitutionnalité est ainsi rédigée : « L'art. 225-3-1 C. pén., qui valide la sollicitation d'un bien ou d'un service effectuée dans le seul but de faire commettre une discrimination, comme moyen de preuve de ladite discrimination, porte-t-il atteinte aux droits de la défense et au droit à un procès équitable, tels qu'ils découlent de l'art. 16 de la Déclaration des droits de l'homme et du citoyen ? » ; elle ne présente pas un caractère sérieux dès lors que, tout en facilitant la constatation des comportements discriminatoires, l'art. 225-3-1 C. pén. ne prévoit aucune dérogation aux règles de poursuite et de jugement des infractions ; en outre, il ne confère pas au procureur de la République la faculté de provoquer à la commission d'une infraction et ne remet pas en cause le pouvoir du juge d'apprécier la valeur probante des éléments à charge produits par les parties, après les avoir soumis à la discussion contradictoire ; il n'est ainsi porté aucune atteinte aux droits de la défense ni au droit à un procès équitable ; d'où il suit qu'il n'y a pas lieu de renvoyer au Cons. const. la question prioritaire de constitutionnalité. • Crim. 4 févr. 2015, *QPC : D. actu. 25 févr. 2015, obs. Fonteix ; AJ pénal 2015. 139, note Lasserre Capdeville* (non-renvoi de la QPC).

2. Opérations « testing ». Des membres et sympathisants d'une association de lutte contre le racisme avaient organisé une opération, dite « testing », destinée à établir d'éventuelles pratiques discriminatoires à l'entrée des discothèques ; répartis en plusieurs groupes, ils se sont présentés à l'entrée de chaque discothèque ; les personnes d'origine maghrébine s'étant vu refuser l'entrée, une enquête a été effectuée par les gendarmes appelés sur place ; l'exploitant des discothèques et les portiers, cités devant le tribunal correctionnel pour discrimination dans la fourniture d'un service à raison de l'origine raciale ou ethnique, sur le fondement des art. 225-1 et 225-2 C. pén., ont été relaxés ; pour confirmer ce jugement, la cour d'appel, par substitution de motifs, retient que ce procédé de « testing » est illicite, qu'il n'offre aucune transparence, ne respecte pas la loyauté nécessaire dans la recherche des preuves et porte atteinte aux droits de la défense ainsi qu'au droit à un procès équitable ; en se prononçant ainsi, la cour d'appel a méconnu les dispositions de l'art. 427 C. pr. pén., qui ne permet pas aux juges d'écarter les moyens de preuve au seul motif qu'ils auraient été obtenus de manière illicite ou déloyale ; il appartient seulement aux juges d'en apprécier la valeur probante après les avoir soumis à discussion contradictoire. • Crim. 11 juin 2002, n° 01-85.559 P : *RSC 2002. 879, obs. Renucci ; RTD civ. 2002. 498, obs. Mestre et Fagès*. ♦ *Adde* : Collet-Askri, *D. 2003. Chron. 1309* (*testing or not testing* ? La Chambre criminelle de la Cour de cassation valide ce mode de preuve, serait-il déloyal...).

3. S'est rendue coupable du délit de discrimination raciale la prévenue responsable d'une agence immobilière chargée d'un mandat de location d'un appartement qui, au cours d'un entretien téléphonique avec un membre de l'Association SOS Racisme enregistré à son insu, a refusé de préparer un contrat de bail au nom d'une personne à raison de son patronyme. • Toulouse, 5 oct. 2004 : *JCP 2005. IV. 1318*. ♦ Le délit de discrimination raciale est également caractérisé à l'encontre du propriétaire de l'appartement ; au cours d'une conversation téléphonique avec le même membre de l'Association SOS Racisme, dont il a pris lui-même l'initiative, le prévenu a confirmé à celui-ci qu'il avait donné des instructions formelles à son mandataire de refuser toute colocation, et qu'aucun engagement à ce jour n'avait pu être pris puisque lui seul signait le bail et procédait à l'état des lieux ; il lui a, en outre, proposé d'en rester là, et lui a suggéré de rechercher une autre location, en prétextant la nécessité d'accomplir des travaux dans l'appartement ; l'existence d'instructions peu avouables données par le propriétaire à son mandataire ressort du fait qu'il ait cru bon de préciser à son interlocuteur qu'il avait un fils qu'il devrait sous peu reloger à Toulouse ; or, en l'occurrence, ledit appartement a été reloué très rapidement à une tierce personne ; enfin, le prévenu ne saurait arguer du fait que la responsable de l'agence immobilière ait pris l'initiative d'écarter la candidature de la victime en interprétant librement ou en extrapolant les consignes qu'elle avait reçues du propriétaire de plusieurs appartements à louer. • Même arrêt.

4. A la suite de la mise en œuvre, par le procureur de la République de Châlons-en-Champagne, d'une opération dite « *testing* » destinée à établir d'éventuelles pratiques discriminatoires à l'entrée d'une discothèque, trois groupes de personnes ont été constitués, le premier composé de deux hommes d'origine européenne, le deuxième de deux hommes d'origine maghrébine, et le troisième, de quatre personnes d'origine européenne et maghrébine ; l'entrée de l'établissement a été refusée aux personnes des deuxième et troisième groupes ; avisé de ces faits, le représentant du ministère public a pénétré dans l'établissement et procédé à des constatations, en même temps que les services de police appelés sur les lieux ; la société exploitante de la discothèque a été poursuivie devant le tribunal correctionnel du chef de discrimination sur le fondement de l'art. 225-2-1° C. pén., et déclarée coupable de cette infraction par les premiers juges ; la prévenue, le ministère public, et les parties civiles ont relevé appel de la décision ; pour infirmer le jugement entrepris, relaxer la société et débouter les parties civiles de leurs demandes, l'arrêt relève que si les refus d'entrée ne sont pas contestés par la prévenue qui invoque la nécessité de sélectionner un public d'habitués en vue de préparer la tenue d'un concert au sein de l'établissement, les déclarations recueillies au cours de la procédure, non corroborées par une enquête sérieuse sur la fréquentation de l'établissement, au moment des faits et postérieurement à ceux-ci, ne peuvent suffire à établir que les refus d'entrée ont été motivés par l'origine des personnes concernées ; les juges relèvent que, de surcroît, aucune constatation n'a été effectuée sur la mise en place, au sein de l'entreprise, d'une politique de sélection spécifiquement orientée vers la population d'origine maghrébine ; en se déterminant ainsi par des motifs à la fois inopérants et insuffisants alors qu'elle avait mis en évidence des faits caractérisant l'élément matériel de l'infraction poursuivie, la cour d'appel n'a pas justifié sa décision. • Crim. 27 nov. 2012 : *Dr. pénal 2013, n° 37, obs. Véron.*

Art. 225-4 (*L. n° 2009-526 du 12 mai 2009, art. 124-I*) **« Les personnes morales déclarées responsables pénalement, dans les conditions prévues par l'article 121-2, des infractions définies à l'article 225-2 encourent, outre l'amende suivant les modalités prévues par l'article 131-38, les peines prévues par les 2° à 5°, 8° et 9° de l'article 131-39. »**

L'interdiction mentionnée au 2° de l'article 131-39 porte sur l'activité dans l'exercice ou à l'occasion de l'exercice de laquelle l'infraction a été commise.

1. Discrimination syndicale. Une discrimination syndicale imputable à un directeur d'agence bancaire doit être jugée comme ayant été commise pour le compte de la banque (BNP) ; la notation des agents et l'établissement des carrières sont effectués par l'ensemble des directeurs d'agence pour le compte et au profit de la banque elle-même ; ces éléments s'intègrent en effet dans la vie sociale générale de l'entreprise ; des discriminations syndicales dans les notations sont de nature à générer des conséquences négatives dans toutes les agences et à décourager l'action syndicale ; cet effet collectif répond bien aux exigences de l'art. 121-2 C. pén. • TGI Bastia, 3 juin 1997 : *RSC 1998. 99, obs. Mayaud*.

2. Discrimination en raison d'un handicap. Après une vente de billets à un couple et son bébé dont elle connaissait la situation, une compagnie aérienne leur a indiqué que l'embarquement du bébé était soumis à la présence d'un accompagnateur « valide » ; précisant qu'en l'absence de définition légale il lui appartenait d'apprécier cette qualité, elle a considéré celle-ci comme non remplie ; mais, en refusant d'embarquer à bord les époux détenteurs de l'autorité parentale (mal voyant et non voyant) et responsables en tous les sens du terme avec leur bébé, sans en invoquer clairement les motifs, et en leur imposant à raison de leur handicap une condition complémentaire à leur charge particulièrement contraignante, les obligeant à saisir le juge des référés pour faire valoir leurs droits, la compagnie a commis une discrimination à raison du handicap constitutive d'une faute ouvrant droit à réparation. • Aix-en-Provence, 17 févr. 2009 : *JCP G 2009, n° 48, p. 471.*

3. Peines. Pour un exemple de condamnation à l'affichage de la décision prononcée sur les portes d'une agence bancaire et du siège social de la banque concernée. • TGI Bastia, 3 juin 1997 : *préc. note 1.*

4. Réparation. L'Agence nationale pour l'emploi, établissement public national, a été citée devant le tribunal correctionnel sur le fondement des art. 225-1 et 225-2 C. pén., pour avoir refusé de présenter la candidature d'une personne à un employeur du fait de la consonance étrangère de son patronyme ; le tribunal a dit la prévenue coupable de l'infraction poursuivie et prononcé sur les intérêts civils ; pour dire la juridiction répressive incompétente pour connaître de l'action en réparation, les juges du second degré ont considéré que les faits discriminatoires dont l'Agence nationale pour l'emploi a été déclarée coupable ont été réalisés à l'occasion de l'exercice du service public de placement dont elle est chargée, que sa faute n'en est pas détachable, et que l'action en réparation de la partie civile ne peut être portée que devant la juridiction administrative ; en se déterminant de la sorte, la cour d'appel a justifié sa décision ; en effet, il résulte de la loi des 16-24 août 1970 et du décret du 16 fructidor an III que, sauf dispositions contraires, les tribunaux judiciaires ne sont pas compétents pour réparer les conséquences dommageables d'une faute engageant la responsabilité d'une personne morale de droit public à l'occasion de la gestion d'un service public administratif. • Crim. 30 sept. 2008, n° 07-87.734 P.

SECTION PREMIÈRE *BIS* DE LA TRAITE DES ÊTRES HUMAINS

(*L. n° 2003-239 du 18 mars 2003, art. 32*)

RÉP. PÉN. v^is *Esclavage – Travail forcé – Traite des êtres humains,* par WILLMANN ; *Traite des êtres humains* par DARSONVILLE.

BIBL. ▶ **Dossier** : La traite des êtres humains, *AJ pénal 2012. 191* s.

▶ CHAVENT-LECLÈRE, *AJ pénal 2013. 510* (adaptation du code pénal français aux engagements européens). – LE COZ, *AJ pénal 2013. 512* (répression des atteintes aux personnes dans la loi n° 2013-711 du 5 août 2013). – GOZZI, *D. 2013. Pan. 2713* (loi n° 2013-711 du 5 août 2013). – FABRE-MAGNAN, *D. 2014. Point de vue. 491* (les nouvelles formes d'esclavage et de traite, ou le syndrome de la ligne Maginot). – BEAUSSONIE, *RSC 2014. 861* (loi n° 2013-711 du 5 août 2013 portant diverses dispositions d'adaptation dans le domaine de la justice en application du droit de l'Union européenne et des engagements internationaux de la France). – SOURD, *AJ pénal 2019. 516* (mesurer la traite des êtres humains en France).

Art. 225-4-1 (*L. n° 2013-711 du 5 août 2013, art. 1er*) **I. — La traite des êtres humains est le fait de recruter une personne, de la transporter, de la transférer, de l'héberger ou de l'accueillir à des fins d'exploitation dans l'une des circonstances suivantes :**

1° Soit avec l'emploi de menace, de contrainte, de violence ou de manœuvre dolosive visant la victime, sa famille ou une personne en relation habituelle avec la victime ;

2° Soit par un ascendant légitime, naturel ou adoptif de cette personne ou par une personne qui a autorité sur elle ou abuse de l'autorité que lui confèrent ses fonctions ;

3° Soit par abus d'une situation de vulnérabilité due à son âge, à une maladie, à une infirmité, à une déficience physique ou psychique ou à un état de grossesse, apparente ou connue de son auteur ;

4° Soit en échange ou par l'octroi d'une rémunération ou de tout autre avantage ou d'une promesse de rémunération ou d'avantage.

L'exploitation mentionnée au premier alinéa du présent I est le fait de mettre la victime à sa disposition ou à la disposition d'un tiers, même non identifié, afin soit de permettre la commission contre la victime des infractions de proxénétisme, d'agression ou d'atteintes sexuelles, de réduction en esclavage, de soumission à du travail ou à des services forcés, de réduction en servitude, de prélèvement de l'un de ses organes, d'exploitation de la mendicité, de conditions de travail ou d'hébergement contraires à sa dignité, soit de contraindre la victime à commettre tout crime ou délit.

La traite des êtres humains est punie de sept ans d'emprisonnement et de 150 000 € d'amende.

II. — La traite des êtres humains à l'égard d'un mineur est constituée même si elle n'est commise dans aucune des circonstances prévues aux 1° à 4° du I.

Elle est punie de dix ans d'emprisonnement et de 1 500 000 € d'amende.

BIBL. ▸ GALLARDO, *Décret n° 2008-1118 du 31 octobre 2008 portant publication de la Convention du Conseil de l'Europe sur la lutte contre la traite des êtres humains (RSC 2009. 417*). – LE COZ, *AJ pénal 2013. 512* (répression des atteintes aux personnes dans la loi n° 2013-711 du 5 août 2013). – DUMOULIN, Lutte contre la traite des êtres humains : l'approche financière en question, *RSC 2014. 311* . – ROETS, *Gaz. Pal. 2014. 1. Doctr. 211* (l'article L. 316-1 du CESEDA et l'obligation positive de punir l'esclavage, la servitude et le travail forcé).

▸ **Dossier : La traite des êtres humains. Quels enjeux, quelles attentes ?** *JCP G 2013, Supplément au n° 19-20* : JAGLAND, *ibid. 3* (contre la traite des êtres humains, une prise de conscience européenne). – FABRE AURIAC, *ibid. Entretien, p. 4*. – VERNIER, *ibid. 12* (la lutte contre la « traite des êtres humains » en France depuis 10 ans. Quel bilan ?). – HUCHÈRE et A. AIKMAN, *ibid. 16* (la lutte contre la « traite des êtres humains ». Le cadre législatif international). – LE CORZ, *ibid. 20* (la lutte contre la « traite des êtres humains ». Quelles obligations pour les États membres de l'Union européenne ?). – V. SIMONI et VOGLIMACCI, *ibid. 26* (quelle protection pour les victimes de traite aux fins d'exploitation sexuelle ? Le cas particulier des femmes nigérianes). – BOURGEOIS, *ibid. 28* (sur quels terrains judiciaires peut-on défendre les intérêts des victimes de la traite ?). – MARTIN, *ibid. 30* (victimes de la « traite » et migration). – LAZERGES, *ibid. 32* (propos conclusifs et recommandations).

V. le protocole contre le trafic illicite de migrants par terre, air et mer, additionnel à la Convention des Nations unies contre la criminalité transnationale organisée, adopté à New York le 15 nov. 2000, signé par la France le 12 déc. 2000, publié par le Décr. n° 2004-446 du 19 mai 2004 (JO 27 mai) et entré en vigueur le 28 janv. 2004.

V. également le protocole additionnel à la Convention des Nations unies contre la criminalité transnationale organisée visant à prévenir, réprimer et punir la traite des personnes, en particulier des femmes et des enfants, adopté à New York le 15 nov. 2000, signé par la France le 12 déc. 2000, publié par le Décr. n° 2004-447 du 19 mai 2004 (JO 27 mai) et entré en vigueur le 25 déc. 2003.

V. Convention du Conseil de l'Europe sur la lutte contre la traite des êtres humains, adoptée le 16 mai 2005 à Varsovie, signée par la France le 22 mai 2006 à Strasbourg, publiée par Décr. n° 2008-1118 du 31 oct. 2008 (JO 4 nov.) et entrée en vigueur le 1er mai 2008. — Sur cette convention, V. RSC 2009. Chron. 417, obs. Gallardo .

1. Prive sa décision de justification la cour d'appel qui, après avoir constaté que l'achat d'une mineure avait pour finalité de la contraindre à commettre des vols, relaxe le prévenu du chef du délit de traite des êtres humains. • Crim. 16 déc. 2015, n° 14-85.900 P : *D. actu. 19 janv. 2016, obs. Fonteix ; RSC 2016. 73, obs. Mayaud* ; *AJ pénal 2016. 207, obs. Darsonville* ; *Dr. pénal 2016, n° 23, obs. Conte.*

2. Les prévenus doivent être condamnés du chef de traite des êtres humains ; les prévenus ont recruté des jeunes femmes en Thaïlande et elles devaient financer leur voyage en France pour un prix supérieur aux frais de transport, à charge de rembourser ce montant en se prostituant ; les prévenus ont, en échange d'une rémunération, transporté ou transféré, hébergé ou accueilli en France ces jeunes femmes pour les mettre à leur disposition afin de permettre la commission contre elles des infractions de proxénétisme. • Paris, 5 avr. 2011 : *JCP G 2011, n° 962, obs. Maréchal.*

Art. 225-4-2 *(L. n° 2013-711 du 5 août 2013, art. 1er)* **I. — L'infraction prévue au I de l'article 225-4-1 est punie de dix ans d'emprisonnement et de 1 500 000 € d'amende lorsqu'elle est commise dans deux des circonstances mentionnées aux 1° à 4° du même I ou avec l'une des circonstances supplémentaires suivantes :**

1° A l'égard de plusieurs personnes ;

2° A l'égard d'une personne qui se trouvait hors du territoire de la République ou lors de son arrivée sur le territoire de la République ;

3° ***Lorsque la personne*** **a été mise en contact avec l'auteur des faits grâce à l'utilisation, pour la diffusion de messages à destination d'un public non déterminé, d'un réseau de communication électronique ;**

4° Dans des circonstances qui exposent directement la personne à l'égard de laquelle l'infraction est commise à un risque immédiat de mort ou de blessures de nature à entraîner une mutilation ou une infirmité permanente ;

5° Avec l'emploi de violences qui ont causé à la victime une incapacité totale de travail de plus de huit jours ;

6° Par une personne appelée à participer, par ses fonctions, à la lutte contre la traite ou au maintien de l'ordre public ;

7° Lorsque l'infraction a placé la victime dans une situation matérielle ou psychologique grave.

II. — L'infraction prévue au II de l'article 225-4-1 est punie de quinze ans de réclusion criminelle et de 1 500 000 € d'amende lorsqu'elle a été commise dans l'une des circonstances mentionnées aux 1° à 4° du I du même article 225-4-1 ou dans l'une des circonstances mentionnées aux 1° à 7° du I du présent article.

Art. 225-4-3 L'infraction prévue à l'article 225-4-1 est punie de vingt ans de réclusion criminelle et de 3 000 000 € d'amende lorsqu'elle est commise en bande organisée.

Art. 225-4-4 L'infraction prévue à l'article 225-4-1 commise en recourant à des tortures ou à des actes de barbarie est punie de la réclusion criminelle à perpétuité et de 4 500 000 € d'amende.

Art. 225-4-5 Lorsque le crime ou le délit qui a été commis ou qui devait être commis contre la personne victime de l'infraction de traite des êtres humains est puni d'une peine privative de liberté d'une durée supérieure à celle de l'emprisonnement encouru en application des articles 225-4-1 à 225-4-3, l'infraction de traite des êtres humains est punie des peines attachées aux crimes ou aux délits dont son auteur a eu connaissance et, si ce crime ou délit est accompagné de circonstances aggravantes, des peines attachées aux seules circonstances aggravantes dont il a eu connaissance.

Art. 225-4-6 *(L. n° 2009-526 du 12 mai 2009, art. 124-I)* Les personnes morales déclarées responsables pénalement, dans les conditions prévues par l'article 121-2, des infractions définies à la présente section encourent, outre l'amende suivant les modalités prévues par l'article 131-38, les peines prévues par l'article 131-39.

Art. 225-4-7 La tentative des délits prévus à la présente section est punie des mêmes peines.

Art. 225-4-8 *(L. n° 2013-711 du 5 août 2013, art. 1er)* Lorsque les infractions prévues aux articles 225-4-1 et 225-4-2 sont commises hors du territoire de la République par un Français, la loi française est applicable par dérogation au deuxième alinéa de l'article 113-6 et la seconde phrase de l'article 113-8 n'est pas applicable.

Art. 225-4-9 *(L. n° 2004-204 du 9 mars 2004, art. 12-X)* Toute personne qui a tenté de commettre les infractions prévues par la présente section est exempte de peine si, ayant averti l'autorité administrative ou judiciaire, elle a permis d'éviter la réalisation de l'infraction et d'identifier, le cas échéant, les autres auteurs ou complices.

La peine privative de liberté encourue par l'auteur ou le complice d'une des infractions prévues à la présente section est réduite de moitié si, ayant averti l'autorité administrative ou judiciaire, il a permis de faire cesser l'infraction ou d'éviter que l'infraction n'entraîne mort d'homme ou infirmité permanente et d'identifier, le cas échéant, les autres auteurs ou complices. Lorsque la peine encourue est la réclusion criminelle à perpétuité, celle-ci est ramenée à vingt ans de réclusion criminelle.

SECTION PREMIÈRE *TER* DE LA DISSIMULATION FORCÉE DU VISAGE

(L. n° 2010-1192 du 11 oct. 2010)

Art. 225-4-10 Le fait pour toute personne d'imposer à une ou plusieurs autres personnes de dissimuler leur visage par menace, violence, contrainte, abus d'autorité ou abus de pouvoir, en raison de leur sexe, est puni d'un an d'emprisonnement et de 30 000 € d'amende.

Lorsque le fait est commis au préjudice d'un mineur, les peines sont portées à deux ans d'emprisonnement et à 60 000 € d'amende.

BIBL. ▶ PERRIER, *RSC 2011. Chron.* 425 (loi interdisant la dissimulation du visage dans l'espace public [L. n° 2010-1192 du 11 oct. 2010]).

Loi n° 2010-1192 du 11 octobre 2010,

Interdisant la dissimulation du visage dans l'espace public.

BIBL. ▶ DESPREZ, *Gaz. Pal. 2010. 2. Doctr. 2619* (brèves remarques sur l'interdiction de dissimulation du visage dans l'espace public). – PERRIER, *RSC 2011. 425* (loi interdisant la dissimulation du visage dans l'espace public). – GARÉ, *Mél. Jerry Sainte-Rose, Bruylant, 2012. 543* (la dissimulation du visage dans l'espace public : brèves observations sur deux incriminations nouvelles). – LEBRETON, *Mél. Jerry Sainte-Rose, Bruylant, 2012. 699* (une limite à la diversité vestimentaire : éloge de la loi du 11 octobre 2010 interdisant la dissimulation du visage dans l'espace public).

1. Constitutionnalité. Les art. 1er et 2 de la loi déférée ont pour objet de répondre à l'apparition de pratiques, jusqu'alors exceptionnelles, consistant à dissimuler son visage dans l'espace public ; le législateur a estimé que de telles pratiques peuvent constituer un danger pour la sécurité publique et méconnaissent les exigences minimales de la vie en société ; il a également estimé que les femmes dissimulant leur visage, volontairement ou non, se trouvent placées dans une situation d'exclusion et d'infériorité manifestement incompatible avec les principes constitutionnels de liberté et d'égalité ; en adoptant les dispositions déférées, le législateur a ainsi complété et généralisé des règles jusque-là réservées à des situations ponctuelles à des fins de protection de l'ordre public (§ 4) ; eu égard aux objectifs qu'il s'est assignés et compte tenu de la nature de la peine instituée en cas de méconnaissance de la règle fixée par lui, le législateur a adopté des dispositions qui assurent, entre la sauvegarde de l'ordre public et la garantie des droits constitutionnellement protégés, une conciliation qui n'est pas manifestement disproportionnée ; toutefois, l'interdiction de dissimuler son visage dans l'espace public ne saurait, sans porter une atteinte excessive à l'art. 10 DDH 1789, restreindre l'exercice de la liberté religieuse dans les lieux de culte ouverts au public ; sous cette réserve, les art. 1er à 3 de la loi déférée ne sont pas contraires à la Constitution (§ 5) ; l'art. 4 de la loi déférée, qui punit d'un an d'emprisonnement et de 30 000 € d'amende le fait d'imposer à autrui de dissimuler son visage, et ses art. 5 à 7, relatifs à son entrée en vigueur et à son application, ne sont pas contraires à la Constitution (§ 6). • Cons. const. 7 oct. 2010, n° 2010-613 DC : *JO 12 oct., p. 18345 ; JCP G 2010, n° 1018, note Mathieu.* ♦ *Adde* : Cayla, *D. 2011. Chron. 1166* (dissimulation du visage dans l'espace public : l'hypocrisie du juge constitutionnel trahie par la sincérité des circulaires ?).

2. Conventionnalité – Jurisprudence interne. La prévenue, le visage dissimulé, a été interpellée par les forces de police, à proximité du palais de l'Élysée, où elle s'était rendue en compagnie d'autres personnes portant des masques et de journalistes ; conduite au commissariat, l'intéressée a refusé de dévoiler son visage ; poursuivie pour avoir enfreint les dispositions de la loi du 11 oct. 2010 interdisant la dissimulation du visage dans l'espace public, la prévenue, représentée par un avocat, a soutenu qu'elle avait agi dans l'exercice paisible de ses convictions religieuses et qu'elle entendait attaquer ladite loi qui, selon elle, violait le droit et, plus précisément, l'art. 9 Conv. EDH garantissant la liberté de pensée, de conscience et de religion ; pour écarter cette argumentation, le jugement énonce qu'une manifestation politique devant la présidence de la République, en compagnie de personnes portant des masques de carnaval, ne peut entrer dans l'exercice de la liberté religieuse, et qu'une telle manifestation ainsi que le maintien de la dissimulation du visage dans un commissariat de police portent nécessairement atteinte à l'ordre public ; si c'est à tort que la juridiction de proximité a ignoré la motivation religieuse de la manifestation considérée, le jugement n'encourt pas la censure dès lors que, si l'art. 9 de la Conv. susvisée garantit l'exercice de la liberté de pensée, de conscience et de religion, l'al. 2 de ce texte dispose que cette liberté peut faire l'objet de restrictions prévues par la loi et constituant, dans une société démocratique, des mesures nécessaires à la sécurité publique, à la protection de l'ordre, de la santé ou de la morale publique, ou à la protection des droits et libertés d'autrui ; tel est le cas de la loi interdisant la dissimulation intégrale du visage dans l'espace public en ce qu'elle vise à protéger l'ordre et la sécurité publics en imposant à toute personne circulant dans un espace public de montrer son visage. • Crim. 5 mars 2013, n° 12-80.891 P : *AJ pénal 2013. 400, obs. de Combles de Nayves ; Dr. pénal 2013, n° 72, obs. Véron ; ibid. 85, obs. Bonis-Garçon ; Gaz. Pal. 2013. 1. 1732, obs. Detraz.* ♦ Mais aux termes de l'art. 131-5-1 C. pén., la peine de stage de citoyenneté ne peut être prononcée contre le prévenu qui la refuse ou n'est pas présent à l'audience ; pour condamner la prévenue, non comparante à l'audience mais représentée par un avocat muni d'un pouvoir, déclarée coupable de la contravention susvisée, à accomplir un stage de citoyenneté, le jugement énonce que la présence de la prévenue n'est exigée que lorsque cette peine est prononcée en matière correctionnelle, l'art. 131-16-8° C. pén., applicable en matière contraventionnelle, n'imposant pas la présence de la prévenue à l'audience ; en statuant ainsi, alors qu'elle ne pouvait, en l'absence de la prévenue, condamner celle-ci à accomplir un stage de citoyenneté, fût-ce pour une contravention, la juridiction de proximité a méconnu le texte susvisé ; d'où il suit que la cassation est encourue de ce chef. • Même arrêt.

3. Poursuivie pour avoir enfreint, alors qu'elle effectuait des achats dans une grande surface commerciale, les dispositions de la loi du 11 oct. 2010 interdisant la dissimulation du visage dans l'espace public, la prévenue, représentée par un avocat, a soutenu que ladite loi violait l'art. 9 Conv. EDH garantissant la liberté de pensée, de conscience et de religion ; pour écarter cette argumentation, le jugement énonce que l'activité à l'occasion de laquelle a été constatée la contravention ne pouvait être assimilée à l'exercice d'un culte, à un enseignement ou à la pratique et à l'accomplissement d'un rite ; si c'est à tort que la juridiction de proximité a ignoré la motivation religieuse du comportement considéré, le jugement n'encourt pas la censure dès lors que, si l'art. 9 de la convention susvisée garantit l'exercice de la liberté de pensée, de conscience et de religion, l'al. 2 de ce texte dispose que cette liberté peut faire l'objet de restrictions prévues par la loi et constituant, dans une société démocratique, des mesures nécessaires à la sécurité publique, à la protection de l'ordre, de la santé ou de la morale publique, ou à la protection des droits et libertés d'autrui ; tel est le cas de la loi interdisant la dissimulation intégrale du visage dans l'espace public en ce qu'elle vise à protéger l'ordre et la sécurité publics et à garantir les conditions du « vivre ensemble » en imposant à toute personne circulant dans un espace public de montrer son visage. • Crim. 9 déc. 2014 : *D. actu. 13 janv. 2015, obs. Priou-Alibert ; D. 2015. Actu. 12*.

4. Conventionnalité – Jurisprudence européenne. L'interdiction de porter dans l'espace public une tenue destinée à dissimuler son visage pose des questions au regard du droit au respect de la vie privée (art. 8 de la Conv.) des femmes qui souhaitent porter le voile intégral pour des raisons tenant de leurs convictions, ainsi qu'au regard de leur liberté de manifester celles-ci (art. 9 de la Conv.) (§ 106) ; la Cour estime en effet que les choix faits quant à l'apparence que l'on souhaite avoir, dans l'espace public comme en privé, relèvent de l'expression de la personnalité de chacun et donc de la vie privée ; une mesure émanant d'une autorité publique limitative d'un choix de ce type est donc en principe constitutive d'une ingérence dans l'exercice du droit au respect de la vie privée, au sens de l'art. 8 de la Conv. ; il en résulte que l'interdiction de porter dans l'espace public une tenue destinée à dissimuler son visage qu'édicte la loi du 11 oct. 2010 relève de l'art. 8 de la Conv. (§ 107) ; ceci étant dit, pour autant que cette interdiction est mise en cause par des personnes qui, telle la requérante, se plaignent d'être en conséquence empêchées de porter dans l'espace public une tenue que leur pratique d'une religion leur dicte de revêtir, elle soulève avant tout un problème au regard de la liberté de chacun de manifester sa religion ou ses convictions ; la circonstance que cette pratique est minoritaire et apparaît contestée est sans pertinence à cet égard (§ 108) ; la Cour considère que, aussi essentiel soit-il, le respect de la dignité des personnes ne peut légitimement motiver l'interdiction générale du port du voile intégral dans l'espace public ; la Cour est consciente de ce que le vêtement en cause est perçu comme étrange par beaucoup de ceux qui l'observent ; elle souligne toutefois que, dans sa différence, il est l'expression d'une identité culturelle qui contribue au pluralisme dont la démocratie se nourrit ; elle observe, à ce titre, la variabilité des conceptions de la vertu et de la décence appliquées au dévoilement des corps ; par ailleurs, elle ne dispose d'aucun élément susceptible de conduire à considérer que les femmes qui portent le voile intégral entendent exprimer une forme de mépris à l'égard de ceux qu'elles croisent ou porter autrement atteinte à la dignité d'autrui (§ 120) ; la Cour estime en revanche que, dans certaines conditions, ce que le Gouvernement qualifie de « respect des exigences minimales de la vie en société » – le « vivre ensemble », dans l'exposé des motifs du projet de loi – peut se rattacher au but légitime que constitue la « protection des droits et libertés d'autrui » (§ 121) ; la Cour prend en compte le fait que l'État défendeur considère que le visage joue un rôle important dans l'interaction sociale ; elle peut comprendre le point de vue selon lequel les personnes qui se trouvent dans les lieux ouverts à tous souhaitent que ne s'y développent pas des pratiques ou des attitudes mettant fondamentalement en cause la possibilité de relations interpersonnelles ouvertes qui, en vertu d'un consensus établi, est un élément indispensable à la vie collective au sein de la société considérée ; la Cour peut donc admettre que la clôture qu'oppose aux autres le voile cachant le visage soit perçue par l'État défendeur comme portant atteinte au droit d'autrui d'évoluer dans un espace de sociabilité facilitant la vie ensemble ; cela étant, la flexibilité de la notion de « vivre ensemble » et le risque d'excès qui en découle commandent que la Cour procède à un examen attentif de la nécessité de la restriction contestée (§ 122) ; il entre assurément dans les fonctions de l'État de garantir les conditions permettant aux individus de vivre ensemble dans leur diversité ; la Cour peut accepter qu'un État juge essentiel d'accorder dans ce cadre une importance particulière à l'interaction entre les individus et qu'il considère qu'elle se trouve altérée par le fait que certains dissimulent leur visage dans l'espace public (§ 141) ; en conséquence, la Cour estime que l'interdiction litigieuse peut être considérée comme justifiée dans son principe dans la seule mesure où elle vise à garantir les conditions du « vivre ensemble » (§ 142) ; au regard de l'ampleur de la marge d'appréciation dont disposait l'État défendeur en l'espèce, la Cour conclut que l'interdiction que pose la loi du 11 oct. 2010 peut passer pour proportionnée au but poursuivi, à savoir la préservation des conditions du « vivre ensemble » en tant qu'élément de la « protection des droits et libertés d'autrui » (§ 157) ; la restriction litigieuse peut donc passer pour « nécessaire », « dans une société démocratique » ; cette conclusion vaut au regard de l'art. 8 de la Conv. comme de l'art. 9 (§ 158) ; partant, il n'y a eu violation ni de l'art. 8 ni de l'art. 9 de la Conv. (§ 159). • CEDH gr. ch., 1er juill. 2014, SAS c/ France, n° 43835/11 : *D. 2014. 1451, et les obs. ; ibid. 1701, chron. Chassang ; JCP 2014, n° 826, obs. Surrel ; ibid. n° 974, note Levade ; RSC 2014. 626, obs. Marguénaud ; RTD civ. 2014. 620, obs. Hauser*. ♦ *Adde* : Bonnet, *JCP G 2014, n° 835* (quand la marge nationale d'appréciation fait droit...).

5. Espace public. Il résulte des art. 1, 2 et 3 de la L. n° 2010-1192 du 11 oct. 2010 que l'espace public dans lequel il est interdit de porter une tenue destinée à dissimuler le visage est constitué des voies publiques ainsi que des lieux ouverts au public ou affectés à un service public ; pour relaxer Mme Y..., le jugement énonce que celle-ci était encore à l'extérieur du commissariat lorsqu'elle a été contrôlée, et que ce n'est qu'à l'initiative des fonctionnaires de police qu'elle est entrée dans cet établissement public, revêtue de son voile ; en se déterminant ainsi, par des motifs inopérants, alors qu'est répréhensible le port, sur la voie publique, d'un voile couvrant intégralement le visage, la juridiction de proximité a méconnu le sens et la portée des textes susvisés ; d'où il suit que la cassation est encourue. • Crim. 5 mars 2013, n° 12-82.852 P : *AJ pénal 2013. 400, obs. de Combles de Nayves ; Dr. pénal 2013, n° 70, obs. Véron.*

6. Stage de citoyenneté. Aux termes de l'art. 131-5-1 C. pén., la peine de stage de citoyenneté ne peut être prononcée contre le prévenu qui la refuse ou n'est pas présent à l'audience ; pour condamner la prévenue, non comparante à l'audience mais représentée par un avocat muni d'un pouvoir, déclarée coupable de la contravention de dissimulation du visage dans l'espace public (L. n° 2010-1192 du 11 oct. 2010), à accomplir un stage de citoyenneté, le jugement énonce que la présence de la prévenue n'est exigée que lorsque cette peine est prononcée en matière correctionnelle, l'art. 131-16-8° C. pén., applicable en matière contraventionnelle, n'imposant pas la présence de la prévenue à l'audience ; en statuant ainsi, alors qu'elle ne pouvait, en l'absence de la prévenue, condamner celle-ci à accomplir un stage de citoyenneté, fût-ce pour une contravention, la juridiction de proximité a méconnu le texte susvisé ; d'où il suit que la cassation est encourue de ce chef. • Crim. 5 mars 2013, n° 12-80.891 P : *D. 2013. Actu. 710 ; AJ pénal 2013. 400, obs. de Combles de Nayves ; Dr. pénal 2013, n° 72, obs. Véron ; ibid. 85, obs. Bonis-Garçon ; Gaz. Pal. 2013. 1. 1732, obs. Detraz.*

7. Aux termes de l'art. 131-5-1 C. pén., la peine de stage de citoyenneté ne peut être prononcée contre le prévenu qui la refuse ou n'est pas présent à l'audience ; après avoir déclaré Mme X..., non comparante à l'audience mais représentée par un avocat muni d'un pouvoir, coupable de la contravention de dissimulation du visage dans l'espace public, la juridiction de proximité l'a condamnée à une peine d'amende et à l'accomplissement d'un stage de citoyenneté ; en statuant ainsi, alors qu'elle ne pouvait, en l'absence de la prévenue, condamner celle-ci à accomplir un stage de citoyenneté, fût-ce à titre de peine complémentaire, la juridiction de proximité a méconnu le texte susvisé. • Crim. 9 déc. 2014 : *D. actu. 13 janv. 2015, obs. Priou-Alibert.*

Art. 1er Nul ne peut, dans l'espace public, porter une tenue destinée à dissimuler son visage.

Eu égard aux objectifs qu'il s'est assignés et compte tenu de la nature de la peine instituée en cas de méconnaissance de la règle fixée par lui, le législateur a adopté des dispositions qui assurent, entre la sauvegarde de l'ordre public et la garantie des droits constitutionnellement protégés, une conciliation qui n'est pas manifestement disproportionnée. Toutefois, l'interdiction de dissimuler son visage dans l'espace public ne saurait, sans porter une atteinte excessive à l'art. 10 DDH, restreindre l'exercice de la liberté religieuse dans les lieux de culte ouverts au public. Sous cette réserve, les art. 1er à 3 de la loi déférée ne sont pas contraires à la Constitution. • Cons. const. 7 oct. 2010, n° 2010-613 DC : *JO 12 oct. 2010, p. 18345.* ♦ Doit être approuvé le jugement qui énonce qu'une manifestation politique devant la Présidence de la République, en compagnie de personnes portant des masques de carnaval, ne peut entrer dans l'exercice de la liberté religieuse et qu'une telle manifestation ainsi que le maintien de la dissimulation du visage dans un commissariat de police portent nécessairement atteinte à l'ordre public. En effet, si c'est à tort que la juridiction de proximité a ignoré la motivation religieuse de la manifestation considérée, le jugement n'encourt pas la censure dès lors que, si l'art. 9 Conv. EDH garantit l'exercice de la liberté de pensée, de conscience et de religion, l'al. 2 de ce texte dispose que cette liberté peut faire l'objet de restrictions prévues par la loi et constituant, dans une société démocratique, des mesures nécessaires à la sécurité publique, à la protection de l'ordre, de la santé ou de la morale publiques, ou à la protection des droits et libertés d'autrui, tel étant le cas de la loi interdisant la dissimulation intégrale du visage dans l'espace public en ce qu'elle vise à protéger l'ordre et la sécurité publics en imposant à toute personne circulant dans un espace public, de montrer son visage. • Crim. 5 mars 2013, n° 12-80.891 P : *D. actu. 21 mars 2013, obs. Gayet ; D. 2013. Actu. 710 ; AJ pénal 2013. 400, obs. de Combles de Nayves ; Dr. pénal 2013, n° 70, obs. Véron ; ibid. 2014. Chron. 3, obs. Bonis-Garçon et Peltier ; Gaz. Pal. 8-11 mai 2013, p. 35, obs. Dreyer.* ♦ Est répréhensible le port, sur la voie publique, d'un voile couvrant intégralement le visage. • Crim. 5 mars 2013 : *D. actu. 21 mars 2013, obs. Gayet ; D. 2013. Actu. 710 ; AJ pénal 2013. 400, obs. Combles de Nayves ; Dr. pénal 2013, n° 70, obs. Véron.*

Art. 2 I. — Pour l'application de l'article 1er, l'espace public est constitué des voies publiques ainsi que des lieux ouverts au public ou affectés à un service public.

II. — L'interdiction prévue à l'article 1er ne s'applique pas si la tenue est prescrite ou autorisée par des dispositions législatives ou réglementaires, si elle est justifiée par des raisons de santé ou des motifs professionnels, ou si elle s'inscrit dans le cadre de pratiques sportives, de fêtes ou de manifestations artistiques ou traditionnelles.

V. note ss. art. 1er.

Art. 3 La méconnaissance de l'interdiction édictée à l'article 1er est punie de l'amende prévue pour les contraventions de la deuxième classe.

L'obligation d'accomplir le stage *(L. n° 2019-222 du 23 mars 2019, art. 71-XVIII et 109-XIX, en vigueur le 24 mars 2020)* « mentionné au 1° de l'article 131-35-1 *[ancienne rédaction : de citoyenneté mentionné au 8° de l'article 131-16]* » du code pénal peut être prononcée en même temps ou à la place de la peine d'amende.

V. note ss. art. 1er.

Art. 4 ....

Art. 5 Les articles 1er à 3 entrent en vigueur à l'expiration d'un délai de six mois à compter de la promulgation de la présente loi.

Circulaire du 3 décembre 2010,

Relative à la présentation des dispositions de droit pénal de la loi n° 2010-1192 du 11 octobre 2010 interdisant la dissimulation du visage dans l'espace public.

[...]

Pour l'essentiel, ce délit vise donc à réprimer le fait de forcer une femme à dissimuler son visage, notamment par le port du voile intégral, à savoir la burqa ou le niqab. Il participe ainsi directement de la volonté de l'État de lutter contre les discriminations envers les femmes, qui constituent d'inacceptables atteintes au principe d'égalité entre les sexes, principe qui, comme l'a relevé le Conseil constitutionnel dans sa décision précitée du 7 octobre 2010, est du reste l'un des fondements de la loi interdisant la dissimulation du visage dans l'espace public.

Il résulte clairement de la formulation adoptée par le texte que si l'instigation à dissimuler le visage d'autrui n'est pas motivée par le sexe de la personne, la nouvelle incrimination n'est pas applicable.

Le fait d'imposer à autrui de dissimuler son visage doit être caractérisé par des menaces, des violences, une contrainte, un abus d'autorité ou un abus de pouvoir.

Il peut être souligné que la loi n'exige pas que l'abus d'autorité ou de pouvoir émane d'une personne disposant d'une autorité de droit, ce qui peut par exemple être le cas du père ou de la mère de la victime. Il suffit que l'auteur ait abusé de l'emprise morale qu'il avait en fait sur la victime, ce qui peut par exemple être le cas du frère, du mari ou du concubin de celle-ci.

Il doit être également souligné que le fait d'imposer à autrui de dissimuler son visage est répréhensible tant dans l'espace public que dans la sphère privée.

La réponse pénale à ce type de comportement devra être empreinte de fermeté : les faits d'instigation à dissimuler son visage ne sauraient être traités, sauf circonstances particulières, dans le cadre de mesures alternatives aux poursuites.

[...]

Circulaire du 2 mars 2011,

Relative à la mise en œuvre de la loi n° 2010-1192 du 11 octobre 2010 interdisant la dissimulation du visage dans l'espace public.

[...]

I. LE CHAMP D'APPLICATION DE LA LOI

1. *LES ÉLÉMENTS CONSTITUTIFS DE LA DISSIMULATION DU VISAGE DANS L'ESPACE PUBLIC*

La dissimulation du visage dans l'espace public est interdite à compter du 11 avril 2011 sur l'ensemble du territoire de la République, en métropole comme en outre-mer. Cette infraction est constituée dès lors qu'une personne porte une tenue destinée à dissimuler son visage et qu'elle se trouve dans l'espace public ; ces deux conditions sont nécessaires et suffisantes.

a) *La dissimulation du visage*

La portée de l'interdiction

Les tenues destinées à dissimuler le visage sont celles qui rendent impossible l'identification de la personne. Il n'est pas nécessaire, à cet effet, que le visage soit intégralement dissimulé.

Sont notamment interdits, sans prétendre à l'exhaustivité, le port de cagoules, de voiles intégraux (burqa, niqab...), de masques ou de tout autre accessoire ou vêtement ayant pour effet, pris isolément ou associé avec d'autres, de dissimuler le visage. Dès lors que l'infraction est une contravention, l'existence d'une intention est indifférente : il suffit que la tenue soit destinée à dissimuler le visage.

Les exceptions légales

L'article 2 de la loi prévoit plusieurs exceptions à l'interdiction de la dissimulation du visage.

En premier lieu, l'interdiction ne s'applique pas « si la tenue est prescrite ou autorisée par des dispositions législatives ou réglementaires ». Il s'agit par exemple de l'article L. 431-1 du code de la route qui impose le port du casque aux conducteurs de deux-roues à moteur.

En deuxième lieu, l'interdiction ne s'applique pas « si la tenue est justifiée par des raisons de santé ou des motifs professionnels ». Les motifs professionnels concernent notamment le champ couvert par l'article L. 4122-1 du code du travail aux termes duquel « les instructions de l'employeur précisent, en particulier lorsque la nature des risques le justifie, les conditions d'utilisation des équipements de travail, des moyens de protection, des substances et préparations dangereuses. Elles sont adaptées à la nature des tâches à accomplir ».

Enfin, l'interdiction ne s'applique pas « si elle s'inscrit dans le cadre de pratiques sportives, de fêtes ou de manifestations artistiques ou traditionnelles ». Ainsi les processions religieuses, dès lors qu'elles présentent un caractère traditionnel, entrent dans le champ des exceptions à l'interdiction posée par l'article 1er. Au titre des pratiques sportives figurent les protections du visage prévues dans plusieurs disciplines.

Les dispositions de la loi du 11 octobre 2010 s'appliquent sans préjudice des dispositions qui interdisent ou réglementent, par ailleurs, le port de tenues dans certains services publics et qui demeurent en vigueur.

Il en est ainsi de la loi n° 2004-228 du 15 mars 2004 encadrant, en application du principe de laïcité, le port de signes ou de tenues manifestant une appartenance religieuse dans les écoles, collèges et lycées publics (article L. 141-5-1 du code de l'éducation nationale et circulaire d'application du 18 mai 2004). Demeurent également applicables la charte du patient hospitalisé, annexée à la circulaire du 2 mars 2006 relative aux droits des patients *hospitalisés, et la circulaire* du 2 février 2005 relative à la laïcité dans les établissements de santé.

b) *La définition de l'espace public*

L'article 2 de la loi précise que l'espace public est constitué des voies publiques ainsi que des lieux ouverts au public ou affectés à un service public.

La notion de voies publiques n'appelle pas de commentaire. Il convient de préciser qu'à l'exception de ceux affectés aux transports en commun les véhicules qui empruntent les voies publiques sont considérés comme des lieux privés. La dissimulation du visage, par une personne se trouvant à bord d'une voiture particulière, n'est donc pas constitutive de la contravention prévue par la loi. Elle peut en revanche tomber sous le coup des dispositions du code de la route prévoyant que la conduite du véhicule ne doit pas présenter de risque pour la sécurité publique.

Constituent des lieux ouverts au public les lieux dont l'accès est libre (plages, jardins publics, promenades publiques...) ainsi que les lieux dont l'accès est possible, même sous condition, dans la mesure où toute personne qui le souhaite peut remplir cette condition (paiement d'une place de cinéma ou de théâtre par exemple). Les commerces (cafés, restaurants, magasins), les établissements bancaires, les gares, les aéroports et les différents modes de transport en commun sont ainsi des espaces publics.

Les lieux affectés à un service public désignent les implantations de l'ensemble des institutions, juridictions et administrations publiques ainsi que des organismes chargés d'une mission de service public. Sont notamment concernés les diverses administrations et établissements publics de l'État, les collectivités territoriales et leurs établissements publics, les mairies, les tribunaux, les préfectures, les hôpitaux, les bureaux de poste, les établissements d'enseignement (écoles, collèges, lycées et universités), les caisses d'allocations familiales, les caisses primaires d'assurance maladie, les services de Pôle emploi, les musées et les bibliothèques.

2. *L'ABSENCE DE RESTRICTION À L'EXERCICE DE LA LIBERTÉ RELIGIEUSE DANS LES LIEUX DE CULTE*

Lorsqu'ils sont ouverts au public, les lieux de culte entrent dans le champ d'application de la loi. Le Conseil constitutionnel a toutefois précisé que « l'interdiction de dissimuler son visage dans l'espace public ne saurait, sans porter une atteinte excessive à l'article 10 de la Déclaration de 1789, restreindre l'exercice de la liberté religieuse dans les lieux de culte ouverts au public ».

3. *LA SANCTION DE LA DISSIMULATION DU VISAGE*

L'article 3 de la loi prévoit que la méconnaissance de l'interdiction de la dissimulation du visage dans l'espace public est punie de l'amende prévue pour les contraventions de la deuxième classe (d'un montant maximal de 150 euros). Le prononcé de cette amende relève de la compétence des juridictions de proximité.

L'obligation d'accomplir un stage de citoyenneté peut également être prononcée par les mêmes juridictions, à titre de peine alternative ou de peine complémentaire. Le stage de citoyenneté, adapté à la nature de l'infraction commise, doit notamment permettre de rappeler aux personnes concernées les valeurs républicaines d'égalité et de respect de la dignité humaine.

4. *LA SANCTION DE L'EXERCICE D'UNE CONTRAINTE*

La dissimulation du visage constatée dans l'espace public peut résulter d'une contrainte exercée contre la personne concernée et révéler la commission par un tiers du délit de dissimulation forcée du visage.

Ce délit, prévu à l'article 4 de la loi (créant un nouvel article 225-4-10 du code pénal), est puni d'un an d'emprisonnement et de 30 000 euros d'amende. Lorsque le fait est commis au préjudice d'une personne mineure, les peines sont portées à deux ans d'emprisonnement et à 60 000 euros d'amende.

La répression de ces agissements participe de la volonté des pouvoirs publics de lutter vigoureusement contre toutes les formes de discriminations et de violences envers les femmes, qui constituent autant d'atteintes inacceptables au principe d'égalité entre les sexes.

II. LA CONDUITE À TENIR DANS LES SERVICES PUBLICS

a) *Le rôle du chef de service*

Dans le cadre des pouvoirs qu'il détient pour assurer le bon fonctionnement de son administration, le chef de service est responsable du respect des dispositions de la loi du 11 octobre 2010 et des mesures mises en œuvre, en particulier l'actualisation des règlements intérieurs, pour assurer son application.

Il lui appartient de présenter et d'expliquer l'esprit et l'économie de la loi aux agents placés sous son autorité, afin que ces derniers se conforment à ses dispositions et puissent veiller, dans les meilleures conditions, à son respect par les usagers du service public.

Il lui appartient également de veiller à ce que l'information adéquate prévue par le Gouvernement sous la forme d'affiches et de dépliants soit mise en place dans les locaux accueillant du public ou ouverts au public.

b) *Le contrôle de l'accès aux lieux affectés au service public*

A compter du 11 avril 2011, les agents chargés d'un service public, qui pouvaient déjà être conduits à demander à une personne de se découvrir ponctuellement pour justifier de son identité, seront fondés à refuser l'accès au service à toute personne dont le visage est dissimulé.

Dans le cas où la personne dont le visage est dissimulé serait déjà entrée dans les locaux, il est recommandé aux agents de lui rappeler la réglementation applicable et de l'inviter au respect de la loi, en se découvrant ou en quittant les lieux. La dissimulation du visage fait obstacle à la délivrance des prestations du service public.

En revanche, la loi ne confère en aucun cas à un agent le pouvoir de contraindre une personne à se découvrir ou à sortir. L'exercice d'une telle contrainte constituerait une voie de fait et exposerait son auteur à des poursuites pénales. Elle est donc absolument proscrite.

En face d'un refus d'obtempérer, l'agent ou son chef de service doit faire appel aux forces de la police ou de la gendarmerie nationales, qui peuvent seules constater l'infraction, en dresser procès-verbal et procéder, le cas échéant, à la vérification de l'identité de la personne concernée. Des instructions particulières sont adressées à cet effet par le ministre de l'intérieur aux agents de la force publique.

Le refus d'accès au service ne pourra faire l'objet d'aménagements que pour tenir compte de situations particulières d'urgence, notamment médicales.

....

SECTION II **DU PROXÉNÉTISME ET DES INFRACTIONS QUI EN RÉSULTENT** *(L. n° 2003-239 du 18 mars 2003, art. 50).*

RÉP. PÉN. v° *Prostitution – Proxénétisme – Racolage,* par Py.

BIBL. ▸ Retterer, *D. 2002. Chron. 2144* (l'activité de prostitution exercée à titre indépendant : une activité économique au sens du droit communautaire). – Geslot, *D. 2008. Chron. 1292* (prostitution, dignité... Par ici la monnaie !).

Art. 225-5 Le proxénétisme est le fait, par quiconque, de quelque manière que ce soit :

1° D'aider, d'assister ou de protéger la prostitution d'autrui ;

2° De tirer profit de la prostitution d'autrui, d'en partager les produits ou de recevoir des subsides d'une personne se livrant habituellement à la prostitution ;

3° D'embaucher, d'entraîner ou de détourner une personne en vue de la prostitution ou d'exercer sur elle une pression pour qu'elle se prostitue ou continue à le faire.

Le proxénétisme est puni de *(L. n° 2001-1062 du 15 nov. 2001)* **« sept » ans d'emprisonnement et de 150 000 € d'amende.** – *Pr. pén. 706-34 s. ; Civ. 21-8 ; Trav. L. 5423-8, L. 5423-9 et R. 5423-18.*

Corresp. : *C. pén., ancien art. 334, al. 1er (1°, 2° et 5°).*

BIBL. ▸ Renaut, *RSC 2006. 293* (l'ordre public et la prostitution ou l'histoire n'est qu'un perpétuel recommencement).

1. QPC. La question prioritaire de constitutionnalité est ainsi rédigée : « L'article 225-5 C. pén., en ce qu'il pose : « le proxénétisme est le fait, par quiconque, de quelque manière que ce soit : 1°) d'aider, d'assister ou de protéger la prostitution d'autrui ; 2°) de tirer profit de la prostitution d'autrui, d'en partager les produits ou de recevoir des subsides d'une personne se livrant habituellement à la prostitution... » ; est-il contraire au droit de mener une vie familiale normale, qui résulte du dixième alinéa du Préambule de la Constitution de 1946, ainsi qu'au droit au respect de la vie privée découlant de l'art. 2 de la Déclaration des droits de l'Homme de 1789 dès lors que : *a)* les personnes auxquelles est prêtée la qualité d'auteurs de l'infraction n'ont pas menacé les personnes prostituées de recourir à la force ou à d'autres formes de contrainte ni recouru à celles-ci, n'ont pas agi par enlèvement, fraude, tromperie, abus d'autorité ou d'une situation de vulnérabilité, ou par l'offre ou l'acceptation de paiements ou d'avantages pour obtenir le consentement d'une personne ayant autorité sur une autre, à des fins d'exploitation, et qu'elles n'ont pas non plus été engagées dans des liens de solidarité économique avec les personnes prostituées au seul but de satisfaire les passions d'autrui ou d'exploiter le produit de la prostitution ; *b)* les personnes auxquelles est prêtée la qualité d'auteurs de l'infraction participent à la vie privée et familiale des personnes prostituées ? » ; cette question ne présente pas, à l'évidence, un caractère sérieux, dès lors que l'article 225-5, 1° et 2°, C. pén. ne fait pas obstacle au droit au respect de la vie privée ni à celui de mener une vie familiale normale, seul étant réprimé le fait de sciemment favoriser ou tirer profit de la prostitution d'autrui, le juge contrôlant, en fonction des circonstances de l'espèce, qu'il n'est pas porté une atteinte disproportionnée à l'exercice des droits précités, qui ne serait pas justifiée par les nécessités de la lutte contre le proxénétisme ; d'où il suit qu'il n'y a pas lieu de renvoyer la question au Conseil constitutionnel. • Crim. 14 mars 2012, n° 12-90.002, QPC : *Gaz. Pal. 2012. 2. 2218, obs. Detraz.*

2. Définition de la prostitution. Constitue un fait de prostitution le fait d'employer, moyennant une rémunération, son corps à la satisfaction des plaisirs du public, quelle que soit la nature des actes de lubricité accomplis. • Civ. 19 nov. 1912 (2 arrêts) : *DP 1913. 1. 353, note Le Poittevin.* ♦ La prostitution consiste à se prêter, moyennant une rémunération, à des contacts physiques de quelque nature qu'ils soient, afin de satisfaire les besoins sexuels d'autrui. • Crim. 27 mars 1996, n° 95-82.016 P : *Dr. pénal 1996. 182, obs. Véron ; RSC 1996. 853, obs. Mayaud.*

3. ... Tel le fait d'exhiber ses parties sexuelles. • Civ. 19 nov. 1912 (1re esp.) : *préc. note 2.* ♦ Opposer : • Paris, 3 janv. 1952 : *Gaz. Pal. 1952. 1. 201.* ♦ ... Ou encore le fait, par des masseuses, de pratiquer sur leurs clients, même sans rapports sexuels, des attouchements ou des caresses allant jusqu'à l'éjaculation. • T. corr. Thionville, 8 mars 1977 : *JCP 1978. II. 18796, note de Lestang ; RSC 1978. 350, obs. Levasseur* • Aix-en-Provence, 15 juin 1981 : *Gaz. Pal. 1982. 1. Somm. 29* • Crim. 27 mars 1996 : *préc. note 2.* ♦ Mais ne sont pas visées de simples propositions obscènes, tel le fait d'offrir à des passants de se livrer sur eux à des attouchements, sans que soit relevé l'accomplissement d'aucun acte impudique. • Civ. 19 nov. 1912 (2e esp.) : *préc. note 2.*

4. Justifie sa décision la cour d'appel qui, pour écarter l'argumentation du prévenu, cité pour avoir fait office d'intermédiaire entre des personnes se livrant à la prostitution et celles qui les rémunèrent, faits prévus et réprimés par l'art. 334-6° ancien C. pén., applicable lors des faits, devenu l'art. 225-6, 1°, nouv. du même code, et qui soutenait qu'en l'absence de toute référence à une contrepartie pécuniaire, les annonces incriminées ne constituaient que de simples offres de débauche, désormais exclues du champ d'application de l'art. 225-6, 1°, précité, retient que les textes de ces annonces ne laissent aucun doute sur la nature prostitutionnelle des activités qu'elles recouvrent, et relève, par motifs propres et adoptés, que si le prix des prestations ainsi offertes ne figure que dans les annonces les plus anodines, le coût élevé de publication de ces messages, dont certains paraissent sous forme d'encarts publicitaires, laisse présumer chez l'annonceur l'exercice d'une activité lucrative, de type professionnel. • Crim. 9 oct. 1996, n° 95-81.232 P : *Dr. pénal 1997. 36, obs. Véron ; RSC 1997. 384, obs. Mayaud.*

A. AIDE, ASSISTANCE OU PROTECTION DE LA PROSTITUTION D'AUTRUI (ART. 225-5, 1° ; ANCIEN ART. 334, AL. 1er, 1°)

5. Constatation. Ne caractérise pas le délit prévu par l'art. 334, 1°, C. pén. l'arrêt qui se borne à reproduire les termes de la loi sans préciser les circonstances dans lesquelles le délit aurait été commis, et notamment les moyens par lesquels l'inculpé aurait aidé, assisté ou protégé sciemment la prostitution ou le racolage d'autrui. • Crim. 30 mars 1954 : *Bull. crim. n° 131 ; D. 1954. 684* • 8 juin 1955 : *Bull. crim. n° 289* • 4 janv. 1957 : *ibid. n° 12* • 12 mars 1957 : *ibid. n° 244* • 30 mai 1958 : *ibid. n° 418.*

6. Condition préalable de prostitution. Si le fait de mettre à la disposition de couples de rencontre des locaux leur permettant d'accomplir des actes de débauche peut constituer le délit d'aide à la prostitution d'autrui, encore faut-il qu'il soit constaté par les juges que certaines des personnes ainsi accueillies se sont livrées à des actes de prostitution rétribuée. • Crim. 22 juill. 1959 : *Bull. crim. n° 370 ; D. 1959. 491 ; S. 1959. 223.*

7. Indifférence à l'habitude. Aux termes de l'art. 334, 1°, C. pén., est considéré comme proxénète celui ou celle qui, d'une manière quelconque, aide, assiste, ou protège la prostitution d'autrui ; l'infraction ainsi définie, qu'un seul acte suffit à caractériser, n'exige l'élément d'habitude ni à l'égard du proxénète, ni en ce qui touche la prostitution. • Crim. 10 mars 1955 : *Bull. crim. n° 151* • 20 nov. 1956 : *ibid. n° 764.*

8. Indifférence à la vénalité. La vénalité n'entre pas non plus dans les éléments matériels du délit. • Crim. 24 mai 1946 : *Bull. crim. n° 125 ; D. 1946. 270 ; S. 1946. 1. 108.*

9. Caractérise l'aide à la prostitution d'autrui au sens tant des art. 334, 1°, ancien C. pén. que de l'art. 225-5, al. 1er, nouv. C. pén. : ... le fait pour une prostituée d'accueillir dans son véhicule une autre prostituée, afin de lui permettre, en raison de la panne de sa propre fourgonnette, de poursuivre ses activités galantes, ces textes n'exigeant pas que la personne qui, d'une manière quelconque, aide, assiste ou protège la prostitution d'autrui, retire un profit de cette prostitution. • Crim. 12 oct. 1994 : *Dr. pénal 1995. 38, note Véron.* ♦ ... Le fait pour le comptable d'un établissement hôtelier d'avoir mis à la disposition de l'exploitant un de ses propres comptes postaux, sur lequel était déposé le produit de la prostitution se déroulant dans cet établissement, même sans en tirer un quelconque profit. • Crim. 25 mars 1998 : *Dr. pénal 1998. 112, obs. Véron.*

10. Intention. Même antérieurs à l'exercice de la prostitution, les faits d'aide, d'assistance et de protection caractérisent le délit, dès lors que leur auteur, au moment où il les a accomplis, savait qu'ils contribueraient par la suite à faciliter la prostitution d'autrui (à propos de la vente de locaux destinés à la prostitution, fait aujourd'hui spécialement incriminé dans l'art. 335-6, 1°, C. pén., devenu l'art. 225-10, 3°). • Grenoble, 26 sept. 1974 : *D. 1975. 560, note Roujou de Boubée ; Gaz. Pal. 1975. 1. 111.*

11. Le fait que, pour apprécier la peine, il ait été tenu compte que le prévenu ait invoqué, pour mobile, avoir voulu préserver son emploi dans l'établissement, n'est nullement en contradiction avec l'élément intentionnel du délit dont il a été déclaré coupable. • Crim. 25 mars 1998 : *Dr. pénal 1998. 112, obs. Véron.*

12. Applications. Se rend coupable du délit de proxénétisme pour aide et assistance à la prostitution d'autrui : ... (avec circonstance aggravante) le directeur responsable d'un salon de coiffure qui fait bénéficier de son assistance plusieurs femmes qu'il sait être des prostituées, en leur prêtant refuge et en leur donnant les moyens de se dissimuler dans l'établissement à l'arrivée de la police. • Crim. 20 oct. 1971 : *Bull. crim. n° 278 ; D. 1971. Somm. 228.* ♦ ... La femme d'un hôtelier (lui-même coprévenu) qui a continué à faire le ménage à l'intérieur de l'hôtel, alors qu'elle avait constaté petit à petit la présence de jeunes femmes qui étaient là pour se prostituer. • Crim. 27 nov. 1984 : *D. 1985. 241, note Mayer ; RSC 1985. 815, obs. Levasseur.* ♦ ... Le dirigeant d'un centre serveur minitel, qui a largement favorisé, en toute connaissance de cause, un abondant réseau prostitutionnel dont il tirait de considérables profits. • Aix-en-Provence, 24 mai 1993 : *Gaz. Pal. 1993. 2. Somm. 456.*

13. Mais ne constitue pas le délit le fait pour une prostituée de se rendre au domicile d'une autre prostituée, à la demande de celle-ci, et de participer à des scènes de débauche collectives et rétribuées avec différents « clients » de cette dernière. • Crim. 7 nov. 1973 : *Bull. crim. n° 408 ; D. 1974. 56, note E. Robert ; JCP 1974. II. 17717, note Dardel ; Gaz. Pal. 1974. 1. 81.*

14. Tolérance. En l'absence de tout fait personnel constaté caractérisant l'aide ou l'assistance sciemment prêtée, c'est à bon droit que la cour d'appel a refusé de faire application de l'art. 334, 1°, C. pén. (ancien art. 334, al. 1er) à un débitant de boissons contre qui il était seulement établi le fait d'avoir toléré la présence de prostituées fréquentant habituellement son établissement. • Crim. 13 juill. 1955 : *Bull. crim. n° 352.* ♦ Opposer : • Crim. 13 avr. 1951 : *Bull. crim. n° 102 ; D. 1951. 348* • 19 mars 1953 : *Bull. crim. n° 101 ; D. 1953. 356.* ♦ Mais donne une base légale à sa décision l'arrêt qui en fait application à un tenancier de bar, après avoir spécifié les faits retenus à sa charge comme constituant une assistance consciente et organisée à la prostitution d'autrui. • Crim. 13 juill. 1955 : *Bull. crim. n° 353* • 6 févr. 1958 : *ibid. n° 140 ; D. 1958. Somm. 68* • 12 juin 1958 : *Bull. crim. n° 463.* ♦ ... L'aide, dont la notion est plus large que la notion d'aide ou assistance qualifiée par la doctrine et la jurisprudence en matière de complicité, pouvant résulter d'un fait qui, pris isolément, s'analyse en une simple tolérance, mais qui répété journellement, heure par heure, devenu habituel et même permanent, devient un facteur puissant de la prostitution. • Colmar, 8 févr. 1957 : *D. 1957. 641 ; S. 1958. 24.* ♦ V. également : • Angers, 14 déc. 1950 : *D. 1951. 13* • Colmar, 23 oct. 1956 : *D. 1957. 252 ; S. 1957. 186.* ♦ De cette jurisprudence, rappr. la tolérance habituelle, telle qu'elle est incriminée, dans l'art. 225-10, 2° (ancien art. 335, 2°).

B. PROFIT DE LA PROSTITUTION D'AUTRUI (ART. 225-5, 2°)

15. C'est à bon droit que les prévenus ont été reconnus coupables de proxénétisme par profit de la prostitution d'autrui ; en effet, il est établi que le premier prévenu, associé de fait d'un établissement exploité en Guadeloupe, a fait paraître des annonces afin de recruter des hôtesses pour y travailler, et que cet établissement, qui avait une activité officielle de cabaret, dissimulait en fait des pratiques sexuelles rémunérées ; le deuxième prévenu, associé de droit, a également recruté des hôtesses par voie d'annonces et à l'occasion de voyages d'affaires en Russie ; de son côté le troisième prévenu, gérant de l'établissement, reconnaît avoir sollicité ses coprévenus, avoir passé commande de 3 000 préservatifs, et avoir pris le passeport des hôtesses pour éviter leur fuite ; il convient de préciser que le fait d'employer son corps, moyennant rémunération, à la satisfaction des plaisirs du public, constitue un acte de prostitution, quelle que soit la nature des actes de lubricité accomplie ; en l'espèce les actes de prostitution ne peuvent être contestés dès lors que les hôtesses, et certains clients, ont reconnu la pratique d'actes de fellation et de masturbation, et même des relations sexuelles complètes. • Montpellier, 17 nov. 2004 : *JCP 2005. IV. 3637.*

C. PARTAGE DES PRODUITS DE LA PROSTITUTION (ART. 225-5, 2° ; ANCIEN ART. 334, AL. 1er, 2°)

16. Le prévenu, ressortissant helvétique, a été appréhendé à Nice le 23 mai 2005 ; il était soupçonné d'avoir recruté en Suisse des jeunes femmes afin qu'elles se livrent à la prostitution au profit d'une clientèle fortunée à l'occasion d'une compétition automobile organisée dans la principauté de Monaco ; il a été mis en examen du chef de proxénétisme aggravé ; pour fonder la compétence des lois et juridictions françaises, l'arrêt retient que « le fait d'escorter des jeunes femmes de l'aéroport à l'hôtel S. à Nice, d'organiser leur séjour dans l'hôtel dans le seul but de les conduire quotidiennement à Monaco où elles auraient des relations sexuelles au préalable rémunérées avec les clients ou les organisateurs de la société V. constituent des actes d'aide et d'assistance à la prostitution ; que ces actes sont des éléments constitutifs de délit de proxénétisme par aide et assistance, qu'ils ont été commis à Nice et que le juge d'instruction de Nice est compétent en application de l'art. 52 C. pr. pén. » ; en prononçant ainsi, la chambre de l'instruction a fait l'exacte application de l'art. 113-2 C. pén. ; en effet une infraction est réputée commise sur le territoire de la République dés lors qu'un de ses faits constitutifs a été commis sur ce territoire. • Crim. 9 nov. 2011, ♔ nos 09-86.381 P et 05-87.745 P : *Lettre D. actu. 6 déc. 2011, obs. M. Léna ; JCP éd. G. 2011, n° 1318, obs. Detraz ; Gaz. Pal. 2012. 1. 291, note Dreyer ; Dr. Pénal 2012. 3, obs. Véron ; Rev. sc. crim. 2012. 144, obs. Mayaud.*

17. Habitude. L'art. 334, 2°, C. pén. comprend deux dispositions distinctes : l'une qui punit comme proxénète celui ou celle qui, sous une forme quelconque, partage les produits de la prostitution d'autrui, l'autre qui vise ceux qui reçoivent des subsides d'une personne se livrant habituellement à la prostitution ; le caractère habituel de la prostitution n'est exigé qu'en ce qui touche la seconde de ces infractions. • Crim. 13 mai 1954 : *Bull. crim. n° 181 ; D. 1954. 695, note F.G. ; RSC 1955. 83, obs. Hugueney.*

18. La réception d'une somme d'argent, imposée (mise à l'amende) sur les gains d'une prostituée, constitue non le délit de réception de subsides d'une personne se livrant habituellement à la prostitution, mais celui de partage des produits de la prostitution d'autrui. • Crim. 4 janv. 1969 : *Bull. crim. n° 7.* ♦ ... Lequel n'est pas un délit d'habitude. • Crim. 29 janv. 1965 : *Bull. crim. n° 30 ; D. 1965. 288, note Combaldieu ; Gaz. Pal. 1965. 1. 347* • 4 janv. 1969 : *préc.*

19. Intention. Doit être cassé pour insuffisance de motifs l'arrêt qui, pour déclarer un prévenu coupable de proxénétisme, se borne à énoncer que celui-ci a reçu d'une femme deux sommes d'argent, en deux mandats expédiés par cette dernière, et provenant du produit de sa prostitution, sans préciser aucune des circonstances desquelles il ressortirait qu'il connaissait l'origine desdites sommes. • Crim. 24 janv. 1956 : *Bull. crim. n° 97* • 12 déc. 1956 : *ibid. n° 838.*

20. Partage entre époux. Est justifiée la condamnation pour proxénétisme prononcée contre un homme marié pour avoir accepté de sa femme des sommes d'argent provenant de la prostitution de celle-ci ; l'art. 12 de la Convention européenne des droits de l'homme ne saurait recevoir application, dès lors que la poursuite exercée du chef d'infraction à l'art. 334, 2°, C. pén. ne met pas en cause le droit d'une prostituée de contracter mariage et celui de son époux de vivre avec elle, mais tend seulement à sanctionner la remise des produits de la prostitution à ce dernier. • Crim. 4 juin 1980 : ♔ *Bull. crim. n° 174 ; D. 1981. IR 143 (2e esp.), obs. Roujou de Boubée.* ♦ Rappr. et comp. : • Crim. 21 avr. 1944 : *Bull. crim. n° 108 ; DA 1944. 89 ; S. 1945. 1. 12 ; Gaz. Pal. 1944. 2. 66* • 20 juin 1946 : *Bull. crim. n° 146 ; DC 1946. 360.* ♦ N'a pu, sans se contredire, relaxer un prévenu de proxénétisme, au motif qu'il n'avait pas partagé les produits de la prostitution, la cour d'appel qui constate que ce prévenu, dont la femme exerçait habituellement l'activité de prostituée, a été dépourvu de ressources pendant plusieurs mois durant la période incriminée et n'a disposé par la suite que de ressources irrégulières et très faibles. • Crim. 22 oct. 1980 : *D. 1981. IR 143 (1re esp.), obs. Roujou de Boubée, et 156 (2e esp.), obs. Puech.* ♦ De cette jurisprudence, rappr. la non-justification de ressources, telle qu'elle est incriminée, dans l'art. 225-6, 3° (ancien art. 334, al. 1er, 3° et 4°).

21. Partage entre concubins. Pour l'exemple d'un prévenu qui avait accepté que la femme avec qui il vivait se prostituât, et qui avait reconnu que celle-ci contribuait avec lui à l'entretien de leur ménage, participant notamment au paiement des loyers, les juges ayant de plus précisé que cette personne, ayant fait l'acquisition de deux voitures, en laissait une en permanence à la disposition du prévenu. • Crim. 18 oct. 1995 : ♔ *Gaz. Pal. 1996. 1, chron. crim. 37.*

22. Prescription. Le délit de partage des produits de la prostitution d'autrui est une infraction instantanée qui se prescrit à compter du jour où les faits la consommant ont été commis ; tout jugement ou arrêt doit comporter les motifs propres à justifier la décision ; l'insuffisance des motifs équivaut à leur absence ; ne justifie pas sa décision la cour d'appel qui, pour écarter l'exception de prescription de l'action publique, énonce que le partage des produits de la prostitution d'autrui est un délit continu successif, ajoute que l'infraction a été commise au cours des années

1994, 1995 et 1996, rejetant par un motif erroné la prescription et en ne précisant pas les dates des actes constitutifs du partage des produits de la prostitution. • Crim. 17 mars 2004, n° 03-85.080 P : *D. 2004. IR 1285* ; *JCP 2004. IV. 1966.*

D. EMBAUCHAGE, ENTRAÎNEMENT, DÉTOURNEMENT OU PRESSION EN VUE DE LA PROSTITUTION (ART. 225-5, 3° ; ANCIEN ART. 334, AL. 1er, 5°)

23. Indifférence à l'habitude. L'art. 334, 5°, C. pén. (ancien art. 334, 4°) qui réprime l'embauchage, l'entraînement ou l'entretien d'une personne, même majeure, en vue de la prostitution n'exige pas pour son applicabilité l'élément d'habitude, un seul fait suffisant à caractériser le délit. • Crim. 5 mars 1953 : *Bull. crim. n° 80.*

24. Embauchage. Constitue le délit le fait d'embaucher une femme dans une maison de tolérance, ou de tenter cet embauchage. • Crim. 29 janv. 1953 : *Bull. crim. n° 30.* ♦ Relèvent tous les éléments du délit de proxénétisme, prévu par l'art. 334, 5°, C. pén., les juges du fond qui énoncent que les prévenus ont recruté par voie d'annonces des jeunes femmes pour se livrer, à l'intérieur de l'établissement qu'ils avaient fondé, à des actes de débauche (massages spéciaux). • Crim. 15 avr. 1975 : *Gaz. Pal. 1975. 2. 505.*

25. L'enlèvement d'une femme sur la voie publique, avec violence, peut constituer une tentative d'embauchage en vue de la prostitution ; il appartient au juge du fait d'apprécier à ce sujet les circonstances de la cause. • Crim. 6 mai 1959 : *Bull. crim. n° 249.* ♦ Relève tous les éléments de la tentative d'embauchage en vue de la prostitution, la cour d'appel qui énonce qu'un prévenu a porté à une prostituée notoire un coup de crosse de revolver sur le nez, afin de la déterminer à se prostituer pour lui, et l'a menacée de représailles si elle faisait appel à la police. • Crim. 11 févr. 1975 : *Gaz. Pal. 1975. 1. Somm. 151.*

26. Entraînement. Caractérise tous les éléments du délit d'entraînement en vue de la prostitution l'arrêt énonçant notamment qu'un individu, après avoir mis en rapport une femme avec sa maîtresse elle-même prostituée, avait décidé, par ses tentatives de séduction, sa victime à se livrer à la même activité, et que celle-ci, éloignée de sa famille et installée à l'hôtel par les soins des deux amants, était conduite au service des mœurs, et, encore hésitante, menacée d'être giflée par la « maîtresse en titre ». • Crim. 29 juin 1960 : *Bull. crim. n° 349.*

27. Pression. Relève tous les éléments constitutifs du délit de tentative de livrer une personne à la prostitution l'arrêt qui constate que le prévenu a tenu une femme enfermée pendant quinze jours dans son appartement en vue de la contraindre à avoir, moyennant rémunération, des rapports sexuels avec d'autres hommes, et qui déclare que ces propositions se sont heurtées au refus de la femme. • Crim. 22 janv. 1963 : *Bull. crim. n° 37* ; *D. 1963. 389* ; *S. 1963. 234.*

Art. 225-6 Est assimilé au proxénétisme et puni des peines prévues par l'article 225-5 le fait, par quiconque, de quelque manière que ce soit :

1° De faire office d'intermédiaire entre deux personnes dont l'une se livre à la prostitution et l'autre exploite ou rémunère la prostitution d'autrui ;

2° De faciliter à un proxénète la justification de ressources fictives ;

3° De ne pouvoir justifier de ressources correspondant à son train de vie tout en vivant avec une personne qui se livre habituellement à la prostitution ou tout en étant en relations habituelles avec une ou plusieurs personnes se livrant à la prostitution ;

4° D'entraver l'action de prévention, de contrôle, d'assistance ou de rééducation entreprise par les organismes qualifiés à l'égard de personnes en danger de prostitution ou se livrant à la prostitution. — *Pr. pén. 706-34 s.* ; *Trav. L. 5423-8, L. 5423-9 et R. 5423-18.*

Corresp. : *C. pén., anciens art. 334, al. 1er (3°, 4°, 6° et 7°), et 335-5.*

A. OFFICE D'INTERMÉDIAIRE (ART. 225-6, 1° ; ANCIEN ART. 334, AL. 1er, 6°)

1. Référence à la prostitution. Pour condamner le prévenu du chef de proxénétisme aggravé, en application des art. 225-6, 1°, et 225-7, 6°, C. pén., la cour d'appel énonce que le prévenu, adjoint au maire chargé de la prévention de la délinquance, « a été l'artisan d'un rapprochement, en toute connaissance de cause, entre une personne qui envisageait de se prostituer et une personne exploitant la prostitution d'autrui » ; mais en prononçant ainsi, alors qu'il résulte des termes de l'art. 225-6, 1°, C. pén., que le délit prévu par ce texte n'est constitué que si la personne qui se livre à la prostitution exerçait déjà cette activité au moment de l'entremise, la cour d'appel, qui n'a pas recherché si les faits reprochés au prévenu pouvaient être constitutifs du délit prévu et puni par l'art. 225-5, 3°, du même code, n'a pas justifié sa décision. • Crim. 22 sept. 1999 : *Dr. pénal 2000. Comm. 44, obs. Véron.*

2. Indifférence à la vénalité. L'infraction n'exige pas parmi ses éléments constitutifs la vénalité de celui ou de celle qui fait office d'intermédiaire. • Crim. 4 déc. 1958 : *Bull. crim. n° 725 ; D. 1959. Somm. 43.*

3. Indifférence à l'habitude. De même, l'habitude n'est pas un élément constitutif du délit. • Crim. 18 juill. 1989 : *Bull. crim. n° 290 ; RSC 1990. 73, obs. Levasseur* • 22 nov. 1994 : *Dr. pénal 1995. 140* • 9 oct. 1996, n° 95-81.232 P : *Dr. pénal 1997. Comm. 36, obs. Véron ; RSC 1997. 384, obs. Mayaud*.

4. Applications. Fait office d'intermédiaire : ... la femme qui, sous le couvert d'une agence matrimoniale, présente des clients à des prostituées, avec lesquelles ceux-ci n'entretiennent que des relations passagères (ancien art. 334, 5°). • Crim. 20 nov. 1952 : *Bull. crim. n° 274 ; D. 1953. 308.* ♦ ... Celui qui met à la disposition de tenanciers, individus exploitant la débauche d'autrui, un local où, moyennant le paiement de consommations de boissons, sont admis ceux qui désirent pratiquer des ébats sexuels collectifs, personnes se livrant à la débauche. • Crim. 26 mars 1985 : *Bull. crim. n° 126.* ♦ ... Celui qui organise des spectacles pornographiques et des ébats sexuels collectifs dans un local où sont admis, d'une part les hommes, moyennant le paiement d'une cotisation annuelle et d'un droit d'entrée, d'autre part, gratuitement, les femmes. • Crim. 29 oct. 1985 : *Bull. crim. n° 334 ; RSC 1986. 373, obs. Levasseur.* ♦ ... Le gérant d'un établissement dans lequel se déroulent des ébats sexuels en présence de personnes qui assistent à ces pratiques moyennant le paiement de consommations. • Crim. 16 janv. 1991, n° 90-82.660 P.

5. ... Le directeur d'un journal d'annonces gratuit qui, sous la rubrique « relaxation », publie des annonces proposant des activités à connotation sexuelle, le prévenu ayant sciemment servi d'intermédiaire entre des personnes se livrant à la prostitution et leurs clients, en leur permettant d'entrer en relation au moyen de numéros de téléphone ou d'adresses dont il assurait la diffusion. • Crim. 9 oct. 1996, n° 95-81.232 P : *Dr. pénal 1997. 36, obs. Véron ; RSC 1997. 384, obs. Mayaud*.

6. ... La société prestataire de services télématiques et sa gérante pour avoir donné une large diffusion à des messages de nature prostitutionnelle évidente, et n'avoir pas déconnecté les messages contraires aux bonnes mœurs, alors que la convention conclue avec France Telecom leur en faisait obligation. • T. corr. Paris, 9 oct. 1997 : *Expertises 1998. 75, obs. Binot ; RSC 1998. 573, obs. Francillon*. ♦ ... Une société qui exploite un service télématique « rose » et s'interpose entre les prostituées qui utilisent ce service pour racoler leurs clients et ces derniers. • Paris, 2 déc. 1999 : *D. 2000. IR 38.* ♦ Confirmé par : • Crim. 25 oct. 2000, n° 00-80.829 P : *D. 2001. IR 597*.

7. Mais l'infraction n'apparaît pas comme constituée dès lors que les prévenus ne semblent pas avoir été les « artisans » du rapprochement entre les prostituées et des clients de l'établissement. • Versailles, 3 nov. 1988 : *JCP 1989. IV. 222.*

B. JUSTIFICATION DE RESSOURCES FICTIVES (ART. 225-6, 2° ; ANCIEN ART. 335-5)

8. Pour un exemple d'application. • Crim. 19 juin 1969 : *Bull. crim. n° 209.*

C. NON-JUSTIFICATION DE RESSOURCES (ART. 225-6, 3°)

1° COHABITATION (ANCIEN ART. 334, AL. 1er, 3°)

9. Impossibilité de la justification – Application dans le temps. Justifie sa décision la cour d'appel qui, après avoir constaté que les dispositions du code pénal entrées en vigueur le 1er mars 1994 ne reprenaient pas l'infraction sanctionnant le fait de vivre sciemment avec une personne se livrant habituellement à la prostitution (ancien art. 334, al. 1, 3°), énonce que la non-justification de ressources, élément de l'infraction visé par l'art. 225-6 dudit code, ne figurant pas dans l'acte de saisine, le prévenu n'était pas en mesure de se défendre sur ce point, et qu'ainsi les juges n'étaient pas fondés à procéder à une requalification des faits. • Crim. 5 avr. 1995 : *Dr. pénal 1995. 172, note Véron.*

10. Matérialité de la cohabitation. La cohabitation est un élément constitutif du délit de proxénétisme prévu et réprimé par l'art. 334, 3°, C. pén., qui n'est commis que s'il est constaté une vie en commun habituelle, d'une certaine durée, avec l'intention de transférer la résidence, et pas seulement des visites, même nombreuses et prolongées. • T. corr. Paris, 27 oct. 1976 : *Gaz. Pal. 1977. 2. Somm. 272.*

11. Le proxénétisme constitué par le fait de vivre avec une personne se livrant habituellement à la prostitution est un délit continu, qui ne commence à se prescrire qu'au moment où prend fin la cohabitation avec la prostituée. • Crim. 29 juin 1983 : *Bull. crim. n° 207.*

12. L'art. 334, 3°, C. pén., incriminant ceux qui, sciemment, vivent avec une prostituée, ne s'applique pas à son époux légitime, mais uniquement à ceux qui cohabitent avec elle sans être unis dans les liens du mariage. • Colmar, 25 janv. 1980 : *D. 1981. IR 156 (1re esp.), obs. Puech.* ♦ Cassé, mais pour contradiction de motifs sur le fondement de l'art. 334, 2°, C. pén., par : • Crim. 22 oct. 1980 : *D. 1981. IR 143 (1re esp.), obs. Roujou de Boubée, et 156 (2e esp.), obs. Puech.* ♦ Sur la décision de première instance : • TGI Strasbourg, 22 mai 1979 : *Gaz. Pal. 1979. 2. 509, note Mauro.* ♦ Rappr. : • T. corr. Saint-Malo, 29 oct. 1943 : *Gaz. Pal. 1943. 2. 255.*

13. Habitude dans la prostitution. L'expression « personne se livrant habituellement à la prostitution », employée par l'art. 334, 3°, C. pén., n'est pas sacramentelle ; il suffit pour caractériser le délit, les autres éléments de l'infraction étant réunis, que des constatations des juges du fond ressorte le fait de prostitution habituelle. • Crim. 30 avr. 1949 : *Bull. crim. n° 153 ; D. 1949. 304* • 4 janv. 1957 : *Bull. crim. n° 11* • 8 nov. 1966 : *ibid. n° 253.* ♦ Si le caractère habituel de la prostitution à laquelle se livrait une femme n'a pas été expressément affirmé par les juges du fond, ce caractère se déduit nécessairement des circonstances de faits par eux relatés. • Crim. 18 avr. 1967 : *Bull. crim. n° 124.* ♦ L'expression « prostituée notoire » implique nécessairement que la femme ainsi qualifiée se livre habituellement à la prostitution. • Crim. 30 avr. 1949 : *préc.* • 4 janv. 1957 : *préc.*

14. Caractérise tous les éléments du délit prévu et réprimé par l'art. 334, 3°, C. pén. l'arrêt qui constate : ... que le prévenu a vécu en concubinage avec une fille mineure de 21 ans qui se livrait habituellement à la prostitution et dont il n'ignorait pas l'activité. • Crim. 20 avr. 1961 : *Bull. crim. n° 218.* ♦ ... Que se rend coupable de proxénétisme un individu qui cohabite avec une femme « se livrant assidûment à la prostitution » et la rejoint fréquemment dans un lieu voisin du lieu de prostitution. • Crim. 26 déc. 1961 : *Bull. crim. n° 561.*

2° RELATIONS HABITUELLES (ANCIEN ART. 334, AL. 1er, 4°)

***15.** Néant.*

D. ENTRAVE À L'ACTION DES ORGANISMES QUALIFIÉS (ART. 225-6, 4° ; ANCIEN ART. 334, AL. 1er, 7°)

***16.** Néant.*

Art. 225-7 **Le proxénétisme est puni de dix ans d'emprisonnement et de 1 500 000 € d'amende lorsqu'il est commis :**

1° A l'égard d'un mineur ;

2° A l'égard d'une personne dont la particulière vulnérabilité, due à son âge, à une maladie, à une infirmité, à une déficience physique ou psychique ou à un état de grossesse, est apparente ou connue de son auteur ;

3° A l'égard de plusieurs personnes ;

4° A l'égard d'une personne qui a été incitée à se livrer à la prostitution soit hors du territoire de la République, soit à son arrivée sur le territoire de la République ;

5° Par un ascendant légitime, naturel ou adoptif de la personne qui se prostitue ou par une personne qui a autorité sur elle ou abuse de l'autorité que lui confèrent ses fonctions ;

6° Par une personne appelée à participer, de par ses fonctions, à la lutte contre la prostitution, à la protection de la santé ou au maintien de l'ordre public ;

7° Par une personne porteuse d'une arme ; — *Pén. 132-75.*

8° Avec l'emploi de la contrainte, de violences ou de manœuvres dolosives ;

9° Par plusieurs personnes agissant en qualité d'auteur ou de complice, sans qu'elles constituent une bande organisée ; — *Pén. 132-71.*

(L. n° 98-468 du 17 juin 1998) **« 10° Grâce à l'utilisation, pour la diffusion de messages à destination d'un public non déterminé, d'un réseau de** *(L. n° 2011-525 du 17 mai 2011, art. 150-1°)* **« communication électronique ».**

Les deux premiers alinéas de l'article 132-23 relatif à la période de sûreté sont applicables aux infractions prévues par le présent article. — *Pr. pén. 706-34 s. ; Trav. L. 5423-8, L. 5423-9 et R. 5423-18.*

1. Arrivée sur le territoire de la République. Il est établi que le prévenu a organisé, *via* internet, des rencontres entre sa femme, épousée au Maroc quelques mois auparavant, et des hommes qui avaient une relation sexuelle tarifée avec elle ; c'est sans convaincre qu'il affirme que cette prostitution a été initiée par son épouse afin d'améliorer leur situation financière ; en effet, la contrainte qu'il exerçait sur elle ressort clairement des différents témoignages ; en outre, constituent à l'évidence des moyens de contrainte l'illettrisme de la victime et la dépendance psychologique dans laquelle elle se trouvait par rapport à son mari ; on peut également ajouter le chantage économico-affectif dès lors qu'il était le seul à utiliser les fonds, même lorsqu'ils étaient déposés sur le compte bancaire de son épouse ; si le délit de proxénétisme aggravé par l'emploi de la contrainte ou l'exercice de manœuvres dolosives sur la victime est ainsi constitué, la victime a été conduite à se prostituer 8 mois après son arrivée en France ; la circonstance aggravante prévue au 4° de l'art. 225-7 C. pén. relative aux personnes incitées à se prostituer à leur arrivée sur le territoire de la République ne peut donc être retenue. • Montpellier, 19 août 2008 : *JCP 2008. IV. 2963.*

2. Pluralité d'auteurs et de victimes. Les prévenus doivent être condamnés du chef de proxénétisme aggravé en raison de la pluralité d'auteurs et de victimes, ces dernières étant livrées à la prostitution à leur arrivée sur le territoire français et mises en contact par réseau de télécommunications ; ils ont participé à un réseau de prostitution impliquant des jeunes femmes en provenance de Thaïlande, qui étaient installées dans des appartements destinés à la prostitution dès leur arrivée sur le territoire français ; plusieurs personnes étaient impliquées dans le réseau et les prévenus percevaient une partie des revenus tirés de la prostitution ; les jeunes femmes étaient prises en photo en tenues légères et les clichés étaient diffusés sur internet avec leurs coordonnées sur des sites de prostitution ; les prévenus étaient en contact avec les personnes qui postaient les photos ; les prévenus doivent être condamnés du chef de traite des êtres humains ; ils ont recruté des jeunes femmes en Thaïlande et elles devaient financer leur voyage en France pour un prix supérieur aux frais de transport, à charge de rembourser ce montant en se prostituant ; les prévenus ont, en échange d'une rémunération, transporté ou transféré, hébergé ou accueilli en France ces jeunes femmes pour les mettre à leur disposition afin de permettre la commission contre elles des infractions de proxénétisme. • Paris, 5 avr. 2011 : *JCP G 2011, nº 962, obs. Maréchal.*

Art. 225-7-1 *(L. nº 2002-305 du 4 mars 2002)* **Le proxénétisme est puni de** *(L. nº 2021-478 du 21 avr. 2021, art. 6)* **« vingt** *[ancienne rédaction : quinze]* **» ans de réclusion criminelle et de 3 000 000 € d'amende lorsqu'il est commis à l'égard d'un mineur de quinze ans.**

Tout mineur qui se livre à la prostitution, même occasionnellement, est réputé en danger et relève de la protection du juge des enfants au titre de la procédure d'assistance éducative (L. nº 2002-305 du 4 mars 2002, art. 13-II).

Art. 225-8 **Le proxénétisme prévu à l'article 225-7 est puni de vingt ans de réclusion criminelle et de 3 000 000 € d'amende lorsqu'il est commis en bande organisée.** — *Pén. 132-71.*

Les deux premiers alinéas de l'article 132-23 relatif à la période de sûreté sont applicables à l'infraction prévue par le présent article. — *Pr. pén. 706-34 s. ; Trav. L. 5423-8, L. 5423-9 et R. 5423-18.*

Art. 225-9 **Le proxénétisme commis en recourant à des tortures ou des actes de barbarie est puni de la réclusion criminelle à perpétuité et de 4 500 000 € d'amende.**

Les deux premiers alinéas de l'article 132-23 relatif à la période de sûreté sont applicables à l'infraction prévue au présent article. — *Pr. pén. 706-34 s. ; Trav. L. 5423-8, L. 5423-9 et R. 5423-18.*

Art. 225-10 **Est puni de dix ans d'emprisonnement et de 750 000 € d'amende le fait, par quiconque, agissant directement ou par personne interposée :**

1º De détenir, gérer, exploiter, diriger, faire fonctionner, financer ou contribuer à financer un établissement de prostitution ;

2º Détenant, gérant, exploitant, dirigeant, faisant fonctionner, finançant ou contribuant à financer un établissement quelconque ouvert au public ou utilisé par le public, d'accepter ou de tolérer habituellement qu'une ou plusieurs personnes se livrent à la prostitution à l'intérieur de l'établissement ou de ses annexes ou y recherchent des clients en vue de la prostitution ;

3º De vendre ou de tenir à la disposition d'une ou de plusieurs personnes des locaux ou emplacements non utilisés par le public, en sachant qu'elles s'y livreront à la prostitution ;

(L. nº 2003-239 du 18 mars 2003, art. 51) **« 4º De vendre, de louer ou de tenir à la disposition, de quelque manière que ce soit, d'une ou plusieurs personnes, des véhicules de toute nature en sachant qu'elles s'y livreront à la prostitution. »**

Les deux premiers alinéas de l'article 132-23 relatif à la période de sûreté sont applicables aux infractions prévues par les 1º et 2º du présent article. — *Pr. pén. 706-34 s. ; Trav. L. 5423-8, L. 5423-9 et R. 5423-18.*

***Corresp.* :** *C. pén., anciens art. 335 et 335-6.*

BIBL. ► PRADEL, *D. 1976. Chron. 31.* – J. ROBERT, *JCP 1975. I. 2729.*

A. DIRECTION D'UN ÉTABLISSEMENT DE PROSTITUTION (ART. 225-10, AL. 1er, 1° ; ANCIEN ART. 335, AL. 1er, 1°)

1. Tenue. Est exclue du domaine de l'application de l'art. 335, 1°, C. pén. la débauche qu'une débitante pratiquerait elle-même. • Crim. 17 janv. 1963 : *Bull. crim. n° 31 ; D. 1963. 148 ; S. 1963. 42.*

2. L'individu qui donne en gérance un hôtel-débit de boissons et en perçoit régulièrement le prix de location, qui n'ignore pas la réputation de maison de débauche de cet établissement dont la gérante est sa maîtresse, et qui enfin est considéré comme le véritable patron par les prostituées, est réputé détenir par personne interposée un établissement de prostitution au sens de l'art. 335, 1°, C. pén. (ancien art. 335). • T. corr. Castres, 7 juill. 1948 : *JCP 1949. II. 4639 (2e esp.), note L. M. et R. A.*

3. La vente de chambres à des prostituées, sans versement de fonds, avec paiement à long terme, dans des conditions inhabituelles, fait apparaître l'intention du vendeur de tourner la loi sur le proxénétisme ; cette opération ne saurait exclure l'application à l'intéressé de l'art. 335 C. pén. (ancien) réprimant la tenue d'un établissement de prostitution (hypothèse rentrant aujourd'hui dans les prévisions de l'art. 225-10, al. 1er, 3°). • Toulouse, 20 déc. 1973 : *D. 1974. Somm. 84.*

4. Financement. Constitue une contribution au financement d'un établissement de prostitution, au sens de l'art. 335, 1°, C. pén., le fait de prêter, en connaissance de cause, des fonds pour son acquisition. • Crim. 30 oct. 1990, n° 88-87.623 P.

B. TOLÉRANCE HABITUELLE DE PERSONNES SE LIVRANT À LA PROSTITUTION (ART. 225-10, AL. 1er, 2° ; ANCIEN ART. 335, AL. 1er, 2°)

5. QPC. Est posée la question prioritaire de constitutionnalité suivante : « Le délit de tolérance habituelle de la prostitution dans un lieu ouvert au public, prévu par l'art. 225-10-2° C. pén. et réprimé de dix ans d'emprisonnement et de 750 000 € d'amende, outre les peines complémentaires telles que la fermeture de l'établissement ou la privation des droits civiques, est-il conforme à l'art. 8 de la DDH, dont il résulte que la loi ne doit établir que des peines strictement et évidemment nécessaires ? » ; la question, ne portant pas sur l'interprétation d'une disposition constitutionnelle dont le Cons. const. n'aurait pas encore eu l'occasion de faire application, n'est pas *nouvelle* ; elle ne présente pas un caractère sérieux en ce que les peines réprimant l'infraction de proxénétisme dans un établissement ouvert au public, prévue à l'art. 225-10-2° C. pén., sont strictement et évidemment nécessaires ; d'où il suit qu'il n'y a pas lieu de la renvoyer au Con. const. • Crim. 18 juin 2010 : *D. 2010. Actu. 1710.*

6. Constatations. Ne caractérise pas le délit prévu par l'art. 335 (ancien) C. pén. l'arrêt qui se borne à reproduire les termes de la loi, sans préciser notamment les conditions dans lesquelles le prévenu aurait toléré habituellement la présence de femmes se livrant à la prostitution à l'intérieur de son hôtel. • Crim. 6 oct. 1955 : *Bull. crim. n° 390.* ♦ Rappr. : • Crim. 11 déc. 1956 : *ibid. n° 827.*

7. Pour des exemples de tolérance caractérisée. • Crim. 12 juill. 1956 : *Bull. crim. n° 536 ; D. 1956. 754 ; S. 1957. 9* • 6 févr. 1957 : *Bull. crim. n° 118* • 24 mars 1958 : *ibid. n° 294* • 10 févr. 1959 : *ibid. n° 92* • 29 janv. 1963 : *ibid. n° 54 ; D. 1963. 332 ; S. 1963. 201 ; JCP 1963. II. 13215, note Le Gall.*

8. Habitude. Doit être annulé l'arrêt qui condamne le gérant d'un hôtel meublé pour avoir toléré dans son établissement la présence de personnes se livrant à la prostitution si la circonstance d'habitude n'est pas suffisamment constatée. • Crim. 31 janv. 1952 : *Bull. crim. n° 37.*

9. Ainsi, manque de base légale l'arrêt qui condamne le tenancier d'un hôtel meublé, en se bornant à énoncer qu'une femme, dont il ne pouvait ignorer qu'elle se livrait à la prostitution, lui a demandé une chambre qu'elle a occupée avec un militaire, ce fait unique ne pouvant établir le délit retenu à sa charge. • Crim. 25 mai 1949 : *Bull. crim. n° 188 ; D. 1949. 447.* ♦ Encourt la cassation, en raison de l'absence de la condition d'habitude, l'arrêt qui, pour retenir le délit de proxénétisme, se fonde sur la présence d'une seule prostituée au cours d'une seule journée, dans l'hôtel exploité par les prévenus, mais ne démontre pas, à la charge de ceux-ci, l'habitude, au sens de l'art. 335 (ancien) C. pén. • Crim. 18 juin 1958 : *Bull. crim. n° 475.* ♦ Lorsque la prévention se limite aux faits d'une seule journée, la cour n'est pas en mesure de constater si le caractère « habituel » des activités concernées est caractérisé. • Grenoble, 15 mai 1996 : *Dr. pénal 1996. Comm. 242, obs. Véron.*

10. Mais une cour d'appel a caractérisé la circonstance d'habitude exigée par l'art. 335-2° de l'ancien code pénal en relevant qu'il était de notoriété publique que des femmes venaient se livrer à la prostitution dans l'établissement de la prévenue et qu'elle recevait une partie du produit qui en résultait. • Crim. 11 oct. 1995 : *JCP 1995. IV. 196 ; Gaz. Pal. 1996. 1, chron. crim. 15.*

11. L'habitude ne suppose pas la prostitution de plusieurs personnes dans l'établissement. • Crim. 9 juill. 1948 : *Bull. crim. n° 192 ; D. 1948. 410 ; JCP 1949. II. 4639 (1re esp.), note L. M. et R. A.*

12. Intention. Doit être cassé l'arrêt qui se

borne à déclarer que la prévenue a toléré habituellement, à l'intérieur de l'hôtel dont elle était la gérante, la présence de personnes se livrant à la prostitution, sans s'expliquer sur la connaissance qu'a pu avoir cette prévenue de la nature de l'activité desdites personnes par leur comportement dans ledit établissement. • Crim. 23 mai 1950 : *Bull. crim. n° 173 ; D. 1950. 499 (2e esp.)* • 9 nov. 1950 : *Bull. crim. n° 252.* ♦ Rappr. : • Crim. 16 févr. 1950 : *ibid. n° 60 ; D. 1950. 499 (1re esp.).* ♦ L'infraction visée à l'art. 352-2°, C. pén. ne saurait être retenue, lorsque les auteurs n'ont pas eu certainement connaissance de faits de prostitution dans les lieux qu'ils dirigeaient. • Versailles, 3 nov. 1988 : *JCP 1989. IV. 222.*

13. Établissements de prostitution. Constitue l'infraction prévue par l'art. 335-2°, C. pén. (ancien art. 335) le fait d'exploiter ou de faire exploiter temporairement par un tiers un établissement où est habituellement tolérée la présence de prostituées. • Crim. 12 déc. 1963 : *Bull. crim. n° 361 ; JCP 1964. II. 13699, note Sacotte.* ♦ Ainsi, doit être condamnée pour proxénétisme la propriétaire du fonds de commerce d'hôtel, qui, visitant périodiquement son établissement, était informée de son mode d'exploitation et de la réception habituelle et intentionnelle de prostituées, et, pour échapper aux poursuites, a fait fonctionner cet établissement par l'intermédiaire d'un gérant. • Crim. 13 oct. 1965 : *Bull. crim. n° 196 ; D. 1965. 822 ; JCP 1966. II. 14470.*

14. Constitue pareillement l'infraction le fait de financer ou de contribuer à financer un hôtel dans lequel le prévenu tolère l'activité de prostituées. • Crim. 14 mai 1968 : *Bull. crim. n° 153 ; D. 1968. 627 ; Gaz. Pal. 1968. 2. 184 ; RSC 1969. 408, obs. Levasseur.* ♦ Tel le cas d'une personne porteuse de 160 des 200 parts sociales de la SARL propriétaire de l'hôtel en cause. • Crim. 18 avr. 1989 : *Dr. pénal 1990. 53.*

15. Faits de prostitution ou de racolage. Le délit est constitué alors même que les actes de racolage auraient eu lieu en dehors de l'établissement. • Crim. 22 janv. 1957 : *Bull. crim. n° 67.* ♦ ... Ou s'adressent aux passants de l'intérieur de l'établissement ou de la terrasse qui en est l'annexe. • Crim. 17 oct. 1973 : *Bull. crim. n° 364 ; D. 1973. IR 216 ; Gaz. Pal. 1974. 1. Somm. 34.*

16. Mais le délit n'exige point que les personnes aient racolé des clients dans l'établissement en vue de la prostitution, il suffit qu'elles les y aient recherchés ; ainsi encourt la cassation l'arrêt qui, pour relaxer la tenancière d'un débit de boissons, après avoir constaté qu'elle y recevait des prostituées connues d'elle, qui y rencontraient des partenaires, énonce que les prostituées, gardant une apparente réserve, n'ont accompli dans le débit aucun acte positif qui puisse constituer une invite lancée par elles à l'adresse d'un partenaire éventuel, et qu'elles n'ont accompagné certains clients au dehors que sur le signe que leur faisaient ceux-ci. • Crim. 20 oct. 1964 : *Bull. crim. n° 271 ; JCP 1965. II. 13984, rapp. Combaldieu ; D. 1965. Somm. 31.*

17. Complicité. L'art. 2 de la L. du 11 juill. 1975 ayant donné une rédaction nouvelle à l'art. 355-3° C. pén. et supprimé le délit d'assistance au proxénétisme hôtelier, il échet d'examiner si les prévenus poursuivis et condamnés de ce chef ne se sont pas rendus coupables de complicité par aide et assistance dans les faits qui ont consommé le délit de réception habituelle de femmes de débauche ; ainsi, sont complices de cette infraction les prête-noms porteurs fictifs de parts de sociétés ayant pour objet l'exploitation d'hôtels ou de bars tolérant habituellement la réception de prostituées, mais non pas les rédacteurs des actes fictifs, si un doute existe quant à leur intervention en connaissance de cause. • Paris, 24 mai 1976 : *Gaz. Pal. 1977. 1. Somm. 55.*

C. VENTE OU MISE À DISPOSITION DE LOCAUX OU EMPLACEMENTS (ART. 225-10, AL. 1er, 3° ; ANCIEN ART. 335-6)

18. Vente. La vente d'appartements et de chambres à des prostituées, ou de locaux destinés à la prostitution, était, avant la L. du 11 juill. 1975 : ... soit considérée comme un moyen de les mettre « à la disposition » du ou des acheteurs, au sens de l'art. 335-6, al. 1er. • Grenoble, 24 nov. 1966 : *JCP 1967. II. 14983, note Sacotte.* ♦ Soit sanctionnée sur le fondement de l'art. 335, réprimant la tenue d'un établissement de prostitution. • Toulouse, 20 déc. 1973 : *D. 1974. Somm. 84.* ♦ ... Soit encore assimilée à des faits d'aide, d'assistance et de protection, au sens de l'art. 334-1° C. pén. • Grenoble, 26 sept. 1974 : *D. 1975. 560, note Roujou de Boubée ; Gaz. Pal. 1975. 1. 111.*

19. Mise à disposition. Mettre à la disposition, c'est conférer à quelqu'un l'usage et l'utilisation d'une chose, tout en conservant sur cette dernière le droit de la reprendre à plus ou moins brève échéance. • Crim. 7 mai 1969 : *Bull. crim. n° 158 ; D. 1969. 481 ; JCP 1969. II. 16103, note Sacotte ; Gaz. Pal. 1969. 2. 68* • Paris, 5 nov. 1970 : *JCP 1971. II. 16667.*

20. Relève tous les éléments caractéristiques du délit prévu par l'art. 335-6-2° C. pén. (ancien art. 335-6, al. 1er) l'arrêt qui constate que deux frères, disposant d'un appartement non ouvert au public, y ont loué deux chambres à deux femmes qui se livraient habituellement à la prostitution, alors qu'ils percevaient une rétribution après chaque scène de débauche accomplie dans ces chambres. • Crim. 12 déc. 1961 : *Bull. crim. n° 519 ; D. 1962. 201.*

21. Commet également le délit (ancien art. 335-6, al. 1er) le propriétaire de locaux à usage d'habitation qui, avisé que ses locataires se livrent habituellement à la prostitution dans les lieux loués, permet, par son inaction volontaire et prolongée, que s'y perpétue l'exercice de leur débauche ; il importe peu qu'au moment où il a consenti la location il ait ignoré l'usage que les locataires pouvaient en faire, dès lors que, l'ayant appris ultérieurement, il avait à tout moment la possibilité de mettre fin au bail à durée indéterminée (hypothèse rentrant explicitement dans les prévisions de l'art. 335-6-2°, dans la rédaction qu'en a donnée la loi n° 75-624 du 11 juill. 1975). • Crim. 25 nov. 1971 : *Bull. crim. n° 323 ; JCP 1972. II. 17142, note P.M.B. ; Gaz. Pal. 1972. 1. 353 ; RSC 1972. 615, obs. Levasseur.* ♦ Rappr. : • Paris, 5 nov. 1970 : *préc. note 19.*

D. VENTE, LOCATION OU MISE À DISPOSITION DE VÉHICULES (ART. 225-10, AL. 1er, 4°)

22. Constitutionnalité. Considérant que l'art. 51 de la loi déférée pour la sécurité intérieure (n° 2003-239 du 18 mars 2003) complète par un 4° l'art. 225-10 C. pén. en vue de réprimer le fait, par quiconque, agissant directement ou par personne interposée, « de vendre, de louer ou de tenir à la disposition, de quelque manière que ce soit, d'une ou plusieurs personnes, des véhicules de toute nature en sachant qu'elles s'y livreront à la prostitution » ; considérant que, contrairement aux affirmations contenues dans les deux saisines, ces dispositions n'interdisent nullement aux personnes qui se prostituent d'acquérir un véhicule et de l'utiliser ; qu'elles ne portent pas non plus atteinte à la liberté d'entreprendre des vendeurs et loueurs de véhicules, qui trouve sa limite dans le fait de contribuer, en toute connaissance de cause, à des activités illicites ou contraires à l'ordre public. • Cons. const. 13 mars 2003, n° 2003-467 DC : *JO 19 mars, p. 4789.*

Art. 225-10-1 *(Abrogé par L. n° 2016-444 du 13 avr. 2016, art. 15) (L. n° 2003-239 du 18 mars 2003, art. 50)* ***Le fait, par tout moyen, y compris par une attitude même passive, de procéder publiquement au racolage d'autrui en vue de l'inciter à des relations sexuelles en échange d'une rémunération ou d'une promesse de rémunération est puni de deux mois d'emprisonnement et de 3 750 € d'amende.***

BIBL. ▶ Renaut, *RSC 2006. 293* (l'ordre public et la prostitution ou l'Histoire n'est qu'un perpétuel recommencement).

A. ANCIENNE CONTRAVENTION (ANCIENS ART. R. 40-11°, PUIS R. 625-8 C. PÉN.)

1. Matérialité. Ne caractérise pas la contravention prévue par l'art. R. 40-11° C. pén. l'arrêt se bornant à énoncer que la prévenue a racolé un passant sur la voie publique, sans préciser notamment le moyen employé en vue de provoquer à la débauche. • Crim. 2 nov. 1950 : *Bull. crim. n° 248* • 3 nov. 1971 : *ibid. n° 297.* ♦ Mais la contravention se trouve caractérisée dès lors qu'il se déduit des constatations des juges du fond que le racolage auquel se livrait le prévenu avait pour objet de provoquer autrui à la débauche. • Crim. 16 janv. 1973 : *Bull. crim. n° 18.*

2. Aux termes de l'art. R. 625-8 C. pén., afin que l'infraction soit caractérisée, le racolage doit être public et effectué par tous moyens : la seule attitude de nature à provoquer la débauche n'est pas suffisante ; ainsi, dès lors que la tenue vestimentaire de la prévenue apparaît, au vu de la date des faits, normale, que, par ailleurs, les agents verbalisateurs n'ont retenu aucune parole de cette dernière de nature à inciter quiconque à des relations sexuelles, et que le seul fait de déambuler sur la chaussée et de s'adresser à des automobilistes ou à des piétons qui se sont *arrêtés spontanément* à sa hauteur sans y être invités ne peut constituer à lui seul, de la part de la prévenue, l'infraction de racolage actif, il y a lieu de renvoyer celle-ci des fins de la poursuite. • T. pol. Paris, 23 janv. 1997 : *BICC 1997. 726.*

B. NOUVEAU DÉLIT

3. Constitutionnalité. Considérant que les auteurs des deux saisines reprochent au nouvel art. 225-10-1 C. pén. de porter atteinte aux principes de la nécessité et de la légalité des peines ; qu'il méconnaîtrait en outre, selon eux, le principe de la dignité de la personne humaine ; considérant qu'il est loisible au législateur de prévoir de nouvelles infractions en déterminant les peines qui leur sont applicables ; que, toutefois, il lui incombe d'assurer, ce faisant, la conciliation entre les exigences de l'ordre public et la garantie des droits constitutionnellement protégés ; qu'il lui incombe également, en vertu de l'art. 8 DDH, de respecter le principe de la légalité des peines et le principe de la nécessité et de la proportionnalité des peines et des sanctions ; considérant, en premier lieu, que le racolage public est susceptible d'entraîner des troubles pour l'ordre public, notamment pour la tranquillité, la salubrité et la sécurité publiques ; qu'en privant le proxénétisme de sources de profit, la répression du racolage sur la voie publique fait échec au trafic des êtres humains ; que la création par le législateur d'un délit de racolage public ne se heurte dès lors à aucune règle, ni à aucun principe de valeur constitutionnelle ; considérant, en deuxième lieu, que le principe de légalité des peines n'est pas méconnu par les dispositions critiquées, dès lors que celles-ci définissent en termes clairs et précis le délit de racolage public ; considérant, enfin, que les peines prévues par le nouvel art. 225-10-1 C. pén. ne sont pas manifestement disproportionnées ; qu'il appartiendra cependant à la juridiction compétente de prendre en compte, dans le prononcé de la peine, la circonstance que l'auteur a agi sous la menace ou par contrainte ; que, sous cette réserve, la disposition critiquée n'est pas contraire au principe de la nécessité des peines. • Cons. const. 13 mars 2003, n° 2003-467 DC : *JO 19 mars, p. 4789 ; RSC 2003. 616, obs. Bück* .

4. Matérialité. Doit être relaxé du chef de racolage public le prévenu travesti qui stationnait sur un trottoir pour s'adonner à la prostitution et qui, après un bref échange avec un automobiliste est parti avec lui ; la prostitution n'est en effet pas une infraction en France et l'on ne saurait déduire un acte de racolage en l'absence d'indication précise et circonstanciée sur le comportement et l'attitude du prévenu ou sur sa tenue vestimentaire ; en l'espèce, s'il est constant que le prévenu était sur le trottoir pour s'adonner à la prostitution, aucune parole ou geste expressif pouvant constituer une invitation à avoir des rapports sexuels n'a été rapporté, pas plus qu'une déambulation ostensible ou des regards insistants ; le travestissement du prévenu ne peut pas à lui seul constituer une présomption de racolage, le seul stationnement prolongé sur un trottoir connu comme lieu de prostitution, même court vêtu, ne suffisant pas à caractériser le délit de racolage. • Rouen, 10 mars 2004 : *JCP 2005. IV. 1429.*

5. Se rend coupable de racolage, la prévenue faisant des aller et retour sur la chaussée, bras tendu pour faire stopper les voitures, dès lors que les véhicules sollicités sont exclusivement conduits par des hommes et que les policiers ont constaté que la prévenue se penchait près de la fenêtre passager dans des attitudes non équivoques sur les termes de la conversation ; pour le surplus, la prévenue se trouvait en possession d'une importante somme d'argent en liquide provenant, d'évidence, de l'activité de prostitution. • Paris, 15 sept. 2004 : *JCP 2005. IV. 1516.*

6. Ne commet pas le délit de racolage passif la personne qui se tient légèrement vêtue au bord du trottoir, dans un endroit connu pour la prostitution, alors que c'est le client qui a pris l'initiative de l'aborder. • Crim. 25 mai 2005 : *D. 2005. Pan. 2987, obs. Roujou de Boubée ; Dr. pénal 2005. Comm. 138, obs. Véron.*

7. La prévenue, prostituée, doit être relaxée du chef de racolage public, dès lors que les services de police n'ont pas constaté qu'elle avait procédé par son attitude, même passive, publiquement au racolage d'autrui en vue de l'inciter à des relations sexuelles ; les déclarations du client sont insuffisantes à caractériser l'infraction, qui ne résulte pas du seul acte de prostitution lui-même. • Riom, 30 nov. 2005 : *JCP 2006. IV. 3031.*

8. Doit être relaxée du délit de racolage public la jeune femme prostituée qui, après s'être tenue sous un abribus, s'est penchée et mise à discuter avec un automobiliste, pour finir par monter dans son véhicule et se rendre jusqu'à un parking sombre ; en effet, de telles circonstances, rapportées dans le procès-verbal, ne permettent de ne caractériser qu'une tentative de prostitution non punissable ; en outre, ledit procès-verbal ne relate aucun geste ou attitude de la prostituée qui aurait informé les passants de son activité, en l'occurrence connue des policiers, et incité autrui à des relations sexuelles contre rémunération ; ainsi, les éléments constitutifs du délit de racolage, même passif, ne sont pas réunis. • Toulouse, 28 juin 2006 : *JCP 2006. IV. 3122 ; RSC 2006. 831, obs. Mayaud* .

9. S'est rendue coupable de racolage passif en un lieu public la prévenue qui s'est tenue à deux heures du matin devant un immeuble assez connu comme lieu de prostitution pour que les policiers en aient reçu l'information, et qui a abordé un passant se dirigeant vers elle, sous les yeux des policiers, pour lui proposer un acte sexuel contre rémunération, ce qui est établi par la constatation ultérieure des policiers et les dépositions de la prostituée et de son client. • Toulouse, 15 févr. 2007 : *RSC 2007. 533, obs. Mayaud* .

10. Tentative. V. notes ss. art. 225-11.

11. Répression. Selon l'art. 111-3 C. pén., nul ne peut être puni d'une peine qui n'est pas prévue par la loi ; après avoir déclaré la prévenue coupable de racolage public, le jugement attaqué l'a condamnée à trois mois d'emprisonnement avec sursis ; en prononçant ainsi une peine excédant le maximum prévu par l'art. 225-10-1 C. pén. réprimant le délit reproché, le tribunal a méconnu les textes susvisés et le principe ci-dessus rappelé. • Crim. 26 sept. 2007, n° 07-82.713 P : *Dr. pénal 2008. 4 (2e esp.), obs. Véron.*

Art. 225-11 La tentative des délits prévus par la présente section est punie des mêmes peines.

Tentative de racolage. S'il résulte du procès-verbal de police qu'un homme travesti en femme, portant une longue perruque rousse, un manteau long en renard noir, une mini-jupe noire, des bas résille et des bottes montantes à talon aiguille, se tenait dans une posture non équivoque sur la voie publique, ces constatations ne suffisent pas à caractériser la tentative du délit de racolage reprochée au prévenu qui se livre à la prostitution ; en considérant que des éléments préparatoires étaient en l'occurrence réunis, au regard notamment de sa tenue vestimentaire, aucun commencement d'exécution ne peut pourtant être établi, dès lors que le prévenu n'était pas sur son lieu habituel d'activité, mais s'y rendait, avec toute possibilité de changer d'avis en cours de route et de se livrer à une autre activité licite. • Toulouse, 24 nov. 2005 : *JCP 2006. IV. 2077.* ♦ Les agissements ainsi reprochés au prévenu ne sauraient davantage être qualifiés de racolage actif, à défaut de toute constatation d'acte positif en vue d'inciter quiconque à des relations sexuelles en échange d'une rémunération, voire de racolage passif, dans la mesure où le seul travestissement, en l'état actuel des mœurs de notre société, n'est pas exclusivement le signe univoque de l'incitation à des relations sexuelles tarifées. • Même arrêt.

Art. 225-11-1 *(L. nº 2004-204 du 9 mars 2004, art. 12-XI)* **Toute personne qui a tenté de commettre les infractions prévues par la présente section est exempte de peine si, ayant averti l'autorité administrative ou judiciaire, elle a permis d'éviter la réalisation de l'infraction et d'identifier, le cas échéant, les autres auteurs ou complices.**

La peine privative de liberté encourue par l'auteur ou le complice d'une des infractions prévues à la présente section est réduite de moitié si, ayant averti l'autorité administrative ou judiciaire, il a permis de faire cesser l'infraction ou d'éviter que l'infraction n'entraîne mort d'homme ou infirmité permanente et d'identifier, le cas échéant, les autres auteurs ou complices. Lorsque la peine encourue est la réclusion criminelle à perpétuité, celle-ci est ramenée à vingt ans de réclusion criminelle.

Art. 225-11-2 *(L. nº 2006-399 du 4 avr. 2006, art. 16)* **Dans le cas où le délit prévu par le 1º de l'article 225-7 est commis à l'étranger par un Français ou par une personne résidant habituellement sur le territoire français, la loi française est applicable par dérogation au deuxième alinéa de l'article 113-6 et les dispositions de la seconde phrase de l'article 113-8 ne sont pas applicables.**

(L. nº 2013-711 du 5 août 2013, art. 5) **« Il en est de même dans le cas où l'un des crimes mentionnés aux articles 225-7-1, 225-8 ou 225-9 a été commis sur un mineur hors du territoire de la République par un étranger résidant habituellement sur le territoire français. »**

BIBL. ► BEAUSSONIE, *RSC 2013. 861* (loi nº 2013-711 du 5 août 2013 portant diverses dispositions d'adaptation dans le domaine de la justice en application du droit de l'Union européenne et des engagements internationaux de la France).

Art. 225-12 *(L. nº 2009-526 du 12 mai 2009, art. 124-I)* **Les personnes morales déclarées responsables pénalement, dans les conditions prévues par l'article 121-2, des infractions définies aux articles 225-5 à 225-10 encourent, outre l'amende suivant les modalités prévues par l'article 131-38, les peines prévues par l'article 131-39.**

Loi nº 46-685 du 13 avril 1946,

Tendant à la fermeture des maisons de tolérance et au renforcement de la lutte contre le proxénétisme (D. 1947. 69, comm. Vouin).

Art. 5 Sont abrogées toutes dispositions réglementaires prévoyant l'inscription des prostituées sur des registres spéciaux de police ou l'obligation pour elles de se présenter périodiquement aux services de police.

Les registres et fiches existants seront détruits au fur et à mesure qu'un fichier national sanitaire et social aura été établi.

Art. 6 ....

Art. 7 Les groupements ayant des fins contraires aux dispositions des articles précédents de la présente loi seront dissous de plein droit à dater de sa mise en vigueur.

Seront punis de cinq ans d'emprisonnement et de 450 000 € d'amende ceux qui tenteront de reconstituer ces groupements.

Al. abrogé par L. nº 92-1336 du 16 déc. 1992, art. 372 et 373.

SECTION II *BIS* DU RECOURS À LA PROSTITUTION *(L. nº 2016-444 du 13 avr. 2016, art. 20).*

(L. nº 2002-305 du 4 mars 2002)

Les dispositions de cette section sont applicables dans les îles Wallis-et-Futuna, en Polynésie française et en Nouvelle-Calédonie (L. nº 2002-305 du 4 mars 2002, art. 19).

BIBL. ▶ Lavaud-Legendre, *RSC 2016. 725* (quand le législateur se veut pédagogue... Retour sur les objectifs de la loi de lutte contre le système prostitutionnel).

Art. 225-12-1 *(L. n° 2016-444 du 13 avr. 2016, art. 20)* **Lorsqu'il est commis en récidive dans les conditions prévues au second alinéa de l'article 132-11, le fait de solliciter, d'accepter ou d'obtenir des relations de nature sexuelle d'une personne qui se livre à la prostitution, y compris de façon occasionnelle, en échange d'une rémunération, d'une promesse de rémunération, de la fourniture d'un avantage en nature ou de la promesse d'un tel avantage est puni de 3 750 € d'amende.**

Est puni de *(L. n° 2021-478 du 21 avr. 2021, art. 7)* **« cinq ans d'emprisonnement et de 75 000 €** *[ancienne rédaction : trois ans d'emprisonnement et de 45 000 €]* **» d'amende le fait de solliciter, d'accepter ou d'obtenir, en échange d'une rémunération, d'une promesse de rémunération, de la fourniture d'un avantage en nature ou de la promesse d'un tel avantage, des relations de nature sexuelle de la part d'une personne qui se livre à la prostitution, y compris de façon occasionnelle, lorsque cette personne est mineure ou présente une particulière vulnérabilité, apparente ou connue de son auteur, due à une maladie, à une infirmité, à un handicap ou à un état de grossesse.**

V. Circ. CRIM 02-09 E8 du 24 avr. 2002 (BOMJ 2002, n° 86).

BIBL. ▶ Véron, *Dr. pénal 2002. Repère 5* (de la prostitution et du proxénétisme). – Mistretta, *RSC 2017. 273* (les bonnes mœurs sexuelles : un concept mal ressuscité en droit pénal).

1. Constitutionnalité. Considérant que, selon les sénateurs requérants, le nouvel al. ajouté à l'art. 225-12-1 C. pén. par la loi pour la sécurité intérieure (n° 2003-239 du 18 mars 2003) méconnaîtrait le principe selon lequel nul ne peut être sanctionné que de son propre fait et celui selon lequel la définition des crimes et délits doit comporter un élément intentionnel ; considérant, d'une part, que le délit n'est constitué que si la vulnérabilité de la personne qui se prostitue est apparente ou connue de l'auteur ; que, d'autre part, cette vulnérabilité est précisément définie par son caractère « particulier » et par le fait qu'elle est due à la maladie, à une déficience physique ou psychique ou à l'état de grossesse ; que, par suite, les deux principes de valeur constitutionnelle invoqués par les sénateurs requérants sont respectés en l'espèce. • Cons. const. 13 mars 2003, n° 2003-467 DC : *JO 19 mars, p. 4789.*

2. La question prioritaire de constitutionnalité est ainsi rédigée : « Est-ce que l'article 225-12-1, alinéa 1er, du code pénal détermine suffisamment clairement et précisément les caractéristiques essentielles du comportement fautif de nature à engager, le cas échéant, la responsabilité pénale de l'auteur de l'infraction qu'elle définit pour répondre aux exigences du principe de légalité des délits et des peines et de présomption d'innocence garantis par la Constitution ? » ; la question posée ne présente pas un caractère sérieux dès lors que, d'une part, aucune atteinte n'est portée au principe de légalité des délits et des peines, le délit de recours à la prostitution d'un mineur étant défini de manière suffisamment claire et précise par l'art. 225-12-1, al. 1er, C. pén. pour que son interprétation, qui entre dans l'office du juge pénal, puisse se faire sans risque d'arbitraire, et que, d'autre part, les dispositions critiquées n'instaurent aucune présomption de culpabilité, la preuve devant être établie que le prévenu n'ignorait pas que la victime était mineure ; d'où il suit qu'il n'y a pas lieu de renvoyer la question au Cons. const. • Crim. 21 août 2013 : *Dr. pénal 2013, n° 153, obs. Véron.*

3. Il ressort des travaux préparatoires que, en faisant le choix par les dispositions contestées de pénaliser les acheteurs de services sexuels, le législateur a entendu, en privant le proxénétisme de sources de profits, lutter contre cette activité et contre la traite des êtres humains aux fins d'exploitation sexuelle, activités criminelles fondées sur la contrainte et l'asservissement de l'être humain. Il a ainsi entendu assurer la sauvegarde de la dignité de la personne humaine contre ces formes d'asservissement et poursuivi l'objectif de valeur constitutionnelle de sauvegarde de l'ordre public et de prévention des infractions. D'autre part, l'art. 61-1 de la Constitution ne confère pas au Conseil constitutionnel un pouvoir général d'appréciation et de décision de même nature que celui du Parlement mais lui donne seulement compétence pour se prononcer sur la conformité à la Constitution des lois déférées à son examen. Si le législateur a réprimé tout recours à la prostitution, y compris lorsque les actes sexuels se présentent comme accomplis librement entre adultes consentants dans un espace privé, il a considéré que, dans leur très grande majorité, les personnes qui se livrent à la prostitution sont victimes du proxénétisme et de la traite et que ces infractions sont rendues possibles par l'existence d'une demande de relations sexuelles tarifées. En prohibant cette demande par l'incrimination contestée, le législateur a retenu un moyen qui n'est pas manifestement inapproprié à l'objectif de politique publique poursuivi. De la sorte, le législateur a assuré une conciliation qui n'est pas manifestement déséquilibrée entre, d'une part, l'objectif de valeur constitutionnelle de sauvegarde de l'ordre public et de prévention des infractions et la sauvegarde de la dignité de la personne humaine et, d'autre part, la liberté personnelle. Le grief tiré de la méconnaissance de cette liberté doit donc être écarté. Par ailleurs, au regard de la nature des comportements réprimés, les griefs tirés de la méconnaissance des principes de nécessité et de proportionnalité des peines doivent être écartés. Il n'appartient pas en outre au Conseil constitutionnel de substituer son appréciation à celle du législateur sur les conséquences sanitaires pour les personnes prostituées des dispositions contestées, dès lors que cette appréciation n'est pas, en l'état des connaissances, manifestement inadéquate. Le grief tiré de la méconnaissance du droit à la protection de la santé doit donc être encore écarté. En dernier lieu, il est loisible au législateur d'apporter à la liberté d'entreprendre et à la liberté contractuelle, des limitations liées à des exigences constitutionnelles ou justifiées par l'intérêt général, à la condition qu'il n'en résulte pas d'atteintes disproportionnées au regard de l'objectif poursuivi. Il résulte de tout ce qui précède que le premier al. de l'art. 225-12-1 et l'art. 611-1 C. pén., dans leur rédaction résultant de la L. n° 2016-444 du 13 avr. 2016 visant à renforcer la lutte contre le système prostitutionnel et à accompagner les personnes prostituées, qui ne méconnaissent ni le droit au respect de la vie privée, ni aucun autre droit ou liberté que la Constitution garantit, sont conformes à la Constitution. • Cons. const. 1er févr. 2019, n° 2018-761 : *D. actu. 5 févr. 2019, obs. Goetz ; D. 2019. 1483, note Casado ; AJ pénal 2019. 210, obs. Kurek ; RSC 2019. 85, obs. Mayaud.*

4. *Application dans le temps.* Méconnaît les dispositions des art. 112-1, 225-12-1, 225-12-2 et 225-12-3 C. pén. la cour d'appel qui, après avoir déclaré le prévenu coupable d'atteintes sexuelles sur mineurs de quinze ans avec versement d'une rémunération, le condamne à dix ans d'emprisonnement, alors qu'il résulte des dispositions de la L. du 4 mars 2002, immédiatement applicable, que la peine maximale encourue est de sept ans d'emprisonnement. • Crim. 4 févr. 2004, n° 03-81.984 P : *D. 2005. 621, note Malabat ; AJ pénal 2004. 157, obs. Pitoun ; Dr. pénal 2004. 80, obs. Véron ; Gaz. Pal. 2004. 2. 3237, note Monnet ; RSC 2004. 639, obs. Mayaud.*

5. *Légalité.* Pour déclarer le prévenu coupable du délit prévu par l'art. 227-26 C. pén. (rédaction antérieure à la L. du 4 mars 2002), les juges relèvent que les images enregistrées sur quatre cassettes vidéo saisies et placées sous scellés le montrent se livrant à des actes sexuels avec des jeunes filles mineures, et qu'il n'a pas contesté avoir un rôle actif dans le déroulement de ces scènes ; la cour d'appel a caractérisé le délit en tous ses éléments, tant matériel qu'intentionnel, et a justifié sa décision au regard des art. 227-25 et 227-26 C. pén. dont les termes, suffisamment précis et explicites, ne sont contraires ni au principe de légalité des délits et des peines ni à l'art. 7 Conv. EDH. • Crim. 4 févr. 2004 : *préc. note 4.*

6. *Intention.* Pour écarter les allégations du prévenu, déclaré coupable de recours à la prostitution d'un mineur, qui soutenait n'avoir pas eu connaissance de la minorité de la prostituée, l'arrêt énonce qu'il n'était pas possible d'ignorer l'état de minorité de cette jeune femme qui ressort à l'évidence de son apparence physique ; en se prononçant ainsi, la cour d'appel a justifié sa décision dès lors qu'elle a souverainement apprécié, au vu des éléments de preuve contradictoirement débattus, que l'élément intentionnel de l'infraction était caractérisé, le prévenu n'ayant pu se méprendre sur l'âge de la victime. • Crim. 29 mars 2006, n° 05-81.003 P : *AJ pénal 2006. 262, obs. Remillieux ; Dr. pénal 2006. Comm. 97, obs. Véron ; RSC 2006. 603, obs. Mayaud.*

Art. 225-12-2 **Les peines** *(L. n° 2016-444 du 13 avr. 2016, art. 20)* **« prévues au second alinéa de l'article 225-12-1 » sont portées à** *(L. n° 2021-478 du 21 avr. 2021, art. 7)* **« sept ans d'emprisonnement et à 100 000 euros** *[ancienne rédaction : cinq ans d'emprisonnement et 75 000 €]* **» d'amende :**

1° Lorsque l'infraction est commise de façon habituelle ou à l'égard de plusieurs *(L. n° 2003-239 du 18 mars 2003, art. 50)* **« personnes** *[ancienne rédaction : mineurs]* **» ;**

2° Lorsque *(L. n° 2003-239 du 18 mars 2003, art. 50)* **« la personne a été mise** *[ancienne rédaction : le mineur a été mis]* **» en contact avec l'auteur des faits grâce à l'utilisation, pour la diffusion de messages à destination d'un public non déterminé, d'un réseau de communication ;**

3° Lorsque les faits sont commis par une personne qui abuse de l'autorité que lui confèrent ses fonctions ;

(L. n° 2006-399 du 4 avr. 2006, art. 16) **« 4° Lorsque l'auteur des faits a délibérément ou par imprudence mis la vie de la personne en danger ou a commis contre elle des violences. »**

(L. n° 2021-478 du 21 avr. 2021, art. 7) **« Hors les cas dans lesquels ces faits constituent un viol ou une agression sexuelle, » les peines** *(L. n° 2016-444 du 13 avr. 2016, art. 20)* **« prévues au second alinéa de l'article 225-12-1 » sont portées à** *(L. n° 2021-478 du 21 avr. 2021, art. 7)* **« dix ans d'emprisonnement et à 150 000 euros** *[ancienne*

rédaction : sept ans d'emprisonnement et 100 000 €] **» d'amende lorsqu'il s'agit d'un mineur de quinze ans.**

Art. 225-12-3 Dans le cas où les délits prévus *(L. n° 2016-444 du 13 avr. 2016, art. 20)* **« au second alinéa de l'article 225-12-1 et à l'article » 225-12-2 sont commis à l'étranger par un Français ou par une personne résidant habituellement sur le territoire français, la loi française est applicable par dérogation au deuxième alinéa de l'article 113-6 et les dispositions de la seconde phrase de l'article 113-8 ne sont pas applicables.**

Aux termes de l'art. 227-26, al. 6, C. pén., dans sa rédaction issue de la L. du 1er févr. 1994, la loi française est applicable aux poursuites exercées de ce chef, pour des faits commis à l'étranger, par dérogation au deuxième al. de l'art. 113-6 du même code, et sans que les dispositions de la seconde phrase de l'art. 113-8 doivent recevoir application ; si ces dispositions ont été abrogées par l'art. 13 de la L. du 4 mars 2002, elles sont désormais reprises, par la même loi, aux art. 225-12-1 à 225-12-3 C. pén. • Crim. 4 févr. 2004, n° 03-81.984 P : *D. 2005. 621, note Malabat* ; *AJ pénal 2004. 157, obs. Pitoun* ; *Dr. pénal 2004. 80, obs. Véron* ; *Gaz. Pal. 2004. 2. 3237, note Monnet* ; *RSC 2004. 639, obs. Mayaud*.

Art. 225-12-4 *(L. n° 2009-526 du 12 mai 2009, art. 124-I)* **« Les personnes morales déclarées responsables pénalement, dans les conditions prévues par l'article 121-2, des infractions définies à la présente section encourent, outre l'amende suivant les modalités prévues par l'article 131-38, les peines prévues par l'article 131-39. »**

L'interdiction mentionnée au 2° de l'article 131-39 porte sur l'activité dans l'exercice ou à l'occasion de l'exercice de laquelle l'infraction a été commise.

SECTION II *TER* DE L'EXPLOITATION DE LA MENDICITÉ

(L. n° 2003-239 du 18 mars 2003, art. 64)

RÉP. PÉN. v[is] *Mendicité*, par LACROIX ; *Provocation*, par LASSALLE.

Art. 225-12-5 L'exploitation de la mendicité est le fait par quiconque de quelque manière que ce soit :

1° D'organiser la mendicité d'autrui en vue d'en tirer profit ;

2° De tirer profit de la mendicité d'autrui, d'en partager les bénéfices ou de recevoir des subsides d'une personne se livrant habituellement à la mendicité ;

3° D'embaucher, d'entraîner ou de détourner une personne en vue de la livrer à la mendicité, ou d'exercer sur elle une pression pour qu'elle mendie ou continue de le faire ;

4° D'embaucher, d'entraîner ou de détourner à des fins d'enrichissement personnel une personne en vue de la livrer à l'exercice d'un service moyennant un don sur la voie publique.

Est assimilé à l'exploitation de la mendicité le fait de ne pouvoir justifier de ressources correspondant à son train de vie tout en exerçant une influence de fait, permanente ou non, sur une ou plusieurs personnes se livrant à la mendicité ou en étant en relation habituelle avec cette ou ces dernières.

L'exploitation de la mendicité est punie de trois ans d'emprisonnement et d'une amende de 45 000 €.

BIBL. ► FIRCHOW et DEVOS, *éd. Pedone, 2005, p. 141* (la criminalisation dérivée de la mendicité, une politique criminelle de légitimation de la sécurité intérieure, *in* « Le nouveau code pénal dix ans après »).

Constitutionnalité. Considérant que l'art. 64 de la loi pour la sécurité intérieure (n° 2003-239 du 18 mars 2003) insère dans le code pénal une section 2 *ter* intitulée « De l'exploitation de la mendicité » ; que l'exploitation de la mendicité est notamment définie, aux termes du 2° du nouvel art. 225-12-5 C. pén., par le fait « d'en partager les bénéfices » ; que les auteurs des deux recours font valoir que cette disposition définit un délit dépourvu de caractère intentionnel et serait dès lors contraire aux art. 8 et 9 DDH ; considérant toutefois que s'appliquera de plein droit à la définition critiquée, dans le respect des droits de la défense, le principe général du droit pénal énoncé à l'art. 121-3 C. pén. qui précise qu'« Il n'y a point de délit sans intention de le commettre » ; que, sous cette réserve, la disposition contestée ne méconnaît pas les art. 8 et 9 DDH. • Cons. const. 13 mars 2003, n° 2003-467 DC : *JO 19 mars* ; *RSC 2003. 616, obs. Bück*.

Art. 225-12-6 L'exploitation de la mendicité est punie de cinq ans d'emprisonnement et d'une amende de 75 000 € lorsqu'elle est commise :

1° A l'égard d'un mineur ;

2° A l'égard d'une personne dont la particulière vulnérabilité, due à son âge, à une maladie, à une infirmité, à une déficience physique ou psychique ou à un état de grossesse, est apparente ou connue de son auteur ;

3° A l'égard de plusieurs personnes ;

4° A l'égard d'une personne qui a été incitée à se livrer à la mendicité soit hors du territoire de la République, soit à son arrivée sur le territoire de la République ;

5° Par un ascendant légitime, naturel ou adoptif de la personne qui mendie ou par une personne qui a autorité sur elle ou abuse de l'autorité que lui confèrent ses fonctions ;

6° Avec l'emploi de la contrainte, de violences ou de manœuvres dolosives sur la personne se livrant à la mendicité, sur sa famille ou sur une personne étant en relation habituelle avec elle ;

7° Par plusieurs personnes agissant en qualité d'auteurs ou de complices, sans qu'elles constituent une bande organisée.

Art. 225-12-7 L'exploitation de la mendicité d'autrui est punie de dix ans d'emprisonnement et de 1 500 000 € d'amende lorsqu'elle est commise en bande organisée.

SECTION II *QUATER* DE L'EXPLOITATION DE LA VENTE À LA SAUVETTE

(L. nº 2011-267 du 14 mars 2011, art. 52-1º)

Art. 225-12-8 L'exploitation de la vente à la sauvette est le fait par quiconque d'embaucher, d'entraîner ou de détourner une personne en vue de l'inciter à commettre l'une des infractions mentionnées à l'article 446-1, ou d'exercer sur elle une pression pour qu'elle commette l'une de ces infractions ou continue de le faire, afin d'en tirer profit de quelque manière que ce soit.

Est assimilé à l'exploitation de la vente à la sauvette le fait de recevoir des subsides d'une personne commettant habituellement l'une des infractions mentionnées au même article 446-1.

Est également assimilé à l'exploitation de la vente à la sauvette le fait de ne pouvoir justifier de ressources correspondant à son train de vie tout en exerçant une influence de fait, permanente ou non, sur une ou plusieurs personnes commettant habituellement l'une des infractions mentionnées audit article 446-1 ou en étant en relation habituelle avec cette ou ces dernières.

L'exploitation de la vente à la sauvette est punie de trois ans d'emprisonnement et d'une amende de 45 000 €.

Art. 225-12-9 L'exploitation de la vente à la sauvette est punie de cinq ans d'emprisonnement et d'une amende de 75 000 € lorsqu'elle est commise :

1° A l'égard d'un mineur ;

2° A l'égard d'une personne dont la particulière vulnérabilité, due à son âge, à une maladie, à une infirmité, à une déficience physique ou psychique ou à un état de grossesse est apparente ou connue de son auteur ;

3° A l'égard de plusieurs personnes ;

4° A l'égard d'une personne qui a été incitée à commettre l'une des infractions mentionnées à l'article 446-1 soit hors du territoire de la République, soit à son arrivée sur le territoire de la République ;

5° Par un ascendant légitime, naturel ou adoptif de la personne qui commet l'une des infractions mentionnées à l'article 446-1 ou par une personne qui a autorité sur elle ou abuse de l'autorité que lui confèrent ses fonctions ;

6° Avec l'emploi de la contrainte, de violences ou de manœuvres dolosives sur la personne commettant l'une des infractions mentionnées à l'article 446-1, sur sa famille ou sur une personne étant en relation habituelle avec elle ;

7° Par plusieurs personnes agissant en qualité d'auteurs ou de complices, sans qu'elles constituent une bande organisée.

Art. 225-12-10 L'exploitation de la vente à la sauvette est punie de dix ans d'emprisonnement et de 1 500 000 € d'amende lorsqu'elle est commise en bande organisée.

SECTION III DES CONDITIONS DE TRAVAIL ET D'HÉBERGEMENT CONTRAIRES À LA DIGNITÉ DE LA PERSONNE, DU TRAVAIL FORCÉ ET DE LA RÉDUCTION EN SERVITUDE *(L. nº 2013-711 du 5 août 2013, art. 1er).*

BIBL. ▶ LICARI, *RSC 2001. 553* (des conditions de travail et d'hébergement incompatibles avec la dignité humaine résultant d'un abus de la situation de vulnérabilité ou de dépendance de la victime). – DAURY-FAUVEAU, *SSL 2005, suppl. nº 1213* (droit pénal de l'esclavage moderne). – WILLMAN, *SSL 2005, suppl. nº 1213* (réduction en esclavage des salariés). – LE COZ, *AJ pénal 2013. 512* (répression des atteintes aux personnes dans la loi nº 2013-711 du 5 août 2013). – FABRE-MAGNAN, *D. 2014. Point de vue 491* (les nouvelles formes d'esclavage et de traite, ou le syndrome de la ligne Maginot).

RÉP. PÉN. vº *Conditions de travail et d'hébergement contraires à la dignité humaine*, par WILLMANN.

Art. 225-13 **Le fait d'obtenir d'une personne,** *(L. nº 2003-239 du 18 mars 2003, art. 33)* **« dont la vulnérabilité ou l'état de dépendance sont apparents ou connus de l'auteur », la fourniture de services non rétribués ou en échange d'une rétribution manifestement sans rapport avec l'importance du travail accompli est puni de** *(L. nº 2003-239 du 18 mars 2003, art. 33)* **« cinq ans d'emprisonnement et de 150 000 € d'amende ».**

(L. nº 2009-1437 du 24 nov. 2009, art. 50) **« Les personnes physiques ou morales coupables du délit prévu à la présente section encourent également la peine complémentaire suivante : interdiction de l'activité de prestataire de formation professionnelle continue au sens de l'article L. 6313-1 du code du travail pour une durée de cinq ans. »**

1. Jurisprudence européenne. La Cour constate que, dans la présente affaire, les « employeurs » de la requérante ont été poursuivis sur le fondement des art. 225-13 et 225-14 C. pén. ; la Cour relève que l'esclavage et la servitude ne sont pas en tant que tels réprimés par le droit pénal français ; le gouvernement renvoie aux art. 225-13 et 225-14 C. pén. ; la Cour note toutefois que ces dispositions ne visent pas spécifiquement les droits garantis par l'art. 4 de la Convention, mais concernent, de manière beaucoup plus restrictive, l'exploitation par le travail et la soumission à des conditions de travail ou d'hébergement incompatibles avec la dignité humaine ; il convient dès lors de déterminer si, en l'espèce, ces articles ont permis de sanctionner effectivement les agissements dont la requérante a été victime ; la Cour constate qu'en l'espèce la requérante, soumise à des traitements contraires à l'art. 4 et maintenue en servitude, n'a pas vu les auteurs des actes condamnés au plan pénal ; dans ces conditions, la Cour est d'avis que les dispositions pénales en vigueur à l'époque n'ont pas assuré à la requérante, qui était mineure, une protection concrète et effective contre les actes dont elle a été victime ; elle insiste sur le fait que le niveau d'exigence croissant en matière de protection des droits de l'homme et des libertés fondamentales implique, parallèlement et inéluctablement, une plus grande fermeté dans l'appréciation des atteintes aux valeurs fondamentales des sociétés démocratiques ; la Cour conclut en conséquence qu'il y a eu, en l'espèce, violation des obligations positives qui incombent à l'État défendeur en vertu de l'art. 4 de la Convention. • CEDH 26 juill. 2005, *Siliadin c/ France : D. 2006. 346, note Roets* ; *ibid. 2006. Pan. 1720, obs. Renucci* ; *JCP 2005. II. 10142, note Sudre ; RSC 2006. 139, chron. Massias*. ♦ Sur la dimension interne de cette affaire, V. • Crim. 11 déc. 2001, nº 00-87.280 P : *Dr. pénal 2002. 65, obs. Véron ; Gaz. Pal. 2002. 2. 1721, note Y.M. ; Rev. Jur. Personnes et famille, 2002, nº 4, p. 10, note Lepage ; RSC 2002. 324, obs. Mayaud*.

2. La Cour rappelle que, dans l'arrêt *Siliadin*, elle a considéré que les art. 225-13 et 225-14 C. pén., alors en vigueur, n'avaient pas assuré à la requérante, qui était mineure, une protection concrète et effective contre les actes dont elle avait été victime (*Siliadin*, § 148) ; pour parvenir à cette conclusion, la Cour avait relevé que ces dispositions étaient susceptibles d'interprétations variant largement d'un tribunal à l'autre (*ibid.*, § 147) ; elle avait également fait observer que le procureur général ne s'était pas pourvu en cassation contre l'arrêt de la cour d'appel ayant relaxé les auteurs des actes litigieux et que, dès lors, la Cour de cassation n'avait été saisie que du volet civil de l'affaire (*ibid.*, § 146) ; insistant sur le fait que le niveau d'exigence croissant en matière de protection des droits de l'homme impliquait une plus grande fermeté dans l'appréciation des atteintes aux valeurs fondamentales, la Cour avait conclu, dans l'arrêt *Siliadin*, à la violation des obligations positives qui incombaient à l'État français en vertu de l'art. 4 de la Convention (§ 106) ; en l'espèce, la Cour constate que l'état du droit dans la présente affaire est le même que celui qui prévalait dans l'affaire *Siliadin*. Les modifications législatives qui sont intervenues en 2003 … ne sauraient donc infirmer le constat de la Cour à cet égard, en outre, de même que dans l'affaire *Siliadin*, l'absence de pourvoi du procureur général à l'encontre de l'arrêt d'appel ayant abouti à la relaxe des prévenus du chef du délit visé à l'art. 225-14 C. pén. a eu pour conséquence que la Cour de cassation n'a été saisie, dans les circonstances de l'espèce, que du volet civil de l'affaire (§ 107) ; la Cour ne voit pas de raison en l'espèce de s'écarter de la conclusion à laquelle elle est parvenue dans l'arrêt *Siliadin* ; il s'ensuit qu'il y a eu violation de l'art. 4 de la Conv. à l'égard de la première requérante au titre de l'obligation positive de l'État de mettre en place un cadre législatif et administratif permettant de lutter efficacement contre la servitude et le travail forcé. • CEDH 11 oct. 2012, *C.N. et V. c/ France*, n° 67724/09 : *D. actu. 22 nov. 2012, obs. Bachelet ; D. 2012. Actu. 2451 ; AJ pénal 2013. 162, obs. Lavric ; AJDA 2013. 165, chron. Burgorgue-Larsen ; RSC 2013. 104, obs. Roets*.

3. Jurisprudence interne. Le fait, pour un employeur, de profiter d'une conjoncture économique très défavorable pour employer des salariés sans les rémunérer correctement, en leur imposant des horaires excessifs et en répétant ce comportement à plusieurs reprises, dépasse le simple défaut de respect de la réglementation du travail et constitue une exploitation abusive du travail d'autrui au sens des art. 225-13 et 225-15 C. pén. ; le prévenu a en effet usé de sa qualité d'employeur pour exploiter la vulnérabilité sociale et la dépendance économique d'une grande partie de ses employés, qui ont subi la fatigue inhérente à de tels horaires, des difficultés familiales pour organiser leur vie personnelle, et notamment la garde de leurs enfants, sans obtenir de contrepartie, et en étant totalement déconsidérés et atteints dans leur dignité. • Bordeaux, 7 janv. 1997 : *JCP 1997. IV. 2420 ; RSC 1998. 541, obs. Mayaud*.

4. Tout jugement ou arrêt doit comporter les motifs propres à justifier la décision ; l'insuffisance ou la contradiction des motifs équivaut à leur absence ; les prévenus, qui employaient et logeaient à leur domicile une jeune ressortissante togolaise depuis l'âge de 16 ans, étaient poursuivis, d'une part, pour obtention abusive, de la part d'une personne vulnérable ou dépendante, de services non rétribués ou insuffisamment rétribués, sur le fondement de l'art. 225-13 C. pén., et, d'autre part, pour soumission de cette personne à des conditions de travail ou d'hébergement incompatibles avec la dignité humaine, sur le fondement de l'art. 225-14 du même code ; cassation de l'arrêt de la cour d'appel qui, d'une part, pour les renvoyer des fins de la poursuite et débouter la partie civile de ses demandes des chefs des deux délits précités, énonce néanmoins, après avoir constaté que la demanderesse était mineure, dépourvue de titre de séjour et de travail et sans ressources, que son état de vulnérabilité et de dépendance, élément constitutif commun aux infractions reprochées, n'est pas établi dès lors que la jeune fille a une certaine liberté de déplacement, l'état de vulnérabilité ne pouvant résulter de sa seule extranéité, par ailleurs, pour dire non établie l'infraction prévue par l'art. 225-13 C. pén., ajoute que « la non-rétribution ou la rétribution manifestement sans rapport avec l'importance du travail accompli peut apparaître comme réelle, encore que l'intention des prévenus de lui constituer un pécule pour le lui remettre à son départ n'a pas été sérieusement contestée », enfin, pour relaxer ces derniers du chef du délit prévu par l'art. 225-14 du code précité, retient que la soumission à des conditions de travail ou d'hébergement incompatibles avec la dignité humaine « n'a pas été révélée » ; en prononçant ainsi, par des motifs insuffisants, inopérants s'agissant de la situation de vulnérabilité et de dépendance de la victime, et contradictoires s'agissant des conditions de sa rétribution, et sans préciser les éléments de fait établissant que les conditions de travail de celle-ci étaient compatibles avec la dignité humaine, la cour d'appel n'a pas tiré de ses constatations les conséquences légales qui s'imposaient au regard de l'art. 225-13 C. pén. et n'a pas justifié sa décision au regard de l'art. 225-14 du même code. • Crim. 11 déc. 2001 : *préc. note 1*.

5. Justifie sa décision au regard de l'art. 225-13 C. pén. l'arrêt qui, pour déclarer le prévenu, directeur d'un établissement hôtelier, titulaire d'une délégation de pouvoir, coupable d'obtention abusive de la part d'une personne vulnérable ou en situation de dépendance, de services non rétribués ou insuffisamment rétribués, retient que l'intéressé a abusé de la situation de dépendance de stagiaires, née du caractère obligatoire du stage que ces élèves devaient effectuer pour obtenir le brevet de technicien supérieur en hôtellerie, restauration et tourisme, en les affectant à la réception de l'hôtel, de 23 heures à 7 heures, sept jours sur sept, pour une durée de travail hebdomadaire comprise entre 56 et 63 heures, en leur versant une rémunération de 1 760 F pour 190 heures, manifestement sans rapport avec l'importance du travail accompli. • Crim. 3 déc. 2002, n° 02-81.453 P : *Dr. pénal 2003. 30, obs. Véron ; Gaz. Pal. 2003. 2. 3028, note Monnet ; RSC 2003. 352, obs. Cerf-Hollender*.

6. Conflits de qualifications. Pour un exemple de cumul du délit de l'art. 225-13 et du délit de l'art. 225-14 C. pén. (soumission à des conditions de travail et d'hébergement incompatibles avec la dignité humaine). • Crim. 30 mai 2006 : *Dr. pénal 2006. 117, obs. Véron.*

Art. 225-14 **Le fait de soumettre une personne,** *(L. n° 2003-239 du 18 mars 2003, art. 34)* **« dont la vulnérabilité ou l'état de dépendance sont apparents ou connus de**

l'auteur », à des conditions de travail ou d'hébergement incompatibles avec la dignité humaine est puni de *(L. n° 2003-239 du 18 mars 2003, art. 34)* **« cinq ans d'emprisonnement et de 150 000 € d'amende ».**

V. CCH, art. L. 651-10 et R. 651-2 ss. 225-16.

BIBL. ▶ CH. WILLMANN, *D. 2000. 76* (violence, contrat et religion, note sous Civ. 3e, 13 janv. 1999). – ROUX-DEMARE, *AJ pénal 2016. 63* (la réponse pénale contre l'habitat dégradé). – DUMENIL, *Dr. pénal 2020. Étude 2* (réflexions autour du délit de soumission d'une personne à des conditions d'hébergement incompatibles avec la dignité humaine).

1. Application dans le temps. Le délit prévu par l'art. 225-14 C. pén. est une infraction continue, qui se poursuit tant que dure l'hébergement illicite ; il n'importe que l'hébergement incriminé trouve sa cause dans un contrat conclu avant l'entrée en vigueur de ce texte. • Crim. 11 févr. 1998, n° 96-84.997 P : *Dr. pénal 1998. 65, obs. Véron ; RSC 1998. 542, obs. Mayaud ; ibid. 763, obs. Bouloc*.

2. Jurisprudence européenne – Esclavage domestique. La Cour constate que, dans la présente affaire, les « employeurs » de la requérante ont été poursuivis sur le fondement des art. 225-13 et 225-14 C. pén. ; la Cour relève que l'esclavage et la servitude ne sont pas en tant que tels réprimés par le droit pénal français ; le gouvernement renvoie aux art. 225-13 et 225-14 C. pén. ; la Cour note toutefois que ces dispositions ne visent pas spécifiquement les droits garantis par l'art. 4 de la Convention, mais concernent, de manière beaucoup plus restrictive, l'exploitation par le travail et la soumission à des conditions de travail ou d'hébergement incompatibles avec la dignité humaine ; il convient dès lors de déterminer si, en l'espèce, ces articles ont permis de sanctionner effectivement les agissements dont la requérante a été victime ; la Cour constate qu'en l'espèce la requérante, soumise à des traitements contraires à l'art. 4 et maintenue en servitude, n'a pas vu les auteurs des actes condamnés au plan pénal ; dans ces conditions, la Cour est d'avis que les dispositions pénales en vigueur à l'époque n'ont pas assuré à la requérante, qui était mineure, une protection concrète et effective contre les actes dont elle a été victime ; elle insiste sur le fait que le niveau d'exigence croissant en matière de protection des droits de l'homme et des libertés fondamentales implique, parallèlement et inéluctablement, une plus grande fermeté dans l'appréciation des atteintes aux valeurs fondamentales des sociétés démocratiques ; la Cour conclut en conséquence qu'il y a eu, en l'espèce, violation des obligations positives qui incombent à l'État défendeur en vertu de l'art. 4 de la Convention. • CEDH 26 juill. 2005, *Siliadin c/ France : D. 2006. 346, note Roets ; ibid. 2006. Pan. 1720, obs. Renucci ; JCP 2005. II. 10142, note Sudre ; RSC 2006. 139, chron. Massias*. ♦ Sur la dimension interne de cette affaire : • Crim. 11 déc. 2001, n° 00-87.280 P : *Dr. pénal 2002. 65, obs. Véron ; Gaz. Pal. 2002. 2. 1721, note Y.M. ; Rev. Jur. Personnes et famille, 2002, n° 4, p. 10, note Lepage ; RSC 2002. 324, obs. Mayaud*.

3. La Cour rappelle que, dans l'arrêt *Siliadin*, elle a considéré que les art. 225-13 et 225-14 C. pén., alors en vigueur, n'avaient pas assuré à la requérante, qui était mineure, une protection concrète et effective contre les actes dont elle avait été victime (*Siliadin*, § 148) ; pour parvenir à cette conclusion, la Cour avait relevé que ces dispositions étaient susceptibles d'interprétations variant largement d'un tribunal à l'autre (*ibid.*, § 147) ; elle avait également fait observer que le procureur général ne s'était pas pourvu en cassation contre l'arrêt de la cour d'appel ayant relaxé les auteurs des actes litigieux et que, dès lors, la Cour de cassation n'avait été saisie que du volet civil de l'affaire (*ibid.*, § 146) ; insistant sur le fait que le niveau d'exigence croissant en matière de protection des droits de l'homme impliquait une plus grande fermeté dans l'appréciation des atteintes aux valeurs fondamentales, la Cour avait conclu, dans l'arrêt *Siliadin*, à la violation des obligations positives qui incombaient à l'État français en vertu de l'art. 4 de la Convention (§ 106) ; en l'espèce, la Cour constate que l'état du droit dans la présente affaire est le même que celui qui prévalait dans l'affaire *Siliadin*. Les modifications législatives qui sont intervenues en 2003 ... ne sauraient donc infirmer le constat de la Cour à cet égard, en outre, de même que dans l'affaire *Siliadin*, l'absence de pourvoi du procureur général à l'encontre de l'arrêt d'appel ayant abouti à la relaxe des prévenus du chef du délit visé à l'art. 225-14 C. pén. a eu pour conséquence que la Cour de cassation n'a été saisie, dans les circonstances de l'espèce, que du volet civil de l'affaire (§ 107) ; la Cour ne voit pas de raison en l'espèce de s'écarter de la conclusion à laquelle elle est parvenue dans l'arrêt *Siliadin* ; il s'ensuit qu'il y a eu violation de l'art. 4 de la Conv. à l'égard de la première requérante au titre de l'obligation positive de l'État de mettre en place un cadre législatif et administratif permettant de lutter efficacement contre la servitude et le travail forcé. • CEDH 11 oct. 2012, *C.N. et V. c/ France*, n° 67724/09 : *D. actu. 22 nov. 2012, obs. Bachelet ; D. 2012. Actu. 2451 ; AJ pénal 2013. 162, obs. Lavric ; AJDA 2013. 165, chron. Burgorgue-Larsen ; RSC 2013. 104, obs. Roets*.

4. Vulnérabilité ou état de dépendance. Si le législateur a voulu étendre la protection instituée par l'art. 225-14 C. pén. aux personnes socialement ou culturellement vulnérables, il n'a pas entendu inclure dans cette catégorie les personnes étrangères ou un ensemble de personnes étrangères, à raison de leur seule extranéité. • Paris, 19 janv. 1998 : *Dr. pénal 1998. Comm. 64, obs. Véron.*

5. Tout jugement ou arrêt doit comporter les motifs propres à justifier la décision ; l'insuffisance ou la contradiction des motifs équivaut à leur absence ; les prévenus, qui employaient et logeaient à leur domicile une jeune ressortissante togolaise depuis l'âge de 16 ans, étaient poursuivis, d'une part, pour obtention abusive, de la part d'une personne vulnérable ou dépendante, de services non rétribués ou insuffisamment rétribués, sur le fondement de l'art. 225-13 C. pén., et, d'autre part, pour soumission de cette personne à des conditions de travail ou d'hébergement incompatibles avec la dignité humaine, sur le fondement de l'art. 225-14 du même code ; cassation de l'arrêt de la cour d'appel qui, d'une part, pour les renvoyer des fins de la poursuite et débouter la partie civile de ses demandes des chefs des deux délits précités, énonce néanmoins, après avoir constaté que la demanderesse était mineure, dépourvue de titre de séjour et de travail et sans ressources, que son état de vulnérabilité et de dépendance, élément constitutif commun aux infractions reprochées, n'est pas établi dès lors que la jeune fille a une certaine liberté de déplacement, l'état de vulnérabilité ne pouvant résulter de sa seule extranéité, par ailleurs, pour dire non établie l'infraction prévue par l'art. 225-13 C. pén., ajoute que « la non-rétribution ou la rétribution manifestement sans rapport avec l'importance du travail accompli peut apparaître comme réelle, encore que l'intention des prévenus de lui constituer un pécule pour le lui remettre à son départ n'a pas été sérieusement contestée », enfin, pour relaxer ces derniers du chef du délit prévu par l'art. 225-14 du code précité, retient que la soumission à des conditions de travail ou d'hébergement incompatibles avec la dignité humaine « n'a pas été révélée » ; en prononçant ainsi, par des motifs insuffisants, inopérants s'agissant de la situation de vulnérabilité et de dépendance de la victime, et contradictoires s'agissant des conditions de sa rétribution, et sans préciser les éléments de fait établissant que les conditions de travail de celle-ci étaient compatibles avec la dignité humaine, la cour d'appel n'a pas tiré des ses constatations les conséquences légales qui s'imposaient au regard de l'art. 225-13 C. pén. et n'a pas justifié sa décision au regard de l'art. 225-14 du même code. • Crim. 11 déc. 2001 : ⚖ *préc. note 2.*

6. Ne donne pas de base légale à sa décision, *au regard de l'art. 225-14 C. pén.*, l'arrêt qui, pour relaxer la prévenue poursuivie pour avoir, en abusant de leur situation de dépendance, soumis plusieurs salariés d'un magasin dont elle était directrice, à des conditions de travail incompatibles avec la dignité humaine, retient que, ceux-ci étant de nationalité française et titulaires d'un contrat de travail ne sauraient se trouver en situation de dépendance ou de vulnérabilité vis-à-vis de leur employeur, même si la conjoncture économique rendait leur choix de rompre leur contrat plus difficile et même si certains étaient plus fragiles. • Crim. 23 avr. 2003, ⚖ nº 02-82.971 P : *RSC 2003. 789, obs. Mayaud* ✎.

7. Conditions de travail. Se rend coupable de soumission de personnes vulnérables ou dépendantes à des conditions de travail incompatibles avec la dignité humaine le dirigeant d'ateliers de fabrication de vêtements qui dirige ses salariés en ayant recours à des hurlements permanents, leur faisant subir des vexations par des insultes publiques et des procédés inadmissibles pour les humilier, ainsi que des cadences et des conditions matérielles imposées, faisant d'eux le « prolongement d'une machine-outil » ; ces procédés sont incompatibles avec la dignité humaine ; en outre, pour imposer de telles conditions de travail aux salariés, le prévenu a profité de leur situation de vulnérabilité sociale et économique résultant de leur absence de qualification et de la situation particulièrement difficile de l'emploi en milieu rural et notamment dans le secteur de la confection. • Crim. 4 mars 2003, ⚖ nº 02-82.194 P : *D. 2004. Somm. 181, obs. Aubert-Monpeyssen* ✎ ; *Dr. pénal 2003. Comm. 83, obs. Véron* ; *RSC 2003. 561, obs. Mayaud* ✎.

8. Prononce par des motifs contradictoires l'arrêt qui, après avoir constaté que la prévenue aurait fait subir à certains salariés, au cours de leur travail, et notamment en présence de clients, des actes de violence, brimades, injures et autres vexations, énonce que ces violences physiques et morales, si elles témoignent d'un comportement critiquable à l'égard de ceux-ci, ne caractérisent pas une atteinte à la dignité humaine mais relèvent plutôt d'un mode paternaliste de gestion. • Crim. 23 avr. 2003 : ⚖ *préc. note 6.*

9. La prévenue, qui a employé et logé une jeune fille née le 22 mars 1979 en Côte-d'Ivoire, de déc. 1994, date de son arrivée illégale sur le territoire national, à l'âge de 15 ans et demi, jusqu'en 2000, a été renvoyée devant le tribunal correctionnel des chefs d'aide à l'entrée et au séjour irrégulier, d'emploi d'un étranger démuni d'un titre de travail, d'obtention de services non rétribués de la part d'une personne vulnérable et de soumission de la même personne à des conditions de travail et d'hébergement incompatibles avec la dignité humaine ; l'arrêt attaqué, statuant sur les appels de la prévenue, de la partie civile et du ministère public, a confirmé le jugement en ce qu'il avait déclaré la prévenue coupable des trois premières infractions et en ce qu'il l'avait relaxée du chef de la dernière ; après avoir relevé que l'employée, dont la prévenue avait conservé le passeport, avait été chargée par celle-ci d'exécuter, en permanence, sans bénéficier de congés, des tâches domestiques, rétribuées par quelque argent de poche ou envoi de subsides en Côte-d'Ivoire, l'arrêt retient, pour confirmer la décision de relaxe, que la jeune fille disposait des mêmes conditions de logement que les membres de la famille et qu'elle était l'objet de l'affection véritable de la prévenue ; les juges en déduisent l'absence d'atteinte à la dignité humaine ; mais en se déterminant ainsi, alors que tout travail forcé est incompatible avec la dignité humaine, la cour d'appel, qui n'a pas tiré les conséquences légales de ses propres constatations, n'a pas justifié sa décision au regard des art. 593 C. pr. pén., ensemble les art. 225-14 C. pén. et 4 Conv. EDH ; d'où il suit que la cassation est encourue. • Crim. 13 janv. 2009, n° 08-80.787 P : *D. 2009. 1935, note Lavaud-Legendre ; RSC 2009. 376, obs. Mayaud*.

10. *Hébergement.* Le tribunal ne peut retenir le délit d'hébergement d'une personne vulnérable ou dépendante dans des conditions contraires à la dignité humaine pour une période antérieure à la date d'entrée en vigueur du nouveau code pénal. • Paris, 26 juin 1996 : *Dr. pénal 1996. Comm. 243, obs. Véron.*

11. N'entrent pas dans les prévisions de l'art. 225-14 C. pén. le placement de militaires dans des locaux d'arrêts, sanction disciplinaire régulièrement prononcée par une autorité légitime, ce texte s'appliquant à la fourniture d'un logement, moyennant contrepartie, à des personnes qui se trouvent en état de vulnérabilité ou de dépendance. • Crim. 9 mai 2019, n° 18-81.743 P : *D. actu. 13 juin 2019, obs. Goetz ; AJ pénal 2019. 383, obs. Roux-Demare ; D. 2019. Pan. 1573, obs. de Lamarzelle ; ibid. 2320, obs. Tricoire ; Dr. pénal 2019, n° 121, obs. Conte.*

12. Le règlement sanitaire départemental pose les normes d'habitation auxquelles doit être soumis un logement pour pouvoir être loué ; les critères d'habitabilité qu'il pose doivent être pris en considération pour déterminer si l'hébergement d'une personne est conforme à la dignité humaine. • Paris, 26 juin 1996 : *préc. note 10.* ♦ Le caractère attentatoire à la dignité humaine des conditions d'hébergement s'apprécie nécessairement par rapport aux normes d'habitabilité existant dans notre pays. • Paris, 19 janv. 1998 : *préc. note 4.*

13. L'art. 225-14 C. pén. incrimine le comportement de toute personne qui abuse de la situation de dépendance ou de vulnérabilité d'autrui pour le soumettre à des conditions d'hébergement incompatibles avec la dignité humaine, sans exiger que l'auteur soit l'employeur ou le bailleur de la victime. • Crim. 23 avr. 2003 : *Dr. pénal 2003. Comm. 107, obs. Véron ; JCP 2004. II. 10015, note Salgado.* ♦ Est justifié l'arrêt qui, pour déclarer une syndic de copropriété coupable de ce délit, et qui, pour écarter l'argumentation de la prévenue, qui soutenait que la responsabilité pénale du syndic ne pouvait être retenue pour d'éventuelles fautes commises par le syndicat des copropriétaires, énonce que celle-ci, qui, depuis la mise en demeure du contrôleur du travail, ne pouvait ignorer les conditions d'hébergement de la gardienne de l'immeuble, ni la nécessité d'y remédier dans un bref délai, ne s'est néanmoins décidée à réunir l'assemblée des copropriétaires, afin d'examiner les devis reçus, qu'après qu'elle eut été citée devant le tribunal correctionnel, et ajoute qu'elle ne démontre, ni même n'allègue avoir été confrontée aux réticences des copropriétaires, ou soumise à des difficultés particulières l'ayant contrainte à différer la réunion de cette assemblée, et que sa culpabilité devait donc être retenue, la prévenue ayant, en pleine connaissance, laissé s'écouler plusieurs mois avant de soumettre les travaux à un vote. • Même arrêt.

14. Justifie sa décision, au regard de l'art. 225-14 C. pén., la cour d'appel qui, pour déclarer un logeur coupable d'avoir soumis une personne vulnérable ou dépendante à des conditions d'hébergement incompatibles avec la dignité humaine, constate que le logement, loué 3 200 F par mois, contrevient aux dispositions du règlement sanitaire départemental relatives, notamment, à la surface minimale des pièces, à la hauteur sous plafond, à l'écoulement des eaux fluviales, à l'épaisseur et à l'isolation des murs, ainsi qu'aux normes afférentes aux installations électriques, que le local, d'une superficie totale n'excédant pas 20 m^2, était occupé par trois personnes, dont un enfant et une femme enceinte, que la santé des occupants était mise en péril par l'humidité et les conditions de chauffage qui ont été à l'origine d'une intoxication oxycarbonée, et ajoute que l'occupant, étranger en situation irrégulière, a été contraint d'accepter l'offre du logeur pour pouvoir s'installer en région parisienne et y travailler, motifs qui caractérisent l'incompatibilité des conditions d'hébergement avec la dignité humaine et d'où il résulte que le prévenu a abusé de la situation de dépendance du locataire. • Crim. 11 févr. 1998, n° 96-84.997 P : *Dr. pénal 1998. Comm. 65, obs. Véron ; RSC 1998. 542, obs. Mayaud ; ibid. 763, obs. Bouloc.* ♦ Confirmation de : • Paris, 26 juin 1996 : *préc. note 10.*

15. Justifie sa décision la cour d'appel qui, pour déclarer les intéressés auteur et complice du délit de soumission de plusieurs personnes vulnérables à des conditions d'hébergement indignes, relève que trois travailleurs marocains en situation irrégulière étaient logés dans un espace exigu, confiné et bas de plafond, n'offrant ni confort ni intimité, et présentant une absence de ventilation ainsi qu'un défaut de protection des câbles électriques, dès lors que l'art. 225-14 C. pén. ne subordonne pas la caractérisation de l'indignité desdites conditions d'hébergement à la preuve de la violation d'une norme d'hygiène ou de sécurité imposée par une disposition légale ou réglementaire spéciale. • Crim. 22 juin 2016, n° 14-80.041 P : *D. actu. 12 juill. 2016, obs. Goetz ; D. 2016. Pan. 2424, obs. Garé* ; *Dr. pénal 2016, n° 139, obs. Conte.*

16. A justifié sa décision la cour d'appel qui, pour relaxer le prévenu du chef de soumission d'autrui à des conditions d'hébergement incompatibles avec la dignité humaine, retient qu'afin de se conformer aux prescriptions administratives exigeant des travaux importants, le prévenu avait mis en demeure la partie civile, comme les autres locataires, de quitter les lieux et que, devant son refus, il l'avait assigné en expulsion, d'où il résulte que l'élément intentionnel du délit n'était pas caractérisé. • Crim. 10 mai 2000, n° 99-80.784 P.

17. Si le législateur a entendu, en adoptant les dispositions de l'art. 225-14 C. pén., protéger avant tout certains travailleurs contre les conditions indignes de travail ou d'hébergement auxquelles leur état de dépendance ou de vulnérabilité pourrait les exposer, la rédaction choisie donne à ces prescriptions une portée générale ; elle ne permet pas d'exclure de son champ d'application les cas d'hébergement forcé résultant de la décision d'une autorité légitime ; la personne détenue est, du fait de la privation de sa liberté d'aller et de venir, incontestablement en situation de vulnérabilité ; il appartient au juge d'instruction, abstraction faite de l'impossibilité de mettre en cause la responsabilité pénale de l'État, personne morale représentée par l'administration pénitentiaire, de vérifier dans chaque cas la réalité : 1°) du caractère éventuellement incompatible avec la dignité humaine des conditions d'hébergement réservées à la personne détenue, 2°) de l'abus reproché aux personnes physiques en position, notamment en raison de leurs fonctions, de les créer ou d'y mettre un terme, 3°) des causes d'irresponsabilité pénale, telles la contrainte, l'ordre de la loi ou le commandement de l'autorité légitime, susceptibles d'être invoquées par les personnes auxquelles cet abus, à le supposer établi, serait imputable. • Nancy, ch. instr., 1er mars 2007 : *D. 2007. 2218, note Danet* ; *AJ pénal 2007. 335, obs. Herzog-Evans.*

18. Justifie sa décision au regard de l'art. 86 C. pr. pén. la chambre de l'instruction qui confirme l'ordonnance d'un juge d'instruction ayant dit n'y avoir lieu à informer sur la plainte d'une personne détenue soutenant avoir été soumise pendant sa détention en maison d'arrêt à des conditions d'hébergement incompatibles avec la dignité humaine, dès lors que les faits dénoncés n'entrent pas dans les prévisions de l'art. 225-14 C. pén. et ne peuvent admettre aucune qualification pénale. • Crim. 20 janv. 2009, n° 08-82.807 P : *D. 2009. Pan. 1378, obs. Céré* ; *RSC 2009. 377, obs. Mayaud* ; *ibid. 440, obs. Poncela* ; *ibid. 922, obs. Renucci.* ♦ Rappr. • Civ. 1re, 10 janv. 2009 : *D. 2009. Pan. 1379, obs. Céré* .

19. La connaissance de l'état de vétusté d'un immeuble résulte de la notification des arrêtés préfectoraux mettant le propriétaire en demeure d'accomplir certains travaux. • Crim. 27 mai 2014 : *Dr. pénal 2014, n° 118, obs. Véron.*

20. La peine doit être adaptée à l'esprit de lucre manifesté par la prévenue (60 000 F d'amende). • Paris, 26 juin 1996 : *préc. note 10.*

21. Conflits de qualifications. Pour un exemple de cumul du délit de l'art. 225-13 (obtention de services non rétribués) et du délit de l'art. 225-14 C. pén. : • Crim. 30 mai 2006 : *Dr. pénal 2006. 117, obs. Véron.*

Art. 225-14-1 *(L. n° 2013-711 du 5 août 2013, art. 1er)* **Le travail forcé est le fait, par la violence ou la menace, de contraindre une personne à effectuer un travail sans rétribution ou en échange d'une rétribution manifestement sans rapport avec l'importance du travail accompli. Il est puni de sept ans d'emprisonnement et de 200 000 € d'amende.**

BIBL. ► LE COZ, *AJ pénal 2013. 512* (répression des atteintes aux personnes dans la loi n° 2013-711 du 5 août 2013). – GOZZI, *D. 2013. Pan. 2713* (L. n° 2013-711 du 5 août 2013).

Art. 225-14-2 *(L. n° 2013-711 du 5 août 2013, art. 1er)* **La réduction en servitude est le fait de faire subir, de manière habituelle, l'infraction prévue à l'article 225-14-1 à une personne dont la vulnérabilité ou l'état de dépendance sont apparents ou connus de l'auteur. Elle est punie de dix ans d'emprisonnement et de 300 000 € d'amende.**

Art. 225-15 *(L. n° 2013-711 du 5 août 2013, art. 1er)* **I. — Lorsqu'elles sont commises à l'égard de plusieurs personnes :**

1° ***Les infractions définies*** **aux articles 225-13 et 225-14 sont punies de sept ans d'emprisonnement et de 200 000 € d'amende ;**

2° L'infraction définie à l'article 225-14-1 est punie de dix ans d'emprisonnement et de 300 000 € d'amende ;

3° L'infraction définie à l'article 225-14-2 est punie de quinze ans de réclusion criminelle et de 400 000 € d'amende.

II. — Lorsqu'elles sont commises à l'égard d'un mineur :

1° Les infractions définies aux articles 225-13 et 225-14 sont punies de sept ans d'emprisonnement et de 200 000 € d'amende ;

2° L'infraction définie à l'article 225-14-1 est punie de dix ans d'emprisonnement et de 300 000 € d'amende ;

3° L'infraction définie à l'article 225-14-2 est punie de quinze ans de réclusion criminelle et de 400 000 € d'amende.

III. — Lorsqu'elles sont commises à l'égard de plusieurs personnes parmi lesquelles figurent un ou plusieurs mineurs :

1° Les infractions définies aux articles 225-13 et 225-14 sont punies de dix ans d'emprisonnement et de 300 000 € d'amende ;

2° L'infraction définie à l'article 225-14-1 est punie de quinze ans de réclusion criminelle et de 400 000 € d'amende ;

3° L'infraction définie à l'article 225-14-2 est punie de vingt ans de réclusion criminelle et de 500 000 € d'amende.

Art. 225-15-1 *(L. n° 2003-239 du 18 mars 2003, art. 36)* **Pour l'application des articles 225-13** *(L. n° 2013-711 du 5 août 2013, art. 1er)* **« à 225-14-2 », les mineurs ou les personnes qui ont été victimes des faits décrits par ces articles à leur arrivée sur le territoire français sont considérés comme des personnes vulnérables ou en situation de dépendance.**

En 2006, la partie civile, d'origine malienne, a porté plainte auprès du procureur de la République en exposant qu'en 2000, alors âgée de treize ans, elle avait été conduite en France, avec le consentement de son père, par une de ses parentes ; hébergée au domicile de cette dernière, un F4 occupé par neuf personnes, elle avait, pendant cinq ans, assuré les tâches ménagères et s'était occupée des enfants sans rémunération, en l'absence de toute déclaration aux organismes de protection sociale et de toute régularisation de son séjour en France ; elle a ajouté qu'elle devait dormir sur un matelas à même le sol dans la pièce occupée par les enfants, qu'elle ne mangeait qu'une fois par jour, qu'elle avait été frappée, empêchée de sortir, son passeport lui ayant été retiré ; une information a été ouverte des chefs de travail dissimulé, aide à l'entrée ou au séjour irrégulier d'un mineur, rétribution inexistante ou insuffisante des services d'une personne vulnérable ou dépendante, soumission d'une personne vulnérable à des conditions de travail et d'hébergement incompatibles avec la dignité humaine ; que la prévenue, mise en examen de ces chefs, sans contester que la partie civile l'ait aidée aux travaux domestiques, a fait valoir que celle-ci vivait comme tous les membres de la famille, qu'elle n'avait pas été frappée, qu'elle pouvait sortir et téléphoner à son père ; les investigations ont établi que diverses personnes avaient remarqué le travail domestique fait par la partie civile, qu'aucune n'avait relevé de signe de maltraitance, et qu'elle se rendait à des cours d'alphabétisation où elle avait rencontré l'ami chez lequel elle vit depuis oct. 2005 ; en l'état de ces éléments, le juge d'instruction a rendu une ordonnance de non-lieu dont la partie civile a interjeté appel ; pour confirmer cette décision, l'arrêt retient que, d'une part, rien ne vient contredire les déclarations de la mise en examen assurant qu'elle n'avait pas, avec la partie civile, une relation d'employeur à salarié, que, d'autre part, la partie civile, alors mineure, ayant été remise par son père, l'infraction d'aide au séjour irrégulier n'est pas constituée ; mais en se déterminant ainsi, après avoir relevé que la partie civile était venue pour s'occuper des enfants, qu'elle était employée sans rémunération aux soins de ces derniers et aux tâches domestiques comme l'avaient constaté plusieurs tiers, alors que l'intéressée est une personne vulnérable au sens de l'art. 225-15-1 C. pén., et qu'il est indifférent à la constitution de l'infraction d'aide au séjour irrégulier que le mineur soit entré en France avec l'autorisation de son père, la chambre de l'instruction n'a pas justifié sa décision. • Crim. 29 mars 2011 : *Dr. pénal 2011, n° 86, obs. Véron.*

Art. 225-16 *(L. n° 2009-526 du 12 mai 2009, art. 124-I)* **« Les personnes morales déclarées responsables pénalement, dans les conditions prévues par l'article 121-2, des infractions définies aux articles 225-13 à 225-15 encourent, outre l'amende suivant les modalités prévues par l'article 131-38 : »**

2° *[1°]* **Les peines mentionnées à l'article 131-39 ;**

(L. n° 98-657 du 29 juill. 1998) **« 3°** *[2°]* **La confiscation du fonds de commerce destiné à l'hébergement de personnes et ayant servi à commettre l'infraction prévue à l'article 225-14. »**

Sur les conditions de la mise en vente obligatoire par l'État du fonds de commerce confisqué, V. C. com., art. L. 143-22. — **C. com.**

Code de la construction et de l'habitation

Art. L. 651-10 *(L. n° 98-657 du 29 juill. 1998, art. 124-IV)* I. — Lorsqu'à l'occasion de poursuites exercées sur le fondement de l'article 225-14 du code pénal *(Ord. n° 2005-1566 du 15 déc. 2005, art. 13 ; L. n° 2009-323 du 25 mars 2009, art. 90-II ; Ord. n° 2020-71 du 29 janv. 2020, art. 4, en vigueur au plus tard le 1er juill. 2021)* « , des articles L. 1337-4 du code de la santé publique et L. 511-6, L. 521-4 et L. 184-1 *[ancienne rédaction : L. 123-3]* du présent code, » il est avéré que la continuation de l'exploitation d'un établissement d'hébergement des personnes est contraire aux prescriptions du règlement sanitaire départemental ou est susceptible de porter atteinte à la dignité humaine *(L. n° 2009-323 du 25 mars 2009, art. 90-II)* « , à la sécurité des personnes » ou à la santé publique, l'autorité administrative compétente peut saisir sur requête le président du tribunal judiciaire ou le magistrat du siège délégué par lui, aux fins de faire désigner un administrateur provisoire pour toute la durée de la procédure ; les organismes *(L. n° 2009-323 du 25 mars 2009, art. 2-I)* « bénéficiant d'un agrément relatif à l'intermédiation locative et la gestion locative sociale prévu à l'article L. 365-4 » peuvent être désignés en qualité d'administrateur provisoire.

II. — Le ministère public porte à la connaissance du propriétaire de l'immeuble et du propriétaire du fonds dans lequel est exploité l'établissement visé au I l'engagement des poursuites ainsi que les décisions de désignation d'un administrateur provisoire ou de confiscation intervenues. Il fait mentionner la décision de confiscation au registre du commerce et des sociétés et aux registres sur lesquels sont inscrites les sûretés. Les modalités d'application de cette information sont déterminées par décret en Conseil d'État. — *V. CCH, art. R. 651-2.*

III. — Lorsque la personne titulaire de la licence de débit de boissons ou de restaurant ou propriétaire du fonds de commerce dans lequel est exploité un établissement visé au I n'est pas poursuivie, les peines complémentaires prévues aux 2° et 3° de l'article 225-16 *(L. n° 2018-1021 du 23 nov. 2018, art. 190)* « , aux 3° et 5° de l'article 225-19 et au 1° du I de l'article 225-26 » du code pénal ne peuvent être prononcées, par décision spéciale et motivée, que s'il est établi que cette personne a été citée à la diligence du ministère public avec indication de la nature des poursuites exercées et de la possibilité pour le tribunal de prononcer ces peines. Cette personne peut présenter ou faire présenter par un avocat ses observations à l'audience. Si elle use de cette faculté, elle peut interjeter appel de la décision prononçant l'une de ces peines complémentaires.

IV. — La décision qui prononce la confiscation du fonds de commerce entraîne le transfert à l'État de la propriété du fonds confisqué et emporte subrogation de l'État dans tous les droits du propriétaire du fonds.

....

Art. R. 651-2 *(Décr. n° 99-1050 du 14 déc. 1999)* I. — L'information relative à l'engagement des poursuites et la communication de la décision de confiscation au propriétaire de l'immeuble et au propriétaire du fonds de commerce auxquelles procède le ministère public, ainsi que l'apposition des mentions au registre du commerce et des sociétés et aux registres sur lesquels sont inscrites les sûretés, prévues au II de l'article L. 651-10, sont effectuées selon les modalités définies aux articles R. 51 et R. 51-1 du code de procédure pénale.

II. — Lorsque l'autorité administrative saisit le président du tribunal judiciaire ou le magistrat du siège délégué par lui aux fins de désignation d'un administrateur provisoire, sa requête est dispensée de ministère d'avocat.

Une copie de l'ordonnance qui désigne un administrateur provisoire est adressée par le ministère public au propriétaire de l'immeuble et au propriétaire du fonds de commerce dans les conditions prévues au I.

Une copie est également jointe à la réquisition que le ministère public adresse au greffe du tribunal de commerce afin que soit portée au registre du commerce et des sociétés et aux registres sur lesquels sont inscrites les sûretés la mention de cette ordonnance, avec indication de sa date, de la juridiction qui a statué ainsi que de l'identité et de l'adresse de l'administrateur désigné, selon les formes prévues à l'article R. 51-1 du code de procédure pénale.

SECTION III *BIS* DU BIZUTAGE

(L. n° 98-468 du 17 juin 1998)

Art. 225-16-1 **Hors les cas de violences, de menaces ou d'atteintes sexuelles, le fait pour une personne d'amener autrui, contre son gré ou non, à subir ou à commettre**

des actes humiliants ou dégradants *(L. n° 2016-41 du 26 janv. 2016, art. 12)* **« ou à consommer de l'alcool de manière excessive, » lors de manifestations ou de réunions liées aux milieux scolaire** *(L. n° 2017-86 du 27 janv. 2017, art. 177)* **« , sportif » et socio-éducatif est puni de six mois d'emprisonnement et de 7 500 € d'amende.**

Art. 225-16-2 **L'infraction définie à l'article 225-16-1 est punie d'un an d'emprisonnement et de 15 000 € d'amende lorsqu'elle est commise sur une personne dont la particulière vulnérabilité, due à son âge, à une maladie, à une infirmité, à une déficience physique ou psychique ou à un état de grossesse, est apparente ou connue de son auteur.**

Art. 225-16-3 *(L. n° 2009-526 du 12 mai 2009, art. 124-I)* **Les personnes morales déclarées responsables pénalement, dans les conditions prévues par l'article 121-2, des infractions définies aux articles 225-16-1 et 225-16-2 encourent, outre l'amende suivant les modalités prévues par l'article 131-38, les peines prévues par les 4° et 9° de l'article 131-39.**

SECTION IV **DES ATTEINTES AU RESPECT DÛ AUX MORTS**

RÉP. PÉN. v° *Sépulture*, par LACROIX.

Art. 225-17 **Toute atteinte à l'intégrité du cadavre, par quelque moyen que ce soit, est punie d'un an d'emprisonnement et de 15 000 € d'amende.**

La violation ou la profanation, par quelque moyen que ce soit, de tombeaux, de sépultures *(L. n° 2008-1350 du 19 déc. 2008, art. 13)* **« , d'urnes cinéraires » ou de monuments édifiés à la mémoire des morts est punie d'un an d'emprisonnement et de 15 000 € d'amende.**

La peine est portée à deux ans d'emprisonnement et à 30 000 € d'amende lorsque les infractions définies à l'alinéa précédent ont été accompagnées d'atteinte à l'intégrité du cadavre.

Corresp. : *C. pén., ancien art. 360.*

BIBL. ▶ LOISEAU, *Mortuorum corpus* : une loi pour le respect, *D. 2009. Point de vue. 236*. – EDELMAN, *Mél. Jerry Sainte-Rose, Bruylant, 2012, p. 463* (la vie au miroir de la mort : le cadavre et le droit).

1. Ratio legis. L'art. 360 C. pén., placé sous la rubrique « Infractions aux lois sur les inhumations », a pour objet de réprimer tout acte matériel s'adressant à un tombeau ou à une sépulture, et tendant à violer le respect dû à la cendre des morts. • Crim. 20 juin 1896 : *S. 1897. 1. 105, rapp. de Larouverade, et note Lacointa ; DP 1897. 1. 29.*

2. Les dispositions de l'art. 360 C. pén. réprimant le délit de violation de sépulture n'ont pas seulement pour but de sanctionner les atteintes portées aux tombes, mais aussi tout acte qui tend directement à violer le respect dû aux morts. • Crim. 2 juin 1953 : *Bull. crim. n° 188 ; D. 1953. 649, note F. G. ; RSC 1953. 670, obs. Hugueney* • 8 févr. 1977 : *Bull. crim. n° 52 ; RSC 1977. 580, obs. Levasseur.*

3. Tombeaux et sépultures. Sur l'ancienne jurisprudence qui assimilait à une « sépulture » la dépouille mortelle destinée à être ensevelie et préparée pour cet ensevelissement. • Paris, 8 juill. 1875 : *S. 1875. 2. 292* • Crim. 20 juin 1896 : *S. 1897. 1. 105, rapp. de Larouverade, et note Lacointa ; DP 1897. 1. 29* • TGI Paris, 16 févr. 1970 : *Gaz. Pal. 1970. 2. 40, et la note.*

4. Toute profanation des registres et monuments faisant partie intégrante des sépultures militaires constitue le délit de violation de tombeaux ou de sépultures incriminé par l'art. 360 C. pén., un cimetière militaire formant un tout. • T. enfants Caen, 5 mai 1966 : *D. 1966. Somm. 100 ; Gaz. Pal. 1966. 2. 24.*

5. Matérialité. Ont été retenus comme des violations condamnables au sens de l'art. 360 C. pén. : ... le fait, au moment de l'inhumation, de lancer volontairement des pierres dans la fosse destinée à recevoir les cendres d'un mort. • Bordeaux, 9 déc. 1830 : *S. 1831. 2. 263.* ♦ ... Le fait de frapper avec un bâton sur la tombe des morts, en se servant d'interpellations réitérées et outrageantes aux mânes de ceux qui s'y trouvent renfermés. • Crim. 22 août 1839 : *S. 1839. 1. 928.* ♦ ... Le fait d'accomplir des actes de profanation, consistant notamment à enlever et à briser en partie le Christ placé sur la poitrine d'un défunt. • Paris, 8 juill. 1875 : *S. 1875. 2. 292.* ♦ ... Le fait par un sacristain d'arracher la draperie qui recouvrait un cercueil, sous prétexte que le défunt n'avait pas contribué à l'entretien du culte. • Bourges, 9 déc. 1909 : *DP 1910. 2. 264.* ♦ ... Le fait de desceller une dalle tombale, d'ouvrir un caveau et d'en retirer un cercueil. • T. corr. Villefranche, 8 mars 1949 : *Gaz. Pal. 1949. 1. 227.* ♦ ... Le fait de retirer d'une crypte des ossements qui y ont été rassemblés après exhumation de certains cercueils. • T. corr. Nice, 22 déc. 1952 : *D. 1953. 139.* ♦ ... Le fait de maculer de boue une pierre tombale et d'y apposer des inscriptions. • Crim. 2 juin 1953 : *Bull. crim. n° 188 ; D. 1953. 649, note F. G. ; RSC 1953. 670, obs. Hugueney.* ♦ ... Le fait d'avoir creusé la surface d'une tombe (en l'espèce, dans le but d'oindre un coq de combat avec un mélange de chair humaine et de rhum). • T. corr. Fort-de-France, 22 sept. 1967 : *JCP 1968. II. 15583, note Biswang.* ♦ ... Le fait d'accélérer volontairement la décomposition d'un cadavre placé dans un institut médico-légal, afin de le rendre méconnaissable. • TGI Paris, 16 févr. 1970 : *Gaz. Pal. 1970. 2. 40, et la note.* ♦ ... Le fait de détruire systématiquement les fleurs fraîches et les pots les contenant déposés sur une tombe. • Crim. 8 févr. 1977 : *Bull. crim. n° 52 ; RSC 1977. 580, obs. Levasseur.* ♦ ... Le fait de porter des coups sur une pierre tombale, endommageant à la fois le tombeau lui-même et les objets apposés sur celui-ci. • Paris, 22 nov. 1990 : *Dr. pénal 1991. 200.*

6. Intention. Il importe peu, pour constituer l'infraction, que l'auteur de l'acte ait obéi à une intention coupable ; le délit est légalement caractérisé dès que l'acte imputé, abstraction faite de l'intention et du but de l'agent, implique nécessairement un outrage envers les personnes qui reposent dans leur sépulture ou dans leur tombeau. • Crim. 31 oct. 1889 : *DP 1890. 1. 137* • 20 juin 1896 : *S. 1897. 1. 105, rapp. de Larouverade, et note Lacointa ; DP 1897. 1. 29.* ♦ Le but objectif de l'acte, élément constitutif du délit de violation de sépulture, doit être un outrage envers le mort, un manquement dû au respect de sa personne ou un acte portant atteinte à ce respect de la mémoire du mort. • Nancy, 16 mars 1967 : *D. 1971. Somm. 212.*

7. Ainsi, ne commet pas le délit de violation de tombeaux ou de sépultures : ... le prêtre qui pratique une césarienne sur le cadavre d'une femme morte enceinte, dans l'espoir de pouvoir administrer le baptême à l'enfant, dans l'hypothèse où il vivrait encore, un tel acte n'impliquant par lui-même aucun outrage envers les restes mortels de la défunte. • Crim. 20 juin 1896 : *préc. note 6.* ♦ ... Le grand-père qui, dans la pieuse pensée d'assurer à l'enfant une sépulture définitive, fait transporter le corps de son petit-fils du caveau provisoire dans un autre caveau du même cimetière, cet acte n'impliquant par lui-même, abstraction faite du mobile, ni outrage, ni irrévérence envers la dépouille de l'enfant. • Crim. 2 nov. 1934 : *DH 1934. 574.* ♦ ... Le chirurgien-chef d'un hôpital qui a pratiqué, dans son service, l'autopsie d'un individu décédé sans famille, et s'est livré à certaines recherches d'ordre scientifique sur le cadavre, alors même que celui-ci avait été auparavant recouvert d'un linceul. • T. corr. Domfront, 21 déc. 1945 : *Gaz. Pal. 1946. 1. 153 ; S. 1947. 2. 65.* ♦ ... Le marbrier qui, renvoyé devant le tribunal correctionnel à la suite d'une plainte avec constitution de partie civile, pour avoir violé la sépulture des défunts d'une famille en brisant leurs cercueils et le monument qui les recouvrait et en jetant leurs ossements sur une décharge publique, alors qu'il était chargé de la construction d'un caveau surmonté d'un monument, sur l'emplacement d'anciennes concessions de membres de ladite famille, dont les ossements, s'ils étaient retrouvés, devaient être regroupés sous le caveau, a pu convaincre que les techniques de travail utilisées et notamment l'emploi d'une pelleteuse rendaient vraisemblables ses explications selon lesquelles les ossements avaient été jetés par inadvertance et non de manière délibérée, et alors que le caractère volontaire de la violation de sépulture ne pouvait découler par ailleurs directement de la profession du prévenu. • Crim. 3 avr. 1997 : *Dr. pénal 1997. Comm. 122, obs. Véron ; Gaz. Pal. 1997. 2, chron. crim. 161.*

8. De même, les tracts protestant contre la désaffection d'un cimetière ne contiennent aucune atteinte à la mémoire d'un mort, et le fait de déposer ces tracts sur les tombes est seulement susceptible de constituer une contravention à la police générale des cimetières. • Nancy, 16 mars 1967 : *préc. note 6.*

9. Si, fondée sur une décision régulière, une exhumation n'est pas, en elle-même, critiquable, tombent sous le coup de la loi pénale des actes d'inconséquence graves et dépassant la désinvolture, que même la sottise ne saurait excuser. • T. corr. Bayonne, 10 oct. 1974 : *Gaz. Pal. 1975. 1. Somm. 163.* ♦ ... Le principe du respect de la paix due aux morts s'opposant à une exhumation qui ne serait pas justifiée par une raison sérieuse et grave. • Riom, 23 juin 1981 : *JCP 1983. II. 19956, note Almairac* • Lyon, 18 nov. 1981 : *ibid.*

10. La cour d'appel qui, pour déclarer des prévenus coupables de vols aggravés, énonce qu'ils se sont appropriés, dans l'exercice de leurs fonctions de fossoyeurs, des débris d'or et de bijoux trouvés au cours de nettoyage de fosses communes et de concessions non renouvelées ainsi que dans des caveaux et cercueils, objets qu'ils savaient ne pas être abandonnés, caractérise, à l'égard de chacun d'eux, le délit de vol par personne chargée d'une mission de service public ; de plus, est également caractérisé l'élément intentionnel des délits de violation de sépultures et d'atteintes à l'intégrité des cadavres qui résulte de l'accomplissement volontaire d'un acte portant directement atteinte au respect dû aux morts. • Crim. 25 oct. 2000, n° 00-82.152 P : *D. 2001. 1052, note Garé ; Dr. pénal 2001. Comm. 15, obs. Véron.*

11. Doivent être relaxés du chef de violation de sépulture, les prévenus qui, après dispersion des cendres d'un défunt au « jardin des souvenirs », tentent de récupérer ces cendres au motif que le partage promis n'a pas été réalisé, ce qui est plausible à la vue du contexte familial conflictuel ; en l'espèce, la volonté d'attenter au respect dû au mort n'était pas démontrée, les prévenus souhaitant en fait honorer la mémoire du défunt en se recueillant sur ses restes ; le doute devait alors profiter aux prévenus. • Pau, 24 févr. 2005 : *JCP 2005. IV. 3041.*

12. Atteinte à l'intégrité du cadavre. Pour la prise de photos d'un cadavre de jeune fille, après l'avoir partiellement déshabillée et avoir déplacé ses jambes. • TGI Arras, 27 oct. 1998 : *D. 1999. 511, note Labbée.*

Art. 225-18 *(Abrogé par L. n° 2017-86 du 27 janv. 2017, art. 171)* ***Lorsque les infractions définies à l'article précédent ont été commises à raison de l'appartenance ou de la non-appartenance, vraie ou supposée, des personnes décédées à une ethnie, une nation, une race ou une religion déterminée, les peines sont portées à trois ans d'emprisonnement et à 45 000 € d'amende pour les infractions définies aux deux premiers alinéas de l'article 225-17 et à cinq ans d'emprisonnement et à 75 000 € d'amende pour celle définie au dernier alinéa de cet article.***

Art. 225-18-1 *(L. n° 2017-86 du 27 janv. 2017, art. 171)* **« Les personnes morales déclarées responsables pénalement, dans les conditions prévues à l'article 121-2, de l'infraction définie à l'article 225-17 encourent, outre l'amende suivant les modalités prévues à l'article 131-38, les peines mentionnées aux 1° à 9° de l'article 131-39. »**

(L. n° 2001-504 du 12 juin 2001) **« L'interdiction mentionnée au 2° de l'article 131-39 porte sur l'activité dans l'exercice ou à l'occasion de l'exercice de laquelle l'infraction a été commise. »**

Voie de fait. L'existence d'une voie de fait suppose une atteinte grossièrement irrégulière au droit de propriété ou à une liberté fondamentale, émanant d'un service administratif ; il apparaît que la dépouille mortelle fait l'objet d'un droit de propriété familiale et demeure un objet de respect dont le caractère sacré est rappelé par l'art. 16-1 C. civ. : la loi assure la primauté de la personne et interdit toute atteinte à la dignité de celle-ci, elle garantit le respect de l'être humain dès le commencement de la vie ; le fait pour une ville de vider une sépulture de sa dépouille pour la placer dans un ossuaire, de sorte qu'elle est aujourd'hui mélangée avec d'autres dépouilles sans pouvoir être à nouveau individualisée revêt un caractère définitif et irréversible ; même s'il s'agit d'une erreur, ce manquement est suffisamment grave dans ses conséquences vis-à-vis de la famille, qui n'a pu que constater la disparition de la tombe, pour être qualifié de voie de fait ; le manque d'attention apportée par les services concernés à cette dépouille, à cette sépulture et à la concession révèle en effet une négligence importante dans le déroulement de leur mission, de nature à entraîner chez la famille un préjudice certain en ce qu'elle peut apparaître comme la volonté de dénier au mort, à la famille et aux proches, le respect qui leur est dû, même si cela n'a pas été délibéré. • TGI Lille, 10 nov. 2004 : *D. 2005. 930, note Labbée.*

SECTION V PEINES COMPLÉMENTAIRES APPLICABLES AUX PERSONNES PHYSIQUES

Art. 225-19 Les personnes physiques coupables des infractions prévues par les sections 1 et 3 du présent chapitre encourent également les peines complémentaires suivantes :

1° L'interdiction des droits prévus aux 2° et 3° de l'article 131-26 pour une durée de cinq ans au plus ;

2° L'affichage ou la diffusion de la décision prononcée, dans les conditions prévues par l'article 131-35 ;

3° La fermeture, pour une durée de cinq ans au plus ou à titre définitif, de l'un, de plusieurs ou de l'ensemble des établissements de l'entreprise appartenant à la personne condamnée ; — *Pén. 131-33.*

4° L'exclusion des marchés publics à titre définitif ou pour une durée de cinq ans au plus ; — *Pén. 131-34.*

(Abrogé par L. n° 2018-1021 du 23 nov. 2018, art. 190) (L. n° 2014-366 du 24 mars 2014, art. 81) ***« 4° bis. La confiscation au profit de l'État de l'usufruit de tout ou partie de leurs biens, quelle qu'en soit la nature, meubles ou immeubles, divis ou indivis, ayant servi à commettre l'infraction prévue à l'article 225-14, les personnes physiques coupables gardant la nue-propriété de leurs biens ; »***

(L. n° 2006-911 du 24 juill. 2006, art. 43) **« 5° La confiscation de tout ou partie de leurs biens, quelle qu'en soit la nature, meubles ou immeubles, divis ou indivis, ayant**

servi à commettre *(L. nº 2013-711 du 5 août 2013, art. 1er)* « **les infractions prévues aux articles 225-13 à 225-14-2** » ; »

(Abrogé par L. nº 2018-1021 du 23 nov. 2018, art. 190) (L. nº 2014-366 du 24 mars 2014, art. 77) « ***5º bis. Pour l'infraction prévue à l'article 225-14, l'interdiction d'acheter pour une durée de cinq ans au plus soit à titre personnel, soit en tant qu'associé ou mandataire social de la société civile immobilière ou en nom collectif se portant acquéreur, soit sous forme de parts immobilières un bien immobilier à usage d'habitation, à d'autres fins que son occupation à titre personnel, ou un fonds de commerce d'un établissement recevant du public à usage total ou partiel d'hébergement ;*** »

(Abrogé par L. nº 2019-222 du 23 mars 2019, art. 71-XIV et 109-XIX, à compter du 24 mars 2020) (L. nº 2004-204 du 9 mars 2004, art. 44-XI, en vigueur le 1er oct. 2004) « ***6º L'obligation d'accomplir un stage de citoyenneté, selon les modalités prévues par l'article 131-5-1 ;*** »

(L. nº 2008-776 du 4 août 2008, art. 70) « **7º Pour les infractions prévues aux articles 225-13 à 225-15, l'interdiction, suivant les modalités prévues par l'article 131-27, soit d'exercer une fonction publique ou d'exercer l'activité professionnelle ou sociale dans l'exercice ou à l'occasion de l'exercice de laquelle l'infraction a été commise, soit d'exercer une profession commerciale ou industrielle, de diriger, d'Administrer de gérer ou de contrôler à un titre quelconque, directement ou indirectement, pour son propre compte ou pour le compte d'autrui, une entreprise commerciale ou industrielle ou une société commerciale. Ces interdictions d'exercice peuvent être prononcées cumulativement.** »

Art. 225-20 *(L. nº 2012-304 du 6 mars 2012, art. 20)* « **I. —** » **Les personnes physiques coupables des infractions prévues par les sections** *(L. nº 2003-239 du 18 mars 2003, art. 64)* « **I *bis*, II, II *bis*** » *(L. nº 2011-267 du 14 mars 2011, art. 52-2º)* « **, II *ter* et II *quater*** » **du présent chapitre encourent également les peines complémentaires suivantes :**

1º L'interdiction des droits civiques, civils et de famille, suivant les modalités prévues par l'article 131-26 ;

2º *(L. nº 2008-776 du 4 août 2008, art. 70)* « **L'interdiction, suivant les modalités prévues par l'article 131-27, soit d'exercer une fonction publique ou d'exercer l'activité professionnelle ou sociale dans l'exercice ou à l'occasion de l'exercice de laquelle l'infraction a été commise, soit, pour les infractions prévues par les articles 225-4-3, 225-4-4, 225-5, 225-6, 225-7, 225-7-1, 225-8, 225-9, 225-10,** *(Abrogé par L. nº 2016-444 du 13 avr. 2016, art. 16)* « *225-10-1,* » **225-12-1 et 225-12-2, d'exercer une profession commerciale ou industrielle, de diriger, d'Administrer de gérer ou de contrôler à un titre quelconque, directement ou indirectement, pour son propre compte ou pour le compte d'autrui, une entreprise commerciale ou industrielle ou une société commerciale. Ces interdictions d'exercice peuvent être prononcées cumulativement ;** »

3º L'interdiction de séjour ; — *Pén. 131-31 s.*

4º L'interdiction d'exploiter, directement ou indirectement, les établissements ouverts au public ou utilisés par le public énumérés dans la décision de condamnation, d'y être employé à quelque titre que ce soit et d'y prendre ou d'y conserver une quelconque participation financière ;

5º L'interdiction, pour une durée de cinq ans au plus, de détenir ou de porter une arme soumise à autorisation ;

6º L'interdiction, pour une durée de cinq ans au plus, de quitter le territoire de la République ;

(L. nº 2006-399 du 4 avr. 2006, art. 16) « **7º L'interdiction d'exercer, soit à titre définitif, soit pour une durée de dix ans au plus, une activité professionnelle ou bénévole impliquant un contact habituel avec des mineurs ;** »

(Abrogé par L. nº 2019-222 du 23 mars 2019, art. 71-XIV et 109-XIX, à compter du 24 mars 2020) (L. nº 2007-297 du 5 mars 2007, art. 65) « ***8º L'obligation d'accomplir un stage de responsabilité parentale, selon les modalités fixées à l'article 131-35-1*** ;

(L. nº 2016-444 du 13 avr. 2016, art. 21) « ***9º L'obligation d'accomplir, le cas échéant à ses frais, un stage de sensibilisation à la lutte contre l'achat d'actes sexuels, selon les modalités fixées à l'article 131-35-1*** ».

(L. n° 2012-304 du 6 mars 2012, art. 10) **« II. – En cas de condamnation pour les infractions prévues aux sections I *bis*, II et II *ter* du présent chapitre, le prononcé de la peine complémentaire prévue au 5° du I est obligatoire et la durée de l'interdiction est portée à dix ans au plus.**

« Toutefois, la juridiction peut, par une décision spécialement motivée lorsque la condamnation est prononcée par une juridiction correctionnelle, décider de ne pas prononcer cette peine, en considération des circonstances de l'infraction et de la personnalité de son auteur. »

Interdiction des droits civiques, civils et de famille (ancien art. 335-1 quater, al. 1er ; art. 225-20, 1°). Doit être cassé l'arrêt qui, en prononçant l'interdiction de toute tutelle ou curatelle, omet d'en déterminer la durée. • Crim. 7 févr. 1967 : *Bull. crim. n° 57.*

Art. 225-21 **L'interdiction du territoire français peut être prononcée dans les conditions prévues par l'article 131-30, soit à titre définitif, soit pour une durée de dix ans au plus, à l'encontre de tout étranger coupable de l'une des infractions définies** *(L. n° 2003-239 du 18 mars 2003, art. 64)* **« aux sections I *bis*, II »** *(L. n° 2011-267 du 14 mars 2011, art. 52-3°)* **« , II *ter* et II *quater* » du présent chapitre.**

SECTION VI DISPOSITIONS COMMUNES AUX PERSONNES PHYSIQUES ET AUX PERSONNES MORALES

Art. 225-22 **Les personnes physiques ou morales coupables de l'une des infractions prévues par l'article 225-10 encourent également les peines complémentaires suivantes :**

1° Le retrait définitif de la licence de débit de boissons ou de restaurant ;

2° La fermeture, à titre définitif ou pour une durée de cinq ans au plus, de la totalité de l'établissement ou des parties de l'établissement utilisées en vue de la prostitution ; *– Pén. 131-33.*

3° La confiscation du fonds de commerce. *– Pr. pén. 706-38 s.*

Art. 225-23 **La fermeture temporaire prévue par le troisième alinéa (2°) de l'article 225-22 emporte suspension de la licence de débit de boissons ou de restaurant pour la même durée. Le délai de péremption de celle-ci est suspendu pendant la durée de la fermeture.**

La fermeture définitive prévue à l'article 225-22 emporte retrait définitif de la licence de débit de boissons ou de restaurant.

Corresp. : *C. pén., ancien art. 335-1.*

BIBL. ▶ BOREL, *D. 1976. 427 (note ss. Crim. 17 févr., 2 mars et 12 avr. 1976).*

1. Souveraineté. Les juges disposent, dans les limites fixées par la loi, pour prononcer l'une des mesures prévues à l'art. 335-1 C. pén., d'une faculté discrétionnaire de l'exercice de laquelle ils ne doivent aucun compte. • Crim. 4 sept. 1990, n° 89-86.080 P.

2. Fermeture de l'établissement. La décision de fermeture pour trois mois, ordonnée par le juge d'instruction sur le fondement de l'art. 335-4, 1°, C. pén. (nouvel art. 706-36 C. pr. pén.), constitue une mesure de sûreté destinée à mettre fin au trouble social causé par l'infraction, alors que la mesure de fermeture pour un an, ordonnée par la juridiction sur le fondement de l'art. 335-1, constitue une peine complémentaire (obligatoire) ; s'agissant de mesures de nature différente, la cour, en prononçant une fermeture d'un an de chambres d'hôtel, n'a pu décider que la fermeture provisoire de trois mois s'imputerait sur cette durée. • Paris, 13 avr. 1972 : *JCP 1973. II. 17477, note P.M.B.*

3. Selon l'art. 706-38 C. pr. pén., les peines prévues par l'art. 225-22 C. pén., notamment la peine complémentaire de fermeture d'établissement, ne peuvent être prononcées que si la personne propriétaire du fonds a été citée à la diligence du ministère public ; ne donne pas de base légale à sa décision ordonnant la fermeture de l'hôtel pour une durée de six mois, la cour d'appel qui, pour écarter le grief du prévenu qui faisait valoir que la société, propriétaire du fonds de commerce hôtelier au moment de l'engagement des poursuites, n'avait pas été citée conformément aux dispositions de l'art. 706-38 C. pr. pén., énonce que cette société n'avait pas à être citée par le ministère public dès lors que les poursuites étaient engagées contre son propre président-directeur général, alors que les auteurs des faits incriminés étaient des personnes physiques distinctes de la personne morale propriétaire du fonds. • Crim. 6 sept. 2006, n° 06-80.093 P.

4. Retrait de licence. Encourt la cassation l'arrêt qui, dans les cas prévus à l'art. 335 C. pén.

(nouvel art. 225-10), prononce la peine du retrait de la licence pour une durée différente de celle de la fermeture de l'établissement, alors que l'art. 335-1, 1°, modifié par la L. du 11 juill. 1975, édicte que ces deux peines doivent être prononcées pour la même durée. • Crim. 22 mars 1977 : *Bull. crim. n° 107.*

5. Tant en vertu de l'art. 335-1 C. pén., applicable au moment des faits poursuivis que de l'art. 225-23 C. pén. actuellement en vigueur, le retrait de la licence de débit de boissons ne peut être prononcé par la juridiction répressive que pour une durée égale à celle de la fermeture de l'établissement, lorsqu'elle a été ordonnée ; par suite, méconnaît ces dispositions la cour d'appel qui ordonne le retrait d'une licence sans limitation de durée alors que la fermeture du bar exploité l'était pour la durée d'un an. • Crim. 11 oct. 1995, n° 94-80.759 P : *RSC 1996. 648, obs. Bouloc ; Dr. pénal 1996. 58, obs. Véron.*

6. Exécution provisoire. Il ne résulte pas des dispositions de l'art. 335-1 C. pén., et alors qu'aux termes de l'art. 708 C. pr. pén. l'exécution d'une peine ne peut avoir lieu que lorsque la décision est devenue définitive, que le retrait de la licence du débit de boissons et la fermeture de l'établissement où les faits de proxénétisme ont eu lieu puissent être ordonnés par les juges du fond avec exécution provisoire ; seul l'art. 335-4 (nouvel art. 706-36 C. pr. pén.) confère cette faculté au juge d'instruction en cas de poursuites judiciaires exercées pour l'un des délits mentionnés aux art. 334, 334-1 ou 335 dudit code (nouv. art. 225-5 à 225-7 et 225-10), mais uniquement en ce qui concerne la fermeture de l'établissement. • Crim. 28 oct. 1975 : *Bull. crim. n° 229 ; Gaz. Pal. 1976. 1. Somm. 48.*

Art. 225-24 Les personnes physiques ou morales coupables de l'une des infractions prévues par les articles *(L. n° 2016-444 du 13 avr. 2016, art. 7)* **« 225-4-1 à 225-4-9 et » 225-5 à 225-10 encourent également :**

1° La confiscation des biens *(L. n° 2010-768 du 9 juill. 2010, art. 13)* **« meubles ou immeubles, divis ou indivis** *[ancienne rédaction : mobiliers]* **» ayant servi directement ou indirectement à commettre l'infraction ainsi que les produits de l'infraction détenus par une personne autre que la personne** *(L. n° 2016-444 du 13 avr. 2016, art. 7)* **« victime de la traite des êtres humains ou » se livrant à la prostitution elle-même ;** *— Pén. 131-21.*

2° Le remboursement des frais de rapatriement de la ou des victimes.

Corresp. : *C. pén., ancien art. 335-1 quater, al. 3 et 4.*

1. Confiscation. C'est à bon droit qu'une cour d'appel rejette la requête d'une prostituée tendant à la restitution d'une somme d'argent saisie entre les mains d'un proxénète, après avoir constaté que cette somme provenait de la prostitution de la demanderesse (sur le fondement des termes de l'art. 335-1 *quater* C. pén., alors que les produits de la prostitution pouvaient être saisis et confisqués « à quelque personne qu'ils appartiennent »). • Crim. 20 avr. 1983 : *Bull. crim. n° 113.* ♦ Mais l'art. 1131 C. civ., qui déclare sans effet l'obligation sur cause illicite, ne vise pas les obligations ayant leur source dans un délit caractérisé par la loi pénale et dont les sommes allouées par les juges à la partie civile constituent la réparation ; en conséquence, une prostituée qui s'est portée partie civile contre son amant, poursuivi pour exercice du métier de souteneur, est recevable à demander le remboursement des produits de la prostitution qu'elle lui a versés. • Crim. 7 juin 1945 : *Bull. crim. n° 63 ; D. 1946. 149, note Savatier ; JCP 1946. II. 2955, note Hémard.*

2. Il ne résulte d'aucun des termes de l'art. 335-1 *quater* (ancien art. 335-1) que les biens confisqués doivent avoir été préalablement décrits et identifiés ; si aucune description n'en a été faite par l'arrêt de condamnation et si une contestation s'élève lors de l'exécution de la mesure, elle doit être tranchée par la juridiction qui a qualité, suivant l'art. 710 C. pr. pén., pour statuer sur de tels incidents. • Crim. 12 nov. 1963 : *Bull. crim. n° 317 ; D. 1964. Somm. 39.*

3. Les produits de la prostitution peuvent être saisis à quelque personne qu'ils appartiennent, à l'exception de la personne se livrant à la prostitution elle-même, peu important que leur propriétaire ait été poursuivi ou condamné. • Crim. 8 avr. 2009 : *Dr. pénal 2009, n° 106, obs. Véron.*

Art. 225-25 *(L. n° 2003-239 du 18 mars 2003, art. 37)* **Les personnes physiques et morales reconnues coupables des infractions prévues aux sections I *bis* et II du présent chapitre** *(Abrogé par L. n° 2016-444 du 13 avr. 2016, art. 16) (L. n° 2004-204 du 9 mars 2004, art. 35)* **«, *à l'exception de celle prévue par l'article 225-10-1,* » encourent également la peine complémentaire de confiscation de tout ou partie** *(L. n° 2012-409 du 27 mars 2012, art. 13-I-2°)* **« des biens leur appartenant** *(Abrogé par Cons. const. n° 2021-899 du 23 avr. 2021, à compter du 31 déc. 2021)* **« ou, sous réserve des droits du propriétaire de bonne foi, dont elles ont la libre disposition », quelle qu'en soit la nature, meubles ou immeubles, divis ou indivis.**

Art. 225-26 *(L. n° 2018-1021 du 23 nov. 2018, art. 190)* **I. – Les personnes physiques et morales coupables de l'infraction de soumission à des conditions d'hébergement incompatibles avec la dignité humaine prévue à l'article 225-14 encourent également les peines complémentaires suivantes :**

1° La confiscation de tout ou partie de leurs biens, quelle qu'en soit la nature, meubles ou immeubles, divis ou indivis, ayant servi à commettre l'infraction. Lorsque les biens immeubles qui appartenaient à la personne condamnée au moment de la commission de l'infraction ont fait l'objet d'une expropriation pour cause d'utilité publique, le montant de la confiscation en valeur prévue au neuvième alinéa de l'article 131-21 est égal à celui de l'indemnité d'expropriation ;

2° L'interdiction pour une durée de dix ans au plus d'acheter un bien immobilier à usage d'habitation ou un fonds de commerce d'un établissement recevant du public à usage total ou partiel d'hébergement ou d'être usufruitier d'un tel bien ou fonds de commerce. Cette interdiction porte sur l'acquisition ou l'usufruit d'un bien ou d'un fonds de commerce soit à titre personnel, soit en tant qu'associé ou mandataire social de la société civile immobilière ou en nom collectif se portant acquéreur ou usufruitier, soit sous forme de parts immobilières ; cette interdiction ne porte toutefois pas sur l'acquisition ou l'usufruit d'un bien immobilier à usage d'habitation à des fins d'occupation à titre personnel ;

3° La confiscation de tout ou partie des biens leur appartenant ou, sous réserve des droits du propriétaire de bonne foi, dont elles ont la libre disposition, quelle qu'en soit la nature, meubles ou immeubles, divis ou indivis.

II. – Le prononcé des peines complémentaires mentionnées aux 1° et 2° du I du présent article est obligatoire. Toutefois, la juridiction peut, par une décision spécialement motivée, décider de ne pas prononcer ces peines, en considération des circonstances de l'infraction et de la personnalité de son auteur.

CHAPITRE VI DES ATTEINTES À LA PERSONNALITÉ

BIBL. ▶ F. Petit, *D. Affaires 1998, p. 826* (les droits de la personnalité confrontés au particularisme des personnes morales). – Beaussonie, *RSC 2010. 525* (recherche sur la notion de personnalité en droit pénal). – Lepage, *in* « Code pénal et code d'instruction criminelle - Livre du Bicentenaire », *Ouvrage collectif de l'Université Panthéon-Assas Paris II, Dalloz, 2010. 507* (code pénal et protection de la personnalité : propos sur l'autonomie et la codification du droit pénal).

SECTION PREMIÈRE DE L'ATTEINTE À LA VIE PRIVÉE

BIBL. ▶ Serinet, *D. 2016. Point de vue 1711* (l'instauration d'une répression des atteintes à l'intimité sexuelle par la loi pour une République numérique).

Art. 226-1 **Est puni d'un an d'emprisonnement et de 45 000 € d'amende le fait, au moyen d'un procédé quelconque, volontairement de porter atteinte à l'intimité de la vie privée d'autrui :**

1° En captant, enregistrant ou transmettant, sans le consentement de leur auteur, des paroles prononcées à titre privé ou confidentiel ; — *V. Arr. du 4 juill. 2012 ss. art. R. 226-1.*

2° En fixant, enregistrant ou transmettant, sans le consentement de celle-ci, l'image d'une personne se trouvant dans un lieu privé ;

(L. n° 2020-936 du 30 juill. 2020, art. 17) **« 3° En captant, enregistrant ou transmettant, par quelque moyen que ce soit, la localisation en temps réel ou en différé d'une personne sans le consentement de celle-ci. »**

Lorsque les actes mentionnés *(L. n° 2020-936 du 30 juill. 2020, art. 17)* **« aux 1° et 2° du** *[ancienne rédaction : au]* **» présent article ont été accomplis au vu et au su des intéressés sans qu'ils s'y soient opposés, alors qu'ils étaient en mesure de le faire, le consentement de ceux-ci est présumé.**

(L. n° 2020-936 du 30 juill. 2020, art. 17) **« Lorsque les actes mentionnés au présent article ont été accomplis sur la personne d'un mineur, le consentement doit émaner des titulaires de l'autorité parentale.**

« Lorsque les faits sont commis par le conjoint ou le concubin de la victime ou le partenaire lié à la victime par un pacte civil de solidarité, les peines sont portées à deux ans d'emprisonnement et à 60 000 euros d'amende. »

Corresp. : *C. pén., ancien art. 368.*

RÉP. PÉN. v° *Vie privée (Atteintes à la)*, par Cazé-Gaillarde.

BIBL. ▶ Nerson et Rubellin-Devichi, *RTD civ. 1983. 103*. – Sudre, *Mél. Pettiti, Bruylant, 1999, p. 687* (les aléas de la notion de vie privée dans la jurisprudence de la Cour EDH). – Gridel, *D. 2001. Chron. 872* (dignité de la personne humaine et liberté de l'information d'actualité). – Gridel et Lacabarats, *Gaz. Pal. 2002. 2. Doctr. 1632* (droit à la vie privée et liberté d'expression : fond du droit et action en justice). – Massis, *Gaz. Pal. 2004. 2. Doctr. 3563* (santé, droits de la personnalité et liberté d'information). – Lepage, *AJ pénal 2005. 9* (vie privée du salarié et droit pénal). – Fortis, *Gaz. Pal. 2006. 2. Doctr. 2955* (la surveillance au travail). – Questiaux, *Gaz. Pal. 2006. 2. Doctr. 2958* (vidéosurveillance et vie privée). – Poncela, *RSC 2012. 649* (les liaisons dangereuses du droit à l'image et du droit à l'information du public).

▶ **Colloques.** Entretiens de Nanterre 1996, *Gaz. Pal. 1997. 1. Doctr. 759 s.* (secret et citoyen – les risques technologiques de l'information).

1. Territoires d'outre-mer. Sur les difficultés d'application des art. 368 à 372 C. pén. dans les territoires d'outre-mer. • Crim. 16 avr. 1980 : *Bull. crim. n° 108 ; D. 1981. 68, note J. Mestre ; RSC 1981. 877, obs. Levasseur.*

2. Jurisprudence européenne. Si la liberté d'expression s'étend également à la publication de photos, il s'agit néanmoins d'un domaine où la protection de la réputation et des droits d'autrui revêt une importance particulière, car il est question de la diffusion non pas « d'idées » mais d'images contenant des informations très personnelles, voire intimes, sur un individu. • CEDH 24 juin 2004 : *D. 2004. Somm. 2538, obs. Renucci* . ♦ Ayant rappelé l'importance fondamentale que revêt la protection de la vie privée pour l'épanouissement de la personnalité de chacun, la Cour affirme que toute personne, même connue du grand public, doit pouvoir bénéficier d'une « espérance légitime » de protection et de respect de sa vie privée. • Même décision.

3. QPC. La question prioritaire de constitutionnalité est ainsi formulée : « Les art. 226-1 et 226-2 C. pén., subsidiairement leur interprétation par la jurisprudence constante de la Cour de cassation, méconnaissent-ils le droit à la liberté d'expression garanti par l'art. 11 de la DDH du 26 août 1789, en ce qu'ils interdisent, de façon générale et absolue, toute diffusion de paroles prononcées à titre privé ou confidentiel, enregistrées sans le consentement de leur auteur ? » ; la question posée ne présente pas un caractère sérieux en ce que, selon la jurisprudence constante de la Cour de cassation, le droit de toute personne au respect de sa vie privée, inscrit à l'art. 9 C. civ., puis déduit de l'art. 2 de la DDH du 26 août 1789 par maintes décisions du Cons. const., recouvre *notamment l'usage précis que chacun* fait des éléments de sa fortune, sauf son consentement établi à une divulgation, tandis que les art. 226-1 et 226-2 C. pén., dispositions de droit commun et non de droit de la presse, loin de présenter une portée générale et absolue, laissant déjà hors de leur domaine les interceptions de conversations opérées à de strictes conditions légales par les autorités publiques en charge de la lutte contre le crime, régissent seulement la captation et la diffusion, par des particuliers et à l'insu de leur auteur, de propos relatifs à sa vie privée, et excluent de leur champ d'application toutes paroles étrangères à cet objet, fussent-elles tenues à titre privé et dans un lieu privé, à moins que leur interception clandestine, par leur conception, leur objet et leur durée, aient nécessairement conduit celui qui l'a mise en place à pénétrer délibérément dans la vie privée de la personne concernée ; d'où il suit qu'il n'y a pas lieu de la renvoyer au Cons. const. • Civ. 1re, 5 févr. 2014 : *D. actu. 6 févr. 2014, obs. Gayet ; Gaz. Pal. 2014. 1. 1794, obs. Michalski.*

4. Référé. L'injonction faite à la société X. en référé de retirer de son site des extraits d'enregistrements illicites réalisés au domicile de Mme B. n'a pas violé l'art. 10 Conv. EDH. • CEDH 14 janv. 2021, *Sté éditrice de Mediapart et a. c/ France : nos 281/15 et 34445/15 : D. actu. 29 janv. 2021, obs. Hasnaoui-Dufrenne.* ♦ Après avoir rappelé que l'art. 10 Conv. EDH dispose que la liberté de recevoir et communiquer des informations peut être soumise à des restrictions prévues par la loi et nécessaires, dans une société démocratique, à la protection des droits d'autrui afin d'empêcher la divulgation d'informations confidentielles, l'arrêt retient exactement qu'il en va particulièrement ainsi du droit au respect de la vie privée, lui-même expressément affirmé par l'art. 8 de la même Conv., lequel, en outre, étend sa protection au domicile de chacun ; il s'ensuit que, si, dans une telle société, et pour garantir cet objectif, la loi pénale prohibe et sanctionne le fait d'y porter volontairement atteinte, au moyen d'un procédé de captation, sans le consentement de leur auteur, de paroles prononcées à titre privé ou confidentiel, comme de les faire connaître du public, le recours à ces derniers procédés constitue un trouble manifestement illicite, que ne sauraient justifier la liberté de la presse ou sa contribution alléguée à un débat d'intérêt général, ni la préoccupation de crédibiliser particulièrement une information, au demeurant susceptible d'être établie par un travail d'investigation et d'analyse couvert par le secret des sources journalistiques, la sanction par le retrait et l'interdiction ultérieure de nouvelle publication des écoutes étant adaptées et proportionnées à l'infraction commise, peu important, enfin, que leur contenu, révélé par la seule initiative délibérée et illicite d'un organe de presse de les publier, ait été ultérieurement repris par d'autres. • Civ. 1re, 2 juill. 2014 : *D. actu. 30 juill. 2014, obs. Douville* (rejet du pourvoi contre : • Versailles, 4 juill. 2013, no 12/00191, V. *infra*, no 21).

5. Géolocalisation. Il se déduit de l'art. 8 Conv. EDH que la technique dite de « géolocalisation » constitue une ingérence dans la vie privée qui, en raison de sa gravité, doit être exécutée sous le contrôle d'un juge. • Crim. 22 oct. 2013, no 13-81.945 P : *D. 2014. 115, note Matsopoulou ; JCP 2013, no 1378, obs. Fourment ; Dr. pénal 2013, comm. 177, obs. Maron et Haas* (2 arrêts). ♦ Justifie sa décision la chambre de l'instruction qui, pour dire régulière au regard de ce texte la mise en œuvre, au cours d'une information, du contrôle des déplacements d'une personne suspectée d'avoir commis une infraction à partir du suivi dynamique des téléphones portables utilisés par elle, retient, notamment, que cette opération a été exécutée sous le contrôle d'un juge constituant une garantie suffisante contre l'arbitraire, et que cette ingérence dans la vie privée de la personne concernée était proportionnée au but poursuivi, les faits en cause étant relatifs à une association de malfaiteurs en vue de préparer des actes de terrorisme portant gravement atteinte à l'ordre public. • Crim. 22 oct. 2013 : *préc.* ♦ En revanche, encourt la censure l'arrêt d'une chambre de l'instruction qui, pour dire régulières des réquisitions judiciaires tendant à la mise en œuvre, au cours d'une enquête préliminaire et sous l'autorité du procureur de la République, d'un contrôle des déplacements d'une personne suspectée d'avoir commis une infraction à partir du suivi dynamique des téléphones portables utilisés par elle, retient qu'il s'agit de simples mesures techniques ne portant pas atteinte à la vie privée et n'impliquant pas de recours à un élément de contrainte ou de coercition. • Crim. 22 oct. 2013 : *préc.*

I. CONTOURS DE L'INTIMITÉ

6. Entreprises. Le délit prévu et réprimé par l'art. 368-1° C. pén., pour être constitué, suppose non seulement l'enregistrement au moyen d'un appareil quelconque des paroles prononcées (dans un lieu privé) par une personne, sans le consentement de celle-ci, mais que les propos en cause concernent l'intimité de la vie privée de cette dernière ; tel n'est pas le cas des propos tenus par un employeur lors de l'entretien préalable au licenciement d'un salarié. • Crim. 16 janv. 1990, no 89-83.075 P : *Gaz. Pal. 1990. 2. 389.* ♦ Mais se rendent coupables du délit d'atteinte à l'intimité de la vie privée : le président-directeur général d'une entreprise et son gendre qui, à l'aide d'un interphone installé dans le local servant de cantine aux employées, ont écouté les conversations de celles-ci qui se réunissaient dans ce local à l'heure du déjeuner, alors que les conversations étaient relatives non seulement à la vie professionnelle, mais aussi à l'intimité de la vie privée de différentes personnes. • TGI Saint-Étienne, 19 avr. 1977 : *D. 1978. 123, note Lindon.* ♦ ... L'employeur qui a dissimulé un magnétophone à déclenchement vocal dans le faux plafond du bureau occupé par deux de ses employés. • Crim. 24 janv. 1995 : *Dr. pénal 1995. Comm. 118, obs. Véron.*

7. C'est à bon droit que les juges ont retenu la culpabilité du dirigeant d'une société spécialisée dans la sécurité des personnes, des biens et des entreprises, du chef de complicité d'atteintes à la vie privée, pour avoir fourni, à l'auteur principal, les adresses et les numéros de téléphone des personnes à surveiller ; l'argumentation du prévenu invoquant l'absence d'atteintes à la vie privée des plaignants en raison du caractère professionnel des propos enregistrés ne peut être retenue, les branchements clandestins ayant, par leur conception, leur objet et leur durée, nécessairement conduit leur auteur à pénétrer dans la vie privée des personnes écoutées. • Crim. 7 oct. 1997, no 96-81.485 P : *D. 1999. 152, note Saint-Pau ; Dr. pénal 1998. 47, obs. Véron ; Gaz. Pal. 1998. 2. Somm. 467, note Ch. Morel.*

8. Affaires. N'est pas une atteinte à l'intimité de la vie privée l'enregistrement d'une conversation ayant pour objet des pourparlers en vue de la publication d'un article. • Paris, 26 mars 1987 : *D. 1987. IR 104.*

9. Ne constitue pas une atteinte à l'intimité de la vie privée l'enregistrement d'une conversation téléphonique par l'un des interlocuteurs, à l'insu de l'autre, lorsque celle-ci porte sur l'activité professionnelle des intéressés, peu important que les propos aient été tenus dans un lieu privé. • Crim. 14 févr. 2006, no 05-84.384 P : *D. 2007. 1184, note Saint-Pau ; ibid. 2007. Pan. 404, obs. Garé ; Dr. pénal 2006. 65, obs. Véron ; AJ pénal 2006. 218 ; Gaz. Pal. 2006. 2. 3228, note Monnet.*

10. Conjoints. Ne peut être considéré comme portant atteinte à l'intimité de la vie privée l'enregistrement de propos ayant trait exclusivement à des problèmes d'argent entre époux séparés de fait. • Besançon, 5 janv. 1978 : *D. 1978. 357, note Lindon ; JCP 1980. II. 19449 (1re esp.), note Bécourt.* ♦ Sur appel de : T. corr. Besançon (et non Pontarlier, comme indiqué par erreur), • Crim. 20 mai 1977 : *JCP 1979. II. 19014, note*

Bécourt ; Gaz. Pal. 1977. 2. 516. ♦ Mais est une atteinte à l'intimité de la vie privée : l'écoute téléphonique réalisée par un mari dans l'appartement et les bureaux de son épouse, après qu'une ordonnance de non-conciliation eût été rendue, et alors que le prévenu a reconnu être toujours intéressé par la vie privée de son épouse. • Crim. 11 févr. 1987 : *D. 1987. Somm. 142.* ♦ ... L'enregistrement par une épouse de conversations téléphoniques confidentielles qui se déroulaient dans un lieu privé entre des tiers et son époux. • Crim. 3 mars 1998 : *Gaz. Pal. 1998. 2, chron. crim. 113.*

11. Procédure judiciaire. Les dispositions de l'art. 226-1 C. pén. ne paraissent pas applicables, en dehors de toute atteinte à l'intimité de la vie privée, à l'enregistrement à son insu de la voix d'une personne mise en examen, au cours d'une audition, par un policier agissant sur commission rogatoire du magistrat instructeur, aux fins d'expertise comparative avec la voix perceptible sur un dictaphone saisi au cours de l'enquête ; mais il y a lieu de juger que cet enregistrement a été effectué de manière déloyale et de nature à compromettre les droits de la défense. • Paris, 15 sept. 1998 : *BICC 1999, n° 558.* ♦ En revanche, justifie sa décision la cour d'appel qui condamne un journaliste pour atteinte à l'intimité de la vie privée de jurés d'assises suite à l'enregistrement et la diffusion d'une scène filmée dans une salle de la cour d'assises où les jurés s'étaient retirés pour délibérer. • Crim. 16 févr. 2010, n° 09-81.492 P : *D. 2010. AJ 768, note Lavric ; ibid. 2011. Pan. 782, obs. Dreyer ; AJ pénal 2010. 340, obs. Duparc ; Dr. pénal 2010, n° 56, obs. Véron.*

12. Un journaliste reporter d'images à France 3 Picardie avait été chargé de couvrir le déroulement d'une affaire devant la cour d'assises de la Somme ; la cour et le jury s'étaient retirés pour délibérer, et il était resté dans la salle d'audience à attendre le verdict, à l'instar d'autres confrères ; plusieurs des personnes alors présentes constataient que, par le reflet sur les parois de verre de l'immeuble faisant face, de l'autre côté de la rue, aux fenêtres de la salle des délibérés, le président de la cour et plusieurs jurés étaient visibles depuis la salle d'audience ; les conseils des deux accusés s'étant émus, auprès de l'assistance, de cette situation, le journaliste prenait l'initiative de filmer avec sa caméra ce reflet, qui lui permettait de visualiser le déroulement du délibéré ; sur ces prises de vue, étaient identifiables, outre le président de la cour, deux jurés en train de participer à un vote à main levée ; entre temps, la chaîne de télévision France 3 Picardie diffusait une partie de l'enregistrement filmé par le journaliste, cette retransmission n'étant accompagnée d'aucun floutage ; des poursuites furent exercées, à la fois, contre le journaliste, le rédacteur en chef et le directeur de publication de la chaîne régionale ; les faits ne pouvaient recevoir l'incrimination du délit de l'art. 39, al. 3, de la loi du 29 juill. 1881, dans la mesure où ce délit ne peut être imputé qu'à la personne qui, ayant participé à une délibération judiciaire, en rendrait compte, ce qui ne correspond pas à la situation des trois prévenus, qui n'ont en aucune façon participé aux délibérations du jury de la cour d'assises ; ils ne pourraient se voir reprocher une complicité punissable, en l'absence d'un acte principal de violation du secret du délibéré par l'un des participants à celui-ci. • Amiens, 4 févr. 2009 : *JCP 2009. II. 10063, note Benillouche.* ♦ De même, l'interdiction de photographier les débats judiciaires, prévue et réprimée par l'art. 38 *ter* de la loi du 29 juill. 1881, ne concerne que l'audience proprement dite et ne saurait s'étendre au délibéré d'une juridiction, sauf à ajouter au texte d'incrimination, dont les dispositions sont d'ailleurs explicites, quant à l'objet et à l'étendue de cette interdiction. • Même arrêt. ♦ En revanche, les faits sont constitutifs du délit d'atteinte à la vie privée, prévu et réprimé par les art. 226-1 et 226-2 C. pén. ; le reporter a bien filmé, en toute connaissance de cause, le déroulement du délibéré de la cour d'assises et ainsi fixé l'image de la partie civile ; il est indifférent, au regard de l'incrimination, que le prévenu ait filmé, non directement la scène litigieuse, mais seulement son reflet sur une vitre extérieure, de sorte que l'image ainsi portée à l'extérieur par un phénomène de réverbération serait devenue publique, et aurait, de ce fait, perdu son caractère confidentiel, en étant sortie de la sphère de la vie privée ; il n'est pas contestable que, mettant à profit un phénomène physique, le prévenu a profité d'une opportunité technique imprévue pour filmer une scène se déroulant à l'intérieur d'un lieu privé, c'est-à-dire, aux termes d'une jurisprudence constante, un lieu où quiconque ne peut pénétrer ou accéder sans le consentement de l'occupant, peu important que ce lieu se trouve inclus dans un bâtiment ouvert au public ; en l'espèce, seul le président de la cour d'assises avait la possibilité de donner son autorisation pour qu'une personne ne composant ni la cour ni le jury puise y pénétrer, de sorte que la salle de délibéré se trouve temporairement être, au regard de l'art. 226-1 C. pén., un lieu privé, au demeurant soumis à la surveillance, quant à son accès, des services de police. • Même arrêt. ♦ Il ne serait non plus être retenu, contrairement à ce qui a été considéré par le premier juge, que la participation d'un juré aux délibérations du jury dont il est membre, ne relève pas de l'intimité de sa vie privée, dans la mesure où il participe à une mission de service public, procédant du pouvoir régalien public ; la participation aux délibérations d'un jury criminel se fait par vote à bulletin secret, ce qui en souligne la nature d'acte strictement personnel, qui est inséparable de la sphère de l'intimité de la vie privée, le juré devant se décider en son âme et sa conscience, tandis que son impartialité et son indépendance s'en trouvent renforcées par le jeu de plusieurs dispositions légales, dont il bénéficie, notamment, au titre de la protection légale de l'intimité de la vie privée. • Même arrêt. ♦ Enfin, le reporter ne saurait exciper de sa bonne foi, en alléguant avoir voulu dénoncer une situation qu'il estimait irrégulière et s'être trouvé dans l'obligation, en sa qualité de reporter d'image, de rendre compte d'un élément d'actualité à l'opinion publique ; une telle argumentation relève du mobile et ne saurait faire disparaître le caractère volontaire ayant présidé à la prise de vue litigieuse et à la connaissance par le prévenu de son caractère illégal, n'ayant reçu aucune autorisation des personnes qu'il filmait. • Même arrêt.

13. Constitue une atteinte volontaire à l'intimité de la vie privée le fait de filmer et d'enregistrer, à leur insu, des jurés délibérant dans une salle de cour d'assises, et de diffuser cet enregistrement dans un journal télévisé. • Crim. 16 févr. 2010, n° 09-81.492 P : *D. 2010. AJ 768, obs. Lavric ; ibid. Pan. 2742, obs. Garé ; ibid. 2011. Pan. 782, obs. Dreyer ; JCP 2010, n° 21, 565, note Lennon ; ibid. 1258, p. 2361, obs. Tricoire ; Gaz. Pal. 2010. 2, p. 1745, note Michalski ; ibid., p. 2395, note Detraz* (rejet du pourvoi contre • Amiens, 4 févr. 2009 : *préc. note 12).*

14. Véhicule automobile. Pour dire le délit d'atteinte à l'intimité de la vie privée non établi, relativement à des clichés pris alors qu'un véhicule venait d'être accidenté et ses passagers grièvement blessés, l'arrêt relève qu'en raison de l'accident et de la nécessaire intervention des secours auprès des blessés, le véhicule a perdu son caractère privé, et que ses occupants sont devenus accessibles aux regards des photographes de presse, auxquels aucune interdiction d'approcher l'automobile et de prendre des clichés n'a été signifiée ; en statuant ainsi, alors que ni l'intervention des services de secours, ni l'exposition involontaire aux regards d'autrui d'une victime gravement atteinte lors d'un accident, ne font perdre au véhicule la transportant son caractère de lieu privé au sens de l'art. 226-1 C. pén., et qu'est prohibée par ce texte la fixation en un tel lieu, sans autorisation de la personne concernée, de toute image portant atteinte à l'intimité de sa vie privée, la cour d'appel n'a pas justifié sa décision. • Crim. 12 avr. 2005, n° 04-85.637 P : *Gaz. Pal. 2005. 1. 1917, concl. Commaret ; ibid. 2. 3491, note Monnet ; RSC 2005. 845, obs. Mayaud* .

II. ATTEINTE À L'INTIMITÉ

15. Nature. L'art. 9 C. civ. concerne, au plan civil, les mêmes atteintes que celles visées par l'art. 368-2 au plan pénal. • TGI Marseille, 23 mars 1995 : *D. 1996. 40, note Frayssinet* .

16. Se rend coupable d'injure publique et de diffamation publique, mais pas d'atteinte à la vie privée, l'employé d'un parc d'attraction qui a présenté sur un site internet des photographies retouchées de ses collègues. • TGI Meaux, 19 nov. 2001 : *D. 2002. Somm. 2373, obs. Caron* .

17. Le délit d'atteinte à l'intimité de la vie privée ne suppose nullement qu'une telle atteinte présente un caractère intolérable. • Crim. 3 mars 1982 : *Bull. crim. n° 68 ; D. 1982. 579, note Lindon.*

18. En l'état de notre droit, on ne peut admettre l'argument tendant à faire prévaloir une éventuelle revendication des citoyens français à pouvoir contempler l'image d'un homme public défunt, eût-il été président de la République française ; en effet, tout individu, quel qu'ait été son rôle au sein des institutions françaises, dispose du droit de faire respecter l'intimité de sa vie privée ; les hommes publics, et en particulier les chefs d'État, ne constituent pas une catégorie d'êtres à part, dont l'importance des prérogatives conduirait à la privation des droits élémentaires reconnus à tout individu. • TGI Paris, 13 janv. 1997 : *D. 1997. 255, note Beignier ; JCP 1997. II. 22845, note Serna.* ♦ Confirmé par : • Paris, 2 juill. 1997 : *D. 1997. 596 (1re esp.), note Beignier* . ♦ La fixation de l'image d'une personne, vivante ou morte, sans autorisation préalable des personnes ayant pouvoir de l'accorder, est prohibée, et la diffusion ou la publication de ladite image sans autorisation entre nécessairement dans le champ d'application des art. 226-1, 226-2 et 226-6 C. pén. ; si l'art. 10 Conv. EDH reconnaît à toute personne la liberté de communiquer des informations au public, ce texte prévoit, en son second paragraphe, que l'exercice de cette liberté peut être soumis à certaines conditions, restrictions ou sanctions prévues par la loi qui constituent des mesures nécessaires dans une société démocratique, notamment pour la protection des droits d'autrui ; tel est l'objet des dispositions du code pénal suscitées relatives à l'atteinte à l'intimité de la vie privée. • Crim. 20 oct. 1998, n° 97-84.621 P : *D. 1999. 106, note Beignier ; JCP 1999. II. 10044, note Loiseau ; Dr. pénal 1999. 18, obs. Véron.* ♦ Rejet du pourvoi contre : • Paris, 2 juill. 1997 : *préc.*

19. Absence de consentement. L'art. 226-1 C. pén. réprime des peines qu'il prévoit, le fait, au moyen d'un procédé quelconque, de porter volontairement atteinte à l'intimité de la vie privée d'autrui, notamment, en fixant, sans son consentement, l'image d'une personne se trouvant en un lieu privé ; selon ce texte, lorsque l'acte est accompli au vu et au su de la personne intéressée, son consentement est présumé si elle ne s'y est pas opposée, alors qu'elle était en mesure de le faire ; pour dire le délit d'atteinte à l'intimité de la vie privée non établi, un arrêt, après avoir relevé que des photographies de personnes publiques réalisées dans une voiture, à la sortie d'un l'hôtel, montraient le visage de l'un des passagers de face et de profil, parfois partiellement caché par la tête de sa compagne, retient que, bien que pris à l'intérieur du lieu privé que constitue le véhicule, ces clichés n'ont surpris ni gestes, ni attitudes, ni comportements susceptibles d'être rattachés à la sphère intime de la vie privée ; les juges ajoutent que les photographies n'ont pas dévoilé l'existence d'une liaison, déjà largement médiatisée, et qu'elles n'ont revêtu aucun caractère clandestin, compte tenu du contexte dans lequel le couple a, en pleine connaissance de cause, pris la décision de quitter l'hôtel ; en prononçant ainsi, alors que l'art. 226-1 C. pén. a pour objet de sanctionner l'atteinte à l'intimité de la vie privée d'autrui du fait de la fixation, sans son consentement, de l'image d'une personne se trouvant, comme en l'espèce, dans un lieu privé, la cour d'appel, qui a insuffisamment répondu aux chefs péremptoires des conclusions de la partie civile énumérant les diverses raisons démontrant, selon elle, l'absence de consentement de la victime, n'a pas justifié sa décision. • Crim. 12 avr. 2005, n° 04-85.637 P : *Gaz. Pal. 2005. 1. 1917, concl. Commaret ; ibid. 2. 3491, note Monnet ; RSC 2005. 845, obs. Mayaud*.

20. La partie civile a fait citer directement devant le tribunal correctionnel les prévenus du chef d'atteinte à l'intimité de la vie privée, par enregistrement de paroles prononcées à titre privé ou confidentiel, à la suite de la diffusion, sur la chaîne de télévision TF1, d'une émission intitulée « Le droit de savoir », au cours de laquelle elle était filmée, dans l'exercice de ses fonctions au sein du groupe d'intervention régional (GIR) de la gendarmerie, alors qu'elle procédait à l'audition d'une personne lors d'une enquête relative à un trafic de cigarettes ; pour confirmer le jugement de relaxe entrepris sur l'appel de la partie civile, et dire non constitués les faits d'atteinte à l'intimité de la vie privée par captation de paroles, l'arrêt relève, notamment, que la durée et les conditions du tournage, qui ont conduit les journalistes à suivre les activités des membres du GIR pendant plusieurs mois, sur autorisation du ministère de l'Intérieur, ne permettent pas de considérer que les propos litigieux ont été enregistrés sans le consentement de la partie civile, dont la demande tendant à voir dissimulé son visage n'établit pas qu'elle souhaitait également voir sa voix déformée ; en l'état de ces seuls motifs, la cour d'appel a justifié sa décision. • Crim. 12 févr. 2008 : *Dr. pénal 2008. 61, obs. Véron*.

21. Constitue une atteinte à l'intimité de la vie privée, que ne légitime pas l'information du public, la captation, l'enregistrement ou la transmission sans le consentement de leur auteur des paroles prononcées à titre privé ou confidentiel. • Civ. 1re, 6 oct. 2011, n° 10-21.822 P : *D. 2011. 2771, note Dreyer ; Gaz. Pal. 2012. 1. 297, note Detraz ; ibid. 1. 370, note Michalski et Piot*. ♦ Caractérise le trouble manifestement illicite exigé par l'art. 809 C. pr. civ., au regard des art. 226-1 et 226-2 C. pén., visés dans l'assignation, la diffusion d'enregistrements pratiqués de façon clandestine, qui ont, par leur localisation et leur durée, nécessairement conduit leur auteur à pénétrer dans l'intimité des personnes concernées et de leurs interlocuteurs, peu important que les défendeurs aient procédé à un tri au sein des enregistrements diffusés pour ne rendre publics que les éléments ne portant pas atteinte, selon eux, à la vie privée des personnes concernées. • Versailles, 4 juill. 2013, n° 12/00191 : *D. actu. 9 juill. 2013, obs. Lavric*.

22. Revenge porn. Le fait de porter à la connaissance du public ou d'un tiers soit des paroles prononcées à titre privé ou confidentiel, soit l'image d'une personne se trouvant dans un lieu privé n'est punissable que si l'enregistrement ou le document qui les contient a été réalisé sans le consentement de la personne concernée. • Crim. 16 mars 2016, n° 15-82.676 P : *D. actu. 21 mars 2016, obs. Fucini ; D. 2016. Pan. 2424, obs. Garé ; Dr. pénal 2016, n° 73, obs. Conte ; AJ pénal 2016. 268, obs. Thierry ; RSC 2016. 96, obs. Francillon . D. 2016. 935, note Serinet ; ibid. Pan. 1597, obs. Laurent*.

23. Responsabilité civile. A justifié sa décision la cour d'appel qui, après avoir relevé qu'est détachable de la fonction d'un agent public, même si elle n'est pas dépourvue de tout lien avec son service, la faute de cet agent qui, impliquant une intention de nuire ou présentant une gravité particulière, révèle un manquement volontaire et inexcusable à des obligations d'ordre professionnel et déontologique, pour statuer sur les demandes de réparations des parties civiles, retient que tel est le cas des prévenus, hauts fonctionnaires ou hauts gradés de la gendarmerie ou de la police nationale qui, par la commission de faits illégaux relevant d'un système institutionnalisé et constitutifs de délits d'atteinte à l'intimité de la vie privée (écoutes téléphoniques de la « cellule élyséenne »), ont jeté le discrédit sur l'ensemble de la fonction publique civile et militaire en affaiblissant l'autorité de l'État dans l'opinion publique, méconnaissant ainsi l'intérêt général, au seul profit d'intérêts particuliers n'excluant nullement leurs propres intérêts de carrière. • Crim. 30 sept. 2008, n° 07-82.249 P : *D. 2008. 2975, note Matsopoulou ; ibid. 2009. Pan. 2239, obs. Pradel ; RSC 2009. 92, obs. Fortis*.

A. VOLONTÉ DE L'ATTEINTE

24. Principe. Le délit prévu tant par l'art. 368 ancien, que par l'art. 226-1, 1°, nouv. C. pén. n'est punissable que si le prévenu a eu la volonté de porter atteinte à la vie privée d'autrui. • Crim. 7 oct. 1997, n° 96-81.485 P : *D. 1999. 152, note Saint-Pau ; Dr. pénal 1998. Comm. 47, obs.*

Véron ; Gaz. Pal. 1998. 2. Somm. 467, note Ch. Morel.

25. Diversité des manifestations. La volonté de porter atteinte à la vie privée peut résulter notamment de la mise en condition de la victime, soumise pendant près d'une heure à un véritable questionnaire soigneusement préparé et orienté. • Crim. 3 mars 1982 : *Bull. crim. n° 68 ; D. 1982. 579, note Lindon.*

26. Publier la photographie de la dépouille mortelle d'une personne implique nécessairement la conscience de porter atteinte à l'intimité de la vie privée de celle-ci. • TGI Paris, 13 janv. 1997 : *D. 1997. 255, note Beignier ; JCP 1997. II. 22845, note Serna.* ♦ Sur appel : • Paris, 2 juill. 1997 : *préc. note 18*. ♦ Sur pourvoi : • Crim. 20 oct. 1998 : *préc. note 18.*

27. Écoutes téléphoniques. A pris part, délibérément, à des écoutes illégales, et doit être reconnu coupable de faits caractérisant le délit d'atteinte à l'intimité de la vie privée le prévenu qui, en sa qualité de chef du GIC, organisme placé sous le contrôle du Premier ministre, était chargé de la mise en place d'interceptions demandées par le ministre de la Défense, après réception de l'aval du directeur de cabinet du Premier ministre, ainsi que de leur transcription et de leur diffusion, alors qu'il connaissait le fondement juridique fragile des interceptions demandées par la « cellule élyséenne » qui lui étaient signalées, qu'il n'a pas estimé devoir attirer l'attention du cabinet du Premier ministre et ne s'est pas opposé à la sortie, hors de son service, d'un nombre significatif d'interceptions dont la « cellule » opérait elle-même irrégulièrement la transcription. • Crim. 30 sept. 2008 : *préc. note 23.*

28. Opérations de surveillance. Manque de base légale la condamnation pour atteinte à l'intimité de la vie privée prononcée contre le directeur d'un foyer d'hébergement qui, après avoir vainement mis en garde le personnel de l'établissement sur l'usage abusif du téléphone de celui-ci pour des communications personnelles, avait fait installer dans son bureau un poste de surveillance destiné à contrôler les communications échangées, alors que l'arrêt ne précise aucun élément de fait d'où résulterait la preuve que le prévenu ait volontairement intercepté ou tenté d'intercepter des conversations téléphoniques privées, échangées dans des conditions autorisées par le règlement du foyer, soit par le personnel, soit par les résidents. • Crim. 27 janv. 1981 : *JCP 1982. II. 19742 (1re esp.), note Bécourt ; RSC 1982. 353, obs. Levasseur.* ♦ Cassation de : • Besançon, 13 déc. 1979 : *JCP 1980. II. 19449 (2e esp.), note Bécourt.* ♦ V., en première instance : • T. corr. Montbéliard, 1er déc. 1978 : *JCP 1979. II. 19248, note Lindon.*

29. Si l'employeur a le droit de contrôler et de surveiller l'activité de ses salariés pendant le temps du travail, tout enregistrement, quels qu'en soient les motifs, d'images ou de paroles à leur insu, constitue un mode de preuve illicite. • Soc. 20 nov. 1991 : *D. 1992. 73, concl. Chauvy*. ♦ L'employeur a le droit de contrôler et de surveiller l'activité de ses salariés pendant le temps du travail ; seul l'emploi de procédé clandestin de surveillance est illicite ; une cour d'appel, qui a relevé que les salariés avaient été dûment avertis de ce que leurs conversations téléphoniques seraient écoutées, a pu décider que les écoutes réalisées constituaient un mode de preuve valable. • Soc. 14 mars 2000, n° 98-42.090 P : *JCP 2001. II. 10472, note Puigelier.* ♦ Si, aux termes de l'art. L. 432-2-1 C. trav. [L. 2323-32 nouv.], le comité d'entreprise est informé et consulté préalablement à la décision de mise en œuvre dans l'entreprise, sur les moyens ou les techniques permettant un contrôle de l'activité des salariés, ce qui interdit à l'employeur de se servir de moyens de preuve obtenus à l'aide de procédés de surveillance qui n'auraient pas été portés préalablement à la connaissance des salariés, l'employeur est libre de mettre en place des procédés de surveillance des entrepôts ou autres locaux de rangement dans lesquels les salariés ne travaillent pas ; ayant constaté qu'un système de vidéosurveillance a été installé par un employeur dans un entrepôt de marchandise et qu'il n'enregistrait pas l'activité de salariés affectés à un poste déterminé, une cour d'appel peut retenir ce moyen de preuve. • Soc. 31 janv. 2001, n° 98-44.290 P : *D. 2001. IR 743 ; Gaz. Pal. 2001. 2. Somm. 1773, note Maurel-Guignot.* ♦ Si l'employeur a le droit de contrôler et de surveiller l'activité de son personnel durant le temps de travail, il ne peut, ainsi qu'il résulte de l'art. L. 432-2-1 C. trav. [L. 2323-32 nouv.], mettre en œuvre un dispositif de contrôle qui n'a pas été porté préalablement à la connaissance des salariés ; ayant relevé qu'une société a fait appel, à l'insu du personnel, à une société de surveillance extérieure à l'entreprise pour procéder au contrôle de l'utilisation par ses salariés des distributeurs de boissons et sandwiches, une cour d'appel décide à bon droit que le rapport de cette société de surveillance constitue un moyen de preuve illicite ; ayant constaté que le licenciement pour faute grave des salariés reposait exclusivement sur le rapport de la société de surveillance, la même cour, qui n'est pas tenue d'ordonner une mesure d'instruction, en déduit justement que le licenciement est dépourvu de cause réelle et sérieuse. • Soc. 15 mai 2001 : *D. 2001. Somm. 3015, obs. Aubert-Monpeyssen*. ♦ Une cour d'appel retient exactement que la vérification par une société du relevé de communications téléphoniques d'un salarié fourni par France Télécom ne constitue pas un procédé de surveillance illicite pour n'avoir pas été préalablement porté à la connaissance des salariés. • Soc. 15 mai 2001 : *D. 2001. Somm. 3015, obs. Aubert-Monpeyssen ; ibid. 2002. 2292, note Planque ; Gaz. Pal. 2002. 1. Somm. 560, note Maurel-Guignot.*

30. Un employeur avait équipé les lieux de travail de caméras et de micros installés dans les faux-plafonds, l'ensemble étant relié à son appartement situé dans l'immeuble, et l'installation apparente était connue des salariés ; toutefois, constitue une atteinte à la vie privée, au sens de l'art. 226-1 C. pén., le fait, pour cet employeur, d'avoir installé d'autres micros, à l'insu des salariés, notamment dans le bureau d'un attaché de presse, afin d'entendre ses conversations ; le salarié ne pouvait avoir connaissance de ce micro dissimulé dans la plinthe d'une cloison entre le bureau et une réserve, alors qu'il ne pouvait être décelé que par un examen attentif ; en outre, les faits ont été reconnus par l'installateur de l'ensemble des systèmes de surveillance ; enfin, l'employeur qui pouvait entendre toutes les conversations sans distinction entre leur caractère privé ou professionnel, ne pouvait invoquer, sans les prouver, des nécessités de sécurité. • Paris, 19 mars 2002 : *D. 2003. Somm. 1533, obs. Marino ; JCP 2002. IV. 2620.*

31. Identification par photographie. En cas d'enregistrement, réalisé au moyen d'un cinémomètre, de l'image de l'auteur d'un excès de vitesse, l'agent verbalisateur agit conformément aux instructions régulières de ses chefs pour établir l'identité de l'auteur d'une infraction ; dès lors ne saurait être retenu l'art. 368 C. pén., l'élément intentionnel faisant défaut. • T. pol. Paris, 25 mai 1984 : *Gaz. Pal. 1984. 2. 632, et la note ; JCP 1986. II. 20531, note Taquet ; RSC 1986. 856, obs. Levasseur.*

32. Le droit interne protège la vie privée des citoyens, et notamment leur droit à l'image, en interdisant de fixer au moyen d'un appareil quelconque l'image d'une personne se trouvant dans un lieu privé, sans le consentement de celle-ci ; cependant, pour constituer une infraction pénale, la loi française exige que le détenteur de l'appareil ait eu l'intention de porter atteinte à l'intimité de la vie privée d'autrui ; ainsi, l'autorité publique qui procède à l'identification d'un contrevenant au moyen d'un appareil photographique ne se rend pas coupable de l'infraction susvisée ; le procédé n'apparaît pas illégal au regard du droit pénal national. • T. pol. Cannes, 9 mai 1994 : *Gaz. Pal. 1994. 2. 635.* ♦ Mais, l'ingérence de l'autorité publique, réalisée par l'opération d'identification par photographie, si elle répond aux nécessités de l'ordre et de la sécurité publique, n'est prévue, dans le droit français, ni par une loi, ni par un règlement, ni par un décret, ni par un arrêté, mais par deux circulaires qui n'ont aucune valeur normative ; elle ne répond dès lors pas aux conditions posées par l'art. 8 Conv. EDH, directement applicable en droit interne et ayant une autorité supérieure à la loi nationale, ce qui entache de nullité le procès-verbal servant de base aux poursuites. • Même jugement. ♦ *Contra* : • T. pol. Marmande, 10 janv. 1995 : *Gaz. Pal. 1995. 2. Somm. 488.*

33. Ne constitue pas une ingérence injustifiée, au sens de l'art. 8 Conv. EDH, la constatation des contraventions d'excès de vitesse au moyen d'un cinémomètre associé à un appareil de prise de vue qui est utilisé aux seules fins de relever l'immatriculation des véhicules en infraction et de permettre, le cas échéant, l'identification des contrevenants. • Crim. 7 mai 1996, n° 95-85.674 P. ♦ Pour rejeter l'exception de nullité de la procédure soulevée par le prévenu qui soutenait que les textes autorisant l'emploi, pour constater les infractions d'excès de vitesse, d'un cinémomètre raccordé à un système de prise de vue, étaient incompatibles avec les dispositions de l'art. 8 Conv. EDH, l'arrêt attaqué énonce que le recours à un tel procédé ne porte aucune atteinte prohibée à la vie privée dès lors que le véhicule concerné circule sur une voie ouverte au public ; en cet état, la cour d'appel a justifié sa décision sans méconnaître les dispositions conventionnelles et légales visées au moyen ; en effet, ne constitue pas une ingérence injustifiée, au sens de l'art. 8 de la convention européenne précitée, la constatation des contraventions d'excès de vitesse au moyen d'un cinémomètre associé à un appareil de prise de vue utilisé aux seules fins de relever l'immatriculation des véhicules en infraction et de permettre, le cas échéant, l'identification des contrevenants. • Crim. 8 avr. 1998 : *Dr. pénal 1998. Comm. 146 (1er arrêt), obs. J.-H. Robert.*

34. Photographies anthropométriques. Une prise de photographies et d'empreintes digitales intervenue dans le cadre d'une enquête préliminaire sur une personne gardée à vue, et sous le contrôle de l'autorité judiciaire, ne saurait être constitutive du délit prévu par l'art. 368-2 C. pén. ; il n'en résulte en effet aucune atteinte volontaire à la vie privée, dès lors qu'elles ont été réalisées dans un cadre légal, et qu'en tout état de cause un commissariat de police ne saurait constituer un lieu privé. • TGI Marseille, 23 mars 1995 : *D. 1996. 40, note Frayssinet.*

B. MATÉRIALITÉ DE L'ATTEINTE

35. Clandestinité. BIBL. Véron, *Dr. pénal 1998. Chron. 16* (clandestinité et prescription). ♦ Les art. 368 ancien et 226-1 nouv. C. pén. font de la clandestinité un élément constitutif essentiel du délit d'atteinte à l'intimité de la vie privée d'autrui, qui n'est caractérisé que lorsque la personne, dont les paroles ont été enregistrées sans son consentement, est informée de leur captation ou de leur transmission, et qui, selon l'art. 226-6, ne peut être poursuivi que sur la plainte de la victime ou de ses ayants droit. • Crim. 4 mars 1997, n° 96-84.773 P : *Dr. pénal 1997. 75, obs. Véron ; Gaz. Pal. 1997. 1. 320, note J.P.D. ; RSC 1997. 669, obs. Dintilhac.* ♦ Rejet du pourvoi contre : • Paris, 30 sept. 1996 : *D. 1997. 111, note Breen ; Gaz. Pal. 1997. 1. 1, note Doucet.* ♦ Ainsi, sauf à retirer son effectivité de la loi, cette infraction ne peut être prescrite avant qu'elle ait pu être constatée en tous ses éléments, et que soit révélée, aux victimes, l'atteinte qui a pu être portée à leurs droits. • Même arrêt. ♦ Mêmes solutions pour le délit de mise en mémoire informatisée de données nominatives faisant apparaître les opinions des personnes : V. ss. art. 226-19.

36. Le point de départ de la prescription du délit d'atteinte à l'intimité de la vie privée doit être fixé au jour où le délit est apparu et a pu être constaté dans des conditions permettant l'exercice de l'action publique. • Crim. 8 juin 1999 : *Dr. pénal 1999. Comm. 146, obs. Véron.* ♦ L'atteinte à l'intimité à la vie privée par des écoutes téléphoniques est une infraction par nature clandestine conduisant à faire courir le délai de prescription seulement à partir du moment où elle est révélée aux victimes dans tous ses éléments. • Crim. 30 sept. 2008 : ☎ *préc. note 23.*

37. Complicité. Est complice du délit d'atteinte à l'intimité de la vie privée commis par son époux, la prévenue qui a sciemment, par aide ou assistance, facilité la préparation ou la consommation de l'infraction, dès lors qu'elle conduisait le véhicule qui a servi à photographier une princesse. • Aix-en-Provence, 9 janv. 2006 : *JCP 2007. IV. 1499.*

1° PAROLES

BIBL. Ch. Lèguevaques et V. Douysset, *Gaz. Pal. 2000-1. Doctr. 588* (l'enregistrement téléphonique comme mode de preuve dans le contentieux du divorce).

38. Enregistrement. L'art. 368 C. pén. réprime le fait d'enregistrer au moyen d'un appareil quelconque des paroles prononcées (dans un lieu privé) par une personne, sans le consentement de celle-ci, quels que soient les résultats techniques de l'enregistrement, les propos enregistrés seraient-ils inaudibles. • Crim. 19 mai 1981 : ☎ *Bull. crim. n° 161 ; D. 1981. 544, note Mayer ; RSC 1982. 125, obs. Levasseur.*

39. Persécutions téléphoniques. La poursuite n'est pas viciée par l'utilisation au cours de l'enquête préliminaire d'un procédé technique qui a pour but et pour résultat non l'interception de communications téléphoniques, mais la détermination de l'origine d'appels constituant des violences avec préméditation ; les parties conservent toute latitude pour discuter les résultats d'une telle opération, et les juges demeurent libres d'en déterminer la valeur probante. • Crim. 4 janv. 1974 : *Bull. crim. n° 2 ; D. 1974. Somm. 10.*

40. La pose sur la ligne téléphonique du plaignant, et à sa demande, d'un appareil enregistrant le numéro de l'abonné appelant, ainsi que la date et l'heure de l'appel, ne constitue pas une infraction aux dispositions de l'art. 368 C. pén., qui réprime l'écoute, l'enregistrement et la communication des paroles. • Crim. 16 janv. 1974 : *Bull. crim. n° 25 ; JCP 1974. II. 17731, note Lindon.*

41. L'enregistrement, à la diligence des destinataires, de communications téléphoniques anonymes et réitérées perturbant la vie familiale, ne saurait entrer dans le cadre des propos protégés par l'art. 368 C. pén., ne présentant pas le caractère d'une atteinte à l'intimité de la vie privée de l'auteur des appels ; il n'est pas contraire aux droits de la défense de l'utiliser pour identifier celui-ci. • Crim. 17 juill. 1984 (2 arrêts) : ☎ *Bull. crim. n° 259 ; RSC 1985. 304, obs. Levasseur.*

42. Écoutes téléphoniques. L. du 10 juill. 1991. Sur les interceptions ordonnées par l'autorité judiciaire, et les interceptions de sécurité, V. désormais la loi n° 91-646 du 10 juill. 1991, relative au secret des correspondances émises par la voie des télécommunications : art. 432-9, al. 2, et App., v° *Postes et télécommunications.* ♦ Sur le droit intermédiaire : • Comm. EDH, 11 janv. 1994 : *Dr. pénal 1995. Comm. 245, note Maron.*

43. Des faits d'écoutes téléphoniques, relevant d'un système institutionnalisé, de surcroît réalisées par une cellule constituée par les plus hautes autorités de l'État (cellule anti-terroriste de l'Élysée), et commises au préjudice de très nombreuses personnes à raison de leur profession, notamment de journalistes, d'avocats et d'hommes politiques, d'écrivains, etc., sont susceptibles de recevoir la qualification correctionnelle prévue par l'art. 226-1 C. pén. prévoyant les atteintes à la vie privée par le moyen de captation, fixation, enregistrement des paroles d'une personne sans son consentement, ce texte ayant repris les dispositions de l'art. 368 C. pén. • Paris, 30 sept. 1996 : *D. 1997. 111, note Breen* ; *Gaz. Pal. 1997. 1. 1, note Doucet.* ♦ La L. du 10 juill. 1991, relative au secret des correspondances émises par la voie des télécommunications, – qui a notamment complété le code pénal par un art. 186-1, devenu l'art. 432-9, inapplicable aux faits commis avant son entrée en vigueur –, ne contient aucune disposition incompatible avec celles des lois du 17 juill. 1970, relative à la garantie des libertés individuelles, et du 6 janv. 1978, sur l'informatique et les libertés, reprises respectivement aux art. 368 et 369 devenus 226-1 et 226-2 C. pén., et 226-16 à 226-20 du même code, d'où il suit que le moyen qui se borne à affirmer une telle incompatibilité pour prétendre à l'abrogation implicite de ces derniers textes est inopérant et doit être écarté. • Crim. 4 mars 1997, ☎ n° 96-84.773 P : *Gaz. Pal. 1997. 1. 320, note J.P.D. ; RSC 1997. 669, obs. Dintilhac*. ♦ Rejet du pourvoi contre : • Paris, 30 sept. 1996 : *préc.*

44. Est justifié l'arrêt, qui pour dire que les agissements reprochés aux prévenus caractérisent le délit d'atteinte à l'intimité de la vie privée prévu, à la date des faits, par l'art. 368 C. pén. devenu l'art. 226-1 du même code, retient que, le 12 janv.

1995, il a été remis au juge d'instruction cinq disquettes provenant de la « cellule élyséenne » et contenant vingt-six fichiers créés grâce à l'emploi d'un logiciel mis à la disposition de cet organisme, parmi lesquels se trouvaient les listes des correspondants des personnes écoutées et plus de trois mille fiches de synthèse de conversations téléphoniques irrégulièrement captées en 1985 et 1986, ajoutant que, compte tenu des résultats des expertises et de l'examen des documents ou bandes magnétiques saisis, la matérialité et le contenu des fichiers extraits des disquettes ne peuvent utilement être contestés par les prévenus, lesquels n'ont d'ailleurs exercé aucune voie de recours contre la décision du tribunal retenant, en fonction des mêmes éléments de preuve, leur culpabilité à l'égard de certaines parties civiles, et énonçant enfin que les interceptions, pratiquées hors d'un cadre légal et sans respecter les recommandations d'un rapport de l'autorité judiciaire, sont avérées et que, même si quelques unes d'entre elles n'ont pas fait l'objet d'une transcription, elles caractérisent en tous ses éléments, y compris l'élément intentionnel, le délit d'atteinte à l'intimité de la vie privée, dès lors que les branchements clandestins et illégaux sur les lignes téléphoniques du domicile ou du local professionnel des parties civiles ont, par leur conception, leur objet et leur durée, nécessairement conduit leurs auteurs à pénétrer dans l'intimité de la vie privée des personnes mises sous écoute et de leurs interlocuteurs. • Crim. 30 sept. 2008 : *préc. note 23.*

45. Pour refuser aux prévenus le bénéfice du fait justificatif prévu par l'art. 327 de l'ancien code pénal devenu l'art. 122-4 du même code, relatif au commandement de l'autorité légitime, l'arrêt relève qu'à l'époque des faits, aucune loi ne prévoyait les interceptions administratives, qui étaient mises en œuvre selon la décision n° 1 E du Premier ministre en date du 28 mars 1960 complétée par les recommandations d'un rapport de l'autorité judiciaire ; l'arrêt observe également que le dépassement de son champ de compétence par la « cellule élyséenne » a entraîné une large confusion entre les missions de lutte contre le terrorisme, la sécurité du président de la République ainsi que de ses proches et la protection de la vie privée de ce dernier, et qu'à le supposer donné par le chef de l'État, l'ordre de procéder à des écoutes pour protéger sa vie privée ne pouvait légitimer cet acte, dès lors qu'il émanait d'une autorité ne disposant pas du pouvoir de le faire ; les juges ajoutent que les écoutes téléphoniques en cause ont été pratiquées de façon illégitime, sans respecter la procédure administrative mise en place ni les directives des Premiers ministres qui avaient interdit, sauf motifs particuliers sur lesquels l'attention devait être alertée, l'écoute d'avocats et de journalistes ; les juges énoncent enfin que le commandement de l'autorité légitime ne peut être retenu en faveur d'un officier supérieur de la gendarmerie et de hauts fonctionnaires, dès lors que ne leur était imposée aucune obéissance inconditionnelle à des ordres manifestement illégaux ; en l'état de ces motifs, qui caractérisent des comportements faisant obstacle à l'application du fait justificatif invoqué, la cour d'appel a justifié sa décision. • Crim. 30 sept. 2008 : *préc. note 23.*

46. ***Enregistrement de conversations privées sur commission rogatoire.*** Le juge d'instruction tient des art. 81, al. 1er, 151 et 152 C. pr. pén. le pouvoir de prescrire, en vue de la constatation des infractions, tous les actes d'information utiles à la manifestation de la vérité, y compris l'enregistrement de conversations privées, pourvu que ces mesures aient lieu sous son contrôle et dans des conditions ne portant pas atteinte aux droits de la défense. • Crim. 23 nov. 1999, n° 99-82.658 P.

47. ***Valeur probante des enregistrements.*** L'enregistrement d'une conversation privée, effectué et conservé à l'insu de l'auteur des propos invoqués, est un procédé déloyal rendant irrecevable en justice la preuve ainsi obtenue. • Civ. 2e, 7 oct. 2004, n° 03-12.653 P : *D. 2005. 122, note Bonfils ; AJ pénal 2005. 30, obs. Enderlin ; JCP 2005. II. 10025, note Léger.*

48. La prévenue a produit, dans une procédure de divorce, une attestation établie par une amie, relatant de graves violences commises sur elle-même par son époux, en état d'ébriété ; celui-ci a porté plainte et s'est constitué partie civile des chefs d'établissement d'attestation faisant état de faits matériellement inexacts et usage, et a produit un procès-verbal d'huissier retranscrivant intégralement l'enregistrement d'une conversation téléphonique entre lui-même et son épouse, dans laquelle celle-ci reconnaissait le caractère mensonger de l'attestation ; c'est à bon droit que la cour d'appel a écarté l'argumentation de la prévenue qui invoquait le caractère déloyal de ce moyen de preuve au regard du procès équitable, et l'a condamnée du chef d'usage d'attestation inexacte ; dès lors que l'enregistrement de la conversation téléphonique privée, réalisé par l'époux, était justifié par la nécessité de rapporter la preuve des faits dont il était victime et de répondre, pour les besoins de sa défense, aux accusations de violences qui lui étaient imputées, la cour d'appel, devant qui la valeur de ce moyen de preuve a été contradictoirement débattue, n'a pas méconnu les art. 427 C. pr. pén., 226-1 et 441-7 C. pén., et 6, § 1, Conv. EDH. • Crim. 31 janv. 2007, n° 06-82.383 P : *D. 2007, chron. 1821, obs. Ménotti ; Dr. pénal 2007. 98, obs. Véron ; RSC 2007. 331, obs. Filniez .*

49. La transcription effectuée, contre le gré de l'intéressé, par un officier de police judiciaire, des propos qui lui sont tenus, officieusement, par une personne suspecte, élude les règles de procédure et compromet les droits de la défense ; la validité d'un tel procédé ne peut être admise. • Crim. 3 avr. 2007 : *D. 2007. Chron. 1821, obs. Ménotti* ; *D. 2008, Pan. 2760, obs. Pradel*.

2° IMAGE

BIBL. A. de Lajartre, *JCP 1996. I. 3955* (fonctions et fictions des « miradors électroniques » publics – la « vidéosurveillance » dans la L. du 21 janv. 1995).

50. Lieu privé. Le lieu privé doit être conçu comme un endroit qui n'est ouvert à personne sauf autorisation de celui qui l'occupe d'une manière permanente ou temporaire. • Besançon, 5 janv. 1978 : *D. 1978. 357, note Lindon ; JCP 1980. II. 19449 (1re esp.), note Bécourt* • Aix-en-Provence, 9 janv. 2006 : *JCP 2007. IV. 1499* (à propos d'un véhicule automobile). ♦ Doit être, au contraire, qualifié de public le lieu accessible à tous, sans autorisation spéciale de quiconque, que l'accès en soit permanent et inconditionnel ou subordonné à certaines conditions. • TGI Paris, 23 oct. 1986 : *Gaz. Pal. 1987. 1. 21.*

51. Faire dépendre le caractère public ou privé d'un lieu, de la nature de la scène qui s'y déroule, alors que ce lieu est public par sa destination même, conduirait à insérer dans le texte légal une modalité qui n'y figure pas et à donner de la loi une interprétation extensive. • T. corr. Aix-en-Provence, 16 oct. 1973 : *JCP 1974. II. 17623, note Lindon ; RSC 1976. 119, obs. Levasseur.*

52. Une photographie prise dans la rue, lieu public par nature, ne peut tomber, en cas de publication, sous le coup des art. 368 et 369 (nouvel art. 226-2) C. pén. • T. corr. Aix-en-Provence, 16 oct. 1973 : *préc. note 51* • Toulouse, 26 févr. 1974 : *D. 1974. 736 ; RSC 1976. 119, obs. Levasseur.* ♦ Ne peut être tenue comme un lieu privé au sens de l'art. 368 C. pén. une plage, où a été photographiée une femme, la poitrine découverte, dès lors que cette plage est un lieu accessible à tous les estivants. • TGIParis, 18 mars 1971 : *D. 1971. 447, note Foulon-Piganiol ; Gaz. Pal. 1972. 1. 59, note Frémond ; JCP 1971. II. 16875 ; RSC 1972. 118, obs. Levasseur.* ♦ Ne peut être tenue comme un lieu privé au sens de l'art. 368 C. pén. une plage, où a été photographiée une femme, la poitrine découverte, dès lors que cette plage est un lieu accessible à tous les estivants. • TGI Paris, 18 mars 1971 : *D. 1971. 447, note Foulon-Piganiol ; Gaz. Pal. 1972. 1. 59, note Frémond ; JCP 1971. II. 16875 ; RSC 1972. 118, obs. Levasseur.*

53. Un bateau revêt le caractère d'un lieu privé, lorsque, ne se trouvant plus à proximité d'une plage ou d'un port, mais au large, toute personne à bord, si aucune embarcation n'évolue dans le voisinage, est fondée à se croire à l'abri des regards d'autrui. • Paris, 5 févr. 1979 : *JCP 1980. II. 19343, note Lindon ; RSC 1980. 714, obs. Levasseur.* ♦ Constitue un lieu privé au sens de l'art. 226-1 C. pén. un yacht privé servant à une croisière estivale, ce yacht, à l'évidence, n'étant pas librement accessible au public, la qualité de lieu privé s'appliquant à toutes les parties du bateau, y compris celles qui, par la force des choses, sont plus exposées aux regards indiscrets (pont). • Paris, 2 nov. 2000 : *Dr. pénal 2001. 42, obs. Véron.*

54. Est un lieu privé une chambre d'hôpital (tentative de photographier une actrice blessée sur son lit d'hôpital). • Paris, 17 mars 1986 : *Gaz. Pal. 1986. 2. 429.* ♦ ... Un lieu de détention, dans lequel, par définition, il est interdit d'entrer et dont on ne peut sortir sans une autorisation très particulière et strictement limitée (photographies prises clandestinement de surveillants de prison et de détenus). • TGI Paris, 23 oct. 1986 : *préc. note 50.* ♦ Rappr. : • Paris, 19 nov. 1986 : *D. 1987. Somm. 141.*

55. Est un lieu privé la chambre mortuaire d'un ancien président de la République ; sans doute des centaines de personnes y ont été admises, mais selon une procédure qui comprenait filtrage, contrôle et surveillance des opérations exclusives de toute volonté de rendre ce lieu public. • Paris, 2 juill. 1997 : *D. 1997. 596 (1re esp.), note Beignier*. ♦ Sur pourvoi : • Crim. 20 oct. 1998, n° 97-84.621 P : *D. 1999. 106, note Beignier ; JCP 1999. II. 10044, note Loiseau ; Dr. pénal 1999. Comm. 18, obs. Véron.*

56. Les parties civiles ont porté plainte du chef d'atteinte à l'intimité de la vie privée, à la suite de la publication de photographies prises à leur insu pendant la cérémonie de leur mariage dans une synagogue de Paris ; à l'issue de l'information, une personne a été renvoyée devant le tribunal correctionnel de Paris du chef d'atteinte à l'intimité de la vie privée, et trois autres du chef d'utilisation d'un document ou d'un enregistrement obtenu par une atteinte à l'intimité de la vie privée ; les prévenus ayant été relaxés par le tribunal correctionnel, les parties civiles ont interjeté appel ; pour confirmer le jugement, l'arrêt retient qu'en application de l'art. 25 de la loi du 9 déc. 1905, aux termes duquel les réunions pour la célébration d'un culte tenu dans les locaux appartenant à une association cultuelle ou mis à sa disposition sont publiques, le caractère public des cérémonies s'impose à l'autorité religieuse célébrant le mariage ainsi qu'aux mariés ; les juges ajoutent que le fait, personnel aux parties civiles, d'avoir organisé un contrôle temporaire de l'une des entrées de la synagogue, les autres entrées n'étant pas concernées, n'établit pas le caractère privé de la cérémonie ; en l'état de ces énonciations, dont il résulte que la prise des photographies sans le consentement des personnes y figurant ayant été faite dans un lieu public, le délit prévu par l'art. 226-1, 2° ; C. pén. n'est pas constitué, la cour d'appel a justifié sa décision.

• Crim. 25 oct. 2011, n° 11-80.266 P : *D. actu. 24 nov. 2011, obs. Lavric ; Gaz. Pal. 2012. 296, note Dreyer ; Dr. pénal 2012. 4, obs. Véron.*

57. Sur le fondement de l'ancienne condition de lieu privé qui était également requise pour les enregistrements de paroles (art. 368, al. 1er, 1°), ont encore été retenus comme de tels lieux, du moins au regard de l'utilisation qui en fut faite : le bureau d'une entreprise. • Crim. 8 déc. 1983 : *Bull. crim. n° 333 ; D. 1985. IR 17, obs. Lindon ; Gaz. Pal. 1984. 1, note Doucet ; RSC 1985. 84, obs. Levasseur* • Rouen, 19 mars 1987 : *Gaz. Pal. 1987. 2. Somm. 394.* ♦ ... Un magasin. • Crim. 14 mars 1984 : *Bull. crim. n° 110 ; D. 1985. IR 17, obs. Lindon ; RSC 1984. 745, obs. Levasseur.* ♦ Fut également considéré comme lieu privé : une pharmacie après la fermeture des portes. • TGI Paris, 7 nov. 1975 : *D. 1976. 270, note Lindon ; RSC 1976. 729, obs. Levasseur.* ♦ ... Mais non pas le poste téléphonique d'un hôtel mis à la disposition de la clientèle et du personnel dans le hall de réception de cet établissement (par opposition à la cabine isolée phonétiquement). • Besançon, 5 janv. 1978 : *D. 1978. 357, note Lindon ; JCP 1980. II. 19449 (1re esp.), note Bécourt.*

58. Fixation. La fixation de l'image d'une personne, vivante ou morte, est prohibée sans autorisation préalable des personnes ayant pouvoir de l'accorder, la protection de la vie privée persistant au-delà de la mort ; est ainsi coupable d'une atteinte à la vie privée d'autrui le directeur de publication d'un hebdomadaire, qui fait paraître dans son magazine une photographie d'un acteur étendu sur son lit de mort, en un lieu privé. • Crim. 21 oct. 1980 : *Bull. crim. n° 262 ; D. 1981. 72, note Lindon ; RSC 1981. 878, obs. Levasseur.*

59. Il résulte d'une jurisprudence constante que les atteintes à l'intimité de la vie privée peuvent porter sur la fixation de l'image de toute personne, vivante ou morte ; on ne peut donc soutenir que le droit au respect de l'intimité de la vie privée prend fin à la date du décès ou que le droit au respect de l'intimité de la vie privée disparaît au moment du décès. • TGI Paris, 13 janv. 1997 : *D. 1997. 255, note Beignier ; JCP 1997. II. 22845, note Serna.* ♦ Le fait de prendre des photographies d'une dépouille mortelle porte incontestablement atteinte à l'intimité de la vie privée d'autrui, quelles que soient les analyses que l'on puisse faire sur le point de savoir si la notion d'autrui se rapporte au décédé ou à ses ayants droit, eu égard à la généralité du terme ; cette notion désigne l'« autre » auquel le respect est dû en raison de sa condition d'être humain qui ne se réduit pas au point de savoir s'il peut ou non encore être porteur de droits privés après son décès. • Paris, 2 juill. 1997 : *D. 1997. 596 (1re esp.), note Beignier* (confirmation de : • TGI Paris, 13 janv. 1997 : *préc.*). ♦ La fixation de l'image d'une personne, vivante ou morte, sans autorisation préalable des personnes ayant pouvoir de l'accorder, est prohibée, et la diffusion ou la publication de ladite image sans autorisation entre nécessairement dans le champ d'application des art. 226-1, 226-2 et 226-6 C. pén. • Crim. 20 oct. 1998, n° 97-84.621 P : *D. 1999. 106, note Beignier ; JCP 1999. II. 10044, note Loiseau ; Dr. pénal 1999. Comm. 18, obs. Véron.* ♦ Rejet du pourvoi contre : • Paris, 2 juill. 1997 : *préc.*

60. L'opposition des ayants droit constitue un élément à prendre en considération, *a fortiori* lorsque le défunt n'a pas eu l'occasion de faire connaître sa volonté personnelle sur ce point ; mais il convient de préciser ... que c'est au regard de l'acte de publication des photographies litigieuses que doivent être appréciés ces éléments constitutifs de l'infraction : en effet, on peut imaginer des situations dans lesquelles les photographies de la dépouille mortelle d'une personne sont prises avec l'accord de la famille pour un usage privé et que l'opposition des ayants droit porte sur la seule diffusion dans le public desdits clichés. • TGI Paris, 13 janv. 1997 : *préc. note 59.* ♦ Sur pourvoi : • Crim. 20 oct. 1998 : *préc. note 59.*

61. Constitue l'infraction prévue par l'art. 368 C. pén. le fait de photographier un tiers, sans son consentement, de l'extérieur à travers la fenêtre fermée de son appartement. • Crim. 25 avr. 1989 : *Bull. crim. n° 165 ; RSC 1990. 78, obs. Levasseur.* ♦ Constitue pareillement le délit la prise de photographies, sans son consentement : d'une actrice sur son lit d'hôpital. • Paris, 17 mars 1986 : *Gaz. Pal. 1986. 2. 429.* ♦ ... D'une personne détenue dans une maison d'arrêt. • TGI Paris, 23 oct. 1986 : *préc. note 50.*

62. En revanche, n'entre pas dans le champ d'application de l'art. 368 C. pén., une surveillance à l'aide d'une jumelle effectuée dans le cadre d'une enquête préliminaire destinée à constater une infraction. • Crim. 23 août 1994, n° 93-84.739 P : *Dr. pénal 1994. Comm. 236, note Véron ; ibid. 1995. 49, note Maron.*

63. Valeur probante des enregistrements. Si l'employeur a le droit de contrôler et de surveiller l'activité de ses salariés pendant le temps du travail, tout enregistrement, quels qu'en soient les motifs, d'images ou de paroles à leur insu, constitue un mode de preuve illicite. • Soc. 20 nov. 1991 : *D. 1992. 73, concl. Chauvy.*

64. La captation, la fixation, l'enregistrement ou la transmission par les policiers de l'image d'une personne se trouvant dans un lieu privé, qui ne sont autorisés que dans les cas et conditions prévus par l'art. 706-96 C. pr. pén., ne peuvent être opérés au cour d'une enquête préliminaire ; constitue une ingérence, au sens de l'art. 8 Conv. EDH, dans l'exercice du droit au respect de la vie privée et du domicile, le fait, pour les policiers, de photographier clandestinement, au moyen d'un téléobjectif, les plaques d'immatriculation des véhicules se trouvant à l'intérieur d'une propriété privée non visible de la voie publique, aux fins d'identification des titulaires des cartes grises ; une telle immixtion, opérée en enquête préliminaire, qui n'est prévue par aucune disposition de procédure pénale, est nécessairement irrégulière. • Crim. 21 mars 2007, n° 06-89.444 P : *D. 2007, chron. 1817, obs. Caron* ; *AJ pénal 2007. 286* ; *Dr. pénal 2007. 91, obs. Maron* ; *Gaz. Pal. 2007. 2. 4073, note Monnet* ; *RSC 2007. 841, obs. Finielz* ; *ibid. 897, obs. Renucci* ; *ibid. 2008. 655, obs. Buisson* .

65. La mise en place d'un dispositif technique ayant pour objet, sans le consentement des intéressés, la captation et la fixation de leur image dans un lieu privé ne peut être autorisée que par le juge d'instruction, dans le cadre d'une information concernant une infraction entrant dans le champ d'application de l'art. 706-73 C. pr. pén. ; des policiers, agissant en enquête préliminaire, ont mis en place un dispositif technique aux fins de capter et de fixer des images dans le parking souterrain clos d'une résidence privée dont l'accès nécessite l'usage d'une télécommande ; ils ont, par ce moyen, fixé les images de personnes allant et venant dans l'allée centrale du parking ; ces documents ont été versés dans la procédure annexée au réquisitoire introductif ; le mis en examen dans l'information ultérieurement ouverte a saisi la chambre de l'instruction d'une demande d'annulation d'actes de la procédure et en particulier des vidéo surveillances réalisées, en faisant notamment valoir qu'elles n'avaient pas été autorisées par un juge et qu'elles avaient été effectuées dans un lieu privé, à usage d'habitation, inaccessible à des vues extérieures et clos, l'usage d'une clef étant nécessaire pour y entrer ; pour déclarer régulières les opérations, l'arrêt attaqué retient que cette installation a été effectuée avec l'autorisation du syndic de l'immeuble, dont le numéro de téléphone et le nom du représentant sont indiqués dans le procès-verbal, que, dans la mesure où l'installation du dispositif a été autorisée par le syndic, il n'était pas nécessaire d'obtenir l'autorisation d'un magistrat, que le dispositif a été installé dans les parties communes de l'immeuble et non dans les parties privatives, que n'étant personnellement titulaire d'aucun droit sur ces lieux, le demandeur n'a pas qualité pour contester la mise en place et l'utilisation du dispositif de surveillance, que, s'il apparaît en personne sur les clichés versés au dossier, le recel de véhicules volés et la falsification de leur immatriculation ne sauraient être regardés comme des activités protégées au titre du respect de la vie privée ; mais en prononçant ainsi, par des motifs inopérants, alors que, les parties communes d'une copropriété constituant un lieu privé, les opérations de captation et de fixation d'images effectuées en l'espèce ne répondaient pas aux conditions de l'art. 706-96 C. pr. pén., la chambre de l'instruction a méconnu le texte susvisé et le principe ci-dessus énoncé. • Crim. 27 mai 2009, n° 09-82.115 P : *D. 2009. AJ 1697, obs. Girault* ; *ibid. Pan. 2241, obs. Pradel* ; *AJ pénal 2009. 367, obs. Ascensi* ; *RSC 2009. 595, obs. Mayaud* ; *ibid. 899, obs. Buisson* .

Art. 226-2 Est puni des mêmes peines le fait de conserver, porter ou laisser porter à la connaissance du public ou d'un tiers ou d'utiliser de quelque manière que ce soit tout enregistrement ou document obtenu à l'aide de l'un des actes prévus par l'article 226-1.

Lorsque le délit prévu par l'alinéa précédent est commis par la voie de la presse écrite ou audiovisuelle, les dispositions particulières des lois qui régissent ces matières sont applicables en ce qui concerne la détermination des personnes responsables.

Corresp. : *C. pén., ancien art. 369.*

1. Conservation. La conservation d'un enregistrement de paroles prononcées à titre privé ou confidentiel, au sens de l'art. 226-2 C. pén. constitue un délit continu, à l'égard duquel la prescription de l'action publique ne commence à courir que lorsqu'il a cessé. • Crim. 4 mars 1997, n° 96-84.773 P : *Dr. pénal 1997. 75, obs. Véron* ; *Gaz. Pal. 1997. 1. 320, note J.P.D.* ♦ Rejet du pourvoi contre : • Paris, 30 sept. 1996 : *D. 1997. 111, note Breen* ; *Gaz. Pal. 1997. 1. 1, note Doucet.* ♦ Même solution pour la conservation de données informatisées relatives aux opinions des personnes : V. ss. art. 226-19.

2. Diffusion. Constitue l'infraction prévue par l'art. 368 C. pén. (nouvel art. 226-1) le fait de photographier un tiers, sans son consentement, de l'extérieur à travers la fenêtre fermée de son appartement ; la publication d'une telle photographie, sans l'accord de l'intéressé, caractérise le délit prévu par l'art. 369 du même code. • Crim. 25 avr. 1989 : *Bull. crim. n° 165* ; *RSC 1990. 78, obs. Levasseur* .

3. La production en justice de photographies prises dans un lieu privé sans le consentement de la personne fixée sur l'image ne constitue pas une diffusion au sens de la L. du 17 juill. 1970, cette production n'ayant pour conséquence qu'une publicité restreinte et les pièces de la procédure n'étant communiquées qu'à des personnes tenues au secret professionnel. • Versailles, 9 juill. 1982 : *Gaz. Pal. 1983. 1. Somm. 50.*

4. L'art. 369 C. pén. ne fait pas de distinction quant à la nature de l'enregistrement porté à la connaissance du public ; il n'y a donc pas lieu de distinguer, dans une conversation, les paroles qui concernent la vie intime et les autres, et le texte est applicable dès lors qu'elles ont été tenues dans un lieu privé et enregistrées sans le consentement de l'intéressé. • Paris, 4 juill. 1990 : *Gaz. Pal. 1991. 2. 446.*

5. Se rend coupable du délit de publication de documents résultant d'une atteinte à l'intimité de la vie privée, faits prévus et réprimés par les art. 226-2, 226-6 et 226-31 C. pén., le directeur de publication d'un hebdomadaire qui a publié deux photographies parues en doubles pages représentant François Mitterrand sur son lit de mort, sans avoir recueilli le consentement des ayants droit de celui-ci. • TGI Paris, 13 janv. 1997 : *D. 1997. 255, note Beignier* ; *JCP 1997. II. 22845, note Serna.* ♦ Confirmé par : • Paris, 2 juill. 1997 : *D. 1997. 596 (1re esp.), note Beignier.* ♦ La fixation de l'image d'une personne, vivante ou morte, sans autorisation préalable des personnes ayant pouvoir de l'accorder, est prohibée, et la diffusion ou la publication de ladite image sans autorisation entre nécessairement dans le champ d'application des art. 226-1, 226-2 et 226-6 C. pén. ; si l'art. 10 Conv. EDH reconnaît à toute personne la liberté de communiquer des informations au public, ce texte prévoit, en son second paragraphe, que l'exercice de cette liberté peut être soumis à certaines conditions, restrictions ou sanctions prévues par la loi qui constituent des mesures nécessaires dans une société démocratique, notamment pour la protection des droits d'autrui ; tel est l'objet des dispositions du code pénal suscitées relatives à l'atteinte à l'intimité de la vie privée. • Crim. 20 oct. 1998, nº 97-84.621 P : *D. 1999. 106, note Beignier* ; *JCP 1999. II. 10044, note Loiseau* ; *Dr. pénal 1999. Comm. 18, obs. Véron.* ♦ Rejet du pourvoi contre : • Paris, 2 juill. 1997 : *préc.*

6. L'art. 226-2 C. pén. est applicable à la publication en France de toute photographie dès lors que celle-ci a été réalisée dans des conditions portant atteinte à l'intimité de la vie privée au sens de l'art. 226-1 ; il est indifférent, comme c'est le cas en l'espèce, que la photographie ait été prise à l'étranger, par un photographe étranger, et concerne des personnes de nationalité étrangère. • Paris, 2 nov. 2000 : *Dr. pénal 2001. 42, obs. Véron.*

7. Conflits de qualifications. L'art. L. 42 C. P. et T. (violation du secret des correspondances téléphoniques) et l'art. 369 C. pén. ne font pas double emploi : le premier tend à protéger le secret des communications radioélectriques, alors que le second condamne les atteintes à la vie privée commises par la publication de documents et enregistrements obtenus dans les conditions prévues à l'art. 368 C. pén. (nouvel art. 226-1) ; la publication dans un journal d'une conversation téléphonique ou radiotéléphonique recouvre les deux infractions. • T. corr. Paris, 2 juill. 1981 : *Gaz. Pal. 1983. 1. Somm. 49.* ♦ Rappr. : • Besançon, 5 janv. 1978 : *D. 1978. 357, note Lindon* ; *JCP 1980. II. 19449 (1re esp.), note Bécourt.* ♦ Sur appel de : T. corr. Besançon (et non Pontarlier, comme indiqué par erreur), • Crim. 20 mai 1977 : *JCP 1979. II. 19014, note Bécourt* ; *Gaz. Pal. 1977. 2. 516.*

8. Droit de la presse. Le rappel sous quelque forme que ce soit d'une condamnation amnistiée ne pouvant être assimilé à une atteinte à la vie privée, et dès lors que la loi d'amnistie en cause (L. 4 août 1981) n'a institué aucune présomption de responsabilité à l'encontre du directeur de publication d'un écrit périodique, c'est par un emprunt abusif aux dispositions combinées des art. 285 (nouvel art. 227-24) et 369 C. pén. que les juges retiennent la responsabilité d'un tel directeur, du seul fait de la publication, sans rechercher s'il a sciemment pris part aux faits objets de la poursuite. • Crim. 15 mars 1988 : *Bull. crim. nº 126.*

9. Le fait que le législateur ait défini, dans l'art. 226-2 C. pén., à propos de la conservation ou de la diffusion de tout enregistrement ou document obtenu par une atteinte à la vie privée, une responsabilité dite en cascade, lorsque sa diffusion en a été commise par voie de presse écrite ou audiovisuelle, suivant renvoi aux dispositions en la matière des lois sur la presse, ne saurait induire la volonté du législateur de soumettre au régime procédural de la loi du 29 juill. 1881 toute atteinte à la vie privée commise par voie de presse écrite ou audiovisuelle ; l'intention du législateur a seulement été de prévoir une imputation légale de ces délits, qui restent, en tout état de cause, soumis au droit pénal commun… ; en adaptant expressément le système de la responsabilité en cascade à ceux qui conservent, portent ou laissent porter à la connaissance du public ou d'un tiers, ou qui utilisent de quelque manière que ce soit tout enregistrement ou document obtenu à la faveur d'une atteinte à l'intimité de la vie d'autrui, le législateur a seulement voulu renforcer la protection de la victime d'une telle atteinte, sans pour autant avoir voulu définir pour chacune des infractions concernées un régime juridique distinct ; il serait peu compréhensible, au regard de la cohérence de la répression, que l'auteur de l'atteinte soit poursuivi plus rigoureusement que ceux qui ont exploité cette atteinte, en plaçant ces derniers sous le régime plus protecteur des délits de presse. • Amiens, 4 févr. 2009 : *JCP 2009. II. 10063, note Benillouche.* ♦ … Les exceptions préjudicielles tirées de la nullité des actes de citation et de la prescription des délits reprochés, comme étant soumis à la loi du 29 juill. 1881, s'avèrent non fondées, ni justifiées, et seront donc rejetées. • Même arrêt.

Art. 226-2-1 *(L. nº 2016-1321 du 7 oct. 2016, art. 67)* **Lorsque les délits prévus aux articles 226-1 et 226-2 portent sur des paroles ou des images présentant un caractère**

sexuel prises dans un lieu public ou privé, les peines sont portées à deux ans d'emprisonnement et à 60 000 € d'amende.

Est puni des mêmes peines le fait, en l'absence d'accord de la personne pour la diffusion, de porter à la connaissance du public ou d'un tiers tout enregistrement ou tout document portant sur des paroles ou des images présentant un caractère sexuel, obtenu, avec le consentement exprès ou présumé de la personne ou par elle-même, à l'aide de l'un des actes prévus à l'article 226-1.

BIBL. ▸ Lepage, *Dr. pénal 2017. Étude 1* (l'article 226-2-1 du Code pénal. Une nouvelle strate dans la protection pénale de la vie privée). – Detraz, *RSC 2016. 741* (nouvelles dispositions réprimant les atteintes à l'intimité sexuelle : faire compliqué quand on peut faire simple).

Art. 226-3 *(Ord. nº 2011-1012 du 24 août 2011, art. 44)* **Est puni de cinq ans d'emprisonnement et de 300 000 € d'amende :**

1° La fabrication, l'importation, la détention, l'exposition, l'offre, la location ou la vente d'appareils ou de dispositifs techniques *(L. nº 2013-1168 du 18 déc. 2013, art. 23)* **« de nature à permettre la réalisation d'opérations » pouvant constituer l'infraction prévue par le** *(L. nº 2020-936 du 30 juill. 2020, art. 18)* **« deuxième** *[ancienne rédaction : second]* **» alinéa de l'article 226-15 ou qui, conçus pour la détection à distance des conversations, permettent de réaliser l'infraction prévue par l'article 226-1 ou ayant pour objet la captation de données informatiques prévue** *(L. nº 2015-912 du 24 juill. 2015, art. 7)* **« aux articles 706-102-1** *(Abrogé par L. nº 2019-222 du 23 mars 2019, art. 46-V et 109-XIII, à compter du 1er juin 2019) (L. nº 2016-731 du 3 juin 2016, art. 5)* **«** ***et 706-102-2*** **» du code de procédure pénale et L. 853-2 du code de la sécurité intérieure » et figurant sur une liste dressée dans des conditions fixées par décret en Conseil d'État, lorsque ces faits sont commis, y compris par négligence, en l'absence d'autorisation ministérielle dont les conditions d'octroi sont fixées par ce même décret ou sans respecter les conditions fixées par cette autorisation ;** – *V. Arr. du 4 juill. 2012 fixant la liste d'appareils et de dispositifs techniques prévue par l'art. 226-3 C. pén. (JO 1er août), mod. par Arr. du 17 juill. 2015 (JO 22 juill.) ; Arr. du 15 déc. 2015 (JO 27 déc.) ; Arr. du 11 août 2016 (JO 25 août).*

2° Le fait de réaliser une publicité en faveur d'un appareil ou d'un dispositif technique susceptible de permettre la réalisation des infractions prévues par l'article 226-1 et le *(L. nº 2020-936 du 30 juill. 2020, art. 18)* **« deuxième** *[ancienne rédaction : second]* **» alinéa de l'article 226-15 lorsque cette publicité constitue une incitation à commettre cette infraction ou ayant pour objet la captation de données informatiques prévue** *(L. nº 2015-912 du 24 juill. 2015, art. 7)* **« aux articles 706-102-1** *(Abrogé par L. nº 2019-222 du 23 mars 2019, art. 46-V et 109-XIII, à compter du 1er juin 2019) (L. nº 2016-731 du 3 juin 2016, art. 5)* **«** ***et 706-102-2*** **» du code de procédure pénale et L. 853-2 du code de la sécurité intérieure » lorsque cette publicité constitue une incitation à en faire un usage frauduleux.**

(L. nº 2019-810 du 1er août 2019, art. 4) **« Le présent article n'est pas applicable à la détention ou à l'acquisition par les opérateurs mentionnés à l'article L. 1332-1 du code de la défense, ainsi désignés en vertu de leur activité d'exploitant d'un réseau de communications électroniques ouvert au public, des appareils soumis à une autorisation du Premier ministre en application de la section VII du chapitre II du titre Ier du livre II du code des postes et des communications électroniques. »**

Corresp. *: C. pén., ancien art. 371.*

BIBL. ▸ Pradel, *D. 1992. Chron. 49*. – Maron et Véron, *Dr. pénal, déc. 1991 et janv. 1992*. – Kayser, *JCP 1992. I. 3559*.

Art. 226-3-1 *(L. nº 2018-703 du 3 août 2018, art. 16)* **Le fait d'user de tout moyen afin d'apercevoir les parties intimes d'une personne que celle-ci, du fait de son habillement ou de sa présence dans un lieu clos, a caché à la vue des tiers, lorsqu'il est commis à l'insu ou sans le consentement de la personne, est puni d'un an d'emprisonnement et de 15 000 € d'amende.**

Les faits mentionnés au premier alinéa sont punis de deux ans d'emprisonnement et de 30 000 € d'amende :

1° Lorsqu'ils sont commis par une personne qui abuse de l'autorité que lui confèrent ses fonctions ;

2° Lorsqu'ils sont commis sur un mineur ;

3° Lorsqu'ils sont commis sur une personne dont la particulière vulnérabilité, due à son âge, à une maladie, à une infirmité, à une déficience physique ou psychique ou à un état de grossesse, est apparente ou connue de leur auteur ;

4° Lorsqu'ils sont commis par plusieurs personnes agissant en qualité d'auteur ou de complice ;

5° Lorsqu'ils sont commis dans un véhicule affecté au transport collectif de voyageurs ou dans un lieu destiné à l'accès à un moyen de transport collectif de voyageurs ;

6° Lorsque des images ont été fixées, enregistrées ou transmises.

BIBL. ▶ Tellier-Cayrol, *AJ pénal 2018. 400* s. (loi du 3 août 2018 renforçant la lutte contre les violences sexuelles et sexistes. Des objectifs respectables, une efficacité incertaine). – Claverie-Rousset, *Dr. pénal 2018. Étude 23* (commentaire des principales dispositions de la loi n° 2018-703 du 3 août 2018 renforçant la lutte contre les violences sexuelles ou sexistes). – Saenko et Detraz, *D. 2018. Chron. 2031* (la loi n° 2018-703 du 3 août 2018 renforçant la lutte contre les violences sexuelles et sexistes : les femmes et les enfants d'abord !).

Art. 226-4 L'introduction (*Abrogé par L. n° 2015-714 du 24 juin 2015*) **« *ou le maintien* » dans le domicile d'autrui à l'aide de manœuvres, menaces, voies de fait ou contrainte, hors les cas où la loi le permet, est puni d'un an d'emprisonnement et de 15 000 € d'amende.** — *Pr. pén. 2-2.*

(*L. n° 2015-714 du 24 juin 2015*) **« Le maintien dans le domicile d'autrui à la suite de l'introduction mentionnée au premier alinéa, hors les cas où la loi le permet, est puni des même peines ».**

RÉP. PÉN. v° *Violation de domicile*, par Frazier.

BIBL. ▶ Dorange, *RSC 2011. 371* (la gestion procédurale du squat : la protection du domicile contre l'occupation sans droit ni titre).

***Corresp.* :** *C. pén., ancien art. 184, al. 2.*

A. NOTION DE DOMICILE

1. Ratio legis et définition. Seul constitue un domicile, au sens de l'art. 226-4 C. pén., le lieu où une personne, qu'elle y habite ou non, a le droit de se dire chez elle, quels que soient le titre juridique de son occupation et l'affectation donnée aux locaux, ce texte n'ayant pas pour objet de garantir d'une manière générale les propriétés immobilières contre une usurpation. • Crim. 22 janv. 1997, n° 95-81.186 P : *Dr. pénal 1997. 78, obs. Véron* • 28 févr. 2001 : *Dr. pénal 2001. 85, obs. Véron* • 26 juin 2002 : *Dr. pénal 2002. 136, obs. Véron* • 30 oct. 2006, n° 06-80.680 P : *D. 2006. IR 3014* ; *ibid. 2007. Pan. 2638, obs. Garé* ; *AJ pénal 2007. 32* ; *Dr. pénal 2007. 7, obs. Véron* ; *RSC 2007. 83, obs. Mayaud* ; *AJDI 2007. 315* . ♦ ... En conséquence, c'est à bon droit que la cour d'appel a relaxé le prévenu du chef de violation de domicile après avoir relevé qu'il s'était introduit dans un appartement inoccupé, dépourvu de tout mobilier, entre deux locations. • Crim. 22 janv. 1997 : *préc.* ♦ ... A méconnu le principe ci-dessus énoncé la cour d'appel qui, pour déclarer les prévenus coupables de violation de domicile, retient que, expulsés d'une maison d'habitation *et de ses dépendances*, qui avaient été saisies et adjugées, ils ont, dès le lendemain de l'expulsion, réintégré les lieux, alors que les adjudicataires n'avaient, eux-mêmes, jamais occupé le bien immobilier. • Crim. 28 févr. 2001 : *préc.* ♦ ... A justifié sa décision la cour d'appel qui, pour considérer, au regard de l'action civile, que le délit de violation de domicile n'était pas établi, retient, par motifs propres et adoptés, que le château de B... n'est ni habité ni habitable en l'état, ajoutant que la partie civile n'a sous aucune forme, depuis de nombreuses années, manifesté une présence en ce lieu dont pourrait se déduire son intention de s'y établir pour y demeurer ou y séjourner momentanément. • Crim. 26 juin 2002 : *préc.* ♦ ... Cassation, pour méconnaissance de ce principe de l'arrêt qui, pour déclarer le prévenu coupable de violation de domicile, retient qu'expulsé de la roulotte où il habitait, à la suite d'un commandement de quitter les lieux qui lui a été régulièrement signifié, il a, dès le lendemain de l'expulsion, réintégré les lieux, et s'est donc introduit sans droit ni titre sur l'ensemble des terrains appartenant au propriétaire ayant signifié le commandement, alors que celui-ci n'avait jamais occupé le bien immobilier, lequel ne constituait pas un domicile au sens de l'art. 226-4 C. pén. • Crim. 30 oct. 2006 : *préc.*

2. Demeure d'autrui. La violation de domicile n'est constituée qu'autant qu'il y a introduction dans la demeure d'un tiers. • Crim. 15 févr. 1955 : *Bull. crim. n° 106.* ♦ ... Ce qui suppose que le prévenu n'occupe pas les lieux conjointement avec la partie civile. • Crim. 7 févr. 1994 : *Dr. pénal 1994. Comm. 129.*

3. Les dispositions de l'art. 184 C. pén. ont pour but de protéger, d'une manière générale, la demeure d'autrui. • Crim. 20 oct. 1954 : *Bull. crim. n° 303 ; D. 1954. 784* • 3 nov. 1955 : *Bull. crim. n° 457 ; D. 1956. 26.* ♦ ... Qu'elle soit permanente ou temporaire, occupée par celui qui y a droit ou seulement de son consentement. • Crim. 24 juin 1893 : *DP 1895. 1. 407* • 28 janv. 1958 : *Bull. crim. n° 94 ; D. 1958. Somm. 100.* ♦ Ce texte n'a pas pour objet de garantir les propriétés immobilières des citoyens contre une usurpation, même violente. • Paris, 16 juin 1987 : *D. 1987. IR 197.* ♦ … Son objet est de sauvegarder la liberté, la sécurité et l'indépendance des citoyens en organisant la protection de leurs demeures. • T. corr. Chalon-sur-Saône, 17 févr. 1950 : *JCP 1950. II. 5505, note Levasseur.* ♦ … La protection légale du domicile étant plus nécessaire encore pour l'absent que pour le présent. • Crim. 1er mars 1890 : *DP 1890. 1. 334.*

4. Le terme de domicile au sens de l'art. 184 C. pén. ne désigne pas seulement le lieu où une personne a son principal établissement, mais encore le lieu, qu'elle y habite ou non, où elle a le droit de se dire chez elle, quels que soient le titre juridique de son occupation et l'affectation donnée aux locaux. • Crim. 26 févr. 1963 : *Bull. crim. n° 92 ; D. 1963. Somm. 68* • 4 janv. 1977 : *Bull. crim. n° 6* • 13 oct. 1982 : *ibid. n° 218 ; Gaz. Pal. 1983. 1. Somm. 96 ; RSC 1983. 670, obs. Levasseur* • 24 avr. 1985 : *Bull. crim. n° 158 ; RSC 1986. 103, obs. Levasseur* • 9 août 1989 : *Dr. pénal 1990. 45* • Paris, 16 juin 1987 : *préc. note 3.*

5. En conséquence, le domicile implique nécessairement une notion concrète d'habitabilité méritant d'être protégée, sans laquelle ce lieu ne serait qu'une adresse. • Versailles, 9 oct. 1992 : *Gaz. Pal. 1993. 1. Somm. 52.* ♦ N'est pas constitué le délit de violation de domicile au sens de l'art. 226-4 C. pén., qui exige une introduction dans le domicile d'autrui, lieu servant effectivement à l'habitation et occupé, dès lors qu'il est constant que l'appartement dans lequel s'est introduit le prévenu, en forçant la serrure, était totalement vide de toute occupation. • Versailles, 31 janv. 1995 : *BICC 1995. 605 ; Gaz. Pal. 1996. 1. Somm. 152.* ♦ Confirmé par : • Crim. 22 janv. 1997, n° 95-81.186 P : *Dr. pénal 1997. Comm. 78, note Véron.*

6. Ne sauraient être considérés comme des domiciles (solutions rendues en matière de perquisitions) : … l'immeuble détruit par un incendie. • Crim. 31 mai 1994, n° 94-81.199 P : *Dr. pénal 1994. Chron. 59* • Versailles, 9 oct. 1992 : *préc. note 5.* ♦ … Un atelier de ciselure et une fonderie dépourvus des équipements nécessaires à une habitation effective. • Crim. 17 oct. 1995, n° 95-81.847 P. ♦ … La loge mise provisoirement, le temps d'un spectacle, à la disposition d'un chef d'orchestre. • Crim. 6 déc. 2005, n° 05-85.951 P : *RSC 2007. 591 et 593, obs. Buisson.* ♦ Il en est de même d'une maison en construction (sur le fondement de l'art. 184 C. pén.). • Crim. 1er avr. 1992 : *RSC 1993. 121, obs. Boulan.*

7. Mais constitue un domicile : … une chambre louée dans un hôtel. • Crim. 31 janv. 1914 : *DP 1918. 1. 76 ; S. 1916. 1. 59.* ♦ … Une chambre ou un appartement loués en meublé. • Crim. 20 oct. 1954 : *préc. note 3* • 3 nov. 1955 : *préc. note 3* • 21 mai 1957 : *Bull. crim. n° 434* • 26 févr. 1963 : *préc. note 4.* ♦ … L'appartement privé d'un ministre situé dans les locaux du ministère. • Crim. 4 juin 1971 : *Bull. crim. n° 178 ; D. 1971. Somm. 156.* ♦ … Une maison à usage d'habitation. • Crim. 13 oct. 1982 : *préc. note 4.* ♦ … Un appartement meublé, même momentanément inoccupé en raison de travaux devant y être effectués. • Crim. 24 avr. 1985 : *préc. note 4.* ♦ … Une chambre d'hôpital occupée par un malade, où il a le droit, sous la seule réserve des nécessités du service, de se dire chez lui et notamment d'être défendu contre la curiosité publique. • Paris, 17 mars 1986 : *Gaz. Pal. 1986. 2. 429.*

8. Il en est de même des tentes, caravanes et, d'une manière générale, des abris de camping : C. urb., art. R. 443-16. ♦ Mais une voiture automobile ne peut être assimilée à un domicile (solution retenue en matière de perquisitions et saisies). • Crim. 11 sept. 1933 : *DH 1933. 462* • 8 nov. 1979 : *Bull. crim. n° 311* • T. pol. Marmande, 10 janv. 1995 : *Gaz. Pal. 1995. 2. Somm. 488.*

9. La pièce du domicile d'un tiers dans laquelle un inculpé s'est fait clandestinement héberger pour se soustraire aux poursuites dont il est l'objet, ne constitue pas le domicile de cet inculpé. • Crim. 30 mars 1971, 2 arrêts : *Bull. crim. nos 113 et 114* (solution rendue en matière de perquisitions).

10. Dépendances. Le mot « domicile », au sens où il est employé dans l'art. 184 C. pén., ne signifie pas seulement le lieu où une personne a son principal établissement, mais aussi les dépendances de ce lieu, qui se trouvent à proximité de la demeure et en constituent le prolongement, quels que soient leur affectation et le titre en vertu duquel cette personne les occupe. • Crim. 19 juin 1957 : *Bull. crim. n° 513* • 20 juin 1957 : *ibid. n° 518.* ♦ … Notamment la cour attenante à une habitation. • Crim. 12 avr. 1938 : *Bull. crim. n° 122 ; DH 1938. 440 ; RSC 1938. 710, obs. Hugueney.* ♦ … Les caves, greniers et débarras. • Crim. 19 juin 1957 : *préc.* ♦ … La terrasse d'un appartement. • Crim. 4 mai 1965 : *Bull. crim. n° 128 ; D. 1965. 631* • 8 févr. 1994 : *Dr. pénal 1994. 129.* ♦ … Voire, un terrain dépendant du domicile d'un particulier (malgré le laconisme des juges du fond, en l'espèce relevé par la Cour de cassation, quant aux circonstances sur lesquelles ils ont cru pouvoir se fonder pour étendre ainsi à un terrain la protection que la loi accorde au domicile). • Crim. 8 déc. 1981 : *Gaz. Pal. 1982. 2. 625, note Alauze.*

11. Mais, est nul pour défaut de motifs l'arrêt qui, statuant sur une poursuite pour violation de domicile, étend à un jardin, dans lequel le prévenu a pénétré, la protection que l'art. 184 C.

pén. accorde au domicile, sans relever de circonstances établissant que ce jardin est dans la dépendance étroite et immédiate de la demeure d'un citoyen. • Crim. 13 mars 1974 : *Bull. crim. n° 110 ; Gaz. Pal. 1975. 1. 66 ; RSC 1975. 148, obs. Levasseur.* ♦ De même, ne constitue pas un domicile, au sens de l'art. 184 C. pén., la cour non close d'un immeuble. • Crim. 26 sept. 1990 : *Dr. pénal 1991. 41.* ♦ ... Une simple hutte de chasse et le terrain attenant, non entouré d'une clôture constante, lorsque ladite hutte n'est qu'un poste d'observation pour le chasseur, dépourvu des équipements les plus élémentaires propres à caractériser le domicile (solution rendue à propos des pouvoirs d'investigation des gardes-chasse). • Crim. 9 janv. 1992, n° 90-87.381 P.

12. Domicile conjugal. V. également « Intention », notes 36 s. ♦ L'autorisation de résidence séparée accordée à l'un seulement des époux, lors de la présentation de la requête, n'entraîne pas un domicile distinct pour chacun des époux, ainsi que le prévoit l'art. 108-1 C. civ., disposition qui concerne les seules décisions contradictoires prises lors de la tentative de conciliation ; cette mesure ne faisant donc pas disparaître le domicile conjugal où l'époux demandeur est toujours en droit de pénétrer, une poursuite pour violation de domicile est impossible. • Rennes, 18 janv. 1979 : *D. 1979. IR 175.* ♦ Mais, une fois le divorce prononcé, le domicile qui a été conservé par l'un des ex-époux dans l'ancien appartement conjugal, continue de bénéficier de la protection édictée par l'art. 184 C. pén., quels que soient par ailleurs les droits que l'autre ex-conjoint ait à faire valoir sur ledit appartement. • Crim. 16 avr. 1959 : *Bull. crim. n° 233 ; D. 1959. 369 ; JCP 1959. II. 11241, note Chavanne.*

13. L'attribution du domicile conjugal à l'un des époux par ordonnance de non-conciliation, dont l'exécution provisoire n'a pas été suspendue, bénéficie de la protection de la loi au sens tant de l'art. 184 ancien que de l'art. 226-4 C. pén., sans qu'il soit nécessaire, pour l'époux bénéficiaire du logement, de recourir au préalable à une procédure d'expulsion à l'encontre de son conjoint qui, ayant connaissance de la décision, s'est cependant maintenu dans les lieux. • Crim. 6 nov. 1996 : *D. 1997. IR 48 ; Gaz. Pal. 1997. 1, chron. crim. 57 ; RSC 1997. 382, obs. Mayaud .* ♦ Déclare à bon droit le prévenu coupable de s'être maintenu dans l'ancien domicile conjugal, malgré les décisions de justice en attribuant la jouissance à son épouse, l'arrêt qui énonce notamment que le maintien dans ce domicile a eu lieu avec contrainte, dès lors qu'il a refusé d'exécuter spontanément le commandement de déguerpir qui lui avait été délivré, et que c'est son épouse qui a dû partir. • Crim. 9 déc. 1998 : *Gaz. Pal. 1999. 1, chron. crim. 57.*

14. Personnes morales. L'art. 226-4 C. pén. vise le « domicile d'autrui » sans faire de distinction entre les personnes physiques et les personnes morales (en l'espèce, un centre hospitalier, à propos de faits d'entrave à l'interruption volontaire de grossesse : CSP, art. L. 162-15). • T. corr. Le Puy-en-Velay, 14 mars 1995 : *Gaz. Pal. 1995. 2. Somm. 329.*

15. L'immeuble, et y compris la cour, appartenant à la Fédération des syndicats patronaux d'un département, constitue le domicile de celle-ci, pour la cour être close et pour les locaux abriter le siège de cette personne morale. • T. corr. Évreux, 17 janv. 1984 : *Gaz. Pal. 1984. 2. Somm. 342, note Doucet.*

16. Sur l'abrogation, par la loi n° 81-1134 du 23 déc. 1981, de l'al. 3 de l'art. 184 C. pén., qui tendait à protéger les locaux affectés à des services publics administratifs ou à des établissements scientifiques ou culturels contre des occupations abusives, V. *RSC 1982. 374, obs. Bouloc.*

17. Locaux industriels, commerciaux ou professionnels. Un local industriel ou commercial doit être assimilé au domicile d'un citoyen ou d'une personne juridique, l'accès pouvant en être réglementé et subordonné à l'autorisation du propriétaire ou de l'exploitant. • Dijon, 1er févr. 1951 : *Quest. prud'h. 1951. 679* • Paris, 19 févr. 1951 : *ibid.* ♦ Ainsi en est-il : ... d'une usine. • T. corr. Bar-le-Duc, 12 févr. 1936 : *Gaz. Pal. 1936. 1. 847* • TGI Épinal, 1er févr. 1972 : *Cah. prud'h. 1972. 143.* ♦ ... D'une pièce servant de bureau de comptabilité. • Crim. 21 mai 1957 : *Bull. crim. n° 434.* ♦ ... Des bureaux de direction d'une société. • Crim. 4 déc. 1957 : *Bull. crim. n° 806.* ♦ ... D'un cabinet dentaire. • Crim. 13 oct. 1986 : *Gaz. Pal. 1987. 1. Somm. 103, note Doucet.* ♦ ... Du bureau du président d'une chambre des métiers. • Crim. 24 juin 1987 : *JCP 1987. IV. 302.* ♦ ... De bureaux exclusivement affectés à un usage professionnel. • Crim. 7 févr. 1994 : *Dr. pénal 1994. 129.* ♦ ... Des locaux d'un port autonome. • T. corr. Dunkerque, 28 mai 1993, confirmé par • Douai, 5 nov. 1993 : *Gaz. Pal. 1995. 1. Somm. 178.* ♦ ... D'un centre d'essais d'automobiles. • Crim. 23 mai 1995, n° 94-81.141 P : *Dr. pénal 1995. 220, note Véron, et Chron. 42, obs. Lesclous et Marsat ; RTD civ. 1996. 130, obs. Hauser .* ♦ ... De sites industriels clos, gardés en permanence par des personnels de surveillance, dans lesquels l'accès est interdit à toute personne non expressément autorisée, et qui abritent en permanence les personnes chargées de les garder. • Caen, 17 déc. 1997 : *Dr. pénal 1998. Comm. 82, obs. Véron.*

18. Poursuivis pour violation de domicile, les prévenus étaient cités « pour s'être introduits ou maintenus dans le domicile du centre hospitalier (bloc opératoire) à l'aide de manœuvres, en l'espèce en s'enchaînant par des cadenas » ; pour les déclarer coupables de ce délit, les juges retiennent notamment que le bloc opératoire doit être assimilé au domicile de la personne morale dans la mesure où, bien qu'ouvert au public, son accès est réglementé et soumis à autorisation ; en prononçant ainsi, alors que le bloc opératoire d'un établissement de santé ne saurait constituer pour celui-ci un domicile au sens de l'art. 226-4 C. pén., la cour d'appel a méconnu les dispositions de ce texte ; la censure n'est cependant pas encourue dès lors que les peines prononcées et les réparations allouées aux parties civiles sont justifiées par la déclaration de culpabilité relative à la tentative d'entrave à interruption volontaire de grossesse. • Crim. 27 nov. 1996, ☎ nº 95-85.118 P.

19. La Cour rappelle qu'au sens de sa jurisprudence, le terme « domicile » a une connotation plus large que le mot « home » et peut englober, par exemple, le bureau ou le cabinet d'un membre d'une profession libérale ; elle considère qu'une perquisition effectuée au domicile d'une personne physique se trouvant simultanément être le siège des bureaux d'une société contrôlée par elle constitue bien une ingérence dans le droit au respect du domicile, au sens de l'art. 8 Conv. EDH ; la Cour considère qu'il est temps de reconnaître dans certaines circonstances que les droits garantis par l'art. 8 de la Convention peuvent être interprétés comme incluant pour une société le droit au respect de son siège social, son agence ou ses locaux professionnels. • CEDH 16 avr. 2002, *Colas Est Sté c/ France : D. 2003. Somm. 527, obs. Birsan* ✎ *; ibid. 2003. 1541, obs. Lepage* ✎ *; JCP 2002. I. nº 153, obs. Besrour ; JCP E 2003. 77, obs. Espesson-Vergeat ; ibid. 2003. 560, obs. Raynaud ; BJS, août-sept. 2002. 953, note Mathey ; AJDA 2002. 502, obs. Flauss.*

20. Locaux scolaires. Pour un collège d'enseignement secondaire. • T. corr. Argentan, 5 nov. 1968 : *D. 1969. Somm. 16 ; Gaz. Pal. 1969. 1. 15.*

21. Occupations irrégulières ou précaires. Constitue le délit de violation de domicile le fait d'avoir pénétré de force, et sans suivre les formes prescrites pour l'exécution des décisions de justice, dans un appartement qui n'était habité par son occupant qu'en violation d'une ordonnance de référé ayant constaté l'irrégularité de la réquisition invoquée par cet occupant. • T. corr. Seine, 16 mars 1949 : *S. 1949. 2. 127 ; JCP 1949. II. 4839.*

22. Lorsque certaines dispositions des lois et règlements en vigueur, concernant les locaux d'habitation, déclarent les occupants déchus de leur droit au maintien dans les lieux, ou considèrent les locaux comme inoccupés, ces dispositions exceptionnelles se bornent à ouvrir aux ayants droit des recours judiciaires ou à l'Administration un droit de réquisition, mais n'autorisent personne, fût-ce un magistrat municipal, à pénétrer dans ces locaux sans titre et par voie de fait, et ne modifient en rien les articles du code pénal qui protègent, contre toute violation arbitraire, le domicile des citoyens. • Crim. 12 mars 1958 : *Bull. crim. nº 253.*

23. Le locataire expulsé d'un logement conserve en ce lieu son domicile jusqu'à exécution de la décision de justice ordonnant ladite mesure. • Crim. 26 juill. 1965 : *Gaz. Pal. 1965. 2. 331 ; RSC 1966. 81, obs. Bouzat.* ♦ Mais le parent du propriétaire, agissant au nom de ce dernier, qui déménage le mobilier d'un occupant frauduleusement installé dans les lieux sans titre de jouissance opposable au propriétaire, et ayant fait l'objet d'une ordonnance d'expulsion, ne se rend pas coupable du délit de violation de domicile, faute d'intention délictueuse, alors qu'il a pu croire que l'installation de l'occupant, opérée en violation flagrante du droit de propriété, ne constituait pas un domicile, même au regard de la loi pénale. • Paris, 11 juill. 1953 : *D. 1954. 49 ; S. 1954. 2. 84.*

24. Parce que ne saurait être considéré comme un domicile, au sens de l'art. 184 C. pén., un local inhabité et vide de tout mobilier ou matériel, que nul n'a manifesté la volonté d'occuper, fût-ce passagèrement, par un acte quelconque de prise de possession, ne commet pas le délit de violation de domicile le maire qui, ayant fait ouvrir la porte par un serrurier requis, réintègre un de ses administrés dans le logement dont celui-ci venait d'être régulièrement expulsé par la force publique quelques instants auparavant. • T. corr. Chalon-sur-Saône, 17 févr. 1950 : *JCP 1950. II. 5505, note Levasseur.* ♦ De même, lorsque les locataires expulsés se sont réinstallés dans l'appartement dont le propriétaire avait changé le verrou, il n'y a pas violation de domicile dès lors que le propriétaire ne prétend pas avoir habité dans les lieux, qu'il n'a manifesté par aucun acte, après l'expulsion, son intention d'y établir sa demeure et que l'appartement était encore garni des meubles des derniers occupants, cet appartement où les prévenus se sont introduits de force ne pouvant être qualifié de domicile de la partie civile au sens de l'art. 184 C. pén. • Paris, 16 juin 1987 : *D. 1987. IR 197.*

25. Dès lors qu'une société de chasse occupe régulièrement, bien que précairement, un local où elle détient ses meubles, le fait pour un nouveau propriétaire de pénétrer dans ce local pour en changer les serrures, avant d'avoir mis l'occupant en mesure de vider les lieux, en utilisant au besoin les procédures légales, constitue le délit de violation de domicile. • Crim. 9 nov. 1971 : *Gaz. Pal. 1972. 1. 373.*

B. VIOLATION DU DOMICILE

1º MATÉRIALITÉ

26. Introduction contre le gré de l'occupant. La violation de domicile ne saurait exister si l'occupant d'un local donne son autorisation, sans qu'il soit nécessaire qu'il y ait un titre de location ; mais une telle autorisation ne peut être donnée par des jeunes filles d'un collège d'enseignement secondaire, toutes mineures se trouvant placées sous la surveillance d'une maîtresse, et à défaut de l'autorisation de la surveillante, l'escalade commise par les prévenus devient l'élément constitutif du délit de violation de domicile. • T. corr. Argentan, 5 nov. 1968 : *D. 1969. Somm. 16 ; Gaz. Pal. 1969. 1. 15.*

27. Pour caractériser le délit de violation de domicile, il doit être établi qu'antérieurement à la pénétration dans le domicile, les prévenus ont commis une effraction ou une escalade ou affronté une résistance ou une opposition quelconque ; tel n'est pas le cas s'il ressort des circonstances de la cause que des manifestants ont pénétré dans les locaux d'une perception dont la porte n'était pas fermée, sans résistance ni opposition du personnel, et ont ensuite, dans les mêmes conditions, visité l'appartement et la cave du percepteur pour s'assurer que celui-ci ne s'y était pas réfugié. • T. corr. Lyon, 16 janv. 1974 : *Gaz. Pal. 1974. 1. 252, note Lambert.* ♦ Mais, se rend coupable de violation de domicile un salarié qui s'est introduit dans une usine dont le réfectoire était occupé par des grévistes, en franchissant le mur d'enceinte et en escaladant le portail, alors que, par une ordonnance rendue en référé, l'accès de l'usine avait été interdit. • TGI Épinal, 1er févr. 1972 : *Cah. prud'h. 1972. 143.*

28. Ne justifient pas leur décision les juges qui, pour déclarer les prévenus coupables de violation de domicile après avoir relevé qu'ils sont tous trois membres de l'association DAL 33, retiennent qu'ils ont participé à l'installation de familles étrangères dans la maison de Mme N... en établissant notamment un inventaire des biens présents et qu'ils ont apporté leur soutien actif à cette action en la revendiquant tant dans un communiqué qu'auprès de certains représentants municipaux, sans toutefois caractériser à l'encontre de chacun des trois prévenus l'existence d'une introduction illicite, à l'aide de manœuvres, menaces, voies de fait ou contrainte dans ladite propriété, et sans s'expliquer sur leur degré respectif d'implication en qualité d'auteur ou, le cas échéant, de complice de l'action ainsi entreprise. • Crim. 13 avr. 2016, n° 15-82.400 P : *D. actu. 13 mai 2016, obs. Goetz ; RSC 2016. 263, obs. Mayaud ; AJ pénal 2016. 435, obs. Roux-Demare.*

29. En présence d'un refus ou d'une résistance de la part de son locataire, le propriétaire, qui se trouve en droit de faire effectuer des travaux, ne peut, sous peine de violation de domicile, agir à sa guise, et doit nécessairement, avant de pénétrer dans le domicile de son locataire contre son gré, et surtout en son absence, avoir recours à une autorisation de justice pour faire réglementer les modalités de son action. • TGI Paris, 23 janv. 1968 : *D. 1968. 579.* ♦ Le fait d'avoir des travaux confortatifs urgents à effectuer pendant l'absence du locataire ne dispense pas le propriétaire de l'obtention des autorisations nécessaires. • Metz, 9 févr. 1995 : *JCP 1995. IV. 1925.*

30. Manœuvres. Constitue une manœuvre caractérisant le délit de violation de domicile prévu par l'art. 184, al. 2, C. pén., tel qu'il a été modifié par la loi n° 70-480 du 8 juin 1970, le fait d'utiliser le double d'une clef en fraude de l'usage qui en était prescrit par le règlement de l'immeuble, pour s'introduire dans un appartement contre le gré du locataire. • Crim. 30 mars 1977 : *Bull. crim. n° 120 ; D. 1977. IR 255 ; RSC 1978. 636, obs. Levasseur.* ♦ Sur les nuances de la Cour de cassation, antérieurement à cette décision, relatives à la question de savoir si pouvait être constitutive de violence l'utilisation, dans des conditions frauduleuses, d'une clef véritable ou de son équivalent (passe-partout). • Crim. 19 janv. 1956 : *Bull. crim. n° 84 ; D. 1956. 194, note P. A. ; JCP 1956. II. 9208, note Colombini ; RSC 1956. 323, obs. Hugueney* • 28 nov. 1963 : *Bull. crim. n° 342 ; D. 1964. 286 ; JCP 1964. II. 13467, concl. Germain ; RSC 1964. 378, obs. Bouzat.* ♦ Comp. : • Crim. 16 avr. 1959 : *Bull. crim. n° 233 ; D. 1959. 369 ; JCP 1959. II. 11241, note Chavanne* • 26 juill. 1965 : *Gaz. Pal. 1965. 2. 331 ; RSC 1966. 81, obs. Hugueney* • 26 févr. 1963 : *Bull. crim. n° 92 ; D. 1963. Somm. 68.* ♦ V. encore, pour la jurisprudence des juridictions du fond, *RSC 1978. 636, obs. Levasseur préc., et les références.*

31. Commettent les manœuvres visées par l'art. 184, al. 2, C. pén. les prévenus qui, pour s'introduire dans la chambre fermée à clef d'un malade, ont utilisé des blouses d'infirmier dont une avait été volée à cette fin et le passe-partout dérobé par un complice. • Paris, 17 mars 1986 : *Gaz. Pal. 1986. 2. 429.*

32. Menaces, voies de fait ou contrainte. Constitue une violence contre les biens, caractéristique du délit de violation de domicile : ... le fait de faire ouvrir par un serrurier, à l'aide d'un crochet, la porte d'un logement. • Crim. 1er mars 1890 : *DP 1890. 1. 334.* ♦ ... L'escalade d'une clôture, même basse et en mauvais état. • Crim. 12 avr. 1938 : *Bull. crim. n° 122 ; DH 1938. 440 ; RSC 1938. 710, obs. Hugueney* • 15 févr. 1955 : *Bull. crim. n° 106.* ♦ ... La fracturation de portes ou de serrures. • Crim. 24 avr. 1947 : *D. 1948. Somm. 22 ; S. 1948. 1. 36.* ♦ ... De cadenas. • Crim. 3 nov. 1955 : *Bull. crim. n° 457.* ♦ ... L'utilisation d'une fausse clef. • Crim. 20 oct. 1954 : *Bull. crim. n° 303 ; D. 1954. 784* • 21 mai 1957 : *Bull. crim. n° 434.* ♦ Sur l'utilisation frauduleuse d'une clef véritable, V. « Manœuvres », notes 30 s. ♦ ... La démolition d'une partie d'une toiture. • Crim. 22 janv. 1957 : *Bull. crim. n° 68* • Montpellier, 14 févr. 1951 : *D. 1951. 354 ; Gaz. Pal. 1951. 1. 251.* ♦ ... Le fait de passer par une fenêtre ouverte. • Nîmes, 17 déc. 1966 : *D. 1967. 423.* ♦ ... L'escalade d'une terrasse. • Crim. 8 févr. 1994 : *Dr. pénal 1994. 129.*

33. Constitue une violence contre les personnes, élément du délit prévu par l'art. 184 C. pén., un déploiement de force ayant produit sur la victime une impression telle qu'elle n'a pu que renoncer à toute résistance matérielle. • Crim. 26 juin 1956 : *Bull. crim. n° 492 ; D. 1956. 580 ; S. 1956. 128.* ♦ ... Ou ayant été de nature à enlever toute velléité de résistance à ladite victime, que les prévenus savaient sans défense et privée de toute protection. • Crim. 20 juin 1957 : *Bull. crim. n° 518.* ♦ Rappr., pour l'intrusion en masse de manifestants et journalistes dans un cabinet dentaire : • Crim. 13 oct. 1986 : *Gaz. Pal. 1987. 1. Somm. 103, note Doucet.* ♦ ... Pour l'intimidation des gardiens d'une usine : • Paris, 19 févr. 1951 : *RSC 1951. 518, obs. Hugueney.*

34. Mais ne caractérise pas suffisamment la violence l'arrêt qui se borne à constater qu'au cours d'un conflit de travail, des ouvriers ont pénétré dans les bureaux de la direction de la société, pour discuter de questions relatives au règlement de ce conflit, sans se faire annoncer et sans qu'il soit constaté qu'ils s'y sont introduits à l'aide de menaces et violences, contre le gré et malgré les protestations de ses occupants. • Crim. 4 déc. 1957 : *Bull. crim. n° 806.* ♦ En revanche, il ne peut exister aucun doute dans la conscience qu'ont eue des manifestants du caractère irrégulier de leur incursion dans des locaux dont l'entrée leur a été expressément refusée, dès lors qu'ils s'y sont introduits en passant par-dessous une grille. • T. corr. Nancy, 3 avr. 1981 : *Gaz. Pal. 1981. 2. Somm. 239.*

35. Le fait de changer les serrures afin d'interdire à la partie civile le libre accès de ses bureaux ne constitue pas les manœuvres, menaces, voies de fait ou contraintes permettant au prévenu de s'introduire audit domicile, telles que prévues par l'art. 184 C. pén. • Crim. 7 févr. 1994 : *Dr. pénal 1994. Comm. 129.*

2° INTENTION

36. Implication. L'introduction avec violence dans le domicile d'autrui implique l'intention délictueuse des auteurs de telles violences. • Crim. 22 sept. 1930 : *Bull. crim. n° 243.* ♦ V. cependant : • Paris, 11 juill. 1953 : *D. 1954. 49 ; S. 1954. 2. 84.*

37. Erreur de droit. N'est pas pénalement responsable de la violation de domicile qui lui est reprochée le prévenu qui, ayant acquis un appartement inhabité par adjudication, s'est cru légitimement propriétaire et autorisé, le soir même de l'adjudication, à demander à la concierge les clés de cet appartement et à y pénétrer, faisant changer le verrou après en avoir avisé le saisi, les informations de l'avocat qu'il avait mandaté pour la procédure d'adjudication, consignées dans une attestation délivrée par celui-ci, le confortant dans cette erreur. • Versailles, 27 janv. 1995 : *BICC 1995. 606 ; Gaz. Pal. 1996. 1. Somm. 152.*

38. L'erreur de droit qui entraîne une exonération de responsabilité pénale (C. pén., art. 122-3) ne peut être relative au sens ou à la portée d'une décision judiciaire susceptible d'être interprétée par le juge ; cassation, pour violation de ce principe, de l'arrêt qui, pour faire bénéficier un époux, poursuivi du chef de violation de domicile, des dispositions de ce texte, relève que le prévenu, qui s'est introduit, en l'absence de son épouse dont il vivait séparé, dans l'appartement attribué à celle-ci par décision judiciaire, a consulté au préalable son avoué qui lui a fait connaître, par écrit, que, la cour d'appel ayant rejeté la demande en divorce formée par l'épouse, tout en autorisant les époux à résider séparément, il ne lui était pas interdit de regagner son logement où était implicitement fixée la résidence familiale, alors qu'en l'espèce, tout risque d'erreur pouvait être évité par une demande d'interprétation présentée en application de l'art. 461 NCPC [devenu C. pr. civ.] • Crim. 11 oct. 1995, n° 94-83.735 P : *D. 1996. 469, note Muller ; Dr. pénal 1996. 56-I, obs. Véron ; RSC 1996. 646, obs. Bouloc.*

39. Mobiles. Est établie en tous ses éléments constitutifs, tant matériel qu'intentionnel, la violation de domicile reprochée au gérant d'une SCI propriétaire d'un appartement, pour avoir pénétré dans le logement d'un locataire, lequel s'était engagé à libérer les lieux à une date déterminée, et avoir déménagé ses affaires afin de permettre l'emménagement de nouveaux locataires, la circonstance que la victime se soit maintenue dans les lieux incitant cependant à l'indulgence à l'égard du prévenu dont le mobile n'apparaît pas crapuleux. • Paris, 9 sept. 1997 : *Dr. pénal 1997. 155, obs. Véron.*

3° CONFLITS DE QUALIFICATIONS

40. Dégradation. Ayant constaté, à bon droit, que le délit de violation de domicile n'était pas caractérisé, le juge ne peut, pour autant, prononcer la relaxe du prévenu sans rechercher si les faits poursuivis ne sont pas constitutifs d'une autre infraction pénale, notamment celle de dégradation ou détérioration d'un bien appartenant à autrui. • Crim. 22 janv. 1997, n° 95-81.186 P : *Dr. pénal 1997. Comm. 78, obs. Véron.*

Art. 226-4-1 *(L. n° 2011-267 du 14 mars 2011, art. 2)* **Le fait d'usurper l'identité d'un tiers ou de faire usage d'une ou plusieurs données de toute nature permettant de l'identifier en vue de troubler sa tranquillité ou celle d'autrui, ou de porter atteinte à son honneur ou à sa considération, est puni d'un an d'emprisonnement et de 15 000 € d'amende.**

Cette infraction est punie des mêmes peines lorsqu'elle est commise sur un réseau de communication au public en ligne.

(L. nº 2020-936 du 30 juill. 2020, art. 19) **« Lorsqu'ils sont commis par le conjoint ou le concubin de la victime ou par le partenaire lié à la victime par un pacte civil de solidarité, ces faits sont punis de deux ans d'emprisonnement et de 30 000 euros d'amende. »**

BIBL. ▶ LEPAGE, *JCP 2011, nº 913* (le délit d'usurpation d'identité : questions d'interprétation). – MATTATIA, *RSC 2014. 331* (l'usurpation d'identité sur internet dans tous ses états). – MONTEIL, *D. 2020. 101* (l'usurpation d'identité à l'épreuve du numérique).

Le délit d'usurpation d'identité ne peut être caractérisé en tous ses éléments dès lors que l'identité litigieuse correspond à celle qui a été attribuée au prévenu dans des circonstances extrinsèques, de sorte que ni le fait d'usurper l'identité d'un tiers ni la volonté d'en faire usage en vue de troubler la tranquillité du tiers, ou celle d'autrui, ou de porter atteinte à son honneur ou à sa considération, ne peuvent être caractérisés. En effet, le prévenu, originaire des Comores, était entré sur le territoire français, alors qu'il était mineur, sous une identité qui lui avait été donnée, indépendamment de sa volonté, par un homme qu'il dit avoir considéré longtemps comme son père. • Crim. 17 févr. 2016, nº 15-80.211 P : *D. actu. 22 mars 2016, obs. Gallois ; AJ pénal 2016. 267, obs. Aubert ; RSC 2016. 68, obs. Mayaud.*

Art. 226-4-2 *(L. nº 2014-366 du 24 mars 2014, art. 26)* **Le fait de forcer un tiers à quitter le lieu qu'il habite sans avoir obtenu le concours de l'État dans les conditions prévues à l'article L. 153-1 du code des procédures civiles d'exécution, à l'aide de manœuvres, menaces, voies de fait ou contraintes, est puni de trois ans d'emprisonnement et de 30 000 € d'amende.**

Art. 226-5 **La tentative des infractions prévues par la présente section est punie des mêmes peines.**

Art. 226-6 **Dans les cas prévus par les articles 226-1** *(L. nº 2016-1321 du 7 oct. 2016, art. 67)* **« à 226-2-1 », l'action publique ne peut être exercée que sur plainte de la victime, de son représentant légal ou de ses ayants droit.**

1. Enquête de police. L'art. 226-6 C. pén. subordonne au dépôt préalable d'une plainte de la victime le seul exercice, par le procureur de la République, de l'action publique, dès lors que l'exercice de cette action suppose la saisine d'une juridiction d'instruction ou de jugement, et ne fait donc pas obstacle à l'ouverture d'office d'une enquête de police. • Crim. 31 janv. 2012 : *D. actu. 7 févr. 2012, obs. Léna ; AJ pénal 2012. 224, obs. Daoud et Boutron-Marmion.*

2. Retrait de plainte. Le délit de l'art. 226-1 C. pén., qui réprime l'atteinte à l'intimité de la vie privée, ne pouvant, selon l'art. 226-6 du même code, être poursuivi que sur plainte de la victime ou de ses ayants droit, entre dans les prévisions de l'art. 6, al. 3, C. pr. pén., selon lequel l'action publique s'éteint en cas de retrait de plainte lorsque celle-ci est une condition nécessaire de la poursuite. • Crim. 14 janv. 1997, nº 96-82.901 P.

3. Action des héritiers. Il n'est pas indispensable, au regard du droit des héritiers à agir, que le défunt ait exprimé, de son vivant, une volonté particulière au sujet de la fixation de l'image de sa dépouille mortelle. • TGI Paris, 13 janv. 1997 : *D. 1997. 255, note Beignier ; JCP 1997. II. 22845, note Serna.* ♦ Confirmé par : • Paris, 2 juill. 1997 : *D. 1997. 596 (1re esp.), note Beignier.*

4. La fixation de l'image d'une personne, vivante ou morte, sans autorisation préalable des personnes ayant pouvoir de l'accorder, est prohibée, et la diffusion ou la publication de ladite image sans autorisation entre nécessairement dans le champ d'application des art. 226-1, 226-2 et 226-6 C. pén. ; si l'art. 10 Conv. EDH reconnaît à toute personne la liberté de communiquer des informations au public, ce texte prévoit, en son second paragraphe, que l'exercice de cette liberté peut être soumis à certaines conditions, restrictions ou sanctions prévues par la loi qui constituent des mesures nécessaires dans une société démocratique, notamment pour la protection des droits d'autrui ; tel est l'objet des dispositions du code pénal suscitées relatives à l'atteinte à l'intimité de la vie privée. • Crim. 20 oct. 1998, nº 97-84.621 P : *D. 1999. 106, note Beignier ; JCP 1999. II. 10044, note Loiseau ; Dr. pénal 1999. 18, obs. Véron.* ♦ Rejet du pourvoi contre : • Paris, 2 juill. 1997 : *préc. note 3.*

Art. 226-7 *(L. nº 2009-526 du 12 mai 2009, art. 124-I)* **« Les personnes morales déclarées responsables pénalement, dans les conditions prévues par l'article 121-2, des infractions définies à la présente section encourent, outre l'amende suivant les modalités prévues par l'article 131-38 : »**

2º *[1º]* **L'interdiction, à titre définitif ou pour une durée de cinq ans au plus, d'exercer directement ou indirectement l'activité professionnelle ou sociale dans l'exercice ou à l'occasion de l'exercice de laquelle l'infraction a été commise ;**

3° *[2°]* **L'affichage ou la diffusion de la décision prononcée, dans les conditions prévues par l'article 131-35.**

V. art. R. 226-1 s.

Violation de domicile. Responsabilité pénale d'une association de défense de l'environnement au cours d'une manifestation antinucléaire, dès lors qu'il est établi et non contesté que, par certains de ses membres qui la représentaient et agissaient pour son compte, notamment en déployant des banderoles à son nom, elle s'est introduite par voie de fait et contrainte dans des sites industriels clos, gardés en permanence par des personnels de surveillance. • Caen, 17 déc. 1997 : *Dr. pénal 1998. 82, obs. Véron.*

SECTION II DE L'ATTEINTE À LA REPRÉSENTATION DE LA PERSONNE

Art. 226-8 Est puni d'un an d'emprisonnement et de 15 000 € d'amende le fait de publier, par quelque voie que ce soit, le montage réalisé avec les paroles ou l'image d'une personne sans son consentement, s'il n'apparaît pas à l'évidence qu'il s'agit d'un montage ou s'il n'en est pas expressément fait mention.

Lorsque le délit prévu par l'alinéa précédent est commis par la voie de la presse écrite ou audiovisuelle, les dispositions particulières des lois qui régissent ces matières sont applicables en ce qui concerne la détermination des personnes responsables.

Corresp. : *C. pén., ancien art. 370.*

1. Montage. L'art. 370 C. pén. exige la réunion d'une double condition : d'une part, qu'il y ait « montage », d'autre part, qu'il n'apparaisse pas à l'évidence qu'il s'agit d'un montage. • Toulouse, 26 févr. 1974 : *D. 1974. 736 ; RSC 1976. 119, obs. Levasseur.*

2. Le « montage » ne constitue pas nécessairement une manipulation ou un trucage de la photographie, mais se trouve réalisé dès lors que l'insertion de cette photographie dans un contexte d'images, de dessins ou de légendes en modifie la valeur artistique, la portée ou la signification ; tel n'est pas le cas de la suppression de son fond de décor flou et insignifiant. • Toulouse, 26 févr. 1974 : *préc. note 1.*

3. Le « montage » ne tombe pas sous le coup de l'art. 370 C. pén. si son existence apparaît à l'évidence en regardant l'affiche publicitaire qui en a été le résultat. • Toulouse, 26 févr. 1974 : *préc. note 1.* ♦ Le délit de l'art. 226-8 n'est pas constitué dès lors qu'il se dégage de l'ensemble des éléments observés une absence d'authenticité qui impose le sentiment d'un montage manifeste et évident. • Paris, 29 oct. 1997 : *Dr. pénal 1998. Comm. 30, obs. Véron.*

4. L'art. 370 ancien C. pén. et l'art. 226-8 nouv. ne requièrent aucune condition tenant à la violation de la vie privée ou à sa mise en cause ; il ne saurait donc être tiré de moyen d'irrecevabilité du fait que la partie civile n'avance ou n'établisse pas de situation particulière dans ce domaine ; la seule violation de l'art. 226-8 actuel C. pén. fonde son action civile au sens de l'art. 2 C. pr. pén. • Paris, 29 oct. 1997 : *préc. note 3.*

5. Le montage, pour être constitué, doit consister en une manipulation du sens des images ou des paroles. Tel n'est pas le cas d'un reportage de télévision où les journalistes ont sélectionné certaines séquences et en ont choisi l'ordre. • Crim. 30 mars 2016, n° 15-82.039 P : *D. actu. 3 mai 2016, obs. Fucini ; RSC 2016. 767, obs. Matsopoulou ; D. 2016. Pan. 2424, obs. Garé ; AJ pénal 2016. 384, obs. Aubert ; Dr. pénal 2016, n°s 104 et 105, obs. Conte.*

6. Publication. La publicité prévue par l'art. 370 C. pén. n'est pas soumise aux exigences de l'art. 23 de la L. du 29 juill. 1881 et peut être restreinte ; la publicité donnée à des photomontages frauduleux peut être réalisée par le moyen de leur production dans une instance en divorce, alors qu'en raison même de leur fausseté, de tels montages ne pouvaient être valablement produits comme éléments de preuve à l'appui d'une instance judiciaire. • Crim. 30 janv. 1978 : *Bull. crim. n° 34 ; Gaz. Pal. 1978. 2. 467 ; RSC 1978. 864, obs. Levasseur.*

7. Le délit de montage photographique est une infraction instantanée ; en conséquence, le point de départ de la prescription doit être considéré comme étant le jour du premier fait de publication. • T. corr. Paris, 9 juin 1972 : *Gaz. Pal. 1975. 2. 680 (1re décis.) ; RSC 1976. 117, obs. Levasseur.*

Art. 226-9 Les articles 226-5 et 226-7 sont applicables à la présente section.

SECTION III DE LA DÉNONCIATION CALOMNIEUSE

Art. 226-10 La dénonciation, effectuée par tout moyen et dirigée contre une personne déterminée, d'un fait qui est de nature à entraîner des sanctions judiciaires, administratives ou disciplinaires et que l'on sait totalement ou partiellement inexact, lorsqu'elle est adressée soit à un officier de justice ou de police administrative ou judi-

ciaire, soit à une autorité ayant le pouvoir d'y donner suite ou de saisir l'autorité compétente, soit aux supérieurs hiérarchiques ou à l'employeur de la personne dénoncée, *(Abrogé par Cons. const. n° 2016-741 DC du 8 déc. 2016) (L. n° 2016-1524 du 14 nov. 2016, art. 5)* ***« soit, en dernier ressort, à un journaliste, au sens de l'article 2 de la loi du 29 juillet 1881 sur la liberté de la presse »*** **est punie de cinq ans d'emprisonnement et de 45 000 € d'amende.**

La fausseté du fait dénoncé résulte nécessairement de la décision, devenue définitive, d'acquittement, *(L. n° 2010-769 du 9 juill. 2010, art. 16)* **« de relaxe ou de non-lieu, déclarant que le fait n'a pas été commis » ou que celui-ci n'est pas imputable à la personne dénoncée.**

En tout autre cas, le tribunal saisi des poursuites contre le dénonciateur apprécie la pertinence des accusations portées par celui-ci.

Corresp. *: C. pén., ancien art. 373, al. 1er à 3.*

RÉP. PÉN. v° *Dénonciation calomnieuse*, par MAYAUD.

BIBL. ▶ KATZ, *Gaz. Pal. 1994. 2. Doctr. 1378* (dénonciation calomnieuse en matière de harcèlement sexuel) ; *Gaz. Pal. 1er-2 juin 2005, n° 152-153, p. 2* (la dénonciation calomnieuse : une arme redoutable de dissuasion au service des auteurs de violences sexuelles). – MAYAUD, *AJ pénal 2008. 111* (la crédibilité, critère du mensonge punissable en droit pénal). – CECCALDI, *RCS 2010. 561* (sur la nature conjecturale de l'élément moral : l'exemple de la dénonciation calomnieuse). – MONGIN-ARCHAMBEAUD, *Gaz. Pal. 2012. 2. Doctr. 3189* (le caractère spontané de la dénonciation, élément intentionnel de l'infraction de dénonciation calomnieuse). – MERCINIER et BOYER, *AJ pénal 2017. 122* (éphémère modification de l'art. 226-10 du code pénal).

PLAN DES ANNOTATIONS

1. Application dans le temps. L'art. 226-10 C. pén. contient des dispositions plus favorables au prévenu que l'état antérieur du droit. • Paris, 23 mars 1995 : *Dr. pénal 1995. 141, obs. Véron ; RSC 1996. 653, obs. Mayaud.* ♦ Les dispositions de l'art. 226-10 C. pén. sont immédiatement applicables en ce qu'elles sont plus favorables au prévenu. • Crim. 21 janv. 1997, n° 95-83.766 P : *Dr. pénal 1997. 74, obs. Véron ; RSC 1997. 639, obs. Mayaud.*

2. Les dispositions d'une loi nouvelle s'appliquent aux infractions commises avant leur entrée en vigueur et n'ayant pas donné lieu à une condamnation passée en force de chose jugée, *lorsqu'elles sont moins sévères* que les dispositions anciennes ; pour dire constitué le délit de dénonciation calomnieuse, l'arrêt relève que ce délit suppose, en premier lieu, que les faits dénoncés aient été préalablement déclarés faux par l'autorité compétente ; les juges ajoutent, reprenant les termes de l'art. 226-10 C. pén., alors en vigueur, qu'en l'espèce, la fausseté des faits dénoncés par le prévenu résulte de l'arrêt de la chambre de l'instruction, devenu définitif, qui a déclaré que la réalité des infractions dénoncées n'était pas établie ; mais l'art. 226-10, al. 2, C. pén., issu de l'art. 16 de la L. n° 2010-769 du 9 juill. 2010, immédiatement applicable, dispose, désormais, que la fausseté du fait dénoncé résulte nécessairement de la décision, devenue définitive, d'acquittement, de relaxe ou de non-lieu, déclarant que le fait n'a pas été commis ou que celui-ci n'est pas imputable à la personne dénoncée ; il y a lieu de procéder à un nouvel examen de l'affaire au regard de ces dispositions plus favorables en ce qu'elles restreignent l'étendue de la présomption de fausseté du fait dénoncé (annulation sans cassation). • Crim. 14 sept. 2010, n° 10-80.718 P : *D. 2010. 2434 ; ibid. 2733, obs. Roujou de Boubée ; AJ pénal 2010. 550, obs. Pradelle ; Gaz. Pal. 2010. 2. 3555, note Dreyer ; RSC 2011. 87,* *obs. Fortis ; ibid. 93, obs. Mayaud .*

3. QPC. La question prioritaire de constitutionnalité est ainsi rédigée : « L'article 226-10, alinéa 2, du code pénal dans sa rédaction issue de la loi n° 2010-769 du 9 juillet 2010 est-il conforme aux dispositions de l'article 9 de la Déclaration des droits de l'homme et du citoyen du 26 août 1789 ? » ; « par ailleurs, cet article est-il conforme à la Constitution et aux textes à valeur constitutionnelle suivants : articles 1, 2 et 66, au préambule de la Constitution du 4 octobre 1958, au préambule de la Constitution du 27 octobre 1946, principes généraux d'égalité et de non-discrimination, notamment devant l'impôt, principe constitutionnellement garanti de sécurité juridique, à la liberté fondamentale d'un procès équitable, à l'article 6 de la Convention européenne des droits de l'homme du 4 novembre 1950, à la Convention européenne des droits de l'homme du 4 novembre 1950 ? » ; la question posée ne présente pas, à l'évidence, un caractère sérieux, en ce que l'art. 226-10 C. pén. définit les éléments constitutifs du délit de dénonciation calomnieuse sans créer une présomption de culpabilité, dès lors que, même lorsque la fausseté d'un fait dénoncé résulte nécessairement d'une décision définitive de relaxe, d'acquittement ou de non-lieu déclarant que le fait n'a pas été commis ou qu'il n'est pas imputable à la personne dénoncée, le délit n'est constitué que si la dénonciation a été faite par un prévenu qui savait que le fait qu'il dénonçait était totalement ou partiellement inexact ; d'où il suit qu'il n'y a pas lieu de renvoyer la question au Cons. const. • Crim. 8 avr. 2014, n° 14-90.006 P : *D. actu. 16 avr. 2014, obs. Fleuriot ; Dr. pénal 2014, comm. 85, obs. Véron ; Gaz. Pal. 2014. 2. 2335, obs. Detraz ; RSC 2014. 344, obs. Mayaud .*

4. Contrôle de proportionnalité. S'agissant d'une condamnation pour dénonciation calomnieuse, les juridictions françaises auraient dû apprécier la mise en balance des intérêts en présence afin de se conformer aux dispositions de l'art. 10 Conv. EDH relatif à la liberté d'expression. • CEDH 26 mars 2020, *Tête c/ France*, n° 59636/16 : *D. actu 23 avr. 2020, obs. Lavric.*

I. DÉNONCIATION

5. La dénonciation est un élément constitutif du délit prévu par l'art. 373 C. pén. • Crim. 4 juin 1971 : *D. 1971. Somm. 156.*

A. MODALITÉS

6. Supports. Aucune loi ne posant en principe que les organismes délibérants ou les fonctionnaires peuvent, avec impunité, dénoncer faussement et méchamment, peut être réprimée une dénonciation incluse dans une délibération d'un conseil municipal ou dans un rapport d'un maire. • Crim. 4 janv. 1951 : *Bull. crim. n° 9.*

7. Une simple réclamation ne saurait être assimilée à une dénonciation, serait-elle adressée au ministre de l'Intérieur contre un commissaire de police. • Crim. 18 déc. 1924 : *DH 1925. 25.*

8. L'énonciation, dans une requête au président du tribunal de commerce, en vue de la vérification des comptes d'une société, que la ratification par l'assemblée générale de la gestion d'un administrateur serait nulle si les actionnaires avaient été trompés par un bilan inexact ou mensonger, ne suffit pas à caractériser la dénonciation de faux et usage de faux de nature à provoquer des sanctions pénales. • Crim. 17 oct. 1935 : *Bull. crim. n° 113 ; DH 1935. 574.*

9. Le compte rendu de service, fait à son supérieur hiérarchique par un commissaire de police, d'un incident tel qu'il s'est produit et dont il avait le devoir de l'informer, n'est d'aucune façon susceptible de constituer, à la charge de son auteur, le délit prévu et réprimé par l'art. 373 C. pén. • Crim. 12 mars 1963 : *Bull. crim. n° 114.*

10. La prévenue qui déclare à une assistante sociale que son compagnon sort depuis le début de l'été avec une jeune fille de 13 ans tous les vendredis et samedis soirs, qu'il la ramène à 6 heures du matin et qu'il lui touche les genoux, puis qui revient ultérieurement sur ses propos à l'origine d'un signalement judiciaire et d'une enquête de gendarmerie, doit être relaxée du chef de dénonciation mensongère d'agressions sexuelles sur mineure de 15 ans ; en effet, par ses déclarations à l'assistante sociale, elle n'a dénoncé, ni l'agression sexuelle retenue exclusivement dans la prévention, ni au demeurant aucun autre délit. • Bastia, 29 nov. 2006 : *JCP 2007. IV. 2064.*

11. Victimes. Le délit de dénonciation calomnieuse existe, encore bien que la personne dénoncée n'ait pas été dénommée, si d'ailleurs elle a été désignée en termes équivalents. • Crim. 22 mai 1959 : *Bull. crim. n° 265.*

12. Commet le délit prévu et réprimé par l'art. 373 C. pén., le prévenu qui, ayant organisé une mise en scène pour donner à penser qu'une personne s'est rendue coupable d'un vol, informe l'employeur de cette personne de la découverte de ce prétendu vol, sans révéler l'identité de ladite personne, mais en s'abstenant de la mettre expressément hors de cause ; en effet, de tels agissements reviennent à dénoncer la victime « comme susceptible » d'avoir commis un vol, alors que le dénonciateur savait pertinemment qu'elle était innocente. • Crim. 7 juin 1963 : *Bull. crim. n° 197 ; D. 1963. Somm. 115.*

13. Une personne morale peut, non seulement faire l'objet de poursuites pour diverses infractions, mais encore, encourir des sanctions disciplinaires si elle exerce certaines professions ; fait une exacte application de l'art. 226-10 C. pén. la cour d'appel qui, pour rejeter le moyen d'un prévenu selon lequel une personne morale ne peut être victime du délit de dénonciation calomnieuse, relève qu'à la différence de l'art. 373 ancien C. pén. qui désignait nécessairement une personne physique en incriminant la dénonciation calomnieuse dirigée contre « un ou plusieurs individus », l'art. 226-10 C. pén. vise la dénonciation dirigée contre « une personne déterminée », terme désignant aussi bien une personne physique qu'une personne morale. • Crim. 22 juin 1999, n° 98-80.593 P : *D. 2000. Somm. 35, obs. Mayaud ; Dr. pénal 1999. 147, obs. Véron.* ♦ *Contra*, sur le fondement de l'art. 373 ancien C. pén. : • Crim. 25 nov. 1992, n° 91-85.184 P.

B. SPONTANÉITÉ

14. *Principe.* Le délit de dénonciation calomnieuse n'est caractérisé, au sens de l'art. 373 C. pén., que si cette dénonciation est spontanée. • Crim. 16 oct. 1969 : *Bull. crim. n° 254* • 9 janv. 1986 : *D. 1986. IR 194.* ♦ Même solution sur le fondement de l'art. 226-10 nouveau C. pén. • Crim. 3 mai 2000, n° 99-85.107 P : *Dr. pénal 2000. 111 (1er arrêt), obs. Véron ; RSC 2000. 821, obs. Mayaud.* ♦ Il ne peut, dès lors, être commis que par celui qui a pris l'initiative de porter, devant les autorités, des accusations mensongères contre un tiers. • Crim. 16 juin 1988 : *Bull. crim. n° 275 ; RSC 1989. 509, obs. Levasseur.*

15. En vertu de l'art. 226-10 C. pén., une dénonciation faite par un prévenu ou un accusé ne peut, si elle se rattache étroitement à sa défense, être considérée comme spontanée ; dès lors, cassation, pour violation de ce texte, de l'arrêt qui déclare le prévenu – qui a fait parvenir à l'officier du ministère public près le tribunal de police une lettre contestant le procès-verbal dressé à son encontre pour infraction au code de la route, alléguant qu'il avait refusé de signer le procès-verbal parce qu'un agent sentait l'alcool – coupable de dénonciation calomnieuse. • Crim. 3 mai 2000, n° 99-84.029 P : *Dr. pénal 2000. 111 (2e arrêt), obs. Véron ; RSC 2000. 821, obs. Mayaud.* ♦ Pour déclarer une société, ainsi que son gérant, coupables de dénonciation calomnieuse pour avoir cité, devant le tribunal correctionnel, un contrôleur du travail, sous la prévention de faux en écriture publique, une cour d'appel retient que la fausseté du fait dénoncé résulte de la relaxe du contrôleur du travail par décision définitive et relève qu'en prenant l'initiative d'exercer des poursuites pénales lourdes de conséquences pour un fonctionnaire public assermenté ceux-ci ont intentionnellement commis le délit reproché ; en l'état de ces énonciations qui établissent le caractère spontané de la dénonciation, la cour caractérise en tous ses éléments, tant matériel qu'intentionnel, le délit dont elle a déclaré les prévenus coupables, dès lors qu'en effet, d'une part, selon les dispositions de l'art. 121-2, al. 3, C. pén., la responsabilité pénale de la personne morale n'exclut pas celle de la personne physique auteur des mêmes faits et que, d'autre part, la personne poursuivie ayant la faculté de contester la valeur probante des procès-verbaux des contrôleurs du travail par tous moyens de preuve, devant la juridiction de jugement, une poursuite pour faux en écriture publique du fonctionnaire, rédacteur du procès-verbal, ne saurait être considérée comme se rattachant étroitement à sa défense. • Crim. 11 mars 2003, n° 02-82.352 P : *Dr. pénal 2003. Comm. 84 (1er arrêt), obs. Véron ; RSC 2003. 563, obs. Mayaud.*

16. *Applications.* Ne constitue pas une dénonciation spontanée : une lettre écrite au président d'une juridiction par un témoin (inspecteur de police) qui n'a pu déposer. • Crim. 8 mars 1951 : *Bull. crim. n° 72.* ♦ ... La réponse du président d'une chambre des notaires à une lettre du procureur de la République lui prescrivant de lui adresser un rapport circonstancié sur l'activité professionnelle d'un officier public ou l'administration d'un office notarial. • Crim. 5 mars 1974 : *Bull. crim. n° 92 ; D. 1974. Somm. 50.* ♦ ... Le fait, par un policier, de porter à la connaissance d'un supérieur hiérarchique un incident dont il avait le devoir de l'informer. • Crim. 3 mai 2000, n° 99-85.107 P : *Dr. pénal 2000. 111 (1er arrêt), obs. Véron ; RSC 2000. 821, obs. Mayaud.*

17. Manquent encore de spontanéité : les réponses faites par un prévenu aux interpellations qui lui ont été adressées par un magistrat • Crim. 9 mars 1889 : *DP 1889. 1. 387.* ♦ ... Les déclarations recueillies par des gendarmes au cours d'une enquête préliminaire. • Crim. 16 juin 1988 : *Bull. crim. n° 275 ; RSC 1989. 509, obs. Levasseur.* ♦ ... La dénonciation qui peut s'expliquer par la nécessité ou l'opportunité, pour le dénonciateur, de l'organisation de sa défense dans un sens favorable à ses intérêts dans la poursuite dont il est l'objet, surtout lorsque les faits dénoncés sont en rapport étroit avec ceux qui lui sont imputés. • Besançon, 3 juin 1982 : *Gaz. Pal. 1982. 2. Somm. 380.* ♦ Opposer • Crim. 11 mars 2003, n° 02-82.352 P : *Dr. pénal 2003. Comm. 84 (1er arrêt), obs. Véron ; RSC 2003. 563, obs. Mayaud.* ♦ ... Les indications données par la victime d'une infraction sur la moralité d'un tiers soupçonné de complicité, dès lors qu'il était, non seulement de son intérêt, mais encore de son devoir, de ne rien dissimuler de ce qui pouvait contribuer à faire toute la lumière sur les faits. • TGI Paris, 6 mars 1970 : *D. 1970. Somm. 178.* ♦ ... Les déclarations en lien direct avec l'objet d'une enquête sociale. • Toulouse, 21 mai 2008 : *JCP 2008. IV. 2645.*

18. Lorsqu'un prévenu, traduit devant le tribunal correctionnel, dénie avoir signé le procès-verbal dressé par les gendarmes, accusant ceux-ci implicitement d'avoir commis un faux à son préjudice, le délit de dénonciation calomnieuse ne saurait être retenu contre lui, alors que ses déclarations ont été rétractées, qu'elles manquent de spontanéité et que la mauvaise foi de l'inculpé n'a pas été constatée. • Crim. 28 oct. 1943 : *Bull. crim. n° 108 ; S. 1944. 1. 35.*

19. Si les déclarations faites sur l'interpellation des policiers et du juge d'instruction ne peuvent être considérées comme spontanées, la plainte écrite adressée au procureur de la République ne saurait être considérée comme privée de spontanéité du seul fait qu'elle est postérieure à la mise en mouvement de l'action publique. • Crim. 30 oct. 1956 : *Bull. crim. n° 685 ; D. 1957. 54 ; Gaz. Pal. 1957. 1. 100* • 27 oct. 1987 : *Bull. crim. n° 373.* ♦ L'art. 373 C. pén. n'exige nullement, en effet, que, pour constituer le délit, la dénonciation n'ait pour objet qu'un fait inconnu jusque-là ou qu'elle précède l'exercice des poursuites : il suffit qu'elle soit reconnue spontanée, calomnieuse et préjudiciable. • Crim. 9 févr. 1950 : *Bull. crim. n° 45 ; D. 1950. 265 ; JCP 1950. II. 5400* • 27 oct. 1987 : *préc.*

20. Une convocation par le parquet ne saurait empêcher, dans tous les cas, que des déclarations faites au cours de la comparution qui suit cette convocation, puissent présenter le caractère de spontanéité que l'art. 373 C. pén. exige comme élément constitutif du délit de dénonciation calomnieuse ; il s'agit là d'une question de fait, qui relève du pouvoir souverain d'appréciation des juges du fond. • Crim. 20 mars 1961 : *Bull. crim. n° 175.*

21. La mise en cause d'un tiers, lorsqu'elle n'intervient qu'en réponse à des questions de l'autorité à laquelle a été effectuée la révélation de faits punissables, ne retire pas à la dénonciation sa spontanéité, chaque fois que l'imprécision de la révélation appelait nécessairement de telles questions. • Paris, 22 nov. 1971 : *JCP 1972. II. 17057, note P.M.B.* ♦ Le défaut de spontanéité ne peut être attribué à des révélations mensongères méditées en toute lucidité et faites dans le seul but de motiver un nouvel interrogatoire. • T. corr. Versailles, 27 févr. 1963 : *Gaz. Pal. 1963. 2. 115.*

22. Ont subi un préjudice certain, direct et réel, dont il leur est dû réparation par l'allocation de dommages et intérêts, les policiers qui, après l'interpellation d'un délinquant, ont fait l'objet de sa part d'une plainte pour vol auprès de l'Inspection générale des services (IGS) qui a été ultérieurement classée pour être jugée sans fondement ; en effet, le délinquant, qui avait spontanément et délibérément dénoncé des faits sur la gravité desquels il ne pouvait se méprendre, avait attendu 7 jours pour porter plainte, et donc avait eu le temps nécessaire pour réfléchir à la portée de son acte et aux conséquences qui pouvaient en résulter pour les policiers, en raison des poursuites pénales ou disciplinaires que sa dénonciation était de nature à entraîner, même en cas de simples doutes. • Paris, 28 févr. 1997 : *Gaz. Pal. 1997. 2. Somm. 405, note Vray.*

23. Justifie sa décision la cour d'appel qui, pour relaxer la directrice d'une maison de retraite poursuivie du chef de dénonciation calomnieuse à raison de l'appréciation portée par elle dans une fiche de notation, retient qu'en application des art. 4 et 65 de la L. du 6 janv. 1986 portant dispositions statutaires relatives à la fonction publique hospitalière, elle était tenue de noter les personnels placés sous son autorité et de faire connaître cette notation à la commission administrative paritaire présidée par le directeur départemental des affaires sanitaires et sociales, et qu'elle a ainsi agi « dans le cadre de ses obligations légales » ; il se déduit en effet de tels motifs que la mauvaise foi de la prévenue n'est pas établie. • Crim. 8 juin 1999, n° 98-81.364 P : *D. 2000. Somm. 35, obs. Mayaud.*

24. Constitue un acte spontané de dénonciation l'envoi par deux avocats d'une lettre au président de la chambre d'accusation affirmant que seul le juge d'instruction a pu communiquer à la presse des procès-verbaux d'écoutes téléphoniques contenues dans un dossier d'information concernant un de leurs clients. • Crim. 30 mai 2000, n° 99-84.470 P : *RSC 2000. 821, obs. Mayaud.*

25. En application de l'art. 226-10 C. pén., la dénonciation calomnieuse n'est caractérisée que si elle est spontanée ; est dépourvue d'un tel caractère la dénonciation opérée par le commandant d'un centre d'incendie et de secours qui n'a fait qu'informer son supérieur hiérarchique de la commission, dans l'enceinte du centre de secours, d'une infraction qu'il avait le devoir de porter à sa connaissance. • Crim. 8 nov. 2005, n° 05-80.159 P : *D. 2006. Pan. 1655, obs. Garé ; AJDA 2006. 453 ; Dr. pénal 2006. 22, obs. Véron ; Gaz. Pal. 2006. 1. Somm. 2023, note Monnet ; JCP 2006. I. 159, obs. Véron.*

26. A la suite d'un rapport établi par M. Z..., agissant en qualité de représentant des créanciers dans la procédure de redressement judiciaire concernant la société G..., le procureur de la République a ouvert une information du chef de banqueroute, qui a été clôturée par une ordonnance de non-lieu ; M. X... qui avait été mis en cause dans cette procédure de même que les sociétés B... France et X... France ont porté plainte et se sont constitués parties civiles devant le juge d'instruction pour dénonciation calomnieuse ; cette dernière information a été clôturée par une ordonnance de non-lieu dont les parties civiles ont interjeté appel ; pour confirmer l'ordonnance entreprise, l'arrêt retient que les faits ont été dénoncés au procureur de la République en exécution de l'obligation prévue par l'art. 29 du décret du 27 déc. 1985 alors en vigueur et que les constatations matérialisées dans les rapports des 30 et 31 janv. 2003 transmis au parquet de Bressuire ne peuvent être considérées comme spontanées ; en l'état de ces énonciations, la chambre de l'instruction a justifié sa décision au regard de l'art. 226-10 C. pén. • Crim. 14 janv.

2014, n° 12-86.781 P : *D. actu. 28 janv. 2014, obs. Fonteix ; D. 2014. 145 ; AJ pénal 2014. 234, obs. Gallois ; Dr. pénal 2014, comm. 35, obs. Véron ; RSC 2014. 64, obs. Mayaud*.

C. DESTINATAIRE

27. Constatation. Le juge qui déclare un prévenu coupable de dénonciation calomnieuse doit indiquer devant quelle autorité qualifiée au sens de l'art. 373 C. pén. la dénonciation a été portée. • Crim. 1er août 1939 : *Bull. crim. n° 179.*

28. Détermination. La dénonciation contre des gendarmes, faite au procureur de la République, doit être considérée comme ayant été également faite au commandant de gendarmerie, alors que la copie lui en a été adressée par les dénonciateurs avec une lettre signée par eux. • Crim. 21 déc. 1900 : *S. 1901. 1. 159.*

29. Toute pétition qui signale des faits de nature à appeler sur un fonctionnaire des peines disciplinaires ou autres est une véritable dénonciation, et en l'adressant au chef de l'État, son auteur ne peut avoir pour but que de la faire parvenir plus sûrement et avec plus d'autorité aux officiers de justice ou de police administrative ou judiciaire chargés de réprimer les faits dénoncés. • Crim. 3 juill. 1857 : *S. 1857. 1. 867.*

30. Il appartient aux tribunaux de déterminer en fait si l'auteur de la dénonciation qui ne l'a pas remise directement et personnellement au représentant de l'autorité compétente pour en connaître, avait la volonté de la lui faire parvenir. • Crim. 17 janv. 1918 : *DP 1920. 1. 64 (1re esp.)* • 19 févr. 1949 : *Bull. crim. n° 64.* ♦ En revanche le droit à réparation du préjudice de la partie civile n'exige pas que l'autorité (en l'espèce un délégué syndical), qui était susceptible de donner une suite à la dénonciation ou de saisir l'autorité compétente, ait effectivement exercé une telle faculté. • Crim. 29 nov. 2016, n° 15-87.332 P : *D. actu. 5 janv. 2017, obs. Gallois ; RSC 2017. 509, obs. Mayaud*.

31. Est à bon droit condamnée pour dénonciation calomnieuse la prévenue qui a intentionnellement dénoncé des faits d'atteinte sexuelle sur mineur, dont elle n'ignorait pas le caractère mensonger, à un médecin hospitalier et à une assistante sociale ; en effet, le médecin et l'assistante sociale sont légalement tenus d'informer les autorités judiciaires des atteintes sexuelles infligées à un mineur de quinze ans dont ils ont eu connaissance dans l'exercice de leurs fonctions. • Crim. 22 oct. 2002, n° 01-87.294 P.

32. Doit être relaxée du délit de dénonciation calomnieuse la prévenue qui a téléphoné à sa mère, dont l'actuel mari est gendarme en congé de longue maladie, pour lui signaler que son demi-frère avait été hospitalisé à la suite de mauvais traitements que lui aurait infligés son père ; à la suite de cette nouvelle, le gendarme avait effectivement averti la brigade de gendarmerie des faits dénoncés ; or, s'il s'avère que les dires de la prévenue étaient bien mensongers au jour de la dénonciation, en revanche, sa dénonciation a été adressée à un gendarme qui n'était pas en activité au moment des faits et qui ne peut donc pas être considéré comme une des autorités visées expressément par l'art. 226-10 C. pén. • Toulouse, 16 mai 2002 : *JCP 2002. IV. 2686.*

33. Le président du tribunal de commerce est une autorité constituée qui, lorsqu'elle acquiert dans l'exercice de ses fonctions, la connaissance d'un crime ou d'un délit est tenue d'en donner avis sans délai au procureur de la République. • Crim. 26 juin 2007, n° 06-84.135 P : *D. 2007. AJ 2238, obs. Darsonville ; AJ pénal 2007. 384 ; RSC 2008. 81, obs. Mayaud*.

34. Le commissaire aux comptes d'une société, auquel est adressée la dénonciation d'un fait de nature à entraîner des sanctions judiciaires, administratives ou disciplinaires contre une personne, est une autorité au sens de l'art. 226-10 C. pén. dès lors que l'art. L. 823-12 C. com. lui fait obligation de révéler au procureur de la République les faits délictueux dont il a connaissance dans l'exercice de sa mission. • Crim. 26 mai 2010, n° 10-80.392 P.

35. Encourt la cassation l'arrêt qui, pour dire non établis les faits de dénonciation calomnieuse, énonce que l'envoi par un avocat, au bâtonnier de l'ordre, d'une lettre dénonçant la production d'un faux dans un litige l'opposant à un confrère, n'était pas de nature à entraîner une quelconque sanction à l'encontre de celui-ci, qu'il s'agissait d'une simple information destinée au bâtonnier concernant des faits soumis au débat contradictoire, et qui, en tout état de cause, ne pouvait pas donner lieu à poursuite, alors que la dénonciation litigieuse portait à la connaissance du bâtonnier de l'ordre des avocats, auquel était inscrit l'avocat mis en cause, des faits de nature à constituer des infractions pénales et des fautes disciplinaires, et que le bâtonnier était une autorité ayant le pouvoir d'y donner suite ou de saisir l'autorité compétente. • Crim. 18 sept. 2012, n° 11-87.612 P : *D. actu. 24 oct. 2012, obs. Martineau ; Dr. pénal 2012, n° 154, obs. Véron.*

II. CALOMNIE

A. ÉLÉMENTS

1° MATÉRIALITÉ

36. Dénaturation. En matière de dénonciation calomnieuse, il n'est pas nécessaire, pour constater l'existence du délit, d'établir la fausseté matérielle du fait dénoncé. • Crim. 9 janv. 1975 : *Bull. crim. n° 8* • 2 juill. 1975 : *ibid. n° 171.* ♦ Commet le délit de dénonciation calomnieuse celui qui, en dénonçant des faits exacts, les dénature afin de leur attribuer un caractère délictueux qu'ils n'avaient pas. • Crim. 2 mai 1919 : *DP 1920. 1. 64 (2e esp.)* • 23 juill.

1932 : *Bull. crim. n° 189* • 26 mars 1936 : *ibid. n° 36 ; DH 1936. 349* • 17 juill. 1947 : *Bull. crim. n° 180 ; JCP 1947. II. 3867, note Colombini ; S. 1948. 1. 91.*

37. Ainsi, le délit de dénonciation calomnieuse est constitué : lorsque le prévenu a ajouté, à la dénonciation d'un fait matériellement exact, des circonstances de nature à imprimer à ce fait un caractère autre que celui qu'il comportait, et à motiver par suite des sanctions. • Crim. 24 juill. 1952 : *Bull. crim. n° 208 ; D. 1952. 652* • 12 juill. 1966 : *Bull. crim. n° 200 ; D. 1966. Somm. 119.* ♦ ... Lorsqu'il a été ajouté aux faits dénoncés des circonstances imaginaires propres à leur donner une qualification pénale qu'ils ne comportent pas. • Crim. 7 janv. 1959 : *Bull. crim. n° 23.* ♦ ... Lorsque le fait exact a été volontairement présenté d'une manière tendancieuse. • Crim. 15 janv. 1959 : *Bull. crim. n° 46.* ♦ ... Lorsque le dénonciateur, en dissimulant sciemment certaines circonstances, a présenté le fait sous un aspect fallacieux le faisant apparaître, faussement, comme devant entraîner une sanction. • Crim. 9 janv. 1975 : *préc. note 36* • 2 juill. 1975 : *préc. note 36.* ♦ ... Lorsque le prévenu a, de mauvaise foi, attribué à des faits exacts un caractère contraire à la déontologie qu'il savait ne pas exister, obtenant de manière malhonnête des attestations sur des cadeaux prohibés (bouteilles de champagne), alors qu'il ne s'agissait que de simples gestes de savoir-vivre. • Rennes, 17 févr. 2000 : *JCP 2000. IV. 2341.*

38. Le délit n'est pas constitué si le dénonciateur, rapporteur des faits exacts, se borne à les qualifier de bonne foi d'immoraux et scandaleux. • Nîmes, 19 oct. 1950 : *D. 1951. 44.*

39. Réticence. De simples réticences ne peuvent imprimer à la dénonciation de faits exacts un caractère calomnieux que si le dénonciateur a, de mauvaise foi, attribué aux faits, par ces réticences, une apparence délictueuse qu'ils ne comportaient pas par eux-mêmes. • Crim. 10 juill. 1931 : *Bull. crim. n° 202.*

2° INTENTION

40. Nécessité. En matière de dénonciation calomnieuse, la mauvaise foi est un des éléments constitutifs de l'infraction. • Crim. 30 janv. 1979 : *Bull. crim. n° 41 ; RSC 1980. 141, obs. Levasseur* • 11 oct. 1983 : *Bull. crim. n° 241.*

41. Si en cas de décision définitive d'acquittement, de relaxe ou de non-lieu déclarant que la réalité du fait n'est pas établie ou que celui-ci n'est pas imputable à la personne dénoncée, les juges ne peuvent apprécier la pertinence des accusations portées, ils restent néanmoins tenus de motiver leur décision au regard de l'existence de mauvaise foi chez le dénonciateur. • Crim. 25 mars 2003, n° 02-80.569 P : *Dr. pénal 2003. Comm. 84 (3e arrêt), obs. Véron ; RSC 2003. 787, obs. Mayaud.*

42. Définition. Elle consiste dans la connaissance de la fausseté du fait dénoncé ou imputé à autrui. • Crim. 13 janv. 1944 : *Bull. crim. n° 19 ; Gaz. Pal. 1944. 1. 115* • 26 oct. 1944 : *ibid. 1944. 2. 181* • 26 févr. 1959 : *Bull. crim. n° 134* • 11 févr. 1976 : *Gaz. Pal. 1976. 1. 437* • 30 janv. 1979 : *préc. note 40* • 11 oct. 1983 : *préc. note 40* • 13 mars 1984 : *Bull. crim. n° 105* • 9 janv. 1990 : *Dr. pénal 1990. 128 ; RSC 1990. 572, obs. Levasseur* • Versailles, 28 mars 1995 : *Gaz. Pal. 1996. 1. Somm. 151* • T. corr. Beauvais, 24 sept. 1965 : *JCP 1966. II. 14548.* ♦ ... Ce qui la distingue de l'inadvertance. • Crim. 24 janv. 1973 : *Bull. crim. n° 36 ; D. 1973. IR 44.* ♦ ... Ou de la demande d'information (en l'espèce, adressée aux commissaires aux comptes). • Crim. 19 févr. 1992 : *Dr. pénal 1992. 253 ; RSC 1994. 560, obs. Levasseur.* ♦ ... Et doit s'apprécier au jour de la dénonciation. • Crim. 28 nov. 1978 : *Bull. crim. n° 333 ; RSC 1979. 840, obs. Levasseur* • 15 juill. 1981 : *Bull. crim. n° 230* • 11 oct. 1983 : *préc. note 40* • 13 mars 1984 : *préc.* • 9 oct. 1991 : *Dr. pénal 1992. 62 ; RSC 1994. 560, obs. Levasseur.* ♦ ... Le délit de dénonciation calomnieuse constituant une infraction instantanée, consommée au jour de la dénonciation. • TGI Pontoise, 25 févr. 1983 : *Gaz. Pal. 1985. 1. Somm. 89, note Doucet.*

43. A la supposer établie, l'intention de nuire ne pourrait suffire à caractériser la mauvaise foi. • Crim. 30 janv. 1979 : *préc. note 40* • 11 oct. 1983 : *préc. note 40.*

44. Il est possible, tout en relaxant les prévenus, de relever à leur encontre les reproches de témérité et de légèreté, lesquels n'impliquent pas nécessairement et par eux-mêmes la mauvaise foi. • Crim. 20 juin 1963 : *Bull. crim. n° 217.*

45. Doit être relaxé du délit de dénonciation calomnieuse le prévenu qui a téléphoné, suite au coup de téléphone de la fille d'un premier mariage de son épouse, à la brigade de gendarmerie pour signaler qu'un enfant avait été hospitalisé à la suite de mauvais traitements que lui aurait infligés son père ; or, s'il s'avère que les dires de la jeune femme étaient bien mensongers au jour de la dénonciation, rien ne permet d'affirmer que le prévenu, gendarme en congé de longue maladie, ait eu conscience de la fausseté de l'information qu'il a décidé de porter à la connaissance des gendarmes. • Toulouse, 16 mai 2002 : *préc. note 32.*

46. La dénonciation, par le salarié qui s'en prétend victime, d'agissements répétés de harcèlement moral, auprès de son employeur et des organes chargés de veiller à l'application des dispositions du code du travail, ne peut être poursuivie pour diffamation ; en revanche, s'il est établi, par la partie poursuivante, que le salarié avait connaissance de la fausseté des faits allégués, la qualification de dénonciation calomnieuse peut être appliquée. • Civ. 1re, 28 sept. 2016, n° 15-21.823 P : *D. actu. 11 oct. 2016,* *obs. Lavric ; D. 2016. 2447, obs. Pagnerre* .

47. En dehors des cas spécialement prévus par la loi, la dénonciation auprès de l'autorité judiciaire, de faits de nature à être sanctionnés pénalement, fussent-ils inexacts, ne peut être considérée comme fautive. Il n'en va autrement que si l'auteur avait connaissance de l'inexactitude des faits dénoncés, le délit de dénonciation calomnieuse étant alors caractérisé. • Civ. 1re, 25 mars 2020, n° 19-11.554 P : *D. actu. 25 juin 2020, obs. Lavric.*

48. Appréciation. L'appréciation de la bonne ou mauvaise foi, par les juges du fond, en matière de dénonciation calomnieuse, n'est souveraine qu'autant que leur décision n'est pas entachée d'illégalité ou de contradiction. • Crim. 26 mars 1931 : *Bull. crim. n° 89* • 24 mai 1935 : *ibid. n° 69* • 13 juill. 1950 : *ibid. n° 211 ; D. 1950. 685* • 7 juin 1956 : *Bull. crim. n° 445 (arrêt n° 6)* • 20 juin 1963 : *ibid. n° 216* • 9 janv. 1975 : *ibid. n° 8* • 2 juill. 1975 : *ibid. n° 171* • 27 janv. 1976 : *ibid. n° 28* • 22 juin 1982 : *ibid. n° 167* • 13 mars 1984 : *préc. note 42* • 7 janv. 1987 : *ibid. n° 5* • 19 févr. 1992 : *Dr. pénal 1992. 253 ; RSC 1994. 560, obs. Levasseur* .

49. A justifié son ordonnance de non-lieu du chef de dénonciation calomnieuse la chambre d'accusation qui relève qu'au moment de sa plainte pour escroquerie, l'intéressé a pu légitimement considérer que les faits dont la réalité est établie constituaient des manœuvres frauduleuses. • Crim. 5 mai 1998 : *JCP 1998. IV. 3461.*

50. La connaissance de la fausseté de la dénonciation doit s'apprécier au moment où celle-ci a été portée, et non à l'occasion de l'exercice d'une voie de recours. • Crim. 7 juin 2005, n° 03-86.640 P : *Dr. pénal 2005. 156, obs. Véron ; RSC 2005. 849, obs. Mayaud ; Gaz. Pal. 2006. 1. Somm. 526, note Monnet ; JCP 2006. I. 159, obs. Véron.* ♦ Justifie sa décision, au regard de l'art. 226-10 C. pén., la cour d'appel qui déclare le délit non constitué au motif qu'il n'est pas démontré que le plaignant connaissait l'inexactitude des faits au moment de sa plainte ; l'appel formé par ce dernier contre la décision de relaxe n'est pas constitutif de dénonciation calomnieuse, mais peut seulement relever des dispositions de l'art. 472 C. pr. pén. en cas d'exercice abusif. • Même arrêt.

51. Constatation. L'intention coupable constitutive du délit n'est pas caractérisée par la seule énonciation que la bonne foi du prévenu n'est pas établie. • Crim. 30 mai 1978 : *Bull. crim. n° 172.* ♦ Mais elle est suffisamment établie par les énonciations de l'arrêt portant que le prévenu a agi de mauvaise foi. • Crim. 4 mai 1935 : *Bull. crim. n° 55* • 17 juill. 1947 : *ibid. n° 180.*

52. A la suite d'une plainte classée sans suite pour harcèlement et agressions sexuels, la personne visée a porté plainte avec constitution de partie civile pour dénonciation calomnieuse ; l'auteur de la plainte pour harcèlement et agressions sexuels a de nouveau saisi le juge d'instruction pour les mêmes faits ; une décision définitive de non-lieu a été rendue et l'auteur de cette plainte a été renvoyé devant le tribunal correctionnel pour dénonciation calomnieuse ; saisie des appels de la partie civile et du ministère public, la cour d'appel, pour déclarer la prévenue coupable de dénonciation calomnieuse, relève que la fausseté des faits est établie par l'ordonnance de non-lieu rendue sur la plainte de la prévenue qui « ne peut avoir agi de bonne foi ou apporter la preuve qu'elle ignorait la fausseté des faits dénoncés » ; en l'état de tels motifs, qui mettent à la charge de la prévenue l'obligation de prouver sa bonne foi, les juges n'ont pas donné de base légale à leur décision. • Crim. 7 déc. 2004, n° 04-81.929 P : *Dr. pénal 2005. 33, obs. Véron ; Gaz. Pal. 2005. 1. 1902, note Monnet.*

53. En cas de décision définitive de non-lieu, le juge répressif saisi de la poursuite en dénonciation calomnieuse ne saurait en aucune manière apprécier la fausseté ou la réalité des accusations portées par la prévenue ; une telle appréciation constituerait une atteinte à l'autorité de la décision de non-lieu et aboutirait à remettre en cause la déclaration d'innocence acquise par l'ordonnance de non-lieu définitive ; toutefois, la seule existence d'une telle ordonnance ne saurait suffire à établir l'élément moral de l'infraction de dénonciation calomnieuse ; en effet, il appartient à l'accusation et à la partie civile de rapporter la preuve de la mauvaise foi de la prévenue qui doit s'apprécier à la date de la dénonciation ; en l'espèce, la prévenue a déposé plainte pour des faits d'agression sexuelle, s'est constituée partie civile et a maintenu ses accusations au cours de l'instruction ; le magistrat instructeur a rendu une ordonnance de non-lieu, laquelle est devenue définitive ; la prévenue a alors été poursuivie du chef de dénonciation calomnieuse ; elle doit être relaxée, dès lors que, ni l'ordonnance de non-lieu, ni la réitération des accusations, ni enfin les précédents dépôts de plainte pour des faits différents à l'encontre d'autres individus ne sauraient suffire à établir la mauvaise foi de la prévenue dans la présente procédure. • Rennes, 6 mai 2008 : *JCP 2008. IV. 2815.*

54. Le prévenu a été cité du chef de dénonciation calomnieuse, pour avoir, alors qu'il était directeur administratif et financier d'une société, signalé au commissaire aux comptes de celle-ci des abus de biens sociaux qu'il imputait à la partie civile ; le tribunal l'a déclaré coupable par un jugement dont le prévenu et le ministère public ont interjeté appel ; pour confirmer le jugement entrepris, l'arrêt relève que le commissaire aux comptes est une autorité, au sens de l'art. L. 823-12 C. com. lui faisant obligation de révéler au procureur de la République les faits délictueux dont il peut avoir connaissance dans l'exercice de sa mission ; les juges ajoutent qu'il résulte des vérifications effectuées par le commissaire aux comptes que les faits dénoncés, non significatifs ou décrits abusivement comme constituant des délits, sont inexacts ; ils relèvent notamment que le prévenu, compte tenu de la nature de ses fonctions, ne pouvait pas ne pas avoir la connaissance du caractère inexact et erroné des faits dénoncés ; en statuant de la sorte, la cour d'appel a justifié sa décision. • Crim. 26 mai 2010, n° 10-80.392 P : *D. 2010. Actu. 1630 ; Gaz. Pal. 2010. 2. 2396, note Dreyer.*

3° PRÉJUDICE

55. Nature. Pour qu'il y ait délit de dénonciation calomnieuse, il n'est pas nécessaire que le fait dénoncé soit susceptible de sanction pénale ; il suffit qu'il puisse entraîner pour son auteur une sanction quelconque de la part de l'autorité compétente. • Rouen, 19 mai 1948 : *D. 1948. Somm. 35.*

56. Le fait dénoncé susceptible de justifier des poursuites sur le fondement de l'art. 373 C. pén. doit être précis et exposer son auteur à des sanctions de nature pénale, administrative ou disciplinaire, ce que ne caractérisent pas des propos s'inscrivant dans un contexte de conflit social au sein d'une entreprise. • Crim. 17 mai 1994, n° 93-84.143 P.

57. Le délit de dénonciation calomnieuse exige, pour être constitué, que le fait dénoncé soit de nature à exposer son auteur à des sanctions pénales, administratives ou disciplinaires ; justifie sa décision la cour d'appel qui, pour relaxer de ce chef une femme qui a porté plainte contre son mari pour abandon de famille, en dénonçant le fait qu'il avait cessé de régler les loyers de l'appartement commun et lui avait « coupé tous moyens de subsistance », en la laissant sans ressources alors qu'elle était étudiante, retient que la plainte ne se réfère à aucune décision ou convention homologuée imposant au mari de verser une pension alimentaire ou une prestation compensatoire ni n'invoque l'existence d'un enfant commun et en déduit que les faits dénoncés ne peuvent recevoir aucune qualification pénale. • Crim. 7 déc. 2004, n° 03-87.709 P : *Dr. pénal 2005. 34, obs. Véron ; Gaz. Pal. 2005. 1. 1904, note Monnet ; RSC 2005. 304, obs. Mayaud .*

58. Les juges du fond doivent s'expliquer sur la teneur des sanctions auxquelles la victime est exposée. • Crim. 14 déc. 2016, n° 15-85.517 P : *D. actu. 13 janv. 2017, obs. Lavric.*

59. Une professeure des écoles est intervenue pour séparer des enfants qui avaient une altercation dans la cour de récréation de l'école et, à cette occasion, elle a été blessée, à la suite du comportement d'un garçon de huit ans et demi qui, selon elle, s'était violemment débattu et lui avait donné des coups de poing en réaction à son intervention ; elle a déposé plainte contre ce mineur, auprès des services de police, et le procureur de la République a saisi le juge des enfants d'une requête pénale ; ce magistrat a rendu une ordonnance de non-lieu motivée par le fait que l'élément intentionnel de l'infraction n'était pas caractérisé pour ce mineur ; les parents de l'enfant ont fait citer la professeure devant le tribunal correctionnel du chef de dénonciation calomnieuse à l'égard de leur fils ; le tribunal a relaxé la prévenue ; pour confirmer ce jugement, sur appel des seules parties civiles, la cour d'appel retient, notamment, que le dépôt de plainte de la professeure n'était pas de nature à entraîner, pour l'enfant, l'une des sanctions prévues par l'art. 226-10 C. pén., au regard des dispositions de l'art. 2 de l'Ord. du 2 févr. 1945 relative à l'enfance délinquante et de l'âge du mineur, âgé de seulement huit ans ; en prononçant ainsi, la cour d'appel a justifié sa décision ; en effet, il se déduit du principe d'interprétation stricte de la loi pénale que la plainte d'une personne se disant victime d'une infraction commise par un mineur âgé de moins de dix ans n'étant pas susceptible, selon l'art. 2 de l'Ord. du 2 févr. 1945, d'exposer celui-ci à une sanction éducative ou à une peine ne peut être qualifiée de dénonciation calomnieuse au sens de l'art. 226-10 C. pén. • Crim. 19 juin 2012, n° 11-85.324 P : *D. actu. 18 juill. 2012, obs. Bombled ; D. 2012. 2084, note Detraz ; Gaz. Pal. 2012. 2. 2712, note Dreyer.*

60. Le fait de dénoncer calomnieusement un vol qui, s'il avait été établi, n'aurait pas été punissable pénalement en raison de la condition individuelle de son auteur (vol d'un descendant au préjudice d'un ascendant), suffit pour constituer le délit de dénonciation calomnieuse, si le vol ainsi dénoncé est de nature à exposer la personne visée dans la dénonciation à une sanction disciplinaire de la part de son employeur, ou même seulement à une suspicion affirmée ou latente susceptible de lui porter préjudice. • Paris, 4 juin 1969 : *JCP 1970. II. 16464, note de Lestang.* ♦ Doit être déclarée coupable du délit de dénonciation calomnieuse la prévenue qui, en instance de divorce, a porté plainte pour vol contre son mari, dès lors qu'elle a reconnu la fausseté de ses déclarations et qu'il est établi qu'elle a agi de mauvaise foi ; en effet, il est indifférent que le fait dénoncé puisse être couvert par l'immunité de l'art. 311-12 C. pén., car le vol ainsi dénoncé est de nature à exposer la personne visée dans la plainte à une suspicion latente susceptible de lui porter préjudice. • Bordeaux, 24 juin 2004 : *JCP 2004. IV. 3544.*

B. PREUVE

1° CONDITION PRÉALABLE

61. Fausseté du fait dénoncé. Le délit de dénonciation calomnieuse exige, pour être établi, que les faits dénoncés aient été préalablement déclarés faux par l'autorité compétente.

• Crim. 10 févr. 1899 : *DP 1899. 1. 458.* ♦ La juridiction saisie d'une poursuite en dénonciation calomnieuse ne peut prononcer une condamnation que si la fausseté des faits dénoncés a été reconnue par le prévenu ou déclarée par une décision de l'autorité compétente. • Crim. 7 août 1931 : *Bull. crim. n° 230.* ♦ La juridiction répressive, saisie d'une poursuite pour dénonciation calomnieuse ne saurait condamner le prévenu de ce chef, dès lors qu'elle ne constate pas qu'il ait été statué préalablement sur la fausseté du fait dénoncé par l'autorité compétente au sens de l'art. 373 C. pén. • Crim. 16 févr. 1988 : *Bull. crim. n° 75 ; RSC 1988. 786, obs. Levasseur.* ♦ ... Autorité qui doit être précisée par les juridictions du fond. • Crim. 9 nov. 1960 : *JCP 1960. IV. 174.*

62. S'il appartient au tribunal saisi des poursuites contre le dénonciateur d'apprécier, conformément au dernier al. de l'art. 226-10 C. pén., la réalité des accusations portées par celui-ci « en tout autre cas » que ceux visés au troisième al. dudit art. (décision définitive d'acquittement, de relaxe ou de non-lieu), encore faut-il que l'autorité compétente pour donner suite ou non à la dénonciation se soit prononcée, et donc qu'une décision de classement ou qu'une prise de position assimilable à un classement sans suite soit intervenue préalablement à l'examen de la pertinence par la juridiction saisie de la poursuite du chef de dénonciation calomnieuse. • Paris, 2 déc. 1999 : *RSC 2000. 397, obs. Mayaud.*

63. Doit être cassé l'arrêt d'une cour d'appel qui, pour retenir le délit de dénonciation calomnieuse, fait seulement référence à l'opinion générale quant à la fausseté des faits dénoncés, sans rechercher et préciser si l'employeur, destinataire de la dénonciation, et compétent pour lui donner la suite qu'elle était susceptible de comporter, avait effectivement pris une décision d'où résulterait cette fausseté, ou saisi, à cette fin l'autorité judiciaire. • Crim. 13 mars 1990 : *Dr. pénal 1990. 299.* ♦ Dès lors que l'employeur qui a reçu une dénonciation concernant l'une de ses employées n'a effectué aucune investigation sérieuse sur les accusations formulées, le tribunal n'est pas en mesure d'examiner si le dénonciateur avait ou n'avait pas des raisons valables de croire à la réalité des faits dénoncés ; dans ces conditions, le prévenu ne peut qu'être relaxé des fins de la poursuite, même s'il est incontestable qu'il a formulé ses accusations dans le dessein de nuire à la partie civile. • T. corr. Paris, 4 nov. 1982 : *Gaz. Pal. 1983. 1. Somm. 5.*

64. Décision de l'autorité compétente. La *preuve* de la *fausseté* des faits doit résulter d'une décision de l'autorité compétente pour statuer sur la poursuite. • Crim. 4 janv. 1951 : *préc. note 6* • 30 avr. 1968 : *ibid. n° 131.* ♦ Elle ne peut résulter de l'avis d'un organisme consultatif sans qualité pour statuer au fond. • Crim. 4 janv. 1951 : *préc. note 6.*

65. L'autorité compétente selon l'art. 373 C. pén. est celle qui a le pouvoir de donner suite à la dénonciation « ou de saisir l'autorité compétente ». • Crim. 2 nov. 1966 : *Bull. crim. n° 246.* ♦... Serait-elle étrangère. • Crim. 18 mai 1928 : *DH 1928. 385* • Angers, 9 oct. 1941 : *DA 1941. 378 ; Gaz. Pal. 1941. 2. 501* • Paris, 26 nov. 1941 : *DC 1942. 66 ; Gaz. Pal. 1942. 1. 155* • T. corr. Clamecy, 4 janv. 1943 : *DA 1943. 36 ; Gaz. Pal 1943. 1. 77.*

66. Si le fait dénoncé constitue à la fois un manquement disciplinaire et une infraction pénale, c'est à l'autorité judiciaire qu'il appartient d'en prononcer la fausseté. • Crim. 29 oct. 1886 : *S. 1887. 1. 287.* ♦ Mais, si la dénonciation vise à la fois des actes, dont les uns constitueraient de simples faits disciplinaires, alors que les autres présenteraient le caractère de crimes ou de délits, rien ne s'oppose à une poursuite en dénonciation calomnieuse, lorsque l'une des deux autorités saisies, disciplinaire ou judiciaire, s'est prononcée, et si la poursuite est exercée en raison des faits qu'elle aurait ainsi déclarés faux. • Crim. 21 déc. 1900 : *S. 1901. 1. 159.*

67. Lorsque les faits dénoncés sont constitutifs de fautes administratives imputées au maire d'une commune, il peut être statué sur l'exactitude ou la fausseté de ces faits par une décision du ministre de l'intérieur, et cette décision est susceptible de résulter, sous réserve de l'appréciation souveraine des juges, d'une simple lettre ou dépêche adressée par le ministre au préfet du département. • Crim. 27 avr. 1944 : *Bull. crim. n° 111 ; DA 1944. 107.*

68. En cas de dénonciation de faits portant atteinte à l'honorabilité, la probité et la conscience professionnelle d'un officier public, et qui, à les supposer établis, seraient de nature à entraîner des poursuites disciplinaires, le Procureur général a qualité, au sens de l'art. 373 C. pén., pour recevoir la dénonciation et lui donner la suite qu'elle est susceptible de comporter. • Crim. 30 avr. 1968 : *préc. note 64.*

2° PREUVE PAR PRÉSOMPTION

69. Compatibilité avec la Conv. EDH. Il ne saurait être reproché à une cour d'appel d'écarter l'argumentation du prévenu prise de l'incompatibilité de l'art. 226-10 C. pén. avec l'art. 6, §§ 1 et 2, Conv. EDH et de retenir sa culpabilité, dès lors qu'elle retient, notamment, que la présomption de fausseté du fait instaurée par le premier de ces textes repose sur l'existence d'une décision de justice antérieure définitive, résultant d'un débat judiciaire conforme aux règles du procès équitable. • Crim. 25 mars 2003, n° 02-80.569 P : *Dr. pénal 2003, comm. 84 (3e arrêt), obs. Véron ; RSC 2003. 787, obs. Mayaud.*

70. Dans la présente affaire (Crim. 25 mars 2003 : *préc. note 65*), la requérante allègue que l'application qui lui a été faite de l'art. 226-10 C.

pén. est contraire à la présomption d'innocence ; elle soutient que, du fait qu'une ordonnance de non-lieu a été rendue pour insuffisance de charges, la fausseté des faits n'était pas établie et que les juges de la dénonciation calomnieuse auraient donc dû rechercher si les faits étaient établis ou non (§ 42) ; la Cour constate qu'en l'espèce le juge d'instruction saisi de la plainte de la requérante a diligenté une information approfondie avec recherche d'éléments matériels et audition de nombreux témoins ; il conclut, suite à cette enquête, que « l'absence de constatations objectives et les conclusions des rapports médico-psychologiques » ne permettaient pas de se forger une certitude et qu'il n'existait pas de charges suffisantes contre P. pour le renvoyer devant le tribunal correctionnel ; c'est dans ces conditions qu'une ordonnance de non-lieu fut rendue (§ 43) ; or, il ressort du texte de l'art. 226-10 C. pén., tel que rédigé à l'époque des faits, et de l'interprétation qui en était faite par la jurisprudence interne que la fausseté des faits dénoncés résultait nécessairement d'une décision de cette nature (§ 44) ; la Cour relève qu'en l'espèce le tribunal a fait une application stricte de ce texte en estimant que, de la décision de non-lieu, résultait « nécessairement » la fausseté des faits dénoncés et que, dans la mesure où la requérante s'était plainte de viols répétés et de harcèlement sexuel, elle ne pouvait ignorer la fausseté de ces faits, d'où il résultait que l'élément intentionnel était caractérisé (§ 45) ; la cour d'appel, devant laquelle la requérante invoqua l'art. 6, § 2, de la Convention, confirma le jugement de première instance en estimant que l'application de la présomption découlant de l'art. 226-10 C. pén. restait « dans des limites raisonnables » conformes au principe du procès équitable (§ 46) ; dès lors, un nouvel examen des faits dénoncés par la requérante dans sa plainte, par les juges de la dénonciation calomnieuse, était exclu ; en effet, il aurait été considéré comme remettant en cause les conclusions du juge d'instruction dans son ordonnance de non-lieu ; par ailleurs, l'élément intentionnel, dans ce cas de figure, découlait quasi automatiquement du fait que, s'agissant de violences alléguées sur sa personne, les juges considérèrent que la requérante ne pouvait ignorer qu'ils étaient faux (§ 47) ; la requérante se trouvait ainsi confrontée à une double présomption qui réduisait de manière significative les droits garantis par l'art. 6 de la Conv., le tribunal ne pouvant peser les diverses données en sa possession et devant recourir automatiquement aux présomptions légales posées par l'art. 226-10 C. pén. ; elle n'avait de ce fait aucune possibilité d'apporter des preuves à soumettre au débat contradictoire devant le tribunal pour établir la réalité des faits et son absence de culpabilité avant que celui-ci se prononce (§ 48) ; la Cour considère que, dans ces conditions, la requérante n'a pas pu bénéficier d'un procès équitable et de la présomption d'innocence ; partant, il y a eu violation de l'art. 6, §§ 1 et 2, de la Conv. (§ 54). • CEDH 30 juin 2011, *Klouvi c/ France,* n° 30754/03 : *D. 2011. Actu. 1902, obs. Bachelet ; RSC 2011. 607, obs. Mayaud ; ibid. 714, obs. Roets*.

71. Non-lieu. Il résulte de l'art. 373 C. pén. que la fausseté des faits dénoncés est établie lorsqu'est intervenue, à la suite d'une dénonciation, une ordonnance ou un arrêt de non-lieu. • Crim. 4 août 1921 : *Bull. crim. n° 329* • 5 mars 1975 : *ibid. n° 73.*

72. A fait l'exacte application de l'art. 226-10 C. pén. la cour d'appel qui, après avoir énoncé qu'au regard de ses dispositions, immédiatement applicables en ce qu'elles sont plus favorables au prévenu, la décision de non-lieu n'établit pas la fausseté des faits dès lors qu'il ne résulte pas de cette décision que le juge d'instruction ait estimé que la réalité du fait n'était pas établie ou que celui-ci n'était pas imputable à la personne dénoncée, relève qu'en l'espèce la transaction intervenue entre les parties a joué un rôle déterminant dans l'issue de l'instruction (ordonnance de non-lieu en l'absence de charges suffisantes), sans pour autant rendre inexacts les faits en litige, et retient, après avoir analysé les documents fiscaux et les procès-verbaux de l'enquête réalisée par la brigade financière, produits par le prévenu, qu'à défaut d'instruction approfondie sur ces faits, l'absence de pertinence des agissements dénoncés n'est pas démontrée par la partie civile et qu'en conséquence l'élément matériel de l'infraction de dénonciation calomnieuse n'est pas établi. • Crim. 21 janv. 1997, n° 95-83.766 P : *Dr. pénal 1997. 74, obs. Véron ; RSC 1997. 639, obs. Mayaud*. ♦ Opposer, pour la jurisprudence antérieure à la réforme : • Crim. 4 mai 1935 : *Bull. crim. n° 55* • 26 nov. 1943 : *ibid. n° 134* (l'ordonnance par laquelle le juge d'instruction déclare « qu'il n'y a lieu de suivre en l'état » suffit à établir la fausseté de la dénonciation).

73. Doit être cassé l'arrêt de condamnation pour dénonciation calomnieuse fondé sur une ordonnance de non-lieu entachée de nullité. • Crim. 22 févr. 1930 : *Bull. crim. n° 64 ; Gaz. Pal. 1930. 1. 647.* ♦ Rappr. : • Crim. 2 mai 1931 : *Bull. crim. n° 123.*

74. Le fait que l'auteur d'une plainte qui a abouti à un non-lieu se soit, ou non, constitué partie civile, est sans incidence sur l'application à son égard de l'art. 373 C. pén., cette application n'exigeant nullement que le prévenu de dénonciation calomnieuse ait été à même d'exercer un contrôle sur le déroulement de l'information qui a été ouverte sur sa plainte. • Crim. 2 mai 1967 : *Bull. crim. n° 142.*

75. En revanche, il appartient à la juridiction saisie de poursuites pour dénonciation calomnieuse d'apprécier la pertinence des accusations lorsque les faits dénoncés ont donné lieu à une décision de non-lieu fondée sur d'autres motifs que l'absence de commission des faits ou leur imputabilité à la personne dénoncée. Encourt la cassation l'arrêt qui déclare le prévenu coupable du délit prévu à l'art. 226-10 C. pén. sans avoir procédé à cette appréciation, alors que la procédure relative aux faits dénoncés avait été conclue par une décision de non-lieu ne constatant pas que ces derniers n'avaient pas été commis. • Crim. 11 juill. 2017, n° 16-83.932 P : *D. actu. 4 sept. 2017, obs. Lavric ; AJ pénal 2017. 444, obs. Lasserre Capdeville ; RSC 2017. 510, obs. Mayaud ; Dr. pénal 2018, n° 41, obs. Conte ; Gaz. Pal. 24 oct. 2017, p. 49, obs. Detraz.*

76. Relaxe. La fausseté des faits dénoncés n'est pas constatée en cas de relaxe au bénéfice du doute. • Crim. 19 juin 1991 : *Dr. pénal 1992. 5 ; RSC 1994. 559, obs. Levasseur*. ♦ *Contra* : • Crim. 16 nov. 1993, n° 93-80.990 P : *RSC 1994. 559 et 561, obs. Levasseur*. ♦ Une décision de relaxe, même prononcée au bénéfice du doute relativement au fait dénoncé, constitue une présomption irréfragable de la fausseté du fait dénoncé. • Paris, 8 févr. 2011 : *Gaz. Pal. 2011. 1. 829, note Deharo.*

77. Selon les art. 373 anc. et 226-10 C. pén., la fausseté des faits dénoncés résulte nécessairement d'une décision de relaxe devenue définitive ; c'est à tort que la cour d'appel a relaxé le prévenu du chef de dénonciation calomnieuse au motif que la partie civile avait été relaxée au bénéfice du doute et qu'une telle décision ne peut constituer la constatation de la fausseté du fait dénoncé ; il appartenait seulement à la cour d'appel de rechercher si, au moment de la dénonciation, le prévenu connaissait ou non la fausseté des faits dénoncés. • Crim. 20 févr. 1996, n° 95-80.477 P : *RSC 1996. 653, obs. Mayaud*.

78. Est justifié l'arrêt qui, pour déclarer une société, ainsi que son gérant, coupables de dénonciation calomnieuse pour avoir cité, devant le tribunal correctionnel, un contrôleur du travail, sous la prévention de faux en écriture publique, retient que la fausseté du fait dénoncé résulte de la relaxe du contrôleur du travail par décision définitive. • Crim. 11 mars 2003, n° 02-82.352 P : *Dr. pénal 2003. Comm. 84 (1er arrêt), obs. Véron ; RSC 2003. 563, obs. Mayaud*.

79. Selon l'art. 226-10, al. 2, C. pén., la fausseté du fait dénoncé résulte nécessairement de la décision, devenue définitive, d'acquittement, de relaxe ou de non-lieu, déclarant que le fait n'a pas été commis ou que celui-ci n'est pas imputable à la personne dénoncée ; par jugement du *9 sept. 2008, M. Philippe Y...* a été déclaré coupable de violences aggravées sur son épouse, Mme Patricia X..., d'avec laquelle il était en instance de divorce ; par arrêt du 14 oct. 2009, devenu définitif, la cour d'appel, infirmant cette décision, a relaxé M. Y..., qui a alors fait citer Mme X... devant le tribunal correctionnel du chef de dénonciation calomnieuse ; par jugement du 2 déc. 2011, le tribunal a déclaré Mme X... coupable, l'a dispensée de peine, et a prononcé sur les intérêts civils ; appel de cette décision a été interjeté par la prévenue ; pour confirmer le jugement entrepris et déclarer Mme X... coupable de dénonciation calomnieuse, sur le fondement de l'art. 226-10, al. 2, C. pén., l'arrêt énonce notamment que la fausseté des faits dénoncés résulte de ce que, dans sa décision du 14 oct. 2009, la cour d'appel a retenu qu'au vu des constatations des enquêteurs et de l'imprécision d'un certificat médical produit huit jours après lesdits faits, la réalité des violences n'était pas démontrée et qu'aucun autre élément objectif ne venait corroborer les déclarations de la victime ; en se déterminant ainsi, alors que l'arrêt du 14 oct. 2009 ne relevait pas que les faits de violences n'avaient pas été commis, la cour d'appel a méconnu les dispositions de l'art. 226-10, al. 2, C. pén. • Crim. 6 mai 2014, n° 13-84.376 P : *D. actu. 2 juin 2014, obs. Priou-Alibert ; AJ pénal 2014. 477, obs. Renaud-Duparc ; RSC 2014. 342, obs. Mayaud*.

80. Condamnation. Aucune poursuite pour dénonciation calomnieuse ne peut être exercée lorsque les faits dénoncés ont fait l'objet d'une décision de condamnation pénale passée en force de chose jugée. • Crim. 22 janv. 2002, n° 01-83.639 P : *Dr. pénal 2002. 50, obs. Véron ; RSC 2002. 328, obs. Mayaud ; Gaz. Pal. 2003. 1. Somm. 1193, obs. Monnet (arrêt cité à tort du 29 janv. 2003).*

3° *PREUVE PAR APPRÉCIATION*

81. Étendue. Il se déduit du dernier alinéa de l'art. 226-10 C. pén. que la juridiction saisie de poursuites pour dénonciation calomnieuse apprécie la pertinence des accusations lorsque les faits dénoncés ont été déclarés prescrits ; selon le même texte, en cas de décision définitive d'acquittement, de relaxe ou de non-lieu déclarant que la réalité du fait n'est pas établie ou que celui-ci n'est pas imputable à la personne dénoncée, les juges sont tenus de motiver leur décision au regard de l'existence de la mauvaise foi chez le dénonciateur ; méconnaît le sens et la portée de ces dispositions l'arrêt qui, pour débouter la partie civile après avoir relaxé le prévenu du chef de dénonciation calomnieuse, se borne à retenir que les faits visés dans une plainte avec constitution de partie civile portée par celui-ci sous la qualification de détournements de fonds étaient prescrits et que, s'agissant de ceux qualifiés de tentative d'escroquerie, ils avaient abouti à une décision de non-lieu, le juge d'instruction ayant relevé qu'ils ne relevaient que « d'une légèreté blâmable », sans motiver leur décision au regard de la pertinence de l'accusation de détournements de fonds et de l'absence de mauvaise foi en ce qui concerne celle de tentative d'escroquerie. • Crim. 11 mars 2008, n° 06-86.503 P : *AJ pénal 2008. 280, obs. Lasserre Capdeville ; Dr. pénal 2008. 81, obs. Véron ; RSC 2008. 907, obs. Mayaud*.

82. Absence de poursuite. En matière de dénonciation calomnieuse, lorsque les faits dénoncés n'ont donné lieu à aucune poursuite pénale, c'est à la partie poursuivante qu'incombe la charge de la preuve de la fausseté des faits dénoncés, et non au prévenu à faire la preuve de la pertinence de ce qu'il a spontanément dénoncé. • Versailles, 24 avr. 2003 : *Gaz. Pal. 2004. 1. Somm. 1302.*

83. Classement sans suite. En cas de classement sans suite d'une plainte, les juridictions doivent apprécier la pertinence des accusations portées par la personne à qui la dénonciation calomnieuse est reprochée, l'art. 226-10 C. pén. contenant des dispositions plus favorables au prévenu que l'état antérieur du droit, qui assimilait le classement sans suite à la preuve irréfragable de la fausseté de la dénonciation, alors qu'il est permis aujourd'hui de discuter cet élément constitutif de l'infraction. • Paris, 23 mars 1995 : *Dr. pénal 1995. 141, obs. Véron ; RSC 1996. 653 s., spéc. 655, obs. Mayaud.*

84. Sur la jurisprudence antérieure, qui considérait la mesure de classement sans suite comme une décision sur la fausseté des faits dénoncés : • Crim. 9 mars 1950 : *Bull. crim. n° 91 ; S. 1951. 1. 92, et 153, note Hugueney* (classement sans suite par le procureur général d'une plainte contre un avocat, susceptible d'entraîner des poursuites disciplinaires) • 26 avr. 1955 : *Bull. crim. n° 200* • 22 déc. 1958 : *ibid. n° 765* (classement sans suite par le procureur de la République sur le vu d'une enquête de police) • 29 févr. 1956 : *Bull. crim. n° 214* (classement sans suite par le ministre de la santé (tunisienne) d'une plainte contre un docteur en médecine, susceptible d'entraîner des sanctions administratives). ♦ V. cependant *contra* : • Basse-Terre, 20 nov. 1973 : *D. 1974. Somm. 39.* ♦ Rappr. : • Bordeaux, 15 mai 1952 : *D. 1952. 512* • T. corr. Mirecourt, 22 déc. 1953 : *Gaz. Pal. 1954. 1. 273.* ♦ Il en résultait que les juges du fond, saisis d'une poursuite en dénonciation calomnieuse, n'avaient pas le pouvoir de remettre en question la décision de classement sans *suite du procureur* de la République, laquelle, dès lors qu'elle émanait de l'autorité compétente au sens de l'art. 373 C. pén., constituait la base légale de la poursuite ; il leur appartenait seulement de rechercher si, au moment de la dénonciation, le prévenu connaissait ou non la fausseté des faits dénoncés. • Crim. 30 avr. 1968 : *préc. note 64* • 21 avr. 1980 : *ibid. n° 112 ; RSC 1981. 93, obs. Levasseur.*

85. Ne peuvent faire l'objet d'une décision de classement sans suite les faits dénoncés qui n'ont donné lieu à aucune enquête. • Crim. 21 nov. 1990, n° 89-87.124 P : *D. 1991. Somm. 275, obs. Azibert* • 6 févr. 1991, n° 90-82.343 P • 20 nov. 1991 : *Dr. pénal 1992. 92 ; RSC 1994. 559, obs. Levasseur*.

86. La simple abstention du parquet ne saurait équivaloir à la décision de classement visée par l'art. 373 C. pén. • Crim. 15 janv. 1959 : *Bull. crim. n° 46.* ♦ Mais le fait que le ministère public prenne l'initiative des poursuites du chef de dénonciation calomnieuse implique nécessairement de sa part une décision de classement de la dénonciation au sens de l'art. 373, al. 3, C. pén. • Crim. 19 avr. 1989 : *Bull. crim. n° 161 ; Dr. pénal 1989. 64 ; RSC 1989. 745, obs. Levasseur ; ibid. 1990. 570, obs. Levasseur*. ♦ A justifié sa décision la cour d'appel dont les motifs permettent de déduire que les juges ont apprécié la pertinence des accusations portées par les dénonciateurs en application des dispositions de l'art. 226-10 C. pén., dès lors que l'initiative prise par le ministère public de poursuivre du chef de dénonciation calomnieuse implique nécessairement le classement de la dénonciation. • Crim. 30 mai 2000, n° 99-84.470 P : *RSC 2000. 821, obs. Mayaud*.

87. Est une décision de classement le fait pour un employeur, qui avait compétence pour donner suite à une dénonciation calomnieuse, de n'avoir pris aucune initiative à l'encontre de la personne mise en cause, après avoir considéré que les faits reprochés n'étaient pas fondés. • Crim. 23 juin 1992, n° 91-81.647 P : *RSC 1994. 558, obs. Levasseur*.

88. Il résulte des art. 226-10 et 226-11 C. pén. qu'il appartient à la juridiction saisie de poursuites pour dénonciation calomnieuse d'apprécier la pertinence des accusations lorsque les faits dénoncés n'ont donné lieu à aucune poursuite pénale ; méconnaît le sens et la portée de ces textes la cour d'appel qui, pour déclarer une personne coupable de dénonciation calomnieuse, retient qu'il ne peut être contesté que le prévenu a déposé plainte, au cours du mois de févr. 2001, pour violences avec arme à l'encontre d'une autre personne et plus précisément pour l'avoir blessée au bras à l'aide d'un pistolet à grenailles, faits qui ont fait l'objet d'un classement sans suite par le parquet (avis du 21 mars 2001), le prévenu ne justifiant pas d'une quelconque contestation de cet avis de classement sans suite, alors que la cour était tenue d'apprécier la pertinence des accusations portées par le dénonciateur dont la mauvaise foi ne pouvait se déduire d'une simple absence de contestation du classement sans suite dont les faits dénoncés avaient fait l'objet. • Crim. 13 sept. 2005, n° 05-81.755 P : *D. 2005. IR 2628 ; AJ pénal 2005. 453, obs. Saas ; Dr. pénal 2005. 168, obs. Véron ; Gaz. Pal. 2006. 1. 1113, note Monnet ; JCP 2006. I. 159, obs. Véron.*

89. Il résulte de l'art. 226-10 C. pén. qu'il appartient à la juridiction saisie de poursuites pour dénonciation calomnieuse d'apprécier la pertinence des accusations lorsque les faits dénoncés ont donné lieu à un classement sans suite ; la fausseté des faits dénoncés ne peut se déduire d'un classement sans suite, et les juges sont tenus d'apprécier la pertinence des accusations portées par le dénonciateur. • Crim. 12 oct. 2010, n° 10-80.157 P : *D. 2010. 2706* ; *Gaz. Pal. 2011. 1. 261, note Detraz ; RSC 2011. 93, obs. Mayaud*.

90. Refus d'informer. La fausseté des accusations portées à l'encontre de gendarmes ne peut résulter d'une décision de refus d'informer au motif que les faits dénoncés ont été déclarés non susceptibles de recevoir une qualification pénale. • Crim. 9 déc. 2014 : *Dr. pénal 2015, comm. 16, obs. Véron.*

91. Décès. Si la personne dénoncée vient à décéder aussitôt après la dénonciation, l'action criminelle est immédiatement éteinte et la compétence des juridictions d'instruction cesse ; dans ce cas, c'est au tribunal correctionnel, saisi de l'action en dénonciation, qu'il appartient de constater la fausseté des faits dénoncés. • Bourges, 21 nov. 1878 : *S. 1879. 2. 81.*

92. Amnistie. De même, la juridiction correctionnelle, saisie du chef de dénonciation calomnieuse d'un délit depuis amnistié, est compétente pour apprécier la réalité ou la fausseté du fait dénoncé qui, en raison de l'amnistie, ne peut plus être constatée par une autre autorité. • Nîmes, 24 nov. 1966 : *JCP 1967. II. 15209, note Michaud.*

93. Il résulte de l'art. 226-10, al. 3, C. pén., que les juges répressifs saisis de poursuites pour dénonciation calomnieuse (portant sur des faits amnistiés), doivent examiner la pertinence des accusations formulées par le dénonciateur sans être liés par l'appréciation ayant pu être portée sur ce point par l'autorité disciplinaire destinataire de la dénonciation incriminée. • Crim. 19 oct. 1999, n° 99-82.232 P : *Dr. pénal 2000. 41, obs. Véron ; RSC 2000. 397, obs. Mayaud*.

III. RÉPRESSION

A. RESPONSABLES

94. Instigateur. Il n'importe, pour que soit constitué le délit de dénonciation calomnieuse, que l'auteur de la dénonciation ne l'ait ni personnellement rédigée, ni signée, dès lors qu'il est constaté que l'acte de poursuite (plainte avec constitution de partie civile) a été établi conformément aux instructions données par lui à un mandataire légal (avocat). • Crim. 25 avr. 1979 : *Bull. crim. n° 148.*

95. Ordres d'un supérieur hiérarchique. Le fait de s'être conformé aux ordres de son supérieur hiérarchique ne constitue pour un prévenu ni un fait justificatif ni une excuse lui permettant d'échapper aux conséquences du délit de dénonciation calomnieuse. • Crim. 4 oct. 1989 : *Bull. crim. n° 338 ; RSC 1990. 573, obs. Levasseur*.

96. Représentant légal de société. Les juridictions correctionnelles ne peuvent statuer qu'à l'égard des personnes visées par la citation qui les a saisies : excède les limites de sa saisine et viole ainsi l'art. 388 C. pr. pén., la cour d'appel qui confirme un jugement déclarant un prévenu coupable de dénonciation calomnieuse et le condamne de ce chef, alors que les juges n'étaient saisis par la citation d'aucune poursuite dirigée contre ledit prévenu à titre personnel, mais seulement ès qualités de représentant légal de société. • Crim. 11 juin 2002 : *Gaz. Pal. 2002. 2. 1028.*

97. Président d'association. Le président d'une association qui, en cette qualité, a porté, contre un tiers, une plainte reconnue mal fondée, peut être condamné pour dénonciation calomnieuse, s'il est démontré qu'il a agi, tant lors du dépôt de la plainte qu'au cours de l'instruction, dans une intention coupable, et qu'il a participé personnellement aux faits qui motivent la condamnation ; la situation d'un tel dénonciateur ne saurait, dans cette hypothèse, être assimilée à celle d'un mandataire *ad litem*. • Crim. 10 mars 1943 : *Bull. crim. n° 20.*

98. Président de la CNIL. Il résulte de la loi n° 78-17 du 6 janv. 1978 relative à l'informatique, aux fichiers et aux libertés que la Commission nationale de l'informatique et des libertés est une autorité administrative indépendante (art. 8) qui est chargée de dénoncer au parquet les infractions dont elle a eu connaissance conformément à l'art. 40 C. pr. pén. (art. 21) ; elle doit également, aux termes du décret n° 78-774 du 17 juill. 1978, répondre aux demandes d'avis des pouvoirs publics et, le cas échéant, des juridictions (art. 1er) ; dès lors que les agissements poursuivis s'inscrivent dans le cadre des dispositions de l'art. 40 C. pr. pén., la responsabilité pénale du président de la CNIL ne saurait être recherchée sur le fondement du délit de dénonciation calomnieuse. • Paris, 15 mai 1996 : *D. 1998. 196, note Gassin* ; conf. par : • Crim. 3 févr. 1998, n° 96-82.665 P : *D. 1998. 443, note Gassin*.

B. ACTIONS

99. Action publique. Le point de départ de la prescription du délit de dénonciation calomnieuse se place au jour où la dénonciation est parvenue à l'autorité ayant le pouvoir d'y donner suite ou de saisir l'autorité compétente, et non au jour où la fausseté des faits a été établie ; cette prescription est toutefois suspendue, lorsque des poursuites concernant le fait dénoncé sont exercées, et pendant le cours de ces poursuites. • Crim. 1er déc. 1955 : *Bull. crim. n° 534 ; D. 1956. 451, note Larguier ; S. 1956. 13* • 30 mai 1967 : *Bull. crim. n° 165.*

100. Si la prescription du délit de dénonciation calomnieuse est suspendue tant que la fausseté du fait dénoncé n'a pas été légalement déclarée, le délit n'en est pas moins consommé dans tous ses éléments dès le dépôt de la plainte mensongère et par le fait même de ce dépôt. • Crim. 19 juin 1956 : *Bull. crim. n° 477.*

101. Si le fait dénoncé est susceptible d'une sanction pénale, les poursuites pourront être engagées en vertu de l'art. 373 C. pén., même si ce fait est couvert par la prescription pénale. • Crim. 4 juill. 1962 : *Bull. crim. n° 235 ; D. 1962. 610 ; S. 1962. 295* • 9 juin 1964 : *D. 1964. Somm. 107* • 11 mars 2008 : *préc. note 81.*

102. Aux termes des art. 7 et 8 C. pr. pén., l'action publique se prescrit après 3 années révolues à compter du lendemain du jour où les infractions ont été commises si, dans l'intervalle, il n'a été fait aucun acte d'instruction ou de poursuite ; relativement à une plainte avec constitution de partie civile déposée le 20 févr. 1989 pour une dénonciation calomnieuse réalisée par un courrier du 20 févr. 1986, la prescription ne commence à courir que le 21 févr. 1986 et prend fin le 20 févr. 1989 à minuit. • Crim. 8 sept. 1998, n° 98-80.742 P : *Dr. pénal 1999. 17, obs. Maron ; RSC 1999. 346, obs. Giudicelli.*

103. La dénonciation calomnieuse est une infraction instantanée dont la prescription triennale commence à courir le jour où la dénonciation est parvenue à l'autorité ayant le pouvoir d'y donner suite ou de saisir l'autorité compétente, et elle ne peut être suspendue que par l'exercice effectif de poursuites, pénales ou disciplinaires, relatives au fait dénoncé. • Crim. 17 oct. 2006, n° 05-85.519 P : *Dr. pénal 2007. 2, obs. Véron ; ibid. 11, obs. Maron.*

104. Action civile. Il résulte des dispositions de l'art. 2 C. pr. pén. que le droit d'exercer l'action civile devant la juridiction répressive n'appartient qu'à ceux qui ont personnellement souffert du dommage causé directement par l'infraction ; a méconnu ce texte et le principe énoncé la cour d'appel qui accueille les constitutions de parties civiles et alloue des dommages et intérêts à tous les membres de la famille de la victime d'une dénonciation calomnieuse, alors qu'ils ont souffert d'un dommage qui n'a pas été causé directement par cette infraction. • Crim. 22 oct. 2002, n° 01-87.294 P.

105. L'action en dommages-intérêts accordée par l'art. 91 C. pr. pén. (C. instr. crim., art. 70) à la personne victime d'une dénonciation téméraire ou abusive contre son dénonciateur n'est pas exclusive de l'action civile exercée par la même personne contre ce dénonciateur du chef de dénonciation calomnieuse. • Crim. 26 févr. 1953 : *Bull. crim. n° 67 ; D. 1953. 286 ; JCP 1954. II. 7983* • 12 févr. 1958 : *Bull. crim. n° 151* • 2 mars 1971 : *ibid. n° 70.* ♦ Ces deux actions ont, en effet, une cause juridique différente ; la première est fondée sur les art. 1382 et 1383 C. civ. et sur une simple faute de témérité ou de défaut de vérification, la seconde sur une infraction à la loi pénale, qui suppose la mauvaise foi et la connaissance de la fausseté des faits imputés. • Crim. 6 mars 1956 : *Bull. crim. n° 219.*

106. Dès lors, la victime d'une dénonciation calomnieuse, qui n'a pas usé de l'action en dommages-intérêts conserve le droit de se constituer partie civile et de saisir la juridiction répressive du chef d'infraction à l'art. 373 C. pén. • Crim. 24 mars 1944 : *Bull. crim. n° 85.*

107. N'a pas justifié sa décision une cour d'appel qui, pour retenir l'existence d'une faute civile, n'a ni suffisamment analysé le jugement de relaxe dont elle déduisait la fausseté du fait dénoncé, ni caractérisé la mauvaise foi du prévenu. • Crim. 19 févr. 2019, n° 18-80.195 P : *D. actu. 29 mars 2019, obs. Lavric ; D. 2020. Pan. 237, obs. Dreyer.*

108. Refus d'informer. Un juge d'instruction ne peut se fonder sur les pièces issues d'une procédure distincte pour, en l'absence de tout acte d'information propre à l'affaire en cours, refuser d'instruire ; il en va d'autant plus ainsi lorsque la partie civile n'a pas accès à ladite procédure. • Crim. 1er sept. 2009, n° 08-88.426 P : *RSC 2009. 839, obs. Mayaud.*

109. Révision. Pour qu'il y ait matière à révision, au sens de l'art. 622-4° C. pr. pén., il est nécessaire que l'élément inconnu de la juridiction lors du procès soit de nature à faire naître un doute sur la culpabilité de la personne condamnée ; tel n'est pas le cas de la condamnation de la plaignante, constituée partie civile, pour dénonciation calomnieuse au préjudice de l'un des demandeurs, intervenue plusieurs années après le procès, sans rapport avec les faits pour lesquels ces derniers ont été condamnés par un jugement dont ils n'ont pas relevé appel. • Crim. 29 févr. 2000, n° 98-87.887 P.

110. Après avoir dénoncé aux services de gendarmerie des faits d'agressions sexuelles commis sur une fille mineure de sa sœur par le concubin de celle-ci, une personne a été condamnée pour dénonciation calomnieuse après le classement sans suite de la procédure ; saisie des appels de la prévenue et du ministère public, la cour d'appel a confirmé la condamnation pénale ; à l'appui de sa requête en révision, la prévenue fait valoir que le concubin de sa sœur a été condamné sept ans plus tard par la cour d'assises à quinze ans de réclusion criminelle pour viols sur les trois filles de sa sœur et, pour l'une d'entre elles, à raison d'agissements antérieurs à la dénonciation jugée calomnieuse ; cette condamnation postérieure établit que les faits dénoncés n'étaient pas mensongers ; elle constitue un fait nouveau inconnu de la juridiction au jour du procès, ouvrant droit à révision en application de l'art. 622-4° C. pr. pén. ; le jugement et l'arrêt l'ayant confirmé sur l'action publique sont donc annulés. • Crim. 16 sept. 2003, n° 02-87.887 P.

C. COMPÉTENCE

111. *Compétence territoriale.* La dénonciation calomnieuse n'est consommée que lorsque l'écrit incriminé est parvenu à l'autorité à laquelle il est destiné et qui a qualité pour y donner suite ; dès lors, c'est au lieu du siège de cette autorité que le délit est commis, et c'est ce lieu qui détermine la compétence du tribunal saisi appelé à statuer sur les poursuites en dénonciation calomnieuse. • Crim. 13 mai 1943 : *Bull. crim. n° 34* • 22 mai 1968 : *ibid. n° 168* • 4 juill. 1974 : *ibid. n° 250.*

112. Si le délit de dénonciation calomnieuse est commis au siège de l'autorité qui a reçu l'écrit incriminé, le tribunal correctionnel compétent pour statuer sur les poursuites de ce chef peut être celui du lieu de l'infraction mais aussi le tribunal dans le ressort duquel se trouve la résidence des prévenus. • Crim. 10 mai 1983 : *Bull. crim. n° 134.*

D. SURSIS À STATUER

113. *Renvoi.* V. notes ss. art. 226-11.

E. CONFLITS DE QUALIFICATIONS

114. *Diffamation et injures.* Celui qui signale spontanément à l'autorité judiciaire ou à ses représentants des faits de nature à entraîner l'application d'une peine ne diffame ni n'injurie la personne à laquelle il impute ces faits, mais la dénonce au sens de l'art. 373 C. pén. • Crim. 13 juill. 1922 : *DP 1922. 1. 174, note A. L.* • 17 juin 1948 : *Bull. crim. n° 161.* ♦ … Sous réserve des expressions outrageantes ou injurieuses distinctes de la dénonciation elle-même. • Crim. 21 juill. 1943 : *Bull. crim. n° 73.* ♦ Rappr. : • Civ. 2e, 27 nov. 1974 : *Gaz. Pal. 1975. 1. Somm. 7.*

115. Ne relèvent pas de la loi du 29 juill. 1881 les agissements d'une personne consistant à porter atteinte à la réputation et à la dignité d'une autre par le biais de lettres adressées à l'employeur de celle-ci, lesquels constituent des faits de dénonciation calomnieuse. • Civ. 1re, 6 déc. 2007, n° 06-15.290 P. ♦ Il en va de même du comportement d'un locataire à l'égard du gardien de son immeuble, qui avait dénoncé de prétendus agissements fautifs à l'employeur de ce dernier. • Civ. 1re, 24 mai 2017, n° 16-16.773 P : *D. actu. 12 juin 2017, obs. Lavric.*

116. *Outrage.* De même, le fait de signaler spontanément à l'autorité judiciaire ou à l'autorité administrative des faits de nature à entraîner une peine ou une mesure disciplinaire contre un fonctionnaire constitue, non un outrage, mais la dénonciation prévue par l'art. 373 C. pén. • Crim. 8 nov. 1886 : *DP 1887. 1. 240* • 15 déc. 1893 : *ibid. 1894. 1. 367* • 6 mars 1952 : *Bull. crim. n° 69* • 25 mai 1956 : *ibid. n° 389.* ♦ … Sous la même réserve de termes injurieux ou outrageants employés dans la dénonciation et distincts de l'énonciation des faits dénoncés. • Crim. 19 janv. 1950 : *D. 1950. Somm. 72.*

117. *Escroquerie au jugement.* Le fait de dénoncer malicieusement un individu à des magistrats composant une juridiction pénale et d'obtenir ainsi contre lui une condamnation à une peine et, corrélativement, à des dommages-intérêts constitue une dénonciation calomnieuse et non pas le délit d'escroquerie ; si même tous les éléments du délit d'escroquerie paraissent pouvoir être relevés, ce n'en serait pas moins sous l'inculpation de dénonciation calomnieuse que l'auteur du délit devrait être poursuivi en vertu du principe général du droit pénal *specialia generalibus derogant.* • Paris, 18 févr. 1960 : *D. 1960. 285, note Larguier ; S. 1960. 182, note Hugueney.*

118. *Infractions en concours.* Le prononcé d'une amende civile n'exclut pas celui d'une sanction pour dénonciation calomnieuse, dès lors que les intérêts protégés respectivement par les art. 177-2 C. pr. pén. (abus de constitution de partie civile) et 226-10 C. pén. sont distincts, le premier sanctionnant une atteinte à une bonne administration de la justice tandis que le second réprime un comportement destiné à nuire à autrui. • Crim. 22 sept. 2015, n° 14-84.029 P : *D. actu. 6 oct. 2015, obs. Lavric ; D. 2016. 1727, obs. Pradel ; ibid. Pan. 2424, obs. Roujou de Boubée ; RSC 2016. 66, obs. Mayaud.*

IV. RÉPARATION

119. *Responsabilité civile.* La témérité d'une plainte ou dénonciation est distincte de l'abus du droit d'ester en justice ; ainsi, une cour d'appel ne peut retenir que l'exercice d'une action en justice constitue, en principe, un droit et ne dégénère en abus pouvant donner naissance à une dette de dommages-intérêts que dans le cas de malice, de mauvaise foi ou d'erreur grossière équipollente au dol, la témérité de la dénonciation étant à elle seule susceptible d'entraîner la responsabilité de son auteur. • Civ. 2e, 9 mars 2000, n° 98-10.070 P.

120. Après avoir énoncé que la décision définitive de non-lieu entraînait la fausseté, irréfragablement, des faits dénoncés, l'arrêt, qui constate que l'auteur de la dénonciation ne disposait pas d'éléments suffisants pour formuler l'accusation à l'encontre de l'intéressé, amplifiée par de nombreuses interventions publiques, ce dont il résultait que la plainte avec constitution de partie civile avait été déposée avec légèreté et témérité, a exactement décidé que, la dénonciation calomnieuse étant établie, le demandeur à l'action était fondé, par application de l'art. 1382 C. civ., à obtenir réparation du préjudice que lui avait causé cette infraction. • Civ. 2e, 7 oct. 2004, n° 02-14.226 P : *Gaz. Pal. 2004. 2. Somm. 3948.*

121. Il ne peut être reproché à l'arrêt attaqué d'avoir déclaré mal fondée l'action en responsabilité délictuelle intentée à l'encontre d'une femme, pour dénonciation fautive de faits criminels pour lesquels l'accusé a été définitivement acquitté, dès lors que la cour d'appel, qui a apprécié souverainement la valeur des éléments de preuve produits par les demandeurs a l'action, a relevé que la femme n'avait pas spontanément déposé plainte pour viol à l'encontre du demandeur, soulignant que la révélation des faits était intervenue à l'initiative de son mari, qu'entendue, à son tour, elle avait répondu aux questions posées avec beaucoup de difficultés et souvent à contrecœur ; de ces seules constatations et énonciations qui établissent l'absence de spontanéité de la dénonciation, la cour d'appel a pu déduire que la femme, auteur de la dénonciation, n'avait pas commis de faute. • Civ. 2e, 7 oct. 2004, n° 02-21.528 P : *Gaz. Pal. 2004. 2. Somm. 3948.*

122. Une personne ayant adressé au bâtonnier de l'ordre des avocats une lettre dans laquelle elle se plaignait de l'attitude d'un avocat, pendant un procès pénal, celui-ci, estimant avoir subi un préjudice, l'a assignée en réparation, sur le fondement de l'art. 1382 C. civ. ; doit être cassé l'arrêt qui, pour condamner le dénonciateur au paiement de dommages-intérêts, retient que le passage de la lettre, dans lequel il était reproché à l'avocat de s'être livré à la « recherche abusive de certains de mes créanciers qui deviennent ses clients », s'analysait en une dénonciation à l'autorité ordinale de faits de démarchage déontologiquement interdits aux avocats et de nature à donner lieu à des sanctions disciplinaires, qu'en matière disciplinaire la fausseté de l'accusation résulte de la décision de l'organisme chargé de statuer sur l'éventuelle poursuite ou de l'autorité compétente pour classer la plainte, qu'en l'espèce, il est acquis aux débats que la plainte a été classée sans suite, qu'en l'état de ce classement la dénonciation des faits de démarchage constitue une dénonciation calomnieuse ; en se déterminant ainsi, sans caractériser la témérité de la plainte, alors que la fausseté des faits dénoncés ne résultait pas nécessairement de la décision de classement sans suite du bâtonnier, la cour d'appel n'a pas donné de base légale à sa décision. • Civ. 2e, 7 oct. 2004, n° 02-14.264 P : *Gaz. Pal. 2004. 2. Somm. 3948.*

123. La témérité d'une plainte ou d'une dénonciation, dont les éléments constitutifs sont distincts du délit de dénonciation calomnieuse prévu par l'art. 226-10 C. pén., est à elle seule susceptible d'engager la responsabilité de son auteur ; après avoir exactement énoncé que la fausseté de faits d'agressions sexuelles sur mineure de moins de 15 ans et sur mineure de plus de 15 ans résultait nécessairement de l'ordonnance de non-lieu, et que les déclarations des victimes présumées n'avaient pas été reconnues exactes, une cour d'appel, qui retient que les propos des enfants étaient précis, ne pouvaient être imputés à une erreur d'interprétation et mettaient nominativement en cause l'intéressé, a pu en déduire que ces déclarations présentaient un caractère de légèreté fautive. • Civ. 2e, 3 mai 2006, n° 04-19.504 P : *D. 2006. 2780, note Robaczewski*.

124. Licenciement. Le fait pour un salarié de porter à la connaissance de l'inspecteur du travail des faits concernant l'entreprise et lui paraissant anormaux, qu'ils soient ou non susceptibles de qualification pénale, ne constitue pas en soi une faute ; en statuant comme elle l'a fait, en laissant incertaine la question de savoir si les accusations formulées par la salariée étaient mensongères ou non, et, dans l'affirmative, sans rechercher si la salariée avait agi avec légèreté ou mauvaise foi, la cour d'appel a privé sa décision de base légale. • Soc. 14 mars 2000, n° 97-43.268 P : *D. 2001. 894, note Kobina Gaba*.

125. Est coupable de dénonciation calomnieuse le nouvel entraîneur-manager d'un club de football qui a adressé des courriers aux dirigeants du club, mettant en cause le comportement de l'éducateur sportif en place depuis plusieurs saisons, aux termes desquels il a présenté l'individu comme un personnage outrancier, déplacé et agressif, ayant « coincé » une maman dans les vestiaires, « capable de tout » ; il a soupçonné l'individu de représenter un danger pour les enfants ; il a émis un grave soupçon sur l'éducateur ; de tels propos, adressés aux membres du bureau et du comité directeur, ne pouvaient qu'avoir pour but de nuire en obtenant son éviction du club ; en ne faisant état que de rumeurs, sans rapporter aucune preuve de la véracité des allégations, l'entraîneur a commis une délation imprudente et donc une faute de nature à engager sa responsabilité ; le préjudice moral de l'éducateur est incontestable ; il a été contraint d'arrêter son activité bénévole, ayant perdu la confiance du staff ; en conséquence, il lui sera alloué à titre de dommages et intérêts la somme de 3 500 €. • Lyon, 7 avr. 2005 : *JCP 2005. IV. 3132.* ♦ Les propos, adressés par courrier par l'entraîneur d'un club de foot aux membres du bureau et du comité directeur du club, mettant en cause le comportement de l'éducateur sportif en place depuis plusieurs saisons, ne pouvaient qu'avoir pour but de lui nuire en obtenant son éviction du club ; un tel comportement constitue bien une dénonciation calomnieuse, une faute civile, distincte de la diffamation ou des injures ; par conséquent, les griefs allégués ne relèvent pas des dispositions de la L. du 29 juill. 1881 ; l'action de la victime de la dénonciation calomnieuse, à bon droit fondée sur l'art. 1382 C. civ., n'est pas prescrite. • Même arrêt.

Art. 226-11 **Lorsque le fait dénoncé a donné lieu à des poursuites pénales, il ne peut être statué sur les poursuites exercées contre l'auteur de la dénonciation qu'après la décision mettant définitivement fin à la procédure concernant le fait dénoncé.**

Corresp. : *C. pén., ancien art. 373, al. 4.*

1. ***Sursis à statuer.*** La juridiction saisie en vertu de l'art. 373 C. pén. est tenue de surseoir à statuer si des poursuites concernant le fait dénoncé sont pendantes. • Crim. 26 avr. 1955 : *Bull. crim. n° 200* • 16 juill. 1958 : *ibid. n° 545.*

2. Tel est le cas lorsque la partie civile a usé d'une voie de recours, elle-même pendante, soit contre une décision de non-lieu, soit contre un jugement ou un arrêt la déboutant de son action après avoir relaxé le prévenu. • Crim. 28 nov. 1978 : *Bull. crim. n° 333.*

3. Le tribunal correctionnel n'est pas tenu de surseoir à statuer jusqu'à ce que la fausseté des faits ait été déclarée par l'autorité compétente, lorsque le prévenu reconnaît lui-même la fausseté des imputations contenues dans sa dénonciation. • Crim. 19 févr. 1949 : *Bull. crim. n° 64* • 18 avr. 1961 : *ibid. n° 208.*

4. Lorsque existe un arrêt criminel de condamnation ayant autorité de chose jugée, il met obstacle à l'exercice de poursuites en dénonciation calomnieuse aussi longtemps qu'il n'aura pas été annulé à la suite d'une procédure de révision. • Paris, 18 févr. 1960 : *D. 1960. 285, note Larguier ; S. 1960. 182, note Hugueney.*

5. Le tribunal, régulièrement saisi d'une poursuite en dénonciation calomnieuse, ne peut se refuser à statuer sur les faits qui lui sont déférés, par le motif que ces faits se rattacheraient par un lien plus ou moins étroit à d'autres faits susceptibles d'être poursuivis devant une autre juridiction non encore saisie. • Crim. 16 déc. 1933 : *Bull. crim. n° 244.*

6. ***Exception préjudicielle au jugement.*** La décision définitive sur la vérité ou la fausseté du fait dénoncé constitue une exception préjudicielle non à l'action, mais au jugement de la poursuite pour dénonciation calomnieuse. • Crim. 22 févr. 1930 : *Bull. crim. n° 64 ; Gaz. Pal. 1930. 1. 647* • 29 juin 1934 : *DH 1934. 494* • 10 janv. 1961 : *Bull. crim. n° 16 ; Gaz. Pal. 1961. 1. 259* • 3 mars 2009 : *Dr. pénal 2009, n° 62, obs. Véron.* ♦ ... Ce qui laisse le tribunal correctionnel saisi, et lui permet, notamment, de prescrire une expertise. • Crim. 2 déc. 1892 : *DP 1893. 1. 365, note M. M. B.*

7. ***Prescription.*** Il se déduit de l'art. 226-11 C. pén. que la prescription de l'action publique du chef de dénonciation calomnieuse est suspendue tant que les poursuites pénales exercées du chef du délit dénoncé sont en cours ; méconnaît ce principe l'arrêt qui, après avoir relevé que l'appel interjeté contre l'ordonnance de non-lieu rendue dans ces poursuites avait été déclaré irrecevable comme tardif par la chambre d'accusation, retient pour point de départ de la prescription, la date à laquelle l'ordonnance de non-lieu est devenue définitive en l'état de l'irrecevabilité de l'appel, alors que les poursuites exercées du chef du délit dénoncé étaient demeurées pendantes jusqu'à l'arrêt ayant déclaré cet appel irrecevable. • Crim. 27 oct. 1998, n° 97-86.698 P : *Dr. pénal 1999. Comm. 36, obs. Véron* • 16 sept. 2008 : *Dr. pénal 2008. Comm. 150, obs. Véron.* ♦ C'est à bon droit que la chambre de l'instruction a confirmé l'ordonnance du juge d'instruction déclarant non prescrite l'action publique du chef de dénonciation calomnieuse mise en mouvement par les plaintes avec constitution de partie civile, retenant qu'il se déduit des art. 226-10 et 226-11 C. pén. que la prescription est suspendue tant que sont en cours les poursuites pénales exercées du chef du délit dénoncé ; il n'importe que la plainte du chef de dénonciation calomnieuse ait été déposée après la décision définitive intervenue sur les faits dénoncés. • Crim. 20 mai 2003, n° 03-81.253 P : *Dr. pénal 2003, comm. 108, obs. Véron.*

8. Le point de départ de la prescription du délit de dénonciation calomnieuse se place au jour où la dénonciation est parvenue à l'autorité ayant le pouvoir d'y donner suite ou de saisir l'autorité compétente ; lorsque le fait dénoncé a donné lieu à des poursuites, il se déduit de l'art. 226-11 C. pén. que la suspension de la prescription de l'action publique cesse au jour où la décision concernant le fait dénoncé est devenue définitive. • Crim. 24 sept. 2002, n° 02-84.485 P: *Dr. pénal 2003. 17, obs. Véron.* ♦ ... Un recteur d'académie avait adressé au ministre de l'éducation nationale une lettre concernant un enseignant et l'informant d'une condamnation devant le tribunal correctionnel pour détournement de mineure sur une de ses élèves ; l'enseignant avait été radié du corps des professeurs et la condamnation amnistiée ; l'enseignant avait alors porté plainte pour dénonciation calomnieuse ; le point de départ de la prescription a commencé à courir à la date de la réception de la lettre du recteur par le ministre de l'éducation nationale, puis a été suspendue jusqu'à la date de l'arrêté de radiation ; toutefois, la plainte ayant été déposée plus de trois ans après par le professeur, la prescription de l'action publique était acquise. • Même arrêt.

Art. 226-12 *(L. n° 2009-526 du 12 mai 2009, art. 124-I)* **« Les personnes morales déclarées responsables pénalement, dans les conditions prévues par l'article 121-2, de l'infraction définie à l'article 226-10 encourent, outre l'amende suivant les modalités prévues par l'article 131-38 : »**

2° *[1°]* L'interdiction à titre définitif ou pour une durée de cinq ans au plus d'exercer directement ou indirectement une activité professionnelle ou sociale dans l'exercice ou à l'occasion de l'exercice de laquelle l'infraction a été commise ;

3° *[2°]* L'affichage ou la diffusion de la décision prononcée, dans les conditions prévues par l'article 131-35.

1. Avant la réforme du code pénal. Avant la réforme du code pénal, il était de principe qu'une personne morale ne pouvait encourir une responsabilité pénale, sauf disposition particulière de la loi, et à défaut d'une telle disposition légale en matière de dénonciation calomnieuse, l'action publique ne pouvait être valablement mise en mouvement que contre les personnes physiques susceptibles de voir relever contre elles les éléments tant matériels qu'intentionnels du délit prévu et réprimé par l'art. 373 C. pén. (nouvel art. 226-10). • Crim. 6 févr. 1975 : *Bull. crim. n° 43 ; RSC 1975. 1022, obs. Levasseur.* ♦ Rappr., en matière de dénonciation téméraire ou abusive (C. pr. pén., art. 91), • Crim. 24 janv. 1985 : *Bull. crim. n° 40.* ♦ Pareillement, il résultait des termes de l'art. 373 C. pén. (nouvel art. 226-10) que seul un individu, personne physique, pouvait être victime du délit de dénonciation calomnieuse prévu par ce texte. • Crim. 25 nov. 1992, n° 91-85.184 P : *RSC 1994. 561, obs. Levasseur.*

2. Depuis la réforme du code pénal. Pour déclarer une société, ainsi que son gérant, coupables de dénonciation calomnieuse pour avoir cité, devant le tribunal correctionnel, un contrôleur du travail, sous la prévention de faux en écriture publique, une cour d'appel retient que la fausseté du fait dénoncé résulte de la relaxe du contrôleur du travail par décision définitive et relève qu'en prenant l'initiative d'exercer des poursuites pénales lourdes de conséquences pour un fonctionnaire public assermenté ceux-ci ont intentionnellement commis le délit reproché ; en l'état de ces énonciations qui établissent le caractère spontané de la dénonciation, la cour caractérise en tous ses éléments, tant matériel qu'intentionnel, le délit dont elle a déclaré les prévenus coupables, dès lors qu'en effet, d'une part, selon les dispositions de l'art. 121-2, al. 3, C. pén., la responsabilité pénale de la personne morale n'exclut pas celle de la personne physique auteur des mêmes faits et que, d'autre part, la personne poursuivie ayant la faculté de contester la valeur probante des procès-verbaux des contrôleurs du travail par tous moyens de preuve, devant la juridiction de jugement, une poursuite pour faux en écriture publique du fonctionnaire, rédacteur du procès-verbal, ne saurait être considérée comme se rattachant étroitement à sa défense. • Crim. 11 mars 2003, n° 02-82.352 P : *Dr. pénal 2003. Comm. 84 (1er arrêt), obs. Véron.* ♦ Rappr. : • Crim. 11 mars 2003 : *Dr. pénal 2003. Comm. 84 (2e arrêt), obs. Véron.*

SECTION IV DE L'ATTEINTE AU SECRET

§ 1er DE L'ATTEINTE AU SECRET PROFESSIONNEL

RÉP. PÉN. v° *Secret professionnel*, par Py.

BIBL. ► Chomienne et Guéry, *ALD 1995. 85.* – Py, *in* « La réforme du Code pénal et du Code de procédure pénale. *Opinio doctorum* », *Thèmes et commentaires, Dalloz 2009* (de la violation du secret professionnel : essai de légistique progressiste).

Art. 226-13 La révélation d'une information à caractère secret par une personne qui en est dépositaire soit par état ou par profession, soit en raison d'une fonction ou d'une mission temporaire, est punie d'un an d'emprisonnement et de 15 000 € d'amende. – *Pén. 434-3, 434-11 ; Pr. pén. 11, 109.*

***Corresp. :** C. pén., ancien art. 378, al. 1er.*

BIBL. ► **Généralités :** Warembourg-Auque, *RSC 1978. 237.* – Delmas-Marty, *D. 1982. Chron. 267.* – Decheix, *D. 1983. Chron. 133.* – Pradel, *RSC 1986. 247.* – Chomienne et Guéry, *ALD 1995. Comm. 85* (nouveau code pénal). – Varaut, *Gaz. Pal. 2002. 2. Chron. 1310* (secret et transparence). – Véret et Athéa, *Gaz. Pal. 2002. 2. Chron. 1534* (communications électroniques et service public : la nécessaire prise en compte du risque pénal). – Py, *AJ pénal 2004. 133* (le secret professionnel : croissance ou déclin ?). – Canivet, *Gaz. Pal. 2005. 1. Doctr. 241* (réflexions sur le secret professionnel). – Py, *Dalloz 2009. 89* (violation du secret professionnel : essai de légistique progressiste, *in* « La réforme du Code pénal et du Code de procédure pénale. *Opinio doctorum* »). – Medjkane, *AJ pénal 2017. 371* (le partage des informations à caractère secret).

► **Colloque :** Actes du Colloque annuel de La Semaine juridique – Le secret à l'ère de la transparence, Paris, 19 oct. 2012, *JCP G 2012, Supplément au n° 47* : Lepage, *p. 5* (présentation des débats). – Binet, *ibid., p. 9* (le secret des origines). – Marino, *ibid., p. 14* (notre vie privée : des *little data* aux *big data*). – Rebut, *ibid., p. 18* (le secret des affaires). – Robert, *ibid., p. 22* (secrets professionnels). – Chambel, *ibid., p. 26* (le secret professionnel des avocats). – Derieux, *ibid., p. 31* (le secret des sources d'information des journalistes). – Matsopoulou, *ibid., p. 36* (le secret de l'enquête et de l'instruction). – Costa, *ibid., p. 41* (le secret du délibéré). – Loiseau, *ibid., p. 44* (rapport de synthèse).

▸ **Secret de l'instruction :** Ader, *Légipresse 1995. II. 60.* – De Larosière de Champfeu, *Dr. pénal 1996. Chron. 39*, rapport sur Crim. 25 janv. 1996 (*Bull. crim. n° 51 ; Dr. pénal 1996. 200, obs. A. Maron*). – Lesclous et Marsat, *Dr. pénal 1996. Chron. 43* (à propos de Crim. 25 janv. 1996, préc. (enquête filmée)). – Derieux, *LPA 1997, n° 70, p. 6* (secret de l'instruction et droit à l'information). – Dematteis , Poulet-Gibot et Leclerc, *JCP 2002. I. 170* (peut-on supprimer l'art. 11 du code de procédure pénale relatif au secret de l'instruction ?). – Giudicelli, *AJ pénal 2004. 141* (le secret de l'instruction appliqué par le juge de l'instruction). – Clément, *Mél. Bouloc, Dalloz, 2006, p. 183* (le secret de la preuve pénale). – Bangoura, *Gaz. Pal. 2007. 2. Doctr. 2197* (le secret de l'instruction a-t-il volé en éclats ?).

▸ **Avocats, professions juridiques et judiciaires :** Boccara, *Gaz. Pal. 1997. 1. Doctr. 212.* – Varaut et Ruet, *Gaz. Pal. 1997. 2. Doctr. 1054.* – Uettwiller, *Gaz. Pal. 1998. 2. Doctr. 1467.* – Cahen, *Gaz. Pal. 2000. 1. Doctr. 246* (secret professionnel et lutte contre la corruption). – Bénichou et Teitgen, *Gaz. Pal. 2000. 1. Doctr. 724* (rôle des ordres dans la lutte contre le blanchiment et la sauvegarde du secret professionnel). – Cottereau, *Dr. et patr., nov. 2000, p. 36.* – Raynaud, *Gaz. Pal. 2003. 2. Doctr. 3398* (l'application des règles de prévention du blanchiment aux professions juridiques et aux professions du chiffre). – Doyez, *AJ pénal 2004. 144* (avocat et secret professionnel). – Beaussier, *Gaz. Pal. 2004. 2. Doctr. 2170* (du doute au soupçon : un exercice complexe). – de Lamaze, *Gaz. Pal. 2004. 2. Doctr. 3004* (le droit au secret et à l'indépendance des avocats). – Martin, *JCP 2005, Libres propos, n° 283* (l'avocat et le secret de l'instruction). – Adeline-Delvolvé, *Gaz. Pal. 2006. 1. Doctr. 180* (l'avocat soumis aux règles de l'achat public : des contraintes à assimiler, des libertés à conquérir). – Delas, *Gaz. Pal. 2006. 1. Doctr. 960* (secret professionnel et avocat en entreprise). – Cachard, *JCP 2006, Actualités, n° 465, p. 1871* (le secret de l'avocat en Europe). – Bouloc, *Mél. Gassin, PUAM, 2007, p. 121* (le secret professionnel de l'avocat). – Prieto, *JCP 2007. II. 10201, note ss. TPICE, 17 sept. 2007* (aff. T-253/03) (les aspirations des juristes d'entreprise pour une reconnaissance du *legal privilege* en Europe). – Delas, *Gaz. Pal. 2008. 1. Doctr. 18* (secret professionnel : avançons dans un monde de droit). – Wickers, *Gaz. Pal. 2008. 1. Doctr. 569* (comment transposer la troisième directive anti-blanchiment ?). – Perrier, *Gaz. Pal. 2009. 2. Doctr. 2848* (le secret professionnel de l'avocat et la transposition de la troisième directive anti-blanchiment). – Michaud, *Gaz. Pal. 11-13 oct. 2009* (Libres propos) (l'avocat : ce nouveau protecteur légal !). – Thomas et Beauvais, *Gaz. Pal. 2012. 2. Doctr. 3216* (il faut sauver le secret professionnel des avocats !). – Hennion-Jacquet, *D. 2013. Chron. 1429* (que reste-t-il du secret des correspondances entre l'avocat et son client ?). – Michaud, *Gaz. Pal. 2013. 2. Doctr. 2224* (l'avocat et la prévention du blanchiment : une déontologie responsable de l'intérêt général). – Nioré, *Gaz. Pal. 2013. 2. Doctr. 2277* (nouveau plaidoyer pour la libre communication par l'avocat des éléments d'un dossier pénal) ; *JCP 2014, n° 1095* (le secret professionnel de l'avocat : un chef-d'œuvre en péril ?). – Berrebi, *Gaz. Pal. 2014. 2. Doctr. 2980* (le *Cloud* privé des avocats, le secret professionnel et la confidentialité des correspondances). – Morain, *AJ pénal 2017. 374* (la mort du secret professionnel de l'avocat [le cadavre bouge encore...]). – Michon, *AJ pénal 2019. 588* (legal privilege et secret professionnel : éléments de comparaison).

Confidentialité des correspondances entre avocats : Alexander, *Gaz. Pal. 1997. 2. Doctr. 1550 ; ibid. 1998. 2. Doctr. 873.* – Seuvic, *obs. RSC 1997. 864* . – Coulaud, *Gaz. Pal. 1998. 1. Doctr. 136 ; ibid. 1998. 2. Doctr. 1586.* – Martin, *JCP 1998. I. 108.* – Landry, *Gaz. Pal. 1998. 1. Doctr. 290.* – Raoult, *Gaz. Pal. 2003. 1. Doctr. 645.* – Van de Moortel, *Gaz. Pal. 2004. 1. Doctr. 719* (à propos de la modification par la loi « profession » du 11 févr. 2004 de l'art. 66-5 de la loi du 31 déc. 1971). – Piau, *Gaz. Pal. 2013. 1. 1639* (« Allô, le secret professionnel... non mais allô quoi » !).

Règlement intérieur unifié (RIU) des Barreaux de France (n° 2004-001) : *Gaz. Pal. 2004. 2. Doctr. 2183.*

Code de déontologie des avocats de l'Union européenne : *Gaz. Pal. 2004. 2. Doctr. 2202.*

Conférence des Bâtonniers (AN, 22 nov. 2000) sur le secret professionnel : *LPA 2001, n° 122 spécial.*

Colloques

▸ L'avocat conseil d'entreprises et le blanchiment, Colloque ACE, 29 sept. 2003, *Gaz. Pal. 2004. 1. Doctr. 105 s.*

▸ Quel secret pour les acteurs judiciaires ?, Les entretiens du Palais, Bordeaux, *Gaz. Pal. 2005. 1. Doctr. 240 s.*

► Lutte contre le blanchiment de capitaux et secret professionnel - État des lieux, Matinée-Débats organisée par la Lettre des Juristes d'Affaires, 9 mars 2006, *RLDA 2006/4.*

► **Secret médical :** Pradel, *JCP 1969. I. 2234.* – Honorat et Mélennec, *JCP 1979. I. 2936.* – Monzein, *D. 1984. Chron. 9.* – Rassat, *D. 1989. Chron. 107.* – Loiret, Documents pour le médecin du travail 1991. 313, et 1992. 23 ; *Gaz. Pal. 1992. 2. Doctr. 919.* – Lafarge, *Gaz. Pal. 1998. 1. Doctr. 481* (secret professionnel, confidentialité et nouvelles technologies d'informations). – Rebecq, *RDSS 1998. 551* (le droit d'accès au dossier médical des médecins-conseils des caisses de sécurité sociale). – Daver, *D. 2000. Chron. 527* (télémédecine). – Chabert, *Gaz. Pal. 2001. 2. Doctr. 1137* (dossier médical on line). – Frayssinet, *Gaz. Pal. 2002. 1. Doctr., p. 507* (confidentialité sur l'internet). – Reboul-Maupin, *Gaz. Pal. 2002. 1. Doctr., p. 518* (responsabilités des médecins et internet). – Ségur, *AJDA 2004. 858* (confidentialité des données médicales, à propos des enquêtes de santé). – Archer, *AJ pénal 2004. 147* (les limites structurantes de la relation médecin-magistrat). – Chabas, *Gaz. Pal. 2004. 1. Doctr. 1478* (l'information en matière de pédiatrie). – Sargos, *JCP 2004. I. 187* (le principe d'immunité et de légitimité en matière de secret professionnel médical). – Alt-Maes, *JCP 2004. I. 184* (esquisse et poursuite d'une dépénalisation du droit médical). – Massis, *Gaz. Pal. 2004. 2. Doctr. 3563* (santé, droits de la personnalité et liberté d'information). – Bichot, *RLDC 2005. 485* (le secret médical : un outil redoutable à la disposition des assurés de mauvaise foi). – Cauchy et Dionisi-Peyrusse, *D. 2005. Chron. 1313* (le droit au secret médical et son application en matière d'assurance). – Bergoignan Esper, *D. 2008. Dossier, p. 1918* (le respect du secret médical dans la législation de notre pays : réalité ou illusion ?). – Bacache-Gibeili, *Gaz. Pal. 2008. 2. Doctr. 3960* (le secret médical partagé). – Cerveau, *Gaz. Pal. 2010. 1. Doctr. 180* (assurance et secret médical : un cadre juridique précis, une jurisprudence bien établie). – Bénéjat-Guerlin, *AJ pénal 2017. 368* (que reste-t-il de la protection pénale du secret médical ?).

Dossier, Le secret médical aujourd'hui : enjeux et perspectives *(colloque de la Cour de cassation du 9 avr. 2009)* ; aspects juridiques *(colloque de la Cour de cassation du 11 juin 2009), D. 2009. 2615 s.* – Houssin, *ibid. 2619* (nouvelles pratiques et nouveaux champs de la médecine). – Kahn, *ibid. 2623* (d'Hippocrate à internet). – Sargos, *ibid. 2625* (secrets trahis de Jules Bastien-Lepage et François Mitterrand). – Tabuteau, *ibid. 2629* (l'évolution du système de santé). – Sicard, *ibid. 2634* (secret médical partagé). – Stefani, *ibid. 2636* (nouvelles technologies). – Évin, *ibid. 2639* (secret médical dans le cadre hospitalier). – Davenas, *ibid. 2642* (secret médical et preuve judiciaire). – Crédeville, *ibid. 2645* (secret médical et preuve judiciaire). – Rey-Salmon, *ibid. 2651* (secret médical et personnes vulnérables : le cas du mineur).

► Les nouveaux contours des secrets professionnels, *AJ pénal 2017. 367 s.* : Bénéjat-Guerlin, *AJ pénal 2017. 368* (que reste-t-il de la protection pénale du secret médical ?). – Medjkane, *AJ pénal 2017. 371* (le partage des informations à caractère secret). – Morain, *AJ pénal 2017. 374* (la mort du secret professionnel de l'avocat [le cadavre bouge encore...]). – Garinot, *AJ pénal 2017. 378* (la protection pénale du secret des affaires : quelles perspectives ?).

► **Ministres des cultes :** Robine, *D. 1982. Chron. 221.* – H. Moutouh, *D. 2000. Chron. 431* (secret professionnel et liberté de conscience). – Roca, *LPA 2001, nº 69* (secret de la confession, secret professionnel et atteintes sexuelles sur mineur). – Échappé, *D. 2001. Interview 32* (le secret professionnel de l'ecclésiastique). – Cartier, *RSC 2003. 485* (le secret religieux).

V. Circ. CRIM. 2004-10 E1 du 11 août 2004 (BOMJ 2004, nº 95, p. 149 s.).

► **Journalistes :** Francillon, Mél. Larguier, *1993, p. 127.* – de Bellescize, *in* Mél. Jerry Saint-Rose, *Bruylant, 2012, p. 215.* – V. ss. art. 321-1, et vº *Presse et communication,* L. 29 juill. 1881, ss. art. 1er.

► **Professions comptables :** Barbièri, *BJS 1997. Chron. 935* (commissaires aux comptes).

► **Secret des affaires :** Geneste, *D. Affaires 1997, p. 1271* (secret d'affaires en droit communautaire et en droit français de la concurrence). – Poracchia, *Dr. et patr., 2000, nº 85, p. 20* (protection juridique des secrets de l'entreprise). – Paclot, *Dr. et patr., 2002, nº 102, p. 70* (les diverses facettes du secret des affaires). – Caron, *Dr. et patr., 2002, nº 102, p. 76* (secret et propriété intellectuelle). – Testu, *Dr. et patr., 2002, nº 102, p. 81* (la confidentialité conventionnelle). – Groupe « Confluences », *Gaz. Pal. 2003. 2. Doctr. 2065* (secret des affaires et principe du contradictoire). – Moulière, *D. 2012. Chron. 571* (secret des affaires et vie privée). – Martin, *Gaz. Pal. 2012. 2. Doctr. 1972* (le secret des affaires et la proposition de loi adoptée en première lecture le 23 janv. 2013). – Garinot, *AJ pénal 2017. 378* (la protection pénale du secret des affaires : quelles perspectives ?).

► **Secret bancaire :** Desgens-Pasanau, *Gaz. Pal. 2004. 1. Doctr. 222* (la lutte contre le blanchiment d'argent et le financement du terrorisme : quels enjeux pour la vie privée de la clientèle bancaire ?). – Bouloc, *Gaz. Pal. 2004. 1. Doctr. 1813* (le secret professionnel du banquier : principe et limites). – Moreau, *Gaz. Pal. 2004. 1. Doctr. 1817* (secret bancaire et communication de pièces). – Delleci, *Gaz. Pal. 2004. 1. Doctr. 1819* (secret bancaire et procédures civiles d'exécution). – Kleiman et Bouthinon-Dumas, *Gaz. Pal. 2004. 1. Doctr. 1821* (secret bancaire et transparence des opérations boursières : rôle et pouvoirs de l'Autorité des marchés financiers). – Matsopoulou, *Gaz. Pal. 2004. 1. Doctr. 1525* (l'obligation de déclaration : du secret à la révélation). – Collomp, *Cour de cassation, Rapport 2004* (le secret bancaire). – Lasserre Capdeville, *RSC 2005. 231* (secret bancaire et obligation de dénonciation du banquier en droits français et suisse). – Stoufflet, *Gaz. Pal. 2005. 1. Doctr. 1661* (l'application du secret bancaire dans les relations intra-communautaires et internationales). – Partsch, *Gaz. Pal. 2005. 1. Doctr. 1686* (le secret bancaire et le droit communautaire : réflexions sur la jurisprudence de la CJCE). – Lasserre Capdeville, *RLDA 2008/24, n° 1493* (le secret bancaire en 2007) ; *AJ pénal 2009. 165* (le secret bancaire en 2009 : un principe en voie de disparition ?).

▸ **Fisc :** Bergerès, *D. 1981. Chron. 81.* – Lopez, *LPA 1997, n° 38* (secret professionnel de l'avocat et pouvoirs du fisc). – Brard, *DF 1999, p. 1421.*

▸ **Juridictions financières :** Préat, *LPA, 20 déc. 1996* (chambres régionales des comptes : entre respect du contradictoire et méconnaissance du secret professionnel).

PLAN DES ANNOTATIONS

I. LE SECRET PROTÉGÉ

A. NATURE DU SECRET

1. *Fondement.* En imposant à certaines personnes, sous une sanction pénale, l'obligation du secret comme un devoir de leur état, le législateur a entendu assurer la confiance qui s'impose dans l'exercice de certaines professions. • Crim. 15 déc. 1885 : *DP 1886. 1. 347* • 9 nov. 1901 : *ibid. 1902. 1. 235* • 9 mai 1913 : *S. 1914. 1. 169, note Roux ; DP 1914. 1. 206.* ♦ Si celui qui a reçu la confidence d'un secret a toujours le devoir de le garder, la révélation de cette confidence ne le rend punissable que s'il s'agit d'une confidence liée à l'exercice de certaines professions ; ce que la loi a voulu garantir, c'est la sécurité des confidences qu'un particulier est dans la nécessité de faire à une personne dont l'état ou la profession, dans un intérêt général et d'ordre public, fait d'elle un confident nécessaire. • Crim. 19 nov. 1985 : *Bull. crim. n° 364.* ♦ Le délit de violation d'un secret professionnel est institué non seulement dans l'intérêt général, pour assurer la confiance qui s'impose dans l'exercice de certaines professions, mais également dans l'intérêt des particuliers, pour garantir la sécurité des confidences que ceux-ci sont dans la nécessité de faire à certaines personnes du fait de leur état et de leur profession. • Paris, 27 mai 1997 : *JCP 1997. II. 22894, note Derieux ; Gaz. Pal. 1997. 2. Somm. 362.*

2. *Mesure.* L'art. 378 C. pén. ne vise que les faits parvenus à la connaissance d'une personne dans l'exercice d'une profession ou d'une fonction aux actes de laquelle la loi, dans un intérêt général et d'ordre public, a imprimé le caractère confidentiel, ou dans le cas où les mêmes faits lui ont été confiés sous le sceau du secret en raison d'une semblable profession ou fonction. • Crim. 7 mars 1957 : *Bull. crim. n° 241* • 5 févr. 1970 : *ibid. n° 56 ; D. 1970. 249 ; JCP 1970. II. 16311 ; RSC 1970. 652, obs. Levasseur* • 9 oct. 1978 : *Bull. crim. n° 263 ; D. 1979. 185, note Chambon ; Gaz. Pal. 1979. 1. 245 ; RSC 1979. 560, obs. Levasseur.*

3. Ne peut pas être poursuivie et réprimée sous l'inculpation de violation du secret professionnel la publication dans un ouvrage, sous le titre *Courrier des auditeurs*, de lettres adressées à un service de radiodiffusion, et dont l'émission portant ce titre constitue le commentaire, de telles lettres n'ayant pas un caractère secret et confidentiel et ne pouvant être assimilées à la correspondance confiée aux agents des postes. • Crim. 13 mars 1956 : *Bull. crim. n° 253 ; JCP 1956. II. 9364, note Chavanne.*

4. Étendue. Si, selon l'art. 378 ancien C. pén., les médecins et toutes autres personnes dépositaires par état ou par profession ou par fonctions temporaires ou permanentes des secrets qu'on leur confie, sont tenus de ne pas les révéler, cette obligation ne s'impose que dans les relations entre le professionnel et son client. • Crim. 23 janv. 1996, n° 94-81.232 P : *Dr. pénal 1996. 136, obs. Véron ; D. 1997. Somm. 320, obs. Penneau.*

5. L'art. 226-13 C. pén. qui interdit de révéler une information à caractère secret ne définit pas les faits couverts par le secret professionnel ; la notion même de confidence suppose une démarche spontanée de celui qui se confie envers celui qui la reçoit (application à un évêque, prévenu de non-dénonciation sur le fondement de l'art. 434-3 C. pén.). • TGI Caen, 4 sept. 2001 : *D. 2001. IR 2721 ; ibid. 2002. Somm. 1803, obs. Roujou de Boubée ; Gaz. Pal. 2001. 2. 1811, note Damien ; Dr. pénal 2001, chron. n° 46, obs. Leturmy.* ♦ *Adde* : Mayaud, *D. 2001. Chron. 3454* (la condamnation de l'évêque de Bayeux pour non-dénonciation, ou le tribut payé à César...).

6. La finalité du secret professionnel étant la protection du non-professionnel qui les a confiés, leur révélation peut être faite non seulement à ce dernier mais également aux personnes ayant un intérêt légitime à faire valoir cette protection. • Civ. 1re, 22 mai 2002, n° 00-16.305 P : *Defrénois 2002. 1477, note Massip.* ♦ Par l'effet de l'art. 901 C. civ., qui vaut autorisation au sens de l'ancien art. 378 C. pén. alors applicable, le médecin traitant de la défunte a été déchargé de son obligation au secret relativement aux faits dont il a eu connaissance dans l'exercice de sa profession et, la finalité du secret professionnel étant la protection du non-professionnel qui les a confiés, leur révélation a pu être faite aux experts et aux personnes ayant un intérêt légitime à faire valoir cette protection ; c'est par conséquent à bon droit que la cour d'appel décide que la remise du certificat du médecin aux experts n'était pas irrégulière, dès lors que ce témoignage constituait l'un des moyens de rapporter la preuve de l'insanité d'esprit de la défunte lors de la rédaction des deux testaments litigieux et que, dans le cas contraire, l'héritier ou les légataire auraient été empêchés de faire valoir leurs droits. • Civ. 1re, 2 mars 2004, n° 01-00.333 P.

7. Caractère. La disposition de l'art. 378 C. pén. est générale et absolue et les règles qu'il édicte doivent recevoir application encore bien qu'il s'agisse d'un fait connu ou simplement susceptible de l'être. • Crim. 12 avr. 1951 : *Bull. crim. n° 103 ; D. 1951. 363* • 24 janv. 1957 : *Bull. crim. n° 86 ; D. 1957. 298 ; S. 1957. 219 ; Gaz. Pal. 1957. 1. 412* • 25 janv. 1968 : *Bull. crim. n° 25 ; D. 1968. 153, rapp. Costa ; JCP 1968. II. 15425 ; Gaz. Pal. 1968. 1. 164 ; RSC 1968. 344, obs. Levasseur* • 8 févr. 1994 : *Gaz. Pal. 1994. 1. Somm. 298 ; Dr. pénal 1994. 134* • Grenoble, 22 mai 1957 : *JCP 1957. II. 10246, note Savatier.* ♦ Le principe posé par l'art. 378 C. pén. est général et absolu, même s'il s'agit d'un fait connu dans son ensemble, lorsque l'intervention du dépositaire du secret entraîne la divulgation de précisions qu'il était seul à connaître. • Crim. 7 mars 1989 : *Bull. crim. n° 109 ; RSC 1990. 73, obs. Levasseur.*

8. La connaissance des faits par d'autres personnes n'est pas de nature à leur enlever leur caractère confidentiel et secret. • Crim. 22 nov. 1994 : *Dr. pénal 1995. 64.* ♦ La connaissance, par d'autres personnes, de faits couverts par le secret professionnel, n'est pas de nature à enlever à ces faits leur caractère confidentiel et secret. • Crim. 16 mai 2000, n° 99-85.304 P : *D. 2002. Somm. 858, obs. Blanchard ; Dr. pénal 2000. 127, obs. Véron.*

B. PERSONNES TENUES AU SECRET

9. L'art. 378 C. pén. s'applique à tous ceux auxquels leur état ou leur profession impose l'obligation du secret en ce qui concerne les faits dont la connaissance leur est parvenue en raison de l'exercice de leur profession. • Crim. 17 juill. 1936 : *DH 1936. 494* • 12 avr. 1951 : *Bull. crim. n° 103 ; D. 1951. 363* • 24 janv. 1957 : *ibid. n° 86 ; D. 1957. 298 ; S. 1957. 219 ; Gaz. Pal. 1957. 1. 412.*

1° AVOCATS

10. Étendue du secret. Le secret professionnel couvre toutes les confidences que l'avocat a pu recevoir à raison de son état ou de sa profession. • Civ. 1re, 7 juin 1983 : *Bull. civ. I, n° 169* • Aix-en-Provence, 2 févr. 1983 : *Gaz. Pal. 1983. 1. 313.* ♦ ... La confidence subsistant après le décès du client. • Paris, 8 nov. 1971 : *Gaz. Pal. 1972. 1. 96.* ♦ Le secret professionnel couvre non seulement les renseignements reçus du client par un avocat, mais également ceux reçus à son propos et/ou à propos de tiers dans le cadre des affaires concernant ledit client. • Paris, 30 nov. 1994 : *D. 1996. Somm. 311, obs. Castelain.*

11. L'infraction prévue par l'art. 226-13 C. pén., qui prévoit des sanctions pour la révélation d'une information à caractère secret par une personne en étant le dépositaire soit par état ou par profession, suppose l'existence d'un confident et celle d'un secret, et le secret professionnel s'impose à l'avocat, confident nécessaire de son client, à raison de tous les renseignements recueillis dans l'exercice de sa profession au titre de l'exercice des droits de la défense et dont la divulgation pourrait s'avérer préjudiciable, soit à celui qui s'est confié, soit au crédit attaché à sa profession ; sont couvertes par le secret professionnel non seulement les confidences faites par le client à son avocat, mais également toutes les informations qu'a pu recueillir ce professionnel à l'occasion de l'exercice de ses fonctions et les déductions personnelles qu'il a pu en faire. • Paris, 1er juill. 1999 : *D. 1999. IR 230.*

12. Usant de leur pouvoir souverain d'appréciation, les juges du fond peuvent estimer que les propos tenus à une avocate, amie du ménage, par une femme en instance de divorce ne l'avaient pas été dans le cadre de l'exercice de la profession de cette dernière et n'étaient donc pas couverts par le secret professionnel. • Civ. 2e, 21 juin 1973 : *D. 1974. 16.* ♦ Justifie sa décision la chambre de l'instruction qui, pour rejeter la requête en nullité présentée par une personne soutenant que sa mise en examen avait pour seul fondement la dénonciation faite en violation du secret professionnel par son associée, avocate, retient notamment que celle-ci avait eu connaissance des éléments, par elle révélés, à la faveur des liens d'amitié existant entre les deux personnes, et que les faits rapportés ne pouvaient se rattacher à l'exercice de la profession ; en effet, ne sont pas couvertes par le secret professionnel les informations divulguées par un avocat dont il n'a pas été rendu dépositaire par son état ou sa profession. • Crim. 2 mars 2010, n° 09-88.453 P : *D. 2011. 555, obs. Blanchard.*

13. En toute matière, les consultations adressées par un avocat à son client ou destinées à celui-ci et les correspondances échangées entre le client et son avocat sont couvertes par le secret professionnel. • Civ. 2e, 7 nov. 1994, n° 92-17.799 P : *Gaz. Pal. 1995. 1. 201, note Woog.* ♦ En toutes matières, que ce soit dans le domaine du conseil ou dans celui de la défense, les consultations adressées par un avocat à son client ou destinées à celui-ci, les correspondances échangées entre le client et son avocat, entre l'avocat et ses confrères, les notes d'entretien et, plus généralement, toutes les pièces du dossier sont couvertes par le secret professionnel. – L. n° 71-1130 du 31 déc. 1971, art. 66-5, réd. L. n° 97-308 du 7 avr. 1997, art. 4 ; *RTD civ. 1997. 772, obs. Jamin.* ♦ V. cependant ci-dessous, « Perquisitions et saisies », notes 94 s. – Sur l'application de la loi n° 97-308 du 7 avr. 1997 à des correspondances antérieures, faisant l'objet, à cette date, d'un litige quant à leur communication non encore définitivement tranché : • Civ. 1re, 14 mars 2000, n° 97-17.782 P : *D. 2002. Somm. 857, obs. Blanchard.* ♦ Rappr. : • Aix-en-Provence, 21 mars 2000 : *JCP 2000. IV. 2902.*

14. Il résulte de l'art. 66-5 modifié de la L. du 31 déc. 1971, qui ne comporte aucune exception, que toutes les correspondances échangées entre avocats sont couvertes par le secret professionnel ; viole ce texte la cour d'appel qui considère que, bien qu'il résulte de l'art. 66-5 de la L. du 31 déc. 1971, dans sa rédaction issue de la L. du 7 avr. 1997, que les correspondances échangées entre le client et son avocat, entre l'avocat et ses confrères, les notes d'entretien et plus généralement toutes les pièces du dossier étaient couvertes par le secret professionnel, il restait toutefois admis, malgré cette rédaction, que le secret professionnel ne protégeait pas les correspondances entre avocats quand elles étaient officielles ou quand elles se substituaient à un acte de procédure. • Civ. 1re, 4 févr. 2003, n° 00-10.057 P : *JCP 2003. II. 10035, concl. Sainte-Rose ; ibid. 2003. I. 140, n° 20, obs. Martin ; D. 2003. IR 601 ; Gaz. Pal. 2003. 1. 1067, note Raoult.* ♦ Rappr. : • Colmar, 5 oct. 2004 : *JCP 2005. IV. 1385.* ♦ *Adde* : Van de Moortel, *Gaz. Pal. 2003. 1. Doctr. 1359* (confidentialité et secret professionnel. Pour en finir avec la confusion). ♦ Le secret professionnel couvre l'ensemble des documents faisant l'objet d'une même correspondance échangée entre avocats. • Civ. 1re, 2 oct. 2007, n° 04-18.726 P : *JCP 2008. I. 123, n° 7, obs. Martin ; ibid. 140, n° 7, obs. G'sell-Macrez.*

15. En vertu de l'art. 66-5 de la L. n° 71-1130 du 31 déc. 1971 dans sa rédaction issue de la L. n° 2004-130 du 11 févr. 2004, applicable aux correspondances échangées avant son entrée en vigueur et dont la communication n'a pas fait l'objet d'un litige définitivement tranché à cette date, ne sont pas couvertes par le secret professionnel les correspondances entre avocats portant la mention « officielle ». • Civ. 1re, 31 janv. 2008, n° 07-12.062 P.

16. Il résulte de l'art. 66-5 modifié de la L. du 31 juill. 1971 que les correspondances échangées entre avocats, à l'exception de celles portant la mention « officielle », sont couvertes par le secret professionnel ; un avocat et une société ont cité un autre avocat, pour violation du secret professionnel, en lui reprochant d'avoir produit, le 24 sept. 2004, dans une instance civile, une lettre que le premier lui avait adressée le 16 mai 2003 et qui ne portait pas la mention « officielle » ; le tribunal correctionnel a condamné le prévenu ; pour infirmer le jugement entrepris sur l'appel du prévenu et relaxer celui-ci, l'arrêt avait énoncé que la L. n° 2004-130 du 11 févr. 2004 n'était pas applicable aux courriers antérieurs à son entrée en vigueur et que la lettre litigieuse, officialisant un accord entre les parties, n'avait pas le caractère confidentiel ; en prononçant ainsi, alors que la production de la correspondance était intervenue postérieurement à l'entrée en vigueur de la loi précitée, la cour d'appel n'a pas légalement justifié sa décision au regard des art. 226-13 et 226-31 C. pén., et de l'art. 66-5 de la L. du 31 juill. 1971 dans sa rédaction issue de la L. du 11 févr. 2004. • Crim. 4 déc. 2007, n° 06-88.025 P : *D. 2008. Pan. 948, obs. Blanchard ; AJ pénal 2008. 92, obs. Royer ; JCP 2008. I. 140, n° 7, obs.*

G'sell-Macrez. – *Adde :* Avril, *D. 2010. Chron. 1502* (lettre entre avocats : la fin d'une querelle).

17. Aux termes de l'art. 66-5 de la L. n° 71-1130 du 31 déc. 1971 modifiée, en toutes matières, que ce soit dans le domaine du conseil ou dans celui de la défense, les consultations adressées par un avocat à son client ou destinées à celui-ci, les correspondances échangées entre le client et son avocat, entre l'avocat et ses confrères à l'exception pour ces dernières de celles portant la mention « officielle », les notes d'entretien et, plus généralement, toutes les pièces du dossier sont couvertes par le secret professionnel ; le règlement intérieur d'un barreau ne peut, sans méconnaître ces dispositions législatives, étendre aux correspondances échangées entre l'avocat et les autorités ordinales le principe de confidentialité institué par le législateur pour les seules correspondances échangées entre avocats ou entre l'avocat et son client. • Civ. 1re, 22 sept. 2011 : *D. 2011. 2979, note Avril ; JCP 2011. 1243, note Repiquet ; Gaz. Pal. 2011. 2, p. 3369, note Piau ; ibid., p. 3406, note Krebs.* – *Adde :* Mattéoli, *Gaz. Pal. 2011. 2. Doctr. 2788* (l'arrêt du 22 sept. 2011 et la déclaration de soupçon, quel secret professionnel ?).

18. L'obligation au secret professionnel, établie par l'art. 66-5 de la L. du 31 déc. 1971, dans sa rédaction antérieure à la L. du 11 févr. 2004, et sanctionnée par l'art. 226-13 C. pén., pour assurer la confiance nécessaire à l'exercice de certaines professions ou de certaines fonctions, s'impose à l'avocat, hormis les cas où la loi en dispose autrement, comme un devoir de son état, et, sous cette réserve, elle est générale et absolue, de sorte que l'avocat ne peut en être délié par son client. • Civ. 1re, 6 avr. 2004 : *Gaz. Pal. 2004. 1. 1918, rapp. Sainte-Rose.*

19. Le secret dont un avocat doit se prévaloir est absolu, mais les parties à une procédure amiable transactionnelle ont toute liberté de faire état de l'acte qui a concrétisé la transaction. • Paris, 17 janv. 1969 : *D. 1969. 316.*

20. Une cour d'appel retient à bon droit, par motifs propres et adoptés, que le principe du secret professionnel est imposé par la loi pour les échanges de correspondances entre avocats, de sorte qu'en invoquant ce secret le défendeur et la SCP d'avocats ne pouvaient encourir le reproche de fraude à la loi ; elle décide également à bon droit que le caractère absolu de ce secret ne saurait contrevenir aux dispositions de l'art. 6, § 1, Conv. EDH. • Civ. 1re, 27 janv. 2004, n° 01-13.976 P.

21. Aux termes de l'art. 160, al. 1er, du décret n° 91-1197 du 27 nov. 1991, l'avocat, en toute matière, ne doit commettre aucune divulgation contrevenant au secret professionnel ; il ne saurait donc être reproché à une cour d'appel de déclarer un avocat coupable de violation du secret professionnel, dès lors qu'elle énonce que celui-ci, qui avait, dans le cadre de l'exercice de sa profession, reçu des confidences de son client, ne pouvait, sans trahir le secret professionnel, révéler à un tiers, fût-ce à la demande de son client, le contenu de leur entretien, et ajoute qu'en communiquant à un tiers des informations provenant du dossier de l'instruction auquel il avait eu accès, l'avocat s'est encore rendu coupable de violation du secret professionnel. • Crim. 27 oct. 2004, n° 04-81.513 P : *AJ pénal 2005. 74* .

22. Jurisprudence administrative. L'ensemble des correspondances échangées entre un avocat et son client et notamment les consultations juridiques rédigées par l'avocat à son intention sont couvertes par le secret professionnel ; le secret de la relation entre l'avocat et son client fait obstacle à ce que le client soit tenu de divulguer ces correspondances ; lorsque les documents dont la communication est sollicitée sur le fondement de la L. du 17 juill. 1978 font partie de la correspondance échangée entre un organisme mentionné à l'art. 1er de cette loi et son avocat ou consistent dans une consultation rédigée par cet avocat pour le compte de cet organisme, ce dernier peut légalement en refuser la communication ; toutefois, le maire est tenu de communiquer aux membres du conseil municipal les documents nécessaires pour qu'ils puissent se prononcer utilement sur les affaires de la commune soumises à leur délibération ; lorsqu'un membre du conseil municipal demande la communication de documents faisant partie de la correspondance échangée entre l'avocat de la commune et son exécutif ou des consultations juridiques rédigées par cet avocat pour le compte de la commune, il appartient au maire sous le contrôle du juge, d'une part, d'apprécier si cette communication se rattache à une « affaire » de la commune qui fait l'objet d'une délibération du conseil municipal, d'autre part, eu égard à la nature de ce document, de s'assurer qu'aucun motif d'intérêt général n'y fait obstacle, avant de procéder, le cas échéant, à cette communication selon des modalités appropriées. • CE 27 mai 2005, n° 265494 : *JCP 2005. IV. 2562 ; ibid. 2006. I. 105, n° 17, obs. Martin ; Gaz. Pal. 2005. 1. Somm. 2045 ; ibid. 2006. 1. 1060.*

23. Les documents, dont la communication était sollicitée par un conseiller général, membre de la commission permanente, étaient les études juridiques faites par l'avocat du département pour le compte de ce dernier dans le cadre d'une convention d'assistance juridique conclue par le département pour l'année 1999, et leur communication a été demandée à l'occasion de la soumission à la commission permanente du renouvellement de cette convention pour l'année 2000 ; en se bornant à transmettre la liste et le thème de ces études et en refusant la communication de la totalité de celles-ci et de tout autre document de nature à éclairer le demandeur sur le bien-fondé du projet de délibération soumis à la commission permanente au motif, exprimé en termes généraux, qu'« il ne lui paraissait pas responsable de diffuser des documents à caractère juridique relatifs à des dossiers très sensibles », le président du conseil général a entaché sa décision d'erreur de droit. • CE 27 mai 2005, n° 268564 : *D. 2005. 2425, note Blanchard ; ibid. IR 1585, obs. de Montecler ; JCP 2005. IV. 2563 ; Gaz. Pal. 2006. 1. 1062.*

24. L'art. 1er du Décr. n° 2006-736 du 26 juin 2006 relatif à la lutte contre le blanchiment de capitaux et modifiant le code monétaire et financier est annulé en tant qu'il introduit, au troisième al. de l'art. R. 562-2 C. mon. fin., des dispositions qui prévoient une relation directe entre les personnes mentionnées au 12 de l'art. L. 562-1 et la cellule TRACFIN dans les cas où ces personnes répondent aux demandes de cette dernière. • CE 10 avr. 2008, *Conseil national des barreaux*, n° 296845 : *D. 2008. AJ 1150 ; ibid. Pan. 1579, obs. Mascala ; ibid. Notes, p. 2322, note Cutajar ; Gaz. Pal. 2008. 1. 994.* ♦ Le III de l'art. 2 du Décr. du 26 juin 2006 relatif à la lutte contre le blanchiment de capitaux et modifiant le code monétaire et financier, qui introduit un art. R. 563-4 rappelant les obligations imposées par le chapitre III aux personnes mentionnées au 12 de l'art. L. 562-1, est annulé en tant qu'il n'a pas assorti ce rappel des réserves relatives aux informations que ces personnes détiennent ou reçoivent dans le cadre d'une consultation juridique. • Même décision. – *Adde :* Cutajar, *JCP 2008. Actu. 260* (blanchiment : le Conseil d'État protecteur du secret professionnel des avocats). – Wickers, *Gaz. Pal. 2008. 1. Doctr. 859* (l'arrêt du Conseil d'État du 10 avr. 2008 : un succès... mais le combat continue). – Normand-Bodard, *Gaz. Pal. 2008. 1. Doctr. 890* (secret professionnel et blanchiment : une étape après l'autre). – Charrière-Bournazel, *Gaz. Pal. 2008. 1. Doctr. 899* (le Conseil d'État, sentinelle de la liberté !). – Clermontel et Charrière-Bournazel, *Gaz. Pal. 2008. 1. Doctr. 1316* (blanchiment : le Conseil d'État conforte le secret professionnel des avocats). – Farthouat (entretien), *Gaz. Pal. 2008. 2. Doctr. 2253.* – Normand-Bodard, *RLDA 2008/29, n° 1727* (anti-blanchiment : un passage en force ?).

25. Jurisprudence communautaire. L'imposition aux avocats des obligations d'information et de coopération avec les autorités responsables de la lutte contre le blanchiment de capitaux lorsqu'ils participent à certaines transactions en dehors de toute procédure judiciaire ne viole pas le droit à un procès équitable. • CJCE 26 juin 2007, C-305/05 : *D. 2008. Pan. 950, obs. Blanchard ; JCP 2007. II. 10137, note Cachard ; ibid. I. 206, n° 6, obs. Lévy ; Gaz. Pal. 2007. 2. 2483.* ♦ Les obligations d'information et de coopération, prévues dans la directive n° 2001/97 relative à la lutte contre le blanchiment, ne s'appliquent aux avocats que dans la mesure où ils assistent leur client dans la préparation ou la réalisation de certaines transactions essentiellement d'ordre financier et immobilier ; en règle générale, ces activités, en raison de leur nature même, se situent dans un contexte qui n'a pas de lien avec une procédure judiciaire et, partant, en dehors du champ d'application du droit à un procès équitable ; en revanche, dès le moment où l'assistance de l'avocat est sollicitée pour l'exercice d'une mission de défense ou de représentation en justice ou pour l'obtention de conseils sur la manière d'engager ou d'éviter une procédure judiciaire, ledit avocat se voit exonéré des obligations d'information et de coopération, une telle exonération étant de nature à préserver le droit du client à un procès équitable. • Même décision. – *Adde :* Vatier, *Gaz. Pal. 2007. 2. Doctr. 2193* (l'inclusion des avocats dans la directive blanchiment). – Castelain, *Gaz. Pal. 2007. 2. Doctr. 3105* (le secret professionnel de l'avocat face au juge communautaire). ♦ Rappr. : • Cons. const. Belgique, 23 janv. 2008 : *Gaz. Pal. 2008. 1. 327, note Vatier.*

26. Jurisprudence européenne. Des perquisitions et des saisies chez un avocat portent incontestablement atteinte au secret professionnel, qui est la base de la relation de confiance qui existe entre l'avocat et son client ; d'ailleurs, la protection du secret professionnel est notamment le corollaire du droit qu'a le client d'un avocat de ne pas contribuer à sa propre incrimination (§ 41)... ; partant, si le droit interne peut prévoir la possibilité de perquisitions ou de visites domiciliaires dans le cabinet d'un avocat, celles-ci doivent impérativement être assorties de garanties particulières ; de même, la Convention n'interdit pas d'imposer aux avocats un certain nombre d'obligations susceptibles de concerner les relations avec leurs clients ; il en va ainsi notamment en cas de constat de l'existence d'indices plausibles de participation d'un avocat à une infraction, ou encore dans le cadre de la lutte contre certaines pratiques ; reste qu'il est alors impératif d'encadrer strictement de telles mesures, les avocats occupant une situation centrale dans l'administration de la justice et leur qualité d'intermédiaires entre les justiciables et les tribunaux permettant de les qualifier d'auxiliaires de justice (§ 42) ; la Cour constate que la visite domiciliaire litigieuse avait pour but la découverte chez les requérants, en leur seule qualité d'avocats de la société soupçonnée de fraude, de documents susceptibles d'établir la fraude présumée de celle-ci et de les utiliser à charge contre elle ; à aucun moment les requérants n'ont été accusés ou soupçonnés d'avoir commis une infraction ou participé à une fraude commise par leur cliente (§ 46) ; la Cour note donc qu'en l'espèce, dans le cadre d'un contrôle fiscal d'une société cliente des requérants, l'administration visait ces derniers pour la seule raison qu'elle avait des difficultés, d'une part, à effectuer ledit contrôle fiscal et, d'autre part, à trouver des « documents comptables, juridiques et sociaux » de nature à confirmer les soupçons de fraude qui pesaient sur la société cliente (§ 47) ; compte tenu de ce qui précède, la Cour juge que la visite domiciliaire et les saisies effectuées au domicile des requérants étaient, dans les circonstances de l'espèce, disproportionnées par rapport au but visé (§ 48) ; partant, il y a eu violation de l'art. 8 de la Conv. (§ 49). • CEDH 24 juill. 2008, *André et a. c/ France : D. 2008. AJ 2353 ; Gaz. Pal. 2008. 2. Somm. p. 2726 ; ibid. p. 4226, note Renaudie ; ibid. 2009. 1. Somm. 609, note Pannier.*

27. En vertu de l'art. 8 Conv. EDH, la correspondance entre un avocat et son client, quelle qu'en soit la finalité, jouit d'un statut privilégié quant à sa confidentialité ; la Cour accorde un poids singulier au risque d'atteinte au secret professionnel des avocats car il peut avoir des répercussions sur la bonne administration de la justice (§ 117) ; il en résulte que si l'art. 8 protège la confidentialité de toute « correspondance » entre individus, il accorde une protection renforcée aux échanges entre les avocats et leurs clients ; cela se justifie par le fait que les avocats se voient confier une mission fondamentale dans une société démocratique : la défense des justiciables ; or un avocat ne peut mener à bien cette mission fondamentale s'il n'est pas à même de garantir à ceux dont il assure la défense que leurs échanges demeureront confidentiels ; c'est la relation de confiance entre eux, indispensable à l'accomplissement de cette mission, qui est en jeu ; en dépend en outre, indirectement mais nécessairement, le respect du droit du justiciable à un procès équitable, notamment en ce qu'il comprend le droit de tout « accusé » de ne pas contribuer à sa propre incrimination (§ 118) ; la question qui se pose à la Cour est donc celle de savoir si, telle que mise en œuvre en France et à l'aune du but légitime poursuivi, l'obligation de déclaration de soupçon porte une atteinte disproportionnée au secret professionnel des avocats ainsi compris (§ 120) ; l'obligation de déclaration de soupçon ne touche pas à l'essence même de la mission de défense qui constitue le fondement du secret professionnel des avocats (§ 128) ; la loi met en place un filtre protecteur du secret *professionnel : les avocats ne communiquent pas* les déclarations directement à TRACFIN mais, selon le cas, au président de l'ordre des avocats au Conseil d'État et à la Cour de cassation ou au bâtonnier de l'ordre auprès duquel ils sont inscrits (§ 129) ; la Cour estime que, telle que mise en œuvre en France et eu égard au but légitime poursuivi et à la particulière importance de celui-ci dans une société démocratique, l'obligation de déclaration de soupçon ne porte pas une atteinte disproportionnée au secret professionnel des avocats (§ 131) ; partant, il n'y a pas violation de l'art. 8 de la Conv. (§ 132). • CEDH 6 déc. 2012, *Michaud c/ France, n° 12323/11 : D. 2013. 284, note Defferrard ; AJ pénal 2013. 160, obs. Lasserre Capdeville ; Gaz. Pal. 2012. 2. 3353, note Repiquet ; JCP 2012, n° 1419, obs. Picheral ; ibid. 2013, n° 187, note Robert ; Gaz. Pal. 2013. 1. 260, note Krebs ; RSC 2013. 160, obs. Marguénaud .*

2° MÉDECINS

28. Obligation au secret. L'obligation au secret professionnel, établie par l'art. 378 C. pén., pour assurer la confiance nécessaire à l'exercice de certaines professions ou de certaines fonctions, s'impose aux médecins, hormis les cas où la loi en dispose autrement, comme un devoir de leur état ; sous cette seule réserve, elle est générale et absolue, et il n'appartient à personne de les en affranchir. • Crim. 8 mai 1947 : *Bull. crim. n° 124 ; D. 1948. 109, note Gulphe ; JCP 1948. II. 4141, note Legal ; Gaz. Pal. 1947. 2. 12* • 22 déc. 1966 : *Bull. crim. n° 305 ; D. 1967. 122, rapp. Combaldieu ; JCP 1967. II. 15126, note Savatier ; Gaz. Pal. 1967. 1. 106 ; RSC 1967. 453, obs. Levasseur* • 5 juin 1985 : *Bull. crim. n° 218 ; D. 1988. 106, note Fenaux ; RSC 1986. 103, obs. Levasseur* • 8 avr. 1998, n° 97-83.656 P : *Dr. pénal 1998. 113, obs. Véron.* ♦ Cette règle, qui s'impose à tous et n'opère aucune distinction entre les témoins à charge et les témoins à décharge, est, en outre, conforme aux dispositions de l'art. 6 § 3 Conv. EDH. • Crim. 5 juin 1985 : *préc.*

29. Le délit de violation du secret professionnel est institué non seulement dans l'intérêt général, pour assurer la confiance qui s'impose dans l'exercice de certaines professions, mais également dans l'intérêt des particuliers, pour garantir la sécurité des confidences que ceux-ci sont dans la nécessité de faire à certaines personnes du fait de leur état ou de leur profession ; la révélation d'informations à caractère secret porte donc atteinte à un intérêt pénalement protégé et autorise la victime à demander réparation du dommage individuel qu'elle a subi du fait de l'infraction. • TGI Paris, 5 juill. 1996 : *D. 1998. Somm. 87, obs. Massis .* ♦ Si l'infraction a été commise avant la mort de la victime, l'action civile que possédait celle-ci se transmet à ses héritiers sans qu'il y ait lieu de distinguer selon que la victime avait ou non elle-même agi en justice avant son décès. • Même jugement.

30. Jurisprudence civile. Sur le caractère plus relatif de l'obligation au secret médical, et les conditions dans lesquelles ce secret doit céder : à l'égard du malade ou à l'égard de ses héritiers. • Civ. 1re, 26 mai 1964 : *D. 1965. 109, note Le Bris ; JCP 1964. II. 13751, concl. Lindon* • 13 oct. 1970 : *D. 1970. 765, concl. Lindon.* ♦ ... Lorsque le témoignage d'un médecin ou un certificat médical est le seul moyen de rapporter la preuve exigée ou permise par la loi. • Civ. 1re, 12 févr. 1963 : *D. 1963. 471 (2e esp.), note Badinter ; JCP*

1963. II. 13107, concl. Lindon • 26 mai 1964 : *préc.* • Civ. 2e, 28 janv. 1966 : *D. 1967. 447, note Savatier* • Soc. 31 janv. 1963 : *D. 1963. 471 (1re esp.), note Badinter ; JCP 1963. II. 13122, note Savatier* • 1er mars 1972 : *D. 1972. 426 (2e esp.), note Le Roy.*

31. Sauf dans les cas où sa révélation est permise ou imposée par la loi, le secret médical doit être observé à l'égard des tiers, en particulier quand ils en demandent la révélation par l'intermédiaire du malade lui-même. • Civ. 1re, 18 mars 1986 : *Bull. civ. I, no 68 ; JCP 1986. II. 20629, concl. Gulphe.*

32. Engage sa responsabilité civile le médecin qui a remis à l'épouse du patient un certificat médical concernant ce dernier et contenant des éléments relatifs à son état de santé et aux conséquences sur sa famille ; certes, il n'est pas établi que les renseignements rapportés sont inexacts ; toutefois, le simple fait pour un médecin de délivrer à un tiers, fût-ce l'épouse du patient, un certificat médical contenant des indications sur l'état de santé du patient, constitue une faute en ce que seul ce dernier on un autre praticien peut être destinataire de telles indications, sauf à porter atteinte au secret médical qui protège le patient avant tout ; ne saurait être invoquée la nécessité de protéger la femme et les enfants du patient ; en effet, si ceux-ci sont victimes de sévices ou courent un danger réel, il pèse sur les médecins une obligation de signalement qui ne peut être considérée comme assimilable à cette obligation de « protection » que mentionne le médecin ; il n'est établi aucun lien de causalité entre le certificat médical litigieux et le divorce des époux ni ses conséquences ; cependant en délivrant un certificat qui contenait des indications sur l'état de santé de son patient à un autre que celui-ci, le médecin a porté atteinte à la relation entre un praticien et son patient, nécessairement basée sur la confiance et a disposé d'informations qui n'étaient pas à sa disposition, causant, dans les seuls rapports entre le médecin et son patient, un préjudice moral à ce dernier ; la cour estime que ce préjudice sera réparé par l'allocation d'une somme forfaitaire de 2 000 F. • Toulouse, 25 oct. 1999 : *JCP 2000. IV. 1763.*

33. Pour un abus caractérisé de la liberté d'expression par violation du secret médical, à l'origine d'un trouble manifestement illicite justifiant en référé l'interdiction de poursuivre la diffusion du livre qui le caractérise, • TGI Paris, 18 janv. 1996 : *JCP 1996. II. 22589, note Derieux ; D. 1996. IR 61.* ♦ En appel : • Paris, 13 mars 1996 : *D. 1996. IR 102 ; JCP 1996. II. 22632, note Derieux ; Gaz. Pal. 1996. 1. 162, obs. Gizardin.* ♦ En cassation : • Civ. 1re, 16 juill. 1997, no 96-12.762 P : *D. 1997. 452 ; D. Affaires 1997. 1006 ; JCP 1997. II. 22964 (1er arrêt), note Derieux.* ♦ ... Sur le jugement au fond maintenant cette mesure d'interdiction en tant que modalité de réparation du dommage causé par la publication litigieuse. • TGI Paris, 23 oct. 1996 : *D. 1998. Somm. 85, obs. Massis ; JCP 1997. II. 22844, note Derieux.* ♦ En appel : • Paris, 27 mai 1997 : *JCP 1997. II. 22894, note Derieux ; D. 1998. Somm. 85, obs. préc. Massis ; Gaz. Pal. 1997. 2. Somm. 362.* ♦ En cassation : • Civ. 1re, 14 déc. 1999, no 97-15.756 P : *D. 2000. 372, note Beignier ; ibid. 2000. Somm. 266, obs. Caron ; JCP 2000. II. 10241, concl. Petit.* ♦ *Adde* : Mémeteau, *Gaz. Pal. 1996. 2. Doctr. 754* (l'honneur d'un président). – Rouxel, *Gaz. Pal. 21-23 juill. 1996* (réflexions périphériques sur l'arrêt « Gubler »). – Massis, *D. 1997. Chron. 291* (le secret du président et le juge des référés). ♦ ... Sur la violation de la Conv. EDH liée à l'interdiction de la publication, • CEDH 18 mai 2004 : *D. 2004. 1838, note Guedj ; ibid. 2004. Somm. 2539, obs. Fricero ; JCP 2004. I. 161, no 12, obs. Sudre ; Gaz. Pal. 2004. 2. Somm. 2709.* ♦ ... Sur la radiation du tableau de l'ordre du médecin en cause. • CE 29 déc. 2000 : *D. 2001. IR 595*.

34. Engage sa responsabilité civile le médecin traitant qui, dans le cadre d'une procédure contractuelle de conciliation, communique des informations d'ordre médical sans l'accord ou la demande de son patient au médecin-conseil d'une compagnie d'assurances ; le médecin traitant s'est ainsi professionnellement immiscé dans un litige opposant son patient à un assureur sur la capacité de l'assuré à exercer son ancienne profession ; cette immixtion revêt un caractère fautif aggravé par une violation flagrante du secret médical alors qu'il est certain que le médecin a, sans nécessité et hors la volonté du patient, transmis à un tiers, dont il importe peu qu'il ait la qualité de médecin, des informations d'ordre médical sur l'assuré ; la faute du médecin traitant a causé un préjudice moral certain au patient anormalement dépossédé d'informations médicales, donc d'essence intime, et a eu pour effet de conforter la compagnie d'assurances dans son refus de prendre en charge le sinistre et finalement de donner une nature judiciaire au litige entre l'assureur et son assuré. • Metz, 13 mars 2002 : *JCP 2003. IV. 1365.*

35. Jurisprudence administrative. L'obligation de respecter le secret professionnel ne peut avoir pour effet d'interdire au médecin de délivrer à son client des certificats, attestations ou documents en vue des avantages de la sécurité sociale. • CE 12 avr. 1957 : *D. 1957. 336, concl. Gazier ; S. 1957. 241 ; JCP 1957. II. 10146 ; Gaz. Pal. 1957. 2. 84.*

36. C'est du malade seul que dépend le sort des secrets qu'il a confiés à un médecin ou que celui-ci a pu déduire de son examen et, par suite, le sort des fiches médicales qui ont pu les mentionner. • CE 11 févr. 1972 : *D. 1972. 426 (1re esp.), note Le Roy ; JCP 1973. II. 17363, note Savatier.*

37. L'art. 378 C. pén. ne s'oppose pas à la mise à disposition d'un médecin désigné à cet effet par la veuve d'une personne décédée dans un hôpital du dossier médical du défunt ; en revanche ce dossier n'a pas à être communiqué directement à la veuve. • CE 22 janv. 1982 : *D. 1982. 291, concl. Genevois ; ibid. 1982. IR 263, obs. Penneau ; JCP 1983. II. 19943, note Rapp ; Gaz. Pal. 1982. 2. 459, note Thouroude.*

38. Les dispositions de l'art. L. 366 CSP autorisent le Premier ministre, agissant par voie de décret en Conseil d'État, à préciser les conditions dans lesquelles le médecin est soumis, conformément aux art. 226-13 et 226-14 C. pén., au respect de la règle du secret professionnel, qui constitue, en vertu de l'art. L. 162-2 CSS, un principe déontologique fondamental ; un décret (n° 95-1000 du 6 sept. 1995, portant code de déontologie médicale) a donc pu légalement disposer que les proches d'un patient doivent être prévenus d'un pronostic fatal, sauf exception ou si le malade a préalablement interdit cette révélation ou désigné des tiers auxquels elle doit être faite ; le choix de la notion de proches, qui désignent la famille proche ou les personnes qui, sans appartenir à la famille, partagent l'intimité du malade, n'est pas entaché d'erreur de droit. • CE 30 avr. 1997 : *Gaz. Pal. 1997. 2. Pan. dr. adm., p. 200.*

39. La diffusion, dans un organe de presse qui procède à une enquête sur l'hypnose, de la photographie d'une patiente prise dans le cabinet du praticien, même avec le consentement de l'intéressée, est de nature à dévoiler l'identité de cette patiente qui est partie intégrante des informations couvertes par le secret médical ; par suite, en regardant le comportement du praticien, qui a autorisé et organisé la réalisation de la photographie dans son cabinet, comme constitutif d'une violation du secret médical et comme un manquement à l'honneur professionnel privant le requérant du bénéfice de l'amnistie, la section disciplinaire du Conseil national de l'Ordre des médecins n'a pas commis d'erreur de droit ni entaché sa décision d'une erreur de qualification juridique des faits. • CE 28 mai 1999 : *D. 1999. IR 185 ; JCP 1999. IV. 2834, obs. Rouault.*

40. Jurisprudence européenne. La protection des données à caractère personnel, et spécialement des données médicales, revêt une importance fondamentale pour l'exercice du *droit au respect de la vie privée* et familiale garanti par l'art. 8 Conv. EDH ; le respect du caractère confidentiel des informations sur la santé constitue un principe essentiel du système juridique de toutes les parties contractantes à la Convention ; il est capital non seulement pour protéger la vie privée des malades mais également pour préserver leur confiance dans le corps médical et les services de santé en général ; la législation interne doit ménager des garanties appropriées pour empêcher toute communication ou divulgation de données à caractère personnel relatives à la santé qui ne serait pas conforme aux garanties prévues à l'art. 8 Conv. EDH (arrêt *Z... c/ Finlande* du 25 févr. 1997 : *Recueil des arrêts et décisions 1997-1, p. 347, § 95*). • CEDH 27 août 1997, *M. S. c/ Suède : D. 2000. 521, note Laurent-Merle*.

3° MINISTRES DES CULTES

41. Les ministres des cultes (légalement reconnus) sont tenus de garder le secret sur les révélations qui ont pu leur être faites à raison de leurs fonctions. • Crim. 4 déc. 1891 : *DP 1892. 1. 139.*

42. Prêtres. Pour les prêtres catholiques, il n'y a pas lieu de distinguer s'ils ont eu connaissance des faits par la voie de la confession ou en dehors de ce sacrement : cette circonstance, en effet, ne saurait changer la nature du secret dont ils sont dépositaires, si les faits leur ont été confiés dans l'exercice exclusif de leur ministère sacerdotal et à raison de ce ministère. • Crim. 4 déc. 1891 : *préc. note 41.*

43. Le délit prévu et réprimé par l'art. 378 C. pén. n'est pas constitué lorsque la confidence n'a pas été faite au prévenu en sa qualité de prêtre et à l'occasion de cette qualité. • Crim. 11 mai 1959 : *Bull. crim. n° 253 ; D. 1959. 312 ; S. 1959. 110 ; Gaz. Pal. 1959. 2. 79.* ♦ Conf., en matière civile, • Civ. 1re, 12 juin 1965 : *Bull. civ. I, n° 386 ; D. 1965. 627 ; Gaz. Pal. 1965. 2. 176.* ♦ Ainsi, aucun secret du ministre du culte ne s'attache à la correspondance qui lui est adressée, pris en sa qualité de médiateur et non en celle de prêtre. • Basse-Terre, 14 oct. 1985 : *Gaz. Pal. 1986. 1. 12.*

44. Évêques. Un évêque est parmi les personnes tenues au secret selon l'art. 226-13 C. pén., mais l'option de conscience tirée de ce secret ne peut lui être appliquée, dès lors que les informations qu'il a reçues, relatives aux actes pédophiles d'un prêtre de son diocèse, résultent, non d'une confidence de ce dernier, mais d'une recherche de sa part. • TGI Caen, 4 sept. 2001 : *D. 2001. IR 2721 ; ibid. 2002. Somm. 1803, obs. Roujou de Boubée ; Gaz. Pal. 2001. 2. 1811, note Damien ; Dr. pénal 2001, chron. n° 46, obs. Leturmy.* ♦ *Adde* : Mayaud, *D. 2001. Chron. 3454* (la condamnation de l'évêque de Bayeux pour non-dénonciation, ou le tribut payé à César...).

4° AUTRES DÉPOSITAIRES

45. Assureurs. L'assureur ne figure pas parmi les personnes légalement tenues au secret professionnel ; il n'est pas le confident nécessaire du souscripteur du contrat d'assurance sur la vie, lequel peut ne pas lui faire connaître le bénéficiaire du contrat et ne place pas, dès lors, cette information sous le sceau de la confidentialité ; la désignation nominative du bénéficiaire d'un contrat d'assurance sur la vie ne présentant pas un caractère secret au sens des art. 378 C. pén., en vigueur à la date des faits, et 226-13 de ce code, désormais applicable, la révélation de cette information par l'assureur, si elle peut être constitutive d'une faute civile, n'est pas pénalement sanctionnée. • Crim. 28 sept. 1999, n° 98-86.762 P : *Dr. pénal 2000. 16, obs. Véron ; RSC 2000. 202, obs. Mayaud*.

46. Banquiers. Le secret professionnel allégué par la banque disparaît lorsque les textes le commandent, ce qui est le cas après l'ouverture d'une procédure de redressement judiciaire. • Bordeaux, 9 oct. 1992 : *D. 1994. Somm. 327, obs. Vasseur*. ♦ ... Ou de surendettement. • Toulouse, 8 févr. 1993 : *D. 1994. Somm. 328, obs. Vasseur*. ♦ Le secret professionnel du banquier est de simple protection de son client et celui-ci peut y renoncer, ce qui résulte de la demande de communication des pièces émanant de l'administrateur d'une société en redressement judiciaire, qui a reçu du tribunal les pleins pouvoirs de gestion. • Com. 11 avr. 1995, n° 92-20.985 P : *D. 1996. 573, note Matsopoulou* (rejet du pourvoi contre • Bordeaux, 9 oct. 1992 : *préc.*).

47. L'obligation au secret à laquelle est tenu le banquier ne cesse pas avec la résiliation du contrat de garde conclu avec son client. • Civ. 1re, 2 juin 1993, n° 91-10.971 P. ♦ Sur la responsabilité de droit commun qui pourrait résulter de l'application au banquier de l'art. 378 C. pén. • Paris, 6 févr. 1975 : *D. 1975. 318, note Vézian.*

48. Le banquier ne peut pas opposer le secret professionnel à un coïndivisaire du titulaire du compte où sont déposés des fonds indivis, dès lors que les indivisaires sont tenus entre eux de s'informer loyalement du contenu d'un compte indivis ; en effet, lorsque l'information est due dans les rapports du tiers avec le déposant de cette information, elle ne peut être considérée dans les rapports du tiers avec le dépositaire de l'information comme ayant le caractère secret exigé par l'art. 57 de la L. du 24 janv. 1984 et l'art. 226-13 C. pén. • TGI Brest, réf., 25 juin 2004 : *BICC 2001. 1068.*

49. L'obligation au secret professionnel à laquelle sont tenus les établissements de crédit leur interdit de fournir à un client qui en formule la demande des renseignements autres que simplement commerciaux d'ordre général et économiques sur la solvabilité d'un autre de leurs clients. • Com. 18 sept. 2007, n° 06-10.663 P.

50. Commissaires aux comptes. BIBL. Couret, *BJS 1996. Chron. 7.* ♦ A la différence de certains secrets professionnels (médecins, confesseurs, avocats), qui relèvent du droit de la *personnalité*, le secret professionnel des experts-comptables et des commissaires aux comptes participe du secret des affaires : il est donc institué essentiellement dans l'intérêt du maître du secret, et il devient sans objet quand la divulgation ne peut plus causer un préjudice quelconque à celui-ci. • Limoges, 30 mai 1985 : *D. 1985. IR 501.*

51. Experts-comptables. Sur l'application des dispositions de l'art. 378 C. pén. aux membres de l'ordre des experts-comptables. • Crim. 24 janv. 1957 : *Bull. crim. n° 86 ; D. 1957. 298 ; S. 1957. 219 ; Gaz. Pal. 1957. 1. 412* • 17 juin 1991 : *Gaz. Pal. 1992. 2. 660, note Marchi ; Dr. pénal 1991. 316 cassant* • Paris, 29 mars 1990 : *Gaz. Pal. 1990. 2. 511, note Marchi.*

52. Quel que soit l'objet de la mission dont il est chargé par contrat, l'expert-comptable est tenu à un secret professionnel absolu à raison des faits qu'il n'a pu connaître qu'en raison de la profession qu'il exerce. • Com. 8 févr. 2005, n° 02-11.044 P : *D. affaires 2005. 774, obs. Avena-Robardet ; Gaz. Pal. 2005. 1. 1173, avis Lafortune,* arrêt rectifié • 8 mars 2005 : *ibid.*

53. Deux sociétés d'experts-comptables ayant fait insérer, sous leur raison sociale, dans des journaux d'annonces légales divers avis en matière de sociétés, cassation pour manque de base légale de l'arrêt qui a relaxé ces experts-comptables aux seuls motifs qu'il n'était pas établi « que les actes incriminés ont été accomplis pour le compte d'entreprises qui n'étaient pas déjà clientes des experts-comptables » et que « les prévenus se soient livrés à titre principal à la rédaction d'acte juridique ni même qu'ils aient outrepassé leur domaine d'activité, tel que délimité par la loi ». • Crim. 13 mars 1996 : *Gaz. Pal. 1996. 1. 195, note Damien.*

54. Gardes-chasse. En imposant aux gardes-chasse nationaux de transmettre aux présidents des fédérations départementales de chasseurs une copie des procès-verbaux d'infractions dressés par leurs soins, le directeur de l'Office national de la chasse méconnaît les dispositions de l'art. 11 C. pr. pén aux termes duquel : « sauf dans les cas où la loi en dispose autrement... la procédure au cours de l'enquête et de l'instruction est secrète. Toute personne qui concourt à cette procédure est tenue au secret professionnel dans les conditions et sous les peines des art. 226-13 et 226-14 C. pén. ». • CE 8 mars 1999 : *D. 1999. IR 108*.

55. Journalistes. La lettre du garde des Sceaux saisissant le Conseil supérieur de la magistrature aux fins de poursuites disciplinaires, en application des dispositions de l'art. 50-1 de l'Ord. n° 58-1270 du 22 déc. 1958 portant loi organique relative au statut de la magistrature, ne constitue pas une information à caractère secret au sens de l'art. 226-13 C. pén. • Crim. 4 déc. 2007, n° 05-87.384 P : *AJ pénal 2008. 140, obs. Royer ; Dr. pénal 2008. 37, obs. Véron ; Gaz. Pal. 2008. 2. 2570, note François.* ♦ A méconnu les art. 226-13 et 321-1 C. pén. et le principe ci-dessus rappelé la cour d'appel qui, pour déclarer les prévenus, directeur de publication et journalistes d'un hebdomadaire, coupables de recel de violation du secret professionnel, énonce que l'art. 38 de la L. du 29 juill. 1881 interdit de publier les informations relatives aux travaux et délibérations du Conseil supérieur de la magistrature, ces termes incluant l'acte de saisine dudit Conseil prévu par l'art. 50-1 de l'Ord. du 22 déc. 1958 qui contient dénonciation, par le garde des Sceaux, ministre de la Justice, des faits motivant les poursuites disciplinaires, et ajoute qu'en l'absence de tout élément permettant d'accréditer l'hypothèse d'une divulgation accidentelle ou fortuite, l'auteur de la transmission du document en cause aux journalistes, dans la perspective d'une publication interdite par la loi, ne peut être qu'un magistrat ou un fonctionnaire nécessairement dépositaire du secret protégeant ce document. • Même arrêt.

56. Jurés. L'obligation du secret qui s'impose aux jurés est générale et absolue, car le délibéré est secret par nature, et cette obligation immuable s'impose par elle-même, indépendamment du serment, à toute personne appelée par la loi à assister audit délibéré (à propos du procès Pétain). • Crim. 25 janv. 1968 : *préc. note 7* ; rejet du pourvoi contre • Paris, 9 nov. 1966 : *JCP 1968. II. 15368, note de Lestang ; Gaz. Pal. 1967. 1. 103.*

57. Un juré est, au même titre que les magistrats avec lesquels il délibère, immuablement tenu de garder le secret des délibérations. • T. corr. Paris, 31 mars 1989 : *JCP 1989. II. 21356, note Dubreuil ; RSC 1990. 344, obs. Levasseur* .

58. Une dérogation à l'obligation de conserver le secret des délibérations ne saurait être admise, même à l'occasion de poursuites pour violation du secret du délibéré, sans qu'il soit porté atteinte tant à l'indépendance des juges, professionnels comme non professionnels, qu'à l'autorité de leurs décisions. • Crim. 25 mai 2016, n° 15-84.099 P : *D. actu. 13 juin 2016, obs. Fonteix ; AJ pénal 2016. 390, obs. Thierry ; Dr. pénal 2016, n° 118, obs. Maron et Haas ; RSC 2016. 265, obs. Mayaud* .

59. Aux termes d'une jurisprudence constante, un juré est, au même titre que les magistrats avec lesquels il délibère, tenu de garder le secret des délibérations ; il est d'ailleurs averti de cette obligation par les termes du serment qu'il prête, conformément à l'art. 304 C. pr. pén., de « conserver le secret des délibérations, même après la cessation de (ses) fonctions » ; le tribunal considère, à cet égard, que les dispositions de l'art. 226-13 C. pén. ne constituent pas, au regard des enjeux qui s'attachent à la préservation de l'indépendance des magistrats et à l'autorité des décisions de justice, une atteinte manifestement disproportionnée à la liberté de conscience garantie par l'art. 10 Conv. EDH ; il relève, par ailleurs, que par son arrêt du 17 avr. 2013 disant n'y avoir lieu de renvoyer au Conseil constitutionnel la question prioritaire de constitutionnalité posée par la défense, la chambre criminelle de la Cour de cassation a dit pour droit que « l'obligation de conserver le secret des délibérations, édictée par la loi française dans le but de garantir l'indépendance des juges et l'autorité de leurs décisions, applicable, devant toutes les juridictions, aussi bien aux magistrats professionnels qu'aux citoyens prêtant leur concours à la justice, ne contrevient pas à la liberté de conscience ». • T. corr. Meaux, 28 nov. 2013 : *D. actu. 6 déc. 2013, obs. Winckelmuller.*

60. Notaires. Les notaires sont rangés parmi ceux qui, aux termes de l'art. 378 C. pén., sont dépositaires, par état ou profession, des secrets qu'on leur confie. • Crim. 7 avr. 1870 : *S. 1870. 1. 277.* ♦ Le secret, pour les notaires appelés par leur ministère à être les confidents et les conseils des particuliers, est un devoir inhérent à leur profession même ; ils sont tenus au secret pour tout ce qui parvient à leur connaissance dans les attributions relevant de leur compétence, telle l'existence d'un emprunt hypothécaire. • Paris, 13 juill. 1973 : *D. 1974. 16, note de la Marnierre ; Gaz. Pal. 1974. 2. 498.*

61. Policiers. Les fonctionnaires de police sont tenus au secret professionnel en ce qui concerne les informations parvenues à leur connaissance dans l'exercice de leur profession, et auxquelles la loi a conféré un caractère confidentiel dans un intérêt général et d'ordre public. • Crim. 26 oct. 1995, n° 94-84.858 P • 7 nov. 1996 : *Gaz. Pal. 1997. 1, chron. crim. 65.*

62. Seul le ministère public est investi du droit de communiquer sur une enquête en cours, dans les conditions restrictives énoncées par l'art. 11, al. 3, C. pr. pén., de sorte que la communication de renseignements connus des seuls enquêteurs par un officier de police judiciaire à des journalistes est susceptible de constituer, le cas échéant, la violation du secret professionnel par une personne qui concourt à la procédure. • Crim. 24 mars 2020, n° 19-80.909 P : *D. actu. 11 mai 2020, obs. Charlent ; Dr. pénal 2020, n° 134, obs. Conte.*

63. Secret de l'instruction. Il résulte de la combinaison des art. 11 C. pr. pén. et 226-13 C. pén. que la violation du secret de l'enquête ou de l'instruction implique que l'auteur de cette violation concourt à la procédure ; à défaut pour la loi d'avoir expressément désigné les personnes « concourant » à la procédure, le principe de l'interprétation stricte de la loi pénale, posé par l'art. 111-4 C. pén. impose de ne considérer comme tels que ceux qui prennent une part active à la procédure, soit qu'ils conduisent l'enquête ou l'instruction, soit qu'ils aient été désignés officiellement pour apporter leur aide ou leur assistance ; lorsqu'une agence bancaire, judiciairement requise de communiquer l'état de situation du compte de l'un de ses clients, exécute la réquisition par l'entremise de l'un de ses agents, cet agent, en l'occurrence le directeur de l'agence, qui n'a pas été désigné personnellement et s'est borné à déférer à une injonction judiciaire, ne peut être considéré comme ayant pris une part active à l'enquête, et partant, comme l'un des acteurs qui concourt à cette procédure ; il s'ensuit que l'infraction n'est pas constituée. • TGI Versailles, 18 nov. 1999 : *BICC 2000. 1349.*

64. Un avis d'information et de recherche de témoins et victimes diffusé dans la presse par les enquêteurs sur commission rogatoire d'un juge d'instruction constitue une violation du secret de l'instruction ayant porté atteinte aux intérêts de la défense justifiant l'annulation du procès-verbal de réquisition de l'organe de presse et de tous actes d'information subséquents, dès lors que les informations communiquées et les termes employés dans cet avis ne pouvaient laisser planer aucun doute sur l'identité et sur la culpabilité du mis en examen qui y était nommément désigné, et qu'ainsi a été violé le principe de la présomption d'innocence. • Bordeaux, 28 sept. 2000 : *BICC 2001. 843.*

65. Le banquier n'a pas à révéler à son client une information parvenue à sa connaissance dans l'exercice de sa profession à laquelle la loi a conféré un caractère confidentiel ; il en est ainsi des informations couvertes par le secret de l'instruction. • Com. 10 déc. 2003 : *D. Affaires. 2004. 209, obs. Delpech ; Gaz. Pal. 2004. 2. Doctr. 2876, obs. Fadili.*

66. Les dispositions des art. 11 et 197 C. pr. pén. sont sans application après la clôture de l'instruction, et la partie civile est en droit de communiquer à des tiers, pour les besoins de leur défense dans une procédure commerciale, les copies des pièces de la procédure pénale. • Civ. 2e, 7 janv. 2010, nº 08-14.378 P.

67. Inspecteur des impôts. C'est à tort que les juges du fond ont relaxé un inspecteur des impôts du chef de violation de secret professionnel pour avoir révélé à un contribuable qui faisait l'objet d'un contrôle fiscal par un autre inspecteur du service des éléments relatifs à sa situation fiscale ainsi que les motivations et objectifs de ce contrôle, au motif que le secret professionnel n'est pas opposable au contribuable concerné et que le prévenu n'a fait que lui communiquer, à l'exclusion de tout tiers, des éléments l'intéressant personnellement. Ils auraient en effet dû rechercher si, au-delà du simple manquement à son obligation de discrétion, ledit inspecteur n'avait pas révélé des informations qui revêtaient un caractère secret à l'égard du contribuable au sens des art. L. 103 LPF et 226-13 C. pén. • Crim. 1er mars 2016, nº 14-87.577 P : *D. actu. 1er avr. 2016, obs. Collot ; Dr. pénal 2016, nº 91, obs. Conte.*

68. Divers. Ont été concernés par l'application des dispositions de l'art. 378 C. pén., notamment : les agents de change. • Crim. 1er févr. 1922 : *S. 1922. 1. 337, note Bourcart.* ♦ ... Les huissiers. • Crim. 12 avr. 1951 : *Bull. crim. nº 103 ; D. 1951. 363.* ♦ ... Les administrateurs des caisses de sécurité sociale. • Crim. 30 juin 1955 : *Bull. crim. nº 334 ; D. 1955. 718 ; JCP 1955. II. 8860 bis ; Gaz. Pal. 1955. 2. 137* ; rejet du pourvoi contre • Paris, 17 nov. 1953 : *D. 1954. Somm. 28 ; JCP 1954. II. 8119, note Chavanne ; Gaz. Pal. 1954. 1. 112* • 5 déc. 1957 : *Bull. crim. nº 814 ; D. 1958. 98 ; JCP 1958. II. 10383 bis, note Chavanne ; Gaz. Pal. 1958. 1. 58.*

69. Mais ne rentre pas dans la catégorie des personnes visées par l'al. 1er de l'art. 378 C. pén. : le comptable, simple mandataire de son employeur. • Crim. 14 janv. 1933 : *Bull. crim. nº 12 ; DH 1933. 133.* ♦ ... Le président-directeur général d'une société commerciale. • Crim. 5 févr. 1970 : *Bull. crim. nº 56 ; D. 1970. 249 ; JCP 1970. II. 16311 ; RSC 1970. 652, obs. Levasseur.* ♦ ... L'administrateur judiciairement désigné d'une personne morale. • Crim. 9 oct. 1978 : *Bull. crim. nº 263 ; D. 1979. 185, note Chambon ; Gaz. Pal. 1979. 1. 245 ; RSC 1979. 560, obs. Levasseur.* ♦ ... Un chef de service d'une compagnie d'assurances. • Crim. 19 nov. 1985 : *Bull. crim. nº 364.*

C. OPPOSITION DU SECRET

1º OPPOSITION À LA JUSTICE

a. Enquêtes

70. Avocats. Viole le secret professionnel l'avocat qui donne aux services de police des renseignements concernant le client de l'avocat adverse et qu'il n'a pu obtenir qu'en sa qualité d'avocat, même s'il n'était pas directement chargé de cette affaire au sein du cabinet où il exerce en qualité de collaborateur. • Paris, 30 nov. 1994 : *D. 1996. Somm. 311, obs. Castelain.*

71. Banquiers. Il résulte de l'art. 57, al. 2, de la L. du 24 janv. 1984 que les officiers de police judiciaire agissant sur réquisitions du procureur de la République dans le cadre d'une enquête préliminaire ne peuvent se voir opposer le secret bancaire ; en toute hypothèse, la violation éventuelle d'un tel secret serait sans incidence sur la régularité de la procédure. • Crim. 27 avr. 1994, nº 93-82.976 P : *RSC 1994. 776, obs. Giudicelli-Delage.*

72. Aux termes d'une jurisprudence constante, la police judiciaire peut, dans le cadre de ses enquêtes, solliciter et obtenir d'un établissement bancaire des relevés de compte sans que puisse être opposé le secret bancaire. • Grenoble, 7 juill. 2000 : *D. 2001. 1128, note Redon.*

73. Constitue le délit de violation du secret professionnel le fait pour un employé de banque de remettre à un client la copie d'une réquisition émanant de la police judiciaire qui tendait à obtenir des informations relatives au compte bancaire de ce dernier ; en effet, le secret auquel sont soumis les employés d'une maison de crédit, en vertu de l'art. 57 de la L. du 24 janv. 1984, n'est pas seulement imposé au profit du client mais bien au profit de toute personne qui confie un renseignement à un tel organisme, notamment au profit de la personne qui dirige l'enquête ; il appartient seulement à cette dernière de déterminer, en fonction des règles de la procédure, à quel moment elle décide de communiquer cette information à la personne objet de l'enquête ; en outre, le renseignement protégé par le secret est ici constitué non seulement de la demande de document mais aussi par l'information qu'une enquête est ouverte ; c'est pourquoi, la réquisition émanant de la police judiciaire diffère d'une saisie ou d'un avis à tiers détenteur qui produit son effet par son propre accomplissement alors que l'enquête peut se prolonger ; enfin, il est établi que le prévenu a nécessairement eu conscience de fournir à son client un renseignement émanant d'une autorité de police qui ne lui en avait pas confié la disposition. • Toulouse, 2 déc. 1999 : *JCP 2000. IV. 2369.* ♦ Conf. par • Crim. 30 janv. 2001, n° 00-80.367 P : *JCP E 2001. 1328, note Stoufflet ; Gaz. Pal. 2001. 2. Somm. 1396, note Monnet.*

74. Médecins. A justifié sa décision la cour d'appel qui, dans des poursuites dirigées contre un médecin, dirigeant d'une clinique, pour avoir proposé à la clientèle des interventions chirurgicales à visée esthétique sans respecter la réglementation relative à l'information du consommateur, relève que les agents de la Direction générale de la concurrence, de la consommation et de la répression des fraudes (DGCCRF) se sont bornés à demander communication de plusieurs dossiers de la clinique au prévenu, qui leur a transmis neuf devis où les mentions relatives à l'identité des patients étaient cancellées, d'où il résulte que les enquêteurs ont opéré dans les limites des pouvoirs qui leur sont attribués par les art. L. 141-1, II, C. consom. et 47 de l'ordonnance du 1er déc. 1986, sans procéder à une saisie ni porter atteinte au secret médical. • Crim. 15 oct. 2002 : *Dr. pénal 2003. 22, obs. Robert.*

75. Postes. Le secret professionnel auquel sont tenus les fonctionnaires de l'administration des postes et télécommunications ne peut faire obstacle au droit et au devoir qui appartient au procureur de la République, par le fait même de sa mission légale et dans l'intérêt de l'ordre public, de rechercher si, par le jeu d'un compte courant postal, un huissier de justice soumis à son contrôle et à sa discipline avait violé les règles de sa profession. • Crim. 5 avr. 1962 : *Bull. crim. n° 170.*

b. Expertises et avis

76. Banquiers. Le secret professionnel auquel est astreint le banquier a pour fondement, mesure et limite, l'intérêt du client dont il est le conseiller pour la gestion de sa fortune et le placement de ses capitaux ; il est inopposable à l'autorité judiciaire lorsqu'il s'agit pour celle-ci de recueillir ou de faire recueillir des renseignements commerciaux, à la condition qu'il soit uniquement fait état du résultat des recherches, sans mentionner le nom des clients qui auraient été révélés à l'informateur commis pour l'examen des pièces comptables. • TGI Lyon, réf., 24 janv. 1969 : *D. 1969. 613 (1re esp.), note Trochu ; JCP 1969. II. 15795 ; Gaz. Pal. 1969. 1. 255.* ♦ Rappr. : • Versailles, 23 mars 1994 : *D. 1994. Somm. 328, obs. Vasseur.*

77. L'art. 57 de la L. du 24 janv. 1984 dispose qu'outre les cas où la loi le prévoit, le secret professionnel ne peut être opposé, ni à la commission bancaire, ni à la Banque de France, ni à l'autorité judiciaire dans le cadre d'une procédure pénale ; si, dans le cadre d'une procédure civile, le secret bancaire s'oppose à ce que le banquier communique des informations confidentielles d'ordre privé relatives aux clients de l'établissement, il n'en va pas de même d'informations qui n'auraient pas ce caractère, et qui ne présenteraient qu'un caractère factuel ; en effet, l'intérêt supérieur de la justice exprimé par l'art. 10 C. civ. limite la portée du secret bancaire, qui ne revêt pas un caractère absolu, et commande que dans une circonstance qui ne se heurte à aucun obstacle légitime, les renseignements sollicités puissent être fournis à un expert lui-même astreint au secret. • TGI Carpentras, réf., 24 sept. 1997 : *D. 1998. 625, note Staes.*

78. Médecins. N'est pas entachée de nullité, en vertu de l'art. 378 C. pén., l'expertise ordonnée par décision de justice pour évaluer les gains d'un médecin demandeur en dommages-intérêts après accident dont il a été victime, alors qu'il est constaté que les experts se sont bornés à relever dans la comptabilité de ce praticien les totaux des gains par lui réalisés dans l'exercice de sa profession, et qu'aucun secret d'ordre médical n'a été révélé au sens de l'article susvisé. • Crim. 22 févr. 1940 : *Bull. crim. n° 11.* ♦ Si les dispositions relatives au secret professionnel font obstacle à ce que l'identité d'un malade soit divulguée sans son consentement, toute partie qui se prétend victime d'un dommage doit pouvoir faire effectivement valoir ses droits en justice ; il appartient au juge, lorsqu'une expertise impliquant l'accès à des informations couvertes par le secret médical est nécessaire à la manifestation de la vérité, de prescrire des mesures efficaces, pour éviter la divulgation de l'identité des malades ou des consultants ; le principe du droit à un procès équitable, tel qu'il résulte de l'art. 6 Conv. EDH, n'est pas méconnu dès lors que, nonobstant les mesures ordonnées par le juge pour éviter la divulgation de l'identité des patients, les parties au litige ont la faculté de désigner un médecin qui, au cours des opérations d'expertise, pourra prendre connaissance des documents comportant les renseignements d'ordre médical. • Civ.

1re, 18 mars 1997, n° 95-12.576 P : *JCP 1997. II. 22829, rapp. Sargos ; D. 1997. Somm. 315, obs. Penneau*.

79. Aucune violation du secret médical ne saurait résulter de la lecture à l'audience, en vertu du pouvoir discrétionnaire du président, du rapport d'un expert désigné pour procéder à des opérations techniques. • Crim. 1er déc. 1999, n° 99-82.067 P.

80. Il ne saurait être opéré une distinction sur la nature du secret médical lorsque les documents, auxquels seul l'expert médecin désigné par le juge d'instruction pouvait légitimement accéder dans le cadre de sa mission, sont conservés par l'établissement pénitentiaire, les médecins relevant de cette administration ne pouvant opposer le secret médical à l'expert désigné sur les documents médicaux ; cet accès n'ayant donné lieu à aucun incident, il était dès lors inutile pour le magistrat instructeur d'ordonner la saisie des documents. • Rennes, 15 mai 1997 : *D. 1998. 178, note Penneau*.

81. Un médecin traitant doit être condamné à remettre à un expert judiciaire le dossier médical d'un patient décédé dès lors que l'expertise tend à établir son état de santé au moment d'une donation sans que ce médecin puisse opposer le secret médical ; le médecin est dépositaire d'informations à caractère secret dont la révélation lui est interdite sauf dans les cas où la loi l'impose ou l'autorise ; ces informations appartiennent au malade lui-même ou à ses ayants droit ; le secret médical n'est donc pas un dogme absolu dans la mesure où, édicté dans l'intérêt du patient, il ne peut lui être opposé ainsi qu'à ses ayants droit quand la détermination de leurs droits dépend des renseignements recherchés ; en l'espèce, la mesure d'expertise visant à établir l'état de santé du donataire ne va pas à l'encontre de la protection de ses intérêts ; l'expert judiciaire est, par ailleurs, mandaté par la justice et non par une partie ou par un fiers : le secret médical doit donc en l'espèce céder devant l'expertise. • Rennes, 15 mars 2000 : *JCP 2001. IV. 2656*.

82. L'Assistance publique des Hôpitaux de Paris doit déférer à l'ordonnance du conseiller de la mise en état prescrite pour les besoins de l'expertise judiciaire confiée à un expert désigné par ses soins, et ce en application des dispositions de l'art. 10 C. civ., qui confèrent une base législative aux textes réglementaires du NCPC [devenu C. pr. civ.] relatifs à la production forcée de pièces détenues par une partie ou par un tiers, sauf empêchement légitime, et ce, à peine d'astreinte, d'amende civile ou de dommages et intérêts si le *juge le décide* ; il résulte de la jurisprudence constante que le secret médical ne constitue pas un empêchement légitime lorsqu'il tend à faire écarter un élément de preuve contraire aux prétentions d'une partie et à tenir en échec l'exécution de bonne foi d'un contrat, les dispositions de l'art. L. 113-8 C. assur. autorisant l'assureur à demander une expertise médicale afin d'apporter la preuve de la mauvaise foi de l'assuré, preuve qui ne peut résulter par hypothèse que de la levée indispensable du secret médical s'agissant de la révélation d'un état de santé de l'assuré antérieur à la souscription du contrat, dont peut dépendre la solution du litige engagé au fond ; la résolution d'un conflit entre deux intérêts également protégés par la loi, implique, soit la prévalence de la manifestation de la vérité sur le secret, soit la renonciation du demandeur à revendiquer le bénéfice d'un contrat dont la validité est nécessairement subordonnée à la manifestation de cette vérité, sauf à priver les dispositions des art. 1134 C. civ. et L. 113-8 C. assur. de tout effet ; la protection du secret médical est au demeurant assurée, dans le cas d'espèce, tant par la désignation d'un expert judiciaire, médecin astreint à la même déontologie professionnelle que le médecin traitant, ainsi que l'a rappelé à juste titre l'ordonnance critiquée, que par les dispositions de l'art. 247 NCPC [devenu C. pr. civ.], qui dispose que « l'avis du technicien dont la divulgation porterait atteinte à l'intimité de la vie privée ou à tout autre intérêt légitime ne peut être utilisé en dehors de l'instance, si ce n'est sur autorisation du juge ou avec le consentement de la partie intéressée ». • Paris, 8 janv. 2002 : *Gaz. Pal. 2002. 2. 1500, note Carbuccia-Berland.*

83. Selon l'art. 490-1 C. civ., les décisions par lesquelles le juge des tutelles organise la protection des intérêts civils sont précédées de l'avis du médecin traitant, lequel, par l'effet de cette disposition, est déchargé de son obligation au secret relativement aux faits dont il a eu connaissance dans l'exercice de sa profession ; après avoir constaté que le médecin traitant s'était borné à donner un avis sur l'opportunité d'une mesure de protection, le tribunal en déduit justement, en l'absence de tout autre information sur l'état de santé de sa patiente, qu'il n'a pas commis la faute reprochée, à savoir une violation du secret professionnel. • Civ. 1re, 13 janv. 2004, n° 01-16.823 P : *D. 2004. Somm. 1853, obs. Lemouland*.

84. Si le juge civil a le pouvoir d'ordonner à un tiers de communiquer à l'expert les documents nécessaires à l'accomplissement de sa mission, il ne peut, en l'absence de disposition législative spécifique, contraindre un médecin à lui transmettre des informations couvertes par le secret lorsque la personne concernée ou ses ayants droit s'y sont opposés ; il appartient alors au juge saisi sur le fond d'apprécier si cette opposition tend à faire respecter un intérêt légitime ou à faire écarter un élément de preuve, et d'en tirer toute conséquence quant à l'exécution du contrat d'assurance. • Civ. 1re, 15 juin 2004, n° 01-02.338 P : *D. 2004. 2682, note Duval-Arnould ; ibid. 2005. Pan. 1323, obs. Groutel*. ♦ Aux termes de l'art. L. 1110-4 CSS, toute personne prise en charge par un professionnel, un établissement, un réseau de santé ou tout autre organisme participant à la prévention et aux soins a droit au respect de sa vie privée et au secret des informations la concernant ; aux termes de l'art. R. 4127-4 CSS, le secret professionnel, institué dans l'intérêt des patients, s'impose à tout médecin dans les conditions établies par la loi ; l'assureur ne peut produire un document couvert par le secret médical intéressant le litige qu'à la condition que l'assuré ait renoncé au bénéfice de ce secret, et il appartient au juge, en cas de difficulté, d'apprécier, au besoin après une mesure d'instruction, si l'opposition de l'assuré tend à faire respecter un intérêt légitime. • Civ. 2e, 2 juin 2005, n° 04-13.509 P : *D. 2006. Pan. 690, obs. Penneau ; ibid. 2006. Pan. 1791, obs. Groutel ; Gaz. Pal. 2006. 1. 1148, note Périer.*

85. Si le secret médical, institué dans l'intérêt des patients, s'impose à tout médecin dans les conditions établies par la loi et lui fait obligation de protéger contre toute indiscrétion les documents médicaux concernant les personnes qu'il a soignées ou examinées, une expertise médicale qui, en ce qu'elle ressortit à un domaine technique échappant à la connaissance des juges, est susceptible d'influencer leur appréciation des faits, constitue un élément de preuve essentiel qui doit pouvoir être débattu par les parties ; il en résulte que le secret médical ne saurait être opposé à un médecin-expert appelé à éclairer le juge sur les conditions d'attribution d'une prestation sociale, ce praticien, lui-même tenu au respect de cette règle, ne pouvant communiquer les documents médicaux examinés par lui aux parties et ayant pour mission d'établir un rapport ne révélant que les éléments de nature à apporter la réponse aux questions posées et excluant, hors de ces limites, ce qu'il a pu connaître à l'occasion de l'expertise. • Civ. 2e, 22 nov. 2007, n° 06-18.250 P.

86. Le juge civil ne peut, en l'absence de disposition législative spécifique l'y autorisant, ordonner une expertise judiciaire en impartissant à l'expert une mission qui porte atteinte au secret médical sans subordonner l'exécution de cette mission à l'autorisation préalable du patient concerné, sauf à tirer toutes conséquences d'un refus illégitime. • Civ. 1re, 11 juin 2009, n° 08-12.742 P.

87. Sécurité sociale. Sur la possibilité, pour les experts commis en justice, de procéder à leurs investigations dans les dossiers de la sécurité sociale, et de prendre connaissance des pièces et documents médicaux nécessaires à leur mission. • Soc. 31 janv. 1963 : *D. 1963. 471 (1re esp.), note Badinter ; JCP 1963. II. 13122, note Savatier* • Civ. 2e, 28 janv. 1966 : *D. 1967. 447, note Savatier* • Soc. 26 avr. 1967 : *D. 1967. 621.*

c. Écoutes téléphoniques

88. Avocats. D'une part, le juge d'instruction tient des art. 81 et 100 C. pr. pén. le pouvoir de prescrire, lorsque les nécessités de l'information l'exigent, l'interception, l'enregistrement et la transcription des correspondances émises par la voie des télécommunications par une personne mise en examen, dès lors que n'est pas en cause l'exercice des droits de la défense ; d'autre part, le principe de confidentialité des conversations échangées entre une personne mise en examen et son avocat ne saurait s'opposer à la transcription de certaines d'entre elles, dès lors qu'il est établi que leur contenu est de nature à faire présumer la participation de cet avocat à des faits constitutifs d'une infraction, fussent-ils étrangers à la saisine du juge d'instruction. • Crim. 1er oct. 2003, n° 03-82.909 P : *D. 2004. Somm. 671, obs. Pradel*. ♦ *Adde* : Mien et Luciani, *AJ pénal 2003. 64* (nouvelle entaille dans les droits de la défense : la liberté de communication entre l'avocat et son client remise en cause).

89. Il résulte des art. 66-5 de la loi n° 71-1130 du 31 déc. 1971, 100-5 et 206 C. pr. pén., 8 Conv. EDH, que, même si elle est surprise à l'occasion d'une mesure d'instruction régulière, la conversation entre un avocat et son client ne peut être transcrite et versée au dossier de la procédure que s'il apparaît que son contenu est de nature à faire présumer la participation de cet avocat à une infraction ; la violation de ce principe doit être relevée, même d'office, par la chambre de l'instruction, statuant en application de l'art. 206 C. pr. pén. ; dès lors, encourt la cassation l'arrêt de la chambre de l'instruction qui déclare irrecevable le moyen de nullité proposé par une personne mise en examen et pris de la transcription, dans le dossier de la procédure, de conversations téléphoniques échangées entre son père et l'avocat dont ils sont tous deux les clients, alors que la juridiction était tenue de rechercher s'il avait été porté atteinte au principe de la confidentialité des conversations téléphoniques entre un avocat et son client. • Crim. 18 janv. 2006, n° 05-86.447 P : *AJ pénal 2006. 126, obs. Girault ; ibid. 2006. 254, note Dourneau-Josette ; Gaz. Pal. 2006. 1. 1883 ; RSC 2006. 413, obs. Buisson.*

d. Mises en examen

90. Avocats. Aucune atteinte au secret professionnel ne peut résulter de la seule notification d'une inculpation, dès lors que l'inculpé (avocat), qui ne saurait invoquer ce secret pour éviter de s'expliquer sur les actes délictueux qu'il aurait lui-même commis, conserve la faculté de l'opposer à l'occasion des interrogatoires sur le fond si des questions précises, dont l'objet serait couvert par ce secret, étaient posées. • Crim. 6 janv. 1989 : *Bull. crim. n° 3 ; RSC 1990. 75, obs. Levasseur.*

91. Si l'obligation au secret professionnel, établie par l'art. 226-13 C. pén., s'impose aux avocats comme un devoir de leur fonction, la seule qualité d'avocat n'est pas de nature à assurer l'impunité d'un mandataire lorsqu'il est recherché pour ses fautes personnelles, quand bien même celles-ci seraient en relation avec les fautes reprochées à certains de ses clients. • Crim. 26 juin 1995, n° 95-82.333 P.

92. Constitue un manquement aux principes d'honneur, de probité et de délicatesse, qui échappe à la loi d'amnistie, le fait d'avoir tenté de contourner les dispositions destinées à garantir et à protéger le secret professionnel de l'avocat, en sollicitant la mise en examen d'un confrère pour le contraindre à communiquer un document couvert par le secret ; il résulte en effet du dossier de la procédure que, ne pouvant produire, dans le cadre d'une information suivie contre deux de ses clients, des documents de nature à les mettre hors de cause, mais couverts par le secret professionnel, celui-ci a sollicité la mise en examen d'un confrère, détenteur de ces pièces, et lui-même visé par la plainte avec constitution de partie civile, objet de l'instruction, afin que celui-ci les produise pour sa défense personnelle. • Paris, 26 mars 2003 : *Gaz. Pal. 2003. 1. Somm. 1125.*

93. Médecins. Le secret médical concernant le dossier médical d'une patiente décédée à la suite de son accouchement ne peut être opposé au médecin anesthésiste réanimateur, mis en examen, qui est intervenu dans la procédure médicale quelques heures avant le décès, dès lors qu'il a eu nécessairement accès au dossier médical, et que des documents constituant ce dossier sont de son fait ; il doit donc être fait droit à sa demande d'ouverture du scellé contenant le dossier médical de la victime. • Rennes, 21 déc. 2000 : *BICC 2001. 903.*

e. Perquisitions et saisies

94. Principe. Les pouvoirs que le juge d'instruction tient de l'art. 81 C. pr. pén. ne souffrent en principe aucune restriction ; l'art. 378 C. pén. relatif au secret professionnel ne saurait limiter ces pouvoirs, notamment en ce qui concerne la saisie de documents comptables. • Crim. 8 juin 1966 : *Bull. crim. n° 167 ; D. 1966. 542* (documents relatifs à l'exploitation d'un cabinet dentaire) • 23 mars 1977 : *ibid. n° 109 ; JCP 1979. II. 19039, note Chambon ; RSC 1977. 832, obs. Robert* (documents relatifs à l'exploitation d'une charge de commissionnaire agréé près une bourse de commerce). ♦ ... Ou la saisie d'un dossier médical. • Crim. 24 avr. 1969 : *Bull. crim. n° 145 ; D. 1969. 637, rapp. Chapar ; JCP 1970. II. 16306, note Savatier* • Paris, 22 mars 1963 : *D. 1963. Somm. 87.*

95. Avocats. Il est constant que le secret professionnel couvre les confidences faites par le client à son avocat et les correspondances échangées entre eux, dans la mesure où elles sont liées à une défense ; il serait violé si le magistrat instructeur saisissait des correspondances échangées entre un avocat et son client, si elles avaient trait aux moyens de défense de ce dernier. • T. corr. Paris, 19 mars 1974 : *Gaz. Pal. 1974. 1. 376.*

96. Si, en vertu du principe de la libre défense qui domine la procédure pénale, les correspondances adressées par l'inculpé, le prévenu, ou l'accusé à son conseil, sont couvertes par le secret et échappent à toute saisie, il en va autrement : ... lorsqu'il s'agit d'écrits n'ayant pas trait à une poursuite pénale et qui, en outre, sont susceptibles de constituer la preuve d'une infraction, dès lors que leur existence en a été révélée par l'avocat destinataire à son client, lequel n'étant pas tenu par leur caractère confidentiel, en a fait état dans sa plainte. • Crim. 9 févr. 1988 : *Bull. crim. n° 63 ; JCP 1988. II. 21056, rapp. Dardel ; Gaz. Pal. 1988. 2. 732, note Damien ; RSC 1988. 789, obs. Levasseur.* ♦ Lorsqu'il s'agit d'écrits relatifs aux activités ayant donné lieu à l'inculpation dudit conseil. • Crim. 20 janv. 1993, n° 92-85.548 P.

97. Le secret professionnel du conseil juridique et fiscal, devenu avocat, ne met pas obstacle à la saisie de documents lorsque ceux-ci sont étrangers à l'exercice des droits de la défense. • Crim. 5 juill. 1993, n° 93-81.275 P. ♦ Si, selon les principes rappelés par l'art. 66-5 de la L. du 31 déc. 1971, les correspondances échangées entre le client et son avocat sont, en toutes matières, couvertes par le secret professionnel, il demeure que le juge d'instruction tient de l'art. 97 C. pr. pén. le pouvoir de les saisir dès lors qu'elles ne concernent pas l'exercice des droits de la défense. • Crim. 7 mars 1994, n° 93-84.931 P : *JCP 1994. II. 22254, note Martin ; D. 1994. Somm. 188, obs. Pradel ; ibid. 1995. Somm. 167, obs. Brunois ; RSC 1994. 576, obs. Marin.* ♦ Encourt la cassation l'arrêt d'une chambre d'accusation qui, pour rejeter, sur le fondement de l'art. 97 C. pr. pén., la requête d'un avocat, resté étranger à la procédure et sollicitant la restitution de notes de travail et de correspondances avec ses clients, saisies à son cabinet par le juge d'instruction, se borne à énoncer que ces documents, afférents à des montages juridiques et financiers intéressant l'information en cours, ne concernent pas la défense des personnes mises en examen, dont ledit avocat n'a pas été chargé, et ne sauraient revêtir un caractère de confidentialité. • Crim. 6 févr. 1997, n° 96-83.462 P : *Gaz. Pal. 1997. 1. 183, note Damien ; JCP 1997. I. 4041, n° 21, obs. Martin.* ♦ Cassation de • Paris, 17 mai 1996 : *D. 1996. 353, note Fortin.* ♦ V. désormais : L. n° 71-1130 du 31 déc. 1971, art. 66-5, réd. L. n° 97-308 du 7 avr. 1997, art. 4, et la jurisprudence ci-après.

98. Il résulte des dispositions combinées des art. 66-5 de la loi n° 71-1130 du 31 déc. 1971 et L. 16 B LPF qu'en toute matière les consultations adressées par un avocat à son client ou destinées à celui-ci et les correspondances échangées entre le client et son avocat sont couvertes par le secret professionnel ; une saisie de pièces répondant à cette définition ne peut être autorisée ou maintenue, à l'occasion d'une visite dans un cabinet d'avocat, qu'à la condition que les documents saisis soient de nature à établir la preuve de la participation de l'avocat à la fraude présumée ; dès lors qu'une telle participation n'est pas alléguée, c'est à bon droit que le président du tribunal de grande instance ordonne la mainlevée des saisies de correspondances échangées entre un avocat et ses clients. • Com. 5 mai 1998, n° 96-30.116 P : *JCP 1998. II. 10126, note Martin.*

99. Si les dispositions de l'art. 66-5 de la L. du 31 déc. 1971 modifiées par la L. du 7 avr. 1997 portant réforme de certaines professions judiciaires et juridiques précisent qu'« en toutes matières, que ce soit dans le domaine du conseil ou dans celui de la défense, les consultations adressées par un avocat à son client ou destinées à celui-ci, les correspondances échangées entre le client et son avocat, entre l'avocat et son confrère, les notes d'entretien et, plus généralement, toutes les pièces du dossier sont couvertes par le secret professionnel », la prohibition édictée par cet article, qui sanctionne la révélation du secret professionnel pour certaines professions juridiques et judiciaires dépositaires, ne peut pas faire obstacle à ce qu'un juge d'instruction fasse procéder à la saisie de toutes pièces dans lesquelles il est susceptible de découvrir des éléments indispensables à la conduite de son information, les prérogatives que ce magistrat tient de l'art. 81 C. pr. pén. ne souffrant aucune restriction. • Paris, 5 nov. 1997 : *D. 1997. IR 253 ; Gaz. Pal. 1997. 2. Somm. 518.* ♦ Il s'ensuit que les dispositions de l'art. 66-5 de la L. du 31 déc. 1971 ne sauraient déroger à celles du code de procédure pénale et ne sauraient pas davantage constituer une justification légale de nature à faire obstacle aux recherches utiles à la manifestation de la vérité auxquelles le juge d'instruction procède sur le fondement des art. 94, 96, 97 et 56-1 C. pr. pén., lorsque les indices graves déjà recueillis au cours de l'information font présumer la présence dans un cabinet d'avocats de documents relatifs à un montage d'une opération financière, révélant des faits délictueux et des comportements illicites. • Même arrêt. ♦ Il résulte des art. 97 et 99 C. pr. pén. et de l'art. 8 Conv. EDH que le juge d'instruction peut s'opposer à la restitution de documents saisis dans le cabinet d'un avocat et couverts par le secret professionnel *dès lors que* leur maintien sous la main de la justice en vue de déterminer l'existence d'infractions pénales est nécessaire à la manifestation de la vérité et qu'il ne porte pas atteinte aux droits de la défense. • Crim. 30 juin 1999, n° 97-86.318 P : *D. 1999. 458, note Pradel ; ibid. 1999. Somm. 322, obs. Pradel ; JCP 1999. II. 10177, note Martin ; Gaz. Pal. 1999. 2. 569, note Damien ; Dr. pénal 1999. 155, obs. Maron ; Procédures 1999, n° 236, obs. Buisson ; RSC 1999. 840, obs. Commaret ; ibid. 2001. 834, obs. Commaret ; JCP 2000. I. 231, n° 12, obs. Martin.* ♦ Rejet du pourvoi contre : • Paris, 5 nov. 1997 : *préc.*

100. Justifie légalement sa décision la chambre d'accusation qui, pour rejeter la demande de restitution de documents saisis lors d'une perquisition au cabinet d'un avocat, retient, après avoir analysé la nature et le contenu de chacun des scellés, que la restitution est de nature à faire obstacle à la manifestation de la vérité en raison de la relation étroite entre les documents saisis et les faits objet de la poursuite dans laquelle l'avocat est mis en examen, que l'implication de l'avocat dans cette affaire rend inopérante son argumentation relative à la confidentialité et à l'atteinte portée au secret professionnel, que les écrits placés sous scellés et antérieurs à l'ouverture de l'information, ne concernent pas l'activité de défenseur de l'avocat dans aucune instance pénale en cours mais sont, en revanche, relatifs aux activités ayant donné lieu à la mise en cause de l'avocat et que les indices de participation de ce dernier à l'infraction existaient au jour de la perquisition. • Crim. 5 oct. 1999, n° 98-80.007 P : *D. 2000. Somm. 155, obs. Blanchard ; RSC 2001. 834, obs. Commaret .*

101. Si les pièces échangées entre l'avocat et ses clients sont couvertes par le secret professionnel aux termes de l'art. 66-5 de la L. du 31 déc. 1971, il n'en demeure pas moins que le juge d'instruction tient des art. 96 et 97 C. pr. pén. le pouvoir de saisir de telles pièces lorsqu'elles sont de nature à établir la preuve de la participation de l'avocat à une infraction. • Crim. 27 juin 2001, n° 01-81.865 P : *Gaz. Pal. 2002. 1. Somm. 528, note Monnet* • 18 juin 2003, n° 03-81.979 P : *AJ pénal 2003. 30, obs. J. C. ; Gaz. Pal. 2004. 1. 561, note J.-G. M.*

102. Justifie sa décision d'écarter la demande d'annulation d'une saisie effectuée dans un cabinet d'avocats aux prétendus motifs que les pièces appréhendées étaient étrangères à l'information et que le secret professionnel avait été méconnu, la cour d'appel qui énonce, notamment, que le secret professionnel de l'avocat ne peut faire obstacle à la saisie de pièces susceptibles d'établir la participation éventuelle de celui-ci à une infraction pénale, relève que tel est le cas en l'espèce, l'information ayant pour objet de vérifier la réalité d'une « machination » qui aurait été conçue avec la participation de l'avocat, afin d'obtenir d'une société qu'elle accepte, par une transaction, le versement d'une importante somme d'argent en réparation d'un préjudice imaginaire, retient que la saisie des éléments comptables était nécessaire pour comparer la liste exhaustive des clients du cabinet de l'avocat en cause avec celle de ses prétendus mandants, d'où il résulte que la saisie effectuée, en relation directe avec l'infraction objet de la poursuite, était limitée aux documents nécessaires à la manifestation de la vérité. • Crim. 14 janv. 2003, n° 02-87.062 P.

103. Sont régulières les perquisitions effectuées dans le cabinet et au domicile d'un avocat par un juge d'instruction, en présence du bâtonnier, dès lors que les saisies opérées étaient en relation directe avec l'infraction poursuivie, qu'elles étaient destinées à apporter la preuve de la participation de cet avocat à cette seule infraction et ont été limitée aux seuls documents nécessaires à la manifestation de la vérité, les textes en vigueur à l'époque des opérations critiquées n'imposant pas au juge d'instruction l'information préalable du bâtonnier sur l'objet de la perquisition envisagée. • Crim. 1er mars 2006, n° 05-87.252 P : *D. 2006. IR 1188* ; *AJ pénal 2006. 304, note Remillieux* ; *Gaz. Pal. 2006. 2. 3896, note Monnet.*

104. Il résulte des art. 56 et 56-1 C. pr. pén. que le juge des libertés et de la détention ne peut refuser de statuer sur la contestation faisant suite à l'opposition du bâtonnier de l'ordre des avocats à la saisie de documents ou de données informatiques effectuée au cabinet ou au domicile d'un avocat ; au cours d'une enquête préliminaire une perquisition a eu lieu dans le cabinet et le domicile d'un avocat à l'encontre duquel il existait des indices de participation à des faits de détention d'images de mineurs présentant un caractère pornographique ; le bâtonnier s'est opposé à la saisie d'un ordinateur portable et d'un disque dur d'ordinateur fixe, en faisant valoir que ce matériel informatique contenait des données relatives à des dossiers de la clientèle du cabinet, qui étaient couverts par le secret professionnel ; l'ordinateur portable et le disque dur ont été placés sous scellés fermés et la contestation a été soumise au juge des libertés et de la détention par requête du procureur de la République ; pour déclarer cette requête irrecevable, l'Ord. relève que l'art. 56-1 C. pr. pén. n'envisage que la saisie de documents, alors qu'en l'occurrence, seul du matériel informatique a été placé sous scellés ; mais le juge des libertés et de la détention, auquel il incombait d'exercer le contrôle prévu par les al. 4 à 7 de l'art. 56-1 susvisé, afin de rechercher si la saisie des données informatiques ne portait pas atteinte au libre exercice de la profession d'avocat, au respect du secret professionnel et à celui des droits de la défense, a méconnu l'étendue de ses pouvoirs, d'où il suit que l'annulation est encourue. • Crim. 8 août 2007, n° 07-84.252 P : *D. 2008. Pan. 947, obs. Blanchard* .

105. Le secret professionnel de l'avocat, tel qu'il résulte de l'art. 66-5 de la L. du 31 déc. 1971 modifiée par la L. du 7 avr. 1997, ne peut être entendu comme ayant un caractère absolu, ce qui rendrait inopérantes les dispositions prises dans le cadre de la L. du 15 juin 2000 renforçant la protection de la présomption d'innocence et les *droits des victimes*, sur le fondement desquelles est examinée la présente procédure ; cependant, les atteintes au secret professionnel de l'avocat, lequel constitue une norme européenne, ne sauraient être entendues que de façon restrictive, ce qui n'autorise la saisie des consultations et correspondances échangées entre un avocat et son client que si celles-ci révèlent de façon intrinsèque la commission par l'avocat d'une infraction en qualité d'auteur principal ou de complice. • TGI Paris, réf., 7 juill. 2000 : *D. 2002. Somm. 855, obs. Blanchard (1re esp.* ; *une 2e esp. va dans le même sens)* ; *Gaz. Pal. 2000. 2. 1476, note Damien* ; *JCP 2001. I. 284, nos 12 s., obs. Martin* • 2 oct. 2000 : *Gaz. Pal. 2000. 2. 1955* • 23 janv. 2003 : *Gaz. Pal. 2003. 1. 1019.* ♦ *Adde* : Iweins, *Gaz. Pal. 2000. 2. Doctr. 1751* (perquisitions dans les cabinets d'avocats : le « juge du secret » existe).

106. Une faute lourde, au sens de l'art. L. 781-1 COJ (responsabilité du fait du fonctionnement défectueux du service de la justice), ne saurait résulter du seul fait qu'une perquisition a été effectuée au domicile d'un avocat ; en effet, la modification par la L. n° 97-308 du 7 avr. 1997 de l'art. 66-5 de la L. n° 71-1130 du 31 déc. 1971 n'a pas eu pour conséquence de priver le juge d'instruction de tout pouvoir d'investigation au domicile de l'avocat et de saisie de documents, même s'il s'agit de documents susceptibles d'être couverts par le secret professionnel ; le juge peut notamment ordonner et maintenir la saisie de tels documents, à condition que cette mesure soit nécessaire à la manifestation de la vérité et ne porte pas atteinte aux droits de la défense. • TGI Paris, 22 juill. 1999 : *D. 1999. IR 214.*

107. Si le droit interne peut prévoir la possibilité de perquisitions ou de visites domiciliaires dans le cabinet d'un avocat, celles-ci doivent impérativement être assorties de « garanties spéciales de procédure » ; de même, la Conv. n'interdit pas d'imposer aux avocats un certain nombre d'obligations susceptibles de concerner les relations avec leurs clients ; il en va ainsi notamment en cas de constat de l'existence d'indices plausibles de participation d'un avocat à une infraction, ou encore dans le cadre de la lutte contre certaines pratiques, mais il est alors impératif d'encadrer strictement de telles mesures, les avocats occupant une situation centrale dans l'administration de la justice et leur qualité d'intermédiaires entre les justiciables et les tribunaux permettant de les qualifier d'auxiliaires de justice (§ 37) ; la Cour relève que le requérant, alors qu'il remplissait les conditions prévues par le droit interne pour exercer librement la profession d'avocat en France à titre occasionnel et faire usage de son titre, n'a pas été mis en mesure de bénéficier des dispositions de l'art. 56-1 C. pr. pén. auxquelles il pouvait pourtant prétendre ; la Cour constate en effet que les dispositions de l'art. 56-1 C. pr. pén. ne distinguent pas entre les avocats selon qu'ils exercent leur activité à titre principal ou occasionnel ; par ailleurs, aux yeux de la Cour, une telle distinction ne se justifie pas davantage au regard de l'art. 8 de la Conv., dès lors que les perquisitions ou les visites domiciliaires visent le domicile ou le cabinet d'un avocat exerçant régulièrement sa profession, à titre principal en qualité d'avocat inscrit à un barreau ou à titre occasionnel dans un autre État membre de l'Union européenne, elles doivent impérativement être assorties de « garanties spéciales de procédure », ce qui est notamment le cas lorsqu'elles sont exécutées en présence du bâtonnier de l'ordre des avocats (§ 41) ; en outre, la Cour doit rechercher si le requérant a disposé d'un « contrôle efficace » pour contester la perquisition et les saisies dont il a fait l'objet (§ 44). • CEDH 21 janv. 2010, *Xavier da Silveira c/ France*, n° 43757/05 : *D. 2011. 557, obs. Blanchard ; JCP 2010, n° 21, p. 583, note Grabarczyk ; Gaz. Pal. 2010. 1. 1520, note Matsopoulou ; RSC 2010. 702, obs. Roets*.

108. *Experts-comptables.* Le secret professionnel des experts-comptables ne met pas obstacle à ce que soient autorisées la visite de leurs locaux et la saisie de documents détenus par eux, en application des dispositions de l'art. L. 16 B LPF, dès lors que le juge trouve les présomptions suffisantes dans les informations fournies par l'administration requérante. • Crim. 22 févr. 2001, n° 99-30.041 P.

109. *Ministres des cultes.* L'obligation imposée aux ministres du culte de garder le secret des faits dont ils ont connaissance dans l'exercice de leur ministère ne fait pas obstacle à ce que le juge d'instruction procède à la saisie de tous documents pouvant être utiles à la manifestation de la vérité. • Crim. 17 déc. 2002, n° 02-83.679 P : *D. 2004. 302, note Bouvier-Le Berre ; JCP 2003. II. 10036, note Rassat ; Gaz. Pal. 2003. 1. 1744, concl. Commaret, note Damien et Échappé ; Gaz. Pal. 2003. 2. Somm. 3241, obs. Monnet ; RTD civ. 2003. 575, obs. Libchaber*. ♦ Ne donne pas de base légale à sa décision l'arrêt de la chambre de l'instruction qui, dans une information relative à des viols imputés à un membre d'une congrégation religieuse, annule la perquisition effectuée, conformément aux dispositions des art. 97, 56 s. C. pr. pén., dans le bureau d'un vice-official chargé d'une enquête se rapportant à ces mêmes faits, au motif essentiel que « la recherche d'une possible preuve, dans le dossier de la procédure canonique, pour être utilisée dans la procédure pénale laïque, plus protectrice des droits de la personne mise en cause, peut être analysée comme un procédé déloyal, aboutissant à faire échec aux règles de celle-ci, et aux droits de la défense » ; de tels motifs ne permettent pas de caractériser l'existence d'un artifice ou stratagème ayant vicié la recherche et l'établissement de la vérité. • Même arrêt.

f. Communication de pièces

110. *Correspondances entre avocats.* C'est à bon droit qu'une cour d'appel retient que la correspondance échangée entre des avocats et des conseils juridiques ne peut être produite en justice qu'autant qu'elle révèle un accord conclu au nom des clients qu'ils représentent et écarte en conséquence les documents litigieux du débat dès lors qu'elle retient que les mandataires n'étaient pas parvenus à un accord. • Com. 15 nov. 1994, n° 92-19.931 P : *D. 1996. Somm. 311, obs. Castelain*.

111. L'art. 66-5 de la L. du 31 déc. 1971 modifié par la L. du 7 avr. 1997 dispose que les correspondances échangées entre avocats dans le domaine du conseil ou de la défense sont couvertes par le secret professionnel ; l'exception au principe de la confidentialité reconnue par les usages antérieurs à la dernière loi précitée continue à pouvoir s'appliquer pour les actes qui matérialisent un accord entre avocats ; la transaction, telle que contenue dans deux lettres échangées entre des avocats au nom de leurs clients, doit par conséquent être homologuée. • Douai, 9 déc. 1999 : *BICC 2000, n° 787*.

112. Ayant relevé qu'une partie avait spontanément produit aux débats une lettre échangée avec son conseil, dont elle était l'auteur, une cour d'appel en a exactement déduit que l'intéressée n'était pas recevable à invoquer un secret professionnel portant sur des informations qu'elle avait elle-même rendues publiques. • Com. 6 juin 2001, n° 98-18.577 P. ♦ Dans le même sens, • Civ. 1re, 4 avr. 2006, n° 04-20.735 P : *D. 2007. Pan. 827, obs. Blanchard ; JCP 2006. II. 10106, note Hocquet-Berg ; ibid. I. 188, obs. Martin*.

113. Il résulte de l'art. 66-5 modifié de la loi n° 71-1130 du 31 déc. 1971 dans sa rédaction antérieure à la loi n° 2004-130 du 11 févr. 2004 que toutes les correspondances échangées entre avocats sont couvertes par le secret professionnel ; viole ce texte la cour d'appel qui refuse d'annuler la décision d'un bâtonnier ayant autorisé la production en justice de correspondances échangées entre avocats alors qu'elle avait été prise en violation de cette disposition. • Civ. 1re, 7 déc. 2004, n° 02-16.562 P : *Gaz. Pal. 2005. 1. 339, concl. Sainte-Rose*.

114. La correspondance adressée par l'avocat à son client a un caractère confidentiel, peu important que son auteur, qui ne pouvait en autoriser la divulgation, ait pris l'initiative de la communiquer, pour information, à l'expert-comptable également consulté ; en conséquence, cette lettre ne peut être produite en justice par le professionnel du chiffre dans le litige l'opposant au client commun. • Civ. 1re, 14 janv. 2010 : *D. 2010. 1125 (erratum, p. 1271), note Moret-Bailly ; ibid. 2011. 554, obs. Blanchard ; Gaz. Pal. 2010. 1. Techn. 237, note Avril*. ♦ En revanche, l'expert-comptable peut produire la lettre qui lui a été adressée par l'avocat relatant la teneur d'une réunion qui s'est déroulée avec la participation du professionnel du chiffre, les informations échangées à cette occasion ne pouvant avoir un caractère secret à l'égard de celui-ci. • Même arrêt.

115. Pièces bancaires. L'art. 57 de la L. du 24 janv. 1984 impose le secret professionnel dans les conditions et sous les peines prévues aux art. 226-13 et 226-14 C. pén., à toute personne qui, à un titre quelconque, participe à la direction ou à la gestion d'un établissement de crédit ou qui est employée par celui-ci ; il n'est dérogé à ce principe que dans certaines hypothèses prévues au second al. de cet art. qui doit être strictement interprété, et s'agissant d'une demande de l'autorité judiciaire, c'est seulement lorsque celle-ci agit dans le cadre d'une procédure pénale que le secret professionnel bancaire ne peut lui être opposé, ce qui exclut toute demande intervenant dans le cadre d'une procédure civile. • Limoges, 27 déc. 1995 : *BICC 1996. 564.*

116. Le secret professionnel auquel est tenu un établissement de crédit constitue un empêchement légitime, au sens des dispositions des art. 57 de la L. du 24 janv. 1984, 10 et 11 NCPC [devenu C. pr. civ.], opposable au juge civil (refus par une banque de communiquer des chèques dans leur intégralité). • Com. 13 juin 1995, ☎ n° 93-16.317 P : *RTD civ. 1996. 166, spéc. 169, obs. Mestre* ✐.

117. Le secret professionnel auquel est tenu un établissement de crédit en application de l'art. 57 de la L. du 24 janv. 1984 constitue un empêchement légitime opposable au juge civil. • Nancy, 23 avr. 1998 : *JCP 1999. IV. 1539* • Rouen, 16 juin 1999 : *Gaz. Pal. 2000. 1. Somm. 377.* ♦ Ni les dispositions générales de l'art. 10 C. civ., ni celles tout aussi générales de l'art. 11 NCPC [devenu C. pr. civ.] ne prévoient que le secret professionnel bancaire ne puisse être opposé à l'autorité judiciaire dans le cadre d'une procédure civile ; doit être confirmée l'ordonnance de référé rejetant la demande tendant à voir condamner un établissement bancaire à communiquer le verso de chèques litigieux, communication qui permettrait au demandeur de prendre connaissance de renseignements confidentiels concernant le bénéficiaire des chèques, tels que la domiciliation bancaire et le numéro de son compte. • Nancy, 23 avr. 1998 : *préc.* ♦ Si une banque, partie au procès, ne peut se refuser à produire en justice un document qu'elle possède, elle est au contraire fondée à opposer le secret bancaire lorsqu'une demande de communication de pièces est dirigée contre un client en sa qualité de tiers confident. • Rouen, 16 juin 1999 : *préc.* ♦ Comp. : une banque, partie au procès, ne peut se refuser à produire en justice un document en sa possession (acte d'ouverture de crédit et justifications relatives à sa résiliation) et paraissant présenter un intérêt pour la solution du litige, en *invoquant l'art.* 57 de la L. du 24 janv. 1984 relatif au secret professionnel bancaire ; en effet, la banque n'est pas fondée à soutenir que les dispositions réglementaires des art. 138 s. NCPC [devenu C. pr. civ.] relatives à la production forcée de documents, ne peuvent déroger aux dispositions législatives sur le secret bancaire, dès lors que ces dispositions réglementaires de procédure civile trouvent leur fondement et ont été prises dans le cadre des dispositions législatives de l'art. 10 C. civ. imposant à toute personne, tiers ou partie, de prêter son concours à la justice en vue de la manifestation de la vérité, et qu'en conséquence le secret professionnel ou bancaire ne peut être opposé à l'autorité judiciaire, sauf à vider de leur substance ces dispositions réglementaires. • TGI La Roche-sur-Yon, JME, 13 déc. 1995 : *D. 1996. Somm. 350, obs. Jullien* ✐ *; Gaz. Pal. 1996. 2. Somm. 368, note Vray.*

118. L'art. 10 C. civ. fait obligation à la banque d'apporter son concours à la justice en vue de la manifestation de la vérité ; la banque peut toutefois refuser de communiquer les relevés de compte de l'un de ses clients en opposant le secret professionnel régi par l'art. 57 de la L. du 24 janv. 1984 ; néanmoins, lorsque les bénéficiaires de la communication sont également clients de la banque, ils peuvent disposer des informations qui les concernent directement, à savoir des extraits de comptes faisant apparaître les virements opérés en faveur d'un autre client de la banque et les titres de paiement sur lesquels ce dernier est mentionné en qualité de bénéficiaire, sans pour autant que soient communiqués des renseignements confidentiels sur cette personne. • Lyon, 25 janv. 1996 : *JCP 1997. IV. 168.*

119. Si l'art. 57 de la loi n° 84-86 du 24 janv. 1984 impose aux établissements de crédit une obligation de secret, en revanche, l'art. 24, al. 2, de la L. du 9 juill. 1991 a mis à la charge du tiers saisi une obligation de concours loyal à la mesure d'exécution et les sanctions du non-respect de cette obligation relèvent du juge de l'exécution par application de l'art. 8 de la L. du 9 juill. 1991 ayant inséré dans le code de l'organisation judiciaire les art. L. 311-12-1 et L. 311-12-2 ; dès lors, la décision de première instance ordonnant la production des relevés de compte dont le débiteur poursuivi était titulaire dans les livres du tiers saisi et le détail des opérations effectuées sur ces comptes entre bien dans les prévisions de l'obligation de collaboration telle que définie par ledit art. 24, al. 2, de la L. du 9 juill. 1991, également celui 44 de cette loi et ceux 73, 59 et 60 du décret du 31 juill. 1992 ; il s'ensuit qu'il ne saurait être opposé au créancier poursuivant le secret bancaire levé par ces dispositions. • Versailles, 9 oct. 1996 : *Gaz. Pal. 1997. 1. Somm. 284.*

120. Viole les art. 57 de la loi n° 84-86 du 24 janv. 1984 (devenu l'art. L. 511-33 C. mon. et fin.), 49 de la loi n° 66-537 du 24 juill. 1966, devenu l'art. L. 223-18 C. com., et 145 NCPC [devenu C. pr. civ.], une cour d'appel qui ordonne la communication de documents concernant une société à une personne, en sa qualité prétendue de mandataire sociale, tout en constatant que la société était liquidée, ce dont il résultait que cette personne, ancienne gérante, n'avait plus qualité pour la représenter et qu'elle se trouvait dans la situation de tout tiers pour l'application de l'art. 145 NCPC, application soumise au respect des règles légales sur le secret bancaire. • Com. 16 janv. 2001, n° 98-11.744 P : *D. Affaires 2001. 545, obs. Lienhard ; ibid. 2003. Somm. 340, obs. Synvet.*

121. Le secret bancaire ne revêt pas un caractère absolu et ne dispense pas les parties à un litige de l'obligation d'apporter leur concours à la justice en vue de la manifestation de la vérité ; aucun fait précis n'établit le risque de divulgation illégitime préjudiciable aux droits des tiers invoqué à l'encontre de la communication demandée, car cette communication a été sollicitée uniquement en vue du règlement du litige opposant l'ensemble des parties à la présente procédure et que toute autre utilisation des informations obtenues est prohibée par l'art. 247 NCPC [devenu C. pr. civ.]. • Paris, 26 sept. 2001 : *D. 2003. Somm. 340, obs. Synvet.*

122. Aux termes de l'art. 57 de la L. du 24 janv. 1984, devenu l'art. L. 511-33 C. mon. fin., toute personne qui, à un titre quelconque, participe à la direction ou à la gestion d'un établissement de crédit ou qui est employée par celui-ci est tenue au secret professionnel dans les conditions et sous les peines prévues à l'art. L. 571-4 C. mon. fin. ; outre les cas où la loi le prévoit, le secret professionnel ne peut être opposé ni à la commission bancaire, ni à la banque de France, ni à l'autorité judiciaire agissant dans le cadre d'une procédure pénale ; pour déclarer recevables et bien fondées les demandes du commissaire à l'exécution du plan d'une société, et ordonner à un établissement de crédit la production du dossier interne afférent à un prêt consenti à la société débitrice, l'arrêt retient que l'intéressé est bénéficiaire du secret bancaire, qui ne peut dès lors lui être opposé ; en statuant ainsi, alors que l'établissement de crédit est tenu d'opposer le secret bancaire au commissaire à l'exécution du plan agissant dans l'intérêt collectif des créanciers, la cour d'appel a violé le texte précité. • Com. 10 déc. 2002, n° 00-10.824 P : *D. Affaires 2003. 134, et la note ; JCP 2003. I. 144, n° 3, obs. Cabrillac et Pétel.*

123. Il résulte de la combinaison de l'art. 57 de la L. du 24 janv. 1984, devenu l'art. L. 511 C. mon. fin., et de l'art. 10 C. civ., que le pouvoir du juge civil d'ordonner à une partie ou à un tiers de produire tout document qu'il estime utile à la manifestation de la vérité, est limité par l'existence d'un motif légitime tenant notamment au secret professionnel ; viole le texte susvisé la cour d'appel qui ordonne à une banque de communiquer à la Caisse nationale d'assurance vieillesse les coordonnées de la personne ayant procuration sur le compte d'un assuré décédé, alors que la production ordonnée se heurte aux règles légales sur le secret bancaire auquel est tenu un établissement de crédit, qui ne cesse pas avec la disparition de la personne qui en bénéficie et s'étend aux personnes qui ont eu le pouvoir de faire fonctionner le compte, et qui constitue un empêchement légitime opposable au juge civil. • Com. 25 févr. 2003, n° 00-21.184 P : *D. Affaires 2003. 1162, obs. Avena-Robardet ; JCP 2003. II. 10195, note Ayissi Manga.*

124. Une personne ayant demandé à la banque la communication de plusieurs chèques qu'elle avait tirés sur celle-ci et n'ayant obtenu que la copie du recto de ces chèques, a saisi le juge des référés pour qu'il ordonne leur production dans leur intégralité ; viole l'art. 57 de la L. du 24 janv. 1984, devenu l'art. L. 511-33 C. mon. fin., ensemble les art. 9 et 10 C. civ. et 11 NCPC [devenu C. pr. civ.] la cour d'appel qui, pour accueillir la demande, retient que l'intéressée ayant délié la banque du secret bancaire dont elle-même était bénéficiaire, la banque n'était pas fondée à s'opposer à la communication sollicitée, alors qu'en divulguant les informations figurant au verso des chèques litigieux, la banque portait atteinte au secret dont bénéficiaient le ou les tiers bénéficiaires des titres et que le secret professionnel auquel est tenu un établissement de crédit constitue un empêchement légitime opposable au juge civil. • Com. 8 juill. 2003, n° 00-11.993 P : *D. Affaires 2003. 2170, note Avena-Robardet ; Gaz. Pal. 2003. 2. 2446 ; JCP 2003. IV. 2618.*

125. Viole l'art. L. 511-33 C. mon. fin., ensemble l'art. 10 C. civ., une cour d'appel qui accueille la demande d'un syndicat des copropriétaires en communication, par une banque, des factures et des justificatifs des sommes encaissées et décaissées dans le cadre d'une vente en l'état futur d'achèvement avec garantie intrinsèque résultant notamment de la participation financière d'une banque, alors que, s'il était légitime d'exiger de la banque qu'elle démontre avoir délivré le crédit confirmé conformément aux engagements bénéficiant aux acquéreurs, en revanche, en tant qu'ils étaient relatifs au fonctionnement d'un compte bancaire ou susceptibles de comporter des informations dont la banque avait eu connaissance dans l'exercice de son activité professionnelle, les documents réclamés pour permettre d'établir la destination donnée aux fonds perçus par le promoteur pour construire la résidence inachevée étaient couverts par le secret bancaire dont le syndicat n'était pas bénéficiaire, et ce secret constituait un empêchement légitime opposable au juge civil hors les cas, qui n'étaient pas réalisés en l'espèce, prévus par la loi, ce dont il se déduisait que, bien qu'ayant la qualité de partie au litige, la banque était fondée à l'opposer pour refuser la communication sollicitée. • Com. 25 janv. 2005, n° 03-14.693 P : *D. Affaires 2005. 485, obs. Avena-Robardet ; JCP 2005. IV. 1474.*

126. Il résulte de la combinaison des art. L. 511-33 C. mon. fin. et 10 C. civ. que le pouvoir du juge civil d'ordonner à une partie ou à un tiers de produire tout document qu'il estime utile à la manifestation de la vérité est limité par l'existence d'un motif légitime tenant notamment au secret professionnel ; un chèque de 18 000 € ayant été émis sur le compte du *de cujus*, des héritiers, qui ont constaté une diminution anormale de son patrimoine, ont demandé au juge que la banque tirée produise la photocopie du chèque dans son intégralité ; en divulguant les informations figurant au verso du chèque, la banque porterait atteinte au secret du tiers bénéficiaire ; le secret professionnel auquel est tenu un établissement de crédit constitue un empêchement légitime opposable au juge civil, de sorte qu'il ne saurait être fait droit à la demande. • Orléans, 17 janv. 2007 : *JCP 2007. IV. 3056.*

127. Le secret bancaire visé à l'art. L. 511-33 C. mon. fin. est opposable au juge civil, lequel n'est pas en mesure d'ordonner la production d'information sur les comptes du débiteur sur le fondement de l'art. 145 C. pr. civ. • Colmar, 7 juin 2007 : *JCP 2007. II. 10178, note Simler.*

128. Dès lors qu'il appartient au banquier d'établir l'existence et le montant de la créance dont il réclame le paiement à la caution ou à ses ayants droit, ceux-ci sont en droit d'obtenir la communication par lui des documents concernant le débiteur principal nécessaires à l'administration d'une telle preuve, sans que puisse leur être opposé le secret bancaire. • Com. 16 déc. 2008, n° 07-19.777 P : *D. 2009. AJ 163, obs. Avena-Robardet ; ibid. Jur. 784, note Lasserre Capdeville.*

129. Pièces comptables. Les feuilles de travail et les notes de synthèse des commissaires aux comptes, préalables à la certification de documents comptables et à leur rapport à l'assemblée des actionnaires, sont moins la relation de secrets confiés que l'exposé de l'exécution d'une mission de contrôle qu'il leur appartient de remplir en toute indépendance ; dès lors, la communication en justice de ces documents n'emporte pas transgression du secret professionnel. • Limoges, 30 mai 1985 : *D. 1985. IR 501.*

130. Pièces médicales. Les juges ne peuvent prescrire le versement d'un dossier hospitalier aux débats sans s'exposer à la révélation de faits couverts par le secret professionnel ; ils ont la faculté seulement de donner mission au médecin expert qu'ils commettent, de consulter le dossier hospitalier. • Crim. 20 janv. 1976 : *Bull. crim. n° 23 ; D. 1976. 76 ; Gaz. Pal. 1976. 1. 308* • 16 nov. 1976 : *Bull. crim. n° 327.* ♦ Sous peine d'engager leur responsabilité civile vis-à-vis du malade qu'ils priveraient d'éléments de preuve essentiels, les hôpitaux doivent communiquer aux experts commis par les tribunaux tous les documents médicaux relatifs aux examens, soins et interventions dont la victime d'un accident a été l'objet. • TGI Paris, 26 avr. 1972 : *D. 1972. 426 (3e esp.), note Le Roy.*

131. Ne constitue pas une violation du secret médical le versement aux débats d'une attestation médicale produite par la personne qu'elle concerne. • Crim. 5 nov. 1981 : *Bull. crim. n° 295.*

132. En estimant que la production spontanée, pour le compte d'un médecin, d'un document professionnel dans lequel figurent les noms des patients de l'établissement de soins dans lequel il exerce ainsi que les soins qui leur sont prodigués, au cours d'une audience du tribunal de commerce statuant en référé sur un litige opposant ce médecin à ses anciens associés sur la question de savoir s'il pouvait justifier avoir assuré la supervision médicale de l'établissement, constitue une violation du secret médical auquel les médecins sont astreints en vertu des art. 378 C. pén., 226-13 et 226-14 nouv. C. pén., ainsi que l'art. 11 C. déont. méd., la section disciplinaire du conseil national de l'Ordre des médecins justifie exactement les faits qui lui étaient soumis ; les circonstances alléguées par ce médecin suivant lesquelles aucun public n'était présent à l'audience, que le document litigieux n'a pas été produit à l'audience par lui-même mais par son avocat auquel il l'a remis, et que les personnes auxquelles ce document a été communiqué étaient elles-mêmes soumises au secret professionnel, sont sans incidence sur le caractère fautif des faits reprochés à ce médecin. • CE 23 avr. 1997 : *D. 1997. IR 153.* ♦ Un médecin a, pour les besoins de sa défense dans un litige porté devant le conseil de prud'hommes, communiqué une copie du registre de ses interventions en bloc opératoire à son avocat, qui l'a transmise au conseil de la partie adverse ; ce praticien a violé le secret médical en omettant d'occulter préalablement les noms des patients mentionnés sur ce registre ; toutefois, cette faute ne présente pas, dans les circonstances de l'espèce, eu égard à la bonne foi de l'intéressé, le caractère d'un manquement à l'honneur, et cette faute n'est donc pas exclue de l'amnistie. • CE 13 janv. 1999 : *Gaz. Pal. 1999. 2. Pan. adm. 137.*

133. Le registre des naissances tenu par les établissements hospitaliers pour permettre aux médecins, sages-femmes et officiers de santé de satisfaire aux obligations mises à leur charge par l'art. 56 C. civ. en matière de déclaration de naissance est un registre public dont le contenu n'est pas couvert par le secret médical ; il ne peut donc être reproché à un officier de police judiciaire d'avoir violé le secret médical, dans le cadre de la vérification de l'existence d'un accouchement sous X, en s'étant fait communiquer par une sage-femme une copie de ce registre sur lequel figuraient les renseignements susceptibles de permettre l'identification de la personne ayant accouché, ce document au surplus lui ayant été remis spontanément. • Rennes, 18 mars 1999 : *BICC 2000. 501.*

134. Si le juge civil a le pouvoir d'ordonner à un tiers de communiquer à l'expert les documents nécessaires à l'accomplissement de sa mission, il ne peut, en l'absence de disposition législative spécifique, contraindre un établissement de santé à lui transmettre des informations couvertes par le secret sans l'accord de la personne concernée ou de ses ayants droit, le secret médical constituant un empêchement légitime que l'établissement de santé a la faculté d'invoquer. • Civ. 1re, 7 déc. 2004, n° 02-12.539 P : *D. 2005. Pan. 403, obs. Penneau ; ibid. 2005. 1323, obs. Groutel .* ♦ Il appartient au juge saisi sur le fond d'apprécier, en présence de désaccord de la personne concernée ou de ses ayants droit, si celui-ci tend à faire respecter un intérêt légitime ou à faire écarter un élément de preuve et d'en tirer toute conséquence quant à l'exécution du contrat d'assurance ; cassation pour violation des art. 226-13 et 226-14 C. pén., 10 C. civ., ensemble les art. 11 et 138 à 141 NCPC [devenu C. pr. civ.], de l'arrêt qui, dans le cadre d'une procédure visant au versement du capital prévu par un contrat d'assurance en cas de décès, enjoint, sous astreinte, au directeur de l'hôpital qui a soigné l'assuré avant sa mort de remettre son dossier médical à un expert. • Même arrêt.

135. Selon l'art. 9 C. civ., chacun a droit au respect de sa vie privée ; il résulte de l'art. R. 4127-4 CSP que le secret médical, institué dans l'intérêt des patients, s'impose à tout médecin ; pour confirmer l'ordonnance ayant refusé de rétracter une ordonnance enjoignant la production de toutes pièces administratives et médicales relatives à un contentieux portant sur une incapacité, la décision retient que l'assuré social sollicitant un avantage social en réparation d'un préjudice doit en rapporter la preuve en application de l'art. 9 C. pr. civ. devant les organismes d'attribution et les juridictions de recours ; qu'à cette fin, il lui est nécessaire de faire état de ses déficiences, handicaps, infirmités et pathologies tant physiologiques que psychiatriques ; qu'il renonce volontairement, dans son propre intérêt, à la protection instituée en sa faveur par l'art. 4 C. déont. médicale ; que dans ces conditions, le secret médical ne peut être valablement opposé aux juridictions alors même que l'assuré sollicite qu'il soit débattu contradictoirement de sa situation de santé ; en statuant ainsi, alors que ni l'accord de la victime ni son absence d'opposition à la levée du secret médical ne peuvent résulter de la simple sollicitation de prestations, la Cour nationale de l'incapacité et de la tarification de l'assurance des accidents du travail a violé les textes susvisés. • Civ. 2e, 13 nov. 2008, n° 07-18.364 P. ♦ Des informations couvertes par le secret médical ne peuvent être communiquées à un tiers sans que soit constaté l'accord de la victime ou son absence d'opposition à la levée de ce secret, de sorte qu'une caisse primaire d'assurance maladie ne pouvait être contrainte de communiquer à une société de telles informations. • Civ. 2e, 19 févr. 2009, n° 08-11.959.

136. Pièces notariales. Le secret professionnel qui s'impose au notaire ne saurait, sauf circonstances particulières, dispenser cet officier public de révéler à l'autorité judiciaire qui l'en requiert l'adresse d'un client lorsque ce renseignement est indispensable à l'exécution d'une décision de justice. • Civ. 1re, 20 juill. 1994, n° 92-21.615 P.

137. En raison des éléments d'information qu'ils sont susceptibles de révéler sur l'identité des parties à un acte et la nature des opérations réalisées, les répertoires journaliers tenus par les notaires doivent être assimilés aux actes notariés eux-mêmes pour l'application des dispositions ayant trait au secret professionnel : il s'ensuit que doit être infirmée la décision d'un conseil de prud'hommes ordonnant la production par un employeur notaire du répertoire journalier. • Riom, 30 janv. 1989 : *JCP 1989. II. 21352, note Sanséau.*

138. Le secret professionnel qui s'impose au notaire en application de la L. du 25 ventôse an XI, art. 23 modifié, ne saurait dispenser cet officier public de révéler à un tiers l'adresse et le nom d'un héritier d'une succession dont il est en charge, dès lors que la délivrance de cette information confidentielle a été régulièrement autorisée par le président du tribunal de grande instance qui, statuant en application de ce texte, a apprécié l'intérêt du requérant à obtenir cette information, en prenant en considération la légitimité de cet intérêt face à la protection des intérêts privés que constitue l'objet de ce secret professionnel ; spécialement, n'est pas fondé l'appel formé par un notaire contre l'ordonnance du président du tribunal de grande instance ayant refusé de rétracter une ordonnance rendue sur requête ayant enjoint à cet officier public de communiquer à un établissement de crédit les noms et adresses des héritiers de son débiteur défunt du chef d'un crédit à la consommation, dès lors que ce magistrat a justement donné primeur à l'intérêt légitime du prêteur de deniers, tenu d'agir pour obtenir un titre exécutoire contre la succession dans un délai biennal d'ordre public, et investi par la loi du droit, pour obtenir paiement de son dû, d'exercer l'action oblique pour provoquer le partage judiciaire ou de s'opposer au partage hors sa présence, et a retenu que la protection des intérêts privés des héritiers ne pouvait permettre à ceux-ci de s'affranchir de leurs obligations légales de successibles, tenus des dettes et charges de la succession et tenus d'exercer de bonne foi, chacun pour leur part, les obligations contractuelles du *de cujus*. • Bordeaux, 29 juin 1998 : *BICC 1999, n° 147.*

139. Pièces officiales. Cassation, pour violation des art. 378 C. pén. et 9 C. civ., de l'arrêt qui, dans une procédure de divorce, et sur la demande d'une épouse, ordonne sous astreinte à un archevêque la remise de la copie des pièces d'une procédure ecclésiastique en annulation de mariage, alors que ces pièces se rapportent à des faits concernant la vie privée du mari et qui ne sont parvenus à la connaissance de l'autorité religieuse qu'en raison de la confiance qui lui a été accordée, d'où il résulte que l'archevêque a un motif légitime de refuser la communication de ces pièces. • Civ. 2e, 29 mars 1989 : *Bull. civ. II, n° 88 ; D. 1989. Somm. 356, obs. Amson ; ibid. 1990. 45, note Robine ; JCP 1990. II. 21586, note Bouscau.*

140. Pièces postales. L'art. D. 359 C. pr. civ., selon lequel le nom des abonnés au téléphone peut être inscrit sur une liste dite « rouge », n'autorise pas le ministre des P. et T. à invoquer, comme motif légitime, les règles relatives au secret professionnel, pour refuser d'exécuter la décision du juge saisi d'un litige lui demandant, pour les besoins de la manifestation de la vérité et de la protection des droits d'une partie, la communication du nom et de l'adresse du titulaire d'un abonnement téléphonique. • Civ. 1re, 21 juill. 1987 : *Gaz. Pal. 1988. 1. 322, note Renard ; RSC 1988. 788, obs. Levasseur.* ♦ Même solution en cas de refus, fondé sur l'art. D. 492 C. pr. civ., de communiquer les renseignements permettant d'identifier le bénéficiaire du solde créditeur d'un compte courant postal dont le titulaire est décédé. • Civ. 1re, 31 janv. 1990 : *D. 1990. IR 55.*

141. Pièces procédurales. Ce que la loi a entendu interdire à l'avocat est de révéler des secrets à des personnes non qualifiées pour les connaître, ce qui n'est pas le cas pour les juges consulaires et civils, auxquels peut être communiquée une pièce d'une procédure d'information pénale en cours, notamment afin d'examiner s'il y a lieu d'appliquer ou non la règle « le criminel tient le civil en l'état ». • Riom, 24 avr. 1975 : *D. 1976. 707, note Brunois* ; en cassation, • Crim. 18 oct. 1977 : *D. 1978. 94, note Brunois.*

g. Dénonciations

142. Renvoi. V. ss. art. 226-14, 434-1 et 434-3.

143. Option de conscience. Un évêque est parmi les personnes tenues au secret selon l'art. 226-13 C. pén., mais l'option de conscience tirée de ce secret ne peut lui être appliquée, dès lors que les informations qu'il a reçues, relatives aux actes pédophiles d'un prêtre de son diocèse, résultent, non d'une confidence de ce dernier, mais d'une recherche de sa part. • TGI Caen, 4 sept. 2001 : *D. 2001. IR 2721 ; ibid. 2002. Somm. 1803, obs. Roujou de Boubée ; Gaz. Pal. 2001. 2. 1811, note Damien ; Dr. pénal 2001. Chron. 46, obs. Leturmy.* ♦ *Adde* : Mayaud, *D. 2001. Chron. 3454* (la condamnation de l'évêque de Bayeux pour non-dénonciation, ou le tribut payé à César…).

h. Témoignages

144. Refus de témoigner. Si tout témoin doit fournir son témoignage sur les faits dont la preuve est recherchée par la justice, la loi détermine certaines exceptions qui, par des considérations d'intérêt public et de haute moralité, permettent au témoin de s'abstenir ; il a le droit et le devoir de ne donner aucune explication sur des faits dont il n'aurait eu connaissance qu'à raison de sa profession et qui ne lui auraient été révélés qu'à titre confidentiel. • Crim. 6 juill. 1894 : *DP 1899. 1. 171.* ♦ Mais les personnes obligées au secret professionnel n'en sont pas moins tenues, en cas de citation en témoignage, de comparaître et de prêter serment, sauf leur droit, au moment où des questions leur seront posées, de déclarer s'il leur est ou non possible d'y répondre. • C. assises Seine, 10 avr. 1877 : *DP 1878. 5. 442.*

145. Toute déclaration d'un témoin tenu au secret professionnel ne saurait en constituer la violation et entraîner la nullité du procès-verbal de déposition et, le cas échéant, de tout ou partie de la procédure ultérieure, que si elle comporte la révélation d'une information protégée. • Crim. 15 sept. 1987 : *Bull. crim. n° 311 ; JCP 1988. II. 21047, note Chambon.*

146. Il appartient aux tribunaux d'apprécier si les faits sur lesquels sont appelés à déposer les témoins présentent un caractère confidentiel et secret qui les dispense, à raison de leurs fonctions, de les révéler à la justice. • Crim. 6 déc. 1956 : *Bull. crim. n° 820 ; D. 1957. 193 ; S. 1957. 126 ; Gaz. Pal. 1957. 1. 164.* ♦ … La Cour de cassation devant être mise en mesure d'exercer son contrôle sur la nature secrète ou non de ces faits. • Crim. 7 févr. 1957 : *Bull. crim. n° 129.* ♦ … Et les juges étant tenus de préciser, dans leur décision, les points sur lesquels le témoin a été appelé à déposer. • Crim. 25 oct. 1995, n° 95-81.724 P.

147. Assistantes sociales. Rappr. art. L. 121-6-2 CASF (réd. L. n° 2007-297 du 5 mars 2007 relative à la prévention de la délinquance). – V. également ss. art. 226-14. ♦ Il ne saurait résulter aucune nullité, fondée sur une prétendue violation du secret professionnel, du fait qu'une assistante sociale, qui avait reçu mission du juge compétent de procéder à une enquête sociale au titre de l'assistance éducative, ait été entendue comme témoin devant la cour d'assises, alors d'ailleurs qu'aucune opposition n'a été formulée par l'accusé ou son conseil ou par le ministère public. • Crim. 29 juin 1967 : *Bull. crim. n° 200 ; D. 1967. Somm. 115.*

148. Avocats. L'audition d'un avocat, en qualité de témoin, par le juge d'instruction, n'encourt aucun grief dès lors que cette audition concerne une activité de rédacteur d'acte ou de négociateur, et non l'exercice des droits de la défense. • Crim. 30 sept. 1991, n° 91-84.403 P :

D. 1992. 323, note Gavalda ; *JCP 1992. II. 21858, note Martin* ; *Gaz. Pal. 1992. 1. 119, note Doucet* ; *RSC 1992. 756, et 1993. 332, obs. Levasseur.* ♦ *Adde* : Couturon, *Gaz. Pal. 1992. 1. Doctr. 295.* – De La Servette, *ibid. 10-11 avr. 1992.* ♦ Mais est fondée la décision de la cour d'assises qui, pour écarter le témoignage d'un avocat, relève que sa déposition devait porter sur des actes, faits et entretiens survenus au cours de l'instruction préparatoire et auxquels il a participé en sa qualité de conseil de l'accusé. • Crim. 25 oct. 1995, n° 95-81.724 P. ♦ V. désormais : L. n° 71-1130 du 31 déc. 1971, art. 66-5, réd. L. n° 97-308 du 7 avr. 1997, art. 4.

149. Banquiers. Sur l'inopposabilité du secret bancaire au juge d'instruction et aux juridictions répressives. • TGI Lure, 4 nov. 1970 : *D. 1971. 276, note Gavalda.*

150. Éducateurs. Rappr. art. L. 121-6-2 CASF (réd. L. n° 2007-297 du 5 mars 2007 relative à la prévention de la délinquance). – Il résulte des termes de l'art. 378 C. pén. que le secret professionnel ne peut être opposé à la justice que par ceux qui sont, en raison de leur profession ou de leur état, des confidents nécessaires ; tel n'est pas le cas des éducateurs de jeunes délinquants ou inadaptés, ou des éducateurs de prévention, lesquels, s'ils sont incontestablement tenus à une grande discrétion, n'en sont pas moins, comme tout citoyen, soumis à la loi et obligés de répondre aux questions que leur pose régulièrement le juge. • Crim. 4 nov. 1971 : *Bull. crim. n° 301* ; *JCP 1972. II. 17256, note Mayer-Jack* ; *Gaz. Pal. 1972. 1. 138.*

151. Le secret professionnel imposé aux membres d'un service éducatif sur la situation d'un mineur confié à celui-ci par le juge des enfants est inopposable à cette autorité judiciaire, à laquelle ils sont tenus de rendre compte de son évolution et notamment de tous les mauvais traitements, en vertu des art. 375 s. C. civ. et de l'art. 1199-1 NCPC [devenu C. pr. civ.], pris pour leur application, tout comme ledit secret est inopposable, selon l'art. 80 CASF, au président du conseil général pour les mineurs relevant de sa compétence. • Crim. 8 oct. 1997, n° 94-84.801 P : *D. 1998. Somm. 305, obs. Dekeuwer-Défossez* ; *Dr. pénal 1998. 50, obs. Véron* ; *RSC 1998. 320, obs. Mayaud* ; rejet du pourvoi contre : • Angers, 12 juill. 1994 : *Gaz. Pal. 1994. 2. 720, note Bonneau.* ♦ *Adde* : Lepage, *Dr. pénal 1999. Chron.* (droit pénal et conscience). – Guéry, *D. 2001. Chron. 3293* (le défaut de protection de l'enfant par le professionnel : un nouveau délit ?).

152. Juge d'instruction. Sur le droit pour le juge d'instruction, cité comme témoin, de ne pas répondre aux questions qui lui sont posées sur des faits relatifs à une information en cours. • Crim. 5 nov. 1903 : *DP 1904. 1. 25, note Le Poittevin.*

153. Médecins. Doit être cassé, comme méconnaissant le caractère absolu du secret professionnel, l'arrêt d'une cour d'assises qui condamne un médecin pour refus de déposer sur des faits connus de lui dans l'exercice de sa profession, alors même que ce médecin n'avait été invité à déposer que sur les constatations consignées dans un certificat délivré par lui à l'intéressé et que les parties aux débats avaient requis son témoignage. • Crim. 8 mai 1947 : *Bull. crim. n° 124* ; *D. 1948. 109, note Gulphe* ; *JCP 1948. II. 4141, note Legal* ; *Gaz. Pal. 1947. 2. 12.* ♦ L'obligation au secret professionnel, établie par l'art. 226-13 C. pén., pour assurer la confiance nécessaire à l'exercice de certaines professions ou de certaines fonctions, s'impose aux médecins, hormis les cas où la loi en dispose autrement, comme un devoir de leur état ; sous cette seule réserve, elle est générale et absolue ; c'est donc à bon droit que la cour d'assises a donné acte à la défense de ce qu'un médecin avait refusé de déposer sur l'état de santé de l'accusé auquel il avait prodigué des soins. • Crim. 8 avr. 1998, n° 97-83.656 P : *Dr. pénal 1998. 113, obs. Véron.*

154. Lorsqu'un médecin a été entendu sous la foi du serment à l'audience de la cour d'assises et que la défense s'est bornée à demander acte de ce que le témoin a déposé sur des faits rentrant dans le secret professionnel, il ne saurait en résulter aucune nullité en l'absence d'une opposition formée par le défenseur ou par l'accusé à l'audition de ce témoin. • Crim. 15 déc. 1942 : *Bull. crim. n° 126.*

155. Le président de la cour d'assises peut donner lecture de toutes pièces de la procédure qu'il estime utiles à la manifestation de la vérité, dès lors que la régularité ou la validité de ces pièces n'a pas été contestée ; la déposition d'un médecin recueillie au cours de l'instruction préparatoire peut être lue au cours des débats, en application de l'art. 594 C. pr. pén., bien que la défaillance du témoin s'explique par le fait qu'il invoquait le secret professionnel. • Crim. 16 oct. 1985 : *Bull. crim. n° 318.*

156. Notaires. Les notaires ne sont pas dispensés d'une manière absolue de l'obligation de déposer en justice : cette dispense n'existe pour eux qu'à l'égard des faits qui leur ont été révélés, sous le sceau du secret, dans l'exercice de leur ministère, indépendamment de leur appréciation personnelle quant à l'importance des révélations en cause. • Crim. 7 avr. 1870 : *S. 1870. I. 277.*

157. Policiers. Le commissaire de police qui se refuse, sur une question de la défense, à divulguer les noms des personnes qui lui ont communiqué les renseignements qu'il donne à la cour d'assises, invoque à bon droit l'obligation du secret professionnel, alors surtout que ces renseignements ont été reçus sous le sceau du secret et avec l'engagement formel de ne pas révéler ces noms ; la défense ne peut d'ailleurs être atteinte par une réserve qui la laisse libre de discuter les renseignements fournis dans leur source anonyme. • Crim. 6 juill. 1894 : *DP 1899. 1. 171* • Hte C. just., 6 déc. 1899 : *DP 1903. 2. 345 (23e arrêt), note Sarrut.*

158. Même solution pour les inspecteurs de police. • Crim. 30 août 1906 : *DP 1907. 1. 419* (inspecteur appelé comme témoin devant une cour d'assises) • 4 avr. 1924 : *DP 1925. 1. 10* (inspecteur entendu comme témoin au cours d'une information).

159. Le secret défense peut être opposé au juge d'instruction par un témoin appartenant à la DST. • Paris, 27 mai 1987 : *D. 1987. Somm. 410, obs. Pradel.*

160. Préposés des postes. Lorsqu'ils sont appelés en témoignage devant une juridiction répressive, les préposés de l'administration des postes doivent toute la vérité à la justice et ils ont le devoir de répondre aux interpellations qu'elle leur adresse, même sur les faits dont ils n'ont eu connaissance que par l'exercice de leurs fonctions. • Crim. 5 nov. 1903 : *DP 1904. 1. 25, note Le Poittevin* • 6 juill. 1929 : *DH 1929. 494.*

161. Autres témoins. Il résulte des termes de l'art. 378 C. pén. que le secret professionnel ne peut être opposé à la justice que par ceux qui sont, en raison de leur profession ou de leur état, des confidents nécessaires ; tel n'est pas le cas des membres de l'organisme professionnel de prévention des bâtiments et des travaux publics, à qui s'impose seulement une obligation de discrétion. • Crim. 6 juill. 1977 : *Bull. crim. n° 258.*

162. Si les agents d'une société fiduciaire ont l'obligation de ne rien révéler aux tiers de ce qu'ils n'ont pu connaître qu'en raison de leur activité professionnelle, il en est autrement lorsque, comme tout citoyen, ils sont appelés en témoignage devant une juridiction répressive ; dans ce cas, ils doivent toute la vérité à la justice, ce devoir pour eux, en une telle circonstance, résultant des principes d'ordre public et d'intérêt social qui exigent qu'aucun obstacle ne vienne nuire à la recherche, à la constatation et à la répression des crimes et délits. • Crim. 2 mai 1978 : *Bull. crim. n° 133.* ♦ Même solution pour les experts-comptables. • Angers, 30 juin 1955 : *JCP 1956. II. 9283, note Pageaud.*

163. Le directeur d'un foyer habilité à l'accueil de personnes libérées de prison ne peut invoquer le secret professionnel pour refuser de témoigner. • Crim. 17 mars 1982 : *Bull. crim. n° 78.*

2° OPPOSITION À L'ADMINISTRATION

164. Contrôle douanier. Sur l'opposition du secret professionnel à l'appui d'un refus de communication de documents aux fonctionnaires habilités des douanes. • Crim. 30 janv. 1975 : *Bull. crim. n° 36 ; JCP 1975. II. 18137, note Gavalda ; Gaz. Pal. 1975. 1. 389 ; RSC 1975. 1011, obs. Vitu* • 25 janv. 1977 : *Bull. crim. n° 32 ; D. 1977. 666, note Vasseur ; JCP 1977. II. 18651, note Gavalda ; Gaz. Pal. 1977. 2. 362 ; RSC 1977. 575, obs. Vitu* • 11 juin 1979 : *Bull. crim. n° 199.*

165. Le secret professionnel prévu par l'art. 57 de la L. du 24 janv. 1984 ne peut être opposé aux agents des douanes exerçant leur droit de communication en application de l'art. 65 C. douanes. • Crim. 3 mai 2001, n° 00-81.691 P.

166. Contrôle économique. Le secret médical ne saurait être invoqué pour refuser de communiquer, aux agents habilités de la direction de la concurrence et des prix, les documents d'un établissement thermal dont il n'est pas établi qu'ils contiennent des renseignements autres que ceux portant sur la durée et sur le coût du séjour des malades. • Crim. 7 nov. 1983 : *Bull. crim. n° 289.*

167. Mais le médecin, directeur d'un laboratoire d'analyses médicales, est en droit de refuser aux agents du contrôle économique la communication d'un registre contenant des indications nominatives sur la nature et le résultat des analyses effectuées, ces renseignements étant couverts par le secret médical. • Crim. 17 juin 1980 : *Bull. crim. n° 193 ; D. 1981. IR 258, obs. Penneau ; JCP 1982. II. 19721, note Flécheux ; Gaz. Pal. 1981. 1. 201 ; RSC 1981. 385, obs. Levasseur* ; cassation de • Paris, 9 janv. 1979 : *Gaz. Pal. 1980. 1. 26.*

168. Contrôle fiscal. BIBL. Verclytte, *RJF 1998, n° 7, p. 535* (opposabilité du secret médical aux services fiscaux : évolutions législatives, confirmation jurisprudentielle). ♦ Il ne saurait être dérogé en faveur des agents des contributions directes à la règle générale et absolue édictée par l'art. 378 C. pén. ; par suite, si le livre-journal du médecin ne comporte pas les noms de ses clients en face des sommes reçues à titre d'honoraires, ou si le médecin refuse de communiquer à l'inspecteur des noms qui y figureraient, cette circonstance ne saurait rendre sa comptabilité irrégulière. • CE 20 nov. 1959 : *D. 1960. 157, note Savatier ; JCP 1960. II. 11431, concl. Poussière.* ♦ Mais en portant ou en laissant porter, au mépris de l'art. 378 C. pén., des mentions médicales sur des écritures comptables, un chirurgien ne peut être admis à soustraire, par cette violation de la loi, lesdites écritures aux investigations fiscales. • Crim. 11 févr. 1960 : *Bull. crim. n° 85 ; D. 1960. 258, note J.-M. R. ; S. 1960. 145 ; JCP 1960. II. 11604, note Savatier.*

169. Pour établir qu'un médecin exploitant une clinique s'est soustrait frauduleusement à l'établissement ou au paiement de divers impôts et taxes, les juges peuvent se fonder sur les renseignements puisés par les vérificateurs fiscaux dans le registre de police de la clinique, registre qui n'a pas pour objet d'enregistrer des indications d'ordre médical mais seulement les dates d'entrées et de sorties des malades avec indication de leur identité. • Crim. 1er févr. 1977 : *Bull. crim. n° 40.* ♦ Même solution pour la reconstitution des recettes professionnelles réelles d'un chirurgien opérant dans une clinique. • Crim. 21 mai 1979 : *Bull. crim. n° 178 ; RSC 1980. 439, obs. Levasseur.*

170. Les dispositions de l'art. 378 C. pén. alors en vigueur s'opposent à ce que les membres des professions auxquels elles s'appliquent fassent connaître à des tiers le nom des personnes qui ont eu recours à leurs services ou à leurs soins ; en l'absence de disposition législative expresse contraire, et bien que les agents des services fiscaux soient eux-mêmes tenus au secret professionnel, il ne saurait être dérogé en faveur de ces derniers à la règle édictée par l'art. 378 précité. • CAA Nantes, 2 mai 1996 : *Gaz. Pal. 1997. 2. 604, note Chabert-Peltat et Ruano-Cicuendez.* ♦ Dès lors qu'un vérificateur fiscal s'est basé sur la consultation d'un fichier nominatif communiqué par le contribuable pour contrôler la validité de la comptabilité et des résultats déclarés, qu'au vu de ce contrôle il a écarté la comptabilité et a reconstitué les recettes sur la base des relevés individuels fournis par les organismes de sécurité sociale, que, ce faisant, alors qu'aucune disposition législative ne faisait alors obligation aux médecins de tenir des documents comptables contenant le nom de leurs clients, le vérificateur a eu connaissance et a utilisé, fût-ce indirectement, des faits couverts par le secret médical, au nombre desquels figure le nom des patients, nonobstant la circonstance que le fichier en cause ait été communiqué spontanément par le médecin et non à la demande du vérificateur, il s'en suit que la procédure de contrôle est entachée d'irrégularité, alors même que la reconstitution des recettes n'est pas elle-même basée sur l'exploitation du fichier nominatif et que le vérificateur n'a pas révélé à des tiers des informations couvertes par le secret médical dont il a eu connaissance. • Même arrêt.

171. Dès lors qu'il ne se rattache pas au principe essentiel des droits de la défense, le secret professionnel cède devant des impératifs qui lui sont supérieurs et l'avocat est alors dispensé de le respecter ; il en va notamment ainsi lorsque, en vue d'établir une fraude de nature à rompre le principe à valeur constitutionnelle de l'égalité des citoyens devant la charge publique, les agents de l'administration fiscale exercent, sous le contrôle du juge judiciaire, les prérogatives d'investigations qui leur sont reconnues par la loi. • TGI Nanterre, réf., 1er sept. 1997 : *Gaz. Pal. 1998. 1. 215, note Damien.*

172. Marchés publics. Si le secret professionnel auquel est astreint l'exercice de la profession d'avocat interdit à ses membres de divulguer le nom de leurs clients, ainsi que tout document nominatif et en particulier les consultations adressées à leurs clients ou destinées à ceux-ci, cette règle déontologique ne saurait s'opposer, en vue de permettre l'appréciation de la capacité technique d'un membre de la profession, candidat à un marché de prestation de services, quel que soit son mode d'exercice, de (*sic*) présenter ses références comportant l'occultation des éléments nominatifs ou confidentiels susceptibles de constituer l'infraction à la règle déontologique susvisée. • TA Lyon, réf., 28 oct. 2004 : *Gaz. Pal. 2004. 2. 3766, note Israël.* ♦ Rappr. : • CE 9 août 2006, n° 286316 : *D. 2006. IR 2347* .

II. LE SECRET DÉVOILÉ

A. RÉVÉLATION JUSTIFIÉE

173. Obligation ou autorisation de la loi. V. notes ss. art. 226-14.

174. Il résulte des dispositions des art. 69, 86 et 90 du règlement intérieur de l'Ordre des experts-comptables, agréé par arrêté du 24 nov. 2000, que, pour l'accomplissement de leur mission et dans la seule mesure nécessaire à celle-ci, les experts-comptables, membres de l'Ordre chargés du contrôle interne qui sont eux-mêmes astreints au secret professionnel, peuvent et doivent recevoir communication de toutes pièces et documents de travail et notamment des dossiers de la clientèle ; la restriction apportée au secret professionnel qui en découle est la conséquence nécessaire des dispositions législatives conférant à l'Ordre, dans l'intérêt de la clientèle et dans l'intérêt général, une mission générale de surveillance de la profession. • CE 31 mars 2003 : *JCP 2003. IV. 2701.*

175. Sévices, privations ou violences sexuelles. V. notes ss. art. 226-14.

176. Plaintes et dénonciations. Est coupable de violation du secret professionnel le médecin qui, portant plainte contre un de ses clients qui ne cessait de l'importuner au téléphone et le menaçait, n'a pas limité sa dénonciation aux seuls faits qui lui portaient personnellement préjudice, le secret médical s'imposant aussi bien à l'égard du ministère public que de quiconque. • Crim. 18 juill. 1984 : *D. 1985. IR 404, note Penneau ; RDSS 1985. 299, obs. Dubouis.*

177. Il ne peut être valablement soutenu que tout détenteur d'un secret professionnel a le droit de révéler à un procureur de la République tous les faits confidentiels connus de lui, sur ceux dont il a, pour quelque raison que ce soit, à se plaindre ; un tel praticien doit strictement limiter sa plainte aux seuls faits précis lui portant préjudice sans illustrer ses dires de considérations puisées dans les confidences reçues. • Lyon, 17 janv. 1980 : *Gaz. Pal. 1981. 2. 491, note Mazen ; RSC 1981. 876, obs. Levasseur.*

178. Droits de la défense. On ne saurait refuser à qui que ce soit le droit de se défendre, et cette liberté essentielle ne peut être mise en échec par les règles du secret professionnel. • Douai, 26 oct. 1951 : *Gaz. Pal. 1951. 2. 425.* ♦ Les faits justificatifs de la violation du secret professionnel résultent de la loi elle-même ou procèdent de l'état de nécessité ; lorsque la compétence ou la bonne foi d'un professionnel sont mises en doute devant une juridiction, celui-ci se trouve alors dans la nécessité de transgresser le secret pour apporter aux juges les preuves de sa bonne foi ou de la qualité de ses prestations, étant observé que la révélation doit être limitée aux strictes exigences de sa défense. • TGI Paris, 26 juin 1998 : *BICC 1998. 1390.*

179. Ne se rend pas coupable de violation du secret professionnel le médecin opposant à un document médical dont il est fait usage contre lui dans une instance judiciaire, un autre document médical dont les énonciations le précisent, le complètent et permettent donc de contester certaines appréciations. • Paris, 16 févr. 1966 : *D. 1966. 618.*

180. Si tout conseil fiscal est astreint au secret professionnel dans la mesure où il est le confident nécessaire de son client, ce principe cède devant les exigences et dans la mesure de la défense en justice à l'occasion d'une procédure en paiement d'honoraires opposant le professionnel à son client ; dans ces conditions et ces limites, le conseil fiscal est en droit de produire devant le juge toutes justifications de nature à appuyer le bien-fondé de sa demande. • Paris, 11 janv. 1985 : *D. 1985. 276, note Decheix.*

181. L'obligation au secret professionnel d'un avocat ne saurait lui interdire, pour se justifier de l'accusation dont il est l'objet et résultant de la divulgation par un client d'une correspondance échangée entre eux, de produire d'autres pièces de cette même correspondance utiles à ses intérêts. • Crim. 29 mai 1989 : *Bull. crim. n° 218 ; Gaz. Pal. 1989. 2. 884, note Damien ; RSC 1990. 76, obs. Levasseur*. ♦ La violation du secret professionnel est justifiée lorsqu'une plainte avec constitution de partie civile formée par un avocat dans le cadre d'un contentieux d'honoraires avec un ancien client, contenant des indications relatives à la situation ou aux allégations de celui-ci revêtant incontestablement un caractère protégé, quand bien même elles auraient été débattues publiquement lors d'audiences correctionnelles, la révélation par le professionnel lui-même conférant à ces informations un crédit supérieur, a été provoquée par les initiatives de l'adversaire qui a produit des attestations tendant à établir que la réclamation d'honoraires était faite de mauvaise foi, et que la communication des informations contenues dans cette plainte se trouvait en lien étroit et direct avec la production des attestations que l'avocat entendait contester et s'inscrivait dans le cadre logique de l'argumentation qu'il souhaitait présenter pour la défense de ses droits, devant le juge d'instruction. • TGI Paris, 26 juin 1998 : *préc. note 178.* ♦ Les juges du fond ont souverainement apprécié les faits et circonstances de la cause d'où ils ont déduit que la violation du secret professionnel n'est pas, en l'espèce, rendue nécessaire par l'exercice des droits de la défense. • Crim. 16 mai 2000 : *préc. note 8.*

182. Si l'avocat est délié du secret professionnel auquel il est normalement tenu, lorsque les strictes exigences de sa propre défense en justice le justifient, ce fait justificatif ne s'étend pas aux documents couverts par le secret médical qui ont été remis à l'avocat par la personne concernée et qui ne peuvent être produits en justice qu'avec l'accord de celle-ci. • Civ. 1re, 28 juin 2012 : *Gaz. Pal. 2012. 2. 2109, note Deharo ; ibid. 2. 3547, note Belval et Villacèque.*

183. Nonobstant le secret professionnel auquel les commissaires aux comptes et les experts-comptables sont tenus dans l'intérêt de la société bénéficiaire, constitue un moyen de preuve légalement admissible la production par ceux-ci de documents nécessaires à la manifestation de la vérité relatifs aux diligences et contrôles par eux effectués au sein d'une société, dans un litige ayant pour objet d'établir leur responsabilité à l'égard d'un tiers, créancier de ladite société en liquidation, à raison des conséquences dommageables des fautes et négligences qui leur sont reprochées dans l'exercice de leurs fonctions. • Com. 14 nov. 1995, n° 93-10.937 P : *BJS 1996. 37.* ♦ Les commissaires aux comptes ne pouvant invoquer le secret professionnel auquel ils sont tenus dans l'intérêt de la société bénéficiaire pour faire obstacle à toute action en responsabilité dirigée contre eux, est légalement admissible la mesure d'instruction qui leur enjoint de produire les documents permettant de rechercher s'ils ont assuré leurs fonctions avec la diligence et la prudence requises. • Com. 14 nov. 1995, n° 94-13.361 P : *BJS 1996. 38.* ♦ Le secret professionnel auquel sont astreints les commissaires aux comptes dans l'intérêt de la personne morale bénéficiaire ne peut tenir en échec l'exercice des droits de la défense ; il s'ensuit que constitue un moyen de preuve légalement admissible la production, dans le cadre d'une expertise ordonnée dans l'éventualité d'un litige, des documents et en particulier du dossier prévu à l'art. 66 du décret n° 69-810 du 12 août 1969 permettant de rechercher si le commissaire a assuré ses fonctions avec la prudence et la diligence requises. • Paris, 14 oct. 1998 : *D. 1998. IR 251.* ♦ Dans le cas où le commissariat aux comptes a été confié à une société de commissaires aux comptes, les commissaires aux comptes personnes physiques associés ou dirigeants ne peuvent se prévaloir du secret professionnel lorsque la société au nom de laquelle ils ont exercé leurs fonctions ne peut elle-même l'opposer. • Même arrêt. ♦ Le secret professionnel imposé aux commissairex aux comptes est un secret professionnel à caractère absolu, dont ils ne peuvent être déliés que par une disposition législative spéciale ; la société incriminée n'a pas la maîtrise de ce secret et ne dispose pas du pouvoir, sauf à lui faire perdre toute portée, d'en délier la société de commissaire aux comptes qui reste, dans le litige opposant la société incriminée à ses actionnaires, un tiers. • Paris, 24 mars 2009 : *Gaz. Pal. 2009. 2. Somm. 2748, note J.-G.M.*

184. Un salarié, lorsque cela est strictement nécessaire à l'exercice des droits de sa défense dans le litige l'opposant à son employeur, peut produire en justice des documents dont il a eu connaissance à l'occasion de ses fonctions. • Soc. 30 juin 2004, n° 02-41.720 P : *D. 2004. 2326 (3e esp.), note Kobina Gaba ; ibid. 2004. Somm. 2760, obs. Roujou de Boubée.*

185. Un médecin psychiatre a fait citer des époux devant le tribunal correctionnel sous la prévention d'avoir, dans une précédente procédure conclue par sa relaxe définitive du chef d'agression sexuelle sur mineur de quinze ans, établi une attestation faisant état de faits matériellement inexacts produite aux débats par les parties civiles ; il a annexé à la citation, en vue de la discussion contradictoire à l'audience, plusieurs pièces du dossier médical et psychologique du fils des prévenus, majeur protégé, présent dans l'établissement spécialisé où il intervenait en qualité de médecin psychiatre à la date des faits dont il avait été accusé ; les prévenus ont demandé au juge d'écarter ces pièces des débats au motif que, en les produisant, le médecin avait révélé des informations à caractère secret dont il était dépositaire par profession, délit prévu et puni par l'art. 226-13 C. pén. ; pour rejeter cette demande, l'arrêt énonce qu'aucune disposition légale ne permet aux juges répressifs d'écarter les moyens de preuve produits par les parties au seul motif qu'ils auraient été obtenus de façon illicite ou déloyale, et qu'il leur appartient, en application de l'art. 427 C. pr. pén., d'en apprécier la valeur probante après débat contradictoire ; en se prononçant ainsi, sans rechercher si l'examen public et contradictoire devant la juridiction correctionnelle, à la demande du médecin de l'établissement qui avait pris en charge le majeur protégé, de pièces de son dossier médico-social, couvert par le secret professionnel, constituait une mesure nécessaire et proportionnée à la défense de l'ordre et à la protection des droits de la partie civile au sens de l'art. 8 Conv. EDH, la cour d'appel n'a pas donné de base légale à sa décision. • Crim. 24 avr. 2007, n° 06-88.051 P : *Gaz. Pal. 2007. 2. 2558, note Benillouche ; RSC 2007. 815, obs. Mayaud ; ibid. 838, obs. Finielz ; ibid. 895, obs. Renucci.*

186. Témoignage en défense personnelle. Si stricte que soit l'obligation qui découle du secret professionnel, elle ne saurait interdire à un médecin, que l'on a tenté d'associer à une escroquerie en provoquant, de sa part, grâce à une mise en scène trompeuse, la délivrance d'un certificat attestant faussement l'existence de maladies ou infirmités, de justifier de sa bonne foi en témoignant, au cours d'une instance judiciaire, relative à cette escroquerie, sur les manœuvres qui, faussant son examen et prenant en défaut son jugement, l'ont amené à délivrer ce certificat. • Crim. 20 déc. 1967 : *Bull. crim. n° 338 ; D. 1969. 309, note Lepointe.*

187. Hiérarchie administrative. La communication, entre agents liés par des relations administratives hiérarchisées, d'un secret acquis dans l'exercice des fonctions, pour les besoins du service, ne constitue pas une révélation susceptible de tomber sous le coup de la loi pénale ; ainsi, le délit de violation du secret professionnel ne peut être reproché à un chef de cabinet ministériel, qui a révélé une information à caractère secret, s'agissant des résultats d'un contrôle de l'URSSAF concernant une association, à un membre de ce même cabinet. • Paris, 8 févr. 2001 : *BICC 2001. 727.*

B. VIOLATION PUNISSABLE

1° ÉLÉMENTS CONSTITUTIFS

188. Matérialité. La révélation des secrets professionnels, réprimée par l'art. 378 C. pén., n'en suppose pas la divulgation ; elle peut exister légalement, lors même que la connaissance en est donnée à une personne unique. • Crim. 21 nov. 1874 : *S. 1875. 1. 89, rapp. Baudouin et note Cauwès.* ♦ La révélation d'une information à caractère secret réprimée par l'art. 226-13 C. pén. n'en suppose pas la divulgation, et elle peut exister légalement, lors même qu'elle en est donnée à une personne unique et lors même que cette personne est elle-même tenue au secret. • Crim. 16 mai 2000 : *préc. note 8.*

189. Seule la publicité intégrale de l'information est de nature à priver celle-ci de son caractère secret, et même si le fait est partiellement connu ou divulgué, sa révélation par le professionnel dépositaire du secret, qui lui confère un caractère certain, est punissable au sens du texte ci-dessus ; le caractère public des informations contenues dans une plainte de partie civile ne saurait se déduire du fait que la partie civile aurait partiellement livré certaines informations, de façon d'ailleurs parfois indirecte, à d'autres personnes ou instances tenues elles aussi au secret, ni du fait qu'il aurait été fait état de certaines informations lors d'audiences correctionnelles tenues publiquement. • Paris, 1er juill. 1999 : *D. 1999. IR 230.*

190. Le délit de violation du secret professionnel est un délit instantané, indépendamment de la permanence de ses effets. • Crim. 30 avr. 1968 : *Bull. crim. n° 135* • Colmar, 30 juin 1988 : *JCP 1989. IV. 55.* ♦ ... Et un secret peut être violé par une même personne autant de fois qu'elle le divulgue successivement à des personnes différentes. • Crim. 25 janv. 1968 : *préc. note 7.*

191. Intention. Le délit existe dès que la révélation a été faite avec connaissance, indépendamment de toute intention spéciale de nuire. • Crim. 15 déc. 1885 : *DP 1886. 1. 347* • 9 nov. 1901 : *ibid. 1902. 1. 235* • 9 mai 1913 : *S. 1914. 1. 169, note Roux ; DP 1914. 1. 206* • 27 juin 1967 : *Bull. crim. n° 194 ; JCP 1968. II. 15411 (1re esp.), note Savatier ; Gaz. Pal. 1967. 2. 178.* ♦ L'intention frauduleuse consiste dans la conscience qu'a le prévenu de révéler le secret dont il a connaissance, quel que soit le mobile qui a pu le déterminer. • Crim. 7 mars 1989 : *Bull. crim. n° 109 ; RSC 1990. 73, obs. Levasseur.*

192. Les banquiers qui communiquent, sur sa demande, à une personne des relevés de comptes bancaires concernant le propre frère du demandeur, ne se rendent pas coupables de violation de secret professionnel, dès lors qu'ils n'avaient pas conscience de communiquer des informations couvertes par le secret bancaire ; en l'espèce, ils ont légitimement pu croire en l'identité de personne entre le demandeur des informations et le titulaire du compte, cette croyance étant révélée par les courriers adressés par les prévenus comme s'adressant au titulaire du compte litigieux et non à un tiers. • Grenoble, 9 févr. 2000 : *JCP 2001. IV. 1464.*

193. Complicité. Relève tous les éléments constitutifs du délit de complicité de violation de secret professionnel l'arrêt qui constate à la charge du prévenu le fait qu'il a provoqué par des promesses, machinations ou artifices coupables, le chef de la division du contrôle d'un organisme de sécurité sociale, à lui communiquer les listes nominatives de personnes en difficultés avec cet organisme et susceptibles ainsi de devenir les clients de son cabinet d'affaires. • Crim. 21 janv. 1959 : *Bull. crim. n° 59.*

194. Le journaliste qui fournit à l'auteur d'une violation du secret professionnel (juré) les moyens de révéler au public les faits secrets dont il est dépositaire se rend complice par fourniture de moyens (à propos du procès Pétain). • Crim. 25 janv. 1968 : *préc. note 7.*

195. Se rend complice par provocation d'un délit de violation du secret professionnel le médecin-conseil d'une compagnie d'assurances qui, usant de l'autorité morale que lui conférait sa qualité de médecin, a obtenu d'une infirmière ou secrétaire hospitalière, communication du dossier médical d'un accidenté, dossier où les médecins traitants successifs de celui-ci avaient, dans le but de le soigner, consigné ses confidences et leurs observations. • T. corr. Lyon, 7 déc. 1971 : *D. 1972. 609, note Berr et Groutel ; Gaz. Pal. 1972. 1. 165, note D.S.*

2° APPLICATIONS

196. Avocats. Ne constitue pas l'acte de révélation prohibée par l'art. 378 C. pén. le fait par un avocat de remettre à son client, dans l'intérêt et à la demande de celui-ci, une note qui ne contient que des renseignements acquis par lui régulièrement, et que le client pouvait et devait connaître, alors qu'il assurait la défense de ce dernier. • Crim. 26 févr. 1959 : *Bull. crim. n° 134.*

197. Le principe constitutionnel d'égalité des citoyens devant la loi et le droit de se défendre reconnu à tout accusé dans les conditions de l'art. 6, § 3, Conv. EDH, c'est-à-dire le droit de disposer du temps et des facilités nécessaires à la préparation de sa défense, de pouvoir se défendre lui-même ou d'avoir l'assistance d'un défendeur, ne sauraient justifier la violation du secret professionnel de l'avocat, quels que soient les mobiles de son auteur. • Paris, 1er juill. 1999 : *D. 1999. IR 230.*

198. Il ne saurait être reproché à une cour d'appel de déclarer un avocat coupable du délit de violation du secret professionnel dès lors qu'elle énonce que l'avocat, s'il ne concourt pas à la procédure au sens de l'art. 11 C. pr. pén., doit, en application de l'art. 160 du Décr. n° 91-1197 du 27 nov. 1991 organisant la profession d'avocat, respecter le secret de l'instruction en s'abstenant de communiquer, sauf à son client pour les besoins de sa défense, des renseignements ou des pièces du dossier en cours, et après avoir relevé que l'accusé a fait le choix de son avocat alors qu'il était devenu majeur, retient que l'avocat a, au cours d'entretiens téléphoniques, livré à un tiers des passages entiers du procès-verbal d'interrogatoire qui venait d'être dressé par le juge d'instruction et a proposé l'envoi en fax du document, le tiers lui promettant de le détruire après lecture, relève ensuite que la teneur des propos échangés révèle que l'avocat et son interlocuteur, avec le concours d'un journaliste, mettait en œuvre une campagne de presse pour « déstabiliser le juge d'instruction », enfin, pour caractériser l'élément intentionnel du délit, retient qu'au cours d'une conversation téléphonique l'avocat a évoqué le risque d'une plainte pour violation du secret de l'instruction. • Crim. 18 sept. 2001, n° 00-86.518 P : *Dr. pénal 2002. 16, obs. Véron ; Gaz. Pal. 2002. 2. 1330, note Monnet.*

199. Justifie sa décision et caractérise en tous ses éléments le délit de violation du secret professionnel la cour d'appel qui relève que le prévenu était en litige avec la partie civile et qu'à la faveur de sa qualité d'avocat il a obtenu des services du procureur de la République des renseignements sur des procédures pénales dans lesquelles était impliqué son adversaire et qu'il en a révélé l'existence à des tiers ; en effet, il résulte de l'art. 160 du Décr. n° 91-1197 du 27 nov. 1991 que l'avocat, en toute matière, ne doit commettre aucune divulgation contrevenant au secret professionnel et qu'il ne peut, notamment, communiquer à quiconque, sauf à son client pour les besoins de la défense, des renseignements concernant des procédures pénales. • Crim.

18 déc. 2001, n° 01-84.170 P.

200. Est à bon droit renvoyé devant le tribunal correctionnel du chef de violation du secret professionnel, sur le fondement de l'art. 226-13 C. pén., l'avocat qui a, dans une citation directe, révélé des informations et reproduit des extraits de pièces provenant de perquisitions ordonnées par un juge d'instruction dans le cadre d'une autre procédure dans laquelle son client était constitué partie civile. • Crim. 28 sept. 2004 : *JCP 2005. II. 10054, note Martin.*

201. Les avocats d'un dirigeant et d'un groupe de sociétés ont été renvoyés devant la juridiction correctionnelle du chef de violation du secret professionnel et de complicité de ce délit, pour avoir laissé consulter par la collaboratrice et compagne d'un expert-comptable, mis en examen ultérieurement dans la même procédure, le dossier commercial du groupe auquel avaient été annexées les copies d'une procédure pénale intéressant personnellement le dirigeant ; pour dire la prévention établie, l'arrêt relève que l'avocate du dirigeant a reconnu avoir remis en mains propres à la collaboratrice de l'expert-comptable le dossier en cause, qui comportait des copies de documents dont elle-même avait obtenu la délivrance en sa qualité d'avocate ; les juges ajoutent qu'elle a sciemment laissé consulter pendant plusieurs heures des pièces pénales par la collaboratrice, qui en a recopié l'essentiel sur un carnet pour renseigner un tiers, et qu'ainsi la prévenue a révélé à un tiers des informations en violation du secret professionnel auquel elle était astreinte ; pour dire l'avocat du groupe complice de ce délit, les juges retiennent qu'en acceptant de donner rendez-vous à la collaboratrice de l'expert-comptable, qui avait manifesté l'intention de connaître le sort réservé au dirigeant dans l'information judiciaire, pour qu'elle vienne consulter à son cabinet les pièces du dossier pénal, le prévenu a facilité la préparation et la commission du délit poursuivi ; en violation de l'art. 160 du Décr. du 27 nov. 1991, alors applicable, les prévenus ont sciemment, la première comme auteur et le second en qualité de complice, révélé à un tiers des renseignements provenant d'une procédure pénale ; la cour d'appel a caractérisé en tous leurs éléments, tant matériels qu'intentionnels, les infractions retenues. • Crim. 20 juin 2006, n° 05-83.659 P : *D. 2007. Pan. 404, obs. Garé ; ibid. 826, obs. Blanchard ; Dr. pénal 2006. 120, obs. Véron ; Gaz. Pal. 2007. 1. Somm. 504, note Monnet.*

202. Justifie sa décision l'arrêt qui, pour entrer en voie de condamnation contre un avocat du chef de violation du secret professionnel, retient que l'obligation au secret professionnel résultant de l'art. 160 du Décr. du 27 nov. 1992, applicable à la date des faits, consistant notamment à s'abstenir de communiquer, sauf pour l'exercice des droits de la défense, des renseignements extraits du dossier ou de publier des documents, pièces ou lettres intéressant une information en cours, n'a pas été abolie par le Décr. du 15 mai 2007 portant diverses dispositions relatives à la profession d'avocat. • Crim. 28 oct. 2008, n° 08-81.432 P : *D. 2009. Pan. 2243, obs. Pradel ; ibid. 2827, obs. Roujou de Boubée ; RSC 2009. 97, obs. Mayaud .* ♦ C'est par une appréciation souveraine des faits et circonstances de la cause que les juges du fond retiennent qu'en l'espèce, la violation de ce secret n'était pas rendue nécessaire par l'exercice des droits de la défense. • Même arrêt.

203. La liberté d'expression vaut aussi pour les avocats, qui ont le droit de se prononcer publiquement sur le fonctionnement de la justice, mais dont la critique ne saurait franchir certaines limites (§ 43) ; ainsi, une ingérence dans la liberté d'expression de l'avocat ne peut qu'exceptionnellement passer pour « nécessaire dans une société démocratique » (§ 44) ; en l'espèce, la Cour constate que la requérante, avocate de profession, a été déclarée coupable de violation du secret professionnel pour avoir divulgué à la presse le contenu d'un rapport d'expertise remis au juge d'instruction dans le cadre d'une information judiciaire ouverte pour homicide involontaire, à la suite d'une plainte qu'elle avait déposée au nom de plusieurs victimes ; la Cour note que les juridictions du fond l'ont dispensée de peine et l'ont condamnée à verser un euro de dommages-intérêts à la partie civile (§ 45) ; la Cour rappelle qu'il est légitime de vouloir accorder une protection particulière au secret de l'instruction, compte tenu de l'enjeu d'une procédure pénale, tant pour l'administration de la justice que pour le droit au respect de la présomption d'innocence des personnes mises en examen (§ 48) ; elle relève d'emblée que l'auteur de la divulgation du rapport en tant que tel à la presse n'a pas été identifié et que la requérante n'a pas été sanctionnée pour avoir divulgué le rapport d'expertise aux médias, mais pour avoir divulgué des informations qui y étaient contenues ; en tout état de cause, lorsque la requérante a répondu aux questions des journalistes, la presse était déjà en possession de tout ou partie du rapport d'expertise, dont elle voulait révéler l'existence et son contenu au public, en y ajoutant les commentaires de l'avocate des victimes… (§ 51) ; elle estime que les déclarations de la requérante s'inscrivaient dans le cadre d'un débat d'intérêt général, s'agissant d'une procédure diligentée pour homicide involontaire à l'initiative de victimes de maladies survenues après une vaccination contre l'hépatite B… (§ 53) ; par ailleurs, … eu égard à la couverture médiatique de l'affaire en raison de la gravité des faits et des personnes susceptibles d'être mises en cause, la Cour s'interroge sur l'intérêt qu'il y aurait à exiger de la requérante de ne pas commenter des informations déjà connues des journalistes : ces derniers s'apprêtaient en effet à les diffuser dans leurs médias de manière imminente, et ce manifestement avec ou sans les commentaires de la requérante (§ 56) ; dès lors, la Cour estime qu'au regard des circonstances de l'espèce, la protection des informations confidentielles ne pouvait constituer un motif suffisant pour déclarer la requérante coupable de violation du secret professionnel ; en particulier, elle considère que la jurisprudence de la Cour de cassation, aux termes de laquelle la connaissance par d'autres personnes de faits couverts par le secret professionnel n'est pas de nature à enlever à ces faits leur caractère confidentiel et secret, ne saurait dispenser les juridictions internes de motiver de façon pertinente et suffisante toute atteinte à la liberté d'expression d'un avocat ; la protection de cette liberté doit prendre en compte l'exception prévoyant que l'exercice des droits de la défense peut rendre nécessaire la violation du secret professionnel (§ 57) ; elle a ... maintes fois souligné qu'une atteinte à la liberté d'expression peut risquer d'avoir un effet dissuasif quant à l'exercice de cette liberté, risque que le caractère relativement modéré des amendes ne saurait suffire à faire disparaître, ce qui est d'autant plus inacceptable s'agissant d'un avocat appelé à assurer la défense effective de ses clients (§ 61) ; la Cour estime que la déclaration de culpabilité de la requérante, qui s'exprimait en sa qualité d'avocate pour la défense des intérêts de ses clients, s'analyse en une ingérence disproportionnée dans le droit à la liberté d'expression de l'intéressée ; partant, il y a eu violation de l'art. 10 de la Conv. • CEDH 15 déc. 2011, *Mor c/ France*, n° 28198/09 : *D. 2012. 100, obs. Lavric ; ibid. 667, note François ; ibid. 2013. Pan. 141, obs. Wickers ; JCP 2011, n° 1449 ; ibid. 2012, n° 26, obs. Pastre-Belda ; Gaz. Pal. 2012. 1. 218, note Piau ; ibid. 1. 234, note Michaud ; ibid. 1. 1680, note de Belval et Villacèque ; RSC 2012. 260, obs. Marguénaud.*

204. Journalistes. La correspondance échangée entre un avocat et un médiateur à l'occasion d'une affaire judiciaire est couverte dans son ensemble par le secret professionnel, et, en la publiant, un journaliste se rend coupable de violation du secret qui s'y attache. • Basse-Terre, 14 oct. 1985 : *Gaz. Pal. 1986. 1. 12.*

205. Médecins. Le médecin qui fait connaître à un tiers des constatations faites sur une personne en vertu de sa seule qualité doit être puni comme ayant violé le secret professionnel, alors même que le résultat de ces constatations aurait été négatif. • Crim. 9 nov. 1901 : *DP 1902. 1. 235.* ♦ Comp. : • Civ. 29 mars 1927 : *DP 1927. 1. 185, note Mazeaud.*

206. Constitue une violation du secret professionnel que lui impose l'art. 378 C. pén. le fait pour un médecin de révéler à des tiers des dispositions d'ordre médical qu'il a prises, eu égard à l'état de santé d'une personne, alors même d'ailleurs que ces dispositions ne permettraient pas de connaître la nature de l'affection dont cette personne peut être atteinte. • Crim. 27 juin 1967 : *préc. note 191.*

207. La violation du secret médical est caractérisée, même si le fait révélé par le médecin pouvait être connu indépendamment de cette révélation. • Versailles, 30 avr. 1990 : *D. 1990. IR 178.*

208. Doit être déclaré coupable de violation du secret professionnel le médecin-conseil d'une compagnie d'assurances qui, agissant comme tel et non comme expert judiciaire, a révélé à sa mandante des renseignements secrets, puisés dans le dossier médical d'un malade dont il n'a obtenu communication du personnel d'un service hospitalier qu'en se prévalant de sa qualité de médecin. • Crim. 17 mai 1973 : *Bull. crim. n° 228 ; D. 1973. 582, note Doll ; JCP 1974. II. 17712, note Rosenthal.* ♦ Rappr. : • Paris, 28 sept. 1988 : *D. 1989. Somm. 319, obs. Penneau.* ♦ Le médecin-conseil d'un assureur ne peut révéler à son mandant des renseignements qu'il avait reçus du médecin traitant de l'assuré, tenu lui-même au secret médical. • Civ. 1re, 6 janv. 1998, n° 95-19.902 P. ♦ Cassation, pour violation des art. 378 C. pén. et 11 C. déont. méd. issu du décret n° 79-506 du 28 juin 1979, applicables en la cause, de l'arrêt qui, pour prononcer la nullité de l'adhésion à une assurance de groupe couvrant notamment le risque de décès, estime que le défunt, qui s'est suicidé, a répondu de manière erronée au questionnaire de santé, en se fondant uniquement sur la lettre adressée par le médecin traitant du défunt au médecin conseil de l'assurance et faisant état des antécédents pathologiques du défunt, et énonce que « l'intérêt de la justice et la loyauté des débats commandent que la veuve, qui se défend face à un refus d'indemnisation et qui se trouve directement concernée par la solution du litige dont dépend la production contestée, permette à l'assureur de vérifier les antécédents médicaux de l'assuré en rapport avec les garanties souscrites et que, en décider autrement permettrait de couvrir une fraude à l'assurance dans une hypothèse où n'existe plus le même intérêt personnel à faire obstacle à la révélation du secret » ; alors que la remise de la lettre du médecin traitant à la compagnie d'assurance procède d'une violation du secret médical commise par son médecin conseil, qui ne pouvait révéler à son mandant des renseignements qu'il avait reçus de son confrère, de sorte que cette lettre devait être écartée des débats. • Civ. 1re, 12 janv. 1999, n° 96-20.580 P : *D. 1999. 676 ; ibid. 1999. Somm. 381, obs. Penneau ; JCP 1999. II. 10025, rapp. Sargos.* ♦ *Adde* : Beignier, *D. 1999. Chron. 469* (secret médical et assurance de personnes).

209. Constitue une violation flagrante du secret professionnel la lettre par laquelle le médecin traitant d'une femme mariée dévoile au mari de celle-ci qu'elle avait fait une fausse couche avant son mariage, cette lettre étant destinée à être produite dans une action en divorce intentée par le mari contre sa femme. • T. corr. Seine, 4 janv. 1928 : *Sem. jur. 1928. 401, note Perraud-Charmantier.* ♦ Mais, l'obligation au secret ne s'imposant que dans les relations entre le professionnel et son client (V. ci-dessus, « Nature du secret », notes 1 s.), cassation, pour violation de l'art. 378 ancien C. pén., de l'arrêt qui, pour déclarer coupable de violation du secret médical le médecin psychiatre d'une femme en instance de divorce, qui a rédigé un certificat médical exposant que sa cliente a été soignée pour un état dépressif consécutif à la « personnalité pathologique du mari dont le comportement peut être qualifié de sadisme mental » et indiquant que l'un des enfants a exprimé la terreur que lui inspirait son père, retient que les appréciations sur le psychisme du mari et les violences infligées par lui à sa famille sont « indubitablement des éléments qui lui ont été confiés en sa qualité de médecin » et que « la révélation de ces éléments s'est faite à un tiers, l'épouse », alors que le mari n'était pas le patient du prévenu. • Crim. 23 janv. 1996, n° 94-81.232 P : *D. 1997. Somm. 320, obs. Penneau* ; *Dr. pénal 1996. 136, obs. Véron.*

210. Viole le secret professionnel le médecin qui, à l'occasion d'une contestation d'héritage et à la demande d'un notaire, délivre deux certificats par lesquels il atteste avoir soigné le testateur pour une affection de longue durée, et que ce dernier, jusqu'au jour de son décès, était en pleine possession de ses facultés intellectuelles. • Dijon, 31 mars 1988 : *D. 1989. Somm. 319, obs. Penneau.*

211. Médecins du travail. N'est pas punissable la révélation faite, sans aucune autre précision, par le médecin du travail à l'employeur, de l'opinion du médecin traitant de la salariée, selon lequel celle-ci n'est pas malade, du moment que cette opinion est conforme à celle de ladite salariée et ne fait que corroborer ses prétentions. • Crim. 6 juin 1972 : *Bull. crim. n° 190 ; Gaz. Pal. 1972. 2. 668.* ♦ ... Le rapport réalisé par un médecin du travail, sans révéler de notions médicales, portant sur des faits qui lui semblaient de nature à rendre un salarié inapte à ses fonctions, le prévenu s'étant limité au rôle de conseil qui lui est imposé par la loi. • TGI Versailles, 17 nov. 1981 : *JCP 1982. II. 19889.*

212. Fait l'exacte application des art. 42 anc. de la L. du 6 janv. 1978 relative à l'informatique, aux fichiers et aux libertés et 226-17 C. pén., la cour d'appel qui, saisie de poursuite du chef du délit prévu par ces articles contre le président et le directeur d'un syndicat interprofessionnel de médecins du travail, à qui il était reproché d'avoir mis en place un système permettant à chacun des médecins utilisateurs de ce système et à leurs secrétaires d'accéder aux informations d'ordre médical figurant dans les fichiers créés par les autres médecins, retient, pour relaxer les prévenus à raison de ces faits, que les médecins appartenant à ce syndicat et leurs secrétaires médicales, étant tenus au secret professionnel, ne peuvent être considérés comme des tiers non autorisés au sens des art. 29 de la L. du 6 janv. 1978 et 226-17 C. pén. • Crim. 30 oct. 2001 : *Gaz. Pal. 2002. 2. 1476, note Mole et Lebon.* ♦ Les deux prévenus précités ayant également été renvoyés devant la juridiction correctionnelle, aux motifs que, malgré la protection prévue, des personnels administratifs avaient pu avoir accès aux données d'ordre médical traitées par le système, lesquelles étaient par ailleurs accessibles à l'ensemble des médecins, a justifié sa décision la cour d'appel qui, pour relaxer les prévenus de ce chef, énonce qu'en l'absence de tout acte positif de divulgation, la violation du secret professionnel n'est pas constituée. • Même arrêt.

213. Ministres des cultes. Un pasteur commet le délit de violation du secret professionnel en ayant, en toute connaissance de cause, révélé tout ce qu'il avait appris et connu au cours d'un entretien qu'il avait eu en tant que pasteur, et qu'il aurait dû garder secret en cette qualité. • T. corr. Bordeaux, 27 avr. 1977 : *Gaz. Pal. 1977. 2. 506, note Gleizes ; RSC 1978. 104, obs. Levasseur.*

214. Notaires. Se rend coupable de violation de secret professionnel le notaire qui, ayant cru pouvoir mettre son activité professionnelle au service de deux parties entre lesquelles un procès est engagé, révèle à l'une d'elles les confidences qu'il n'a reçues de l'autre qu'en sa qualité de notaire, et dont il n'était dépositaire qu'à ce titre. • Crim. 3 mars 1938 : *DH 1938. 341.* ♦ Un notaire, fût-il choisi en commun par ceux qui ont sollicité son intervention, ne peut révéler à la demande d'une partie, les propos recueillis de l'un d'entre eux lors d'une réunion commune ; cassation, pour violation de l'art. 378 C. pén., alors en vigueur, de l'arrêt qui, pour accueillir la demande aux fins de rapport à la succession de la valeur de bons anonymes et en application des sanctions du recel successoral, se fonde sur une attestation délivrée par le notaire chargé du règlement de la succession et faisant état de propos tenus par l'héritier poursuivi lors d'une réunion de l'ensemble des héritiers organisée par ce notaire, et énonce, pour admettre cette attestation, que la révélation faite par le notaire a été faite en direction de clients, et que dans une telle perspective, quand bien même il y aurait opposition d'intérêts entre ces clients, il ne peut y avoir violation du secret professionnel, cette faute supposant une divulgation au profit de tiers. • Civ. 1re, 13 nov. 1996, n° 94-17.088 P : *Defrénois 1997. 798, note Rouzet.*

215. Une cour d'appel décide exactement que le secret professionnel interdit au notaire de révéler au vendeur d'un bien immobilier qu'il a été chargé par l'acquéreur du bien de procéder à sa revente, dès le lendemain, quel qu'en soit le prix. • Civ. 1re, 3 mai 2006, n° 04-17.599 P : *D. 2006. IR 1402, obs. P. Guiomard ; AJDI 2006. 587 .*

216. Le secret professionnel interdit au notaire de révéler au conjoint l'acquisition que projette de faire un époux. • Civ. 1re, 4 juin 2007, n° 06-14.609 P : *D. 2008. 137, note Chiariny-Daudet .*

217. L'incertitude de textes dispensant du respect du secret professionnel (ordonnances du 30 juin 1945) et le caractère trop général d'une demande de communication de pièces par l'administration excluent la mauvaise foi d'un notaire qui se prévaut de l'obligation de respecter ce secret. • T. corr. Reims, 21 oct. 1985 : *JCP 1986. II. 20554, note Thuillier.*

218. Personnel hospitalier. A violé le secret professionnel un infirmier de secteur psychiatrique qui a participé à la réalisation d'un court métrage tourné par des lycéens, consacré à l'activité artistique comme mode de traitement des malades atteints de troubles psychiques, et qui a fourni au réalisateur des informations qui ont permis à ce dernier d'entrer en contact avec une malade ; même si l'infirmier n'a pas personnellement participé à l'interview obtenue de cette malade et s'il soutient ne pas avoir dévoilé à l'équipe de tournage les informations médicales la concernant, il a, en révélant son existence et son nom, et en permettant ainsi à des tiers de s'adresser à elle et d'apprendre d'elle des faits dont il est question tant dans le film que dans l'interview, manqué à son obligation de secret professionnel. • CE 1er juin 1994 : *Gaz. Pal. 1996. 2. 415, note J. B.*

219. Policiers. Est déclaré à bon droit coupable de violation du secret professionnel l'agent de police qui révèle, autrement que pour les besoins de l'enquête, l'existence d'une plainte qu'il avait reçue dans l'exercice de ses fonctions à celui qui pouvait être l'auteur du dommage. • Crim. 14 mars 1962 : *Bull. crim. n° 134.* ♦ Se rend coupable de violation de secret professionnel le fonctionnaire de police qui, profitant de ses fonctions, se fait délivrer par le service des archives et du traitement informatique une fiche d'antécédents qu'il communique à un tiers. • Crim. 26 oct. 1995, n° 94-84.858 P. ♦ Cassation de l'arrêt de la cour d'appel qui, pour relaxer un inspecteur de police au service des renseignements généraux, auquel il était reproché d'avoir révélé des informations extraites du fichier des personnes recherchées, énonce que les informations qu'il a transmises ne sont pas couvertes par le secret professionnel, alors que le contenu des fichiers de police est secret. • Crim. 7 nov. 1996 : *Gaz. Pal. 1997. 1, chron. crim. 65.*

220. Témoins. La déclaration d'un témoin tenu au secret professionnel ne saurait en constituer la violation et entraîner la nullité du procès-verbal de déposition que si elle comporte la révélation d'une information protégée. • Crim. 30 oct. 2001, n° 01-84.779 P.

3° ACTION EN JUSTICE

221. Avocats. Un avocat, cité directement devant le tribunal correctionnel pour avoir, en cette qualité, commis une violation du secret professionnel n'est pas fondé à soutenir que la citation qui lui a été délivrée est irrégulière en ce qu'elle ne vise que les art. 226-13 et 226-31 C. pén., à l'exclusion de l'art. 11 C. pr. pén. et des textes régissant la profession d'avocat. • Crim. 28 oct. 2008, n° 08-81.432 P : *RSC 2009. 97, obs. Mayaud .*

222. Secret médical. Selon l'art. L. 411-11 C. trav. [L. 2132-3 nouv.], les syndicats professionnels peuvent exercer tous les droits reconnus à la partie civile lorsque les faits poursuivis portent un préjudice direct ou indirect à l'intérêt collectif de la profession ; le délit de violation du secret médical, lorsqu'il est commis à l'occasion de l'exercice par l'employeur du contrôle des arrêts de maladie de ses agents hospitaliers, peut être de nature à préjudicier à l'intérêt collectif de la profession à laquelle appartient ce personnel. • Crim. 27 mai 1999, n° 98-82.978 P : *D. 2000. 120, note Saint-Jours .*

223. Prescription. Les délits de violation du secret professionnel et de recel de violation du secret professionnel ne sont pas des infractions commises, par nature, de manière clandestine ; justifie, dès lors, sa décision la chambre de l'instruction qui retient pour point de départ de la prescription la date à laquelle les infractions ont été consommées et non celle où elles sont apparues et on pu être constatées. • Crim. 8 nov. 2005, n° 05-80.370 P : *Gaz. Pal. 2006. 1. Somm. 2097, note Monnet.*

Art. 226-14 *(L. n° 2004-1 du 2 janv. 2004, art. 11)* **L'article 226-13 n'est pas applicable dans les cas où la loi impose ou autorise la révélation du secret. En outre, il n'est pas applicable :**

1° A celui qui informe les autorités judiciaires, médicales ou administratives de privations ou de sévices, y compris lorsqu'il s'agit d'atteintes *(L. n° 2006-399 du 4 avr. 2006, art. 14)* **« ou mutilations » sexuelles, dont il a eu connaissance et qui ont été infligées à un mineur ou à une personne qui n'est pas en mesure de se protéger en raison de son âge ou de son incapacité physique ou psychique ;**

2° Au médecin *(L. n° 2015-1402 du 5 nov. 2015, art. 1er)* **« ou à tout autre professionnel de santé » qui, avec l'accord de la victime, porte à la connaissance du procu-**

reur de la République *(L. n° 2015-1402 du 5 nov. 2015, art. 1er)* **« ou de la cellule de recueil, de traitement et d'évaluation des informations préoccupantes relatives aux mineurs en danger ou qui risquent de l'être, mentionnée au deuxième alinéa de l'article L. 226-3 du code de l'action sociale et des familles, » les sévices ou privations qu'il a constatés, sur le plan physique ou psychique, dans l'exercice de sa profession et qui lui permettent de présumer que des violences physiques, sexuelles ou psychiques de toute nature ont été commises.** *(L. n° 2007-297 du 5 mars 2007, art. 34)* **« Lorsque la victime est un mineur ou une personne qui n'est pas en mesure de se protéger en raison de son âge ou de son incapacité physique ou psychique, son accord n'est pas nécessaire ; »**

(L. n° 2020-936 du 30 juill. 2020, art. 12) **« 3° Au médecin ou à tout autre professionnel de santé qui porte à la connaissance du procureur de la République une information relative à des violences exercées au sein du couple relevant de l'article 132-80 du présent code, lorsqu'il estime en conscience que ces violences mettent la vie de la victime majeure en danger immédiat et que celle-ci n'est pas en mesure de se protéger en raison de la contrainte morale résultant de l'emprise exercée par l'auteur des violences. Le médecin ou le professionnel de santé doit s'efforcer d'obtenir l'accord de la victime majeure ; en cas d'impossibilité d'obtenir cet accord, il doit l'informer du signalement fait au procureur de la République ;**

« 4° » Aux professionnels de la santé ou de l'action sociale qui informent le préfet et, à Paris, le préfet de police du caractère dangereux pour elles-mêmes ou pour autrui des personnes qui les consultent et dont ils savent qu'elles détiennent une arme ou qu'elles ont manifesté leur intention d'en acquérir une.

(L. n° 2015-1402 du 5 nov. 2015, art. 1er) **« Le signalement aux autorités compétentes effectué dans les conditions prévues au présent article ne peut engager la responsabilité civile, pénale ou disciplinaire de son auteur, sauf s'il est établi qu'il n'a pas agi de bonne foi. »**

L'art. 1er de la L. n° 2015-1402 du 5 nov. 2015 est applicable en Polynésie française, en Nouvelle Calédonie et dans les îles Wallis-et-Futuna (L. préc., art. 3-I).

V. Circ. du 19 juill. 2010 relative aux infractions à la législation sur les armes (BOMJ n° 2010-05).

BIBL. ▶ ALT-MAES, *RSC 1998. 301* (un exemple de dépénalisation : la liberté de conscience accordée aux personnes tenues au secret professionnel). – CHAMARRE, *Gaz. Pal. 2002. 1. Doctr. 782* (secret professionnel de l'avocat et incitation à la dénonciation). – DELPRAT, *Gaz. Pal. 2004. 1. Doctr. 729* (loi du 2 janv. 2004 relative à la protection de l'enfance et secret médical) ; *Dr. pénal 2008. Étude 13* (secret professionnel et obligation de dénonciation). – BÉNÉJAT-GUERLIN, *AJ pénal 2017. 368* (que reste-t-il de la protection pénale du secret médical ?).

Sur le secret professionnel et la protection de la santé et de la sécurité des consommateurs, V. C. consom., art. L. 216-10. — ***C. consom.***

1. Autorisation de la loi. Aux termes de l'art. 901 C. civ., pour faire une donation il faut être sain d'esprit ; par l'effet de cette disposition, qui vaut autorisation au sens de l'art. 226-14 C. pén., le professionnel est déchargé de son obligation au secret relativement aux faits dont il a eu connaissance dans l'exercice de sa profession ; la finalité du secret professionnel étant la protection du non-professionnel qui les a confiés, leur révélation peut être faite non seulement à ce dernier mais également aux personnes ayant un intérêt légitime à faire valoir cette protection. • Civ. 1re, 22 mai 2002, n° 00-16.305 P.

2. Pour l'accomplissement de leur mission et dans la seule mesure nécessaire à celle-ci, les experts-comptables, membres de l'ordre chargés du contrôle interne, qui sont eux-mêmes astreints au secret professionnel, peuvent et doivent recevoir communication de toutes pièces et documents de travail et notamment des dossiers de la clientèle ; la restriction apportée au secret professionnel qui en découle est la conséquence nécessaire des dispositions législatives conférant à l'ordre, dans l'intérêt de la clientèle et dans l'intérêt général, une mission générale de surveillance de la profession ; par suite, le moyen tiré de ce que les art. 69, 86 et 90 du règlement intérieur de l'ordre des experts-comptables porteraient une atteinte illégale à la règle du secret professionnel doit être écarté. • CE 31 mars 2003, n° 229839 : *D. 2003. IR 1076*.

3. Loi du 17 juin 1998. Les atteintes sexuelles constituent des mauvais traitements au sens de l'art. 434-3 C. pén. dans sa rédaction antérieure à l'entrée en vigueur de la L. n° 98-468 du 17 juin 1998, les dispositions de l'art. 15 de cette loi (art. 226-14 et 434-3 C. pén.) qui précisent que l'obligation de dénoncer les mauvais traitements infligés à un mineur de 15 ans s'appliquent également en cas d'atteintes sexuelles, revêtant sur ce point un caractère interprétatif. • Crim. 12 janv. 2000, n° 99-80.534 P : *Dr. pénal 2000. Comm. 71, obs. Véron ; RSC 2000. 813, obs. Bouloc*.

4. Assistantes sociales. Rappr. art. L. 121-6-2 CASF (réd. L. n° 2007-297 du 5 mars 2007 relative à la prévention de la délinquance). Aux termes de l'art. 378, al. 3, C. pén., les personnes visées par ce texte, quand elles ont été citées en justice pour une affaire de sévices ou privations sur la personne de mineurs de quinze ans, sont, relativement aux faits dont elles ont eu connaissance à l'occasion de l'exercice de leur profession, « libres de fournir leur témoignage sans s'exposer à aucune peine » ; il en découle nécessairement que, dans le même cas, les personnes ainsi autorisées à témoigner sont également libres de ne pas le faire, telles les assistantes sociales. • Crim. 14 févr. 1978 : *Bull. crim. n° 56 ; D. 1978. 354, note Pradel ; Gaz. Pal. 1978. 1. 292 ; RSC 1979. 92, obs. Levasseur* ; cassation de • Rennes, 10 févr. 1977 : *Gaz. Pal. 1977. 1. 272.* ♦ Conf., sur le fondement de l'al. 2 de l'art. 378 : • Aix-en-Provence, 28 févr. 1963 : *Gaz. Pal. 1963. 2. 122.*

5. L'art. 62, al. 2, C. pén. (nouvel art. 434-3), qui punit celui qui, ayant eu connaissance de sévices infligés à un mineur de quinze ans, n'en aura pas avisé les autorités administratives et judiciaires, ne constitue pas une dérogation à la règle de l'art. 378, al. 3. • Lyon, 1er avr. 1988 : *Gaz. Pal. 1988. 2. Somm. 463, note J.P. ; RSC 1990. 74, obs. Levasseur*. ♦ Dès lors que l'art. 62 C. pén. (nouvel art. 434-3) oblige à dénoncer le crime, le délit sanctionnant, selon les dispositions de l'art. 378 C. pén., le non-respect du secret professionnel ne peut plus être retenu contre le dénonciateur en vertu des dispositions formelles de ce même texte ; il en résulte qu'il ne peut être soutenu que les dispositions de l'art. 378 C. pén., conjuguées avec celles de l'art. 225 C. fam., s'opposeraient de façon absolue à toute dénonciation d'un crime par une assistante sociale. • Agen, 1er mars 1991 : *D. 1992. Somm. 70, obs. Prothais ; RSC 1994. 333, obs. Levasseur.* ♦ Sur pourvoi, V. : • Crim. 13 oct. 1992, n° 91-82.456 P. ♦ Rappr. : • Angers, 12 juill. 1994 : *Gaz. Pal. 1994. 2. 720, note Bonneau.* ♦ Confirmé par : • Crim. 8 oct. 1997, n° 94-84.801 P : *D. 1998. Somm. 305, note Dekeuwer-Défossez ; Dr. pénal 1998. Comm. 50, note Véron ; RSC 1998. 320, obs. Mayaud*. ♦ *Adde* : A. Lepage, *Dr. pénal 1999, chron. n° 1* (droit pénal et conscience).

6. Médecins. A nécessairement agi en accord avec la victime d'un viol, même si cet accord n'est pas expressément mentionné dans la procédure, le médecin qui a remis un certificat médical descriptif à l'officier de police judiciaire chargé de l'enquête, après que ladite victime eut accepté de se soumettre à l'examen auquel il a procédé. • Crim. 8 mars 2000, n° 99-87.319 P : *Dr. pénal 2000. Comm. 100, obs. Véron.*

7. Le prévenu, médecin attaché à un pôle gérontologique, alors qu'il avait eu connaissance à plusieurs reprises d'actes de maltraitance physique et psychologique subis, entre 2001 et le 2 févr. 2005, par plusieurs pensionnaires dépendants d'un hôpital membre du pôle, s'est abstenu de dénoncer ces faits aux autorités judiciaires en invoquant, notamment, le respect du secret médical ; pour le déclarer coupable de non-dénonciation de mauvais traitements infligés à des personnes vulnérables, les juges énoncent que le médecin a choisi de ne pas révéler ces actes alors qu'ils ne pouvaient être couverts par le secret médical, ce dernier ne concernant que des informations à caractère confidentiel reçues de la personne protégée ; en se déterminant ainsi, par des motifs erronés relatifs à la portée du secret médical, et sans rechercher si le prévenu avait reçu l'accord des victimes, condition imposée, pour la levée du secret médical, par l'art. 226-14-2° C. pén., dans sa rédaction applicable à la date des faits, la cour d'appel n'a pas justifié sa décision. • Crim. 27 avr. 2011 : *D. actu. 31 mai 2011, obs. Bombled ; Gaz. Pal. 2011. 2. 2344, note Dreyer.*

8. M. X..., médecin attaché au pôle gérontologique Nord-Sarthe, a été poursuivi pour s'être abstenu d'informer les autorités judiciaires ou administratives de mauvais traitements infligés par des membres du personnel de l'hôpital de Bonnétable envers des pensionnaires hors d'état de se protéger ; la cour d'appel a requalifié les faits et déclaré M. X... coupable du délit d'omission d'empêcher une infraction prévu par l'art. 223-6, al. 1er, C. pén. ; en premier lieu, le demandeur ne saurait se faire un grief de la requalification contestée au moyen dès lors que celle-ci, qui ne portait pas sur des faits nouveaux, a été soumise au débat contradictoire, qu'elle a fait l'objet de réquisitions du ministère public et que le prévenu a été mis en mesure de s'en expliquer ; en second lieu, pour déclarer le prévenu coupable du délit d'omission d'empêcher une infraction, l'arrêt relève, en substance, que le Dr X..., sachant que plusieurs membres du personnel avaient un comportement maltraitant envers des pensionnaires âgés et dépendants, s'est abstenu d'intervenir auprès de l'encadrement des infirmiers, même s'il n'avait pas autorité sur le personnel soignant, afin que soient prises des dispositions, telles qu'une meilleure surveillance, tendant à prévenir le renouvellement de faits constituant des atteintes à l'intégrité de personnes hospitalisées ; l'arrêt ajoute qu'en cas d'échec de cette démarche, il lui appartenait de s'entretenir de la situation avec la direction de l'hôpital afin que la qualité des soins prodigués aux pensionnaires soit préservée par des mesures appropriées ; en l'état de ces énonciations, la cour d'appel a, sans insuffisance ni contradiction, et sans méconnaître le principe du secret médical, caractérisé les éléments constitutifs du délit précité. • Crim. 23 oct. 2013, nº 12-80.793 P : *D. actu. 13 nov. 2013, obs. Le Drevo ; Dr. pénal 2013. Comm. 166, obs. Véron ; ibid. 2014. Comm. 15, obs. Maron et Haas ; Gaz. Pal. 2014. 1. 476, note Detraz.*

9. Évêque. L'art. 226-13 C. pén. qui interdit de révéler une information à caractère secret ne définit pas les faits couverts par le secret professionnel ; la notion même de confidence suppose une démarche spontanée de celui qui se confie envers celui qui la reçoit. • TGI Caen, 4 sept. 2001 : *D. 2001. IR 2721 ; ibid. 2002. Somm. 1803, obs. Roujou de Boubée ; Gaz. Pal. 7-8 nov. 2001, note Damien ; Dr. pénal 2001, chron. nº 46, obs. Leturmy.* ♦ *Adde* : Mayaud, *D. 2001. Chron. 3454* (la condamnation de l'évêque de Bayeux pour non-dénonciation, ou le tribut payé à César...). ♦ Un évêque est parmi les personnes tenues au secret selon l'art. 226-13 C. pén., mais l'option de conscience tirée de ce secret ne peut lui être appliquée, dès lors que les informations qu'il a reçues, relatives aux actes pédophiles d'un prêtre de son diocèse, résultent, non d'une confidence de ce dernier, mais d'une recherche de sa part. • Même jugement.

§ 2 DE L'ATTEINTE AU SECRET DES CORRESPONDANCES

RÉP. PÉN. vº *Secret des correspondances*, par BONFILS et GALLARDO.

Art. 226-15 Le fait, commis de mauvaise foi, d'ouvrir, de supprimer, de retarder ou de détourner des correspondances arrivées ou non à destination et adressées à des tiers, ou d'en prendre frauduleusement connaissance, est puni d'un an d'emprisonnement et de 45 000 € d'amende.

Est puni des mêmes peines le fait, commis de mauvaise foi, d'intercepter, de détourner, d'utiliser ou de divulguer des correspondances émises, transmises ou reçues par la *(L. nº 2011-525 du 17 mai 2011, art. 150-2º)* **« voie électronique » ou de procéder à l'installation d'appareils** *(L. nº 2013-1168 du 18 déc. 2013, art. 23)* **« de nature à permettre la réalisation » de telles interceptions.** *— V. Arr. du 4 juill. 2012 ss. art. R. 226-1.*

(L. nº 2020-936 du 30 juill. 2020, art. 18) **« Lorsqu'ils sont commis par le conjoint ou le concubin de la victime ou le partenaire lié à la victime par un pacte civil de solidarité, ces faits sont punis d'une peine de deux ans d'emprisonnement et de 60 000 euros d'amende. »**

Sur les interceptions ordonnées par l'autorité judiciaire, V. ***C. pr. pén.***, *art. 100 à 100-7 ; ... les interceptions de sécurité, V. L. nº 91-646 du 10 juill. 1991.*

Corresp. : *C. pén., anciens art. 186-1 et 187.*

BIBL. ▸ J. BÉRENGUER-GUILLON et A. GALLIER, *Gaz. Pal. 2000. 2. Doctr. 1292* (le secret des correspondances privées et l'intranet dans l'entreprise). – BRÉZIN et BENALCAZAR, *TPS 2002, chron. nº 1* (secret de la correspondance et courriers électroniques à l'aide d'un outil informatique à usage professionnel). – VÉRET et ATHÉA, *Gaz. Pal. 2002. 2. Chron. 1534* (communications électroniques et service public : la nécessaire prise en compte du risque pénal).

I. ÉCRITS (art. 226-15, al. 1er ; ancien art. 187, al. 2)

A. CORRESPONDANCE PROTÉGÉE

1. Toute nature. Le § 2 de l'art. 187 C. pén. tend manifestement, dans ses termes généraux, à protéger les correspondances de toute nature, quel que soit leur mode d'acheminement ou de délivrance ; à la différence du § 1er (art. 432-9, al. 1er), il ne subordonne pas l'application des peines qu'il édicte à la condition que la correspondance supprimée ou ouverte ait été confiée à la poste. • T. corr. Seine, 10 juin 1959 : *D. 1959. 592 ; JCP 1959. II. 11372 ; Gaz. Pal. 1959. 2. 236 ; RSC 1960. 80, obs. Hugueney, et 84, obs. Bouzat.*

2. Ainsi, parmi les correspondances visées par le texte, on doit comprendre les plis fermés délivrés par les huissiers. • Paris, 9 nov. 1956 : *D. 1957. 204 ; S. 1957. 178* • T. corr. Seine, 10 juin 1959 : *préc. note 1.* ♦ ... Les cartes de correspondance circulant à découvert. • Paris, 26 oct. 1959 : *D. 1960. 52 ; JCP 1960. II. 11592, note Larguier ; Gaz. Pal. 1960. 1. 193 ; S. 1960. 51 ; RSC 1960. 284, obs. Hugueney.* ♦ ... Les enveloppes portant des timbres, mentions ou cachets. • Paris, 26 oct. 1959 : *préc.* • T. corr. Strasbourg, 19 mai 1960 : *Gaz. Pal. 1960. 2. 246.*

3. Lettre d'introduction. Mais en vertu du principe d'ordre public du libre choix du médecin par le malade, le client qui reçoit de son médecin une lettre destinée à lui servir d'introduction auprès d'un autre praticien n'est tenu ni de consulter ce dernier, ni par suite de lui remettre ladite lettre d'introduction ; le caractère facultatif de cette remise de l'écrit au médecin dont le nom est porté en adresse exclut en conséquence l'application des dispositions de l'art. 187, al. 2, C. pén., qui a pour objet d'assurer la remise de la correspondance à son destinataire. • Cass., ch. réun., 16 mai 1963 : *D. 1963. 437, note Larguier ; JCP 1963. II. 13254, note Savatier ; Gaz. Pal. 1963. 1. 462.* ♦ Sur le déroulement judiciaire de cette affaire, V. : • T. corr. Versailles, 10 juill. 1957 : *D. 1958. Somm. 48 ; JCP 1958. II. 10436, note Savatier ; Gaz. Pal. 1958. 1. 77 ; RSC 1958. 399, obs. Hugueney ; ibid. 1958. 407, obs. Bouzat* • Paris, 6 mai 1958 : *JCP 1958. II. 10833, concl. Lecourtier ; RSC 1959. 122, obs. Hugueney* • Crim. 24 mai 1960 : *Bull. crim. n° 284 ; D. 1960. Somm. 114 ; JCP 1960. II. 11858, note Savatier ; Gaz. Pal. 1960. 2. 91 ; RSC 1960. 650, obs. Hugueney, et 1961. 356, obs. Bouzat* • Orléans, 20 janv. 1961 : *D. 1961. 485 ; S. 1961. 284 ; JCP 1961. II. 12132 ; Gaz. Pal. 1961. 1. 419 ; RSC 1961. 590, obs. Hugueney.*

B. ATTEINTE AU SECRET

1° MATÉRIALITÉ

4. Ouverture. Constitue le délit prévu par l'art. 187, al. 2, C. pén. le fait d'ouvrir un courrier pour en examiner le contenu, par une personne à qui il n'était pas adressé (salariée de la société Radio-France), alors que ledit courrier était lors de son ouverture en voie d'acheminement, puisque l'expéditeur s'en était dessaisi et qu'il n'était pas encore parvenu à son destinataire. • Crim. 17 févr. 1988 : *Bull. crim. n° 82 ; Gaz. Pal. 1988. 1. 447 ; RSC 1988. 787, obs. Levasseur.* ♦ Rappr. : • T. corr. Seine, 25 mai 1963 : *D. 1964. Somm. 46 ; Gaz. Pal. 1963. 2. 324.*

5. Détournement. L'art. 187, al. 2, C. pén. réprime tous les agissements malveillants de nature à priver de leurs correspondances ceux qui en sont les destinataires véritables. • Crim. 26 oct. 1967 : *Bull. crim. n° 271 ; JCP 1968. II. 15374, note Chavanne ; Gaz. Pal. 1967. 2. 315* • 8 nov. 1973 : *Bull. crim. n° 411 ; D. 1973. IR 246.* ♦ ... Que cette privation soit définitive ou momentanée. • Crim. 15 mai 1990, n° 89-85.772 P : *RSC 1991. 572, obs. Levasseur.*

6. C'est à bon droit qu'un salarié est déclaré coupable dès l'instant où, renonçant à agir comme mandataire de son employeur, il substitue sa propre entreprise à celle de ce dernier, et conserve par-devers lui des lettres de commande destinées à son employeur, qu'il n'avait reçues qu'en tant que mandataire et pour le compte de son mandant. • Crim. 26 oct. 1967 : *préc. note 5.* ♦ Il en est de même pour le titulaire d'un mandat général de gestion qui, notamment, s'empare et dispose de plis contenant des relevés bancaires et postaux adressés à son mandant. • Crim. 8 nov. 1973 : *préc. note 5.*

7. Est coupable du délit de suppression de correspondance prévu par l'art. 187, al. 2, C. pén. : ... la femme qui, autorisée à résider séparément au domicile conjugal pendant l'instance en séparation de corps, trouve dans la boîte aux lettres une correspondance sous enveloppe à l'adresse du mari, prend connaissance du contenu, et remet cette correspondance à son avoué pour être produite dans la procédure de séparation, aucun des deux époux ne possédant un droit de contrôle sur la correspondance de l'autre. • Crim. 5 févr. 1958 : *Bull. crim. n° 125 ; JCP 1958. II. 10580, note Larguier.* ♦ Rappr. : • Crim. 15 mai 1990 : *préc. note 5* • T. corr. Seine, 16 mars 1961 : *Gaz. Pal. 1961. 2. 168.* ♦ ... Le gérant d'une clinique qui, ayant reçu des lettres dont il n'était pas l'auteur, mais qui ont été réexpédiées par l'administration des postes, faute d'acheminement à leurs destinataires, à l'adresse de cette clinique, mentionnée comme établissement expéditeur, les a conservées pour les produire en justice à l'encontre de l'auteur de ces lettres. • Crim. 26 janv. 1981 : *Bull. crim. n° 35 ; JCP 1982. II. 19879, note Jeandidier.* ♦ ... Le directeur juridique d'une société qui retient une correspondance reçue par erreur, comportant un bulletin d'adhésion à une association et un chèque bancaire de 100 F à l'ordre de cette association, et qui les verse comme pièces à conviction dans une procédure judiciaire ayant pour objet de faire interdiction à l'association d'utiliser le nom de la société. • Paris, 9 juin 1995 : *Dr. pénal 1995. 221, note Véron.*

8. Se rend coupable de détournement de correspondance l'avocat qui prend connaissance du contenu d'un courrier adressé à son cabinet, mais portant le nom de sa collaboratrice et la mention « personnel ». • Crim. 3 oct. 2006 : *Dr. pénal 2007. 3, obs. Véron.*

9. Retard. La « suppression de correspondance » visée et réprimée par l'art. 187, al. 2, C. pén., doit s'entendre, non pas uniquement de la destruction d'une lettre, mais encore d'un détournement momentané qui fait obstacle à la correspondance, c'est-à-dire à la liaison intellectuelle réalisée dans le plus court délai entre l'expéditeur et le destinataire. • Colmar, 19 avr. 1956 : *D. 1956. 585 ; S. 1956. 180 ; JCP 1956. II. 9408* • 4 mai 1956 : *Rev. Alsace-Lorraine 1956. 391.*

10. L'art. 187, al. 2, C. pén. réprime tous les agissements malveillants susceptibles de priver, même momentanément, les destinataires des correspondances qui leur sont adressées ; notamment le fait de renvoyer leurs lettres à la poste avec des mentions de nature à en retarder la distribution. • Crim. 19 oct. 1960 : *Bull. crim. n° 459 ; Gaz. Pal. 1961. 1. 64.* ♦ ... Par exemple, l'apposition malicieuse de la mention « inconnu ». • Crim. 26 déc. 1960 : *Bull. crim. n° 614* • Paris, 8 nov. 1957 : *JCP 1957. II. 10337 ; Gaz. Pal. 1957. 2. 355* • 30 mai 1960 : *ibid. 1960. 2. 141 ; RSC 1961. 118, obs. Bouzat.* ♦ ... Le fait, par une concierge, d'apporter volontairement des retards dans la remise de plis urgents, tels des pneumatiques ou des télégrammes. • Crim. 9 janv. 1963 : *Bull. crim. n° 13 ; D. 1963. 166 ; S. 1963. 104 ; JCP 1963. II. 13200 bis ; Gaz. Pal. 1963. 1. 277.* ♦ ... Le fait, par une propriétaire, de faire suivre à la boîte postale dont son locataire est effectivement titulaire, les correspondances adressées et parvenues au domicile de celui-ci, dès lors que les juges constatent qu'en procédant ainsi, ladite propriétaire a agi par esprit de malveillance. • Crim. 9 févr. 1965 : *Bull. crim. n° 39 ; JCP 1965. II. 14165 ; RSC 1965. 653, obs. Hugueney.* ♦ ... Le fait, par un employeur, de conserver une lettre destinée à l'un de ses employés. • Crim. 18 juill. 1973 : *Bull. crim. n° 336 ; RSC 1974. 368, obs. Levasseur.* ♦ Rappr. note Waquet, *Gaz. Pal. 1994. 1. 155*, sous • Cass., avis, 24 janv. 1994, n° 89-30.018 P.

11. Il n'est nullement nécessaire que l'auteur de l'infraction ait eu l'obligation contractuelle d'acheminer le courrier. • Paris, 3 mai 1975 : *Gaz. Pal. 1976. 1. Somm. 178.*

12. Photocopie. Le fait par un particulier de prendre copie d'une lettre préalablement reçue et décachetée par le destinataire ne constitue pas le délit. • Crim. 18 juin 1937 : *Bull. crim. n° 127 ; DH 1937. 488.*

13. La rétention volontaire, même de courte durée, d'une enveloppe dont il est pris photocopie, tombe sous le coup de la loi. • Paris, 26 oct. 1959 : *D. 1960. 52 ; JCP 1960. II. 11592, note Larguier ; Gaz. Pal. 1960. 1. 193 ; S. 1960. 51 ; RSC 1960. 284, obs. Hugueney* • T. corr. Strasbourg, 19 mai 1960 : *Gaz. Pal. 1960. 2. 246* • Amiens, 19 janv. 1962 : *Gaz. Pal. 1962. 1. 222.*

14. Commet le délit de suppression de correspondance, alors même que les documents bancaires adressés à sa femme auraient été envoyés sous une enveloppe portant, par erreur, son propre nom, le mari qui retient par-devers lui ces documents, avant d'en faire retour, le temps d'en tirer des photocopies, qu'il a utilisées dans un procès l'opposant à sa femme. • Lyon, 11 févr. 1966 : *D. 1966. Somm. 75.*

2° INTENTION

15. L'art. 187, al. 2, C. pén. ne punit la suppression de correspondances adressées à des tiers que si la mauvaise foi est constatée. • Crim. 22 avr. 1948 : *Bull. crim. n° 115.*

16. La mauvaise foi résulte de la connaissance qu'a le prévenu de ce que les lettres ne lui étaient pas destinées et de ce qu'il les a volontairement conservées pour empêcher ou retarder leur transmission à leur destinataire. • Crim. 26 janv. 1981 : *Bull. crim. n° 35 ; JCP 1982. II. 19879, note Jeandidier* • 15 mai 1990, n° 89-85.772 P : *RSC 1991. 572, obs. Levasseur.* ♦ ... Quel que soit le mobile auquel il a obéi. • Crim. 5 févr. 1958 : *Bull. crim. n° 125 ; JCP 1958. II. 10580, note Larguier* • 18 juill. 1973 : *Bull. crim. n° 336 ; RSC 1974. 368, obs. Levasseur* • 26 janv. 1981 : *préc.*

17. Si un prévenu peut être excusable d'avoir ouvert une correspondance par mégarde, il ne l'est plus et doit être considéré comme de mauvaise foi à partir du moment où il a refusé de la remettre à son destinataire. • T. corr. Seine, 16 mars 1961 : *Gaz. Pal. 1961. 2. 168.* ♦ Rappr. : • Paris, 21 sept. 1989 : *Dr. pénal 1990. 118 ; RSC 1991. 573, obs. Levasseur.* ♦ Sur l'absence de mauvaise foi en cas d'ouverture d'une correspondance présumée à caractère professionnel. • Crim. 16 janv. 1992 : *Dr. pénal 1992. 170 ; Gaz. Pal. 1992. 2. Somm. 296.*

C. RÉPRESSION

18. Conflits de qualifications. Faute de soustraction frauduleuse, c'est à tort que le juge du fond retient le délit de vol à la charge du prévenu qui, ayant constaté que des lettres missives lui avaient été remises par erreur par l'administration des postes, s'est saisi frauduleusement de ces lettres pour se servir de l'une d'elles à des fins personnelles. • Crim. 22 janv. 1948 : *Bull. crim. n° 29 ; D. 1948. 143.* ♦ Rappr. : • T. corr. Nantes, 15 févr. 1943 : *Gaz. Pal. 1943. 1. 200.*

19. Commet le délit de détournement de correspondance, et non un abus de confiance, le particulier qui, ayant reçu une lettre missive pour la remettre au destinataire, se l'approprie, au lieu d'en accomplir la remise, comme il s'y était engagé. • Colmar, 18 mars 1949 : *Rev. Alsace-Lorraine 1949. 399.*

20. Immunité entre époux. Le délit d'ouverture et de suppression de correspondance n'est pas assimilable au vol ; il s'agit d'un délit distinct, pour lequel l'immunité prévue entre époux par l'art. 380 C. pén. (nouvel art. 311-12) n'est pas applicable. • T. corr. Seine, 16 mars 1961 : *Gaz. Pal. 1961. 2. 168.* ♦ Comp. : • 25 mai 1963 : *D. 1964. Somm. 46 ; Gaz. Pal. 1963. 2. 324.* ♦ V. encore : • T. civ. Seine, 14 juin 1932 : *DH 1932. 484.* ♦ Dans le même sens, depuis le nouveau code pénal : • Douai, 14 févr. 1995 : *Gaz. Pal. 1996. 2, chron. crim. 112.*

21. Prescription. Le délit de détournement de correspondance étant entièrement consommé au jour du détournement, le délai de prescription court à compter de ce jour. • Crim. 17 juin 1987 : *Bull. crim. n° 254 ; D. 1987. IR 175 ; Gaz. Pal. 1988. 1. Somm. 78* • 19 févr. 2013 : *Dr. pénal 2013. Comm. 87, obs. Véron.*

II. TÉLÉCOMMUNICATIONS (art. 226-15, al. 2 ; ancien art. 186-1, al. 2)

BIBL. V. ss. art. 432-9.

22. Définitions. On entend par télécommunication « toute transmission, émission ou réception de signes, de signaux, d'écrits, d'images, de sons ou de renseignements de toute nature par fil, optique, radioélectricité ou autres systèmes électromagnétiques », conformément à la définition qu'en donne l'art. L. 32 C. pr. civ. ; cette énumération inclut toutes les communications à distance actuellement connues, qu'il s'agisse des communications téléphoniques, ou de celles effectuées par minitel, par télécopie, par fax et par satellite réseau internet ; le réseau mondial du net et l'intégralité des services qu'il offre, comme celui de la messagerie électronique, entrent donc dans le champ d'application de la législation relative aux télécommunications. • TGI Paris, 2 nov. 2000 : *D. 2000. IR 286.* ♦ ... Il apparaît, par ailleurs, que le terme de « correspondance » désigne toute relation par écrit existant entre deux personnes identifiables, qu'il s'agisse de lettres, de messages ou de plis fermés ou ouverts ; cette relation est protégée par la loi dès lors que le contenu qu'elle véhicule est exclusivement destiné par une personne dénommée à une autre personne également individualisée, à la différence des messages mis à la disposition du public ; l'envoi de messages électroniques de personne à personne constitue de la correspondance privée ; il convient donc de considérer que la messagerie électronique de la partie civile, à laquelle il n'était possible d'accéder qu'en utilisant son mot de passe, était protégée par le secret de la correspondance émise par voie de télécommunications dont la violation tombe sous le coup de la loi pénale. • Même jugement. ♦ *Adde* : L. Rapp, *D. 2000, n° 41, Point de vue, p. III* (secret des correspondances et courriers électroniques).

23. Constitue un service de communication audiovisuelle au sens de la L. du 30 sept. 1986, tout service ayant pour objet de diffuser, à des personnes indifférenciées, des messages dont le contenu n'est pas personnel ; dès lors, les annonces ainsi émises ne peuvent avoir le caractère d'une correspondance privée, tant que l'auteur de l'annonce et l'un de ses lecteurs n'ont pas décidé de consentir à un dialogue. • Crim. 25 oct. 2000, n° 00-80.829 P.

24. Le salarié a droit, même au temps et au lieu de travail, au respect de l'intimité de sa vie privée ; celle-ci implique en particulier le secret des correspondances ; l'employeur ne peut dès lors, sans violation de cette liberté fondamentale, prendre connaissance des messages personnels émis par le salarié et reçus par lui grâce à un outil informatique mis à sa disposition pour son travail, et ceci même au cas où l'employeur aurait interdit une utilisation non professionnelle de l'ordinateur ; cassation, pour violation des art. 8 Conv. EDH, 9 C. civ., 9 NCPC [devenu C. pr. civ.], et L. 120-2 C. trav. [L. 1121-1 nouv.], de l'arrêt qui, pour décider qu'un licenciement est justifié pour une faute grave, retient que le salarié a entretenu pendant ses heures de travail une activité parallèle, alors que la cour d'appel se fonde, pour établir ce comportement, sur le contenu de messages, émis et reçus par le salarié, que l'employeur a découverts en consultant l'ordinateur *mis à la disposition du salarié* par la société et comportant un fichier intitulé « personnel ». • Soc. 2 oct. 2001, n° 99-42.942 P : *BICC 2001, n° 544 (1er nov. 2001), concl. Kehrig ; D. 2001. 3148, note Gautier ; Gaz. Pal. 2002. 1. 377, note Bridenne ; RTD civ. 2002. 72, obs. Hauser.* ♦ *Adde* : Langlois (interview de), *D. 2001. 3286* (courrier électronique et vie privée au travail).

25. Ne constituent pas une interception la lecture et la retranscription de messages dès lors que celles-ci ne nécessitent ni dérivation ou branchement et sont effectuées sans artifice ni stratagème ; il est dans la fonction des administrateurs de réseaux d'assurer le fonctionnement normal de ceux-ci ainsi que leur sécurité, ce qui entraîne, entre autre, qu'ils aient accès aux messageries et à leur contenu, ne serait-ce que pour les débloquer ou éviter des démarches hostiles ; il apparaît des éléments du dossier que les prévenus (le directeur du laboratoire de recherche et l'administrateur du réseau) ont mis en place une surveillance afin de connaître le contenu des correspondances émises ou reçues par un étudiant en relation avec des incidents survenus entre celui-ci et un autre étudiant ainsi que pour vérifier l'usage du réseau ; il s'agissait bien d'utiliser le contenu même des correspondances pour confondre l'étudiant ; la préoccupation de la sécurité du réseau justifie que les administrateurs de systèmes et de réseaux fassent usage de leurs positions et des possibilités techniques dont ils disposent pour mener les investigations et prendre les mesures que cette sécurité impose (de la même façon que la Poste doit réagir à un colis ou une lettre suspecte) ; par contre la divulgation du contenu de messages d'un étudiant ne relève pas de ces objectifs. • Paris, 17 déc. 2001 : *D. 2002. IR 941.*

26. Le secret des correspondances ne couvre pas la mention d'une adresse électronique sur un site internet destiné à la consultation du public ; en l'espèce, un fonctionnaire de l'éducation nationale sanctionné pour avoir fait figurer l'adresse électronique de l'ENSAM, établissement public dans lequel il exerce ses fonctions, sur le site de l'Église de l'Unification, ne peut soutenir que les faits pour lesquels il a fait l'objet d'une sanction disciplinaire étaient couverts par le secret de la correspondance ou auraient été recueillis et détenus par des moyens de preuve illicites passibles des sanctions pénales prévues à l'art. 226-15 nouveau C. pén., dès lors que le site était destiné à la consultation publique. • CAA Paris, 24 janv. 2002 : *D. 2003. Somm. 1538, obs. Marino.*

27. Action civile. La captation de conversations téléphoniques échangées entre les membres d'une association est de nature à causer à cette dernière un préjudice moral en relation directe avec l'infraction. • Crim. 8 avr. 1997 : *Gaz. Pal. 1997. 2, chron. crim. 162.*

SECTION V DES ATTEINTES AUX DROITS DE LA PERSONNE RÉSULTANT DES FICHIERS OU DES TRAITEMENTS INFORMATIQUES

RÉP. PÉN. v° *Cybercriminalité*, par CHOPIN.

BIBL. ▶ FRANCILLON, *RSC 1996. 676* (la loi informatique, fichiers et libertés du 6 janvier 1978 à l'épreuve de la jurisprudence pénale). – LEPAGE, *Dr. pénal 2005. Étude 5* (loi du 6 août 2004). – MATTHIOS, *Gaz. Pal. 2008. 2. Doctr. 2222* (la création d'un délit d'usurpation d'identité sur l'internet).

V. Convention sur la cybercriminalité faite à Budapest le 23 nov. 2001, publiée par Décr. n° 2006-580 du 23 mai 2006 (JO 24 mai) et son protocole additionnel relatif à l'incrimination d'actes de nature raciste et xénophobe commis par le biais de systèmes informatiques fait à Strasbourg le 28 janv. 2003, publiée par Décr. n° 2006-597 du 23 mai 2006 (JO 27 mai).

Art. 226-16 *(L. n° 2004-801 du 6 août 2004, art. 14)* **Le fait, y compris par négligence, de procéder ou de faire procéder à des traitements de données à caractère personnel sans qu'aient été respectées les formalités préalables à leur mise en œuvre prévues par la loi est puni de cinq ans d'emprisonnement et de 300 000 € d'amende.**

Est puni des mêmes peines le fait, y compris par négligence, de procéder ou de faire procéder à un traitement qui a fait l'objet de l'une des mesures prévues au *(L. n° 2016-1321 du 7 oct. 2016, art. 64)* **« 3° » du** *(L. n° 2018-493 du 20 juin 2018, art. 7)* **« III » de l'article** *(Ord. n° 2018-1125 du 12 déc. 2018, art. 13, en vigueur au plus tard le 1er juin 2019)* **« 20** *[ancienne rédaction : 45]* **» de la loi n° 78-17 du 6 janvier 1978 relative à l'informatique, aux fichiers et aux libertés.** — *V. code pénal ou code des données personnelles.*

(Abrogé par L. n° 2018-493 du 20 juin 2018, art. 18) (L. n° 2016-731 du 3 juin 2016, art. 117) ***« Est puni des mêmes peines le fait de permettre l'accès aux données contenues dans un traitement mentionné à l'article L. 4123-9-1 du code de la défense sans avoir recueilli l'avis favorable mentionné au II du même article. »***

1. Élément matériel. Ne constitue pas le délit de traitement automatisé d'informations nominatives sans déclaration préalable à la CNIL l'interprétation de tests de personnalité au moyen d'un programme informatique, dès lors que le système informatique est constitué d'un micro-ordinateur d'un type ancien dit à « usage familial », qu'il n'est connecté à aucun périphérique, qu'aucune imprimante n'a été trouvée dans les locaux, qu'il n'existe pas de disque dur et que les informations sont supportées par disquettes. • TGI Lille, 18 déc. 1996 : *D. 1997. 373, note Frayssinet*.

2. Caractérise en tous ses éléments constitutifs le délit prévu par l'art. 226-16 C. pén., pour défaut de déclaration, la cour d'appel qui déduit de ses constatations que les prévenus ont mis en œuvre un système de traitement automatisé d'informations nominatives sans qu'ait, au préalable, été effectuée la déclaration à la Commission nationale de l'informatique et des libertés exigée par l'art. 16 de la L. du 6 janv. 1978. • Crim. 30 oct. 2001 : *Gaz. Pal. 2002. 2. 1476, note Mole et Lebon.*

3. La mise en ligne du nom d'une personne au sein du contenu rédactionnel d'un site Web est un traitement automatisé de données nominatives au sens de l'art. 5 de la loi n° 78-17 du 6 janv. 1978 relative à l'informatique, aux fichiers et aux libertés, qui nécessite la déclaration à la CNIL du site Web concerné, préalablement à la mise en œuvre sur ce site de tout traitement de données personnelles ; le responsable d'un site qui n'a pas été déclaré à la CNIL préalablement à sa mise en ligne est passible des sanctions prévues par l'art. 226-16 C. pén. • TGI Villefranche-sur-Saône : 18 févr. 2003 : *Gaz. Pal. 2003. 1. 1727, note Drouard.*

4. L'art. 226-16 C. pén., qui réprime pénalement le fait, y compris par négligence, de procéder ou de faire procéder à un traitement de données à caractère personnel sans accomplissement des formalités préalables, n'exige pas le franchissement d'un seuil de données ou de fichiers pour que l'infraction soit constituée. Peu importe dès lors que le fichier créé n'ait pas été destiné à accueillir d'autres notes concernant d'autres personnes que les deux établies. • Crim. 8 sept. 2015, n° 13-85.587 P : *D. actu. 2 oct. 2015, obs. Fucini ; AJ pénal 2016. 33, note Aubert ; RSC 2016. 89, obs. Francillon ; Dr. pénal 2015. Chron. 10, obs. Lepage ; ibid. 2016, n° 25, obs. Conte.*

5. Élément moral. Sur le caractère purement matériel, avant la réforme du code pénal, du délit de mise en œuvre d'un traitement automatisé d'informations nominatives sans déclaration préalable. • Crim. 3 nov. 1987 : *Bull. crim. n° 382 ; RSC 1988. 295, obs. Delmas Saint-Hilaire.* ♦ *Adde* : Frayssinet, *JCP 1988. I. 3323.*

6. Suppression du support informatique. Si le code de procédure pénale autorise, dans le cadre de l'enquête préliminaire, la prise de photographies et d'empreintes d'une personne gardée à vue, il convient de savoir si la création d'un fichier informatisé contenant les photographies de la personne concernée et de ses empreintes est légalement autorisée ; dès lors qu'à l'expiration du délai au cours duquel a été autorisée par la CNIL la mise en œuvre, à titre expérimental, d'un traitement informatisé assurant l'archivage documentaire de photographies et l'identification de malfaiteurs, aucune nouvelle demande d'avis n'a été présentée à la CNIL, ni aucun texte réglementaire pris, le demandeur est fondé à obtenir la suppression du support informatique. • TGI Marseille, 23 mars 1995 : *D. 1996. 40, note Frayssinet*.

7. Action civile. Même dans le cas de dispositions édictées en vue de l'intérêt général, l'action civile des particuliers est recevable si la méconnaissance des dispositions en cause leur a causé un préjudice personnel et direct ; tel est le cas de la citation directe d'un particulier pour mise en œuvre d'un fichier de données nominatives sans déclaration préalable. • Paris, 13 sept. 1995 : *Dr. pénal 1996. 32, obs. Véron ; RSC 1996. 676, obs. Francillon*.

8. Licenciement. Il résulte de la combinaison des art. 16, 27 et 34 de la loi n° 78-17 du 6 janv. 1978 relative à l'informatique, aux fichiers et aux libertés, 226-16 C. pén., L. 121-8 [L. 1121-9 et L. 1222-4 nouv.] et L. 432-2-1 C. trav. [L. 2323-32 nouv.], qu'à défaut de déclaration à la Commission nationale de l'informatique et des libertés d'un traitement automatisé d'informations nominatives concernant un salarié, son refus de déférer à une exigence de son employeur impliquant la mise en œuvre d'un tel traitement ne peut lui être reproché ; dès cet instant, le fait pour un salarié d'avoir refusé (dix-neuf fois) de se soumettre à un système de badges géré par des moyens automatisés et permettant d'identifier les salariés à leur entrée et à leur sortie de l'entreprise ne constitue pas une cause réelle et sérieuse de licenciement. • Soc. 6 avr. 2004, n° 01-45.227 P : *JCP 2004. II. 10118, note Béal et Rouspide ; Gaz. Pal. 2004. 2. 2497, note Bérenger-Guillon et Maurel-Guignot.*

Art. 226-16-1 A *(Abrogé par L. n° 2018-493 du 20 juin 2018, art. 11) (L. n° 2004-801 du 6 août 2004, art. 14)* ***Lorsqu'il a été procédé ou fait procéder à un traitement de données à caractère personnel dans les conditions prévues par le I ou le II de l'article 24 de la loi n° 78-17 du 6 janvier 1978 précitée, le fait de ne pas respecter, y compris par négligence, les normes simplifiées ou d'exonération établies à cet effet par la Commission nationale de l'informatique et des libertés est puni de cinq ans d'emprisonnement et de 300 000 € d'amende.***

Art. 226-16-1 *(L. n° 2004-801 du 6 août 2004, art. 14)* **Le fait, hors les cas où le traitement a été autorisé dans les conditions prévues par la loi n° 78-17 du 6 janvier 1978 précitée, de procéder ou faire procéder à un traitement de données à caractère personnel incluant parmi les données sur lesquelles il porte le numéro d'inscription des personnes au répertoire national d'identification des personnes physiques, est puni de cinq ans d'emprisonnement et de 300 000 € d'amende.**

Art. 226-17 *(L. n° 2004-801 du 6 août 2004, art. 14)* **Le fait de procéder ou de faire procéder à un traitement de données à caractère personnel sans mettre en œuvre les mesures prescrites** *(Ord. n° 2018-1125 du 12 déc. 2018, art. 13, en vigueur au plus tard le 1er juin 2019)* **« aux articles 24, 25, 30 et 32 du règlement (UE) 2016/679 du 27 avril 2016 précité ou au 6° de l'article 4 et aux articles 99 à 101** *[ancienne rédaction :à l'article 34]* **» de la loi n° 78-17 du 6 janvier 1978 précitée est puni de cinq ans d'emprisonnement et de 300 000 € d'amende.** — *V. Règl. (UE) 2016/679 du Parlement européen et du Conseil relatif à la protection des personnes physiques à l'égard du traitement des données à caractère personnel et à la libre circulation de ces données, et abrogeant la Dir. 95/46/CE.*

1. Domaine de l'incrimination – Fichiers manuels. Si l'on doit admettre l'applicabilité de l'art. 42 de la L. du 6 janv. 1978 aux fichiers manuels selon un arrêt de la Cour de cassation du 3 nov. 1987 (V. ss. art. 226-18), le délit de conservation d'informations sans précautions utiles (art. 29 et 42 combinés de la loi de 1978) doit néanmoins être écarté pour les fichiers manuels, *faute d'exigence d'accomplissement de formalités préalables pour ces fichiers.* • Agen, 28 févr. 1994 : *JCP 1994. IV. 2209.*

2. Manquement à la sécurité informatique. Commet les délits de violation du secret bancaire, de manquement à la sécurité informatique, de divulgation d'informations nominatives susceptibles de porter atteinte à la réputation des personnes le directeur d'un établissement de crédit qui communique à des commerçants, qui ont reçu délégation afin de remettre au nom de ce dernier l'offre préalable de crédit, une liste informatique de personnes, clients de l'établissement de crédit supposés présenter un risque quant à l'octroi d'un éventuel crédit. • Rennes, 13 janv. 1992 : *D. 1993. Somm. 54, obs. Vasseur ; ibid. 1994. Somm. 287, obs. Maisl*.

3. Les personnes auxquelles la loi n° 78-17 du 6 janv. 1978 accorde protection s'entendent, non seulement des personnes faisant personnellement l'objet du traitement d'informations nominatives, mais encore de toutes celles qui peuvent être directement ou indirectement concernées par l'exploitation de ce traitement. • Crim. 19 déc. 1995, n° 94-81.431 P : *RSC 1996. 676, obs. Francillon ; Dr. pénal 1996. Comm. 126, obs. Véron ; Gaz. Pal. 1996. 2. Somm. 418, note Mole.* ♦ Justifie donc légalement sa décision au regard des art. 25, 26, 28, 29, 30, 31, 42 de la L. du 6 janv. 1978 devenu l'art. 226-17 C. pén., la cour d'appel qui, pour condamner le président d'une centrale d'information sur les impayés, qui assure la gestion d'un fichier, commun à plusieurs établissements de crédit, des personnes devant être considérées comme « mauvais payeurs », pour avoir omis de prendre, lors de la collecte, l'enregistrement et la conservation des informations nominatives, les précautions nécessaires pour qu'elles ne soient pas déformées, relève que la centrale a enregistré et diffusé l'identité d'une personne avec sa date de naissance et son département de résidence, et que sur la base de cette information, une personne ayant le même patronyme et la même date de naissance, mais demeurant dans un autre département, s'est vu, d'une part, refuser un crédit à la consommation par un grand magasin et, d'autre part, relancé par l'organisme de crédit ayant, à l'origine, donné le signalement du mauvais payeur, et observe qu'ayant été considéré comme mauvais payeur et traité comme tel par plusieurs établissements de crédit, le plaignant doit être nécessairement regardé comme concerné par les informations nominatives enregistrées et que c'est en raison d'une absence de précaution dans la collecte, l'enregistrement et la diffusion des éléments de l'état civil des personnes en cause – une absence systématique d'enregistrement du lieu de naissance rendant possibles les homonymies – que la « déformation » reprochée a pu se produire. • Même arrêt.

4. Fait l'exacte application des art. 42 ancien de la L. du 6 janv. 1978 relative à l'informatique, aux fichiers et aux libertés et 226-17 C. pén., la cour d'appel qui, saisie de poursuite du chef du délit prévu par ces articles contre le président et le directeur d'un syndicat interprofessionnel de médecins du travail, à qui il était reproché d'avoir mis en place un système permettant à chacun des médecins utilisateurs de ce système et à leurs secrétaires d'accéder aux informations d'ordre médical figurant dans les fichiers créés par les autres médecins, retient, pour relaxer les prévenus à raison de ces faits, que les médecins appartenant à ce syndicat et leurs secrétaires médicales, étant tenus au secret professionnel, ne peuvent être considérés comme des tiers non autorisés au sens des art. 29 de la L. du 6 janv. 1978 et 226-17 C. pén. • Crim. 30 oct. 2001 : *Gaz. Pal. 2002. 2. 1476, note Mole et Lebon.* ♦ ... Les deux prévenus précités ayant également été renvoyés devant la juridiction correctionnelle, aux motifs que, malgré la protection prévue, des personnels administratifs avaient pu avoir accès aux données d'ordre médical traitées par le système, lesquelles étaient par ailleurs accessibles à l'ensemble des médecins, a justifié sa décision, la cour d'appel qui, pour relaxer les prévenus de ce chef, énonce qu'en l'absence de tout acte positif de divulgation, la violation du secret professionnel n'est pas constituée. • Même arrêt.

5. Caractérise en tous ses éléments constitutifs, tant matériel qu'intentionnel, le délit prévu par l'art. 226-17 C. pén., la cour d'appel qui constate que les prévenus ont mis en œuvre un système de traitement automatisé d'informations nominatives sans qu'aient été prises toutes les précautions utiles en vue d'empêcher la communication des informations médicales aux membres du personnel administratif tiers non autorisés et, notamment, sans que ces prévenus aient, indépendamment des notes de service, fait assurer la formation suffisante pour que chacun connaisse parfaitement le fonctionnement du système. • Crim. 30 oct. 2001 : *préc. note 4.*

Art. 226-17-1 *(Ord. n° 2011-1012 du 24 août 2011, art. 39)* **Le fait pour un fournisseur de services de communications électroniques** *(Ord. n° 2018-1125 du 12 déc. 2018, art. 13, en vigueur au plus tard le 1er juin 2019)* **« ou pour un responsable de traitement » de ne pas procéder à la notification d'une violation de données à caractère personnel à la Commission nationale de l'informatique et des libertés ou à l'intéressé, en méconnaissance des** *(Ord. n° 2018-1125 du 12 déc. 2018, art. 13, en vigueur au plus tard le 1er juin 2019)* **« articles 33 et 34 du règlement (UE) 2016/679 du 27 avril 2016 précité ou des dispositions du II de l'article 83 et de l'article 102** *[ancienne rédaction : dispositions du II de l'article 34 bis]* **» de la loi n° 78-17 du 6 janvier 1978, est puni de cinq ans d'emprisonnement et de 300 000 € d'amende.**

(Abrogé par L. n° 2018-493 du 20 juin 2018, art. 18) (L. n° 2016-731 du 3 juin 2016, art. 117) ***« Est puni des mêmes peines le fait pour un responsable de traitement de ne pas procéder à la notification à la Commission nationale de l'informatique et des libertés d'une divulgation ou d'un accès non autorisé de données à un traitement mentionné à l'article L. 4123-9-1 du code de la défense. »***

(Ord. n° 2018-1125 du 12 déc. 2018, art. 13, en vigueur au plus tard le 1er juin 2019) **« Est puni des mêmes peines le fait pour un sous-traitant de ne pas notifier cette vio-**

lation au responsable de traitement en méconnaissance de l'article 33 du règlement (UE) 2016/679 du 27 avril 2016 précité ou de l'article 102 de la loi n° 78-17 du 6 janvier 1978 précitée. » — *V. Règl. (UE) 2016/679 du Parlement européen et du Conseil relatif à la protection des personnes physiques à l'égard du traitement des données à caractère personnel et à la libre circulation de ces données, et abrogeant la Dir. 95/46/CE.*

Art. 226-18 *(L. n° 2004-801 du 6 août 2004, art. 14)* **Le fait de collecter des données à caractère personnel par un moyen frauduleux, déloyal ou illicite est puni de cinq ans d'emprisonnement et de 300 000 € d'amende.**

BIBL. ▶ PÈRE et FOREST, *D. Affaires 2006. 2666* (l'arsenal répressif du *phishing*). – PRUD'HOMME, *Gaz. Pal. 2010. 1. Doctr. 776* (l'usurpation d'identité numérique : bientôt un nouveau délit).

1. Collecte par des moyens frauduleux, déloyaux ou illicites. Pour que le délit prévu et puni par l'art. 42 de la L. du 6 janv. 1978 soit constitué, il faut non seulement que des données aient été collectées par des moyens frauduleux, déloyaux ou illicites, mais encore que ces données soient enregistrées ou conservées dans un fichier, qu'il soit ou non automatisé (par opposition à un dossier). • Crim. 3 nov. 1987 : *Bull. crim. n° 382 ; RSC 1988. 295, obs. Delmas Saint-Hilaire.* ♦ *Adde :* Frayssinet, *JCP 1988. I. 3323.*

2. Une société a adressé, en 2002 et 2003, des courriers électroniques publicitaires non sollicités à des particuliers dont elle avait obtenu les adresses électroniques sur l'espace public du réseau internet en utilisant, dans un premier temps, un logiciel qui enregistrait ces informations dans un fichier en vue d'un usage ultérieur puis, dans un second temps, à l'aide d'un autre logiciel qui adressait les messages publicitaires aux adresses collectées sans les enregistrer dans un fichier ; pour déclarer le dirigeant de la société coupable du délit prévu par l'art. 226-18 C. pén., dans sa rédaction alors en vigueur, et le condamner, la cour d'appel énonce à bon droit qu'il a collecté des adresses électroniques, qui constituent des données nominatives, de façon déloyale en ce qu'elles ont été utilisées sans rapport avec l'objet de leur mise en ligne ; en effet, d'une part, constitue une collecte de données nominatives le fait d'identifier des adresses électroniques et de les utiliser, même sans les enregistrer dans un fichier, pour adresser à leurs titulaires des messages électroniques ; d'autre part, est déloyal le fait de recueillir, à leur insu, des adresses électroniques personnelles de personnes physiques sur l'espace public d'Internet, ce procédé faisant obstacle à leur droit d'opposition. • Crim. 14 mars 2006, n° 05-83.423 P : *D. 2007. Pan. 404, obs. Garé ; AJ pénal 2006. 260, obs. Roussel.*

3. Le recueil auprès d'un opérateur, quelles qu'en soient les modalités techniques, des coordonnées des appels entrant et sortant d'un numéro de téléphone, permettant qui plus est l'identification des titulaires des lignes en vue d'une utilisation quelconque, constitue une collecte de données à caractère personnel au sens de l'art. 226-18 C. pén., sans que l'élément matériel constitutif de l'infraction n'exige un traitement de ces dernières ou leur conservation dans un fichier, directement réprimées dans les conditions des art. 226-16 à 226-17 et 226-18-1 C. pén. • T. corr. Paris, 8 avr. 2014 : *D. actu. 17 avr. 2014, obs. Lavric.*

Art. 226-18-1 *(L. n° 2004-801 du 6 août 2004, art. 14)* **Le fait de procéder à un traitement de données à caractère personnel concernant une personne physique malgré l'opposition de cette personne, lorsque ce traitement répond à des fins de prospection, notamment commerciale, ou lorsque cette opposition est fondée sur des motifs légitimes, est puni de cinq ans d'emprisonnement et de 300 000 € d'amende.**

1. Atteinte au droit d'opposition. C'est à tort qu'une cour d'appel a condamné le responsable d'un fichier informatique à indemniser la victime pour avoir violé l'art. 226-18 C. pén., au motif que la mise en œuvre par la personne physique concernée du droit d'opposition suppose qu'elle soit avisée, préalablement à son inscription sur un fichier, de ce que des informations nominatives la concernant sont susceptibles de faire l'objet d'un traitement, ce qui n'avait pas été fait en l'espèce ; en statuant ainsi, la cour d'appel n'a pas caractérisé l'atteinte au droit d'opposition de la victime, dès lors que, si, aux termes de l'art. 26 de la loi n° 78-17 du 6 janv. 1978 relative à l'informatique, aux fichiers et aux libertés, toute personne physique a le droit de s'opposer, pour des raisons légitimes, à ce que des informations nominatives la concernant fassent l'objet d'un traitement, ladite loi ne fait nulle obligation au responsable du fichier, qui recueille auprès de tiers des informations nominatives aux fins de traitement, d'en avertir la personne concernée (fichier informatisé des incidents de paiement constatés à l'occasion du remboursement de crédits). • Crim. 25 oct. 1995, n° 94-85.781 P : *D. 1996. 370, note Frayssinet ; RSC 1996. 676 s., spéc. 681, obs. Francillon ; Dr. pénal 1996. Comm. 86, obs. Véron.*

2. Caractérise le délit de traitement automatisé d'informations nominatives concernant des personnes physiques malgré leur opposition fondée sur des motifs légitimes, prévu et puni par l'art. 226-18, al. 1er, C. pén., le fait de constituer et de commercialiser, en vue d'opérations de publipostage, de démarchage téléphonique ou de sondage, des fichiers constitués à partir des données de l'annuaire électronique des abonnés au téléphone, sans qu'en soient retirées les informations concernant les abonnés, personnes physiques, ayant demandé leur inscription sur la liste, dite « liste orange », prévue par l'art. R. 10-1 C. pr. civ. • Crim. 29 juin 1999, n° 97-84.166 P. ♦ ... Pris en application de l'art. 26 de la L. du 6 janv. 1978 relative à l'informatique, aux fichiers et aux libertés, ce texte, qui fonde la légitimité de l'opposition des abonnés inscrits sur la « liste orange » à l'exploitation commerciale des informations les concernant, n'est pas contraire aux dispositions des art. 86 et 90 du traité de la Communauté européenne. • Même arrêt.

3. Pour déclarer une association cultuelle et son président coupables du délit de traitement informatique de données nominatives malgré l'opposition de la personne concernée, prévu par l'art. 226-18 C. pén., la cour d'appel retient à bon droit que l'intéressé, ayant fait connaître qu'il s'opposait à ce que l'association le maintienne dans ses fichiers, avait reçu de celle-ci deux nouveaux courriers ; pour écarter l'argumentation selon laquelle son opposition n'était pas régulière, dès lors qu'elle avait été adressée à la Commission nationale de l'informatique et des libertés (CNIL), laquelle l'avait transmise à l'association cultuelle, l'arrêt relève qu'aucun formalisme n'est prévu par la loi ; enfin, pour rejeter les conclusions contestant la légitimité de l'opposition, les juges énoncent qu'en matière politique, philosophique ou religieuse, cette condition est remplie par le seul exercice de la faculté, pour la personne concernée, de s'opposer au traitement de données nominatives. • Crim. 28 sept. 2004, n° 03-86.604 P : *AJ pénal 2004. 447* ; *Dr. pénal 2005. 18, obs. Véron* ; *Gaz. Pal. 2005. 1. 1376, note A.C.* ♦ ... Le président de l'association cultuelle est également poursuivi sur le fondement de l'art. 43-3° de la L. du 6 janv. 1978, pour avoir entravé l'action de la CNIL en lui indiquant que toutes les démarches avaient été entreprises pour satisfaire à la demande de l'intéressé d'être radié des fichiers de l'association, alors que postérieurement à cette date celui-ci a reçu des courriers en provenance de cette association ; c'est à bon droit que la cour d'appel l'a déclaré coupable de ce chef, au motif qu'il a envoyé volontairement à la CNIL des informations qu'il savait inexactes, ce qui caractérise la volonté du prévenu d'éluder le contrôle de la commission. • Même arrêt.

4. Action civile. L'Union nationale des associations pour la défense des familles et de l'individu (UNADFI), dont l'objet statutaire n'entre pas dans le champ d'application de l'art. 2-17 C. pr. pén., ne justifie d'aucun préjudice personnel directement causé par les infractions de traitement d'informations nominatives malgré opposition légitime et d'entrave au fonctionnement de la CNIL ; sa constitution de partie civile est donc irrecevable. • Crim. 28 sept. 2004, n° 03-86.604 P : *Gaz. Pal. 2005. 1. 1376, note A.C.*

Art. 226-19 *(L. n° 2004-801 du 6 août 2004, art. 14)* **Le fait, hors les cas prévus par la loi, de mettre ou de conserver en mémoire informatisée, sans le consentement exprès de l'intéressé, des données à caractère personnel qui, directement ou indirectement, font apparaître les origines raciales ou ethniques, les opinions politiques, philosophiques ou religieuses, ou les appartenances syndicales des personnes, ou qui sont relatives à la santé ou à l'orientation** *(L. n° 2017-86 du 27 janv. 2017, art. 171)* **« sexuelle ou à l'identité de genre » de celles-ci, est puni de cinq ans d'emprisonnement et de 300 000 € d'amende.**

Est puni des mêmes peines le fait, hors les cas prévus par la loi, de mettre ou de conserver en mémoire informatisée des données à caractère personnel concernant des infractions, des condamnations ou des mesures de sûreté.

(Ord. n° 2018-1125 du 12 déc. 2018, art. 13, en vigueur au plus tard le 1er juin 2019) **« Les dispositions du présent article sont applicables aux traitements non automatisés de données à caractère personnel dont la mise en œuvre ne se limite pas à l'exercice d'activités exclusivement personnelles. »**

1. QPC. La question prioritaire de constitutionnalité est ainsi rédigée : « Les dispositions de l'art. 226-19 C. pén., en ce qu'elles prévoient une exception, dans les cas prévus par la loi, à l'obligation de recueillir le consentement exprès de la personne concernée pour mettre ou conserver en mémoire informatisée des données à caractère personnel relatives à la santé, portent-elles atteinte aux droits et libertés que la Constitution garantit et, plus exactement, au droit au respect de la vie privée garanti par l'art. 2 de la Déclaration des droits de l'homme et du citoyen ? » ; la question posée ne présente pas, à l'évidence, un caractère sérieux en ce que les dispositions légales critiquées, donnant au législateur la possibilité de prévoir des exceptions à l'obligation de recueillir le consentement de la personne concernée pour mettre ou conserver en mémoire informatisée des données à caractère personnel relatives à la santé, apparaissent de nature à assurer, entre le respect de la vie privée et la protection de la santé publique, une conciliation qui n'est pas manifestement déséquilibrée ; d'où il suit qu'il n'y a pas lieu de renvoyer la question au Conseil constitutionnel. • Crim. 6 mai 2014 : *Dr. pénal 2014. Comm. 104, obs. Véron.*

2. En adoptant l'art. 226-19 C. pén., le législateur a défini de manière claire et précise le délit d'enregistrement ou de conservation en mémoire informatisée des données à caractère personnel ; en prévoyant des exceptions dans les « cas prévus par la loi » à l'incrimination qu'elles définissent, les dispositions de cet article ne méconnaissent pas le principe de légalité des délits et des peines. • Cons. const. 19 sept. 2014 : *JO 21 sept, p. 15469.*

3. Opinions religieuses. Un responsable de site web, ni journaliste, ni organisme de presse, qui met en ligne un contenu publié dans la presse papier laissant apparaître l'appartenance d'une personne à la Scientologie, n'opère pas un traitement de données relatives aux opinions religieuses de la personne concernée et n'a pas, dès lors, à recueillir le consentement exprès et préalable de cette dernière pour mettre en mémoire informatique et diffuser sur Internet l'article de presse concerné ; le magistrat instructeur ordonne le non-lieu à poursuivre sur les chefs de l'art. 226-19 C. pén. relatif au traitement frauduleux de données dites « sensibles ». • TGI Villefranche-sur-Saône, 18 févr. 2003 : *Gaz. Pal. 2003. 1. 1727, note Drouard.*

4. Orientation sexuelle. La collecte de données personnelles relatives à l'orientation sexuelle, sans le consentement de l'intéressé, n'entre pas dans le champ d'application de l'art. 226-19 C. pén., en ce qu'elle est prévue par l'art. 8, § II, 6°, de la L. du 6 janv. 1978, relatif aux traitements nécessaires aux fins de la médecine préventive, des diagnostics médicaux, de l'administration de soins ou de traitements, ou de la gestion de services de santé mis en œuvre par le membre d'une profession de santé. • Crim. 8 juill. 2015, n° 13-86.267 P : *D. actu. 9 sept. 2015, obs. Fucini ; RSC 2015. 651, obs. Mayaud ; AJ pénal 2016. 33, note Aubert ; Dr. pénal 2015. Chron. 10, obs. Lepage.*

5. Données concernant des infractions. Il résulte de la combinaison des art. 2, 9, 25 et 50 de la L. n° 78-17 du 6 janv. 1978 relative à l'informatique, aux fichiers et aux libertés, modifiée, ensemble les art. 226-19 et 226-23 C. pén., que constitue un traitement de données à caractère personnel relatives aux infractions toute opération automatisée ou tout ensemble d'opérations automatisées portant sur de telles données, ainsi que toute opération non automatisée ou tout ensemble d'opérations non automatisées portant sur de telles données contenues ou appelées à figurer dans des fichiers. • Crim. 13 janv. 2009, n° 08-84.088 P : *D. 2009. AJ 497, obs. Daleau ; ibid. Pan. 2834, obs. Garé ; JCP 2009, n° 25, 30, p. 48, obs. Caron.* – *Adde* : Flament, *Dr. pénal 2009. Étude.* ♦ Ne constituent pas un traitement de données à caractère personnel relatives à des infractions, au sens des art. 2, 9 et 25 de la L. n° 78-17 du 6 janv. 1978, les constatations visuelles effectuées sur internet et les renseignements recueillis en exécution de l'art. L. 331-2 CPI par un agent assermenté qui, sans recourir à un traitement préalable de surveillance automatisé, utilise un appareillage informatique et un logiciel de pair à pair, pour accéder manuellement, aux fins de téléchargement, à la liste des œuvres protégées irrégulièrement proposées sur la toile par un internaute, dont il se contente de relever l'adresse IP pour pouvoir localiser son fournisseur d'accès en vue de la découverte ultérieure de l'auteur des contrefaçons. • Même arrêt.

6. Mise en mémoire. La clandestinité est inhérente au délit, repris de la L. du 6 janv. 1978 dans l'art. 226-19 C. pén., constitué par la mise en mémoire informatisée, sans l'accord exprès de l'intéressé, de données nominatives faisant apparaître, notamment, ses opinions politiques, philosophiques ou religieuses. • Crim. 4 mars 1997, n° 96-84.773 P : *Dr. pénal 1997. 75, obs. Véron ; Gaz. Pal. 1997. 1. 320, note J.P.D. ; RSC 1997. 669, obs. Dintilhac .* ♦ Rejet du pourvoi contre : • Paris, 30 sept. 1996 : *D. 1997. 111, note Breen ; Gaz. Pal. 1997. 1. 1, note Doucet.* ♦ ... Ainsi, sauf à retirer son effectivité de la loi, cette infraction ne peut être prescrite avant qu'elle ait pu être constatée en tous ses éléments, et que soit révélée, aux victimes, l'atteinte qui a pu être portée à leurs droits. • Même arrêt. ♦ Mêmes solutions pour le délit d'atteinte à l'intimité de la vie privée d'autrui : V. ss. art. 226-1. ♦ *Adde* : Véron, *Dr. pénal 1998. Chron. 16* (clandestinité et prescription).

7. Caractérise le délit de mise ou conservation en mémoire informatisée de données nominatives faisant apparaître les mœurs sans l'accord exprès de la victime, le fait, pour un abonné au réseau internet, afin de se venger d'une déconvenue amoureuse, de scannériser, puis de diffuser des photographies représentant son ex-maîtresse dans des positions scabreuses, ces images numérisées étant en outre assorties d'un texte décrivant les mœurs sexuelles de la personne ainsi représentée et identifiée. • T. corr. Privas, 3 sept. 1997 : *Expertises, mars 1998. 79, obs. Beaujard ; RSC 1998. 574, obs. Francillon .* ♦ *Adde* : Frayssinet, *Expertises, mars 1998, p. 99 s.*

8. Conservation en mémoire. V. également L. n° 78-17 du 6 janv. 1978, art. 31. ♦ La conservation de données informatisées que réprime l'art. 226-19 C. pén. constitue un délit continu, à l'égard duquel la prescription de l'action publique ne commence à courir que lorsqu'il a cessé. • Crim. 4 mars 1997 : *préc. note 6.* ♦ Même solution pour la conservation d'un enregistrement de paroles prononcées à titre privé ou confidentiel : V. ss. art. 226-2.

9. Conflits de qualifications. La L. du 10 juill. 1991, relative au secret des correspondances émises par la voie des télécommunications, – qui a notamment complété le code pénal par un art. 186-1, devenu art. 432-9, inapplicable aux faits commis avant son entrée en vigueur – ne contient aucune disposition incompatible avec celles des lois du 17 juill. 1970, relative à la garantie des libertés individuelles, et du 6 janv. 1978, sur l'informatique et les libertés, reprises respectivement aux art. 368 et 369 devenus 226-1 et 226-2 C. pén., et 226-16 à 226-20 du même code, d'où il suit que le moyen qui se borne à affirmer une telle incompatibilité pour prétendre à l'abrogation implicite de ces derniers textes est inopérant et doit être écarté. • Crim. 4 mars 1997 : *préc. note 6.*

Art. 226-19-1 *(L. nº 2004-801 du 6 août 2004, art. 14)* **En cas de traitement de données à caractère personnel ayant pour fin la recherche dans le domaine de la santé, est puni de cinq ans d'emprisonnement et de 300 000 € d'amende le fait de procéder à un traitement :**

1º Sans avoir préalablement informé individuellement les personnes sur le compte desquelles des données à caractère personnel sont recueillies ou transmises de leur droit d'accès, de rectification et d'opposition, de la nature des données transmises et des destinataires de celles-ci ;

2º Malgré l'opposition de la personne concernée ou, lorsqu'il est prévu par la loi, en l'absence du consentement éclairé et exprès de la personne, ou s'il s'agit d'une personne décédée, malgré le refus exprimé par celle-ci de son vivant.

Art. 226-20 *(L. nº 2004-801 du 6 août 2004, art. 14)* **Le fait de conserver des données à caractère personnel au-delà de la durée prévue par la loi ou le règlement, par la demande d'autorisation ou d'avis, ou par la déclaration préalable adressée à la Commission nationale de l'informatique et des libertés, est puni de cinq ans d'emprisonnement et de 300 000 € d'amende, sauf si cette conservation est effectuée à des fins historiques, statistiques ou scientifiques dans les conditions prévues par la loi.**

Est puni des mêmes peines le fait, hors les cas prévus par la loi, de traiter à des fins autres qu'historiques, statistiques ou scientifiques des données à caractère personnel conservées au-delà de la durée mentionnée au premier alinéa.

Art. 226-21 *(L. nº 2004-801 du 6 août 2004, art. 14)* **Le fait, par toute personne détentrice de données à caractère personnel à l'occasion de leur enregistrement, de leur classement, de leur transmission ou de toute autre forme de traitement, de détourner ces informations de leur finalité telle que définie par la disposition législative, l'acte réglementaire ou la décision de la Commission nationale de l'informatique et des libertés autorisant le traitement automatisé, ou par les déclarations préalables à la mise en œuvre de ce traitement, est puni de cinq ans d'emprisonnement et de 300 000 € d'amende.**

Art. 226-22 *(L. nº 2004-801 du 6 août 2004, art. 14)* **Le fait, par toute personne qui a recueilli, à l'occasion de leur enregistrement, de leur classement, de leur transmission ou d'une autre forme de traitement, des données à caractère personnel dont la divulgation aurait pour effet de porter atteinte à la considération de l'intéressé ou à l'intimité de sa vie privée, de porter, sans autorisation de l'intéressé, ces données à la connaissance d'un tiers qui n'a pas qualité pour les recevoir est puni de cinq ans d'emprisonnement et de 300 000 € d'amende.**

La divulgation prévue à l'alinéa précédent est punie de trois ans d'emprisonnement et de 100 000 € d'amende lorsqu'elle a été commise par imprudence ou négligence.

***Dans les cas prévus aux deux alinéas précédents,* la poursuite ne peut être exercée que sur plainte de la victime, de son représentant légal ou de ses ayants droit.**

BIBL. ▶ FREYSSINET, *Gaz. Pal. 2002. 1. Doctr. 507* (la confidentialité sur l'internet : du secret professionnel à la protection des données personnelles). – REBOUL-MAUPIN, *Gaz. Pal. 2002. 1. Doctr. 518* (responsabilités des médecins et internet).

1. Domaine de l'incrimination – Fichiers manuels. Le champ d'application des délits prévus à l'art. 43 de la L. du 6 janv. 1978 est limité aux traitements automatisés de données nominatives et ne concerne pas les informations contenues dans des fichiers manuels : un fichier constitué de fiches individuelles par support matériel n'entre donc pas dans les prévisions du texte précité ; en conséquence, la cession entre agences matrimoniales d'une cinquantaine de fiches d'identification de ressortissantes roumaines intéressées par une rencontre dans le but d'un futur mariage en France ne peut constituer une divulgation d'informations nominatives sans autorisation, en l'absence de volonté frauduleuse de la prévenue, et alors que le contrat d'adhésion ainsi que la plupart des fiches individuelles prévoyaient expressément la communication des candidatures à des tiers. • Agen, 28 févr. 1994 : *JCP 1994. IV. 2209.*

2. Divulgation intentionnelle. Commet les délits de violation du secret bancaire, de manquement à la sécurité informatique, de divulgation d'informations nominatives susceptibles de porter atteinte à la réputation des personnes le directeur d'un établissement de crédit qui communique à des commerçants, qui ont reçu délégation afin de remettre au nom de ce dernier l'offre préalable de crédit, une liste informatique de personnes, clients de l'établissement de crédit supposés présenter un risque quant à l'octroi d'un éventuel crédit. • Rennes, 13 janv. 1992 : *D. 1993. Somm. 54, obs. Vasseur ; ibid. 1994. Somm. 287, obs. Maisl.*

3. Divulgation non intentionnelle. Un numéro de téléphone constitue une information nominative au sens de l'art. 4 de la loi n° 78-17 du 6 janv. 1978 puisqu'il permet l'identification de la personne physique ou de l'abonné qui en est titulaire ; la divulgation d'une telle information nominative a nécessairement pour effet de porter atteinte à l'intimité de la vie privée de son titulaire. En sa qualité de propriétaire et exploitant du matériel informatique, un gérant d'un service télématique à caractère pornographique est pénalement responsable de l'imprudence ou de la négligence qui a permis la divulgation de cette information, même à son insu, cette infraction étant un délit non intentionnel ; les microcoupures d'électricité dont l'éventualité est avancée pour expliquer la divulgation d'une information normalement secrète ne constituent pas un cas de force majeure dès lors qu'elles ne sont ni imprévisibles ni irrésistibles. • T. corr. Briey, 15 sept. 1992 : *D. 1994. Somm. 289, obs. Maisl ; Gaz. Pal. 1993. 1. 201 et la note ; ibid. 1994. 1. Somm. 107.*

Art. 226-22-1 *(L. n° 2004-801 du 6 août 2004, art. 14)* **Le fait** *(Abrogé par L. n° 2018-493 du 20 juin 2018, art. 27)* « ***, hors les cas prévus par la loi,*** » **de procéder ou de faire procéder à un transfert de données à caractère personnel faisant l'objet ou destinées à faire l'objet d'un traitement vers un État n'appartenant pas à** *(L. n° 2018-493 du 20 juin 2018, art. 27)* « **l'Union européenne ou à une organisation internationale en violation du chapitre V du règlement (UE) 2016/679 du Parlement européen et du Conseil du 27 avril 2016 relatif à la protection des personnes physiques à l'égard du traitement des données à caractère personnel et à la libre circulation de ces données, et abrogeant la directive 95/46/ CE, ou des articles** *(Ord. n° 2018-1125 du 12 déc. 2018, art. 13, en vigueur au plus tard le 1er juin 2019)* « **112 à 114** *[ancienne rédaction : 70-25 à 70-27]* » » **de la loi n° 78-17 du 6 janvier 1978 précitée est puni de cinq ans d'emprisonnement et de 300 000 € d'amende.**

Art. 226-22-2 *(Ord. n° 2018-1125 du 12 déc. 2018, art. 13, en vigueur au plus tard le 1er juin 2019)* **Est puni d'un an d'emprisonnement et de 15 000 € d'amende le fait d'entraver l'action de la Commission nationale de l'informatique et des libertés :**

1° Soit en s'opposant à l'exercice des missions confiées à ses membres ou aux agents habilités en application du dernier alinéa de l'article 10 de la loi n° 78-17 du 6 janvier 1978 précitée lorsque la visite a été autorisée par le juge ;

2° Soit en refusant de communiquer à ses membres ou aux agents habilités en application du dernier alinéa de l'article 10 de la même loi, ou aux agents d'une autorité de contrôle d'un État membre de l'Union européenne en application de l'article 62 du règlement (UE) 2016/679 du 27 avril 2016 précité, les renseignements et documents utiles à leur mission, ou en dissimulant lesdits documents ou renseignements, ou en les faisant disparaître ;

3° Soit en communiquant des informations qui ne sont pas conformes au contenu des enregistrements tel qu'il était au moment où la demande a été formulée ou qui ne présentent pas ce contenu sous une forme directement accessible.

Ancien art. 226-22-2 (L. n° 2004-801 du 6 août 2004, art. 14) ***Dans les cas prévus aux articles 226-16 à 226-22-1, l'effacement de tout ou partie des données à caractère personnel faisant l'objet du traitement ayant donné lieu à l'infraction peut être ordonné. Les membres et les agents de la Commission nationale de l'informatique et des libertés sont habilités à constater l'effacement de ces données.***

Art. 226-23 *(Ord. n° 2018-1125 du 12 déc. 2018, art. 13, en vigueur au plus tard le 1er juin 2019)* **Dans les cas prévus aux articles 226-16 à 226-22-2, l'effacement de tout ou partie des données à caractère personnel faisant l'objet du traitement ayant donné lieu à l'infraction peut être ordonné. Les membres et les agents de la Commis-**

sion nationale de l'informatique et des libertés sont habilités à constater l'effacement de ces données.

Art. 226-24 *(L. n° 2009-526 du 12 mai 2009, art. 124-I)* **« Les personnes morales déclarées responsables pénalement, dans les conditions prévues par l'article 121-2, des infractions définies à la présente section encourent, outre l'amende suivant les modalités prévues par l'article 131-38, les peines prévues par les 2° à 5° et 7° à 9° de l'article 131-39. »**

L'interdiction mentionnée au 2° de l'article 131-39 porte sur l'activité dans l'exercice ou à l'occasion de l'exercice de laquelle l'infraction a été commise.

SECTION VI **DES ATTEINTES À LA PERSONNE RÉSULTANT DE L'EXAMEN DE SES CARACTÉRISTIQUES GÉNÉTIQUES OU DE L'IDENTIFICATION PAR SES EMPREINTES GÉNÉTIQUES** *(L. n° 2004-800 du 6 août 2004, art. 4-III).*

(L. n° 94-653 du 29 juill. 1994)

RÉP. PÉN. v° *Corps humain et Bioéthique*, par KUREK.

Art. 226-25 *(L. n° 2004-800 du 6 août 2004, art. 4-III)* **Le fait de procéder à l'examen des caractéristiques génétiques d'une personne à des fins autres que médicales ou de recherche scientifique, ou à des fins médicales ou de recherche scientifique, sans avoir recueilli préalablement son consentement dans les conditions prévues par l'article 16-10 du code civil, est puni d'un an d'emprisonnement et de 15 000 € d'amende.** – *V. CSP, art. L. 1131-1, ss. art. 226-30.*

BIBL. ▶ VÉRON, *Dr. pénal 1994. Chron. 65* (lois n°s 94-653 et 94-654 du 29 juill. 1994). – FOSSIER, *Gaz. Pal. 1996. 2. Chron. 726* (le malade mental confronté à la médecine somatique et à la recherche ...). – D'AUTUME, *Gaz. Pal. 1996. 2. Chron. 784* (encadrement international du développement des sciences de la vie). – LACHAUD, *Gaz. Pal. 14-16 juill. 1996* (lois bioéthiques de 1994 et dons d'organes : des valeurs morales et religieuses à la règle de droit). – LABRUSSE-RIOU, *Rev. Justices 1996. 133* (pouvoirs scientifiques sur la vie et justice). – SAUTEL, *éd. Pedone, 2005, p. 181* (le code pénal à l'épreuve de la bioéthique. Dix ans de réflexion, *in* « Le nouveau code pénal dix ans après »).

▶ Comité international de bioéthique (CIB), 3e session : Esquisse révisée d'une Déclaration sur la protection du génome humain, *Gaz. Pal. 1996. 2. Chron. 822.*

Une information a été ouverte contre personne non dénommée du chef de viols aggravés ; les traces biologiques relevées sur deux des victimes n'ayant pas permis l'identification de l'auteur des faits par ses empreintes génétiques, le juge d'instruction a ordonné une expertise tendant à l'analyse de ces traces afin que soient extraites les données essentielles à partir de l'ADN et fournis tous renseignements utiles relatifs au caractère morphologique apparent du suspect ; le juge d'instruction a saisi la chambre de l'instruction d'une requête en annulation de sa propre décision au regard des art. 16-11 C. civ. et 226-25 C. pén. ; pour rejeter la requête, l'arrêt, après avoir relevé que le juge d'instruction avait confié à l'expert mission de déterminer des caractéristiques génétiques à partir d'un matériel biologique s'étant naturellement détaché du corps humain, retient que les art. 16-10 et 16-11 C. civ. n'ont pas vocation à s'appliquer, dès lors qu'ils ont pour seul fondement le respect et la protection du corps humain ; les juges ajoutent qu'il en est de même de l'art. 226-25 C. pén., inséré dans ledit code par la L. n° 94-653 du 29 juill. 1994 relative au respect du corps humain ; en cet état, et dès lors que l'expertise ordonnée par le magistrat instructeur sur le fondement de l'art. 81 C. pr. pén. consistait exclusivement à révéler les caractères morphologiques apparents de l'auteur inconnu d'un crime à partir de l'ADN que celui-ci avait laissé sur les lieux, à seule fin de faciliter son identification, l'arrêt n'encourt pas la censure. • Crim. 25 juin 2014 : *Dr. pénal 2014. Comm. 127, obs. Véron.*

Art. 226-26 **Le fait de détourner de leurs finalités médicales ou de recherche scientifique les informations recueillies sur une personne au moyen de** *(L. n° 2004-800 du 6 août 2004, art. 4-III)* **« l'examen » de ses caractéristiques génétiques est puni d'un an d'emprisonnement et de 15 000 € d'amende.**

Art. 226-27 *(L. n° 2011-267 du 14 mars 2011, art. 8-1°)* **Le fait de procéder, sans avoir recueilli le consentement de la personne dans les conditions prévues par l'article 16-11 du code civil, à son identification par ses empreintes génétiques à des fins médicales ou de recherche scientifique ou au prélèvement de ses traces biologiques à titre**

d'ascendant, descendant ou collatéral aux fins de l'établissement, par ses empreintes génétiques, de l'identité d'une personne mentionnée au 3° du même article, est puni d'un an d'emprisonnement et de 15 000 € d'amende. — *V. CSP, art. L. 1131-1 ss. art. 226-30.*

BIBL. ► BONFILS, *RSC 2011. Chron. 442* (loi d'orientation et de programmation pour la performance de la sécurité intérieure [L. n° 2011-267 du 14 mars 2011]).

Art. 226-28 *(Ord. n° 2020-1733 du 16 déc. 2020, art. 10, en vigueur le 1er mai 2021)* **« Le fait de rechercher l'identification par ses empreintes génétiques d'une personne en dehors des cas prévus à l'article 16-11 du code civil est puni d'un an d'emprisonnement ou de 15 000 euros d'amende. »**

Est puni des mêmes peines le fait de divulguer des informations relatives à l'identification d'une personne par ses empreintes génétiques ou de procéder *(L. n° 2011-814 du 7 juill. 2011, art. 4-III)* **« à l'examen des caractéristiques génétiques d'une personne ou » à l'identification d'une personne par ses empreintes génétiques sans être titulaire de l'agrément prévu à l'article L. 1131-3 du code de la santé publique** *(L. n° 2011-814 du 7 juill. 2011, art. 4-III)* **« et de l'autorisation prévue à l'article L. 1131-2-1 du même code ».** — *V. ce texte ss. art. 226-30.*

BIBL. ► M. OLIVIER, *Gaz. Pal. 1997. 1. Doctr. 423* (l'identification des personnes par les empreintes génétiques. Une nouvelle restriction à la liberté de choix de l'expert par le juge).

Doit être condamné pour refus de se soumettre au prélèvement biologique destiné à l'identification de son empreinte génétique le prévenu qui s'est soustrait à un tel prélèvement alors que toutes les conditions d'application de cette procédure étaient remplies ; en effet, en premier lieu, le prévenu ne peut soutenir, en s'appuyant sur l'art. 112-1 C. pén., que la loi instaurant le FNAEG étant postérieure à l'arrêt de mise en accusation prononcé à son encontre, elle ne peut trouver application à des faits commis antérieurement à sa date d'entrée en vigueur, puisque le prévenu se voit en réalité reprocher son refus de se soumettre au prélèvement, et ce en vertu d'une loi nouvelle applicable à la date de ce refus ; enfin, la finalité du fichier en cause, qui a vocation à recueillir les informations concernant des personnes définitivement condamnées, correspond bien au cas du prévenu, dont le pourvoi, qu'il avait formé à l'encontre de l'arrêt de la cour d'assises le condamnant pour des viols avec plusieurs circonstances aggravantes, a été rejeté antérieurement à son refus de se soumettre au prélèvement biologique ; le prévenu, qui fait d'ailleurs preuve de mauvaise foi, est en conséquence éligible à ces dispositions, lesquelles ne constituent ni une sanction ni une modification du régime d'exécution et d'application de la peine criminelle qui lui a été infligée. • Agen, 12 sept. 2005 : *JCP 2006. IV. 1567.*

Ancien art. 226-28, al. 1er (L. n° 2005-270 du 24 mars 2005, art. 93-II) ***« Le fait de rechercher l'identification par ses empreintes génétiques d'une personne*** (L. n° 2011-267 du 14 mars 2011, art. 8-2°-a) ***« en dehors des cas prévus à l'article 16-11 du code civil ou en dehors d'une mesure d'enquête ou d'instruction diligentée lors d'une procédure »*** (L. n° 2007-1631 du 20 nov. 2007, art. 13-II) ***« de vérification d'un acte de l'état civil entreprise par les autorités diplomatiques ou consulaires dans le cadre des dispositions de l'article L. 111-6 du code de l'entrée et du séjour des étrangers et du droit d'asile » est puni d'un an d'emprisonnement et de*** (L. n° 2011-267 du 14 mars 2011, art. 8-2°-b) ***« 15 000 € » d'amende ».***

Art. 226-28-1 *(L. n° 2011-814 du 7 juill. 2011, art. 6-I)* **Le fait pour une personne de solliciter l'examen de ses caractéristiques génétiques ou de celles d'un tiers ou l'identification d'une personne par ses empreintes génétiques en dehors des conditions prévues par la loi est puni de 3750 € d'amende.**

Art. 226-29 La tentative des infractions prévues aux articles 226-25, 226-26, 226-27 et 226-28 est punie des mêmes peines.

Art. 226-30 *(L. n° 2009-526 du 12 mai 2009, art. 124-I)* **« Les personnes morales déclarées responsables pénalement, dans les conditions prévues par l'article 121-2, des infractions définies à la présente section encourent, outre l'amende suivant les modalités prévues par l'article 131-38, les peines prévues par les 2° à 5° et 7° à 9° de l'article 131-39. »**

L'interdiction mentionnée au 2° de l'article 131-39 porte sur l'activité dans l'exercice ou à l'occasion de l'exercice de laquelle l'infraction a été commise.

Code de la santé publique

(Ord. nº 2000-548 du 15 juin 2000)

Art. L. 1131-1 *(L. nº 2004-800 du 6 août 2004, art. 5-II)* L'examen des caractéristiques génétiques d'une personne ou son identification par empreintes génétiques sont régis par les dispositions du chapitre III du titre Ier du livre Ier du code civil et par les dispositions du présent titre, sans préjudice des dispositions du titre II du présent livre.

Toutefois, lorsqu'il est impossible de recueillir le consentement de cette personne ou, le cas échéant, de consulter la personne de confiance mentionnée à l'article L. 1111-6, la famille ou, à défaut, un de ses proches, l'examen ou l'identification peuvent être entrepris à des fins médicales, dans l'intérêt de la personne.

Art. L. 1131-1-1 *(L. nº 2012-300 du 5 mars 2012, art. 4)* Par dérogation à l'article 16-10 du code civil et au premier alinéa de l'article L. 1131-1 du présent code, l'examen des caractéristiques génétiques d'une personne à des fins de recherche scientifique peut être réalisé à partir d'éléments du corps de cette personne prélevés à d'autres fins lorsque cette personne, dûment informée de ce projet de recherche, n'a pas exprimé son opposition. Lorsque la personne est un mineur ou un majeur en tutelle, l'opposition est exprimée par les titulaires de l'autorité parentale ou le tuteur. Lorsque la personne est un majeur hors d'état d'exprimer son consentement et ne faisant pas l'objet d'une tutelle, l'opposition est exprimée par la personne de confiance prévue à l'article L. 1111-6, à défaut de celle-ci, par la famille ou, à défaut, par une personne entretenant avec l'intéressé des liens étroits et stables.

Il peut être dérogé à l'obligation d'information prévue au premier alinéa lorsque la personne concernée ne peut pas être retrouvée. Dans ce cas, le responsable de la recherche doit consulter, avant le début des travaux de recherche, un comité de protection des personnes qui s'assure que la personne ne s'était pas opposée à l'examen de ses caractéristiques génétiques et émet un avis sur l'intérêt scientifique de la recherche.

Lorsque la personne concernée a pu être retrouvée, il lui est demandé, au moment où elle est informée du projet de recherche, si elle souhaite être informée en cas de diagnostic d'une anomalie génétique grave.

Le présent article n'est pas applicable aux recherches dont les résultats sont susceptibles de permettre la levée de l'anonymat des personnes concernées.

Les dispositions issues de la L. nº 2012-300 du 5 mars 2012 entrent en vigueur dès la publication au JO des décrets mentionnés aux art. L. 1121-17, L. 1123-1-1 et L. 1123-14 CSP (L. préc., art. 11). Cet art. a été abrogé par l'art. 8-I de l'Ord. nº 2016-800 du 16 juin 2016.

Art. L. 1131-1-2 *(L. nº 2011-814 du 7 juill. 2011, art. 2-2º)* Préalablement à la réalisation d'un examen des caractéristiques génétiques d'une personne, le médecin prescripteur informe celle-ci des risques qu'un silence ferait courir aux membres de sa famille potentiellement concernés si une anomalie génétique grave dont les conséquences sont susceptibles de mesures de prévention, y compris de conseil génétique, ou de soins était diagnostiquée. Il prévoit avec elle, dans un document écrit qui peut, le cas échéant, être complété après le diagnostic, les modalités de l'information destinée aux membres de la famille potentiellement concernés afin d'en préparer l'éventuelle transmission. Si la personne a exprimé par écrit sa volonté d'être tenue dans l'ignorance du diagnostic, elle peut autoriser le médecin prescripteur à procéder à l'information des intéressés dans les conditions prévues au quatrième alinéa.

En cas de diagnostic d'une anomalie génétique grave, sauf si la personne a exprimé par écrit sa volonté d'être tenue dans l'ignorance du diagnostic, l'information médicale communiquée est résumée dans un document rédigé de manière loyale, claire et appropriée, signé et remis par le médecin. La personne atteste de cette remise. Lors de l'annonce de ce diagnostic, le médecin informe la personne de l'existence d'une ou plusieurs associations de malades susceptibles d'apporter des renseignements complémentaires sur l'anomalie génétique diagnostiquée. Si la personne le demande, il lui remet la liste des associations agréées en application de l'article L. 1114-1.

La personne est tenue d'informer les membres de sa famille potentiellement concernés dont elle ou, le cas échéant, son représentant légal possède ou peut obtenir les coordonnées, dès lors que des mesures de prévention ou de soins peuvent leur être proposées.

Si la personne ne souhaite pas informer elle-même les membres de sa famille potentiellement concernés, elle peut demander par un document écrit au médecin prescripteur, qui atteste de cette demande, de procéder à cette information. Elle lui communique à cette fin les coordonnées des intéressés dont elle dispose. Le médecin porte alors à leur connaissance l'existence d'une information médicale à caractère familial susceptible de les concerner et les invite à se rendre à une consultation de génétique, sans dévoiler ni le nom de la personne ayant fait l'objet de l'examen, ni l'anomalie génétique, ni les risques qui lui sont associés.

Le médecin consulté par la personne apparentée est informé par le médecin prescripteur de l'anomalie génétique en cause.

Lorsqu'est *[Lorsque est]* diagnostiquée une anomalie génétique grave dont les conséquences sont susceptibles de mesures de prévention, y compris de conseil génétique, ou de soins chez une personne qui a fait un don de gamètes ayant abouti à la conception d'un ou plusieurs enfants ou chez l'un des membres d'un couple ayant effectué un don d'embryon, cette personne peut autoriser le médecin prescripteur à saisir le responsable du centre d'assistance médicale à la procréation afin qu'il procède à l'information des enfants issus du don dans les conditions prévues au quatrième alinéa.

Les règles d'accès aux données non identifiantes de nature médicale fixées par le code la santé publique et le code civil ne sont pas, en l'état des connaissances médicales et des nécessités thérapeutiques, incompatibles avec les stipulations de l'art. 8 Conv. EDH. • CE, avis, 13 juin 2013, *MM.*, n° 362981 : *JO 19 juin.* ♦ En ce qui concerne la discrimination fondée sur la naissance qui serait créée entre les enfants issus d'un don de gamètes et les autres enfants, au regard des art. 8 et 14 Conv. EDH, l'art. 14 interdit, dans la jouissance des droits et libertés reconnus dans la convention, de traiter de manière différente, sauf justification objective et raisonnable, des personnes placées dans des situations comparables. Toutefois, l'enfant issu d'un don de gamètes ne se trouve dans une situation analogue, et par suite comparable, ni à celle des enfants du donneur de gamètes, ni à celle des enfants du couple receveur. En outre, il n'existe pas, pour ces autres enfants, un droit à l'accès à des données non identifiantes de nature médicale. Par conséquent, aucune discrimination, au sens de ces stipulations, ne frappe l'enfant issu d'un don de gamètes en matière d'accès à de telles données. • Même arrêt.

Art. L. 1131-1-3 *(L. n° 2011-814 du 7 juill. 2011, art. 2-2°)* Par dérogation au deuxième alinéa de l'article L. 1111-2 et à l'article L. 1111-7, seul le médecin prescripteur de l'examen des caractéristiques génétiques est habilité à communiquer les résultats de cet examen à la personne concernée ou, le cas échéant, aux personnes mentionnées au second alinéa de l'article L. 1131-1.

....

Art. L. 1131-3 *(L. n° 2004-800 du 6 août 2004, art. 5-III ; L. n° 2011-814 du 7 juill. 2011, art. 4-II)* « Sous réserve des dispositions du troisième alinéa de l'article L. 1131-2-1, » Sont seuls habilités à procéder à des examens des caractéristiques génétiques d'une personne ou à son identification par empreintes génétiques à des fins médicales les praticiens agréés à cet effet par l'Agence de la biomédecine mentionnée à l'article L. 1418-1 dans des conditions fixées par voie réglementaire.

Les personnes qui procèdent à des examens des caractéristiques génétiques d'une personne ou à son identification par empreintes génétiques à des fins de recherche scientifique sont agréées dans des conditions fixées par voie réglementaire.

SECTION VII PEINES COMPLÉMENTAIRES APPLICABLES AUX PERSONNES PHYSIQUES

Art. 226-31 *(L. n° 92-1336 du 16 déc. 1992 ; L. n° 94-653 du 29 juill. 1994)* **Les personnes physiques coupables de l'une des infractions prévues par le présent chapitre encourent également les peines complémentaires suivantes :**

1° L'interdiction des droits civiques, civils et de famille, suivant les modalités prévues par l'article 131-26 ;

2° L'interdiction d'exercer l'activité professionnelle ou sociale dans l'exercice ou à l'occasion de l'exercice de laquelle l'infraction a été commise, suivant les modalités prévues par l'article 131-27 ;

3° L'interdiction, pour une durée de cinq ans au plus, de détenir ou de porter une arme soumise à autorisation ;

4° L'affichage ou la diffusion de la décision prononcée, dans les conditions prévues par l'article 131-35 ;

5° Dans le cas prévu par les articles 226-1 à 226-3, 226-8, 226-15 et 226-28, la confiscation de la chose qui a servi ou était destinée à commettre l'infraction ou de la chose qui en est le produit. La confiscation des appareils visés à l'article 226-3 est obligatoire.

Art. 226-32 *(L. n° 94-653 du 29 juill. 1994)* **Les personnes physiques coupables des infractions prévues à l'article 226-28 et de la tentative de ces infractions ayant la qualité d'expert judiciaire encourent également la radiation de la liste sur laquelle elles sont inscrites.**

BIBL. ► M. Olivier, *Gaz. Pal. 1996. 2. Doctr. 739* (la radiation de la liste judiciaire des experts en identification par empreintes génétiques).

Code de la sécurité intérieure

(Ord. n° 2012-351 du 12 mars 2012)

LIVRE II. ORDRE ET SÉCURITÉ PUBLICS

TITRE II. LUTTE CONTRE LE TERRORISME ET LES ATTEINTES AUX INTÉRÊTS FONDAMENTAUX DE LA NATION

CHAPITRE III. *MISE EN ŒUVRE DE SYSTÈMES DE VIDÉOPROTECTION*

Art. L. 223-1 La transmission et l'enregistrement d'images prises sur la voie publique par le moyen de la vidéoprotection peuvent être mis en œuvre par les autorités publiques compétentes aux fins de prévention d'actes de terrorisme ainsi que, pour la protection des abords immédiats de leurs bâtiments et installations, par les autres personnes morales, dans les lieux susceptibles d'être exposés à des actes de terrorisme.

Il peut être également procédé à ces opérations dans des lieux et établissements ouverts au public aux fins d'y assurer la sécurité des personnes et des biens lorsque ces lieux et établissements sont susceptibles d'être exposés à des actes de terrorisme.

La vidéoprotection de la voie publique ou de lieux ou établissements ouverts au public est mise en œuvre dans les conditions prévues au chapitre II du titre V du présent livre. — *[L. n° 95-73 du 21 janv. 1995, art. 10-II, al. 1er à 12 ecqc les actes de terrorisme.]*

Art. L. 223-2 Aux fins de prévention d'actes de terrorisme, le représentant de l'État dans le département et, à Paris, le préfet de police peuvent prescrire la mise en œuvre, dans un délai qu'ils fixent, de systèmes de vidéoprotection, aux personnes suivantes :

1° Les exploitants des établissements, installations ou ouvrages mentionnés aux articles L. 1332-1 et L. 1332-2 du code de la défense ;

2° Les gestionnaires d'infrastructures, les autorités et personnes exploitant des transports collectifs, relevant de l'activité de transports terrestres régie par l'article L. 1000-1 du code des transports ;

3° Les exploitants d'aéroports qui, n'étant pas mentionnés aux deux alinéas précédents, sont ouverts au trafic international. — *[L. n° 95-73 du 21 janv. 1995, art. 10-1-I.]*

Art. L. 223-3 Sauf en matière de défense nationale, la décision mentionnée à l'article L. 223-2 doit être précédée d'une consultation de la commission départementale de vidéoprotection si elle porte sur une installation de vidéoprotection filmant la voie publique ou des lieux et établissements ouverts au public.

Les systèmes de vidéoprotection installés en application de l'article L. 223-2 sont soumis aux dispositions des articles L. 251-3, L. 252-1 (deuxième alinéa), L. 252-2, L. 252-4, L. 252-5, L. 253-3, L. 253-4, L. 253-5, L. 254-1, L. 255-1. — *[L. n° 95-73 du 21 janv. 1995, art. 10-1, II.]*

Art. L. 223-4 Lorsque l'urgence et l'exposition particulière à un risque d'actes de terrorisme le requièrent, le représentant de l'État dans le département et, à Paris, le préfet de police peuvent délivrer aux personnes mentionnées à l'article L. 223-1, sans avis préalable de la commission départementale de vidéoprotection, une autorisation provisoire d'installation d'un système de vidéoprotection, exploité dans les conditions prévues au titre V du présent livre, pour une durée maximale de quatre mois. Le président de la commission est immédiatement informé de cette décision. Il peut alors la réunir sans délai afin qu'elle donne un avis sur la mise en œuvre de la procédure d'autorisation provisoire.

Le représentant de l'État dans le département et, à Paris, le préfet de police recueillent l'avis de la commission départementale de vidéoprotection sur la mise en œuvre du système de vidéoprotection conformément à la procédure prévue à l'article L. 252-1 et se prononcent sur son maintien. La commission doit rendre son avis avant l'expiration du délai de validité de l'autorisation provisoire. — *[L. n° 95-73 du 21 janv. 1995, art. 10-III bis ecqc les actes de terrorisme.]*

Art. L. 223-5 Lorsque l'urgence et l'exposition particulière à un risque d'actes de terrorisme le requièrent, le représentant de l'État dans le département et, à Paris, le préfet de police peuvent prescrire, sans avis préalable de la commission départementale de vidéoprotection, la mise en œuvre d'un système de vidéoprotection exploité dans les conditions prévues par l'article L. 223-3. Quand cette décision porte sur une installation de vidéoprotection filmant la voie publique ou des lieux ou établissements ouverts au public, le président de la commission est immédiatement informé de cette décision. Il peut alors la réunir sans délai afin qu'elle donne un avis sur la mise en œuvre de la procédure de décision provisoire.

Avant l'expiration d'un délai maximal de quatre mois, le représentant de l'État dans le département et, à Paris, le préfet de police recueillent l'avis de la commission départementale de vidéoprotection sur la mise en œuvre du système de vidéoprotection conformément à la procédure prévue à l'article L. 252-1 et se prononcent sur son maintien. — *[L. n° 95-73 du 21 janv. 1995, art. 10-1-III ecqc les actes de terrorisme.]*

Art. L. 223-6 Si les personnes mentionnées à l'article L. 223-2 refusent de mettre en œuvre le système de vidéoprotection prescrit, le représentant de l'État dans le département et, à Paris, le préfet de police les mettent en demeure de procéder à cette installation dans le délai qu'ils fixent en tenant compte des contraintes particulières liées à l'exploitation des établissements, installations et ouvrages et, le cas échéant, de l'urgence. — *[L. n° 95-73 du 21 janv. 1995, art. 10-1, IV.]*

Art. L. 223-7 Est puni d'une amende de 150 000 euros le fait, pour les personnes mentionnées à l'article L. 223-2, de ne pas avoir pris les mesures d'installation du système de vidéoprotection prescrit à l'expiration du délai défini par la mise en demeure mentionnée à l'article L. 223-6. — *[L. n° 95-73 du 21 janv. 1995, art. 10-1-V.]*

Art. L. 223-8 Aux fins de prévention d'actes de terrorisme, de protection des abords des établissements, installations ou ouvrages mentionnés aux articles L. 1332-1 et L. 1332-2 du code de la défense ou de protection des intérêts fondamentaux de la Nation, le représentant de l'État dans le département ou, à Paris, le préfet de police, peut demander à une commune la mise en œuvre de systèmes de vidéoprotection. Le conseil municipal doit en délibérer dans un délai de trois mois.

Les conditions de financement du fonctionnement et de la maintenance du système de vidéoprotection font l'objet d'une convention conclue entre la commune de son lieu d'implantation et le représentant de l'État dans le département ou, à Paris, le préfet de police.

Les articles L. 223-3 et L. 223-5 sont applicables. — *[L. n° 95-73 du 21 janv. 1995, art. 10-1-VI.]*

Art. L. 223-9 L'article L. 223-8 est applicable aux établissements publics de coopération intercommunale qui ont décidé de faire application de l'article L. 132-14. — *[L. n° 95-73 du 21 janv. 1995, art. 10-1-VII.]*

CHAPITRE IV. *INTERDICTION DE SORTIE DU TERRITOIRE*
(L. n° 2014-1353 du 13 nov. 2014, art. 1er)

BIBL. ▶ DREYER, *D. 2015. 912* (la sortie du territoire interdite pour certains Français ?).

Art. L. 224-1 Tout Français peut faire l'objet d'une interdiction de sortie du territoire lorsqu'il existe des raisons sérieuses de penser qu'il projette :

1° Des déplacements à l'étranger ayant pour objet la participation à des activités terroristes ;

2° Ou des déplacements à l'étranger sur un théâtre d'opérations de groupements terroristes, dans des conditions susceptibles de le conduire à porter atteinte à la sécurité publique lors de son retour sur le territoire français.

L'interdiction de sortie du territoire est prononcée par le ministre de l'intérieur pour une durée maximale de six mois à compter de sa notification. La décision est écrite et motivée. Le ministre de l'intérieur ou son représentant met la personne concernée en mesure de lui présenter ses observations dans un délai maximal de huit jours après la notification de la décision. Cette personne peut se faire assister par un conseil ou représenter par un mandataire de son choix.

Lorsque les conditions en sont réunies, l'interdiction de sortie du territoire peut être renouvelée par décision expresse et motivée. Elle est levée aussitôt que ces conditions ne sont plus satisfaites. *(Abrogé par L. nº 2016-987 du 21 juill. 2016, art. 11)* *« Les renouvellements consécutifs d'une interdiction initiale ne peuvent porter la durée globale d'interdiction au-delà de deux années. »*

La personne qui fait l'objet d'une interdiction de sortie du territoire peut, dans le délai de deux mois suivant la notification de la décision et suivant la notification de chaque renouvellement, demander au tribunal administratif l'annulation de cette décision. Le tribunal administratif statue dans un délai de quatre mois à compter de sa saisine. Ces recours s'exercent sans préjudice des procédures ouvertes aux articles L. 521-1 et L. 521-2 du code de justice administrative.

L'interdiction de sortie du territoire emporte dès son prononcé et à titre conservatoire l'invalidation du passeport et de la carte nationale d'identité de la personne concernée ou, le cas échéant, fait obstacle à la délivrance d'un tel document. L'autorité administrative informe la personne concernée par tout moyen.

Dès notification de l'interdiction de sortie du territoire, et au plus tard dans les vingt-quatre heures à compter de celle-ci, la personne concernée est tenue de restituer son passeport et sa carte nationale d'identité.

Un récépissé valant justification de son identité est remis à la personne concernée en échange de la restitution de son passeport et de sa carte nationale d'identité ou, à sa demande, en lieu et place de la délivrance d'un tel document. Ce récépissé suffit à justifier de l'identité de la personne concernée sur le territoire national en application de l'article 1er de la loi nº 2012-410 du 27 mars 2012 relative à la protection de l'identité.

Le fait de quitter ou de tenter de quitter le territoire français en violation d'une interdiction de sortie du territoire prise en application du présent article est puni de trois ans d'emprisonnement et de 45 000 € d'amende.

Le fait, pour toute personne s'étant vu notifier une décision d'interdiction de sortie du territoire, de se soustraire à l'obligation de restitution de son passeport et de sa carte nationale d'identité est puni de deux ans d'emprisonnement et de 4 500 € d'amende.

Un décret en Conseil d'État précise les modalités de mise en œuvre du présent article, s'agissant notamment des modalités d'établissement du récépissé mentionné au neuvième alinéa.

En adoptant les dispositions contestées, le législateur a poursuivi l'objectif de prévention des atteintes à l'ordre public. Le régime d'interdiction est en outre entouré de garanties (mise en œuvre exclusive pour des motifs liés à la prévention du terrorisme, décision d'interdiction de sortie du territoire qui peut, dans le délai du recours contentieux, faire l'objet d'un recours en excès de pouvoir devant le juge administratif qui doit statuer dans un délai de quatre mois). Les griefs tirés de ce que ces dispositions méconnaissent la liberté d'aller et de venir ou le droit à un recours juridictionnel effectif sont donc infondés. • Cons. const. 14 oct. 2015, nº 2015-490 QPC : *D. actu. 16 oct. 2015, obs. Pastor.*

....

TITRE V. VIDÉOPROTECTION

CHAPITRE Ier. *DISPOSITIONS GÉNÉRALES*

Art. L. 251-1 Les enregistrements visuels de vidéoprotection répondant aux conditions fixées aux articles L. 251-2 et L. 251-3 sont soumis aux dispositions du présent titre, à l'exclusion de ceux qui sont utilisés dans des traitements automatisés ou contenus dans des fichiers structurés selon des critères permettant d'identifier, directement ou indirectement, des personnes physiques, qui sont soumis à la loi nº 78-17 du 6 janvier 1978 relative à l'informatique, aux fichiers et aux libertés. – *[L. nº 95-73 du 21 janv. 1995, art. 10-I.]*

Art. L. 251-2 La transmission et l'enregistrement d'images prises sur la voie publique par le moyen de la vidéoprotection peuvent être mis en œuvre par les autorités publiques compétentes aux fins d'assurer :

1º La protection des bâtiments et installations publics et de leurs abords ;

2º La sauvegarde des installations utiles à la défense nationale ;

3º La régulation des flux de transport ;

4° La constatation des infractions aux règles de la circulation ;

5° La prévention des atteintes à la sécurité des personnes et des biens dans des lieux particulièrement exposés à des risques d'agression, de vol ou de trafic de stupéfiants ainsi que la prévention, dans des zones particulièrement exposées à ces infractions, des fraudes douanières prévues par le *(L. n° 2014-315 du 11 mars 2014, art. 14-2°)* « dernier » alinéa de l'article 414 du code des douanes et des délits prévus à l'article 415 du même code portant sur des fonds provenant de ces mêmes infractions ;

6° La prévention d'actes de terrorisme, dans les conditions prévues au chapitre III du titre II du présent livre ;

7° La prévention des risques naturels ou technologiques ;

8° Le secours aux personnes et la défense contre l'incendie ;

9° La sécurité des installations accueillant du public dans les parcs d'attraction ;

(L. n° 2016-1547 du 18 nov. 2016, art. 35) « 10° Le respect de l'obligation d'être couvert, pour faire circuler un véhicule terrestre à moteur, par une assurance garantissant la responsabilité civile » ; — *Un Décr. en Conseil d'État fixe les modalités d'application et les dates de l'entrée en vigueur de l'art. 35 de la L. n° 2016-1547 du 18 nov. 2016, qui intervient au plus tard le 31 déc. 2018 (L. préc., art. 35-V).*

(L. n° 2019-773 du 24 juill. 2019, art. 9) « 11° La prévention *(L. n° 2020-105 du 10 févr. 2020, art. 100)* « et la constatation des infractions relatives à » l'abandon d'ordures, de déchets, de matériaux ou d'autres objets. »

Il peut être également procédé à ces opérations dans des lieux et établissements ouverts au public aux fins d'y assurer la sécurité des personnes et des biens lorsque ces lieux et établissements sont particulièrement exposés à des risques d'agression ou de vol. — *[L. n° 95-73 du 21 janv. 1995, art. 10, II, al. 1er à 12 sauf ecqc les actes de terrorisme.]*

(L. n° 2014-626 du 18 juin 2014, art. 73-I) « Après information du maire de la commune concernée et autorisation des autorités publiques compétentes, des commerçants peuvent mettre en œuvre sur la voie publique un système de vidéoprotection aux fins d'assurer la protection des abords immédiats de leurs bâtiments et installations, dans les lieux particulièrement exposés à des risques d'agression ou de vol. Les conditions de mise en œuvre et le type de bâtiments et installations concernés sont définis par décret en Conseil d'État. »

Les dispositions introduites par l'art. 14 de la L. n° 2014-315 du 11 mars 2014 sont applicables dans les îles Wallis-et-Futuna, en Nouvelle-Calédonie, en Polynésie française, à Saint-Barthélemy et à Saint-Pierre-et-Miquelon (L. préc., art. 21-I à III).

Art. L. 251-3 Les opérations de vidéoprotection de la voie publique sont réalisées de telle sorte qu'elles ne visualisent pas les images de l'intérieur des immeubles d'habitation ni, de façon spécifique, celles de leurs entrées.

Le public est informé de manière claire et permanente de l'existence du système de vidéoprotection et de l'autorité ou de la personne responsable. — *[L. n° 95-73 du 21 janv. 1995, art. 10-II, al. 13 et 14.]*

……………………………………………

Art. L. 251-7 Le Gouvernement transmet chaque année à la Commission nationale de l'informatique et des libertés *(Abrogé par L. n° 2018-699 du 3 août 2018, art. 84 et 86, à compter du 1er juill. 2022)* « *et à la Commission nationale de la vidéoprotection* » un rapport faisant état de l'activité des commissions départementales de vidéoprotection et des conditions d'application du présent titre. — *[L. n° 95-73 du 21 janv. 1995, art. 10-VI bis.]*

……………………………………………

CHAPITRE II. *AUTORISATION ET CONDITIONS DE FONCTIONNEMENT*

Art. L. 252-1 L'installation d'un système de vidéoprotection dans le cadre du présent titre est subordonnée à une autorisation du représentant de l'État dans le département et, à Paris, du préfet de police donnée, sauf en matière de défense nationale, après avis de la commission départementale de vidéoprotection. Lorsque le système comporte des caméras installées sur le territoire de plusieurs départements, l'autorisation est délivrée par le représentant de l'État dans le département dans lequel est situé le siège social du demandeur et, lorsque ce siège est situé à Paris, par le préfet de police, après avis de la commission départementale de vidéoprotection. Les représentants de l'État dans les départements dans lesquels des caméras sont installées en sont informés.

(Ord. n° 2018-1125 du 12 déc. 2018, art. 22, en vigueur au plus tard le 1er juin 2019) « Les systèmes installés sur la voie publique ou dans des lieux ouverts au public dont les enregistre-

ments sont utilisés dans des traitements automatisés ou contenus dans des fichiers structurés selon des critères permettant d'identifier, directement ou indirectement, des personnes physiques, sont autorisés dans les conditions fixées par la loi n° 78-17 du 6 janvier 1978 relative à l'informatique, aux fichiers et aux libertés. »

Art. L. 252-2 L'autorisation préfectorale prescrit toutes les précautions utiles, en particulier quant à la qualité des personnes chargées de l'exploitation du système de vidéoprotection ou visionnant les images et aux mesures à prendre pour assurer le respect des dispositions de la loi. – *[L. n° 95-73 du 21 janv. 1995, art. 10, III, al. 2.]*

(L. n° 2014-626 du 18 juin 2014, art. 73-II) « Dans le cas prévu au dernier alinéa de l'article L. 251-2, le visionnage des images ne peut être assuré que par des agents de l'autorité publique individuellement désignés et habilités des services de police et de gendarmerie nationale. »

Art. L. 252-3 L'autorisation peut prescrire que les agents individuellement désignés et dûment habilités des services de police et de gendarmerie nationales ainsi que des douanes et des services d'incendie et de secours sont destinataires des images et enregistrements. Elle précise alors les modalités de transmission des images et d'accès aux enregistrements ainsi que la durée de conservation des images, dans la limite d'un mois à compter de cette transmission ou de cet accès, sans préjudice des nécessités de leur conservation pour les besoins d'une procédure pénale. La décision de permettre aux agents individuellement désignés et dûment habilités des services de police et de gendarmerie nationales ainsi que des douanes et des services d'incendie et de secours d'être destinataires des images et enregistrements peut également être prise à tout moment, après avis de la commission départementale de vidéoprotection, par arrêté préfectoral. Ce dernier précise alors les modalités de transmission des images et d'accès aux enregistrements. Lorsque l'urgence et l'exposition particulière à un risque d'actes de terrorisme le requièrent, cette décision peut être prise sans avis préalable de la commission départementale de vidéoprotection. Le président de la commission est immédiatement informé de cette décision, qui fait l'objet d'un examen lors de la plus prochaine réunion de la commission. – *[L. n° 95-73 du 21 janv. 1995, art. 10-III, al. 3.]*

Art. L. 252-4 Les systèmes de vidéoprotection sont autorisés pour une durée de cinq ans renouvelable.

Les systèmes de vidéoprotection installés doivent être conformes à des normes techniques définies par arrêté du ministre de l'Intérieur *(Abrogé par L. n° 2018-699 du 3 août 2018, art. 84 et 86, à compter du 1er juill. 2022)* « *après avis de la Commission nationale de la vidéoprotection,* » à compter de l'expiration d'un délai de deux ans après la publication de l'acte définissant ces normes.

Les autorisations mentionnées au présent titre et délivrées avant le 1er janvier 2000 expirent le 24 janvier 2012. Celles délivrées entre le 1er janvier 2000 et le 31 décembre 2002 expirent le 24 janvier 2013. Celles délivrées entre le 1er janvier 2003 et le 24 janvier 2006 expirent le 24 janvier 2014. – *[L. n° 95-73 du 21 janv. 1995, art. 10-III, al. 4, 6 et 17.]*

Art. L. 252-5 Hormis le cas d'une enquête de flagrant délit, d'une enquête préliminaire ou d'une information judiciaire, les enregistrements sont détruits dans un délai maximum fixé par l'autorisation. Ce délai ne peut excéder un mois.

L'autorisation peut prévoir un délai minimal de conservation des enregistrements. – *[L. n° 95-73 du 21 janv. 1995, art. 10-IV.]*

Art. L. 252-6 Lorsqu'il est informé de la tenue imminente d'une manifestation ou d'un rassemblement de grande ampleur présentant des risques particuliers d'atteinte à la sécurité des personnes et des biens, le représentant de l'État dans le département et, à Paris, le préfet de police peuvent délivrer aux personnes mentionnées à l'article L. 251-2, sans avis préalable de la commission départementale de vidéoprotection, une autorisation provisoire d'installation d'un système de vidéoprotection, exploité dans les conditions prévues par le présent titre, pour une durée maximale de quatre mois. Le président de la commission est immédiatement informé de cette décision. Il peut alors la réunir sans délai afin qu'elle donne un avis sur la mise en œuvre de la procédure d'autorisation provisoire. L'autorisation d'installation du dispositif cesse d'être valable dès que la manifestation ou le rassemblement a pris fin.

Sauf dans les cas où les manifestations ou rassemblements de grande ampleur ont déjà pris fin, le représentant de l'État dans le département et, à Paris, le préfet de police recueillent l'avis de la commission départementale de vidéoprotection sur la mise en œuvre du système de vidéoprotection conformément à la procédure prévue à l'article L. 252-1 et se prononcent sur son maintien. La commission doit rendre son avis avant l'expiration du délai de validité de l'autorisation provisoire. – *[L. n° 95-73 du 21 janv. 1995, art. 10-III bis sauf ecqc les actes de terrorisme.]*

Art. L. 252-7 Lorsqu'il est informé de la tenue imminente d'une manifestation ou d'un rassemblement de grande ampleur présentant des risques particuliers d'atteinte à la sécurité des personnes et des biens, le représentant de l'État dans le département et, à Paris, le préfet de police peuvent prescrire, sans l'avis préalable de la commission départementale de vidéoprotection, la mise en œuvre d'un système de vidéoprotection exploité dans les conditions prévues par l'article L. 252-1. Quand cette décision porte sur une installation de vidéoprotection filmant la voie publique ou des lieux ou établissements ouverts au public, le président de la commission est immédiatement informé de cette décision. Il peut alors la réunir sans délai afin qu'elle donne un avis sur la mise en œuvre de la procédure de décision provisoire. La prescription d'installation du dispositif cesse d'être valable dès que la manifestation ou le rassemblement a pris fin.

Sauf dans les cas où les manifestations ou rassemblements de grande ampleur mentionnés à l'alinéa précédent ont déjà pris fin, avant l'expiration d'un délai maximal de quatre mois, le représentant de l'État dans le département et, à Paris, le préfet de police recueillent l'avis de la commission départementale de vidéoprotection sur la mise en œuvre du système de vidéoprotection conformément à la procédure prévue à l'article L. 252-1 et se prononcent sur son maintien. – *[L. n° 95-73 du 21 janv. 1995, art. 10-1-III sauf ecqc les actes de terrorisme.]*

CHAPITRE III. *CONTRÔLE ET DROIT D'ACCÈS*

Art. L. 253-1 La commission départementale de vidéoprotection peut à tout moment exercer, sauf en matière de défense nationale, un contrôle sur les conditions de fonctionnement des systèmes de vidéoprotection répondant aux conditions fixées aux articles L. 251-2 et L. 251-3. Elle émet, le cas échéant, des recommandations et propose la suspension ou la suppression des dispositifs non autorisés, non conformes à leur autorisation ou dont il est fait un usage anormal. Elle informe le maire de la commune concernée de cette proposition. – *[L. n° 95-73 du 21 janv. 1995, art. 10-III, al. 7.]*

Art. L. 253-2 La Commission nationale de l'informatique et des libertés peut, sur demande de la commission départementale de vidéoprotection, du responsable d'un système ou de sa propre initiative, exercer un contrôle visant à s'assurer que le système est utilisé conformément à son autorisation et, selon le régime juridique dont le système relève, aux dispositions du présent titre ou à celles de la loi n° 78-17 du 6 janvier 1978 relative à l'informatique, aux fichiers et aux libertés. Lorsque la Commission nationale de l'informatique et des libertés constate un manquement aux dispositions du présent titre, elle peut, après avoir mis en demeure la personne responsable du système de se mettre en conformité dans un délai qu'elle fixe, demander au représentant de l'État dans le département ou, à Paris, au préfet de police d'ordonner la suspension ou la suppression du système de vidéoprotection. Elle informe le maire de la commune concernée de cette demande. – *[L. n° 95-73 du 21 janv. 1995, art. 10-III, al. 8.]*

Art. L. 253-3 Les membres de la Commission nationale de l'informatique et des libertés, les agents de ses services habilités dans les conditions définies au dernier alinéa de l'article *(Ord. n° 2018-1125 du 12 déc. 2018, art. 22, en vigueur au plus tard le 1er juin 2019)* « 10 *[ancienne rédaction : 19]* » de la loi n° 78-17 du 6 janvier 1978 relative à l'informatique, aux fichiers et aux libertés ainsi que les membres des commissions départementales de vidéoprotection ont accès de six heures à vingt et une heures, pour l'exercice de leurs missions, aux lieux, locaux, enceintes, installations ou établissements servant à la mise en œuvre d'un système de vidéoprotection, à l'exclusion des parties de ceux-ci affectées au domicile privé. Le procureur de la République territorialement compétent en est préalablement informé.

Le responsable des locaux professionnels privés est informé de son droit d'opposition à la visite. Lorsqu'il exerce ce droit, la visite ne peut se dérouler qu'après l'autorisation du juge des libertés et de la détention du tribunal judiciaire dans le ressort duquel sont situés les locaux à visiter, qui statue dans des conditions fixées par décret en Conseil d'État. Toutefois, lorsque l'urgence, la gravité des faits à l'origine du contrôle ou le risque de destruction ou de dissimulation de documents le justifie, la visite peut avoir lieu sans que le responsable des locaux en ait été informé, sur autorisation préalable du juge des libertés et de la détention. Dans ce cas, le responsable des lieux ne peut s'opposer à la visite.

La visite s'effectue sous l'autorité et le contrôle du juge des libertés et de la détention qui l'a autorisée, en présence de l'occupant des lieux ou de son représentant, qui peut se faire assister d'un conseil de son choix ou, à défaut, en présence de deux témoins qui ne sont pas placés sous l'autorité des personnes chargées de procéder au contrôle.

L'ordonnance ayant autorisé la visite est exécutoire au seul vu de la minute. Elle mentionne que le juge ayant autorisé la visite peut être saisi à tout moment d'une demande de suspension ou d'arrêt de cette visite. Elle indique le délai et la voie de recours. Elle peut faire l'objet, suivant les règles prévues par le code de procédure civile, d'un appel devant le premier président de la cour d'appel. Celui-ci connaît également des recours contre le déroulement des opérations de visite.

Les personnes mentionnées au premier alinéa peuvent demander communication de tous documents nécessaires à l'accomplissement de leur mission, quel qu'en soit le support, et en prendre copie ; elles peuvent recueillir, sur place ou sur convocation, tout renseignement et toute justification utiles ; elles peuvent accéder aux programmes informatiques et aux données ainsi qu'en demander la transcription par tout traitement approprié dans des documents directement utilisables pour les besoins du contrôle.

Elles peuvent, à la demande du président de la commission, être assistées par des experts désignés par l'autorité dont ceux-ci dépendent.

Il est dressé contradictoirement procès-verbal des vérifications et visites menées en application du présent article. — *[L. n° 95-73 du 21 janv. 1995, art. 10-III, al. 9 à 15.]*

Art. L. 253-4 A la demande de la commission départementale de vidéoprotection, de la Commission nationale de l'informatique et des libertés ou de sa propre initiative, le représentant de l'État dans le département et, à Paris, le préfet de police peuvent fermer pour une durée de trois mois, après mise en demeure non suivie d'effets dans le délai qu'elle fixe, un établissement ouvert au public dans lequel est maintenu un système de vidéoprotection sans autorisation. Lorsque, à l'issue du délai de trois mois, l'établissement n'a pas sollicité la régularisation de son système, l'autorité administrative peut lui enjoindre de démonter ledit système. S'il n'est pas donné suite à cette injonction, une nouvelle mesure de fermeture de trois mois peut être prononcée. — *[L. n° 95-73 du 21 janv. 1995, art. 10-III, al. 16.]*

Art. L. 253-5 Toute personne intéressée peut s'adresser au responsable d'un système de vidéoprotection afin d'obtenir un accès aux enregistrements qui la concernent ou d'en vérifier la destruction dans le délai prévu. Cet accès est de droit. Un refus d'accès peut toutefois être opposé pour un motif tenant à la sûreté de l'État, à la défense, à la sécurité publique, au déroulement de procédures engagées devant les juridictions ou d'opérations préliminaires à de telles procédures ou au droit des tiers.

Toute personne intéressée peut saisir la commission départementale de vidéoprotection ou la Commission nationale de l'informatique et des libertés de toute difficulté tenant au fonctionnement d'un système de vidéoprotection.

Les dispositions du précédent alinéa ne font pas obstacle au droit de la personne intéressée de saisir la juridiction compétente, *(Abrogé par Ord. n° 2019-738 du 17 juill. 2019, art. 13) « au besoin en la forme du référé ».* — *[L. n° 95-73 du 21 janv. 1995, art. 10-V.]*

CHAPITRE IV. *DISPOSITIONS PÉNALES*

Art. L. 254-1 Le fait d'installer un système de vidéoprotection ou de le maintenir sans autorisation, de procéder à des enregistrements de vidéoprotection sans autorisation, de ne pas les détruire dans le délai prévu, de les falsifier, d'entraver l'action de la commission départementale de vidéoprotection ou de la Commission nationale de l'informatique et des libertés, de faire accéder des personnes non habilitées aux images ou d'utiliser ces images à d'autres fins que celles pour lesquelles elles sont autorisées est puni de trois ans d'emprisonnement et de 45 000 euros d'amende, sans préjudice des dispositions des articles 226-1 du code pénal et L. 1121-1, L. 1221-9, L. 1222-4 et *(L. n° 2015-994 du 17 août 2015, art. 18-XIX, en vigueur le 1er janv. 2016)* « L. 2323-47 » du code du travail. — *[L. n° 95-73 du 21 janv. 1995, art. 10-VI.]*

CHAPITRE V. *DISPOSITIONS COMMUNES*

Art. L. 255-1 Un décret en Conseil d'État *(Abrogé par L. n° 2018-699 du 3 août 2018, art. 84 et 86, à compter du 1er juill. 2022) «, après avis de la Commission nationale de la vidéoprotection, »* fixe les modalités d'application du présent titre, et notamment les conditions dans lesquelles le public est informé de l'existence d'un dispositif de vidéoprotection ainsi que de l'identité de l'autorité ou de la personne responsable. Ce décret fixe également les conditions dans lesquelles les agents mentionnés à l'article L. 252-3 sont habilités à accéder aux enregistrements et les conditions dans lesquelles la commission départementale de vidéoprotection exerce son contrôle. – *[L. n° 95-73 du 21 janv. 1995, art. 10-VII.]*

Ordonnance n° 58-1100 du 17 novembre 1958,

Relative au fonctionnement des assemblées parlementaires (D. 1958. 392 ; BLD 1958. 778).

Art. 6 ... *(L. n° 91-698 du 20 juill. 1991)* « IV. — Les auditions auxquelles procèdent les commissions d'enquête sont publiques. Les commissions organisent cette publicité par les moyens de leur choix. Toutefois, elles peuvent décider l'application du secret ; dans ce cas, les dispositions du dernier alinéa du présent article sont applicables. »

(L. n° 2011-140 du 3 févr. 2011, art. 2) « Les personnes entendues par une commission d'enquête sont admises à prendre connaissance du compte rendu de leur audition. Cette communication a lieu sur place lorsque l'audition a été effectuée sous le régime du secret. Aucune correction ne peut être apportée au compte rendu. Toutefois, l'intéressé peut faire part de ses observations par écrit. Ces observations sont soumises à la commission, qui peut décider d'en faire état dans son rapport. »

(L. n° 77-807 du 19 juill. 1977) « L'assemblée intéressée peut décider, par un vote spécial, et après s'être constituée en comité secret, de ne pas autoriser la publication de tout ou partie du rapport » *(L. n° 91-698 du 20 juill. 1991)* « d'une commission d'enquête ».

(L. n° 91-698 du 20 juill. 1991) « Sera punie des peines prévues à l'article *(L. n° 92-1336 du 16 déc. 1992)* « 226-13 » du code pénal toute personne qui, dans un délai de *(L. n° 2008-696 du 15 juill. 2008)* « vingt-cinq ans, sous réserve des délais plus longs prévus à l'article L. 213-2 du code du patrimoine », divulguera ou publiera une information relative aux travaux non publics d'une commission d'enquête, sauf si le rapport publié à la fin des travaux de la commission a fait état de cette information. »

Loi n° 62-896 du 4 août 1962,

Relative à l'usage de documents fiscaux dans les relations de droit public et de droit privé (D. 1962. 261 ; BLD 1962. 510).

Art. 3 Toute juridiction de l'ordre judiciaire ou de l'ordre administratif saisie d'une action tendant à une condamnation pécuniaire peut, si elle l'estime opportun, ordonner tant aux parties qu'aux administrations fiscales la communication, en vue de leur versement aux débats, des documents d'ordre fiscal dont la production est utile à la solution du litige. – *Disposition codifiée au Livre des procédures fiscales, art. L. 143, al. 1er.*

Pour l'application du présent article, les administrations fiscales sont déliées du secret professionnel.

Quiconque, en dehors de la procédure relative à l'action considérée, aura, de quelque manière que ce soit, publié ou divulgué tout ou partie des renseignements figurant dans des documents d'ordre fiscal versés aux débats, ou fait usage desdits renseignements sans y être légalement autorisé, sera puni d'un emprisonnement de six mois et d'une amende de 6 000 € ou de l'une de ces deux peines seulement. – *Disposition codifiée au* **CGI**, *art. 1753 bis A.*

Code du patrimoine

(Ord. n° 2004-178 du 20 févr. 2004 ; ratifiée par L. n° 2004-1343 du 9 déc. 2004, art. 78-XIV)

Art. L. 214-1 *(L. n° 2008-696 du 15 juill. 2008, art. 19)* Toute infraction aux dispositions de l'article L. 211-3 est passible des peines prévues aux articles 226-13 et 226-31 du code pénal. – *[Ancien art. 29 L. n° 79-18 du 3 janv. 1979.]*

Loi nº 78-17 du 6 janvier 1978,

Relative à l'informatique, aux fichiers et aux libertés.

Les dispositions de la L. nº 78-17 du 6 janv. 1978 ont été réécrites par l'Ord. nº 2018-1125 du 12 déc. 2018, et sont entrées en vigueur en même temps que le Décr. nº 2019-536 du 29 mai 2019 pris pour son application (Ord. préc., art. 29), soit le 1er juin 2019.

*V. **C. données personnelles**,* 🏛.

Loi nº 95-73 du 21 janvier 1995,

D'orientation et de programmation relative à la sécurité.

Dans tous les textes législatifs et réglementaires, le mot : "vidéosurveillance" est remplacé par le mot : "vidéoprotection" (L. nº 2011-267 du 14 mars 2011, art. 17).

BIBL. ▶ LAFAY, *JCP 1995. II. 22525 (note sous Cons. const. du 18 janv. 1995, Décis. nº 94-352 DC).*

Art. 10 et 10-1 *Abrogés par Ord. nº 2012-351 du 12 mars 2012, à compter du 1er mai 2012.*

V. désormais CSI, art. L. 223-1 à L. 223-9, L. 251-1 à L. 251-3, L. 251-7, L. 252-1 à L. 252-7, L. 253-1 à L. 253-5, L. 254-1, L. 255-1.

……………………………………………………………………………………

Art. 15 En vue de prévenir les infractions contre les véhicules et leurs équipements, l'installation sur ces biens de dispositifs de sécurité ou leur marquage, y compris par des procédés électroniques, peuvent être rendus obligatoires. Toutefois, cette obligation ne peut en aucun cas s'appliquer à des dispositifs ou procédés permettant de localiser à distance des véhicules non signalés comme volés.

Les constructeurs et importateurs seront tenus d'y procéder sur les véhicules construits ou importés, à compter de l'entrée en vigueur du présent article, dans des conditions fixées par décret en Conseil d'État.

Le fait de détourner les dispositifs ou procédés de sécurité ou de marquage des véhicules pour localiser à distance des véhicules non volés est puni des peines prévues au VI de l'article 10 de la présente loi.

Art. 15-1 *(L. nº 2004-204 du 9 mars 2004, art. 3)* Les services de police et de gendarmerie *(L. nº 2016-731 du 3 juin 2016, art. 37)* « ainsi que les agents des douanes habilités à effectuer des enquêtes judiciaires en application de l'article 28-1 du code de procédure pénale » peuvent rétribuer toute personne étrangère aux administrations publiques qui leur a fourni des renseignements ayant amené directement soit la découverte de crimes ou de délits, soit l'identification des auteurs de crimes ou de délits.

Les modalités de la rétribution de ces personnes sont déterminées par arrêté conjoint du ministre de la justice, du ministre de l'intérieur *(Abrogé par L. nº 2009-971 du 3 août 2009)* « *, du ministre de la défense* » et du ministre des finances.

CHAPITRE VII DES ATTEINTES AUX MINEURS ET À LA FAMILLE

BIBL. ▶ ALT-MAES, *JCP 2000. I. 275* (le PACS à l'épreuve du droit pénal). – MAISTRE DU CHAMBON, *JCP 2011, nº 6* (quelques considérations sur le droit pénal de la famille). – BICHERON, *in* « Code pénal et code d'instruction criminelle – Livre du Bicentenaire », Ouvrage collectif de l'Université Panthéon-Assas Paris II, *Dalloz, 2010, p. 539* (protection de la famille par le droit pénal). – SOURD et LANGLADE, *AJ pénal 2020. 95* ✎ *s.* (les violences au sein du couple : quelles données pour quelles informations ?). – JEAN, *AJ pénal 2020. 316* ✎ *s.* (les violences sexuelles dans la famille : une approche statistique). – SAENKO, *D. 2020. Entretien. 2000* (la loi nº 2020-936 du 30 juillet 2020 visant à protéger les victimes de violences conjugales : une loi pour rien ?). – HARDOUIN-LE GOFF, *Dr. pénal 2020. Étude 34* (infractions sexuelles sur mineurs : lorsque le droit pénal retrouve sa fonction expressive et que la fixation du seuil d'âge devient constitutionnellement possible).

▶ **Dossiers :** Maltraitances infantiles, *Cah. justice 2018/1.*

▶ Qu'attendre de la loi du 28 décembre visant à agir contre les violences au sein de la famille ?, *AJ pénal 2020. 59* ✎ *s.*

▶ Les violences sexuelles familiales, *AJ pénal 2020. 271* ✎ *s.*

SECTION PREMIÈRE DU DÉLAISSEMENT DE MINEUR

RÉP. PÉN. v° *Abandon d'enfant ou de personne hors d'état de se protéger*, par GOUTTENOIRE et GUÉRIN.

BIBL. ▶ GOUTTENOIRE-CORNUT, *AJ fam. 2002. 244* (la répression pénale de l'abandon de l'enfant).

Art. 227-1 **Le délaissement d'un mineur de quinze ans en un lieu quelconque est puni de sept ans d'emprisonnement et de 100 000 € d'amende, sauf si les circonstances du délaissement ont permis d'assurer la santé et la sécurité de celui-ci.**

Art. 227-2 **Le délaissement d'un mineur de quinze ans qui a entraîné une mutilation ou une infirmité permanente de celui-ci est puni de vingt ans de réclusion criminelle.**

Le délaissement d'un mineur de quinze ans suivi de la mort de celui-ci est puni de trente ans de réclusion criminelle.

Corresp. *: C. pén., anciens art. 349 à 353.*

1. Avant la réforme du code pénal. Il y a délaissement, au sens de l'art. 352 C. pén., lorsque l'enfant a été abandonné par sa mère, dans le but de se soustraire à l'obligation d'en prendre soin, sans esprit de retour, entre les mains d'un tiers qui n'avait consenti à s'en charger que momentanément. • Crim. 14 janv. 1943 : *Bull. crim. n° 3.*

2. Tel n'est pas le cas d'une mère qui n'a pas signalé la disparition de sa fille âgée de trois ans, qui, échappant à sa surveillance, s'était éloignée et vagabondait sur la voie publique ; en effet, si les faits font apparaître un défaut de surveillance et une négligence sans doute coupable, ils ne traduisent nullement la volonté délibérée de la prévenue de se soustraire de manière définitive à ses obligations. • Paris, 2 juill. 1982 : *Rev. pénit. 1984. 100.*

3. Le fait par une épouse, à qui le jugement de divorce a confié la garde d'un enfant commun, de remettre, même de manière intempestive, cet enfant à son ancien mari, demeuré tenu des obligations de l'art. 203 C. civ., ne constitue ni l'abandon, ni le délaissement défini par l'art. 352 C. pén., qui supposent l'abandon de l'enfant, soit à lui-même, soit à une personne n'ayant aucune obligation de s'en charger ou n'ayant consenti à s'en charger que momentanément. • T. corr. Dieppe, 8 mars 1977 : *D. 1977. IR 279.*

4. Depuis la réforme du code pénal. Selon l'art. 223-3 C. pén., le délit de délaissement suppose un acte positif, exprimant de la part de son auteur la volonté d'abandonner définitivement la victime ; méconnaît les exigences de ce texte la cour d'appel qui déclare un couple coupable de délaissement de personne hors d'état de se protéger aux motifs que leurs enfants, dont ils avaient la responsabilité, se sont retrouvés, à la suite d'un malentendu, seuls à l'arrivée d'un bateau et ont été récupérés par la police, alors que ces faits n'entrent pas dans les prévisions de l'art. 223-3 C. pén. • Crim. 23 févr. 2000, n° 99-82.817 P : *RSC 2000. 610, obs. Mayaud*.

SECTION II DE L'ABANDON DE FAMILLE

Art. 227-3 **Le fait, pour une personne, de ne pas exécuter une décision judiciaire** *(L. n° 2019-1446 du 24 déc. 2019, art. 72)* **« ou l'un des titres mentionnés aux 2° à 5° du I de l'article 373-2-2** *[ancienne rédaction :, une convention judiciairement homologuée ou une convention prévue à l'article 229-1]* **»** *(L. n° 2016-1547 du 18 nov. 2016, art. 50-VI et 114-V, en vigueur le 1er janv. 2017)* **« du code civil » lui imposant de verser au profit d'un enfant mineur,** *(Abrogé par Ord. n° 2005-759 du 4 juill. 2005, art. 19, à compter du 1er juill. 2006)* ***« légitime, naturel ou adoptif, »*** **d'un descendant, d'un ascendant ou du conjoint une pension, une contribution, des subsides ou des prestations de toute nature dues en raison de l'une des obligations familiales prévues par le** *(Abrogé par L. n° 2011-525 du 17 mai 2011, art. 151)* ***« titre IX du livre Ier du »*** **code civil, en demeurant plus de deux mois sans s'acquitter intégralement de cette obligation, est puni de deux ans d'emprisonnement et de 15 000 € d'amende.**

Les infractions prévues par le premier alinéa du présent article sont assimilées à des abandons de famille pour l'application du 3° de l'article 373 du code civil. — *Pr. pén. 382, 398-1.*

RÉP. PÉN. v° *Abandon de famille*, par GOUTTENOIRE et GUÉRIN.

Corresp. *: C. pén., ancien art. 357-2.*

Les dispositions issues de l'art. 72 de la L. n° 2019-1446 du 24 déc. 2019 sont applicables aux faits commis après l'entrée en vigueur de ladite loi (L. préc., art. 72-VIII, JO 27 déc.).

BIBL. ▶ Hauser, *JCP 1974. I. 2617.* – Copper-Royer, *Gaz. Pal. 1994. 1. Doctr. 296.* – Rebut, *Dr. fam. 2000, chron. 1* (nature de l'abandon de famille : l'atteinte à la justice). – Jaworski, *JCP 2004. I. 102* (abandon pécuniaire de famille et coparentalité). – Monachon-Duchêne, *JCP 2006. I. 165* (obligation alimentaire devant le juge pénal... abandon de famille devant le JAF). – Mirabail, *D. 2010. Chron. 397* (abandon de famille : simplification ou déstructuration). – Gauvin, *JCP 2010, n° 6, p. 141* (de l'obscure clarification du droit. A propos du délit d'abandon pécuniaire de famille). – Sannier, *Gaz. Pal. 2014. 2. 3008* (tour d'horizon du délit d'abandon de famille en 2014).

Plan des annotations

1. *Légalité.* Les éléments constitutifs du délit d'abandon de famille sont définis en des termes clairs et précis. • Cass. ch. mixte, 12 mai 2000, n° 96-80.077 P : *BICC 1er août 2000 (n° 519), concl. Joinet.*

2. Les dispositions de l'art. 1er de la L. du 4 mars 2002 relative à l'autorité parentale ont abrogé les art. 287 à 295 C. civ. et prévu que les conséquences du divorce pour les enfants seraient désormais réglées selon les dispositions du chapitre Ier du titre IX du livre Ier C. civ. Il se déduit du premier de ces textes que le législateur a entendu remplacer dans l'art. 227-3 C. pén. la référence aux anciennes dispositions abrogées par les nouvelles dispositions précitées. • Crim. 10 déc. 2008, n° 08-83.663 P : *D. 2009. AJ 299 ; AJ pénal 2009. 77.*

3. La question prioritaire de constitutionnalité vise « à faire dire et juger par le Conseil constitutionnel que l'art. 227-3 C. pén. n'est pas conforme à l'art. 9 de la DDH, ou selon, de prononcer une réserve d'interprétation permettant la conformité » ; la question posée ne présente pas, à l'évidence, un caractère sérieux dès lors que les dispositions légales critiquées n'instaurent pas de présomption de culpabilité, la partie poursuivante ayant la charge de prouver que le prévenu est volontairement demeuré plus de deux mois sans acquitter le montant de la pension alimentaire qu'il a été condamné à payer par décision de justice ; d'où il suit qu'il n'y a pas lieu de renvoyer la question au Cons. const. • Crim. 12 juin 2013 : *Dr. pénal 2013. Comm. 120, obs. Véron.*

4. *Loi n° 2009-526 du 12 mai 2009. Application dans le temps.* Les dispositions d'une loi nouvelle s'appliquent aux infractions commises avant leur entrée en vigueur et n'ayant pas donné lieu à une condamnation passée en force de chose jugée, lorsqu'elles sont moins sévères que les dispositions anciennes ; le prévenu a été poursuivi pour être demeuré plus de deux mois sans acquitter le montant intégral de la prestation compensatoire sous forme d'un capital de 470 000 € qu'il avait été condamné à verser à son ex-épouse par jugement de divorce ; la cour d'appel a déclaré le prévenu coupable d'abandon de famille et a prononcé une peine ; mais l'art. 133-III, de la L. du 12 mai 2009 a remplacé, au premier al. de l'art. 227-3 C. pén., les références aux titres V, VI, VII et VIII du livre Ier C. civ. par la seule référence au titre IX du livre Ier du même code, lequel ne concerne que l'autorité parentale ; il s'ensuit que le non-paiement d'une prestation compensatoire allouée par un jugement de divorce échappe désormais aux prévisions de l'art. 227-3 C. pén. ; en statuant sur l'action publique, alors que les faits poursuivis n'étaient plus susceptibles de constituer une infraction au jour où elle a statué, la cour d'appel a méconnu l'art. 112-1 C. pén., ensemble l'art. 133-III de la L. n° 2009-526 du 12 mai 2009 et le principe ci-dessus rappelé ; d'où il suit que la cassation est encourue. • Crim. 16 févr. 2011, n° 10-83.606 P : *D. 2011. Actu. 880, obs. Bombled ; ibid. Pan. 2832, obs. Mirabail ; RSC 2011. 399, obs. Mayaud.*

5. En cas de conflit entre plusieurs lois pénales de fond successives, lorsqu'une infraction a été commise sous l'empire d'une première loi, dont des dispositions ont ensuite été abrogées, ce qui a eu pour effet de la rendre inapplicable aux faits, la deuxième loi étant elle-même remplacée par une troisième réprimant les faits objet de la poursuite, le principe de non-rétroactivité de la loi pénale implique que les faits ne puissent plus être poursuivis ; il résulte de l'arrêt attaqué et des pièces de procédure que M. X... a été cité directement devant le tribunal correctionnel par son épouse, du chef d'abandon de famille commis de déc. 2008 à nov. 2009 ; pour déclarer le prévenu coupable et prononcer sur la peine, l'arrêt énonce que, condamné par l'ordonnance de non-conciliation du 10 nov. 2008 à payer une pension alimentaire à son épouse, M. X... s'en est abstenu, en tout ou en partie, pendant la période de prévention, mais que ces faits ne sont punissables que jusqu'au 13 mai 2009, en application de l'art. 113 de la L. du 12 mai 2009, parue au JO le 13 mai 2009, laquelle a supprimé les références anciennes du livre Ier du C. civ. pour les remplacer par la seule référence au titre IX du livre Ier du même code, lequel ne concerne que l'autorité parentale ; mais en statuant ainsi, alors que l'art. 113-III de la L. du 12 mai 2009, abrogeant des dispositions de l'art. 227-3 C. pén., a eu pour effet d'enlever leur caractère d'infraction, dans leur totalité, aux faits objet des poursuites, sans que la loi du 17 mai 2011, modifiant la précédente et incriminant à nouveau les faits concernés, puisse davantage leur être appliquée rétroactivement, la cour d'appel a méconnu le sens et la portée de l'art. 112-1 C. pén. et de l'art. 227-3, al. 1er, du même code, tant dans sa rédaction issue de l'art. 133-III de la L. du 12 mai 2009 que dans la rédaction issue de l'art. 151 de la L. du 17 mai 2011 et du principe ci-dessus rappelé. • Crim. 23 mai 2012, n° 11-83.901 P : *D. actu. 3 juill. 2012, obs. Priou-Alibert ; D. 2012. 2368, note Benillouche*.

I. TITRE PRÉALABLE

6. Principe. Un des éléments essentiels du délit d'abandon de famille, tel qu'il est prévu et réprimé par l'art. 357-2 C. pén., est qu'il existe à la base de la poursuite correctionnelle une décision de justice civile définissant l'obligation de famille mise à la charge du prévenu. • Crim. 17 févr. 1938 : *Bull. crim. n° 45 ; DH 1938. 230.* ♦ ... Et que cette décision de justice ait été légalement exécutoire à la date des faits incriminés, soit qu'elle fût devenue définitive à cette date, soit que son exécution provisoire ait été ordonnée. • Crim. 20 déc. 1966 : *Bull. crim. n° 295 ; D. 1967. 299, rapp. Rolland ; Gaz. Pal. 1967. 1. 246* • 29 nov. 1972 : *Bull. crim. n° 364* • 3 nov. 1977 : *ibid. n° 326 ; RSC 1978. 634, obs. Levasseur* • 30 sept. 1992, n° 92-81.328 P : *RSC 1994. 334, obs. Levasseur*. ♦ Doit être cassé l'arrêt qui prononce condamnation pour abandon de famille sans viser expressément la décision de justice et son caractère exécutoire d'où résulterait l'obligation alimentaire. • Crim. 4 juill. 1962 : *Bull. crim. n° 233.*

7. Le défaut de versement d'une prestation compensatoire qui ne résulte ni d'un jugement, ni d'une convention judiciairement homologuée, ne peut caractériser le délit d'abandon de famille, telle une convention notariée réglant les effets du divorce sous la condition de son prononcé, alors que le jugement de divorce, qui en avait seulement constaté le principe, n'avait pas fixé le montant de la prestation compensatoire, ni homologué la convention ainsi intervenue entre les parties. • Crim. 15 oct. 1996, n° 94-82.848 P : *Dr. pénal 1997. 16, obs. Véron.* ♦ Mais une convention notariée signée à l'étranger, par laquelle l'épouse abandonne toute revendication alimentaire en exécution d'une ordonnance de non-conciliation, ne saurait effacer l'élément intentionnel du délit d'abandon de famille, sous le prétexte que le prévenu s'en serait tenu à l'apparence de cet acte pour prendre la décision de ne plus régler la pension alimentaire à laquelle il avait été condamné. • Crim. 3 sept. 1997 : *Dr. pénal 1998. 1, obs. Véron.*

A. TITRE JUDICIAIRE

1° DÉCISION

8. Nécessité. En matière d'abandon de famille, les juges ne peuvent condamner un prévenu que pour la non-exécution de la décision visée dans l'ordonnance de renvoi ou la citation, et non pour l'inobservation d'un accord des parties tendant à faire revivre les dispositions d'une décision antérieure. • Crim. 6 déc. 1972 : *Bull. crim. n° 378 ; D. 1973. 163 ; RSC 1973. 674, obs. Levasseur.*

9. Doit être annulé l'arrêt qui condamne un prévenu, alors qu'aucune condamnation au payement d'une pension alimentaire n'a été antérieurement prononcée. • Crim. 24 avr. 1931 : *Bull. crim. n° 115.* ♦ Un jugement civil se limitant à fixer la contribution du prévenu sans l'assortir d'une condamnation à son paiement ne peut entraîner de condamnation pénale du chef de l'inexécution d'une obligation qui n'a pas été mise à sa charge. • T. corr. Douai, 23 oct. 1992 : *Gaz. Pal. 1993. 2. Somm. 476, note Lévy.*

10. Le procès-verbal de conciliation prévu par les art. 130 et 131 NCPC [devenu C. pr. civ.] équivaut, au sens de l'art. 227-3 C. pén., à une convention judiciairement homologuée ; justifie donc légalement sa décision la cour d'appel qui, pour déclarer un prévenu coupable d'abandon de famille pour ne pas avoir exécuté l'obligation alimentaire résultant d'un procès-verbal de conciliation valant titre exécutoire, apprécie, souverainement, que le prévenu s'est volontairement abstenu d'exécuter son obligation. • Crim. 31 mars 1999, n° 98-82.372 P : *D. 2000. Somm. 36, obs. Mayaud ; ibid. 2000. 117, obs. Mirabail ; Dr. pénal 1999. 95, obs. Véron ; JCP 2000. I. 207, n° 3, obs. Véron.* ♦ *Contra* : un procès-verbal de conciliation ne saurait être assimilé à un jugement de condamnation. • TGI Lisieux, 17 sept. 1976 : *JCP 1977. II. 18628, note R. L.*

11. Les magistrats composant la juridiction civile qui statue sur des obligations alimentaires, conjugales ou parentales ne se prononcent ni sur la culpabilité pénale du débiteur des obligations, ni sur les faits constitutifs du délit d'abandon de famille, qui peut seulement résulter de l'inexécution volontaire d'une décision judiciaire préalable. • Crim. 9 juin 1999 : *D. 1999. IR 216*.

2° OBLIGATION

12. Divorce. Après divorce, séparation de corps ou annulation du mariage, ce sont les prestations et pensions de toute nature qui sont visées au titre de l'abandon de famille, ce qui interdit de distinguer selon le caractère indemnitaire ou alimentaire des sommes en cause, comme le faisait la jurisprudence antérieure à la L. du 11 juill. 1975 : sur cette jurisprudence, V., par exemple, • Crim. 17 nov. 1954 : *Bull. crim. n° 336 ; D. 1955. 88* • 14 mars 1973 : *Bull. crim. n° 125.*

13. Ainsi, se rend coupable du délit d'abandon de famille celui qui demeure volontairement plus de deux mois sans verser entièrement à son conjoint une somme fixée par jugement de divorce à titre d'avance sur la part de communauté, cette somme entrant dans les prévisions de l'art. 357-2 C. pén. • Crim. 19 oct. 1981 : *Bull. crim. n° 275.*

14. Enfant majeur – Ancien code pénal. Sauf disposition contraire du jugement, qui, après divorce, condamne l'un des époux à verser une pension alimentaire à titre de contribution à l'entretien des enfants mineurs, les effets de la condamnation ne cessent pas de plein droit à la majorité des enfants. • Crim. 9 juin 1993 (2 arrêts), n° 92-83.179 P • 30 oct. 1995 : *Dr. pénal 1996. 82, obs. Véron ; Gaz. Pal. 1996. 1, chron. crim. 32.* ♦ *Contra* : • Crim. 13 nov. 1980 : *Bull. crim. n° 296 ; Gaz. Pal. 1981. 1. Somm. 129 ; RSC 1981. 872, obs. Levasseur* (encourt la cassation l'arrêt qui déclare un prévenu coupable du délit d'abandon de famille, sans préciser sur le fondement de quelle décision judiciaire a été maintenue pour le père l'obligation de contribuer aux besoins de son enfant majeur).

15. Constitue le délit d'abandon de famille le fait pour un prévenu de refuser d'exécuter l'obligation d'entretien à laquelle il était tenu, sans qu'il y fût fixé un terme, par une décision de justice exécutoire, au profit de son enfant majeur qui, poursuivant des études supérieures, était encore à charge au sens de l'art. 295 C. civ., le juge répressif étant compétent pour apprécier souverainement, en fonction des éléments de la cause, la persistance de l'obligation d'entretien au-delà de la majorité de l'enfant. • Crim. 14 oct. 1985 : *Bull. crim. n° 309 ; Gaz. Pal. 1986. 1. Somm. 124 ; RSC 1986. 371, obs. Levasseur.* ♦ Rappr. : • T. corr. Mirecourt, 13 mars 1956 : *D. 1956. 264 ; JCP 1956. II. 9262.*

16. Lorsqu'une pension a été allouée globalement pour un ex-conjoint et pour l'entretien d'un enfant pendant sa minorité, l'obligation qui résulte de cette décision cesse d'être définie à compter de la date de la majorité de l'enfant. • Crim. 14 févr. 1984 : *Bull. crim. n° 53 ; D. 1984. IR 224, obs. Roujou de Boubée.*

17. Enfant majeur – Nouveau code pénal. L'inexécution d'une décision judiciaire imposant de verser une pension alimentaire au profit d'un descendant majeur entre dans les prévisions, tant de l'art. 357-2 ancien C. pén., que de l'art. 227-3 nouveau du même code. • Crim. 11 mars 1997, n° 96-81.190 P.

18. Sauf disposition contraire de la décision qui condamne le père ou la mère d'un enfant mineur à verser une pension alimentaire à titre de contribution à l'entretien de celui-ci, les effets de la condamnation ne cessent pas de plein droit à la majorité de l'enfant. • Crim. 11 mars 1997 : *préc. note 17* • 7 févr. 2007, n° 06-84.771 P : *D. 2007. AJ 1022 ; ibid. 2007. Pan. 2639, obs. Mirabail ; AJ pénal 2007. 181, obs. Roussel ; AJ fam. 2007. 188 ; Dr. pénal 2007. Comm. 69, obs. Véron.* ♦ Pour faire cesser l'obligation de contribuer à la charge d'entretien et d'éducation d'enfants devenus majeurs, il appartient au débiteur de solliciter cette suppression devant le juge compétent en faisant valoir que les enfants ne sont plus à la charge de l'autre parent. • Crim. 7 févr. 2007 : *préc.*

19. Émancipation. La loi pénale atteint le père, débiteur d'une pension alimentaire envers ses enfants mineurs, lorsqu'il manque à son obligation pendant tout le temps que le jugement qui a ordonné et fixé cette pension demeure en vigueur ; si, particulièrement, la mère émancipe les enfants, les sanctions de la loi n'en sont pas moins applicables, y compris les mesures concernant les droits de puissance paternelle (autorité parentale). • Crim. 20 déc. 1956 : *Bull. crim. n° 862.*

20. Une mineure, du fait de son mariage, se trouve émancipée de plein droit, en vertu de l'art. 476 C. civ. ; dès lors, un père en instance de divorce n'est plus tenu de pourvoir à ses besoins, et il peut déduire du montant de la pension alimentaire mise à sa charge la quote-part réservée à son entretien, sans se rendre coupable du délit d'abandon de famille. • T. corr. Chartres, 4 mai 1964 : *Gaz. Pal. 1964. 2. 92 ; RSC 1965. 129, obs. Hugueney.*

B. TITRE EXÉCUTOIRE

1° EXIGENCE

21. Principe. Une décision de justice allouant une pension alimentaire ne peut servir de base à une poursuite pour abandon de famille si, à l'époque des faits incriminés, elle ne présentait pas un caractère exécutoire. • Crim. 8 mars 1977 : *Bull. crim. n° 88* • Paris, 18 févr. 1983 : *JCP 1984. IV. 189.* ♦ Le délit d'abandon de famille ne peut être caractérisé si l'obligation mise à la charge du prévenu, et dont l'inexécution lui est imputée, ne se trouve pas définie par une décision de justice exécutoire à la date des faits incriminés. • Crim. 14 févr. 1984 : *Bull. crim. n° 53 ; D. 1984. IR 224, obs. Roujou de Boubée.* ♦ … Ou ayant reçu un commencement d'exécution volontaire. • Crim. 9 juin 1993, n° 91-81.272 P.

22. En l'absence de conclusions par lesquelles le prévenu aurait contesté, devant les juges du fond, le caractère exécutoire de la décision, la constatation de ce caractère ne saurait être discutée, pour la première fois, devant la Cour de cassation. • Crim. 29 avr. 1958 : *Bull. crim. n° 350* • 4 juin 1970 : *ibid. n° 182.* ♦ … Et les juges du fond ne sont pas tenus de s'expliquer d'une manière spéciale sur les actes de procédure consécutifs à ladite décision, et notamment sur sa signification au débiteur. • Crim. 30 mars 1954 : *Bull. crim. n° 126* • 15 avr. 1959 : *ibid. n° 221.*

23. Détermination. Sur la distinction, en matière de divorce, des mesures provisoires et des mesures accessoires, et leur caractère exécutoire dans la jurisprudence pénale, comp. : • Crim. 26 juin 1975 : *Bull. crim. n° 168* • 8 mai 1979 : *ibid. n° 164* • 8 mai 1979 : *ibid. n° 166 ; RSC 1980. 141, obs. Levasseur* • 18 nov. 1981 : *Bull. crim. n° 306* • 4 janv. 1983 : *Bull. crim. n° 4 ; RSC 1983. 672, obs. Levasseur* • 14 févr. 1984 : *Bull. crim. n° 52.*

24. Ne présente pas un caractère exécutoire, et ne peut dès lors servir de base à une poursuite pour abandon de famille, un jugement se bornant à donner acte de l'offre d'une prestation compensatoire. • Crim. 10 janv. 1984 : *Bull. crim. n° 10 ; D. 1984. IR 224, obs. Roujou de Boubée.*

25. L'exécution provisoire, lorsqu'elle affecte une condamnation à pension alimentaire, concerne nécessairement l'indexation qui n'en constitue qu'une modalité de calcul. • Crim. 26 oct. 1987 : *Bull. crim. n° 367.*

26. Justifie sa décision de condamner le prévenu pour abandon de famille, la cour d'appel qui relève qu'il s'était volontairement abstenu de payer les pensions alimentaires mises à sa charge par l'ordonnance de non-conciliation, bien qu'elle ne lui ait pas été signifiée ; d'une part, en vertu de l'art. 514, al. 2, NCPC [devenu C. pr. civ.], l'ordonnance de non-conciliation prescrivant des mesures provisoires est exécutoire de plein droit ; d'autre part, le prévenu qui a comparu à l'audience de non-conciliation, a nécessairement eu connaissance de la décision dont les modalités étaient reprises dans l'assignation en divorce. • *Crim. 9 oct. 1996,* n° 95-86.123 P : *Dr. pénal 1997. 58, obs. Véron.*

27. Décision étrangère. Si la décision émane d'un tribunal étranger, elle ne peut servir de base à la poursuite que si elle avait été, antérieurement aux faits objet de cette poursuite, rendue exécutoire en France dans les conditions déterminées par la loi française ou par les conventions diplomatiques. • Crim. 24 déc. 1932 : *Bull. crim. n° 266.* ♦ Lorsqu'une décision, qui a été prononcée par une juridiction étrangère, porte condamnation d'un conjoint à verser une pension alimentaire, si celle-ci n'est pas revêtue de l'*exequatur*, le débiteur d'aliment ne commet pas le délit d'abandon de famille. • T. corr. Auch, 11 mai 1965 : *D. 1966. Somm. 71 ; Gaz. Pal. 1966. 1. 164.*

28. Quand l'*exequatur* a été accordé à un jugement étranger, condamnant un époux, au titre des mesures provisoires au cours d'une instance en divorce, à payer à sa femme et à sa fille une pension alimentaire, le pourvoi en cassation formé contre l'arrêt d'*exequatur* n'est pas suspensif et la décision de la juridiction française est exécutoire par provision. • Crim. 1er févr. 1973 : *Bull. crim. n° 61 ; D. 1973. IR 33 ; Gaz. Pal. 1973. 1. 288 ; RSC 1973. 411, obs. Levasseur.*

29. Un jugement de divorce rendu par un tribunal étranger et fondé sur des motifs autres que ceux qu'admet la loi française, alors qu'il s'agit de sujets français, ne saurait avoir d'effet en France, et donc d'influence sur une poursuite pénale pour abandon de famille. • T. corr. Paris, 5 déc. 1973 : *JCP 1974. II. 17711, note Toulemon.*

2° CONNAISSANCE

30. Connaissance légale. Le délit d'abandon de famille n'est constitué que lorsque la décision de justice fixant la pension alimentaire peut être mise à exécution, comme ayant été portée dans les formes légales à la connaissance du débiteur. • Crim. 28 nov. 1956 : *Bull. crim. n° 783 ; D. 1957. 54 ; S. 1957. 88* • 18 févr. 1960 : *Bull. crim. n° 97* • 11 avr. 1983 : *D. 1983. IR 400.* ♦ Le délai de deux mois à l'expiration duquel le débiteur est en infraction partant de la signification régulière de la décision. • Crim. 3 nov. 1955 : *JCP 1956. II. 9167, note E. M.* ♦ … Sans aucune mise en demeure préalable. • Crim. 11 juin 1949 : *D. 1949. 479 ; JCP 1949. II. 5153* • 30 mars 1954 : *Bull. crim. n° 126 ; D. 1954. 402.*

31. Le débiteur d'une pension alimentaire, fixée par une ordonnance de non-conciliation, qui signifie lui-même cette ordonnance à son conjoint créancier, ne saurait, ultérieurement, se prévaloir de ce qu'il n'a pas eu connaissance légale de cette décision, en l'absence de signification faite par le conjoint créancier. • Crim. 4 juin 1970 : *Bull. crim. n° 183 ; D. 1970. Somm. 165.* ♦ Le prévenu, débiteur d'une pension alimentaire fixée par une ordonnance de non-conciliation, qui, se référant à cette ordonnance, a assigné son conjoint en divorce, a, par application des dispositions de l'art. 528, al. 2, NCPC [devenu C. pr. civ.], légalement connaissance de cette décision, base des poursuites exercées contre lui pour abandon de famille. • Crim. 7 oct. 1992, n° 91-85.138 P : *Dr. pénal 1993. 62, obs. Véron.* ♦ V.

également : • Crim. 9 oct. 1996, n° 95-86.123 P : *Dr. pénal 1997. 58, obs. Véron* .

32. Il n'importe que la décision fixant la contribution du père aux charges du ménage n'ait pas été signifiée au prévenu dès lors que celui-ci en avait eu légalement connaissance, ayant interjeté appel de cette décision. • Crim. 9 janv. 1962 : *Bull. crim. n° 13 ; D. 1962. 242 ; S. 1962. 132.*

33. Notification. La simple connaissance qu'a le débiteur d'aliments de la décision allouant ou modifiant une pension ne peut justifier une poursuite pour abandon de famille, dès lors que ladite décision n'a pas acquis le caractère exécutoire par la notification ou l'exécution volontaire (NCPC [devenu C. pr. civ.], art. 503). • Crim. 5 mars 1980 : *Bull. crim. n° 80 ; D. 1980. IR 335, obs. Puech ; RSC 1981. 90, obs. Levasseur* • 19 juin 1991, n° 90-83.677 P : *Gaz. Pal. 1992. 1. Somm. 24 ; RSC 1992. 754, obs. Levasseur* • 23 oct. 1991 : *Dr. pénal 1992. 60 ; RSC 1992. 754, obs. Levasseur* .

34. Ne satisfait pas aux dispositions de l'art. 656 NCPC [devenu C. pr. civ.] l'acte de signification qui se borne à indiquer que la remise a été faite en mairie « le domicile étant certain », sans justifier d'investigations concrètes ; justifie, dès lors, sa décision de relaxe la cour d'appel qui, saisie d'une procédure d'abandon de famille, constate l'absence de caractère exécutoire du jugement civil, base des poursuites pénales, signifié dans de telles conditions. • Crim. 29 avr. 1985 : *Bull. crim. n° 160 ; RSC 1986. 102, obs. Levasseur.*

35. Mais doit être déclaré coupable du délit d'abandon de famille le prévenu qui ne s'est jamais acquitté de son obligation alimentaire, dès lors que le jugement le condamnant à verser cette pension a été régulièrement signifié en mairie. • Paris, 4 janv. 1985 : *Gaz. Pal. 1987. 1. 19 (1re esp.), note J.-P. D.* ♦ *Contra* : l'art. 357-2 C. pén. exige, pour que le délit soit constitué, que le débiteur de la contribution se soit abstenu de payer volontairement et au mépris de la décision rendue contre lui ; ces termes impliquent nécessairement qu'il en ait eu connaissance, et le fait que l'ordonnance de non-conciliation ait pu devenir civilement exécutoire de par l'accomplissement des formalités légales du NCPC [devenu C. pr. civ.] ne permet pas à lui seul d'appliquer la loi répressive, nul ne pouvant être pénalement condamné pour n'avoir pas exécuté une décision dont il a pu ignorer l'existence. • T. corr. Évry, 20 oct. 1986 : *Gaz. Pal. 1987. 1. 19 (2e esp.)* ; pour la requalification des faits de l'espèce en abandon de foyer (abandon moral ou matériel d'enfant mineur), V. note ss. art. 227-17.

36. L'arrêt de rejet du pourvoi en cassation formé par le prévenu contre une décision le condamnant à payer une pension alimentaire n'a pas à lui être signifié pour rendre cette décision exécutoire. • Crim. 23 févr. 1971 : *Bull. crim. n° 58 ; D. 1971. Somm. 109.*

37. Exécution volontaire. Il n'importe que le jugement servant de base aux poursuites n'ait pas été assorti de l'exécution provisoire ou n'ait pas été notifié au prévenu dès lors que celui-ci, avant ladite signification, a volontairement exécuté les dispositions dudit jugement, relatives à la pension alimentaire dont il s'est reconnu ainsi débiteur. • Crim. 23 oct. 1991 : *Dr. pénal 1992. 60 ; RSC 1992. 754, obs. Levasseur* . ♦ L'exécution volontaire rend inutile, par référence aux dispositions de l'art. 503 NCPC [devenu C. pr. civ.], la formalité de la notification. • Crim. 30 mars 1994 : *Dr. pénal 1994. 157.* ♦ L'ordonnance du juge aux affaires matrimoniales ayant reçu un commencement d'exécution volontaire est exécutoire. • Crim. 4 sept. 1996, n° 95-81.387 P.

38. En l'état de poursuites fondées sur une ordonnance non signifiée au prévenu, prolongeant le paiement de la pension après la majorité des enfants, doit être cassé l'arrêt qui énonce « qu'une décision de justice spécifique n'était pas indispensable » et qui condamne le prévenu au motif que les effets du jugement de divorce n'avaient pas cessé à la majorité de l'enfant, sans qu'ait été recherché si les dispositions de ladite ordonnance avaient été volontairement exécutées. • Crim. 9 juin 1993, n° 91-81.272 P.

3° PORTÉE

39. Incidence des modifications ultérieures affectant les rapports de famille. Le délit d'abandon de famille est constitué dès lors que le prévenu n'a pas acquitté les termes d'une pension alimentaire allouée à son épouse par l'ordonnance de non-conciliation ; il n'importe que, postérieurement, soit intervenu un jugement de divorce statuant sur la pension, et qui, prononcé à l'étranger, n'a pas été rendu exécutoire en France. • Crim. 3 mai 1967 : *Bull. crim. n° 144 ; D. 1967. 569.*

40. L'inexécution d'une décision condamnant le prévenu au payement d'une pension alimentaire due pour ses enfants constitue le délit d'abandon de famille, même si un jugement postérieur a modifié les dispositions concernant la garde de ces enfants. • Crim. 7 janv. 1969 : *Bull. crim. n° 9.*

41. La nullité d'un mariage, dont le caractère putatif a été constaté à l'égard de l'époux de bonne foi, est sans effet sur les obligations alimentaires antérieures au prononcé du jugement. • Crim. 23 mars 1981 : *Bull. crim. n° 101 ; RSC 1982. 349, obs. Levasseur.*

42. Le délit d'abandon de famille est constitué dès lors que le débiteur s'abstient de fournir pendant plus de deux mois l'intégralité des subsides mis à sa charge par une décision judiciaire ou une convention judiciairement homologuée ; tout événement ultérieur modifiant les rapports de famille ou ayant une incidence directe, fût-ce avec effet rétroactif, sur l'existence de l'obligation alimentaire, ou sur l'étendue de celle-ci, laisse subsister l'infraction. • Crim. 2 mars 1998, n° 98-97.091 P. ♦ Ainsi, l'annulation de la reconnaissance d'un enfant naturel (pour avoir été de complaisance), alors même qu'elle aboutit à l'anéantissement rétroactif du lien de filiation, ne saurait donner lieu à la révision de la condamnation de l'auteur de la reconnaissance pour abandon de famille, en raison du non-respect des obligations alimentaires mises à sa charge par une décision de justice à la suite de cette reconnaissance. • Même arrêt.

43. La réduction ou la suppression des pensions alimentaires, fût-ce avec effet rétroactif, ne peut avoir pour effet de faire disparaître l'infraction d'abandon de famille déjà consommée. • Crim. 29 janv. 2014 : *Dr. pénal 2014. Comm. 51, obs. Véron.*

44. Incidence des voies de recours. Il n'importe qu'une ordonnance ait été l'objet de recours successifs, et qu'après pourvoi en cassation contre l'arrêt de la cour d'appel la confirmant, celui-ci ait été cassé et l'affaire renvoyée devant une autre cour, du moment que c'est pendant la durée de ces recours, et alors que l'ordonnance prescrivant paiement de pension portait encore effet, que le prévenu avait cessé d'en payer le montant. • Crim. 9 mai 1968 : *Bull. crim. n° 147 ; D. 1968. 640 (1re esp.), note Rolland.*

45. Se rend coupable du délit d'abandon de famille le père qui se refuse à exécuter les dispositions d'un arrêt ayant modifié en cours d'instance le montant de la pension alimentaire due par lui, au motif qu'un pourvoi en cassation avait été formé contre cette décision. • Crim. 22 avr. 1977 : *Bull. crim. n° 127.* ♦ ... Ou qui n'acquitte pas le montant de la pension alimentaire qu'il a été condamné à payer, avec exécution provisoire, bien qu'il ait interjeté appel de la décision. • Crim. 10 avr. 1991 : *Dr. pénal 1991. 228.*

46. Dès lors qu'à la date des faits incriminés, la pension alimentaire mise à la charge du prévenu et méconnue par lui était définie par une décision de justice civile légalement exécutoire, la réformation ultérieure de cette décision ne saurait faire disparaître l'infraction déjà consommée. • Crim. 26 juill. 1977 : *Bull. crim. n° 273 ; D. 1977. IR 421, obs. Puech* • 21 mai 1980 : *Bull. crim. n° 157 ; RSC 1981. 91, obs. Levasseur* • 27 mars 1991, n° 90-85.870 P : *RSC 1991. 763 , et 1992. 754, obs. Levasseur .*

47. Le délit d'abandon de famille est constitué dès lors que le débiteur s'abstient intentionnellement de fournir, pendant plus de deux mois, l'intégralité des subsides mis à sa charge par une *décision de justice* ou une convention judiciairement homologuée ; la suspension ultérieure de cette obligation alimentaire, fût-ce avec effet rétroactif, ne saurait faire disparaître l'infraction consommée. • Crim. 20 févr. 2002 : *D. 2003. Somm. 171, obs. Mirabail .* ♦ Le délit d'abandon de famille est constitué dès lors que le débiteur est demeuré plus de deux mois sans acquitter le montant intégral de la pension alimentaire mise à sa charge par une décision judiciaire légalement exécutoire ; la suppression, même avec effet rétroactif, de l'obligation alimentaire, qui intervient postérieurement à la date des faits d'abandon de famille, ne peut faire disparaître l'infraction déjà consommée. • Crim. 4 févr. 2004 : *D. 2004. Somm. 2748, obs. Mirabail .* ♦ Le délit d'abandon de famille est constitué dès lors que le débiteur s'abstient intentionnellement de fournir pendant plus de deux mois l'intégralité des subsides mis à sa charge par une décision judiciaire ou une convention judiciairement homologuée, la réduction ultérieure de cette obligation alimentaire, fût-ce avec effet rétroactif, ne pouvant avoir pour effet de faire disparaître l'infraction déjà consommée. • Crim. 4 juin 2008, n° 07-87.697 P : *D. 2008. AJ 2081 ; ibid. 2009. Pan. 130, obs. Garé ; AJ pénal 2008. 376 ; Dr. pénal 2008. Comm. 121, obs. Véron.*

48. Incidence d'une procédure collective. La créance née de la pension alimentaire, qui présente un caractère alimentaire, n'a pas à être déclarée au passif du débiteur soumis à une procédure collective et échappe ainsi à l'extinction, faute de déclaration, édictée par l'art. L. 621-46 C. com. • Crim. 7 janv. 2004, n° 03-82.337 P : *D. 2004. 419, obs. Lienhard ; AJ pénal 2004. 114, obs. Bicheron ; JCP 2004. II. 10060, note Pomart ; Dr. pénal 2004. 45 et 49, obs. Véron ; Gaz. Pal. 2004. 2. Somm. 3307, obs. Monnet ; RSC 2004. 635, obs. Fortis .*

49. Poursuivi pour être demeuré plus de deux mois sans acquitter, ni la pension alimentaire, ni la prestation compensatoire, due à son ex-épouse, le prévenu a sollicité sa relaxe en invoquant, d'une part, l'extinction des créances faute de déclaration par la créancière au passif de sa liquidation judiciaire et, d'autre part, l'impossibilité de payer toute créance en raison de son dessaisissement de la gestion de ses biens ; c'est à bon droit que la cour d'appel a rejeté son argumentation et l'a déclaré coupable d'abandon de famille ; en effet, d'une part, une créance présentant un caractère alimentaire n'a pas à être déclarée au passif du débiteur soumis à une procédure collective et échappe ainsi à l'extinction, faute de déclaration, édictée par l'art. L. 621-46 C. com. ; d'autre part, le débiteur soumis à une procédure collective est tenu de payer la créance d'aliments sur les revenus dont il conserve la disposition. • Crim. 9 juin 2004, n° 03-84.029 P : *D. 2004. 2157 ; Dr. pénal 2004. 154 (1re esp.), obs. Véron.* ♦ Dans le même sens, • Crim. 9 juin 2004 : *Dr. pénal 2004. 154 (2e esp.), obs. Véron.*

50. Caducité. La caducité de la décision judiciaire légalement exécutoire, intervenue postérieurement à la date des faits incriminés, n'a pas un caractère rétroactif et ne saurait, en conséquence, faire disparaître l'infraction. • Crim. 7 oct. 1992, ☎ n° 91-85.138 P : *Dr. pénal 1993. 62, obs. Véron.* ♦ Pour la relaxe concernant un défaut de paiement postérieur à la caducité d'une ordonnance de non-conciliation, par suite du défaut d'assignation dans le délai de six mois imposé par l'art. 1113, al. 2, NCPC [devenu C. pr. civ.). • Paris, 25 janv. 1996 : *Dr. pénal 1996. 127, obs. Véron.*

51. Au cas d'inobservation du délai imparti pour assigner au principal (C. civ., art. 238 ancien), la caducité atteint l'ensemble des mesures provisoires fixées par l'ordonnance de non-conciliation, sans qu'il y ait lieu de distinguer selon que les mesures ont été accordées dans l'intérêt personnel de l'époux demandeur ou pour lui permettre d'assurer l'entretien des enfants confiés à sa garde. • Crim. 3 nov. 1977 : ☎ *Bull. crim. n° 326 ; RSC 1978. 634, obs. Levasseur.*

52. Conservent leur force obligatoire et continuent de produire tous leurs effets légaux, notamment en ce qui concerne l'application éventuelle des peines sanctionnant le délit d'abandon de famille, tant qu'elles n'ont pas été régulièrement rapportées ou modifiées, les décisions judiciaires condamnant le prévenu au payement d'une pension alimentaire ; il n'appartient pas aux parties d'en changer, de leur propre autorité et à leur profit, le sens et la portée. • Crim. 26 mai 1959 : *Bull. crim. n° 273.* ♦ La caducité d'une décision de justice ne saurait se présumer ni résulter de la seule volonté d'une des parties ; encourt la cassation l'arrêt qui, pour relaxer le prévenu poursuivi pour abandon de famille à raison du défaut de paiement de la pension qu'il avait été condamné à verser à son épouse au titre de sa contribution aux charges du mariage, a retenu que les époux avaient repris la vie commune durant un certain temps et modifié au cours de cette période les modalités de financement des dépenses du ménage, si bien que le prévenu avait pu légitimement en conclure que son épouse avait ainsi renoncé à la contribution litigieuse après la nouvelle rupture de la vie commune qui était par la suite intervenue. • Crim. 3 oct. 1988 : ☎ *Bull. crim. n° 326 ; Gaz. Pal. 1989. 1. Somm. 80, note Doucet ; RSC 1989. 508, obs. Levasseur.*

53. Pour mettre fin aux mesures provisoires édictées par une ordonnance de non-conciliation, la réconciliation des époux, invoquée par le prévenu poursuivi pour abandon de famille, doit avoir été constatée dans les formes légales par la juridiction compétente. • Crim. 25 févr. 1960 : *Bull. crim. n° 114 ; D. 1960. 575.* ♦ Il n'en est pas ainsi si cette réconciliation, contestée par le conjoint, a été constatée dans un arrêt qui n'est pas définitif. • Crim. 12 oct. 1971 : *Bull. crim. n° 256 ; D. 1972. Somm. 1 ; Gaz. Pal. 1972. 1. 19.*

54. Si les mesures provisoires ordonnées au cours d'une instance en divorce se substituent d'office à la contribution aux charges du mariage décidée par un jugement antérieur dont les effets sont, de ce fait, suspendus, leur caducité met fin à cette suspension, le jugement reprenant dès lors son effet. • Cass., ch. mixte, 12 mai 2000, ☎ n° 96-80.077 P : *BICC 1er août 2000 (n° 519), concl. Joinet ; D. 2001. Somm. 2348, obs. de Lamy* ✎ • Crim. 31 mai 2000, ☎ n° 98-85.702 P : *D. 2001. Somm. 2348, obs. Lamy* ✎. ♦ Une cour d'appel, retenant qu'à la suite de cette caducité, un époux s'était abstenu volontairement pendant plus de deux mois de payer la contribution mise à sa charge, caractérise en tous ses éléments le délit d'abandon de famille, éléments par ailleurs définis en termes clairs et précis. • Cass., ch. mixte, 12 mai 2000 : ☎ *préc.* ♦ Cassation de l'arrêt qui, pour renvoyer un prévenu des fins des poursuites exercées contre lui du chef d'abandon de famille, énonce qu'aucune disposition légale ne prévoit que la décision de contribution aux charges du mariage puisse reprendre effet lorsque les mesures provisoires deviennent caduques. • Crim. 31 mai 2000 : ☎ *préc.*

55. Erreur matérielle. Pour qu'il y ait matière à révision au sens de l'art. 622-4° C. pr. pén., il est nécessaire que l'élément inconnu de la juridiction au jour du procès soit de nature à faire naître un doute sur la culpabilité de la personne condamnée ; tel n'est pas le cas de la rectification d'une erreur matérielle concernant la date du jugement de divorce lorsque la décision de condamnation pour abandon de famille dont la révision est demandée vise ledit jugement, qui maintient la prestation alimentaire fixée par l'ordonnance de non-conciliation suivie de l'assignation en divorce, et qu'ainsi, l'existence de l'obligation alimentaire durant la période visée par la prévention laisse subsister l'infraction. • Crim. 15 janv. 2003, ☎ n° 01-86.774 P.

II. DÉFAUT DE PAYEMENT

A. MATÉRIALITÉ

56. Carence de deux mois. Le délit d'abandon de famille est consommé du seul fait que le débiteur s'abstient de fournir pendant plus de deux mois l'intégralité des subsides mis à sa charge. • Crim. 9 févr. 1954 : *Bull. crim. n° 60 ; D. 1954. 421* • 22 févr. 1966 : *Bull. crim. n° 55* • 2 juill. 1970 : *ibid. n° 223.* ♦ ... Quel que soit le temps pendant lequel la décision de justice qui les a déterminés a été exécutoire. • Crim. 14 déc. 1977 : ☎ *Bull. crim. n° 396 ; Gaz. Pal. 1978. 396.* ♦ ... Et le paiement ultérieur de la dette laissant subsister l'infraction. • Crim. 2 août 1935 : *DH 1935. 493* • 23 mars 1981 : *Bull. crim. n° 101 ; RSC 1982. 349, obs. Levasseur.*

57. Il faut, mais il suffit, pour que le délit d'abandon de famille soit constitué, que les délais soient écoulés à la date à laquelle intervient la citation devant la juridiction correctionnelle ; il importe peu qu'ils ne l'aient pas été à la date où la plainte a été déposée au parquet. • Crim. 27 nov. 1962 : *Bull. crim. n° 339.* ♦ C'est la date de la poursuite, et non celle de la plainte, qui doit être prise en considération pour savoir si l'infraction d'abandon de famille est caractérisée. • Crim. 7 déc. 1967 : *Bull. crim. n° 317 ; D. 1968. 353 ; Gaz. Pal. 1968. 1. 137* • 14 janv. 1991 : *Dr. pénal 1991. 172.* ♦ Méconnaît ce principe une cour d'appel qui exige que le délai d'abstention de deux mois fût écoulé au moment du dépôt de la plainte, sans rechercher si l'infraction était constituée à la date de la citation devant le tribunal correctionnel. • Crim. 14 janv. 1991 : *préc.*

58. Les juges correctionnels ne peuvent statuer légalement que sur les faits relevés dans l'ordonnance de renvoi ou la citation qui les a régulièrement saisis, à moins que le prévenu ait accepté formellement d'être jugé sur des faits différents ; cassation de l'arrêt infirmatif attaqué qui, pour déclarer le prévenu coupable du délit d'abandon de famille, retient qu'en mai 1992 il était resté plus de 2 mois sans s'acquitter de la pension à laquelle il avait été condamné par arrêt en date du 20 janvier 1992, alors que la citation directe lancée par la plaignante visait la période du 1er sept. au 30 nov. 1993. • Crim. 18 déc. 1996 : *inédit.*

59. En visant *deux mois* de carence même volontaire du prévenu dans le paiement de la pension à elle due, la partie civile a méconnu les termes précis de l'art. 357-2 C. pén., qui dispose que, pour être auteur du délit, le débiteur d'aliments doit être demeuré volontairement *plus de deux mois* sans fournir la totalité des subsides déterminés par le juge ; en conséquence, il convient de prononcer la relaxe du prévenu. • Paris, 16 mars 1994 : *Gaz. Pal. 1994. 2. Somm. 676.*

60. Ne justifie pas sa décision la cour d'appel qui a fixé la période de prévention du délit d'abandon de famille « à compter d'octobre 1998 », ce qui, en cet état, ne détermine pas la durée de la prévention. • Crim. 9 juin 2004 : *Dr. pénal 2004. 154 (2e esp.), obs. Véron.*

61. Paiement anticipé. Aucun texte n'interdit à un débiteur d'aliments de se libérer de sa dette par un paiement anticipé de celle-ci ; dès lors, est à bon droit relaxé du chef d'abandon de famille, le prévenu qui justifie avoir payé en un seul versement l'intégralité des pensions et prestations dues pour la période visée dans la prévention, dans la mesure où cette libération ne s'analyse pas en une compensation conventionnelle prohibée en matière de dette à caractère alimentaire. • Crim. 20 mars 1984 : *Bull. crim. n° 114 ; D. 1984. IR 375.* ♦ Rappr. : • Crim. 17 mars 1933 : *Bull. crim. n° 57.* ♦ En revanche, en cas de paiement de la prestation compensatoire sous forme de versements périodiques pendant une période déterminée, le délit d'abandon de famille ne peut pas être constitué pour les défauts de paiement postérieurs à cette période. • Crim. 7 sept. 2016, n° 14-82.076 P : *D. actu. 27 sept. 2016, obs. Goetz ; RSC 2016. 765, obs. Mayaud ; Dr. pénal 2016, n° 151, obs. Conte.*

62. Compensation. Le payement volontaire par le mari du loyer de l'appartement occupé par la femme ne peut s'imputer sur le montant de la pension. • Crim. 22 janv. 1957 : *Bull. crim. n° 61 ; D. 1957. 299 ; S. 1957. 221* • 7 déc. 1967 : *Bull. crim. n° 317 ; D. 1968. 353 ; Gaz. Pal. 1968. 1. 137.* ♦ Le mari, qui n'a pas payé la pension alimentaire de sa femme et de ses enfants, ne saurait faire valoir pour sa défense qu'il a fait don à sa femme et à ses enfants d'un immeuble dont il a hérité : il ne saurait valablement exciper d'une prétendue compensation, qui n'est d'ailleurs pas admise par la loi en matière de dettes alimentaires. • Crim. 17 janv. 1979 : *D. 1979. IR 258.*

63. Un prévenu d'abandon de famille ne saurait exciper d'une compensation entre la créance alimentaire de la partie civile et celle qui serait résultée pour lui d'un payement prétendument erroné qu'il allègue avoir fait au titre de la contribution aux charges du ménage, ladite compensation ne résultant pas de créances liquides et exigibles et ne pouvant légalement être admise en matière de dette à caractère alimentaire, en vertu de l'art. 1293-3° C. civ. • Crim. 4 janv. 1973 : *Bull. crim. n° 3 ; RSC 1974. 592, obs. Levasseur.*

64. Il est sans intérêt de rechercher si les dépenses faites par le prévenu pour l'enfant peuvent équivaloir au payement de la pension. • Crim. 20 déc. 1935 : *DH 1936. 53* • 9 févr. 1954 : *Bull. crim. n° 60 ; D. 1954. 421* • 3 mai 1956 : *Bull. crim. n° 340 ; D. 1956. Somm. 117* • 20 déc. 1956 : *Bull. crim. n° 861.* ♦ Le prévenu n'est pas fondé à invoquer une prétendue compensation au motif qu'il a la garde d'un des enfants pour lesquels la pension est due. • Crim. 7 janv. 1969 : *Bull. crim. n° 9.*

65. Les allocations familiales versées à l'épouse qui a la charge de l'enfant ne sauraient, en cas de condamnation du mari au versement de la contribution aux charges du ménage, à défaut d'une disposition expresse du jugement allouant cette contribution, s'imputer sur les termes de cette contribution. • Crim. 9 janv. 1962 : *préc. note 32.* ♦ En cas de paiement fait par la caisse des allocations familiales à l'épouse au lieu d'être fait au mari, ce dernier ne peut invoquer la compensation pour refuser de payer tout ou partie des termes de la pension alimentaire. • Crim. 27 janv. 1949 : *Bull. crim. n° 31* • 7 déc. 1967 : *ibid. n° 317 ; D. 1968. 353 ; Gaz. Pal. 1968. 1. 137.*

66. Le prévenu a été poursuivi pour être demeuré plus de deux mois sans acquitter intégralement le montant de la pension alimentaire qu'il avait été condamné de payer à la mère de ses deux enfants ; pour le déclarer coupable d'abandon de famille, la cour d'appel retient que le versement direct de sommes d'argent à l'un de ses fils ne saurait le décharger de son obligation de verser la pension entre les mains de la créancière, justifiant ainsi sa décision, dès lors que le non-paiement, fût-il partiel, suffit à caractériser l'élément matériel du délit. • Crim. 26 oct. 2005 : *Dr. pénal 2006. 19, obs. Véron.*

B. INTENTION

67. *Absence de présomption.* Encourt la cassation la cour d'appel qui a condamné le prévenu pour abandon de famille sans caractériser l'élément intentionnel du délit, alors que l'art. 227-3 C. pén., en vigueur à la date de l'arrêt, n'a pas repris les dispositions de l'art. 357-2 ancien qui présument volontaire le défaut de paiement. • Crim. 28 juin 1995, nº 94-84.811 P : *Dr. pénal 1995. 223, note Véron ; JCP 1996. II. 22576, note Dekeuwer ; RSC 1996. 364, obs. Bouloc* • 21 mai 1997, nº 96-83.504 P : *Dr. pénal 1997. 138, obs. Véron.* ♦ Cassation, pour violation de l'art. 227-3 C. pén., de l'arrêt qui, pour déclarer un homme divorcé coupable du délit d'abandon de famille, énonce que « l'élément intentionnel du délit résulte du seul défaut de paiement qui est présumé volontaire », sans caractériser l'élément intentionnel de l'infraction qui, selon l'art. 227-3 applicable en la cause, ne saurait être déduit du seul défaut de paiement. • Crim. 26 nov. 1997 : *D. 1999. Somm. 156, obs. Mirabail*.

68. Sur la présomption antérieure à la réforme, telle qu'elle résultait de l'art. 357-2, al. 3, C. pén., V. : pour son principe : • Crim. 6 déc. 1983 : *Bull. crim. nº 328 ; Gaz. Pal. 1984. 2. Somm. 263.* ♦ ... Pour sa conformité à l'art. 6 Conv. EDH : • Crim. 27 avr. 1984 : *Bull. crim. nº 149 ; RSC 1985. 65, obs. Vitu.* ♦ ... Pour son caractère relatif : • Crim. 16 nov. 1954 : *Bull. crim. nº 334 ; D. 1955. 26* • 13 oct. 1955 : *Bull. crim. nº 393* • 5 nov. 1976 : *ibid. nº 312 ; D. 1977. 72, rapp. Robert ; RSC 1977. 338, obs. Levasseur* • 5 nov. 1976 : *D. 1977. IR 218, obs. Derrida* • T. corr. Bar-le-Duc, 31 janv. 1973 : *D. 1973. Somm. 73.*

69. *Constatation.* Après avoir constaté qu'entre la date du jugement ayant condamné le débiteur à verser une pension, et la date du nouveau jugement qui a rapporté cette mesure, l'intéressé n'a pas payé les arrérages de la pension, la cour d'appel ne justifie pas sa décision lorsqu'elle déduit de l'existence du second jugement, dont elle ne précise pas exactement la portée, une prétendue absence d'intention coupable en considération de laquelle elle ordonne la relaxe. • Crim. 23 juill. 1956 : *Bull. crim. nº 558.*

70. Pour déclarer le prévenu coupable d'abandon de famille, les juges du second degré se bornent à énoncer qu'il ne justifie pas avoir mis en œuvre devant le juge aux affaires familiales une procédure de réduction ou de suppression de la pension alimentaire, ce qui établit l'élément intentionnel de l'infraction ; en cet état, la cour d'appel n'a pas justifié sa décision, faute d'avoir suffisamment caractérisé l'élément intentionnel. • Crim. 9 juin 2004 : *Dr. pénal 2004. 154 (2e esp.), obs. Véron.*

71. *Mauvaise foi.* Ne caractérisent pas le défaut d'intention (sur le fondement de l'ancienne présomption) : le fait que l'épouse débitrice remariée ne possède pas de biens personnels ni n'exerce de profession distincte. • Crim. 13 oct. 1955 : *Bull. crim. nº 393 ; D. 1955. 738.* ♦ ... Les nouvelles charges de famille du prévenu, résultant d'un remariage et de la naissance des cinq enfants qui en sont issus, alors que, si sa situation paraît digne d'intérêt et si ses ressources sont des plus modestes, il ne justifie cependant en aucune manière, eu égard au montant minime de la pension allouée, de l'impossibilité absolue dans laquelle il prétend se trouver d'en régler le montant. • Paris, 15 mai 1963 : *D. 1963. Somm. 114.* ♦ Rappr. : • Crim. 17 avr. 1991 : *Dr. pénal 1991. 229 ; RSC 1991. 763, obs. Levasseur*. ♦ Les art. 8 et 12 Conv. EDH ne sauraient faire obstacle à des poursuites du chef d'abandon de famille, ces poursuites ne portant pas atteinte à la vie privée, ni ne mettant en cause le droit d'une personne divorcée de contracter un nouveau mariage. • Crim. 3 oct. 1991 : *Dr. pénal 1992. 61 ; RSC 1992. 755, obs. Levasseur*.

72. Le fait par un prévenu d'avoir été admis au règlement judiciaire, puis déclaré en état de liquidation de biens, ne saurait à lui seul justifier le non-paiement de la pension alimentaire, dès lors qu'il ne résulte pas des constatations des juges du fond que le débiteur ait prouvé que son insolvabilité ait été totale et que, par suite, il ait été dans l'impossibilité absolue de payer cette pension. • Crim. 5 nov. 1976 : *Bull. crim. nº 312 ; D. 1977. 72, rapp. Robert ; RSC 1977. 338, obs. Levasseur* • 5 nov. 1976 : *D. 1977. IR 218, obs. Derrida.* ♦ La mise en redressement judiciaire du débiteur ne constitue nullement une présomption d'une insolvabilité dont la preuve lui incombe. • Crim. 26 févr. 1992, nº 91-83.913 P : *RSC 1992. 755 ; ibid. 1994. 335, obs. Levasseur*. ♦ Rappr. : • Crim. 7 juill. 1932 : *Bull. crim. nº 173 ; DP 1933. 1. 96.* ♦ Le dirigeant dont la société est placée en redressement judiciaire doit être relaxé du chef d'abandon de famille, suite aux poursuites intentées contre lui pour non-paiement, pendant plus de deux mois, d'une pension alimentaire à laquelle il avait été condamné pour l'entretien et l'éducation de ses enfants. • Paris, 21 mars 2012 : *Gaz. Pal. 2012. 2. 2970, obs. Robaczewski.*

73. Manque de base légale comme faisant état d'une excuse non admise par la loi, l'arrêt, qui pour relaxer le prévenu, se borne à énoncer que des essais de réconciliation avaient été tentés entre les époux, et qu'ainsi, le mari débiteur de la pension alimentaire avait pu se croire dispensé de la payer. • Crim. 15 janv. 1958 : *Bull. crim. nº 53 ; Gaz. Pal. 1958. 1. 311.*

74. La cour d'appel a justifié sa décision de déclarer le demandeur coupable d'abandon de famille en retenant qu'il avait cessé de verser le montant de la pension alimentaire en prétextant être sans ressources, alors qu'il prenait l'avion pour exercer son droit de visite et disposait d'un véhicule onéreux, ce train de vie ne pouvant s'expliquer que par des ressources non déclarées. • Crim. 4 sept. 1996, n° 95-81.387 P.

75. Il ne saurait être reproché à une cour d'appel de déclarer un prévenu, père de famille ayant réduit le montant de la pension alimentaire qu'il verse à son ex-épouse aux motifs qu'il est dans une situation professionnelle difficile due notamment à différentes périodes de chômage, coupable d'abandon de famille, relevant que s'il a rencontré de réelles difficultés sur le plan professionnel, il n'apparaît pas toutefois qu'il ait fait tous les efforts nécessaires pour s'acquitter de ses obligations pendant la période où il a retrouvé du travail, et que c'est volontairement qu'il s'est abstenu d'exécuter les décisions judiciaires fixant un montant qu'il n'a pas honoré. • Crim. 29 avr. 1998 : *D. 1999. Somm. 285, obs. Willmann*.

76. Caractérisent l'élément intentionnel du délit d'abandon de famille les juges qui constatent que le prévenu ne peut se prévaloir d'une impossibilité matérielle de payer pendant la période visée à la prévention. • Crim. 28 juin 2000, n° 99-84.364 P : *Dr. pénal 2001. 1, obs. Véron.*

77. Bonne foi. Ne peut être condamné pour abandon de famille celui qui, atteint d'une affection cardiaque l'obligeant à un repos complet, et dépourvu de toutes ressources personnelles, se trouve à la charge de ses parents, une telle situation constituant un cas de force majeure. • Crim. 24 avr. 1937 : *DH 1937. 429.* ♦ De même, doit être relaxé pour défaut d'intention coupable le prévenu d'abandon de famille qui manifeste une incapacité totale et insurmontable à comprendre les conséquences juridiques du jugement de divorce prononcé à ses torts, et à admettre qu'il peut être encore tenu à pension au profit de son ex-épouse. • Paris, 22 juin 1974 : *Gaz. Pal. 1974. 2. Somm. 290.*

78. Lorsque le défaut de payement de la pension alimentaire est volontaire, il importe peu que, par la voie d'une saisie-arrêt, la plaignante ait pu, contre la volonté de son mari, se faire verser tout ou partie des sommes dues, le délit se trouvant néanmoins constitué. • Crim. 2 nov. 1967 : *Bull. crim. n° 276 ; D. 1968. Somm. 32 ; Gaz. Pal. 1968. 1. 9.* ♦ Rappr. : • Montpellier, 23 févr. 1955 : *Gaz. Pal. 1955. 1. 404.* ♦ Mais, constitue un moyen péremptoire de défense pour le prévenu *le fait d'avoir été dans l'incapacité de payer* la pension alimentaire par suite des saisies-arrêts pratiquées par sa femme. • Crim. 18 févr. 1964 : *JCP 1964. IV. 49.*

79. A partir du moment où la créancière d'une pension alimentaire a fait entre les mains d'un tiers débiteur de salaires une demande de paiement direct, celle-ci vaut attribution au bénéficiaire des sommes qui en font l'objet au fur et à mesure qu'elles deviennent exigibles ; dès lors, le débiteur se trouve déchargé de l'obligation de payer, du moins si les salaires couvrent régulièrement les sommes à prélever, et il ne saurait avoir commis l'abstention volontaire constitutive du délit d'abandon de famille, s'il n'accomplit aucun acte pour faire échec à la demande. • T. corr. Paris, 24 janv. 1977 : *Gaz. Pal. 1977. 2. 670.* ♦ Sur la responsabilité pénale du banquier débiteur tenu au paiement direct. • Crim. 29 mai 1984 : *Bull. crim. n° 194 ; RSC 1985. 83, obs. Levasseur.*

80. Encourt la censure l'arrêt qui, pour déclarer un prévenu coupable du délit d'abandon de famille, constate qu'il est resté plus de deux mois sans payer le montant de la pension alimentaire judiciairement fixé, mais qui, pour ajourner le prononcé de la peine, relève qu'il a pu se méprendre sur ses obligations en raison de la mise en œuvre par le créancier d'aliments d'une procédure de paiement direct puis de la faillite du tiers débiteur de la pension. • Crim. 28 juin 1995, n° 94-84.811 P : *Dr. pénal 1995. 223, note Véron ; JCP 1996. II. 22576, note Dekeuwer ; RSC 1996. 364, obs. Bouloc*.

81. Le seul défaut de paiement d'une pension alimentaire ne suffit pas à rapporter la preuve de l'élément intentionnel du délit d'abandon de famille ; ainsi, doit être relaxé le prévenu qui, n'ayant versé qu'une partie de la pension alimentaire qu'il devait à son ex-épouse au titre de sa contribution à l'entretien des enfants, justifie cette situation par une diminution significative de ses revenus et par l'accomplissement de démarches judiciaires tendant à voir supprimer cette pension alimentaire compte tenu de sa situation de précarité, ce qui lui a été accordé ultérieurement. • Rennes, 11 avr. 2008 : *JCP 2008. IV. 2814.*

III. RÉPRESSION

A. COMPÉTENCE

82. Compétence interne. Sur le principe que l'attribution de compétence, pour connaître du délit d'abandon de famille, au tribunal du domicile ou de la résidence de la personne qui doit recevoir la pension ou bénéficier des subsides (C. pén., ancien art. 357-2 *in fine* ; C. pr. pén., art. 382, al. 3, réd. L. n° 92-1336 du 16 déc. 1992), s'analyse comme une disposition destinée à faciliter l'action de la victime, mais n'exclut pas l'application éventuelle des règles normales de compétence prévues par l'art. 382 C. pr. pén. • Crim. 3 mars 1977 : *Bull. crim. n° 86 ; JCP 1978. II. 18790, rapp. Guerder.*

83. Lorsqu'un prévenu a déjà été condamné pour abandon de famille à une peine d'emprisonnement avec mise à l'épreuve, le tribunal compétent, en cas de nouvelles poursuites du même chef, est, conformément aux dispositions de l'art. 352-7 *in fine* C. pén. (C. pr. pén., art. 382, al. 3, réd. L. n° 92-1336 du 16 déc. 1992), celui du domicile ou de la résidence de la personne qui doit recevoir la pension ou bénéficier des subsides, et non pas celui du juge de l'application des peines sous le contrôle duquel il se trouvait placé. • Crim. 25 janv. 1982 : *Bull. crim. n° 26.*

84. Compétence internationale. Aux termes de l'art. 693 C. pr. pén. (C. pén., nouvel art. 113-2, al. 2), est réputée commise sur le territoire de la République toute infraction dont un acte caractérisant un de ses éléments constitutifs a été accompli en France ; tel est le cas lorsque, bien que le créancier réside à l'étranger, le fait d'abstention volontaire imputable au débiteur de la pension alimentaire s'est trouvé réalisé en France. • Crim. 29 mars 1962 : *Bull. crim. n° 153 ; D. 1962. Somm. 95 ; Gaz. Pal. 1962. 1. 410.*

85. Lorsque, par jugement de divorce, un mari a été condamné à servir à sa femme une pension alimentaire payable au domicile ou à la résidence de celle-ci, que la femme réside au Brésil et que le mari s'abstient, volontairement, pendant plusieurs mois de faire les versements, le délit est commis à l'étranger ; les tribunaux français sont dans ce cas compétents, par application des art. 689 et 691 C. pr. pén. (C. instr. crim., art. 5 et 6) (C. pén., nouveaux art. 113-6, al. 2, et 113-8) dès lors que c'est à la requête du ministère public et sur la plainte de la femme, partie civile, que le prévenu a été poursuivi et que le délit est également réprimé par la législation brésilienne. • Paris, 15 nov. 1956 : *Gaz. Pal. 1956. 2. 419 ; Rev. crit. DIP 1957. 108, obs. Simon-Depitre.* ♦ Comp. : • Paris, 30 juin 1956 : *D. 1956. Somm. 153 ; Gaz. Pal. 1956. 2. 99.*

86. N'encourt pas la censure l'arrêt qui, pour condamner un prévenu pour abandon de famille constate, d'une part, que la décision notariée, établie par un notaire en Allemagne, aux termes de laquelle le prévenu s'est engagé à verser, à l'occasion de son divorce, une pension alimentaire mensuelle à chacun de ses enfants, est opposable au prévenu et exécutoire en France, celle-ci ayant fait l'objet d'une décision d'*exequatur* régulièrement signifiée et relève, d'autre part, que ledit prévenu est resté volontairement plus de deux mois sans acquitter le montant intégral de la pension alimentaire, et ajoute enfin que le délit est caractérisé dès lors que, comme en l'espèce, l'un des éléments constitutifs a été accompli sur le territoire national ; la cour relève notamment que bien que le créancier d'aliments réside à l'étranger, le fait d'abstention volontaire imputable au débiteur de la pension alimentaire s'est trouvé réalisé en France. • Crim. 29 janv. 2003 : *D. 2004. Somm. 307, obs. Mirabail.*

B. POURSUITES

87. Action civile. Le défaut de paiement d'une pension alimentaire, fixée par décision de justice pour l'entretien d'un enfant majeur, crée pour le parent qui assume la charge de cet entretien un préjudice résultant directement de l'infraction d'abandon de famille poursuivie, et ce parent est donc recevable à mettre en mouvement l'action publique par voie de citation directe pour en obtenir réparation. • Crim. 6 déc. 1983 : *Bull. crim. n° 328 ; D. 1984. IR 224, obs. Roujou de Boubée.*

88. La femme divorcée est en droit d'obtenir de légitimes dommages-intérêts de la part de son ex-mari qui, au mépris des décisions de justice, est resté plusieurs années sans verser la moindre somme tant pour son enfant que pour elle-même. • Rouen, 25 févr. 1980 : *Gaz. Pal. 1980. 2. Somm. 386.*

89. La mise en œuvre d'une procédure de recouvrement public (L. n° 75-618 du 11 juill. 1975) par le créancier d'aliments ne saurait mettre obstacle à l'exercice, par celui-ci, de l'action civile tendant à la réparation du dommage causé par le délit d'abandon de famille. • Crim. 15 mai 1984 : *Bull. crim. n° 175 ; RSC 1985. 84, obs. Levasseur.*

90. Poursuites successives. Les juges du fond, en déclarant une personne coupable du délit d'abandon de famille, alors qu'elle l'avait déjà été plus de deux mois auparavant, n'ont point violé le principe de l'autorité de la chose jugée, lequel requiert, pour son application, que le fait sur lequel est fondée la seconde poursuite soit identique dans ses éléments tant légaux que matériels à celui qui a motivé la première ; en effet, l'abstention délictueuse du prévenu, qui s'est perpétuée depuis une première condamnation, présente par sa nature le caractère d'une infraction successive, différente, dans ses éléments, de celle précédemment réprimée, et, dès lors, aucun obstacle ne s'opposait à ce que le prévenu soit recherché et condamné pour des faits, qui, quoique identiques aux précédents, n'en étaient pas moins juridiquement distincts. • Crim. 9 févr. 1965 : *D. 1965. 475 ; Gaz. Pal. 1965. 1. 420.*

91. Le délit d'abandon de famille, qui, selon l'art. 227-3 C. pén., est constitué, notamment, par le défaut de paiement intégral, pendant plus de deux mois, d'une prestation compensatoire définie et ordonnée par une décision judiciaire sous forme de capital ou de rente, se renouvelle chaque fois que son auteur démontre par son comportement sa volonté de persévérer dans son attitude ; justifie donc légalement sa décision la cour d'appel qui, sur la condamnation, le 2 juin 1994, devenue définitive le 2 août suivant, d'un homme divorcé qui n'a pas payé la prestation compensatoire en capital à laquelle il a été condamné, déclare le prévenu coupable, une nouvelle fois, en décembre 1994, du même délit, en retenant qu'il est resté à nouveau plus de deux mois sans avoir satisfait à son obligation de paiement de l'exigible existant et qu'il n'a pas proposé d'établir l'état d'impécuniosité dans lequel il prétend se trouver. • Crim. 2 déc. 1998, n° 97-83.671 P : *D. 2000. Somm. 36, obs. Mayaud ; JCP 1999. II. 10108, note Rebut ; ibid. 2000. I. 207, n° 3, obs. Véron ; Dr. pénal 1999. 64, obs. Véron ; Gaz. Pal. 1999. 2. Somm. 375, obs. Massip.*

92. Saisine du tribunal. Le juge répressif ne peut statuer légalement que sur des faits relevés dans l'ordonnance de renvoi ou la citation délivrée au prévenu. • Crim. 2 juin 1970 : *Bull. crim. n° 177.* ♦ Saisi d'un délit d'abandon de famille fondé sur la non-exécution d'un arrêt allouant une pension alimentaire, le juge ne peut, après avoir constaté que cet arrêt n'était pas exécutoire, condamner le prévenu au motif qu'il a contrevenu à une ordonnance de non-conciliation accordant une pension alimentaire, dès lors que ladite ordonnance n'a pas été visée par la prévention. • Crim. 25 févr. 1971 : *Bull. crim. n° 63 ; RSC 1971. 846, obs. Levasseur.*

C. RESPONSABILITÉS

93. Complicité. Peut seule être retenue responsable du délit d'abandon de famille la personne débitrice de l'obligation alimentaire ; aucune autre ne peut être recherchée comme complice aux termes des art. 59 s. C. pén. (nouveaux art. 121-6 et 121-7), dès lors qu'elle n'a personnellement aucune obligation alimentaire et qu'elle n'a été à aucun titre partie dans la décision civile qui est la base légale et nécessaire de la poursuite pénale. • Paris, 14 oct. 1960 : *D. 1961. Somm. 59 ; JCP 1961. II. 11978, note Chambon ; Gaz. Pal. 1961. 1. 162.* ♦ Sur la décision infirmée, V. : • T. corr. Seine, 12 oct. 1959 : *Gaz. Pal. 1960. 1. 59.*

94. Amnistie. Le délit d'abandon de famille, classé dans la catégorie des « délits continus successifs », se caractérise par le fait que l'infraction prend naissance à l'expiration du délai de deux mois concédé au débiteur, et se poursuit par la volonté persistante de son auteur jusqu'au jour où il remplit ses obligations ; il en résulte qu'une infraction consommée à une certaine date se maintient au-delà de cette date par l'abstention de payer la pension, et que la condamnation prononcée peut ne pas être susceptible de bénéficier d'une amnistie. • Colmar, 20 janv. 1967 : *JCP 1967. II. 15134, note Michaud.*

95. Effets civils. Un père condamné pour abandon de famille ne peut être déchu de l'autorité parentale en application de l'art. 378 C. civ., dès lors que ce délit ne constitue pas une infraction commise sur la personne de son enfant ; seul est éventuellement applicable l'art. 373-3° dudit code, privant provisoirement de l'exercice de l'autorité parentale celui qui est condamné de l'un des chefs de l'abandon de famille tant qu'il n'a pas recommencé à assumer ses obligations pendant une durée de six mois au moins. • Crim. 11 déc. 1984 : *Bull. crim. n° 393 ; Gaz. Pal. 1985. 2. 654, note Doucet.*

Art. 227-4 **Le fait, par une personne tenue, dans les conditions prévues à l'article 227-3, à l'obligation de verser une pension, une contribution, des subsides ou des prestations de toute nature, de ne pas notifier son changement de domicile au créancier** *(L. n° 2019-1446 du 24 déc. 2019, art. 72, mod. par L. n° 2020-734 du 17 juin 2020, art. 35, en vigueur le 1er janv. 2021)* **« ou à l'organisme débiteur des prestations familiales lorsque le versement de la pension fait l'objet d'une intermédiation financière dans les conditions prévues à l'article L. 582-1 du code de la sécurité sociale, » dans un délai d'un mois à compter de ce changement, est puni de six mois d'emprisonnement et de 7 500 € d'amende.** — *Pr. pén. 398-1. — V. Décr. n° 2020-1201 du 30 sept. 2020, art. 5-I, pris pour l'application de l'art. 72 de la L. n° 2019-1446 du 24 déc. 2019 de financement de la sécurité sociale pour 2020.*

Art. 227-4-1 *(L. n° 2009-526 du 12 mai 2009, art. 124-I)* **« Les personnes morales déclarées responsables pénalement, dans les conditions prévues par l'article 121-2, des infractions définies à la présente section encourent, outre l'amende suivant les modalités prévues par l'article 131-38, les peines prévues par les 2° à 9° de l'article 131-39. »**

(L. n° 2001-504 du 12 juin 2001) **« L'interdiction mentionnée au 2° de l'article 131-39 porte sur l'activité dans l'exercice ou à l'occasion de l'exercice de laquelle l'infraction a été commise. »**

SECTION II *BIS* DE LA VIOLATION DES ORDONNANCES PRISES PAR LE JUGE AUX AFFAIRES FAMILIALES EN CAS DE VIOLENCES

(L. n° 2010-769 du 9 juill. 2010, art. 5-I, en vigueur le 1er oct. 2010)

BIBL. ► A.-G. ROBERT, *RSC 2010. Chron. 906*. – DEFFERRARD, *Dr. pénal 2010. Étude 27* (la suspicion légitime contre les violences au sein des couples).

Art. 227-4-2 **Le fait, pour une personne faisant l'objet d'une ou plusieurs obligations ou interdictions imposées dans une ordonnance de protection rendue en application**

des articles 515-9 ou 515-13 du code civil, de ne pas se conformer à cette ou ces obligations ou interdictions est puni de deux ans d'emprisonnement et de 15 000 € d'amende.

(*L. n° 2019-222 du 23 mars 2019, art. 70-III*) **« Les mêmes peines sont applicables à la violation d'une mesure de protection en matière civile ordonnée dans un autre État membre de l'Union européenne reconnue et ayant force exécutoire en France en application du règlement (UE) n° 606/2013 du Parlement européen et du Conseil du 12 juin 2013 relatif à la reconnaissance mutuelle des mesures de protection en matière civile. »**

BIBL. ▶ Dossier, *AJ pénal 2014. 207 s.* (aide aux victimes et répression).

Art. 227-4-3 Le fait, pour une personne tenue de verser une contribution ou des subsides au titre de l'ordonnance de protection rendue en application de l'article 515-9 du code civil, de ne pas notifier son changement de domicile au créancier dans un délai d'un mois à compter de ce changement est puni de six mois d'emprisonnement et de 7 500 € d'amende.

SECTION III DES ATTEINTES À L'EXERCICE DE L'AUTORITÉ PARENTALE

RÉP. PÉN. v° *Atteintes à l'autorité parentale : Non-représentation d'enfant et Soustraction de mineur*, par Gouttenoire et Guérin.

Art. 227-5 Le fait de refuser indûment de représenter un enfant mineur à la personne qui a le droit de le réclamer est puni d'un an d'emprisonnement et de 15 000 € d'amende. — *Pr. pén. 398-1.*

***Corresp.* :** *C. pén., ancien art. 357.*

BIBL. ▶ Véron, *JCP 1991. I. 3525 ; Dr. pénal, avr. 1991, p. 2.* – Le Blavec, *Gaz. Pal. 2002. 1. Doctr. 657* (prévention et sanction des enlèvements parentaux d'enfants vers l'étranger).

Plan des annotations

I. DROIT À LA REPRÉSENTATION

A. FONDEMENT JUDICIAIRE

1. Ratio legis. L'art. 357 C. pén. a pour but d'assurer par une sanction pénale l'exécution des mesures judiciaires ordonnées au sujet de la garde des enfants mineurs ; par la généralité de ses termes, il s'applique à la fois à la réglementation du droit de garde, du partage des vacances et du droit de visite, et protège tous ceux qui sont admis par décision de justice à faire valoir un de ces droits. • Crim. 19 oct. 1935 : *Bull. crim. n° 116 ; DP 1937. 1. 12, note Lebrun* • 13 nov. 1957 : *Bull. crim. n° 732* • 3 janv. 1958 : *ibid. n° 6.* ♦ Il s'applique notamment aux mesures d'assistance éducative. • Crim. 12 mars 1980 : *Bull. crim. n° 88 ; RSC 1981. 92, obs. Levasseur.* ♦ Il ne saurait, en revanche, sanctionner l'inexécution d'une obligation qui n'est pas mise par la décision de justice à la charge personnelle d'un prévenu. • Crim. 7 déc. 1972 : *Bull. crim. n° 384 ; D. 1973. 172 ; RSC 1973. 695, obs. Levasseur.*

1° DÉCISION PRÉALABLE

2. Avant le 1er mars 1994. Le délit prévu par l'art. 357 C. pén. ne punit ceux qui enlèvent ou détournent un mineur, ou refusent de le représenter, que dans le cas particulier où il a été statué sur la garde de ce mineur par une décision de justice. • Crim. 13 mai 1953 : *Bull. crim. n° 169 ; D. 1954. 673, rapp. Patin, et note Vouin ; JCP 1953. II. 7729, note Chavanne ; RSC 1953. 669, obs. Hugueney.* ♦ Mais encore faut-il que la condamnation soit fondée sur une décision judiciaire visée à la prévention, sauf consentement du prévenu dans le cas contraire. • Crim. 10 févr. 1993, n° 92-81.471 P : *RSC 1994. 555, obs. Levasseur* .

3. Depuis le 1er mars 1994. Selon l'art. 551, al. 2, C. pr. pén., il suffit que la citation énonce le fait poursuivi et le texte qui le réprime ; aux termes de l'art. 565 C. pr. pén., la nullité de la citation ne peut être prononcée que si elle a eu pour effet de porter atteinte aux intérêts de la personne concernée ; une cour d'appel méconnaît les textes sus-énoncés en prononçant la nullité d'une citation délivrée à l'encontre d'une mère ayant refusé de présenter un enfant mineur à son père qui avait le droit de le réclamer, infraction prévue et réprimée par les art. 227-5, 227-29 et 131-26 C. pén., au prétendu motif que cet acte « ne vise aucunement la décision judiciaire dont la personne qui réclame l'enfant tient son droit et que ce défaut d'indication ne met pas la prévenue en mesure de préparer sa défense et porte ainsi atteinte à ses intérêts », alors que, d'une part, la citation énonçait le fait poursuivi dans les termes mêmes de l'art. 227-5 C. pén., lesquels ne précisent pas la nature du droit en vertu duquel l'enfant doit être représenté, et que, d'autre part, aucune atteinte aux intérêts de la prévenue n'était établie, ni même alléguée, par l'intéressée. • Crim. 13 mars 1996, n° 95-83.111 P : *RSC 1997. 103, obs. Mayaud*.

4. En présence de l'imprécision de l'ordonnance du juge aux affaires familiales, l'infraction n'est pas constituée. • Aix-en-Provence, 17 avr. 2002 : *Dr. pénal 2002. 122, obs. Véron.*

5. L'obligation de remettre l'enfant peut résulter d'une convention homologuée ; dès lors, commet l'infraction de non-représentation d'enfant la mère qui, en violation de l'accord des parties quant à l'exercice du droit de visite et d'hébergement, consacré par un jugement d'assistance éducative, s'abstient de remettre l'enfant. • Montpellier, 3 mars 2009 : *Gaz. Pal. 2009. 1. Somm. 2160.*

2° DÉCISION EXÉCUTOIRE

6. Principe. C'est à bon droit qu'une cour d'appel prononce une relaxe du chef de non-représentation d'enfant au motif que le jugement de divorce statuant sur la garde des enfants et l'exercice du droit de visite dont la méconnaissance était imputée au prévenu n'était pas immédiatement exécutoire. • Crim. 4 janv. 1983 : *Bull. crim. n° 4 ; RSC 1983. 672, obs. Levasseur.*

7. Détermination. Sur la distinction, en matière de divorce, des mesures provisoires et des mesures accessoires, et leur caractère exécutoire dans la jurisprudence pénale, comp. : • Crim. 26 juin 1975 : *Bull. crim. n° 168* • 8 mai 1979 : *ibid. n° 164* • 8 mai 1979 : *ibid. n° 166 ; RSC 1980. 141, obs. Levasseur* • 18 nov. 1981 : *Bull. crim. n° 306* • 4 janv. 1983 : *ibid. n° 4 ; RSC 1983. 672, obs. Levasseur* • 14 févr. 1984 : *Bull. crim. n° 52.*

8. Connaissance. Le fait qu'une mère divorcée ait connu les dispositions d'une ordonnance du juge des affaires matrimoniales fixant les nouvelles modalités du droit de visite du père, à supposer qu'il soit suffisamment prouvé, est inopérant : on ne peut, en effet, reprocher pénalement à la prévenue de ne s'être pas conformée à une décision de justice, alors que cette décision n'était exécutoire, à défaut de notification, que si elle acceptait volontairement de l'exécuter. • T. corr. Lyon, 24 mars 1982 : *Gaz. Pal. 1983. 1. Somm. 7.*

9. Le délit de non-représentation, de détournement ou d'enlèvement d'enfant suppose, pour être caractérisé en ses éléments constitutifs, qu'à l'époque des faits retenus par la prévention, la décision ayant statué sur la garde du mineur avait été signifiée au prévenu, car ce n'est qu'après cette signification que l'attributaire de la garde pouvait réclamer l'enfant et l'autre parent commettre le délit. • TGI Le Mans, 16 nov. 1983 : *Gaz. Pal. 1984. 1. Somm. 122.* ♦ *Contra* : • Crim. 4 mai 1961 : *Bull. crim. n° 238.*

10. Il n'importe que la décision de la cour d'appel qui a confié l'enfant à la garde de la mère n'ait pas été signifiée au prévenu, dès lors que celui-ci a eu légalement connaissance du jugement de première instance ayant antérieurement statué dans le même sens et ordonné l'exécution provisoire. • Crim. 6 oct. 1959 : *Bull. crim. n° 407.*

11. A justifié sa décision de condamnation pour non-représentation d'enfant, la cour d'appel qui a rappelé le caractère exécutoire de plein droit de l'ordonnance du juge aux affaires matrimoniales et a souverainement apprécié que la prévenue avait eu connaissance de cette décision. • Crim. 23 juin 1999, n° 98-87.147 P.

12. Incidence des conditions. Encourt la cassation l'arrêt qui déclare une prévenue coupable du délit de non-représentation d'enfant, sans rechercher si le père des enfants la prévenait à l'avance du nom du tiers présent lors de l'exercice de son droit de visite alors que l'ordonnance du juge aux affaires familiales accordant au père des enfants un droit de visite simple sans hébergement, en présence constante d'un tiers digne de confiance choisi par lui, prévoyait qu'il devait l'informer à l'avance du nom du tiers choisi. • Crim. 3 oct. 2012, n° 12-80.569 P.

13. Incidence des modifications ultérieures dans les rapports des parties. La modification ultérieure du rapport des parties, par transfert de la garde de l'un des parents à l'autre, ne peut avoir pour effet de dépouiller le fait initial du caractère délictueux qui lui a été reconnu. • Crim. 8 déc. 1964 : *Bull. crim. n° 332 ; D. 1965. Somm. 51* • 15 juin 1965 : *D. 1965. 761 ; JCP 1965. II. 14355.*

14. Il n'importe que le mariage existant entre les parties ait été annulé par une décision ultérieure si, au cours de la période pendant laquelle était exécutoire l'ordonnance servant de base aux poursuites, le prévenu s'est volontairement soustrait aux obligations que cette ordonnance lui imposait. • Crim. 4 juin 1970 : *Bull. crim. n° 184 ; Gaz. Pal. 1970. 2. 122.*

15. Incidence de la déchéance de l'autorité parentale. Est à bon droit relaxée du chef de non-représentation d'enfant la mère d'un enfant mineur qui ne représente pas ce dernier à son père, bénéficiaire d'un droit de visite, dès lors qu'en application de l'art. 373-3° C. civ., celui-ci a perdu l'exercice de l'autorité parentale sur cet enfant à la suite d'une condamnation définitive pour abandon de famille et qu'il n'a pas été relevé de cette incapacité. • Crim. 4 déc. 1984 : *Bull. crim. n° 385 ; D. 1985. 414, note Massip ; RSC 1985. 299, obs. Levasseur.*

16. Rejette à bon droit l'exception tirée d'une perte provisoire de l'exercice de l'autorité parentale, prévue par l'art. 373, al. 3, C. civ. et motivée par une condamnation pour abandon de famille, du parent ayant le droit de réclamer l'enfant, la cour d'appel qui relève que postérieurement il a recommencé à assumer ses obligations pendant une durée de six mois, quelles que soient les modalités d'exécution desdites obligations et même s'il existe un arriéré. • Crim. 29 sept. 1993, n° 92-86.444 P : *RSC 1994. 556, obs. Levasseur.* ♦ Aux termes de l'art. 373-3° C. civ., recouvre l'exercice de l'autorité parentale, dont il a été provisoirement privé, celui des père et mère qui recommence à assumer ses obligations pendant une durée de six mois au moins ; il se déduit de ces dispositions que l'accomplissement de la condition fixée par la loi opère, de plein droit, restitution, au profit du parent qui en justifie, des attributs de l'autorité parentale, quand bien même il subsisterait, dans le montant de la dette, un arriéré ; en conséquence, a justifié sa décision la cour d'appel qui, pour condamner la prévenue du chef de non-représentation d'enfant, laquelle prétendait être dispensée de son obligation de représentation par l'effet d'un jugement en date du 17 mars 1994 condamnant le père de l'enfant pour abandon de famille, constate que ce dernier a justifié du paiement de la pension courante depuis plus de six mois, et en a déduit qu'il avait recouvré l'exercice du droit de visite. • Crim. 26 mai 1999 : *Dr. pénal 1999. 149, obs. Véron.*

17. Il n'y a pas lieu de prendre en compte le fait que le prononcé de la peine du père avait été renvoyé à une audience ultérieure, une telle décision de déclaration de culpabilité avec ajournement du prononcé de la peine devant être assimilée à une condamnation, car elle est reçue au casier judiciaire au même titre. • Aix-en-Provence, 7 janv. 1987 : *JCP 1987. II. 20786, note Jeandidier ; RSC 1987. 880, obs. Levasseur.* ♦ Rappr. : • T. corr. Libourne, 17 juin 1983 : *Gaz. Pal. 1984. 1. Somm. 169, note Doucet.* ♦ Ne constitue pas une condamnation au sens de l'art. 373-3° C. civ. le jugement de déclaration de culpabilité avec ajournement du prononcé de la peine, dès lors qu'au terme de cet ajournement, peut être prononcée une dispense de peine, laquelle, selon l'art. 469-1 C. pr. pén., exclut l'application des interdictions, déchéances ou incapacités résultant de plein droit d'une condamnation ; justifie donc légalement sa décision la cour d'appel qui, pour condamner une mère pour non-représentation d'enfant, écarte son argumentation selon laquelle le père avait perdu l'exercice de son droit de visite à la suite de sa condamnation pour abandon de famille, en relevant, à bon droit, qu'en raison de l'ajournement du prononcé de la peine, c'est seulement deux mois plus tard que, en application de l'art. 373-3° C. civ., l'exercice de son droit de visite a été suspendu. • Crim. 23 oct. 1996, n° 94-85.183 P.

18. Incidence des voies de recours. Commet le délit de non-représentation d'enfant le prévenu à qui un arrêt de divorce a retiré la garde de l'enfant et qui refuse de remettre celui-ci à son conjoint au motif qu'il a formé un pourvoi en cassation contre ledit arrêt. • Crim. 5 juin 1958 : *Bull. crim. n° 444.*

19. Dès lors qu'à la date des faits incriminés la décision de justice civile statuant sur la garde, et dont l'art. 357 C. pén. sanctionne la méconnaissance, était exécutoire, bien que frappée de pourvoi, la cassation ultérieure de cette décision ne saurait faire disparaître le délit de non-représentation qui a été commis. • Crim. 15 nov. 1978 : *Bull. crim. n° 318 ; D. 1979. IR 181, note Roujou de Boubée ; RSC 1979. 559, obs. Levasseur.* ♦ Même solution pour la réformation ultérieure de la décision en appel. • Crim. 29 nov. 1982 : *Bull. crim. n° 270 ; RSC 1983. 671, obs. Levasseur.*

20. Est coupable du délit de non-représentation d'enfants la prévenue qui s'est opposée au droit de visite et d'hébergement accordé par une ordonnance du juge aux affaires familiales à son ancien concubin au motif que ce dernier n'est pas le vrai père de l'enfant ; en effet, s'il est vrai qu'une expertise génétique ordonnée dans le cadre d'une instance en annulation de la reconnaissance de paternité a permis d'exclure la paternité du plaignant et d'admettre celle d'un autre individu, il n'en reste pas moins que le plaignant demeurait pleinement titulaire de son droit de visite et d'hébergement alors qu'aucune autre décision judiciaire n'était venue le supprimer ; tel est bien le cas en l'espèce puisqu'à la date des faits le juge aux affaires familiales, saisi d'une requête de la prévenue tendant à voir supprimer le droit de visite et d'hébergement du plaignant, avait sursis à statuer dans l'attente de la décision au fond sur la demande d'annulation de la reconnaissance de paternité ; c'est donc à tort que la prévenue invoque ce moyen juridique ; elle ne peut d'ailleurs pas plus invoquer le fait que le père biologique de l'enfant exerçait alors un droit de visite, sachant qu'il ne disposait quant à lui d'aucun droit de cette nature à l'époque des faits, aucune décision judiciaire ne le lui ayant alors accordé ; l'infraction est donc bien constituée par le fait que la mère se soit opposée au droit de visite et d'hébergement du plaignant dès le dépôt du rapport d'expertise constatant la non-paternité de celui-ci ; le jugement doit être confirmé. • Bordeaux, 14 oct. 2005 : *JCP 2006. IV. 2538.*

21. Mme X... a été citée directement devant le tribunal correctionnel par M. Robert Y..., le 2 févr. 2010, pour avoir, le 20 oct. 2009, refusé de représenter leur fils Franck, né le 5 août 1993, qu'il avait le droit de réclamer en exécution du jugement du juge aux affaires familiales du 22 janv. 2009 ayant fixé la résidence habituelle du mineur chez son père ; appelante du jugement la déclarant coupable de cette infraction, elle a déposé des conclusions à l'audience de la cour d'appel du 4 avr. 2011, par lesquelles elle a fait notamment valoir qu'elle avait saisi le juge aux affaires familiales en référé, le 25 janv. 2011, l'audience fixée au 27 janv. 2011 ayant été renvoyée au 24 mars 2011, afin de régulariser la situation de son fils qui s'était, selon elle, réfugié chez ses grands-parents maternels le 18 oct. 2009 puis chez elle ; au cours du délibéré de la cour d'appel, elle a transmis la décision du juge aux affaires familiales rendue le 12 mai 2011, fixant la résidence du mineur à son domicile à compter du 19 oct. 2009 ; pour confirmer le jugement et écarter le moyen de défense pris de l'état de nécessité, l'arrêt retient que la violence du père n'est pas établie par la procédure et les attestations produites et qu'il appartenait à la prévenue de faire respecter le jugement du 22 janv. 2009 ; en cet état, la cour d'appel a justifié sa décision, dès lors qu'à la date des faits incriminés, la décision de justice statuant sur la résidence du mineur était exécutoire, la modification ultérieure de cette décision, fût-elle avec effet rétroactif, ne pouvant faire disparaître le délit de non-représentation d'enfant qui avait été commis. • Crim. 14 mars 2012, n° 11-85.421 P : *D. actu. 27 mars 2012, obs. Bombled ; D. 2012. Pan. 2276, obs. Bonfils ; AJ fam. 2012. 279, obs. Lambert ; Gaz. Pal. 2012. 1. 1382, note Mésa.*

22. Caducité. Lorsque l'époux demandeur en séparation de corps ou en divorce n'a pas usé de la permission d'assigner dans le délit requis à partir de l'ordonnance de non-conciliation, les mesures provisoires dont il bénéficie cessent de plein droit, ce qui rend irrecevable toute action dirigée contre l'époux défendeur pour délit d'abandon de famille ou de non-représentation d'enfant. • Nîmes, 19 avr. 1951 : *JCP 1951. II. 6423, note Gal.* ♦ Mais, dès lors qu'à la date des faits incriminés, l'obligation de famille mise à la charge du prévenu et méconnue par lui était définie par une ordonnance de non-conciliation légalement exécutoire, la constatation ultérieure *de la caducité de l'assignation en divorce* ne saurait faire disparaître le délit de non-représentation d'enfant ainsi constitué. • Crim. 25 janv. 1978 : *Bull. crim. n° 32 ; Gaz. Pal. 1978. 2. 373.*

23. Commet le délit de non-représentation d'enfant la mère qui n'a pas observé les dispositions de la convention temporaire réglant la situation des époux relativement aux mesures provisoires, convention à laquelle le juge aux affaires matrimoniales a attribué force exécutoire, si, au moment des faits, les délais permettant aux époux de renouveler leur demande conjointe en divorce n'étaient pas expirés. • Poitiers, 31 mai 1979 : *Gaz. Pal. 1979. 2. 574, note Brazier.*

24. Pour mettre fin aux mesures provisoires édictées par une ordonnance de non-conciliation, la réconciliation des époux, invoquée par le prévenu poursuivi pour non-représentation d'enfant, doit avoir été constatée dans les formes légales par la juridiction compétente. • Crim. 25 janv. 1978 : *préc. note 22.*

B. FONDEMENT LÉGAL

25. C'est sur le recours à l'ancien art. 356 C. pén. (nouveaux art. 227-7 et 227-8), relatif au détournement de mineur sans fraude ni violence, qu'était sanctionné, avant la réforme du code pénal, le droit à la représentation directement fondé sur la loi, indépendamment de toute décision de justice, la jurisprudence ayant considéré que ce texte constituait une disposition générale, qui punissait de peines correctionnelles aussi bien celui qui sans fraude ni violence enlevait un mineur de 18 ans que celui qui, dans les mêmes conditions, le détournait, notamment en ne le représentant pas à ceux qui tenaient de la loi le droit de le réclamer et de le garder. • Crim. 13 mai 1953 : *Bull. crim. n° 169 ; D. 1954. 673, rapp. Patin, et note Vouin ; JCP 1953. II. 7729, note Chavanne ; RSC 1953. 669, obs. Hugueney* • 4 déc. 1962 : *Bull. crim. n° 354.* ♦ Il fut ainsi appliqué : à une tutrice provisoire qui, déchargée régulièrement de ses fonctions, refusait de représenter les deux mineurs dont elle avait perdu la garde, après nomination par le conseil de famille d'une tutrice définitive. • Crim. 13 mai 1953 : *préc.* ♦ Comp., sur renvoi : • Riom, 7 mai 1954 : *D. 1954. 687 ; Gaz. Pal. 1954. 2. 42.* ♦ ... Au père naturel lorsque, en vertu des dispositions de l'art. 374 C. civ., l'autorité parentale était exercée en entier par la mère. • Crim. 27 nov. 1984 : *Bull. crim. n° 368 ; RSC 1985. 812, obs. Levasseur.* ♦ Comp., sur le fondement de l'ancien art. 345, al. 4, C. pén. (nouvel art. 227-13) : • Crim. 22 mars 1900 : *DP 1900. 1. 184 (2 arrêts)* • 5 avr. 1900 : *S. 1902. 1. 428.*

II. FAIT DE NON-REPRÉSENTATION

A. MATÉRIALITÉ

26. Dissimulation. Le délit de non-représentation d'enfant exige la dissimulation effective du mineur au bénéficiaire du droit de visite ; les propos tenus à l'enfant par sa mère pour le détourner de son père, titulaire du droit de visite, ne suffisent pas à caractériser le délit de non-représentation si l'enfant a été mis à la disposition de son père, qui a renoncé à l'emmener, après que l'enfant ait émis, sur son compte, des réflexions désobligeantes. • TGI Avesnes-sur-Helpe, 5 juill. 1960 : *D. 1961. Somm. 15.*

27. Absence. Le délit de non-représentation d'enfant est établi dès lors que la mère n'a pu exercer son droit de visite par suite de l'absence de son ex-mari ; en effet, il appartenait à celui-ci de ne quitter son domicile qu'après l'heure à laquelle son ex-épouse devait se présenter pour prendre ses enfants. • Rouen, 24 nov. 1980 : *Gaz. Pal. 1981. 2. Somm. 206.*

28. Stratagème. Pour déclarer la prévenue coupable de non-représentation d'enfant, l'arrêt attaqué relève qu'elle a abusé le plaignant en lui faisant croire que sa fille était malade, de façon qu'il n'aille pas la chercher pour exercer son droit de visite ; en l'état de ces motifs, qui établissent que la prévenue a usé d'un stratagème pour parvenir à soustraire la mineure au titulaire du droit de visite, la cour d'appel a justifié sa décision au regard de l'art. 227-5 C. pén. • Crim. 18 déc. 2002, n° 02-83.667 P : *D. 2003. 1062, note Mayaud*.

B. INTENTION

29. Élément essentiel. L'intention délictuelle est un élément essentiel du délit de non-représentation d'enfant. • Crim. 6 nov. 1936 : *DH 1936. 559.*

30. En ne s'expliquant pas sur les conditions dans lesquelles la mère des enfants avait refusé de les représenter à leur père, une cour d'appel n'a pas mis la Cour de cassation en mesure d'exercer son contrôle sur l'existence des éléments constitutifs de l'infraction intentionnelle de non-représentation d'enfant. • Crim. 5 juill. 1995, n° 94-81.430 P : *Dr. pénal 1995. 277, note Véron.*

31. Nature. L'élément intentionnel du délit est caractérisé par le refus réitéré de remettre les enfants. • Crim. 28 févr. 1968 : *Bull. crim. n° 71.* ♦ ... Ou par le refus délibéré de remettre l'enfant à la personne qui a le droit de le réclamer en vertu d'une décision de justice exécutoire, quel que soit le mobile qui guide cette attitude. • Crim. 3 juill. 1984 : *Bull. crim. n° 254 ; RSC 1985. 301, obs. Levasseur.* ♦ L'élément intentionnel du délit de non-représentation d'enfant est caractérisé par le refus délibéré ou indu, comme contraire à une décision de justice, de remettre l'enfant à la personne qui a le droit de le réclamer, quel que soit le mobile de cette attitude, et en l'absence de tout danger actuel ou imminent menaçant sa personne ou sa santé. • Crim. 3 sept. 1996, n° 94-85.046 P : *RSC 1997. 104, obs. Mayaud* • 8 sept. 1999 : *Dr. pénal 2000. 14, obs. Véron.*

32. Se rend coupable du délit prévu par l'art. 357 C. pén. : la mère qui n'a pas présenté l'enfant aux dates proposées par le père, lequel disposait d'un libre droit de visite accordé par l'ordonnance de non-conciliation, et alors qu'elle n'établit pas avoir suggéré d'autres modalités de rencontre. • Crim. 5 févr. 1958 : *D. 1958. 325.* ♦ ... La mère qui a la garde de deux enfants et se refuse de confier seulement l'un d'eux au père, exerçant son droit de visite séparément à l'égard de cet enfant, alors que les décisions réglant la garde et le droit de visite n'imposaient pas au père d'exercer son droit à l'égard des deux enfants simultanément. • Crim. 13 févr. 1962 : *Bull. crim. n° 91.* ♦ ... Ou qui refuse de présenter seulement l'un d'eux au père au prétexte que l'autre est malade et qu'elle ne veut pas les séparer, alors que si la décision règle la garde et le droit de visite des deux enfants, elle n'impose pas au père d'exercer son droit à l'égard des deux enfants simultanément. • Crim. 21 févr. 1967 : *Bull. crim. n° 74.*

33. Commet l'infraction le directeur départemental des affaires sanitaires et sociales qui, au mépris d'une ordonnance du juge des enfants, refuse à des parents nourriciers tout droit de visite sur des mineurs pupilles de l'État, quand bien même lui aurait été laissée la faculté d'organiser à sa convenance l'exercice de ce droit de visite, cette faculté ne pouvant entraîner la suppression totale et permanente de celui-ci. • Crim. 3 juill. 1984 : *préc. note 31.*

34. A justifié sa décision, tant au regard de l'art. 357 ancien que de l'art. 227-5 nouveau C. pén., la cour d'appel qui, pour déclarer le prévenu coupable des faits qui lui étaient reprochés, énonce qu'après avoir exercé son droit de visite en Martinique, où son ex-épouse avait transféré son domicile et emmené ses enfants, il est rentré en métropole, accompagné de ces derniers, et les a cachés jusqu'à la date de l'audience fixée par le juge aux affaires matrimoniales qu'il a alors saisi, et relève que le prévenu s'est rendu coupable d'un véritable « coup de force » qui n'était pas nécessaire pour préserver la santé psychologique des enfants. • Crim. 3 sept. 1996 : *préc. note 31.*

35. A justifié sa décision au regard de l'art. 227-5 C. pén., la cour d'appel qui, pour déclarer la mère coupable des faits qui lui étaient reprochés, relève que l'ordonnance de non-conciliation prévoyait que le droit de visite et d'hébergement du père serait exercé « en la présence permanente d'un tiers de confiance », constate qu'à plusieurs reprises la prévenue a refusé de représenter l'enfant à son père en contestant la qualité de tiers de confiance à certains membres ou proches de la famille de ce dernier au motif qu'ils n'avaient pas reçu son agrément préalable, et retient qu'elle a ainsi ajouté à l'ordonnance à exécuter des restrictions que cette décision juridictionnelle ne contenait pas. • Crim. 8 sept. 1999 : *préc. note 31.*

36. Erreur de droit. L'erreur de droit alléguée par le prévenu ne constitue ni un fait justificatif ni une excuse admis par la loi elle demeure sans influence sur l'intention coupable affirmée par le refus réitéré du prévenu de remettre l'enfant à la mère à laquelle il a été judiciairement confié. • Crim. 8 févr. 1966 : *Bull. crim. n° 36 ; D. 1966. Somm. 83* • 1er févr. 1990 : ☎ *Dr. pénal 1990 221.* ♦ *Contra* : • Besançon, 16 févr. 1949 : *Gaz. Pal. 1949. 1. 166.* ♦ V. cependant art. 122-3.

37. Erreur de fait. Est légalement justifié l'arrêt de relaxe décidant, qu'en raison des circonstances, la mère qui a emmené l'enfant quelques jours avant la date à laquelle il devait lui être remis pour les vacances, a pu s'y croire autorisée. • Crim. 6 nov. 1936 : *DH 1936. 559.* ♦ Doit être relaxée en raison de sa bonne foi la mère qui s'oppose à l'exercice du droit de visite accordé au père sur la base d'informations erronées fournies par son avocat. • Douai, 26 sept. 1996 : *Dr. pénal 1997. 60, obs. Véron.*

38. Contrainte. La circonstance que des juridictions étrangères auraient statué dans un sens différent, en ce qui concerne le droit de garde d'un enfant mineur, ne saurait constituer pour le prévenu un cas de force majeure ou de contrainte morale de nature à le dispenser d'exécuter les décisions intervenues devant les tribunaux français et qui, tant qu'elles ne sont pas régulièrement rapportées ou modifiées, conservent toute leur force obligatoire et continuent de produire leurs entiers effets. • Crim. 14 févr. 1957 : *Bull. crim. n° 150.*

39. Ne commet pas le délit de non-représentation d'enfant la mère gardienne qui, en raison de ses obligations professionnelles, a transféré son domicile outre-mer, alors qu'elle ne s'est pas soustraite volontairement à l'exécution de la décision de justice fixant le droit de visite. • Reims, 14 avr. 1972 : *D. 1972. 432 ; RSC 1973. 124, obs. Levasseur.* ♦ Il en est de même pour la mère qui, titulaire du droit de garde, a quitté la France, où elle était en chômage, pour s'installer avec l'enfant à l'étranger, où elle avait trouvé une situation en rapport avec ses aptitudes. • T. corr. Versailles, 5 juin 1950 : *Gaz. Pal. 1950. 2. 234.* ♦ V. cependant art. 227-6.

40. Doivent être exonérés de toute responsabilité pénale, comme ayant cédé à une contrainte morale irrésistible résultant d'une menace d'enlèvement et de la crainte pour leur petit-fils d'un mal suffisamment prenant pour abolir leur volonté et leur liberté de choix, des prévenus de non-représentation d'enfant, dès lors qu'ils pouvaient craindre que le père ne mette à profit l'exercice du droit de visite et d'hébergement pour emmener l'enfant en Algérie où il avait conservé des liens, et dès lors que l'état de santé de cet enfant nécessitait une surveillance médicale régulière. • Dijon, 19 déc. 1984 : *Gaz. Pal. 1985. 1. 256 ; RSC 1985. 812, obs. Levasseur.* ♦ Pareillement, une mère, prévenue de refus d'exercice du droit de visite d'un mineur à celui qui était en droit de le réclamer, peut faire valoir à bon droit qu'elle a cédé à une contrainte morale irrésistible résultant de l'incarcération du père sous la prévention d'assassinat et des risques sous-évalués que le milieu carcéral ne peut manquer de produire chez un jeune enfant. • T. corr. Agen, 22 mai 1985 : *Gaz. Pal. 1985. 2. 587 ; RSC 1986. 87, obs. Vitu ; ibid. 102, obs. Levasseur.*

41. Doit être relaxée la mère d'une enfant de 10 ans qui a refusé de représenter celle-ci à son père parce que la violence de ce dernier nourrissait un sentiment de peur chez l'enfant, qu'il était impossible à la prévenue d'atténuer, et faisait craindre un danger pour elle. • Bastia, 29 nov. 2006 : *JCP 2007. IV. 2065.*

42. État de nécessité. Pour écarter l'argumentation de la prévenue qui justifiait son refus de représenter l'enfant à son père par la gravité des soupçons d'atteintes sexuelles que celui-ci aurait commises sur cette mineure et dont elle voulait empêcher le renouvellement, l'arrêt attaqué relève que la décision du juge des affaires familiales de suspendre le droit d'hébergement du père et d'organiser son droit de visite au domicile des grands-parents de l'enfant prenait en compte les soupçons d'abus sexuel pesant sur lui ; les juges constatent que la prévenue n'a pas demandé, comme elle était en droit de le faire, la suspension de l'exécution provisoire attachée à la décision de ce magistrat, et qu'elle a refusé de se rendre aux convocations de l'association chargée d'une mesure de médiation avant poursuites pénales ; ils retiennent qu'en l'absence d'un danger actuel ou imminent couru par la mineure, et qu'en raison de la disproportion que constituait l'opposition absolue de la prévenue à tout exercice du droit de visite, dans les conditions fixées par le juge aux affaires familiales, en l'état des simples soupçons pesant alors sur le père pris en considération par la décision de justice, la prévenue ne saurait invoquer les dispositions de l'art. 122-7 C. pén. ; en statuant par ces motifs, et dès lors que l'élément intentionnel du délit de non-représentation d'enfant est caractérisé par le refus délibéré ou indu comme étant, en l'espèce, contraire à une décision de justice, de remettre l'enfant à la personne qui est en droit de le réclamer, la cour d'appel a justifié sa décision. • Crim. 2 sept. 2004 : ☎ *Dr. pénal 2004. 172, obs. Véron.*

43. Résistance de l'enfant. La résistance du mineur ou son aversion à l'égard de celui qui est en droit de le réclamer ne saurait, à moins de circonstances exceptionnelles, constituer pour celui qui a l'obligation de le représenter ni une excuse légale ni un fait justificatif. • Crim. 12 mai 1954 : *Bull. crim. n° 175 ; D. 1955. 229, note Bouzat ; JCP 1954. II. 8246, note Vitu* • 8 janv. 1960 : *Bull. crim. n° 4* • 21 févr. 1973 : *ibid. n° 92 ; RSC 1974. 102, obs. Levasseur* • 29 avr. 1976 : ☎ *Bull. crim. n° 132 ; JCP 1976. II. 18505, note Vitu ; RSC 1976. 974, obs. Levasseur*

• 23 nov. 1982 : *D. 1983. IR 143* • 13 avr. 1988 : *D. 1989. 461, note Renucci ; RSC 1990. 343, obs. Levasseur* • 12 déc. 1989 : *Dr. pénal 1990. 126 ; RSC 1990. 790, obs. Levasseur* • 17 juin 1992, nº 91-86.814 P : *D. 1993. Somm. 14, obs. Azibert ; RSC 1993. 105, obs. Levasseur* • 27 oct. 1993 : *Dr. pénal 1994. 61, obs. Véron ; RSC 1994. 556, obs. Levasseur* • 15 juin 1994 : *Gaz. Pal. 1994. 2. Somm. 676.* ♦ Tant au regard de l'art. 357 C. pén., alors applicable, que de l'art. 227-5 C. pén., actuellement en vigueur, la résistance d'un enfant à l'égard de celui qui le réclame ne saurait constituer une cause légale de diminution ou d'exemption de la peine, à moins de circonstances exceptionnelles. • Crim. 4 oct. 1995 : *Gaz. Pal. 1996. 1, chron. crim. 14.*

44. Il incombe à la personne tenue, en vertu d'une décision de justice, de représenter l'enfant, d'user de toute son autorité pour amener celui-ci à s'y conformer. • Crim. 12 mai 1954 : *préc. note 43* • 25 févr. 1964 : *S. 1964. 220 ; JCP 1964. II. 13679 ; Gaz. Pal. 1964. 2. 19* • Nancy, 23 mars 1949 : *Gaz. Pal. 1949. 2. 111* • Bordeaux, 15 févr. 1989 : *Dr. pénal 1990. 56.* ♦ ... Et la simple affirmation de circonstances exceptionnelles ne saurait justifier la résistance à des décisions de justice réitérées statuant sur la garde. • Crim. 15 mars 1962 : *Bull. crim. nº 136* • 5 oct. 1966 : *ibid. nº 221.* ♦ ... De même que doivent être précisées les circonstances desquelles il résulte que le prévenu exerçait en fait sur l'enfant une autorité suffisante pour l'astreindre à exécuter la décision de justice. • Crim. 1er juill. 1948 : *Bull. crim. nº 178.*

45. Pour des exemples d'absence ou d'insuffisance d'autorité pénalement sanctionnées. • Crim. 7 déc. 1944 : *Bull. crim. nº 195 ; D. 1945. 223 ; S. 1945. 1. 59 ; Gaz. Pal. 1945. 1. 81* • 27 déc. 1951 : *Bull. crim. nº 351 ; D. 1952. 107* • 12 mai 1954 : *préc. note 43* • 27 déc. 1954 : *Bull. crim. nº 436* • 1er févr. 1956 : *ibid. nº 119* • 14 mai 1957 : *ibid. nº 400 ; D. 1957. 529* • 27 mai 1959 : *Bull. crim. nº 283* • 16 mars 1960 : *ibid. nº 154* • 8 déc. 1964 : *ibid. nº 332 ; D. 1965. Somm. 51* • 12 déc. 1990 : *Gaz. Pal. 1990. 2. Somm. 367.*

46. Doit être cassé l'arrêt qui, pour relaxer une femme du délit de non-représentation d'enfant, faute d'intention coupable, déclare qu'il appartenait au père de modifier son attitude et d'essayer de capter la confiance de ses enfants qui se refusaient à lui rendre visite. • Crim. 12 mai 1954 : *préc. note 43.* ♦ Comp. : • Rouen, 14 févr. 1955 : *D. 1955. 373.*

47. Dans l'exercice de leur autorité, les parents sont tenus à une obligation de moyens et non de résultat, et on ne saurait leur reprocher de n'avoir pas utilisé la contrainte physique, alors que l'avenir psychique des enfants, leur épanouissement affectif, leur équilibre émotif risqueraient d'être gravement compromis par de telles mesures. • T. corr. Lille, 9 mars 1964 : *D. 1964. 336 ; S. 1964. 332.*

48. Si la résistance des enfants ou leur aversion à l'égard de la personne qui les réclame ne saurait constituer pour celui qui a l'obligation de les représenter ni une excuse légale ni un fait justificatif, il en est autrement lorsqu'il a en vain usé de son autorité et que seules des circonstances exceptionnelles, expressément constatées, l'ont empêché d'exécuter son obligation. • Crim. 23 janv. 1968 : *Bull. crim. nº 20 ; D. 1968. 364 ; Gaz. Pal. 1968. 1. 144* • 15 déc. 1976 : *Bull. crim. nº 368 ; Gaz. Pal. 1977. 1. Somm. 197 ; RSC 1977. 339, obs. Levasseur.*

49. Ainsi, l'abstention de la mère de représenter son enfant au père exerçant le droit de visite prévu par l'ordonnance de non-conciliation, peut ne pas être volontaire au sens de l'art. 357 C. pén., si l'enfant, en refusant de suivre son père, fait preuve d'une volonté propre, sans que la mère ait provoqué ou favorisé la résistance de l'enfant, et alors qu'en raison de l'état physique et nerveux de ce dernier, la mère a pu ne pas se sentir libre d'exercer son autorité. • T. corr. Châteauroux, 9 janv. 1963 : *D. 1963. 578, note Pradel ; Gaz. Pal. 1963. 1. 440.* ♦ Est notamment une circonstance exceptionnelle, constitutive de force majeure, la résistance d'un enfant âgé de quinze ans. • Crim. 14 mars 1972 : *JCP 1973. II. 17405, note M.A. ; RSC 1974. 103, obs. Levasseur.*

50. De même, ne s'est pas rendue coupable du délit qui lui est reproché la mère qui n'a pas été en mesure de représenter l'enfant à son père, alors qu'il est apparu que cet enfant, dont la résistance farouche s'était concrétisée par des fugues, a vécu les visites de son père dans une atmosphère de « cauchemar ». • Agen, 27 juin 1985 : *Gaz. Pal. 1986. 1. Somm. 137, note Vassal.* ♦ Rappr. : • T. corr. Tours, 16 oct. 1969 : *Gaz. Pal. 1970. 1. Somm. 26.*

51. Doit être relaxée du délit de non-représentation d'enfant la prévenue qui n'a jamais refusé de représenter son fils et qui a fait l'impossible pour rétablir les relations entre le père et l'enfant qui refusait de se rendre au domicile de celui-ci ; en effet l'enfant a toujours été mis à la disposition de son père et ce n'est que devant sa résistance que le plaignant a renoncé à l'emmener ; doit être considérée comme une circonstance exceptionnelle, constitutive de force majeure, la résistance d'un enfant âgé de quinze ans qui, bien que sa mère ait usé de toute son autorité pour l'amener à suivre son père, refuse d'obéir et la met dans l'impossibilité d'exécuter son obligation ; l'intention délictuelle n'est donc pas caractérisée. • Toulouse, 8 sept. 2003 : *JCP 2004. IV. 1669.*

52. Le prévenu est poursuivi pour non-représentation d'enfant ; l'enfant concerné était âgé de 14 ans au jour des faits reprochés à son père, et il a écrit à plusieurs reprises à sa mère des courriers dans lesquels il expliquait que son père ne l'empêchait pas de la voir, et que c'était lui qui refusait de voir sa mère, en raison de son comportement et de ses reproches à l'égard du prévenu ; l'enfant a écrit également au juge aux affaires familiales pour expliquer les raisons de son refus de voir sa mère ; il a été entendu par celui-ci, et il a répété qu'il ne voulait pas voir sa mère tant qu'elle ne donnerait pas de signes de bonne volonté d'apaisement ; il a réécrit à sa mère pour expliquer son attitude en précisant agir sans aucune influence de son père ; l'ordonnance de non-conciliation rendue ultérieurement sur la requête en divorce présentée par la mère a attribué l'exercice de l'autorité parentale au seul prévenu ; il résulte de l'ensemble de ces éléments que l'enfant était en âge de comprendre sa situation et d'exprimer une volonté personnelle, mature, réfléchie et constante ; cette situation a constitué pour le prévenu une difficulté insurmontable qui l'empêchait de respecter et faire respecter les droits de visite et d'hébergement accordés par le juge aux affaires familiales ; le prévenu doit donc être relaxé. • Douai, 14 févr. 2007 : *JCP 2007. IV. 2649.*

53. Le prévenu est poursuivi pour non-représentation d'enfant, délit intentionnel nécessitant une attitude consciente et volontaire de son auteur ; or, en l'espèce, il s'est rendu de son domicile de Volstroff (57) à celui de la mère de l'enfant à Pézenas (34) afin de lui laisser l'enfant pour les vacances de la Toussaint ; n'y trouvant pas la mère, il s'est rendu à la gendarmerie où la mère qui avait été jointe les a rejoints ; l'enfant a alors exprimé dans des termes violents son refus de rester chez sa mère, la menaçant de violences ou de fugue ; il a d'ailleurs réitéré son refus de ne pas aller chez sa mère à plusieurs reprises par la suite devant des psychologues ; âgé de 14 ans, il était en mesure de comprendre sa situation et d'exprimer une volonté personnelle, réfléchie et constante ; cette situation a constitué pour le prévenu une difficulté insurmontable l'empêchant de respecter et faire respecter les droits de visite et d'hébergement accordés par le juge aux affaires familiales ; eu égard à cette circonstance exceptionnelle constitutive de force majeure, il convient de relaxer le prévenu. • Montpellier, 8 juin 2010 : *JCP 2010, n° 891.*

54. Conseils d'un psychologue. Est coupable de non-représentation d'enfant à une personne ayant le droit de le réclamer, la mère d'un enfant qui fait obstacle au droit de visite accordé par une décision judiciaire à la grand-mère de ce dernier ; la prévenue reconnaissait en l'espèce les faits, qu'elle a d'ailleurs réitérés malgré les injonctions du ministère public et deux tentatives de médiation ; elle mettait, toutefois, en avant le fait que l'enfant refusait de voir sa *grand-mère ainsi* que ses propres craintes à l'égard de sa mère en raison d'attouchements commis par celle-ci sur d'autres enfants ; elle suivait, enfin, les conseils donnés par la psychologue du mineur ; cependant, pour les magistrats, les données et conseils recueillis autour de l'enfant ne pouvaient aller à l'encontre de la décision judiciaire tant qu'aucune décision ne vient modifier le cadre de l'exercice du droit de visite accordé à la grand-mère. • Pau, 3 févr. 2005 : *JCP 2005. IV. 3042.*

55. Certificat médical. L'appréciation de la valeur de la justification tirée d'un certificat médical, invoqué par l'époux qui a la garde de l'enfant pour faire échec à l'exécution des mesures judiciaires concernant la représentation de ce dernier, relève du pouvoir souverain des juges du fond. • Crim. 28 nov. 1973 : *Bull. crim. n° 444 ; Gaz. Pal. 1974. 1. 128 ; RSC 1974. 367, obs. Levasseur.* ♦ Pour la reconnaissance par un expert psychiatre d'un danger actuel ou imminent menaçant l'équilibre psychique d'une très jeune enfant, danger de nature à justifier le délit de non-représentation en application des dispositions de l'art. 122-7 C. pén. relatif à l'état de nécessité. • Colmar, 18 juin 2014 : *AJ pénal 2014. 416, obs. Lasserre Capdeville.*

III. RÉPRESSION

A. COMPÉTENCE

56. Compétence interne. Les règles de compétence prévues par l'art. 382 C. pr. pén. régissent le délit de non-représentation d'enfant. • Crim. 3 mars 1977 : *Bull. crim. n° 86 ; JCP 1978. II. 18790, rapp. Guerder.*

57. Aux termes de l'art. 382 C. pr. pén., est compétent le tribunal correctionnel du lieu de l'infraction ; pour le délit de non-représentation d'enfant, l'infraction est consommée au lieu où doit être effectuée la remise du mineur, conformément aux dispositions de la décision de justice dont l'exécution doit être assurée. • Crim. 19 mai 1950 : *Bull. crim. n° 166* • 27 oct. 1966 : *ibid. n° 244 ; Gaz. Pal. 1967. 1. 10* • 27 nov. 1968 : *Bull. crim. n° 320* • 7 déc. 1972 : *Bull. crim. n° 384 ; D. 1973. 172* • 4 janv. 1990, n° 88-81.529 P : *RSC 1990. 788, obs. Levasseur.* ♦ Il s'agit, dans les hypothèses où cette décision l'exige, du lieu spécifique désigné expressément par la juridiction civile, et non du domicile de la personne ayant le droit de réclamer l'enfant. • Crim. 4 janv. 1990 : *préc.*

58. Mais en l'absence de désignation expresse du lieu spécifique où doit être accomplie la remise du mineur, par la décision de justice accordant le droit de visite ou d'hébergement, le délit de l'art. 357 C. pén. est commis au lieu du domicile de la personne ayant le droit de réclamer l'enfant. • Crim. 24 juin 1992, n° 91-81.264 P : *RSC 1993. 104, obs. Levasseur.* ♦ Il ne saurait être reproché à une cour d'appel d'avoir rejeté l'exception d'incompétence territoriale du tribunal correctionnel du lieu du domicile du père, soulevée par la prévenue, aux prétendus motifs, d'une part, que la représentation des enfants à son mari devant s'effectuer, en vertu d'un accord amiable, à son domicile, seul ce dernier pouvait déterminer la compétence du tribunal, et d'autre part, que l'art. 227-5 C. pén. a transféré le lieu de commission du délit à celui où est né l'élément intentionnel, ce lieu étant, en l'espèce, celui de son domicile ; en effet, en l'absence de désignation expresse du lieu spécifique où doit être accomplie la remise du mineur, par la décision de justice accordant le droit de visite, le délit de non-représentation d'enfant est commis au lieu du domicile de la personne ayant le droit de réclamer l'enfant, les dispositions prises par les parties à cet égard n'ayant aucune incidence ; ainsi, le délit reproché à la mère ayant été commis au domicile de son mari, le tribunal saisi était compétent. • Crim. 14 avr. 1999, n° 98-82.853 P : *D. 2000. Somm. 37, obs. Mayaud ; Dr. pénal 1999. 111, obs. Véron.*

59. Compétence internationale. Lorsque la décision relative au droit de visite prévoit que ce droit doit être exercé à l'étranger, l'art. 693 C. pr. pén. (C. pén., nouvel art. 113-2, al. 2), aux termes duquel « est réputée commise sur le territoire de la République toute infraction dont un acte caractérisant un de ses éléments constitutifs a été accompli en France », n'est pas applicable : en effet, le délit de non-représentation d'enfant n'est pas un délit complexe et c'est à l'étranger que les actes caractérisant les éléments constitutifs du délit ont été commis. • Crim. 27 oct. 1966 : *Bull. crim. n° 244 ; Gaz. Pal. 1967. 1. 10.* ♦ Par suite, lorsque le délit de non-représentation d'enfant a été commis à l'étranger par un étranger, les tribunaux français sont incompétents pour en connaître. • Crim. 16 juill. 1969 : *Bull. crim. n° 228 ; D. 1970. Somm. 21 ; Gaz. Pal. 1969. 2. 253.*

60. Il ne saurait être reproché à une cour d'appel de rejeter le moyen tiré de l'incompétence de la juridiction française pour connaître de faits constitutifs de non-représentation d'enfant commis en Suisse, par une ressortissante possédant la double nationalité suisse et française, et domiciliée en Suisse, dès lors que les juges du second degré, après avoir relevé que les dispositions de l'art. 689, al. 2, C. pr. pén., en vigueur au moment des faits, impliquent nécessairement que le juge répressif français prenne en considération la loi étrangère, constatent que les faits reprochés au prévenu sont punis par la législation du pays où ils ont été commis, aux termes de l'art. 229 C. pén. suisse ; en effet, l'interprétation d'une loi étrangère est une question de fait qui échappe au contrôle de la Cour de cassation. • Crim. 12 nov. 1997, n° 93-85.278 P.

B. POURSUITES

61. Plainte. L'art. 357 C. pén. qui prévoit et réprime le délit de non-représentation d'enfant ne fait pas de la plainte une condition nécessaire de la poursuite ; c'est, dès lors, en vain que la personne prévenue de ce délit allègue que le plaignant se serait désisté de sa plainte. • Crim. 29 avr. 1976 : *Bull. crim. n° 132* • 23 juin 2010 : *Dr. pénal 2010, n° 129, obs. Maron et Haas.*

62. Poursuites successives. Le délit de non-représentation d'enfant à ceux qui, aux termes d'une décision de justice, ont le droit de les réclamer, est un délit successif qui se renouvelle chaque fois (jour) que, mis en demeure d'exécuter cette décision, le prévenu s'y refuse formellement ; ce délit est susceptible d'être poursuivi à chaque obstacle mis à l'exercice du droit de visite. • Crim. 10 avr. 1930 : *Bull. crim. n° 119* • 5 nov. 1936 : *ibid. n° 107 ; DH 1936. 573* • 30 juin 1937 : *Bull. crim. n° 138 ; DH 1937. 455* • 14 févr. 1957 : *Bull. crim. n° 150 ; D. 1958. Somm. 30.*

C. RESPONSABILITÉS

63. Pluralité de prévenus. N'est pas légalement justifiée la condamnation prononcée concurremment contre deux prévenus pour non-représentation d'enfant, lorsque les juges se bornent à formuler une déclaration commune et imprécise de culpabilité, sans spécifier les actes personnels qu'ils retiennent à l'égard de chacun comme constitutifs du délit prévu par l'art. 357 C. pén. • Crim. 6 oct. 1959 : *Bull. crim. n° 408.*

64. Complicité. Les juges du fait qui constatent qu'un père a encouragé son fils, demeurant avec lui, à ne pas rendre un enfant à sa mère, à la garde de laquelle il avait été confié, qu'il a joué un rôle important dans sa décision, s'est opposé avec lui à l'huissier qui voulait reprendre l'enfant, a fourni des subsides pour emmener l'enfant à l'étranger, justifient, par ces constatations souveraines, la condamnation du père pour complicité, par aide et assistance, de non-représentation d'enfant. • Crim. 19 févr. 1963 : *Bull. crim. n° 82 ; D. 1963. Somm. 67 ; Gaz. Pal. 1963. 1. 452.*

Art. 227-6 **Le fait, pour une personne qui transfère son domicile en un autre lieu** *(Abrogé par L. n° 96-604 du 5 juill. 1996)* ***« après un divorce, une séparation de corps ou une annulation de mariage, »*** **alors que ses enfants résident habituellement chez elle, de ne pas notifier son changement de domicile, dans un délai d'un mois à compter de ce changement, à ceux qui peuvent exercer à l'égard des enfants un droit de visite ou d'hébergement en vertu d'un jugement** *(L. n° 2016-1547 du 18 nov. 2016, art. 50-VI et 114-V, en vigueur le 1er janv. 2017)* **« , d'une convention judiciairement homologuée ou d'une convention prévue à l'article 229-1 du code civil », est puni de six mois d'emprisonnement et de 7 500 € d'amende.** — *Pr. pén. 398-1.*

Corresp. : *C. pén., ancien art. 356-1.*

1. Lieu de commission. Justifie sa décision de rejeter l'exception de nullité de la citation délivrée à la requête de la partie civile des chefs de non-représentation d'enfant et de défaut de notification de changement de domicile, la cour d'appel qui énonce que l'art. 113-8 C. pén. invoqué à l'appui de la demande est inapplicable en l'espèce, dès lors que, d'une part, la partie civile n'a visé dans la citation que les faits de non-représentation d'enfant qui auraient été commis sur le territoire français et que, d'autre part, le délit de défaut de notification de changement de domicile prévu par l'art. 227-6 C. pén., est commis au lieu du domicile de la personne qui peut exercer un droit de visite ou d'hébergement à l'égard de l'enfant. • Crim. 21 janv. 2004, n° 03-80.828 P : *Dr. pénal 2004. 81, obs. Véron ; Gaz. Pal. 2004. 2. Somm. 3382, obs. Monnet.*

2. Intention. C'est à bon droit qu'une cour d'appel, saisie du chef de défaut de notification de changement de domicile, relaxe, faute d'intention de faire échec au droit de visite de son ex-époux à leurs enfants communs, la prévenue qui avait avisé, comme ils en étaient convenus entre eux, son ex-beau-père de son changement d'adresse. • Crim. 20 févr. 1991, n° 90-80.061 P : *D. 1993. Somm. 132, obs. Becquerelle ; RSC 1993. 104, obs. Levasseur.*

Art. 227-7 **Le fait, par tout ascendant** *(Abrogé par Ord. n° 2005-759 du 4 juill. 2005, art. 19, à compter du 1er juill. 2006)* **« *légitime, naturel ou adoptif* », de soustraire un enfant mineur des mains de ceux qui exercent l'autorité parentale ou auxquels il a été confié ou chez qui il a sa résidence habituelle, est puni d'un an d'emprisonnement et de 15 000 € d'amende.** — *Pr. pén. 398-1.*

Corresp. : *C. pén., ancien art. 357.*

BIBL. ▶ LOMBOIS, *RSC 1998. 398 s.* (droit interne et international du déplacement transfrontières d'un enfant).

1. Condition préalable. Le lien de filiation entre le mineur et la victime n'étant pas un élément constitutif du délit prévu par l'art. 227-7 C. pén., sa disparition est sans incidence sur l'existence de l'infraction. • Comm. révis., 11 mars 2002, n° 01-99.158 P.

2. Les dispositions de l'art. 227-7 C. pén. ne sauraient être interprétées comme imposant que le mineur ait été soustrait des seules mains du titulaire de l'autorité parentale. • Crim. 16 févr. 2005 : *Dr. pénal 2005. 87, obs. Véron.*

3. Matérialité. Sur l'application, avant la réforme du code pénal, de l'art. 356 C. pén. à des faits de non-représentation imputables à qui tenait directement de la loi le droit de réclamer l'enfant, faits désormais couverts par l'art. 227-5 C. pén. : V. ss. art. 227-5.

4. Intention. V. également ss. art. 227-8. ♦ Ne justifie pas sa décision au regard de l'art. 356 C. pén. la cour d'appel qui, pour retenir la culpabilité du père d'un enfant naturel du chef d'enlèvement de mineur sans fraude ni violence, retient que, à l'occasion de l'exercice d'un droit de visite du père, l'enfant mineur n'a pas réintégré le domicile de sa mère, que les faits non contestés dans leur matérialité sont établis et que la volonté de l'enfant de demeurer avec son père ne peut être un fait justificatif, alors que ces seuls motifs ne caractérisent pas l'élément intentionnel de l'infraction. • Crim. 29 oct. 1991 : *D. 1993. Somm. 131, obs. Dekeuwer-Défossez.*

5. Infraction continue. Le délit de soustraction de mineurs présente le caractère d'un délit continu qui se poursuit aussi longtemps que son auteur persévère dans sa volonté de porter atteinte à l'exercice de l'autorité parentale ; dès lors, justifie sa décision la cour d'appel qui, pour écarter l'exception d'incompétence territoriale soulevée par un père et déclarer celui-ci coupable de soustraction d'enfants, par ascendant, avec cette circonstance que les mineurs ont été retenus au-delà de cinq jours, énonce, d'une part, que l'infraction qui a commencé en Irlande, s'est poursuivie à Roscoff, à Marseille et en Suisse, et d'autre part, que le prévenu, sachant qu'il n'avait plus aucun droit sur les enfants, a voulu les soustraire à leur mère. • Crim. 23 févr. 2000, n° 99-84.739 P : *Dr. pénal 2000. Comm. 83, obs. Véron ; RSC 2000. 608, obs. Mayaud et 815, obs. Bouloc.*

Art. 227-8 **Le fait, par une personne autre que celles mentionnées à l'article 227-7 de soustraire, sans fraude ni violence, un enfant mineur des mains de ceux qui exercent l'autorité parentale ou auxquels il a été confié ou chez qui il a sa résidence habituelle, est puni de cinq ans d'emprisonnement et de 75 000 € d'amende.** — *Pr. pén. 398-1.*

Corresp. : *C. pén., ancien art. 356.*

1. Ratio legis. L'art. 356 C. pén., qui tend à assurer aux mineurs de 18 ans l'entière protection et la sécurité dues à leur jeune âge, est conçu en termes généraux et ne comporte ni réserves ni restrictions ; à la différence de l'art. 354 (nouvel art. 224-1 s.), il n'exige pas pour son application que le mineur ait été enlevé ou détourné des lieux mêmes où l'avaient placé ceux à l'autorité ou à la direction desquels il était soumis ou confié : il suffit, pour que soit constitué l'enlèvement au sens de l'art. 356, que le mineur ait été sciemment et volontairement entraîné et déplacé par un tiers pendant un certain temps, quand bien même il y aurait consenti, et sans qu'il y ait lieu d'avoir égard à la circonstance qu'au moment où se placent les faits incriminés, ledit mineur avait déjà abandonné, de son propre gré, le domicile ou la résidence qui étaient normalement les siens. • Crim. 24 juill. 1957 : *Bull. crim. n° 569 ; D. 1958. 288, note M. R. M. P. ; S. 1958. 1, note Hugueney* • 12 mai 1959 : *Bull. crim. n° 257 ; D. 1959. Somm. 83 ; JCP 1959. II. 11148* • 24 mai 1962 : *Bull. crim. n° 207 ; D. 1962. 609 ; S. 1962. 319* • 30 oct. 1968 : *Bull. crim. n° 277.*

2. Une cour d'appel a justifié sa décision dès lors qu'elle a, sans insuffisance ni contradiction, caractérisé les détournements répétés auxquels le demandeur s'est livré pour exercer sur la mineure une emprise destinée à la soustraire à une autorité parentale qu'il jugeait néfaste. • Crim. 21 janv. 2009 : *D. 2009. Pan. 1925, obs. Bonfils.*

A. MATÉRIALITÉ

3. Non-représentation. Sur l'application, avant la réforme du code pénal, de l'art. 356 C. pén. à des faits de non-représentation imputables à qui tenait directement de la loi le droit de réclamer l'enfant, faits désormais couverts par l'art. 227-5 C. pén., V. notes ss. art. 227-5.

4. Soustraction. Si l'art. 356 C. pén. est conçu en termes généraux, ne comportant ni réserve ni restriction, il suppose nécessairement pour son application l'existence d'un fait matériel d'enlèvement ou de détournement, d'où il résulte que le mineur a été entraîné ou déplacé volontairement par un tiers, et qu'il s'est trouvé ainsi soustrait à l'autorité de ceux qui en avaient la garde ou la direction. • Crim. 23 déc. 1968 : *Bull. crim. n° 353 ; Gaz. Pal. 1969. 1. 65.*

5. Ainsi, ne caractérise pas un acte matériel d'enlèvement ou de détournement : la circonstance qu'un médecin, exploitant à des fins personnelles sa situation de médecin traitant, a eu dans son cabinet des relations sexuelles avec une jeune fille de 17 ans que ses parents lui avaient confiée. • Crim. 23 déc. 1968 : *préc. note 4.* ♦ ... Le fait, par un amoureux, d'emmener faire une promenade en voiture la mineure qu'il poursuivait de ses assiduités, le temps d'avoir avec elle des rapports sexuels. • Crim. 3 févr. 1972 : *Bull. crim. n° 45 ; D. 1972. Somm. 79 ; Gaz. Pal. 1972. 1. Somm. 32 ; RSC 1972. 882, obs. Levasseur.*

B. INTENTION

6. Définition. L'élément intentionnel consiste en la conscience, d'une part, de soustraire le mineur enlevé ou détourné des lieux où l'avaient placé ceux à l'autorité ou à la direction desquels il était soumis ou confié, et, d'autre part, de l'en retirer d'une manière sinon définitive, en tout cas durable. • T. corr. Châlons-sur-Marne, 13 oct. 1982 : *Gaz. Pal. 1982. 2. 673.* ♦ Rappr. : • T. corr. Grasse, 17 nov. 1948 : *Gaz. Pal. 1949. 1. 9 ; JCP 1949. II. 4677.*

7. Le délit de détournement de mineur se renouvelle chaque fois que son auteur démontre sa volonté de persévérer dans son attitude ; dès lors, les principes admis en matière de chose jugée ne s'opposent pas à ce qu'une infraction qui a été réprimée par une première condamnation soit l'objet d'une nouvelle poursuite et d'une nouvelle condamnation lorsque cette infraction s'est renouvelée depuis la précédente condamnation et présente, par sa nature, le caractère d'une infraction successive (continue). • Crim. 30 juin 1981 : *Bull. crim. n° 223.*

8. Mobiles. Le caractère délictueux de l'enlèvement d'une fille de moins de 18 ans, au sens de l'art. 356 C. pén., résulte de ce qu'il a eu lieu contre la volonté de ceux sous l'autorité desquels se trouvait la jeune fille, sans même qu'il y ait lieu de considérer si elle a été consentante, ni de s'arrêter au mobile auquel le prévenu et la mineure ont pu obéir. • Aix-en-Provence, 24 nov. 1949 : *D. 1950. 97.* ♦ Le mobile du prévenu qui entendait épouser la jeune fille importe peu dans la consommation du délit ; il peut seulement en être tenu compte pour l'octroi de circonstances atténuantes. • T. corr. Aubusson, 21 oct. 1954 : *JCP 1955. II. 8749, note Colombini.*

9. Erreur sur l'âge. Lorsque l'agent aura pu raisonnablement se tromper sur l'âge de la personne détournée et croire qu'elle était majeure de 18 ans, il n'y a pas délit. • Crim. 6 nov. 1963 : *Bull. crim. n° 311 ; D. 1965. 323, note Vouin ; JCP 1964. II. 13463, note Larguier ; Gaz. Pal. 1964. 1. 65 ; RSC 1964. 375, obs. Hugueney.*

10. Applications associatives. Les dispositions protectrices de l'art. 352, al. 1er, C. civ., qui interdit toute restitution à leur famille d'origine, par suite au tuteur quand cette famille n'existe plus, des enfants ayant fait l'objet d'un placement en vue d'une adoption, ne peuvent que prohiber la voie de fait que constitue l'enlèvement ou le détournement, quel qu'en soit l'auteur, fût-il l'association, même agréée, qui a procédé au placement, et qui n'est investie d'aucune mission de service public qui lui permettrait de mettre un terme, par voie d'autorité, aux placements choisis par elle. • Crim. 18 nov. 1980 : *Bull. crim. n° 303 ; Gaz. Pal. 1981. 2. Somm. 183 ; RSC 1981. 873, obs. Levasseur.*

11. Il en résulte que justifie sa décision l'arrêt qui, pour condamner du chef de détournement d'enfant les responsables d'une association agréée en qualité d'intermédiaire de placement, alors même qu'ils auraient la qualité de tuteurs, constate que les prévenus, au mépris des dispositions des art. 351 et 352 C. civ., ont réussi à se faire remettre les mineurs qui avaient été régulièrement placés par eux dans une famille en vue de leur adoption. • Crim. 18 nov. 1980 : *préc. note 10.* ♦ ... Ou refusent de les représenter. • Crim. 30 juin 1981 : *Bull. crim. n° 223.*

12. Commet le délit de détournement de mineur, prévu et réprimé par l'art. 356 C. pén., le président d'une association agréée pour le placement familial et l'adoption d'orphelins qui, contrevenant aux dispositions des art. 348-3 et 351 C. civ., place illégalement un enfant à l'étranger en vue de l'adoption, et n'est plus, dès lors, en mesure de le rendre à ses parents qui le réclament, ce qui correspond à un refus de restitution, à un détournement. • Crim. 24 mai 1982 : *Bull. crim. n° 133 ; JCP 1983. II. 20033, note Vitu ; RSC 1983. 270 et 481, obs. Levasseur.*

Art. 227-9 Les faits définis par les articles 227-5 et 227-7 *(L. n° 2002-305 du 4 mars 2002)* « sont punis de trois ans d'emprisonnement et de 45 000 € d'amende » :

1° Si l'enfant mineur est retenu au-delà de cinq jours sans que ceux qui ont le droit de réclamer qu'il leur soit représenté sachent où il se trouve ;

2° Si l'enfant mineur est retenu indûment hors du territoire de la République. — *Pr. pén. 398-1.*

Art. 227-10 Si la personne coupable des faits définis par les articles 227-5 et 227-7 a été déchue de l'autorité parentale *(L. n° 2019-1480 du 28 déc. 2019, art. 8)* « ou a fait l'objet d'une décision de retrait de l'exercice de cette autorité », ces faits sont punis de trois ans d'emprisonnement et de 45 000 € d'amende. — *Pr. pén. 398-1.*

Art. 227-11 La tentative des infractions prévues aux articles 227-7 et 227-8 est punie des mêmes peines. — *Pr. pén. 398-1.*

SECTION IV DES ATTEINTES À LA FILIATION

Art. 227-12 Le fait de provoquer soit dans un but lucratif, soit par don, promesse, menace ou abus d'autorité, les parents ou l'un d'entre eux à abandonner un enfant né ou à naître est puni de six mois d'emprisonnement et de 7 500 € d'amende.

Le fait, dans un but lucratif, de s'entremettre entre une personne désireuse d'adopter un enfant et un parent désireux d'abandonner son enfant né ou à naître est puni d'un an d'emprisonnement et de 15 000 € d'amende.

(L. n° 94-653 du 29 juill. 1994) « Est puni des peines prévues au deuxième alinéa le fait de s'entremettre entre une personne ou un couple désireux d'accueillir un enfant et une femme acceptant de porter en elle cet enfant en vue de le leur remettre. Lorsque ces faits ont été commis à titre habituel ou dans un but lucratif, les peines sont portées au double.

« La tentative des infractions prévues par les deuxième et troisième alinéas du présent article est punie des mêmes peines. » — *Les dispositions issues de la L. n° 94-653 du 29 juill. 1994 sont applicables dans les territoires d'outre-mer et à Mayotte (L. préc., art. 11, mod. par Ord. n° 96-267 du 28 mars 1996, art. 2).*

Corresp. : *C. pén., ancien art. 353-1.*

RÉP. PÉN. v° *Provocation*, par LASSALLE.

BIBL. ▶ PROTHAIS, *JCP 1997. I. 4055* (les paradoxes de la pénalisation – Enquête en matière d'assistance médicale à la procréation et d'adoption).

1. Provocation à l'abandon d'enfant. L'avortement, dans les limites autorisées par la loi n° 75-17 du 17 janv. 1975, est étranger à l'incrimination de provocation à l'abandon d'enfant. • Crim. 31 janv. 1996, n° 95-81.319 P : *JCP 1996. II. 22713, note Dorsner-Dolivet.*

2. Entremise et adoption internationale. Dès lors que les comptes rendus de réunion d'une association confirment que son dirigeant a introduit un langage de type commercial garantissant la rapidité et le succès des procédures totalement inadapté au domaine de l'adoption et tendant à privilégier l'intérêt du « client adhérent » sur celui de l'enfant, l'infraction d'entremise dans un but lucratif sera en conséquence déclarée établie et retenue à son encontre. • TGI Paris, 4 mai 1998 : *D. 1999. 15, note Poisson-Drocourt.*

3. Entremise et mère porteuse. **BIBL.** Atias, Le contrat de substitution de mère, *D. 1986. Chron. 67.* – Véron, *Dr. pénal 1995. 142.* – Sériaux, Maternités pour autrui : la mainlevée de l'interdit ?, *D. 2009. Chron. 1215.* ♦ La convention par laquelle une femme s'engage, fût-ce à titre gratuit, à concevoir et à porter un enfant pour l'abandonner à sa naissance contrevient tant au principe d'ordre public de l'indisponibilité du corps humain qu'à celui de l'indisponibilité de l'état des personnes. • Cass., ass. plén., 31 mai 1991, n° 90-20.105 P : *D. 1991. 417,* *rapp. Chartier, note Thouvenin ; ibid. Somm. 318, obs. Aubert ; ibid. 1992. Somm. 59, obs. Dekeuwer-Défossez ; JCP 1991. II. 21752, communication J. Bernard, concl. Dontenwille, et note Terré ; ibid. 1992. I. 3547, p. 15, obs. Rubellin-Devichi ; RTD civ. 1991. 517, obs. Huet-Weiller* • Civ. 1re, 29 juin 1994, nº 92-13.563 P : *D. 1994. 581, note Chartier ; JCP 1995. II. 22362, note Rubellin-Devichi ; Gaz. Pal. 1995. 1. 36, note Carvais-Rosenblatt.* ♦ ... Et celui qui fait souscrire un tel acte est passible des peines prévues par l'art. 353-1 C. pén. (point 2º, aujourd'hui non repris en tant que tel). • Pau, 19 févr. 1991 : *D. 1991. 380, note Larribau-Terneyre ; ibid. 1992. Somm. 59, obs. préc. Dekeuwer-Défossez .*

4. En se rendant en Californie pour y souscrire sciemment, en violation de la loi française, une convention sur la gestation tendant à l'abandon du ou des enfants par leur mère aux fins de se voir désignés par l'état civil comme père et mère des enfants, issus des opérations et de l'exécution du contrat, pour ensuite les reconnaître en France, les intéressés ont violé les principes de l'indisponibilité du corps humain et de l'état des personnes, ce processus constituant un détournement des règles de la filiation maternelle et ayant pour objet d'éviter de procéder à une adoption prohibée, cette institution n'ayant pas pour finalité de créer des enfants abandonnés mais de donner une famille à des enfants qui n'en ont pas. • Rennes, 4 juill. 2002 : *D. 2002. 2902, note Granet .*

5. Les époux M... avaient effectué, conformément au droit en vigueur en Californie, des démarches ayant amené à la conclusion, entre eux-mêmes et un couple de citoyens des États-Unis, d'un accord de procréation pour autrui ; la « cocontractante » des époux M... avait mis au monde deux petites filles jumelles à l'hôpital de L. M. (Comté de San Diego) ; en exécution d'un jugement prononcé le 14 juill. 2000 par la Cour supérieure de l'État de Californie, les deux jumelles avaient fait l'objet d'actes de naissance les désignant comme les entants de M. et Mme M... ; deux passeports américains leur avaient été délivrés le 2 nov. 2000, portant les mêmes désignations ; à la suite du refus de transcription de ces actes au consulat de France à Los Angeles, le dossier avait été transmis au Parquet de Nantes, puis au Parquet de Créteil, en raison du domicile des époux M... ; le Parquet de Créteil avait fait procéder à la transcription de ces actes sur les registres de l'état civil à Nantes en vue d'engager une action en annulation des actes ; le délit d'entremise en vue de gestation pour le compte d'autrui apparaît inapplicable en l'espèce ; il résulte, en effet, des investigations effectuées que toutes les démarches entreprises par les époux M... l'ont été aux États-Unis, pays où de tels faits ne sont pas constitutifs d'une infraction ; or, l'art. 113-6, al. 2, C. pén. précise que la loi française est applicable aux délits commis par des français hors du territoire de la République si les faits sont punis par la législation du pays où ils ont été commis, ce qui n'est pas le cas en l'espèce. • TGI Créteil, ord., 30 sept. 2004 : *D. 2005. 476, note Depadt-Sebag .*

Art. 227-13 La substitution volontaire, la simulation ou dissimulation ayant entraîné une atteinte à l'état civil d'un enfant est punie de trois ans d'emprisonnement et de 45 000 € d'amende.

La tentative est punie des mêmes peines.

Corresp. : *C. pén., ancien art. 345.*

BIBL. ▶ SARCELET, *D. 2009. 332* (convention de mère porteuse et ordre public : le droit d'agir du ministère public ; avis sur Civ. 1re, 17 déc. 2008 : *pourvoi nº 07-20.468*). – SIROUX, *Gaz. Pal. 2009. 1. Doctr. 1888* (le débat sur une éventuelle légalisation de la gestation pour autrui à l'occasion de la révision de la loi bioéthique).

1. Simulation et dissimulation. Les délits de simulation et de dissimulation d'enfant, prévus par l'art. 227-13 C. pén. entré en vigueur le 1er mars 1994, constituent les deux aspects des faits de supposition d'enfant qualifiés par l'art. 345 ancien dudit code ; la supposition, qui consistait à attribuer la maternité d'un enfant à une femme qui n'avait pas accouché, impliquait tant la simulation de la naissance par la mère fictive que la dissimulation de la maternité de la mère réelle (en l'espèce, les prévenus ont introduit en France un enfant qui n'était pas le leur, en omettant de le déclarer aux autorités françaises, puis ont simulé l'accouchement de la prévenue). • Crim. 12 janv. 2000, nº 99-82.905 P : *D. 2001. Somm. 2791, obs. Pomart ; Dr. pénal 2000. Comm. 84, obs. Véron.*

2. Les époux M... avaient effectué, conformément au droit en vigueur en Californie, des démarches ayant amené à la conclusion, entre eux-mêmes et un couple de citoyens des États-Unis, d'un accord de procréation pour autrui ; la « cocontractante » des époux M... avait mis au monde deux petites filles jumelles à l'hôpital de L. M. (Comté de San Diego) ; en exécution d'un jugement prononcé le 14 juill. 2000 par la Cour supérieure de l'État de Californie, les deux jumelles avaient fait l'objet d'actes de naissance les désignant comme les entants de M. et Mme M... ; deux passeports américains leur avaient été délivrés le 2 nov. 2000, portant les mêmes désignations ; à la suite du refus de transcription de ces actes au consulat de France à Los Angeles, le dossier avait été transmis au Parquet de Nantes, puis au Parquet de Créteil, en raison du domicile des époux M... ; le Parquet de Créteil avait fait procéder à la transcription de ces actes sur les registres de l'état civil à Nantes en vue d'engager une action en annulation des actes ; les époux M... ont été mis en examen du chef de tentative de simulation ayant entraîné une atteinte à l'état civil des enfants ; la loi pénale française ne semble pas applicable de ce chef ; l'art. 113-2, al. 2, C. pén. édicte que l'infraction est réputée commise sur le territoire de la République dès lors qu'un de ses faits constitutifs a eu lieu sur ce territoire ; or, tous les faits constitutifs de ce qui pourrait être qualifié de simulation au sens de l'art. 227-13 C. pén. ont eu lieu sur le territoire des États-Unis, conformément à la législation en vigueur dans ce pays ; ainsi, c'est dans l'État de Californie qu'ont eu lieu les tentatives infructueuses de recueillir des ovules de Mme M..., puis l'insémination de la « mère porteuse » avec le sperme de M. M... ; c'est également dans cet État que les époux M... ont obtenu, le 14 juill. 2000, le jugement de la Cour supérieure qui légitime leur qualité de père et de mère des enfants à naître ; c'est également enfin dans cet État qu'ont été dressés les actes de naissance des enfants et que les autorités fédérales ont établi leurs passeports ; en conséquence, la « fausse attribution » des enfants à Mme M... était entièrement réalisée lors du retour des époux M... en France avec leurs enfants ; la tentative de transcription des actes de naissance au Consulat général de France à Los Angeles ne peut être considérée comme ayant eu lieu sur le territoire français dans la mesure où, en droit international, les locaux des consulats ne jouissent d'aucune « extraterritorialité », mais font partie intégrante de l'État accréditaire ; il convient de rappeler, à cet égard, que la jurisprudence française considère les locaux des ambassades étrangères « situés en fait et en droit » sur le territoire français ; quant à la transcription des actes de naissance sur les registres de l'état civil à Nantes, elle n'a pas eu lieu à l'initiative des époux M..., mais sur les instructions du parquet en vue d'engager une procédure en annulation de ces actes ; la demande de transcription au Consulat général de France à Los Angeles étant demeurée infructueuse et n'ayant eu dès lors aucun effet en France, il en résulte qu'aucun fait constitutif de l'infraction n'a eu lieu en France ; les faits ayant été commis en totalité dans un pays où ils ne sont pas pénalement répréhensibles, la loi française n'apparaît pas applicable en ce qui concerne le délit de simulation ayant entraîné une atteinte à l'état civil des enfants, par application des dispositions des art. 113-2 et 113-6 C. pén. • TGI Créteil, ord., 30 sept. 2004 : *D. 2005. 476, note Depadt-Sebag* ✐.

3. Question préjudicielle de filiation. La question préjudicielle de filiation – aujourd'hui préjudicielle au jugement, et non plus à l'action, depuis la loi n° 72-3 du 3 janv. 1972 (C. civ., art. 311-6) –, dont l'objet est de réserver les contestations ou réclamations de filiation aux tribunaux civils, ne fait pas échec au jugement (à la libre poursuite) des crimes ou délits dirigés contre la personne d'un enfant, lorsque ces infractions ne mettent pas en cause son état civil, ou que la question de filiation ne se rattache qu'incidemment au fait de l'accusation. • Crim. 3 juin 1955 : *Bull. crim. n° 265 ; D. 1955. 521, rapp. Patin.*

4. Prescription. Renvoyés devant le tribunal correctionnel pour simulation ou dissimulation ayant entraîné une atteinte à l'état civil d'un enfant et complicité de ces délits, les prévenus ont excipé de la prescription de l'action publique ; si c'est à tort que, pour confirmer le jugement ayant écarté cette exception, la cour d'appel a retenu que la minorité de l'enfant constituait, jusqu'à la désignation d'un administrateur *ad hoc*, un obstacle de droit ayant pour effet de suspendre le cours de la prescription de l'action publique, l'arrêt n'encourt cependant pas la censure, dès lors que les faits de simulation et de dissimulation d'enfant, prévus par l'art. 227-13 C. pén., et qualifiés par l'art. 345 ancien C. pén. de supposition d'enfant, constituent des infractions clandestines par nature dont le point de départ de la prescription se situe au jour où elles sont apparues et ont pu être constatées dans des conditions permettant l'exercice de l'action publique, soit, en l'espèce, lors de la révélation des faits au ministère public. • Crim. 23 juin 2004, ☎ n° 03-82.371 P : *D. 2005. 1399, note Royo* ✐ ; *AJ pénal 2004. 367* ✐ ; *Dr. pénal 2004. 143, obs. Véron ; RSC 2004. 883, obs. Mayaud* ✐ ; *ibid. 2004. 897, obs. Commaret* ✐.

Art. 227-14 *(L. n° 2009-526 du 12 mai 2009, art. 124-I)* **Les personnes morales déclarées responsables pénalement, dans les conditions prévues par l'article 121-2, des infractions définies à la présente section encourent, outre l'amende suivant les modalités prévues par l'article 131-38, les peines prévues par les 1° à 3°, 8° et 9° de l'article 131-39.**

1. Entremise et adoption internationale. Étant constaté que la liquidation judiciaire d'une association a été prononcée, que les opérations de liquidation ont été clôturées par jugement, et que l'association a été dissoute, des poursuites ne peuvent être exercées à l'encontre de cette association, qui n'a plus d'existence légale, de même qu'à l'encontre de son président pris ès-qualités. • TGI Paris, 4 mai 1998 : *D. 1999. 15, note Poisson-Drocourt* ✐.

2. Associations de mères porteuses. Les pratiques selon lesquelles une femme accepte de concevoir un enfant par insémination artificielle en vue de céder, dès sa naissance, l'enfant qu'elle aura ainsi conçu, porté et mis au monde, à une autre femme ou à un couple, comportent nécessairement un acte, quelle qu'en soit la forme, au terme duquel l'un des parents s'engage à abandonner un enfant à naître (comportement réprimé par l'art. 353-1, 2°, C. pén. ; nouvel art. 227-12) ; ont en conséquence un objet illicite les associations de mères dites porteuses ou de substitution. • CE 22 janv. 1988 : *D. 1988. IR 45 ; AJDA 1988. 151, note Azibert et de Boisdeffre.* ♦ En 1re instance : • TA Strasbourg, 17 juin 1986 : *JCP 1987. II. 20719, concl. Kintz.*

SECTION V DE LA MISE EN PÉRIL DES MINEURS

BIBL. ▶ Huyette, *D. 1996. Chron. 271* (les sectes et la protection judiciaire des mineurs) ; *ibid. 2007. Chron. 682* (les sectes et l'enfermement des mineurs). – Quemener, *AJ pénal 2009. 107* (réponses pénales face à la cyberpédopornographie). – Bréger, *AJ pénal 2009. 112* (protection des mineurs sur Internet). – Dubois et Bouchet, *D. 2018. 1268* (réflexion sur les seuils d'âge en droit pénal de fond). – Tellier-Cayrol, *AJ pénal 2018. 400* s. (loi du 3 août 2018 renforçant la lutte contre les violences sexuelles et sexistes. Des objectifs respectables, une efficacité incertaine). – Rousseau, *AJ pénal 2020. 396* s. (le renforcement de la lutte contre les commanditaires d'abus sexuels en *Live streaming*).

▶ **Dossier :** Éviter la récidive du délinquant sexuel, *AJ pénal 2012. 621* s. – Maltraitances infantiles, *Cah. justice 2018. 11 s.*

§ 1er DE LA MISE EN PÉRIL DE LA SANTÉ ET DE LA MORALITÉ DES MINEURS *(L. nº 2021-478 du 21 avr. 2021, art. 4).*

Art. 227-15 **Le fait, par un ascendant** *(Abrogé par Ord. nº 2005-759 du 4 juill. 2005, art. 19, à compter du 1er juill. 2006)* **« *légitime, naturel ou adoptif* » ou toute autre personne exerçant à son égard l'autorité parentale ou ayant autorité sur un mineur de quinze ans, de priver celui-ci d'aliments ou de soins au point de compromettre sa santé est puni de sept ans d'emprisonnement et de 100 000 € d'amende.**

(L. nº 2003-239 du 18 mars 2003, art. 44) **« Constitue notamment une privation de soins le fait de maintenir un enfant de moins de six ans sur la voie publique ou dans un espace affecté au transport collectif de voyageurs, dans le but de solliciter la générosité des passants. »**

En ce qui concerne le Défenseur des enfants, V. L. nº 2000-196 du 6 mars 2000, App., vº Enfance — Enfance délinquante... ; ... la prévention et la détection de la maltraitance des enfants, V. C. éduc., art. L. 542-2.

Art. 227-16 **L'infraction définie à l'article précédent est punie de trente ans de réclusion criminelle lorsqu'elle a entraîné la mort de la victime.**

Corresp. : *C. pén., ancien art. 312, al. 3.*

1. Mise en péril. Commettent le délit prévu et puni par l'art. 312 C. pén. : la directrice et la surveillante d'un foyer d'enfants, coupables d'avoir détourné des aliments destinés à ceux-ci et d'avoir insuffisamment veillé à l'hygiène des locaux, privant ainsi d'aliments et de soins des enfants de moins de quinze ans confiés à leur garde ; l'infirmière du foyer, laquelle a manqué à sa mission de surveillance de l'hygiène ; la présidente de l'œuvre propriétaire du foyer, chargée du contrôle, qui n'a pas rempli sa fonction, et, par des détournements répétés de denrées, a compromis la santé des enfants placés sous son autorité. • Paris, 15 juin 1951 : *D. 1951. 568.*

2. Il résulte des dispositions de l'art. 312 C. pén. qu'en matière de privation de soins et d'aliments, la qualité de père, mère ou de personne ayant autorité ou chargée de la garde de l'enfant, d'une part, et la minorité de quinze ans de celui-ci, d'autre part, sont des éléments constitutifs de l'infraction ; en conséquence, n'est pas entachée de complexité prohibée la question principale de privations de soins et d'aliments qui réunit en une formule unique la qualité de la personne ayant autorité sur la victime et la minorité de quinze ans de celle-ci. • Crim. 17 déc. 1986 : *Bull. crim. nº 375 ; RSC 1987. 692, obs. Levasseur.* ♦ La constatation de cet âge par la cour et le jury est irréfragable. • Crim. 7 déc. 1966 : *Bull. crim. nº 282.*

3. La prévenue est poursuivie du chef de privation de soins ou d'aliments envers ses deux enfants âgés de 13 et 14 ans ; il est établi, par les déclarations concordantes des enfants et des voisins, que la prévenue laissait ses enfants seuls à la maison, sans gaz, ni eau ni électricité ; elle remplissait de temps en temps le réfrigérateur de victuailles qu'ils ne pouvaient faire cuire faute de gaz ; les enfants étaient laissés à la charge des voisins qui leur donnaient à manger ; le délit est donc constitué. • Douai, 15 févr. 2006 : *JCP 2006. IV. 2874.*

4. Mendicité. BIBL. Firchow et Devos, *éd. Pedone, 2005, p. 141* (la criminalisation dérivée de la mendicité, une politique criminelle de légitimation de la sécurité intérieure, *in* « Le nouveau code pénal dix ans après »). ♦ La L. du 18 mars 2003 en créant une présomption de défaut de soins n'a pas instauré une nouvelle infraction ; introduit par l'adverbe « notamment », l'al. 2 de l'art. 227-15 C. pén. se réfère expressément à l'al. 1er, lequel prévoit que la privation de soins n'est punissable qu'à la condition qu'elle compromette la santé de l'enfant. • TGI Paris, 13 janv. 2004 : *AJ pénal 2004. 244, obs. Remillieux*.

5. Justifie sa décision la cour d'appel qui, pour relaxer la prévenue qui était poursuivie sur le fondement de l'art. 227-15 C. pén., pour avoir maintenu son fils âgé de moins de six ans sur la voie publique, afin de solliciter la générosité des passants, retient, notamment, que les pièces produites aux débats révèlent que l'enfant est en bonne santé et que la privation de soins au sens du second al. dudit article n'a pas compromis la santé du mineur, ces seuls motifs procédant de son pouvoir souverain d'appréciation. • Crim. 12 oct. 2005, n° 05-81.191 P : *D. 2006. 2446, note Maréchal ; ibid. 2006. Pan. 1656, obs. Roujou de Boubée ; Gaz. Pal. 2005. 2. 4082, avis Commaret ; JCP 2006. II. 10022, note Leblois-Happe ; Dr. pénal 2006. 6, obs. Véron.* ♦ Dans le même sens, • Crim. 12 oct. 2005 : *JCP 2006. II. 10023.*

6. Résultat mortel. Est une circonstance aggravante, qui doit faire l'objet d'une question distincte, la mort survenue à la suite de violences ou privations sans que l'auteur ait eu l'intention de la donner. • Crim. 23 avr. 1975 : *Bull. crim. n° 106* • 17 déc. 1986 : *ibid. n° 375 ; RSC 1987. 692, obs. Levasseur.*

Art. 227-17 Le fait, par le père ou la mère *(Abrogé par Ord. n° 2005-759 du 4 juill. 2005, art. 19, à compter du 1er juill. 2006)* ***« légitime, naturel ou adoptif »*****, de se soustraire, sans motif légitime, à ses obligations légales au point de compromettre** *(Abrogé par L. n° 2002-1138 du 9 sept. 2002, art. 27)* ***« gravement »*** **la santé, la sécurité, la moralité ou l'éducation de son enfant mineur est puni de deux ans d'emprisonnement et de 30 000 € d'amende.**

L'infraction prévue par le présent article est assimilée à un abandon de famille pour l'application du 3° de l'article 373 du code civil.

Corresp. : *C. pén., ancien art. 357-1.*

BIBL. ▶ Gontier, Icard et Pansier, *Gaz. Pal. 2002. 2. Doctr. 1666* (le juge entre libéralisme et légalisme. Bilan d'un an d'actualité jurisprudentielle relative à l'Association des Témoins de Jéovah). – Huyette, *D. 2007. Chron. 682* (les sectes et l'enfermement des mineurs).

A. INCRIMINATION

1. QPC. La question prioritaire de constitutionnalité est ainsi rédigée : « Les dispositions de l'art. 227-17 C. pén. prévoyant et punissant le non-respect de l'obligation vaccinale sont-elles contraires au préambule de la Constitution de 1946 repris dans le préambule de la Constitution de 1958 relatifs aux droits et à la santé en ce qu'elles imposent aux détenteurs de l'autorité parentale sur leurs enfants mineurs une obligation vaccinale leur interdisant de s'en exonérer au regard des dangers réels ou supposés desdites vaccinations ? » ; « Les dispositions des art. L. 3111-1 à L. 3111-3 et L. 3116-2 CSP sont-elles contraires au préambule de la Constitution de 1946 repris dans le préambule de la Constitution de 1958 relatif aux droits et à la santé en ce qu'elles imposent aux détenteurs de l'autorité parentale sur leurs enfants mineurs une obligation vaccinale leur interdisant de s'en exonérer au regard des dangers réels ou supposés desdites vaccinations ? » ; la question posée présente un caractère sérieux en ce qu'elle implique de déterminer si la protection individuelle et collective de la santé justifie de rendre obligatoires certaines vaccinations de mineurs, sauf contre-indication médicalement reconnue, et de poursuivre les titulaires de l'autorité parentale qui s'opposent à leur réalisation comme étant dangereuse pour leur enfant ; d'où il suit qu'il y a lieu de la renvoyer au Cons. const. • Crim. 13 janv. 2015 : *Dr. pénal 2015. Comm. 34, obs. Véron.*

1° ABANDON

2. Soustraction aux obligations légales. Celui des époux qui, en vertu d'une ordonnance de non-conciliation, doit s'installer hors du foyer, n'est pas pour autant déchargé de ses obligations d'ordre moral envers ses enfants, et il ne lui est pas permis de s'en aller n'importe où, en s'en désintéressant complètement. • Colmar, 10 oct. 1957 : *D. 1958. 191, note Pageaud.*

3. Se rend coupable de l'infraction prévue et punie par l'art. 357-1-3° C. pén. le père naturel d'un enfant dont la santé a été gravement compromise par un défaut de soins, alors même qu'il a quitté le domicile de sa concubine chez laquelle est élevé l'enfant, s'il est établi qu'il était néanmoins en mesure de veiller sur celui-ci. • Crim. 16 janv. 1974 : *Bull. crim. n° 23 ; Gaz. Pal. 1974. 1. 209 ; RSC 1974. 96, obs. Levasseur.*

4. En partant plusieurs mois à Raqqa en Syrie pour y rejoindre des mouvements djihadistes la prévenue qui : a exposé ses trois enfants mineurs, D..., E... et F..., à un environnement d'une extrême dangerosité en les faisant séjourner dans des zones de combat en Syrie, en compromettant leur équilibre par leur déscolarisation et leur rupture avec leur environnement familial et social, et qui, en outre, s'est totalement désintéressée du mineur H..., resté en France de février à septembre 2015, et dont enfin l'enfant mineur G..., qui lui avait été confié, a été interpellé sur la voie publique, trois jours après les attentats du vendredi 13 novembre 2015, avec une arme automatique factice, s'est rendue coupable du délit de soustraction à ses obligations légales envers ses cinq enfants. • Crim. 20 juin 2018, n° 17-84.128 P : *D. actu. 18 juill. 2018, obs. Recotillet ; D. 2018. Pan. 1672, obs. Bonfils ; ibid. 2259, obs. Ginestet ; RSC 2018. 678, obs. Mayaud ; AJ pénal 2018. 524, obs. Gallardo ; Dr. pénal 2018, n° 192, obs. Conte.*

5. L'inopposabilité au regard de la loi pénale de la décision de non-conciliation, en raison de son ignorance par le prévenu, remet ce dernier sous l'empire du droit commun en matière d'autorité parentale et des obligations en résultant ; en conséquence, en cas de non-payement de la pension alimentaire, seul l'art. 357-1 C. pén. est applicable, à l'exclusion de l'art. 357-2 (nouvel art. 227-3), si le prévenu, ayant disparu depuis la date de l'ordonnance de non-conciliation, est resté depuis sans avoir adressé quoi que ce soit à son épouse. • T. corr. Évry, 20 oct. 1986 : *Gaz. Pal. 1987. 1. 19 (2e esp.), note J.-P. D.* ♦ V. également note ss. art. 227-3.

6. Ne constitue qu'un élément de moralité, mais ne suffit pas à caractériser le délit d'abandon moral du foyer, le fait, par un père de famille, d'avoir noué des relations adultères dans sa résidence de travail. • Lyon, 12 juin 1943 : *DA 1943. 79 ; JCP 1943. II. 2504 ; Gaz. Pal. 1943. 2. 74.*

7. Sont coupables de soustraction sans motif légitime aux obligations légales en matière de scolarisation, les prévenus, membre d'une communauté qualifiée de secte vivant à l'écart du monde avec des règles de vie austères et génératrices de carences graves pour les enfants, qui n'ont pas scolarisé leurs enfants, préférant leur enseigner eux-mêmes les disciplines traditionnelles et des bases morales solides ; or, le contrôle de l'Inspection académique relève des connaissances de base insuffisantes pour 19 des 21 enfants examinés, notamment un défaut de maîtrise de la langue française dans son expression et l'analyse de son fonctionnement, des insuffisances graves dans la connaissance des principaux éléments mathématiques, ainsi qu'une quasi-absence des rudiments d'une culture littéraire, scientifique et artistique ; au contraire, le contrôle met en évidence un repli sur le groupe communautaire préjudiciable au développement de la personnalité des enfants par manque d'ouverture culturelle et de stimulation sociale ; le rapport conclut alors au danger de cette situation pour les enfants ; un nouveau contrôle fut préconisé et un courrier fut adressé aux parents pour qu'ils présentent leurs enfants à cette fin ; ceux-ci ne voyant pas la nécessité d'un nouveau contrôle, ils furent mis en demeure par l'Inspection académique pour qu'ils inscrivent leurs enfants dans un établissement d'enseignement public ou privé ; les prévenus ne répondirent pas ; il s'agissait, en effet, pour ces derniers, d'une procès d'intention, les enfants ayant toujours été instruits dans les familles au sein de la communauté sans que cela ne soulève aucun problème ; ils mettaient en avant, de plus, l'échec de la tentative d'engagement d'un dialogue avec l'Éducation nationale pour créer une école dans la communauté, ainsi que les conditions inacceptables dans lesquelles se sont déroulés certains contrôles dictés par une mauvaise volonté affirmée de l'Administration ; ces arguments furent néanmoins écartés par les magistrats du fait de l'absence d'autorisation d'ouvrir au sein de la communauté une école privée et la présence à proximité d'établissements publics ou privés susceptibles de dispenser l'enseignement à leurs enfants. • Pau, 19 mars 2002 : *JCP 2002. IV. 2923.*

8. La prévenue, mère de deux enfants, est poursuivie du chef de soustraction à l'obligation légale compromettant l'éducation des enfants ; le délit est constitué par l'absentéisme scolaire répété des deux enfants, qui ne fréquentaient plus le collège, sans que leur mère intervienne pour les obliger à y retourner, les enfants étant livrés à eux-mêmes à la maison. • Douai, 15 févr. 2006 : *JCP 2006. IV. 2874.*

9. C'est à bon droit que les premiers juges ont retenu la culpabilité du prévenu du chef de soustraction à une obligation légale compromettant la santé, la sécurité, la moralité ou l'éducation des enfants ; en effet, alors qu'il avait ses deux fils mineurs chez lui dans le cadre de l'exercice de son droit d'hébergement, il a décidé de les ramener chez leur mère de façon anticipée, sans l'en informer au préalable, les abandonnant devant le domicile maternel sans savoir si elle était présente ou non ; alertée par une voisine qui avait recueilli les enfants qui se trouvaient ainsi à la rue, leur mère a dû écourter son séjour dans sa famille pour revenir en urgence s'occuper de ses enfants. • Amiens, 29 août 2007 : *JCP 2008. IV. 1077.*

10. Motif légitime. Ont été retenus comme des « motifs graves », au sens de l'art. 357-1-1° C. pén. (abandon physique du foyer) : la nécessité de trouver du travail dans une autre ville. • Lyon, 12 juin 1943 : *préc. note 6.* ♦ ... Les mauvais traitements dont le prévenu a été l'objet de la part de sa femme ou les agissements du conjoint qui rendent à l'autre la vie en commun moralement impossible. • T. corr. Clamecy, 10 juill. 1946 : *D. 1946. 412 ; Gaz. Pal. 1946. 2. 106.* ♦ ... L'incarcération du prévenu, dès lors qu'il n'a jamais cessé d'habiter au domicile conjugal avant et après cette incarcération. • Crim. 26 mars 1957 : *Bull. crim. n° 282 ; Gaz. Pal. 1957. 2. 34.*

11. En revanche, ne sauraient constituer de tels motifs : l'antipathie du prévenu pour sa belle-mère. • T. corr. Nantes, 31 juill. 1947 : *RSC 1948. 111.* ♦ ... Les griefs d'inconduite invoqués à l'appui d'une demande en divorce. • Crim. 30 mai 1967 : *D. 1968. Somm. 14 ; JCP 1967. IV. 105.*

12. Il appartient au prévenu d'apporter la preuve que son comportement (départ de la résidence familiale) est justifié par un motif grave. • Crim. 27 févr. 1964 : *Bull. crim. n° 72 ; Gaz. Pal. 1964. 2. 67.*

2° COMPROMISSION

13. Constatation. Encourt la cassation pour insuffisance de motifs la décision qui prononce condamnation du chef d'abandon de famille en se contentant, par reproduction des termes de la loi, de déclarer que le prévenu est coupable d'avoir, par des mauvais traitements, par des exemples pernicieux d'ivrognerie habituelle ou d'inconduite notoire, par un défaut de soins ou un manque de direction nécessaire, compromis, soit la santé, soit la moralité de son enfant, ne permettant pas, en l'absence de toute précision de fait, de savoir quel terme de cette alternative a servi de fondement à la condamnation. • Crim. 6 mars 1956 : *Bull. crim. n° 218.*

14. Gravité. Les faits visés par l'art. 357-1-3° C. pén. doivent compromettre gravement la sécurité et la moralité des enfants : leur caractère doit donc être non seulement grave, mais suffisamment continu pour arriver à un résultat tel que l'application de la loi pénale en soit la sanction normale ; il n'en est pas ainsi lorsque l'ivrognerie habituelle reprochée au père n'est pas suffisamment établie et que s'il s'est enivré fréquemment, ceci peut s'expliquer par des ennuis professionnels ou des ennuis familiaux. • Rennes, 22 janv. 1970 : *Gaz. Pal. 1970. 2. Somm. 8 ; RSC 1971. 125, obs. Levasseur.*

15. Le délit prévu et réprimé tant par l'art. 357-1-3° C. pén. alors applicable que par l'art. 227-17 C. pén. entré en vigueur le 1er mars 1994, s'il exige que le manque de direction reproché à des parents ait gravement compromis la santé, la moralité, la sécurité ou l'éducation de leur enfant mineur, n'impose pas qu'il en soit résulté, pour celui-ci, un dommage ou une atteinte irréversible ; déclare justement des époux coupables du chef de manque de direction nécessaire à un enfant, compromettant sa santé et sa moralité, la cour qui relève que des époux ont pris, dans la précipitation, la décision d'envoyer, seul, leur fils, alors âgé de six ans et demi, dans une école dirigée par des adeptes du sahaja yoga en Inde. • Crim. 11 juill. 1994, n° 93-81.881 P : *JCP 1995. II. 22441, note Eudier.* ♦ Confirmation de • Rennes, 18 févr. 1993 : *JCP 1994. II. 22210, note Chevallier* (se rendent coupables du délit les parents qui confient *leur enfant à une* secte indienne, abandonnant leur devoir éducatif sans limitation de durée, et dans un lieu situé à plusieurs milliers de kilomètres, dans une contrée difficile et éprouvée, cet abandon se traduisant par de graves dégradations sur le psychisme de l'enfant).

16. Justifie légalement sa décision la cour d'appel qui, pour relaxer des parents poursuivis pour s'être soustraits, sans motif légitime, à leurs obligations légales au point de compromettre gravement la santé, la sécurité, la moralité ou l'éducation de leur enfant mineur de 6 ans, scolarisé dans une école des adeptes du Sahaja Yoga en Inde, retient, notamment, que le rapport d'enquête éducative ordonné par le juge d'instruction et l'attestation délivrée par l'instituteur actuel de l'enfant révèlent que celui-ci ne présente aucun trouble psychique et qu'il est socialement bien intégré, d'où il résulte que la santé, la sécurité, la moralité ou l'éducation de l'enfant n'ont pas été gravement compromises. • Crim. 17 oct. 2001, n° 01-82.591 P : *D. 2002. 751, note Huyette ; Dr. pénal 2002. 14, obs. Véron.*

17. Intention. Les art. 357-1 ancien et 227-17 C. pén. relatifs au délit d'abandon moral d'enfant répriment un délit intentionnel impliquant, chez son auteur, la conscience de s'être soustrait à ses obligations légales au point de compromettre gravement la moralité de son enfant mineur. • Crim. 21 oct. 1998, n° 98-83.843 P : *D. 1999. 75, note Mayaud ; JCP 1998. II. 10215, note Mayer ; Dr. pénal 1999. Comm. 1, obs. Véron.* ♦ Ne donne pas de base légale à sa décision la chambre d'accusation qui, pour renvoyer un père devant la cour d'assises pour le délit connexe d'abandon moral d'enfant, énonce que, si l'intéressé conteste avoir volontairement mis des photographies pornographiques à la portée de sa fille, la circonstance que celle-ci ait pu découvrir chez lui de tels clichés lui est imputable car il « n'avait aucun motif légitime de conserver ainsi de telles photographies à la portée de sa fille mineure, alors surtout qu'il ne devait pas ignorer qu'elle s'installait régulièrement dans sa chambre pour lire ». • Même arrêt.

B. RÉPRESSION

18. Conflits de qualifications. Pour la substitution de la qualification d'abandon moral d'enfants mineurs à celle de non-assistance à personne en danger (nouvel art. 223-6), à l'encontre de parents poursuivis pour des faits d'inceste, V. : • Lyon, 28 mars 1997 : *RSC 1997. 636, obs. Mayaud.*

19. Compétence. Lorsque le délit, objet de la poursuite, est complexe et comprend un ensemble de faits, qu'il s'agit de constater et d'apprécier au point de vue de leur qualification légale, le juge du lieu où s'est accomplie une partie de ces faits est compétent pour connaître du délit ; est dès lors compétent pour connaître d'un délit d'abandon de foyer le tribunal du lieu où devaient recevoir exécution les obligations d'ordre moral et matériel résultant de l'autorité parentale, auxquelles il est reproché au prévenu de s'être soustrait, même si ce lieu est différent de celui où était initialement fixée la résidence familiale abandonnée. • Crim. 3 mars 1976 : *Bull. crim. n° 80 ; Gaz. Pal. 1976. 1. 439 ; RSC 1976. 979, obs. Levasseur.*

20. Action civile. Il résulte des art. 2 et 3 C. pr. pén. que les proches de la victime d'une infraction sont recevables à rapporter la preuve d'un dommage dont ils ont personnellement souffert et découlant des faits objet de la poursuite ; justifie sa décision la cour d'appel qui, pour déclarer fondée la demande d'indemnisation présentée par les grands-parents d'un enfant, dont les parents ont compromis par manque de direction nécessaire sa santé et sa sécurité en l'envoyant dans une secte d'un pays étranger lointain, retient que le délit commis par les parents a eu pour effet de rompre pour une durée indéterminée les liens privilégiés que les grands-parents entretenaient avec leur petit-fils. • Crim. 11 juill. 1994 : *préc. note 15.*

Art. 227-17-1 *(L. n° 98-1165 du 18 déc. 1998)* **Le fait, par les parents d'un enfant ou toute personne exerçant à son égard l'autorité parentale ou une autorité de fait de façon continue, de ne pas l'inscrire dans un établissement d'enseignement, sans excuse valable, en dépit d'une mise en demeure de** *(Décr. n° 2012-16 du 5 janv. 2012, art. 7-II)* **« l'autorité de l'État compétente en matière d'éducation », est puni de six mois d'emprisonnement et de 7 500 € d'amende.**

Le fait, par un directeur d'établissement privé accueillant des classes hors contrat, de n'avoir pas pris, malgré la mise en demeure de *(Décr. n° 2012-16 du 5 janv. 2012, art. 7-II)* **« l'autorité de l'État compétente en matière d'éducation », les dispositions nécessaires pour que l'enseignement qui y est dispensé soit conforme à l'objet de l'instruction obligatoire, tel que celui-ci est défini par** *(L. n° 2005-380 du 23 avr. 2005, art. 8)* **« les articles** *[l'article]* **L. 131-1-1 »** *(L. n° 2018-266 du 13 avr. 2018, art. 4)* **« du code de l'éducation, et permette aux élèves concernés l'acquisition progressive du socle commun défini à l'article L. 122-1-1 du même code », et de n'avoir pas procédé à la fermeture de ces classes est puni de six mois d'emprisonnement et de** *(L. n° 2018-266 du 13 avr. 2018, art. 4)* **« 15 000 € » d'amende. En outre, le tribunal peut ordonner à l'encontre de celui-ci l'interdiction de diriger ou d'enseigner ainsi que la fermeture de l'établissement.**

(L. n° 2019-791 du 26 juill. 2019, art. 23) **« Il en est de même lorsque le directeur d'établissement privé accueillant des classes hors contrat n'a pas respecté la mise en demeure mentionnée au III de l'article L. 442-2 dudit code. »**

Sur le contenu des connaissances requis des enfants instruits dans la famille ou dans les établissements d'enseignement privés hors contrat, V. Décr. n° 99-224 du 23 mars 1999 (JO 24 mars).

Constitutionnalité. Incriminer le refus de mise en conformité de l'enseignement afin qu'il corresponde aux exigences de l'instruction obligatoire ne méconnaît pas le principe de légalité des délits et des peines, sous réserve que la mise en demeure adressée au directeur d'établissement privé hors contrat expose de manière précise et circonstanciée les mesures nécessaires pour que l'enseignement dispensé soit conforme à la loi. • Cons. const. 1er juin 2018, n° 2018-710 QPC : *D. actu. 15 juin 2018, obs. Azoulay ; RSC 2018. 675, obs. Mayaud.*

Art. 227-17-2 *(L. n° 2009-526 du 12 mai 2009, art. 124-I)* **Les personnes morales déclarées responsables pénalement, dans les conditions prévues par l'article 121-2, des infractions définies aux articles 227-15 à 227-17-1 encourent, outre l'amende suivant les modalités prévues par l'article 131-38, les peines prévues par l'article 131-39.**

Code de l'éducation *(Ord. n° 2000-549 du 15 juin 2000)* **Art. L. 131-12** *(L. n° 2004-1 du 2 janv. 2004, art. 5)* Les modalités du contrôle de l'obligation, de la fréquentation et de l'assiduité scolaires sont déterminées par décret en Conseil d'État.

Art. 227-18 **Le fait de provoquer directement un mineur à faire un usage illicite de stupéfiants est puni de cinq ans d'emprisonnement et de 100 000 € d'amende.**

Lorsqu'il s'agit d'un mineur de quinze ans *(L. n° 98-468 du 17 juin 1998)* **« ou que les faits sont commis »** *(L. n° 2007-297 du 5 mars 2007, art. 48)* **« dans des établissements d'enseignement ou d'éducation ou dans les locaux de l'administration, ainsi que, lors des entrées ou sorties des élèves ou du public ou dans un temps très voisin de celles-ci, aux abords de ces établissements ou locaux », l'infraction définie par le présent article est punie de sept ans d'emprisonnement et de 150 000 € d'amende.**

RÉP. PÉN. v° *Provocation*, par LASSALLE.

Art. 227-18-1 *(L. n° 96-392 du 13 mai 1996)* **Le fait de provoquer directement un mineur à transporter, détenir, offrir ou céder des stupéfiants est puni de sept ans d'emprisonnement et de 150 000 € d'amende.**

Lorsqu'il s'agit d'un mineur de quinze ans *(L. n° 98-468 du 17 juin 1998)* **« ou que les faits sont commis »** *(L. n° 2007-297 du 5 mars 2007, art. 48)* **« dans des établissements d'enseignement ou d'éducation ou dans les locaux de l'administration, ainsi que, lors des entrées ou sorties des élèves ou du public ou dans un temps très voisin de celles-ci, aux abords de ces établissements ou locaux », l'infraction définie par le présent article est puni***[e]* **de dix ans d'emprisonnement et de 300 000 € d'amende.**

RÉP. PÉN. v° *Provocation*, par LASSALLE.

Art. 227-19 *(L. n° 2016-41 du 26 janv. 2016, art. 12)* **« Le fait de provoquer directement un mineur à la consommation excessive d'alcool est puni d'un an d'emprisonnement et de 15 000 € d'amende.**

« Le fait de provoquer directement un mineur à la consommation habituelle d'alcool est puni de deux ans d'emprisonnement et de 45 000 € d'amende. »

Lorsqu'il s'agit d'un mineur de quinze ans *(L. n° 98-468 du 17 juin 1998)* **« ou que les faits sont commis »** *(L. n° 2007-297 du 5 mars 2007, art. 48)* **« dans des établissements d'enseignement ou d'éducation ou dans les locaux de l'administration, ainsi que, lors des entrées ou sorties des élèves ou du public ou dans un temps très voisin de celles-ci, aux abords de ces établissements ou locaux »,** *(L. n° 2016-41 du 26 janv. 2016, art. 12)* **« le fait de se rendre coupable de l'une des infractions définies au présent article porte au double le maximum des peines encourues. ».**

RÉP. PÉN. v° *Provocation*, par LASSALLE.

Art. 227-20 *(Abrogé par L. n° 2003-239 du 18 mars 2003, art. 64)* ***Le fait de provoquer directement un mineur à la mendicité est puni de deux ans d'emprisonnement et de 45 000 € d'amende.***

Lorsqu'il s'agit d'un mineur de quinze ans, l'infraction définie par le présent article est punie de trois ans d'emprisonnement et de 75 000 € d'amende.

RÉP. PÉN. v^is^ *Mendicité*, par LACROIX ; *Provocation*, par LASSALLE.

BIBL. ▶ OLIVE, *RSC 1998. 69*.

Art. 227-21 **Le fait de provoquer directement un mineur à commettre** *(L. n° 2002-1138 du 9 sept. 2002, art. 28)* **« un crime ou un délit** *[ancienne rédaction : habituellement des crimes ou des délits]* **» est puni de cinq ans d'emprisonnement et de 150 000 € d'amende.**

Lorsqu'il s'agit d'un mineur de quinze ans *(L. n° 2002-1138 du 9 sept. 2002, art. 28)* **« , que le mineur est provoqué à commettre habituellement des crimes ou des délits »** *(L. n° 98-468 du 17 juin 1998)* **« ou que les faits sont commis »** *(L. n° 2007-297 du 5 mars 2007, art. 48)* **« dans des établissements d'enseignement ou d'éducation ou dans les locaux de l'administration, ainsi que, lors des entrées ou sorties des élèves ou du public ou dans un temps très voisin de celles-ci, aux abords de ces établissements ou locaux », l'infraction définie par le présent article est punie de sept ans d'emprisonnement et de 150 000 € d'amende.**

RÉP. PÉN. v° *Provocation*, par LASSALLE.

Le prévenu a proposé au fils de sa compagne, mineur âgé de 16 ans, de voler la carte bancaire de la victime qui l'avait hébergé et qui lui avait confié le code de cette carte pour faire des courses ; il est établi qu'il a donné au mineur les précisions nécessaires à l'exécution du vol, notamment l'adresse de l'appartement, la façon d'y pénétrer et l'endroit où se trouvait la carte bancaire ; c'est donc à bon droit qu'il a été condamné d'une part pour complicité de vol par aide et assistance, et d'autre part pour provocation de mineur à commettre le délit de vol aggravé. • Montpellier, 9 mars 2005 : *JCP 2005. IV. 3638.* ♦ ... Le prévenu, ainsi que sa compagne, coprévenue, et le fils mineur de cette dernière ont utilisé une carte bancaire volée pour payer des marchandises ou obtenir des fonds ; c'est dès lors à bon droit qu'ils ont été condamnés pour escroqueries par emploi de manœuvres frauduleuses et provocation de mineur à commettre cette infraction. • Même arrêt.

§ 2 DES INFRACTIONS SEXUELLES COMMISES CONTRE LES MINEURS *(L. n° 2021-478 du 21 avr. 2021, art. 4).*

Art. 227-21-1 *(L. n° 2021-478 du 21 avr. 2021, art. 4)* **Les infractions de nature sexuelle pouvant être commises sur des mineurs sont prévues au présent paragraphe, sans préjudice des dispositions de la section III du chapitre II du présent titre réprimant les viols, les agressions sexuelles, l'inceste, l'exhibition sexuelle et le harcèlement sexuel, qui peuvent être également commis au préjudice de victimes mineures.**

Art. 227-22 **Le fait de favoriser ou de tenter de favoriser la corruption d'un mineur est puni de cinq ans d'emprisonnement et de 75 000 € d'amende. Ces peines sont portées à sept ans d'emprisonnement et 100 000 € d'amende** *(Abrogé par L. n° 2013-711 du 5 août 2013, art. 5)* ***« lorsque le mineur est âgé de moins de quinze ans ou »*** *(L. n° 98-468 du 17 juin 1998)* **« lorsque le mineur a été mis en contact avec l'auteur des faits grâce à l'utilisation, pour la diffusion de messages à destination d'un public non déterminé, d'un réseau de** *(L. n° 2007-297 du 5 mars 2007, art. 35)* **« communications électroniques » ou que les faits sont commis »** *(L. n° 2007-297 du 5 mars 2007, art. 48)* **« dans des établissements d'enseignement ou d'éducation ou dans les locaux de l'administration, ainsi que, lors des entrées ou sorties des élèves ou du public ou dans un temps très voisin de celles-ci, aux abords de ces établissements ou locaux ».**

Les mêmes peines sont notamment applicables au fait, commis par un majeur, d'organiser des réunions comportant des exhibitions ou des relations sexuelles auxquelles un mineur assiste ou participe *(L. n° 2013-711 du 5 août 2013, art. 5)* **« ou d'assister en connaissance de cause à de telles réunions ».** — *Pr. pén. 2-3, 8, 40, 706-47 s. ; CSS L. 322-3.*

(L. n° 2021-478 du 21 avr. 2021, art. 3) **« Les peines sont portées à dix ans d'emprisonnement et à 150 000 euros d'amende lorsque les faits ont été commis à l'encontre d'un mineur de quinze ans. Elles sont portées à dix ans d'emprisonnement et à un million d'euros d'amende lorsque les faits ont été commis en bande organisée. »**

Ancien art. 227-22, al. 3 (L. n° 2004-204 du 9 mars 2004, art. 6-VII) ***« Les peines sont portées à dix ans d'emprisonnement et 1 000 000 € d'amende lorsque les faits ont été commis en bande organisée »*** (L. n° 2013-711 du 5 août 2013, art. 5) ***« ou à l'encontre d'un mineur de quinze ans ».***

BIBL. ▶ CHAVENT-LECLÈRE, *AJ pénal 2013. 510* (adaptation du code pénal français aux engagements européens). – BEAUSSONIE, *RSC 2014. 861* (loi n° 2013-711 du 5 août 2013 portant diverses dispositions d'adaptation dans le domaine de la justice en application du droit de l'Union européenne et des engagements internationaux de la France). – PLANTEVIN, *Gaz. Pal. 2012-2* (les propositions sexuelles faites à un mineur de quinze ans par un moyen de communication électronique). – PLANQUE, *Dr. pénal 2019. Étude 4* (répression du « cyber-viol » : simple adaptation ou prémices d'une révolution des concepts pénaux ?).

Corresp. *: C. pén., ancien art. 334-2.*

1. QPC. La question prioritaire de constitutionnalité soutient que l'art. 227-22 C. pén. serait contraire au principe de légalité des délits et des peines résultant de l'art. 34 de la Const. et de l'art. 8 de la DDH, en ce qu'il ne définirait pas les éléments constitutifs de l'infraction de corruption de mineur ; la question posée ne présente pas, à l'évidence, un caractère sérieux, dès lors que l'art. 227-22 C. pén. définit de manière suffisamment claire et précise le délit de corruption de mineur, lequel, reprenant les éléments constitutifs de l'ancien délit d'excitation de mineur à la débauche, incrimine les agissements, qui par leur nature, traduisent, de la part de leur auteur, la volonté de pervertir la sexualité d'un mineur, et permet son interprétation par l'office du juge sans risque d'arbitraire, de sorte qu'il n'est porté aucune atteinte au principe de légalité des délits et des peines. D'où il suit qu'il n'y a pas lieu de renvoyer la question au Cons. constit. • Crim., QPC, 20 févr. 2013 : *Dr. pénal 2013, n° 86, obs. Véron ; Gaz. Pal. 8-11 mai 2013, p. 25, obs. Dreyer.*

2. Application dans le temps. Les éléments constitutifs du délit de corruption de mineur, prévu et réprimé par l'art. 227-22 C. pén., en vigueur depuis le 1er mars 1994, ne diffèrent pas de ceux du délit d'excitation de mineur à la débauche que sanctionnait l'ancien art. 334-2. • Crim. 1er févr. 1995, n° 93-82.578 P.

3. Selon l'art. 112-2-3° C. pén., entré en vigueur le 1er mars 1994, les lois relatives au régime d'exécution et d'application des peines sont d'application immédiate, sauf si elles ont pour résultat de rendre plus sévères les peines prononcées par la décision de condamnation ; il résulte de la combinaison des art. 132-23 et 227-22 C. pén. qu'aucune période de sûreté de plein droit n'est édictée en cas de condamnation du chef du délit de corruption de mineur, prévu par le second de ces textes, et correspondant à la qualification définie à l'ancien art. 334-2 abrogé ; il s'en déduit que cette mesure n'est pas applicable à une peine prononcée à l'encontre d'un condamné et en cours d'exécution lors de l'entrée en vigueur du nouveau code pénal. • Crim. 7 juin 1994, n° 93-83.428 P : *RSC 1995. 341, obs. Bouloc*.

A. ÉTAT DE MINORITÉ

4. Preuve. L'état de minorité peut, à défaut de production de l'acte de naissance, être déclaré par le juge à l'aide de toute preuve fournie par l'instruction et les débats, et une telle déclaration est irréfragable et ne saurait tomber sous le contrôle de la Cour de cassation. • Crim. 5 mars 1863 : *DP 1867. 5. 30.*

5. Connaissance. En matière d'excitation habituelle de mineurs à la débauche, l'élément intentionnel résulte de la nature du délit et n'a pas besoin d'être affirmé formellement par le juge ; en conséquence, il n'est pas indispensable d'énoncer expressément dans l'arrêt que le prévenu connaissait l'état de minorité de ceux qu'il a corrompus. • Crim. 4 janv. 1902 : *DP 1902. 1. 528* • 25 févr. 1918 : *ibid. 1922. 5. 5* • 19 mars 1942 : *Bull. crim. n° 25 ; DA 1942. 101.* ♦ Si, dans certains cas, celui qui a favorisé habituellement la débauche des mineurs peut exciper de ce qu'il a été trompé sur leur âge, cette défense ne saurait être admissible qu'autant qu'il justifierait d'une erreur dont il ne serait pas responsable, et non pas de celle qui consisterait à prétendre que le développement physique des mineurs pouvait faire illusion sur leur âge. • Crim. 4 janv. 1902 : *préc.*

B. FAITS DE CORRUPTION

6. Constatation. Doit être annulé l'arrêt qui a condamné un prévenu pour excitation de mineurs à la débauche (ancien art. 334-1, al. 2), sans préciser les faits que la cour a retenu comme constitutifs de l'infraction. • Crim. 12 janv. 1971 : *Bull. crim. n° 6.*

7. Indifférence à la vénalité. Le délit d'excitation habituelle de mineurs à la débauche existe, alors même que les faits qui le constituent n'ont pas été commis dans le but de réaliser un bénéfice honteux. • Crim. 22 juill. 1880 : *DP 1881. 1. 91.* ♦ ... Ou dans l'intérêt d'un vil trafic. • Crim. 18 nov. 1892 : *DP 1894. 1. 198.*

8. Objectif de perversion. La circonstance *que le mineur, dont la débauche a été favorisée,* était antérieurement corrompu, ne peut faire excuser le délit de celui qui a procuré des facilités pour cette débauche. • Crim. 12 déc. 1863 : *DP 1866. 5. 34* • 18 nov. 1892 : *DP 1894. 1. 198.*

9. Ne tombe pas sous l'application de la loi le fait de séduction personnelle et directe. • Cass., ch. réun., 1er mai 1854 : *DP 1854. 1. 261 (2e esp.).* ♦ L'excitation de mineurs à la débauche n'est pénalement punissable que si l'auteur des faits a eu en vue la perversion de la jeunesse, et non pas seulement la satisfaction de ses propres passions. • Crim. 14 nov. 1990 : *Dr. pénal 1991. 105.* ♦ A défaut d'établir que son but est de pervertir la sexualité de la mineure, l'envoi de SMS par un moniteur d'équitation à son élève de moins de 15 ans l'incitant à expérimenter pour la première fois avec lui des actes sexuels n'est pas constitutif du délit de corruption de mineure. • Crim. 8 févr. 2017, n° 16-80.102 P : *D. actu. 28 févr. 2017, obs. Goetz ; RSC 2017. 744, obs. Mayaud ; Dr. pénal 2017, n° 72, obs. Conte ; Gaz. Pal. 25 avr. 2017, p. 46, obs. Dreyer.* ♦ Mais le fait d'exciter habituellement la débauche des mineurs de l'un ou de l'autre sexe tombe sous l'application du code pénal (ancien art. 334), alors même que son auteur aurait eu pour but d'assouvir sa propre passion, si, en outre, il est devenu pour ces mineurs un intermédiaire de débauche et de corruption. • Crim. 21 avr. 1855 : *DP 1855. 1. 221-222* • 14 nov. 1990 : *préc.* ♦ ... Et il suffit qu'il ne soit pas établi que les faits d'excitation à la débauche aient lieu dans le but de satisfaire la passion du corrupteur pour que l'infraction devienne applicable. • Crim. 27 avr. 1854 : *DP 1854. 1. 261 (1re esp.).*

10. Ainsi, est constitutif du délit : le fait de se livrer habituellement à des actes immoraux devant des personnes mineures, alors même que celles-ci ne se trouveraient présentes que pour commettre elles-mêmes des actes semblables. • Crim. 19 déc. 1868 : *DP 1869. 5. 29-30.* ♦ ... Le fait par un individu d'avoir accompli sur lui-même des actes de lubricité, en présence d'enfants qu'il ne faisait pas concourir à ces actes, et qui n'en étaient ainsi rendus témoins que dans un but d'initiation à la débauche. • Crim. 12 janv. 1867 : *DP 1869. 5. 30.* ♦ ... Le fait de réunir habituellement des jeunes filles mineures pour les rendre témoins d'actes de débauche, en faisant de celles sur lesquelles le prévenu satisfait sa passion des agents de corruption vis-à-vis des autres. • Crim. 18 nov. 1892 : *DP 1894. 1. 198.* ♦ Rappr. : • Crim. 12 févr. 1865 : *DP 1866. 5. 32-33.*

11. Caractérise pareillement l'infraction : le fait par une femme de se livrer habituellement à des actes obscènes en présence d'une fille de quinze ans, alors que les juges du fait constatent que cette attitude a eu pour résultat d'entraîner la mineure à se livrer elle-même à la prostitution. • Crim. 16 janv. 1947 : *Bull. crim. n° 23.* ♦ ... Le fait, même isolé, de se livrer dans une chambre à des actes obscènes en présence d'un mineur âgé de dix ans. • Crim. 15 juin 1954 : *Bull. crim. n° 215 ; D. 1954. 701.* ♦ ... L'incitation d'enfants mineurs de douze ans à se livrer entre eux aux gestes et attitudes d'un rapprochement obscène, invitation ayant été accompagnée de conseils et de promesses d'argent. • Crim. 17 oct. 1956 : *Bull. crim. n° 648.* ♦ ... La location habituelle d'une chambre à des mineurs qui s'y livrent à la débauche. • Crim. 6 juill. 1966 : *Bull. crim. n° 194 ; D. 1967. Somm. 7 ; Gaz. Pal. 1966. 2. 188.* ♦ ... L'envoi de correspondances érotiques et de dessins pornographiques à un mineur. • Crim. 25 janv. 1983 : *Bull. crim. n° 29 ; RSC 1983. 668, obs. Levasseur.* ♦ Rappr. : • Angers, 27 oct. 1871 : *DP 1871. 2. 147.*

12. Le prévenu, qui se masturbe devant une mineure de quinze ans avec la volonté de l'associer à son comportement impudique en lui demandant de le photographier, se rend coupable tant du délit prévu par l'art. 334-2 ancien C. pén. que du délit prévu par l'art. 227-22 nouv. C. pén., pareille mise en scène impliquant la volonté d'éveiller les pulsions sexuelles de l'adolescente et de favoriser ainsi sa corruption. • Crim. 1er févr. 1995, n° 93-82.578 P.

13. Faire dévêtir une femme pour la photographier ne saurait, en soi et en dehors de toute autre circonstance, être considéré comme une occasion de débauche et, par suite, justifier une condamnation pour excitation de mineurs à la débauche. • Crim. 11 déc. 1952 : *Bull. crim. n° 300.* ♦ Pour condamner un photographe professionnel du chef de corruption de mineure, l'arrêt attaqué énonce que le prévenu a rencontré ladite mineure, alors âgée de 14 ans et demi, et lui a offert de travailler comme modèle, moyennant rémunération pour la réalisation de photographies dites « de charme, à l'exclusion de photos à caractère pornographique » ; après avoir effectué quelques séances où elle posait habillée, la jeune fille a été invitée à réaliser des clichés avec le buste dénudé, ce qu'elle a accepté ; par la suite, le prévenu a proposé à son modèle de poser, les pieds et les mains enchaînés et le cou enserré dans un collier d'étranglement, ce à quoi elle a refusé de se prêter ; en cet état, les juges, qui ont relevé que le comportement du prévenu était de nature à favoriser la corruption d'une mineure rémunérée à cette fin, ont justifié leur décision. • Crim. 3 déc. 1997 : *Gaz. Pal. 1998. 1, chron. crim. 53.*

14. S'il est de jurisprudence que les simples propos licencieux tenus devant un mineur, les conseils vagues, bien qu'ils puissent avoir la plus funeste influence sur la moralité de l'enfant, ne constituent point un fait punissable, il en est différemment lorsque le mineur a été poussé à un ou plusieurs actes d'immoralité par des conseils persistants et précis ou par des provocations réitérées. • Dijon, 15 janv. 1954 : *Gaz. Pal. 1954. 1. 224.*

15. Communications électroniques. Est coupable de corruption de mineur par une personne mise en contact avec la victime par un réseau de communications électroniques, de propositions sexuelles faites à un mineur de 15 ans en utilisant un moyen de communication électronique, de captation en vue de sa diffusion d'images de mineurs à caractère pornographique et enfin de détention de telles images, l'adulte se faisant passer pour une adolescente bisexuelle, demandant à ses victimes, par internet, de se déshabiller et de pratiquer des actes à caractère pornographique devant leur webcam ; l'intéressé mettait en confiance ses victimes en leur faisant parvenir des vidéos représentant une adolescente, pour laquelle il se faisait passer, accomplissant également de tels actes ; il enregistrait ses victimes et conservait les vidéos ainsi obtenues. • Colmar, 29 mai 2012 : *Gaz. Pal. 2012. 2. 2701, note Lasserre Capdeville.*

C. RÉPRESSION

16. Tentative. Caractérise le commencement d'exécution, le but de corruption poursuivi et la circonstance d'habitude, l'arrêt qui, pour déclarer le prévenu coupable de tentatives de corruption de mineurs, énonce que le prévenu a abordé à trois reprises des jeunes garçons âgés de 13 et 16 ans, et leur a proposé de monter dans son autocaravane pour leur montrer des photographies pornographiques qui s'y trouvaient et pratiquer sur eux des fellations pour les initier à la jouissance, les juges ajoutant qu'il y a eu réitération des agissements incriminés. • Crim. 19 juin 1996, n° 95-83.756 P.

17. Conflits de qualifications légales. Le crime de viol est distinct en ses éléments constitutifs du délit prévu par l'art. 334-2 C. pén., et les juges du fond, lorsqu'ils sont saisis de ce délit, ne peuvent, sans ajouter aux faits de la poursuite, faire état d'actes de pénétration sexuelle de nature à entraîner une peine criminelle. • Crim. 30 oct. 1989 : *Dr. pénal 1990. 54.*

Art. 227-22-1 *(L. n° 2007-297 du 5 mars 2007, art. 35)* **Le fait pour un majeur de faire des propositions sexuelles à un mineur de quinze ans ou à une personne se présentant comme telle en utilisant un moyen de communication électronique est puni de deux ans d'emprisonnement et de 30 000 € d'amende.**

Ces peines sont portées à cinq ans d'emprisonnement et 75 000 € d'amende lorsque les propositions ont été suivies d'une rencontre.

BIBL. ▶ Plantevin, *Gaz. Pal. 26-27 oct. 2012, p. 24* (les propositions sexuelles faites à un mineur de 15 ans par un moyen de communication électronique). – A. G. Robert, *RSC 2008. Chron. 867* (délit de propositions sexuelles faites à un mineur de quinze ans par un moyen de communication électronique). – Planque, *Dr. pénal 2019. Étude 4* (répression du « cyberviol » : simple adaptation ou prémices d'une révolution des concepts pénaux ?).

Communication électronique. Est coupable de corruption de mineur par une personne mise en contact avec la victime par un réseau de communications électroniques, de propositions sexuelles faites à un mineur de 15 ans en utilisant un moyen de communication électronique, de captation en vue de sa diffusion d'images de mineurs à caractère pornographique et enfin de détention de telles images, l'adulte se faisant passer pour une adolescente bisexuelle, demandant à ses victimes, par internet, de se déshabiller et de pratiquer des actes à caractère pornographique devant leur webcam ; l'intéressé mettait en confiance ses victimes en leur faisant parvenir des vidéos représentant une adolescente, pour laquelle il se faisait passer, accomplissant également de tels actes ; il enregistrait ses victimes et conservait les vidéos ainsi obtenues. • Colmar, 29 mai 2012 : *Gaz. Pal. 2012. 2. 2701, note Lasserre Capdeville.*

Art. 227-22-2 *(L. nº 2021-478 du 21 avr. 2021, art. 5)* **Hors les cas de viol ou d'agression sexuelle, le fait pour un majeur d'inciter un mineur, par un moyen de communication électronique, à commettre tout acte de nature sexuelle, soit sur lui-même, soit sur ou avec un tiers, y compris si cette incitation n'est pas suivie d'effet, est puni de sept ans d'emprisonnement et de 100 000 euros d'amende.**

Les peines sont portées à dix ans d'emprisonnement et à 150 000 euros d'amende lorsque les faits ont été commis à l'encontre d'un mineur de quinze ans. Elles sont portées à dix ans d'emprisonnement et à un million d'euros d'amende si les faits ont été commis en bande organisée.

Art. 227-23 *(L. nº 98-468 du 17 juin 1998)* **Le fait, en vue de sa diffusion, de fixer, d'enregistrer ou de transmettre l'image ou la représentation d'un mineur lorsque cette image ou cette représentation présente un caractère pornographique est puni de** *(L. nº 2006-399 du 4 avr. 2006, art. 16)* **« cinq ans d'emprisonnement et de 75 000 € » d'amende.** *(L. nº 2013-711 du 5 août 2013, art. 5)* **« Lorsque l'image ou la représentation concerne un mineur de quinze ans, ces faits sont punis même s'ils n'ont pas été commis en vue de la diffusion de cette image ou représentation. »**

Le fait *(L. nº 2004-575 du 21 juin 2004, art. 44)* **« d'offrir** *(L. nº 2006-399 du 4 avr. 2006, art. 16)* **« , de rendre disponible » ou » de diffuser une telle image ou représentation, par quelque moyen que ce soit, de l'importer ou de l'exporter, de la faire importer ou de la faire exporter, est puni des mêmes peines.**

Les peines sont portées à *(L. nº 2006-399 du 4 avr. 2006, art. 16)* **« sept ans d'emprisonnement et à 100 000 € » d'amende lorsqu'il a été utilisé, pour la diffusion de l'image ou de la représentation du mineur à destination d'un public non déterminé, un réseau de** *(L. nº 2007-297 du 5 mars 2007, art. 35)* **« communications électroniques ».**

(Abrogé par L. nº 2013-711 du 5 août 2013, art. 5) (L. nº 2006-399 du 4 avr. 2006, art. 16) ***« La tentative des délits prévus aux alinéas précédents est punie des mêmes peines. »***

(L. nº 2007-293 du 5 mars 2007, art. 29) **« Le fait de consulter habituellement** *(L. nº 2013-711 du 5 août 2013, art. 5)* **« ou en contrepartie d'un paiement » un service de communication au public en ligne mettant à disposition une telle image ou représentation** *(L. nº 2013-711 du 5 août 2013, art. 5)* **« , d'acquérir » ou de détenir une telle image ou représentation par quelque moyen que ce soit est puni de** *(L. nº 2020-936 du 30 juill. 2020, art. 21)* **« cinq ans d'emprisonnement et de 75 000 €** *[ancienne rédaction : deux ans d'emprisonnement et de 30 000 €]* **d'amende ». »**

(L. nº 2004-204 du 9 mars 2004, art. 6-VIII) **« Les infractions prévues** *(L. nº 2006-399 du 4 avr. 2006, art. 16)* **« au présent article » sont punies de dix ans d'emprisonnement et de 500 000 € d'amende lorsqu'elles sont commises en bande organisée. »**

(L. nº 2013-711 du 5 août 2013, art. 5) **« La tentative des délits prévus au présent article est punie des mêmes peines. »**

Les dispositions du présent article sont également applicables aux images pornographiques d'une personne dont l'aspect physique est celui d'un mineur, sauf s'il est établi que cette personne était âgée de dix-huit ans au jour de la fixation ou de l'enregistrement de son image. — *Pr. pén. 40, 706-47 s. ; CSS L. 322-3 ; Douanes 38.*

Sur la procédure permettant le blocage des sites internet diffusant des images et représentations de mineurs à caractère pornographique, V. Décr. nº 2015-125 du 5 févr. 2015 (JO 6 févr.). — Sur la procédure permettant le déréférencement de ces sites, V. Décr. nº 2015-253 du 4 mars 2015 (JO 5 mars).

RÉP. PÉN. vº *Infractions sexuelles*, par MALABAT.

BIBL. ▶ BONFILS, *RSC 2011. Chron. 441* [loi d'orientation et de programmation pour la performance de la sécurité intérieure (loi n° 2011-267 du 14 mars 2011)]. – LEPAGE, *Dr. pénal 2013. Chron. 11* [un an de droit pénal des nouvelles technologies (oct. 2012-oct. 2013)]. – CHAVENT-LECLÈRE, *AJ pénal 2013. 510* (adaptation du code pénal français aux engagements européens). – BEAUSSONIE, *RSC 2014. 861* (loi n° 2013-711 du 5 août 2013 portant diverses dispositions d'adaptation dans le domaine de la justice en application du droit de l'Union européenne et des engagements internationaux de la France). – LEFRANC, *Gaz. Pal. 2011-1. Doctr. 799*. – PLANQUE, *Dr. pénal 2019. Étude 4* (répression du « cyber-viol » : simple adaptation ou prémices d'une révolution des concepts pénaux ?).

1. QPC. La question prioritaire de constitutionnalité est ainsi rédigée : « L'art. 227-23 C. pén. est-il conforme aux droits et libertés garantis par la Déclaration des droits de l'homme et du citoyen, et à la Constitution du 4 oct. 1958, en particulier à la présomption d'innocence et aux principes de prévisibilité, de précision ou d'accessibilité et de clarté de la loi pénale, en ce que : a) il ne définit pas les notions de « caractère pornographique » et d'« aspect physique (d'un mineur) » ; b) il fait reposer sur le prévenu la charge d'établir que la personne représentée sur une image pornographique, dont l'aspect physique est celui d'un mineur, était âgée de 18 ans au jour de la fixation ou de l'enregistrement de son image ? » ; la question posée ne présente pas, à l'évidence, un caractère sérieux dès lors que, d'une part, l'interprétation de l'art. 227-23 C. pén., qui définit de manière suffisamment claire et précise le délit d'enregistrement ou de fixation d'images ou représentations pornographiques de mineurs, entre dans l'office du juge pénal, de sorte qu'il n'est porté aucune atteinte au principe de légalité des délits et des peines, et que, d'autre part, les dispositions légales critiquées n'instaurent pas de présomption de culpabilité, la partie poursuivante ayant la charge de prouver que la personne représentée sur lesdites images pornographiques est mineure ou présente l'aspect physique d'un mineur, avant qu'il n'incombe, le cas échéant, au prévenu d'établir que cette apparence ne correspond pas à la réalité ; d'où il suit qu'il n'y a pas lieu de renvoyer la question au Cons. constit. • Crim. 6 juin 2012 : *Gaz. Pal. 2012. 2. 3021, obs. Dreyer. – Adde :* Conte, *Dr. pénal 2013. Étude 8.*

2. Enregistrement. C'est à bon droit que la cour d'appel a déclaré le prévenu coupable d'enregistrement d'images de mineurs à caractéristique pornographique, délit prévu par l'art. 227-23, al. 1er, C. pén., rappelant, d'une part, qu'ont été retrouvées à son domicile des cassettes pornographiques mettant en scène des mineurs, et, d'autre part, qu'il avait signé un contrat assurant à une société tierce l'exclusivité de la distribution de ces vidéogrammes ; peu importe que le gérant de cette société ait renoncé à assurer cette diffusion lorsqu'il a constaté la présence de jeunes enfants sur les supports incriminés ; en effet, selon l'art. 693 C. pr. pén., devenu l'art. 113-2, al. 2, C. pén., il suffit, pour que l'infraction soit réputée commise sur le territoire de la République et soit punissable en vertu de la loi française, qu'un de ses faits constitutifs ait eu lieu sur ce territoire ; c'est le cas dès lors qu'il est établi que des actes avaient été effectués en France en vue de la diffusion des cassettes pornographiques enregistrées en Thaïlande. • Crim. 4 févr. 2004, n° 03-81.984 P : *D. 2005. 621, note Malabat ; AJ pénal 2004. 157, obs. Pitoun ; Dr. pénal 2004. 80, obs. Véron ; Gaz. Pal. 2004. 2. 3237, note Monnet ; RSC 2004. 639, obs. Mayaud.*

3. Est coupable de corruption de mineur par une personne mise en contact avec la victime par un réseau de communications électroniques, de propositions sexuelles faites à un mineur de 15 ans en utilisant un moyen de communication électronique, de captation en vue de sa diffusion d'images de mineurs à caractère pornographique et enfin de détention de telles images, l'adulte se faisant passer pour une adolescente bisexuelle, demandant à ses victimes, par internet, de se déshabiller et de pratiquer des actes à caractère pornographique devant leur webcam ; l'intéressé mettait en confiance ses victimes en leur faisant parvenir des vidéos représentant une adolescente, pour laquelle il se faisait passer, accomplissant également de tels actes ; il enregistrait ses victimes et conservait les vidéos ainsi obtenues. • Colmar, 29 mai 2012 : *Gaz. Pal. 2012. 2. 2701, note Lasserre Capdeville.*

4. Détention. Le prévenu s'est connecté, au moyen d'un ordinateur mis à la disposition du public par une commune, à des sites pédophiles pour regarder des images de mineurs à caractère pornographique ; il a été trouvé trace des sites consultés dans la mémoire temporaire de l'appareil ; le prévenu a été poursuivi sur le fondement de l'art. 227-23, al. 4, C. pén. pour détention d'images de mineurs à caractère pornographique ; c'est à bon droit que la cour d'appel l'a relaxé, dès lors que les images observées n'ont été ni imprimées ni enregistrées sur un support, et que la simple consultation de sites pornographiques mettant en scène des mineurs ne suffit pas à caractériser le délit prévu par l'art. 227-23, al. 4, C. pén. • Crim. 5 janv. 2005, n° 04-82.524 P : *AJ pénal 2005. 241, obs Roussel ; Dr. pénal 2005. 52, obs. Véron ; RSC 2005. 304, obs. Mayaud.*

5. Le prévenu est poursuivi du chef d'importation et détention de l'image d'un mineur présentant un caractère pornographique ; l'examen de l'ordinateur du prévenu a révélé la présence de centaines d'images pornographiques mettant en scène des mineurs ; le prévenu soutient que la simple consultation de sites pornographiques mettant en scène des mineurs ne suffit pas à caractériser le délit ; cependant, les images litigieuses étaient présentes sur le disque dur de l'ordinateur dans des fichiers temporaires restés en mémoire ; la preuve est donc rapportée de l'importation, de l'enregistrement et de la détention des images, qui ne peuvent avoir été enregistrées accidentellement, compte tenu de leur nombre important et de leur diversité ; au surplus, le prévenu admet un attrait pour les productions érotiques et la sexualité ; sa culpabilité est donc établie. • Amiens, 9 mai 2007 : *JCP 2008. IV. 1076.*

6. Intention. Un technicien chargé de faire des réparations sur un ordinateur a découvert des fichiers contenant des photographies pornographiques mettant en scène des mineures et obtenues sur internet ; le prévenu, propriétaire de l'appareil et disposant d'une connexion internet, ne démontre nullement qu'un piratage ou des manipulations de l'ordinateur auraient été pratiqués à son insu, depuis le dépôt de l'ordinateur ; il n'est pas possible non plus d'admettre que les photographies auraient été enregistrées à l'occasion de l'ouverture par l'intéressé de courriers électroniques ; au contraire, son intention coupable est démontrée ; le prévenu a admis qu'il connaissait le contenu illicite des fichiers contenant les images ; il est établi que celles-ci proviennent de sites pornographiques ; d'une part, certaines d'entre elles comportent le nom de ce site ; d'autre part, il a été découvert sur le disque dur des cookies de ces sites, c'est-à-dire des fichiers déposés par ces derniers sur le disque dur et permettant de reconnaître l'ordinateur lors des prochaines connexions et de faciliter celles-ci ; la connexion aux sites est donc nécessairement délibérée ; de plus, le prévenu a conservé volontairement les images litigieuses, puisqu'elles étaient stockées dans deux fichiers créés dans ce but, en fonction de leur nature ; le choix de les placer dans l'un ou l'autre était opéré notamment en fonction de la présence ou non de mineurs sur les images ; enfin, il a été découvert dans la corbeille de l'ordinateur des photographies que le prévenu avait supprimées après avoir fait une sélection. • Douai, 21 mars 2002 : *JCP 2003. IV. 1040.*

7. La preuve de l'objectif de diffusion de l'image mettant en scène des mineurs ayant des relations entre eux ou avec des adultes peut être déduite par la seule possession du prévenu d'un ordinateur dont le contenu est libre d'accès sur *internet via un logiciel de partage peer to peer.* • Crim. 29 mars 2006 : *AJ pénal 2006. 260.*

8. Représentation d'un mineur. Pour déclarer les prévenus coupables du délit prévu par l'art. 227-23 C. pén., l'arrêt énonce qu'en application de la L. du 17 juin 1998, qui a étendu l'objet du délit à toute représentation d'un mineur, les images non réelles représentant un mineur imaginaire, telles que des dessins ou des images résultant de la transformation d'une image réelle, entrent dans les prévisions de ce texte ; les juges ajoutent qu'en l'espèce, le personnage représenté sur la vidéo-cassette « Twin Angels – le retour des bêtes célestes – Vol. 3 » présente incontestablement les caractéristiques d'un jeune enfant, compte tenu, notamment, de sa petite taille par rapport aux personnages adultes qui l'entourent, de l'absence de signes morphologiques laissant supposer qu'il pourrait s'agir d'un adulte et des traits de son visage le faisant au surplus apparaître comme un très jeune enfant ; ce personnage a des relations sexuelles avec des femmes adultes ; les juges retiennent que Cédric X... a importé en France le film réalisé au Japon, en assurant sa traduction et son conditionnement et en le diffusant auprès des revendeurs ; que Christophe Y..., directeur de production de la société SEE BD, et Catherine Z..., gérante de ladite société, ont eux-mêmes diffusé ce produit auprès des particuliers ; ils relèvent enfin que la simple allégation de leur ignorance de la nature exacte des images représentées sur la cassette ne suffit pas à les exonérer de leur responsabilité, compte tenu du caractère strictement réglementé des films et bandes dessinées à caractère érotique et pornographique ; en l'état de tels motifs, qui caractérisent en tous leurs éléments, tant matériels qu'intentionnel, les délits retenus, la cour d'appel a justifié sa décision. • Crim. 12 sept. 2007 : *D. 2008. 827, note Lefranc ; ibid. Pan. 1860, obs. Bonfils ; RPDP 2007. 905, obs. Malabat.*

9. Recel. Se rend coupable de recel de fichiers d'images pédophiles, obtenues à l'aide du délit d'enregistrement, de transmission et de diffusion, par quelque moyen que ce soit, de l'image d'un mineur présentant un caractère pornographique, le directeur de cabinet du président d'un conseil général, qui a utilisé un ordinateur du secrétariat pour, le soir, se connecter sur internet et recevoir des images pédophiliques, ayant ainsi emmagasiné sur le disque dur un millier de photographies, représentant 31 Mo de mémoire, et ayant dépensé, sur une période de six mois, en rémunération des sites serveurs, une somme totale de 5 610 F, étant précisé que les images téléchargées sont particulièrement repoussantes, que leur nombre impressionnant dénote plus qu'une simple curiosité malsaine, que, par ses paiements, le prévenu a contribué à entretenir des réseaux pédophiliques, que son instruction et son niveau de responsabilité devaient, plus que pour tout autre, lui permettre de prendre conscience du caractère répréhensible et des effets destructeurs sur les enfants des scènes photographiées. • T. corr. Le Mans, 16 févr. 1998 : *JCP 1999. II. 10011, note Frayssinet.*

10. A justifié sa décision de condamner le prévenu pour recel d'objet provenant du délit de fixation, d'enregistrement ou transmission d'images de mineurs à caractère pornographique en vue de leur diffusion la cour d'appel qui constate que ces images, acheminées des Pays-Bas en France, ont été diffusées postérieurement à l'entrée en vigueur de l'art. 227-23 C. pén. ; par ailleurs, si le prévenu a constaté que l'administration des douanes avait laissé parvenir à destination le colis en provenance des Pays-Bas, il ne peut pour autant alléguer la cause d'irresponsabilité édictée par l'art. 122-3 C. pén. • Crim. 9 juin 1999, n° 98-80.052 P.

11. Le recel du délit de fixation, enregistrement ou transmission, en vue de leur diffusion, d'images pornographiques de mineurs est constitué lorsque lesdites images ont été conservées dans un fichier enregistré sur le disque dur d'un ordinateur. • Crim. 28 sept. 2005, n° 04-85.024 P : *D. 2005. Pan. 2991, obs. Roujou de Boubée ; Dr. pénal 2006. 4, obs. Véron ; Gaz. Pal. 2006. 1. Somm. 1359, note Monnet.*

12. En consultant des sites payants mettant en scène des mineurs, le prévenu a profité de la commission du délit de diffusion d'images pornographiques à caractère pédophile, prévu et réprimé par l'art. 227-23 C. pén., même s'il n'a pas téléchargé ces images. • Paris, 24 mars 2005 : *AJ pénal 2006. 39, obs. Segura .*

13. Loyauté des preuves. Porte atteinte au principe de loyauté des preuves et au droit à un procès équitable la provocation à la commission d'une infraction par un agent public, fût-elle réalisée à l'étranger par un agent public étranger, ou par son intermédiaire ; la déloyauté d'un tel procédé rend irrecevables en justice les éléments de preuve ainsi obtenus. • Crim. 7 févr. 2007, n° 06-87.753 P : *D. 2007. 2012, note Demarchi ; RSC 2007. 331, obs. Filniez ; ibid. 560, obs. Francillon ; ibid. 2008. 663, obs. Buisson .* ♦ Le service des douanes et de l'immigration des États-Unis avait informé la Direction centrale de la police judiciaire française de ce que le prévenu s'était connecté sur un site de pornographie infantile créé et exploité par le service de police de New-York aux fins d'identifier les pédophiles utilisant internet ; pour rejeter la requête en annulation formée par le prévenu au motif que la procédure conduite en France serait fondée sur un stratagème des autorités américaines ayant provoqué l'intéressé à la commission d'une infraction, l'arrêt retient, d'une part, que « la justice française est incompétente pour connaître d'une prétendue nullité de la procédure américaine », d'autre part, que « les investigations des autorités américaines constituent de simples renseignements régulièrement transmis aux autorités judiciaires françaises », enfin, que « rien dans la procédure ne montre que le prévenu ait été déterminé par quiconque à commettre ces faits », ayant agi « de sa seule initiative » ; en prononçant ainsi, alors que la perquisition au cours de laquelle les images illicites ont été découvertes sur différents supports informatiques appartenant au prévenu était consécutive à la provocation à la commission d'une infraction organisée par les autorités américaines et dont les résultats avaient été transmis aux autorités françaises, la cour d'appel a violé l'art. 6.1 Conv. EDH, l'art. préliminaire C. pr. pén. et le principe ci-dessus rappelé ; d'où il suit que la cassation est encourue de ce chef. • Même arrêt.

14. Porte atteinte au principe de loyauté des preuves et au droit à un procès équitable la provocation à la commission d'une infraction par un agent de l'autorité publique, en l'absence d'éléments antérieurs permettant d'en soupçonner l'existence ; la déloyauté d'un tel procédé rend irrecevables en justice les éléments de preuve ainsi obtenus, quand bien même ce stratagème aurait permis la découverte d'autres infractions déjà commises ou en cours de commission. • Crim. 4 juin 2008, n° 08-81.045 P : *JCP 2009. II. 10009, note Fourment ; Gaz. Pal. 2009. 1. Somm. 639, note Prud'homme et Collin ; RSC 2008. 621, obs. Francillon .* ♦ Le 11 mars 2004, le service des douanes et de l'immigration des États-Unis informait la Direction centrale de la police judiciaire française de ce que le prévenu s'était connecté, dans la nuit du 9 au 10 sept. 2003, sur un site de pornographie infantile créé et exploité par le service de police de New-York, unité criminalité informatique, aux fins d'identifier les pédophiles utilisant internet ; la transmission de ladite information a donné lieu à une enquête préliminaire en France puis, le 17 déc. 2004, à l'ouverture d'une information contre personne non dénommée des chefs d'importation et détention d'images pornographiques de mineurs ; le 19 oct. 2005, une perquisition effectuée au domicile du prévenu, inconnu des services de police jusqu'à cette date, a permis la découverte de deux ordinateurs portables, de CD-ROM, de disquettes et d'une clé USB, dont l'examen a révélé qu'ils contenaient des images pornographiques de mineurs ; le 21 oct. 2005, à la suite d'un réquisitoire supplétif du ministère public, l'intéressé a été mis en examen des chefs précités ainsi que de diffusion de ces images ; pour rejeter la requête en annulation formée par le prévenu au motif que la procédure conduite en France serait fondée sur un stratagème des autorités américaines ayant provoqué l'intéressé à la commission d'une infraction, l'arrêt retient que si la provocation à la commission d'une infraction porte atteinte au principe de loyauté des preuves, il n'en va pas ainsi de la mise en place d'un dispositif permettant de révéler des infractions déjà commises ou se poursuivant ; les juges ajoutent qu'en l'espèce, la détention d'images pédopornographiques par le mis en examen était antérieure à sa connexion au site ftp et à la sollicitation d'un tiers non identifié dont il invoque l'existence ; c'est dans un contexte préexistant de recherches d'images pédopornographiques et alors qu'il avait déjà commis des infractions en détenant de telles images qu'il s'est connecté au site ftp américain ; la cour d'appel en déduit que l'opération mise en place par les autorités américaines ne constitue pas une provocation à la commission d'une infraction, n'étant que le moyen de révéler une infraction préexistante ; en prononçant ainsi, alors que la découverte de la détention d'images pornographiques n'a été permise que par la provocation à la commission d'une infraction organisée par les autorités américaines et dont les résultats avaient été transmis aux autorités françaises, la chambre de l'instruction a méconnu les textes susvisés et le principe ci-dessus rappelé. • Même arrêt.

15. FIJAIS. N'a pas méconnu les dispositions légales et conventionnelles invoquées – art. 111-2, 111-3 C. pén., 706-47, 591 à 593 C. pr. pén., 6 et 7 CEDH – l'arrêt qui a ordonné l'inscription de la condamnation prononcée au fichier judiciaire national automatisé des auteurs d'infractions sexuelles ou violentes, alors que le prévenu s'était rendu coupable du délit prévu par l'art. 227-23 C. pén., courant 2004, à une date antérieure à l'entrée en vigueur de la L. du 4 avr. 2006 rendant l'inscription dans ce fichier applicable à cette infraction ; en effet, l'inscription au fichier judiciaire national automatisé des auteurs d'infractions sexuelles constituant, non une peine, mais une mesure ayant pour seul objet de prévenir le renouvellement des infractions sexuelles et de faciliter l'identification de leurs auteurs, celle-ci n'est pas soumise au principe de non-rétroactivité des lois de fond plus sévères. • Crim. 21 janv. 2009, n° 08-84.001.

Art. 227-23-1 *(L. n° 2021-478 du 21 avr. 2021, art. 3)* **Le fait pour un majeur de solliciter auprès d'un mineur la diffusion ou la transmission d'images, vidéos ou représentations à caractère pornographique dudit mineur est puni de sept ans d'emprisonnement et de 100 000 euros d'amende.**

Les peines sont portées à dix ans d'emprisonnement et à 150 000 euros d'amende lorsque les faits ont été commis à l'encontre d'un mineur de quinze ans. Elles sont portées à dix ans d'emprisonnement et à un million d'euros d'amende lorsque les faits ont été commis en bande organisée.

Art. 227-24 **Le fait soit de fabriquer, de transporter, de diffuser par quelque moyen que ce soit et quel qu'en soit le support un message à caractère violent** *(L. n° 2014-1353 du 13 nov. 2014, art. 7)* **« , incitant au terrorisme, » pornographique ou de nature à porter gravement atteinte à la dignité humaine** *(L. n° 2011-267 du 14 mars 2011, art. 5)* **« ou à inciter des mineurs à se livrer à des jeux les mettant physiquement en danger », soit de faire commerce d'un tel message, est puni de trois ans d'emprisonnement et de 75 000 € d'amende lorsque ce message est susceptible d'être vu ou perçu par un mineur.**

Lorsque les infractions prévues au présent article sont soumises *[commises]* **par la voie de la presse écrite ou audiovisuelle** *(L. n° 2007-297 du 5 mars 2007, art. 35)* **« ou de la communication au public en ligne », les dispositions particulières des lois qui régissent ces matières sont applicables en ce qui concerne la détermination des personnes responsables.** — *Pr. pén. 40, 706-47 s. ; CSS L. 322-3.*

(L. n° 2020-936 du 30 juill. 2020, art. 22) **« Les infractions prévues au présent article sont constituées y compris si l'accès d'un mineur aux messages mentionnés au premier alinéa résulte d'une simple déclaration de celui-ci indiquant qu'il est âgé d'au moins dix-huit ans. »**

V. L. n° 49-956 du 16 juill. 1949 (publications destinées à la jeunesse), art. 7, App., v° Presse.

Corresp. : *C. pén., anciens art. 283 s.*

RÉP. PÉN. v° *Infractions sexuelles*, par MALABAT.

BIBL. ▶ Internet et droit pénal : V. sur art. 323-1. – CONTE, *PU Aix-Marseille, p. 187* [Les outrages aux bonnes mœurs (de l'ancien au nouveau code pénal), *in* « Liberté de la presse et droit pénal »]. – MBONGO, *Légipresse, n° 213, juill.-août 2004, p. 85* (réflexions sur l'impunité de l'écrivain et de l'artiste). – BARBRY et ROUILLE-MIRZA, *Gaz. Pal. 2006. 1. Doctr. 914* (la responsabilisation des acteurs de l'internet quant à la protection des mineurs). – CHACORNAC, *RSC 2008. 849* (le risque comme résultat dans les infractions de mise en danger : limites de la distinction des infractions matérielles et formelles).

1. Application dans le temps. La citation visant à la fois les art. 283 de l'ancien code pénal et 227-24 nouv. C. pén. en matière d'atteintes aux « bonnes mœurs » ne peut être annulée en raison de l'absence de coïncidence des deux textes, dès lors que l'irrégularité ne préjudicie pas aux intérêts de la partie poursuivie ; la juridiction saisie est donc dans l'obligation de ne considérer que la nouvelle disposition. • Aix-en-Provence, 9 févr. 1996 : *JCP 1996. IV. 2369.*

I. MESSAGES SANCTIONNÉS

A. SUPPORT

2. Nature. L'art. 227-24 C. pén. réprime la fabrication, le transport ou la diffusion d'un message pornographique susceptible d'être vu ou perçu par un mineur par quelque moyen que ce soit et quel qu'en soit le support ; aucune différence n'étant faite selon la nature du support, le délit est susceptible d'être constitué par l'existence d'un message pornographique dans un journal. • Paris, 14 déc. 1994 : *Dr. pénal 1995. 90 (1re esp.), obs. Véron.* ♦ ... Ou sur un blog. • Toulouse, 12 janv. 2010 : *Dr. pénal 2010. Chron. 10, obs. Lepage.*

3. Accessibilité aux mineurs. En l'absence d'exposition en vitrines ouvrant sur l'extérieur, d'articles réellement licencieux ou obscènes, la mise en vente dans un magasin dit « sex-shop » d'articles destinés à une clientèle majeure, et, au surplus, rangés, pour ceux ayant un caractère pornographique, dans les tiroirs ou derrière des rideaux, ne peut être considérée comme constitutive du délit d'outrage. • Besançon, 9 mai 1972 : *D. 1972. Somm. 174 ; Gaz. Pal. 1972. 2. 555, note Lambert ; JCP 1973. II. 17305, note Fayard ; RSC 1972. 883, obs. Levasseur.* ♦ Conf. : • Reims, 7 oct. 1977 : *Gaz. Pal. 1978. 1. Somm. 122 ; RSC 1978. 346, obs. Levasseur.*

4. L'art. 227-24 C. pén. prévoyant que le message immoral soit susceptible d'être vu ou perçu par un mineur, cette exigence nouvelle rend les dispositions pénales plus douces par rapport aux anciens art. 283 s., car introduisant une condition supplémentaire à la répression. • Paris, 9 févr. 1995 : *Dr. pénal 1995. 90 (2e esp.), obs. Véron.* ♦ Depuis le 1er mars 1994, l'application de l'art. 227-24 C. pén. exige pour qu'il y ait outrage aux bonnes mœurs que le message dont le film est le support soit susceptible d'être vu ou perçu par un mineur ; dès lors, l'arrêt doit être annulé et l'affaire renvoyée au fond, aux fins de procéder à un nouvel examen des faits au regard de celles des dispositions de l'art. 227-24 qui, plus restrictives que les précédentes (ancien art. 283), définissent l'infraction poursuivie. • Crim. 5 avr. 1995, ☎ n° 94-82.457 P : *Dr. pénal 1995. 195, note Véron.*

5. Depuis l'entrée en vigueur de l'art. 227-24 C. pén., la fabrication et la diffusion de messages à caractère pornographique ne sont punissables que lorsque ces messages sont susceptibles d'être vus ou perçus par un mineur ; cette condition n'est pas remplie à propos de vidéogrammes représentant des scènes de violences et de perversions sexuelles, dès lors qu'ils sont vendus par correspondance, dans des conditions permettant d'en limiter la diffusion aux seuls adultes. • Crim. 29 mai 1995 : ☎ *Gaz. Pal. 1995. 2. Somm. 457.*

6. Justifie sa décision la cour d'appel qui, pour déclarer des prévenus coupables de la diffusion de messages pornographiques susceptibles d'être vus ou perçus par un mineur, relève que la revue en cause, publication dont la vente aux mineurs n'est pas interdite, a offert à ses lecteurs l'acquisition de disques compacts (CD-Rom) contenant des images pornographiques, ajoute que, si ces disques sont cryptés, des enfants peuvent les obtenir, ainsi que la clé permettant de les visionner, simplement en se présentant comme majeurs, sans aucun contrôle, par l'intermédiaire d'un serveur télématique, et retient enfin qu'un tel disque a été remis en supplément à tout acquéreur du numéro de décembre 1997 de la revue et qu'un enfant pouvait voir les images tout aussi facilement, caractérisant ainsi le délit prévu par l'art. 227-24 C. pén. • Crim. 23 févr. 2000, ☎ n° 99-83.928 P : *Dr. pénal 2000. Comm. 85, obs. Véron ; RSC 2000. 611, obs. Mayaud ; ibid. 639, obs. Francillon.*

7. Sont accessibles aux mineurs les textes d'un magazine mis en vente dans des kiosques ou librairies. • Paris, 14 déc. 1994 : *Dr. pénal 1995. 90 (1re esp.), obs. Véron.* ♦ Doivent être condamnés pour atteintes aux « bonnes mœurs », les auteurs d'une publication vulgaire et de mauvais goût, non exclusivement vendue dans des endroits où un contrôle minimal peut être effectué sur les revues auxquelles peuvent accéder les mineurs, cette pratique ne permettant pas d'éviter l'acquisition ou la vision de ces journaux par les mineurs. • Aix-en-Provence, 9 févr. 1996 : *JCP 1996. IV. 2369.*

8. En application de l'art. 227-24 C. pén., doit être condamné le diffuseur d'images à caractère pornographique et zoophile, dès lors que les messages sont susceptibles d'être lus par des mineurs et que les dispositifs mis en place ne garantissent pas l'impossibilité matérielle d'en prendre connaissance ; il ne saurait se retrancher derrière sa qualité d'intermédiaire technique, ni invoquer la mise en place de moyen de filtrage ou les obligations contractuelles de ses cocontractants. • Paris, 13 mai 1998 : *Gaz. Pal. 1999. 2. Somm. 440, note Bréban.*

9. Incidence de l'âge des mineurs. La diffusion d'un film interdit par décision administrative aux moins de 12 ans, aux moins de 16 ans, voire aux moins de 18 ans, à des mineurs n'ayant pas atteint l'âge requis n'est pas en elle-même constitutive de l'infraction prévue par l'art. 227-24 C. pén. laquelle nécessite que soit établi qu'il y a eu diffusion à des mineurs, quel que soit leur âge, d'un message pouvant être qualifié, au regard de la loi pénale, de violent, ou de pornographique ou encore comme portant gravement atteinte à la dignité humaine ; s'il en était autrement, ceux qui diffusent des films interdits en dessous d'un certain âge devraient être poursuivis lorsque ces films sont diffusés à des mineurs au-dessus de cet âge, l'art. 227-24 ne faisant aucune distinction d'âge entre les mineurs. • Versailles, 13 oct. 2003 : *D. 2003. IR 2803 ; AJ pénal 2003. 107 ; RSC 2004. 89, note Mayaud*.

B. CONTENU

10. *Nature de l'interdit.* La diffusion d'une scène présentant des aspects violents ou pornographiques ou portant gravement atteinte à la dignité humaine ne constitue pas nécessairement la diffusion d'un message de la nature de ce qu'interdit l'art. 227-24 ; le message doit en particulier présenter le risque d'être traumatisant pour les mineurs, ou encore compris par eux comme incitatif, ou même avoir une visée prosélyte ; s'il en allait autrement, serait alors passible de poursuites sur ce fondement toute diffusion d'une scène présentant des aspects violents ou pornographiques ou portant gravement atteinte à la dignité humaine, et ayant pour but notamment d'informer, d'expliquer, de rappeler, de commémorer, ou de prévenir, tels les films et documentaires sur les camps de concentration durant la dernière guerre mondiale. • Versailles, 13 oct. 2003 : *D. 2003. IR 2803 ; RSC 2004. 89, obs. Mayaud*.

11. L'art. 227-24 C. pén. n'a pas pour objet d'interdire les messages choquants en censurant la liberté de création des écrivains et des artistes mais de limiter la diffusion des œuvres dans un souci de protection des mineurs, par un système tendant à prévenir toute possibilité de réception par le mineur de certaines catégories de messages supposés violents ou portant gravement atteinte à la dignité humaine. • TGI Metz, 1re ch. civ., 21 nov. 2013 : *D. 2014. Actu. 83, obs. Mbongo ; Gaz. Pal. 2014. 1. 266, note Mbongo.*

1° MESSAGE À CARACTÈRE VIOLENT

12. *Films.* Constitue un message pornographique et d'incitation à la violence susceptible d'être vu ou perçu par des mineurs et qui pourrait relever des dispositions de l'art. 227-24 C. pén. un film composé pour l'essentiel d'une succession de scènes de grande violence et de scènes de sexe non simulées, sans que les autres séquences traduisent l'intention, affichée par les réalisatrices, de dénoncer les violences faite aux femmes par la société. • CE 30 juin 2000 : *D. 2001. 590, note Boitard*.

2° MESSAGE À CARACTÈRE PORNOGRAPHIQUE

13. *Mœurs et pornographie.* Pour une synonymie entre ce qui est « contraire aux bonnes mœurs » et la pornographie. • Paris, 7 janv. 1958 : *D. 1958. 453.*

14. *Relativité des mœurs.* L'outrage aux bonnes mœurs, commis par l'un des moyens limitativement énumérés dans l'art. 283 C. pén., ne peut être défini par rapport à une morale religieuse ou philosophique ; la distinction entre ce qui est permis et défendu doit être faite uniquement en fonction de l'état d'évolution des mœurs à une époque définie et dans un lieu déterminé. • Besançon, 29 janv. 1976 : *JCP 1977. II. 18640, note Delpech.*

15. Si la notion d'outrage aux bonnes mœurs par photographies est susceptible d'évoluer avec le temps, la défense de la moralité publique interdit un excès d'indulgence qui en accélérerait l'évolution. • T. corr. Seine, 21 oct. 1964 : *Gaz. Pal. 1964. 2. 439.* ♦ S'il est exact que la notion de bonnes mœurs est susceptible d'évoluer avec le temps et que sont autorisées aujourd'hui des publications d'ouvrages naguère interdites, il n'en reste pas moins que l'état des mœurs contemporain, sans doute plus libéral, impose le respect de certaines limites que le tribunal a précisément pour mission de ne pas laisser dépasser et qui répondent à un sentiment collectif, réclamant une certaine liberté mais rejetant la licence. • T. corr. Paris, 12 janv. 1972 : *Gaz. Pal. 1972. 1. 379.*

16. Si la notion de bonnes mœurs implique la permanence de valeurs que les tribunaux ont pour mission de faire respecter, ceux-ci ne peuvent faire abstraction de l'évolution qui s'est produite en ce domaine. • Paris, 13 nov. 1973 : *Gaz. Pal. 1974. 1. Somm. 114.* ♦ Dans l'arbitrage qui lui incombe, le tribunal doit se référer à l'état de la société contemporaine, plus tolérante aujourd'hui que dans le passé ; il doit également tenir compte de toutes les manifestations d'opinions exprimées sous des formes diverses, et notamment de l'émoi ressenti par de nombreuses associations qui se sont groupées pour faire connaître leurs sentiments : ces vœux, tout aussi dignes d'intérêt que les proclamations d'extrémistes turbulents, paraissent davantage traduire le niveau moyen des mœurs actuelles. • TGI Paris, 8 nov. 1976 : *D. 1977. 320, note Rolland ; JCP 1979. II. 19044, note Blin.*

17. *Immoralité pornographique.* Le propre de l'ouvrage érotique est de glorifier, tout en le décrivant complaisamment, l'instinct amoureux, la « geste » amoureuse, tandis que les œuvres pornographiques, au contraire, privant les rites de l'amour de tout leur contexte sentimental, en décrivent seulement les mécanismes physiologiques et concourent à dépraver les mœurs s'ils en recherchent les déviations avec une prédilection visible. • T. corr. Paris, 5 oct. 1972 : *Gaz. Pal. 1973. 1. 211.* ♦ Sur la distinction du nu descriptif et démonstratif, du nu artistique et du nu séducteur des sens. • Rennes, 11 janv. 1949 : *D. 1949. 242* • T. corr. Valence, 21 oct. 1955 : *D. 1956. 151 ; Gaz. Pal. 1955. 2. 429.* ♦ Rappr. : • T. corr. Orange, 19 avr. 1950 : *Gaz. Pal. 1950. 2. 35.*

18. Les dispositions de la L. du 30 déc. 1975, qui soumettent à une réglementation particulière, et par là même autorisent la projection publique des films pornographiques, excluent nécessairement ces films, sous les conditions qu'elles précisent, du champ d'application de l'art. 283 C. pén. Cependant, les films pornographiques qu'a entendu viser la loi précitée sont seulement ceux qui, par leur caractère obscène, pourraient blesser les sentiments moraux d'une partie du public ; n'entrent pas dans cette classe, et ne sauraient, dès lors, bénéficier de la dérogation légale ainsi édictée, les films qui, essentiellement consacrés à la représentation minutieuse de violences et perversions sexuelles, dégradantes pour la personne humaine, font outrage aux bonnes mœurs. • Crim. 25 janv. 1979 : *Bull. crim. n° 37 ; JCP 1979. II. 19143 ; Gaz. Pal. 1979. 2. 408 ; RSC 1979. 837, obs. Levasseur.* ♦ V. la décision de première instance : • TGI Paris, 8 nov. 1976 : *D. 1977. 320, note Rolland ; JCP 1979. II. 19044, note Blin* ; et l'arrêt attaqué : • Paris, 10 juin 1977 : *JCP 1979. II. 19044, notes préc. Blin ; RSC 1978. 347, obs. Levasseur.* ♦ Même solution pour les vidéo-cassettes pornographiques. • Crim. 6 mai 1986 : *Bull. crim. n° 152 ; D. 1987. Somm. 150, obs. Colombet* • 11 sept. 1989 : *Dr. pénal 1990. 48.*

19. Caractérisent le délit d'outrage aux bonnes mœurs les juges qui relèvent qu'au cours d'un contrôle effectué dans un magasin « sex-shop », ont été découverts des films d'une nature particulièrement dégradante et odieuse ; les autorisations administratives invoquées ne sauraient être tenues pour un fait justificatif et priver les juges répressifs de leur pouvoir d'apprécier, au regard des seules dispositions pénales, si se trouvent réunis les éléments constitutifs de l'infraction dont ils sont saisis. • Crim. 26 avr. 1983 : *Gaz. Pal. 1984. 1 Somm. 2.* ♦ Conf. : • Versailles, 5 oct. 1977 : *Gaz. Pal. 1978. 1. 192.*

20. Pour apprécier la moralité d'un objet ou d'une image contraire aux bonnes mœurs, il y a lieu de tenir compte, non seulement de l'aspect de l'objet, mais encore du public auquel il s'adresse. • T. corr. Bressuire, 15 janv. 1968 : *Gaz. Pal. 1968. 1. Somm. 6.* ♦ Ainsi y a-t-il outrage dans la recherche systématique d'une excitation érotique d'autant plus malsaine pour les lecteurs que ceux-ci sont plus généralement des jeunes gens des deux sexes plus faciles à émouvoir et à pervertir. • Lyon, 22 mars 1956 : *JCP 1956. II. 9656, note Colombini.* ♦ Rappr. : • Paris, 1er août 1908 : *DP 1909. 2. 79.*

21. Applications sur le fondement de l'ancien art. 283 C. pén. Ont été jugés comme présentant un caractère outrageant pour les bonnes mœurs : l'ouvrage qui, sous couvert de vulgarisation, cherche manifestement à frapper l'imagination du lecteur dans ce qu'elle a de moins avouable. • Crim. 5 févr. 1974 : *Gaz. Pal. 1974. 2. Somm. 206.* ♦ ... L'ouvrage dont la valeur littéraire est nulle et qui est, en réalité, un ramassis assez ignoble de scènes de débauche particulièrement sordides de nature à éveiller les instincts les plus malsains des lecteurs. • Paris, 1er juin 1972 : *Gaz. Pal. 1972. 2. 899.* ♦ ... L'ouvrage dénué de toute valeur artistique et de toute prétention littéraire qui s'analyse comme le récit continu de turpitudes abjectes. • T. corr. Paris, 12 janv. 1972 : *Gaz. Pal. 1972. 1. 379.* ♦ Rappr. : • TGI Paris, 11 déc. 1972 : *D. 1973. 469, note Bécourt.* ♦ ... Des descriptions qui font appel, par leur caractère offensant pour la pudeur, ou par la recherche systématique d'excitation érotique et malsaine, aux instincts et aux appétits les plus dégradants de l'être humain. • T. corr. Paris, 9 juill. 1973 : *Gaz. Pal. 1973. 2. 931.* ♦ Rappr. : • T. corr. Paris, 22 oct. 1973 : *Gaz. Pal. 1975. 1. 28.*

22. Applications sur le fondement de l'ancien art. 227-24 C. pén. Présentent un caractère pornographique les écrits qui traitent de rapports sexuels d'adultes avec de jeunes enfants. • Paris, 14 déc. 1994 : *Dr. pénal 1995. 90 (1re esp.), obs. Véron.*

23. Un reportage, constitué de photographies et de textes, ne constitue pas une information objective sur les conditions d'existence des enfants victimes de la prostitution au Brésil, ni une enquête invitant les lecteurs à la réflexion sur ce sujet, dès lors qu'il offre une présentation complaisante – relevant du voyeurisme – d'un drame touchant des milliers d'enfants ; l'article en cause tend à banaliser ce phénomène de société et l'expose en recourant à des titres racoleurs ou à des tournures journalistiques légères, met en évidence des détails scabreux d'ordre anatomique inutiles à la compréhension des faits décrits, et s'attarde à l'évocation de perversions dégradantes ou de pratiques sexuelles avilissantes ; cette présentation ne saurait être excusée par la nécessité d'informer le public ; l'information diffusée n'est pas de nature, en tout état de cause, à ôter au texte incriminé son caractère pornographique, dès lors qu'elle s'accompagne, en la circonstance, d'une démonstration non nécessaire au but prétendument recherché par l'auteur du texte ; le message pornographique diffusé en l'espèce est de nature à porter gravement atteinte à la dignité humaine, dans la mesure où il tend à banaliser, et même à promouvoir, le phénomène intolérable de l'exploitation sexuelle des enfants ; le délit prévu par l'art. 227-24 C. pén. est donc constitué. • Paris, 11 mars 1998 : *D. 1998. IR 131 ; RSC 1998. 575, obs. Francillon.* ♦ Confirmation de : • T. corr. Paris, 12 sept. 1997 : *Légipresse, n° 148, janv.-févr. 1998. III-3, note Chamagne.* ♦ Rappr. : • CE 30 juin 2000 : *D. 2001. 590, note Boitard, cité supra*, « Message à caractère violent ».

3° *MESSAGE ATTENTATOIRE À LA DIGNITÉ*

24. Renvoi. V. « Immoralité pornographique », notes 17 s.

II. MOYENS INCRIMINÉS

25. *Constatations.* En se bornant à énoncer que les prévenus se livraient au commerce d'objets et de photographies obscènes, un arrêt ne permet pas à la Cour de cassation de vérifier si les faits poursuivis ont été légalement qualifiés. • Crim. 7 janv. 1937 : *DP 1937. 1. 53, note Mimin.* ♦ Est insuffisamment motivé l'arrêt qui déclare un prévenu coupable d'outrage aux bonnes mœurs, sans indiquer en quoi le livre détenu en vue d'en faire commerce ou vendu est contraire aux bonnes mœurs. • Crim. 26 juin 1963 : *Bull. crim. n° 232* • 5 avr. 1965 : *Bull. crim. n° 113.* ♦ Même solution pour les films. • Crim. 16 nov. 1955 : *Bull. crim. n° 490 ; D. 1957. Somm. 31* • 19 févr. 1957 : *D. 1957. n° 270.* ♦ Ne caractérise pas le délit prévu par l'art. 283 C. pén. l'arrêt qui se borne à reproduire les termes de la loi et ne précise aucun des faits qui en justifient l'application. • Crim. 17 nov. 1970 : *Bull. crim. n° 298.* ♦ Conf. : • Crim. 30 oct. 1957 : *Bull. crim. n° 687.* ♦ Pour des exemples de décisions reconnues, au contraire, comme suffisamment motivées. • Crim. 24 janv. 1957 : *Bull. crim. n° 80* • 3 janv. 1958 : *Bull. crim. n° 7* • 18 févr. 1959 : *Bull. crim. n° 115* • 8 mai 1963 : *Bull. crim.n° 172* • 5 déc. 1973 : *Bull. crim. n° 452.*

26. *Matérialité.* L'art. 283 C. pén. n'exige pas que la fabrication qu'il incrimine soit, en toutes les opérations qu'elle peut nécessiter, l'œuvre d'une seule personne. • Crim. 21 juin 1976 : *Bull. crim. n° 222 ; RSC 1977. 101, obs. Levasseur.*

27. La distribution de publications obscènes ou contraires aux bonnes mœurs est caractérisée moins par la multiplicité des envois que par le fait qu'on s'adresse à un destinataire quelconque, avec l'idée arrêtée de répandre ensuite le document en le faisant parvenir à tout venant ; cette volonté suffit pour caractériser la distribution dès qu'elle a commencé à se réaliser, fût-ce par un seul acte initial. • Paris, 1er févr. 1910 : *DP 1912. 2. 209.*

28. Justifie sa décision la cour d'appel qui, pour déclarer un enseignant coupable de diffusion d'un message pornographique susceptible d'être vu par un mineur, retient que les photographies licencieuses ont été prises par la personne mise en cause, que celle-ci est la seule à avoir pu les transférer sur le disque dur de l'un des ordinateurs du collège, dans un dossier non protégé par un mot de passe, permettant ainsi d'être vues par tout utilisateur du réseau informatique de l'établissement et, notamment, par des mineurs. • Crim. 12 oct. 2005, n° 05-80.713 P : *Dr. pénal 2006. 23, obs. Véron ; Gaz. Pal. 2006. 1. Somm. 1949, note Monnet.*

29. *Intention.* Aux termes de l'art. 121-3, al. 1er, C. pén., il n'y a point de crime ou de délit sans intention de le commettre ; l'élément intentionnel de l'infraction ne saurait être confondu avec les motifs pour lesquels la diffusion répréhensible a eu lieu, mais est constitué par la seule conscience de diffuser un message à caractère pornographique ou de nature à porter gravement atteinte à la dignité humaine, susceptible d'être vu ou perçu par un mineur. • Paris, 14 déc. 1994 : *Dr. pénal 1995. 90 (1re esp.), obs. Véron.*

30. Le souci d'information du public par la dénonciation de certains comportements n'ôte pas aux passages incriminés leur caractère pornographique ou attentatoire à la dignité, dès lors que la reproduction de documents détaillant les pratiques que l'on entend dénoncer n'est pas indispensable au but poursuivi, et que la diffusion des propos incriminés n'est pas assimilable à une démonstration scientifique, ni à une création littéraire ou artistique qui conférerait aux descriptions en cause une spécificité de nature autre que pornographique. • Paris, 14 déc. 1994 : *préc. note 29.*

31. Il appartient à celui qui décide à des fins commerciales de diffuser des images pornographiques sur le réseau internet, dont les particulières facilités d'accès sont connues, de prendre les précautions qui s'imposent pour rendre impossible l'accès des mineurs à ces messages. • Paris, 2 avr. 2002 : *D. 2002. 1900, obs. Manara.* ♦ C'est à juste titre que les premiers juges on relevé que l'obligation de précaution s'imposait au diffuseur du message et non au receveur, l'accessibilité auxdites images étant bien le fait de leur commercialisation et non de la carence éventuelle des parents ou de la permissivité ambiante ; dans ces conditions, dès lors que le prévenu avait conscience, comme il l'a reconnu devant les services de police, que les précautions prises par lui n'empêchaient pas que ses sites soient susceptibles d'être vus par des mineurs, et qu'il a néanmoins continué à les exploiter, l'élément intentionnel est caractérisé. • Même arrêt.

32. L'envoi à un tiers majeur d'un message internet, ne contenant que l'adresse d'un site comportant des messages violents ou pornographiques et le lien permettant d'y accéder, ne suffit pas à caractériser le délit prévu par l'art. 227-24 C. pén. ; ainsi n'encourt pas le grief allégué pris de la violation de cet art. la cour d'appel qui, pour faire droit aux conclusions du prévenu excipant de son absence d'intention délictuelle et le renvoyer des fins de l'ensemble de la poursuite, énonce que « le courrier électronique est assimilable à une correspondance privée, qu'il est protégé par un mot de passe personnel et confidentiel qui est composé par l'usager au moment de sa connexion à internet ou à sa boîte aux lettres électronique », que « son titulaire est le seul à y avoir accès et qu'il est responsable de son utilisation, et que ce n'est que par sa volonté qu'un mineur peut la consulter ». • Crim. 3 févr. 2004, n° 03-84.825 P : *AJ pénal 2004. 156, obs. Enderlin-Morieult ; Dr. pénal*

2004. 82, obs. Véron ; Gaz. Pal. 2004. 2. Somm. 3381, obs. Barbry ; ibid. 2004. 2. Somm. 3382, obs. Monnet ; RSC 2004. 642, obs. Mayaud ; *ibid. 662, obs. Francillon*. ♦ Confirmation de • Angers, 10 juin 2003 : *D. 2003. 2826, obs. Le Stanc*.

III. RÉPRESSION

33. Action civile. Le droit d'exercer l'action civile devant les juridictions répressives n'appartient qu'à ceux qui ont personnellement souffert du dommage causé par l'infraction ; la diffusion de messages à caractère pornographique susceptibles d'être vus ou perçus par un mineur, par une société exploitant un service audiotel dans des conditions non conformes au contrat passé avec France Telecom, n'est pas de nature à entraîner un préjudice personnel et direct pour cette dernière. • Crim. 12 sept. 2000, n° 99-84.648 P : *RSC 2001. 405, obs. Commaret*.

34. Presse écrite. Le directeur de la publication est, selon l'art. 285 C. pén., pénalement responsable des textes qu'il publie. • Crim. 6 oct. 1987 : *Bull. crim. n° 338.* ♦ ... Seraient-ils la reproduction de graffitis tracés dans des lieux publics, la publication par voie de presse étant, en effet, à la fois distincte et nouvelle par rapport à ces inscriptions. • Crim. 15 déc. 1980 : *Gaz. Pal. 1981. 2. 486.*

35. Il résulte de l'art. 42 de la L. du 29 juill. 1881 sur la liberté de la presse, applicable aux infractions à l'art. 227-24 C. pén. commises par la voie de la presse et dont les dispositions ne sont pas incompatibles avec celles de l'art. 6 Conv. EDH, que le directeur de publication d'une revue périodique a le devoir de surveiller et de vérifier tout ce qui y est inséré. • Crim. 23 févr. 2000, n° 99-83.928 P : *Dr. pénal 2000. Comm. 85, obs. Véron ; RSC 2000. 611, obs. Mayaud* ; *ibid. 639, obs. Francillon* ; *ibid. 815, obs. Bouloc*.

36. En matière d'outrage aux bonnes mœurs par la voie de la presse, l'éditeur de revue est valablement poursuivi comme auteur principal et l'imprimeur comme complice, ce dernier en vertu de l'art. 60 C. pén. (nouvel art. 121-7). • Lyon, 22 mars 1956 : *JCP 1956. II. 9656, note Colombini.*

37. L'auteur d'un ouvrage pornographique qui a procuré le texte de cet ouvrage à l'éditeur, en sachant que ce texte serait édité et publié, doit être condamné comme complice au sens des art. 59 et 60 C. pén. (nouv. art. 121-6 et 121-7). • Crim. 14 nov. 1962 : *Bull. crim. n° 323.*

38. Preuve. Les aveux du prévenu expressément constatés et l'examen des photographies et films joints au dossier peuvent établir le caractère pornographique des documents faisant l'objet des poursuites. • Crim. 18 avr. 1958 : *Bull. crim. n° 315.* ♦ Le juge répressif peut condamner l'éditeur d'un livre pornographique au vu d'un extrait publicitaire de ce livre, présentant par lui-même un caractère pornographique, s'il n'est pas contesté que l'extrait ait figuré dans le livre lui-même. • Crim. 14 nov. 1962 : *préc. note 37.*

39. Contrainte par corps. Même s'il est commis par la voie de la presse, le délit d'outrage aux bonnes mœurs ne saurait être assimilé à une infraction politique, et la contrainte par corps est dès lors applicable. • Crim. 15 déc. 1980 : *Bull. crim. n° 345.*

40. Compétence internationale. Il suffit qu'un des actes caractérisant un des éléments constitutifs de l'infraction ait été accompli en France pour que le délit soit réputé commis sur le territoire de la République ; tel est le cas lorsque le prévenu prend en France des photographies illicites et les expédie à l'étranger à l'état de pellicules non développées. • Crim. 4 juin 1969 : *Bull. crim. n° 190 ; JCP 1969. II. 16011 ; Gaz. Pal. 1969. 2. 106.* ♦ Rappr. : • Crim. 12 mai 1939 : *Bull. crim. n° 111.*

41. Douanes. L'al. 2 de l'art. 1-3 de l'arrêté ministériel du 24 sept. 1987, pris pour l'application de l'art. 215 C. douanes, soumettant expressément la détention de livres, photos, films, cassettes, à caractère licencieux ou pornographique, à la justification de leur origine régulière, il importe peu de savoir si de telles marchandises revêtent un caractère de « marchandises contraires aux bonnes mœurs » – au sens de l'art. 283 C. pén. devenu l'art. 227-24 nouv. C. pén. – et si elles entrent également dans les prévisions de l'al. 1er de l'art. 1-3 précité. • Crim. 6 févr. 1997, n° 95-81.912 P.

Loi n° 87-588 du 30 juillet 1987, *portant diverses mesures d'ordre social.*

Art. 99 *(L. n° 2007-293 du 5 mars 2007, art. 6)* Est interdite l'installation, à moins de deux cents mètres d'un établissement d'enseignement, d'un établissement dont l'activité est la vente ou la mise à disposition du public d'objets à caractère pornographique. L'infraction au présent article est punie de deux ans d'emprisonnement et de 30 000 € d'amende.

Sont passibles des mêmes peines les personnes qui favorisent ou tolèrent l'accès d'un mineur à un établissement où s'exerce l'une des activités visées au premier alinéa.

Pour cette infraction, les associations de parents d'élèves, de jeunesse et de défense de l'enfance en danger, régulièrement déclarées depuis au moins cinq ans à la date des faits, peuvent exercer les droits reconnus à la partie civile.

Loi n° 46-2064 du 25 septembre 1946, *ouvrant un recours en révision contre les condamnations prononcées pour outrages aux bonnes mœurs commis par la voie du livre.*

Art. unique La révision d'une condamnation prononcée pour outrages aux bonnes mœurs commis par la voie du livre pourra être demandée vingt ans après que le jugement sera devenu définitif.

Le droit de demander la revision appartiendra exclusivement à la Société des gens de lettres de France, agissant soit d'office, soit à la requête de la personne condamnée, et, si cette dernière est décédée, à la requête de son conjoint, de l'un de ses descendants ou, à leur défaut, du parent le plus rapproché en ligne collatérale.

La Cour de cassation, chambre criminelle, sera saisie de cette demande par son procureur général, en vertu de l'ordre exprès que le ministre de la justice lui aura donné. Elle statuera définitivement sur le fond, comme juridiction de jugement investie d'un pouvoir souverain d'appréciation.

En application de la L. du 25 sept. 1946, V. la décision de la Cour de cassation révisant et annulant la condamnation de Baudelaire pour la publication des *Fleurs du Mal*, condamnation qui avait été prononcée par le Tribunal correctionnel de la Seine le 27 août 1857 : • Crim. 31 mai 1949 : *Bull. crim. n° 203 ; D. 1949. 348 ; JCP 1949. II. 4940, rapp. Falco et note Gruffy ; Gaz. Pal. 1949. 2. 121, rapp. préc. Falco et concl. Dupuich.* ♦ Bibl. Hamelin, *D. 1949. Chron. 187.*

V. aussi : Conv. internat. 12 sept. 1923, relative à la répression, à la circulation et au trafic des publications obscènes, ratifiée par L. 23 août 1929 (DP 1929. 4. 358 ; BLD 1929. 366), et promulguée par Décr. 12 mars 1940 (JO 22 mars).

Art. 227-24-1 *(L. n° 2013-711 du 5 août 2013, art. 19)* **Le fait de faire à un mineur des offres ou des promesses ou de lui proposer des dons, présents ou avantages quelconques, ou d'user contre lui de pressions ou de contraintes de toute nature, afin qu'il se soumette à une mutilation sexuelle est puni, lorsque cette mutilation n'a pas été réalisée, de cinq ans d'emprisonnement et de 75 000 € d'amende.**

Est puni des mêmes peines le fait d'inciter directement autrui, par l'un des moyens énoncés au premier alinéa, à commettre une mutilation sexuelle sur la personne d'un mineur, lorsque cette mutilation n'a pas été réalisée.

BIBL. ▸ Chavent-Leclère, *AJ pénal 2013. 510* (adaptation du code pénal français aux engagements européens). – Le Coz, *AJ pénal 2013. 512* (répression des atteintes aux personnes dans la loi n° 2013-711 du 5 août 2013). – Beaussonie, *RSC 2014. 861* (loi n° 2013-711 du 5 août 2013 portant diverses dispositions d'adaptation dans le domaine de la justice en application du droit de l'Union européenne et des engagements internationaux de la France).

Art. 227-25 *(L. n° 2021-478 du 21 avr. 2021, art. 4)* **Hors les cas de viol ou d'agression sexuelle prévus à la section III du chapitre II du présent titre, le fait, pour un majeur, d'exercer une atteinte sexuelle sur un mineur de quinze ans est puni de sept ans d'emprisonnement et de 100 000 € d'amende.**

Ancien art. 227-25 (L. n° 2018-703 du 3 août 2018, art. 2) ***Hors le cas de viol ou de toute autre agression sexuelle, le fait, par un majeur, d'exercer une atteinte sexuelle sur un mineur de quinze ans est puni de sept ans d'emprisonnement et de 100 000 € d'amende.***

BIBL. ▸ Tellier-Cayrol, *AJ pénal 2018. 400* s. (loi du 3 août 2018 renforçant la lutte contre les violences sexuelles et sexistes. Des objectifs respectables, une efficacité incertaine). – Claverie-Rousset, *Dr. pénal 2018. Étude 23* (commentaire des principales dispositions de la loi n° 2018-703 du 3 août 2018 renforçant la lutte contre les violences sexuelles ou sexistes). – Saenko et Detraz, *D. 2018. Chron. 2031* (la loi n° 2018-703 du 3 août 2018 renforçant la lutte contre les violences sexuelles et sexistes : les femmes et les enfants d'abord !).

Ancien art. 227-25 ***Le fait, par un majeur, d'exercer sans violence, contrainte, menace ni surprise une atteinte sexuelle sur la personne d'un mineur de quinze ans est puni de*** (L. n° 98-468 du 17 juin 1998) ***« cinq ans d'emprisonnement et 75 000 € d'amende ».*** — Pr. pén. 2-2 s., 8, 40, 706-43, 706-47 s., R. 53 s. ; CSS L. 322-3.

En ce qui concerne le délai de prescription de l'action civile lorsque le dommage subi est causé par des violences ou des agressions sexuelles commises contre un mineur, V. C. civ., art. 2270-1, al. 2, en note ss. art. 222-29.

Corresp. : *C. pén., ancien art. 331, al. 1er.*

BIBL. ▸ CORPART, *Gaz. Pal. 1995. 2. Doctr. 888.* (l'inceste en droit français). – COSTE, *D. 1997. Chron. 179* (le sexe, la loi pénale et le juge ou évolution d'un principe séparateur instituant l'altérité). – MAYAUD, *RSC 1997. 636* (inceste, loi du silence et lois pénales). – BEN KEMOUN, *D. 2002. Point de vue 491* (la confiance violée de l'enfant : refonder la norme pénale). – GUÉVEL, *Gaz. Pal. 2004. 2. Doctr. 3043* (la famille incestueuse). – ROMAN, *D. 2005. Chron. 1508* (la liberté sexuelle et ses juges : étude de droit français et comparé). – GERMAIN, *RSC 2011. 817* (le consentement des mineurs victimes d'infractions sexuelles).

1. Application dans le temps. Les dispositions nouvelles s'appliquent aux infractions commises avant leur entrée en vigueur et n'ayant pas donné lieu à une condamnation passée en force de chose jugée, lorsqu'elles sont moins sévères que les dispositions anciennes ; il en est ainsi de l'art. 227-25 C. pén. réprimant le délit d'atteinte sexuelle, puni de 2 ans d'emprisonnement et de 200 000 F d'amende, qui s'est substitué au délit d'attentat à la pudeur sans violence. • Crim. 15 mars 1995, n° 94-81.782 P : *RSC 1996. 112, obs. Bouloc* .

2. Élément matériel. Pour être constitué, le délit d'atteinte sexuelle, même aggravé, suppose l'existence d'un contact corporel entre l'auteur et la victime. • Crim. 7 sept. 2016, n° 15-83.287 P : *D. actu. 7 sept. 2016, obs. Fucini ; AJ pénal 2016. 529, obs. Malabat ; Dr. pénal 2016, n° 167, obs. Conte ; RSC 2016. 764, obs. Mayaud ; Gaz. Pal. 24 janv. 2017, p. 48, obs. Detraz.*

3. Minorité. La minorité de quinze ans de la victime constitue un élément essentiel de l'attentat à la pudeur sans violence prévu par l'art. 331, al. 1er, C. pén. (ancien), et non pas une circonstance aggravante. • Crim. 6 nov. 1956 : *Bull. crim. n° 710* • 19 déc. 1967 : *Bull. crim. n° 333 ; Gaz. Pal. 1968. 1. 275.*

4. Ne donne pas de base légale à sa décision la chambre d'accusation qui, pour renvoyer un couple devant la cour d'assises sous l'accusation de viols et agressions sexuelles aggravés et complicité, énonce que « c'est à l'âge de treize ans que, sous des motivations pseudo-pédagogiques, un enfant a été encouragé par son père à observer et toucher la nudité de sa belle-mère, âgée de vingt et un ans de plus que lui, que, feignant la tendresse et exploitant le besoin qu'ils avaient eux-mêmes suscité, les accusés ont ensuite proposé à l'enfant des relations sexuelles, et qu'ainsi, compte tenu de son jeune âge, de son manque de discernement et du lien d'autorité existant, l'enfant s'est trouvé dans un état de dépendance affective caractérisant à son égard la contrainte morale qui s'est maintenue tout au long des relations sexuelles, y compris au-delà de la majorité... » ; se fondant ainsi, pour caractériser la violence, la contrainte ou la surprise, sur l'âge de la victime et la qualité d'ascendant ou de personne ayant autorité des auteurs présumés, alors que ces éléments, s'ils permettent de retenir, contre ces derniers le délit d'atteinte sexuelle aggravée sur mineur, prévu et réprimé par les art. 331 et 331-1 anciens et 227-25, 227-26 et 227-27 C. pén., ne constituent que des circonstances aggravantes du crime de viol ou du délit d'agression sexuelle. • Crim. 21 oct. 1998, n° 98-83.843 P : *D. 1999. 75, note Mayaud ; JCP 1998. II. 10215, note Mayer ; Dr. pénal 1999, n° 5, obs. Véron.* ♦ Rappr. : • Crim. 1er mars 1995, n° 94-85.393 P : *D. 1996. Somm. 241, obs. Malbrancq-Decourcelle ; Dr. pénal 1995. 171 (1er arrêt), note Véron.* ♦ N'a pas donné de base légale à sa décision la cour d'appel qui, pour caractériser la contrainte, se fonde sur l'autorité attribuée au prévenu, alors que cet élément ne constitue qu'une circonstance aggravante du délit d'agression sexuelle. • Crim. 10 mai 2001, n° 00-87.659 P : *Dr. pénal 2001. 110, obs. Véron ; RSC 2001. 808, obs. Mayaud* . ♦ Pour condamner le prévenu du chef d'agressions sexuelles aggravées sur deux mineures à l'égard desquelles il avait autorité, la cour d'appel, après avoir retenu la réalité des attouchements sexuels, énonce que le prévenu a agi en profitant de l'ignorance des victimes et en abusant de son autorité sur elles ; en prononçant ainsi, sans caractériser en quoi l'ignorance des victimes aurait été constitutive d'un élément de violence, de contrainte, de menace ou de surprise, et alors que l'autorité attribuée au prévenu ne pouvait constituer qu'une circonstance aggravante du délit d'agression sexuelle, la cour d'appel n'a pas justifié sa décision. • Crim. 14 nov. 2001, n° 01-80.865 P.

5. Justifie sa décision la cour d'appel qui, pour déclarer le prévenu coupable d'atteintes sexuelles avec violence, contrainte, menace ou surprise sur trois mineurs, énonce, notamment, que l'état de contrainte ou de surprise résulte du très jeune âge des enfants qui les rendaient incapables de réaliser la nature et la gravité des actes qui leur étaient imposés. • Crim. 7 déc. 2005, n° 05-81.316 P : *D. 2006. IR 175, osb. Girault ; ibid. 2006. Pan. 1655, obs. Garé ; AJ pénal 2006. 81 ; Dr. pénal 2006. 31, obs. Véron ; RSC 2006. 319, obs. Mayaud* .

6. L'âge de la victime, circonstance constitutive de l'attentat à la pudeur sur la personne d'un enfant, est souverainement constaté par les juges du fond d'après les éléments du débat. • Crim. 9 oct. 1968 : *Bull. crim. n° 247.*

7. Si, dans certains cas, le prévenu peut exciper de ce qu'il a été trompé sur l'âge de la personne avec qui il a eu des relations immorales, cette défense ne saurait être admissible qu'autant qu'il justifierait d'une erreur dont il ne serait pas responsable. • Crim. 7 févr. 1957 : *Bull. crim. n° 126 ; RSC 1957. 638, obs. Hugueney.*

8. Le prévenu a fait la connaissance de la plaignante par « *chat* » sur Minitel ; après s'être donné rendez-vous, il l'a amenée chez lui où, sans aucune contrainte, violence, menace ou surprise, il l'a embrassée, lui a caressé les seins et le sexe et lui a fait un cunnilingus, avant de la ramener chez elle après qu'elle a refusé de faire l'amour ; c'est à bon droit que les premiers juges l'ont relaxé du chef d'agression sexuelle sur mineure de 15 ans faute d'élément intentionnel ; en effet, si elle avait 14 ans, lors de leur « *chat* » elle avait indiqué qu'elle avait 16 ans ; il pouvait donc légitimement considérer qu'il s'adressait à une mineure de plus de 15 ans. • Montpellier, 17 janv. 2008 : *JCP 2008. IV. 1797.*

9. Complicité. Caractérise l'ensemble des éléments constitutifs, tant matériel qu'intellectuel, du délit de complicité par aide et assistance à un attentat à la pudeur sans violence sur mineur de quinze ans, la cour d'appel qui énonce notamment qu'il n'est pas contesté que le prévenu, après avoir favorisé la rencontre de son fils mineur avec un homosexuel, a mis son appartement à leur disposition. • Crim. 21 janv. 1987 : *Gaz. Pal. 1987. 1. Somm. 201, note Doucet ; RSC 1987. 879, obs. Levasseur.*

10. Tentative. L'enfant n'a jamais fait état de violences, de contraintes, de menaces précédant ou accompagnant le geste de son père ; la surprise du consentement de la victime ne saurait se confondre avec la surprise exprimée par cette dernière, or, elle ne fait état d'aucune surprise similaire à l'égard du geste dénoncé ; le prévenu ne décrit ni violence, ni menace, ni contrainte ni surprise non plus ; faute d'un des éléments constitutifs, le délit d'agression sexuelle visé par les art. 222-27 et 222-28 C. pén. ne peut être retenu, pas plus que la tentative de ce délit prévue à l'art. 222-31 ; les faits dénoncés doivent mieux s'analyser en délit d'atteinte sexuelle sans violence, contrainte, menace ni surprise commise sur un mineur de 15 ans par un ascendant légitime (art. 227-25, 227-26 C. pén.) ; cependant le geste reproché au prévenu et reconnu par lui, qui tend à approcher sa main du sexe de sa fille vêtue d'un pantalon, dans l'intention de lui toucher le sexe, geste interrompu par l'enfant qui repousse cette main avec la sienne sans que le prévenu ne parvienne à ses fins et ne touche ni le pantalon ni le sexe, ne peut s'analyser comme le délit consommé ; ce geste du prévenu pourrait s'analyser comme le commencement d'exécution du délit si ce dernier prévoyait une tentative punissable ; cette tentative d'atteinte sexuelle sans violence, contrainte, menace ni surprise n'étant pas prévue par le code pénal, le prévenu doit être renvoyé des fins de la poursuite ; ainsi donc la relaxe initiale sera confirmée par substitution de motifs. • Douai, 11 mars 2003 : *JCP 2004. IV. 10070, note Maréchal.*

Art. 227-26 **L'infraction définie à l'article 227-25 est punie** *(L. n° 95-116 du 4 févr. 1995, art. 121-III)* **« de dix ans d'emprisonnement et de 150 000 € d'amende » :**

1° *(L. n° 2010-121 du 8 févr. 2010)* **« Lorsqu'elle est commise par** *(L. n° 2021-478 du 21 avr. 2021, art. 4)* **« une personne majeure** *[ancienne rédaction : un ascendant ou par toute autre personne]* **» ayant sur la victime une autorité de droit ou de fait ; »**

2° Lorsqu'elle est commise par une personne qui abuse de l'autorité que lui confèrent ses fonctions ;

3° Lorsqu'elle est commise par plusieurs personnes agissant en qualité d'auteur ou de complice ;

(L. n° 98-468 du 17 juin 1998 ; L. n° 2002-305 du 4 mars 2002) **« 4° Lorsque le mineur a été mis en contact avec l'auteur des faits grâce à l'utilisation, pour la diffusion de messages à destination d'un public non déterminé, d'un réseau de »** *(L. n° 2011-525 du 17 mai 2011, art. 150-1°)* **« communication électronique » ;** — *Pr. pén. 2-2 s., 8, 40, 706-3, 706-47 s., R. 53 s. ; CSS L. 322-3.*

(L. n° 2007-297 du 5 mars 2007, art. 54) **« 5° Lorsqu'elle est commise par une personne agissant en état d'ivresse manifeste ou sous l'emprise manifeste de produits stupéfiants. »**

Corresp. : *C. pén., ancien art. 331, al. 3.*

1. Renvoi. Sur les trois premières circonstances aggravantes, V. également ss. art. 222-24, 222-28 et 222-30.

2. Ne donne pas de base légale à sa décision la chambre d'accusation qui, pour renvoyer un couple devant la cour d'assises sous l'accusation de viols et agressions sexuelles aggravés et complicité, énonce que « c'est à l'âge de treize ans que, sous des motivations pseudo-pédagogiques, un enfant a été encouragé par son père à observer et toucher la nudité de sa belle-mère, âgée de vingt et un ans de plus que lui, que, feignant la tendresse et exploitant le besoin qu'ils avaient eux-mêmes suscité, les accusés ont ensuite proposé à l'enfant des relations sexuelles, et qu'ainsi, compte tenu de son jeune âge, de son manque de discernement et du lien d'autorité existant, l'enfant s'est trouvé dans un état de dépendance affective caractérisant à son égard la contrainte morale qui s'est maintenue tout au long des relations sexuelles, y compris au-delà de la majorité »... ; se fondant ainsi, pour caractériser la violence, la contrainte ou la surprise, sur l'âge de la victime et la qualité d'ascendant ou de personne ayant autorité des auteurs présumés, alors que ces éléments, s'ils permettent de retenir, contre ces derniers, le délit d'atteinte sexuelle aggravée sur mineur, prévu et réprimé par les art. 331 et 331-1 anciens et 227-25, 227-26 et 227-27 C. pén., ne constituent que des circonstances aggravantes du crime de viol ou du délit d'agression sexuelle. • Crim. 21 oct. 1998, n° 98-83.843 P : *D. 1999. 75, note Mayaud* ; *JCP 1998. II. 10215, note Mayer ; Dr. pénal 1999. Comm. 5, obs. Véron.* ♦ Rappr. : • Crim. 1er mars 1995, n° 94-85.393 P : *D. 1996. Somm. 241, obs. Malbrancq-Decourcelle* ; *Dr. pénal 1995. 171 (1er arrêt), note Véron.* ♦ N'a pas donné de base légale à sa décision la cour d'appel qui, pour caractériser la contrainte, se fonde sur l'autorité attribuée au prévenu, alors que cet élément ne constitue qu'une circonstance aggravante du délit d'agression sexuelle. • Crim. 10 mai 2001, n° 00-87.659 P : *Dr. pénal 2001. 110, obs. Véron ; RSC 2001. 808, obs. Mayaud* . ♦ Pour condamner le prévenu du chef d'agressions sexuelles aggravées sur deux mineures à l'égard desquelles il avait autorité, la cour d'appel, après avoir retenu la réalité des attouchements sexuels, énonce que le prévenu a agi en profitant de l'ignorance des victimes et en abusant de son autorité sur elles ; en prononçant ainsi, sans caractériser en quoi l'ignorance des victimes aurait été constitutive d'un élément de violence, de contrainte, de menace ou de surprise, et alors que l'autorité attribuée au prévenu ne pouvait constituer qu'une circonstance aggravante du délit d'agression sexuelle, la cour d'appel n'a pas justifié sa décision. • Crim. 14 nov. 2001, n° 01-80.865 P.

3. Justifie sa décision la cour d'appel qui, pour déclarer le prévenu coupable d'atteintes sexuelles avec violence, contrainte, menace ou surprise sur trois mineurs, énonce, notamment, que l'état de contrainte ou de surprise résulte du très jeune âge des enfants qui les rendaient incapables de réaliser la nature et la gravité des actes qui leur étaient imposés. • Crim. 7 déc. 2005, n° 05-81.316 P : *D. 2006. IR 175, osb. Girault* ; *ibid. 2006. Pan. 1655, obs. Garé* ; *AJ pénal 2006. 81* ; *Dr. pénal 2006. 31, obs. Véron ; RSC 2006. 319, obs. Mayaud* .

4. Peine justifiée. S'il est vrai que, pour déclarer un prévenu coupable d'agression sexuelle sur une mineure de quinze ans, avec cette circonstance qu'en sa qualité de concubin de la mère, il avait autorité sur la victime, les juges n'ont pas énoncé les circonstances propres à caractériser la violence, la contrainte, la menace ou la surprise, l'arrêt attaqué n'encourt pas pour autant la censure, dès lors que la peine prononcée est justifiée au regard des art. 227-25, 227-26 et 227-29 C. pén., lesquels n'exigent pas, pour la répression des infractions qu'ils définissent, l'existence de violence, contrainte, menace ou surprise. • Crim. 18 juin 2003 : *Dr. pénal 2003. 141, obs. Véron.*

5. Autorité sur la victime. Une autorité de fait est suffisante pour légitimer l'aggravation de peine, sans qu'il soit nécessaire d'établir l'existence d'une autorité légale. • Crim. 10 oct. 1967 : *Bull. crim. n° 245.* ♦ Mais la circonstance aggravante résultant de ce que l'auteur d'un attentat à la pudeur avait autorité sur la victime n'est suffisamment établie qu'autant qu'ont été précisés les faits et circonstances d'où résultait cette autorité. • Crim. 25 mai 1965 : *Bull. crim. n° 143.*

6. Ainsi, ne confère pas, par elle seule, cette autorité, en l'absence d'indication d'aucune autre circonstance, telle la cohabitation de l'accusé avec sa victime, de nature à établir l'autorité qu'il exerçait sur elle : ... la qualité d'oncle de la victime. • Crim. 4 mai 1955 : *Bull. crim. n° 224 ; D. 1955. 636* • 20 juill. 1965 : *Bull. crim. n° 179.* ♦ ... La qualité de concubin de la mère de la victime. • Crim. 29 juin 1976 : *Bull. crim. n° 233.*

7. Mais exerce, au contraire, une autorité : ... un oncle par alliance de la victime, à qui celle-ci avait été confiée par ses parents. • Crim. 16 mars 1939 : *Bull. crim. n° 58.* ♦ ... Le mari d'une institutrice, assistant sa femme dans l'exercice de ses fonctions. • Crim. 15 avr. 1948 : *D. 1948. 280.* ♦ ... Le concubin de la mère de la victime, qui partage avec elle son habitation. • Crim. 29 juill. 1911 : *DP 1912. 1. 78* • 10 juill. 1952 : *Bull. crim. n° 180 ; D. 1952. 598* • 25 mai 1956 : *Bull. crim. n° 384 ; D. 1956. 580 ; Gaz. Pal. 1956. 2. 49* • 14 oct. 1958 : *D. 1959. Somm. 15.* ♦ ... Le concubin de la grand-mère des victimes, qui a une habitation commune avec la grand-mère et ses petites-filles. • Crim. 10 avr. 1959 : *Bull. crim. n° 195 ; D. 1959. Somm. 59.* ♦ ... Le second mari de la mère légitime de la victime, lorsque celle-ci partage la même habitation. • Crim. 22 déc. 1892 : *DP 1893. 1. 432* • 19 déc. 1967 : *Bull. crim. n° 333 ; Gaz. Pal. 1968. 1. 275.* ♦ En ce sens, cependant, qu'il n'y a pas lieu de rechercher si est remplie la condition d'habitation commune. • Crim. 2 mai 1990 : *JCP 1990. II. 21593, note Véron ; RSC 1991. 82, obs. Levasseur* . ♦ ... Le directeur d'un centre d'accueil pour jeunes en difficulté. • Crim. 3 mai 1989 : *Dr. pénal 1990. 52.* ♦ ... Un chef scout, à l'occasion des agissements commis à l'égard de mineurs faisant partie du même mouvement de jeunesse. • Nîmes, 9 déc. 1983 : *JCP 1985. II. 20482, note Pansier.* ♦ ... Le mari d'une assistante maternelle à qui les victimes avaient été confiées, et qu'elles appelaient « papa ». • Crim. 24 sept. 1996 : *D. 1997. IR 2* ; *JCP 1996. IV. 257 ; Gaz. Pal. 1997. 1, chron. crim. 22.*

8. Tout prévenu a droit à être informé d'une manière détaillée de la nature et de la cause de la prévention dont il est l'objet et il doit, par suite, être mis en mesure de se défendre tant sur les divers chefs d'infraction qui lui sont imputés que sur chacune des circonstances aggravantes susceptibles d'être retenues à sa charge ; méconnaît ce principe la cour d'appel qui déclare coupable d'atteintes sexuelles sur mineurs de quinze ans ou de plus de quinze ans par personne ayant autorité, délit prévu et réprimé par les art. 227-26 et 227-27 C. pén., un professeur de collège auquel il est reproché de s'être livré sur onze de ses jeunes élèves, âgées de douze à quinze ans, à des attouchements sur les seins et les cuisses, qui est poursuivi pour avoir exercé sans violence, contrainte, menace ni surprise, des atteintes sexuelles sur des mineurs, délit prévu et réprimé par les art. 227-25 et 227-29 du même code, alors que la circonstance que le prévenu avait autorité sur les victimes n'était pas visée dans le titre de la poursuite, et qu'aucune mention de la décision attaquée n'indique que l'intéressé ait été préalablement informé de cet élément modificatif de la prévention, lequel constitue, pour les faits commis à l'égard des mineurs de moins de quinze ans, une circonstance aggravante, et, pour les mineurs de plus de quinze ans, un élément constitutif de l'infraction. • Crim. 4 mars 1998, n° 96-86.326 P.

9. Pluralité d'auteurs ou de complices. A justifié sa décision la cour d'appel qui, pour renvoyer les prévenus devant le tribunal correctionnel sous la prévention d'atteintes sexuelles aggravées, précise, au vu des circonstances de fait, que l'absence de contrainte à l'égard de la mineure ne saurait expliquer ni justifier les atteintes sexuelles commises à son encontre par deux adultes qui ont su profiter du jeune âge de la victime et de ses errements personnels. • Crim. 29 mars 2006 : *AJ pénal 2006. 310, obs. Roussel ; RSC 2006. 828, obs. Mayaud*.

10. Action civile. V. ss. art. 222-24.

Art. 227-27 *(L. n° 2021-478 du 21 avr. 2021, art. 4)* **Hors les cas de viol ou d'agression sexuelle prévus à la section III du chapitre II du présent titre, les atteintes sexuelles sur un mineur âgé de plus de quinze ans sont punies de cinq ans d'emprisonnement et de 45 000 € d'amende :**

1° Lorsqu'elles sont commises par toute personne majeure ayant sur la victime une autorité de droit ou de fait ;

2° Lorsqu'elles sont commises par une personne majeure qui abuse de l'autorité que lui confèrent ses fonctions.

Ancien art. 227-27 *Les atteintes sexuelles sans violence, contrainte, menace ni surprise sur un mineur âgé de plus de quinze ans* (Abrogé par L. n° 2013-711 du 5 août 2013, art. 5) *« et non émancipé par le mariage » sont punies de* (L. n° 2013-711 du 5 août 2013, art. 5) *« trois ans d'emprisonnement et de 45 000 €* [ancienne rédaction : deux ans d'emprisonnement et de 30 000 €] *» d'amende :*

1° (L. n° 2010-121 du 8 févr. 2010) *« Lorsqu'elles sont commises par un ascendant ou par toute autre personne ayant sur la victime une autorité de droit ou de fait ; »*

2° Lorsqu'elles sont commises par une personne qui abuse de l'autorité que lui confèrent ses fonctions. — Pr. pén. 2-2 s., 8, 40, 706-3, 706-47 s., R. 50-33 s. ; CSS L. 322-3.

Corresp. : *C. pén., ancien art. 331-1.*

1. Renvoi. Sur les qualités visées, V. également ss. art. 222-24, 222-28, 222-30 et 227-26.

2. Ne donne pas de base légale à sa décision la chambre d'accusation qui, pour renvoyer un couple devant la cour d'assises sous l'accusation de viols et agressions sexuelles aggravés et complicité, énonce que « c'est à l'âge de treize ans que, sous des motivations pseudo-pédagogiques, un enfant a été encouragé par son père à observer et toucher la nudité de sa belle-mère, âgée de vingt et un ans de plus que lui, que, feignant la tendresse et exploitant le besoin qu'ils avaient eux-mêmes suscité, les accusés ont ensuite proposé à l'enfant des relations sexuelles, et qu'ainsi, compte tenu de son jeune âge, de son manque de discernement et du lien d'autorité existant, l'enfant s'est trouvé dans un état de dépendance affective caractérisant à son égard la contrainte morale qui s'est maintenue tout au long des relations sexuelles, y compris au-delà de la majorité... » ; se fondant ainsi, pour caractériser la violence, la contrainte ou la surprise, sur l'âge de la victime et la qualité d'ascendant ou de personne ayant autorité des auteurs présumés, alors que ces éléments, s'ils permettent de retenir, contre ces derniers, le délit d'atteinte sexuelle aggravée sur mineur, prévu et réprimé par les art. 331 et 331-1 anciens et 227-25, 227-26 et 227-27 C. pén., ne constituent que des circonstances aggravantes du crime de viol ou du délit d'agression sexuelle. • Crim. 21 oct. 1998, n° 98-83.843 P : *D. 1999. 75, note Mayaud ; JCP 1998. II. 10215, note Mayer ; Dr. pénal 1999. Comm. 5, obs. Véron.* ♦ Rappr. : • Crim. 1er mars 1995, n° 94-85.393 P : *D. 1996. Somm. 241, obs. Malbrancq-Decourcelle ; Dr. pénal 1995. 171 (1er arrêt), note Véron.* ♦ N'a pas donné de base légale à sa décision la cour d'appel qui, pour caractériser la contrainte, se fonde sur l'autorité attribuée au prévenu, alors que cet élément ne constitue qu'une circonstance aggravante du délit d'agression sexuelle. • Crim. 10 mai 2001, n° 00-87.659 P : *Dr. pénal 2001. 110, obs. Véron ; RSC 2001. 808, obs. Mayaud*. ♦ Pour condamner le prévenu du chef d'agressions sexuelles aggravées sur deux mineurs à l'égard desquelles il avait autorité, la cour d'appel, après avoir retenu la réalité des attouchements sexuels, énonce que le prévenu a agi en profitant de l'ignorance des victimes et en abusant de son autorité sur elles ; en prononçant ainsi, sans caractériser en quoi l'ignorance des victimes aurait été constitutive d'un élément de violence, de contrainte, de menace ou de surprise, et alors que l'autorité attribuée au prévenu ne pouvait constituer qu'une circonstance aggravante du délit d'agression sexuelle, la cour d'appel n'a pas justifié sa décision. • Crim. 14 nov. 2001, n° 01-80.865 P.

3. Ascendant. La qualité d'ascendant, l'état de minorité de la victime et sa non-émancipation par le mariage sont des éléments constitutifs du crime prévu par l'art. 331-1 C. pén. (ancien art. 331, al. 2), et non des circonstances aggravantes. • Crim. 10 juill. 1952 : *Bull. crim. n° 178* • 5 oct. 1966 : *ibid. n° 220.*

4. Autorité sur la victime. Se rend coupable d'un attentat à la pudeur sans violence ni surprise, sur la personne d'une mineure de plus de quinze ans, au sens de l'art. 331-1 C. pén., toute personne qui, ayant autorité sur elle, lui impose des relations sexuelles ; le prévenu ne peut pas invoquer le désir de parfaire l'éducation sexuelle de la mineure, ou même son attitude consentante, et un tel comportement est d'autant plus condamnable, que le prévenu, craignant une grossesse de l'enfant, lui fait subir un examen gynécologique, démarche qui confirme le caractère délictueux des faits. • Limoges, 26 mai 1989 : *Dr. pénal 1990. 50.*

5. Tout prévenu a droit à être informé d'une manière détaillée de la nature et de la cause de la prévention dont il est l'objet et il doit, par suite, être mis en mesure de se défendre tant sur les divers chefs d'infraction qui lui sont imputés que sur chacune des circonstances aggravantes susceptibles d'être retenues à sa charge ; méconnaît ce principe la cour d'appel qui déclare coupable d'atteintes sexuelles sur mineurs de quinze ans ou de plus de quinze ans par personne ayant autorité, délit prévu et réprimé par les art. 227-26 et 227-27 C. pén., un professeur de collège auquel il est reproché de s'être livré sur onze de ses jeunes élèves, âgées de douze à quinze ans, à des attouchements sur les seins et les cuisses, qui est poursuivi pour avoir exercé sans violence, contrainte, menace ni surprise, des atteintes sexuelles sur des mineurs, délit prévu et réprimé par les art. 227-25 et 227-29 du même code, alors que la circonstance que le prévenu avait autorité sur les victimes n'était pas visée dans le titre de la poursuite, et qu'aucune mention de la décision attaquée n'indique que l'intéressé ait été préalablement informé de cet élément modificatif de la prévention, lequel constitue, pour les faits commis à l'égard des mineurs de moins de quinze ans, une circonstance aggravante, et, pour les mineurs de plus de quinze ans, un élément constitutif de l'infraction. • Crim. 4 mars 1998 : *D. 1998. IR 153 ; JCP 1998. IV. 2575.*

Art. 227-27-1 *(L. n° 98-468 du 17 juin 1998)* **Dans le cas où les infractions prévues par les articles 227-22, 227-23 ou 227-25 à 227-27 sont commises à l'étranger par un Français ou par une personne résidant habituellement sur le territoire français, la loi française est applicable par dérogation au deuxième alinéa de l'article 113-6 et les dispositions de la seconde phrase de l'article 113-8 ne sont pas applicables.** — *Pr. pén. 2-2.*

Art. 227-27-2 *(L. n° 2013-711 du 5 août 2013, art. 5)* **La tentative des délits prévus aux articles 227-25, 227-26 et 227-27 est punie des mêmes peines.**

Art. 227-27-2-1 *(L. n° 2016-297 du 14 mars 2016, art. 44)* **Les infractions définies aux articles 227-25 à 227-27 sont qualifiées d'incestueuses lorsqu'elles sont commises sur la personne d'un mineur par :**

1° Un ascendant ;

2° Un frère, une sœur, un oncle, une tante, *(L. n° 2021-478 du 21 avr. 2021, art. 4)* **« un grand-oncle, une grand-tante, » un neveu ou une nièce ;**

3° Le conjoint, le concubin d'une des personnes mentionnées aux 1° et 2° ou le partenaire lié par un pacte civil de solidarité avec l'une des personnes mentionnées aux mêmes 1° et 2°, s'il a sur le mineur une autorité de droit ou de fait.

V. anc. art. 227-27-2.

BIBL. ▶ Margaine, *D. 2016. 1089* (retour de l'inceste dans le code pénal et extension de la protection du mineur victime). – Lepage, *Dr. pénal 2016. Étude 11* (le retour de la qualification d'incestueux dans le code pénal : une cote toujours mal taillée). – Perrier, *RSC 2016. 381* (le retour de l'inceste dans le code pénal).

Art. 227-27-3 *(L. n° 2010-121 du 8 févr. 2010)* **Lorsque l'atteinte sexuelle** *(L. n° 2016-297 du 14 mars 2016, art. 44)* **« incestueuse » est commise par une personne titulaire de l'autorité parentale sur le mineur, la juridiction de jugement doit se prononcer sur le retrait total ou partiel de cette autorité** *(L. n° 2019-1480 du 28 déc. 2019, art. 8)*

« ou sur le retrait de l'exercice de cette autorité » en application des articles 378 et 379-1 du code civil.

Elle peut alors statuer sur le retrait de cette autorité *(L. nº 2019-1480 du 28 déc. 2019, art. 8)* **« ou sur le retrait de l'exercice de cette autorité » en ce qu'elle concerne les frères et sœurs mineurs de la victime.**

Si les poursuites ont lieu devant la cour d'assises, celle-ci statue sur cette question sans l'assistance des jurés.

Au 1er al., le terme « incestueuse », qui avait été abrogé par la L. nº 2013-711 du 5 août 2013 (art. 6), a été rétabli par la L. nº 2016-297 du 14 mars 2016 (art. 44).

V. anc. art. 227-28-2.

BIBL. ▶ Redon, *AJ pénal 2006. 34* (délinquance sexuelle et autorité parentale : une réforme attendue). – Margaine, *D. 2016. 1089* (retour de l'inceste dans le code pénal et extension de la protection du mineur victime).

Art. 227-28 **Lorsque les délits prévus aux articles 227-18 à 227-21 et 227-23 sont commis par la voie de la presse écrite ou audiovisuelle, les dispositions particulières des lois qui régissent ces matières sont applicables en ce qui concerne la détermination des personnes responsables.**

Art. 227-28-1 *(L. nº 2009-526 du 12 mai 2009, art. 124-I)* **« Les personnes morales déclarées responsables pénalement, dans les conditions prévues par l'article 121-2, des infractions définies aux articles 227-18 à 227-26 encourent, outre l'amende suivant les modalités prévues par l'article 131-38, les peines prévues par les 2º à 5º et 7º à 9º de l'article 131-39. »**

(L. nº 98-468 du 17 juin 1998) **L'interdiction mentionnée au 2º de l'article 131-39 porte sur l'activité dans l'exercice ou à l'occasion de l'exercice de laquelle l'infraction a été commise.**

(Abrogé par L. nº 2002-305 du 4 mars 2002) « Dans le cas prévu par le 4º de l'article 227-26, la peine mentionnée au 1º de l'article 131-39 est également encourue. »

Application dans le temps. Seules peuvent être prononcées les peines légalement applicables à la date à laquelle a été commise l'infraction ; encourt la cassation partielle l'arrêt d'une cour d'appel, qui, pour diffusion, en décembre 1996, dans une revue périodique, de messages pornographiques susceptibles d'être vus ou perçus par un mineur, prononce une peine d'amende contre la société éditrice de la revue, la responsabilité pénale des personnes morales et les peines qui leur sont applicables, n'étant prévues, pour les infractions définies par les art. 227-18 à 227-26 C. pén., que depuis l'entrée en vigueur de la L. du 17 juin 1998 sur les infractions sexuelles et la protection des mineurs. • Crim. 23 févr. 2000, nº 99-83.928 P : *Dr. pénal 2000. Comm. 85, obs. Véron ; RSC 2000. 639, obs. Francillon.*

Art. 227-28-2 *Abrogé par L. nº 2010-121 du 8 févr. 2010.*

Art. 227-28-3 *(L. nº 2006-399 du 4 avr. 2006, art. 16)* **Le fait de faire à une personne des offres ou des promesses ou de lui proposer des dons, présents ou avantages quelconques afin qu'elle commette à l'encontre d'un mineur l'un des crimes ou délits visés aux articles** *(Abrogé par L. nº 2021-478 du 21 avr. 2021, art. 11) « 222-22 à 222-31, »* **225-5 à 225-11, 227-22, 227-23 et 227-25 à 227-28 est puni, lorsque cette infraction n'a été ni commise ni tentée, de trois ans d'emprisonnement et 45 000 € d'amende si cette infraction constitue un délit, et de sept ans d'emprisonnement et 100 000 € d'amende si elle constitue un crime.**

BIBL. ▶ Bonfils et Vergès, *RSC 2007. 337*.

SECTION VI PEINES COMPLÉMENTAIRES APPLICABLES AUX PERSONNES PHYSIQUES

Art. 227-29 **Les personnes physiques coupables des infractions prévues au présent chapitre encourent également les peines complémentaires suivantes :**

1º L'interdiction des droits civiques, civils et de famille, suivant les modalités définies à l'article 131-26 ;

2º La suspension, pour une durée de cinq ans au plus, du permis de conduire, cette suspension pouvant être limitée à la conduite en dehors de l'activité professionnelle ;

3° L'annulation du permis de conduire avec interdiction de solliciter la délivrance d'un nouveau permis pendant cinq ans au plus ;

4° L'interdiction, pour une durée de cinq ans au plus, de quitter le territoire de la République ;

(L. nº 98-468 du 17 juin 1998) « 5° La confiscation de la chose qui a servi ou était destinée à commettre l'infraction ou de la chose qui en est le produit ;

« 6° L'interdiction, soit à titre définitif, soit pour une durée de dix ans au plus, d'exercer une activité professionnelle ou bénévole impliquant un contact habituel avec des mineurs ; » — *Trav. L. 4741-8.*

(Abrogé par L. nº 2019-222 du 23 mars 2019, art. 71-XIV et 109-XIX, à compter du 24 mars 2020) (L. nº 2007-297 du 5 mars 2007, art. 65) « 7° L'obligation d'accomplir un stage de responsabilité parentale, selon les modalités fixées à l'article 131-35-1 ; »

(L. nº 2008-776 du 4 août 2008, art. 70) « 8° Pour les crimes prévus par les articles 227-2 et 227-16, l'interdiction, suivant les modalités prévues par l'article 131-27, soit d'exercer une fonction publique ou d'exercer l'activité professionnelle ou sociale dans l'exercice ou à l'occasion de l'exercice de laquelle l'infraction a été commise, soit d'exercer une profession commerciale ou industrielle, de diriger, d'Administrer de gérer ou de contrôler à un titre quelconque, directement ou indirectement, pour son propre compte ou pour le compte d'autrui, une entreprise commerciale ou industrielle ou une société commerciale. Ces interdictions d'exercice peuvent être prononcées cumulativement. »

Interdiction des droits civiques, civils et de famille (art. 227-29, 1°). Si, à la date des faits, aucune peine complémentaire n'était expressément prévue pour le crime de viol par ascendant, la condamnation à une peine correctionnelle pour crime pouvait emporter, par application de l'art. 463, al. 2, ancien C. pén., la dégradation civique pour 5 ans au moins et 10 ans au plus ; à cette peine a pu être substituée la peine complémentaire, moins sévère, de la privation des droits civiques, civils et de famille prévue par l'art. 131-26 nouv. du même code. • Crim. 21 janv. 1998, nº 96-86.603 P.

Art. 227-30 Les personnes physiques coupables des infractions prévues par la section 4 du présent chapitre encourent également la peine complémentaire d'affichage ou de diffusion de la décision prévue par l'article 131-35.

Art. 227-31 *(L. nº 98-468 du 17 juin 1998)* Les personnes coupables des infractions définies aux articles 227-22 à 227-27 peuvent également être condamnées à un suivi socio-judiciaire selon les modalités prévues par les articles 131-36-1 à *(L. nº 2005-1549 du 12 déc. 2005, art. 24)* « 131-36-13 *[ancienne rédaction : 131-36-8]* ».

Art. 227-31-1 *(L. nº 2021-478 du 21 avr. 2021, art. 14)* En cas de condamnation pour une infraction prévue aux articles 227-22 à 227-27, 227-27-2 ou 227-28-3, la peine complémentaire d'interdiction d'exercer une activité professionnelle ou bénévole impliquant un contact habituel avec des mineurs prévue au 6° de l'article 227-29 est prononcée à titre définitif. La juridiction peut, par une décision spécialement motivée, décider de ne pas prononcer cette peine en considération des circonstances de l'infraction et de la personnalité de son auteur ou de la prononcer pour une durée de dix ans au plus.

Art. 227-32 *(Abrogé par L. nº 2019-222 du 23 mars 2019, art. 71-XIV et 109-XIX, à compter du 24 mars 2020) (L. nº 2007-297 du 5 mars 2007, art. 48) Les personnes physiques coupables des infractions définies aux articles 227-18 et 227-18-1 encourent également la peine complémentaire d'obligation d'accomplir un stage de sensibilisation aux dangers de l'usage de produits stupéfiants, selon les modalités fixées à l'article 131-35-1.*

SECTION VII PEINE COMPLÉMENTAIRE COMMUNE AUX PERSONNES PHYSIQUES ET AUX PERSONNES MORALES

(L. nº 2007-297 du 5 mars 2007, art. 66)

Art. 227-33 Les personnes physiques ou morales coupables des infractions prévues au troisième alinéa de l'article 227-22 et au sixième alinéa de l'article 227-23 encourent également la peine complémentaire de confiscation de tout ou partie *(L. nº 2012-409 du 27 mars 2012, art. 13-I-2°)* « des biens leur appartenant ou, sous réserve des droits

du propriétaire de bonne foi, dont elles ont la libre disposition *[ancienne rédaction : de leurs biens]* **», quelle qu'en soit la nature, meubles ou immeubles, divis ou indivis.**

Loi n° 92-684 du 22 juillet 1992,

Portant réforme des dispositions du code pénal relatives à la répression des crimes et délits contre les personnes.

Art. unique Les dispositions du code pénal relatives à la répression des crimes et des délits contre les personnes sont fixées par le livre II annexé à la présente loi.

Ces dispositions entreront en vigueur à la date qui sera fixée par la loi relative à l'entrée en vigueur du nouveau code pénal et à la modification de certaines dispositions de droit pénal et de procédure pénale rendue nécessaire par cette entrée en vigueur.

LIVRE TROISIÈME DES CRIMES ET DÉLITS CONTRE LES BIENS

(L. n° 92-685 du 22 juill. 1992)

Le livre III du code pénal est entré en vigueur le 1er mars 1994 *(L. n° 92-1336 du 16 déc. 1992, art. 373, modifié par L. n° 93-913 du 19 juill. 1993).*

BIBL. GÉN. ▶ DESPORTES et LE GUNEHEC, *JCP 1992. I. 3615.* – VÉRON, *Dr. pénal 1993. Chron. 10.* – BOULOC, *RSC 1993. 481*. – RASSAT, *Dalloz Service, 1995, p. 217 s.* – LANTHIEZ, *D. 2005. Chron. 464* (du préjudice dans quelques infractions contre les biens). – DEVÈZE, *in Mél. Ph. le Tourneau, Dalloz 2007* (à propos de l'évolution des « délits contre les biens »). OLLARD, *RSC 2009. 545* (la fiducie : aspects de droit pénal). – AYNÈS, Ouvrage collectif de l'Université Panthéon-Assas Paris II, *Dalloz, 2010, p. 573* (droit pénal et droit des sûretés, *in* « Code pénal et code d'instruction criminelle – Livre du Bicentenaire »). – ALMASEANU, *Gaz. Pal. 2014. 2. Doctr., p. 2176* (le traitement pénal du Bitcoin et des autres monnaies virtuelles).

▶ **Dossier :** La violence dans les infractions contre les biens, *Gaz. Pal. 13-15 oct. 2013, p. 6 s.* – DREYER, La violence ou la ruse ?, *publ. p. 4.* – MIHMAN, Quelle place pour les violences pour les atteintes aux biens ?, *publ. p. 9.* – DASSA-LE DEIST, Les atteintes aux biens : média vers les violences aux personnes ?, *publ. p. 13.* – DETRAZ, La distinction de l'extorsion et du vol avec violences, *publ. p. 17.* – BELLOIR et BELFANTI, La violence dans les infractions contre les biens : illustration autour des destructions, dégradations et déétriorations dangereuses pour les personnes, *publ. p. 21.*

▶ Dernières évolutions des infractions contre les biens, *AJ pénal 2017. 207* s. – Droit pénal et marché de l'art, *AJ pénal 2020. 107* s.

TITRE PREMIER DES APPROPRIATIONS FRAUDULEUSES

BIBL. ▶ JACOPIN, *Dr. pénal 2001. Chron. 16* (évolution sur la nature de la chose susceptible d'appropriation frauduleuse). – BEAUSSONIE, *Dr. pénal 2008. Étude 19* (protection pénale de la propriété sur l'information). – LAMBERT ABDELGAWAD, *RSC 2012. 265* (le comité intergouvernemental de l'UNESCO pour la promotion du retour de biens culturels à leur pays d'origine ou de restitution en cas d'appropriation illégale : un bilan assez mitigé).

CHAPITRE PREMIER DU VOL

RÉP. PÉN. v° *Vol*, par MIHMAN.

BIBL. ▶ DETRAZ, *in* « La réforme du Code pénal et du Code de procédure pénale. *Opinio doctorum.* » Thèmes et commentaires, Dalloz 2009 (contre l'incrimination du vol d'information). – JOUNIOT, *AJ pénal 2019. 27* (vol : avatars d'une infraction protéiforme).

SECTION PREMIÈRE DU VOL SIMPLE ET DES VOLS AGGRAVÉS

Art. 311-1 **Le vol est la soustraction frauduleuse de la chose d'autrui.** – *Pén. 132-16, 321-5, 421-1 ; Just. milit. L. 311-7.*

Art. 311-2 **La soustraction frauduleuse d'énergie au préjudice d'autrui est assimilée au vol.**

Corresp. : *C. pén., ancien art. 379.*

RÉP. PÉN. v° *Énergie*, par REDON.

BIBL. ▶ Defrénois, *D. 1972. Chron. 227* (abus de fonction et vol d'usage). – DE MAN, VAN PRAET et NAGELS, *RSC 2011. Chron. 940* (des vols de plus en plus violents ?). – COUSIN-HOUPPE, *RSC 1977. 779* (principales infractions portant atteinte juridique aux biens). – LARGUIER, *RSC 1983. 65* (application dans le temps de la loi n° 81-82 du 2 févr. 1981) ; *JCP 1982. I. 3061* (abus de distributeur de billets). – CORLAY, *JCP 1984. I. 3160* (domaine et définition du vol). – DEVÈZE, *JCP 1985. I. 3210* (vol de « biens informatiques »). – LUCAS DE LEYSSAC, *D. 1985. Chron. 43* (vol d'information). – JEANDIDIER, *JCP 1986. I. 3229* (truquages et usages frauduleux de cartes magnétiques). – FILLION, *RSC 1990. 270* (innovation technologique et droit pénal). – MALLET-POUJOL, *D. 1997. Chron. 330* (appropriation de l'information). – DARAGON, *D. 1998. Chron. 63* (statut juridique de l'information). – DEBOVE, *Dr. pénal 1999. Chron. 24* (information mal acquise...). – BEAUSSONIE, *Dr. pénal 2008. Étude 19* (protection pénale de la propriété sur l'information). – DETRAZ, OLLARD et J.-CH. SAINT-PAU, *Dalloz, 2009, p. 97* (contre l'incrimination du vol d'information, *in* « La réforme du Code pénal et du Code de procédure pénale. *Opinio* *doctorum* »). – LASSERRE CAPDEVILLE, *AJ pénal 2017. 208* (développements récents du droit sanctionnant le vol). – JOUNIOT, *AJ pénal 2019. 26* (vol : avatars d'une infraction protéiforme).

PLAN DES ANNOTATIONS

1. Définition. Le mot « vol » implique par lui-même, et du fait de la définition qu'en donne la loi, la soustraction de la chose d'autrui et le caractère frauduleux de cette soustraction. • Crim. 7 août 1937 : *Bull. crim. n° 183* • 31 janv. 1947 : *ibid. n° 43.* ♦ Commet le délit de vol celui qui s'approprie la chose d'autrui contre le gré de son propriétaire ou légitime détenteur. • Crim. 12 déc. 1984 : *Bull. crim. n° 403.*

2. Constatations. Les juges du fond constatent souverainement l'existence des éléments constitutifs du vol au vu des circonstances de fait dont ils apprécient la valeur sous le contrôle de la Cour de cassation. • Crim. 21 avr. 1964 : *Bull. crim. n° 119.*

3. Doit être annulé l'arrêt qui confirme par adoption de motifs la décision des premiers juges condamnant un prévenu pour vol, mais se bornant à constater qu'il a « cambriolé » une villa ; il ne résulte de l'expression « cambriolé » ni la soustraction d'une chose appartenant à autrui, ni son appréhension frauduleuse par le prévenu. • Crim. 10 mars 1949 : *Bull. crim. n° 98.* ♦ ... Qui se borne à déclarer que le prévenu s'est rendu coupable d'un vol, sans constater qu'il y a eu soustraction frauduleuse de la chose d'autrui. • Crim. 24 nov. 1955 : *Bull. crim. n° 523* • 24 juill. 1956 : *ibid. n° 580.*

4. La constatation de faits exprimés dans les termes de l'art. 379 C. pén. implique l'existence de l'élément matériel du délit de vol ainsi que de l'intention délictueuse de l'agent. • Crim. 7 juill. 1932 : *Bull. crim. n° 171* • 13 mars 1951 : *ibid. n° 90* • 23 déc. 1963 : *ibid. n° 376.* ♦ Et l'arrêt qui déclare que le prévenu a soustrait frauduleusement des objets au préjudice d'un tiers constate tous les éléments légaux du délit de vol. • Crim. 3 août 1933 : *Bull. crim. n° 173* • 23 juin 1944 : *ibid. n° 148* • 13 janv. 1955 : *ibid. n° 40 ; JCP 1955. II. 8523* • 18 janv. 1955 : *Bull. crim. n° 45.* ♦ Il en est de même pour la question posée en ces termes à la cour et au jury. • Crim. 3 mars 1953 : *Bull. crim. n° 70.*

I. OBJET DU VOL

A. NATURE

5. Chose. La loi punit la soustraction d'une chose, quelle qu'elle soit, si elle appartient à autrui. • Crim. 14 mai 1957 : *Bull. crim. n° 403.* ♦ Ainsi en est-il : ... d'un chèque de voyage dont l'encaissement est subordonné à la signature du bénéficiaire. • Même arrêt. ♦ ... De copies de dissertation française rédigées par des candidats au baccalauréat. • Paris, 24 juin 1965 : *JCP 1966. II. 14700, note Bécourt.* ♦ ... D'une lettre missive, soit qu'elle soit devenue la propriété de son destinataire. • Crim. 2 avr. 1864 : *DP 1864. 1. 396* • 19 juin 1975 : *Gaz. Pal. 1975. 2. 660 ; RSC 1976. 124, obs. Bouzat* • Paris, 9 févr. 1974 : *D. 1974. Somm. 40.* ♦ ... Soit qu'elle soit restée la propriété de son auteur, avant qu'elle ne parvienne à son destinataire. • Paris, 14 avr. 1959 : *JCP 1959. II. 11250 ; D. 1959. Somm. 74.*

6. Les communications téléphoniques (utilisation d'un minitel sans autorisation de l'abonné) constituent des prestations de service non susceptibles d'appropriation et n'entrent pas dans la catégorie des choses visées par l'art. 379 C. pén. • Crim. 12 déc. 1990, n° 88-81.215 P : *D. 1991. 364, note Mirabail ; Gaz. Pal. 1992. 1. 111 ; RSC 1992. 84, obs. Bouzat.*

7. La circonstance que la chose qui aurait été soustraite serait une marchandise illicite et hors commerce (stupéfiants), est sans influence sur la qualification de vol. • Crim. 5 nov. 1985 : *Bull. crim. n° 340.*

8. Chose corporelle. On ne peut assimiler à une chose incorporelle, comme non susceptible de vol, un ordre administratif ayant fait l'objet d'un acte écrit, cet acte pouvant être appréhendé. • Alger, 24 mars 1911 : *DP 1913. 2. 168.*

9. L'électricité est livrée par celui qui la produit à l'abonné qui la reçoit pour l'utiliser ; elle passe, par l'effet d'une transmission qui peut être matériellement constatée, de la possession du premier dans la possession du second, et doit, dès lors, être considérée comme une chose, au sens de l'art. 379 C. pén., pouvant faire l'objet d'une appréhension. • Crim. 3 août 1912 : *DP 1913. 1. 439 ; S. 1913. 1. 337, note Roux.*

10. Une onde hertzienne, fût-elle porteuse d'un signal codé ou non, et dont l'énergie résiduelle peut être recueillie sur une antenne de réception disposée à cet effet, relève d'une nature immatérielle, et, en l'absence d'un quelconque support, qui fait qu'elle échappe à la maîtrise de son émetteur, elle ne saurait être assimilée à une chose au sens de l'art. 379 C. pén. • Paris, 24 juin 1987 : *D. 1988. Somm. 226, obs. Hassler ; Gaz. Pal. 1987. 2. 512, note Marchi ; RSC 1988. 793, obs. Bouzat.*

11. Il est établi que la plaignante a demandé expressément au prévenu, son bailleur, de supprimer le branchement que celui-ci avait réalisé à son insu sur son compteur individuel d'électricité pour alimenter l'éclairage des parties communes et l'antenne télévision d'une voisine ; le fait qu'elle ait pu être informée, par le passé, par un décompte de régularisation de charges et un remboursement forfaitaire en fin d'année, de ce qu'elle faisait l'avance du coût de la consommation d'électricité des parties communes n'établit pas qu'elle avait connaissance de ce procédé illicite ; en dépit de ce remboursement forfaitaire, il ne pouvait pas lui imposer ce procédé frauduleux qui consistait à détourner à son bénéfice l'électricité qui était délivrée uniquement à la plaignante ; il convient donc de le déclarer coupable de vol. • Montpellier, 10 mars 2011 : *JCP G 2011, n° 953.*

12. Chose mobilière. En principe, le vol ne peut s'appliquer qu'aux choses mobilières, celles-là seules étant susceptibles d'être transportées d'un lieu dans un autre. • Alger, 24 mars 1911 : *DP 1913. 2. 168.*

13. Si la soustraction frauduleuse ne peut porter que sur une chose mobilière, il ne faut pas, cependant, s'attacher aux règles du droit civil établissant la distinction entre les meubles et les immeubles ; toutes les fois qu'une chose peut être détachée d'un immeuble, elle se trouve susceptible d'être appréhendée. • TGI Auxerre, 19 mars 1968 : *Gaz. Pal. 1968. 1. Somm. 29.*

14. Il en est ainsi : de pierres détachées du sol au moment de leur enlèvement, qui sont nécessairement devenues objets mobiliers. • Crim. 27 avr. 1866 : *DP 1866. 1. 288.* ♦ ... Ou encore en cas de démolition d'un pont métallique et d'enlèvement d'une partie de ses éléments. • TGI Auxerre, 19 mars 1968 : *préc. note 13.*

15. Mais les concrétions calcaires formant stalactites ne sont que le prolongement de la paroi rocheuse, et, constituant un immeuble, elles ne peuvent faire l'objet d'une soustraction frauduleuse au sens de l'art. 379 C. pén. • T. corr. Grasse, 5 avr. 1948 : *Gaz. Pal. 1948. 1. 253.* ♦ Pour un exemple de vols d'arbres sur pied. • Crim. 27 févr. 1996, n° 95-82.370 P : *Dr. pénal 1996. 153, obs. Véron.*

16. Données informatiques. A caractérisé en tous leurs éléments les délits de maintien frauduleux dans un système de traitement automatisé et de vol de données et a justifié sa décision la cour d'appel qui énonce que le prévenu s'est maintenu dans un système de traitement automatisé après avoir découvert que celui-ci était protégé et a soustrait des données qu'il a utilisées sans le consentement de leur propriétaire. • Crim. 20 mai 2015, n° 14-81.336 P : *D. actu. 5 juin 2015, obs. Duhil de Bénazé ; D. 2015. 1466, note Saenko ; AJ pénal 2015. 413, obs. Dreyer ; JCP G 2015, n° 887, note Beaussonie ; Dr. pénal 2015, n° 106, obs. Véron ; ibid., n° 123, obs. Conte ; ibid. Chron. 10, obs. Lepage ; Journal spécial des sociétés, 30 déc. 2015, note Auffret ; RSC 2015. 860, obs. Matsopoulou ; ibid. 887, obs. Francillon.*

17. Le libre accès à des informations personnelles sur un réseau informatique d'une entreprise n'est pas exclusif de leur appropriation frauduleuse par tout moyen de reproduction. • Crim. 28 juin 2017, n° 16-81.113 P : *D. actu. 13 juill. 2017, obs. Priou-Alibert ; D. 2017. 1885, note Beaussonie ; AJ pénal 2017. 448, obs. Lasserre-Capdeville ; RSC 2017. 752, obs. Matsopoulou ; RTD com. 2017. 713, obs. Saenko.*

B. APPARTENANCE À AUTRUI

18. L'un des éléments essentiels du vol est que la chose soustraite ne soit pas la propriété de l'auteur de la soustraction ; le propriétaire qui soustrait sa propre chose ne commet aucun vol même s'il croit qu'elle appartient à autrui. • T. corr. Auxerre, 14 janv. 1964 : *Gaz. Pal. 1964. 1. 185 (2e jugement).*

19. Il n'est pas nécessaire, pour qu'il y ait lieu de poursuivre l'auteur d'un crime ou d'un délit que les personnes lésées par ce crime ou ce délit soient désignées comme les propriétaires des choses soustraites ; la loi ne considère que la mauvaise foi de celui qui s'approprie une chose qu'il sait ne pas lui appartenir. • Crim. 11 mars 1942 : *Bull. crim. n° 23* • 5 juin 1956 : *ibid. n° 430 ; D. 1956. 526 ; JCP 1956. II. 9412 ; S. 1956. 92* • 27 avr. 1966 : *D. 1966. 489.* ♦ L'art. 379 C. pén. n'exige nullement que les juges du fond précisent à qui appartient la chose soustraite, dès lors qu'il est constant qu'elle n'appartient pas au prévenu, mais est chose d'autrui. • Crim. 23 déc. 1963 : *Bull. crim. n° 376.*

20. L'acheteur, devenu propriétaire, qui s'empare de la chose vendue à tempérament, à l'insu du vendeur récalcitrant, ne commet pas de vol. • Crim. 25 oct. 2011, n° 11-81.771 : *Gaz. Pal. 2012. 1. 298, note Detraz.*

21. Le vol est la soustraction frauduleuse de la chose d'autrui, même si le propriétaire n'est pas connu. • Rouen, 14 févr. 2018 : *JCP G 2018. 906, obs. Brière.*

1° CONDITION

22. Res propria. Se rend coupable du délit de vol celui qui s'empare d'un faisandeau échappé de la volière d'un éleveur, alors que le prévenu savait qu'il s'agissait d'un gibier d'élevage qui venait d'échapper à son propriétaire, le gibier d'élevage constituant une *res propria* et, en tant que telle, étant susceptible d'appropriation frauduleuse. • T. corr. Avesnes-sur-Helpe, 4 mars 1959 : *D. 1960. Somm. 7.* ♦ Il y a vol (tentative) au préjudice d'une société de chasse dans le fait d'abattre un sanglier pour se l'approprier, dès lors que le sanglier se trouve à l'intérieur d'une chasse privée et qu'il ne s'agit pas d'un gibier mais d'une bête élevée. • T. corr. Charleville, 13 févr. 1979 : *Gaz. Pal. 1979. 2. 519, note Alauze.* ♦ Est un vol le fait d'avoir abattu un sanglier pour se l'approprier, alors qu'il se trouvait seul dans le parc d'élevage appartenant à la victime, et qu'il était « de notoriété publique » la propriété de celle-ci, bien que dépourvu de la marque inamovible prévue par la réglementation en vigueur. • Crim. 30 janv. 1992 : *Dr. pénal 1992. 228.*

23. Les champignons, qui doivent être considérés comme des fruits naturels de la terre, appartiennent au propriétaire du terrain sur lequel ils poussent, par droit d'accession en vertu des dispositions de l'art. 547 C. civ. • TGI Saint-Gaudens, 12 mars 1981 : *D. 1983. 535, note Roujou de Boubée.*

24. Res nullius. Est insuffisamment motivé l'arrêt qui condamne un individu pour vol sans spécifier si l'objet soustrait avait encore un propriétaire au moment où il a été dérobé. • Crim. 16 mars 1923 : *DP 1924. 1. 136.*

25. Dès lors d'une part que le rivage de la mer, loin de constituer une *res nullius*, fait partie du domaine de l'État qui en est propriétaire et, d'autre part, que le fait incriminé, même s'il est susceptible d'être poursuivi devant la juridiction administrative, peut contrevenir en même temps à une disposition relevant de la compétence des tribunaux de l'ordre judiciaire, se rend coupable de vol le prévenu qui a procédé à l'extraction de sable sur le rivage de la mer constituant une réserve domaniale. • Crim. 23 oct. 1980 : *Bull. crim. n° 271.* ♦ Dans le même sens • Basse-Terre, 7 août 1979 : *D. 1979. IR 116.*

26. S'il n'est pas nécessaire, pour que le délit de vol soit constitué, que la chose frauduleusement soustraite appartienne à une personne déterminée, encore faut-il qu'elle ait un légitime propriétaire ; ainsi, aucune plainte n'ayant été recueillie dans la région où de jeunes étudiants capturaient des chats (destinés à des laboratoires de recherches médicales), ils pouvaient estimer d'une façon, sinon certaine, du moins raisonnable, que ces chats, errant la nuit, dépourvus de tout moyen d'identification, étaient des animaux sans maîtres. • T. corr. Avignon, 30 sept. 1965 : *Gaz. Pal. 1965. 2. 347 ; D. 1966. Somm. 11.*

27. Res derelictae. La soustraction, même frauduleuse, ne constitue le délit de vol que si la chose soustraite appartient à autrui ; par suite, ne commet pas de délit celui qui s'empare d'une chose volontairement abandonnée par son propriétaire. • Rennes, 22 juin 1926 : *DP 1927. 2. 32.* ♦ Il importe de distinguer la chose abandonnée de la chose simplement perdue : seule la chose abandonnée peut être considérée comme une *res derelictae* appartenant par droit d'occupation à celui qui met la main sur elle, sans qu'il y ait soustraction punissable. • T. corr. Montélimar, 30 janv. 1945 : *Gaz. Pal. 1945. 1. 198.*

28. Les sommes déposées dans les troncs des églises ne sont pas des biens vacants et sans maître, mais des dons faits à ces églises ; leur soustraction frauduleuse constitue un vol. • Crim. 12 juill. 1956 : *Bull. crim. n° 539.*

29. Se rendent coupables de vol les prévenus qui se sont emparés de journaux et brochures exposés dans diverses églises, les ont emportés, puis jetés dans une rivière, alors que ces publications, exposées pour la vente, n'étaient pas abandonnées et sans maître, les parties civiles en étant propriétaires pour les avoir régulièrement acquises. • Crim. 12 mars 1970 : *Bull. crim. n° 103 ; D. 1970. 385, note Delmas ; JCP 1970. II. 16536, note de Lestang ; Gaz. Pal. 1970. 2. Somm. 7.* ♦ Sur l'arrêt d'appel, V. : • Angers, 30 janv. 1969 : *Gaz. Pal. 1969. 1. 291 ; D. 1969. Somm. 75.* ♦ L'appropriation de publications dans une église, et s'agissant même d'invendus, constitue un vol du seul fait que ces publications appartenant à un tiers, leur destruction a été réalisée contre son gré et à son insu. • Rennes, 10 juill. 1973 : *JCP 1974. II. 17607, note M.-C. S.* – Confirmation de : • T. corr. Rennes, 8 févr. 1973 : *JCP 1973. II. 17425, note Seffert.*

30. On ne saurait considérer comme choses volontairement abandonnées, avec l'intention de les laisser au premier occupant, les bijoux et tous autres objets déposés dans les cercueils ou qui ornent les tombes. • T. corr. Nantes, 12 oct. 1942 : *Gaz. Pal. 1942. 2. 252.* ♦ Il en de même des ossements rassemblés dans un caveau ou une crypte, lesquels sont des objets confiés à la garde des autorités administratives ou religieuses. • T. corr. Nice, 22 déc. 1952 : *D. 1953. 139.* ♦ Ne sauraient être considérés comme choses volontairement abandonnées les bijoux et autres objets trouvés dans des caveaux, des cercueils, des fosses communes et des concessions non renouvelées ; en conséquence, les fossoyeurs qui s'approprient les objets trouvés par eux commettent le délit de vol par personne chargée d'une mission de service public. • Crim. 25 oct. 2000, n° 00-82.152 P : *D. 2000. IR 302 ; ibid. 2001. 1052, note Garé ;*

JCP 2001. II. 10566, note Mistretta ; Dr. pénal 2001. Comm. 18, obs. Véron.

31. Est justifiée la décision de la cour d'appel qui, pour déclarer le prévenu coupable de vol, relève qu'il a admis avoir trouvé sur la voie publique des rouleaux de fil de cuivre, propriété des PTT, et qu'il s'est approprié ces objets, alors qu'il ne pouvait penser qu'ils avaient été abandonnés. • Crim. 31 mai 1978 : *Gaz. Pal. 1979. 1. Somm. 150 ; RSC 1979. 377, obs. Bouzat.*

32. Doivent être considérés comme *res derelictae* les matériaux de déblai, provenant de démolitions, abandonnés par la SNCF le long d'un remblai ; dès lors, ne constitue pas une soustraction frauduleuse le fait, par les prévenus, de s'emparer des vieux métaux contenus dans ces matériaux, qu'ils ont ensuite revendus. • Colmar, 13 déc. 1951 : *D. 1952. 132.*

33. Au cours d'une instance prud'homale l'opposant à son employeur, le prévenu, représenté par un délégué syndical, a versé aux débats l'exemplaire d'une lettre déchirée et reconstituée que le chef d'entreprise avait jetée dans sa corbeille à papier ; pour écarter l'argumentation des prévenus soutenant que, la lettre litigieuse ayant été abandonnée par son propriétaire, elle n'avait pu faire l'objet d'une appréhension frauduleuse et partant d'un recel, l'arrêt énonce que l'auteur non identifié du vol « a eu l'intention arrêtée de s'approprier des chutes de la lettre en cause à l'insu de leur légitime propriétaire qui n'a aucunement consenti par avance de façon implicite à ce qu'elles soient interceptées et subtilisées par des mains non autorisées » ; en se prononçant ainsi, la cour d'appel, appréciant souverainement qu'il n'y avait pas eu abandon volontaire de la chose par son propriétaire, a justifié sa décision. • Crim. 10 mai 2005, ♔ n° 04-85.349 P : *D. 2005. Pan. 2991, obs. Roujou de Boubée* ✎ *; JCP 2005. II. 10162, note Daury-Fauveau ; Dr. pénal 2005. 160, obs. Véron.* ♦ ... Pour dire établis les faits de recel la cour d'appel retient que les circonstances de l'appréhension des morceaux de lettre par leur voleur excluent que les prévenus aient pu les posséder de bonne foi, ceux-ci ayant eu nécessairement connaissance de leur soustraction frauduleuse ; en se prononçant ainsi, la cour d'appel, qui a, à bon droit écarté l'erreur de droit invoquée par les prévenus, a justifié sa décision. • Même arrêt.

34. S'il y a eu abandon volontaire d'une chose, cette circonstance, susceptible de faire disparaître l'élément matériel du vol, ne peut être retenue que s'il est établi que le propriétaire ou détenteur légitime a renoncé définitivement à son bien. Tel n'est pas le cas d'une importante somme d'argent découverte dans un sac, dont le détenteur s'est dessaisi en vue d'échapper aux poursuites d'un tiers, mais avec l'intention manifeste de venir le rechercher ultérieurement. • Crim. 12 mai 2015, ♔ n° 14-83.310 P : *D. actu. 24 juin 2015, obs. Gayet ; Dr. pénal 2015, n° 96, obs. Véron ; RSC 2015. 857, obs. Matsopoulou* ✎.

35. Constitue une chose abandonnée, insusceptible d'appropriation frauduleuse, un produit impropre à la commercialisation, en raison du dépassement de la date limite de sa consommation, retiré, pour ce motif, de la vente d'un magasin et mis à la poubelle dans l'attente de sa destruction. Dès lors, ne justifie pas sa décision la cour d'appel qui, pour déclarer une salariée coupable du chef de vol de tels produits, se fonde essentiellement sur le règlement intérieur de l'établissement interdisant au personnel de les appréhender. • Crim. 15 déc. 2015, ♔ n° 14-84.906 P : *D. actu. 25 janv. 2016, obs. Collot.*

2° APPRÉCIATION

36. Biens communaux. Les biens communaux sont la propriété de la commune et non de ses habitants ; les affouagistes n'ont qu'un droit éventuel à répartition des produits de l'affouage. • Crim. 21 avr. 1964 : *Bull. crim. n° 119.*

37. Chose commune. Le copropriétaire qui s'empare d'une partie de la chose commune ne saurait invoquer l'exception de propriété. • Crim. 21 avr. 1964 : *Bull. crim. n° 119* • 28 juin 1966 : *ibid. n° 176 ; D. 1967. Somm. 3 ; Gaz. Pal. 1966. 2. 95.* ♦ La soustraction frauduleuse d'un objet indivis par un copropriétaire constitue un vol au préjudice de son coïndivisaire. • Crim. 27 mai 1975 : *Gaz. Pal. 1975. 2. 607.* ♦ Celui qui dispose d'une chose sur laquelle il a des droits indivis prive les autres copropriétaires d'une fraction de la chose qui lui appartient, commettant ainsi une soustraction frauduleuse même si la disposition est faite au profit d'autrui (répartition de fonds patronaux par un syndicat). • Crim. 25 mai 1988 : *Bull. crim. n° 223.* ♦ Aux termes de l'art. 815-3, al. 1er, C. civ., les actes d'administration et de disposition relatifs aux biens indivis requièrent le consentement de tous les indivisaires ; en conséquence, la personne qui acquiert des biens indivis, alors que certains des coïndivisaires se sont opposés à leur cession, se rend coupable de vol au préjudice de ces derniers. • Crim. 27 févr. 1996, ♔ n° 95-82.370 P : *Dr. pénal 1996. 153, obs. Véron ; RTD civ. 1996. 936, obs. Zénati* ✎. ♦ ... C'est à juste titre que les juges ont déclaré le prévenu coupable de vols d'arbres sur pied, appartenant à des propriétaires indivis ; il n'importe que le prévenu ait obtenu le consentement de la majorité des coïndivisaires pour procéder à l'abattage des arbres soustraits, dès lors que cet accord, inopposable aux autres propriétaires, n'était pas, à l'égard de ces derniers, de nature à ôter aux faits leur caractère délictueux. • Même arrêt. ♦ Le détenteur de biens meubles indivis qui se les approprie ou en dispose à l'insu des autres coïndivisaires commet un vol au préjudice de ces derniers. • Crim. 12 mai 2015, ♔ n° 13-87.668 P : *D. actu. 29 mai 2015, obs. Duhil de Bénazé ; Dr. pénal 2015,* n° 96, *obs. Véron ; RSC 2015. 857, obs. Matsopoulou* .

38. Les dispositions des art. 792 et 801 C. civ., sanctionnant les héritiers qui ont recelé ou dissipé les effets d'une succession, n'apportent aucun obstacle à l'application de la loi pénale, dès lors que l'enlèvement a le caractère d'un vol. • Crim. 7 oct. 1981 : *Bull. crim. n° 265.*

39. La saisine héréditaire ne confère pas un droit de propriété à l'héritier saisi ; dès lors, celui-ci ne peut, sans commettre un vol au préjudice de ses cohéritiers saisis en particulier, et de l'indivision en général, s'approprier à leur insu les biens dépendant de la succession indivise. • Crim. 21 mars 1984 : *Bull. crim. n° 124 ; RSC 1985. 307, obs. Bouzat.*

40. Le mari qui, après divorce, fait vendre le mobilier faisant partie de la communauté, doit être relaxé des poursuites pour vol dès lors que la liquidation de la communauté n'est pas intervenue et que jusqu'alors les droits de chacun des époux sont indéterminés. • T. corr. Auxerre, 10 déc. 1963 : *D. 1964. Somm. 57 ; Gaz. Pal. 1964. 1. 185 (1er jugement).*

41. Construction. Commet une soustraction frauduleuse l'entrepreneur qui, dans une maison en construction vendue en l'état futur d'achèvement, reprend des menuiseries qu'il avait fournies et qui avaient déjà été mises en place. • Crim. 12 oct. 1976 : *Bull. crim. n° 289 ; RSC 1977. 106, obs. Bouzat.* ♦ ... Ou qui, en cours d'exécution d'un marché de fournitures, procède, après les avoir installés, à l'enlèvement de chaudières murales et de compteurs d'eau, alors qu'ils étaient incorporés aux bâtiments appartenant au constructeur et qu'ils étaient devenus sa propriété. • Crim. 21 nov. 1979 : *D. 1980. IR 444.*

42. Mais ne commet pas de vol l'entrepreneur qui reprend dans la maison inachevée qu'il était chargé de construire un matériel sanitaire payé par lui et non encore installé, la cour ayant considéré, par une interprétation souveraine du contrat passé entre les parties, que le matériel en cause était resté la propriété de l'entrepreneur. • Crim. 13 janv. 1971 : *Bull. crim. n° 11 ; D. 1971. 191.* ♦ Rappr. : • Crim. 16 févr. 1934 : *DH 1934. 183.*

43. Dès lors qu'il résulte des circonstances de la cause que l'intention des parties a toujours été de contracter une vente et que celle-ci était parfaite dès l'instant où il avait été convenu de la chose et du prix, il y a vol pour le vendeur à s'introduire de force au domicile de l'acheteur afin de reprendre un objet vendu à crédit et dont les dernières traites sont restées impayées. • T. corr. *Boulogne-sur-Mer, 4 mai 1960 : D. 1961. Somm. 36.*

44. Bail. Les clefs d'un immeuble, qui sont l'accessoire indispensable des serrures, elles-mêmes immobilisées, sont la propriété du bailleur ; dès lors, ni lui, ni ses mandataires, ne peuvent se rendre coupables du vol des clefs d'un de leurs immeubles, le délit de vol exigeant l'appropriation de la chose d'autrui. • T. corr. Avesnes-sur-Helpe, 17 janv. 1961 : *D. 1961. 207 ; Rev. loyers 1961. 206.*

45. Liquidation judiciaire. Les juridictions pénales peuvent, elles-mêmes, apprécier la validité des conventions dont dépend la décision sur l'action publique ; en conséquence, justifie sa décision la cour d'appel qui, pour dire établi à l'encontre de l'ancien dirigeant d'une société un délit de vol portant sur des biens meubles constituant l'actif de ladite société, mise en liquidation judiciaire, retient que ce n'est que par l'effet d'opérations frauduleuses que le prévenu est devenu fictivement propriétaire de ces biens appartenant en réalité à la société, et qu'il a ensuite procédé à leur donation à des membres de sa famille au cours de la période suspecte, ce dont il résultait que les conventions que ce prévenu invoquait étaient nulles et n'avaient pu lui conférer aucun droit. • Crim. 30 oct. 2012, n° 11-81.266 P : *D. actu. 19 nov. 2012, obs. Martineau ; D. 2013. Pan. 134, obs. Diviall ; AJ pénal 2013. 44, obs. Gallois ; Gaz. Pal. 2013. 1. 459, obs. Detraz.*

46. Métayage. Si un métayer a vendu à un tiers des fleurs qu'il devait, d'après son contrat, partager avec le propriétaire, ses agissements ne constituent pas un vol, puisqu'il s'agissait de choses fongibles, que la part du bailleur n'était pas individualisée, et que c'est seulement par une reddition de comptes et par un partage du produit de la vente que s'exécutaient les obligations du métayer. • T. corr. Grasse, 19 févr. 1947 : *Gaz. Pal. 1947. 2. 21.* ♦ Comp. : • Agen, 7 févr. 1850 : *DP 1850. 5. 478.*

47. Remembrement. Celui qui, après clôture des opérations de remembrement et par conséquent transfert de la propriété, abat des arbres sur la propriété qui n'est plus la sienne et les transporte chez lui, se rend coupable de vol, même s'il n'a pas encore été statué sur le recours qu'il a exercé contre la décision de la commission de remembrement. • Crim. 23 mai 1967 : *Bull. crim. n° 157.*

48. Saisie. Le saisi conservant la propriété des objets compris dans la saisie-exécution, le délit qu'il commet en détournant ces objets ne constitue pas une soustraction frauduleuse rentrant dans les termes de l'art. 379 C. pén. • Orléans, 5 déc. 1893 : *DP 1895. 2. 166.*

49. Succession. Commet un vol le légataire universel qui prend possession des biens légués avant le décès du *de cujus*. • Crim. 23 nov. 2004 : *Dr. pénal 2005. 39.*

50. Travail salarié. Des documents représentant des projets et des contre-projets établis par un employé pour le compte de son patron sont la propriété de ce dernier et constituent des objets mobiliers susceptibles d'appréhension frauduleuse. • Crim. 23 déc. 1957 : *Bull. crim. n° 880.*

♦ Il en est de même des fiches de clientèle rédigées par un technicien en maintenance informatique et bureautique, qui sont la propriété de la société au service de laquelle il travaille. • Crim. 28 mars 1990 : *Gaz. Pal. 1990. 2. Somm. 530.* ♦ ... Ou des fichiers de clients réels ou potentiels constitués par des démarcheurs et autres commerciaux dès lors qu'ils ont le statut de salariés. • Grenoble, 15 févr. 1995 : *Gaz. Pal. 1996. 1. 171, note Latry-Bonnart ; RSC 1996. 659, obs. Ottenhof.*

51. Dossier d'un avocat. Ne justifie pas sa décision la cour d'appel qui, pour dire coupable de vol un prévenu qui, se trouvant en désaccord avec son avocat, s'était emparé du dossier de cet avocat relatif à une procédure le concernant, retient que le dossier a été repris, sans l'accord de son légitime détenteur et avec une volonté manifeste d'appropriation, sans répondre aux conclusions du prévenu qui invoquaient les dispositions, alors applicables, de l'art. 157 du Décr. du 27 nov. 1991, prescrivant à l'avocat chargé d'un mandat *ad litem* de restituer sans délai les pièces dont il est dépositaire lorsque l'affaire est terminée ou qu'il en déchargé, ni rechercher quelles pièces appartenant à l'avocat avaient pu être frauduleusement soustraites. • Crim. 20 juin 2006, n° 05-80.776 P : *D. 2007. Pan. 405, obs. Garé ; AJ pénal 2006. 505, obs. Porteron ; Gaz. Pal. 2007. 1. Somm. 631, note Monnet.*

52. Trésor. Les juges du fond apprécient souverainement si les choses qui ont fait l'objet d'une soustraction frauduleuse constituent ou non un trésor au sens de l'art. 716 C. civ. • Crim. 24 nov. 1976 : *Bull. crim. n° 342.*

53. L'inventeur d'un trésor s'entend de celui qui, par le seul effet du hasard, met le trésor à découvert, serait-il au service d'une entreprise, dès lors que les travaux ayant conduit à la découverte n'ont pas été effectués à cette fin. • Crim. 20 nov. 1990, n° 89-90.529 P.

54. Caractérise le délit de vol imputé à l'acquéreur d'un immeuble qui, après son entrée dans les lieux, s'était approprié un certain nombre de lingots d'or découverts par lui dans la cave, l'arrêt qui déduit des circonstances de fait qu'il expose qu'il ne s'agissait pas d'un trésor au sens de l'art. 716 C. civ., faute notamment d'une découverte due à « un pur effet du hasard », et relève les éléments de preuve établissant à la charge du prévenu la soustraction frauduleuse d'objets mobiliers appartenant à autrui. • Crim. 21 mars 1978 : *Bull. crim. n° 113 ; RSC 1979. 101, obs. Bouzat.*

55. Se rendent coupables de vol les individus qui ont remonté des amphores des fonds sous-marins où elles gisaient et se les sont appropriées, dès lors qu'ils n'étaient point les inventeurs de l'épave et que l'État avait déjà exercé le droit de propriété latent qu'il possède sur les épaves maritimes. • Aix-en-Provence, 28 oct. 1958 : *D. 1959. 547, note Waline ; S. 1959. 230.*

56. Déclare à bon droit le conservateur d'un musée coupable de vol et de recel, la cour d'appel qui énonce qu'il a dirigé un important trafic d'œuvres d'art et organisé le pillage d'épaves sous-marines appartenant à l'État, dont il a soustrait frauduleusement des antiquités, et qu'il a entreposé dans une annexe du musée des objets anciens qu'il savait volés par d'autres ; les juges ajoutent qu'il a acheté, pour les conserver ou les revendre, des vases et des poteries antiques, qu'il savait provenir de fouilles irrégulières et de vols dans des tombes en Italie du sud. • Crim. 2 avr. 1998 : *Gaz. Pal. 2001. 2. Somm. 2146.*

57. Pour la condamnation pénale d'inventeurs d'un trésor, après se l'être approprié intégralement. • Rouen, 14 févr. 2018 : *JCP G 2018. 906, obs. Brière.*

II. MATÉRIALITÉ DU VOL

A. SOUSTRACTION DE LA CHOSE

58. Interversion de possession. Le vol est une atteinte à la possession et non à la propriété. • Grenoble, 15 févr. 1995 : *Gaz. Pal. 1996. 1. 171, note Latry-Bonnart ; RSC 1996. 659, obs. Ottenhof.*

59. Aux termes de l'art. 379 C. pén., le vol consiste à soustraire frauduleusement la chose d'autrui, d'où il suit qu'il n'y a de vol, dans le sens de la loi, que lorsque la chose, objet du délit, passe de la possession du légitime détenteur dans celle de l'auteur du délit, à l'insu ou contre le gré du premier : pour soustraire, il faut prendre, enlever, ravir. • Crim. 18 nov. 1837 : *S. 1838. 1. 366.* ♦ La soustraction constitutive du délit de vol aux termes de l'art. 379 C. pén. implique l'appréhension, l'enlèvement d'une chose qui se trouvait hors de la détention du coupable au moment où elle s'opère. • Crim. 27 janv. 1898 : *DP 1899. 1. 327.* ♦ Celui qui s'approprie frauduleusement la chose d'autrui, qu'il a en sa possession, ne commet pas un vol. • Crim. 23 mai 1908 : *DP 1909. 1. 166.*

60. N'est pas constitutif de vol l'agissement consistant à prendre connaissance, par un décodeur frauduleusement fabriqué, des émissions d'une chaîne codée, dans la mesure où le branchement opéré n'a pour effet ni de déposséder le propriétaire du programme qu'il continue à diffuser, ni le téléspectateur abonné qui ne subit aucun trouble dans sa réception normale. • Paris, 24 juin 1987 : *D. 1988. Somm. 226, obs. Hassler ; Gaz. Pal. 1987. 2. 512, note Marchi ;* confirmation de : • T. corr. Paris, 15 avr. 1986 : *RSC 1987. 209, obs. Bouzat.*

61. L'ex-mari à qui il est reproché d'avoir détourné et vendu, après l'instance en divorce, des meubles appartenant à la communauté, ne peut être poursuivi pour vol, dès lors qu'il détenait ces objets avec le consentement tacite de la femme et n'avait donc pas commis l'appréhension frauduleuse de ceux-ci. • T. corr. Auxerre, 10 déc. 1963 : *D. 1964. Somm. 57 ; Gaz. Pal. 1964. 1. 185 (1er jugement).*

62. Fait personnel. En principe il n'y a pas vol sans appréhension frauduleuse et déplacement de la chose d'autrui par le fait personnel de l'auteur de l'appréhension ou du déplacement. • Crim. 15 déc. 1959 : *Bull. crim. n° 554 ; D. 1960. 190 ; S. 1960. 116.*

63. Mais se rend coupable de vol celui qui reçoit et conserve un objet perdu et trouvé par un tiers sur qui il avait autorité légale, en particulier, un ascendant qui reçoit l'objet trouvé par son enfant mineur, celui-ci n'étant alors que l'instrument à l'aide duquel le prévenu réalise l'appréhension frauduleuse. • Crim. 15 déc. 1959 : *préc. note 62.*

64. Pour déclarer la prévenue coupable de vol d'une photocopie de lettre adressée à un tiers, par les administrateurs judiciaires de l'étude d'huissiers dans laquelle elle travaillait, l'arrêt attaqué énonce qu'il résulte d'un témoignage que ce document a été retrouvé dans les dossiers d'un ancien salarié de l'étude, après le décès de celui-ci, et que ce dernier le tenait d'une remise qui lui en avait été faite par la prévenue, également salariée de l'étude ; en se déterminant ainsi, sans rechercher les circonstances dans lesquelles la prévenue serait entrée en possession de la photocopie du courrier litigieux, ni caractériser la soustraction frauduleuse indispensable à la constitution du délit de vol, la cour d'appel n'a pas justifié sa décision. • Crim. 2 mars 2004 : *Dr. pénal 2004. 85.*

65. Usage abusif. La loi pénale n'atteint pas celui qui, sans l'autorisation du propriétaire, utilise même abusivement la chose d'autrui. • Crim. 19 févr. 1959 : *Bull. crim. n° 123 ; D. 1959. 331, note Roujou de Boubée ; JCP 1959. II. 11178 (1re esp.), note Chambon ; S. 1959. 21, note M.R.M.P.* • 21 mai 1963 : *D. 1963. 568 ; Gaz. Pal. 1963. 2. 259.* ♦ V. cependant III (Intention de voler), notes 101 s.

66. Ainsi, ne constitue pas, à l'égard du service communal des eaux, une soustraction de la chose d'autrui, l'usage abusif, fait ou toléré par un abonné, de l'eau qui lui a été volontairement livrée, alors même que le contrat lui interdit d'en disposer au profit de tiers par branchement ou autrement. • Crim. 27 janv. 1933 : *Bull. crim. n° 25 ; DH 1933. 148.*

67. Chose jugée. Encourt la cassation l'arrêt d'une cour d'appel qui, statuant sur les seuls intérêts civils, déboute la victime, propriétaire d'un véhicule volé, en énonçant qu'elle avait laissé son véhicule ouvert avec les clés sur le tableau de bord, de sorte que la condition posée par l'art. L. 211-1 C. assur. ne se trouvait pas remplie, la garde et la conduite de l'automobile n'ayant pas été obtenues contre le gré de son propriétaire, alors que la déclaration de culpabilité du prévenu, du chef de vol, passée en force de chose jugée, excluait que la victime ait consenti à la soustraction de son véhicule. • Crim. 19 juin 2007, n° 06-88.454 P : *Gaz. Pal. 2008. 1. 930, note Monnet.*

B. REMISE DE LA CHOSE

1° REMISE DE LA POSSESSION

68. Remise volontaire. Pour constituer un vol, il ne suffit pas que l'inculpé se soit frauduleusement approprié la chose d'autrui, il faut de plus qu'il l'ait soustraite au moyen d'une mainmise et d'une appréhension opérée par lui-même sur ladite chose, avec l'intention coupable de la détourner au préjudice de son légitime propriétaire ; dans la remise qui en serait faite volontairement par un tiers, l'appréhension de l'objet volé n'ayant pas eu lieu de la part de celui qui, plus tard, se l'est approprié, les caractères du vol disparaissent. • Crim. 11 juill. 1862 : *DP 1862. 1. 443.* ♦ L'art. 379 C. pén. n'est pas applicable à la personne entre les mains de qui le propriétaire d'une chose s'en est volontairement dessaisi. • Crim. 17 mars 1899 : *DP 1899. 1. 461.* ♦ L'appréhension frauduleuse de la chose d'autrui, nécessaire pour constituer le vol, ne se rencontre pas dans le cas où la chose remise volontairement, fût-ce même par suite d'erreur, par le propriétaire ou le possesseur, est frauduleusement retenue par celui qui l'a reçue. • Crim. 31 août 1899 : *DP 1902. 1. 331* • 15 mars 1917 : *ibid. 1921. 1. 63.*

69. Le fait de disposer indûment d'objets volontairement remis, alors même que la restitution en a été ordonnée par la justice, ne constitue pas un vol. • Crim. 26 avr. 1955 : *Bull. crim. n° 206 ; D. 1955. 455.*

70. La vente d'un bien mobilier assortie d'une clause de réserve de propriété s'accompagne d'une remise volontaire de la chose, exclusive de toute appréhension frauduleuse du bien par l'acquéreur, même en cas de résolution du contrat. • Crim. 11 oct. 1990, n° 89-84.474 P : *D. 1991. 234, note Peano, et Somm. 272, obs. Azibert ; Gaz. Pal. 1991. 1. 177 ; RSC 1991. 765, obs. Bouzat.*

71. Lorsqu'un pompiste a volontairement remis de l'essence à un client, il s'est dessaisi non seulement de la propriété mais encore de la possession de la quantité d'essence versée dans le réservoir ; il n'existe par conséquent aucun élément de soustraction au sens défini par l'art. 379 C. pén., et le client qui s'abstient de régler l'essence ne peut être poursuivi pour vol. • T. corr. Lille, 15 févr. 1966 : *JCP 1966. II. 14691, note Ségur.*

72. Mais commet le délit de vol l'individu qui, après avoir remis à un marchand un billet de banque en paiement d'un objet, enlève furtivement tant le billet que la monnaie qui lui revient ; en admettant, en effet, que cette monnaie ait été volontairement remise par le marchand, il y a eu, en revanche, appréhension frauduleuse de la chose d'autrui quant au billet de banque, qui a cessé d'appartenir au prévenu au moment de la remise de la monnaie. • Crim. 29 sept. 1898 : *S. 1900. 1. 249, note Roux.* ♦ Pour une succession de vols « Au rendez-moi » réalisés le même jour par la prévenue dans plusieurs commerces d'une ville. • Pau, 14 févr. 1996 : *Dr. pénal 1997. Comm. 6, obs. Véron ; RSC 1999. 103, obs. Ottenhof.*

73. De même, l'individu qui appréhende frauduleusement une somme d'argent renfermée à l'insu du propriétaire dans un vieux meuble que celui-ci lui a vendu, commet une soustraction dans le sens de l'art. 379 C. pén., et, par suite, peut être déclaré coupable de vol. • Crim. 28 févr. 1896 : *DP 1897. 1. 176.* ♦ Opposer : • Crim. 11 juill. 1862 : *DP 1862. 1. 443.* ♦ Le brocanteur qui, ayant régulièrement acquis dans une salle de ventes un lot de linge provenant d'une succession vacante, a découvert, quelques jours après, dans un traversin faisant partie du lot qu'il avait ouvert, des billets de banque qu'il a fait mettre dans sa caisse, s'est rendu l'auteur d'une soustraction frauduleuse au préjudice de la succession ; cette soustraction est constituée par l'appréhension de la possession dont l'*animus* n'avait pu être livré, l'administration de la succession ignorant l'existence des billets de banque dans le lot vendu aux enchères. • T. corr. Seine, 9 mai 1956 : *Gaz. Pal. 1956. 2. 56 ; RSC 1957. 141, obs. Bouzat.*

74. Sur l'élément remis lors de la manipulation frauduleuse ou abusive d'appareils automatiques, V. notes 149 s.

75. Remise par erreur. La soustraction frauduleuse, élément constitutif du vol, emporte l'idée d'une appréhension, d'un enlèvement qui doit être le fait du coupable ; dès lors, ne se rend pas coupable de vol celui à qui la chose est remise par erreur, et qui la retient dans une pensée de fraude, quand bien même il aurait découvert l'erreur dès l'instant où elle a été commise. • Crim. 22 janv. 1948 : *Bull. crim. n° 29 ; D. 1948. 143 ; JCP 1948. II. 4345, note Pierrard ; Gaz. Pal. 1948. 1. 94 ; S. 1949. 1. 149* • 23 oct. 1958 : *Bull. crim. n° 650 ; Gaz. Pal. 1959. 1. 40 ; D. 1959. Somm. 23.*

76. Celui à qui des lettres missives ont été remises par erreur par l'administration des postes et qui, ayant constaté l'erreur, s'est saisi frauduleusement de ces lettres pour se servir de l'une d'elles à des fins qui lui étaient personnelles, n'a pas commis le délit de vol. • Crim. 22 janv. 1948 : *préc. note 75.* ♦ *Contra* : • Crim. 30 nov. 1977 : *Bull. crim. n° 381.*

77. Si le fait par une personne de conserver une chose qui lui a été remise par erreur ne constitue pas un vol, ce principe est sans application à l'égard des préposés d'une entreprise chargés de transporter des marchandises pour le compte de leurs employeurs, ceux-ci n'étant en réalité que de simples détenteurs. • Crim. 13 juin 1956 : *Bull. crim. n° 473 ; D. 1956. 579 ; S. 1956. 126.*

78. Remise provoquée par dol. S'il est de principe que l'appréhension frauduleuse de la chose d'autrui, élément constitutif du vol, ne se rencontre pas dans le cas où la chose remise volontairement, fût-ce par erreur, est retenue par celui qui l'a reçue, on ne saurait assimiler à une remise volontaire, la remise faite par un tiers, abusé par le prévenu sur le véritable propriétaire de la chose, ce tiers n'ayant été que l'instrument passif à l'aide duquel la personne qui recevait la chose l'a, en réalité, appréhendée frauduleusement. • Crim. 10 févr. 1954 : *Bull. crim. n° 69 ; S. 1955. 1. 44* • 24 oct. 1972 : *Bull. crim. n° 306 ; Gaz. Pal. 1973. 1. 218 ; RSC 1973. 417, obs. Bouzat* • Colmar, 10 avr. 1956 : *D. 1956. 692 ; JCP 1956. II. 9671 ; S. 1957. 108.* ♦ Ainsi, constitue le délit de vol (et non celui d'abus de confiance) le fait par le directeur commercial d'une société de commander du mazout pour le compte de la société, de le faire payer par la société, mais de donner des instructions à l'employé du fournisseur pour que ce mazout soit livré à son domicile personnel et non au siège de la société. • Crim. 24 oct. 1972 : *préc.*

79. Il y a délit de vol dans le fait d'un individu qui, après s'être présenté dans une maison où des objets appartenant à un tiers avaient été abandonnés par des soldats ennemis, a emporté ces objets en déclarant qu'il en était propriétaire. • Crim. 6 nov. 1920 : *DP 1921. 1. 188, note A. L.*

80. Condamne à bon droit un prévenu du chef de vol, la cour d'appel qui énonce qu'on ne peut assimiler à une remise volontaire celle faite par un magasinier qui a été sciemment induit en erreur par ce prévenu. • Crim. 23 mai 1973 : *Gaz. Pal. 1973. 2. 621.*

81. Remise inconsciente. Il est impossible d'assimiler à une remise volontaire, même erronée, la remise faite par des enfants qui n'avaient pas conscience de leur acte, de sorte qu'ils n'ont été qu'un instrument passif à l'aide duquel la personne qui recevait la chose l'a en réalité appréhendée frauduleusement. • Crim. 31 août 1899 : *DP 1902. 1. 331* • 25 mai 1938 : *DH 1938. 453.*

82. Ne peut être reconnue comme volontaire la remise faite par une personne dont les facultés mentales, momentanément diminuées, ne lui ont pas permis de se rendre compte de la portée exacte de son acte, de sorte que cette personne n'a été qu'un instrument passif à l'aide duquel celui-là même qui a reçu la chose l'a appréhendée, en réalité frauduleusement. • T. corr. Versailles, 13 mai 1970 : *Gaz. Pal. 1971. 1. 34, note Doucet ; RSC 1971. 428, obs. Bouzat.*

83. Remise sous la contrainte. Le fait d'obtenir par la contrainte la remise d'une somme d'argent constitue l'appropriation frauduleuse de la chose d'autrui et caractérise le délit de vol. • Crim. 4 mai 1973 : *Bull. crim. n° 207 ; Gaz. Pal. 1973. 2. 621.*

84. Le fait d'obtenir, par l'effet de la crainte et en jouant de la déficience mentale de la victime, la remise de sommes d'argent, constitue l'appréhension frauduleuse de la chose d'autrui et caractérise le délit de vol. • Crim. 26 juin 1974 : *Bull. crim. n° 243* • 17 janv. 1978 : ♔ *ibid. n° 20* • 16 mars 1989 : *ibid. n° 133.*

85. Ainsi, constate l'appréhension de la chose d'autrui et l'intention délictueuse l'arrêt qui déclare que les prévenus, hommes jeunes et en pleine possession de leurs moyens, ont par la peur qu'ils ont su inspirer aux victimes, personnes âgées et isolées, obtenu de celles-ci, contre leur volonté, la remise de sommes d'argent pour la plus grande part indues, qu'ils exigeaient avec insistance en contrepartie de menus travaux. • Crim. 25 janv. 1973 : *Bull. crim. n° 45 ; Gaz. Pal. 1973. 1. Somm. 96.* ♦ De même, il en est ainsi quand la victime a été hypnotisée et qu'elle a alors perdu le contrôle de sa volonté, son jeune âge, son éducation et son état de grossesse la rendant particulièrement vulnérable. • T. corr. Versailles, 13 mai 1970 : *Gaz. Pal. 1971. 1. 34, note Doucet ; RSC 1971. 428, obs. Bouzat.*

2° REMISE DE LA DÉTENTION

86. Principe – Compatibilité avec le vol. La détention purement matérielle, non accompagnée d'une remise de la possession, n'est pas exclusive de l'appréhension qui constitue un des éléments du délit de vol. • Crim. 15 juin 1939 : *Bull. crim. n° 128 ; DP 1940. 1. 60* • 5 mars 1941 : *Gaz. Pal. 1941. 1. 285 ; S. 1941. 1. 102* • 17 janv. 1946 : *Bull. crim. n° 22 ; S. 1947. 1. 15* • 26 févr. 1948 : *Bull. crim. n° 71* • 17 févr. 1949 : *ibid. n° 68 ; S. 1949. 1. 149, note Lemercier* • 20 juin 1952 : *JCP 1952. IV. 122* • 21 avr. 1964 : *Bull. crim. n° 120 ; D. 1964. 398 ; JCP 1965. II. 13973 (1re esp.), note Ottenhof* • 28 mai 1975 : *Bull. crim. n° 138* • 11 janv. 1977 : *ibid. n° 13 ; Gaz. Pal. 1977. 2. 382* • 10 févr. 1977 : *Bull. crim. n° 57* • 30 nov. 1977 : *ibid. n° 381* • 8 janv. 1979 : ♔ *ibid. n° 13 ; D. 1979. 509, note Corlay, et IR 182, obs. Roujou de Boubée ; Gaz. Pal. 1979. 2. 501 ; RSC 1979. 571, obs. Bouzat* • 17 déc. 1980 : *Bull. crim. n° 351* • 11 juin 1990, ♔ n° 89-80.467 P • 3 mars 1992 : ♔ *Dr. pénal 1992. 254 ; D. 1994. Somm. 157, obs. Roujou de Boubée* ✎ • 8 févr. 1993, ♔ n° 91-86.622 P : *RSC 1994. 112, obs. Bouzat* ✎. ♦ Le délit de vol est donc légalement caractérisé lorsqu'il résulte des constatations de l'arrêt que le propriétaire des objets que le prévenu s'est approprié, ne s'en était pas dessaisi, bien que le prévenu ait, en fait, détenu ces objets. • Crim. 15 juin 1939 : *préc.* • 17 janv. 1946 : *préc.* • 26 févr. 1948 : *préc.* • 17 févr. 1949 : *préc.* • 21 avr. 1964 : *préc.*

87. La détention matérielle de la chose d'autrui par rétention implique l'appréhension frauduleuse quand elle n'a pas été accompagnée d'une remise de la possession ; dès lors, les faits tombent sous les dispositions de l'art. 379 C. pén. • Crim. 24 janv. 1946 : *Bull. crim. n° 33.*

88. Applications – Opérations de vente. Se rend coupable de vol celui qui appréhende frauduleusement des marchandises laissées à sa disposition, mais dont le propriétaire ne lui avait pas abandonné la possession. • Crim. 4 nov. 1964 : *Bull. crim. n° 288 ; JCP 1965. II. 14066, note Chavanne.*

89. Le fait d'avoir, dans les magasins d'une société, enlevé des marchandises sans signer le bon de livraison qui devait en constater la remise et le prix, constitue l'appréhension frauduleuse de la chose d'autrui et caractérise le délit de vol. • Crim. 4 nov. 1977 : ♔ *Bull. crim. n° 330.*

90. Vente au comptant. Dans une vente au comptant, la remise définitive de l'objet vendu n'est consentie par le vendeur à l'acheteur qu'au moment du versement du prix ; jusque-là, il n'y a qu'un dessaisissement provisoire, qui ne modifie pas les droits du vendeur. • Crim. 4 juin 1915 : *DP 1921. 1. 57, note Appleton.* ♦ La remise de la marchandise au prétendu acheteur au comptant ne confère à ce dernier, jusqu'au payement du prix, qu'une détention purement matérielle, le vendeur conservant jusqu'à ce moment la propriété et même la possession de ladite marchandise ; en conséquence, commet une soustraction frauduleuse l'acheteur au comptant qui, avant règlement du prix, emporte frauduleusement la chose à lui remise par le vendeur. • Crim. 18 juill. 1963 : *Bull. crim. n° 262* • T. corr. Clermont-Ferrand, 5 juill. 1979 : *Gaz. Pal. 1979. 2. Somm. 447, note Berthon.*

91. Vente « libre-service ». Les magasins « libre-service » offrent à leurs acheteurs éventuels la détention précaire de tous les articles mis à leur disposition. • T. corr. Dijon, 28 févr. 1973 : *JCP 1974. II. 17803, note Puech.* ♦ ... Et la soustraction frauduleuse ne peut être caractérisée que lorsque le client a franchi la caisse sans déclarer les objets qu'il a choisis dans les rayons. • T. corr. Seine, 12 juin 1967 : *D. 1967. 641 ; JCP 1967. II. 15295.*

92. Sur la jurisprudence de la Cour de cassation, V. notamment : • Crim. 14 mai 1958 : *Bull. crim. n° 391 ; D. 1958. 513 (1re esp.), note M.R.M.P. ; Gaz. Pal. 1958. 2. 18 ; S. 1958. 303* • 30 mai 1958 : *Bull. crim. n° 421 ; D.1958. 513 (2e esp.), note préc. M.R.M.P ; JCP 1958. II. 10809, note Chavanne* • 20 févr. 1963 : *Gaz. Pal. 1963. 2. 119 ; D.1963. Somm. 103* • 10 juin 1964 : *Bull. crim. n° 200 ; Gaz. Pal. 1964. 2. 172* • 10 févr. 1977 : ♔ *Bull. crim. n° 57.*

93. Remise en communication. La remise d'un document (reconnaissance de dette) par son possesseur à une tierce personne pour l'examiner en présence du possesseur, n'implique ni abandon de la possession, ni remise volontaire dudit document ; dès lors le fait par le tiers de refuser de restituer ce document ou de le détruire constitue la soustraction frauduleuse de la chose d'autrui, caractéristique de vol. • Crim. 24 oct. 1956 : *Bull. crim. n° 676* • 5 déc. 1984 : *ibid. n° 387.*

94. Ainsi, constitue le délit de vol le fait par le prévenu d'emporter, sans en donner reçu, une reconnaissance qui n'avait été mise que momentanément à sa disposition, sous un prétexte frauduleux, cette remise provisoire ne constituant ni un abandon de la possession de ce titre ni une remise volontaire. • Crim. 21 nov. 1934 : *Bull. crim. n° 198.* ♦ Se rend coupable de vol le prévenu qui, recevant en communication une reconnaissance de dette d'un créancier s'attendant à recevoir payement de son dû, s'en empare et refuse ensuite de s'acquitter de ce dont il était redevable. • Crim. 22 déc. 1958 : *Bull. crim. n° 769.* ♦ ... Ou encore s'est fait remettre une reconnaissance de dette, sous prétexte d'y apposer une mention, puis détruit ce document. • Crim. 5 déc. 1984 : *préc. note 93.*

95. Est pareillement coupable de vol : ... le prévenu qui, recevant en communication une transaction mise provisoirement à sa disposition par le notaire qui a rédigé cet acte et en a été constitué le dépositaire, refuse de la restituer. • Crim. 1er mars 1951 : *Bull. crim. n° 70.* ♦ ... Le prévenu qui, ayant obtenu en communication, pour qu'il les signe, un certain nombre de traites ainsi qu'un reçu pour solde de tout compte, restitue les traites sans les avoir signées, mais conserve le reçu. • Crim. 9 juill. 1959 : *Bull. crim. n° 350 ; D. 1960. Somm. 7.*

96. La remise d'un billet de loterie par son possesseur à une tierce personne pour vérifier s'il figure parmi les numéros gagnants n'implique ni abandon de la possession, ni remise volontaire dudit titre ; dès lors, le fait par le tiers de s'approprier ce billet constitue l'appropriation frauduleuse de la chose d'autrui et caractérise le délit de vol. • Crim. 21 févr. 1968 : *Bull. crim. n° 58 ; Gaz. Pal. 1968. 1. 331 ; JCP 1969. II. 15703.*

97. *Remise à l'essai.* Le fait de s'approprier un « scooter » confié pour un essai de quelques minutes, en vue d'un achat éventuel, constitue un vol (et non un abus de confiance). • Crim. 10 avr. 1959 : *Bull. crim. n° 209.*

98. *Opérations de paiement.* Se rend coupable de vol celui qui, recevant un payement en billets de banque, soustrait frauduleusement, au cours de la vérification à laquelle il procède en présence du débiteur, un billet de la liasse qui vient de lui être remise, se l'approprie et en réclame un autre de même valeur. • Crim. 15 juin 1939 : *Bull. crim. n° 128 ; DP 1940. 1. 60.* ♦ Le créancier auquel son débiteur remet son portefeuille en lui disant de prélever l'argent nécessaire pour se payer, et qui en profite pour s'emparer d'une somme complémentaire qui s'y trouve également contenue, commet une soustraction frauduleuse. • Crim. 21 avr. 1964 : *Bull. crim. n° 121 ; JCP 1965. II. 13973 (2e esp.), note Ottenhof.*

99. *Lien de préposition.* Sur le vol dit « de photocopies », V. III, notes 101 s.

100. *Autres illustrations.* Se rend coupable de vol : ... le prévenu qui s'est frauduleusement approprié des objets mobiliers qu'il savait appartenir à autrui et qui avaient été abandonnés à son domicile par des tiers. • Crim. 5 mars 1941 : *Bull. crim. n° 13.* ♦ ... La veuve d'un ébéniste qui, à la mort de son mari, et alors qu'elle avait conservé la jouissance de l'atelier d'ébénisterie, dispose à son profit de meubles qui avaient été confiés à l'artisan en vue d'un travail de restauration. • Crim. 28 mai 1975 : *Bull. crim. n° 138.* ♦ ... Le prévenu qui, étant devenu fortuitement détenteur d'une lettre missive, se l'est appropriée, ainsi que le chèque qu'elle contenait, et a endossé celui-ci à l'ordre d'une société dont il était le directeur. • Crim. 30 nov. 1977 : *Bull. crim. n° 381.* ♦ ... Le salarié qui emporte des produits appartenant à l'entreprise, l'employeur l'aurait-il autorisé à consommer ces produits sur place. • Crim. 17 mai 1994 : *Gaz. Pal. 1994. 2. Somm. 541.*

III. INTENTION DE VOLER

A. INTENTION D'APPROPRIATION

101. *Principe.* Le caractère frauduleux de la soustraction, élément constitutif du délit de vol, n'est réalisé que si le voleur a eu l'intention bien arrêtée de s'approprier l'objet dérobé. • T. corr. Épinal, 17 oct. 1957 : *JCP 1958. II. 10440, note de Lestang.*

102. Il incombe au prévenu d'établir le bien-fondé d'une exception qu'il soulève pour faire échec aux poursuites ; c'est, par suite, à bon droit que, dans une procédure pour vol, a été écartée l'exception présentée par le prévenu selon laquelle les choses litigieuses lui avaient été remises à titre de don manuel, dès lors que ledit prévenu n'a pas rapporté la preuve de ce don. • Crim. 28 févr. 1990, n° 89-82.676 P. ♦ Les tribunaux apprécient souverainement, au vu des éléments de preuve régulièrement soumis aux débats contradictoires, la régularité de la possession et la bonne foi dont peut se prévaloir, en application de l'art. 2279, al. 1er, C. civ., le détenteur d'un bien mobilier poursuivi pour vol, et qui soutient être bénéficiaire d'un don manuel, contesté par la victime. • Crim. 28 oct. 1991, n° 90-86.179 P : *D. 1993. Somm. 34, obs. A. Robert* . ♦ La cour d'appel a légalement justifié sa décision de relaxe du prévenu du chef de vol du contenu d'un coffre-fort en énonçant notamment que le prévenu avait pu croire en la volonté libérale de la défunte, attestée par plusieurs témoins ; le contrat de colocation du coffre, conclu à l'initiative de la défunte, lui conférait, à l'exclusion de toute autre personne, un libre accès au coffre dont l'ouverture s'est faite publiquement et dans les conditions du contrat ; le prévenu ne connaissait pas l'existence du legs universel au profit des parties civiles ; les juges du fond en ont justement déduit qu'en l'espèce la présomption de propriété édictée par l'art. 2279 C. civ. en faveur du possesseur de bonne foi pouvait être retenue et que, par ailleurs, la preuve de l'intention frauduleuse n'était pas rapportée. • Crim. 4 mai 1995, n° 94-80.015 P : *D. 1996. Somm. 56, obs. A. Robert*.

103. C'est à bon droit que, pour confirmer l'ordonnance de non-lieu concernant un avocat dans une information pour abus de confiance et vol, la ch. de l'instr. retient que, s'il est exact que cet avocat a eu tort de prélever sur la consignation faite entre ses mains par ses clients, sans autorisation écrite de leur part, des provisions à valoir sur ses honoraires, ce qui lui a valu une sanction disciplinaire justifiée, l'intention délictueuse, élément des délits d'abus de confiance et de vol visés dans la plainte, n'est pas caractérisée ; en effet, la faute ayant fait l'objet d'une sanction disciplinaire n'implique pas nécessairement l'intention frauduleuse de s'approprier le bien d'autrui. • Crim. 26 févr. 2002, n° 01-82.579 P.

104. Constatations. L'arrêt qui constate que le prévenu a soustrait frauduleusement divers objets mobiliers au préjudice d'un tiers caractérise en tous ses éléments, y compris l'intention délictueuse, le délit de vol. • Crim. 14 nov. 1972 : *Bull. crim. n° 342.*

105. Encourt la cassation l'arrêt qui constate, d'une part, qu'en rétribution de services rendus, le prévenu s'est approprié, sans l'autorisation expresse du propriétaire, cinq cents pièces d'or et, d'autre part, déclare qu'il n'est pas prouvé que ledit prévenu ait agi avec intention frauduleuse. • Crim. 22 déc. 1955 : *Bull. crim. n° 594.*

106. Ne caractérise pas la soustraction frauduleuse la cour d'appel qui énonce que la volonté de soustraction d'une chose appartenant à autrui peut se déduire d'une simple affirmation mensongère. • Crim. 4 mai 1995 : *RSC 1998. 110, obs. Ottenhof ; Dr. pénal 1995. 196, note Véron.*

107. La cour d'assises doit être interrogée sur tous les éléments constitutifs d'une infraction ; tel n'est pas le cas lorsque la question principale omet de mentionner l'intention frauduleuse de l'auteur du vol. • Crim. 27 janv. 1971 : *Bull. crim. n° 27* • 11 juin 1986 : *ibid. n° 202* • 28 oct. 1987 : *ibid. n° 378.*

108. Concomitance. Le délit de vol n'existe qu'autant que la fraude accompagne le fait même de la soustraction et s'identifie avec lui. • Crim. 18 oct. 1924 : *DH 1924. 618.* ♦ ... Mais l'intention de s'approprier la chose d'autrui peut être manifestée par des actes postérieurs. • Crim. 17 mai 1939 : *Bull. crim. n° 112* • 7 juill. 1944 : *ibid. n° 159 ; Gaz. Pal. 1944. 2. 155 ; RSC 1946. 72, obs. Bouzat.*

109. Ainsi, l'individu qui, en appréhendant des objets perdus, a agi avec la résolution immédiatement prise de se les approprier, résolution prouvée par l'absence de démarches pour découvrir le propriétaire de ces objets et plus tard par le refus de convenir qu'il les a trouvés, est avec raison déclaré coupable de vol. • Crim. 30 janv. 1862 : *DP 1862. 1. 442.*

110. Se rend coupable de vol le fabricant qui a vendu des appareils ménagers à tempérament et qui est allé reprendre de force ces appareils non intégralement payés ; il importe peu que la résolution de la vente à tempérament ait été prononcée par la juridiction civile, le caractère rétroactif de cette résolution, qui n'est pas la constatation d'une nullité initiale de la vente et encore moins d'une inexistence de ce contrat, ne pouvant rendre licite après coup la soustraction frauduleuse par le prévenu. • Colmar, 25 mars 1958 : *D. 1959. 196, note Chavanne ; S. 1959. 92.*

111. Indifférence des mobiles. Le délit de vol est constitué quel que soit le mobile qui a inspiré son auteur, dès lors que la soustraction frauduleuse de la chose d'autrui est constatée. • Crim. 8 févr. 1977 : *Bull. crim. n° 52* • 8 janv. 1992, n° 90-86.553 P : *RSC 1993. 311, obs. Bouloc*. ♦ Peu importe qu'il y ait eu restitution de la chose volée. • Crim. 9 août 1833 : *S. 1833. 1. 847.* ♦ ... Ou que le montant du vol fût dans l'esprit des prévenus une rémunération de nature salariale. • Crim. 8 janv. 1992 : *préc.* (vente de biens de production par les ouvriers d'une entreprise et pour leur propre compte). ♦ Toute appropriation de la chose d'autrui, contre le gré de son propriétaire ou légitime détenteur, caractérise la soustraction frauduleuse constitutive de vol, quels que soient le mobile qui a inspiré son auteur et l'utilisation du bien appréhendé. • Crim. 8 déc. 1998, n° 97-83.318 P : *D. 2000. Somm. 87, obs. S. Frossard , et 120, obs. Segonds ; Dr. pénal 1999. 67, obs. Véron ; RSC 1999. 822, obs. Ottenhof* • 16 mars 1999 : *JCP 1999. II. 10166 (2e esp.), note Bouretz ; D. 2000. Somm. 120, obs. préc. Segonds ; Gaz. Pal. 1999. 1, chron. crim. 88* • 27 mai 1999 : *Gaz. Pal. 1999. 2, chron. crim. 122* • 24 avr. 2001, n° 00-83.798 P : *Dr. pénal 2001. 114, obs. Véron ; RSC 2001. 829, obs. Giudicelli-Delage ; RTD com. 2001. 789, obs. Bouloc* (sur cette jurisprudence, V. ci-dessous : « Photocopies et reproductions »).

112. Celui qui se prétend créancier ne puise pas dans son droit de créance celui de commettre une infraction à la loi pénale. • Crim. 20 nov. 1947 : *Bull. crim. n° 227 ; S. 1948. 1. 176 ; RSC 1949. 347, obs. Bouzat.* ♦ ... Ainsi de s'emparer d'une chose appartenant à son débiteur, à l'encontre duquel les voies légaleslui étaient ouvertes, pour le contraindre à lui payer son dû. • Crim. 8 juin 1939 : *Bull. crim. n° 126.* ♦ Rappr., sur la qualification de dégradation du bien d'autrui (C. pén., art. 322-1), • Crim. 26 juin 2002, ☎ n° 01-87.314 P : *Dr. pénal 2002. 133, obs. Véron.*

113. Il ne suffit pas, pour enlever à la soustraction de la chose d'autrui tout caractère frauduleux, que cette soustraction n'ait pas été commise avec clandestinité et que l'auteur, se prétendant créancier du propriétaire de cette chose, ait voulu se procurer un gage de sa créance. • Crim. 7 oct. 1959 : *Bull. crim. n° 414 ; D. 1960. 9 ; Gaz. Pal. 1959. 2. 315 ; S. 1960. 42* • Rouen, 5 mai 1987 : *Gaz. Pal. 1987. 2. Somm. 366, note Doucet.* ♦ ... La soustraction demeurant frauduleuse après la perte du droit de rétention. • Crim. 25 oct. 1978 : *D. 1979. IR 136.* ♦ Comp. : • Crim. 9 oct. 1978 : *D. 1979. IR 120.*

114. La propriétaire d'un hangar dans lequel elle a loué un emplacement à un tiers pour y déposer des papiers ne peut, au motif que le locataire ne paye plus régulièrement des loyers dus et que ces papiers en se détériorant deviennent dangereux pour la sécurité publique, faire enlever de son propre mouvement cette marchandise par un brocanteur et la faire vendre ; en disposant ainsi de son propre chef et sans autorisation de justice de la chose d'autrui elle se rend coupable de vol. • Crim. 4 juin 1969 : *Gaz. Pal. 1969. 2. Somm. 26.*

115. Il n'appartient pas à un fournisseur de se faire lui-même justice et de s'emparer des meubles qu'il a remis à son client, même dans le cas où leur propriété définitive est susceptible de contestation. • Paris, 14 déc. 1967 : *D. 1968. Somm. 51 ; Gaz. Pal. 1968. 1. 214.*

116. Caractérise un délit de vol en tous ses éléments, et notamment l'intention frauduleuse, l'arrêt qui énonce que le prévenu a pénétré dans le bureau de la victime et s'est emparé contre la volonté de celle-ci d'une lettre missive appartenant à autrui, étant sans intérêt en la cause la nature synallagmatique du contrat dont la lettre avait pour objet de préciser les conditions. • Crim. 19 juin 1975 : *Gaz. Pal. 1975. 2. 660 ; RSC 1976. 124, obs. Bouzat.*

117. En s'emparant sans droit, pour les détruire, de fleurs et vases placés sur un tombeau, et qu'ils savaient ne pas leur appartenir, les auteurs de cette appréhension ont commis une soustraction frauduleuse quels qu'en soient les mobiles, lesquels ne peuvent être retenus que pour l'application de la peine. • Crim. 8 févr. 1977 : ☎ *préc. note 111.*

B. INTENTION DE MAÎTRISE MOMENTANÉE

1° PRINCIPE

118. Énoncé. Si la loi pénale n'atteint pas celui qui, sans l'autorisation du propriétaire, utilise même abusivement la chose d'autrui, il y a vol, au contraire, lorsque l'appréhension a lieu dans des circonstances telles qu'elle révèle l'intention de se comporter, même momentanément, en propriétaire, et revêt ainsi les caractères de la soustraction frauduleuse telle qu'elle est incriminée par l'art. 379 C. pén. • Crim. 19 févr. 1959 : *Bull. crim. n° 123 ; D. 1959. 331, note Roujou de Boubée ; JCP 1959. II. 11178 (1re esp.), note Chambon ; S. 1959. 21, note M.R.M.P. ; Gaz. Pal. 1959. 1. 272* • 21 mai 1963 : *D. 1963. 568 ; Gaz. Pal. 1963. 2. 259.* ♦ La soustraction frauduleuse constitutive du délit de vol n'implique pas l'appropriation par l'auteur de la chose volée ; il suffit de constater que le propriétaire en a été dépouillé, même momentanément, quel qu'ait été le but poursuivi, notamment la destruction volontaire de la chose soustraite. • Bordeaux, 5 mars 1992 : *D. 1994. 305, note Mirabail* ✎ (immobilisation par la force d'ensembles routiers).

119. Vol d'« usage ». Ainsi, les juges du fait ont vu à bon droit un vol de voiture dans le fait, par un individu, d'avoir pénétré dans une automobile que son propriétaire venait de laisser à l'arrêt sans retirer la clef de contact, de l'avoir mise en marche, de l'avoir utilisée toute la nuit avec des camarades, et enfin de l'avoir ramenée et abandonnée à une centaine de mètres du lieu où il l'avait prise. • Crim. 19 févr. 1959 : *préc.* ♦ L'appréhension sans droit d'un véhicule en stationnement, fût-il abandonné, et même en vue d'une utilisation temporaire, constitue une soustraction frauduleuse. • Crim. 3 mars 1959 : *Bull. crim. n° 148 ; JCP 1959. II. 11178 (2e esp.), note Chambon ; D. 1960. Somm. 7.*

120. Doit être relaxé des poursuites pour vol le prévenu qui s'est emparé de la voiture de son « beau-père », à la suite d'un mouvement de colère, dans le seul but de « se défouler » ; si les éléments constitutifs du vol sont bien réunis, il ressort des circonstances de la cause qu'il doit bénéficier du fait justificatif d'erreur sur le droit prévu à l'art. 122-3 C. pén., n'ayant jamais eu l'intention de s'approprier définitivement le véhicule. • T. corr. Carcassonne, 16 mars 1994 : *LPA 1995, n° 69, note Bourin ; RSC 1998. 110, obs. Ottenhof* ✎

2° PHOTOCOPIES ET REPRODUCTIONS

121. Condamnations. Se rend coupable de vol un préposé qui, détenant matériellement certains documents appartenant à son employeur, en prend, à des fins personnelles, à l'insu et contre le gré du propriétaire, des photocopies, et qui ainsi appréhende frauduleusement ces documents pendant le temps nécessaire à leur reproduction. • Crim. 8 janv. 1979 : ☎ *Bull. crim. n° 13 ; D. 1979. 509, note Corlay, et IR 182, obs. Roujou de Boubée ; Gaz. Pal. 1979. 2. 501 ; RSC 1979. 571, obs. Bouzat.* ♦ Rappr. : • Crim.

19 janv. 1994 : *Dr. pénal 1994. 109, note Véron ; RSC 1994. 768, obs. Ottenhof.*

A cet égard, il ne saurait être reproché aux juges du fond de ne pas avoir déterminé, afin de statuer, si lesdites reproductions avaient été réalisées en vue d'être produites dans une instance prud'homale ultérieure. • Crim. 24 oct. 1990, n° 89-84.485 P. ♦ Se rend coupable de vol le salarié d'une entreprise qui, détenant matériellement des documents appartenant à son employeur, les copie en partie, à des fins personnelles, à l'insu et contre le gré du propriétaire, pour les produire au cours d'une instance prud'homale ; l'auteur ne peut soutenir son absence d'intention malveillante puisque les mobiles de son action sont indifférents et que l'élément moral de l'infraction résulte de la conscience de s'approprier des informations appartenant à autrui sans le consentement de ce dernier. • Limoges, 8 sept. 1998 : *Bull. inf. C. cass. 1999, n° 429.* – Rappr. • T. corr. Poitiers, 1er juin 1983 : *Cah. prud'h. 1983. 100.* ♦ *Contra* : • Paris, 25 mars 1993 : *JCP 1993. IV. 2148.*

122. C'est à bon droit qu'une cour d'appel déclare coupable du délit de vol l'employé d'une société qui, à des fins personnelles et contre le gré de son employeur, a effectué des reproductions de plans de matériels fabriqués par cette société ; à cet égard, il ne saurait être reproché aux juges du fond de n'avoir pas recherché, afin de statuer, si lesdites reproductions concernaient ou non des modèles protégés par un brevet. • Crim. 29 avr. 1986 : *Bull. crim. n° 148 ; D. 1986. IR 404, obs. Roujou de Boubée ; ibid. 1987. 131, note Lucas de Leyssac ; JCP 1987. II. 20788, note Croze.*

123. N'encourt pas la cassation l'arrêt qui déclare les prévenus coupables, d'une part, de vol d'un certain nombre de disquettes et, d'autre part, du vol du contenu informationnel de certaines de ces disquettes, durant le temps nécessaire à la reproduction des informations. • Crim. 12 janv. 1989 : *Bull. crim. n° 14 ; Gaz. Pal. 1989. 2. Somm. 283 ; RSC 1990. 507, chron. M.-P. Lucas de Leyssac.* ♦ Rappr. : • Limoges, 8 sept. 1998 : *BICC 1999, n° 429.* ♦ Doit être relaxé du chef de vol, le prévenu auquel il est reproché d'avoir soustrait des fichiers informatiques, dès lors que le vol d'informations ne se conçoit pas en l'absence d'une soustraction d'un support ; or, en l'espèce, aucune preuve n'existe à l'encontre du prévenu d'une soustraction effective de disquette ou de tout autre support matériel pouvant caractériser une soustraction matérielle. • Grenoble, 4 mai 2000 : *JCP 2001. IV. 1473.* ♦ Rappr. : • Crim. 4 mars 2008 : *D. 2008. 2213, note Detraz ; RSC 2009. 131, obs. Francillon ; Dr. pénal 2008. Chron. 10, obs. Lepage.* ♦ Sur une possible évolution, vers la possibilité d'un vol d'information seule, V. • Crim. 20 mai 2015, n° 14-81.336 P : *préc. note 11.*

124. C'est à bon droit qu'une cour d'appel déclare coupable du délit de vol l'employé d'une entreprise qui, à l'insu de son employeur, a utilisé des documents comptables appartenant à l'entreprise pour établir des tableaux et graphiques communiqués à un concurrent. • Crim. 1er mars 1989 : *Bull. crim. n° 100 ; D. 1990. Somm. 330, obs. Huet.*

125. Se rend coupable de vol le salarié d'une entreprise qui, sans l'autorisation de son employeur, a tiré une liste du personnel sur l'ordinateur mis à sa disposition pour l'établissement des fiches de salaires, et l'a utilisée à des fins étrangères à ses fonctions. • Crim. 3 mars 1992 : *Dr. pénal 1992. 254 ; D. 1994. Somm. 157, obs. Roujou de Boubée.*

126. Toute appropriation de la chose d'autrui, contre le gré de son propriétaire ou légitime détenteur, caractérise la soustraction frauduleuse constitutive de vol, quels que soient le mobile qui a inspiré son auteur et l'utilisation du bien appréhendé ; cassation, pour violation des art. 379 ancien et 311-1 C. pén., de l'arrêt qui, constatant que le salarié d'une association, à la suite de l'entretien préalable à son licenciement, a, dans le but de persuader l'employeur de ne pas le congédier, adressé à son supérieur hiérarchique un courrier dans lequel il contestait les griefs retenus contre lui, accompagné de photocopies de divers documents appartenant notamment à l'association, auxquels il avait accès dans l'exercice de ses fonctions, relaxe ce salarié du chef de vol aux prétendus motifs que les informations figurant dans les documents reproduits, constitués de courriers administratifs de portée générale, n'ont aucune valeur marchande et que ces documents, outils de travail du prévenu, ont été communiqués aux seuls responsables de la société. • Crim. 8 déc. 1998, n° 97-83.318 P : *D. 2000. Somm. 87, obs. S. Frossard ; ibid. 120, obs. Segonds ; Dr. pénal 1999. 67, obs. Véron ; RSC 1999. 822, obs. Ottenhof.*

127. Toute appropriation de la chose appartenant à autrui, contre le gré de son propriétaire ou légitime détenteur, caractérise la soustraction frauduleuse constitutive de vol, quels que soient le mobile qui a inspiré son auteur et l'utilisation du bien appréhendé ; a méconnu ce principe la cour d'appel qui, pour relaxer le prévenu du chef de vol, et ayant relevé que, lorsqu'il a été mis fin à ses fonctions de directeur commercial, il avait emporté divers documents commerciaux, administratifs et financiers émanant des établissements qui l'employaient, et les avait dissimulés à son domicile sous un vide sanitaire où ils ont été retrouvés sur ses indications au cours d'une perquisition, a retenu notamment qu'il ne s'agissait que de copies ou de doubles d'originaux qui auraient pu lui être utiles dans l'hypothèse de mise en cause de sa gestion, qu'il apparaissait indéniable qu'ils ne lui auraient été d'aucune utilité pour concurrencer son ancien employeur dans le cadre d'une activité parallèle, et qu'il n'était pas démontré qu'il y avait eu de sa part une utilisation frauduleuse de ces documents. • Crim. 16 mars 1999 : *JCP 1999. II. 10166 (2ᵉ esp.), note Bouretz ; D. 2000. Somm. 120, obs. préc. Segonds ; Gaz. Pal. 1999. 1, chron. crim. 88.* ♦ Rappr. : • Limoges, 8 sept. 1998 : *BICC 1999, nº 429.*

128. Toute appropriation de la chose d'autrui, contre le gré de son propriétaire ou légitime détenteur, caractérise la soustraction frauduleuse constitutive de vol ; cassation de l'arrêt de la cour d'appel qui, pour relaxer la prévenue, employée en qualité de secrétaire de direction bilingue, qui avait fait l'objet d'un licenciement pour fautes graves, et qui avait produit, devant le Conseil de prud'hommes, les photocopies de divers documents appartenant à son employeur, auxquels elle avait eu accès au cours de son activité professionnelle, retient notamment que le fait, par un salarié, de photocopier des documents appartenant à son employeur, à l'insu et contre le gré de celui-ci, ne constitue un vol que si le salarié a entendu, au moins momentanément, se comporter comme le propriétaire de ces documents, ajoute qu'en l'espèce, il n'est pas établi que la prévenue n'ait eu d'autre intention que de se procurer, en photocopie, des pièces qu'elle estimait nécessaires à l'organisation de son travail ou à la défense de ses intérêts devant la juridiction prud'homale, et en déduit l'absence de volonté d'appropriation des documents photocopiés, alors que l'appréhension desdits documents pendant le temps nécessaire à leur reproduction avait suffi à réaliser une prise de possession frauduleuse. • Crim. 27 mai 1999 : *Gaz. Pal. 1999. 2, chron. crim. 122.*

129. Toute appropriation de la chose appartenant à autrui, contre le gré de son propriétaire ou légitime détenteur, caractérise la soustraction frauduleuse constitutive de vol, quel que soit le mobile qui a inspiré son auteur ; cassation de l'arrêt qui, pour déclarer le délit de vol non constitué, énonce que le prévenu a, à l'insu de son employeur, repris dans un dossier dont il avait la détention matérielle l'original d'une attestation qu'il lui avait précédemment délivrée, et retient que cette attestation était assimilable à un témoignage qui pouvait toujours être modifié ou rétracté, le prévenu en étant, dès lors, demeuré propriétaire, alors que le document était devenu la propriété de celui à qui il avait été remis. • Crim. 24 avr. 2001, nº 00-83.798 P : *Dr. pénal 2001. 114, obs. Véron ; RSC 2001. 829, obs. Giudicelli-Delage ; RTD com. 2001. 789, obs. Bouloc.*

130. Le prévenu, gynécologue-obstétricien dans un centre hospitalier, avait adressé plusieurs lettres au procureur de la République pour lui faire part d'erreurs médicales commises, selon lui, par le médecin-chef de son service ; à la suite de cette correspondance, il était entendu par un officier de police judiciaire, auquel il remettait des résultats d'examens et des dossiers de plusieurs patientes ; pour le déclarer coupable de vol de ces documents, la cour d'appel relève qu'ils ont été prélevés par lui dans des dossiers concernant des patientes du centre hospitalier suivies par d'autres praticiens, et même, pour deux d'entre elles, par d'autres hôpitaux ; que si le contrat de travail du prévenu stipulait que les dossiers et documents médicaux étaient conservés sous sa responsabilité, à l'abri des indiscrétions, cela ne l'autorisait pas à les produire en copie ou en original en dehors de l'exercice de ses fonctions, de sa propre initiative ; que le prévenu a notamment prélevé une pièce importante en original d'un dossier, qui a été considérée comme perdue, sans répondre aux questions de la sage-femme qui recherchait ce document ; en l'état de ces motifs, qui établissent que le prévenu s'est approprié des documents dont il savait ne pouvoir disposer, la cour a caractérisé tant l'élément matériel que l'élément moral de l'infraction reprochée. • Crim. 3 mai 2001 : *Dr. pénal 2002. Chron. 19, obs. Marsat.*

131. Pour déclarer le prévenu coupable du vol, d'une part d'un courriel contenant des renseignements techniques sensibles sur un procédé industriel de collage, d'autre part d'un document confidentiel concernant deux navires en construction dans un chantier naval coréen, la cour retient que le courriel, émanant d'une équipe technique présente en Corée, était destiné au directeur des opérations en France et à son adjoint, mais non au prévenu, qui n'avait aucune raison de l'imprimer, que, de même, le document comportait des données sensibles, qu'étant un professionnel expérimenté, très informé de la question de la protection des données industrielles, il était conscient de l'importance de ces documents et de leur caractère confidentiel, qu'il n'ignorait pas qu'il était interdit de les dupliquer, cette interdiction résultant des clauses de son contrat de travail et d'une note interne, signée par chaque salarié, qu'au surplus l'engagement d'une procédure d'arbitrage était à l'époque connus de tous, et qu'ainsi le prévenu s'est approprié frauduleusement des documents confidentiels, dont la divulgation pouvait nuire à son employeur, en méconnaissance tant de la clause de confidentialité figurant dans son contrat de travail que de la note interne qu'il avait signée ; en se déterminant ainsi, la cour d'appel a, sans insuffisance ni contradiction, répondu aux chefs péremptoires des conclusions régulièrement déposées devant elle et caractérisé en tous ses éléments, tant matériels qu'intentionnels, le délit de vol dont elle a déclaré le prévenu coupable. • Crim. 24 janv. 2018, nº 16-86.597 : *AJ pénal 2018. 150, obs. Beaussonie.*

132. Relaxes. Si la photocopie ou la reproduction de documents à des fins personnelles, à l'insu et contre le gré de leur propriétaire, peut constituer un vol, il n'existe cependant pas de délit sans que soit établie l'intention délictuelle ; dès lors qu'il est établi que ces documents n'avaient été utilisés par la prévenue que dans une instance prud'homale, dans le but unique de faire valoir ses droits, notamment au titre des commissions qu'elle réclamait, qu'elle n'a eu à aucun moment, même pendant le temps nécessaire aux photocopies, l'intention de s'approprier les documents et de porter préjudice à son employeur, elle doit être relaxée des fins de la poursuite. • Versailles, 29 avr. 1994 : *Gaz. Pal. 1994. 2. Somm. 614.*

133. Si le mobile est un élément indifférent à la qualification de vol, encore faut-il, pour être punissable, que l'appropriation soit frauduleuse, faute de quoi manquerait l'élément moral de l'infraction ; tel n'est pas le cas lorsque le prévenu, employé d'un cabinet d'expertise, a édité à partir de son ordinateur deux fiches du personnel concernant des collègues de travail et l'extrait de la liste du personnel, dès lors que la preuve n'est pas rapportée que son terminal ait été pourvu d'un mot de passe : en effet, le libre accès à ces informations apparaît comme une marque de transparence salutaire et une reconnaissance de leur appartenance à l'entreprise, exclusive d'appropriation. • TGI Paris, 28 févr. 1997 : *Bull. inf. C. cass. 1997. 1003 ; Gaz. Pal. 1998. 1. Somm. 232, note Rothhahn.*

134. La copie d'un document, produit du travail d'un salarié, aux fins d'archivage personnel et la sortie, fût-ce à l'encontre d'un règlement intérieur, de documents pour étude dans le cadre de son activité professionnelle ou par inadvertance ne sauraient caractériser la volonté d'appropriation dès lors qu'il n'est pas rapporté la preuve que les documents litigieux aient été utilisés à des fins autres, pour dépouiller l'entreprise ou lui porter un préjudice commercial ; doit donc être relaxée du chef de vol la prévenue salariée qui a copié des documents sur disquette informatique qu'elle a emmenée chez elle en l'absence d'élément intentionnel caractérisé. • Aix-en-Provence, 29 févr. 2000 : *JCP 2000. IV. 2910.*

135. Droits de la défense. **BIBL.** Mayaud, *Mél. offerts à Raymond Gassin, PUAM, 2007, p. 293 à 304* (les droits de la défense, cause d'irresponsabilité pénale). – Sordino, *Dr. pénal 2010. Étude 6* (précisions sur le domaine du fait justificatif fondé sur les droits de la défense au profit du salarié).

136. Le salarié peut produire en justice, pour assurer sa défense dans le procès qui l'oppose à son employeur, les documents de l'entreprise dont il a la connaissance à l'occasion de l'exercice de ses fonctions. • Soc. 2 déc. 1998, n° 96-44.258 P : *D. 1999. 431, note Gaba ; ibid. 2000. Somm. 87, obs. Frossard ; JCP 1999. II. 10166, note Bouretz (1re esp.).* ♦ Un salarié, lorsque cela est strictement nécessaire à l'exercice des droits de sa défense dans le litige l'opposant à son employeur, peut produire en justice des documents dont il a eu connaissance à l'occasion de ses fonctions. • Soc. 30 juin 2004 : *D. 2004. 2326, obs. Kobina Gaba (3e esp.) ; ibid. Somm. 2760, obs. Roujou de Boubée.* ♦ Comp. : Une cour d'appel qui a relevé que le salarié, titulaire de fonctions d'encadrement, ne contestait pas l'exactitude des faits qui lui étaient reprochés et qui ont consisté à consulter de nombreux comptes individuels par pure curiosité personnelle, sans qu'aucun lien ne puisse être établi avec ses tâches professionnelles, a pu décider que de tels agissements, par la méconnaissance qu'ils constituaient du devoir de discrétion et du secret bancaire, rendaient impossible le maintien du salarié dans l'entreprise pendant la durée du préavis et constituaient une faute grave. • Soc. 18 juill. 2000 : *Gaz. Pal. 2001. 1. 630, note Guignot.*

137. On ne saurait qualifier « d'intention frauduleuse » l'initiative prise par une salariée de photocopier les documents informatiques illustratifs de son propre travail et destinés à être détruits, dès lors que cette destruction l'aurait en effet privée du seul moyen en sa possession de verser à l'instance prud'homale, face à des accusations qu'elle estimait injustifiées, les pièces qu'elle considérait comme indispensables à la justification de la qualité de son travail, et que par ailleurs il est acquis que ces documents n'ont pas été révélés à la concurrence, et que l'employeur n'a subi aucun préjudice. • Paris, 12 févr. 1996 : *Dr. pénal 1996. 128, obs. Véron ; RSC 1996. 863, obs. Ottenhof.*

138. Le salarié qui, en vue d'un litige prud'homal consécutif à un licenciement pour motif économique, prend des photocopies de documents relatifs à l'activité économique de l'entreprise, doit être relaxé du chef de vol simple au préjudice de son employeur dès lors que l'élément intentionnel n'est pas caractérisé, s'agissant de documents qui lui étaient naturellement destinés dans le cadre de son travail, et aucune attitude malveillante ne pouvant être déduite de la simple volonté de conserver des preuves. • Grenoble, 3 juin 1998 : *JCP 1999. IV. 1818.*

139. En photocopiant à l'insu de son employeur et à des fins personnelles, pour préparer sa défense dans une instance prud'homale, des documents dont il a la légitime possession dans le cadre de ses fonctions, un salarié appréhende frauduleusement ces documents le temps de leur production ; toutefois, en application de l'art. 6 Conv. EDH, tout citoyen doit pouvoir disposer de renseignements suffisants sur les normes juridiques applicables à ses actes, c'est-à-dire sur des règles suffisamment précises et constantes lui permettant de prévoir, à un degré raisonnable dans les circonstances de la cause, les conséquences de nature à dériver d'un acte déterminé ; la chambre sociale de la Cour de cassation reconnaissant le droit d'un salarié à produire en justice, pour la défense de ses intérêts, des documents dont il a eu connaissance dans l'exercice de ses fonctions, le salarié pouvait légitimement considérer qu'il ne commettait pas un acte pénalement répréhensible ; justifiant ainsi d'une erreur sur le droit qu'il n'était pas en mesure d'éviter, le salarié ne peut, en application de l'art. 122-3 C. pén., être déclaré coupable de vol. • Paris, 9 nov. 2000 : *D. 2001. Somm. 2345, obs. de Lamy* ; *Dr. pénal 2001. 57, obs. Véron* ; *RSC 2001. 829, obs. Giudicelli-Delage*.

140. Pour bénéficier de la cause d'irresponsabilité prévue par l'art. 122-3 C. pén., la personne poursuivie doit justifier avoir cru, par une erreur sur le droit qu'elle n'était pas en mesure d'éviter, pouvoir légitimement accomplir le fait reproché ; pour relaxer un salarié à qui il était reproché d'avoir soustrait par photocopie des documents qui appartenaient à l'entreprise et qu'il a produits devant le conseil des prud'hommes, l'arrêt retient que le salarié est fondé à invoquer l'erreur sur le droit au motif que, si la chambre criminelle de la Cour de cassation considère que de tels agissements, quel qu'en soit le mobile, sont constitutifs de vol, celui-ci a pu croire à la licéité de son action dès lors que la chambre sociale de la même Cour reconnaît le droit pour un salarié de produire en justice, en vue d'assurer sa défense dans le procès qui l'oppose à son employeur devant le juge prud'homal, les documents dont il a connaissance dans l'exercice de ses fonctions ; en prononçant ainsi, les juges ont fait une fausse application de l'article susvisé et n'ont, pour le surplus, pas donné de base légale à leur décision ; d'une part, l'erreur de droit n'était pas invincible ; d'autre part, les juges n'ont pas recherché, comme ils le devaient, si les documents dont il s'agit étaient strictement nécessaires à l'exercice des droits de la défense du prévenu dans le litige l'opposant à son employeur. • Crim. 11 mai 2004, n° 03-80.254 P : *D. 2004. 2326, obs. Kobina Gaba (2e esp.)* ; *ibid. Somm. 2759, obs. Roujou de Boubée* ; *RSC 2004. 635, obs. Fortis* ; *ibid. 866, obs. Vermelle* ; *JCP 2004. II. 10124, note Girault (1re esp.)* ; *Dr. pénal 2004. 122, obs. Véron (1re esp.)* ; *LPA, 23 sept. 2004, note Debove*.

141. Justifie sa décision la cour d'appel qui, pour relaxer un salarié poursuivi notamment pour avoir frauduleusement soustrait au préjudice de son employeur un cahier destiné au calcul de la TVA, retient que ce cahier, instrument de travail personnel du salarié, ne constitue pas un document de l'entreprise ; justifie sa décision la même cour qui a renvoyé des fins de la poursuite ce même salarié pour avoir soustrait deux bulletins de paie et la photocopie de divers documents appartenant à l'entreprise qui l'employait et qui avait décidé de le licencier dès lors qu'il se déduit de ses motifs que les documents de l'entreprise dont le prévenu a eu connaissance à l'occasion de ses fonctions et qu'il a appréhendés ou reproduits sans l'autorisation de son employeur étaient strictement nécessaires à l'exercice des droits de sa défense dans le litige l'opposant à ce dernier. • Crim. 11 mai 2004, n° 03-85.521 P : *D. 2004. 2326, obs. Kobina Gaba (1re esp.)* ; *ibid. Somm. 2760, obs. Roujou de Boubée* ; *JCP 2004. II. 10124, note Girault (2e esp.)* ; *Dr. pénal 2004. 122, obs. Véron (2e esp.)* ; *LPA, 23 sept. 2004, note Debove* ; *RSC 2004. 635, obs. Fortis* ; *ibid. 866, obs. Vermelle*.

142. Ne donne pas de base légale à sa décision la cour d'appel qui, pour déclarer coupable un prévenu poursuivi du chef de vol pour avoir, à l'insu de son employeur, photocopié des documents appartenant à la société qui l'employait et qui faisait valoir que ces documents étaient nécessaires à sa défense devant le conseil des prud'hommes, a, pour écarter cette argumentation, retenu que les photocopies avaient été réalisées à l'insu de l'employeur et que le mobile de l'appréhension frauduleuse était indifférent, sans rechercher, comme elle le devait, si les documents dont il s'agit n'étaient pas strictement nécessaires à l'exercice des droits de la défense de ce prévenu dans le litige l'opposant à son employeur. • Crim. 4 janv. 2005, n° 04-82.337 P.

143. Il résulte de l'arrêt attaqué que la prévenue a été renvoyée devant la juridiction correctionnelle pour avoir frauduleusement soustrait, au préjudice de la société qui l'employait, des documents relatifs à un contrôle du service de la répression des fraudes, ainsi qu'une convocation devant le conseil des prud'hommes concernant un autre salarié ; pour renvoyer la prévenue des fins de la poursuite, l'arrêt prononce par les motifs repris au moyen ; en l'état de ces constatations et énonciations procédant d'une appréciation souveraine des faits et circonstances de la cause, dont elle a déduit que les documents de l'entreprise que la prévenue a appréhendés et reproduits sans l'autorisation de l'employeur étaient strictement nécessaires à l'exercice des droits de sa défense dans le litige l'opposant à ce dernier, la cour d'appel, abstraction faite de motifs erronés mais non déterminants relatifs à l'erreur de droit, a justifié sa décision. • Crim. 15 févr. 2005 : *Dr. pénal 2005. 72, obs. Véron*.

144. Caractérise l'infraction de vol l'arrêt retenant que le prévenu a remis les photocopies qu'il avait soustraites à son employeur, non pour assurer sa défense dans un litige prud'homal, mais lors de son audition sur la plainte déposée contre lui par ce même employeur, afin de prouver la vérité des faits diffamatoires qu'il avait dénoncés. • Crim. 9 juin 2009, n° 08-86.843 P : *D. 2009. Pan. 1721, obs. Degorce* ; *ibid. 2827, obs. Roujou de Boubée* ; *ibid. 2010. 306, obs. Kobina Gaba* ; *Dr. pénal 2009. 127, obs. Véron* ; *Gaz. Pal. 2009. 2, p. 2613, note Detraz*.

145. Une information des chefs de vol et abus de confiance a été ouverte à la suite de la plainte avec constitution de partie civile d'une société, qui reprochait à son directeur général délégué d'avoir transféré sur sa messagerie personnelle des documents de l'entreprise ; a justifié sa décision la chambre de l'instruction qui, pour confirmer l'ordonnance de non-lieu rendue par le juge d'instruction, retient que le mis en cause, avisé du projet de son employeur de rompre son contrat de travail, a appréhendé des documents dont il avait eu connaissance à l'occasion de l'exercice de ses fonctions et dont la production était strictement nécessaire à l'exercice de sa défense dans la procédure prud'homale qu'il a engagée peu après. • Crim. 16 juin 2011, n° 10-85.079 P : *D. actu. 6 juill. 2011, obs. Ines ; D. 2011. 2254, note Beaussonie ; ibid. Pan. 2826, obs. Roujou de Boubée ; AJ pénal 2011. 466, obs. Gallois ; Dr. pénal 2011, n° 100, obs. Véron ; JCP G 2011, n° 1020, note Detraz ; Gaz. Pal. 2011. 2, p. 2816, note Desprez ; ibid., p. 3044, note Bensoussan-Brulé et Legris ; RSC 2011. 836, obs. Matsopoulou*.

146. Justifie sa décision la cour d'appel qui, pour déclarer coupable de vol de documents d'une société un salarié qui les a emportés lorsqu'il a démissionné de cette société pour rejoindre une entreprise concurrente, retient que cette appréhension frauduleuse, effectuée en nombre à l'insu de son employeur, n'était pas strictement nécessaire à l'exercice des droits de la défense dans le litige prud'homal l'opposant à ce dernier. • Crim. 21 juin 2011, n° 10-87.671 P : *D. actu. 27 juill. 2011, obs. Bombled ; D. 2011. Pan. 2826, obs. Roujou de Boubée ; AJ pénal 2011. 466, obs. Gallois ; Gaz. Pal. 2011. 2. 3440, note Detraz ; RSC 2011. 853, obs. Cerf-Hollender*.

147. Un salarié ne peut s'approprier des documents appartenant à l'entreprise que s'ils sont strictement nécessaires à l'exercice des droits de sa défense dans un litige l'opposant à son employeur, ce qu'il lui appartient de démontrer. • Soc. 31 mars 2015, n° 13-24.410 P : *AJ pénal 2015. 316, obs. Brach-Thiel*.

148. A caractérisé tant l'élément matériel que l'élément intentionnel du vol dont elle a déclaré le prévenu coupable et justifié sa décision la cour d'appel qui, dans l'exercice de son pouvoir d'appréciation, a estimé que les 190 fichiers de la société, dont le prévenu avait eu connaissance à l'occasion de ses fonctions et qu'il a appréhendés et reproduits sans l'autorisation de son employeur, n'apparaissaient pas strictement nécessaires à l'exercice des droits de sa défense dans le litige invoqué susceptible de l'opposer à ce dernier postérieurement à sa démission. • Crim. 7 nov. 2018, n° 17-82.459 : *Gaz. Pal. 5 févr. 2019, p. 49, obs. Detraz.*

IV. ÉTENDUE ET LIMITES DE LA QUALIFICATION DE VOL

A. SYSTÈMES DE DISTRIBUTION AUTOMATIQUE

149. Eau et électricité. La manœuvre qui a consisté, en reculant les aiguilles du compteur, à dissimuler la consommation d'une certaine quantité d'eau, n'est pas constitutive de vol, l'enregistrement de l'eau consommée, exactement fait par le compteur au moment où l'eau a été appréhendée par le prévenu, donnant à cette appréhension un caractère légitime qui ne peut être modifié par la manœuvre frauduleuse à laquelle le prévenu s'est postérieurement livré. • Crim. 16 févr. 1899 : *DP 1899. 1. 201, note F. T.* ♦ ... Mais cette manœuvre, qui a faussé l'opération de mesurage et à l'aide de laquelle la compagnie a été trompée sur la quantité d'eau qu'elle avait livrée, rentre dans les prévisions des art. 1er et 2 de la L. du 1er août 1905 (ancienne L. du 27 mars 1851). • Même arrêt.

150. Sont des faits constitutifs de tromperie : ... la manœuvre en arrière, après consommation, des disques de minuteries de compteurs électriques. • Crim. 2 nov. 1945 : *D. 1946. 8.* ♦ ... Le déréglage de compteurs, de telle sorte que l'électricité n'était plus enregistrée régulièrement pendant sa consommation. • Crim. 7 mars 1956 : *Bull. crim. n° 232 ; D. 1956. 308.* ♦ Rappr. : • 27 déc. 1956 : *Bull. crim. n° 890.* ♦ ... Le déréglage d'un compteur ayant pour résultat de freiner le mécanisme enregistreur de la consommation. • Crim. 22 oct. 1959 : *Bull. crim. n° 447 ; JCP 1959. II. 11376, note Delpech.* ♦ Pour la qualification d'escroquerie, V. : • Paris, 26 juin 1941 : *Gaz. Pal. 1941. 2. 65.*

151. Mais se rendent coupables de vol, et non de tromperie sur la quantité consommée : ... l'abonné qui se procure une quantité d'eau plus considérable que celle à laquelle il a droit par son abonnement, en modifiant, à l'insu de la compagnie, l'appareil de distribution. • Crim. 10 déc. 1887 : *Bull. crim. n° 427 ; DP 1888. 1. 93, rapp. Sallantin.* ♦ ... L'abonné qui s'approprie frauduleusement une certaine quantité d'eau en installant clandestinement sur la conduite principale un tuyau dissimulé. • Crim. 15 avr. 1921 : *S. 1921. 1. 392 ; DP 1922. 1. 146.* ♦ ... L'abonné forfaitaire qui, devant recevoir par deux robinets l'eau que lui distribue la compagnie, installe, à l'insu de celle-ci, deux robinets supplémentaires. • Crim. 3 juin 1937 : *Bull. crim. n° 113 ; DH 1937. 381 (1re esp.).* ♦ Comp. : • Crim. 3 juin 1937 : *Bull. crim. n° 114 ; DH 1937. 381 (2e esp.).* ♦ ... L'abonné qui prélève du courant électrique en amont du compteur. • Crim. 8 janv. 1958 : *Bull. crim. n° 33 ; JCP 1958. II. 10546, note Delpech ; D. 1958. Somm. 100* • 10 avr. 1964 : *Bull. crim. n° 108* • T. corr. Montargis, 24 janv. 1973 : *Gaz. Pal. 1973. 1. 355.* ♦ Pour un raccordement en aval des compteurs, ce qui permet l'enregistrement et la facturation des consommations : V. • Montpellier, 22 janv. 1992 : *Gaz. Pal. 1996. 2. 482, note Bonzom.* ♦ ... L'abonné qui démonte et remonte à l'envers le compteur enregistrant sa consommation personnelle, ce qui a pour effet d'effacer une partie de la consommation enregistrée. • Crim. 11 oct. 1978 : *Bull. crim. n° 270 ;*

D. 1979. 76, note Vuitton ; RSC 1979. 337, obs. Bouzat.

152. Est coupable de vol le prévenu qui, à la suite de la coupure de courant électrique motivée par le non-paiement réitéré de factures, rétablit, à l'insu de l'EDF, le branchement d'alimentation de son appartement, bien que le raccordement s'effectue dans des conditions telles que le courant électrique continue à être enregistré par le compteur. • Crim. 12 déc. 1984 : *Bull. crim. n° 403 ; RSC 1985. 579, obs. Bouzat* • Amiens, 17 sept. 1954 : *JCP 1955. II. 8455, note Granier.* ♦ *Contra* : • Crim. 21 déc. 1949 : *Bull. crim. n° 355 ; Gaz. Pal. 1950. 1. 95 ; S. 1951. 1. 24.* ♦ ... Nul ne pouvant contraindre un propriétaire à vendre la chose qui lui appartient, et celui qui soustrait cette chose contre sa volonté commettant un vol, même s'il lui propose de lui en payer le prix. • TGI Seine, 14 déc. 1962 : *D. 1963. Somm. 31.*

153. Billets de banque. Le retrait d'un distributeur automatique de billets de banque, par le titulaire d'une carte magnétique, d'une somme d'argent excédant le montant de la provision disponible de son compte bancaire, s'analyse en l'inobservation d'une obligation contractuelle et n'entre dans les prévisions d'aucun texte répressif. • Crim. 24 nov. 1983 : *Bull. crim. n° 315 ; D. 1984. 465, note Lucas de Leyssac, et IR 306, obs. Vasseur ; ibid. 1985. IR 46, obs. Huet ; JCP 1985. II. 20450, note Croze ; RSC 1984. 515, obs. Bouzat, et 1985. 101, obs. Massé.* ♦ ... La remise ayant été voulue par le banquier dans les conditions de programmation de l'appareil. • Bordeaux, 25 mars 1987 : *D. 1987. 424, note Pradel.*

154. Sur la jurisprudence antérieure des juridictions du fond : ... pour le rejet de toute qualification. • Angers, 2 déc. 1980 : *D. 1981. IR 353, obs. Vasseur ; Gaz. Pal. 1981. 2. 704 (2e arrêt), note Sousi-Roubi ; RSC 1982. 129, obs. Bouzat* • Lyon, 9 juill. 1981 : *Gaz. Pal. 1981. 2. 704 (1er arrêt), note préc. Sousi-Roubi* • Angers, 4 févr. 1982 : *D. 1982. 312, note Sousi-Roubi ; RSC 1982. 619, obs. Bouzat.* ♦ ... Dans le sens de la qualification de vol. • T. corr. Troyes, 27 avr. 1976 : *D. 1977. 122, note Cazals ; RSC 1977. 341, obs. Bouzat* • Lyon, 20 avr. 1982 : *D. 1982. 538, note Sousi-Roubi ; RSC 1983. 91, obs. Bouzat.*

155. Sur l'utilisation frauduleuse des cartes de crédit par d'autres que le titulaire du compte et la qualification d'escroquerie. • Crim. 19 mai 1987 : *Gaz. Pal. 1988. 1. Somm. 5, note Doucet* • Rennes, 26 janv. 1981 : *D. 1982. IR 500, obs. Vasseur* • Bordeaux, 25 mars 1987 : *préc. note 153.*

156. Sur l'utilisation abusive d'une carte de crédit par son titulaire et la qualification d'abus de confiance. • TGI Créteil, 15 janv. 1985 : *D. 1985. IR 344, obs. Vasseur.*

157. Carburant. N'établit pas le caractère frauduleux de l'appréhension constitutive du vol la cour d'appel qui, pour condamner de ce chef le client qui s'est servi à un distributeur de carburant et n'a payé que le prix, inférieur à la réalité en raison d'une imperfection de l'appareil, inscrit sur le ticket qui lui a été délivré, énonce que, même en considérant que son abstention n'a pas été le résultat d'une manœuvre active de sa part, le prévenu s'est approprié un produit dans des conditions qui fraudaient les droits du vendeur possesseur légalde ce carburant jusqu'au paiement. • Crim. 1er juin 1988 : *Bull. crim. n° 245 ; Gaz. Pal. 1988. 2. 763 ; JCP 1989. II. 21172, note Devèze.*

B. CONFLIT DE QUALIFICATIONS

158. Abus de confiance. BIBL. Véron, Les détournements commis par les salariés : vol ou abus de confiance ?, *Dr. pénal, août-sept. 1991.* ♦ Constitue un vol, et non un détournement d'objets confiés à titre de mandat, le fait pour une vendeuse de grand magasin d'emporter, sans les payer, des marchandises en provenance de ce magasin. • Crim. 6 mars 1968 : *Bull. crim. n° 79 ; D. 1968. 395.* ♦ Rappr. : • Crim. 8 janv. 1992 : *Dr. pénal 1992. 175.* ♦ V. également notes 121 s.

159. L'agent immobilier qui met à profit le mandat qui lui a été donné de louer un appartement meublé, pour soustraire et s'approprier des meubles de cet appartement, commet le délit de vol et non celui d'abus de confiance, si le contrat de mandat qui le lie au propriétaire ne comprend pas la garde de l'appartement. • Crim. 24 oct. 1968 : *Bull. crim. n° 269.*

160. Abus de faiblesse ou d'ignorance. L'abus de faiblesse ou d'ignorance ne pouvant pas être invoqué par un vendeur, la loi sur la protection des consommateurs est inapplicable aux prévenus qui ont acheté une fontaine en cuivre pour un prix inférieur à sa valeur réelle dans une foire à la brocante à une enfant mineure de 13 ans qui gardait le stand de sa grand-mère qui venait de s'absenter ; les art. L. 122-8 et L. 122-9 C. consom. qui incriminent « les personnes ayant fait souscrire des engagements » visent en effet les vendeurs et non les acquéreurs, ces textes ayant pour objet d'éviter l'abus de faiblesse des consommateurs par des vendeurs ; par contre, le fait d'obtenir par la contrainte la remise d'un objet mobilier constitue l'appropriation frauduleuse de la chose d'autrui caractéristique du vol ; dès lors, doit être requalifiée en vol l'infraction d'abus de faiblesse ou d'ignorance, la remise de l'objet ancien après insistance des acquéreurs n'ayant été inspirée que par la crainte de l'enfant apeuré. • Agen, 11 mars 1996 : *JCP 1997. IV. 998.*

161. Destructions. Le fait d'avoir abattu un arbre dans le dessein de se l'approprier est un élément constitutif du délit de vol, et ne peut être poursuivi, en même temps que ledit délit, comme constituant, en outre, une contravention à l'art. R. 40-8° C. pén. (nouvel art. R. 635-1).

• Crim. 10 févr. 1965 : *Bull. crim. n° 44 ; Gaz. Pal. 1965. 1. 413.* ♦ Rappr. : • Crim. 7 août 1951 : *Bull. crim. n° 258.*

162. Lorsque, après la soustraction d'une lettre adressée à un notaire, il a été procédé, en un second temps, à sa destruction, il y a lieu d'examiner si ce second geste tombe éventuellement sous le coup de l'art. 439 C. pén. (nouvel art. 322-2, al. 1er, 2°), alors que l'on se trouve en présence non d'un cumul idéal d'infractions, mais de faits successifs pour lesquels il échet d'appliquer, le cas échéant, le principe du non-cumul des peines. • Paris, 9 févr. 1974 : *D. 1974. Somm. 40.*

163. A supposer que les agissements reprochés (destruction d'un chargement de viande importée) aient pu constituer également le délit prévu et réprimé par l'art. 434 C. pén. (nouvel art. 322-1), le comportement des prévenus, aussi bien antérieurement à la destruction de la cargaison qu'au cours de celle-ci, peut permettre aux juges du fond de retenir à leur encontre les éléments du délit de vol. • Crim. 14 janv. 1986 : *D. 1986. IR 405, obs. Roujou de Boubée.* ♦ Lors de l'immobilisation forcée d'ensembles routiers, les camionneurs, détenteurs des véhicules et dépositaires des marchandises transportées, perdent momentanément tout contrôle des uns et des autres, si bien que les prévenus, en prenant totalement la maîtrise des véhicules et de leur contenu, en déchargeant les marchandises sur la chaussée contre le gré du dépositaire et en procédant à des actes de détérioration volontaire destinés à les rendre impropres à tout acte de disposition, participent en connaissance de cause au dépouillement temporaire constitutif du délit de vol. • Bordeaux, 5 mars 1992 : *D. 1994. 305, note Mirabail.*

164. Détournement d'objets saisis. S'il appartient aux juridictions correctionnelles de modifier la qualification des faits et de substituer une qualification nouvelle à celle qui leur était déférée, c'est à la condition qu'il ne soit rien changé aux faits de la prévention et qu'ils restent tels qu'ils ont été retenus dans l'acte saisissant la juridiction ; en conséquence, les juges saisis de la seule qualification de vol ne sauraient, sans ajouter aux faits et sans que le prévenu ait formellement accepté le débat sur les faits nouveaux, retenir contre lui le délit de détournement d'objets saisis. • Crim. 23 janv. 1995, n° 94-80.897 P. ♦ En l'état de la disparition, avant adjudication, de cheminées monumentales et de fers forgés provenant d'un immeuble saisi, requalifie à bon droit les faits poursuivis, sous la qualification de vol, en détournement d'objets saisis, la juridiction de renvoi qui relève que le prévenu, qui a été mis en mesure de s'expliquer sur les faits retenus contre lui, a vendu les éléments litigieux après la signification du commandement aux fins de saisie immobilière, qui rendait indisponibles les biens saisis. • Crim. 13 févr. 1997, n° 96-82.751 P.

165. Enlèvement de pièces dans les dépôts publics. La soustraction de pièces à conviction ou d'objets placés sous scellés afférents à une procédure criminelle commise dans le bureau du président d'une cour d'assises constitue non le délit de vol, mais le crime prévu par les art. 254 et 255 C. pén. (nouvel art. 433-4). • Crim. 19 oct. 1993, n° 93-83.225 P.

166. Entrave. Le fait de s'emparer des emballages contenant des échantillons provenant d'un prélèvement et de les emporter caractérise l'appréhension frauduleuse d'une chose appartenant à autrui, constitutive du délit de vol ; il n'importe que le vol ait été suivi de la destruction des échantillons opérée en vue d'entraver la mission des inspecteurs du service de la répression des fraudes. • Crim. 21 févr. 1946 : *Bull. crim. n° 69 ; D. 1946. 215.*

167. Escroquerie. Commet le délit de vol et non celui d'escroquerie celui qui, renonçant à acheter une marchandise, reprend avec le billet de banque qu'il avait posé sur le comptoir une partie de la monnaie que le commerçant s'apprêtait à lui rendre. • T. corr. Nancy, 14 mai 1964 : *JCP 1966. II. 14559, note Biswang.*

168. Filouterie. Le prévenu est poursuivi pour filouterie au carburant ; cependant, dans la mesure où il s'agissait de stations libre-service, il s'est servi lui-même le carburant qu'il n'a pas payé ; les faits constituent donc, non une filouterie, mais un vol. • Montpellier, 25 sept. 2008 : *JCP 2008. IV. 2964.*

169. Ne présente pas de difficulté sérieuse permettant la saisine pour avis de la Cour de cassation la question de savoir si le fait de se servir en carburant puis de ne pouvoir le payer à la caisse constitue une infraction pénale et dans l'affirmative, s'il s'agit d'un vol, d'une filouterie ou d'une autre infraction, dès lors que lorsque cette appréhension est frauduleuse, un tel comportement est constitutif de vol. • Cass., avis, 4 mai 2010, n° 10-00.001 P : *D. 2010. Pan. 2732, obs. Mirabail.*

170. Recel. Les qualifications de vol et de recel sont exclusives l'une de l'autre. • Crim. 22 janv. 1948 : *Bull. crim. n° 26* • 15 déc. 1949 : *ibid. n° 350* • 6 juin 1979 : *ibid. n° 193.*

171. Un même accusé peut légalement être à la fois déclaré coupable de complicité de vol par aide et assistance et coupable de recel de tout ou partie des objets procurés par ce vol ; s'agissant de faits distincts, ces déclarations ne sont nullement inconciliables. • Crim. 18 nov. 1965 : *D. 1966. 248, note Combaldieu* • 9 févr. 1967 : *Bull. crim. n° 62.*

172. S'il appartient aux juges répressifs de restituer aux faits dont ils sont saisis leur véritable qualification, c'est à la condition de n'y rien ajouter, sauf acceptation expresse par le prévenu d'être jugé sur des faits ou circonstances aggravantes non compris dans la poursuite ; méconnaît ce principe la cour d'appel qui, sans l'acceptation du prévenu renvoyé pour recel de vol, le condamne pour vol aggravé, alors que les éléments constitutifs du vol, différents de ceux du recel, et les circonstances aggravantes retenues n'étaient pas compris dans la poursuite. • Crim. 22 nov. 1994, n° 94-80.387 P.

173. Prélèvements de champignons, fruits et semences sans autorisation. Justifie sa décision la cour d'appel qui, pour rejeter l'exception d'incompétence soulevée par un prévenu soutenant que les faits poursuivis constituaient une contravention, retient que la prévention vise la qualification de vol, laquelle relève du tribunal correctionnel ; il appartient en effet à la juridiction correctionnelle saisie d'un fait qualifié délit, si elle estime, au résultat des débats, que le fait ne constitue qu'une contravention, de prononcer la peine ; justifie sa décision la cour d'appel qui, pour déclarer un prévenu coupable de vol de champignons, retient que celui-ci reconnaît avoir ramassé des champignons sur des parcelles appartenant à autrui, sans justifier d'une autorisation spécifique ; en effet, lorsqu'un prévenu ne prélève pas des champignons dans des bois et forêts mais les soustrait dans une truffière cultivée par le propriétaire, les faits ne constituent pas la contravention prévue par l'art. R. 331-2 C. for. • Crim. 13 avr. 2010, n° 09-85.776 P : *D. 2010. 2272, note Roujou de Boubée ; Gaz. Pal. 2010. 1. 1557, note Detraz.*

V. ACTIONS DU CHEF DE VOL

174. Action civile individuelle. L'absence de qualité de propriétaire de la somme volée n'entraîne pas l'irrecevabilité de l'action civile. • Crim. 9 mars 2016, n° 15-80.107 P : *D. actu. 29 mars 2016, obs. Goetz.*

175. L'exécution par la caution de l'obligation mise à sa charge ne résultant directement que de son seul engagement contractuel et non de l'infraction dont a été victime la société cautionnée, c'est à bon droit que la cour d'appel déboute une partie civile de ses demandes tendant au remboursement des sommes qu'elle a versées à ce titre. • Crim. 23 mars 2016, n° 15-81.448 P : *D. actu. 12 avr. 2016, obs. Benelli-de Bénazé.*

176. Action civile collective. Encourt la cassation l'arrêt qui reçoit en sa constitution de partie civile un syndicat professionnel à la suite du vol subi par l'un de ses adhérents (exploitant d'une truffière) ; un syndicat professionnel ne peut, en effet, exercer les droits réservés à la partie civile qu'en ce qui concerne les faits portant un préjudice direct ou indirect à l'intérêt collectif de la profession qu'il représente. • Crim. 13 avr. 2010 : *préc. note 173.*

177. Réparation. Statuant sur l'indemnisation de la victime d'une infraction, l'arrêt attaqué relève qu'il ressort du compte rendu d'infraction initial qu'un individu a arraché le sac à main d'une femme et s'est enfui, que son époux, en se lançant à la poursuite de l'auteur de l'infraction, a chuté sur une racine d'arbre ; il retient que le préjudice subi résultait du fait de vol, sans qu'il puisse être fait grief à l'accidenté, compte tenu des circonstances, de ne pas être resté passif en essayant de récupérer l'objet dérobé et en poursuivant à cette fin le voleur ; de ces constatations et énonciations, la cour d'appel a exactement déduit que la demande d'indemnisation de l'époux devait être accueillie. • Civ. 2e, 9 avr. 2009 : *JCP 2009. IV. 1832.*

178. Le préjudice résultant d'une infraction doit être réparé dans son intégralité, sans perte ni profit pour aucune des parties ; l'évaluation du préjudice causé par une infraction doit être déterminée par le juge au moment où il rend sa décision, en tenant compte de tous les éléments connus à cette date, sauf circonstances propres à la cause ; victime d'un vol de fûts de ferrovanadium, une société a demandé l'indemnisation de son préjudice ; il lui a été accordé par le tribunal correctionnel, au titre de dommages-intérêts, une réparation fondée sur l'évaluation de son préjudice, en fonction du prix du métal volé à l'époque des faits délictueux ; sur appel des prévenus, l'arrêt a également retenu, pour l'évaluation du préjudice subi par la victime, la valeur, à la date de l'infraction, du métal volé ; en statuant ainsi, sans justifier la raison pour laquelle l'évaluation à la date de l'infraction était nécessaire pour réparer intégralement le préjudice, la cour d'appel a violé l'art. 1382 C. civ. et les principes ci-dessus énoncés. • Crim. 1er mars 2011 : *D. actu. 11 avr. 2011, obs. Fleuriot.*

179. L'indemnisation de la victime de vols par son assureur ne limite pas l'obligation de réparation pesant sur l'auteur de l'infraction. • Crim. 28 mars 2018, n° 16-84.872 P : *D. actu. 20 avr. 2018, obs. Priou-Alibert ; Gaz. Pal. 2018. 1682, note Noguero.*

Art. 311-3 Le vol est puni de trois ans d'emprisonnement et de 45 000 € d'amende. — *Pr. pén. 398-1.*

Corresp. : *C. pén., ancien art. 381.*

1. Tentative. V. ss. art. 311-13.

2. Complicité. Celui qui aide et assiste dans sa fuite l'auteur d'un vol peut être retenu comme complice par aide et assistance, bien que le fait ainsi relevé soit postérieur à l'infraction, si les juges du fond constatent que cette protection a été assurée par un accord antérieur au vol. • Crim. 30 avr. 1963 : *Bull. crim. n° 157 ; D. 1963. Somm. 71 ; RSC 1964. 134, obs. Légal* • 8 nov. 1972 : *Bull. crim. n° 329 ; D. 1973. Somm. 17 ; RSC 1974.79, obs. Larguier.* ♦ Comp. : • Crim. 15 janv. 1948 : *Gaz. Pal. 1948. 1. 72 ; S. 1949. 1. 81.*

3. Coactivité. Celui qui fait le guet pendant qu'un individu commet une soustraction frauduleuse est un coauteur de ce vol. • Crim. 22 déc. 1970 : *Bull. crim. n° 348.* ♦ ... Lequel doit être considéré comme commis en réunion. • Crim. 7 déc. 1954 : *Bull. crim. n° 375 ; D. 1955. 221.*

4. Action civile. La soustraction frauduleuse de la chose d'autrui n'est pas nécessairement préjudiciable au seul propriétaire de celle-ci ; les parents d'un enfant décédé subissent un dommage direct du fait de la soustraction frauduleuse commise au détriment de la une clinique où il avait été établi du dossier médical concernant le décès de leur enfant. • Crim. 12 janv. 1994, n° 93-81.065 P.

5. Aucune disposition de la loi ne permet de réduire, en raison d'une négligence de la victime, le montant des réparations dues à celle-ci par l'auteur d'une infraction intentionnelle contre les biens. • Crim. 7 nov. 2001, n° 01-80.592 P : *LPA 16 oct. 2002, p. 15, note Jaluzot.*

6. Est justifiée la constitution de partie civile du groupement des cartes bancaires, dès lors qu'il a souffert d'un préjudice direct au sens de l'art. 2 C. pr. pén., du fait de l'infraction de vol des prévenus ; le préjudice résulte, d'une part, de l'atteinte portée à la crédibilité du système d'achats par carte bancaire dont la partie civile a la charge, et, d'autre part, de l'accroissement des coûts de gestion lui incombant pour l'organisation de la lutte contre les fraudeurs en sa qualité de responsable de la sécurité du fonctionnement de l'interbancarité qu'elle coordonne. • Paris, 13 sept. 2000 : *JCP 2001. IV. 1396.*

7. Le demandeur, en qualité de légataire universel, a porté plainte avec constitution de partie civile en alléguant que son auteur avait été victime de vols, d'abus de confiance et d'abus de faiblesse, et que ces délits lui avaient causé un préjudice personnel en diminuant la valeur de son héritage ; à l'issue de l'information le juge d'instruction, sur réquisitions conformes du ministère public, a prononcé un non-lieu ; en déclarant irrecevable la constitution de partie civile la cour d'appel a justifié sa décision, dès lors que le demandeur se réclame d'un préjudice qui ne peut qu'être indirect. • Crim. 20 mai 2008, n° 06-88.261 P.

8. Détermination de la peine. Poursuivi devant le tribunal correctionnel pour vol, le prévenu a été déclaré coupable de ce délit et condamné à deux mois d'emprisonnement ; sur les appels du prévenu et du ministère public, les juges du second degré, pour porter à six mois d'emprisonnement la peine prononcée, après avoir confirmé la décision entreprise sur la culpabilité, retiennent que les faits reprochés à l'intéressé ont été commis dans un contexte de violence ; en prononçant ainsi, les juges ont justifié leur décision dès lors que, d'une part, en aggravant la peine, sur l'appel du ministère public, dans la limite du maximum prévu par l'art. 311-3 C. pén., ils n'ont fait qu'user d'une faculté qu'ils tiennent de la loi et que, d'autre part, pour satisfaire aux exigences de l'art. 132-19 du même code imposant de motiver spécialement la décision de condamner le prévenu à une peine d'emprisonnement sans sursis, ils pouvaient se référer aux éléments de fait ayant entouré la commission de l'infraction, lors même que ceux-ci n'avaient pas été retenus comme circonstance aggravante dans l'acte de poursuite. • Crim. 26 févr. 2008, n° 07-85.866 P : *AJ pénal 2008. 277, obs. Roussel ; Dr. pénal 2008. 83, obs. Véron.*

Art. 311-4 **Le vol est puni de cinq ans d'emprisonnement et de 75 000 € d'amende :**

1° Lorsqu'il est commis par plusieurs personnes agissant en qualité d'auteur ou de complice, sans qu'elles constituent une bande organisée ; — *Pén. 132-71.*

2° Lorsqu'il est commis par une personne dépositaire de l'autorité publique ou chargée d'une mission de service public, dans l'exercice ou à l'occasion de l'exercice de ses fonctions ou de sa mission ;

3° Lorsqu'il est commis par une personne qui prend indûment la qualité d'une personne dépositaire de l'autorité publique ou chargée d'une mission de service public ;

4° Lorsqu'il est précédé, accompagné ou suivi de violences sur autrui n'ayant pas entraîné une incapacité totale de travail ;

(L. n° 2020-840 du 3 juill. 2020, art. 8) **« 5° Lorsqu'il porte sur du matériel destiné à prodiguer des soins de premiers secours ; »**

6° Lorsqu'il est commis dans un local d'habitation ou dans un lieu utilisé ou destiné à l'entrepôt de fonds, valeurs, marchandises ou matériels *(Abrogé par L. n° 2011-267 du 14 mars 2011, art. 47-1°-b)* ***« , en pénétrant dans les lieux par ruse, effraction ou escalade »*** **;** — *Pén. 132-73 s.*

7° Lorsqu'il est commis dans un véhicule affecté au transport collectif de voyageurs ou dans un lieu destiné à l'accès à un moyen de transport collectif de voyageurs ;

8° Lorsqu'il est précédé, accompagné ou suivi d'un acte de destruction, dégradation ou détérioration ;

*(Abrogé par L. n° 2017-86 du 27 janv. 2017, art. 171) « (L. n° 2004-204 du 9 mars 2004, art. 40-I) « 9° **Lorsqu'il est commis à raison de l'appartenance ou de la non-appartenance, vraie ou supposée, de la victime à une ethnie, une nation, une race ou une***

religion déterminée, ou de son orientation (*L. n° 2012-954 du 6 août 2012, art. 4*) ***« ou identité » sexuelle, vraie ou supposée » ; »***

(*L. n° 2010-201 du 2 mars 2010, art. 3 et 12*) **« 10° Lorsqu'il est commis par une personne dissimulant volontairement en tout ou partie son visage afin de ne pas être identifiée ;**

« 11° Lorsqu'il est commis dans les établissements d'enseignement ou d'éducation ainsi que, lors des entrées ou sorties des élèves ou dans un temps très voisin de celles-ci, aux abords de ces établissements. »

Les peines sont portées à sept ans d'emprisonnement et à 100 000 € d'amende lorsque le vol est commis dans deux des circonstances prévues par le présent article. Elles sont portées à dix ans d'emprisonnement et à 150 000 € d'amende lorsque le vol est commis dans trois de ces circonstances. — *Pr. pén. 398-1.*

Corresp. : *C. pén., anciens art. 382 et 393 à 397.*

1. Constatations. Le mot « cambriolage » ne figurant pas dans la loi et n'ayant aucun sens juridique précis, il n'est pas permis de conclure à l'existence de circonstances aggravantes déterminées quand ce mot a été employé, alors que les juges n'ont relevé aucune des circonstances qui, seules ou par leur réunion, auraient justifié une qualification aggravée. • Crim. 14 nov. 1972 : *Bull. crim. n° 342 ; D. 1973. Somm. 8.*

2. Ne caractérise pas le délit de vol prévu par les art. 379 et 382, al. 1 et 2, C. pén., l'arrêt qui se borne : ... à constater l'existence de ce délit dans les termes de la loi sans préciser toutes les circonstances exigées pour que le fait poursuivi soit punissable et sans indiquer, notamment, la nature de l'effraction retenue ni l'heure des faits, circonstances aggravantes sanctionnées. • Crim. 6 déc. 1989 : *Bull. crim. n° 469.* ♦ ... A énoncer qu'après avoir nié les faits, le prévenu a finalement admis avoir commis le vol avec effraction, mais qui omet de préciser la nature de l'effraction retenue. • Crim. 15 oct. 1991, n° 91-80.920 P.

A. CAUSES D'AGGRAVATION

1° RÉUNION

3. Celui qui fait le guet pendant qu'un individu commet une soustraction frauduleuse est un coauteur de ce vol. • Crim. 22 déc. 1970 : *Bull. crim. n° 348.* ♦ ... Lequel doit être considéré comme commis en réunion. • Crim. 7 déc. 1954 : *Bull. crim. n° 375 ; D. 1955. 221.*

4. La validité de la déclaration affirmative de la cour et du jury au regard d'un accusé sur la question de vol commis en réunion de plusieurs personnes n'est pas subordonnée à la condition que les accusés poursuivis comme coauteurs soient reconnus coupables (solution rendue sur le fondement de l'ancien art. 381 C. pén.). • Crim. 9 mars 1966 : *Bull. crim. n° 86.*

2° DÉPOSITAIRE DE L'AUTORITÉ PUBLIQUE OU CHARGÉ D'UNE MISSION DE SERVICE PUBLIC

5. Sur le fondement de l'ancien art. 198 C. pén. (non repris), l'aggravation de peine était applicable au fonctionnaire qui agissait seul, comme à celui qui était de connivence avec d'autres délinquants. • Crim. 7 nov. 1917 : *D. 1922. 1. 133.*

6. La cour d'appel qui, pour déclarer des prévenus coupables de vols aggravés, énonce qu'ils se sont appropriés, dans l'exercice de leurs fonctions de fossoyeurs, des débris d'or et de bijoux trouvés au cours de nettoyage de fosses communes et de concessions non renouvelées ainsi que dans des caveaux et cercueils, objets qu'ils savaient ne pas être abandonnés, caractérise, à l'égard de chacun d'eux, le délit de vol par personne chargée d'une mission de service public ; de plus, est également caractérisé l'élément intentionnel des délits de violation de sépultures et d'atteintes à l'intégrité des cadavres qui résulte de l'accomplissement volontaire d'un acte portant directement atteinte au respect dû aux morts. • Crim. 25 oct. 2000, n° 00-82.152 P : *D. 2001. 1052, note Garé ; JCP 2001. II. 10566, note Mistretta ; Dr. pénal 2001. 18, obs. Véron.*

3° FAUSSE QUALITÉ

7. Néant.

4° VIOLENCES

8. V. ss. art. 311-5 à 311-7.

5° PERSONNE VULNÉRABLE

9. V. également ss. art. 222-7 à 222-13.

6° HABITATION OU ENTREPÔT

10. Local d'habitation. Sur le fondement de l'ancien art. 390 C. pén., il a été jugé que l'habitation, outre celle permanente et continuelle, pouvait également résulter d'une demeure temporaire pour certains besoins, certaines affaires ou certains devoirs, tel l'endroit où le personnel se réunit quotidiennement et demeure pendant la plus grande partie de la journée. • Crim. 23 août 1821 : *Bull. crim. n° 134* • 22 mars 1889 : *DP 1889. 1. 388* • 2 août 1929 : *ibid. 1929. 1. 158* • 13 mars 1952 : *Bull. crim. n° 77 ; D. 1952. 382* • 25 nov. 1953 : *Bull. crim. n° 311 ; D. 1954. 44 ;*

Gaz. Pal. 1954. 1. 62 • 15 nov. 1955 : *Bull. crim. n° 482 ; D. 1956. 7 ; JCP 1956. II. 9034 ; RSC 1956. 329, obs. Bouzat.*

11. Ainsi, ont été retenus comme constituant un lieu habité ou servant à l'habitation : ... une étable, où couche habituellement un gardien. • Crim. 4 sept. 1812 : *Jur. gén. v° Vol, n° 311.* ♦ ... Un bateau comportant un logement pour le conducteur. • Crim. 8 oct. 1812 : *Jur. gén. v° Vol, n° 318.* ♦ ... Une église. • Crim. 23 août 1821 : *préc. note 10.* ♦ ... Une case située à la Martinique. • Crim. 23 janv. 1868 : *DP 1868. 1. 240.* ♦ ... Les bureaux d'une banque. • Crim. 22 mars 1889 : *préc. note 10* • 9 oct. 1974 : *Bull. crim. n° 286.* ♦ ... Le bureau de la receveuse d'une gare de tramways, serait-il construit en planches. • Crim. 30 mars 1901 : *Bull. crim. n° 117 ; DP 1902. 1. 415.* ♦ ... Les bureaux d'un commissariat de police. • Crim. 2 août 1929 : *préc. note 10.* ♦ ... Les bureaux de postes. • Crim. 13 mars 1952 : *préc.* ♦ ... Une usine ou un atelier. • Crim. 25 nov. 1953 : *préc.* • 29 oct. 1968 : *Bull. crim. n° 275.* ♦ ... Les bureaux de la sécurité sociale. • Crim. 15 nov. 1955 : *préc.* ♦ ... Un magasin. • Crim. 18 nov. 1975 : *Bull. crim. n° 248.*

12. La circonstance que le vol a été commis dans une maison habitée est aggravante, même dans les cas où cette maison a pour habitants les auteurs mêmes du vol. • Crim. 30 sept. 1869 : *DP 1870. 1. 95.*

13. Effraction. Le vol étant parfait et consommé par l'appréhension de la chose, on ne peut pas dire qu'il a été commis à l'aide d'effraction lorsque le voleur n'a brisé les portes ou clôtures que pour s'enfuir et s'assurer les bénéfices de son délit. • Crim. 29 mars 1889 : *Bull. crim. n° 136 ; S. 1889. 1. 282.*

14. Il y a effraction dans le bris d'un carreau de vitre. • Crim. 20 avr. 1827 : *Bull. crim. n° 91.* ♦ ... Dans le forcement, à l'aide d'un ferrement, de la gâche d'une serrure. • Crim. 27 janv. 1831 : *Bull. crim. n° 16.* ♦ En revanche, l'effraction n'existe pas lorsque le voleur n'a fait que soulever et déplacer une traverse mobile, simplement appliquée contre une porte, et servant habituellement à en clore intérieurement les deux battants. • Crim. 18 juin 1812 : *Jur. gén. v° Vol, n° 526.*

15. L'enlèvement d'une boîte fermée contenant du numéraire ne peut être qualifié de vol commis avec effraction, qu'autant qu'il est constaté que cette boîte se trouvait fermée par des moyens tels, qu'il n'a été possible de se procurer ce qu'elle contenait qu'en forçant, rompant ou dégradant le meuble lui-même ou les serrures, cadenas, ou autres ustensiles servant à le fermer. • *Crim. 2 mai 1857 : DP 1857. 1. 319.*

16. L'ouverture d'un pli, fût-il scellé, ne constitue pas une effraction. Une enveloppe de papier ne peut être considérée comme une protection sérieuse, elle constitue seulement un moyen traditionnel d'identifier un pli ou de le véhiculer, et il n'est point besoin d'exercer une violence pour s'en approprier le contenu. • Limoges, 21 mars 1952 : *Gaz. Pal. 1952. 1. 296 ;* approuvé par : • Crim. 4 déc. 1952 : *Bull. crim. n° 294 ; Gaz. Pal. 1953. 1. 92 ; RSC 1952. 455, obs. Bouzat.*

17. Le fait de voler par effraction les clefs d'un véhicule, puis de les utiliser pour le dérober, équivaut à l'effraction du véhicule lui-même (en l'espèce, les clefs du véhicule avaient été dérobées à l'occasion d'un vol par effraction commis dans les locaux d'une société et, pour refuser la garantie, l'assureur invoquait une clause de la police l'excluant pour les « vols sans effraction du véhicule »). • Civ. 1re, 16 mai 1995, n° 92-15.310 P : *D. 1995. 349, rapp. Sargos.*

18. Escalade. L'escalade, à l'aide de laquelle un vol est commis, est une circonstance matérielle inhérente au fait même et qui engage la responsabilité de tous ceux qui y ont participé. • Crim. 26 mars 1957 : *Bull. crim. n° 288.*

19. Il y a escalade par cela seul que le voleur s'est introduit dans l'édifice, parc ou enclos, par une ouverture autre que celle destinée à servir d'entrée, encore bien qu'il se soit servi à cet effet d'un moyen que le hasard ou les circonstances mettaient à sa disposition ; tel est le cas où, pour pénétrer dans une maison, le voleur a abusé des facilités que présentait un échafaudage dressé le long de celle-ci. • Crim. 2 avr. 1864 : *DP 1864. 1. 324.*

7° TRANSPORTS COLLECTIFS

20. Néant.

8° DESTRUCTION, DÉGRADATION OU DÉTÉRIORATION

21. Vol à la roulotte. En présence d'agissements indivisibles susceptibles de se voir appliquer deux qualifications délictuelles sous l'empire de la loi ancienne et désormais constitutifs d'une seule infraction spécifique, le juge répressif, lié par les principes fondamentaux du règlement des conflits de lois pénales dans le temps, est autorisé, dès lors que les faits ont été poursuivis sous la double qualification qui pouvait leur être anciennement appliquée, à faire une application distributive des mesures prévues par la loi nouvelle en retenant le délit spécifique qui a été nouvellement créé et qui, compte tenu de l'indivisibilité, se substitue à la double qualification visée à l'acte de poursuite, tout en sanctionnant les faits ainsi poursuivis, qui sont plus sévèrement réprimés par la nouvelle loi, par la peine prévue pour la plus haute des anciennes acceptions pénales ; ainsi en est-il en cas de « vol à la roulotte » commis avant le 1er mars 1994, date de mise en vigueur du nouveau code pénal, dont l'auteur poursuivi pour délits de vol et de dégradation doit, dès lors qu'il est jugé après cette date et compte tenu de l'indivisibilité de ces agissements, être déclaré coupable du délit de vol accompagné d'un acte de dégradation, infraction spécifique créée par la loi nouvelle tout en se voyant infliger les peines moins sévères prévues pour le vol simple dans l'ancienne législation. • Douai, 22 sept. 1994 : *BICC 1995. 195.*

22. Action civile. Aux termes de l'art. 3 C. pr. pén., l'action civile est recevable pour tous chefs de dommages, aussi bien matériels que corporels ou moraux, qui découlent des faits, objet de la poursuite ; justifie sa décision la cour d'appel qui, pour déclarer deux mineurs responsables des conséquences dommageables d'un vol de véhicule aggravé par sa destruction, retient notamment que le vol du fourgon et la destruction de celui-ci procèdent d'une conception et action uniques et indivisibles. • Crim. 22 juin 1999, ☎ n° 98-84.749 P.

9° DISCRIMINATION

23. *Néant.*

10° DISSIMULATION DU VISAGE

24. *Néant.*

11° ÉTABLISSEMENT D'ENSEIGNEMENT

25. *Néant.*

B. CUMUL DES CIRCONSTANCES

26. La violence qui accompagne un vol commis par deux personnes est une circonstance matérielle inhérente au fait même qui est un ; la réponse affirmative à la question posée relativement à cette circonstance, et qui se réfère au fait principal unique, étend par suite, nécessairement ses conséquences à tous les auteurs de ce fait (sur le fondement de l'ancien art. 381 C. pén.). • Crim. 3 mars 1965 : *Bull. crim. n° 64.*

Art. 311-4-1 *(L. n° 2002-1138 du 9 sept. 2002, art. 26)* **Le vol est puni de sept ans d'emprisonnement et de 100 000 € d'amende lorsqu'il est commis par un majeur avec l'aide d'un ou plusieurs mineurs, agissant comme auteurs ou complices.**

Les peines sont portées à dix ans d'emprisonnement et 150 000 € d'amende lorsque le majeur est aidé d'un ou plusieurs mineurs âgés de moins de treize ans.

Art. 311-4-2 *(L. n° 2008-696 du 15 juill. 2008, art. 34)* **Le vol est puni de sept ans d'emprisonnement et de 100 000 € d'amende lorsqu'il porte sur :**

1° Un objet mobilier classé ou inscrit en application des dispositions du code du patrimoine ou un document d'archives privées classé en application des dispositions du même code ;

2° Une découverte archéologique faite au cours de fouilles ou fortuitement ;

3° Un bien culturel qui relève du domaine public mobilier ou qui est exposé, conservé ou déposé, même de façon temporaire, soit dans un musée de France, une bibliothèque, une médiathèque ou un service d'archives, soit dans un lieu dépendant d'une personne publique ou d'une personne privée assurant une mission d'intérêt général, soit dans un édifice affecté au culte.

Les peines sont portées à dix ans d'emprisonnement et 150 000 € d'amende lorsque l'infraction prévue au présent article est commise avec l'une des circonstances prévues à l'article 311-4.

Les peines d'amende mentionnées au présent article peuvent être élevées jusqu'à la moitié de la valeur du bien volé.

Art. 311-5 *(L. n° 2011-267 du 14 mars 2011, art. 47-2°)* **Le vol est puni de sept ans d'emprisonnement et de 100 000 € d'amende :**

1° Lorsqu'il est précédé, accompagné ou suivi de violence sur autrui ayant entraîné une incapacité totale de travail pendant huit jours au plus ;

2° Lorsqu'il est facilité par l'état d'une personne dont la particulière vulnérabilité, due à son âge, à une maladie, à une infirmité, à une déficience physique ou psychique ou à un état de grossesse, est apparente ou connue de son auteur ;

3° Lorsqu'il est commis dans un local d'habitation ou dans un lieu utilisé ou destiné à l'entrepôt de fonds, valeurs, marchandises ou matériels, en pénétrant dans les lieux par ruse, effraction ou escalade.

Les peines sont portées à dix ans d'emprisonnement et à 150 000 € d'amende lorsque le vol est commis dans deux des circonstances prévues par le présent article ou lorsque le vol prévu au présent article est également commis dans l'une des circonstances prévues par l'article 311-4.

Art. 311-6 **Le vol est puni de dix ans d'emprisonnement et de 150 000 € d'amende lorsqu'il est précédé, accompagné ou suivi de violences sur autrui ayant entraîné une incapacité totale de travail pendant plus de huit jours.**

Les deux premiers alinéas de l'article 132-23 relatif à la période de sûreté sont applicables à l'infraction prévue par le présent article.

Art. 311-7 **Le vol est puni de quinze ans de réclusion criminelle et de 150 000 € d'amende lorsqu'il est précédé, accompagné ou suivi de violences sur autrui ayant entraîné une mutilation ou une infirmité permanente.**

Les deux premiers alinéas de l'article 132-23 relatif à la période de sûreté sont applicables à l'infraction prévue par le présent article.

***Corresp.** : C. pén., anciens art. 382 et 384.*

1. Nature de l'aggravation. La violence qui accompagne un vol est une circonstance matérielle inhérente au fait même et qui engage la responsabilité de tous ceux qui y ont participé. • Crim. 28 juill. 1953 : *Bull. crim. n° 262.*

A. VIOLENCES

2. Manifestations. Est à bon droit reconnu coupable de vol avec violences (art. 311-4, 4°) le prévenu qui a arraché un billet à ordre des mains de la victime, la griffant à cette occasion, et dont le comportement violent résulte des buts qu'il voulait atteindre, étant dans l'incapacité d'honorer cet effet, et ayant intérêt à sa disparition. • Crim. 10 avr. 1995 : *Gaz. Pal. 1995. 2. Somm. 354.*

3. La violence caractérisée, telle que visée par un contrat d'assurance contre le vol, ne résulte pas seulement de gestes agressifs ; spécialement, le vol commis par un individu qui s'est introduit chez l'assuré sous un faux prétexte et lui a fait boire un somnifère, est un vol avec violence qui est garanti, dès lors qu'il a été rendu possible par l'endormissement de la victime consécutif à l'absorption d'un produit toxique administré par son visiteur. • Versailles, 17 déc. 1999 : *D. 2000. IR 33.*

4. M. X... a été renvoyé devant le tribunal correctionnel, du chef, notamment, de vol avec violences et en réunion en état de récidive légale, à raison d'une soustraction frauduleuse commise dans un bar PMU de Lyon ; le tribunal ayant déclaré la prévention établie, M. X... et le ministère public ont interjeté appel de cette décision ; pour confirmer le jugement sur la culpabilité, l'arrêt, constatant que M. X... et son comparse sont entrés dans les lieux porteurs d'une cagoule et tout de noir vêtus, retient que le prévenu a agi en réunion et en impressionnant les victimes par sa tenue et son attitude ; en se déterminant ainsi, la cour d'appel a justifié sa décision ; en effet, la circonstance aggravante de violences est constituée, même sans atteinte physique de la victime, par tout acte de nature à impressionner celle-ci et à lui causer un choc émotif. • Crim. 30 oct. 2012, n° 11-84.152 : *Dr. pénal 2013, n° 21, obs. Véron.*

B. RÉSULTAT

5. Conflit de qualifications. Le même fait ne peut être retenu comme constitutif à la fois d'un crime et d'une circonstance aggravante accompagnant un autre crime ; c'est ainsi que la circonstance aggravante de violences ne saurait être relevée à l'égard de l'auteur d'un vol également poursuivi à raison d'un meurtre concomitant ou corrélatif, s'il résulte des circonstances de la cause que les violences ne peuvent se distinguer du meurtre. • Crim. 14 oct. 1954 : *Bull. crim. n° 294* • 23 juin 1977 : *ibid. n° 235.* ♦ Même solution pour les qualifications de vol avec violences et de coups mortels. • Crim. 21 mai 1980 : *Bull. crim. n° 158.*

6. Un même fait ne peut entraîner une double déclaration de culpabilité ni être retenu comme élément constitutif d'un crime et comme circonstance aggravante d'une autre infraction ; c'est ainsi que les mêmes violences ne peuvent être retenues à la fois comme élément constitutif d'un viol et d'un délit de violences volontaires et comme circonstance aggravante d'un vol. • Crim. 6 janv. 1999, n° 98-80.730 P.

7. N'est pas entaché de contradiction l'arrêt portant renvoi d'un accusé devant la cour d'assises du chef de vol commis avec la double circonstance aggravante de violence et d'emploi de tortures ou d'actes de barbarie, d'une part, et de meurtre concomitant, d'autre part, dès lors qu'il résulte des constatations de l'arrêt que les diverses violences exercées sur la victime ont constitué des actes successifs et distincts, et alors même qu'elles auraient eu pour but de permettre l'exécution d'une action criminelle unique ou d'assurer l'impunité de ses auteurs. • Crim. 13 nov. 1975 : *Bull. crim. n° 245.*

Art. 311-8 **Le vol est puni de vingt ans de réclusion criminelle et de 150 000 € d'amende lorsqu'il est commis soit avec usage ou menace d'une arme, soit par une personne porteuse d'une arme soumise à autorisation ou dont le port est prohibé.** — *Pén. 132-75.*

Les deux premiers alinéas de l'article 132-23 relatif à la période de sûreté sont applicables à l'infraction prévue par le présent article.

Corresp. : *C. pén., ancien art. 384, al. 2.*

1. Application dans le temps. Dès lors que des faits commis antérieurement à la mise en vigueur du nouveau code pénal, et constitutifs de la circonstance aggravante prévue par l'art. 384 C. pén. ancien, entrent également dans la définition nouvelle de la circonstance de menace ou d'usage d'une arme aggravant le vol, ainsi qu'il est prévu par l'art. 311-8 C. pén., les dispositions moins sévères de ce dernier texte sont applicables. • Crim. 29 juin 1994, n° 93-85.322 P.

2. La cour d'assises, statuant par contumace, qui a condamné à 30 ans de réclusion criminelle un individu accusé de vols avec arme et séquestrations de personnes comme otages, commis avant le 1er mars 1994, n'a pas prononcé une peine illégale dès lors qu'aucune disposition ne lui interdit de prononcer le maximum de la peine encourue et que, en raison de l'entrée en vigueur des art. 224-4 et 311-8 C. pén., les faits poursuivis n'étaient plus réprimés de la réclusion criminelle à perpétuité mais d'une peine maximale, moins sévère, de 30 ans de réclusion criminelle, faisant ainsi une juste application de l'art. 112-1 C. pén. • Crim. 10 juill. 1996, n° 95-84.688 P.

3. Nature de l'aggravation. La circonstance aggravante prévue par le second al. de l'art. 384 C. pén. est réelle et inhérente au vol. • Crim. 4 janv. 1985 : *Bull. crim. n° 9* • 16 janv. 1985 : *ibid. n° 30.* ♦ Elle engage dès lors la responsabilité de tout auteur de l'infraction. • Crim. 16 janv. 1985 : *préc.* ♦ ... Et il suffit, pour qu'elle soit caractérisée, qu'un seul des coauteurs de la soustraction frauduleuse, ne fût-il pas l'un des accusés, ait été porteur d'une arme au moment de l'action. • Crim. 4 janv. 1985 : *préc.* ♦ Rappr., sur le fondement de l'ancien art. 381, al. 1, C. pén. : • Crim. 24 mars 1958 : *Bull. crim. n° 288* • 8 mars 1977 : *ibid. n° 89.*

4. Notion d'arme. Ont été considérés comme des armes au sens de l'art. 384 C. pén. (ancien art. 381, al. 1) : ... un couteau à cran d'arrêt. • Crim. 29 janv. 1969 : *Bull. crim. n° 57.* ♦ ... Un pistolet d'alarme (le port de cette arme par l'auteur d'un vol constituait, dès lors, indépendamment de l'usage qui avait pu en être fait, la circonstance aggravante prévue par ce texte). • Crim. 20 juin 1978 : *Bull. crim. n° 203 ; D. 1980. 240, note Hervieu* • 23 févr. 1982 : *Bull. crim. n° 60.* ♦ ... Une bombe lacrymogène. • Crim. 7 juin 1989 : *Dr. pénal 1989. 6.* ♦ ... Un pistolet factice. • Crim. 5 août 1992, n° 92-82.717 P : *D. 1994. Somm. 156, obs. Roujou de Boubée.*

5. Usage ou menace d'une arme. Pour le fait de soustraire frauduleusement une automobile en menaçant le conducteur avec un couteau pour le contraindre à abandonner son véhicule. • Crim. 31 mai 1988 : *Bull. crim. n° 233.*

6. Complicité. Le fait par l'accusé d'avoir procuré une arme ayant servi au fait principal, vol commis avec port d'armes, alors qu'il savait qu'elle devait y servir, constitue à lui seul, aux termes de l'art. 60 C. pén. (nouvel art. 121-7), un mode légal de complicité. • Crim. 17 mai 1962 : *Bull. crim. n° 200.*

7. Est à l'abri de toute atteinte l'arrêt portant renvoi d'un accusé devant la cour d'assises pour complicité de vol qualifié, dès lors que les énonciations de la chambre d'accusation établissent des charges suffisantes contre l'accusé d'avoir fourni sciemment à l'auteur principal du crime un instrument ayant servi à le commettre, en l'espèce un pistolet « factice ». • Crim. 27 mai 1963 : *Bull. crim. n° 188.*

8. Action civile. Aux termes de l'art. 3 C. pr. pén., l'action civile est recevable pour tous chefs de dommages, aussi bien matériels que corporels ou moraux, qui découlent des faits, objet de la poursuite : est dès lors recevable la constitution de partie civile d'un employé d'un magasin où a eu lieu un vol avec arme. • Crim. 17 mai 1995, n° 94-83.889 P.

9. Questions. Le fait que le vol a été aggravé par le port d'une arme (apparente ou cachée) constitue une circonstance aggravante sur laquelle la cour et le jury doivent être interrogés par une question distincte de celle visant le fait principal. • Crim. 11 juin 1986 : *Bull. crim. n° 202.* ♦ ... Cette question étant régulièrement posée dans les termes mêmes de la loi. • Crim. 13 juill. 1951 : *Bull. crim. n° 212.*

10. Les conséquences pénales de l'aggravation de port d'arme étant les mêmes, que l'infraction ait été commise par une ou plusieurs personnes, il s'ensuit que n'est pas entachée de complexité prohibée comme réunissant en une seule interrogation la circonstance aggravante de port d'arme et celle de pluralité d'auteurs, la question par laquelle il est demandé à la cour et au jury si une soustraction frauduleuse a été commise par des auteurs ou l'un d'eux porteurs d'une arme (apparente ou cachée). • Crim. 30 avr. 1986 : *Bull. crim. n° 149* • 8 avr. 1987 : *ibid. n° 163.*

11. La circonstance aggravante de port d'arme lors d'une soustraction frauduleuse étant distincte du port de la même arme commis par l'accusé hors des lieux de ce crime, deux questions séparées peuvent être posées par le président. • Crim. 8 déc. 1982 : *Bull. crim. n° 280.*

12. Confusion des peines. Pour rejeter la requête en confusion des peines du prévenu condamné à 8 ans d'emprisonnement pour vol avec arme, 15 ans de réclusion criminelle pour vol et tentative de vol avec arme, 10 ans de réclusion criminelle pour vols avec arme en récidive, la cour d'appel énonce que le maximum de la peine encourue de réclusion criminelle à perpétuité pour la prévention de vols avec arme et récidive n'a pas été atteint ; en statuant ainsi, alors que les infractions étaient en concours et que les peines privatives ne pouvaient, par leur cumul, excéder 30 ans, la chambre de l'instruction a méconnu le sens et la portée des art. 132-4 et 132-5 C. pén. • Crim. 12 févr. 2003, n° 02-81.800 P : *JCP 2003. IV. 1702.*

Art. 311-9 Le vol en bande organisée est puni de quinze ans de réclusion criminelle et de 150 000 € d'amende. – *Pén. 132-71.*

Il est puni de vingt ans de réclusion criminelle et de 150 000 € d'amende lorsqu'il est précédé, accompagné ou suivi de violences sur autrui.

Il est puni de trente ans de réclusion criminelle et de 150 000 € d'amende lorsqu'il est commis soit avec usage ou menace d'une arme, soit par une personne porteuse d'une arme soumise à autorisation ou dont le port est prohibé. – *Pén. 132-75.*

Les deux premiers alinéas de l'article 132-23 relatif à la période de sûreté sont applicables aux infractions prévues par le présent article.

Art. 311-9-1 *(L. n° 2004-204 du 9 mars 2004, art. 12-XII)* Toute personne qui a tenté de commettre un vol en bande organisée prévu par l'article 311-9 est exempte de peine si, ayant averti l'autorité administrative ou judiciaire, elle a permis d'éviter la réalisation de l'infraction et d'identifier, le cas échéant, les autres auteurs ou complices.

La peine privative de liberté encourue par l'auteur ou le complice d'un vol en bande organisée est réduite de moitié si, ayant averti l'autorité administrative ou judiciaire, il a permis de faire cesser l'infraction en cours ou d'éviter que l'infraction n'entraîne mort d'homme ou infirmité permanente et d'identifier, le cas échéant, les autres auteurs ou complices.

Art. 311-10 Le vol est puni de la réclusion criminelle à perpétuité et de 150 000 € d'amende lorsqu'il est précédé, accompagné ou suivi soit de violences ayant entraîné la mort, soit de tortures ou d'actes de barbarie.

Les deux premiers alinéas de l'article 132-23 relatif à la période de sûreté sont applicables à l'infraction prévue par le présent article.

Tortures ou actes de barbarie. V. notes ss. art. 311-5 à 311-7.

Art. 311-11 Constitue, au sens des articles 311-4, 311-5, 311-6, 311-7, 311-9 et 311-10, un vol suivi de violences le vol à la suite duquel des violences ont été commises pour favoriser la fuite ou assurer l'impunité d'un auteur ou d'un complice.

SECTION II DISPOSITIONS GÉNÉRALES

Art. 311-12 Ne peut donner lieu à des poursuites pénales le vol commis par une personne :

1° Au préjudice de son ascendant ou de son descendant ;

2° Au préjudice de son conjoint, sauf lorsque les époux sont séparés de corps ou autorisés à résider séparément.

(L. n° 2015-1776 du 28 déc. 2015, art. 36) « Le présent article n'est pas applicable :

« *a)* Lorsque le vol porte sur des objets ou des documents indispensables à la vie quotidienne de la victime, tels que des documents d'identité, relatifs au titre de séjour ou de résidence d'un étranger, ou des moyens de paiement *(L. n° 2020-936 du 30 juill. 2020, art. 10)* « ou de télécommunication » ;

« *b)* Lorsque l'auteur des faits est le tuteur, le curateur, le mandataire spécial désigné dans le cadre d'une sauvegarde de justice, la personne habilitée dans le cadre d'une habilitation familiale ou le mandataire exécutant un mandat de protection future de la victime. »

***Corresp. :** C. pén., ancien art. 380.*

BIBL. ▸ MOUSSERON, *RSC 1998. 291* (immunités familiales). – AMAR, *Dr. pénal 2000. Chron. 32* (PACS et immunités familiales). – ALT-MAES, *JCP 2000. I. 275* (PACS et droit pénal). – MAYAUD, *in Mél. G. Wiederkehr, Dalloz 2009* (rebondissement sur les immunités familiales : fond ou forme ?).

I. DOMAINE DE L'IMMUNITÉ

A. BÉNÉFICIAIRES

1. Bénéficiaires directs. L'immunité ne s'applique pas aux soustractions commises au préjudice de l'un ou l'autre par d'anciens époux après le divorce. • Crim. 12 mai 1970 : *Bull. crim. n° 160 ; D. 1970. Somm. 151.*

2. Un prévenu n'est pas recevable à invoquer l'inopposabilité, en France, d'une décision étrangère qui a prononcé le divorce sur sa propre demande. • Crim. 11 juin 1996, n° 95-82.778 P : *D. 1997. 576, note Agostini ; Dr. pénal 1997. 5 ; RSC 1998. 110, obs. Ottenhof ; RTD civ. 1997. 106, obs. Hauser.* ♦ ... Ainsi, justifie légalement sa décision la cour d'appel qui, pour refuser le bénéfice de l'immunité de l'art. 380 ancien C. pén. (art. 311-12 nouv.) à une femme divorcée poursuivie pour le vol de meubles appartenant à son ex-époux, et rejeter l'exception tirée de l'inopposabilité de la décision de divorce prononcée contre les époux à Bangkok et transcrite ultérieurement sur les registres de l'état civil en France, énonce que la prévenue, qui s'est rendue de son plein gré en Thaïlande afin d'obtenir plus rapidement, tant pour ses convenances personnelles que pour celles de son mari, un divorce par consentement mutuel, ne saurait se prévaloir de sa propre turpitude. • Même arrêt. ♦ L'efficacité en France d'une décision judiciaire étrangère est subordonnée à la reconnaissance par les autorités françaises de sa conformité avec l'ordre public interne ; bénéficie dès lors de l'immunité édictée par l'art. 380 C. pén., applicable à l'époque, la femme répudiée aux termes d'une décision qui, rendue par une juridiction marocaine, n'avait pas encore fait l'objet d'une demande d'exequatur. • Aix-en-Provence, 18 janv. 1996 : *BICC 1997. 232.*

3. L'immunité prévue par l'art. 311-12 C. pén. ne s'applique pas aux époux qui sont autorisés à résider séparément ; l'un des conjoints, seul autorisé à s'établir séparément, ne saurait donc bénéficier des dispositions prévues par ce texte ; encourt, dès lors, la cassation l'arrêt d'une cour d'appel qui, pour renvoyer la prévenue des fins de la poursuite et débouter la partie civile de ses demandes, retient que l'autorisation donnée à cette dernière de quitter le domicile conjugal et de résider séparément constitue une mesure d'urgence dépourvue de tout caractère contradictoire ou définitif et que l'immunité dont bénéficie l'auteur du vol commis au préjudice de son conjoint n'est écarté que « lorsque les époux sont séparés de corps ou autorisés à résider séparément ». • Crim. 14 déc. 1999, n° 98-82.980 P.

4. Ne bénéficie pas de l'immunité de l'art. 380 C. pén. l'auteur d'un abus de confiance qui n'est devenu que postérieurement au délit le conjoint de la victime. • Crim. 13 mars 1951 : *Bull. crim. n° 90* • 4 déc. 1958 : *ibid. n° 720 ; D. 1959. 174* • 3 mai 1967 : *Bull. crim. n° 145 ; D. 1967. Somm. 98.* ♦ Un individu coupable de vol demeure punissable, bien que, postérieurement à la consommation du délit, il ait contracté mariage avec sa victime. • T. corr. Seine, 8 avr. 1921 : *DP 1922. 5. 4.* ♦ L'immunité ne peut bénéficier au mari lorsque l'escroquerie est antérieure au mariage. • T. corr. Seine, 27 déc. 1946 : *D. 1947. 158.*

5. Le prévenu de vol au préjudice d'une personne dont il se prétend l'enfant naturel ne peut invoquer l'immunité résultant de l'art. 380 C. pén. qu'à la condition d'apporter la preuve légale de sa reconnaissance. • Crim. 3 janv. 1873 : *DP 1874. 5. 551.*

6. Coauteurs et complices. L'exception de l'art. 380 ne saurait être étendue au-delà des cas formellement prévus par la loi ; elle ne saurait par suite profiter à l'étranger qui, comme coauteur, aurait coopéré, en même temps que le conjoint ou l'un des parents au degré indiqué par la loi, à la perpétration du vol. • Cass., ch. réun., 25 mars 1845 : *DP 1845. 1. 178 ; S. 1845. 1. 290, réq. Dupin* • Toulouse, 8 mars 1956 : *JCP 1956. II. 9465.*

7. La complicité par aide et assistance d'un vol commis par un enfant au préjudice de ses parents n'est pas punissable. • Crim. 6 févr. 1920 : *DP 1921. 1. 67* • 8 janv. 1921 : *ibid. 1921. 1. 169, note A. L.* ♦ ... Une condamnation contre le tiers complice ne pouvant être justifiée que dans le cas où il aurait recélé ou appliqué à son profit tout ou partie du produit de la soustraction. • Crim. 8 janv. 1921 : *préc.* ♦ ... Ainsi, dans le cas où le prévenu s'est approprié la somme soustraite alors qu'il en connaissait la provenance frauduleuse. • Crim. 6 févr. 1920 : *préc.*

8. L'immunité que prononce l'art. 380 C. pén. n'appartient ni au coauteur ni au complice du vol commis tout à la fois par l'un des parents ou alliés désignés dans cet article et par des étrangers : le complice est alors punissable des peines encourues par ces coauteurs. • Cass., ch. réun., 25 mars 1845 : *préc. note 6.*

9. L'époux complice d'un vol au préjudice et sur la personne de son conjoint n'est pas punissable. • Crim. 6 oct. 1853 : *DP 1853. 5. 487.*

10. Receleurs. Le recel est punissable même si l'auteur de l'infraction originaire est couvert par l'immunité de l'art. 380 C. pén., l'al. 2 de cet article prévoyant expressément que cette immunité ne s'étend pas aux tiers coupables d'avoir recelé les valeurs détournées. • Crim. 6 nov. 1936 : *Bull. crim. n° 111.*

11. Pour une application des art. 380 et 460 (nouvel art. 321-1 C. pén.) au receleur des biens soustraits par la femme au préjudice de la communauté. • Crim. 21 févr. 1952 : *Bull. crim. n° 55 ; D. 1952. 270.*

B. INFRACTIONS

1° DÉTERMINATION LÉGALE

12. Approche restrictive. La disposition de l'art. 380 C. pén. est une exception aux règles générales qui répriment le vol et, comme toute exception, elle doit être renfermée dans les termes qui l'établissent. • Crim. 3 août 1901 : *DP 1904. 1. 157.* ♦ La disposition de l'art. 380 C. pén. est spéciale et restrictive. • Crim. 27 févr. 1836 : *S. 1836. 1. 526.* ♦ Elle n'est applicable qu'au cas où la soustraction lèse exclusivement la personne unie à l'auteur du fait délictueux par l'un des liens qu'indique cet article. • Crim. 18 avr. 1857 : *DP 1857. 1. 226.* ♦ ... Et à la condition que cette atteinte ne puisse préjudicier en outre aux intérêts de la collectivité comme de l'autorité publique, ni surtout de tiers. • T. corr. Nice, 13 avr. 1953 : *D. 1953. 347.*

13. L'art. 380 C. pén. ne met obstacle à l'exercice de l'action publique relativement aux soustractions commises par les descendants au préjudice de leurs ascendants (ou par les autres personnes qu'il énumère au préjudice les uns des autres) que lorsque ces soustractions forment l'objet principal de la prévention ; par contre, ce texte ne s'oppose pas à ce qu'une soustraction semblable, qui comprend tous les éléments constitutifs du délit de vol, forme dans les termes de l'art. 304, al. 2, dudit code (art. 221-2, al. 2) une circonstance accessoire aggravante de l'homicide volontaire objet de l'accusation. • Crim. 7 juin 1888 : *Bull. crim. n° 195* • 17 févr. 1944 : *ibid. n° 50* • 17 juill. 1976 : *ibid. n° 257 ; Gaz. Pal. 1976. 2. Somm. 305 ; RSC 1977. 333, obs. Levasseur.*

14. La disposition de l'art. 380 C. pén. ne saurait être étendue aux actes qui ont accompagné la soustraction, si ces actes constituent par eux-mêmes des infractions pénales : spécialement, la circonstance aggravante d'effraction qui, envisagée en elle-même, en dehors du vol qu'elle a pu précéder et dont elle n'est pas indivisible, constitue une dégradation punissable (ancien délit de bris de clôture), quel que soit le degré de parenté entre son auteur et celui au préjudice de qui l'acte a été commis. • Crim. 3 août 1901 : *préc. note 12.*

15. Les dispositions de l'art. 311-12 C. pén. constituent en tout état de cause une exception au droit commun et sont par conséquent d'interprétation stricte et restrictive. • Paris, 10 janv. 2002 : *Dr. pénal 2002. 81, obs. Véron.*

16. Applications. Sur l'application, désormais légale, des *immunités familiales* à l'extorsion, au chantage, à l'escroquerie et à l'abus de confiance, V. ss. art. 312-9, 312-12, 313-3 et 314-4.

17. Exclusions. L'immunité ne peut être invoquée par l'époux qui a détourné les objets saisis sur lui à la requête de son conjoint, l'art. 400 C. pén. (nouvel art. 314-6), qui punit les détournements d'effets saisis, ayant pour objet tout à la fois d'assurer le respect dû aux actes de l'autorité publique, et de protéger les intérêts du créancier saisissant, celui des autres tiers et celui du gardien préposé à la saisie. • Crim. 18 avr. 1857 : *DP 1857. 1. 226* • T. corr. Seine, 27 janv. 1951 : *D. 1951. 214.*

18. La soustraction frauduleuse d'objets saisis, lorsqu'elle a été commise par le conjoint du saisi, n'est pas couverte par l'immunité établie par l'art. 380 C. pén. • Crim. 8 mars 1945 : *Bull. crim. n° 27.* ♦ ... La soustraction, constitutive de vol, ayant eu lieu, en pareil cas, au préjudice non du mari, mais du créancier saisissant. • Lyon, 23 mars 1898 : *DP 1898. 2. 511.* ♦ En revanche, en cas de nullité de la saisie, le détournement commis par le conjoint du saisi, constitutif de vol ou d'abus de confiance au seul préjudice de celui-ci, et non du saisissant, est couvert par l'immunité de l'art. 380 C. pén. • Rouen, 15 juill. 1948 : *D.1949. 23, note A. L.*

19. L'immunité de l'art. 380 C. pén. n'est pas applicable en cas de faux en écriture. • Crim. 3 déc. 1857 : *DP 1858. 1. 42* • 11 avr. 1975 : *Gaz. Pal. 1975. 2. Somm. 206* • Paris, 22 janv. 1991 : *Dr. pénal 1991. 173.* ♦ ... Il s'agit en effet d'un délit contre la paix publique et non pas, comme le vol, d'un délit contre les particuliers, l'infraction étant susceptible de causer un préjudice aux tiers trompés par le faux. • Paris, 22 janv. 1991 : *préc.* ♦ Sur l'intérêt, eu égard à cette solution, de requalifier la prévention d'escroquerie en faux en écriture et usage, à la faveur du cumul idéal de ces infractions. • Crim. 25 mai 1992, n° 91-82.934 P.

20. Elle ne saurait être étendue : au délit d'abus de biens sociaux, délit qui porte atteinte simultanément au patrimoine social et au patrimoine de l'associé. • Crim. 13 avr. 1967 : *Bull. crim. n° 119.* ♦ ... Et, plus généralement, aux infractions à la législation sur les sociétés. • Crim. 11 avr. 1975 : *préc. note 16.* ♦ ... Au délit de suppression de correspondance prévu par l'art. 187, al. 2, C. pén. (nouvel art. 226-15, al. 1er), délit qui porte atteinte aux intérêts de l'administration publique chargée du transport, ainsi qu'à ceux de l'expéditeur. • T. civ. Seine, 14 juin 1932 : *DH 1932. 484.* ♦ Dans le même sens, depuis le nouveau code pénal : • Douai, 14 févr. 1995 : *Gaz. Pal. 1996. 2, chron. crim. 112.* ♦ ... Aux délits de falsification de chèque et usage. • Paris, 10 janv. 2002 : *Dr. pénal 2002. 81, obs. Véron.*

2° DIMENSION FAMILIALE

21. Appartenance de l'objet soustrait. La lettre écrite par une femme mariée appartient, du moment où elle s'en est dessaisie pour la confier à la poste, au destinataire auquel elle est adressée ; dès lors, le mari qui s'en empare dans le bureau de poste qui en a reçu le dépôt, commet un vol punissable, et non pas un vol entre époux affranchi de toute peine par l'art. 380 C. pén. • Crim. 2 avr. 1864 : *DP 1864. 1. 396.*

22. L'immunité établie par l'art. 380 C. pén. à l'égard des soustractions commises entre époux ne peut être invoquée par la femme d'un fonctionnaire de l'État (receveur des contributions indirectes), qui a soustrait à son mari des fonds qu'elle savait lui avoir été confiés par des tiers en vue d'un emploi déterminé et qui, en définitive, appartenaient à l'État. • Douai, 25 janv. 1897 : *DP 1898. 2. 180.*

23. L'immunité prévue par l'art. 380 C. pén. ne peut être invoquée par une femme qui a frauduleusement soustrait des matériels appartenant à une société dont son mari est le gérant ; même si elle a fourni les fonds pour l'achat de ce matériel, elle n'en devient pas pour autant propriétaire, mais est seulement créancière de la société. • Crim. 4 déc. 1974 : *Bull. crim. n° 361.*

II. PORTÉE DE L'IMMUNITÉ

24. Irrecevabilité de l'action pénale. L'art. 380 C. pén. édicte un principe d'irrecevabilité de l'action pénale qui s'impose à la juridiction d'instruction, comme à la juridiction de jugement. • Crim. 30 déc. 1932 : *Bull. crim. n° 268 ; DP 1933. 1. 127 (9e esp.), note Leloir ; S. 1933. 1. 273, note Tortat.* ♦ Dès lors, le juge d'instruction n'est pas tenu d'informer sur la plainte d'une partie civile formée contre une personne bénéficiant de cette immunité. • Crim. 4 janv. 1930 : *Bull. crim. n° 5 ; DH 1930. 230.* ♦ Et le bénéficiaire de l'immunité a droit et intérêt à faire réformer une ordonnance de non-lieu prise en sa faveur, mais fondée sur une insuffisance de charges. • Crim. 30 déc. 1932 : *préc.*

25. L'immunité pénale résultant de l'art. 380 C. pén. ne constitue pas l'une des « exceptions mettant fin à l'action publique » visées à l'art. 575, 3°, C. pr. pén. ; est en conséquence irrecevable le pourvoi de la seule partie civile contre un arrêt qui a fondé le non-lieu sur cette immunité. • Crim. 13 mai 1976 : *Bull. crim. n° 156 ; D. 1977. 277, note Jeandidier.*

26. Il incombe aux prévenus qui soulèvent l'exception de l'art. 380 C. pén. pour faire échec aux poursuites, de rapporter la preuve de son bien-fondé. • Crim. 21 mars 1984 : *Bull. crim. n° 124.*

27. Application dans le temps. Les dispositions relatives à l'immunité n'ont pas pour effet de déterminer les personnes ayant qualité pour mettre en mouvement l'action publique et préciser le mode des poursuites, mais d'éditer une cause d'exonération objective qui a pour conséquence de rendre impossible et irrecevable toute action pénale ; il s'agit bien en conséquence d'une règle de fond et non d'une règle de procédure. • Toulouse, 26 févr. 2007 : *D. 2007. Pan. 2632, obs. Roujou de Boubée.* ♦ Poursuivi pour des faits d'escroquerie commis au préjudice de sa belle-mère, le prévenu a été relaxé par le tribunal ; sur le seul appel des parties civiles venant aux droits de cette dernière, aujourd'hui décédée, l'arrêt relève, pour les débouter de leurs demandes, que les faits reprochés ont été commis le 3 sept. 1992 et qu'à cette date ils entraient dans le champ d'application de l'art. 380, ancien, C. pén., prévoyant des immunités familiales ; les juges ajoutent que la L. du 16 déc. 1992, qui a exclu du bénéfice de l'immunité les soustractions commises par des alliés de même degré, constitue une loi pénale plus sévère et qu'elle n'est donc pas applicable aux faits commis antérieurement ; en prononçant ainsi, la cour d'appel a fait l'exacte application de l'art. 112-1 C. pén. • Crim. 14 nov. 2007, n° 07-82.527 P : *AJ pénal 2008. 29, obs. G. Roussel ; Dr. pénal 2008. 16, obs. Véron* (confirmation de • Toulouse, 26 févr. 2007 : *préc.*).

Loi du 23 décembre 1942, *tendant à protéger la dignité du foyer loin duquel l'époux est retenu par suite des circonstances de guerre.* **Art. 3** L'article 380 du code pénal *[devenu art. 311-12 nouv. C. pén.]* n'est pas applicable lorsque la soustraction a été commise pendant que le conjoint est retenu loin de son pays par circonstances de guerre.

Toutefois, les poursuites ne pourront être exercées que sur plainte du conjoint.

Art. 311-13 La tentative des délits prévus au présent chapitre est punie des mêmes peines.

Corresp. : *C. pén., ancien art. 381.*

1. Commencement d'exécution. Caractérise suffisamment le commencement d'exécution de la tentative de vol, la décision qui relève à la charge d'un accusé ou d'un condamné des actes qui tendent directement à l'infraction, lorsque ces actes ont été accomplis avec l'intention de la commettre. • Crim. 5 juill. 1951 : *Bull. crim. n° 198* • 9 mai 1956 : *ibid. n° 362.*

2. En se bornant à relever un « guet-apens », terme juridique inapplicable en matière de vol, et en s'abstenant de préciser toute autre circonstance, les juges du fond ne constatent pas un commencement d'exécution, caractérisé par des actes tendant au délit avec intention de le commettre. • Crim. 2 mai 1974 : *Bull. crim. n° 156.* ♦ Mais si le terme « cambrioler » ne figure pas dans la loi et n'a pas de sens juridique précis, son emploi dans une décision peut n'en établir pas moins, à la charge du prévenu, des actes que les juges constatent avoir été accomplis avec l'intention et dans le dessein de commettre un vol. • Crim. 23 nov. 1977 : *Gaz. Pal., Table 1977-1979, v° Vol, n° 19.*

3. Le fait par des individus de s'être postés, munis d'armes, à quelques pas de l'entrée de l'immeuble d'où devait sortir peu d'instants après un encaisseur, alors qu'ils avaient conçu le projet de le dévaliser, constitue le commencement d'exécution du vol, et, par suite, la tentative punissable. • Crim. 3 janv. 1913 : *DP 1914. 1. 41, note Donnedieu de Vabres ; S. 1913. 1. 281, note Roux.* ♦ La mise en place par des malfaiteurs d'un puissant dispositif d'attaque démontre à l'évidence que la phase d'exécution était commencée, devant avoir pour conséquence directe et immédiate la consommation du vol, alors que seule l'intervention au dernier moment des forces de police en avait empêché la réalisation. • Crim. 29 déc. 1970 : *Bull. crim. n° 356 ; JCP 1971. II. 16770, note Bouzat ; Gaz. Pal. 1971. 1. 134 ; RSC 1972. 99, obs. Légal.* ♦ Caractérise le commencement d'exécution de la tentative de vol (qualifié) l'arrêt d'où il se déduit que la phase d'exécution de l'agression projetée par plusieurs individus armés contre un bureau de poste était commencée, et qui énonce que les actes imputés aux inculpés et qui tendaient directement et immédiatement à la réalisation de cette attaque n'ont été interrompus que par l'arrivée de la police alertée par des témoins. • Crim. 19 juin 1979 : *Bull. crim. n° 219 ; D. 1979. IR 525, obs. Puech ; Gaz. Pal. 1980. 1. 89 ; RSC 1980. 969, obs. Larguier.* ♦ Constitue le commencement d'exécution d'un vol avec arme, et non de simples actes préparatoires, le fait pour un individu de se présenter à visage découvert à la porte d'une banque afin d'en faciliter l'ouverture et de permettre à deux complices armés d'y pénétrer en vue de commettre un vol. • Crim. 7 sept. 1993, n° 93-82.904 P : *RSC 1994. 323, obs. Bouloc.*

4. Constitue le commencement d'exécution du vol, caractérisant la tentative de ce délit, dès lors qu'il n'a été interrompu que par suite d'une circonstance indépendante de la volonté de son auteur : ... le fait de pénétrer dans une automobile dans l'intention d'en prendre possession et de l'utiliser contre le gré et à l'insu de son propriétaire. • Crim. 28 oct. 1959 : *Bull. crim. n° 455 ; D. 1960. 314, note Chavanne ; JCP 1959. II. 11343, note Chambon ; Gaz. Pal. 1960. 1. 16 ; S. 1960. 202.* ♦ Ainsi en est-il du prévenu surpris par les agents alors qu'il venait de s'installer au volant. • *Crim. 29 juin 1960 : Bull. crim. n° 351 ; D. 1960. 617 ; S. 1960. 304* • 2 nov. 1961 : *Bull. crim. n° 439 ; Gaz. Pal. 1962. 1. 50.* ♦ ... Le fait d'établir un branchement destiné à permettre de mettre en marche le moteur d'une automobile, dans l'intention de prendre possession de celle-ci et de l'utiliser contre le gré et à l'insu de son propriétaire. • Crim. 7 déc. 1960 : *Bull. crim. n° 575 ; JCP 1961. II. 11964, note Chambon.*

5. Établit une tentative de vol l'arrêt qui énonce que le prévenu a essayé d'ouvrir la porte d'un appartement, après avoir obstrué l'œilleton d'une autre porte ouvrant sur le même palier. • Crim. 4 janv. 1974 : *Gaz. Pal. 1974. 1. Somm. 152.*

6. Pour des exemples de tentative de vol dans les magasins « libre service ». • Crim. 3 janv. 1973 : *Gaz. Pal. 1973. 1. 290 ; RSC 1973. 703, obs. Bouzat* • T. corr. Dijon, 28 févr. 1973 : *JCP 1974. II. 17803, note Puech.*

7. C'est à bon droit qu'un arrêt déclare coupable, non de complicité de tentative, mais de tentative de vol, le prévenu qui a surveillé, d'accord avec les auteurs de la tentative, les abords du lieu où il savait que ceux-ci commettaient l'infraction. • Crim. 19 nov. 1943 : *Bull. crim. n° 129 ; Gaz. Pal. 1943. 2. 265.*

8. Vol impossible. Le commencement d'exécution, constituant la tentative de vol, peut résulter : ... de ce que le prévenu a été surpris introduisant une fausse clé dans la serrure d'une chambre d'hôtel dont il n'était pas locataire, alors même qu'il serait établi qu'il n'y aurait rien eu à voler dans ladite chambre. • Crim. 19 mai 1949 : *Bull. crim. n° 181.* ♦ ... De l'inexistence dans les lieux de tout objet de valeur, circonstance indépendante de la volonté de son auteur, par suite de laquelle la tentative a manqué son effet. • Crim. 15 mars 1994 : *Dr. pénal 1994. 153.*

9. Constitue le commencement d'exécution d'un vol le fait de tenter de pénétrer dans des voitures pour s'emparer des objets pouvant s'y trouver, l'absence de tout objet à l'intérieur de ces voitures ne rendant pas le délit impossible mais constituant une des circonstances indépendantes de la volonté de l'auteur par suite de laquelle la tentative a manqué son effet. • Crim. 14 juin 1961 : *Bull. crim. n° 299* • 23 juill. 1969 : *ibid. n° 234 ; D. 1970. 361, note Roujou de Boubée ; JCP 1970. II. 16507 bis, note Littmann ; Gaz. Pal. 1969. 2. 256.*

10. Rappr., pour une tentative de vol dans un véhicule : • Crim. 1er mars 1978 : *Gaz. Pal. 1979. 1. Somm. 47 ; RSC 1979. 101, obs. Bouzat.*

11. Désistement volontaire. Le fait que les prévenus, sous l'influence de la peur et non sous l'influence d'une circonstance extérieure, aient interrompu un travail de fouille dans un cimetière, avec l'intention de soustraire une partie de cadavre, constitue un désistement volontaire qui rend non punissable la tentative de vol. • T. corr. Fort-de-France, 22 sept. 1967 : *JCP 1968. II. 15583, note Biswang ; RSC 1969. 130, obs. Légal.*

12. En revanche, il n'y a pas désistement volontaire, lorsqu'une tentative de vol a échoué par suite d'un manque de coordination des complices entre eux. • Crim. 7 sept. 1993, n° 93-82.904 P : *RSC 1994. 323, obs. Bouloc.*

SECTION III PEINES COMPLÉMENTAIRES APPLICABLES AUX PERSONNES PHYSIQUES ET RESPONSABILITÉ DES PERSONNES MORALES

Art. 311-14 *(L. n° 2012-304 du 6 mars 2012, art. 20)* « I. — » Les personnes physiques coupables de l'une des infractions prévues au présent chapitre encourent également les peines complémentaires suivantes :

1° L'interdiction des droits civiques, civils et de famille, suivant les modalités prévues par l'article 131-26 ;

2° *(L. n° 2008-776 du 4 août 2008, art. 70)* « L'interdiction, suivant les modalités prévues par l'article 131-27, soit d'exercer une fonction publique ou d'exercer l'activité professionnelle ou sociale dans l'exercice ou à l'occasion de l'exercice de laquelle l'infraction a été commise, soit d'exercer une profession commerciale ou industrielle, de diriger, d'Administrer de gérer ou de contrôler à un titre quelconque, directement ou indirectement, pour son propre compte ou pour le compte d'autrui, une entreprise commerciale ou industrielle ou une société commerciale, cette interdiction étant définitive ou provisoire dans les cas prévus aux articles 311-6 à 311-10 et pour une durée de cinq ans au plus dans les cas prévus aux articles 311-3 à 311-5. Ces interdictions d'exercice peuvent être prononcées cumulativement ; »

3° L'interdiction de détenir ou de porter, pour une durée de cinq ans au plus, une arme soumise à autorisation ;

4° La confiscation de la chose qui a servi ou était destinée à commettre l'infraction ou de la chose qui en est le produit, à l'exception des objets susceptibles de restitution ;

5° L'interdiction de séjour, suivant les modalités prévues par l'article 131-31, dans les cas prévus par les articles *(L. n° 2011-267 du 14 mars 2011, art. 47-3°)* « 311-5 » à 311-10 ;

(Abrogé par L. n° 2019-222 du 23 mars 2019, art. 71-XIV et 109-XIX, à compter du 24 mars 2020) (L. n° 2004-204 du 9 mars 2004, art. 44-XII, en vigueur le 1er oct. 2004) ***« 6° L'obligation d'accomplir un stage de citoyenneté, selon les modalités prévues par l'article 131-5-1 ».***

(L. n° 2012-304 du 6 mars 2012, art. 11) « II. — En cas de condamnation pour vol commis avec violence ou pour vol puni d'une peine criminelle, le prononcé de la peine complémentaire prévue au 3° du I est obligatoire.

« Toutefois, la juridiction peut, par une décision spécialement motivée lorsque la condamnation est prononcée par une juridiction correctionnelle, décider de ne pas prononcer cette peine, en considération des circonstances de l'infraction et de la personnalité de son auteur. »

Interdiction d'exercer une fonction publique. Nul ne peut être puni d'une peine qui n'est pas prévue par la loi ; a méconnu ce principe et l'art. 111-3 C. pén., la cour d'appel qui, après avoir déclaré les demandeurs coupables de vols commis par des personnes chargées d'une mission de service public dans l'exercice de leurs fonctions, délit prévu par les art. 311-1 et 311-4 C. pén., les a condamnés notamment à l'interdiction définitive d'exercer une fonction publique, alors que le maximum prévu par l'art. 311-14, 2°, C. pén. est de 5 ans. • Crim. 25 oct. 2000, n° 00-82.152 P.

Art. 311-15 L'interdiction du territoire français peut être prononcée dans les conditions prévues par l'article 131-30, soit à titre définitif, soit pour une durée de dix ans au plus, à l'encontre de tout étranger coupable de l'une des infractions définies aux articles *(L. n° 2018-778 du 10 sept. 2018, art. 37)* « 311-4-2 » à 311-10.

Art. 311-16 *(L. n° 2009-526 du 12 mai 2009, art. 124-I)* « Les personnes morales déclarées responsables pénalement, dans les conditions prévues par l'article 121-2, des infractions définies au présent chapitre encourent, outre l'amende suivant les modalités prévues par l'article 131-38 : »

2° *[1°]* La peine mentionnée au 2° de l'article 131-39, à titre définitif ou provisoire dans les cas prévus aux articles 311-6 à 311-10 et pour une durée de cinq ans au plus dans les cas prévus aux articles 311-3 à 311-5 ;

3° *[2°]* La peine mentionnée au 8° de l'article 131-39.

L'interdiction mentionnée au 2° de l'article 131-39 porte sur l'activité dans l'exercice ou à l'occasion de l'exercice de laquelle l'infraction a été commise.

CHAPITRE II DE L'EXTORSION

SECTION PREMIÈRE DE L'EXTORSION

RÉP. PÉN. v° *Extorsion*, par REDON.

BIBL. ▸ DETRAZ, *Gaz. Pal. 13-15 oct. 2013, p. 17* (distinction de l'extorsion et du vol avec violences).

Art. 312-1 **L'extorsion est le fait d'obtenir par violence, menace de violences ou contrainte soit une signature, un engagement ou une renonciation, soit la révélation d'un secret, soit la remise de fonds, de valeurs ou d'un bien quelconque.**

L'extorsion est punie de sept ans d'emprisonnement et de 100 000 € d'amende. – *Pén. 132-16, 321-5, 421-1 ; Just. milit. L. 311-7.*

Corresp. : *C. pén., ancien art. 400, al. 1er.*

A. MOYENS DE L'EXTORSION

1. Contrainte. L'extorsion de signature par force, violence ou contrainte, punie par l'art. 400 C. pén., s'entend même de la contrainte simplement morale, alors qu'exercée pendant un certain temps et sur un esprit faible et crédule, elle a déterminé le consentement du signataire. • Grenoble, 7 juin 1850 : *DP 1851. 2. 47.*

2. La contrainte (morale), au sens de l'art. 400, al. 1er, C. pén., doit être appréciée compte tenu, notamment, de l'âge et de la condition physique et intellectuelle de la personne sur laquelle elle s'exerce. • Crim. 3 oct. 1991 : *Dr. pénal 1992. 64 ; Gaz. Pal. 1992. 1. Somm. 39 ; RSC 1993. 109, obs. Bouzat*. ♦ Même solution sur le fondement de l'art. 312-1, nouv., C. pén. • Crim. 6 févr. 1997, n° 96-83.145 P : *Dr. pénal 1997. 94, obs. Véron.* ♦ La contrainte morale doit notamment s'apprécier en tenant compte de la condition physique ou intellectuelle de la personne sur laquelle elle s'exerce (en l'espèce une femme élevant seule un enfant, souffrant de maladie nerveuse, et ayant interrompu son traitement, démarchée à son domicile par deux jeunes militantes de l'Église de Scientologie). • Lyon, 28 juill. 1997 : *Gaz. Pal. 1997. 2. Somm. 340.*

3. Les éléments retenus au titre des manœuvres d'une escroquerie entrent également dans le champ de la contrainte morale. • Lyon, 28 juill. 1997 : *préc. note 2.*

4. Il est d'usage, dans la profession du livre parisien, que les salariés s'engagent à reverser à la Chambre syndicale typographique une partie de leurs indemnités de licenciement au titre de la solidarité, pour permettre de faire bénéficier d'une formation professionnelle gratuite ceux qui se trouvent momentanément sans emploi ; le signataire d'un tel engagement se trouve alors en présence d'une alternative : soit de verser la *somme promise, pour obtenir* un emploi correspondant à sa qualification professionnelle, soit de rechercher par lui-même un autre emploi dans une entreprise n'appartenant pas à la presse parisienne et impliquant une importante diminution de sa situation financière. Il existe, dans ces conditions, des indices sérieux permettant de dire qu'un salarié s'est trouvé soumis à une contrainte morale d'une gravité certaine lors de son engagement, le refus du plaignant de verser la somme qu'il avait promise étant à l'origine des difficultés qu'il a rencontrées dans l'exercice de son activité professionnelle et qui ne sont pas sans rapport avec son licenciement final, ce qui justifie le renvoi des responsables syndicaux devant le tribunal correctionnel du chef de tentative d'extorsion de fonds. • Paris, 27 mars 1987 : *Gaz. Pal. 1987. 2. 660.*

5. Use de la contrainte pour extorquer des fonds le pharmacien, qui, au cours de sa période de garde, a imposé à ses clients une surtaxe de 100 F s'ils désiraient obtenir la délivrance de médicaments dont ils avaient un besoin impérieux, sauf pour eux à entreprendre un déplacement lointain et coûteux jusqu'à la plus proche pharmacie de garde distante de près de vingt kilomètres. • Paris, 27 sept. 1991 : *D. 1991. 635, note Fortin ; RSC 1992. 760, obs. Bouzat*.

6. La contrainte morale peut être constitutive d'une extorsion de fonds même si elle vise à obtenir la signature d'une personne morale par l'intermédiaire de ses représentants légaux. • T. corr. Paris, 16 déc. 1986 : *Gaz. Pal. 1987. 2. 537, note Marchi.*

7. Il n'y a pas extorsion de fonds, pour le directeur d'une société de chasse et son garde particulier, à appliquer à des sociétaires des sanctions statutaires encourues indépendamment des poursuites pénales pouvant être engagées. • Crim. 15 juin 1987 : *RSC 1988. 795, obs. Bouzat.* ♦ Rejet du pourvoi contre : • Rennes, 13 mai 1986 : *RSC 1987. 214, obs. Bouzat.*

8. On ne saurait voir une véritable extorsion dans le fait de celui qui obtient ou tente d'obtenir la remise ou la signature d'un écrit à force de sollicitations et d'importunités. • T. corr. Paris, 16 déc. 1986 : *préc. note 6.* ♦ ... De même que l'emploi d'une voie de droit, et à plus forte raison la simple menace d'en user, n'est pas en soi, sur le plan pénal, une violence illégitime. • Même décision.

9. Intention. L'élément intentionnel du délit prévu par l'art. 400, al. 1er, C. pén. est caractérisé par la conscience d'obtenir par la force, la violence ou la contrainte ce qui n'aurait pu être obtenu par un accord librement consenti. • Crim. 9 janv. 1991, n° 90-80.478 P : *RSC 1992. 323, obs. Bouzat* .

10. La tentative d'extorsion de fonds commise par l'organisateur d'une foire à l'encontre d'un des participants ne peut être justifiée par le caractère prétendument légitime des exigences du prévenu à l'égard de la victime. • Crim. 4 nov. 1997, n° 96-86.211 P : *RSC 1998. 535, obs. Bouloc* .

11. Justifie sa décision la cour d'appel qui, pour déclarer le prévenu coupable du délit d'extorsion, constate que la signature ou la remise de fonds ont été déterminées par l'existence d'une contrainte morale exercée en connaissance de cause sur la victime. • Crim. 3 nov. 2016, n° 15-83.892 P : *D. actu. 30 nov. 2016, obs. Fonteix ; Gaz. Pal. 2017, p. 414, obs. Dreyer.*

B. OBJET DE L'EXTORSION

12. Signature. L'extorsion de signature constitue un délit (crime) spécial et non point un vol avec la circonstance aggravante de violence. • Crim. 19 août 1852 : *DP 1852. 5. 263.*

13. L'extorsion de signature est un délit, même dans le cas où l'obligation revêtue de cette signature se trouve entachée de nullité (nullité relative). • Crim. 9 mai 1867 : *DP 1868. 1. 236.*

14. Engagement. L'embauche d'un salarié entre dans les prévisions de l'art. 400, al. 1er, C. pén., dès lors que l'engagement a été accepté sous la contrainte ; il importe peu qu'il n'y ait pas d'écrit, le contrat de travail pouvant être conclu verbalement. • Paris, 23 févr. 1990 : *Dr. pénal 1990. 323.*

15. Fonds. Constitue une extorsion le fait d'user de la contrainte pour se faire remettre des fonds, fût-ce à titre de prêt. • Crim. 23 mars 2016, n° 15-80.513 P : *Dr. pénal 2016, n° 123, obs. Conte ; RSC 2016. 776, obs. Matsopoulou* .

Art. 312-2 **L'extorsion est punie de dix ans d'emprisonnement et de 150 000 € d'amende :**

1° Lorsqu'elle est précédée, accompagnée ou suivie de violences sur autrui ayant entraîné une incapacité totale de travail pendant huit jours au plus ;

2° Lorsqu'elle est commise au préjudice d'une personne dont la particulière vulnérabilité, due à son âge, à une maladie, à une infirmité, à une déficience physique ou psychique ou à un état de grossesse, est apparente ou connue de son auteur ;

(Abrogé par L. n° 2017-86 du 27 janv. 2017, art. 171) « (L. n° 2004-204 du 9 mars 2004, art. 40-II) ***« 3° Lorsqu'elle est commise à raison de l'appartenance ou de la non-appartenance, vraie ou supposée, de la victime à une ethnie, une nation, une race ou une religion déterminée, ou de son orientation*** *(L. n° 2012-954 du 6 août 2012, art. 4)* ***« ou identité » sexuelle, vraie ou supposée » ; »***

(L. n° 2010-201 du 2 mars 2010, art. 3 et 12) **« 4° Lorsqu'elle est commise par une personne dissimulant volontairement en tout ou partie son visage afin de ne pas être identifiée ;**

« 5° Lorsqu'elle est commise dans les établissements d'enseignement ou d'éducation ainsi que, lors des entrées ou sorties des élèves ou dans un temps très voisin de celles-ci, aux abords de ces établissements. »

1. Vulnérabilité. Doit être cassé l'arrêt qui, pour condamner du chef d'association de malfaiteurs en vue de la préparation d'un délit puni de 10 ans d'emprisonnement, retient que l'infraction préparée était une extorsion commise au préjudice d'une personne particulièrement vulnérable, prévue et punie par les art. 312-1, al. 1er, et 312-2, 2°, C. pén., et qui, pour caractériser la circonstance aggravante, édictée par ce dernier texte, qui élève à 10 ans la peine d'emprisonnement encourue, énonce que la particulière vulnérabilité de la victime est due à son âge de 64 ans, connu des auteurs, sans préciser en quoi l'âge de la victime la mettait dans une situation de particulière vulnérabilité. • Crim. 23 juin 1999, n° 98-84.158 P : *D. 1999. IR 230* .

2. Commet une extorsion de fonds sur personne vulnérable l'inspecteur des ventes d'une compagnie d'assurances, initialement renvoyé devant le tribunal correctionnel du chef d'abus de faiblesse (C. pén., art. 223-15-2), qui contraint une personne âgée de 88 ans à souscrire un contrat d'assurance vie auprès de cette compagnie. • Crim. 26 oct. 2005 : *Dr. pénal 2006. 25, obs. Véron.*

Art. 312-3 **L'extorsion est punie de quinze ans de réclusion criminelle et de 150 000 € d'amende lorsqu'elle est précédée, accompagnée ou suivie de violences sur autrui ayant entraîné une incapacité totale de travail pendant plus de huit jours.**

Les deux premiers alinéas de l'article 132-23 relatif à la période de sûreté sont applicables à l'infraction prévue par le présent article.

Art. 312-4 L'extorsion est punie de vingt ans de réclusion criminelle et de 150 000 € d'amende lorsqu'elle est précédée, accompagnée ou suivie de violences sur autrui ayant entraîné une mutilation ou une infirmité permanente.

Les deux premiers alinéas de l'article 132-23 relatif à la période de sûreté sont applicables à l'infraction prévue par le présent article.

Art. 312-5 L'extorsion est punie de trente ans de réclusion criminelle et de 150 000 € d'amende lorsqu'elle est commise soit avec usage ou menace d'une arme, soit par une personne porteuse d'une arme soumise à autorisation ou dont le port est prohibé. — *Pén. 132-75.*

Les deux premiers alinéas de l'article 132-23 relatif à la période de sûreté sont applicables à l'infraction prévue par le présent article.

Art. 312-6 L'extorsion en bande organisée est punie de vingt ans de réclusion criminelle et de 150 000 € d'amende. — *Pén. 132-71.*

Elle est punie de trente ans de réclusion criminelle et de 150 000 € d'amende lorsqu'elle est précédée, accompagnée ou suivie de violences sur autrui ayant entraîné une mutilation ou une infirmité permanente.

Elle est punie de la réclusion criminelle à perpétuité lorsqu'elle est commise soit avec usage ou menace d'une arme, soit par une personne porteuse d'une arme soumise à autorisation ou dont le port est prohibé. — *Pén. 132-75.*

Les deux premiers alinéas de l'article 132-23 relatif à la période de sûreté sont applicables aux infractions prévues par le présent article.

Art. 312-6-1 *(L. nº 2004-204 du 9 mars 2004, art. 12-XIII)* Toute personne qui a tenté de commettre une extorsion en bande organisée prévue par l'article 312-6 est exempte de peine si, ayant averti l'autorité administrative ou judiciaire, elle a permis d'éviter la réalisation de l'infraction et d'identifier, le cas échéant, les autres auteurs ou complices.

La peine privative de liberté encourue par l'auteur ou le complice d'une extorsion en bande organisée est réduite de moitié si, ayant averti l'autorité administrative ou judiciaire, il a permis de faire cesser l'infraction ou d'éviter que l'infraction n'entraîne mort d'homme ou infirmité permanente et d'identifier, le cas échéant, les autres auteurs ou complices. Lorsque la peine encourue est la réclusion criminelle à perpétuité, celle-ci est ramenée à vingt ans de réclusion criminelle.

Art. 312-7 L'extorsion est punie de la réclusion criminelle à perpétuité et de 150 000 € d'amende lorsqu'elle est précédée, accompagnée ou suivie soit de violences ayant entraîné la mort, soit de tortures ou d'actes de barbarie.

Les deux premiers alinéas de l'article 132-23 relatif à la période de sûreté sont applicables à l'infraction prévue par le présent article.

1. Tortures ou actes de barbarie. Le fait d'attirer un jeune garçon et de tenter de lui extorquer une somme d'argent après l'avoir contraint à se déshabiller, lui avoir lié les mains et les pieds avec ses lacets de chaussures, l'avoir frappé en le menaçant de mort et lui avoir, à deux reprises, introduit un bâton dans l'anus, ne constitue pas un viol au sens de l'art. 332 C. pén. (nouvel art. 222-23) mais une tentative d'extorsion de fonds accompagnée de tortures ou d'actes de barbarie (ancien art. 303, al. 2, C. pén.). • Crim. 9 déc. 1993, nº 93-81.044 P : *Dr. pénal 1994. Chron. 26, rapp. Nivôse, et Chron. 31, concl. Perfeti ; D. 1995. Somm. 138, obs. Malbrancq.*

2. *Les tortures* ou actes de barbarie supposent la démonstration, et d'un élément matériel consistant dans la commission d'un ou plusieurs actes d'une gravité exceptionnelle qui dépassent de simples violences et occasionnent à la victime une douleur ou une souffrance aiguë, et d'un élément moral consistant dans la volonté de nier dans la victime la dignité de la personne humaine ; tel n'est pas le cas lorsque, attiré sous un prétexte fallacieux dans un bois par deux camarades de son âge qui voulaient lui extorquer des fonds par la violence, un jeune garçon a été à deux reprises contraint de se dénuder, et frappé à coups de bâtons, de pied et de poing, qu'au cours de la deuxième séquence de cette action fut introduit par deux fois un bâton dans l'anus de la victime attachée, lui causant une affection cutanée superficielle, et que la victime a été menacée de noyade avant d'être détachée : si ces graves atteintes n'ont pu que causer à la victime une humiliation très importante, elles ne s'analysent cependant pas, prises dans le contexte des relations entre les trois jeunes gens, comme des actes de torture ou de barbarie ; en particulier, il n'apparaît pas que leurs auteurs aient eu la volonté, en accomplissant les actes qui leur sont reprochés, de causer à la victime des souffrances aiguës, ou de nier en elle la dignité de la personne humaine ; l'élément intentionnel spécifique du crime ou de la circonstance aggravante de tortures et actes de barbarie n'est en l'espèce pas suffisamment caractérisé. • Lyon, ch. acc., 19 janv. 1996 : *D. 1996. 258, note F.-L. Coste*. ♦ Sur le règlement de juges à l'origine du renvoi devant la cour d'appel de Lyon : • Crim. 9 déc. 1993 : *préc. note 1.*

Art. 312-8 **Constitue, au sens des articles 312-2, 312-3, 312-4, 312-6 et 312-7, une extorsion suivie de violences l'extorsion à la suite de laquelle des violences ont été commises pour favoriser la fuite ou assurer l'impunité d'un auteur ou d'un complice.**

Art. 312-9 **La tentative des délits prévus par la présente section est punie des mêmes peines.**

Les dispositions de l'article 311-12 sont applicables aux infractions prévues par la présente section.

Corresp. : *C. pén., ancien art. 400, al. 1er.*

1. Tentative. En l'absence de violence, de force ou de contrainte et de demande précise, les éléments constitutifs du délit de tentative d'extorsion de fonds ne sont pas réunis. • Paris, 16 avr. 1996 : *Dr. pénal 1996. 154, obs. Véron.* ♦ Pour un exemple de renvoi devant la cour d'assises de deux personnes sous l'accusation d'enlèvement suivi de mort et pour tentative d'extorsion de fonds. • Crim. 2 avr. 1997 : *Gaz. Pal. 1997. 2. 163.*

2. L'obtention d'un blanc-seing caractérise une tentative d'extorsion de signature, dès lors qu'elle a lieu dans l'intention d'adapter à la signature extorquée un écrit emportant obligation. • Crim. 27 mars 1856 : *DP 1856. 1. 229* • 16 avr. 1857 : *ibid. 1857. 1. 267.*

3. Est une tentative d'extorsion de fonds le fait, commis par l'organisateur d'une foire à l'encontre d'un participant, d'utiliser sa position dominante pour imposer des conditions très dures à son interlocuteur, et exiger de lui, hors de toute clause écrite, le versement d'un pourcentage sur recettes ; cette tentative ne peut être justifiée par le caractère prétendument légitime des exigences du prévenu à l'égard de la victime. • Crim. 4 nov. 1997, n° 96-86.211 P : *RSC 1998. 535, obs. Bouloc*.

4. Immunité. V. également ss. art. 311-12. ♦ Pour des applications de l'ancien art. 380 C. pén. à l'extorsion de signature. • Crim. 8 févr. 1840 : *S. 1840. 1. 651* • Poitiers, 27 janv. 1989 : *Dr. pénal 1990. 87.*

SECTION II **DU CHANTAGE**

Art. 312-10 **Le chantage est le fait d'obtenir, en menaçant de révéler ou d'imputer des faits de nature à porter atteinte à l'honneur ou à la considération, soit une signature, un engagement ou une renonciation, soit la révélation d'un secret, soit la remise de fonds, de valeurs ou d'un bien quelconque.**

Le chantage est puni de cinq ans d'emprisonnement et de 75 000 € d'amende. — *Pén. 132-16, 321-5.*

RÉP. PÉN. v° *Chantage*, par FRAZIER et MOLIN.

Corresp. : *C. pén., ancien art. 400, al. 2.*

I. INCRIMINATION

A. MENACE

1° OBJET DE RÉVÉLATION OU D'IMPUTATION

1. Nécessité. Aux termes de l'art. 400, al. 2, C. pén., le délit de chantage ne peut être considéré comme légalement établi, qu'autant qu'il est reconnu avoir été commis à l'aide de menaces de révélations ou imputations diffamatoires ; l'existence de ces menaces est une condition essentielle de l'infraction et doit être formellement constatée par les juges du fond. • Crim. 12 mars 1964 : *Bull. crim. n° 91* • 22 avr. 1975 : *ibid. n° 101 ; Gaz. Pal. 1975. 2. 508 ; JCP 1976. II. 18417, note Mayer.*

2. Il appartient souverainement aux juges du fait de rechercher le sens et la portée de la menace qui leur est dénoncée et d'apprécier si elle rentre dans les termes de l'art. 400 C. pén. • Crim. 4 juill. 1874 : *DP 1875. 1. 288* • 4 janv. 1877 : *ibid. 1877. 1. 416* • 4 févr. 1921 : *ibid. 1922. 5. 9.* ♦ L'arrêt qui prononce une condamnation pour délit de chantage n'est pas suffisamment motivé, si, quoique relevant l'existence d'une menace, il omet de spécifier en quoi celle-ci impliquait des révélations ou imputations diffamatoires. • Crim. 7 déc. 1901 : *DP 1904. 1. 159.*

3. Il n'est pas nécessaire que la menace ait été adressée à la personne visée par les imputations ou révélations et paraissant ainsi avoir l'intérêt le plus direct à en éviter la divulgation ; spécialement, la menace faite par écrit à une mère, si elle ne remet une certaine somme d'argent, de révéler un crime de faux commis par son fils, constitue le délit de chantage. • Crim. 25 avr. 1896 : *DP 1898. 1. 92.*

4. Le chantage est caractérisé dès lors que la révélation de l'imputation diffamatoire à quelques personnes n'exclut pas la menace d'une amplification de cette révélation. • Crim. 8 févr. 1994 : *Dr. pénal 1994. 135 ; RSC 1994. 766, obs. Ottenhof*.

5. L'infraction de chantage peut parfaitement être constituée à l'encontre d'une personne morale ; ainsi de la menace de révéler des faits portant atteinte à l'honneur ou à la considération d'une entreprise. • Rouen, 4 mars 2002 : *JCP 2003. IV. 1664* (V. ss. art. 312-12).

6. *Menaces indirectes.* La menace de publications diffamatoires, quoique déguisée sous des réticences, dissimulée sous des artifices de langage, n'en constitue pas moins l'un des éléments du délit prévu par l'art. 400, al. 2, C. pén., lorsqu'elle a exercé une pression sur le tiers et a entraîné le payement d'une somme d'argent. • Crim. 10 déc. 1886 : *DP 1887. 1. 364* • 7 janv. 1887 : *ibid.* • 10 mars 1893 : *ibid. 1895. 1. 302* • 7 déc. 1900 : *Bull. crim. n° 362 ; DP 1901. 1. 512* • 24 avr. 1947 : *Bull. crim. n° 112 ; S. 1948. 1. 112* • 20 déc. 1967 : *Bull. crim. n° 335 ; D. 1968. 611 ; Gaz. Pal. 1968. 1. 163* • 18 déc. 1975 : *Bull. crim. n° 289.*

2° NATURE DES RÉVÉLATIONS OU IMPUTATIONS

7. *Nature diffamatoire.* Le sens des mots « révélations » ou « imputations diffamatoires » est celui du délit de diffamation, et le chantage consiste à menacer quelqu'un de faire connaître à un ou à des tiers, publiquement ou non, des faits portant atteinte à l'honneur ou à la considération de la personne menacée. • Paris, 24 mars 1953 : *Gaz. Pal. 1953. 2. 14.*

8. Par suite, ne tombe pas sous le coup de la loi pénale l'extorsion réalisée sous la menace d'un dommage causé par un tout autre moyen que la diffamation. • Paris, 4 nov. 1896 : *DP 1903. 2. 89.* ♦ ... Telle la menace de nuire par abus d'influence. • Crim. 18 mai 1896 : *ibid. 1897. 2. 324.*

9. La loi n'exige pas, pour que le délit de chantage soit caractérisé, que l'imputation diffamatoire ait reçu une certaine publicité. • Crim. 6 janv. 1923 : *DP 1923. 1. 238.* ♦ ... Ni que soit établie la preuve de sa fausseté. • Crim. 19 juill. 1895 : *DP 1900. 1. 567.*

10. *Exemples.* Caractérise une menace de révélations ou d'imputations diffamatoires : la menace de dénoncer des irrégularités de nature à entraîner une poursuite disciplinaire. • Crim. *4 juill. 1874 : DP 1875. 1. 288.* ♦ ... La menace d'impliquer une personne dans un procès de mœurs, de vol et d'assassinat. • Crim. 7 déc. 1900 : *Bull. crim. n° 362 ; DP 1901. 1. 512.* ♦ ... La menace d'imputation d'un délit imaginaire. • Paris, 17 mars 1922 : *DP 1922. 2. 145, note Leloir* • 16 juin 1922 : *ibid.* • Crim. 6 janv. 1923 : *ibid. 1923. 1. 238.* ♦ ... La menace susceptible, eu égard aux dispositions réglementaires alors en vigueur (lois raciales), d'entraîner contre la victime des mesures de coercition de nature à entacher sa considération. • Crim. 20 janv. 1949 : *Bull. crim. n° 22.* ♦ ... La menace de poursuites correctionnelles. • Crim. 13 févr. 1957 : *Bull. crim. n° 142.* ♦ ... La menace de dénonciation à la sécurité sociale. • Crim. 20 déc. 1967 : *Bull. crim. n° 335 ; D. 1968. 611 ; Gaz. Pal. 1968. 1. 163.* ♦ ... La menace tendant à faire naître dans l'esprit de la victime la crainte d'une condamnation portant atteinte à son honneur. • Crim. 18 déc. 1975 : *Bull. crim. n° 289.* ♦ ... La menace de révéler une relation adultère de nature homosexuelle, cette menace devant s'apprécier au regard de la situation concrète de la victime. • Crim. 13 janv. 2016, n° 14-85.905 P : *D. actu. 2 févr. 2016, obs. Gallois ; Dr. pénal 2016, n° 54, obs. Conte ; RSC 2016. 544, obs. Francillon*.

11. En revanche, le fait de demander le versement d'une somme d'argent comme condition du désistement d'une plainte déjà déposée ne saurait, quelque blâmable qu'il soit, constituer la menace de révélations ou d'imputations diffamatoires, la plainte, qui pouvait contenir ces révélations ou imputations, ayant précédé la demande d'argent. • Crim. 2 avr. 1897 : *DP 1898. 1. 150* • 22 avr. 1975 : *Bull. crim. n° 101 ; Gaz. Pal. 1975. 2. 508 ; JCP 1976. II. 18417, note Mayer* • Paris, 24 mars 1953 : *Gaz. Pal. 1953. 2. 14.*

3° MENACES RÉCURSOIRES

12. *Licéité.* La menace de recourir aux voies légales pour obtenir le paiement d'une dette ne tombe pas sous le coup de l'art. 400, al. 2, C. pén. • Crim. 12 mars 1985 : *Bull. crim. n° 110 ; Gaz. Pal. 1985. 2. 626 ; RSC 1986. 384, obs. Bouzat.* ♦ La victime d'une infraction ne commet pas un chantage en menaçant l'auteur de porter plainte. • Crim. 13 mars 1990, n° 88-87.015 P : *D. 1991. Somm. 61, obs. Azibert*. ♦ ... Ou qui, par la contrainte ou la menace, parvient à transiger sur l'action civile née de cette infraction. • T. corr. Figeac, 11 juin 1952 : *Gaz. Pal. 1952. 2. 268.*

13. *Finalité.* S'il est vrai que la menace de recourir aux voies légales pour obtenir le paiement d'une dette ne tombe pas sous le coup de l'art. 400, al. 2, C. pén., en revanche le délit prévu par ce texte se trouve caractérisé lorsque la menace de révéler une irrégularité, susceptible d'entraîner des poursuites d'ordre fiscal ou disciplinaire, tend à obtenir l'exécution d'une convention entachée de nullité (versement occulte à l'occasion de la cession d'un office ministériel). • Crim. 12 mars 1985 : *Bull. crim. n° 110 ; Gaz. Pal. 1985. 2. 626 ; RSC 1986. 384, obs. Bouzat.*

14. *Causalité.* Le délit de chantage existe dans

le cas où le prévenu, déjà créancier à d'autres titres de l'auteur du délit commis à son préjudice, menace celui-ci de révéler le fait délictueux pour obtenir le payement de créances étrangères à ce fait. • Crim. 16 juill. 1875 : *DP 1876. 1. 238* (sol. impl., motif). ♦ Le délit de chantage est caractérisé lorsque la révélation, dont est menacée la partie civile, porte sur des faits diffamatoires étrangers à la cause de la dette dont le prévenu exige le paiement. • Crim. 5 mars 1975 : *Bull. crim. n° 72.* ♦ Si la victime d'une infraction ne commet pas un chantage en menaçant l'auteur de porter plainte, il ne saurait en être de même de celui qui, pour obtenir une transaction, menace de dénoncer une infraction fiscale, laquelle, par sa nature même, est étrangère à un litige entre particuliers. • Crim. 13 mars 1990, n° 88-87.015 P : *D. 1991. Somm. 61, obs. Azibert*.

15. Lorsqu'un employé, se prétendant à la fois créancier d'un complément de salaire et victime de propos diffamatoires de la part de l'employeur, menace celui-ci de le dénoncer aux douanes et au fisc pour des faits susceptibles d'engager sa responsabilité, le délit est constitué en l'absence de rapport entre ces faits et les demandes de l'employé. • Paris, 26 oct. 1956 : *D. 1957. 186.*

16. Proportionnalité. Le délit de chantage est étranger à la situation de la victime d'une infraction qui, par la contrainte ou la menace, parvient à transiger sur l'action civile née de cette infraction ; cependant, il en est autrement lorsque la réparation demandée et obtenue, sous la menace de poursuites judiciaires, se trouve être hors de proportion avec le préjudice subi. • T. corr. Figeac, 11 juin 1952 : *Gaz. Pal. 1952. 2. 268.*

17. En se servant de la menace de porter plainte pour des agissements délictueux de son employé (détournement de fonds), à l'effet d'obtenir de celui-ci un engagement hors de proportion avec le préjudice causé à son entreprise (remboursement des sommes détournées, démission, clause pénale de non-concurrence), le dirigeant de cette entreprise a fait preuve de mauvaise foi et s'est rendu coupable du délit de chantage prévu et puni par l'art. 400, al. 2, C. pén. • Toulouse, 26 mars 1981 : *D. 1981. 385, note Merle ; RSC 1982. 133, obs. Bouzat.*

18. Ayant constaté que l'exploitant d'un magasin de vente dit de « libre service » a exigé, d'une cliente prise en flagrant délit de vol, le versement immédiat d'une somme hors de proportion avec la valeur des objets volés, le juge a écarté à bon droit le délit de chantage en déclarant que ce commerçant, victime depuis quelques mois de larcins dont il doit supporter les conséquences pécuniaires, a dû mettre en place une surveillance spéciale, que la soustraction frauduleuse s'était produite devant plusieurs clientes et que le trouble commercial qui lui a été causé justifiait le montant de la réparation réclamée. • Crim. 20 févr. 1963 : *D. 1963. Somm. 103 ; Gaz. Pal. 1963. 2. 119 ; RSC 1964. 143, obs. Bouzat.* ♦ Mais commet le délit de chantage le directeur-gérant d'un magasin qui, ayant surpris une cliente en flagrant délit de vol, et après lui avoir fait signer une déclaration de culpabilité, lui réclame une importante somme d'argent sans rapport avec la créance véritable (200 000 F pour 1 350 F de marchandises soustraites). • Crim. 27 janv. 1960 : *Bull. crim. n° 46 ; D. 1960. 247 ; Gaz. Pal. 1960. 1. 225.*

19. Il n'y a pas chantage si la personne, victime du délit de vol (directeur et chef du personnel d'un supermarché) et qui a menacé le voleur de poursuites dans le but d'obtenir des fonds transactionnellement, par l'exercice d'un droit qui lui appartient incontestablement, a cru, de bonne foi, non excessive la somme demandée (jusqu'à cinq fois le prix de la marchandise dérobée), la réclamation d'une somme supérieure à la valeur de l'objet volé étant admissible, puisque l'exigence d'une somme égale à cette valeur donnerait à certains la tentation de voler dans l'espoir de n'être pas découverts. • Poitiers, 7 févr. 1974 : *D. 1974. 693, note Pradel et Alaphilippe.*

B. EXTORSION

20. Dessein d'extorsion. Est légalement justifié l'arrêt d'une cour d'appel qui, pour relaxer, du chef de chantage, l'administrateur d'une société anonyme, ayant obtenu du président-directeur général de cette société et des membres de sa famille le rachat de ses actions ainsi que la signature de divers engagements, en faisant état de malversations commises par ledit président et en annonçant son intention de déposer une plainte au parquet, constate que la menace de ces révélations n'a pas été faite dans le dessein d'obtenir l'achat desdites actions et la signature desdits engagements, et que l'initiative de la négociation de ces conventions a été prise par les plaignants eux-mêmes. • Crim. 25 oct. 1973 : *Bull. crim. n° 382 ; D. 1973. Somm. 150.*

21. Le dessein de cupidité illégitime, qui n'est pas mentionné par l'art. 400, al. 2, C. pén., ne constitue pas un des éléments constitutifs de l'infraction. • Crim. 22 juin 1972 : *Bull. crim. n° 216 ; JCP 1973. II. 17326, note Larguier ; Gaz. Pal. 1972. 2. 605 ; RSC 1972. 890, obs. Bouzat* • 28 nov. 1972 : *Bull. crim. n° 361 ; Gaz. Pal. 1973. 1. 209 ; RSC 1973. 393, obs. Larguier.* ♦ ... Laquelle est constituée même lorsque l'obligation est souscrite au nom d'un tiers dont la bonne foi n'est pas en cause. • Crim. 6 mars 1978 : *Bull. crim. n° 84 ; RSC 1979. 102, obs. Bouzat.*

22. Chose extorquée. Le délit d'extorsion de fonds ou de chantage existe sans qu'il soit nécessaire que la chose extorquée ou que l'on a tenté d'extorquer appartienne à la personne menacée ;

il suffit que la remise de la chose ait été ou ait pu être la conséquence de la menace. • Crim. 3 déc. 1896 : *DP 1898. 1. 149.* ♦ Le chantage se trouve constitué alors même que le montant des fonds réclamés n'aurait pas été précisé. • Crim. 17 nov. 1993 : *Gaz. Pal. 1994. 1. Somm. 21 ; RSC 1994. 564, obs. Bouzat*.

23. Le chèque, instrument de paiement dont la remise transmet au bénéficiaire la propriété de la provision, entre dans les prévisions de l'art. 400, al. 2, C. pén. applicable à la date des faits, et devenu l'art. 312-10 nouv. C. pén. • Crim. 22 juin 1994 : *Dr. pénal 1994. 253, obs. Véron ; Gaz. Pal. 1994. 2. Somm. 675 ; RSC 1995. 102, obs. Ottenhof*.

II. RÉPRESSION

24. Conflit de qualifications. Le fait par un officier de police judiciaire de se faire remettre, sous menace de révélations diffamatoires, une somme d'argent pour ne pas dresser procès-verbal d'un délit imaginaire imputé par lui à un tiers constitue le délit d'extorsion de fonds et non le crime de corruption de fonctionnaire, lorsque, d'une part, se rencontrent tous les éléments constitutifs du délit prévu par l'art. 400 C. pén., et que, d'autre part, le délit imputé étant inexistant, on n'en peut pas considérer la dénonciation comme rentrant dans les devoirs d'un officier de police judiciaire. • Crim. 6 janv. 1923 : *DP 1923. 1. 238* ; sur pourvoi contre : • Paris, 16 juin 1922 : *DP 1922. 2. 145 (2e arrêt), note Leloir.*

25. Il y a tentative d'escroquerie, et non chantage, dans le fait d'individus qui, profitant de la publication dans un journal d'une contravention commise par un cafetier, se sont frauduleusement concertés pour lui inspirer la crainte chimérique de voir fermer son établissement, et pour l'amener à leur remettre de l'argent à l'effet de rémunérer des démarches imaginaires qu'ils promettaient de faire auprès de l'autorité administrative en vue de prévenir cette mesure de rigueur. • Aix-en-Provence, 13 avr. 1877 : *DP 1877. 2. 203.*

26. Complicité. La complicité du délit d'extorsion de fonds est suffisamment caractérisée sans qu'il soit nécessaire que le complice ait eu en vue de réaliser personnellement un bénéfice. • Crim. 30 oct. 1902 : *DP 1903. 5. 103.*

27. Tentative. V. ss. art. 312-12.

28. Poursuites. Aucune disposition de loi ne subordonne, en matière d'extorsion de fonds, la mise en mouvement de l'action publique à la plainte de la victime. • Crim. 16 févr. 1923 : *DP 1924. 1. 114.*

Art. 312-11 **Lorsque l'auteur du chantage a mis sa menace à exécution, la peine est portée à sept ans d'emprisonnement et à 100 000 € d'amende.**

Art. 312-12 **La tentative des délits prévus par la présente section est punie des mêmes peines.**

Les dispositions de l'article 311-12 sont applicables aux infractions prévues par la présente section.

1. Tentative. (ancien art. 400, al. 2). Une tentative, même frauduleuse, d'extorsion à l'aide d'une menace de nature à exercer une contrainte morale, ne peut être poursuivie comme constitutive du délit de chantage, que dans le cas où cette menace a eu pour objet, d'une manière précise, de faire redouter une révélation ou imputation diffamatoire ; il en est ainsi alors même que postérieurement l'auteur de ladite menace aurait porté une dénonciation contre la personne menacée, si rien dans les propos employés ne donnait lieu de craindre cette dénonciation plutôt que tout autre mal. • Crim. 26 avr. 1872 : *DP 1872. 1. 474.*

2. Il n'y a pas tentative du délit de chantage lorsque la menace de révélation ou d'imputation diffamatoire à fin d'extorsion de fonds n'est pas parvenue à la personne qu'elle visait, spécialement parce que celui qui était chargé de l'adresser à cette *personne n'en a rien fait.* • Agen, *16 mars 1894 : DP 1894. 2. 535.*

3. Pour déclarer le prévenu coupable du délit de chantage, les juges du fond relèvent qu'il a obtenu de la victime, sous la menace verbale réitérée de dévoiler à la famille de celle-ci ou à ses proches « ses liaisons vraies ou supposées », la remise d'un chèque de 450 000 F libellé à son ordre, et ajoutent que le prévenu a déposé ce chèque à sa banque, et que s'il n'a pas pu obtenir d'être crédité de la somme correspondante, malgré l'existence d'une provision suffisante sur le compte bancaire de la victime, c'est en raison des poursuites engagées sur la plainte de cette dernière ; en cet état, dès lors que le chèque, instrument de paiement dont la remise transmet au bénéficiaire la propriété de la provision, entre dans les prévisions de l'art. 400, al. 2, C. pén. applicable à la date des faits, et devenu l'art. 312-10 nouv. C. pén., la cour d'appel a justifié sa décision et caractérisé en tous ses éléments, tant matériel qu'intentionnel, le délit de chantage et non la tentative de ce délit. • Crim. 22 juin 1994 : *Dr. pénal 1994. 253, obs. Véron ; Gaz. Pal. 1994. 2. Somm. 675 ; RSC 1995. 102, obs. Ottenhof*.

4. Le conseiller prud'homal assistant un salarié lors de l'entretien de licenciement, qui demande à l'employeur de revenir sur sa décision de licenciement en le menaçant, à défaut, de révéler des faits portant atteinte à l'honneur ou à la considération de l'entreprise, se rend coupable de tentative de chantage, dès lors que son acte n'a manqué son effet qu'en raison du refus opposé par l'employeur de donner suite à sa demande. • Rouen, 4 mars 2002 : *JCP 2003. IV. 1664.*

5. Constitue une tentative de chantage l'envoi de courriers s'analysant comme des menaces de dénonciation à l'administration fiscale d'irrégularités susceptibles de caractériser des infractions. • Crim. 8 nov. 2011 : *Dr. pénal 2012, nº 18, obs. Véron.*

6. Justifie sa décision la cour d'appel qui déclare le prévenu coupable du délit de tentative de chantage sur la personne de son ancienne épouse, dont il a tenté d'obtenir la remise de sommes d'argent en la menaçant, à l'occasion d'une conversation téléphonique, de porter à la connaissance de la compagne de son amant la liaison qu'elle entretenait avec ce dernier, dès lors que la révélation d'une telle liaison aurait été de nature à porter atteinte à la considération de la victime. • Crim. 28 janv. 2015 : *D. actu. 10 févr. 2015, obs. Fucini ; Dr. pénal 2015, nº 31, obs. Véron.*

7. Immunité. V. également ss. art. 311-12. ♦ Pour une application de l'ancien art. 380 C. pén. au chantage. • Chambéry, 16 oct. 1958 : *JCP 1959. II. 10973, note Pageaud.*

SECTION II *BIS* DE LA DEMANDE DE FONDS SOUS CONTRAINTE

(L. nº 2003-239 du 18 mars 2003, art. 65)

Art. 312-12-1 **Le fait, en réunion et de manière agressive, ou sous la menace d'un animal dangereux, de solliciter, sur la voie publique, la remise de fonds, de valeurs ou d'un bien est puni de six mois d'emprisonnement et de 3 750 € d'amende.**

Constitutionnalité. Considérant que l'art. 65 de la loi pour la sécurité intérieure (L. nº 2003-239 du 18 mars 2003) insère dans le code pénal un art. 312-12-1 ; considérant que, selon les députés et sénateurs requérants, cette disposition permet de réprimer des comportements tombant déjà sous le coup du délit d'extorsion de fonds défini à l'art. 312-1 C. pén. ; qu'ils soutiennent qu'une telle « double incrimination » serait contraire au principe de nécessité des peines ; considérant que le délit défini à l'art. 65 de ladite loi vise, par ses éléments constitutifs, des agissements distincts de ceux mentionnés à l'art. 312-1 C. pén. ; que le moyen tiré d'une double incrimination manque dès lors en fait. • Cons. const. 13 mars 2003, nº 2010-467 QPC : *JO 19 mars, p. 4789.*

SECTION III PEINES COMPLÉMENTAIRES APPLICABLES AUX PERSONNES PHYSIQUES ET RESPONSABILITÉ DES PERSONNES MORALES

Art. 312-13 *(L. nº 2012-304 du 6 mars 2012, art. 20)* **« I. — » Les personnes physiques coupables de l'une des infractions prévues au présent chapitre encourent également les peines complémentaires suivantes :**

1º L'interdiction des droits civiques, civils et de famille, suivant les modalités prévues par l'article 131-26 ;

2º *(L. nº 2008-776 du 4 août 2008, art. 70)* **« L'interdiction, suivant les modalités prévues par l'article 131-27, soit d'exercer une fonction publique ou d'exercer l'activité professionnelle ou sociale dans l'exercice ou à l'occasion de l'exercice de laquelle l'infraction a été commise, cette interdiction étant définitive ou provisoire dans les cas prévus aux articles 312-3 à 312-7 et pour une durée de cinq ans au plus dans les cas prévus aux articles 312-1, 312-2 et 312-10, soit d'exercer une profession commerciale ou industrielle, de diriger, d'Administrer de gérer ou de contrôler à un titre quelconque, directement ou indirectement, pour son propre compte ou pour le compte d'autrui, une entreprise commerciale ou industrielle ou une société commerciale. Ces interdictions d'exercice peuvent être prononcées cumulativement ; »**

(Abrogé par L. nº 2012-304 du 6 mars 2012, art. 12) ***« 3º L'interdiction de détenir ou de porter, pour une durée de cinq ans au plus, une arme soumise à autorisation ; »***

4º La confiscation de la chose qui a servi ou était destinée à commettre l'infraction ou de la chose qui en est le produit, à l'exception des objets susceptibles de restitution ;

5º L'interdiction de séjour suivant les modalités prévues par l'article 131-31 ;

(Abrogé par L. nº 2019-222 du 23 mars 2019, art. 71-XIV et 109-XIX, à compter du 24 mars 2020) « (L. nº 2004-204 du 9 mars 2004, art. 44-XIII, en vigueur le 1er oct. 2004) ***« 6º L'obligation d'accomplir un stage de citoyenneté, selon les modalités prévues par l'article 131-5-1 ; »***

« (*L. nº 2007-297 du 5 mars 2007, art. 53*) « *7º L'obligation d'accomplir un stage de sensibilisation aux dangers de l'usage de produits stupéfiants, selon les modalités fixées à l'article 131-35-1* ». »

(*L. nº 2012-304 du 6 mars 2012, art. 12*) « **II. – En cas de condamnation pour les infractions prévues au présent chapitre, le prononcé de la peine complémentaire d'interdiction de détenir ou de porter, pour une durée de cinq ans au plus, une arme soumise à autorisation est obligatoire.**

« **Toutefois, la juridiction peut, par une décision spécialement motivée lorsque la condamnation est prononcée par une juridiction correctionnelle, décider de ne pas prononcer cette peine, en considération des circonstances de l'infraction et de la personnalité de son auteur.** »

Art. 312-14 **L'interdiction du territoire français peut être prononcée dans les conditions prévues par l'article 131-30, soit à titre définitif, soit pour une durée de dix ans au plus, à l'encontre de tout étranger coupable de l'une des infractions définies** (*L. nº 2018-778 du 10 sept. 2018, art. 37*) « **à la section Ire du présent chapitre** ».

Art. 312-15 (*L. nº 2009-526 du 12 mai 2009, art. 124-I*) « **Les personnes morales déclarées responsables pénalement, dans les conditions prévues par l'article 121-2, des infractions définies au présent chapitre encourent, outre l'amende suivant les modalités prévues par l'article 131-38, les peines prévues par l'article 131-39.** »

L'interdiction mentionnée au 2º de l'article 131-39 porte sur l'activité dans l'exercice ou à l'occasion de l'exercice de laquelle l'infraction a été commise.

CHAPITRE III DE L'ESCROQUERIE ET DES INFRACTIONS VOISINES

BIBL. ▶ BOULOC, *RPDP 1996. 297* (l'escroquerie et les infractions voisines). – MAYAUD, *AJ pénal 2008. 111* (la crédibilité, critère du mensonge punissable en droit pénal).

SECTION PREMIÈRE DE L'ESCROQUERIE

Art. 313-1 **L'escroquerie est le fait, soit par l'usage d'un faux nom ou d'une fausse qualité, soit par l'abus d'une qualité vraie, soit par l'emploi de manœuvres frauduleuses, de tromper une personne physique ou morale et de la déterminer ainsi, à son préjudice ou au préjudice d'un tiers, à remettre des fonds, des valeurs ou un bien quelconque, à fournir un service ou à consentir un acte opérant obligation ou décharge.**

L'escroquerie est punie de cinq ans d'emprisonnement et de 375 000 € d'amende. – *Pén. 132-16, 321-5 ; Just. milit. L. 311-7.*

Corresp. : *C. pén., ancien art. 405.*

RÉP. PÉN. vis *Escroquerie*, par MASCALA ; *Fraude fiscale (Délits spéciaux)*, par THÉVENET.

BIBL. ▶ SELÇUK, *RSC 1993. 739* (objet de l'infraction). – LASSERRE CAPDEVILLE, *in* La réforme du Code pénal et du Code de procédure pénale. *Opinio doctorum. Thèmes et commentaires, Dalloz 2009* (propositions de réformes du contenu de l'élément matériel du délit d'escroquerie). – SALOMON, *D. 2010. Chron. 2792* (dol civil et dol pénal en matière de cession de droits sociaux). – GUÉRY, *D. 2012. 1839* (de l'escroquerie et de l'usage de faux envisagés sous l'angle d'un régime dérogatoire à la prescription de l'action publique). – CARRASCO-DAËON, *Dr. pénal 2018. Étude 2* (la possible répression des appropriations frauduleuses des immeubles). – RENAUD-DUPARC, *AJ pénal 2017. 211* (apports jurisprudentiels à la délimitation des contours de l'escroquerie).

PLAN DES ANNOTATIONS

I. INCRIMINATION

A. MENSONGE

1° FAUX NOM

1. Définition. Une cour d'appel ne justifie pas sa décision de condamner pour faux et escroquerie par usage de faux nom le prévenu qui a utilisé faussement les noms « Hôtel du département » et « Conseil général » dans l'envoi d'une télécopie, dès lors que ce document ne constitue pas un titre et que le faux nom s'entend d'un faux nom patronymique ou d'un faux pseudonyme. • Crim. 27 oct. 1999, n° 98-86.017 P : *D. 2000. IR 21*. ♦ L'énonciation de la mention inexacte du « Conseil général » ou de l'« Hôtel du département » comme origine de l'annonce mensongère du décès d'un préfet dans un quotidien et les vœux de repos éternel formulés trois semaines à peine après le décès de son prédécesseur ne sauraient en caractériser le délit d'escroquerie dès lors que l'utilisation d'un faux nom, exigée par l'incrimination, s'entend de l'emploi d'un faux nom patronymique ou d'un faux pseudonyme, pas plus que le délit de faux dès lors que la demande de publication de l'avis ne constituait pas un écrit ayant pour objet ou pouvant avoir pour effet d'établir la preuve d'un droit ou d'un fait ayant des conséquences juridiques. • Toulouse, 26 juin 2003 : *D. 2003. IR 2728* (sur renvoi de • Crim. 27 oct. 1999 : *préc.*).

2. Caractère suffisant. Le délit d'escroquerie est suffisamment établi par l'usage d'un faux nom ayant déterminé la remise de fonds, sans qu'il soit nécessaire que le faux nom ait été en outre accrédité par l'usage d'une fausse qualité ou l'emploi de manœuvres frauduleuses. • Crim. 26 nov. 1891 : *DP 1892. 1. 252 (1re esp.)* • 18 mai 1931 : *Bull. crim. n° 143.*

3. Caractère déterminant. Cassation de l'arrêt qui, pour déclarer le prévenu coupable d'escroquerie, énonce notamment qu'il a fait usage de faux noms, mais sans établir en quoi cet usage avait été déterminant de la remise des fonds. • Crim. 3 déc. 1998 : *Gaz. Pal. 1999. 1, chron. crim. 61.*

4. Le fait de ne pas payer une note d'hôtel, après avoir séjourné sept jours dans cet hôtel sous un faux nom, n'est pas constitutif du délit d'escroquerie, lorsqu'il ressort que l'identité des pensionnaires de l'hôtel n'était jamais déterminante de leur admission. • T. corr. Grasse, 1er sept. 1948 : *S. 1948. 2. 141 ; JCP 1949. II. 4753, note Pierrard.* ♦ V. « Services », notes 214 s.

5. Exemples. Constitue le délit d'escroquerie : ... le fait de changer de nom en vue de faire croire à sa solvabilité. • Crim. 26 oct. 1934 : *Bull. crim. n° 170.* ♦ ... Le fait de se présenter sous le nom réel d'autrui, même avec son accord, ce dernier étant alors complice. • Paris, 12 déc. 1938 : *DH 1939. 121.*

6. Sur la manœuvre frauduleuse par : ... abus du vrai nom : • Crim. 19 juill. 1934 : *Bull. crim. n° 144.* ♦ ... Usage de faux nom, V. « Utilisation frauduleuse de cartes de crédit », notes 161 s.

7. Se rend coupable d'escroquerie par usage de faux nom et manœuvres frauduleuses le prévenu qui, sous un faux nom assorti d'un numéro de compte bancaire erroné, passe commande d'huîtres auprès d'un ostréiculteur en lui remettant une lettre de change, lettre rejetée après la livraison, faute d'ordre de payer ; tous les éléments de l'infraction sont en effet caractérisés par la cour d'appel relevant que l'utilisation d'un faux nom était significative de la volonté du prévenu de voir la traite sûrement rejetée par la banque et ajoutant que la manœuvre frauduleuse qui consistait à rassurer le commerçant par la garantie d'un effet accepté était déterminante de la remise de la marchandise. • Crim. 3 avr. 1995 : *JCP 1995. IV. 1690 ; Gaz. Pal. 1995. 2. Somm. 357.*

8. Qualification d'escroquerie par l'usage d'un faux nom en rapport avec le piratage de ligne téléphonique (phishing). BIBL. Père et Forest, *D. Affaires 2006. 2666* (l'arsenal répressif du *phishing*).

2° FAUSSE QUALITÉ

a. Caractères

9. Caractère personnel. La fausse qualité n'est un élément constitutif du délit d'escroquerie qu'autant que l'auteur du fait incriminé se l'est à lui-même attribuée. • Crim. 10 nov. 1899 : *DP 1900. 1. 403.*

10. Caractère positif. La fausse qualité n'est

un élément constitutif du délit d'escroquerie qu'autant que l'auteur du fait incriminé en a fait usage ; et cet usage ne saurait être déduit du simple silence gardé sur une qualité faussement attribuée par un tiers. • Crim. 22 janv. 1914 : *DP 1914. 1. 256 ; S. 1916. 1. 128.*

11. Le fait de se prévaloir d'une qualité perdue équivaut à l'usage d'une fausse qualité. • Crim. 9 sept. 1869 : *DP 1870. 1. 144.*

12. Caractère suffisant. L'usage d'une fausse qualité constitue par lui-même une des modalités du délit d'escroquerie. • Crim. 21 avr. 1970 : *Bull. crim. n° 136.* ♦ ... Consistant dans le seul fait d'avoir usé frauduleusement de cette qualité, sans qu'il soit nécessaire qu'elle ait été, en outre, accréditée par quelque manœuvre. • Crim. 2 mars 1933 : *Bull. crim. n° 45* • 12 juin 1936 : *DH 1936. 398* • 6 janv. 1953 : *Bull. crim. n° 2* • 8 févr. 1956 : *ibid. n° 141* • 18 juin 1958 : *ibid. n° 473.*

13. Caractère déterminant. Ne justifie pas sa décision la cour d'appel qui, pour déclarer le prévenu coupable de délit d'escroquerie, se borne à relever qu'il a fait usage de la fausse qualité d'agent commercial, sans rechercher si ledit usage avait été déterminant de la remise des fonds. • Crim. 14 mai 1990, n° 89-85.581 P.

b. Domaine

14. Propriétaire. Le fait de se dire faussement propriétaire ne constitue pas une prise de fausse qualité au sens de l'art. 405 C. pén., l'affirmation d'un droit ne devant pas être confondue avec l'usurpation d'une qualité. • Crim. 4 févr. 1898 : *DP 1899. 1. 584* • 23 févr. 1929 : *DH 1929. 205* • 2 mars 1935 : *ibid. 1935. 238* • 4 mars 1937 : *ibid. 1937. 237 ; RSC 1937. 694, obs. Donnedieu de Vabres* • 7 oct. 1969 : *Bull. crim. n° 242 ; D. 1971. 286, note Guigue.*

15. Le seul fait de se dire faussement propriétaire d'un bien ne constitue pas une prise de fausse qualité au sens de l'art. 313-1 C. pén. • Crim. 5 oct. 2005 : *Dr. pénal 2006. 15, obs. Véron.*

16. Mais constitue une manœuvre frauduleuse le fait de se dire faussement propriétaire lorsque cette allégation est appuyée d'actes extérieurs. • Crim. 20 nov. 1903 : *D. 1904. 1. 415.* ♦ ... Telle l'intervention d'un tiers. • Crim. 8 févr. 1956 : *Bull. crim. n° 141.* ♦ ... Ou la présentation de l'objet dont le prévenu se prétend propriétaire. • Crim. 20 nov. 1903 : *préc.* (remise de titres en garantie d'une avance de fonds) • 7 mai 1957 : *Bull. crim. n° 382* (exhibition de lingots d'or).

17. Créancier. Le fait de se prétendre mensongèrement créancier ne constitue pas une prise de fausse qualité au sens de l'art. 405 C. pén. • Crim. 18 juill. 1968 : *Bull. crim. n° 233* • 6 oct. 1980 : *D. 1981. IR 141, obs. Roujou de Boubée ; RSC 1981. 394, obs. Bouzat.* ♦ Le fait de se prétendre mensongèrement créancier, à le supposer établi, ne constitue pas la prise d'une fausse qualité au sens de l'art. 313-1 C. pén., et n'est susceptible d'aucune qualification pénale. • Crim. 23 févr. 2005 : *Dr. pénal 2005. 98.*

18. Mais il n'en est plus ainsi lorsqu'au mensonge se joignent des manœuvres, et notamment des interventions de tiers, destinées à lui imprimer force et crédit. • Crim. 16 déc. 1969 : *Bull. crim. n° 344.*

19. Mandataire. Constitue une prise de fausse qualité le fait de se prétendre mensongèrement mandataire. • Crim. 12 juin 1936 : *DH 1936. 398* • 29 déc. 1949 : *JCP 1950. II. 5582, note A. C.* • 8 févr. 1956 : *Bull. crim. n° 141* • 18 juill. 1968 : *Bull. crim. n° 233.*

20. Ainsi en est-il de la fausse qualité d'intermédiaire pour l'exécution d'opérations (ordres de bourse), alors que le prévenu (banquier) agissait en qualité de contrepartiste. • Crim. 16 févr. 1907 : *DP 1909. 1. 201, note Lacour* • 12 mars 1909 : *ibid.* • 25 janv. 1935 : *DH 1935. 165.* ♦ V. « Conventions de contrepartie », notes 172 s.

21. Le fait de se présenter comme le président d'une association dont la dissolution a été décidée constitue l'usage d'une fausse qualité au sens de l'art. 313-1 C. pén., peu important que l'existence juridique de l'association perdure pour les besoins de sa liquidation. • Crim. 18 janv. 2017, n° 16-80.200 P : *D. actu. 6 févr. 2017, obs. Goetz.*

22. Autres qualités retenues. Fille-mère, pour une femme ayant abandonné les enfants qu'elle prétendait à sa charge. • Paris, 19 juin 1915 : *DP 1917. 2. 63.* ♦ Père de famille, pour un prévenu qui se présentait faussement comme ayant des enfants mineurs à sa charge. • Paris, 12 déc. 1917 : *DP 1921. 2. 14.* ♦ Mère d'un soldat décédé à la guerre, alors que la prévenue savait que son fils était déserteur. • Crim. 10 déc. 1926 : *DH 1927. 67.*

23. ... Militaire. • Crim. 25 juin 1942 : *Bull. crim. n°. 78.* ♦ ... Commandant dans l'armée. • Paris, 26 avr. 1990 : *Dr. pénal 1990. 325.*

24. ... Médecin ou docteur en médecine. • Crim. 2 avr. 1897 : *DP 1898. 1. 316* • 23 oct. 1956 : *Bull. crim. n° 659* • 8 févr. 1995, n° 94-80.960 P : *RSC 1995. 592, obs. Delmas Saint-Hilaire* . ♦ ... Conseiller financier. • Crim. 16 mars 1987 : *Bull. crim. n° 124.*

25. ... Ecclésiastique. • T. corr. Lisieux, 5 sept. 1979 : *JCP 1980. II. 19308, note R. de L.* ♦ Opposer : • T. corr. Agen, 27 juin 1990 : *RSC 1991. 85, obs. Bouzat* . ♦ ... Évêque choisi par le pape. • Paris, 4 juill. 1989 : *Dr. pénal 1990. 89.* ♦ ... Prêtre et évêque de l'église catholique romaine ; l'église catholique ne reconnaît pas les ordinations illicites et le prévenu était considéré comme un laïc ; il était excommunié pour avoir accompli des actes réservés aux clercs ; par l'usage de cette fausse qualité, il a déterminé des personnes à lui remettre des fonds et valeurs. • Crim. 2 févr. 2000 : *JCP 2000. IV. 2518.*

26. ... Salarié, ou ancien salarié. • Crim. 4 juin 1955 : *Bull. crim. n° 279* • 12 déc. 1988 : *ibid. n° 421 ; Gaz. Pal. 1989. 1. 435* • T. corr. Nevers, 27 nov. 1942 : *S. 1943. 2. 23* • TGI Paris, 15 mai 1985 : *Gaz. Pal. 1985. 1. 405, note Marchi.*

27. ... Chômeur. • Crim. 8 janv. 1937 : *DH 1937. 149* • 31 juill. 1939 : *Bull. crim. n° 177* • 30 nov. 1981 : *ibid. n° 315* • Paris, 27 sept. 1978 : *Gaz. Pal. 1979. 1. Somm. 58.* ♦ Constitue la prise d'une fausse qualité le fait par un individu de continuer à percevoir des allocations de chômage, alors que, par suite de l'accroissement de ses ressources, il a cessé d'y avoir droit. • Crim. 12 févr. 1942 : *Bull. crim. n° 9.* ♦ Le fait de ne pas déclarer l'exercice d'une activité professionnelle constitue un acte positif de prise de la fausse qualité de travailleur privé d'emploi. • Crim. 26 avr. 1994, n° 93-84.880 P : *RSC 1994. 773, obs. Giudicelli-Delage ; ibid. 1995. 96, obs. Bouloc* • 8 avr. 1999 : *D. 2000. Somm. 121, obs. Segonds ; Dr. pénal 1999. Comm. 126, obs. Véron.* ♦ Comp., en matière de manœuvres frauduleuses, « Manœuvres positives », notes 309 s. ♦ ... Sur le fondement de la qualification spécifique de l'art. L. 365-1 C. trav. [L. 5124-1, L. 5135-1 et L. 5429-1 nouv.], « Conflit de qualifications », notes 309 s.

28. ... Infirme invalide. • Crim. 30 avr. 2003 : *Dr. pénal 2003. 119, obs. Véron.*

29. ... Commerçant. • Crim. 21 avr. 1970 : *Bull. crim. n° 136* (antiquaire) • 9 mai 1990, n° 90-80.182 P • Pau, 22 nov. 1949 : *S. 1951. 2. 39 ; Gaz. Pal. 1950. 1. 13.* ♦ ... Agent commercial. • Crim. 14 mai 1990, n° 89-85.581 P (sol. impl.). ♦ ... Démarcheur ou représentant. • Paris, 5 nov. 1957 : *D. 1958. 49* • T. corr. La Rochelle, 13 janv. 1966 : *JCP 1966. II. 14685, note Chavanne ; D. 1966. Somm. 87.* ♦ ... Associé dont la qualité est faussement indiquée comme activité principale. • Angers, 13 juill. 1960 : *D. 1961. 281, note Chavanne ; Gaz. Pal. 1960. 2. 182.*

30. ... Concessionnaire exclusif d'une maison de commerce. • Crim. 4 déc. 1969 : *Bull. crim. n° 328 ; D. 1970. 114.* ♦ ... Gérant de société. • Crim. 11 déc. 1973 : *Bull. crim. n° 457.* ♦ ... « Inspecteur Michelin » ou « inspecteur du guide Michelin ». • Crim. 26 juin 1974 : *Bull. crim. n° 240.* ♦ ... Chef d'entreprise. • Crim. 15 mars 2000 : *JCP 2000. IV. 2013.* ♦ ... Commissionnaire. • Paris, 1er juin 1943 : *S. 1944. 2. 72.*

31. ... Conseiller financier. • Crim. 16 mars 1987 : *Bull. crim. n° 124.*

32. ... Délégué d'une autorité administrative. • Crim. 26 nov. 1932 : *Bull. crim. n° 245.* ♦ ... Concessionnaire de travaux publics. • Crim. 27 oct. 1953 : *Bull. crim. n° 271.* ♦ ... Démarcheur de l'annuaire officiel des PTT. • Crim. 21 juill. 1966 : *Bull. crim. n° 208 ; D. 1966. 579.* ♦ ... Représentant d'un service officiel. • Crim. 9 juill. 1982 : *Gaz. Pal. 1983. 1. Pan. 96.*

33. ... Dénomination de « Compagnie judiciaire » dans l'intitulé d'une société de recouvrement. • Lyon, 13 mai 1982 : *Gaz. Pal. 1983. 1. Somm. 30.* ♦ ... Habitant d'une région, lorsque cette qualité est déterminante d'un avantage (tickets à prix réduit pour l'usage d'un établissement thermal). • T. corr. Saint-Gaudens, 10 nov. 1955 : *Gaz. Pal. 1956. 1. 71.*

34. ... Banquier (pour un prévenu qui se fait passer comme tel auprès de personnes âgées, ayant également des problèmes de santé, et qui leur fait croire à l'existence de faux euros et de problèmes liés à l'utilisation des cartes bancaires, afin de se faire remettre des fonds et des cartes de retrait accompagnées de leurs codes secrets). • Aix-en-Provence, 20 juin 2008 : *Gaz. Pal. 2009. 2. Somm. 3249, note Lasserre Capdeville.*

35. Autres qualités non retenues. « Veuve vivant seule ». • Crim. 18 juill. 1963 : *Bull. crim. n° 260.* ♦ ... Prophète et envoyé de Dieu. • Basse-Terre, 8 oct. 1985 : *Gaz. Pal. 1986. 1. Somm. 8, note Doucet.*

36. L'abstention, par un salarié, d'informer l'employeur de la protection dont il bénéficie, au regard du droit du licenciement, au titre d'un mandat extérieur (conseiller prud'homme), ne peut constituer l'usage d'une fausse qualité au sens de l'art. 313-1 C. pén. • Crim. 14 avr. 2015, n° 14-81.188 P : *D. actu. 11 mai 2015, obs. Priou-Alibert ; Dr. pénal 2015, n° 82, obs. Véron ; RSC 2015. 863, obs. Matsopoulou.*

3° ABUS DE QUALITÉ VRAIE

37. Spécificité. Si l'usage d'une qualité vraie ne peut constituer par lui seul un élément de manœuvres frauduleuses, il ne saurait en être de même de l'abus fait de cette qualité. • Crim. 3 avr. 1857 : *S. 1857. 1. 610* • 19 janv. 1901 : *DP 1901. 1. 342.*

38. L'abus d'une qualité vraie constitue une manœuvre frauduleuse lorsque cette qualité est de nature à imprimer à des allégations mensongères l'apparence de la sincérité et à commander la confiance de la victime. • Crim. 25 juin 1931 : *Bull. crim. n° 185* • 16 juill. 1958 : *ibid. n° 546* • 15 févr. 1961 : *ibid. n° 98* • 21 nov. 1961 : *ibid. n° 473* • 8 déc. 1965 : *ibid. n° 268 ; Gaz. Pal. 1966. 1. 172* • 11 févr. 1971 : *Bull. crim. n° 50 ; D. 1971. Somm. 59 ; Gaz. Pal. 1971. 1. 297* • 29 mars 1977 : *Bull. crim. n° 115 ; Gaz. Pal. 1977. 2. 384 ; RSC 1977. 824, obs. Bouzat* • 23 mars 1978 : *D. 1979. 319, note Bouloc ; RSC 1979. 343, obs. Bouzat* • 8 juill. 1986 : *Bull. crim. n° 232* • 1er oct. 1986 : *ibid. n° 263* • 25 févr. 1992, n° 91-80.217 P.

39. Ne sont sur ce point concernés que les mensonges des membres des professions qui inspirent une confiance particulière au public. • T.

corr. Paris, 23 janv. 1984 : *Gaz. Pal. 1984. 2. 457, note Marchi.*

40. L'abus de qualité vraie revenant à s'attribuer plus de pouvoirs que n'en confère la qualité, la duperie ne peut avoir d'effet que sur des tiers ignorant l'exacte étendue de ces pouvoirs. • T. corr. Paris, 23 janv. 1984 : *préc. note 39.* ♦ ... Ainsi, il n'y a pas abus de qualité vraie lorsqu'un vice-président d'une société a agi, non devant des tiers, mais devant ses pairs administrateurs, qui ne pouvaient être trompés sur le contenu de pouvoirs qu'ils lui avaient eux-mêmes délégués, et alors que, bien plus, celui-ci, en soumettant des demandes de prêts au conseil d'administration, non seulement ne prétendait pas abuser de sa qualité, mais au contraire respectait entièrement les prérogatives de cet organe en la matière. • Même jugement.

41. Exemples. ... Prêtre. • Crim. 19 janv. 1901 : *DP 1901. 1. 342* • 22 juill. 1971 : *Bull. crim. n° 239.*

42. ... Avocat. • Crim. 6 avr. 1993 : *Gaz. Pal. 1993. 2. Somm. 443* • Paris, 6 févr. 1995 : *JCP 1995. IV. 1022.* ♦ Abuse de sa qualité vraie l'avocat qui se fait remettre de l'argent en affirmant faussement à sa victime qu'il convient de corrompre un administrateur judiciaire pour obtenir de la juridiction commerciale des décisions favorables. • Crim. 30 juin 1999, n° 98-82.009 P : *D. 1999. IR 224* ; *RSC 1999. 823, obs. Ottenhof.*

43. ... Conseil juridique. • Crim. 29 mars 1977 : *Bull. crim. n° 115 ; Gaz. Pal. 1977. 2. 384 ; RSC 1977. 824, obs. Bouzat.* ♦ ... Gérant d'une société ayant une activité de conseil juridique. • Crim. 10 mai 1978 : *Bull. crim. n° 148 ; D. 1978. IR 348, obs. Roujou de Boubée.* ♦ Se rend coupable d'escroquerie le conseil juridique qui abuse de sa qualité pour imprimer à ses allégations mensongères l'apparence de la sincérité et faire naître chez sa victime l'espérance d'un événement chimérique, en l'espèce l'octroi d'un prêt en vue d'une installation commerciale, obtenant ainsi la remise d'une somme à titre d'honoraires. • Crim. 27 mars 2002, n° 00-81.712 P.

44. ... Notaire. • Crim. 10 févr. 1855 : *Bull. crim. n° 39* • 25 mai 1936 : *ibid. n° 59* • 11 mars 2009 : *Dr. pénal 2009. 81, obs. Véron.* ♦ ... Clerc de notaire. • Crim. 22 juill. 1971 : *Bull. crim. n° 237.*

45. Pour déclarer la prévenue coupable d'escroquerie, l'arrêt énonce notamment, par motifs propres et adoptés, que les éléments de référence, aisément accessibles même pour des néophytes, antérieurs à la date à laquelle elle a acquis le tableau de la personne dont elle gérait les affaires, conduisaient à estimer le prix de l'œu*vre, par elle acquise* à un prix de 25 000 €, à des sommes comprises entre 300 000 et 960 750 €, et que, consciente de la modicité de la valorisation de la toile entre 30 000 et 40 000 € par le commissaire-priseur, elle avait sciemment dissimulé à sa mandante, abusant de sa vraie qualité de notaire, qu'elle avait elle-même constaté, à la suite de ses propres recherches sur internet entreprises avant la cession, que les œuvres du même peintre se vendaient au-dessus de 100 000 € ; en l'état de ces énonciations, qui établissent l'abus de la qualité vraie de notaire auprès d'une personne âgée qui a été ainsi mise en confiance, et abstraction faite d'un motif surabondant concernant d'éventuelles manœuvres frauduleuses, la cour d'appel, qui n'a pas excédé sa saisine, a justifié sa décision. • Crim. 12 sept. 2018, n° 17-82.122 : *D. 2018. 2217, note Dejean de La Bâtie ; ibid. 2019. Pan. 1858, obs. Mascala ; Dr. pénal 2018, n° 209, obs. Conte.*

46. ... Maire. • Crim. 7 août 1890 : *DP 1891. 1. 139.* ♦ ... Officier public. • Toulouse, 14 févr. 1974 : *D. 1974. IR 102.*

47. ... Receveur principal des impôts. • Crim. 29 nov. 2000 : *Dr. pénal 2001. 45, obs. Véron.*

48. ... Dentiste (remise de matières d'or en vue d'un traitement chimérique). • Crim. 10 janv. 1936 : *DH 1936. 151.* ♦ ... Médecin (notes d'honoraires majorées). • Crim. 7 févr. 1935 : *Bull. crim. n° 21 ; DH 1935. 1. 197* • 26 mars 1936 : *Bull. crim. n° 36.* ♦ Rappr. : • Crim. 6 nov. 1952 : *D. 1953. 38 ; Gaz. Pal. 1953. 1. 42.* ♦ ... Infirmier conventionné. • Crim. 10 janv. 1990 : *Dr. pénal 1990. 187 ; Gaz. Pal. 1990. 2. Somm. 503.* ♦ ... Directeur d'une maison de soins (facturation de frais de séjour au nom de malades absents de l'établissement). • Crim. 21 mars 1996, n° 95-81.135 P : *Gaz. Pal. 1996. 2. 118, note Doucet ; Dr. pénal 1996. Comm. 155, obs. Véron ; RSC 1996. 862, obs. Ottenhof.*

49. ... Inspecteur d'assurances. • Crim. 9 avr. 1857 : *S. 1857. 1. 610.* ♦ ... Directeur ou attaché de direction d'une agence d'un établissement bancaire. • Crim. 1er avr. 1968 : *Bull. crim. n° 115 ; JCP 1969. II. 15930, note Bouloc* • 22 avr. 1977 : *Bull. crim. n° 132.*

50. ... Mandataire (procuration bancaire). • Crim. 23 mars 1978 : *D. 1979. 319, note Bouloc ; RSC 1979. 343, obs. Bouzat.* ♦ ... Négociateur en immobilier. • Crim. 1er oct. 1986 : *Bull. crim. n° 263.* ♦ ... Technicien (garagiste). • Bordeaux, 26 oct. 1949 : *Gaz. Pal. 1950. 1. 41.*

51. ... Salarié, délégué syndical et membre du comité d'entreprise, qui a porté sur des bons de délégation des indications inexactes et ainsi obtenu de son employeur le paiement de salaires indus. • Crim. 8 juill. 1986 : *Bull. crim. n° 232.*

52. ... Président d'une association (de rapatriés). • Crim. 11 févr. 1971 : *Bull. crim. n° 50.* ♦ ... Expert-conseil en bâtiment d'une association de défense des consommateurs. • Crim. 8 nov. 1988 : *Bull. crim. n° 381.* ♦ ... Conservateur d'un musée (qui proposait à la vente des objets qu'il savait faux en leur donnant l'apparence de l'authenticité). • Crim. 2 avr. 1998 : *JCP 1998. IV. 3475.*

53. Sur l'abus d'une qualité vraie assortie de

l'intervention d'un tiers de bonne foi. • Crim. 3 mars 1960 : *Bull. crim. n° 139 ; Gaz. Pal. 1960. 1. 329.*

4° MANŒUVRES FRAUDULEUSES

54. Exclusion du simple mensonge. **BIBL.** Lucas de Leyssac, *D. 1981. Chron. 17* (l'escroquerie par simple mensonge ?). ♦ De simples allégations mensongères ne sauraient, en elles-mêmes, et en l'absence de toute autre circonstance, constituer des manœuvres frauduleuses. • Crim. 20 juill. 1960 : *Bull. crim. n° 382 ; D. 1961. 191, note Chavanne ; JCP 1961. II. 11973, note Guyon ; Gaz. Pal. 1960. 2. 252 ; S. 1961. 175* (prétendue escroquerie au mariage). ♦ ... Même assorties de pressions ou de menaces verbales. • Crim. 6 nov. 1991, n° 90-84.872 P.

55. Si de simples mensonges sont insuffisants à constituer les manœuvres frauduleuses dans le sens de l'art. 405, il n'en est pas de même lorsqu'à ces mensonges viennent se joindre des faits ayant pour objet de leur donner force et crédit. • Crim. 12 nov. 1864 : *DP 1865. 5. 158* • 26 juin 1885 : *ibid. 1886. 1. 89 (2e esp.), note Garraud* • 3 juill. 1920 : *DP 1921. 1. 54 (2e esp.)* • 27 avr. 1955 : *Bull. crim. n° 209 ; D. 1955. 455* • 16 oct. 1957 : *Bull. crim. n° 636* • 6 juill. 1966 : *ibid. n° 193* • 18 juill. 1968 : *ibid. n° 233* • 8 nov. 1976 : *ibid. n° 317* • T. corr. Seine, 19 nov. 1956 : *JCP 1957. II. 9778 bis.* ♦ Doit être relaxé du chef d'escroquerie, le prévenu qui a conclu un contrat de travail en travestissant ses véritables attributions professionnelles et en faisant croire de surcroît à sa victime que son salaire serait pris en charge par un organisme tiers, au titre d'une allocation pour tierce personne ; ces simples mensonges ne sont en effet pas suffisants pour caractériser des manœuvres frauduleuses faute d'être étayés par des événements extérieurs ; la victime reconnaît, en effet, avoir volontairement aidé le prévenu à financer l'achat d'un photocopieur, ayant été gagné par des relations de confiance, confiance qui doit être restituée dans le contexte de la communauté de vie qui existait entre les deux hommes, à l'époque des faits. • Aix-en-Provence, 27 oct. 1999 : *JCP 2000. IV. 2664.*

56. Si de simples allégations mensongères ne suffisent pas à caractériser les manœuvres frauduleuses prévues par l'art. 405 C. pén., elles peuvent, en revanche, constituer l'un des éléments de ces manœuvres. • Crim. 19 avr. 1983 : *Bull. crim. n° 108.* ♦ Si de simples allégations mensongères ne suffisent pas à caractériser les manœuvres frauduleuses, elles peuvent par contre constituer l'un des éléments de ces manœuvres ; en l'espèce les prévenus se sont fait verser des sommes d'argent, en paiement de frais de mission, en produisant d'une part un ordre de mission rempli de leur main et précisant l'objet de la mission, les dates de départ et de retour, parfois la date et l'heure du passage à la frontière pour les déplacements à l'étranger, d'autre part un état de frais de remboursement rédigé également de manière manuscrite comportant la mention « certifié exact » ; ce sont donc deux documents différents, un ordre de mission d'une part, un état de frais de remboursement d'autre part, qui étaient utilisés pour persuader de l'existence d'un crédit imaginaire ; en effet la production de ces pièces, remplies et signées par deux professeurs d'université, venaient corroborer l'insertion mensongère relative à la réalité de la mission effectuée ; la signature de ces personnes accréditait, par leur position prestigieuse au sein du département informatique, la réalité des missions et donc un crédit imaginaire dont le paiement était demandé. • Pau, 29 avr. 2004 : *D. 2004. 2401, note Nérac.*

57. En l'absence de manœuvres frauduleuses, les mensonges du prévenu lors de la vente d'une société foncière immobilière dont il était le président portant sur le montant du capital social, et ses omissions sur l'existence d'une procédure judiciaire diligentée contre la société, sur la non-conformité de certaines constructions et sur l'existence d'un passif social et fiscal, ne suffisent pas à caractériser le délit d'escroquerie ; en effet, un mensonge ou une omission de transmettre une information, s'ils peuvent avoir une incidence civile sur les relations entre les parties, ne constituent pas une manœuvre pénalement punissable s'ils n'ont pas été confortés par d'autres actes positifs extérieurs ; en l'espèce, le vendeur a signé un protocole de vente mentionnant un capital social de 1 million de F, alors que le capital réel était de moins de 500 000 F ; il n'a pas informé l'acquéreur de l'existence d'une procédure judiciaire diligentée par un architecte réclamant des honoraires et qui s'est terminée par la condamnation de la société au paiement de 1,7 million de F avant transaction, et il ne l'a pas non plus informé de difficultés pouvant résulter d'une mauvaise implantation de garages au regard du permis de construire obtenu ; en outre, l'acquéreur a reconnu être au courant de l'existence d'un passif social et fiscal avant la vente. • Bastia, 31 oct. 2007 : *JCP 2008. IV. 2402.*

58. Manœuvres positives. L'escroquerie ne peut résulter que d'un acte positif et non d'une simple omission. • Crim. 5 juill. 1956 : *Bull. crim. n° 520* • 2 oct. 1978 : *Gaz. Pal. 1979. 2. Somm. 354* • Poitiers, 17 juill. 1952 : JCP 1952. II. 7152 • T. corr. Lyon, 9 févr. 1926 : *DP 1928. 2. 79.*

59. Ainsi, un assuré social, touchant une rente d'invalidité de 100 % pour cécité, ne peut être déclaré coupable d'escroquerie pour avoir omis de signaler à la sécurité sociale l'amélioration de son état. • Crim. 2 oct. 1978 : *préc. note 58.* ♦ Comp., en matière de fausse qualité : • Crim. 12 févr. 1942 : *Bull. crim. n° 9* (fausse qualité de chômeur dans le fait de continuer à percevoir des allocations de chômage, alors que, par suite de l'accroissement de ses ressources, l'allocataire a cessé d'y avoir droit) • 26 avr. 1994, n° 93-84.880 P : *RSC 1994. 773, obs. Giudicelli-Delage ; ibid. 1995. 96, obs. Bouloc* (fausse qualité de travailleur privé d'emploi dans le fait de ne pas déclarer l'exercice d'une activité professionnelle). ♦ De même, ne commet pas le délit d'escroquerie l'individu qui s'abstient de révéler à la personne dont il sollicite un prêt sa situation de liquidé judiciaire. • T. corr. Lyon, 9 févr. 1926 : *préc. note 58.*

60. Des faits négatifs, tels que dissimulation de pièces ou de partie du contenu des pièces, constituent des manœuvres frauduleuses quand ils accompagnent des actes positifs. • T. corr. Nancy, 9 janv. 1969 : *JCP 1969. II. 16067, note Gross.* ♦ Pour déclarer l'intéressé coupable de tentative d'escroquerie et d'escroquerie, une cour d'appel énonce qu'il a fourni trois explications dont deux sont forcément mensongères, que c'est en fonction de la déclaration frauduleuse de vols qu'il a été indemnisé par son assureur, qu'il aurait dû aviser de la découverte de l'animal mort et qu'il a agi de mauvaise foi ; en l'état de ces énonciations, procédant du pouvoir souverain d'appréciation des juges du fond, et dès lors que la déclaration frauduleuse de vol, étayée par l'attestation de dépôt de plainte, constituait l'acte positif déterminant de la remise, la cour d'appel a caractérisé, en tous leurs éléments constitutifs, les délits reprochés et n'encourt pas les griefs allégués. • Crim. 3 oct. 1996 : *D. 1998. 68, note de Lamy* . ♦ Caractérise l'emploi de manœuvres frauduleuses l'arrêt qui constate que, depuis le décès de son père, survenu le 19 nov. 1987, et jusqu'au 31 août 1994, le prévenu avait continué à percevoir sur un compte ouvert au nom de celui-ci à la Caisse d'épargne, pour lequel il avait procuration, la retraite versée par la Mutualité sociale agricole, et qui relève qu'ayant, de son propre aveu, pris conscience du caractère anormal de la situation, il avait, en faisant indûment fonctionner le compte du défunt, sur lequel sa procuration était devenue caduque et qui aurait dû être clôturé, accompli un acte positif de nature à entraîner la remise d'autres fonds, ces manœuvres comportant l'intervention de la Caisse d'épargne, tiers de bonne foi. • Crim. 20 mars 1997 : *Dr. pénal 1997. 108, obs. Véron ; RSC 1998. 109, obs. Ottenhof* .

61. Antériorité à la remise. Les manœuvres frauduleuses prévues par l'art. 405 C. pén. doivent précéder la remise des fonds ou marchandises. • Crim. 27 nov. 1920 : *DP 1921. 1. 152* • 28 mai 1954 : *Bull. crim. n° 200.* ♦ ... Mais il n'est pas nécessaire qu'elles aient été accomplies dans un temps immédiatement antérieur à ladite remise. • *Même arrêt.*

62. Caractère déterminant. Les juges ne peuvent considérer l'emploi de manœuvres frauduleuses comme caractérisant le délit d'escroquerie sans constater, ou sans qu'il puisse se déduire de leurs constatations, que ces manœuvres ont été déterminantes de la remise des fonds. • Crim. 12 janv. 1983 : *Gaz. Pal. 1983. 2. Somm. 322* • 8 nov. 1988 : *Bull. crim. n° 381* • 11 juill. 1990, n° 89-86.419 P • 3 déc. 1998 : *Gaz. Pal. 1999. 1. Chron. 62, par Doucet.* ♦ Leur appréciation à cet égard n'est souveraine qu'autant qu'elle n'est pas en contradiction avec les faits tels qu'ils les ont constatés. • Crim. 12 oct. 1974 : *Bull. crim. n° 300.*

63. Encourt la cassation l'arrêt d'une cour d'appel qui laisse indécise la question de savoir si la remise de la chose a été déterminée par l'usage d'une fausse qualité « ou » par l'emploi de manœuvres frauduleuses, une telle alternative ne pouvant permettre de préciser la cause déterminante de la remise. • Crim. 28 avr. 1932 : *Bull. crim. n° 115.*

64. Pour un exemple de manœuvres insuffisamment déterminantes de la remise de fonds. • Basse-Terre, 8 oct. 1985 : *Gaz. Pal. 1986. 1. Somm. 8, note Doucet.*

65. Constatations. Doit être cassé pour défaut de motifs l'arrêt qui prononce une condamnation pour escroquerie sans spécifier en quoi ont consisté les manœuvres frauduleuses qu'il retient comme constituant un des éléments du délit. • Crim. 9 janv. 1932 : *Bull. crim. n° 6* • 7 avr. 1932 : *ibid. n° 94* • 10 janv. 1956 : *ibid. n° 27* • 4 déc. 1956 : *ibid. n° 800* • 23 nov. 1967 : *D. 1968. 122.* ♦ Et en reproduisant les termes de la loi, un arrêt ne permet pas à la Cour de cassation d'exercer son contrôle. • Crim. 8 déc. 1955 : *Bull. crim. n° 553.* ♦ En l'état des seules énonciations qui établissent l'existence de mensonges imputables au prévenu, mais qui ne caractérisent pas les manœuvres frauduleuses exigées par l'art. 405 C. pén., une cour d'appel ne justifie pas sa décision de le déclarer coupable de tentative d'escroquerie. • Crim. 6 nov. 1991, n° 90-84.872 P : *D. 1993. Somm. 15, obs. Azibert* .

66. Le prévenu se voit reprocher d'avoir commis, au préjudice de la société X, le délit d'escroquerie, pour avoir obtenu de celle-ci le versement des sommes de 4 484 €, le 24 oct. 2008, puis de 300 €, le 28 oct. 2008, en réparation du préjudice résultant du vol de son véhicule quad, et pour avoir omis de l'informer que ledit véhicule, qui avait été retrouvé, lui avait été restitué ; pour le déclarer coupable d'escroquerie, l'arrêt attaqué relève, par motifs propres et adoptés, que celui-ci a encaissé les chèques d'indemnité de l'assurance alors que, dans le même temps, il se faisait restituer le quad volé et établir un duplicata de la carte grise, et que ce comportement actif caractérise la manœuvre frauduleuse au sens de l'art. 313-1 C. pén. ; les juges ajoutent que le prévenu a établi un certificat de cession de l'engin au bénéfice de la compagnie X, à laquelle il en transférait la propriété, et que c'est en connaissance de cause que l'intéressé s'est fait établir un duplicata de la carte grise pour récupérer, à l'insu de l'assureur, ledit engin ; en statuant ainsi, sans caractériser les manœuvres frauduleuses qui, antérieures à la remise par l'assureur des indemnités versées au prévenu, ont été déterminantes de celle-ci, la cour d'appel n'a pas justifié sa décision. • Crim. 21 mars 2012, n° 11-87.453 : *Dr. pénal 2012, n° 97, obs. Véron ; RSC 2012. 867, obs. Matsopoulou*.

a. Intervention de tiers

67. Identification de l'intervenant. Constitue la manœuvre frauduleuse, au sens de l'art. 405 C. pén., la coopération inconsciente ou l'intervention involontaire d'un tiers de bonne foi. • Crim. 3 juill. 1920 : *DP 1921. 1. 54 (2ᵉ esp.)* • 31 janv. 1935 : *DH 1935. 167* • 13 mai 1943 : *Bull. crim. n° 36* • 7 mai 1953 : *ibid. n° 160* • 23 déc. 1957 : *ibid. n° 871 ; D. 1958. Somm. 68* • 3 mars 1960 : *Bull. crim. n° 139* • Pau, 29 avr. 2004 : *préc. note 56.* ♦ ... L'intervention d'un tiers imaginaire. • Crim. 27 juill. 1938 : *Bull. crim. n° 188* (futur mari) • 17 mars 1944 : *ibid. n° 75* (éventuelle acheteuse) • 8 janv. 1976 : *ibid. n° 7* (communications téléphoniques émanant d'un tiers imaginaire).

68. Est intervenant le tiers qui agit non seulement comme mandataire, mais encore à titre personnel, en usant de son crédit propre. • Crim. 22 mars 1955 : *Bull. crim. n° 169* • 6 juill. 1966 : *ibid. n° 193.* ♦ Le mandataire infidèle qui trompe volontairement son mandant et participe aux manœuvres frauduleuses destinées à le dépouiller ne saurait être assimilé à ce mandant ; il est un tiers, complice de l'escroc. • Crim. 10 nov. 1971 : *Bull. crim. n° 307* • 28 mars 1996, n° 95-80.395 P • T. corr. Paris, 23 janv. 1984 : *Gaz. Pal. 1984. 2. 457, note Marchi.* ♦ ... Même solution pour les salariés. • Crim. 5 oct. 1967 : *Gaz. Pal. 1967. 2. 308* • 17 janv. 1991 : *Dr. pénal 1991. 201.*

69. Conditions de l'intervention. Ne caractérise pas l'emploi de manœuvres frauduleuses l'arrêt qui fait application au prévenu de l'art. 405 C. pén., sans préciser les conditions dans lesquelles l'intervention du tiers a donné force et crédit à la fraude. • Crim. 14 avr. 1964 : *Bull. crim. n° 114.*

70. La présentation de faux documents (états de présence à des stages de formation), par le truchement d'un tiers de bonne foi, en vue d'obtenir un paiement indu est nécessairement constitutive d'une manœuvre frauduleuse au sens de l'art. 405 C. pén. • Crim. 21 févr. 1996 : *Dr. pénal 1996. 156, obs. Véron ; RSC 1996. 862, obs. Ottenhof*.

71. Exemples. ... Recours à des officiers publics ou ministériels de bonne foi, pour accréditer l'attestation mensongère d'une renonciation à une instance judiciaire. • Crim. 15 mai 1968 : *Bull. crim. n° 159.* ♦ ... Présence d'un notaire à un acte, au regard d'une escroquerie imputée par l'une des parties à l'autre cosignataire. • Crim. 12 nov. 1864 : *DP 1865. 5. 158* • 2 juin 1986 : *Bull. crim. n° 186.* ♦ Comp. : • Crim. 31 janv. 1935 : *DH 1935. 167* • 2 déc. 1943 : *Bull. crim. n° 138* ♦ ... Intervention d'un notaire donnant force et crédit à de fausses déclarations faites par l'une des parties pour déterminer la signature de l'acte authentique par son cocontractant. • Crim. 23 janv. 1997, n° 96-80.729 P : *D. 1999. Somm. 157, obs. Mirabail ; Dr. pénal 1997. 93, obs. Véron ; RSC 1998. 553, obs. Ottenhof ; RDI 1998. 310, obs. Roujou de Boubée*.

72. ... Production de mémoires de travaux et de certificats de situation mensongers, dont la sincérité est attestée par un tiers, architecte. • Crim. 18 juill. 1968 : *Bull. crim. n° 234.* ♦ ... Fait de porter sur des notes de frais le nom de tiers fictifs. • Crim. 12 mars 1984 : *Gaz. Pal. 1984. 2. Somm. 342, note Doucet.* ♦ ... Envoi de bons de commandes falsifiés mentionnant l'identité de véritables clients. • Crim. 23 avr. 1991, n° 90-80.808 P : *RSC 1992. 580, obs. Bouzat*.

73. ... Intervention d'un comptable, peu importe qu'il soit de bonne ou mauvaise foi, dont le témoignage personnel confirme l'exactitude d'un bilan cependant faux. • Crim. 15 avr. 1937 : *Bull. crim. n° 74 ; S. 1938. 1. 358* • 4 janv. 1969 : *Bull. crim. n° 5 (2ᵉ arrêt).* ♦ ... Établissement et production d'un bilan comportant des écritures mensongères certifiées par un expert-comptable indépendant. • Crim. 9 sept. 1998 : *Gaz. Pal. 1999. 1, chron. crim. 5.*

74. ... Intervention d'un tiers, vendeur de matériel, qui certifie, par la remise d'une facture *pro forma* à un acheteur éventuel, des conditions de marché qu'il sait cependant être inexactes ou même imaginaires, et qui permet ainsi à l'acheteur d'obtenir d'une société de crédit un prêt supérieur à celui qu'il aurait obtenu. • Crim. 11 janv. 1968 : *Bull. crim. n° 9* • 24 févr. 1970 : *ibid. n° 74 ; D. 1970. Somm. 110* • 9 mars 1971 : *Bull. crim. n° 80 ; D. 1971. Somm. 78* • 9 nov. 1977 : *Bull. crim. n° 344 ; D. 1978. IR 71, obs. Roujou de Boubée ; RSC 1978. 359, obs. Bouzat.* ♦ ... Ou, en cas de contrat simulé, l'emprunt d'une somme correspondant au montant du prix prétendu. • Crim. 15 févr. 1966 : *Bull. crim. n° 46* • 25 oct. 1967 : *ibid. n° 269.* ♦ Rappr., pour l'usage de cartes grises falsifiées produites à l'appui de demandes de crédit : • Crim. 7 déc. 1965 : *D. 1966. Somm. 59 ; Gaz. Pal. 1966. 1. 220.*

75. ... Intervention combinée et ensemble des actes de deux ou plusieurs personnes, appelées à remplir des rôles différents en vue d'un but commun. • Crim. 9 mars 1938 : *Bull. crim. n° 68* • 2 juill. 1942 : *ibid. n° 81 ; JCP 1943. II. 2133, note Bastian* • 24 janv. 1946 : *Bull. crim. n° 35 ; JCP 1946. II. 3108, note M. S.* • 30 nov. 1961 : *Bull. crim. n° 490* • 26 juill. 1965 : *ibid. n° 188* • 19 mai 1971 : *ibid. n° 165 ; D. 1971. Somm. 164* • 15 avr. 1972 : *Bull. crim. n° 128* • 13 mars 1973 :

ibid. n° 122 ; D. 1973. Somm. 55 • 8 mai 1973 : *Bull. crim. n° 210* • 26 nov. 1976 : *ibid. n° 259* • 23 nov. 1977 : *ibid. n° 367 ; D. 1978. IR 71, obs. Roujou de Boubée* • 3 nov. 1978 : *Bull. crim. n° 299.* ♦ Pour des exemples empruntés à des escroqueries à l'assurance. • Crim. 5 déc. 1961 : *Bull. crim. n° 408 ; D. 1962. 201* • 22 mai 1968 : *Bull. crim. n° 169 ; Gaz. Pal. 1968. 2. 225.* ♦ V. également « Complicité », notes 250 s.

76. ... Présentation à l'escompte de traites de complaisance tirées sur des tiers insolvables, non débiteurs du tireur, et acceptées par ceux-ci, l'acceptation obtenue des tirés réalisant, par l'intervention de tiers, le fait extérieur caractéristique des manœuvres frauduleuses. • Crim. 6 févr. 1932 : *Bull. crim. n° 29 ; DP 1933. 1. 47, note Laurent* • 5 août 1932 : *ibid. n° 200 ; DP 1933. 1. 47, note Laurent.* ♦ V. « Escroquerie aux papiers fictifs », notes 253 s.

77. ... Intervention concertée d'employés qui confirment les allégations mensongères de leur patron. • Crim. 5 nov. 1936 : *Bull. crim. n° 108.* ♦ ... Établissement de documents inexacts par un préposé pour appuyer la production de factures mensongères. • Crim. 17 janv. 1991 : *Dr. pénal 1991. 201.*

78. ... Intervention d'un tiers pour persuader mensongèrement un prêteur de fonds de l'existence d'une garantie. • Crim. 24 juill. 1961 : *Bull. crim. n° 352.* ♦ ... Pour simuler l'achat d'un appartement. • Crim. 21 mars 1973 : *Bull. crim. n° 144.*

79. ... Utilisation d'intermédiaires pour dissimuler une fraude au jeu du tiercé. • Crim. 19 déc. 1974 : *Bull. crim. n° 377 ; D. 1975. 631, note Levasseur et Bouloc ; JCP 1975. II. 18075, note de Lestang ; Gaz. Pal. 1975. 1. 355.* ♦ ... Intervention d'un tiers en vue de fausser la loyauté d'un jeu (bonneteau). • Crim. 24 juill. 1968 : *Bull. crim. n° 236* • 26 nov. 1975, n° 90-67.275 P. ♦ Rappr. : • Amiens, 28 oct. 1972 : *D. 1973. Somm. 83 ; Gaz. Pal. 1973. 1. 332.*

80. ... Fait de faire intervenir, à son insu, un tiers de bonne foi, grâce à une conversation téléphonique tenue dans des conditions d'écoute telles que le prévenu avait pu, sans risque de démenti, dénaturer le sens des réponses que ses questions avaient reçues. • Crim. 25 juill. 1972 : *Bull. crim. n° 256.* ♦ ... Présentation d'une femme, agissant de connivence avec le prévenu, pour jouer le rôle de la future épouse d'un handicapé mental, dans une affaire d'escroquerie au mariage. • Crim. 22 oct. 1987 : *Gaz. Pal. 1988. 1. 114, note Doucet.*

81. Pour d'autres manœuvres frauduleuses confortées par un tiers de bonne foi : ... Expert trompé par l'occultation de documents comptables. • Crim. 18 janv. 1988 : *Bull. crim. n° 22 ; Rev. sociétés 1988. 576, obs. Bouloc.* ♦ ... Présentation de faux documents habilement mélangés à d'autres pièces comme émanant de l'expert comptable d'une société. • Crim. 6 déc. 1993 : *Dr. pénal 1994. 84, obs. Véron ; RSC 1994. 767, obs. Ottenhof.* ♦ ... Intervention de bonne foi d'une banque, par laquelle le prévenu faisait fonctionner le compte d'une personne décédée, sur lequel il avait procuration et qui aurait dû être clôturé, ce qui lui permettait de continuer à percevoir la retraite du défunt. • Crim. 20 mars 1997 : *préc. note 60.* ♦ ... Signature de bonne foi d'un président d'université ou d'un directeur de centre universitaire de recherche sur des ordres de mission fictifs, remplis et signés par deux professeurs, afin de persuader de l'existence de frais de remboursements. • Pau, 29 avr. 2004 : *préc. note 56.*

b. Mise en scène

82. Définition. Constitue le délit d'escroquerie par manœuvres frauduleuses, une machination, c'est-à-dire la combinaison de faits, l'arrangement de stratagèmes, l'organisation de ruses, soit une mise en scène ayant pour but de donner crédit au mensonge. • Crim. 11 mai 1971 : *Bull. crim. n° 145* • 25 mai 1977 : *ibid. n° 191.* ♦ ... Mise en scène qui ne saurait être réduite à une série de simples mensonges. • Crim. 30 juin 1971 : *Bull. crim. n° 215.*

83. Exemples positifs. Prise d'une fausse qualité, qui eût suffi à elle seule pour caractériser le délit d'escroquerie, et production de documents inexacts. • Crim. 11 déc. 1973 : *Bull. crim. n° 457* • 16 mars 1987 : *ibid. n° 124.*

84. ... Simulation d'un cambriolage avec l'aide d'un tiers, à des fins d'escroquerie à l'assurance. • Crim. 19 juin 1931 : *DH 1931. 398.* ♦ ... Remise à l'assureur de certificats établis par des médecins, même de bonne foi, abusés par des mensonges auxquels ils ont donné force et crédit, en constatant des affections en réalité simulées. • Crim. 20 déc. 1967 : *Bull. crim. n° 338 ; D. 1969. 309, note Lepointe* • 19 déc. 1979 : *Bull. crim. n° 370.* ♦ Rappr., pour une escroquerie aux assurances sociales : • Montpellier, 14 févr. 1930 : *DH 1930. 260.*

85. ... Ensemble de manœuvres consistant à prendre le contrôle d'une banque, pour ensuite puiser dans les disponibilités de cette banque les fonds faisant défaut aux prévenus pour couvrir leurs échéances. • Crim. 10 nov. 1971 : *Bull. crim. n° 307.* ♦ ... Fait pour un individu de dissimuler son identité et son domicile véritables dont la connaissance eût mis obstacle à la livraison de marchandises. • Crim. 27 avr. 1972 : *Bull. crim. n° 145 ; D. 1972. Somm. 123.* ♦ ... Référence au crédit d'une personne solvable, qui devait être suivie nécessairement d'une vérification bancaire, et dont l'objet était seulement de servir d'alibi financier au prévenu. • Crim. 9 mai 1973 : *Bull. crim. n° 213.* ♦ ... Utilisation d'une correspondance commerciale fallacieuse. • Crim. 20 févr. 1974 : *Bull. crim. n° 76 ; D. 1974. Somm.*

42. ♦ ... Stratagème réalisé par un agent de recouvrement afin de se donner l'apparence d'un pouvoir officiel. • Crim. 18 juin 1974 : *Bull. crim. n° 222.* ♦ ... Présentation de chèques tirés sur un compte soldé en usant d'une procuration périmée. • Crim. 20 juin 1974 : *Bull. crim. n° 233 ; Gaz. Pal. 1975. 1. Somm. 94, et la note.* ♦ ... Présentation à la clientèle de lots composés de marchandises de valeur inégale, accompagnée d'une mise en scène imprimant à des allégations mensongères l'apparence de la sincérité. • Crim. 15 mars 1977 : *Bull. crim. n° 95 ; Gaz. Pal. 1977. 2. 462.* ♦ ... Présentation à un notaire étranger d'une fausse procuration, signée de personnes décédées ou de personnes non consentantes. • Paris, 8 janv. 1993 : *Gaz. Pal. 1994. 1. 327, note J.-P. M.* ♦ ... Envoi d'une situation de travaux mensongère, qui présentait comme terminée la fabrication d'un ascenseur, dont l'assemblage était inachevé, et dont certains composants n'étaient pas réalisés, la crédibilité de ce document ayant été renforcée par l'établissement d'un certificat de propriété portant sur le matériel, adressé à la partie civile, avant le versement des fonds. • Crim. 6 juin 1996 : *Gaz. Pal. 1996. 2, chron. crim. 176.* ♦ ... Apposition sur des carcasses de femelles de marques d'identification réservées aux bovins mâles, manœuvre ayant amené l'Office national interprofessionnel des viandes, de l'élevage et de l'aviculture (OFIVAL) à acheter, dans le cadre d'une mesure communautaire de soutien du cours de la viande bovine, un certain tonnage de viande dont il n'aurait pas fait l'acquisition s'il en avait connu la non-conformité au regard de la réglementation communautaire. • Crim. 15 mai 1997, n° 95-86.068 P. ♦ ... Présentation, par un négociateur immobilier, à son client, en remboursement de frais de dossier prétendument engagés auprès d'une société, d'un courrier émanant de ladite société, et de la photocopie d'un chèque rédigé par lui-même au profit de celle-ci, mais dont l'original n'a jamais été expédié. • Crim. 5 juin 1997, n° 96-83.241 (inédit).

86. ... Annonces publicitaires, accompagnées de mentions d'établissements ou de personnalités imaginaires. • Crim. 27 nov. 1952 : *D. 1953. 576 ; Gaz. Pal. 1953. 1. 64.* ♦ ... Machination dont la première manœuvre a consisté dans une publicité dans la presse. • Crim. 16 avr. 1975 : *Bull. crim. n° 95* (publicité relative à un « guide du travail à domicile ») • 30 oct. 1975 : *ibid. n° 234 ; Gaz. Pal. 1976. 1. 98* (publicité relative à une prise de participation dans une société fictive) • Paris, 26 mars 1997 : *Gaz. Pal. 1997. 2. Somm. 514* (publicité faisant miroiter la possibilité de gains conséquents à des personnes démarchées par « *mailing* », auxquelles était proposée la qualité de « correspondant local » de la société annonceur, tout en leur dissimulant la nécessité pour elles d'avoir à faire l'acquisition du produit de cette société).

87. ... Organisation d'un concours publicitaire, dont la difficulté réelle est dissimulée par les artifices d'un règlement et une correspondance fallacieuse. • Crim. 1er févr. 1968 : *Bull. crim. n° 35 ; D. 1968. 451, note Fourgoux ; Gaz. Pal. 1968. 1. 184.* ♦ Rappr. : • TGI Seine, 20 janv. 1966 : *D. 1966. Somm. 54.* ♦ V. également M. Rolland, *Gaz. Pal. 1968. 2. Doctr. 28.* ♦ ... Organisation d'une prétendue loterie. • Crim. 11 janv. 1972 : *Bull. crim. n° 12 ; D. 1973. 8, note Bouloc.*

88. ... Agissements concertés de deux époux, utilisant des pratiques de chiromancie, de cartomancie et d'astrologie. • Crim. 17 févr. 1970 : *Bull. crim. n° 67 ; D. 1970. Somm. 122.* ♦ Mais la graphologie ne constitue pas un procédé de divination, étant devenue un moyen éprouvé de psychodiagnostic par l'étude de l'écriture. • Aix-en-Provence, 12 janv. 1968 : *Gaz. Pal. 1968. 1. 329 ; D. 1968. Somm. 123 ;* appel de : • T. corr. Marseille, 12 avr. 1967 : *Gaz. Pal. 1967. 1. 302.*

89. ... Promesse d'assurer, jusqu'à la fin de ses jours, l'entretien d'une personne âgée et malade dans une maison de repos, alors que le prévenu savait que ledit établissement allait être fermé quelques jours plus tard. • Crim. 26 juin 1974 : *Bull. crim. n° 243.* ♦ ... Promesse fallacieuse de mariage, renforcée par des procédés divers et combinés. • Crim. 27 janv. 1976 : *Bull. crim. n° 29 ; Gaz. Pal. 1976. 1. 291* • TGI Paris, 23 févr. 1970 : *Gaz. Pal. 1971. 2. 543.*

90. ... Usage abusif de sa qualité par un receveur principal des impôts, pour persuader un certain nombre de contribuables qu'il pouvait les faire bénéficier de placements intéressants, lesquels ont encore été rassurés et mis en confiance par la fixation des rendez-vous dans les locaux mêmes de la recette et par le paiement des premiers intérêts. • Crim. 29 nov. 2000 : *préc. note 47.*

91. ... Manœuvres imaginées et mises en œuvre par le président-directeur général d'une société exploitant de très nombreux commerce pour abuser une clientèle ciblée comme vulnérable, et constituées par l'annonce de crédits faussement gratuits, d'exposés pseudo-techniques ou de l'intervention successive de plusieurs vendeurs. • Crim. 17 sept. 2002 : *Dr. pénal 2003. 9, obs. J.-H. Robert ; RSC 2003. 339, obs. Ottenhof.*

92. ... Proposition à la vente de tableaux exposés dans les domiciles personnels du prévenu et présentés comme provenant d'une collection privée issue d'un héritage familial, cette présentation, hors des circuits officiels du marché de l'art, lui permettant, avec la complicité d'un antiquaire et d'un expert judiciaire, de vendre des œuvres médiocres à un prix sans rapport avec leur valeur réelle, en excluant ainsi l'intervention de professionnels extérieurs susceptibles de donner un avis sur leur authenticité. • Crim. 24 mars 2010 : *RSC 2010. Chron. 621, obs. Matsopoulou.*

93. ... Ouverture d'un compte bancaire ayant pour seul but de se faire délivrer un chéquier destiné à créer l'apparence d'une solvabilité, et utilisation des chèques seulement pour obtenir la remise de marchandises avec le dessein formé dès l'origine de ne pas en payer le prix. • Crim. 1er juin 2011, n° 10-83.568 P : *D. actu. 14 juin 2011, obs. Bombled ; D. 2011. 2008, note Lasserre Capdeville ; ibid. Pan. 2833, obs. Mirabail ; AJ pénal 2011. 523, obs. Gallois ; Dr. pénal 2011, n° 117, obs. Véron ; Gaz. Pal. 2011. 2. 3099, note Morel-Maroger ; RSC 2011. 839, obs. Matsopoulou*.

94. Exemple négatif. – Infiltration journalistique. A justifié sa décision la chambre de l'instruction qui, pour confirmer le non-lieu prononcé du chef d'escroquerie, retient que, si le journaliste a usé d'un faux nom, celui-ci n'a pas joué de rôle déterminant, que le fait de taire sa qualité professionnelle ou de se prétendre militant, athée ou bénévole, auprès des personnes rencontrées, ne constitue pas une prise de fausse qualité au sens de la loi, mais un simple mensonge, et que le procédé de l'infiltration, s'il concourt à révéler ou mettre au jour, sans leur consentement, les comportements de ces personnes, sans les provoquer, ne constitue pas une manœuvre frauduleuse caractérisant le délit de l'article 313-1 C. pén. • Crim. 30 mars 2016, n° 15-82.039 P : *D. actu. 3 mai 2016, obs. Fucini ; RSC 2016. 767, obs. Matsopoulou*.

c. Publicité

BIBL. C. Carreau, *D. 1996. Chron. 257* (publicité et escroquerie).

95. Définition. De simples mensonges, même écrits, ne suffisent pas pour constituer les manœuvres punissables en matière d'escroquerie ; mais il en est autrement quand ces mensonges sont réitérés et largement diffusés par voie d'annonces dans la presse. • T. corr. Laval, 22 nov. 1940 : *Gaz. Pal. 1941. 1. 7* • T. corr. Seine, 2 févr. 1942 : *Gaz. Pal. 1942. 1. 184.* ♦ Il y a mise en scène dépassant le simple mensonge écrit, grâce au « cadre » et au « sérieux » conférés par des annonces par voie de presse. • T. corr. La Rochelle, 13 janv. 1966 : *JCP 1966. II. 14685, note Chavanne ; D. 1966. Somm. 87.* ♦ Le recours de façon intensive à la voie publicitaire de façon mensongère pour donner force et crédit à de fausses allégations constitue en soi un ensemble de manœuvres frauduleuses au sens de l'art. 405 C. pén. • T. corr. Paris, 17 nov. 1983 : *Gaz. Pal. 1984. 2. 644, note Marchi.*

96. Exemples. ... Ambiguïté volontaire d'une *publicité intensive.* • Crim. 7 mai 1974 : *Bull. crim. n° 160 ; JCP 1976. II. 18285, note Fourgoux.* ♦ ... Emploi d'une organisation de publicité constituée par l'envoi de circulaires, prospectus, annonces dans les journaux. • Crim. 11 juin 1974 (2 arrêts) : *Bull. crim. n° 211.*

97. ... Publicité trompeuse organisée par un modeste artisan, dans une revue spécialisée, pour faire croire qu'il était à la tête d'une firme importante. • Crim. 8 déc. 1959 : *Gaz. Pal. 1960. 1. 99.* ♦ ... Publicité donnant à un commerce une fausse apparence d'œuvre charitable. • Crim. 10 juill. 1968 : *Bull. crim. n° 219 ; D. 1969. 50* • 4 nov. 1969 : *Bull. crim. n° 283* • 10 oct. 1977 : *ibid. n° 298.* ♦ ... Publicité intensive et mensongère, destinée à convaincre les tiers d'acquérir des parts ou des droits d'entrée, dits de franchise, dans des sociétés fictives ou partiellement fausses. • Crim. 28 nov. 1968 : *Bull. crim. n° 321* • 3 juill. 1975 : *ibid. n° 179.* ♦ ... Publicité par voie de la presse et par démarchage comportant des indications qui ne correspondent pas aux statuts ni à l'activité réelle d'une société. • Crim. 6 oct. 1980 : *Bull. crim. n° 248.*

98. ... Organisation d'une publicité fallacieuse, destinée à la vente d'objets de pacotille, auxquels les prévenus attribuaient des pouvoirs magiques. • Crim. 28 avr. 1964 : *Bull. crim. n° 130 ; D. 1964. 521 ; JCP 1964. II. 13719 ; Gaz. Pal. 1964. 2. 78.* ♦ ... Promesse mensongère de prêts par des annonces dans les journaux. • Crim. 14 mars 1967 : *Bull. crim. n° 102.* ♦ ... Distribution de cartons publicitaires annonçant faussement que les prévenus avaient un important contrat auprès d'une grande entreprise. • Crim. 18 mai 1981 : *Bull. crim. n° 160.*

99. ... Diffusion dans le public d'une abondante publicité mensongère, doublée de l'usage d'une fausse qualité. • Crim. 26 déc. 1956 : *Bull. crim. n° 875 ; D. 1957. 149 ; JCP 1957. II. 9969 ; Gaz. Pal. 1957. 1. 272.* ♦ ... Publicité par voie de presse de nature à faire naître l'espérance d'un événement chimérique (assistance juridique), alors que les allégations mensongères sont corroborées par un abus de qualité vraie (gérant d'une société ayant une activité de conseil). • Crim. 10 mai 1978 : *Bull. crim. n° 148 ; D. 1978. IR 348, obs. Roujou de Boubée.*

100. ... Appel au public en vue de l'émission de titres : V. ss. art. 313-2.

d. Production d'écrits ou de pièces

101. Indifférence au simple mensonge. Un simple mensonge, même produit par écrit, ne peut constituer une manœuvre caractéristique du délit d'escroquerie, s'il ne s'y joint aucun fait extérieur ou acte matériel, aucune mise en scène ou intervention d'un tiers, destinés à lui donner force et crédit. • Crim. 14 mai 1897 : *DP 1898. 1. 61, note F. T.* • 8 févr. 1900 : *ibid. 1900. 1. 216* • 3 févr. 1934 : *Bull. crim. n° 26* • 15 nov. 1956 (3 arrêts) : *ibid. nos 749 à 751* • 7 mai 1957 : *ibid. n° 382* • 11 févr. 1976 : *ibid. n° 54 ; D. 1976. 295, rapp. Dauvergne.* ♦ Un mensonge, même produit par écrit, ne peut constituer une manœuvre frauduleuse, au sens de l'art. 313-1 C. pén., s'il ne s'y joint aucun fait extérieur ou acte matériel, aucune mise en scène ou intervention d'un tiers destinés à donner force et crédit à l'allégation mensongère du prévenu. • Crim. 1er juin 2005, n° 04-87.757 P : *D. 2005. IR 1961* ; *AJ pénal 2005. 329, obs. Redon* ; *Dr. pénal 2005. n° 147, obs. Véron (1re esp.)* ; *Gaz. Pal. 2006. 1. Somm. 532, note Monnet.*

102. Si de simples mensonges, même produits par écrit, ne peuvent caractériser la manœuvre frauduleuse constitutive de l'escroquerie, il en est autrement lorsque, à ces mensonges, se joint un fait extérieur leur donnant créance. • Crim. 4 août 1933 : *Bull. crim. n° 182* • 4 déc. 1936 : *ibid. n° 133* • 25 mars 1965 : *ibid. n° 89* ; *JCP 1965. II. 14235* • 3 nov. 1966 : *Bull. crim. n° 251* • 15 mai 1968 : *ibid. n° 159* • 16 mars 1970 : *ibid. n° 107* ; *JCP 1971. II. 16813, note Bouloc.*

103. La présentation de faux documents, assimilable à un simple mensonge écrit, constitue une manœuvre frauduleuse dès lors qu'elle est associée à l'intervention de tiers de nature à leur donner force et crédit. • Crim. 24 avr. 1984 : *Bull. crim. n° 142.* ♦ ... Ainsi de l'intervention de contrôleurs. • Crim. 18 oct. 1956 : *Bull. crim. n° 654.*

104. Constitue une manœuvre frauduleuse : la présentation d'écrits mensongers, dès lors que ces écrits émanent de l'utilisation d'un procédé électronique de calcul et de gestion leur donnant force et crédit (informatique). • Crim. 16 mars 1976 : *Bull. crim. n° 97.* ♦ ... La production à l'appui d'allégations mensongères d'un document délivré par une administration publique (récépissé de déclaration de vol de voiture). • Crim. 14 mars 1979 : *Bull. crim. n° 107.*

105. Déclarations. Sont de simples mensonges les bordereaux de recettes minorés remis par un exploitant de salle de cinéma aux distributeurs des films projetés, dont la location est faite au pourcentage de la recette brute. • Crim. 15 nov. 1956 (3 arrêts) : *Bull. crim. nos 749 à 751.* ♦ ... Des états nominatifs destinés à accompagner une demande d'indemnisation au titre du chômage partiel. • Crim. 26 nov. 1990 : *Dr. pénal 1991. 107.*

106. Mais est une escroquerie le fait par un commerçant d'obtenir le paiement par l'État de ristournes, en abusant d'une qualité vraie et en rédigeant de fausses déclarations. • Crim. 30 nov. 1960 : *Bull. crim. n° 559* ; *JCP 1961. II. 12240, note Chavanne.* ♦ ... La fausse déclaration faite afin d'obtenir l'aide indue de l'État pour la production d'un film pornographique. • Crim. 21 nov. 1989 : *Gaz. Pal. 1990. 1. Somm. 243.*

107. Sur les fausses déclarations de dommages de guerre. • Crim. 28 févr. 1925 : *DH 1925. 240* • 25 mars 1927 : *ibid. 1927. 287* • 1er avr. 1927 : *ibid. 1927. 287.*

108. Décomptes, mémoires, factures. Lorsqu'un avoué réclame à des clients des frais plus élevés que ceux prévus par le tarif des avoués, et qu'il n'existe aucune circonstance de fait extérieure, il n'y a là qu'un simple mensonge. • Crim. 8 janv. 1953 : *Bull. crim. n° 7* ; *JCP 1953. II. 7623, note Brouchot* ; *S. 1953. 1. 124.*

109. Fait une exacte application de l'art. 405 C. pén. l'arrêt qui constate que le prévenu s'est fait verser diverses sommes à titre de frais de représentation et de mission, en produisant pour justification des factures de complaisance ; le délit est consommé quand bien même le prévenu eût effectivement droit à se couvrir de ces frais. • Crim. 2 nov. 1961 : *Bull. crim. n° 438.* ♦ Constitue une manœuvre frauduleuse le fait, tant de porter sur des notes de frais le nom de tiers fictifs, que de joindre à ces documents des factures laissant croire que l'intéressé avait effectivement et personnellement payé et supporté la totalité de la somme qui y était mentionnée. • Crim. 12 mars 1984 : *Gaz. Pal. 1984. 2. Somm. 342, note Doucet.*

110. Le fait pour un commerçant d'envoyer une facture pour réclamer le payement d'une somme, en réalité non due, ne constitue qu'un mensonge écrit émanant du prévenu et qui ne saurait, à lui seul, caractériser le délit d'escroquerie, s'il ne s'y joint aucun fait extérieur, aucun acte matériel, aucune mise en scène ou intervention de tiers destinés à donner force et crédit à l'allégation mensongère. • Crim. 7 oct. 1969 : *Bull. crim. n° 242* ; *D. 1971. 286, note Guigue.*

111. Est un acte extérieur et matériel constitutif de l'escroquerie la production d'une facture majorée, venant corroborer l'insertion mensongère du prix de la marchandise vendue. • Crim. 18 avr. 1958 : *Bull. crim. n° 312.*

112. Constitue les manœuvres frauduleuses de l'escroquerie la fourniture aux établissements de crédit et de crédit-bail, parties civiles, de fausses factures et de bons de livraisons fictifs faisant croire à l'existence de matériels inexistants ou d'équipements neufs qui sont, en vérité, d'occasion, par des individus qui n'ont eu pour but que de réapprovisionner leur trésorerie défaillante. • Paris, 1er déc. 1988 : *Gaz. Pal. 1990. 2. Somm. 599, note Bey* • Nancy, 26 sept. 1989 : *ibid. 1989. 2. Somm. 520, note Bey* • Besançon, 9 janv. 1990 : *ibid. 1990. 2. 458, note Bey.* ♦ Caractérise en tous ses éléments le délit d'escroquerie, tant au regard de l'art. 405 C. pén. alors applicable qu'au regard de l'art. 313-1 dudit code entré en vigueur le 1er mars 1994, l'arrêt confirmatif attaqué qui retient que le prévenu a monté un dossier de financement destiné à l'achat d'un tracteur en produisant deux pièces par lui falsifiées (demande de prêt et certificat de livraison), et que la production de ces pièces a convaincu la banque de procéder au financement sollicité et de lui en remettre le prix, l'intention frauduleuse se déduisant de l'ensemble de ces circonstances, ajoutées au fait que l'auteur du délit traversait des difficultés financières. • Crim. 19 sept. 1996, n° 96-80.437 (inédit).

113. La présentation de fausses factures pour obtenir indûment une garantie constitue une manœuvre frauduleuse, et non pas un simple mensonge écrit, cette manœuvre excluant l'existence d'une pratique commerciale acceptée par la partie civile. • Crim. 12 sept. 2006 : *Dr. pénal 2006. 157, obs. Véron.*

114. Le mensonge, corroboré par l'émission, par des tiers, de factures dissimulant de concert des commissions occultes rétrocédées au prévenu, constitue une manœuvre frauduleuse. • Crim. 18 janv. 2017, nº 15-85.209 P : *D. actu. 6 févr. 2017, obs. Goetz.*

115. Mobilisation de créances. La présentation de factures fictives pour permettre un financement qu'une banque avait en définitive pris la décision d'accorder, ne saurait, au sens de l'art. 405 C. pén., constituer une manœuvre de nature à faire croire à une entreprise chimérique (à propos de la pratique bancaire consistant à admettre la présentation de billets de mobilisation fondés sur des factures de pure forme ou sur de simples commandes). • T. corr. Paris, 10 janv. 1980 : *Gaz. Pal. 1980. 2. 712.*

116. Constitue la manœuvre frauduleuse de l'escroquerie, dans le cadre d'un contrat d'affacturage, la transmission par l'adhérent au factor de quittances subrogatives fictives accompagnées du double des factures prétendument adressées par ledit adhérent à ses clients. • Crim. 3 juin 1985 : *Bull. crim. nº 211.*

117. Constitue une manœuvre frauduleuse,au sens de l'art. 405 C. pén., la production, en vue de mobiliser des créances sous forme de cession de créances professionnelles instituée par la loi nº 81-1 du 2 janv. 1981 dite « loi Dailly », d'un bordereau, document valant titre, faisant état de créances inexistantes ou sorties du patrimoine du cédant. • Crim. 22 févr. 1993, nº 91-85.162 P : *RSC 1994. 112, obs. Bouzat*. ♦ Rappr. : • Crim. 22 févr. 1993, nº 92-81.811 P • 11 juin 1998 : *Rev. sociétés 1999. 156, note Bouloc*. ♦ Les factures jointes à l'appui des bordereaux de cession de créances prévus par l'art. 1er de la loi nº 81-1 du 2 janv. 1981 étant des titres, l'utilisation, en connaissance de cause, de factures fictives pour obtenir par leur escompte une ouverture de crédit, constitue une escroquerie. • Crim. 6 avr. 1994, nº 93-80.399 P : *RSC 1994. 773, obs. Giudicelli-Delage*.

118. N'a pas fait une double cession de facture et doit donc être relaxé du chef d'escroquerie, le prévenu président du conseil d'administration d'une société mise en redressement judiciaire qui n'a fait qu'utiliser les possibilités offertes par la L. du 2 janv. 1981 sur la mobilisation de créances professionnelles, en mobilisant auprès d'une banque des créances qui faisaient l'objet d'un contrat d'affacturage passé avec une autre société, dès lors que les obligations attachées aux créances étaient successives, distinctes et avaient des causes juridiques différentes, ce qui lui permettait de les mobiliser en deux temps. • Paris, 20 juin 1994 : *JCP 1994. IV. 2447.*

119. Escroquerie à l'assurance. BIBL. Gatsi, *LPA 1996, nº 76, p. 14* (l'escroquerie à l'assurance : état des lieux). ♦ Constituent des manœuvres frauduleuses au sens de l'art. 405 C. pén. : ... le fait pour un assuré d'avoir porté plainte au commissariat de police pour un vol simulé, et de produire ensuite à la compagnie d'assurance la copie de la plainte. • Crim. 14 janv. 1933 : *Bull. crim. nº 13 ; DH 1933. 101 ; DP 1934. 1. 23, note G. L.* ♦ ... La présentation par un assuré de fausses factures dans le but d'obtenir une indemnité supérieure à la valeur réelle des objets assurés par un contrat d'assurance maritime, encore bien que la police contienne une clause d'évaluation forfaitaire (clause « vaille ou non vaille »). • Crim. 22 mars 1946 : *Bull. crim. nº 95 ; S. 1946. 1. 90.* ♦ ... La production par le prévenu à sa compagnie d'assurances d'un état mensonger des objets mobiliers détruits, avec estimation de leur valeur, corroborée par le dépôt d'une plainte à la gendarmerie signalant faussement la disparition d'objets. • Crim. 28 nov. 1978 : *Gaz. Pal. 1979. 2. Somm. 354.* ♦ ... De fausses déclarations faites à une compagnie d'assurances assorties de la production de documents inexacts. • Crim. 13 mars 1989 : *Bull. crim. nº 120 ; Gaz. Pal. 1989. 1. 437.* ♦ Rappr. : • Bordeaux, 9 nov. 1993 : *JCP 1994. IV. 1420.* ♦ ... La fausse déclaration de vol d'une voiture automobile au commissariat de police, après l'immersion volontaire de ce véhicule dans une gravière, pour obtenir par ce moyen le remboursement de sa valeur par la compagnie d'assurances. • Crim. 11 oct. 1989 : *Bull. crim. nº 352.* ♦ ... La déclaration comme accidentel d'un incendie volontairement provoqué (emploi de manœuvres frauduleuses au sens de l'art. 405 C. pén. ancien et de l'art. 313-1 C. pén. nouv.). • Crim. 1er juin 1994 : *Dr. pénal 1994. 234, note Véron ; RSC 1995. 102, obs. Ottenhof* • Crim. 19 déc. 1996 : *RGDA 1997. 586, note Fortis ; JCP 1997. IV. 1538.* ♦ ... La production de certificats médicaux, destinée à donner force et crédit à des déclarations mensongères d'arrêt de travail, afin d'obtenir d'une société d'assurance le versement d'indemnités indues. • Crim. 29 juin 2005 : *Dr. pénal 2005. Comm. 147, obs. Véron (2e esp.).*

120. Mais doit être approuvée la décision de relaxe d'un prévenu régulièrement assuré qui obtient, en vertu du contrat le liant à sa compagnie d'assurances, le dédommagement de son préjudice portant sur la destruction réelle du pare-brise de sa voiture en présentant la facture d'un pare-brise neuf, alors que le réparateur, poursuivi comme complice, a, pour la même somme, posé sur le véhicule sinistré un pare-brise d'occasion et redressé une aile. • Crim. 3 avr. 1991, nº 90-81.157 P : *D. 1991. Somm. 275, obs. Azibert* ; *ibid. 1992. 400, note*

Mascala ; *Gaz. Pal. 1992. 1. 19* ; *RSC 1992. 579, obs. Bouzat* ; confirmation de : • Douai, 14 déc. 1989 : *D. 1991. Somm. 62, obs. Azibert*.

121. Escroquerie aux assurances sociales. – Allocations familiales. Constituent des manœuvres frauduleuses : ... la production de feuilles de salaires fictifs à l'appui de décomptes inexacts et la communication de registres contenant des mentions erronées. • Crim. 4 déc. 1947 : *Bull. crim. n° 241* ; *D. 1948. 73.* ♦ ... Le fait de présenter des documents à l'Administration, tendant à attribuer faussement à des enfants la qualité d'enfants légitimes. • Crim. 21 mai 1957 : *Bull. crim. n° 426.*

122. Allocations de chômage. Rappr. « Fausse qualité », notes 9 s. ♦ La production d'un faux certificat, établi sous le nom d'un employeur en vue d'obtenir indûment un secours de chômage, est une manœuvre frauduleuse relevant de l'art. 405 C. pén. • Crim. 9 juin 1944 : *Bull. crim. n° 139.*

123. Le fait que le prévenu pourrait, en vertu de dispositions législatives nouvelles, avoir droit à des allocations qui lui auraient été refusées lors des faits est sans influence sur les poursuites non encore définitivement jugées. • Crim. 26 avr. 1994, n° 93-84.880 P. ♦ En constatant que la décision d'admission aux prestations de chômage prise par l'ASSEDIC avait été déterminée par des moyens frauduleux, les juges, qui doivent statuer sur toute question dont dépend l'application de la loi pénale, n'ont pas méconnu le principe de la séparation des pouvoirs. • Même arrêt.

124. Est une manœuvre frauduleuse, et non un simple mensonge, le fait pour le directeur technico-commercial d'une société, dont son épouse était la gérante, de s'être fait inscrire comme demandeur à l'Agence nationale pour l'emploi après s'être fait prétendument licencier pour raison économique par son épouse, et d'avoir ainsi perçu les allocations de chômage, tout en poursuivant en fait ses activités dans l'entreprise. • Crim. 9 mai 1979 : *Gaz. Pal. 1980. 1. 54.*

125. Allocations de formation. Se rend coupable d'escroquerie le responsable d'une association de formation qui, sur une période de 12 mois, a perçu de son département une somme globale de 1 825 300 F, après avoir élaboré de faux états de présence remis aux services compétents du département par un tiers dont la mauvaise foi n'est pas établie, dès lors que le financement des stages était subordonné à l'accueil des bénéficiaires, et que la présentation de faux documents, par le truchement d'un tiers de bonne foi, en vue d'obtenir un paiement indu est nécessairement constitutive d'une manœuvre frauduleuse au sens de l'art. 405 C. pén. • Crim. 21 févr. 1996 : *préc. note 70.* ♦ Est justifié l'arrêt de condamnation du dirigeant d'une entreprise de travail temporaire pour escroquerie qui a adressé des demandes de remboursement pour la formation de salariés dans le cadre de contrats de qualification en mentionnant des heures de formation fictives, et alors que ces demandes étaient justifiées par des attestations de présence que le prévenu faisait signer en blanc par les stagiaires. • Crim. 21 nov. 1996, n° 96-80.006 P.

126. Prestations de sécurité sociale. De fausses attestations (sur l'honneur) fabriquées par le prévenu à son bénéfice, en vue d'obtenir des prestations indues, ne sont que de simples mensonges écrits, qui ne sauraient à eux seuls caractériser le délit d'escroquerie, s'il ne s'y joint aucun fait extérieur, aucun acte matériel, aucune mise en scène ou intervention de tiers destinés à leur donner force et crédit. • Crim. 6 déc. 1972 : *Bull. crim. n° 381* ; *JCP 1974. II. 17674, note Bouloc* ; *D. 1973. Somm. 23.*

127. Constitue le délit d'escroquerie l'envoi à une caisse de sécurité sociale de feuilles de maladie faisant état de soins fictifs, en vue d'obtenir des prestations indues, lorsque ledit envoi a été accompagné de faits extérieurs de nature à leur donner force et crédit. • Crim. 7 déc. 1977 : *Bull. crim. n° 390.* ♦ Est à bon droit condamné du chef d'escroqueries le prévenu qui, dépourvu de toute couverture sociale lors des faits, a falsifié les noms et prénoms portés par les médecins sur des feuilles de soins, afin d'obtenir des remboursements d'organismes auprès desquels il n'était pas assuré. • Crim. 29 janv. 1997 : *Gaz. Pal. 1997. 1, chron. crim. 99.*

128. Si une cour d'appel a relevé à bon droit que les faux matériels commis par un masseur-kinésithérapeute sur des ordonnances (surcharge d'une mention de soins en réalité non prodigués) constituaient des manœuvres frauduleuses au sens de l'art. 405 C. pén., elle ne pouvait en revanche retenir comme constitutifs d'une escroquerie les dépassements des tarifs pratiqués par le prévenu (application d'un coefficient supérieur à celui correspondant aux actes prescrits), lesquels ne constituaient que de simples mensonges écrits, sans caractériser aucun acte extérieur de nature à donner à ceux-ci force et crédit. • Crim. 15 janv. 1990 : *Dr. pénal 1990. 188* ; *Gaz. Pal. 1990. 2. Somm. 504.* ♦ Rappr. : • Crim. 10 janv. 1990 : *ibid. 1990. 2. Somm. 503.* ♦ N'a pas donné de base légale à sa décision la cour d'appel qui, pour déclarer le prévenu, masseur kinésithérapeute, coupable d'escroqueries, après avoir relevé qu'une grande partie de sa clientèle était composée de personnes âgées résidant en maison de retraite et ne pouvant exercer aucun contrôle, énonce que ce praticien n'a pas respecté les temps prévus à la nomenclature générale des actes professionnels permettant d'assurer aux malades des soins consciencieux, éclairés, attentifs et prudents, et, qu'à treize reprises, il a appliqué une cotation supérieure à celle prévue par la nomenclature, alors qu'en se prononçant ainsi, sans relever l'existence d'éléments extérieurs de nature à donner aux fausses indications portées sur les feuilles de soins force et crédit, ni, à défaut, rechercher si les faits poursuivis étaient susceptibles de recevoir une autre qualification, elle a méconnu le sens et la portée des art. 405 ancien et 313-1 C. pén. • Crim. 24 sept. 1998, n° 97-81.748 P : *Dr. pénal 1999. 19, obs. Véron ; RSC 1999. 586, obs. Ottenhof.* ♦ Un contrôle effectué sur les actes facturés par M. X..., kinésithérapeute, a révélé que celui-ci avait adressé à la caisse primaire d'assurance maladie du Var des feuilles de soins qu'il avait remplies et signées à la place des patients et qui correspondaient à des prestations fictives ou comportaient soit des surcotations d'actes, soit une double facturation, ce qui a entraîné, de la part de l'organisme social, des versements indus à son profit ; a justifié sa décision la cour d'appel qui, pour caractériser les manœuvres frauduleuses constitutives de l'escroquerie, énonce que le prévenu a fait intervenir, pour des actes totalement ou partiellement inexistants, les patients supposés en avoir bénéficié, dont il a imité la signature. • Crim. 19 mars 2014, n° 13-82.416 P : *D. actu. 15 avr. 2014, obs. Fucini ; AJ pénal 2014. 299, obs. Renaud-Duparc ; Dr. pénal 2014, n° 71 (2e esp.), obs. Véron ; RSC. 2015. 93, obs. Matsopoulou.*

129. Le fait pour un médecin d'inscrire sur des feuilles de soins, ultérieurement transmises après signature aux organismes de sécurité sociale, des renseignements inexacts concernant des actes chirurgicaux par lui effectués, loin de caractériser les manœuvres frauduleuses au sens de l'art. 405 C. pén., ne constitue, en l'absence d'élément extérieur de nature à leur donner force et crédit, que de simples mensonges écrits insusceptibles de justifier le délit d'escroquerie au préjudice desdits organismes. • Crim. 2 déc. 1991, n° 90-84.518 P. ♦ Rappr. : • Crim. 9 déc. 1991 : *Dr. pénal 1992. 122 (2e arrêt).* ♦ L'inobservation par un médecin, lors de la fixation de ses honoraires, de la nomenclature générale des actes professionnels et de la tarification interministérielle correspondante, dans un document soumis à vérification et à discussion de la part de l'organisme social destinataire, ne constitue ni un faux, ni, *a fortiori*, une manœuvre frauduleuse constitutive d'une escroquerie, mais seulement la contravention de cinquième classe prévue par les art. L. 162-38 CSS et 1er du décret du 28 juill. 1988 pris pour son application. • Crim. 25 sept. 1997, n° 96-82.818 P : *Dr. pénal 1998. 3, obs. Véron ; Gaz. Pal. 1998. 2. Somm. 461, note Beslay ; RSC 1999. 103, obs. Ottenhof.* ♦ Ne donne pas de base légale à sa décision la cour d'appel qui relaxe un médecin poursuivi pour escroquerie sans rechercher si ses fausses déclarations, pour avoir coté des actes qu'il n'avait pas personnellement accomplis, n'étaient pas corroborées par les faits extérieurs leur donnant force et crédit relevés par l'ordonnance de renvoi, et n'avaient pas ainsi trompé les caisses d'assurance maladie. • Crim. 30 mai 2001 : *Dr. pénal 2001. 113, obs. Véron ; RSC 2002. 332, obs. Ottenhof.*

130. Est justifiée la décision de condamnation du chef d'escroquerie du directeur d'un établissement de cure, qui a établi des factures de frais de séjour indus au nom de pensionnaires en permission, au moyen desquelles il a obtenu de la caisse primaire d'assurance maladie le versement d'indemnités journalières : outre la souscription de fausses déclarations auprès de l'organisme social, il a procédé à la destruction systématique des titres de sortie établis par les médecins ou par lui-même, en vue d'empêcher tout contrôle ; en abusant ainsi de sa qualité vraie de directeur d'une maison de soins, et en mentionnant la présence de malades absents de l'établissement, il a fait usage de manœuvres frauduleuses de nature à imprimer à ses allégations mensongères l'apparence de la sincérité ainsi qu'à persuader de l'existence d'un crédit imaginaire et qui ont été déterminantes de la remise des fonds. • Crim. 21 mars 1996, n° 95-81.135 P : *Dr. pénal 1996. 155, obs. Véron ; RSC 1996. 862, obs. Ottenhof.*

131. Constituent des manœuvres frauduleuses au sens des art. 405 ancien et 313-1 C. pén., le fait par des époux qui, profitant de ce qu'ils sont suivis par des médecins différents et dépendent d'organismes de protection sociale distincts, se font verser chacun une pension d'invalidité de 3e catégorie, avec assistance d'une tierce personne, pour des troubles psychiques simulés, chacun assistant l'autre à chaque visite médicale et lui servant de tierce personne. • Crim. 5 mai 1997, n° 96-83.250 P : *Dr. pénal 1997. 123, obs. Véron.*

132. Le prévenu est poursuivi du chef d'escroquerie pour s'être fait rembourser, en sa qualité d'infirmier, des prestations fictives par la caisse primaire d'assurance maladie, en envoyant à cet organisme des demandes de remboursement et des feuilles de soins mentionnant des actes qu'il n'avait pas accomplis ; pour le déclarer coupable de ce chef, l'arrêt énonce que le prévenu, après avoir mentionné en connaissance de cause des prestations fictives sur les feuilles de soins, les soumettait à ses patients, qui, accordant confiance aux indications portées sur celles-ci, les signaient, authentifiant ainsi la réalité des actes devant être remboursés ; les juges en déduisent que ces feuilles de soins, dont la teneur était corroborée par un acte extérieur, la signature des patients, ne constituent pas de simples mensonges mais des manœuvres frauduleuses constitutives d'escroquerie ; en l'état de ces énonciations, dépourvues d'insuffisance, la cour d'appel, qui a caractérisé en tous ses éléments le délit d'escroquerie dont elle a déclaré le prévenu coupable, a justifié sa décision. • Crim. 20 mai 2009 : *D. 2010. Pan. 1666, obs. Mascala ; Dr. pénal 2009. 124, obs. Véron.* ♦ Rappr. pour un médecin : • Crim. 4 nov. 2009 : *D. 2010. Pan. 1666, obs. Mascala*.

133. Justifie sa décision la cour d'appel qui, pour déclarer la prévenue coupable d'escroquerie, retient que les manœuvres frauduleuses sont caractérisées par un mensonge, consistant en l'affirmation en connaissance de cause d'avoir effectué personnellement les kilomètres, corroboré par un élément extérieur lui donnant force et crédit, en l'espèce la télétransmission à la CPAM des feuilles de soins établies à son nom, attestant des kilomètres fictifs parcourus, dès lors que ce mode de transmission implique nécessairement le recours à la carte Vitale ou d'assuré social remise par le patient au professionnel de santé. • Crim. 11 juill. 2017, n° 16-84.828 P : *D. actu. 22 sept. 2017, obs. Gallois ; RSC 2017. 754, obs. Matsopoulou*.

134. Sur l'obtention de remboursements indus par altération de vignettes. • Crim. 9 févr. 1989 : *Gaz. Pal. 1989. 2. Somm. 286.*

135. Escroquerie à l'emploi. Déclare à bon droit le prévenu coupable d'escroquerie, la cour d'appel qui retient qu'après avoir fait connaître à l'ANPE que son association recherchait des secrétaires ou des employés de bureau, il se bornait à faire remplir et signer aux personnes que l'agence lui adressait des imprimés types de contrats « emploi-solidarité », qu'il adressait par la suite à la direction départementale du travail en vue de percevoir les remboursements mensuels prévus par la législation, en laissant accroire qu'il employait et payait ces personnes, alors que, malgré les contrats souscrits, il ne donnait jamais suite aux entretiens qu'il avait avec celles-ci. • Crim. 26 nov. 1998 : *Gaz. Pal. 1999. 1, chron. crim. 44.*

136. Escroquerie au bilan. BIBL. Stolowy, *JCP 2003. I. 147* (délinquance des comptes et droit des entreprises en difficulté). ♦ Constitue une manœuvre frauduleuse caractérisant le délit d'escroquerie l'établissement et la production de faux bilans. • Crim. 26 janv. 1871 : *S. 1872. 1. 95* • 4 août 1933 : *Bull. crim. n° 182* • 4 déc. 1936 : *ibid. n° 133* • 25 mars 1965 : *ibid. n° 89* • 16 mars 1970 : *ibid. n° 107 ; JCP 1971. II. 16813, note Bouloc* • 10 nov. 1971 : *Bull. crim. n° 307* • 17 déc. 1974 : *ibid. n° 371* • 31 mai 1976 : *ibid. n° 190 ; Gaz. Pal. 1976. 2. 778* • 8 nov. 1976 : *Bull. crim. n° 317* • Nîmes, 13 oct. 1977 : *Gaz. Pal. 1978. 2. Somm. 393* • Paris, 26 mai 1993 : *Gaz. Pal. 1994. 1. 69.* ♦ ... A la condition que cette manœuvre ait été déterminante de la remise des fonds. • Crim. 24 mars 1969 : *Bull. crim. n° 127.*

137. Ainsi en est-il, par exemple : ... de la cession de parts sociales sur présentation de bilans inexacts. • Crim. 18 janv. 1988 : *Bull. crim. n° 22 ; Rev. sociétés 1988. 576, obs. Bouloc.* ♦ ... De la présentation à un tiers d'un bilan falsifié, en vue de le déterminer à engager des capitaux. • Montpellier, 7 juill. 1955 : *D. 1956. 420.*

138. Il n'importe qu'un bilan falsifié, présenté à des acquéreurs éventuels de parts de société, n'ait pas été, à l'origine, établi dans ce dessein particulier, dès l'instant où, par la suite, il a été utilisé à cette fin. • Crim. 4 janv. 1969 : *Bull. crim. n° 5 (1er arrêt).*

139. Des bilans doivent être retenus comme éléments du délit d'escroquerie dans la mesure où, certifiés sincères par des professionnels indépendants, ils recèlent des écritures mensongères dans l'intention de tromper. • T. corr. Paris, 19 mars 1974 : *Gaz. Pal. 1974. 1. 376 ; RSC 1974. 602, obs. Bouzat.*

140. Escroquerie au jugement. BIBL. Rassat, *JCP 1965. I. 1951* (réflexions sur l'escroquerie dite « au jugement »). – Rolland, *Mél. Patin, 1965, p. 243* (escroquerie au jugement). – Dousset, *Gaz. Pal. 2007. 2. Doctr. 3147* (les recours abusifs à l'encontre de permis de construire et leur traitement potentiel sur un plan pénal).

141. Bien que l'exercice de l'action en justice constitue un droit, sa mise en œuvre peut devenir une manœuvre tendant à la consommation d'une escroquerie. • Crim. 7 janv. 1970 : *Bull. crim. n° 14 ; JCP 1970. II. 16244.*

142. On ne saurait voir une manœuvre frauduleuse, au sens de l'art. 405 C. pén., dans la production, à l'appui d'une action en justice ou au cours d'un procès, d'une pièce dont le juge civil a précisément pour mission de déterminer le sens exact et la valeur probante. • Crim. 30 mars 1960 : *Bull. crim. n° 181* (lettre ambiguë émanant de l'adversaire) • 5 juin 1962 : *ibid. n° 218* (lettre de créance prétendument frappée de nullité) • 24 juin 1970 : *ibid. n° 213* (document photographique). ♦ ... Dès lors que l'authenticité des pièces produites n'est pas contestée, mais seulement leur portée, et qu'il n'est pas constaté que leur présentation a été accompagnée de manœuvres frauduleuses. • Crim. 23 mai 1966 : *D. 1967. 91 ; JCP 1966. II. 14800.* ♦ Il appartient au juge civil de déterminer les effets juridiques des pièces produites, sans autre manœuvre leur donnant force ou crédit, à l'appui d'une action en justice. • Crim. 6 oct. 2010, n° 10-81.075 : *Gaz. Pal. 2011, 1, p. 263, note Dreyer.*

143. S'il est exact que le juge civil a notamment pour mission de déterminer le sens exact et la valeur probante des pièces produites à l'appui d'une action en justice, il est tout aussi certain que constitue une tentative d'escroquerie le fait, pour un individu, de présenter en justice de mauvaise foi des documents mensongers, forgés par lui ou sous sa direction ou devenus sans valeur, et qui, destinés à tromper la religion du juge, sont susceptibles, si la machination n'est pas déjouée, de faire condamner son adversaire à des sommes qui ne lui sont pas dues. • Crim. 14 mars 1972 : *Bull. crim. n° 96 ; Gaz. Pal. 1972. 2. 738 ; JCP 1973. II. 17472* • 4 juill. 1972 : *Bull. crim. n° 228* • 22 mars 1973 : *ibid. n° 147 ; D. 1973.*

379, note E. Robert • 16 mai 1979 : *Gaz. Pal. 1980. 1. 159.* ♦ Rappr. : • Crim. 6 oct. 1980 : *D. 1981. IR 141, obs. Roujou de Boubée ; RSC 1981. 394, obs. Bouzat* • 19 oct. 1993 : *Gaz. Pal. 1994. 1. Somm. 13* • 3 janv. 1994 : *ibid. 1994. 1. Chron. 161.* ♦ L'action en justice exercée de mauvaise foi, étayée par la production de documents mensongers, dans le but de surprendre la religion du juge, caractérise les manœuvres frauduleuses de l'escroquerie prévues tant par l'art. 405 ancien que par l'art. 313-1 C. pén. • Crim. 24 sept. 1996 : *Dr. pénal 1997. 2, obs. Véron ; RSC 1997. 643, obs. Ottenhof*. ♦ En application de l'art. 313 C. pén., la production de mauvaise foi à l'appui d'une action en justice, dans le but de suspendre la religion du juge, d'une facture mensongère, même non constructive d'un faux au sens de l'art. 441-1 C. pén., peut caractériser le délit d'escroquerie au jugement. • Crim. 31 janv. 2018, n° 16-84.612 : *D. 2018. 1724, obs. Mascala ; Dr. pénal 2018, comm. 75, obs. Conte ; Gaz. Pal. 2018. 1123, obs. Detraz ; RSC 2018. 909, obs. Matsopoulou*.

144. Ainsi, commet une tentative d'escroquerie, le plaideur qui, sciemment, produit en justice : ... un document mensonger. • Crim. 8 nov. 1962 : *Bull. crim. n° 312* • 26 mars 1998, n° 96-85.636 P : *RTD com. 1998. 955, obs. Bouloc ; D. 1998. IR 149*. ♦ ... Des documents qu'il savait sans valeur. • Crim. 4 avr. 1944 : *Bull. crim. n° 99* • 12 mai 1970 : *ibid. n° 160* • 4 mars 1991, n° 90-80.321 P. ♦ ... Spécialement une traite au recouvrement de laquelle il avait renoncé. • Crim. 4 avr. 1944 : *préc.* ♦ ... Une reconnaissance de dette fictive, en vue d'obtenir l'autorisation de prendre un nantissement sur le fonds de commerce de son prétendu débiteur. • Crim. 12 mai 1970 : *préc.* ♦ ... Un jugement, qui, confirmé par un arrêt de cour d'appel, a été anéanti, après cassation, par la cour d'appel de renvoi. • Crim. 4 mars 1991 : *préc.* ♦ ... Une fausse facture émanant d'une société pour justifier d'une prétendue créance et obtenir ainsi un jugement de condamnation. • Crim. 19 sept. 1995, n° 94-85.353 P : *Dr. pénal 1996. 34.* ♦ ... Un document vrai mais présenté de mauvaise foi, dans le but de donner force et crédit au mensonge et de tromper la religion de la juridiction pour obtenir une décision de nature à préjudicier les intérêts de l'adversaire. • Montpellier, 26 févr. 2009 : *Gaz. Pal. 2009. 1. Somm. 2126.* ♦ ... La production par la Caisse des dépôts et consignations devant le conseiller de la mise en état d'un rapport d'audit interne non pertinent, au lieu et place du document demandé, corroborée par une lettre d'avoué confirmant l'inexistence de toute autre pièce. • Paris, 28 mars 2012, n° 10/07838 : *D. 2012. 1271*.

145. Pareillement, commet une tentative d'escroquerie : ... le vendeur d'un fonds de commerce qui, créancier du remboursement d'une partie des impositions, produit des photocopies falsifiées de documents fiscaux, au soutien d'une assignation en paiement. • Crim. 7 janv. 1970 : *préc. note 141.* ♦ ... Le client d'une banque qui, ayant obtenu, du fait de l'erreur d'un employé de celle-ci, un reçu d'une somme supérieure à celle qu'il avait déposée, a produit sciemment le document en justice, dans le dessein d'obtenir la condamnation de la banque au paiement d'une somme indue, ladite tentative n'ayant manqué son effet que par suite de la décision du juge. • Crim. 27 janv. 1977 : *Bull. crim. n° 39.* ♦ Dans le même sens, pour la remise de pièces d'or en vue de leur vente. • Paris, 18 mai 1981 : *D. 1982. IR 125, obs. Vasseur.* ♦ ... L'individu qui présente en justice un document émanant d'un tiers dont la bonne foi a été surprise, document qui, sans être intrinsèquement mensonger, ne faisait que constater une mise en scène (procès-verbal de constat d'adultère), et qui, destiné à tromper la religion du juge, était susceptible, si la machination n'avait pas été déjouée, de faire rendre une décision de nature à préjudicier aux intérêts de l'autre partie. • Crim. 14 nov. 1979 : *Bull. crim. n° 321.* ♦ ... Le père d'un enfant naturel qui, dans une instance en recherche de paternité, produit la reconnaissance de complaisance d'un tiers qui a été faite devant l'officier d'état civil, afin d'échapper à sa paternité. • T. corr. Angers, 18 mai 1990 : *RSC 1991. 352, obs. Bouzat*. ♦ ... L'employeur qui, par l'intermédiaire de son avocat, produit devant la juridiction prud'homale, saisie du litige l'opposant à l'un de ses salariés pour licenciement abusif, la photocopie d'un faux contrat de travail à durée déterminée, reproduisant par montage la signature de son adversaire, cette tentative, qui tendait à « l'exonérer de toute responsabilité » devant le conseil des prud'hommes, n'ayant manqué son effet que parce que celui-ci n'en a finalement pas tenu compte. • Crim. 30 nov. 1995 : *Gaz. Pal. 1996. 1, chron. crim. 62.*

146. En revanche, le fait de produire, à l'appui d'une demande en justice, un état dressé par le demandeur lui-même, et énumérant des dettes qu'il prétend avoir payées pour le compte du défendeur, ne saurait, même si cet état est mensonger, caractériser, à lui seul, le délit d'escroquerie ; il n'en serait autrement que si l'arrêt relevait des manœuvres, destinées à imprimer force et crédit à cet état, et ainsi à tromper le juge ou la partie adverse. • Crim. 9 avr. 1973 : *Bull. crim. n° 184 ; D. 1973. Somm. 94.* ♦ De même, ne peut être incriminé comme une escroquerie au jugement l'usage en défense d'actes dont la falsification est prescrite. • Crim. 7 janv. 1991 : *Dr. pénal. 1991. 174.*

147. Escroquerie aux papiers fictifs. La fabrication de fausses traites, leur utilisation dans le but de se procurer du crédit, notamment par leur mise à l'escompte, ne constitue pas le délit d'escroquerie, mais le délit de faux en écritures de commerce et usage. • Crim. 18 janv. 1961 :

Bull. crim. n° 33. ♦ ... A moins qu'elles ne soient accompagnées de factures ne correspondant à aucune créance réelle. • Crim. 22 avr. 1958 : *Bull. crim. n° 330 ; JCP 1958. II. 10620.*

148. La simple présentation à l'escompte de traites acceptées par un insolvable ne suffit pas à constituer la manœuvre frauduleuse. • Crim. 6 févr. 1932 : *Bull. crim. n° 29 ; DP 1933. 1. 47 (1re esp.), note Laurent* • 13 janv. 1960 : *Bull. crim. n° 18* • 23 nov. 1961 : *ibid. n° 482 ; D. 1962. 170 ; S. 1962. 128.* ♦ ... Si elle n'est accompagnée de faits extérieurs, de nature à persuader la banque d'opérations normales. • Crim. 23 nov. 1961 : *préc.* • 20 juill. 1967 : *Bull. crim. n° 227* • 9 déc. 1969 : *ibid. n° 334 ; D. 1970. Somm. 94* • 9 mai 1979 : *Bull. crim. n° 168.*

149. Ainsi, caractérise l'élément extérieur constitutif des manœuvres frauduleuses : ... l'acceptation complaisante des tirés insolvables (par l'intervention de tiers). • Crim. 6 févr. 1932 : *Bull. crim. n° 29 ; DP 1933. 1. 47, note Laurent (préc.)* • 5 août 1932 : *ibid. n° 200 ; DP 1933. 1. 47, note Laurent ;* V. « Intervention de tiers », notes 67 s. ♦ ... L'échange croisé de traites de complaisances. • Crim. 12 juill. 1935 : *Bull. crim. n° 96.* ♦ ... Le fait, par un mandataire apparaissant comme habilité à la représenter, de tirer des traites sur une entreprise fictive. • Crim. 28 janv. 1959 : *Bull. crim. n° 72 ; JCP 1959. II. 11012, note Bouzat* • 5 oct. 1977 : *Bull. crim. n° 290.* ♦ ... La présentation à l'escompte de diverses traites de complaisance, assorties de factures fictives et corroborées par l'intervention d'un tiers. • Crim. 20 juin 1983 : *Bull. crim. n° 189.*

150. Mais le tirage direct d'une lettre de change sur une banque pour la mobilisation de créances prétendues sur l'étranger, lorsque l'allonge qui l'accompagne comporte des mentions erronées ou fallacieuses, ne peut, à lui seul, caractériser la manœuvre frauduleuse constitutive d'une escroquerie (la remise au banquier d'une allonge fausse n'est donc pas assimilable à la remise d'une facture fausse accompagnant, en cas d'escompte, une traite fictive). • Crim. 3 nov. 1983 : *Bull. crim. n° 277.*

151. En établissant la mise en place d'un stratagème pour persuader de l'existence d'obligations cambiaires irrévocables, la cour d'appel a caractérisé en tous ses éléments, tant matériels qu'intentionnels, l'infraction d'escroquerie, et ainsi justifié l'allocation, au profit de la partie civile, de l'indemnité propre à réparer le préjudice en résultant. • Crim. 4 avr. 2012, n° 11-81.332 : *Gaz. Pal. 2012. 1. 2885, note Morel-Maroger.*

152. Escroquerie à la provision. La remise d'un chèque régulier, mais sans provision préalable, ne peut à elle seule constituer une manœuvre frauduleuse au sens de l'art. 405 C. pén. • Crim. 8 juin 1912 : *DP 1913. 1. 154.* ♦ De même, ne constitue pas le délit d'escroquerie le fait d'émettre un chèque postdaté et sans provision, alors que cette émission n'a été accompagnée d'aucun fait extérieur. • Crim. 5 mai 1928 : *DH 1928. 353.*

153. Présente le caractère de mensonges écrits, et non de manœuvres frauduleuses, l'émission de chèques sans provision, sur une brève période de temps, de façon à devancer l'envoi par l'établissement bancaire d'une lettre invitant le tireur à régulariser sa situation. • Crim. 1er juin 2005, n° 04-87.757 P : *Gaz. Pal. 2006. 1. Somm. 532, note Monnet.*

154. Le délit d'escroquerie ne peut être imputé au prévenu qui a émis 305 chèques émanant du compte de deux sociétés placées en liquidation judiciaire, alors qu'il savait que les comptes en cause étaient sans provision ; en effet, l'émission de chèques sans provision ne constitue pas en soi une infraction punissable, et un tel comportement n'est répréhensible sur le fondement du texte réprimant l'escroquerie que s'il existe des manœuvres frauduleuses allant au-delà du seul fait de savoir que les chèques demeureraient impayés ; or, d'une part, les comptes n'avaient pas été clôturés et, d'autre part, le placement des sociétés en liquidation judiciaire n'impliquait pas nécessairement que les chèques demeureraient impayés. • Toulouse, 8 nov. 2006 : *JCP 2007. IV. 1745.*

155. Mais sont des manœuvres : des remises alternées de chèques sans provision, afin de se créer une trésorerie artificielle. • Crim. 23 nov. 1966 : *Bull. crim. n° 267* • 17 juin 1971 : *D. 1971. 542* • 9 oct. 1974 : *Bull. crim. n° 285.* ♦ ... La collusion frauduleuse entre le tireur et le bénéficiaire d'un chèque sans provision. • Crim. 26 mars 1974 : *Bull. crim. n° 129 ; D. 1974. Somm. 58 ; RSC 1974. 601, obs. Bouzat.* ♦ ... La présentation de chèques tirés sur un compte soldé en usant d'une procuration périmée. • Crim. 20 juin 1974 : *Bull. crim. n° 233 ; Gaz. Pal. 1975. 1. Somm. 94, et la note.* ♦ ... L'opposition au paiement de chèques issus de carnets prétendument volés, alors que l'opposant continue à émettre des chèques à son ordre, ou à les signer en règlement de dépenses personnelles. • Crim. 29 nov. 1993 : *Gaz. Pal. 1994. 1. Somm. 24.* ♦ ... Les opérations croisées entre des comptes, lesquelles ne supposent pas, pour qualifier des manœuvres frauduleuses, l'existence de plusieurs banques : il suffit que le titulaire masque la situation réelle de ses comptes en jouant sur les dates de compensation et se crée ainsi fictivement de la trésorerie par des remises alternées de chèques sans provision, le délit d'escroquerie étant alors caractérisé par cavalerie bancaire, tant dans son élément matériel que moral. • Crim. 17 janv. 2018, n° 16-83.799 : *D. 2018. 1723, obs. Mascala ; Gaz. Pal. 2018, p. 1123, obs. Detraz ; ibid. p. 1662, obs. Morel-Maroger ; RSC 2018. 907, obs. H. Matsopoulou.*

e. Autres manœuvres

156. Escroquerie à la TVA. Constituent des manœuvres frauduleuses : … l'établissement d'un circuit commercial fictif, dans le but de créer un crédit de taxe à la valeur ajoutée. • Crim. 16 juin 1966 : *Bull. crim. n° 174* • 25 janv. 1967 : *ibid. n° 39 ; D. 1967. 400 ; Gaz. Pal. 1967. 1. 229, note Cosson* • 17 oct. 1967 : *Bull. crim. n° 252* • 6 févr. 1969 : *ibid. n° 65* • 10 déc. 1969 : *ibid. n° 335.* ♦ … L'organisation d'un circuit fictif de facturations, afin d'éluder le payement d'une partie des taxes à la valeur ajoutée due par une société. • Crim. 13 oct. 1971 : *Bull. crim. n° 261.* ♦ … La présentation de factures sans cause, au nom d'une entreprise de pure façade ou d'une société fictive, pour encaisser la partie représentant un crédit apparent de TVA. • Crim. 19 oct. 1987 : *Bull. crim. n° 353.* ♦ V. également • Paris, 12 déc. 1988 : *Gaz. Pal. 1989. 2. 540, note Marchi.* ♦ … Une mise en scène consistant en des demandes de paiement de crédits indus de TVA justifiées par des déclarations mensuelles de chiffre d'affaires indiquant un montant fictif de taxe déductible sous le couvert d'une comptabilité inexacte, dissimulant le montant de la taxe effectivement décaissée. • Crim. 14 nov. 2007, n° 07-83.208 P : *D. 2009. Pan. 123, obs. Garé ; RSC 2008. 613, obs. Matsopoulou ; AJ pénal 2008. 89, obs. Royer ; Dr. pénal 2008. 29, obs. Véron ; Gaz. Pal. 2008. 1. 944.* ♦ … Des demandes de paiement de crédits indus de taxe sur la valeur ajoutée justifiées par des déclarations mensuelles du chiffre d'affaires indiquant un montant fictif de taxe déductible sous le couvert d'une comptabilité inexacte, établie sur le fondement d'écritures fictives et de fausses factures. • Crim. 6 avr. 2011, n° 10-85.209 P : *D. actu. 27 avr. 2011, obs. Bombled ; D. 2011. Actu. 1141 ; ibid. Pan. 2833, obs. Mirabail ; AJ pénal 2011. 367, obs. Lasserre Capdeville*

157. Escroquerie à la monnaie. Est constitutive d'escroquerie la simulation de la remise d'une pièce en échange de monnaie. • Crim. 4 avr. 1857 : *S. 1857. 1. 611.* ♦ … La substitution de billets de banque au cours d'une opération de change. • Crim. 26 juill. 1957 : *Bull. crim. n° 588 ; D. 1957. 677.*

158. L'individu qui, au cours d'une quête faite par une chanteuse de café-concert, dépose dans la coupe qu'elle lui présente, une pièce étrangère qu'il sait fausse, afin de se faire rendre la monnaie, conformément à l'usage généralement admis, ne commet pas le délit d'escroquerie, alors qu'aucune manœuvre frauduleuse autre que la remise de la pièce ne lui est imputée, mais se rend coupable du crime d'émission en France d'une monnaie étrangère contrefaite et altérée (ancien art. 133 C. pén. ; nouvel art. 442-2). • Caen, 18 déc. 1889 : *DP 1891. 2. 240.* ♦ Mais est justifié l'arrêt qui, pour déclarer le prévenu coupable d'escroquerie, constate que ce prévenu s'est présenté chez divers commerçants, auxquels il a remis en paiement d'objets de valeur très modique des billets de cent francs qu'il savait faux, de façon à recevoir en échange de la monnaie en espèces véritables. • Crim. 24 oct. 1983 : *Gaz. Pal. 1984. 1. Somm. 99* • Paris, 12 juin 1946 : *D. 1946. 405 ; S. 1947. 2. 129 ; Gaz. Pal. 1946. 2. 126.* ♦ Rappr., pour une tentative d'escroquerie non caractérisée : • Crim. 11 août 1910 : *DP 1912. 5. 3.* ♦ Pour une hypothèse non constitutive d'escroquerie, faute de mauvaise foi. • T. corr. Seine, 29 mai 1946 : *Gaz. Pal. 1946. 2. 10.*

159. Escroquerie aux appareils automatiques. Pour la constitution de l'infraction d'escroquerie, peu importe que les manœuvres frauduleuses se soient exercées immédiatement sur l'esprit d'une personne ou se soient réalisées par des manipulations destinées à fausser le fonctionnement normal d'un appareil automatique, dès lors que, dans un cas, comme dans l'autre, elles ont abouti à tromper directement ou indirectement la victime. • Aix-en-Provence, 13 sept. 1972 : *JCP 1972. II. 17240, note A. C.*

160. Constitue donc le délit d'escroquerie : … l'usage frauduleux de compteurs taximètres artificiellement préparés pour majorer le prix normal de la course. • Crim. 20 déc. 1928 : *DH 1928. 117 ; S. 1930. 1. 196.* ♦ … L'utilisation d'une rondelle sans valeur pour déclencher le mécanisme d'un compteur de stationnement dit « parcmètre ». • Crim. 10 déc. 1970 : *Bull. crim. n° 334 ; D. 1972. 155, note Roujou de Boubée ; JCP 1972. II. 17277 (1re esp.), note Gassin ; Gaz. Pal. 1971. 2. 640* • 29 mai 1978 : *Bull. crim. n° 170.* ♦ Pour une application du délit de mise en circulation d'un signe monétaire non autorisé (art. 136 C. pén., devenu le nouvel art. 442-4) : • T. corr. Saint-Étienne, 17 avr. 1970 : *JCP 1972. II. 17277 (2e esp.), note Gassin.* ♦ … Le déclenchement d'un dispositif sur une ligne téléphonique, destiné à éviter l'imputation des taxes de communications à l'occasion d'appels de correspondants de l'extérieur. • Crim. 4 mai 1987 : *Bull. crim. n° 175.* ♦ … L'abus des possibilités d'un appareil téléphonique public pour obtenir sans coût des communications. • Douai, 16 juin 1972 : *Gaz. Pal. 1972. 2. 722* • Aix-en-Provence, 13 sept. 1972 : *préc. note 159.* ♦ *Contra* : • T. corr. Lille, 6 déc. 1971 : *Gaz. Pal. 1972. 2. 722.* ♦ … L'utilisation d'une télécarte irrégulière. • Toulouse, 23 juin 1993 : *RSC 1994. 337, obs. Bouzat .* ♦ … Ou d'une carte magnétique falsifiée dont la mémoire a été retraitée. • Crim. 14 nov. 1994 : *Dr. pénal 1995. 58 ; Gaz. Pal. 1995. 1. Somm. 163.*

161. Utilisation frauduleuse de cartes de crédit. BIBL. J. Morel-Maroger, *Gaz. Pal. 2012. 1. 1809* (répression des fraudes à la carte bancaire). ♦ Le fait, pour une personne, de tenter de se procurer du numéraire en introduisant, dans un distributeur automatique de billets, une carte dont elle n'était pas titulaire, même si elle n'y parvient pas, est constitutif des manœuvres caractérisant le délit d'escroquerie. • Rennes, 26 janv. 1981 : *D. 1982. IR 500, obs. Vasseur.*

162. Les cartes de crédit magnétiques étant nominatives, et portant, outre des numéros, le nom et le prénom du client, commet le délit d'escroquerie par usage de faux nom, dont est victime non le banquier mais le titulaire de la carte, le prévenu qui a retiré des fonds avec une carte volée, en se servant du code confidentiel après l'avoir obtenu par surprise. • Bordeaux, 25 mars 1987 : *D. 1987. 424, note Pradel.*

163. Déclarent à bon droit le prévenu coupable d'escroquerie par manœuvres frauduleuses les juges qui exposent qu'il s'est fait remettre par un commerçant des marchandises dont il a acquitté le prix au moyen de cartes de crédit volées en faisant frauduleusement usage du nom de leurs titulaires et en apposant des signatures apocryphes sur les documents établis par le commerçant. • Crim. 19 mai 1987 : *Gaz. Pal. 1988. 1. Somm. 5, note Doucet.*

164. Le fait de passer commande de produits à des maisons de vente par correspondance en fournissant le numéro de la carte bancaire d'autrui constitue un délit d'escroquerie. • Toulouse, 15 nov. 2001 : *Gaz. Pal. 2002. 2. Somm. 1161, note Blanchot.*

165. Commet le délit d'escroquerie le titulaire d'un compte en banque, qui, lors de l'émission de chèques sans provision, présente sa carte d'immatriculation au service Intercarte, dont il savait que le crédit était épuisé, dans le but de faire croire àl'existence d'un crédit imaginaire. • Paris, 3 mars 1972 : *Gaz. Pal. 1972. 2. 721.*

166. Le prévenu a proposé au fils de sa compagne, mineur âgé de 16 ans, de voler la carte bancaire de la victime qui l'avait hébergé et qui lui avait confié le code de cette carte pour faire des courses ; il est établi qu'il a donné au mineur les précisions nécessaires à l'exécution du vol, notamment l'adresse de l'appartement, la façon d'y pénétrer et l'endroit où se trouvait la carte bancaire ; c'est donc à bon droit qu'il a été condamné d'une part pour complicité de vol par aide et assistance, et d'autre part pour provocation de mineur à commettre le délit de vol aggravé. • Montpellier, 9 mars 2005 : *JCP 2005. IV. 3638.* ♦ ... Le prévenu, ainsi que sa compagne, coprévenue, et le fils mineur de cette dernière ont utilisé une carte bancaire volée pour payer des marchandises ou obtenir des fonds ; c'est dès lors à bon droit qu'ils ont été condamnés pour escroquerie par emploi de manœuvres frauduleuses et provocation de mineur à commettre cette infraction. • Même arrêt.

167. Sur l'utilisation abusive de cartes de crédit par leurs titulaires, V. ss. art. 311-1 et 311-2.

168. Fraude informatique. Se rendent complices de tentative d'escroquerie les personnes qui remettent au service informatique d'une banque une bande magnétique confectionnée sous la dénomination d'emprunt d'une société industrielle, et dont les données apocryphes tendaient à des virements bancaires. • TGI Paris, 13 janv. 1982 : *D. 1982. IR 501, obs. Vasseur.* ♦ Sur l'escroquerie par minitel, V. : • T. corr. Mende, 31 janv. 1991 : *RSC 1992. 89, obs. Bouzat* ✎.

169. Se rend coupable d'escroquerie la personne qui, en employant des manœuvres frauduleuses comme la fourniture de codes d'accès confidentiels ne lui appartenant pas, et en se faisant passer pour leur légitime titulaire, détermine une société à lui fournir un service, à savoir un accès au réseau Internet. • TGI Paris, 16 déc. 1997 : *Gaz. Pal. 1998. 2. Somm. 433, note Rojinsky.*

170. Constitue une escroquerie le fait par un commerçant, à qui une banque a remis un terminal de paiement électronique pour recevoir les règlements de ses clients, d'utiliser cet appareil pour effectuer des achats fictifs avec sa carte bancaire personnelle à débit différé et d'obtenir ainsi des remises de fonds indues de la part de cet établissement bancaire. • Crim. 13 sept. 2006 n° 05-81.737 P : *JCP 2007. II. 10033, note Lasserre Capdeville ; Gaz. Pal. 2007. 2. Somm. 3330, note Lasserre Capdeville ; Dr. pénal 2006, n° 158, obs. Véron.*

171. Vente « libre-service ». Est une manœuvre frauduleuse l'apposition sur une marchandise mise en vente dans un commerce à libre-service d'une étiquette portant un prix minoré par rapport à celui originairement porté. • Crim. 9 mars 1983 : *Bull. crim. n° 76 ; D. 1984. 209, note Devèze ; Gaz. Pal. 1983. 2. 602, note Doucet.* ♦ ... Mais non pas l'apposition d'un millésime sur des échantillons pour la vente des vins ordinaires. • Paris, 5 nov. 1957 : *D. 1958. 49.*

172. Conventions de contrepartie. La convention de contrepartie n'est pas par elle-même illicite, mais elle acquiert ce caractère lorsque le mandataire dissimule au mandant sa qualité de contrepartiste. • Crim. 17 juill. 1970 : *Bull. crim. n° 239 ; D. 1970. Somm. 178* • 1er mars 1973 : *Bull. crim. n° 106 ; Gaz. Pal. 1973. 2. 507* • 27 mars 1973 : *Bull. crim. n° 151* • 18 juill. 1985 : *ibid. n° 273.*

173. Ainsi, se rend coupable d'escroquerie, l'agent immobilier qui, ayant reçu mandat de rechercher un acheteur pour un immeuble à un prix déterminé, se porte acquéreur au nom de la société qu'il dirige, puis revend ledit immeuble sans délai à un tiers, à l'insu de son client, en dissimulant à ce dernier l'existence du véritable acquéreur et le prix supérieur accepté par celui-ci, et percevant ainsi un supplément de prix qui aurait dû revenir au vendeur. • Crim. 18 juill. 1985 : *préc. note 172.*

174. Se rend coupable d'escroquerie l'agent immobilier qui vend un appartement acheté la veille à un montant bien supérieur à celui obtenu, sans informer les acquéreurs de sa double qualité d'intermédiaire et de vendeur, et qui profite de sa qualité de professionnel pour tromper gravement ses clients sur la valeur réelle du bien vendu. • Pau, 30 juin 1998 : *Cah. jurispr. Aquitaine 1999, n° 1, p. 150.*

175. Opérations de bourse. Il y a emploi de manœuvres frauduleuses pour persuader un crédit imaginaire dans le fait, par un employé d'une charge d'agent de change, de frapper des données fausses ayant pour objet de créditer les comptes ouverts au nom de deux complices. • TGI Paris, 20 janv. 1988 : *Gaz. Pal. 1989. 1. 162, note Marchi.*

176. Il y a manœuvres frauduleuses, au préjudice de sociétés de bourse, à ouvrir dans ces sociétés des comptes multiples comportant des identités inexactes à l'aide de documents falsifiés, à passer sur les comptes des ordres à découvert pour faire croire à un crédit imaginaire et à mettre en place sous de faux noms des comptes bancaires destinés à recueillir les bénéfices. • TGI Paris, 14 mars 1990 : *Gaz. Pal. 1990. 1. 355, note Marchi.* ♦ ... Il en est de même de l'emploi de manœuvres frauduleuses qui ont consisté à passer sur divers titres de faux ordres de bourse en se portant contrepartie par l'intermédiaire de comptes ouverts dans une autre charge, ou à passer des ordres sur des titres que les prévenus ne détenaient pas en vue de percevoir immédiatement le profit réalisé. • Même décision.

177. Escroquerie à l'art divinatoire. BIBL. Larguier, *JCP 1963. I. 17044.* ♦ Constitue une escroquerie le fait pour une personne d'obtenir la remise de sommes d'argent, en persuadant des gens crédules de ses pouvoirs divinatoires. • Crim. 2 juin 1843 : *S. 1843. 1. 920* • 25 avr. 1867 : *ibid. 1867. 1. 464* • 6 mars 1957 : *Bull. crim. n° 231 ; D. 1957. 468 ; S. 1957. 333* (cartomancie) • 27 févr. 1984 : *D. 1985. IR 367, obs. Penneau* (exorcisme) • 23 oct. 1989 : *Gaz. Pal. 1990. 1. Somm. 230* (magie haïtienne) • 9 juill. 1996 : *Bull. crim. n° 287 ; Dr. pénal 1997. 32, obs. Véron* (désenvoûtement) • T. corr. Rennes, 20 sept. 1989 : *RSC 1990. 576, obs. Bouzat* (marabout). ♦ ... Alors même que les fonds auraient été remis à titre de prêt. • Crim. 11 oct. 1966, n° 90-52.066 P : *JCP 1966. II. 14897, note Combaldieu.*

178. Mais les pratiques superstitieuses qui ne sont accompagnées d'aucun fait ou geste en vue d'obtenir la remise de fonds ne constituent pas des manœuvres frauduleuses. • Crim. 11 janv. 1955 : *Bull. crim. n° 17.* ♦ Pour une escroquerie rentable fondée sur la commercialisation d'une « bague de Ré », avec la participation d'une ancienne animatrice de la télévision. • T. corr. Grasse, 22 mars 1991 : *RSC 1991. 766, obs. Bouzat*. ♦ Rappr. Bouzat, *RSC 1992. 585*.

179. Escroquerie à l'art de guérir. Pour des exemples : • Crim. 31 mars 1854 : *DP 1854. 1. 199* • 28 déc. 1934 : *DH 1935. 101.* ♦ Rappr. note Tunc, *D. 1951. 246,* et note Larguier, *JCP 1951. II. 6195,* sous • T. corr. Orléans, 29 nov. 1950 (à propos du « devoir » d'intervention des guérisseurs auprès de malades en péril imminent de mort, et pour lesquels les médecins ne peuvent plus rien ; V. aussi ss. art. 223-6).

180. Escroquerie à la charité. BIBL. Petit, *Gaz. Pal. 1962. 1. Doctr. 41.* ♦ Pour des exemples : • Crim. 23 nov. 1987 : *Gaz. Pal. 1989. 1. Somm. 3* • 3 déc. 1990 : *Dr. pénal 1991. 108* • 10 juin 1991, n° 90-85.003 P • T. corr. Paris, 6 nov. 1989 : *RSC 1990. 575, obs. Bouzat* • Paris, 29 mai 1995 : *Dr. pénal 1995. 251 ; RSC 1996. 379 ; ibid. 1997. 643, obs. Ottenhof* • 1er juin 1995 : *ibid.*

181. Pratiques commerciales offensives. Est constitutif de manœuvres frauduleuses le fait de proposer à des personnes « un test de personnalité » sans aucune valeur scientifique, conçu pour donner de mauvais résultats dont la communication est suivie de propositions de cours, de ventes de services et d'ouvrages censés résoudre les difficultés ainsi décelées ; les victimes ont été ainsi incitées, par des pratiques commerciales particulièrement offensives, à remettre, dans de brefs délais, des sommes importantes, sans aucune mesure avec leurs ressources réelles, ce qui a entraîné de graves conséquences sur leur situation personnelle, outre l'absence d'intérêt pour le caractère religieux des prestations. • Crim. 16 oct. 2013, n° 12-81.532 P : *D. actu. 24 oct. 2013, obs. Fucini ; D. 2013. AJ 2399 ; ibid. Pan. 2713 ; AJ pénal 2013. 665, obs. Lasserre Capdeville*. ♦ Conf. : • Paris, 2 févr. 2012 : *D. actu. 12 mars 2012, obs. Gallois ; AJ pénal 2012. 419, obs. Lasserre Capdeville*.

182. Divers. ... Abus du vrai nom. • Crim. 19 juill. 1934 : *Bull. crim. n° 144.* ♦ ... Dissimulation sous une tache d'encre de l'indication du montant en chiffres d'un chèque. • Crim. 8 juill. 1932 : *DH 1932. 558.* ♦ ... Remise en gage, pour déterminer un prêt, d'un objet dont l'emprunteur ne pouvait valablement disposer. • Crim. 26 nov. 1953 : *Bull. crim. n° 314 ; D. 1954. 44* • 15 févr. 1961 : *Bull. crim. n° 99 ; D. 1961. 276 ; S. 1961. 215* • Amiens, 5 juin 1964 : *D. 1965. Somm. 15.* ♦ ... Dissimulation du texte d'un contrat. • Crim. 24 nov. 1959 : *Bull. crim. n° 503.* ♦ ... Falsification d'un timbre ancien. • Crim. 20 mars 1961 : *Bull. crim. n° 176.* ♦ ... Signature de bons de commande et de traites obtenue par artifices. • Crim. 28 avr. 1966 : *Bull. crim. n° 130.* ♦ ... Augmentation de capital fictive, afin de tromper un prêteur éventuel. • Crim. 9 janv. 1973 : *Bull. crim. n° 10 ; JCP 1974. II. 17674 (2e esp.), note Bouloc.* ♦ ... Machination tendant à percevoir de l'administration des télécommunications des redevances indues. • Crim. 13 déc. 1990, n° 89-86.592 P : *Gaz. Pal. 1991. 2. 566, note Latry-Bonnart ; ibid. 1992. 1. 112.*

183. ... Allégations mensongères confondant mensonge et vérité. • Agen, 27 mars 1958 : *JCP 1958. II. 10844, note Delpech.* ♦ ... Délivrance d'un document privé ayant l'apparence d'un passeport sans en avoir l'autorité, V. et opposer : • T. corr. Albertville, 12 août 1987 : *Gaz. Pal. 1988. 1. 15* • T. corr. Annecy, 19 août 1987 : *ibid.*

184. La seule promesse de mariage, qui n'est qu'un mensonge, doit être assortie de manœuvres caractérisées pour constituer une escroquerie au mariage. • TGI Seine, 10 avr. 1965 : *D. 1965. 680.* ♦ Pour des manœuvres frauduleuses constitutives d'une escoquerie au concubinage. • Crim. 28 mars 1996 : *Dr. pénal 1996. 183, obs. Véron ; Gaz. Pal. 1996. 2, chron. crim. 115.* ♦ Pour un exemple d'escroquerie au divorce. • Crim. 25 mai 1992, nº 91-82.934 P. ♦ *Adde* : L. du 13 avril 1932 réprimant la fraude en matière de divorce et de séparation de corps (V. App., vº *Divorce*).

185. N'est pas coupable d'escroquerie le prévenu qui vend un appareil permettant d'espérer un gain au jeu du Loto ; le prix d'achat d'un « discoloto » correspond en effet au paiement d'un procédé de gain illusoire constitutif non pas d'une manœuvre frauduleuse mais d'une simple promesse mensongère. • Bordeaux, 12 janv. 1993 : *JCP 1993. IV. 1767.*

5º CARACTÈRE TROMPEUR

a. Fausse entreprise

186. Notion. La fausse entreprise ne doit pas être entendue seulement au sens étroit et courant d'exploitation d'un fonds de commerce fictif ou d'activité industrielle ou artisanale fausse ou réelle devenue par la suite fausse, mais comme toute mise à exécution d'un dessein frauduleux préalablement conçu. • Paris, 20 déc. 1988 : *Gaz. Pal. 1989. 1. 229, note Marchi.*

187. Entreprise entièrement fausse. Se rend coupable d'escroquerie l'individu qui crée des sociétés fictives et qui, pour persuader les tiers d'acheter des parts de ces sociétés, recourt à une publicité intensive et mensongère destinée à convaincre les souscripteurs éventuels de la réalité et de la prospérité de ces sociétés. • Crim. 26 juin 1885 : *DP 1886. 1. 89 (2e esp.), note Garraud* • 28 nov. 1968 : *Bull. crim. nº 321* • 5 juin 1975 : *ibid. nº 146* • T. corr. Paris, 9 oct. 1985 : *Gaz. Pal. 1986. 1. 65, note Marchi.*

188. Se rendent coupables d'escroquerie : ... le repreneur d'une société en règlement judiciaire, sous forme de contrat en gérance libre, qui ne pouvant ignorer que la société d'exploitation par lui créée n'était pas viable dès sa constitution, en a cependant poursuivi l'activité très lourdement déficitaire. • T. corr. Paris, 5 juill. 1985 : *Gaz. Pal. 1985. 2. 774, note Marchi.* ♦ ... Les repreneurs d'entreprises en difficulté, qui, par la constitution de sociétés de façade dépourvues des moyens indispensables à la réussite des projets économiques annoncés, et l'intervention de tiers abusant d'un titre perdu ou trafiquant de leur influence, ont frauduleusement obtenu la signature de protocoles d'accord leur transférant la propriété d'actifs substantiels, en valeur de reprise inférieure au prix de revient, et leur assurant le bénéfice d'aides privées et publiques. • T. corr. Paris, 17 déc. 1986 : *Gaz. Pal. 1987. 1. 153, note Marchi.* ♦ ... L'auteur d'un projet de « reprise industrielle » créateur d'emplois ayant sollicité à ce titre l'obtention de primes, subventions et prêts participatifs de la part des collectivités locales, organismes publics ou établissements bancaires, alors que ce projet était de pure façade. • Crim. 21 oct. 1991 : *Dr. pénal 1992. 65.*

189. Est fictive l'entreprise dont la domiciliation et le numéro de téléphone sont inexacts, et alors que le prévenu ne peut indiquer l'identité de ses employés. • Crim. 15 mars 2000 : *JCP 2000. IV. 2013.*

190. Se rendent coupables d'escroquerie les prévenus qui ont, par des manœuvres frauduleuses, établi des factures correspondant à des prestations fictives pour le compte de candidats d'un parti politique à l'occasion d'une campagne d'élections municipales ; c'est par le truchement d'une fausse entreprise que les prévenus ont proposé aux candidats des prestations qui n'ont pu être réalisées, faute de moyens matériels et humains ; en effet, l'entreprise exploitée à titre individuel par les prévenus n'avait été créée que pour l'occasion des élections municipales, et dans le dessein frauduleux d'obtenir la prise en charge par l'État de frais supportés par des candidats ayant obtenu les 5 % de suffrages leur donnant droit au remboursement des frais de campagne ; le contrôle de la comptabilité de l'entreprise, faisant état d'un important bénéfice sans justifier de véritables frais, a permis d'établir que cette dernière n'a jamais eu les moyens matériels et humains nécessaires à son activité ; ce système frauduleux de factures émises sur des candidats ciblés par les prévenus après connaissance de leur score électoral de plus de 5 % du suffrage et payées par traites, a ainsi permis la remise aux prévenus de sommes d'argent importantes remboursées par la suite par les services de préfecture aux candidats dans le cadre du règlement des frais de campagne, en conséquence de quoi le délit d'escroquerie est constitué au préjudice des candidats victimes, mais aussi de l'État qui a financé indirectement de tels agissements. • Rennes, 9 sept. 2004 : *JCP 2005. IV. 2171.*

191. Entreprise partiellement fausse. Est fausse entreprise, au sens de l'art. 405 C. pén., non seulement celle qui est entièrement chimérique mais encore celle qui, ayant quelque réalité sur certains points, présente dans d'autres des parties essentielles qui la composent des circonstances entièrement fausses. • Crim. 27 mai 1898 : *DP 1899. 1. 426* • 7 mai 1951 : *Bull. crim. nº 131 ; D. 1951. 489, note Voirin ; S. 1952. 1. 21,* *note Légal ; JCP 1951. II. 6314 ; Gaz. Pal. 1951. 1. 388 ; RSC 1951. 524, obs. Bouzat* (vente « à la boule de neige ») • 1er févr. 1955 : *Bull. crim. n° 73 ; D. 1955. 346* • 8 févr. 1956 : *Bull. crim. n° 144* • 7 janv. 1975 : *ibid. n° 5* • 23 nov. 1977 : *ibid. n° 367 ; D. 1978. IR 71, obs. Roujou de Boubée* • 25 juill. 1978 : *ibid. n° 243* • 9 juin 1980 : *ibid. n° 180.*

192. Constitue une fausse entreprise, au sens de l'art. 405 C. pén., une société qui, bien qu'ayant une existence apparente ou réelle, ne poursuit ses opérations que par des moyens frauduleux. • Crim. 18 janv. 1956 : *Bull. crim. n° 72 ; JCP 1956. II. 9342* • 28 janv. 1958 : *Bull. crim. n° 92* • 3 nov. 1965 : *Gaz. Pal. 1966. 1. 107* • 2 févr. 1972 : *Bull. crim. n° 41 ; D. 1972. Somm. 73* • 22 avr. 1977 : *Bull. crim. n° 131* • 5 oct. 1977 : *ibid. n° 290* • 14 mars 1979 : *ibid. n° 106* • 28 janv. 1992 : *Dr. pénal 1992. 230.*

193. Ainsi, constitue une entreprise fausse : ... une société faisant croire à sa prospérité par la distribution de dividendes fictifs. • Crim. 9 mai 1885 : *DP 1886. 89 (1re esp.), note Garraud.* ♦ ... Une association ne répondant pas aux assurances données par son fondateur (prêtre) dans ses lettres et circulaires. • Crim. 22 juill. 1971 : *Bull. crim. n° 239.* ♦ ... Une société de conseil juridique, bien qu'elle ait une existence réelle et légale, qui n'apporte pas une aide véritable à des insolvables dont elle acceptait pourtant la clientèle. • Crim. 10 mai 1978 : *Bull. crim. n° 148 ; D. 1978. IR 348, obs. Roujou de Boubée.* ♦ ... Une société dont l'activité comporte une réalité traduite par de nombreux actes juridiques, mais différente de celle prévue dans les statuts et dans la publicité. • Crim. 6 oct. 1980 : *Bull. crim. n° 248.* ♦ ... Une entreprise de gestion de dettes, qui sert de couverture au prévenu pour obtenir de clients le versement de sommes d'argent, alors que les dossiers déposés n'étaient jamais examinés. • Crim. 14 avr. 1986 : *Gaz. Pal. 1986. 2. Somm. 341.* ♦ ... Une société dont les cours sont artificiellement gonflés par l'annonce de projets qui demeurent sans suite, ou par des opérations concertées à l'avance d'achat ou de vente de titres. • TGI Paris, 10 juill. 1991 : *Gaz. Pal. 1992. 1. 20, note Marchi ; RSC 1992. 581, obs. Bouzat.* ♦ ... Une société en état de cessation des paiements, qui continue à produire des devis pour des travaux irréalisables. • Crim. 28 janv. 1992 : *préc. note 192.* ♦ ... Une association exerçant à l'origine une activité correspondant à son objet, mais ultérieurement devenue, du seul fait des agissements des prévenus, une entreprise lourdement obérée ayant pour but principal la remise de fonds à leur bénéfice. • Paris, 29 mai 1995 : *Dr. pénal 1995. 251 (l).* ♦ ... Une société de matériel orthopédique, fournisseur exclusif d'une clinique privée, dirigée en fait par le chirurgien spécialisé en orthopédie à ladite clinique, qui avait réalisé avec elle 80 % de son chiffre d'affaires, par application sur l'ensemble de ses reventes d'un coefficient multiplicateur du quadruple, consommant ainsi une surfacturation au préjudice de la sécurité sociale. • Crim. 26 oct. 1995, n° 94-83.399 P.

194. Mais ne constitue pas une fausse entreprise le seul fait de vendre à perte. • Crim. 11 juill. 1935 : *Bull. crim. n° 92* • 16 juill. 1936 : *DH 1936. 526.* ♦ Rappr. : • Poitiers, 24 sept. 1991 : *JCP 1992. IV. 1451.* ♦ ... Un projet de production cinématographique, même non parvenu à terme, alors qu'est démontrée la réalité des investissements financiers et des contrats avec des réalisateurs, scénaristes et acteurs prestigieux, la cause de son échec étant inhérente au risque financier d'un tel projet. • Crim. 18 sept. 2002 : *Gaz. Pal. 2003. 1. 1887.*

195. Autres illustrations. ... Fausse entreprise de défense des consommateurs (en réalité, officine de conseils rémunérés). • Crim. 8 nov. 1988 : *Bull. crim. n° 381.*

196. ... Fausse entreprise charitable. • Crim. 13 juin 1918 : *DP 1922. 5. 6* • 25 mars 1958 : *Bull. crim. n° 304* • 10 juill. 1968 : *ibid. n° 219 ; D. 1969. 50* • 4 nov. 1969 : *Bull. crim. n° 283 ; D. 1970. 169* • 10 oct. 1977 : *Bull. crim. n° 298* • T. corr. Montbéliard, 15 déc. 1961 : *Gaz. Pal. 1962. 1. 258* • T. corr. Seine, 22 mai 1962 : *D. 1962. 525, note Le Clère ; S. 1963. 57.*

197. Est coupable d'escroquerie le prévenu qui, par des manœuvres frauduleuses et l'abus de la qualité vraie d'avocat, se fait remettre des fonds par des particuliers à qui il consent des intérêts usuraires et qui ne pourront être remboursés qu'en faisant d'autres victimes, ces emprunts étant destinés à financer des opérations en réalité fictives, basées sur un système de cavalerie. • Paris, 6 févr. 1995 : *JCP 1995. IV. 1022.*

198. Il est vain de s'interroger sur le point de savoir si l'Église de scientologie constitue une secte ou une religion, la liberté de croyance étant absolue ; dans la mesure où une religion peut se définir par la coïncidence de deux éléments, un élément objectif, l'existence d'une communauté même réduite, et un élément subjectif, une foi commune, l'Église de scientologie peut revendiquer le titre de religion et développer en toute liberté, dans le cadre des lois existantes, ses activités, y compris ses activités missionnaires, voire de prosélytisme ; cependant, si la liberté religieuse est totale, il est permis de concevoir que certains individus utilisent une doctrine religieuse, en soi licite, à des fins financières ou commerciales pour tromper des tiers de bonne foi ; une Église régulièrement constituée pourrait, dans certains cas, dissimuler une entreprise financière ou commerciale ; l'exercice ou la pratique d'un culte peut donner lieu à des manœuvres frauduleuses de la part de certains membres de cette religion ; l'appréciation de ces manœuvres à travers une pratique religieuse n'implique pas un jugement de valeur sur la doctrine professée par cette religion, mais concerne seulement la licéité des moyens employés. • Lyon, 28 juill. 1997 : *D. 1997. IR 197 ; JCP 1998. II. 10025, note Renard ; Gaz. Pal. 1997. 2. Somm. 340 ; ibid. 1997. 2, chron. crim. 189.* ♦ *Adde* : L. de Naurois, Qu'est-ce qu'une Église ?, *Gaz. Pal. 1999. 1. Doctr. 319.* ♦ Spécialement, le délit d'escroquerie est constitué par la manœuvre consistant à proposer, par la distribution de prospectus par milliers, un test de personnalité gratuit conçu pour donner, dans la grande majorité des cas, des résultats mauvais voire catastrophiques de nature à inquiéter le sujet et pouvoir lui proposer ensuite des livres, des cours, des séances d'audition, des cures de purification, dont le coût suivait une savante gradation, enclenchant ainsi un processus de versements de sommes de plus en plus importantes pouvant atteindre parfois des centaines de milliers de francs ; le délit est caractérisé dès lors que ces manœuvres frauduleuses avaient pour objet de persuader l'existence de fausses entreprises, en l'espèce, le Centre de dianétique ou l'Église de scientologie présentés comme des institutions en mesure de résoudre par l'application d'une certaine doctrine les prétendues difficultés relevées par les tests et de favoriser l'épanouissement et la réussite personnels de l'adepte, alors qu'en réalité ces associations, dispensant, moyennant des paiements croissants, des cours, séances d'audition, des cures de purification, pouvant aboutir, au moins dans certains cas, à une véritable manipulation mentale, constituaient des entreprises ayant pour seul objet ou pour objet essentiel, la captation de la fortune des adeptes grâce à l'emploi de manœuvres frauduleuses. • Même arrêt. ♦ Confirmé par : • Crim. 30 juin 1999 : *D. 2000. 655, note Giard* (abstraction faite d'un motif inopérant mais surabondant, dépourvu en l'espèce de toute portée juridique, relatif à la qualité de religion prêtée à l'Église de scientologie). ♦ Le fait de soumettre des personnes à un test de personnalité, dépourvu de toute valeur scientifique et conçu pour rendre des résultats pessimistes uniquement dans un but financier – vendre des services et des ouvrages et obtenir des versements importants – constitue des manœuvres frauduleuses caractéristiques de l'escroquerie dès lors que les résultats de ce test ont déterminé une remise de fonds préjudiciable pour les victimes. • Paris, 2 févr. 2012, nº 10/00510 : *D. actu. 12 mars 2012, obs. Gallois.*

b. Pouvoir ou crédit imaginaire

199. Pouvoir. Prétend à un pouvoir imaginaire : ... l'individu qui se fait remettre des sommes d'argent en disant les distribuer aux juges pour obtenir la mise en liberté de détenus ou la remise d'amendes. • Crim. 12 juin 1886 : *Bull. crim. nº 219.* ♦ ... Celui qui se fait remettre des sommes pour faire réformer des conscrits. • Crim. 28 mai 1864 : *DP 1865. 5. 157* • 8 févr. 1889 : *S. 1891. 1. 238.* ♦ ... Celui qui, membre d'un jury d'expropriation, laisse croire qu'il pourra faire fixer l'indemnité à un chiffre déterminé. • Crim. 21 juin 1934 : *DH 1934. 433.*

200. V. également Escroquerie à l'« art divinatoire », notes 177 s. et à l'« art de guérir », note 179.

201. Crédit. Il n'est pas nécessaire que le crédit de l'existence duquel on a persuadé ou tenté de persuader la victime soit entièrement imaginaire pour que le délit d'escroquerie soit caractérisé. • Crim. 9 avr. 1973 : *Bull. crim. nº 184.*

202. Ont pour but de convaincre de l'existence d'un crédit imaginaire : ... les manœuvres (intervention d'un tiers et fabrication d'un contrat de bail simulé) destinées à obtenir la reconnaissance d'un droit à l'occupation d'un immeuble. • Crim. 26 févr. 1990, nº 87-84.892 P. ♦ ... L'usage d'attestations d'emploi contrefaites, produites à l'appui de demandes d'allocation-chômage. • Crim. 15 juin 1992, nº 91-83.558 P : *D. 1993. Somm. 15, obs. Azibert.*

203. V. également et notamment, « Escroquerie à l'assurance », notes 119 s. ; « Escroquerie aux assurances sociales », note 121 ; « Escroquerie au jugement », notes 140 s. ; « Escroquerie à la TVA », notes 156 s. ; « Utilisation frauduleuse de cartes de crédit », notes 161 s. ; « Opérations de bourse », notes 175 s.

c. Événement chimérique

204. Appréciation. La détermination du caractère chimérique du succès ou de l'accident ou de l'événement de la réalité desquels on a convaincu la dupe, est une question de fait dont l'appréciation entre dans les pouvoirs souverains des juges du fond. • Crim. 9 juin 1970 : *Bull. crim. nº 189.*

205. Espérance. ... Espérance de soins. • Crim. 10 janv. 1936 : *DH 1936. 151.* ♦ ... D'une libéralité. • Crim. 22 déc. 1965 : *Bull. crim. nº 285 ; Gaz. Pal. 1966. 1. 285 (1er arrêt).* ♦ ... Illusion d'une assistance juridique. • Crim. 10 mai 1978 : *Bull. crim. nº 148 ; D. 1978. IR 348, obs. Roujou de Boubée.*

206. ... Espérance d'un gain aux jeux. • Cass., ch. réun., 30 mars 1847 : *S. 1847. 1. 313* • Crim. 31 janv. 1868 : *DP 1868. 1. 240.* ♦ ... D'un profit. • Crim. 7 mai 1951 : *Bull. crim. nº 131 ; D. 1951. 489, note Voirin ; S. 1952. 1. 21, note Légal ; JCP 1951. II. 6314 ; Gaz. Pal. 1951. 1. 388 ; RSC 1951. 524, obs. Bouzat* (vente « à la boule de neige »). ♦ ... D'un travail rémunérateur. • Crim. 16 avr. 1975 : *Bull. crim. nº 95.* ♦ Le fait de publier de façon réitérée des annonces, ne mentionnant en aucun cas qu'elles émanaient de l'Église de scientologie, rédigées en termes équivoques et parfois indiscutablement mensongers, pour faire croire ou laisser croire au lecteur qu'il s'agissait d'offres d'emplois, subordonnées à l'achat de livres, à l'assistance à des cours et à la participation à des stages payables immédiatement, alors qu'en réalité leur but véritable était la recherche d'une adhésion à la scientologie, s'analyse en manœuvres frauduleuses destinées à faire naître l'espérance d'un événement chimérique, en l'espèce, l'accès à un emploi, et à déterminer la remise des fonds. • Lyon, 28 juill. 1997 : *D. 1997. IR 197 ; Gaz. Pal. 1997. 2. Somm. 340 ; ibid. 1997. 2, chron. crim. 189.* ♦ *Adde* : L. de Naurois, *Gaz. Pal. 1999. 1. Doctr. 319* (Qu'est-ce qu'une Église ?). ♦ Confirmé par : • Crim. 30 juin 1999 : *D. 2000. 655, note Giard*.

207. ... Espérance d'un payement. • Crim. 12 nov. 1864 : *DP 1865. 5. 158.* ♦ ... D'une solvabilité. • Crim. 19 juill. 1889 : *DP 1890. 1. 192.* ♦ ... D'une garantie bancaire. • Crim. 1er avr. 1968 : *Bull. crim. n° 115 ; JCP 1969. II. 15930, note Bouloc.*

208. ... Espérance d'un entretien ou d'une prise en charge. • Crim. 26 juin 1974 : *Bull. crim. n° 243.* ♦ ... D'un logement dans une maison de retraite pour des personnes âgées. • Crim. 7 mai 1974 : *Bull. crim. n° 160 ; JCP 1976. II. 18285, note Fourgoux.*

209. ... Espérance née d'une promesse fallacieuse de mariage. • Crim. 27 janv. 1976 : *Bull. crim. n° 29 ; Gaz. Pal. 1976. 1. 291* • TGI Paris, 23 févr. 1970 : *Gaz. Pal. 1971. 2. 543.*

210. Crainte. Crainte d'un procès. • Crim. 13 sept. 1851 : *DP 1851. 5. 230* • 2 mars 1894 : *S. 1895. 1. 429* • 6 mars 1952 : *Gaz. Pal. 1952. 1. 331.*

B. REMISE

211. Les moyens frauduleux prévus par l'art. 405 C. pén. ne peuvent constituer le délit d'escroquerie que s'ils ont eu pour effet ou pour but d'obtenir une remise volontaire de fonds, meubles ou effets, de la part de la personne vis-à-vis de laquelle ils ont été employés. • Crim. 26 nov. 1932 : *Bull. crim. n° 245* • 4 déc. 1947 : *ibid. n° 241.* ♦ ... La constatation d'une simple perte ne pouvant suffire à caractériser cet élément essentiel du délit. • Crim. 23 avr. 1932 : *Bull. crim. n° 114 ; Gaz. Pal. 1932. 2. 194 (2e arrêt).*

1° OBJET DE LA REMISE

212. Fonds et valeurs. Les fonds désignent les espèces. • Crim. 14 mars 1967 : *Bull. crim. n° 102.*

213. Bien quelconque. Par références aux meubles, tels qu'ils étaient visés à l'art. 405, ont été considérés comme susceptibles de remise : ... des bulletins de vote. • Crim. 14 mai 1878 : *Bull. crim. n° 69.* ♦ ... *Des billets de chemin de fer.* • Crim. 28 févr. 1889 : *S. 1889. 1. 237.* ♦ ... Des billets de spectacles. • Paris, 19 mai 1909 : *Gaz. Trib. 27 mai 1909.* ♦ ... Des lettres missives. • Paris, 5 janv. 1914 : *S. 1915. 2. 39.*

214. Service. BIBL. Bouzat, *RSC 1992. 86*. ♦ Commet le délit d'escroquerie l'individu qui, se faisant passer pour l'élève défaillant d'un établissement d'enseignement, a bénéficié gratuitement, aux lieu et place de ce dernier, d'un stage de neige organisé par l'établissement. • TGI Lyon, 18 juin 1970 : *D. 1970. Somm. 214 ; JCP 1970. II. 16514 ; RSC 1971. 129, obs. Bouzat.*

215. Se rend coupable d'escroquerie, la personne qui, en employant des manœuvres frauduleuses, à savoir la fourniture de codes d'accès confidentiels qui ne lui appartiennent pas, et en se faisant passer pour leur titulaire légitime, détermine une société à lui fournir un service, en l'espèce un accès au réseau Internet. • TGI Paris, 16 déc. 1997 : *Gaz. Pal. 1998. 2. Somm. 433, note Rojinsky.*

216. Acte opérant obligation ou décharge. Sur le fondement de l'art. 405, les expressions « obligations, dispositions, promesses ou décharges » étaient générales et absolues ; elles embrassaient tous les actes qui forment un lien de droit et à l'aide desquels on peut préjudicier à la fortune d'autrui. • Crim. 12 nov. 1864 : *DP 1865. 5. 158* • 3 août 1950 : *D. 1950. 667* • 1er avr. 1963 : *Bull. crim. n° 140* • T. corr. Seine, 25 sept. 1941 : *Gaz. Pal. 1941. 2. 409.* ♦ *Adde* : Jacquemont, *RSC 1978. 33.*

217. Ainsi, ont été considérés comme des obligations ou dispositions : ... une promesse d'achat. • Crim. 11 nov. 1897 : *DP 1898. 1. 255.* ♦ ... Un contrat de prêt. • Crim. 6 mars 1957 : *Bull. crim. n° 231 ; D. 1957. 468 ; S. 1957. 333* • 7 déc. 1965 : *D. 1966. Somm. 59 ; Gaz. Pal. 1966. 1. 220* • 25 oct. 1967 : *Bull. crim. n° 269.* ♦ ... Un contrat d'escompte. • Crim. 20 juill. 1967 : *Bull. crim. n° 227* • 9 déc. 1969 : *ibid. n° 334 ; D. 1970. Somm. 94* • 9 mai 1979 : *Bull. crim. n° 168.* ♦ ... Un contrat de publicité. • Crim. 21 juill. 1966 : *Bull. crim. n° 208 ; D. 1966. 579* • 16 nov. 1967 : *Bull. crim. n° 294 ; D. 1968. 64.* ♦ ... La reconnaissance d'un droit de location ou d'un droit à l'occupation d'un immeuble. • Crim. 21 oct. 1954 : *Bull. crim. n° 305* • 26 févr. 1990, n° 87-84.892 P.

218. Ont été retenus comme des quittances ou décharges : ... des arrêtés de comptes. • Crim. 13 août 1886 : *DP 1887. 1. 363.* ♦ ... Des blancs-seings. • Crim. 19 févr. 1887 : *Bull. crim. n° 67.* ♦ ... Des quittances pour solde de dette. • Crim. 15 mai 1903 : *Bull. crim. n° 186* • 10 juill. 1914 : *ibid. n° 325.* ♦ ... Une transaction. • Crim. 6 janv. 1970 : *Bull. crim. n° 11.* ♦ ... La décharge du prix de stationnement par l'utilisation d'une rondelle sans valeur pour déclencher le mécanisme d'un compteur dit « parcmètre ». • Crim. 10 déc. 1970 : *Bull. crim. n° 334 ; D. 1972. 155, note Roujou de Boubée ; JCP 1972. II. 17277 (1re esp.), note Gassin ; Gaz. Pal. 1971. 2. 640* • 29 mai 1978 : *Bull. crim. n° 170.* ♦ ... La présentation aux fins d'acquit, au vendeur de marchandises, de factures falsifiées, faisant apparaître des quantités inférieures à celles réellement livrées et par voie de conséquence un montant inférieur aux sommes réellement dues. • Crim. 24 avr. 1984 : *Bull. crim. n° 142.* ♦ ... Le montant d'une minoration dans une facture de téléphone, correspondant à l'absence d'enregistrement de taxes de communications. • Crim. 4 mai 1987 : *Bull. crim. n° 175 ; Gaz. Pal. 1987. 2. 580.*

219. Aux termes de l'art. 313-1, la fraude constitutive de l'escroquerie doit être commise pour obtenir la remise d'un bien quelconque, la fourniture d'un service ou la délivrance d'un acte opérant obligation ou décharge ; dans tous les cas, il y a atteinte au patrimoine d'autrui ; une décision plus indulgente d'une juridiction pénale ne saurait être assimilée à un acte opérant obligation ou décharge ; ne peut donc être déclaré coupable d'une escroquerie au jugement le prévenu qui, antérieurement condamné à une peine d'emprisonnement avec sursis probatoire, produit, devant le tribunal saisi pour ramener la peine à exécution, une fausse attestation dans le but de faire croire au juge qu'il a satisfait à son obligation de suivre une formation professionnelle. • Toulouse, 5 oct. 2004 : *D. 2005. IR 243*.

220. Les prévenus ont été poursuivis des chefs d'escroquerie et de complicité d'escroquerie en bande organisée pour avoir contribué à la mise en place ou à l'organisation, entre la France, l'Allemagne et l'Espagne, d'un circuit triangulaire de facturation et de convoyage destiné à émettre des factures de véhicules d'occasion mentionnant une taxe sur la valeur ajoutée (TVA) faussement acquittée afin d'occulter le statut fiscal applicable à ces véhicules acquis hors taxe auprès de professionnels étrangers en leur appliquant frauduleusement le régime de la taxation sur la marge, et d'avoir ainsi déterminé l'administration fiscale à délivrer des quitus valant décharge de TVA ; pour dire non constitués les délits d'escroquerie et de complicité d'escroquerie reprochés, l'arrêt énonce que le quitus fiscal délivré par l'administration à l'acquéreur d'un véhicule, après un contrôle apparent des pièces justificatives présentées, n'est remis que pour les seuls besoins de l'immatriculation et n'emporte pas décharge de la TVA normalement due, le Trésor public conservant le droit d'en réclamer le règlement ; mais en se déterminant ainsi, alors que le certificat fiscal prévu par l'art. 298 *sexies*–V *bis* CGI n'est délivré que sur présentation d'une caution ou d'une garantie suffisante ou lorsque la taxe est effectivement acquittée et, dans ce dernier cas, vaut décharge s'il est obtenu sans que la TVA réellement due ait été payée, peu important la possibilité, pour l'administration, de revoir ultérieurement la situation, la cour d'appel n'a pas justifié sa décision. • Crim. 3 déc. 2014, n° 13-82.099 P : *D. actu. 5 janv. 2015, obs. Fonteix ; Dr. pénal 2015, n° 17 (2e esp.), obs. Véron ; RSC 2015. 96, obs. Matsopoulou*.

221. Vaut décharge au sens des dispositions de l'art. 313-1 la déclaration frauduleuse d'opérations non imposables au titre de la TVA, lorsque cette déclaration est acceptée par l'administration. • Crim. 16 mai 2018, n° 17-81.151 P : *D. actu. 28 mai 2018, obs. Goetz ; D. 2018. 1073 ; Gaz. Pal. 2018, p. 2003, note Mesa.*

222. Immeubles : Anc. art. 405. La remise d'immeubles construits n'entre pas dans les prévisions limitatives de l'art. 405 C. pén. • Crim. 15 juin 1992, n° 91-86.053 P • 27 mars 1995, n° 94-83.625 P. ♦ Ce n'est qu'indirectement que l'escroquerie peut porter sur un immeuble, soit que la remise concerne son prix, dont la valeur a été surestimée en raison des manœuvres frauduleuses. • Crim. 23 mars 1838 : *Bull. crim. n°s 76 et 370* • 26 nov. 1838 : *ibid.* • 14 mai 1847 : *ibid. n° 106* • 22 juin 1854 : *ibid. n° 200 ; S. 1855. 1. 681* • 17 nov. 1864 : *Bull. crim. n° 259.* ♦ ... Soit qu'elle porte sur les titres de propriété ou de constitution de droits réels s'y rapportant. • Crim. 12 nov. 1864 : *Bull. crim. n° 257 ; DP 1865. 5. 158* (remise du contrat de vente) • 24 juill. 1896 : *Bull. crim. n° 251* (reconnaissance d'un droit de copropriété). ♦ Rappr. : • Crim. 24 juill. 1967, n° 92-28.966 P : *D. 1967. 695* (vente irrégulière d'un immeuble appartenant à une société, mais sans que des manœuvres frauduleuses aient été retenues). ♦ Si l'art. 405 anc. n'est pas applicable lorsque les manœuvres frauduleuses ont pour seul objet la remise d'un immeuble, caractérisent, en revanche, le délit prévu par ce texte les manœuvres par lesquelles l'auteur obtient la remise d'un acte de transfert de la propriété d'un appartement. • Crim. 23 janv. 1997, n° 96-80.729 P : *D. 1999. Somm. 157, obs. Mirabail ; Dr. pénal 1997. 93, obs. Véron ; RSC 1998. 553, obs. Ottenhof ; RDI 1998. 310, obs. Roujou de Boubée*.

223. ... Nouvel art. 313-1. L'escroquerie peut porter sur un immeuble, lequel constitue un bien au sens de l'art. 313-1. • Crim. 28 sept. 2016, n° 15-84.485 P : *D. actu. 20 oct. 2016, obs. Gallois.*

2° MODALITÉS DE REMISE

224. Auteur. Le délit d'escroquerie est constitué non seulement lorsque l'escroc s'est fait remettre directement par la victime des fonds, meubles, obligations, dispositions, billets, promesses, quittances ou décharges, mais encore lorsque cette remise est obtenue indirectement en conséquence de la réussite de la machination frauduleuse mise en œuvre. • Crim. 26 juill. 1971 : *Bull. crim. n° 242.* ♦ Sur les conséquences de cette solution quant à l'action civile : V. « Action civile », notes 282 s.

225. Bénéficiaire. L'art. 405 n'exige pas, comme condition de son application, que la remise des choses qu'il énumère ait été faite entre les mains de l'auteur du délit ou entre celles de ses complices. • Crim. 8 juill. 1932 : *Bull. crim.*

n° 175 ; DH 1932. 558 • 6 janv. 1962 : *Bull. crim. n° 11* • 23 nov. 1976 : *Bull. crim. n° 335 ; Gaz. Pal. 1977. 1. 276* • 6 oct. 1977 : *Bull. crim. n° 293* • 26 oct. 1995, n° 94-83.399 P • Crim. 4 mai 2016, n° 15-81.244 P. ♦ Il n'importe que des tiers aient été les bénéficiaires de l'escroquerie, et non les coauteurs de celle-ci. • Crim. 4 mai 1987 : *Bull. crim. n° 175.* ♦ L'art. 313-1, qui fait notamment de la remise de fonds l'un des éléments constitutifs de délit d'escroquerie, n'exige pas que cette remise soit opérée dans les mains de l'auteur du délit. • Crim. 4 mai 2016, n° 15-81.244 P : *D. actu. 24 mai 2016, obs. Priou-Alibert.* ♦ Sur les conséquences de cette solution quant à l'action civile : V. « Action civile », notes 282 s.

226. Tradition matérielle. La remise ou la délivrance, au sens de l'art. 405 C. pén., s'entend de la tradition matérielle de fonds, meubles, obligations, dispositions, billets, promesses, quittances ou décharges. • Crim. 16 juill. 1903 : *DP 1904. 1. 447.*

227. Imputations scripturales. Constitue le délit d'escroquerie l'utilisation par imputation d'un crédit d'impôt (TVA) en vue de la réduction d'une dette effectivement due au Trésor public. • Crim. 25 janv. 1967 : *Bull. crim. n° 39 ; D. 1967. 400 ; Gaz. Pal. 1967. 1. 229, note Cosson* • 17 oct. 1967 : *Bull. crim. n° 252* • 10 déc. 1969 : *ibid. n° 335* • 16 avr. 1970 : *ibid. n° 132.*

228. Est justifiée la condamnation du dirigeant d'une société pour fraudes fiscales et escroquerie, dès lors que les juges du fond constatent qu'ayant organisé un circuit fictif de facturations, le prévenu a obtenu du Trésor public, par l'effet de cette manœuvre frauduleuse, décharge, par imputations scripturales valant remise d'espèces, des sommes dont la société était redevable au titre de ces taxes. • Crim. 13 oct. 1971 : *Bull. crim. n° 261.*

229. Dans le cas d'imputation, la circonstance que le « titre » constatant l'extinction par compensation de la créance du Trésor public ait été créé par l'assujetti ne fait pas disparaître l'un des éléments matériels du délit d'escroquerie ; il en est de même de ce qu'il n'y ait pas eu « remise de fonds », puisque le paiement effectué par voie scripturale vaut remise d'espèces ; en fait le délit a été effectivement consommé par l'acceptation de la déclaration, laquelle a conféré au document établi, ainsi qu'à la copie que l'assujetti conserve par devers lui, la valeur d'un titre de créance à l'égard du Trésor public. • Crim. 25 janv. 1967 : *préc. note 227* • 17 oct. 1967 : *préc. note 227* • 6 févr. 1969 : *Bull. crim. n° 65* • 10 déc. 1969 : *préc. note 227.*

230. Dispense de paiement. La remise d'une « décharge » visée à l'art. 405 C. pén. s'entend non seulement de la délivrance matérielle d'un reçu ou d'une quittance, mais aussi de l'obtention tacite d'une dispense de paiement ; il en est ainsi lorsque, par l'effet de manœuvres frauduleuses, la victime s'abstient de réclamer le paiement de ce qui lui est dû. • Aix-en-Provence, 13 sept. 1972 : *JCP 1972. II. 17240.*

231. Preuve. La preuve de la remise à l'escroc, par sa victime, de l'objet escroqué se fait par tous moyens. • Crim. 7 mai 1953 : *Bull. crim. n° 160.*

232. Lorsque l'objet escroqué avait été confié à la victime de l'escroquerie par un tiers, les juges du fond n'ont pas à exiger que cette circonstance soit démontrée selon les règles du droit civil. • Crim. 7 mai 1953 : *préc. note 231.*

C. INTENTION

233. Appréciation. L'appréciation de l'élément intentionnel, en matière d'escroquerie, rentre exclusivement dans les attributions des juges du fond et leur appréciation de ce chef n'encourt la censure de la Cour de cassation que si elle est en opposition avec les constatations mêmes de l'arrêt attaqué. • Crim. 10 oct. 1977 : *Bull. crim. n° 298* • 3 juin 1985 : *ibid. n° 211 ; D. 1986. IR 405, obs. Roujou de Boubée.*

234. Nature. L'intention frauduleuse, élément constitutif du délit d'escroquerie, ne peut résulter de la négligence ou de l'absence de précautions. • Crim. 14 janv. 1941 : *S. 1941. 1. 142 ; Gaz. Pal. 1941. 1. 209.*

235. L'élément intentionnel n'est pas suffisamment établi à l'égard du directeur administratif d'une société, à qui le caractère irrégulier de certaines opérations n'avait pas échappé, mais qui se trouvait, vis-à-vis du directeur général, dans un état de subordination ne lui permettant pas de s'y opposer, et alors qu'il n'apparaît pas qu'il ait tiré personnellement un profit quelconque de ces opérations, sinon l'avantage de conserver son emploi, et partant son salaire, quelques mois de plus. • Riom, 4 mars 1964 : *Gaz. Pal. 1964. 2. 55.*

236. Mobiles. Dans aucun cas, une créance ne peut légitimer une escroquerie. • Crim. 2 août 1866 : *DP 1866. 1. 456.* ♦ Ainsi, le créancier ne puise pas dans son droit de créance celui de se faire remettre, à l'aide de manœuvres frauduleuses, des marchandises pour valoir payement. • Crim. 30 mars 1939 : *Bull. crim. n° 79* • 8 juill. 1948 : *ibid. n° 191.* ♦ ... Ou une somme d'argent par son débiteur. • Crim. 15 déc. 1943 : *Bull. crim. n° 153.* ♦ ... Cette somme lui aurait-elle été volée. • Crim. 10 janv. 1947 : *Bull. crim. n° 18 ; Gaz. Pal. 1947. 1. 137 ; S. 1948. 1. 20.*

237. Le mobile, distinct de l'intention coupable, ne pouvant être pris en considération que pour l'application de la peine, un prévenu auquel est reproché l'emploi de manœuvres frauduleuses pour obtenir indûment décharge de la redevance afférente au stationnement de voitures automobiles sur la voie publique, conteste à tort l'élément intentionnel du délit d'escroquerie en prétendant qu'il avait voulu attirer l'attention des pouvoirs publics sur la situation créée aux membres de sa profession par l'organisation de stationnements payants. • Crim. 18 juill. 1975 : *Gaz. Pal. 1975. 2. 661.*

238. Débat d'intérêt général. N'encourt pas la censure l'arrêt qui confirme une ordonnance de non-lieu rendue dans une information suivie du chef d'escroquerie à l'encontre d'une journaliste qui avait utilisé le procédé de l'infiltration pour pénétrer un mouvement politique et recueillir des informations dont elle avait tiré un livre, dès lors qu'il se déduit de ses énonciations que les agissements dénoncés se sont inscrits dans le cadre d'une enquête sérieuse, destinée à nourrir un débat d'intérêt général sur le fonctionnement d'un mouvement politique, de sorte que, eu égard au rôle des journalistes dans une société démocratique et compte tenu de la nature des agissements en cause, leur incrimination constituerait, en l'espèce, une ingérence disproportionnée dans l'exercice de la liberté d'expression. • Crim. 26 oct. 2016, n° 15-83.774 P : *D. actu. 16 nov. 2016, obs. Gallois.*

D. PRÉJUDICE

239. Nécessité. En l'absence de tout préjudice, l'un des éléments du délit d'escroquerie fait défaut. • Crim. 3 avr. 1991, n° 90-81.157 P : *D. 1991. Somm. 275, obs. Azibert ; ibid. 1992. 400, note Mascala ; Gaz. Pal. 1992. 1. 19 ; RSC 1992. 579, obs. Bouzat* ; confirmation de : • Douai, 14 déc. 1989 : *D. 1991. Somm. 62, obs. Azibert* .

240. Dès lors qu'il n'est pas porté atteinte à la fortune d'autrui, le fait de se faire remettre par l'administration un titre de séjour en employant des manœuvres frauduleuses ne caractérise pas le délit d'escroquerie. • Crim. 26 oct. 1994, n° 93-84.089 P : *D. 1995. Somm. 187, obs. Julien-Laferrière ; RSC 1995. 583, obs. Ottenhof , et 593, obs. Delmas Saint-Hilaire* .

241. Nature. En matière d'escroquerie, le préjudice, élément constitutif du délit, est établi dès lors que les remises ou versements n'ont pas été librement consentis mais ont été extorqués par des moyens frauduleux. • Crim. 7 mars 1936 : *DH 1936. 196* • 30 oct. 1936 : *ibid. 590* • 15 déc. 1943 : *Bull. crim. n° 153 ; D. 1945. 131, note Donnedieu de Vabres ; Gaz. Pal. 1944. 1. 174* • 6 janv. 1953 : *D. 1953. 152* • 22 déc. 1965 : *Bull. crim. n° 285 ; Gaz. Pal. 1966. 1. 285 (1er arrêt)* • 28 avr. 1966 : *Bull. crim. n° 130* • 18 nov. 1969 : *ibid. n° 302 ; D. 1970. 437, note Bouloc* • 7 mai 1974 : *Bull. crim. n° 160 ; JCP 1976. II. 18285, note Fourgoux* • 19 nov. 1979 : *Bull. crim. n° 369* • 16 avr. 1980 : *ibid. n° 107* • 20 juin 1983 : *ibid. n° 189* • 15 juin 1992, n° 91-83.558 P : *D. 1993. Somm. 15, obs. Azibert ; RSC 1993. 783, obs. Bouzat* . ♦ Le délit d'escroquerie existe indépendamment de tout préjudice éprouvé par les victimes dès lors que la remise a été extorquée par des moyens frauduleux. • Douai, 14 déc. 1989 : *D. 1991. Somm. 62, obs. Azibert* .

242. Le préjudice, élément constitutif du délit d'escroquerie, n'est pas nécessairement pécuniaire et est établi lorsque l'acte opérant obligation n'a pas a été librement consenti par la victime mais a été obtenu par des moyens frauduleux. • Crim. 28 janv. 2015 : *D. actu. 16 févr. 2015, obs. Priou-Alibert ; AJ penal 2015. 311, obs. Beaussonie ; D. 2015. 323 ; ibid. Pan. 1506, obs. Mascala ; Dr. pénal 2015, n° 64, obs. Véron.*

243. Il n'importe que les fonds remis ne l'aient été qu'à titre de prêt, dès l'instant où le prêt n'a pas été l'effet de la libre volonté du prêteur, mais n'a été obtenu que grâce à l'emploi de moyens frauduleux. • Crim. 25 oct. 1967 : *Bull. crim. n° 269.*

244. L'art. 405 C. pén. prévoit et réprime les escroqueries commises au préjudice d'autrui ; cette formule très générale s'applique aussi bien aux escroqueries commises au préjudice de l'État qu'à celles commises au préjudice des particuliers. • Crim. 6 févr. 1969 : *Bull. crim. n° 65.*

245. Étendue. Le prévenu a été déclaré coupable d'escroquerie pour avoir trompé une banque, en cédant au moyen de bordereaux Dailly des créances inexistantes et en déterminant ainsi la banque à remettre des avances et des prêts ; la banque s'est constituée partie civile et le prévenu prétend échapper à sa responsabilité civile en raison de fautes commises par la banque, ayant contribué à la réalisation de son préjudice ; il allègue un manquement à l'obligation de conseil du banquier : ce moyen est inopérant dès lors que l'obligation de conseil ne s'applique pas aux faits qui sont à la connaissance de tous ; tel est le cas de l'interdiction de rédiger des fausses factures et de commettre des escroqueries ; le prévenu invoque également l'absence de notification par la banque aux débiteurs des cessions de créances : ce fait non contesté ne peut être qualifié de faute ; en effet, cette notification n'est que facultative et elle n'est jamais effectuée par les banquiers ; elle aurait pour effet de créer un sentiment de défiance des débiteurs cédés à l'égard de leur fournisseur dont ils apprendraient ainsi qu'il a recours à un financement Dailly ; la faute de la banque aurait, au contraire, consisté à notifier ces cessions de créances, qui auraient compromis les relations d'affaires du prévenu ; enfin, le prévenu soutient que la banque aurait dû vérifier la réalité des factures : cependant, aucun élément de la procédure n'indique que l'attention ou la méfiance de la banque auraient dû être attirées sur ces fausses factures ; chacune était conforme à d'autres parfaitement régulières ; en outre, le prévenu était un professionnel expérimenté avec qui la banque était en relation depuis plusieurs années sans connaître de difficultés particulières ; par conséquent, aucune faute de la banque n'est démontrée et le prévenu est donc seul responsable du préjudice. • Douai, 6 avr. 2004 : *JCP 2004. IV. 3211.*

246. Profit. L'art. 405 C. pén. n'exige pas, comme condition de son application, que les valeurs escroquées aient tourné au profit de l'auteur du délit. • Crim. 9 avr. 1857 : *S. 1857. 1. 610* • 25 oct. 1934 : *Bull. crim. n° 168 ; DH 1934. 574* • 7 nov. 1941 : *DC 1942. 9, rapp. Nast* • 29 déc. 1949 : *Bull. crim. n° 363 ; JCP 1950. II. 5582, note A. C.* • 13 juin 1968 : *Bull. crim. n° 195* • 23 nov. 1976 : *Bull. crim. n° 335 ; Gaz. Pal. 1977. 1. 276.* ♦ ... Ni qu'il soit déclaré qu'il se les soit appropriées. • Crim. 28 mai 1887 : *DP 1887. 1. 353* • 15 févr. 1894 : *ibid. 1896. 1. 219* • 7 nov. 1941 : *préc.*

II. RÉPRESSION

247. Tentative. V. ss. art. 313-3.

A. RESPONSABILITÉS

1° ACTIVITÉ

248. Dirigeants de personnes morales. Il ne résulte aucunement des art. 1741 et 1743 CGI que les délits incriminés par ces textes ne puissent être commis que par les dirigeants de droit d'une société ; il en est de même en ce qui concerne l'escroquerie lorsqu'elle a été commise sous le couvert d'une personne morale. • Crim. 21 déc. 1971 : *Bull. crim. n° 366.*

249. Le fondateur et premier gérant d'une société fictive, constituée pour persuader l'existence d'une entreprise qui était fausse, est responsable pénalement même des escroqueries qui ont été commises après la cessation de ses fonctions de gérant, dès lors qu'il résulte des constatations des juges du fond que toutes les escroqueries s'enchaînent les unes aux autres comme procédant de la manœuvre frauduleuse initiale et voulue par lui dans toutes ses conséquences. • Crim. 9 janv. 1978 : *Bull. crim. n° 10.*

2° COMPLICITÉ

250. Conditions. Pour que la complicité d'escroquerie soit caractérisée, il faut qu'il résulte des constatations des juges du fond que l'agent poursuivi comme complice a agi en vue de ce délit. • Crim. 21 nov. 1930 : *Bull. crim. n° 274.*

251. La loi n'exige pas, pour que le délit d'escroquerie soit constitué, que la participation de chacun des coauteurs ou complices se soit manifestée par un acte extérieur qui, envisagé isolément, *renferme tous les* éléments de la manœuvre frauduleuse, lorsque cette manœuvre est constituée précisément par l'intervention combinée et par l'ensemble des actes de deux ou plusieurs personnes, appelées à remplir des rôles différents en vue d'un but commun. • Crim. 13 juill. 1907 : *DP 1910. 1. 111* • 24 janv. 1946 : *Bull. crim. n° 35* • 3 nov. 1978 : *ibid. n° 299.*

252. Un employé d'une compagnie d'assurance a mis en œuvre un dispositif consistant, notamment, à imputer sur des dossiers ayant fait l'objet d'une résiliation récente du contrat d'assurance des déclarations de sinistres imaginaires donnant lieu à la remise de chèques, tirés sur cette compagnie d'assurance, que des tiers recrutés par un intermédiaire complice portaient au crédit de leur compte bancaire avant de lui en restituer le montant en espèces, moyennant rétribution ; le prévenu, démarché par cet intermédiaire, a encaissé lui-même un de ces chèques et recruté d'autres personnes disposées à en faire autant, auprès desquelles il a ensuite recueilli les sommes résultant des encaissements pour les remettre à l'intermédiaire ; c'est à bon droit que, pour le déclarer complice des faits d'escroquerie commis par l'employé au préjudice de la compagnie d'assurance, la cour d'appel retient qu'il a prêté son concours à celui-ci en lui servant de prête-nom et en recrutant d'autres personnes aux mêmes fins ; en effet, l'aide ou l'assistance apportée en connaissance de cause à l'auteur de l'escroquerie, même par l'intermédiaire d'un autre complice, constitue la complicité incriminée par l'art. 121-7 C. pén. • Crim. 15 déc. 2004, n° 04-81.684 P : *JCP 2005. II. 10050, note Maréchal.*

253. Escroquerie aux papiers fictifs. Se rend coupable de complicité de l'escroquerie perpétrée au moyen de traites fictives : ... l'agent d'affaires qui, sciemment, a procuré au tireur des accepteurs débiteurs imaginaires et insolvables. • Crim. 6 févr. 1932 : *Bull. crim. n° 29* • 5 août 1932 : *ibid. n° 200* • 12 juill. 1935 : *ibid. n° 96.* ♦ ... Le directeur de banque qui, sciemment, remet aux escrocs, au titre de l'escompte, des fonds dont la banque se trouve ainsi dépouillée. • Crim. 28 mai 1970 : *Bull. crim. n° 174.* ♦ ... Le tireur d'un chèque sans provision qui permet à son bénéficiaire d'être crédité aussitôt du chèque remis et de retirer immédiatement en espèces le montant du chèque. • Crim. 26 mars 1974 : *Bull. crim. n° 129.*

254. Mais il n'y a pas complicité d'escroquerie dans le simple fait, pour les dirigeants d'une succursale de banque, d'escompter des billets à ordre souscrits sur la foi d'agissements délictueux de responsables d'une entreprise de construction, dès lors que ces dirigeants sont demeurés totalement étrangers au fonctionnement de cette entreprise et ignorants de ces agissements. • Douai, 12 mai 1977 : *D. 1978. IR 226.*

255. Escroquerie aux banques. Est complice et non pas coauteur d'une escroquerie l'employé de banque qui photocopie des comptes de clients de sa banque et des fiches de signatures de ces clients, puis remet ces documents, en sachant à quel usage ils serviront, à des individus qui les utilisent ensuite pour commettre une escroquerie au préjudice de la banque. • Crim. 7 mars 1972 : *Bull. crim. n° 84.*

256. Quelles qu'aient pu être les erreurs d'appréciation des dirigeants d'une banque, et dès lors qu'ils sont de parfaite bonne foi, la complicité d'escroquerie ne peut être retenue contre eux, pour l'appui financier qu'ils ont apporté à des sociétés en état de cessation de paiement, entraînant ainsi la survie artificielle de ces sociétés, dont les dirigeants ont escroqué les épargnants. • Paris, 30 juin 1977 : *D. 1978. 325, note Vasseur.*

257. Escroquerie au jugement. Est coupable de complicité de tentative d'escroquerie le dirigeant d'une société qui fournit des instructions à l'un de ses salariés pour empêcher un expert judiciaire de remplir sa mission et tenter ainsi de tromper un tribunal. • Crim. 6 sept. 2000 : *Dr. pénal 2001. 30, obs. Véron.*

258. Sont complices d'une escroquerie au jugement les prévenus qui ont soutenu devant le tribunal de commerce une offre de reprise partielle d'activité en connaissant son caractère mensonger. • Crim. 11 janv. 2006 : *Dr. pénal 2006. 48, obs. Véron ; RSC 2006. 597, obs. Fortis.*

259. Escroquerie à la TVA. Pour relaxer un commissaire aux comptes du chef de complicité d'escroqueries, la cour d'appel énonce notamment que la complicité, supposant un acte positif par fourniture de moyens ou par aide ou assistance, ne peut exister que si l'aide ou l'assistance ont été antérieures ou concomitantes au délit principal et que rien ne démontre que le prévenu ait participé à la préparation ou à l'exécution du délit d'escroquerie ; les juges ajoutent que la seule négligence ne saurait caractériser l'élément matériel de ce délit et que l'élément moral ne peut être assimilé à une simple négligence ou à un contrôle insuffisant qui n'est pas une participation active et intentionnelle à la commission de l'infraction ; en se déterminant ainsi, alors qu'elle retenait que le commissaire aux comptes, déclaré coupable de non-révélation de faits délictueux au procureur de la République, avait connaissance des escroqueries commises par l'auteur principal et qu'elle relevait que les certifications réitérées des comptes avaient permis la poursuite des activités de la société au préjudice de l'État, appelé à rembourser chaque mois le montant de la TVA, la cour d'appel n'a pas tiré les conséquences légales de ses propres constatations. • Crim. 25 févr. 2004, n° 03-81.173 P : *RSC 2005. 576, obs. Matsopoulou ; Rev. sociétés 2004. 923, obs. Bouloc ; Dr. pénal 2004. 91, obs. Véron ; Gaz. Pal. 2004. 2. 2514, note Pire.* ♦ ... Pour relaxer un expert-comptable du chef de complicité d'escroquerie, la cour d'appel énonce notamment que la procédure n'a mis en évidence aucun acte matériel préalable et concomitant à l'escroquerie commise, et que rien n'indique qu'il avait connaissance du mécanisme de la fraude ; en se prononçant ainsi, sans rechercher si, en établissant les comptes annuels et les déclarations mensuelles du chiffre d'affaires taxable, dont la fictivité ne pouvait échapper à un professionnel de la comptabilité, et en attestant pourtant leur conformité et leur sincérité, le prévenu n'avait pas sciemment permis à l'auteur principal de commettre et réitérer, chaque mois, les escroqueries commises au préjudice du Trésor public, la cour d'appel n'a pas justifié sa décision. • Même arrêt.

260. Justifie sa décision la cour d'appel qui, pour déclarer un expert-comptable et un commissaire aux comptes coupables de complicité d'escroqueries commises par un dirigeant de société, après avoir constaté que le premier a attesté la conformité et la sincérité de comptes dont le caractère fictif ne pouvait lui échapper, et que le second a certifié ces comptes en toute connaissance de cause durant plusieurs exercices, énonce qu'ils ont sciemment fourni à l'auteur principal les moyens lui permettant de réitérer l'escroquerie commise en matière de TVA (arrêt n° 1) et de commettre les escroqueries relatives à l'obtention d'ouvertures de crédits au vu des comptes annuels établis à partir de documents falsifiés par la comptabilisation de crédits fictifs de TVA (arrêt n° 2). • Crim. 31 janv. 2007, n° 05-85.886 P (arrêt n° 1) : *D. 2007. 1843, note Bouloc ; ibid. 2007. Pan. 1629, obs. Mascala ; AJ pénal 2007. 130 ; Dr. pénal 2007, n° 56 (1re esp.), obs. Véron* • Crim. 31 janv. 2007, n° 06-81.258 P (arrêt n° 2) : *D. 2007. 588 ; ibid. Pan. 1629, obs. Mascala ; Dr. pénal 2007, n° 56 (2e esp.), obs. Véron.*

261. Autres exemples. Le tiers qui, de mauvaise foi, persuade le prêteur d'une fausse garantie, se rend complice du délit d'escroquerie. • Crim. 24 juill. 1961 : *Bull. crim. n° 352.*

262. Se rend complice de l'escroquerie d'un prêt par augmentation de capital fictive, celui qui, en connaissance de la machination projetée et pour en permettre la réalisation, met à la disposition de l'escroc les fonds nécessaires à la régularisation apparente de l'augmentation de capital, pour ensuite les reprendre, dès les formalités légales accomplies, et sans que ces fonds aient été remplacés par d'autres. • Crim. 9 janv. 1973 : *Bull. crim. n° 10.*

263. Constitue un acte de complicité de l'escroquerie commise par un joueur effectuant, par l'intermédiaire de tiers, des mises dépassant le montant autorisé, le fait d'ouvrir un compte téléphonique auprès du pari mutuel urbain pour aider ce joueur. • Crim. 26 mai 1983 : *Bull. crim. n° 156.*

264. Sur la complicité d'escroquerie : d'un médecin, qui a sciemment délivré un certificat mensonger à un ouvrier à l'occasion d'un accident du travail. • Crim. 30 avr. 1909 : *DP 1911. 1.*

369, note G. L. • 31 mars 1931 : *Bull. crim. n° 103.* ♦ ... D'un avocat, qui, par ses interventions, a contribué à renforcer la crédibilité publique dans le sérieux d'une entreprise. • T. corr. Paris, 19 mars 1974 : *Gaz. Pal. 1974. 1. 376 ; RSC 1974. 602, obs. Bouzat.* ♦ ... D'un commissaire aux comptes, qui a sciemment confirmé aux associés des indications mensongères sur la situation d'une société. • Même décision. ♦ ... D'un commerçant, qui a accepté en paiement des cartes de crédit qu'il savait falsifiées. • Crim. 28 oct. 1991 : *Dr. pénal 1992. 93.* ♦ ... De l'animateur d'une officine de fausse facturation, qui a fourni en connaissance de cause un lot de factures fictives destinées à justifier dans la comptabilité d'une entreprise la déduction de crédits de taxes. • Crim. 13 mars 1995, n° 93-84.299 P : *RSC 1996. 113, obs. Bouloc.*

B. POURSUITES

1° COMPÉTENCE

265. Compétence internationale. A raison de la nature complexe du délit d'escroquerie, il suffit que les manœuvres frauduleuses, qui en sont un des éléments, aient été accomplies en France pour que les juges français soient compétents pour en connaître. • Crim. 8 juin 1912 : *DP 1913. 1. 154.*

266. De simples allégations mensongères, sans caractériser les manœuvres frauduleuses prévues par l'art. 405 C. pén., peuvent constituer l'un des éléments de ces manœuvres ; il s'ensuit qu'un délit d'escroquerie est réputé commis en France, si les allégations mensongères entrant dans le cadre des manœuvres frauduleuses retenues ont été perpétrées sur le territoire national. • Crim. 19 avr. 1983 : *Bull. crim. n° 108.* ♦ Il en est de même lorsqu'est accompli en France l'un des éléments d'une mise en scène. • Paris, 8 janv. 1993 : *Gaz. Pal. 1994. 1. 327, note J.-P. M.*

267. Une tentative d'escroquerie est réputée commise en France si des actes préparatoires constituant l'une des composantes nécessaires des manœuvres frauduleuses retenues ont été perpétrés sur le territoire national. • Crim. 11 avr. 1988 : *Bull. crim. n° 144.*

268. Selon l'art. 693 C. pr. pén., dont les dispositions, reprises dans l'art. 113-2 C. pén., ne font aucune référence à la loi étrangère, il suffit, pour que l'infraction soit réputée commise sur le territoire de la République et soit punissable en vertu de la loi française, qu'un de ses faits constitutifs ait lieu sur ce territoire ; tel est le cas d'une escroquerie, caractérisée par la réalisation d'opérations à l'*étranger*, lorsque la remise des fonds, obtenue grâce à des annonces publiées dans divers journaux diffusés sur le territoire national, a été faite en France. • Crim. 28 nov. 1996, n° 95-80.168 P : *Dr. pénal 1997. 59, obs. Véron.*

269. Compétence interne. Est compétent territorialement le juge d'instruction dans le ressort duquel a été accompli un acte caractérisant l'un des éléments des manœuvres frauduleuses qui auraient été perpétrées. • Crim. 11 févr. 1992, n° 91-86.006 P.

2° ACTION PUBLIQUE

270. Exercice. La règle de l'inopposabilité des contre-lettres a seulement pour effet d'empêcher les parties de se prévaloir à l'égard des tiers des stipulations qui y sont contenues ; elle ne met pas obstacle à l'établissement par le ministère public ou par un tiers, partie civile, du caractère fictif de la convention apparente et simulée, lorsque celle-ci constitue une manœuvre frauduleuse. • Crim. 3 nov. 1981 : *Bull. crim. n° 289.*

271. Prescription. Le délit d'escroquerie étant consommé par la remise des fonds, obligations, dispositions et promesses frauduleusement obtenus à l'aide de l'un des moyens spécifiés à l'art. 405 C. pén., le point de départ de la prescription se situe au jour même de la remise. • Crim. 15 nov. 1955 : *Bull. crim. n° 478* • 31 mai 1995 : *Gaz. Pal. 1995. 2. Chron. 434, par Doucet.* ♦ ... Même si la chose frauduleusement délivrée est un titre obligataire dont l'exécution n'a été demandée ou obtenue qu'à une époque postérieure. • Crim. 16 déc. 1965 : *Bull. crim. n° 279* • 22 nov. 1983 : *ibid. n° 307* • T. corr. Avranches, 22 juill. 1952 : *Gaz. Pal. 1952. 2. 350.* ♦ Le point de départ du délai de prescription court à compter de la remise des sommes escroquées et non à compter de la date de l'usage d'une fausse qualité. • Crim. 26 avr. 1994, n° 93-84.880 P. ♦ ... Ni du jour de la découverte du délit. • Crim. 2 avr. 1996 : *Dr. pénal 1996. 185, obs. Véron.*

272. En matière d'escroquerie, la prescription court du jour où le délit est consommé par la remise de la chose frauduleusement obtenue ; cassation, pour violation de l'art. 313-1 C. pén., de l'arrêt qui, constatant que l'escroc a endossé au bénéfice de son épouse un chèque reçu de la victime de l'escroquerie, et qu'une partie de la somme escroquée a été déposée ultérieurement sur son compte personnel, rejette l'exception de prescription au prétendu motif que l'infraction n'a été entièrement consommée qu'au jour où l'argent a été déposé sur le compte personnel de l'escroc, celui-ci pouvant encore, dans l'intervalle, renoncer à percevoir les fonds, alors que la présentation du chèque à l'encaissement caractérisait la remise. • Crim. 30 juin 1999, n° 98-82.009 P : *Dr. pénal 2000. 13, obs. Véron ; D. 1999. IR 224 ; RSC 1999. 823, obs. Ottenhof.*

273. J. et M. Z... ont porté plainte et se sont constitués parties civiles, le 3 déc. 2004, du chef d'escroquerie ; au soutien de leur plainte, suivie de celles d'autres parties civiles, ils ont exposé avoir été contactés en sept. 1998 par un conseiller financier qui, avec l'assistance d'un notaire, les a déterminés, en les persuadant qu'ils bénéficieraient des avantages fiscaux résultant de la loi « Périssol » et de la loi sur les monuments historiques, à acquérir, le 31 déc. 1998, un bien immobilier inscrit à l'inventaire supplémentaire des monuments historiques, à y effectuer des travaux puis à le donner à bail ; leur acquisition relevant en réalité d'un régime fiscal qui n'entrait dans les prévisions d'aucune de ces deux lois, ils ont reçu le 9 juin 2000 notification d'un redressement dont le bien-fondé a été confirmé le 30 nov. 2004 par le tribunal administratif ; ils soutiennent n'avoir pris conscience de l'escroquerie dont ils ont été victimes qu'à cette dernière date ; pour dire ces faits prescrits, les juges énoncent que même en retenant, au titre des dernières remises de fonds, les dates les plus tardives auxquelles l'une des parties civiles a acquis le bien et honoré la facture de travaux, soit les 9 juin et 5 juill. 1999, il s'est écoulé un délai de plus de trois ans avant la première constitution de partie civile, intervenue le 3 déc. 2004 ; en prononçant ainsi, et dès lors que les faits dénoncés ne pouvaient constituer qu'une escroquerie, infraction instantanée dont le point de départ du délai de prescription ne saurait être retardé à la date où le bien acquis a été donné à bail, à celle où les emprunts contractés pour financer l'opération ont été remboursés ou encore à celle où les parties civiles soutiennent avoir eu connaissance du délit, la chambre de l'instruction a fait l'exacte application de l'art. 8 C. pr. pén. • Crim. 8 sept. 2010, n° 09-85.961 : *D. 2011. Pan. 1862, obs. Mascala*.

274. L'escroquerie au jugement étant consommée au jour où la décision obtenue frauduleusement (sentence arbitrale) est devenue exécutoire, c'est à cette date que doit être fixé le point de départ du délai de prescription. • Crim. 30 juin 2004, n° 03-85.019 P : *D. 2005. Pan. 3061, obs. Clay ; Dr. pénal 2004. 156, obs. Véron ; Gaz. Pal. 2005. 1. Somm. 1392 ; RSC 2004. 897, obs. Commaret*. ♦ Pour déclarer prescrits les faits d'escroquerie au jugement plus de trois ans avant le premier acte interruptif de prescription, l'arrêt attaqué énonce que ce délit est consommé le jour où la décision frauduleusement obtenue est devenue définitive, sans que les procédures d'exécution de ces décisions ne puissent interrompre le délai ; en statuant ainsi, et dès lors que le point de départ du délai de prescription du délit d'escroquerie, infraction instantanée, ne peut être retardé à la date à laquelle la partie civile en a eu connaissance, la cour d'appel a fait l'exacte application de l'art. 8 C. pr. pén. • Crim. 24 sept. 2008 : *Dr. pénal 2008. 157, obs. J.-H. Robert*.

275. Lorsque les manœuvres retenues à la charge des prévenus constituent, non pas une succession d'escroqueries distinctes, mais une opération délictueuse unique, la prescription ne commence à courir qu'à la date de la dernière remise de fonds. • Crim. 23 oct. 1978 : *Bull. crim. n° 283* • 27 mai 1991, n° 90-80.267 P • 26 sept. 1995, n° 94-84.008 P : *RSC 1996. 658, obs. Ottenhof ; Dr. pénal 1996. 61, obs. Véron*. ♦ Cassation, pour violation de l'art. 405 C. pén., de l'arrêt qui, pour déclarer prescrit le délit d'escroquerie poursuivi à l'encontre d'une personne qui, en 1966 et 1967, a effectué de fausses déclarations en vue de percevoir une rente d'accident du travail qui lui a été versée jusqu'en juin 1989, énonce que la partie civile a découvert le caractère frauduleux des déclarations litigieuses dès 1980, alors que le dernier versement a eu lieu en 1989. • Crim. 26 sept. 1995 : *préc.*

276. Lorsque, dans une escroquerie complexe, des manœuvres frauduleuses répétées sont exécutées et se poursuivent sur une longue période, formant entre elles un tout indivisible, et provoquant des remises successives, la prescription ne commence à courir qu'à partir de la dernière remise ou délivrance, ou de la dernière tentative de remise ou de délivrance. • Crim. 3 déc. 1963 : *Bull. crim. n° 344* • 18 juill. 1968 : *ibid. n° 234* • 22 juill. 1971 : *ibid. n° 237* • 9 mai 1972 : *ibid. n° 161* • 17 déc. 1974 : *ibid. n° 371* • 20 juin 1994 : *Dr. pénal 1994. 260 ; RSC 1995. 103, obs. Ottenhof* • Paris, 13 févr. 1990 : *Gaz. Pal. 1990. 1. 293, note Marchi* • Crim. 6 oct. 2004 : *Dr. pénal 2005. Comm. 27, obs. Maron.*

277. En cas d'escroquerie consistant en des opérations portées en compte courant, c'est seulement au jour de l'arrêté de clôture du compte que le délit est consommé et que la prescription commence à courir. • Crim. 4 juin 1935 : *Bull. crim. n° 80 ; DP 1936. 1. 55, note Hamel.*

278. Lorsque les faits sont réprimés à la fois sous leur qualification douanière et sous leur qualification d'escroquerie, l'ouverture d'une information relativement à l'infraction douanière interrompt la prescription de l'action publique quant au délit connexe d'escroquerie dont la commission est indivisiblement liée aux infractions poursuivies à la demande de l'administration des Douanes. • Crim. 29 nov. 1983 : *Bull. crim. n° 323.*

279. En cas d'infractions connexes, un acte interruptif de prescription concernant l'une d'elles a nécessairement le même effet à l'égard des autres ; la cour d'appel a justifié sa décision de rejet de l'exception de prescription de l'action publique soulevée par le prévenu déclaré coupable de complicité d'escroquerie ; le juge d'instruction étant saisi *in rem*, l'effet interruptif joue à l'égard de tous les auteurs ou coauteurs que l'information viendrait à révéler, et par conséquent, non seulement à l'égard de l'auteur principal, mais également à l'égard des autres prévenus. • Crim. 6 juin 1996 : *JCP 1996. IV. 2266.*

280. Aux termes des art. 7 et 8 C. pr. pén., l'action publique en matière de délit se prescrit après trois années révolues à compter du jour où ces infractions ont été commises si, dans l'intervalle, il n'a été fait aucun acte d'instruction ou de poursuite ; ce délai, qui ne commence à courir que le lendemain du jour où l'infraction aurait été commise, le terme révolu excluant le jour où le délit a été perpétré du délai pendant lequel court le temps de la prescription, se calcule de quantième à quantième et expire le dernier jour à minuit ; pour constater l'extinction de l'action publique, l'arrêt énonce qu'en matière d'escroquerie, la prescription ne commence à courir qu'à compter de l'obtention du dernier acte opérant obligation ou décharge, en l'espèce l'acte notarié du 14 oct. 2005 ; les juges retiennent que le premier acte qui aurait valablement pu interrompre la prescription, à savoir, le soit-transmis adressé aux services de gendarmerie aux fins d'enquête par le procureur de la République, est en date du 15 oct. 2008 ; ils ajoutent qu'il ressort des pièces produites et notamment de la plainte avec constitution de partie civile que les faits dénoncés dans cette plainte, et susceptibles de recevoir une qualification pénale, sont antérieurs au 14 oct. 2005 et qu'ils n'ont fait l'objet, avant le 15 oct. 2008, d'aucun acte d'instruction ou de poursuite ; mais en prononçant ainsi alors que c'est le 15 oct. 2008 à minuit qu'était venu à expiration le délai de la prescription, la chambre de l'instruction a méconnu le texte susvisé et le principe ci-dessus rappelé. • Crim. 9 janv. 2018, n° 16-86.735 P : *D. actu. 6 févr. 2018, obs. Gallois ; RSC 2018. 131, obs. P.-J. Delage*.

281. Requalification. S'il appartient aux juges répressifs de restituer aux faits dont ils sont saisis leur véritable qualification, c'est à la condition que le prévenu ait été mis en mesure de présenter sa défense sur la nouvelle qualification envisagée ; M. X... a été renvoyé devant le tribunal correctionnel pour avoir, en employant des manœuvres frauduleuses ayant consisté à reprendre une activité salariée alors qu'il avait signé une attestation de fin d'activité afin de bénéficier du dispositif de congé prévu par les accords de branche des conducteurs routiers de transport de marchandises, trompé la société Fonds de gestion du congé de fin d'activité, ainsi déterminée à lui verser une allocation mensuelle et à le faire bénéficier d'une protection sociale complète ; pour déclarer le prévenu coupable d'escroquerie, l'arrêt retient notamment qu'il a pris la fausse qualité de travailleur sans emploi ; en statuant ainsi, sans avoir invité M. X... à s'expliquer sur cet usage de fausse qualité, non visé à la prévention, la cour d'appel n'a pas justifié sa décision. • Crim. 22 oct. 2014, n° 13-83.901 P : *D. actu. 6 nov. 2014, obs. Fonteix ; D. 2014. 2243 ; JCP G 2014. 1305, note Maréchal ; RSC 2014. 802, obs. Boccon-Gibod*. ♦ Rappr. : • Crim. 12 nov. 2015, n° 14-82.765 P : *D. actu. 30 nov. 2015, obs. Fonteix.*

3° ACTION CIVILE

282. Préjudice personnel et direct. Seules éprouvent un préjudice résultant directement d'une escroquerie, les personnes qui, déterminées par les manœuvres frauduleuses de son auteur, ont versé des fonds. • Crim. 27 juin 1963 : *Bull. crim. n° 238* • 2 mai 1983 : *ibid. n° 122 ; D. 1984. IR 11, obs. Derrida.* ♦ Rappr. : • Crim. 13 févr. 1995, n° 94-81.595 P.

283. Une cour d'appel, après avoir constaté que les prévenus ont remis à une banque des bilans volontairement falsifiés, n'a pu décider, sans contradiction, que ces manœuvres n'étaient pas de nature à causer à la partie civile un préjudice trouvant directement sa source dans le délit d'escroquerie. • Crim. 31 oct. 1981 : *D. 1982. IR 125, obs. Vasseur.*

284. Subit un préjudice direct et personnel le conjoint d'une personne victime d'une escroquerie portant sur des fonds provenant de la communauté de biens des époux ; cassation de l'arrêt de la cour d'appel qui, pour relaxer les prévenues du chef d'escroquerie et complicité de ce délit et débouter la partie civile de ses demandes, énonce que les sommes escroquées ont été remises par l'épouse du plaignant et qu'il n'est établi par aucun des éléments de la procédure que ce dernier ait lui-même versé une somme quelconque aux prévenues, de sorte qu'il ne saurait invoquer un préjudice résultant directement de l'infraction, alors que les juges du second degré avaient relevé que les époux étaient communs en biens et qu'il n'était pas contesté que les fonds remis provenaient de la communauté. • Crim. 9 juill. 1996, n° 95-81.058 P : *Dr. pénal 1997. 32, obs. Véron.*

285. Si la remise des fonds a été effectuée entre les mains d'un tiers, la victime est recevable dans sa constitution de partie civile, dès lors que cette remise, par elle consentie, est la conséquence directe des manœuvres frauduleuses auxquelles s'est livré l'auteur de l'infraction. • Crim. 6 oct. 1977 : *Bull. crim. n° 293.*

286. L'escroquerie par laquelle un prévenu se fait remettre par une banque le montant d'un crédit consenti à un tiers, porte directement préjudice à l'emprunteur, tenu de le rembourser en vertu du contrat de prêt, tant que ce dernier n'est pas annulé par la juridiction civile. • Crim. 19 sept. 1996, n° 96-80.437 P.

287. Sur la recevabilité de l'action civile, en cas d'escroquerie commise par un dirigeant social non personnellement déclaré en liquidation ni condamné au comblement du passif. • Crim. 7 janv. 1980 : *Bull. crim. n° 7.*

288. Il résulte de l'art. 2 C. pr. pén. que l'action civile en réparation du dommage causé par un crime, un délit ou une contravention n'est recevable que si le dommage a été causé directement par l'infraction ; méconnaît le sens et la portée de ce texte, la cour d'appel qui, pour condamner le coupable de tentative d'escroquerie à payer à la partie civile une certaine somme en réparation de son préjudice matériel, après avoir constaté que la partie civile avait engagé « de multiples dépenses d'experts dans plusieurs domaines de suivi procédural, de constats et d'assistance », relève que ces dépenses « doivent être regardées comme étant en relation de causalité avec la nature particulière des faits », alors que les frais retenus, s'ils entrent dans les prévisions de l'art. 475-1 C. pr. pén., ne sont pas la conséquence directe de l'infraction poursuivie. • Crim. 2 nov. 2005 : *D. 2006. IR 10*.

289. Selon l'art. 2 C. pr. pén., l'action civile appartient à tous ceux qui ont personnellement souffert du dommage directement causé par l'infraction ; il résulte de l'arrêt attaqué que le prévenu, qui avait intercepté un courrier adressé par la Société générale à ses parents, a pris connaissance de leurs codes d'accès bancaires par Internet, à l'aide desquels il a procédé à des virements à son profit, par débit des comptes de sa mère pour 24 150 € et de son père pour 3 200 € ; il a été déclaré définitivement coupable d'escroquerie pour avoir ainsi déterminé la banque à lui remettre ces fonds ; pour déclarer irrecevable la constitution de partie civile de la Société générale, qui a crédité les comptes de ses clients des montants dont ils avaient été indûment débités, l'arrêt énonce que le préjudice invoqué résulte directement, non pas de l'escroquerie, mais de l'exécution des obligations contractuelles de la banque envers les titulaires des comptes ; en prononçant ainsi, alors que les manœuvres frauduleuses employées, qui ont eu pour effet de déposséder la banque de fonds détenus pour le compte de clients auxquels elle était tenue de les représenter, sont directement à l'origine du préjudice invoqué, la cour d'appel a méconnu le sens et la portée du texte susvisé ; d'où il suit que la cassation est encourue. • Crim. 14 nov. 2007, n° 07-80.576 P : *JCP 2008. II. 10043, note Lasserre Capdeville ; Gaz. Pal. 2008. 2. Somm. 3432, note Monnet.* ♦ L'utilisation frauduleuse de la carte bancaire d'un tiers porte préjudice non seulement à ce dernier mais encore à l'établissement bancaire, détenteur et possesseur des sommes détournées. • Crim. 14 nov. 2007, n° 06-88.538 P : *Gaz. Pal. 2008. 2. Somm. 3431, note Monnet.*

290. Il résulte des art. 2, 3, 85 et 87 C. pr. pén. que, pour qu'une constitution de partie civile soit recevable devant la juridiction d'instruction, il suffit que les circonstances sur lesquelles elle s'appuie permettent au juge d'admettre comme possible l'existence du préjudice allégué et la relation directe de celui-ci avec une infraction pénale ; entre dans les prévisions de ces textes le préjudice invoqué par un assureur et résultant des manœuvres frauduleuses d'une personne, bénéficiaire auprès de lui d'une stipulation pour autrui souscrite par un tiers, pour le déterminer à lui remettre des sommes indues. • Crim. 3 mars 2015, n° 13-88.514 P : *D. actu. 30 mars 2015, obs. Priou-Alibert.*

291. Pour déclarer irrecevables les constitutions de partie civile de la société Montpellier Handball et de l'association Montpellier Handball, l'arrêt énonce que si celles-ci ont bien subi un préjudice causé par le retentissement médiatique que les infractions ont engendré, retentissement qui a eu un impact négatif sur l'image mais surtout sur les résultats du club, ce préjudice n'est pas en lien direct avec les infractions d'escroquerie reprochées, mais avec le défaut d'exécution de bonne foi du contrat de travail liant chaque joueur au MAHB, manquement qui a donné lieu à des licenciements et des départs conventionnellement conclus de certains membres de l'équipe, seules éprouvant un préjudice résultant directement de l'infraction d'escroquerie les personnes déterminées par les manœuvres frauduleuses à verser des fonds ; si c'est à tort que, pour déclarer irrecevables les constitutions de partie civile de la société Montpellier Handball et de l'association Montpellier Handball, l'arrêt énonce, notamment, que leur préjudice est indirect en ce qu'il prend sa source dans la relation contractuelle qui les unit aux prévenus, alors que l'existence d'une relation contractuelle entre l'auteur des faits et la partie civile n'est pas en elle-même de nature à exclure la recevabilité de la constitution de cette dernière, l'arrêt n'encourt toutefois pas la censure ; en effet, les droits de la partie civile ne peuvent être exercés que par les personnes justifiant d'un préjudice résultant de l'ensemble des éléments constitutifs de l'infraction visée à la poursuite ; tel n'est pas le cas du préjudice découlant du comportement consistant, pour des participants à une compétition sportive, à s'entendre pour en fausser le résultat, ce comportement n'étant que l'un des faits constitutifs de l'infraction d'escroquerie. • Crim. 21 nov. 2018, n° 17-81.096 P : *D. actu. 30 nov. 2018, obs. Goetz ; D. 2018. 2307 ; AJ pénal 2019. 89, note Beaussonie ; Gaz. Pal. 5 févr. 2019, p. 51, obs. Detraz ; ibid., p. 62, obs. Fourment.*

292. Réparation. La nullité prétendue ou le caractère illicite d'une convention ne saurait faire obstacle à la réparation du préjudice souffert par la partie civile du fait du délit d'escroquerie dont elle a été victime. • Crim. 3 juill. 1947 : *Bull. crim. n° 174 ; D. 1947. 384 ; S. 1948. 1. 88 ; JCP 1948. II. 4474, note Carbonnier* • 9 juill. 1969 : *Bull. crim. n° 221* • 14 nov. 1988 : *Gaz. Pal. 1988. 1. Somm. 70.* ♦ ... Le préjudice éprouvé prenant sa source, non dans les clauses de la convention, mais dans les manœuvres frauduleuses exercées sur la partie civile. • Crim. 9 juill. 1969 : *préc.* • 13 janv. 1977 : *Bull. crim. n° 19.*

293. Statuant sur les conséquences dommageables d'une escroquerie à l'assurance, les juges répressifs ne sauraient, sans excéder leurs pouvoirs, statuer sur la validité du contrat au regard des règles du code civil ou du code des assurances. • Crim. 13 févr. 1995, n° 94-81.595 P.

294. Le juge pénal statuant sur l'action civile ne doit réparer que le préjudice résultant directement de l'infraction dont il est saisi ; justifie sa décision la cour d'appel qui, ayant déclaré le prévenu coupable d'une escroquerie lui ayant permis d'obtenir des remboursements indus de TVA, le condamne à restituer à l'État les sommes frauduleusement obtenues et refuse d'en déduire le montant des majorations d'impôt résultant de la réintégration de ces sommes dans les revenus de l'intéressé. • Crim. 22 sept. 2004, n° 03-85.248 P.

295. Sont fondées sur deux chefs de préjudice distincts, d'une part, la demande en remboursement, à titre de dommages-intérêts, de sommes escroquées, et d'autre part, la demande en complément de dommages-intérêts présentée en raison de la privation de ces sommes. • Crim. 16 janv. 1969 : *Bull. crim. n° 33.*

296. L'assureur de la victime de l'infraction ne disposant, devant la juridiction répressive, d'aucun recours subrogatoire contre le responsable du dommage, l'indemnisation de la victime par son assureur ne dispense pas l'auteur de l'infraction de réparer le préjudice qui en découle. • Crim. 14 nov. 2007, n° 06-88.538 P.

297. Le fait de recourir à un prête-nom pour obtenir un prêt sur la base d'un dossier contenant des documents falsifiés est constitutif de manœuvres frauduleuses susceptibles d'établir une faute civile ouvrant droit à la réparation des préjudices des parties civiles. • Crim. 4 mai 2016, n° 15-81.244 P : *D. actu. 24 mai 2016, obs. Priou-Alibert.*

298. Il se déduit des art. 2 et 497 C. pr. pén., ensemble l'art. 6, § 1, Conv. EDH, que le dommage dont la partie civile, seule appelante d'un jugement de relaxe, peut obtenir réparation doit résulter d'une faute démontrée à partir et dans la limite des faits, objet de la poursuite ; si les juges répressifs, saisis des seuls intérêts civils, peuvent, après avoir mis l'auteur présumé de la faute en mesure de s'expliquer sur le nouveau fondement envisagé, donner à la faute civile le fondement adéquat, différent de celui sur lequel reposait la qualification des infractions initialement poursuivies, c'est à la condition de ne pas prendre en considération des faits qui n'étaient pas compris dans les poursuites. • Crim. 7 déc. 2016, n° 16-80.083 P : *D. actu. 8 févr. 2017, obs. Goetz.* ♦ Méconnaît ces textes et ce principe la cour d'appel qui condamne le prévenu, relaxé des chefs d'abus de faiblesse et d'escroquerie, à indemniser le préjudice subi par sa mère, victime des faits, en prenant en considération sa qualité de tuteur *pour retenir une opération* de détournement de fonds et non de remise, alors que cette qualité n'était pas visée dans l'acte de poursuite. • Même arrêt.

299. D'une part, le préjudice résultant d'une infraction doit être réparé dans son intégralité, sans perte ni profit pour aucune des parties ; d'autre part, l'évaluation du préjudice doit être faite par le juge, au moment où il rend sa décision, en tenant compte de tous les éléments connus à cette date ; pour abaisser de 1 374 054, 98 €, somme retenue par le tribunal, déduction faite des frais de vente, à 350 000 €, l'évaluation du préjudice de la partie civile, l'arrêt énonce notamment que le prix de revente obtenu lors de l'adjudication de 1 750 000 € était inattendu et résultait d'aléas tenant à sa mise en vente dans une salle parisienne et à la présence d'amateurs éclairés, que rien ne permet de considérer que s'il n'avait pas été frauduleusement acquis par Mme X... et qu'il s'était trouvé dans le patrimoine de Mme Y..., celle-ci en aurait tiré un prix équivalent et que doit être réparée la seule perte de chance d'acquisition d'un gain, incertain en son quantum ; mais en statuant ainsi, alors qu'elle ne pouvait analyser le préjudice comme une perte de chance et devait retenir la valeur du tableau au jour de sa décision, la cour d'appel a méconnu les art. 1240 C. civ. et 593 C. pr. pén. et le principe ci-dessus rappelé ; la cassation est encourue de ce chef. • Crim. 12 sept. 2018, n° 17-82.122 : *D. 2018. 2217, note Dejean de La Bâtie.*

300. Personnes morales. Si la victime d'une escroquerie est une société, personne morale, cette société ne saurait être déclarée bien fondée en son action civile qu'autant que les agissements délictueux dont elle prétend demander réparation ont été de nature à tromper la personne physique qui la représentait ; lorsque tel n'est pas le cas, la société n'a subi qu'un préjudice indirect. • Crim. 24 juill. 1967 : *Bull. crim. n° 234 ; D. 1967. 695* • 28 nov. 1973 : *Bull. crim. n° 439.* ♦ ... Réserve faite de la participation personnelle du représentant de la personne morale victime de l'escroquerie, notamment lorsqu'il intervient comme tiers pour accréditer les manœuvres frauduleuses. • Crim. 28 mars 1996, n° 95-80.395 P : *D. Affaires 1996. 1003 ; RSC 1997. 101, obs. Bouloc.* ♦ Découle directement du délit d'escroquerie le préjudice subi par une société qui a été déterminée à remettre des fonds, peu importe que ces versements aient été faits pour le compte de ses filiales. • Crim. 21 mai 1974 : *Bull. crim. n° 186.*

301. Une escroquerie commise au préjudice d'une commune ne cause de préjudice direct qu'à celle-ci, les citoyens et les contribuables de cette collectivité publique n'éprouvant qu'un préjudice indirect. • Crim. 11 déc. 1969 : *Bull. crim. n° 339 ; D. 1970. 156* • 5 févr. 1970 : *Bull. crim. n° 52.* ♦ Même solution pour une région. • Crim. 16 janv. 1990, n° 89-83.214 P.

302. Trésor public. La juridiction répressive, qui n'est pas compétente pour réparer le préjudice subi par le Trésor public du fait d'un délit de fraude fiscale, doit en revanche statuer, dans les limites des conclusions de la partie civile, sur le dommage résultant de l'infraction de droit commun dont le prévenu a été déclaré coupable. • Crim. 19 déc. 1973 : *Bull. crim. n° 480.* ♦ En cas d'escroquerie au préjudice du Trésor public, les juges du fond sont souverains pour apprécier, au delà des sommes que l'administration fiscale peut réclamer par la voie des procédures qui lui sont propres, le montant du dommage causé exclusivement par l'infraction de droit commun. • Crim. 9 mars 1972 : *Bull. crim. n° 93* • 19 juin 1978 : *ibid. n° 201* • 15 nov. 1989 : *ibid. n° 422.*

303. Pour fixer à la somme de 6 164 310 € le montant du préjudice de l'État français, l'arrêt relève qu'il est de droit que l'État victime d'un préjudice est recevable en sa demande de dommages-intérêts à l'encontre des auteurs d'infractions pénales quand bien même il exercerait, parallèlement, une action en recouvrement de la taxe fraudée ; les juges ajoutent que le fait que la société L. fasse l'objet d'un redressement fiscal ne peut conduire à limiter la fixation des dommages-intérêts dus en réparation du préjudice causé par les infractions pour lesquelles les prévenus sont condamnés, alors que ne sont pas précisés les fondements exacts dudit redressement et puisque ce redressement ne paraît d'ailleurs pas avoir abouti à un recouvrement effectif des sommes dues par la société ; abstraction faite des motifs, l'un hypothétique, l'autre erroné, mais surabondants, justement critiqués aux moyens, et dès lors que l'action en réparation du dommage résultant du délit d'escroquerie à la TVA est distincte de l'action en recouvrement de la taxe fraudée dans le cadre d'une procédure fiscale, la cour d'appel n'a méconnu aucun des textes visés aux moyens. • Crim. 16 mai 2018, n° 17-81.151 P : *D. actu. 28 mai 2018, obs. Goetz ; D. 2018. 1073 ; Gaz. Pal. 2018, p. 2003, note Mesa.*

304. Caisses de sécurité sociale. L'arrêt attaqué a déclaré un professionnel de santé responsable du préjudice subi par deux organismes sociaux, la CPAM de Roubaix-Tourcoing et la caisse RSI des professions libérales, parties civiles, et l'a condamné à leur verser des sommes en réparation de leur préjudice de désorganisation et de leur préjudice financier résultant des faits commis à leur encontre ; en statuant ainsi, et dès lors que les dispositions des art. L. 133-4 et R. 133-9-1 CSS permettant aux caisses de sécurité sociale d'obtenir la répétition des sommes indûment versées aux professionnels de santé en cas d'inobservation des règles de tarification ou de facturation, ou bien en cas de facturation d'actes non effectués ou de prestations et produits non délivrés, ne font pas obstacle à ce que ces organismes exercent, en application de l'art. 3 C. pr. pén., l'action en réparation du préjudice qu'ils ont subi, la cour d'appel, qui a évalué la réparation des préjudices résultant pour les parties civiles de l'infraction en usant de son pouvoir d'apprécier souverainement, dans la limite des conclusions des parties, l'indemnité propre à réparer le dommage né de l'infraction, a justifié sa décision. • Crim. 16 janv. 2019, n° 17-86.581 P : *D. actu. 19 févr. 2019, obs. Fonteix ; AJ pénal 2019. 218, obs. Hennebois .*

305. ASSEDIC. – UNEDIC. La procédure prévue par le règlement de l'assurance chômage pour le recouvrement des allocations obtenues par fraude n'interdit pas à l'ASSEDIC, lorsque des poursuites pénales sont engagées, de se constituer partie civile pour obtenir la réparation du dommage résultant directement de l'escroquerie dont elle a été victime. • Crim. 26 avr. 1994, n° 93-84.880 P.

306. Le préjudice résultant d'une infraction doit être réparé dans son intégralité, sans perte ni profit pour aucune des parties ; les juges qui ordonnent, à la demande de la partie civile, la publication de la décision de condamnation sont tenus d'en préciser le coût maximum ; pour réparer le préjudice de l'UNEDIC, partie civile non appelante, l'arrêt ordonne la publication de son dispositif, « par voie électronique, sur les sites internet des *Échos* et du *Parisien* », sans en déterminer le coût ; en prononçant ainsi, la cour d'appel a méconnu le sens et la portée des art. 2 et 3 C. pr. pén., ensemble l'art. 1382 C. civ., et du principe ci-dessus énoncé. • Crim. 28 janv. 2009 : *Dr. pénal 2009. 82, obs. Véron.*

307. Groupement des cartes bancaires. Le groupement des cartes bancaires, groupement d'intérêt économique, dont l'objet est notamment la promotion et la défense des intérêts liés à l'instrument de paiement, dénommé carte bancaire, a subi un préjudice direct dont il est en droit de demander réparation à la suite de manœuvres frauduleuses résultant de l'utilisation de 22 cartes bancaires volées au préjudice de divers commerçants pour un montant de 128 133 F. Ce préjudice résulte notamment de l'atteinte portée à la crédibilité du système d'achats par carte bancaire. • Paris, 28 janv. 1999 : *D. Affaires 1999. 673, obs. X. D.* ♦ V., dans le même sens : • Paris, 10 févr. 2000 : *D. 2000. IR 87.*

308. Solidarité. A justifié sa décision, pour établir l'existence d'un lien de connexité, et prononcer en conséquence la solidarité entre les différentes infractions retenues à l'encontre des prévenus, la cour d'appel qui relève que l'escroquerie, réalisée par la création d'associations fictives destinées à recevoir des subventions publiques, a été possible grâce à l'assistance de deux complices, lesquels avaient sciemment falsifié des documents indispensables à l'attribution desdites subventions. • Crim. 5 avr. 2006 : *RSC 2006. 598, obs. Fortis .*

4° CONFLITS DE QUALIFICATIONS

309. Chantage. Il y a tentative d'escroquerie, et non chantage, dans le fait d'individus qui, profitant de la publication dans un journal d'une contravention commise par un cafetier, se sont frauduleusement concertés pour lui inspirer la crainte chimérique de voir fermer son établissement, et pour l'amener à leur remettre de l'argent à l'effet de rémunérer des démarches imaginaires qu'ils promettaient de faire auprès de l'autorité administrative en vue de prévenir cette mesure de rigueur. • Aix-en-Provence, 13 avr. 1877 : *DP 1877. 2. 203.*

310. Concussion. V. obs. Véron, ss. • Crim. 29 nov. 2000 : *préc. note 47.*

311. Démarchage. Le prévenu, dirigeant d'une entreprise, a été poursuivi pour escroquerie ; la partie civile a fait appel à l'entreprise pour faire réparer une chaudière et un employé de celle-ci s'est déplacé à son domicile ; ce dernier a établi un devis pour le remplacement de l'appareil et la partie civile a donné son accord et a remis immédiatement un acompte ; ces faits ne constituent pas une escroquerie, faute de manœuvres frauduleuses ou d'emploi d'une fausse qualité ; en revanche, le prévenu a commis une infraction à la législation sur le démarchage à domicile en ne respectant pas le délai de 7 jours avant l'expiration duquel il ne devait percevoir aucun engagement ou contrepartie de son client. • Versailles, 22 mars 2007 : *JCP 2007. IV. 2914.*

312. Dénonciation calomnieuse. Le fait de dénoncer malicieusement un individu à des magistrats composant une juridiction pénale et d'obtenir ainsi contre lui une condamnation à une peine et, corrélativement, à des dommages-intérêts, constitue une dénonciation calomnieuse et non pas le délit d'escroquerie ; si même tous les éléments du délit d'escroquerie paraissent pouvoir être relevés, ce n'en serait pas moins sous l'inculpation de dénonciation calomnieuse que l'auteur du délit devrait être poursuivi en vertu du principe général du droit pénal *specialia generalibus derogant.* • Paris, 18 févr. 1960 : *D. 1960. 285, note Larguier ; S. 1960. 182, note Hugueney.* ♦ Pour la disqualification en escroquerie au jugement de faits initialement poursuivis pour dénonciation calomnieuse. • Crim. 24 sept. 1996 : *Dr. pénal 1997. 2, obs. Véron ; RSC 1997. 643, obs. Ottenhof.*

313. Exercice illégal d'une profession. Il ne saurait être fait grief à une cour d'appel d'avoir prononcé une double déclaration de culpabilité des chefs de complicité d'escroquerie et de complicité d'exercice illégal de la profession de banquier, dès lors que ces deux infractions sanctionnent la violation d'intérêts distincts et comportent des éléments constitutifs différents ; *en outre, rien ne s'oppose à ce que les prévenus,* reconnus coupables de ces délits, puissent être également retenus comme receleurs des sommes provenant de ces infractions, s'agissant de faits distincts commis à des dates différentes. • Crim. 10 oct. 1996 : *Dr. pénal 1997. 48, obs. Véron.*

314. Falsification de chèque. Caractérise, non le délit d'escroquerie, mais l'infraction de falsification de chèque, le fait de changer sa signature sur un chèque afin d'en éviter le paiement. • Crim. 26 juin 1997 : *Gaz. Pal. 1997. 2, chron. crim. 219.*

315. Faux et usage. Une prévenue ne saurait reprocher à la cour d'appel, qui a prononcé une seule peine dans la limite des maxima encourus, d'avoir retenu les deux qualifications de faux et d'escroquerie, qui sont susceptibles d'être appliquées concurremment dès lors qu'elles sanctionnent la violation d'intérêts distincts. • Crim. 14 nov. 2013, n° 12-87.991 P : *D. actu. 11 déc. 2013, obs. Le Drevo ; AJ pénal 2014. 296, obs. Lasserre Capdeville.*

316. La présentation au payement d'un billet de la loterie nationale falsifié constitue un usage de faux en écritures publiques et non une escroquerie ou une tentative d'escroquerie. • Crim. 16 nov. 1967 : *Bull. crim. n° 295.*

317. Dès lors qu'ils puisent les éléments de leur décision dans les faits mêmes visés à la prévention, les juges peuvent requalifier la prévention d'escroquerie en faux en écriture et usage, lorsque la poursuite comporte un cumul idéal d'infractions, la manœuvre frauduleuse retenue comme caractérisant le délit d'escroquerie étant fondée sur le faux en écriture privé reproché au prévenu (en l'espèce, la requalification présentait un intérêt sous l'angle de l'immunité familiale). • Crim. 25 mai 1992, n° 91-82.934 P. ♦ Les chambres d'accusation ont le pouvoir de modifier et de compléter la qualification donnée aux faits incriminés par le juge d'instruction ; en application de l'art. 202, al. 2, C. pr. pén., elles peuvent statuer sans ordonner une nouvelle information si les chefs de poursuite résultant du dossier de la procédure ont été compris dans les faits pour lesquels la personne a été mise en examen ; n'encourt pas la censure l'arrêt d'une chambre d'accusation qui renvoie devant le tribunal correctionnel pour faux et usage de faux une personne mise en examen pour escroquerie dès lors que les manœuvres qui lui étaient reprochées consistaient en la réalisation d'un faux engagement de caution. • Crim. 1er oct. 1997, n° 96-83.351 P.

318. A commis le délit de faux et usage de faux, prévu et réprimé par l'art. 441-1 C. pén., et non pas celui d'escroquerie visé à l'art. 313-1 du même code, le gérant d'une société de location de voitures qui a, de mauvaise foi, inscrit à l'insu d'une cliente, sur l'empreinte vierge d'une carte bleue que celle-ci lui avait remise, une somme supérieure aux accords contractuels et qui en a perçu le montant. • Crim. 14 mai 1998 : *Gaz. Pal. 1998. 2, chron. crim. 154.*

319. En requalifiant en faux le délit de complicité d'escroquerie reproché au prévenu, pour avoir confectionné sur support informatique un faux tampon du T. com. de Paris ayant permis à l'auteur principal d'établir un faux certificat de vente émanant de cette juridiction et utilisé dans le cadre de ses manœuvres, la cour d'appel a restitué aux faits leur véritable qualification sans rien y ajouter. • Crim. 31 oct. 2000 : *Dr. pénal 2001. 31, obs. Véron.*

320. La règle *non bis in idem* n'est pas applicable lorsque les faits qui ont motivé une première poursuite ne sont pas identiques dans leurs éléments, tant légaux que matériels, aux faits se rapportant à la seconde poursuite ; la relaxe d'un prévenu du chef de faux concernant l'émission de factures ne fait pas obstacle à une nouvelle poursuite de ce prévenu sur le fondement de l'art. 405 C. pén., pour des faits constitutifs d'un délit d'escroquerie commis à l'aide de ces mêmes factures. • Crim. 3 juin 1985 : *Bull. crim. n° 211.*

321. Des faits qui procèdent de manière indissociable d'une action unique caractérisée par une seule intention coupable ne peuvent donner lieu, contre le même prévenu, à deux déclarations de culpabilité de nature pénale, fussent-elle concomitantes ; pour confirmer la décision du tribunal correctionnel, l'arrêt énonce que le délit d'usage d'une fausse attestation ou d'un certificat falsifié, en l'espèce de fausses factures et relevés d'identité bancaire falsifiés au préjudice du Trésor public, est distinct de celui d'escroquerie ou tentative, s'agissant d'intérêts distincts auxquels les agissements du prévenu ont porté atteinte ; mais en prononçant ainsi, alors qu'il se déduisait de ses propres constatations que, dans l'affaire examinée, les faits matériels du délit d'usage d'attestation ou certificat inexact ou falsifié en vue de porter préjudice au Trésor public étaient en tout point identiques à ceux caractérisant les manœuvres frauduleuses de la tentative d'escroquerie commise au préjudice de la même victime et ne procédaient pas d'une intention coupable distincte, la cour d'appel a méconnu le principe sus-énoncé. • Crim. 3 mai 2018, n° 17-82.034 : *Dr. pénal 2018, n° 122, obs. Conte ; Gaz. Pal. 2018, p. 2140, obs. Dreyer.*

322. Le principe *ne bis in idem* ne peut s'appliquer que lorsque les faits poursuivis procèdent de manière indissociable d'une action unique caractérisée par une seule intention coupable ; l'usage des fausses factures auprès de l'administration fiscale pour obtenir une remise indue de TVA, élément matériel des manœuvres caractérisant le délit d'escroquerie, constitue un nouveau fait d'usage au préjudice de l'État français, distinct de la production de ces mêmes factures par le prévenu au préjudice de la société qu'il gérait. • Crim. 16 janv. 2019, n° 18-81.566 P : *D. actu. 29 janv. 2019, obs. Goetz ; D. 2019. 129.*

323. Si lorsqu'un professionnel de santé sollicite d'une caisse d'assurance maladie le remboursement d'actes de soin fictifs en employant de fausses ordonnances, le principe *ne bis in idem* interdit que l'auteur soit condamné à la fois pour usage de faux et escroquerie dès lors qu'un seul et même fait ne peut donner lieu à une déclaration de culpabilité pour plusieurs infractions ; il en va autrement lorsque l'auteur a préalablement lui-même falsifié ces ordonnances pour commettre l'escroquerie, ce qui constitue un fait distinct, autorisant qu'il soit également déclaré coupable du délit de faux. • Crim. 9 sept. 2020, n° 19-84.301 P : *D. actu. 28 oct. 2020, obs. Roques ; Dr. pénal 2020, n° 183, obs. Conte.*

324. Fausse monnaie. Répondant à l'annonce d'un particulier relative à la mise en vente d'un véhicule, le prévenu a payé le vendeur au moyen de 11 billets de 50 €, dont quatre se sont avérés être faux lors de leur dépôt à l'agence bancaire ; est justifiée sa condamnation sous la double qualification d'escroquerie et de mise en circulation de fausse monnaie : d'une part, les deux infractions ne sont pas incompatibles entre elles, comportant des éléments constitutifs différents et sanctionnant des intérêts distincts, d'autre part, une seule peine a été prononcée conformément à l'art. 132-3 C. pén. • Crim. 12 janv. 2005 : *AJ pénal 2005. 240, obs. Redon.*

325. Fraude aux prestations de chômage. V. ss. art. 313-9 ; C. trav., art. L. 365-1.

326. Fraude à la sécurité sociale. D'une part, l'art. L. 135-1 CASF punit la perception frauduleuse des prestations d'aide sociale des peines réprimant l'escroquerie ; l'art. 313-1 C. pén. punit le délit d'escroquerie, au titre des peines principales, de cinq ans d'emprisonnement et de 375 000 € d'amende ; les art. 313-7 et 313-8 du même code déterminent les peines complémentaires applicables ; d'autre part, le fait de se rendre coupable de fraude ou de fausse déclaration pour obtenir le revenu de solidarité active, l'aide personnalisée au logement ou l'allocation aux adultes handicapés est puni d'une amende de 5 000 € par l'art. L. 114-13 CSS, auquel renvoient respectivement les art. L. 262-50 CASF, L. 351-13 CCH et L. 821-5 CSS ; ainsi, des faits qualifiés par la loi de façon identique peuvent, selon le texte d'incrimination sur lequel se fondent les autorités de poursuite, faire encourir à leur auteur soit une peine de cinq ans d'emprisonnement et 375 000 € d'amende, soit une peine de 5 000 € d'amende ; la différence entre les peines encourues implique également des différences relatives à la procédure applicable et aux conséquences d'une éventuelle condamnation ; cette différence de traitement n'est justifiée par aucune différence de situation en rapport direct avec l'objet de la loi ; eu égard à sa nature et à son importance, la différence entre les peines encourues méconnaît le principe d'égalité devant la loi pénale ; par suite, sans qu'il soit besoin d'examiner les autres griefs, l'art. L. 135-1 CASF doit être déclaré contraire à la Constitution. • Cons. const. 28 juin 2013, Décis.

n° 2013-328 QPC : *JO 30 juin, p. 10963 : : D. 2013. 1631* ; *AJ pénal 2013. 471, obs. Belloir* ; *Dr. pénal 2013, n° 141, obs. J.-H. Robert ; ibid., n° 149, obs. Peltier ; Gaz. Pal. 2013. 2. 2977, note Detraz ; RSC 2013. 827, obs. Cerf-Hollender* ; *ibid. 912, obs. de Lamy* .

327. Encourt la cassation l'arrêt qui, pour condamner un prévenu pour escroquerie, se borne à énoncer que l'envoi à une caisse de sécurité sociale de fausses attestations fabriquées par ce prévenu à son bénéfice, en vue d'obtenir des prestations indues, constitue les manœuvres frauduleuses destinées à persuader cet organisme d'un crédit imaginaire, sans constater que l'emploi de ces fausses attestations a été accompagné de faits extérieurs, d'actes matériels, d'une mise en scène ou d'une intervention de tiers propres à leur donner force et crédit ; les fausses attestations incriminées peuvent être, en elles-mêmes, constitutives du délit prévu et réprimé par l'art. L. 409 CSS. • Crim. 6 déc. 1972 : *Bull. crim. n° 381 ; JCP 1974. II. 17674, note Bouloc ; D. 1973. Somm. 23.*

328. L'inobservation par un médecin, lors de la fixation de ses honoraires, de la nomenclature générale des actes professionnels et de la tarification interministérielle correspondante, dans un document soumis à vérification et à discussion de la part de l'organisme social destinataire, ne constitue ni un faux, ni, *a fortiori*, une manœuvre frauduleuse constitutive d'une escroquerie, mais seulement la contravention de cinquième classe prévue par les art. L. 162-38 CSS et 1er du décret du 28 juill. 1988 pris pour son application. • Crim. 25 sept. 1997, n° 96-82.818 P : *Dr. pénal 1998. 3, obs. Véron ; Gaz. Pal. 1998. 2. Somm. 461, note Beslay ; RSC 1999. 103, obs. Ottenhof* .

329. Constitue le délit prévu par l'art. L. 377-1 CSS toute fraude ou fausse déclaration faite sciemment pour obtenir ou tenter d'obtenir des prestations qui ne sont pas dues ; ne justifie pas sa décision la cour d'appel qui, pour retenir que les faits poursuivis – facturation par un chirurgien-dentiste d'actes dont l'exécution ou la cotation n'était pas conforme à la nomenclature générale des actes professionnels, des actes multiples et des actes non exécutés – constituent en réalité la seule contravention prévue et réprimée par les art. L. 162-38 CSS et 1er du décret n° 88-854 du 28 juill. 1988 pris pour son application, relève que l'inobservation de la nomenclature des actes professionnels, qui se traduit par l'envoi à la sécurité sociale de feuilles de soins faisant état d'une surcotation ou de cotation hors nomenclature, mais également d'actes fictifs, ne *saurait constituer un faux ni a fortiori* une *manœuvre* frauduleuse, la feuille de soins ainsi transmise étant un document soumis à discussion et à vérification de la part de l'organisme social destinataire, sans relever en quoi les faits poursuivis ne constituaient pas une fraude ou une fausse déclaration au sens de l'art. L. 377-1 CSS. • Crim. 25 sept. 2001, n° 00-86.455 P. ♦ Un demandeur a été mis en mesure de s'expliquer devant la cour d'appel de renvoi sur la qualification de fraude ou fausses déclarations en vue d'obtenir ou de faire obtenir des prestations de sécurité sociale qui ne sont pas dues, dès lors que l'arrêt de relaxe du chef d'escroquerie, rendu par la première cour d'appel, a été cassé au motif que cette juridiction n'avait pas recherché, comme elle en avait le devoir, si les faits dont elle était saisie ne constituaient pas le délit prévu par les art. L. 377-1 et L. 377-5 CSS. • Crim. 7 janv. 2003, n° 01-88.702 P : *Dr. pénal 2003. 50, obs. J.-H. Robert.*

330. Menaces avec ordre. Le fait de menacer de mort une personne, si elle ne dépose pas une somme d'argent à un endroit indiqué, ne constitue pas le délit d'escroquerie mais celui prévu à l'art. 305 C. pén. (nouvel art. 222-18) • Crim. 21 mai 1963 : *Bull. crim. n° 179.*

331. Publicité mensongère. La publicité de nature à induire en erreur le public, d'une façon générale, indépendamment de tout préjudice, et l'escroquerie au préjudice d'une personne déterminée constituent deux délits matériellement distincts et caractérisés par des éléments différents, et sont donc suceptibles de poursuites sous une double qualification. • Crim. 10 mai 1978 : *Bull. crim. n° 148 ; D. 1978. IR 348, obs. Roujou de Boubée.* ♦ Comp. : • Crim. 5 juin 1975 : *Bull. crim. n° 146 ; Gaz. Pal. 1975. 2. 789, note Delaisi* • Paris, 26 mars 1997 : *Gaz. Pal. 1997. 2. Somm. 514.*

332. Les délits d'escroquerie et de publicité mensongère sont établis dès lors qu'une publicité par voie d'annonce ou démarchage postal promet, contre l'envoi d'une somme d'argent, la fourniture d'une activité à domicile réelle et rémunérée, basée sur le principe de la vente par démultiplication dite « à la boule de neige », consistant à faire de la mise sous pli de documents publicitaires pour des entreprises avec lesquelles le prévenu n'a eu aucun contact. • Caen, 17 oct. 1997 : *D. 1998. IR 21.*

333. Est coupable d'escroquerie et de publicité mensongère le prévenu qui se prétend spécialiste de Van Gogh, organise une exposition de tableaux présentés comme étant des œuvres inédites de l'artiste, et en fait la promotion par l'intermédiaire de la presse. • Rennes, 28 sept. 2000 : *JCP 2001. II. 10592, note Geffroy et Belloir.*

334. Le simple mensonge émanant de la personne poursuivie n'est pas considéré comme une manœuvre frauduleuse, quelle que soit sa gravité, même si c'est lui qui a déterminé la remise des fonds, valeur ou bien visés par l'art. 313-1 C. pén. ; en effet, cette infraction suppose des manœuvres frauduleuses, c'est-à-dire un élément extérieur indépendant du mensonge qui en augmente la puissance de persuasion et tente à convaincre la dupe d'une fausse entreprise ; en l'espèce, les prévenus exerçaient réellement l'activité de marchands de listes et ils auraient pu satisfaire les demandes des candidats à la location d'un appartement ; ils se sont bornés à faire croire à une activité plus intense que celle qu'ils avaient ; ainsi donc si le délit de publicité mensongère est caractérisé, celui d'escroquerie ne l'est pas. • Paris, 29 oct. 1998 : *Gaz. Pal. 1999. 2. Somm. 767.*

335. Recel. • Crim. 10 oct. 1996 : *Dr. pénal 1997, n° 48, obs. Véron* (V. *supra, « Exercice illégal d'une profession »*).

336. Tromperie. – Pratiques commerciales trompeuses. En l'absence de toute manœuvre frauduleuse, la fourniture de marchandises ne présentant pas les qualités prévues par le contrat, peut constituer le délit de tromperie. • Amiens, 5 juill. 1957 : *Gaz. Pal. 1957. 2. 369.* ♦ Pour une requalification en publicité trompeuse (C. consom., art. L. 121-5) de faits initialement poursuivis du chef d'escroquerie, relatifs à la fourniture de prestations astrologiques. • Crim. 23 avr. 1997, n° 96-81.498 P : *D. Affaires 1997. 892 ; Dr. pénal 1997. 114, obs. J.-H. Robert ; RSC 1998. 95, obs. Bouloc.*

337. Le prévenu a été cité devant le tribunal correctionnel du chef d'escroqueries et tentative pour avoir fait paraître des annonces publicitaires en vue de la vente de terrains à bâtir et mis en place un panneau portant la référence d'un permis de construire devenu caduc ; les juges du second degré, après avoir requalifié les faits en pratique commerciale trompeuse et déclaré le prévenu coupable de cette infraction, ont débouté les parties civiles de leurs demandes, au motif que les compromis de vente souscrits par elles et l'acte de vente conclu par les époux Y... précisaient que le terrain n'était pas constructible ; en l'état de ces énonciations, exemptes d'insuffisance comme de contradiction, dont il résulte que le préjudice ne découle pas directement de l'infraction, la cour d'appel, qui a répondu aux chefs péremptoires des conclusions dont elle était saisie, a justifié sa décision. • Crim. 5 mai 2010, n° 09-85.689 : *RDI 2010. 605, obs. Roujou de Boubée ; CCC 2010, com. 286, obs. Raymond ; RSC 2011. 106, obs. Ambroise-Castérot.*

338. Usurpation de titre. L'usurpation du titre de docteur en médecine n'étant pas un élément constitutif du délit d'exercice illégal de la médecine, et cette infraction n'exigeant pas le versement d'une rémunération, l'usage par le prévenu de la fausse qualité de médecin, pour obtenir la remise de sommes d'argent à titre d'honoraires, caractérise le délit d'escroquerie. • Crim. 8 févr. 1995, n° 94-80.960 P : *RSC 1995. 592, obs. Delmas Saint-Hilaire.*

339. Ventes ou prestations « à la boule de neige ». S'est rendu coupable, non du délit d'escroquerie, mais d'infraction à l'art. L. 122-6, 2,° C. consom., réprimée par l'art. L. 122-7 du même code, le prévenu qui a proposé à une personne de collecter des adhésions ou de s'inscrire sur une liste en lui faisant espérer des gains financiers résultant d'une progression géométrique du nombre des personnes recrutées ou inscrites. • TGI Épinal, 3 mars 1998 : *Gaz. Pal. 1998. 2, chron. crim. 95.*

C. PEINES

340. Cumuls. Selon les art. 131-9 et 131-10 C. pén., l'emprisonnement ne peut être prononcé cumulativement avec une des peines privatives ou restrictives de droits prévues par l'art. 136-1 C. pén., sauf si la loi le prévoit expressément ; nul ne peut être puni d'une peine qui n'est pas prévue par la loi ; cassation, pour violation des art. 313-1 et 313-7 C. pén., ensemble les art. 111-3, 131-9 et 131-10 du même code, de l'arrêt qui, après avoir déclaré un prévenu coupable d'escroquerie, le condamne à 1 000 € d'amende, 6 mois de suspension du permis de conduire, et, en outre, à 6 mois d'emprisonnement avec sursis, alors que, d'une part, l'art. 313-1 C. pén. ne prévoit pas le cumul d'une peine d'emprisonnement avec les peines privatives ou restrictives des droits prévus par l'art. 131-6 du même code, et que, d'autre part, l'art. 313-7 n'inclut pas la suspension du permis de conduire parmi les peines complémentaires applicables aux personnes physiques déclarées coupables de délit d'escroquerie. • Crim. 26 oct. 2004, n° 04-84.744 P : *RSC 2005. 67, obs. Fortis.*

341. Peine justifiée. Lorsqu'un arrêt a déclaré à tort auteur d'une escroquerie un individu qui, selon les constatations des juges du fond, avait commis un abus de confiance, l'erreur de qualification relevée ne saurait donner ouverture à cassation, dès lors que la peine prononcée est justifiée par le délit de vol dont le prévenu a été également déclaré coupable, et que les réparations civiles le sont également, les juges ayant, quelle que soit la qualification retenue, l'obligation de réparer dans sa totalité le préjudice résultant de l'infraction réprimée. • Crim. 16 déc. 1991, n° 90-82.822 P.

342. Les juges ne sont pas liés par la qualification donnée aux faits par l'acte qui les saisit, et le devoir qu'ils ont de caractériser les faits qui leur sont déférés et de leur appliquer la loi pénale, conformément aux résultats de l'information effectuée à l'audience, n'est pas contraire à l'art. 6 § 3 a Conv. EDH (droit à l'information de la nature et de la cause de l'accusation) ; n'encourt donc pas la cassation l'arrêt de la cour d'appel qui requalifie la prévention d'escroquerie en faux en écriture et usage, les mêmes faits visés à la prévention constituant au surplus le délit spécifique prévu par l'article unique de la L. du

13 avril 1932 réprimant la fraude en matière de divorce et de séparation de corps et la peine étant justifiée au regard de ce texte. • Crim. 25 mai 1992, n° 91-82.934 P.

Art. 313-2 Les peines sont portées à sept ans d'emprisonnement et à 750 000 € d'amende lorsque l'escroquerie est réalisée :

1° Par une personne dépositaire de l'autorité publique ou chargée d'une mission de service public, dans l'exercice ou à l'occasion de l'exercice de ses fonctions ou de sa mission ;

2° Par une personne qui prend indûment la qualité d'une personne dépositaire de l'autorité publique ou chargée d'une mission de service public ;

3° Par une personne qui fait appel au public en vue de l'émission de titres ou en vue de la collecte de fonds à des fins d'entraide humanitaire ou sociale ;

4° Au préjudice d'une personne dont la particulière vulnérabilité, due à son âge, à une maladie, à une infirmité, à une déficience physique ou psychique ou à un état de grossesse, est apparente ou connue de son auteur ;

(L. n° 2013-1203 du 23 déc. 2013, art. 86) « 5° Au préjudice d'une personne publique, d'un organisme de protection sociale ou d'un organisme chargé d'une mission de service public, pour l'obtention d'une allocation, d'une prestation, d'un paiement ou d'un avantage indu. »

(L. n° 2004-204 du 9 mars 2004, art. 6-X) « Les peines sont portées à dix ans d'emprisonnement et à 1 000 000 € d'amende lorsque l'escroquerie est commise en bande organisée. » — *Pén. 132-71.*

En ce qui concerne l'application des peines prévues aux art. 313-1 et 313-2 C. pén. en cas d'utilisation indue des dénominations de « Caisse nationale des caisses d'épargne et de prévoyance », de « caisse d'épargne et de prévoyance », de « caisse d'épargne » ou de « société locale d'épargne », V. C. mon. fin., art. L. 512-102 et L. 571-11. — ***C. mon. fin.***

1. Appel au public en vue de l'émission de titres (ancien art. 405, al. 2 ; art. 313-2, 3°). L'appel au public, au sens de l'al. 2 de l'art. 405 C. pén., peut être caractérisé par une publicité fallacieuse diffusée par la voie de la presse ou distribuée, et tendant à persuader les tiers d'acquérir les parts d'un groupement d'intérêt économique. • Crim. 9 juin 1980 : *Bull. crim. n° 180.* ♦ Rappr. : • Crim. 5 juin 1975 : *Bull. crim. n° 146* (La Garantie foncière).

2. Par émission d'actions, il faut entendre soit la libération du capital de la société, soit la libération d'une augmentation de son capital, ce qui ne saurait être le cas d'un appel au public d'offre d'acquisition d'actions déjà détenues. • TGI Paris, 10 juill. 1991 : *Gaz. Pal. 1992. 1. 20, note Marchi ; RSC 1992. 581, obs. Bouzat* .

3. Se rend coupable d'escroquerie, l'agent général d'assurance qui obtient des fonds en faisant souscrire à ses clients un placement fictif ou en transformant certains de leurs placements réels en placements fictifs, après avoir diffusé un produit financier qu'il avait proposé à sa compagnie d'assurance, mais qui n'avait encore reçu ni l'accord de diffusion de la compagnie, ni ceux de la COB et du ministère des Finances pour la mise sur le marché, et ayant néanmoins employé des manœuvres frauduleuses pour convaincre ses *clients de souscrire ce placement,* en présentant une plaquette publicitaire, en vantant une rentabilité très avantageuse, affirmation qu'il confortait par l'envoi de faux relevés de compte ; on ne peut toutefois reprocher au prévenu l'emploi d'un appel public à l'épargne : en effet, bien qu'un produit financier proposé par une compagnie d'assurance à une clientèle indéterminée prenne la qualité de titre comme représentant un droit ou une créance civile ou commerciale, éventuellement négociable, il n'y a pas en l'espèce de publicité ouverte envers les tiers, et, de plus, malgré l'existence de plaquettes publicitaires, le produit a été diffusé plus par relations personnelles que par prospection publique. • Chambéry, 19 mars 1997 : *JCP 1997. IV. 2498.*

4. Collecte de fonds (art. 313-2-3°). Il résulte de l'enquête que les deux prévenus se déplaçaient de ville en ville en présentant aux passants un papier laissant croire qu'ils étaient sourds, muets et orphelins pour les déterminer à remettre des fonds prétendument destinés à une association d'aide aux mineurs orphelins sourds et muets ; les premiers juges ont donc justement retenu leur culpabilité du chef d'escroquerie avec cette circonstance que les faits ont été commis en faisant appel au public en vue de collecter des fonds à des fins d'entraide sociale. • Montpellier, 13 avr. 2011 : *JCP G 2011, n° 956.*

5. Personne vulnérable (art. 313-2-4°). Pour la requalification en abus de situation de faiblesse de faits initialement poursuivis du chef d'escroquerie au préjudice d'une personne vulnérable. • Nîmes, 15 nov. 2002 : *RSC 2003. 340, obs. Ottenhof* .

6. Bande organisée (art. 313-2, dern. al.). – QPC. L'escroquerie est un délit contre les biens défini par l'art. 313-1 C. pén. comme « le fait, soit par l'usage d'un faux nom ou d'une fausse qualité, soit par l'abus d'une qualité vraie, soit par l'emploi de manœuvres frauduleuses, de tromper une personne physique ou morale et de la déterminer ainsi, à son préjudice ou au préjudice d'un tiers, à remettre des fonds, des valeurs ou un bien quelconque, à fournir un service ou à consentir un acte opérant obligation ou décharge » ; même lorsqu'il est commis en bande organisée, le délit d'escroquerie n'est pas susceptible de porter atteinte en lui-même à la sécurité, à la dignité ou à la vie des personnes ; en permettant de recourir à la garde à vue selon les modalités fixées par l'art. 706-88 C. pr. pén. au cours des enquêtes ou des instructions portant sur ce délit, le législateur a permis qu'il soit porté à la liberté individuelle et aux droits de la défense une atteinte qui ne peut être regardée comme proportionnée au but poursuivi ; par suite, le 8° *bis* de l'art. 706-73 C. pr. pén. méconnaît ces exigences constitutionnelles et doit être déclaré contraire à la Constitution (consid. 13) ; ni les éléments constitutifs du délit d'escroquerie, ni les circonstances aggravantes de ce délit ne font référence à des faits d'atteinte à la sécurité, à la dignité ou à la vie des personnes ; le fait d'obtenir la remise de fonds, de valeur ou d'un bien quelconque par violence ou menace est qualifié par ailleurs d'extorsion ; en permettant le recours à la garde à vue dans les conditions prévues par l'art. 706-88 C. pr. pén. pour des faits d'escroquerie en bande organisée lorsque les faits ont été commis dans des conditions portant atteinte à la sécurité, à la dignité ou à la vie des personnes ou « aux intérêts fondamentaux de la nation définis à l'art. 410-1 C. pén. », ou si l'un des faits constitutifs de l'infraction a été commis hors du territoire national, les dispositions ajoutées à l'art. 706-88 C. pr. pén. par la L. du 27 mai 2014 n'ont pas mis fin à l'inconstitutionnalité du 8° *bis* de l'art. 706-73 C. pr. pén. (consid. 16). • Cons. const. 9 oct. 2014, n° 2014-420/421 QPC : *AJ pénal 2014. 574, note Perrier*. ♦ L'inscription d'un crime ou d'un délit dans la liste des infractions visées par l'art. 706-73 C. pr. pén. a également pour effet de permettre le recours à ceux des pouvoirs spéciaux d'enquête ou d'instruction prévus par le titre XXV du livre IV C. pr. pén. qui sont applicables à toutes les infractions visées par l'art. 706-73 C. pr. pén. ; par suite, l'appréciation des effets dans le temps de la déclaration d'inconstitutionnalité du 8° *bis* de l'art. 706-73 C. pr. pén. requiert d'apprécier également la conformité à la Constitution du recours à ces pouvoirs spéciaux d'enquête ou d'instruction (consid. 18) ; en permettant le recours à ces pouvoirs spéciaux d'enquête et d'instruction pour les délits d'escroquerie commis en bande organisée, le législateur a estimé que la difficulté d'appréhender les auteurs de ces infractions tient à l'existence d'un groupement ou d'un réseau dont l'identification, la connaissance et le démantèlement posent des problèmes complexes ; eu égard à la gravité du délit d'escroquerie en bande organisée, le législateur a pu, à cette fin, fixer des règles spéciales de surveillance et d'investigation dans les enquêtes et les instructions portant sur une telle infraction ; compte tenu des garanties encadrant la mise en œuvre de ces mesures spéciales d'enquête et d'instruction, les atteintes au respect de la vie privée et au droit de propriété résultant de leur mise en œuvre ne revêtent pas un caractère disproportionné au regard du but poursuivi (consid. 24) ; en premier lieu, l'abrogation immédiate du 8° *bis* de l'art. 706-73 C. pr. pén. aurait pour effet non seulement d'empêcher le recours à une garde à vue de quatre-vingt-seize heures pour des faits d'escroquerie en bande organisée, mais aussi de faire obstacle à l'usage des autres pouvoirs spéciaux de surveillance et d'investigation prévus par le titre XXV du livre IV du même code et aurait dès lors des conséquences manifestement excessives ; afin de permettre au législateur de remédier à l'inconstitutionnalité du 8° *bis* de l'art. 706-73 C. pr. pén., il y a lieu de reporter au 1er sept. 2015 la date de cette abrogation (consid. 25) ; en deuxième lieu, afin de faire cesser l'inconstitutionnalité constatée à compter de la publication de la présente décision, il y a lieu de juger que les dispositions du 8° *bis* de l'art. 706-73 C. pr. pén. ne sauraient être interprétées comme permettant, à compter de cette publication, pour des faits d'escroquerie en bande organisée, le recours à la garde à vue prévue par l'art. 706-88 C. pr. pén. (consid. 26) ; en troisième lieu, la remise en cause des actes de procédure pénale pris sur le fondement des dispositions déclarées inconstitutionnelles méconnaîtrait l'objectif de valeur constitutionnelle de recherche des auteurs d'infractions et aurait des conséquences manifestement excessives ; par suite, les mesures de garde à vue prises avant la publication de la présente décision et les autres mesures prises avant le 1er sept. 2015 en application des dispositions déclarées contraires à la Constitution ne peuvent être contestées sur le fondement de cette inconstitutionnalité (consid. 27). • Même décision.

7. Pour caractériser à l'encontre des prévenus la circonstance aggravante de bande organisée, l'arrêt relève notamment que Mme Z... était en lien étroit avec MM. H... et C..., comme les ayant mis tous deux en rapport, lesquels étaient les principales chevilles ouvrières des faits poursuivis, le premier au stade de la mise en place des livraisons intra-communautaires fictives, le second au stade de l'écoulement, sur le territoire national, des cartes téléphoniques prépayées ; les juges ajoutent, s'agissant de M. X..., que, même si le rôle de ce dernier a été, pour l'essentiel, contingenté à une mission précise, celle de transporter des fonds en liquide, il a assumé ce rôle en sachant parfaitement son importance dans le schéma frauduleux mis en place ; en l'état de ces énonciations, et dès lors qu'elle avait préalablement constaté, notamment, que l'escroquerie avait été conçue et mise en place par M. H... en concertation avec Mme Z... puis M. C..., ce dont il se déduit que l'infraction avait été préméditée et commise au moyen d'une organisation structurée, peu important que les diverses fonctions nécessaires à la mise en œuvre du mode opératoire ainsi conçu n'aient pas été exercées par les mêmes personnes pendant toute la période de commission des faits poursuivis, la cour d'appel a justifié sa décision. • Crim. 16 mai 2018, n° 17-81.151 P : *D. actu. 28 mai 2018, obs. Goetz ; D. 2018. 1073 ; ibid. 2268, obs. Garé ; AJ pénal 2018. 365, obs. Beaussonie ; Gaz. Pal. 2018, p. 2003, note Mesa ; Dr. pénal 2018, n° 148, obs. Conte.*

8. Selon les art. 132-71, 313-2 C. pén., et L. 622-5 CESEDA, la bande organisée, circonstance aggravante réelle des délits d'escroquerie ou d'aide au séjour irrégulier, suppose la démonstration de l'existence d'une organisation structurée, concertée et durable entre ses membres dans le but de commettre les infractions projetées ; les services de la police aux frontières, agissant à la suite d'informations données par la préfecture de l'Essonne, ont fait apparaître l'existence de dossiers de régularisation d'étrangers constitués de faux documents ; les enquêtes préliminaires conduites ont permis d'identifier M. Q... X..., attaché d'administration de la préfecture de l'Essonne en congé formation, qui, se faisant passer pour un avocat, constituait et faisait déposer en préfecture les dossiers d'étrangers venus le consulter ; poursuivi, avec trois autres personnes, des chefs susvisés commis en bande organisée, seul M. Q... X... a été déclaré coupable d'aide au séjour irrégulier et d'escroquerie par le tribunal correctionnel, lequel, par suite de la relaxe des autres personnes poursuivies, n'a, en conséquence, pas retenu la circonstance de bande organisée ; pour retenir la circonstance aggravante réelle, l'arrêt attaqué relève que la bande organisée suppose la préméditation des infractions et une organisation structurée de leurs auteurs, quand bien même un seul des acteurs est, en définitive, poursuivi et que M. Q... X..., se présentant faussement comme avocat et usurpant ce titre, a mis en place une structure, ayant l'apparence d'un cabinet d'avocats dans lequel ont été saisis différents tampons de sociétés commerciales, et pour laquelle il a recruté et salarié des personnes chargées de l'accueil, à son cabinet, des étrangers et de porter, avec eux, les dossiers de régularisation en préfecture ; mais en l'état de ces seuls motifs, impropres à démontrer l'existence d'une organisation structurée et durable entre plusieurs membres, agissant de concert dans le but de commettre les infractions pour lesquelles M. Q... X... a été seul condamné, la cour d'appel a méconnu les textes susvisés. • Crim. 20 juin 2018, n° 17-84.740 : *Gaz. Pal. 2018, p. 3169, obs. Detraz.*

9. Ne bis in idem. Des faits qui procèdent de manière indissociable d'une action unique caractérisée par une seule intention coupable ne peuvent être retenus comme éléments constitutifs d'une infraction et circonstances aggravantes d'une autre infraction ; a méconnu le principe *ne bis in idem* la cour d'appel qui retient des faits constitutifs d'association de malfaiteurs indissociables de ceux caractérisant la bande organisée comme circonstances aggravantes de l'infraction d'escroquerie. • Crim. 16 mai 2018, n° 17-81.151 : *préc. note 7.*

Art. 313-3 La tentative des infractions prévues par la présente section est punie des mêmes peines.

Les dispositions de l'article 311-12 sont applicables au délit d'escroquerie.

Corresp. : *C. pén., anciens art. 380 et 405.*

A. TENTATIVE

1. Répression. L'art. 405 C. pén. réprime explicitement aussi bien la tentative d'escroquerie que le délit d'escroquerie lui-même. • Crim. 25 avr. 1972 : *Bull. crim. n° 142.* ♦ ... Le délit de tentative d'escroquerie pouvant être constitué sans qu'il soit établi que son auteur ait cherché à en tirer un profit personnel. • Crim. 25 oct. 1934 : *Bull. crim. n° 168.*

2. Escroquerie à l'assurance. BIBL. Gatsi, *LPA 1996, n° 76, p. 14* (escroquerie à l'assurance : état des lieux). ♦ En matière d'escroquerie à l'assurance, au sens des art. 405 anc. et 313-1 nouv. C. pén., suffit à constituer le commencement d'exécution, caractérisant la tentative, la déclaration de sinistre faite à l'assureur lorsqu'elle est accompagnée de faits extérieurs destinés à donner force et crédit à la réalité de ce sinistre. • Crim. 6 avr. 1994, n° 93-82.606 P : *Dr. pénal 1994. 158, note Véron ; RSC 1994. 760, obs. Bouloc* • Crim. 26 juin 1997 : *D. 1997. IR 194* . • Crim. 8 sept. 2004 : *Dr. pénal 2005. 13, obs. Véron.* ♦ ... Dans le but d'obtenir, même indirectement, la remise de fonds correspondant à l'indemnisation du dommage. • Crim. 26 juin 1997 : *préc.* ♦ Il n'est pas nécessaire que l'assuré ait fait une demande formelle d'indemnisation. • Crim. 22 févr. 1996, n° 95-81.627 P : *Dr. pénal 1996. 184, obs. Véron ; RSC 1996. 846, obs. Bouloc* .

3. ... Déclaration de sinistre assortie de la production d'un faux document. • Crim. 20 juill. 1933 (deux arrêts) : *Bull. crim. n° 156 et 157* • Crim. 10 mai 1990, n° 89-81.772 P : *RSC 1991. 557, obs. Vitu* • Crim. 22 févr. 1996 : *préc. note 2* (faux certificat de marquage). ♦ ... Déclaration d'un accident fictif corroborée par le témoignage de complaisance d'un tiers, en dehors même de toute demande en justice. • Crim. 14 juin 1977 : *Bull. crim. n° 215 ; D. 1978. 127, note J.-M. Robert ; RSC 1979. 539, obs. Larguier.* ♦ ... Simulation d'un vol avec effraction suivie d'une demande d'indemnité, même si certaines clauses du contrat d'assurances auraient pu faire obstacle au paiement de cette indemnité. • Crim. 7 janv. 1980 : *Bull. crim. n° 8 ; D. 1980. IR 521, obs. Puech ; RSC 1981. 365, obs. Larguier.* ♦ ... Déclaration d'un vol fictif, corroborée par le récépissé d'une plainte. • Crim. 19 avr. 1989 : *Dr. pénal 1989. 11 ; Gaz. Pal. 1989. 2. Somm. 471* • Crim. 3 oct. 1996, n° 95-84.895. ♦ ... Déclaration accompagnée d'un certificat de dépôt de plainte pour vol. • Crim. 6 avr. 1994 : *préc. note 2.* ♦ ... Engagement d'une instance judiciaire en persistant à affirmer que l'incendie était accidentel, alors que le caractère intentionnel du sinistre avait été établi par l'expertise et que, la prévenue se trouvant sur les lieux dès le début du sinistre, elle n'avait pu en ignorer le caractère volontaire. • Crim. 19 déc. 1996 : *RGDA 1997. 586, note Fortis ; JCP 1997. IV. 1538.* ♦ ... Déclaration des dommages matériels subis par un véhicule au cours d'un accident de circulation, dont l'origine a été attribuée au choc arrière provoqué par un autre véhicule, alors que celui-ci n'a eu aucune part à l'accident. • Crim. 26 juin 1997 : *préc. note 2.* ♦ ... Déclaration de sinistre accompagnée d'une déclaration de vol aux autorités compétentes. • Crim. 8 sept. 2004 : *préc. note 2.*

4. La destruction volontaire d'un bien, objet de l'assurance, n'est qu'un acte préparatoire et ne saurait, en l'absence de demande de remboursement présentée par l'assuré, constituer le commencement d'exécution justifiant une condamnation pour tentative d'escroquerie. • Crim. 27 mai 1959 : *Bull. crim. n° 282 ; RSC 1959. 842, obs. Légal* • 22 mai 1984 : *Bull. crim. n° 187 ; D. 1984. 602, note J.-M. Robert ; RSC 1985. 63, obs. Vitu.* ♦ *Contra* : • Crim. 9 janv. 1992 : *Dr. pénal 1992. 176.* ♦ V. cependant : • Crim. 1er juin 1994 : *Dr. pénal 1994. 234, note Véron ; RSC 1995. 102, obs. Ottenhof* (constitue l'emploi de manœuvres frauduleuses au sens de l'art. 405 C. pén. ancien et de l'art. 313-1 C. pén. nouv. la déclaration comme accidentel d'un incendie volontairement provoqué). ♦ De même, ne caractérise pas le commencement d'exécution d'une escroquerie le fait, pour la victime d'un vol, d'avoir gonflé le montant du préjudice subi par elle et détruit les fiches de stock pour rendre les vérifications difficiles sinon impossibles. • Crim. 16 févr. 1983 : *Gaz. Pal. 1983. 2. Somm. 323.*

5. Est une circonstance indépendante de la volonté des prévenus, par laquelle la tentative a manqué son effet, la découverte par une compagnie d'assurances de la surévaluation des factures présentées par les auteurs d'une tentative d'escroquerie. • Crim. 27 avr. 2000 : *Dr. pénal 2000. 137 (2e arrêt), obs. Véron.*

6. La destruction d'un véhicule et la plainte pour vol ne constituent que des actes préparatoires qui ne sauraient, en l'absence de déclaration de sinistre, constituer un commencement d'exécution justifiant une condamnation pour tentative d'escroquerie. • Crim. 17 déc. 2008, n° 08-82.085 P : *AJ pénal 2009. 130, obs. Lasserre Capdeville ; D. 2009. 1796, note Prothais ; ibid. Pan. 2833, obs. Mirabail ; Dr. pénal 2009. 35, obs. Véron.* ♦ ... Pour retenir la culpabilité du prévenu de ce chef, l'arrêt énonce que celui-ci, qui connaissait des difficultés financières et qui ne parvenait pas à revendre son véhicule, a demandé à un ami d'y mettre le feu ; il a ensuite déposé plainte au commissariat de police pour vol de ce véhicule mais a été immédiatement confondu et a reconnu être l'instigateur de cet incendie ; les juges ajoutent qu'il a agi ainsi afin d'obtenir le remboursement de la valeur du véhicule par son assureur ; mais en prononçant ainsi alors que le prévenu n'avait effectué aucune démarche auprès de son assureur pour déclarer le vol de son véhicule, la cour d'appel a méconnu le sens et la portée des art. 121-5 et 313-1 C. pén., 591 et 593 C. pr. pén., et du principe ci-dessus énoncé. • Même arrêt.

7. Les déclarations de vols à la compagnie d'assurance ou aux services de police de véhicules déclarés sinistrés suivies, dans un cas du rachat, de la reconstitution et de la vente du véhicule, et dans l'autre de la conservation et de la dissimulation des pièces permettant cette reconstitution, constituent un stratagème caractérisant les manœuvres frauduleuses de l'escroquerie et le commencement d'exécution de la tentative de ce délit. • Crim. 28 févr. 2012, n° 11-82.953 : *RSC 2012. 865, obs. Matsopoulou.*

8. Pour d'autres exemples de tentative d'escroquerie à l'assurance. • Crim. 8 janv. 1990 : *Dr. pénal 1990. 189* • 19 sept. 1990 : *ibid. 1990. 326* • 17 juill. 1991 : *Dr. pénal 1992. 94 ; RGAT 1991. 930, obs. Kullmann* • Paris, 14 févr. 1956 : *Gaz. Pal. 1956. 1. 427* • 4 déc. 1956 : *ibid. 1957. 1. 71* • T. corr. Seine, 10 juin 1955 : *Gaz. Pal. 1955. 2. 153* • T. corr. Saint-Malo, 22 mai 1959 : *RGAT 1960. 168.* ♦ Pour une tentative non retenue. • Crim. 8 janv. 1990 : *Dr. pénal 1990. 190.*

9. *Escroquerie au jugement.* L'utilisation de pièces mensongères dans une instance judiciaire, faisant entrer le délit dans la période d'exécution, constitue un acte de tentative. • Crim. 4 août 1933 : *Bull. crim. n° 180.* ♦ Dès lors qu'il est question, non seulement d'une rédaction, mais d'une communication à l'adversaire de documents frauduleux, il ne s'agit plus là d'un acte préparatoire, mais d'un commencement d'exécution d'une escroquerie au jugement. • T. corr. Seine, 13 mars 1961 : *Gaz. Pal. 1961. 2. 133.* ♦ Caractérise une tentative d'escroquerie la production d'une fausse facture en justice afin d'obtenir l'application de la clause de garantie du passif mise à la charge de l'ancien dirigeant d'une société : en usant de cette manœuvre frauduleuse, le prévenu a tenté de persuader les juges de l'existence d'un crédit imaginaire. • Crim. 19 sept. 1995 : *JCP 1995. IV. 2663.* Constitue une tentative d'escroquerie le fait pour une partie de présenter sciemment en justice un document mensonger destiné à tromper la religion du juge et susceptible, si la machination n'est pas déjouée, de faire rendre une décision de nature à préjudicier aux intérêts de l'adversaire. • Crim. 26 mars 1998, n° 96-85.636 P.

10. Est coupable de complicité de tentative d'escroquerie le dirigeant d'une société qui fournit des instructions à l'un de ses salariés pour empêcher un expert judiciaire de remplir sa mission et tenter ainsi de tromper un tribunal. • Crim. 6 sept. 2000 : *Dr. pénal 2001. 30, obs. Véron.*

11. Pour relaxer le prévenu du chef de tentative d'escroquerie, l'arrêt énonce que, s'il ne fait pas de doute qu'il a fait établir frauduleusement une facture mentionnant de manière inexacte que la presse offset qu'il avait achetée était vendue avec garantie, en revanche, il n'a jamais invoqué le bénéfice de cette garantie ; les juges ajoutent que, si le prévenu a eu l'intention de commettre une escroquerie, le commencement d'exécution n'est pas caractérisé, le délit étant resté au stade des actes préparatoires ; mais en prononçant ainsi, sans rechercher si, en produisant de mauvaise foi à l'appui d'une action en justice une facture mensongère faisant état d'un prix supérieur à celui réellement acquitté, le prévenu n'avait pas tenté, en trompant la religion du juge, de faire condamner son adversaire à des sommes qui ne sont pas dues, la cour d'appel n'a pas justifié sa décision, d'où il suit que la cassation est encourue. • Crim. 3 juin 2004 : *Dr. pénal 2004. 155, obs. Véron.*

12. Doit être déclaré coupable de tentative d'escroquerie, le prévenu qui a rendu une sentence arbitrale dépourvue de valeur juridique en vue d'obtenir la remise de fonds de la part d'une communauté urbaine en la condamnant au versement de dommages-intérêts ; en effet, la communauté urbaine n'avait conclu aucun compromis d'arbitrage, aucune clause compromissoire, et n'avait confié aucune mission d'arbitrage au prévenu ; en conséquence, le prévenu a faussement pris la qualité d'arbitre ; le commencement d'exécution est caractérisé par l'envoi à la communauté urbaine, par lettre recommandée avec accusé de réception, de la sentence ; la tentative n'a manqué son effet qu'en raison de la vigilance des représentants de la communauté urbaine, ce qui constitue une circonstance indépendante de la volonté de l'auteur. • Nancy, 7 juill. 2005 : *JCP 2006. IV. 2893.*

13. Constitue une tentative d'escroquerie le fait pour une partie de présenter sciemment en justice un document mensonger destiné à tromper la religion du juge et susceptible, si la machination n'est pas déjouée, de faire rendre une décision de nature à préjudicier aux intérêts de l'adversaire ; pour rejeter la demande d'actes supplémentaires formée par la partie civile, et confirmer l'ordonnance de non-lieu entreprise en ce qu'elle a considéré que le délit de tentative d'escroquerie au jugement n'était pas susceptible d'être constitué en l'espèce, l'arrêt énonce que de simples mensonges, à les supposer avérés, même par écrit, ne permettent pas, en l'absence de toute manœuvre frauduleuse, de caractériser ce délit ; les juges ajoutent que l'escroquerie au jugement visée par la partie civile ne saurait *a fortiori* exister, M. X... ayant eu gain de cause de manière définitive devant la chambre sociale de la cour d'appel de Paris ; mais en statuant ainsi, alors que les deux documents argués de faux étaient susceptibles d'avoir été créés dans le seul but d'être produits lors de l'instance prud'homale, afin d'obtenir le rejet des demandes en justice de M. X..., la chambre de l'instruction a méconnu les textes et le principe susvisés ; d'où il suit que la cassation est encore encourue de ce chef. • Crim. 27 juin 2018, n° 17-81.759.

14. Escroquerie aux jeux. • Crim. 8 mars 1884 : *DP 1884. 1. 383* • 8 juin 1912 : *ibid. 1913. 1. 154* • 7 août 1928 : *DH 1928. 466.* ... Aux courses. • Crim. 22 juill. 1920 : *DP 1921. 1. 54 (3e esp.).*

15. Pour relaxer le prévenu du chef de tentative d'escroquerie, l'arrêt énonce que, s'il ne fait pas de doute qu'il a fait établir frauduleusement une facture mentionnant de manière inexacte que la presse offset qu'il avait achetée était vendue avec garantie, en revanche, il n'a jamais invoqué le bénéfice de cette garantie ; les juges ajoutent que, si le prévenu a eu l'intention de commettre une escroquerie, le commencement d'exécution n'est pas caractérisé, le délit étant resté au stade des actes préparatoires ; mais en prononçant ainsi, sans rechercher si, en produisant de mauvaise foi à l'appui d'une action en justice une facture mensongère faisant état d'un prix supérieur à celui réellement acquitté, le prévenu n'avait pas tenté, en trompant la religion du juge, de faire condamner son adversaire à des sommes qui ne sont pas dues, la cour d'appel n'a pas justifié sa décision, d'où il suit que la cassation est encourue. • Crim. 3 juin 2004, n° 03-84.959 : *Dr. pénal 2004. 155, obs. Véron.*

16. Escroquerie à la provision. Pour déclarer le prévenu coupable de tentative d'escroquerie au préjudice d'une banque, l'arrêt retient qu'il s'est présenté à une agence pour se faire ouvrir un compte en remettant quatre chèques d'un montant total de 55 000 F, émis par des particuliers en règlement d'honoraires de négociations immobilières, ainsi qu'un chèque d'un montant de 300 000 F tiré au nom d'un cabinet ; les juges énoncent que, mettant à profit les délais d'encaissement, il a tenté d'obtenir de cette banque le transfert d'une somme de 255 000 F sur un compte qu'il venait d'ouvrir au Luxembourg où il avait formé le projet de s'établir ; ils ajoutent que cette tentative a échoué après que le banquier eut découvert que les quatre premiers chèques étaient frappés d'opposition tandis que le dernier était sans provision ; la cour d'appel retient encore que le prévenu a remis des chèques qu'il venait d'obtenir de clients en contrepartie d'engagements qu'il n'entendait pas honorer et que, s'agissant du chèque de 300 000 F, il ne pouvait ignorer qu'il fût sans provision ; en l'état de ces constatations et énonciations, qui caractérisent en tous ses éléments tant matériel qu'intentionnel le délit de tentative d'escroquerie dont elle a déclaré le prévenu coupable, la cour d'appel a justifié sa décision. • Cass., ass. plén., 18 janv. 2006, n° 02-80.787 P : *D. 2006. 1950, note Père* ; *AJ pénal 2006. 84* ; *Dr. pénal 2006. 49, obs. Véron.*

17. *Escroquerie aux faux chèques.* Il résulte de la combinaison des art. 121-4, 121-5 et 313-1 C. pén. que la tentative d'escroquerie, manifestée par un commencement d'exécution, suspendue ou n'ayant manqué son effet qu'en raison de circonstances indépendantes de la volonté de son auteur, est le fait de tenter, soit par l'usage d'un faux nom ou d'une fausse qualité, soit par l'abus d'une qualité vraie, soit par l'emploi de manœuvres frauduleuses, de tromper une personne en vue de la déterminer ainsi, à son préjudice ou à celui d'un tiers, à remettre des fonds, des valeurs ou un bien, ou à fournir un service, ou encore à consentir à un acte opérant obligation ou décharge ; pour déclarer le prévenu coupable de tentative d'escroquerie, l'arrêt relève qu'en se procurant neuf faux chèques et en insérant chacun de ceux-ci dans une enveloppe « lettre suivie » de la poste portant une adresse à lui remise par un mystérieux donneur d'ordre et en se rendant à [...], loin de son domicile, pour y poster lesdites enveloppes, M. X... a bien commis le commencement d'exécution d'une tentative d'escroquerie, lequel n'a manqué son effet que par suite de circonstances indépendantes de sa volonté, à savoir, la fouille de son véhicule par les douaniers ; mais en statuant ainsi, par des motifs qui ne caractérisent nul commencement d'exécution mais, tout au plus et le cas échéant, des actes préparatoires n'ayant pas pour conséquence directe et immédiate la consommation d'escroqueries, alors que les faux chèques étaient destinés par le prévenu non pas directement à des victimes contre remise recherchée de fonds ou de valeurs ou obtention d'un service ou d'un acte opérant obligation ou décharge mais à des malfaiteurs censés s'en servir comme moyen pour tirer profit de transactions frauduleuses, la cour d'appel, qui n'a pas recherché si les faits pouvaient être qualifiés notamment de tentative d'usage, en connaissance de cause, de chèques contrefaisant, délit visé par le 2 de l'art. L. 163-3 C. mon. fin., a méconnu les textes visés au moyen. • Crim. 16 mai 2018, n° 17-81.686 : *AJ pénal 2018. 364, obs. Delage* ; *JCP G 2018. 1129, obs. Claverie-Rousset.*

18. *Escroquerie à la carte bancaire.* Est coupable de tentative d'escroquerie le prévenu qui a collé sous la fente d'introduction de cartes bleues d'un distributeur automatique de billets temporairement hors service une affichette donnant une marche à suivre en cas de capture de la carte bleue ; il a ainsi tenté de tromper des titulaires de carte bleue pour les déterminer à communiquer leur code alors que la carte, restée bloquée dans le DAB, aurait été subtilisée après leur départ. • Paris, 12 janv. 2009 : *Gaz. Pal. 2009. 2. Somm. 3158, note Lasserre Capdeville.*

19. *Délit impossible.* C'est à bon droit qu'un tribunal a retenu la théorie du délit impossible et relaxé la prévenue, après avoir observé que celle-ci ne pouvait obtenir le passage à quai et l'accès aux rames de transport à l'aide d'un coupon magnétique, dans la mesure où aucun composteur n'existait à cet effet et dès lors qu'il n'y avait eu altération d'aucun document. • Versailles, 5 nov. 1979 : *Gaz. Pal. 1980. 1. 358.* ♦ Confirmation de : • T. corr. Nanterre, 4 mai 1979 : *Gaz. Pal. 1979. 2. 567.*

20. *Repentir actif.* La réparation du préjudice, alors que le délit est consommé, ne saurait effacer l'infraction. • Crim. 9 mai 1979 : *Bull. crim. n° 168.*

21. *Peine justifiée.* Lorsqu'un arrêt a déclaré à tort coupable d'escroquerie l'auteur d'une tentative de ce même délit, l'erreur relevée par la Cour de cassation ne saurait donner ouverture à cassation, la peine étant justifiée. • Crim. 9 mars 1983 : *Bull. crim. n° 76* ; *D. 1984. 209, note Devèze* ; *Gaz. Pal. 1983. 2. 602, note Doucet.*

B. IMMUNITÉ

22. V. également notes ss. art. 311-12. ♦ Pour des applications de l'ancien art. 380 C. pén. à l'escroquerie. • Toulouse, 9 avr. 1851 : *S. 1851. 2. 348* • T. corr. Seine, 27 déc. 1946 : *D. 1947. 158.*

23. Les dispositions de l'art. 311-12 C. pén. applicables au vol entre époux sont expressément étendues au seul délit d'escroquerie par les dispositions de l'art. 313-3 dudit code et donc pas aux délits de falsification de chèque et usage ; ces dispositions constituent en tout état de cause une exception au droit commun et sont par conséquent d'interprétation stricte et restrictive. • Paris, 10 janv. 2002 : *Dr. pénal 2002. 81, obs. Véron.*

SECTION II DES INFRACTIONS VOISINES DE L'ESCROQUERIE

Art. 313-4 *Abrogé par L. n° 2001-504 du 12 juin 2001.*

V. désormais ss. art. 223-15-2 s.

Art. 313-5 **La filouterie est le fait par une personne qui sait être dans l'impossibilité absolue de payer ou qui est déterminée à ne pas payer :**

1° De se faire servir des boissons ou des aliments dans un établissement vendant des boissons ou des aliments ;

2° De se faire attribuer et d'occuper effectivement une ou plusieurs chambres dans un établissement louant des chambres, lorsque l'occupation n'a pas excédé dix jours ;

3° De se faire servir des carburants ou lubrifiants dont elle fait remplir tout ou partie des réservoirs d'un véhicule par des professionnels de la distribution ;

4° De se faire transporter en taxi ou en voiture de place.

La filouterie est punie de six mois d'emprisonnement et de 7 500 € d'amende. – *Pr. pén. 398-1.*

Corresp. : *C. pén., ancien art. 401, et L. 31 mars 1926.*

RÉP. PÉN. v° *Filouterie*, par LACROIX.

1. Constatations. Pour un exemple d'énonciations insuffisantes, ce qui n'a pas permis aux juges du fond de caractériser dans ses éléments constitutifs le délit prévu et réprimé par l'art. 313-5 C. pén. • Crim. 24 janv. 1996 : *Gaz. Pal. 1996. 1, chron. crim. 78 ; RSC 1996. 659, obs. Ottenhof.*

2. Boissons ou aliments. Encourt la cassation l'arrêt qui condamne des prévenus pour s'être fait servir et avoir consommé des aliments et des boissons qu'ils n'ont pas payés, mais qui omet de constater expressément que ces prévenus savaient, en se faisant servir, qu'ils étaient dans l'impossibilité d'acquitter le montant desdits aliments et boissons. • Crim. 21 avr. 1976 : *Bull. crim. n° 120.*

3. Déclare à bon droit le prévenu coupable de filouterie d'aliments la cour d'appel qui énonce qu'après avoir consommé dans un débit de boissons, ce prévenu s'était enfui sans payer lorsque le tenancier avait présenté sa note, qui relève en outre que, de son propre aveu, il détenait une somme insuffisante pour régler les consommations par lui commandées, et qui écarte enfin comme parfaitement invraisemblable son allégation selon laquelle il aurait été invité à boire à discrétion par une personne totalement inconnue et par la suite disparue avant de régler la note. • Crim. 17 mars 1987 : *Gaz. Pal. 1987. 2. Somm. 294, note Doucet.*

4. S'est rendu coupable de filouterie de boissons le prévenu qui a reconnu à l'audience que, de concert avec deux autres personnes, il avait commandé du vin qui n'avait été réglé ni par lui ni par ses amis, étant observé qu'il a déclaré qu'il ne disposait pas de suffisamment d'argent. • Rennes, 3 mai 2000 : *Dr. pénal 2000. 125 (1er arrêt), obs. Véron.*

5. A établi le délit de filouterie l'arrêt qui énonce que la prévenue n'a pas réglé la note du restaurant d'un hôtel, faute d'argent suffisant, alors qu'elle avait commandé des plats coûteux et devait savoir, en voyant leur prix, qu'elle ne pourrait les payer. • Crim. 28 févr. 2018, n° 17-80.242 : *Gaz. Pal. 2018, p. 1124, obs. Dreyer ; RSC 2018. 912, obs. Matsopoulou.*

6. Logement. Les délits de filouterie d'aliments et de logement, prévus et réprimés par l'art. 401, al. 4 et 5, C. pén., exigent, aux termes de l'al. 6, que l'occupation du logement n'ait pas excédé une durée de dix jours ; la circonstance que l'hôtelier ait présenté sa note avant l'expiration de ce délai est inopérante pour interrompre la durée d'occupation du logement et, par là-même, pour conférer aux faits un caractère délictueux qu'ils ne possèdent plus dès que le prévenu a occupé sa chambre dans un hôtel pendant une durée supérieure. • Crim. 25 mars 1965 : *Bull. crim. n° 90 ; D. 1965. 452 ; JCP 1965. II. 14235, rapp. Combaldieu ; Gaz. Pal. 1965. 2. 44* • 13 janv. 1966 : *D. 1966. 400.*

7. La loi pénale s'interprète restrictivement ; la filouterie hôtelière prévue par l'art. 313-5-2° s'entend exclusivement de l'attribution et de l'occupation effective d'une chambre et ne s'étend pas au non-paiement de prestations annexes telles que des communications téléphoniques. • Rennes, 3 mai 2000 : *Dr. pénal 2000, n° 125 (1er arrêt), obs. Véron.*

8. Pour déclarer les prévenus coupables de filouteries de chambre à louer, la cour d'appel énonce qu'ils ont séjourné en demi-pension dans un hôtel du 13 oct. au 4 nov., puis du 11 au 28 nov. 2002, et qu'ils avaient conscience qu'ils seraient dans l'impossibilité de payer la facture ; la cour d'appel n'a pas justifié sa décision dès lors que les occupations ont excédé dix jours et ne caractérisent donc pas le délit de filouterie. • Crim. 29 nov. 2005, n° 05-84.614 P : *D. 2006. Pan. 1656, obs. Mirabail ; AJ pénal 2006. 85 ; Dr. pénal 2006. 35, obs. Véron ; JCP 2005. IV. 3799.*

9. Carburant. Le prévenu est poursuivi pour filouterie au carburant ; cependant, dans la mesure où il s'agissait de stations libre-service, il s'est servi lui-même le carburant qu'il n'a pas payé ; les faits constituent donc non une filouterie, mais un vol. • Montpellier, 25 sept. 2008 : *JCP 2008. IV. 2964.*

10. Transport. Une ambulance destinée au transport des malades et dont l'exploitation n'est pas subordonnée à l'obtention d'un permis de stationnement sur la voie publique ne rentre pas dans la catégorie des voitures de place visée par la L. du 31 mars 1926. • Crim. 15 mai 1973 : *Bull. crim. n° 220 ; Gaz. Pal. 1973. 2. 572.*

11. L'art. 313-5, § 4, C. pén. réprime la filouterie de voiture de place ; une voiture de place est un véhicule loué sur la voie publique, voie publique sur laquelle son propriétaire est titulaire d'un droit de place ; tel n'est pas le cas d'un car de transport en commun. • Toulouse, 12 oct. 2000 : *D. 2001. Somm. 2349, obs. Mirabail* ✎.

Art. 313-6 **Le fait, dans une adjudication publique, par dons, promesses, ententes ou tout autre moyen frauduleux, d'écarter un enchérisseur ou de limiter les enchères ou les soumissions, est puni de six mois d'emprisonnement et de 22 500 € d'amende. Est puni des mêmes peines le fait d'accepter de tels dons ou promesses.**

Est puni des mêmes peines :

1° Le fait, dans une adjudication publique, d'entraver ou de troubler la liberté des enchères ou des soumissions, par violences, voies de fait ou menaces ;

2° Le fait de procéder ou de participer, après une adjudication publique, à une remise aux enchères sans le concours de l'officier ministériel *(L. n° 2011-850 du 20 juill. 2011, art. 48-II)* **« ou du courtier de marchandises assermenté compétent ou d'un opérateur de ventes volontaires de meubles aux enchères publiques déclaré ».**

La tentative des infractions prévues au présent article est punie des mêmes peines.

Corresp. : *C. pén., ancien art. 412.*

RÉP. PÉN. v° *Entrave à la liberté des enchères*, par REDON.

1. Ratio legis et domaine de l'incrimination. Les dispositions de l'art. 412 C. pén. sont générales et comprennent toutes les espèces d'adjudications, qu'elles soient forcées ou volontaires. • Crim. 29 déc. 1893 : *Bull. crim. n° 376 ; DP 1894. 1. 459.* ♦ ... Ou faites par voie de rabais sur une somme préalablement fixée. • Crim. 5 juin 1896 : *Bull. crim. n° 182 ; DP 1897. 1. 133.*

2. Les dispositions de l'art. 412 C. pén., édictées dans l'intérêt du débiteur et de ses créanciers, afin que les choses saisies soient vendues à leur juste valeur, protègent non seulement la liberté des enchères, mais aussi, après l'adjudication d'un immeuble, l'exercice du droit de surenchère. • Crim. 18 mars 1848 : *Bull. crim. n° 72 ; DP 1848. 1. 80* • 2 févr. 1884 : *Bull. crim. n° 27 ; DP 1884. 1. 373* • 12 mai 1975 : *Bull. crim. n° 123 ; D. 1975. Somm. 78.*

3. Les peines de l'art. 412 C. pén. sont applicables, bien que l'adjudication n'ait pas été annulée. • Crim. 30 déc. 1875 : *DP 1876. 5. 190.*

4. Promesses. Commet le délit prévu par l'art. 412, al. 2, C. pén. l'acheteur éventuel qui accepte, au cours d'une vente, la promesse d'une somme d'argent à lui faite sous la condition qu'il cesse d'enchérir ; l'infraction étant consommée par l'acceptation de la promesse, il n'importe que, celle-ci ayant été rétractée, son auteur ait ultérieurement recommencé à participer aux enchères. • Crim. 6 mai 1970 : *Bull. crim. n° 155 ; D. 1970. 445.*

5. Ententes. Pour qu'il y ait infraction à l'art. 412 C. pén., il n'est pas nécessaire que l'entente soit clandestine, ni qu'elle ait pour but de tromper ceux à qui sont proposées les soumissions ou adjudications ; la loi réprime toute entente qui a pour dessein de limiter les enchères ou les soumissions, quel que soit le mobile de cette entente. • Crim. 20 mai 1958 : *Bull. crim. n° 407.*

6. Il y a délit d'entrave à la liberté des enchères dans le fait d'individus qui, venus isolément à une adjudication avec l'intention de surenchérir chacun individuellement la totalité des biens mis en vente, se concertent soudainement pour acquérir ces biens à vil prix, sous promesse réciproque de se les partager entre eux également. • Crim. 15 mai 1857 : *DP 1857. 1. 313 ; S. 1857. 1. 790* • 19 juin 1874 : *DP 1875. 1. 238.*

7. Le fait de monnayer, par une entente avec l'adjudicataire, une renonciation à un projet de surenchère dont la réalisation eût entraîné une adjudication nouvelle, écarte par là même des enchérisseurs possibles, et porte, dès lors, atteinte aux intérêts que la loi a entendu protéger. • Crim. 25 nov. 1953 : *Bull. crim. n° 310 ; D. 1954. 45 ; JCP 1954. II. 7955 ; Gaz. Pal. 1954. 1. 173* (engagement par le prévenu de ne pas exercer son droit de surenchère, moyennant la remise d'une somme d'argent par l'adjudicataire) • 12 mai 1975 : *Bull. crim. n° 123 ; D. 1975. Somm. 78* (tentative de corruption de l'adjudicataire, en contrepartie d'une abstention de surenchérir).

8. De même, constitue une entente frauduleuse la convention par laquelle un surenchérisseur s'engage à porter les enchères à un niveau plus élevé, en contrepartie de la renonciation par le bénéficiaire d'un bail commercial de toute indemnité d'éviction, cette situation ayant pour effet d'interdire à l'enchérisseur initial de se voir déclarer adjudicataire, sauf à payer un prix excessif, compte tenu de la nécessité où il se trouve, quant à lui, d'ajouter au prix d'adjudication le montant de l'indemnité d'éviction. • Crim. 18 oct. 1982 : *Bull. crim. n° 220 ; Gaz. Pal. 1983. 1. 135, note Marchi.* ♦ Rejet du pourvoi contre : • Paris, 21 janv. 1982 : *D. 1982. IR 353.*

9. Mais le délit d'entrave n'est pas caractérisé à l'encontre d'époux surenchérisseurs, qui ont constitué, avec leurs enfants, une société civile immobilière, afin de consentir un prêt au débiteur saisi, leur proche parent, et lui permettre ainsi d'acquitter sa dette. • Crim. 22 juin 1994, n° 92-86.292 P.

10. Violences, voies de fait, menaces. Est une menace, au sens de l'art. 412 C. pén., et caractérise le délit d'entrave à la liberté des enchères, le fait, par un syndicat d'éditeurs ou de libraires, de défendre aux libraires-détaillants de consentir des soumissions aux adjudications publiques avec un rabais dépassant un maximun, sous peine de se voir priver des avantages qui leur avaient été consentis. • Crim. 20 mars 1926 : *DH 1926. 218.*

11. Constitue le délit d'entrave à la liberté des enchères, le fait, par de nombreuses personnes, de s'être réunies à l'occasion d'une vente, et d'avoir poussé des cris hostiles en vue de l'empêcher, afin d'impressionner les acheteurs éventuels par ces menaces et violences morales, et de rendre ainsi toute enchère impossible. • T. corr. Coutances, 6 juill. 1953 : *D. 1954. 16.*

12. Mais ne saurait constituer une menace : ... l'avertissement donné à un enchérisseur par le propriétaire de l'immeuble dans lequel est installé le fonds de commerce mis en vente qu'il ne lui consentira pas de bail. • Crim. 3 nov. 1944 : *Bull. crim. n° 172 ; S. 1945. 1. 5.* ♦ Comp. : • T. corr. Lyon, 28 juill. 1941 : *DA 1941. 367.* ♦ ... La publication, par le maire d'une commune, qu'une enquête en vue de faire déclarer d'utilité publique l'acquisition par la commune d'un bien immobilier vendu aux enchères est organisée, et qu'il y aura lieu de traiter avec les nouveaux acquéreurs. • Crim. 22 nov. 1988 : *Bull. crim. n° 396.*

13. Conflit de qualifications. Ne justifie pas sa décision la cour d'appel qui, pour condamner le prévenu du chef d'entrave à la liberté des enchères, retient que ce dernier a proposé, contre paiement d'une somme, de s'abstenir d'enchérir, puis est intervenu dans le cours des enchères, sans caractériser en quoi il avait porté atteinte à la liberté des enchères par la mise à l'écart d'éventuels enchérisseurs, et sans rechercher si les faits n'étaient pas susceptibles de revêtir la qualification de tentative d'escroquerie. • Crim. 30 mars 2005, n° 04-85.890 P : *AJ pénal 2005. 287, obs. Redon ; JCP 2005. IV. 2135 ; Dr. pénal 2005. 111, obs. Véron.*

14. Prescription. L'entrave aux enchères publiques est un délit instantané, consommé par l'acceptation d'un don ou d'une promesse en contrepartie de la renonciation à enchérir. • Crim. 5 juin 2007, n° 05-87.782 P : *AJ pénal 2007. 382*

Art. 313-6-1 *(L. n° 2003-239 du 18 mars 2003, art. 57)* **Le fait de mettre à disposition d'un tiers, en vue qu'il y établisse son habitation moyennant le versement d'une contribution ou la fourniture de tout avantage en nature, un bien immobilier appartenant à autrui, sans être en mesure de justifier de l'autorisation du propriétaire ou de celle du titulaire du droit d'usage de ce bien, est puni d'un an d'emprisonnement et de 15 000 € d'amende.**

Escroquerie au logement. Pour une première application : • Paris, 18 oct. 2005 : *Dr. pénal 2006. 90, obs. Véron.*

Art. 313-6-2 *(L. n° 2012-348 du 12 mars 2012)* **Le fait de vendre, d'offrir à la vente ou d'exposer en vue de la vente ou de la cession ou de fournir les moyens en vue de la vente ou de la cession des titres d'accès à une manifestation sportive, culturelle ou commerciale ou à un spectacle vivant, de manière habituelle et sans l'autorisation du producteur, de l'organisateur ou du propriétaire des droits d'exploitation de cette manifestation ou de ce spectacle, est puni de 15 000 € d'amende. Cette peine est portée à 30 000 € d'amende en cas de récidive.**

Pour l'application du premier alinéa, est considéré comme titre d'accès tout billet, document, message ou code, quels qu'en soient la forme et le support, attestant de l'obtention auprès du producteur, de l'organisateur ou du propriétaire des droits d'exploitation du droit d'assister à la manifestation ou au spectacle.

BIBL. ▶ JOSEPH-RATINEAU, *Rev. pénit. 2012. 769* (loi n° 2012-348 du 12 mars 2012 tendant à faciliter l'organisation des manifestation sportives et culturelles).

QPC. Les sociétés requérantes, rejointes par l'un des intervenants, reprochent aux dispositions de l'art. 313-6-2 de méconnaître le principe de légalité des délits et des peines en raison de l'imprécision de la notion de vente « de manière habituelle » ; selon elles, ces dispositions violeraient également le principe de nécessité des délits et des peines dès lors qu'aucun des objectifs poursuivis par le législateur ne justifierait l'interdiction de la revente des titres d'accès à une manifestation sportive, culturelle ou commerciale, ou à un spectacle vivant ; elles font valoir, à cet égard, que d'autres dispositions législatives en vigueur permettraient d'éviter les troubles à l'ordre public lors des manifestations sportives ainsi que la revente frauduleuse ou spéculative de tels titres ; pour les mêmes motifs, elles dénoncent une atteinte disproportionnée à la liberté d'entreprendre ; enfin, le droit de propriété serait également méconnu dès lors que ces dispositions auraient pour effet d'interdire à une personne ayant acheté un titre d'accès de le revendre ; l'un des intervenants conclut également, pour ce même motif, à l'existence d'une atteinte inconstitutionnelle à la liberté contractuelle (§ 2). • Cons. const. 14 déc. 2018, n° 2018-754 QPC : *D. 2018. 2416* ; *ibid. 2019. Pan. 2320, obs. Roujou de Boubée* ; *Dr. pénal 2019, n° 44, obs. Conte.* ♦ Sur les griefs tirés de la méconnaissance des principes de nécessité et de légalité des délits et des peines : si la nécessité des peines attachées aux infractions relève du pouvoir d'appréciation du législateur, il incombe au Cons. const. de s'assurer de l'absence de disproportion manifeste entre l'infraction et la peine encourue (§ 3) ; le législateur tient de l'art. 34 Const., ainsi que du principe de légalité des délits et des peines qui résulte de l'art. 8 DDHC 1789, l'obligation de fixer lui-même le champ d'application de la loi pénale et de définir les crimes et délits en termes suffisamment clairs et précis pour exclure l'arbitraire (§ 4) ; en premier lieu, en instituant les dispositions contestées, le législateur a, d'une part, entendu prévenir les troubles à l'ordre public dans certaines manifestations, notamment sportives ; en effet, la mise en œuvre de certaines mesures de sécurité, comme les interdictions administratives ou judiciaires d'accès à ces manifestations ou le contrôle du placement des spectateurs, qui reposent sur l'identification des personnes achetant ces titres, peut être entravée par la revente des titres d'accès (§ 5) ; d'autre part, le législateur a également souhaité garantir l'accès du plus grand nombre aux manifestations sportives, culturelles, commerciales, et aux spectacles vivants ; en effet, l'incrimination en cause doit permettre de lutter contre l'organisation d'une augmentation artificielle des prix des titres d'accès à ces manifestations et spectacles (§ 6) ; en deuxième lieu, la vente de titres d'accès et la facilitation de la vente ou de la cession de tels titres ne sont prohibées que si elles s'effectuent sans l'autorisation du producteur, de l'organisateur ou du propriétaire des droits d'exploitation de la manifestation ou du spectacle (§ 7) ; en dernier lieu, il résulte des travaux parlementaires qu'en ne visant que les faits commis « de manière habituelle », le législateur n'a pas inclus dans le champ de la répression les personnes ayant, même à plusieurs reprises, mais de manière occasionnelle, vendu, cédé, exposé ou fourni les moyens en vue de la vente ou de la cession des titres d'accès à une manifestation ou à un spectacle (§ 8) ; il résulte de ce qui précède que l'infraction ainsi définie ne méconnaît ni le principe de nécessité des délits et des peines, ni celui de légalité des délits et des peines (§ 9). • Même décision. ♦ Sur les autres griefs : il est loisible au législateur d'apporter aux conditions d'exercice du droit de propriété des personnes privées, protégé par l'art. 2 DDH, ainsi qu'à la liberté d'entreprendre et à la liberté contractuelle, qui découlent de son art. 4, des limitations liées à des exigences constitutionnelles ou justifiées par l'intérêt général, à la condition qu'il n'en résulte pas d'atteintes disproportionnées au regard de l'objectif poursuivi (§ 10) ; compte tenu, d'une part, des objectifs de valeur constitutionnelle et d'intérêt général énoncés, d'autre part, de ce que le législateur a réprimé la seule revente de titres d'accès, sa facilitation et celle de la cession de tels titres, uniquement lorsqu'elles sont réalisées à titre habituel et sans l'accord préalable des organisateurs, producteurs ou propriétaires des droits d'exploitation, le législateur n'a méconnu ni la liberté d'entreprendre, ni la liberté contractuelle, ni le droit de propriété (§ 11). • Même décision. ♦ L'art. 313-6-2, qui ne méconnaît aucun autre droit ou liberté que la Const. garantit, doit être déclaré conforme à la Const. (§ 12). • Même décision. ♦ *Adde* : P.-Y. Gautier, *JCP G 2019. 37* (du risque pénal à méconnaître la nature juridique de « billets-contrats », à l'occasion de leur revente).

SECTION III **PEINES COMPLÉMENTAIRES APPLICABLES AUX PERSONNES PHYSIQUES ET RESPONSABILITÉ DES PERSONNES MORALES**

Art. 313-7 Les personnes physiques coupables de l'un des délits prévus aux articles 313-1, 313-2 *(L. n° 2003-239 du 18 mars 2003, art. 57)* « , 313-6 et 313-6-1 » encourent également les peines complémentaires suivantes :

1° L'interdiction des droits civiques, civils et de famille, suivant les modalités prévues par l'article 131-26 ;

2° *(L. n° 2008-776 du 4 août 2008, art. 70)* « L'interdiction, suivant les modalités prévues par l'article 131-27, soit d'exercer une fonction publique ou d'exercer l'activité professionnelle ou sociale dans l'exercice ou à l'occasion de l'exercice de laquelle l'infraction a été commise, soit d'exercer une profession commerciale ou industrielle, de diriger, d'Administrer de gérer ou de contrôler à un titre quelconque, directement ou indirectement, pour son propre compte ou pour le compte d'autrui, une entreprise commerciale ou industrielle ou une société commerciale. Ces interdictions d'exercice peuvent être prononcées cumulativement ; »

3° La fermeture, pour une durée de cinq ans au plus, des établissements ou de l'un ou de plusieurs des établissements de l'entreprise ayant servi à commettre les faits incriminés ; — *Pén. 131-33.*

4° La confiscation de la chose qui a servi ou était destinée à commettre l'infraction ou de la chose qui en est le produit, à l'exception des objets susceptibles de restitution ; — *Pén. 131-21.*

5° L'interdiction de séjour, suivant les modalités prévues par l'article 131-31 ;

6° L'interdiction, pour une durée de cinq ans au plus, d'émettre des chèques autres que ceux qui permettent le retrait de fonds par le tireur auprès du tiré ou ceux qui sont certifiés ; — *Pén. 131-19.*

7° L'affichage ou la diffusion de la décision prononcée dans les conditions prévues par l'article 131-35.

(L. n° 2009-1437 du 24 nov. 2009, art. 50) « Les personnes physiques ou morales coupables du délit prévu à la présente section encourent également la peine complémentaire suivante : interdiction de l'activité de prestataire de formation professionnelle continue au sens de l'article L. 6313-1 du code du travail pour une durée de cinq ans. »

1. Légalité des peines. Selon les art. 131-9 et 131-10 C. pén., l'emprisonnement ne peut être prononcé cumulativement avec une des peines privatives ou restrictives de droits prévues par l'art. 136-1 C. pén., sauf si la loi le prévoit expressément ; nul ne peut être puni d'une peine qui n'est pas prévue par la loi ; cassation, pour violation des art. 313-1 et 313-7 C. pén., ensemble les art. 111-3, 131-9 et 131-10 du même code, de l'arrêt qui, après avoir déclaré un prévenu coupable d'escroquerie, le condamne à 1 000 € d'amende, 6 mois de suspension du permis de conduire, et, en outre, à 6 mois d'emprisonnement avec sursis, alors que, d'une part, l'art. 313-1 C. pén. ne prévoit pas le cumul d'une peine d'emprisonnement avec les peines privatives ou restrictives des droits prévus par l'art. 131-6 du même code, et que, d'autre part, l'art. 313-7 n'inclut pas la suspension du permis de conduire parmi les peines complémentaires applicables aux personnes physiques déclarées coupables de délit d'escroquerie. • Crim. 26 oct. 2004, n° 04-84.744 P : *D. 2004. IR 3195* ; *RSC 2005. 67, obs. Fortis*.

2. Non bis in idem. La peine complémentaire d'interdiction d'exercer une fonction publique ou une activité professionnelle ou sociale prévue en matière pénale et la sanction disciplinaire de la destitution étant de nature différente, leur cumul échappe aux prévisions de l'art. 4, § 1, du Protocole n° 7 à la Conv. EDH ; dès lors, viole ce texte, comme l'art. 3 de l'Ord. n° 45-1418 du 28 juin 1945 relative à la discipline des notaires et de certains officiers ministériels, la cour d'appel qui, pour dire n'y avoir lieu à sanction disciplinaire à l'égard d'un notaire définitivement condamné à une peine complémentaire d'interdiction professionnelle temporaire par le juge pénal, retient que ce cumul de sanctions contreviendrait au principe *non bis in idem* édicté par le premier texte, tel qu'interprété par la CEDH. • Civ. 1re, 9 avr. 2015, n° 14-50.012 P : *D. actu. 11 mai 2015, obs. Kilgus.*

Art. 313-8 Les personnes physiques coupables de l'un des délits prévus aux articles 313-1, 313-2 *(L. n° 2003-239 du 18 mars 2003, art. 57)* « , 313-6 et 313-6-1 » encourent également l'exclusion des marchés publics pour une durée de cinq ans au plus. — *Pén. 131-34.*

Art. 313-9 *(L. n° 2009-526 du 12 mai 2009, art. 124-I)* « Les personnes morales déclarées responsables pénalement, dans les conditions prévues par l'article 121-2, des infractions définies aux articles 313-1 à 313-3 *(L. n° 2012-348 du 12 mars 2012)* « et aux articles 313-6-1 et 313-6-2 » encourent, outre l'amende suivant les modalités prévues par l'article 131-38, les peines prévues par *(Abrogé par L. n° 2009-1437 du 24 nov. 2009, art. 50) « les 2° à 9° de »* l'article 131-39. »

L'interdiction mentionnée au 2° de l'article 131-39 porte sur l'activité dans l'exercice ou à l'occasion de l'exercice de laquelle l'infraction a été commise.

BIBL. ► Bouloc, *D. 2009. 2286* (responsabilité des personnes morales : une bévue législative ?). – Mascala, *D. 2010. Pan. 1663* (la loi du 24 novembre 2009 : la dissolution des personnes morales condamnées pour escroquerie réintroduite). – Planque, *D. 2009. 2287* (l'Église de scientologie miraculeusement sauvée de la dissolution ?).

Loi du 27 septembre 1941,

Relative aux déclarations inexactes des créanciers de l'État ou des collectivités publiques.

Art. 1er *(Abrogé par L. no 2013-1203 du 23 déc. 2013, art. 86) Quiconque aura souscrit une déclaration sciemment inexacte ou incomplète en vue d'obtenir de l'État, des départements, des communes ou des collectivités publiques, un payement ou avantage quelconque indu, ou payement en fraude des droits d'un créancier régulièrement nanti ou opposant, sera puni d'un emprisonnement de cinq ans et de 3 750 € d'amende, ou de l'une seulement de ces peines.*

Art. 2 La loi du 22 octobre 1940, relative aux déclarations inexactes des fournisseurs de l'État, est abrogée.

Loi no 50-854 du 21 juillet 1950,

Relative au développement des dépenses d'investissement pour l'exercice 1950 (prêts et garanties).

Art. 7 Quiconque aura, de mauvaise foi, détourné de leur objet tout ou partie de fonds provenant d'un prêt consenti au titre du fonds de modernisation et d'équipement sera puni des peines prévues par *(L. no 92-1336 du 16 déc. 1992)* « les articles 313-1, 313-7 et 313-8 » du code pénal.

Code du travail

(Ord. no 2007-329 du 12 mars 2007 ; ratifiée par L. no 2008-67 du 21 janv. 2008, entrée en vigueur le 1er mai 2008)

Art. L. 5124-1 *(L. no 2013-1203 du 23 déc. 2013, art. 86)* Sauf constitution éventuelle du délit d'escroquerie, défini et sanctionné à l'article 313-1, au 5° de l'article 313-2 et à l'article 313-3 du code pénal, le fait de bénéficier ou de tenter de bénéficier frauduleusement des allocations mentionnées *(L. no 2018-1317 du 28 déc. 2018, art. 272)* « aux articles L. 5122-1 et L. 5123-2 *[ancienne rédaction : à l'article L. 5123-2]* » du présent code est puni des peines prévues à l'article 441-6 du code pénal. Le fait de faire obtenir frauduleusement ou de tenter de faire obtenir frauduleusement ces allocations est puni de la même peine. — *[Anc. art. L. 365-1.]*

....

Art. L. 5429-1 *(L. no 2013-1203 du 23 déc. 2013, art. 86)* Sauf constitution éventuelle du délit d'escroquerie défini et sanctionné à l'article 313-1, au 5° de l'article 313-2 et à l'article 313-3 du code pénal, le fait de bénéficier ou de tenter de bénéficier frauduleusement des allocations d'aide aux travailleurs privés d'emploi définies au présent livre *(Abrogé par L. no 2016-1917 du 29 déc. 2016, art. 87, à compter d'une date fixée par décret et au plus tard le 1er sept. 2017) «, y compris la prime forfaitaire instituée par l'article L. 5425-3 du présent code, »* est puni des peines prévues à l'article 441-6 du code pénal. Le fait de faire obtenir frauduleusement ou de tenter de faire obtenir frauduleusement ces allocations et cette prime est puni de la même peine.

Ancien art. L. 5429-1 *Sous réserve de la constitution éventuelle du délit d'escroquerie défini et sanctionné aux articles 313-1 et 313-3 du code pénal, le fait de bénéficier ou de tenter de bénéficier frauduleusement des allocations d'aide aux travailleurs privés d'emploi définies au présent livre, y compris la prime forfaitaire instituée par l'article L. 5425-3, est puni d'une amende de 4 000 €.* (L. no 2008-126 du 13 févr. 2008) *« Le fait de faire obtenir frauduleusement ou de tenter de faire obtenir frauduleusement les allocations et la prime susmentionnées est puni de la même peine. »*

....

Ancien art. L. 365-1 (L. no 73-4 du 2 janv. 1973 ; L. no 2006-339 du 23 mars 2006, art. 16-1°) *Sous réserve de la constitution éventuelle du délit défini et sanctionné aux articles 313-1 et 313-3 du code pénal, le fait de bénéficier frauduleusement ou de tenter de bénéficier frauduleusement des allocations d'aide aux travailleurs privés d'emploi définies au titre V du présent livre, y compris la prime instituée par l'article L. 351-20, des allocations visées à l'article L. 322-4 et* *de la prime instituée par l'article L. 322-12 est passible d'une amende de 4 000 €. En cas de récidive, ce montant est porté au double.*

1. Caractérisent les éléments constitutifs du délit prévu par l'art. L. 365-1 C. trav., qui sanctionne l'inobservation frauduleuse des prescriptions de l'art. L. 351-1 dudit code, les juges du fond qui ont souverainement relevé que le prévenu exerçait une activité (bénévolat à temps plein au service d'une association) ne lui permettant pas d'accomplir des actes positifs de recherche d'emploi, et en ont déduit à bon droit, sans excéder leurs pouvoirs, qu'il avait ainsi obtenu frauduleusement des allocations de chômage. • Crim. 27 févr. 1996, n° 93-85.619 P : *Dr. pénal 1996. 112, obs. Robert ; Dr. soc. 1996. 593, obs. J. Savatier*. ♦ Pour se déterminer sur la prévention de fraude aux prestations de chômage, les juridictions du fond doivent rechercher si l'activité exercée par le prévenu, fût-elle bénévole, alors qu'il percevait le revenu de remplacement versé par l'Assedic, lui permettait d'accomplir des actes positifs de recherche d'emploi, conformément aux dispositions de l'art. L. 351-1 C. trav. • Crim. 20 mars 2007, n° 06-86.269 P : *Dr. pénal 2007. 89, obs. J.-H. Robert (1re esp.).*

2. N'a pas justifié sa décision la cour d'appel qui, pour renvoyer le prévenu des fins de la poursuite du chef de fraude ou fausse déclaration pour obtenir des allocations d'aide aux travailleurs privés d'emploi, après avoir rappelé que l'Assedic, ayant appris qu'il exerçait des activités professionnelles qu'il n'avait pas déclarées, et notamment qu'il gérait une exploitation agricole et pour partie viticole, avait interrompu le versement des allocations, et que la commission paritaire compétente avait rejeté le recours formé contre cette décision, énonce que l'examen des déclarations de revenus et des avis d'imposition pour les années concernées ne démontrait pas que l'intéressé aurait été privé d'allocations si l'existence de ces revenus avaient été connue de l'Assedic, alors qu'il ne résulte pas de ces motifs que les activités professionnelles du prévenu étaient compatibles avec la recherche effective et permanente d'un emploi, et qu'il n'a pas été répondu aux conclusions de la partie civile, qui faisait valoir qu'à elle seule, compte tenu de sa surface, la gestion de l'exploitation agricole constituait une activité professionnelle trop importante pour être cumulée avec des allocations. • Crim. 30 janv. 2007 : *Dr. pénal 2007. 77, obs. J.-H. Robert.*

3. L'art. 79 du règlement annexé à la convention d'assurance chômage du 1er janv. 1997 oblige le chômeur indemnisé à informer l'ANPE *et l'ASSEDIC de sa prise en charge* par la sécurité sociale au titre des prestations en espèce ; doit donc être déclaré coupable de délit de fraude ou fausse déclaration en vue de l'obtention de prestations chômage, être condamné à deux mois d'emprisonnement avec sursis et 5 000 F d'amende, le chômeur qui manque à cette obligation, et alors même qu'il avait fait l'objet précédemment de la part de l'ASSEDIC d'une action en paiement pour d'autres manquements à cette obligation. • Crim. 11 mai 2000 : *D. 2001. Somm. 3166, obs. Willmann*.

4. Selon l'art. L. 365-1 C. trav., le délit de fraude ou de fausse déclaration pour obtenir des allocations n'est caractérisé que si celles-ci ne sont pas dues ; le caractère indu des allocations ne peut se déduire de la seule fausseté de la déclaration effectuée par le prévenu ; méconnaît le texte susvisé et le principe ci-dessus énoncé la cour d'appel qui, pour dire que les éléments constitutifs du délit de fausse déclaration pour obtenir des allocations d'aide aux travailleurs privés d'emploi est établi, se borne à énoncer, après avoir rappelé que le prévenu a déclaré sur l'honneur ne pas être inscrit au registre du commerce et ne pas être mandataire de société, alors qu'il exerçait la gérance de plusieurs sociétés commerciales et civiles, que sa fausse déclaration suffit à rendre indues les sommes versées dans l'ignorance de sa situation, peu important qu'il ait ou non pu prétendre à ces allocations. • Crim. 16 juin 2004, n° 03-83.255 P : *AJ pénal 2004. 326 ; Dr. pénal 2004. 161, obs. J.-H. Robert ; Gaz. Pal. 2005. 1. Somm. 1317.*

5. Est justifié l'arrêt qui, pour déclarer le prévenu coupable de fausses déclarations afin d'obtenir des allocations d'aide aux travailleurs privés d'emploi qui n'étaient pas dues, a relevé que l'intéressé n'avait pas fait l'objet d'une déclaration préalable à l'embauche pour exercer une activité de négociateur à laquelle il s'était livré au sein d'une agence immobilière pendant son temps de couverture, dès lors qu'il était tenu de signaler à l'Agence nationale pour l'emploi toute activité professionnelle, même occasionnelle ou réduite, et quelle que soit sa durée. • Crim. 23 mars 2005 : *Dr. pénal 2005. 96, obs. J.-H. Robert.*

6. Il résulte de l'art. L. 365-1 C. trav., dans sa rédaction issue de la L. du 23 mars 2006 comme dans celle antérieure, que le fait, pour un bénéficiaire des allocations d'aide aux travailleurs privés d'emploi, de ne pas déclarer à l'Assedic l'exercice d'une activité professionnelle caractérise la fraude en vue d'obtenir lesdites allocations ; dès lors, encourt la cassation l'arrêt qui approuve la motivation des premiers juges qui, pour relaxer un prévenu, indiquent que le fait de ne pas avoir informé l'Assedic d'une activité professionnelle constituait une abstention et non un acte positif nécessaire à la fausse déclaration et caractéristique de la fraude, et ajoute que l'art. L. 365-1 C. trav., dans sa rédaction issue de la L. du 23 mars 2006, exclut qu'une absence de déclaration antérieure à la promulgation de cette loi puisse être considérée comme un acte constitutif de l'infraction prévue par ledit article dans sa rédaction antérieure. • Crim. 27 mars 2007, n° 06-87.415 P : *AJ pénal 2007. 227* ; *Dr. pénal 2007. 89, obs. J.-H. Robert (2e esp.).*

Code de la sécurité sociale

(Décr. n° 85-1353 du 17 déc. 1985 ; L. n° 87-588 du 30 juill. 1987).

Art. L. 114-13 *(Abrogé par L. n° 2013-1203 du 23 déc. 2013, art. 86) (L. n° 2005-1579 du 19 déc. 2005, art. 92-I) Est passible d'une amende de 5 000 € quiconque se rend coupable de fraude ou de fausse déclaration pour obtenir, ou faire obtenir ou tenter de faire obtenir des prestations ou des allocations de toute nature, liquidées et versées par les organismes de protection sociale, qui ne sont pas dues, sans préjudice des peines résultant de l'application d'autres lois, le cas échéant.*

1. Constitue le délit prévu par l'art. L. 377-1 [L. 114-13] CSS toute fraude ou fausse déclaration faite sciemment pour obtenir ou tenter d'obtenir des prestations qui ne sont pas dues ; ne justifie pas sa décision la cour d'appel qui, pour retenir que les faits poursuivis – facturation par un chirurgien-dentiste d'actes dont l'exécution ou la cotation n'était pas conforme à la nomenclature générale des actes professionnels, des actes multiples et des actes non exécutés – constituent en réalité la seule contravention prévue et réprimée par les art. L. 162-38 CSS et 1er du décret n° 88-854 du 28 juill. 1988 pris pour son application, relève que l'inobservation de la nomenclature des actes professionnels, qui se traduit par l'envoi à la sécurité sociale de feuilles de soins faisant état d'une surcotation ou de cotation hors nomenclature, mais également d'actes fictifs, ne saurait constituer un faux ni *a fortiori* une manœuvre frauduleuse, la feuille de soins ainsi transmise étant un document soumis à discussion et à vérification de la part de l'organisme social destinataire, sans relever en quoi les faits poursuivis ne constituaient pas une fraude ou une fausse déclaration au sens de l'art. L. 377-1 CSS. • Crim. 25 sept. 2001, n° 00-86.455 P.

2. Commet le délit de fraude ou fausse déclaration pour obtenir ou faire obtenir des prestations indues le chirurgien qui a pratiqué sur treize patientes des stérilisations volontaires sans indication thérapeutique et obtenu leur prise en charge effective au titre de l'assurance maladie, dès lors qu'il a agi en connaissance de cause et que le prétendu usage invoqué contraire aux dispositions réglementaires en vigueur n'est pas de nature à retirer aux faits leur caractère délictueux. • Crim. 22 janv. 1998, n° 97-82.255 P.

3. Se rend coupable du délit prévu et réprimé par l'art. L. 377-1 [L. 114-13] CSS quiconque perçoit des indemnités nécessairement liées à un état de maladie alors qu'il exerce une activité professionnelle effective, salariée ou non. • Crim. 10 mars 1999, n° 97-84.995 P.

4. Ont justifié leur décision les juges du second degré qui, pour déclarer constitué le délit prévu aux art. L. 377-1 [L. 114-13] et L. 377-5 CSS, et condamner le praticien à la réparation du préjudice qui en est résulté pour la caisse primaire d'assurance maladie, partie civile : retiennent que le rapprochement entre, d'une part, le nombre des feuilles de soins établies par ce praticien et adressées à la caisse en vue de la prise en charge de ses honoraires pendant la période visée à la prévention, et, d'autre part, la durée des séances alors préconisée par la nomenclature générale des actes professionnels, permet d'établir le caractère fictif de plusieurs de ses déclarations de soins ; relèvent que le prévenu a, à treize reprises, appliqué aux actes pratiqués une cotation supérieure à celle prévue par la nomenclature, au mépris du rappel des cotations applicables que lui avait adressé la caisse ; ajoutent que l'entente préalable, obtenue de la caisse au moyen de fausses déclarations, ne peut faire obstacle à la répétition de l'indu. • Crim. 7 janv. 2003, n° 01-88.702 P : *JCP 2003. IV. 1606* ; *Dr. pénal 2003. 50, obs. Robert.* ♦ ... La nomenclature générale des actes professionnels n'étant pas un élément constitutif du délit de fraude ou fausses déclarations pour faire obtenir des prestations indues, la réduction, par un arrêté modificatif postérieur aux faits, de la durée des séances de soins qu'elle préconisait est sans incidence sur l'existence de l'infraction. • Même arrêt.

Art. L. 114-14 *(L. n° 2005-1579 du 19 déc. 2005, art. 92-I)* Les échanges d'informations entre les agents des administrations fiscales, d'une part, et les agents des administrations chargées de l'application de la législation sociale et du travail et des organismes de protection sociale, d'autre part, sont effectués conformément aux dispositions prévues par le livre des procédures fiscales, et notamment ses articles L. 97 à L. 99 et L. 152 à L. 162 B.

Art. L. 114-15 Lorsqu'il apparaît, au cours d'un contrôle accompli dans l'entreprise par l'un des agents de contrôle mentionnés à l'article L. 325-1 *[L. 8211-1 et L. 8271-1 nouv.]* du code du travail, que le salarié *(L. n° 2007-1786 du 19 déc. 2007, art. 113)* « a travaillé » sans que les formalités prévues aux articles L. 143-3 *[L. 3243-1, L. 3243-2 et L. 3243-4 nouv.]* et L. 320 *[L. 1221-10 s. et R. 1221-13 nouv.]* du même code aient été accomplies par son ou ses employeurs, cette information est portée à la connaissance des organismes chargés d'un régime de protection sociale en vue, notamment, de la mise en œuvre des procédures et des sanctions prévues aux articles L. 114-16 *(L. nº 2009-1646 du 24 déc. 2009, art. 87-II)* « , L. 114-17 », *(L. nº 2015-1702 du 21 déc. 2015, art. 59-XII)* « L. 114-17-1 *[ancienne rédaction : L. 162-1-14]* » et L. 323-6 du présent code.

Cette information est également portée à la connaissance des institutions gestionnaires du régime de l'assurance chômage, afin de mettre en œuvre les sanctions prévues aux articles L. 351-17 *[L. 5426-2 et L. 5426-9 nouv.]* et L. 365-1 *[L. 5124-1, L. 5135-1 et L. 5429-1 nouv.]* du code du travail.

Art. L. 114-15-1 *(L. nº 2016-1827 du 23 déc. 2016, art. 27, en vigueur le 1er avr. 2017)* Les travailleurs salariés ou non-salariés qui exercent une activité en France tout en relevant de la législation de sécurité sociale d'un État autre que la France ou, à défaut, leur employeur ou son représentant en France doivent tenir à la disposition des agents de contrôle mentionnés à l'article L. 8271-1-2 du code du travail, à l'article L. 243-7 du présent code et à l'article L. 724-7 du code rural et de la pêche maritime, sur le lieu d'exécution du travail et chez la personne mentionnée à l'article L. 8222-1 du code du travail, le formulaire concernant la législation de sécurité sociale applicable prévu par les règlements européens et les conventions internationales en vigueur portant sur la coordination des systèmes de sécurité sociale.

Le défaut de production de ce document, lors du contrôle, par le travailleur, l'employeur ou son représentant en France ou la personne mentionnée au même article L. 8222-1 entraîne l'application d'une pénalité.

La pénalité mentionnée au deuxième alinéa du présent article est fixée pour chaque travailleur concerné à hauteur du plafond mensuel de sécurité sociale en vigueur. Ce montant est doublé en cas de nouveau manquement constaté dans un délai de deux ans à compter de la notification de la pénalité concernant un précédent manquement.

La pénalité est due par la personne mentionnée audit article L. 8222-1.

La pénalité n'est pas applicable en cas de production, lors du contrôle, d'un justificatif attestant du dépôt de la demande d'obtention du formulaire mentionné au premier alinéa du présent article, suivie de la production, dans un délai de deux mois à compter du contrôle, du formulaire délivré à la suite de cette demande.

La pénalité est recouvrée par les organismes en charge du recouvrement des cotisations ou contributions de sécurité sociale, selon les règles et sous les garanties et sanctions applicables au recouvrement de ces cotisations ou contributions.

Art. L. 114-16 *(L. nº 2005-1579 du 19 déc. 2005, art. 92-I)* L'autorité judiciaire est habilitée à communiquer aux organismes de protection sociale toute indication qu'elle *(L. nº 2016-1827 du 23 déc. 2016, art. 108 et 109)* « recueille, à l'occasion de toute procédure judiciaire, de nature à faire présumer une fraude commise en matière sociale ou une manœuvre quelconque ayant eu pour objet ou pour résultat de frauder ou de compromettre le recouvrement des cotisations et contributions sociales.

« L'Agence de gestion et de recouvrement des avoirs saisis et confisqués peut communiquer aux organismes de protection sociale toute information utile à l'accomplissement de leur mission de recouvrement des cotisations et contributions dues et des prestations versées indûment.

« Lorsqu'une personne physique ou morale autorisée à dispenser des soins, à réaliser une prestation de service ou des analyses de biologie médicale ou à délivrer des produits ou dispositifs médicaux susceptibles de donner lieu à un remboursement de l'assurance maladie a été sanctionnée ou condamnée, par décision devenue définitive, à une interdiction temporaire ou définitive d'exercer sa profession par une juridiction pénale ou une instance ordinale, le directeur de l'Union nationale des caisses d'assurance maladie en est avisé sans délai et diffuse cette information à l'ensemble des organismes mentionnés à l'article L. 160-17.

« Cette information est communiquée par le ministère public près la juridiction pénale ayant prononcé la condamnation définitive ou par le conseil de l'ordre dont la chambre disciplinaire a prononcé la sanction définitive.

« Les sommes indûment versées par l'organisme de prise en charge font l'objet d'une récupération dans les conditions définies au troisième alinéa de l'article L. 133-4. »

Art. L. 114-16-1 *(L. nº 2011-267 du 14 mars 2011, art. 104-I)* Les agents de l'État ou des organismes de protection sociale, mentionnés à l'article L. 114-16-3, sont habilités à s'échanger tous renseignements et tous documents utiles à l'accomplissement des missions de recherche et de constatation des fraudes en matière sociale énumérées à l'article L. 114-16-2, ainsi qu'au recouvrement des cotisations et contributions dues et des prestations sociales versées indûment.

Les agents des services préfectoraux désignés par arrêté préfectoral sont habilités à transmettre aux agents mentionnés à l'article L. 114-16-3 tous renseignements et tous documents utiles à l'accomplissement par ceux-ci de leur mission de recherche et de constatation des fraudes en matière sociale visées à l'article L. 114-16-2, ainsi qu'au recouvrement des cotisations et contributions dues et des prestations sociales versées indûment.

(L. n° 2015-1702 du 21 déc. 2015, art. 94-IV) « Sans préjudice des facultés d'échange d'informations dont ils disposent avec les agents des autorités administratives mentionnées à l'article 1er de l'ordonnance n° 2005-1516 du 8 décembre 2005 relative aux échanges électroniques entre les usagers et les autorités administratives et entre les autorités administratives, les agents des services mentionnés à l'article L. 811-2 du code de la sécurité intérieure ou des services désignés par le décret en Conseil d'État prévu à l'article L. 811-4 du même code sont habilités à transmettre aux agents mentionnés à l'article L. 114-16-3 du présent code les informations strictement utiles à l'accomplissement de leurs missions, lorsque la transmission de ces informations participe directement à la poursuite de l'une des finalités prévues à l'article L. 811-3 du code de la sécurité intérieure. »

Art. L. 114-16-2 *(L. n° 2011-267 du 14 mars 2011, art. 104-I)* Les fraudes en matière sociale mentionnées à l'article L. 114-16-1 sont celles définies par :

— les articles 313-1, 441-1, 441-6 et 441-7 du code pénal lorsqu'elles portent un préjudice aux organismes de protection sociale ;

— les articles *(Abrogé par L. n° 2013-1203 du 23 déc. 2013, art. 86-II-2°)* « *L. 114-13, L. 162-36,* » L. 272-1, L. 377-5, *(Ord. n° 2019-770 du 17 juill. 2019, art. 9, en vigueur le 1er sept. 2019)* « et L. 583-3 » du présent code ;

(L. n° 2013-1203 du 23 déc. 2013, art. 86-II-2°) « — l'article L. 351-1 du code » de l'action sociale et des familles ;

— les articles *(Ord. n° 2019-770 du 17 juill. 2019, art. 9, en vigueur le 1er sept. 2019)* « L. 852-1 » *(Abrogé par L. n° 2013-1203 du 23 déc. 2013, art. 86-II-2°)* « *, L. 351-13* » et L. 651-1 du code de la construction et de l'habitation ;

— les articles L. 5124-1 *(Abrogé par L. n° 2014-288 du 5 mars 2014, art. 20-II)* « *, L. 5135-1* », L. 5413-1, L. 5429-1, L. 5429-3 et L. 5522-28 du code du travail ;

(Abrogé par L. n° 2013-1203 du 23 déc. 2013, art. 86-II-2°) « *— l'article 1er de la loi du 27 septembre 1941 relative aux déclarations inexactes des créanciers de l'État ou des collectivités publiques ;* »

— l'article 22 de la loi n° 68-690 du 31 juillet 1968 portant diverses dispositions d'ordre économique et financier.

(L. n° 2015-994 du 17 août 2015, art. 59, en vigueur le 1er janv. 2016) « — les articles 313-1, 313-3, 441-1, 441-6 et 441-7 du code pénal, lorsqu'elles visent à obtenir, faire obtenir ou tenter de faire obtenir le revenu de solidarité active prévu à l'article L. 262-1 du code de l'action sociale et des familles ou la prime d'activité prévue à l'article L. 841-1 du présent code. »

Art. L. 114-16-3 *(L. n° 2011-267 du 14 mars 2011, art. 104-I)* Les agents mentionnés au premier alinéa de l'article L. 114-16-1 sont les suivants :

1° Les agents mentionnés à l'article *(L. n° 2011-672 du 16 juin 2011, art. 84-V)* « L. 8271-1-2 » du code du travail ;

2° Les agents des administrations centrales de l'État chargés de la lutte contre la fraude aux finances publiques désignés par le directeur ou le directeur général de chaque administration à cet effet ;

(L. n° 2012-1404 du 17 déc. 2012, art. 99-1°) « 3° Les agents de direction des organismes chargés de la gestion d'un régime obligatoire de sécurité sociale ; les agents chargés du contrôle mentionnés aux articles L. 114-10, L. 243-7 et L. 611-16 du présent code et aux articles L. 724-7 et L. 724-8 du code rural et de la pêche maritime ; »

4° Les agents des organismes nationaux mentionnés au titre II du livre II du présent code désignés par le directeur ou le directeur général de chaque organisme à cet effet ; les agents de la Caisse centrale de la mutualité sociale agricole désignés par son directeur à cet effet *(Abrogé par L. n° 2017-1836 du 30 déc. 2017, art. 15) (L. n° 2012-1404 du 17 déc. 2012, art. 99-2°)* « *; les agents de la Caisse nationale du régime social des indépendants désignés par son directeur à cet effet* » ;

5° Les agents de l'institution mentionnée à l'article L. 5312-1 du code du travail désignés par son directeur général à cet effet ;

6° Les agents de l'organisme mentionné à l'article L. 5427-1 du même code désignés par son directeur général à cet effet et les agents agissant en application de l'article L. 3253-14 du même code désignés par le directeur de l'institution prévue au premier alinéa du même article à cet effet ;

(L. n° 2019-1446 du 24 déc. 2019, art. 79) « 7° Les agents de chaque organisme mentionné à l'article L. 1431-1 du code de la santé publique désignés par le directeur de chacun de ces organismes. »

(Abrogé par L. n° 2012-1404 du 17 déc. 2012, art. 100) « Pour l'application de l'article L. 114-16-1 du présent code, les agents des impôts et les agents des douanes mentionnés au 1° du présent article doivent être désignés par le ministre du budget. »

Code monétaire et financier

(Ord. n° 2000-1223 du 14 déc. 2000)

CHAPITRE III (DU TITRE VI DU LIVRE Ier). *INFRACTIONS RELATIVES AUX CHÈQUES ET AUX CARTES DE PAIEMENT*

Art. L. 163-1 Est puni d'une amende de *(Ord. n° 2000-916 du 9 sept. 2000, art. 3, en vigueur le 1er janv. 2002)* « 6 000 € » le fait, pour le tiré, de refuser le paiement d'un chèque hors les cas mentionnés au deuxième alinéa de l'article L. 131-35, au motif que le tireur y a fait opposition. — *[Décr.-L. 30 oct. 1935, art. 65-1 A.]*

Art. L. 163-2 Est puni d'un emprisonnement de cinq ans et d'une amende de *(Ord. n° 2000-916 du 9 sept. 2000, art. 3, en vigueur le 1er janv. 2002)* « 375 000 € », le fait pour toute personne d'effectuer après l'émission d'un chèque, dans l'intention de porter atteinte aux droits d'autrui, le retrait de tout ou partie de la provision, par transfert, virement ou quelque moyen que ce soit, ou de faire dans les mêmes conditions défense au tiré de payer.

Est puni des mêmes peines le fait, pour toute personne, d'accepter de recevoir ou d'endosser en connaissance de cause un chèque émis dans les conditions définies à l'alinéa précédent.

Est puni des mêmes peines le fait, pour toute personne, d'émettre un ou plusieurs chèques au mépris de l'injonction qui lui a été adressée en application de l'article L. 131-73.

Est puni des mêmes peines le fait, pour un mandataire, d'émettre, en connaissance de cause, un ou plusieurs chèques dont l'émission était interdite à son mandant en application de l'article L. 131-73.

Pour la recherche, la poursuite, l'instruction et le jugement des infractions mentionnées aux alinéas précédents, le tribunal du lieu où le chèque est payable est compétent, sans préjudice de l'application des articles 43, 52 et 382 du code de procédure pénale. — *[Décr.-L. 30 oct. 1935, art. 66 et 75.]*

BIBL. ▶ CHAPUT, *D. 1992. Chron. 101* (la loi n° 91-1382 du 30 déc. 1991 relative à la sécurité des chèques et des cartes de paiement). - NICOD, *Gaz. Pal. 1992. 2. Doctr. 773* (la fin des chèques sans provision). - LÈGUEVAQUES, *Gaz. Pal. 1996. 1. Doctr. 191* (chèque falsifié ou faux et responsabilité du banquier). - NIORE et DROCHON, *Gaz. Pal. 2004. 2. Doctr. 2125* (le chèque falsifié : le banquier, son client et le faussaire. - Responsabilités).

1. Notion d'émission. Selon les art. 28 et 65, al. 2, du décret-L. du 30 oct. 1935, un chèque est émis au moment où le tireur s'en dessaisit au profit du bénéficiaire. • Com. 18 juin 1996, n° 94-16.033 P.

2. Défense au tiré de payer. Justifie sa décision la cour d'appel qui, pour déclarer le gérant d'une société coupable de défense au tiré de payer un chèque émis sur son compte personnel et remis, à titre de cautionnement de la société, à un créancier de celle-ci, relève que tant la dénonciation du vol imaginaire du chèque que l'opposition subséquente, formalisées quelques jours avant la déclaration de cessation des paiements de la société, ont constitué une manœuvre du prévenu pour éluder ses engagements avec l'intention de porter atteinte aux droits du bénéficiaire du chèque. • Crim. 4 janv. 1996, n° 94-85.465 P.

3. Émission au mépris d'une injonction bancaire. Le délit d'émission de chèques sans provision malgré une injonction bancaire, entre, même lorsqu'il a été commis avant le 1er juin 1992, dans les prévisions de l'art. 66 du décret-L. du 30 oct. 1935 dans sa rédaction issue de la L. du 30 déc. 1991 et demeure punissable dans les limites des peines maximales fixées par ce texte ; il n'importe que le décret du 22 mai 1992 ait prévu, pour l'avenir, les modalités dans lesquelles seraient délivrées les injonctions prévues par l'art. 65-3 du décret-L. du 30 oct. 1935, ses dispositions étant sans effet sur les poursuites régulièrement engagées avant son entrée en vigueur. • Crim. 29 juin 1993, n° 92-83.749 P.

Art. L. 163-3 Est puni d'un emprisonnement de *(L. n° 2019-222 du 23 mars 2019, art. 61-V et 109-XVII, en vigueur le 1er sept. 2019)* « cinq ans et d'une amende de 375 000 € *[ancienne rédaction : sept ans et d'une amende de 750 000 €]* » le fait pour toute personne :

1. De contrefaire ou de falsifier un chèque *(Ord. n° 2009-866 du 15 juill. 2009, art. 2-IV-1°-a, en vigueur le 1er nov. 2009)* « ou un autre instrument mentionné à l'article L. 133-4 » ;

2. De faire ou de tenter de faire usage, en connaissance de cause, d'un chèque *(Ord. n° 2009-866 du 15 juill. 2009, art. 2-IV-1°-a, en vigueur le 1er nov. 2009)* « ou un autre instrument mentionné à l'article L. 133-4 » *(L. n° 2007-1544 du 29 oct. 2007, art. 41-IV)* « contrefaisant » ou falsifié ;

3. D'accepter, en connaissance de cause, de recevoir un *(Ord. n° 2009-866 du 15 juill. 2009, art. 2-IV-1°-b, en vigueur le 1er nov. 2009)* « paiement au moyen d'un » chèque *(Ord. n° 2009-866 du 15 juill. 2009, art. 2-IV-1°-b, en vigueur le 1er nov. 2009)* « ou d'un autre instrument mentionné à l'article L. 133-4 » *(L. n° 2007-1544 du 29 oct. 2007, art. 41-IV)* « contrefaisant » ou falsifié. — *[Décr.-L. du 30 oct. 1935, art. 67.]*

L'existence d'un préjudice n'est pas un élément constitutif de l'infraction de falsification de chèque et usage de chèque falsifié, peu importe que la partie civile ne démontre ni n'allègue un préjudice. • Crim. 8 janv. 2003, n° 02-82.433 P : *D. 2003. 2037, note Djoudi* ; *JCP 2003. IV. 1463 ; Dr. pénal 2003. Comm. 48, obs. J.-H. Robert.*

Art. L. 163-4 *(L. n° 2001-1062 du 15 nov. 2001)* Est puni de sept ans d'emprisonnement et de 750 000 € d'amende le fait, pour toute personne, de fabriquer, d'acquérir, de détenir, de céder, d'offrir ou de mettre à disposition des équipements, instruments, programmes informatiques ou toutes données conçus ou spécialement adaptés pour commettre les infractions prévues au 1° de l'article L. 163-3 *(Abrogé par Ord. n° 2009-866 du 15 juill. 2009, art. 2-IV, 3°)* « *et au 1° de l'article L. 163-4* ».

Art. L. 163-4-1 *(L. n° 2001-1062 du 15 nov. 2001)* La tentative des délits prévus au 1° de l'article L. 163-3 *(Abrogé par Ord. n° 2009-866 du 15 juill. 2009, art. 2-IV, 4°, à compter du 1er nov. 2009)* « *, au 1° de l'article L. 163-4* » et à l'article L. 163-4 est punie des mêmes peines.

Art. L. 163-4-2 *(L. n° 2011-267 du 14 mars 2011, art. 3-I)* Les peines encourues sont portées à dix ans d'emprisonnement et un million d'euros d'amende lorsque les infractions prévues aux articles L. 163-3, L. 163-4 et L. 163-4-1 sont commises en bande organisée.

Art. L. 163-5 *(L. n° 2001-1062 du 15 nov. 2001)* La confiscation, aux fins de destruction, des chèques et *(Ord. n° 2009-866 du 15 juill. 2009, art. 2-IV, 5°, en vigueur le 1er nov. 2009)* « autres instruments mentionnés à l'article L. 133-4 » *(L. n° 2007-1544 du 29 oct. 2007, art. 41-IV)* « contrefaisants » ou falsifiés est obligatoire dans les cas prévus aux articles L. 163-3 à L. 163-4-1. Est également obligatoire la confiscation des matières, machines, appareils, instruments, programmes informatiques ou de toutes données qui ont servi ou étaient destinés à servir à la fabrication desdits *(Ord. n° 2009-866 du 15 juill. 2009, art. 2-IV, 5°, en vigueur le 1er nov. 2009)* « instruments », sauf lorsqu'ils ont été utilisés à l'insu du propriétaire.

Art. L. 163-6 *(L. n° 2001-1062 du 15 nov. 2001)* « Dans tous les cas prévus aux articles L. 163-2 à L. 163-4-1 et L. 163-7, le tribunal peut prononcer l'interdiction des droits civiques, civils et de famille prévue par l'article 131-26 du code pénal ainsi que l'interdiction, pour une durée de cinq ans au plus, d'exercer une activité professionnelle ou sociale, en application des dispositions des articles 131-27 et 131-28 du code pénal. »

Dans les mêmes cas, il peut interdire au condamné, pour une durée de cinq ans, d'émettre des chèques autres que ceux qui permettent exclusivement le retrait de fonds par le tireur auprès du tiré ou ceux qui sont certifiés. Cette interdiction peut être déclarée exécutoire par provision. Elle est assortie d'une injonction adressée au condamné d'avoir à restituer aux banquiers qui les avaient délivrées les formules en sa possession et en celle de ses mandataires. Le tribunal peut ordonner, aux frais du condamné, la publication par extraits de la décision portant interdiction dans les journaux qu'il désigne et selon les modalités qu'il fixe.

En conséquence de l'interdiction, tout banquier informé de celle-ci par la Banque de France doit s'abstenir de délivrer au condamné et à ses mandataires des formules de chèques autres que celles mentionnées à l'alinéa précédent. — *[Décr.-L. 30 oct. 1935, art. 68.]*

Les dispositions introduites par la L. n° 2001-1062 du 15 nov. 2001 sont applicables à Mayotte, en Nouvelle-Calédonie, dans les îles Wallis-et-Futuna et en Polynésie française (L. préc., art. 71).

Art. L. 163-7 Est puni d'un emprisonnement de cinq ans et d'une amende de *(Ord. n° 2000-916 du 9 sept. 2000, art. 3, en vigueur le 1er janv. 2002)* « 375 000 € » le fait, pour toute personne, d'émettre un ou plusieurs chèques en violation de l'interdiction prononcée en application de l'article L. 163-6.

Est puni des mêmes peines le fait, pour un mandataire, d'émettre, en connaissance de cause, un ou plusieurs chèques dont l'émission était interdite à son mandant en application de l'article L. 163-6.

Pour la recherche, la poursuite, l'instruction et le jugement des infractions mentionnées aux alinéas précédents, le tribunal du lieu où le chèque est payable est compétent, sans préjudice de l'application des articles 43, 52 et 382 du code de procédure pénale. — *[Décr.-L. 30 oct. 1935, art. 69 et 75.]*

Art. L. 163-8 Tous les faits punis par les articles L. 163-2, L. 163-3 *(Ord. n° 2009-866 du 15 juill. 2009, art. 2-IV, 6°, en vigueur le 1er nov. 2009)* « pour ce qui concerne les dispositions en matière de chèque » et L. 163-7 sont considérés, pour l'application des dispositions concernant la récidive, comme constituant une même infraction. — *[Décr.-L. 30 oct. 1935, art. 70.]*

Art. L. 163-9 A l'occasion des poursuites pénales exercées contre le tireur, le porteur qui s'est constitué partie civile est recevable à demander devant les juges de la juridiction pénale une somme égale au montant du chèque, sans préjudice, le cas échéant, de tous dommages-intérêts. Il peut, néanmoins, s'il le préfère, agir en paiement de sa créance devant la juridiction civile ou commerciale.

En l'absence de constitution de partie civile et si la preuve du paiement du chèque ne résulte pas des éléments de la procédure, les juges de la juridiction pénale peuvent, même d'office, condamner le tireur à payer au bénéficiaire, outre les frais d'exécution de la décision, une somme égale au montant du chèque, majorée, le cas échéant, des intérêts à partir du jour de la présentation conformément à l'article L. 131-52 et des frais résultant du non-paiement, lorsque le chèque n'a pas été endossé si ce n'est aux fins de recouvrement et qu'il figure en original au dossier de la procédure. Lorsqu'il est fait application des dispositions du présent alinéa, le bénéficiaire peut se faire délivrer une expédition de la décision en forme exécutoire dans les mêmes conditions qu'une partie civile régulièrement constituée. — *[Décr.-L. 30 oct. 1935, art. 71.]*

Art. L. 163-10 Est puni d'une amende de *(Ord. n° 2000-916 du 9 sept. 2000, art. 3, en vigueur le 1er janv. 2002)* « 12 000 € » le fait, pour le tiré :

1. D'indiquer une provision inférieure à la provision existante et disponible ;

2. De rejeter un chèque pour insuffisance ou indisponibilité de la provision sans indiquer, lorsque tel est le cas, que le chèque a été émis au mépris d'une injonction adressée en application de l'article L. 131-73 ou en violation d'une interdiction prononcée en application de l'article L. 163-6 ;

3. De ne pas déclarer, dans les conditions prévues par décret en Conseil d'État, les incidents de paiement ainsi que les infractions prévues par le troisième alinéa de l'article L. 163-2 et les premier et deuxième alinéas de l'article L. 163-7 ;

4. De contrevenir aux dispositions des articles L. 131-72, L. 131-73 et au troisième alinéa de l'article L. 163-6. — *[Décr.-L. 30 oct. 1935, art. 72.]*

Art. L. 163-10-1 *(L. n° 2009-526 du 12 mai 2009, art. 125-XIV)* « Les personnes morales déclarées responsables pénalement, dans les conditions prévues par l'article 121-2 du code pénal, des infractions définies aux articles L. 163-2 à *(Ord. n° 2009-866 du 15 juill. 2009, art. 2-IV, 7°, en vigueur le 1er nov. 2009)* « L. 163-4 », L. 163-7 et L. 163-10 encourent, outre l'amende suivant les modalités prévues par l'article 131-38 du code pénal, les peines prévues par l'article 131-39 du même code. »

(L. n° 2001-1062 du 15 nov. 2001) « L'interdiction mentionnée au 2° de l'article 131-39 du code pénal porte sur l'activité dans l'exercice ou à l'occasion de l'exercice de laquelle l'infraction a été commise. »

Art. L. 163-11 Est puni des peines prévues par l'article 226-21 du code pénal le fait, pour toute personne :

1. D'utiliser, à d'autres fins que celles poursuivies par les articles L. 131-1 à *(L. n° 2005-516 du 20 mai 2005, art. 16-IV)* « L. 131-87 » relatifs aux chèques et par les articles *(Ord. n° 2009-866 du 15 juill. 2009, art. 2-IV, 8°, en vigueur le 1er nov. 2009)* « L. 133-1 à *(L. n° 2010-737 du 1er juill. 2010, art. 38-III)* « L. 133-28 » lorsqu'ils s'appliquent » à la carte de paiement, les informations centralisées par la Banque de France en application du premier alinéa de l'article L. 131-85 ;

2. D'assurer, aux *[au]* lieu et place de la Banque de France, la centralisation des informations prévues par le premier alinéa de l'article L. 131-85. — *[Décr.-L. 30 oct. 1935, art. 74, al. 5.]*

Code de l'action sociale et des familles

(Ord. n° 2000-1249 du 21 déc. 2000).

Art. L. 133-6 *(Ord. n° 2005-1477 du 1er déc. 2005, art. 13)* Nul ne peut exploiter ni diriger l'un quelconque des établissements, services ou lieux de vie et d'accueil régis par le présent code, y exercer une fonction à quelque titre que ce soit, ou être agréé au titre des dispositions du présent code, s'il a été condamné définitivement pour crime ou à une peine d'au moins deux mois d'emprisonnement sans sursis pour les délits prévus :

1° Au chapitre Ier, à l'exception du premier alinéa de l'article *(L. n° 2016-457 du 14 avr. 2016, art. 3-1°)* « 221-6 », du titre II du livre II du code pénal ;

2° Au chapitre II, à l'exception du premier alinéa de l'article *(L. n° 2016-457 du 14 avr. 2016, art. 3-1°)* « 222-19 », du titre II du livre II du même code ;

3° Aux chapitres III, IV, V et VII du titre II du livre II du même code ;

4° Au titre Ier du livre III du même code ;

5° Au chapitre Ier du titre II du livre III du même code ;

6° Aux paragraphes 2 et 5 de la section III du chapitre II du titre III du livre IV du même code ;

7° A la section I du chapitre III du titre III du livre IV du même code ;

8° A la section II du chapitre IV du titre III du livre IV du même code ;

9° Au chapitre Ier du titre IV du livre IV du même code,

ainsi que pour le délit prévu à l'article L. 3421-4 du code de la santé publique.

(L. n° 2016-457 du 14 avr. 2016, art. 3-1°) « L'incapacité prévue au premier alinéa du présent article est applicable, quelle que soit la peine prononcée, aux personnes définitivement condamnées pour les délits prévus aux articles 222-29-1, 222-30 et 227-22 à 227-27 du code pénal et pour le délit prévu à l'article 321-1 du même code lorsque le bien recelé provient des infractions mentionnées à l'article 227-23 dudit code. »

En cas de condamnation, prononcée par une juridiction étrangère et passée en force de chose jugée, pour une infraction constituant, selon la loi française, un crime ou l'un des délits mentionnés aux alinéas précédents, le tribunal judiciaire du domicile du condamné, statuant en matière correctionnelle, déclare, à la requête du ministère public, qu'il y a lieu à l'application de l'incapacité d'exercice prévue au présent article, après constatation de la régularité et de la légalité de la condamnation et l'intéressé dûment appelé en chambre du conseil.

Les personnes frappées d'une incapacité d'exercice peuvent demander à en être relevées dans les conditions prévues aux articles 132-21 du code pénal, 702-1 et 703 du code de procédure pénale. Cette requête est portée devant la chambre des appels correctionnels de la cour d'appel dans le ressort de laquelle le requérant réside lorsque la condamnation résulte d'une condamnation étrangère et qu'il a été fait application des dispositions de l'alinéa précédent.

Ces dispositions s'appliquent également aux établissements, services et lieux de vie et d'accueil mentionnés à l'article L. 2324-1 du code de la santé publique.

CHAPITRE IV DES DÉTOURNEMENTS

BIBL. ► OLLARD, *RSC 2009. 545* (la fiducie : aspects de droit pénal).

SECTION PREMIÈRE DE L'ABUS DE CONFIANCE

Art. 314-1 **L'abus de confiance est le fait par une personne de détourner, au préjudice d'autrui, des fonds, des valeurs ou un bien quelconque qui lui ont été remis et**

qu'elle a acceptés à charge de les rendre, de les représenter ou d'en faire un usage déterminé.

L'abus de confiance est puni de *(L. nº 2020-1672 du 24 déc. 2020, art. 30)* **« cinq** *[ancienne rédaction : trois]* **» ans d'emprisonnement et de 375 000 € d'amende.** – *Pén. 132-16, 321-5 ; Aviat. civ. L. 427-2 ; Constr. L. 241-2, L. 261-18, L. 311-6 ; Dom. publ. fluv. 132 ; Douanes 251 ; Just. milit. L. 311-7 ; Discipl. et pén. marit. march. 54 ; Rur. 1034.*

Corresp. : *C. pén., ancien art. 408.*

RÉP. PÉN. vº *Abus de confiance*, par MASCALA.

BIBL. ▶ SOUWEINE, *in Mél. Larguier, 1993, p. 303* (domaine de l'abus de confiance dans le nouveau code pénal). – VÉRON, *Dr. pénal 1995. Chron. 21* (contrat préalable à l'abus de confiance). – BOULOC, *in Mél., Dalloz 2006. 1153* (abus de confiance. Son extension dans l'espace et dans le temps). – MULLER, *RSC 2006. 809* (la protection pénale de la relation de confiance). – OTTENHOF, *RSC 2009. Chron. légis.* (infractions contre les biens). – FOURNIER, *in* La réforme du Code pénal et du Code de procédure pénale. *Opinio doctorum. Thèmes et commentaires, Dalloz 2009* (quel domaine pour l'abus de confiance ?). – OLLARD, *Dr. pénal 2012. Étude 9* (du sens de l'évolution de l'abus de confiance : la propriété, toutes les propriétés mais rien que la propriété). – THOMASSIN, *D. 2012. 964* [le bien susceptible d'abus de confiance (réflexion sur la jurisprudence récente)]. – DETRAZ et OLLARD, *Dr. pénal 2014. Études 20 et 22* (la dissociation de l'objet de l'abus de confiance). – RASSAT, *Dr. pénal 2015. Étude 10* (de l'objet de l'abus de confiance). – BEAUSSONIE, *AJ pénal 2017. 215* (la dématérialisation de l'abus de confiance). – CARRASCO-DAËON, *Dr. pénal 2018. Étude 2* (la possible répression des appropriations frauduleuses des immeubles).

PLAN DES ANNOTATIONS

I. REMISE PRÉALABLE

A. PRINCIPE

1º REMISE RÉELLE

1. Bien susceptible d'appropriation. Peut faire l'objet d'un abus de confiance et du délit de destruction tout bien susceptible d'appropriation ; M. X... a réalisé, avec l'assistance de Mme Y..., dans les locaux de l'établissement d'enseignement dirigé par M. Z..., une interview de M. E... et, sur la pression de ce dernier, Mme Y... a réussi, ultérieurement, à l'insu de M. X..., à se faire confier les cassettes vidéo, support de l'ouvrage ainsi réalisé, pour les remettre à M. Z..., qui a fait effacer l'enregistrement ; pour relaxer Mme Y... du chef d'abus de confiance et M. Z... du chef de destruction d'un bien appartenant à autrui, l'arrêt énonce que, pour être susceptible d'appropriation, il faut que ledit enregistrement soit qualifié d'œuvre de l'esprit au sens des dispositions du code de la propriété intellectuelle, et partant protégeable par le droit d'auteur, et que la partie civile n'ayant pas établi une réalisation matérielle originale, qui en constitue le critère essentiel, cet enregistrement ne présente pas le caractère d'une œuvre originale pouvant recevoir une telle qualification ; en statuant ainsi, alors qu'un enregistrement d'images et de sons constitue un bien susceptible d'appropriation, la chambre de l'instruction a méconnu les art. 314-1 et 322-1 C. pén. et le principe ci-dessus énoncé. • Crim. 16 déc. 2015, ♖ n° 14-83.140 P : *D. actu. 22 janv. 2016, obs. Fonteix.*

2. Exclusion des créances. Ne contient pas les éléments du délit d'abus de confiance, le détournement que fait l'employeur de la retenue opérée par lui sur le salaire de ses ouvriers assujettis à l'assurance sociale obligatoire, l'employeur étant seulement débiteur, à l'égard des organismes institués par la loi, de la cotisation de ses ouvriers au même titre qu'il l'est de la sienne propre. • Crim. 3 mars 1934 : *Bull. crim. n° 53 ; DP 1934. 1. 33, concl. Caous, et note Donnedieu de Vabres ; DH 1934. 195.* ♦ Lorsque l'employeur opère, sur les salaires, les retenues prévues par la loi, il n'est investi d'aucun mandat conventionnel ou légal du salarié, de l'État ou des caisses. • Crim. 1er oct. 1991, ♖ n° 90-81.203 P. ♦ Mais l'affiliation d'un employeur à une institution de prévoyance et son adhésion aux statuts et au règlement intérieur de cet organisme impliquent l'existence d'un mandat conventionnel, en vertu duquel cet employeur est tenu de prélever les cotisations de retraite complémentaire sur le salaire de ses employés et de les verser à l'organisme mandant qui en est devenu propriétaire dès le prélèvement ; se rend dès lors coupable d'abus de confiance l'employeur qui, ayant adhéré à une telle convention, ne remet pas les fonds ainsi prélevés à la Caisse à qui ils sont destinés. • Crim. 11 juin 1979 : ♖ *Bull. crim. n° 198 ; Gaz. Pal. 1980. 1. 32* • Paris, 20 mars 1956 : *JCP 1956. II. 9331* • Versailles, 14 déc. 1993 : *Gaz. Pal. 1994. 1. Somm. 151.* ♦ Est coupable d'abus de confiance le prévenu, dirigeant d'entreprise, qui omet de transmettre les fonds qui lui ont été remis à charge d'en faire un usage déterminé ; l'entreprise avait en effet souscrit pour deux de ses cadres un contrat d'adhésion à un régime de retraite complémentaire qui stipulait que les sommes prélevées sur leurs salaires devaient être reversées à la société d'assurance ; or les prélèvements apparaissaient bien sur les bulletins de salaire, mais les fonds n'étaient pas remis à l'organisme concerné, mais étaient affectés à la trésorerie de l'entreprise ; le prévenu qui a donné au service comptable de son entreprise les instructions pour continuer à faire apparaître les prélèvements sur les bulletins de salaire a donc bien personnellement commis le délit d'abus de confiance. • Rennes, 23 mars 2000 : *JCP 2000. IV. 2336.* ♦ ... Le contrat conclu par l'entreprise avec l'organisme d'assurances relève d'un régime collectif de régime complémentaire facultatif ; la règle selon laquelle l'organisme de retraite devient propriétaire des cotisations dès leur prélèvement ne s'applique qu'aux seuls régimes légaux de sécurité sociale ainsi qu'aux régimes obligatoires de retraites complémentaires ; en l'espèce, la société d'assurances détermine les droits acquis sur la base des seules cotisations versées, et si les sommes sont détournées, la constitution de partie civile en vue de se faire indemniser du préjudice matériel est recevable. • Même arrêt.

3. Les détournements ou dissipations portant sur des salaires n'entrent pas dans les prévisions de l'art. 408 C. pén. • Crim. 1er oct. 1991 : ♖ *préc. note 2.* ♦ L'ouvrier n'est, vis-à-vis de son employeur, que créancier de son salaire jusqu'au moment du paiement ; il en résulte que doit être relaxé du chef d'abus de confiance l'employeur, tiers saisi, à qui diverses saisies-arrêts sur les salaires d'un de ses employés ont été régulièrement notifiées, et qui n'a versé aucune des sommes retenues, mais les a utilisées pour les besoins de son entreprise. • Reims, 18 déc. 1980 : *Gaz. Pal. 1982. 2. Somm. 366.*

4. Le non-versement de l'impôt prélevé sur le produit des jeux ne constitue pas le délit d'abus de confiance, l'état et les collectivités bénéficiaires de cet impôt n'ayant, en effet, qu'un droit de créance sur la partie des bénéfices qui leur est réservée. • Crim. 27 juin 1956 : *Bull. crim. n° 501.*

2° REMISE PRÉCAIRE

5. Principe. Un enseignant à l'université, chargé de travaux dirigés de droit pénal général et de procédure pénale, a porté plainte avec constitution de partie civile contre un tiers pour contrefaçon de ses droits d'auteurs relativement à un cours oral de droit pénal destiné aux étudiants d'un établissement privé qui assurait la préparation à l'examen d'entrée aux centres régionaux de formation professionnelle des avocats ; selon le plaignant, la personne visée avait repris le plan, de larges extraits, des idées et des concepts originaux dans la rédaction d'un ouvrage et s'était attribué la paternité de l'œuvre illicitement reproduite ; l'information a été clôturée par une ordonnance de non-lieu dont il a été interjeté appel par la partie civile ; pour confirmer cette décision et dire que le délit de contrefaçon n'est pas constitué, l'arrêt retient que le cours oral du plaignant, qui s'est inspiré d'ouvrages antérieurs de droit pénal et qui reprend, outre des textes de loi et des références de jurisprudence, un cheminement classique ainsi que des expressions couramment utilisées pour permettre aux étudiants d'intégrer des notions de droit pénal nécessaires dans le cadre de leurs préparation aux examens et concours, ne constitue pas, en l'espèce, une œuvre originale ; cette décision, relevant du pouvoir souverain des juges du fond d'apprécier le caractère d'originalité d'une œuvre de l'esprit, est justifiée ; pour écarter la qualification d'abus de confiance, la chambre de l'instruction retient, à bon droit, que le support matériel du cours du plaignant a été remis par celui-ci à l'auteur de l'ouvrage en dehors de toute relation contractuelle entre les intéressés et sans que la preuve ait été rapportée qu'un usage déterminé ou une restitution à son propriétaire ait été convenus. • Crim. 18 oct. 2011, n° 11-81.404 : *Dr. pénal 2012, n° 2, obs. Véron.*

6. Remise de chèque. Le chèque étant un instrument de payement dont la remise transmet la propriété de la provision, il ne peut être remis à son bénéficiaire à titre de dépôt. • Crim. 10 févr. 1972 : *Bull. crim. n° 55 ; D. 1972. 400 ; Gaz. Pal. 1972. 1. 399.*

7. Prêt de consommation. Sur l'exclusion du prêt de consommation du domaine de l'abus de confiance. • Crim. 19 avr. 1939 : *Gaz. Pal. 1939. 1. 963* • 6 juin 1967 : *Bull. crim. n° 173 ; D. 1967. 729 ; Gaz. Pal. 1967. 2. 165.* ♦ ... Et ce, même si la convention indique que le prêteur a en vue une affectation déterminée des fonds prêtés. • Crim. 11 juill. 1935 : *Bull. crim. n° 93 ; DH 1935. 494* • 20 nov. 1962 : *Bull. crim. n° 329* • 31 mai 1976 : *ibid. n° 189.* ♦ S'analyse en un prêt d'argent la convention par laquelle une société paye à ses employés cadres, pendant les périodes de congé de maladie, l'intégralité de leurs salaires, à charge pour eux de reverser le montant des indemnités journalières ultérieurement réglées, pour les mêmes périodes, par les caisses de sécurité sociale. • Crim. 4 avr. 1974 : *Bull. crim. n° 146.*

8. Selon l'art. 314-1 C. pén., l'abus de confiance ne peut porter que sur des fonds, valeurs ou biens remis à titre précaire ; il résulte de l'arrêt attaqué qu'une banque a consenti à un de ses clients un prêt immobilier destiné à financer la construction de deux villas sur un terrain dont elle disposait en vertu d'un bail emphytéotique ; l'emprunteur ayant cessé de s'acquitter du montant de ses mensualités, la déchéance du terme a été prononcée ; lors d'une procédure de saisie immobilière diligentée par la banque, il est apparu que le prévenu n'avait fait construire qu'une seule maison et avait utilisé les fonds prêtés pour des besoins personnels ainsi que d'autres opérations immobilières ; pour déclarer le prévenu coupable d'abus de confiance, l'arrêt énonce qu'il n'a pas respecté l'obligation contractuelle d'affecter les fonds remis à la construction des deux villas sur la parcelle de terrain faisant l'objet du bail emphytéotique ; mais en statuant ainsi, alors que le prévenu était devenu propriétaire des fonds prêtés, la cour d'appel a méconnu le texte susvisé. • Crim. 14 févr. 2007, n° 06-82.283 P : *D. 2007. Pan. 2640, obs. Mirabail ; AJ pénal 2007. 275, note Muller ; Gaz. Pal. 2007. 2. Somm. 3334, note Lasserre Capdeville ; Dr. pénal 2007. 84, obs. Véron.*

9. Il résulte de l'arrêt attaqué que le prévenu est poursuivi du chef d'abus de confiance pour avoir détourné une somme de 30 489,80 € qui lui avait été remise à charge de la rendre ; pour relaxer ledit prévenu, l'arrêt relève que les fonds litigieux lui ont été remis à titre de prêt, qu'il en avait la libre disposition et n'était tenu que de restituer l'équivalent des espèces empruntées ; les juges en concluent que le refus d'exécuter cette obligation contractuelle n'est pas constitutif d'un abus de confiance ; en l'état de ces énonciations, et dès lors que l'abus de confiance ne peut porter que sur des fonds, valeurs ou biens remis à titre précaire, la cour d'appel a justifié sa décision. • Crim. 5 sept. 2007, n° 07-80.529 P : *D. 2009. Pan. 132, obs. Mirabail ; RPDP 2007. 907, obs. Malabat ; AJ pénal 2007. 481, obs. Muller ; JCP 2007. II. 10186, note Détraz ; Dr. pénal 2007. 157, obs. Véron ; Gaz. Pal. 2009. 2. Somm. 3107, note Lasserre Capdeville.*

10. Selon l'art. 314-1 C. pén., l'abus de confiance ne peut porter que sur des fonds, valeurs ou biens remis à titre précaire ; il résulte de l'arrêt attaqué qu'une personne avait remis au prévenu, son courtier en œuvres d'art, des fonds afin qu'il puisse acquérir un fonds de commerce, un garage et un entrepôt pour exercer son activité de travailleur indépendant ; ce dernier a affecté ces sommes à d'autres destinations ; pour déclarer le prévenu coupable d'abus de confiance, l'arrêt énonce qu'en utilisant les fonds à d'autres fins que celles convenues, il a détourné les sommes qui lui avaient été confiées ; en statuant ainsi, alors que le prévenu était devenu propriétaire des fonds prêtés, la cour d'appel a méconnu le texte susvisé ; d'où il suit que la cassation est encourue. • Crim. 19 sept. 2007 : *D. 2008. 958, note Rebut ; ibid. Pan. 1577, obs. Mascala ; ibid. 2009. Pan. 132, obs. Mirabail .*

11. Contrat de concession. La société Automobiles Citroën a porté plainte et s'est constituée partie civile du chef d'abus de confiance en exposant que le mis en cause, gérant de fait de la société MEDA, avait revendu trente-deux véhicules neufs qu'elle lui avait livrés sans régler le prix de vente de ces derniers, soit la somme de 558 818,88 €, à la société SOFIRA, subrogée dans ses droits, alors qu'en exécution du contrat de concession conclu avec la société de diffusion, cette dernière ne pouvait livrer de véhicule à un client qu'après règlement du prix ; pour déclarer le prévenu coupable de ce chef, l'arrêt relève notamment qu'aux termes de la convention précitée, les véhicules étaient facturés par le constructeur à son départ de l'usine et restaient sa propriété jusqu'au paiement par le concessionnaire ; en l'état de ces énonciations, exemptes d'insuffisance, d'où il se déduit nécessairement que les véhicules n'étaient remis à la société MEDA qu'à titre précaire, la cour d'appel a justifié sa décision. • Crim. 8 avr. 2009 : *Dr. pénal 2009. 108, obs. Véron.*

12. Dépôt-vente. Une société dont le prévenu était dirigeant avait conclu avec la société commerciale Citroën un contrat de dépôt-vente de véhicules d'occasion, aux termes duquel elle s'engageait, lorsqu'elle trouvait un acquéreur pour un des véhicules qui lui étaient confiés, à en passer immédiatement commande et à en transmettre le prix ; entre le 30 avr. et le 21 mai 2003, le prévenu a vendu cinq véhicules, sans en aviser la société partie civile ni lui transmettre le prix, et la société du prévenu ayant été déclarée en liquidation judiciaire le 8 juill. 2004, les sommes correspondantes n'ont jamais été reversées ; n'a pas justifié sa décision la cour d'appel qui, pour confirmer la relaxe du prévenu poursuivi pour abus de confiance portant sur ces cinq véhicules, n'a pas répondu aux conclusions de la partie civile, qui faisait valoir qu'en application du contrat de dépôt-vente, la société du prévenu n'était pas propriétaire des véhicules et que ce dernier ne pouvait les aliéner sans en aviser immédiatement le déposant et lui transmettre le prix reçu. • Crim. 20 févr. 2008 : *Dr. pénal 2008. 66, obs. Véron.*

13. Crédit-bail. Est coupable d'abus de confiance, le prévenu dirigeant d'une société qui s'était vu remettre par la partie civile un train touristique neuf, aux fins de mise aux normes d'homologation, qui lui avait été acheté au moyen d'un crédit-bail, et qui le revend à une commune ; en l'espèce, la partie civile ne détenait sur ce bien qu'un droit de jouissance résultant de son statut de crédit-preneur, le véritable propriétaire étant la banque ; aucune résiliation amiable de la vente n'était intervenue et les droits de la partie civile sur ce train temporairement confié à la société n'avaient été altérés ni dans leur nature ni dans leur étendue. • Douai, 2 oct. 2008 : *Gaz. Pal. 2009. 2. Somm. 3107, note Lasserre Capdeville.*

14. Vente avec réserve de propriété. Une société a porté plainte et s'est constituée partie civile des chefs d'abus de confiance et recel, exposant qu'une société d'emboutissage, dont le prévenu était le dirigeant, et à laquelle elle avait vendu trois machines-outils en 2001, avait revendu ces machines, dont le prix n'avait pas été intégralement réglé, avant sa mise en redressement judiciaire le 9 avr. 2002, nonobstant la clause de réserve de propriété stipulée ; dès lors que les biens vendus avec réserve de propriété n'étaient pas remis à titre précaire, la chambre de l'instruction, qui a répondu, sans insuffisance ni contradiction, aux articulations essentielles du mémoire produit par la partie civile appelante, a justifié sa décision de confirmation de l'ordonnance de non-lieu rendue par le juge d'instruction. • Crim. 9 mars 2011, n° 10-81.375 : *Gaz. Pal. 2011. 2. 2345, note Detraz.*

15. Contrat de construction. Le gérant d'une société a été poursuivi du chef d'abus de confiance pour avoir détourné des avances, d'un montant global de 32 386,87 €, remises par des clients, qui avaient conclu avec cette société un contrat de construction de maison individuelle ; est justifié l'arrêt de condamnation de la cour d'appel, dès lors que le caractère précaire de la remise de ces fonds découle de la nature de la convention conclue entre les parties. • Crim. 6 avr. 2016, n° 15-81.272 P : *D. actu. 21 avr. 2016, obs. Fucini ; RSC 2016. 773, obs. Matsopoulou.*

16. Obligation de restitution à première demande. Le fait pour le président et le directeur chargé des finances de la Fédération nationale de ski de percevoir des sommes provenant des contrats publicitaires signés par des athlètes en vertu d'un mandat de gestion financière comprenant l'obligation de restitution à première demande, constitue un abus de confiance dès lors que les sommes litigieuses n'ont été utilisées qu'au seul bénéfice de la fédération ce qui a entraîné la perte de possession d'une bonne partie des sommes pourtant détenues à titre précaire. • Chambéry, 11 janv. 2001 : *JCP 2001. IV. 2596.*

17. Honoraires. Le juge répressif ne peut prononcer une peine sans avoir relevé tous les éléments constitutifs de l'infraction qu'il réprime ; il résulte de l'arrêt attaqué que, courant mars 1996, le prévenu, avocat, a fait signer à une cliente un contrat intitulé notes d'honoraires et ordres de mission, comportant mandat de rédiger une plainte pour abus de confiance et recel et de suivre le dossier à l'instruction, moyennant le versement de la somme de 16 425 F à titre de « provision sur vacation devant le juge d'instruction » ; muni de ce document, il s'est fait remettre les sommes de 8 000 et 4 000 F par le frère et la mère de sa cliente ; cette dernière a, le 17 avr. 1996, mis fin au mandat ; ayant sollicité vainement la restitution des fonds versés, elle a, le 27 août 1997, déposé plainte avec constitution de partie civile devant le doyen des juges d'instruction du chef d'abus de confiance ; le 10 oct. 1997, à la suite d'un courrier du bâtonnier, le prévenu a restitué les sommes qu'il avait perçues ; au terme de l'information, il a été renvoyé devant le tribunal correctionnel du chef d'abus de confiance ; pour le déclarer coupable, l'arrêt énonce qu'il a conservé les sommes qui lui avaient été remises à charge d'en faire un usage déterminé et, qu'à défaut d'avoir engagé et suivi la procédure qu'il avait mandat de conduire, il aurait dû les restituer, « qu'il s'agisse d'honoraires ou de provisions » ; en l'état de ces énonciations, d'où il résulte que les fonds n'avaient pas été remis au prévenu à titre précaire, la cour d'appel n'a pas tiré les conséquences légales de ses propres constatations, et la cassation est encourue. • Crim. 26 janv. 2005, n° 04-81.497

P : *D. 2005. Pan. 2992, obs. Mascala* ; *Dr. pénal 2005. 60, obs. Véron.*

18. Il résulte de l'art. 314-1 C. pén., que l'abus de confiance ne peut porter que sur des fonds, valeurs ou biens remis à titre précaire ; le prévenu, médecin radiologue, a conclu avec des confrères, une convention aux termes de laquelle les associés mettront en commun les honoraires et rémunérations de tous ordres qu'ils recevront à l'occasion de l'exercice de leur profession ; il est poursuivi pour avoir détourné les honoraires d'un certain nombre d'actes ; pour déclarer le prévenu coupable d'abus de confiance, l'arrêt énonce qu'il ne peut utilement contester le délit reproché au motif qu'il serait le seul propriétaire des honoraires perçus de ses clients, dès lors qu'étant lié par un contrat de société, les sommes ainsi reçues devenaient dès leur perception et par l'effet du pacte social, des biens indivis destinés à donner ultérieurement lieu à partage selon les modalités prévues audit contrat ; mais en statuant ainsi, la cour d'appel a méconnu le texte susvisé et le principe ci-dessus énoncé, d'où il suit que la cassation est encourue. • Crim. 5 mai 2010 : *D. 2010. 2494, note Muller*. ♦ Cassation de : • Bastia, 27 mai 2009 : *D. 2010. 809, note Muller*.

19. Taxe d'apprentissage. Commet un abus de confiance le responsable d'un établissement de formation bénéficiant de la taxe d'apprentissage qui rétrocède partie de la taxe perçue à un tiers dont l'entremise lui a permis de recevoir des fonds des organismes collecteurs dès lors que, d'une part, les fonds remis à un établissement d'enseignement au titre de la taxe d'apprentissage ne le sont qu'à titre précaire, d'autre part, l'existence d'un préjudice, qui peut n'être qu'éventuel, se trouve nécessairement incluse dans la constatation du détournement. • Crim. 13 janv. 2010, n° 08-83.216 P : *D. 2010. Pan. 1666, obs. Mascala* ; *RSC 2010. 621, obs. Matsopoulou* ; *JCP 2010, n° 18, note Lasserre Capdeville* ; *Dr. pénal 2010. 61, obs. Véron* ; *Gaz. Pal. 2010. 1. 983, note Dreyer.*

20. Appels de fonds. Se rendent coupables d'abus de confiance les dirigeants d'une société de construction de maisons individuelles qui procèdent à des appels de fonds sans qu'aucune attestation de garantie ne soit délivrée par un organisme habilité, et s'abstiennent de rembourser ces avances, dès lors que ces sommes perçues en violation des dispositions d'ordre public du code de la construction et de l'habitation, ne pouvaient constituer des acomptes et étaient détenues à titre précaire. • Crim. 24 févr. 2010, n° 08-87.806 P : *D. 2010. 710* ; *AJ pénal 2010. 238, obs. Lasserre Capdeville*.

21. Prestations de service. Dès lors que des fonds sont remis en vertu de contrats de prestations de service, ils le sont en pleine propriété, et le prestataire de service au courant, dès la remise des fonds, de son impossibilité d'exécuter le contrat ne peut être poursuivi pour abus de confiance. • Crim. 5 avr. 2018, n° 17-81.085 P : *D. actu. 19 avr. 2018, obs. Recotillet* ; *D. 2018. 930, note Beaussonie* ; *ibid. 1711, obs. Pichon* ; *ibid. 1726, obs. Mascala* ; *ibid. 2268, obs. Mirabail* ; *AJ pénal 2018. 312, obs. Auroy* ; *Dr. pénal 2018, n° 101, obs. Conte* ; *Gaz. Pal. 2018, p. 1462, note Saenko* ; *ibid. 24 juill. 2018, n° 27, p. 46, obs. Detraz* ; *RSC 2018. 901, obs. Matsopoulou*.

22. Acompte. Ne sont pas constitutifs d'une remise précaire des fonds remis à titre d'acompte sur un contrat de vente, dès lors qu'ils l'ont été en pleine propriété à la société venderesse, peu important l'intention de son dirigeant de s'approprier ces fonds dès leur remise. • Crim. 13 juin 2018, n° 17-82.986 : *Dr. pénal 2018, n° 170, obs. Conte.*

B. TITRE

1° NATURE

23. L'abus de confiance ne suppose pas nécessairement que la somme détournée ait été remise en vertu d'un contrat ; a justifié sa décision la cour d'appel qui, pour déclarer le prévenu coupable de l'infraction d'abus de confiance prévue à l'art. 314-1 C. pén., relève que ce dernier a refusé, sans justification, de rendre à la victime les fonds qu'elle ne lui avait remis qu'à charge pour lui de les restituer dans l'hypothèse où les conditions suspensives de la promesse d'achat qu'elle avait signée ne seraient pas levées. • Crim. 18 oct. 2000 : *Dr. pénal 2001. 28 (1er arrêt), obs. Véron* ; *RSC 2001. 384, obs. Ottenhof*.

a. Titre conventionnel

24. Appréciation souveraine des juges. La détermination par les juges du fond de la nature du contrat dont la violation caractérise l'abus de confiance est souverainement déduite des éléments de fait, dès lors que les motifs ne présentent, ni insuffisance, ni contradiction, ni dénaturation de la convention. • Crim. 3 nov. 1967 : *Bull. crim. n° 283* ; *D. 1968. 80* • 28 févr. 1968 : *Bull. crim. n° 66* • 2 mai 1973 : *ibid. n° 192* • 19 juin 1973 : *ibid. n° 280* ; *D. 1973. 713, rapp. Dauvergne* • 20 nov. 1973 : *ibid. n° 423.* ♦ S'il revient incontestablement au juge de déterminer librement la nature du contrat dont la violation serait constitutive d'abus de confiance, l'exercice de cette faculté peut être prématuré au stade de l'information, laquelle peut être indispensable au rassemblement des éléments de preuve qui permettront ensuite au magistrat d'apprécier souverainement la volonté des parties et de qualifier le contrat incriminé sans risque de dénaturation. • Douai, 15 nov. 1994 : *Gaz. Pal. 1995. 1. Somm. 182.*

25. Les tribunaux, dès lors qu'ils sont saisis d'indications suffisamment précises pour permettre aux juges de se prononcer, apprécient souverainement l'existence et la nature du contrat sur lequel repose l'abus de confiance déféré. • Crim. 3 janv. 1974 : *Bull. crim. n° 1* • 21 avr. 1986 : *ibid. n° 132.* ♦ ... Notamment, lorsqu'à défaut de convention écrite, la qualification juridique donnée par les parties à leur contrat verbal ne correspond pas aux données de fait dudit contrat. • Crim. 8 févr. 1978 : *Bull. crim. n° 48.* ♦ ... Les parties n'ayant pas le pouvoir d'attribuer à leurs relations un caractère juridique autre que celui qu'elles comportent, même pour conférer la garantie éventuelle pouvant résulter de l'application de l'art. 408 C. pén. • Crim. 27 janv. 1938 : *DH 1938. 182 ; S. 1939. 1. 195.*

26. Contrôle de la Cour de cassation. La détermination par les juges du fond de la nature du contrat en vertu duquel la chose a été remise échappe au contrôle de la Cour de cassation, lorsque cette détermination résulte non d'une dénaturation du contrat invoqué, mais d'une interprétation de ses clauses, fondée sur une appréciation souveraine de la volonté des parties. • Crim. 20 mai 1937 : *DH 1937. 429* • 22 mars 1946 : *Bull. crim. n° 90 ; D. 1946. 241* • 3 mars 1949 : *Bull. crim. n° 79* • 13 juill. 1951 : *ibid. n° 208* • 31 mai 1954 : *ibid. n° 203* • 4 janv. 1963 : *ibid. n° 1* • 15 janv. 1969 : *ibid. n° 25* • 24 mars 1969 : *ibid. n° 127* • 27 janv. 1971 : *JCP 1971. II. 16869 (2e esp.), note de Lestang* • 12 déc. 1972 : *Bull. crim. n° 385* • 4 avr. 1974 : *ibid. n° 146* • 21 janv. 1976 : *ibid. n° 25* • 12 juin 1976 : *ibid. n° 206* • 9 déc. 1976 : *ibid. n° 358* • 20 déc. 1978 : *ibid. n° 361* • 14 févr. 1979 : *ibid. n° 68* • 12 déc. 1983 : *ibid. n° 335* • 9 nov. 1987 : *ibid. n° 393 ; Gaz. Pal. 1988. 2. 561, note Bey* • 9 août 1993 : *ibid. 1993. 2. Somm. 558 ; RSC 1994. 563, obs. Bouzat*. ♦ Pour des exemples de dénaturation sous couvert d'interprétation. • Crim. 12 mars 1974 : *Bull. crim. n° 101 ; D. 1974. 607, note Véron* • 1er juin 1976 : *Bull. crim. n° 192* • 29 juin 1977 : *Bull. crim. n° 249 ; D. 1978. 111, rapp. Dauvergne ; Gaz. Pal. 1977. 2. 656* • 18 févr. 1981 : *Bull. crim. n° 66* • 9 févr. 1983 : *ibid. n° 49* • 17 juin 1991, n° 90-81.739 P : *Gaz. Pal. 1992. 1. 15* • Crim. 3 oct. 1991, n° 90-81.165 P : *Gaz. Pal. 1992. 1. Somm. 41 ; RSC 1992. 762, obs. Bouzat*.

27. La détermination par les juges du fond de la nature du contrat en vertu duquel la chose a été remise, échappe au contrôle de la Cour de cassation, lorsque celle-ci résulte, non d'une dénaturation du contrat invoqué mais, comme en l'espèce, d'une interprétation de ses clauses, appuyée par d'autres pièces venant en éclairer ou préciser la portée et fondée sur une appréciation souveraine de la volonté des parties. • Crim. 31 janv. 2018, n° 17-80.049 P : *D. actu. 8 févr. 2018, obs. de Ravel d'Esclapon ; D. 2018. 1361, note de Lamy et Beaussonie ; ibid. 2268, obs. Mirabail ; JCP 2018. 576, note H. Robert.*

28. L'absence de précision sur la nature et les modalités du contrat, en vertu duquel les objets ont été reçus, ne permet pas à la Cour de cassation d'exercer son contrôle. • Crim. 25 nov. 1948 : *Bull. crim. n° 266 ; D. 1949. 55* • 14 févr. 1957 : *Bull. crim. n° 148* • 28 janv. 1976 : *ibid. n° 35* • 5 nov. 1980 : *ibid. n° 288* • 12 déc. 1988 : *ibid. n° 416* • 24 juin 1992, n° 91-86.808 P.

29. Mais il n'importe que l'arrêt ne spécifie pas de manière expresse le contrat en vertu duquel le prévenu détenait les objets ou valeurs détournés par lui, dès lors que les énonciations de la décision permettent de dégager la nature dudit contrat. • Crim. 12 févr. 1881 : *DP 1882. 1. 187* • 5 févr. 1948 : *Bull. crim. n° 45* • 16 oct. 1957 : *ibid. n° 634* • 18 oct. 1978 : *ibid. n° 279* • 25 nov. 1985 : *ibid. n° 371.* ♦ La cassation n'est pas encourue lorsque l'arrêt relate des circonstances propres à établir le véritable caractère du contrat. • Crim. 5 févr. 1948 : *Bull. crim. n° 42* • 3 nov. 1967 : *ibid. n° 282* • 16 mars 1987 : *ibid. n° 122.*

b. Titre légal ou judiciaire

30. Le titre, dont la violation est constitutive de l'abus de confiance, s'entend non seulement d'un titre conventionnel, mais encore de tout titre légal ou judiciaire à l'origine d'une remise dans les termes de l'art. 408 C. pén. : ainsi en est-il du tuteur qui administre, en qualité de mandataire, les biens de ses pupilles. • Crim. 28 avr. 1866 : *DP 1866. 1. 356* • 3 févr. 1870 : *ibid. 1871. 1. 269 ; S. 1872. 1. 151.* ♦ ... Du curateur légal d'un handicapé mental et incapable majeur. • Rennes, 25 nov. 1983 : *JCP 1986. II. 20562, note Geffroy.* ♦ ... De l'administrateur-séquestre d'un fonds de commerce. • Crim. 3 mai 1946 : *JCP 1946. IV. 85.*

31. Constitue le délit d'abus de confiance le fait, pour une personne désignée afin d'exercer la tutelle et la curatelle d'État, d'effectuer des prélèvements forfaitaires sur les revenus des majeurs protégés avant que ne soient connues leurs ressources, dès lors que ces prélèvements sont réalisés en dehors des prévisions des textes réglementaires portant organisation de la tutelle et de la curatelle d'État et que l'existence d'un préjudice, qui peut être seulement éventuel, se trouve incluse dans la constatation du détournement de sommes appartenant aux majeurs protégés. • Crim. 3 déc. 2003, n° 02-80.041 P : *Gaz. Pal. 2004. 2. Somm. 2605, obs. Monnet.*

2° PREUVE

32. Droit commun. Lorsque la preuve d'un délit est subordonnée à l'existence d'un contrat, celui-ci doit être prouvé d'après les règles établies par le code civil. • Crim. 13 juill. 1951 : *Bull. crim. n° 208* • 17 nov. 1955 : *ibid. n° 493 ; D. 1956. 24* • 1er juin 1987 : *Bull. crim. n° 224.*

33. La preuve du contrat civil dont l'abus de confiance présuppose l'existence doit, lorsque l'existence de ce contrat est déniée, être faite conformément aux règles du droit civil. • Crim. 1er avr. 1922 : *DP 1922. 1. 218* • 10 juill. 1937 : *Bull. crim. n° 148 ; DP 1939. 1. 40* • 22 mars 1946 : *Bull. crim. n° 90* • 28 mai 1970 : *ibid. n° 173 ; D. 1971. 20, note Vray ; Gaz. Pal. 1970. 2. 224* • 28 janv. 1976 : *Bull. crim. n° 35* • 11 févr. 1976 : *ibid. n° 53* • 1er juill. 1992, n° 91-85.774 P. ♦ ... Mais cette règle ne s'étend pas à la preuve du détournement, élément de fait extérieur au contrat et qui, comme tel, demeure soumis à la libre appréciation du juge de répression. • Crim. 27 avr. 1968 : *Bull. crim. n° 127* • 20 mai 1969 : *ibid. n° 177.*

34. Ainsi en est-il de la preuve d'un contrat de nantissement, qui ne saurait être déduite de témoignages et de présomptions, sans que les énonciations de l'arrêt ne fassent état d'un commencement de preuve par écrit et sans constater l'existence de circonstances susceptibles de caractériser l'une des exceptions définies à l'art. 1348 C. civ. • Crim. 3 janv. 1985 : *Bull. crim. n° 3.* ♦ ... De la preuve d'un contrat de mandat, qui ne saurait être déduite de simples présomptions, mais des éléments de preuve prévus par les art. 1341 et 1347 C. civ., ou, à défaut, de l'une des exceptions de l'art. 1348 du même code. • Crim. 1er juin 1987 : *préc. note 32.*

35. La preuve de l'existence d'un mandat de nature commerciale peut être rapportée par tous moyens. • Crim. 16 oct. 1974 : *Bull. crim. n° 294* • 12 déc. 1983 : *ibid. n° 335.* ♦ ... Ainsi d'un mandat social dans une SARL. • Crim. 1er févr. 1972 : *Bull. crim. n° 38 ; JCP 1973. II. 17304.* ♦ Sur la preuve par des pouvoirs bancaires et commerciaux dont le prévenu a disposé. • Crim. 29 mai 1973 : *Bull. crim. n° 243.*

36. Le moyen tiré de la prétendue violation du principe posé dans l'art. 1341 C. civ. ne peut être proposé pour la première fois devant la Cour de cassation. • Crim. 16 juin 1938 : *Bull. crim. n° 158* • 27 oct. 1965 : *ibid. n° 427* • 14 juin 1977 : *ibid. n° 216.* ♦ V. cependant, pour une solution implicite contraire : • Crim. 3 janv. 1985 : *préc. note 34.*

37. Témoignages et présomptions. Constituent un commencement de preuve par écrit, permettant de recourir à la preuve testimoniale ou par présomption : ... les réponses faites à un juge d'instruction et signées par le prévenu. • Crim. 17 janv. 1968 : *Bull. crim. n° 12.* ♦ ... Les déclarations faites au cours d'une enquête de police, mentionnées dans un procès-verbal signé par le prévenu. • Crim. 9 avr. 1973 : *Bull. crim. n° 180.*

38. L'application de l'art. 1348 C. civ. est justifiée lorsque le créancier a été dans l'impossibilité de se procurer une preuve écrite, cette impossibilité devant s'entendre non seulement de l'impossibilité physique, mais aussi de toute impossibilité morale. • Crim. 31 janv. 1947 : *Bull. crim. n° 42* • 11 déc. 1947 : *ibid. n° 250* • 29 janv. 1957 : *ibid. n° 89* • 3 mai 1967 : *ibid. n° 145 ; Gaz. Pal. 1967. 1. 340.* ♦ Les juges du fond apprécient souverainement l'impossibilité morale, pour la victime, de se procurer la preuve écrite du contrat qu'elle invoque. • Crim. 29 avr. 1996, n° 95-85.079 P : *Dr. pénal 1996. Comm. 187, note Véron.*

39. Ainsi en est-il : ... des usages propres à certaines professions. • Crim. 7 août 1924 : *DH 1924. 557* (fourreur). ♦ ... Des usages entre petits propriétaires ruraux. • Crim. 1er juill. 1933 : *Bull. crim. n° 147 ; Gaz. Pal. 1933. 2. 599.* ♦ ... D'accidents imprévus. • Crim. 2 juill. 1942 : *Bull. crim. n° 80.* ♦ ... Des manœuvres employées par les prévenus. • Crim. 4 avr. 1944 : *Bull. crim. n° 97.* ♦ ... De la confiance nécessaire entre fiancés. • Crim. 3 mai 1967 : *préc. note 38.* ♦ ... De la maladie de la victime. • Crim. 19 oct. 1971 : *Bull. crim. n° 267.* ♦ ... Du caractère contraire aux règlements du service rendu par le prévenu dans le cadre de son administration. • Crim. 26 févr. 1974 : *Bull. crim. n° 78.* ♦ ... Des sanctions susceptibles de frapper les transferts clandestins de fonds. • Crim. 21 janv. 1976 : *Bull. crim. n° 24 ; JCP 1976. II. 18473 ;* rejet du pourvoi contre : • Paris, 13 mai 1975 : *JCP 1975. II. 18111, note Assouline.* ♦ ... De l'incarcération de la victime à l'étranger. • Crim. 23 mars 1977 : *Bull. crim. n° 108* • T. corr. Bayonne, 7 nov. 1974 : *Gaz. Pal. 1975. 1. Somm. 151.* ♦ ... De l'inexpérience de la victime, et des liens de particulière confiance qui l'unissaient au prévenu. • Crim. 14 juin 1977 : *Bull. crim. n° 216.* ♦ ... Des liens de confiance et aussi de subordination existant entre employeur et employé. • Crim. 5 nov. 1980 : *Bull. crim. n° 289 ; D. 1981. IR 138, obs. Roujou de Boubée.* ♦ ... De la confiance mutuelle entre employés travaillant dans le même hôtel (à propos d'une société en participation entre joueurs). • Crim. 29 avr. 1996 : *préc. note 38.*

3° VALIDITÉ

40. Le vice du contrat en vertu duquel sont détenus les biens frauduleusement détournés ne met pas obstacle à la poursuite pour abus de confiance. • Crim. 9 juill. 1857 : *DP 1857. 1. 379* • 12 nov. 1909 : *Bull. crim. n° 519* • 18 févr. 1937 : *DP 1937. 1. 56 ; RSC 1937. 492, obs. Donnedieu de Vabres* • 25 janv. 1950 : *Bull. crim. n° 27.*

41. L'illicéité prétendue du contrat, aux termes duquel le prévenu a reçu les biens détournés, ne saurait être utilement invoquée, dès lors que la responsabilité du prévenu à l'égard de la partie civile procède non de la violation dudit contrat mais de la commission du délit dont les éléments constitutifs ont été caractérisés à sa charge. • Crim. 12 mai 1964 : *Bull. crim. n° 161* • 23 mars 1977 : *ibid. n° 108* • 20 juin 1984 : *ibid. n° 233* • 10 mai 1990, n° 89-83.004 P : *Gaz. Pal. 1990. 2. Somm. 634.*

C. OBJET

42. *Écrits.* BIBL. Jacquemont, *RSC 1978. 33* (l'acte contenant ou opérant obligation, disposition, décharge : contribution à l'étude des preuves en droit pénal). ♦ Le détournement n'est pénalement punissable que s'il porte sur l'écrit constatant le contrat, mais non sur les stipulations qui en constituent la substance juridique (à propos d'un prétendu détournement de clientèle par l'ancien salarié d'un cabinet juridique et fiscal). • Crim. 9 mars 1987 : *Bull. crim. n° 111 ; JCP 1988. II. 20913, note Devèze ; RSC 1988. 311, obs. Bouzat.* ♦ Le détournement d'un contrat n'est pénalement punissable que s'il porte sur l'écrit le constatant, mais non sur les stipulations qu'il contient (rachat d'un contrat de crédit-bail). • Crim. 1er déc. 2010 : *D. 2011. Pan. 1864, obs. Mascala ; ibid. 2834, obs. Mirabail ; Dr. pénal 2011. 29, obs. Véron.*

43. Ont été retenus comme des écrits contenant ou opérant obligation ou décharge au sens de l'art. 408 C. pén. : une contre-lettre, établissant qu'un billet n'était que de pure complaisance. • Crim. 27 janv. 1837 : *S. 1838. 1. 334.* ♦ ... Des billets en blanc devant servir à payer d'autres valeurs en circulation. • Crim. 29 déc. 1860 : *DP 1861. 5. 2.* ♦ ... Une promesse synallagmatique de vente. • Crim. 23 avr. 1966 : *D. 1966. Somm. 99.* ♦ ... Un testament. • Crim. 15 mai 1921 : *Gaz. Pal. 1922. 1. Somm. 4.* ♦ ... L'empreinte résultant du fonctionnement d'une machine à timbrer, l'utilisation d'une telle machine par le mandataire (directeur salarié d'un hôtel), à des fins personnelles, constituant dès lors un détournement au sens de l'art. 408 C. pén. • Crim. 16 janv. 1984 : *Bull. crim. n° 18 ; D. 1984. IR 224, obs. Roujou de Boubée ; RSC 1984. 748, obs. Bouzat.*

44. Mais ont été qualifiés de marchandises au sens de l'art. 408 C. pén., les écrits qui, bien que ne contenant ni n'opérant obligation ou décharge, avaient en eux-mêmes une valeur appréciable. • Crim. 5 mars 1980 : *Bull. crim. n° 81 ; D. 1980. IR 335, obs. Puech ; RSC 1980. 720, obs. Bouzat.* ♦ Ainsi : ... d'un fichier de clientèle. • Crim. 4 janv. 1968 : *Bull. crim. n° 1 ; D. 1968. 496 ; Gaz. Pal. 1968. 1. 216* • 2 avr. 1974 : *Bull. crim. n° 139.* ♦ ... De documents comptables. • Crim. 5 mars 1980 : *préc.*

45. L'inscription en compte de valeurs incorporelles constitue un écrit qui entre dans les prévisions tant de l'art. 408 ancien que de l'art. 314-1 nouv. C. pén. réprimant l'abus de confiance. • Crim. 30 mai 1996, n° 95-82.487 P : *D. Affaires 1996. 865 ; Dr. pénal 1996. 186, obs. Véron ; RJDA Francis Lefebvre, 1996, n° 8/9, p. 728, concl. Dintilhac ; RSC 1997. 129, obs. Riffault-Treca ; Rev. sociétés 1996. 806, obs. Bouloc .* ♦ Rappr. obs. Riffault-Silk, *RSC 2002. 607* , ss. Paris, 7 mai 2002.

46. *Bien quelconque.* Les dispositions de l'art. 314-1 C. pén. s'appliquent à un bien quelconque et non pas seulement à un bien corporel ; une cour d'appel caractérise en tous ses éléments, tant matériel qu'intentionnel, le délit d'abus de confiance reproché au président d'une entreprise de vente par correspondance qui a conservé le numéro de la carte de crédit fourni par un client en vue du règlement d'une précédente commande et l'a utilisé pour obtenir un paiement indu, dès lors qu'elle retient qu'en conservant le numéro de la carte et l'autorisation de prélèvement, et en les remettant à une entreprise sous-traitante, alors qu'il ne pouvait ignorer que cette autorisation était périmée, le prévenu a détourné cette autorisation, laquelle constitue une valeur patrimoniale, motifs d'où il résulte qu'il a, en connaissance de cause, détourné le numéro de la carte bancaire communiqué par le client pour le seul paiement de sa commande et, par là même, n'en a pas fait l'usage convenu entre les parties. • Crim. 14 nov. 2000, n° 99-84.522 P : *D. 2001. 1423, note de Lamy ; Dr. pénal 2001. Comm. 28 (2e arrêt), obs. Véron, et chron. 16, obs. Jacopin ; Gaz. Pal. 2001. 2. Somm. 1219, note Monnet ; RSC 2001. 385, obs. Ottenhof ; RTD civ. 2001. 912, obs. T. Revet ; RSC 2002. 108, obs. Ottenhof .*

47. Commet un abus de confiance le cadre technico-commercial chef de projet, embauché à titre exclusif, afin de déployer et commercialiser les produits destinés à l'aménagement de stations d'épuration, qui a mis au point une borne informatique de gestion destinée à une société, a envoyé un devis à cette société sur papier à en-tête de son employeur, et a repris à l'identique ce même devis pour l'adresser au même client sous couvert d'une autre société, avec laquelle il était entré en contact ; le prévenu a disposé au profit d'un tiers et comme d'un bien propre d'un projet qui, dès sa réalisation, était propriété de son employeur et dont il n'était devenu que détenteur. • Crim. 22 sept. 2004, n° 04-80.285 P : *D. 2005. 411, note de Lamy (1re esp.) ; RSC 2005. 852, obs. Ottenhof ; AJ pénal 2005. 22 ; Dr. pénal 2004. 179, obs. Véron ; JCP 2005. II. 10034, note Mendoza-Caminade.*

48. La prévenue, caissière, a été poursuivie du chef d'abus de confiance ; il lui est reproché d'avoir détourné, sur sa carte de fidélité ou celle de sa mère, des points convertis en euros obtenus par les clients du magasin à proportion du montant de leurs achats ; le « crédit euro » créé par le commerçant représente une prime de fidélité accordée aux clients à leur passage en caisse en fonction des achats effectués ; cette prime est versée sous condition de possession de la carte de fidélité et de paiement des marchandises y ouvrant droit, et le crédit est porté sur la carte sur présentation de celle-ci lors du paiement ; le « crédit euro » naît donc dans le patrimoine du commerçant avant son transfert au bénéfice des clients ; la prévenue ne nie pas avoir appréhendé ces « crédits euro » soit en substituant, au moment de leur délivrance, sa propre carte ou celle de sa mère à celle du client, soit en les utilisant alors que le client n'avait pas de carte de fidélité ; elle a donc détourné les « crédits euro » revenant aux clients ou ceux devant rester dans le patrimoine de la société ; dans les deux cas, la prévenue détenait les sommes d'argent pour le compte de la société à charge d'en faire un usage convenu à l'avance ; l'abus de confiance est donc caractérisé et la décision de relaxe doit être infirmée. • Douai, 15 déc. 2005 : *JCP 2006. IV. 2873.*

49. Pour le détournement d'actes de procédure : • Crim. 2 juill. 1998 : *RSC 1999. 585, obs. Ottenhof.*

50. Immeubles. L'abus de confiance ne peut porter que sur des fonds, des valeurs ou un bien quelconque, à l'exclusion d'un immeuble ; méconnaît le sens et la portée de l'art. 314-1 C. pén., la cour d'appel qui, pour déclarer coupable d'abus de confiance le prévenu – qui, après avoir obtenu le prêt d'une chambre pour un week-end, a refusé de restituer les clefs et s'est maintenu dans les lieux – et le condamner à payer des dommages-intérêts, retient qu'il a fait des clefs, qui constituent un « bien quelconque » au sens de l'article précité, un usage abusif, constitutif d'un détournement au préjudice de la partie civile ainsi privée de la disposition de son bien ; en statuant ainsi, la cour d'appel a réprimé l'utilisation abusive d'un bien immobilier sous le couvert de la non-restitution des clefs permettant d'y accéder. • Crim. 10 oct. 2001, n° 00-87.605 P : *D. 2002. Somm. 1796, obs. de Lamy ; Dr. pénal 2002. 1, obs. Véron.*

51. Ne peut être réprimée l'utilisation abusive d'un bien immobilier ou de droits réels portant sur un immeuble (hypothèque). • Crim. 14 janv. 2009 : *D. 2009. Pan. 1725, obs. Mascala ; ibid. Pan. 2833, obs. Roujou de Boubée ; JCP 2009, n° 31-35, note Beaussonie ; Dr. pénal 2009. 65, obs. Véron.*

52. Services. Doit être relaxé du délit d'abus de confiance le prévenu qui a eu recours pendant quelques heures aux services de deux salariés de la société, en dehors de leur temps de travail ; en effet, dès lors que l'art. 314-1 C. pén. exige le détournement « de fonds, de valeurs ou d'un bien quelconque », l'objet du détournement est donc nécessairement un bien, une chose susceptible d'appropriation ; par conséquent, le temps ou la force de travail d'une personne ne saurait être assimilé à un bien quel qu'il soit au sens de ce texte d'incrimination et le prévenu n'a donc pas pu se voir « remettre » le temps de travail des salariés placés sous ses ordres. • Toulouse, 26 avr. 2001 : *D. 2002. Somm. 1795, obs. de Lamy ; JCP 2001. IV. 2946.*

53. L'utilisation, par un salarié, de son temps de travail, à des fins autres que celles pour lesquelles il perçoit une rémunération de son employeur, constitue un abus de confiance. • Crim. 19 juin 2013, n° 12-83.031 P : *D. actu. 1er juill. 2013, obs. Fucini ; D. 2013. 1936, note Beaussonie ; ibid. Pan. 2713 ; AJ pénal. 2013. 608, obs. Gallois ; RSC 2014. 813, obs. Matsopoulou ; Dr. pénal 2013, n° 158, obs. Véron ; Gaz. Pal. 13-15 oct. 2013, p. 36, obs. Dreyer.*

54. Informations relatives à une clientèle. Les dispositions de l'art. 314-1 C. pén. s'appliquent à un bien quelconque, susceptible d'appropriation ; courtier en services téléphoniques, une société a porté plainte et s'est constituée partie civile en exposant que son directeur régional en avait détourné la clientèle pour le compte d'une société concurrente, gérée par un de ses anciens salariés, en utilisant à cette fin les renseignements dont il était dépositaire ; pour confirmer l'ordonnance de non-lieu rendue par le juge d'instruction, l'arrêt énonce que l'abus de confiance ne peut porter que sur « tout objet mobilier, à savoir, écrit ayant une valeur marchande tel qu'un fichier de clientèle » ; les juges ajoutent que, s'il est incontestable que les mis en cause ont détourné une partie de la clientèle de la société plaignante, ce fait ne peut être poursuivi sous la qualification d'abus de confiance, dès lors que la clientèle n'est pas un bien susceptible d'être détourné et qu'aucun détournement de fichier n'a été établi ; en statuant ainsi, alors que les informations relatives à la clientèle constituent un bien susceptible d'être détourné, la chambre de l'instruction a méconnu le texte susvisé et le principe ci-dessus énoncé ; d'où il suit que la cassation est encourue. • Crim. 16 nov. 2011, n° 10-87.866 P : *D. 2011. 2935, obs. Léna ; ibid. 2012. 137, note Beaussonie ; AJ pénal 2012. 163, obs. Lasserre Capedeville ; Dr. pénal 2012, n° 1, obs. Véron ; JCP 2012. 322, note Detraz ; Gaz. Pal. 2012. 1. 300, note Dreyer ; RSC 2012. 139, obs. Francillon.*

55. Constitue un abus de confiance le fait, pour une personne, qui a été destinataire, en tant que salariée d'une société, d'informations relatives à la clientèle de celle-ci, de les utiliser par des procédés déloyaux dans le but d'attirer une partie de cette clientèle vers une autre société. • Crim. 22 mars 2017, n° 15-85.929 P : *D. actu. 21 avr. 2017, obs. Fonteix ; RSC 2017. 747, obs. Matsopoulou.*

D. MODALITÉS

56. Remise au prévenu. L'une des conditions essentielles du délit d'abus de confiance est la remise effectuée dans les mains du prévenu de l'objet ultérieurement détourné. • Crim. 17 août 1843 : *S. 1844. 1. 82.*

57. Remise par un tiers. L'abus de confiance dont se rend coupable le mandataire envers son mandant, existe aussi bien lorsque les sommes reçues ont été remises au prévenu par un tiers, que lorsqu'elles l'ont été par le mandant lui-même. • Crim. 15 févr. 1939 : *Bull. crim. n° 34 ; DH 1939. 294* • 23 avr. 1958 : *Bull. crim. n° 334* • 26 mai 1959 : *ibid. n° 274* • 29 avr. 1960 : *ibid. n° 217.* ♦ Même solution en matière de prêt à usage. • Crim. 7 janv. 1944 : *Bull. crim. n° 2.*

58. L'abus de confiance ne suppose pas nécessairement que l'objet détourné ait été remis au prévenu en vertu d'un contrat conclu directement avec son propriétaire. • Crim. 20 oct. 2010 : *D. 2011. Pan. 1863, obs. Mascala ; Dr. pénal 2011. 1. obs. Véron.*

59. Le prévenu et la victime ont joué au PMU, leurs deux noms ayant été inscrits sur le ticket de jeu avec la mention 50/50 ; seul le prévenu a payé pour valider le ticket de jeu ; le pari s'est révélé gagnant pour une somme de 6 958 € ; le chèque de règlement a été établi au nom du prévenu qui l'a encaissé ; le prévenu a remis à l'autre joueur la somme de 2 000 € en espèces, mais a refusé de lui reverser le solde, soit environ 1 500 € ; le pari ayant été fait en association entre les deux personnes, ils devaient partager les gains par moitié ; en refusant, sans justification valable, de restituer les fonds ou de les présenter, le prévenu s'est rendu coupable d'abus de confiance, qui existe aussi bien lorsque les sommes reçues ont été remises au prévenu par un tiers. • Limoges, 29 juin 2005 : *JCP 2006. IV. 1986.*

II. DÉTOURNEMENT CONSTITUTIF

A. MATÉRIALITÉ

1° DÉFINITION

60. Privation des droits sur la chose. Un détournement existe dès lors que le propriétaire de la chose confiée ne peut plus exercer ses droits sur elle (par suite des agissements frauduleux de celui qui ne la détenait qu'en vertu d'un des contrats limitativement déterminés par la loi). • Crim. 12 juin 1978 : *Bull. crim. n° 188.*

61. Indifférence à l'appropriation et au profit. L'art. 408 C. pén. n'exige pas, comme élément constitutif du délit d'abus de confiance, que le prévenu se soit approprié la chose confiée, ni qu'il en ait tiré un profit personnel ; il suffit qu'elle ait été détournée, c'est-à-dire que le propriétaire ne puisse plus exercer ses droits sur elle. • Crim. 2 déc. 1911 : *DP 1912. 1. 343* • 19 oct. 1944 : *Bull. crim. n° 166 ; D. 1945. 161 ; Gaz. Pal. 1945. 1. 47* • 15 mai 1968 : *Bull. crim. n° 155 ; D. 1968. 594* • 3 janv. 1973 : *Bull. crim. n° 1* • 9 avr. 1973 : *ibid. n° 179 ; D. 1975. 257, note Delmas-Marty* • 16 févr. 1977 : *Bull. crim. n° 60* • 8 juin 1977 : *ibid. n° 207* • 10 mai 1989 : *Dr. pénal 1989. 17.*

62. Indifférence à une mise en demeure. L'art. 408 C. pén. n'exige pas la mise en demeure pour constituer l'abus de confiance, ce délit existant par le seul fait du détournement ou de la dissipation. • Crim. 27 avr. 1922 : *DP 1922. 1. 208* • 15 déc. 1933 : *Bull. crim. n° 238 ; Gaz. Pal. 1934. 1. 163* • 21 févr. 1936 : *DH 1936. 197* • 16 oct. 1957 : *Bull. crim. n° 634* • 9 déc. 1965 : *ibid. n° 273 ; D. 1966. 145 ; Gaz. Pal. 1966. 1. 284* • 24 mars 1969 : *Bull. crim. n° 127* • 17 mai 1976 : *ibid. n° 159.*

63. Délit instantané. L'abus de confiance est un délit instantané. • Crim. 3 nov. 1949 : *Bull. crim. n° 301 ; D. 1950. Somm. 37* • 26 mars 1957 : *Bull. crim. n° 283.* ♦ Doit être annulé l'arrêt qui, pour refuser le bénéfice de l'amnistie à un prévenu d'abus de confiance, se fonde sur ce que ce délit est un délit continu, s'étant poursuivi au-delà de la date fixée par la loi comme terme de la période pendant laquelle elle couvre de son bénéfice les infractions et les individus compris dans ses énumérations. • Crim. 3 nov. 1949 : *préc.*

64. Le délit d'abus de confiance résultant du paiement de salaires rémunérant des emplois fictifs est une infraction instantanée, consommée lors de chaque paiement indu ; encourt, dès lors, la censure, l'arrêt qui refuse au prévenu le bénéfice de l'amnistie prévu par l'art. 19 de la L. du 15 janv. 1990 pour les infractions commises avant le 15 juin 1989 en relation avec le financement de partis et de groupements politiques, au motif que les faits délictueux constitutifs de ce délit se sont poursuivis au-delà de cette date. • Crim. 13 sept. 2006, n° 05-84.111 P : *RSC 2007. 537, obs. Mascala ; AJ pénal 2006. 504, obs. Royer.*

2° ILLUSTRATIONS

a. Abus

65. Abus de blanc-seing. Si la déclaration de culpabilité du chef d'abus de blanc-seing prononcée à l'encontre d'un prévenu convaincu d'avoir prélevé à des fins personnelles sur le compte bancaire de la victime des sommes importantes à l'aide de chèques signés en blanc par celle-ci et destinés à régler de simples dépenses courantes est dépourvue de base légale sous l'empire du code pénal entré en vigueur le 1er mars 1994, qui a supprimé cette qualification pénale, les faits relatés par les juges d'appel n'en restent pas moins pénalement punissables, comme constitutifs d'un abus de confiance rentrant dans les prévisions tant de l'art. 408 C. pén. applicable à la date des faits reprochés que de l'art. 314-1 nouv. C. pén. • Crim. 21 sept. 1994, n° 93-85.297 P : *Dr. pénal 1995. 3, note Véron ; RSC 1995. 101, obs. Ottenhof , et 342, obs. Bouloc .* ♦ Rappr. : • Crim. 18 mai 1994, n° 93-82.003 P : *RSC 1995. 93, obs. Bouloc , et 101, obs. Ottenhof* (abus de blanc-seing contitutif de faux en écriture ; V. ss. art. 441-1).

66. La suppression de l'incrimination d'abus de blanc-seing ne fait pas disparaître le caractère délictueux d'agissements qui peuvent désormais être poursuivis, notamment sous l'incrimination d'abus de confiance, telle que définie, de façon élargie, par l'art. 314-1 C. pén. entré en vigueur le 1er mars 1994 ; cependant, s'agissant de faits commis avant cette date, pour lesquels n'est pas caractérisée l'infraction d'abus de blanc-seing prévue par le code abrogé, la règle de non-rétroactivité de la loi pénale plus sévère interdit de recourir à l'incrimination définie, de façon élargie, par le code pénal aujourd'hui en vigueur. • Grenoble, 29 juin 1994 : *BICC 1994. 1159.*

67. Usage abusif. Le seul usage de la chose confiée n'entre pas dans les prévisions de l'art. 408 C. pén. • Crim. 11 janv. 1968 : *Bull. crim. n° 10.* ♦ Mais il n'en est pas de même lorsque cet usage implique la volonté du possesseur de détourner la chose. • Crim. 2 avr. 1974 : *Bull. crim. n° 139* (utilisation par le salarié d'une société d'un fichier de clientèle pour les besoins d'une entreprise concurrente). ♦ ... Ou de se comporter, même momentanément, comme le propriétaire de la chose. • Crim. 13 févr. 1984 : *Bull. crim. n° 49 ; D. 1984. IR 225, obs. Roujou de Boubée* (utilisation d'un véhicule de fonction à des fins personnelles).

68. La prolongation de jouissance au-delà du terme convenu n'est pas par elle-même un délit. • Crim. 8 mai 1919 : *DP 1920. 1. 76.* ♦ Si le fait d'user d'un objet prêté au-delà du terme stipulé et à d'autres fins que celles qui avaient été convenues ne constitue pas en principe un détournement punissable, il en est autrement lorsque l'emprunteur a détérioré l'objet (motocyclette), et l'a abandonné chez un tiers et que le propriétaire n'a pu le recouvrer qu'après réparation faite à ses frais. • Crim. 28 déc. 1934 : *Bull. crim. n° 217.*

69. Sur la distinction entre un détournement de fonds constitutif d'abus de confiance, par le greffier d'un tribunal de commerce, révélé par le caractère systématique d'un retard excessif érigé en pratique de fonctionnement, et le simple usage abusif ou prolongé de ces fonds. • Crim. 6 sept. 2000 : *Dr. pénal 2001. 14, obs. Véron.*

70. Une société, qui commercialisait un logiciel de paie des salariés, a porté plainte et s'est constituée partie civile du chef d'abus de confiance contre un ancien responsable de la recherche et du développement informatique, en exposant que ce dernier avait usé de l'ordinateur mis à sa disposition par l'entreprise, pour élaborer un logiciel concurrent en faveur d'une société au sein de laquelle il était associé, ainsi qu'en attestait une copie d'écran mentionnant une modification apportée au fichier du guide utilisateur dudit logiciel ; la société plaignante a également fait valoir que le prévenu avait utilisé la connexion interne de l'entreprise pour réceptionner et envoyer des messages personnels, ces derniers rédigés sur son ordinateur, ayant pour objet ses projets au sein de la société concurrente ; pour confirmer l'ordonnance de non-lieu rendue par le juge d'instruction, l'arrêt, après avoir constaté que ladite copie d'écran atteste tout au plus de la présence du fichier litigieux sur le poste fixe de la société, mais n'établit aucunement qu'il a été élaboré sur cet ordinateur, énonce que le détournement d'un ordinateur ou d'une connexion interne ne saurait être constitué par un usage privé ponctuel, qui n'est pas de nature à priver le légitime propriétaire de l'utilisation de son bien ni de le gêner dans l'exercice de ses propres prérogatives ; en l'état de ces énonciations, et dès lors que l'usage abusif de la chose confiée est exclusif de tout détournement s'il n'implique pas la volonté du possesseur de se comporter, même momentanément, comme le propriétaire de la chose, la chambre de l'instruction, qui a répondu à la demande de supplément d'information ainsi qu'aux articulations essentielles du mémoire produit par la partie civile, a justifié sa décision. • Crim. 16 juin 2011, n° 10-83.758 : *D. 2011. Pan. 2834, obs. Roujou de Boubée ; Dr. pénal 2011, n° 116, 1re esp., obs. Véron ; Gaz. Pal. 2011. 2. 3440, note Detraz ; RSC 2011. 832, obs. Matsopoulou .*

71. A caractérisé en tous ses éléments, tant matériel qu'intentionnel, le délit d'abus de confiance, la cour d'appel qui relève que le prévenu a, en connaissance de cause, détourné en les dupliquant, pour son usage personnel, au préjudice de son employeur, des fichiers informatiques contenant des informations confidentielles et mis à sa disposition pour un usage professionnel. • Crim. 22 oct. 2014, n° 13-82.630 : *D. 2015. 415, note Mendoza-Caminade ; JCP G 2015. 52, note Beaussonie et Bargain ; Gaz. Pal. 2015. 1, p. 245, note Garinot, et p. 516, obs. Detraz.*

72. A justifié sa décision la cour d'appel qui, pour déclarer le prévenu, directeur d'un CHU, coupable d'abus de confiance, énonce que l'usage abusif des fonds publics dont il était l'ordonnateur principal résulte du fait qu'il a utilisé les moyens mis à sa disposition dans le cadre de ses fonctions pour financer des travaux dont une partie, souverainement évaluée par les juges, s'est avérée de pure convenance, et qu'il s'est comporté comme le propriétaire des fonds employés, sans aucune mesure, à des fins sans rapport avec la nature du logement de fonction qu'il occupait et sans utilité pour la personne morale. • Crim. 12 sept. 2018, n° 17-83.793 P : *D. actu. 20 sept. 2018, obs. Maupin ; D. 2018. 2268, obs. Garé ; AJ pénal 2018. 509, obs. Brigant ; JCP G 2018. 1213, note Matsopoulou ; Gaz. Pal. 5 févr. 2019, p. 54, obs. Dreyer ; RSC 2018. 904, obs. Matsopoulou .*

b. Défaut de restitution ou retard

73. Le défaut de restitution, ou le retard dans la restitution, n'implique pas nécessairement le détournement ou la dissipation, élément essentiel du délit d'abus de confiance, dès lors que n'est pas constaté ce détournement, ou que ne sont pas relevés des faits qui l'impliqueraient nécessairement. • Crim. 20 janv. 1939 : *DH 1939. 151* • 20 nov. 1957 : *Bull. crim. n° 751* • 12 mai 1959 : *ibid. n° 254* • 17 déc. 1963 : *ibid. n° 362* • 23 mars 1971 : *ibid. n° 99 ; JCP 1971. II. 16869 (1re esp.), note de Lestang* • 13 févr. 1973 : *Bull. crim. n° 74* • 22 nov. 1973 : *ibid. n° 432* • 10 mai 1976 : *ibid. n° 149* • 17 mai 1976 : *ibid. n° 159* • 17 oct. 1978 : *ibid. n° 273* • 11 juin 1980 : *ibid. n° 188 ; D. 1981. IR 154, obs. Puech* • 22 mai 1989 : *Dr. pénal 1989. 15* • 19 sept. 1989 : *ibid. 1990. 93* • 25 juill. 1991 : ♗ *ibid. 1992. 35.* ♦ ... Même après mise en demeure. • Crim. 19 févr. 1990, ♗ n° 89-82.783 P. ♦ Pour l'exemple de faits incompatibles avec un simple défaut de restitution. • Crim. 2 mars 1994 : ♗ *Dr. pénal 1994. 159 ; RSC 1994. 765, obs. Ottenhof* ✎.

74. Mais il n'est est pas de même lorsque l'impossibilité de restituer à première demande est due à un détournement préalable des fonds. • Crim. 8 avr. 1967 : *D. 1967. 432 ; JCP 1967. II. 15248, note Gavalda ; Gaz. Pal. 1967. 1. 296.*

75. Il ne saurait y avoir détournement frauduleux mais simple retard dans la restitution, lorsque le dépositaire, demeuré détenteur des objets confiés, les fait placer sous séquestre par ordonnance de référé à la suite de mises en demeure qui lui sont adressées. • Crim. 6 déc. 1956 : *Bull. crim. n° 818.*

76. Le créancier qui refuse de restituer des billets à ordre, alors que le montant de ceux-ci a été réglé par anticipation par le débiteur avant leur échéance, et qu'il ne détient plus ces effets qu'avec le mandat tacite de les détruire ou de les rendre, commet le délit d'abus de confiance. • Crim. 21 mars 1973 : *Bull. crim. n° 140 ; Gaz. Pal. 1973. 2. 488.*

77. Le crédit-preneur est coupable d'abus de confiance si, quoique livré, ainsi que l'atteste le procès-verbal de livraison, l'équipement dont il s'agit n'est pas restitué à son propriétaire. • Nancy, 26 sept. 1989 : *Gaz. Pal. 1989. 2. Somm. 520, note Bey.* ♦ Le fait de souscrire un contrat de prêt, assorti d'une clause de réserve de propriété, pour acquérir un véhicule automobile d'occasion, et de le revendre avant le règlement complet du crédit ne constitue pas le délit d'abus de confiance ; en effet, en achetant ce véhicule automobile, dont la propriété était conservée par l'organisme de crédit subrogé dans les droits du vendeur, le prévenu n'était tenu de rendre ou de représenter ce bien qu'après résiliation du contrat de crédit et sur sommation de l'organisme prêteur ; par conséquent, il a certes violé les dispositions civiles découlant de la clause de réserve de propriété, et il est débiteur des arrérages de crédit, mais il n'a pas commis l'infraction pénale pour laquelle il était poursuivi, dans la mesure où aucune sommation de restitution ne lui a été personnellement faite avant la vente du véhicule automobile. • Toulouse, 2 mars 2000 : *JCP 2001. IV. 1127.*

78. Est un abus de confiance le fait, par la dirigeante d'une société mandataire d'Air France pour l'émission de titres de transport, de s'abstenir de vérifier, comme elle en avait l'obligation, la solvabilité de l'agence de voyage au profit de laquelle elle a émis des titres de transport, alors que ladite agence avait fait l'objet du retrait d'agrément de l'association internationale du transport aérien (IATA), puis d'une procédure de redressement judiciaire, la prévenue ayant pris sciemment le risque de ne pouvoir représenter à son mandant, la compagnie Air France, le produit de la revente des titres de transport et de lui causer un préjudice, dès lors qu'elle a disposé de ces titres comme des siens propres, dans des conditions dont elle devait prévoir qu'elles empêcheraient de les rendre ou d'en restituer la valeur à son mandant. • Crim. 3 juill. 1997, ♗ n° 96-85.144 P : *D. Affaires 1997. 1183 ; D. 1999. Somm. 157, obs. de Lamy* ✎ *; Dr. pénal 1998. 15, obs. Véron ; RSC 1998. 552, obs. Ottenhof* ✎.

79. Tout jugement ou arrêt doit comporter les motifs propres à justifier la décision ; la contradiction de motifs équivaut à leur absence ; il résulte de l'arrêt attaqué que la caisse primaire d'assurance maladie (CPAM) a remis à une mutuelle de personnels de santé, en sa qualité de correspondant auprès des assurés sociaux qui étaient ses adhérents, des fonds qui devaient leur être reversés au titre des prestations sociales ; que la mutuelle a utilisé partie de ces fonds à d'autres fins que celles prévues, pour couvrir ses frais de gestion ; pour relaxer le trésorier du chef de complicité d'abus de confiance, la cour d'appel retient qu'il n'a pas eu la volonté de se comporter en propriétaire de sommes dont il n'a disposé qu'en conformité aux instructions reçues du conseil d'administration, sans avoir eu l'intention d'en priver définitivement la CPAM ou ses ayants droit ; mais en statuant ainsi, alors qu'elle relève par ailleurs que le prévenu a reconnu avoir exécuté les ordres de paiement avec retard, de façon « à faire jouer la trésorerie » pour permettre à la mutuelle de faire face à des frais qui dépassaient largement ses capacités, la cour d'appel, qui s'est contredite, n'a pas donné de base légale à sa décision. • Crim. 22 janv. 2003 : ♗ *D. 2004. Somm. 308, obs. Roujou de Boubée* ✎ *; RSC 2003. 791, obs. Ottenhof* ✎ *; Dr. pénal 2003. Comm. 69, obs. Véron.*

80. A l'occasion d'une procédure de divorce, l'ordonnance de non-conciliation avait prévu au titre des mesures provisoires de laisser à la disposition de l'épouse un véhicule automobile, propriété du mari ; le jugement de divorce prononcé, mettant ainsi fin aux mesures provisoires de l'ordonnance de non-conciliation, le véhicule aurait dû être restitué par l'ex-épouse ; aussi le jugement de relaxe de l'ex-épouse des poursuites d'abus de confiance doit-il être réformé pour avoir retenu que la volonté de la prévenue de détourner le véhicule n'était pas établie faute d'avoir prouvé que l'ex-époux plaignant avait postérieurement au jugement de divorce sollicité la restitution du véhicule ; en effet, le véhicule, qui lui avait été attribué de manière provisoire à charge pour elle de le restituer, a été détourné dès lors que la prévenue n'a pas restitué le véhicule et en a poursuivi l'utilisation sachant que son ex-époux lui avait, par l'intermédiaire de son conseil, adressé par courrier sa volonté de récupérer le bien et informé de la résiliation du contrat d'assurance ainsi que de la plainte déposée à son encontre ; la prévenue ainsi avertie ne peut se prévaloir de sa bonne foi se rendant ainsi coupable d'abus de confiance. • Rennes, 10 sept. 2004 : *JCP 2005. IV. 2166.*

81. D'une part, une transaction intervenue entre les parties accordant des délais de paiement à l'auteur d'un détournement déjà réalisé et l'éventuel désintéressement de la victime ne sauraient faire disparaître le délit, et, d'autre part, une mise en demeure n'est pas exigée pour que l'abus de confiance soit constitué, l'existence d'une transaction non respectée important peu. • Crim. 17 nov. 2004 : ♔ *Dr. pénal 2005. 78, obs. Véron.*

82. Tout jugement ou arrêt doit comporter les motifs propres à justifier la décision ; l'insuffisance ou la contradiction des motifs équivaut à leur absence ; pour relaxer le prévenu du chef d'abus de confiance, pour avoir détourné au préjudice d'une société un véhicule automobile à usage de taxi qu'elle lui avait donné en location par contrat, et qu'il aurait dû rendre dans les cinq jours de la lettre recommandée de résiliation et de mise en demeure qu'elle lui a adressée, l'arrêt énonce que cette lettre n'a pas été remise au prévenu, qui n'a jamais été expressément informé de son obligation de restituer le véhicule à partir d'une date déterminée ; en prononçant ainsi, tout en retenant que la lettre de mise en demeure ne saurait constituer le préalable nécessaire à l'infraction d'abus de confiance, la cour d'appel, qui s'est contredite, n'a pas justifié sa décision. • Crim. 16 nov. 2005 : ♔ *Dr. pénal 2006. 47, obs. Véron.*

83. Le prévenu, qui exerçait la profession de bijoutier au sein d'une société, est poursuivi du chef d'abus de confiance, pour avoir détourné un bijou qui lui avait été confié en vue de sa vente ; a justifié sa décision la cour d'appel qui, pour le déclarer coupable de ce délit, retient qu'il s'est sciemment mis en situation de ne pouvoir représenter l'objet qu'il était chargé de vendre ou d'en restituer la valeur. • Crim. 7 mars 2012, ♔ n° 11-82.318 : *Gaz. Pal. 2012. 2. 2224, obs. Detraz.*

c. Détournement d'affectation ou de destination

84. Critère finaliste. L'acte de détournement résulte d'une utilisation à des fins étrangères à celles qui avaient été stipulées. • Crim. 8 déc. 1971 : *Bull. crim. n° 341 ; D. 1972. Somm. 25 ; Gaz. Pal. 1972. 1. 220.* ♦ Caractérise à la fois le détournement et l'intention frauduleuse de son auteur, l'arrêt qui énonce que le prévenu a délibérément utilisé des fonds remis à une fin étrangère à celle qui avait été stipulée. • Crim. 10 janv. 1984 : *Bull. crim. n° 11* • 16 mars 1987 : ♔ *ibid. n° 122.*

85. Subventions. A caractérisé en tous ses éléments constitutifs le délit d'abus de confiance retenu à la charge du prévenu, l'arrêt de la cour d'appel dont il résulte qu'en application d'une convention du 25 nov. 1985 entre une région et une chambre de métiers, la première verse à la seconde une subvention en vue de rembourser, suivant des critères définis, les frais de transport, d'hébergement et de repas exposés par les apprentis du centre de formation dépendant d'elle ; que cette subvention fait l'objet d'avances et que l'excédent versé doit être restitué mais peut, sur décision du président du conseil régional, être considéré comme une avance de subvention pour l'année à venir ; que le prévenu, président de la chambre de métiers a substitué ses propres critères de versements personnels à ceux retenus par le conseil régional, et ainsi, depuis 1985, la chambre de métiers n'a réellement payé à des apprentis que 5 % environ de la subvention annuelle, le surplus étant affecté par lui à des placements à court terme, à des travaux d'équipement, à de l'animation socio-culturelle ou à du ramassage scolaire ; que pour déclarer le prévenu coupable d'abus de confiance, les juges retiennent que la subvention annuelle était versée à la chambre des métiers, organisme gestionnaire, pour une destination prédéterminée avec le mandat exprès du conseil régional de recevoir les fonds et de les distribuer aux personnes dans l'intérêt desquelles la demande de subvention avait été présentée ; que, faute d'avoir obtenu une décision du président du conseil régional valant avance pour l'année à venir, l'excédent de subvention aurait dû être restitué sans mise en demeure ; qu'ils relèvent que la responsabilité des détournements incombe au prévenu, représentant légal et statutaire de la chambre des métiers, qui, en sa qualité d'ordonnateur, était seul habilité à engager les dépenses de cet établissement public ; qu'ils concluent qu'en donnant aux fonds une destination autre que celle prévue, le prévenu, en toute connaissance de cause, les a détournés sans qu'il puisse se prévaloir ni de l'absence de profit personnel ni d'une approbation tacite du conseil régional qui n'a jamais été avisé de l'existence de fonds non distribués. • Crim. 26 sept. 1996 : ♔ *BJS 1997. 112, note Barbiéri.*

86. Un conseil régional a conclu, le 23 mai 1997, avec une société civile immobilière, dont Daniel X... était le gérant, deux conventions prévoyant l'attribution, à cette société, pour la construction de deux immeubles destinés à loger des étudiants, de deux subventions, la première s'élevant à 1 280 000 F pour l'opération « Le Voltaire » et la seconde, à 3 025 000 F pour l'opération « Le Molière » ; les juges relèvent que, pour chacune des opérations, un acompte a été versé, pour un montant respectif de 512 000 F et 1 210 000 F, les 4 juin et 28 juill. 1997, et que, le 5 nov. 1997, le prévenu a informé la Région, qu'il avait commencé les travaux sans disposer des financements bancaires nécessaires et qu'il avait utilisé les subventions versées pour sa rémunération personnelle de 30 000 F mensuelle et pour régler des dépenses liées au fonctionnement de la société ; les juges précisent que l'acompte de 1 210 000 F alloué pour l'opération « Le Molière » a servi à acquérir le terrain destiné à l'opération « Le Voltaire » ; pour renvoyer Daniel X... des fins de la poursuite et débouter la partie civile de ses demandes, l'arrêt énonce qu'en affectant, sans attendre les concours financiers nécessaires, les fonds versés par la Région au fonctionnement de la société, à sa rémunération de gérant et à l'achat d'un terrain, l'intéressé n'a pas intentionnellement détourné de leur objet les fonds qui lui avaient été remis ; en prononçant ainsi, alors qu'il résulte de ces énonciations que le prévenu ne pouvait ignorer qu'il utilisait les subventions accordées par le conseil général à des fins étrangères à celles qui avaient été expressément stipulées dans les conventions, la cour d'appel n'a pas tiré les conséquences légales de ses propres constatations ; d'où il suit que la cassation est encourue. • Crim. 9 janv. 2008 : *D. 2008. Pan. 1577, obs. Mascala ; ibid. 2009. Pan. 123, obs. Mirabail ; RSC 2008. 595, obs. Mascala ; Dr. pénal 2008. 50, obs. Véron.*

87. Comités d'entreprise. Les membres d'un comité d'entreprise ne sauraient faire grief à une cour d'appel de les avoir condamnés pour abus de confiance, pour avoir fait prendre en charge par le budget de fonctionnement du comité leurs frais de voyage et leurs frais personnels de restaurant, dès lors que la qualité de membres élus du comité d'entreprise ne leur donne la disposition des fonds versés par l'employeur au titre de l'art. L. 434-8 [L. 2325-12 et L. 2325-43 nouv.] C. trav. qu'à charge par eux de les utiliser conformément aux prescriptions de la loi, notamment de l'art. L. 434-10 [L. 2325-44 et R. 2325-8 nouv.] C. trav., et de rendre compte de leur gestion à la fin de chaque année et lors de la cessation de leur mandat dans les conditions prévues par les art. R. 432-14 et R. 432-15 [R. 2323-37 et R. 2323-38 nouv.] C. trav. ; les prévenus invoquent vainement le fait que le principe du projet de voyage d'étude des membres du comité d'entreprise et de l'imputation de son coût sur le budget de fonctionnement du comité a été approuvé par le comité lui-même, dès lors que l'agrément résultant de la délibération du comité d'entreprise ne saurait retirer aux faits leur caractère délictueux. • Crim. 16 oct. 1997, n° 96-86.231 P.

88. Constitue un détournement caractérisant un abus de confiance le fait, pour le trésorier et le trésorier adjoint d'un comité d'entreprise, d'avoir, outrepassant leur mandat, attribué, à l'insu du président, de manière irrégulière et pour un montant global dépassant celui prévu pour l'aide sociale, des prêts sociaux aux salariés en grève, alors que certains ne pouvaient juridiquement y prétendre. • Crim. 30 juin 2010, n° 10-81.182 P : *D. 2010. 2820, note Lasserre Capdeville ; AJ pénal 2010. 503, obs. Pradelle.*

89. Conseils généraux. La cour d'appel, qui, pour déclarer un président de conseil général coupable d'abus de confiance pour avoir détourné la somme de 413 585 F au préjudice du conseil général, en prenant en charge, sur le budget du département, contrairement à la délibération de la commission, le déplacement de l'ensemble des conseillers généraux, de non-fonctionnaires, et de leurs conjoints à l'Exposition universelle de Séville, énonce, notamment, que le président a fait participer des fonctionnaires à ces voyages d'étude alors qu'ils n'étaient pourvus d'aucune compétence en rapport avec l'objet du déplacement, et qu'il a agi sciemment au mépris de son mandat qui lui imposait, en sa qualité de président, de faire exécuter, conformément à l'art. 25 de la loi n° 82-213 du 2 mars 1982, les délibérations du conseil général dans la stricte rigueur de la comptabilité publique, a, sans méconnaître le principe de la séparation des pouvoirs, justifié sa décision dès lors qu'elle a caractérisé le mandat que le président du conseil général tient de l'art. L. 3221-1 CGCT en tant qu'ordonnateur des dépenses du département et le détournement des deniers correspondant aux dépenses engagées en dehors des prévisions de la délibération qu'il avait pour mission d'exécuter, en application de l'art. L. 3221-1 du même code. • Crim. 1er mars 2000, n° 99-81.513 P : *D. 2001. Somm. 2352, obs. Segonds ; RSC 2000. 831, obs. Ottenhof.* ♦ Justifie sa décision la cour d'appel qui, pour condamner le président d'un conseil général du chef d'abus de confiance et de détournements de fonds publics par une personne dépositaire de l'autorité publique, caractérise, d'une part, le mandat qu'il tient de l'art. L. 3221-2 CGCT, en tant qu'ordonnateur des dépenses du département ayant le pouvoir d'engager et de liquider lesdites dépenses, d'autre part, le détournement des fonds correspondant aux dépenses engagées et liquidées à des fins étrangères à celles prévues pour le fonctionnement du conseil général, peu important que l'intéressé n'ait pas eu la détention matérielle de ces fonds. • Crim. 18 oct. 2000, n° 99-88.139 P.

90. Greffes. Ont déclaré à bon droit le prévenu, en sa qualité de greffier du tribunal de commerce, coupable d'avoir détourné au préjudice du BODACC et de l'INPI les sommes qui lui avaient été remises à charge de les représenter ou d'en faire un usage déterminé, les juges du second degré qui énoncent que les fonds qui lui étaient confiés en vue de les remettre à ces organismes, étaient ainsi affectés à un usage déterminé, qu'il devait pouvoir les représenter à tout moment à compter de leur exigibilité, et qu'il n'était pas en mesure de le faire en l'état de la trésorerie de son greffe, même si, par la suite, existait une possibilité de régularisation. • Crim. 6 sept. 2000 : *Dr. pénal 2001. 14, obs. Véron.* ♦ ... Il n'y a pas eu seulement usage abusif ou prolongé de ces fonds, mais bien détournement révélé par le caractère systématique du retard excessif érigé en pratique de fonctionnement. • Même arrêt.

91. *Sociétés.* Est à bon droit condamné pour abus de confiance, le gérant d'une SARL qui, ayant en cette qualité et à titre de mandat, reçu le versement d'un souscripteur à une augmentation de capital, a affecté les fonds aux besoins de trésorerie de la société, et les a ainsi détournés en les employant à une fin autre que celle prévue au contrat. • Crim. 6 mai 1969 : *Bull. crim. n° 151* • 3 janv. 1974 : *ibid. n° 1* • 9 janv. 1980 : *ibid. n° 14.* ♦ Même solution pour le gérant d'une société en commandite par actions. • Crim. 11 déc. 1936 : *Bull. crim. n° 147 ; S. 1938. 1. 313, note Roux ; Gaz. Pal. 1937. 1. 341.* ♦ ... Pour le président-directeur général d'une société anonyme. • Crim. 7 mai 1969 : *Bull. crim. n° 155.*

92. Se rend coupable d'abus de confiance le gérant d'une SCI qui prélève des fonds dans la société, par versement sur son compte bancaire personnel, qui utilise ces fonds à d'autres fins que celles pour lesquelles ils devaient servir, sans avoir reçu mandat d'effectuer de telles opérations, dépourvues de toute régularité comptable. • Crim. 4 sept. 1996, n° 95-83.718 P : *BJS 1997. 107, note Rontchevsky.* ♦ Constitue le délit d'abus de confiance le fait, pour le gérant d'une société en nom collectif, de prélever frauduleusement des fonds dans la trésorerie de cette société sans pouvoir justifier de l'utilisation qui en a été faite ni d'un accord des associés à qui le détournement a causé préjudice. • Aix-en-Provence, 18 nov. 1997 : *JCP 1998. IV. 1952.* ♦ Est à juste titre condamné pour abus de confiance, le gérant d'une société de gestion immobilière, chargé de collecter les loyers pour le compte de propriétaires, qui a confondu les sommes recueillies avec celles de sa société, alors qu'il n'ignorait pas que celle-ci était en difficulté financière. • Crim. 26 nov. 1998 : *JCP 1999. IV. 1712.* ♦ Se rend coupable d'abus de confiance le cogérant d'une société en nom collectif qui fait prendre en charge par celle-ci des dépenses personnelles étrangères à son objet ; en outre, le montant des dépenses n'a pas été débité de son compte courant. • Crim. 10 avr. 2002, n° 01-81.282 P : *JCP 2002. I. 188, n° 6 ; Dr. pénal 2002. 119, obs. Véron.* ♦ Est coupable d'abus de confiance le prévenu ayant agi en qualité de représentant de la société dont il était le président, pour avoir détourné les fonds qu'il avait perçus au titre des mandats de gestion dont disposait ladite société. • Crim. 7 sept. 2005 : *Dr. pénal 2005. 175, obs. J.-H. Robert.*

93. *Associations.* Constitue le délit d'abus de confiance le fait, pour le président d'un club de football constitué en association, de détourner frauduleusement les fonds de ce club, qui lui avaient été remis à titre de mandat, pour effectuer des paiements de prestations fictives lors du transfert de joueurs, et pour rémunérer des intermédiaires chargés de missions secrètes et contraires à l'éthique sportive, afin de pouvoir acheter certains matchs ou corrompre des arbitres. • Aix-en-Provence, 4 juin 1998 : *JCP 1998. IV. 2757.*

94. Se rend coupable d'abus de confiance le prévenu, investi d'un mandat de président d'une association exploitant une maison de retraite, qui utilise la trésorerie de cette association pour assurer, sans contrepartie, le financement d'autres établissements qu'il contrôle, donc à des fins étrangères à l'association. • Crim. 28 janv. 2004, n° 03-81.703 P.

95. Le fait, pour un directeur d'association, d'employer les salariés de celle-ci pendant leur temps de travail à des fins personnelles, s'analyse comme un détournement de fonds de l'association destinés à rémunérer des prestations ne devant être effectuées que dans son seul intérêt. • Crim. 20 oct. 2004, n° 03-86.201 P : *D. 2005. 411 (2e esp.), note de Lamy (2e esp.) ; AJ pénal 2005. 70.*

96. Commet un abus de confiance le mandataire d'une association qui perçoit d'une compagnie d'assurance des sommes destinées à conserver la clientèle de l'association, lesquelles constituent des ristournes et auraient dû être restituées à cette dernière, le mandataire étant tenu, selon l'art. 1993 C. civ., de faire raison au mandant de tout ce qu'il a reçu en vertu de sa procuration. • Crim. 2 déc. 2009, n° 08-86.381 P : *AJ pénal 2010. 78, obs. G. Royer ; JCP 2010, n° 3.*

97. *Mandat.* Aux termes de l'art. 1993 C. civ., le mandataire est tenu de faire raison au mandant de tout ce qu'il a reçu en vertu de sa procuration, quand même ce qu'il a reçu n'eût point été dû au mandant ; ce principe trouve son application, et justifie celle de l'art. 408 C. pén., au cas où le mandataire d'une fédération, chargé de percevoir le montant des annonces à insérer dans un journal, se fait verser des sommes supérieures au tarif des insertions et s'approprie l'excédent. • Crim. 7 juill. 1934 : *DH 1934. 510.* ♦ De même, commet le délit d'abus de confiance : ... le mandataire salarié (directeur d'un hôtel) qui détourne des ristournes consenties par des fournisseurs à l'intention du mandant pour conserver sa clientèle. • Crim. 16 janv. 1984 : *Bull. crim. n° 18 ; D. 1984. IR 224, obs. Roujou de*

Boubée. ♦ ... Le syndic de copropriété qui ne fait pas raison des « primes » et « ristournes » consenties par les sociétés choisies comme prestataires de services. • Crim. 12 nov. 1985 : *Bull. crim. n° 349.* ♦ ... La concubine qui, bénéficiaire d'une procuration sur un compte bancaire ouvert au nom de son concubin et alimenté par des versements provenant de l'un et de l'autre, a retiré, après la rupture de leurs relations, et conservé pour elle-même, la totalité de l'avoir dudit compte. • Crim. 6 avr. 1994 : *Gaz. Pal. 1994. 2. Somm. 413.* ♦ ... La prévenue qui, reconnaissant avoir reçu une somme d'argent à charge de la distribuer à des œuvres charitables, ne démontre pas l'avoir fait, sauf en ce qui concerne 10 000 F versés par chèque au « Secours Catholique ». • Crim. 6 juin 1996 : *Gaz. Pal. 1996. 2, chron. crim. 176.* ♦ ... La prévenue qui, bénéficiaire d'une procuration sur un compte bancaire en vue d'effectuer toute opération de gestion, a retiré des fonds pour acheter des bons au porteur, alors que la volonté du titulaire du compte de gratifier la prévenue n'est pas prouvée, et qu'il apparaît, au contraire, qu'un doute existe sur les capacités psychiques du titulaire du compte à ce moment-là ; dès lors que les détournements qui sont imputés à la prévenue étaient caractérisés dès le retrait à son profit, antérieurement au décès du titulaire du compte, des sommes dont il était jusqu'alors crédité, la circonstance que l'un des trois bons au porteur ait été acquis avec ces fonds postérieurement à cette date, était inopérante, et la cour d'appel a justifié sa décision de condamner la prévenue pour abus de confiance. • Crim. 22 oct. 1998 : *JCP 1999. IV. 1322 ; Gaz. Pal. 1999. 1, chron. crim. 21.*

98. Le dirigeant d'une société de gérance d'immeubles a passé, pour le compte d'une autre société dont il était dirigeant, des conventions d'assistance commerciale et technique avec les entreprises prestataires de services des copropriétés dont la société de gérance d'immeubles était le syndic ; en exécution de ces conventions, il a émis des factures d'honoraires et perçu de ces entreprises des sommes qu'il a conservées ; c'est à bon droit que la cour d'appel l'a déclaré coupable d'abus de confiance, relevant qu'il a imposé aux entreprises travaillant pour le compte des copropriétés la signature des conventions et le paiement d'honoraires ne correspondant à aucune prestation réelle comme condition préalable à l'attribution de nouveaux marchés ; pour s'affranchir de l'interdiction à laquelle il était soumis en qualité de syndic de percevoir aucune rémunération de la part des prestataires des copropriétés, sauf à la restituer à celles-ci, il a fait établir par la société fictive des factures d'honoraires dont le recouvrement lui a permis de percevoir des rétributions de manière occulte ; en effet, tout mandataire est tenu, aux termes de l'art. 1993 du C. civ., de faire raison au mandant de tout ce qu'il a reçu en vertu de sa procuration. • Crim. 15 déc. 2004, n° 03-86.646 P : *JCP 2005. IV. 1297.*

99. Nantissement. Est passible des peines sanctionnant le délit d'abus de confiance l'emprunteur qui se trouve dans l'impossibilité de restituer des titres à lui confiés avec autorisation de les employer en nantissement, parce que, de mauvaise foi, et au mépris de ses engagements, il a fait vendre lesdits titres ou les a remis à un créancier personnel qui les a réalisés pour se couvrir de sa créance. • Crim. 11 mai 1901 : *DP 1902. 1. 415* • T. corr. Hazebrouck, 14 juin 1977 : *JCP 1981. II. 19548, note de Lestang.*

100. Matériel informatique. Pour le détournement, par le directeur de cabinet du président d'un conseil général, à des fins de recel d'images pédophiles, du matériel informatique qui lui avait été remis à charge d'en faire un usage professionnel. • T. corr. Le Mans, 16 févr. 1998 : *JCP 1999. II. 10011, note Frayssinet.*

101. C'est à bon droit que la cour d'appel a déclaré le prévenu coupable d'abus de confiance, énonçant que son employeur avait mis à sa disposition, pour les besoins de son activité professionnelle, un ordinateur et une connexion Internet qu'il a utilisés pour visiter des sites à caractère érotique ou pornographique et pour stocker, sur son disque dur, de très nombreux messages et photographies de même nature ; les juges ajoutent qu'il utilisait la messagerie ouverte à son nom au sein de la société qui l'employait pour des envois ou des réceptions de courrier se rapportant à des thèmes sexuels et qu'il alimentait et consultait, depuis son ordinateur professionnel et aux heures de travail, le site personnel à caractère pornographique qu'il avait créé ; le prévenu a détourné son ordinateur et la connexion Internet de l'usage pour lequel ils avaient été mis à sa disposition. • Crim. 19 mai 2004, n° 03-83.953 P : *D. 2004. Somm. 2748, obs. de Lamy ; AJ pénal 2004. 286, obs. Coste ; Dr. pénal 2004. 129, obs. Véron (2e esp.) ; Gaz. Pal. 2004. 2. Somm. 3424, obs. Hadjali ; ibid. 2005. 1. Somm. 535.*

102. Tout jugement ou arrêt doit comporter les motifs propres à justifier la décision ; l'insuffisance ou la contradiction des motifs équivaut à leur absence ; M. X..., exploitant un commerce de tabac-presse, était lié avec la société La Française des jeux par un contrat selon lequel, d'une part, il devait enregistrer les mises des joueurs sur un terminal mis à sa disposition, les encaisser et reverser les sommes dues par prélèvement sur un compte spécial ouvert à cet effet, d'autre part, il était autorisé à jouer lui-même à la condition de régler les mises comptant ; pendant plusieurs mois, il a joué des sommes importantes sans les régler et s'est trouvé dans l'impossibilité de créditer le compte de la société La Française des jeux ; après mise en demeure, cette dernière a fait citer M. X... devant le tribunal correctionnel, lui reprochant d'avoir détourné des participations aux jeux informatisés pour un montant de 17 576,20 € en utilisant frauduleusement le terminal qui lui avait été confié ; pour renvoyer M. X... des fins de la poursuite du chef d'abus de confiance, les juges énoncent qu'il ne peut lui être reproché d'avoir détourné à son profit ni les mises d'autres joueurs ni la machine à enregistrer les paris, qui a été utilisée dans ce seul but, et que son intention de ne pas honorer les prélèvements de la société La Française des jeux n'est pas établie ; mais en se déterminant ainsi, alors qu'il se déduit de ses propres constatations que le prévenu, qui n'a pas réglé ses mises personnelles dès leur enregistrement, a utilisé le terminal de jeux à des fins autres que celles pour lesquelles il lui avait été confié et a ainsi détourné le montant des sommes qu'il s'est abstenu volontairement de verser, la cour d'appel n'a pas justifié sa décision. • Crim. 16 oct. 2013, n° 12-86.241 P : *D. actu. 4 nov. 2013, obs. Fucini ; D. 2013. 2755, note Saenko ; AJ pénal 2014. 33, obs. Gallois ; Gaz. Pal. 2013. 2. 3754, note Mésa ; ibid. 2014. 1. 478, note Detraz ; RSC 2013. 813, obs. Matsopoulou.*

103. Autres exemples. Détournement de sommes d'argent déposées par les clients d'une banque. • Crim. 16 févr. 1934 : *Bull. crim. n° 37* • 1er avr. 1968 : *JCP 1969. II. 15930, note Bouloc* • Paris, 15 nov. 1989 : *Gaz. Pal. 1990. 1. Somm. 243.* ♦ Détournement de fonds remis par les adhérents d'une société mutuelle. • Crim. 19 févr. 1948 : *Bull. crim. n° 54.* ♦ Versement à des grévistes étrangers à l'entreprise de fonds du comité d'entreprise. • T. corr. Seine, 2 nov. 1951 : *JCP 1952. II. 6701, note Larguier.* ♦ Détournement de bandes magnétiques, support du texte d'un feuilleton radiophonique, et communication à un utilisateur pour lui permettre d'enregistrer une copie, peu importe que l'original soit retourné au dépositaire. • Crim. 8 déc. 1971 : *Bull. crim. n° 341 ; D. 1972. Somm. 25 ; Gaz. Pal. 1972. 1. 220.* ♦ Récupération de copies de films contractuellement vouées à la destruction, et disposition de certaines de ces copies, notamment en les revendant à des amateurs en vue de leur diffusion. • T. corr. Paris, 24 janv. 1984 : *Gaz. Pal. 1984. 1. 240, note Marchi.* ♦ Détournement d'offrandes reçues des fidèles d'une communauté personnalisée par plusieurs associations. • Agen, 10 mai 1991 : *RSC 1992. 88, obs. Bouzat.* ♦ Confirmé par • Crim. 19 déc. 1991 : *RSC 1992. 588, obs. Bouzat.* ♦ Utilisation pour un échange d'un véhicule confié à la vente. • Crim. 29 mai 1997, n° 96-84.829. ♦ Utilisation, à des fins personnelles, de la carte de crédit confiée par un client au prévenu, négociateur *immobilier*, pour être présentée à l'agence immobilière en garantie du recouvrement des sommes à devoir au titre de la location envisagée. • Crim. 5 juin 1997, n° 96-83.241. ♦ Utilisation des fonds d'une association pour l'achat d'un bateau et d'une voiture à des fins personnelles. • Crim. 2 avr. 1998 : *JCP 1998. IV. 3475.* ♦ Utilisation, par le directeur de cabinet du président d'un Conseil général, à des fins de recel d'images pédophiles, du matériel informatique qui lui avait été remis à charge d'en faire un usage professionnel. • T. corr. Le Mans, 16 févr. 1998 : *JCP 1999. II. 10011, note Frayssinet.* ♦ Détournement par un chauffeur de la carte de crédit qui lui avait été remise par son employeur pour le seul achat de carburant destiné au véhicule de la société, et qui l'utilise à des fins personnelles. • Crim. 19 mai 2004, n° 03-83.675 P : *D. 2004. Somm. 2748, obs. de Lamy ; AJ pénal 2004, p. 325, obs. Girault ; Dr. pénal 2004. 129, obs. Véron (1re esp.).* ♦ ... Offres de consommations par un serveur sans émission de tickets de caisse correspondants, peu important qu'il n'en ait pas tiré un profit pécuniaire direct. • Crim. 5 oct. 2011, n° 10-88.722 P : *D. actu. 18 oct. 2011, obs. Bombled ; D. 2011. Pan. 2834, obs. Garé ; Gaz. Pal. 2011. 2. 3362, note Detraz.* ♦ ... Détournement par un prêtre de sommes versées par les fidèles en paiement de prestations effectuées dans le cadre de son ministère. • Crim. 27 oct. 2015, n° 14-82.032, P : *D. actu. 26 nov. 2015, obs. Priou-Alibert.*

d. Disposition

104. Vente. Est un détournement le fait, pour un commerçant, de disposer au profit d'un tiers d'un objet qu'il avait déjà vendu, et dont il était le dépositaire en attendant la livraison, peu importe qu'il ait offert de rembourser le prix de vente qu'il avait perçu. • Crim. 14 juin 1978 : *Bull. crim. n° 197.*

105. Dépense. Le mandat pouvant survivre au décès du mandant, si telle est la volonté de ce dernier, l'abus de confiance est constitué lorsque le mandataire détourne, au préjudice de la succession, les fonds ou valeurs reçus ; une cour d'appel fait donc une exacte application de la loi en déclarant constitué le délit d'abus de confiance à la charge de la nièce du *de cujus* qui a dépensé les valeurs que celui-ci lui avait remises en lui enjoignant de les distribuer à divers membres de sa famille nommément désignés. • Crim. 12 oct. 1995, n° 94-83.619 P : *RSC 1996. 378, obs. Ottenhof ; Dr. pénal 1996. 33.* ♦ Rejet du pourvoi contre : • Bordeaux, 30 juin 1994 : *JCP 1995. IV. 1559.* ♦ Rappr. : • Crim. 25 févr. 1937 : *Bull. crim. n° 37 ; Gaz. Pal. 1937. 2. 22.* ♦ V. encore, pour un mandat *post mortem* : • Paris, 12 nov. 1991 : *Gaz. Pal. 1992. 2. 616, note Marchi.*

106. Délaissement. Le délaissement constitue un acte de disposition caractérisant le détournement au sens de la loi. • Crim. 19 mai 1969 : *Bull. crim. n° 171 ; JCP 1969. II. 16104, note de Lestang ; Gaz. Pal. 1969. 2. 78.* ♦ ... Tel le délaissement d'un véhicule loué au titre d'une opération de crédit-bail, à la suite d'un accident, sans que le preneur informe la société du sinistre, ni du lieu où se trouvait déposée la voiture qui avait été revendue par la suite. • Crim. 14 févr. 1979 : *Bull. crim. n° 68 ; Gaz. Pal. 1979. 2. 403.*

107. Mise en pension. L'intermédiaire habilité, teneur de comptes et conservateur de valeurs mobilières, affilié à la SICOVAM sous le régime défini par la loi n° 81-1160 du 30 déc. 1981 et son décr. d'application n° 83-359 du 2 mai 1983, est lié à son client par un contrat de dépôt qui lui impose de conserver la contrepartie : il ne peut, sans le consentement du titulaire, accomplir sur ces valeurs que des actes d'administration ou de gestion, à l'exclusion d'actes de disposition ayant pour effet d'intervertir la possession ; tel est le cas de la « mise en pension », par une société de bourse, dans des organismes de placement collectif en valeurs mobilières (OPCVM) du même groupe, de titres confiés par sa clientèle sous une clause d'indisponibilité. • Crim. 30 mai 1996, n° 95-82.487 P : *D. Affaires 1996. 865 ; Dr. pénal 1996. 186, obs. Véron ; RJDA 1996, n° 8/9, p. 728, concl. Dintilhac ; RSC 1997. 129, obs. Riffault-Treca ; Rev. sociétés 1996. 806, obs. Bouloc.* ♦ Rappr. obs. Riffault-Silk, *RSC 2002. 607*, ss. Paris, 7 mai 2002.

e. Gestion frauduleuse

108. Déficit d'exploitation. Si la preuve d'un déficit d'exploitation d'un fonds de commerce, dont la gestion a été confiée à un mandataire, ne suffit pas à elle seule pour caractériser un abus de confiance, il n'en est pas de même lorsque les juges retiennent, par une appréciation souveraine, que ce déficit résulte des agissements frauduleux de ce mandataire. • Crim. 10 oct. 1972 : *Bull. crim. n° 273* • 19 mars 1975 : *ibid. n° 81* • 17 déc. 1975 : *ibid. n° 285* • 10 févr. 1986 : *ibid. n° 48.*

109. Dépenses d'exploitation. Constitue un abus de confiance le fait, pour l'exploitant mandataire d'un cinéma, de majorer les dépenses d'exploitation pour une somme déterminée, puis de commettre un détournement égal à cette somme, sans qu'il soit nécessaire de constater que le prévenu était dans l'impossibilité de restituer les fonds ainsi détournés. • Crim. 24 juill. 1956 : *Bull. crim. n° 568.*

f. Omission

110. Inventaire. Constitue un abus de confiance, de la part de l'administrateur-séquestre d'un fonds de commerce, l'omission, dans l'inventaire, à son entrée en fonction, d'un certain nombre de marchandises, dont une partie a été retrouvée à son domicile, et une autre vendue par lui. • Crim. 3 mai 1946 : *JCP 1946. IV. 85.*

111. L'abus de confiance est suffisamment caractérisé dès lors qu'un mandataire omet volontairement de révéler qu'il détient des fonds destinés à son mandant afin de ne pas devoir les représenter, sans qu'il soit, de surcroît, nécessaire de constater l'impossibilité de restituer les sommes ainsi détournées. • Crim. 8 nov. 1982 : *Bull. crim. n° 242.*

112. Changement d'adresse. Doit être condamné pour abus de confiance le locataire qui néglige délibérément d'indiquer son changement d'adresse à la société bailleresse, mettant cette dernière dans l'impossibilité de lui faire toutes mises en demeure utiles pour résilier le contrat et pour obtenir la restitution du matériel loué. • T. corr. Rouen, 10 déc. 1976 : *D. 1978. 345, note Fortin.*

g. Rétention injuste

113. Conditions. Une rétention plus ou moins prolongée ne constitue le délit d'abus de confiance qu'autant que son auteur a agi avec une intention frauduleuse. • Crim. 29 déc. 1866 : *DP 1867. 1. 188* • 1er mai 1940 : *DH 1940. 169.*

114. Agent d'affaires. Ne commet pas le délit d'abus de confiance l'agent d'affaires qui retient les pièces d'un dossier jusqu'au payement de ses frais. • Crim. 1er mai 1940 : *préc. note 113.* ♦ Mais l'agent d'affaires qui retient de mauvaise foi et contre la volonté du mandant des pièces qui lui avaient été remises à titre de mandat ne peut se prévaloir d'un droit de rétention et commet un abus de confiance. • Crim. 30 déc. 1943 : *Bull. crim. n° 169 ; JCP 1944. II. 2621, note Garraud* • 17 nov. 1970 : *Bull. crim. n° 297 ; D. 1971. 97 ; JCP 1971. II. 16692, note de Lestang ; Gaz. Pal. 1971. 1. 45* • 11 mars 1991 : *Dr. pénal 1991. 257.*

115. Restitution sous la contrainte de poursuites judiciaires. Constitue un détournement le fait pour un mandataire de retenir, de mauvaise foi, des effets, deniers ou marchandises..., qui ne sont restitués qu'à l'occasion de poursuites judiciaires, seraient-elles engagées par le prévenu lui-même. • Crim. 26 juin 1973 : *Bull. crim. n° 297* • 28 oct. 1981 : *ibid. n° 283.* ♦ Ainsi en est-il du syndic de copropriété qui, sans pouvoir se prévaloir d'un droit de rétention, retient de mauvaise foi des pièces qui lui avaient remises au titre de son mandat, et qui ne sont restituées que sous la contrainte de poursuites judiciaires. • Crim. 5 avr. 1973 : *Bull. crim. n° 177.* ♦ ... De l'entrepreneur de transport qui retient de mauvaise foi et contre la volonté de son client les marchandises qui lui ont été remises pour un travail salarié et qui ne sont restituées que sous la contrainte de poursuites judiciaires. • Crim. 2 mars 1992, n° 90-87.081 P.

116. Cessation d'une relation de travail. Commet le délit d'abus de confiance l'employé d'une société qui, ayant eu en sa possession, pour les besoins de ses fonctions, une documentation appartenant à cette société, la conserve après la cessation de ses fonctions et se l'approprie, en l'utilisant pour les besoins d'une entreprise concurrente. • Crim. 7 juin 1961 : *Bull. crim. n° 288* • 2 avr. 1974 : *ibid. n° 139* (fichiers de la clientèle) • Paris, 20 mai 1975 : *Gaz. Pal. 1975. 2. Somm. 236.* ♦ Est constitutif d'abus de confiance le fait de retenir de mauvaise foi un véhicule de fonction après l'expiration du contrat de travail en vertu duquel il est détenu à titre de prêt à usage. • Paris, 8 oct. 1974 : *RJ com. 1975. 295, obs. Le Guidec.* ♦ Se rend coupable d'abus de confiance un agent commercial qui a reçu à ce titre de son employeur des devises destinées à couvrir ses frais à l'étranger, et qui, son mandat ayant pris fin du fait de son licenciement, conserve indûment certaines de ces devises, malgré la mise en demeure qui lui en a été faite. • Crim. 15 févr. 1982 : *JCP 1982. IV. 157.*

117. Délais de paiement. La délivrance de facture, l'émission de traites et l'octroi de délais de paiement sont de nature à retirer tout caractère frauduleux à la rétention de fonds au-delà du terme et à faire obstacle à ce que l'intéressé soit déclaré coupable d'abus de confiance. • Crim. 17 févr. 1992, n° 91-81.882 P.

h. Autres exemples

118. Comptes courants. Le directeur général d'une banque et la responsable commerciale de cet établissement ont inscrit le solde créditeur de sept comptes professionnels, clôturés d'office, dans les comptes d'exploitation de la banque ; pour déclarer les prévenus coupables d'abus de confiance et en conséquence écarter l'exception de prescription, l'arrêt énonce notamment que l'inscription du montant des soldes des comptes créditeurs aux comptes d'exploitation de la banque, sous le couvert de prétendus « frais d'écriture », démontre l'intention de cette dernière de s'approprier ces sommes, à l'époque où ces opérations ont été passées, quand bien même la banque ait tenté de régulariser cette opération ultérieurement ; en cet état, et dès lors que l'appropriation indue par la banque du solde créditeur d'un compte clôturé caractérise le délit d'abus de confiance, peu important que durant le fonctionnement du compte, l'établissement ait eu la libre disposition des fonds, la cour d'appel a justifié sa décision. • Crim. 20 juill. 2011, n° 10-81.726 P : *D. actu. 1er sept. 2011, obs. Bombled ; D. 2011. 2242, note Lasserre Capdeville ; Dr. pénal 2011, n° 116, 2e esp., obs. Véron ; Gaz. Pal. 2011. 2. 3100, note Morel-Maroger ; RSC 2011. 832, obs. Matsopoulou.* – *Adde* : T. Samin et S. Torck, Retour sur le délit d'abus de confiance et le dépôt de fonds en banque, *JCP G 2011, n° 1226.*

119. Gratifications ou émoluments. ... Le fait pour le directeur d'une société de s'allouer des gratifications ou émoluments auxquels il n'a pas droit, malgré l'étendue de ses pouvoirs. • Crim. 31 mars 1933 : *Bull. crim. n° 70* • 6 janv. 1949 : *ibid. n° 1.*

120. ... Fait, par le président d'une chambre de métiers, d'avoir perçu, de 1988 à 1990, une indemnité de fin d'année dite de treizième mois prévue pour les membres du personnel administratif, alors que, selon les dispositions du décret du 16 juill. 1952 réglementant les chambres de métiers, ses fonctions étaient gratuites et ne pouvaient donner lieu qu'à l'attribution d'indemnités de mandat et au remboursement de frais de déplacement ou de représentation, étant précisé que le prévenu ne saurait invoquer une inadvertance ou une erreur de droit, alors qu'en sa qualité d'ordonnateur des dépenses, il avait d'autant plus le devoir de vérifier la régularité de celles-ci qu'il s'agissait en l'espèce de sommes versées à son profit. • Crim. 26 sept. 1996 *préc. note 85.*

121. Opérations sur titres ou effets. ... Le fait de lever positivement une option sur des titres, afin de valider rétroactivement des actes frauduleux de disposition réalisés sur ces titres. • Crim. 1er mars 1935 : *S. 1935. 1. 158.* ♦ ... Le fait de mettre en circulation une traite reçue en garantie, et de percevoir ainsi deux fois le montant d'un crédit. • Crim. 7 nov. 1983 : *Rev. sociétés 1984. 327, obs. Bouloc.*

122. Agent immobilier. ... Fait pour un agent immobilier de retenir indûment des fonds représentant un acompte sur un prix de vente. • Crim. 12 févr. 1979 : *Bull. crim. n° 59.* ♦ ... Fait pour un importateur de véhicules, chargé d'acquérir des automobiles à l'étranger, de s'approprier les acomptes versés par ses clients, lesquels n'ont pas reçu les voitures qu'ils avaient commandées. • Crim. 29 mai 1997, n° 96-84.829.

123. Avocat. ... Fait, pour un avocat, de ne pas déposer sur son compte à la Carpa une somme qui lui a été remise à des fins de transaction. • Crim. 27 avr. 1994 : *Gaz. Pal. 1994. 2. Somm. 414.* ♦ ... Fait, pour un avocat, de tirer des chèques sur son compte Carpa pour garantir des emprunts faits auprès de particuliers à un taux usuraire. • Paris, 6 févr. 1995 : *JCP 1995. IV. 1022.* ♦ ... Fait, pour un conseil juridique, de prélever, postérieurement au jugement de liquidation judiciaire, sur des fonds qu'il détenait pour le compte de la société en vertu d'un contrat de mandat, des sommes destinées au remboursement de frais auquel il prétendait avoir droit, alors qu'il ne pouvait ignorer l'ouverture de la procédure collective, sa collaboratrice ayant assisté le dirigeant social au cours de l'audience devant le tribunal de commerce. • Crim. 27 mars 2002, n° 00-81.712 P.

124. Entre dans les prévisions de l'art. 314-1 C. pén., incriminant l'abus de confiance, le fait, pour un avocat, de déposer les fonds reçus pour le compte de ses clients sur un compte autre que celui ouvert au nom de la CARPA, en violation de l'art. 240 du Décr. du 27 nov. 1991 organisant la profession d'avocat, peu important qu'un accord existât ou non sur ce point avec l'auteur de la remise. • Crim. 23 mai 2013, n° 12-83.677 P : *D. actu. 4 juill. 2013, obs. Priou-Alibert ; AJ pénal 2013. 543, obs. Porteron*.

125. Notaire. ... Fait pour un notaire d'effectuer des prélèvements sur les fonds remis à titre provisionnel par ses clients en fonction de ses besoins. • Agen, 29 janv. 1987 : *JCP 1987. IV. 306.* ♦ ... Fait pour un notaire de créditer un chèque sur son compte personnel alors qu'il lui a été remis aux fins de transcription d'un jugement de divorce à la conservation des hypothèques. • Crim. 20 oct. 2010, n° 10-80.722 : *Gaz. Pal. 2011, 1, p. 261, note Detraz.* ♦ Mais le fait, pour le notaire chargé d'une succession, d'avoir omis de transmettre dans les délais au tribunal un procès-verbal de difficulté ne constitue pas un détournement de biens, de fonds ou de valeur. • Crim. 25 oct. 2017, n° 16-83.123 P : *Gaz. Pal. 2018, p. 342, obs. S. Detraz.*

126. Société de bourse. ... Fait pour les gestionnaires d'un fonds commun de placement d'effectuer des opérations ne se justifiant pas toujours, ainsi qu'elles l'auraient dû, par la recherche d'un profit au bénéfice des porteurs de parts, mais à celui de la société de bourse, dans l'intérêt au moins professionnel des prévenus. • TGI Paris, 12 févr. 1992 : *Gaz. Pal. 1992. 2. 563, note Marchi.*

127. Syndic. ... Fait pour un syndic bénévole de copropriété de s'allouer des honoraires sur les deniers de la copropriété. • Paris, 8 juill. 1987 : *D. 1987. IR 195.* ♦ ... Fait pour un syndic bénévole, après avoir viré les fonds reçus des copropriétaires sur un compte personnel, de ne pouvoir justifier, par la production de documents crédibles, de l'emploi effectif de ces sommes dans l'intérêt de la copropriété. • Crim. 30 nov. 1993 : *Dr. pénal 1994. 110 ; RSC 1994. 764, obs. Ottenhof*.

128. Employeur. ... Fait pour un employeur, ayant adhéré, pour le compte de ses employés, à un régime de retraite complémentaire, de ne pas verser les cotisations prélevées sur les salaires. • Crim. 11 juin 1979 : *Bull. crim. n° 198 ; Gaz. Pal. 1980. 1. 32* • Versailles, 14 déc. 1993 : *Gaz. Pal. 1994. 1. Somm. 151.*

129. Salarié. ... Fait, par la comptable d'une société, et ce dans le cadre de son travail salarié, d'encaisser délibérément des chèques dont elle connaissait la fausseté, tirés sur le compte de ladite société et faussement imputés en comptabilité. • Crim. 5 oct. 1995 : *Gaz. Pal. 1996. 1, chron. crim. 18.*

130. .... Fait, par l'employé d'une grande surface, responsable du rayon des boissons, d'apposer sur des bouteilles de champagne, qui lui étaient confiées par son employeur, une étiquette déterminant l'application d'un prix différent de celui qui était prévu, afin de permettre à l'une de ses relations de les acquérir à un prix inférieur, le prévenu s'étant ainsi momentanément substitué au propriétaire des marchandises dont il a indûment exercé les droits. • Crim. 9 mars 2005 : *Dr. pénal 2005. 107, obs. Véron.*

131. ... Fait, par le cadre d'une société, d'avoir passé la commande d'un matériel électrique, d'avoir détourné ce matériel, qui a été retrouvé à son domicile ; le prévenu soutient avoir eu l'intention de régler lui-même la facture et avoir utilisé le procédé en question pour pouvoir bénéficier d'une ristourne réservée à l'entreprise ; cependant, la facture a été réglée par la société et le prévenu n'a pas remboursé le prix du matériel ; il n'a pas davantage alerté la société sur l'existence de cette commande faite pour son compte ; il est établi qu'il a pris possession du matériel dès le lendemain de sa livraison ; le prévenu invoque vainement l'autorisation pour le personnel d'emprunter du matériel de la société ponctuellement ; en effet, le matériel litigieux n'était d'aucune utilité pour la société et le service demandeur du matériel n'a pu être retrouvé ; il existe donc un faisceau d'indices démontrant le détournement de ce matériel par le prévenu, qui doit être condamné pour abus de confiance. • Paris, 30 avr. 2007 : *JCP 2007. IV. 2179.*

132. Mandataire. ... Fait pour un mandataire de verser les fonds correspondant à une transaction (vente d'un bateau) sur les comptes de sa société pour faciliter la trésorerie de celle-ci, qu'il savait dans une situation difficile, et qui a ainsi mis ses mandants, propriétaires des fonds, dans l'impossibilité d'exercer leurs droits. • Bordeaux, 22 avr. 1997 : *Gaz. Pal. 1997. 2, chron. crim. 144.*

133. ... Fait pour des mandataires, chargés d'exécuter des opérations de vente et d'achat exclusives de tout profit, d'obtenir illicitement des bénéfices, qu'ils se sont appropriés sans rendre compte à leur mandant. • Crim. 3 mars 1949 : *Bull. crim. n° 79.*

134. Trader. .... Fait pour un salarié de la Société générale d'avoir, de 2005 au 19 janv. 2008, dans ses fonctions d'opérateur de marché, dit « trader », détourné des fonds en prenant des positions spéculatives qui ont porté sur plusieurs dizaines de milliards d'euros, en utilisant, au mépris de son mandat et au-delà de la limite autorisée, les moyens techniques qui lui étaient confiés, la Société générale n'ayant pas eu connaissance des activités de son salarié, qui les lui a dissimulées. • Crim. 19 mars 2014, n° 12-87.416, P : *D. actu. 20 mars 2014, obs. Coustet ; ibid. 27 mars 2014, obs. Priou-Alibert ; D. 2014. 912, obs. Coustet, et note Lasserre Capdeville ; ibid. 1564, obs. Mascala ; AJ pénal 2014. 293, note Gallois ; RSC 2015. 379, obs. Stasiak ; RTD civ. 2014. 389, obs. Jourdain ; RTD com. 2014. 427, obs. Bouloc ; JCP 2014, n° 15, 449, note Wester-Ouisse ; JCP E 2014, n° 18, 1234, note Mortier ; BJB 2014 n° 5, p. 265, note Rontchevsky ; ibid., n° 6, p. 313, note Rebut ; LPA*

16 avr. 2014, n° 76, p. 3 note de Lamaze ; RLDA 10/2014, n° 97, note Stasiak ; Gaz. Pal. 2014. 1. 919, note Pitti ; ibid. 2014. 2. 2342, obs. Fourment. ♦ Sur l'arrêt objet du pourvoi : • Paris, 24 oct. 2012 : *JCP G 2012, n° 1371, note Lasserre-Capdeville.* ♦ Sur les suites indemnitaires : • Versailles, 23 sept. 2016 : *D. 2016. 1927, obs. Lasserre-Capdeville* ; *JCP G 2016, p. 1087, obs. Dezeuze, et p. 2139, obs. J.-H. Robert ; RTD com. 2016. 873, obs. Saenko* ; *RSC 2017. 530, obs. Stasiak* .

135. Marché de l'art. ... Fait pour l'organisateur d'une exposition d'objets d'art, qui, ayant reçu mandat des exposants de vendre leurs œuvres à un prix donné, a fait virer les fonds provenant de ces ventes au compte bancaire d'une société en état de cessation de paiement dont il était le gérant, mettant ainsi les propriétaires dans l'impossibilité d'exercer leurs droits. • Crim. 7 nov. 1983 : *Bull. crim. n° 286.* ♦ Rappr. : • Crim. 12 févr. 1979 : *Bull. crim. n° 60.*

136. Société en participation. ... Dans le cadre d'une société en participation entre joueurs. • Crim. 13 juin 1983 : *Bull. crim. n° 177* • 20 mai 1985 : *ibid. n° 189* • 29 avr. 1996, n° 95-85.079 P : *Dr. pénal 1996. 187, obs. Véron.*

137. Divers. Pour des détournements : ... par l'utilisation d'une machine à timbrer. • Crim. 16 janv. 1984 : *Bull. crim. n° 18 ; D. 1984. IR 224, obs. Roujou de Boubée.* ♦ ... Par des manipulations informatiques. • TGI Paris, 12 oct. 1988 : *JCP 1989. II. 21253, note Devèze.* ♦ ... Lors de la collecte de parcmètres. • TGI Paris, 9 juill. 1992 : *RSC 1993. 548, obs. Bouzat* .

B. INTENTION

1° NATURE

138. Définition. Le délit d'abus de confiance n'existe que si le détournement a été commis avec une intention frauduleuse. • Crim. 4 avr. 1924 : *DH 1924. 371* • 23 avr. 1932 : *Bull. crim. n° 114.* ♦ Le détournement est consommé à partir de l'instant où le déposant ayant réclamé la chose confiée, le dépositaire manifeste son intention frauduleuse par l'inexécution de ses engagements. • Crim. 31 mai 1951 : *Bull. crim. n° 154.* ♦ L'abus de confiance n'existe qu'autant qu'il y a eu, de la part du prévenu, intention frauduleuse de s'approprier la chose d'autrui. • Crim. 30 août 1849 : *DP 1849. 5. 2* • 5 mars 1968 : *Bull. crim. n° 75.* ♦ ... Volonté consciente de contredire aux droits du propriétaire légitime. • Versailles, 14 janv. 1980 : *D. 1980. 422, note Brunois.*

139. Le seul énoncé d'un doute sur la mauvaise foi du prévenu, dénué de toute justification, ne saurait suffire à motiver une décision de relaxe. • Crim. 17 mai 1939 : *Bull. crim. n° 115.*

140. C'est à bon droit que, pour confirmer l'ordonnance de non-lieu concernant un avocat dans une information pour abus de confiance et vol, la chambre de l'instruction retient que, s'il est exact que cet avocat a eu tort de prélever sur la consignation faite entre ses mains par ses clients, sans autorisation écrite de leur part, des provisions à valoir sur ses honoraires, ce qui lui a valu une sanction disciplinaire justifiée, l'intention délictueuse, élément des délits d'abus de confiance et de vol visés dans la plainte, n'est pas caractérisée ; en effet, la faute ayant fait l'objet d'une sanction disciplinaire n'implique pas nécessairement l'intention frauduleuse de s'approprier le bien d'autrui. • Crim. 26 févr. 2002, n° 01-82.579 P.

141. Le prévenu, agent d'assurance titulaire d'un mandat, qui ne représente pas des sommes perçues au titre de prime d'assurance, doit être relaxé du chef d'abus de confiance faute d'élément intentionnel ; en effet, il n'existe en l'espèce qu'un simple déficit d'exploitation ou de caisse, déficit existant au demeurant depuis plusieurs années sans que la victime ait formulé la moindre observation ; le fait que les sommes à représenter aient été perçues sur le compte personnel du prévenu est indifférent dès lors que l'exigence d'un compte professionnel n'a été imposée par la victime à ses agents que postérieurement ; en outre, l'enquête ne démontre aucun enrichissement personnel du prévenu et ne prouve pas un usage autre des fonds que celui prévu au mandat ; enfin, l'importance des sommes n'est pas susceptible de caractériser en soi un détournement frauduleux. • Amiens, 23 janv. 2004 : *JCP 2005. IV. 1646.*

142. Appréciation. Il entre dans les pouvoirs souverains des juges du fond de déduire la mauvaise foi du prévenu des éléments de fait par eux constatés et librement débattus à l'audience. • Crim. 12 avr. 1967 : *Bull. crim. n° 115.* ♦ L'appréciation de la mauvaise foi par les juges du fond est souveraine dès lors qu'elle résulte des éléments de fait exposés dans la décision et qu'elle n'est pas en contradiction avec ceux-ci. • Crim. 5 mars 1980 : *Bull. crim. n° 81* • 12 déc. 1983 : *ibid. n° 335* • 13 févr. 1984 : *ibid. n° 49.*

143. Pour des exemples contrastés : ... d'intention retenue. • Crim. 10 avr. 1995 : *Dr. pénal 1995. 197 (1er arrêt), obs. Véron ; RSC 1995. 820, obs. Ottenhof* . ♦ ... D'absence d'intention. • Crim. 10 avr. 1995 : *Dr. pénal 1995. 197 (2e arrêt), obs. Véron, préc. ; RSC 1995. 820, obs. Ottenhof, préc.*

144. Constatation. Il n'est pas nécessaire, pour établir légalement l'abus de confiance, que l'intention frauduleuse soit constatée en termes particuliers ; il suffit qu'elle puisse se déduire des circonstances retenues par les juges, l'affirmation de la mauvaise foi étant nécessairement incluse dans la constatation du détournement. • Crim. 17 janv. 1878 : *DP 1878. 5. 6* • 20 avr. 1901 : *ibid. 1901. 1. 369, rapp. Accarias* • 21 févr. 1930 : *Bull. crim. n° 60 ; DP 1930. 1. 70* • 1er mai 1931 : *Bull. crim. n° 120* • 9 juill. 1953 : *ibid.*

n° 239 • 14 oct. 1958 : *ibid. n° 616* • 17 juill. 1968 : *ibid. n° 226* • 4 juill. 1972 : *ibid. n° 228* • 3 janv. 1973 : *ibid. n° 1* • 5 avr. 1973 : *ibid. n° 177* • 9 avr. 1973 : *ibid. n° 179 ; D. 1975. 257, note Delmas-Marty* • 26 juin 1973 : *Bull. crim. n° 297* • 5 nov. 1975 : *ibid. n° 237* • 28 avr. 1976 : *ibid. n° 130* • 10 mai 1976 : *ibid. n° 149* • 17 mai 1976 : *ibid. n° 159* • 12 janv. 1977 : *ibid. n° 16* • 16 févr. 1977 : *ibid. n° 60* • 12 févr. 1979 : *ibid. n° 59* • 11 févr. 1981 : *ibid. n° 53 (1er arrêt)* • 3 mai 1989 : *Dr. pénal 1989. 16* • 6 avr. 1994 : *Gaz. Pal. 1994. 2. Somm. 413* • 12 mai 2009 : *Dr. pénal 2009, n° 108, obs. J.-H. Robert.* ♦ ... Et la déclaration de culpabilité faite dans les termes mêmes de l'art. 408 C. pén. impliquant suffisamment l'intention frauduleuse de l'agent. • Crim. 7 juill. 1932 : *Bull. crim. n° 172.*

2° EXCEPTION DE BONNE FOI

145. Autorisation. Lorsque le mandant a autorisé le mandataire à utiliser les fonds encaissés par celui-ci pour son compte, l'impossibilité où vient à se trouver le mandataire de rendre ou représenter les fonds confiés ne peut servir de fondement à une déclaration de culpabilité du chef d'abus de confiance, l'autorisation accordée retirant tout caractère frauduleux à l'emploi des fonds à son profit par le mandataire. • Crim. 21 févr. 1968 : *Bull. crim. n° 52 ; D. 1968. Somm. 94* • 20 févr. 1980 : *ibid. n° 66.*

146. Doit être relaxé du délit d'abus de confiance le prévenu chef d'atelier d'un garage automobile qui a réparé et fait réparer dans les locaux de son employeur quatre véhicules automobiles achetés à l'état d'épave afin de les revendre à son seul profit ; en effet, il est établi que le prévenu n'avait pas l'intention de s'approprier le matériel de son employeur, et il ne l'a déplacé et s'est borné à l'utiliser que dans la limite de ses besoins ; en outre, eu égard à la dimension des locaux de l'entreprise et à l'existence de moyens de contrôle performants de l'activité de ses salariés, l'employeur n'a pu ignorer la présence de quatre véhicules dans le garage pendant plusieurs mois et leur remise en état avant revente ; par conséquent, ces faits n'ont pas pu échapper à la vigilance d'une direction normalement attentive à l'activité de son entreprise et accréditent la réalité d'un usage consistant à laisser le matériel et les locaux à la disposition du personnel désireux d'effectuer des travaux personnels en dehors des heures de travail ; pour corroborer cette analyse, il faut remarquer que le prévenu détenait les clefs des locaux et cette circonstance l'autorisait tacitement à y pénétrer sans aucune limitation, en dehors des horaires d'activité de l'entreprise. • Toulouse, 26 avr. 2001 : *D. 2002. Somm. 1794, obs. de Lamy ; JCP 2001. IV. 2946.* ♦ Comp. • Paris, 22 mai 2000 : *Gaz. Pal. 2001. 2. 1558, note J. Berenguer-Guillon et A. Gallier* (commet une indélicatesse et un manquement aux obligations de son contrat de travail qui justifie son licenciement fondé sur une cause réelle et sérieuse, le préposé qui, pendant son temps de travail, utilise l'ordinateur et l'e-mail de l'entreprise, pour son usage personnel et ce, dans des proportions importantes). ♦ ... Doit être relaxé du délit d'abus de confiance le prévenu qui a utilisé des pièces achetées aux conditions favorables consenties aux membres du personnel ; en effet, les factures attestent de l'acquisition régulière des fournitures litigieuses et la production de documents analytiques et statistiques, dont l'évolution serait révélatrice d'anomalies de comptabilisation, ne saurait être considérée comme la preuve d'un détournement de petites fournitures et accessoires ; aucun lien n'a pu être établi entre des sommes qui auraient été comptabilisées à tort sur certains comptes et des pièces utilisées par le prévenu pour la réparation de ses véhicules. • Toulouse, 26 avr. 2001 : *préc.*

147. Compensation. Le juge ne peut se refuser à examiner l'exception de compensation entre la dette née du mandat à la charge du mandataire et ce qui est dû à ce dernier par le mandant, spécialement à raison de l'exécution du mandat ; une telle exception peut faire disparaître le délit. • Crim. 20 juin 1931 : *Bull. crim. n° 183.*

148. Aux termes de l'art. 1293 C. civ., la compensation n'a pas lieu, notamment, dans le cas de la restitution d'une chose dont le propriétaire a été injustement dépouillé. • Crim. 16 juin 1938 : *Bull. crim. n° 158* • 26 juin 1973 : *ibid. n° 297* • 25 nov. 1975 : *ibid. n° 256.* ♦ Dès lors, le mandataire, reconnu coupable d'avoir dissipé des sommes par lui encaissées en vertu du mandat, ne peut opposer l'exception de compensation en raison de ce qu'il prétend lui être dû à l'occasion de ce mandat, ... notamment à titre d'honoraires. • Crim. 22 avr. 1937 : *Bull. crim. n° 82* • 2 nov. 1972 : *ibid. n° 317.* ♦ ... De salaires ou de rémunération. • Crim. 10 oct. 1961 : *Bull. crim. n° 389* • 27 nov. 1962 : *ibid. n° 340* • 11 juin 1963 : *ibid. n° 204.* ♦ ... De commissions. • Crim. 11 juin 1963 : *Bull. crim. n° 204* • 23 mai 1966 : *ibid. n° 156* • 10 mai 1976 : *ibid. n° 149* • 3 déc. 1981 : *ibid. n° 322.* ♦ ... D'avances. • Crim. 7 déc. 1977 : *Bull. crim. n° 387.* ♦ ... De courtages. • Crim. 11 févr. 1981 : *Bull. crim. n° 53 (1er arrêt).* ♦ Rappr. : • Crim. 26 févr. 1990 : *Dr. pénal 1990. 192.* ♦ ... De frais de déplacement. • Crim. 15 févr. 1982 : *JCP 1982. IV. 157.* ♦ ... D'indemnités compensatrices. • Rennes, 11 juin 1992 : *RSC 1994. 339, obs. Bouzat* (agents d'assurance).

149. Le prévenu, engagé en qualité de mécanicien, s'est vu confier la gestion du parc automobile du plaignant ; il reconnaît avoir vendu quatre véhicules et en avoir conservé le prix de vente pour payer ses arriérés de salaire ainsi que ceux d'autres salariés, et des fournisseurs, voulant ainsi se substituer à la mauvaise gestion du plaignant ; il a donc détourné les prix de ces ventes au lieu de les restituer à leur légitime propriétaire ; il ne saurait opposer à son employeur une exception de compensation avec ce qu'il prétend être dû au titre des arriérés de salaire ou aux fournisseurs, le mobile et l'intention étant distincts ; le délit d'abus de confiance est donc constitué. • Montpellier, 30 juin 2005 : *JCP 2006. IV. 1775.*

150. Extinction de l'obligation. Aux termes de l'art. 1315 C. civ., il incombe à celui qui se prétend libéré d'une obligation de justifier le payement ou le fait qui a produit l'extinction de cette obligation. • Crim. 27 avr. 1968 : *Bull. crim. n° 124.*

151. Force majeure. Ne constitue pas un cas de force majeure : ... la fermeture, par suite des circonstances de guerre, de la banque où ont été déposées au compte du prévenu les sommes qu'il détient à titre de mandataire, s'agissant de choses fongibles. • Crim. 12 juill. 1956 : *Bull. crim. n° 529 ; D. 1956. 722.* ♦ ... La compensation, effectuée d'office, par une banque, entre les fonds reçus à titre de mandat par le mandataire, et le compte personnel de celui-ci, dès lors qu'il lui appartenait de prendre toutes mesures utiles pour que cette compensation ne se produise pas. • Crim. 30 mai 1972 : *Bull. crim. n° 180.* ♦ ... La brusque décision d'une banque de retirer son appui financier. • Crim. 11 oct. 1993, ☎ n° 92-86.131 P.

152. Novation. Il appartient aux juges du fond d'apprécier souverainement si une convention (mandat) a subi une novation par suite d'un contrat ultérieur. • Crim. 4 janv. 1958 : *Bull. crim. n° 8* • 13 oct. 1960 : *ibid. n° 447 ; JCP 1960. II. 11836 (1re esp.), note M. R.* ♦ La prétendue novation ne saurait produire d'effet alors que le délit d'abus de confiance est déjà consommé. • Crim. 16 nov. 1934 : *Bull. crim. n° 195* • 30 nov. 1945 : *ibid. n° 127* • 17 déc. 1953 : *ibid. n° 349* • 19 déc. 1961 : *ibid. n° 532* • 21 déc. 1971 : *ibid. n° 363.*

153. Si la novation ne se présume pas, sa preuve peut cependant être faite par tous les moyens. • Crim. 18 janv. 1972 : *Bull. crim. n° 26.* ♦ La volonté de nover ne résulte pas de la simple remise de traites par le débiteur à son créancier, dès lors que la remise de ces traites a été un artifice ayant un caractère frauduleux. • Crim. 19 oct. 1977 : ☎ *Bull. crim. n° 309.*

154. Quitus. On ne saurait trouver une ratification des opérations, susceptible d'enlever aux faits incriminés leur caractère délictuel, ni dans une approbation d'un conseil d'administration, dont presque tous les membres avaient participé auxdites opérations, ni dans des délibérations de l'assemblée générale des actionnaires qui, en approuvant matériellement les comptes, refusent le quitus aux administrateurs (les faits de l'espèce étaient antérieurs à l'incrimination spécifique du délit d'abus de biens sociaux). • Crim. 5 mars 1937 : *Bull. crim. n° 47 ; Gaz. Pal. 1937. 2. 69.* ♦ Le président d'une association ne saurait se prévaloir, pour s'exonérer de sa responsabilité pénale, du quitus qui lui a été donné par les assemblées générales des associés, l'assentiment de ces derniers ne pouvant faire disparaître le caractère délictueux des détournements qui ont été commis. • Crim. 16 déc. 1975 : *Bull. crim. n° 279 ; Gaz. Pal. 1976. 1. 233 ; Rev. sociétés 1976. 353, note Guilberteau.* ♦ Même solution pour le délit d'abus de biens sociaux. • Crim. 22 sept. 2004 : ☎ *Dr. pénal 2004. 177, obs. J.-H. Robert* (approbation donnée par le conseil d'administration à la perception d'une rémunération et l'absence de réaction d'intervenants extérieurs – expert-comptable, commissaire aux comptes, contrôles fiscaux – ne peuvent faire disparaître à eux seuls le caractère délictueux des détournements).

155. Repentir actif. La restitution opérée postérieurement à la consommation du détournement n'efface pas l'abus de confiance. • Crim. 27 oct. 1916 : *DP 1920. 1. 92 (2e esp.)* • 8 avr. 1967 : *D. 1967. 432 ; JCP 1967. II. 15248, note Gavalda ; Gaz. Pal. 1967. 1. 296* • 19 avr. 1967 : *Bull. crim. n° 125.* ♦ Il en est de même du désintéressement de la victime. • Crim. 10 mars 1970 : *Bull. crim. n° 96* • 18 janv. 1972 : *ibid. n° 26* • 21 janv. 1976 : *ibid. n° 25.* ♦ Solution identique pour le délit d'abus de biens sociaux. • Crim. 22 sept. 2004 : ☎ *Dr. pénal 2004. 177, obs. J.-H. Robert* (régularisation ultérieure de prélèvements illégaux n'enlève pas aux faits leur caractère délictueux).

156. Doit être déclaré coupable du délit d'abus de confiance le prévenu ayant détourné les sommes qui lui avaient été remises en vue d'un usage déterminé consistant en la rémunération de ses activités d'intermédiaire afin d'obtenir un crédit et une garantie, soit en la constitution d'un dépôt de garantie en vue d'un prêt d'argent ; le contrat signé stipulait que les sommes remises au prévenu devaient être restituées en cas d'échec de la recherche financière ; les sommes n'ont pas été remises aux clients ; si le prévenu a indemnisé certaines victimes, totalement ou partiellement, il s'agit d'un repentir actif sans incidence sur la constitution de l'infraction, celle-ci étant constituée dès lors que, le remettant ayant réclamé la restitution des fonds, le prévenu manifeste son intention frauduleuse par l'inexécution de ses engagements. • Nancy, 27 avr. 2004 : *JCP 2005. IV. 1948.*

157. Solvabilité. L'abus de confiance est consommé même si la solvabilité de l'agent garantit une restitution forcée. • Crim. 13 sept. 1845 : *S. 1846. 1. 158.*

C. PRÉJUDICE

158. Nature. Le préjudice, élément constitutif du délit d'abus de confiance, s'entend d'un préjudice matériel ou moral. • Crim. 6 avr. 1882 :

Bull. crim. n° 98. ♦ ... Et peut être seulement éventuel. • Crim. 18 mars 1936 : *Gaz. Pal. 1936. 1. 880 ; RSC 1936. 562, obs. Donnedieu de Vabres.*

159. Commet un abus de confiance le responsable d'un établissement de formation bénéficiant de la taxe d'apprentissage qui rétrocède partie de la taxe perçue à un tiers dont l'entremise lui a permis de recevoir des fonds des organismes collecteurs dès lors que, d'une part, les fonds remis à un établissement d'enseignement au titre de la taxe d'apprentissage ne le sont qu'à titre précaire, d'autre part, l'existence d'un préjudice, qui peut n'être qu'éventuel, se trouve nécessairement incluse dans la constatation du détournement. • Crim. 13 janv. 2010 : *préc. note 19.*

160. A justifié sa décision la cour d'appel qui, pour condamner le prévenu à payer à la société AXA France Vie la somme de 5 000 € à titre de dommages et intérêts, énonce que le retentissement médiatique sur les clients d'une affaire concernant un abus de confiance commis par l'un de ses préposés occasionne une atteinte à l'image de la société, que ce préjudice est personnel et qu'il découle directement de l'infraction. • Crim. 11 déc. 2013, n° 12-86.624 P : *D. actu. 8 janv. 2014, obs. Fucini ; AJ pénal 2014. 132, obs. Gallois ; JCP G 2013, n° 1374, obs. Maréchal.*

161. Victimes. L'abus de confiance peut préjudicier et ouvrir droit à réparation, non seulement aux propriétaires, mais encore aux détenteurs et aux possesseurs des effets ou deniers détournés. • Crim. 11 oct. 1993, n° 92-80.760 P. ♦ Même solution sur le fondement de l'art. 314-1 nouv. C. pén. • Crim. 6 mars 1997, n° 96-80.944 P : *Dr. pénal 1997. 105, obs. Véron ; RSC 1998. 108, obs. Ottenhof.*

162. L'abus de confiance peut préjudicier et ouvrir droit à réparation, non seulement aux propriétaires, mais encore aux détenteurs et possesseurs des biens détournés ; après avoir déclaré M. X...coupable d'abus de confiance pour avoir détourné les fonds remis par plusieurs clients de la société AXA France Vie, l'arrêt, pour débouter cette dernière, partie civile, de ses demandes en remboursement des sommes correspondant aux montants détournés par le prévenu, retient que ce titre de créance constitue un préjudice indirect par rapport à l'infraction ; mais en prononçant ainsi, alors que la société d'assurances a subi un préjudice direct à la suite du détournement de placements financiers dont elle a été privée et qu'elle a dû rembourser à ses clients, la cour d'appel a méconnu le sens et la portée des art. 2, 3, 593 C. pr. pén. et 314-1 C. pén. et du principe ci-dessus énoncé. • Crim. 11 déc. 2013, n° 12-86.624 P : *D. actu. 8 janv. 2014, obs. Fucini ; AJ pénal 2014. 132, obs. Gallois ; JCP G 2013, n° 1374, obs. Maréchal.*

163. Il n'importe que le propriétaire, possesseur ou détenteur des fonds au préjudice desquels ils ont été détournés, soit ou non celui qui les a remis. • Crim. 1er mars 1993 : *Gaz. Pal. 1993. 1. Somm. 249.* ♦ Le détournement frauduleux de la chose d'autrui confiée à titre de mandat constitue un abus de confiance, que le propriétaire, possesseur ou détenteur, victime de ce détournement, soit ou non le mandant lui-même. • Crim. 25 oct. 1935 : *Bull. crim. n° 118 ; DH 1935. 557* • 3 mars 1949 : *Bull. crim. n° 79* • 31 mai 1951 : *ibid. n° 152* • 22 juill. 1959 : *ibid. n° 365.*

164. Il n'importe que les parties lésées au jour du détournement soient les ayants-droit des remettants. • Crim. 11 déc. 2013, n° 12-86.624 : *préc. note 162.*

165. Constatation. Il n'est pas nécessaire que l'arrêt désigne d'une façon précise qui était propriétaire, possesseur ou détenteur des objets détournés, dès lors que, de ses constatations, il résulte que la propriété de ces objets reposait sur une tête autre que celle de l'auteur du détournement. • Crim. 14 juin 1872 : *DP 1873. 5. 7* • 18 août 1877 : *ibid. 1878. 1. 285* • 5 févr. 1948 : *Bull. crim. n° 42 ; D. 1948. 168* • 6 déc. 1961 : *Bull. crim. n° 499.*

166. La qualité de propriétaire, de possesseur ou de détenteur de la chose détournée, bien que non expressément constatée, peut s'induire des termes mêmes de l'arrêt. • Crim. 9 févr. 1938 : *Bull. crim. n° 39.*

167. L'affirmation de l'existence d'un préjudice souffert par la partie civile se trouve incluse dans la constatation du détournement d'une somme ou d'une chose lui appartenant. • Crim. 12 avr. 1967 : *Bull. crim. n° 115* • 5 mars 1980 : *ibid. n° 81 ; D. 1980. IR 335, obs. Puech.*

168. Un arrêt peut, sans être entaché de contradiction, constater qu'un détournement frauduleux a été commis au préjudice du propriétaire des objets détournés, et ordonner néanmoins une expertise à l'effet d'évaluer le préjudice. • Crim. 24 juill. 1952 : *Bull. crim. n° 203.*

169. Faute de la victime. Lorsque plusieurs fautes ont concouru à la production du dommage, la responsabilité de leurs auteurs se trouve engagée dans une mesure dont l'appréciation appartient souverainement aux juges du fond ; pour condamner M. X... à verser à son employeur, la Société générale, à titre de dommages-intérêts, la somme de 4,9 milliards d'€ correspondant à l'intégralité du préjudice financier, l'arrêt énonce que le prévenu a été l'unique concepteur, initiateur et réalisateur du système de fraude ayant provoqué le dommage, lequel trouve son origine dans la prise de positions directionnelles, pour un montant de 50 milliards d'€, dissimulées par des positions fictives, en sens inverse, du même montant, et que la banque n'a pas eu d'autre choix que de liquider sans délai les positions frauduleuses du prévenu ; les juges, après avoir constaté l'existence et la persistance, pendant plus d'un an, d'un défaut de contrôle hiérarchique, négligence qui a permis la réalisation de la fraude et concouru à la production du dommage, et l'absence d'un quelconque profit retiré par le prévenu des infractions commises, relèvent que si cette défaillance certaine des systèmes de contrôle de la Société générale a été constatée et sanctionnée par la Commission bancaire, aucune disposition de la loi ne permet de réduire, en raison d'une faute de la victime, le montant des réparations dues à celle-ci par l'auteur d'une infraction intentionnelle contre les biens ; en statuant ainsi, alors qu'elle relevait l'existence de fautes commises par la Société générale, ayant concouru au développement de la fraude et à ses conséquences financières, la cour d'appel a méconnu le principe ci-dessus rappelé. • Crim. 19 mars 2014, n° 12-87.416 P : *D. actu. 20 mars 2014, obs. Coustet ; ibid. 27 mars 2014, obs. Priou-Alibert ; D. 2014. 912, obs. Coustet, et note Lasserre Capdeville ; ibid. 1564, obs. Mascala ; AJ pénal 2014. 293, note Gallois ; RSC 2015. 379, obs. Stasiak ; RTD civ. 2014. 389, obs. Jourdain ; RTD com. 2014. 427, obs. Bouloc ; JCP 2014, n° 15, 449, note Wester-Ouisse ; JCP E 2014, n° 18, 1234, note Mortier ; BJB 2014 n° 5, p. 265, note Rontchevsky ; ibid., n° 6, p. 313, note Rebut ; LPA 16 avr. 2014, n° 76, p. 3 note de Lamaze ; RLDA 10/2014, n° 97, note Stasiak ; Gaz. Pal. 2014. 1. 919, note Pitti ; ibid. 2014. 2. 2342, obs. Fourment.* ♦ Sur l'arrêt objet du pourvoi : • Paris, 24 oct. 2012 : *JCP G 2012, n° 1371, note Lasserre-Capdeville.* ♦ Sur le dénouement de l'affaire : • Versailles, 23 sept. 2016, n° 14/01570 : *D. actu. 10 oct. 2016, obs. Gallois ; RSC 2017. 530, obs. Stasiak .*

170. Saisie par M. X... d'une demande tendant à voir juger que la BNP, partie civile, a commis une faute justifiant un partage de responsabilité par moitié, la cour d'appel énonce que le caractère volontaire de l'infraction, qui consomme une erreur délibérément provoquée, exclut par définition que la victime ait pu commettre une faute d'imprudence ; les juges ajoutent que les contrats de crédit proposés à la banque ont tous été signés par les victimes des abus de confiance, la fraude ayant consisté à faire signer en blanc les offres de crédit, à les remplir postérieurement à la rencontre avec les clients et à fournir de fausses pièces justificatives, la banque n'ayant donc aucune possibilité de s'apercevoir de la fraude ; si c'est à tort que les juges du second degré énoncent que le caractère volontaire de l'infraction exclut par définition que la victime ait pu commettre une faute d'imprudence, l'arrêt n'encourt pas pour autant la censure, dès lors qu'il résulte de ses énonciations que la cour d'appel a recherché si la partie civile avait commis une faute de nature à limiter son droit à indemnisation et qu'elle en a écarté l'existence. • Crim. 23 sept. 2014, n° 13-83.357 P : *D. actu. 13 oct. 2014, obs. Priou-Alibert ; AJ pénal 2015. 92, obs. Renaud-Duparc .*

171. Faute détachable. Le grief tiré du défaut d'établissement d'une faute d'une particulière gravité incompatible avec l'exercice normal des fonctions sociales constituant une faute séparable des fonctions de dirigeant social est inopérant, et les juges n'ont pas à s'expliquer sur l'existence d'une telle faute pour caractériser une faute civile démontrée à partir et dans la limite des faits objet de la poursuite. • Crim. 5 avr. 2018, n° 16-87.669 P : *D. actu. 17 mai 2018, obs. Priou-Alibert ; D. 2018. 1128 , avis Salomon ; ibid. 1137, note Saenko ; ibid. 2057, obs. Lamazerolles ; AJ pénal 2018. 248, note Mangematin ; JCP G 2018. 644, note J.-H. Robert ; Gaz. Pal. 2018, p. 1513, concl. Salomon, et p. 1519, note Stoclet ; ibid. 2018, p. 2148, obs. Fourment ; RJDA 2018, n° 426 ; Dr. sociétés 2018, n° 83, note Heinich.* ♦ Devant répondre des infractions dont il s'est personnellement rendu coupable, quand bien même elles ont été commises dans le cadre de ses fonctions de dirigeant social et ne constituent que des contraventions, le prévenu engage sa responsabilité civile à l'égard des tiers auxquels ces infractions ont porté préjudice. • Crim. 5 avr. 2018, n° 16-83.961 : *D. 2018. 1137, note préc. Saenko ; ibid. 2057, obs. préc. Lamazerolles ; AJ pénal 2018. 248, note préc. Mangematin ; JCP G 2018. 644, note préc. J.-H. Robert ; Gaz. Pal. 2018, p. 1513, concl. préc. Salomon, et p. 1519, note préc. Stoclet ; ibid. 2018, p. 2148, obs. préc. Fourment ; BJS 2018. 258, avis Salomon et note Couret.* – *Adde* : O. Dexant-de-Bailliencourt, *D. 2019. 144* (pour une consécration légale de la faute séparable des fonctions du dirigeant).

III. RÉPRESSION

A. ACTIONS

1° ACTION PUBLIQUE

172. Exercice. En matière d'abus de confiance, aucune disposition de loi ne subordonne la mise en mouvement de l'action publique à une plainte de la partie lésée. • Crim. 2 déc. 1948 : *Bull. crim. n° 271.* ♦ ... Dès lors, le désistement de plainte intervenu postérieurement à la consommation du détournement n'efface pas l'abus de confiance et demeure sans influence sur l'action publique. • Crim. 1er juin 1987 : *Bull. crim. n° 224.*

173. Prescription. En matière d'abus de confiance, le point de départ de la prescription de l'action publique doit être fixé au jour où le délit est apparu et a pu être constaté dans des conditions permettant l'exercice de cette action. • Crim. 5 juill. 1945 : *Bull. crim. n° 76* • 16 mars 1970 : *ibid. n° 104 ; D. 1970. 497, note J.-M. R.* • 19 oct. 1971 : *Bull. crim. n° 267* • 18 juill. 1974 : *ibid. n° 258* • 19 févr. 1975 : *ibid. n° 58* • 10 mars 1976 : *ibid. n° 88* • 7 déc. 1976 : *ibid. n° 350* • 26 janv. 1977 : *ibid. n° 35* • 11 févr. 1981 : *ibid. n° 53 (1er arrêt)* • 29 oct. 1984 : *ibid. n° 323* • 26 févr. 1990 : *Dr. pénal 1990.*

191 • 13 mai 1991 : *ibid. 1991. 258* • 14 avr. 1993 : *D. 1993. 616, note Fenaux* • 30 nov. 1993 : *Dr. pénal 1994. 110 ; RSC 1994. 764, obs. Ottenhof* • 26 sept. 1996 : *préc. note 85* • Crim. 13 sept. 2006 : *Gaz. Pal. 2006. 2. Somm. 3333.*

174. Il appartient aux juges du fond de rechercher à quelle époque ont pu être constatés les faits dénoncés comme constituant un abus de confiance, et leur appréciation n'est souveraine que si les motifs qui la justifient ne contiennent ni insuffisance ni contradiction. • Crim. 27 nov. 1958 : *Bull. crim. n° 698* • 28 janv. 1959 : *ibid. n° 71* • 15 déc. 1959 : *ibid. n° 547* • 11 févr. 1981 : *ibid. n° 53 (2e arrêt)* • Crim. 8 févr. 2006, n° 05-80.301 P. ♦ Rappr. • Crim. 2 juill. 1998 : *RSC 1999. 585, obs. Ottenhof.*

175. Lorsque la preuve du détournement ne résulte que d'une mise en demeure restée sans effet, le point de départ de la prescription doit être fixé au jour de cette mise en demeure. • Crim. 9 juill. 1898 : *DP 1900. 1. 115* • 18 oct. 1934 : *Bull. crim. n° 166 ; DH 1934. 526* • 14 janv. 1938 : *Bull. crim. n° 15* • 6 oct. 1955 : *ibid. n° 378 ; JCP 1956. II. 9244, note Ourliac et de Juglart* • 12 juill. 1956 : *Bull. crim. n° 529 ; D. 1956. 722.*

176. La prescription de l'action publique résultant d'un délit est interrompue par l'information régulièrement faite au sujet de ce délit, même si le réquisitoire a donné aux faits une qualification différente de celle retenue par les juges du fond. • Crim. 25 nov. 1969 : *Bull. crim. n° 314.* ♦ Le délai de prescription en matière d'abus de confiance court du jour où le délit est apparu, et une mesure d'expertise civile demeure sans effet interruptif sur ce délai. • Crim. 4 sept. 1995 : *Dr. pénal 1996. 6, obs. Véron ; RSC 1996. 378, obs. Ottenhof.*

177. Justifie sa décision la chambre de l'instruction qui refuse de constater la prescription des faits d'abus de confiance, rappelant que la prescription de ce délit d'abus de confiance ne court que du jour où il est apparu et a pu être constaté par la victime ; s'agissant de détournements de fonds par le président d'une association au moyen de chèques tirés sur le compte bancaire de l'association, si l'existence du compte était connue, du moins par certains membres de l'association, en revanche sa gestion était assurée uniquement par le prévenu, seul destinataire des relevés d'opérations, et ce à l'insu des autres responsables de l'association ; même s'ils avaient eu en leur possession ces relevés détenus par l'intéressé sur son lieu de travail, ces responsables n'auraient pas disposé, pour autant, des informations nécessaires pour démasquer ses agissements frauduleux que seule la vérification des chèques tirés à son profit ou à celui de ses proches pouvait permettre de découvrir ; ces opérations ayant été dissimulées soigneusement et dévoilées seulement par l'enquête judiciaire, la prescription de l'action publique n'a commencé à courir qu'à la date de l'ouverture de l'enquête préliminaire. • Crim. 7 mai 2002, n° 02-80.638 P : *Dr. pénal 2002. 104 (1er arrêt), obs. Véron.*

178. Pour écarter la prescription de l'action publique, l'arrêt attaqué énonce que le délai de prescription de l'abus de confiance ne peut commencer à courir à compter de l'inscription en comptabilité de l'opération caractérisant cette infraction ou de la présentation des comptes annuels qu'en l'absence de dissimulation et si la victime s'est bien trouvée dans des conditions permettant l'exercice de l'action publique ; qu'en l'espèce, la présentation des comptes annuels de la société, victime de l'infraction, s'est opérée en visant dans les pièces comptables des dépenses apparemment normales de commissionnement engagées au profit de sociétés d'assistance commerciale pour des prestations facturées et prétendument accomplies, que ces honoraires ont pris la forme d'une dépense habituelle de l'entreprise en contrepartie d'une valeur ajoutée, que les dirigeants sociaux ont été abusés par cette forme trompeuse, les ayant convaincus de l'existence d'activités commerciales réelles, et par l'abandon par l'administration fiscale des redressements envisagés sur les commissions versées à des bureaux d'étude ; les juges concluent que le point de départ de la prescription ne peut être fixé, ni au jour de la facturation des prestations, ni au jour du règlement des commissions, ni à la date de l'enregistrement comptable des versements, ni à celle de la présentation des comptes annuels, mais seulement au jour de la révélation des faits par l'administration fiscale qui a permis l'exercice de l'action publique ; en cet état, et dès lors que par des motifs exempts d'insuffisance et de contradiction, les juges ont souverainement constaté l'ignorance par les dirigeants de la société de l'absence de contrepartie des commissions litigieuses, jusqu'à leur révélation par l'administration fiscale, la cour d'appel a justifié sa décision. • Crim. 23 mai 2002 : *Dr. pénal 2002. 104 (2e arrêt), obs. Véron.*

179. Il résulte de l'arrêt attaqué et du jugement qu'il confirme qu'un club de rugby a, en 1989, souscrit auprès d'une banque un prêt d'un montant de 5 millions de F destiné à lui permettre d'accéder en division supérieure ; le conseil général de l'Isère s'est porté caution à hauteur de 45 % du montant total de l'emprunt, étant précisé que la somme réellement nécessaire au club était de 2 250 000 F, et qu'il était fait recours à ce montage financier en raison des loi et décret des 5 janv. et 18 avr. 1988 fixant une quotité maximale de garantie pour une collectivité ; à la suite de la défaillance du club, le conseil général a réglé, en sa qualité de caution, les sommes dues, puis a confié à un cabinet d'expertise comptable un audit sur les comptes du club, dont le rapport, déposé le 26 août 1992, a révélé des irrégularités dans sa gestion, notamment le versement de commissions excessives et injustifiées à des intermédiaires financiers ; a justifié sa décision la cour d'appel qui, pour écarter l'exception de prescription des faits d'abus de confiance et recel d'abus de confiance, après avoir rappelé que la prescription du délit d'abus de confiance ne court que du jour où le délit est apparu et a pu être constaté par la victime, énonce que l'emploi opéré par le président du club des fonds prêtés, pour assurer son développement, n'est apparu au conseil général de l'Isère que le 26 août 1992, jour où a été déposé le rapport de l'audit que celui-ci avait commandé et qui, porté à la connaissance du procureur de la République le 10 mai 1995, a donné lieu de la part de ce dernier à une enquête préliminaire ordonnée le 10 juill. 1995, et ajoute que les faits d'abus de confiance reprochés au président ne pouvaient apparaître antérieurement à ce jour, dès lors que le délit reproché avait pour objet l'emploi effectivement opéré des fonds procurés par cet emprunt ; en l'état de ces énonciations, la cour d'appel a justifié sa décision. • Crim. 19 nov. 2003 : *Dr. pénal 2004. 36, obs. Véron.*

180. Encourt la censure l'arrêt de la chambre de l'instruction qui constate la prescription des faits d'abus de confiance résultant de la rémunération d'un emploi fictif, sans rechercher à quelle date, à la supposer établie, l'absence de prestation de travail, correspondant à la rémunération versée, est apparue et a pu être constatée dans des conditions permettant l'exercice de l'action publique. • Crim. 8 févr. 2006, n° 05-80.301 P : *D. 2006. 2297, note Saenko ; ibid. 2007. Pan. 974, obs. Pradel ; AJ pénal 2006. 214 ; Gaz. Pal. 2006. 1. Somm. 1394.*

181. Pour écarter la prescription de faits d'abus de confiance, l'arrêt énonce que le protocole organisant la rétrocession de sommes d'argent aux prévenus avait été tenu secret, de sorte que si certaines personnes et l'administration des impôts avaient eu connaissance de revenus perçus par ces derniers, elles en ignoraient la cause ; les juges en déduisent que les faits n'ont été révélés, dans des conditions permettant l'exercice de l'action publique, que par la plainte avec constitution de partie civile ; en l'état de ces énonciations qui caractérisent la dissimulation, et d'où il résulte que la prescription n'était pas acquise lors du dépôt de la plainte avec constitution de partie civile, la cour d'appel a justifié sa décision. • Crim. 2 déc. 2009, n° 08-86.381 P : *AJ pénal 2010. 78, obs. Royer ; D. 2010. Pan. 2254, obs. Pradel .*

182. Il résulte de l'arrêt attaqué et des jugements qu'il confirme que le prévenu, conseiller en placements au sein d'une banque, est poursuivi du chef d'abus de confiance pour avoir détourné des sommes d'argent qui lui avait été confiées par cinq clients de cette banque pour effectuer des placements ; pour dire non prescrits les faits commis au préjudice de trois clients, entre l'année 2000 et le 18 févr. 2006, l'arrêt relève, notamment, que le prévenu a dissimulé ces détournements et qu'ainsi, ils n'ont pu être constatés dans des conditions permettant l'exercice de l'action publique que le 20 janv. 2006, date à laquelle, l'un des clients a adressé à cette banque un courrier à la suite d'un arrêt de maladie du prévenu ; en l'état de ces constatations souveraines, et dès lors que les faits commis au préjudice des clients ont été découverts à la suite dudit courrier, la cour d'appel a justifié sa décision. • Crim. 27 janv. 2010 : *Dr. pénal 2010. 60, obs. Véron ; RSC 2010. 626, obs. Matsopoulou .*

183. M. X..., employé de la société Y puis agent principal de la société X, qui a racheté la société Y en 1996, est poursuivi du chef d'abus de confiance, notamment pour avoir, entre nov. 1994 et mai 2004, détourné des contrats de capitalisation qui lui avaient été remis, pour en assurer la conservation et la gestion, par M. Y..., un client de ces compagnies d'assurances, qui a porté plainte le 10 déc. 2004 ; pour dire ces faits non prescrits, l'arrêt relève que ce client, qui faisait pleinement confiance au prévenu, pouvait légitimement penser, en recevant les avis de vente des titres en cause, qu'il s'agissait d'opérations de placement, que la dissimulation a porté sur le détournement des fonds au profit du prévenu, qui ne peut exciper d'une quelconque négligence de M. Y..., informé des opérations réalisées à son détriment au plus tôt en oct. 2004, lors du contrôle effectué par les services de la société X ; en l'état de ces énonciations, procédant de son pouvoir souverain d'appréciation, d'où il résulte que les détournements au préjudice de M. Y...n'ont été découverts qu'à la suite de ce contrôle, la cour d'appel a justifié sa décision. • Crim. 11 déc. 2013, n° 12-86.624 P : *D. actu. 8 janv. 2014, obs. Fucini ; AJ pénal 2014. 132, obs. Gallois ; JCP G 2013, n° 1374, obs. Maréchal.*

184. En l'état de soupçons de détournement, dès 1989, par la partie civile, de l'œuvre qu'elle avait remise au commissaire-priseur, et alors que, en août 1993, elle possédait des éléments crédibles qui auraient dû l'inciter à porter plainte ou au moins à dénoncer les faits, de même que, par ailleurs, dès juin 1993, les instances ordinales, autorité constituée au sens de l'art. 40 C. pr. pén., étaient tenues de dénoncer les faits au procureur de la République, la prescription a commencé à courir au plus tard en août 1993 ; le premier acte interruptif étant intervenu avec l'ouverture de l'enquête préliminaire en novembre 1997, la prescription de trois ans est donc acquise. • Versailles, 24 nov. 2004 : *RSC 2006. 324, obs. Ottenhof ; AJ pénal 2005. 115, obs. Remillieux .*

185. En matière d'abus de confiance, l'action publique se prescrit par trois années révolues à compter du jour où le détournement est apparu et a pu être constaté dans des conditions permettant l'exercice de l'action publique si, dans cet intervalle, il n'a été effectué aucun acte d'instruction ou de poursuite ou, s'il en a été accompli, à compter du dernier d'entre eux ; ne sont pas interruptifs de prescription le compte rendu effectué par un service enquêteur au procureur de la République, ni la transmission de la procédure d'enquête à celui-ci, quand bien même il les aurait sollicités. • Crim. 5 avr. 2018, n° 17-83.166 P : *D. actu. 30 avr. 2018, obs. Azoulay ; D. 2018. 851 ; RSC 2018. 457, obs. Cordier*.

186. Compétence territoriale. Justifie sa décision la chambre d'accusation qui, pour confirmer l'ordonnance d'incompétence territoriale rendue par un juge d'instruction, énonce que le lieu du détournement de chèques, qui est celui où la personne mise en examen les a encaissés, et non le lieu où ils étaient payables, est situé hors du ressort de ce magistrat. • Crim. 13 oct. 1999, n° 98-86.165 P : *JCP 2000. IV. 1256.*

187. Compétence internationale. Est réputé commis sur le territoire de la République (C. pr. pén., ancien art. 69 ; C. pén., art. 113-2, al. 2) l'abus de confiance commis par un mandataire, lorsqu'il a été constaté que la remise des objets en vertu du contrat de mandat s'est faite en France. • Crim. 12 févr. 1979 : *Bull. crim. n° 60 ; D. 1979. IR 177, obs. Roujou de Boubée ; RSC 1979. 575, obs. Bouzat.* ♦ En revanche, ne peut être pris en considération le lieu de la conclusion du contrat. • Crim. 22 avr. 1966 : *Bull. crim. n° 121 ; RSC 1967. 171, obs. Legal* • 30 mai 1972 : *Bull. crim. n° 180.*

188. Une convention cause du versement de fonds par une société de nationalité hollandaise à une société de nationalité thaïlandaise, si elle peut s'analyser comme un préalable nécessaire aux faits imputés au prévenu sous la qualification d'abus de confiance, n'est pas un élément constitutif de cette infraction, et n'est pas dès lors un lien de rattachement du délit d'abus de confiance allégué au territoire de la République française. • Paris, 30 mai 2002 : *Dr. pénal 2002. 132, obs. Véron.*

189. L'infraction est réputée commise sur le territoire français dès lors que les fonds ont été versés sur des comptes bancaires français ouverts par le prévenu. • Nancy, 27 avr. 2004 : *JCP 2005. IV. 1948.*

2° ACTION CIVILE

190. Recevabilité. V. également notes 158 s. et notes ss. art. 314-3. ♦ Le plaignant qui n'était point le propriétaire, le possesseur ou le détenteur, mais seulement le destinataire des deniers détournés par l'auteur d'un abus de confiance, ne justifie pas d'un préjudice découlant directement de l'infraction et n'est pas recevable en conséquence à se constituer partie civile. • Crim. 23 févr. 1966 : *Bull. crim. n° 64* • 6 mai 1969 : *ibid. n° 150.*

191. Si le préjudice moral d'une collectivité ou d'un établissement public peut se confondre avec le trouble social, que répare l'exercice de l'action publique lorsque l'infraction ne porte atteinte qu'à l'intérêt général, il n'en est pas de même lorsque cette infraction cause un préjudice direct à leurs intérêts personnels ; dès lors, justifie sa décision la cour d'appel qui accorde à un office public d'habitations à loyers modérés (OPDHLM), constitué partie civile dans les poursuites pénales exercées contre son directeur général des chefs de corruption passive de fonctionnaire et d'abus de confiance, la réparation du préjudice moral personnel que subit cet organisme, du fait des infractions commises. • Crim. 18 déc. 1996, n° 94-82.781 P. ♦ Les délits d'abus de confiance et de détournement de fonds commis au préjudice d'un département ne lèsent directement que les intérêts de celui-ci ; aucune disposition légale ou conventionnelle n'autorise un conseiller général à se substituer aux organes du département pour intenter une action en justice au nom de cette collectivité territoriale ; est donc irrecevable la plainte avec constitution de partie civile déposée par des conseillers généraux pour abus de confiance, détournement de fonds publics et complicité de ces délits, qui expose que le directeur général des services du département avait utilisé des fonds provenant du budget départemental pour effectuer des dépenses personnelles, les plaignants soutenant que ces agissements leur avaient causé, en tant que contribuables, un préjudice matériel et, en tant qu'élus, un préjudice moral en raison du discrédit qu'ils jetaient sur leurs fonctions et précisant agir également pour le compte du département en raison des carences de ses organes ; en effet, fait une exacte application des art. 2 C. pr. pén. et L. 3221-10 CGCT la chambre d'accusation qui, pour confirmer l'ordonnance du juge d'instruction ayant déclaré cette plainte irrecevable, retient que les plaignants n'invoquent aucun préjudice présentant un caractère direct et personnel et qu'ils sont sans qualité pour se constituer partie civile au nom du département. • Crim. 21 mars 2000, n° 99-83.890 P : *D. 2000. IR 148*.

192. C'est à bon droit qu'une cour d'appel a déclaré recevable l'action civile de l'employeur du fait de détournement de pourboires par une employée ; en effet, aux termes de l'art. R. 147-1 [R. 3244-1 nouv.] C. trav., l'employeur est tenu de justifier de l'encaissement et du versement à son personnel, dans les conditions prescrites par l'art. L. 147-1 [L. 3244-1 nouv.] du même code, de toutes sommes remises volontairement par les clients, « pour le service », entre ses mains ou centralisées par lui ; leur détournement, en ne lui permettant pas de faire face à cette obligation, est de nature à lui occasionner un préjudice personnel et direct. • Crim. 24 avr. 1997, n° 96-83.134 P : *RTD com. 1997. 693, obs. Bouloc ; ibid. 1998. 215, obs. Bouloc*.

193. Des faux, abus de confiance et délits connexes commis par les dirigeants d'un groupement sportif, dans le cadre de sa gestion, et se rapportant notamment au transfert et au droit à l'image des joueurs, sont de nature à porter directement atteinte aux intérêts que les fédérations sportives sont chargées de défendre. • Crim. 15 mai 1997, n° 96-81.496 P : *RSC 1997. 853, obs. Dintilhac*.

194. Selon les art. 2 et 3 C. pr. pén., le droit d'exercer l'action civile devant la juridiction répressive n'appartient qu'à ceux qui ont souffert personnellement et directement de l'infraction ; cassation, pour méconnaissance de ces textes et de ce principe, de l'arrêt qui, pour accorder des dommages-intérêts à un salarié d'une société qui s'est personnellement constitué partie civile, énonce qu'il a subi un préjudice personnel découlant directement des faits d'abus de confiance commis au préjudice du comité d'entreprise de la société, alors que le détournement partiel de la subvention de fonctionnement du comité d'entreprise, versée par l'employeur, ne porte pas directement préjudice aux salariés. • Crim. 16 oct. 1997, n° 96-86.231 P.

195. Les détournements commis par un associé en nom collectif occasionnent aux autres associés, qui répondent indéfiniment et solidairement des dettes sociales, un préjudice personnel et direct ; en conséquence, la constitution de partie civile du cogérant, tendant à la réparation de son préjudice personnel constitué par la privation d'une part des bénéfices sociaux du fait de l'abus de confiance du cogérant, est recevable. • Crim. 10 avr. 2002, n° 01-81.282 P : *JCP 2002. I. 188, n° 6 ; Dr. pénal 2002. 119, obs. Véron*.

196. Encourt la censure l'arrêt de la chambre de l'instruction qui, dans l'information suivie contre le comptable salarié d'une société pour faux et usage, abus de confiance, déclare recevable la constitution de partie civile du commissaire aux comptes, qui invoque l'action en responsabilité civile dont il est l'objet de la part de la société, mais qui ne justifie pas d'un préjudice directement causé par l'infraction. • Crim. 20 juin 2002, n° 01-87.658 P.

197. Il résulte de l'arrêt attaqué et des pièces de la procédure que la prévenue, employée au Crédit mutuel, a détourné, entre 1993 et 1999, des fonds d'un montant total de 1 863 241,54 F, de comptes ouverts au nom de différents clients ; elle a été condamnée à verser des dommages-intérêts à la banque qui l'employait, ainsi qu'à la Fédération des caisses de crédit mutuel ; pour déclarer irrecevables les constitutions de partie civile des demandeurs, la cour d'appel retient, par *motifs propres et adoptés*, que la prévenue a été déclarée coupable de détournements commis au préjudice de son employeur qui, ayant remboursé à ses clients les sommes détournées, a seul subi un dommage direct, et énonce que le préjudice invoqué par ces derniers ne peut être que la conséquence des liens contractuels les unissant à la banque ; en statuant ainsi, alors que les parties civiles invoquaient un préjudice distinct résultant directement du délit poursuivi, la cour d'appel, qui n'a pas répondu aux conclusions dont elle était saisie de ce chef, n'a pas donné de base légale à sa décision. • Crim. 5 mars 2003 : *RSC 2003. 792, obs. Ottenhof ; Dr. pénal 2003. Chron. 24 ; ibid. Comm. 94, obs. Véron.*

198. Selon l'art. 2 C. pr. pén., l'action civile en réparation du dommage causé par une infraction appartient à tous ceux qui ont personnellement souffert du dommage directement causé par l'infraction ; pour débouter une compagnie d'assurances de sa demande de dommages et intérêts, la cour d'appel énonce que celle-ci ne peut se prévaloir d'un préjudice financier en relation directe avec l'abus de confiance dont le prévenu a été déclaré coupable, que pour autant qu'elle rapporte la preuve que les personnes dont les primes ont été conservées par ledit prévenu ont été assurées ; en statuant ainsi, alors que le préjudice direct subi par l'assureur, victime d'un abus de confiance de la part du courtier, auquel il avait donné mandat de percevoir des primes et de les lui remettre, est constitué par le montant des primes détournées dont il a été privé, la cour d'appel a méconnu le sens et la portée du texte précité. • Crim. 19 mars 2003 : *Dr. pénal 2003. Chron. 24.* ♦ L'action civile est recevable pour tous les chefs de dommages qui découlent des faits objet de la poursuite ; méconnaît les art. 2 et 3 C. pr. pén. et ce principe la cour d'appel qui, pour refuser de faire droit à la demande de la partie civile, compagnie d'assurance, en remboursement, par l'un de ses agents (déclaré coupable d'abus de confiance pour avoir détourné des fonds remis par des clients de la compagnie d'assurance), des sommes qu'elle a dû verser aux souscripteurs dont l'argent a été détourné, énonce que « si la compagnie d'assurance a bien remboursé un certain nombre de ses clients, ce n'est qu'en application de la règle civile, l'infraction ne lui ayant causé aucun dommage direct », alors que le préjudice subi par l'assureur du fait de son mandataire est constitué par le montant des placements financiers dont il a été privé et qu'il a dû verser aux souscripteurs. • Crim. 16 nov. 2005, n° 05-80.540 P.

199. Il résulte de l'art. 473 C. civ., applicable à la tutelle des majeurs, que l'État est seul responsable à l'égard du pupille, sauf son recours s'il y a lieu, du dommage résultant d'une faute quelconque qui aurait été commise dans le fonctionnement de la tutelle par le juge des tutelles ; encourt, dès lors, la cassation, l'arrêt qui déclare recevables les constitutions de partie civile de plusieurs majeurs protégés ou de leurs ayants droit, ainsi que d'associations les représentant, susceptibles d'avoir subi un préjudice du fait, notamment, de la complicité d'abus de confiance commise par le juge des tutelles. • Crim. 3 déc.

2003, n° 02-80.041 P : *Gaz. Pal. 2004. 2. Somm. 2605, obs. Monnet.*

200. Dans l'information suivie contre un huissier de justice pour abus de confiance commis dans l'exercice de ses fonctions, la chambre nationale et la chambre départementale des huissiers de justice se sont constituées parties civiles intervenantes ; la personne mise en examen pour complicité a contesté devant le juge d'instruction la recevabilité de ces constitutions de parties civiles ; pour confirmer l'ordonnance rejetant cette contestation, l'arrêt énonce que les parties civiles ont subi un préjudice moral direct du fait des agissements d'un de leur membre ; en statuant ainsi, alors que ne peut qu'être indirect le préjudice résultant de l'atteinte à la réputation de la profession d'huissier de justice causé par les délits d'abus de confiance reprochés à l'un de ses membres, la chambre de l'instruction a méconnu le sens et la portée des art. 2, 85 et 86 C. pr. pén. • Crim. 2 mai 2007 : *JCP 2007. IV. 2155.* ♦ ... La constitution de partie civile au cours de l'information n'est recevable que si les circonstances sur lesquelles elle s'appuie permettent à la juridiction d'instruction d'admettre comme possibles, non seulement l'existence du préjudice allégué, mais aussi la relation directe de celui-ci avec l'infraction poursuivie. • Même arrêt.

201. Les délits de malversation et d'abus de confiance, commis par un mandataire judiciaire dans et à l'occasion de l'exercice de ses fonctions, ne causent un préjudice direct qu'aux seules personnes pouvant revendiquer les sommes détournées ; encourt dès lors la censure l'arrêt d'une cour d'appel qui, pour allouer des dommages-intérêts au Conseil national des administrateurs et mandataires judiciaires, pour l'atteinte portée à l'image des professions, énonce que ce Conseil a pour mission la défense de leurs intérêts collectifs, alors qu'aucune disposition légale ne l'autorise à se constituer partie civile pour obtenir le remboursement des sommes exposées en exécution de ses obligations légales. • Crim. 12 déc. 2007, n° 07-80.886 P : *Dr. pénal 2008. 28, obs. Véron.*

202. Le demandeur, en qualité de légataire universel, a porté plainte avec constitution de partie civile en alléguant que son auteur avait été victime de vols, d'abus de confiance et d'abus de faiblesse, et que ces délits lui avaient causé un préjudice personnel en diminuant la valeur de son héritage ; à l'issue de l'information le juge d'instruction, sur réquisitions conformes du ministère public, a prononcé un non-lieu ; en déclarant irrecevable la constitution de partie civile la cour d'appel a justifié sa décision, dès lors que le demandeur se réclame d'un préjudice qui ne peut qu'être indirect. • Crim. 20 mai 2008, n° 06-88.261 P.

203. Le délit d'abus de confiance ne cause un préjudice personnel et direct qu'aux propriétaires, détenteurs ou possesseurs des effets ou deniers détournés ; une association, dont Nicole X... était dirigeante de fait et qui avait pour objet la gestion d'une crèche, a bénéficié de subventions attribuées, notamment, par la ville de Paris ; entre 2000 et 2002, autorisée par le conseil d'administration de l'association, Nicole X... a prélevé les sommes de 1 020 000 F représentant un prêt sans intérêts, intégralement remboursé, de 740 000 et 225 924 F au titre de gratifications pour plusieurs années d'activités bénévoles ; sur la plainte avec constitution de partie civile de la ville de Paris, l'association a été poursuivie pour abus de confiance et Nicole X... pour recel de ce délit ; pour réformer, sur le seul appel de la partie civile, le jugement ayant relaxé les prévenues, condamner Nicole X... à payer des dommages-intérêts à la ville de Paris et fixer le montant de la créance de cette dernière dans la liquidation judiciaire de l'association, l'arrêt retient, notamment, que l'abus de confiance reproché à cette association résulte de l'utilisation par celle-ci, sans motif légitime, de sa trésorerie à des fins étrangères à son objet et qu'en bénéficiant des indemnités qui lui ont été indûment versées, Nicole X... a commis le délit de recel visé à la prévention ; les juges ajoutent que la ville de Paris, dont les subventions sont expressément affectées au fonctionnement de la crèche, a subi un préjudice direct et personnel du fait de ces agissements ; mais en statuant ainsi, alors que la ville de Paris ne détenait plus aucun droit sur des fonds dont la propriété avait été transférée à l'association, bénéficiaire des subventions, la cour d'appel a méconnu le sens et la portée des art. 2 et 3 C. pr. pén. et du principe ci-dessus rappelé ; d'où il suit que la cassation est encourue. • Crim. 17 déc. 2008, n° 07-87.611 P : *AJ pénal 2009. 130, obs. Royer* .

204. Nature. Le juge répressif ne peut se substituer à la juridiction civile pour l'application de règles qui, comme celles de l'art. 1244 C. civ., prévoyant l'octroi de délais de paiement aux débiteurs, sont étrangères à l'action civile en réparation du dommage causé par une infraction. • Crim. 3 déc. 1981 : *Bull. crim. n° 322.*

205. Electa una via. La plainte avec constitution de partie civile du chef d'abus de confiance, tendant à la réparation du dommage résultant du détournement de biens confiés à titre de dépôt, diffère quant à son objet de l'action en restitution de ces mêmes biens, et ne saurait, dès lors, se voir opposer l'exception d'irrecevabilité prévue par l'art. 5 C. pr. pén. et prise de ce que cette action aurait été préalablement exercée par le plaignant devant la juridiction civile. • Crim. 29 mars 1995, n° 94-85.464 P.

206. Aux termes de l'art. 5 C. pr. pén., *in fine*, la règle selon laquelle la partie qui a exercé son action devant la juridiction civile compétente n'est pas recevable à la porter devant la juridiction répressive n'est pas applicable lorsque le ministère public a saisi cette dernière avant qu'un jugement sur le fond ait été rendu par la juridiction civile ; est, dès lors, recevable la constitution de partie civile intervenante de celui qui a confié des fonds à une personne mise en examen pour abus de confiance portant sur les sommes en cause, dans une information qui a été ouverte sur réquisition du ministère public avant que la juridiction civile ait statué sur la demande en remboursement engagée par le remettant. • Crim. 22 nov. 2005, n° 04-86.758 P.

207. Réparation. Il appartient aux juridictions du fond de réparer, dans les limites des conclusions des parties, le préjudice dont elles reconnaissent le principe, et dont elles doivent rechercher l'étendue exacte ; encourt la cassation l'arrêt qui déboute de sa demande de dommages-intérêts la victime d'un abus de confiance, alors que la condamnation pour abus de confiance impliquait nécessairement un détournement. • Crim. 26 oct. 1994, n° 93-85.463 P : *RSC 1995. 582, obs. Ottenhof*.

208. Le seul préjudice dont puisse se prévaloir une compagnie d'assurances du fait de détournement de primes par un de ses agents correspond au montant des primes dont elle a été frustrée, à l'exclusion du capital versé en exécution de la convention d'assurance. • Crim. 23 janv. 1995 : *Dr. pénal 1995. 119, obs. Véron ; Gaz. Pal. 1995. 1. Somm. 241.*

209. Le gérant d'une société, déclaré coupable d'abus de confiance pour avoir détourné, au préjudice des institutions de prévoyance lui ayant donné mandat à cet effet, les cotisations prélevées sur les salaires des employés de la société en vue de leur assurer le bénéfice de régimes complémentaires de prévoyance et de retraite auxquels ils ont adhéré, est personnellement tenu envers elles du montant de ces détournements ; encourt la cassation l'arrêt qui, après avoir constaté que le préjudice desdites institutions, égal au montant des détournements, a été causé par sa faute, énonce que ce préjudice ne peut être réparé que par l'employeur, débiteur des cotisations litigieuses, et condamne seulement le prévenu à une indemnité fixée à environ 10 % du montant des créances des parties civiles. • Crim. 6 avr. 1994, n° 93-83.706 P.

210. Cassation de l'arrêt qui, sur le constat d'un détournement, par l'employée d'un expert-comptable, de chèques établis par des clients du cabinet à l'ordre du Trésor public, a refusé à la partie civile tout droit à réparation de ce chef de dommage, au motif que les chèques n'ont pas été détournés à son propre préjudice ; en prononçant ainsi, alors que, d'une part, l'expert-comptable était détenteur de ces effets et subissait *un préjudice direct* du fait de leur détournement, et que, d'autre part, l'indemnisation éventuelle de la victime par son assureur ne dispense pas l'auteur de l'infraction de réparer le préjudice qui en découle, par son employée, la cour d'appel n'a pas donné de base légale à sa décision. • Crim. 6 mars 1997, n° 96-80.944 P : *Dr. pénal 1997. 105, obs. Véron ; RSC 1998. 108, obs. Ottenhof*.

211. Fait une exacte application des art. 408 ancien C. pén., alors applicable, et 2 C. pr. pén. la ch. corr. d'une cour d'appel qui, pour condamner un prévenu poursuivi pour abus de confiance, au paiement de dommages et intérêts au profit d'une banque, après l'avoir déclaré coupable de détournements au préjudice de clients de cette banque, énonce que la qualification d'abus de confiance ouvre droit à réparation, non seulement aux propriétaires, mais encore aux détenteurs et aux possesseurs des effets ou deniers détournés et que, ainsi, la banque est fondée en sa qualité de détentrice de ces deniers à invoquer un préjudice direct dont elle doit être dédommagée. • Crim. 8 janv. 1998, n° 97-80.645 P : *Dr. pénal 1998. 73, obs. Maron ; RSC 1998. 551, obs. Ottenhof*.

212. C'est à bon droit que la cour d'appel, pour condamner le prévenu à payer, à son ancien employeur, la somme de 20 000 € à titre de dommages-intérêts, toutes causes de préjudice confondues, énonce que, pour prendre contact avec les internautes consultant son site, il utilisait une adresse électronique comportant le nom de la société et que cette association du nom d'une société renommée dans le monde de l'informatique à des activités à caractère pornographique ou échangiste a indéniablement porté atteinte à l'image de marque et à la réputation de l'entreprise ; en outre, le préjudice économique est constitué par le coût des connexions télématiques. • Crim. 19 mai 2004, n° 03-83.953 P : *D. 2004. Somm. 2748, obs. de Lamy ; AJ pénal 2004. 286, obs. Coste ; Dr. pénal 2004. 129, obs. Véron (2e esp.) ; Gaz. Pal. 2004. 2. Somm. 3424, obs. Hadjali ; ibid. 2005. 1. Somm. 535.*

213. Le préjudice subi par la société la Française des jeux, victime d'abus de confiance commis par l'exploitant d'un débit de tabac, dépositaire d'un terminal de jeux sur lequel il avait reconnu avoir effectué des mises fictives lui ayant permis de percevoir des gains, est constitué par le montant des mises que le prévenu s'est abstenu de verser et celui des gains obtenus frauduleusement. • Crim. 11 oct. 2006 : *Dr. pénal 2007. 1, obs. Véron.*

214. Lorsque plusieurs fautes ont concouru à la production du dommage, la responsabilité de leurs auteurs se trouve engagée dans une mesure dont l'appréciation appartient souverainement aux juges du fond ; encourt la cassation l'arrêt qui, après avoir relevé, de la part de certaines victimes du délit d'abus de confiance, des fautes ayant concouru à la réalisation de leur préjudice, n'en tire pas les conséquences sur l'évaluation du montant de l'indemnité qui leur est due par les prévenus. • Crim. 25 juin 2014, n° 13-84.450 P : *D. actu. 7 juill. 2014, obs. Coustet ; JCP G 2014, n° 893, note Detraz.*

215. Pendant leur vie commune, M. Y... a utilisé, pour financer diverses dépenses de nature personnelle, la carte bancaire que Mme X..., sa compagne, lui avait confiée pour effectuer des achats répondant aux besoins du ménage ; la cour d'appel, statuant, après la relaxe prononcée en première instance, sur le seul appel de la partie civile, retient notamment, pour débouter celle-ci de sa demande d'indemnisation, qu'il subsiste un doute raisonnable quant à l'existence d'une intention frauduleuse de la part de M. Y... à l'occasion de cette utilisation de la carte bancaire de Mme X... ; en l'état de ces motifs, d'où il résulte qu'aucune faute civile, à l'origine du préjudice invoqué, n'est démontrée à partir et dans la limite des faits objet de la poursuite, la cour d'appel a justifié sa décision. • Crim. 17 févr. 2016, n° 15-80.634 P : *D. actu. 10 mars 2016, obs. Fucini.*

216. Chose jugée. L'autorité de la chose jugée au pénal s'impose au juge civil relativement aux faits constatés qui constituent le soutien nécessaire de la condamnation pénale ; cassation, pour violation de l'art. L. 121-1 C. trav. et du principe de l'autorité, au civil, de la chose jugée au pénal, de l'arrêt qui, pour débouter une salariée de toutes ses demandes, qui soutenait avoir travaillé de juill. 1996 à juill. 1997 au service d'une société, sans avoir pu obtenir la régularisation d'un contrat de travail, retient qu'elle a été déclarée coupable du délit d'abus de confiance pour détournement de chèques et de matériel au préjudice de ladite société à raison du lien de subordination existant entre elle-même et la partie civile, et que l'art. 314-1 C. pén. n'exigeant pas pour caractériser le délit d'abus de confiance que la remise des fonds détournés ou dissipés ait eu pour origine l'un des six contrats limitativement énumérés sous l'empire de l'ancien art. 408 C. pén., il s'ensuit que le fait que le juge pénal ait dit caractérisé l'abus de confiance par détournement de chèques et de matériel en raison du lien de subordination existant entre le prévenu et la partie civile « n'entre pas dans le champ de la chose jugée », alors que le jugement du tribunal correctionnel a constaté l'existence du lien de subordination et, partant, le contrat de travail sur lequel repose l'abus de confiance dont Mme X... a été déclarée coupable au préjudice de la société, de sorte que cette constatation s'imposait à la cour d'appel. • Soc. 27 sept. 2006, n° 05-40.208 P.

217. Un jugement, irrévocable, d'un tribunal correctionnel a déclaré un prévenu coupable de faux en écriture privée ou de banque, d'usage de faux et d'abus de confiance au préjudice de son employeur, une banque, et l'a condamné à une peine d'emprisonnement ; la banque a assigné son employé en réparation de son préjudice matériel ; le salarié a contesté cette demande ; pour le condamner à payer les sommes réclamées par la banque, l'arrêt a retenu que le jugement correctionnel, devenu irrévocable, l'avait reconnu coupable du détournement de ces sommes et qu'il n'appartenait pas à la juridiction civile de déterminer l'étendue du droit à réparation ; en statuant ainsi, alors que l'étendue du préjudice ne constitue pas le soutien nécessaire de la condamnation pénale prononcée, la cour d'appel a violé le principe de l'autorité, au civil, de la chose jugée au pénal et les art. 314-1 et 441-1 C. pén. • Civ. 2e, 17 avr. 2008, n° 06-20.992 P.

218. Liquidation judiciaire. En fixant la créance de dommages-intérêts due aux parties civiles en raison de l'abus de confiance commis par le prévenu, personnellement en liquidation judiciaire, sans mettre en cause le liquidateur, la cour d'appel a violé les art. 47 et 48 de la L. du 25 janv. 1985. • Crim. 27 févr. 1999 : *JCP 1999. IV. 2245.*

B. QUALIFICATIONS

1° CONFLITS

219. Abus de biens sociaux. BIBL. Godon, *Rev. sociétés 1997. 289* (abus de biens sociaux et abus de confiance : une regrettable dualité de qualifications pénales). – Dobkine, *D. 1997. Chron. 323* (réflexions itératives à propos de l'abus de biens sociaux). ♦ Doit être cassé l'arrêt qui déclare les dirigeants d'une société anonyme (dont certains n'étaient pas administrateurs) coupables d'abus de confiance et d'abus des biens sociaux, sans préciser les délits reprochés à chacun d'eux, et sans constater les éléments constitutifs de chacun de ces délits. • Crim. 29 janv. 1963 : *Bull. crim. n° 56.*

220. C'est à tort qu'une cour d'appel a requalifié en abus de confiance et complicité les faits initialement poursuivis sous la qualification d'abus de biens sociaux et de complicité de ce délit, après avoir constaté que les prévenus avaient, en connaissance de cause, fait un usage des biens de la société contraire à l'intérêt de celle-ci ; toutefois, la peine se trouve justifiée dans les conditions de l'art. 598 C. pr. pén. et il y a lieu de rejeter les moyens de cassation. • Crim. 28 mars 1996 : *JCP 1996. IV. 1574 ; Gaz. Pal. 1996. 2, chron. crim. 133.*

221. Le fait, pour les dirigeants communs, de faire consentir à la société de bourse – en état virtuel de cessation des paiements –, par des organismes de placement collectif en valeurs mobilières (OPCVM) censés agir au bénéfice exclusif des souscripteurs, des prêts à court terme non comptabilisés ou masqués par des artifices comptables, constitue également, compte tenu des garanties illusoires données à ces organismes sur des titres indisponibles et des risques anormaux de l'opération, les délits d'abus de confiance au préjudice des porteurs de parts de fonds communs de placement (FCP), ou d'abus de biens sociaux au préjudice des sociétés filiales de placement en valeurs mobilières. • Crim. 30 mai 1996, n° 95-82.487 P : *RJDA 1996, n° 8/9, p. 728, concl. Dintilhac ; RSC 1997. 129, obs. Riffault-Treca ; Rev. sociétés 1996. 806, obs. Bouloc*. ♦ Rappr. obs. Riffault-Silk, *RSC 2002. 607*, ss. Paris, 7 mai 2002.

222. Pour déclarer coupable d'abus de biens sociaux l'administrateur d'une SARL propriétaire d'un hôtel ayant son siège social à Jersey, et gérant de fait de la SARL gérante de l'hôtel situé à Antibes, la cour d'appel retient qu'il a réglé un cautionnement mis à sa charge par le magistrat instructeur en partie avec les fonds de la société dont il était administrateur, et a occupé un appartement à Antibes dont les loyers ont été réglés par débit du compte courant de cette société ; les juges énoncent que les faits reprochés ont été commis par le prévenu à partir de comptes bancaires en France, et que les art. 425 et 437 de la L. du 24 juill. 1966, devenus les art. L. 241-3 et L. 242-6 C. com., sont des dispositions pénales qui doivent s'appliquer quelle que soit la nationalité de la société victime des agissements du prévenu ; or, l'incrimination d'abus de biens sociaux ne peut être étendue à des sociétés que la loi n'a pas prévues, telle une société de droit étranger, et pour lesquelles seule la qualification d'abus de confiance est susceptible d'être retenue ; la cour d'appel n'a donc pas donné de base légale à sa décision. • Crim. 3 juin 2004, n° 03-80.593 P : *D. Affaires 2004. 2440 ; ibid. 3213, note Caramalli ; RSC 2004. 892, obs. Rebut ; JCP 2004. II. 10151, note Raimon ; Dr. pénal 2004. 128, obs. J.-H. Robert ; Gaz. Pal. 2005. 1. Somm. 1391.*

223. Abus frauduleux de l'état d'ignorance ou de faiblesse. S'il appartient aux juges répressifs de restituer aux faits dont ils sont saisis leur véritable qualification, c'est à la condition que la personne poursuivie, intimée sur le seul appel de la partie civile, ait été en mesure de se défendre sur la nouvelle qualification envisagée ; Monique Y... a été poursuivie du chef d'abus de confiance aggravé pour avoir détourné, au préjudice de Marie-Antoinette Z..., personne particulièrement vulnérable, des sommes qu'elle s'était appropriées au lieu de les utiliser dans l'intérêt de la victime, prétendant être ainsi rémunérée des services qu'elle rendait à cette dernière ; statuant sur le seul appel de la partie civile du jugement relaxant la prévenue, l'arrêt, pour condamner Monique Y... à réparer le préjudice subi par Marie-Antoinette Z..., par les motifs repris aux moyens, a dit que les faits caractérisaient en réalité le délit d'abus frauduleux d'un état de particulière vulnérabilité, prévu par l'art. 223-15-2 C. pén. ; mais en prononçant ainsi, alors qu'il ne résulte ni des mentions de l'arrêt ni des pièces de procédure que *Monique Y... ait été invitée à se défendre sur cette* nouvelle qualification, la cour d'appel a méconnu l'art. 388 C. pr. pén., ensemble l'art. 6 Conv. EDH et l'article préliminaire du C. pr. pén., ainsi que le principe ci-dessus rappelé. • Crim. 4 juin 2009, n° 08-87.943 P.

224. Détournement de fonds par les dépositaires publics. L'art. 408 C. pén. sanctionne la violation de contrats d'ordre privé et dérivant de la seule volonté des parties, alors que les détournements réprimés par l'art. 169 C. pén. (nouvel art. 432-15) portent sur des objets qui se trouvent entre les mains des personnes visées, non par suite d'une remise volontaire, mais en vertu de leurs fonctions, par la volonté de la loi. • Crim. 18 oct. 1924 : *S. 1925. 1. 89, note Roux ; DH 1924. 637.* ♦ Rappr. : • Crim. 12 juill. 1938 : *Gaz. Pal. 1938. 2. 554* • 23 oct. 1958 : *Bull. crim. n° 650 ; Gaz. Pal. 1959. 1. 40.*

225. Cependant, pour des applications de l'abus de confiance à des détournements par des dépositaires publics, V. • Crim. 1er mars 2000, n° 99-81.513 P : *D. 2001. Somm. 2352, obs. Segonds ; RSC 2000. 831, obs. Ottenhof* • 18 oct. 2000, n° 99-88.139 P. ♦ Rappr. : • Crim. 12 sept. 2018, n° 17-83.793 P : *préc. note 72.*

226. Escroquerie. Commet le délit, non pas d'escroquerie, mais d'abus de confiance, le titulaire d'une carte bleue « Visa » qui, en dépit des demandes de restitution réitérées émanant de la banque, justifiées par l'utilisation abusive de la carte, a continué à l'utiliser. • TGI Créteil, 15 janv. 1985 : *D. 1985. IR 344, obs. Vasseur.* ♦ Sur la distinction entre abus de confiance et escroquerie, V. encore : • Pau, 21 déc. 1994 : *RSC 1995. 352, obs. Ottenhof*.

227. Faux. Pour les manipulations effectuées par un employé de banque sur les comptes clients par contrefaçon de la signature de leur titulaire sur les chèques dits « de guichet », la seule qualification est celle de faux en écriture de commerce ou de banque, et non d'un détournement de fonds confiés pour un travail salarié. • Crim. 3 janv. 1991, n° 89-83.964 P.

228. Recel. Les qualifications d'abus de confiance et de recel sont exclusives l'une de l'autre, un même fait ne pouvant donner lieu à une double inculpation, et celui qui a frauduleusement détourné un objet ne pouvant, en même temps, être retenu comme receleur du même objet. • Crim. 2 déc. 1971 : *Bull. crim. n° 337 ; D. 1972. Somm. 24.*

229. Mais rien ne s'oppose à ce que celui qui a été reconnu coupable d'avoir participé, en qualité de complice, à un détournement frauduleux, puisse être également retenu comme receleur des objets provenant de ce même détournement. • Crim. 9 févr. 1967 : *Bull. crim. n° 61.* ♦ De même, les dispositions des art. 792 et 801 C. civ. (recel successoral) n'apportent aucun obstacle à l'application de la loi pénale, dès lors que le détournement constitue un abus de confiance ; tel est le cas de l'héritier qui détourne des sommes qui lui avaient été versées, pour le compte de la succession, par des débiteurs qui connaissaient le décès du prêteur. • Crim. 7 oct. 1981 : *Bull. crim. n° 265.*

230. Vol. BIBL. Véron, *Dr. pénal, août-sept. 1991, chron. 4* (les détournements commis par les salariés : vol ou abus de confiance ?). ♦ V. notes ss. art. 311-1 et 311-2. ♦ Commet un abus de confiance la comptable d'une entreprise qui, chargée d'établir et de payer les salaires de l'ensemble du personnel, n'a fait apparaître chaque mois sur ses bulletins de salaires qu'une fraction des acomptes par elle perçus, détournant au préjudice de son employeur la partie des avances non reprises dans lesdits bulletins, et disposant ainsi à son profit des sommes qui ne lui avaient été confiées qu'à titre de mandat et à charge d'en faire un usage déterminé. • Crim. 6 janv. 1992 : *Dr. pénal 1992. 177.*

231. Ne bis in idem. Des faits qui procèdent de manière indissociable d'une action unique caractérisée par une seule intention coupable ne peuvent donner lieu, contre le même prévenu, à deux déclarations de culpabilité de nature pénale, fussent-elles concomitantes ; après avoir retenu la culpabilité de la prévenue du chef d'abus de confiance au préjudice de l'association « les amis de la région de [...] » pour avoir encaissé, le 11 févr. 2011, sur son compte personnel un chèque de 3 000 € établi par cette association et destiné à la Croix rouge, l'arrêt relève, pour la déclarer également coupable d'abus de confiance au préjudice de la Croix rouge française, qu'elle a encaissé à son profit, le 11 févr. 2011, un chèque de 3 000 € destiné à rembourser la Croix rouge du solde dû sur un prêt ; en prononçant ainsi, sans retenir des faits constitutifs d'un abus de confiance au préjudice de la Croix rouge distincts des faits d'abus de confiance commis au préjudice de l'association « les amis de la région de [...] », pour lesquels elle a déclaré la prévenue coupable, la cour d'appel a méconnu le principe *ne bis in idem*. • Crim. 17 janv. 2018, n° 17-80.418 : *Dr. pénal 2018, n° 60, obs. Conte ; Gaz. Pal. 2018, p. 1124, obs. Detraz.*

232. Autres conflits. La remise faite à un militaire d'objets qui lui serviront dans le service n'implique à aucun point de vue l'existence d'un contrat entre lui et l'État ; le détournement des objets ainsi remis ne peut être sanctionné que par l'art. 436 CJM (ancien art. 218). • Crim. 19 mai 1953 : *Bull. crim. n° 173.*

233. Le délit de détournement de cautionnement, prévu par l'art. L. 152-4 C. trav. [abrogé], est un délit spécial, ayant ses éléments constitutifs propres et distincts de ceux de l'abus de confiance prévu par l'art. 408 C. pén., auquel il n'est fait référence que pour les pénalités applicables. • Crim. 24 juin 1975 : *Bull. crim. n° 162.*

2° PEINE JUSTIFIÉE

234. Sont justifiées, pour la qualification d'abus de confiance, les peines initialement prononcées du chef de : ... détournement d'objet saisi. • Crim. 22 févr. 1945 : *Bull. crim. n° 14.* ♦ ... D'escroquerie. • Crim. 13 mai 1971 : *Bull. crim. n° 155.* ♦ ... D'abus de biens sociaux. • Crim. 27 janv. 1986 : *Bull. crim. n° 34 ; Rev. sociétés 1986. 273, obs. Bouloc* • 28 mars 1996 : *préc. note 220.*

235. Inversement, la peine initialement prononcée en raison du délit d'abus de confiance se trouve justifiée par : ... le délit d'escroquerie. • Crim. 24 juin 1942 : *Bull. crim. n° 76* • 29 déc. 1949 : *ibid. n° 363.* ♦ ... Le vol. • Crim. 6 mars 1968 : *Bull. crim. n° 79 ; D. 1968. 395* • 18 janv. 1972 : *Bull. crim. n° 24.*

C. RESPONSABILITÉS

236. Tentative. La tentative d'abus de confiance ne tombe pas sous le coup de la loi. • Crim. 12 avr. 1930 : *S. 1931. 1. 73, note Roux.* ♦ ... Même en matière criminelle. Garçon, *code pénal annoté, art. 408, n° 7.*

237. Complicité. Un administrateur de sociétés est déclaré à bon droit complice du délit d'abus de confiance, imputé à d'autres administrateurs, par l'arrêt qui constate qu'il a activement participé à des agissements ayant eu pour but d'éluder tout contrôle réel, et s'est ainsi personnellement et sciemment associé à un concert frauduleux ayant rendu possible l'accomplissement du délit. • Crim. 8 févr. 1968 : *Bull. crim. n° 42.*

238. Sur les conditions de la complicité du banquier, lorsqu'il maintient en connaissance de cause l'usage d'un compte, grâce auquel un abus de confiance se trouve facilité ou consommé. • Paris, 30 juin 1977 : *D. 1978. 325, note Vasseur.*

239. Se rend complice de l'abus de confiance commis par le gérant de tutelle ayant détourné des sommes appartenant aux majeurs protégés, le juge d'instance qui a autorisé par dix ordonnances et de nombreux courriers concernant des majeurs décédés à procéder à des prélèvements excessifs, comme ne tenant pas compte du coefficient de minoration prévu à l'art. 2 de l'Arr. du 15 janv. 1990, lorsque le majeur protégé est accueilli de manière permanente dans un établissement d'hospitalisation ; en outre, la pratique de la conversion massive et injustifiée de tutelles de gérance en tutelles ou curatelles d'État, répondant aux souhaits du gérant de tutelle de se procurer des fonds, caractérise la complicité, par aide et assistance, du délit commis par ce dernier. • Crim. 3 déc. 2003, n° 02-80.041 P : *Gaz. Pal. 2004. 2. Somm. 2605, obs. Monnet.*

240. Responsabilité civile. – Abus de fonctions. Le commettant ne s'exonère de sa responsabilité que si son préposé a agi hors des fonctions auxquelles il était employé, sans autorisation, et à des fins étrangères à ses attributions. • Cass., ass. plén., 19 mai 1988 : *Bull. crim. n° 218* • Crim. 23 juin 1988 (neuf arrêts) : *Bull. crim. n° 289.* ♦ Se place nécessairement hors des fonctions auxquelles il est employé le préposé qui agit à des fins non seulement étrangères, mais encore contraires à ses attributions. • Crim. 23 juin 1988 : *préc. (arrêts nos 7 à 9).*

241. Par suite, une compagnie d'assurances ne peut s'exonérer de sa responsabilité civile lorsque l'un de ses inspecteurs, chargé de faire souscrire à un particulier des contrats de capitalisation, a détourné des fonds qui lui avaient été remis dans l'exercice de ses fonctions. • Cass., ass. plén., 19 mai 1988 : *préc. note 240.* ♦ De même, doit être déclaré civilement responsable le commettant dont le préposé a commis, en qualité de complice, un abus de confiance. • Crim. 23 juin 1988 : *préc. note 240 (arrêt no 2).*

242. Le délit d'abus de confiance imputable à un employé de banque n'implique pas nécessairement qu'il ait agi hors du cadre de ses fonctions au sens de l'art. 1384, al. 5, C. civ., les victimes ayant pu être fondées à croire qu'elles avaient traité avec l'auteur en sa qualité de préposé de la banque. • Civ. 2e, 29 mai 1996, no 94-15.460 P.

243. Pour condamner le prévenu à payer des dommages-intérêts à un CHU, partie civile, l'arrêt énonce notamment que le demandeur, directeur du centre hospitalier, qui n'a agi sciemment que dans son intérêt personnel en contournant les règles des marchés publics afin d'éviter toutes les instances de contrôle, est parvenu à faire financer sur les deniers publics des travaux de pure convenance dans son logement de fonction ; les juges ont ensuite évalué le préjudice matériel du CHU à la somme de 355 733 € correspondant à l'appauvrissement de celui-ci, qui n'a pu disposer de cette somme pour l'affecter à d'autres dépenses, et son préjudice moral à la somme de 10 000 € à raison du discrédit jeté sur l'établissement ; en l'état de ces énonciations, d'où il résulte que les fautes commises par le prévenu, même non dépourvues de tout lien avec le service, constituent des manquements volontaires et inexcusables à des obligations d'ordre professionnel et déontologique, la cour d'appel n'a fait qu'user de son pouvoir d'apprécier souverainement, dans la limite des conclusions des parties, l'indemnité propre à réparer le dommage né de l'infraction. • Crim. 12 sept. 2018, no 17-83.793 P : *préc. note 72.*

Art. 314-1-1 *(Abrogé par L. no 2020-1672 du 24 déc. 2020, art. 30)* « *(Ord. no 2019-963 du 18 sept. 2019, art. 2)* ***Les peines sont portées à cinq ans d'emprisonnement lorsque l'abus de confiance porte atteinte aux recettes perçues, aux dépenses exposées ou aux avoirs qui relèvent du budget de l'Union européenne, des budgets des institutions, organes et organismes de l'Union européenne ou des budgets gérés et contrôlés directement par eux.*** »

(Ord. no 2019-963 du 18 sept. 2019, art. 2) **Les peines** *(L. no 2020-1672 du 24 déc. 2020, art. 30)* **« prévues à l'article 314-1 » sont portées à sept ans d'emprisonnement et à 750 000 € d'amende lorsque l'infraction** *(Abrogé par L. no 2020-1672 du 24 déc. 2020, art. 30)* ***« prévue au présent article »*** **est commise en bande organisée.**

La tentative des infractions prévues *(L. no 2020-1672 du 24 déc. 2020, art. 30)* **« à la présente section » est punie des mêmes peines.**

BIBL. ▶ S. Jouniot, *AJ pénal 2019. 549* (l'abus de confiance du nouvel article 314-1-1 du code pénal).

Art. 314-2 **Les peines sont portées à sept ans d'emprisonnement et à 750 000 € d'amende lorsque l'abus de confiance est réalisé :**

1o Par une personne qui fait appel au public afin d'obtenir la remise de fonds ou de valeurs soit pour son propre compte, soit comme dirigeant ou préposé de droit ou de fait d'une entreprise industrielle ou commerciale ;

2o Par toute autre personne qui, de manière habituelle, se livre ou prête son concours, même à titre accessoire, à des opérations portant sur les biens des tiers pour le compte desquels elle recouvre des fonds ou des valeurs ;

(L. no 2004-204 du 9 mars 2004, art. 51) **« 3o Au préjudice d'une association qui fait appel au public en vue de la collecte de fonds à des fins d'entraide humanitaire ou sociale ;**

« 4o Au préjudice d'une personne dont la particulière vulnérabilité, due à son âge, à une maladie, à une infirmité, à une déficience physique ou psychique ou à un état de grossesse, est apparente ou connue de son auteur. »

Corresp. : *C. pén., ancien art. 408, al. 2.*

1. Appel au public. L'art. 408, al. 2, C. pén., qui vise le cas de l'abus de confiance commis par une personne faisant appel au public, n'exige aucune concomitance entre les appels à l'épargne et les détournements. • Crim. 25 juill. 1983 : *D. 1983. IR 501.*

2. Malversation. Il résulte de l'art. 207 ancien de la loi no 85-98 du 25 janv. 1985 incriminant des faits de malversation et les punissant de peines identiques à celles « prévues par le 2e al. de l'art. 408 C. pén. » que le législateur a, quant à la répression, entendu assimiler ces malversations aux faits d'abus de confiance définis par ce second texte. Il s'ensuit que les dispositions de l'art. 408, al. 2, ayant été reprises, à compter du 1er mars 1994, à l'art. 314-2 C. pén., les peines prévues par ce texte ont, dès cette date, été applicables au délit prévu par l'art. 207 précité. • Crim. 30 juin 1998, n° 97-81.562 P : *D. 1998. IR 224 ; RSC 1999. 315, obs. Bouloc ; D. Affaires 1998. 1645, obs. A. L. ; Dr. pénal 1998. Comm. 157, note J.-H. Robert ; JCP 1999. I. 112, note J.-H. Robert ; Rev. sociétés 1999. 166, note Bouloc* • 30 juin 1999, n° 97-85.764 P : *D. Affaires 1999. 1290 ; RSC 2000. 193, obs. Bouloc*

3. En l'état d'une mise en examen prononcée sur le fondement de l'art. 207 de la L. du 25 janv. 1985, à la suite d'une plainte avec constitution de partie civile pour des malversations qui auraient été commises en 1987 et 1988, méconnaît les art. 111-3 C. pén. et 207 de la L. du 25 janv. 1985 la chambre d'accusation qui, pour déclarer l'action publique éteinte, retient que l'abrogation de l'art. 408 C. pén. par la loi n° 92-1336 du 16 déc. 1992, entrée en vigueur le 1er mars 1994, a eu pour effet, d'abroger les sanctions pénales attachées aux malversations reprochées, dès lors que ces sanctions étaient fixées par référence à celles prévues par le 2e al. de l'art. abrogé, et précise que ces malversations sont demeurées dépourvues de sanction jusqu'à l'entrée en vigueur de la loi n° 94-475 du 10 juin 1994 ayant remplacé, dans l'art. 207, la référence à l'art. 408, al. 2, C. pén. par un renvoi à l'art. 314-2 de ce code. • Crim. 30 juin 1998 : *préc. note 2.*

4. A justifié sa décision la cour d'appel qui, pour rejeter l'exception d'illégalité des poursuites tirée de l'absence de sanction applicable au délit de malversation prévu par l'art. 207 de la L. du 25 janv. 1985, entre le 1er mars 1994, date d'entrée en vigueur de la L. du 16 déc. 1992, ayant abrogé l'art. 408 ancien C. pén., et le 23 oct. 1994, date d'entrée en vigueur de la L. du 10 juin 1994, ayant remplacé dans l'art. 207 de la loi précitée la référence à l'art. 408 ancien par celle à l'art. 314-2 C. pén., après avoir relevé que l'art. 408, abrogé le 1er mars 1994, et l'art. 314-2 en vigueur depuis cette date sanctionnent une infraction dont les éléments constitutifs sont identiques, énonce qu'il n'apparaît pas « qu'il puisse résulter du défaut de coordination des textes susvisés, aucune conséquence quant à l'applicabilité de l'art. 207 de la L. du 25 janv. 1985 aux faits de la cause », et que la référence, dans cet art. 207, aux peines de l'art. 408 ancien C. pén., puis à celles de l'art. 314-2 du même code, traduit la volonté du législateur de réprimer le délit de malversation des mêmes peines que celles de l'abus de confiance aggravé. • Crim. 30 juin 1998 : *préc. note 2.*

Art. 314-3 **Les peines sont portées à dix ans d'emprisonnement et à 1 500 000 € d'amende lorsque l'abus de confiance est réalisé par un mandataire de justice ou par un officier public ou ministériel soit dans l'exercice ou à l'occasion de l'exercice de ses fonctions, soit en raison de sa qualité.** — *Assur. L. 328-6.*

Corresp. : *C. pén., ancien art. 408, al. 5.*

RÉP. PÉN. v° *Officier public ou ministériel,* par REDON.

1. Illustrations. Pour des applications avant la réforme du code pénal : ... à des notaires. • Crim. 6 juin 1978 : *Bull. crim. n° 179* • 11 oct. 1978 : *ibid. n° 267* • 13 nov. 1991, n° 90-84.172 P : *RSC 1993. 112, obs. Bouzat* . ♦ ... A un huissier. • Crim. 10 janv. 1984 : *Bull. crim. n° 11.*

2. Pour une application à un huissier, sur le fondement de l'art. 314-3 C. pén. • Crim. 9 mars 2016, n° 13-85.943 P : *D. actu. 4 avr. 2016, obs. Priou-Alibert.*

3. Conflit de qualifications. Sur les domaines respectifs de l'abus de confiance et du délit de malversation (C. com., art. L. 626-12) : • Crim. 20 avr. 2005 : *Dr. pénal 2005. 113, obs. J.-H. Robert.*

4. Action civile. En application de l'art. 8 de l'Ord. n° 45-2592 du 2 nov. 1945, mod. par la L. du 28 mars 2011, la Chambre nationale des huissiers de justice ne peut exercer les droits réservés à la partie civile que relativement aux faits portant un préjudice direct ou indirect à l'intérêt collectif de la profession qu'elle représente ; méconnaît ce texte la cour d'appel qui, après avoir déclaré un huissier de justice, placé en liquidation judiciaire, coupable d'abus de confiance aggravé, a fixé la créance de la Chambre nationale des huissiers de justice, constituée partie civile, au montant de la somme réglée dans le cadre de sa garantie de représentation des fonds de l'étude, alors qu'elle n'a pas relevé l'existence d'un préjudice matériel, distinct de celui subi par les clients de l'étude, susceptible de constituer une atteinte à l'intérêt collectif de la profession et qu'aucune disposition n'autorise la Chambre nationale des huissiers de justice à se constituer partie civile pour obtenir le remboursement des sommes exposées en exécution de ses obligations légales. • Crim. 9 mars 2016, n° 13-85.943 P : *préc. note 2.*

Art. 314-4 **Les dispositions de l'article 311-12 sont applicables au délit d'abus de confiance.**

Corresp. : *C. pén., ancien art. 380.*

V. également ss. art. 311-12. ♦ Pour des applications de l'ancien art. 380 C. pén. à l'abus de confiance. • Crim. 27 oct. 1916 : *DP 1920. 1. 92 (2e esp.)* • 4 janv. 1930 : *Bull. crim. n° 5 ; DH 1930. 230.*

Code des transports

PARTIE LÉGISLATIVE

(Ord. n° 2010-1307 du 28 oct. 2010, en vigueur le 1er déc. 2010)

Art. L. 5142-8 Est puni des peines de l'abus de confiance ou du recel prévues par les articles 314-1, 314-10, 321-1 et 321-9 du code pénal le fait de détourner, tenter de détourner ou receler une épave maritime.

Cet art. vient remplacer l'art. 3 de la L. n° 61-1262 du 24 nov. 1961 qui a été abrogée par l'Ord. n° 2010-1307 du 28 oct. 2010.

Caractérise en tous ses éléments constitutifs les délits de détournement d'épave maritime et de recel, la cour d'appel qui retient notamment que les pièces d'or récupérées par des plongeurs et achetées par des numismates réputés appartenaient au trésir dit « de Méditerranée », dont la notoriété est indiscutable, les épaves maritimes appartenant à l'État, et les receleurs, de par leur qualité professionnelle, ayant eu une connaissance certaine de l'origine frauduleuse des pièces, qu'ils avaient d'ailleurs payées en liquide. • Crim. 21 mai 1997, ☎ n° 96-80.618 P : *JCP 1997. IV. 2413.* ♦ ... Les pièces d'or restituées à l'État étant d'antiques monnaies d'or à l'effigie d'empereurs romains, la cour d'appel a justifié sa décision au regard des art. 23 et 24 du Décr. du 26 déc. 1961, leslon lesquels appartiennent à l'État les épaves maritimes qui présentent un intérêt archéologique, historique ou artistique, au sens que la loi du 27 sept. 1941, et dont le propriétaire est inconnu ou insusceptible d'être trouvé. • Même arrêt.

Loi n° 65-570 du 13 juillet 1965, *portant réforme des régimes matrimoniaux.*

Art. 6 Sera puni des peines *(L. n° 92-1336 du 16 déc. 1992)* « de l'abus de confiance prévues par les articles 314-1 et 314-10 du code pénal », l'époux qui, après que lui aura été signifiée l'ordonnance prévue aux articles 220-1 et 220-2 du code civil, aura détruit, détourné ou tenté de détruire ou de détourner les objets confiés à sa garde.

Caractérise le détournement, au sens de l'art. 6 de la L. du 13 juill. 1965, le refus opposé sans justification par l'un des époux de restituer les meubles corporels, confiés à sa garde, après signification de l'ordonnance de les déplacer ou d'en disposer. • Crim. 30 juin 1993, ☎ n° 92-84.887 P.

Code du travail

(Ord. n° 2007-329 du 12 mars 2007, ratifiée par L. n° 2008-67 du 21 janv. 2008 ; Décr. n° 2008-244 du 7 mars 2008)

Art. L. 5429-2 En cas de récidive dans le délai de trois ans, l'employeur qui a indûment retenu la contribution prévue *(L. n° 2018-771 du 5 sept. 2018, art. 54)* « au 2° de l'article » L. 5422-9 et précomptée sur le salaire, est puni *(L. n° 2018-771 du 5 sept. 2018, art. 54)* « des peines prévues par l'article L. 244-6 du code de la sécurité sociale ». — *[Anc. art. L. 365-2].*

....

Art. R. 5429-2 L'employeur qui a indûment retenu la contribution du salarié prévue à l'article L. 5422-9 et précomptée sur le salaire est puni de l'amende prévue pour les contraventions de la cinquième classe. — *[Anc. art. R. 365-1, al. 2].*

Code de la sécurité sociale

(Décr. n° 85-1353 du 17 déc. 1985 ; L. n° 87-588 du 30 juill. 1987)

Art. L. 244-6 En cas de récidive dans le délai de trois ans, l'employeur qui a retenu par devers lui indûment la contribution des salariés aux assurances sociales précomptée sur le salaire est puni d'un emprisonnement de deux ans et d'une amende de 3 750 € ou de l'une de ces deux peines seulement. — *Disposition applicable aux cotisations précomptées sur les avantages de retraite et sur les allocations et revenus de remplacement [perçus en cas de chômage ou de préretraite] (CSS, art. L. 243-2, L. 711-2, L. 764-4 et L. 765-9).*

Art. R. 244-3 *(Décr. nº 87-801 du 29 sept. 1987)* Hors le cas de récidive dans un délai de trois ans prévu à l'article L. 244-6, l'employeur qui a retenu par devers lui indûment la contribution des salariés aux assurances sociales précomptée sur le salaire est passible des peines prévues pour les contraventions de 5e classe. — *Disposition applicable aux cotisations précomptées sur les avantages de retraite et sur les allocations de garantie de ressources et de chômage (CSS, art. R. 246-1, R. 246-2, R. 711-3 et R. 764-12).*

Loi nº 86-18 du 6 janvier 1986, *relative aux sociétés d'attribution d'immeubles en jouissance à temps partagé.* **Art. 31** Toute personne qui, ayant reçu ou accepté un ou plusieurs versements, dépôts, souscriptions ou acceptations d'effets de commerce, chèques ou autorisations de prélèvements sur compte bancaire ou postal, à l'occasion de la formation ou de l'exécution d'un contrat de société soumis aux dispositions de la présente loi, aura détourné tout ou partie de ces sommes sera punie des peines *(L. nº 92-1336 du 16 déc. 1992)* « de l'abus de confiance prévues par les articles 314-1 et 314-10 du code pénal ».

Code de commerce *(Ord. nº 2000-912 du 18 sept. 2000)* **Art. L. 525-19** Est puni des peines prévues pour l'abus de confiance par les articles 314-1 et 314-10 du code pénal, le fait, pour tout acquéreur ou détenteur de biens nantis en application du présent chapitre, de les détruire ou tenter de les détruire, les détourner ou tenter de les détourner, ou enfin les altérer ou tenter de les altérer d'une manière quelconque en vue de faire échec aux droits du créancier.

Sont punies des mêmes peines toutes manœuvres frauduleuses destinées à priver le créancier de son privilège sur les biens nantis ou à le diminuer. — *[L. nº 51-59 du 18 janv. 1951, art. 21.]*

1. Notion de détournement. Le gérant de société resté débiteur réel et responsable du matériel acquis qui a fait l'objet d'un nantissement, commet le délit de l'art. 21 [C. com., art. L. 525-19] en portant, malgré l'ordre contraire du créancier nanti, ce matériel en un lieu d'où il n'a pu être ramené à son point de départ que plus tard. • Crim. 26 mars 1963 : *Bull. crim. nº 130.* ♦ De même commet le délit de l'art. 21 [C. com., art. L. 525-19] l'acquéreur d'un instrument qui, ayant consenti sur cet objet un nantissement dans les conditions légales, remet définitivement à un tiers l'outillage nanti à l'insu du créancier et malgré son opposition. • Crim. 14 déc. 1967 : *Bull. crim. nº 327.*

2. Preuve du détournement. La preuve de l'identité de l'objet donné en nantissement avec celui qui a été détourné peut résulter, devant la juridiction répressive, de tous les moyens de preuve propres à établir le détournement frauduleux et est indépendante des dispositions prescrites pour la validité du contrat de nantissement par l'art. 2 de la L. du 18 janv. 1951 [C. com., art. L. 525-2]. • Crim. 29 mars 1973 : *Bull. crim. nº 160.*

SECTION II DU DÉTOURNEMENT DE GAGE OU D'OBJET SAISI

Art. 314-5 Le fait, par un débiteur, un emprunteur ou un tiers donneur de gage, de détruire ou de détourner l'objet constitué en gage est puni de trois ans d'emprisonnement et de 375 000 € d'amende.

La tentative de l'infraction prévue au présent article est punie des mêmes peines. — *Pr. pén. 398-1 ; Consomm. L. 215-18.*

RÉP. PÉN. vº *Détournement de gage ou d'objet saisi,* par PASCHOUD.

Corresp. : *C. pén., ancien art. 400, al. 5.*

I. GAGE

A. CONSTITUTION

1. *Nature.* Conçu en termes généraux, le 5e al. de l'art. 400 C. pén. ne renferme ni n'autorise aucune distinction selon que le gage est dans la possession du créancier ou dans celle du débiteur, et punit dans l'un comme dans l'autre cas le détournement du gage par celui qui l'a donné. • Crim. 13 mars 1909 : *DP 1911. 1. 159* • 25 juill. 1912 : *ibid. 1913. 1. 123* • 2 févr. 1935 : *Bull. crim. n° 19* • 18 janv. 1950 : *ibid. n° 17 ; JCP 1950. II. 5422, note Gruffy ; S. 1950. 1. 193, note Légal ; Gaz. Pal. 1950. 1. 116* • 20 oct. 1954 : *Bull. crim. n° 301 ; D. 1954. 765 ; JCP 1954. II. 8398 ; Gaz. Pal. 1955. 1. 76* • Agen, 25 mai 1950 : *D. 1950. 491 ; Gaz. Pal. 1950. 2. 49* • Montpellier, 6 févr. 1951 : *D. 1951. Somm. 76 ; Gaz. Pal. 1951. 2. 14* • T. corr. Aubusson, 26 oct. 1956 : *Gaz. Pal. 1956. 2. 379.*

2. *Validité.* Si l'existence du contrat est nécessaire, les critiques soulevées contre sa validité sont sans influence sur les poursuites : celles-ci prennent leur source non dans le contrat, mais dans le détournement d'une chose faisant l'objet du contrat, quelle que soit sa validité. • Crim. 24 juill. 1963 : *Bull. crim. n° 263* • 26 févr. 1970 : *ibid. n° 79 ; D. 1970. Somm. 124 ; JCP 1970. II. 16446* • T. corr. Seine, 13 juill. 1963 : *D. 1964. Somm. 46* • Bordeaux, 10 oct. 2000 : *BICC 2001. 323.*

3. La validité du gage dans ses conséquences civiles ou commerciales n'est pas une condition nécessaire à l'application de la loi pénale. • Douai, 6 janv. 1989 : *D. 1991. Somm. 64, obs. Azibert* • T. corr. Seine, 5 juill. 1934 : *DH 1934. 567* • 27 janv. 1966 : *JCP 1967. II. 14952, note Grenier ; D. 1966. Somm. 79.* ♦ ... La loi civile ne déterminant les causes de nullité ou d'annulation du contrat qu'au point de vue des intérêts civils. • T. corr. Seine, 30 avr. 1958 : *Gaz. Pal. 1958. 2. 35.*

4. Ainsi, l'inscription du contrat de nantissement est une formalité de publicité qui a pour but d'aviser les tiers ; son omission est sans effet, malgré la sanction de nullité qui y est attachée par la loi, dans les rapports du débiteur donneur de gage et du créancier, ce débiteur étant tenu par la seule existence du contrat des obligations qui lui incombent. • Crim. 24 juill. 1963 : *préc. note 2* (à propos de la loi n° 51-59 du 18 janv. 1951, relative au nantissement de l'outillage et du matériel d'équipement). ♦ Même solution en matière de gage. • Crim. 10 mars 1976 : *Bull. crim. n° 89 ; Gaz. Pal. 1976. 2. 460* (à propos du décret n° 53-968 du 30 sept. 1953, relatif à la vente à crédit des véhicules automobiles) • Douai, 6 janv. 1989 : *préc. note 2.* ♦ Rappr. : • Montpellier, 6 févr. 1951 : *D. 1951. Somm. 76 ; Gaz. Pal. 1951. 2. 14.*

5. *Interprétation.* Saisis d'une poursuite pour détournement d'objets donnés en gage, les juges du fond apprécient souverainement le sens et la portée à donner aux stipulations de la convention passée entre les parties. • Crim. 30 janv. 1963 : *Bull. crim. n° 60.* ♦ ... Ils justifient leur décision lorsque leur interprétation ne comporte ni contradiction, ni erreur de droit. • Crim. 3 avr. 1973 : *Bull. crim. n° 167.*

B. OBJET

1° GÉNÉRALITÉS

6. *Identité.* La preuve de l'identité de l'objet donné en nantissement avec celui qui a été détourné peut résulter devant la juridiction répressive de tous les moyens de preuve propres à établir le détournement frauduleux, et est indépendante des dispositions qui sont prescrites pour la validité du contrat de nantissement par l'art. 2 de la L. du 18 janv. 1951. • Crim. 29 mars 1973 : *Bull. crim. n° 160.*

7. *Subrogation.* Le remplacement des objets donnés en nantissement par d'autres objets ne saurait faire disparaître le délit, ces nouveaux objets n'étant pas compris dans le nantissement et pouvant dès lors échapper à la saisie-gagerie. • Crim. 2 juin 1943 : *Bull. crim. n° 48.*

8. *Plus-value.* C'est la valeur intégrale du gage au moment du payement qui forme la garantie du créancier ; celui-ci doit bénéficier de la plus-value acquise par la marchandise donnée en nantissement pour sa valeur actuelle et future. • Crim. 10 mars 1938 : *Bull. crim. n° 72.*

9. *Immeuble par destination.* Un objet devenu immeuble par destination ne saurait être compris dans un nantissement qui porte sur un ensemble mobilier. • Crim. 26 oct. 1960 : *Bull. crim. n° 479.*

10. *Réserve de propriété.* Une chose ne peut être remise en gage à celui qui n'a cessé d'en être propriétaire ; ainsi, une voiture automobile vendue à crédit avec réserve de propriété au profit du vendeur jusqu'au règlement intégral du prix, et mise à la disposition de l'acheteur avec prohibition d'en disposer, n'est pas et ne peut pas être le gage du vendeur ; par suite, l'acheteur qui vend la voiture avant d'en avoir payé le prix ne commet pas le délit de détournement de gage. • Crim. 6 mars 1937 : *DP 1938. 1. 92, note Nast.*

2° SPÉCIFICITÉS

11. *Délégation de loyers.* La délégation de loyers au créancier constitue le gage visé à l'art. 400 C. pén., et le délit est constitué lorsque le prévenu a continué à percevoir et conservé par devers lui les loyers cédés. • T. corr. Seine, 20 déc. 1962 : *JCP 1964. II. 13480, note de Lestang.* ♦ Rappr., pour la remise en gage d'une créance : • Caen, 19 mai 1870 : *DP 1871. 2. 228.*

12. *Délégation de recettes.* Est à bon droit

déclaré coupable de détournement de gage le prévenu qui, au mépris d'inscriptions prises au registre public de la cinématographie sur certains films, a perçu clandestinement divers produits de l'exploitation desdits films et détourné ainsi le gage de ses créanciers. • Crim. 3 janv. 1964 : *D. 1964. Somm. 46.* ♦ En application des art. 33 et 36 C. ind. cin., et par l'effet de son inscription au registre public de la cinématographie, l'affectation des recettes d'un film à la sûreté de la créance du distributeur constitue un gage au profit de celui-ci ; se rend dès lors coupable de détournement de gage le débiteur ayant consenti la délégation de recettes, qui, en fraude des droits du créancier, perçoit et dispose des produits de l'exploitation du film sans restituer les fonds au distributeur qui en formait légitimement la demande. • Crim. 12 avr. 1995, ☎ n° 94-82.970 P.

13. Gage sur les véhicules automobiles. Pour des exemples d'application de l'ancienne L. du 29 déc. 1934 et de l'actuel décret n° 53-968 du 30 sept. 1953. • Crim. 2 févr. 1935 : *Bull. crim. n° 19* • 18 janv. 1950 : *ibid. n° 17 ; JCP 1950. II. 5422, note Gruffy ; S. 1950. 1. 193, note Légal ; Gaz. Pal. 1950. 1. 116* • 20 oct. 1954 : *Bull. crim. n° 301 ; D. 1954. 765 ; JCP 1954. II. 8398 ; Gaz. Pal. 1955. 1. 76* • 12 mars 1958 : *Bull. crim. n° 246* • 24 janv. 1968 : *ibid. n° 24 ; D. 1968. 353 ; JCP 1968. II. 15424* • 20 févr. 1973 : *Gaz. Pal. 1973. 1. Somm. 151* • 10 mars 1976 : ☎ *Bull. crim. n° 89 ; Gaz. Pal. 1976. 2. 460.*

14. Nantissement de fonds de commerce. La L. du 17 mars 1909, relative à la vente et au nantissement des fonds de commerce, n'interdit pas la vente d'un fonds de commerce nanti ; seule la vente d'objets soumis au nantissement et distraits ensuite du fonds de commerce nanti tombe sous le coup des dispositions de l'art. 400, al. 5, C. pén. • Crim. 6 janv. 1966 : *Bull. crim. n° 6 ; Gaz. Pal. 1966. 1. 244.*

15. Nantissement d'outillage et de matériel d'équipement. Sur l'application de l'art. 21 de la loi n° 51-59 du 18 janv. 1951. • Crim. 26 mars 1963 : *Bull. crim. n° 130* • 14 déc. 1967 : *ibid. n° 327.*

16. Plan de cession. L'indisponibilité de biens gagés par une société, placée ultérieurement en redressement judiciaire, s'impose au repreneur de celle-ci dans le cadre d'un plan de cession lui donnant la qualité de débiteur du créancier gagiste. • Crim. 16 mai 2001, ☎ n° 00-84.780 P : *Dr. pénal 2001. 127, obs. Véron.*

II. DÉTOURNEMENT

17. Nature. Le détournement de gage prévu par l'art. 400, al. 5, C. pén. constitue une infraction instantanée, le détournement ou la destruction de l'objet donné en gage étant des états définitifs excluant la possibilité d'une délinquance continue. • Paris, 31 janv. 1963 : *JCP 1963. II. 13176.*

A. MATÉRIALITÉ

18. Défaut de représentation. Il n'est pas nécessaire, pour que le détournement de gage existe, que la chose ait été dissipée ou ait disparu ; il suffit seulement qu'elle ne soit pas représentée. • Crim. 19 févr. 1964 : *D. 1964. Somm. 83 ; Gaz. Pal. 1964. 1. 406* • 14 juin 1994 : ☎ *Dr. pénal 1994. 233* • T. corr. Seine, 27 janv. 1966 : *JCP 1967. II. 14952, note Grenier ; D. 1966. Somm. 79.*

19. Abandon. En cas de gage sans dépossession, l'abandon de l'objet donné en gage (automobile) constitue un acte de disposition qui caractérise le détournement au sens de la loi. • Crim. 24 janv. 1968 : *Bull. crim. n° 24 ; D. 1968. 353 ; JCP 1968. II. 15424.* ♦ Une cour d'appel énonce à bon droit que le seul fait d'avoir abandonné son véhicule gagé sur la voie publique en un lieu interdit, et de s'être désintéressé de son sort et des droits du créancier gagiste, suffit à caractériser le délit puni par l'art. 400, al. 5, C. pén. • Crim. 20 févr. 1973 : *Gaz. Pal. 1973. 1. Somm. 151.*

20. Abstention. Se rend coupable du délit de détournement de gage l'acheteur à crédit d'une voiture automobile qui, laissant les traites impayées, s'abstient de déférer à la sommation d'avoir à restituer le gage, jusqu'au jour où, victime d'un accident qui a rendu inutilisable le véhicule, il se décide, près d'un an plus tard, à révéler l'endroit où se trouvait la voiture. • Crim. 12 mars 1958 : *Bull. crim. n° 246.*

21. De même, commet le délit le propriétaire d'une automobile donnée en gage : ... qui s'abstient de régler les frais de réparation du véhicule et le délaisse dans les locaux du garagiste bénéficiaire d'un droit de rétention, se mettant ainsi volontairement dans l'impossibilité de représenter le gage. • Crim. 26 févr. 1970 : *Bull. crim. n° 79 ; D. 1970. Somm. 124 ; JCP 1970. II. 16446.* ♦ ... Qui néglige de prévenir de ses changements successifs de domicile la société de crédit titulaire du gage. • T. corr. Verdun, 19 nov. 1965 : *JCP 1966. II. 14735, note Meurisse.* ♦ Rappr. : • Crim. 6 mai 1975 : *Gaz. Pal. 1975. 2. Somm. 205.*

22. Diminution des garanties. Se rend coupable du délit de détournement de gage le gérant d'une société qui a remis volontairement à une banque, en garantie d'un billet à ordre, la feuille des mines d'une voiture achetée à crédit, alors qu'ainsi il retardait l'inscription du gage et diminuait les garanties légales sur lesquelles l'établissement prêteur était en droit de compter pour l'inscription et la réalisation de son gage. • Poitiers, 7 mai 1965 : *D. 1965. 525.*

23. Remise en gage. Le débiteur qui, sans être libéré de ses obligations à l'égard du créancier-gagiste, a donné à nouveau en garantie à un tiers deux des avions gagés, a, par cette nouvelle remise en gage, disposé des deux avions et, par conséquent, les a détournés au sens de cette expression dans l'art. 400 C. pén. • T. corr. Seine, 30 avr. 1958 : *Gaz. Pal. 1958. 2. 35.*

B. INTENTION

24. *Définition.* Le détournement de gage consiste dans la résistance injustifiée du débiteur défaillant à restituer l'objet gagé dont la détention lui a été transférée, dès lors que le prévenu n'établit la preuve d'aucune cause justificative de son abstention. • Crim. 23 juin 1965 : *D. 1965. 778 ; Gaz. Pal. 1965. 2. 220.* ♦ Il est caractérisé, même en l'absence de toute manœuvre frauduleuse, dès lors qu'il est opéré sciemment et qu'il fait disparaître la garantie dont bénéficiait le créancier (à propos de la L. du 18 janv. 1951). • Crim. 20 mai 1980 : *Bull. crim. n° 155.*

25. Le détournement frauduleux ne saurait résulter que d'une attitude du débiteur impliquant l'intention d'affaiblir les droits de ses créanciers en entravant la réalisation de leur gage. • T. corr. Aubusson, 26 oct. 1956 : *Gaz. Pal. 1956. 2. 379.* ♦ ... Ce qui suppose que le prévenu s'est soustrait en connaissance de cause à l'obligation qui lui incombait de restituer la chose. • T. corr. Seine, 22 janv. 1957 : *JCP 1957. II. 10317.*

26. *Preuve.* Lorsque le gage est resté entre les mains du débiteur, la preuve du détournement frauduleux résulte de la simple constatation que le débiteur donneur de gage n'a pas déféré à la sommation à lui faite d'avoir à restituer le gage, et ce sans cause justificative de son abstention. • Crim. 19 févr. 1964 : *D. 1964. Somm. 83 ; Gaz. Pal. 1964. 1. 406* • Agen, 25 mai 1950 : *D. 1950. 491 ; Gaz. Pal. 1950. 2. 49* • T. corr. Seine, 12 oct. 1955 : *D. 1956. 259, note Pageaud.* ♦ Ainsi en est-il du débiteur qui refuse de représenter à son créancier le véhicule automobile qu'il lui a donné en gage pour sûreté de sa dette, et dont il a gardé la possession. • Crim. 19 févr. 1964 : *préc.* • Montpellier, 1er juin 1948 : *Gaz. Pal. 1948. 2. 180* • TGI Avesnes-sur-Helpe, 29 mai 1962 : *D. 1962. Somm. 91.*

III. RÉPRESSION

27. *Action publique.* Le détournement de gage, qui consiste dans la résistance injustifiée du débiteur défaillant à restituer l'objet gagé dont la détention lui a été transférée, ne peut donner lieu qu'à une seule poursuite, si même le débiteur persévère dans son refus malgré une nouvelle mise en demeure ; en conséquence, c'est à bon droit qu'après une première condamnation, la cour d'appel déboute le créancier gagiste, partie civile, de son action, au motif que l'action publique est éteinte par l'effet de la chose jugée. • Crim. 29 oct. 1963 : *Bull. crim. n° 296.*

28. *Action civile.* En matière de détournement de gage le préjudice résultant de ce détournement n'est pas seulement une créance civile résultant du contrat de gage, mais une conséquence directe de l'infraction. • Crim. 26 nov. 1963 : *Bull. crim. n° 331.* ♦ ... Il ne saurait être confondu avec la créance préexistante. • Crim. 10 mars 1992 : *Dr. pénal 1992. 229* • 14 juin 1994 : *ibid. 1994. 233.*

29. Aucune disposition légale n'autorise les juges à ajouter à la réparation du dommage causé par le délit de détournement d'objet gagé le remboursement d'une dette préexistante. • Crim. 9 juill. 1970 : *D. 1970. 776.*

30. La disparition du gage a pour effet de supprimer une garantie de paiement qu'a voulu se réserver le prêteur, et cause à celui-ci un préjudice qui ne se confond pas avec celui résultant de l'inobservation des obligations de l'emprunteur ; le prêteur, qui ne peut appréhender le véhicule affecté en gage, est fondé à en demander la valeur au moment de son détournement, à titre de dommages et intérêts. • Paris, 31 mai 1988 : *Gaz. Pal. 1989. 1. Somm. 17, note Bey.*

31. *Repentir actif.* Le paiement postérieur au détournement du gage, de la créance garantie, ne fait pas disparaître le délit ni le préjudice en résultant, celui-ci ne se confondant pas avec la créance préexistante. • Crim. 16 mai 2001, n° 00-84.780 P : *Dr. pénal 2001. Comm. 127, obs. Véron.*

32. Il importe peu qu'un paiement ait été effectué au profit de l'un des établissements prêteurs, postérieurement au détournement du gage, ledit paiement ne faisant disparaître ni le délit ni le préjudice en résultant, qui ne se confond pas avec la créance préexistante. • Crim. 19 nov. 2014 : *Dr. pénal 2015, n° 3, obs. Véron ; RSC 2015. 97, obs. Matsopoulou.*

33. Le prévenu avait souscrit un prêt pour l'acquisition d'un bateau ; n'ayant pu faire face à ses échéances, il a fait l'objet d'une saisie qui devait s'avérer infructueuse ; en avril 1999, les premiers juges l'ont condamné pour détournement d'objet donné en gage, faits commis à compter de juin 1998 ; cependant, cette décision doit être infirmée, dès lors que le prévenu produit à l'audience une attestation qui donne mainlevée de ladite saisie en date du 24 janv. 2000 suite à une vente amiable. • Nîmes, 29 mars 2002 : *JCP 2003. IV. 2455.*

Art. 314-6 **Le fait, par le saisi, de détruire ou de détourner un objet saisi entre ses mains en garantie des droits d'un créancier et confié à sa garde ou à celle d'un tiers est puni de trois ans d'emprisonnement et de 375 000 € d'amende.**

La tentative de l'infraction prévue au présent article est punie des mêmes peines. – *Pr. pén. 398-1 ; Consomm. L. 215-18.*

Corresp. **:** *C. pén., ancien art. 400, al. 3 et 4.*

I. SAISIE

1. Nécessité. Le délit de détournement d'objets saisis n'est pas légalement établi lorsque les objets détournés ne se trouvent pas placés sous main de justice, en vertu d'un acte de l'autorité publique. • Crim. 28 nov. 1929 : *DH 1930. 54* • 9 janv. 1962 : *Bull. crim. n° 17 ; D. 1962. 241.*

A. ACTES

1° ÉTENDUE

2. Principe. L'art. 400 C. pén. est une disposition générale, applicable non seulement aux cas de saisies proprement dites, mais à toutes les situations dans lesquelles des immeubles ou des objets mobiliers ont été placés légalement sous l'autorité de la justice. • Crim. 8 nov. 1894 : *DP 1896. 1. 55.*

3. Applications. Ainsi, l'art. 400 C. pén. a été appliqué : ... à la saisie immobilière. • Crim. 25 avr. 1840 : *S. 1840. 1. 555* • 16 oct. 1850 : *DP 1850. 5. 447.* ♦ ... A la saisie-exécution. • Crim. 18 juill. 1895 : *DP 1896. 1. 55.* ♦ ... A la saisie-arrêt. • Crim. 24 févr. 1872 : *DP 1872. 1. 147* • 14 févr. 1895 : *ibid. 1897. 1. 393* (sol. impl.) • 6 déc. 1945 : *Bull. crim. n° 132.* ♦ ... Aux saisies conservatoires. • Crim. 13 déc. 1912 : *DP 1914. 1. 21* • 22 janv. 1953 : *Bull. crim. n° 23.*

4. Il est également applicable dans le cas de séquestre judiciaire. • Crim. 8 nov. 1894 : *DP 1896. 1. 55* • 10 janv. 1903 : *ibid. 1904. 1. 379* • 6 nov. 1956 : *Bull. crim. n° 711 ; D. 1957. 58 ; Gaz. Pal. 1957. 1. 5* • 14 avr. 1961 : *Bull. crim. n° 197* • Paris, 15 févr. 1950 : *JCP 1950. II. 5896 ; S. 1950. 2. 115.* ♦ Par suite, dès que la décision du juge qui ordonne le séquestre est rendue, ceux qui en ont connaissance ne peuvent détourner les choses qui en font l'objet et qui ont été ainsi placées sous la main de la justice, en leur désignant un détenteur légal, sans commettre le délit. • Crim. 14 avr. 1961 : *préc.*

5. Il est encore applicable à la mise sous scellés, en dehors de toute saisie. • T. corr. Seine, 27 janv. 1951 : *D. 1951. 214 ; RSC 1951. 277, obs. Bouzat.* ♦ ... Ou encore à la « saisie intellectuelle » d'une arme de chasse, opérée par procès-verbal d'un agent des Eaux et Forêts. • Grenoble, 16 déc. 1966 : *D. 1967. 189, note Bouché.*

6. Les dispositions de l'art. 400 C. pén. régissent également le cas où la saisie constitue une mesure préalable pour l'application d'une peine. • Crim. 21 nov. 1895 : *DP 1896. 1. 191.* ♦ Lorsque la loi prescrit la saisie de certains objets afin que la confiscation en soit prononcée par les tribunaux de répression, cette saisie, opérant immédiatement la dépossession des propriétaires et devant servir éventuellement à réaliser l'attribution desdits objets à l'État, celui-ci acquiert sur les objets saisis un droit positif protégé par l'art. 400 C. pén. • Crim. 18 juin 1943 : *Bull. crim. n° 56.*

7. Mais le délit de détournement d'objets saisis n'est pas légalement établi lorsque le juge n'a ordonné qu'un simple inventaire descriptif. • Crim. 9 janv. 1962 : *Bull. crim. n° 17 ; D. 1962. 241* • Paris, 16 mars 1950 : *Gaz. Pal. 1950. 1. 360.*

8. L'art. 400 C. pén. n'est pas applicable à la saisie pratiquée en vertu d'une délégation régulière du juge d'instruction, uniquement pour servir à la manifestation de la vérité, et n'ayant ni pour but, ni pour effet de sauvegarder l'intérêt d'un créancier saisissant ou les droits éventuels d'un tiers. • Crim. 11 nov. 1904 : *DP 1905. 1. 147, note A. L.*

9. Il est inapplicable à l'époux constitué gardien de la fortune mobilière du ménage, non pas en vertu de la loi ou d'une décision de justice, mais à la suite d'un accord entre les conjoints. • Douai, 29 mai 1952 : *JCP 1952. II. 7242.*

2° VALIDITÉ

10. Critères. Pour que le délit de détournement d'objets saisis soit consommé, il n'est pas nécessaire que les formalités de procédure exigées par la loi pour que l'acte produise tous ses effets aient été accomplies. • Crim. 8 nov. 1894 : *DP 1896. 1. 55* • 18 juill. 1895 : *ibid.* ♦ ... Il suffit que le prévenu ait eu connaissance de la décision du juge autorisant la saisie. • Crim. 4 nov. 1921 : *DP 1922. 1. 21.* ♦ ... Les effets de cette saisie devant être maintenus tant qu'un jugement n'en a pas prononcé la nullité. • Crim. 18 avr. 1961 : *Bull. crim. n° 209* • Lyon, 18 avr. 1958 : *Gaz. Pal. 1958. 1. 414.*

11. Nullité ou mainlevée de la saisie. Le délit de détournement d'objets saisis existe par le seul fait de leur dissimulation, peu importe que la saisie ait été annulée ultérieurement, le saisi constitué gardien étant tenu de représenter les objets au cours de l'instance en validité. • T. corr. Seine, 18 déc. 1926 : *DP 1928. 2. 199.* ♦ Il n'appartient pas au saisi d'apprécier la validité ou la nullité de la saisie, quand bien même elle viendrait à être annulée postérieurement par une décision de justice. • T. corr. Saint-Pol, 7 sept. 1934 : *DH 1934. 584.*

12. L'indisponibilité des biens saisis se poursuivant tant qu'une décision n'a pas prononcé la nullité ou la mainlevée de la saisie, il suffit, pour caractériser le délit prévu par l'art. 314-6 C. pén., que le détournement ait été commis, en connaissance de cause, par le débiteur après un acte de saisie opéré dans les formes prescrites par la loi ; justifient légalement leur décision les juges d'appel qui, pour déclarer les prévenus coupables du délit de détournement d'objets saisis et complicité de ce délit, relèvent que ceux-ci ne pouvaient disposer des biens que la saisie avait rendus indisponibles, qui énoncent qu'il n'importe que la mesure d'exécution ait été nulle au fond ou irrégulière en la forme, pourvu qu'elle ait présenté, comme en l'espèce, tous les caractères d'un acte régulier, qu'il appartenait au débiteur de formuler auprès du juge compétent une demande en mainlevée de la saisie effectuée en vertu d'un titre par la suite annulé, et qui ajoutent que les prévenus, connaissant les règles de procédure applicables, ont agi de mauvaise foi. • Crim. 6 mai 1998, n° 97-82.940 P : *Dr. pénal 1998. 126, obs. Véron.*

B. PERSONNES

13. Saisi. L'art. 400, al. 3 et 4, C. pén., qui punit le détournement d'objets saisis, n'est applicable qu'au saisi lui-même ou à ses complices. • Crim. 23 mai 1930 : *Bull. crim. n° 159* • 7 nov. 1973 : *ibid. n° 406 ; D. 1974. 456, note E. Robert.*

14. Lorsque le saisi est une société, seul le mandataire social peut être poursuivi comme auteur principal. • Crim. 7 nov. 1973 : *préc. note 13.*

15. Ne possède pas la qualité de saisi le simple préposé d'une société qui n'a reçu copie du procès-verbal de saisie qu'en tant que représentant local de ladite société, dont il n'était ni l'administrateur, ni le gérant. • Crim. 10 oct. 1974 : *Gaz. Pal. 1975. 1. Somm. 97.* ♦ Mais le représentant d'une société qui, agissant pour le compte de celle-ci, détourne des marchandises qu'il savait avoir été saisies, se rend coupable du délit de détournement d'objets saisis. • Crim. 16 avr. 1980 : *Bull. crim. n° 106.*

16. Commet le délit de détournement d'objets saisis l'associé-gérant, détenteur de meubles appartenant à la société, et qui les détourne après séquestre régulièrement ordonné. • Crim. 19 févr. 1958 : *Bull. crim. n° 170.*

17. Gardien. Pour un exemple de responsabilité d'un propriétaire ayant accepté d'être institué gardien des biens saisis, lesquels n'ont pu être représentés par le prévenu. • Crim. 19 déc. 1988 : *Gaz. Pal. 1989. 2. Somm. 284.*

18. Quand le saisi a refusé d'être constitué gardien de la chose saisie, et quand, malgré ce refus, l'huissier n'a pas constitué un autre gardien en la personne d'un tiers, aucun des cas d'application de l'art. 400 n'est réalisé, et l'absence de délit résulte, non pas d'une nullité de la saisie que le tribunal n'a pas à connaître, mais du défaut d'un des éléments essentiels de ce délit. • Montpellier, 12 déc. 1951 : *D. 1952. Somm. 48 ; Gaz. Pal. 1952. 1. 156.*

II. DÉTOURNEMENT

19. Nature. Les faits répréhensibles prévus par l'art. 400, al. 3 et 4, C. pén. sont le détournement ou la destruction intentionnels des objets placés sous séquestre, délits instantanés prenant fin avec l'acte même qui les consomme ; la rétention ou le refus de représenter ne suffisent pas à caractériser le délit lorsque la saisie ou la nomination du séquestre est postérieure à l'enlèvement des objets. • T. corr. Seine, 4 juill. 1946 : *D. 1946. 355.*

A. MATÉRIALITÉ

20. Résistance. Le délit prévu par l'art. 400, al. 3 et 4, C. pén. est constitué dès lors qu'une résistance non motivée et persévérante est opposée à la mise en demeure des ayants droit. • Crim. 6 nov. 1956 : *Bull. crim. n° 711 ; D. 1957. 58 ; Gaz. Pal. 1957. 1. 5.* ♦ Ainsi, commet le délit de détournement d'objets saisis la personne qui se refuse, sans en donner la raison, à remettre à l'administrateur judiciaire, désigné à cet effet, les fonds et titres en sa possession, dont celui-ci avait été constitué séquestre par décision de justice. • Même arrêt.

21. Déplacement. Le délit est constitué dès lors que le débiteur saisi a déplacé l'objet du lieu où il avait été placé sous main de justice et s'est opposé à sa représentation afin de faire échec à l'adjudication. • Crim. 20 juin 1963 : *Bull. crim. n° 218.* ♦ Pour d'autres hypothèses de détournement par déplacement. • Crim. 10 oct. 1973 : *Gaz. Pal. 1974. 1. 8* • 28 avr. 1982 : *Bull. crim. n° 107.*

22. Vente. Le détournement d'objets saisis et confiés à la garde du saisi est consommé, indépendamment de tout déplacement desdits objets, lorsque le fonds de commerce, dans lequel ils se trouvaient compris, a été vendu et délivré par le saisi à l'insu du créancier saisissant. • Crim. 1er avr. 1954 : *Bull. crim. n° 137 ; D. 1954. 439 ; JCP 1954. II. 8178, note G.M. ; RSC 1954. 551, obs. Bouzat.*

23. Est constitutive d'un détournement d'objets saisis confiés à la garde d'un tiers la vente de parts sociales réalisée postérieurement à la saisie-arrêt effectuée entre les mains de la société qui les a rendues indisponibles. • Crim. 24 sept. 1997 : *Dr. pénal 1998. 18, obs. Véron.*

B. INTENTION

24. Constatation. Manque de base légale l'arrêt qui, pour faire application des art. 400, al. 3, et 406 (nouvel art. 316-4) C. pén., ne constate pas le caractère frauduleux du détournement par le prévenu d'objets saisis sur lui et confiés à sa garde. • Crim. 15 avr. 1930 : *Bull. crim. n° 128* • 22 mars 1937 : *ibid. n° 60.* ♦ ... Le détournement d'objets saisis n'étant punissable que s'il est commis de mauvaise foi. • Colmar, 24 avr. 1953 : *JCP 1953. II. 7844.*

25. L'intention frauduleuse étant un des éléments essentiels du délit de détournement d'objets saisis, doit être annulé l'arrêt qui omet de s'expliquer sur les faits dont se prévalait le prévenu pour établir sa bonne foi. • Crim. 17 juill. 1931 : *Bull. crim. nº 206.*

26. Définition. En matière de détournement d'objets saisis, l'intention frauduleuse, exclusive de la bonne foi, est caractérisée dès lors que le prévenu a eu connaissance que l'objet, par lui détourné, avait été placé sous main de justice. • Crim. 22 janv. 1953 : *Bull. crim. nº 23* • 29 oct. 1957 : *ibid. nº 679 ; D. 1957. 748* • 25 mars 1958 : *Bull. crim. nº 303* • 28 avr. 1982 : *ibid. nº 107.* ♦ ... Cette connaissance devant ressortir des énonciations de l'arrêt. • Crim. 20 juin 1973 : *Bull. crim. nº 286.*

27. Par suite, encourt la cassation l'arrêt qui, pour condamner le prévenu du chef de détournement d'objets saisis, se fonde seulement sur le fait que la décision ordonnant le séquestre, bien que non signifiée, était exécutoire par provision, sans constater, fût-ce implicitement, que le prévenu avait eu connaissance des dispositions de cette décision et les avait ainsi enfreintes sciemment. • Crim. 20 juin 1973 : *préc. note 26.*

28. Mais c'est à tort que le juge du fond énonce que le saisi a agi de bonne foi pour le motif, d'ailleurs erroné, que l'objet saisi « était une chose de genre dont il pouvait user pour les besoins de son commerce », alors que cet objet avait été déterminé dans sa nature et dans sa destination. • Crim. 22 janv. 1953 : *préc. note 26.* ♦ De même, justifient leur décision les juges qui relèvent : ... que le prévenu a autorisé le fournisseur d'un mobilier saisi et confié à sa garde à le reprendre, en s'abstenant volontairement de lui faire connaître l'existence de la saisie dont il était frappé. • Crim. 10 oct. 1973 : *Gaz. Pal. 1974. 1. 8.* ♦ ... Que le prévenu avait fait placer dans un garde-meubles le mobilier saisi, sans tenir au courant le créancier saisissant du déplacement des meubles. • Crim. 28 avr. 1982 : *préc. note 26.*

29. L'indisponibilité des biens saisis après un acte opéré dans les formes prévues par la loi se poursuivant tant qu'une décision n'a pas prononcé la nullité ou la mainlevée de la saisie, il suffit, pour caractériser le délit prévu par l'art. 314-6 C. pén., que le détournement ait été commis en connaissance de cause ; pour confirmer la décision de relaxe du tribunal correctionnel relative au détournement de meubles saisis à la diligence du Trésor public qui poursuivait le recouvrement d'impôts, la cour d'appel retient que ces meubles avaient fait l'objet de procès-verbaux de saisie-vente, que, le débiteur en ayant été constitué gardien, il les avait ensuite déménagés puis vendus et qu'il a informé l'huissier, au cours des opérations de saisie, qu'il n'en était plus propriétaire à la suite d'une vente conclue avec son père ; cette vente a été « constatée » par jugement du juge de l'exécution qui a ordonné, à sa demande, la mainlevée de la saisie effectuée par un autre créancier ; la cour d'appel en déduit que, faute d'élément intentionnel, aucun détournement des objets saisis ne pouvait lui être reproché ; en prononçant ainsi, par des motifs inopérants, dès lors que le débiteur n'avait pas saisi le juge de l'exécution d'une demande d'annulation de la saisie, et que le jugement de mainlevée ne pouvait avoir d'effet à l'égard du Trésor public qui n'était pas partie à l'instance, la cour d'appel, qui n'a pas tiré les conséquences de ses propres constatations, a violé les dispositions de l'art. 314-6 C. pén. • Crim. 1er sept. 2004, nº 03-86.497 P : *D. 2004. IR 2549 ; JCP 2004. IV. 3081 ; Dr. pénal 2004. Comm. 171, note Véron.*

III. RÉPRESSION

30. Conflit de qualifications. V. notes ss. art. 311-2.

31. Peine justifiée. Il n'y a pas lieu de casser un arrêt qui a condamné un prévenu pour détournement d'objet saisi, alors que cet objet n'a pas été détourné par le prévenu, si cette décision énonce que celui-ci a détourné le prix dudit objet, à lui remis à titre de dépôt, la peine appliquée étant la même que celle qui est applicable au délit d'abus de confiance. • Crim. 22 févr. 1945 : *Bull. crim. nº 14.*

32. Action civile. Le préjudice résultant du détournement d'un objet saisi ne saurait être confondu avec la créance préexistante que garantissait la saisie. • Crim. 13 nov. 1969 : *Bull. crim. nº 296* • 11 oct. 1972 : *ibid. nº 278* • 9 juin 1980 : *ibid. nº 179* • 7 juin 1982 : *ibid. nº 150.*

33. Il s'ensuit que la demande en paiement de la créance cause de la saisie, formée par la partie civile devant le juge répressif et indûment qualifiée par celle-ci « demande de restitution », est irrecevable. • Crim. 7 juin 1982 : *préc. note 32.*

SECTION III DE L'ORGANISATION FRAUDULEUSE DE L'INSOLVABILITÉ

RÉP. PÉN. vº *Insolvabilité frauduleuse,* par CULIOLI.

Art. 314-7 **Le fait, par un débiteur, même avant la décision judiciaire constatant sa dette, d'organiser ou d'aggraver son insolvabilité soit en augmentant le passif ou en diminuant l'actif de son patrimoine, soit en diminuant ou en dissimulant tout ou partie de ses revenus, soit en dissimulant certains de ses biens, en vue de se soustraire à l'exécution d'une condamnation de nature patrimoniale prononcée par une juridiction**

répressive ou, en matière délictuelle, quasi délictuelle ou d'aliments, prononcée par une juridiction civile, est puni de trois ans d'emprisonnement et de 45 000 € d'amende.

Commet le même délit le dirigeant de droit ou de fait d'une personne morale qui organise ou aggrave l'insolvabilité de celle-ci dans les conditions définies à l'alinéa précédent en vue de la soustraire aux obligations pécuniaires résultant d'une condamnation prononcée en matière pénale, délictuelle ou quasi délictuelle.

BIBL. ▶ VERSCHAVE, *RSC 1994. 703* . – DUCOULOUX-FAVARD, *LPA 1998, n° 140, p. 4.*

Art. 314-8 La juridiction peut décider que la personne condamnée comme complice de l'infraction définie à l'article 314-7 est tenue solidairement, dans la limite des fonds ou de la valeur vénale des biens reçus à titre gratuit ou onéreux, aux obligations pécuniaires résultant de la condamnation à l'exécution de laquelle l'auteur de l'infraction a voulu se soustraire.

Lorsque la condamnation de nature patrimoniale a été prononcée par une juridiction répressive, le tribunal peut décider que la peine qu'il prononce ne se confondra pas avec celle qui a été précédemment prononcée.

La prescription de l'action publique ne court qu'à compter de la condamnation à l'exécution de laquelle le débiteur a voulu se soustraire ; toutefois, elle ne court qu'à compter du dernier agissement ayant pour objet d'organiser ou d'aggraver l'insolvabilité du débiteur lorsque le dernier agissement est postérieur à cette condamnation.

Art. 314-9 Pour l'application de l'article 314-7, les décisions judiciaires et les conventions judiciairement homologuées portant obligation de verser des prestations, subsides ou contributions aux charges du mariage sont assimilées aux condamnations au paiement d'aliments.

Corresp. : *C. pén., ancien art. 404-1.*

BIBL. ▶ PRADEL, *D. 1983. Chron. 241* (commentaire de la loi n° 83-608 du 8 juill. 1983). – ROUJOU DE BOUBÉE, *ALD 1984. 49* (commentaire de la loi n° 83-608 du 8 juill. 1983). – BERTIN, *Gaz. Pal. 1985. 1. Doctr. 332* (l'insolvabilité organisée et sa répression pénale). – VERSCHAVE, *RSC 1993. 755* (le refus, par le débiteur, de s'enrichir et l'art. 404-1 C. pén.) ; *ibid. 1994. 703* (le refus, par le débiteur, de s'enrichir et … l'art. 314-7 nouv. C. pén.). – GRILLET-PONTON, *D. 1996. Chron. 339* (l'organisation de l'insolvabilité en droit patrimonial de la famille).

1. Décision judiciaire. Le jugement par lequel un tribunal de commerce prononce la liquidation des biens d'un commerçant ne peut être regardé comme étant de la nature de celles des condamnations prévues par l'art. 404-1 C. pén. • Paris, 25 févr. 1988 : *Gaz. Pal. 1988. 1. 319, note J.-P. D.*

2. Justifie sa décision confirmant l'ordonnance de refus d'informer la chambre d'accusation qui retient que la seule mention, dans l'ordonnance de non-conciliation, de l'« engagement » d'un mari à prendre en charge la totalité des remboursements d'emprunts de la communauté, ne saurait constituer une convention judiciairement homologuée portant obligation de verser des prestations, subsides ou contributions aux charges du mariage, ni être assimilée à une condamnation entrant dans les prévisions des art. 314-7 et 314-9 C. pén., et en déduit que le fait pour lui de ne pas respecter cet engagement n'est susceptible d'aucune qualification pénale, s'agissant d'une action engagée par l'épouse, tendant à le *voir condamné pour organisation* frauduleuse de son insolvabilité en vue de se soustraire à un tel engagement. • Crim. 7 sept. 1999, n° 98-83.506 P : *D. 2000. Somm. 123, obs. Mirabail ; Dr. pénal 2000. 5, obs. Véron ; RTD civ. 2000. 95, obs. Hauser* .

3. Il résulte de l'art. 593 C. pr. pén. que tout jugement ou arrêt doit comporter les motifs propres à justifier la décision ; l'insuffisance ou la contradiction des motifs équivaut à leur absence ; selon l'art. 314-7 C. pén., le délit d'organisation frauduleuse d'insolvabilité n'est caractérisé que lorsque le prévenu a commis les faits dans le but de se soustraire à l'exécution d'une condamnation patrimoniale définitive, même postérieure aux agissements incriminés ; pour déclarer le prévenu coupable du délit d'organisation frauduleuse d'insolvabilité, l'arrêt énonce, par motifs propres et adoptés, que le prévenu a procédé, à une époque où il savait que les détournements commis par son épouse, qui faisaient l'objet d'une enquête préliminaire, ne pourraient qu'aboutir à une instance pénale ou civile, à la donation d'un immeuble en faveur de ses enfants ainsi qu'à la vente des véhicules lui appartenant afin, d'une part, de réduire son actif patrimonial, et, d'autre part, d'échapper à d'éventuelles saisies ; en prononçant ainsi, sans constater que le prévenu avait fait l'objet d'une condamnation patrimoniale définitive, la cour d'appel n'a pas justifié sa décision. • Crim. 17 févr. 2016, n° 14-86.969 P : *D. actu. 17 mars 2016, obs. Benelli de Bénazé ; D. 2016. Pan. 2424, obs. Mirabail ; Dr. pénal 2016, n° 75, obs. Conte.*

4. Organisation de l'insolvabilité. Caractérise sans insuffisance le délit d'insolvabilité frauduleuse, prévu et réprimé par l'art. 404-1 C. pén., l'arrêt qui constate que le prévenu, après s'être dessaisi, par donation, de ses biens, meubles et immeubles, a demandé au juge des affaires matrimoniales la suppression de la pension alimentaire dont il est débiteur en invoquant son impécuniosité. • Crim. 29 mai 1989 : *Bull. crim. n° 217.*

5. Encourt les peines prévues par l'art. 404-1 C. pén. le débiteur qui, pour se soustraire à l'exécution d'une des condamnations spécifiées par ce texte, organise ou aggrave son insolvabilité en renonçant volontairement à un emploi rémunéré, une telle renonciation ayant pour résultat de diminuer l'actif de son patrimoine. • Crim. 1er févr. 1990, n° 88-83.998 P : *Gaz. Pal. 1990. 2. 390.*

6. Caractérise en tous ses éléments, tant matériels qu'intentionnels, l'infraction d'organisation frauduleuse d'insolvabilité, la cour d'appel qui retient qu'un prévenu a diminué l'actif de son patrimoine au moyen d'une donation consentie à l'un de ses enfants et portant sur un immeuble, seul bien saisissable de ce patrimoine, et observe qu'à la date de la donation, le prévenu était certain de son renvoi devant la cour d'assises, et que l'intervention ostensible, à cet effet, d'un notaire autorisé par le juge d'instruction à lui rendre visite dans l'établissement où il était détenu, n'implique pas que l'acte litigieux ait été « avalisé ou validé » par ce magistrat ou par l'administration pénitentiaire et n'est pas exclusive de l'intention délictuelle. • Crim. 23 août 1994, n° 93-85.155 P : *RSC 1995. 103, obs. Ottenhof.*

7. Justifie légalement sa décision la cour d'appel qui, pour condamner un débiteur pour organisation ou aggravation de son insolvabilité, ainsi que son épouse pour complicité de ce délit, relève que l'augmentation du capital de la SCI constituée entre eux et à laquelle l'épouse a seule souscrit, a ramené la participation du mari de 90 % à 3 %, et que, réalisée à une date incertaine et au moyen d'un abandon par l'épouse du débiteur d'une créance fictive, cette opération démontre la volonté des prévenus, seuls associés de la société, de réduire le patrimoine du mari, d'où les juges du fond déduisent que cette augmentation de capital, sans utilité pour la société, n'a été destinée qu'à transférer à l'épouse, séparée de biens, la presque totalité des droits sur l'actif social, à appauvrir corrélativement l'époux débiteur, et, en réduisant la valeur des parts saisies, à soustraire ce dernier à l'exécution d'une condamnation pécuniaire prononcée par une juridiction répressive. • Crim. 3 oct. 1996, n° 95-85.959 P : *Dr. pénal 1997. 20, obs. Véron.*

8. Se rend coupable d'organisation frauduleuse d'insolvabilité le prévenu, condamné à des dommages et intérêts pour diffamation, qui fait donation à ses parents de la nue-propriété de ses meubles quelques jours après avoir frappé d'appel le jugement le condamnant, aucun patrimoine immobilier ne pouvant être saisi, les immeubles étant hypothéqués ou appartenant à des sociétés immobilières, et la partie civile ne pouvant ainsi recouvrer sa créance autrement que par une saisie mobilière. • Crim. 6 mai 2002, n° 01-85.477 P : *Dr. pénal 2002. 123, obs. Véron.*

9. Constitue le délit d'insolvabilité frauduleuse le fait, pour une prévenue disposant d'une somme suffisante pour désintéresser son créancier, de se soustraire à une condamnation pécuniaire prononcée par une juridiction répressive, en diminuant son actif par la dissimulation de ses biens, suite à la vente de son habitation et à la dispersion de son prix par son placement sur plusieurs comptes bancaires ouverts dans un autre département que celui de son domicile afin d'éviter le paiement. • Aix-en-Provence, 26 nov. 1997 : *JCP 1998. IV. 1953.*

10. L'objectif de l'organisation ou de l'aggravation de l'insolvabilité est de permettre au débiteur de se soustraire à l'exécution de certaines condamnations pécuniaires déjà prononcées ou à intervenir, par une insolvabilité existant au moment où le jugement de condamnation devient exécutoire ; il est manifeste qu'une personne condamnée à des dommages-intérêts par une décision correctionnelle, qui n'a jamais commencé à indemniser son créancier, a voulu atteindre cet objectif, dès lors que son intention frauduleuse est démontrée par le fait qu'elle a signé un acte de donation-partage de ses biens immobiliers quelques semaines après ladite décision, même si cette donation-partage était prévue de longue date. • Dijon, 8 avr. 1999 : *BICC 1999, n° 1305.*

11. Il ne saurait être reproché à une cour d'appel de déclarer le prévenu coupable d'organisation frauduleuse d'insolvabilité, dès lors qu'elle énonce que le recel d'effets de la communauté prévu par l'art. 1477 C. civ. présente un caractère délictuel et que la condamnation prononcée par la juridiction civile sur le fondement de ce texte entre dans les prévisions de l'art. 314-7 C. pén., constate que l'intéressé a cessé son activité professionnelle à la suite d'un licenciement dont les causes demeurent inconnues et aurait perçu en 1996 une rémunération de 300 000 F environ, relève que le prévenu a conservé des sommes importantes sous diverses formes et en divers lieux et qu'il s'est toujours refusé, tant au cours de l'enquête que devant le tribunal, à fournir les pièces justificatives de ses activités et de ses ressources, d'où il résulte que le prévenu a organisé son insolvabilité en dissimulant tout ou partie de ses revenus, et dès lors qu'aucune disposition conventionnelle ou légale ne fait obstacle à ce qu'une personne condamnée par une juridiction civile pour recel d'effets de la communauté puisse être déclarée coupable par la juridiction répressive du chef d'organisation frauduleuse d'insolvabilité. • Crim. 24 mars 2004, n° 03-82.077 P : *D. 2004. Somm. 2756, obs. Mirabail ; Dr. pénal 2004. 101, obs. Véron.*

12. Le prévenu, déclaré coupable d'exercice illégal de la profession d'expert-comptable ou de comptable agréé, a été condamné à des réparations civiles, par arrêt d'une cour d'appel devenu définitif ; pour le déclarer coupable d'organisation frauduleuse d'insolvabilité, la cour d'appel retient que, deux mois avant l'audience du tribunal correctionnel à laquelle l'affaire avait été renvoyée par un jugement avant dire droit ordonnant une expertise, alors qu'il pouvait redouter d'être condamné par cette juridiction, il a diminué l'actif de son capital, en cédant sans contrepartie à sa concubine et au fils de celle-ci 60 % du capital d'une société civile immobilière dont il était l'unique détenteur, organisant ainsi, de façon intentionnelle, son insolvabilité ; la cour d'appel a caractérisé en tous ses éléments, tant matériel qu'intentionnel, l'infraction reprochée. • Crim. 5 avr. 2005, n° 04-82.475 P : *Dr. pénal 2005. 104, obs. Véron ; Gaz. Pal. 2005. 2. 4087, note Monnet.*

13. Tout jugement ou arrêt doit comporter les motifs propres à justifier la décision ; l'insuffisance ou la contradiction des motifs équivaut à leur absence ; ne justifie pas sa décision au regard de l'art. 593 C. pr. pén. la cour d'appel qui, pour confirmer le jugement déclarant le prévenu coupable d'organisation frauduleuse d'insolvabilité, retient que ce dernier, qui bénéficiait d'une allocation d'adulte handicapé, pour obtenir la suspension, par le jugement de divorce, du paiement de la pension alimentaire mise à sa charge par l'ordonnance de non-conciliation, a dissimulé, au cours de l'audience du juge aux affaires matrimoniales, qu'il exerçait l'activité de gérant de fait d'une société commerciale et qu'il possédait de réelles disponibilités pour travailler et servir une pension alimentaire au bénéfice de ses enfants, alors qu'il ne résulte pas de ces énonciations que le prévenu ait frauduleusement organisé son insolvabilité au sens de l'art. 314-7 C. pén. • Crim. 25 avr. 2006, n° 05-80.931 P : *D. 2007. Pan. 405, obs. Mirabail ; AJ pénal 2006. 310, obs. Leblois-Happe ; Gaz. Pal. 2006. 2. Somm. 4017, note Monnet.*

14. Le délit visé à la prévention, dont les éléments constitutifs sont énoncés aux dispositions de l'art. 314-7, al. 1er C. pén. consiste pour une personne à augmenter le passif ou à diminuer l'actif de son patrimoine, même avant la décision judiciaire civile qui prononce une condamnation en matière délictuelle, quasidélictuelle ou *d'aliment ;* il est constant et acquis aux débats que le prévenu a retiré une somme d'un montant de 6 430 000 F qui figurait au crédit d'un compte bancaire qui appartenait à la communauté universelle des époux, trois semaines avant sa convocation devant le juge aux affaires familiales, qui était saisi d'une demande de pension alimentaire de son épouse ; le texte pénal, qui est d'interprétation stricte, n'incrimine que tout acte par lequel l'agent augmente le passif ou diminue l'actif de son patrimoine ; une telle disposition ne saurait viser un retrait de fonds opéré sur un patrimoine commun ; il sera rappelé que chaque époux disposait à égalité et en concurrence de la libre disposition du patrimoine commun avant la dissolution du mariage et de la communauté de biens qui régissait leurs rapports patrimoniaux, puisqu'ils avaient choisi par-devant notaire le régime de la communauté universelle de biens ; dans de telles circonstances, aucun élément de preuve versé aux débats n'établit que le prévenu se soit rendu coupable de faits d'organisation frauduleuse d'insolvabilité qui lui sont reprochés, et il y a lieu, en conséquence, de le renvoyer des fins de la poursuite. • Aix-en-Provence, 13 févr. 2008 : *Dr. pénal 2008. 95, obs. Véron.*

15. Pour déclarer le prévenu coupable d'organisation frauduleuse de son insolvabilité, l'arrêt énonce que, après avoir déclaré une cessation totale d'activité, il a, en décembre 2001, cédé à une société créée à cette fin par sa concubine, ses deux cabinets de courtage et de gestion patrimoniale, pour un prix très inférieur à leur valeur réelle et à l'évaluation qu'il en avait faite lui-même trois mois auparavant ; les juges relèvent que cette cession a eu pour objet de diminuer les actifs du patrimoine du prévenu ; ils ajoutent que celui-ci a emprunté en 1999 et 2000 à sa mère, sa concubine et à un ami, des sommes importantes, dans des conditions qui caractérisent son intention d'aggraver son passif ; ils en déduisent que le prévenu a ainsi agi aux fins de se soustraire, au préjudice de son épouse, aux obligations alimentaires découlant des décisions prononcées par le juge aux affaires matrimoniales et le juge de la mise en état, au cours de la procédure de divorce contemporaine de ses agissements ; en l'état de ces énonciations, exemptes d'insuffisance comme de contradiction, procédant de son appréciation souveraine des faits et circonstances de la cause, la cour d'appel qui a répondu aux chefs péremptoires des conclusions dont elle était saisie et n'a pas méconnu l'étendue de sa saisine, a caractérisé en tous ses éléments tant matériel qu'intentionnel, l'infraction reprochée. • Crim. 6 oct. 2010 : *Dr. pénal 2011. 3, obs. Véron.*

16. En revanche, le silence gardé par une personne sur un élément d'actif de son patrimoine ou la minoration de son évaluation est sans effet sur la solvabilité et ne peut en conséquence caractériser le délit d'organisation frauduleuse de l'insolvabilité. • Crim. 9 sept. 2020, n° 19-84.295 P : *D. actu. 15 oct. 2020, obs. Charlent ; AJ pénal 2020. 473, obs. Lasserre Capdeville ; Dr. pénal 2020, n° 184, obs. Conte.*

17. Complicité. Caractérise la complicité du

délit prévu par l'art. 404-1 C. pén. la cour d'appel qui relève que la prévenue, en occultant son état de femme mariée, a aidé son mari à dissimuler ses biens et revenus en lui servant de prête-nom dans le cadre d'une société commerciale, afin de permettre à celui-ci de se soustraire à diverses condamnations pécuniaires. • Crim. 11 déc. 1989 : *Bull. crim. n° 471.* ♦ Sur la complicité d'une épouse, séparée de biens, par transfert à son profit de la quasi-totalité des droits sur l'actif d'une SCI, dont elle est seule associée avec son mari : • Crim. 3 oct. 1996, n° 95-85.959 P : *Dr. pénal 1997. 20, obs. Véron.*

18. Statuant sur l'action civile exercée contre la prévenue définitivement déclarée coupable de complicité du délit d'organisation frauduleuse de l'insolvabilité commis par son époux, la cour d'appel, après avoir énoncé que l'art. 314-8, al. 1er, C. pén. permettait de condamner la première à 57 930, 63 € de dommages-intérêts, somme représentant la valeur vénale du bien immobilier reçu par elle à l'issue de l'acte de partage frauduleux, évalue à 38 000 €, compte tenu des éléments figurant au dossier, le montant de la réparation allouée aux parties civiles ; en se déterminant ainsi, alors que la faculté offerte par l'art. 314-8 C. pén. permet à la juridiction répressive, non pas d'apprécier le montant de l'indemnité destinée à réparer le dommage né de l'organisation frauduleuse de l'insolvabilité et mise à la charge de l'ensemble des personnes condamnées pour cette infraction, mais seulement de déclarer le complice de ce délit tenu solidairement, avec l'auteur principal, dans la limite prévue par ce texte, aux obligations pécuniaires résultant de la condamnation à l'exécution de laquelle celui-ci a voulu se soustraire, la cour d'appel n'a pas donné de base légale à sa décision. • Crim. 16 nov. 2004, n° 03-86.379 P : *Gaz. Pal. 2005. 1. Somm. 2155.*

19. Prescription. La fixation d'un point de départ spécifique de la prescription par l'art. 314-8, al. 3, C. pén. exclut son report en raison du caractère occulte d'éléments constitutifs du délit. • Crim. 12 juill. 2016, n° 15-80.923 P : *D. actu. 9 sept. 2016, obs. Fonteix.*

SECTION IV PEINES COMPLÉMENTAIRES APPLICABLES AUX PERSONNES PHYSIQUES ET RESPONSABILITÉ DES PERSONNES MORALES

Art. 314-10 Les personnes physiques coupables de l'un des délits prévus aux articles 314-1, 314-2 et 314-3 encourent également les peines complémentaires suivantes :

1° L'interdiction des droits civiques, civils et de famille, suivant les modalités prévues par l'article 131-26 ;

2° *(L. n° 2008-776 du 4 août 2008, art. 70)* « L'interdiction, suivant les modalités prévues par l'article 131-27, soit d'exercer une fonction publique ou d'exercer l'activité professionnelle ou sociale dans l'exercice ou à l'occasion de l'exercice de laquelle l'infraction a été commise, soit d'exercer une profession commerciale ou industrielle, de diriger, d'Administrer de gérer ou de contrôler à un titre quelconque, directement ou indirectement, pour son propre compte ou pour le compte d'autrui, une entreprise commerciale ou industrielle ou une société commerciale. Ces interdictions d'exercice peuvent être prononcées cumulativement ; »

3° La fermeture, pour une durée de cinq ans au plus, des établissements ou de l'un ou de plusieurs des établissements de l'entreprise ayant servi à commettre les faits incriminés ; — *Pén. 131-33.*

4° L'exclusion des marchés publics pour une durée de cinq ans au plus ; — *Pén. 131-34.*

5° L'interdiction, pour une durée de cinq ans au plus, d'émettre des chèques autres que ceux qui permettent le retrait de fonds par le tireur auprès du tiré ou ceux qui sont certifiés ; — *Pén. 131-19.*

6° La confiscation de la chose qui a servi ou était destinée à commettre l'infraction ou de la chose qui en est le produit, à l'exception des objets susceptibles de restitution ; — *Pén. 131-21.*

7° L'affichage ou la diffusion de la décision prononcée dans les conditions prévues par l'article 131-35. — *Assur. L. 328-6 ; Aviat. civ. L. 427-2 ; Constr. L. 241-2, L. 261-18, L. 311-6 ; Dom. publ. fluv. 132 ; Douanes 251.*

1. QPC. La question de l'éventuelle contrariété des dispositions de l'arti. 314-10 C. pén. à celles de l'art. 8 de la Déclaration des droits de l'homme de 1789 et au principe de non-cumul des peines ne présente pas, à l'évidence, un caractère sérieux, dès lors que, d'une part, le cumul des peines n'est pas, en lui-même, contraire au principe de proportionnalité garanti par l'art. 8 de la Déclaration des droits de l'homme et que, d'autre part, en cas de cumul entre une sanction disciplinaire et une sanction pénale, le juge judiciaire respecte le principe, posé par le Conseil constitutionnel, selon lequel le quantum global des sanctions éventuellement prononcées ne doit pas dépasser le quantum le plus élevé de l'une des sanctions encourues. • Crim., QPC, 23 juill. 2014 : *Gaz. Pal. 19-21 oct. 2014, p. 34, note Detraz ; Dr. pénal 2014, n° 125, obs. Véron.*

2. *Application de la loi dans le temps.* Seule peut être prononcée la peine légalement applicable à la date à laquelle les faits constitutifs d'une infraction ont été commis ; après avoir déclaré le prévenu coupable d'abus de confiance, vols, escroquerie, menaces, falsification de chèques et usage, infractions commises de novembre 2000 à octobre 2004, l'arrêt attaqué a, notamment, prononcé à son encontre l'interdiction professionnelle de gérer toute entreprise commerciale pendant cinq ans ; en statuant ainsi, alors que la peine complémentaire d'interdiction de gérer toute entreprise commerciale, édictée par l'art. 314-10 C. pén., dans sa rédaction issue de la L. du 4 août 2008, ne peut s'appliquer à des faits commis antérieurement à son entrée en vigueur, la cour d'appel a méconnu l'art. 112-1 C. pén., ensemble l'art. 314-10 C. pén., et le principe ci-dessus énoncé. • Crim. 1er déc. 2010 : *Gaz. Pal.13-14 avr. 2011, note Detraz.*

Art. 314-11 Les personnes physiques coupables de l'un des délits prévus aux articles 314-5, 314-6 et 314-7 encourent également les peines complémentaires suivantes :

1° La confiscation de la chose qui a servi ou était destinée à commettre l'infraction ou de la chose qui en est le produit, à l'exception des objets susceptibles de restitution ; — *Pén. 131-21.*

2° L'affichage ou la diffusion de la décision prononcée dans les conditions prévues par l'article 131-35.

Art. 314-12 *(L. n° 2009-526 du 12 mai 2009, art. 124-I)* « Les personnes morales déclarées responsables pénalement, dans les conditions prévues par l'article 121-2, des infractions définies aux articles 314-1 et 314-2 encourent, outre l'amende suivant les modalités prévues par l'article 131-38, les peines prévues par l'article 131-39. »

L'interdiction mentionnée au 2° de l'article 131-39 porte sur l'activité dans l'exercice ou à l'occasion de l'exercice de laquelle l'infraction a été commise.

Art. 314-13 *(L. n° 2009-526 du 12 mai 2009, art. 124-I)* Les personnes morales déclarées responsables pénalement, dans les conditions prévues par l'article 121-2, des infractions définies aux articles 314-5, 314-6 et 314-7 encourent, outre l'amende suivant les modalités prévues par l'article 131-38, les peines prévues par les 8° et 9° de l'article 131-39.

TITRE DEUXIÈME DES AUTRES ATTEINTES AUX BIENS

CHAPITRE PREMIER DU RECEL ET DES INFRACTIONS ASSIMILÉES OU VOISINES

RÉP. PÉN. v° *Recel*, par MAISTRE DU CHAMBON.

SECTION PREMIÈRE DU RECEL

Art. 321-1 Le recel est le fait de dissimuler, de détenir ou de transmettre une chose, ou de faire office d'intermédiaire afin de la transmettre, en sachant que cette chose provient d'un crime ou d'un délit.

Constitue également un recel le fait, en connaissance de cause, de bénéficier, par tout moyen, du produit d'un crime ou d'un délit.

Le recel est puni de cinq ans d'emprisonnement et de 375 000 € d'amende. — *Pén. 434-7 ; Pr. pén. 398-1 ; Just. milit. L. 311-7.*

Sur le recel d'épave maritime, V. C. transp., art. L. 5142-8, ss. art. 314-4.

Corresp. : *C. pén., ancien art. 460.*

BIBL. ▶ **Commentaire de la loi du 30 nov. 1987 :** CULIOLI, *ALD 1988. 121.* – ROUJOU DE BOUBÉE, *D. 1988. Chron. 295.* – DUCOULOUX-FAVARD, *Gaz. Pal. 2003. 1. Doctr. 15* (recel et blanchiment : deux délits de conséquence). – BEAUSSONIE, *Dr. pénal 2008. Étude 19* (protection pénale de la propriété sur l'information). – JACOBET DE NOMBEL, *Dr. pénal 2008. Étude 21* (recel d'information). – MAYAUD, *Gaz. Pal. 2020. 260* (la place du recel dans le terrorisme).

Recel journalistique : ADER, *Légipresse 1995. II. 60.* – BAUDELOT, *in* Liberté de la presse et droits de la personne, *Dalloz, 1997, p. 123.* – LESCLOUS et MARSAT, *Dr. pénal 1998. Chron. 21 et 23.* – PRIEUR, *D. 2001. Interview n° 28.* – FRANÇOIS, *Gaz. Pal. 2007. 2. Doctr. 2373* (le délit français de recel de violation de secret de l'instruction ou professionnel et la Convention européenne des droits de l'homme). – Guedj, *D. 2008. Point de vue 1283* (le projet de loi relatif à la protection du secret des sources des journalistes). – De Bellescize, Mél. Jerry Sainte-Rose, *Bruylant, 2012, p. 215* (la diversité des secrets des journalistes).

Plan des annotations

I. CONDITIONS PRÉALABLES

A. INFRACTION ORIGINAIRE

1. Antériorité. C'est par la décision d'engagement d'une dépense, et non l'exécution ultérieure de la prestation, qu'il convient de juger de l'antériorité de délits d'abus de biens sociaux par rapport aux recels incriminés, cet engagement constituant l'élément matériel de l'abus des biens ou du crédit de la société. • Crim. 6 févr. 1997, no 96-80.615 P : *D. Affaires 1997. 281 ; Gaz. Pal. 1997. 1. 229, note Doucet ; BJS 1997. 118, note Barbiéri ; Dr. pénal 1997. 61, obs. Véron, et 63, obs. Robert ; RSC 1997. 393, obs. Renucci ; Rev. sociétés 1997. 146, obs. Bouloc*. ♦ Adde : Matsopoulou, *D. Affaires 1997. 780* (réflexions sur l'évolution de l'abus de biens sociaux).

2. Pour dire établi le délit de recel, l'arrêt retient que la dernière version des prévenus, selon laquelle Jacqueline A..., peu après le décès de son époux, leur aurait, dans un premier temps, confié des œuvres pendant quelques mois pour les soustraire à l'inventaire successoral puis, dans un second temps, donné une partie de celles-ci, est dénuée de crédibilité ; les juges ajoutent que les prévenus, dont les mensonges et les déclarations incohérentes, relatives notamment à leur entrée en possession des œuvres litigieuses, établissent la mauvaise foi, ne pouvaient ignorer l'origine frauduleuse de celles-ci ; en l'état de ces énonciations, qui ne démontrent pas que les biens détenus par les prévenus provenaient d'un vol commis antérieurement à leur entrée en possession, la cour d'appel n'a pas justifié sa décision. • Crim. 28 févr. 2018, no 17-80.694 P : *D. actu. 27 mars 2018, obs. Recotillet.*

3. Crime ou délit. Le recel n'est constitué que si les choses détenues proviennent d'une action qualifiée crime ou délit par la loi. • Crim. 17 mai 1989 : *Bull. crim. no 205 ; Gaz. Pal. 1989. 2. 841.* ♦ Doit être cassé l'arrêt qui ne renferme pas sur cet élément de l'infraction des constatations suffisantes. • Crim. 19 nov. 1932 : *Bull. crim. no 240* • 12 mai 1944 : *ibid. no 125 ; Gaz. Pal. 1944. 2. 29* • 5 déc. 1946 : *Bull. crim. no 223 ; Gaz. Pal. 1947. 1. 97* • 19 juin 1947 : *Bull. crim. no 162* • 9 févr. 1956 : *ibid. no 148 ; D. 1956. 501, note M.R.M.P. ; JCP 1956. II. 9574, note Larguier* • 22 juill. 1959 : *Bull. crim. no 371.* ♦ La qualification exacte du délit est sans effet sur la nature illicite de l'origine de la chose détenue qui est le fondement nécessaire et suffisant de l'élément légal du recel. • Paris, 16 juin 1999 : *D. 2000. 167, note Bigot*. ♦ Confirmé par • Crim. 19 juin 2001, no 99-85.188 P : *D. 2001. 2538, note Beignier et de Lamy ; ibid. 2002. Somm. 1462, obs. Pradel ; JCP 2002. II. 10064, concl. Commaret, et note Lepage ; Gaz. Pal. 2002. 1. 120, note Monnet ; RSC 2002, 96, obs. Bouloc ; ibid. 119, obs. Francillon ; ibid. 592, obs. Delmas Saint-Hilaire*.

4. L'art. 460 C. pén. ne comporte pas de distinction entre les divers crimes ou délits à l'aide desquels la chose recelée a été enlevée, détournée ou obtenue, ni d'exception pour le cas où l'auteur du délit dont l'existence caractérise le recel est propriétaire de la chose. • Crim. 11 janv. 1945 : *Bull. crim. no 5.* ♦ ... Ou pour le cas où ce qui constitue l'infraction est la fabrication de la chose (contrefaçon du sceau de l'État), et non pas le transfert de sa possession. • Crim. 10 juill. 1969 : *D. 1969. 546.*

5. Ainsi, l'infraction d'origine peut être : un vol. • Crim. 24 oct. 1979 : *D. 1982. 430, note Durrande* • 6 oct. 1980 : *ibid. 1981. IR 144, obs. Roujou de Boubée* • 12 janv. 1981 : *Bull. crim. no 15* • 6 févr. 1991, no 90-81.548 P • 2 avr. 1998 : *JCP 1998. IV. 3475* • 4 juin 1998, no 96-85.871 P • Crim. 10 mai 2005, no 04-85.349 P : *D. 2005. Pan. 2991, obs. Roujou de Boubée ; JCP 2005. II. 10162, note Daury-Fauveau ; Dr. pénal 2005. 160, obs. Véron* • Grenoble, 17 mai 1995 : *JCP 1996. IV. 718.* ♦ ... Un détournement d'épave. • Crim. 21 mai 1997, no 96-80.618.

6. ... Une escroquerie. • Crim. 24 déc. 1869 : *DP 1870. 1. 382* • 3 août 1935 : *DP 1937. 1. 94 (1er arrêt), note Leloir* • 13 janv. 1977 : *Bull. crim.*

n° 19 • 18 janv. 1988 : *Bull. crim. n° 22 ; Rev. sociétés 1988. 576, obs. Bouloc* • T. corr. Versailles, 25 oct. 2007 : *Gaz. Pal. 2008. 1. 926, note Bouloc.* ♦ ... Une émission de chèques sans provision. • Crim. 4 avr. 1962 : *Bull. crim. n° 163* • 3 oct. 1972 : *ibid. n° 265 ; D. 1972. 718.* ♦ ... Une filouterie de carburant. • Douai, 14 oct. 2004 : *Dr. pénal 2005. 21, obs. Véron.*

7. ... Un abus de confiance. • Crim. 16 juill. 1964 : *Bull. crim. n° 241* • Crim. 19 nov. 2003 : *Dr. pénal 2004. 36, obs. Véron* • Paris, 30 juin 1977 : *D. 1978. 325, note Vasseur* • Aix-en-Provence, 18 nov. 1997 : *JCP 1998. IV. 1952* • Fort-de-France, 30 nov. 2000 : *BICC 2001. 441.*

8. ... Un faux en écriture. • Crim. 12 mai 1970 : *Bull. crim. n° 162* • 7 avr. 1986 : *ibid. n° 115.* ♦ ... Une contrefaçon de sceaux et cachets. • Crim. 15 oct. 1979 : *D. 1980. IR 131.*

9. ... Un abus de biens sociaux. • Crim. 6 janv. 1970 : *Bull. crim. n° 11 ; Rev. sociétés 1971. 25, obs. Bouloc* • 25 avr. 1974 : *Bull. crim. n° 152* • 3 mai 1982 : *Bull. crim. n° 110 ; Rev. sociétés 1983. 811, obs. Bouloc* • 10 juill. 1995, n° 94-82.665 P • 29 avr. 1996, n° 95-83.274 P : *D. Affaires 1996. 1009* • 6 févr. 1997, n° 96-80.615 P : *D. 1997. 334, note Renucci ; D. Affaires 1997. 281 ; JCP 1997. II. 22823, note Pralus ; ibid. E 1997. II. 949, note Pralus ; Gaz. Pal. 1997. 1. 229, note Doucet ; BJS 1997. 118, note Barbiéri ; Dr. pénal 1997. 61, obs. Véron, et 63, obs. Robert ; RSC 1997. 393, obs. Renucci ; Rev. sociétés 1997. 146, obs. Bouloc* • 14 mai 1998 : *D. 1999. Somm. 159, obs. Segonds ; BJS 1998. 351, note Barbiéri* • 11 juill. 2001 : *JCP 2001. IV. 2800* • Paris, 15 mai 1995 : *Gaz. Pal. 1998. 1. Somm. 396.*

10. ... Une banqueroute. • Crim. 18 janv. 1968 : *Bull. crim. n° 17* • 1er oct. 1980 : *ibid. n° 243 ; D. 1981. IR 144, obs. Roujou de Boubée* • Paris, 25 oct. 1993 : *Gaz. Pal. 1998. 1. Somm. 381.*

11. ... Une fraude fiscale, mais à la condition d'avoir constaté l'existence d'une plainte préalable de l'Administration et de la procédure fiscale antérieure. • Crim. 14 déc. 2000, n° 99-87.015 P.

12. ... Une pratique commerciale trompeuse. • T. corr. Paris, 26 févr. 2020, n° 12290076010 : *Gaz. Pal. 2020. 1665, note Lasserre Capdeville ; ibid. 1855, obs. Morel-Maroger.*

13. ... La violation du secret professionnel. • Crim. 26 oct. 1995, n° 94-84.858 P : *RSC 1996. 645, obs. Bouloc ; Dr. pénal 1996. 83, obs. Véron.*

14. ... La violation du secret fiscal institué par l'art. L. 103 LPF. • Crim. 3 avr. 1995, n° 93-81.569 P : *D. 1995. Somm. 320, obs. Pradel ; JCP 1995. II. 22429, note Derieux ; Gaz. Pal. 1995. 1. 264, note Perier-Daville ; Dr. pénal 1995. 175, obs. Véron ; Légipresse 1995. III. 59, note Grellier ; RSC 1995. 599, obs. Francillon ; ibid. 821, obs. Ottenhof.*

15. ... La violation du secret de l'enquête ou de l'instruction. • Crim. 13 mai 1991, n° 90-83.520 P : *D. 1993. Somm. 17, obs. Azibert ; RSC 1992. 312, obs. Delmas Saint-Hilaire* • 25 oct. 2005, n° 05-81.457 P : *D. 2005. IR 3037 ; Dr. pénal 2006. Comm. 18, obs. Maron* • TGI Paris, 10 sept. 1998 : *Dr. pénal 1998. 144, obs. Véron ; JCP 1998. II. 10188, réquis. Lesclous, note Derieux.* ♦ Confirmé par • Paris, 16 juin 1999 : *D. 2000. 167, note Bigot.* ♦ Rejet du pourvoi par • Crim. 19 juin 2001 : *préc. note 3* • 12 juin 2007, n° 06-87.361 P : *D. 2009. Pan. 131, obs. Garé ; AJ pénal 2007. 439, note Royer ; RSC 2008. 95, obs. Francillon ; Dr. pénal 2007. Comm. 143, obs. Véron.* ♦ ... La violation du secret des archives policières. • Crim. 26 oct. 1995, n° 94-84.858 P : *RSC 1996. 661, obs. Ottenhof.*

16. ... La violation de secrets de fabrique. • Crim. 7 nov. 1974 : *Bull. crim. n° 323 ; D. 1974. Somm. 144.*

17. ... Un délit d'initié. • Crim. 26 oct. 1995, n° 94-83.780 P : *Dr. pénal 1996. 189, obs. Robert ; RSC 1996. 645, obs. Bouloc.* ♦ Rappr. : • TGI Paris, 13 févr. 2002. *RSC 2002. 609, obs. Riffault-Silk.*

18. ... Un trafic d'influence. • Crim. 30 oct. 1995 : *Gaz. Pal. 1996. 1. Chron. 33, par Doucet* • 16 déc. 1997, n° 96-82.509 P : *JCP 1998. IV. 1876 ; Dr. pénal 1998. Comm. 51, note Véron* • Crim. 21 sept. 2005, n° 04-85.056 P. ♦ ... Une prise illégale d'intérêt (ingérence). • Crim. 22 sept. 1998 : *Dr. pénal 1999. 21, obs. Véron.* ♦ ... Un détournement de fonds publics. • Crim. 30 mai 2001, n° 00-84.102 P : *D. 2002. Somm. 1799, obs. Segonds ; Dr. pénal 2001. 126, obs. Véron* • Crim. 21 sept. 2005 : *préc.* ♦ ... Un délit de favoritisme. • Crim. 28 janv. 2004, n° 02-86.597 P : *JCP 2004. II. 10084, note Linditch ; Gaz. Pal. 2004. 2. 2541 ; Dr. pénal 2004. 92, obs. Véron.* • Crim. 5 mai 2004, n° 03-85.503 P : *AJ pénal 2004. 285, obs. Girault ; Gaz. Pal. 2005. 1. Somm. 618.*

19. ... La fixation, l'enregistrement ou la transmission d'images de mineurs à caractère pornographique en vue de leur diffusion (C. pén., art. 227-23). • Crim. 9 juin 1999, n° 98-80.052 P (détention de photographies et de films provenant du délit) • T. corr. Le Mans, 16 févr. 1998 : *JCP 1999. II. 10011, note Frayssinet* (recel de fichiers d'images pédophiles).

20. ... Un crime d'intelligence avec l'ennemi. • Crim. 31 août 1922 : *DP 1922. 218 ; S. 1923. 237.*

21. ... Un abattage clandestin d'animaux. • Crim. 11 janv. 1945 : *Bull. crim. n° 5.*

22. ... La remise non autorisée d'objets à un détenu (V. art. 434-35 C. pén.). • Nîmes, 31 mars 2005 : *JCP 2006. IV. 1780.*

23. ... Des données nominatives recueillies, hors les cas prévus par la loi, sans l'accord exprès des personnes concernées (disquettes comportant les fichiers informatiques de la « cellule élyséenne »). • Crim. 30 sept. 2008, n° 07-82.249 P : *D. 2008. 2975, note Matsopoulou*.

24. Incidence d'un conflit de lois. Le délit de recel n'est pas constitué si l'incrimination des faits ayant procuré les choses détenues a été abrogée par une loi nouvelle. • Crim. 17 mai 1989 : *Bull. crim. n° 205 ; Gaz. Pal. 1989. 2. 841.*

25. A justifié sa décision la cour d'appel qui constate que les images à caractère pornographique acheminées des Pays-Bas en France en août 1996, ont été diffusées postérieurement à l'entrée en vigueur, le 1er mars 1994, de l'art. 227-23 C. pén. qui réprime la diffusion des images réalisées selon les procédés prévus par ce texte. • Crim. 9 juin 1999, n° 98-80.052 P.

26. Incidence de l'amnistie. Les circonstances étrangères à un fait délictueux, qui font disparaître la culpabilité de son auteur (amnistie), ne produisent d'effets qu'à son égard et ne bénéficient pas au receleur. • Crim. 19 mai 1949 : *Bull. crim. n° 173* • 1er févr. 1950 : *ibid. n° 29* • 6 mars 1957 : *ibid. n° 225.*

27. Auteur. Le recel est punissable, même si l'auteur de l'infraction d'origine est couvert par l'immunité de l'art. 380 C. pén. (devenu art. 311-12). • Crim. 6 nov. 1936 : *Bull. crim. n° 111* • 21 févr. 1952 : *D. 1952. 270.* ♦ ... A été relaxé par une décision devenue définitive. • Crim. 9 févr. 1956 : *Bull. crim. n° 148 ; D. 1956. 501, note M.R.M.P. ; JCP 1956. II. 9574, note Larguier* • 15 mai 1957 : *Bull. crim. n° 412.* ♦ ... N'est pas encore condamné. • Crim. 4 janv. 1963 : *Bull. crim. n° 5.* ♦ ... Ou poursuivi. • Crim. 31 janv. 1947 : *Bull. crim. n° 43.* ♦ ... Voire, est demeuré inconnu. • Crim. 7 mai 1942 : *Bull. crim. n° 56* • 31 janv. 1947 : *ibid. n° 43* • 3 mars 1955 : *ibid. n° 137 ; D. 1955. 329* • 9 nov. 1965 : *Bull. crim. n° 227 ; D. 1966. 65 ; Gaz. Pal. 1966. 1. 155* • 10 oct. 1972, n° 90-50.572 P : *D. 1973. Somm. 3.*

B. CHOSE RECELÉE

28. Détermination. Une information, qu'elle qu'en soit la nature ou l'origine, échappe aux prévisions tant de l'art. 460 applicable jusqu'au 1er mars 1994, que de l'art. 321-1 C. pén. entré en vigueur à cette date, qui ne répriment que le recel de choses, et ne relève, le cas échéant – si elle fait l'objet d'une publication contestée par ceux qu'elle concerne – que des dispositions légales spécifiques à la liberté de la presse ou de la communication audiovisuelle. • Crim. 3 avr. 1995, n° 93-81.569 P : *D. 1995. Somm. 320, obs. Pradel ; RSC 1996. 645, obs. Bouloc ; JCP 1995. II. 22429, note Derieux ; Gaz. Pal. 1995. 1. 264, note Perier-Daville ; Dr. pénal 1995. 175, obs. Véron ; Légipresse 1995. III. 59, note Grellier ; RSC 1995. 599, obs. Francillon , et 821, obs. Ottenhof .* ♦ *Adde* : Daragon, *D. 1998. Chron. 63* (étude sur le statut juridique de l'information). – Chevrotin, *Dr. pénal 2001, Chron. n° 12* (bévue sur le caractère non « recelable » d'une information).

29. Le recel de délit d'initié ne peut résulter de la simple détention d'informations privilégiées ; il est caractérisé à l'égard de celui qui, réalisant, en connaissance de cause, des opérations sur le marché avant que ces informations soient connues du public, bénéficie du produit du délit d'initié ainsi consommé. • Crim. 26 oct. 1995, n° 94-83.780 P : *Dr. pénal 1996. 189, obs. J.-H. Robert ; RSC 1996. 645, obs. Bouloc .* ♦ Rappr. obs. Riffault-Silk, *RSC 2002. 609* , ss. TGI Paris, 13 févr. 2002.

30. L'art. 460 C. pén. est applicable, aussi bien à celui qui a reçu les objets soustraits, qu'à celui qui en a reçu le produit, du moment qu'il a eu connaissance de leur origine frauduleuse. • Crim. 9 mars 1900 : *DP 1902. 173* • 11 févr. 1964 : *Bull. crim. n° 46* • 25 juin 1969 : *ibid. n° 212.* ♦ Il s'applique notamment à celui qui achète sciemment des objets que le vendeur s'était procuré par la remise de chèques sans provision. • Crim. 4 avr. 1962 : *Bull. crim. n° 163* • 3 oct. 1972 : *ibid. n° 265 ; D. 1972. 718.*

31. En matière de recel d'escroquerie, il n'importe que le prix de parts cédées à la suite de manœuvres frauduleuses n'ait pas été payé, dès lors que la remise, élément de l'escroquerie, n'a pas porté sur des fonds, mais sur l'obligation souscrite par la victime de payer le prix des parts au cédant, laquelle constituait par elle-même un élément d'actif dont le patrimoine du prévenu s'était enrichi. • Crim. 18 janv. 1988 : *Bull. crim. n° 22 ; Rev. sociétés 1988. 576, obs. Bouloc.*

32. Un travail salarié exécuté sur l'objet contrefait (pièces de monnaie) ne saurait faire disparaître l'infraction originaire de contrefaçon, et, par voie de conséquence, le délit de recel. • Crim. 13 févr. 1969 : *Bull. crim. n° 79.*

33. Il est indifférent qu'une prévention de recel de biens obtenus à l'aide d'un abus de confiance n'indique pas le montant exact des sommes recelées, dès lors qu'elle se réfère expressément aux détournements visés dans l'autre prévention d'abus de confiance ; cette précision est en effet suffisante pour que le grief tiré d'une atteinte aux droits de la défense et à la privation du bénéfice d'un procès équitable soit écarté. • Fort-de-France, 30 nov. 2000 : *BICC 2001. 441.*

34. Doit être relaxé du chef de recel de vol le prévenu en possession d'un téléphone portable déclaré volé et à lui remis par un ami déclarant l'avoir trouvé, dès lors que l'appareil litigieux ne constitue plus un téléphone portable mais seulement un boîtier, qui peut être assimilé à une chose abandonnée, dépourvue d'utilisation en elle-même, la carte SIM étant indispensable pour passer et recevoir des communications téléphoniques à partir d'un téléphone portable. • Paris, 14 mars 2001 : *D. 2002. Somm. 1797, obs. de Lamy ; RSC 2002. 822, obs. Ottenhof .*

35. La lettre du garde des Sceaux saisissant le

Conseil supérieur de la magistrature aux fins de poursuites disciplinaires, en application des dispositions de l'art. 50-1 de l'Ord. n° 58-1270 du 22 déc. 1958 portant loi organique relative au statut de la magistrature, ne constitue pas une information à caractère secret au sens de l'art. 226-13 C. pén. • Crim. 4 déc. 2007, n° 05-87.384 P : *AJ pénal 2008. 140, obs. Royer* ; *Dr. pénal 2008. 37, obs. Véron* ; *Gaz. Pal. 2008. 2. 2570, note François.* ♦ ... A méconnu les art. 226-13 et 321-1 C. pén. et le principe ci-dessus rappelé la cour d'appel qui, pour déclarer les prévenus, directeur de publication et journalistes d'un hebdomadaire, coupables de recel de violation du secret professionnel, énonce que l'art. 38 de la L. du 29 juill. 1881 interdit de publier les informations relatives aux travaux et délibérations du CSM, ces termes incluant l'acte de saisine dudit Conseil prévu par l'art. 50-1 de l'Ord. du 22 déc. 1958 qui contient dénonciation, par le garde des Sceaux, ministre de la Justice, des faits motivant les poursuites disciplinaires, et ajoute qu'en l'absence de tout élément permettant d'accréditer l'hypothèse d'une divulgation accidentelle ou fortuite, l'auteur de la transmission du document en cause aux journalistes, dans la perspective d'une publication interdite par la loi, ne peut être qu'un magistrat ou un fonctionnaire nécessairement dépositaire du secret protégeant ce document. • Même arrêt.

36. Titre de détention. L'art. 460 C. pén. ne détermine pas à quel titre le receleur doit avoir acquis la possession des choses qu'il détient, et s'applique aussi bien au cas où elles lui ont été remises par l'auteur de l'infraction originaire ou par un intermédiaire, que dans l'hypothèse où il les appréhende lui-même à son profit, en connaissance de leur origine. • Crim. 17 févr. 1953 : *Bull. crim. n° 57.* ♦ De même, la loi n'exige pas que la remise ait été faite au receleur par un détenteur de mauvaise foi. • Crim. 3 avr. 1936 : *Bull. crim. n° 43* ; *DP 1937. 94 (2e arrêt), note Leloir.*

II. ÉLÉMENTS CONSTITUTIFS

A. MATÉRIALITÉ

1° ÉTENDUE

37. **BIBL.** Vouin, *D. 1972. Chron. 281* (le recel et la détention de la chose). – Culioli, *RSC 1973. 81* (le recel commis par le passager connaissant la provenance frauduleuse du véhicule utilisé). – Véron, *Dr. pénal, avr. 1990. Chron. 1* (« le recel d'odeur de pastis ». Réflexions sur l'élément matériel du recel). – Bouloc, *Mél. R. Ottenhof, Dalloz 2006* (remarques sur l'élément matériel du recel).

38. Définition. L'art. 460 C. pén., qui est conçu en termes généraux, atteint tous ceux qui, en connaissance de cause, ont, par un moyen quelconque, bénéficié du produit d'un crime ou d'un délit. • Crim. 14 oct. 1969 : *Bull. crim. n° 248* • 9 juill. 1970 : *ibid. n° 236* ; *D. 1971. 3, note Littmann* ; *JCP 1971. II. 16616, note Bénabent* ; *Gaz. Pal. 1970. 2. 217, note J.-P. D.* • 9 mai 1974 : *Bull. crim. n° 170* ; *Gaz. Pal. 1975. 1. 66* • 7 nov. 1974 : *Bull. crim. n° 323* ; *D. 1974. Somm. 144* • 24 oct. 1979 : *ibid. 1982. 430, note Durrande* • 24 août 1981 : *JCP 1982. II. 19801, note Allix* ; *RSC 1982. 620, obs. Bouzat.* ♦ ... L'infraction n'impliquant pas nécessairement la détention matérielle de l'objet recelé. • Crim. 13 janv. 1959 : *Bull. crim. n° 36* • 17 juill. 1976 : *ibid. n° 255* • 6 oct. 1980 : *D. 1981. IR 144, obs. Roujou de Boubée* • 29 avr. 1996, n° 95-83.274 P : *D. Affaires 1996. 1009* • 16 nov. 1999, n° 99-80.970 P. ♦ C'est à juste titre que les juges du fond ont condamné pour recel le prévenu qui est intervenu dans la négociation de bons du trésor volés ; en effet, le recel n'implique pas nécessairement la détention matérielle des valeurs recelées. • Crim. 30 nov. 1999, n° 98-85.991 P : *JCP 2000. II. 10359, note Biguenet* ; *Dr. pénal 2000, n° 55, obs. Véron* ; *RSC 2000. 832, obs. Ottenhof*. ♦ Le recel n'implique pas que les sommes recelées aient été matériellement détenues. • Crim. 24 sept. 2008 : *Dr. pénal 2008. 139, obs. Véron.*

39. Constatation. L'arrêt qui retient la prévention de recel contre la concubine de l'auteur d'un vol ayant un domicile commun avec ce dernier, doit indiquer qu'elle a personnellement détenu les objets obtenus à l'aide dudit vol et déposés à ce domicile commun. • Crim. 12 juill. 1945 : *Bull. crim. n° 83* ; *Gaz. Pal. 1945. 2. 80.* ♦ La cour d'appel a justifié sa décision de condamner la prévenue du chef de recel de vol en relevant que de nombreux objets volés étaient entreposés à son domicile et avaient été amenés par son concubin et des amis, et alors que ces individus, qu'elle avait hébergés, partaient pratiquement toutes les nuits pour aller commettre des vols. • Crim. 16 nov. 1999, n° 99-80.970 P.

2° ILLUSTRATIONS

40. Appropriation. Appropriation d'un bien dont la valeur a été améliorée avec le produit d'un délit, quelle que soit la forme juridique revêtue par l'appropriation, dès lors que tout ou partie de l'origine frauduleuse de cette amélioration était connue du receleur. • Crim. 9 févr. 1987 : *Bull. crim. n° 61.* ♦ Ainsi, constitue le délit de recel le fait de s'approprier en connaissance de cause des actions dont la valeur patrimoniale se trouve améliorée par l'incorporation d'actifs provenant d'abus de biens sociaux connus du prévenu. • Crim. 3 mai 1982 : *Bull. crim. n° 110* ; *Rev. sociétés 1983. 811, obs. Bouloc.*

41. Commissions. Se rend coupable de complicité et de recel d'abus de biens sociaux le gérant d'une SARL imprimant des revues éditées par une association qui accepte de verser aux dirigeants d'une société, sous couvert de fausses factures, des commissions, ayant indûment majoré le coût des prestations fournies par sa société (les prestations étaient surfacturées de 20 % et le prévenu versait aux dirigeants de la société des commissions par l'intermédiaire de comptes bancaires suisses ouverts par des sociétés taxis basées à Jersey). • Crim. 11 juill. 2001 : *JCP 2001. IV. 2800.*

42. Pour déclarer deux prévenus respectivement coupables d'abus de confiance et recel d'abus de confiance, la cour d'appel énonce qu'en sa qualité de président d'un club sportif de rugby le premier a utilisé à d'autres fins que celles prévues, à savoir le développement du club, partie des sommes que ce dernier, souscripteur d'un emprunt auprès d'une banque, avait obtenu de celle-ci, et ajoute que le second a reçu en toute connaissance de cause, pour prix de sa prestation dans l'obtention de ce prêt, la somme de 85 000 F, sachant qu'elle était détournée de sa finalité ; il résulte de ces constatations que le président du club a détourné, au profit de l'intermédiaire, des fonds qui lui avaient été remis à titre de mandat résultant de sa qualité de président et que le second prévenu s'est rendu coupable de recel de l'abus de confiance ainsi commis par le premier ; en l'état de ces énonciations, caractérisant sans insuffisance l'un des contrats limitativement énumérés par l'art. 408 ancien C. pén. applicable en l'espèce, la cour d'appel a justifié sa décision. • Crim. 19 nov. 2003 : *préc. note 7.*

43. *Consommation.* Consommation de boissons alcoolisées, que le prévenu savait provenir d'un vol opéré par la personne qui les lui avait offertes. • Crim. 24 oct. 1979 : *D. 1982. 430, note Durrande.*

44. *Détention.* Au cours d'une fouille générale, un téléphone portable dissimulé dans la paroi extérieure de la porte du réfrigérateur a été découvert dans la cellule du prévenu ; devant les dénégations du prévenu qui affirmait tout ignorer de ce téléphone, les premiers juges ont prononcé la relaxe au bénéfice du doute ; cependant, la cellule que le prévenu occupait depuis trois semaines avait été fouillée juste avant qu'il ne s'y installe ; le téléphone ne pouvait dès lors être celui d'un détenu ayant précédemment séjourné dans cette cellule ; en outre, le réfrigérateur a été loué par le prévenu à l'administration pénitentiaire qui l'a inspecté comme elle le fait systématiquement entre deux locations ; il a donc sciemment recelé un téléphone qu'il savait provenir du délit de remise d'objet à un détenu non autorisée dans un établissement pénitentiaire ; peu importe que le téléphone ait été dépourvu de carte SIM, élément qui n'a aucune incidence sur la qualification retenue. • Nîmes, 31 mars 2005 : *JCP 2006. IV. 1780.*

45. *Entrepôt.* Entrepôt dans une annexe, par le conservateur d'un musée, d'objets anciens qu'il savait volés par d'autres, et achat, pour les conserver ou les revendre, de vases et de poteries antiques, qu'il savait provenir de fouilles irrégulières et de vols dans des tombes en Italie du sud. • Crim. 2 avr. 1998 : *Gaz. Pal. 2001. 2. Somm. 2146.*

46. *Intervention.* Se rend coupable de recel d'abus de biens sociaux le conseil juridique qui a participé en cette qualité à la fixation de la valeur nominale de parts cédées à un tiers, sachant que ces parts étaient surévaluées de quatre fois par rapport à cette valeur, et que, selon les termes mêmes du prévenu, ce prix était effectivement « injustifiable » au vu de la situation du bilan. • Paris, 15 mai 1995 : *Gaz. Pal. 1998. 1. Somm. 396.* ♦ Est à juste titre condamné pour recel le prévenu qui est intervenu dans la négociation de bons du trésor volés. • Crim. 30 nov. 1999, nº 98-85.991 P : *JCP 2000. II. 10359, note Biguenet ; Dr. pénal 2000, nº 55, obs. Véron ; RSC 2000. 832, obs. Ottenhof.*

47. *Opérations financières.* ... Présentation à l'escompte de bons du Trésor, en connaissance de leur origine frauduleuse. • Crim. 30 oct. 1952 : *Bull. crim. nº 239.* ♦ ... Recouvrement d'effets obtenus à l'aide d'une escroquerie, dont le principe avait été révélé au prévenu. • Crim. 13 janv. 1977 : *Bull. crim. nº 19.* ♦ ... Perception, par le responsable d'une agence de banque, de sommes prélevées sur d'autres, plus importantes, obtenues à l'aide de faux en écritures de commerce (fausses factures pour couvrir les activités illégales d'ateliers clandestins). • Crim. 7 avr. 1986 : *Bull. crim. nº 115.* ♦ Rejetant le pourvoi contre • Paris, 9 juill. 1985 : *Gaz. Pal. 1985. 2. 551, note Marchi.* ♦ ... Affectation d'office au crédit d'un compte à découvert de fonds obtenus à l'aide d'un abus de confiance, en connaissance de leur provenance frauduleuse, le banquier en devenant ainsi l'un des bénéficiaires. • Paris, 30 juin 1977 : *D. 1978. 325, note Vasseur.* ♦ ... Mise à disposition d'un compte bancaire, afin d'y recevoir des sommes détournées. • Paris, 13 févr. 1990 : *D. 1992. Somm. 34, obs. Vasseur.*

48. *Paiement.* Acceptation de sommes volées en payement de consommations, alors que le débitant de boissons en connaît la provenance délictueuse. • Crim. 4 juin 1942 : *DC 1943. 34.* ♦ Utilisation de sommes que le prévenu savait provenir d'un détournement pour, notamment, effectuer des réparations sur les biens immobiliers dont sa mère lui avait fait donation et pour acquérir plusieurs véhicules. • Crim. 17 févr. 2016, nº 14-86.969 P : *D. actu. 17 mars 2016, obs. Benelli de Bénazé.*

49. *Perceptions et prélèvements.* Perception par un agent d'affaires, en connaissance de cause, d'une commission provenant d'un détournement d'actif commis par un commerçant en état de cessation de payements. • Crim. 18 janv. 1968 : *Bull. crim. nº 17.* ♦ Prélèvement d'une rémunération sur le compte bancaire d'une société déficitaire, par les cogérants de cette société, alors que le crédit est constitué par le produit d'abus de confiance commis par l'un d'entre eux, à la connaissance des autres. • Crim. 12 janv. 1972 : *Bull. crim. n° 18 ; D. 1972. Somm. 51.* ♦ Acceptation, par un conseil juridique, d'émoluments versés par une société, alors qu'il savait, par la mission qui lui était confiée, que cette société était en état de cessation des paiements, et que les fonds reçus étaient obtenus à l'aide d'un délit de banqueroute (ancien délit assimilé à la banqueroute simple par paiements préférentiels). • Crim. 1er oct. 1980 : *Bull. crim. n° 243 ; D. 1981. IR 144, obs. Roujou de Boubée.* ♦ V. également : • Aix-en-Provence, 14 mai 1975 : *D. 1976. 200, note F.D.* ♦ Perception sur une société, par un conseiller financier, familier des procédures commerciales et plus particulièrement des procédures de redressement judiciaire, d'honoraires élevés (850 000 F), lesquels étaient sans rapport avec les prestations prétendument fournies, et alors qu'il était en mesure de s'assurer par lui-même que cette société se trouvait d'ores et déjà dans une situation lourdement obérée, le prévenu s'étant ainsi rendu coupable de recel de banqueroute par détournement d'actif, sans qu'il y ait lieu de retenir la rétrocession ultérieure d'une partie des sommes ainsi obtenues, dans la mesure où un tel comportement, assimilable à un repentir tardif, demeure inopérant sur la sanction applicable. • Paris, 25 oct. 1993 : *Gaz. Pal. 1998. 1. Somm. 381.*

50. Perception de sommes que les prévenues savaient provenir d'une prise illégale d'intérêt (ingérence), correspondant à la signature de « contrats politiques » ne nécessitant pas la présence effective des personnels engagés, ni même une prestation quelconque en échange du salaire versé. • Crim. 22 sept. 1998 : *Dr. pénal 1999. 21, obs. Véron.* ♦ Bénéfice indu de fonds publics par l'occupation d'un emploi fictif. • Crim. 30 mai 2001, n° 00-84.102 P : *D. 2002. Somm. 1799, obs. Segonds ; Dr. pénal 2001. 126, obs. Véron.* ♦ Détention, en connaissance de cause, de sommes provenant de la vente d'un objet volé, sur un compte bancaire. • Crim. 27 nov. 2007 : *Dr. pénal 2008. Comm. 36, obs. Véron.*

51. Profit. Commet le délit de recel d'abus de confiance le prévenu, président d'un conseil général, qui détient matériellement une partie des fonds destinés à un malfaiteur notoire en remboursement d'une créance et qui profite de la remise de l'autre partie des fonds à ce créancier afin d'éteindre sa créance, en application de la notion de recel par profit, dès lors que ces sommes provenaient de l'infraction d'abus de confiance ; de plus, il est établi que le prévenu connaissait la provenance frauduleuse des fonds en raison, d'une part, de la confiance et de l'autorité qu'il avait sur la personne de l'auteur principal qui était son plus proche conseiller et, d'autre part, du rôle qu'il avait lui-même dans l'opération litigieuse, les versements ayant été effectués à sa demande. • Aix-en-Provence, 18 nov. 1997 : *JCP 1998. IV. 1952.*

52. Salaires. Pour des salaires versés par un conseil régional des notaires à un stagiaire receleur de la prise illégale d'intérêts et de détournements de fonds imputés à son père, président dudit conseil, qui, dans le cadre d'une procédure mise en place par le Conseil supérieur du notariat (CSN) aux fins de faciliter l'obtention de stages aux futurs notaires, l'avait affecté à son étude en qualité de notaire stagiaire, tout en le dispensant de travailler à plein temps. • Crim. 21 sept. 2005, n° 04-85.056 P.

53. Est justifié l'arrêt qui, pour déclarer le demandeur coupable de recel de diverses sommes d'argent, relève que sa concubine a perçu, pendant une période de dix-huit mois, une somme supérieure à 48 000 € au titre de salaires fictifs ainsi qu'une somme de plus de 5 000 € au titre d'indemnités de maladie, les juges ajoutant que, du fait de leur vie commune ininterrompue, ces sommes ont bénéficié tant à celle-ci qu'au prévenu. • Crim. 23 nov. 2010 : *D. 2011. Pan. 2835, obs. Garé ; Dr. pénal 2011. 30, obs. Véron.*

54. Secrets (détention et exploitation). V. également ci-dessous « Justification – Droits de la défense ». ♦ Mise en œuvre d'un secret de fabrication, en connaissance du caractère frauduleux de sa communication. • Crim. 7 nov. 1974 : *Bull. crim. n° 323 ; D. 1974. Somm. 144.*

55. Détention de la photocopie d'un document confidentiel, dont le prévenu sait qu'il a été frauduleusement soustrait par un tiers. • Crim. 12 janv. 1981 : *Bull. crim. n° 15.* ♦ Détention par un conseiller municipal de photocopies de documents parvenues à la mairie sous pli anonyme, dans la mesure où l'obtention des originaux ne pouvait provenir que d'un vol. • Grenoble, 17 mai 1995 : *JCP 1996. IR 718.*

56. Détention par des journalistes des photocopies d'avis d'imposition provenant d'une violation du secret fiscal institué par l'art. L. 103 LPF. • Crim. 3 avr. 1995, n° 93-81.569 P : *D. 1995. Somm. 320, obs. Pradel ; JCP 1995. II. 22429, note Derieux ; Gaz. Pal. 1995. 1. 264, note Perier-Daville ; Dr. pénal 1995. 175, obs. Véron ; Légipresse 1995. III. 59, note Grellier ; RSC 1995. 599, obs. Francillon , et 821, obs. Ottenhof .*

57. Utilisation, en vue de leur publication, des photographies provenant des services de l'identité judiciaire et de la gendarmerie, et concernant des procédures en cours ou clôturées par une ordonnance de non-lieu. • Crim. 13 mai 1991, n° 90-83.520 P : *D. 1993. Somm. 17, obs. Azibert ; RSC 1992. 312, obs. Delmas Saint-Hilaire* • 25 oct. 2005, n° 05-81.457 P : *D. 2005. IR 3037 ; Dr. pénal 2006. Comm. 18, obs. Maron.* ♦ Communication par un avocat, dans une procédure de divorce, d'une pièce censée émaner de la préfecture de police, direction de la police judiciaire, mentionnant que le mari avait fait l'objet de deux enquêtes, alors que ce document, obtenu contre rémunération par le canal de détectives privés, a été remis à l'un de ceux-ci, sous la forme d'une fiche d'antécédents, par un fonctionnaire de police qui avait accès au service des archives et du traitement informatique, l'avocat se rendant ainsi coupable de recel du produit d'une violation du secret professionnel. • Crim. 26 oct. 1995, n° 94-84.858 P : *Dr. pénal 1996. 83, obs. Véron ; RSC 1996. 645, obs. Bouloc*. ♦ Doit être relaxé du délit de recel de violation de secret professionnel, le prévenu qui a été mis en possession par un employé de banque de la copie d'une réquisition émanant de la police judiciaire qui tendait à obtenir des informations relatives à son compte bancaire, dès lors qu'il est impossible de déterminer le moyen précis par lequel il aurait bénéficié du renseignement illégalement obtenu ; en effet, puisque la propriété de la copie n'est pas litigieuse, le recel ne peut concerner que le renseignement porté sur celle-ci ; or, s'il est établi que le prévenu a été mis en possession d'une information dont la teneur impliquait qu'elle violait le secret professionnel auquel sont soumis, en vertu de l'art. 57 de la L. du 24 janv. 1984, les employés d'une maison de crédit, la preuve n'est pas rapportée que le prévenu ait bénéficié de cette information par un moyen quelconque ; il n'apparaît pas qu'il ait utilisé cette information et il ne saurait lui être reproché d'avoir continué la lecture du document après avoir nécessairement constaté sa nature. • Toulouse, 2 déc. 1999 : *JCP 2000. IV. 2369.*

58. Détention de documents provenant d'une violation du secret de l'instruction dont l'auteur n'a pas été identifié. • TGI Paris, 10 sept. 1998 : *Dr. pénal 1998. 144, obs. Véron ; JCP 1998. II. 10188, réquis. Lesclous, note Derieux.* ♦ Confirmé par • Paris, 16 juin 1999 : *D. 2000. 167, note Bigot*. ♦ Rejet du pourvoi par • Crim. 19 juin 2001 : *préc. note 3* • 12 juin 2007 : *préc. note 15.*

59. Un magistrat a porté plainte contre le directeur de publication d'un hebdomadaire et deux journalistes en raison d'un article qui mettait en cause sa déontologie et reproduisait partiellement la lettre du garde des Sceaux saisissant le CSM d'une procédure disciplinaire à son encontre ; pour déclarer les prévenus coupables de recel de violation du secret professionnel, la cour d'appel énonce que, selon l'art. 38 de la L. du 29 juill. 1881, il est interdit de publier aucune information relative aux travaux et délibérations du CSM, à l'exception des informations concernant les audiences publiques et les décisions publiques rendues en matière disciplinaire à l'encontre des magistrats ; elle ajoute qu'il ne saurait être dérogé à ce secret des travaux du CSM à l'égard d'une lettre du garde des Sceaux qui le saisit d'une instance disciplinaire contre un magistrat et que, si ce secret est absolu pour quiconque participe aux délibérations du CSM, il doit également être respecté par l'auteur de la lettre, le garde des Sceaux, à raison de son état, lorsqu'il décide d'engager des poursuites disciplinaires contre un magistrat, avant toute décision publique de la juridiction qu'il saisit, et que cette obligation s'impose également à toutes les personnes ayant connaissance de ladite lettre ; elle énonce enfin que le recel de cette lettre est dès lors constitué, quand bien même l'identité de la personne qui a violé le secret professionnel auquel elle était astreinte n'a pas été déterminée et qu'il est admis par le journaliste qu'il a eu une copie de la lettre entre les mains et qu'il ne peut en être autrement eu égard au caractère très complet des extraits choisis soumis aux lecteurs ; en se déterminant par des motifs qui n'établissent pas, d'une part, que la lettre du garde des Sceaux saisissant le CSM était couverte par le secret et, d'autre part, que sa divulgation avait été le fait d'une personne dépositaire d'un secret par état ou profession, la cour d'appel a privé sa décision de base légale. • Crim. 24 mai 2005, n° 03-86.460 P : *Gaz. Pal. 2005. 2. Somm. 4302, note Monnet.*

60. Une cour d'appel qui, pour déclarer un journaliste coupable du recel de violation du secret de l'enquête, énonce que celui-ci ne pouvait ignorer que la photographie (publiée dans un quotidien pour illustrer un article relatif à l'arrestation d'une personne) prise par des policiers au cours de la garde à vue de l'intéressé provenait d'une enquête en cours et constituait un document protégé par le secret prévu à l'art. 11 C. pr. pén. et qui, pour écarter l'argumentation du prévenu soutenant que la poursuite était exercée en violation des dispositions de l'art. 10 Conv. EDH, retient que les dispositions légales qui garantissent le secret de l'enquête et de l'instruction tendent à assurer le respect de la présomption d'innocence consacré par l'art. 6 de cette Convention, et ne méconnaissant pas les exigences du droit à la liberté d'expression protégé par le texte invoqué, dès lors que la publication de la photographie ne répondait à aucune nécessité d'informer le lecteur, caractérise en tous ses éléments tant matériel qu'intentionnel le délit dont elle a déclaré le prévenu coupable et justifie sa décision. • Crim. 25 oct. 2005, n° 05-81.457 P : *Dr. pénal 2006. 18, obs. Maron ; Gaz. Pal. 2006. 1. Somm. 2089, note Monnet.*

61. Justifie sa décision au regard de l'art. 321-1 C. pén. l'arrêt qui, pour déclarer le prévenu coupable de recel, après avoir énoncé que celui-ci avait, lors d'un reportage télévisé dont il était l'auteur, présenté à l'écran des procès-verbaux issus d'une information en cours, retient que l'art. 38 de la L. du 29 juill. 1881, interdisant de publier des actes d'accusation et tous autres actes de procédure criminelle ou correctionnelle avant toute lecture en audience publique, n'emporte pas, pour la partie civile, l'impossibilité de poursuivre l'auteur de la publication pour recel de violation du secret de l'instruction dès lors que, comme en l'espèce, ces faits comportent la détention matérielle des écrits litigieux ; en effet, si une information échappe aux prévisions de l'art. 321-1 préc., qui réprime le seul recel d'une chose, et ne relève, le cas échéant, que des dispositions légales spécifiques au droit de la presse, tel n'est pas le cas du recel de documents provenant d'une violation du secret de l'instruction ou du secret professionnel. • Crim. 12 juin 2007, nº 06-87.361 P : *D. 2009. Pan. 131, obs. Garé ; RSC 2008. 95, obs. Francillon ; JCP 2007. II. 10159, note Fourment, Michalski et Piot ; Dr. pénal 2007. 143, obs. Véron ; Gaz. Pal. 2008. 1. Somm. 1175, note Monnet.* ♦ Ne méconnaît pas les exigences de l'art. 10 Conv. EDH l'arrêt qui, pour déclarer le prévenu coupable de recel, retient, à bon droit, qu'en l'espèce, la poursuite était justifiée, dès lors que la présentation des procès-verbaux obtenus au mépris du secret de l'information suivie contre une personne, dont la présomption d'innocence devait être assurée, ne s'imposait pas, ces extraits ne constituant pas un complément indispensable à la compréhension du reportage diffusé ou répondant à une attente du téléspectateur. • Même arrêt.

62. Un journaliste ayant publié dans un quotidien un article faisant état de résultats du bilan sanguin d'un athlète international, il a été cité devant le tribunal correctionnel, notamment du chef de recel de violation du secret professionnel, et déclaré coupable des faits reprochés ; pour confirmer le jugement, l'arrêt retient que le bilan sanguin d'une personne, qui ne peut être fait que par des professionnels de santé, constitue une donnée à caractère médical protégée par le secret professionnel ; les juges rappellent que toute personne prise en charge par un professionnel de santé a droit au respect de sa vie privée et au secret des informations la concernant, et que la divulgation de ces informations, en l'absence de consentement, caractérise la violation du secret professionnel ; ils en déduisent que l'utilisation, dans le cadre d'un article de presse, d'un document comportant ces informations confidentielles et provenant de ce délit, caractérise l'infraction de recel ; mais en prononçant ainsi, sans caractériser la révélation d'une information à caractère secret par une personne qui en aurait été dépositaire, la cour d'appel n'a pas justifié sa décision. • Crim. 6 mars 2012, nº 11-80.801 P : *D. 2012. 816, obs. Lavric ; AJ pénal 2012. 340, obs. Lasserre Capdeville ; JCP 2012. 547, note Detraz ; Dr. pénal 2012. 68, obs. Véron ; CCE 2012, comm. 68, obs. Lepage ; RSC 2012. 603, obs. Francillon.*

63. L'art. 35, dern. al., de la L. du 29 juill. 1881, dans sa rédaction issue de la L. du 4 janv. 2010, a pour seul objet de faire obstacle à la poursuite, du chef de recel d'éléments provenant d'une violation du secret de l'instruction, contre une personne qui produit ceux-ci pour les besoins de sa défense dans l'action en diffamation dirigée contre elle et ne confère aucune autorisation générale de détenir de tels documents ; entre dans les prévisions de l'art. 321-1 C. pén., qui n'est pas incompatible avec l'art. 38 de la loi sur la presse, le recel d'un document reproduisant une pièce de l'instruction dès lors qu'il est établi qu'il provient d'une violation du secret de l'instruction ; pour caractériser le délit de recel d'un document provenant d'une violation du secret de l'enquête ou de l'instruction, seule est exigée la démonstration que l'auteur de la révélation fait partie des dépositaires de ce secret, et non l'identification de celui-ci. • Crim. 9 juin 2015, nº 14-80.713 P : *D. actu. 24 juin 2015, obs. Lavric.*

64. Compte tenu de la marge d'appréciation dont disposent les États et du fait que l'exercice de mise en balance des différents intérêts en jeu a été valablement effectué par les juridictions nationales, la Cour conclut à l'absence de violation de l'art. 10 de la Convention dans la condamnation d'un journaliste pour recel de violation du secret de l'enquête et de l'instruction en raison de la publication du portrait-robot d'un suspect. • CEDH 17 déc. 2020, nº 61470/15, *Sellami c/ France : D. actu. 4 janv. 2021, obs. Lavric.* ♦ Il résulte de l'art. 10, § 2, Conv. EDH que la liberté d'expression peut être soumise à des restrictions nécessaires à la protection de la sûreté publique et la prévention des crimes, dans lesquelles s'inscrivent les recherches mises en œuvre pour interpeller une personne dangereuse ; dès lors, ne méconnaît pas ces dispositions la poursuite exercée à l'encontre d'un journaliste qui, s'étant procuré à la suite d'une violation du secret de l'instruction le portrait-robot d'un violeur en série activement recherché, l'a publié, de sa seule initiative, sans en vérifier la fiabilité et au moment choisi par lui, de sorte qu'il en est résulté une entrave au déroulement normal des investigations. • Crim. 9 juin 2015, nº 14-80.713 P: *préc. note 62.*

65. M. X... a porté plainte et s'est constitué partie civile du chef de recel de violation du secret professionnel, exposant que, dans le quotidien France-Soir, daté du 29 sept. 2011, figurait un article publiant des extraits d'un ouvrage écrit par deux journalistes, intitulé « La face cachée de Franck X... », à paraître le lendemain, lequel reproduisait exactement le contenu de procès-verbaux de police le concernant, notamment des rapports et auditions, des retranscriptions d'interceptions téléphoniques ainsi que celui de son interrogatoire de première comparution ; pour confirmer l'ordonnance de non-lieu entreprise, l'arrêt retient que l'information n'a pas permis d'établir que la divulgation de ces informations avait été effectuée par une personne astreinte au secret professionnel, ni que les journalistes mis en cause avaient matériellement détenu les documents litigieux, couverts par le secret de l'enquête ou de l'instruction ; en statuant ainsi, la chambre de l'instruction qui, après avoir analysé l'ensemble des faits dénoncés dans la plainte et répondu aux articulations essentielles du mémoire produit par la partie civile appelante, a exposé, par des motifs exempts d'insuffisance comme de contradiction, que l'information était complète et qu'il n'existait pas de charges suffisantes contre quiconque d'avoir commis l'infraction reprochée, a justifié sa décision. • Crim. 11 mai 2016, ♔ n° 15-82.365 P : *D. actu. 1er juin 2016, obs. Lavric.*

66. Téléchargement. Se rend coupable de recel de fichiers d'images pédophiles, obtenus à l'aide du délit d'enregistrement, de transmission et de diffusion, par quelque moyen que ce soit, de l'image d'un mineur présentant un caractère pornographique (C. pén., art. 227-23), le directeur de cabinet du président d'un conseil général, qui a utilisé un ordinateur du secrétariat pour, le soir, se connecter sur Internet et recevoir des images pédophiliques, ayant ainsi emmagasiné sur le disque dur un millier de photographies, représentant 31 Mo de mémoire, et ayant dépensé, sur une période de six mois, en rémunération des sites serveurs, une somme totale de 5 610 F, étant précisé que les images téléchargées sont particulièrement repoussantes, que leur nombre impressionnant dénote plus qu'une simple curiosité malsaine, que, par ses paiements, le prévenu a contribué à entretenir des réseaux pédophiliques, que son instruction et son niveau de responsabilité devaient, plus que pour tout autre, lui permettre de prendre conscience du caractère répréhensible et des effets destructeurs sur les enfants des scènes photographiées. • T. corr. Le Mans, 16 févr. 1998 : *JCP 1999. II. 10011, note Frayssinet.* ♦ A justifié sa décision de condamner le prévenu pour recel d'objet provenant du délit de fixation, d'enregistrement ou transmission d'images de mineurs à caractère pornographique en vue de leur diffusion, la cour d'appel qui constate que ces images, acheminées des Pays-Bas en France, ont été diffusées postérieurement à l'entrée en vigueur de l'art. 227-23 C. pén. ; par ailleurs, si le prévenu a constaté que l'administration des douanes avait laissé parvenir à destination le colis en provenance des Pays-Bas, il ne peut pour autant alléguer la cause d'irresponsabilité édictée par l'art. 122-3 C. pén. • Crim. 9 juin 1999, ♔ n° 98-80.052 P. ♦ Le recel du délit de fixation, enregistrement ou transmission, en vue de leur diffusion, d'images pornographiques de mineurs est constitué lorsque lesdites images ont été conservées dans un fichier enregistré sur le disque dur d'un ordinateur. • Crim. 28 sept. 2005, ♔ n° 04-85.024 P : *D. 2005. Pan. 2991, obs. Roujou de Boubée* ; *Dr. pénal 2006. 4, obs. Véron.*

67. Entre dans les prévisions des art. 321-1 et 421-2-5 C. pén. le fait de détenir, à la suite d'un téléchargement effectué en connaissance de cause, des fichiers caractérisant l'apologie d'actes de terrorisme, une condamnation de ce chef étant compatible avec l'art. 10 Conv. EDH dès lors que se trouve caractérisée, en la personne du receleur, son adhésion à l'idéologie exprimée dans lesdits fichiers. • Crim. 7 janv. 2020, ♔ n° 19-80.136 P : *D. actu. 5 févr. 2020, obs. Lavric ; D. 2020. 312, note Roets* ; *Dr. pénal 2020, n° 48, obs. Conte ; ibid. Chron. 12, obs. Lepage.* ♦ Sur la conformité à la Const. des dispositions combinées des art. 321-1 et 421-2-5 C. pén. telles qu'interprétées par la jurisprudence de la Cour de cassation, en ce qu'elles incriminent, sous la qualification de recel d'apologie du terrorisme, la consultation de sites internet faisant l'apologie du terrorisme, ou la possession d'un support informatique ou numérique sur lequel serait téléchargé le produit d'une telle consultation, V. notes ss. C. pén., art. 421-2-5.

68. Train de vie. Profit direct, par le prévenu, du « train de vie » de son épouse, qui, à l'évidence, ne pouvait correspondre à des gains professionnels. • Crim. 9 mai 1974 : ♔ *Bull. crim. n° 170 ; Gaz. Pal. 1975. 1. 66.* – Rappr. • 6 janv. 1992 : ♔ *Gaz. Pal. 1992. 2. Somm. 297.*

69. Transport. Transport par le prévenu de marchandises volées. • Crim. 31 déc. 1920 : *S. 1922. 1. 45.* ♦ Transport de la personne même du prévenu, en qualité de passager, dans une voiture qu'il savait volée. • Crim. 9 juill. 1970 : ♔ *Bull. crim. n° 236 ; D. 1971. 3, note Littmann ; JCP 1971. II. 16616, note Bénabent ; Gaz. Pal. 1970. 2. 217, note J.-P. D.* • 24 août 1981 : *JCP 1982. II. 19801, note Allix ; RSC 1982. 620, obs. Bouzat.* ♦ Transport du prévenu en tant que passager d'un véhicule en sachant qu'il allait circuler avec du carburant frauduleusement obtenu. • Douai, 14 oct. 2004 : *Dr. pénal 2005. 21, obs. Véron.*

70. Travaux. A, sans insuffisance ni contradiction, répondu aux chefs péremptoires des conclusions dont elle était saisie, et caractérisé en tous ses éléments, tant matériels qu'intentionnel le recel du délit de détournement de fonds publics dont elle a déclaré l'intéressé coupable la cour d'appel qui a relevé que le prévenu a sciemment bénéficié d'une prestation de travail gratuite, qui aurait dû être facturée, assurée par des travailleurs rémunérés sur fonds publics, illégalement accordée par le directeur de l'établissement prestataire. • Crim. 28 févr. 2017, ♔ n° 15-81.969 P : *D. actu. 29 mars 2017, obs. Goetz.*

71. Voyages. Voyages aériens, locations de voitures ou d'hélicoptères et séjours en hôtels, correspondant à des recels de produits d'abus de biens sociaux. • Crim. 6 févr. 1997, ♔ n° 96-80.615 P : *D. Affaires 1997. 281 ; Gaz. Pal. 1997. 1. 229, note Doucet ; Dr. pénal 1997. 61, obs. Véron ; ibid. 63, obs. Robert ; RSC 1997. 393, obs.*

Renucci ; *Rev. sociétés 1997. 146, obs. Bouloc*.

B. INTENTION

72. Définition. L'élément intentionnel du délit de recel consiste dans la connaissance de l'origine frauduleuse des objets recelés. • Crim. 30 oct. 1978 : *Bull. crim. n° 291* • 7 nov. 1990 : *Dr. pénal 1991. 77.* ♦ ... Quand bien même le receleur aurait ignoré les circonstances précises du crime ou du délit originaire, ou la personne au préjudice de laquelle cette infraction a été commise. • Crim. 7 juin 1939 : *Bull. crim. n° 123* • 22 avr. 1977 : *ibid. n° 131.* ♦ V. également : • Crim. 6 oct. 2004 : *Dr. pénal 2005. Comm. 38, obs. Véron.* ♦ ... Voire, que ces circonstances n'aient pas été entièrement déterminées. • Crim. 13 mai 1991, n° 90-83.520 P : *D. 1993. Somm. 17, obs. Azibert* ; *RSC 1992. 312, obs. Delmas Saint-Hilaire*.

73. La culpabilité du receleur n'implique pas la connaissance précise de l'espèce de crime ou de délit par lequel ont été obtenus les objets recelés. • Crim. 16 mars 1932 : *Bull. crim. n° 79* • 31 mars 1949 : *ibid. n° 131.* ♦ Rappr. : • Crim. 28 mars 1996, n° 95-80.395 P : *Dr. pénal 1996, n° 218, obs. Véron* ; *Rev. sociétés 1997. 141, obs. Bouloc*. ♦ ... Ni que le prévenu ait tiré un profit personnel des sommes détournées. • Crim. 14 févr. 1991, n° 89-84.767 P : *RSC 1992. 322, obs. Bouzat*. ♦ Les art. 460 ancien et 321-1 nouv. C. pén., conçus en termes généraux, atteignent tous ceux qui, en connaissance de cause, ont, par un moyen quelconque, bénéficié du produit d'un crime ou d'un délit ; ces textes n'exigent pas que le prévenu ait tiré un profit personnel des choses recelées. • Crim. 27 oct. 1997, n° 96-83.698 P : *D. Affaires 1997. 1429, note Boizard* ; *JCP 1998. II. 10017, note Pralus* ; *JCP E 1998. 263, note Lucas de Leyssac* ; *BJS 1998. 11, note J.-F. Barbiéri* ; *Dr. pénal 1998. 16 et 20, obs. Véron* ; *RSC 1998. 336, obs. Renucci*.

74. Justifie sa décision la cour d'appel qui, pour déclarer le trésorier national d'un parti politique coupable de recel de fonds provenant d'un trafic d'influence, observe que 30 % des sommes recueillies par un groupe commercial ou industriel étaient affectés au paiement des dépenses de ce parti au plan national et qu'en outre ce groupe rémunérait à titre de salariés des permanents de ce parti, retient que des charges, dont le paiement incombait au demandeur en sa qualité de trésorier national de ce parti, ont été réglées par des tiers au moyen de sommes obtenues frauduleusement, et que ledit trésorier, qui déterminait, avec un autre responsable, le montant et la nature des dépenses qui seraient prises en charge par le groupe commercial ou industriel, connaissait le caractère frauduleux du mécanisme de collecte des fonds, peu importe, en l'état de ces énonciations procédant d'une appréciation souveraine, que le prévenu n'ait pas connu le détail des circonstances de la commission des délits d'où provenaient les fonds. • Crim. 16 déc. 1997, n° 96-82.509 P : *Dr. pénal 1998. 51, obs. Véron.*

75. En matière de recel d'objets, il importe, afin de caractériser l'élément intentionnel, que la juridiction de jugement ait la preuve que les receleurs connaissaient l'origine frauduleuse de la chose qui leur a été transmise ; tel n'est pas le cas lorsque des bons anonymes détournés ont été remis par l'auteur principal du détournement à divers membres de sa famille sans les informer de leur origine frauduleuse et que ces derniers, crédules voire naïfs, ont accepté de les négocier sans en retirer profit ; cette imprudence ou négligence de leur part ne peut être assimilée à l'élément intentionnel du recel et il convient donc de prononcer leur relaxe. • Dijon, 27 mars 1998 : *BICC 1999, n° 213.*

76. Appréciation. Pour ce qui est du délit de recel et de sa complicité, il appartient au ministère public ou aux parties civiles d'établir l'élément intentionnel de l'infraction. • Crim. 16 mars 1989 : *Bull. crim. n° 131.* ♦ Son existence relève de l'appréciation souveraine des juges du fond, au vu des éléments de preuve régulièrement soumis aux débats. • Crim. 25 nov. 1954 : *Bull. crim. n° 351* • 30 nov. 1961 : *ibid. n° 492* • 30 oct. 1962 : *ibid. n° 298* • 22 avr. 1977 : *préc. note 72* • 5 oct. 1977 : *Bull. crim. n° 290* • 30 oct. 1978 : *préc. note 72* • 2 mai 1983 : *Bull. crim. n° 122.* ♦ ... Et doit être nécessairement constatée au titre d'une motivation suffisante. • Crim. 10 juill. 1952 : *Bull. crim. n° 188* • 5 oct. 1954 : *ibid. n° 284* ; *D. 1954. 754* • 26 mars 1957 : *Bull. crim. n° 287* • 22 juill. 1959 : *ibid. n° 371.*

77. N'intervertit pas les règles de la preuve l'arrêt qui, en constatant que le prévenu a été dans l'impossibilité de justifier de la provenance légitime de titres par lui recelés, affirme que ses explications au sujet de cette provenance sont contraires à la vérité, et que son mensonge démontre sa mauvaise foi. • Crim. 8 déc. 1933 : *Bull. crim. n° 232.* ♦ Caractérisent le délit de recel les juges qui énoncent que le prévenu a connu l'origine frauduleuse de voitures volées, en raison de leur nombre et de leur qualité, et alors qu'elles étaient expédiées, sous son nom et à son adresse, dans des conditions de clandestinité exclusives de toute bonne foi. • Crim. 6 oct. 1980 : *D. 1981. IR 144, obs. Roujou de Boubée.* ♦ En sa qualité d'antiquaire, un prévenu ne pouvait douter de l'origine frauduleuse d'ouvrages de grande valeur, dès lors que celui qui les lui proposait, « simple chineur », n'avait aucune raison professionnelle de détenir des objets aussi rares. • Crim. 5 mai 1993 : *Dr. pénal 1993. 256* ; *RSC 1994. 340, obs. Bouzat*. ♦ Déclare à bon droit le demandeur coupable de recel de plaques d'immatriculation volées, la juridiction du second degré qui relève que ces plaques ont été découvertes sous la garniture de l'aile du véhicule, et que leur dissimulation implique que celui qui les détenait en connaissait l'origine frauduleuse. • Crim. 22 mai 1997, n° 96-82.080 P.

78. Justifie sa décision la cour d'appel qui, pour déclarer le prévenu coupable de recel du produit d'abus de biens sociaux, relève : qu'il a bénéficié de travaux effectués dans une résidence lui appartenant et réglés par une société au moyen de fonds qu'il savait provenir de versements indus d'une autre société. • Crim. 10 juill. 1995, n° 94-82.665 P. ♦ ... Que l'intéressé, technicien du génie rural à la direction départementale de l'agriculture, a profité de ses relations professionnelles, empreintes de complaisance, avec diverses sociétés pour obtenir de leurs dirigeants qu'ils règlent, avec des fonds sociaux et à hauteur de 850 000 F, des factures de travaux et de fournitures afférentes à la construction de sa maison particulière. • Crim. 29 avr. 1996, n° 95-83.274 P : *D. Affaires 1996. 1009.* ♦ Dès lors que les fonds sociaux prélevés de manière occulte par les dirigeants l'ont été nécessairement dans leur intérêt personnel direct ou indirect, sauf à établir la preuve, non rapportée en l'espèce, de leur utilisation dans le seul intérêt de la société, la cour d'appel a pu en déduire la responsabilité du dirigeant poursuivi pour recel d'une partie des fonds provenant des détournements imputés au gérant de fait de la société. • Crim. 14 mai 1998 : *D. 1999. Somm. 159, obs. Segonds ; BJS 1998. 351, note Barbiéri.*

79. L'existence de doutes sur la provenance des acquisitions du prévenu n'implique pas qu'il ait eu connaissance de leur origine frauduleuse. • Crim. 16 nov. 1983 : *Gaz. Pal. 1984. 1. Pan. 105.* ♦ La connaissance par les receleurs de l'origine frauduleuse des marchandises se déduit moins des affirmations de l'auteur principal, que des circonstances de la cause ; ainsi, est réputée avoir eu cette connaissance, la personne qui s'est procurée auprès d'une employée voleuse, dont elle était l'amie, environ quatre-vingts bouteilles à des prix défiant toute concurrence, alors qu'elle a reconnu avoir partagé les doutes d'une autre amie, également prévenue de recel, sur l'origine de ces dernières, mais n'a pas mis fin à ses achats ; de même, doit être considérée comme ayant eu cette connaissance, une troisième personne qui, avant de se fournir directement auprès de l'employée voleuse, avait acquis, par l'intermédiaire de ladite prévenue, une vingtaine de bouteilles, malgré les réticences de celle-ci à lui révéler le nom de son fournisseur ; en effet, ces réticences, ajoutées au prix et au nombre de bouteilles, ne pouvaient que rendre suspecte leur origine. • Chambéry, 4 déc. 1996 : *JCP 1997. IV. 2497.*

80. Ne sont pas la conséquence d'une simple imprudence de la part des prévenus les délits de détournement de fonds publics et de recel liés à un emploi fictif, mais ils relèvent d'une volonté de rendre service et d'organiser, ainsi, au préjudice de la collectivité nationale, une apparence de respect de la loi pour assurer le confort du bénéficiaire. • Crim. 30 mai 2001, n° 00-84.102 P : *D. 2002. Somm. 1799, obs. Segonds ; Dr. pénal 2001. 126, obs. Véron.*

81. Le recel du délit d'atteinte à l'égalité des candidats dans les marchés publics est caractérisé dès lors que le prévenu s'est vu confier plusieurs marchés de gré à gré pour des prestations fournies au titre des documents d'arpentage et plans parcellaires, négociations foncières et levées topographiques, lesquelles, se rapportant à des travaux de même nature, auraient dû, eu égard à leur montant, donner lieu à un marché avec appel d'offres, ce que n'ignorait pas le prévenu. • Crim. 28 janv. 2004, n° 02-86.597 P : *JCP 2004. II. 10084, note Linditch ; Gaz. Pal. 2004. 2. 2541 ; Dr. pénal 2004. 92, obs. Véron.* ♦ C'est à bon droit que, pour déclarer le délit d'atteinte à la liberté d'accès et à l'égalité des candidats dans les marchés publics constitué, et dire le prévenu coupable de recel de ce délit, les juges énoncent qu'il avait été mandaté par le service foncier du conseil général pour établir des documents d'arpentage et des états parcellaires sur les mêmes terrains, lui permettant ainsi de disposer d'un avantage sur ses concurrents lors de la soumission ; ils ajoutent que le prévenu avait obtenu des renseignements privilégiés sur ce marché de l'un de ses employés et de la fille de ce dernier ; le prévenu a donc bénéficié en connaissance de cause de l'attribution d'un marché irrégulièrement passé. • Même arrêt.

82. Le délit de recel de favoritisme est caractérisé à l'égard de celui qui bénéficie en connaissance de cause du produit provenant de l'attribution irrégulière d'un marché ; se rend coupable de ce délit le gérant de la société qui a reçu, en connaissance de son origine délictuelle, le paiement par le CIDE et le conseil général du prix de la prestation de cette société, et a, en sa qualité de gérant également, bénéficié des retombées positives pour la société, en termes de chiffre d'affaires et d'influence, résultant de l'obtention du marché litigieux. • Crim. 5 mai 2004, n° 03-85.503 P : *AJ pénal 2004. 285, obs. Girault ; Gaz. Pal. 2005. 1. Somm. 618.*

83. Se rend coupable de recel d'un bien provenant d'un vol, le prévenu qui a pris place dans un véhicule automobile dont il avait constaté que la porte avant du conducteur était ouverte et la vitre cassée ; l'infraction est caractérisée dès lors que le prévenu, en ayant tenté de faire démarrer le véhicule, a eu l'intention d'utiliser ce dernier alors qu'il présentait les caractéristiques d'un véhicule ayant fait l'objet d'une effraction. • Rennes, 27 oct. 2006 : *JCP 2007. IV. 1800.*

84. Le prévenu exerçant la profession d'avocat, ayant l'habitude de la clientèle pénale et connaissant particulièrement son client multirécidiviste de l'escroquerie, ne peut être cru lorsqu'il prétend, sortant de son mutisme à l'audience, n'avoir pu imaginer que son client lui remettrait un chèque d'origine frauduleuse. • T. corr. Versailles, 25 oct. 2007 : *Gaz. Pal. 2008. 1. 926, note Bouloc.*

85. Un conservateur à la Bibliothèque nationale de France a été poursuivi pour avoir frauduleusement soustrait un manuscrit hébraïque qu'il a revendu au prix de 100 000 $; son épouse a été poursuivie pour avoir recelé les fonds provenant de ce vol, qui ont été déposés sur un compte bancaire luxembourgeois commun aux époux, dont l'origine a été faussement justifiée par la signature d'une reconnaissance de dette fictive au profit d'un oncle de la prévenue, et qui ont contribué à financer l'achat d'un appartement au nom des deux conjoints ; l'un et l'autre ont été déclarés coupables par le tribunal correctionnel ; infirmant le jugement à l'égard de la seconde, l'arrêt a prononcé la relaxe au bénéfice du doute quant à sa culpabilité ; en se déterminant ainsi, sans répondre aux conclusions de la partie civile (agent judiciaire du Trésor), qui faisait valoir qu'eu égard à sa profession et à ses compétences, la prévenue ne pouvait ignorer que ces sommes avaient une origine frauduleuse et que, compte tenu de leur montant, elles ne pouvaient être, comme elle prétendait l'avoir cru, le produit d'expertises qu'auraient effectuées son mari, en dehors de son emploi, la cour d'appel n'a pas justifié sa décision. • Crim. 27 nov. 2007 : *Dr. pénal 2008. 36, obs. Véron.*

86. Le prévenu, avocat, a reçu d'un client, qui faisait l'objet d'une enquête portant notamment sur des escroqueries commises au préjudice de personnes âgées et qui était venu le consulter sur les procédures le concernant, un chèque d'un montant de 1 000 €, établi par l'une des victimes de ces agissements et ne comportant pas d'ordre ; il a remis ce chèque, en règlement de vacation, à une avocate, travaillant occasionnellement pour son cabinet ; transmis à l'encaissement, le chèque a été rejeté en raison d'une opposition ; pour déclarer le prévenu coupable de recel aggravé, l'arrêt prononce par les motifs repris au moyen ; en l'état de ces énonciations, d'où il se déduit que le prévenu a détenu le chèque litigieux, en toute connaissance de cause, et l'a fait encaisser par un tiers pour en dissimuler l'origine frauduleuse, la cour d'appel a justifié sa décision. • Crim. 11 févr. 2009 *(2 arrêts)*, n° 07-86.705 P : *D. 2009. 2403, note Sarcy ; Dr. pénal 2009. 52, obs. Véron.*

87. Le prévenu a été déclaré coupable de recel et de falsification de documents administratifs aux motifs que son attention, compte tenu de son âge (50 ans) et de sa personnalité, aurait dû être attirée par la modestie du prix, même si le *scooter ne démarrait pas, l'incapacité* du vendeur à lui remettre des documents en règle, le lieu de vente, les objets vendus dans les vide-greniers étant, en principe, mis en vente par les propriétaires eux-mêmes ; par ailleurs, le prévenu ne pouvait de bonne foi soutenir que le certificat d'immatriculation était perdu et que le vendeur devait le lui faire parvenir ; ces énonciations de l'arrêt attaqué mettent la Cour de cassation en mesure de s'assurer que la cour d'appel a, sans insuffisance ni contradiction, caractérisé en tous leurs éléments, tant matériels qu'intentionnel les délits dont elle a déclaré le prévenu coupable. • Crim. 27 juin 2012, n° 11-86.555 : *Gaz. Pal. 2012. 2. 3022, obs. Detraz.*

88. Pour confirmer le jugement attaqué en ce qu'il a déclaré la prévenue coupable du délit de recel pour la totalité des dépenses retenues au titre du délit d'abus de biens sociaux, l'arrêt retient qu'il résulte des éléments de l'enquête que cette dernière a été bénéficiaire, au moins en partie, des achats effectués par M. X... en matière de séjours, champagne et vêtements ; les juges ajoutent que cette dernière, qui n'est pas seulement l'épouse de M. X... et associée de la société C..., est surtout responsable administratif et financier de cette société, en sorte qu'elle ne saurait utilement prétendre qu'elle n'a pas eu connaissance de ce que les achats constitutifs d'abus de biens sociaux étaient passés dans la comptabilité de la société ; en prononçant par ces motifs, dont il résulte que la prévenue a bénéficié, en connaissance de cause, du train de vie de son époux permis par les faits d'abus de biens sociaux dont ce dernier a été reconnu coupable, la cour d'appel a justifié sa décision. • Crim. 30 janv. 2019, n° 17-85.304 P : *D. actu. 15 févr. 2019, obs. Goetz ; D. 2019. Pan. 1858, obs. Mascala ; AJ pénal 2019. 207, obs. Sordino ; RSC 2019. 355, obs. Matsopoulou.*

89. Entre dans les prévisions des art. 321-1 et 421-2-5 C. pén. le fait de détenir, à la suite d'un téléchargement effectué en toute connaissance de cause, des fichiers caractérisant l'apologie d'actes de terrorisme ; cependant, une condamnation de ce chef n'est compatible avec l'art. 10 Conv. EDH que si est caractérisée, en la personne du receleur, son adhésion à l'idéologie exprimée dans de tels fichiers ; pour confirmer la déclaration de culpabilité du prévenu et le condamner à deux ans d'emprisonnement dont un an avec sursis et mise à l'épreuve, outre la confiscation des scellés, l'arrêt énonce qu'en effectuant des téléchargements volontaires de fichiers faisant l'apologie du terrorisme, M. X... s'est procuré et a détenu en toute connaissance de cause des choses provenant d'une action qualifiée crime ou délit par la loi ; les juges ajoutent, par motifs propres et adoptés, que le comportement de M. X... démontre une certaine adhésion aux propos apologétiques et que la multiplicité, la diversité et le caractère volontaire de la sélection des documents téléchargés excluent qu'il ait pu agir de bonne foi par simple curiosité, quête spirituelle ou parce qu'il se retrouvait dans une situation de détresse psychologique, matérielle et familiale, ainsi qu'il le prétend ; en l'état de ces énonciations, la cour d'appel n'a méconnu aucun des textes visés au moyen, lequel doit être rejeté. • Crim. 7 janv. 2020, n° 19-80.136 : *D. 2020. 312, note Roets* ; *D. actu. 5 févr. 2020, obs. Lavric ; Gaz. Pal. 2020. 260, note Mayaud ; ibid. 1781, obs. Fourment ; JCP 2020. 341, note Beaussonie ; ibid. 569. 4, obs. Claverie-Rousset ; Dr. pénal 2020, comm. 48, obs. Conte.* ♦ Le délit de recel d'apologie d'actes de terrorisme porte à la liberté d'expression et de communication une atteinte qui n'est pas nécessaire, adaptée et proportionnée ; les mots « ou de faire publiquement l'apologie de ces actes » figurant au 1er al. de l'art. 421-2-5 C. pén. ne sauraient donc, sans méconnaître cette liberté, être interprétés comme réprimant un tel délit (§ 26) ; sous cette réserve, et pour les mêmes motifs que ceux énoncés dans la décision du Cons. const. du 18 mai 2018, les dispositions contestées ne méconnaissent ni la liberté d'expression et de communication, ni les principes de légalité, de nécessité et de proportionnalité des délits et des peines ; ces dispositions, qui ne méconnaissent aucun autre droit ou liberté que la Constitution garantit, doivent, sous cette même réserve, être déclarées conformes à la Constitution (§ 27). • Cons. const., 19 juin 2020, n° 2020-845 QPC : *JO 20 juin ; D. 2020. 1360* ; *D. actu. 26 juin 2020, obs. Goetz ; JCP 2020. 820 ; Dr. pénal 2020. Comm. 153, obs. Conte ; Gaz. Pal. 2020. 2629, note Mésa ; ibid. 2924, obs. Piot ; ibid. 3416, obs. Malhière.* ♦ Sur le renvoi de la QPC au Cons. const. : • Crim. 24 mars 2020, n° 19-86.706 *QPC : D. 2020. 713* ; *D. actu. 29 avr. 2020, obs. Recotillet ; AJ pénal 2020. 293, note Bendavid et Quendolo* ; *Gaz. Pal. 2020, p. 1781, obs. Fourment.*

90. Possession régulière et de bonne foi. Les tribunaux apprécient souverainement, au vu des éléments de preuve régulièrement soumis aux débats contradictoires, la régularité de la possession et la bonne foi dont peut se prévaloir, en application de l'art. 2279, al. 1er, C. civ., l'acquéreur d'un bien mobilier. • Crim. 3 déc. 1984 : *Bull. crim. n° 381.* ♦ *Adde* : obs. Ottenhof, *RSC 2000. 832* .

91. N'est pas coupable de recel l'acquéreur de bonne foi d'un véhicule automobile, et qui, après avoir eu connaissance de l'origine frauduleuse de la voiture par lui acquise, persiste à vouloir la conserver, malgré les sommations qui lui étaient faites de la restituer. • Crim. 24 nov. 1977 : *Bull. crim. n° 371 ; D. 1978. 42, note Kehrig ; Gaz. Pal. 1977. 2. 682.* ♦ Doit être relaxé de recel de vol, au bénéfice du doute, le prévenu ayant acquis un véhicule BMW volé en Allemagne, et qui prétend n'avoir eu connaissance de la provenance frauduleuse qu'après coup ; en effet, le véhicule a été acheté sur un important marché de véhicules d'occasion, et le prévenu a contracté un important prêt pour financer son achat ; par ailleurs, le prix payé est voisin du prix moyen en Allemagne pour un véhicule identique, et le prévenu a été mis en possession au moment de la vente des documents permettant l'immatriculation en France. • Grenoble, 30 nov. 2005 : *JCP 2006. IV. 2134.*

92. Le créancier qui a reçu de bonne foi, en paiement, une somme d'argent qui lui était due en devient immédiatement propriétaire ; il ne peut, dès lors, être déclaré coupable de recel s'il apprend par la suite qu'elle avait une origine frauduleuse. • Crim. 24 janv. 1978 : *Bull. crim. n° 27.* ♦ Rappr. : • Crim. 22 janv. 1976 : *Gaz. Pal. 1976. 1. 349* (sur le caractère libératoire de la remise de chèques).

93. Est à bon droit déclaré de mauvaise foi le prévenu, brocanteur de profession, qui, à l'occasion d'un achat de biens mobiliers, s'abstient de toute inscription sur le registre réglementaire et de toute mention en comptabilité. • Crim. 3 déc. 1984 : *préc. note 90* • 19 déc. 1989 : *Gaz. Pal. 1990. 2. Somm. 522.* ♦ Rappr. : • Crim. 16 oct. 1974 : *Gaz. Pal. 1975. 1. Somm. 40.*

94. Au cours d'une instance prud'homale l'opposant à son employeur, le prévenu, représenté par un délégué syndical, a versé aux débats l'exemplaire d'une lettre déchirée et reconstituée que le chef d'entreprise avait jetée dans sa corbeille à papier ; pour écarter l'argumentation des prévenus soutenant que, la lettre litigieuse ayant été abandonnée par son propriétaire, elle n'avait pu faire l'objet d'une appréhension frauduleuse et partant d'un recel, l'arrêt énonce que l'auteur non identifié du vol « a eu l'intention arrêtée de s'approprier des chutes de la lettre en cause à l'insu de leur légitime propriétaire, qui n'a aucunement consenti par avance de façon implicite à ce qu'elles soient interceptées et subtilisées par des mains non autorisées » ; en se prononçant ainsi, la cour d'appel, appréciant souverainement qu'il n'y avait pas eu abandon volontaire de la chose par son propriétaire, a justifié sa décision ; pour dire établis les faits de recel la cour d'appel retient que les circonstances de l'appréhension des morceaux de lettre par leur voleur excluent que les prévenus aient pu les posséder de bonne foi, ceux-ci ayant eu nécessairement connaissance de leur soustraction frauduleuse ; en se prononçant ainsi, la cour d'appel, qui a à bon droit écarté l'erreur de droit invoquée par les prévenus, a justifié sa décision. • Crim. 10 mai 2005, n° 04-85.349 P : *D. 2005. Pan. 2991, obs. Roujou de Boubée* ; *JCP 2005. II. 10162, note Daury-Fauveau ; Dr. pénal 2005. 160, obs. Véron.*

95. Transaction. Selon l'art. 6, dernier al., C. pr. pén., sauf disposition légale contraire, la transaction, qui ne fait pas disparaître l'infraction, est sans effet sur l'exercice de l'action publique ; méconnaît ce principe la chambre d'accusation qui, pour confirmer l'ordonnance de non-lieu rendue par un juge d'instruction qui a considéré la mauvaise foi du directeur d'une galerie non caractérisée, – dans une affaire où a été reconnu, lors d'une de ses expositions, le tableau du peintre flamand Frans Hals, qui proviendrait d'une collection composée de plus de trois cents toiles dérobées en France par l'occupant en avril 1943, par l'ayant droit du propriétaire de cette collection avant la Seconde Guerre mondiale –, énonce notamment que l'indemnisation de la succession par l'État fédéral allemand, après une transaction attestée par une lettre versée au dossier, adressée le 24 avr. 1961 par un des cohéritiers au conservateur des musées nationaux, confère depuis lors un caractère régulier à la possession des pièces provenant de la collection. • Crim. 4 juin 1998, n° 96-85.871 P. ♦ Ne donne pas de base légale à sa décision au regard des art. 177 et 593 C. pr. pén., la chambre d'accusation qui, pour dire n'y avoir lieu à suivre contre le directeur de la galerie du chef de recel, en l'absence de mauvaise foi, relève que la galerie qu'il dirige a acquis le tableau concerné en avril 1989 lors d'une vente aux enchères organisée pour un public d'initiés, ajoute que cette vente a été précédée de trois autres, de même nature, à l'initiative de sociétés de renommée mondiale, sans aucune réaction des autorités françaises, retient, par ailleurs, que seul un répertoire de 1947, obsolète et difficile à consulter en raison du peu d'exemplaires disponibles, signalait le tableau comme provenant d'une spoliation par le régime nazi, et précise que la bonne foi de l'intéressé se déduit encore de l'importation régulière du tableau dans le pays même où il a été dérobé, ainsi que de son exposition publique, à l'occasion d'une manifestation d'ampleur internationale, alors que les parties faisaient valoir que la collection avait une réputation mondiale que le marché de l'art ne pouvait ignorer, que plusieurs ouvrages de référence, connus des professionnels et accessibles à tous, mentionnaient la toile litigieuse comme faisant partie des œuvres spoliées pendant la guerre et non retrouvées, que le directeur de la galerie, spécialiste des maîtres flamands du XVIIe siècle, dirige l'une des plus prestigieuses galeries d'art aux États-Unis, et qu'un témoignage versé au dossier attestait de la connaissance, par la personne mise en examen, du vol de la toile litigieuse. • Même arrêt.

96. Délégation. Un expert-comptable était poursuivi du chef de recel d'abus de confiance pour avoir reçu des fonds provenant d'une association dont il n'était pas créancier, en paiement d'honoraires dus par une autre association et par une société, toutes ces personnes morales ayant le même dirigeant ; pour écarter l'argumentation du prévenu qui faisait valoir que l'opération constituait une délégation au sens des art. 1275 s. C. civ., la cour d'appel se borne à retenir que l'expert-comptable ne justifie pas d'une déclaration expresse pouvant justifier le règlement de ses créances par une personne autre que ses débiteurs ; en se prononçant ainsi, sans répondre aux conclusions du prévenu qui arguait de l'existence d'une délégation de créance, et alors que le consentement du délégué à la délégation, s'il doit être certain, peut être tacite, la cour d'appel n'a pas donné de base légale à sa décision. • Crim. 23 nov. 2004, n° 04-82.834 P : *AJ pénal 2005, p. 70 ; Gaz. Pal. 2005. 1. Somm. 2214, note A. C.*

97. Repentir actif. La remise des documents entre les mains d'un tiers de bonne foi, en l'occurrence un juge, n'efface pas le délit constitué par la détention antérieure. • Grenoble, 17 mai 1995 : *JCP 1996. IV. 718.*

C. JUSTIFICATION. – DROITS DE LA DÉFENSE

98. Recel du produit de la violation du secret fiscal. Les questions patrimoniales concernant une personne menant une vie publique, tel un dirigeant d'une grande entreprise, ne relèvent pas du domaine de la vie privée ; si les informations sur le montant des revenus annuels du dirigeant d'une grande entreprise étaient licites et leur divulgation autorisée, la condamnation de journalistes pour en avoir simplement publié le support, à savoir les avis d'imposition, ne saurait être justifiée au regard de l'art. 10 Conv. EDH ; cet art., par essence, laisse aux journalistes le soin de décider s'il est nécessaire ou non de reproduire le support de leurs informations pour en asseoir la crédibilité ; il protège le droit des journalistes de communiquer des informations sur des questions d'intérêt général dès lors qu'ils s'expriment de bonne foi, sur la base de faits exacts, et fournissent des informations fiables et précises dans le respect de l'éthique journalistique. • CEDH 21 janv. 1999, *Fressoz et Roire c/ France : D. 1999. Somm. 272, obs. Fricero ; JCP 1999. II. 10120, note Derieux ; Gaz. Pal. 25-27 juill. 1999, note P. Lambert ; RSC 1999. 631, obs. Massias .* ♦ *Adde* : Mignon, *RJF 1999, n° 3, p. 178* (y a-t-il encore un secret fiscal ?). – Deboissy et Saint-Pau, *D. 2000. Chron. 267* (la divulgation d'une information patrimoniale (à propos de l'affaire Calvet).

99. Recel du produit de la violation du secret de l'instruction. L'art. 41 de la L. du 29 juill. 1881 sur la liberté de la presse, qui est d'ordre public, et que le juge doit appliquer, le cas échéant, d'office, ne prévoit d'immunité, concernant les discours prononcés ou les écrits produits devant les tribunaux, qu'à raison des délits de diffamation, d'injure ou d'outrage ; il n'est cependant pas interdit au juge d'interpréter largement les dispositions d'un texte favorable au prévenu ; or, le principe supérieur, de valeur constitutionnelle, des droits de la défense, doit conduire à admettre que la libre production, dans un procès, de pièces écrites, dès lors qu'elles ne sont pas étrangères à la cause, est tout aussi essentielle que la liberté de parole et de ton, protégée par l'art. 41 ; en outre, l'application du principe du droit à la liberté d'expression, proclamé par l'art. 10 Conv. EDH, exige également de permettre au journaliste d'accomplir pleinement sa mission, et de pouvoir en répondre, le cas échéant, devant un tribunal, sans s'exposer à une poursuite du seul fait de l'exercice de sa défense ; la production en justice de pièces versées au débat par le défendeur, au titre de l'exercice des droits de la défense, ne saurait donc donner lieu à aucune action du chef de recel de violation du secret de l'instruction, et il existe en l'espèce une fin de non-recevoir. • TGI Paris, 2 oct. 1998 : *JCP 1998. II. 10189, note Derieux ; D. 1999. IR 48.*

100. Le juge saisi de poursuites en diffamation contre un journaliste doit rechercher si, en l'espèce, la production en justice de pièces normalement couvertes par le secret de l'instruction, objet des poursuites exercées contre l'intéressé, n'a pas été rendue nécessaire par l'exercice des droits de la défense. • Crim. 11 juin 2002, n° 01-85.237 P : *D. 2002. IR 2453 ; ibid. 2004. Somm. 317, obs. de Lamy ; JCP 2003. II. 10061, note Dreyer ; Gaz. Pal. 2002. 2. 1745, note Monnet ; Dr. pénal 2002. 135, obs. Véron ; RSC 2002. 619, obs. Francillon ; ibid. 881, obs. Renucci .* ♦ Le droit à un procès équitable et la liberté d'expression justifient que la personne poursuivie du chef de diffamation soit admise à produire, pour les nécessités de sa défense, les pièces d'une information en cours de nature à établir sa bonne foi ou la vérité des faits diffamatoires ; cassation pour violation des art. 6 et 10 Conv. EDH, ensemble les art. 29, 35 et 55 de la L. du 29 juill. 1881, de l'arrêt qui, sur les poursuites en diffamation diligentées contre des journalistes, écarte des débats les rapports d'expertise judiciaire tirés d'une information en cours suivie contre la partie civile du chef de prise illégale d'intérêts et produits par le prévenu au soutien de l'exception de bonne foi, aux prétendus motifs que la production de ces pièces constitue une violation de l'art. 11 C. pr. pén. et porte atteinte à la présomption d'innocence, alors que l'atteinte alléguée à la présomption d'innocence ne peut faire obstacle à ce que le journaliste prévenu produise, pour les nécessités de sa défense, les pièces d'où étaient tirées les informations rapportées par l'article incriminé, et alors que, en vertu de l'exigence d'équité du procès, la partie civile était elle-même en droit de produire, en réplique, des pièces du dossier de la procédure suivie contre elle. • Crim. 11 févr. 2003, n° 01-86.696 P : *RSC 2004. 130, obs. Francillon ; D. 2003. IR 807 ; ibid. 2004. Somm. 317, obs. de Lamy ; ibid. 2005. Chron. 1388, obs. François* (preuve de la vérité des faits diffamatoires et Conv. EDH) ; *JCP 2003. IV. 1601.*

101. Recel de fichiers volés. Pour déclarer le prévenu coupable, l'arrêt attaqué énonce que celui-ci a sciemment recelé les fichiers clients de son ancien employeur, en les détenant et en les utilisant, après son licenciement, sachant que ces éléments provenaient d'un vol au préjudice de ladite société ; en l'état de ces énonciations fondées sur l'appréciation souveraine, par les juges du fond, des éléments de preuve qui leur étaient soumis, la cour d'appel a caractérisé en tous ses éléments constitutifs le délit de recel dont elle a déclaré le prévenu coupable. • Crim. 20 oct. 2010 : *JCP 2010, 1273, note Detraz.*

III. RÉPRESSION

A. ACTION PUBLIQUE

1° PRESCRIPTION

102. Délit distinct. Le recel constituant un délit distinct, la prescription qui le concerne est indépendante de celle qui s'applique à l'infraction originaire. • Crim. 17 mai 1939 : *Bull. crim. n° 114* • 16 janv. 1964, n° 90-26.363 P.

103. Les dispositions des art. 203 C. pr. pén. et 321-3 à 321-5 C. pén. impliquent que le recel du produit d'un détournement de fonds publics ne saurait commencer à se prescrire avant que l'infraction dont il procède soit apparue et ait pu être constatée dans des conditions permettant l'exercice de l'action publique. • Crim. 28 févr. 2017, n° 15-81.969 P : *D. actu. 29 mars 2017, obs. Goetz.*

104. Délit continu. Le recel étant une infraction continue, la prescription de l'action publique ne court que du jour où il a pris fin, alors même qu'à cette date l'infraction qui a procuré la chose serait déjà prescrite. • Crim. 16 juill. 1964 : *Bull. crim. n° 241 ; D. 1964. 664 ; Gaz. Pal. 1964. 2. 404* • Besançon, 14 mars 2002 : *Dr. pénal 2002. 70, obs. Robert.* ♦ Le recel prend fin lorsque le receleur se libère de l'objet recelé entre les mains d'un tiers de bonne foi ; tel est le cas lorsqu'il s'agit d'un document et qu'il est produit en justice. • Crim. 17 mai 1983 : *Bull. crim. n° 143.*

105. S'il est de principe que la prescription du recel de choses commence à courir du jour où la détention a pris fin, le délit est punissable dès lors qu'il n'est ni établi ni allégué que le prévenu ait cessé de détenir les fonds recelés ; le prévenu ayant eu connaissance de leur provenance frauduleuse, la qualification de l'infraction originaire est, en l'espèce, indifférente. • Crim. 28 mars 1996, n° 95-80.395 P : *Dr. pénal 1996. 218, obs. Véron ; Rev. sociétés 1997. 141, obs. Bouloc .*

106. Recel du produit d'un abus de biens sociaux. Les dispositions des art. 203 C. pr. pén. et 321-3 à 321-5 C. pén. impliquent que le recel du produit d'un abus de biens sociaux ne saurait commencer à se prescrire avant que l'infraction dont il procède soit apparue et ait pu être constatée dans des conditions permettant l'exercice de l'action publique. • Crim. 6 févr. 1997, n° 96-80.615 P : *D. 1997. 334, note Renucci ; D. Affaires 1997. 281 ; JCP 1997. II. 22823, note Pralus ; ibid. E 1997. II. 949, note Pralus ; Gaz. Pal. 1997. 1. 229, note Doucet ; BJS 1997. 118, note*

Barbiéri ; Dr. pénal 1997. 61, obs. Véron ; RSC 1997. 393, obs. Renucci ; Rev. sociétés 1997. 146, obs. Bouloc ; RSC 1997. 644, obs. Ottenhof • 27 oct. 1997, n° 96-83.698 P : *D. Affaires 1997. 1429, note Boizard ; JCP 1998. II. 10017, note Pralus ; JCP E 1998, p. 263, note Lucas de Leyssac ; BJS 1998. 11, note J.-Fr. Barbiéri ; Dr. pénal 1998. 16 et 20, obs. Véron ; RSC 1998. 336, obs. Renucci*. ♦ *Adde* : Matsopoulou, *D. Affaires 1997. 780* (réflexions sur l'évolution de l'abus de biens sociaux). – Dobkine, *D. 1997. Chron. 323* (réflexions itératives à propos de l'abus de biens sociaux).

107. Un fonctionnaire du conseil général, mis en examen des chefs de corruption passive, recel d'abus de biens sociaux, trafic d'influence et favoritisme, entendu sur les méthodes employées par les élus et fonctionnaires pour favoriser certaines entreprises lors de l'attribution de marchés publics par le conseil général ainsi que sur les rémunérations illicites versées en contrepartie, a évoqué dans ce contexte le cas d'un hôpital ; les faits pour lesquels ce fonctionnaire a été mis en examen ont un rapport étroit avec ceux concernant le président du conseil d'administration de cet hôpital, qui ne constituaient qu'un exemple supplémentaire des méthodes illégales utilisées pour la passation des marchés publics dans le département ; en conséquence, le procès-verbal d'audition du fonctionnaire ainsi que la commission rogatoire rendue par le juge d'instruction constituent des actes interruptifs de la prescription des faits de corruption passive et de favoritisme reprochés au président du conseil d'administration de l'hôpital ; les dispositions non limitatives de l'art. 203 C. pr. pén. s'étendent aux cas dans lesquels, comme en l'espèce, il existe entre les faits des rapports étroits analogues à ceux que la loi a spécialement prévus. • Crim. 28 mai 2003, n° 02-85.185 P. ♦ Le point de départ de la prescription des délits de recel d'abus de biens sociaux reprochés au président du conseil d'administration de l'hôpital et à son épouse est constitué par la date de la révélation des infractions par le fonctionnaire du conseil général ; d'une part, les travaux d'électricité effectués sans facturation par une société dans la permanence électorale n'ont pas été comptabilisés ; d'autre part, les dépenses de fourniture de bureau et celles de mobilier de jardin réglées par des sociétés ont été dissimulées par interposition d'une autre société ; de telles manœuvres ne permettaient pas aux actionnaires ou aux différents organes de contrôle de ces sociétés de connaître la réelle affectation de ces dépenses. • Même arrêt.

108. Les faits de recel du produit d'abus de *biens sociaux résultant de l'exécution* d'un seul et même contrat de travail fictif constituent une opération délictueuse unique ; en conséquence, la prescription, qui n'a pu commencer à courir pour l'ensemble des faits, au plus tôt, qu'après la date de la dernière perception de revenus, ne saurait être acquise, dès lors qu'un acte interruptif de prescription est intervenu moins de trois ans après cette date. • Crim. 10 nov. 2020, n° 19-80.557 : *D. actu. 21 déc. 2020, obs. Dominati.*

109. Recel du produit d'un abus de confiance. Le recel du produit d'un abus de confiance ne saurait commencer à se prescrire avant que l'infraction dont il procède soit apparue et ait pu être constatée dans des conditions permettant l'exercice de l'action publique. • Crim. 7 mai 2002, n° 02-80.797 P : *Dr. pénal 2002. 108, obs. Véron.* ♦ A l'occasion de déplacements pour assister aux assemblées générales de la ligue nationale de basket, le prévenu, animateur d'une association, a bénéficié de repas et de distractions onéreuses réglées par le président de l'association au moyen de chèques tirés sur le compte bancaire de cette association ; pour déclarer le délit de recel d'abus de confiance prescrit, la chambre de l'instruction, après avoir rappelé que le recel est une infraction autonome dont la prescription commence à courir du jour où il a pris fin, énonce qu'en raison de la nature des faits reprochés au prévenu qui a profité sur le champ des dépenses payées au cours de sorties, le délai de prescription de l'action publique a commencé à courir à compter de l'émission du dernier chèque ; en se prononçant ainsi, alors que, par arrêt distinct du même jour, rendu dans la même procédure, elle a constaté que le délit d'abus de confiance reproché au président de l'association n'était apparu et n'avait pu être constaté que lors de l'enquête ordonnée par le ministère public, la chambre de l'instruction a méconnu les art. 321-1 à 321-5 C. pén. et 203 C. pr. pén. • Même arrêt.

110. Recel du produit de copies illicites de supports d'enregistrement. Le recel du produit d'une infraction par la perception d'une rémunération indue prend fin lorsque l'auteur des faits n'est plus en possession des fonds perçus, y compris au titre des intérêts des placements ou au titre des excédents des frais de gestion. • Crim. 16 janv. 2018, n° 16-87.699 P : *D. actu. 7 févr. 2018, obs. Fucini.*

111. Recel de violation du secret professionnel. Les délits de violation du secret professionnel et de recel de violation du secret professionnel ne sont pas des infractions commises, par nature, de manière clandestine ; justifie, dès lors, sa décision la chambre de l'instruction qui retient pour point de départ de la prescription la date à laquelle les infractions ont été consommées et non celle où elles sont apparues et on pu être constatées. • Crim. 8 nov. 2005, n° 05-80.370 P : *Gaz. Pal. 2006. 1. Somm. 2097, note Monnet.*

112. Recel de prise illégale d'intérêts. Le délit de recel de prise illégale d'intérêts ne peut être reproché à la personne qui aurait commis l'infraction principale, fût-elle prescrite. • Crim.

12 nov. 2015, ⚖ nº 14-83.073 P : *D. actu. 27 nov. 2015, obs. Goetz.*

113. Recels successifs. Les recels successifs d'un même objet constituent des délits collectifs, comme étant composés de faits de même nature, réitérés par des individus différents en exécution de la même résolution criminelle pour atteindre le même but, ce qui doit les faire considérer comme les éléments d'une seule infraction dont le caractère continu fait apparaître chacun des receleurs successifs, non pas comme auteur d'un délit distinct, mais comme coauteur d'un même délit ; en conséquence, c'est seulement lorsque le dernier receleur s'est dessaisi de l'objet au profit d'un tiers de bonne foi, ou en le restituant à son propriétaire, ou même en le détruisant, que cesse l'infraction à l'égard de tous. • Nancy, 24 mai 1950 : *Gaz. Pal. 1950. 2. 236.*

2º COMPÉTENCE

114. Compétence interne. Sont compétentes, pour connaître du recel, les juridictions répressives, tant du lieu où le receleur a détenu la chose recelée, que du lieu où il a reçu cette chose. • Crim. 31 août 1922 : *DP 1922. 218 ; S. 1923. 1. 237.*

115. Compétence internationale. La prise de possession en France d'objets de provenance frauduleuse, réalisée par l'intermédiaire de tiers agissant pour le compte d'un étranger résidant hors du territoire national, caractérise l'élément matériel constitutif du délit de recel reproché à ce dernier, justifiant la compétence de la juridiction répressive française. • Crim. 1er oct. 1986 : ⚖ *Bull. crim. nº 262.*

116. Une personne a porté plainte et s'est constituée partie civile en dénonçant le recel commis par les propriétaires successifs d'un immeuble situé en Allemagne, que son père, réfugié en France pour fuir le régime nazi, avait été contraint de céder, à des conditions désavantageuses, en donnant, à Paris, en 1937, procuration à une tierce personne ; elle soutenait qu'en raison du lieu de la signature du pouvoir destiné à permettre l'aliénation du bien, cette « spoliation » relevait de la loi française et de la compétence du tribunal de Paris par application *des art.* 113-2 C. pén., et 52 et 689 C. pr. pén. ; le juge d'instruction s'est déclaré territorialement incompétent pour instruire sur le recel commis en Allemagne, après avoir constaté que la prescription de l'action publique pour les faits d'extorsion faisait obstacle à une prorogation de sa compétence du second chef ; pour confirmer la décision entreprise, la cour d'appel énonce qu'aucun obstacle de droit ou de fait n'a, au moins depuis la fin de la Seconde Guerre mondiale, suspendu la prescription de l'action publique relativement aux faits d'extorsion de signature, infraction commise à Paris le 24 mai 1937 ; les juges retiennent que, le recel étant autonome, la signature de la procuration ne peut être regardée comme un des éléments constitutifs de cette infraction ; ils relèvent que les faits susceptibles de recevoir la qualification de recel ont été commis à l'étranger et que les dispositions des art. 113-5, 113-6 et 113-7 C. pén. rendant applicable la loi française à des infractions commises à l'étranger ne peuvent recevoir application ; la décision de la cour d'appel est justifiée ; en effet, d'une part, l'extorsion de signature et de bien et le recel de ce bien constituent des infractions distinctes ; d'autre part, la demanderesse ne saurait se faire un grief de ce que l'arrêt ait refusé sa compétence malgré la connexité existant entre l'extorsion commise en France et le recel dénoncé, dès lors que, l'action publique s'étant trouvée éteinte du premier chef avant le dépôt de la plainte pour recel, la partie civile ne pouvait invoquer une quelconque prorogation de compétence ; enfin, c'est à bon droit que la chambre de l'instruction a décidé que, en l'absence de la requête du ministère public exigée par l'art. 113-8 C. pén., la poursuite était irrecevable en ce qu'elle visait le recel éventuellement commis à l'étranger. • Crim. 9 nov. 2004, ⚖ nº 04-81.742 P : *RSC 2005. 293, obs. Vermelle* ✎ *; Dr. pénal 2005, nº 16 (2e esp.), obs. Maron ; ibid., nº 32 (2e esp.), obs. Véron ; Gaz. Pal. 2005. 1. Somm. 2093.*

3º QUALIFICATIONS

117. Conflits. V. également notes ss. art. 311-1 et 311-2, 313-1 et 314-1. – Les qualifications de recel et de complicité de vol ne sont pas exclusives l'une de l'autre, dès lors qu'elles se rapportent à deux faits distincts commis à deux dates différentes, l'un préalable au vol et l'autre consécutif à ce vol. • Crim. 18 nov. 1965 : *D. 1966. 248, note Combaldieu* • 9 févr. 1967 : *Bull. crim. nº 62 ; Gaz. Pal. 1967. 1. 217.* ♦ Même solution pour les qualifications de recel et de complicité d'abus de confiance. • Crim. 9 févr. 1967 : *Bull. crim. nº 61.* ♦ ... Pour les qualifications de recel et de complicité d'abus de biens sociaux. • Crim. 6 janv. 1970 : *Bull. crim. nº 11 ; Rev. sociétés 1971. 25, obs. Bouloc* • 25 avr. 1974 : *Bull. crim. nº 152.*

118. Les éléments constitutifs du délit d'usage de documents obtenus à l'aide d'un délit et de celui de recel de tels documents étant différents, les deux infractions peuvent être retenues à la charge de la même personne. • Crim. 26 avr. 1983, ⚖ nº 81-90.699 P : *RSC 1984. 67, obs. Vitu.*

119. Il ne saurait être fait grief à une cour d'appel d'avoir prononcé une double déclaration de culpabilité des chefs de complicité d'escroquerie et de complicité d'exercice illégal de la profession de banquier, dès lors que ces deux infractions sanctionnent la violation d'intérêts distincts et comportent des éléments constitutifs différents ; en outre, rien ne s'oppose à ce que les prévenus, reconnus coupables de ces délits, puissent être également retenus comme receleurs des sommes provenant de ces infractions, s'agissant de faits distincts commis à des dates différentes. • Crim. 10 oct. 1996 : *Dr. pénal 1997. 48, obs. Véron ; rappr. obs. Ottenhof, RSC 1999. 821*.

120. Des faits qui procèdent de manière indissociable d'une action unique caractérisée par une seule intention coupable ne peuvent donner lieu, contre le même prévenu, à deux déclarations de culpabilité de nature pénale, fussent-elles concomitantes. Pour déclarer le prévenu coupable de recel, l'arrêt retient que des fonds provenant de l'escroquerie commise par sa compagne ont été versés sur son compte. En statuant ainsi, alors que le versement effectué sur le compte du prévenu ne constituait, au moins en partie, qu'une opération préalable nécessaire à l'achat du bien réalisé par ses soins et pour lequel il a été déclaré coupable de blanchiment, la cour d'appel a méconnu la règle *ne bis in idem* et le principe énoncé ci-dessus. • Crim. 26 oct. 2016, n° 15-84.552 P : *D. actu. 7 nov. 2016, obs. Fucini ; AJ pénal 2017. 35, obs. Gallois ; JCP G 2017. 16, note Catelan ; Gaz. Pal. 2017. 413, obs. Detraz ; Dr. pénal 2017. 4, obs. Conte ; RSC 2016. 778, obs. Matsopoulou*.

121. Questions. La question par laquelle il est demandé si l'accusé est coupable d'avoir recelé des objets frauduleusement soustraits par des individus définitivement jugés, interroge la cour et le jury, non sur la matérialité du vol, mais uniquement sur la culpabilité dudit accusé du chef de recel des objets provenant de cette soustraction frauduleuse, et n'est donc pas entachée de complexité prohibée. • Crim. 6 févr. 1991, n° 90-81.548 P.

122. Il y a complexité prohibée, au sens de l'art. 349 C. pr. pén., si la même question posée à la cour et au jury contient plusieurs faits ou circonstances qui peuvent donner lieu à des réponses distinctes et qui, diversement appréciées, peuvent conduire à des conséquences différentes ; les questions posées qui se rapportent à des recels d'objets provenant de vols distincts, commis à des dates et en des lieux différents, au préjudice de diverses victimes, sont entachées de complexité prohibée. • Crim. 6 déc. 2000, n° 00-82.942 P : *Dr. pénal 2001. 92 (1er arrêt), obs. Maron.*

4° PREUVE

123. Aveu. *La règle de l'indivisibilité de l'aveu* édictée par l'art. 1356 C. civ. n'est applicable qu'à l'aveu judiciaire, et, en matière pénale, que lorsqu'il s'agit de retenir un tel aveu comme preuve d'un contrat civil dont la violation est nécessaire pour caractériser le délit ; tel n'est pas le cas en matière de délit de recel. • Crim. 10 mai 1988 : *Bull. crim. n° 204.*

B. ACTION CIVILE

124. Recevabilité. Il ressort des art. 1er, 2 et 85 C. pr. pén. que, pour qu'une constitution de partie civile soit recevable devant la juridiction d'instruction, il suffit que les circonstances sur lesquelles elle s'appuie permettent au juge d'admettre comme possibles l'existence du préjudice allégué et la relation directe de celui-ci avec une infraction à la loi pénale ; le recel d'un bien, s'agissant d'une infraction continue, est de nature à causer un préjudice de jouissance personnel et direct aux héritiers du propriétaire auquel ce bien a été soustrait de façon délictueuse, dès lors que ce délit se poursuit à un moment où ils ont acquis cette qualité. • Crim. 29 nov. 2016, n° 15-86.409 P : *D. actu. 4 janv. 2017, obs. Fonteix.* ♦ Encourt la cassation l'arrêt de la chambre de l'instruction qui, pour déclarer irrecevable la plainte avec constitution de partie civile de l'héritier d'un propriétaire auquel un bien a été soustrait de façon délictueuse, retient que le préjudice n'a pas été subi par ce dernier mais par son auteur. • Même décision.

125. Solidarité. Il résulte des art. 55 C. pén. (C. pr. pén., art. 375-2 et 480-1) et 203 C. pr. pén., qu'il y a connexité entre l'infraction par laquelle les objets ont été enlevés, détournés ou obtenus, et le recel des mêmes objets. • Crim. 19 mai 1981 : *Bull. crim. n° 166* • 22 mai 1991 : *Dr. pénal 1992. 9.* ♦ ... Sans qu'il soit nécessaire de constater l'existence d'un concert formé à l'avance entre les auteurs de ces infractions. • Crim. 11 mai 1977 : *Bull. crim. n° 173.*

126. Ainsi, le receleur, même s'il n'a reçu qu'une partie des objets provenant d'un crime ou d'un délit, est solidairement responsable avec l'auteur principal de la totalité des dommages-intérêts. • Crim. 25 janv. 1950 : *Bull. crim. n° 28 ; D. 1950. 243* • 8 févr. 1956 : *Bull. crim. n° 141* • 30 nov. 1961 : *ibid. n° 492* • 30 oct. 1962 : *ibid. n° 298* • 16 déc. 1971 : *ibid. n° 359 ; D. 1972. Somm. 31* • 20 mars 1985 : *Bull. crim. n° 120* • 3 nov. 1986 : *ibid. n° 315* • 6 mai 1987 : *ibid. n° 185* • 22 mai 1991 : *préc. note 125.* ♦ ... Même si les circonstances aggravantes accompagnant le délit ne sont pas retenues à sa charge. • Crim. 22 mai 1991 : *Dr. pénal 1992. 10.* ♦ ... Et à la condition, toutefois, que la réparation s'applique tant à l'auteur identifié du délit qu'au receleur. • Crim. 2 févr. 1982 : *Bull. crim. n° 37* • 10 mai 1988 : *ibid. n° 204 ; RSC 1989. 311, obs. Vitu* • 19 nov. 1991 : *Dr. pénal 1992. 178* • Paris, 10 nov. 1927 : DP *1929. 2. 99, note Holleaux.*

127. Pour réparer le dommage résultant de délits connexes, et même si leurs auteurs sont tenus solidairement des dommages-intérêts au sens de l'art. 480-1 C. pr. pén., les juges n'en ont pas moins l'obligation de statuer dans la limite des conclusions dont ils sont saisis. • Crim. 19 nov. 2003 : *préc. note 7.* ♦ ... Il résulte de l'arrêt attaqué que, saisie par un club sportif, partie civile, de conclusions tendant à la condamnation, au titre des dommages-intérêts, de son ancien président à 1 687 030 F, et d'un intermédiaire à 85 000 F, représentant, pour le premier, le montant des sommes détournées, et, pour le second, celui des sommes recelées, la cour d'appel, après avoir estimé le montant des détournements à la somme de 735 000 F, les a condamnés solidairement au paiement de cette somme, en énonçant que le receleur, même s'il n'a reçu qu'une partie des objets provenant du délit, est solidairement responsable avec l'auteur principal de la totalité des dommages-intérêts ; mais, si au sens de l'art. 480-1 C. pr. pén., les individus condamnés pour un même délit ou des délits connexes sont tenus solidairement des dommages-intérêts et des frais causés par leur faute commune, la cour d'appel, qui était saisie par la partie civile de conclusions ne tendant à la condamnation du receleur qu'à la somme de 85 000 F au titre de dommages-intérêts, a méconnu le sens et la portée du texte susvisé et du principe ci-dessus rappelé ; d'où il suit que la cassation est encourue, qu'elle aura lieu sans renvoi, la Cour de cassation étant en mesure d'appliquer directement la règle de droit et de mettre fin au litige, ainsi que le permet l'art. L. 131-5 COJ. • Même arrêt.

128. Pour condamner le prévenu, solidairement avec son épouse, à régler au liquidateur judiciaire de la société C. une somme de 356 400 € en réparation du préjudice subi par cette personne morale à la suite de l'abus de biens sociaux commis par son gérant de fait au moyen de versement de salaires à son épouse en rétribution d'un emploi fictif supporté par la société et du recel commis par cette dernière bénéficiaire de ces sommes perçues indûment, l'arrêt énonce qu'ils ont été déclarés coupables d'infractions rattachées entre elles par un lien d'indivisibilité et de connexité et qu'ils doivent, en conséquence, être tenus solidairement des dommages-intérêts par application de l'art. 480-1 C. pr. pén. ; en prononçant ainsi, et dès lors que le prévenu ayant été déclaré coupable de partie des faits d'abus de biens sociaux visés à la prévention que les juges ont estimés à bon droit connexes du recel retenu à l'encontre de l'épouse de ce dernier, les griefs pris de ce que la prescription de l'action publique, constatée pour le surplus des faits d'abus de biens sociaux reprochés, interdit au juge répressif de connaître de l'action civile en réparation du dommage causé par ces derniers sont inopérants, la cour d'appel a justifié sa décision. • Crim. 10 nov. 2020, n° 19-80.557 : *D. actu. 21 déc. 2020, obs. Dominati.*

129. Il n'y a aucune présomption légale de connexité lorsque, l'auteur principal ayant enlevé, détourné ou obtenu des objets à l'aide de plusieurs crimes ou délits, le receleur n'a détenu que des objets provenant d'une seule ou d'une partie déterminée de ces infractions. • Crim. 26 mars 1957 : *Bull. crim. n° 287* • 20 oct. 1982 : *ibid. n° 230* • 3 nov. 1986 : *ibid. n° 315.*

130. La solidarité s'applique même au receleur ayant partiellement obtenu des objets volés d'un premier receleur. • Crim. 14 mai 1984 : *Bull. crim. n° 174.*

131. Restitution. Sur l'application des dispositions de l'art. 2279, al. 2, C. civ. • Crim. 30 oct. 1969 : *JCP 1970. II. 16333, note Goubeaux.*

132. Réparation. Est recevable l'action civile d'une société de transport formée contre le receleur de marchandises volées qu'elle avait la responsabilité de transporter dès lors qu'en sa qualité de voiturier, au sens de l'art. L. 133-1 C. com., elle était garante auprès de ses clients de la perte de ces objets, de sorte qu'elle peut invoquer un dommage résultant pour elle directement de l'infraction. • Crim. 12 mai 2015, n° 14-80.766 P : *D. actu. 12 juin 2015, obs. Priou-Alibert ; Dr. pénal 2015. 95, obs. Véron ; RSC 2015. 865, obs. Matsopoulou.*

Art. 321-2 Le recel est puni de dix ans d'emprisonnement et de 750 000 € d'amende :

1° Lorsqu'il est commis de façon habituelle ou en utilisant les facilités que procure l'exercice d'une activité professionnelle ;

2° Lorsqu'il est commis en bande organisée. — *Pén. 132-71.*

Art. 321-3 Les peines d'amende prévues par les articles 321-1 et 321-2 peuvent être élevées au-delà de 375 000 € jusqu'à la moitié de la valeur des biens recelés.

Corresp. : *C. pén., ancien art. 460.*

1. Les juges répressifs disposent quant à l'application de la peine, dans les limites fixées par la loi, d'une faculté discrétionnaire dont ils ne doivent aucun compte ; il en est ainsi du montant de l'amende qui, aux termes de l'art. 460, al. 2, C. pén., pourra être élevée jusqu'à la moitié de la valeur des objets recelés. • Crim. 9 févr. 1987 : *Bull. crim. n° 61.*

2. Lorsque usant de la faculté que lui donne l'art. 460 C. pén. (dans sa rédaction résultant de la L. du 10 juin 1983, applicable à la cause), le juge prononce une amende supérieure au maximum prévu par ce texte, il est tenu de préciser la valeur de la chose recelée. • Crim. 12 mars 1990, n° 89-82.643 P : *D. 1991. Somm. 65, obs. Azibert* • 9 juill. 1991 : *Dr. pénal 1991. 287*

• 30 sept. 1991 : ☎ *Gaz. Pal. 1992. 1. Somm. 46.* ♦ Rappr. : • Crim. 31 mai 1947 : *JCP 1947. IV. 126* • 12 mai 1950 : *Bull. crim. n° 151.*

Art. 321-4 **Lorsque l'infraction dont provient le bien recelé est punie d'une peine privative de liberté d'une durée supérieure à celle de l'emprisonnement encouru en application des articles 321-1 ou 321-2, le receleur est puni des peines attachées à l'infraction dont il a eu connaissance et, si cette infraction est accompagnée de circonstances aggravantes, des peines attachées aux seules circonstances dont il a eu connaissance.**

Corresp. *: C. pén., ancien art. 461.*

1. **BIBL.** Sur la jurisprudence antérieure à la L. du 30 nov. 1987, relative à l'impact, sur le régime d'aggravation des peines, de la connaissance de la nature ou des circonstances de l'infraction d'origine : Culioli, *ALD 1988. 121, n°s 66 s.*

2. Il résulte de l'art. 461 C. pén. qu'il doit être posé à l'égard de l'accusé receleur une question sur chaque circonstance aggravante ; dès lors, en cas de recel du produit d'un vol avec arme, une question doit être posée sur le point de savoir si le receleur a eu connaissance de la circonstance que le vol a été commis avec une arme apparente ou cachée. • Crim. 19 mars 1986 : ☎ *Bull. crim. n° 112.*

3. Sur la disqualification en recel simple de la prévention de recel aggravé faute de preuve de la connaissance, par l'intéressé, des circonstances aggravantes des vols. • Crim. 20 déc. 1990 : ☎ *Dr. pénal 1991. 176.* ♦ Rappr. : • Crim. 18 mai 1989 : *Dr. pénal 1989. 65.*

Art. 321-5 **Le recel est assimilé, au regard de la récidive, à l'infraction dont provient le bien recelé.** — *Pén. 132-16, 311-1 s., 312-1 s., 312-10 s., 313-1 s., 314-1 s.*

Corresp. *: C. pén., ancien art. 460.*

Le recel étant un délit continu, un prévenu est en état de récidive légale, lorsque, antérieurement à la perpétration du délit faisant l'objet de nouvelles poursuites, il a déjà été condamné pour un délit de même nature. • Crim. 9 déc. 1958 : *Bull. crim. n° 732.*

SECTION II **DES INFRACTIONS ASSIMILÉES AU RECEL OU VOISINES DE CELUI-CI**

Art. 321-6 *(L. n° 2006-64 du 23 janv. 2006, art. 24)* **Le fait de ne pas pouvoir justifier de ressources correspondant à son train de vie ou de ne pas pouvoir justifier de l'origine d'un bien détenu, tout en étant en relations habituelles avec une ou plusieurs personnes qui soit se livrent à la commission de crimes ou de délits punis d'au moins cinq ans d'emprisonnement et procurant à celles-ci un profit direct ou indirect, soit sont les victimes d'une de ces infractions, est puni d'une peine de trois ans d'emprisonnement et de 75 000 € d'amende.**

Est puni des mêmes peines le fait de faciliter la justification de ressources fictives pour des personnes se livrant à la commission de crimes ou de délits punis d'au moins cinq ans d'emprisonnement et procurant à celles-ci un profit direct ou indirect.

1. QPC. La question prioritaire de constitutionnalité posée et transmise par la juridiction est la suivante : « Les art. 321-6 et 321-6-1 C. pén. portent-ils atteinte aux principes de légalité des délits et des peines, de l'égalité devant la loi, de la présomption d'innocence et de la personnalité des délits et des peines ? ». La question ne présente pas de caractère sérieux dès lors que, d'une part, les termes utilisés dans les art. susvisés définissent de façon claire et précise l'incrimination contestée de non-justification de ressources et que, d'autre part, ces textes n'édictent aucune présomption de responsabilité pénale mais créent un délit spécifique dont il appartient à l'accusation de rapporter la preuve ; d'où il suit qu'il n'y a pas lieu de la renvoyer au Cons. const. • Crim. 13 juin 2012, n° 12-90.027 QPC : *Gaz. Pal. 2012. 2. 3023, obs. Detraz.*

2. D'une part, les termes utilisés dans les art. 321-6 et 321-6-1 C. pén. définissent de façon claire et précise l'incrimination contestée de non-justification de ressources, et d'autre part, ces textes n'édictent aucune présomption de responsabilité pénale mais créent un délit spécifique dont il appartient à l'accusation de rapporter la preuve. • Crim. 26 sept. 2012, n° 12-90.051 QPC : *Dr. pénal 2013. 2, obs. Véron.*

3. Applications. Caractérise en tous ses éléments le délit prévu et réprimé par l'art. 461-1 C. pén., la cour d'appel qui énonce que le numéraire et les vêtements trouvés en la possession des prévenus provenaient de vols réalisés par des enfants suffisamment âgés pour les commettre à l'instigation de leurs parents, tous vivant en un groupe étroit et organisé, et que les ressources dont ils justifiaient ne pouvaient expliquer la détention d'une grosse somme d'argent ni la propriété de trois véhicules de grande puissance. • Crim. 8 févr. 1989, n° 88-83.322 P : *Gaz. Pal. 1989. 2. 686 ; RSC 1989. 491, obs. Vitu.*

4. A fait une exacte application de l'art. 321-6 C. pén. la cour d'appel qui énonce que la prévenue était en relations habituelles avec une personne se livrant à la commission d'infractions à la législation sur les stupéfiants, peu important que cette personne n'ait pas fait l'objet d'une condamnation définitive de ce chef. • Crim. 27 févr. 2013, n° 12-81.063 P : *D. actu. 28 mars 2013, obs. Priou-Alibert ; AJ pénal 2013. 276, obs. Royer ; Dr. pénal 2013. 71, obs. Véron ; Gaz. Pal. 2013. 1. 1605, note Mésa ; ibid. p. 1729, obs. Detraz.*

5. En l'état d'énonciations, desquelles il résulte, d'une part, que Mme X... ne percevait pas de salaires, compte tenu des difficultés financières des sociétés dont elle était la gérante, et que ses seuls revenus personnels dont l'origine est certaine ne pouvaient lui permettre d'assumer, notamment, ses charges d'emprunt relatives au bien immobilier lui appartenant en indivision, d'autre part, qu'elle était en relations habituelles avec M. Y..., qui se livrait à la commission de délits punis d'au moins cinq ans d'emprisonnement et lui procurant des revenus directs ou indirects, et dès lors qu'à défaut pour la prévenue de justifier de revenus correspondant à son train de vie, ces seules constatations caractérisent le délit de non-justification de ressources, la cour d'appel, qui n'avait pas à établir la connaissance par la prévenue des délits effectivement commis par la personne avec laquelle elle était en relations habituelles, a justifié sa décision. • Crim. 3 nov. 2016, n° 15-85.751 P : *D. actu. 7 déc. 2016, obs. Fucini.*

6. En l'état d'énonciations, qui établissent que la prévenue était en relations habituelles avec au moins une personne se livrant au trafic de stupéfiants, comme exigé par l'art. 321-6 C. pén., la cour d'appel, qui n'avait pas à rechercher, pour caractériser le délit reproché, si ces relations excédaient ou non celles ordinairement entretenues entre une mère et son fils, a justifié sa décision. • Crim. 5 avr. 2018, n° 17-81.317 : *Gaz. Pal. 2018, p. 1450, note Almaseanu.*

Art. 321-6-1 *(L. n° 2006-64 du 23 janv. 2006, art. 24)* **Les peines prévues par l'article 321-6 sont portées à cinq ans d'emprisonnement et 150 000 € d'amende lorsque les crimes et délits sont commis par un mineur sur lequel la personne ne pouvant justifier ses ressources a autorité.**

Elles sont portées à sept ans d'emprisonnement et 200 000 € d'amende lorsque les infractions commises constituent les crimes ou délits de traite des êtres humains, d'extorsion ou d'association de malfaiteurs *(L. n° 2012-304 du 6 mars 2012, art. 31)* **« ou les délits et crimes en matière d'armes et de produits explosifs prévus par les** *(L. n° 2016-731 du 3 juin 2016, art. 26)* **« articles 222-52 et 222-53 du code pénal, par les » articles L. 2339-2, L. 2339-3,** *(Abrogé par Ord. n° 2012-351 du 12 mars 2012, à compter du 1er mai 2012)* **« L. 2339-5, L. 2339-8, » L. 2339-10, L. 2341-4, L. 2353-4 et L. 2353-5 du code de la défense** *(Ord. n° 2012-351 du 12 mars 2012, en vigueur le 1er mai 2012)* **« ainsi que par les articles L. 317-2** *(Abrogé par L. n° 2016-731 du 3 juin 2016, art. 26)* **« , L. 317-4 » et L. 317-7 du code de la sécurité intérieure ». Il en est de même lorsqu'elles** *[ancienne rédaction :, ou qu'elles]* **» constituent les crimes ou délits de trafic de stupéfiants, y compris en cas de relations habituelles avec une ou plusieurs personnes faisant usage de stupéfiants.**

Elles sont portées à dix ans d'emprisonnement et 300 000 € d'amende lorsqu'il s'agit d'une infraction mentionnée à l'alinéa précédent commise par un ou plusieurs mineurs.

Art. 321-7 **Est puni de six mois d'emprisonnement et de 30 000 € d'amende le fait, par une personne dont l'activité professionnelle comporte la vente d'objets mobiliers usagés ou acquis à des personnes autres que celles qui les fabriquent ou en font le commerce,** *(L. n° 92-1336 du 16 déc. 1992)* **« d'omettre, y compris par négligence, de tenir » jour par jour, dans des conditions prévues par décret en Conseil d'État, un registre** *(L. n° 2011-267 du 14 mars 2011, art. 55)* **« indiquant la nature, les caractéristiques, la provenance, le mode de règlement de l'objet et » contenant une description des objets acquis ou détenus en vue de la vente ou de l'échange et permettant l'identification de ces objets ainsi que celle des personnes qui les ont vendus ou apportés à l'échange.**

Est puni des mêmes peines le fait, par une personne, à l'exception des officiers publics ou ministériels, qui organise, dans un lieu public ou ouvert au public, une manifestation en vue de la vente ou de l'échange d'objets visés à l'alinéa précédent, *(L. n° 92-1336 du 16 déc. 1992)* **« d'omettre, y compris par négligence, de tenir » jour par**

jour, dans des conditions prévues par décret en Conseil d'État, un registre permettant l'identification des vendeurs.

Lorsque l'activité professionnelle définie au premier alinéa est exercée par une personne morale, ou que l'organisateur de la manifestation prévue au deuxième alinéa est une personne morale, l'obligation de tenir le registre incombe aux dirigeants de cette personne morale.

V. art. R. 321-3 à R. 321-8.

1. Registre. Les art. 321-7 et 321-8 C. pén., qui ont repris les dispositions de la L. du 30 déc. 1987 relative à la prévention et à la répression du recel et organisant la vente ou l'échange d'objets mobiliers, imposent aux professionnels concernés de tenir un registre et de le présenter à tout moment à l'autorité compétente, aux fins de contrôle et d'exploitation ; il s'en déduit que les vérifications effectuées, sur le fondement de ces textes, par des officiers de police judiciaire, ne sont pas soumises aux dispositions du C. pr. pén. relatives aux perquisitions et saisies. • Crim. 13 oct. 1998, n° 98-82.522 P : *D. 2000. 808, note Peltier ; Procédures 1999. Comm. 45, obs. Buisson ; RTD com. 1999. 521, obs. Bouloc .*

2. Est justifiée la décision de non-lieu d'une chambre d'accusation du chef de non-tenue à jour du registre d'objets mobiliers, dès lors que les produits litigieux constitués de boîtes de plastique de marque Tupperware à l'état neuf, non référencés, et, en conséquence, non identifiables et ayant été acquis auprès d'une ancienne employée d'une concession Tupperware, n'entrent pas dans les prévisions de l'art. 321-7 C. pén. • Crim. 22 oct. 1998 : *JCP 1999. IV. 1340.*

3. A fait une juste application du délit de l'art. 321-7 C. pén. la cour d'appel qui, pour reprocher au prévenu, brocanteur de son métier, le défaut de tenue de registre de revendeurs d'objets mobiliers, a relevé qu'il avait acheté des objets en s'abstenant volontairement de demander une pièce d'identité à la personne ayant réalisé la vente. • Crim. 1er mars 2005 : *Dr. pénal 2005. 94, obs. Véron.*

4. Sociétés étrangères. Justifie sa décision, sans méconnaître les art. 49 et 50 du Traité sur l'Union européenne, la cour d'appel qui, pour écarter l'argumentation d'un prévenu faisant valoir qu'il n'était plus soumis aux exigences du droit français depuis qu'il avait constitué une société en Grande-Bretagne et pour dire établis à son encontre les délits de travail dissimulé et de défaut de tenue d'un registre d'objets mobiliers commis à l'occasion de l'exercice de l'activité de brocanteur, retient que le prévenu n'a pas œuvré en France de manière temporaire pour le compte d'une société de droit anglais, et qu'il a poursuivi sur le territoire national, après sa radiation du registre du commerce, la même activité que celle qu'il exerçait auparavant, en omettant de se soumettre aux obligations de déclaration auxquelles il était astreint et en s'abstenant, même par négligence, de tenir un registre d'objets mobiliers. • Crim. 3 oct. 2006, n° 05-87.436 P : *AJ pénal 2007. 30, obs. Saas .*

Art. 321-8 **Est puni de six mois d'emprisonnement et de 30 000 € d'amende le fait, par une personne visée à l'article précédent, d'apposer sur le registre prévu par cet article des mentions inexactes.**

Est puni des mêmes peines le fait, par cette personne, de refuser de présenter ce registre à l'autorité compétente.

V. art. R. 321-1 s.

Vérifications et contrôles. Justifie sa décision la chambre d'accusation qui affirme qu'échappent aux dispositions du code de procédure pénale relatives aux perquisitions et aux saisies, les contrôles du registre des objets mobiliers tenu par le représentant légal d'une entreprise exerçant l'activité d'épaviste, effectués par des officiers de police judiciaire sur le fondement des art. 321-7 et 321-8 C. pén. • Crim. 13 oct. 1998, n° 98-82.522 P : *RTD com. 1999. 521, obs. Bouloc ; Procédures 1999. Comm. 45, obs. Buisson ; D. 2000. 808, note Peltier .*

SECTION III PEINES COMPLÉMENTAIRES APPLICABLES AUX PERSONNES PHYSIQUES ET RESPONSABILITÉ DE [DES] PERSONNES MORALES

Art. 321-9 **Les personnes physiques coupables des infractions prévues au présent chapitre encourent également les peines complémentaires suivantes :**

1° L'interdiction des droits civiques, civils et de famille, suivant les modalités prévues par l'article 131-26 ;

2° *(L. n° 2008-776 du 4 août 2008, art. 70)* **« L'interdiction, suivant les modalités prévues par l'article 131-27, soit d'exercer une fonction publique ou d'exercer l'activité professionnelle ou sociale dans l'exercice ou à l'occasion de l'exercice de laquelle l'infraction a été commise, cette interdiction étant définitive ou provisoire dans les cas**

prévus aux articles 321-2 et 321-4 et pour une durée de cinq ans au plus dans les cas prévus aux articles 321-1, 321-6, 321-7 et 321-8, soit d'exercer une profession commerciale ou industrielle, de diriger, d'Administrer de gérer ou de contrôler à un titre quelconque, directement ou indirectement, pour son propre compte ou pour le compte d'autrui, une entreprise commerciale ou industrielle ou une société commerciale. Ces interdictions d'exercice peuvent être prononcées cumulativement ; »

3° La fermeture des établissements ou de l'un ou de plusieurs des établissements de l'entreprise ayant servi à commettre les faits incriminés, cette fermeture étant définitive ou temporaire dans les cas prévus aux articles 321-2 et 321-4 et pour une durée de cinq ans au plus dans les cas prévus aux articles 321-1, 321-6, 321-7 et 321-8 ;

4° L'exclusion des marchés publics à titre définitif ou temporaire dans les cas prévus aux articles 321-2 et 321-4 et pour une durée de cinq ans au plus dans les cas prévus aux articles 321-1, 321-6, 321-7 et 321-8 ;

5° L'interdiction, pour une durée de cinq ans au plus, d'émettre des chèques autres que ceux qui permettent le retrait de fonds par le tireur auprès du tiré ou ceux qui sont certifiés ; – *Pén. 131-19.*

6° La confiscation de la chose qui a servi ou était destinée à commettre l'infraction ou de la chose qui en est le produit, à l'exception des objets susceptibles de restitution ; – *Pén. 131-21.*

7° La confiscation d'une ou de plusieurs armes dont le condamné est propriétaire ou dont il a la libre disposition ;

8° L'interdiction de séjour, suivant les modalités prévues par l'article 131-31, dans les cas prévus aux articles 321-1 à 321-4 ;

9° L'affichage ou la diffusion de la décision prononcée dans les conditions prévues par l'article 131-35 ;

(Abrogé par L. n° 2019-222 du 23 mars 2019, art. 71-XIV et 109-XIX, à compter du 24 mars 2020) (L. n° 2007-297 du 5 mars 2007, art. 65) ***« 10° L'obligation d'accomplir un stage de responsabilité parentale, selon les modalités fixées à l'article 131-35-1 ».***

Interdiction professionnelle. Ne saurait être retenu le moyen consistant à contester le prononcé de la peine complémentaire d'interdiction de profession de notaire pendant cinq ans à l'encontre du prévenu, condamné pour recels de prise illégale d'intérêts et pour détournement de fonds, au prétexte qu'il n'était pas notaire au moment des faits, mais seulement stagiaire, dès lors que les délits de recel reprochés au prévenu ont été commis dans l'exercice de l'activité de notaire, peu important qu'il n'ait eu que la qualité de stagiaire. • Crim. 21 sept. 2005, n° 04-85.056 P.

Art. 321-10 **Dans les cas prévus aux articles 321-1 à 321-4, peuvent être également prononcées les autres peines complémentaires encourues pour les crimes ou les délits dont provient le bien recélé.**

(L. n° 2012-304 du 6 mars 2012, art. 13) **« Lorsque les peines complémentaires prévues pour ces crimes ou délits sont obligatoires, elles doivent également être obligatoirement prononcées contre la personne condamnée pour recel, sauf décision spécialement motivée de la juridiction, s'il s'agit d'une juridiction correctionnelle, en considération des circonstances de l'infraction et de la personnalité de son auteur. »**

Art. 321-10-1 *(L. n° 2006-64 du 23 janv. 2006, art. 24)* **Les personnes physiques coupables des délits prévus aux articles 321-6 et 321-6-1 encourent également la peine complémentaire de confiscation de tout ou partie de leurs biens, quelle qu'en soit la nature, meuble ou immeuble, divis ou indivis, dont elles n'ont pu justifier l'origine.**

Peuvent également être prononcées les peines complémentaires encourues pour les crimes ou les délits commis par la ou les personnes avec lesquelles l'auteur des faits était en relations habituelles.

1. Application dans le temps. Les dispositions de l'art. 222-49, al. 2, C. pén., non abrogées, sont de portée équivalente à celles de l'art. 321-10-1, al. 2, dudit code, en sa rédaction issue de la L. du 23 janv. 2006, en ce que ces dernières permettent le prononcé, à l'encontre des auteurs du délit de non-justification de ressources, des peines complémentaires encourues pour les crimes ou délits commis par les personnes avec lesquelles ils étaient en relation habituelle (notamment la confiscation de biens immobiliers appartenant à ces derniers). • Crim. 20 févr. 2008, n° 07-81.247 P : *AJ pénal 2008. 232, obs. Roussel ; Dr. pénal 2008. Comm. 80, obs. Véron.*

2. Droit européen. Est irrecevable la requête

qui invoque une violation du droit européen à la suite de la confiscation d'une maison, prononcée à titre de sanction pénale contre des époux ne pouvant justifier des ressources à l'origine de l'acquisition de ce bien. • CEDH 4 nov. 2014, *Aboufadda c/ France*, n° 28457/10 : *D. actu. 6 janv. 2015, obs. Devouèze ; Gaz. Pal. 2015. 1. 310, note Almaseanu.*

3. Confiscation d'un bien indivis. Après avoir condamné la prévenue pour non-justification de ressources, la cour d'appel a prononcé la confiscation du bien immobilier lui appartenant en indivision avec un tiers ; si c'est à tort que la cour d'appel a appliqué l'art. 131-21, al. 5, C. pén., l'arrêt n'encourt pas la censure ; en premier lieu, l'art. 321-10-1 du code préc. permet la confiscation des biens divis ou indivis de la personne condamnée pour non-justification de ressources ; en second lieu, la prévenue n'a pas justifié de l'origine des fonds au moyen desquels elle a, fût-ce partiellement, remboursé l'emprunt souscrit pour l'acquisition du bien confisqué ; enfin, la demanderesse n'a pas qualité pour invoquer une atteinte aux droits de son coïndivisaire dans le bien confisqué, dévolu en situation d'indivision à l'État. • Crim. 3 nov. 2016, n° 15-85.751 P : *D. actu. 7 déc. 2016, obs. Fucini.*

4. Non-justification. L'art. 321-10-1 C. pén. permet la confiscation d'un bien dont l'origine n'est que partiellement injustifiée. N'encourt pas la censure l'arrêt qui, pour confisquer un immeuble appartenant à une personne déclarée coupable de non-justification de ressources, énonce que l'intéressée n'a pu justifier de la provenance des sommes importantes investies dans la rénovation de ce bien et qui ont permis d'accroître sa valeur de 128 %. • Crim. 7 déc. 2016, n° 12-81.707 P : *D. actu. 19 janv. 2017, obs. André.*

Art. 321-11 **L'interdiction du territoire français peut être prononcée dans les conditions prévues par l'article 131-30, soit à titre définitif, soit pour une durée de dix ans au plus, à l'encontre de tout étranger coupable de l'une des infractions définie à l'article 321-2.**

Art. 321-12 *(L. n° 2009-526 du 12 mai 2009, art. 124-I)* **« Les personnes morales déclarées responsables pénalement, dans les conditions prévues par l'article 121-2, des infractions définies aux articles 321-1 à 321-4, 321-7 et 321-8 encourent, outre l'amende suivant les modalités prévues par l'article 131-38 : »**

2° *[1°]* **Dans les cas prévus par les articles 321-1 à 321-4, les peines mentionnées à l'article 131-39 ;**

3° *[2°]* **Dans les cas prévus par les articles 321-7 et 321-8, les peines mentionnées aux 2°, 4°, 5°, 6°, 7°, 8° et 9° de l'article 131-39.**

L'interdiction mentionnée au *(L. n° 2009-526 du 12 mai 2009, art. 124-I)* **« 2° de l'article 131-39 » porte sur l'activité dans l'exercice ou à l'occasion de laquelle l'infraction a été commise.**

La personne morale dont le dirigeant est déclaré coupable de déclaration mensongère en vue d'obtenir d'un organisme chargé d'une mission de service public (Fonds européen d'orientation et de garantie agricole) des avantages indus peut être condamnée pour recel des avantages ainsi obtenus, dès lors qu'elle-même n'est pas poursuivie pour le délit d'origine. • Crim. 19 nov. 2008, n° 07-82.789 P : *RSC 2009. 89, obs. Fortis ; ibid. 604, obs. Matsopoulou.*

CHAPITRE II DES DESTRUCTIONS, DÉGRADATIONS ET DÉTÉRIORATIONS

SECTION PREMIÈRE DES DESTRUCTIONS, DÉGRADATIONS ET DÉTÉRIORATIONS NE PRÉSENTANT PAS DE DANGER POUR LES PERSONNES

RÉP. PÉN. v° *Destructions-Dégradations-Détériorations*, par VIRIOT-BARRIAL.

BIBL. ▶ BELLOIR et BELFANTI, *Gaz. Pal. 13-15 oct. 2013, p. 21* (violence dans les infractions contre les biens : illustration autour des destructions, dégradations et détériorations dangereuses pour les personnes).

Art. 322-1 **La destruction, la dégradation ou la détérioration d'un bien appartenant à autrui est punie de deux ans d'emprisonnement et de 30 000 € d'amende, sauf s'il n'en est résulté qu'un dommage léger.** — *En cas de dommage léger, V. aussi art. R. 635-1.*

Le fait de tracer des inscriptions, des signes ou des dessins, sans autorisation préalable, sur les façades, les véhicules, les voies publiques ou le mobilier urbain est puni de 3 750 € d'amende *(L. n° 2002-1138 du 9 sept. 2002, art. 24)* **« et d'une peine de**

travail d'intérêt général » lorsqu'il n'en est résulté qu'un dommage léger. – *Pén. 421-1 ; Pr. pén. 2-1, 398-1 ; Aviat. civ. L. 282-1.*

Corresp. *: C. pén., ancien art. 434.*

BIBL. ▶ FONTANAUD, *Dr. pénal 1992. Chron. 36* (la question du tag). – PIN, *D. 2003. Point de vue. 75* (travail d'intérêt général, peine principale de référence).

Rép. min. n° 40140 (graffitis et tags) : JOAN Q, 9 sept. 1996, p. 4849 ; JCP 1996. V. 141.

I. AVANT LA L. DU 2 FÉVR. 1981

1. Ancien art. 437 **(destruction d'édifices ou autres constructions).** Destruction partielle d'un immeuble en construction. • Crim. 30 oct. 1984 : *Bull. crim. n° 326.*

2. Ancien art. 443 **(détérioration de marchandises, matières ou instruments servant à la fabrication).** Versement de pétrole dans un alambic, et détérioration par cet acte tant de l'alambic lui-même que du cidre qui y était contenu. • Crim. 3 août 1939 : *Bull. crim. n° 182.* ♦ ... Démontage du carburateur et de l'épurateur d'une machine à décortiquer le riz. • Crim. 21 avr. 1944 : *D. 1945. 85.* ♦ ... Détérioration d'un haut fourneau. • Crim. 12 déc. 1951 : *Bull. crim. n° 340 ; D. 1952. 157, rapp. Patin* • 26 déc. 1956 : *Bull. crim. n° 874 ; D. 1957. 148.* ♦ ... Dommage causé à une machine utilisée pour la construction des routes. • Crim. 22 nov. 1955 : *Bull. crim. n° 503.* ♦ ... Détérioration d'un four électrique. • Crim. 4 janv. 1958 : *Bull. crim. n° 13 ; D. 1958. 324.* ♦ ... Détérioration de marchandises par le jet à terre d'un chargement de viande réfrigérée, rendue ainsi volontairement impropre à la consommation. • Crim. 26 avr. 1977 : *Bull. crim. n° 136 ; D. 1977. IR 421, obs. Puech.*

3. Ancien art. 444 **(dévastation de récoltes).** Arrachage de plants de lavande par un ancien fermier. • 10 avr. 1973 : *Bull. crim. n° 188 ; D. 1973. Somm. 83 ; Gaz. Pal. 1973. 2. 488.* ♦ ... Destruction d'une récolte sur pied par l'acquéreur d'un terrain en violation des droits du preneur. • Crim. 23 oct. 1973 : *Bull. crim. n° 371 ; D. 1974. 494, note P.M. ; Gaz. Pal. 1973. 2. 957.* ♦ ... Destruction chimique de plants divers. • Crim. 14 mai 1974 : *Bull. crim. n° 171.* ♦ ... Dévastation de récoltes par labourage de parcelles ensemencées. • Crim. 11 juin 1980 : *Bull. crim. n° 187.* ♦ ... Dégradation d'une pièce de luzerne par un désherbant. • Crim. 20 nov. 1984 : *Gaz. Pal. 1985. 1. Somm. 159.*

4. Ancien art. 445 **(destruction ou dégradation de véhicules).** Bris des lustres d'un bateau-promenade. • Crim. 7 mars 1972 : *Bull. crim. n° 85 ; Gaz. Pal. 1972. 1. 450.* ♦ ... Bris des vitres d'une caravane. • Crim. 27 mars 1974 : *Bull. crim. n° 133.* ♦ ... Bris des vitres d'une voiture automobile. • Crim. 20 janv. 1981 : *Bull. crim. n° 27 ; JCP 1981. II. 19673, note R. de L., et 19701 bis (additif).*

5. Ancien art. 451 **(destruction d'instruments d'agriculture).** Destruction d'une cabane de gardien par l'acquéreur d'un terrain. • Crim. 4 mars 1959 : *Bull. crim. n° 149.*

II. DEPUIS LA L. DU 2 FÉVR. 1981

A. BIENS PROTÉGÉS

1° APPARTENANCE À AUTRUI

6. Accession. Seules les dispositions de l'art. 555 C. civ., à l'exclusion de celles de l'art. 551, sont applicables aux relations entre bailleur et preneur, et peuvent avoir entre eux une incidence éventuelle sur l'existence de l'infraction. • Crim. 18 sept. 1991 : *Dr. pénal 1992. 37 ; Gaz. Pal. 1992. 1. Somm. 39.*

7. Concession. Un ouvrage édifié sur le domaine public maritime ne peut faire l'objet d'un droit de propriété au profit d'un concessionnaire ; dès lors, la destruction d'une cabane ostréicole sur la parcelle d'un concessionnaire par héritage, qui ne peut avoir reçu dans son patrimoine un droit réel sur l'immeuble dont son auteur ne disposait pas, ne peut être poursuivie sous la qualification de destruction volontaire de la chose d'autrui, en l'absence d'un des éléments matériels de l'infraction, la chose d'autrui ; la partie civile sera donc déboutée de sa demande en réparation. • Bordeaux, 18 janv. 1995 : *JCP 1995. IV. 2359.*

8. Copropriété. Seule la propriété exclusive du bien détruit peut faire obstacle à la constitution de l'infraction, et dès lors que les biens détériorés par le mari sont, soit des biens propres de son épouse, soit des biens communs aux deux époux, mais non des biens propres du mari, les conditions de l'infraction prévue par l'art. 434 C. pén. sont réunies, et le prévenu ne peut bénéficier de l'art. 380 du même code. • Nancy, 30 oct. 1992 : *JCP 1994. IV. 1007.*

9. Les dispositions tant de l'art. 434 C. pén. ancien que de l'art. 322-1 nouv. C. pén. sont applicables à toute personne qui détruit, dégrade ou détériore intentionnellement un objet mobilier ou un bien immobilier dont il n'est pas l'unique propriétaire : tel est le cas d'un véhicule appartenant à la communauté de biens existant entre le prévenu et son conjoint. • Crim. 9 mars 1994, n° 93-82.865 P. ♦ Rappr., pour le bris des vitres d'une voiture automobile appartenant à la communauté de biens existant entre l'auteur de l'infraction et son épouse : • Crim. 20 janv. 1981 : *Bull. crim. n° 27 ; JCP 1981. II. 19673, note R. de L., et 19701 bis (additif).*

10. Les dispositions de l'art. 322-1 C. pén. sont

applicables à toute personne qui détruit intentionnellement un objet mobilier ou immobilier dont elle n'est pas l'unique propriétaire ; ne justifie pas sa décision au regard de ce texte et des principes généraux du droit international privé la cour d'appel qui, pour relaxer le défendeur du chef de destruction d'un bien appartenant à autrui – en l'espèce des objets mobiliers situés au domicile commun des époux établis en France – relève que l'intéressé est le seul propriétaire de ces objets, étant désigné comme tel par le droit marocain du mariage régissant le statut personnel des époux tous deux de nationalité marocaine, sans rechercher, en l'absence du choix par les époux d'une loi applicable à leur régime matrimonial, quelle est la loi à laquelle ils ont entendu soumettre celui-ci, en tenant compte spécialement de leur premier domicile commun, ou, dans l'hypothèse où ils se seraient mariés après le 1er sept. 1992, de leur première résidence habituelle commune, au sens de la Convention de La Haye du 14 mars 1978 sur la loi applicable aux régimes matrimoniaux. • Crim. 5 sept. 2001, n° 01-82.077 P : *Gaz. Pal. 2002. 2. Somm. 1597, note Monnet ; RSC 2002. 130, obs. A. Giudicelli*. ♦ *Adde* : Castella et de Lamy, *Dr. pénal 2002, chron. n° 15* (quelques interrogations sur l'application des règles du droit international privé par le juge pénal...).

11. Propriété intellectuelle. Peut faire l'objet d'un abus de confiance et du délit de destruction tout bien susceptible d'appropriation, tel est le cas d'un enregistrement d'images et de sons. Méconnaît les art. 314-1 et 322-1 C. pén. l'arrêt qui, pour relaxer des personnes poursuivies pour avoir détourné et effacé l'enregistrement d'une interview, retient que, pour être susceptible d'appropriation et de destruction, il est nécessaire que ledit enregistrement soit qualifié d'œuvre de l'esprit au sens des dispositions du CPI et partant, protégeable par le droit d'auteur. • Crim. 16 déc. 2015, n° 14-83.140 P : *D. actu. 22 janv. 2016, obs. Fonteix.*

2° EXCEPTION DE PROPRIÉTÉ

12. Recevabilité. Une question préjudicielle fondée sur l'existence de droits réels ne peut être admise par les tribunaux répressifs qu'autant que les faits invoqués ou les titres produits sont de nature, dans le cas où ils seraient retenus par les juges compétents, à faire disparaître l'infraction. • Crim. 8 juill. 1986 : *Bull. crim. n° 231.*

13. Portée. N'encourt pas la cassation la cour d'appel qui condamne, pour destruction ou dégradation volontaire du bien d'autrui, celui qui, *se prétendant toujours propriétaire de biens* remembrés, a fait procéder, en invoquant l'illégalité des opérations de remembrement, au labourage des parcelles ensemencées par leurs nouveaux propriétaires, dès lors que l'exception soulevée, à la supposer fondée, n'était pas de nature à enlever aux faits constatés leur caractère délictueux. • Crim. 11 oct. 1989 : *Bull. crim. n° 346.*

B. DESTRUCTIONS SANCTIONNÉES

1° ÉLÉMENTS D'INCRIMINATION

14. Moyens. Si l'art. 435 C. pén. (devenu art. 322-6), résultant de la L. du 2 févr. 1981, prévoit la destruction de biens mobiliers ou immobiliers appartenant à autrui par incendie ou tout autre moyen, il impose que le moyen utilisé, y compris l'incendie, soit de nature à créer un danger pour la sécurité des personnes ; en revanche, l'art. 434 (devenu art. 322-1) trouve application dans les cas où la destruction a lieu par tout moyen, y compris l'incendie, lorsque la sécurité des personnes n'est pas menacée. • Metz, 21 avr. 1983 : *D. 1983. 567, note Mayer-Jack et Mayer ; Gaz. Pal. 1983. 2. 514, note Pettiti.*

15. S'est rendu coupable de destruction volontaire d'objets mobiliers et immobiliers appartenant à autrui, fait prévu et réprimé par l'art. 434, al. 1er, C. pén., le maire adjoint d'une commune qui, après le départ sous la pression populaire d'une famille vivant dans une vieille caravane, dans des carcasses de voitures et un baraquement implantés sur terrain d'autrui, a fait, volontairement et en sa présence, mettre le feu au campement et niveler le sol, alors que, pour arriver aux mêmes fins, il pouvait agir régulièrement, en usant des pouvoirs qu'il tenait de la loi. • Même arrêt.

16. Est à bon droit déclaré coupable de destruction ou détérioration de biens mobiliers appartenant à autrui, l'auteur d'un brouillage d'ondes radio-électriques destiné à intercepter les modèles réduits d'avions appartenant aux membres d'un club d'aéromodélisme, qui a entraîné une perte de contrôle et la chute des appareils. • Crim. 8 oct. 1997 : *Dr. pénal 1998. 56, obs. Robert.*

17. Est coupable de destruction et dégradation l'organisateur d'un raid qui a laissé passer des véhicules 4 x 4 sur un chemin pédestre, bien qu'il ait été informé des restrictions à la circulation par le maire de la commune concernée, et que cette restriction ait été affichée à l'entrée du chemin. • Angers, 18 déc. 1997 : *JCP 1999. IV. 1369.*

18. Constitue des destructions, dégradations ou détériorations imputables à des responsables et militants syndicaux, le fait, lors d'une manifestation de protestation contre la commercialisation du maïs transgénique, d'en dénaturer la substance en le mélangeant à du maïs traditionnel, ainsi que d'arroser à l'aide d'un matériel de lutte contre l'incendie une importante quantité de semences de maïs, de tournesol et de betterave. • TGI Agen, 18 févr. 1998 : *Gaz. Pal. 1998. 1. 259, note Hermitte.*

19. Défaut d'autorisation. Embauché comme barman par la société Givoz gérant le café-concert à l'enseigne « Les Valseuses » à Lyon, le prévenu, M. X..., a réalisé une décoration, en lien avec son intitulé, sur des panneaux de bois, qui ont été apposés sur la vitrine de l'établissement par son exploitant, M. A... ; à la suite d'un litige portant sur sa rémunération, M. X... a été licencié le 17 mars 2014 ; il en a saisi le conseil des prud'hommes ; le 3 févr. 2015, après une audience de cette juridiction, M. A... a porté plainte contre M. X... à qui il a reproché d'avoir dégradé le 4 févr. 2015 les deux panneaux de bois, en y taguant la représentation figurative de sexes masculins ; poursuivi sur le fondement de l'article 322-1, al. 2, C. pén., il a été déclaré coupable de ces faits ; M. X... et le ministère public ont interjeté appel ; pour renvoyer des fins de la poursuite M. X... et rejeter les demandes d'indemnisation de la partie civile, l'arrêt juge que le prévenu n'avait juridiquement cédé à son employeur aucun des droits d'exploitation visés à l'art. L. 121-6 CPI sur son œuvre, et que, dès lors, il pouvait la modifier sans autorisation préalable de son employeur ; il en résultait qu'en l'absence d'un de ses éléments constitutifs, le défaut d'autorisation, l'infraction n'était pas constituée et que le prévenu devait être renvoyé des fins de la poursuite ; mais en se déterminant ainsi, tout en constatant que M. X... n'avait pas sollicité l'autorisation du propriétaire de l'établissement pour apposer de nouveaux éléments graphiques sur les panneaux de bois de la façade, la cour d'appel n'a pas justifié sa décision. • Crim. 20 juin 2018, n° 17-86.402 : *Gaz. Pal. 2018, p. 3175, obs. Dreyer.*

20. Intention. La provocation, fût-elle établie, ne constitue pas une excuse légale en matière de dégradations volontaires. • Crim. 10 juin 1987 : *Bull. crim. n° 238 ; RSC 1988. 287, obs. Vitu.*

21. A caractérisé en tous ses éléments le délit de destruction volontaire d'un bien appartenant à autrui, la cour d'appel qui relève que le prévenu, en état d'ébriété, avait détérioré une station service avec sa fourgonnette, et que les destructions ne sont pas imputables à une simple fausse manœuvre mais à une volonté délibérée de sa part. • Crim. 22 sept. 1999, n° 98-86.577 P.

22. La destruction volontaire d'un bien appartenant à autrui étant une infraction instantanée, la décision civile postérieure, annulant la saisie ayant donné lieu à la pose d'une pince « sabot de Denver » sur le véhicule du prévenu, lequel avait scié le sabot à la tronçonneuse pour déplacer son véhicule, est sans incidence tant sur l'élément matériel que sur l'élément intentionnel de ce délit. • Crim. 7 janv. 1998 : *Gaz. Pal. 1998. 1, chron. crim. 71.*

23. Se rend coupable de dégradation du bien d'autrui, l'employé d'une société chargée de l'aménagement d'un magasin, qui procède, au motif que l'exploitant du magasin refusait de régler une partie du coût des travaux, au démontage des équipements installés, provoquant ainsi des dommages importants à l'immeuble ; l'ordre reçu d'un supérieur hiérarchique ne constitue pas une cause d'irresponsabilité pénale. • Crim. 26 juin 2002, n° 01-87.314 P : *D. 2003. Somm. 172, obs. Segonds ; Dr. pénal 2002. 133, obs. Véron.*

24. Une association a organisé une randonnée ouverte aux véhicules 4×4, motos et quads sur la rive gauche de la Loire à travers le Saumurois ; averti de cet événement par les maires des communes concernées, le préfet a adressé deux courriers au président de l'association pour l'inviter à prendre contact ; ce dernier n'a pas donné de réponse ; la randonnée a eu lieu et a occasionné des dégâts sur certaines voies détrempées, notamment en raison de trois véhicules légers qui se sont embourbés ; cette randonnée ne peut s'analyser comme une manifestation au sens du texte pénal visant le délit d'organisation de manifestation sans déclaration préalable, ni comme une manifestation sportive soumise à déclaration préalable, aucune épreuve n'étant imposée aux participants ; la décision de relaxe du président de l'association est confirmée ; aucun élément de la procédure ne permet de mettre en évidence que le président de l'association aurait personnellement commis les dégradations, alors qu'il n'était d'ailleurs pas présent durant la randonnée ; il ne peut non plus être envisagé comme en étant l'instigateur, à la fois parce que le parcours proposé n'avait aucun caractère obligatoire ou contraignant, mais surtout parce que le délit de destructions, dégradations et détériorations constitue une infraction volontaire qui suppose de la part de son auteur la volonté de commettre l'infraction ; or il n'est nullement établi que les dégâts constatés dans la procédure sont le fruit d'une volonté délibérée orientée vers leur production ; la relaxe pour ce délit est confirmée. • Angers, 18 déc. 2008 : *JCP 2009. IV. 1881.*

25. Dommage. L'arrachage d'une borne constitue, au sens de l'art. 434 C. pén., une dégradation de l'immeuble foncier dont elle fixe les limites, et non une détérioration légère. • Crim. 8 juill. 1986 : *Bull. crim. n° 231.*

26. Pour écarter les conclusions du prévenu sollicitant la requalification du délit poursuivi en une contravention à l'art. R. 38-2° C. pén. (devenu art. 322-1, al. 2), au motif que les peintures utilisées par lui pour tracer des signes sur un wagon n'étaient pas indélébiles, les juges du second degré retiennent que les peintures appliquées par le prévenu avaient atteint et détérioré la substance même du revêtement peint du wagon, ainsi que son support métallique ; il résulte de ces énonciations que les faits commis par le prévenu, qui ne constituaient pas des détériorations légères, entrent ainsi dans les prévisions de l'art. 434 C. pén. alors applicable, comme dans celles de l'art. 322-1 C. pén. • Crim. 1er juin 1994 : *Gaz. Pal. 1994. 2. 675 ; Dr. pénal 1994. 254.*

27. A caractérisé en tous ses éléments constitutifs le délit prévu et réprimé par l'art. 322-1 C. pén., la cour d'appel qui retient que le prévenu a jeté plusieurs cailloux du haut d'un pont supérieur d'une autoroute, dont l'un est tombé sur un véhicule circulant sur cette voie et a « étoilé le pare-brise », sans que ces faits aient à être disqualifiés en contravention de détérioration ou dégradation légère (art. R. 635-1). • Crim. 22 avr. 1997 : *Gaz. Pal. 1997. 2, chron. crim. 163.*

28. Relèvent des dispositions de l'art. 92 de la loi n° 83-8 du 7 janv. 1983 (codifié à l'art. L. 2216-3 CGCT), relative à la répartition de compétences entre les communes, les départements, les régions et l'État, et de l'art. 434 C. pén. les hypothèses où des biens ont été maculés de peinture sans qu'il soit possible de l'enlever facilement sans risque de détériorer le support ; la cour, en limitant la qualification délictuelle de l'infraction en cause à la seule hypothèse dans lesquelles la peinture aurait été indélébile, sans rechercher si la peinture n'était pas susceptible d'être enlevée facilement sans détérioration du support, a commis une erreur de droit. • CE 6 déc. 1999 : *JCP 2000. IV. 1952.* ♦ V. également : *D. 2000. Somm. 259, obs. Bon et de Béchillon*.

29. Pour des « tags » qualifiés, non de dommage léger au sens de l'al. 2 de l'art. 322-1, mais de destruction, dégradation ou détérioration sur le fondement de son al. 1er. • TGI Besançon, 12 sept. 2005 : *AJ pénal 2005. 369, obs. Paulin*.

30. Justification. État de nécessité. La circonstance selon laquelle le prévenu et sa famille vivaient dans un studio de 8 m², situé dans le 11e arrondissement de Paris, analysée au regard du fait que le prévenu avait un salaire mensuel de 7 500 F, qu'il était père d'une petite fille âgée d'un mois au moment des faits et qu'aucune suite concrète ne semblait avoir été donnée à sa demande de logement, trois mois auparavant, à la mairie de Paris pour transmission à l'OPAC de Paris, est objectivement constitutive d'un danger réel et actuel pour l'enfant, danger dont on ne peut dire, par ailleurs, qu'il résulterait d'un quelconque comportement fautif de la personne citée à comparaître devant le tribunal ; le fait de scier les gonds de la porte d'entrée d'un appartement inoccupé de l'OPAC, pour s'y installer avec sa famille, constitue pour le prévenu une réaction nécessaire et mesurée au danger réel, actuel et injuste, auquel son enfant, sa femme et lui étaient confrontés, justifiant ainsi *sa relaxe des fins de la poursuite* pour dégradation ou détérioration grave d'un bien appartenant à autrui, les éléments constitutifs de l'état de nécessité étant réunis. • TGI Paris, 28 nov. 2000 : *D. 2001. 512, note T. Garé* ; *JCP 2001. II. 10573, note Ginestet.*

31. Organismes génétiquement modifiés. BIBL. Sur le jugement du tribunal correctionnel d'Orléans du 9 déc. 2005 : J.-Ph. Feldman, *D. 2006. Chron. 814* (les « faucheurs » d'OGM et la Charte de l'environnement). ♦ V. également notes ss. art. 322-3. ♦ Justifient leur décision les juges du fond qui, pour écarter l'argumentation tirée de la cause d'irresponsabilité prévue par l'art. 122-7 C. pén. et de l'atteinte à l'art. 8 Conv. EDH, et retenir la culpabilité des prévenus qui ont détruit des plants de riz génétiquement modifiés cultivés à des fins expérimentales, retiennent qu'aucune des conditions de l'état de nécessité n'est remplie et que les dispositions conventionnelles ne peuvent être utilement invoquées pour justifier le délit de destruction ou dégradation du bien d'autrui en réunion, commis dans un entrepôt après effraction. • Crim. 19 nov. 2002 : *D. 2002. IR 3309 ; ibid. 2003. 1315, note Mayer* ; *ibid. 2006. Pan. 1652, obs. Roujou de Boubée*.

32. Devant les juges du fond, le prévenu a invoqué le bénéfice de la cause d'irresponsabilité prévue par l'art. 122-7 C. pén., faisant valoir que ses agissements étaient justifiés par le risque pour la santé et l'environnement que présentaient des organismes génétiquement modifiés et par la nécessité d'alerter sur ce point l'opinion publique ; il a également soutenu que les poursuites engagées à son encontre étaient contraires aux art. 2 et 8 Conv. EDH ; ont justifié leur décision, par des motifs exempts d'insuffisance et de contradiction, les juges qui, pour écarter cette argumentation et retenir la culpabilité du prévenu, énoncent, par les motifs propres et adoptés partiellement repris au moyen, qu'aucune des conditions de l'état de nécessité n'est remplie en l'espèce, et que les dispositions conventionnelles précitées ne peuvent être utilement invoquées pour justifier le délit reproché. • Crim. 18 févr. 2004 : *Dr. pénal 2004. 107.*

33. Statuant sur l'affaire relative à la destruction de parcelles de maïs génétiquement modifié au préjudice d'une société, la cour d'appel, infirmant le jugement du tribunal correctionnel, décide : 1°) que le moyen des prévenus tiré de la violation du droit à un procès équitable prévu par les art. 6, § 1, § 2 et § 3, Conv. EDH n'est pas fondé, aucune atteinte au principe de l'égalité des armes ne résultant de l'absence de réquisitions écrites déposées par le ministère public dès l'ouverture des débats ; 2°) que les prévenus sont coupables de dégradation ou détérioration grave du bien d'autrui en réunion dès lors que les éléments constitutifs du délit prévu et réprimé par l'art. 322-1 C. pén. sont parfaitement établis ; 3°) que le droit communautaire ne peut neutraliser les infractions poursuivies ; notamment la Dir. du 12 mars 2001 n° 2001/18/CE, relative à la dissémination volontaire et à la mise sur le marché des organismes génétiquement modifiés, ne rend pas inefficiente l'incrimination et la répression desdites infractions, mais constitue une mesure proportionnée à l'objectif de l'art. 2 du traité sur l'Union européenne, visant à maintenir et développer l'Union en tant qu'espace de liberté, de sécurité et de justice ; 4°) que les actes des prévenus n'ont pas été nécessaires à la sauvegarde d'une personne ou d'un bien, conformément à l'art. 122-7 C. pén., dès lors que, d'une part, la non-transposition de la Dir. de 2001 ne constitue pas le danger allégué et, d'autre part, que si les spécialistes sont partagés sur le danger des OGM, mais admettent plus couramment le risque qu'ils présentent, la simple existence d'un risque ou la sauvegarde d'un intérêt jugé supérieur ou socialement utile par celui qui le revendique ne saurait fonder le droit de commettre des faits pénalement punissables, alors que, de surcroît, les prévenus disposaient d'autres moyens d'agir, dans la légalité et le respect de l'ordre public ; 5°) que le comportement des prévenus étant inacceptable, la loi pénale doit être appliquée dans toute sa rigueur, et des peines d'emprisonnement, avec sursis pour les prévenus légalement en droit d'en bénéficier, assorties de peines d'amende, doivent être prononcées ; 6°) sur l'action civile, que les prévenus ont commis une faute génératrice d'un dommage et doivent être condamnés solidairement à le réparer. • Orléans, 27 juin 2006 : *JCP 2006. IV. 3180.*

34. Poursuivis pour avoir volontairement détruit des plantations de maïs génétiquement modifié, les prévenus ont invoqué l'état de nécessité, cause d'irresponsabilité prévue par l'art. 122-7 C. pén., arguant de ce que les poursuites dirigées contre eux étaient contraires, notamment, aux art. 2 et 8 Conv. EDH, 1er du Protocole additionnel à ladite Convention, ainsi qu'au principe de précaution, affirmé, à l'époque des faits, par le seul droit communautaire ; pour écarter l'argumentation des prévenus et retenir leur culpabilité, la cour d'appel prononce par les motifs reproduits au moyen ; en statuant ainsi, les juges ont justifié leur décision, dès lors qu'au surplus la Charte de l'environnement ne saurait être invoquée, en l'espèce, pour fonder l'existence d'un état de nécessité. • Crim. 7 févr. 2007 : *D. 2007. 573, note Darsonville ; ibid. 1310, note Feldman ; AJ pénal 2007. 133 ; JCP 2007. II. 10059, note Trébulle.*

2° CONFLIT DE QUALIFICATIONS

35. Vol. A supposer que les agissements reprochés (destruction d'un chargement de viande importée) aient pu constituer également le délit prévu et réprimé par l'art. 434 C. pén., le comportement des prévenus, aussi bien antérieurement à la destruction de la cargaison qu'au cours de celle-ci, peut permettre aux juges du fond de retenir à leur encontre les éléments du délit de vol. • Crim. 14 janv. 1986 : *D. 1986. IR 405, obs. Roujou de Boubée.* ♦ Lors de l'immobilisation forcée d'ensembles routiers, les camionneurs, détenteurs des véhicules et dépositaires des marchandises transportées, perdent momentanément tout contrôle des uns et des autres, si bien que les prévenus, en prenant totalement la maîtrise des véhicules et de leur contenu, en déchargeant les marchandises sur la chaussée contre le gré du dépositaire et en procédant à des actes de détérioration volontaire destinés à les rendre impropres à tout acte de disposition, participent en connaissance de cause au dépouillement temporaire constitutif du délit de vol. • Bordeaux, 5 mars 1992 : *D. 1994. 305, note Mirabail.*

36. Délit de fuite. Le délit de fuite ne peut être constitué que si le dommage corporel ou matériel a été occasionné involontairement, condition non remplie au cas de dégradation volontaire ; la prévention visée par l'art. 434 C. pén. et le délit de fuite sont dès lors des qualifications incompatibles. • T. corr. Foix, 26 avr. 1983 : *JCP 1986. II. 20581, note Bonzom.*

37. Évasion. Ayant préparé leur évasion le dimanche 31 déc. 2000 après-midi, deux détenus ont commencé à creuser le béton sous la fenêtre de leur cellule en début de soirée, puis ont renoncé à leur projet, après avoir fait beaucoup de bruit ; en fin de matinée, le 1er janv. 2001, l'un d'eux est allé voir un surveillant pour lui raconter selon ses termes « leur connerie », et pour lui demander de venir examiner les dégâts ; la cour constate que les deux prévenus se sont désistés volontairement de leur projet et qu'une tentative d'évasion ne peut être retenue. En revanche, ainsi que l'a demandé le ministère public à l'audience, il y a lieu de requalifier ces faits en dégradation volontaire d'un bien destiné à l'utilité publique, infraction définie et punie par l'art. 322-1 C. pén. • Douai, 6 mai 2003 : *Dr. pénal 2003. 122, obs. Véron.*

3° POURSUITES

38. Action civile. L'action civile est recevable pour tous les chefs de dommages qui découlent des faits, objet de la poursuite ; cassation, pour méconnaissance de ce principe, de l'arrêt qui, après avoir condamné des prévenus pour avoir volontairement dégradé ou détérioré un véhicule utilisé par une personne et appartenant à une autre, dit irrecevable la constitution de partie civile de l'utilisateur qui sollicite la réparation du dommage résultant pour lui de la privation de l'usage de la chose prêtée, en énonçant que ce préjudice n'est pas la conséquence directe de l'infraction poursuivie, sans rechercher si l'utilisateur n'a pas souffert personnellement des faits, objet de la poursuite, alors que la dégradation de la chose d'autrui n'est pas nécessairement préjudiciable au seul propriétaire de celle-ci. • Crim. 21 janv. 1998, n° 97-80.506 P.

39. Motivation. Pour déclarer deux prévenus coupables de dégradation ou détérioration aggravée du bien d'autrui, l'arrêt retient qu'ils étaient les organisateurs et les animateurs de l'opération et qu'ils donnaient aux militants venus au contact des thoniers français les ordres nécessaires à la conduite des opérations ; en prononçant ainsi, sans caractériser à l'encontre de chacun d'eux des actes matériels constitutifs de dégradation ou de détérioration, et sans mieux s'expliquer sur leurs degrés respectifs d'implication en qualité d'auteur ou, le cas échéant, de complice de l'action ainsi entreprise, la cour d'appel n'a pas justifié sa décision. • Crim. 16 nov. 2016, n° 14-86.980 P : *D. actu. 2 déc. 2016, obs. Fucini.*

Art. 322-2 **L'infraction définie au premier alinéa de l'article 322-1 est punie de trois ans d'emprisonnement et de 45 000 € d'amende et celle définie au deuxième alinéa du même article de 7 500 € d'amende** *(L. n° 2002-1138 du 9 sept. 2002, art. 24)* **« et d'une peine de travail d'intérêt général », lorsque le bien détruit, dégradé ou détérioré est :**

(Abrogé par L. n° 2011-267 du 14 mars 2011, art. 66-1°) ***« 1° Destiné à l'utilité ou à la décoration publiques et appartient à une personne publique ou chargée d'une mission de service public ; »***

2° Un registre, une minute ou un acte original de l'autorité publique.

3°, 4° et al. 6 abrogés par L. n° 2008-696 du 15 juill. 2008, art. 34.

(Abrogé par L. n° 2017-86 du 27 janv. 2017, art. 171) (L. n° 2003-88 du 3 févr. 2003) ***« Lorsque l'infraction définie au premier alinéa de l'article 322-1 est commise à raison de l'appartenance ou de la non-appartenance, vraie ou supposée, de la personne propriétaire ou utilisatrice de ce bien à une ethnie, une nation, une race ou une religion déterminée, les peines encourues sont également portées à trois ans d'emprisonnement et à 45 000 € d'amende. »***

BIBL. ▶ SAUJOT, *Dr. pénal 1996. Chron. 15* (protection renforcée du patrimoine culturel).

A. BIENS DESTINÉS À L'UTILITÉ OU À LA DÉCORATION PUBLIQUES (ANCIEN ART. 257 ; ART. 322-2, AL. 1er, 1°)

1° BIENS PROTÉGÉS

1. *Étendue.* L'art. 257 C. pén. est général et absolu : il réprime toute atteinte aux monuments destinés à l'utilité publique et élevés par l'autorité publique ou avec son autorisation ; il n'admet aucune exception, même en faveur du propriétaire sur le terrain duquel l'ouvrage serait construit sans l'observation des formalités légales, et si celui-ci se croit lésé, il peut recourir aux voies de droit, mais toute violence directe et personnelle lui est interdite. • Crim. 24 oct. 1946 : *Bull. crim. n° 189 ; D. 1947. 37, rapp. Pépy, et note A.-L.P.* • 13 déc. 1951 : *Bull. crim. n° 338 ; D. 1952. 88* • 9 oct. 1963 : *Bull. crim. n° 274 ; D. 1963. 719.*

2. *Illustrations.* Ainsi, ont été protégés au titre de ce texte : ... des urinoirs. • Crim. 5 août 1858 : *DP 1858. 5. 130.* ♦ ... Des lignes télégraphiques. • Crim. 11 juin 1863 : *DP 1863. 1. 263.* ♦ ... Un lavoir. • Crim. 13 juill. 1906 : *Bull. crim. n° 286.* ♦ ... La section de branchement extérieur d'une canalisation de distribution d'électricité. • Crim. 18 nov. 1927 : *DH 1928. 54.* ♦ ... Une conduite d'eau destinée à l'alimentation d'une commune, ou de plusieurs maisons. • Crim. 11 déc. 1931 : *Bull. crim. n° 290* • 9 févr. 1966 : *D. 1966. 316.* ♦ ... Un pylône électrique. • Crim. 24 oct. 1946 : *préc. note 1.* ♦ ... Une ligne d'énergie électrique. • Crim. 16 mars 1959 : *Bull. crim. n° 187.* ♦ ... Des puits de mine nationalisés. • Crim. 29 juin 1950 : *Bull. crim. n° 201 ; D. 1950. 597 ;* et sur l'arrêt objet du pourvoi : • Montpellier, 18 oct. 1949 : *D. 1950. 150* • Crim. 23 juin 1955 : *Bull. crim. n° 316 ; D. 1955. 578* • T. corr. Saint-Étienne, 10 déc. 1948 : *D. 1949. 220.* ♦ *Contra :* • Nîmes, 27 janv. 1949 : *D. 1949. 324.* ♦ ... Le toit d'une « baraque » servant d'annexe à une école communale. • Crim. 13 déc. 1951 : *préc. note 1.* ♦ ... Les murs d'une école publique. • Crim. 23 juin 1953 : *Bull. crim. n° 220 ; D. 1953. 556.* ♦ ... Des panneaux de verre installés dans un groupe scolaire. • Crim. 9 oct. 1963 : *préc. note 1.* ♦ ... Des kiosques à journaux édifiés sur le domaine public. • Crim. 3 janv. 1952 : *D. 1952. 253.* ♦ ... La chaussée d'une route. • Crim. 23 juin 1953 : *préc.* ♦ ... Le sol ensemencé de pelouse d'un jardin public. • Crim. 18 janv. 1967 : *Bull. crim. n° 27 ; D. 1967. 188 ; RSC 1967. 654, obs. Vitu.* ♦ ... Les objets appartenant à l'État, qui garnissent un immeuble occupé par un service ministériel, et qui sont destinés à faciliter le fonctionnement d'un service public. • Crim. 4 févr. 1971 : *Bull. crim. n° 41 ; JCP 1972. II. 17272 (2e esp.), note Koering-Joulin ; Gaz. Pal. 1971. 1. 252.* ♦ ... Les murs d'une faculté. • Crim. 23 févr. 1972 : *Bull. crim. n° 74 ; D. 1973. 333, note Littmann.* ♦ ... Les bâtiments d'une foire-exposition. • T. enfants Nancy, 19 juin 1974 : *RSC 1975. 129, obs. Vitu.* ♦ ... Une plaque indicatrice de rue et de square commémorative d'un événement de l'histoire de France. • Montpellier, 4 juin 1986 : *Gaz. Pal. 1987. 2. Somm. 364.* ♦ ... Un établissement pénitentiaire. • Crim. 9 nov. 1988 : *Bull. crim. n° 385 ; D. 1988. IR 302.* ♦ ... Le claustra d'une cellule de prison. • Grenoble, 28 sept. 1989 : *Dr. pénal 1990. 149.* ♦ ... Le pare-brise d'un autobus. • Paris, 23 oct. 1989 :

Dr. pénal 1990. 149. ♦ ... Les panneaux de signalisation et bornes kilométriques des routes nationales. • Crim. 4 févr. 1992 : *Gaz. Pal. 1992. 2. Somm. 359.* ♦ ... Un *ready-made* de Marcel Duchamp (*Fountain*). • TGI Paris, 24 janv. 2006 : *D. 2006. 1827, note Tricoire*.

3. Mais le compteur électrique installé au domicile d'un abonné n'entre pas dans la définition légale des objets protégés par l'art. 257 C. pén., n'étant pas affecté à un usage public. • Crim. 21 juill. 1954 : *Bull. crim. n° 265.* ♦ Il en est de même du pare-brise et de la lunette arrière d'un véhicule privé, dont le bris doit être poursuivi sur le fondement de l'art. 434 C. pén. (nouvel art. 322-1). • Pau, 28 juin 1989 : *Dr. pénal 1990. 149.*

4. Le retrait des autorisations de voirie accordées à une entreprise de distribution des eaux fait perdre aux conduites d'eau établies par cette entreprise, bien qu'elles soient encore en usage, le caractère d'objets destinés à l'utilité publique, dont la destruction ne tombe plus, dès lors, sous le coup des dispositions de l'art. 257 C. pén. • Crim. 23 nov. 1945 : *Bull. crim. n° 121 ; D. 1946. 111.* ♦ Mais l'annulation des règlements de l'autorité administrative, en vertu desquels un édifice destiné à l'utilité publique a été construit sur la propriété réquisitionnée d'un particulier, ne permet pas à ce dernier de démolir ou de dégrader ledit édifice ; ce faisant, celui-ci commet le délit prévu par l'art. 257 C. pén. • Crim. 13 déc. 1951 : *préc. note 1.*

2° RÉGIME D'AGGRAVATION

5. Dommage. Dès lors que des inscriptions, loin d'être indélébiles, sont facilement lavables, et ne sont pas susceptibles d'altérer dans leur substance les bâtiments sur lesquels elles ont été apposées, elles n'entrent pas dans la classe des dégradations visées par l'art. 257 C. pén. • Crim. 23 juin 1953 : *Bull. crim. n° 220 ; D. 1953. 556* • T. corr. Blois, 30 avr. 1952 : *D. 1952. 648.* ♦ ... Mais constituent la contravention de l'art. R. 38-2° C. pén. (nouvel art. 322-1, al. 2). • Crim. 25 juin 1963 : *Bull. crim. n° 225 ; D. 1963. 721* • 23 févr. 1972 : *Bull. crim. n° 74 ; D. 1973. 333, note Littmann.*

6. Pour l'exemple d'inscriptions indélébiles. • Crim. 28 sept. 1970 : *Bull. crim. n° 252 ; D. 1971. 36, note Chabas ; JCP 1972. II. 17272 (1re esp.), note Koering-Joulin* • 4 févr. 1971 : *Bull. crim. n° 41 ; JCP 1972. II. 17272 (2e esp.), note préc. Koering-Joulin ; Gaz. Pal. 1971. 1. 252* • 7 mars 1972 : *Bull. crim. n° 85 ; Gaz. Pal. 1972. 1. 450.* ♦ ... Pour des panneaux de signalisation dont la réflectorisation avait disparu au cours d'essais de nettoyage, et qui avaient dû être remplacés par les services de l'équipement. • Crim. 4 févr. 1992 : *Gaz. Pal. 1992. 2. Somm. 359.*

7. Intention. Si le délit prévu par l'art. 257 suppose l'intention, cette intention est caractérisée, quel que soit le but recherché par son auteur ou les mobiles auxquels il a obéi, dès qu'il a agi volontairement et dans la connaissance que l'objet ou le monument par lui détruit, abattu, mutilé ou dégradé, était destiné à l'utilité ou à la décoration publique et élevé par l'autorité publique ou avec son autorisation ; par suite, c'est à tort que le juge du fond, pour relaxer des prévenus qui ont apposé des inscriptions d'ordre politique sur les murs d'une école publique, fait état de ce qu'ils avaient eu en vue un but autre que celui de commettre des dégradations ou des détériorations. • Crim. 23 juin 1953 : *Bull. crim. n° 220 ; D. 1953. 556.*

8. C'est à bon droit que les juges du fond relaxent deux grévistes, poursuivis du chef de dégradation de monument public, pour avoir introduit des chevilles de bois dans la serrure des transformateurs, dont ils avaient coupé le courant, pour empêcher d'y pénétrer et de rétablir la fourniture dudit courant, lorsqu'ils constatent que les prévenus n'ont pas agi dans l'intention de provoquer la dégradation de ces transformateurs et qu'il n'a été commis aucun dégât. • Crim. 13 mars 1951 : *Bull. crim. n° 88.* ♦ Comp., pour la responsabilité d'un délégué mineur placé à la tête du piquet de grève occupant un puits : • T. corr. Saint-Étienne, 10 déc. 1948 : *D. 1949. 220.*

9. Contrainte par corps. Même si les inscriptions incriminées présentent un caractère politique, l'infraction retenue à la charge du prévenu, quels qu'en aient été les mobiles, constitue un délit de droit commun ; c'est dès lors à bon droit qu'il lui est fait application de la contrainte par corps. • Crim. 23 févr. 1972 : *Bull. crim. n° 74 ; D. 1973. 333, note Littmann* • 15 nov. 1983 : *D. 1984. IR 227, obs. Roujou de Boubée.* ♦ La contrainte par corps doit être également prononcée contre le prévenu reconnu coupable, à la fois, de dégradation par inscriptions objectivement politiques, et d'un délit de droit commun, lorsque ce dernier est plus sévèrement sanctionné par la loi que le premier. • Crim. 7 mars 1972 : *Bull. crim. n° 85 ; Gaz. Pal. 1972. 1. 450.*

B. REGISTRES, MINUTES ET ACTES DE L'AUTORITÉ PUBLIQUE (ANCIEN ART. 439, AL. 1er ; ART. 322-2, AL. 1er, 2°)

10. Intention. En matière de destruction de titres prévue par l'art. 439 C. pén., l'intention frauduleuse est caractérisée par la destruction volontaire de l'acte, quel que soit le mobile auquel ait obéi son auteur. • Crim. 20 févr. 1957 : *Bull. crim. n° 170.*

11. Conflit de qualifications. Si les pièces déposées au rang des minutes d'un notaire ne peuvent, de ce seul fait, être considérées comme des actes de l'autorité publique au sens de l'art. 439 C. pén., leur destruction tombe sous l'application des art. 254 et 255 du même code (nouv. art. 432-15 et 432-16). • Crim. 22 déc. 1953 : *Bull. crim. n° 351.*

12. Lorsque, après la soustraction d'une lettre adressée à un notaire, il a été procédé, en un second temps, à sa destruction, il y a lieu d'examiner si ce second geste tombe éventuellement sous le coup de l'art. 439 C. pén., alors que l'on se trouve en présence non d'un cumul idéal d'infractions, mais de faits successifs pour lesquels il échet d'appliquer, le cas échéant, le principe du non-cumul des peines. • Paris, 9 févr. 1974 : *D. 1974. Somm. 40.*

Art. 322-3 **L'infraction définie au premier alinéa de l'article 322-1 est punie de cinq ans d'emprisonnement et de 75 000 € d'amende et celle définie au deuxième alinéa du même article de 15 000 € d'amende** *(L. n° 2002-1138 du 9 sept. 2002, art. 24)* **« et d'une peine de travail d'intérêt général » :**

1° Lorsqu'elle est commise par plusieurs personnes agissant en qualité d'auteur ou de complice ;

2° Lorsqu'elle est facilitée par l'état d'une personne dont la particulière vulnérabilité, due à son âge, à une maladie, à une infirmité, à une déficience physique ou psychique ou à un état de grossesse, est apparente ou connue de son auteur ;

3° Lorsqu'elle est commise au préjudice d'un magistrat, d'un juré, d'un avocat, d'un officier public ou ministériel *(L. n° 96-647 du 22 juill. 1996)* **« , d'un militaire de la gendarmerie, d'un fonctionnaire de la police nationale, des douanes, de l'administration pénitentiaire » ou de toute autre personne dépositaire de l'autorité publique ou chargée d'une mission de service public, en vue d'influencer son comportement dans l'exercice de ses fonctions ou de sa mission ;**

(L. n° 2010-201 du 2 mars 2010, art. 11-II) **« 3° *bis* Lorsqu'elle est commise au préjudice du conjoint, d'un ascendant ou d'un descendant en ligne directe ou de toute autre personne vivant habituellement au domicile des personnes mentionnées au 3°, en raison des fonctions ou de la qualité de ces personnes ; »**

4° Lorsqu'elle est commise au préjudice d'un témoin, d'une victime ou d'une partie civile, soit pour l'empêcher de dénoncer le fait, de porter plainte ou de déposer en justice, soit en raison de sa dénonciation, de sa plainte ou de sa déposition ;

5° Lorsqu'elle est commise dans un local d'habitation ou dans un lieu utilisé ou destiné à l'entrepôt de fonds, valeurs, marchandises ou matériels, en pénétrant dans les lieux par ruse, effraction ou escalade ; — *Pén. 132-73 s. ; Pr. pén. 2-1, 398-1 ; Aviat. civ. L. 282-1.*

(L. n° 2009-928 du 29 juill. 2009, art. 12-V) **« 6° Lorsqu'elle est commise à l'encontre d'un lieu classifié au titre du secret de la défense nationale ; »**

(L. n° 2010-201 du 2 mars 2010, art. 3) **« 7° Lorsqu'elle est commise par une personne dissimulant volontairement en tout ou partie son visage afin de ne pas être identifiée. »**

(L. n° 2011-267 du 14 mars 2011, art. 66-2°-a) **« 8° Lorsque le bien détruit, dégradé ou détérioré est destiné à l'utilité ou à la décoration publique et appartient à une personne publique ou chargée d'une mission de service public ; »**

(L. n° 2020-840 du 3 juill. 2020, art. 8) **« 9° Lorsqu'elle porte sur du matériel destiné à prodiguer des soins de premiers secours. »**

(L. n° 2003-88 du 3 févr. 2003) **« Lorsque l'infraction définie au premier alinéa de l'article 322-1 est commise à l'encontre** *(Abrogé par L. n° 2008-696 du 15 juill. 2008, art. 34)* ***« d'un lieu de culte, »*** **d'un établissement scolaire, éducatif ou de loisirs ou d'un véhicule transportant des enfants, les peines encourues sont également portées à cinq ans d'emprisonnement et à 75 000 € d'amende. »**

(L. n° 2011-267 du 14 mars 2011, art. 66-2°-b) **« Les peines sont portées à sept ans d'emprisonnement et 100 000 € d'amende lorsque l'infraction définie au premier alinéa de l'article 322-1 est commise dans deux des circonstances prévues aux 1° et suivants du présent article. »**

BIBL. ▶ FELDMAN, *D. 2006. Chron. 814* (« faucheurs d'OGM » et Charte de l'environnement).

1. Réunion (art. 322-3-1°). Constitue le délit de destruction volontaire d'un bien appartenant à autrui commis *en réunion, délit prévu* et réprimé par les *art. 322-1* et *322-3*, le fait de faucher un champ de colza transgénique dont la culture était autorisée à des fins de recherche et de tenter d'y mettre le feu ; la motivation des prévenus répondant toutefois à une inquiétude que génère une évolution peut-être trop rapide de la société qui peut entraîner notamment pour la santé des consommateurs et l'environnement de graves conséquences, il y a lieu de leur accorder de larges circonstances atténuantes. • TGI Foix, 3 oct. 2000 : *D. 2001. Somm. 1357, obs. Galloux.*

2. Justifient leur décision les juges du fond qui, pour écarter l'argumentation tirée de la cause d'irresponsabilité prévue par l'art. 122-7 C. pén. et de l'atteinte à l'art. 8 Conv. EDH, et retenir la culpabilité des prévenus qui ont détruit des plants de riz génétiquement modifiés cultivés à des fins expérimentales, retiennent qu'aucune des conditions de l'état de nécessité n'est remplie et que les dispositions conventionnelles ne peuvent être utilement invoquées pour justifier le délit de destruction ou dégradation du bien d'autrui en réunion, commis dans un entrepôt après effraction. • Crim. 19 nov. 2002 : *D. 2002. IR 3309 ; ibid. 2003. 1315, note Mayer*.

3. Si les « faucheurs volontaires » poursuivis ont manifesté une réelle conviction quant aux dangers éventuels en matière de santé publique et d'environnement inhérents aux essais en plein champ des plants de maïs OGM, il n'en reste pas moins que les moyens d'action dont ils ont usé sont illégaux ; en effet, le délit de destruction, dégradation ou détérioration d'un bien appartenant à autrui commis en réunion prévu par les art. 322-1 et 322-3-1°, C. pén. est parfaitement constitué, en tous ses éléments, à l'encontre des prévenus, qui encourent les peines de cinq ans d'emprisonnement et de 75 000 € d'amende. • Toulouse, 15 nov. 2005 : *D. 2006. IR 178*.

4. Les prévenus, adhérents et sympathisants d'un syndicat agricole, sont poursuivis pour destruction du bien d'autrui en réunion à la suite de la destruction d'une parcelle de plants de maïs transgéniques ; il est établi que les prévenus ont participé à une action de groupe concertée, en présence de journalistes pour médiatiser une action de destruction ; le champ de maïs était exploité par l'INRA et le « groupe d'études et de contrôle variétés semences », en conformité avec toutes les dispositions prises par le ministre de l'Agriculture à la suite de l'avis régulier de la commission de génie biomoléculaire ; le champ a été piétiné et largement détruit, et l'infraction n'est pas contestée par les prévenus ; ces derniers invoquent vainement l'état de nécessité, dès lors que celui-ci implique un danger réel et non hypothétique ; or, les prévenus font état, eux-mêmes, d'un simple risque pour l'avenir de l'agriculture et d'un danger possible pour la santé publique ; il n'est donc pas établi qu'un événement menaçait et devait être immédiatement neutralisé pour la sauvegarde de la personne des prévenus ou de leurs biens, qui sont répartis sur l'ensemble du territoire national ; en outre, les prévenus disposaient de voies de droit afin de discuter de la légalité des autorisations d'essais en plein champ ; leur action relevait donc d'un choix politique de « désobéissance civique » ; de plus, la destruction complète d'un champ contenant 10 % d'organismes génétiquement modifiés est disproportionnée avec la menace hypothétique pour les personnes ou les biens ; l'inexistence des risques de dissémination des gènes vers des cultures classiques a été constatée par un avis de la commission du génie biomoléculaire, antérieur à l'autorisation d'exploitation de la culture litigieuse. • Versailles, 22 mars 2007 : *JCP 2007. IV. 2913.*

5. Entrepôts (art. 322-3-5°). Pour un exemple de destructions, dégradations ou détériorations, au cours d'une manifestation paysanne, de sacs de maïs transgénique et de semences diverses, commises en réunion et dans des entrepôts, après pénétration par ruse, effraction ou escalade. • TGI Agen, 18 févr. 1998 : *Gaz. Pal. 1998. 1. 259, note Hermitte ; D. 1999. Somm. 334, obs. Galloux*.

6. Bien d'utilité publique (art. 322-3-8°). Le prévenu a fait l'objet d'une procédure de comparution immédiate pour être jugé sous la prévention d'avoir, étant condamné placé sous surveillance électronique, neutralisé par quelque moyen que ce soit le procédé permettant de détecter à distance sa présence ou son absence dans le lieu désigné par le juge de l'application des peines ; la cour d'appel, après infirmation du jugement de condamnation, a renvoyé le prévenu des fins de la poursuite au motif que l'infraction d'évasion, prévue par l'art. 434-29 C. pén., n'était pas applicable au condamné soumis par le tribunal de l'application des peines à une surveillance électronique mobile après sa libération définitive ; elle a également refusé de faire droit aux réquisitions du ministère public, tendant à ce que soit retenue la qualification de dégradation d'un bien d'utilité publique, infraction constituée par le sectionnement par le prévenu de la sangle de son bracelet électronique ; pour refuser de faire droit à ces réquisitions, l'arrêt attaqué retient que l'acte de poursuite n'a visé que la soustraction à la mesure de surveillance par la neutralisation, qui peut prendre d'autres formes qu'une dégradation, du moyen par laquelle elle s'opérait ; en statuant ainsi, et dès lors que le délit de dégradation d'objet d'utilité publique, prévu par les art. 322-1 et 322-3-8°, C. pén., dont l'application était demandée par le ministère public, était distinct de celui incriminé par l'art. 434-29 du même code, seul visé à la poursuite, la cour d'appel a justifié sa décision. • Crim. 13 avr. 2016, n° 15-82.982 P : *D. actu. 11 mai 2016, obs. Goetz.*

Art. 322-3-1 *(L. n° 2008-696 du 15 juill. 2008, art. 34)* **La destruction, la dégradation ou la détérioration est punie de sept ans d'emprisonnement et de 100 000 € d'amende lorsqu'elle porte sur :**

1° Un immeuble ou objet mobilier classé ou inscrit en application des dispositions du code du patrimoine ou un document d'archives privées classé en application des dispositions du même code ;

(L. n° 2016-925 du 7 juill. 2016, art. 97) **« 2° Le patrimoine archéologique, au sens de l'article L. 510-1 du code du patrimoine ; »**

3° Un bien culturel qui relève du domaine public mobilier ou qui est exposé, conservé ou déposé, même de façon temporaire, soit dans un musée de France, une bibliothèque, une médiathèque ou un service d'archives, soit dans un lieu dépendant d'une personne publique ou d'une personne privée assurant une mission d'intérêt général, soit dans un édifice affecté au culte ;

(L. n° 2016-925 du 7 juill. 2016, art. 97) **« 4° Un édifice affecté au culte. »**

Les peines sont portées à dix ans d'emprisonnement et 150 000 € d'amende lorsque l'infraction prévue au présent article est commise avec la circonstance prévue au 1° de l'article 322-3.

Les peines d'amende mentionnées au présent article peuvent être élevées jusqu'à la moitié de la valeur du bien détruit, dégradé ou détérioré.

***Corresp.** : C. pén., ancien art. 257-1.*

1. Découverte archéologique. Constitue le délit prévu et réprimé par l'art. 257-1, al. 3, C. pén., le fait de ramasser des minéraux dans les déblais d'une mine, malgré un panneau portant interdiction de faire des fouilles sur ce site archéologique. • Crim. 28 nov. 1989 : *Bull. crim. n° 444.*

2. Sur la responsabilité d'un dirigeant de société ayant procédé à des travaux d'excavation et de nivellement avec apport de remblais sur des fouilles non encore exploitées, alors que l'obtention du permis de construire était subordonnée à l'accomplissement de ces fouilles. • Crim. 13 avr. 1994 : *Dr. pénal 1994. 177.*

3. Musée. L'ajout d'une marque, comme la trace d'un baiser sur un tableau exposé dans un musée, constitue l'élément matériel du délit de dégradation volontaire, et la volonté délictueuse de l'auteur du baiser est caractérisée indépendamment de la recherche du résultat de l'acte, dès lors qu'elle avait conscience que son toucher du tableau pouvait causer une trace quelconque. • TGI Avignon, 16 nov. 2007 : *D. 2008. 588, note Edelman.*

Art. 322-3-2 *(L. n° 2016-731 du 3 juin 2016, art. 29)* **Est puni de sept ans d'emprisonnement et de 100 000 € d'amende le fait d'importer, d'exporter, de faire transiter, de transporter, de détenir, de vendre, d'acquérir ou d'échanger un bien culturel présentant un intérêt archéologique, artistique, historique ou scientifique en sachant que ce bien a été soustrait d'un territoire qui constituait, au moment de la soustraction, un théâtre d'opérations de groupements terroristes et sans pouvoir justifier la licéité de l'origine de ce bien.**

Les peines sont portées à dix ans d'emprisonnement et à 150 000 € d'amende lorsque l'infraction prévue au présent article est commise avec la circonstance mentionnée au 1° de l'article 322-3.

Art. 322-4 La tentative des infractions prévues à la présente section est punie des mêmes peines. — *Pr. pén. 2-1, 398-1 ; Aviat. civ. L. 282-1.*

Code du patrimoine

(Ord. n° 2004-178 du 20 févr. 2004, ratifiée par L. n° 2004-1343 du 9 déc. 2004, art. 78-XIV)

Art. L. 114-4 Sans préjudice de l'application des articles 16, 20 et 21 du code de procédure pénale, peuvent être habilités à procéder à toutes constatations pour l'application *(L. n° 2008-696 du 15 juill. 2008, art. 34)* « de l'article 322-3-1 » du code pénal et des textes ayant pour objet la protection des collections publiques :

a) Les fonctionnaires et agents chargés de la conservation ou de la surveillance des objets ou documents mentionnés *(L. n° 2008-696 du 15 juill. 2008, art. 34)* « à l'article 322-3-1 » du code pénal ;

b) Les gardiens d'immeubles ou d'objets mobiliers classés ou inscrits quel qu'en soit le propriétaire.

Ces fonctionnaires, agents et gardiens doivent être spécialement assermentés et commissionnés aux fins mentionnées aux alinéas précédents dans des conditions fixées par décret en Conseil d'État. — *[Ancien art. 3, L. 80-532 du 15 juill. 1980.]*

Art. L. 114-5 Les procès-verbaux dressés par les fonctionnaires, agents et gardiens désignés à l'article L. 114-4 sont remis ou envoyés au procureur de la République près le tribunal dans le ressort duquel l'infraction a été commise. Cette remise ou cet envoi a lieu, à peine de nullité, dans les quatre jours qui suivent le jour de la constatation de l'infraction. — *[Ancien art. 4, L. 80-532 du 15 juill. 1980.]*

Art. L. 114-6 Les dispositions relatives à l'exercice des droits reconnus à la partie civile par une association du patrimoine culturel agréée sont prévues par l'article 2-21 du code de procédure pénale *(Abrogé par L. nº 2016-1547 du 18 nov. 2016, art. 43)* « *reproduit ci-après* ».

....

Sur les infractions en matière d'archives privées classées, V. C. patr., art. L. 214-1 s. — ***C. patr.***

Code de l'environnement

PREMIÈRE PARTIE : LÉGISLATIVE

(Ord. nº 2000-914 du 18 sept. 2000)

CHAPITRE Ier (DU TITRE IV DU LIVRE III). *SITES INSCRITS ET CLASSÉS*

SECTION III. *DISPOSITIONS PÉNALES*

Art. L. 341-19 *(Ord. nº 2012-34 du 11 janv. 2012, art. 8-1º, en vigueur le 1er juill. 2013)* I. — Est puni de six mois d'emprisonnement et de 30 000 euros d'amende :

1º Le fait de procéder à des travaux sur un monument naturel ou un site inscrit sans en aviser l'administration dans les conditions prévues au dernier alinéa de l'article L. 341-1 ;

2º Le fait d'aliéner un monument naturel ou un site classé sans faire connaître à l'acquéreur l'existence du classement *(Abrogé par L. nº 2016-1087 du 8 août 2016, art. 170)* « *ou sans notifier cette aliénation à l'administration* » dans les conditions prévues à l'article L. 341-9 ;

3º Le fait d'établir une servitude sur un monument naturel ou un site classé sans l'agrément de l'administration dans les conditions prévues à l'article L. 341-14.

II. — Est puni d'un an d'emprisonnement et de 150 000 euros d'amende le fait de modifier l'état ou l'aspect d'un monument naturel ou d'un site en instance de classement ou classé, en méconnaissance des prescriptions édictées par les autorisations prévues aux articles L. 341-7 et L. 341-10.

III. — Est puni de deux ans d'emprisonnement et de 300 000 euros d'amende :

1º Le fait de modifier l'état ou l'aspect d'un monument naturel ou d'un site en instance de classement sans l'autorisation prévue à l'article L. 341-7 ;

2º Le fait de détruire un monument naturel ou un site classé ou d'en modifier l'état ou l'aspect sans l'autorisation prévue à l'article L. 341-10 ;

3º Le fait de ne pas se conformer aux prescriptions fixées par un décret de création d'une zone de protection pris en application de l'article 19 de la loi du 2 mai 1930 ayant pour objet de réorganiser la protection des monuments naturels et des sites de caractère artistique, historique, scientifique, légendaire ou pittoresque et continuant à produire ses effets en application de l'article L. 642-9 du code du patrimoine.

Art. L. 341-20 *(Ord. nº 2012-34 du 11 janv. 2012, art. 8, en vigueur le 1er juill. 2013)* Outre les officiers et agents de police judiciaire et les inspecteurs de l'environnement mentionnés à l'article L. 172-1, sont habilités à rechercher et constater les infractions au présent titre :

1º Les agents des services de l'État chargés des forêts commissionnés à raison de leurs compétences en matière forestière et assermentés à cet effet ;

2º Les agents de l'Office national des forêts commissionnés à raison de leurs compétences en matière forestière et assermentés à cet effet ;

3º Les gardes du littoral mentionnés à l'article L. 322-10-1, agissant dans les conditions prévues à cet article ;

4º Les agents des réserves naturelles mentionnés à l'article L. 332-20, agissant dans les conditions prévues à cet article.

Ancien art. L. 341-20 *Le fait de détruire, mutiler ou dégrader un monument naturel ou un site inscrit ou classé est puni des peines prévues à l'article 322-2 du code pénal, sans préjudice de tous dommages-intérêts.* — [L. du 2 mai 1930, art. 22.]

1. La L. du 2 mai 1930, dans son art. 22 [C. envir., art. L. 341-20], a pour objet de réprimer la destruction, mutilation ou dégradation d'un site classé, ce qui suppose une détérioration matérielle ; encourt la cassation l'arrêt qui constate que le prévenu n'avait commis aucun dommage matériel, de quelque nature que ce soit, au site classé, et qui prononce néanmoins une condamnation au motif qu'il a modifié, par le stationnement prolongé d'un camion-magasin dans un parking, l'état et l'aspect du site. • Crim. 10 juin 1960 : *Bull. crim. n° 312.*

2. C'est à bon droit qu'une cour d'appel a condamné du chef de dégradation intentionnelle d'un site classé, les prévenus qui ont extrait des minéraux, fût-ce en quantité non industrielle, d'une montagne classée parmi les sites de caractère pittoresque par un arrêté régulièrement publié au bureau des hypothèques et au *Journal officiel.* • Crim. 17 mai 1982 : *Bull. crim. n° 126.*

3. Justifie légalement sa décision la cour d'appel qui, pour déclarer des guides de montagne, exerçant accessoirement l'activité de cristallier, coupables de dégradation volontaire de site classé (massif du Mont-Blanc), infraction prévue par l'art. 22 de la L. du 2 mai 1930 [C. envir., art. L. 341-20] et réprimée par l'art. 257 C. pén. (nouvel art. 322-2), énonce que l'extraction, à l'aide de burins et de massettes, de cristaux de quartz du sein de la paroi granitique où ils se trouvent, dans des filons ou cavités appelés fours, a pour effet de dégrader le site protégé en supprimant partie de sa substance et que l'intention frauduleuse résulte suffisamment du caractère volontaire de ces dégradations et de l'appropriation des minéraux ainsi obtenus. • Crim. 9 août 1993, ☎ n° 90-87.591 P.

Loi n° 374 du 6 juillet 1943, *relative à l'exécution de travaux géodésiques et cadastraux et à la conservation des signaux, bornes et repères (DA 1943. L. 106 ; BLD 1943. 286). Validée et modifiée par L. n° 57-391 du 28 mars 1957 (D. 1957. 136 ; BLD 1957. 263).* **Art. 6** La destruction, la détérioration ou le déplacement des signaux, bornes et repères donne lieu à l'application des dispositions de l'article *(L. n° 92-1336 du 16 déc. 1992)* « 322-2 » du code pénal.

En outre, les dommages-intérêts pouvant être dus éventuellement à l'État et aux autres collectivités prévues à l'article 1er de la présente loi pourront atteindre le montant des dépenses nécessitées par la reconstitution des éléments de signalisation, y compris celles afférentes aux opérations de géodésie, d'arpentage ou de nivellement qu'entraîne cette reconstitution.

Les agents des services publics intéressés dûment assermentés ainsi que les officiers de police judiciaire et les gendarmes sont chargés de rechercher les délits prévus au présent article ; ils dressent procès-verbaux des infractions constatées.

Texte rendu applicable dans les départements d'outre-mer par L. n° 57-391 du 28 mars 1957, art. 2 (D. 1957. 136 ; BLD 1957. 263).

Art. 322-4-1 *(L. n° 2003-239 du 18 mars 2003, art. 53)* **Le fait de s'installer en réunion, en vue d'y établir une habitation, même temporaire, sur un terrain appartenant soit à une commune qui s'est conformée aux obligations lui incombant en vertu du schéma départemental prévu** *(L. n° 2017-86 du 27 janv. 2017, art. 150)* **« à l'article 1er » de la loi n° 2000-614 du 5 juillet 2000 relative à l'accueil et à l'habitat des gens du voyage ou qui n'est pas inscrite à ce schéma, soit à tout autre propriétaire autre qu'une commune, sans être en mesure de justifier de son autorisation ou de celle du titulaire du droit d'usage du terrain, est puni** *(L. n° 2018-957 du 7 nov. 2018, art. 4)* **« d'un an** *[ancienne rédaction : de six mois]* **» d'emprisonnement et de** *(L. n° 2018-957 du 7 nov. 2018, art. 4)* **« 7 500 €** *[ancienne rédaction : 3 750 €]* **» d'amende.**

(L. n° 2018-957 du 7 nov. 2018, art. 4) **« Dans les conditions prévues à l'article 495-17 du code de procédure pénale, l'action publique peut être éteinte par le versement d'une amende forfaitaire d'un montant de 500 €. Le montant de l'amende forfaitaire minorée est de 400 € et le montant de l'amende forfaitaire majorée de 1 000 €. »**

Lorsque l'installation s'est faite au moyen de véhicules automobiles, il peut être procédé à leur saisie, à l'exception des véhicules destinés à l'habitation, en vue de leur confiscation par la juridiction pénale.

V. L. n° 2000-614 du 5 juill. 2000, in CGCT, App., v° Gens du voyage. — **CGCT.**

Constitutionnalité. Considérant que l'art. 53 de la L. n° 2003-239 du 18 mars 2003 sur la sécurité intérieure insère les art. 322-4-1 et 322-15-1 C. pén. ; considérant que, selon les députés et sénateurs requérants, les mesures ainsi prévues portent une atteinte disproportionnée aux droits des « gens du voyage » en raison des restrictions qu'elles imposent à leur mode de vie ; qu'il en irait ainsi de la suspension du permis de conduire et de la saisie des véhicules servant à tracter les caravanes ; que les dispositions critiquées méconnaîtraient en outre le principe selon lequel la définition des délits et des peines doit comporter un élément intentionnel, dès lors que certains des occupants du terrain pourraient ne pas être conscients d'user de la propriété d'autrui sans autorisation ; considérant que la prévention d'atteintes au droit de propriété et à l'ordre public sont nécessaires à la sauvegarde de principes et de droits de valeur constitutionnelle ; qu'il appartient cependant au législateur, en prévoyant la répression de telles atteintes, d'assurer la conciliation entre ces exigences constitutionnelles et l'exercice des libertés constitutionnellement garanties, au nombre desquelles figurent la liberté d'aller et venir, le respect de la vie privée et l'inviolabilité du domicile ; qu'il lui revient également, compte tenu des objectifs qu'il s'assigne, de fixer, dans le respect des principes constitutionnels, les règles concernant la détermination des crimes et délits, ainsi que des peines qui leur sont applicables. Considérant, en premier lieu, que le législateur n'a pas entaché d'erreur manifeste la conciliation qu'il lui appartenait d'opérer en l'espèce entre, d'une part, la protection de la propriété et la sauvegarde de l'ordre public et, d'autre part, l'exercice des libertés constitutionnellement protégées. Considérant, en deuxième lieu, qu'en l'absence de disproportion manifeste entre les infractions et les sanctions concernées, il n'appartient pas au Conseil constitutionnel de substituer son appréciation à celle du législateur ; qu'eu égard à la nature des pratiques en cause, le législateur n'a pas méconnu le principe de nécessité des peines en prévoyant les peines complémentaires de suspension du permis de conduire pendant une durée maximale de trois ans et la confiscation des véhicules automobiles utilisés pour commettre l'infraction, à l'exception de ceux destinés à l'habitation. Considérant, en troisième lieu, que l'occupation du terrain d'autrui rend vraisemblable la volonté de commettre l'infraction ; que la condamnation de l'ensemble des occupants illicites du terrain dans les conditions prévues par la disposition contestée n'est pas contraire à l'art. 9 DDH dès lors que s'appliqueront de plein droit, dans le respect des droits de la défense, les principes généraux du droit pénal énoncés aux art. 121-3 et 122-3 C. pén. Considérant, enfin, que la distinction opérée par l'article critiqué entre les communes qui se sont conformées aux obligations que leur impose la L. n° 2000-614 du 5 juill. 2000 relative à l'accueil et à l'habitat des gens du voyage et les communes qui ont négligé de le faire repose sur des critères objectifs et rationnels en rapport direct avec le but que s'est assigné le législateur en vue d'accueillir les gens du voyage dans des conditions compatibles avec l'ordre public et les droits des tiers ; que c'est dès lors à tort que les députés requérants soutiennent que l'incrimination critiquée serait contraire au principe d'égalité devant la loi pénale. Considérant qu'il résulte de tout ce qui précède que, sous la réserve énoncée, l'art. 53 n'est pas contraire à la Constitution. • Cons. const. 13 mars 2003, n° 2003-467 DC : *JO 19 mars.*

SECTION II **DES DESTRUCTIONS, DÉGRADATIONS ET DÉTÉRIORATIONS DANGEREUSES POUR LES PERSONNES**

Art. 322-5 **La destruction, la dégradation ou la détérioration involontaire d'un bien appartenant à autrui par l'effet d'une explosion ou d'un incendie provoqués par manquement à une obligation** *(L. n° 2011-525 du 17 mai 2011, art. 185)* **« de prudence ou de sécurité » imposée par la loi** *(L. n° 2000-647 du 10 juill. 2000)* **« ou le règlement » est punie d'un an d'emprisonnement et de 15 000 € d'amende.** — *Pén. 421-1.*

(L. n° 2000-647 du 10 juill. 2000) **« En cas de violation manifestement délibérée d'une obligation particulière** *(L. n° 2011-525 du 17 mai 2011, art. 185)* **« de prudence ou de sécurité » prévue par la loi ou le règlement », les peines encourues sont portées à deux ans d'emprisonnement et à 30 000 € d'amende.** — *Pr. pén. 2-1.*

(L. n° 2004-204 du 9 mars 2004, art. 31) **« Lorsqu'il s'agit de l'incendie de bois, forêts, landes, maquis, plantations ou reboisements d'autrui, les peines sont portées à deux ans d'emprisonnement et à 30 000 € d'amende dans le cas prévu par le premier alinéa, et à trois ans d'emprisonnement et à 45 000 € d'amende dans le cas prévu par le deuxième alinéa.**

« Si cet incendie est intervenu dans des conditions de nature à exposer les personnes à un dommage corporel ou à créer un dommage irréversible à l'environnement, les peines sont portées à trois ans d'emprisonnement et à 45 000 € d'amende dans le cas prévu par le premier alinéa, et à cinq ans d'emprisonnement et à 100 000 € d'amende dans le cas prévu par le deuxième alinéa.

« Si l'incendie a provoqué pour autrui une incapacité totale de travail *(L. n° 2005-1549 du 12 déc. 2005, art. 25)* **« pendant au moins huit jours** *[ancienne rédaction : pendant huit jours au plus]* **», les peines sont portées à cinq ans d'emprisonnement et à 75 000 €**

d'amende dans le cas prévu par le premier alinéa, et à sept ans d'emprisonnement et à 100 000 € d'amende dans le cas prévu par le deuxième alinéa.

« S'il a provoqué la mort d'une ou plusieurs personnes, les peines sont portées à sept ans d'emprisonnement et à 100 000 € d'amende dans le cas prévu par le premier alinéa, et à dix ans d'emprisonnement et à 150 000 € d'amende dans le cas prévu par le deuxième alinéa. »

RÉP. PÉN. v° *Incendie*, par KECHICHIAN.

BIBL. ▶ GUÉDON, *Dr. pénal 2004. Chron. 11* (répression des incendies de forêt).

1. Obligation de sécurité ou de prudence. Ne donne pas de base légale à sa décision la cour d'appel qui condamne le prévenu pour dégradation involontaire par explosion ou incendie en retenant qu'il a eu conscience d'avoir commis un manquement à une obligation de sécurité ou de prudence prévue par la loi ou le règlement en fumant dans le local où il travaillait et en y abandonnant sans l'éteindre un mégot de cigarette, sans préciser la source et la nature de cette obligation. • Crim. 12 janv. 2010, n° 09-81.936 P : *AJ pénal 2010. 239, obs. Lasserre Capdeville ; Dr. pénal 2010. 44, obs. Véron ; Gaz. Pal. 2010. 1. Jur. 984, note Dreyer.*

2. Un incendie s'est déclaré le 28 janv. 2002 dans l'entrepôt de stockage d'archives d'une société, détruisant l'ensemble du site à l'exception des locaux administratifs ; ces faits ont donné lieu, le 24 avr. 2002, à l'ouverture d'une information du chef de destruction involontaire d'un bien appartenant à autrui par l'effet d'un incendie provoqué par un manquement à une obligation de sécurité et de prudence imposé par la loi ou le règlement, délit prévu par l'art. 322-5, al. 1er, C. pén. ; par Arr. du 14 janv. 2002, la préfecture de la Somme avait autorisé la société à exploiter le site, sous réserve de la mise en œuvre de mesures correctives en application des dispositions de l'instruction ministérielle du 4 févr. 1987 relative aux entrepôts couverts et concernant la stabilité au feu de la charpente, le désenfumage, le bloc porte coupe-feu à l'entrée des bureaux et l'amélioration de l'isolement entre stockage et zone de réception ; selon les conclusions d'une expertise du 17 avr. 2003 et de son complément du 10 déc. suivant, si l'hypothèse d'un échauffement d'un matériel électrique a été retenue par les experts, la cause précise du déclenchement de l'incendie n'a pu être déterminée ; les experts ont cependant relevé que les dispositions réglementaires du code du travail et de l'instruction technique précitée n'avaient pas été respectées ; la société, mise en examen par lettre recommandée du 13 nov. 2009, en a demandé l'annulation en soutenant qu'il n'existait à son encontre aucun indice grave ou concordant de sa participation à l'infraction qui lui était *reprochée ; pour faire droit à cette demande,* l'arrêt attaqué retient qu'il ne résulte pas de la procédure qu'un manquement à une obligation de sécurité ou de prudence imposé par la loi ou le règlement soit à l'origine de l'incendie ; les juges ajoutent que « le problème de la non-conformité de la société à la Circ. du 4 févr. 1987, dans le cadre de l'arrêté du préfet de la Somme du 14 janv. 2002 portant autorisation d'exploitation du site, en particulier par rapport à la stabilité au feu du bâtiment, du désenfumage, de l'isolement des deux bâtiments ou de l'absence de formation incendie pour le personnel intervenant sur le site ou la mauvaise disposition de diffuseurs d'eau de type sprinkler n'ont pas de lien direct avec le déclenchement involontaire de cet incendie d'origine électrique mais ont pu jouer un rôle dans la propagation du feu et l'importance des destructions constatées en particulier les cartons d'archives » ; en prononçant ainsi, alors qu'elle avait relevé que des manquements à des obligations réglementaires de sécurité et de prudence pouvaient avoir effectivement contribué aux destructions résultant de la propagation de l'incendie, la chambre de l'instruction n'a pas justifié sa décision ; d'où il suit que la cassation est encourue. • Crim. 22 févr. 2011, n° 10-87.676 P : *D. 2011. 752, obs. Bombled ; ibid. 985, note Lasserre Capdeville ; AJ pénal 2011. 307, obs. Roussel ; Dr. pénal 2011, n° 73, obs. Véron.*

3. Le délit de dégradation involontaire par explosion ou incendie ne peut être caractérisé qu'en cas de manquement à une obligation de sécurité ou de prudence imposée par la loi ou le règlement. Un incendie s'est déclaré dans les combles d'un immeuble ; l'enquête a fait apparaître que l'incendie avait été causé par une cigarette mal éteinte, jetée par la fenêtre par un locataire ; celui-ci a été poursuivi devant le tribunal correctionnel pour dégradation involontaire par explosion ou incendie dû à un manquement à une obligation de sécurité ou de prudence imposée par la loi ou le règlement ; pour confirmer le jugement déclarant le prévenu coupable de ces faits, l'arrêt retient qu'il a méconnu les dispositions de l'art. 1728 C. civ. aux termes desquelles le preneur est notamment tenu d'user de la chose louée en bon père de famille ; en se déterminant ainsi, alors que l'art. 1728 C. civ. n'édicte pas d'obligation de sécurité ou de prudence au sens de l'art. 322-5 C. pén., la cour d'appel a méconnu le sens et la portée de ce dernier texte. • Crim. 18 janv. 2012, n° 11-81.324 P : *D. actu. 27 janv. 2012, obs. Bombled ; D. 2012. Actu. 360, obs. Bombled ; Dr. pénal 2012, n° 30, obs. Véron ; Gaz. Pal. 2012. 1. 1033, note Dreyer.*

4. Est coupable de dégradation involontaire

d'un bien appartenant à autrui le dirigeant dont la négligence provoque l'incendie des locaux de sa société. • Crim. 7 févr. 2012, n° 10-84.453 : *Gaz. Pal. 2012. 2. 2220, obs. Dreyer.*

5. A justifié sa décision la cour d'appel qui, pour déclarer le prévenu coupable de destruction involontaire du bien d'autrui par l'effet d'un incendie, retient que les biens des sociétés victimes ont brûlé par suite de l'abandon, en violation de l'obligation de prudence et de sécurité résultant de l'art. 3 de l'arrêté du préfet de la Vendée du 31 août 2005 portant réglementation d'usage du feu hors zones de forêts et espaces boisés dans le département de la Vendée, de substances incandescentes à proximité de liquides inflammables. • Crim. 16 déc. 2014, n° 13-84.969 : *Gaz. Pal. 2015. 1. 518, obs. Dreyer.*

6. Selon l'art. 322-5 C. pén., le délit de destruction ou de dégradation involontaire d'un bien par explosion ou incendie ne peut être constitué qu'en cas de manquement à une obligation de prudence ou de sécurité imposée par la loi ou le règlement ; pour déclarer les prévenus coupables dudit délit, l'arrêt se réfère implicitement aux fautes de maladresse, imprudence, inattention ou négligence constitutives des délits d'homicides et de blessures involontaires retenues à leur encontre ; en prononçant ainsi, alors qu'il lui appartenait de caractériser l'existence d'un manquement à une obligation de prudence ou de sécurité imposée par la loi ou le règlement, la cour d'appel a méconnu le texte susvisé et le principe ci-dessus énoncé. • Crim. 13 janv. 2015 : *D. actu. 16 janv. 2015, obs. Léna ; AJ pénal 2015. 191, note Mayaud ; RSC 2015. 115, obs. Giudicelli ; JCP G 2015. 221, note Matsopoulou ; Gaz. Pal. 2015. 1. 300, note Mésa.* ♦ *Adde* : S. Bisseuil, *Dr. pénal 2015. Étude 7* (l'affaire AZF renvoyée devant la cour d'appel de Paris). ♦ Sur l'enjeu d'impartialité soulevé par l'affaire AZF, V. égal. : *JCP G 2015, n° 50, obs. Le Pogam ; ibid. n° 222, note J. Van Compernolle.*

7. Conflit de qualifications. La contravention de conduite d'un véhicule à une vitesse excessive – C. route, art. R. 413-17 – et le délit de destruction ou de détérioration involontaire du bien d'autrui par l'effet d'un incendie provoqué par un manquement à une obligation de prudence ou de sécurité imposée par la loi ou le règlement – C. pén., art. 322-5 – constituent des infractions différentes qui, lorsqu'elles s'appliquent à un même fait, peuvent être réprimées distinctement ; le prévenu, qui effectuait un transport d'hydrocarbures, a, en abordant une rampe d'accès à un pont, perdu le contrôle du véhicule poids lourd qu'il conduisait ; l'accident a provoqué un incendie entraînant la destruction de divers biens ; le prévenu a été poursuivi devant le tribunal correctionnel des chefs, notamment, de destruction involontaire du bien d'autrui par l'effet d'un incendie et de conduite d'un véhicule à une vitesse excessive, eu égard aux circonstances ; pour confirmer le jugement ayant renvoyé le prévenu des fins de la poursuite du chef de la contravention, l'arrêt attaqué retient que le défaut de maîtrise est compris dans les éléments constitutifs du délit ; en prononçant ainsi, la cour d'appel a méconnu les textes susvisés et le principe ci-dessus énoncé. • Crim. 31 mars 2016, n° 15-85.082 P : *D. actu. 21 avr. 2016, obs. Goetz.*

8. Autorité du pénal sur le civil. Cassation, pour violation des art. 1384, al. 2, et 1351 C. civ., ensemble l'art. 322-5 C. pén., de l'arrêt qui, pour rejeter des demandes en indemnisation du fait d'un incendie qui s'est déclaré dans un atelier et propagé à l'immeuble voisin, fondées sur le premier de ces textes, énonce que l'autorité de chose jugée de la décision de relaxe au pénal ne permet pas de qualifier de fautifs les faits allégués contre le défendeur en raison du principe de l'unité des fautes civile et pénale pour les délits involontaires, la faute civile visée à l'art. 1384, al. 2, C. civ. étant identique à la faute d'imprudence de l'art. 322-5 C. pén., alors que ce dernier texte n'incrimine la destruction involontaire d'un bien par un incendie que dans la mesure où celui-ci a été provoqué par un manquement à une obligation de sécurité ou de prudence imposée par la loi ou le règlement et que toute autre faute résultant d'une maladresse, imprudence, inattention ou négligence est susceptible d'engager la responsabilité du gardien de la chose dans laquelle l'incendie a pris naissance. • Civ. 2e, 7 mai 2003, n° 01-13.790 P : *D. 2004. Somm. 1343, obs. Jourdain ; JCP 2004, n° 3, obs. Viney.*

9. Responsabilité civile en cas de relaxe. Il incombe, selon l'art. 470-1 C. pr. pén., à la juridiction civile, saisie sur renvoi de la juridiction correctionnelle après une relaxe pour une infraction non intentionnelle et la mise en cause de tiers responsables, de se prononcer sur les responsabilités civiles des prévenus ou des personnes civilement responsables et des tiers responsables mentionnés dans la décision de renvoi ; méconnaît le sens et la portée de ce texte une cour d'appel qui, après avoir prononcé une relaxe de prévenus mineurs et retenu que des tiers responsables devaient être mis en cause, statue sur la responsabilité civile de leurs parents préalablement au renvoi de l'affaire devant la juridiction civile. • Crim. 27 mai 2014, n° 13-83.262 P : *D. actu. 9 juin 2014, obs. Winckelmuller.*

Art. 322-6 La destruction, la dégradation ou la détérioration d'un bien appartenant à autrui par l'effet d'une substance explosive, d'un incendie ou de tout autre moyen de nature à créer un danger pour les personnes est punie de dix ans d'emprisonnement et de 150 000 € d'amende. – *Pr. pén. 2-1.*

(L. nº 2004-204 du 9 mars 2004, art. 32-I) **« Lorsqu'il s'agit de l'incendie de bois, forêts, landes, maquis, plantations ou reboisements d'autrui intervenu dans des conditions de nature à exposer les personnes à un dommage corporel ou à créer un dommage irréversible à l'environnement, les peines sont portées à quinze ans de réclusion criminelle et à 150 000 € d'amende. »**

Corresp. : *C. pén., ancien art. 435.*

1. Appartenance à autrui. Le délit de destruction, dégradation ou détérioration volontaire d'un bien appartenant à autrui, défini par l'art. 322-6 C. pén., est constitué dans le cas où le gérant d'une société civile immobilière détruit, dégrade ou détériore volontairement un bien immobilier appartenant à cette société civile immobilière, dès lors que le gérant n'est à titre personnel titulaire d'aucun droit réel sur le bien. • Crim. 20 juin 2018, nº 17-82.713 : *Gaz. Pal. 2018, p. 3175, obs. Detraz.*

2. Danger pour les personnes. Si l'art. 435 C. pén. (devenu art. 322-6), résultant de la L. du 2 févr. 1981, prévoit la destruction de biens mobiliers ou immobiliers appartenant à autrui par incendie ou tout autre moyen, il impose que le moyen utilisé, y compris l'incendie, soit de nature à créer un danger pour la sécurité des personnes ; en revanche, l'art. 434 (devenu art. 322-1) trouve application dans les cas où la destruction a lieu par tout moyen, y compris l'incendie, lorsque la sécurité des personnes n'est pas menacée. • Metz, 21 avr. 1983 : *D. 1983. 567, note Mayer-Jack et Mayer ; Gaz. Pal. 1983. 2. 514, note Pettiti.*

3. La circonstance que la destruction ou la détérioration d'un objet mobilier ou d'un bien immobilier appartenant à autrui a été effectuée par l'effet d'une substance explosive ou incendiaire, ou de tout autre moyen de nature à créer un danger pour la sécurité des personnes, est un élément constitutif de l'infraction prévue et réprimée par l'art. 435, al. 1er, C. pén. ; en conséquence, la question unique posée dans les termes de ce texte n'est pas entachée de complexité prohibée. • Crim. 27 nov. 1985 : *Bull. crim. nº 382.*

4. L'art. 322-6 réprime le fait, par l'auteur de la destruction, de la dégradation ou de la détérioration d'un bien appartenant à autrui, d'utiliser une substance explosive ou incendiaire, sans exiger la présence effective d'une personne dans les lieux où l'infraction est commise. • Crim. 30 sept. 2003, nº 02-87.535 P : *D. 2003. IR 2728 ; JCP 2003. IV. 2919 ; AJ pénal 2003. 103 ; Dr. pénal 2004. Comm. 1, obs. Véron.*

5. L'aspersion au gas-oil de carcasses de viandes, après immobilisation par la force d'ensembles routiers, constitue des dégradations relevant de l'art. 434 C. pén. (devenu art. 322-1), et non la tentative de destruction par incendie prévue par l'art. 435, dès lors que le procédé ne menace pas la sécurité des personnes. • Bordeaux, 5 mars 1992 : *D. 1994. 305, note Mirabail.*

6. Est dangereux pour autrui l'acte commis dans un moment d'énervement par un conducteur irritable ayant consisté à reculer violemment avec une voiture lourde et solide contre un véhicule plus fragile, dès lors que cette manœuvre pouvait avoir sur une conductrice placée à proximité immédiate de graves répercussions. • Toulouse, 3 oct. 2002 : *Dr. pénal 2003. 2 (2e esp.), obs. Véron.*

7. Intention. L'élément intentionnel de l'infraction définie par l'art. 322-6 C. pén. est caractérisé par la seule utilisation, par l'auteur de la destruction, de la dégradation ou de la détérioration d'un bien appartenant à autrui, d'une substance explosive, d'un incendie ou de tout autre moyen de nature à créer un danger pour les personnes ; dès lors, il ne saurait être reproché à une cour d'appel d'avoir condamné un prévenu du chef de destruction, dégradation ou détérioration d'un bien appartenant à autrui par l'effet d'un incendie, dès lors qu'elle relève qu'il a mis le feu à un immeuble d'habitation en enflammant de l'essence répandue sous la porte d'entrée, et peu important que le prévenu ait cru que les lieux étaient vides de leurs occupants. • Crim. 24 juin 1998, nº 97-84.989 P : *Dr. pénal 1998. 153, obs. Véron.*

8. En omettant de mentionner le caractère volontaire des actes reprochés à l'accusée, les questions n'ont pas fait état de l'un des éléments constitutifs de l'infraction ; il s'ensuit que la demanderesse n'a pas été légalement déclarée coupable d'incendie volontaire ayant entraîné la mort et une incapacité de travail. • Crim. 9 juin 1999, nº 98-86.227 P.

9. L'incendie d'un bâtiment professionnel, provoqué par l'inflammation de pneumatiques déposés à proximité d'un fumigène en fonction, ne peut donner lieu à une condamnation pour destruction volontaire du bien d'autrui par un moyen dangereux ou complicité de ce délit en l'absence d'intention caractérisée ; en l'espèce, lors d'une manifestation organisée par plusieurs syndicats, quatre manifestants ont apporté ou déposé, devant les locaux du Medef, des pneumatiques destinés à barrer la route ou à être brûlés conformément à la tradition syndicale ; toutefois, ces pneus, déposés à proximité d'un fumigène, se sont enflammés, provoquant ainsi l'explosion d'une porte vitrée sous l'effet de la chaleur et l'incendie de tout le bâtiment ; quand ils ont apporté les pneumatiques, les prévenus pouvaient imaginer qu'ils seraient incendiés, mais n'avaient aucune certitude sur la question, aucun mot d'ordre n'ayant été donné à ce sujet ; la part d'improvisation a donc été importante dans le cours des événements ; d'ailleurs, aucun produit accélérant n'a été utilisé ; de plus, si le risque d'incendie avait été aussi évident que tend à le dire l'expert, les services de police présents auraient réagi immédiatement, ce qui n'a pas été le cas ; il n'est pas démontré que les prévenus avaient des connaissances particulières sur la capacité d'un fumigène à enflammer un pneumatique ; dès lors, il n'est pas possible de caractériser la volonté des prévenus de mettre le feu aux pneumatiques. • Poitiers, 19 janv. 2007 : *JCP 2008. IV. 1200.*

10. L'art. 322-6 C. pén. n'exige pas que l'éventuel auteur, en détruisant, dégradant ou détériorant des biens appartenant à autrui, ait eu l'intention de porter atteinte à l'intégrité physique des personnes par l'un des moyens énumérés par ce texte, mais seulement que ceux-ci, en raison de leur nature, aient été susceptibles de créer un danger pour les personnes ; il en est de même, selon l'art. 322-11-1 C. pén., de l'éventuel auteur ayant détenu ou transporté des substances, produits incendiaires ou explosifs en vue de préparer des infractions définies à l'art. 322-6 préc. ou des atteintes aux personnes. • Crim. 28 mars 2017, n° 17-80.041 P : *D. actu. 26 avr. 2017, obs. Azoulay.*

11. Complicité. Caractérise l'ensemble des éléments constitutifs tant matériels qu'intentionnels du délit de complicité d'incendie volontaire dont il a été déclaré coupable, la cour d'appel qui constate que le prévenu a mis au défi un autre ouvrier d'incendier l'usine dans laquelle ils travaillaient, qui lui a promis un repas ou mille francs, qui lui a remis une boîte d'allumettes et qui lui a indiqué l'endroit où les matériaux inflammables se trouvaient. • Crim. 24 juill. 1985 : *Gaz. Pal. 1986. 1. Somm. 114.*

12. En donnant l'ordre illégal de détruire par incendie des paillotes construites sans autorisation sur le domaine public, celles-ci seraient-elles devenues la propriété de l'État, le prévenu ne saurait être considéré comme ayant satisfait, en sa qualité de préfet de région, à une obligation attachée à l'exercice de ses fonctions et exécutée pour le compte de l'État ; en outre, la reconnaissance, au plan civil, d'une faute de service imputable aux auteurs principaux des destructions ne fait pas obstacle à l'engagement de la responsabilité pénale de ces derniers ainsi que de celle du préfet pour complicité. • Crim. 13 oct. 2004, n° 03-81.763 P : *Gaz. Pal. 2005. 1165, note Monnet ; AJ pénal 2004. 451.*

13. Pour déclarer une prévenue coupable de tentative de destruction du bien d'autrui par l'effet d'une substance explosive, d'un incendie ou de tout autre moyen de nature à créer un danger pour les personnes, et une autre de complicité de ce délit, l'arrêt prononce par les motifs propres et adoptés partiellement repris aux moyens ; les juges retiennent, notamment, que la tentative de destruction volontaire de l'étude d'un mandataire judiciaire, la veille d'un audit approfondi par le commissaire aux comptes, est l'aboutissement d'une volonté commune et ajoutent que la seconde des prévenues a donné des directives suivies d'effet ; en l'état de ces énonciations, qui établissent, d'une part, l'utilisation de substances explosives de nature à créer un danger pour les personnes, d'autre part, des actes de complicité par provocation et fourniture d'instructions, la cour d'appel a justifié sa décision ; d'où il suit que les moyens, qui se bornent à remettre en question l'appréciation souveraine, par les juges du fond, des faits et circonstances de la cause, ainsi que des éléments de preuve contradictoirement débattus, ne sauraient être admis. • Crim. 12 déc. 2007, n° 07-80.886 P : *Dr. pénal 2008. 28, obs. Véron.*

14. Responsabilité civile. Pour limiter le droit à indemnisation des parties civiles à la suite de la destruction volontaire de biens mobiliers et immobiliers leur appartenant par incendie et en bande organisée, l'arrêt attaqué annonce que les familles des prévenus sont coutumièrement les propriétaires légitimes des terrains en cause, mais que, depuis plusieurs années, un contentieux existe à ce sujet et qu'une concertation entre tribus concernées avait été mise en place pour régler ce litige foncier ; en poursuivant sciemment l'édification d'habitations en dur et en entreposant matériel et véhicules sur ces terrains, les parties civiles ont eu une attitude qui a entraîné la réaction des prévenus ; elles ont ainsi manifesté un comportement fautif qui justifie un partage de responsabilité ; en statuant ainsi, la cour d'appel a caractérisé le lien de causalité entre la faute volontaire des parties civiles et les dommages qu'elles ont subis et a souverainement apprécié dans quelle mesure cette faute avait contribué à la réalisation du dommage. • Crim. 18 févr. 1998, n° 97-80.926 P.

15. Pour rejeter la demande en réparation du préjudice matériel des parties civiles, propriétaires des biens incendiés, la cour d'appel énonce que la paillote, construite sur le domaine public maritime, était devenue propriété de l'État, même si un sursis à exécution avait été accordé à l'occupant des lieux pour en entreprendre la destruction ; la cour d'appel a justifié sa décision dès lors qu'au surplus, la démolition n'étant pas intervenue à la date des faits, les matériaux de construction, immeubles par destination, demeuraient également propriété de l'État. • Crim. 13 oct. 2004, n° 03-81.763 P.

16. Le préjudice résultant d'une infraction doit être réparé dans son intégralité, sans perte ni profit pour aucune des parties ; appelée à statuer sur les conséquences dommageables de dégradations mobilières et immobilières par l'effet d'un incendie dont le prévenu a été déclaré coupable et entièrement responsable, la juridiction du second degré était saisie de conclusions de la partie civile demandant à être replacée dans la situation où elle aurait été si les actes dommageables n'avaient pas été commis ; pour évaluer l'indemnité lui étant due, l'arrêt a déduit un coefficient de vétusté ; en statuant ainsi, alors que cette déduction ne replaçait pas la victime dans la situation où elle se serait trouvée si l'acte dommageable ne s'était pas produit, la cour d'appel a méconnu l'art. 1382 C. civ. et le principe ci-dessus rappelé. • Crim. 24 févr. 2009, n° 08-83.956 P.

Art. 322-6-1 *(L. n° 2004-204 du 9 mars 2004, art. 7)* **Le fait de diffuser par tout moyen, sauf à destination des professionnels, des procédés permettant la fabrication d'engins de destruction élaborés à partir de poudre ou de substances explosives, de matières nucléaires, biologiques ou chimiques, ou à partir de tout autre produit destiné à l'usage domestique, industriel ou agricole, est puni** *(L. n° 2016-731 du 3 juin 2016, art. 26)* **« de trois ans d'emprisonnement et de 45 000 € d'amende ».**

Les peines sont portées à *(L. n° 2016-731 du 3 juin 2016, art. 26)* **« cinq » ans d'emprisonnement et à** *(L. n° 2016-731 du 3 juin 2016, art. 26)* **« 75 000 € » d'amende lorsqu'il a été utilisé, pour la diffusion des procédés, un réseau de** *(L. n° 2011-525 du 17 mai 2011, art. 150-1°)* **« communication électronique » à destination d'un public non déterminé.**

V. Circ. du 19 juill. 2010 relative aux infractions à la législation sur les armes, BOMJ n° 2010-05.

RÉP. PÉN. v° *Explosifs*, par CHARVIN et ROUSSEL.

Art. 322-7 **L'infraction définie à l'article 322-6 est punie de quinze ans de réclusion criminelle et de 150 000 € d'amende lorsqu'elle a entraîné pour autrui une incapacité totale de travail pendant huit jours au plus.** — *Pr. pén. 2-1.*

(L. n° 2004-204 du 9 mars 2004, art. 32-II) **« Lorsqu'il s'agit de l'incendie de bois, forêts, landes, maquis, plantations ou reboisements d'autrui, les peines sont portées à vingt ans de réclusion criminelle et à 200 000 € d'amende. »**

Art. 322-8 **L'infraction définie à l'article 322-6 est punie de vingt ans de réclusion criminelle et de 150 000 € d'amende :**

1° Lorsqu'elle est commise en bande organisée ; — *Pén. 132-71.*

2° Lorsqu'elle a entraîné pour autrui une incapacité totale de travail pendant plus de huit jours ;

(L. n° 2017-258 du 28 févr. 2017, art. 22) **« 3° Lorsqu'elle est commise en raison de la qualité de magistrat, de militaire de la gendarmerie nationale, de fonctionnaire de la police nationale, des douanes ou de l'administration pénitentiaire ou de toute autre personne dépositaire de l'autorité publique, ou de sapeur-pompier professionnel ou volontaire, de la personne propriétaire ou utilisatrice du bien. »**

(L. n° 2004-204 du 9 mars 2004, art. 32-III) **« Lorsqu'il s'agit de l'incendie de bois, forêts, landes, maquis, plantations ou reboisements d'autrui, les peines sont portées à trente ans de réclusion criminelle et à 200 000 € d'amende. »**

Les deux premiers alinéas de l'article 132-23 relatif à la période de sûreté sont applicables aux infractions prévues par le présent article. — *Pr. pén. 2-1 ; Aviation civ. L. 282-1 ; Discipl. et pén. mar. march. 79.*

Art. 322-9 **L'infraction définie à l'article 322-6 est punie de trente ans de réclusion criminelle et de 150 000 € d'amende lorsqu'elle a entraîné pour autrui une mutilation ou une infirmité permanente.**

(L. n° 2004-204 du 9 mars 2004, art. 32-IV) **« Lorsqu'il s'agit de l'incendie de bois, forêts, landes, maquis, plantations ou reboisements d'autrui, les peines sont portées à la réclusion criminelle à perpétuité et à 200 000 € d'amende. »**

Les deux premiers alinéas de l'article 132-23 relatif à la période de sûreté sont applicables à l'infraction prévue par le présent article. — *Pr. pén. 2-1 ; Aviation civ. L. 282-1 ; Discipl. et pén. mar. march. 79.*

Art. 322-10 **L'infraction définie à l'article 322-6 est punie de la réclusion criminelle à perpétuité et de 150 000 € d'amende lorsqu'elle a entraîné la mort d'autrui.**

Les deux premiers alinéas de l'article 132-23 relatif à la période de sûreté sont applicables à l'infraction prévue par le présent article. — *Pr. pén. 2-1 ; Aviation civ. L. 282-1 ; Discipl. et pén. mar. march. 79.*

Corresp. : *C. pén., anciens art. 435, al. 2, et 437.*

A. DOMMAGE CORPOREL

1. Infirmité permanente. Ne constituent pas une infirmité permanente, au sens de l'art. 437 C. pén., les blessures à la jambe qui n'ont entraîné ni mutilation, ni amputation, ni privation de l'usage de ce membre, mais seulement une incapacité permanente partielle. • Crim. 2 juill. 1986 : *Bull. crim. n° 229 ; RSC 1987. 202, obs. Levasseur.*

2. Conflit de qualifications. Tout attentat contre la vie des personnes, quoiqu'il ait eu lieu en même temps et par le même moyen qu'un crime de destruction d'immeuble par explosif, n'en doit pas moins être distingué de ce crime, lequel ne suppose pas l'intention homicide (ancien art. 435, al. 1er). • Crim. 3 mars 1960 : *Bull. crim. n° 138 ; RSC 1961. 105, obs. Légal.* ♦ Le fait d'avoir jeté une grenade dans un café dans l'intention de détruire l'immeuble aussi bien que de tuer les personnes qui s'y trouvaient doit donc être envisagé tout à la fois comme tentative de destruction d'immeuble par explosif et comme tentative d'assassinat ; en conséquence, une double déclaration de culpabilité est possible, et aucune violation de la loi n'est commise du moment que la règle du non-cumul des peines est respectée. • Même arrêt.

B. BANDE ORGANISÉE

3. Constitue une bande organisée, au sens de l'art. 435 C. pén., toute réunion de plusieurs personnes en vue de commettre une destruction volontaire d'objet mobilier ou d'un bien immobilier, et caractérisée par la préparation ainsi que par la possession des moyens utiles à l'action. • Crim. 11 juin 1985 : *Bull. crim. n° 226.*

Art. 322-11 **La tentative du délit prévu par l'article 322-6 est punie des mêmes peines.** — *Pr. pén. 2-1 ; Aviation civ. L. 282-1 ; Discipl. et pén. mar. march. 79.*

Corresp. : *C. pén., ancien art. 436.*

1. Est une tentative de destruction volontaire d'un bien appartenant à autrui le fait pour le prévenu d'avoir mis le feu à un immeuble appartenant à son épouse, ce qui a eu pour effet de détruire la discothèque qu'il exploitait dans cet immeuble, mais sans endommager les murs ni la charpente. • Crim. 15 juin 1994 : *Gaz. Pal. 1994. 2. Somm. 674 ; Dr. pénal 1994. 255 ; RSC 1995. 102, obs. Ottenhof.*

2. Le fait pour un prévenu d'avoir cherché à plusieurs reprises à percuter un véhicule des forces de l'ordre afin de le neutraliser est constitutif, non pas du délit de risque causé à autrui prévu à l'art. 223-1 nouv. C. pén., mais de tentative de dégradation d'un bien appartenant à autrui par l'effet d'un moyen dangereux pour les personnes, en l'espèce l'utilisation comme projectile d'un véhicule volé pour les percuter, infraction prévue et réprimée par les art. 322-6 et 322-11 nouv. C. pén. ; ce délit, contrairement au délit de risque causé à autrui est en effet un délit intentionnel dans la mesure où il exige que le coupable agisse avec la volonté d'endommager ou de détruire le bien. • Douai, 11 janv. 1995 : *Gaz. Pal. 1995. 2. 543.*

3. L'aspersion au gas-oil de carcasses de viandes après immobilisation par la force d'ensembles routiers, constitue des dégradations relevant de l'art. 434 C. pén. (nouvel art. 322-1), et non la tentative de destruction par incendie prévue par l'art. 435 (nouvel art. 322-6), dès lors que le procédé ne menace pas la sécurité des personnes. • Bordeaux, 5 mars 1992 : *D. 1994. 305, note Mirabail.*

4. Se rend coupable de tentative de destruction volontaire du bien d'autrui par l'emploi d'une substance explosive le prévenu qui a volontairement dévissé des écrous d'arrivée de gaz de deux compteurs dans les parties communes d'un immeuble, son infraction n'ayant échoué que du fait de l'alerte donnée par les habitants de l'immeuble, lesquels s'inquiétaient de la forte odeur de gaz se répandant dans les parties communes. • Grenoble, 21 janv. 2005 : *JCP 2005. IV. 3376.*

Art. 322-11-1 *(L. n° 2007-297 du 5 mars 2007, art. 45)* **La détention ou le transport de substances ou produits incendiaires ou explosifs ainsi que d'éléments ou substances destinés à entrer dans la composition de produits ou engins incendiaires ou explosifs en vue de la préparation, caractérisée par un ou plusieurs faits matériels, des infractions définies à l'article 322-6 ou d'atteintes aux personnes est puni de** *(L. n° 2016-731 du 3 juin 2016, art. 26)* **« sept » ans d'emprisonnement et de** *(L. n° 2016-731 du 3 juin 2016, art. 26)* **« 100 000 € » d'amende.**

Les peines sont portées à dix ans d'emprisonnement et à 500 000 € d'amende lorsque ces faits sont commis en bande organisée.

Hors les cas prévus aux deux premiers alinéas, est puni *(L. n° 2016-731 du 3 juin 2016, art. 26)* **« de trois ans d'emprisonnement et de 45 000 » € d'amende la détention ou le transport sans motif légitime :**

1° De substances ou produits explosifs permettant de commettre les infractions définies à l'article 322-6, lorsque ces substances ou produits ne sont pas soumis, pour la détention ou le transport, à un régime particulier ;

2° De substances ou produits incendiaires permettant de commettre les infractions définies à l'article 322-6 ainsi que d'éléments ou substances destinés à entrer dans la composition de produits ou engins incendiaires ou explosifs, lorsque leur détention ou leur transport ont été interdit[s] par arrêté préfectoral en raison de l'urgence ou du risque de trouble à l'ordre public.

L'art. 322-6 C. pén. n'exige pas que l'éventuel auteur, en détruisant, dégradant ou détériorant des biens appartenant à autrui, ait eu l'intention de porter atteinte à l'intégrité physique des personnes par l'un des moyens énumérés par ce texte, mais seulement que ceux-ci, en raison de leur nature, aient été susceptibles de créer un danger pour les personnes ; il en est de même, selon l'art. 322-11-1 C. pén., de l'éventuel auteur ayant détenu ou transporté des substances, produits incendiaires ou explosifs en vue de préparer des infractions définies à l'art. 322-6 préc. ou des atteintes aux personnes. • Crim. 28 mars 2017, n° 17-80.041 P : *D. actu. 26 avr. 2017, obs. Azoulay.*

SECTION III DES MENACES DE DESTRUCTION, DE DÉGRADATION OU DE DÉTÉRIORATION ET DES FAUSSES ALERTES

Art. 322-12 La menace de commettre une destruction, une dégradation ou une détérioration *(L. n° 92-1336 du 16 déc. 1992)* « dangereuses » pour les personnes est punie de six mois d'emprisonnement et de 7 500 € d'amende lorsqu'elle est soit réitérée, soit matérialisée par un écrit, une image ou tout autre objet. — *Pr. pén. 2-1, 398-1.*

L'art. 322-12 C. pén. exige que les menaces soient réitérées, mais en aucun cas qu'elles soient réitérées envers la même personne. • Toulouse, 3e ch., 21 oct. 2008 : *Dr. pénal 2009, n° 19, obs. Véron.*

Art. 322-13 La menace, par quelque moyen que ce soit, de commettre une destruction, une dégradation ou une détérioration est punie d'un an d'emprisonnement et de 15 000 € d'amende lorsqu'elle est faite avec l'ordre de remplir une condition.

La peine est portée à trois ans d'emprisonnement et 45 000 € d'amende s'il s'agit d'une menace de destruction, de dégradation ou de détérioration *(L. n° 92-1336 du 16 déc. 1992)* « dangereuses » pour les personnes. — *Pr. pén. 2-1, 398-1.*

Sur les menaces de destruction, de dégradation ou de détérioration n'entraînant qu'un dommage léger, V. art. R. 631-1 ; ... ne présentant pas de danger pour les personnes, V. art. R. 634-1.

Art. 322-14 Le fait de communiquer ou de divulguer une fausse information dans le but de faire croire qu'une destruction, une dégradation ou une détérioration dangereuse pour les personnes va être ou a été commise est puni de deux ans d'emprisonnement et de 30 000 € d'amende.

Est puni des mêmes peines le fait de communiquer ou de divulguer une fausse information faisant croire à un sinistre et de nature à provoquer l'intervention inutile des secours. — *Pr. pén. 398-1.*

Corresp. : *C. pén., ancien art. 308-1.*

1. Attentat à la bombe. Le fait de communiquer une fausse information selon laquelle une bombe avait été placée dans un avion, dont les portes avaient été closes et qui était sur son axe de départ, ne constitue le délit prévu et réprimé par l'art. 462-1 C. pén. (nouvel art. 224-8) que s'il est justifié, comme l'exige ce texte, que la sécurité de l'aéronef a été compromise ; à défaut, ce fait constitue le délit prévu par l'art. 308-1 C. pén. • Crim. 24 févr. 1987 : *Bull. crim. n° 94 ; RSC 1987. 695, obs. Levasseur.*

2. Se rend coupable du délit de communication d'une fausse information la personne qui prétend avoir placé dans une gare une bombe qu'elle allait faire exploser, et qui en avertit les services de police à plusieurs reprises. • Paris, 10 oct. 1995 : *Dr. pénal 1996. 7, obs. Véron.*

3. Sinistre. Est une fausse information l'annonce mensongère d'un suicide, le sinistre, en droit, s'analysant comme un fait dommageable pour soi-même ou pour autrui de nature à mettre en jeu la garantie d'un assureur. • Amiens, 4 avr. 1996 : *Gaz. Pal. 1996. 2, chron. crim. 149.*

4. L'art. 322-14, al. 2, C. pén. érige en infraction pénale le fait de communiquer ou de divulguer de fausses informations faisant croire à un sinistre et de nature à provoquer l'intervention inutile des secours ; entre dans les prévisions de ce texte, et non de l'art. L. 43 C. P et T, inapplicable en l'espèce, pour ne viser que la transmission ou la mise en circulation délibérée de signaux ou appels de détresse faux ou trompeurs par la voie radioélectrique, le lancement de fusées de détresse depuis la terre par simple curiosité, l'intention délictueuse tenant au fait que les prévenus, qui avaient tous reçu une formation les destinant à exercer la profession d'officier de la marine marchande, ne pouvaient ignorer les conséquences d'un tel tir. • Rennes, 30 oct. 1997 : *D. 2000. 94, note Gestermann*.

SECTION IV **PEINES COMPLÉMENTAIRES APPLICABLES AUX PERSONNES PHYSIQUES ET RESPONSABILITÉ DES PERSONNES MORALES**

Art. 322-15 *(L. n° 2012-304 du 6 mars 2012, art. 20)* **« I. — » Les personnes physiques coupables de l'une des infractions prévues au présent chapitre encourent également les peines complémentaires suivantes :**

1° L'interdiction des droits civiques, civils et de famille, suivant les modalités prévues par l'article 131-26 ;

2° *(L. n° 2008-776 du 4 août 2008, art. 70)* **« L'interdiction, suivant les modalités prévues par l'article 131-27, soit d'exercer une fonction publique ou d'exercer l'activité professionnelle ou sociale dans l'exercice ou à l'occasion de l'exercice de laquelle l'infraction a été commise, cette interdiction étant définitive ou provisoire dans les cas prévus aux articles 322-6 à 322-10 et pour une durée de cinq ans au plus dans les cas prévus aux articles 322-1, 322-2, 322-3, 322-3-1, 322-5, 322-12, 322-13 et 322-14, soit, pour les crimes prévus au second alinéa de l'article 322-6 ainsi qu'aux articles 322-7, 322-8, 322-9 et 322-10, d'exercer une profession commerciale ou industrielle, de diriger, d'Administrer de gérer ou de contrôler à un titre quelconque, directement ou indirectement, pour son propre compte ou pour le compte d'autrui, une entreprise commerciale ou industrielle ou une société commerciale. Ces interdictions d'exercice peuvent être prononcées cumulativement ; »**

3° L'interdiction de détenir ou de porter, pour une durée de cinq ans au plus, une arme soumise à autorisation ;

4° L'interdiction de séjour, suivant les modalités prévues par l'article 131-31, dans les cas prévus par les articles 322-7 à 322-10 ; — *Aviat. civ. L. 282-1.*

(Abrogé par L. n° 2019-222 du 23 mars 2019, art. 71-XIV et 109-XIX, à compter du 24 mars 2020) (L. n° 2004-204 du 9 mars 2004, art. 44-XIV, en vigueur le 1er oct. 2004) ***« 5° L'obligation d'accomplir un stage de citoyenneté, selon les modalités prévues par l'article 131-5-1 ; »***

« (L. n° 2007-297 du 5 mars 2007, art. 53) ***« 6° L'obligation d'accomplir un stage de sensibilisation aux dangers de l'usage de produits stupéfiants, selon les modalités fixées à l'article 131-35-1 » ; »***

(L. n° 2019-290 du 10 avr. 2019, art. 7) **« 7° L'interdiction de participer à des manifestations sur la voie publique, dans les conditions prévues à l'article 131-32-1, lorsque les faits punis par le premier alinéa de l'article 322-1 et les articles 322-2, 322-3 et 322-6 à 322-10 sont commis lors du déroulement de manifestations sur la voie publique. »**

(L. n° 2012-304 du 6 mars 2012, art. 14) **« II. — En cas de condamnation pour les crimes ou délits prévus aux articles 322-6 à 322-11-1, le prononcé de la peine complémentaire prévue au 3° du I du présent article est obligatoire.**

« Toutefois, la juridiction peut, par une décision spécialement motivée lorsque la condamnation est prononcée par une juridiction correctionnelle, décider de ne pas prononcer cette peine, en considération des circonstances de l'infraction et de la personnalité de son auteur. »

Art. 322-15-1 *(L. n° 2003-239 du 18 mars 2003, art. 53)* **Les personnes physiques coupables de l'infraction prévue à l'article 322-4-1 encourent les peines complémentaires suivantes :**

1° La suspension, pour une durée de trois ans au plus, du permis de conduire ;

2° La confiscation du ou des véhicules automobiles utilisés pour commettre l'infraction, à l'exception des véhicules destinés à l'habitation.

Art. 322-16 **L'interdiction du territoire français peut être prononcée dans les conditions prévues par l'article 131-30, soit à titre définitif, soit pour une durée de dix ans au plus, à l'encontre de tout étranger coupable de l'une des infractions définies aux articles** *(L. n° 2018-778 du 10 sept. 2018, art. 37)* **« 322-6 » à 322-10.**

Art. 322-17 *(L. n° 2009-526 du 12 mai 2009, art. 124-I)* **« Les personnes morales déclarées responsables pénalement, dans les conditions prévues par l'article 121-2, des**

infractions définies au présent chapitre encourent, outre l'amende suivant les modalités prévues par l'article 131-38, la peine prévue par le 2° de l'article 131-39, pour une durée de cinq ans au plus dans les cas prévus par les articles 322-1, 322-3, 322-5, 322-12, 322-13 et 322-14 et sans limitation de durée dans les cas prévus par les articles 322-6 à 322-10. »

L'interdiction mentionnée au 2° de l'article 131-39 porte sur l'activité dans l'exercice ou à l'occasion de l'exercice de laquelle l'infraction a été commise.

Art. 322-18 *(L. n° 2005-1549 du 12 déc. 2005, art. 25)* **Les personnes physiques coupables des infractions définies aux articles 322-6 à 322-11 peuvent également être condamnées à un suivi socio-judiciaire selon les modalités prévues par les articles 131-36-1 à 131-36-13.**

CHAPITRE III **DES ATTEINTES AUX SYSTÈMES DE TRAITEMENT AUTOMATISÉ DE DONNÉES**

RÉP. PÉN. v° *Cybercriminalité*, par CHOPIN.

BIBL. ▶ BARBRY, *JCP 1996. I. 3926 ; ibid. 3928* (des réseaux aux autoroutes de l'information). – BENHAMOU, *Gaz. Pal. 1996. 1. Doctr. 494* (régulation pour les futures autoroutes de l'information). – BERTHELET, *RSC 2018. 59* (aperçus de la lutte contre la cybercriminalité dans l'Union européenne). –BOURE, *Gaz. Pal. 2003. 1. Doctr. 62* (Internet et lutte contre la cybercriminalité). – BRÉBAN, *Gaz. Pal. 1996. 2. Doctr. 1302* (responsabilité des acteurs de l'Internet). – CHAMOUX, *JCP 1988. I. 3321.* – CHASSAING, *D. 1996. Chron. 329* (Internet et droit pénal). – CROZE, *JCP 1988. I. 3333.* – FORGERON et PRAT, *Gaz. Pal. 2004. 1. Doctr. 80* (projet de loi portant approbation de la Convention sur la cybercriminalité). – GASSIN, *ALD 1989. 5.* – GAUTRAUD, *Gaz. Pal. 1996. 2. Doctr. 1331* (Internet, législateur et juge). – KALOGEROPOULOS, *Gaz. Pal. 1996. 2. Doctr. 1310* (tentatives avortées de régulation d'Internet). – LATRY-BONNART, *Gaz. Pal. 1997. 2. Doctr. 997* (arsenal pénal sur internet). – LEFRANC, *Gaz. Pal. 2009. 1. Doctr. 1240* (téléchargement illégal : que faire ?). – LEPAGE, *Dr. pénal 2013. Chron. 11* [un an de droit pénal des nouvelles technologies (oct. 2012-oct. 2013)]. – NICOLEAU, *D. 1996. Chron. 111* (autoroutes de l'information). – OLIVIER et J.-PH. COURTOIS, *Gaz. Pal. 1996. 1. Doctr. 615* (piratage de logiciels). – PADOIN, *Gaz. Pal. 1996. 2. Doctr. 1306* (criminalité informatique – rôle de la police judiciaire). – PADOVA, *RSC 2002. 765* (lutte contre la cybercriminalité en France). – PINGUET, *Gaz. Pal. 1996. 2. Doctr. 1324* (douane et cyber-délinquance). – ROJINSKY, *Gaz. Pal. 1997. 1. Doctr. 112* (intelligence économique, Internet et droit). – TESSALONIKOS, *Gaz. Pal. 2002. 1. Doctr., p. 626* (informatique et sécurité juridique).

▶ **Colloques.** Colloque des 15 et 16 avr. 1996 organisé par ADIJ, AFDIT, Juriconnexion, ADBS : *Gaz. Pal. 1996. 2. Doctr. 1013 s.* (internet). – Entretiens de Nanterre 1996, *Gaz. Pal. 1997. 1. Doctr. 759 s.* (secret et citoyen – Les risques technologiques de l'information).

▶ **Dossier : Nouvelles réponses à la cybercriminalité**, *AJ pénal 2015. 395* *s.* : DAOUD et PERONNE (Cyberattaques : la lutte s'intensifie). – LEPAGE (pédopornographie et contenus nocifs pour les mineurs sur internet : même combat ?). – QUEMENER (les techniques spéciales d'enquête en matière de lutte contre la cybercriminalité).

Art. 323-1 **Le fait d'accéder ou de se maintenir, frauduleusement, dans tout ou partie d'un système de traitement automatisé de données est puni de** *(L. n° 2004-575 du 21 juin 2004, art. 45-I)* **« deux ans » d'emprisonnement et de** *(L. n° 2015-912 du 24 juill. 2015, art. 4)* **« 60 000 € » d'amende.** — *Pén. 421-1.*

Lorsqu'il en est résulté soit la suppression ou la modification de données contenues dans le système, soit une altération du fonctionnement de ce système, la peine est de *(L. n° 2004-575 du 21 juin 2004, art. 45-I)* **« trois ans » d'emprisonnement et de** *(L. n° 2015-912 du 24 juill. 2015, art. 4)* **« 100 000 € » d'amende.**

(L. n° 2012-410 du 27 mars 2012, art. 9) **« Lorsque les infractions prévues aux deux premiers alinéas ont été commises à l'encontre d'un système de traitement automatisé de données à caractère personnel mis en œuvre par l'État, la peine est portée à cinq ans d'emprisonnement et à** *(L. n° 2015-912 du 24 juill. 2015, art. 4)* **« 150 000 € » d'amende. »**

Corresp. : *C. pén., ancien art. 462-2.*

BIBL. ▶ BÉRENGUER-GUILLON et HADJALI, *Gaz. Pal. 2002. 1. Doctr. 637* (usage abusif de l'outil informatique à des fins personnelles). – PÈRE et FOREST, *D. 2006. 2666* (l'arsenal répressif du *phishing*). – MATTATIA, *RSC 2015. 837* (faut-il dépénaliser les hackers blancs ?).

1. Système de traitement automatisé de données. L'art. 323-1 vise l'accès et le maintien dans tout ou partie d'un système de traitement automatisé de données ; le système CB est, au sens de ces dispositions, un système de traitement automatisé de données ; les terminaux de paiement sont conçus pour permettre de recevoir les paiements dans le cadre du réseau CB ; ils font l'objet de procédures d'agrément et de qualification pour répondre aux spécifications techniques et fonctionnelles « Carte Bleue » ; le commerçant, ou en l'espèce le prévenu, n'est en rien le propriétaire des logiciels de données qui y sont logés ; le terminal de paiement, parce qu'il vérifie lors d'une transaction l'authenticité de la carte en effectuant un calcul de données sur celle-ci, doit être considéré comme partie intégrante du système automatisé de données ; le fait que les travaux du prévenu aient été menés sur un terminal inerte est sans conséquence sur la prévention, démonstration étant faite par le prévenu lui-même que le secret de la valeur d'authentification de la carte à puce sera percé *via* les informations contenues dans ce terminal ; de ces éléments conjugués, il résulte que l'élément matériel de l'infraction d'accès à tout ou partie d'un système automatisé de données est établi ; cette démarche, pour scientifique qu'elle fût au regard de la méthode utilisée, inclut la connaissance de la violation de la norme, le prévenu qui s'est attaché précisément à forcer les dispositifs de sécurité mis en place, n'ayant pu à aucun moment ignorer, au cours de ses années de recherches, qu'il accédait dans le STAD du GIE Cartes bancaires contre le gré du maître du système ; partant, l'élément moral est suffisamment établi. • TGI Paris, 25 févr. 2000 : *D. Affaires 2000. 219, obs. X. Delpech.* ♦ … Il en est de même en ce qui concerne l'infraction de maintien frauduleux dans le système de traitement automatisé de données ; cette infraction réside plus spécifiquement dans la recherche pour isoler et identifier l'algorithme de cryptage ; le caractère frauduleux de ce maintien est sans conteste établi dès lors que le prévenu a consacré ses efforts à décrypter une donnée cryptée par le maître du système ; par ailleurs, il lui est reproché d'avoir introduit frauduleusement des données dans le système de traitement automatisé de données du GIE Cartes bancaires ; l'intéressé s'attachera effectivement à leurrer le terminal de paiement ; pour ce faire, après avoir manipulé et décrypté les données cryptées précédemment mentionnées, il insérera sur des cartes de nouvelles données aptes à le tromper ; ce faisant, il se rendra coupable d'introduction frauduleuse de données (art. 323-3). • Même jugement.

2. Accès frauduleux. L'accès frauduleux, au sens de l'art. 462-2 C. pén. issu de la L. du 5 janv. 1988 et au sens de l'art. 323-1, vise tous les modes de pénétration irréguliers d'un système de traitement automatisé de données, que l'accédant travaille déjà sur la même machine mais à un autre système, qu'il procède à distance ou qu'il se branche sur une ligne de télécommunication. • Paris, 5 avr. 1994 : *D. 1994. IR 130 ; JCP 1995, éd. E, I, 461, obs. Vivant et Le Stanc ; LPA 1995, n° 80, p. 13, note Alvarez ; Dr. informatique et télécoms 1996/3, p. 51, note Alvarez.* ♦ Comp. : • Douai, 7 oct. 1992 : *Gaz. Pal. 1993. 2. 326, note Latry-Bonnart.* ♦ Rappr. : • Paris, 14 janv. 1997 : *RSC 1998. 142, obs. Francillon* ✎.

3. Les atteintes aux systèmes de traitement automatisé de données prévues aux art. 323-1 à 323-3 C. pén. ne sauraient être reprochées à la personne qui, bénéficiant des droits d'accès et de modification des données, procède à des suppressions de données, sans les dissimuler à d'éventuels autres utilisateurs du système. • Crim. 7 janv. 2020, n° 18-84.755 P : *D. actu. 7 févr. 2020, obs. Roques ; Dr. pénal 2020, n° 93, obs. Conte ; ibid. Chron. 12, obs. Lepage.*

4. Le fait d'utiliser clandestinement des terminaux Minitel par le biais de lignes d'essai de France Télécom, dans le but de se connecter à un serveur télématique permettant d'obtenir des bons d'achat en fonction de la durée de connexion au service, est constitutif du délit d'accès et de maintien frauduleux dans un système de traitement automatisé de données. • Aix-en-Provence, 23 oct. 1996 : *Gaz. Pal. 1997. 2. 489, note Latry-Bonnart et Rothhahn ; RSC 1998. 140, obs. Francillon* ✎.

5. En l'absence de mise en place d'une protection ou de manifestation de volonté, par les dirigeants d'une entreprise, de restreindre l'accès au système informatisé de données, le délit de l'art. 323-1 C. pén. n'est pas constitué. • Paris, 8 déc. 1997 : *Gaz. Pal. 1998. 1, chron. crim. 54.* ♦ Le prévenu parfaitement habilité par ses fonctions à accéder à la partie du système informatique contenant les données sensibles, doit être relaxé du chef d'atteinte à un système de traitement automatique de données, aucune atteinte au système informatique lui-même ou aux données contenues n'étant par ailleurs invoquée. • Grenoble, 4 mai 2000 : *JCP 2001. IV. 1473.*

6. Se rend coupable d'accès frauduleux dans un système de traitement automatisé de données ainsi que d'introduction frauduleuse de données dans ce même système, du fait de la mise en œuvre d'un programme « sniffer » à l'intérieur d'un serveur, la personne qui, en employant des codes d'accès confidentiels qui ne lui appartiennent pas, et en se faisant passer pour leur titulaire légitime, détermine une société à lui fournir un accès au réseau Internet. • TGI Paris, 16 déc. 1997 : *Gaz. Pal. 1998. 2. Somm. 433, note Ronjinsky.*

7. Doit être condamné pour altération au fonctionnement d'un système de traitement automatisé de données suite à un accès frauduleux, le salarié qui, depuis son nouveau travail et à l'aide du matériel mis à sa disposition, a intentionnellement saturé la bande passante de son ex-employeur en lui envoyant une grande quantité de courriers électroniques et de gros fichiers dans l'intention de lui causer un préjudice commercial ; par ailleurs, bien que les actes frauduleux commis par le prévenu l'ont été sur son lieu de travail et au moyen du micro-ordinateur fourni par son employeur, celui-ci doit être mis hors de cause dès lors que le salarié a agi à l'insu de son employeur, et que les actes qu'il a commis sont, sans contestation possible, étrangers à l'existence de ses fonctions. • TGI Lyon, 20 févr. 2001 : *Gaz. Pal. 2001. 2. Somm. 1686, note A. Blanchot.*

8. Comme le soutient à bon droit le ministère public dans ses réquisitions écrites d'appel aux fins de relaxe, il ne peut être reproché à un internaute d'accéder aux données, ou de se maintenir dans les parties des sites qui peuvent être atteintes par la simple utilisation d'un logiciel grand public de navigation, ces parties de site, qui ne font, par définition, l'objet d'aucune protection de la part de l'exploitant du site ou de son prestataire de services, devant être réputées non confidentielles à défaut de toute indication contraire et de tout obstacle à l'accès ; même s'agissant de données nominatives, l'internaute y accédant dans de telles conditions ne peut inférer de leur nature qu'elles ne sont pas publiées avec l'accord des intéressés, et ne peut dès lors être considéré comme ayant accédé ou s'étant maintenu frauduleusement dans cette partie du système automatisé de traitement de données, la détermination du caractère confidentiel (en l'espèce non discuté, mais qui n'a donné lieu à aucune utilisation en pratique préjudiciable) et des mesures nécessaires à l'indication et à la protection de cette confidentialité relevant de l'initiative de l'exploitant du site ou de son mandataire ; dès lors, les accès et le maintien de l'internaute dans des parties nominatives du site incriminé ne peuvent être qualifiés de frauduleux, et il convient de déclarer le prévenu non coupable des faits qui lui sont reprochés et de le renvoyer des fins de la poursuite. • Paris, 30 oct. 2002 : *D. 2003. 2827, obs. Le Stanc* ; *Gaz. Pal. 2003. 2. 2364, note Prat et Bréban.*

9. Constituent de façon incontestable un moyen frauduleux d'accès dans le système de traitement automatisé l'usage de fausses adresses électroniques d'expéditeurs dont certaines ont été usurpées à leur détenteur, ainsi que l'envoi de tels messages sur les services de messageries électroniques d'une entreprise. • TGI Le Mans, 7 nov. 2003 : *Gaz. Pal. 2004. 2. 2693, obs. Barbry.*

10. *Pour la falsification de notes d'examen par le biais d'un accès irrégulier dans un système de traitement automatisé de données.* • Crim. 9 mars 2016, n° 14-86.795 : *Legalis.net 2 mai 2016* ; *RSC 2016. 540, obs. Francillon.* ♦ Pour la prise de connaissance frauduleuse de sujets de concours par la même voie informatique. • Crim. 12 juill. 2016, n° 16-82.455 : *RSC 2016. 540, obs. Francillon.*

11. Se rend coupable de l'infraction prévue à l'art. 323-1 la personne qui, sachant qu'elle n'y est pas autorisée, accède, à l'insu des victimes, à un système de traitement automatisé de données par l'installation d'un « *keylogger* matériel ». • Crim. 16 janv. 2018, n° 16-87.168 P : *D. actu. 12 févr. 2018, obs. Recotillet* ; *D. 2018. 172* ; *ibid. 2267, obs. Garet* ; *AJ pénal 2018. 205, obs. Thierry* ; *Dr. pénal 2018, n° 74, obs. Conte* ; *RSC 2018. 701, obs. Dreyer* ; *ibid. 480, obs. Mistretta.*

12. Maintien frauduleux. La loi incrimine également le maintien irrégulier dans un système de la part de celui qui y serait entré par inadvertance, ou de la part de celui qui, y ayant régulièrement pénétré, se serait maintenu frauduleusement. • Paris, 5 avr. 1994 : *D. 1994. IR 130* ; *JCP E 1995. I. 461, obs. Vivant et Le Stanc* ; *LPA 1995, n° 80, p. 13, note Alvarez* ; *Dr. informatique et télécoms 1996/3, p. 51, note Alvarez.*

13. Se rendent coupables de maintien frauduleux dans des systèmes de traitement automatisé de données les fondateurs de sociétés télématiques ou gérants de centres serveurs ou informaticiens à leur service, qui ont accédé et se sont maintenus dans des systèmes sans droit et en pleine connaissance de cause, étant précisé à cet égard qu'il n'est pas nécessaire, pour que l'infraction existe, que l'accès soit limité par un dispositif de protection, mais qu'il suffit que le « maître du système » ait manifesté l'intention d'en restreindre l'accès aux seules personnes autorisées. • Paris, 5 avr. 1994 : *préc. note 12.*

14. Lorsque l'accès a été régulier, le maintien sur un système automatisé de données peut devenir frauduleux lorsque, par une sorte d'interversion de titre, l'auteur du maintien se trouve privé de toute habilitation. • Paris, 5 avr. 1994 : *préc. note 12.*

15. Conformément aux dispositions de l'art. 462-2 C. pén. ancien, le maintien dans tout ou partie d'un système de traitement automatisé de données doit être frauduleux, ce qui suppose la conscience pour les contrevenants de l'irrégularité de leurs actes ; la cour qui constate, d'une part, qu'après avoir branché leur minitel, introduit le code et respecté le protocole de connexion, des employés de l'ANPE, à la disposition desquels l'employeur a mis des appareils minitel dans un but exclusivement professionnel et évidemment non ludique, ont abusivement prolongé leur maintien durant des heures, voire des nuits entières, hors leur présence, et à l'insu de leur entourage, le minitel, grâce aux systèmes d'inhibition et des écrans noirs, donnant l'impression de ne pas être connecté, dans le seul but de multiplier le nombre de points leur ouvrant droit à des cadeaux et de l'argent, ce dans une configuration où, à aucun moment, ils n'auraient bourse déliée, le prix des communications restant à la charge du titulaire de la ligne, en l'espèce, l'ANPE, employeur, et d'autre part, que le maintien se définit comme l'action de faire durer, le temps qui s'est écoulé en l'espèce, pour le minitelliste entre le moment de la connexion puis le débranchement de l'appareil, contient en lui-même l'action par les prévenus de faire durer la connexion dans le but avoué d'augmenter la valeur de leurs gains, peut en déduire que les intéressés ont agi en violation évidente de la mission qui leur était impartie sur le lieu de leur travail, celle-ci ne pouvant en aucun cas consister à se livrer au jeu, et n'étant pas titulaire des lignes utilisées, ils savaient ne jamais avoir à payer le prix de leur présence exorbitante dans la durée ; dès lors, le délit de maintien frauduleux dans un système informatisé de données se trouve caractérisé en tous ses éléments tant matériels qu'intentionnels. • Paris, 15 déc. 1999 : *D. 2000. IR 44 ; Gaz. Pal. 2001. 1. Somm. 268, note Prat.*

16. Une société, ayant pour objet la fourniture de renseignements commerciaux au travers d'une base de données, a dénoncé l'utilisation frauduleuse, de janvier 1998 à juin 2000, d'un logiciel payant, par une société dont le gérant a déclaré que le code d'identification, qui a permis à ses employés de se connecter gratuitement à cette banque de données, lui avait été remis, pour la période d'essai, par la personne chargée d'installer le logiciel, et qu'ultérieurement ce code n'avait plus eu à être saisi à chaque connexion ; le tribunal correctionnel, devant lequel le prévenu a été renvoyé du chef d'abus de confiance, a dit que les faits constituaient en réalité l'infraction de maintien frauduleux dans un système de traitement informatisé de données et l'a déclaré coupable de cette infraction ; pour prononcer la relaxe, la cour d'appel a énoncé que, pour que ce délit soit constitué, il importe que soit rapportée la preuve de la fraude par laquelle le prévenu a accédé ou s'est maintenu dans un système de traitement automatisé ; que s'il apparaît effectivement que les salariés du prévenu ont bénéficié, pour se connecter, d'une carence du logiciel d'accès installé par la partie civile, qui ne leur imposait pas, à chaque connexion, la frappe d'un code d'accès, mais qui validait, par défaut, le code initialement saisi, ces agissements ne caractérisent nullement la mise en œuvre d'une fraude, élément constitutif du délit prévu et réprimé par l'art. 323-1 C. pén., mais révèlent seulement la passivité de la partie civile qui, à aucun moment ne s'est opposée aux accès dénoncés ; en se déterminant ainsi, alors qu'elle relevait, par ailleurs, que le prévenu avait utilisé pendant plus deux ans, et avec un code qui lui avait été remis pour une période d'essai, une base de données qui n'est accessible qu'aux personnes autorisées, la cour d'appel n'a pas tiré les conséquences légales de ses propres constatations ; d'où il suit que la cassation est encourue. • Crim. 3 oct. 2007, n° 07-81.045 P : *RSC 2008. 99, obs. Francillon ; AJ pénal 2007. 535, obs. Royer ; Dr. pénal 2007. 158, obs. Véron.*

17. A caractérisé en tous leurs éléments les délits de maintien frauduleux dans un système de traitement automatisé et de vol de données, et a justifié sa décision la cour d'appel qui énonce que le prévenu s'est maintenu dans un système de traitement automatisé après avoir découvert que celui-ci était protégé, et a soustrait des données qu'il a utilisées sans le consentement de leur propriétaire. • Crim. 20 mai 2015, n° 14-81.336 P : *D. actu. 5 juin 2015, obs. Benelli de Bénazé ; AJ pénal 2015. 413, obs. Dreyer ; D. 2015. 1466, note Saenko ; Dr. pénal 2015, n° 106, obs. Véron ; ibid., n° 123, obs. Conte ; ibid. Chron. 10, obs. Lepage ; Journal spécial des sociétés, 30 déc. 2015 note Auffret ; RSC 2015. 860, obs. Matsopoulou ; ibid. 887, obs. Francillon .*

18. Retombées en droit du travail. La cour d'appel qui a relevé, sans dénaturation, que le rapport envoyé par un salarié, à l'insu de son supérieur hiérarchique, au directeur général de la société, loin de se borner à contester la politique menée par la direction des systèmes informatiques et à préconiser de nouvelles orientations, recommandait l'éviction des responsables de ladite direction et comportait des informations confidentielles que le salarié s'était procurées, sans informer quiconque de sa démarche, par une intrusion dans des fichiers qui ne lui étaient pas accessibles au prétexte de la mise en évidence de carences, déjà avérées, du système de sécurité informatique, a dès lors caractérisé l'abus par le salarié de sa liberté d'expression et a pu décider que son comportement rendait impossible son maintien dans l'entreprise pendant la durée du préavis et constituait une faute. • Soc. 1er oct. 2002 : *Gaz. Pal. 2003. 1. 1082, note Tessalonikos.*

Art. 323-2 **Le fait d'entraver ou de fausser le fonctionnement d'un système de traitement automatisé de données est puni de** *(L. n° 2004-575 du 21 juin 2004, art. 45-II)* **« cinq ans** *[ancienne rédaction : trois ans]* **» d'emprisonnement et de** *(L. n° 2015-912 du 24 juill. 2015, art. 4)* **« 150 000 € » d'amende.**

(L. n° 2012-410 du 27 mars 2012, art. 9) **« Lorsque cette infraction a été commise à l'encontre d'un système de traitement automatisé de données à caractère personnel mis en œuvre par l'État, la peine est portée à sept ans d'emprisonnement et à** *(L. n° 2015-912 du 24 juill. 2015, art. 4)* **« 300 000 € » d'amende. »**

Corresp. : *C. pén., ancien art. 462-3.*

1. Captation de programmes télédiffusés. Le système de traitement automatisé de données se définit comme tout ensemble composé d'une ou plusieurs unités de traitement, de mémoire, de logiciel, de données, d'organes d'entrées-sorties et de liaisons qui concourent à un résultat déterminé ; en l'espèce, il est constant que le matériel permettant d'accéder aux programmes des chaînes cryptées répond à cette définition, le décodeur vérifiant l'authenticité de la carte à puce en effectuant des calculs sur cette dernière (cryptage et décryptage). • T. corr. Carpentras, 25 juin 2004 : *D. 2006. Pan. 792, obs. Le Stanc*.

2. Messages massifs (spamming, mail bombing). Commettent le délit d'entrave au fonctionnement de système de traitement automatisé de données, réprimé par l'art. 323-2 C. pén., les prévenus qui ont procédé à l'envoi automatique de messages et ont utilisé des programmes simulant la connexion de multiples minitels aux centres serveurs concernés, qui ont eu des effets perturbateurs sur les performances des systèmes de traitement automatisé de données visés par ces manœuvres, et ont entraîné un ralentissement de la capacité des serveurs. • Paris, 5 avr. 1994 : *D. 1994, Flash n° 18.*

3. La loi réprime l'accès et le maintien frauduleux dans un système de traitement automatisé de données ainsi que l'action frauduleuse sur celles-ci, à titre individuel ou par association de malfaiteurs informatiques, mais elle réprime également l'entrave au fonctionnement d'un système informatique ; seul ce dernier délit, prévu et puni par les art. 323-2 et 323-5 C. pén., est reproché au prévenu dont il n'est pas contesté qu'il est entré régulièrement dans un système de données qu'il n'a pas modifié de façon frauduleuse ; cependant, les faits commis, consistant en un envoi massif et simultané de messages non sollicités, n'ont pas perturbé de façon sensible le fonctionnement des moyens informatiques mis à la disposition de sa clientèle par la partie civile ; en conséquence, en l'espèce, seule une responsabilité contractuelle est susceptible d'être recherchée à l'encontre du prévenu dont il convient de confirmer la relaxe. • Paris, 18 déc. 2001 : *D. 2002. IR 940.*

4. Doit être condamné pour entrave à un système de traitement automatisé gérant les services de messageries électroniques d'une société le prévenu qui, en saturant les boîtes aux lettres électroniques de nombreux membres de la société, lui a causé un préjudice commercial. • TGI Le Mans, 7 nov. 2003 : *Gaz. Pal. 2004. 2. Somm. 2693, obs. Barbry.*

5. Déni de service. Sont des faits qualifiés d'entrave au fonctionnement d'un système de traitement automatisé de données, punis et réprimés par l'art. 323-2 C. pén., les attaques de type déni de service, destinées à altérer le fonctionnement d'un site par une saturation de requête • TGI Paris, 19 mai 2006 : *Gaz. Pal. 2007. 1. Somm. 573, note Forgeron et Fiévée.*

6. Virus. C'est à tort que la cour d'appel a relaxé les prévenus du chef d'atteinte à des systèmes de traitement automatisé de données pour avoir introduit un virus informatique, au motif qu'il existe un doute sur les circonstances exactes de la contamination de la disquette ; en se bornant à prononcer ainsi, sans ordonner les mesures d'investigations dont elle reconnaissait la nécessité et dont elle donnait les modalités, et sans répondre aux conclusions des parties civiles faisant valoir que l'intention frauduleuse des prévenus se déduisait de leur parfaite connaissance du diagnostic et des traitements anti-virus, la cour d'appel a violé les art. 463 et 512 C. pr. pén. • Crim. 12 déc. 1996, n° 95-82.198 P : *JCP 1997. IV. 779 ; Gaz. Pal. 1997. 1, chron. crim. 78 ; RSC 1998. 144, obs. Francillon*. ♦ Cassation de • Paris, 15 mars 1995 : *JCP 1995. IV. 1425.*

7. Rétention salariale. N'est pas une entrave le défaut d'explication d'un système informatique mis en place par un salarié brutalement mis à pied, dès lors que, du fait de cette mesure, il n'a pu trouver le temps et l'interlocuteur compétent pour permettre au système qu'il avait développé d'être utilisé par son ou ses remplaçants. • T. corr. Poitiers, 26 juin 1997 : *Gaz. Pal. 1997. 2, chron. crim. 215.* ♦ Le refus de restitution par un salarié à son ancien employeur d'une partie des codes d'accès à un programme informatique ne constitue ni un recel ni le délit d'entrave à un système automatisé de données, dès lors que cette rétention n'avait pas paralysé le fonctionnement quotidien du système et que le délit d'entrave suppose un acte positif de nature à altérer son fonctionnement. • Poitiers, 20 janv. 1998 : *Gaz. Pal. 2000. 1. Somm. 301, note Prat.*

8. Suppression de données. Les atteintes aux systèmes de traitement automatisé de données prévues aux art. 323-1 à 323-3 C. pén. ne sauraient être reprochées à la personne qui, bénéficiant des droits d'accès et de modification des données, procède à des suppressions de données, sans les dissimuler à d'éventuels autres utilisateurs du système. • Crim. 7 janv. 2020, n° 18-84.755 P : *D. actu. 7 févr. 2020, obs. Roques ; Dr. pénal 2020, n° 93, obs. Conte ; ibid. Chron. 12, obs. Lepage.*

Art. 323-3 **Le fait d'introduire frauduleusement des données dans un système de traitement automatisé** *(L. n° 2014-1353 du 13 nov. 2014, art. 16)* **« , d'extraire, de détenir, de reproduire, de transmettre, » de supprimer ou de modifier frauduleusement les données qu'il contient est puni de** *(L. n° 2004-575 du 21 juin 2004, art. 45-III)* **« cinq ans » d'emprisonnement et de** *(L. n° 2015-912 du 24 juill. 2015, art. 4)* **« 150 000 € » d'amende.**

(L. n° 2012-410 du 27 mars 2012, art. 9) **« Lorsque cette infraction a été commise à l'encontre d'un système de traitement automatisé de données à caractère personnel mis en œuvre par l'État, la peine est portée à sept ans d'emprisonnement et à** *(L. n° 2015-912 du 24 juill. 2015, art. 4)* **« 300 000 € » d'amende. »**

Corresp. : *C. pén., ancien art. 462-4.*

1. Principe de légalité. La question prioritaire de constitutionnalité est ainsi rédigée : « Les dispositions de l'art. 323-3 C. pén. qui sont rédigées en des termes généraux et imprécis quant au champ d'application de la loi pénale et à la définition du délit pénalement sanctionné, dans la mesure où ni le système protégé, ni les modalités de la fraude, ni la finalité de l'atteinte portée au système ne sont précisés, ni l'obligation qui s'impose aux usagers d'un système informatique clairement définie, portent-elles atteinte aux droits et libertés garantis par la Constit., eu égard à l'obligation pour le législateur de fixer lui-même le champ d'application de la loi pénale et de définir les crimes et délits en des termes suffisamment clairs et précis ? » ; la question posée ne présente pas, à l'évidence, un caractère sérieux dès lors que les termes de l'art. 323-3 sont suffisamment clairs et précis pour que son interprétation et sa sanction, qui entrent dans l'office du juge pénal, puissent se faire sans risque d'arbitraire ; d'où il suit qu'il n'y a pas lieu de renvoyer la question au Cons. const. • Crim., QPC, 10 avr. 2013 : *RSC 2013. 559, obs. Francillon ; Gaz. Pal. 9-11 févr. 2014, p. 27, obs. Dreyer.* ♦ Rappr. • Crim. 30 oct. 2013, n° 12-85.618 : *Gaz. Pal. 2014. 1. 471, obs. Dreyer ; RSC 2014. 119, obs. Francillon.*

2. L'art. 323-3 C. pén. est rédigé en des termes suffisamment clairs et précis pour permettre que son interprétation se fasse sans risque d'arbitraire. • Crim. 19 mars 2014, n° 12-87.416 P : *D. actu. 20 mars 2014, obs. Coustet ; ibid. 27 mars 2014, obs. Priou-Alibert ; D. 2014. 912, obs. Coustet, et note Lasserre Capdeville ; ibid. 1564, obs. Mascala ; AJ pénal 2014. 293, note Gallois ; RSC 2015. 379, obs. Stasiak ; RTD civ. 2014. 389, obs. Jourdain ; RTD com. 2014. 427, obs. Bouloc ; JCP 2014, n° 15, p. 449, note Wester-Ouisse ; JCP E 2014, n° 18, p. 1234, note Mortier ; BJB 2014, n° 5, p. 265, note Rontchevsky ; ibid., n° 6, p. 313, note Rebut ; LPA 16 avr. 2014, n° 76, p. 3, note de Lamaze ; RLDA 10/2014, n° 97, note Stasiak ; Gaz. Pal. 2014. 1. 919, note Pitti ; ibid. 2. 2342, obs. Fourment.* ♦ Sur l'arrêt objet du pourvoi : • Paris, 24 oct. 2012 : *JCP G 2012, n° 1371, note Lasserre Capdeville.*

3. Atteinte aux droits d'autrui. Constitue le délit d'altération volontaire de données dans un système de traitement automatisé le fait, par la prévenue, salariée d'une société, d'avoir porté, sur des fiches manuscrites de saisie informatique destinées à la constitution du fichier des produits de la société, des mentions inexactes quant au code du taux de TVA applicable, ces données ayant été, partie par elle, introduites dans le système informatique de gestion de l'entreprise, en cours d'installation : en effet, l'introduction volontaire de données inexactes dans un système de traitement automatisé en cours d'élaboration porte nécessairement atteinte aux droits d'autrui et caractérise le délit prévu par l'art. 462-4 de l'ancien code pénal ; la prévenue est à bon droit condamnée à des dommages-intérêts en réparation du préjudice résultant pour la société du retard apporté à la mise en exploitation du système informatique. • Crim. 5 janv. 1994 : *JCP E 1994. I. 359, obs. Vivant et Le Stanc ; Gaz. Pal. 1996. 2. Somm. 419, note Latry-Bonnart ; RSC 1998. 143, obs. Francillon.*

4. Accès au système. Le seul fait de modifier ou supprimer, en violation de la réglementation en vigueur, des données contenues dans un système de traitement automatisé, caractérise le délit prévu à l'art. 323-3 C. pén., sans qu'il soit nécessaire que ces modifications ou suppressions émanent d'une personne n'ayant pas un droit d'accès au système, ni que leur auteur soit animé de la volonté de nuire ; ainsi, justifie légalement sa décision la cour d'appel qui, pour déclarer un prévenu coupable de l'infraction prévue à l'art. 323-3 C. pén., et le condamner à verser des dommages-intérêts à son employeur, relève qu'une écriture validée et introduite dans un système comptable automatisé constitue une donnée dont la suppression et la modification sont prohibées par les règles et principes comptables, et que le prévenu doit réparer le préjudice résultant des frais engagés par son employeur pour reconstituer sa comptabilité. • Crim. 8 déc. 1999, n° 98-84.752 P : *D. Affaires 2001. 627, obs. Navarro ; Dr. pénal 2000, n° 53, obs. Véron ; Gaz. Pal. 2000. 2. Somm. 2134, note Boulanger et Coletti.*

5. En revanche, les atteintes aux systèmes de traitement automatisé de données prévues aux art. 323-1 à 323-3 C. pén. ne sauraient être reprochées à la personne qui, bénéficiant des droits d'accès et de modification des données, procède à des suppressions de données, sans les dissimuler à d'éventuels autres utilisateurs du système. • Crim. 7 janv. 2020, n° 18-84.755 P : *D. actu. 7 févr. 2020, obs. Roques ; Dr. pénal 2020, n° 93, obs. Conte ; ibid. Chron. 12, obs. Lepage.*

6. Virus. Doivent être relaxés au bénéfice du doute du chef du délit prévu et réprimé par l'art. 462-4 de l'ancien C. pén., devenu l'art. 323-3 nouv. C. pén., les prévenus, dirigeant et salarié d'une société chargée, avant sa duplication par une autre société, de la confection d'une disquette de démonstration infectée par le virus FRODO et distribuée en de multiples exemplaires dans une revue spécialisée, dès lors qu'aucune constatation matérielle ne permet d'affirmer que l'infection se soit produite au cours de la phase de la confection, la disquette ayant pu être infectée au cours d'essais de fonctionnement ou d'opérations quelconques postérieurement à sa remise à la société chargée de la duplication, l'installation d'une disquette saine sur un ordinateur infecté conduisant, ainsi que cela a été vérifié par les experts, à infecter le fichier COURS.ALO. • Paris, 15 mars 1995 : *JCP 1995. IV. 1425.* ♦ Décision cassée par : • Crim. 12 déc. 1996, n° 95-82.198 P : *JCP 1997. IV. 779 ; Gaz. Pal. 1997. 1, chron. crim. 77 ; RSC 1998. 144, obs. Francillon* (V. notes ss. art. 323-2).

7. Irrégularité. Le défaut de concordance entre la méthode de gestion informatique des stocks et la méthode comptable constitue une irrégularité qui, en l'absence de méthode de travail prédéfinie et obligatoire, imposée par l'employeur, ne peut s'analyser comme un comportement frauduleux imputable au prévenu ; dès lors, il n'est pas établi que ce dernier ait introduit frauduleusement des données dans un système de traitement automatisé, ou supprimé, ou modifié frauduleusement les données qu'il contenait. • Paris, 19 mai 1999 : *Gaz. Pal. 2000. 1. Somm. 821, note Tessalonikos.*

8. Programme « sniffer ». Se rend coupable d'accès frauduleux dans un système de traitement automatisé de données, ainsi que d'introduction frauduleuse de données dans ce même système, du fait de la mise en œuvre d'un programme « sniffer » à l'intérieur d'un serveur, la personne qui, en employant des codes d'accès confidentiels qui ne lui appartiennent pas, et en se faisant passer pour leur titulaire légitime, détermine une société à lui fournir un accès au réseau internet. • TGI Paris, 16 déc. 1997 : *Gaz. Pal. 1998. 2. Somm. 433, note Rojinsky.*

Art. 323-3-1 *(L. n° 2004-575 du 21 juin 2004, art. 46-I)* **Le fait, sans motif légitime** *(L. n° 2013-1168 du 18 déc. 2013, art. 25)* **« , notamment de recherche ou de sécurité informatique », d'importer, de détenir, d'offrir, de céder ou de mettre à disposition un équipement, un instrument, un programme informatique ou toute donnée conçus ou spécialement adaptés pour commettre une ou plusieurs des infractions prévues par les articles 323-1 à 323-3 est puni des peines prévues respectivement pour l'infraction elle-même ou pour l'infraction la plus sévèrement réprimée.**

La constatation de la violation, sans motif légitime et en connaissance de cause, de l'une des interdictions prévues par l'art. 323-3-1 C. pén. implique de la part de son auteur l'intention coupable exigée par l'art. 121-3 du même code ; justifie sa décision la cour d'appel qui retient qu'un prévenu ne pouvait arguer d'un motif légitime tiré de la volonté d'information dès lors que, du fait de son expertise, il savait qu'il diffusait des informations présentant un risque d'utilisation à des fins de piratage. • Crim. 27 oct. 2009, n° 09-82.346 P : *RSC 2010. 178, obs. Francillon ; D. 2009. AJ 2935, obs. Darsonville ; ibid. 2010. 806, note Lasserre Capdeville ; AJ pénal 2010. 79, obs. Royer ; Dr. pénal 2010, n° 3, obs. Véron ; ibid. Chron. 10, obs. Lepage ; JCP 2010, n° 1-2, 19, note Lepage ; Gaz. Pal. 2010. 261, note Arrigo et Blin.*

N'entrent pas dans les prévisions de l'art. 323-3-1 C. pén. la conception et la commercialisation d'un logiciel intégrant une fonctionnalité permettant, après saisie d'un mot de passe personnel, de faire disparaître des lignes d'écritures relatives à des ventes payées en espèces, à la condition qu'elles ne soient pas liées à une prescription médicale ou au paiement d'un tiers, avant qu'elles ne soient arrêtées d'un point de vue comptables, dès lors que les atteintes aux systèmes de traitement automatisé de données prévues aux art. 323-1 à 323-3 C. pén. ne sauraient être reprochées à la personne qui, bénéficiant des droits d'accès et de modification des données, procède à des suppressions de données, sans les dissimuler à d'éventuels autres utilisateurs du système. • Crim. 7 janv. 2020, n° 18-84.755 P : *D. actu. 7 févr. 2020, obs. Roques ; Dr. pénal 2020, n° 93, obs. Conte ; ibid. Chron. 12, obs. Lepage.*

Art. 323-4 **La participation à un groupement formé ou à une entente établie en vue de la préparation, caractérisée par un ou plusieurs faits matériels, d'une ou de plusieurs des infractions prévues par** *(L. n° 2004-575 du 21 juin 2004, art. 46-II)* **« les articles 323-1 à 323-3-1** *[ancienne rédaction : les articles 323-1 à 323-3]* **» est punie des peines prévues pour l'infraction elle-même ou pour l'infraction la plus sévèrement réprimée.**

Corresp. : *C. pén., ancien art. 462-8.*

1. Matérialité. L'entente visée par l'art. 323-4 doit se concrétiser par un ou plusieurs faits matériels (échange d'informations, par ex.) ayant pour finalité de commettre des atteintes à un système informatique ; elle suppose en principe une participation en amont de la commission de ces atteintes. L'action de fausser doit s'entendre dans le fait de faire produire au système un résultat différent de celui qu'il aurait dû être ; quelle que soit la motivation de chacun, défi intellectuel pour certains, recherche de profits pour d'autres, ils ont tous participé à une entente pénalement répréhensible au sens de l'art. 323-4. Dès lors, ils n'ignoraient pas que les informations échangées avaient pour finalité de commettre des atteintes au système informatique d'accès à Canal + et à TPS. • T. corr. Carpentras, 25 juin 2004 : *D. 2006. Pan. 792, obs. Le Stanc*.

2. Pour un autre exemple d'application : • TGI Paris, 12 oct. 1988 : *JCP 1989. II. 21253, note Devèze.* ♦ En appel : • Paris, 22 mai 1989 : *Gaz. Pal. 1989. 2. 559, note Marchi.*

3. Intention. A justifié sa décision la cour d'appel qui statue par des motifs qui établissent que le prévenu avait conscience de participer à une entente ayant pour but d'entraver le fonctionnement d'un service de traitement automatisé de données. • Crim. 7 nov. 2017, n° 16-84.918 P : *D. actu. 24 nov. 2017, obs. Azoulay ; AJ pénal 2018. 44, obs. Thierry ; RSC 2018. 114, note Dreyer*.

Art. 323-4-1 *(L. n° 2014-1353 du 13 nov. 2014, art. 17)* **Lorsque les infractions prévues aux articles 323-1 à 323-3-1 ont été commises en bande organisée et à l'encontre d'un système de traitement automatisé de données à caractère personnel mis en œuvre par l'État, la peine est portée à dix ans d'emprisonnement et à** *(L. n° 2015-912 du 24 juill. 2015, art. 4)* **« 300 000 € » d'amende.**

Art. 323-5 **Les personnes physiques coupables des délits prévus au présent chapitre encourent également les peines complémentaires suivantes :**

1° L'interdiction, pour une durée de cinq ans au plus, des droits civiques, civils et de famille, suivant les modalités de l'article 131-26 ;

2° L'interdiction, pour une durée de cinq ans au plus, d'exercer une fonction publique ou d'exercer l'activité professionnelle ou sociale dans l'exercice de laquelle ou à l'occasion de laquelle l'infraction a été commise ; — *Pén. 131-27.*

3° La confiscation de la chose qui a servi ou était destinée à commettre l'infraction ou de la chose qui en est le produit, à l'exception des objets susceptibles de restitution ; — *Pén. 131-21.*

4° La fermeture, pour une durée de cinq ans au plus, des établissements ou de l'un ou de plusieurs des établissements de l'entreprise ayant servi à commettre les faits incriminés ; — *Pén. 131-33.*

5° L'exclusion, pour une durée de cinq ans au plus, des marchés publics ; — *Pén. 131-34.*

6° L'interdiction, pour une durée de cinq ans au plus, d'émettre des chèques autres que ceux qui permettent le retrait de fonds par le tireur auprès du tiré ou ceux qui sont certifiés ; — *Pén. 131-19.*

7° L'affichage ou la diffusion de la décision prononcée dans les conditions prévues par l'article 131-35.

Art. 323-6 *(L. n° 2009-526 du 12 mai 2009, art. 124-I)* **« Les personnes morales déclarées responsables pénalement, dans les conditions prévues par l'article 121-2, des infractions définies au présent chapitre encourent, outre l'amende suivant les modalités prévues par l'article 131-38, les peines prévues par l'article 131-39. »**

L'interdiction mentionnée au 2° de l'article 131-39 porte sur l'activité dans l'exercice ou à l'occasion de l'exercice de laquelle l'infraction a été commise.

Art. 323-7 **La tentative des délits prévus par** *(L. n° 2004-575 du 21 juin 2004, art. 46-II)* **« les articles 323-1 à 323-3-1 » est punie des mêmes peines.**

Art. 323-8 *(L. n° 2015-912 du 24 juill. 2015, art. 18)* **Le présent chapitre n'est pas applicable aux mesures mises en œuvre, par les agents habilités des services de l'État désignés par arrêté du Premier ministre parmi les services spécialisés de renseignement mentionnés à l'article L. 811-2 du code de la sécurité intérieure, pour assurer hors du territoire national la protection des intérêts fondamentaux de la Nation mentionnés à l'article L. 811-3 du même code.**

CHAPITRE IV DU BLANCHIMENT

(L. n° 96-392 du 13 mai 1996)

SECTION PREMIÈRE DU BLANCHIMENT SIMPLE ET DU BLANCHIMENT AGGRAVÉ

Art. 324-1 **Le blanchiment est le fait de faciliter, par tout moyen, la justification mensongère de l'origine des biens ou des revenus de l'auteur d'un crime ou d'un délit ayant procuré à celui-ci un profit direct ou indirect.**

Constitue également un blanchiment le fait d'apporter un concours à une opération de placement, de dissimulation ou de conversion du produit direct ou indirect d'un crime ou d'un délit.

Le blanchiment est puni de cinq ans d'emprisonnement et de 375 000 € d'amende.

RÉP. PÉN. v° *Blanchiment*, par SEGONDS.

BIBL. ▶ Commentaire de la loi n° 96-392 du 13 mai 1996 relative à la lutte contre le blanchiment et le trafic de stupéfiants : LE GUNEHEC, *JCP 1996. Actu. 27*. – BOCCARA, *D. Affaires 1996. 1243*.

▶ AMENC, *RSC 2009. 427* (Ord. n° 2009-104 du 30 janv. 2009). – AUGIER, Problèmes actuels de science criminelle, *vol. XIII, PU Aix-Marseille, 2000* (blanchiment d'argent à l'échelle internationale). – BAILLET, *Gaz. Pal. 2005. 2. Doctr. 3187* (blanchiment : l'état de la législation). – BARBE, *D. 2002. Chron. 1922* (protocole anti-blanchiment à la convention du 29 mai 2000 d'entraide judiciaire en matière pénale de l'Union européenne). – BARBIÈRI, *Mél. Bouloc, Dalloz 2006. 33* (de la révélation des faits délictueux à la déclaration de soupçons et inversement). – BELMAS, *RLDA 2008/24, n° 1492* (séminaire sur le blanchiment). – BÉNICHOU et TEITGEN, *Gaz. Pal. 2000. 1. Doctr. 724* (rôle des ordres dans la lutte contre le blanchiment et sauvegarde du secret professionnel). – BOULOC, *RDBF 2002. 151* (quelques aspects du délit de blanchiment). – CHATAIN, *JCP E 2006. 1328* (blanchiment de capitaux : à la recherche du bénéficiaire effectif). – CONTE, *JCP 2005. I. 126* (aspect pénal des obligations de vigilance tendant à prévenir le blanchiment). – CUTAJAR, (ss. la dir. de), *PU Strasbourg, coll. Université Robert Schuman, 2000, préface M. Delmas-Marty* (blanchiment des profits illicites) ; *Gaz. Pal. 2005. 1. Doctr. 294* (blanchiment d'argent : quel risque pénal en cas d'inobservation par les professionnels des obligations de vigilance ?) ; *D. 2006. Tribune. 1393* (urgence de la prévention du blanchiment et du financement du terrorisme) ; *D. 2009. Chron. 821* (premières réflexions sur l'Ord. n° 2009-104 du 30 janv. 2009) ; *JCP 2009, n° 42* (prévention du blanchiment par l'approche fondée sur le risque après le Décr. du 2 sept. 2009). – CUTAJAR et BEAUSSIER, *JCP G 2009, n° 48* (les avocats et la lutte contre le blanchiment). – DAVOUST, *LPA 2002, p. 4* (lutte contre le blanchiment de capitaux : action menée au plan international, européen et national). – DEFFERRARD, *Gaz. Pal. 2009. 2. Doctr. 2953* (métamorphoses de la législation française « anti-blanchiment ») ; *ibid. 2010. 1. Doctr. 666* (aperçu du droit « anti-blanchiment » d'après la Circ. du 12 janv. 2010). – DESGENS-PASANAU, *Gaz. Pal. 2004. 1. Doctr. 222* (lutte contre le blanchiment d'argent et financement du terrorisme : enjeux pour la vie privée de la clientèle bancaire). – DUCOULOUX-FAVARD, *Gaz. Pal. 2003. 1. Doctr. 15* (recel et blanchiment : deux délits de conséquence) ; *ibid. 2004. 1. Doctr. 790* (blanchiment et jurisprudence). – ESTÈVE, *Gaz. Pal. 2004. 2. Doctr. 2846* (blanchiment : extension du champ de la lutte). – FEUGÈRE, *Gaz. Pal. 2010. 1. Dossier 1840* (l'avocat mandataire en transactions immobilières face au blanchiment). – FULGÉRAS, *D. 2002. 789* (lutte contre le blanchiment dans les banques). – GASTEBLED, *Banque et Dr. 2006, n° 105* (état du dispositif juridique préventif de lutte contre le blanchiment après l'adoption de la troisième directive européenne). – GRECIANO, *LPA 27 juin 2006, p. 14* (lutte contre le blanchiment d'argent : une justice européenne à quel prix ?). – GUÉRIN, *Dr. pénal 2009. Étude 21* (rigueur du blanchiment ; indispensable garantie de capitaux licites). – JEREZ, *Rev. Banque éd., 2e éd. 2003* (blanchiment de l'argent). – LEVERBE, *Dr. pénal 2004. Chron. 4* (le banquier et l'article 324-1 du code pénal). – MANACORDA, *RSC 1999. 251* (réglementation du blanchiment de capitaux en droit international). – MASCALA, *Europe 2006, Étude 5* (lutte contre le blanchiment de capitaux : une nouvelle directive en attente de transposition) ; *D. 2009. Pan. 1729* (Ord. n° 2009-104 du 30 janv. 2009). – MICHAUD, *Gaz. Pal. 11-13 oct. 2009* (libres propos) (l'avocat : ce nouveau protecteur légal !) ; *ibid. 2012. 1. Doctr. 1333* (vers une nouvelle, mais encore secrète, politique pénale ?) ; *ibid. 2013. 2. Doctr. 2224* (l'avocat et la prévention du blanchiment : une déontologie responsable de l'intérêt général). – PERRIER, *Gaz. Pal. 2009. 2. Doctr. 2848* (secret professionnel de l'avocat et transposition de la troisième directive anti-blanchiment). – POUILLARD, BRUGUÈS et KLIMA, *Les annonces de la Seine, 1996. n° 41* (blanchiment d'argent en droit français et en droit allemand). – RAYNAUD, *Gaz. Pal. 2003. 2. Doctr. 3398* (application des règles de prévention du blanchiment aux professions juridiques et aux professions du chiffre). – REPIQUET, *Gaz. Pal. 2003. 2. Doctr. 2060* (les avocats français et la directive européenne relative à la prévention de l'utilisation du système financier aux fins de blanchiment de capitaux). – RIFFAULT, *RSC 1999. 231* (blanchiment de capitaux en droit comparé). – ROBERT, *JCP 2008. I. 146* (réflexions sur la nature de l'infraction de blanchiment d'argent) ; *ibid. 2009, n° 28* (nouveau cadre de la lutte anti-blanchiment) ; *ibid. 2010, n° 7* (professions juridiques et prévention du blanchiment après la transposition de la Dir. (CE) 2005/60 du 26 oct. 2005). – SEGONDS, *Dr. pénal 2014. Étude 3* (commentaire de la L. n° 2013-1117 du 6 déc. 2013) ; *Dr. pénal 2019. Étude 10* (de l'incrimination *a minima* du blanchiment. A propos de la pertinence de l'art. 3 de la Dir. du 23 oct. 2018 visant à lutter contre le blanchiment de capitaux au moyen du droit pénal). –

Skornicki, *Gaz. Pal. 2007. 1. Doctr. 736* (loyauté, dénonciation et ordre public pénal). – Stasi, *Gaz. Pal. 2004. 1. Doctr. 816* (transposition de la Dir. du 4 déc. 2001). – Thony, *Rev. pénit. 1997. 307* (politiques de lutte contre le blanchiment en Europe). – Thony et Laborde, *RID pén. 1997. 411* (criminalité organisée et blanchiment des capitaux). – Tournois, *Gaz. Pal. 28-30 janv. 2001* (prévention des opérations de blanchiment d'argent : rôle de la Carpa). – Vatier, *Gaz. Pal. 28-30 janv. 2001* (Dir. européenne n° 91/308 du 10 juin 1991 relative à la prévention de l'utilisation du système financier aux fins du blanchiment de capitaux) ; *ibid. 2006. 2. Doctr. 3690* (à propos du blanchiment d'argent, ou quand l'État de droit vacille sous le souffle sécuritaire). – Vichnievsky et Cimamonti, *D. 2000, n° 20* (lutte contre le blanchiment d'argent) ; *AJ pénal 2016. 167* s. (blanchiment : nouvelles questions, nouveaux défis) : Segonds, *p. 168* (les métamorphoses de l'infraction de blanchiment... Ou les enjeux probatoires de la lutte contre le blanchiment). – Duteil, *p. 171* (modes opératoires et évolutions). – Dalles, *p. 176* (les nouveaux défis de TRACFIN). – Lasserre Capdeville, *p. 179* (le banquier et la lutte contre le blanchiment d'argent). – Clement, *p. 182* (l'échec de la CNS à lutter efficacementcontre le blanchiment de capitaux et le financement de terrorisme ?). – Goguel-Nyegaard, *p. 186* (blanchiment de fraude fiscale, les glissements dérangeants de la répression). – Botton, *p. 190* (les aspects procéduraux du blanchiment : une infraction formellement dépendante). – Beaussonie, *p. 192* (quelques observations à partir de (et non sur) l'« auto-blanchiment).

▸ Dossier, *Banque et Dr. n° 88, mars-avr. 2003* (la lutte contre le blanchiment des capitaux). – *AJ pénal 2006. 429 s.* (la lutte contre le blanchiment d'argent) ; *AJ pénal 2016. 167* s. (blanchiment : nouvelles questions, nouveaux défis). – Segonds, *ibid. 168* (les métamorphoses de l'infraction de blanchiment... Ou les enjeux probatoires de la lutte contre le blanchiment). – Duteil, *ibid. 171* (modes opératoires et évolutions). – Dalles, *ibid. 176* (les nouveaux défis de TRACFIN). – Lasserre Capdeville, *ibid. 179* (le banquier et la lutte contre le blanchiment d'argent). – Clément, *ibid. 182* (l'échec de la CNS à lutter efficacement contre le blanchiment de capitaux et le financement de terrorisme ?). – Goguel-Nyegaard, *ibid. 186* (blanchiment de fraude fiscale, les glissements dérangeants de la répression). – Botton, *ibid. 190* (les aspects procéduraux du blanchiment : une infraction formellement dépendante). – Beaussonie, *ibid. 192* (quelques observations à partir de (et non sur) l'« auto-blanchiment).

▸ **Rapports.** Cutajar, *JCP 2010, n° 24* (rapport d'activité 2009 de TRACFIN).

▸ **Colloques.** Colloque ACE, 29 sept. 2003, *Gaz. Pal. 2004. 1. Doctr. 105 s.* (l'avocat conseil d'entreprises et le blanchiment). – Matinée-Débats organisée par la Lettre des Juristes d'Affaires, 9 mars 2006, *RLDA 2006/4* (lutte contre le blanchiment de capitaux et secret professionnel).

1. QPC. La question prioritaire de constitutionnalité est ainsi rédigée : « L'art. 324-1, al. 2, en tant qu'il sanctionne l'auteur du blanchiment du produit d'une infraction qu'il a lui-même commise, bien qu'il ne vise que "le fait", nécessairement pour un tiers complice, "d'apporter un concours à une opération de placement, de dissimulation ou de conversion du produit direct ou indirect d'un crime ou d'un délit", est-il contraire au principe de légalité des délits et des peines issus de l'art. 8 de la DDHC du 26 août 1789 ? » ; ladite question ne présente pas, à l'évidence, un caractère sérieux dès lors que les dispositions visées, rédigées en termes suffisamment clairs et précis pour permettre leur interprétation et leur sanction, qui entrent dans l'office du juge pénal, sans risque d'arbitraire, ne portent pas atteinte au principe constitutionnel de la légalité des délits et des peines ; d'où il suit qu'il n'y a pas lieu de renvoyer au Cons. const. • Crim. 27 mars 2013, n° 12-85.115 P : *D. actu. 26 avr. 2013, obs. Auffray.* ♦ Dans les mêmes termes : • Crim. 27 mars 2013, n° 12-84.189.

2. La question prioritaire de constitutionnalité est ainsi rédigée : « Alors que l'art. 324-1 est rédigé en des termes suffisamment clairs et précis pour permettre sa compréhension sans déformation, l'interprétation jurisprudentielle qu'en donne de manière constante depuis 2004 la chambre criminelle de la Cour de cassation, affirmant que cette incrimination de blanchiment est également applicable à l'auteur de l'infraction d'origine, est-elle conforme à l'art. 8 de la DDH, c'est-à-dire au principe de légalité des délits et des peines et à son corollaire le principe d'interprétation stricte de la loi pénale ? » ; la question est irrecevable en ce qu'elle ne concerne pas la compatibilité de la portée d'une disposition législative résultant d'une interprétation jurisprudentielle constante de la Cour de cassation avec les droits et libertés que la Const. garantit ; elle ne revient, en effet, qu'à contester la conformité de cette interprétation avec le libellé du texte législatif en cause. • Crim. 16 sept. 2015, n° 15-83.204 P : *Dr. pénal 2016, n° 136, obs. Conte.*

3. Crime ou délit principal. Le prévenu ayant été déclaré coupable de blanchiment de sommes provenant de vols et non de blanchiment de fonds provenant d'une fraude douanière ou fiscale ou d'infractions aux règles relatives à la facturation commerciale, les moyens, qui discutent l'existence de ces dernières infractions, sont inopérants. • Crim. 3 déc. 2003 : *AJ pénal 2020. 298, obs. Lassalle ; Dr. pénal 2020, n° 107 [bis], obs. Conte ; JCP 2004. II. 10066, note Cutajar.*

4. La caractérisation du délit de blanchiment, si elle n'implique pas que les auteurs de l'infraction principale soient connus, ni les circonstances de la commission de celle-ci entièrement déterminées, nécessite que soit établie l'origine frauduleuse des biens blanchis (fraude fiscale). • Crim. 18 mars 2020, n° 18-86.491 P : *D. actu. 26 mai 2020, obs. Gallois.*

5. Il résulte de l'arrêt attaqué que les prévenus ont été renvoyés devant le tribunal correctionnel du chef de blanchiment de biens et revenus représentant le produit direct ou indirect d'un crime ou d'un délit, en l'espèce des fonds d'origine frauduleuse provenant notamment des délits de fraude fiscale, escroquerie et faux qu'aurait commis l'un d'entre eux, M.S., faits prévus et réprimés par l'art. 324-1 C. pén. ; pour les relaxer, la cour d'appel énonce, notamment, que la poursuite n'articule à l'encontre de F.Z. aucun fait précis, postérieur à l'entrée en vigueur de la loi sur le blanchiment dont est issu l'art. 324-1 C. pén., pouvant constituer le délit, et que la preuve n'est pas rapportée qu'A.S., en acceptant d'être le gérant de la société S. dirigée en réalité par son frère M.S., ait sciemment aidé à la justification mensongère de l'origine frauduleuse des biens et revenus de ce dernier, l'investissement au profit de cette entreprise de fonds provenant des délits de fraude fiscale, escroquerie et faux n'étant pas établis ; elle retient, en ce qui concerne E.C., que fait défaut l'élément intentionnel du délit de blanchiment, caractérisé par la connaissance de l'origine délictueuse des fonds, et qu'il appartenait à la partie poursuivante d'établir d'une manière précise l'existence d'une action qualifiée délit, imputable à M.S., et d'en relever les éléments constitutifs, la simple imputation d'escroqueries ou de fraude fiscale étant, à cet égard, insuffisante ; en l'état de ces seules énonciations, abstraction faite de motifs erronés retenant que la qualité d'auteur de l'infraction principale était exclusive de celle d'auteur de l'infraction de blanchiment consécutive, et dès lors que ce délit nécessite que soient relevés précisément les éléments constitutifs d'un crime ou d'un délit principal ayant procuré à son auteur un profit direct ou indirect, la cour d'appel a justifié sa décision. • Crim. 25 juin 2003 : *RSC 2004. 350, obs. Ottenhof ; Dr. pénal 2003. Comm. 142, obs. Véron.*

6. Il résulte de l'arrêt attaqué que le prévenu, ministre du pétrole du Nigéria de 1995 à 1999, a perçu, de la part de compagnies pétrolières, des commissions en contrepartie de l'octroi de concessions ou de licences d'exploitation ; les fonds provenant de ces commissions, après avoir transité sur divers comptes ouverts à Genève et à Gibraltar, ont été déposés en espèces, en 1999 et 2000, pour un montant de 16 millions d'euros, au Crédit agricole Indosuez et à sa filiale, la Banque de gestion privée Indosuez, à Paris ; le prévenu a fait émettre des chèques par ces établissements bancaires, dans lesquels il n'était titulaire d'aucun compte, pour acquérir en France des biens mobiliers et immobiliers ; il est poursuivi du chef de blanchiment aggravé pour avoir, de façon habituelle, fait transiter, circuler et convertir le produit de la corruption active et passive au Nigéria ; pour déclarer le prévenu coupable de ce délit, l'arrêt énonce que les fonds transférés sur le territoire national, où ils ont été blanchis, étaient la contrepartie d'actes de sa fonction accomplis par lui au Nigéria ; les juges relèvent que de tels faits sont réprimés en France sous la qualification de corruption d'un dépositaire de l'autorité publique ; ils ajoutent que les textes qui définissent le délit de blanchiment n'imposent ni que l'infraction ayant permis d'obtenir les sommes blanchies ait eu lieu sur le territoire national ni que les juridictions françaises soient compétentes pour la poursuivre ; en l'état de ces énonciations, et dès lors que le délit de blanchiment est une infraction générale, distincte et autonome, la cour d'appel a justifié sa décision. • Crim. 24 févr. 2010, n° 09-82.857 P : *JCP 2010, n° 23, note Cutajar ; Gaz. Pal. 2010. II. 2322, note Morel-Maroger.*

7. Le délit de blanchiment étant une infraction générale, distincte et autonome, les juridictions françaises demeurent compétentes pour le juger alors même qu'elles se révèlent incompétentes pour statuer sur l'infraction principale. • Crim. 16 janv. 2013, n° 11-83.689 P : *D. actu. 5 févr. 2013, obs. Léna ; Dr. pénal 2013, n° 34, obs. Véron.* ♦ L'art. 324-1 C. pén., instituant une infraction générale et autonome de blanchiment, distincte, dans ses éléments matériel et intentionnel, du crime ou du délit ayant généré un produit, réprime, quel qu'en soit leur auteur, des agissements spécifiques de placement, dissimulation ou conversion de ce produit, de sorte que cette disposition est applicable à celui qui blanchit le produit d'une infraction qu'il a commise ; le prévenu ne saurait faire grief à l'arrêt de le déclarer coupable, cumulativement, du délit d'abus de confiance aggravé et du délit de blanchiment, ceux-ci ne procédant pas, en l'espèce, de manière indissociable d'une action unique caractérisée par une seule intention coupable. • Crim. 14 juin 2017, n° 16-84.921 : *RSC 2017. 750, obs. Matsopoulou.*

8. *Matérialité.* S'est rendue coupable du délit de blanchiment la prévenue qui a accepté de recevoir des virements frauduleux sur son compte bancaire personnel, et de procéder au transfert des fonds ainsi obtenus vers des tiers bénéficiaires résidant en Russie, la prévenue ayant ainsi apporté un concours personnel actif, et en toute connaissance de cause, à une opération pour laquelle elle a servi d'intermédiaire. • Toulouse, 16 janv. 2007 : *JCP 2007. IV. 1744.*

9. Il est reproché au prévenu d'avoir, d'août 1998 à février 1999, facilité la justification mensongère de l'origine des biens ou des revenus de l'auteur de délits d'introduction de viandes anglaises en violation de l'embargo du 21 mars 1996, de tromperies aggravées et de falsifications, en établissant la comptabilité de sociétés sans activité réelle, en déposant les statuts d'une société fictive, en effectuant des opérations de versements et de retraits en espèces sur les comptes d'autres sociétés ; pour le déclarer coupable de blanchiment aggravé en bande organisée, l'arrêt prononce par les motifs repris au moyen ; en l'état de ces énonciations relevant de l'appréciation souveraine par les juges du fond des éléments de preuve contradictoirement débattus devant eux, qui caractérisent en tous leurs éléments constitutifs les délits principaux de falsifications et de fraudes aggravées et qui établissent que le prévenu avait connaissance de l'origine délictueuse des fonds, la cour d'appel a justifié sa décision. • Crim. 7 oct. 2009 : *D. 2010. Pan. 1663, obs. Mascala ; RSC 2010. Chron. 631, obs. Matsopoulou ; Dr. pénal 2010, n° 22, obs. Véron.*

10. Ne caractérise pas un fait de blanchiment imputable au prévenu l'arrêt qui, pour déclarer le demandeur coupable de blanchiment, énonce qu'afin de ne pas attirer l'attention des employés d'agence, les chèques contrefaits étaient déposés dans des automates situés à des endroits différents, les fonds d'origine frauduleuse étant ainsi mélangés avec des revenus légaux et non déclarés fiscalement. • Crim. 17 févr. 2016, n° 14-86.969 P : *D. actu. 17 mars 2016, obs. Benelli de Bénazé.*

11. Produit de l'infraction. Pour relaxer le prévenu du chef de blanchiment, pour avoir apporté son concours à une opération de placement, dissimulation ou de conversion du produit direct ou indirect des délits de travail clandestin et de fraude fiscale, la cour d'appel énonce que l'auteur principal ne peut être poursuivi pour blanchiment des sommes produites par sa propre activité illicite et qu'en l'espèce, il n'est pas établi que les fonds proviennent d'infractions commises par d'autres personnes ; en statuant ainsi, la cour d'appel a méconnu les dispositions de l'art. 324-1, al. 2 C. pén., qui est applicable à l'auteur du blanchiment du produit d'une infraction qu'il a lui-même commise. • Crim. 14 janv. 2004, n° 03-81.165 P : *D. 2004. 1377, note Cutajar ; RSC 2004. 350, obs. Ottenhof ; JCP 2004. IV. 1487 ; ibid. II. 10081, note Matsopoulou ; Gaz. Pal. 2004. 1. 1171, note Raynaud ; ibid. 2004. 2. Somm. 2626 ; Dr. pénal 2004. Comm. 48, obs. Véron.*

12. Pour déclarer le prévenu coupable de blanchiment de fraude fiscale, l'arrêt, après avoir relevé les éléments de son train de vie et retenu qu'il n'avait jamais déclaré à l'administration fiscale des sommes sujettes à l'impôt, constituées de revenus occultes, énonce, notamment, qu'il s'est rendu coupable du délit de facilitation de blanchiment d'une fraude fiscale, en investissant ces sommes dans la souscription de bons anonymes et en les utilisant comme enjeux dans les casinos, pour les transformer en ressources licites et non imposables ; pour retenir la culpabilité du prévenu des chefs de complicité et recel du délit de blanchiment de fraude fiscale imputé à l'un de ses comparses, l'arrêt retient que ce dernier a accepté d'acquérir, d'immatriculer, d'assurer à son nom et de financer par l'emprunt l'achat d'une automobile, appartenant en réalité au prévenu, qui a remis à son complice la somme de 300 000 F en espèces, en règlement d'une partie du prix, et qu'il lui a remboursé les mensualités du prêt souscrit pour payer la différence ; les juges relèvent que le prévenu n'avait, en 2001, année de cette acquisition, déclaré aucun revenu ; ils ajoutent que ce stratagème avait pour objet de dissimuler des revenus occultes ; en l'état de ces énonciations, et dès lors que, d'une part, les faits poursuivis sous la qualification de blanchiment de fraude fiscale sont distincts de ceux de complicité et recel de blanchiment, d'autre part, le complice de l'auteur principal d'un délit peut, lorsque l'infraction est consommée, en être le receleur, enfin, l'art. 324-1 C. pén. est applicable à l'auteur du blanchiment du produit d'une infraction qu'il a lui-même commise, a justifié sa décision la cour d'appel qui a répondu aux chefs péremptoires des conclusions dont elle était saisie et caractérisé en tous leurs éléments, tant matériels qu'intentionnels, les délits dont elle a déclaré le prévenu coupable. • Crim. 20 févr. 2008, n° 07-82.977 P : *D. 2008. AJ 924 ; ibid. 2008. 1585, note Cutajar ; ibid. 2008. Pan. 1577, note Mascala ; ibid. 2009. Pan. 131, obs. Garé ; RSC 2008. 607, obs. Matsopoulou ; AJ pénal 2008. 234, note Darsonville ; JCP 2008. II. 10103, note Lasserre Capdeville ; Dr. pénal 2008. Comm. 67, obs. Véron ; Gaz. Pal. 2008. 1. 966 ; ibid. Somm. 1906, note Teissèdre ; ibid. 2009. 1. Somm. 1440, note Monnet.*

13. Le prévenu a servi d'intermédiaire dans la revente d'engins de travaux publics, qui provenaient de vols, en fabriquant de faux certificats de vente, des attestations mensongères et des factures fictives, les fonds étant utilisés pour l'acquisition d'aéronefs par M. Serge A..., destinataire des documents mensongers ; sur le renvoi ordonné par un juge d'instruction, il est poursuivi du chef de blanchiment pour « avoir apporté son concours à une opération de placement, de dissimulation ou de conversion du produit direct ou indirect de crimes ou de délits, en l'espèce en servant d'intermédiaire pour la vente d'engins de chantier volés » ; en l'état de ces énonciations, dépourvues d'insuffisance comme de contradiction, la cour d'appel a caractérisé en tous ses éléments, tant matériels qu'intentionnels, le délit dont elle a déclaré le prévenu coupable ; les moyens, qui se bornent à remettre en question l'appréciation souveraine, par les juges du fond, des faits et des circonstances de la cause, ainsi que des éléments de preuve contradictoirement débattus, ne sauraient être admis. • Crim. 26 janv. 2011, n° 10-84.081 : *D. 2011. Pan. 11* . *1867, obs. Mascala ; Dr. pénal 2011, n° 44, obs. Véron ; RTD com. 2011. 654, obs. Bouloc* ; *RSC 2011. 840, obs. Matsopoulou* .

14. En l'état d'énonciations, d'où il résulte que l'intéressé a déposé le produit des impositions éludées sur différents comptes bancaires ouverts à son nom ou à celui de son épouse, et que les fonds ainsi placés ont été affectés, non seulement au financement des dépenses courantes du ménage, mais également à l'acquisition de véhicules d'occasion ainsi qu'à la constitution du capital d'une société, la cour d'appel, qui a ainsi caractérisé l'existence d'une opération de placement et de conversion du produit du délit originaire de fraude fiscale, a justifié sa décision au regard de l'art. 324-1, al. 2, C. pén. • Crim. 27 mars 2018, n° 16-87.585 : *Dr. pénal 2018, n° 111, obs. J.-H. Robert.*

15. Intention. Pour caractériser l'élément intentionnel de l'infraction de blanchiment de fonds provenant de vols, la cour d'appel relève que le prévenu, assureur conseil en gestion de patrimoine, était le conseiller financier de l'auteur de la fraude fiscale, auquel il a fait souscrire divers contrats permettant de placer, à l'étranger et de manière anonyme, d'importantes sommes d'argent remises en liquide, dont il savait qu'elles avaient une origine illicite ; la déclaration mensongère faite par le prévenu dans des courriers confidentiels fait ressortir sa volonté de présenter son client comme étant digne de foi ; la cour d'appel a implicitement mais nécessairement écarté l'argument du prévenu invoquant sa bonne foi. • Crim. 3 déc. 2003 : *JCP 2004. II. 10066, note Cutajar.*

16. Conflit de qualifications. Des faits qui procèdent de manière indissociable d'une action unique caractérisée par une seule intention coupable ne peuvent donner lieu, contre le même prévenu, à deux déclarations de culpabilité de nature pénale, fussent-elles concomitantes ; pour déclarer le prévenu coupable de recel, l'arrêt retient que des fonds provenant de l'escroquerie commise par sa compagne ont été versés sur son compte ; en statuant ainsi, alors que le versement effectué sur le compte du prévenu ne constituait, au moins en partie, qu'une opération préalable nécessaire à l'achat du bien réalisé par ses soins et pour lequel il a été déclaré coupable de blanchiment, la cour d'appel a méconnu la règle *ne bis in idem* et le principe énoncé ci-dessus. • Crim. 26 oct. 2016, n° 15-84.552 P : *D. actu. 7 nov. 2016, obs. Fucini ; AJ pénal 2017. 35, obs. Gallois* ; *JCP G 2017. 16, note Catelan ; Gaz. Pal. 2017. 413, obs. Detraz ; Dr. pénal 2017, n° 4, obs. Conte ; RSC 2016. 778, obs. Matsopoulou* .

17. Poursuites. Pour écarter l'exception d'irrecevabilité des poursuites du chef de blanchiment de fraude fiscale, prise par le prévenu de ce que l'administration n'avait pas préalablement porté plainte pour le délit de fraude fiscale, après avis conforme de la Commission des infractions fiscales, l'arrêt, par motifs propres et adoptés des premiers juges, énonce que l'art. 324-1 C. pén. n'impose pas que des poursuites aient été préalablement engagées ni qu'une condamnation ait été prononcée du chef du crime ou du délit ayant permis d'obtenir les sommes d'argent blanchies mais qu'il suffit que soient établis les éléments constitutifs de l'infraction principale ayant procuré les sommes litigieuses ; ils retiennent qu'en l'espèce, le délit de fraude fiscale résulte de la dissimulation de sommes sujettes à l'impôt, notamment par l'omission de déclaration de ressources ou la perception de recettes occultes, ces dissimulations excédant la somme de 153 €, et que l'intention coupable se déduit de l'abstention réitérée de déclaration, de l'importance des sommes dissimulées et de la volonté de soustraire des revenus à l'administration fiscale ; en l'état de ces énonciations, dépourvues d'insuffisance comme de contradiction, et dès lors que la poursuite du délit de blanchiment, infraction générale, distincte et autonome, n'est pas soumise aux dispositions de l'art. L. 228 LPF, le grief ne saurait être admis. • Crim. 20 févr. 2008, n° 07-82.977 P : *D. 2008. 1585, note Cutajar* ; *ibid. Pan. 1577, obs. Mascala* ; *RSC 2008. 607, obs. Matsopoulou* ; *AJ pénal 2008. 234, obs. Darsonville* ; *JCP 2008. II. 10103, note Lasserre Capdeville ; Gaz. Pal. 2008. 1, p. 966 ; ibid. 1898, note Huchet ; ibid. 1. Somm. 1906, note Teissedre ; ibid. 2009. 1. Somm. 1440, note Monnet.*

18. La réserve d'interprétation, émise par le Cons. const. au § 21 de sa décis. n° 2016-546 QPC du 24 juin 2016, est dépourvue d'incidence sur la règle selon laquelle la poursuite du délit de blanchiment, infraction générale, distincte et autonome, n'est pas soumise aux dispositions de l'art. L. 228 LPF ; d'où il suit que le grief, qui revient à invoquer un défaut de conformité de l'art. 324-1 C. pén. aux droits et libertés que la Const. garantit, en ce que ce texte ne soumet pas la poursuite dudit délit à la procédure prévue par ledit art. L. 228, sans qu'une question prioritaire de constitutionnalité ait été régulièrement posée à cet effet, ne saurait être admis. • Crim. 27 mars 2018, n° 16-87.585 : *Dr. pénal 2018, n° 111, obs. J.-H. Robert.*

19. Prescription. Pour confirmer l'ordonnance du juge d'instruction ayant rejeté la demande tendant à la constatation de la prescription de l'action publique, présentée par une personne mise en examen notamment du chef de blanchiment aggravé du délit de banqueroute, l'arrêt attaqué énonce que le délit de blanchiment est une infraction autonome et que si le délit de banqueroute par détournement d'actifs, délit d'origine, était prescrit lors du déclenchement des poursuites du chef de blanchiment et ne peut être reproché au mis en examen, les faits de blanchiment afférents à la période visée dans les réquisitoires introductif et supplétif ne sont atteints par aucune prescription ; en statuant ainsi, la chambre de l'instruction a fait l'exacte application des art. 324-1 à 324-9 C. pén., 8, 591 et 593 C. pr. pén., dès lors que le blanchiment constituant un délit distinct, la prescription qui le concerne est indépendante de celle qui s'applique à l'infraction originaire. • Crim. 31 mai 2012, n° 12-80.715 P : *D. actu. 22 juin 2012, obs. Lavric ; D. 2012. 1678, obs. Lavric ; Dr. pénal 2012, n° 117, obs. Véron ; Gaz. Pal. 2012. 2. 2267, obs. Robaczewski ; RTD com. 2012. 628, obs. Bouloc ; RSC 2012. 868, obs. Matsopoulou*.

20. Le délit de blanchiment prévu et réprimé par l'art. 324-1 C. pén., qui s'exécute en un trait de temps, est une infraction instantanée. Encourt la censure l'arrêt, qui, pour retenir à l'encontre du prévenu, poursuivi du chef de blanchiment, des opérations tenant à la création et au fonctionnement d'un compte antérieurement à la période de prévention, sans constater que le prévenu avait accepté d'être jugé sur des faits de blanchiment commis au moyen de ces opérations, énonce que le blanchiment est une infraction continue, qui perdure après l'ouverture des comptes et le dépôt sur ceux-ci des sommes dissimulées au fisc, quelle que soit leur utilisation ultérieure ou leur absence d'utilisation. • Crim. 11 sept. 2019, n° 18-81.040 P : *D. actu. 7 oct. 2019, obs. Gallois ; AJ pénal 2019. 498, obs. Lasserre Capdeville ; Dr. pénal 2019, n° 181, obs. Conte*. ♦ Néanmoins, le délit de blanchiment constitue également, lorsqu'il consiste à faciliter la justification mensongère de l'origine de biens ou de revenus ou à apporter un concours à une opération de dissimulation du produit direct ou indirect d'un crime ou d'un délit, une infraction occulte par nature en ce qu'il a pour objet de masquer le bénéficiaire ou le caractère illicite des fonds ou des biens sur lesquels il porte. En conséquence, dans ces hypothèses, le délai de prescription de l'action publique commence à courir du jour où l'infraction apparaît et peut être constatée dans des conditions permettant l'exercice de l'action publique. Si c'est à tort qu'il a qualifié le blanchiment de délit continu, n'encourt cependant pas la censure l'arrêt qui, pour écarter l'exception de prescription de l'action publique soulevée par le prévenu, énonce que la prescription n'a commencé à courir qu'à compter du jour où les faits ont été portés à la connaissance du procureur de la République par une note de TRACFIN, dès lors que, s'agissant d'une opération de blanchiment par dissimulation, le point de départ de la prescription doit être fixé au jour où les personnes susceptibles de mettre en mouvement l'action publique ont eu connaissance de l'infraction. • Crim. 11 sept. 2019, n° 18-83.484 P : *ibid.*

21. Solidarité. Les fonds blanchis par le prévenu étant le produit d'infractions de vol et de recel dont ont été déclarés coupables les prévenus, c'est à bon droit que la cour d'appel les a condamnés solidairement avec lui. • Crim. 3 déc. 2003, n° 02-84.646 : *JCP 2004. II. 10066, note Cutajar.*

Art. 324-1-1 *(L. n° 2013-1117 du 6 déc. 2013, art. 8)* **Pour l'application de l'article 324-1, les biens ou les revenus sont présumés être le produit direct ou indirect d'un crime ou d'un délit dès lors que les conditions matérielles, juridiques ou financières de l'opération de placement, de dissimulation ou de conversion ne peuvent avoir d'autre justification que de dissimuler l'origine ou le bénéficiaire effectif de ces biens ou revenus.**

1. A justifié sa décision, par des motifs relevant de son appréciation souveraine des faits, la cour d'appel qui, pour appliquer la présomption d'origine illicite des fonds, prévue par l'art. 324-1-1 C. pén., a relevé, notamment, les incohérences dans le récit fait par le prévenu de son voyage entre l'Allemagne et la France, l'absence de justification des raisons de celui-ci et l'importance de la somme non déclarée, et énonce que les conditions matérielles de l'opération de dissimulation de la somme de 49 500 € en possession de laquelle il a été trouvé lors de son passage à la frontière entre la Suisse et la France ne peuvent avoir d'autre justification que de dissimuler l'origine ou le bénéficiaire effectif de cette somme. • Crim. 6 mars 2019, n° 18-81.059 P : *D. actu. 26 mars 2019, obs. Diaz ; D. 2019. 539 ; ibid. Pan. 1858, obs. Mascala ; AJ pénal 2019. 323, obs. Goldszlagier ; RSC 2019. 825, note Matsopoulou*.

2. Le blanchiment peut être légalement caractérisé alors même que les auteurs de l'infraction principale ne sont pas connus et les circonstances de la commission de celle-ci pas entièrement déterminées. • Crim. 4 déc. 2019, n° 19-82.469 P : *D. actu. 24 janv. 2020, obs. Gallois.*

Art. 324-2 **Le blanchiment est puni de dix ans d'emprisonnement et de 750 000 € d'amende :**

1° Lorsqu'il est commis de façon habituelle ou en utilisant les facilités que procure l'exercice d'une activité professionnelle ;

2° Lorsqu'il est commis en bande organisée.

Est coupable de blanchiment aggravé l'avocat qui utilise les facilités que lui procurait sa profession d'avocat pour apporter sciemment son concours au placement de sommes d'argent dont il savait qu'elles avaient été prélevées sur des comptes bloqués. • Crim. 4 mai 2011, n° 10-84.456 P : *RSC 2011. 840, obs. Matsopoulou* ; *Dr. pénal 2011, n° 101, obs. Véron.*

Art. 324-3 **Les peines d'amende mentionnées aux articles 324-1 et 324-2 peuvent être élevées jusqu'à la moitié de la valeur des biens ou des fonds sur lesquels ont porté les opérations de blanchiment.**

Art. 324-4 **Lorsque le crime ou le délit dont proviennent les biens et les fonds sur lesquels ont porté les opérations de blanchiment est puni d'une peine privative de liberté d'une durée supérieure à celle de l'emprisonnement encouru en application des articles 324-1 ou 324-2, le blanchiment est puni des peines attachées à l'infraction dont son auteur a eu connaissance et, si cette infraction est accompagnée de circonstances aggravantes, des peines attachées aux seules circonstances dont il a eu connaissance.**

Art. 324-5 **Le blanchiment est assimilé, au regard de la récidive, à l'infraction à l'occasion de laquelle ont été commises les opérations de blanchiment.**

L'infraction de blanchiment est assimilable, au regard de la récidive, à l'infraction de recel de vol dont elle procède. • Crim. 21 janv. 2020, n° 18-84.899 P : *D. actu. 20 févr. 2020, obs. Roques* ; *Dr. pénal 2020, n° 107, obs. Peltier.*

Art. 324-6 **La tentative des délits prévus à la présente section est punie des mêmes peines.**

Art. 324-6-1 *(L. n° 2013-1117 du 6 déc. 2013, art. 5)* **Toute personne qui a tenté de commettre les infractions prévues à la présente section est exempte de peine si, ayant averti l'autorité administrative ou judiciaire, elle a permis d'éviter la réalisation de l'infraction et d'identifier, le cas échéant, les autres auteurs ou complices.**

La peine privative de liberté encourue par l'auteur ou le complice d'une des infractions prévues à la présente section est réduite de moitié si, ayant averti l'autorité administrative ou judiciaire, il a permis de faire cesser l'infraction ou d'identifier, le cas échéant, les autres auteurs ou complices.

BIBL. ▸ Dossier, *AJ pénal 2013. 637* s. (la lutte contre la délinquance financière).

Code monétaire et financier

PREMIÈRE PARTIE : LÉGISLATIVE

LIVRE V. LES PRESTATAIRES DE SERVICES

TITRE VI. OBLIGATIONS RELATIVES À LA LUTTE CONTRE LE BLANCHIMENT DES CAPITAUX, LE FINANCEMENT DES ACTIVITÉS TERRORISTES, LES LOTERIES, JEUX ET PARIS PROHIBÉS ET L'ÉVASION ET LA FRAUDE FISCALES *(L. n° 2007-297 du 5 mars 2007, art. 36 ; L. n° 2017-1775 du 28 déc. 2017, art. 56).*

BIBL. ▸ **Dossier :** La loi « SAPIN II » à hauteur des enjeux ?, *AJ pénal 2017. 61* s.

CHAPITRE Ier. *OBLIGATIONS RELATIVES À LA LUTTE CONTRE LE BLANCHIMENT DES CAPITAUX ET LE FINANCEMENT DU TERRORISME*
(Ord. n° 2009-104 du 30 janv. 2009, art. 2)

SECTION I. *Personnes soumises à une obligation de déclaration au procureur de la République*

Art. L. 561-1 Les personnes autres que celles mentionnées à l'article L. 561-2 qui, dans l'exercice de leur profession, réalisent, contrôlent ou conseillent des opérations entraînant des mouvements de capitaux, sont tenues de déclarer au procureur de la République les opérations dont elles ont connaissance et qui portent sur des sommes qu'elles savent provenir de l'une des infractions mentionnées à l'article L. 561-15.

Lorsqu'elles ont fait de bonne foi une telle déclaration, ces personnes bénéficient des dispositions de l'article L. 561-22.

Les dispositions de l'article L. 574-1 leur sont applicables lorsqu'elles portent à la connaissance du propriétaire de ces sommes ou de l'auteur de ces opérations l'existence de cette déclaration ou donnent des informations sur les suites qui lui ont été réservées.

Le procureur de la République informe le service mentionné à l'article L. 561-23 qui lui fournit tous renseignements utiles.

SECTION II. *Personnes assujetties aux obligations de lutte contre le blanchiment des capitaux et le financement du terrorisme*

Art. L. 561-2 *(Ord. nº 2016-1635 du 1er déc. 2016, art. 2-I)* Sont assujettis aux obligations prévues par les dispositions des sections II à VII du présent chapitre :

1º Les organismes, institutions et services régis par les dispositions du titre Ier du présent livre, y compris les succursales des établissements de crédit mentionnés à l'article L. 511-22 *(Ord. nº 2020-115 du 12 févr. 2020, art. 2)* « et des établissements financiers mentionnés à l'article L. 511-23 » ;

1º *bis* Les établissements de paiement régis par les dispositions du chapitre II du titre II du présent livre y compris les succursales des établissements de paiement mentionnés au II de l'article L. 522-13 ;

1º *ter* Les établissements de monnaie électronique régis par le chapitre VI du titre II du présent livre y compris les succursales des établissements de monnaie électronique mentionnés à l'article *(L. nº 2018-700 du 3 août 2018, art. 6)* « L. 526-24 » ;

1º *quater* Les établissements de crédit, les établissements de paiement et les établissements de monnaie électronique ayant leur siège social dans un autre État membre de l'Union européenne ou partie à l'Espace économique européen en tant qu'ils exercent leur activité sur le territoire national en ayant recours aux services d'un ou *[de]* plusieurs agents pour la fourniture de services de paiement en France ou d'une ou *[de]* plusieurs personnes en vue de distribuer en France de la monnaie électronique au sens de l'article L. 525-8 ; — *V. Instr. ACPR nº 2018-I-20 du 12 nov. 2018, ci-dessous.*

2º Les entreprises mentionnées aux articles L. 310-1 et L. 310-2 du code des assurances ;

2º *bis* Les institutions ou unions régies par le titre III du livre IX du code de la sécurité sociale ;

2º *ter* Les mutuelles et unions réalisant des opérations mentionnées au 1º du I de l'article L. 111-1 du code de la mutualité ;

(Ord. nº 2017-484 du 6 avr. 2017, art. 3) « 2º *quater* Les fonds de retraite professionnelle supplémentaire mentionnés à l'article L. 381-1 du code des assurances ;

« 2º *quinquies* Les mutuelles ou unions de retraite professionnelle supplémentaire mentionnées à l'article L. 214-1 du code de la mutualité ;

« 2º *sexies* Les institutions de retraite professionnelle supplémentaire mentionnées à l'article L. 942-1 du code de la sécurité sociale ; »

3º Les intermédiaires en opérations de banque et en services de paiement mentionnés à l'article L. 519-1 lorsqu'ils agissent en vertu d'un mandat délivré par un client et qu'ils se voient confier des fonds en tant que mandataire des parties ;

3º *bis* Les intermédiaires d'assurance définis à l'article L. 511-1 du code des assurances sauf ceux qui agissent sous l'entière responsabilité de l'organisme ou du courtier d'assurance ;

4º Les intermédiaires en financement participatif mentionnés à l'article L. 548-2 ;

5º La Banque de France, l'institut d'émission des départements d'outre-mer mentionné à l'article L. 711-2 du présent code et l'institut d'émission d'outre-mer mentionné à l'article L. 712-4 du même code ;

6º Les entreprises d'investissement *(Abrogé par Ord. nº 2017-1107 du 22 juin 2017, art. 10, à compter du 3 janv. 2018)* « *autres que les sociétés de gestion de portefeuille* », y compris les succursales d'entreprises d'investissement mentionnées à l'article L. 532-18-1 *(Ord. nº 2020-115 du 12 févr. 2020, art. 2)* « ainsi que les succursales d'entreprises d'investissement mentionnées à l'article L. 532-48 », les personnes mentionnées à l'article L. 440-2, les entreprises de marché mentionnées à l'article L. 421-2, les dépositaires centraux et gestionnaires de systèmes de règlement et de livraison d'instruments financiers, les conseillers en investissements financiers, les conseillers en investissements participatifs et les intermédiaires habilités mentionnés à l'article L. 211-4, ainsi que les placements collectifs mentionnés au I de l'article L. 214-1 et les sociétés de gestion de placements collectifs mentionnées à l'article L. 543-1 *(Ord. nº 2020-115 du 12 févr. 2020, art. 2)* « et les succursales des sociétés de gestion européennes d'OPCVM et de FIA mentionnées aux articles L. 532-20-1 et L. 532-21-3 ; »

6º *bis* Les prestataires de services d'investissement ayant leur siège social dans un autre État membre de l'Union européenne en tant qu'ils exercent leur activité sur le territoire national en ayant recours à des agents liés mentionnés à l'article L. 545-1 du code monétaire et financier *(Abrogé par Ord. nº 2020-115 du 12 févr. 2020, art. 2) « lorsque ces derniers effectuent des opérations pour leur clientèle en France »* ;

7° Les changeurs manuels ;

(L. nº 2019-486 du 22 mai 2019, art. 85 et 86) « 7° *bis* Les prestataires des services mentionnés aux *(Ord. nº 2020-1544 du 9 déc. 2020, art. 4)* « 1° à 4° » de l'article L. 54-10-2 ;

« 7° *ter* Les émetteurs de jetons ayant obtenu le visa mentionné à l'article L. 552-4 dans le cadre de l'offre ayant fait l'objet du visa et dans la limite des transactions avec les souscripteurs prenant part à cette offre ;

« 7° *quater* Les prestataires agréés au titre de l'article L. 54-10-5, à l'exception des prestataires mentionnés au 7° *bis* du présent article ; »

8° *(Ord. nº 2020-115 du 12 févr. 2020, art. 2)* « Les personnes exerçant les activités mentionnées » *(Ord. nº 2020-1342 du 4 nov. 2020, art. 1er)* « au 1°, mais concernant leur activité de location uniquement en exécution d'un mandat de transaction de biens immeubles dont le loyer mensuel est supérieur ou égal à 10 000 euros, ainsi qu'aux 2°, 4°, 5° et 8° » de l'article 1er de la loi nº 70-9 du 2 janvier 1970 réglementant les conditions d'exercice des activités relatives à certaines opérations portant sur les immeubles et les fonds de commerce ;

(Ord. nº 2019-1015 du 2 oct. 2019, art. 31, en vigueur le 1er janv. 2020) « 9° Les opérateurs de jeux ou de paris autorisés sur le fondement de l'article L. 321-1 et L. 321-3 du code de la sécurité intérieure, du V de l'article 34 de la loi nº 2017-257 du 28 février 2017 relative au statut de Paris et à l'aménagement métropolitain et leurs représentants légaux et directeurs responsables ;

« 9° *bis* Les opérateurs de jeux ou de paris autorisés sur le fondement de l'article 21 de la loi nº 2010-476 du 12 mai 2010 relative à l'ouverture à la concurrence et à la régulation du secteur des jeux d'argent et de hasard en ligne et leurs représentants légaux, de l'article 5 de la loi du 2 juin 1891, ayant pour objet de réglementer l'autorisation et le fonctionnement des courses de chevaux, de l'article 137 de la loi nº 2019-486 du 22 mai 2019 relative à la croissance et la transformation des entreprises ; »

(Ord. nº 2020-115 du 12 févr. 2020, art. 2) « 10° Les personnes qui négocient des œuvres d'art et des antiquités ou agissent en qualité d'intermédiaires dans le commerce des œuvres d'art et d'antiquités, y compris lorsque celui-ci est réalisé par des galeries d'art, lorsque la valeur de la transaction ou d'une série de transactions liées est d'un montant égal ou supérieur à 10 000 euros et les personnes qui entreposent ou négocient des œuvres d'art ou agissent en qualité d'intermédiaires dans le commerce des œuvres d'art quand celui-ci est réalisé dans des ports francs ou zones franches, lorsque la valeur de la transaction ou d'une série de transactions liées est d'un montant égal ou supérieur à 10 000 euros ; »

11° Les personnes acceptant des paiements en espèces ou au moyen de monnaie électronique d'un montant supérieur à un seuil fixé par décret et se livrant au commerce de biens *(Abrogé par Ord. nº 2020-115 du 12 févr. 2020, art. 2) « suivants : pierres précieuses, métaux précieux, bijoux, objets d'ameublement et de décoration d'intérieur, produits cosmétiques, produits textiles, maroquinerie, produits gastronomiques, horlogerie, arts de la table »* ; — *V. art. D. 561-10-1.*

(Ord. nº 2020-1342 du 4 nov. 2020, art. 1er) « 11° *bis* Les personnes, autres que celles mentionnées aux 1° à 7°, se livrant à titre habituel et principal au commerce de métaux précieux ou de pierres précieuses, lorsque la valeur de la transaction ou d'une série de transactions liées est d'un montant égal ou supérieur à 10 000 euros ; »

12° Les experts-comptables, les salariés autorisés à exercer la profession d'expert-comptable en application des articles 83 *ter* et 83 *quater* de l'ordonnance nº 45-2138 du 19 septembre 1945 portant institution de l'ordre des experts-comptables et réglementant les titres et la profession d'expert-comptable ;

12° *bis* Les commissaires aux comptes ;

13° Les avocats au Conseil d'État et à la Cour de cassation, les avocats, les notaires, les huissiers de justice, les administrateurs judiciaires, les mandataires judiciaires et les commissaires-priseurs judiciaires, dans les conditions prévues à l'article L. 561-3 ;

14° Les opérateurs de ventes volontaires de meubles aux enchères publiques *(Ord. nº 2020-115 du 12 févr. 2020, art. 2)* « lorsque la valeur de la transaction ou d'une série de transactions liées est d'un montant égal ou supérieur à 10 000 euros » ;

15° Les personnes exerçant l'activité de domiciliation mentionnée aux articles L. 123-11-2 et suivants du code de commerce ;

16° Les personnes exerçant l'activité d'agents sportifs mentionnés à l'article L. 222-7 du code du sport ;

17° Les personnes autorisées au titre du I de l'article L. 621-18-5 ;

(Ord. nº 2020-115 du 12 févr. 2020, art. 2) « 18° Les caisses des règlements pécuniaires des avocats créées en application du 9° de l'article 53 de la loi nº 71-1130 du 31 décembre 1971 au titre des fonds, effets ou valeurs déposés par les avocats pour le compte de leurs clients dans le cadre des activités mentionnées au I de l'article L. 561-3 ;

« 19° Les greffiers des tribunaux de commerce mentionnés à l'article L. 741-1 du code de commerce. »

Les personnes assujetties mentionnées aux 1° à *(Ord. nº 2020-115 du 12 févr. 2020, art. 2)* « 19° » comprennent les personnes physiques et les personnes morales.

Art. L. 561-2-1 *(Ord. nº 2016-1635 du 1er déc. 2016, art. 2-II)* « Pour l'application du présent chapitre, la notion de relation d'affaires s'entend de la relation professionnelle ou commerciale avec le client, et inclut *[,]* le cas échéant *[,]* le bénéficiaire effectif. Dans les contrats d'assurance vie et de capitalisation, la relation d'affaires inclut le bénéficiaire du contrat, et, le cas échéant, le bénéficiaire effectif du bénéficiaire du contrat mentionné au III de l'article L. 561-5. »

(Ord. nº 2009-104 du 30 janv. 2009, art. 2) « Une relation d'affaires est nouée lorsqu'une personne mentionnée à l'article L. 561-2 engage une relation professionnelle ou commerciale qui est censée, au moment où le contact est établi, s'inscrire dans une certaine durée. La relation d'affaires peut être prévue par un contrat selon lequel plusieurs opérations successives seront réalisées entre les cocontractants ou qui crée à ceux-ci des obligations continues. Une relation d'affaires est également nouée lorsqu'en l'absence d'un tel contrat un client bénéficie de manière régulière de l'intervention d'une personne susmentionnée pour la réalisation de plusieurs opérations ou d'une opération présentant un caractère continu ou, s'agissant des personnes mentionnées au 12° *(Ord. nº 2016-1635 du 1er déc. 2016, art. 2-II)* « et au 12° *bis* » de l'article L. 561-2, pour l'exécution d'une mission légale. »

(Ord. nº 2020-115 du 12 févr. 2020, art. 2) « S'agissant des personnes mentionnées au 18° de l'article L. 561-2, la notion de relation d'affaires s'entend de la relation qui est nouée à l'occasion du dépôt par les avocats, pour le compte de leurs clients, des fonds, effets ou valeurs en application des dispositions du 9° de l'article 53 de la loi nº 71-1130 du 31 décembre 1971. »

Art. L. 561-2-2 *(Ord. nº 2016-1635 du 1er déc. 2016, art. 2-III)* Pour l'application du présent chapitre, le bénéficiaire effectif est la ou les personnes physiques :

1° Soit qui contrôlent en dernier lieu, directement ou indirectement, le client ;

2° Soit pour laquelle une opération est exécutée ou une activité exercée.

Un décret en Conseil d'État précise la définition et les modalités de détermination du bénéficiaire effectif.

Art. L. 561-2-3 *(Ord. nº 2017-1252 du 9 août 2017, art. 18, en vigueur le 13 janv. 2018)* Les personnes mentionnées aux 1°, 1° *bis*, 1° *ter* et 1° *quater* de l'article L. 561-2 ne sont pas soumises aux dispositions du présent chapitre pour leurs seules activités de fourniture du service mentionné au 8° du II de l'article L. 314-1.

Art. L. 561-3 I. — Les personnes mentionnées au 13° de l'article L. 561-2 sont soumises aux dispositions du présent chapitre lorsque, dans le cadre de leur activité professionnelle :

1° Elles participent au nom et pour le compte de leur client à toute transaction financière ou immobilière ou agissent en qualité de fiduciaire ; — *Sur la fiducie, V. C. civ., art. 2011 s. —* ***C. civ.***

2° Elles assistent leur client dans la préparation ou la réalisation des transactions concernant :

a) L'achat et la vente de biens immeubles ou de fonds de commerce ;

b) La gestion de fonds, titres ou autres actifs appartenant au client ;

c) L'ouverture de comptes bancaires, d'épargne ou de titres ou de contrats d'assurance ;

d) L'organisation des apports nécessaires à la création des sociétés ;

e) La constitution, la gestion ou la direction des sociétés ;

f) La constitution, la gestion ou la direction de fiducies, régies par les articles 2011 à 2031 du code civil ou de droit étranger, ou de toute autre structure similaire ;

g) La constitution ou la gestion de fonds de dotation *(Ord. nº 2020-115 du 12 févr. 2020, art. 2)* « ou de fonds de pérennité. — *Sur ces fonds de dotation, V. L. nº 2008-776 du 4 août 2008, art. 140 (JO 5 août), Décr. nº 2009-158 du 11 févr. 2009 (JO 13 févr.) et Circ. du 19 mai 2009 (JO 19 juin). —* ***C. assoc.***

« 3° Elles fournissent, directement ou par toute personne interposée à laquelle elles sont liées, des conseils en matière fiscale. »

II. — *(Ord. n° 2020-115 du 12 févr. 2020, art. 2)* « Les avocats au Conseil d'État et à la Cour de cassation, les avocats et les personnes mentionnées au 18° de l'article L. 561-2 dans l'exercice d'une activité mentionnée au I ne sont pas soumis aux dispositions de la section IV du présent chapitre et de l'article L. 561-25 » lorsque l'activité se rattache à une procédure juridictionnelle, que les informations dont ils disposent soient reçues ou obtenues avant, pendant ou après cette procédure, y compris dans le cadre de conseils relatifs à la manière d'engager ou d'éviter une telle procédure, non plus que lorsqu'ils donnent des consultations juridiques, à moins qu'elles n'aient été fournies à des fins de blanchiment de capitaux ou de financement du terrorisme ou en sachant que le client les demande aux fins de blanchiment de capitaux ou de financement du terrorisme.

III. — Les autres personnes mentionnées au 13° de l'article L. 561-2, dans l'exercice d'une activité relative aux transactions mentionnées au I, ne sont pas soumises aux dispositions de la section IV du présent chapitre lorsqu'elles donnent des consultations juridiques, à moins qu'elles n'aient été fournies à des fins de blanchiment de capitaux ou de financement du terrorisme ou en sachant que le client les demande aux fins de blanchiment de capitaux ou de financement du terrorisme.

(L. n° 2010-853 du 23 juill. 2010, art. 23-I) « IV. — Les experts-comptables ainsi que les salariés autorisés à exercer la profession d'expert-comptable en application des articles 83 *ter* et 83 *quater* de l'ordonnance n° 45-2138 du 19 septembre 1945 portant institution de l'ordre des experts-comptables et réglementant le titre et la profession d'expert-comptable ne sont pas soumis à la section IV du présent chapitre lorsqu'ils donnent des consultations juridiques conformément à l'article 22 de l'ordonnance précitée, à moins que ces consultations n'aient été fournies à des fins de blanchiment de capitaux ou de financement du terrorisme ou en sachant que le client les demande aux fins de blanchiment de capitaux ou de financement du terrorisme. »

(L. n° 2011-331 du 28 mars 2011, art. 21) « V. — Dans l'exercice des missions dont ils sont chargés par décision de justice, les administrateurs judiciaires, les mandataires judiciaires et les commissaires-priseurs judiciaires sont soumis aux dispositions du présent chapitre, sous réserve que celles-ci soient compatibles avec leur mandat. Le client s'entend alors de la personne visée par la procédure et, le cas échéant, de la personne qui se porte acquéreur du bien offert à la vente ou qui dépose une offre de reprise partielle ou totale de l'entreprise. »

(Ord. n° 2016-1635 du 1er déc. 2016, art. 2-IV) « VI. — A. — Les personnes mentionnées au 1° *quater* de l'article L. 561-2 désignent un représentant permanent résidant sur le territoire national pour être un point de contact central. Si le représentant permanent est une personne morale, celle-ci désigne à son tour une personne physique responsable.

« B. — Les fonctions du représentant permanent sont exercées par une personne spécialement désignée à cet effet.

« Le représentant permanent procède au nom et pour le compte de la personne mentionnée au 1° *quater* de l'article L. 561-2 aux déclarations et *(L. n° 2019-486 du 22 mai 2019, art. 206-VII-B)* « aux communications d' » informations prescrites par les articles L. 561-15 et L. 561-15-1 ainsi qu'aux déclarations de mise en œuvre d'une mesure prise en application du chapitre II du présent titre ou d'un règlement pris sur le fondement des articles 75 ou 215 du traité sur le fonctionnement de l'Union européenne. Il répond aux demandes formulées par le service mentionné à l'article L. 561-23 en application du présent chapitre, ainsi qu'à toute demande émanant de l'Autorité de contrôle prudentiel et de résolution, de l'autorité chargée de la mise en œuvre des mesures prises en application du chapitre II du présent titre ou d'un règlement pris sur le fondement des articles 75 ou 215 du traité sur le fonctionnement de l'Union européenne, ainsi que de l'autorité judiciaire et des officiers de police judiciaire. »

Le A du VI de l'art. L. 561-3, dans sa rédaction issue de l'Ord. n° 2016-1635 du 1er déc. 2016, est remplacé à compter de l'entrée en vigueur de l'acte délégué adopté en vertu de l'art. 45.10 de la Dir. n° 2015/849 du 20 mai 2015 relative à la prévention de l'utilisation du système financier aux fins du blanchiment des capitaux ou du financement du terrorisme [V. App., v° Blanchiment des capitaux. — ***C. mon.****] par les dispositions suivantes : « A. — L'ACPR veille au respect de l'application des dispositions de la norme technique de réglementation prise en application des articles 45.9 et 45.10 de la directive n° 2015/849 du Parlement européen et du Conseil du 20 mai 2015 relative à la prévention de l'utilisation du système financier aux fins du blanchiment de capitaux ou du financement du terrorisme pour la désignation du représentant permanent par les personnes mentionnées au 1°* quater *de l'article*

L. 561-2 et les fonctions confiées à cette personne. Un décret précise les conditions dans lesquelles l'ACPR veille au respect de ces dispositions. » (Ord. préc., art. 22-I).

Les personnes mentionnées au 1° quater de l'art. L. 561-2 qui avaient désigné comme représentant permanent un agent ou une personne qui distribue de la monnaie électronique au sens de l'art. L. 525-8 disposent d'un délai de six mois à compter de l'entrée en vigueur de la norme technique de réglementation prise en application des articles 45.9 et 45.10 de la Dir. n° 2015/849 du 20 mai 2015 pour se conformer aux dispositions du B du VI de l'art. L. 561-3 dans sa rédaction issue de l'Ord. n° 2016-1635 du 1er déc. 2016 (Ord. préc., art. 22-II).

Art. L. 561-4 Les personnes physiques ou morales qui exercent, en lien direct avec leur activité principale, une activité financière accessoire qui relève d'une des catégories mentionnées aux 1° à *(Ord. n° 2020-115 du 12 févr. 2020, art. 2)* « 7° *quater* » de l'article L. 561-2 et qui présente peu de risques de blanchiment de capitaux ou de financement du terrorisme sont exemptées des obligations du présent chapitre. *(Ord. n° 2020-115 du 12 févr. 2020, art. 2)* « Un décret en Conseil d'État définit limitativement les activités financières susceptibles d'être regardées comme accessoires en tenant compte de la nature, du volume et du montant des opérations qu'elles recouvrent.

« Le premier alinéa ne s'applique pas aux personnes physiques ou morales qui fournissent le service mentionné au 6° du II de l'article L. 314-1. »

(Abrogé par Ord. n° 2020-115 du 12 févr. 2020, art. 2) « Un décret en Conseil d'État définit les activités financières accessoires en fonction de leur nature, de leur volume et du montant des opérations. »

SECTION III. *Obligations de vigilance à l'égard de la clientèle*

Art. L. 561-4-1 *(Ord. n° 2016-1635 du 1er déc. 2016, art. 3-I)* Les personnes mentionnées à l'article L. 561-2 appliquent les mesures de vigilance destinées à mettre en œuvre les obligations qu'elles tiennent du présent chapitre en fonction de l'évaluation des risques présentés par leurs activités en matière de blanchiment de capitaux et de financement du terrorisme.

A cette fin, elles définissent et mettent en place des dispositifs d'identification et d'évaluation des risques de blanchiment des capitaux et de financement du terrorisme auxquels elles sont exposées ainsi qu'une politique adaptée à ces risques. Elles élaborent en particulier une classification des risques en question en fonction de la nature des produits ou services offerts, des conditions de transaction proposées, des canaux de distribution utilisés, des caractéristiques des clients, ainsi que du pays ou du territoire d'origine ou de destination des fonds.

Lorsqu'elles appartiennent à un groupe *(Ord. n° 2020-115 du 12 févr. 2020, art. 3)* « au sens de l'article L. 561-33 », et que l'entreprise mère du groupe a son siège social en France, elles mettent en place un dispositif d'identification et d'évaluation des risques existant *[existants]* au niveau du groupe ainsi qu'une politique adaptée, définis par celle-ci.

Pour l'identification et l'évaluation des risques de blanchiment des capitaux et de financement du terrorisme auxquels elles sont exposées, les personnes mentionnées ci-dessus tiennent compte des facteurs inhérents aux clients, aux produits, services, transactions et canaux de distribution, ainsi qu'aux facteurs géographiques, précisés par arrêté du ministre chargé de l'économie, ainsi que des recommandations de la Commission européenne issues du rapport prévu par l'article 6 *(Ord. n° 2020-115 du 12 févr. 2020, art. 3)* « et des facteurs de risque mentionnés aux annexes II et III » de la directive 2015/849 du Parlement européen et du Conseil du 20 mai 2015 relative à la prévention de l'utilisation du système financier aux fins du blanchiment de capitaux ou du financement du terrorisme, ainsi que de l'analyse des risques effectuée au plan national dans des conditions fixées par décret.

Art. L. 561-5 *(Ord. n° 2016-1635 du 1er déc. 2016, art. 3-II)* I. — Avant d'entrer en relation d'affaires avec leur client ou de l'assister dans la préparation ou la réalisation d'une transaction, les personnes mentionnées à l'article L. 561-2 :

1° Identifient leur client et, le cas échéant, le bénéficiaire effectif au sens de l'article L. 561-2-2 ;

2° Vérifient ces éléments d'identification sur présentation de tout document écrit à caractère probant.

II. — Elles identifient et vérifient dans les mêmes conditions que celles prévues au I l'identité de leurs clients occasionnels et, le cas échéant, de leurs bénéficiaires effectifs, lorsqu'elles soupçonnent qu'une opération pourrait participer au blanchiment des capitaux ou au financement du terrorisme ou lorsque les opérations sont d'une certaine nature ou dépassent un certain montant.

III. — Lorsque le client souscrit ou adhère à un contrat d'assurance-vie ou de capitalisation, les personnes concernées identifient et vérifient également l'identité des bénéficiaires de ces contrats et le cas échéant des bénéficiaires effectifs de ces bénéficiaires.

IV. — Par dérogation au I, lorsque le risque de blanchiment des capitaux ou de financement du terrorisme paraît faible et que c'est nécessaire pour ne pas interrompre l'exercice normal de l'activité, les obligations mentionnées au 2° dudit I peuvent être satisfaites durant l'établissement de la relation d'affaires.

V. — Les conditions d'application du présent article sont précisées par décret en Conseil d'État.

Art. L. 561-5-1 *(Ord. nº 2016-1635 du 1er déc. 2016, art. 3-III)* Avant d'entrer en relation d'affaires, les personnes mentionnées à l'article L. 561-2 recueillent les informations relatives à l'objet et à la nature de cette relation et tout autre élément d'information pertinent. Elles actualisent ces informations pendant toute la durée de la relation d'affaires.

Les modalités d'application de cet article sont précisées par décret en Conseil d'État.

Art. L. 561-6 *(Abrogé par Ord. nº 2016-1635 du 1er déc. 2016, art. 3-IV) « Avant d'entrer en relation d'affaires avec un client, les personnes mentionnées à l'article L. 561-2 recueillent les informations relatives à l'objet et à la nature de cette relation et tout autre élément d'information pertinent sur ce client. »*

(Ord. nº 2016-1635 du 1er déc. 2016, art. 3-IV) « Pendant toute la durée de la relation d'affaires » et dans les conditions fixées par décret en Conseil d'État, ces personnes exercent *(Abrogé par Ord. nº 2016-1635 du 1er déc. 2016, art. 3-IV) « sur la relation d'affaires »*, dans la limite de leurs droits et obligations, une vigilance constante et pratiquent un examen attentif des opérations effectuées en veillant à ce qu'elles soient cohérentes avec la connaissance actualisée qu'elles ont de leur *(Ord. nº 2016-1635 du 1er déc. 2016, art. 3-IV)* « relation d'affaires ».

Art. L. 561-7 I. — Pour les personnes mentionnées aux 1° à 6° *(Ord. nº 2020-1544 du 9 déc. 2020, art. 4)* « et au 7° *bis* » de l'article L. 561-2, les obligations prévues *(Ord. nº 2016-1635 du 1er déc. 2016, art. 3-V)* « aux I et III de l'article L. 561-5 et à l'article L. 561-5-1 » peuvent être mises en œuvre par un tiers *(Ord. nº 2016-1635 du 1er déc. 2016, art. 3-V)* « dans l'un ou l'autre des deux cas suivants :

« 1° Le tiers est une personne mentionnée aux 1° à 2° *ter* ou aux 3° *bis*, 5°, 6°, 12°, 12° *bis* ou 13° de l'article L. 561-2 *(Ord. nº 2020-1544 du 9 déc. 2020, art. 4)* « ou la personne est un prestataire de services mentionné aux 1° et 2° de l'article L. 54-10-2 », exerçant sa profession ou son activité ou ayant son siège social en France, ou une personne appartenant à une catégorie équivalente sur le fondement d'un droit étranger et située dans un autre État membre de l'Union européenne, dans un État partie à l'Espace économique européen ou dans un pays tiers imposant des obligations équivalentes en matière de lutte contre le blanchiment et le financement du terrorisme *(Abrogé par Ord. nº 2020-115 du 12 févr. 2020, art. 3) « figurant sur une liste déterminée par arrêté du ministre chargé de l'économie »* ;

« 2° Le tiers est une personne mentionnée aux 1° à 2° *ter* ou aux 3° *bis*, 5°, 6° ou 8° de l'article L. 561-2 *(Ord. nº 2020-1544 du 9 déc. 2020, art. 4)* « ou la personne est un prestataire de services mentionné aux 1° et 2° de l'article L. 54-10-2 », ou une personne appartenant à une catégorie équivalente sur le fondement d'un droit étranger, qui appartient au même groupe au sens de l'article L. 511-20, à l'exclusion des groupes mixtes, à un conglomérat financier au sens de l'article L. 517-3 ou *[à]* un groupe au sens des articles L. 322-1-2, L. 322-1-3 et L. 356-2 du code des assurances ou au sens de l'article L. 111-4-2 du code de la mutualité ou au sens de l'article L. 931-2-2 du code de la sécurité sociale. Le groupe applique les mesures prévues au présent chapitre conformément à l'article L. 561-33 lorsque l'entreprise mère a son siège social en France ou des mesures équivalentes lorsque ce n'est pas le cas. En outre, lorsque le tiers se situe dans un pays tiers qui figure sur la liste publiée par la Commission européenne en application de l'article 9 de la directive (UE) 2015/849 du 20 mai 2015 relative à la prévention de l'utilisation du système financier aux fins du blanchiment de capitaux ou du financement du terrorisme, le groupe notifie à l'Autorité de contrôle *prudentiel* et de résolution le recours à ce tiers ainsi que les documents justifiant que le groupe s'assure bien de la mise en œuvre par ce tiers des procédures groupes mentionnées à l'article L. 561-33. »

(Abrogé par Ord. nº 2016-1635 du 1er déc. 2016, art. 3-V) « b) » La personne assujettie a accès aux informations recueillies par le tiers dans les conditions prévues par un décret en Conseil d'État.

La personne assujettie qui se repose sur les diligences effectuées par un tiers demeure responsable du respect de ses obligations.

II. — Les personnes mentionnées aux 1° à 6° *(Ord. n° 2020-1544 du 9 déc. 2020, art. 4)* « et au 7° *bis* » de l'article L. 561-2 peuvent communiquer les informations recueillies pour la mise en œuvre *(Ord. n° 2016-1635 du 1er déc. 2016, art. 3-V)* « de l'article L. 561-5 et de l'article L. 561-5-1 » à une autre personne mentionnée aux 1° à 6° *(Ord. n° 2020-1544 du 9 déc. 2020, art. 4)* « et au 7° *bis* » de l'article L. 561-2 située ou ayant son siège social en France. Elles peuvent également communiquer ces informations à un établissement proposant des activités financières équivalentes à celles exercées par les personnes mentionnées aux 1° à 6° *(Ord. n° 2020-1544 du 9 déc. 2020, art. 4)* « et au 7° *bis* » de l'article L. 561-2, *(Ord. n° 2016-1635 du 1er déc. 2016, art. 3-V)* « si les conditions suivantes sont remplies :

« 1° Le tiers destinataire est situé dans un autre État membre de l'Union européenne, dans un État partie à l'accord sur l'Espace économique européen ou dans un pays tiers imposant des obligations équivalentes en matière de lutte contre le blanchiment et le financement des activités terroristes *(Abrogé par Ord. n° 2020-115 du 12 févr. 2020, art. 3) « figurant sur la liste déterminée par arrêté du ministre chargé de l'économie »*, ou fait partie d'un groupe ou d'un conglomérat financier ayant mis en place une organisation et des procédures mentionnées à l'article L. 561-33.

« 2° » Le traitement par le tiers destinataire des données à caractère personnel garantit un niveau de protection suffisant de la vie privée et des libertés et droits fondamentaux des personnes, conformément aux articles *(Ord. n° 2018-1125 du 12 déc. 2018, art. 11, en vigueur le 1er juin 2019)* « 122 et 123 » de la loi n° 78-17 du 6 janvier 1978 relative à l'informatique, aux fichiers et aux libertés.

(Ord. n° 2009-866 du 15 juill. 2009, art. 14, en vigueur le 1er nov. 2009) « Pour l'application du présent article, les personnes mentionnées aux 1° à 6° de l'article L. 561-2 s'entendent à l'exclusion des personnes mentionnées au 1° *bis* du même article qui fournissent principalement le service mentionné au 6° du II de l'article L. 314-1. »

(Ord. n° 2020-115 du 12 févr. 2020, art. 3) « Les modalités d'application du présent article sont précisées par décret en Conseil d'État. »

Art. L. 561-7-1 *(Ord. n° 2020-115 du 12 févr. 2020, art. 3)* Les avocats et les personnes mentionnées au 18° de l'article L. 561-2 peuvent se communiquer mutuellement les informations recueillies pour la mise en œuvre des articles L. 561-5, L. 561-5-1, L. 561-6, L. 561-9 à L. 561-10-2.

Art. L. 561-8 *(Ord. n° 2016-1635 du 1er déc. 2016, art. 3-VI)* I. — Lorsqu'une personne mentionnée à l'article L. 561-2 n'est pas en mesure de satisfaire *(L. n° 2019-486 du 22 mai 2019, art. 206-VII-B ; Ord. n° 2020-115 du 12 févr. 2020, art. 3)* « aux obligations » prévues à l'article L. 561-5 *(Ord. n° 2020-115 du 12 févr. 2020, art. 3)* « ou à l'article L. 561-5-1 », elle n'exécute aucune opération, quelles qu'en soient les modalités, *(Ord. n° 2020-115 du 12 févr. 2020, art. 3)* « n'établit ni ne poursuit aucune relation d'affaires et peut transmettre la déclaration prévue à l'article L. 561-15 dans les conditions prévues à cet article ». Si celle-ci a déjà été établie en application du IV de l'article L. 561-5, elle y met un terme et la déclaration prévue à l'article L. 561-15 s'effectue dans les conditions prévues à cet article.

(Ord. n° 2020-115 du 12 févr. 2020, art. 3) « Les personnes mentionnées aux 12° à 13° de l'article L. 561-2 ne sont pas soumises aux dispositions du premier alinéa lorsque leur activité se rattache à une procédure juridictionnelle, y compris dans le cadre de conseils relatifs à la manière d'engager ou d'éviter une telle procédure, et lorsqu'elles donnent des consultations juridiques. »

II. — Le I s'applique également lorsqu'un établissement de crédit a été désigné par la Banque de France sur le fondement de l'article L. 312-1 et que l'établissement n'a pas pu satisfaire *(L. n° 2019-486 du 22 mai 2019, art. 206-VII-B)* « à l'une des obligations » prévues à l'article L. 561-5 *(Ord. n° 2020-115 du 12 févr. 2020, art. 3)* « ou à l'article L. 561-5-1 ».

III. — Un décret en Conseil d'État précise les modalités d'application du I lorsque la conclusion ou la résiliation du contrat auquel il est mis fin en application du présent article est régie par des dispositions législatives spécifiques.

Art. L. 561-9 *(Ord. n° 2016-1635 du 1er déc. 2016, art. 3-VII)* Les personnes mentionnées à l'article L. 561-2 peuvent mettre en œuvre les dispositions des articles L. 561-5, L. 561-5-1 et L. 561-6 sous la forme de mesures de vigilance simplifiées dans l'un ou l'autre des cas suivants :

1° Le risque de blanchiment des capitaux et de financement du terrorisme leur paraît faible ;

(Ord. n° 2020-115 du 12 févr. 2020, art. 3) « 2° Les clients, les services ou les produits figurent sur la liste des personnes, services ou produits présentant un faible risque de blanchiment de capitaux ou de financement du terrorisme et il n'existe pas de soupçon de blanchiment ou de financement du terrorisme.

« Un décret en Conseil d'État fixe les conditions d'application du présent article ainsi que la liste mentionnée au 2°. »

Art. L. 561-9-1 *(Ord. n° 2016-1635 du 1er déc. 2016, art. 3-VII)* S'il n'existe pas de soupçon de blanchiment ou de financement du terrorisme, les personnes qui émettent de la monnaie électronique mentionnées aux 1°, 1° *ter* et 1° *quater* de l'article L. 561-2 ne sont pas soumises aux obligations de vigilance prévues aux articles L. 561-5 et L. 561-5-1, sous réserve du respect de conditions notamment de seuils définies par décret en Conseil d'État.

Art. L. 561-10 Les personnes mentionnées à l'article L. 561-2 appliquent des mesures de vigilance complémentaires à l'égard de leur client, en sus des mesures prévues aux articles L. 561-5 et *(Ord. n° 2016-1635 du 1er déc. 2016, art. 3-IX)* « L. 561-5-1 », lorsque :

(Abrogé par Ord. n° 2020-115 du 12 févr. 2020, art. 3) « 1° Le client ou son représentant légal n'est pas physiquement présent aux fins de l'identification (Ord. n° 2016-1635 du 1er déc. 2016, art. 3-IX) « au moment de l'établissement de la relation d'affaires » ; »

(Ord. n° 2020-115 du 12 févr. 2020, art. 3) « 1° » Le client *(Ord. n° 2016-1635 du 1er déc. 2016, art. 3-IX, en vigueur le 26 juin 2017)* « , le cas échéant son bénéficiaire effectif, le bénéficiaire d'un contrat d'assurance vie ou de capitalisation, le cas échéant son bénéficiaire effectif, » est une personne *(Abrogé par Ord. n° 2016-1635 du 1er déc. 2016, art. 3-IX, à compter du 26 juin 2017) « résidant dans un autre État membre de l'Union européenne ou un pays tiers et »* qui est exposée à des risques particuliers en raison des fonctions politiques, juridictionnelles ou administratives qu'elle exerce ou a exercées *(Abrogé par Ord. n° 2020-115 du 12 févr. 2020, art. 3) « pour le compte d'un autre État »* ou de celles qu'exercent ou ont exercées des membres directs de sa famille ou des personnes connues pour lui être étroitement associées *(Ord. n° 2016-1635 du 1er déc. 2016, art. 3-IX, en vigueur le 26 juin 2017)* « ou le devient en cours de relation d'affaires » ;

(Ord. n° 2020-115 du 12 févr. 2020, art. 3) « 2° » *(Ord. n° 2016-1635 du 1er déc. 2016, art. 3-IX)* « Le produit ou l'opération présente, par sa nature, un risque particulier de blanchiment de capitaux ou de financement du terrorisme, notamment lorsqu'ils favorisent l'anonymat » ;

(Ord. n° 2020-115 du 12 févr. 2020, art. 3) « 3° » L'opération est une opération pour compte propre ou pour compte de tiers effectuée avec des personnes physiques ou morales, y compris leurs filiales ou établissements *(Ord. n° 2020-115 du 12 févr. 2020, art. 3)* « ou toute autre entité », domiciliées, enregistrées ou établies dans un État ou un territoire *(L. n° 2013-672 du 26 juill. 2013, art. 8-I)* « figurant sur les listes publiées par le Groupe d'action financière parmi ceux dont la législation ou les pratiques font obstacle à la lutte contre le blanchiment des capitaux et le financement du terrorisme » *(Ord. n° 2016-1635 du 1er déc. 2016, art. 3-IX)* « ou par la Commission européenne en application de l'article 9 de la directive (UE) 2015/849 du 20 mai 2015 relative à la prévention de l'utilisation du système financier aux fins du blanchiment de capitaux ou du financement du terrorisme. — *V. ce texte, App., v° Blanchiment des capitaux.* — ***C. mon.***

« S'il n'existe pas de soupçon de blanchiment des capitaux ou de financement du terrorisme, les personnes mentionnées à l'article L. 561-2 peuvent ne pas appliquer aux clients mentionnés *(Ord. n° 2020-115 du 12 févr. 2020, art. 3)* « au 1° » les mesures de vigilance complémentaires prévues par le présent article lorsque la relation d'affaires est établie avec une personne mentionnée au 2° de l'article L. 561-9 ou est établie exclusivement pour un ou plusieurs produits mentionnés *(L. n° 2019-486 du 22 mai 2019, art. 206-VII-B)* « au même » 2° de l'article L. 561-9. »

Un décret en Conseil d'État précise les catégories de personnes mentionnées au *(Ord. n° 2020-115 du 12 févr. 2020, art. 3)* « 1° », la liste des produits et des opérations mentionnées au *(Ord. n° 2020-115 du 12 févr. 2020, art. 3)* « 2° », ainsi que les mesures de vigilance complémentaires.

Art. L. 561-10-1 *(Ord. n° 2016-1635 du 1er déc. 2016, art. 3-X)* I. — Lorsque le risque de blanchiment des capitaux et de financement du terrorisme présenté par une relation d'affaires, un produit ou une opération leur paraît élevé, les personnes mentionnées à l'article L. 561-2 mettent en œuvre les dispositions des articles L. 561-5, L. 561-5-1 et L. 561-6 sous la forme de mesures de vigilance renforcées.

II. — La mise en œuvre des mesures de vigilance complémentaires prévues à l'article L. 561-10 ne fait pas obstacle à l'application des dispositions du I ci-dessus.

Art. L. 561-10-2 *(Abrogé par Ord. nº 2016-1635 du 1er déc. 2016, art. 3-XI) « I. — Lorsque le risque de blanchiment des capitaux et de financement du terrorisme présenté par un client, un produit ou une transaction leur paraît élevé, les personnes mentionnées à l'article L. 561-2 renforcent l'intensité des mesures prévues aux articles L. 561-5 et L. 561-6.*

« II. — » Les personnes mentionnées à l'article L. 561-2 effectuent un examen renforcé de toute opération particulièrement complexe ou d'un montant inhabituellement élevé ou ne paraissant pas avoir de justification économique ou d'objet licite. Dans ce cas, ces personnes se renseignent auprès du client sur l'origine des fonds et la destination de ces sommes ainsi que sur l'objet de l'opération et l'identité de la personne qui en bénéficie.

Art. L. 561-10-3 *(Ord. nº 2020-115 du 12 févr. 2020, art. 3)* I. — Lorsqu'une personne mentionnée au 1° à 1° *quater* ou au 5° à 6° *bis* de l'article L. 561-2 entretient avec un organisme financier situé dans un pays non membre de l'Union européenne ou qui n'est pas partie à l'accord sur l'Espace économique européen une relation transfrontalière de correspondant avec exécution de paiement ou une relation en vue de la réalisation d'opérations sur titres ou de transferts de fonds, la personne assujettie met en œuvre vis-à-vis de l'organisme financier étranger avec lequel elle est en relation, outre les mesures prévues aux articles L. 561-5, L. 561-5-1 et L. 561-6, des mesures de vigilance complémentaires définies par décret en Conseil d'État.

Il est interdit aux personnes mentionnées aux 1° à 1° *quater* et au 5° à 6° *bis* de l'article L. 561-2 de nouer ou maintenir une relation de correspondant avec un établissement exerçant des activités équivalentes constitué dans un pays où il n'a aucune présence physique effective permettant que s'exercent des activités de direction et de gestion, s'il n'est pas rattaché à un établissement ou à un groupe réglementé.

Les personnes mentionnées aux 1° à 1° *quater* et au 5° à 6° *bis* de l'article L. 561-2 prennent des mesures appropriées pour s'assurer qu'elles ne nouent ni ne maintiennent une relation de correspondant avec une personne entretenant elle-même des relations de correspondant permettant à un établissement constitué dans les conditions mentionnées à l'alinéa précédent d'utiliser ses comptes.

II. — Pour l'application des dispositions du I, la notion de relation de correspondant désigne la réalisation d'opérations de banque, par une personne mentionnée au 1° ou au 5° de l'article L. 561-2 exerçant en qualité de correspondant, y compris la mise à disposition d'un compte courant et la fourniture des services qui y sont liés, tels que la gestion de trésorerie, les transferts internationaux de fonds, la compensation de chèques, les comptes de passage et les services de change à une autre personne mentionnée au 1° ou au 5° de l'article L. 561-2 qui est son client.

Cette notion désigne également les relations entre et parmi les personnes mentionnées aux 1° à 1° *quater* et 5° à 6° *bis* de l'article L. 561-2, y compris lorsque des services similaires sont fournis par un établissement correspondant avec un établissement client, et comprenant les relations établies pour des opérations sur titres ou des transferts de fonds.

Les comptes de passage mentionnés au premier alinéa désignent des comptes de correspondants utilisés directement par des tiers pour réaliser des opérations pour leur propre compte.

Art. L. 561-11 *(Ord. nº 2020-115 du 12 févr. 2020, art. 3)* I. — Dans les conditions fixées par décret en Conseil d'État, le ministre chargé de l'économie arrête les mesures visant à soumettre à des conditions spécifiques, à restreindre ou à interdire l'activité, ou tout ou partie des relations d'affaires et des opérations réalisées pour leur propre compte ou pour compte de tiers, des personnes mentionnées à l'article L. 561-2 avec des personnes physiques ou morales, y compris leurs filiales ou établissements, entretenant des liens avec l'un des pays tiers à haut risque recensé par la Commission européenne en application de l'article 9 de la directive (UE) 2015/849 du 20 mai 2015.

II. — Le ministre chargé de l'économie peut arrêter les mesures mentionnées au I à l'encontre des États ou territoires figurant sur les listes publiées par le Groupe d'action financière, parmi ceux dont la législation ou les pratiques font obstacle à la lutte contre le blanchiment des capitaux et le financement du terrorisme.

Art. L. 561-12 Sous réserve de dispositions plus contraignantes, les personnes mentionnées à l'article L. 561-2 conservent pendant cinq ans à compter de la clôture de leurs comptes ou de la cessation de leurs relations avec eux les documents *(L. nº 2016-731 du 3 juin*

2016, art. 31-II) « et informations, quel qu'en soit le support, » relatifs *(Ord. n° 2020-115 du 12 févr. 2020, art. 3)* « à leurs relations d'affaires ou clients occasionnels, ainsi qu'aux mesures de vigilance mises en œuvre ». Elles conservent également, dans la limite de leurs attributions, pendant cinq ans à compter de leur exécution, *(L. n° 2016-731 du 3 juin 2016, art. 31)* « quel qu'en soit le support, les documents et informations » relatifs aux opérations faites par ceux-ci, ainsi que les documents consignant les caractéristiques des opérations mentionnées *(Ord. n° 2016-1635 du 1er déc. 2016, art. 3-XIV)* « à l'article L. 561-10-2 ».

(L. n° 2016-731 du 3 juin 2016, art. 31-II) « Sans préjudice des obligations mentionnées au premier alinéa du présent article, les *(Ord. n° 2016-1635 du 1er déc. 2016, art. 3-XIV)* « personnes mentionnées aux 1°, 1° *ter* et 1° *quater* de l'article L. 561-2 » recueillent les informations et les données techniques relatives à l'activation, au chargement et à l'utilisation de la monnaie électronique au moyen d'un support physique et les conservent pendant une durée de cinq ans à compter de l'exécution de ces opérations. » *(Abrogé par Ord. n° 2020-115 du 12 févr. 2020, art. 3)* « *Un arrêté du ministre chargé de l'économie précise les informations et les données techniques qui sont recueillies et conservées.* »

(Abrogé par Ord. n° 2016-1635 du 1er déc. 2016, art. 3-XIV) « *Les personnes mentionnées au 9° de l'article L. 561-2 satisfont (L. n° 2016-731 du 3 juin 2016, art. 31-II) « aux obligations prévues au premier alinéa du présent article » en appliquant les mesures prévues à l'article L. 561-13.* »

Art. L. 561-13 *(Ord. n° 2020-115 du 12 févr. 2020, art. 3)* Les personnes mentionnées au 9° et 9° *bis* de l'article L. 561-2 enregistrent les opérations d'échange de tous modes de paiement, plaques, jetons, tickets dont le montant excède un certain seuil. Les modalités d'application du présent article sont fixées par décret.

Art. L. 561-14 Les personnes mentionnées aux 1° à *(Ord. n° 2020-1544 du 9 déc. 2020, art. 4)* « 7° *bis* » de l'article L. 561-2 ne tiennent pas de comptes ni de livrets d'épargne anonymes.

Art. L. 561-14-1 *Abrogé par L. n° 2017-1837 du 30 déc. 2017, art. 28.*

Art. L. 561-14-2 Les dispositions du deuxième alinéa de l'article 537 du code général des impôts ne font pas obstacle à l'application de l'article L. 561-5 du présent code. Toutefois, les informations mentionnées à ce dernier article sont portées sur un registre distinct de celui institué par l'article 537 du code général des impôts.

Lorsque le client n'a pas autorisé l'organisme financier à communiquer son identité et son domicile fiscal à l'administration fiscale, le droit de communication prévu aux articles L. 83, L. 85, L. 87 et L. 89 du livre des procédures fiscales ne s'applique ni au registre institué par le présent article ni aux documents justificatifs mentionnés *(Abrogé par L. n° 2017-1837 du 30 déc. 2017, art. 28)* « *(Ord. n° 2016-1635 du 1er déc. 2016, art. 3-XVII) « à » l'article L. 561-5 établis en raison des (Ord. n° 2016-1635 du 1er déc. 2016, art. 3-XVII) « opérations » sur les bons, titres et (Ord. n° 2016-1635 du 1er déc. 2016, art. 3-XVII) « contrats » mentionnés à l'article 990 A du code général des impôts et* » au deuxième alinéa de l'article 537 *(L. n° 2017-1837 du 30 déc. 2017, art. 28)* « du code général des impôts ».

SECTION IV. *Obligations de déclaration et d'information (Ord. n° 2016-1635 du 1er déc. 2016, art. 4-I).*

Art. L. 561-15 I. — Les personnes mentionnées à l'article L. 561-2 sont tenues, dans les conditions fixées par le présent chapitre, de déclarer au service mentionné à l'article L. 561-23 les sommes inscrites dans leurs livres ou les opérations portant sur des sommes dont elles savent, soupçonnent ou ont de bonnes raisons de soupçonner qu'elles proviennent d'une infraction passible d'une peine privative de liberté supérieure à un an ou *(Ord. n° 2016-1635 du 1er déc. 2016, art. 4-II)* « sont liées » au financement du terrorisme.

II. — Par dérogation au I, les personnes mentionnées à l'article L. 561-2 déclarent au service *(L. n° 2010-853 du 23 juill. 2010, art. 23-I)* « mentionné à l'article L. 561-23 » les sommes ou opérations dont ils *[elles]* savent, soupçonnent ou ont de bonnes raisons de soupçonner qu'elles proviennent d'une fraude fiscale lorsqu'il y a présence d'au moins un critère défini par décret.

III. — A l'issue de l'examen renforcé prescrit *(Ord. n° 2016-1635 du 1er déc. 2016, art. 4-II)* « à » *(L. n° 2010-853 du 23 juill. 2010, art. 23-I)* « l'article L. 561-10-2 », les personnes mentionnées à l'article L. 561-2 effectuent, le cas échéant, la déclaration prévue au I du présent article.

(Ord. n° 2016-1635 du 1er déc. 2016, art. 4-II) « IV. — » Toute information de nature à infirmer, conforter ou modifier les éléments contenus dans la déclaration est portée, sans délai, à la connaissance du service mentionné à l'article L. 561-23.

(Ord. n° 2016-1635 du 1er déc. 2016, art. 4-II) « V. — » *(L. n° 2013-672 du 26 juill. 2013, art. 12-I)* « Les tentatives d'opérations mentionnées aux I et II du présent article font l'objet d'une déclaration au service mentionné à l'article L. 561-23. »

(Ord. n° 2016-1635 du 1er déc. 2016, art. 4-II) « VI. — La déclaration mentionnée au présent article est établie par écrit. Elle peut toutefois être recueillie verbalement, sauf pour les personnes mentionnées à l'article L. 561-17, par le service mentionné à l'article L. 561-23, dans des conditions permettant à ce dernier de s'assurer de sa recevabilité.

« Ce service accuse réception de la déclaration, sauf si la personne mentionnée à l'article L. 561-2 a indiqué expressément ne pas le souhaiter.

« VII. — Un décret en Conseil d'État précise les conditions d'application du présent article et notamment le contenu et les modalités de transmission de la déclaration ainsi que les conditions dans lesquelles le service accuse réception de la déclaration et s'assure de sa recevabilité. »

Art. L. 561-15-1 *(Ord. n° 2016-1635 du 1er déc. 2016, art. 4-III)* « I. — Les personnes mentionnées à l'article L. 561-2 adressent au service mentionné à l'article L. 561-23 les éléments d'information relatifs à certaines opérations présentant un risque élevé de blanchiment ou de financement du terrorisme en raison du pays ou du territoire d'origine ou de destination des fonds, de la nature des opérations en cause ou des structures juridiques impliquées dans ces opérations. Un décret en Conseil d' État fixe les conditions d'application du présent article en ce qui concerne notamment les personnes et les opérations concernées ainsi que les modalités de transmission de l'information.

« II. — » *(L. n° 2013-672 du 26 juill. 2013, art. 12-II)* « Les informations adressées en application du présent article sont faites sans préjudice des déclarations éventuellement faites en application de l'article L. 561-15. »

Art. L. 561-16 Les personnes mentionnées à l'article L. 561-2 s'abstiennent d'effectuer toute opération *(Ord. n° 2016-1635 du 1er déc. 2016, art. 4-IV, en vigueur le 1er janv. 2017)* « portant sur des sommes dont elles savent, soupçonnent ou ont de bonnes raisons de soupçonner qu'elles proviennent d'une infraction passible d'une peine privative de liberté supérieure à un an ou sont liées au financement du terrorisme » jusqu'à ce qu'elles aient fait la déclaration prévue à l'article L. 561-15. Elles ne peuvent alors procéder à la réalisation de l'opération que si les conditions prévues au quatrième alinéa de l'article *(Ord. n° 2016-1635 du 1er déc. 2016, art. 4-IV, en vigueur le 1er janv. 2017)* « L. 561-24 » sont réunies.

Lorsqu'une opération devant faire l'objet de la déclaration prévue à l'article L. 561-15 a déjà été réalisée, soit parce qu'il a été impossible de surseoir à son exécution, soit que son report aurait pu faire obstacle à des investigations portant sur une opération suspectée de blanchiment des capitaux ou de financement du terrorisme, soit qu'il est apparu postérieurement à sa réalisation qu'elle était soumise à cette déclaration, la personne mentionnée à l'article L. 561-2 en informe sans délai le service prévu à l'article L. 561-23.

Art. L. 561-17 Par dérogation aux articles L. 561-15 et L. 561-16, l'avocat au Conseil d'État et à la Cour de cassation *(L. n° 2011-94 du 25 janv. 2011, art. 31-II, en vigueur le 1er janv. 2012)* « ou l'avocat » *(Ord. n° 2020-115 du 12 févr. 2020, art. 4)* « ou la caisse des règlements pécuniaires des avocats » communique la déclaration, selon le cas, au président de l'ordre des avocats au Conseil d'État et à la Cour de cassation *(L. n° 2011-94 du 25 janv. 2011, art. 31-II, en vigueur le 1er janv. 2012)* « ou au bâtonnier de l'ordre auprès duquel l'avocat est inscrit » *(Ord. n° 2020-115 du 12 févr. 2020, art. 4)* « ou au bâtonnier de l'ordre auprès duquel est inscrit l'avocat ayant déposé les fonds, effets ou valeurs faisant l'objet de cette déclaration ». Dès lors que les conditions fixées à l'article L. 561-3 sont remplies, ces autorités transmettent la déclaration au service mentionné à l'article L. 561-23, dans les délais et selon les modalités définis par décret en Conseil d'État. *— V. art. R. 561-32. — **C. mon.***

Lorsqu'une déclaration a été transmise en méconnaissance de ces dispositions, le service mentionné à l'article L. 561-23 en refuse la communication et informe dans les meilleurs délais, selon le cas, le président de l'ordre des avocats au Conseil d'État et à la Cour de cassation *(L. n° 2011-94 du 25 janv. 2011, art. 31-II, en vigueur le 1er janv. 2012)* « ou le bâtonnier de l'ordre auprès duquel l'avocat déclarant est inscrit ».

Cette dérogation ne s'applique pas à l'avocat agissant en qualité de fiduciaire.

Art. L. 561-18 *(Ord. nº 2016-1635 du 1er déc. 2016, art. 4-V)* La déclaration mentionnée à l'article L. 561-15 est confidentielle.

Sous réserve des dispositions de l'article *(Ord. nº 2018-1125 du 12 déc. 2018, art. 11, en vigueur au plus tard le 1er juin 2019)* « 19 *[ancienne rédaction : 44]* » de la loi nº 78-17 du 6 janvier 1978 mentionnée ci-dessus, il est interdit, sous peine des sanctions prévues à l'article L. 574-1, aux dirigeants et préposés d'organismes financiers, aux personnes mentionnées à l'article L. 561-2, au président de l'ordre des avocats au Conseil d'État et à la Cour de cassation *(L. nº 2011-94 du 25 janv. 2011, art. 31-II, en vigueur le 1er janv. 2012)* « ou au bâtonnier de l'ordre auprès duquel l'avocat est inscrit », de porter à la connaissance du propriétaire des sommes ou de l'auteur de l'une des opérations mentionnées à l'article L. 561-15 ou à des tiers, autres que les autorités de contrôle, ordres professionnels et instances représentatives nationales visées à l'article L. 561-36, l'existence et le contenu d'une déclaration faite auprès du service mentionné à l'article L. 561-23 et de donner des informations sur les suites qui ont été réservées à cette déclaration.

Le fait, pour les personnes mentionnées au 13º de l'article L. 561-2, de s'efforcer de dissuader leur client de prendre part à une activité illégale ne constitue pas une divulgation au sens de l'alinéa précédent.

Art. L. 561-19 *(Ord. nº 2016-1635 du 1er déc. 2016, art. 4-VI)* Les dirigeants et préposés des personnes mentionnées aux 1º à *(Ord. nº 2020-115 du 12 févr. 2020, art. 4)* « 7º *quater* » de l'article L. 561-2 peuvent révéler à l'autorité judiciaire ou aux officiers de police judiciaire agissant sur délégation que des informations ont été transmises au service mentionné à l'article L. 561-23 en application de l'article L. 561-15. Dans ce cas, l'autorité judiciaire ou les officiers de police judiciaire peuvent demander confirmation à ce service de l'existence de cette déclaration.

La déclaration prévue à l'article L. 561-15 n'est accessible à l'autorité judiciaire que sur réquisition auprès du service mentionné à l'article L. 561-23 et dans les seuls cas où cette déclaration est nécessaire à la mise en œuvre de la responsabilité des personnes mentionnées à l'article L. 561-2, de leurs dirigeants et préposés ou de celle des autorités mentionnées à l'article L. 561-17 et lorsque l'enquête judiciaire fait apparaître qu'ils peuvent être impliqués dans le mécanisme de blanchiment de capitaux ou de financement du terrorisme qu'ils ont révélé. – *Anc. II de l'art. L. 561-19 (Ord. nº 2016-1635 du 1er déc. 2016, art. 4-V).*

Art. L. 561-20 *(Ord. nº 2020-1544 du 9 déc. 2020, art. 4)* « I. — Par dérogation à l'article L. 561-18 et sauf opposition du service mentionné à l'article L. 561-23, les personnes mentionnées aux 1º à 7º *bis* et au 7º *quater* de l'article L. 561-2, ainsi que leurs filiales et succursales, s'informent de l'existence et du contenu de la déclaration prévue à l'article L. 561-15 lorsque les conditions suivantes sont réunies : »

a) Les informations ne sont échangées qu'entre personnes d'un même groupe soumises à l'obligation de déclaration prévue à l'article L. 561-15 ;

b) Les informations divulguées sont nécessaires à l'exercice, au sein du groupe, de la vigilance en matière de lutte contre le blanchiment des capitaux et le financement du terrorisme et seront exclusivement utilisées à cette fin ;

(Ord. nº 2020-115 du 12 févr. 2020, art. 4) « *c)* Les informations sont divulguées à une personne ou un établissement établi dans l'Union européenne ou l'Espace économique européen ou dans un pays tiers à condition que l'entité du groupe établie dans ce pays tiers applique les mesures prévues au présent chapitre conformément à l'article L. 561-33 ou des mesures équivalentes ;

« *d)* Le traitement des informations mentionnées aux *a* à *c* garantit un niveau de protection suffisant de la vie privée et des libertés et droits fondamentaux des personnes conformément aux articles 122 et 123 de la loi nº 78-17 du 6 janvier 1978. »

II. — Par dérogation à l'article L. 561-18 *(Ord. nº 2020-115 du 12 févr. 2020, art. 4)* « et sauf opposition du service mentionné à l'article L. 561-23 », les personnes mentionnées aux 12º, 12º *bis*, 13º de l'article L. 561-2, qui appartiennent au même réseau ou à une même structure d'exercice professionnel, s'informent au sein du réseau ou de la structure d'exercice professionnel de l'existence et du contenu de la déclaration prévue à l'article L. 561-15 lorsque les conditions suivantes sont réunies :

a) Les informations ne sont échangées qu'entre personnes d'un même réseau ou d'une même structure d'exercice professionnel soumises à l'obligation de déclaration prévue à l'article L. 561-15 ;

b) Les informations divulguées sont nécessaires à l'exercice, au sein du réseau ou de la structure d'exercice professionnel, de la vigilance en matière de lutte contre le blanchiment des capitaux et le financement du terrorisme et seront exclusivement utilisées à cette fin ;

c) Les informations sont divulguées à une personne ou *[à]* un établissement situé en France ou dans un autre État membre de l'Union européenne, dans un État partie à l'Espace économique européen ou dans un pays tiers imposant des obligations équivalentes en matière de lutte contre le blanchiment et le financement du terrorisme *(Abrogé par Ord. n° 2020-115 du 12 févr. 2020, art. 4) « figurant sur une liste fixée par arrêté du ministre chargé de l'économie »* ;

d) Le traitement des informations réalisé dans le pays mentionné au *c)* garantit un niveau de protection suffisant de la vie privée et des libertés et droits fondamentaux des personnes conformément aux articles *(Ord. n° 2018-1125 du 12 déc. 2018, art. 11, en vigueur le 1er juin 2019)* « 122 et 123 » de la loi n° 78-17 du 6 janvier 1978.

(Ord. n° 2020-1544 du 9 déc. 2020, art. 4) « III. — Par dérogation à l'article L. 561-18 et sauf opposition du service mentionné à l'article L. 561-23, les entreprises mères de groupes mentionnées au I de l'article L. 561-33 ont accès aux informations relatives à l'existence et au contenu des déclarations prévues à l'article L. 561-15 réalisées par les entités du groupe, lorsque les conditions suivantes sont remplies :

« *a)* Les entreprises mères sont établies dans un État membre de l'Union européenne ou dans un État partie à l'accord sur l'Espace économique européen ou dans un pays tiers imposant des obligations équivalentes en matière de lutte contre le blanchiment de capitaux et le financement du terrorisme ;

« *b)* Ces informations sont nécessaires pour la mise en œuvre des obligations prévues à l'article L. 561-33 ou à des obligations équivalentes prévues par la réglementation locale et seront exclusivement utilisées à cette fin ;

« *c)* Le traitement des informations réalisé dans ce pays garantit un niveau de protection suffisant de la vie privée et des libertés et droits fondamentaux des personnes conformément aux articles 122 et 123 de la loi n° 78-17 du 6 janvier 1978. »

(Ord. n° 2020-115 du 12 févr. 2020, art. 4) « Un décret en Conseil d'État précise les modalités d'application du présent article. »

Art. L. 561-21 Par dérogation à l'article *(Ord. n° 2016-1635 du 1er déc. 2016, art. 4-VIII)* « L. 561-18 », les personnes mentionnées *(Ord. n° 2020-115 du 12 févr. 2020, art. 4)* « aux 1° à 7° *quater* et aux 12°, 12° *bis*, 13°, 18° et 19° » de l'article L. 561-2 peuvent, lorsqu'elles interviennent pour un même client et dans une même *(Ord. n° 2016-1635 du 1er déc. 2016, art. 4-VIII)* « opération » *(L. n° 2012-387 du 22 mars 2012, art. 73)* « ou lorsqu'elles ont connaissance, pour un même client, d'une même opération », s'informer mutuellement *(L. n° 2012-387 du 22 mars 2012, art. 73)* « , et par tout moyen sécurisé, » de l'existence et du contenu de la déclaration prévue à l'article L. 561-15. *(Ord. n° 2020-115 du 12 févr. 2020, art. 4)* « Ces échanges d'informations ne sont autorisés, parmi les personnes énumérées à l'article L. 561-2, qu'entre celles mentionnées aux 1° à 7° ou entre celles mentionnées aux 1° *bis*, 1° *ter* et 1° *quater* qui fournissent principalement le service mentionné au 6° du II de l'article L. 314-1, ou entre celles mentionnées aux 7° *bis* à 7° *quater*. Ils sont également autorisés entre les personnes mentionnées aux 12°, 12° *bis*, 13° à 19° du même article L. 561-2 ou entre celles mentionnées à son 18° et les avocats mentionnés au 13°, si les conditions suivantes sont réunies :

« *a)* Les personnes mentionnées aux 1° à 7° *quater* et aux 12°, 12° *bis*, 13°, 18° et 19° de l'article L. 561-2 sont situées en France, dans un État membre de l'Union européenne ou partie à l'accord sur l'Espace économique européen ; »

b) *(L. n° 2012-387 du 22 mars 2012, art. 73)* « Lorsque l'échange d'informations implique des personnes qui ne sont pas situées en France, celles-ci » sont soumises à des obligations équivalentes en matière de secret professionnel ;

c) Les informations échangées sont utilisées exclusivement à des fins de prévention du blanchiment des capitaux et du financement du terrorisme ;

d) Le traitement des informations communiquées, lorsqu'il est réalisé dans un pays tiers, garantit un niveau de protection suffisant de la vie privée et des libertés et droits fondamentaux des personnes, conformément aux articles *(Ord. n° 2018-1125 du 12 déc. 2018, art. 11, en vigueur le 1er juin 2019)* « 122 et 123 » de la loi n° 78-17 du 6 janvier 1978 mentionnée ci-dessus.

(Abrogé par L. n° 2010-853 du 23 juill. 2010, art. 23-I) « Pour l'application du présent article, les personnes mentionnées aux 1° à 6° de l'article L. 561-2, à l'exception (Ord. n° 2009-866

du 15 juill. 2009, art. 14) « *des établissements de paiement fournissant principalement le service mentionné au 6° du II de l'article L. 314-1* », *constituent une seule et même catégorie professionnelle.* »

Art. L. 561-22 I. — Aucune poursuite fondée sur les articles 226-10, 226-13 et 226-14 du code pénal ne peut être intentée contre :

a) Les personnes mentionnées à l'article L. 561-2 ou leurs dirigeants et préposés ou les autorités mentionnées à l'article L. 561-17 lorsqu'ils ont, de bonne foi, fait la déclaration prévue à l'article L. 561-15 dans les conditions prescrites par les dispositions législatives ou réglementaires applicables ou lorsqu'ils ont communiqué des informations au service mentionné à l'article L. 561-23 en application de l'article *(Ord. n° 2016-1635 du 1er déc. 2016, art. 4-IX, en vigueur le 1er janv. 2017)* « L. 561-25 » *(Ord. n° 2020-115 du 12 févr. 2020, art. 4)* « ou lorsqu'ils ont, de bonne foi, signalé une divergence en application de l'article L. 561-47-1 » ;

b) Les autorités de contrôle qui ont transmis des informations au service mentionné à l'article L. 561-23 en application *(L. n° 2010-853 du 23 juill. 2010, art. 23-I)* « du II de l'article » *(Ord. n° 2016-1635 du 1er déc. 2016, art. 4-IX, en vigueur le 1er janv. 2017)* « L. 561-28 » *(Ord. n° 2020-115 du 12 févr. 2020, art. 4)* « ou qui ont signalé une divergence en application de l'article L. 561-47-1 » ;

c) Les personnes qui ont transmis des informations à ce service en application de l'article *(L. n° 2010-853 du 23 juill. 2010, art. 23-I)* « L. 561-27 et du III de l'article » *(Ord. n° 2016-1635 du 1er déc. 2016, art. 4-IX, en vigueur le 1er janv. 2017)* « L. 561-28 » ;

(Ord. n° 2020-115 du 12 févr. 2020, art. 4) « *d)* Les préposés ou les dirigeants des personnes mentionnées à l'article L. 561-2 lorsqu'ils ont signalé un soupçon de blanchiment de capitaux ou de financement du terrorisme dans le cadre du dispositif de contrôle interne prévu à l'article L. 561-32. »

II. — Aucune action en responsabilité civile ne peut être intentée ni aucune sanction professionnelle *(Ord. n° 2020-115 du 12 févr. 2020, art. 4)* « ou mesure préjudiciable ou discriminatoire en matière d'emploi, parmi celles mentionnées au deuxième alinéa de l'article L. 1132-3-3 du code du travail, » prononcée contre :

a) Les personnes mentionnées à l'article L. 561-2 ou leurs dirigeants et préposés ou les autorités mentionnées à l'article L. 561-17, lorsqu'ils ont, de bonne foi, fait la déclaration prévue à l'article L. 561-15 dans les conditions prescrites par les dispositions législatives ou réglementaires applicables, notamment par l'article L. 561-16, ou lorsqu'ils ont communiqué des informations au service mentionné à l'article L. 561-23 en application de l'article *(Ord. n° 2016-1635 du 1er déc. 2016, art. 4-IX, en vigueur le 1er janv. 2017)* « L. 561-25 » *(Ord. n° 2020-115 du 12 févr. 2020, art. 4)* « ou lorsqu'ils ont, de bonne foi, signalé une divergence en application de l'article L. 561-47-1 » ;

b) Les autorités de contrôle qui ont transmis des informations au service mentionné à l'article L. 561-23 en application *(L. n° 2010-853 du 23 juill. 2010, art. 23-I)* « du II de l'article » *(Ord. n° 2016-1635 du 1er déc. 2016, art. 4-IX, en vigueur le 1er janv. 2017)* « L. 561-28 » *(Ord. n° 2020-115 du 12 févr. 2020, art. 4)* « ou qui ont signalé une divergence en application de l'article L. 561-47-1 » ;

c) Les personnes qui ont transmis des informations à ce service en application de l'article *(L. n° 2010-853 du 23 juill. 2010, art. 23-I)* « L. 561-27 et du III de l'article » *(Ord. n° 2016-1635 du 1er déc. 2016, art. 4-IX, en vigueur le 1er janv. 2017)* « L. 561-28 » ;

(Ord. n° 2020-115 du 12 févr. 2020, art. 4) « *d)* Les préposés ou les dirigeants des personnes mentionnées à l'article L. 561-2 lorsqu'ils ont signalé un soupçon de blanchiment de capitaux ou de financement du terrorisme dans le cadre du dispositif de contrôle interne prévu à l'article L. 561-32. »

En cas de préjudice résultant directement d'une telle déclaration ou communication, l'État répond du dommage subi.

III. — Les dispositions du présent article s'appliquent même si la preuve du caractère délictueux des faits à l'origine de la déclaration mentionnée à l'article L. 561-15, de l'information transmise en application des articles L. 561-27 et *(Ord. n° 2016-1635 du 1er déc. 2016, art. 4-IX, en vigueur le 1er janv. 2017)* « L. 561-28 » ou de l'exercice du droit de communication prévu à l'article *(Ord. n° 2016-1635 du 1er déc. 2016, art. 4-IX, en vigueur le 1er janv. 2017)* « L. 561-25 » n'est pas rapportée ou si les poursuites engagées en raison de ces faits ont été closes par une décision de non-lieu, de relaxe ou d'acquittement.

IV. — Lorsque l'opération a été exécutée comme il est prévu aux articles L. 561-16 ou *(Ord. n° 2016-1635 du 1er déc. 2016, art. 4-IX, en vigueur le 1er janv. 2017)* « L. 561-24 » et sauf concertation frauduleuse avec le propriétaire des sommes ou l'auteur de l'opération, les personnes mentionnées à l'article L. 561-2 sont dégagées de toute responsabilité et aucune poursuite pénale ne peut être engagée à leur encontre de ce chef par application des articles 222-34 à 222-41, 321-1, 321-2, 321-3, 324-1, 324-2 et 421-2-2 du code pénal ou de l'article 415 du code des douanes.

V. — Sauf concertation frauduleuse avec le propriétaire des sommes ou l'auteur de l'opération, la responsabilité pénale des personnes mentionnées au 1° de l'article L. 561-2 ne peut être engagée, par application des articles 222-34 à 222-41, 321-1, 321-2, 321-3, 324-1 *(Ord. n° 2016-1635 du 1er déc. 2016, art. 4-IX, en vigueur le 1er janv. 2017)* « [,] 324-2 et 421-2-2 du code pénal » ou de l'article 415 du code des douanes, lorsqu'elles ouvrent un compte sur désignation de la Banque de France conformément à l'article L. 312-1 du présent code *(L. n° 2011-412 du 14 avr. 2011, art. 13-II ; L. n° 2017-1339 du 15 sept. 2017, art. 27-II)* « et à l'article L. 52-6-1 du code électoral ».

Il en va de même pour des opérations réalisées par la personne ainsi désignée lorsque le client a fait l'objet d'une déclaration mentionnée à l'article L. 561-15 *(L. n° 2010-853 du 23 juill. 2010, art. 23-I)* « et qu'elle a respecté les obligations de vigilance prévues » *(Ord. n° 2016-1635 du 1er déc. 2016, art. 4-IX, en vigueur le 1er janv. 2017)* « au II de l'article L. 561-10-1 et à l'article L. 561-10-2 ».

(L. n° 2016-1691 du 9 déc. 2016, art. 68) « VI. — Lorsque, à la suite d'une désignation effectuée par le service mentionné à l'article L. 561-23 en application du 2° de l'article *(L. n° 2019-486 du 22 mai 2019, art. 206-VII-B)* « L. 561-26 », les personnes mentionnées à l'article L. 561-2 poursuivent la relation d'affaires, ni leur responsabilité civile ou professionnelle, ni leur responsabilité pénale en application des articles 222-34 à 222-41, 321-1 à 321-3, 324-1, 324-2, 421-2-2 et du troisième alinéa de l'article 421-5 du code pénal ou de l'article 415 du code des douanes ne peuvent être engagées.

« Le premier alinéa du présent VI s'applique sauf concertation frauduleuse avec le propriétaire des sommes ou l'auteur de l'opération et sous réserve de la mise en œuvre de bonne foi des obligations de vigilance et de déclaration des personnes mentionnées à l'article L. 561-2. »

Art. L. 561-22-1 *(Abrogé par Ord. n° 2020-115 du 12 févr. 2020, art. 4) (L. n° 2017-1837 du 30 déc. 2017, art. 109, en vigueur le 1er janv. 2018) Le droit de communication de l'administration fiscale auprès des personnes mentionnées à l'article L. 561-2 du présent code s'exerce dans les conditions prévues à l'article L. 88 du livre des procédures fiscales.*

SECTION V. *La cellule de renseignement financier nationale*

SOUS-SECTION 1. *Organisation et mission (Ord. n° 2016-1635 du 1er déc. 2016, art. 5-I, en vigueur le 1er janv. 2017).*

Art. L. 561-23 I. — Une cellule de renseignement financier nationale exerce les attributions prévues au présent chapitre. Elle est composée d'agents spécialement habilités par le ministre chargé de l'économie. Les conditions de cette habilitation ainsi que l'organisation et les modalités de fonctionnement de ce service sont définies par décret *(Abrogé par Ord. n° 2016-1635 du 1er déc. 2016, art. 5-II, à compter du 1er janv. 2017) « en Conseil d'État ». — V. art. R. 561-33 s.*

(Ord. n° 2016-1635 du 1er déc. 2016, art. 5-II, en vigueur le 1er janv. 2017) « II. — Le service mentionné au I reçoit les déclarations prévues à l'article L. 561-15 et les informations mentionnées aux articles L. 561-15-1, L. 561-25, L. 561-25-1, L. 561-27, L. 561-28 et L. 561-29.

« III. — Ce service recueille, analyse, enrichit et exploite tout renseignement propre à établir l'origine ou la destination des sommes ou la nature des opérations ayant fait l'objet d'une déclaration mentionnée à l'article L. 561-15 ou d'une information reçue au titre des articles L. 561-25, L. 561-25-1, L. 561-27, L. 561-28 ou L. 561-29. »

L'art. 69 de la L. n° 2016-1691 du 9 déc. 2016 complète le dernier al. du II de l'art. L. 561-23 par une phrase ainsi rédigée : « Lorsque cette note d'information met en évidence des faits susceptibles de relever de la compétence du procureur de la République financier en application des 1° à 8° de l'article 705 du code de procédure pénale, elle est simultanément transmise à ce dernier par le service mentionné au I du présent article. » Toutefois, l'Ord. n° 2016-1635 du 1er déc. 2016 a réécrit, à compter du 1er janv. 2017, le II et introduit le III de l'art. L. 561-23, sans que les dispositions introduites par la L. n° 2016-1691 du 9 déc. 2016 se trouvent reprises.

En matière de monnaie électronique, V. art. L. 133-29 s., L. 315-1 s., L. 525-1 s., L. 526-1 s. — ***C. mon.***

SOUS-SECTION 2. *Pouvoirs et prérogatives (Ord. n° 2016-1635 du 1er déc. 2016, art. 5-III, en vigueur le 1er janv. 2017).*

Art. L. 561-24 *(Ord. n° 2016-1635 du 1er déc. 2016, art. 5-IV, en vigueur le 1er janv. 2017) (Ord. n° 2020-115 du 12 févr. 2020, art. 5)* « I. — » Le service mentionné à l'article L. 561-23 peut s'opposer à l'exécution d'une opération non encore exécutée, dont il a eu connaissance à l'occasion des informations qui lui ont été communiquées dans le cadre des articles L. 561-15, L. 561-25, L. 561-25-1, L. 561-27, L. 561-28 et L. 561-29. Son opposition est notifiée à la personne mentionnée à l'article L. 561-2 chargée de l'opération.

Dans ce cas, l'opération est reportée d'une durée de dix jours ouvrables à compter du jour d'émission de la notification de cette opposition. Toutefois, lorsque l'opération est le paiement d'un chèque, ce délai court à compter de la présentation en paiement par la banque bénéficiaire auprès de la banque tirée.

Le président du *(Ord. n° 2019-964 du 18 sept. 2019, art. 35, en vigueur le 1er janv. 2020)* « tribunal judiciaire *[ancienne rédaction : tribunal de grande instance]* » de Paris peut, sur requête du service mentionné à l'article L. 561-23, après avis du procureur de la République de ce siège, proroger le délai prévu au deuxième alinéa du présent article ou ordonner le séquestre provisoire des fonds, comptes ou titres concernés par la déclaration. Le procureur de la République peut présenter une requête ayant le même objet. L'ordonnance qui fait droit à la requête est exécutoire sur minute avant toute notification à la personne mentionnée à l'article L. 561-2 chargée de l'opération.

L'opération reportée peut être exécutée si le service n'a pas notifié d'opposition ou si, au terme du délai ouvert par la notification de l'opposition, aucune décision du président du *(Ord. n° 2019-964 du 18 sept. 2019, art. 35, en vigueur le 1er janv. 2020)* « tribunal judiciaire *[ancienne rédaction : tribunal de grande instance]* » de Paris n'est parvenue à la personne mentionnée à l'article L. 561-2 chargée de l'opération.

(Ord. n° 2020-115 du 12 févr. 2020, art. 5) « Il est interdit, sous peine des sanctions prévues à l'article L. 574-1, à la personne chargée de l'opération mentionnée au premier alinéa, de porter à la connaissance de quiconque les informations provenant de l'exercice par le service mentionné à l'article L. 561-23 du droit d'opposition prévu au même alinéa.

« II. — Sous réserve des dispositions de l'article 44 de la loi n° 78-17 du 6 janvier 1978, il est interdit, sous peine des sanctions prévues à l'article L. 574-1, aux dirigeants et préposés d'organismes financiers, aux personnes mentionnées à l'article L. 561-2, au président de l'ordre des avocats au Conseil d'État et à la Cour de cassation ou au bâtonnier de l'ordre auprès duquel l'avocat est inscrit, de porter à la connaissance de l'auteur de l'opération ou à des tiers, autres que les autorités de contrôle, ordres professionnels et instances représentatives nationales mentionnées au I de l'article L. 561-36, l'existence de l'opposition mentionnée au premier alinéa du I.

« III. — » Un décret en Conseil d'État fixe les modalités d'application du présent article.

Art. L. 561-25 *(Ord. n° 2016-1635 du 1er déc. 2016, art. 5-V, en vigueur le 1er janv. 2017)* I. — Pour l'application du présent chapitre, le service mentionné à l'article L. 561-23 peut demander que les documents, informations ou données, quel que soit le support utilisé, conservés en application de l'article L. 561-10-2 et des articles L. 561-12 et L. 561-13 lui soient *(L. n° 2019-486 du 22 mai 2019, art. 206-VII-B)* « communiqués » *(Ord. n° 2020-115 du 12 févr. 2020, art. 5)* « directement » dans les délais qu'il fixe. Ce droit s'exerce sur pièces ou sur place pour les personnes mentionnées aux 1° à 7° de l'article L. 561-2, et sur pièces pour les autres personnes mentionnées à cet article, dans le but de reconstituer l'ensemble des opérations faites par une personne physique ou morale liées à une opération ayant fait l'objet d'une déclaration mentionnée à l'article L. 561-15 ou à une information reçue au titre des articles *(Ord. n° 2020-115 du 12 févr. 2020, art. 5)* « L. 561-15-1, » L. 561-27, L. 561-28 ou L. 561-29, ainsi que dans le but de renseigner, dans les conditions prévues à *(L. n° 2019-486 du 22 mai 2019, art. 206-VII-B)* « l'article L. 561-29-1 », des cellules de renseignement financier homologues étrangères.

II. — Par dérogation au I, les demandes de communication de documents, informations ou données effectuées auprès des avocats au Conseil d'État et à la Cour de cassation et des avocats sont présentées par le service, selon le cas, au président de l'ordre des avocats au Conseil d'État et à la Cour de cassation ou au bâtonnier de l'ordre auprès duquel l'avocat est inscrit.

L'avocat au Conseil d'État et à la Cour de cassation ou l'avocat communique à l'autorité dont il relève les documents, informations ou données qu'elle lui demande. L'autorité les transmet au service selon les modalités prévues à l'article L. 561-17.

A défaut du respect de cette procédure, l'avocat au Conseil d'État et à la Cour de cassation ou l'avocat est en droit de s'opposer à la communication des documents, informations ou données demandés par le service mentionné à l'article L. 561-23.

Cette dérogation ne s'applique pas à l'avocat agissant en qualité de fiduciaire en application du deuxième alinéa de l'article 2015 du code civil.

II *bis*. — Le service mentionné à l'article L. 561-23 peut demander à toute entreprise de transport routier, ferroviaire, maritime ou aérien, à tout opérateur de voyage ou de séjour, ou à toute entreprise de location de véhicules de transport terrestre, maritime ou aérien, les éléments d'identification des personnes ayant payé ou bénéficié d'une prestation ainsi que les dates, les heures et les lieux de départ et d'arrivée de ces personnes et, s'il y a lieu, les éléments d'information en sa possession relatifs aux bagages et aux marchandises transportés.

II *ter*. — Le service mentionné à l'article L. 561-23 peut demander toutes les informations nécessaires à l'accomplissement de sa mission aux gestionnaires d'un système de cartes de paiement ou de retrait.

II *quater*. — Le service mentionné à l'article L. 561-23 peut demander toutes les informations nécessaires à l'accomplissement de sa mission à toute personne qui met en relation, au moyen d'un site internet, les porteurs d'un événement ou d'un projet et les personnes finançant, totalement ou partiellement, cet événement ou ce projet.

III. — Il est interdit, sous peine des sanctions prévues à l'article L. 574-1, aux dirigeants et aux personnes mentionnées *[mentionnés]* au *[aux]* II *bis* à II *quater* du présent article et à l'article L. 561-2, au président de l'ordre des avocats au Conseil d'État et à la Cour de cassation ou au bâtonnier de l'ordre auprès duquel l'avocat est inscrit de porter à la connaissance du propriétaire des sommes ou de l'auteur de l'une des opérations mentionnées à l'article L. 561-15 ou à des tiers, autres que les autorités de contrôle, ordres professionnels et instances représentatives nationales mentionnées *[mentionnés]* à l'article L. 561-36, les informations provenant de l'exercice par le service mentionné à l'article L. 561-23 du droit de communication prévu à l'article L. 561-25.

Le fait pour les personnes mentionnées au 13° de l'article L. 561-2 de s'efforcer de dissuader leur *[leurs]* client *[clients]* de prendre part à une activité illégale ne constitue pas une divulgation au sens de l'alinéa qui précède.

Art. L. 561-25-1 *(Ord. n° 2016-1635 du 1er déc. 2016, art. 5-VI, en vigueur le 1er janv. 2017)* I. — Le service mentionné à l'article L. 561-23 peut demander aux caisses créées en application du 9° de l'article 53 de la loi n° 71-1130 du 31 décembre 1971, les informations relatives au montant, à la provenance et à la destination des fonds, effets ou valeurs déposés par un avocat, l'identité de l'avocat concerné et l'indication de la nature de l'affaire enregistrée par la caisse.

Ces caisses communiquent les informations demandées au service mentionné à l'article L. 561-23 par l'intermédiaire du bâtonnier de l'ordre auprès duquel l'avocat concerné est inscrit.

II. — Il est interdit, sous peine des sanctions prévues à l'article L. 574-1, aux personnes mentionnées au I de porter à la connaissance de quiconque les informations provenant de l'exercice par le service mentionné à l'article L. 561-23 du droit de communication prévu au présent article.

Art. L. 561-26 *(Ord. n° 2016-1635 du 1er déc. 2016, art. 5-VII, en vigueur le 1er janv. 2017)* Le service mentionné à l'article L. 561-23 peut, pour une durée maximale de six mois renouvelable, désigner aux personnes mentionnées à l'article L. 561-2, pour la mise en œuvre de leurs obligations de vigilance à l'égard de la clientèle énoncées au présent chapitre :

1° Les opérations qui présentent, eu égard à leur nature particulière ou aux zones géographiques déterminées à partir desquelles, à destination desquelles ou en relation avec lesquelles elles sont effectuées, un risque important de blanchiment de capitaux ou de financement du terrorisme ;

2° Des personnes qui présentent un risque important de blanchiment de capitaux ou de financement du terrorisme.

Il est interdit, sous peine des sanctions prévues à l'article L. 574-1, aux personnes mentionnées à l'article L. 561-2, au président de l'ordre des avocats au Conseil d'État et à la Cour de cassation ou au bâtonnier de l'ordre auprès duquel l'avocat est inscrit de porter à la connaissance de leurs clients ou à la connaissance de tiers autres que les autorités de contrôle, ordres professionnels et instances représentatives nationales mentionnés à l'article L. 561-36, les informations transmises par le service mentionné à l'article L. 561-23 lorsqu'il procède à une désignation en application du 2° du présent article.

Un décret en Conseil d'État fixe les modalités d'application du présent article.

SOUS-SECTION 3. *Échanges d'informations (Ord. nº 2016-1635 du 1er déc. 2016, art. 5-VIII, en vigueur le 1er janv. 2017).*

Art. L. 561-27 *(Ord. nº 2016-1635 du 1er déc. 2016, art. 5-IX, en vigueur le 1er janv. 2017)* Le service mentionné à l'article L. 561-23 reçoit, à l'initiative des administrations de l'État, des collectivités territoriales, des établissements publics, des organismes mentionnés à l'article L. 134-1 du code des juridictions financières et de toute autre personne chargée d'une mission de service public, toutes les informations nécessaires à l'accomplissement de sa mission ou les obtient de ceux-ci à sa demande.

Il dispose, pour les besoins de l'accomplissement de sa mission :

1° D'un droit d'accès direct aux fichiers utilisés par les services en charge de l'établissement de l'assiette, du contrôle et du recouvrement des impôts ;

2° D'un droit d'accès direct aux traitements de données à caractère personnel mentionnés à l'article 230-6 du code de procédure pénale, y compris pour les données portant sur des procédures judiciaires en cours et à l'exclusion de celles relatives aux personnes enregistrées en qualité de victimes.

L'autorité judiciaire, les juridictions financières *(Ord. nº 2020-115 du 12 févr. 2020, art. 5)* « , les officiers de police judiciaire et les services de renseignement mentionnés aux articles L. 811-2 et L. 811-4 du code de la sécurité intérieure » peuvent le rendre destinataire de toute information aux mêmes fins.

Art. L. 561-28 *(Ord. nº 2009-104 du 30 janv. 2009, art. 2 ; Ord. nº 2016-1635 du 1er déc. 2016, art. 5-X, en vigueur le 1er janv. 2017)* I. — Le service mentionné à l'article L. 561-23 échange avec les autorités de contrôle, les ordres professionnels et instances représentatives nationales mentionnées à l'article L. 561-36 toute information utile à l'accomplissement de leurs missions respectives pour l'application du présent chapitre.

II. — Lorsque, dans l'accomplissement de leur mission, les autorités de contrôle et les ordres professionnels découvrent des faits susceptibles d'être liés au blanchiment des capitaux ou au financement du terrorisme *(L. nº 2013-672 du 26 juill. 2013, art. 11)* « ou toute somme ou opération visées à l'article L. 561-15, ils en informent sans délai », le service mentionné à l'article L. 561-23.

Ce service en accuse réception et peut, sur leur demande, les tenir informés des suites qui ont été réservées à ces informations.

III. — Par dérogation au II, lorsque, dans l'accomplissement de ses missions, le conseil de l'ordre des avocats *(Abrogé par L. nº 2011-94 du 25 janv. 2011, art. 32, à compter du 1er janv. 2012)* *« ou la chambre de la compagnie des avoués »* a connaissance de faits susceptibles d'être liés au blanchiment des capitaux ou au financement du terrorisme, le bâtonnier *(Abrogé par L. nº 2011-94 du 25 janv. 2011, art. 32, à compter du 1er janv. 2012)* *« ou le président, selon le cas, »* en informe le procureur général près la cour d'appel qui transmet cette information sans délai au service mentionné à l'article L. 561-23.

Le président du conseil de l'ordre des avocats au Conseil d'État et à la Cour de cassation informe des faits de même nature dont l'ordre aurait connaissance le procureur général près la Cour de cassation, qui transmet cette information sans délai à ce service.

Art. L. 561-29 *(Ord. nº 2020-115 du 12 févr. 2020, art. 5)* Le service mentionné à l'article L. 561-23 reçoit, à sa demande ou à leur initiative, les informations et les demandes des cellules de renseignement financier homologues étrangères nécessaires à l'accomplissement de sa mission. Il les traite dans les meilleurs délais et en faisant usage des pouvoirs et prérogatives prévues au présent titre qu'il met habituellement en œuvre au plan national.

Ce service ne peut transmettre à une autre autorité compétente les informations qui lui ont été ainsi communiquées par une cellule de renseignement financier homologue qu'après autorisation préalable de cette dernière.

Art. L. 561-29-1 *(Ord. nº 2016-1635 du 1er déc. 2016, art. 5-XII, en vigueur le 1er janv. 2017)* I. — Le service mentionné à l'article L. 561-23 peut également communiquer, sur leur demande ou à son initiative, aux cellules de renseignement financier homologues étrangères les informations qu'il détient sur des sommes ou opérations qui paraissent avoir pour objet le blanchiment du produit d'une infraction punie d'une peine privative de liberté supérieure à un an ou le financement du terrorisme, sous réserve de réciprocité, même si la nature de l'infraction sous-jacente associée susceptible d'être en cause n'est pas identifiée au moment où l'échange se produit, et si les conditions suivantes sont réunies :

a) Les autorités étrangères sont soumises à des obligations de confidentialité au moins équivalentes ;

b) Le traitement des informations communiquées garantit un niveau de protection suffisant de la vie privée et des libertés et droits fondamentaux des personnes, conformément aux articles *(Ord. nº 2018-1125 du 12 déc. 2018, art. 11, en vigueur au plus tard le 1er juin 2019)* « 122 et 123 *[ancienne rédaction : 68 et 69]* » de la loi nº 78-17 du 6 janvier 1978.

La décision de communiquer une information à une cellule de renseignement financier étrangère et de restreindre, le cas échéant, son utilisation reste de la compétence exclusive du service mentionné à l'article L. 561-23.

La communication de ces informations ne peut avoir lieu si elle porte atteinte à la souveraineté ou aux intérêts nationaux, à la sécurité ou à l'ordre public.

(Ord. nº 2020-115 du 12 févr. 2020, art. 5) « II. — Le service mentionné à l'article L. 561-23 donne, dans les meilleurs délais et dans la plus large mesure possible, son accord préalable à la transmission, par la cellule de renseignement financier homologue à ses autorités compétentes, des informations mentionnées au I, quelle que soit la nature de l'infraction sous-jacente associée. Le service ne peut s'opposer, par une réponse motivée, à cette transmission, que si celle-ci n'entre pas dans le champ d'application des dispositions nationales applicables en matière de lutte contre le blanchiment de capitaux et de financement du terrorisme, qu'elle est susceptible d'entraver une enquête ou qu'elle est contraire aux droits et libertés garantis par la Constitution. »

Art. L. 561-29-2 *(Ord. nº 2016-1635 du 1er déc. 2016, art. 5-XIII, en vigueur le 1er janv. 2017)* Lorsque le service mentionné à l'article L. 561-23 reçoit une déclaration faite conformément à l'article L. 561-15 qui concerne un autre État membre de l'Union européenne, il transmet sans délai cette déclaration à la cellule de renseignement financier homologue dudit État membre, suivant des modalités précisées par décret en Conseil d'État.

SOUS-SECTION 4. *Transmission d'informations (Ord. nº 2016-1635 du 1er déc. 2016, art. 5-XIV, en vigueur le 1er janv. 2017).*

Art. L. 561-30 *(Ord. nº 2016-1635 du 1er déc. 2016, art. 5-XV, en vigueur le 1er janv. 2017)* Sous réserve de l'application de l'article 40 du code de procédure pénale, les informations détenues par le service mentionné à l'article L. 561-23 ne peuvent être utilisées à d'autres fins que celles prévues au présent chapitre.

Leur divulgation est interdite, sans qu'il soit fait obstacle cependant à l'application des dispositions de l'article *(Ord. nº 2018-1125 du 12 déc. 2018, art. 11, en vigueur au plus tard le 1er juin 2019)* « 19 *[ancienne rédaction : 44]* » de la loi nº 78-17 du 6 janvier 1978.

Art. L. 561-30-1 *(Ord. nº 2016-1635 du 1er déc. 2016, art. 5-XVI, en vigueur le 1er janv. 2017)* Lorsque les investigations du service mentionné à l'article L. 561-23 mettent en évidence des faits susceptibles de relever du blanchiment du produit d'une infraction punie d'une peine privative de liberté supérieure à un an ou du financement du terrorisme, ce service saisit le procureur de la République par note d'information. Cette note ne comporte pas de mention de l'origine des informations.

Dans les affaires ayant fait l'objet d'une note d'information en application du présent article le procureur de la République ou le procureur général informe le service de l'engagement d'une procédure judiciaire, du classement sans suite ainsi que des décisions prononcées par une juridiction répressive.

Art. L. 561-30-2 *(Ord. nº 2016-1635 du 1er déc. 2016, art. 5-XVII, en vigueur le 1er janv. 2017)* I. — Lorsque, sur le fondement d'une déclaration faite conformément à l'article L. 561-15, le service mentionné à l'article L. 561-23 saisit le procureur de la République, il en informe, selon des modalités fixées par décret, la personne mentionnée à l'article L. 561-2 qui a effectué la déclaration.

Lorsque la déclaration lui a été transmise par le président de l'ordre des avocats au Conseil d'État et à la Cour de cassation ou le bâtonnier de l'ordre des avocats, en application de l'article L. 561-17, le service informe ces autorités de la transmission de la déclaration au procureur de la République.

Les modalités de cette information sont fixées par décret.

II. — Le service mentionné à l'article L. 561-23 peut, si les circonstances l'exigent, informer les personnes qui lui ont transmis des informations en application du premier alinéa de l'article L. 561-27 qu'il a saisi le procureur de la République sur la base de ces informations.

Art. L. 561-31 *(Ord. nº 2016-1635 du 1er déc. 2016, art. 5-XVIII, en vigueur le 1er janv. 2017)* Outre l'application de l'article L. 561-30-1 et de l'article 40 du code de procédure pénale, le service est autorisé à transmettre des informations qu'il détient aux autorités judiciaires et aux services de police judiciaire sous réserve qu'elles soient en relation avec leurs missions.

(Ord. nº 2020-115 du 12 févr. 2020, art. 5) « Il peut également transmettre aux services mentionnés aux articles L. 811-2 et L. 811-4 du code de la sécurité intérieure des informations qu'il détient sous réserve que celles-ci soient en relation avec la ou les finalités poursuivies par ces services telles que mentionnées à l'article L. 811-3 du même code. »

Il peut aussi transmettre à l'administration fiscale, qui peut les utiliser pour l'exercice de ses missions, des informations sur des faits susceptibles de relever de l'infraction définie à l'article 1741 du code général des impôts ou du blanchiment du produit de cette infraction.

Pour l'exercice de leurs missions respectives, le service peut également transmettre des informations :

1º Aux juridictions financières, par l'intermédiaire de leur ministère public ;

2º A la Haute Autorité pour la transparence de la vie publique ;

3º A l'Autorité de contrôle prudentiel et de résolution ;

4º A l'Autorité des marchés financiers ;

(L. nº 2019-486 du 22 mai 2019, art. 206-VII-B) « 5º A l'Agence française anticorruption ; »

6º A l'administration des douanes ;

7º Aux services de l'État chargés de préparer et de mettre en œuvre une mesure de gel ou d'interdiction de mouvement ou de transfert des fonds, des instruments financiers et des ressources économiques ;

8º Aux services de l'État chargés de la politique publique en matière de protection et de promotion des intérêts économiques, industriels et scientifiques de la Nation ;

9º Aux services de l'État chargés de la concurrence, de la consommation et de la répression des fraudes ;

10º Au service de police chargé du contrôle et de la surveillance des courses et des jeux ;

11º Aux organismes mentionnés à l'article L. 114-12 du code de la sécurité sociale ;

(L. nº 2019-1147 du 8 nov. 2019, art. 36) « 12º Aux fonctionnaires et agents mentionnés à l'article L. 222-9 du code de l'énergie. »

(Ord. nº 2020-115 du 12 févr. 2020, art. 5) « Les transmissions effectuées en application du présent article ne comportent pas de mention de l'origine des informations.

« Les destinataires de ces transmissions informent le service mentionné à l'article L. 561-23 de l'utilisation qu'ils en font et du résultat des actions engagées sur la base de ces transmissions. »

Art. L. 561-31-1 *(Ord. nº 2016-1635 du 1er déc. 2016, art. 5-XVIII, en vigueur le 1er janv. 2017)* Les informations transmises en application des articles L. 561-28 et L. 561-31, à l'exception de celles mentionnées au premier alinéa de l'article L. 561-31, sont confidentielles. Il est interdit aux destinataires de ces informations d'en révéler l'existence et le contenu ou de les transmettre à une autre autorité sans l'autorisation préalable du service mentionné à l'article L. 561-23.

SECTION VI. *Procédures et contrôle interne*

Art. L. 561-32 *(Ord. nº 2016-1635 du 1er déc. 2016, art. 6-I)* I. — Les personnes mentionnées à l'article L. 561-2 mettent en place une organisation et des procédures internes pour lutter contre le blanchiment des capitaux et le financement du terrorisme, tenant compte de l'évaluation des risques prévue à l'article L. 561-4-1. En tenant compte du volume et de la nature de leur activité ainsi que des risques présentés par les relations d'affaires qu'elles établissent, elles déterminent un profil de la relation d'affaires permettant d'exercer la vigilance constante prévue à l'article L. 561-6.

Lorsque *les personnes mentionnées ci-dessus* appartiennent à un groupe défini à l'article *L. 561-33*, et si l'entreprise mère du groupe a son siège social en France, cette dernière définit au niveau du groupe l'organisation et les procédures mentionnées ci-dessus et veille à leur respect.

Les personnes mentionnées ci-dessus mettent en place un dispositif de gestion des risques permettant de détecter les personnes mentionnées au *(Ord. nº 2020-115 du 12 févr. 2020, art. 5)* « 1° » et les opérations mentionnées au *(Ord. n° 2020-115 du 12 févr. 2020, art. 5)* « 3° » de l'article L. 561-10 ainsi que celles mentionnée *[mentionnées]* aux articles L. 561-10-2 et L. 561-15.

Elles désignent, en tenant compte de la taille et de la nature de leur activité, une personne occupant une position hiérarchique élevée et possédant une connaissance suffisante de leurs expositions au risque de blanchiment de capitaux et de financement du terrorisme comme responsable de la mise en œuvre du dispositif de lutte contre le blanchiment des capitaux et le financement du terrorisme. Le cas échéant, une telle personne est également désignée au niveau du groupe défini à l'article L. 561-33.

II. — Pour veiller au respect des obligations prévues au chapitre Ier du présent titre, les personnes mentionnées à l'article L. 561-2 mettent également en place des mesures de contrôle interne. — *V. art. R. 561-38-3.* — ***C. mon.***

Dans leur politique de recrutement de leur personnel, elles prennent en compte les risques que présentent les personnes au regard de la lutte contre le blanchiment de capitaux et le financement du terrorisme.

III. — Les conditions d'application du présent article sont définies par décret en Conseil d'État. *(L. n° 2019-486 du 22 mai 2019, art. 206-VII-B)* « En outre, pour les personnes mentionnées aux 1° à 7° de l'article L. 561-2, des arrêtés du ministre chargé de l'économie ou, pour celles de ces personnes mentionnées au 2° du I de l'article L. 561-36, le règlement général de l'Autorité des marchés financiers précisent en tant que de besoin la nature et la portée des procédures internes prévues ci-dessus. »

Art. L. 561-33 *(Ord. n° 2016-1635 du 1er déc. 2016, art. 6-II)* I. — Lorsque les personnes mentionnées à l'article L. 561-2 font partie d'un groupe au sens de l'article L. 511-20 *(Abrogé par Ord. n° 2020-115 du 12 févr. 2020, art. 6) « à l'exclusion des groupes mixtes dont l'entreprise mère est une compagnie holding mixte ou une entreprise mère mixte de société de financement »*, d'un conglomérat financier au sens de l'article L. 517-3, d'un groupe au sens des articles L. 322-1-2, L. 322-1-3 et L. 356-2 du code des assurances, au sens de l'article L. 111-4-2 du code de la mutualité ou au sens de l'article L. 931-2-2 du code de la sécurité sociale, ou d'un groupe défini comme un ensemble de sociétés dont l'une contrôle les autres au sens de l'article L. 233-3 du code de commerce, elles mettent en place au niveau du groupe une organisation et des procédures qui tiennent compte des risques identifiés par la classification des risques mentionnée à l'article L. 561-4-1. L'organisation et les procédures au niveau du groupe sont définies par l'entreprise mère du groupe lors que celle-ci a son siège social en France.

Ces procédures prévoient le partage des informations au sein du groupe, y compris pour l'application de l'article L. 511-34, la protection des *(Ord. n° 2018-1125 du 12 déc. 2018, art. 11, en vigueur le 1er juin 2019)* « données à caractère personnel » ainsi que les mesures de contrôle interne.

II. — 1° Les personnes mentionnées à l'article L. 561-2 et*[,]* le cas échéant *[,]* l'entreprise mère du groupe appliquent dans leurs succursales et filiales situées dans les pays tiers des mesures équivalentes à celles prévues au présent chapitre en matière de vigilance à l'égard du client, de partage et de conservation des informations et de protection des données ;

2° Lorsque le droit applicable localement ne leur permet pas de mettre en œuvre dans leurs succursales et filiales situées dans les pays tiers les mesures équivalentes, mentionnées ci-dessus, elles veillent à ce que ces succursales et filiales appliquent des mesures de vigilance spécifiques. Elles en informent le service mentionné à l'article L. 561-23 et l'autorité de contrôle mentionnée à l'article L. 561-36 dont ils *[elles]* relèvent. Si elle estime que les mesures spécifiques sont insuffisantes, cette autorité de contrôle impose des mesures de surveillance supplémentaires, en exigeant notamment que le groupe n'établisse pas de relations d'affaires ou qu'il y mette fin, qu'il n'effectue pas d'opérations et *[,]* le cas échéant *[,]* qu'il cesse ses activités dans le pays tiers concerné ;

3° Les personnes mentionnées à l'article L. 561-2 qui exploitent des succursales dans un autre État membre de l'Union européenne ou partie à l'accord sur l'Espace économique européen veillent à ce que ces succursales respectent les dispositions applicables dans cet État.

(Ord. n° 2020-115 du 12 févr. 2020, art. 6) « III. — Les dispositions du présent article ne s'appliquent pas aux personnes mentionnées à l'article L. 561-2 qui font partie d'un groupe dont l'entreprise mère est une compagnie holding mixte ou une entreprise mère mixte de société de financement définies à l'article L. 517-4-1 ou une société de groupe mixte d'assurance définie à l'article L. 322-1-2 du code des assurances. »

Art. L. 561-34 *(Ord. nº 2016-1635 du 1er déc. 2016, art. 6-III)* En vue d'assurer le respect des obligations prévues aux chapitres Ier et II du présent titre, les personnes mentionnées à l'article L. 561-2 assurent l'information régulière de leurs personnels.

Dans le même but, elles mettent en place toute action de formation utile.

Pour l'application du présent article, les agents mentionnés à l'article L. 523-1 et les personnes auxquelles les établissements de monnaie électronique ont recours en vue de distribuer de la monnaie électronique, au sens de l'article L. 525-8, sont assimilés aux personnels des personnes mentionnées à l'article L. 521-1.

Art. L. 561-35 Les personnes énumérées à l'article L. 561-2 et les autorités de contrôle mentionnées à l'article L. 561-36 reçoivent du service prévu à l'article L. 561-23 les informations dont celui-ci dispose sur les mécanismes de blanchiment des capitaux ou de financement du terrorisme.

SECTION VII. *Les autorités de contrôle et les sanctions administratives*

SOUS-SECTION 1. *Dispositions générales*

Art. L. 561-36 *(Ord. nº 2016-1635 du 1er déc. 2016, art. 7-I)* I. — Le contrôle du respect, par les personnes mentionnées à l'article L. 561-2, des obligations prévues aux chapitres Ier et II du présent titre *(Ord. nº 2020-1342 du 4 nov. 2020, art. 2)* « , des dispositions européennes directement applicables en matière de lutte contre le blanchiment des capitaux et le financement du terrorisme, y compris celles des règlements européens portant mesures restrictives pris en application des articles 75 ou 215 du traité sur le fonctionnement de l'Union européenne, ainsi que celles prises en application du même article 215 à d'autres fins » et, le cas échéant, le pouvoir de sanction en cas de non-respect de celles-ci sont assurés :

1º Par l'Autorité de contrôle prudentiel et de résolution dans les conditions définies à l'article L. 561-36-1 ;

2º Par l'Autorité des marchés financiers sur *(Abrogé par Ord. nº 2017-1107 du 22 juin 2017, art. 10, à compter du 3 janv. 2018) « les sociétés de gestion et » (Ord. nº 2020-115 du 12 févr. 2020, art. 7)* « les sociétés de gestion de placements collectifs mentionnées à l'article L. 543-1, sur les succursales des sociétés de gestion européennes d'OPCVM et de FIA mentionnées aux articles L. 532-20-1 et L. 532-21-3, sur les placements collectifs mentionnés au I de l'article L. 214-1, sur les personnes mentionnées au 7 de l'article L. 440-2, pour celles d'entre elles qui relèvent de la compétence de l'Autorité des marchés financiers », sur les dépositaires centraux et les gestionnaires de systèmes de règlement et de livraison d'instruments financiers, sur les personnes autorisées au titre de l'article L. 621-18-5, sur les conseillers en investissements financiers *(L. nº 2019-486 du 22 mai 2019, art. 85 et 86)* « , sur les conseillers en investissements participatifs et sur les émetteurs de jetons mentionnés au 7º *ter* de l'article L. 561-2 ainsi que les prestataires mentionnés au 7º *quater* de l'article L. 561-2 » ;

3º Par le conseil de l'ordre du barreau auprès duquel les avocats sont inscrits, conformément à l'article 17 de la loi nº 71-1130 du 31 décembre 1971 portant réforme de certaines professions judiciaires et juridiques. Il peut être assisté dans sa mission de contrôle par le Conseil national des barreaux conformément à l'article 21-1 de la même loi ; *— V.* ***C. avocat.***

4º Par les chambres des notaires sur les notaires de leur ressort, conformément à l'article 4 de l'ordonnance nº 45-2590 du 2 novembre 1945 relative au statut du notariat ; *— V.* ***C. pr. civ.***

5º Sous réserve des dispositions du 8º ci-dessous, par les chambres régionales des huissiers de justice sur les huissiers de justice de leur ressort, conformément à l'article 7 de l'ordonnance nº 45-2592 du 2 novembre 1945 relative au statut des huissiers de justice ; *— V. note ci-dessous. — V.* ***C. pr. civ.***

6º Sous réserve des dispositions du 8º ci-dessous, par la chambre de discipline des commissaires-priseurs judiciaires sur les commissaires-priseurs judiciaires de leur ressort, conformément à l'article 8 de l'ordonnance nº 45-2593 du 2 novembre 1945 relative au statut des commissaires-priseurs judiciaires ; *— V. note ci-dessous. — V.* ***C. pr. civ.***

7º *Par le conseil de l'ordre* des avocats au Conseil d'État et à la Cour de cassation sur les avocats au Conseil d'État et à la Cour de cassation, conformément à l'article 13-1 de l'ordonnance du 10 septembre 1817 qui réunit, sous la dénomination d'ordre des avocats au Conseil d'État et à la Cour de cassation, l'ordre des avocats aux Conseils et le collège des avocats à la Cour de cassation, fixe irrévocablement le nombre des titulaires et contient des dispositions pour la discipline intérieure de l'ordre ; *— V.* ***C. avocat.***

8° Dans les conditions définies au titre Ier du livre VIII du code de commerce pour les administrateurs judiciaires, les mandataires judiciaires et les personnes mentionnées au III de l'article L. 812-2 du code de commerce ;

9° Dans les conditions définies au titre II du livre VIII du code de commerce pour les commissaires aux comptes ;

10° Par l'ordre des experts-comptables sur les experts-comptables et les salariés autorisés à exercer la profession d'expert-comptable en application des articles 83 *ter* et 83 *quater* de l'ordonnance n° 45-2138 du 19 septembre 1945 portant institution de l'ordre des experts-comptables et réglementant le titre et la profession d'experts-comptables *[expert-comptable]*, conformément à l'article 1er de cette ordonnance ;

(Abrogé par Ord. no 2020-115 du 12 févr. 2020, art. 7) « 11° Par le conseil des ventes volontaires de meubles aux enchères publiques sur les opérateurs de ventes volontaires de meubles aux enchères publiques, conformément aux articles L. 321-18 et L. 321-22 du code de commerce ; »

12° Par l'administration des douanes pour les personnes mentionnées *(Ord. no 2020-115 du 12 févr. 2020, art. 7 ; Ord. no 2020-1342 du 4 nov. 2020, art. 2)* « aux 10°, 11° *bis* et 14° » de l'article L. 561-2 ;

13° Par les fédérations sportives conformément à l'article L. 222-7 du code du sport pour les personnes mentionnées au 16° de l'article L. 561-2 ;

14° Par l'autorité administrative compétente telle que désignée par décret en Conseil d'État en application de l'article L. 561-36-2, pour les personnes mentionnées aux 8°, 9°, 9 *bis*, 11° et 15° de l'article L. 561-2 ; *— V. art. R. 561-39 et R. 561-40. —* **C. mon.**

(Ord. no 2020-115 du 12 févr. 2020, art. 7) « 15° Par la commission de contrôle des caisses des règlements pécuniaires des avocats pour les personnes mentionnées au 18° de l'article L. 561-2 ;

« 16° Par le conseil national des greffiers des tribunaux de commerce, dans les conditions définies au titre IV du livre VII du code de commerce, pour les greffiers des tribunaux de commerce mentionnés à l'article L. 741-1 du même code. »

II. — En cas de manquement par une personne mentionnée à l'article L. 561-2 à tout ou partie des obligations lui incombant en vertu du présent titre, l'autorité compétente peut engager à l'égard de cette personne une procédure de sanction. Une telle procédure est engagée dans tous les cas lorsqu'il existe des faits susceptibles de constituer des manquements graves, répétés ou systématiques à ces obligations.

En cas de manquement par une personne mentionnée à l'article L. 561-2 à tout ou partie des obligations lui incombant en vertu du présent titre, l'autorité compétente peut également sanctionner les dirigeants de cette personne ainsi que les autres personnes physiques salariées, préposées, ou agissant pour le compte de cette personne, du fait de leur implication personnelle.

Dans le cas où l'autorité compétente engage une procédure de sanction, elle en avise le procureur de la République. Par dérogation, pour les avocats au Conseil d'État et à la Cour de cassation *(Ord. no 2020-115 du 12 févr. 2020, art. 7)* « , les avocats et les personnes mentionnées au 18° de l'article L. 561-2 », elle en avise, selon le cas, le procureur général près la Cour de cassation ou le procureur général près la cour d'appel.

III. — Les autorités de contrôle mentionnées au I contrôlent le respect des obligations prévues au présent titre par les personnes assujetties ayant leur siège social dans un autre État membre de l'Union européenne ou partie à l'Espace économique européen en tant qu'elles exploitent des établissements sur le territoire national ou y exercent leur activité dans les conditions prévues aux articles 1° *quater* ou 6 *bis* de l'article L. 561-2.

Chaque autorité de contrôle reçoit de son homologue situé dans cet État membre ou communique à celui-ci, les informations nécessaires à l'accomplissement de sa mission.

(Ord. no 2020-115 du 12 févr. 2020, art. 7) « IV. — Les autorités de contrôle mentionnées au I veillent à disposer d'une bonne compréhension des risques de blanchiment de capitaux et de financement du terrorisme. Dans le cadre de leurs contrôles sur pièces et sur place, elles ont notamment accès à toutes les informations relatives aux risques nationaux et internationaux liés aux clients et à l'activité des personnes relevant de leur compétence. Elles évaluent le profil de risques de blanchiment de capitaux et de financement du terrorisme des personnes relevant de leur compétence, y compris les risques de non-respect par celles-ci de la réglementation. Elles procèdent au réexamen de cette évaluation de façon périodique ou lorsque des changements majeurs interviennent dans la gestion ou les activités de ces personnes.

« Ces autorités déterminent la fréquence et l'intensité de leurs contrôles sur pièces et sur place, en tenant compte notamment du profil de risque des personnes relevant de leur compétence et des risques de blanchiment de capitaux et de financement du terrorisme.

« Elles examinent les évaluations des risques mises en place par les personnes relevant de leur compétence en application de l'article L. 561-4-1 ainsi que la mise en œuvre et le caractère adéquat, selon une approche par les risques, de l'organisation, des procédures internes et des mesures de contrôle interne que ces personnes mettent en place à cette fin en application de l'article L. 561-32.

« V. — Sous réserve de l'application des articles L. 561-18, L. 561-25 et L. 561-25-1, les autorités de contrôle mentionnées aux 3° à 11° du I publient un rapport annuel relatif à leurs activités de contrôle et de sanction. Ce rapport contient des éléments quantitatifs, rendus anonymes, relatifs aux échanges d'informations avec le service mentionné à l'article L. 561-23. Un décret en Conseil d'État précise le contenu et le mode de publication de ce rapport. »

A compter du 1er juill. 2022, les 5° et 6° de l'art. L. 561-36 sont remplacés par les dispositions suivantes : « 5° Sous réserve du 8° ci-dessous par la chambre régionale des commissaires de justice sur les commissaires de justice de leur ressort, conformément à l'article 15 de l'ordonnance n° 2016-728 du 2 juin 2016 relative au statut de commissaire de justice, » (Ord. n° 2016-1635 du 1er déc. 2016, art. 21-I).

Art. L. 561-36-1 *(Ord. n° 2016-1635 du 1er déc. 2016, art. 7-II)* I. — L'Autorité de contrôle prudentiel et de résolution dispose en matière de lutte contre le blanchiment des capitaux et le financement du terrorisme, sur les personnes mentionnées du 1° au *(L. n° 2019-486 du 22 mai 2019, art. 86)* « 7° *bis* » de l'article L. 561-2 et sur les entreprises mères de groupe mentionnées à l'article L. 561-33 pour les obligations qui leur incombent, à l'exclusion des personnes mentionnées au 5° ainsi que de celles relevant du contrôle de l'Autorité des marchés financiers en application du 2° du I de l'article L. 561-36, du pouvoir de contrôle sur pièces et sur place défini à la section V du chapitre II du titre Ier du livre VI.

Elle dispose également du pouvoir de prendre des mesures de police administrative et du pouvoir de sanction dans les conditions prévues ci-après.

Elle peut en outre porter à la connaissance du public toute information qu'elle estime nécessaire à l'accomplissement de sa mission, sans que lui soit opposable le secret professionnel mentionné à l'article L. 612-17.

II. — L'Autorité de contrôle prudentiel et de résolution veille au respect des dispositions des chapitres Ier et II du présent titre et des dispositions réglementaires prises pour leur application, des dispositions européennes directement applicables en matière de lutte contre le blanchiment des capitaux et le financement du terrorisme, y compris les normes techniques de réglementation prises en application de la directive 2015/849 du Parlement européen et du Conseil du 20 mai 2015 relative à la prévention de l'utilisation du système financier aux fins du blanchiment de capitaux ou du financement du terrorisme, ainsi que des règlements européens portant mesures restrictives pris en application des articles 75 ou 215 du Traité sur le fonctionnement de l'Union européenne.

III. — Pour assurer le respect des dispositions mentionnées au II, elle peut mettre en demeure, dans les conditions prévues à l'article L. 612-31 du présent code, toute personne mentionnée au I de prendre, dans un délai déterminé, toute mesure destinée à régulariser sa situation.

Elle peut également, lorsqu'elle constate des insuffisances caractérisées du dispositif de lutte contre le blanchiment des capitaux et le financement du terrorisme, un grave défaut de vigilance, une carence sérieuse dans l'organisation du dispositif ou des procédures de contrôle ou une exposition non maîtrisée au risque en matière de lutte contre le blanchiment des capitaux et le financement du terrorisme, prendre les mesures conservatoires prévues aux 1° à 3°, 5°, 6°, 11° et 12° du I de l'article L. 612-33, ainsi que celles prévues au 2° du II de l'article L. 561-33.

Elle peut également conformément au I de l'article L. 612-34 nommer un administrateur provisoire lorsque la gestion de la personne assujettie ne peut plus être assurée dans des conditions normales et ne lui permet pas de respecter les dispositions mentionnées au II.

Les mesures de police mentionnées ci-dessus sont prononcées dans les conditions prévues aux articles L. 612-35 à L. 612-37 et *[,]* le cas échéant *[,]* au II de l'article L. 612-14.

IV. — Lorsque l'Autorité de contrôle prudentiel et de résolution constate des manquements aux dispositions mentionnées au II par les personnes mentionnées au I, à l'exclusion des personnes mentionnées aux 3°, 3° *bis*, 4° *(L. n° 2019-486 du 22 mai 2019, art. 86)* « , 7° et 7°

bis » de l'article L. 561-2, ou si ces personnes n'ont pas déféré à une mise en demeure de se conformer à ces dispositions, le pouvoir de sanction mentionné au I s'exerce dans les conditions prévues aux articles L. 612-38 et L. 612-39.

Elle peut également prononcer, soit à la place, soit en sus des sanctions prévues à l'article L. 612-39, une sanction pécuniaire dont le montant peut être fixé dans la limite du plus élevé des deux plafonds suivants : cent millions d'euros et dix pour cent du chiffre d'affaires total au sens du V de l'article L. 612-40.

Lorsque la responsabilité directe et personnelle dans les manquements mentionnés au présent article est établie à l'encontre des dirigeants ou de toute autre personne mentionnée au I et au II de l'article L. 612-23-1 ou, dans le cas d'un établissement de paiement ou de monnaie électronique exerçant des activités hybrides, des personnes déclarées responsables respectivement de la gestion des activités de services de paiement, des activités d'émission et de gestion de monnaie électronique, la commission des sanctions peut également prononcer à l'encontre de ces personnes les sanctions disciplinaires prévues aux 4° et 5° de l'article L. 612-39. Ces sanctions ne peuvent excéder une durée de dix ans. La commission des sanctions peut prononcer, soit à la place, soit en sus de ces sanctions, la sanction disciplinaire prévue au VIII de l'article L. 612-40, selon les modalités définies aux IX et XI du même article.

Lorsque la responsabilité directe et personnelle dans les manquements mentionnés au présent article est établie à l'encontre de la personne mentionnée au quatrième alinéa de l'article L. 561-32, la commission des sanctions peut également prononcer à l'encontre de cette personne une interdiction d'exercer des fonctions de direction au sein des personnes mentionnées à l'article L. 561-2 qui ne saurait excéder cinq ans. Elle peut prononcer, soit à la place, soit en sus de cette sanction, la sanction disciplinaire prévue au VIII de l'article L. 612-40, selon les modalités définies aux IX et XI dudit article.

Les dispositions de l'alinéa ci-dessus s'appliquent également au représentant permanent mentionné au VI *[de]* l'article L. 561-3 au titre des fonctions qui lui sont confiées par les dispositions de la norme technique de réglementation prise en application des articles 45.9 et 45.10 de la directive 2015/849 du Parlement européen et du Conseil du 20 mai 2015 relative à la prévention de l'utilisation du système financier aux fins de blanchiment de capitaux ou du financement du terrorisme.

(L. n° 2019-486 du 22 mai 2019, art. 86) « V. — Lorsque l'Autorité de contrôle prudentiel et de résolution constate des manquements aux dispositions mentionnées au II du présent article ainsi qu'à celles du chapitre IV du titre II du livre V du présent code ou de l'article L. 54-10-3 et des *[aux]* dispositions réglementaires prises pour son application par les personnes mentionnées aux 7° et 7° *bis* de l'article L. 561-2 ou si ces personnes n'ont pas déféré à une mise en demeure de se conformer à ces dispositions, le collège de supervision peut, dans les conditions définies à l'article L. 612-38, décider de l'ouverture d'une procédure disciplinaire à leur encontre.

« La commission des sanctions peut prononcer à l'encontre de ces personnes l'une des sanctions disciplinaires suivantes : »

1° L'avertissement ;

2° Le blâme ;

3° La radiation de la liste mentionnée à l'article L. 612-21 *(Ord. n° 2020-115 du 12 févr. 2020, art. 7)* « ou à l'article L. 54-10-3 ».

Elle peut prononcer soit à la place, soit en sus de ces sanctions, une sanction pécuniaire fixée en fonction de la gravité du manquement et qui ne peut excéder cinq millions d'euros. Lorsque *(L. n° 2019-486 du 22 mai 2019, art. 86)* « la personne sanctionnée » est une personne morale, la commission des sanctions peut décider que ses dirigeants de droit ou de fait seront tenus solidairement au paiement de la sanction pécuniaire prononcée.

La commission des sanctions peut assortir la sanction d'une astreinte, dont elle fixe le montant et la date d'effet. Un décret en Conseil d'État fixe la procédure applicable, le montant journalier maximum de l'astreinte et les modalités selon lesquelles, en cas d'inexécution totale ou partielle ou de retard d'exécution, il est procédé à la liquidation de l'astreinte.

Lorsque la responsabilité directe et personnelle des dirigeants *(L. n° 2019-486 du 22 mai 2019, art. 86)* « des personnes mentionnées aux 7° et 7° *bis* » de l'article L. 561-2 dans les manquements mentionnés ci-dessus est établie, la commission des sanctions peut également prononcer à leur encontre une interdiction d'exercice, directement ou indirectement, *(L. n° 2019-486 du 22 mai 2019, art. 86)* « de la profession de changeur manuel ou de prestataire mentionné au 7° *bis* du même article L. 561-2 » pour une durée qui ne peut excéder dix ans. Elle peut prononcer, soit à la place, soit en sus de cette sanction, la sanction disciplinaire prévue au VIII de l'article L. 612-40, selon les modalités définies aux IX et XI du même article.

Lorsque la responsabilité directe et personnelle dans les manquements mentionnés au présent article est établie, au sein *(L. nº 2019-486 du 22 mai 2019, art. 86)* « des personnes mentionnées aux 7° et 7° *bis* » de l'article L. 561-2, à l'encontre de la personne mentionnée au quatrième alinéa du I de l'article L. 561-32, la commission des sanctions peut également prononcer à l'encontre de cette dernière une interdiction d'exercer des fonctions de direction au sein des personnes mentionnées à l'article L. 561-2 qui ne saurait excéder cinq ans. Elle peut prononcer, soit à la place, soit en sus de cette sanction, la sanction disciplinaire prévue au VIII de l'article L. 612-40, selon les modalités définies aux IX et XI dudit article.

VI. — Lorsque l'Autorité de contrôle prudentiel et de résolution constate des manquements aux dispositions mentionnées au II des personnes mentionnées aux 3°, 3° *bis* et 4° de l'article L. 561-2 ou si ces personnes n'ont pas déféré à une mise en demeure de se conformer à ces dispositions, le collège de supervision peut, dans les conditions définies à l'article L. 612-38, décider de l'ouverture d'une procédure disciplinaire à leur encontre.

La commission des sanctions peut prononcer à l'encontre de ces personnes une ou plusieurs sanctions définies au I de l'article L. 612-41 selon les modalités définies audit article. Elle peut prononcer, soit à la place, soit en sus de ces sanctions, une sanction pécuniaire dont le montant peut être porté dans la limite du plus élevé des deux plafonds suivants : cent millions d'euros et dix pour cent du chiffre d'affaires total au sens du V de l'article L. 612-40 du code monétaire et financier.

Lorsque la responsabilité directe et personnelle des dirigeants des personnes mentionnées au premier alinéa du présent VI dans les manquements mentionnés au même alinéa est établie, la commission des sanctions peut également prononcer les sanctions disciplinaires prévues aux 4° et 5° de l'article L. 612-39. Ces sanctions ne peuvent excéder une durée de dix ans. La commission des sanctions peut prononcer, soit à la place, soit en sus de ces sanctions, la sanction disciplinaire prévue au VIII de l'article L. 612-40, selon les modalités définies aux IX et XI du même article.

Lorsque la responsabilité directe et personnelle dans les manquements ou infractions mentionnés au présent article est établie au sein des personnes mentionnées au premier alinéa du présent VI, à l'encontre de la personne mentionnée au quatrième alinéa du I de l'article L. 561-32, la commission des sanctions peut également prononcer à l'encontre de cette dernière une interdiction d'exercer des fonctions de direction au sein des personnes mentionnées à l'article L. 561-2 qui ne saurait excéder cinq ans. Elle peut prononcer, soit à la place, soit en sus de cette sanction, la sanction disciplinaire prévue au VIII de l'article L. 612-40, selon les modalités définies aux IX et XI du même article.

VII. — L'Autorité de contrôle prudentiel et de résolution veille au respect par la Caisse des dépôts et consignations des dispositions mentionnées au II et exerce sur elle un pouvoir de sanction. A cette fin, le contrôle de l'Autorité de contrôle prudentiel et de résolution s'exerce dans les conditions prévues par l'article L. 612-17 selon les modalités prévues par les articles L. 612-23 à L. 612-27, L. 612-31, L. 612-38, L. 612-44, ainsi qu'aux 1° et 2° de l'article L. 612-39. Pour la mise en œuvre du présent article, les articles L. 571-4, L. 613-20-1 et L. 613-20-2 sont également applicables au groupe de la Caisse des dépôts et consignations et à ses dirigeants.

L'Autorité de contrôle prudentiel et de résolution peut adresser à la Caisse des dépôts et consignations des recommandations ou la mettre en demeure de prendre les mesures appropriées pour se conformer aux obligations issues des dispositions mentionnées ci-dessus.

Lorsque l'Autorité de contrôle prudentiel et de résolution constate de graves manquements de la Caisse des dépôts et consignations aux obligations mentionnées ci-dessus ou si cette dernière n'a pas déféré à une mise en demeure de se conformer à ces obligations, le collège de supervision peut, dans les conditions définies à l'article L. 612-38, décider de l'ouverture d'une procédure disciplinaire à l'encontre de la Caisse des dépôts et consignations.

La commission des sanctions peut prononcer à l'encontre de la Caisse des dépôts et consignations une sanction prévue aux 1° et 2° de l'article L. 612-39. Elle peut prononcer, soit à *la place, soit en sus de ces sanctions*, une sanction pécuniaire au plus égale à cent millions d'euros. Les sommes correspondantes sont recouvrées par le Trésor public et versées au budget de l'État.

Lorsque la responsabilité directe et personnelle de la personne mentionnée à l'article L. 518-11 dans les manquements ou infractions aux dispositions mentionnés *[mentionnées]* au premier alinéa du présent VII est établie, la commission des sanctions peut également prononcer à l'encontre de cette personne une sanction pécuniaire prévue au VIII de l'article L. 612-40 selon les modalités définies au *[aux]* IX et XI du même article.

Lorsque la responsabilité directe et personnelle dans les manquements ou infractions mentionnés au présent article est établie à l'encontre de la personne mentionnée au quatrième alinéa du I de l'article L. 561-32, la commission des sanctions peut également prononcer à l'encontre de cette dernière une interdiction d'exercer des fonctions de direction au sein des personnes mentionnées à l'article L. 561-2 qui ne saurait excéder cinq ans. Elle peut prononcer, soit à la place, soit en sus de cette sanction, la sanction disciplinaire prévue au VIII de l'article L. 612-40, selon les modalités définies aux IX et XI du même article.

Lorsque l'Autorité de contrôle prudentiel et de résolution adresse des recommandations ou une mise en demeure à la Caisse des dépôts et consignations ou lorsque le collège de supervision est saisi d'un examen de situation en vue de l'ouverture d'une procédure disciplinaire à son encontre ou à l'encontre de la personne mentionnée à l'article L. 518-11, elle recueille préalablement l'avis de la commission de surveillance mentionnée aux articles L. 518-4 à L. 518-10.

VIII. — Les décisions de la commission des sanctions au titre du IV, du V, du VI et du VII du présent article sont publiées dans les conditions prévues au XII de l'article L. 612-40.

Art. L. 561-36-2 *(Ord. nº 2016-1635 du 1er déc. 2016, art. 7-III)* I. — Le contrôle des obligations prévues par les dispositions des chapitres Ier et II du présent titre *(Ord. nº 2020-1342 du 4 nov. 2020, art. 2)* « , des dispositions européennes directement applicables en matière de lutte contre le blanchiment des capitaux et le financement du terrorisme, y compris celles des règlements européens portant mesures restrictives pris en application des articles 75 ou 215 du traité sur le fonctionnement de l'Union européenne, ainsi que celles prises en application du même article 215 à d'autres fins » est exercé sur les personnes mentionnées aux 8°, 9° *(L. nº 2019-486 du 22 mai 2019, art. 206-VII-B)* « , 11° » et 15° de l'article L. 561-2 par des inspections conduites par l'autorité administrative désignée par décret en Conseil d'État.

Les inspections sont réalisées par des inspecteurs spécialement habilités par l'autorité administrative.

Sans que le secret professionnel leur soit opposable, les inspecteurs peuvent demander aux personnes contrôlées communication de tout document quel qu'en soit le support et en obtenir copie, ainsi que tout renseignement ou justification nécessaire à l'exercice de leur mission.

Les inspecteurs peuvent également obtenir des administrations de l'État, des collectivités territoriales, des établissements publics, des organismes mentionnés à l'article L. 134-1 du code des juridictions financières et de tout autre organisme ou personne chargé d'une mission de service public les informations nécessaires à l'accomplissement de leur mission.

II. — L'autorité administrative chargée de l'inspection des personnes mentionnées aux 8°, 11° et 15° de l'article L. 561-2 du présent code assure le contrôle du respect des obligations prévues aux chapitres Ier et II du présent titre *(Ord. nº 2020-1342 du 4 nov. 2020, art. 2)* « , des dispositions européennes directement applicables en matière de lutte contre le blanchiment des capitaux et le financement du terrorisme, y compris celles des règlements européens portant mesures restrictives pris en application des articles 75 ou 215 du traité sur le fonctionnement de l'Union européenne, ainsi que celles prises en application du même article 215 à d'autres fins » dans les conditions prévues au titre V du livre IV du code de commerce.

III. — L'autorité administrative chargée de l'inspection des personnes mentionnées au 9° de l'article L. 561-2 du présent code a accès, durant les heures d'activité professionnelle de ces personnes, aux locaux à usage professionnel, à l'exclusion des parties de ces locaux affectées au domicile privé, aux fins de recherche et de constatation des manquements aux règles applicables mentionnées au premier alinéa du I. Cette autorité peut recueillir sur place ou sur convocation tout renseignement et justification nécessaire à l'exercice de sa mission.

Elle peut procéder à toute audition des personnes inspectées dans l'intérêt des investigations menées.

Les auditions font l'objet de procès-verbaux contresignés par les personnes entendues. En cas de refus de signer des personnes auditionnées, mention en est faite au procès-verbal.

La procédure d'inspection est transmise dans les meilleurs délais à la Commission nationale des sanctions prévue à l'article L. 561-38.

IV. — Le contrôle des obligations prévues par les dispositions des chapitres Ier et II du présent titre *(Ord. nº 2020-1342 du 4 nov. 2020, art. 2)* « , des dispositions européennes directement applicables en matière de lutte contre le blanchiment des capitaux et le financement du terrorisme, y compris celles des règlements européens portant mesures restrictives pris en application des articles 75 ou 215 du traité sur le fonctionnement de l'Union européenne, ainsi que celles prises en application du même article 215 à d'autres fins » est exercé sur les personnes mentionnées au 9° *bis* de l'article L. 561-2 par l'*(Ord. n° 2019-1015 du 2 oct. 2019, art. 31, en vigueur le 1er janv. 2020)* « Autorité nationale des jeux ».

Ce contrôle est effectué dans les conditions prévues à l'article *[aux articles 38 et]* 42 de la loi n° 2010-476 du 12 mai 2010 relative à l'ouverture à la concurrence et à la régulation du secteur des jeux d'argent et de hasard en ligne. — *La modification prévue par l'Ord. n° 2019-1015 du 2 oct. 2019 (art. 31) au IV de l'art. L. 561-38-2, inexistant, concerne selon nous le 2e al. du IV de l'art. L. 561-36-2.*

V. — Le contrôle des obligations prévues par les dispositions des chapitres Ier et II du présent titre *(Ord. n° 2020-1342 du 4 nov. 2020, art. 2)* « , des dispositions européennes directement applicables en matière de lutte contre le blanchiment des capitaux et le financement du terrorisme, y compris celles des règlements européens portant mesures restrictives pris en application des articles 75 ou 215 du traité sur le fonctionnement de l'Union européenne, ainsi que celles prises en application du même article 215 à d'autres fins » est assuré sur les personnes mentionnées *(Ord. n° 2020-115 du 12 févr. 2020, art. 7 ; Ord. n° 2020-1342 du 4 nov. 2020, art. 2)* « aux 10°, 11° *bis* et 14° » de l'article L. 561-2 par l'autorité administrative compétente dans les conditions prévues au titre II du code des douanes.

VI. — L'autorité administrative chargée de l'inspection des personnes mentionnées au 16° *(Ord. n° 2020-1342 du 4 nov. 2020, art. 2)* « de » l'article L. 561-2 du présent code assure le contrôle des obligations prévues par les dispositions des chapitres Ier et II du présent titre *(Ord. n° 2020-1342 du 4 nov. 2020, art. 2)* « , des dispositions européennes directement applicables en matière de lutte contre le blanchiment des capitaux et le financement du terrorisme, y compris celles des règlements européens portant mesures restrictives pris en application des articles 75 ou 215 du traité sur le fonctionnement de l'Union européenne, ainsi que celles prises en application du même article 215 à d'autres fins » dans les conditions prévues au titre III du code du sport.

VII. — Les autorités administratives chargées de l'inspections *[inspection]* des personnes mentionnées aux 8°, 9°, 9 *bis*, 10°, 11°, *(Ord. n° 2020-1342 du 4 nov. 2020, art. 2)* « 11° *bis*, » 15° et 16° de l'article L. 561-2 peuvent adresser aux personnes inspectées l'injonction de prendre les mesures appropriées pour se mettre en conformité avec leurs obligations, sans préjudice des sanctions qui peuvent être prononcées par la Commission nationale des sanctions.

Art. L. 561-36-3 *(Ord. n° 2016-1635 du 1er déc. 2016, art. 7-IV)* I. — Tout manquement aux obligations prévues par les dispositions des sections III à VI du présent chapitre *(Ord. n° 2020-1342 du 4 nov. 2020, art. 2)* « , du chapitre II du présent titre, des dispositions européennes directement applicables en matière de lutte contre le blanchiment des capitaux et le financement du terrorisme, y compris celles des règlements européens portant mesures restrictives pris en application des articles 75 ou 215 du traité sur le fonctionnement de l'Union européenne, ainsi que celles prises en application du même article 215 à d'autres fins » par les personnes mentionnées aux 12°, *(Ord. n° 2020-115 du 12 févr. 2020, art. 7)* « 13°, 14° 18°, et 19° » de l'article L. 561-2 peut donner lieu aux mesures et sanctions suivantes :

1° Une injonction ordonnant à l'une de ces personnes de mettre un terme au comportement en cause et lui interdisant de le réitérer ;

2° Une interdiction temporaire d'exercice de responsabilités dirigeantes au sein d'une de ces personnes ;

3° Une sanction pécuniaire dont le montant ne peut être supérieur à un million d'euros. Lorsque l'avantage retiré du manquement peut être déterminé, cette sanction peut être au plus le double du montant de cet avantage.

En cas de manquement par une personne mentionnée au premier alinéa à tout ou partie des obligations lui incombant en vertu du présent titre, l'autorité compétente peut également sanctionner les dirigeants de cette personne ainsi que les autres personnes physiques salariées, préposées, ou agissant pour le compte de cette personne, du fait de leur implication personnelle dans les manquements en cause.

II. — Le montant et le type de la sanction infligée en cas de manquement aux dispositions des sections III à VI du présent chapitre par les personnes mentionnées au premier alinéa du I sont fixés en tenant compte, notamment :

1° De la gravité et de la durée des manquements ;

2° Du degré de responsabilité de l'auteur des manquements, de sa situation financière, de l'importance des gains qu'il a obtenus ou des pertes qu'il a évitées, de son degré de coopération lors du contrôle et de la procédure ainsi que des manquements qu'il a précédemment commis ;

3° S'ils peuvent être déterminés, des préjudices subis par des tiers du fait des manquements.

III. — Dans les conditions fixées par un décret en Conseil d'État, la décision de l'autorité de sanction, le cas échéant le recours contre cette décision, l'issue du recours, de même que la décision d'annulation d'une sanction précédemment imposée sont rendues *[rendus]* publiques dans les publications, journaux ou supports désignés par cette autorité dans un format proportionné à la faute commise et à la sanction infligée. Les frais sont supportés par les personnes sanctionnées. — *V. art. R. 561-42-1 et R. 561-42-2. —* ***C. mon.***

Toutefois, les décisions mentionnées ci-dessus sont publiées de manière anonyme dans les cas suivants :

1° Lorsque la publication sous une forme non anonyme compromettrait une enquête pénale en cours ;

2° Lorsqu'il ressort d'éléments objectifs et vérifiables fournis par la personne sanctionnée que le préjudice qui résulterait pour elle d'une publication sous une forme non anonyme serait disproportionné.

Lorsque les situations mentionnées aux 1° et 2° sont susceptibles de cesser d'exister dans un court délai, l'autorité de sanction peut différer la publication pendant ce délai.

L'autorité de sanction peut mettre à la charge de la personne sanctionnée tout ou partie des frais occasionnés par les mesures de contrôle ayant permis la constatation des faits ayant donné lieu à sanction.

IV. — Les dispositions qui précèdent ne font pas obstacle à la mise en œuvre, du fait des manquements mentionnés au premier alinéa du I, aux *[des]* dispositions particulières applicables aux personnes mentionnées à ce même alinéa.

Art. L. 561-36-4 *(Ord. nº 2020-115 du 12 févr. 2020, art. 7)* Les autorités de contrôle mentionnées aux 3° à 16° du I de l'article L. 561-36 mettent en place des procédures permettant que leur soit signalé par des canaux de communication sécurisés et garantissant l'anonymat des personnes communiquant des informations à cette fin, tout manquement aux obligations définies au présent titre et dont la surveillance est assurée par l'une ou l'autre de ces autorités.

SOUS-SECTION 2. *La Commission nationale des sanctions*

Art. L. 561-37 *(Ord. nº 2016-1635 du 1er déc. 2016, art. 7-V)* Tout manquement aux dispositions des sections III, IV, V et VI du présent chapitre *(Ord. nº 2020-1342 du 4 nov. 2020, art. 2)* « , du chapitre II du présent titre, des dispositions européennes directement applicables en matière de lutte contre le blanchiment des capitaux et le financement du terrorisme, y compris celles des règlements européens portant mesures restrictives pris en application des articles 75 ou 215 du traité sur le fonctionnement de l'Union européenne, ainsi que celles prises en application du même article 215 à d'autres fins » par les personnes mentionnées aux 8°, 9°, 9° *bis*, 10°, 11°, *(Ord. nº 2020-1342 du 4 nov. 2020, art. 2)* « 11° *bis*, » *(Ord. nº 2020-115 du 12 févr. 2020, art. 7)* « 14°, » 15° et 16° de l'article L. 561-2 peut donner lieu aux sanctions prévues par l'article L. 561-40.

Art. L. 561-38 *(Ord. nº 2016-1635 du 1er déc. 2016, art. 7-VI)* Il est institué auprès du ministre chargé de l'économie une Commission nationale des sanctions chargée de prononcer les sanctions prévues à l'article L. 561-40. Elle est saisie des manquements constatés lors des contrôles effectués en application de l'article L. 561-36-2 :

1° Par le ministre chargé de l'économie ou le ministre chargé du budget pour les personnes mentionnées au 8° de l'article L. 561-2 ;

2° Par le ministre de l'intérieur, le ministre chargé de l'économie ou le ministre chargé du budget pour les personnes mentionnées au 9° de l'article L. 561-2 ;

2° *bis* Par l'*(Ord. nº 2019-1015 du 2 oct. 2019, art. 31, en vigueur le 1er janv. 2020)* « Autorité nationale des jeux » pour les personnes mentionnées au 9° *bis* du même article L. 561-2 ;

3° Par le ministre chargé de l'économie pour les personnes mentionnées au 15° du même article ;

4° Par le ministre chargé de l'économie ou le ministre chargé du budget pour les personnes mentionnées au *[aux]* *(Ord. nº 2020-115 du 12 févr. 2020, art. 7 ; Ord. nº 2020-1342 du 4 nov. 2020, art. 2)* « 10°, 11°, 11° *bis* et 14° » de l'article L. 561-2 ;

5° Par une fédération sportive pour les personnes mentionnées au 16° de l'article L. 561-2.

La dissolution de la personne morale, la cessation d'activité ou la démission d'une personne mentionnée aux 8°, 9°, 9° *bis,* 10°, 11°, *(Ord. nº 2020-1342 du 4 nov. 2020, art. 2)* « 11° *bis,* » *(Ord. nº 2020-115 du 12 févr. 2020, art. 7)* « 14°, » 15° et 16° de l'article L. 561-2 ne fait pas obstacle à la poursuite de la procédure de sanction à son encontre si les faits qui lui sont reprochés ont été commis pendant qu'elle était en activité.

Art. L. 561-39 I. — La Commission nationale des sanctions est composée d'un conseiller d'État, président, désigné par le vice-président du Conseil d'État, d'un conseiller à la Cour de cassation, désigné par le premier président de la Cour de cassation et d'un conseiller-maître à la Cour des comptes, désigné par le premier président de la Cour des comptes, ainsi que de quatre personnalités qualifiées en matière juridique ou économique.

II. — Le président et les membres de la commission ainsi que leurs suppléants sont nommés par décret pour un mandat de cinq ans, renouvelable une fois. Ils sont tenus au secret professionnel.

III. — La commission statue à la majorité des membres présents. En cas de partage égal des voix, celle du président est prépondérante.

(Ord. nº 2016-1635 du 1er déc. 2016, art. 7-VII) « IV. — Le secrétaire général de la commission est nommé après avis du président, par arrêté conjoint du ministre chargé de l'économie et du ministre de l'intérieur.

« V. — » Un décret en Conseil d'État précise les conditions de fonctionnement de la commission.

A compter du prochain renouvellement de chaque commission, au I de l'art. L. 561-39 C. mon. fin., le mot : « conseiller » est remplacé par les mots : « membre du Conseil », les mots : « conseiller à » sont remplacés par les mots : « membre de », les mots : « conseiller-maître à » sont remplacés par les mots : « magistrat de » (L. nº 2019-222 du 23 mars 2019, art. 102-X et 109-XXIV).

Art. L. 561-40 *(Ord. nº 2016-1635 du 1er déc. 2016, art. 7-VIII)* I. — La Commission nationale des sanctions peut prononcer l'une des sanctions administratives suivantes :

1° L'avertissement ;

2° Le blâme ;

3° L'interdiction temporaire d'exercice de l'activité ou d'exercice de responsabilités dirigeantes au sein d'une personne morale exerçant cette activité pour une durée n'excédant pas cinq ans ;

4° Le retrait d'agrément ou de la carte professionnelle.

La sanction prévue au 3° peut être assortie du sursis. Si, dans le délai de cinq ans à compter du prononcé de la sanction, la personne sanctionnée commet une infraction ou une faute entraînant le prononcé d'une nouvelle sanction, celle-ci entraîne, sauf décision motivée, l'exécution de la première sanction sans confusion possible avec la seconde.

La commission peut prononcer, soit à la place, soit en sus de ces sanctions, une sanction pécuniaire dont le montant ne peut être supérieur à cinq millions d'euros ou, lorsque l'avantage retiré du manquement peut être déterminé, au double de ce dernier. Les sommes sont recouvrées par le Trésor public.

En cas de manquement par une personne mentionnée à l'article L. 561-37 à tout ou partie des obligations lui incombant en vertu du présent titre, la Commission nationale des sanctions peut également sanctionner les dirigeants de cette personne ainsi que les autres personnes physiques salariées, préposées, ou agissant pour le compte de cette personne, du fait de leur implication personnelle dans ces manquements.

II. — Le montant et le type de la sanction infligée au titre du présent article sont fixés en tenant compte, notamment, le cas échéant :

1° De la gravité et de la durée des manquements ;

2° Du degré de responsabilité de l'auteur des manquements, de sa situation financière, de l'importance des gains qu'il a obtenus ou des pertes qu'il a évitées, de son degré de coopération lors du contrôle et de la procédure devant la commission ainsi que des manquements qu'il a précédemment commis ;

3° S'ils peuvent être déterminés, des préjudices subis par des tiers du fait des *manquements.*

III. — Dans les conditions fixées par décret en Conseil d'État, la décision de la commission, le cas échéant le recours contre cette décision, l'issue du recours, la décision d'annulation d'une sanction précédemment imposée sont rendus publiques dans les publications, journaux ou supports désignés par la commission dans un format proportionné à la faute commise et à la sanction infligée. Les frais sont supportés par les personnes sanctionnées.

Toutefois, les décisions de la commission sont publiées de manière anonyme dans les cas suivants :

1° Lorsque la publication sous une forme non anonyme compromettrait une enquête pénale en cours ;

2° Lorsqu'il ressort d'éléments objectifs et vérifiables fournis par la personne sanctionnée que le préjudice qui résulterait pour elle d'une publication sous une forme non anonyme serait disproportionné.

Lorsque les situations mentionnées aux 1° et 2° sont susceptibles de cesser d'exister dans un court délai, la commission peut décider de différer la publication pendant ce délai.

La commission peut décider de mettre à la charge de la personne sanctionnée tout ou partie des frais occasionnés par les mesures de contrôle ayant permis la constatation des faits sanctionnés.

Art. L. 561-41 *(Ord. nº 2016-1635 du 1er déc. 2016, art. 7-IX)* I. — La Commission nationale des sanctions reçoit les rapports ou les procédures établis à la suite des contrôles effectués par les autorités administratives mentionnées à l'article L. 561-36-2.

II. — Le secrétaire général de la commission notifie les griefs susceptibles d'être retenus par la commission à la personne mise en cause. Lorsque les griefs sont notifiés à une personne morale, ils sont également notifiés à ses représentants légaux et, s'agissant des personnes mentionnées aux 9° et 9° *bis* de l'article L. 561-2, également à ses directeurs responsables.

Le cas échéant, ces griefs sont également notifiés à l'organisme central auquel est affiliée ou liée la personne en cause et portés à la connaissance de l'association professionnelle à laquelle elle adhère.

Dans l'exercice de ces attributions, le secrétaire général de la commission ne peut recevoir aucune instruction.

Les art. L. 561-41 et L. 561-42, dans leur rédaction issue respectivement de la L. nº 2009-526 du 12 mai 2009 et de l'Ord. nº 2009-104 du 30 janv. 2009, sont contraires à la Constitution (Cons. const. 9 mars 2017, nº 2016-616/617 QPC).

Art. L. 561-42 *(Ord. nº 2016-1635 du 1er déc. 2016, art. 7-X)* « Le président de la Commission nationale des sanctions désigne un rapporteur. Celui-ci ne peut recevoir aucune instruction. La Commission » statue par décision motivée, hors la présence du rapporteur de l'affaire. Aucune sanction ne peut être prononcée sans que la personne concernée ou son représentant ait été entendu ou, à défaut, dûment convoqué.

V. note ss. art. L. 561-41.

Art. L. 561-43 Les recours formés contre les décisions de la Commission nationale des sanctions sont des recours de pleine juridiction.

Art. L. 561-44 Les conditions d'application de la présente sous-section, notamment les conditions de récusation des membres de la Commission nationale des sanctions, sont définies par décret en Conseil d'État.

SECTION VIII. *Droit d'accès indirect aux données*

Art. L. 561-45 Lorsque des données à caractère personnel font l'objet d'un traitement aux seules fins de l'application des articles L. 561-5 à L. 561-23 par une personne mentionnée à l'article L. 561-2, le droit d'accès s'exerce auprès de la Commission nationale de l'informatique et des libertés.

La commission désigne l'un de ses membres appartenant ou ayant appartenu au Conseil d'État, à la Cour de cassation ou à la Cour des comptes pour mener les investigations utiles et faire procéder aux modifications nécessaires. Celui-ci peut se faire assister d'un agent de la commission.

Les données peuvent être communiquées au demandeur lorsque la commission constate, en accord avec le service mentionné à l'article L. 561-23 et après avis du responsable du traitement, que leur communication n'est susceptible ni de révéler l'existence d'une déclaration prévue à l'article L. 561-15 ou des suites qui lui ont été données, ou l'exercice par le service mentionné à l'article L. 561-23 de son droit de communication prévu à l'article L. 561-26, ni de mettre en cause la finalité de lutte contre le blanchiment des capitaux et le financement du terrorisme lorsque les données sont relatives au demandeur et détenues dans le cadre de la mise en œuvre des dispositions des articles L. 561-8, L. 561-9 et L. 561-10.

Lorsque la communication des données est susceptible de mettre en cause la finalité du traitement, la Commission nationale de l'informatique et des libertés, saisie par le demandeur, l'informe qu'il a été procédé aux vérifications nécessaires.

SECTION IX. *Informations sur les bénéficiaires effectifs (Ord. n° 2020-115 du 12 févr. 2020, art. 8).*
(Ord. n° 2016-1635 du 1er déc. 2016, art. 8)

L'Ord. n° 2016-1635 du 1er déc. 2016 et la L. n° 2016-1691 du 9 déc. 2016 insèrent toutes deux une nouvelle section IX, intitulée « Le registre des bénéficiaires effectifs » par l'Ord. préc. et « Le bénéficiaire effectif » par la L. préc.

Les art. L. 561-46, L. 561-47, L. 561-48 et L. 561-49, dans leur rédaction issue de l'art. 8 de l'Ord. n° 2016-1635 du 1er déc. 2016, entrent en vigueur à une date fixée par décret et au plus tard huit mois suivant celle de la publication (JO 2 déc.) de ladite ordonnance (Ord. préc., art. 21-IV). Les art. L. 561-46 et L. 561-47, dans leur rédaction issue de la L. n° 2016-1691 du 9 déc. 2016, entrent en vigueur le premier jour du quatrième mois suivant celui de la promulgation de la loi (L. préc., art. 139-II).

Art. L. 561-45-1 *(Ord. n° 2020-115 du 12 févr. 2020, art. 8)* Sont tenus d'obtenir et de conserver des informations exactes et actualisées sur leurs bénéficiaires effectifs définis à l'article L. 561-2-2 :

1° Lorsqu'elles sont établies sur le territoire français conformément à l'article L. 123-11 du code de commerce, les sociétés et entités mentionnées aux 2°, 3° et 5° du I de l'article L. 123-1 du même code autres que les sociétés dont les titres sont admis à la négociation sur un marché réglementé en France ou dans un autre État partie à l'accord sur l'Espace économique européen ou qui sont soumises à des obligations de publicité conformes au droit de l'Union ou qui sont soumises à des normes internationales équivalentes garantissant la transparence adéquate pour les informations relatives à la propriété du capital ;

2° Les placements collectifs ;

3° Les associations, fondations, fonds de dotation, fonds de pérennité, groupements d'intérêt collectif établis sur le territoire français ainsi que les fiduciaires au sens de l'article 2011 du code civil et les administrateurs de tout autre dispositif juridique comparable relevant d'un droit étranger.

Les sociétés et entités mentionnées aux 1° à 3° sont tenues de fournir aux personnes mentionnées à l'article L. 561-2 les informations relatives aux bénéficiaires effectifs recueillies dans le cadre des mesures de vigilance prévues au présent chapitre.

Le fait pour ces sociétés et entités de ne pas fournir aux personnes mentionnées à l'article L. 561-2, dans le cadre des mesures de vigilance prévues à la section III du présent chapitre *[,]* ou de transmettre des informations inexactes ou incomplètes est puni des peines prévues à l'article L. 574-5.

Art. L. 561-45-2 *(Ord. n° 2020-115 du 12 févr. 2020, art. 8)* A la demande de la société ou de l'entité mentionnée aux 1° à 3° de l'article L. 561-45-1, le bénéficiaire effectif lui fournit toutes les informations nécessaires au respect de l'obligation mentionnée au premier alinéa du même article.

Ces informations sont transmises par le bénéficiaire effectif dans un délai fixé par décret en Conseil d'État.

Lorsque ce délai n'est pas respecté, ou lorsque les informations fournies par le bénéficiaire effectif sont incomplètes ou erronées, la société ou l'entité peut saisir le président du tribunal statuant en référé aux fins de voir ordonner, au besoin sous astreinte, la transmission de ces informations.

Art. L. 561-46 *(Ord. n° 2020-115 du 12 févr. 2020, art. 8)* Les sociétés et entités mentionnées au 1° de l'article L. 561-45-1 déclarent au registre du commerce et des sociétés, par l'intermédiaire de l'organisme mentionné au deuxième alinéa de l'article 2 de la loi n° 94-126 du 11 février 1994 relative à l'initiative et à l'entreprise individuelle, les informations relatives aux bénéficiaires effectifs. Ces informations portent sur les éléments d'identification et le *domicile personnel* de ces bénéficiaires ainsi que sur les modalités du contrôle que ces derniers exercent sur la société ou l'entité.

Seules sont accessibles au public, les informations relatives aux nom, nom d'usage, pseudonyme, prénoms, mois, année de naissance, pays de résidence et nationalité des bénéficiaires effectifs ainsi qu'à la nature et à l'étendue des intérêts effectifs qu'ils détiennent dans la société ou l'entité.

Ont accès à l'intégralité des informations relatives aux bénéficiaires effectifs :

1° Les sociétés ou entités mentionnées au premier alinéa pour les seules informations qu'elles ont déclarées ;

2° Sans restriction, les autorités suivantes dans le cadre de leur mission :

a) Les autorités judiciaires ;

b) La cellule de renseignement financier nationale mentionnée à l'article L. 561-23 ;

c) Les agents de l'administration des douanes agissant sur le fondement des prérogatives conférées par le code des douanes ;

d) Les agents habilités de l'administration des finances publiques chargés du contrôle et du recouvrement en matière fiscale ;

e) Les officiers habilités de police judiciaire de la police nationale et de la gendarmerie nationale, ainsi que les agents des douanes et des services fiscaux habilités à effectuer des enquêtes judiciaires en application des articles 28-1 et 28-2 du code de procédure pénale ;

f) Les autorités de contrôle mentionnées à l'article L. 561-36 ;

3° Les personnes assujetties à la lutte contre le blanchiment et le financement du terrorisme mentionnées à l'article L. 561-2 dans le cadre d'une au moins des mesures de vigilance mentionnées aux articles L. 561-4-1 à L. 561-14-2.

Les autorités mentionnées au 2° communiquent en temps utile aux autorités homologues des États membres de l'Union européenne, de leur propre initiative ou sur demande, les informations mentionnées au premier alinéa nécessaires à l'accomplissement des missions de ces autorités.

L'accès aux informations relatives aux bénéficiaires effectifs est gratuit, quelles que soient les modalités de consultation ou de communication de ces informations.

A la date fixée en application du VIII de l'art. 1er de la L. n° 2019-486 du 22 mai 2019 relative à la croissance et la transformation des entreprises, au 1er al. de l'art. L. 561-46, dans sa rédaction résultant de l'Ord. n° 2020-115 du 12 févr. 2020, les mots : « 2 de la loi n° 94-126 du 11 février 1994 relative à l'initiative et à l'entreprise individuelle » sont remplacés par les mots : « L. 123-33 du code de commerce » (Ord. préc., art. 18-III).

Art. L. 561-47 *(Ord. n° 2016-1635 du 1er déc. 2016, art. 8)* Le greffier du tribunal de commerce vérifie que les informations relatives au bénéficiaire effectif mentionnées au premier alinéa de *[l'article]* L. 561-46 sont complètes et conformes aux dispositions législatives et réglementaires, correspondent aux pièces justificatives et pièces déposées en annexe et sont compatibles, dans le cas d'une demande de modification *(Ord. n° 2020-115 du 12 févr. 2020, art. 8)* « ou de radiation », avec l'état du dossier.

(Ord. n° 2020-115 du 12 févr. 2020, art. 8) « Les informations mentionnées au premier alinéa font partie des inscriptions mentionnées » au II de l'article L. 123-1 du code de commerce et transmis par le greffier du tribunal de commerce par voie électronique à l'Institut national de la propriété industrielle en application des deuxième et troisième alinéas de l'article L. 123-6 du même code.

(Ord. n° 2020-115 du 12 févr. 2020, art. 8) « Elles » font également partie des informations qui, en application du 2° de l'article L. 411-1 du code de la propriété intellectuelle, sont contenues dans le registre national du commerce et des sociétés.

Le greffier de chaque tribunal de commerce transmet au plus tard le 1er avr. 2020 à l'INPI, par voie électronique, les résultats des retraitements des informations sur les bénéficiaires effectifs contenues à cette date dans les inscriptions au RCS et dans les actes et pièces qui y sont déposés. Cette transmission est effectuée dans un format informatique ouvert de nature à favoriser l'interopérabilité de ces retraitements et leur réutilisation dans les conditions prévues au titre II du livre III du CRPA et à assurer leur compatibilité avec le registre national dont l'INPI assure la centralisation en application du 2° de l'art. L. 411-1 CPI. Les modalités de cette transmission sont définies par décret (Ord. n° 2020-115 du 12 févr. 2020, art. 18-I).

Art. L. 561-47-1 *(Ord. n° 2020-115 du 12 févr. 2020, art. 8)* Les personnes mentionnées à l'article L. 561-2 et, dans la mesure où cela s'inscrit dans l'exercice normal de leurs contrôles, les autorités mentionnées au I de l'article L. 561-36, signalent au greffier du tribunal de commerce toute divergence qu'elles constatent entre les informations inscrites dans le registre des bénéficiaires effectifs mentionné à l'article L. 561-46 et les informations sur les bénéficiaires effectifs dont elles disposent, y compris l'absence d'enregistrement de ces informations.

Le greffier invite dans ces cas la société ou l'entité immatriculée à régulariser leur *[son]* dossier. Faute pour la société ou l'entité de déférer à cette invitation dans le délai d'un mois à compter de cette dernière, le greffier saisit le président du tribunal.

Art. L. 561-48 *(Ord. n° 2016-1635 du 1er déc. 2016, art. 8)* Le président du tribunal, d'office ou sur requête du procureur de la République ou de toute personne justifiant y avoir intérêt, peut enjoindre, au besoin sous astreinte, à toute société ou entité juridique mentionnée au premier alinéa de l'article L. 561-46 de procéder ou faire procéder *(Ord. n° 2020-115 du 12 févr. 2020, art. 8)* « soit aux déclarations des informations relatives au bénéficiaire effectif, soit à la rectification de ces informations lorsqu'elles sont inexactes ou incomplètes ». Lorsque la personne ne défère pas à l'injonction délivrée par le président, le greffier en avise le procureur de la République et lui adresse une expédition de la décision. — *V. art. R. 561-60 s. — **C. mon.***

Dans les mêmes conditions, le président peut désigner un mandataire chargé d'accomplir ces formalités. Si la société ou l'entité juridique mentionnée à l'alinéa précédent a désigné un commissaire aux comptes, le mandataire peut obtenir de ce dernier communication de tous renseignements nécessaires.

Art. L. 561-49 *(Abrogé par Ord. n° 2020-115 du 12 févr. 2020, art. 8) (Ord. n° 2016-1635 du 1er déc. 2016, art. 8) Le fait de ne pas déposer au registre du commerce et des sociétés le document relatif au bénéficiaire effectif requis en application du deuxième alinéa de l'article L. 561-46 ou de déposer un document comportant des informations inexactes ou incomplètes est puni de six mois d'emprisonnement et de 7 500 € d'amende.*

Les personnes physiques déclarées coupables de l'infraction prévue au premier alinéa encourent également les peines d'interdiction de gérer prévue [prévues] *à l'article 131-27 du code pénal et de privation partielle des droits civils et civiques prévue au 2° de l'article 131-26 du même code.*

Les personnes morales déclarées pénalement responsables, dans les conditions prévues par l'article 121-2 du code pénal, de l'infraction prévue au premier alinéa encourent, outre l'amende suivant les modalités prévues par l'article 131-38 du code pénal, les peines prévues aux 1°, 3°, 4°, 5°, 6°, 7° et 9° de l'article 131-39 du même code.

Art. L. 561-50 Les modalités d'application de la présente section sont déterminées par décret en Conseil d'État.

CHAPITRE II. *DISPOSITIONS RELATIVES AU GEL DES AVOIRS ET À L'INTERDICTION DE MISE À DISPOSITION*

(Ord. n° 2016-1575 du 24 nov. 2016, art. 1er)

Les dispositions issues de l'Ord. n° 2016-1575 du 24 nov. 2016 entrent en vigueur à une date fixée par décret et au plus tard le 1er juill. 2017 (Ord. préc., art. 3).

Art. L. 562-1 Pour l'application du présent chapitre, on entend par :

1° "Acte de terrorisme" : les actes définis au 4° de l'article 1er du règlement (UE) n° 2580/2001 du Conseil du 27 décembre 2001 concernant l'adoption de mesures restrictives spécifiques à l'encontre de certaines personnes et entités dans le cadre de la lutte contre le terrorisme ;

2° "Fonds" : les actifs financiers et les avantages économiques de toute nature, notamment :

a) Le numéraire, les créances en numéraire, les traites, les ordres de paiement et autres instruments ou moyens de paiement ;

b) Les dépôts de fonds auprès des personnes mentionnées à l'article L. 562-4 tels que les fonds remboursables du public détenus ou versés sur des comptes de dépôts, les fonds versés sur un compte de paiement, les fonds investis dans des produits d'épargne tels que ceux régis par le titre II du livre II, les fonds versés dans le cadre de contrat individuel ou collectif de gestion d'actifs, les soldes de ces comptes ou contrats ;

c) Les fonds versés sur des contrats d'assurance régie par le chapitre II du titre III du livre Ier du code des assurances ainsi que la valeur de rachat de ces contrats ;

d) Les créances ;

e) Les instruments financiers régis par le titre Ier du livre II et leur équivalent en droit étranger, notamment les titres de créances, les titres de propriété et d'emprunt, tels que les actions, les certificats représentatifs de valeurs mobilières, les obligations, les billets à ordre, *les warrants, les obligations* non garanties et les contrats financiers ;

f) Les intérêts, les dividendes ou autres revenus d'actifs ou plus-values perçus sur des actifs ;

g) Les opérations de crédit au sens de l'article L. 313-1 ou leur équivalent en droit étranger notamment les prêts, les avals, les cautionnements, les garanties, les garanties de bonne exécution ou tout autre engagement financier ;

h) Les lettres de crédit, les connaissements, les contrats de vente ;

i) Le droit à compensation ;

j) Tout document attestant la détention de parts d'un fonds ou de ressources financières ;

k) Tout instrument de financement à l'exportation ;

3° "Ressources économiques" : les avoirs de toute nature, corporels ou incorporels, mobiliers ou immobiliers, qui ne sont pas des fonds mais qui peuvent être utilisés pour obtenir des fonds, des biens ou des services. Sont également considérées comme des ressources économiques, au sens du présent chapitre, les opérations d'assurance ne portant pas sur les branches vie-décès ou nuptialité-natalité, n'étant pas liées à des fonds d'investissement, ne relevant pas des opérations comportant la constitution d'associations réunissant des adhérents en vue de capitaliser en commun leurs cotisations et de répartir l'avoir ainsi constitué soit entre les survivants, soit entre les ayants droit des décédés, ou ne relevant pas des branches de capitalisation ou de gestion de fonds collectifs ou de toute opération à caractère collectif définie à la section 1 du chapitre Ier du titre IV du livre IV du code des assurances ;

4° "Détention et contrôle" : la détention et le contrôle au sens des 5° et 6° de l'article 1er du règlement (CE) n° 2580/2001 du Conseil du 27 décembre 2001 concernant l'adoption de mesures restrictives spécifiques à l'encontre de certaines personnes et entités dans le cadre de la lutte contre le terrorisme ;

5° "Gel des fonds" : toute action tendant à empêcher un changement de leur volume, montant, localisation, propriété, possession, nature, destination ou toute autre modification qui pourrait permettre leur utilisation, notamment la gestion de portefeuille ;

6° "Gel des ressources économiques" : toute action tendant à empêcher leur utilisation afin d'obtenir des fonds, des biens ou des services de quelque manière que ce soit, notamment leur vente, leur location ou leur mise sous hypothèque.

Art. L. 562-2 Le ministre chargé de l'économie et le ministre de l'intérieur peuvent décider, conjointement, pour une durée de six mois, renouvelable, le gel des fonds et ressources économiques :

1° Qui appartiennent à, sont possédés, détenus ou contrôlés par des personnes physiques ou morales, ou toute autre entité qui commettent, tentent de commettre, facilitent ou financent des actes de terrorisme, y incitent ou y participent ;

2° Qui appartiennent à, sont possédés, détenus ou contrôlés par des personnes morales ou toute autre entité elles-mêmes détenues ou contrôlées par les personnes mentionnées au 1° ou agissant sciemment pour le compte ou sur instructions de celles-ci.

Art. L. 562-3 Le ministre chargé de l'économie peut décider, pour une durée de six mois, renouvelable, le gel des fonds et ressources économiques :

1° Qui appartiennent à, sont possédés, détenus ou contrôlés par des personnes physiques ou morales, ou toute autre entité qui commettent, tentent de commettre, facilitent ou financent des actions sanctionnées ou prohibées par les résolutions adoptées dans le cadre du chapitre VII de la charte des Nations unies ou les actes pris en application de l'article 29 du traité sur l'Union européenne *(L. n° 2019-486 du 22 mai 2019, art. 206-VI-B)* « ou de l'article 75 du traité sur le fonctionnement de l'Union européenne », y participent ou qui sont désignées *(Ord. n° 2020-1342 du 4 nov. 2020, art. 3)* « sur le fondement de ces » résolutions ou ces actes ;

2° Qui appartiennent à, sont possédés, détenus ou contrôlés par des personnes morales ou toute autre entité elles-mêmes détenues ou contrôlées par les personnes mentionnées au 1° ou agissant sciemment pour le compte ou sur instructions de celles-ci.

Art. L. 562-3-1 *(Ord. n° 2020-1342 du 4 nov. 2020, art. 3)* Le ministre chargé de l'économie arrête, conjointement avec le ministre des affaires étrangères, la liste des résolutions adoptées dans le cadre du chapitre VII de la charte des Nations Unies sur le fondement desquelles les personnes et entités désignées font l'objet d'un gel sans délai selon les modalités prévues aux deuxième et troisième alinéas.

Les fonds et ressources économiques des personnes physiques ou morales ou de toute autre entité désignées sur le fondement de ces résolutions sont gelés à compter de la publication par le ministre chargé de l'économie des éléments d'identification de ces personnes ou entités et dans les conditions mentionnées au second alinéa de l'article L. 562-9.

Ces fonds et ressources sont gelés pour une période de dix jours ouvrables, ou, si elle intervient avant le terme de cette période, jusqu'à l'entrée en vigueur du règlement européen d'exécution rendant applicables les désignations mentionnées au premier alinéa.

Art. L. 562-4 *(Ord. nº 2020-1342 du 4 nov. 2020, art. 4)* Sont tenus d'appliquer sans délai les mesures de gel et les interdictions de mise à disposition ou d'utilisation prévues au présent chapitre et à l'article L. 713-16 et d'en informer immédiatement le ministre chargé de l'économie :

1º Toute personne physique, ressortissante nationale ou ressortissante étrangère se trouvant sur le territoire national ;

2º Les personnes mentionnées à l'article L. 561-2 ainsi que toute autre personne morale constituée ou établie selon le droit national ou réalisant une opération sur le territoire national, dans le cadre de son activité, en particulier :

a) Les personnes dont le siège social est situé sur le territoire national pour leurs activités réalisées à l'étranger, y compris dans les succursales ou toute autre forme de libre établissement ainsi qu'en libre prestation de services ;

b) Les personnes dont le siège social est situé hors du territoire national pour leurs activités réalisées en France, y compris dans les succursales ou toute autre forme de libre établissement ainsi qu'en libre prestation de services ;

c) Les personnes morales de droit public, les organismes chargés de la gestion d'un service public ainsi que les caisses et les organismes chargés de la gestion d'un régime de protection sociale.

Un décret en Conseil d'État précise les conditions d'application du présent article.

Art. L. 562-4-1 *(Ord. nº 2020-1342 du 4 nov. 2020, art. 4)* I. — Les personnes mentionnées à l'article L. 561-2 mettent en place une organisation et des procédures internes pour la mise en œuvre des mesures de gel des avoirs et d'interdiction de mise à disposition ou d'utilisation des fonds ou ressources économiques prévues au présent chapitre, à l'article L. 713-16 et par les règlements européens portant mesures restrictives pris en application des articles 75 ou 215 du traité sur le fonctionnement de l'Union européenne, ainsi que l'interdiction de contournement de ces mesures. Elles veillent à l'application de ces dispositions dans leurs succursales établies en dehors du territoire national.

II. — L'entreprise mère d'un groupe au sens de l'article L. 561-33 établie en France définit, au niveau du groupe, une organisation et des procédures pour la mise en œuvre des mesures de gel des avoirs et d'interdiction de mise à disposition ou d'utilisation des fonds ou ressources économiques mentionnées au I. Cette organisation et ces procédures sont mises en œuvre par les entités du groupe mentionnées à l'article L. 561-2 établies en France ainsi que par leurs succursales à l'étranger ou toute autre forme de libre établissement.

III. — Les personnes et entreprises mère *[mères]* d'un groupe mentionnées respectivement aux I et II mettent également en place des mesures de contrôle interne afin de veiller au respect des obligations en matière de gel des avoirs.

Un décret en Conseil d'État précise les conditions d'application du présent article.

Art. L. 562-5 Il est interdit aux personnes mentionnées à l'article L. 562-4 de mettre à disposition directement ou indirectement, ou d'utiliser des fonds ou ressources économiques au profit des personnes dont les fonds et ressources économiques font l'objet d'une mesure de gel en vertu des articles L. 562-2 *(Ord. nº 2020-1342 du 4 nov. 2020, art. 4)* « , L. 562-3, L. 562-3-1 ou L. 713-16 ».

Art. L. 562-6 Il est interdit aux personnes mentionnées à l'article L. 562-4 de participer, sciemment et volontairement, à des activités ayant pour objet ou pour effet de contourner les mesures prises en vertu du présent chapitre *(Ord. nº 2020-1342 du 4 nov. 2020, art. 4)* « et de l'article L. 713-16 ».

Art. L. 562-7 Les interdictions prévues au présent chapitre ne font pas obstacle aux versements de fonds sur les comptes détenus auprès des personnes mentionnées à l'article L. 561-2, dont les fonds sont gelés en vertu des articles L. 562-2 *(Ord. nº 2020-1342 du 4 nov. 2020, art. 4)* « , L. 562-3, L. 562-3-1 ou L. 713-16 ». Les personnes mentionnées à l'article L. 562-4, qui créditent un compte dont les fonds sont gelés en informent sans délai le ministre chargé de l'économie.

Art. L. 562-8 Les décisions de gel et les interdictions prévues aux articles L. 562-2, L. 562-3 *(Ord. nº 2020-1342 du 4 nov. 2020, art. 4)* « , L. 562-3-1, L. 562-5 et L. 713-16 » ou les mesures de gel mises en œuvre en vertu des actes pris en application de l'article 29 du traité sur l'Union européenne ou de l'article 75 du traité sur le fonctionnement de l'Union européenne peuvent, à la demande du ministre chargé de l'économie, être publiées au fichier immobilier ou au livre foncier dont dépend le bien immobilier appartenant à la personne dont les fonds et ressources économiques sont gelés. – *V. art. R. 562-4.*

Le ministre de l'intérieur peut, dans les conditions prévues à l'article L. 330-1 du code de la route, procéder à l'inscription d'une opposition à tout transfert du certificat d'immatriculation d'un véhicule appartenant à la personne dont les fonds et ressources économiques sont gelés.

Art. L. 562-9 Les décisions des ministres arrêtées en application des articles L. 562-2 et L. 562-3 sont publiées par extrait au Journal officiel et sont exécutoires à compter de leur date de publication.

(Ord. n° 2020-1342 du 4 nov. 2020, art. 4) « Les mesures de gel prises en application de l'article L. 562-3-1 sont exécutoires à compter de la publication des éléments d'identification des personnes désignées à un registre national des personnes faisant l'objet d'une mesure de gel établi par décret en Conseil d'État. »

Art. L. 562-10 Les mesures prises en vertu du présent chapitre sont opposables à tout tiers qui peut invoquer un droit sur les fonds ou ressources économiques faisant l'objet d'une mesure de gel, y compris lorsque ce droit est né antérieurement auxdites mesures.

Art. L. 562-11 Le ministre chargé de l'économie et le ministre de l'intérieur peuvent conjointement autoriser le déblocage et la mise à disposition d'une partie des fonds ou ressources économiques faisant l'objet d'une mesure de gel en vertu de l'article L. 562-2 si leur utilisation est compatible avec la sauvegarde de l'ordre public.

Le ministre chargé de l'économie peut autoriser le déblocage et la mise à disposition d'une partie des fonds ou ressources économiques faisant l'objet d'une mesure de gel en vertu *(Ord. n° 2020-1342 du 4 nov. 2020, art. 4)* « des articles L. 562-3, L. 562-3-1 ou L. 713-16 » ou d'un acte pris en application de l'article 29 du traité sur l'Union européenne ou de l'article 75 du traité sur le fonctionnement de l'Union européenne, si leur utilisation est compatible avec la sauvegarde de l'ordre public et avec les décisions et les actes à l'origine de la décision de gel.

Ces autorisations peuvent être accordées par les ministres compétents à leur initiative ou à la demande de toute personne physique ou morale ou autre entité visée par cette décision ou de tout tiers pouvant exciper d'un droit sur les fonds et ressources économiques ayant fait l'objet d'une décision de gel.

Elles sont accordées si la personne faisant l'objet d'une mesure de gel justifie :

1° De besoins matériels particuliers intéressant sa vie personnelle ou familiale pour une personne physique ou d'une activité compatible avec la sauvegarde de l'ordre public pour une personne morale ;

2° Ou de décisions de nature à assurer la conservation de son patrimoine.

Art. L. 562-12 *(Ord. n° 2020-1342 du 4 nov. 2020, art. 4)* Le secret bancaire ou professionnel ne fait pas obstacle à l'échange d'informations entre les personnes et organismes mentionnés à l'article L. 562-4 et les services de l'État chargés de préparer ou de mettre en œuvre toute mesure de gel prise au titre du présent chapitre, de l'article L. 713-16 ou d'un acte pris en application des articles 75 ou 215 du traité sur le fonctionnement de l'Union européenne lorsque ces informations permettent de vérifier l'identité des personnes concernées directement ou indirectement par cette mesure ou de surveiller les opérations portant sur les fonds et ressources économiques gelés. Les informations fournies ou échangées ne peuvent être utilisées qu'aux fins mentionnées dans le présent article.

Pour l'exercice des missions relevant du présent chapitre, les services de l'État mentionnés ci-dessus échangent avec les autres services de l'État et les autorités d'agrément et de contrôle mentionnées à l'article L. 561-36 les informations nécessaires à l'exercice de leurs missions respectives.

Lorsqu'elles identifient des informations susceptibles de se rapporter à une infraction punie par l'article L. 574-3 du présent code et l'article L. 459 du code des douanes, les autorités d'agrément et de contrôle mentionnées à l'article L. 561-36 communiquent ces informations aux services de l'État précisés par décret.

Art. L. 562-13 L'État est responsable des conséquences dommageables de la mise en œuvre de bonne foi, par les personnes mentionnées à l'article L. 562-4, leurs dirigeants ou leurs préposés, des mesures de gel ou des interdictions prises en application du présent chapitre. Aucune sanction professionnelle ne peut être prononcée à l'encontre de ces personnes, de leurs dirigeants ou de leurs préposés.

Art. L. 562-14 I. — Lorsqu'un établissement de crédit est désigné en application de l'article L. 312-1 pour ouvrir un compte à une personne faisant l'objet d'une mesure de gel des fonds et ressources économiques, il sollicite l'autorisation préalable du ministre chargé de l'économie avant de procéder à l'ouverture du compte. Le cas échéant, cette autorisation indique les services bancaires de base que l'établissement de crédit fournit à cette personne.

II. — Les dispositions du présent chapitre ne sont pas applicables aux dépositaires centraux et aux gestionnaires de systèmes de règlement et de livraison d'instruments financiers.

Art. L. 562-15 Un décret en Conseil d'État fixe les modalités d'application des dispositions du présent chapitre.

....

TITRE VII. DISPOSITIONS PÉNALES

CHAPITRE IV. *DISPOSITIONS RELATIVES À LA LUTTE CONTRE LE BLANCHIMENT DE CAPITAUX ET LE FINANCEMENT DES ACTIVITÉS TERRORISTES (L. n° 2006-64 du 23 janv. 2006, art. 23-II).*

Art. L. 574-2 Est puni des peines prévues à l'article 226-13 du code pénal, le fait, pour toute personne, de méconnaître l'interdiction prescrite au deuxième alinéa de l'article *(Ord. n° 2016-1635 du 1er déc. 2016, art. 13-II, en vigueur le 1er janv. 2017)* « L. 561-30 », sous réserve des dispositions de l'article 226-14 du code pénal. — *[L. n° 90-614 du 12 juill. 1990, art. 16, al. 2.]*

Art. L. 574-3 *(L. n° 2006-64 du 23 janv. 2006, art. 23-II)* Est puni des peines prévues au 1 de l'article 459 du code des douanes le fait, pour les *(Abrogé par Ord. n° 2020-1342 du 4 nov. 2020, art. 5) « dirigeants ou les préposés des organismes financiers et »* personnes mentionnés *[mentionnées]* à l'article *(Ord. n° 2016-1575 du 24 nov. 2016, art. 1er)* « L. 562-4 » *(Ord. n° 2020-1342 du 4 nov. 2020, art. 5)* « , leurs dirigeants ou leurs préposés » et, pour les personnes faisant l'objet d'une mesure de gel ou d'interdiction prise en application du *(Ord. n° 2009-104 du 30 janv. 2009, art. 6)* « chapitre II » du titre VI du présent livre, de se soustraire aux obligations en résultant ou de faire obstacle à sa mise en œuvre.

Sont également applicables les dispositions relatives à la constatation des infractions, aux poursuites, au contentieux et à la répression des infractions des titres II et XII du code des douanes sous réserve des articles 453 à 459 du même code.

Art. L. 574-4 *(Ord. n° 2009-104 du 30 janv. 2009, art. 6)* Est puni d'un an d'emprisonnement et de 15 000 € d'amende le fait pour les personnes mentionnées aux 8°, 9°, 10 et 15° de l'article L. 561-2 de ne pas répondre, après mise en demeure, aux demandes d'information de l'autorité administrative en charge de l'inspection mentionnée au *(Ord. n° 2020-115 du 12 févr. 2020, art. 10)* « I » de l'article L. 561-36 ou de mettre obstacle de quelque manière que ce soit à l'exercice par celle-ci de sa mission de contrôle ou de lui communiquer sciemment des renseignements inexacts.

Art. L. 574-5 *(Ord. n° 2020-115 du 12 févr. 2020, art. 10)* Est puni d'un emprisonnement de six mois et d'une amende de 7 500 euros le fait de ne pas fournir aux personnes mentionnées à l'article L. 561-2, dans le cadre des mesures de vigilance prévues à la section III du chapitre Ier du titre VI, ou de ne pas déclarer au registre du commerce et des sociétés les informations relatives aux bénéficiaires effectifs requises en application du premier alinéa de l'article L. 561-46, ou de déclarer des informations inexactes ou incomplètes.

Les personnes physiques déclarées coupables de l'infraction prévue au premier alinéa encourent également les peines d'interdiction de gérer prévue à l'article 131-27 du code pénal et de privation partielle des droits civils et civiques prévue au 2° de l'article 131-26 du même code.

Les personnes morales déclarées pénalement responsables, dans les conditions prévues par l'article 121-2 du code pénal, de l'infraction prévue au premier alinéa encourent, outre l'amende suivant les modalités prévues par l'article 131-38 du code pénal, les peines prévues aux 1°, 3°, 4°, 5°, 6°, 7° et 9° de l'article 131-39 du même code.

Art. L. 574-6 *(Ord. n° 2020-115 du 12 févr. 2020, art. 10)* Est puni des peines prévues à l'article L. 574-5 le fait pour le bénéficiaire effectif de ne pas transmettre à la société ou *[à]* l'entité les informations requises en application de l'article L. 561-45-2 dans les délais prévus par cet article ou de transmettre des informations inexactes ou incomplètes.

SECTION II **PEINES COMPLÉMENTAIRES APPLICABLES AUX PERSONNES PHYSIQUES ET RESPONSABILITÉ PÉNALE DES PERSONNES MORALES**

Art. 324-7 Les personnes physiques coupables des infractions définies aux articles 324-1 et 324-2 encourent également les peines complémentaires suivantes :

1° *(L. n° 2008-776 du 4 août 2008, art. 70)* **« L'interdiction, suivant les modalités prévues par l'article 131-27, soit d'exercer une fonction publique ou d'exercer l'activité professionnelle ou sociale dans l'exercice ou à l'occasion de l'exercice de laquelle l'infraction a été commise, cette interdiction étant définitive ou provisoire dans le cas prévu à l'article 324-2 et pour une durée de cinq ans au plus dans le cas prévu à l'article 324-1, soit d'exercer une profession commerciale ou industrielle, de diriger, d'Administrer de gérer ou de contrôler à un titre quelconque, directement ou indirectement, pour son propre compte ou pour le compte d'autrui, une entreprise commerciale ou industrielle ou une société commerciale. Ces interdictions d'exercice peuvent être prononcées cumulativement ; »**

2° L'interdiction de détenir ou de porter, pour une durée de cinq ans au plus, une arme soumise à autorisation ;

3° L'interdiction, pour une durée de cinq ans au plus, d'émettre des chèques autres que ceux qui permettent le retrait de fonds par le tireur auprès du tiré ou ceux qui sont certifiés et d'utiliser les cartes de paiement ;

4° La suspension, pour une durée de cinq ans au plus, du permis de conduire, cette suspension pouvant être limitée à la conduite en dehors de l'activité professionnelle ;

5° L'annulation du permis de conduire avec l'interdiction de solliciter la délivrance d'un nouveau permis pendant cinq ans au plus ;

6° La confiscation d'un ou plusieurs véhicules appartenant au condamné ;

7° La confiscation d'une ou plusieurs armes dont le condamné est le propriétaire ou dont il a la libre disposition ;

8° La confiscation de la chose qui a servi ou était destinée à commettre l'infraction ou de la chose qui en est le produit, à l'exception des objets susceptibles de restitution ;

9° L'interdiction, suivant les modalités prévues *(L. n° 2013-907 du 11 oct. 2013, art. 27)* **« aux articles 131-26 et 131-26-1 », des droits civiques, civils et de famille ;**

10° L'interdiction de séjour suivant les modalités prévues par l'article 131-31 ;

11° L'interdiction, pour une durée de cinq ans au plus, de quitter le territoire de la République ;

(L. n° 2001-420 du 15 mai 2001) **« 12° La confiscation de tout ou partie des biens du condamné** *(L. n° 2012-409 du 27 mars 2012, art. 13-I-4°)* **« ou, sous réserve des droits du propriétaire de bonne foi, dont il a la libre disposition », quelle qu'en soit la nature, meubles ou immeubles, divis ou indivis. »**

Les dispositions du présent article sont applicables à Mayotte, en Nouvelle-Calédonie, dans les îles Wallis-et-Futuna et en Polynésie française (L. n° 2001-1062 du 15 nov. 2001, art. 71).

BIBL. ► THONY, *Mél. Ottenhof, Dalloz, 2006* (quelques expériences nationales et internationales de confiscation des biens en matière de blanchiment ou de terrorisme).

1. Confiscation de véhicules (art. 324-7-6°). Justifie sa décision de se déclarer incompétente pour « poursuivre le recouvrement de la confiscation » de véhicules saisis la cour d'appel qui, après avoir retenu que la décision prise par le tribunal suisse était susceptible d'être exécutée en France en application de la Conv. relative au blanchiment, au dépistage, à la saisie et à la confiscation des produits du crime, énonce qu'il doit être procédé à cette mise à exécution selon les règles internes de procédure et « qu'aucune disposition légale ou réglementaire française ne donne compétence à la juridiction d'instruction » à cet effet, la cour n'ayant à se prononcer, ni sur la régularité de la demande de confiscation présentée, ni sur le mérite de la demande de restitution présentée par le requérant ; en effet, d'une part, il résulte des art. 13 et 14 de la Convention précitée, faite à Strasbourg le 8 nov. 1990, applicable dans les relations entre la France et la Suisse, qu'une partie, qui a reçu de l'autre partie une demande de confiscation concernant des instruments ou des produits situés sur son territoire, est tenue de l'exécuter, dans les conditions prévues par le texte conventionnel, en suivant les procédures organisées par son droit interne ; d'autre part, aux termes de l'art. 12 de la loi n° 96-392 du 13 mai 1996 relative à la lutte contre le blanchiment et le trafic de stupéfiants et à la coopération internationale en matière de saisie et de confiscation des produits du crime, lorsqu'elle fait l'objet d'une demande présentée en application des articles précités de la Conv. du 8 nov. 1990, l'exécution sur le territoire français d'une décision de confiscation prononcée par une juridiction de l'un des autres États parties à cette Convention est autorisée par le tribunal correctionnel, lequel est saisi, à cette fin, par le procureur de la République. • Crim. 25 mars 2003, n° 02-82.079 P.

2. Confiscation du produit de l'infraction (art. 324-7-8°). Le tribunal de Milan a prononcé, à titre de mesure préventive, la confiscation d'un immeuble sis en France, décision confirmée par la Cour suprême de cassation italienne qui a considéré comme suffisants les indices permettant d'établir que l'immeuble en cause était le produit du blanchiment de capitaux provenant du trafic de stupéfiants ; en application de la Conv. du 8 nov. 1990 relative au blanchiment, au dépistage, à la saisie et à la confiscation des produits du crime et de la L. du 13 mai 1996, les autorités judiciaires italiennes ont saisi le procureur de la République près le tribunal de grande instance d'une requête aux fins d'autoriser sur le territoire français l'exécution de la décision étrangère ; la cour d'appel a justifié sa décision, faisant droit à leur demande, en constatant que les conditions prévues pour cette exécution par les art. 12 à 14 de la L. du 13 mai 1996 sont réunies ; la cour relève que la décision de confiscation est définitive et exécutoire et le bien confisqué est susceptible de l'être dans des circonstances analogues selon la loi française, en ses art. 131-21 et 324-7 C. pén. ; enfin, elle ajoute que l'exécution de cette décision ne peut porter atteinte à l'ordre public dès lors que la requête tend à la confiscation d'un immeuble acquis par le blanchiment des sommes issues d'une organisation criminelle ; en effet, il résulte de la Convention, applicable dans les relations entre la France et l'Italie, qu'une partie, ayant reçu de l'autre partie une demande de confiscation concernant des produits situés sur son territoire, est tenue de l'exécuter lorsque les conditions prévues par le texte conventionnel et la loi de l'État sont réunies. • Crim. 13 nov. 2003, n° 03-80.371 P : *D. 2003. IR 3008* ; *Gaz. Pal. 2004. 1. 1871, note Ducouloux-Favard ; ibid. 1948, note Monnet ; JCP 2004. IV. 1115.*

3. Confiscation des biens du condamné (art. 324-7-12°). V. également *supra*, ss. l'art. 131-21. La QPC est ainsi rédigée : « L'article 324-7-12°, C. pén. est-il contraire au principe de légalité des délits et des peines issu de l'art. 8 DDH 1789 ? » ; ladite question ne présente pas, à l'évidence, un caractère sérieux dès lors que les dispositions visées, rédigées en termes suffisamment clairs et précis pour permettre leur interprétation et leur sanction, qui entrent dans l'office du juge pénal, sans risque d'arbitraire, ne portent pas atteinte au principe constitutionnel de la légalité des délits et des peines ; d'où il suit qu'il n'y a pas lieu de renvoyer au Cons. const. • Crim. 27 mars 2013, n° 12-85.115 P : *D. actu. 26 avr. 2013, obs. Auffray.*

4. Aux termes de l'art. 324-7-12°, C. pén., les personnes physiques coupables de blanchiment encourent, à titre de peine complémentaire, la confiscation de tout ou partie de leurs biens, quelle qu'en soit la nature, meubles ou immeubles, divis ou indivis, sans qu'il soit exigé que le bien sur lequel elle porte soit l'objet ou le produit direct ou indirect de l'infraction ; justifient leur décision, sans méconnaître l'art. 1er du Prot. add. Conv. EDH, les juges qui, prononçant la confiscation d'un bien immobilier, n'ont fait qu'user de leur pouvoir d'appréciation de la nécessité de l'atteinte portée au droit de propriété d'une prévenue, au regard de la gravité des faits et de la situation personnelle de l'intéressée. • Crim. 30 mars 2016, n° 15-81.550 P : *D. actu. 2 mai 2016, obs. Goetz.*

5. Caractérise la libre disposition d'un bien, propriété d'une société immobilière, par la personne physique mise en examen du chef de blanchiment, de nature à en permettre la saisie en application des art. 131-21, al. 6, et 324-7-12° C. pén., le recours à l'interposition de cette société entre le mis en examen et son patrimoine immobilier, ainsi qu'à des prête-noms de l'entourage familial pour exercer les fonctions ou les rôles de dirigeants de droit, d'administrateurs et d'associés, joint à une gestion de fait de la société par l'intéressé. • Crim. 8 nov. 2017, n° 17-82.632 P : *D. 2018. 200, obs. Pichon* .

6. Application dans le temps. Pour prononcer la confiscation du bien immobilier appartenant en indivision au prévenu à hauteur de 14 %, l'arrêt énonce que la confiscation de tout ou partie du patrimoine des personnes condamnées est possible s'agissant du délit de blanchiment ; en statuant ainsi, alors que l'infraction de blanchiment dont le prévenu a été déclaré coupable est antérieure à l'entrée en vigueur de la loi du 15 mai 2001, qui a institué la peine complémentaire de confiscation de tout ou partie des biens du condamné à l'art. 324-7-12° C. pén., la cour d'appel, qui n'a pas recherché si le bien immobilier confisqué était le produit de l'infraction au sens de l'art. 324-7-8°, du même code, n'a pas justifié sa décision. • Crim. 25 nov. 2015, n° 14-84.985 P : *D. actu. 17 déc. 2015, obs. Fucini.*

Art. 324-8 **L'interdiction du territoire français peut être prononcée dans les conditions prévues par l'article 131-30, soit à titre définitif, soit pour une durée de dix ans au plus, à l'encontre de tout étranger coupable de l'une des infractions définies aux articles 324-1 et 324-2.**

Art. 324-9 *(L. n° 2009-526 du 12 mai 2009, art. 124-I)* **« Les personnes morales déclarées responsables pénalement, dans les conditions prévues par l'article 121-2, des**

infractions définies aux articles 324-1 et 324-2 encourent, outre l'amende suivant les modalités prévues par l'article 131-38, les peines prévues par l'article 131-39 *(L. nº 2013-1117 du 6 déc. 2013, art. 21)* **« ainsi que la confiscation de tout ou partie de leurs biens ou, sous réserve des droits du propriétaire de bonne foi, de ceux dont elles ont la libre disposition, quelle qu'en soit la nature, meubles ou immeubles, divis ou indivis ». »**

L'interdiction mentionnée au 2º de l'article 131-39 porte sur l'activité dans l'exercice ou à l'occasion de l'exercice de laquelle l'infraction a été commise.

BIBL. ▶ Dossier, *AJ pénal 2013. 637* ✎ *s.* (la lutte contre la délinquance financière).

Loi nº 92-685 du 22 juillet 1992, *portant réforme des dispositions du code pénal relatives à la répression des crimes et délits contre les biens.* **Art. unique** Les dispositions du code pénal relatives à la répression des crimes et des délits contre les biens sont fixées par le livre III annexé à la présente loi.

Ces dispositions entreront en vigueur à la date qui sera fixée par la loi relative à l'entrée en vigueur du Nouveau code pénal et à la modification de certaines dispositions de droit pénal et de procédure pénale rendue nécessaire par cette entrée en vigueur.

LIVRE QUATRIÈME DES CRIMES ET DÉLITS CONTRE LA NATION, L'ÉTAT ET LA PAIX PUBLIQUE

(L. n° 92-686 du 22 juill. 1992)

Le livre IV du code pénal est entré en vigueur le 1er mars 1994 *(L. n° 92-1336 du 16 déc. 1992, art. 373 modifié par L. n° 93-913 du 19 juill. 1993).*

RÉP. PÉN. v° *Crédit de la nation (atteinte au)*, par PASCHOUD et LANTHIEZ.

BIBL. GÉN. ► DESPORTES et LE GUNEHEC, *JCP 1992. I. 3615.* – VÉRON, *Dr. pénal 1993. Chron. 10.* – GIUDICELLI-DELAGE, *RSC 1993. 493.* – MAYAUD, *Travaux du CERJDA, vol. 8, L'Harmattan, 2008, p. 95* (entreprise, patriotisme économique et droit pénal). – DECOCQ, *in Code pénal et Code d'instruction criminelle. Livre du Bicentenaire, Ouvrage collectif de l'Université Panthéon-Assas, Dalloz 2010* (crimes et délits contre la sûreté de l'État).

TITRE PREMIER DES ATTEINTES AUX INTÉRÊTS FONDAMENTAUX DE LA NATION

Art. 410-1 **Les intérêts fondamentaux de la nation s'entendent au sens du présent titre de son indépendance, de l'intégrité de son territoire, de sa sécurité, de la forme républicaine de ses institutions, des moyens de sa défense et de sa diplomatie, de la sauvegarde de sa population en France et à l'étranger, de l'équilibre de son milieu naturel et de son environnement et des éléments essentiels de son potentiel scientifique et économique et de son patrimoine culturel.** — *Pén. 434-2 ; Civ. 21-8, 21-27, 25.*

RÉP. PÉN. v° *Intérêts fondamentaux de la nation (atteintes aux)*, par RAYNE.

Code général des impôts *(Décr. n° 50-478 du 6 avr. 1950).* **Art. 1747** Quiconque, par voies de fait, menaces ou manœuvres concertées, aura organisé ou tenté d'organiser le refus collectif de l'impôt, sera puni des peines prévues à l'article 1er de la loi du 18 août 1936 réprimant les atteintes au crédit de la nation.

Sera puni d'une amende de 3 750 € et d'un emprisonnement de six mois quiconque aura incité le public à refuser ou à retarder le payement de l'impôt. — *[L. 31 déc. 1936, art. 65.]*

Code de la sécurité sociale *(Décr. n° 85-1353 du 17 déc. 1985).* **Art. L. 615-1** *(L. n° 95-116 du 4 févr. 1995)* Toute personne qui, par voie de fait, menaces ou manœuvres concertées, a organisé ou tenté d'organiser le refus par les assujettis de se conformer aux prescriptions de la législation du présent livre, et notamment de s'affilier à un organisme de sécurité sociale, ou de payer les cotisations dues est punie d'un emprisonnement de deux ans et d'une amende de 30 000 €.

Toute personne qui, par quelque moyen que ce soit, incite les assujettis à refuser de se conformer aux prescriptions de la législation du présent livre, et notamment de s'affilier à un organisme de sécurité sociale ou à ne pas payer les cotisations à un régime d'assurance obligatoire institué par le présent livre, est punie d'un emprisonnement de six mois et d'une amende de 7 500 €. — *Cet art., anc. L. 652-7, a été renuméroté par la L. n° 2017-1836 du 30 déc. 2017, art. 15.*

Loi du 18 août 1936,

Portant abrogation de la loi du 12 février 1924 et réprimant les atteintes au crédit de la nation (DP 1937. 4. 38).

RÉP. PÉN. v° *Crédit de la nation (atteinte au)*, par PASCHOUD et LANTHIEZ.

Art. 1er Sera puni de deux ans de prison et d'une amende de 9 000 € quiconque, par des voies ou des moyens quelconques, aura sciemment répandu dans le public des faits faux ou des allégations mensongères de nature à ébranler directement ou indirectement sa confiance dans la solidité de la monnaie, la valeur des fonds d'État de toute nature, des fonds des départements et des communes, des établissements publics et, d'une manière générale, de tous les organismes où les collectivités précédentes ont une participation directe ou indirecte.

Art. 2 Sera puni des mêmes peines quiconque aura, par des voies et des moyens quelconques, incité le public :

1° A des retraits de fonds de caisses publiques ou des établissements obligés par la loi à effectuer leurs versements dans des caisses publiques ;

2° A la vente de titres de rente ou autres effets publics ou l'aura détourné de l'achat ou de la souscription de ceux-ci, que ces provocations aient été suivies ou non d'effet.

L'art. 2, al. 1er, de la L. du 18 août 1936 n'exige pas que la provocation ou l'incitation ait un caractère direct, et réprime également les faits de provocation indirecte ; celle-ci peut résulter de déclarations écrites dans un article de journal qui, sans révéler chez leur auteur l'intention d'entraîner une action immédiate, ont pour but de créer un état d'esprit propre à susciter cette action. • TGI Paris, 3 juin 1976 : *D. 1976. 621, note Goudet.* ♦ Tel est le cas, même si le prévenu n'avait pas d'autre dessein que d'obtenir un relèvement du taux d'intérêt, dès lors que le retrait de fonds par l'ensemble des épargnants était présenté comme un moyen de pression efficace, légitime et susceptible d'être effectivement mis en œuvre dans l'avenir. • Même jugement.

Art. 3 Les poursuites ne pourront être engagées que sur plainte du ministre des finances ou des représentants légaux des collectivités et des organismes visés à l'article 1er.

Art. 4 Pour toutes les infractions prévues à la présente loi, le tribunal devra, en cas de condamnation, ordonner la publication du jugement dans deux journaux qu'il indiquera, aux frais du condamné.

Art. 5 *Abrogé par L. nº 51-144 du 11 févr. 1951.*

Art. 6 Dans tous les cas prévus à la présente loi, lorsque le délinquant sera un étranger, la juridiction saisie prononcera, en outre, l'interdiction temporaire ou indéfinie du territoire français. Au cas où cet étranger, malgré cette interdiction, rentrerait sur le territoire français, il sera condamné à une peine de un an de prison et à une amende de 4 500 €. A l'expiration de sa peine, il sera reconduit à la frontière.

Art. 7 La loi du 12 février 1924, remplaçant la loi du 3 février 1893, est abrogée, ainsi que toutes les dispositions législatives contraires à la présente loi.

Art. 8 La présente loi est applicable aux colonies.

Décret-loi du 21 avril 1939,

Tendant à réprimer les propagandes étrangères (DP 1939. 4. 352).

Art. 1er Quiconque reçoit, de provenance étrangère, directement ou indirectement, sous quelque forme et à quelque titre que ce soit, des fonds de propagande et se livre à une propagande politique, est frappé d'une peine d'emprisonnement de cinq ans et d'une amende de 9 000 €.

Tous moyens ayant servi à commettre l'infraction seront saisis ; le jugement ordonnera, selon le cas, leur confiscation, suppression ou destruction.

Le tribunal pourra prononcer, en outre, pour une durée de cinq ans au moins et dix ans au plus, l'interdiction de tout ou partie des droits civiques, civils et de famille, énoncés en l'article *(L. nº 92-1336 du 16 déc. 1992)* « 131-26 » du code pénal.

Art. 2 Quiconque reçoit de l'étranger, directement ou par personne interposée, des fonds destinés à rémunérer une opération de publicité doit, dans les huit jours à compter du payement, en faire la déclaration à la préfecture de son domicile et, à Paris, à la préfecture de police, sous peine d'une amende de 3 750 €, sans préjudice, s'il y a lieu des peines prévues à l'article 1er du présent décret. Un décret fixera les conditions d'exécution du présent article. — *V. Décr. 29 juill. 1939 (BLD 1939. 875 ; JO 9 août).*

Décret-loi du 24 juin 1939,

Concernant la répression de la distribution et de la circulation des tracts de provenance étrangère (DP 1939. 4. 361).

Art. 1er Sont interdites la distribution, la mise en vente, l'exposition aux regards du public et la détention en vue de la distribution, de la vente ou de l'exposition, dans un but de propagande, de tracts, bulletins et papillons d'origine ou d'inspiration étrangère, de nature à nuire à l'intérêt national.

Art. 2 Toute infraction à l'interdiction édictée par l'article 1er sera punie d'un emprisonnement de cinq ans et d'une amende de 9 000 €.

Le tribunal pourra prononcer en outre, pour une durée de cinq ans au moins et de dix ans au plus, l'interdiction de tout ou partie des droits civiques, civils et de famille énoncés à l'article *(L. nº 92-1336 du 16 déc. 1992)* « 131-26 » du code pénal.

Il pourra également prononcer l'interdiction de séjour pendant le même nombre d'années.

Loi nº 68-678 du 26 juillet 1968,

Relative à la communication de documents et renseignements d'ordre économique, commercial, industriel, financier ou technique à des personnes physiques ou morales étrangères (L. nº 80-538 du 16 juill. 1980).

Art. 1er *(L. nº 80-538 du 16 juill. 1980)* Sous réserve des traités ou accords internationaux, il est interdit à toute personne physique de nationalité française ou résidant habituellement sur le territoire français et à tout dirigeant, représentant, agent ou préposé d'une personne morale y ayant son siège ou un établissement de communiquer par écrit, oralement ou sous toute autre forme, en quelque lieu que ce soit, à des autorités publiques étrangères, les documents ou les renseignements d'ordre économique, commercial, industriel, financier ou technique dont la communication est de nature à porter atteinte à la souveraineté, à la sécurité, aux intérêts économiques essentiels de la France ou à l'ordre public, précisés par l'autorité administrative en tant que de besoin. – *V. Arr. du 20 nov. 1980 (D. et BLD 1981. 194) portant application de cet article.*

Art. 1er *bis* *(L. nº 80-538 du 16 juill. 1980)* Sous réserve des traités ou accords internationaux et des lois et règlements en vigueur, il est interdit à toute personne de demander, de rechercher ou de communiquer, par écrit, oralement ou sous toute autre forme, des documents ou renseignements d'ordre économique, commercial, industriel, financier ou technique tendant à la constitution de preuves en vue de procédures judiciaires ou administratives étrangères ou dans le cadre de celles-ci.

Constituent, au sens de l'art. 1er *bis* de la L. du 26 juill. 1968 modifiée, la recherche de renseignements d'ordre économique, commercial, industriel, financier ou technique tendant à la constitution de preuves en vue d'une procédure étrangère les démarches effectuées par une personne, correspondante en France de l'avocat d'une des parties à ladite procédure, dans le but de connaître les circonstances dans lesquelles le conseil d'administration d'une société française a pris la décision d'acquérir une société étrangère ; dès lors, commet le délit réprimé par l'art. 3 de la loi susvisée la personne qui se livre à de telles démarches, sans disposer d'un mandat autorisé prévu par la Conv. de La Haye du 18 mars 1970. • Crim. 12 déc. 2007, nº 07-83.228 P : *D. 2008. Pan. 2830, obs. Delebecque ; AJ pénal 2008. 97, obs. Roussel ; Dr. pénal 2008, nº 47, obs. J.-H. Robert.*

Art. 2 *(L. nº 80-538 du 16 juill. 1980)* Les personnes visées aux articles 1er et 1er *bis* sont tenues d'informer sans délai le ministre compétent lorsqu'elles se trouvent saisies de toute demande concernant de telles communications. – *Pour la détermination du ministre compétent, V. Décr. nº 81-550 du 12 mai 1981 (D. et BLD 1981. 262).*

Art. 3 *(L. nº 80-538 du 16 juill. 1980)* Sans préjudice des peines plus lourdes prévues par la loi, toute infraction aux dispositions des articles 1er et 1er *bis* de la présente loi sera punie d'un emprisonnement de six mois et d'une amende de 18 000 € ou de l'une de ces deux peines seulement.

CHAPITRE PREMIER DE LA TRAHISON ET DE L'ESPIONNAGE

RÉP. PÉN. vis *Espionnage* et *Trahison*, par RAYNE.

Art. 411-1 **Les faits définis par les articles 411-2 à 411-11 constituent la trahison lorsqu'ils sont commis par un Français ou un militaire au service de la France et l'espionnage lorsqu'ils sont commis par toute autre personne.** — *Pr. pén. 702.*

Corresp. : C. pén., *anciens art. 70 à 73.*

1. Action publique. Les dispositions de l'art. 698-1 C. pr. pén., qui imposent au procureur de la République d'obtenir, soit une dénonciation, soit un avis du ministre chargé de la défense ou de l'autorité militaire habilitée par lui pour exercer l'action publique devant les juridictions mentionnées à l'art. 697 du même code, ne sauraient être invoquées lorsqu'il s'agit des infractions définies par les art. 411-1 à 411-11 et 413-1 à 413-12 C. pén. concernant les atteintes à la défense nationale ; en effet, l'art. 702, al. 2, C. pr. pén., qui donne compétence aux juridictions prévues par les art. 697 et 698-6 du même code à l'égard de ces infractions, n'a pas rendu applicables, en ce qui concerne celles-ci, les autres dispositions du chapitre premier du titre XI C. pr. pén., et notamment celles de l'art. 698-1 de ce code. • Crim. 20 févr. 2002, n° 01-82.246 P.

2. Nationalité. Pour la qualification d'« espionnage », il n'y a pas lieu de distinguer suivant que l'étranger est ou non national du pays en état de guerre avec la France. • Crim. 24 juill. 1946 : *Bull. crim. n° 170* • 17 avr. 1947 : *ibid. n° 105 ; D. 1947. 333 ; JCP 1947. II. 3643, note Brouchot ; S. 1948. 1. 1, note Niboyet.* ♦ Rappr. : • Crim. 16 juill. 1874 : *D. 1874. 1. 497, concl. Reverchon.* ♦ Les ressortissants ennemis peuvent, comme les autres étrangers, être traduits devant les juridictions répressives à raison d'actes qui, revêtiraient-ils la forme d'actes de commerce ou de relations économiques, sont de nature à favoriser les entreprises de l'ennemi, par exemple en procurant le matériel nécessaire aux besoins de son armée. • Crim. 1er févr. 1950 : *Bull. crim. n° 37.*

3. Les crimes prévus par les art. 71-2° (nouv. art. 411-4 C. pén. et 476-1 C. pr. pén.) et 73 C. pén. étant punis de peines identiques et ne différant quant à leurs éléments constitutifs que par la qualité de Français ou d'étranger de l'auteur de l'infraction, est irrecevable pour défaut d'intérêt le moyen pris de ce qu'a été substituée à la question relative au crime de trahison posée devant la juridiction de jugement une question relative au crime d'espionnage, ce mode de procéder n'ayant causé à l'accusé, qui avait revendiqué lui-même la qualité d'étranger, aucun préjudice et n'ayant fait nul grief à la défense. • Crim. 1er avr. 1952 : *Bull. crim. n° 98.*

4. Convention internationale de La Haye. Sur la Convention internationale de La Haye du 18 oct. 1907 sur les lois et coutumes de la guerre, et la combinaison de ses dispositions relatives à l'espionnage avec celles des articles correspondants du code pénal : • Crim. 6 févr. 1947 et • 29 juill. 1948 : *D. 1949. 193, note Donnedieu de Vabres ; S. 1950. 1. 37 ; JCP 1949. II. 4654, note Colombini* • 30 mai 1969 : *Bull. crim. n° 185 ; D. 1969. 667 ; Gaz. Pal. 1969. 2. 37 ; RSC 1969. 869, obs. Vitu* • Paris, 22 nov. 1946 : *D. 1948. 440, note Donnedieu de Vabres.* ♦ V. également Donnedieu de Vabres, *D. 1948. Chron. 153.*

SECTION PREMIÈRE DE LA LIVRAISON DE TOUT OU PARTIE DU TERRITOIRE NATIONAL, DE FORCES ARMÉES OU DE MATÉRIEL À UNE PUISSANCE ÉTRANGÈRE

Art. 411-2 **Le fait de livrer à une puissance étrangère, à une organisation étrangère ou sous contrôle étranger ou à leurs agents soit des troupes appartenant aux forces armées françaises, soit tout ou partie du territoire national est puni de la détention criminelle à perpétuité et de 750 000 € d'amende.**

Les deux premiers alinéas de l'article 132-23 relatif à la période de sûreté sont applicables au crime prévu par le présent article. — *Pén. 414-2 ; Pr. pén. 702 ; Just. milit. L. 331-1, L. 333-5.*

Corresp. : C. pén., *ancien art. 70 (3°).*

Agent d'une puissance étrangère. La qualité d'« agent » d'une puissance étrangère n'a pas à être établie par la production d'un mandat officiel et peut être rapportée par toutes les preuves ou présomptions admises par la loi. • Crim. 24 mai 1917 : *Bull. crim. n° 135.*

Art. 411-3 **Le fait de livrer à une puissance étrangère, à une entreprise ou une organisation étrangère ou sous contrôle étranger ou à leurs agents des matériels, constructions, équipements, installations, appareils affectés à la défense nationale est puni de trente ans de détention criminelle et de 450 000 € d'amende.** — *Pén. 414-2 ; Pr. pén. 702 ; Just. milit. L. 331-1, L. 333-5.*

SECTION II DES INTELLIGENCES AVEC UNE PUISSANCE ÉTRANGÈRE

Art. 411-4 Le fait d'entretenir des intelligences avec une puissance étrangère, avec une entreprise ou organisation étrangère ou sous contrôle étranger ou avec leurs agents, en vue de susciter des hostilités ou des actes d'agression contre la France, est puni de trente ans de détention criminelle et de 450 000 € d'amende.

Est puni des mêmes peines le fait de fournir à une puissance étrangère, à une entreprise ou une organisation étrangère ou sous contrôle étranger ou à leurs agents les moyens d'entreprendre des hostilités ou d'accomplir des actes d'agression contre la France. — *Pén. 414-4 ; Pr. pén. 702 ; Just. milit. L. 331-1, L. 333-6.*

Corresp. : *C. pén., ancien art. 70 (2°).*

1. Intelligences avec une puissance étrangère. Bien que la loi parle d'intelligences avec une puissance étrangère, au pluriel, un seul acte suffit pour caractériser le crime. • Crim. 20 févr. 1920 : *Bull. crim. n° 90.* ♦ Pour des exemples : • Crim. 22 mai 1908 : *Bull. crim. n° 212* (livraison de documents secrets sur lesquels est basée l'action offensive et défensive de la marine française) • 24 mai 1917 : *ibid. n° 135* (engagement des coupables à livrer de grandes quantités de ferro-silicium, sachant que ce produit devait être utilisé pour fabriquer des munitions de guerre destinées à être employées contre la France).

2. Conflit de qualifications. Les éléments constitutifs des crimes contre l'humanité définis par l'art. 6 *c* de la charte du Tribunal international du 8 août 1945, auquel se réfère la L. du 26 déc. 1964 qui les déclare imprescriptibles, ne sont pas les mêmes que ceux des crimes de guerre prévus par l'art. 80 CJM et du crime d'intelligence avec l'ennemi prévu par les art. 70 s. C. pén. • Crim. 6 févr. 1975 : ♜ *Bull. crim. n° 42 ; D. 1975. 386, rapp. Chapar, note Coste-Floret ; RSC 1976. 97, obs. Vitu.*

Art. 411-5 Le fait d'entretenir des intelligences avec une puissance étrangère, avec une entreprise ou organisation étrangère ou sous contrôle étranger ou avec leurs agents, lorsqu'il est de nature à porter atteinte aux intérêts fondamentaux de la nation, est puni de dix ans d'emprisonnement et de 150 000 € d'amende. — *Pén. 414-4 ; Pr. pén. 702 ; Just. milit. L. 331-1, L. 333-6.*

Corresp. : *C. pén., ancien art. 80 (3°).*

1. Conformité à la Convention européenne des droits de l'homme. L'art. 80-3° C. pén., qui précise la nature des intelligences punissables entretenues avec les agents d'une puissance étrangère, n'est pas en contradiction avec la Convention européenne des droits de l'homme, et les actes incriminés ne sauraient être considérés comme l'exercice de la liberté d'expression ou de communication protégée par l'art. 10 de ladite Convention. • Crim. 4 janv. 1990, ♜ n° 89-85.795 P.

2. Infraction formelle. Le crime prévu par l'art. 80-3° C. pén. est constitué lorsque sont établies des intelligences avec des agents d'une puissance étrangère de nature, indépendamment de tout résultat positif, à nuire à la situation militaire ou diplomatique de la France ou à ses intérêts économiques essentiels. • Crim. 23 mars 1982 : ♜ *Bull. crim. n° 85 ; Gaz. Pal. 1982. 2. Somm. 290 ; RSC 1983. 253, obs. Vitu* • 12 févr. 1985 : ♜ *Bull. crim. n° 70 ; Gaz. Pal. 1985. 2. Somm. 222, note Doucet ; RSC 1985. 802, obs. Delmas Saint-Hilaire.*

3. C'est la nature même des intelligences entretenues avec les agents d'une puissance étrangère et non pas le degré qu'ont pu atteindre les agissements de celui qui consent à entretenir de telles intelligences qui caractérise le crime prévu par l'art. 80-3° C. pén., indépendamment de tout résultat positif. • Crim. 12 janv. 1988 : ♜ *Bull. crim. n° 14.*

4. Éléments de consommation. L'art. 80-3° C. pén. n'exige pas que les renseignements fournis aient un caractère confidentiel ou secret. • Crim. 21 oct. 1965 : *Bull. crim. n° 208 ; D. 1965. 842* • 17 févr. 1987 : ♜ *Bull. crim. n° 78 ; Gaz. Pal. 1987. 2. Somm. 291.* ♦ Rappr., sous l'empire de l'ancien art. 80-2° C. pén. : • Crim. 23 juin 1955 : *Bull. crim. n° 327.*

SECTION III DE LA LIVRAISON D'INFORMATIONS À UNE PUISSANCE ÉTRANGÈRE

RÉP. PÉN. v° *Cybercriminalité* par CHOPIN.

Art. 411-6 Le fait de livrer ou de rendre accessibles à une puissance étrangère, à une entreprise ou organisation étrangère ou sous contrôle étranger ou à leurs agents des renseignements, procédés, objets, documents, données informatisées ou fichiers dont l'exploitation, la divulgation ou la réunion est de nature à porter atteinte aux intérêts

fondamentaux de la nation est puni de quinze ans de détention criminelle et de 225 000 € d'amende. — *Pén. 414-2 ; Pr. pén. 702 ; Just. milit. L. 331-1, L. 333-3, L. 333-5.*

BIBL. ► J. FOUGEROUSE, *RD publ. 2003. 1449* (le secret de la défense nationale). – L. BECUYWE, *Dr. pénal 2004. Chron. 1* (procédure pénale et secret défense).

1. Livraison d'un secret de la défense nationale (ancien art. 72-1°). Pour des exemples de « renseignements » protégés au titre de secrets de la défense nationale. • Crim. 1er févr. 1935 : *DH 1935. 181* (renseignements d'ordre militaire) • 10 mai 1928 : *Gaz. Pal. 1928. 2. 82* (renseignements d'ordre industriel). ♦ Pour des exemples d'« objets » ou de « documents ». • Crim. 20 juill. 1911 : *Bull. crim. n° 370 ; D. 1912. 1. 344 ; S. 1913. 1. 413* (culasse d'une mitrailleuse) • Lyon, 3 févr. 1892 : *D. 1892. 2. 467* (diverses pièces d'une carabine) • Douai, 22 mars 1910 : *D. 1912. 2. 272 ; S. 1913. 2. 4* (photographies d'un fort).

2. La preuve du caractère secret des renseignements ou documents peut ne pas être intrinsèque et tirée de leur nature même, mais être seulement déduite de circonstances extérieures (importance de la rémunération, précautions prises, continuité des paiements). • Crim. 7 avr. 1936 : *Bull. crim. n° 46.* ♦ Le juge peut également puiser les éléments de sa conviction dans une lettre du ministre qualifié pour fournir un avis. • Crim. 1er mars 1951 : *Bull. crim. n° 68.* ♦ Mais la juridiction de jugement n'a pas à s'expliquer sur le caractère secret des documents ou renseignements fournis, et en répondant affirmativement à une question qui relève ce caractère dans les termes du code pénal, elle constate par là-même l'existence des éléments constitutifs du crime de trahison. • Crim. 23 nov. 1950 : *Bull. crim. n° 266.*

3. Le fait que le prévenu aurait agi dans le but d'obtenir, en échange des pièces qu'il livrait, d'autres documents offrant un intérêt plus considérable, et qu'il eût aussitôt remis aux autorités militaires françaises, à le supposer établi, n'a aucune portée justificative. • Crim. 1er févr. 1935 : *préc. note 1.*

4. La divulgation de secrets de la défense nationale est caractérisée même si cette divulgation a eu lieu sans qu'il ait été fait usage d'un des moyens énumérés par l'art. 23 de la loi de 1881 sur la presse. • Crim. 16 nov. 1950 : *JCP 1951. II. 6033, note Brouchot.*

5. Communication d'un secret de fabrique (ancien art. 418). Les stipulations du traité de la Communauté économique européenne, notamment en ce qu'elles posent le principe de la libre circulation des personnes, des marchandises ou des services, et celui de la libre concurrence entre les États membres, ne sont pas applicables aux situations ou comportements reconnus comme délictueux par l'ensemble des législations nationales, telle la violation d'un secret professionnel, dont le délit de communication d'un secret de fabrique, prévu et réprimé par l'art. 418 C. pén., ne constitue qu'un cas particulier. • Crim. 24 juin 1985 : *Bull. crim. n° 247.* ♦ Rejet du pourvoi contre : • Bordeaux, 7 juin 1983 : *JCP 1983. II. 20087, note Seillan.*

6. Justifie sa décision l'arrêt qui, pour caractériser le délit prévu et réprimé par l'art. 418 C. pén., constate que, si deux des trois opérations nécessaires à l'industrialisation d'un procédé de fabrication pouvaient être reproduites par un technicien quelque peu averti, la troisième partie de ce procédé, relative à la mise au point d'un standard d'outillage très spécifique, constituait un secret de fabrique n'ayant pu être introduit que par le prévenu dans une entreprise concurrente de celle qui détenait ce secret. • Crim. 24 juin 1985 : *préc. note 5.*

7. Le fait, par le directeur d'une fabrique, de quitter, après avoir demandé et obtenu par lettre un rendez-vous, le territoire français, pour se rendre à l'étranger avec l'intention formelle de communiquer un secret de la fabrique, constitue non pas un simple acte préparatoire, mais un des éléments du délit de communication d'un secret de fabrique prévu et puni par l'art. 418 C. pén. ; en conséquence, un tel acte, commis sur le territoire français, alors même qu'il est imputable à un étranger, suffit à justifier la compétence des tribunaux français. • Crim. 4 juill. 1903 : *DP 1903. 1. 425.*

Art. 411-7 Le fait de recueillir ou de rassembler, en vue de les livrer à une puissance étrangère, à une entreprise ou organisation étrangère ou sous contrôle étranger ou à leurs agents, des renseignements, procédés, objets, documents, données informatisées ou fichiers dont l'exploitation, la divulgation ou la réunion est de nature à porter atteinte aux intérêts fondamentaux de la nation est puni de dix ans d'emprisonnement et de 150 000 € d'amende. — *Pén. 414-4 ; Pr. pén. 702 ; Just. milit. L. 331-1, L. 333-3, L. 333-5.*

Atteinte aux intérêts fondamentaux de la Nation. Le fait pour un responsable de recherche de prendre contact avec des entreprises concurrentes de son employeur en vue de leur communiquer des renseignements confidentiels ne constitue pas l'infraction définie par l'art. 411-7 C. pén. puisque cette opération porte atteinte à l'intérêt de l'entreprise et non pas aux intérêts fondamentaux de la Nation. • T. corr. Clermont-Ferrand, 21 juin 2010 : *Dr. pénal 2010, n° 116, obs. Véron.*

Art. 411-8 Le fait d'exercer, pour le compte d'une puissance étrangère, d'une entreprise ou organisation étrangère ou sous contrôle étranger ou de leurs agents, une activité ayant pour but l'obtention ou la livraison de dispositifs, renseignements, procédés, objets, documents, données informatisées ou fichiers dont l'exploitation, la divulgation ou la réunion est de nature à porter atteinte aux intérêts fondamentaux de la nation est puni de dix ans d'emprisonnement et de 150 000 € d'amende. — *Pén. 414-4 ; Pr. pén. 702 ; Just. milit. L. 331-1, L. 333-3, L. 333-5.*

SECTION IV DU SABOTAGE

Art. 411-9 Le fait de détruire, détériorer ou détourner tout document, matériel, construction, équipement, installation, appareil, dispositif technique ou système de traitement automatisé d'informations ou d'y apporter des malfaçons, lorsque ce fait est de nature à porter atteinte aux intérêts fondamentaux de la nation, est puni de quinze ans de détention criminelle et de 225 000 € d'amende.

Lorsqu'il est commis dans le but de servir les intérêts d'une puissance étrangère, d'une entreprise ou organisation étrangère ou sous contrôle étranger, le même fait est puni de vingt ans de détention criminelle et de 300 000 € d'amende. — *Pén. 414-2 ; Pr. pén. 702 ; Just. milit. L. 331-1, L. 333-5.*

SECTION V DE LA FOURNITURE DE FAUSSES INFORMATIONS

Art. 411-10 Le fait de fournir, en vue de servir les intérêts d'une puissance étrangère, d'une entreprise ou organisation étrangère ou sous contrôle étranger, aux autorités civiles ou militaires de la France des informations fausses de nature à les induire en erreur et à porter atteinte aux intérêts fondamentaux de la nation est puni de sept ans d'emprisonnement et de 100 000 € d'amende. — *Pr. pén. 702 ; Just. milit. L. 331-1, L. 333-5.*

SECTION VI DE LA PROVOCATION AUX CRIMES PRÉVUS AU PRÉSENT CHAPITRE

Art. 411-11 Le fait, par promesses, offres, pressions, menaces ou voies de fait, de provoquer directement à commettre l'un des crimes prévus au présent chapitre, lorsque la provocation n'est pas suivie d'effet en raison de circonstances indépendantes de la volonté de son auteur, est puni de sept ans d'emprisonnement et de 100 000 € d'amende. — *Pr. pén. 702 ; Just. milit. L. 331-1.*

Corresp. : *C. pén., ancien art. 73, al. 2.*

RÉP. PÉN. v° *Provocation*, par LASSALLE.

1. Éléments d'incrimination. Les dispositions du second al. de l'art. 73 C. pén. (ancien art. 77), qui punissent comme le crime même la provocation à commettre un des crimes prévus par les art. 70 à 72 dudit code (anciens art. 75 et 76), s'appliquent, quelle que soit la nationalité de son auteur, à toute provocation, même non suivie d'effet, à la seule condition qu'elle soit intentionnelle. • Crim. 1er mars 1951 : *Bull. crim. n° 68.*

2. Conflit de qualifications. Quelque générale que soit la disposition de l'art. 73 C. pén. (ancien art. 77) relative à la provocation, à la trahison et à l'espionnage, elle ne fait pas échec aux dispositions des art. 23 et 24 de la L. du 29 juill. 1881, lorsque la provocation est commise par un des moyens de publicité prévus par cette loi. • Crim. 24 mars 1955 : *Bull. crim. n° 177.*

CHAPITRE II DES AUTRES ATTEINTES AUX INSTITUTIONS DE LA RÉPUBLIQUE OU À L'INTÉGRITÉ DU TERRITOIRE NATIONAL

SECTION PREMIÈRE DE L'ATTENTAT ET DU COMPLOT

RÉP. PÉN. v° *Complot*, par COLLET.

Art. 412-1 Constitue un attentat le fait de commettre un ou plusieurs actes de violence de nature à mettre en péril les institutions de la République *(L. n° 92-1336 du 16 déc. 1992)* « ou à porter atteinte à » l'intégrité du territoire national.

L'attentat est puni de trente ans de détention criminelle et de 450 000 € d'amende.

Les peines sont portées à la détention criminelle à perpétuité et à 750 000 € d'amende lorsque l'attentat est commis par une personne dépositaire de l'autorité publique.

Les deux premiers alinéas de l'article 132-23 relatif à la période de sûreté sont applicables à l'infraction prévue au présent article. — *Pén. 414-2.*

Corresp. : *C. pén., ancien art. 86.*

1. Attentat. Pour des exemples d'attentats : ... sous la IIe République. • Hte C. just., 1er févr. 1849 : *Bull. crim. n° 23 ; D. 1849. 1. 125* • 2 avr. 1849 : *S. 1849. 2. 225* • 13 nov. 1849 : *S. 1849. 2. 722.* ♦ ... Sous la Troisième République. • Hte C. just., 4 janv. 1900 : *D. 1903. 2. 370.*

2. Assassinat. Par sa nature, et quels qu'en aient été les motifs, l'assassinat constitue un crime de droit commun ; il ne perd point ce caractère par le fait qu'il a été commis sur la personne du Président de la République, faute d'un texte qui, par une survivance du crime de lèse-majesté, prévoierait spécialement les attentats contre la vie ou contre la personne du chef de l'État. • Crim. 20 août 1932 : *DP 1932. 1. 121, concl. Matter ; DH 1932. 430 ; Gaz. Pal. 1932. 2. 431.*

3. Provocations. Les discours et les écrits contenant des provocations à commettre des crimes contre la sûreté de l'État ne peuvent constituer le fait matériel de l'attentat. • Crim. 26 avr. 1817 : *Bull. crim. n° 33* • 12 avr. 1833 : *Bull. crim. n° 132 ; S. 1833. 1. 715.* ♦ Mais si ces provocations sont suivies d'effet, leur auteur peut être poursuivi comme complice de l'attentat. • Crim. 9 nov. 1871 : *Bull. crim. n° 139 ; D. 1871. 1. 270 ; S. 1871. 1. 254.*

Art. 412-2 **Constitue un complot la résolution arrêtée entre plusieurs personnes de commettre un attentat lorsque cette résolution est concrétisée par un ou plusieurs actes matériels.**

Le complot est puni de dix ans d'emprisonnement et de 150 000 € d'amende.

Les peines sont portées à vingt ans de détention criminelle et à 300 000 € d'amende lorsque l'infraction est commise par une personne dépositaire de l'autorité publique. — *Pén. 414-3.*

Corresp. : *C. pén., ancien art. 87.*

1. Résolution. La résolution d'agir doit consister dans une volonté positive bien arrêtée en relation avec le but d'attentat poursuivi. • Crim. 12 mai 1950 : *Bull. crim. n° 153.*

2. Dans une accusation de complot ayant pour but de changer la forme du gouvernement et d'exciter la guerre civile en portant les citoyens à s'armer les uns contre les autres, il suffit, pour qu'il y ait concert dans le sens de l'art. 87 C. pén. (ancien art. 89), que la résolution d'agir ait été arrêtée en commun par plusieurs individus, encore qu'il n'y aurait d'intention criminelle, et, par conséquent, de responsabilité pénale, que de la part de l'un d'eux ; par suite, la déclaration affirmative du jury, à l'égard d'un seul des accusés de complot, n'est pas inconciliable avec la déclaration négative intervenue quant aux autres, cette déclaration laissant subsister le fait matériel du concert dont l'existence caractérise suffisamment le crime de complot relativement à celui des accusés qui, par l'effet de la déclaration de culpabilité, en est reconnu criminellement responsable. • Crim. 9 oct. 1851 : *Bull. crim. n° 445 ; DP 1851. 1. 331 ; S. 1851. 1. 707.*

3. Lorsque, dans une accusation de complot contre la sûreté de l'État, les accusés sont déclarés coupables d'avoir participé à une résolution d'agir concertée et arrêtée entre plusieurs personnes, il résulte suffisamment de cette déclaration qu'ils ont fait partie de ces personnes, et, par conséquent, qu'ils sont co-auteurs de cette résolution d'agir. • Crim. 13 oct. 1832 : *S. 1832. 1. 730.*

4. Concrétisation. Les écrits et discours publics, qui ne peuvent former le fait matériel de l'attentat, ne sauraient non plus être considérés comme actes préparatoires de ce crime et, par suite, constituer la circonstance aggravante du complot. • Crim. 26 avr. 1817 : *Bull. crim. n° 33* (V. ss. art. 412-1).

5. Qualifications. Relève tous les éléments constitutifs du crime prévu par les art. 86 (nouvel art. 412-1) et 87, al. 2 et 3, C. pén., la question demandant si l'accusé est coupable d'avoir arrêté et concerté avec une ou plusieurs personnes la résolution de commettre un attentat ayant pour but d'exciter les citoyens à s'armer contre l'autorité de l'État ou à s'armer les uns contre les autres. • Crim. 24 oct. 1963 : *Bull. crim. n° 293.*

6. Les peines réprimant les crimes prévus aux art. 295 s. C. pén. (nouv. art. 221-1 s.) sont légalement appliquées à des accusés qui, après avoir été déclarés coupables de complot contre l'autorité de l'État, suivi d'actes commis ou commencés pour en préparer l'exécution, l'ont été, en outre, l'un de deux assassinats, crimes de droit commun, l'autre de complicité de ces mêmes assassinats. • Crim. 21 nov. 1963 : *Bull. crim. n° 328.* ♦ Constituent des crimes distincts ayant leur individualité propre, et sur chacun desquels la juridiction saisie (cour de sûreté de l'État) devait être appelée à se prononcer, le complot et un vol qualifié connexe dont un accusé a été reconnu coupable. • Crim. 29 janv. 1964 : *Bull. crim. n° 33.*

SECTION II DU MOUVEMENT INSURRECTIONNEL

RÉP. PÉN. v° *Insurrection,* par COLLET.

Art. 412-3 Constitue un mouvement insurrectionnel toute violence collective de nature à mettre en péril les institutions de la République ou à porter atteinte à l'intégrité du territoire national.

Art. 412-4 Est puni de quinze ans de détention criminelle et de 225 000 € d'amende le fait de participer à un mouvement insurrectionnel :

1° En édifiant des barricades, des retranchements ou en faisant tous travaux ayant pour objet d'empêcher ou d'entraver l'action de la force publique ;

2° En occupant à force ouverte ou par ruse ou en détruisant tout édifice ou installation ;

3° En assurant le transport, la subsistance ou les communications des insurgés ;

4° En provoquant à des rassemblements d'insurgés, par quelque moyen que ce soit ;

5° En étant, soi-même, porteur d'une arme ;

6° En se substituant à une autorité légale.

Art. 412-5 Est puni de vingt ans de détention criminelle et de 300 000 € d'amende le fait de participer à un mouvement insurrectionnel :

1° En s'emparant d'armes, de munitions, de substances explosives ou dangereuses ou de matériels de toute espèce soit à l'aide de violences ou de menaces, soit par le pillage, soit en désarmant la force publique ;

2° En procurant aux insurgés des armes, des munitions ou des substances explosives ou dangereuses.

Art. 412-6 Le fait de diriger ou d'organiser un mouvement insurrectionnel est puni de la détention criminelle à perpétuité et de 750 000 € d'amende. — *Pén. 414-4.*

SECTION III DE L'USURPATION DE COMMANDEMENT, DE LA LEVÉE DE FORCES ARMÉES ET DE LA PROVOCATION À S'ARMER ILLÉGALEMENT

Art. 412-7 Est puni de trente ans de détention criminelle et de 450 000 € d'amende le fait :

1° Sans droit ou sans autorisation, de prendre un commandement militaire quelconque ou de le retenir contre l'ordre des autorités légales ;

2° De lever des forces armées, sans ordre ou sans autorisation des autorités légales.

Art. 412-8 Le fait de provoquer à s'armer contre l'autorité de l'État ou contre une partie de la population est puni de cinq ans d'emprisonnement et de 75 000 € d'amende.

Lorsque la provocation est suivie d'effet, les peines sont portées à trente ans de détention criminelle et à 450 000 € d'amende.

Lorsque la provocation est commise par la voie de la presse écrite ou audiovisuelle, les dispositions particulières des lois qui régissent ces matières sont applicables en ce qui concerne la détermination des personnes responsables.

RÉP. PÉN. v° *Provocation,* par LASSALLE.

CHAPITRE III DES AUTRES ATTEINTES À LA DÉFENSE NATIONALE

SECTION PREMIÈRE DES ATTEINTES À LA SÉCURITÉ DES FORCES ARMÉES ET AUX ZONES PROTÉGÉES INTÉRESSANT LA DÉFENSE NATIONALE

Art. 413-1 Le fait, en vue de nuire à la défense nationale, de provoquer des militaires appartenant aux forces armées françaises à passer au service d'une puissance étrangère est puni de dix ans d'emprisonnement et de 150 000 € d'amende. — *Pén. 414-1 ; Pr. pén. 702.*

RÉP. PÉN. v° *Provocation,* par LASSALLE.

Action publique. Les dispositions de l'art. 698-1 C. pr. pén., qui imposent au procureur de la République d'obtenir, soit une dénonciation, soit un avis du ministre chargé de la défense ou de l'autorité militaire habilitée par lui pour exercer l'action publique devant les juridictions mentionnées à l'art. 697 du même code, ne sauraient être invoquées lorsqu'il s'agit des infractions définies par les art. 411-1 à 411-11 et 413-1 à 413-12 C. pén. concernant les atteintes à la défense nationale ; en effet, l'art. 702, al. 2, C. pr. pén., qui donne compétence aux juridictions prévues par les art. 697 et 698-6 du même code à l'égard de ces infractions, n'a pas rendu applicables, en ce qui concerne celles-ci, les autres dispositions du chapitre premier du titre XI C. pr. pén., et notamment celles de l'art. 698-1 de ce code. • Crim. 20 févr. 2002, n° 01-82.246 P.

Art. 413-2 **Le fait, en vue de nuire à la défense nationale, d'entraver le fonctionnement normal du matériel militaire est puni de cinq ans d'emprisonnement et de 75 000 € d'amende.**

Est puni des mêmes peines le fait, en vue de nuire à la défense nationale, d'entraver le mouvement de personnel ou de matériel militaire. — *Pén. 414-1 ; Pr. pén. 702.*

Corresp. : *C. pén., anciens art. 71 (3°) et 83.*

1. Entrave au mouvement de matériel militaire. Par « matériel militaire », on doit comprendre non seulement les matériels à destination militaire, mais encore les matériels affectés par l'autorité compétente à un usage militaire. • Crim. 6 mars 1957 : *Bull. crim. n° 228 ; D. 1957. 317 ; S. 1957. 256 ; RSC 1957. 633, obs. Hugueney.*

2. Par suite, ne rentre pas dans les prévisions du code pénal l'entrave à la circulation commise contre un train de voyageurs du service régulier, emprunté par des disponibles rappelés rejoignant leur corps, mais voyageant isolément et ayant choisi librement ce mode de transport. • Crim. 7 févr. 1957 (2 arrêts) : *Bull. crim. n°s 130 et 131* • 21 févr. 1957 : *ibid. n° 193* • 6 mars 1957 : *préc. note 1.*

3. En revanche, justifie la mise en accusation du prévenu pour le crime d'entrave à la circulation de matériel militaire, l'arrêt qui constate que le convoi de chemin de fer, à la marche duquel il a été fait obstacle, était exclusivement affecté à un transport de troupes et employé au service de l'armée. • Crim. 24 févr. 1959 : *Bull. crim. n° 127.* ♦ Rappr. : • Crim. 3 avr. 1957 : *Bull. crim. n° 320* • 26 juill. 1957 : *ibid. n° 597.*

Art. 413-3 **Le fait, en vue de nuire à la défense nationale, de provoquer à la désobéissance par quelque moyen que ce soit des militaires ou des assujettis affectés à toute forme du service national est puni de cinq ans d'emprisonnement et de 75 000 € d'amende.**

Lorsque la provocation est commise par la voie de la presse écrite ou audiovisuelle, les dispositions particulières des lois qui régissent ces matières sont applicables en ce qui concerne la détermination des personnes responsables. — *Pén. 414-1 ; Pr. pén. 702 ; Just. milit. L. 311-7.*

Corresp. : *L. 29 juill. 1881, ancien art. 25 ; C. serv. nat., ancien art. L. 132.*

RÉP. PÉN. v° *Provocation*, par LASSALLE.

1. Militaires ou assujettis. L'art. 25 de la L. du 29 juill. 1881 exige comme condition d'application une provocation adressée à des militaires ; ce texte n'est donc pas applicable si l'article de presse incriminé s'adresse à la population civile. • Aix-en-Provence, 10 oct. 1950 : *D. 1951. Somm. 15 ; Gaz. Pal. 1951. 1. 21.*

2. Bien qu'ils ne soient pas encore incorporés, les conscrits doivent être considérés comme rentrant dans les prévisions des lois du 29 juill. 1881 et 28 juill. 1894 (ayant pour objet de réprimer les menées anarchistes : abrogée par L. n° 92-1336 du 16 déc. 1992, art. 372). • Crim. 30 nov. 1935 : *Bull. crim. n° 137 ; DH 1936. 72.*

3. Les journaux comme les affiches s'adressent au public indistinctement, et par suite aux militaires incorporés comme aux conscrits qui ne le sont pas encore. • Crim. 2 mai 1956 : *Bull. crim. n° 338.*

4. Il ne saurait être fait grief à l'arrêt attaqué de n'avoir pas expressément constaté que le journal contenant l'écrit incriminé a été distribué ou vendu à des militaires. • Crim. 2 mai 1956 : *Bull. crim. n° 339.*

5. Provocation. Les art. 25 de la L. du 29 juill. 1881 et 1er de la L. du 28 juill. 1894 n'exigent pas que la provocation soit directe. • Crim. 30 janv. 1936 : *DP 1936. 1. 47.* ♦ Elle peut être indirecte et résulter de ce que la mission de l'armée est représentée comme condamnable et honteuse. • Crim. 2 mai 1956 : *Bull. crim. n° 338.* ♦ ... Ou des circonstances dans lesquelles la distribution d'un tract a été effectuée. • Crim. 16 oct. 1957 : *Bull. crim. n° 644.*

6. Intention. Si l'élément intentionnel réside dans la volonté du prévenu de créer dans la pensée du lecteur l'état d'esprit propre à le conduire à commettre un fait d'insubordination ou d'indiscipline qu'un militaire peut commettre, il ne peut cependant être établi que par des éléments extrinsèques ou intrinsèques inhérents à la poursuite elle-même ; spécialement, si les juges peuvent rechercher la preuve de l'intention coupable même en dehors d'un livre incriminé, les éléments extérieurs au texte ne peuvent suppléer à ce qui ne résulterait pas du texte et qui n'aurait pas été soumis au débat. • Crim. 30 janv. 1964 : *Bull. crim. n° 38 ; D. 1965. 3, rapp. Meiss, et note Boucheron.*

7. Poursuites. Le délit de provocation adressée à des militaires par la voie de la presse, pour les détourner de leurs devoirs militaires et de l'obéissance qu'ils doivent à leurs chefs, peut être poursuivi directement par le ministère public, sans dépôt préalable d'une plainte du ministre de la guerre. • Crim. 8 janv. 1892 : *DP 1892. 1. 629 ; S. 1893. 1. 159.*

Art. 413-4 **Le fait de participer à une entreprise de démoralisation de l'armée en vue de nuire à la défense nationale est puni de cinq ans d'emprisonnement et de 75 000 € d'amende.**

Lorsque l'infraction est commise par la voie de la presse écrite ou audiovisuelle, les dispositions particulières des lois qui régissent ces matières sont applicables en ce qui concerne la détermination des personnes responsables. — *Pr. pén. 702.*

Corresp. : *C. pén., anciens art. 71 (4°) et 84.*

1. Entreprise de démoralisation. La participation à une entreprise de démoralisation de l'armée ayant pour objet de nuire à la défense nationale suppose l'existence d'une organisation poursuivant un plan concerté et un acte de participation consciente à l'entreprise ainsi définie. • Crim. 25 févr. 1958 : *Bull. crim. n° 194.*

2. Un acte isolé de provocation à la désertion ne saurait être considéré comme constitutif d'une participation à une entreprise de démoralisation de l'armée. • Crim. 6 oct. 1960 : *Bull. crim. n° 435.*

3. Presse écrite ou audiovisuelle. Si des articles de journaux et des tracts diffusés peuvent caractériser l'entreprise visée à l'art. 84 C. pén., c'est à la condition qu'ils aient eu pour but d'atteindre l'armée ou une fraction de l'armée de manière à la démoraliser, et que leur diffusion ait été systématique et organisée en vue de ce but. • Crim. 27 oct. 1960 : *Bull. crim. n° 490.*

4. Les imputations injurieuses ou diffamatoires portées contre l'armée par un des moyens de publicité prévus par la L. du 29 juill. 1881, et notamment par la voie de l'affiche ou du tract, constituent normalement le délit prévu par l'art. 30 de cette loi et ne tombent sous le coup de la disposition visée par l'art. 84 C. pén. (ancien art. 76 *d*) que dans la mesure où leur diffusion systématique et organisée concourt à une entreprise directement destinée à démoraliser l'armée ou partie de celle-ci. • Crim. 12 mai 1960 : *Bull. crim. n° 267.* ♦ Rappr. : • Crim. 10 juill. 1957 : *ibid. n° 543.* ♦ Ainsi constitue le crime de l'art. 84 C. pén. (ancien art. 76 *d*) la diffusion massive, concertée par cinq groupements, d'imprimés accusant d'atrocités des militaires français. • T. civ. Seine, 23 déc. 1959 : *JCP 1960. II. 11586, note Mimin.*

Art. 413-5 **Le fait, sans autorisation des autorités compétentes, de s'introduire frauduleusement sur un terrain** *(L. n° 2013-1168 du 18 déc. 2013, art. 51)* **« , dans un port », dans une construction ou dans un engin ou appareil quelconque affecté à l'autorité militaire ou placé sous son contrôle est puni d'un an d'emprisonnement et de 15 000 € d'amende.** — *Pén. R. 644-1 ; Pr. pén. 702 ; Just. milit. L. 332-5.*

Compétence. En application de l'art. 702, al. 2, C. pr. pén., lorsque les faits poursuivis constituent un crime ou un délit prévu et réprimé par l'art. 413-5 C. pén. ou une infraction connexe, la compétence est dévolue aux juridictions pénales statuant en matière militaire, telles que prévues et organisées par l'art. 697 C. pr. pén. • Crim. 31 mars 2004, n° 01-87.493 P : *Gaz. Pal. 2004. 2. Somm. 3374, obs. Monnet.*

Art. 413-6 **Le fait, en vue de nuire à la défense nationale, d'entraver le fonctionnement normal des services, établissements ou entreprises, publics ou privés, intéressant la défense nationale, est puni de trois ans d'emprisonnement et de 45 000 € d'amende.** — *Pén. 414-1 ; Pr. pén. 702 ; Just. milit. L. 332-2.*

Art. 413-7 **Est puni de six mois d'emprisonnement et de 7 500 € d'amende le fait, dans les services, établissements ou entreprises, publics ou privés, intéressant la défense nationale, de s'introduire, sans autorisation, à l'intérieur des locaux et terrains clos dans lesquels la libre circulation est interdite et qui sont délimités pour assurer la protection des installations, du matériel ou du secret des recherches, études ou fabrications.** — *Pr. pén. 702 ; Just. milit. L. 332-5.*

Un décret en Conseil d'État détermine, d'une part, les conditions dans lesquelles il est procédé à la délimitation des locaux et terrains visés à l'alinéa précédent et, d'autre part, les conditions dans lesquelles les autorisations d'y pénétrer peuvent être délivrées. — *V. art. R. 413-1 s.*

Art. 413-8 La tentative des délits prévus aux articles 413-2 et 413-5 à 413-7 est punie des mêmes peines. — *Pr. pén. 702.*

SECTION II DES ATTEINTES AU SECRET DE LA DÉFENSE NATIONALE

RÉP. PÉN. v° *Cybercriminalité*, par CHOPIN.

BIBL. ▶ MBONGO, *Gaz. Pal. 1999. 1. Doctr. 396* (transparence et secret : de la loi du 8 juill. 1998 et du secret de la défense nationale). – RICHARD, *D. 1999. Chron. 270* (secret défense : entre comitologie et État de droit). – GAUVIN, *Dr. pénal 1999. Chron. n° 12* (regard critique sur la loi du 8 juill. 1998 portant création de la commission secret défense).

V. Circ. CRIM. n° 2004-18 G1 du 15 nov. 2004, secret de la défense nationale (BOMJ 2004, n° 96, p. 250 s.).

1. QPC. La question prioritaire de constitutionnalité transmise est la suivante : « Les dispositions des art. 413-9 à 413-12 C. pén., L. 2311-1 à L. 2312-8 C. défense et 56-4 C. pr. pén. méconnaissent-elles le droit à valeur constitutionnelle à un procès équitable par un tribunal de pleine juridiction et le principe de la séparation des pouvoirs figurant à l'art. 16 DDH ? » ; selon les requérants, les dispositions visées violent les principes invoqués en ce qu'elles limitent l'accès du juge aux éléments présentant un caractère de secret de la défense nationale et encadrent son intervention dans certains lieux classifiés ou contenant des secrets de la défense nationale ; la question prioritaire de constitutionnalité soulevée présente un caractère sérieux en ce qu'elle porte sur la compatibilité des modalités prévues par les textes visés pour protéger les secrets de la défense nationale avec les principes du droit à un procès équitable et de la séparation des pouvoirs ainsi qu'avec l'objectif constitutionnel de recherche des auteurs d'infractions ; en effet, selon les textes visés, l'autorité judiciaire n'est pas qualifiée pour accéder à des informations classifiées au titre du secret de la défense nationale alors même qu'elle estime que leur connaissance serait nécessaire à la manifestation de la vérité ; ladite autorité ne peut avoir connaissance de telles informations que sur décision ministérielle après avis consultatif d'une autorité administrative indépendante ; l'autorité judiciaire ne peut pénétrer dans certains lieux classifiés qu'après leur déclassification ; elle ne peut enfin procéder à des perquisitions dans ces lieux et dans ceux abritant des éléments classifiés qu'en présence du président de la commission consultative du secret de la défense nationale, sans pouvoir prendre connaissance de ces éléments ; d'où il suit qu'il y a lieu de renvoyer la question prioritaire de constitutionnalité au Conseil constitutionnel. • Crim. 31 août 2011, n° 11-90.065 P.

2. Censure du Conseil constitutionnel. La classification d'un lieu a pour effet de soustraire une zone géographique définie aux pouvoirs d'investigation de l'autorité judiciaire ; elle subordonne l'exercice de ces pouvoirs d'investigation à une décision administrative ; elle conduit à ce que tous les éléments de preuve, quels qu'ils soient, présents dans ces lieux lui soient inaccessibles tant que cette autorisation n'a pas été délivrée ; par suite, en autorisant la classification de certains lieux au titre du secret de la défense nationale et en subordonnant l'accès du magistrat aux fins de perquisition de ces mêmes lieux à une déclassification temporaire, le législateur a opéré, entre les exigences constitutionnelles en cause (principe de la séparation des pouvoirs, droit des personnes à exercer un recours juridictionnel effectif, droit à un procès équitable, recherche des auteurs d'infractions, sauvegarde des intérêts fondamentaux de la nation), une conciliation qui est déséquilibrée ; ainsi, les dispositions de l'art. 56-4, § III C. pr. pén., celles des art. 413-9-1, 413-10-1 et 413-11-1 C. pén., celles de l'art. L. 2312-1, al. 3, L. 2312-4, al. 4 et L. 2312-7-1 C. défense, ainsi que, par voie de conséquence, les mots : « et d'accéder à tout lieu classifié » figurant à l'art. L. 2312-5, al. 2, du même code, doivent être déclarés contraires à la Constitution. • Cons. const., 10 nov. 2011, n° 2011-192 QPC : *D. 2011. Actu 2801 ; Dr. pénal 2011, n° 158, obs. Maron et Haas.*

Art. 413-9 *(L. n° 2009-928 du 29 juill. 2009, art. 12-I-1° et 2°)* **Présentent un caractère de secret de la défense nationale au sens de la présente section les procédés, objets, documents, informations, réseaux informatiques, données informatisées ou fichiers intéressant la défense nationale qui ont fait l'objet de mesures de classification destinées à restreindre leur diffusion ou leur accès.**

Peuvent faire l'objet de telles mesures les procédés, objets, documents, informations, réseaux informatiques, données informatisées ou fichiers dont la divulgation ou aux-

quels l'accès est de nature à nuire à la défense nationale ou pourrait conduire à la découverte d'un secret de la défense nationale.

Les niveaux de classification des procédés, objets, documents, informations, réseaux informatiques, données informatisées ou fichiers présentant un caractère de secret de la défense nationale et *(L. n° 94-89 du 1er févr. 1994)* **« les autorités chargées de définir les modalités selon lesquelles est organisée leur protection » sont déterminés par décret en Conseil d'État.** — *Pr. pén. 702. — V. art. R. 413-6.*

Sur la protection des installations nucléaires de bases secrètes sous les sanctions prévues par les art. 413-9 s. C. pén., V. Décr. n° 99-873 du 11 oct. 1999, art. 12 (JO 14 oct.).

Art. 413-9-1 *(Abrogé par Cons. const. n° 2011-192 QPC du 10 nov. 2011, à compter du 1er déc. 2011) (L. n° 2009-928 du 29 juill. 2009, art. 12-II)* ***Seuls peuvent faire l'objet d'une classification au titre du secret de la défense nationale les lieux auxquels il ne peut être accédé sans que, à raison des installations ou des activités qu'ils abritent, cet accès donne par lui-même connaissance d'un secret de la défense nationale.***

La décision de classification est prise pour une durée de cinq ans par arrêté du Premier ministre, publié au Journal officiel, après avis de la Commission consultative du secret de la défense nationale.

Les conditions d'application du présent article, notamment les conditions de classification des lieux, sont déterminées par décret en Conseil d'État.

La classification d'un lieu a pour effet de soustraire une zone géographique définie aux pouvoirs d'investigation de l'autorité judiciaire et de subordonner l'exercice de ces pouvoirs d'investigation à une décision administrative. Elle conduit à ce que tous les éléments de preuve, quels qu'ils soient, présents dans ces lieux lui soient inaccessibles tant que cette autorisation n'a pas été délivrée. Par suite, en autorisant la classification de certains lieux au titre du secret de la défense nationale et en subordonnant l'accès du magistrat aux fins de perquisition de ces mêmes lieux à une déclassification temporaire, le législateur a opéré une conciliation déséquilibrée entre les exigences constitutionnelles précitées (le principe de la séparation des pouvoirs et l'existence d'autres exigences constitutionnelles lui imposent en effet d'assurer une conciliation qui ne soit pas déséquilibrée entre le droit des personnes intéressées à exercer un recours juridictionnel effectif, le droit à un procès équitable ainsi que la recherche des auteurs d'infractions et les exigences constitutionnelles inhérentes à la sauvegarde des intérêts fondamentaux de la Nation). Ainsi, les dispositions de l'art. 56-4, § 3, C. pr. pén., celles des art. 413-9-1, 413-10-1 et 413-11-1 C. pén., celles de l'art. L. 2312-1, al. 3, de l'art. L. 2312-4, al. 4, de l'art. L. 2312-7-1 C. défense, ainsi que, par voie de conséquence, les mots : « et d'accéder à tout lieu classifié » figurant à l'art. L. 2312-5, al. 2, du même code doivent être déclarés contraires à la Constitution. • Cons. const. QPC, 10 nov. 2011 : *D. 2011. Actu. 2801 ; Dr. pénal 2011, n° 158, obs. Maron et Haas.*

Art. 413-10 *(L. n° 2009-928 du 29 juill. 2009, art. 12-I-1° et 3°)* **Est puni de sept ans d'emprisonnement et de 100 000 € d'amende le fait, par toute personne dépositaire, soit par état ou profession, soit en raison d'une fonction ou d'une mission temporaire ou permanente, d'un procédé, objet, document, information, réseau informatique, donnée informatisée ou fichier qui a un caractère de secret de la défense nationale, soit de le détruire, détourner, soustraire ou de le reproduire, soit d'en donner l'accès à une personne non qualifiée ou de le porter à la connaissance du public ou d'une personne non qualifiée.**

Est puni des mêmes peines le fait, par la personne dépositaire, d'avoir laissé accéder à, détruire, détourner, soustraire, reproduire ou divulguer le procédé, objet, document, information, réseau informatique, donnée informatisée ou fichier visé à l'alinéa précédent.

Lorsque la personne dépositaire a agi par imprudence ou négligence, l'infraction est punie de trois ans d'emprisonnement et de 45 000 € d'amende. — *Pr. pén. 702 ; Just. milit. L. 332-2, L. 333-3.*

Marché d'études classé « confidentiel défense ». Constitue une atteinte au secret de *la défense nationale* le fait, pour des ingénieurs d'une société habilités défense, d'adresser des extraits d'un cahier des charges classé « confidentiel défense » à un sous-traitant dont ils savaient qu'il ne possédait pas d'habilitation. • Crim. 13 nov. 2014 : *Dr. pénal 2015. Comm. 2, obs. Véron.*

Art. 413-10-1 *Abrogé par Cons. const. n° 2011-192 QPC du 10 nov. 2011, depuis le 1er déc. 2011.*

V. jurispr. ss. art. 413-9-1.

Art. 413-11 *(L. nº 2009-928 du 29 juill. 2009, art. 12-I-1º et 4º)* **Est puni de cinq ans d'emprisonnement et de 75 000 € d'amende le fait, par toute personne non visée à l'article 413-10 de :**

1º S'assurer la possession, accéder à, ou prendre connaissance d'un procédé, objet, document, information, réseau informatique, donnée informatisée ou fichier qui présente le caractère d'un secret de la défense nationale ;

2º Détruire, soustraire ou reproduire, de quelque manière que ce soit, un tel procédé, objet, document, information, réseau informatique, donnée informatisée ou fichier ;

3º Porter à la connaissance du public ou d'une personne non qualifiée un tel procédé, objet, document, information, réseau informatique, donnée informatisée ou fichier. — *Pr. pén. 702 ; Just. milit. L. 332-2, L. 333-3.*

Corresp. : *C. pén., ancien art. 76.*

1. Appréciation. Il appartient à la juridiction saisie d'apprécier si les faits sur lesquels sont appelés à déposer les témoins présentent un caractère confidentiel et secret qui les dispensent, à raison de leurs fonctions, de les révéler à la justice ; il n'importe que des renseignements de même nature ou identiques à ceux dont l'appréhension était imputée au demandeur au pourvoi aient été communiqués par d'autres personnes que ledit demandeur à des personnes non qualifiées. • Crim. 6 déc. 1956 : *D. 1957. 193, rapp. Ledoux.*

2. Action civile. Les infractions prévues aux art. 75, 76 et 79, al. 6, anciens, et 413-10 et 413-11 nouv. C. pén. ont pour objet exclusif la protection de l'intérêt général qui s'attache au secret de la défense nationale qu'assure seul le ministère public ; c'est donc à bon droit que le juge d'instruction a déclaré irrecevable la plainte de la partie civile de ce chef. • Crim. 1er oct. 1996, nº 95-85.529 P : *Dr. pénal 1997. 28, obs. Maron.*

Art. 413-11-1 *Abrogé par Cons. const. nº 2011-192 QPC du 10 nov. 2011, depuis le 1er déc. 2011.*

V. jurispr. ss. art. 413-9-1.

Art. 413-12 **La tentative des délits prévus au premier alinéa de l'article 413-10 et à l'article 413-11 est punie des mêmes peines.** — *Pr. pén. 702 ; Just. milit. L. 333-3.*

SECTION III DES ATTEINTES À CERTAINS SERVICES OU UNITÉS SPÉCIALISÉS

(L. nº 2016-483 du 20 avr. 2016, art. 22).

Art. 413-13 **La révélation de toute information qui pourrait conduire, directement ou indirectement, à la découverte de l'usage, en application de l'article** *(L. nº 2015-912 du 24 juill. 2015, art. 23-VI)* **« L. 861-2 du code de la sécurité intérieure », d'une identité d'emprunt ou d'une fausse qualité, de l'identité réelle d'un agent** *(L. nº 2015-912 du 24 juill. 2015, art. 23-VI)* **« d'un service mentionné à l'article L. 811-2 du même code ou d'un service désigné par le décret en Conseil d'État prévu à l'article L. 811-4 dudit code » ou de son appartenance à l'un de ces services est punie de cinq ans d'emprisonnement et de 75 000 € d'amende.**

Lorsque cette révélation a causé une atteinte à l'intégrité physique ou psychique à l'encontre de ces personnes ou de leur conjoint ou partenaire lié par un pacte civil de solidarité ou de leurs descendants ou ascendants directs, les peines sont portées à sept ans d'emprisonnement et à 100 000 € d'amende.

Lorsque cette révélation a causé la mort de ces personnes ou de leur conjoint ou partenaire lié par un pacte civil de solidarité ou de leurs descendants ou ascendants directs, les peines sont portées à dix ans d'emprisonnement et à 150 000 € d'amende, sans préjudice, le cas échéant, de l'application du chapitre Ier du titre II du livre II.

La révélation, commise par imprudence ou par négligence, par une personne dépositaire soit par état ou profession, soit en raison d'une fonction ou d'une mission temporaire ou permanente, de l'information mentionnée au premier alinéa est punie de trois ans d'emprisonnement et de 45 000 € d'amende.

Le présent article est applicable à la révélation de toute information qui pourrait conduire, directement ou indirectement, à l'identification réelle ou supposée d'une personne comme source ou collaborateur d'un service *(L. nº 2015-912 du 24 juill. 2015, art. 23-VI)* **« mentionné au premier alinéa du présent article ».**

1. L'art. 413-13, al. 1er, C. pén. n'institue aucune immunité pénale au bénéfice des agents des services de renseignement qui se rendraient coupables de crimes ou de délits. Il se contente de créer une limite à la liberté de l'information concernant leur identité, justifiée par la protection des intérêts de la Nation et de la sécurité des intéressés tant que ceux-ci remplissent leur mission dans le respect des lois. • Crim., QPC, 17 avr. 2013, n° 13-90.009 P : *D. actu. 23 mai 2013, obs. Gayet ; Dr. pénal 2013, n° 104, obs. Véron.* ♦ Rappr. : • T. corr. Paris, 18 mars 2014 : *Gaz. Pal. 2014. 1. 908, note Mbongo.*

2. Légalité. A la lecture du texte d'incrimination, et même si la dénomination des directions concernées n'a été précisée qu'ultérieurement, il n'apparaît pas qu'une incertitude ait pu en résulter sur les services spécialisés de renseignement susceptibles d'être visés par la prévention, s'agissant notamment de la Direction centrale du renseignement intérieur et de ses agents, aucun des prévenus ne soutenant d'ailleurs avoir cru que ces agents pouvaient être exclus de la protection de l'anonymat prévu par l'art. 413-13 C. pén. ; contrairement à ce qu'a estimé le tribunal, le texte d'incrimination n'apparaît pas d'une imprécision telle qu'elle rende incertaines et, par là même, imprévisibles, les poursuites susceptibles d'être exercées sur ce fondement. • Paris, 17 sept. 2015, n° 14/03175 : *D. actu. 12 oct. 2015, obs. Lavric.* ♦ Même espèce que : • Crim. 17 avr. 2013, n° 13-90.009 QPC : *préc. note 1* ♦ ... Il résulte des débats parlementaires que le législateur a estimé nécessaire de protéger les agents des services de renseignement de toute révélation concernant leurs liens avec leur service, même lorsqu'ils n'agissent pas « sous couverture », la révélation de leur collaboration, s'agissant notamment d'un domaine très sensible, telle la lutte contre le terrorisme, pouvant mettre en péril tant la sécurité des fonctionnaires concernés que l'efficacité du service ; le besoin social apparaît donc justifier cette prohibition ; le caractère proportionné de la limite à la liberté d'expression en résultant réside en ce que n'est qu'incriminée que la « révélation » de l'appartenance d'un agent à un service de renseignement, ce qui implique que l'appartenance à ce service ait été auparavant cachée ou secrète, et exclut bien évidemment de la prévention toute information résultant de la publication officielle de nomination ou pouvant être déduite d'autres informations librement accessibles ou déjà publiquement connues. • Même décision.

Code de la sécurité intérieure

Art. L. 861-2 *(L. n° 2011-267 du 14 mars 2011, art. 27-I ; L. n° 2015-912 du 24 juill. 2015, art. 23)* Pour l'exercice d'une mission intéressant la défense et la sécurité nationale, les agents des services spécialisés de renseignement mentionnés à l'article L. 811-2 peuvent, sous l'autorité de l'agent chargé de superviser ou de coordonner la mission, faire usage d'une identité d'emprunt ou d'une fausse qualité.

Dans ce cas, ne sont pas pénalement responsables de cet usage les agents mentionnés au premier alinéa, non plus que de leurs actes les personnes requises à seule fin d'établir ou de permettre l'usage de l'identité d'emprunt ou de la fausse qualité. Les articles 50 à 52 du code civil ne sont pas applicables à ces personnes.

Un arrêté du Premier ministre précise, parmi les services désignés par le décret en Conseil d'État prévu à l'article L. 811-4 du présent code, ceux dont les agents peuvent également faire usage d'une identité d'emprunt ou d'une fausse qualité.

L'art. L. 2371-1 C. défense modifié est devenu l'art. L. 861-2 CSI (L. n° 2015-912 du 24 juill. 2015, art. 23).

Art. 413-14 *(L. n° 2016-483 du 20 avr. 2016, art. 22)* **La révélation ou la divulgation, par quelque moyen que ce soit, de toute information qui pourrait conduire, directement ou indirectement, à l'identification d'une personne comme membre des unités des forces spéciales désignées par arrêté du ministre de la défense ou des unités d'intervention spécialisées dans la lutte contre le terrorisme désignées par arrêté du ministre de l'intérieur est punie de cinq ans d'emprisonnement et de 75 000 € d'amende.**

Les deuxième à avant-dernier alinéas de l'article 413-13 sont applicables à cette révélation ou à cette divulgation.

CHAPITRE IV DISPOSITIONS PARTICULIÈRES

Art. 414-1 **En cas d'état de siège ou d'urgence déclaré, ou en cas de mobilisation générale ou de mise en garde décidée par le Gouvernement, les infractions prévues par les articles 413-1 à 413-3 sont punies de trente ans de détention criminelle et de**

450 000 € d'amende et l'infraction prévue par l'article 413-6 est punie de sept ans d'emprisonnement et de 100 000 € d'amende.

Dans les cas visés à l'alinéa qui précède, le fait, en vue de nuire à la défense nationale, de provoquer à commettre les infractions prévues par l'article 413-2 est puni de dix ans d'emprisonnement et de 150 000 € d'amende et l'infraction prévue par l'article 413-6 de cinq ans d'emprisonnement et de 75 000 € d'amende.

RÉP. PÉN. v[is] *État d'urgence* et *État de siège,* par ZAVOLI ; *Provocation,* par LASSALLE.

Art. 414-2 Toute personne qui a tenté de commettre l'une des infractions prévues par les articles 411-2, 411-3, 411-6, 411-9 et 412-1 sera exempte de peine si, ayant averti l'autorité administrative ou judiciaire, elle a permis d'éviter que l'infraction ne se réalise et d'identifier, le cas échéant, les autres coupables.

Art. 414-3 Toute personne ayant participé au complot défini par l'article 412-2 sera exempte de peine si elle a, avant toute poursuite, révélé le complot aux autorités compétentes et permis l'identification des autres participants.

Art. 414-4 La peine privative de liberté encourue par l'auteur ou le complice des infractions prévues par les articles 411-4, 411-5, 411-7, 411-8 et 412-6 est réduite de moitié si, ayant averti les autorités administratives ou judiciaires, il a permis de faire cesser les agissements incriminés ou d'éviter que l'infraction n'entraîne mort d'homme ou infirmité permanente et d'identifier, le cas échéant, les autres coupables.

Lorsque la peine encourue est la détention criminelle à perpétuité, celle-ci est ramenée à vingt ans de détention criminelle.

Art. 414-5 Les personnes physiques coupables des crimes et des délits prévus au présent titre encourent également les peines complémentaires suivantes :

1° L'interdiction des droits civiques, civils et de famille suivant les modalités prévues par l'article 131-26 ;

2° *(L. n° 2008-776 du 4 août 2008, art. 70)* **« L'interdiction, suivant les modalités prévues par l'article 131-27, soit d'exercer une fonction publique ou d'exercer l'activité professionnelle ou sociale dans l'exercice ou à l'occasion de l'exercice de laquelle l'infraction a été commise, soit, pour les crimes prévus par les articles 411-2, 411-3, 411-4, 411-6, 411-9, 412-1, le dernier alinéa de l'article 412-2, les articles 412-4, 412-5, 412-6, 412-7, le deuxième alinéa de l'article 412-8 et le premier alinéa de l'article 414-1, d'exercer une profession commerciale ou industrielle, de diriger, d'Administrer de gérer ou de contrôler à un titre quelconque, directement ou indirectement, pour son propre compte ou pour le compte d'autrui, une entreprise commerciale ou industrielle ou une société commerciale. Ces interdictions d'exercice peuvent être prononcées cumulativement ; »**

3° La confiscation de la chose qui a servi ou était destinée à commettre l'infraction ou de la chose qui en est le produit, à l'exception des objets susceptibles de restitution ; — *Pén. 131-21.*

4° L'interdiction de séjour, suivant les modalités prévues par l'article 131-31.

Art. 414-6 L'interdiction du territoire français peut être prononcée dans les conditions prévues par l'article 131-30, soit à titre définitif, soit pour une durée de dix ans au plus, à l'encontre de tout étranger coupable de l'une des infractions définies aux chapitres Ier, II et IV du présent titre et aux articles 413-1 à 413-4, 413-10 et 413-11. *(Abrogé par L. n° 2003-1119 du 26 nov. 2003, art. 78)* (L. n° 93-1027 du 24 août 1993 ; L. n° 98-349 du 11 mai 1998) ***« Les dispositions des sept derniers alinéas de l'article 131-30 ne sont pas applicables ».***

Art. 414-7 *(L. n° 2009-526 du 12 mai 2009, art. 124-I)* **« Les personnes morales déclarées responsables pénalement, dans les conditions prévues par l'article 121-2, des infractions définies au présent titre encourent, outre l'amende suivant les modalités prévues par l'article 131-38, les peines prévues par l'article 131-39. »**

L'interdiction mentionnée au 2° de l'article 131-39 porte sur l'activité dans l'exercice ou à l'occasion de l'exercice de laquelle l'infraction a été commise.

Art. 414-8 *(L. n° 2007-288 du 5 mars 2007)* **Les dispositions des articles 411-1 à 411-11 et 413-1 à 413-12 sont applicables aux actes mentionnés par ces dispositions qui seraient commis au préjudice :**

1° Des puissances signataires du traité de l'Atlantique Nord ;

2° De l'organisation du traité de l'Atlantique Nord.

Art. 414-9 *(L. n° 2007-288 du 5 mars 2007)* **Les dispositions des articles 411-6 à 411-11 et 413-9 à 413-12 sont applicables :**

1° Aux informations échangées en vertu d'un accord de sécurité relatif à la protection des informations classifiées conclu entre la France et un ou des États étrangers ou une organisation internationale, régulièrement approuvé et publié ;

2° Aux informations échangées entre la France et une institution ou un organe de l'Union européenne et classifiées en vertu des règlements de sécurité de ces derniers qui ont fait l'objet d'une publication au *Journal officiel de l'Union européenne*.

TITRE DEUXIÈME DU TERRORISME

RÉP. PÉN. v^is *Terrorisme – Infractions, Terrorisme – Prévention, Terrorisme – Poursuites et indemnisation*, par MAYAUD.

BIBL. ▶ CARTIER, *RSC 1995. 225* (le terrorisme dans le nouveau code pénal). – BORRICAND, *in* Problèmes actuels de science criminelle, *Vol. VIII, PU Aix-Marseille, 1995, ISPEC, p. 29* (la répression du terrorisme écologique dans le nouveau code pénal). – LE GUNEHEC, *JCP 1996. Actu. n° 46* (L. n° 96-647 du 22 juill. 1996). – FARHAT, *RFD aérien 1996. 5* (le droit international et le droit libanais face au terrorisme aérien). – SEUVIC, *RSC 1997. Chron. légis. 413*. – SPITZ, *RFDA 1997. 538* (à propos de la décision du Conseil constitutionnel n° 96-377 DC du 16 juill. 1996 sur la loi tendant à renforcer la répression du terrorisme). – HUGUES, *JDI 2002. 753* (la notion de terrorisme en droit international : en quête d'une définition juridique). – CUMIN, *RSC 2004. 11* (tentative de définition du terrorisme à partir du *jus in bello*). – CUTAJAR, *D. 2006. Tribune 1393* (prévention du blanchiment et du financement du terrorisme : il y a urgence !) ; *JCP 2006. Actu. 214* (le gel des avoirs terroristes, nouvel outil de lutte contre le financement du terrorisme). – CHRESTIA, *D. 2006. Chron. 1409* (la loi du 23 janv. 2006 relative à la lutte contre le terrorisme : premières observations ; *Coll. terr. 2006. Étude 6* (la France et la lutte contre le terrorisme à travers la loi du 23 janv. 2006 relative à la lutte contre le terrorisme). – MASSE, *RSC 2006. 463* (l'évolution en matière de gel et de confiscation). – BOUTEILLER, *RLDA 2006/3, n° 133* (la procédure administrative de gel des avoirs bancaires instituée par la L. n° 2006-64 du 23 janv. 2006). – DENECE, *Gaz. Pal. 2007. 2. Doctr. 2836* (le terrorisme : un danger sous-estimé par les tour-opérators). – LIZOP, *Gaz. Pal. 2007. 2. Doctr. 2839* (L'affaire des otages de Jolo : rupture ou retour aux sources ? (à propos de TGI Paris, 7 juin 2006)). – MIRON, *Gaz. Pal. 2010. 2. 3840* (le terrorisme en droit pénal international). – GUIDERE, *Gaz. Pal. 2010. 2. 3844* (la veille stratégique sur le terrorisme. Une discipline au service de la justice internationale). – JOURNES, *RSC 2010. 743* (les dispositifs français de lutte contre le terrorisme). – AMBOS et ALKATOUT, *RSC 2011. 543* (« A-t-on rendu service à la justice ? » La liquidation de ben Laden sous l'oeil du droit international). – MASSE, *RSC 2012. 89* (la criminalité terroriste). – GOZZI, *D. 2013. Chron. 194* (sécurité et lutte contre le terrorisme : l'arsenal juridique encore renforcé). – CARIO, *AJ pénal 2013. 264* (l'indemnisation des victimes d'actes de terrorisme en droit français). – MARTIN-CHENUT, *RSC 2015. 461* (l'utilisation abusive des lois antiterroristes passée au crible de la jurisprudence interaméricaine). – BAUER et SOULLEZ, *D. 2015* (terrorismes). – BERRAMDANE, *Mél. J. Rossetto, LGDJ, 2016* (la lutte contre le terrorisme dans l'Union européenne). – PEREIRA, *RSC 2017. 215* (juger le terrorisme avec ou sans jury ? Étude de la place du jury populaire dans les procès pour terrorisme en France, au Royaume-Uni et aux États-Unis). – ALIX et CAHN, *RSC 2017. 845* (mutations de l'antiterrorisme et émergence d'un droit répressif de la sécurité nationale). – DECAUX, *Mél. Frédéric Sudre, LexisNexis, 2018* (terrorisme et droits de l'homme : actualité de l'art. 15 Conv. EDH). – PINTO DE ALBUQUERQUE, *Mél. Frédéric Sudre, LexisNexis, 2018* (mesures restrictives en matière de terrorisme en France : le regard de la Cour européenne des droits de l'homme). – HARDOUIN-LE GOFF, *Dr. pénal 2018. Étude 18* (plaidoyer pour le jugement des combattants étrangers de Daech par une juridiction pénale internationale). – POISSONNIER, *D. 2018. 2246* (la dimension internationale de l'opportunité des poursuites : le cas des djihadistes français partis rejoindre l'État islamique). – HABOUZIT, *RSC 2017. 587* ; *ibid. 2018. 541* (l'usage de la notion de radicalisation dans le champ pénitentiaire). – LAZERGES, *RSC 2018. 753* (les droits de l'homme à l'épreuve du terrorisme). – BEAUVALLET, *RSC 2018. 847* (conflit armé interne et compétence universelle en Suisse. Terrorisme, lutte contre-insurrectionnelle et violations du droit humanitaire dans la décision Nezzar (Tribunal pénal fédéral, Cour des plaintes, *Nezzar, 30 mai 2018*)). – ALIX, *RSC 2019. 505* (flux et reflux de l'intention terroriste). – MAYAUD, *Gaz. Pal. 2020. 260* (la place du recel dans le terrorisme) ; *in* « Information, numérique et innovations », *éd. Panthéon-Assas, 2020, p. 187* (l'information par le renseignement, outil majeur de prévention du terrorisme). – DUBOIS, *in* « Information, numérique et innovations », *éd. Panthéon-Assas, 2020, p. 605* (terrorisme et numérique). – MALLOL, *Gaz. Pal. 16 févr. 2021. 15* (sur la prévention des actes terroristes).

▸ ***Loi nº 2014-1353 du 13 nov. 2014***

MAURO, *JCP 2014, nº 1203* (une nouvelle loi contre le terrorisme : quelles innovations ?). – SPINOSI, *JCP 2014, nº 1234* (une nouvelle loi pour lutter contre le terrorisme : la France prise dans la spirale de l'exception). – ALIX, *RSC 2014. 849* (réprimer la participation au terrorisme). – DUPIC, *Gaz. Pal. 2014. 2. Doctr. 3599* (une nouvelle loi pour renforcer les dispositions relatives à la lutte contre le terrorisme). – HENNETIER, *Dr. pénal 2014. Entretien 2* (entrée en vigueur du nouveau dispositif de lutte anti-terrorisme). – CATELAN, *RSC 2015. 425* (lutte contre le terrorisme).

▸ ***Loi nº 2016-731 du 3 juin 2016***

VERGES, *RSC 2016. 551* (la procédure pénale à son point d'équilibre).

▸ ***Loi nº 2017-1510 du 30 oct. 2017***

PERRIER, *D. 2018. 24* (la loi renforçant la lutte contre le terrorisme et l'atteinte à l'État de droit).

▸ ***Loi nº 2019-222 du 23 mars 2019***

DUPIC, *Gaz. Pal. 2019. 95* (2019 : mise en place du parquet national antiterroriste). – BERNFELD, *Gaz. Pal. 2019. 644* (réforme de la justice et victimes du terrorisme). – BENDAVID, *AJ pénal 2019. 192* (la matière terroriste dans la loi de programmation 2018-2022 et de réforme pour la justice).

Dossiers

▸ ***Lutte contre le terrorisme : nouveaux moyens,*** *AJ pénal 2013. 441* s. : MAYAUD, *p. 442* (la politique d'incrimination du terrorisme à la lumière de la législation récente). – QUEMENER, *p. 446* (le terrorisme face au cyberespace). – BENICHOU, *p. 451* (accès à un compte de données personnelles à l'insu de son titulaire : aspects techniques et juridiques). – CUTAJAR, *p. 455* (le gel des avoirs terroristes en application du Règl. UE nº 2580/2001).

▸ ***Les nouvelles dispositions de lutte contre le terrorisme,*** *AJ pénal 2014. 555* s. : ROUIDI, *p. 556* (la loi nº 2014-1353 du 13 nov. 2014 renforçant les dispositions relatives à la lutte contre le terrorisme : quelles évolutions ?). – CAPPELLO, *p. 560* (l'interdiction de sortie du territoire dans la loi renforçant les dispositions relatives à la lutte contre le terrorisme). – GODEBERGE et DAOUD, *p. 563* (la loi du 13 nov. 2014 constitue-t-elle une atteinte à la liberté d'expression ? De la nouvelle définition de la provocation aux actes de terrorisme et de l'apologie de ces actes).

▸ ***La Loi du 13 nov. 2014 renforçant la lutte contre le terrorisme***, *Gaz. Pal. 2015. 1, Dossier, p. 632* s. : DETRAZ, *p. 632* (le délit de préparation d'une infraction en lien avec une entreprise individuelle terroriste). – DASSA-LE DEIST, *p. 636* (le délit de provocation et d'apologie des actes de terrorisme : grandeur et servitude d'un délit d'opinion ?). – ALIX, *p. 639* (la répression de l'incitation au terrorisme). – DE COMBLES DE NAYVES, *p. 643* (les restrictions judiciaires à la libre communication en matière terroriste). – BELLOIR, *p. 647* (le blocage et le déréférencement administratifs des sites internet faisant l'apologie ou provoquant au terrorisme). – DREYER, *p. 650* (les restrictions administratives à la liberté d'aller et de venir des personnes suspectées de terrorisme).

▸ ***Le terrorisme : nouveaux enjeux, nouvelles stratégies. Aspects juridiques et criminologiques, direction de*** S. PELLE, *Colloque, Pau, 25 nov. 2016, CRAJ, 2017, coll. Le droit en mouvement, nº 6* : BEAULIER, *p. 13* (avant-propos). – CAHN, *p. 19* (la politique criminelle française en matière de lutte contre le terrorisme). – MATSOPOULOU, *p. 35* (les moyens nouveaux en matière de lutte contre le terrorisme : quelle efficacité pour une procédure pénale de plus en plus dérogatoire ?). – MULLER, *p. 47* (le point de vue du magistrat : quelles stratégies en matière d'enquête et de poursuites ?). – BLANCO, *p. 55* (le point de vue de l'avocat : quels droits de la défense en matière de terrorisme ? Libre propos à partir d'une expérience pratique). – PELLE, *p. 61* (quelles nouvelles incriminations en matière de lutte contre le terrorisme ?). – BONIS-GARÇON, *p. 77* (quelle adaptation des peines et quelle stratégie pénitentiaire dans la lutte contre le terrorisme ?). – TAUPIAC-NOUVEL, *p. 93* (quelle politique antiterroriste de l'Union européenne ?).

▸ ***Le droit pénal et la loi du 30 octobre 2017 renforçant la sécurité intérieure et la lutte contre le terrorisme***, *Gaz. Pal. 2018, Dossier, p. 561* s. : HERRAN, *p. 561* (l'oxymore de la prévention réactive à la commission d'une infraction). – TELLIER-CAYROL, *p. 565* (le contrôle d'identité frontalier Schengen de l'art. 78-2 C. pr. pén.). – THOMAS-TAILLANDIER, *p. 569* (*vade-mecum* des contrôles de sécurité). – DREYER, *p. 573* (fermeture des lieux de culte appelant au djihad). – FOURMENT, *p. 577* (la visite de sécurité intérieure, substitut de la perquisition pénale). – BEAUSSONIE et BOTTON, *p. 582* (le contrôle de la police administrative par le juge judiciaire).

▸ ***Terrorisme, psychiatrie et justice,*** RFCDP, n° 11, Déc. 2018 : JEANSON, *p. 3* (psychiatrie, troubles de la personnalité et rationalité mortifère, les terroristes de Daech sont-ils tous des « déséquilibrés » ?). – DE MONTBRIAL, *p. 33* (état des lieux du terrorisme en France). – QUILICHINI, *p. 45* (les radicalisés dans la vie ordinaire). – BARATTA, *p. 53* (immersion en unité pour malades difficiles). – DALRYMPLE, *p. 61* (regard d'un psychiatre étranger). – FALETTI, *p. 67* (la justice antiterroriste face aux nouvelles formes de radicalisation). – GOLDNADEL, *p. 75* (les attentes des victimes).

1. Application dans le temps. Sauf lorsque la loi en dispose autrement, les articles du code de procédure pénale relatifs à la poursuite, à l'instruction et au jugement des actes de terrorisme sont applicables aux faits commis avant le 1er mars 1994, dès lors que ces faits entrent dans les prévisions tant de l'art. 706-16 ancien de ce code que des art. 421-1 à 421-5 nouv. C. pén. • Crim. 22 sept. 1998, ☎ n° 98-83.555 P.

2. QPC. Il est soutenu que l'art. 698-6 C. pr. pén., selon lequel l'accusé d'un acte de terrorisme, à la différence de tout accusé d'un crime de droit commun, se voit refuser le droit que les réponses défavorables données aux questions soient acquises à une majorité qualifiée, porte atteinte aux droits et libertés garantis par la Constitution et par les art. 6 et 9 DDH, qui garantissent respectivement l'égalité devant la loi et le respect de la présomption d'innocence ; en déclarant conforme à la Constitution, par sa Décis. n° 86-813 DC du 3 sept. 1986, l'art. 706-25 C. pr. pén., qui renvoie, pour le jugement des accusés majeurs en matière de terrorisme, aux règles fixées par les dispositions contestées de l'art. 698-6 du même code, le Conseil constitutionnel a nécessairement validé ces dernières dispositions au regard de leur constitutionnalité ; ainsi la question posée ne présente pas un caractère sérieux ; d'où il suit qu'il n'y a pas lieu de la transmettre au Conseil constitutionnel. • Crim., QPC, 19 mai 2010 : ☎ *JCP G 2010, n° 25, 688, p. 1287 ; Gaz. Pal. 2010. 1. 1545, note Rousseau.*

3. La question posée tend à faire constater que les dispositions des art. 353 et 357 C. pr. pén., selon lesquelles les arrêts rendus par les cours d'assises ne sont pas motivés, portent atteinte aux droits et libertés garantis par les art. 7, 8 et 16 DDH et par les principes fondamentaux reconnus par les lois de la République ; aux termes de l'art. 61-1 Const., la question dont peut être saisi le Conseil constitutionnel est seulement celle qui invoque l'atteinte portée par une disposition législative aux droits et libertés que la Constitution garantit ; la question posée tend, en réalité, à contester non la constitutionnalité des dispositions qu'elle vise, mais l'interprétation qu'en a donnée la Cour de cassation au regard du caractère spécifique de la motivation des arrêts des cours d'assises statuant sur l'action publique ; comme telle, elle ne satisfait pas aux exigences du texte précité ; d'où il suit qu'il n'y a pas lieu de la transmettre au Conseil constitutionnel. • Crim., QPC, 19 mai 2010, ☎ n° 09-82.582.

4. Il est soutenu que les dispositions des art. 317, 319 et 320 C. pr. pén., lesquelles ne garantissent pas le droit d'un accusé à une défense quand bien même ce dernier aurait refusé de comparaître et d'être défendu, portent atteinte aux droits de la défense tels qu'ils sont garantis par les principes fondamentaux reconnus par les lois de la République et l'art. 16 DDH ; ces dispositions, qui rappellent le caractère obligatoire de la présence d'un défenseur auprès de l'accusé, prévoient, notamment, qu'il en est désigné un d'office au cas où celui choisi ou désigné par lui ne se présente pas ; elles ont, par ailleurs, pour objet d'assurer l'information de l'accusé lorsque, malgré la sommation qui lui est faite, celui-ci maintient son refus de comparaître ; la constitutionnalité de telles dispositions, qui ont pour objet de garantir l'exercice des droits de la défense, ne peut être sérieusement mise en doute ; d'où il suit qu'il n'y a pas lieu de la transmettre au Conseil constitutionnel. • Crim., QPC, 19 mai 2010, ☎ n° 09-82.582 : *préc. note 1.*

CHAPITRE PREMIER DES ACTES DE TERRORISME

Art. 421-1 **Constituent des actes de terrorisme, lorsqu'elles sont** *(L. n° 96-647 du 22 juill. 1996)* **« intentionnellement » en relation avec une entreprise individuelle ou collective ayant pour but de troubler gravement l'ordre public par l'intimidation ou la terreur, les infractions suivantes :**

1° Les atteintes volontaires à la vie, les atteintes volontaires à l'intégrité de la personne, l'enlèvement et la séquestration ainsi que le détournement d'aéronef, de navire ou de tout autre moyen de transport, définis par le livre II du présent code ;

2° Les vols, les extorsions, les destructions, dégradations et détériorations, ainsi que les infractions en matière informatique définis par le livre III du présent code ;

(L. n° 96-647 du 22 juill. 1996) « **3° Les infractions en matière de groupes de combat et de mouvements dissous définies par les articles 431-13 à 431-17 et les infractions définies par les articles 434-6 et 441-2 à 441-5 ;** »

(Ord. n° 2012-351 du 12 mars 2012, art. 8, en vigueur le 1er mai 2012) « **4° Les infractions en matière d'armes, de produits explosifs ou de matières nucléaires définies par** *(L. n° 2014-1353 du 13 nov. 2014, art. 4)* « **les** *(L. n° 2016-731 du 3 juin 2016, art. 26)* « **articles 222-52 à 222-54, 322-6-1 et 322-11-1** » **du présent code,** » **le I de l'article L. 1333-9, les articles L. 1333-11 et L. 1333-13-2, le II des articles L. 1333-13-3 et L. 1333-13-4, les articles L. 1333-13-6, L. 2339-2, L. 2339-14, L. 2339-16, L. 2341-1, L. 2341-4, L. 2341-5, L. 2342-57 à L. 2342-62, L. 2353-4, le 1° de l'article L. 2353-5 et l'article L. 2353-13 du code de la défense, ainsi que les articles** *(Abrogé par L. n° 2016-731 du 3 juin 2016, art. 26)* « *L. 317-4,* » **L. 317-7 et L. 317-8 à l'exception des** *(L. n° 2012-304 du 6 mars 2012, art. 33 et 34-XVI, en vigueur le 6 sept. 2013)* « **armes de la catégorie D définies par décret en Conseil d'État** *[ancienne rédaction : armes de la 6e catégorie]* », **du code de la sécurité intérieure** » ; – *V. Décr. n° 2014-289 du 4 mars 2014 portant publication de la convention internationale pour la répression des actes de terrorisme nucléaire, signée à New-York le 14 sept. 2005 (JO 6 mars).*

(L. n° 96-647 du 22 juill. 1996) « **5° Le recel du produit de l'une des infractions prévues aux 1° à 4° ci-dessus** » ;

(L. n° 2001-1062 du 15 nov. 2001, art. 33 ; L. n° 2003-239 du 18 mars 2003, art. 31) « **6° Les infractions de blanchiment prévues au chapitre IV du titre II du livre III du présent code ;**

« **7° Les délits d'initié prévus** *(L. n° 2016-819 du 21 juin 2016, art. 1er, en vigueur le 3 juill. 2016)* « **aux articles L. 465-1 à L. 465-3** » **du code monétaire et financier.** » – *V. art. L. 465-1 C. mon. fin., App., v° Marchés financiers.*

Pour la procédure spécifique en matière de terrorisme, V. C. pr. pén., art. 706-16 s. – **C. pr. pén.** *V. Circ. du 19 juill. 2010, BOMJ n° 2010-05.*

RÉP. PÉN. vis *Délit et manquement d'initiés*, par GIACOPELLI et CATELAN ; *Cybercriminalité*, par CHOPIN.

BIBL. ▶ Constitutionnalité de la loi du 22 juill. 1996 : RICHARD, *Gaz. Pal. 1997. 1. Doctr. 363.* – SPITZ, *RFDA 1997. 538.* – TEITGEN-COLLY et JULIEN-LAFERRIÈRE, *AJDA 1997. 86.*

1. Application dans le temps. Aucune référence à la nature terroriste des faits reprochés à l'accusé ne figure sur la feuille de question, la feuille de motivation, l'arrêt criminel, ni sur l'arrêt de renvoi ; en effet, le C. pén., dans sa rédaction entrée en vigueur en 1994, a fait des actes de terrorisme des infractions autonomes, mais a aussi créé une circonstance aggravante de terrorisme pouvant assortir une qualification de droit commun, qui a pour résultat d'élever les pénalités encourues, ce qui est prévu par l'art. 421-3 C. pén. ; cette circonstance aggravante a été créée après la commission de l'attentat reproché à l'accusé, qui date de 1974 ; en conséquence, elle n'a pu être visée par l'accusation, en vertu du principe de la non-rétroactivité de la loi pénale plus sévère prévu par l'art. 112-1 C. pén. ; le caractère terroriste de l'infraction a eu, dans la présente affaire, pour seule conséquence la compétence de la juridiction spécialisée (• Crim. 5 nov. 1997, n° 97-81.334) ; l'art. 706-16 C. pr. pén. n'a pas institué de nouvelles incriminations pénales mais s'est borné à désigner les infractions relevant de la cour d'assises spécialement composée, compétente, selon les art. 698-6 et 706-25 C. pr. pén., quand les infractions ainsi énumérées sont en relation avec une entreprise individuelle ou collective ayant pour but de troubler gravement l'ordre public par l'intimidation ou la terreur, ainsi que l'a jugé la Cour de cassation (• Crim. 7 mai 1987, n° 87-80.822 P • 24 sept. 1987, n° 87-84.128 P) ; la cour d'assises n'avait pas à être interrogée sur la nature terroriste des faits, qui, dans la présente espèce, n'était ni une infraction ni une circonstance aggravante, mais seulement un critère de compétence. • Crim. 14 nov. 2019, n° 18-83.122 : *D. 2019. 2248 ; ibid. 2020. 204, note Delage ; AJ pénal 2020. 83, obs. Lacaze ; Gaz. Pal. 2019, p. 3230, note Mésa ; ibid. févr. 2020 (4), p. 49, obs. Detraz.*

2. Infractions terroristes. Pour un exemple d'actes terroristes par détention de documents administratifs étrangers falsifiés (C. pén., art. 441-2 et 441-3), doublée de la participation à une organisation constitutive d'association de malfaiteurs (V. art. 421-2-1) : • Paris, 24 févr. 1999 : *Dr. pénal 1999. 98, obs. Véron.* ♦ ... Pour l'exemple d'un vol en réunion en relation avec une entreprise terroriste, cumulé avec, et une complicité par aide ou assistance de crimes d'assassinats et tentative d'assassinat en relation avec une entreprise terroriste, et une participation criminelle à une association terroriste. • Crim. 22 avr. 2020, n° 19-83.475 : *D. actu. 28 avr. 2020, obs. Fucini ; RSC 2020. obs. Mayaud ; Gaz. Pal. 2020. 2716, obs. Detraz.*

3. Entreprise terroriste. Constituent des actes de terrorisme les infractions spécifiées par la

L. du 9 sept. 1986 lorsqu'elles sont en relation avec une entreprise individuelle ou collective ayant pour but de troubler gravement l'ordre public par l'intimidation ou la terreur ; la cour d'appel, qui ayant justement retenu qu'un tel acte implique un minimum d'organisation et relevé que l'acte non revendiqué dont avaient été victimes les concierges d'un établissement scolaire constituait une action isolée contre cet établissement et que son mode de perpétration ne révélait pas le professionnalisme de son ou ses auteurs, demeurés inconnus, en a exactement déduit que cet acte n'avait pas constitué un acte de terrorisme. • Civ. 1re, 17 oct. 1995, n° 93-14.837 P. ♦ Pour l'assimilation de l'entreprise terroriste à une stratégie. • Crim. 7 mai 1987, n° 87-80.822 P.

4. Écarte à tort la circonstance de terrorisme, l'arrêt qui retient que, d'une part, les agissements reprochés aux mis en examen n'ont pas de finalité terroriste, d'autre part, que les actions de sabotage qui leur sont imputées n'étaient pas susceptibles de provoquer des atteintes à l'intégrité physique des personnes, posant ainsi des conditions que l'art. 421-1 C. pén. n'exige pas. • Crim. 10 janv. 2017, n° 16-84.596 P : *D. actu. 2 févr. 2017, obs. André.* ♦ ... Toutefois, l'arrêt n'encourt pas la censure dès lors qu'il se déduit de ces énonciations qu'il n'existe pas de charges suffisantes permettant de retenir que les infractions, objet de l'arrêt de renvoi devant la juridiction de jugement, auraient été commises en relation avec une entreprise individuelle ou collective ayant pour but de troubler gravement l'ordre public par l'intimidation ou la terreur. • Même arrêt.

5. Finalité terroriste. Les dispositions du titre XV du livre IV C. pr. pén., concernant les infractions en relation avec une entreprise individuelle ou collective ayant pour but de troubler gravement l'ordre public par l'intimidation ou la terreur, ainsi que celles qui leur sont connexes, ont un autre domaine d'application que celui de l'art. 2-5° de la loi d'amnistie du 4 août 1981, intéressant les seules infractions portant atteinte à l'autorité de l'État. • Crim. 14 mars 1989, n° 88-87.503 P.

6. Action civile. Sur l'irrecevabilité d'une constitution de partie civile intervenante, pour un attentat commis en Iran, du chef d'association de malfaiteurs en France en vue de préparer des actes de terrorisme alors qu'aucune circonstance ne permet d'admettre comme possible la relation directe des préjudices allégués avec les infractions poursuivies. • Crim. 17 juin 2008, n° 07-80.339 : *D. 2008. Pan. 2759, obs. Pradel*

7. S'il suffit pour admettre la recevabilité d'une constitution de partie civile incidente que les circonstances sur lesquelles elle s'appuie permettent à la juridiction d'instruction d'admettre comme possible l'existence du préjudice allégué, les droits de la partie civile ne peuvent être exercés que par les personnes justifiant d'un préjudice résultant de l'ensemble des éléments constitutifs de l'une des infractions visées à la poursuite ; ni le préjudice matériel invoqué par la commune sur le territoire de laquelle les faits constitutifs de ces infractions ont été commis, ni le préjudice allégué par cette dernière résultant de l'atteinte à son image consécutive auxdits faits ne découle de l'ensemble des éléments constitutifs des infractions à la législation sur les armes ou de l'un des crimes contre la vie ou l'intégrité des personnes, ou du crime de participation à un groupement en vue de la préparation d'un ou plusieurs crimes d'atteintes aux personnes, toutes infractions en relation avec une entreprise terroriste dont le juge d'instruction est saisi, seules les infractions des chefs desquels l'information a été ouverte, une telle entreprise terroriste n'étant susceptible d'avoir porté directement atteinte, au-delà des victimes personnes physiques, qu'aux intérêts de la nation. • Crim. 12 mars 2019, n° 18-80.911 P : *D. actu. 20 mars 2019, obs. Goetz ; AJ pénal 2019. 396, obs. Lacroix ; AJCT 2019. 302, obs. Lasserre-Capdeville ; Gaz. Pal. 2019, p. 1278, obs. Berlaud ; ibid., 2019, p. 2630, obs. Fourment.*

8. Questions. Quel que fût le nombre de victimes, s'agissant d'actes de terrorisme, les crimes dont le prévenu a été accusé procédaient, pour chacun d'entre eux, d'un acte unique et indivisible accompli par les mêmes moyens dans les mêmes circonstances de temps et de lieu relevant d'une même intention homicide et devant entraîner les mêmes conséquences pénales ; n'est pas entachée de complexité prohibée la question formulée de façon abstraite interrogeant la cour d'assises sur le point de savoir si la mort a été volontairement donnée à une pluralité de victimes ou s'il a été tenté de donner volontairement la mort à une pluralité de victimes. • Crim. 15 juin 2011, n° 09-87.135 : *JCP 2011, n° 893.*

Art. 421-2 **Constitue également un acte de terrorisme, lorsqu'il est** *(L. n° 96-647 du 22 juill. 1996)* **« intentionnellement » en relation avec une entreprise individuelle ou collective ayant pour but de troubler gravement l'ordre public par l'intimidation ou la terreur, le fait d'introduire dans l'atmosphère, sur le sol, dans le sous-sol** *(L. n° 2004-204 du 9 mars 2004, art. 8)* **« , dans les aliments ou les composants alimentaires » ou dans les eaux, y compris celles de la mer territoriale, une substance de nature à mettre en péril la santé de l'homme ou des animaux ou le milieu naturel.** — *Pr. pén. 706-16.*

V. Circ. du 19 juill. 2010, BOMJ n° 2010-05.

Art. 421-2-1 *(L. n° 96-647 du 22 juill. 1996)* **Constitue également un acte de terrorisme le fait de participer à un groupement formé ou à une entente établie en vue de la préparation, caractérisée par un ou plusieurs faits matériels, d'un des actes de terrorisme mentionnés aux articles précédents.**

BIBL. ▶ DUMENIL, *Dr. pénal 2018. Étude 29* (association de malfaiteurs terroriste et cumul de compétence entre le tribunal pour enfants et le tribunal correctionnel).

1. Infraction formelle. Il résulte des art. 421-2-1 et 421-6 C. pén. que l'association de malfaiteurs en vue de commettre certains crimes à caractère terroriste constitue une infraction indépendante, tant des crimes préparés ou commis par certains de ses membres, que des infractions caractérisées par certains des faits qui la concrétisent ; méconnaît ce principe la chambre de l'instruction qui, pour dire n'y avoir lieu à mise en examen du chef de participation à un groupement ou une entente terroriste ayant pour objet la préparation d'un ou plusieurs crimes d'atteintes aux personnes, relève que les éléments de la procédure n'apportent pas la démonstration de la participation des intéressés à la préparation desdits crimes ou à la commission du crime de destructions par substances explosives ou incendiaires de nature à causer la mort d'une ou plusieurs personnes. • Crim. 12 juill. 2016, n° 16-82.692 P : *D. actu. 31 août 2016, obs. André ; AJ pénal 2016. 492, obs. Thierry ; Dr. pénal 2016, n° 152, obs. Conte ; Gaz. Pal. 2016. 2795, obs. Detraz.*

2. Intention. Il résulte de la combinaison des art. 421-1, 421-2-1 et 421-6 C. pén. qu'est punissable en tant que crime la participation à un groupement formé ou une entente établie en vue de la préparation, caractérisée par un ou plusieurs faits matériels, d'un acte de terrorisme, dès lors qu'il a pour objet de porter volontairement atteinte à la vie ou à l'intégrité de la personne ; méconnaît le sens et la portée des textes précités la chambre de l'instruction qui exige, pour retenir cette circonstance aggravante à l'encontre de celui qui s'associe à une entreprise terroriste ayant un tel objet, la démonstration de la connaissance précise et concrète du projet d'attenter volontairement à la vie ou à l'intégrité de personnes fomenté par l'auteur. • Crim. 7 oct. 2016, n° 16-84.597 P : *D. actu. 18 oct. 2016, obs. Fucini ; AJ pénal 2016. 526, obs. Mayaud ; Dr. pénal 2016, n° 170, obs. Jacobet de Nombel ; Gaz. Pal. 2017. 415, obs. Dreyer.*

3. Selon l'art. 421-2-1 C. pén., constitue un acte de terrorisme le fait de participer à un groupement formé ou à une entente établie en vue de la préparation, caractérisée par un ou plusieurs faits matériels, d'un acte de terrorisme ; il s'en déduit que l'existence de l'élément intentionnel constitutif de cette infraction, distinct des mobiles qui l'inspirent, n'est pas subordonnée à la démonstration du but terroriste poursuivi par son auteur. • Crim. 7 févr. 2017, n° 16-87.084.

4. Pour confirmer la décision de non-lieu du chef d'association de malfaiteurs en relation avec une entreprise terroriste, l'arrêt retient qu'en achetant le billet d'avion pour la Turquie à son compagnon, Mme X... croyait que celui-ci allait et devait rester chez son grand-père ; les juges ajoutent qu'elle n'a apporté aucun soutien à l'État islamique puisque, d'une part, le partage et le financement de la vie à [...] a été subordonné par elle à la condition que son mari ne fût plus soldat pour le compte de l'organisation terroriste, ce qui est corroboré par l'absence apparente durant cette période de tout soutien financier ou matériel de la part de cette organisation à M. B..., et, d'autre part, aucun élément de la procédure ne permet de relier l'achat et la possession de l'arme de poing à une activité ou préparation d'action quelconque de M. B... pour le compte de l'organisation dite « État islamique », cette arme étant destinée à assurer leur sécurité privée ; en l'état de ces énonciations relevant de son appréciation, souveraine, d'où il se déduit l'absence d'élément intentionnel de l'infraction, la chambre de l'instruction a justifié sa décision. • Crim. 5 sept. 2018, n° 17-82.994 : *AJ pénal 2019. 37, obs. M. Bendavid.*

5. A caractérisé en tous ses éléments, tant matériels qu'intentionnel, le délit de l'art. 421-2-1 C. pén., et a justifié sa décision la cour d'appel qui conclut que le prévenu, avec les personnes l'accompagnant, a formé une association ou une entente établie, caractérisée par l'organisation, de façon occulte, d'un voyage en Turquie, par son arrivée dans ce pays malgré un premier refoulement, par des prises de contacts avec des personnes assurant le passage de la frontière avec la Syrie et l'accueil dans une zone occupée par l'organisation terroriste « État islamique », afin d'y commettre des actes de terrorisme sanctionnés par le code pénal, et, enfin, par son approche de la frontière syrienne. • Crim. 20 févr. 2019, n° 18-80.777 P : *D. 2019. 431 ; ibid. 2019. 2330, obs. Gozzi ; Dr. pénal 2019, n° 81, obs. Conte ; Gaz. Pal. 2019. 1248, obs. Berlaud ; ibid. 1584, obs. Dreyer.*

6. Illustrations. Pour un exemple d'actes terroristes par détention de documents administratifs étrangers falsifiés (C. pén., art. 441-2 et 441-3), doublée de la participation à une organisation constitutive d'association de malfaiteurs. • Paris, 24 févr. 1999 : *Dr. pénal 1999, n° 98, obs. Véron.*

7. Sur l'affaire des « terroristes » français détenus au camp de Guantanamo, V. • Crim. 3 sept. 2014, n° 11-83.598 : *AJ pénal 2014. 577, note Cahn.*

8. Conflit de qualifications. Par des motifs

dénués d'insuffisance, qui établissent, à la charge du demandeur, la commission de faits distincts des crimes d'assassinats terroristes commis par son frère et du délit connexe de vol aggravé, la cour d'assises a caractérisé les principaux éléments qui l'ont convaincue de sa culpabilité du crime de participation à une association de malfaiteurs en relation avec une entreprise terroriste, sans méconnaître la règle *ne bis in idem*, visée au moyen. • Crim. 22 avr. 2020, nº 19-83.475 : *D. actu. 28 avr. 2020, obs. Fucini ; Gaz. Pal. 2020. 2716, obs. Detraz ; RSC 2020. obs. Mayaud.*

9. *Action civile.* V. *supra*, ss. art. 421-1.

Art. 421-2-2 *(L. nº 2001-1062 du 15 nov. 2001, art. 33 ; L. nº 2003-239 du 18 mars 2003, art. 31)* **Constitue également un acte de terrorisme le fait de financer une entreprise terroriste en fournissant, en réunissant ou en gérant des fonds, des valeurs ou des biens quelconques ou en donnant des conseils à cette fin, dans l'intention de voir ces fonds, valeurs ou biens utilisés ou en sachant qu'ils sont destinés à être utilisés, en tout ou partie, en vue de commettre l'un quelconque des actes de terrorisme prévus au présent chapitre, indépendamment de la survenance éventuelle d'un tel acte.**

Les dispositions de cet art. sont applicables en Nouvelle-Calédonie, dans les îles Wallis-et-Futuna et en Polynésie française (L. nº 2001-1062 du 15 nov. 2001, art. 71).

BIBL. ▶ Desgens-Pasanau, *Gaz. Pal. 2004. 1. Doctr. 222* (la lutte contre le blanchiment d'argent et le financement du terrorisme : quels enjeux pour la vie privée de la clientèle bancaire ?).

Financement d'entreprise terroriste. Pour un exemple de condamnation d'une association pour financement de terrorisme (et association de malfaiteurs en relation avec une entreprise terroriste) : • Crim. 21 mai 2014, nº 13-83.758 P : *D. actu. 3 juin 2014, obs. Bombled ; D. 2014. 1205 ; AJ pénal 2014. 528, obs. de Combles de Nayves ; Dr. pénal 2014. Comm. 106, obs. Véron.* ♦ V. égal. ss. C. pén., art. 121-2, 421-1 et 421-2-1.

Art. 421-2-3 *(L. nº 2003-239 du 18 mars 2003, art. 45)* **Le fait de ne pouvoir justifier de ressources correspondant à son train de vie, tout en étant en relations habituelles avec une ou plusieurs personnes se livrant à l'un ou plusieurs des actes visés aux articles 421-1 à 421-2-2, est puni de sept ans d'emprisonnement et de 100 000 € d'amende.**

Art. 421-2-4 *(L. nº 2012-1432 du 21 déc. 2012)* **Le fait d'adresser à une personne des offres ou des promesses, de lui proposer des dons, présents ou avantages quelconques, de la menacer ou d'exercer sur elle des pressions afin qu'elle participe à un groupement ou une entente prévu** *[prévue]* **à l'article 421-2-1 ou qu'elle commette un des actes de terrorisme mentionnés aux articles 421-1 et 421-2 est puni, même lorsqu'il n'a pas été suivi d'effet, de dix ans d'emprisonnement et de 150 000 € d'amende.**

Art. 421-2-4-1 *(L. nº 2017-1510 du 30 oct. 2017, art. 10)* **Le fait, par une personne ayant autorité sur un mineur, de faire participer ce mineur à un groupement formé ou à une entente établie en vue de la préparation, caractérisée par un ou plusieurs faits matériels, d'un des actes de terrorisme mentionnés aux articles 421-1 et 421-2 est puni de quinze ans de réclusion criminelle et de 225 000 € d'amende.**

Lorsque le fait est commis par une personne titulaire de l'autorité parentale sur le mineur, la juridiction de jugement se prononce sur le retrait total ou partiel de l'autorité parentale *(L. nº 2019-1480 du 28 déc. 2019, art. 8)* **« ou sur le retrait de l'exercice de cette autorité » en application des articles 378 et 379-1 du code civil. Elle peut alors statuer sur le retrait de l'autorité parentale** *(L. nº 2019-1480 du 28 déc. 2019, art. 8)* **« ou de l'exercice de cette autorité » en ce qu'elle concerne les autres enfants mineurs de cette personne. Si les poursuites ont lieu devant la cour d'assises, celle-ci statue sur cette question sans l'assistance des jurés.**

BIBL. ▶ Rousseau, *RSC 2018. Chron. Légis. 533* (l'incitation de mineurs à participer à un groupement terroriste).

Art. 421-2-5 *(L. nº 2014-1353 du 13 nov. 2014, art. 5-I)* **Le fait de provoquer directement à des actes de terrorisme ou de faire publiquement l'apologie de ces actes est puni de cinq ans d'emprisonnement et de 75 000 € d'amende.**

Les peines sont portées à sept ans d'emprisonnement et à 100 000 € d'amende lorsque les faits ont été commis en utilisant un service de communication au public en ligne.

Lorsque les faits sont commis par la voie de la presse écrite ou audiovisuelle ou de la communication au public en ligne, les dispositions particulières des lois qui régissent ces matières sont applicables en ce qui concerne la détermination des personnes responsables.

Sur la procédure permettant le blocage des sites internet incitant à la commission d'actes de terrorisme ou en faisant l'apologie, V. Décr. n° 2015-125 du 5 févr. 2015 (JO 6 févr.). — Sur la procédure permettant le déréférencement de ces sites, V. Décr. n° 2015-253 du 4 mars 2015 (JO 5 mars).

1. QPC – Légalité. Les dispositions contestées de l'art. 421-2-5 C. pén. répriment l'apologie publique d'actes de terrorisme ; ce délit est constitué dès lors que plusieurs éléments sont réunis ; d'une part, le comportement incriminé doit inciter à porter un jugement favorable sur une infraction expressément qualifiée par la loi d'« acte de terrorisme » ou sur son auteur ; d'autre part, ce comportement doit se matérialiser par des propos, images ou actes présentant un caractère public, c'est-à-dire dans des circonstances traduisant la volonté de leur auteur de les rendre publics ; dès lors, les dispositions contestées de l'art. 421-2-5 C. pén. ne revêtent pas un caractère équivoque et sont suffisamment précises pour garantir contre le risque d'arbitraire ; le grief tiré de la méconnaissance du principe de légalité des délits et des peines doit donc être écarté (§§ 8 à 10). • Cons. const. 18 mai 2018, n° 2018-706 QPC : *D. actu. 25 mai 2018, obs. Lavric ; D. 2018. 1233, obs. Mayaud ; ibid. Pan. 1248, obs. Deboets et Jacquinot ; Constitutions 2018. 332 ; Gaz. Pal. 2018. 2764, obs. Piot ; ibid. 3226, obs. C. Richaud.*

2. QPC – Nécessité et proportionnalité. Les dispositions contestées de l'art. 421-2-5 C. pén. punissent de cinq ans d'emprisonnement et de 75 000 € d'amende l'apologie publique d'actes de terrorisme ; en portant cette peine à sept ans d'emprisonnement et à 100 000 € d'amende lorsque le délit a été commis en utilisant un service de communication au public en ligne, le législateur a pris en compte l'ampleur particulière de la diffusion des messages prohibés que permet ce mode de communication, ainsi que son influence dans le processus d'endoctrinement d'individus susceptibles de commettre des actes de terrorisme (§ 12) ; au regard de la nature des comportements réprimés, les peines ainsi instituées, qui sont prononcées en fonction des circonstances de l'infraction et de la personnalité de son auteur, ne sont pas manifestement disproportionnées ; le grief tiré de la méconnaissance des principes de nécessité et de proportionnalité des peines par les dispositions contestées doit donc être écarté (§ 14). • Cons. const. 18 mai 2018, n° 2018-706 QPC : *préc. note 1.*

3. QPC – Liberté d'expression et de communication. La liberté d'expression et de communication est d'autant plus précieuse que son exercice est une condition de la démocratie et l'une des garanties du respect des autres droits et libertés. Il s'ensuit que les atteintes portées à l'exercice de cette liberté doivent être nécessaires, adaptées et proportionnées à l'objectif poursuivi ; en premier lieu, en instituant le délit d'apologie publique d'actes de terrorisme, le législateur a entendu prévenir la commission de tels actes et éviter la diffusion de propos faisant l'éloge d'actes ayant pour but de troubler gravement l'ordre public par l'intimidation ou la terreur ; ce faisant, le législateur a poursuivi l'objectif de valeur constitutionnelle de prévention des atteintes à l'ordre public et des infractions, dont participe l'objectif de lutte contre le terrorisme ; en second lieu, d'une part, l'apologie publique, par la large diffusion des idées et propos dangereux qu'elle favorise, crée par elle-même un trouble à l'ordre public ; le juge se prononce en fonction de la personnalité de l'auteur de l'infraction et des circonstances de cette dernière, notamment l'ampleur du trouble causé à l'ordre public ; d'autre part, pour les motifs énoncés au § 9 de la présente décision, les faits incriminés sont précisément définis et ne créent pas d'incertitude sur la licéité des comportements susceptibles de tomber sous le coup du délit ; enfin, si, en raison de son insertion dans le code pénal, le délit contesté n'est pas entouré des garanties procédurales spécifiques aux délits de presse prévues par la L. du 29 juill. 1881, les actes de terrorisme dont l'apologie est réprimée sont des infractions d'une particulière gravité susceptibles de porter atteinte à la vie ou aux biens ; par conséquent, pour ces motifs et ceux énoncés aux §§ 12 à 14, l'atteinte portée à la liberté d'expression et de communication par les dispositions contestées est nécessaire, adaptée et proportionnée à l'objectif poursuivi ; le grief tiré de la méconnaissance de cette liberté doit donc être rejeté (§§ 19 à 24). • Cons. const. 18 mai 2018, n° 2018-706 QPC : *préc. note 1.*

4. Publicité. Caractérise le délit d'apologie d'actes de terrorisme le comportement du prévenu par lequel, lors d'un rassemblement public, il a manifesté une égale considération pour des victimes d'actes de terrorisme et l'un de leurs auteurs à qui il s'identifiait. • Crim. 25 avr. 2017, n° 16-83.331 P : *D. actu. 18 mai 2017, obs. Lavric ; AJ pénal 2017. 349, obs. Mayaud ; Dr. pénal 2017, n° 103, obs. Conte ; Gaz. Pal. 18 juill. 2017, p. 62, obs. Detraz.*

5. Selon l'art. 421-2-5 C. pén., le délit d'apologie d'actes de terrorisme est constitué lorsque les propos qu'il incrimine ont été prononcés publiquement, c'est-à-dire tenus à haute voix dans des circonstances traduisant une volonté de les rendre publics ; pour renvoyer le prévenu des fins de la poursuite du chef d'apologie d'actes de terrorisme, l'arrêt infirmatif attaqué énonce que lorsqu'il a tenu les propos reprochés, qui justifiaient les attentats commis en France en mars 2012 et janv. et nov. 2015, il se trouvait en présence des seuls gendarmes qui l'escortaient, dans un fourgon cellulaire ou dans les geôles du tribunal devant lequel il devait comparaître, circonstances exclusives de toute volonté de rendre lesdits propos publics ; en se déterminant ainsi, alors qu'il résulte de ses propres constatations que les propos incriminés ont été tenus publiquement, la cour d'appel a méconnu le texte précité et le principe ci-dessus rappelé. • Crim. 11 juill. 2017, nº 16-86.965 P : *D. actu. 27 juill. 2017, obs. Lavric ; Gaz. Pal. 31 oct. 2017, nº 37, p. 22, obs. Fourment.*

6. Militaire de carrière, le prévenu a été poursuivi devant le tribunal correctionnel du chef, notamment, d'apologie publique d'actes de terrorisme pour avoir, au sein de sa caserne, s'adressant uniquement à des militaires, invoqué « Daesch » à plusieurs reprises en se frappant le cœur avec la main, expliqué que la France tue plus que Daesch et annoncé qu'il allait commettre un attentat ; pour renvoyer le prévenu des fins de la poursuite du chef d'apologie publique d'actes de terrorisme, l'arrêt relève, notamment, que la condition de publicité fait défaut dès lors que les propos ont été tenus à des militaires, liés par une communauté d'intérêts, dans une enceinte militaire, hors la présence de tiers ; en l'état de ces seuls motifs, dont il ne résulte pas que le prévenu, en tenant les propos litigieux dans ces circonstances, ait eu l'intention de les rendre publics, la cour d'appel a justifié sa décision. • Crim. 13 déc. 2017, nº 17-82.030 : *Dr. pénal 2018, nº 40, obs. Conte.*

7. Pour infirmer le jugement entrepris et retenir le mis en cause dans les liens de la prévention pour les seuls propos tenus en présence des membres de l'administration pénitentiaire, l'arrêt énonce que, s'agissant de l'entretien d'arrivée avec un lieutenant pénitentiaire, la publicité ne suppose pas un nombre minimum d'auditeurs mais nécessite qu'une personne au moins ait entendu les propos d'apologie ; les juges relèvent, pour les paroles prononcées après l'examen de sa demande de placement en isolement, qu'elles ne concernent pas un groupement de personnes liées par une communauté d'intérêts ; ils ajoutent que le prévenu n'a été incité à tenir les propos poursuivis ni lors de son entretien d'arrivée ni lorsqu'il a obtenu satisfaction à l'issue de l'examen de sa demande de placement à l'isolement ; en l'état de ces énonciations, dont il résulte que le prévenu, en tenant les propos litigieux dans ces circonstances, a, sans être provoqué à les proférer ni répondre à une accusation en matière pénale dont il aurait fait l'objet, eu l'intention de les rendre publics, la cour d'appel a justifié sa décision. • Crim. 19 juin 2018, nº 17-87.087 : *AJ pénal 2018. 419, obs. Vicentini ; Dr. pénal 2018, nº 171, obs. Conte.*

8. Jugement favorable. Sont constitutifs de l'apologie réprimée par l'art. 421-2-5 C. pén. les propos qui tendent à inciter autrui à porter un jugement favorable sur une infraction qualifiée de terroriste ou sur son auteur, même s'ils sont prononcés dans le cadre d'un débat d'intérêt général et se revendiquent comme participant d'un discours de nature politique. • Crim. 27 nov. 2018, nº 17-83.602 : *Gaz. Pal. 2019. 468, obs. Piot ; Dr. pénal 2019, nº 20, obs. Conte ; CCE 2019, nº 10, obs. Lepage ; RSC 2019. 116, obs. Dreyer.*

9. Le délit d'apologie d'actes de terrorisme, prévu et réprimé par l'art. 421-2-5 C. pén., consiste dans le fait d'inciter publiquement à porter sur ces infractions ou leurs auteurs un jugement favorable, sans qu'il y ait à établir que les propos en cause ont été proférés en relation avec une entreprise individuelle ou collective ayant pour but de troubler gravement l'ordre public par l'intimidation ou la terreur. • Crim. 11 déc. 2018, nº 18-82.712 : *Dr. pénal 2019, nº 21, obs. Conte.*

10. Le délit d'apologie d'actes de terrorisme, prévu et réprimé par l'art. 421-2-5 C. pén., consiste dans le fait d'inciter publiquement à porter sur ces infractions ou leurs auteurs un jugement favorable ; encourt la cassation l'arrêt qui entre en voie de condamnation à l'égard d'un prévenu qui, contestant les conditions dans lesquelles son père était soigné au sein d'un établissement hospitalier, menaçait de venir avec une ceinture d'explosifs et affirmait son appartenance à une organisation terroriste, responsable de plusieurs attentats commis dans une période récente sur le sol français, alors qu'il résulte de ces constatations que ces propos, par lesquels le prévenu entendait intimider et menacer ses interlocuteurs, ne pouvaient, compte tenu des circonstances dans lesquelles ils avaient été tenus, que susciter en eux des sentiments de crainte et de rejet, exclusifs de tout regard favorable sur ladite organisation. • Crim. 4 juin 2019, nº 18-85.042 : *D. actu. 28 juin 2019, obs. Fucini ; D. 2019. 1229 et 2329, obs. Gozzi ; AJ pénal 2019. 448, obs. Bendavid ; JCP 2019. 1030, nº 5, obs. Claverie-Rousset ; Dr. pénal 2019, nº 161, obs. Conte ; Gaz. Pal. 2019. 1840, obs. Berlaud.*

11. Le contenu des publications litigieuses, en tant qu'il décrit les actes de destruction par incendie qui ont été perpétrés en les présentant sous un jour favorable et en les justifiant, ne peut être analysé comme étant constitutif de l'infraction d'apologie à commettre des actes de terrorisme au sens de l'art. 421-2-5 C. pén., dès lors qu'il se rapporte à des actes pour lesquels cette qualification n'a pas été reconnue. • TA Cergy-Pontoise, 4 févr. 2019, nº 1801344 : *AJ pénal 2019. 206, obs. Perrier.*

12. Recel d'apologie du terrorisme – QPC. Le délit de recel d'apologie d'actes de terrorisme porte à la liberté d'expression et de communication une atteinte qui n'est pas nécessaire, adaptée et proportionnée ; les mots « ou de faire publiquement l'apologie de ces actes » figurant au premier alinéa de l'art. 421-2-5 C. pén. ne sauraient donc, sans méconnaître cette liberté, être interprétés comme réprimant un tel délit (§ 26) ; sous cette réserve, et pour les mêmes motifs que ceux énoncés dans la décision du Cons. const. du 18 mai 2018, les dispositions contestées ne méconnaissent ni la liberté d'expression et de communication, ni les principes de légalité, de nécessité et de proportionnalité des délits et des peines ; ces dispositions, qui ne méconnaissent aucun autre droit ou liberté que la Constitution garantit, doivent, sous cette même réserve, être déclarées conformes à la Constitution (§ 27). • Cons. const. 19 juin 2020, n° 2020-845 QPC : *D. 2020. 1360* ; *D. actu. 26 juin 2020, obs. Goetz ; JCP 2020. 820 ; Dr. pénal 2020, n° 153, obs. Conte ; Gaz. Pal. 2020. 2629, note Mésa ; ibid. 2924, obs. Piot ; ibid. 3416 obs. Malhière.* ♦ Sur le renvoi de la QPC au Cons. const. : • Crim. 24 mars 2020, n° 19-86.706 QPC : *D. 2020. 713* ; *D. actu. 29 avr. 2020, obs. Recotillet ; AJ pénal 2020. 293, note Bendavid et Quendolo* ; *Gaz. Pal. 2020. 1781, obs. Fourment.* ♦ Sur la position antérieure de la Chambre criminelle, au contraire favorable à la qualification de recel : • Crim. 7 janv. 2020, n° 19-80.136 : *D. 2020. 312, note Roets* ; *D. actu. 5 févr. 2020, obs. Lavric ; Gaz. Pal. 2020. 260, note Mayaud ; ibid. 1781, obs. Fourment ; JCP 2020. 341, note Beaussonie, et 569, 4, obs. Claverie-Rousset ; Dr. pénal 2020, n° 48, obs. Conte.*

Art. 421-2-5-1 *(L. n° 2016-731 du 3 juin 2016, art. 18)* **Le fait d'extraire, de reproduire et de transmettre intentionnellement des données faisant l'apologie publique d'actes de terrorisme ou provoquant directement à ces actes afin d'entraver, en connaissance de cause, l'efficacité des procédures prévues à l'article 6-1 de la loi n° 2004-575 du 21 juin 2004 pour la confiance dans l'économie numérique ou à l'article 706-23 du code de procédure pénale est puni de cinq ans d'emprisonnement et de 75 000 € d'amende.**

Art. 421-2-5-2 *(Abrogé par Cons. const. n° 2017-682 QPC du 15 déc. 2017) (L. n° 2017-258 du 28 févr. 2017, art. 24)* ***Le fait de consulter habituellement et sans motif légitime un service de communication au public en ligne mettant à disposition des messages, images ou représentations soit provoquant directement à la commission d'actes de terrorisme, soit faisant l'apologie de ces actes lorsque, à cette fin, ce service comporte des images ou représentations montrant la commission de tels actes consistant en des atteintes volontaires à la vie est puni de deux ans d'emprisonnement et de 30 000 € d'amende lorsque cette consultation s'accompagne d'une manifestation de l'adhésion à l'idéologie exprimée sur ce service.***

Constitue notamment un motif légitime tel que défini au premier alinéa la consultation résultant de l'exercice normal d'une profession ayant pour objet d'informer le public, intervenant dans le cadre de recherches scientifiques ou réalisée afin de servir de preuve en justice ou le fait que cette consultation s'accompagne d'un signalement des contenus de ce service aux autorités publiques compétentes.

1. QPC sur la première version de l'art. Au regard de l'exigence de nécessité de l'atteinte portée à la liberté de communication, les autorités administrative et judiciaire disposent, indépendamment de l'article contesté, de nombreuses prérogatives, non seulement pour contrôler les services de communication au public en ligne provoquant au terrorisme ou en faisant l'apologie et réprimer leurs auteurs, mais aussi pour surveiller une personne consultant ces services et pour l'interpeller et la sanctionner lorsque cette consultation s'accompagne d'un comportement révélant une intention terroriste, avant même que ce projet soit entré dans sa phase d'exécution (§ 13) ; en second lieu, s'agissant des exigences d'adaptation et de proportionnalité requises en matière d'atteinte à la liberté de communication, les dispositions contestées n'imposent pas que l'auteur de la consultation habituelle des services de communication au public en ligne concernés ait la volonté de commettre des actes terroristes ni même la preuve que cette consultation s'accompagne d'une manifestation de l'adhésion à l'idéologie exprimée sur ces services ; ces dispositions répriment donc d'une peine de deux ans d'emprisonnement le simple fait de consulter à plusieurs reprises un service de communication au public en ligne, quelle que soit l'intention de l'auteur de la consultation, dès lors que cette consultation ne résulte pas de l'exercice normal d'une profession ayant pour objet d'informer le public, qu'elle n'intervient pas dans le cadre de recherches scientifiques ou qu'elle n'est pas réalisée afin de servir de preuve en justice (§ 14) ; si le législateur a exclu la pénalisation de la consultation effectuée de « bonne foi », les travaux parlementaires ne permettent pas de déterminer la portée que le législateur a entendu attribuer à cette exemption alors même que l'incrimination instituée, ainsi qu'il vient d'être rappelé, ne requiert pas que l'auteur des faits soit animé d'une intention terroriste ; dès lors, les dispositions contestées font peser une incertitude sur la licéité de la consultation de certains services de communication au public en ligne et, en conséquence, de l'usage d'internet pour rechercher des informations (§ 15) ; il résulte de tout ce qui précède que les dispositions contestées portent une atteinte à l'exercice de la liberté de communication qui n'est pas nécessaire, adaptée et proportionnée ; l'art. 421-2-5-2 C. pén. doit donc, sans qu'il soit besoin de statuer sur les autres griefs, être déclaré contraire à la Const. (§ 16). • Cons. const. 10 févr. 2017, n° 2016-611 QPC : *D. actu. 14 févr. 2017, obs. Goetz ; D. 2018. 1344, obs. Debaets et Jacquinot ; RSC 2018. 75, obs. Beauvais .*

2. QPC sur la seconde version de l'art. Au regard de l'exigence de nécessité de l'atteinte portée à la liberté de communication, les autorités administrative et judiciaire disposent, indépendamment de l'article contesté, de nombreuses prérogatives, non seulement pour contrôler les services de communication au public en ligne provoquant au terrorisme ou en faisant l'apologie et réprimer leurs auteurs, mais aussi pour surveiller une personne consultant ces services et pour l'interpeller et la sanctionner lorsque cette consultation s'accompagne d'un comportement révélant une intention terroriste, avant même que ce projet soit entré dans sa phase d'exécution (§ 13) ; en second lieu, s'agissant des exigences d'adaptation et de proportionnalité requises en matière d'atteinte à la liberté de communication, les dispositions contestées n'imposent pas que l'auteur de la consultation habituelle des services de communication au public en ligne concernés ait la volonté de commettre des actes terroristes ; si le législateur a ajouté à la consultation, comme élément constitutif de l'infraction, la manifestation de l'adhésion à l'idéologie exprimée sur ces services, cette consultation et cette manifestation ne sont pas susceptibles d'établir à elles seules l'existence d'une volonté de commettre des actes terroristes ; les dispositions contestées répriment donc d'une peine de deux ans d'emprisonnement le seul fait de consulter à plusieurs reprises un service de communication au public en ligne, sans que soit retenue l'intention terroriste de l'auteur de la consultation comme élément constitutif de l'infraction (§ 14) ; en outre, si le législateur a exclu la pénalisation de la consultation lorsqu'elle répond à un « motif légitime » alors qu'il n'a pas retenu l'intention terroriste comme élément constitutif de l'infraction, la portée de cette exemption ne peut être déterminée en l'espèce, faute notamment qu'une personne adhérant à l'idéologie véhiculée par les sites en cause paraisse susceptible de relever d'un des exemples de motifs légitimes énoncés par le législateur ; dès lors, les dispositions contestées font peser une incertitude sur la licéité de la consultation de certains services de communication au public en ligne et, en conséquence, de l'usage d'internet pour rechercher des informations (§ 15) ; il résulte de tout ce qui précède que les dispositions contestées portent une atteinte à l'exercice de la liberté de communication qui n'est pas nécessaire, adaptée et proportionnée ; l'art. 421-2-5-2 C. pén. doit donc, sans qu'il soit besoin de statuer sur les autres griefs, être déclaré contraire à la Const. (§ 16) ; en l'espèce, aucun motif ne justifie de reporter les effets de la déclaration d'inconstitutionnalité ; celle-ci intervient donc à compter de la date de publication de la présente décision (§ 18). • Cons. const. 15 déc. 2017, n° 2017-682 QPC : *D. actu. 19 déc. 2017, obs. Goetz ; D. 2018. 97, note Mayaud ; ibid. 2018. 1345, obs. Debaets et Jacquinot ; AJ pénal 2018. 148, obs. Perrier ; Dr. pénal 2018, n° 22, obs. Conte ; Gaz. Pal. 2018. 419, obs. Piot ; ibid. 909, obs. Richaud ; RSC. 2018. 75, obs. Beauvais .*

Ancien art. 421-2-5-2 (Abrogé par Cons. const. n° 2016-611 QPC du 10 févr. 2017) (L. n° 2016-731 du 3 juin 2016, art. 18) ***Le fait de consulter habituellement un service de communication au public en ligne mettant à disposition des messages, images ou représentations soit provoquant directement à la commission d'actes de terrorisme, soit faisant l'apologie de ces actes lorsque, à cette fin, ce service comporte des images ou représentations montrant la commission de tels actes consistant en des atteintes volontaires à la vie est puni de deux ans d'emprisonnement et de 30 000 € d'amende.***

Le présent article n'est pas applicable lorsque la consultation est effectuée de bonne foi, résulte de l'exercice normal d'une profession ayant pour objet d'informer le public, intervient dans le cadre de recherches scientifiques ou est réalisée afin de servir de preuve en justice.

Art. 421-2-6 *(L. n° 2014-1353 du 13 nov. 2014, art. 6-I)* **I. — Constitue un acte de terrorisme le fait de préparer la commission d'une des infractions mentionnées au II, dès lors que la préparation de ladite infraction est intentionnellement en relation avec une entreprise individuelle ayant pour but de troubler gravement l'ordre public par l'intimidation ou la terreur et qu'elle est caractérisée par :**

1° Le fait de détenir, *(Abrogé par Cons. const. n° 2017-625 QPC du 7 avr. 2017)* **« *de rechercher,* » de se procurer** *(L. n° 2019-222 du 23 mars 2019, art. 67)* **« , de tenter de**

se procurer » ou de fabriquer des objets ou des substances de nature à créer un danger pour autrui ;

2° Et l'un des autres faits matériels suivants :

***a)* Recueillir des renseignements sur des lieux ou des personnes permettant de mener une action dans ces lieux ou de porter atteinte à ces personnes ou exercer une surveillance sur ces lieux ou ces personnes ;**

***b)* S'entraîner ou se former au maniement des armes ou à toute forme de combat, à la fabrication ou à l'utilisation de substances explosives, incendiaires, nucléaires, radiologiques, biologiques ou chimiques ou au pilotage d'aéronefs ou à la conduite de navires ;**

***c)* Consulter habituellement un ou plusieurs services de communication au public en ligne ou détenir des documents provoquant directement à la commission d'actes de terrorisme ou en faisant l'apologie ;**

***d)* Avoir séjourné à l'étranger sur un théâtre d'opérations de groupements terroristes.**

II. – Le I s'applique à la préparation de la commission des infractions suivantes :

1° Soit un des actes de terrorisme mentionnés au 1° de l'article 421-1 ;

2° Soit un des actes de terrorisme mentionnés au 2° du même article 421-1, lorsque l'acte préparé consiste en des destructions, dégradations ou détériorations par substances explosives ou incendiaires devant être réalisées dans des circonstances de temps ou de lieu susceptibles d'entraîner des atteintes à l'intégrité physique d'une ou plusieurs personnes ;

3° Soit un des actes de terrorisme mentionnés à l'article 421-2, lorsque l'acte préparé est susceptible d'entraîner des atteintes à l'intégrité physique d'une ou plusieurs personnes.

BIBL. ▶ BUISSON, *Procédures 2013, n° 51* (lutte contre le terrorisme. Aspects procéduraux).

En retenant au titre des faits matériels pouvant constituer un acte préparatoire le fait de « rechercher » des objets ou des substances de nature à créer un danger pour autrui, sans circonscrire les actes pouvant constituer une telle recherche dans le cadre d'une entreprise individuelle terroriste, le législateur a permis que soient réprimés des actes ne matérialisant pas, en eux-mêmes, la volonté de préparer une infraction. En conséquence, les mots « de rechercher », figurant au 1° du paragraphe I de l'article 421-2-6 sont « manifestement contraires au principe de nécessité des délits et des peines et doivent être déclarés contraires à la Constitution ». • Cons. const. 7 avr. 2017, n° 2017-625 QPC : *D. actu. 19 avr. 2017, obs. Goetz ; D. 2017. 1180, obs. Catelan et Perrier ; ibid. Point de vue, obs. Mayaud ; ibid. Pan. 2501, obs. Roujou de Boubée ; ibid. 2018. Pan. 1344, obs. Debaets et Jacquinot ; AJ pénal 2017. 237, obs. Alix ; RSC 2017. 385, obs. de Lamy ; ibid. 2018. 75, obs. Beauvais.*

Art. 421-3 **Le maximum de la peine privative de liberté encourue pour les infractions mentionnées** *(L. n° 96-647 du 22 juill. 1996)* **« à l'article 421-1 » est relevé ainsi qu'il suit lorsque ces infractions constituent des actes de terrorisme :**

1° Il est porté à la réclusion criminelle à perpétuité lorsque l'infraction est punie de trente ans de réclusion criminelle ;

2° Il est porté à trente ans de réclusion criminelle lorsque l'infraction est punie de vingt ans de réclusion criminelle ;

3° Il est porté à vingt ans de réclusion criminelle lorsque l'infraction est punie de quinze ans de réclusion criminelle ;

4° Il est porté à quinze ans de réclusion criminelle lorsque l'infraction est punie de dix ans d'emprisonnement ;

5° Il est porté à dix ans d'emprisonnement lorsque l'infraction est punie de sept ans d'emprisonnement ;

6° Il est porté à sept ans d'emprisonnement lorsque l'infraction est punie de cinq ans d'emprisonnement ;

7° Il est porté au double lorsque l'infraction est punie d'un emprisonnement de trois ans au plus.

(Abrogé par L. n° 2016-731 du 3 juin 2016, art. 11) ***« Les deux premiers alinéas de l'article 132-23 relatif à la période de sûreté sont applicables aux crimes, ainsi qu'aux délits punis de dix ans d'emprisonnement, prévus par le présent article. »***

Art. 421-4 **L'acte de terrorisme défini à l'article 421-2 est puni de** *(L. n° 2002-1138 du 9 sept. 2002, art. 46)* **« vingt ans de réclusion criminelle et de 350 000 € d'amende ».**

Lorsque cet acte a entraîné la mort d'une ou plusieurs personnes, il est puni de la réclusion criminelle à perpétuité et de 750 000 € d'amende.

*(Abrogé par L. n° 2016-731 du 3 juin 2016, art. 11) « **Les deux premiers alinéas de l'article 132-23 relatif à la période de sûreté sont applicables au crime prévu par le présent article.** » — Pr. pén. 706-16.*

Art. 421-5 *(L. n° 96-647 du 22 juill. 1996 ; L. n° 2001-1062 du 15 nov. 2001, art. 33 ; L. n° 2003-239 du 18 mars 2003, art. 31)* **« Les actes de terrorisme définis aux articles 421-2-1 et 421-2-2 sont punis » de dix ans d'emprisonnement et de 225 000 € d'amende.**

(L. n° 2004-204 du 9 mars 2004, art. 6-XI) **« Le fait de diriger ou d'organiser le groupement ou l'entente défini à l'article 421-2-1 est puni de** *(L. n° 2016-987 du 21 juill. 2016, art. 13)* **« trente** *[ancienne rédaction : vingt]* **» ans de réclusion criminelle et de 500 000 € d'amende. »**

(L. n° 2001-1062 du 15 nov. 2001, art. 33 ; L. n° 2003-239 du 18 mars 2003, art. 31) **« La tentative du délit défini à l'article 421-2-2 est punie des mêmes peines. »**

(L. n° 2014-1353 du 13 nov. 2014, art. 6-II) **« L'acte de terrorisme défini à l'article 421-2-6 est puni de dix ans d'emprisonnement et de 150 000 € d'amende. »**

*(Abrogé par L. n° 2016-731 du 3 juin 2016, art. 11) « **Les deux premiers alinéas de l'article 132-23 relatif à la période de sûreté sont applicables** (L. n° 2004-204 du 9 mars 2004, art. 6-XI) « **aux infractions prévues » par le présent article.** »*

Art. 421-6 *(L. n° 2006-64 du 23 janv. 2006, art. 11)* **Les peines sont portées à** *(L. n° 2016-987 du 21 juill. 2016, art. 13)* **« trente ans de réclusion criminelle et 450 000** *[ancienne rédaction : vingt ans de réclusion criminelle et 350 000]* **» € d'amende lorsque le groupement ou l'entente définie à l'article 421-2-1 a pour objet la préparation :**

1° Soit d'un ou plusieurs crimes d'atteintes aux personnes visés au 1° de l'article 421-1 ;

2° Soit d'une ou plusieurs destructions par substances explosives ou incendiaires visées au 2° de l'article 421-1 et devant être réalisées dans des circonstances de temps ou de lieu susceptibles d'entraîner la mort d'une ou plusieurs personnes ;

3° Soit de l'acte de terrorisme défini à l'article 421-2 lorsqu'il est susceptible d'entraîner la mort d'une ou plusieurs personnes.

Le fait de diriger ou d'organiser un tel groupement ou une telle entente est puni de *(L. n° 2016-987 du 21 juill. 2016, art. 13)* **« la réclusion criminelle à perpétuité** *[ancienne rédaction : trente ans de réclusion criminelle et de]* **» 500 000 € d'amende.**

*(Abrogé par L. n° 2016-731 du 3 juin 2016, art. 11) « **Les deux premiers alinéas de l'article 132-23 relatifs à la période de sûreté sont applicables aux crimes prévus par le présent article.** »*

1. Crimes d'atteintes aux personnes. Il résulte des art. 421-2-1 et 421-6 C. pén. que l'association de malfaiteurs constitue une infraction indépendante, tant des crimes préparés ou commis par certains de ses membres, que des infractions caractérisées par certains des faits qui la concrétisent ; pour dire n'y avoir lieu à mettre en examen MM. Y... et X... du chef de participation à un groupement ou une entente terroriste ayant pour objet la préparation d'un ou plusieurs crimes d'atteintes aux personnes, l'arrêt retient que les éléments de la procédure n'apportent pas la démonstration et ne constituent pas une charge suffisante de ce que les intéressés auraient préparé des crimes d'atteintes aux personnes à caractère terroriste ou auraient participé, dans les mêmes conditions, à un ou plusieurs crimes d'atteintes aux personnes précisément identifiés ou encore à des destructions par substances explosives ou incendiaires de nature à causer la mort d'une ou plusieurs personnes ; en se déterminant ainsi, en exigeant, afin de caractériser l'infraction d'association de malfaiteurs, la démonstration de la participation à la préparation ou à la réalisation de certains crimes, la chambre de l'instruction a méconnu la portée des textes susvisés. • Crim. 12 juill. 2016, n° 16-82.692 P : *D. actu. 31 août 2016, obs. André ; AJ pénal 2016. 492, obs. Thierry ; Dr. pénal 2016, n° 152, obs. Conte ; Gaz. Pal. 2016. 2795, obs. Detraz.*

2. En exigeant, pour retenir la circonstance aggravante prévue par l'art. 421-6, 1° C. pén., la démonstration de la connaissance précise et concrète, par la personne dont elle retient, par ailleurs, qu'elle aurait participé à un groupement formé ou une entente établie en vue de la préparation d'un acte de terrorisme, du projet d'attenter volontairement à la vie ou à l'intégrité de personnes fomenté par l'auteur, alors que la peine criminelle prévue par ledit texte est encourue par celui qui s'est associé à une telle entreprise terroriste et qu'il est démontré que celle-ci avait pour objet la commission de l'une des infractions énumérées par cette disposition légale, la chambre de l'instruction a méconnu le sens et la portée des textes susvisés. • Crim. 7 oct. 2016, n° 16-84.597 P : *D. actu. 18 oct. 2016, obs. Fucini ; AJ pénal 2016. 526, note Mayaud ; Dr. pénal 2016, n° 170, obs. Jacobet de Nombel ; Gaz. Pal. 2017. 415, obs. Dreyer.*

Art. 421-7 *(L. n° 2016-731 du 3 juin 2016, art. 11)* **Les deux premiers alinéas de l'article 132-23 relatif à la période de sûreté sont applicables aux crimes ainsi qu'aux délits punis de dix ans d'emprisonnement prévus au présent chapitre. Toutefois, lorsque le crime prévu au présent chapitre est puni de la réclusion criminelle à perpétuité, la cour d'assises peut, par décision spéciale, soit porter la période de sûreté jusqu'à trente ans, soit, si elle prononce la réclusion criminelle à perpétuité, décider qu'aucune des mesures énumérées au même article 132-23 ne pourra être accordée au condamné. En cas de commutation de la peine, et sauf si le décret de grâce en dispose autrement, la période de sûreté est égale à la durée de la peine résultant de la mesure de grâce.**

Art. 421-8 *(L. n° 2016-731 du 3 juin 2016, art. 13)* **Les personnes coupables des infractions définies aux articles 421-1 à 421-6** *(L. n° 2020-1023 du 10 août 2020, art. 3)* **« sont** *[ancienne rédaction : peuvent également être]* **» condamnées à un suivi socio-judiciaire selon les modalités prévues aux articles 131-36-1 à 131-36-13.**

(L. n° 2020-1023 du 10 août 2020, art. 3) **« Toutefois, la juridiction peut, par une décision spécialement motivée, décider de ne pas prononcer cette peine, en considération des circonstances de l'infraction et de la personnalité de son auteur. »**

CHAPITRE II DISPOSITIONS PARTICULIÈRES

Art. 422-1 **Toute personne qui a tenté de commettre un acte de terrorisme est exempte de peine si, ayant averti l'autorité administrative ou judiciaire, elle a permis d'éviter la réalisation de l'infraction et d'identifier, le cas échéant, les autres coupables.** — *Pén. 434-2.*

Art. 422-2 **La peine privative de liberté encourue par l'auteur ou le complice d'un acte de terrorisme est réduite de moitié si, ayant averti les autorités administratives ou judiciaires, il a permis de faire cesser les agissements incriminés ou d'éviter que l'infraction n'entraîne mort d'homme ou infirmité permanente et d'identifier, le cas échéant, les autres coupables. Lorsque la peine encourue est la réclusion criminelle à perpétuité, celle-ci est ramenée à vingt ans de réclusion criminelle.**

Art. 422-3 **Les personnes physiques coupables de l'une des infractions prévues** *(L. n° 96-647 du 22 juill. 1996)* **« par le présent titre » encourent également les peines complémentaires suivantes :**

1° L'interdiction des droits civiques, civils et de famille, suivant les modalités prévues par l'article 131-26. Toutefois, le maximum de la durée de l'interdiction est porté à quinze ans en cas de crime et à dix ans en cas de délit ;

2° *(L. n° 2008-776 du 4 août 2008, art. 70)* **« L'interdiction, suivant les modalités prévues par l'article 131-27, soit d'exercer une fonction publique ou d'exercer l'activité professionnelle ou sociale dans l'exercice ou à l'occasion de l'exercice de laquelle l'infraction a été commise, le maximum de la durée de l'interdiction temporaire étant porté à dix ans, soit, pour les crimes prévus par les 1° à 4° de l'article 421-3, l'article 421-4, le deuxième alinéa de l'article 421-5 et l'article 421-6, d'exercer une profession commerciale ou industrielle, de diriger, d'Administrer de gérer ou de contrôler à un titre quelconque, directement ou indirectement, pour son propre compte ou pour le compte d'autrui, une entreprise commerciale ou industrielle ou une société commerciale. Ces interdictions d'exercice peuvent être prononcées cumulativement ; »**

3° L'interdiction de séjour, suivant les modalités prévues par l'article 131-31. Toutefois, le maximum de la durée de l'interdiction est porté à quinze ans en cas de crime et à dix ans en cas de délit.

1. QPC. Les dispositions contestées de l'art. 422-3 C. pén. instaurent des peines complémentaires susceptibles d'être prononcées à l'encontre des personnes physiques coupables de l'une des infractions prévues par le titre II du livre IV du même code, parmi lesquelles figure le délit d'apologie publique d'actes de terrorisme ; sont ainsi encourues, pour une durée maximum de dix ans, l'interdiction des droits civiques, civils et de famille, l'interdiction d'exercer une fonction publique ou d'exercer l'activité professionnelle ou sociale dans l'exercice ou à l'occasion de l'exercice de laquelle l'infraction a été commise et l'interdiction de séjour ; au regard de la nature des comportements réprimés, les peines ainsi instituées, qui sont prononcées en fonction des circonstances de l'infraction et de la personnalité de son auteur, ne sont pas manifestement disproportionnées ; le grief tiré de la méconnaissance des principes de nécessité et de proportionnalité des peines par les dispositions contestées doit donc être écarté (§§ 13 et 14). • Cons. const. 18 mai 2018, n° 2018-706 QPC : *D. actu. 25 mai 2018, obs. Lavric ; D. 2018. 1233, note Mayaud ; ibid. 2019. 1250, obs. Debaets et Jacquinot ; Gaz. Pal. 2018. 2764, obs. Piot ; ibid. 3226, obs. Richaud.*

2. Interdiction des droits civiques, civils et de famille. A justifié sa décision la cour d'appel qui, pour confirmer la peine prononcée par le tribunal, et y ajouter une interdiction des droits civils et civiques pour une durée de dix ans, retient notamment que les agissements du prévenu, consistant dans le fait de s'être associé à d'autres personnes pour se rendre en Syrie afin d'y servir l'organisation « État islamique », classée comme organisation terroriste par l'ONU, sont graves ; que le prévenu a fait preuve de dissimulation et d'une mauvaise foi patente ; les juges ajoutent que la gravité des faits et la personnalité du prévenu rendent nécessaire le prononcé d'une peine d'emprisonnement ferme, toute autre sanction étant manifestement inadéquate. • Crim. 20 févr. 2019, n° 18-80.777 P : *D. 2019. 2330, obs. Gozzi ; Dr. pénal 2019, n° 81, obs. Conte ; Gaz. Pal. 2019. 1248, obs. Berlaud ; ibid. 1584, obs. Dreyer.*

Art. 422-4 *(L. n° 2016-987 du 21 juill. 2016, art. 14)* **L'interdiction du territoire français est prononcée par la juridiction de jugement dans les conditions prévues à l'article 131-30, soit à titre définitif, soit pour une durée de dix ans au plus, à l'encontre de tout étranger coupable de l'une des infractions définies au présent titre.**

Toutefois, la juridiction peut, par une décision spécialement motivée, décider de ne pas prononcer ces peines, en considération des circonstances de l'infraction et de la personnalité de son auteur.

Art. 422-5 *(L. n° 2009-526 du 12 mai 2009, art. 124-I)* **« Les personnes morales déclarées responsables pénalement, dans les conditions prévues par l'article 121-2, des infractions définies au présent titre encourent, outre l'amende suivant les modalités prévues par l'article 131-38, les peines prévues par l'article 131-39. »**

L'interdiction mentionnée au 2° de l'article 131-39 porte sur l'activité dans l'exercice ou à l'occasion de l'exercice de laquelle l'infraction a été commise.

Est justifiée la décision de la cour d'appel qui déclare une association coupable d'association de malfaiteurs en relation avec une entreprise terroriste, financement du terrorisme, par des constatations qui établissent que certains membres identifiés de cette association, mandatés par une organisation terroriste et également poursuivis, organisaient, supervisaient, coordonnaient la partie clandestine des activités de cette association, au profit de l'organisation terroriste, notamment les réunions régulières de cadres venus de divers pays européens, la propagande, le recueil des fonds, la tenue de la comptabilité et, plus généralement, dirigeaient, pour son compte, les opérations représentant la contribution délibérée de celle-ci au soutien de l'organisation terroriste. • Crim. 21 mai 2014, n° 13-83.758 P : *D. actu. 3 juin 2014, obs. Bombled ; D. 2014. 1025 ; AJ pénal 2014. 528, note de Combles de Nayves ; Dr. pénal 2014, n° 106, obs. Véron ; Gaz. Pal. 2014. 2. 2333, obs. Meyer.*

Art. 422-6 *(L. n° 2001-1062 du 15 nov. 2001, art. 33 ; L. n° 2003-239 du 18 mars 2003, art. 31)* **Les personnes physiques ou morales reconnues coupables d'actes de terrorisme encourent également la peine complémentaire de confiscation de tout ou partie** *(L. n° 2012-409 du 27 mars 2012, art. 13-I-3°)* **« des biens leur appartenant ou, sous réserve des droits du propriétaire de bonne foi, dont elles ont la libre disposition,** *[ancienne rédaction : de leurs biens]* **» quelle qu'en soit la nature, meubles ou immeubles, divis ou indivis.**

Les dispositions du présent article sont applicables en Nouvelle-Calédonie, dans les îles Wallis-et-Futuna et en Polynésie française (L. n° 2001-1062 du 15 nov. 2001, art. 71).

BIBL. ▶ THONY, *Mél. R. Ottenhof, Dalloz, 2006* (renversement, allégement ou contournement de la charge de la preuve ? Quelques expériences nationales et internationales de confiscation des biens en matière de blanchiment ou de terrorisme).

QPC. L'art. 422-6 C. pén. instaure, à l'encontre des personnes « coupables d'actes de terrorisme », une peine complémentaire de confiscation de tout ou partie des biens leur appartenant ou, sous réserve des droits du propriétaire de bonne foi, dont elles ont la libre disposition ; d'une part, si le délit d'apologie publique d'actes de terrorisme est prévu par l'art. 421-2-5 C. pén., qui figure dans le chapitre Ier, intitulé « Des actes de terrorisme », du titre II du livre IV du même code, le législateur n'a pas expressément qualifié cette infraction d'acte de terrorisme ; la peine complémentaire de confiscation instituée par l'art. 422-6 n'est donc pas applicable aux personnes coupables d'apologie publique d'actes de terrorisme ; d'autre part, eu égard à la gravité des infractions constituant des actes de terrorisme, auxquelles elle est applicable, la peine complémentaire de confiscation instituée par l'art. 422-6 n'est pas manifestement disproportionnée ; par conséquent, le grief tiré de la méconnaissance des principes de nécessité et de proportionnalité des peines par l'art. 422-6 C. pén. doit être écarté (§§ 15 à 18). • Cons. const. 18 mai 2018, n° 2018-706 QPC : *D. actu. 25 mai 2018, obs. Lavric ; D. 2018. 1233, obs. Mayaud ; ibid. Pan. 1248, obs. Deboets et Jacquinot ; Gaz. Pal. 2018. 2764, obs. Piot ; ibid. 3226, obs. Richaud.*

Art. 422-7 *(L. n° 2001-1062 du 15 nov. 2001, art. 33 ; L. n° 2003-239 du 18 mars 2003, art. 31)* **Le produit des sanctions financières ou patrimoniales prononcées à l'encontre des personnes reconnues coupables d'actes de terrorisme est affecté au fonds de garantie des victimes des actes de terrorisme et d'autres infractions.**

Les dispositions du présent article sont applicables en Nouvelle-Calédonie, dans les îles Wallis-et-Futuna et en Polynésie française (L. n° 2001-1062 du 15 nov. 2001, art. 71).

TITRE TROISIÈME DES ATTEINTES À L'AUTORITÉ DE L'ÉTAT

CHAPITRE PREMIER DES ATTEINTES À LA PAIX PUBLIQUE

SECTION PREMIÈRE DES ENTRAVES À L'EXERCICE DES LIBERTÉS D'EXPRESSION, DU TRAVAIL, D'ASSOCIATION, DE RÉUNION OU DE MANIFESTATION

RÉP. PÉN. v° *Manifestations*, par MURBACH-VIBERT.

Art. 431-1 **Le fait d'entraver, d'une manière concertée et à l'aide de menaces, l'exercice de la liberté d'expression, du travail, d'association, de réunion ou de manifestation** *(L. n° 2011-267 du 14 mars 2011, art. 49)* **« ou d'entraver le déroulement des débats d'une assemblée parlementaire ou d'un organe délibérant d'une collectivité territoriale » est puni d'un an d'emprisonnement et de 15 000 € d'amende.**

(L. n° 2016-925 du 7 juill. 2016, art. 2) **« Le fait d'entraver, d'une manière concertée et à l'aide de menaces, l'exercice de la liberté de création artistique ou de la liberté de la diffusion de la création artistique est puni d'un an d'emprisonnement et de 15 000 euros d'amende. »**

Le fait d'entraver, d'une manière concertée et à l'aide de coups, violences, voies de fait, destructions ou dégradations au sens du présent code, l'exercice d'une des libertés visées *(L. n° 2016-925 du 7 juill. 2016, art. 2)* **« aux alinéas précédents » est puni de trois ans d'emprisonnement et de 45 000 € d'amende.**

Corresp. : *C. pén., ancien art. 414.*

RÉP. PÉN. v° *Association*, par DUTHEIL.

BIBL. ▶ ROJINSKY et DREYER, *D. 2004. Chron. 716* (l'entrave aux libertés publiques, une incrimination dangereuse ?). – TEYSSIÉ, *Mél. B. Bouloc, Dalloz, 2006, p. 1105* (la grève ou la tentation de l'illicite).

A. ENTRAVE À LA LIBERTÉ DU TRAVAIL

1° MODALITÉS

1. Exclusion du simple trouble. Encourt la censure l'arrêt de la cour d'appel qui, pour dire coupables du délit prévu par l'art. 431-1 C. pén. des prévenus auxquels il était reproché d'avoir investi les locaux de la direction départementale des affaires maritimes en vue d'obtenir le réexamen de la situation d'un marin victime d'un accident du travail retient que si l'ancien art. 414 C. pén. avait pour unique but d'empêcher la grève forcée, l'art. 431-1 précité sanctionne désormais toute entrave à la liberté du travail et que tel est le cas en la circonstance, les prévenus ayant, pour obtenir gain de cause, empêché les personnes présentes dans les locaux d'exercer librement leur travail ; en effet, le trouble apporté volontairement à l'exercice d'activités professionnelles ne saurait constituer l'élément matériel du délit d'entrave à la liberté du travail au sens de l'art. 431-1 C. pén. • Crim. 3 juin 2008, n° 07-80.079 P : *D. 2008. AJ 2085 ; ibid. 2009. 269, note Dreyer ; AJ pénal 2008. 465, obs. Royer.* ♦ Le seul trouble apporté à la tenue d'une réunion du conseil municipal ne saurait caractériser le délit d'entrave au déroulement des débats d'un organe délibérant d'une collectivité territoriale. • Crim. 11 juin 2013, n° 12-85.104 P : *D. actu. 1er juill. 2013, obs. Gayet ; D. 2013. Actu. 1550 ; ibid. Chron. 1778, obs. Roth, Labrousse, Laurent et Divialle ; Dr. pénal 2013, n° 122, obs Véron.*

2. *Menaces.* Il faut entendre par menaces, au sens de l'art. 414 C. pén. : ... tout acte d'intimidation qui inspire la crainte d'un mal. • Crim. 11 juin 1937 : *Bull. crim. n° 122 ; DP 1938. 1. 33, note Pic.* ♦ ... Les propos propres à faire naître sérieusement chez la personne qui en est l'objet la crainte, l'appréhension pour sa sécurité personnelle, même si elles ont été faites sans ordre ou condition, ou les faits ayant le caractère d'actes d'intimidation directe. • Nancy, 22 mai 1951 : *Gaz. Pal. 1951. 2. 20* • T. corr. Fougères, 5 oct. 1954 : *Gaz. Pal. 1954. 2. 318.*

3. Ainsi, peut être considéré comme une menace le fait de dire à un ouvrier non gréviste : ... « C'est bien, nous t'aurons ! ». • Crim. 24 juin 1911 : *DP 1912. 5. 7.* ♦ ... « Puisque tu reprends ton travail, nous resterons en grève jusqu'à ce que tu sois révoqué ». • Crim. 14 janv. 1921 : *S. 1922. 1. 235.* ♦ Mais ne constitue pas une menace l'interpellation sur un ton narquois en des termes qui ne présentent pas un caractère d'intimidation sérieux. • Orléans, 3 nov. 1950 : *D. 1951. 14 ; JCP 1951. II. 6141 ; Gaz. Pal. 1951. 1. 44.*

4. Le délit prévu et réprimé par l'art. 414 C. pén. est caractérisé lorsqu'un patron a été, sous menace d'une cessation de travail sur ses chantiers, sommé de congédier deux ouvriers non syndiqués et de ne plus en embaucher d'autres, alors que, sur le refus du patron, la grève s'est produite, que pour y mettre fin les deux ouvriers visés ont dû se faire inscrire au syndicat et que pour éviter une nouvelle grève le patron s'est vu obligé de consentir à ce qu'un contrôle fût exercé à l'entrée des ouvriers par les délégués du syndicat. • Crim. 6 mars 1930 : *Bull. crim. n° 70.*

5. Constituent les menaces prévues par l'art. 414 C. pén. : ... le fait par trois prévenus d'avoir organisé un barrage à la porte d'une usine afin de contrôler les cartes des adhérents d'un groupement syndical et de s'opposer au passage de quelques ouvriers étrangers à ce groupement, faits établissant un concert formé en vue d'amener la cessation du travail par une catégorie d'ouvriers. • Crim. 10 mars 1939 : *Bull. crim. n° 54 ; DH 1939. 261.* ♦ ... Le fait par des ouvriers composant un piquet de grève d'intimer à d'autres ouvriers l'ordre de cesser leur travail, alors qu'au cours d'une réunion publique tenue la veille, il avait été décidé que le piquet de grève devrait, en usant de violences à leur égard, empêcher de travailler ceux qui résisteraient à l'ordre de grève. • Crim. 5 févr. 1957 : *Bull. crim. n° 116 ; Gaz. Pal. 1957. 1. 427.*

6. *Violences.* Ne sauraient constituer des violences présentant un caractère d'intimidation sérieuse, de simples propos de propagande et d'exhortation, sans que ces propos aient été accompagnés de gestes ou de paroles menaçantes. • Nancy, 22 mai 1951 : *Gaz. Pal. 1951. 2. 20.* ♦ ... L'avertissement par de simples gestes d'une consigne de grève. • Nîmes, 9 juin 1950 : *D. 1950. 472.* ♦ Confirmation de • T. corr. Orange, 26 avr. 1950 : *D. 1950. 478.*

7. *Voies de fait.* Le fait par des grévistes de se placer devant un train, sur la voie, afin d'empêcher son départ, constitue une voie de fait, qui permet l'application de l'art. 414 C. pén. si elle a été exercée dans le but d'inciter les conducteurs du train à se joindre à la grève. • Crim. 21 nov. 1951 : *Bull. crim. n° 312 ; D. 1952. 360 ; JCP 1952. II. 6686 ; Gaz. Pal. 1952. 1. 46* • Bourges, 14 févr. 1952 : *D. 1952. 370 ; Gaz. Pal. 1952. 1. 238.* ♦ Mais le fait par des grévistes de faire obstacle au passage d'un convoi de combustibles, à l'intérieur d'une usine, ne constitue pas le délit prévu par l'art. 414 C. pén., lorsqu'il est constaté que ces grévistes ont eu une attitude purement passive et n'ont nullement cherché à inciter le conducteur de la locomotive à se joindre à la cessation concertée du travail. • Crim. 25 mars 1954 : *Bull. crim. n° 125.*

8. Constitue des voies de fait, au sens de l'art. 414 C. pén., le fait, par des ouvriers composant un piquet de grève, d'établir des barrages aux portes d'une usine afin d'empêcher les salariés non grévistes de gagner leurs postes de travail, et de soumettre à des bousculades et à des bourrades ceux qui tentaient de forcer le passage, ces actes d'agression étant de nature à les impressionner, à leur faire redouter l'exercice de violences plus graves, et à les amener ainsi à agir contre leur propre volonté. • Crim. 27 nov. 1979 : *Bull. crim. n° 339* • Montpellier, 18 oct. 1949 : *D. 1950. 150 ; Gaz. Pal. 1950. 1. 58.* ♦ Rappr. : • TGI Nanterre, 2 avr. 1976 : *Gaz. Pal. 1976. 2. 527.*

2° RÉPRESSION

9. *Responsables.* Si toute personne a le droit d'intervenir dans une grève, elle ne peut le faire que dans les conditions permises aux intéressés eux-mêmes, c'est-à-dire en s'abstenant des violences, voies de fait, menaces ou manœuvres frauduleuses interdites par l'art. 414 C. pén. • Req. 29 juin 1897 : *DP 1897. 1. 537, concl. Duval, et note Dupuich.* ♦ Ainsi, le délit est-il applicable à un député, au gérant d'un journal et à des journalistes. • Même arrêt.

10. *Action civile.* Encourt la cassation l'arrêt qui se borne à énoncer que le préjudice de salariés, victimes de faits d'entraves à la liberté du travail, ne prend directement sa source que dans l'inexécution de ses obligations contractuelles par l'employeur, et qui déclare irrecevable l'action civile engagée par ces salariés contre les auteurs présumés du délit de l'art. 414 C. pén. • Crim. 16 déc. 1982 : *Bull. crim. n° 297.*

11. Le préjudice résultant pour l'employeur de

l'obligation où il se trouve de verser le salaire des ouvriers non grévistes, mis dans l'impossibilité de gagner leurs postes de travail par le fait d'un délit d'entrave à la liberté du travail, n'a qu'un caractère indirect, qui rend irrecevable sa constitution de partie civile devant la juridiction répressive. • Crim. 27 nov. 1979 : *Bull. crim. n° 339.* ♦ Il en est de même du préjudice résultant pour l'employeur de la diminution de la production, interrompue en raison des entraves apportées par la violence ou la menace à la liberté du travail des salariés non grévistes. • Crim. 15 mai 1987 : *Bull. crim. n° 198 ; D. 1989. Somm. 208, obs. Mayaud.* ♦ Cassation de : • Paris, 17 janv. 1986 : *Gaz. Pal. 1986. 1. 193.*

12. L'incrimination prévue par l'art. 431-1 C. pén. a pour seul objet la protection de la liberté du travail ; ceci exclut d'accueillir la constitution de partie civile d'une société qui a subi des pertes commerciales compte tenu de la fermeture du magasin, due aux barrages installés par des salariés grévistes ; ce préjudice n'est que la conséquence indirecte de l'infraction. • Crim. 23 avr. 2003, n° 02-84.375 P.

13. Conflit de qualifications. Le fait par des ouvriers en grève de mettre obstacle aux travaux envisagés en vue d'assurer la protection d'un puits de mine nationalisé ne constitue pas une atteinte à la liberté du travail, ni une infraction à l'art. 438 C. pén. (nouvel art. 433-11), mais peut contrevenir aux dispositions de l'art. 257 du même code (nouvel art. 322-2). • Crim. 29 juin 1950 : *Bull. crim. n° 201 ; D. 1950. 597.* ♦ Sur l'arrêt objet du pourvoi : • Montpellier, 18 oct. 1949 : *D. 1950. 150* • Crim. 23 juin 1955 : *Bull. crim. n° 316 ; D. 1955. 578.* ♦ *Contra* : • Nîmes, 27 janv. 1949 : *D. 1949. 324.*

14. Sursis à statuer. A justifié sa décision la cour d'appel qui, sur une demande de sursis à statuer jusqu'à l'issue d'une plainte déposée pour interruption illégale de grossesse, a écarté cette demande et condamné les prévenus poursuivis pour entrave à l'interruption volontaire de grossesse et entrave à l'exercice de la liberté du travail, dès lors qu'une juridiction, saisie d'infractions en état d'être jugées, apprécie souverainement les causes de renvoi ou de sursis à statuer, en l'absence de texte les réglementant. • Crim. 5 mai 1997, n° 96-83.085 P.

B. ENTRAVE AUX AUTRES LIBERTÉS

15. QPC. Le délit d'entrave aux libertés publiques est défini de manière suffisamment intelligible et accessible pour satisfaire au principe de légalité des délits et des peines. • Crim., QPC, 22 août 2012 : *Gaz. Pal. 26-27 oct. 2012, p. 28, note Dreyer.*

16. Liberté d'expression. La cour d'appel a justifié sa décision de condamner le prévenu sur le fondement de l'art. 431-1 C. pén., pour entrave à la liberté d'expression, en relevant sa participation à une action concertée en vue d'empêcher la tenue d'une conférence par un homme politique ; les violences, menaces et jets d'œufs menés de concert par un groupe d'étudiants ont rendu impossible la tenue de la conférence. • Crim. 22 juin 1999, n° 98-81.831 P : *D. 2000. Somm. 127, obs. de Lamy ; Dr. pénal 1999. 140 (1er arrêt), obs. Véron ; JCP 2000. I. 207, n° 1, obs. Véron ; Gaz. Pal. 1999. 2, chron. crim. 146, obs. Doucet.*

17. Liberté d'association. La protection des opinions personnelles visée à l'art. 10 Conv. EDH constitue l'un des objectifs de la liberté de réunion et d'association consacrée à l'art. 11. • CEDH 26 sept. 1995, *Vogt c/ Allemagne : Gaz. Pal. 1996. 2. 526, note Lambert.*

18. Liberté de réunion. La liberté de réunion est une liberté fondamentale ; le caractère de liberté fondamentale s'attache également au droit pour un parti politique légalement constitué de tenir des réunions ; au nombre de ces réunions figurent notamment les universités d'été qu'il est devenu habituel pour les partis politiques d'organiser à la fin de la période de vacances, en général dans des villes ou des stations de caractère touristique ; il appartient aux communes et à leurs groupements de déterminer dans quelles conditions des locaux dépendant d'eux sont susceptibles d'accueillir des réunions organisées par les partis politiques ; lorsqu'une telle possibilité est ouverte, un refus ne peut légalement être opposé que pour des motifs tirés des exigences de l'ordre public ou des nécessités de l'administration des propriétés communales. • CE, réf., 19 août 2002 : *D. 2002. IR 2452.*

19. Débats d'un organe délibérant. A l'ouverture du conseil municipal de la ville d'Angers, le 8 avr. 2011, quelques personnes, le visage dissimulé par un masque, ont protesté en criant contre le projet de construction et de financement d'une mosquée et en distribuant des tracts ; M. Benoît X..., qui avait remis les masques et les tracts aux personnes en cause, a été poursuivi du chef de complicité d'entrave au déroulement des débats d'un organe délibérant d'une collectivité territoriale ; le tribunal correctionnel l'a déclaré coupable du délit reproché ; pour infirmer le jugement, les juges du second degré relèvent que l'attitude des manifestants n'a fait que troubler quelques instants la réunion sans entraver en rien le déroulement des débats du conseil municipal ; en l'état de ces seuls motifs la cour d'appel a justifié sa décision, dès lors que le simple trouble apporté à la délibération d'un conseil municipal ne saurait constituer une entrave au sens de l'art. 431-1 C. pén. • Crim. 11 juin 2013, n° 12-85.104 P : *D. actu. 1er juill. 2013, obs. Gayet ; RLCT 2014/99, n° 2652, p. 25, note Mayaud ; Dr. pénal 2013, n° 122, obs. Véron.*

20. Liberté de création artistique. BIBL. Mayaud, *JSS 16 oct. 2019, n° 75, p. 4* (street art et droit pénal, ou de la liberté aux interdits). – Sordino, *RSC 2019. 599* (street art, de l'illicite au licite ? Du délit de l'art. ? Une redéfinition des frontières...).

Art. 431-2 **Les personnes physiques coupables de l'une des infractions prévues par l'article 431-1 encourent également les peines complémentaires suivantes :**

1° L'interdiction des droits civiques, civils et de famille, suivant les modalités prévues par l'article 131-26 ;

2° L'interdiction, suivant les modalités prévues par l'article 131-27, d'exercer une fonction publique ou d'exercer l'activité professionnelle ou sociale dans l'exercice ou à l'occasion de l'exercice de laquelle l'infraction a été commise ;

3° L'interdiction de détenir ou de porter, pour une durée de cinq ans au plus, une arme soumise à autorisation.

SECTION II **DE LA PARTICIPATION DÉLICTUEUSE À UN ATTROUPEMENT**

RÉP. PÉN. v° *Attroupement*, par MURBACH-VIBERT.

BIBL. ▶ VLAMYNCK, *AJ pénal 2009. 289* (maintien de l'ordre : manifestations, réunions publiques et attroupements).

Art. 431-3 **Constitue un attroupement tout rassemblement de personnes sur la voie publique ou dans un lieu public susceptible de troubler l'ordre public.**

(Ord. n° 2012-351 du 12 mars 2012, en vigueur le 1er mai 2012) **« Un attroupement peut être dissipé par la force publique après deux sommations de se disperser restées sans effet adressées dans les conditions et selon les modalités prévues par l'article L. 211-9 du code de la sécurité intérieure. »**

Code de la sécurité intérieure

(Ord. n° 2012-351 du 12 mars 2012)

LIVRE II. ORDRE ET SÉCURITÉ PUBLICS

TITRE Ier. ORDRE PUBLIC

CHAPITRE Ier. *PRÉVENTION DES ATTEINTES À L'ORDRE PUBLIC LORS DE MANIFESTATIONS ET DE RASSEMBLEMENTS*

SECTION III. *Attroupements*

Art. L. 211-9 Un attroupement, au sens de l'article 431-3 du code pénal, peut être dissipé par la force publique après deux sommations de se disperser demeurées sans effet, adressées, lorsqu'ils sont porteurs des insignes de leur fonction, par :

1° Le représentant de l'État dans le département ou, à Paris, le préfet de police ;

2° Sauf à Paris, le maire ou l'un de ses adjoints ;

3° Tout officier de police judiciaire responsable de la sécurité publique, ou tout autre officier de police judiciaire.

Il est procédé à ces sommations suivant des modalités propres à informer les personnes participant à l'attroupement de l'obligation de se disperser sans délai.

Toutefois, les représentants de la force publique appelés en vue de dissiper un attroupement peuvent faire directement usage de la force si des violences ou voies de fait sont exercées contre eux ou s'ils ne peuvent défendre autrement le terrain qu'ils occupent.

Les modalités d'application des alinéas précédents sont précisées par un décret en Conseil d'État, qui détermine également les insignes que doivent porter les personnes mentionnées aux 1° à 3° et les conditions d'usage des armes à feu pour le maintien de l'ordre public. – *[C. pén., art. 431-3, al. 2 à 5.]*

....

PARTIE RÉGLEMENTAIRE

(Décr. n° 2013-1113 du 4 déc. 2013)

SECTION III. *Attroupements*

Art. D. 211-10 Dans le cas d'un attroupement mentionné à l'article L. 211-9, le maintien de l'ordre relève exclusivement du ministre de l'intérieur.

Art. R. 211-11 Pour l'application de l'article L. 211-9, l'autorité habilitée à procéder aux sommations avant de disperser un attroupement par la force :

1° Annonce sa présence en énonçant par haut-parleur les mots : "Obéissance à la loi. Dispersez-vous" ;

2° Procède à une première sommation en énonçant par haut-parleur les mots : "Première sommation : on va faire usage de la force" ;

3° Procède à une deuxième et dernière sommation en énonçant par haut-parleur les mots : "Dernière sommation : on va faire usage de la force."

Si l'utilisation du haut-parleur est impossible ou manifestement inopérante, chaque annonce ou sommation peut être remplacée ou complétée par le lancement d'une fusée rouge.

Toutefois, si, pour disperser l'attroupement par la force, il doit être fait usage des armes mentionnées à l'article R. 211-16, la dernière sommation ou, le cas échéant, le lancement de fusée qui la remplace ou la complète doivent être réitérés.

Art. R. 211-12 Les autorités mentionnées aux 1° à 3° de l'article L. 211-9 doivent, pour procéder aux sommations, porter les insignes suivants :

1° Le préfet ou le sous-préfet : écharpe tricolore ;

2° Le maire ou l'un de ses adjoints : écharpe tricolore ;

3° L'officier de police judiciaire de la police nationale : écharpe tricolore ;

4° L'officier de police judiciaire de la gendarmerie nationale : brassard tricolore.

Art. R. 211-13 L'emploi de la force par les représentants de la force publique n'est possible que si les circonstances le rendent absolument nécessaire au maintien de l'ordre public dans les conditions définies par l'article L. 211-9. La force déployée doit être proportionnée au trouble à faire cesser et son emploi doit prendre fin lorsque celui-ci a cessé.

Art. R. 211-14 Hors les deux cas prévus au sixième alinéa de l'article L. 211-9, les représentants de la force publique ne peuvent faire usage d'armes à feu pour le maintien de l'ordre public que sur ordre exprès des autorités habilitées à décider de l'emploi de la force dans des conditions définies à l'article R. 211-21.

Cet ordre est transmis par tout moyen permettant d'en assurer la matérialité et la traçabilité.

Art. R. 211-15 Pour les forces armées mentionnées aux 1° et 3° de l'article L. 3211-1 du code de la défense, l'ordre exprès mentionné à l'article R. 211-14 du présent code prend la forme d'une réquisition spéciale écrite délivrée par les autorités mentionnées à l'article R. 211-21.

Art. R. 211-16 Hors les deux cas prévus au sixième alinéa de l'article L. 211-9, les armes à feu susceptibles d'être utilisées pour le maintien de l'ordre public sont les grenades principalement à effet de souffle et leurs lanceurs entrant dans le champ d'application de *(Décr. nº 2014-1253 du 27 oct. 2014, art. 9-2º, en vigueur le 1er déc. 2014)* « l'article R. 311-2 » et autorisés par décret.

Art. D. 211-17 Les armes à feu susceptibles d'être utilisées par les représentants de la force publique pour le maintien de l'ordre public en application de l'article R. 211-16 sont les suivantes :

APPELLATION	CLASSIFICATION
Grenade GLI F4 Grenade lacrymogène instantanée	Article R. 311-2 5° et 6° de la catégorie A2
Grenade instantanée	
Lanceurs de grenades de 56 mm et leurs munitions	Article R. 311-2 4°, 5° et 6° de la catégorie A2
Lanceurs de grenade de 40 mm et leurs munitions	Article R. 311-2 4°, 5° et 6° de la catégorie A2
Grenade à main de désencerclement	Article R. 311-2 6° de la catégorie A2

Tableau modifié par Décr. nº 2014-1253 du 27 oct. 2014, art. 9-3º, et par Décr. nº 2017-1029 du 10 mai 2017, art. 1er.

Art. R. 211-18 Sans préjudice des articles 122-5 et 122-7 du code pénal, peuvent être utilisées dans les deux cas prévus au sixième alinéa de l'article L. 211-9 du présent code, outre les armes mentionnées à l'article R. 211-16, les armes à feu des catégories A, B et C adaptées au maintien de l'ordre correspondant aux conditions de ce sixième alinéa, entrant dans le champ d'application de *(Décr. n° 2014-1253 du 27 oct. 2014, art. 9-4°, en vigueur le 1er déc. 2014)* « l'article R. 311-2 » et autorisées par décret.

Art. D. 211-19 Les armes à feu susceptibles d'être utilisées par les représentants de la force publique pour le maintien de l'ordre public en application de l'article R. 211-18 sont celles prévues à l'article D. 211-17 ainsi que celles énumérées ci-après : — *Tableau mod. par Décr. n° 2014-1253 du 27 oct. 2014, art. 9-5°, en vigueur le 1er déc. 2014.*

APPELLATION	CLASSIFICATION
Projectiles non métalliques tirés par les lanceurs de grenade de 56 mm	Article R. 311-2 3° de la catégorie B
Lanceurs de grenades et de balles de défense de 40 × 46 mm et leurs munitions	Article R. 311-2 4°, 5° et 6° de la catégorie A2 et les munitions de la catégorie B
Lanceurs de balles de défense de 44 mm et leurs munitions	Article R. 311-2 3° de la catégorie B

Art. D. 211-20 En application de l'article R. 211-18, outre les armes à feu prévues à l'article D. 211-19, est susceptible d'être utilisée pour le maintien de l'ordre public, à titre de riposte en cas d'ouverture du feu sur les représentants de la force publique, celle mentionnée ci-après : — *Tableau mod. par Décr. n° 2014-1253 du 27 oct. 2014, art. 9-6°, en vigueur le 1er déc. 2014.*

APPELLATION	CLASSIFICATION
Fusil à répétition de précision de calibre 7,62 × 51 mm et ses munitions	Article R. 311-2 *b* du 2° de la catégorie B ou *b* du 1° de la catégorie C et les munitions classées au 7° de la catégorie C

Art. R. 211-21 Dans les cas d'attroupements prévus à l'article 431-3 du code pénal, le préfet du département ou le sous-préfet, le maire ou l'un de ses adjoints, le commissaire de police, le commandant de groupement de gendarmerie départementale ou, mandaté par l'autorité préfectorale, un commissaire de police ou l'officier de police chef de circonscription ou le commandant de compagnie de gendarmerie départementale doivent être présents sur les lieux en vue, le cas échéant, de décider de l'emploi de la force après sommation.

Si elle n'effectue pas elle-même les sommations, l'autorité civile responsable de l'emploi de la force désigne un officier de police judiciaire pour y procéder.

Art. R. 211-21-1 *(Décr. n° 2014-1253 du 27 oct. 2014, art. 9-7°, en vigueur le 1er déc. 2014)* Les attributions dévolues au représentant de l'État dans le département dans le cadre de la présente section sont exercées, *(Décr. n° 2018-583 du 6 juill. 2018, art. 8)* « sur les emprises des aérodromes de Paris-Charles de Gaulle, Paris-Le Bourget et Paris-Orly par le préfet de police, et, » dans le département des Bouches-du-Rhône, par le préfet de police des Bouches-du-Rhône.

Art. 431-4 Le fait, pour celui qui n'est pas porteur d'une arme, de continuer volontairement à participer à un attroupement après les sommations est puni d'un an d'emprisonnement et de 15 000 € d'amende.

(L. n° 2010-201 du 2 mars 2010, art. 3) **« L'infraction définie au premier alinéa est punie de trois ans d'emprisonnement et de 45 000 € d'amende lorsque son auteur dissimule volontairement en tout ou partie son visage afin de ne pas être identifié. »**

BIBL. ▶ Dupic, *Gaz. Pal. 2015. 1. Doctr. 211* (le droit d'usage de la force dans le cadre du maintien de l'ordre : retour sur les événements de Sivens).

A. ATTROUPEMENT

1. QPC. La QPC est ainsi rédigée : « Les articles 431-3 et 431-4 du code pénal et L. 211-9 du code de la sécurité intérieure, qui permettent à un préfet, un maire ou un officier de police judiciaire, sans intervention d'un magistrat, gardien de la liberté individuelle, de faire des sommations de dispersion à un rassemblement de personnes sur la voie publique ou dans un lieu public sous la seule condition que celui-ci leur paraisse "susceptible de troubler l'ordre public" et prévoient une peine d'un an d'emprisonnement et de 15 000 euros d'amende contre toute personne qui aurait volontairement continué à participer à un regroupement ainsi sommé, portent-ils une atteinte excessive à la liberté de manifestation et à la liberté individuelle telles que consacrées, notamment par la décision n° 94-352 DC, et portent-ils atteinte aux articles 66 (rôle de l'autorité judiciaire) et 34 (compétence du législateur) de la Constitution, ainsi qu'au principe de légalité des délits et des peines tels qu'il découle des articles 7 et 8 de la Déclaration des droits de l'homme ? » ; l'art. L. 211-9 CSI et le second alinéa de l'art. 431-3 C. pén. ont été créés par les art. 1er et 8 de l'Ord. n° 2012-351 du 12 mars 2012 relative à la partie législative du code de la sécurité intérieure ; cette ordonnance n'a fait l'objet, à ce jour, d'aucune ratification législative ; il en résulte que les dispositions dont il s'agit ont un caractère réglementaire et ne sont pas au nombre des dispositions législatives visées par l'art. 61-1 Const. et l'art. 23-1 de l'Ord. du 7 nov. 1958 ; elles ne sont, en conséquence, pas susceptibles de faire l'objet d'une QPC ; d'où il suit que la question prioritaire de constitutionnalité n'est pas recevable en ce qui les concerne. • Crim. 25 févr. 2014, n° 13-90.039 QPC : *Dr. pénal 2014, n° 73, obs. Véron.* ♦ ... Pour le surplus, la question posée ne présente pas, à l'évidence, un caractère sérieux, dès lors que, d'une part, les termes du 1er al. de l'art. 431-3 C. pén., qui définit l'attroupement comme un rassemblement de personnes susceptible de troubler l'ordre public, sont suffisamment clairs et précis pour que l'interprétation de ce texte, qui entre dans l'office du juge pénal, puisse se faire sans risque d'arbitraire, que, d'autre part, en laissant au pouvoir réglementaire le soin de fixer les conditions de dissipation d'un tel rassemblement, le législateur n'a pas méconnu l'étendue de la compétence que lui confère l'art. 34 Const. en matière de fixation des règles concernant la détermination des crimes et délits ainsi que des peines qui leur sont applicables, qu'enfin, les dispositions contestées, en ce qu'elles incriminent la méconnaissance d'une injonction de dispersion d'un attroupement adressée par les représentants de la force publique, dans l'exercice de leurs pouvoirs de police administrative, dont l'objet est de concilier la prévention des atteintes à l'ordre public, nécessaire à la sauvegarde de droits et principes de valeur constitutionnelle, et l'exercice des libertés constitutionnellement garanties, dont la liberté individuelle et la liberté de manifester, ne méconnaissent pas le principe selon lequel l'autorité judiciaire est gardienne de la liberté individuelle, dès lors qu'il revient à celle-ci, en dernier lieu, de s'assurer que le rassemblement a le caractère d'un attroupement au sens précité, de sorte que le juge saisi de poursuites pénales doit vérifier l'effectivité du risque de trouble à l'ordre public créé par le rassemblement ; d'où il suit qu'il n'y a pas lieu de renvoyer la question au Cons. const. • Même arrêt.

2. La QPC est ainsi rédigée : « les dispositions de l'article 431-3, alinéa 1er, et 431-4, alinéa 1er du code pénal, qui permettent à des autorités administratives de dissiper un rassemblement sur la voie publique dès lors qu'elles estiment qu'il est susceptible de troubler l'ordre public et qui exposent à une sanction pénale toute personne non armée qui n'obtempérerait pas à l'ordre de se disperser, portent-elles une atteinte disproportionnée, d'une part, à la liberté de manifestation, d'autre part, au droit d'expression collective des idées et des opinons, et, en tout cas, faute d'un encadrement suffisant, caractérisent-elles l'incompétence négative du législateur affectant ces droits et libertés que la Constitution garantit ? » ; la question posée ne présente pas un caractère sérieux ; en effet, d'une part, les dispositions des art. 431-3, al. 2, C. pén., et L. 211-9 CSI, auxquelles renvoient les art. 431-3, al. 1er, C. pén., et 431-4, al. 1er, du même code, ont acquis rétroactivement une valeur législative par l'effet de la L. n° 2014-1353 du 13 nov. 2014 qui les a ratifiées ; d'où il suit que le grief pris d'une méconnaissance, par le législateur, de sa compétence, est sans objet ; d'autre part, l'ensemble des textes visés dans la question, dont le premier définit l'attroupement comme un rassemblement de personnes susceptible de troubler l'ordre public et le second réprime la participation d'une personne, sans arme, à un tel attroupement après les sommations de se disperser, prévues par l'art. 431-3, al. 2, et l'art. L. 211-9 préc., sont suffisamment clairs et précis pour que leur interprétation, qui entre dans l'office du juge pénal, puisse se faire sans risque d'arbitraire ; enfin, les dispositions contestées, en ce qu'elles incriminent la méconnaissance d'une injonction de dispersion d'un attroupement adressée par les représentants de la force publique, dans l'exercice de leurs pouvoirs de police administrative, dont l'objet est de concilier la prévention des atteintes à l'ordre public, nécessaire à la sauvegarde de droits et principes de valeur constitutionnelle, et l'exercice des libertés constitutionnellement garanties, dont la liberté individuelle, la liberté de manifester et le droit d'expression collective des idées et opinions, ne méconnaissent pas le principe selon lequel l'autorité judiciaire est gardienne de la liberté individuelle, dès lors qu'il revient à celle-ci, en dernier lieu, de s'assurer que le rassemblement a le caractère d'un attroupement au sens précité, de sorte que le juge saisi de poursuites pénales doit vérifier l'effectivité du risque de trouble à l'ordre public créé par le rassemblement ; d'où il suit qu'il n'y a pas lieu de renvoyer la question au Cons. const. • Crim. 18 oct. 2016, n° 15-84.940 QPC : *D. actu. 1er nov. 2016, obs. Fleuriot ; Dr. pénal 2017, n° 6, obs. Conte.*

3. Constatation. Ne caractérise pas suffisamment le délit de refus d'abandon d'attroupement l'arrêt qui se borne à énoncer que l'attroupement s'est formé sur la voie publique et était de nature à troubler l'ordre public. • Crim. 25 mars 1954 : *Bull. crim. n° 120 ; D. 1954. 402.*

4. Définition. Le point de savoir s'il y a attroupement ou rassemblement est un point de fait qui doit être apprécié suivant les circonstances ; ainsi, dans une petite commune, la réunion de 20, 30, 40 individus peut constituer un attroupement dangereux, alors qu'il ne demeure, dans une agglomération plus importante, qu'un simple groupement. • Riom, 31 déc. 1928 : *S. 1929. 2. 46.*

5. Tout rassemblement sur la voie publique ne constitue pas un attroupement prohibé. • Crim. 12 févr. 1897 : *DP 1899. 1. 89, note F.T.* • 24 nov. 1899 : *DP 1900. 1. 447,* et, sur renvoi : • Aix-en-Provence, 9 févr. 1900 : *ibid. 1900. 5. 52 ; S. 1901. 1. 429, note anonyme.* ♦ ... Et la circonstance qu'une manifestation ait été interdite par l'Administration ne suffit pas à démontrer qu'elle dût constituer un attroupement interdit au sens de l'art. 104 C. pén. (L. 7 juin 1848), l'appréciation du caractère de l'attroupement relevant, à ce point de vue, de l'autorité judiciaire. • Crim. 23 mai 1955 : *Bull. crim. n° 258 ; D. 1955. 655.*

6. Trouble à l'ordre public. On ne saurait donner le caractère d'attroupement prohibé à un rassemblement calme et pacifique, alors même qu'il gênerait la circulation et pourrait constituer en certains cas une contravention aux règlements de police. • Crim. 24 nov. 1899 : *préc. note 5.* ♦ De même, on ne saurait voir un attroupement prohibé dans la formation d'un cortège qui doit partir de la cathédrale et défiler dans les rues d'une ville, à titre de protestation pacifique et religieuse en faveur du rétablissement des processions, une manifestation de ce genre n'ayant rien en elle-même qui soit de nature à compromettre le maintien de l'ordre. • Crim. 12 févr. 1897 : *préc. note 5.*

7. Mais le manifestant, qui, ainsi que le démontre une photographie qu'il verse au débat, se tient au cœur de la manifestation dans laquelle il joue un rôle actif, viole l'interdiction édictée par l'art. 104 C. pén., s'attribuerait-il des intentions pacifiques. • Paris, 12 juill. 1972 : *D. 1972. Somm. 177.*

B. PARTICIPATION

8. Sommations. Une cour d'appel, ayant constaté qu'un attroupement non armé avait été dispersé sans que les sommations légales aient été effectuées, ne peut prononcer aucune peine contre les prévenus, encore que cette dispersion n'ait pu être obtenue que par la force. • Crim. 23 févr. 1954 : *Bull. crim. n° 85 ; D. 1955. 465, rapp. Patin.*

9. L'obligation pour tout agent ou dépositaire de la force publique et du pouvoir exécutif, qui fait aux personnes composant un attroupement les sommations prescrites par l'art. 104 C. pén. (L. 7 juin 1848), d'être porteur des insignes de sa fonction, est, sauf le cas de force majeure, substantielle quant à la validité de la sommation. • Crim. 4 déc. 1903 : *DP 1903. 1. 623.*

10. On ne saurait considérer comme tombant sous les pénalités édictées par l'art. 105 (L. 7 juin 1848, art. 5) contre ceux qui persistent à faire partie, après les sommations, d'un attroupement interdit sur la voie publique, l'individu qui a été arrêté dans un groupe de manifestants, après les sommations faites par le commissaire de police, sans qu'il soit démontré qu'il ait eu effectivement connaissance desdites sommations. • Grenoble, 17 janv. 1907 : *DP 1907. 2. 112 ; S. 1908. 2. 75.*

11. Responsabilités. En cas d'attroupement constitué autour d'une barricade obstruant une route nationale, sont considérés comme auteurs les occupants de la barricade, et doivent être regardés comme complices par aide et assistance les manifestants placés à proximité, bien que les divers attroupements ne forment qu'un tout, le but poursuivi par l'ensemble des manifestants étant le même. • Nîmes, 27 janv. 1949 : *JCP 1949. IV. 139.*

12. Contrainte par corps (judiciaire). Aux termes de l'art. 749 C. pr. pén., la contrainte par corps ne peut jamais être prononcée en matière de contravention, délit ou crime politique ; tel est le caractère de l'infraction prévue et réprimée par les art. 104 et 105 C. pén. • Crim. 12 déc. 1963 : *Bull. crim. n° 359 ; D. 1964. 185.*

C. PROCÉDURE

13. Délit politique. Selon l'art. 397-6 C. pr. pén., la convocation par procès-verbal, prévue par l'art. 394 du même code, n'est pas applicable en matière de délits politiques ; constitue un tel délit, l'infraction prévue et réprimée par l'art. 431-4, al. 1er, C. pén. ; pour dire que les faits reprochés au prévenu constituent des délits de droit commun, et non de nature politique, rendant applicable la procédure de comparution sur procès-verbal, l'arrêt retient que l'infraction politique, fondée sur la nature de l'intérêt protégé, est celle qui porte atteinte à l'existence ou l'organisation politique de l'État et que le seul fait de participer à une manifestation interdite, fût-elle organisée par un parti politique, ne confère pas de caractère politique à cet événement dés lors que son objet visait l'annulation du projet de barrage de Sivens, la restauration écologique du site, la dénonciation de violences policières et la militarisation, par l'État, de l'espace public, ce qui est exclusif d'une volonté de remise en cause des institutions et des intérêts de la nation ; les juges ajoutent que l'interdiction préfectorale était liée à la tardiveté de la déclaration de manifestation, celle-ci faisant suite à une précédente s'étant déroulée une semaine plus tôt, au cours de laquelle d'importantes dégradations avaient été perpétrées, ainsi qu'à l'impossibilité de sécuriser le trajet ou d'envisager un trajet alternatif en vue de prévenir des troubles à l'ordre public ; en conséquence, le maintien de la manifestation caractérisait une désobéissance à une interdiction qui ne constituait qu'une restriction à l'exercice d'une liberté décidée par l'autorité publique dans le cadre de l'État de droit ; mais en prononçant ainsi, alors que M. X... était prévenu, sur le fondement du seul 1er al. de l'art. 431-4 C. pén., d'avoir continué, volontairement, à participer, sans arme, à un attroupement après sommation de se disperser, la cour d'appel, qui n'était valablement saisie que des poursuites du chef de violences volontaires sur personne dépositaire de l'autorité publique, a méconnu les textes susvisés et les principes ci-dessus rappelés. • Crim. 28 mars 2017, n° 15-84.940 P : *D. actu. 20 avr. 2017, obs. Fucini ; AJ pénal 2017. 284, obs. Azoulay ; D. 2017. 1233, note Pradel ; RSC 2017. 577, obs. A. Giudicelli*

Art. 431-5 **Le fait de participer à un attroupement en étant porteur d'une arme est puni de trois ans d'emprisonnement et de 45 000 € d'amende.** — *Pén. 132-75.*

Si la personne armée a continué volontairement à participer à un attroupement après les sommations, la peine est portée à cinq ans d'emprisonnement et à 75 000 € d'amende.

(L. n° 2010-201 du 2 mars 2010, art. 3) **« Si la personne armée dissimule volontairement en tout ou partie son visage afin de ne pas être identifiée, la peine est également portée à cinq ans d'emprisonnement et à 75 000 € d'amende. »**

Corresp. : *C. pén., ancien art. 106.*

V. Circ. du 19 juill. 2010 relative aux infractions à la législation sur les armes (BOMJ n° 2010-05).

V. notes ss. art. 431-10.

Art. 431-6 **La provocation directe à un attroupement armé, manifestée soit par des cris ou discours publics, soit par des écrits affichés ou distribués, soit par tout autre moyen de transmission de l'écrit, de la parole ou de l'image, est punie d'un an d'emprisonnement et de 15 000 € d'amende.**

Lorsque la provocation est suivie d'effet, la peine est portée à sept ans d'emprisonnement et à 100 000 € d'amende.

Corresp. : *C. pén., ancien art. 107, al. 2.*

RÉP. PÉN. v° *Provocation*, par LASSALLE.

1. Attroupement armé. Constituent une provocation directe à attroupement armé des appels à la solidarité dans un contexte de violences caractérisées, et alors que la décision approuvée par le prévenu de déverser sur la chaussée des galets en grande quantité consistait concrètement à armer les manifestants. • Crim. 28 juin 1995 : *Dr. pénal 1995. 278, obs. Véron.*

2. Moyens de provocation. L'art. 107 C. pén. (L. 7 juin 1848) n'exige pas que l'appel à l'attroupement soit opéré par l'emploi cumulatif des moyens de propagande qu'il énumère ; il résulte au contraire de la lettre même de ses dispositions que, pour que le délit soit consommé, il suffit que la provocation ait recouru soit à des discours proférés publiquement, soit à des distributions ou affichages d'écrits ou d'imprimés. • Crim. 23 mai 1955 : *Bull. crim. n° 258 ; D. 1955. 655* • 26 juill. 1955 : *Bull. crim. n° 371.*

3. Spécialement, constitue le délit de provocation à l'attroupement un article de journal distribué à profusion et invitant les paysans, métayers, fermiers, propriétaires, etc., à se rassembler, dès lors qu'il y a bien provocation directe, en vue du rassemblement d'un nombre considérable de personnes, de nature à troubler la tranquillité publique et devant se réaliser sur la voie publique. • Pau, 31 janv. 1950 : *Gaz. Pal. 1950. 1. 248.*

4. Effets de la provocation. La provocation à un attroupement non suivi d'effet doit s'entendre non seulement de celle qui n'a amené personne au lieu désigné, mais aussi de celle d'où est résulté un rassemblement qui, à aucune de ses phases, n'est devenu délictueux. • Crim. 12 févr. 1897 : *Bull. crim. n° 48 ; DP 1899. 1. 89, note F.T.* • 23 févr. 1954 : *Bull. crim. n° 85 ; D. 1955. 465, rapp. Patin* • Lyon, 16 juin 1951 : *Rec. dr. pén. 1951. 412 ; RSC 1952. 93, obs. Hugueney.* ♦ C'est dire que c'est le caractère délictueux que prendra l'attroupement, et non point le fait même de son existence, qui déterminera s'il faut considérer la provocation à cet attroupement comme ayant été suivie d'effet. • Crim. 12 févr. 1897 : *préc.* ♦ ... Et que, lorsque la provocation n'a amené qu'un attroupement qui, à aucune de ses phases, n'est devenu délictueux, soit qu'il se soit dispersé à la première sommation, soit qu'il n'ait pas été légalement invité à se disperser, elle est et ne peut être incriminée que comme une provocation non suivie d'effet, au même titre que celle qui n'a amené personne au lieu désigné. • Crim. 23 févr. 1954 : *préc.*

5. La provocation à l'attroupement étant punie de peines variables selon que la provocation a été suivie d'effet ou au contraire, n'ayant pas abouti à un rassemblement délictueux, elle n'a pas été suivie d'effet, manque de base légale la décision qui n'apporte aucune précision sur ce point. • Crim. 26 avr. 1955 : *Bull. crim. n° 199.*

6. Nature politique du délit. Sur le caractère d'infraction politique du délit de provocation à l'attroupement, • Crim. 23 févr. 1954 : *Bull. crim. n° 85 ; D. 1955. 465, rapp. Patin.* ♦ *Contra* : • Paris, 13 mars 1951 : *JCP 1951. II. 6278, concl. Turlan.*

Art. 431-7 *(L. n° 2012-304 du 6 mars 2012, art. 20)* **« I. — » Les personnes physiques coupables de l'une des infractions prévues par les articles 431-5 et 431-6 encourent également les peines complémentaires suivantes :**

1° L'interdiction des droits civiques, civils et de famille, suivant les modalités prévues par l'article 131-26 ;

(Abrogé par L. n° 2012-304 du 6 mars 2012, art. 15) ***« 2° L'interdiction de détenir ou de porter, pour une durée de cinq ans au plus, une arme soumise à autorisation ;***

« 3° La confiscation d'une ou de plusieurs armes dont le condamné est propriétaire ou dont il a la libre disposition ; »

4° L'interdiction de séjour, suivant les modalités prévues par l'article 131-31.

(L. n° 2012-304 du 6 mars 2012, art. 15) **« II. — En cas de condamnation pour l'une des infractions prévues par les articles 431-5 et 431-6, le prononcé des peines complémentaires suivantes est obligatoire :**

« 1° L'interdiction de détenir ou de porter, pour une durée de cinq ans au plus, une arme soumise à autorisation ;

« 2° La confiscation d'une ou de plusieurs armes dont le condamné est propriétaire ou dont il a la libre disposition.

« Toutefois, la juridiction peut, par une décision spécialement motivée, décider de ne pas prononcer ces peines, en considération des circonstances de l'infraction et de la personnalité de son auteur. »

Art. 431-8 **L'interdiction du territoire français peut être prononcée dans les conditions prévues par l'article 131-30, soit à titre définitif, soit pour une durée de dix ans au plus, à l'encontre de tout étranger coupable de l'une des infractions définies aux articles 431-5 et 431-6.**

Ordonnance n° 58-1100 du 17 novembre 1958,

Relative au fonctionnement des assemblées parlementaires (*D. 1958. 392 ; BLD 1958. 778*).

Art. 4 Il est interdit d'apporter des pétitions à la barre des deux assemblées parlementaires.

Les règlements de ces deux assemblées fixeront les conditions dans lesquelles des pétitions écrites pourront leur être présentées.

Toute infraction aux dispositions des alinéas qui précèdent, toute provocation par des discours proférés publiquement ou par des écrits ou imprimés affichés ou distribués à un rassemblement sur la voie publique ayant pour objet la discussion, la rédaction ou l'apport à l'une des assemblées parlementaires de pétitions, déclarations ou adresses, que la provocation ait été ou non suivie d'effet, sera punie *(L. n° 92-1336 du 16 déc. 1992)* « de six mois d'emprisonnement et de 7 500 € d'amende ».

Al. abrogé par L. n° 92-1336 du 16 déc. 1992, art. 276-II.

Art. 431-8-1 *(L. n° 2019-290 du 10 avr. 2019, art. 7)* **Les articles 393 à 397-7 et 495-7 à 495-15-1 du code de procédure pénale sont applicables aux délits prévus à la présente section.**

SECTION III DES MANIFESTATIONS ILLICITES ET DE LA PARTICIPATION DÉLICTUEUSE À UNE MANIFESTATION OU À UNE RÉUNION PUBLIQUE

RÉP. PÉN. v° *Manifestations*, par MURBACH-VIBERT.

BIBL. ▶ VLAMYNCK, *AJ pénal 2009. 289* (maintien de l'ordre : manifestations, réunions publiques et attroupements).

▶ **Dossier :** Manifestations et droit pénal, *Gaz. Pal. 24 janv. 2017, p. 67 s.*

Art. 431-9 Est puni de six mois d'emprisonnement et de 7 500 € d'amende le fait :

1° D'avoir organisé une manifestation sur la voie publique n'ayant pas fait l'objet d'une déclaration préalable dans les conditions fixées par la loi ;

2° D'avoir organisé une manifestation sur la voie publique ayant été interdite dans les conditions fixées par la loi ;

3° D'avoir établi une déclaration incomplète ou inexacte de nature à tromper sur l'objet ou les conditions de la manifestation projetée.

Corresp. : *Décr.-L. 23 oct. 1935, ancien art. 4.*

BIBL. ▶ EOCHE-DUVAL, *JCP 2021. 100* (les « rassemblements sur la voie publique » sous état d'urgence sanitaire. Nouvelle catégorie juridique ou donnée épidémiologique ?).

1. Définition de la manifestation. Constitue une manifestation, au sens et pour l'application des art. L. 211-1 CSI et 431-9 C. pén., tout rassemblement, statique ou mobile, sur la voie publique d'un groupe organisé de personnes aux fins d'exprimer collectivement et publiquement une opinion ou une volonté commune ; méconnaît ces textes et principe, en ajoutant à la loi des conditions qu'elle ne prévoit pas quant aux modalités matérielles d'expression des buts de la manifestation, la cour d'appel qui, pour entrer en voie de relaxe du chef d'organisation de manifestation sans déclaration préalable, retient que l'opération de distribution de tracts syndicaux à une barrière de péage d'autoroute par une centaine de militants, que le prévenu avait organisée sans l'avoir préalablement déclarée, ne constituait pas une manifestation, en l'absence d'utilisation de banderoles ou de drapeaux, ou de discours proférés à l'aide d'une sonorisation. • Crim. 9 févr. 2016, n° 14-82.234 P : *D. actu. 9 mars 2016, obs. Gallois ; Dr. pénal 2016, n° 74, obs. Conte.* – Sur l'arrêt censuré : • Lyon, 29 janv. 2014, n° 13/00777 : *D. 2014. 485*.

2. Une association a organisé une randonnée ouverte aux véhicules 4x4, motos et quads sur la rive gauche de la Loire à travers le Saumurois ; averti de cet événement par les maires des communes concernées, le préfet a adressé deux courriers au président de l'association pour l'inviter à prendre contact ; ce dernier n'a pas donné de réponse ; la randonnée a eu lieu et a occasionné des dégâts sur certaines voies détrempées, notamment en raison de trois véhicules légers qui se sont embourbés ; cette randonnée ne peut s'analyser comme une manifestation au sens du texte pénal visant le délit d'organisation de manifestation sans déclaration préalable, ni comme une manifestation sportive soumise à déclaration préalable, aucune épreuve n'étant imposée aux participants. • Angers, 18 déc. 2008 : *JCP 2009. IV. 1881.*

3. Organisation de la manifestation. L'art. 4-2° du décret du 23 oct. 1935 punit ceux qui auront participé à l'organisation d'une manifestation non déclarée ou qui a été interdite. • Crim. 23 mai 1955 : *Bull. crim. n° 256.* ♦ ... Ce délit concerne seulement les organisateurs d'une telle réunion, et non les simples participants. • Crim. 23 mars 1953 : *Bull. crim. n° 106* • 23 févr. 1954 : *ibid. n° 86* • 26 juill. 1955 : *ibid. n° 371.*

4. Sont à juste titre déclarés coupables de participation à l'organisation d'une manifestation interdite en vertu des dispositions du décret du 23 oct. 1935, les dirigeants d'un groupement qui, alors que la manifestation sur la voie publique qu'ils avaient projetée avait été interdite par arrêté préfectoral et que le commissaire de police avait seulement toléré que les manifestants se recueillent en silence pendant quelques minutes sur le trottoir afin de ne pas gêner la circulation, ont donné l'ordre auxdits manifestants de s'asseoir sur la chaussée, ce qu'ils ont d'ailleurs fait. • Crim. 26 oct. 1965 : *Bull. crim. n° 211.*

5. Pour déclarer les prévenus coupables d'organisation et tenue d'une manifestation interdite, les juges énoncent qu'ils n'ont pris aucune initiative pour informer les participants de l'interdiction de la réunion, qu'ils ne se sont pas opposés au déploiement de banderoles du comité, à la vente de tee-shirts ornés de feuilles de cannabis et à la consommation de cette drogue par des groupes composés en partie de mineurs, et que leur mauvaise foi est établie par l'ensemble de ces éléments. • Crim. 2 avr. 1998, n° 97-81.805 P : *Dr. pénal 1998. 111, obs. Véron.*

6. Débordement d'une manifestation privée. Lorsqu'une manifestation, organisée sur une propriété privée, se trouve en fait avoir débordé sur la voie publique, les juges du fond ne peuvent retenir contre l'organisateur de la manifestation le délit prévu et réprimé par les art. 1er s. du décret-L. du 23 oct. 1935 que s'ils constatent l'existence de l'élément intentionnel, en l'espèce, la prévision par l'organisateur du fait que la manifestation, dans les conditions où elle était organisée, devait nécessairement déborder sur la voie publique. • Crim. 4 févr. 1954 : *Bull. crim. n° 58.*

7. Caractère politique de la manifestation. Il n'est pas contestable que le droit de manifester, qui plus est sur un sujet indiscutablement politique (interruption volontaire de grossesse), constitue un des fondements de la démocratie au même titre que le droit d'expression régi par la loi sur la presse ; toutefois, il est constant que le caractère politique d'une infraction doit s'apprécier à partir de critères objectifs et non pas se déduire des seuls mobiles du contrevenant, au sens où le prévenu a entendu devant les premiers juges revendiquer le caractère « politique » de sa position sur la loi en question (n° 67-1176 du 28 déc. 1967) et sur l'interdiction de sa manifestation par le préfet de police ; spécialement, force est de constater que le débat démocratique sur la question de l'interruption volontaire de grossesse a eu lieu en son temps et qu'une manifestation contre la L. du 28 déc. 1967 ne peut avoir pour motif aujourd'hui d'exprimer autre chose qu'une position morale, certes respectable en tant que telle, mais dénuée de finalité politique véritable ; ainsi, tant au regard de son objet annoncé – promouvoir la vie – que de celui en réalité poursuivi et revendiqué par le prévenu tel qu'il transparaît à travers l'action conduite par la même association, sur le même lieu et selon les mêmes modalités, à savoir : faire obstacle à l'application d'une loi dont il n'est pas contesté qu'elle est issue de la volonté du Parlement souverain après un véritable débat démocratique, l'organisation de cette manifestation ne saurait être considérée comme une infraction politique. • Paris, 27 juin 2000 : *D. 2000. IR 249.*

8. Récidive. Constitue le même délit de manifestation illicite, du point de vue de la récidive, l'organisation d'une manifestation sans déclaration préalable et l'organisation d'une manifestation ayant été interdite, infractions toutes deux prévues par l'art. 431-9 C. pén. • Crim. 3 avr. 2001, n° 00-86.515 P : *Gaz. Pal. 2001. 2. Somm. 1996, note Monnet ; RSC 2001. 799, obs. Bouloc.*

Art. 431-9-1 *(L. n° 2019-290 du 10 avr. 2019, art. 6)* **Est puni d'un an d'emprisonnement et de 15 000 € d'amende le fait pour une personne, au sein ou aux abords immédiats d'une manifestation sur la voie publique, au cours ou à l'issue de laquelle des troubles à l'ordre public sont commis ou risquent d'être commis, de dissimuler volontairement tout ou partie de son visage sans motif légitime.**

BIBL. ► ROUSSEAU, *RSC 2019. Chron. 461* (le volet pénal de la loi « anticasseurs »).

Constitutionnalité. En premier lieu, en retenant, comme élément constitutif de l'infraction, le fait de dissimuler volontairement une partie de son visage, le législateur a visé la circonstance dans laquelle une personne entend empêcher son identification, par l'occultation de certaines parties de son visage ; il ne s'est ainsi pas fondé sur une notion imprécise (§ 29) ; en deuxième lieu, en visant les manifestations « au cours ou à l'issue » desquelles des troubles à l'ordre public sont commis ou risquent d'être commis, le législateur a, d'une part, précisément défini la période pendant laquelle l'existence de troubles ou d'un risque de troubles doit être appréciée, qui commence dès le rassemblement des participants à la manifestation et se termine lorsqu'ils se sont tous dispersés ; d'autre part, en faisant référence au risque de commission de troubles à l'ordre public, le législateur a entendu viser les situations dans lesquelles les risques de tels troubles sont manifestes (§ 30) ; en dernier lieu, en écartant du champ de la répression la dissimulation du visage qui obéit à un motif légitime, le législateur a retenu une notion qui ne présente pas de caractère équivoque (§ 31) ; il résulte de tout ce qui précède que l'incrimination contestée ne méconnaît pas le principe de légalité des délits et des peines (§ 32) ; l'art. 431-9-1 C. pén., qui ne méconnaît pas non plus le droit d'expression collective des idées et des opinions ou le principe de proportionnalité des peines ni aucune autre exigence constitutionnelle, est conforme à la Const. (§ 33). • Cons. const. 4 avr. 2019, n° 2019-780 : *D. actu. 15 avr. 2019, obs. Fonteix ; D. 2020. 1324, obs. Debaets et Jacquinot.*

Art. 431-10 **Le fait de participer à une manifestation ou à une réunion publique en étant porteur d'une arme est puni de trois ans d'emprisonnement et de 45 000 € d'amende.** — *Pén. 132-75.*

Corresp. : *C. pén., ancien art. 106.*

V. Circ. du 19 juill. 2010 relative aux infractions à la législation sur les armes (BOMJ n° 2010-05).

BIBL. ▶ M.-H. RENAUT, *RSC 1999. 519* (le port d'arme, de l'épée à la bombe lacrymogène).

1. Un « couteau-poignard », instrument tranchant et perçant au sens de l'art. 102, al. 3, C. pén. (*non repris*), constitue une arme par sa nature même, et le seul fait d'en avoir été porteur au cours d'une manifestation caractérise le délit réprimé par l'art. 106 du même code, indépendamment de l'usage qui en a été fait ou auquel on a pu l'avoir destiné, et ce quand bien même la participation du prévenu à la manifestation n'aurait été que fortuite. • Crim. 26 janv. 1965 : *Bull. crim. n° 23 ; D. 1965. 302 ; Gaz. Pal. 1965. 1. 291.*

2. Le fait de tenir à la main, au cours d'une manifestation, un tube galvanisé, d'une longueur de 50 cm, et de le brandir d'un air menaçant, caractérise le délit prévu par l'art. 106 C. pén., sans que la circonstance que l'objet ait été trouvé sur place par le prévenu soit de nature à influer sur la réalisation de l'infraction. • Toulouse, 7 juill. 1970 : *JCP 1971. IV. 152.*

Art. 431-11 *(L. n° 2012-304 du 6 mars 2012, art. 20)* **« I. — » Les personnes physiques coupables** *(L. n° 2019-290 du 10 avr. 2019, art. 7)* **« des infractions prévues à la présente section** *[ancienne rédaction : de l'infraction prévue par l'article 431-10]* **» encourent également les peines complémentaires suivantes :**

1° L'interdiction des droits civiques, civils et de famille, suivant les modalités prévues par l'article 131-26 ;

(L. n° 2019-290 du 10 avr. 2019, art. 7) **« 2° L'interdiction de participer à des manifestations sur la voie publique, dans les conditions prévues à l'article 131-32-1 ; »**

3° Abrogé ;

4° L'interdiction de séjour, suivant les modalités prévues par l'article 131-31.

(L. n° 2012-304 du 6 mars 2012, art. 16) **« II. — En cas de condamnation pour** *(L. n° 2019-290 du 10 avr. 2019, art. 7)* **« les infractions prévues à la présente section** *[ancienne rédaction : l'infraction prévue à l'article 431-10]* **», le prononcé des peines complémentaires suivantes est obligatoire :**

« 1° L'interdiction de détenir ou de porter, pour une durée de cinq ans au plus, une arme soumise à autorisation ;

« 2° La confiscation d'une ou de plusieurs armes dont le condamné est propriétaire ou dont il a la libre disposition.

« Toutefois, la juridiction peut, par une décision spécialement motivée, décider de ne pas prononcer ces peines, en considération des circonstances de l'infraction et de la personnalité de son auteur. »

V. Circ. du 19 juill. 2010 relative aux infractions à la législation sur les armes (BOMJ n° 2010-05).

Art. 431-12 L'interdiction du territoire français peut être prononcée dans les conditions prévues par l'article 131-30, soit à titre définitif, soit pour une durée de dix ans au plus, à l'encontre de tout étranger coupable de l'infraction définie à l'article 431-10.

Code de la sécurité intérieure

(Ord. n° 2012-351 du 12 mars 2012)

LIVRE II. ORDRE ET SÉCURITÉ PUBLICS

TITRE Ier. ORDRE PUBLIC

CHAPITRE Ier. *PRÉVENTION DES ATTEINTES À L'ORDRE PUBLIC LORS DE MANIFESTATIONS ET DE RASSEMBLEMENTS*

SECTION I. *Manifestations sur la voie publique*

Art. L. 211-1 Sont soumis à l'obligation d'une déclaration préalable tous cortèges, défilés et rassemblements de personnes, et, d'une façon générale, toutes manifestations sur la voie publique.

Toutefois, sont dispensées de cette déclaration les sorties sur la voie publique conformes aux usages locaux.

Les réunions publiques sont régies par les dispositions de l'article 6 de la loi du 30 juin 1881. — *[Décr.-L. du 23 oct. 1935, art. 1er.]*

Usages locaux. Si l'existence d'un usage local dispense, selon l'art. 1er du Décr.-L. du 23 oct. 1935 (devenu l'art. L. 211-1 CSI), de la déclaration préalable aux réunions sur la voie publique, un tel usage, à le supposer établi, ne saurait priver l'autorité investie des pouvoirs de police de son droit d'interdire une manifestation contraire à l'ordre public ; c'est donc à bon droit que la cour d'appel a rejeté l'exception d'illégalité de l'arrêté préfectoral interdisant la manifestation litigieuse (manifestation pour la légalité du cannabis) comme contraire aux dispositions de l'art. L. 630 CSP. • Crim. 2 avr. 1998, n° 97-81.805 P : *Dr. pénal 1998. 111, obs. Véron ; RSC 1999. 95, obs. Bouloc*.

Art. L. 211-2 La déclaration est faite à la mairie de la commune ou aux mairies des différentes communes sur le territoire desquelles la manifestation doit avoir lieu, trois jours francs au moins et quinze jours francs au plus avant la date de la manifestation. A Paris, la déclaration est faite à la préfecture de police. Elle est faite au représentant de l'État dans le département en ce qui concerne les communes où est instituée la police d'État.

La déclaration fait connaître les noms, prénoms et domiciles des organisateurs et est signée par *(L. n° 2019-290 du 10 avr. 2019, art. 1er)* « au moins l'un d'entre eux *[ancienne rédaction : trois d'entre eux faisant élection de domicile dans le département]* » ; elle indique le but de la manifestation, le lieu, la date et l'heure du rassemblement des groupements invités à y prendre part et, s'il y a lieu, l'itinéraire projeté.

L'autorité qui reçoit la déclaration en délivre immédiatement un récépissé. — *[Décr.-L. du 23 oct. 1935, art. 2.]*

Art. L. 211-3 Si les circonstances font craindre des troubles graves à l'ordre public et à compter du jour de déclaration d'une manifestation sur la voie publique ou si la manifestation n'a pas été déclarée, dès qu'il en a connaissance, le représentant de l'État dans le département ou, à Paris, le préfet de police, peut interdire, pendant les vingt-quatre heures qui la précèdent et jusqu'à dispersion, le port et le transport, sans motif légitime, d'objets pouvant constituer une arme au sens de l'article 132-75 du code pénal. L'aire géographique où s'applique cette interdiction se limite aux lieux de la manifestation, aux lieux avoisinants et à leurs accès, son étendue devant demeurer proportionnée aux nécessités que font apparaître les circonstances.

Les modalités d'application du présent article sont fixées par décret en Conseil d'État. — *[Décr.-L. du 23 oct. 1935, art. 2 bis.]*

Art. L. 211-4 Si l'autorité investie des pouvoirs de police estime que la manifestation projetée est de nature à troubler l'ordre public, elle l'interdit par un arrêté qu'elle notifie immédiatement aux signataires de la déclaration au domicile élu.

Le maire transmet, dans les vingt-quatre heures, la déclaration au représentant de l'État dans le département. Il y joint, le cas échéant, une copie de son arrêté d'interdiction.

Si le maire, compétent pour prendre un arrêté d'interdiction, s'est abstenu de le faire, le représentant de l'État dans le département peut y pourvoir dans les conditions prévues à l'article L. 2215-1 du code général des collectivités territoriales. — *[Décr.-L. du 23 oct. 1935, art. 3.]*

SECTION II. *Rassemblements festifs à caractère musical*

Art. L. 211-5 Les rassemblements exclusivement festifs à caractère musical, organisés par des personnes privées, dans des lieux qui ne sont pas au préalable aménagés à cette fin et répondant à certaines caractéristiques fixées par décret en Conseil d'État tenant à leur importance, à leur mode d'organisation ainsi qu'aux risques susceptibles d'être encourus par les participants, font l'objet d'une déclaration des organisateurs auprès du représentant de l'État dans le département dans lequel le rassemblement doit se tenir, ou, à Paris, du préfet de police. Sont toutefois exemptées les manifestations soumises, en vertu des lois ou règlements qui leur sont applicables, à une obligation de déclaration ou d'autorisation instituée dans un souci de protection de la tranquillité et de la santé publiques.

La déclaration mentionne les mesures envisagées pour garantir la sécurité, la salubrité, l'hygiène et la tranquillité publiques. L'autorisation d'occuper le terrain ou le local où est prévu le rassemblement, donnée par le propriétaire ou le titulaire d'un droit réel d'usage, est jointe à la déclaration. — *[L. n° 95-73 du 21 janv. 1995, art. 23-1, al. 1er et 2.]*

Art. L. 211-6 Lorsque les moyens envisagés paraissent insuffisants pour garantir le bon déroulement du rassemblement, le représentant de l'État dans le département ou, à Paris, le préfet de police, organise une concertation avec les responsables, destinée notamment à adapter lesdites mesures et, le cas échéant, à rechercher un terrain ou un local plus approprié. — *[L. n° 95-73 du 21 janv. 1995, art. 23-1, al. 3.]*

Art. L. 211-7 Le représentant de l'État dans le département ou, à Paris, le préfet de police, peut imposer aux organisateurs toute mesure nécessaire au bon déroulement du rassemblement, notamment la mise en place d'un service d'ordre ou d'un dispositif sanitaire.

Il peut interdire le rassemblement projeté si celui-ci est de nature à troubler gravement l'ordre public ou si, en dépit d'une mise en demeure préalable adressée à l'organisateur, les mesures prises par celui-ci pour assurer le bon déroulement du rassemblement sont insuffisantes. — *[L. n° 95-73 du 21 janv. 1995, art. 23-1, al. 4 et 5.]*

Art. L. 211-8 Les conditions d'application de la présente section sont fixées par décret en Conseil d'État. — *[L. n° 95-73 du 21 janv. 1995, art. 23-1, al. 8.] — V. CSI, art. R. 211-2 s. — **CSI.***

……

SECTION V. *Dispositions pénales*

SOUS-SECTION 1. *Manifestations sur la voie publique*

Art. L. 211-12 L'organisation sur la voie publique d'une manifestation n'ayant pas fait l'objet d'une déclaration préalable dans les conditions prévues par la loi, ayant fait l'objet d'une déclaration incomplète ou inexacte de nature à tromper sur l'objet ou les conditions de la manifestation projetée, ou ayant été interdite dans les conditions fixées par la loi et la participation à une manifestation ou à une réunion publique en étant porteur d'une arme sont réprimées dans les conditions prévues à la section III du chapitre Ier du titre III du livre IV du code pénal.

Art. L. 211-13 *(Abrogé par L. n° 2019-290 du 10 avr. 2019, art. 7) Les personnes s'étant rendues coupables, lors du déroulement de manifestations sur la voie publique, des infractions prévues aux articles 222-7 à 222-13, 322-1, premier alinéa, 322-2 et 322-3, dans le cas de l'infraction définie à l'article 322-1, premier alinéa, et 322-6 à 322-10 du code pénal encourent également la peine complémentaire d'interdiction de participer à des manifestations sur la voie publique, dans des lieux fixés par la décision de condamnation, pour une durée ne pouvant excéder trois ans. Si cette interdiction accompagne une peine privative de liberté sans sursis, elle s'applique à compter du jour où la privation de liberté a pris fin.*

Le fait pour une personne de participer à une manifestation en méconnaissance de cette interdiction est puni d'un an d'emprisonnement et de 15 000 euros d'amende. — [L. n° 95-73 du 21 janv. 1995, art. 18-I.]

Art. L. 211-14 L'interdiction du territoire français peut être également prononcée, dans les conditions prévues par l'article 131-30 du code pénal, pour une durée de trois ans au plus, à l'encontre de tout étranger s'étant rendu coupable, lors du déroulement de manifestations sur la voie publique, des infractions prévues aux articles 222-9, 222-11 à 222-13, 322-3 et 322-6 du code pénal. — *[L. n° 95-73 du 21 janv. 1995, art. 18-II.]*

SOUS-SECTION 2. *Rassemblements festifs à caractère musical*

Art. L. 211-15 Si un rassemblement mentionné à l'article L. 211-5 se tient sans déclaration préalable ou en dépit d'une interdiction prononcée par le représentant de l'État dans le département, ou, à Paris, par le préfet de police, les officiers de police judiciaire et, sous leur responsabilité, les agents de police judiciaire peuvent saisir le matériel utilisé, pour une durée maximale de six mois, en vue de sa confiscation par le tribunal. — *[L. n° 95-73 du 21 janv. 1995, art. 23-1, al. 6.]— V. égal. CSI, art. R. 211-27 s. — **CSI.***

Loi du 30 juin 1881,

Sur les réunions publiques (DP 81. 4. 101).

Art. 1er Les réunions publiques sont libres.

Elles peuvent avoir lieu sans autorisation préalable, sous les conditions prescrites par les articles suivants.

Art. 2 à 4 *Abrogés par L. 28 mars 1907.*

Art. 5 La réunion électorale est celle qui a pour but le choix ou l'audition de candidats à des fonctions publiques électives, et à laquelle ne peuvent assister que les électeurs de la circonscription, les candidats, les membres des deux Chambres et le mandataire de chacun des candidats.

Art. 6 Les réunions ne peuvent être tenues sur la voie publique ; elles ne peuvent se prolonger au delà de onze heures du soir ; cependant, dans les localités où la fermeture des établissements publics a lieu plus tard, elles pourront se prolonger jusqu'à l'heure fixée pour la fermeture de ces établissements.

Art. 7 *Abrogé par L. 1er juill. 1901.*

Art. 8 Chaque réunion doit avoir un bureau composé de trois personnes au moins. Le bureau est chargé de maintenir l'ordre, d'empêcher toute infraction aux lois, *de conserver à la réunion le caractère qui lui a été donné par la déclaration ;* d'interdire tout discours contraire à l'ordre public et aux bonnes mœurs, ou contenant provocation à un acte qualifié crime ou délit.

A défaut de désignation par les signataires de la déclaration, les membres du bureau seront élus par l'assemblée.

Les membres du bureau *et, jusqu'à la formation du bureau, les signataires de la déclaration,* sont responsables des infractions aux prescriptions des articles 6, 7 et 8 de la présente loi.

Art. 9 Un fonctionnaire de l'ordre administratif ou judiciaire peut être délégué : à Paris, par le préfet de police, et dans les départements, par le préfet, le sous-préfet ou le maire, pour assister à la réunion. Il choisit sa place.

Il n'est rien innové aux dispositions de l'article 3 de la loi des 16-24 août 1790 *[abrogé par l'art. 97 de la loi du 5 avr. 1884]*, de l'article 9 de la loi des 19-22 juillet 1791 et des articles 9 et 15 de la loi du 18 juillet 1837 *[abrogés et remplacés par les art. 91 et 99 de la loi du 5 avr. 1884, devenus art. L. 131-1 et L. 131-13 C. communes, recodifiés ss. art. L. 2212-1 et L. 2215-1 CGCT.]*

Toutefois, le droit de dissolution ne devra être exercé par le représentant de l'autorité que s'il en est requis par le bureau, ou s'il se produit des collisions et voies de fait.

Art. 10 Toute infraction aux dispositions de la présente loi sera punie des peines de simple police, sans préjudice des poursuites pour crimes et délits qui pourraient être commis dans les réunions.

Art. 11 *(L. nº 92-1336 du 16 déc. 1992, art. 323)* L'action publique et l'action privée se prescrivent par six mois.

Art. 12 *(Ord. nº 2009-536 du 14 mai 2009, art. 6)* Les dispositions de la présente loi sont applicables dans les collectivités d'outre-mer régies par l'article 74 de la Constitution et en Nouvelle-Calédonie.

Loi du 28 mars 1907,

Relative aux réunions publiques (DP 1907. 4. 57).

Art. 1er Les réunions publiques, quel qu'en soit l'objet, pourront être tenues sans déclaration préalable.

Art. 2 *(Ord. nº 2009-536 du 14 mai 2009, art. 7)* Les dispositions de la présente loi sont applicables dans les collectivités d'outre-mer régies par l'article 74 de la Constitution et en Nouvelle-Calédonie.

SECTION IV DES GROUPES DE COMBAT ET DES MOUVEMENTS DISSOUS

Art. 431-13 Constitue un groupe de combat, en dehors des cas prévus par la loi, tout groupement de personnes détenant ou ayant accès à des armes, doté d'une organisation hiérarchisée et susceptible de troubler l'ordre public.

Justifie la qualification de milice privée, au sens de la L. du 10 janv. 1936, l'arrêt qui, statuant sur une poursuite pour reconstitution d'association dissoute, constate que l'association dont il s'agit a créé des groupes qui, par leur organisation fortement hiérarchisée, leurs cadres, leurs éléments de liaison, la rapidité de leur rassemblement, leur mobilité, leur discipline, leur entraînement, présentent tous les caractères d'une véritable milice, et qu'à ces groupes leurs chefs ont donné des directives aussi bien dans l'éventualité d'une attaque que dans celle de l'exécution d'un plan de défense. • Crim. 26 janv. 1939 : *Bull. crim.* n° *16.*

Art. 431-14 Le fait de participer à un groupe de combat est puni de trois ans d'emprisonnement et de 45 000 € d'amende.

Art. 431-15 Le fait de participer au maintien ou à la reconstitution, ouverte ou déguisée, d'une association ou d'un groupement dissous en application de la loi du 10 janvier 1936 sur les groupes de combat et les milices privées est puni de trois ans d'emprisonnement et de 45 000 € d'amende.

Lorsque l'association ou le groupement maintenu ou reconstitué est un groupe de combat au sens de l'article 431-14, la peine est portée à cinq ans d'emprisonnement et à 75 000 € d'amende.

Corresp. *: L. 10 janv. 1936, ancien art. 2.*

BIBL. ► MBONGO, *RD publ. 1998. 715* (loi du 10 janvier 1936 sur les groupes de combat et milices privées).

1. Dissolution préalable. La légalité du décret de dissolution d'un groupement n'est pas un élément constitutif du délit de reconstitution de ce groupement, mais une condition préalable à l'existence de cette infraction ; l'exception d'illégalité du décret de dissolution doit faire l'objet d'une décision préalable à la déclaration de culpabilité et motivée ; il ne peut être statué sur cette exception par la réponse à la question relative à la culpabilité du prévenu. • Crim. 30 mars 1971 : *Bull. crim.* n° *114.*

2. Doit être cassé l'arrêt qui, sans rechercher si le groupement dont le prévenu a diffusé les mots d'ordre ne constituait pas la reconstitution directe ou indirecte d'un mouvement politique dissous, se borne, pour prononcer la relaxe, à énoncer que ledit groupement n'avait fait l'objet d'aucune mesure propre de dissolution. • Crim. 5 mars 1957 : *Bull. crim.* n° *220.*

3. Participation condamnable. Le délit de participation au maintien ou à la reconstitution directe ou indirecte d'une association ou d'un groupement visé à l'art. 1er de la L. du 10 janv. 1936 n'est pas réalisé lorsqu'il n'est pas établi que les fonds collectés aient été destinés à ladite association ou audit groupement. • Crim. 3 mai 1957 : *Bull. crim.* n° *354.*

4. Caractérise la participation au maintien ou à la reconstitution d'un groupement dissous, et a fait à bon droit application de l'art. 2 de la L. du 10 janv. 1936, l'arrêt qui constate que le prévenu a pris part à une manifestation dont les auteurs ont défilé derrière l'emblème dudit groupement et l'effigie de son chef, au sein d'un cortège qui en arborait les mots d'ordre. • Crim. 24 juill. 1956 : *Bull. crim.* n° *573.*

Code de la sécurité intérieure

(Ord. n° 2012-351 du 12 mars 2012)

LIVRE II. ORDRE ET SÉCURITÉ PUBLICS

TITRE Ier. ORDRE PUBLIC

CHAPITRE II. *SUSPENSION OU DISSOLUTION DE CERTAINS GROUPEMENTS ET ASSOCIATIONS*

SECTION I. *Groupes de combat et milices privées*

Art. L. 212-1 Sont dissous, par décret en conseil des ministres, toutes les associations ou groupements de fait :

1° Qui provoquent à des manifestations armées dans la rue ;

2° Ou qui présentent, par leur forme et leur organisation militaires, le caractère de groupes de combat ou de milices privées ;

3° Ou qui ont pour but de porter atteinte à l'intégrité du territoire national ou d'attenter par la force à la forme républicaine du Gouvernement ;

4° Ou dont l'activité tend à faire échec aux mesures concernant le rétablissement de la légalité républicaine ;

5° Ou qui ont pour but soit de rassembler des individus ayant fait l'objet de condamnation du chef de collaboration avec l'ennemi, soit d'exalter cette collaboration ;
6° Ou qui, soit provoquent à la discrimination, à la haine ou à la violence envers une personne ou un groupe de personnes à raison de leur origine ou de leur appartenance ou de leur non-appartenance à une ethnie, une nation, une race ou une religion déterminée, soit propagent des idées ou théories tendant à justifier ou encourager cette discrimination, cette haine ou cette violence ;
7° Ou qui se livrent, sur le territoire français ou à partir de ce territoire, à des agissements en vue de provoquer des actes de terrorisme en France ou à l'étranger.
Le maintien ou la reconstitution d'une association ou d'un groupement dissous en application du présent article, ou l'organisation de ce maintien ou de cette reconstitution, ainsi que l'organisation d'un groupe de combat sont réprimées dans les conditions prévues par la section IV du chapitre Ier du titre III du livre IV du code pénal. — *[L. du 10 janv. 1936, art. 1er.]*

Art. 431-16 **Le fait d'organiser un groupe de combat est puni de cinq ans d'emprisonnement et de 75 000 € d'amende.**

Art. 431-17 **Le fait d'organiser le maintien ou la reconstitution, ouverte ou déguisée, d'un groupe de combat dissous en application de la loi du 10 janvier 1936 précitée est puni de sept ans d'emprisonnement et de 100 000 € d'amende.**

Art. 431-18 Les personnes physiques coupables des infractions prévues par la présente section encourent également les peines complémentaires suivantes :
1° L'interdiction des droits civiques, civils et de famille, suivant les modalités prévues par l'article 131-26 ;
2° La diffusion intégrale ou partielle de la décision ou d'un communiqué informant le public des motifs et du dispositif de celle-ci, dans les conditions prévues par l'article 221-10 *[art. 131-35]* ;
3° L'interdiction de séjour, suivant les modalités prévues par l'article 131-31.

Art. 431-19 L'interdiction du territoire français peut être prononcée dans les conditions prévues par l'article 131-30, soit à titre définitif, soit pour une durée de dix ans au plus, à l'encontre de tout étranger coupable de l'une des infractions définies à la présente section. *(Abrogé par L. n° 2003-1119 du 26 nov. 2003, art. 78)* (L. n° 93-1027 du 24 août 1993) ***« Les dispositions des cinq derniers alinéas de l'article 131-30 ne sont pas applicables ».***

Art. 431-20 *(L. n° 2009-526 du 12 mai 2009, art. 124-I)* « Les personnes morales déclarées responsables pénalement, dans les conditions prévues par l'article 121-2, des infractions définies à la présente section encourent, outre l'amende suivant les modalités prévues par l'article 131-38, les peines prévues par l'article 131-39. »
L'interdiction mentionnée au 2° de l'article 131-39 porte sur l'activité dans l'exercice ou à l'occasion de l'exercice de laquelle l'infraction a été commise.

Art. 431-21 Les personnes physiques ou morales coupables des infractions prévues par la présente section encourent également les peines suivantes :
1° La confiscation des biens mobiliers et immobiliers appartenant à ou utilisés par le groupe de combat ou l'association ou le groupement maintenu ou reconstitué ;
2° La confiscation des uniformes, insignes, emblèmes, armes et tous matériels utilisés ou destinés à être utilisés par le groupe de combat ou par l'association ou le groupement maintenu ou reconstitué.

SECTION V **DE L'INTRUSION DANS UN ÉTABLISSEMENT D'ENSEIGNEMENT SCOLAIRE**

(L. n° 2010-201 du 2 mars 2010, art. 13)

V. Circ. CRIM 2010-6/E8 du 16 mars 2010 relative à la présentation des dispositions de droit pénal et de procédure pénale de la loi n° 2010-201 du 2 mars 2010 renforçant la lutte contre les violences de groupes et la protection des personnes chargées d'une mission de service public, BOMJ n° 2010-02.

Art. 431-22 **Le fait de pénétrer ou de se maintenir dans l'enceinte d'un établissement d'enseignement scolaire sans y être habilité en vertu de dispositions législatives ou**

réglementaires ou y avoir été autorisé par les autorités compétentes, dans le but de troubler la tranquillité ou le bon ordre de l'établissement, est puni d'un an d'emprisonnement et de 7 500 € d'amende.

BIBL. ▶ PARIZOT, *D. 2020. 2353* (le délit d'intrusion dans un établissement d'enseignement supérieur ou « la normativité imbécile des assemblées parlementaires »). – PRATS, *D. actu. 13 avr. 2018* (blocages des universités et code pénal : remplir le vide pour résoudre l'insoluble ?)

L'art. 431-22 C. pén. ne vise que les établissements d'enseignement scolaire régis par le livre IV du code de l'éducation ; ses dispositions ne sont donc pas applicables à un « établissement public à caractère scientifique, culturel et professionnel », établissement d'enseignement supérieur relevant du livre VII dudit code. • Crim. 11 déc. 2012, nº 11-84.304 P (arrêt nº 2) : *D. actu. 7 janv. 2013, obs. Martineau ; D. 2013. AJ 15 ; ibid. Pan. 2713 ; Gaz. Pal. 8-9 févr. 2013, p. 31, obs. Detraz* • 11 déc. 2012 : *Dr. pénal 2013, nº 19, obs. Véron* • 11 déc. 2012, nº 11-88.431 P (arrêt nº 1).

Art. 431-23 **Lorsque le délit prévu à l'article 431-22 est commis en réunion, les peines sont portées à trois ans d'emprisonnement et 45 000 € d'amende.**

Art. 431-24 **Lorsque le délit prévu à l'article 431-22 est commis par une personne porteuse d'une arme, les peines sont portées à trois ans d'emprisonnement et 45 000 € d'amende.**

Art. 431-25 **Lorsque le délit prévu à l'article 431-22 est commis en réunion par une personne porteuse d'une arme, les peines sont portées à cinq ans d'emprisonnement et 75 000 € d'amende.**

Art. 431-26 *(L. nº 2012-304 du 6 mars 2012, art. 20)* **« I. — » Les personnes physiques coupables de l'une des infractions prévues par la présente section encourent également les peines complémentaires suivantes :**

1º L'interdiction des droits civiques, civils et de famille, suivant les modalités prévues par l'article 131-26 ;

2º L'interdiction de détenir ou de porter, pour une durée de cinq ans au plus, une arme soumise à autorisation ;

3º Une peine de travail d'intérêt général ;

4º La confiscation d'une ou de plusieurs armes dont le condamné est propriétaire ou dont il a la libre disposition ;

5º L'interdiction de séjour, suivant les modalités prévues par l'article 131-31.

(L. nº 2012-304 du 6 mars 2012, art. 17) **« II. — En cas de condamnation pour les délits prévus aux articles 431-24 et 431-25, le prononcé de la peine complémentaire prévue aux 2º et 4º du I est obligatoire et la durée de l'interdiction est portée à dix ans au plus.**

« Toutefois, la juridiction peut, par une décision spécialement motivée, décider de ne pas prononcer ces peines, en considération des circonstances de l'infraction et de la personnalité de son auteur. »

Art. 431-27 **L'interdiction du territoire français peut être prononcée dans les conditions prévues par l'article 131-30, soit à titre définitif, soit pour une durée de dix ans au plus, à l'encontre de tout étranger coupable de l'infraction définie à l'article 431-25.**

SECTION VI DE L'INTRODUCTION D'ARMES DANS UN ÉTABLISSEMENT SCOLAIRE

(L. nº 2010-201 du 2 mars 2010, art. 13)

V. Circ. CRIM 2010-6/E8 du 16 mars 2010 relative à la présentation des dispositions de droit pénal et de procédure pénale de la loi nº 2010-201 du 2 mars 2010 renforçant la lutte contre les violences de groupes et la protection des personnes chargées d'une mission de service public, BOMJ nº 2010-02.

Art. 431-28 *(Abrogé par L. nº 2016-731 du 3 juin 2016, art. 26)* ***Le fait pour une personne habilitée ou autorisée à pénétrer dans un établissement scolaire de pénétrer ou de se maintenir dans un tel établissement en étant porteuse d'une arme sans motif légitime est puni d'une peine de trois ans d'emprisonnement et 45 000 € d'amende.***

Les personnes coupables de l'infraction prévue par le premier alinéa encourent également les peines complémentaires suivantes :

1° L'interdiction des droits civiques, civils et de famille, suivant les modalités prévues par l'article 131-26 ;

(Abrogé par L. n° 2012-304 du 6 mars 2012, art. 18) « 2° L'interdiction de détenir ou de porter, pour une durée de cinq ans au plus, une arme soumise à autorisation ; »

3° Une peine de travail d'intérêt général ;

4° La confiscation d'une ou de plusieurs armes dont le condamné est propriétaire ou dont il a la libre disposition.

(L. n° 2012-304 du 6 mars 2012, art. 18) « En outre, en cas de condamnation pour l'infraction prévue par le premier alinéa, le prononcé de la peine complémentaire d'interdiction de détenir ou de porter, pour une durée de cinq ans au plus, une arme soumise à autorisation est obligatoire. Toutefois, la juridiction peut, par une décision spécialement motivée, décider de ne pas prononcer cette peine, en considération des circonstances de l'infraction et de la personnalité de son auteur. »

SECTION VII DE LA DISTRIBUTION D'ARGENT À DES FINS PUBLICITAIRES SUR LA VOIE PUBLIQUE

(L. n° 2011-267 du 14 mars 2011, art. 50)

Art. 431-29 La distribution sur la voie publique, à des fins publicitaires, de pièces de monnaie ou de billets de banque ayant cours légal est puni de six mois d'emprisonnement et 30 000 € d'amende.

Le fait d'annoncer publiquement, par tout moyen, qu'il sera procédé sur la voie publique, à des fins publicitaires, à la distribution de pièces de monnaie ou de billets de banque ayant cours légal est puni de trois mois d'emprisonnement et 15 000 € d'amende.

Dans le cas prévu par le premier alinéa, la peine d'amende peut être portée au double des sommes ayant été distribuées.

BIBL. ▶ Ribeyre, *Dr. pénal 2011. Étude 10* (LOPPSI II : de nouvelles règles au service de la répression).

Art. 431-30 Les personnes morales déclarées responsables pénalement, dans les conditions prévues par l'article 121-2, des infractions définies à la présente section encourent, outre l'amende suivant les modalités prévues par l'article 131-38, la peine d'affichage de la décision prononcée ou de diffusion de celle-ci soit par la presse écrite, soit par tout moyen de communication au public par voie électronique.

CHAPITRE II DES ATTEINTES À L'ADMINISTRATION PUBLIQUE COMMISES PAR DES PERSONNES EXERÇANT UNE FONCTION PUBLIQUE

RÉP. PÉN. v° *Fonctionnaire et agent public,* par Fitte-Duval.

BIBL. ▶ Mitard, *AJDA 1999. 478* (sanction pénale de la partialité des fonctionnaires publics). – Wagner, *RSC 2011. 37* (le droit pénal spécial et les fonctions publiques : une illustration des affres de la pénalisation à outrance).

SECTION PREMIÈRE DES ABUS D'AUTORITÉ DIRIGÉS CONTRE L'ADMINISTRATION

RÉP. PÉN. v° *Abus d'autorité,* par Casile-Hugues.

Art. 432-1 Le fait, par une personne dépositaire de l'autorité publique, agissant dans l'exercice de ses fonctions, de prendre des mesures destinées à faire échec à l'exécution de la loi est puni de cinq ans d'emprisonnement et de 75 000 € d'amende. – *Civ. 25.*

BIBL. ▶ M.-H. Renaut, *Gaz. Pal. 2002. 2. Chron. 1455* (l'huissier de justice face au droit pénal : auteur et victime). – J.-P. Delmas Saint-Hilaire, *RSC 2004. 91* (absence d'unité de la notion de « personne chargée d'une mission de service public » ...). – Borricand, « Problèmes actuels de science criminelle », XI, PU Aix-Marseille, 1998, p. 91 (la responsabilité pénale des fonctionnaires et agents publics). – M. Wagner, *RSC 2011. 37* (le droit pénal spécial et les fonctions publiques : une illustration des affres de la pénalisation à outrance). – Muller, *Dr. pénal 2012.*

Étude 1 (le droit pénal des conflits d'intérêts). – Salomon, *Dr. pénal 2012. Étude 2* (la rigueur du droit pénal de la probité publique). – Brigant, *Dr. pénal 2012. Étude 3* (affaires, conflits d'intérêts, probité... Cachez cette prise illégale d'intérêts que je ne saurais voir).

▸ **Dossier :** La lutte contre la corruption, *AJ pénal 2013. 69* *s.* : Cutajar, Analyse du droit positif en matière d'atteintes à la probité, *p. 70*. – Dufau et Robert, Pour une modélisation de l'enquête judiciaire en matière de corruption, *p. 74*. – Jacquemet, Le dispositif de prévention de la corruption, *p. 78*. – Moulette (Interview), Le rôle de l'OCDE dans la lutte contre la corruption, *p. 82*. – Rouhette et Coslin, « Argent, pouvoir et politique : les risques de corruption en Europe ». Le rapport publié par Transparency International le 6 juin 2012, *p. 84*. – Alt, *JCP 2014, n° 1092* (lanceurs d'alerte : un droit en tension).

1. Exclusion de l'échec à l'exécution des règlements. Les art. 432-1 et 432-2 C. pén., en vigueur depuis le 1er mars 1994, punissent des peines qu'ils prévoient la prise de mesures destinées à faire échec à l'exécution de la loi, cette définition excluant, ainsi que l'établit l'étude des travaux parlementaires préalables au vote des nouveaux textes (JOAN, 1re séance, 8 oct. 1991, p. 4274), toute possibilité de poursuite en matière réglementaire. • Paris, 19 juin 1996 : *Dr. pénal 1996. 244, obs. Véron.*

2. QPC. La question prioritaire de constitutionnalité est ainsi rédigée : « L'art. 432-1 C. pén. est-il contraire aux art. 5, 8 et 16 DDH, 34 Const., ainsi qu'aux principes de clarté et de précision de la loi, de prévisibilité juridique et de sécurité juridique, en ce qu'il punit "le fait, par une personne dépositaire de l'autorité publique, agissant dans l'exercice de ses fonctions, de prendre des mesures destinées à faire échec à l'exécution de la loi" sans que les éléments constitutifs de l'infraction soient suffisamment définis ? » ; la question posée ne présente pas à l'évidence un caractère sérieux en ce que les dispositions légales critiquées, qui répriment, en des termes précis et dépourvus d'ambiguïté, toute action d'une personne dépositaire de l'autorité publique, agissant dans l'exercice de ses fonctions, destinée à faire échec à l'exécution de la loi, ne portent pas atteinte au principe de légalité des délits et des peines ; d'où il suit qu'il n'y a pas lieu de renvoyer la question au Conseil constitutionnel. • Crim., QPC, 11 juill. 2012 : *Dr. pénal 2012, n° 128, obs. Véron ; Gaz. Pal. 2012. 2. 3015, note Dreyer.*

3. La question prioritaire de constitutionnalité est ainsi rédigée : « L'art. 432-1 C. pén., qui réprime "le fait, par une personne dépositaire de l'autorité publique, agissant dans l'exercice de ses fonctions, de prendre des mesures destinées à faire obstacle à l'exécution de la loi", méconnaît-il le principe de la légalité prévu par l'art. 34 Const. et l'art. 8 DDH, faute de préciser si pour son application, la "loi" doit être entendue au sens matériel ou au sens formel ? » ; la question posée ne présente pas un caractère sérieux dès lors qu'il résulte du texte même de l'art. 432-1 C. pén. que celui-ci ne réprime que la prise de mesures destinées à faire échec à l'exécution d'une loi, ce qui correspond à la prévention retenue contre le demandeur qui est prévenu d'avoir pris les mesures destinées à faire échec à l'application d'un article législatif du code de procédure pénale ; d'où il suit qu'il n'y a pas lieu de renvoyer au Conseil constitutionnel. • Crim. 4 sept. 2012, n° 12-80.081 P : *D. actu. 1er oct. 2012, obs. M. Bombled ; AJ pénal 2012. 596, obs. J. Gallois ; Dr. pénal 2012, comm. 140, obs. Véron ; RLCT 2013/88, n° 2420, obs. Mayaud.*

4. Matérialité positive. Par plainte avec constitution de partie civile, un agriculteur et président du syndicat des propriétaires privés forestiers a dénoncé la mise en place, courant 1989, à l'initiative de la Mutualité sociale agricole (MSA), et après concertation avec la Direction départementale de l'agriculture, d'un système dérogeant aux dispositions de la loi d'orientation agricole du 4 juill. 1980, et qui permettait l'affiliation à la MSA d'éleveurs dépourvus de pâturages ; a justifié sa décision la chambre d'accusation qui, pour écarter l'application des dispositions de l'art. 432-1 C. pén. aux successeurs, dans le temps, des responsables de la mise en place de l'équivalence constatée, retient que leur inertie ne peut être assimilée aux mesures positives d'abus d'autorité sanctionnées par la loi. • Crim. 19 févr. 2003 : *Dr. pénal 2003, comm. 93, obs. Véron.*

5. Gendarme. En matière répressive, la compétence des juridictions est d'ordre public ; les juges du second degré, saisis de la cause entière par l'appel du ministère public, doivent examiner, même d'office, leur compétence et se déclarer incompétents si les faits poursuivis sont du ressort de la juridiction criminelle ; tout jugement ou arrêt doit contenir les motifs propres à justifier la décision ; l'insuffisance des motifs ou leur contradiction équivaut à leur absence ; le 6 juill. 2007, Mme X..., gendarme, a procédé au contrôle par éthylomètre de l'alcoolémie d'un automobiliste ; bien que le taux révélé impliquât à l'encontre de ce dernier des poursuites sous la qualification délictuelle de conduite sous l'empire d'un état alcoolique, elle a donné pour instructions à un volontaire de la gendarmerie d'établir une procédure contraventionnelle par la délivrance d'un timbre amende ; le procureur de la République l'a citée devant le tribunal correctionnel des chefs de faux en écriture publique et usage de faux ; les juges du premier degré ont relevé que les faits, commis par un gendarme dans l'exercice de ses fonctions, revêtaient une qualification criminelle et se sont déclarés incompétents ; le ministère public, qui a interjeté appel du jugement, a requis dès l'ouverture des débats la requalification des faits en prise de mesures destinées à faire échec à l'exécution de la loi ; l'arrêt a fait droit à ces réquisitions et a déclaré la prévenue coupable de ce délit ; en se déterminant ainsi, sans rechercher si les faits dont elle était saisie, à les supposer établis, ne constituaient pas les crimes de faux en écriture publique commis par une personne dépositaire de l'autorité publique et usage de faux, la cour d'appel a méconnu les art. 469, 512, 519 et 593 C. pr. pén. et les principes ci-dessus rappelés ; d'où il suit que la cassation est encourue de ce chef. • Crim. 19 déc. 2012 : *Dr. pénal 2013, n° 54 (2e esp.), obs. Véron.*

6. Maire. Justifie sa décision la cour d'appel qui, pour déclarer établi le délit prévu par l'art. 432-1 C. pén., retient que le prévenu, en sa qualité de maire, a fait échec à l'application de l'art. 21-2 C. pr. pén. en donnant l'ordre à des policiers municipaux placés sous son autorité de ne pas rendre compte à l'officier de police judiciaire compétent d'un délit commis sur le territoire de la commune, peu important que l'interpellation de la personne mise en cause pour ce délit ait eu lieu dans une commune voisine. • Crim. 5 févr. 2013, n° 12-80.081 P : *Dr. pénal 2013, n° 54, obs. Véron ; RLCT juin 2013, p. 26, note Mayaud.* – Sur la QPC en rapport avec l'espèce, V. ci-dessus.

7. Pour déclarer un maire coupable du délit de prise de mesure destinée à faire échec à l'exécution de la loi par dépositaire de l'autorité publique, l'arrêt énonce qu'il a, alors qu'il ne pouvait ignorer la double compétence des agents de police municipale, chargés notamment de constater par procès-verbal un certain nombre de contraventions aux lois et règlements limitativement énumérées, donné des instructions de non-verbalisation à ces derniers, qui ont la qualité d'agents de police judiciaire adjoints, qui tiennent leurs pouvoirs de la loi et, en l'espèce, des textes du code de procédure pénale qui définissent leurs attributions de police judiciaire et le cadre dans lequel ils les exercent sous le contrôle du procureur de la République ; en l'état de ces énonciations, d'où il résulte que le prévenu, en sa qualité de maire, a fait échec à l'application des art. 21 C. pr. pén. et L. 511-1 CSI, en donnant des instructions à des policiers municipaux placés sous son autorité, de ne pas constater certaines contraventions qu'il leur appartenait cependant de relever dans le cadre de leur mission d'agents de police judiciaire adjoints, qu'ils exercent sous la seule autorité du procureur de la République, la cour d'appel a justifié sa décision. • Crim. 21 mars 2018, n° 17-81.011 P : *D. actu. 28 mars 2018, obs. Maupin ; ibid. 10 avr. 2018, obs. Recotillet ; D. 2018. 672 ; AJ pénal 2018. 244, note Roussel ; AJCT 2018. 393, obs. Mayaud ; Dr. pénal 2018, n° 103, obs. Conte ; Gaz. Pal. 2018. 2145, obs. Fourment.*

8. Action civile. Le fait que les art. 432-1 et 432-2 C. pén. aient pour objet la défense d'intérêts généraux n'est pas, en soi, exclusif de ce qu'ils puissent servir de fondement à la défense des intérêts protégés des syndicats ; cependant, ces articles sont intégrés dans la section première du chapitre II du titre III dudit code consacré aux atteintes à l'administration publique commises par des personnes exerçant une fonction publique, et cette section est intitulée « Des abus d'autorité dirigés contre l'Administration », tandis que la section II du même chapitre est réservée aux abus d'autorité commis contre les particuliers ; dans ces conditions, le texte, qui ne concerne que les abus d'autorité commis au préjudice de l'Administration, ne saurait autoriser une personne privée, fût-ce un syndicat (Syndicat de la magistrature et Syndicat des avocats de France), à engager l'action civile et à mettre en mouvement l'action publique, alors que l'exercice de cette dernière action est réservée, en pareille hypothèse, au ministère public s'agissant manifestement de la seule défense des intérêts de l'État. • Paris, 19 juin 1996 : *Dr. pénal 1996. 244, obs. Véron.*

Art. 432-2 **L'infraction prévue à l'article 432-1 est punie de dix ans d'emprisonnement et de 150 000 € d'amende si elle a été suivie d'effet.**

V. notes ss. art. 432-1.

Art. 432-3 **Le fait, par une personne dépositaire de l'autorité publique ou chargée d'une mission de service public ou par une personne investie d'un mandat électif public, ayant été officiellement informée de la décision ou de la circonstance mettant fin à ses fonctions, de continuer à les exercer, est puni de deux ans d'emprisonnement et de 30 000 € d'amende.**

Corresp. : *C. pén., ancien art. 197.*

1. Officiers ministériels. Pour l'application de l'art. 197 C. pén. à des officiers ministériels. • Crim. 11 avr. 1835 : *Bull. crim. n° 137* (huissier) • Orléans, 10 déc. 1850 : *D. 1851. 2. 175* (notaire).

2. Commissaire de police. Le commissaire de police qui continue d'exercer ses fonctions, alors qu'il a été mis en disponibilité et que cette mesure a été portée à sa connaissance, commet le délit prévu par l'art. 197 C. pén., et non celui d'immixtion dans une fonction publique prévu par l'art. 258 du même code (nouvel art. 433-12). • Crim. 26 févr. 1948 : *Bull. crim. n° 66.*

3. Élus. L'art. 197 C. pén. punit les fonctionnaires électifs qui continuent d'exercer leurs fonctions après avoir été remplacés, sans qu'il soit nécessaire qu'ils aient été révoqués, destitués, suspendus ou légalement interdits. • Crim. 2 déc. 1954 : *Bull. crim. n° 368.*

4. Le seul fait par un conseiller municipal, déclaré démissionnaire d'office de ses fonctions par arrêté préfectoral qui lui a été régulièrement notifié, de s'asseoir, lors d'une séance publique ultérieure du conseil municipal, sur les bancs réservés aux conseillers municipaux et de protester contre l'arrêté le concernant, ne saurait constituer le délit d'exercice illégalement prolongé de l'autorité publique prévu à l'art. 197 C. pén., alors qu'il a quitté la salle des séances avant que l'ordre du jour n'ait été abordé ; ce même fait ne saurait être retenu comme une tentative punissable qui n'est pas prévue par l'art. 197. • T. corr. Villefranche-de-Rouergue, 19 janv. 1950 : *Gaz. Pal. 1950. 1. 251.*

5. Chambre des métiers. L'élément intentionnel du délit n'est pas établi lorsque le secrétaire général a continué à occuper le poste de travail entre le moment où tribunal administratif a annulé la décision de révocation du précédent secrétaire et le moment où ce même tribunal a rendu un jugement de réintégration de cette personne et d'annulation de la nomination du prévenu. • Crim. 5 avr. 2005, ☎ n° 04-84.706 P : *JCP 2005. IV. 2206.*

SECTION II DES ABUS D'AUTORITÉ COMMIS CONTRE LES PARTICULIERS

RÉP. PÉN. v° *Abus d'autorité*, par CASILE-HUGUES.

§ 1er DES ATTEINTES À LA LIBERTÉ INDIVIDUELLE

Art. 432-4 Le fait, par une personne dépositaire de l'autorité publique ou chargée d'une mission de service public, agissant dans l'exercice ou à l'occasion de l'exercice de ses fonctions ou de sa mission, d'ordonner ou d'accomplir arbitrairement un acte attentatoire à la liberté individuelle est puni de sept ans d'emprisonnement et de 100 000 € d'amende. — *Civ. 25.*

Lorsque l'acte attentatoire consiste en une détention ou une rétention d'une durée de plus de sept jours, la peine est portée à trente ans de réclusion criminelle et à 450 000 € d'amende. — *Pr. pén. 126, 136, 575.*

Corresp. : *C. pén., ancien art. 114.*

A. PERSONNES QUALIFIÉES

1. Détermination. Sur le fondement de l'anc. art. 114 C. pén. ont été retenus : ... les commissaires de police. • Crim. 25 nov. 1882 : *DP 1883. 1. 485 ; S. 1884. 1. 451.* ♦ ... Les inspecteurs de police. • Crim. 18 avr. 1868 : *DP 1869. 1. 377 ; S. 1869. 1. 237 (1er arrêt).* ♦ ... Les agents de police (sergent de ville). • Crim. 4 déc. 1862 : *DP 1868. 5. 232 ; S. 1863. 1. 51* • 23 juin 1892 : *D. 1893. 1. 297.* ♦ ... Les gardes champêtres et forestiers. • Crim. 25 mai 1827 : *Bull. crim. n° 122.* ♦ ... Les préfets. • Civ. 20 juill. 1962 : *Rec. dr. pén. 1963. 284 ; RSC 1964. 845, obs. Légal.* ♦ ... Les maires. • T. civ. Toulon, 21 janv. 1875 : *DP 1876. 3. 63.* ♦ V. aussi : • Crim. 1er déc. 1892 : *DP 1893. 1. 22.* ♦ ... Et, plus généralement, tout préposé à un service public. • Crim. 4 déc. 1862 : *préc.*

2. Sur le fondement de l'actuel art. 432-4 C. pén., ont été retenus : ... des gendarmes : • Crim. 21 avr. 1998, ☎ n° 97-81.438 P. ♦ ... Un officier de gendarmerie. • Crim. 24 mai 2016, ☎ n° 15-80.848 P : *D. actu. 8 juin 2016, obs. Fucini.*

3. Référence aux fonctions. L'art. 114 C. pén. suppose que les fonctionnaires publics, agents ou préposés du Gouvernement, qui y sont visés, agissent dans l'exercice de leurs fonctions et par abus de l'autorité qui leur a été déléguée, et non dans un intérêt privé, pour la satisfaction de leurs passions personnelles, auquel cas sont seuls applicables les art. 341 s. C. pén. (nouv. art. 224-1 s.). • Crim. 4 déc. 1862 : *préc. note 1* • 18 avr. 1868 : *préc. note 1* • 25 nov. 1882 : *préc. note 1* • 23 juin 1892 : *préc. note 1* • Metz, 23 mai 1867 : *DP 1867. 2. 137.* ♦ Comp. : • Bourges, 30 déc. 1870 : *DP 1871. 2. 226* • Caen, 28 juin 1871 : *DP 1871. 2. 207.* ♦ Sur la prise à partie et la condamnation à des dommages-intérêts d'un commissaire de police ayant, à l'occasion de ses fonctions d'officier de police judiciaire, agi avec animosité et intention dolosive. • Paris, 8 mai 1946 : *D. 1946. 316.*

B. ATTEINTES SANCTIONNÉES

4. Liberté d'aller et de venir. Ne constitue pas un acte attentatoire à la liberté individuelle, malgré l'absence d'un procès-verbal de saisie, l'utilisation, par des fonctionnaires des douanes, pour l'ouverture d'un coffre bancaire, d'une clef trouvée dans un bureau lors de visites domiciliaires. • Crim. 18 févr. 1992, ☎ n° 91-82.627 : *Dr. pénal 1992. 251.*

5. Des faits d'écoutes téléphoniques sont de nature à constituer non seulement une atteinte à l'intimité de la vie privée de particuliers, pris chacun dans leur individualité, mais également une atteinte à la Constitution au sens de l'art. 114 ancien C. pén. en raison de l'institutionnalisation du système et de son ampleur, de surcroît réalisées par une cellule constituée par les plus hautes autorités de l'État (cellule anti-terroriste de l'Élysée), et commises au préjudice de très nombreuses personnes à raison de leur profession, notamment de journalistes, d'avocats et hommes politiques, écrivains, etc. ; en revanche, ces faits ne tombent pas sous le coup de l'art. 432-4 nouv. C. pén., qui ne sanctionne que les atteintes à la liberté individuelle, mais ne protège pas, comme l'ancien art. 114 C. pén., les atteintes aux droits civiques et à la Constitution, la liberté individuelle ainsi en cause étant celle d'aller et venir. • Paris, 30 sept. 1996 : *D. 1997. 111, note Breen ; Gaz. Pal. 1997. 1. 1, note Doucet.* ♦ Conf. par : • Crim. 4 mars 1997, n° 96-84.773 P : *Dr. pénal 1997. 75, obs. Véron ; Gaz. Pal. 1997. 1. 320, note J.P.D.*

6. L'art. 432-4 C. pén. réprime les atteintes à la liberté d'aller et venir commises par les personnes dépositaires de l'autorité publique ou chargées d'une mission de service public ; ne constitue pas une atteinte à la liberté d'aller et de venir la fermeture, par le maire d'une commune, de la vanne de raccordement alimentant en eau une propriété en construction. • Crim. 14 sept. 2004, n° 04-80.290 P : *Dr. pénal 2004. Comm. 170, obs. Véron ; RLCT 2005/1, n° 9, note Mayaud.*

7. Doit être confirmé le jugement ayant déclaré coupable d'atteinte arbitraire à la liberté individuelle le prévenu policier municipal ayant pénétré dans une salle de gymnastique revêtu de son uniforme, et ayant demandé à ce qu'une jeune fille le suive hors de la classe, puis l'ayant admonestée pendant quelques minutes dans les couloirs du gymnase ; en effet, le prévenu s'est rendu coupable d'un acte attentatoire à la liberté individuelle au sens des dispositions de l'art. 432-4 C. pén. alors qu'il agissait dans un intérêt privé. • Riom, 3 nov. 2004 : *JCP 2005. IV. 3537.*

8. Intention. Doit être cassé l'arrêt de la Chambre d'accusation qui, sur une plainte en séquestration arbitraire dirigée contre un officier de police judiciaire qui avait fait garder à vue un suspect, dit n'y avoir lieu à suivre, au motif que cet officier de police n'avait eu en vue que l'intérêt de l'enquête et n'avait fait qu'appliquer des dispositions consacrées par l'usage, de telles excuses n'étant pas prévues par la loi. • Crim. 22 juill. 1959 : *Bull. crim. n° 366.* ♦ Toute intention coupable ne saurait être écartée, dans une poursuite pour arrestation et séquestration arbitraire mettant en cause des fonctionnaires de police, au seul motif de « règles en usage » qui, même si elles existaient, ne pourraient constituer une cause de justification ou une excuse que la loi ne prévoit pas. • Crim. 5 janv. 1973 : *Bull. crim. n° 7 ; D. 1973. 541, note Roujou de Boubée.*

9. Le défaut d'intention délictueuse du responsable du service des étrangers à la préfecture, inculpé de complicité de séquestration de personne, ne peut être déduit ni de la mise en œuvre par l'inculpé de recommandations contenues dans des circulaires ministérielles, ni d'une méconnaissance de la loi qu'il lui appartenait au contraire d'appliquer. • Crim. 12 oct. 1993, n° 92-81.743 P : *D. 1994. 129, note Mayer ; RSC 1994. 322, obs. Bouloc.*

10. Administration pénitentiaire. Le transfèrement et la mise en isolement, dénoncés comme constituant des « forfaitures, abus de pouvoir » et actes attentatoires à la liberté, relèvent de règles de fonctionnement des établissements pénitentiaires et ne sont susceptibles de recevoir aucune qualification pénale. • Crim. 30 janv. 2001, n° 00-80.656 P.

11. Arraisonnement. Les requérants, ressortissants ukrainiens, roumains, grecs et chiliens, faisaient partie de l'équipage d'un cargo battant pavillon cambodgien ; dans le cadre de la lutte internationale contre le trafic de stupéfiants, les autorités françaises apprirent que ce navire était susceptible de transporter des quantités importantes de drogue ; les autorités maritimes procédèrent, en conséquence, à son interception en haute mer, au large des îles du Cap-Vert, puis à son détournement vers le port de Brest ; les requérants alléguaient avoir été victimes d'une privation arbitraire de liberté en raison de leur détention sur le cargo durant 13 jours sous la surveillance des forces militaires françaises, puis de leur garde à vue – durant deux jours pour les uns, trois jours pour les autres – à leur arrivée à Brest ; invoquant l'art. 5, § 1 (droit à la liberté et à la sûreté), ils dénonçaient l'illégalité de leur privation de liberté, notamment au regard du droit international ; ils se plaignaient également, sous l'angle de l'art. 5, § 3 (durée de la privation de liberté), d'avoir attendu 15 à 16 jours avant d'être présentés à un « magistrat habilité par la loi à exercer des fonctions judiciaires » ; force est de constater que le procureur de la République n'est pas une « autorité judiciaire » au sens que la jurisprudence de la Cour donne à cette notion : comme le soulignent les requérants, il lui manque en particulier l'indépendance à l'égard du pouvoir exécutif pour pouvoir être ainsi qualifié (§ 61) ; en conséquence, et eu égard tout particulièrement à « l'adhésion scrupuleuse à la prééminence du droit » qu'impose l'art. 5 Conv. EDH, on ne saurait dire que les requérants ont été privés de leur liberté « selon les voies légales », au sens du § 1 de cette disposition (§ 62) ; partant, il y a eu violation de l'art. 5, § 1, Conv. EDH (§ 63) ; cependant, considérant que la durée de cette privation de liberté se trouve justifiée par des « circonstances tout à fait exceptionnelles », notamment par l'inévitable délai d'acheminement du cargo vers la France, la Cour conclut, par quatre voix contre trois, à la non-violation de l'art. 5, § 3. • CEDH, 5e ch., 10 juill. 2008, n° 3394/03, *Medvedyev et a. c/ France : D. 2008. 3055, note Hennion-Jacquet ; RSC 2009. 176, obs. Marguénaud*. – *Adde* : C. Mialot, La partie publique au procès pénal doit-elle être représentée par un magistrat ?, *D. 2009. Point de vue 2497*.

12. Le § 1 c) de l'art. 5 Conv. EDH forme un tout avec le § 3 et l'expression « autorité judiciaire compétente » du § 1 c) constitue un synonyme abrégé de « juge ou (...) autre magistrat habilité par la loi à exercer des fonctions judiciaires » du § 3 (§ 123) ; le magistrat doit présenter les garanties requises d'indépendance à l'égard de l'exécutif et des parties, ce qui exclut notamment qu'il puisse agir par la suite contre le requérant dans la procédure pénale, à l'instar du ministère public, et il doit avoir le pouvoir d'ordonner l'élargissement, après avoir entendu la personne et contrôlé la légalité et la justification de l'arrestation et de la détention (§ 124) ; ... les juges d'instruction sont assurément susceptibles d'être qualifiés de « juge ou autre magistrat habilité par la loi à exercer des fonctions judiciaires » au sens de l'art. 5, § 3, Conv. EDH (§ 128) ; ... la Cour note enfin que les requérants ont été placés en garde à vue le 26 juin 2002 à 8 h 45 et que leur présentation effective à un juge d'instruction dans les locaux du commissariat de Brest s'est déroulée, au vu des procès-verbaux produits par le Gouvernement, de 17 h 05 à 17 h 45 pour le premier juge d'instruction, et à des heures inconnues s'agissant du second juge d'instruction (...), mais étant entendu qu'il n'est pas contesté par les requérants que les auditions par ce dernier ont été concomitantes ; en conséquence, la durée de la garde à vue des requérants avant leur traduction devant un juge n'a été que d'environ huit à neuf heures après leur arrivée en France (§ 132) ; force est de constater que cette période de huit à neuf heures était compatible avec la notion d'« aussitôt traduit » énoncée à l'art. 5, § 3, Conv. EDH et la jurisprudence de la Cour (§ 133) ; partant, il n'y a pas eu violation de l'art. 5 § 3 (§ 134). • CEDH gr. ch., 29 mars 2010, n° 3394/03, *Medvedyev et a. c/ France : D. 2010. 898, obs. Lavric ; ibid. 1386, note Renucci ; ibid. 1390, note Hennion-Jacquet ; JCP G 2010, n° 16, 454, note Sudre ; Gaz. Pal. 2010. 1. Jur. 870, note Matsopoulou* (Plaidoyer pour l'indépendance fonctionnelle des magistrats du parquet) ; *RSC. 2010. 685, obs. Marguénaud* (Tempête sur le parquet : *bis sed non repetita*). – *Adde* : Rebut, L'arrêt Medvedyev et la réforme de la procédure pénale, *D. 2010. 970*. – Thierry, L'arrêt Medvedyev c/ France du 29 mars 2010 : juge d'instruction : 1 – Parquet : 0, *Dr. pénal 2010 Étude 12*.

13. Garde à vue. Dès lors qu'elle a été prise dans une information ouverte pour infraction à la législation sur les stupéfiants, la décision de prolonger pour une durée supplémentaire de 48 heures la durée de la garde à vue du demandeur trouve son fondement légal dans l'art. 706-29 C. pr. pén. et ne peut donc constituer par elle-même un crime ou un délit, serait-elle le résultat d'une erreur de qualification commise par le juge d'instruction. • Crim. 5 déc. 1995 : *Dr. pénal 1996. Chron. 41, obs. Lesclous et Marsat.*

14. Retenue douanière. A la suite de la constatation, le 25 janv. 2005, par les agents des douanes d'une infraction de circulation et détention irrégulière de vingt litres d'eau de vie de cidre, marchandise visée à l'art. 215 C. douanes, imputée à la partie civile, suivie de son audition dans les locaux de l'administration, sans avoir, à l'issue de celle-ci, été placée en retenue douanière, le responsable départemental des douanes est poursuivi pour avoir, dans l'exercice ou à l'occasion de l'exercice de ses fonctions, étant dépositaire de l'autorité publique, ordonné ou accompli arbitrairement un acte attentatoire à la liberté individuelle ; pour déclarer le prévenu coupable, l'arrêt relève que ce dernier a donné des instructions pour faire conduire la personne contrôlée le 25 janv. 2005 à 11 h 45 au bureau des douanes, dans le cadre d'une procédure par lui qualifiée de « notification », à l'occasion de laquelle elle a été entendue sur les faits reprochés de 12 h 30 à 13 h 30, et où elle devait demeurer jusqu'à l'achèvement des visites domiciliaires à 21 heures, l'intéressée ayant cependant été conduite par la douane, à partir de 19 h, aux urgences de l'hôpital pour des troubles de la vision ; les juges du fond notent que l'art. 60 C. douanes ne saurait autoriser la douane à maintenir dans ses locaux une personne qui a été entendue sur les circonstances et les causes de son contrôle, et ce, sans limites autres que celles, selon le prévenu, tirées du nombre de visites domiciliaires envisagées par les enquêteurs, et, au surplus, en l'absence de notification des droits prévus en matière de retenue douanière ; en l'état de ces énonciations dont il résulte que le prévenu qui, ayant décidé de retenir la personne contrôlée en s'affranchissant des règles de procédure douanière, a commis un acte arbitraire, attentatoire à la liberté de celle-ci, la cour d'appel a justifié sa décision. • Crim. 8 févr. 2012, n° 11-81.259 P : *D. actu. 24 févr. 2012, obs. Bombled ; D. 2012. 723, note Detraz ; AJ pénal 2012. 291, obs. Roussel ; Gaz. Pal. 2012. 2. 2228, obs. Dreyer ; RSC 2012. 589, obs. Detraz*.

15. Interpellation déguisée. Caractérise le délit d'atteinte arbitraire à la liberté individuelle par dépositaire de l'autorité publique, le fait, pour un officier de gendarmerie, de faire conduire et retenir pendant plusieurs heures une personne dans des locaux dépendant de son autorité, en connaissance de l'absence de fondement légal de la mesure. • Crim. 24 mai 2016, n° 15-80.848 P : *D. actu. 8 juin 2016, obs. Fucini ; AJ pénal 2016. 383, obs. Perrier*.

16. *Police des étrangers.* La privation de liberté subie provisoirement par une personne pour les nécessités impérieuses de son expulsion du territoire français ne saurait être regardée comme constitutive par elle-même de l'une des infractions prévues par les art. 114 s., 341 et 342 C. pén. • Crim. 20 févr. 1979 : *Bull. crim. n° 76.* ♦ Mais la rétention antérieure à l'arrêté d'expulsion, sans aucun motif exprimé, paraît au contraire illégale et justifie la poursuite d'une information judiciaire des chefs d'attentat à la liberté, arrestation et séquestration arbitraire. • Aix-en-Provence, 5 janv. 1977 : *D. 1978. 120, note Chambon.*

17. L'art. 114 C. pén., devenu 432-4 nouv. C. pén., incrimine au titre des atteintes à la liberté individuelle les seuls actes d'arrestation, de détention ou de rétention arbitraires commis par des fonctionnaires publics ; les litiges relatifs aux conditions matérielles d'exécution de la rétention des étrangers en instance d'éloignement prévue par l'art. 35 *bis* de l'ordonnance n° 45-2658 du 2 nov. 1945, fût-elle prolongée par le juge judiciaire, ressortissent, en l'absence de voies de fait, à la seule compétence des juridictions administratives. • T. confl. 25 avr. 1994 : *D. 1994. 389, concl. Abraham, note P. Didier , et Somm. 253, obs. Julien-Laferrière ; Gaz. Pal. 1994. 2. 561, concl. préc., note Petit.* ♦ En l'absence d'une atteinte à la liberté individuelle au sens de l'art. 432-4 C. pén., les juridictions judiciaires ne sont compétentes pour apprécier les atteintes aux libertés et garanties fondamentales qui résulteraient de l'exécution d'actes administratifs qu'en cas de voie de fait. • T. confl. 20 juin 1994 : *D. 1995. 193 (1re esp.), note P. Didier ; Gaz. Pal. 1994. 2. 571 (1re esp.), concl. Abraham, note Petit ; JCP 1994. IV. 2033, obs. Rouault.* ♦ *Adde : RTD civ. 1996. 235, obs. Normand .* ♦ Pour des poursuites engagées sur le fondement de l'art. 432-4, al. 1er, C. pén., contre le préfet de police de Paris, qui s'apparentent à un véritable détournement de procédure, constitutif d'un abus de droit imputable à la partie civile, alors que celle-ci admet à l'audience n'avoir jamais été privée de sa liberté d'aller et de venir, • TGI Paris, 24 avr. 1997 : *Gaz. Pal. 1997. 2. 615, note J.-G. M.*

18. Aux termes de l'art. 136 C. pr. pén. : « ... dans tous les cas d'atteinte à la liberté individuelle, le conflit ne peut jamais être élevé par l'autorité administrative et les tribunaux de l'ordre judiciaire sont toujours exclusivement compétents. Il en est de même dans toute instance civile fondée sur des faits constitutifs d'une atteinte à la liberté individuelle ou à l'inviolabilité du domicile prévue par les art. 432-4 à 432-6 et 432-8 C. pén. » ; ces dispositions, qui dérogent au principe de séparation des autorités administratives et judiciaires posé par l'art. 13 de la loi des 16-24 août 1790 et par le décret du 16 fructidor an III, ne sauraient être interprétées comme autorisant les tribunaux judiciaires à faire obstacle à l'exécution des décisions prises par l'administration en dehors des cas de voie de fait ; le pouvoir d'adresser des injonctions à l'administration, qui permet de priver les décisions de celle-ci de leur caractère exécutoire, est de même nature que celui consistant à annuler ou à réformer les décisions prises par elle dans l'exercice de ses prérogatives de puissance publique, pouvoir dont l'exercice relève de la seule compétence de la juridiction administrative, à l'exception des matières réservées par nature à l'autorité judiciaire ; il suit de là que les dispositions de l'art. 136 C. pr. pén. ne sauraient fonder la compétence du magistrat des référés du tribunal de grande instance pour connaître de l'action engagée par les passagers clandestins d'un bateau à la suite de la décision de l'administration refusant leur entrée sur le territoire national et de leur « consignation » à bord du bateau. • T. confl. 12 mai 1997 : *D. 1997. 567, note A. Legrand ; Gaz. Pal. 1997. 1. 386, concl. Arrighi de Casanova, et note S. Petit ; ibid. 1997. 2. 737, rapp. P. Sargos, et note S. Petit ; ibid. 1998. 1. 182, note Guettier.* ♦ ... Il ressort de l'art. 5 de l'ordonnance du 2 nov. 1945 que le législateur a attribué en principe à l'administration le pouvoir de procéder à l'exécution forcée des décisions d'éloignement et de celles prononçant un refus d'entrée qu'elle est amenée à prendre au titre de la police des étrangers ; il s'ensuit, et à les supposer même illégales, que, dès lors que les mesures prises n'étaient pas manifestement insusceptibles d'être rattachées à un pouvoir appartenant à l'administration, ces actes ne sauraient être regardés comme constitutifs de voie de fait. • Même décision.

C. POURSUITES

19. *Action publique.* Est nulle la citation directe qui vise « le directeur des libertés publiques et des affaires juridiques du ministère de l'Intérieur », « le préfet » d'un département et « le chef du bureau des étrangers » de la préfecture, sans mention du nom des personnes physiques occupant ces fonctions, alors qu'elle leur reproche des délits de discrimination et d'atteinte à la liberté individuelle ; en effet, dès lors que les art. 432-7, 1°, et 432-4 C. pén. définissent ces infractions dans l'hypothèse où elles ont été commises par une personne dépositaire de l'autorité publique ou chargée d'une mission de service public, le terme de « personne » implique qu'il s'agisse d'une personne physique. • Paris, 31 mai 2000 : *D. 2000. IR 247.*

20. *Prescription.* L'abrogation par le nouveau code pénal, entré en vigueur le 1er mars 1994, du texte criminel prévoyant la répression des atteintes à la Constitution est sans influence sur l'interruption de la prescription antérieurement intervenue. • Paris, 30 sept. 1996 : *D. 1997. 111, note Breen ; Gaz. Pal. 1997. 1. 1, note Doucet.* ♦ Si la prescription du crime prévu par l'art. 114 C. pén. a pu être valablement interrompue en 1993 – à supposer ce texte applicable à l'espèce, avant son abrogation, malgré l'existence d'incriminations spéciales définies par les L. des 17 juill. 1970 et 6 janv. 1978 – cette circonstance est sans incidence sur les modalités de la prescription propre aux délits, seraient-ils connexes, indivisibles ou en concours, qui auraient été commis plus de trois ans avant l'acte initial de poursuite. • Crim. 4 mars 1997, n° 96-84.773 P : *Dr. pénal 1997. 75, obs. Véron ; Gaz. Pal. 1997. 1. 320, note J.P.D.* ; sur pourvoi contre • Paris, 30 sept. 1996 : *préc.*

21. Conflit de qualifications. L'expulsion d'un membre du conseil municipal exécutée par les agents de la force publique sur les ordres d'un maire ne constitue pas le crime d'attentat à la liberté individuelle ou aux droits civiques prévu par l'art. 114 C. pén., mais réunit les caractères légaux du délit de violences envers les personnes, exercées sans motif légitime par un fonctionnaire public dans l'exercice de ses fonctions, délit prévu et puni par l'art. 186 C. pén. (non repris en tant que tel, mais V. nouv. art. 222-7 à 222-13). • Montpellier, 3 juill. 1886 : *DP 1887. 2. 21.* ♦ Rappr. : • Crim. 22 nov. 1956 : *Bull. crim. n° 770.*

22. Des violences commises par une personne dépositaire de l'autorité publique et des actes attentatoires à la liberté individuelle constituent des infractions différentes qui peuvent justifier des poursuites distinctes ; méconnaît ce principe la chambre d'accusation qui, pour déclarer irrecevable la seconde plainte déposée par le demandeur du chef d'acte attentatoire à la liberté individuelle, énonce que, à la date où elle a été déposée, la procédure ouverte à la suite de la première plainte, déposée pour des violences commises sur sa personne, lors de son interpellation par des gendarmes, dénonçait les mêmes faits en cours. • Crim. 21 avr. 1998, n° 97-81.438 P.

Art. 432-5 **Le fait, par une personne dépositaire de l'autorité publique ou chargée d'une mission de service public ayant eu connaissance, dans l'exercice ou à l'occasion de l'exercice de ses fonctions ou de sa mission, d'une privation de liberté illégale, de s'abstenir volontairement soit d'y mettre fin si elle en a le pouvoir, soit, dans le cas contraire, de provoquer l'intervention d'une autorité compétente, est puni de trois ans d'emprisonnement et de 45 000 € d'amende.**

Le fait, par une personne visée à l'alinéa précédent ayant eu connaissance, dans l'exercice ou à l'occasion de l'exercice de ses fonctions ou de sa mission, d'une privation de liberté dont l'illégalité est alléguée, de s'abstenir volontairement soit de procéder aux vérifications nécessaires si elle en a le pouvoir, soit, dans le cas contraire, de transmettre la réclamation à une autorité compétente, est puni d'un an d'emprisonnement et de 15 000 € d'amende lorsque la privation de liberté, reconnue illégale, s'est poursuivie. — *Pr. pén. 126, 136, 575.*

Art. 432-6 **Le fait, par un agent de l'administration pénitentiaire, de recevoir ou retenir une personne sans mandat, jugement ou ordre d'écrou établi conformément à la loi, ou de prolonger indûment la durée d'une détention, est puni de deux ans d'emprisonnement et de 30 000 € d'amende.** — *Pr. pén. 126, 136, 575.*

§ 2 DES DISCRIMINATIONS

RÉP. PÉN. v° *Discriminations*, par DANTI-JUAN.

Art. 432-7 **La discrimination définie** *(L. n° 2012-954 du 6 août 2012, art. 3)* **« aux articles 225-1 et 225-1-1 », commise à l'égard d'une personne physique ou morale par une personne dépositaire de l'autorité publique ou chargée d'une mission de service public, dans l'exercice ou à l'occasion de l'exercice de ses fonctions ou de sa mission, est punie de** *(L. n° 2004-204 du 9 mars 2004, art. 41-II)* **« cinq ans d'emprisonnement et de 75 000 € d'amende** *[ancienne rédaction : trois ans d'emprisonnement et de 45 000 euros d'amende]* **» lorsqu'elle consiste :**

1° A refuser le bénéfice d'un droit accordé par la loi ;

2° A entraver l'exercice normal d'une activité économique quelconque. — *Pr. pén. 2-1, 2-6, 2-8, 2-10 ; Civ. 25.*

Les dispositions de l'art. 432-7 ne sont pas applicables lorsque les faits visés dans cet article sont conformes à des directives du Gouvernement prises dans le cadre de sa politique économique et commerciale ou en application de ses engagements internationaux (L. n° 77-574 du 7 juin 1977, art. 32-III, mod. par L. n° 92-1336 du 16 déc. 1992, art. 309 et 373). — V. Circ. du 17 juill. 1981 (D. et BLD 1981. 287).

Corresp. : *C. pén., anciens art. 187-1 et 187-2.*

BIBL. ▶ Foulon-Piganiol, *D. 1972. Chron. 261.* – Véron, *Dr. pénal, oct. 1990. Chron.* (lois des 12 et 13 juill. 1990). – Fitte-Duval, *AJFP 2003, p. 6* (le fonctionnaire et la discrimination : approche administrative et pénale). – Guéham, *RLCT 2007/20*, n° 581 (fonction publique territoriales et lutte contre les discriminations).

▶ V. également Bibl., ss. art. 225-1.

A. MOTIFS DE DISCRIMINATION

1. *Motifs discriminatoires.* V. ss. art. 225-1.

2. *Appartenance religieuse.* A caractérisé en tous ses éléments, tant matériel qu'intentionnel, le délit de discrimination par une personne dépositaire de l'autorité publique, à raison de l'appartenance religieuse, l'arrêt qui a condamné le prévenu, maire de sa commune, pour avoir privé une élue, conseiller municipal, de l'exercice de son droit de parole en raison du port par cette dernière d'un insigne symbolisant son appartenance à la religion chrétienne ; la cour d'appel a justifié sa décision, qui retient qu'il n'est nullement établi, qu'en l'espèce, le port d'une croix par la partie civile ait été un facteur de trouble susceptible de justifier que le maire, usant de son pouvoir de police, la prive de son droit à s'exprimer, en sa qualité d'élue municipale, et qui ajoute qu'aucune disposition législative, nécessaire en vertu de l'art. 9 Conv. EDH, pour que des restrictions soient apportées à la liberté de manifester sa religion ou ses convictions, ne permet au maire d'une commune, dans le cadre des réunions du conseil municipal, lieu de débats et de confrontations d'idées, d'interdire aux élus de manifester publiquement, notamment par le port d'un insigne, leur appartenance religieuse. • Crim. 1er sept. 2010, n° 10-80.584 P : *D. 2010. 2624, note Detraz ; AJ pénal 2010. 506, obs. Royer ; JCP 2010, n° 1208, note Dreyer ; Dr. pénal 2010, n° 135, obs. Véron ; RLCT 2010/62, n° 1762, note Mayaud ; RSC 2010. 853, obs. Mayaud.*

3. N'est pas une discrimination fondée sur la religion l'exclusion de deux élèves d'un établissement scolaire, motivée par une attitude de propagande religieuse contraire aux principes constitutionnels de laïcité et de neutralité de l'enseignement public et par une violation du règlement intérieur, et non par une volonté frauduleuse de discrimination. • Crim. 3 avr. 1991 : *D. 1993. Somm. 129, obs. Dubaele ; JCP 1992. 2416.*

B. OBJET DE LA DISCRIMINATION

1° BÉNÉFICE D'UN DROIT

4. *Échec à un concours.* Justifie sa décision la chambre d'accusation qui, pour confirmer l'ordonnance de refus d'informer rendue par un juge d'instruction, d'une part, relève que l'art. 432-7, 1°, C. pén. réprime la seule discrimination consistant à refuser le bénéfice d'un droit accordé par la loi ou à entraver l'exercice normal d'une activité économique, d'autre part, énonce que, en l'espèce, la partie civile, qui, après avoir subi un échec aux épreuves écrites du troisième concours d'entrée à l'École nationale d'administration, a déposé plainte contre celle-ci, du chef de discrimination commise à l'égard d'une personne physique par une personne chargée d'une mission de service public, en faisant valoir qu'elle avait été sanctionnée à raison de ses idées politiques et privée ainsi du droit de suivre des études dans l'établissement concerné, ne pouvait légitimement revendiquer que le seul droit de se présenter au concours, lequel n'implique pas celui d'être admis, la notation des copies anonymes relevant de l'appréciation souveraine des examinateurs, et enfin ajoute que les faits ne sont susceptibles d'aucune autre qualification pénale. • Crim. 24 mars 1998, n° 97-84.321 P : *Dr. pénal 1998. 95, obs. Véron.*

5. *Fournitures ou primes sous condition de nationalité.* La délibération du conseil municipal qui a été prise aux fins de refuser le bénéfice d'un service assuré par la commune revêt un caractère discriminatoire, au sens de l'art. 187-1 C. pén. dans sa rédaction antérieure au 1er mars 1994, dès lors que, pour suspendre toute fourniture, à l'exception du chauffage, à deux écoles maternelles, cette décision se fonde sur l'état de l'immigration dans cette cité ; même prise sous une formulation générale, cette résolution s'analyse en un refus, notamment à des personnes à raison de leur origine et de leur appartenance à une nation autre que française, d'un droit auquel elles pouvaient prétendre, à savoir un service assuré par la commune. • Paris, 11e ch. sect., 19 févr. 1997 : *inédit.* ♦ ... Mais la délibération contestée est le fait d'un organe collégial, et non le fait du maire ou de tel ou tel membre du conseil municipal, la décision d'un conseil municipal ne pouvant être regardée comme le simple résultat d'une addition de volontés individuelles des membres dudit conseil ayant voté en sa faveur, alors que n'existant qu'au terme du processus de délibération, elle est censée juridiquement émaner du conseil tout entier et engage, non pas la responsabilité de chacun des membres du conseil, mais celle de la commune, personne morale de droit public ; ... faute d'infraction imputable à titre principal à la commune, tant au regard de l'ancien art. 187-1 C. pén. que de l'art. 432-7 du même code aujourd'hui en vigueur, il ne saurait être recherché une éventuelle complicité dans les agissements des membres du conseil municipal. • Même arrêt. ♦ Confirmé par : • Crim. 11 mai 1999, n° 97-81.653 P : *D. 2000. Somm. 113, obs. Roujou de*

Boubée ; *Dr. pénal 1999. 140 (2e arrêt), obs. Véron ; JCP 2000. I. 207, no 1, obs. Véron ; RSC 2000. 194, obs. Bouloc* ; *ibid. 2000. 197, obs. Mayaud*. ♦ Comp. • Aix-en-Provence, 18 juin 2001 : *JCP 2002. IV. 2173* ; conf. par • Crim. 17 déc. 2002, no 01-85.650 P : *Gaz. Pal. 2003. 2. 3030, note Monnet ; Dr. pénal 2003. 44, obs. Véron ; RSC 2003. 556, obs. Mayaud*.

6. Le fait de subordonner l'octroi d'une prime de naissance à une condition de nationalité est constitutif du délit de discrimination prévu par les art. 225-1 et 225-2 C. pén. • Crim. 17 déc. 2002, no 01-85.650 P : *Gaz. Pal. 2003. 2. 3030, note Monnet ; Dr. pénal 2003. 44, obs. Véron ; RSC 2003. 556, obs. Mayaud*. – Conf. de : • Aix-en-Provence, 18 juin 2001 : *JCP 2002. IV. 2173.*

7. Rejet d'une demande par une administration. Le simple refus, opposé par l'administration, de faire droit à une demande, s'il peut ouvrir droit à des recours devant les juridictions habilitées à en connaître – en l'espèce la juridiction administrative –, n'est pas, par lui-même, de nature à constituer automatiquement une infraction. • Paris, 5 juin 1998 : *Dr. pénal 1999. 2, obs. Véron ; JCP 1999. I. 112, no 2, obs. Véron.* ♦ Conf. de : • TGI Paris, 24 avr. 1997 : *Gaz. Pal. 1997. 2. 615, note J.-G. M.*

8. Situation de monopole. Il résulte de la combinaison des art. 2.2 de la Dir. no 92-49 CEE du 18 juin 1992, portant coordination des dispositions législatives, réglementaires et administratives concernant l'assurance directe autre que l'assurance sur la vie, et 2.1 d) de la Dir. no 73-239 CEE du 24 juill. 1973, concernant l'accès à l'activité de ce type d'assurance et son exercice, que sont exclus du champ d'application de ces directives les régimes de sécurité sociale obligatoires institués par les législations en vigueur dans les différents États membres ; il s'en déduit, sans qu'il y ait lieu de saisir la cour de justice en interprétation de la directive visée au moyen, que le monopole consacré par le droit interne en matière d'assurances sociales n'est pas incompatible avec la réglementation communautaire, et qu'est justifiée la décision d'une chambre d'accusation ayant confirmé l'ordonnance du juge d'instruction portant refus d'informer à la suite d'une plainte pour discrimination déposée par un docteur vétérinaire contre la Caisse nationale d'assurance vieillesse des professions libérales et contre personne non dénommée, dépositaire de l'autorité publique, sur le fondement des art. 225-1 et 432-7 C. pén., en faisant valoir que le monopole du régime de sécurité sociale dont bénéficie l'organisme précité est contraire à la Dir. no 92-49 CEE du Conseil, du 18 juin 1992, laquelle consacre le principe de la suppression de l'obligation d'affiliation, et qu'il est ainsi privé, à raison de son appartenance à une nation, du droit, accordé par les dispositions communautaires, d'adhérer à un régime d'assurances plus favorable. • Crim. 24 nov. 1998, no 97-86.325 P : *Dr. pénal 1999. Comm. 52, obs. Véron.*

9. Droit de préemption. Le délit de discrimination prévu à l'art. 432-7 C. pén. suppose, dans le premier cas visé par cet art., le refus du bénéfice d'un droit accordé par la loi ; encourt dès lors la cassation l'arrêt d'une cour d'appel qui, pour dire coupable du délit défini par l'art. 432-7, 1o, C. pén. le maire d'une commune auquel il était reproché d'avoir fait obstacle à la vente d'un bien immobilier situé dans ladite commune en exerçant de façon abusive le droit de préemption lui ayant été délégué, retient que le prévenu, en raison de la consonance du nom des acheteurs laissant supposer leur origine étrangère ou leur appartenance à l'islam, leur a refusé le droit d'acquérir la propriété d'un immeuble et de fixer librement le lieu de leur résidence ; en effet, la loi pénale étant d'interprétation stricte, l'exercice du droit de préemption délégué au maire d'une commune en application de l'art. L. 2122-22 CGCT ne saurait, même s'il est abusif, constituer le refus du bénéfice d'un droit accordé par la loi au sens dudit art. 432-7. • Crim. 17 juin 2008, no 07-81.666 P : *D. 2008. AJ 2080* ; *AJ pénal 2008. 418, obs. Lasserre Capdeville* ; *Gaz. Pal. 2009. 1. Somm. 1353, note Monnet ; Dr. pénal 2008, no 125, obs. Véron ; RSC 2009. 380, obs. Mascala*. ♦ D'une part, en application de l'art. 111-4 C. pén., la loi pénale est d'interprétation stricte ; d'autre part, la discrimination prévue par l'art. 432-7 C. pén. suppose, dans le premier cas visé par ce texte, le refus du bénéfice d'un droit accordé par la loi ; le prévenu a été renvoyé devant le tribunal correctionnel, sur le fondement de l'art. 432-7 C. pén., pour avoir en sa qualité de maire d'une commune, étant dépositaire de l'autorité publique, refusé à plusieurs personnes le bénéfice d'un droit accordé par la loi, en l'espèce celui d'acquérir la propriété d'un immeuble, à raison de la consonance de leurs noms faisant supposer leur origine étrangère ou leur appartenance ou non, vraie ou supposée, à une ethnie ou à une nationalité déterminée ; il lui est reproché, pour ce faire, un exercice abusif du droit de préemption ; le tribunal l'a déclaré coupable ; sur appel du prévenu, du ministère public, des parties civiles, et sur les observations de la HALDE, pour confirmer le jugement, l'arrêt énonce que les acquéreurs qui avaient signé une promesse de vente étaient titulaires d'un droit que leur confère cet acte de par le code civil ; les juges ajoutent que le prévenu, en sa qualité de maire, a usé de son droit de préemption de manière abusive dans le seul but d'évincer les futurs acquéreurs au nom à consonance étrangère de l'opération d'acquisition d'un bien immobilier pour laquelle ils s'étaient contractuellement engagés ; mais en se déterminant ainsi, alors que l'exercice d'un droit de préemption, fût-il abusif, ne saurait constituer le refus du bénéfice d'un droit accordé par la loi au sens de l'art. 432-7 C.

pén., la cour d'appel a méconnu les textes susvisés et les principes ci-dessus rappelés ; d'où il suit que la cassation est encourue. • Crim. 21 juin 2011, n° 10-85.641 P : *D. actu. 7 juill. 2011, obs. Bombled ; D. 2011. Actu. 1821, obs. Bombled ; ibid. Pan. 2824, obs. Roujou de Boubée ; RLCT 2012/76, n° 2118, obs. Mayaud ; Gaz. Pal. 2011. 2. 2211, note Lasserre Capdeville et Mourey ; ibid. 3439, note Detraz ; Dr. pénal 2011, n° 120, obs. Véron ; RSC 2012. 147, obs. Mascala*.

2° EXERCICE D'UNE ACTIVITÉ ÉCONOMIQUE

10. Vente d'un bien immobilier. Une personne a porté plainte avec constitution de partie civile contre le maire d'une commune, lui reprochant d'avoir fait pression sur le vendeur d'un terrain afin qu'il renonce à cette vente en raison de l'appartenance de l'acquéreur à la communauté des gens du voyage ; pour condamner le maire, poursuivi pour avoir, en tant que personne dépositaire de l'autorité publique, commis une discrimination en entravant l'exercice d'une activité économique quelconque, en l'espèce une transaction immobilière, et ce, en raison de l'appartenance de l'acquéreur à la communauté des gens du voyage, l'arrêt retient que le maire est intervenu auprès du vendeur pour le dissuader de vendre son terrain en considération de l'origine de l'acheteur et que la vente d'un bien immobilier entre particuliers, par l'entremise d'une agence immobilière, constitue l'exercice d'une activité économique au sens de l'art. 432-7 C. pén. ; en se prononçant ainsi alors que la vente d'un bien immobilier par un particulier à un autre ne caractérise pas l'exercice d'une activité économique au sens de l'art. 432-7, 2°, C. pén., la cour d'appel a méconnu les art. 111-4 et 432-7 C. pén. • Crim. 24 mai 2005, n° 04-87.490 P : *AJ pénal 2005. 415, obs. Leblois-Happe ; RLCT 2005/6, n° 147, obs. Mayaud ; Dr. pénal 2005, n° 120, obs. Véron.*

11. La vente d'un bien immobilier par un particulier à un autre ne caractérise pas l'exercice d'une activité économique au sens de l'art. 432-7, 2°, C. pén. ; justifie dès lors sa décision la cour d'appel qui, saisie du chef de discrimination économique par personne dépositaire de l'autorité publique contre un maire ayant fait pression sur une de ses administrées pour qu'elle renonce à vendre un terrain à une personne appartenant à la communauté des gens du voyage, requalifie les faits en complicité de discrimination par refus de fourniture d'un bien en raison de l'appartenance à une ethnie ; il n'importe que seul le complice ait été poursuivi dès lors que le fait principal est punissable. • Crim. 28 nov. 2006, n° 06-81.060 P : *Dr. pénal 2007, n° 31, obs. Véron ; RSC 2007. 79, obs. Mayaud*.

12. Boycott international. Si, en vertu du § III de l'art. 32 de la L. n° 77-574 du 7 juin 1977, le gouvernement, agissant par voie de directives, a la faculté de déterminer des catégories d'opérations commerciales d'exportation à l'occasion desquelles certains faits, entrant dans le champ d'application des art. 187-2 ou 416-1 C. pén. (nouvel art. 225-2, 2°), n'entraînent pas l'application de ces articles, il n'a pu, sans violer l'art. 32, § III, de la loi, qui doit être interprété strictement, donner, par avis publié au *JO*, une définition générale de ces opérations. • CE 18 avr. 1980 : *D. 1981. 3, note Bismuth ; JCP 1980. II. 19364, concl. Hagelsteen ; Gaz. Pal. 1980. 2. 460, note Ruzié ; JDI 1980. 866, note Eisemann ; RSC 1980. 703, obs. Vitu.*

C. POURSUITES

13. Action publique. Est nulle la citation directe qui vise « le directeur des libertés publiques et des affaires juridiques du ministère de l'Intérieur », « le préfet » d'un département et « le chef du bureau des étrangers » de la préfecture, sans mention du nom des personnes physiques occupant ces fonctions, alors qu'elle leur reproche des délits de discrimination et d'atteinte à la liberté individuelle ; en effet, dès lors que les art. 432-7,1°, et 432-4 C. pén. définissent ces infractions dans l'hypothèse où elles ont été commises par une personne dépositaire de l'autorité publique ou chargée d'une mission de service public, le terme de « personne » implique qu'il s'agisse d'une personne physique. • Paris, 31 mai 2000 : *D. 2000. IR 247.*

§ 3 DES ATTEINTES À L'INVIOLABILITÉ DU DOMICILE

Art. 432-8 **Le fait, par une personne dépositaire de l'autorité publique ou chargée d'une mission de service public, agissant dans l'exercice ou à l'occasion de l'exercice de ses fonctions ou de sa mission, de s'introduire ou de tenter de s'introduire dans le domicile d'autrui contre le gré de celui-ci hors les cas prévus par la loi est puni de deux ans d'emprisonnement et de 30 000 € d'amende.** — *Pr. pén. 2-2, 136 ; Civ. 25.*

***Corresp.** : C. pén., ancien art. 184, al. 1er.*

BIBL. ▶ DORANGE, *RSC 2011. 371* (gestion procédurale du squat : la protection du domicile contre l'occupation sans droit ni titre). – VLAMYNCK, *AJ pénal 2011. 352* (le policier et le principe de l'inviolabilité du domicile).

1. QPC. L'al. 6 de l'art. L. 651-6 CCH autorise les agents du service municipal du logement, en cas de refus ou d'absence de l'occupant du local ou de son gardien, à se faire ouvrir les portes et à visiter les lieux en présence du maire ou d'un commissaire de police ; en prévoyant ainsi que les agents du service municipal du logement peuvent, aux fins de constater les conditions d'occupation de ces locaux et, notamment, le respect des autorisations d'affectation d'usage, procéder à une telle visite, sans l'accord de l'occupant du local ou de son gardien, et sans y avoir été préalablement autorisés par le juge, le législateur a méconnu le principe d'inviolabilité du domicile. • Cons. const. 5 avr. 2019, n° 2019-772 QPC. ♦ Sur la saisine du Conseil constitutionnel : • Civ. 3e, 17 janv. 2019, n° 18-40.040 : *JCP 2019. 230, note Matsopoulou.*

A. NOTION DE DOMICILE

2. V. notes ss. art. 226-4.

B. VIOLATION DU DOMICILE

3. Matérialité. Un huissier de justice régulièrement commis pour procéder à un constat d'adultère, peut, avec l'assistance d'un commissaire de police, pénétrer, au besoin par la force, au domicile d'un citoyen pour accomplir sa mission ; quoique regrettable, le fait qu'il ait franchi, ainsi que le commissaire de police, le mur de clôture du jardin, haut d'un mètre cinquante, en utilisant deux chaises, ne constitue pas une violation de domicile et n'entache pas de nullité le constat d'adultère qu'il a dressé. • Crim. 12 juill. 1972 : *Bull. crim. n° 238 ; D. 1972. 753 ; Gaz. Pal. 1973. 1. 97.*

4. Ne commet pas un abus d'autorité par violation de domicile l'huissier de justice, qui, agissant pour l'exécution d'une décision judiciaire d'expulsion revêtue de la formule exécutoire, pénètre, par une fenêtre ouverte au rez-de-chaussée, bien que n'ayant pas demandé l'assistance de la force publique, dans un domicile dont les occupants sont absents et dont les portes sont fermées, et accomplit sa mission sans méconnaître les formalités prescrites par la loi en cette matière. • Cass., ass. plén., 16 déc. 1974 : *Bull. crim. n° 369 ; JCP 1975. II. 17962, note Lindon ; Gaz. Pal. 1975. 2. 722 ; RSC 1975. 146, obs. Levasseur ; RTD civ. 1975. 377, obs. Perrot.* ♦ Sur le déroulement judiciaire de cette affaire : • TGI Fontainebleau, 16 oct. 1970 : *Gaz. Pal. 1971. 1. Somm. 42* • Paris, 11 mars 1971 : *D. 1971. 257 ; Gaz. Pal. 1971. 1. 338* • Crim. 3 févr. 1972 : *Bull. crim. n° 46 ; D. 1972. 185, rapp. Chapar* • 3 mars 1972 : *Gaz. Pal. 1972. 1. 301 ; RSC 1972. 612, obs. Levasseur* • Amiens, 13 juill. 1973 : *D. 1973. Somm. 114 ; Gaz. Pal. 1973. 2. 891.*

5. Intention. Est exclusive de toute intention délictuelle l'introduction de policiers dans le bureau privé d'une association, afin d'interpeller un étranger objet d'un arrêté d'expulsion mentionnant le caractère d'urgence, dès lors que les agissements des prévenus ne pouvaient impliquer qu'ils aient eu conscience au cours de leur action, absorbés par la mission dont ils étaient chargés, qu'ils pénétraient dans un local privé, et que celui d'entre eux qui avait commandé l'opération, sans participer au déroulement des faits, n'était pas en mesure de prendre les dispositions de nature à arrêter à temps l'entrée dans ce local. • Crim. 19 oct. 1982 : *Gaz. Pal. 1983. 1. Somm. 96.*

§ 4 DES ATTEINTES AU SECRET DES CORRESPONDANCES

Art. 432-9 Le fait, par une personne dépositaire de l'autorité publique ou chargée d'une mission de service public, agissant dans l'exercice ou à l'occasion de l'exercice de ses fonctions ou de sa mission, d'ordonner, de commettre ou de faciliter, hors les cas prévus par la loi, le détournement, la suppression ou l'ouverture de correspondances ou la révélation du contenu de ces correspondances, est puni de trois ans d'emprisonnement et de 45 000 € d'amende.

Est puni des mêmes peines le fait, par une personne visée à l'alinéa précédent ou un agent *(L. n° 2004-669 du 9 juill. 2004, art. 121)* **« d'un exploitant de réseaux ouverts au public de communications électroniques » ou d'un fournisseur de services de télécommunications, agissant dans l'exercice de ses fonctions, d'ordonner, de commettre ou de faciliter, hors les cas prévus par la loi, l'interception ou le détournement des correspondances émises, transmises ou reçues par la voie des télécommunications, l'utilisation ou la divulgation de leur contenu.** – *Civ. 25.*

Corresp. : *C. pén., anciens art. 186-1 et 187.*

A. ÉCRITS (ART. 432-9, AL. 1er ; ANCIEN ART. 187, AL. 1er)

1. Ratio legis. L'art. 187, al. 1er, C. pén. a pour objet, non seulement de prévenir la violation du secret des lettres, lorsqu'elles sont closes, mais encore d'assurer la remise exacte et immédiate, à leurs destinataires, des correspondances dont le monopole du transport appartient à l'administration des postes. • Crim. 22 janv. 1953 : *Bull. crim. n° 21 ; D. 1953. 109, rapp. Patin ; S. 1953. 1. 150 ; JCP 1953. II. 7444 ; Gaz. Pal. 1953. 1. 141.*

2. Correspondance protégée. V. également notes ss. art. 226-15. ♦ Sont protégés, à l'égal des lettres proprement dites : ... les avis imprimés des commerçants, dans le cas même où ils sont placés sous bande et affranchis à prix réduit. • Crim. 13 mai 1870 : *DP 1870. 1. 281.* ♦ Et sur renvoi : • Orléans, 5 juill. 1870 : *DP 1870. 2. 173.* ♦ ... Les cartes postales. • Poitiers, 1er déc. 1877 : *DP 1878. 2. 235.* ♦ ... Les bulletins de vote, professions de foi, journaux et autres imprimés, expédiés aux électeurs par des candidats aux fonctions électives. • Crim. 20 nov. 1880 : *S. 1881. 1. 48.* ♦ ... Les affiches électorales expédiées sous bande mobile, n'émaneraient-elles d'aucun des candidats régulièrement déclarés. • Crim. 22 janv. 1953 : *préc. note 1* • 22 mai 1959 : *Bull. crim. n° 264 ; JCP 1959. II. 11162.*

3. La Cour considère qu'une feuille de papier pliée en deux, sur laquelle un avocat a écrit un message, remise par cet avocat à ses clients, doit être considérée comme une correspondance protégée au sens de l'art. 8 Conv. EDH ; partant, elle estime que constitue une ingérence dans le droit au respect de la correspondance entre un avocat et ses clients le fait, pour un policier, d'intercepter les notes rédigées par le requérant puis remises à ses clients ; pareille ingérence enfreint l'art. 8, sauf si elle est « prévue par la loi », dirigée vers un ou des buts légitimes au regard du § 2 et « nécessaire dans une société démocratique » pour le ou les atteindre ; la Cour conclut que l'interception et l'ouverture de la correspondance du requérant, en sa qualité d'avocat, avec ses clients ne répondaient à aucun besoin social impérieux et n'étaient donc pas « nécessaires dans une société démocratique », au sens de l'art. 8 § 2. • CEDH 24 mai 2018, *Laurent c/ France*, n° 28798/13 : *D. actu. 8 juin 2018, obs. Lévy ; JCP 2018. 683.* ♦ Sur la solution contraire de la Chambre criminelle, qui avait refusé d'analyser la feuille de papier litigieuse comme une correspondance au sens des art. 226-15 et 432-9 C. pén. • Crim. 16 oct. 2012, n° 11-88.136 P : *D. actu. 8 nov. 2012, obs. Bombled ; D. 2013. Pan. 132, obs. Diviall ; ibid. 2013. 143, obs. Wickers ; ibid. 2713 ; AJ pénal 2013. 41, obs. Belloir ; Gaz. Pal. 2012. 2. 3293, note Piau ; ibid. 2012. 2. 3548, note Belval et Villacèque ; Dr. pénal 2012, n° 159, obs. Véron.*

4. Suppression. Constitue le délit de suppression de lettre prévu et puni par l'art. 187 C. pén. le fait, par un agent des postes (facteur), d'avoir frauduleusement conservé, même pendant un temps relativement court, une lettre, au lieu de la faire parvenir au destinataire dans le délai normal. • Limoges, 6 juin 1884 : *DP 1884. 2. 152.* ♦ ... Ou le fait, par un employé des postes, de jeter les lettres au rebut ou de les détruire. • Crim. 9 août 1889 : *DP 1889. 5. 368* • 15 mai 1920 : *DP 1920. 1. 176.*

5. Ouverture. Le fait par un agent de l'administration des postes de lire à haute voix dans son bureau, en présence de plusieurs facteurs, une carte postale et d'en prendre copie ne constitue pas le délit d'ouverture de lettres confiées à la poste, prévu par l'art. 187 C. pén., mais le délit de révélation d'un secret professionnel, puni par l'art. 378 C. pén. • Crim. 21 nov. 1874 : *DP 1875. 1. 234 ; S. 1875. 1. 89, rapp. Baudouin, et note Cauwès.* ♦ Et sur renvoi : • Rouen, 12 févr. 1875 : *DP 1876. 5. 341.* ♦ En revanche, constitue le délit prévu par l'art. 187 le fait par un employé des postes d'ouvrir des lettres pour surprendre le secret de la correspondance de diverses personnes. • Crim. 9 août 1889 : *préc. note 4.*

6. Intention. L'art. 187 C. pén. punit le fonctionnaire, quel qu'ait pu être son mobile, et quand bien même il aurait agi dans le seul but de prévenir la consommation d'une infraction à la loi pénale ; pareillement, la circonstance que les prévenus n'auraient fait que se conformer aux ordres de leurs supérieurs hiérarchiques ne saurait constituer ni un fait justificatif ni une excuse. • Crim. 22 janv. 1953 : *préc. note 1* • 22 mai 1959 : *préc. note 2.*

7. Pour l'exemple de poursuites dirigées contre un préfet, ayant donné l'ordre de retenir et de retarder l'expédition de plis électoraux, afin de prévenir et d'empêcher la consommation d'un délit électoral. • Crim. 22 janv. 1953 : *préc. note 1* • 22 mai 1959 : *préc. note 2.*

B. TÉLÉCOMMUNICATIONS (ART. 432-9, AL. 2 ; ANCIEN ART. 186-1, AL. 1er)

8. Écoutes téléphoniques judiciaires. **BIBL.** Pradel, *D. 1992. Chron. 49*. – Maron et Véron, *Dr. pénal, déc. 1991 et janv. 1992.* – Kayser, *JCP 1992. I. 3559.* – H. Leclerc, *RSC 1992. 22*. – Bouloc, *RSC 1992. 128*. – M. Albarède, *Gaz. Pal. 1997. 1. Doctr. 1.* – S. Jacopin, *Dr. pénal 2006. Étude 9* (la réception par les lois pénales françaises contemporaines de l'art. 8 Conv. EDH). ♦ Sur les interceptions de sécurité, V. CSI, art. L. 852-1 et L. 852-2. ♦ Sur le droit intermédiaire, V. Comm. EDH, 11 janv. 1994, *Dr. pénal 1995. 245, note Maron.*

9. Définitions des télécommunications. V. notes ss. art. 226-15.

1° JURISPRUDENCE EUROPÉENNE

10. Prééminence du droit dans l'ingérence. L'interception des communications téléphoniques constitue une « ingérence d'une autorité publique » au sens de l'art. 8, § 2, dans l'exercice d'un droit que le § 1er garantit au requérant, peu importe, à cet égard, l'utilisation ultérieure de ces enregistrements ; pareille ingérence méconnaît l'art. 8 sauf si, « prévue par la loi », elle poursuit un ou des buts légitimes au regard du § 2 et, de plus, est « nécessaire dans une société démocratique » pour les atteindre. • CEDH 25 mars 1998, *Kopp c/ Suisse : Gaz. Pal. 1998. 1. Somm. 187,* et l'opinion concordante de M. Pettiti. ♦ ... Les mots « prévue par la loi », au sens de l'art. 8, § 2, veulent d'abord que la mesure incriminée ait une base en droit interne, mais ils ont trait aussi à la qualité de la loi en cause : ils exigent l'accessibilité de celle-ci à la personne concernée, qui, de surcroît, doit pouvoir en prévoir les conséquences pour elle, et sa compatibilité avec la prééminence du droit. • Même décision. ♦ ... L'art. 8, § 2, exige que la loi soit « compatible avec la prééminence du droit » : lorsqu'il s'agit de mesures secrètes de surveillance ou de l'interception de communications par les autorités publiques, l'absence de contrôle public et le risque d'abus de pouvoir impliquent que le droit interne doit offrir à l'individu une certaine protection contre les ingérences arbitraires dans les droits garantis par l'art. 8 ; c'est ainsi que la loi doit user de termes assez clairs pour indiquer à tous de manière suffisante en quelles circonstances et sous quelles conditions elle habilite la puissance publique à prendre pareilles mesures secrètes. • Même décision. ♦ ... Les écoutes et autres formes d'interception des entretiens téléphoniques représentent une atteinte grave au respect de la vie privée et de la correspondance ; partant, elles doivent se fonder sur une « loi » d'une précision particulière ; l'existence de règles claires et détaillées en la matière apparaît indispensable, d'autant que les procédés techniques ne cessent de se perfectionner. • Même décision.

11. Viole l'art. 8 Conv. EDH, l'arrêt de la Cour de cassation refusant à une personne toute qualité pour critiquer les écoutes téléphoniques dont elle a fait l'objet, au motif qu'elles furent effectuées sur la ligne attribuée à un tiers. • CEDH 24 août 1998, *Lambert c/ France : BICC 1998. 1167 ; D. 1999. Somm. 271, obs. Renucci* ; *RSC 1998. 829, obs. Pettiti* ; *RTD civ. 1998. 994, obs. Marguénaud*.

12. Les dispositions de la L. de 1991 régissant les écoutes téléphoniques répondent aux exigences de l'art. 8 Conv. EDH et à celles des arrêts *Kruslin* et *Huvig* ; cependant, force est de constater que le raisonnement de la Cour de cassation pourrait conduire à des décisions privant de la protection de la loi un certain nombre de personnes, à savoir toutes celles qui se verraient opposer le résultat d'écoutes téléphoniques réalisées dans des procédures étrangères à la leur, ce qui reviendrait, en pratique, à vider le mécanisme protecteur d'une large partie de sa substance ; tel fut le cas pour le requérant qui n'a pas joui, en l'espèce, de la protection effective de la loi nationale, laquelle n'opère pas de distinction selon la procédure dans le cadre de laquelle les écoutes ont été ordonnées ; dès lors, la Cour estime que l'intéressé n'a pas bénéficié d'un « contrôle efficace » tel que voulu par la prééminence du droit et apte à limiter à ce qui était « nécessaire dans une société démocratique » l'ingérence litigieuse ; partant, il y a eu violation de l'art. 8 de la Conv. • CEDH 29 mars 2005, *Matheron c/ France : D. 2005. 1755, note Pradel* ; *JCP 2005. II. 10091, note Di Raimondo ; RSC 2007. 333, obs. Filniez*.

13. Comme les interceptions d'entretiens téléphoniques, les écoutes de conversations par le biais de la pose de micros représentent une atteinte grave au respect de la vie privée ; elles doivent donc se fonder sur une loi d'une précision particulière ; dans ce domaine aussi, l'existence de règles claires et détaillées apparaît indispensable. • CEDH 31 mai 2005 : *D. 2005. 2575, note Hennion-Jacquet*.

2° JURISPRUDENCE JUDICIAIRE

14. Droits de la défense et loyauté de la preuve. Le juge d'instruction tient des art. 81, al. 1er, 151 et 152 C. pr. pén. le pouvoir de prescrire, en vue de la constatation des infractions, tous les actes d'information utiles à la manifestation de la vérité, y compris l'enregistrement de conversations privées, pourvu que, comme en l'espèce, ces mesures aient lieu sous son contrôle et dans des conditions ne portant pas atteinte aux droits de la défense. • Crim. 23 nov. 1999 : *D. 2000. IR 38*.

15. Pour la validité des écoutes téléphoniques qui relèvent d'une durée prédéterminée, mais auxquelles il est mis fin par anticipation, dès lors qu'elles ont cessé d'être utiles à la manifestation de la vérité, V. • Crim. 16 déc. 1991, n° 91-85.906 P. ♦ Sur l'obligation de l'officier de police judiciaire d'informer le juge d'instruction en cas d'écoutes révélant l'existence d'une infraction étrangère à l'information en cours : • Crim. 14 janv. 1992, n° 91-85.864 P. ♦ Sur le principe que l'examen contradictoire des écoutes téléphoniques n'implique pas nécessairement une confrontation entre l'inculpé et l'auteur des conversations enregistrées : • Crim. 3 juin 1992, n° 91-84.562 P. ♦ Sur l'extension de la nullité des écoutes téléphoniques aux actes de la procédure qui les ont suivies, dès lors que l'interpellation de l'intéressé a procédé d'une machination de nature à déterminer ses agissements délictueux et que, par ce stratagème, qui a vicié la recherche et l'établissement de la vérité, il a été porté atteinte au principe de la loyauté des preuves : • Crim. 27 févr. 1996, n° 95-81.366 P : *JCP 1996. II. 22629, note Rassat ; Gaz. Pal. 1996. 2. 369, rapp. Guerder ; RSC 1996. 689, obs. Dintilhac*.

a. Notion d'interception

16. Recherche de la seule origine des appels téléphoniques. Pour refuser d'annuler la réquisition adressée par des enquêteurs aux services des télécommunications, aux fins de mise en place d'un dispositif technique permettant de déterminer l'origine des appels téléphoniques adressés au domicile d'un particulier, la chambre d'accusation énonce à bon droit que ce procédé, qui n'avait pas pour objet l'interception des communications, est régulier et que la ligne sur laquelle il a été adapté était suffisamment identifiée par le nom et l'adresse de son titulaire, peu important qu'une erreur, sans conséquence, se soit glissée dans le numéro attribué à l'abonné. • Crim. 2 avr. 1997, n° 97-80.269 P : *Procédures 1997. Comm. 217, obs. Buisson ; RSC 1997. 858, obs. Dintilhac*. ♦ ... Par ailleurs, ne saurait constituer une interception de correspondance émise par la voie des télécommunications, au sens de l'art. 100 C. pr. pén., le simple compte rendu de propos entendus par des policiers au cours d'une conversation téléphonique qui s'est déroulée en leur présence, sans artifice ni stratagème (au domicile d'une personne victime d'un enlèvement et d'une tentative d'extorsion de fonds). • Même arrêt.

17. Appareil « Tam-Tam ». Le fait pour des policiers, opérant dans le cadre d'une information, d'inventorier et d'exploiter le contenu des messages reçus par un suspect sur un appareil enregistreur de messages sans avoir préalablement obtenu du juge d'instruction une commission rogatoire spéciale et respecté les dispositions de la L. du 10 juill. 1991 réglementant les interceptions de correspondances émises par la voie des télécommunications, n'entraîne pas la nullité de l'acte ; bien que le récepteur fonctionne comme un enregistreur de messages acheminés par le réseau des télécommunications, les fonctionnaires de police n'ont en effet procédé, ni à un branchement, ni à une dérivation, pour intercepter les messages enregistrés et contenus sur la bande magnétique de l'appareil, de sorte qu'ils les ont lus et retranscrits en appuyant seulement sur une touche, comme ils auraient pu saisir une lettre, un télégramme ou un télex ; en conséquence, la lecture et la retranscription desdits messages ne nécessitaient pas l'obtention d'une décision écrite du magistrat instructeur. • Aix-en-Provence, 12 déc. 1996 : *JCP 1997. II. 22975, note Molina ; Dr. pénal 1998. 29, obs. Maron.*

18. Appareil « Tatoo ». Il ne saurait être reproché à une chambre d'accusation de refuser d'annuler un procès-verbal relatant la découverte d'un appareil récepteur de messages et son maintien en service afin de recueillir les numéros de téléphone laissés par les correspondants, dès lors que ne sauraient constituer une interception de correspondance émise par la voie des télécommunications, au sens de l'art. 100 C. pr. pén., les simples lecture et transcription par les policiers, sans artifice ni stratagème, des messages parvenus sur la bande d'un récepteur de messagerie unilatérale. • Crim. 14 avr. 1999, n° 98-87.224 P : *D. 1999. Somm. 324, obs. Pradel ; Dr. pénal 1999. 124, obs. Maron ; JCP 2000. II. 10312, note Peltier.*

19. Minitel et internet. L'interception d'une communication téléphonique ou télématique, c'est-à-dire la « prise au passage » de cette communication, nécessite qu'un tiers étranger à celle-ci s'introduise ou se connecte dans un réseau téléphonique ou télématique, frauduleusement ou en vertu de la permission de la loi, mais en tout cas à l'insu de ceux qui l'utilisent pour échanger des informations et dans le but de surprendre ainsi le contenu de ces correspondances ; il n'y a donc pas interception, au sens des art. 100 à 100-7 C. pr. pén., lorsqu'un officier de police judiciaire, chargé d'une enquête sur un service du minitel « rose », se connecte sur le réseau télématique au moyen d'un terminal mis à la disposition du public par l'opérateur de télécommunications, sans modification préalable de l'installation ou du réseau, afin de lire, comme n'importe quel utilisateur, les annonces offertes par le service. • Paris, 2 déc. 1999 : *D. 2000. IR 38.* ♦ Confirmé par • Crim. 25 oct. 2000, n° 00-80.829 P : *Dr. pénal 2001. 27, obs. Maron.* ♦ Ne constitue pas un stratagème destiné à dissimuler sa qualité, le fait, pour un officier de police judiciaire d'utiliser un pseudonyme pour se connecter à un service de messagerie. • Mêmes décisions.

20. Commet une violation de l'art. 432-9 C. pén. la direction d'un établissement d'enseignement supérieur et de recherche qui intercepte des messages transmis par internet par un chercheur, à partir d'un poste informatique mis à sa disposition par l'établissement à des fins pédagogiques et scientifiques, le fait que ces messages revêtent un caractère diffamatoire ne justifiant pas l'interception. • TGI Paris, 2 nov. 2000 : *JCP 2000. Actu. 49.* ♦ Conf. en partie par • Paris, 17 déc. 2001 : *JCP 2002. II. 10087, note Devèze et Vivant ; Gaz. Pal. 2002. 2. 1055, note Bridenne ; ibid. 2002. 2. Somm. 1637, note Guignot-Maurel.* – *Adde* : A. Blanchot et I. Pottier, *Gaz. Pal. 2001. 1. Doctr. 145.* – S. Brézin et I. Benalcazar, *TPS 2002, chron. n° 1.* – D. Véret et G. Athéa, *Gaz. Pal. 2002. 2. Chron. 1534.*

21. Enregistrements clandestins. L'enregistrement effectué de manière clandestine, par un policier agissant dans l'exercice de ses fonctions, des propos qui lui sont tenus, fût-ce spontanément, par une personne suspecte, élude les règles de procédure et compromet les droits de la défense ; la validité d'un tel procédé ne peut être admise. • Crim. 16 déc. 1997, n° 96-85.589 P : *D. 1998. 354, note Pradel ; RSC 1999. 588, obs. Delmas Saint-Hilaire*. ♦ En revanche, l'enregistrement clandestin, par un policier, des propos qui lui sont tenus ne constitue pas un acte de procédure susceptible d'annulation, mais seulement un moyen de preuve soumis à la libre discussion des parties, lorsqu'il est effectué par lui, non dans l'exercice de ses fonctions, en vue, par exemple, de constater des agissements délictueux sur délégation judiciaire, mais pour se constituer la preuve de faits dont il est lui-même victime (corruption). • Crim. 19 janv. 1999, n° 98-83.787 P : *Dr. pénal 1999. 77, obs. Maron ; ibid. 1999, chron. n° 24, obs. Marsat ; JCP 1999. II. 10156, note Rebut ; RSC 1999. 588, obs. préc. Delmas Saint-Hilaire*.

22. Détour par la voie de la perquisition. Aux termes des art. 56, 94 et 152 C. pr. pén., les perquisitions ordonnées par le juge d'instruction ne peuvent avoir d'autres fins que la recherche d'objets utiles à la manifestation de la vérité ; dès lors, est irrégulière la commission rogatoire par laquelle le magistrat instructeur prescrit à l'officier de police judiciaire de procéder, à l'occasion d'une perquisition, à la captation, la transmission et l'enregistrement de conversations dans un domicile privé, de telles opérations n'étant autorisées, ni par l'art. 81 C. pr. pén., ni par les art. 100 s. dudit code. • Crim. 15 févr. 2000, n° 99-86.623 P.

b. Acte d'interception

23. Élément moral. Si c'est à tort que la chambre de l'instruction retient que l'intention de nuire à la partie civile est requise au titre de l'élément moral de l'infraction prévue et réprimée par l'art. 432-9 C. pén., ajoutant ainsi à la loi une condition qu'elle ne prévoit pas, la cassation n'est cependant pas encourue, dès lors qu'il ressort des autres motifs de l'arrêt, exempts d'insuffisance comme de contradiction, qu'il n'existe pas de charges contre l'officier de police judiciaire ayant procédé aux mentions litigieuses ou toute personne dépositaire de l'autorité publique agissant dans l'exercice de ses fonctions, d'avoir, par les retranscriptions litigieuses, eu l'intention de porter atteinte au contenu des correspondances protégées, au sens de l'art. 432-9 préc. • Crim. 27 févr. 2018, n° 17-81.850 P : *D. actu. 16 mars 2018, obs. L. Priou-Alibert ; AJ pénal 2018. 252, obs. S. Sontag Koenig* .

c. Limites des interceptions

24. Confidentialité des correspondances de l'avocat. Le pouvoir de prescrire, lorsque les nécessités de l'information l'exigent, l'interception, l'enregistrement et la transcription de communications téléphoniques, que le juge d'instruction tient de l'art. 100 C. pr. pén., trouve sa limite dans le respect des droits de la défense, qui commande, notamment, la confidentialité des correspondances téléphoniques de l'avocat désigné par la personne mise en examen ; il ne peut être dérogé à ce principe qu'à titre exceptionnel, s'il existe contre l'avocat des indices de participation à une infraction. • Crim. 15 janv. 1997, n° 96-83.753 P. ♦ Si le juge d'instruction est, selon l'art. 100 C. pr. pén., investi du pouvoir de prescrire, lorsque les nécessités de l'information l'exigent, l'interception, l'enregistrement et la transcription des correspondances émises par la voie des télécommunications, ce pouvoir trouve sa limite dans le respect des droits de la défense, qui commande notamment la confidentialité des correspondances téléphoniques de l'avocat désigné par la personne mise en examen ; il ne peut être dérogé à ce principe qu'à titre exceptionnel, s'il existe contre l'avocat des indices de participation à une infraction. • Orléans, 24 sept. 1998 : *Gaz. Pal. 1999. 2. Chron. crim. 129.*

25. Il résulte des art. 66-5 de la L. n° 71-1130 du 31 déc. 1971, 100-5 C. pr. pén., 6 (3) et 8 Conv. EDH que, même si elle est surprise à l'occasion d'une mesure d'instruction régulière, la conversation entre un avocat et son client ne peut être transcrite et versée au dossier de la procédure que s'il apparaît que son contenu est de nature à faire présumer la participation de cet avocat à une infraction ; pour refuser d'annuler la transcription d'une telle conversation échangée sur le téléphone utilisé par le client de l'avocat, qui paraissait codée et dont l'interception a été ordonnée par le juge d'instruction alors qu'il n'avait pas encore décidé la mise en examen de l'intéressé, l'arrêt retient que, si la conversation n'est pas, en l'état, susceptible de constituer la preuve de la commission d'une infraction par l'avocat, elle est éminemment suspecte et que, étant incompréhensible, sa transcription ne porte pas atteinte aux droits de la défense et à la confidentialité des propos échangés entre un avocat et son client ; en se prononçant par ces motifs, d'où il ne résulte pas que la conversation transcrite était de nature à faire présumer la participation de l'avocat à une infraction, la chambre d'accusation méconnaît les textes susénoncés et le principe ci-dessus rappelé. • Crim. 8 nov. 2000, n° 00-83.570 P : *D. 2002. Somm. 856, obs. B. Blanchard* ; *Gaz. Pal. 2001. 2. Somm. 1369, note Monnet.*

26. Il ne saurait être reproché à une chambre d'accusation de refuser d'annuler des procès-verbaux de retranscription de conversations téléphoniques interceptées entre un avocat et la personne ayant servi occasionnellement d'interprète à son client, dès lors que, après avoir relevé que les écoutes ont été réalisées régulièrement, sans artifice ni stratagème, elle énonce que la liberté de communication entre l'avocat et son client, qui entraîne l'interdiction d'intercepter les correspondances ou les communications téléphoniques qu'ils échangent, ne fait pas obstacle à ce que le juge d'instruction, après avoir placé sous écoute téléphonique le domicile d'un proche d'une personne mise en examen, intercepte les communications de ce dernier avec l'avocat de cette personne, et estime souverainement que les communications interceptées étaient étrangères à la fonction d'interprète de la personne concernée. • Crim. 30 sept. 1998, n° 98-81.951 P : *D. 1998. IR 247* ; *JCP 1999. I. 126, n° 6, obs. R. Martin.*

SECTION III DES MANQUEMENTS AU DEVOIR DE PROBITÉ

BIBL. ▶ VÉRON, *Gaz. Pal. 2007. 1. Doctr. 954* (manquements au devoir de probité entre la morale et l'argent). – STASIAK, *JCP 2007, Aperçu rapide, n° 568* (à propos de la loi relative à la lutte contre la corruption. L. n° 2007-1598 du 13 nov. 2007). – Bonfils, *RSC 2008. 377* (L. n° 2007-1598 du 13 nov. 2007 relative à la lutte contre la corruption). – Fleury, *JCP G 2011, n° 198, p. 364* (au-delà des *Arcana rerum publicarum*. Le conflit d'intérêts, réponse à l'exigence de déontologie en politique ?). – Mayaud, *RLCT 2012/75, n° 2083* (responsabilité pénale des élus locaux à l'heure des remises en cause). – Brameret, *Gaz. Pal. 2012. 2. Dossier 3118* (encadrement de la rémunération des élus locaux dirigeants de sociétés commerciales). – Muller, *Dr. pénal 2012. Étude 1* (droit pénal des conflits d'intérêts). – Salomon, *Dr. pénal 2012. Étude 2* (rigueur du droit pénal de la probité publique). – Brigant, *Dr. pénal 2012. Étude 3* (affaires, conflits d'intérêts, probité ... Cachez cette prise illégale d'intérêts que je ne saurais voir). – Cutajar, *JCP 2012, n° 1190* (la France et la lutte contre la corruption d'agents publics : un rapport accablant ! A propos du rapport de l'OCDE du 23 oct. 2012). – Quemener, *AJ pénal 2013. 244* (vers une refonte globale de la justice économique et financière). – Schmidt, *D. 2013. Chron. 446* (essai de systématisation des conflits d'intérêts). – Pariguet, *JCP 2013. 1000* (de l'autorité en droit pénal. Esquisse d'une définition). – Lignieres, *JCP 2013. 1123* (conflits d'intérêts : l'État rentre enfin dans le rang. A propos des lois du 11 oct. 2013). – Mayaud, *RLCT 2013/993, n° 2523, p. 26 s.* (plus de probité dans la vie publique ! Les projets en cours) ; *ibid. 2014/97, n° 2603, p. 25 s.* (plus de probité dans la vie publique ! Après les projets, le droit positif...). – Cutajar, *JCP 2014. 223* (la France et la lutte contre les atteintes à la probité. Peut (largement) mieux faire !). – Paclot, *JCP 2019. 1054* (première décision de la commission des sanctions de l'Agence française anticorruption (AFA)). – Lievaux, *RSC 2020. 43* (lutte contre la corruption et application internationale de *ne bis in idem*).

▸ Dossiers : Cutajar (coordonné par), La lutte contre la corruption (loi n° 2007-1598 du 13 novembre 2007), *D. 2008, Dossier, p. 1067 s.* – Segonds, A propos de la onzième réécriture des délits de corruption, *p. 1068.* – Lelieur, La prescription des infractions de corruption, *p. 1076.* – Cutajar, Le droit à réparation des victimes de la corruption ; plaidoyer pour la reconnaissance d'un statut des victimes de la corruption, *p. 1081.* – Lelieur et Pieth, Dix ans d'application de la convention OCDE contre la corruption transnationale, *p. 1086.* – Philippe, La lutte contre la corruption, le point de vue du policier à partir du retour d'expériences des plusieurs enquêtes, *p. 1093.* – Ducouloux-Favard, Deux types de criminalité organisée : mafia et corruption, leurs points de rencontre, *p. 1097.* ▸ Dreyer (coordonné par), Focus les manquements au devoir de probité, *Gaz. Pal. 2012. 1, p. 1197 s.* – Cassuto, Pour une approche étendue des systèmes corruptifs, *p. 1197.* – Mazars, Gestion publique locale et devoir de probité. Un point de vue sur les délits de prise illégale d'intérêts et de favoritisme, *p. 1200.* – Segonds, Les apports de la jurisprudence au délit de prise illégale d'intérêts (C. pén., art. 432-12), *p. 1204.* – Dezeuze, Le passage du public au privé à l'épreuve du droit pénal. Brefs éclairages sur la prise illégale d'intérêts par les anciens fonctionnaires, *p. 1208.* – Dassa-Le Deist, Les difficultés de la défense en matière de prise illégale d'intérêts, *p. 1212.* – Lemoine, Les aspects policiers de la lutte contre la corruption, *p. 1215.*

▸ Dossier, ***La loi « SAPIN II » à la hauteur des enjeux ?***, *AJ pénal 2017. 61* *s.* : Roux, La loi n° 2016-1691 du 9 décembre 2016 dite « Sapin II » : une avancée encore en retrait des attentes des praticiens, *p. 62.* – Lasserre-Capdeville, Corruption et trafic d'influence : nouvelles mesures applicables aux sociétés, *p. 64.* – Mignon Colombet, La convention judiciaire d'intérêt public : vers une justice de coopération ?, *p. 68.* – Daoud et Sfoggia, Lanceurs d'alerte et entreprises : les enjeux de la loi « Sapin II », *p. 71.*

▸ Dossier, ***Risque pénal dans les collectivités (1re partie) : manquements à la probité***, *AJCT 2019. p. 223* *s.* : Penaud, Prise illégale d'intérêts et collectivités territoriales : les effets pervers d'une sévérité jurisprudentielle accrue, *p. 224.* – Lasserre Capdeville, Délit de favoritisme et collectivités territoriales : présentation et illustrations récentes, *p. 229.* – Rotivel, Détournement de fonds publics et collectivités territoriales : contours de l'infraction à l'aune de l'actualité, *p. 233.* – Dyens, La Cour de discipline budgétaire et financière : une juridiction répressive à (re)découvrir, *p. 236.*

▸ Dossier, ***Lutte contre les atteintes à la probité : entre prévention et répression***, *Dr. pénal 2019, dossiers nos 2 à 5* : Duchaine, Prémunir les entreprises du risque de corruption, *n° 2* – F. Stasiak, La privatisation de la lutte contre la corruption, *n° 3.* – Bavitot, Lanceur d'alerte : insurgé ou tyran ?, *n° 4.* – Segonds, L'entreprise, victime de la corruption ? ... ou la mesure des incidences pénale et civile de l'obligation de conformité anticorruption, *n° 5.*

§ 1er DE LA CONCUSSION

RÉP. PÉN. vis *Concussion*, par Beau ; *Officier public ou ministériel*, par Redon.

Art. 432-10 **Le fait, par une personne dépositaire de l'autorité publique ou chargée d'une mission de service public, de recevoir, exiger ou ordonner de percevoir à titre de**

droits ou contributions, impôts ou taxes publics, une somme qu'elle sait ne pas être due, ou excéder ce qui est dû, est puni de cinq ans d'emprisonnement et *(L. n° 2013-1117 du 6 déc. 2013, art. 6)* **« d'une amende de 500 000 €, dont le montant peut être porté au double du produit tiré de l'infraction** *[ancienne rédaction : de 75 000 € d'amende]* **».**

Est puni des mêmes peines le fait, par les mêmes personnes, d'accorder sous une forme quelconque et pour quelque motif que ce soit une exonération ou franchise des droits, contributions, impôts ou taxes publics en violation des textes légaux ou réglementaires.

La tentative des délits prévus au présent article est punie des mêmes peines. — *Civ. 25 ; Élect. L. 7.*

Corresp. : *C. pén., ancien art. 174.*

A. PERSONNES QUALIFIÉES

1. Détermination. Ont été reconnus comme fonctionnaires ou officier publics, dans le sens de l'art. 174 C. pén. : ... un préposé des douanes. • Crim. 21 avr. 1821 : *Bull. crim. n° 65.* ♦ ... Un commissaire de police. • Crim. 1er oct. 1852 : *D. 1852. 5. 290.* ♦ ... Un entreposeur de tabac. • Crim. 18 juill. 1873 : *D. 1873. 1. 396 ; S. 1873. 1. 486.* ♦ Mais non pas un buraliste débitant de tabac. • Crim. 28 janv. 1921 : *Bull. crim. n° 44 ; S. 1922. 389.* ♦ ... Un magistrat. • Crim. 2 avr. 1896 : *DP 1896. 1. 440.* ♦ ... Un maire. • Crim. 21 oct. 1897 : *Bull. crim. n° 323.* ♦ ... L'administrateur d'une commune mixte (en Algérie), président d'un groupement d'achats. • Crim. 20 mai 1947 : *Bull. crim. n° 138.* ♦ ... Un auxiliaire de bureau dans la fonction publique. • Crim. 4 mai 1979 : *Bull. crim. n° 159 ; Gaz. Pal. 1980. 1. Somm. 168 ; RSC 1980. 126, obs. Vitu.*

2. Agit comme simple particulier et commet, non le délit de concussion prévu par l'art. 174 C. pén., mais le délit de corruption réprimé par l'art. 177, al. 5, du même code, le délégué d'une commission d'enquête qui, chargé de recueillir des renseignements sur les demandes d'allocation adressées à la mairie, se fait remettre ou reçoit des sommes d'argent pour faire obtenir ou maintenir ces allocations. • Crim. 26 juill. 1917 : *DP 1921. 1. 142.* ♦ L'art. 174 n'est pas applicable non plus à un expert. • Crim. 26 nov. 1880 : *Bull. crim. n° 214.*

3. Les conseillers municipaux sont des personnes non dépositaires de l'autorité publique, ni chargées d'une mission de service public au sens des art. 174 ancien, alors applicable, et 432-10 C. pén. • Crim. 27 juin 2001, n° 00-83.739 P : *D. 2002. Somm. 1798, obs. Segonds ; Dr. pénal 2001. 125, obs. Véron.*

4. Est en charge d'une mission de service public, au sens de l'art. 432-10 C. pén., le directeur d'une URSSAF. • Crim. 29 juin 2016, n° 15-82.296 P : *D. actu. 7 sept. 2016, obs. Aubert.*

5. Un syndicat intercommunal à vocations multiples (SIVOM) est chargé directement ou indirectement d'accomplir des actes ayant pour but de satisfaire à l'intérêt général, et revêt ainsi la qualité de personne chargée d'une mission de service public au sens des art. 432-10 et 432-14 C. pén. • Crim. 19 déc. 2018, n° 18-81.328 P : *D. 2019. 2322, obs. Gozzi ; AJCT 2019. 156, obs. Mayaud ; JCP 2019. 138, note Brigant ; Gaz. Pal. 2019. 226, note Maréchal.*

B. PERCEPTIONS ILLICITES

1° INCRIMINATION

6. Matérialité. Le délit de concussion n'est constitué que s'il y a eu ordre de percevoir et non ordre de paiement. • Crim. 27 juin 2001, n° 00-83.739 P : *D. 2002. Somm. 1798, obs. Segonds ; Dr. pénal 2001. 125, obs. Véron.*

7. Si l'ordonnancement peut être considéré comme un ordre de payement, on ne saurait y voir, dans les termes de l'art. 174 C. pén., un ordre de percevoir ; dès lors, ne commet pas le délit de concussion le maire qui ordonnance, au nom de tiers, non investis d'aucune des qualités énoncées à l'art. 174 précité, des mandats de payement de sommes qu'il savait ne leur être pas dues par la commune, et qui ont été recouvrées par ceux-ci. • Crim. 30 juill. 1925 : *DH 1925. 555.* ♦ Rappr. • Crim. 27 juin 2001 : *préc. note 6.* (V. « Droits rémunératoires », notes 16 s.).

8. Si l'art. 174 C. pén. ne distingue pas en principe selon que la victime du délit est un simple particulier ou une caisse publique, il ne saurait cependant viser dans ce dernier cas que les réclamations ou perceptions de fonds dont l'attribution est réglementée par l'autorité publique, en contrepartie des services effectués dans la fonction. • Crim. 24 juin 1959 : *Bull. crim. n° 324 ; JCP 1959. II. 11210, rapp. Rolland ; RSC 1959. 848, obs. Hugueney.*

9. Le rejet d'une demande tendant au dégrèvement d'office d'impôts n'est pas un acte consistant à recevoir, exiger ou ordonner de percevoir. • Crim. 7 mai 2002, n° 01-84.492 P : *Dr. pénal 2002. 92, obs. Véron ; RSC 2003. 91, obs. Bouloc.*

10. Intention. La concussion est un délit intentionnel. • Crim. 9 déc. 1904 : *S. 1905. 1. 112.* ♦ En constatant qu'un fonctionnaire ou agent visé par l'art. 174 C. pén. a exigé et reçu ce qu'il savait excéder ce qui était dû, les juges du fond établissent par là même que le prévenu a agi de mauvaise foi. • Crim. 6 mai 1943 : *Bull. crim. n° 33 ; DA 1943. 59.*

11. Ne saurait être déclaré coupable du délit de concussion, dès lors qu'il ne fait qu'exécuter les obligations qui lui incombent à raison de ses fonctions : ... le receveur-percepteur des contributions directes, qui fait opposition sur le compte bancaire d'une société en vue de recouvrement de la contribution sur les patentes due par ladite société. • Crim. 29 janv. 1957 : *Bull. crim. n° 98.* ♦ ... L'inspecteur des contributions directes qui inscrit au rôle de la patente une prétendue association qui, en fait, se livre à l'activité d'un cabinet de conseil juridique. • Crim. 29 janv. 1957 : *Bull. crim. n° 99.*

12. Dès lors qu'une erreur commise dans une vérification fiscale n'est pas manifeste, et qu'il ne peut être parlé d'abus de pouvoir, dans une procédure de redressement soumise à l'examen de deux ordres de juridiction, qui n'ont pas relevé de manquement à ladite procédure, rien ne permet de postuler qu'une telle erreur ait été commise volontairement, ou maintenue de mauvaise foi. • Crim. 13 mars 1995 : *Dr. pénal 1995. 144, note Véron.*

13. Entre dans les prévisions de l'art. 432-10, al. 1er, C. pén., incriminant le délit de concussion, le fait, pour le directeur d'une URSSAF, chargé en cette qualité d'une mission de service public, d'ouvrir frauduleusement, à son bénéfice, deux comptes épargne-temps et de les alimenter de manière fictive grâce à des pressions exercées sur le personnel chargé de l'enregistrement des données, de tels agissements lui permettant de partir en congé de fin de carrière avant le jour de sa retraite tout en percevant jusqu'à cette date une rémunération qu'il savait ne pas lui être due. • Crim. 29 juin 2016, n° 15-82.296 P : *préc. note 6.*

2° OBJET

14. Droits contributifs. Ont été reconnus comme la perception illégitime de droits, taxes, contributions ou deniers, au sens de l'art. 174 C. pén. : ... le fait par un entreposeur de tabacs de délivrer sciemment aux débitants des quantités moindres que celles dont ils lui payaient le prix. • Crim. 18 juill. 1873 : *D. 1873. 1. 396 ; S. 1873. 1. 486.* ♦ ... Le fait par un magistrat d'avoir, dans l'exercice de ses fonctions, ordonné de percevoir, exigé ou reçu pour indemnité de transport des sommes qu'il savait n'être pas dues ou excéder ce qui était dû. • Crim. 2 avr. 1896 : *DP 1896. 1. 440.* ♦ ... Le fait par un adjudicataire d'impôts ou taxes de percevoir des sommes qui ne sont pas dues ou excèdent les tarifs. • Crim. 17 févr. 1922 : *DP 1922. 5. 10* • 13 mai 1942 : *Bull. crim. n° 60 ; DA 1943. 12 ; Gaz. Pal. 1942. 2. 39* • 6 mai 1943 : *Bull. crim. n° 33 ; DA 1943. 59.*

15. Se rend coupable de concussion le maire qui impose à chaque promoteur ou particulier le paiement d'une somme de 400 F par logement construit dans la commune, versée sur un compte occulte de l'office du tourisme ; la perception de ces taxes, qui n'étaient prévues par aucun texte ni par une délibération du conseil municipal, a donné lieu à une comptabilité spécifique établie manuellement par les services de la mairie qui tenait un registre ayant fait office de rôle ; le prévenu, juriste de profession, n'ignorait pas l'illicéité de cette pratique, et a sciemment ordonné et recouvré des recettes indues au profit d'un établissement public communal. • Crim. 16 mai 2001, n° 99-83.467 P : *D. 2002. Somm. 1797, obs. Segonds ; Dr. pénal 2001. 125, obs. Véron.*

16. Droits rémunératoires. Entre dans les prévisions, tant de l'art. 174 C. pén., dans sa rédaction en vigueur au moment des faits, que de l'art. 432-10 C. pén. applicable depuis le 1er mars 1994, le fait par un maire de percevoir, au-delà de celles auxquelles il sait avoir droit, des indemnités dont l'attribution est réglementée par l'autorité publique en contrepartie de services effectués dans sa fonction ; il n'importe que les juges les aient qualifiées de salaires ou traitements dès lors que les indemnités de fonction d'un maire sont perçues à titre de droits, au sens des textes précités. • Crim. 14 févr. 1995, n° 94-80.797 P : *Dr. pénal 1995. 198 (1er arrêt), note Véron.*

17. Bien que les mots « salaires » et « traitements » ne figurent plus dans l'art. 432-10 C. pén., le terme « droits » inclut nécessairement les traitements et salaires, dès lors que la rémunération d'un salarié est un droit rémunératoire pour celui-ci ; en effet, entre dans les prévisions, tant de l'art. 174 ancien, que de l'art. 432-10 C. pén., le fait pour l'agent contractuel d'une collectivité territoriale de percevoir, au-delà de ceux auxquels il sait avoir droit, des salaires et indemnités dont l'attribution et le montant sont arrêtés, conformément aux textes applicables, par l'autorité publique compétente. • Crim. 24 oct. 2001, n° 00-88.165 P : *D. 2002. Somm. 1798, obs. Segonds ; Dr. pénal 2002. 25, obs. Véron.*

18. Le délit de concussion n'est constitué que si une personne dépositaire de l'autorité publique ou chargée d'une mission de service public a reçu, exigé ou ordonné de percevoir à titre des droits ou contributions, impôts ou taxes publics, une somme qu'elle sait ne pas être due ou excéder ce qui est dû ; ne donne pas de base légale à sa décision la cour d'appel qui pour déclarer un maire coupable du délit de concussion, des adjoints au maire coupables de complicité de concussion et des conseillers municipaux, bénéficiaires des indemnités, coupables de recel de concussion, énonce notamment que le maire, en sa qualité de dépositaire de l'autorité publique, est l'auteur principal du délit pour avoir signé des ordres de paiement mensuels de 800 F au profit des conseillers municipaux, droits auxquels ceux-ci ne pouvaient prétendre en raison de la gratuité de leur mandat, alors que, d'une part, le délit de concussion n'est constitué que s'il y a eu ordre de percevoir et non ordre de paiement, d'autre part, n'entrent pas dans la catégorie des droits visés par les art. 174 ancien, alors applicable, et 432-10 C. pén., les indemnités librement attribuées à des conseillers municipaux, qu'enfin ces indemnités ont été perçues par des personnes non dépositaires de l'autorité publique, ni chargées d'une mission de service public au sens des articles précités. • Crim. 27 juin 2001, ⚖ nº 00-83.739 P : *D. 2002. Somm. 1798, obs. Segonds* ; *Dr. pénal 2001. 125, obs. Véron.*

19. Pour retenir le délit de concussion, l'arrêt énonce que si le prévenu ne s'est fait remettre aucune somme d'argent, les prestations en nature qu'il a perçues étaient illicites en ce qu'elles n'étaient pas déduites de son traitement ; en l'état de ces seuls motifs, desquels il résulte que le prévenu a perçu des sommes excédant ce qui était dû, la cour d'appel a justifié sa décision au regard tant de l'art. 174 C. pén. alors en vigueur que de l'art. 432-10 nouv. C. pén. • Crim. 21 mars 1995 : ⚖ *Dr. pénal 1995. 198 (2e arrêt), note Véron ; Gaz. Pal. 1995. 2. Somm. 343.*

20. Ont encore été reconnus comme une perception illicite au sens de l'art. 174 C. pén., en tant que salaires ou traitements : ... le fait par un maire d'avoir exigé d'un certain nombre de personnes, comme rétribution ou traitement inhérent à sa qualité de maire, des prestations consistant en travaux de labours, de moisson et de battage. • Crim. 21 oct. 1897 : *Bull. crim. nº 323.* ♦ ... Le fait par un médecin-inspecteur des enfants du premier âge d'avoir simulé des visites fictives pour en toucher frauduleusement le prix, et de s'être ainsi fait remettre, par l'administration, diverses sommes qui ne lui étaient pas dues. • Crim. 8 juin 1888 : *DP 1888. 1. 493.* ♦ ... Le fait, dans le cadre de la fonction publique, de procéder, lors du mandatement mensuel, à la majoration d'un traitement. • Crim. 4 mai 1979 : ⚖ *Bull. crim. nº 159 ; Gaz. Pal. 1980. 1. Somm. 168 ; RSC 1980. 126, obs. Vitu.*

C. EXONÉRATIONS OU FRANCHISES

21. Dispense de redevance. Il ne saurait être reproché à une cour d'appel d'avoir déclaré un maire coupable de prise illégale d'intérêts et de concussion dès lors qu'elle relève que, d'une part, pour la réparation des véhicules de la commune et la fourniture d'essence, il a contracté avec son fils, propriétaire d'un garage exploité dans des locaux propriété d'une SCI constituée avec sa femme et son fils, dans laquelle il possédait en tant qu'associé un intérêt, que, d'autre part, il a loué à la commune un local appartenant à une seconde SCI dont il possédait 25 % du capital, qu'enfin, il a laissé son fils exposer à la vente des véhicules sur la place située devant son garage en le dispensant sciemment du paiement de la redevance d'occupation du domaine public prévue par l'art. L. 2331-4 CGCT, caractérisant ainsi en tous leurs éléments constitutifs, tant matériels qu'intentionnel, les délits dont elle déclare le prévenu coupable. • Crim. 19 mai 1999, ⚖ nº 98-82.607 P : *Dr. pénal 1999. 139 (2e arrêt), obs. Véron.*

22. Occupation gratuite. Entre dans les prévisions de l'art. 432-10, al. 2, C. pén. le fait pour un maire d'exonérer l'acquéreur et occupant d'un terrain communal du paiement du prix de ce dernier en s'abstenant volontairement de passer l'acte de vente dudit terrain, autorisé par le conseil municipal, en violation de l'art. L. 2122-21, al. 7, CGCT. • Crim. 10 oct. 2012, ⚖ nº 11-85.914 P : *D. actu. 13 nov. 2012, obs. Poupeau ; D. 2012. Actu. 2606* ; *AJDA 2012. 2089, obs. Poupeau* ; *Dr. pénal 2013, nº 4, obs. Véron ; Gaz. Pal. 8-9 févr. 2013, p. 40, obs. Dreyer ; RLCT 2013/88, nº 2419, obs. Mayaud.*

D. POURSUITES

23. Prescription – Délit instantané. A justifié sa décision la cour d'appel qui énonce que le délit de concussion est circonscrit, pour chaque fonctionnaire, à son intervention personnelle et n'est pas renouvelé par la position prise, au nom de l'Administration, par un autre agent à l'occasion d'une procédure contentieuse ultérieure. • Crim. 3 mai 1995 : ⚖ *Dr. pénal 1995. 198 (3e arrêt), note Véron.*

24. Le point de départ de la prescription du délit de concussion, infraction instantanée, ne peut être retardé à la date à laquelle la partie civile en a eu connaissance. • Crim. 3 déc. 2008 : ⚖ *Dr. pénal 2009, nº 49, obs. Véron.*

25. Prescription – Opérations indivisibles. La prescription en matière de concussion ne commence à courir qu'à compter de la dernière des perceptions de sommes indues lorsque ces perceptions résultent d'opérations indivisibles. • Crim. 31 janv. 2007, ⚖ nº 05-87.096 P : *D. 2007. Chron. C. cass. 1824, obs. Ménotti* ; *AJ pénal 2007. 224, obs. Leblois-Happe* ; *RLCT 2007/28, nº 803, note Mayaud ; Dr. pénal 2007, nº 74 (1re esp.), obs. Véron ; JCP 2007. IV. 1559* • 31 janv. 2007, ⚖ nº 06-81.273 P : *D. 2007. Chron. C. cass. 1824, obs. Ménotti* ; *AJ pénal 2007. 224, obs. Leblois-Happe* ; *RLCT 2007/28, nº 803, note préc. Mayaud ; Dr. pénal 2007, nº 74 (2e esp.), obs. Véron.* ♦ Dans le même sens : • Crim. 16 nov. 2011 : ⚖ *Dr. pénal 2012, nº 20, obs. Véron.* ♦ ... Sur la plainte avec constitution de partie civile portée le 22 nov. 2001 par la commune, la prévenue, qui avait exercé les fonctions de secrétaire générale puis de directrice générale des services de la mairie et celles de secrétaire d'un syndicat intercommunal, a été mise en examen du chef de concussion pour avoir indûment perçu, notamment entre 1992 et 2002, des rémunérations, primes et indemnités sur le fondement de grades et échelons administratifs auxquels elle ne pouvait prétendre ; pour constater la prescription des faits antérieurs au 22 nov. 1998, l'arrêt énonce que, le délit de concussion étant caractérisé par la perception de sommes qu'une personne chargée d'une mission de service public sait ne pas être dues, seules peuvent être poursuivies les perceptions intervenues dans le délai de trois ans précédant le premier acte interruptif de prescription ; mais en prononçant ainsi, la chambre de l'instruction a méconnu les art. 8 C. pr. pén. et 432-10 C. pén., ainsi que le principe ci-dessus énoncé. • Crim. 31 janv. 2007 : *préc. (1er arrêt).* ♦ ... Maire d'une commune à l'époque des faits, le prévenu avait attribué gratuitement, du 1er oct. 1989 au 31 août 1998, un logement communal à l'entraîneur d'un club de football local, alors que le conseil municipal avait, par une délibération antérieure, fixé, pour ce logement, un loyer mensuel de 1 800 francs ; la commune a porté plainte et s'est constituée partie civile le 11 juill. 2001 du chef de concussion ; a justifié sa décision la cour d'appel qui, pour écarter l'argumentation du prévenu, qui soutenait qu'en contrepartie de l'attribution de ce logement son occupant exerçait une mission de surveillance de certains locaux, et le déclarer coupable de concussion, a considéré que les motifs qui ont ou auraient déterminé le prévenu à consentir à l'exonération des droits, contributions, impôts ou taxes publics sont indifférents ; d'une part, contrairement à ce qui est soutenu au moyen, les faits commis plus de trois ans avant la plainte avec constitution de partie civile n'étaient pas prescrits, la prescription ne commençant à courir, lorsque la concussion résulte d'opérations indivisibles, qu'à compter de la dernière des exonérations accordées indûment ; d'autre part, le caractère illégal de l'exonération de droits résulte de ce que cette exonération n'a pas été autorisée par une délibération du conseil municipal prise conformément aux prescriptions des art. L. 2121-29 et L. 2122-21 CGCT. • Crim. 31 janv. 2007 : *préc. (2e arrêt)*

26. Pour dire non prescrits les faits de concussion reprochés aux prévenus, respectivement président, secrétaire général et trésorier élus d'une chambre des métiers et de l'artisanat, l'arrêt, après avoir rappelé que des rémunérations indues ont été perçues, par le premier, du 1er juin 1998 au 31 mai 2003, et par les deux autres, de févr. 2002 jusqu'en 2005, énonce que lesdites rémunérations ont été mises en place par des mécanismes concertés, constituant des opérations indivisibles, et que la prescription de ce délit ne commence à courir qu'à compter de la dernière des perceptions ou exonérations indûment accordées ; les juges en déduisent que la prescription n'était pas acquise le 5 avr. 2006, date de la saisine des services de police par le procureur de la République ; en statuant ainsi, la cour d'appel, qui a justement retenu, à l'encontre de chaque prévenu, le caractère indivisible des opérations qui lui étaient reprochées, a justifié sa décision. • Crim. 15 déc. 2010, n° 09-86.222 P : *Gaz. Pal. 2011. 1. 1074, note Dreyer.*

27. Pour dire non prescrits les faits reprochés au prévenu, l'arrêt, après avoir rappelé qu'il est poursuivi pour des faits commis entre le 1er janv. 2005 et le 30 nov. 2007, consistant, alors qu'il était directeur de l'URSSAF et, de ce fait, chargé d'une mission de service public, à recevoir une somme qu'il savait ne pas être due ou excéder ce qui était dû, correspondant à des congés fictifs générés par l'ouverture et l'alimentation frauduleuses de deux comptes épargne-temps, énonce que la prescription commence à courir à compter de la dernière des perceptions irrégulières d'argent, en l'espèce le 30 nov. 2007 ; que ce n'est qu'à cette date que le contrat du prévenu a pris fin, correspondant à son départ en retraite ; qu'il est resté, jusqu'alors, directeur de l'URSSAF, chargé d'une mission de service public puisque cet organisme est notamment en charge de la collecte des cotisations sociales des entreprises ; que les juges en déduisent que la prescription n'était pas acquise le 28 avril 2010, date de la saisine des services de police par le procureur de la République ; en statuant ainsi, la cour d'appel, qui a fait ressortir le caractère indivisible des opérations reprochées au prévenu, a justifié sa décision. • Crim. 29 juin 2016, n° 15-82.296 P : *préc. note 6.*

28. Action civile. Pour déclarer à bon droit recevable et bien fondée la demande de dommages et intérêts formée par une université, dans les poursuites exercées pour concussions commises par un fonctionnaire public et faux en écritures, la cour relève que les agissements frauduleux imputés à l'accusée ont eu pour effet de priver la partie civile du bénéfice de crédits spécialement affectés à son budget, sur lesquels elle avait un droit acquis et dont elle aurait pu disposer ; en effet, le fait que ces crédits aient été dotés d'une affectation déterminée n'est pas exclusif du préjudice résultant de la privation de tout ou partie des sommes détournées. • Crim. 22 janv. 1997 : *Gaz. Pal. 1997. 1, chron. crim. 97.*

29. Chose jugée. L'autorité de la chose jugée qui appartient aux décisions des juges répressifs ne s'attache qu'aux constatations de fait contenues dans leur jugement et qui sont le support nécessaire du dispositif du jugement ; l'arrêt par lequel une cour d'appel, statuant sur les poursuites dirigées à l'encontre d'un maire, reconnaît celui-ci coupable du délit de concussion, « avec le concours » d'une autre personne, n'est revêtu de l'autorité de la chose jugée qu'en ce qui concerne la responsabilité pénale du maire ; les constatations de la cour d'appel concernant le comportement de l'autre personne, contre laquelle les poursuites n'étaient pas engagées, n'emportent aucune appréciation qui s'impose au juge des comptes en ce qui la concerne ; la Cour des comptes commet donc une erreur de droit, dès lors que, pour rejeter l'appel dirigé contre le jugement de la chambre régionale des comptes qui a déclaré cette personne comptable de fait, elle se fonde sur le motif que la qualification des faits retenue par le juge pénal s'imposerait au juge des comptes. • CE 29 nov. 1999 : *D. 2000. IR 21* ; *JCP 2000. IV. 2057.*

30. Conflit de qualifications. V. obs. Véron, ss. • Crim. 29 nov. 2000 : *Dr. pénal 2001, n° 45.*

Ordonnance n° 61-108 du 1er février 1961, *autorisant l'exercice du droit de réquisition immobilière au profit des forces de police en déplacement pour le maintien de l'ordre (D. 1961. 81 ; BLD 1961. 137).* **Art. 6** Tout fonctionnaire ou agent de l'autorité publique qui aura sciemment procédé à des réquisitions illégales sera passible des peines prévues à l'article 174 du code pénal *[correspondant à l'art. 432-10 C. pén.].*

§ 2 DE LA CORRUPTION PASSIVE ET DU TRAFIC D'INFLUENCE COMMIS PAR DES PERSONNES EXERÇANT UNE FONCTION PUBLIQUE

RÉP. PÉN. v^is *Corruption et trafic d'influence,* par JEANDIDIER ; *Favoritisme (Marchés publics),* par LASSERRE CAPDEVILLE ; *Officier public ou ministériel,* par REDON.

Art. 432-11 Est puni de dix ans d'emprisonnement et *(L. n° 2013-1117 du 6 déc. 2013, art. 6)* **« d'une amende de 1 000 000 €, dont le montant peut être porté au double du produit tiré de l'infraction,** *[ancienne rédaction : de 150 000 € d'amende]* **» le fait, par une personne dépositaire de l'autorité publique, chargée d'une mission de service public, ou investie d'un mandat électif public, de solliciter ou d'agréer, sans droit,** *(L. n° 2000-595 du 30 juin 2000)* **« à tout moment, » directement ou indirectement, des offres, des promesses, des dons, des présents ou des avantages quelconques** *(L. n° 2007-1598 du 13 nov. 2007)* **« pour elle-même ou pour autrui » :**

1° Soit pour accomplir ou *(L. n° 2011-525 du 17 mai 2011, art. 154-1°-a)* **« avoir accompli, pour s'abstenir ou s'être abstenue d'accomplir** *[ancienne rédaction : s'abstenir d'accomplir]* **» un acte de sa fonction, de sa mission ou de son mandat ou facilité par sa fonction, sa mission ou son mandat ;**

2° Soit pour abuser *(L. n° 2011-525 du 17 mai 2011, art. 154-1°-b)* **« ou avoir abusé » de son influence réelle ou supposée en vue de faire obtenir d'une autorité ou d'une administration publique des distinctions, des emplois, des marchés ou toute autre décision favorable.** — *Civ. 25 ; Constr. L. 651-1 ; Just. milit. L. 311-7 ; Service nat. L. 119-1 s. ; Élect. L. 7.*

(Ord. n° 2019-963 du 18 sept. 2019, art. 2) **« La peine d'amende est portée à 2 000 000 € ou, s'il excède ce montant, au double du produit de l'infraction, lorsque les infractions prévues au présent article** *(Abrogé par L. n° 2020-1672 du 24 déc. 2020, art. 30)* ***« portent atteinte aux recettes perçues, aux dépenses exposées ou aux avoirs qui relèvent du budget de l'Union européenne, des budgets des institutions, organes et organismes de l'Union européenne ou des budgets gérés et contrôlés directement par eux et qu'elles »*** **sont commises en bande organisée. »**

V. Circ. CRIM 2001-11 G3 du 3 juill. 2001 (BOMJ 2001, n° 83, p. 29 s.).

V. la Convention des Nations unies contre la corruption, adoptée à New York le 31 oct. 2003, entrée en vigueur le 14 déc. 2005 et publiée par le Décr. n° 2006-1113 du 4 sept. 2006 (JO 6 sept.).

BIBL. ► *LPA 1996, n° 35* (entreprise et corruption). – DUCOULOUX-FAVARD, *D. 1996. Chron. 352* (fausses factures). – DOBKINE, *D. 1997. Flash n° 26* (la corruption). – BURGELIN et GULPHE, *Gaz. Pal. 1998. 1. Doctr. 682* (corruption et marchés internationaux). – D. JEAN-PIERRE, *D. 2000. Chron. 307* (corruption des fonctionnaires et agents publics : dernières conventions internationales ratifiées par la France). – BERTREL, *Dr. et patr., 2000, n° 86, p. 24* (corruption dans les transactions commerciales internationales et nationales). – JEANDIDIER, *JCP 2002. I. 166* (du délit de corruption et des défauts qui l'affectent). – CHARTIER, *RFFP 2000, p. 61* (les collectivités territoriales et la corruption). – SEGONDS, *Dr. pénal 2006. 12* (l'internationalisation de l'incrimination de la corruption). – CHOPIN, *in* « Le nouveau code pénal dix ans après », *éd. Pedone, 2005, p. 159* (la place actuelle de la répression de la corruption dans les politiques pénales et législatives françaises). – BAILLET, *Gaz. Pal. 2006. 1. Doctr. 776* (corruption et trafic d'influence en droit pénal des affaires - État des risques - Moyens de les prévenir). - CONTE, *Dr. pénal 2008. Étude 1* (le régime procédural de la criminalité organisée étendu à la corruption : l'exception tendrait-elle à devenir la règle ?). - BONFILS, *RSC 2008. 377* (L. n° 2007-1598 du 13 nov. 2007 relative à la lutte contre la corruption). - FEUGÈRE, *Gaz. Pal. 2011. 2. 3749* (Conflit d'intérêts et droit pénal : l'exemple de la corruption). - SEGONDS, *Dr. pénal 2014. Étude 3* (commentaire de la loi n° 2013-1117 du 6 décembre 2013 relative à la lutte contre la fraude fiscale et la grande délinquance économique et financière). - FORTAS, *RSC 2014. 25* (la Cour de cassation et les conventions internationales relatives à la lutte contre la corruption). - D'AMBROSIO, *RSC 2019. 1* (l'implication des acteurs privés dans la lutte contre la corruption : un bilan en demi-teinte de la loi Sapin 2).

► DOSSIERS :

► La lutte contre la corruption, *AJ pénal 2006. 193 s.* : SEGONDS, (Ré)écrire le(s) délit(s) de corruption, *p. 193*. - MIRABEL, L'enquête de police en matière de corruption, *p. 197*. - BARRAU, Un instrument de lutte contre la corruption : le SCP, *p. 202*. - TERRAY, Transparence International : coaliser les volontaires, *p. 204* ; *D. 2008. 1067* (la lutte contre la corruption (loi n° 2007-1598 du 13 nov. 2007)).

► La lutte contre la corruption, *AJ Pénal 2013. 69 s.* : CUTAJAR, Analyse du droit positif en matière d'atteintes à la probité, *p. 70*. - DUFAU et ROBERT, Pour une modélisation de l'enquête judiciaire en matière de corruption, *p. 74*. - JACQUEMET, Le dispositif de prévention de la corruption, *p. 78*. - MOULETTE (interview), Le rôle de l'OCDE dans la lutte contre la corruption, *p. 82*. - ROUHETTE et COSLIN, « Argent, pouvoir et politique : les risques de corruption en Europe ». Le rapport publié par *Transparency International* le 6 juin 2012, *p. 84*.

I. CONSOMMATION

A. AUTEURS

1. « Ancien » code pénal. Pour des applications de l'art. 177 C. pén., pris en leur qualité de personnes investies d'un mandat électif : ... aux conseillers municipaux. • Crim. 29 mai 1886 : *DP 1887. 1. 238*. ♦ ... Aux sénateurs et aux députés. • Crim. 24 févr. 1893 : *DP 1893. 1. 393*. ♦ ... Aux conseillers généraux. • Crim. 3 nov. 1933 : *Bull. crim. n° 200 ; DH 1933. 573*. ♦ ... Au président d'une chambre des métiers, qui a aussi la qualité d'agent d'une administration placée sous le contrôle de la puissance publique. • Crim. 8 mars 1966 : *Bull. crim. n° 83*. ♦ ... Au président d'un conseil général. • Crim. 9 nov. 1995, n° 94-84.204 P.

2. Pour des applications de l'art. 177 C. pén., pris en leur qualité de fonctionnaires de l'ordre administratif ou judiciaire, ou agents ou préposés d'une administration publique : ... aux membres du Gouvernement. • Crim. 24 févr. 1893 : *DP 1893. 1. 393*. ♦ ... Aux magistrats. • Crim. 28 janv. 1897 : *DP 1897. 1. 240* • 13 janv. 1916 : *DP 1921. 1. 63*. - V. désormais art. 434-9. ♦ ... Aux officiers ministériels, dans la mesure de leur concours à l'administration de la justice. • Crim. 15 avr. 1932 : *Bull. crim. n° 105 ; S. 1933. 1. 320*. ♦ ... Aux officiers et agents de police. • Crim. 13 juill. 1934 : *DH 1934. 510* • 28 janv. 1987 : *Bull. crim. n° 47 ; RSC 1987. 686, obs. Delmas Saint-Hilaire*. ♦ ... Aux agents des ministères. • Crim. 19 juill. 1951 : *Bull. crim. n° 220*. ♦ ... Aux fonctionnaires des impôts. • Crim. 22 juill. 1954 : *Bull. crim. n° 266* • 14 mai 1986 : *ibid. n° 163 ; RSC 1987. 685, obs. Delmas Saint-Hilaire*. ♦ ... Aux inspecteurs chargés des examens pour l'obtention du permis de conduire. • Crim. 11 janv. 1956 : *Bull. crim. n° 38*. ♦ Rappr. : • Montpellier, 11 févr. 1992 : *JCP 1993. IV. 572*. ♦ ... Aux secrétaires de mairie. • Grenoble, 17 nov. 1972 : *Gaz. Pal. 1973. 1. Somm. 155*. ♦ ... Aux agents des services techniques des communes et des départements. • Crim. 4 juill. 1974 : *Bull. crim. n° 249 ; RSC 1975. 411, obs. Vitu* • 1er oct. 1984 : *Bull. crim. n° 277 ; D. 1985. 380, note Fenaux*.

3. Ont été considérés comme des agents ou préposés d'une administration placée sous le contrôle de la puissance publique, au sens de l'art. 177 C. pén. : ... les agents de la Sécurité sociale. • Crim. 21 janv. 1959 : *Bull. crim. n° 59*. ♦ ... Les agents de la SNCF. • T. corr. Villefranche-sur-Saône, 29 nov. 1949 : *D. 1950. Somm. 9*. ♦ Rappr. : • Crim. 26 nov. 1943 : *Bull. crim. n° 132*. ♦ ... Le président d'une chambre des métiers. • Crim. 8 mars 1966 : *Bull. crim. n° 83*. ♦ Mais un salarié d'une banque nationalisée ne fut pas assimilé à un fonctionnaire. • Crim. 7 avr. 1986 : *Bull. crim. n° 115*.

4. Le syndic de faillite a été retenu comme un citoyen chargé d'un ministère de service public, au sens de l'art. 177 C. pén., étant en vertu de ses attributions légales le délégué nécessaire de l'autorité judiciaire dans une procédure instituée pour répondre à un besoin d'intérêt général. • Crim. 23 janv. 1973 : *Bull. crim. n° 29 ; D. 1973. IR 36 ; Gaz. Pal. 1973. 1. Somm. 95 ; RSC 1973. 684, obs. Vitu*.

5. Nouveau code pénal. Fonctionnaire de préfecture. • Crim. 3 juin 1997 : *Dr. pénal 1997. 150, obs. Véron*. ♦ ... Premier adjoint au maire délégué à la commission des marchés publics. • Crim. 8 janv. 1998 : *Dr. pénal 1998. 98, obs. Véron*. ♦ ... Agent de la Régie autonome des transports parisiens (RATP). • Crim. 2 avr.

1998, n° 97-83.119 P : *D. 1999. Somm. 158, obs. Segonds* (corruption active). ♦ ... Vice-président d'un conseil général et président de la commission d'appel d'offres. • Crim. 16 mai 2001, n° 99-83.467 P. ♦ ... Ingénieur au commissariat à l'énergie atomique (CEA) mis à la disposition de l'agence nationale de valorisation de la recherche (ANVAR) pour occuper le poste de représentant du CEA auprès d'une délégation régionale. • Crim. 27 févr. 2002, n° 01-86.024 P. ♦ ... Fonctionnaire territorial agissant en qualité d'huissier et de vaguemestre au Conseil général du département. • Toulouse, 31 janv. 2002 : *JCP 2002. IV. 2014.* ♦ ... Journalistes professionnels pigistes employés par une chaîne du service public de la communication audiovisuelle. • Crim. 19 mars 2003, n° 02-80.374 P : *D. 2004. Somm. 315, obs. Segonds* ; *JCP 2003. I. 178, n° 11, obs. E. Dreyer ; RSC 2004. 124, obs. Francillon*. – ... Policier. • Paris, 27 mai 2008 : *JCP 2008. IV. 2303.* – ... Contremaître chargé du service clientèle d'une agence EDF. • Crim. 29 juin 2011 : *Gaz. Pal. 2011. 2. 3443, note Dreyer.*

B. SOLLICITATIONS

1° OBJET

BIBL. A. Roger, *JCP 1998. I. 102* (notion d'avantage injustifié).

6. Offres, promesses, dons, présents, avantages. En employant les termes « dons » ou « présents », le législateur ne s'est pas référé à la notion civiliste et étroite de donation ; les art. 177 s. C. pén. sont, au contraire, applicables à « tout avantage » que l'agent, abusant d'une influence réelle ou supposée, a pu se faire remettre à son profit, et il importe peu que l'*animus donandi* ait ou non existé en la personne de celui qui a remis les fonds, dès lors que celui qui les a acceptés, les a reçus pour son profit personnel. • T. corr. Seine, 1er juill. 1958 : *Gaz. Pal. 1958. 2. 235.*

7. Ces dons ou présents peuvent : ... porter sur des biens en nature. • Crim. 7 janv. 1808 : *Bull. crim. n° 3* (montre en or) • 4 juill. 1974 : *ibid. n° 249 ; RSC 1975. 411, obs. Vitu* (arbres et arbustes) • 1er oct. 1984 : *Bull. crim. n° 277 ; D. 1985. 380, note Fenaux* (fuel). ♦ ... Sur une rémunération ou une somme d'argent. • Crim. 17 nov. 1955 : *Bull. crim. n° 494 ; RSC 1956. 323, obs. Hugueney* • 6 févr. 1969 : *Bull. crim. n° 67 ; JCP 1969. II. 16004, note Chambon ; D. 1969. Somm. 99 ; RSC 1969. 871, obs. Vitu* • 14 mai 1986 : *Bull. crim. n° 163 ; RSC 1987. 685, obs. Delmas Saint-Hilaire.* ♦ ... Consister dans des facilités d'approvisionnement à des prix très inférieurs aux cours normaux. • Crim. 6 févr. 1968 : *Bull. crim. n° 37 ; RSC 1968. 850, obs. Vitu.* ♦ ... Prendre la forme de commissions ou de ristournes. • Grenoble, 17 nov. 1972 : *Gaz. Pal. 1973. 1. Somm. 155.* ♦ ... D'un travail gratuit. • Crim. 4 juill. 1974 : *préc.* • 1er oct. 1984 : *préc.* ♦ ... D'une participation aux affaires traitées. • Crim. 28 janv. 1987 : *Bull. crim. n° 47 ; RSC 1987. 686, obs. Delmas Saint-Hilaire.*

8. Est également constitutive du délit de corruption (active) la promesse de relations sexuelles. • T. enfants Sarreguemines, 11 mai 1967 : *JCP 1968. II. 15359, note Sigalas ; RSC 1968. 329, obs. Vitu.* ♦ Mais le fait de solliciter un avantage d'ordre subjectif consistant en « l'assouvissement d'une haine », ne saurait être assimilé aux sollicitations d'offres, de promesses, de dons ou de présents. • Crim. 14 oct. 1975 : *Bull. crim. n° 214 ; RSC 1976. 415, obs. Vitu.*

2° MODES

9. Absence de droit. Le crime de corruption se distingue du crime de concussion par la circonstance que le fonctionnaire coupable a reçu d'une personne un don ou présent que celle-ci était libre de ne pas lui faire. • Crim. 24 févr. 1893 : *DP 1893. 1 393.*

10. Indifférence à la perception. La simple « sollicitation » de dons suffit à consommer l'infraction ; dès lors il n'importe que la « perception » de ces dons ait été postérieure à l'obtention de l'avantage recherché (en application de l'art. 178). • Crim. 12 déc. 1989 : *Bull. crim. n° 474* • Paris, 27 mai 2008 : *JCP 2008. IV. 2303.*

11. L'ignorance où l'on est resté sur le point de savoir à quel agent devait être remise la somme reçue par le prévenu ne fait pas obstacle à l'application de l'art. 178 C. pén. • Crim. 20 janv. 1949 : *Bull. crim. n° 21 ; D. 1949. 119 ; Gaz. Pal. 1949. 1. 137.*

II. QUALIFICATIONS

A. CORRUPTION PASSIVE (ANCIEN ART. 177, AL. 1er, 1°, ET AL. 3)

1° DÉFINITION

12. Distinction de la corruption passive et de la corruption active. La corruption dans le système du code pénal suppose, par sa nature même, deux faits principaux, dont l'un ne saurait être considéré comme l'accessoire de l'autre, puisque chacun des deux agents qui concourent à l'infraction, l'un en corrompant, l'autre en se laissant corrompre, y joue un rôle égal et séparément qualifié ; il suit de là que la corruption passive prévue par l'art. 177 C. pén. constitue un délit distinct de celui de corruption active prévu par l'art. 179 du même code (nouvel art. 433-1). • Crim. 4 nov. 1948 : *Bull. crim. n° 250.*

13. La corruption active ne saurait constituer un acte de complicité de la corruption passive au sens des art. 59 et 60 C. pén. (nouv. art. 121-6 et 121-7), le législateur ayant considéré la corruption passive et la corruption active comme des délits différents et les ayant réprimés par des dispositions distinctes et séparées. • Crim. 30 janv. 1909 : *DP 1910. 1. 505.* ♦ Mais si, par sa nature particulière, la corruption de fonctionnaire suppose deux faits principaux, exclusifs de complicité dans leurs rapports réciproques et dont chacun constitue une infraction distincte et séparée, incriminée l'une comme corruption passive, l'autre comme corruption active, les règles de la complicité sont applicables à celui qui, n'étant ni le corrupteur, ni le corrompu, a, avec connaissance, aidé l'un ou l'autre dans la perpétration du délit. • Crim. 11 juill. 1956 : *Bull. crim. n° 526 ; JCP 1956. II. 9540 ; Gaz. Pal. 1956. 2. 120.* ♦ Rappr. : • T. corr. Seine, 1er juill. 1958 : *Gaz. Pal. 1958. 2. 235.*

14. La Cour de justice de la République saisie de faits de corruption passive à l'égard du prévenu n'est pas tenue par les termes de l'arrêt définitif d'une cour d'appel statuant sur le délit de corruption active commis à l'égard du prévenu par d'autres parties. • Cass., ass. plén., 23 juill. 2010, n° 10-85.505 P.

15. *Peine justifiée.* S'il ressort des faits que le prévenu a, en réalité, dans ses rapports avec l'inspecteur des impôts chargé de la vérification fiscale à laquelle il était soumis, commis le délit de corruption active de fonctionnaire public, prévu et réprimé par l'art. 179 de l'ancien code pénal, et non pas celui de corruption passive visé par l'art. 177 du même code, retenu à tort par la cour d'appel, l'arrêt attaqué ne saurait cependant être censuré, compte tenu des dispositions de l'art. 598 C. pr. pén., dès lors que les peines édictées pour les deux infractions sont identiques et que les réparations civiles sont également justifiées par l'obligation faite au juge, quelle que soit la qualification retenue, de réparer dans leur totalité les préjudices résultant de l'infraction. • Crim. 20 mars 1997 : *Gaz. Pal. 1997. 2, chron. crim. 139 ; JCP 1997. IV. 2104.*

16. *Pacte de corruption.* Le délit de corruption n'est caractérisé que si la convention passée par le corrupteur et le corrompu a précédé l'acte ou l'abstention qu'elle avait pour objet de rémunérer. • Crim. 19 févr. 1953 : *Bull. crim. n° 59 ; D. 1953. 284* • 8 févr. 1966 : *Bull. crim. n° 35 ; D. 1966. Somm. 104* • 13 déc. 1972 : *Bull. crim. n° 391 ; Gaz. Pal. 1973. 1. Somm. 94* • 14 mai 1986 : *Bull. crim. n° 163 ; RSC 1987. 685, obs. Delmas Saint-Hilaire* • 26 nov. 1991 : *Dr. pénal 1992. 116* • Paris, 14 janv. 1988 : *RSC 1989. 123, obs. Bouzat.*

17. ... *Constat de l'antériorité.* Le caractère d'antériorité de la convention conclue entre le corrupteur et le corrompu résulte suffisamment du fait que les avantages reçus ont été consentis de façon régulière (ou réitérés) pendant la période durant laquelle ont été commis les faits constitutifs de corruption, de telle sorte qu'ils ont nécessairement précédé les agissements du corrupteur et déterminé le corrompu. • Crim. 6 févr. 1968 : *Bull. crim. n° 37 ; RSC 1968. 850, obs. Vitu* • 18 juill. 1985 : *Bull. crim. n° 269* • 28 janv. 1987 : *ibid. n° 47 ; RSC 1987. 686, obs. Delmas Saint-Hilaire* • 29 sept. 1993, n° 91-82.674 P • 12 mai 1998 : *Dr. pénal 1998. Comm. 152, note Véron* • 20 févr. 2008, n° 02-82.676 P. ♦ Donne une base à sa décision l'arrêt d'une cour d'appel qui constate que s'il n'est pas établi qu'au début de leurs relations les prévenus aient conclu un pacte de corruption, il est incontestable que, par la suite, un concert frauduleux s'est établi entre eux pour se partager à l'occasion de chaque affaire nouvelle les commissions attribuées à l'un d'eux et qu'il appartenait à l'autre de proposer à la direction de leur entreprise commune. • Crim. 6 oct. 1971 : *Bull. crim. n° 251 ; JCP 1971. II. 16906 ; D. 1972. Somm. 56 ; RSC 1972. 104, obs. Vitu.* ♦ Le délit de corruption passive est constitué dès lors que la demande de commission est antérieure à l'instruction du permis de construire diligentée par le prévenu. • Crim. 1er mars 2000, n° 98-86.353 P : *Dr. pénal 2000. 110, obs. Véron.*

18. ... *Causalité chronologique.* Le délit de corruptions active et passive exige pour être constitué que les offres, promesses, dons, présents, commissions, escomptes ou primes, agréés, sollicités ou reçus l'aient été pour faire ou s'abstenir de faire un acte dépendant de la fonction de celui qui les sollicite et reçoit ; doit être confirmé le jugement qui relaxe du chef de corruption passive le président d'un conseil général qui a sollicité et reçu, de la part d'une société de construction bénéficiaire de marchés de travaux publics, une somme d'argent destinée à financer des campagnes électorales, dès lors qu'il est constaté l'absence de lien de causalité entre le versement des sommes et la signature du contrat ; la chronologie des faits démontre en effet l'antériorité des relations contractuelles avec la société de construction qui avait été préalablement choisie par la commission d'ouverture des plis, la signature du contrat ne constituant alors qu'une simple formalité indifférente du versement des sommes d'argent. • Aix-en-Provence, 18 nov. 1997 : *JCP 1998. IV. 1952.*

19. Justifie légalement sa décision la cour d'appel qui, pour déclarer le président d'un conseil général coupable du délit de corruption passive, relève que, à l'occasion du regroupement des transporteurs du département au sein d'un système de billetterie unique, il a assuré à deux entrepreneurs de transport qu'il leur ferait obtenir une commission occulte en échange d'un prêt gratuit d'autobus pour des manifestations électorales et a écarté les services compétents du conseil général au profit d'une association créée à cette occasion, ce qui a conduit au choix de la procédure d'appel d'offres restreint, puis au lancement de cet appel d'offres avant l'adoption du cahier des charges et à l'attribution du marché, et que le prêt d'autobus dont le prévenu a ensuite bénéficié était directement lié à la perception de « pots de vin » par les entrepreneurs de transport, énonciations qui établissent la participation du prévenu à un pacte de corruption. • Crim. 9 nov. 1995, ☎ n° 94-84.204 : *préc. note 17.*

20. ... Indifférence à l'exécution. La loi réprime la convention passée entre le corrupteur et le corrompu sans tenir compte de l'exécution de cette convention. • Crim. 22 juill. 1954 : *Bull. crim. n° 266* • 4 juill. 1974, n° 93-14.473 P : *RSC 1975. 411, obs. Vitu.* ♦ Le délit de corruption est caractérisé par la simple sollicitation, directe ou indirecte, d'avantages quelconques ; il importe donc peu que la contrepartie promise n'ait pas été effectivement perçue. • Crim. 9 nov. 1995, ☎ n° 94-84.204 P. ♦ Mais l'accomplissement des actes commis et rémunérés constitue des délits successifs qui se renouvellent aussi longtemps que dure le concert frauduleux qui a mis le prévenu en mesure de commettre l'infraction. • Crim. 6 févr. 1969, n° 93-53.367 P : *JCP 1969. II. 16004, note Chambon ; D. 1969. Somm. 99 ; RSC 1969. 871, obs. Vitu.*

2° RÉALISATION

21. Acte de la fonction. Constitue, au sens de l'art. 177, al. 1er, 1°, le délit de corruption passive de fonctionnaire le fait : ... par un agent d'un ministère (Reconstruction), de solliciter et de recevoir des dons de sinistrés pour contrôler leurs dossiers, et les remettre ensuite au service d'ordonnancement des fonds. • Crim. 19 juill. 1951 : *Bull. crim. n° 220.* ♦ ... Par un inspecteur des impôts (Enregistrement), de promettre de retarder une expertise, peu importe de savoir quelle était la part active ou négative qu'il était au pouvoir de cet inspecteur de prendre dans les actes de ses fonctions. • Crim. 22 juill. 1954 : *Bull. crim. n° 266.* ♦ ... Par un secrétaire général de mairie, de continuer à passer des commandes pour les besoins de la mairie à celui qui lui consent des avantages sous forme de commissions ou ristournes. • Grenoble, 17 nov. 1972 : *Gaz. Pal. 1973. 1. Somm. 155.* ♦ ... Par un agent d'un service d'architecture d'une commune, de solliciter et de recevoir des dons d'un entrepreneur pour aviser celui-ci des projets d'adjudication de la commune et pour atténuer la rigueur du contrôle des chantiers. • Crim. 4 juill. 1974 : *Bull. crim. n° 249 ; RSC 1975. 411, obs. Vitu.* ♦ ... Par un fonctionnaire de la direction départementale de l'équipement, d'agir de même pour renseigner un entrepreneur sur les futurs marchés de travaux publics, ou pour atténuer la rigueur des contrôles dont il a la responsabilité. • Crim. 1er oct. 1984 : ☎ *Bull. crim. n° 277 ; D. 1985. 380, note Fenaux.* ♦ ... Par un inspecteur des impôts, d'être entré en relation avec un contribuable soumis à un redressement fiscal, l'avoir incité à former un recours devant le tribunal administratif, et lui avoir remis à cet effet une requête à adresser audit tribunal et l'extrait d'une revue comportant une étude sur un problème fiscal similaire. • Crim. 14 mai 1986 : ☎ *Bull. crim. n° 163 ; RSC 1987. 685, obs. Delmas Saint-Hilaire.* ♦ ... Par un brigadier-chef de police, d'avoir adressé des copies de procédure et des renseignements confidentiels au dirigeant d'une agence de défense-recours, qui avait reçu un certain nombre de clients grâce à ces procédés. • Crim. 28 janv. 1987 : ☎ *Bull. crim. n° 47 ; RSC 1987. 686, obs. Delmas Saint-Hilaire.*

22. Mais n'est pas constitutive de corruption une démarche faite par un commissaire de police en faveur d'un individu présenté comme un informateur, dès lors qu'elle ne revêt aucun caractère anormalement insistant, et que le grief de vénalité relève par ailleurs d'actes univoques. • T. corr. Nanterre, 28 avr. 1989 : *Gaz. Pal. 1989. 2. 857.*

23. Se rend coupable de corruption passive le vice-président du conseil général et président de la commission d'appel d'offres, doté de pouvoirs importants aux différents stades de la dévolution des marchés de travaux publics, qui exige de certaines entreprises candidates à l'attribution du marché, le versement direct ou indirect de sommes d'argent, ou la prise en charge de certaines dépenses personnelles ou destinées à la promotion d'une station de sport d'hiver, le montant de la contribution ayant été fixé par un pourcentage du marché, et la contrepartie de ces dons ayant consisté en l'action personnelle du prévenu dans la reconduite de l'entente entre les chefs d'entreprise sur l'attribution de marchés et la perpétuation de leurs effets ; ce pacte de corruption, a eu une destination purement privée, ou a été utilisé en vue de sa réélection, ou pour favoriser l'accomplissement de ses ambitions personnelles. • Crim. 16 mai 2001, ☎ n° 99-83.467 P.

24. M. X..., notaire, exerçant son activité dans le cadre de la société civile professionnelle X...-Y..., a été cité devant le tribunal correctionnel du chef de corruption passive pour avoir, alors qu'il négociait la cession de ses parts, proposé à un acquéreur potentiel de lui vendre celles-ci au prix de 700 000 € moyennant le versement occulte d'une somme de 100 000 € ; le tribunal correctionnel l'a déclaré coupable de ce chef et condamné à huit mois d'emprisonnement et 10 000 € d'amende ; pour infirmer le jugement et renvoyer M. X... des fins de la poursuite, l'arrêt énonce que la cession des parts qu'il détient dans la société civile professionnelle au sein de laquelle il exerce son activité, ne constitue pas un acte relevant des missions d'un notaire ou facilité par elles ; en se déterminant ainsi, la cour d'appel a fait l'exacte application de l'art. 432-11, 1° C. pén. • Crim. 7 déc. 2016, ☎ n° 16-81.698 P : *D. actu. 6 janv. 2017, obs. Goetz.*

25. Acte facilité par la fonction. Rentre dans

les prévisions de l'art. 177, al. 3, C. pén. : ... le fait par un fonctionnaire de recevoir une rémunération pour s'abstenir de dresser un procès-verbal constatant un délit, lorsque l'établissement de ce procès-verbal ne rentrait pas dans ses attributions mais était facilité par elles. • Crim. 17 nov. 1955 : *Bull. crim. n° 494 ; RSC 1956. 323, obs. Hugueney.* ♦ ... Le fait par un administrateur civil de l'Agence judiciaire du Trésor de communiquer à un « bureau de défense des fonctionnaires » des dossiers et des renseignements qu'il n'a pu obtenir qu'en sa qualité d'administrateur civil. • Crim. 6 févr. 1969 : *Bull. crim. n° 67 ; JCP 1969. II. 16004, note Chambon ; D. 1969. Somm. 99 ; RSC 1969. 871, obs. Vitu.*

26. A justifié sa décision la cour d'appel qui, pour déclarer coupable de corruption passive le prévenu, a retenu que celui-ci, fonctionnaire à la préfecture, affecté au service du logement, a proposé à des étrangers en situation irrégulière de leur fournir un titre de séjour moyennant une rémunération, une somme de 20 000 F ayant été effectivement versée à cette fin, peu importe que la délivrance de titres de séjour ait été en dehors de ses attributions personnelles, dès lors qu'il résulte, tant de l'art. 177, al. 3, ancien C. pén., applicable à l'époque des faits, que de l'art. 432-11, 1°, nouv. de ce code, que la corruption passive est constituée lorsque le prévenu propose d'accomplir un acte qui, sans relever de ses fonctions, est, comme en l'espèce, facilité par elle. • Crim. 3 juin 1997 : ⚖ *Dr. pénal 1997. 150, obs. Véron.*

3° RÉPRESSION

27. Complicité. Si le délit de corruption est consommé dès la conclusion du pacte entre le corrupteur et le corrompu, il se renouvelle à chaque acte d'exécution du pacte ; il s'ensuit que l'aide ou l'assistance en connaissance de cause à ces actes d'exécution constitue la complicité du délit. • Crim. 9 nov. 1995, ⚖ n° 94-84.204 P • 12 mai 1998 : ⚖ *Dr. pénal 1998. 152, obs. Véron.* ♦ ... Il ne saurait donc être reproché à la cour d'appel de déclarer un avocat complice du délit de corruption, dès lors qu'après avoir constaté l'existence d'un pacte de corruption, elle relève que l'avocat, en élaborant, pour le compte du corrupteur, le montage financier qui devait masquer le versement des commissions occultes prévues par l'acte, a donné au corrompu des instructions, au sens de l'art. 60, al. 1er, C. pén. (nouvel art. 121-7) pour commettre l'action délictuelle et a ensuite aidé et assisté l'auteur du délit afin de permettre le paiement des « pots de vin ». • Crim. 9 nov. 1995 : ⚖ *préc.*

28. Prescription. Lorsque le délit de corruption est caractérisé par la perception illicite de dons, présents, commissions, escomptes ou primes, c'est seulement du jour de cette perception que court le délai de prescription. • Crim. 13 déc. 1972 : ⚖ *Bull. crim. n° 391 ; Gaz. Pal. 1973. 1. Somm. 94.* ♦ Rappr., en matière de trafic d'influence, pour une solution identique : • Crim. 12 déc. 1989 : ⚖ *Bull. crim. n° 474.*

29. Si le délit de corruption est une infraction instantanée, consommée dès la conclusion du pacte entre le corrupteur et le corrompu, il se renouvelle à chaque acte d'exécution dudit pacte ; dès lors, il n'importe que des dons, présents ou avantages aient été acceptés par une personne investie d'un mandat électif public postérieurement à l'accomplissement de l'acte de la fonction. • Crim. 27 oct. 1997, ⚖ n° 96-83.698 P : *D. Affaires 1997. 1429, note Boizard ; JCP 1998. II. 10017, note Pralus ; BJS 1998. 11, note Barbiéri ; Dr. pénal 1998. 16, obs. Véron.* ♦ ... De même, il n'importe que le corrompu n'ait pas accompli lui-même l'acte de corruption dès lors qu'il entrait dans ses attributions d'en proposer ou préparer la réalisation. • Crim. 29 juin 2005, ⚖ n° 05-82.265 P : *D. 2005. IR 2338* ; *JCP 2005. IV. 2909.*

30. Un fonctionnaire du conseil général, mis en examen des chefs de corruption passive, recel d'abus de biens sociaux, trafic d'influence et favoritisme, entendu sur les méthodes employées par les élus et fonctionnaires pour favoriser certaines entreprises lors de l'attribution de marchés publics par le conseil général ainsi que sur les rémunérations illicites versées en contrepartie, a évoqué dans ce contexte le cas d'un hôpital ; les faits pour lesquels ce fonctionnaire a été mis en examen ont un rapport étroit avec ceux concernant le président du conseil d'administration de cet hôpital, qui ne constituaient qu'un exemple supplémentaire des méthodes illégales utilisées pour la passation des marchés publics dans le département ; en conséquence, le procès-verbal d'audition du fonctionnaire, ainsi que la commission rogatoire rendue par le juge d'instruction constituent des actes interruptifs de la prescription des faits de corruption passive et de favoritisme reprochés au président du conseil d'administration de l'hôpital ; les dispositions non limitatives de l'art. 203 C. pr. pén. s'étendent aux cas dans lesquels, comme en l'espèce, il existe entre les faits des rapports étroits analogues à ceux que la loi a spécialement prévus. • Crim. 28 mai 2003, ⚖ n° 02-85.185 P.

31. Action civile. N'est pas recevable une constitution de partie civile de la part de contribuables d'une commune qui, imputant au maire des actes de détournement ou de corruption, se fondent sur le dommage éventuel auquel ils seraient exposés à raison de l'augmentation d'impôts pouvant éventuellement résulter de ces délits. • Crim. 25 oct. 1934 : *Bull. crim. n° 169.*

32. Si le préjudice moral d'une collectivité ou d'un établissement public peut se confondre avec le trouble social, que répare l'exercice de l'action publique lorsque l'infraction ne porte atteinte qu'à l'intérêt général, il n'en est pas de même lorsque cette infraction cause un préjudice direct à leurs intérêts personnels ; dès lors, justifie sa décision la cour d'appel qui accorde à un office public d'habitations à loyers modérés, constitué partie civile dans les poursuites pénales exercées contre son directeur général des chefs de corruption passive de fonctionnaire et d'abus de confiance, la réparation du préjudice moral personnel que subit cet organisme, du fait des infractions commises. • Crim. 18 déc. 1996, n° 94-82.781 P. ♦ Pour allouer à la ville de Cannes des dommages-intérêts en réparation de son préjudice moral, lié à la condamnation du maire et de son complice du chef de corruption passive, l'arrêt énonce que la corruption de son premier magistrat a porté atteinte à la notoriété d'une ville connue dans le monde entier en raison du prestige international de son festival, et que cette atteinte est constitutive d'un préjudice moral spécifique causé par l'infraction ; en l'état de ces énonciations, la cour d'appel, qui a caractérisé le préjudice moral distinct de l'intérêt social, a justifié sa décision. • Crim. 8 févr. 2006 : *Dr. pénal 2006, n° 73, obs. Véron.* ♦ Pour indemniser la ville de Cannes au titre d'un préjudice moral résultant de l'atteinte portée à sa notoriété du fait des agissements des prévenus, l'arrêt énonce que la corruption de son maire, opérée sur les instructions des prévenus, porte une atteinte grave à la notoriété de cette ville mondialement connue notamment au travers de son festival de cinéma et d'autres manifestations internationales ; les juges ajoutent que les infractions de corruption et de complicité étant connexes, les prévenus seront condamnés solidairement au paiement des dommages-intérêts ; en l'état de ces énonciations, exemptes d'insuffisance et de contradiction, et répondant aux articulations essentielles des conclusions des parties, et dès lors qu'elle a caractérisé l'existence d'un préjudice moral distinct de l'intérêt social, la cour d'appel a justifié sa décision. • Crim. 14 mars 2007 : *AJ pénal 2007. 288* ; *Dr. pénal 2007, n° 85, obs. Véron.*

33. Aucune infraction ayant porté un préjudice direct ou indirect à l'intérêt collectif des consommateurs n'est exclue des prévisions de l'al. 1er de l'art. L. 421-1 C. consom. ; méconnaît le sens et la portée de ce texte, la cour d'appel qui, pour écarter la demande d'une association de consommateurs agréée, qui s'était constituée partie civile, dans les poursuites exercées du chef de corruption contre des prévenus, énonce « que les délits de corruptions active et passive ne sont pas de nature à porter atteinte à l'intérêt collectif des consommateurs ». • Crim. 27 oct. 1997, n° 96-83.698 P : *D. 1997. 1429, note Boizard* ; *JCP 1998. II. 10017, note Pralus ; BJS 1998. 11, note Barbiéri.*

34. Conflit de qualifications. V. également notes ss. art. 433-1. ♦ Le fait par un officier de police judiciaire de se faire remettre, sous menace de révélations diffamatoires, une somme d'argent pour ne pas dresser procès-verbal d'un délit imaginaire imputé par lui à un tiers, constitue le délit d'extorsion de fonds et non le crime de corruption de fonctionnaire, lorsque, d'une part, se rencontrent tous les éléments constitutifs du délit prévu par l'art. 400 C. pén. (nouv. art. 312-1 s.), et que, d'autre part, le délit imputé étant inexistant, on n'en peut pas considérer la dénonciation comme rentrant dans les devoirs d'un officier de police judiciaire. • Crim. 6 janv. 1923 : *DP 1923. 1. 238.* ♦ Sur pourvoi contre : • Paris, 16 juin 1922 : *DP 1922. 2. 145 (2e arrêt), note Leloir.*

35. Les faits de corruption passive et de prise illégale d'intérêts sont différents et ne procèdent pas de manière indissociable d'une action unique caractérisée par une seule intention coupable. • Paris, 27 mai 2020, n° 19/12444 : *Dr. pénal 2020, n° 143, obs. Segonds.*

B. TRAFIC PASSIF D'INFLUENCE (ANCIEN ART. 178)

1° DÉFINITION

36. Distinction avec la corruption passive. La prévention de trafic d'influence, prévue et punie par l'art. 178 C. pén., exige que le bénéficiaire des dons ou présents soit considéré ou se présente comme un intermédiaire dont l'influence, réelle ou supposée, est de nature à faire obtenir une faveur quelconque ou une décision favorable d'une autorité publique ou d'une administration ; en revanche, le délit de corruption passive, défini et réprimé par l'art. 177 C. pén., est applicable au fonctionnaire public qui a reçu des dons ou présents pour faire personnellement un acte de ses fonctions, juste ou non, mais non sujet à salaire. • Crim. 1er oct. 1984 : *Bull. crim. n° 277 ; D. 1985. 380, note Fenaux.* ♦ ... Mais est justifiée, selon l'art. 598 C. pr. pén., une peine prononcée pour trafic d'influence, dès lors que les faits constatés par l'arrêt caractérisent le délit de corruption passive. • Même arrêt.

2° RÉALISATION

37. Constatations. Doit être cassé l'arrêt qui, pour retenir contre le prévenu le délit de trafic d'influence, se borne à reproduire les termes de l'art. 178 C. pén. • Crim. 17 juill. 1957 : *Bull. crim. n° 554.*

38. Faveurs. Les expressions « faveurs » ou « décision favorable », insérées dans l'art. 178 C. pén., doivent s'entendre dans le sens le plus large, et s'appliquent à tout acte favorable qui, au lieu d'être poursuivi ou obtenu par des moyens légitimes, a été poursuivi ou obtenu par des moyens d'influence coupable, ainsi une transaction en matière d'infraction à la réglementation économique. • Crim. 20 janv. 1949 : *Bull.*

crim. n° 21 ; D. 1949. 119 ; Gaz. Pal. 1949. 1. 137.

39. Sur la détermination de l'autorité publique, française ou étrangère, dont les distinctions ou les faveurs sont recherchées : • Paris, 15 févr. 1941 : *DA 1941. 217 ; Gaz. Pal. 1941. 1. 412 ; RSC 1941. 192, obs. Hugueney* (en employant ces mots : « l'autorité publique », et non « une autorité publique », le législateur a voulu viser l'autorité française seule compétente sur le territoire de la République, et non une autorité publique étrangère dont les distinctions honorifiques ou les faveurs, telles que la naturalisation, sont accordées en dehors de notre territoire dans des conditions échappant à tout contrôle des autorités françaises).

40. Constitue le délit de trafic d'influence prévu par l'art. 178 C. pén. le fait, par un agent d'une commune, de se présenter à des personnes ayant formé des demandes de permis de construire comme étant, en raison de ses fonctions et de ses relations, en mesure d'obtenir la délivrance des permis sollicités, de déterminer ainsi lesdites personnes à lui confier le soin d'établir des plans et devis en vue de la constitution de leurs dossiers et de les persuader de lui remettre diverses sommes en rémunération de ses travaux et de ses démarches. • Crim. 4 juill. 1974 : *Bull. crim. n° 249 ; RSC 1975. 411, obs. Vitu.*

41. Se rend coupable de trafic d'influence commis par une personne investie d'un mandat électif public le premier adjoint au maire délégué à la commission des marchés publics, dans laquelle il jouissait d'une grande influence, qui a bénéficié de fonds provenant de la caisse noire d'une société adjudicataire d'un marché de travaux publics. • Crim. 8 janv. 1998 : *Dr. pénal 1998. 98, obs. Véron.*

42. Est coupable de trafic d'influence et prise illégale d'intérêts, le prévenu mis à la disposition d'un établissement public à caractère industriel et commercial, pour instruire les dossiers d'aide publique, ayant instruit une demande formée par une société au bénéfice d'une seconde dont il était actionnaire et dont il a reçu de l'argent et du matériel en rémunération de son intervention ; cette personne est chargée d'accomplir des actes ayant pour but de satisfaire à l'intérêt général, peu important qu'il ne dispose d'aucun pouvoir de décision. • Crim. 27 févr. 2002, n° 01-86.024 P.

43. Est coupable du délit de trafic d'influence passif le prévenu fonctionnaire territorial qui a accepté sans droit en connaissance de cause des sommes d'argent pour tenter de régulariser la situation administrative d'un étranger ; en effet, *même si le prévenu* n'est pas à l'origine de l'exigence du versement des sommes d'argent, il était néanmoins parfaitement au courant de ces demandes et de leur objet et a personnellement accepté deux sommes d'argent en sachant qu'elles étaient le prix de son intervention ; il a volontairement préparé un dossier de recours gracieux afin d'obtenir de la préfecture la délivrance d'un titre de séjour pour un étranger et a utilisé son réseau de relations, en faisant notamment une intervention auprès d'un assistant parlementaire, abusant ainsi de son influence supposée ; malgré le caractère modeste de ses fonctions, soit fonctionnaire territorial agissant en qualité d'huissier et de vaguemestre au Conseil général du département, il était bien dépositaire de l'autorité publique et a effectivement été perçu comme tel par les auteurs des versements d'argent ; enfin la destination finale des fonds illégitimement reçus est sans influence sur la commission du délit. • Toulouse, 31 janv. 2002 : *JCP 2002. IV. 2014.*

44. Le fait d'« aplanir » auprès d'une administration publique toutes difficultés liées à l'exécution d'un contrat constitue l'attribution d'une décision favorable d'un droit ou d'une faveur au sens des art. 432-11 et 433-1 C. pén. • Crim. 19 mars 2008, n° 07-82.124 P.

3° *RÉPRESSION*

45. Preuve. Ne constitue pas un stratagème portant atteinte à la loyauté des preuves l'intervention des gendarmes qui a eu pour seul effet de permettre la constatation d'un délit de trafic d'influence dont ils n'ont pas déterminé la commission. • Crim. 16 janv. 2008, n° 07-87.633 P : *D. 2008. Pan. 2760, obs. Pradel ; Gaz. Pal. 2009. 1. Somm. 640, note Monnet ; RSC 2008. 368, obs. Finielz.* ♦ Le directeur général adjoint des services d'un conseil général, chargé du développement, avait demandé à un administré, qui avait déposé un dossier de projet de parc de loisirs, de se rendre au conseil général pour se faire remettre un accusé de réception de ce dossier ; au cours de l'entretien qui a suivi, le directeur lui aurait dit qu'il fallait verser de l'argent pour que le dossier aboutisse ; le même jour, l'administré a porté plainte à la gendarmerie et, dans le même temps, a fixé un rendez-vous, le soir même, à son interlocuteur pour lui remettre l'argent demandé au siège de sa société après avoir relevé les numéros des billets de banque devant être utilisés ; informés de ce rendez-vous, les gendarmes ont constaté la remise des fonds et interpellé le directeur, porteur de cinq mille euros en billets dont les numéros correspondaient à ceux précédemment relevés ; mis en examen du chef de trafic d'influence, ce dernier a demandé l'annulation de toutes les pièces de la procédure en soutenant que les enquêteurs et le plaignant avaient mis en scène un stratagème pour le piéger en le conduisant à commettre un délit ; n'encourt pas les griefs du moyen l'arrêt attaqué, qui, pour écarter cette argumentation, retient que l'intervention des gendarmes a eu pour seul effet de permettre la constatation d'une infraction dénoncée par le plaignant et dont ils n'ont pas déterminé la commission. • Même arrêt.

46. Prescription. Lorsque le délit est caractérisé par la perception illicite de dons, c'est seulement à compter du jour de cette perception que court le délai de prescription. • Crim. 12 déc. 1989 : *Bull. crim. n° 474.* ♦ Rappr., en matière de corruption, pour une solution identique : • Crim. 13 déc. 1972 : *Bull. crim. n° 391 ; Gaz. Pal. 1973. 1. Somm. 94.*

47. Pour écarter la prescription de l'action publique, l'arrêt énonce que les comptes des prévenus ont été crédités, les 24 et 27 sept. 1999, de la part leur revenant sur le dernier versement effectué par une société et que ces opérations constituent le dernier acte d'exécution du pacte frauduleux conclu entre les parties ; les juges ajoutent que, l'infraction ayant été dissimulée par la conclusion d'un contrat fictif et par l'utilisation d'une structure écran, les conditions de mise en œuvre de l'action publique n'ont été réunies que lors de la découverte des mouvements enregistrés sur les comptes des prévenus et de la dénonciation de ces faits par les autorités suisses au juge d'instruction français, le 23 août 2002 ; ils en déduisent qu'à la date de l'ouverture de l'information, le 12 sept. 2002, la prescription triennale n'était pas acquise ; en l'état de ces énonciations, la cour d'appel a justifié sa décision ; en effet, si le délit de trafic d'influence est une infraction instantanée qui se prescrit à compter de la perception du dernier versement effectué en exécution du pacte litigieux, le délai de prescription de l'action publique ne commence à courir, en cas de dissimulation, qu'à partir du jour où l'infraction est apparue et a pu être constatée dans des conditions permettant l'exercice des poursuites. • Crim. 19 mars 2008, n° 07-82.124 P : *AJ pénal 2008. 319, note Lelieur ; Dr. pénal 2008, n° 102, obs. Véron ; RPDP 2009. 176, obs. Segonds.*

48. Action civile. Ne peut se constituer partie civile à raison d'un trafic d'influence la personne ayant participé au concert de fraude avec l'inculpé. • Crim. 13 juin 1978 : *Bull. crim. n° 194.*

49. La personne qui, de mauvaise foi, a remis une somme d'argent à l'auteur principal d'un délit de trafic d'influence ou à son complice, en vue d'obtenir une décision favorable d'une autorité publique, est irrecevable à se constituer partie civile contre eux ; encourt, dès lors, la censure l'arrêt qui, après avoir constaté que les parties civiles avaient sciemment remis des fonds au prévenu afin qu'il abuse de son influence pour leur faire obtenir une décision favorable d'une autorité publique, condamne ce dernier, solidairement avec son complice, à leur rembourser les sommes versées, à titre de dommages-intérêts (décision rendue sur le fondement de l'art. 433-2 C. pén.). • Crim. 7 févr. 2001, n° 00-83.023 P : *D. 2002. Somm. 1462, obs. Pradel ; Dr. pénal 2001. 82, obs. Véron ; Gaz. Pal. 2001. 2. Somm. 1290, note Monnet.*

50. Réparation. Les juridictions pénales sont compétentes pour apprécier, à la suite de sa condamnation pénale, la responsabilité de l'agent d'un service public à raison des fautes personnelles détachables de la fonction, lorsque l'administration exerce, aux fins de réparation, les droits de la partie civile prévus par les art. 2 et 3 C. pr. pén. ; en outre, aucune disposition de la loi ne permet de réduire, en raison d'une négligence de la victime, le montant des réparations civiles dues à celle-ci par l'auteur d'une infraction intentionnelle contre les biens ; c'est donc à bon droit que la cour d'appel a condamné les prévenus à verser des dommages et intérêts à l'État, énonçant que l'atteinte aux intérêts matériels de l'État est constituée par la valeur des avantages indûment versés et acceptés et le surcoût financier résultant de l'intégration de cette valeur dans le prix des biens et services fournis par les bénéficiaires des commandes publiques et par le paiement de fournitures et travaux non exécutés ou surfacturés ; elle ajoute que le caractère systématique et généralisé du trafic d'influence et les infractions de favoritisme, escroqueries, faux et usage de faux qui lui sont associées, ont nécessairement faussé le jeu de la concurrence et la recherche du meilleur emploi des deniers publics ; elle retient également que l'État est fondé à demander réparation de son préjudice moral, résultant des délits de trafic passif d'influence et favoritisme commis par ses agents dans l'exercice de leurs fonctions, dès lors que ces agissements, détachables de la fonction à l'occasion de laquelle ils ont été commis, jettent le discrédit sur l'ensemble de la fonction publique, affaiblissent l'autorité de l'État dans l'opinion publique et lui causent un préjudice personnel direct. • Crim. 10 mars 2004, n° 02-85.285 P : *D. 2005. Pan. 686, obs. Pradel.*

51. Peines. Seules peuvent être prononcées les peines légalement applicables à la date à laquelle l'infraction a été commise ; déclaré coupable de trafic d'influence commis par une personne investie d'un mandat électif public, pour avoir accepté un don de 60 000 F, le prévenu a été condamné à un an d'emprisonnement avec sursis et à une amende de 200 000 F ; en prononçant ainsi, alors qu'au moment des faits la peine d'amende encourue ne pouvait, aux termes des art. 177 et 178 anciens C. pén., excéder le double de la valeur des promesses agréées ou des choses reçues ou demandées, soit en l'espèce 120 000 F, la cour d'appel a méconnu le principe ci-dessus rappelé. • Crim. 8 janv. 1998 : *Dr. pénal 1998. 98, obs. Véron.*

Art. 432-11-1 *(L. n° 2013-1117 du 6 déc. 2013, art. 5)* **La peine privative de liberté encourue par l'auteur ou le complice de l'infraction prévue à l'article 432-11 est réduite de moitié si, ayant averti l'autorité administrative ou judiciaire, il a permis de faire cesser l'infraction ou d'identifier, le cas échéant, les autres auteurs ou complices.**

§ 3 DE LA PRISE ILLÉGALE D'INTÉRÊTS

Art. 432-12 **Le fait, par une personne dépositaire de l'autorité publique ou chargée d'une mission de service public ou par une personne investie d'un mandat électif public, de prendre, recevoir ou conserver, directement ou indirectement, un intérêt quelconque dans une entreprise ou dans une opération dont elle a, au moment de l'acte, en tout ou partie, la charge d'assurer la surveillance, l'administration, la liquidation ou le paiement, est puni de cinq ans d'emprisonnement et** *(L. n° 2013-1117 du 6 déc. 2013, art. 6-1°)* **« d'une amende de 500 000 €, dont le montant peut être porté au double du produit tiré de l'infraction** *[ancienne rédaction : de 75 000 € d'amende]* **».**

Toutefois, dans les communes comptant 3 500 habitants au plus, les maires, adjoints ou conseillers municipaux délégués ou agissant en remplacement du maire peuvent chacun traiter avec la commune dont ils sont élus pour le transfert de biens mobiliers ou immobiliers ou la fourniture de services dans la limite d'un montant annuel fixé à *(Ord. n° 2000-916 du 19 sept. 2000)* **« 16 000 € ».**

En outre, dans ces communes, les maires, adjoints ou conseillers municipaux délégués ou agissant en remplacement du maire peuvent acquérir une parcelle d'un lotissement communal pour y édifier leur habitation personnelle ou conclure des baux d'habitation avec la commune pour leur propre logement. Ces actes doivent être autorisés, après estimation des biens concernés par le service des domaines, par une délibération motivée du conseil municipal.

Dans les mêmes communes, les mêmes élus peuvent acquérir un bien appartenant à la commune pour la création ou le développement de leur activité professionnelle. Le prix ne peut être inférieur à l'évaluation du service des domaines. L'acte doit être autorisé, quelle que soit la valeur des biens concernés, par une délibération motivée du conseil municipal.

Pour l'application des trois alinéas qui précèdent, la commune est représentée dans les conditions prévues par l'article L. 122-12 du code des communes *[devenu CGCT, art. L. 2122-26]* **et le maire, l'adjoint ou le conseiller municipal intéressé doit s'abstenir de participer à la délibération du conseil municipal relative à la conclusion ou à l'approbation du contrat. En outre, par dérogation au deuxième alinéa de l'article L. 121-15 du code des communes** *[devenu CGCT, art. L. 2121-18]*, **le conseil municipal ne peut décider de se réunir à huis clos.** — *Civ. 25 ; Dom. État L. 69 ; Élect. L. 7.*

V Circ. CRIM 98-03 G3 du 7 avr. 1998 (BOMJ n° 70, p. 140).

RÉP. PÉN. v° *Prise illégale d'intérêts,* par SEGONDS.

BIBL. ▶ CONTE, *Gaz. Pal. 1992. 1. Doctr. 70* (le délit d'ingérence, spécialement par un maire ou par un conseiller municipal). - MAJEROWICZ, *JCP 1994. I. 3808* (rémunération des élus, dirigeants de sociétés d'économie mixte). - ROGER, *JCP 1998. I. 102* (la notion d'avantage injustifié). - LAVAL, *Dr. adm. 2003, Chron. 10* (l'état du droit concernant la prise illégale d'intérêts). - MULLER, *Dr. pénal 2012. Étude 1* (droit pénal des conflits d'intérêts). - BRIGANT, *Dr. pénal 2012. Étude 3* (affaires, conflits d'intérêts, probité... Cachez cette prise illégale d'intérêts que je ne saurais voir). - DIEU, *RLCT 2007/20, n° 573* (sanction par le juge d'un acte administratif constitutif d'une prise illégale d'intérêts). - DUPIC, *JCP G 2009, n° 26, 44, p. 26* (prise illégale d'intérêt ou le mélange des genres). - MÉSA, *RLCT 2012/82, n° 2289* (caractérisation de la prise illégale d'intérêts à l'encontre de l'élu participant à une délibération à laquelle il est intéressé). - SCHMIDT, *D. 2013, Chron. 446* (essai de systématisation des conflits d'intérêts). - SEGONDS, *RSC 2014. 877* (Loi organique n° 2013-906 du 11 octobre 2013 et loi n° 2013-907 du 11 octobre 2013 relatives à la transparence de la vie publique... ou à la préservation des délits de prise illégale d'intérêts).

▶ **Dossier.** MOLFESSIS (sous la direction de), Les mouvements du droit face aux conflits d'intérêts, *JCP G 2011, supplément au n° 52.*

▶ **Circulaire.** CRIM 98-03 G3/07-04-98, *BOMJ 1998, n° 70, p. 140* (prévention du délit de prise illégale d'intérêts en matière de baux ruraux).

Corresp. : *C. pén., ancien art. 175.*

Plan des annotations

BIBL. Dieu, *RLCT 2007/20, n° 573* (la sanction par le juge d'un acte administratif constitutif d'une prise illégale d'intérêts). – Dupic, *JCP 2009, n° 26, 44, p. 26* (la prise illégale d'intérêt ou le mélange des genres). – Mesa, *RLCT 2012/82, n° 2289* (caractérisation de la prise illégale d'intérêts à l'encontre de l'élu participant à une délibération à laquelle il est intéressé). – Segonds, *RSC 2014. 877* (L.-org. n° 2013-906 du 11 oct. 2013 et L. n° 2013-907 du 11 oct. 2013 relatives à la transparence de la vie publique… ou à la préservation des délits de prise illégale d'intérêts).

▸ **Dossier.** Molfessis (ss. la dir. de), Les mouvements du droit face aux conflits.

I. INCRIMINATION

1. QPC. La question prioritaire de constitutionnalité posée et transmise par la juridiction est la suivante : « Les dispositions de l'art. 432-12 C. pén., en ce qu'elles ne définissent pas en termes suffisamment clairs et précis le délit de prise illégale d'intérêts, portent-elles atteinte aux droits et libertés que la Constitution garantit et plus précisément aux principes constitutionnels de légalité des délits et des peines, de clarté et de prévisibilité de la loi, garantis par l'art. 34 Const. et l'art. 8 DDH ? » ; les dispositions critiquées sont applicables au litige ; elles n'ont pas été déclarées conformes à la Constitution dans les motifs et le dispositif d'une décision du Conseil constitutionnel ; ne portant pas sur l'interprétation d'une disposition constitutionnelle dont le Conseil constitutionnel n'aurait pas eu l'occasion de faire application, la question n'est pas nouvelle ; la question posée ne présente pas, à l'évidence, un caractère sérieux dès lors que la rédaction du texte en cause est conforme aux principes de précision et de prévisibilité de la loi pénale dont elle permet de déterminer le champ d'application sans porter atteinte au principe constitutionnel de légalité des délits et des peines ; d'où il suit qu'il n'y a pas lieu de renvoyer la question au Conseil constitutionnel. • Crim. 30 nov. 2011, n° 11-90.093 P : *D. 2012. 98* ; *RLCT 2012/79, n° 2192, note Mayaud.*

2. Secteur immobilier. La L. du 13 juill. 2006 portant engagement national pour le logement a abrogé l'infraction spéciale de prise illégale d'intérêts applicable aux dirigeants et aux employés des organismes d'habitations à loyers modérés ainsi qu'à ceux des organismes agréés collecteurs de la participation des employeurs à l'effort de construction ; la loi nouvelle prévoit que les conventions entre ces organismes et leurs dirigeants doivent être autorisées par le conseil d'administration ; il en résulte, d'une part, que, si la prise d'intérêts par lesdits dirigeants reste punissable par application des dispositions générales de l'art. 432-12 C. pén., c'est à la condition de n'avoir pas été régulièrement autorisée et, d'autre part, que, s'agissant de faits commis avant l'entrée en vigueur de la L. du 13 juill. 2006, seules les peines plus douces prévues par l'art. L. 423-11, ancien, CCH peuvent être prononcées ; en cet état, justifie sa décision la cour d'appel qui, uniquement saisie de l'action civile et pour dire que le prévenu a commis l'infraction de prise illégale d'intérêts, retient qu'en 1998 et 1999 il a acquis la majorité du capital d'une société qui fournissait des services informatiques à l'organisme collecteur, dont il était le directeur, et qu'il ne peut se prévaloir d'une autorisation, antérieure à sa prise d'intérêts, donnée par le conseil d'administration à la convention de services entre l'organisme et la société. • Crim. 9 sept. 2008, n° 07-87.900 P.

A. PERSONNES INTÉRESSÉES

3. « Ancien » code pénal. L'expression « tout fonctionnaire, tout officier public, tout agent du Gouvernement » comprenait tous ceux qui, investis d'un mandat public, puisaient dans ce mandat le droit de concourir à la gestion des affaires de l'État, du département, de la commune ou d'un établissement public. • Crim. 29 nov. 1873 : *DP 1874. 1. 327* • Bastia, 7 juin 1950 : *D. 1950. 547.*

4. L'art. 175 C. pén. n'exigeait pas, pour son application, que la fonction entrât dans la hiérarchie de l'organisation administrative, pourvu que la personne agisse au nom de la puissance publique. • Crim. 20 nov. 1980 : *Bull. crim. n° 310 ; D. 1982. 246, note Jeandidier ; Gaz. Pal. 1981. 1. 359 ; RSC 1981. 607, obs. Vitu.* ♦ … Ou comme représentant d'un organisme à qui l'État avait confié une mission d'intérêt public. • Crim. 21 nov. 1985 : *Bull. crim. n° 370 ; JCP*

1987. II. 20782, note Ourliac et de Juglart ; Gaz. Pal. 1986. 1. Somm. 124 ; RSC 1986. 607, obs. Delmas Saint-Hilaire.

5. De plus, il n'importait, au regard des dispositions dudit article, que le fonctionnaire qui avait pris un intérêt dans des actes eût une position administrative subalterne, dès lors qu'il participait effectivement, au moins en partie, à la surveillance de ces actes. • Crim. 11 mars 1976 : *Bull. crim. n° 93 ; JCP 1976. II. 18460, note Vitu ; Gaz. Pal. 1976. 1. 405.*

6. Ainsi, l'art. 175 C. pén. a-t-il été appliqué : ... à un juge d'un tribunal de commerce. • Lyon, 26 juill. 1910 : *D. 1913. 2. 30.* ♦ ... A un chef de service de la réparation des dommages de guerre et à un expert officiel des dommages de guerre, considérés comme des agents du Gouvernement au sens de ce texte. • Crim. 28 févr. 1925 : *DH 1925. 240.* ♦ ... A un agent technique du service de l'aéronautique. • Crim. 21 déc. 1935 : *Gaz. Pal. 1936. 1. 138.* ♦ ... A un délégué départemental adjoint d'un ministère, qui, bien qu'agent contractuel, remplissait une fonction publique. • Bastia, 7 juin 1950 : *préc. note 3.* ♦ ... A un intendant de lycée. • Crim. 11 janv. 1956 : *Bull. crim. n° 39.* ♦ ... Au président d'un syndicat intercommunal. • Crim. 2 nov. 1961 : *Bull. crim. n° 438.* ♦ ... A un directeur des services techniques d'une commune. • Crim. 14 juin 1972 : *Bull. crim. n° 204.* ♦ ... A un contrôleur divisionnaire des impôts. • Crim. 11 mars 1976 : *préc. note 5.* ♦ ... A un inspecteur des impôts. • Crim. 3 avr. 1991, n° 89-86.756 P : *D. 1992. 225, note Pagnon.*

7. Ont eu la qualité d'officiers publics : ... les maires. • Crim. 16 déc. 1975 : *Bull. crim. n° 279 ; Gaz. Pal. 1976. 1. 233 ; RSC 1976. 713, obs. Vitu ; Rev. sociétés 1976. 353, obs. M. Guilberteau* • 7 oct. 1976 : *Bull. crim. n° 285 ; RSC 1977. 325, obs. Vitu.* ♦ ... Leurs adjoints. • Crim. 2 févr. 1988 : *Bull. crim. n° 51* • Limoges, 4 févr. 1998 : *BICC 1998, n° 778.* ♦ A été considéré comme un fonctionnaire public, le conseiller municipal investi, par délibération du conseil municipal, d'un mandat relatif à l'exécution d'une mesure touchant à un intérêt communal. • Crim. 29 nov. 1873 : *DP 1874. 1. 327* • 14 janv. 1943 : *Bull. crim. n° 4.*

8. Ont été retenus comme agents du Gouvernement : ... le président d'une chambre de commerce et d'industrie, lequel est investi d'un mandat public. • Crim. 20 nov. 1980 : *préc. note 4.* ♦ ... Le directeur général d'une SAFER, qui agit comme représentant d'un organisme à qui l'État a confié une mission d'intérêt public. • Crim. 21 nov. 1985 : *préc. note 4.* ♦ ... Le directeur d'un service d'une agence de développement rural et d'aménagement foncier, assurant également la présidence d'une commission de la chambre d'agriculture, qui dispose du pouvoir d'attribuer des subventions au nom des pouvoirs publics. • Crim. 11 juin 1998 : *D. 1999. Somm. 159, obs. Segonds.*

9. En revanche, les agents subalternes des services publics industriels ou commerciaux n'ont pas été considérés comme ayant la qualité d'agents publics, et a été cassé l'arrêt d'une cour d'appel qui qualifiait d'agents du Gouvernement des ingénieurs d'Électricité de France, alors que ces agents n'étaient chargés d'aucune mission officielle leur donnant droit de délibérer, d'Administrer de liquider ou de surveiller une affaire au nom de la puissance publique. • Crim. 10 févr. 1988 : *Bull. crim. n° 69 ; RSC 1988. 772, obs. Delmas Saint-Hilaire.*

10. N'étant pas chargé d'une mission de service public et n'exerçant aucune prérogative de la puissance publique, un administrateur provisoire, bien que nommé par décision de justice, n'est pas un agent du gouvernement au sens de l'art. 175 ancien C. pén. • Crim. 19 juin 1997, n° 96-83.274 P : *Dr. pénal 1998. 8, note J.-H. Robert.*

11. « Nouveau » code pénal. L'art. 432-12 C. pén. n'exige pas que la personne chargée d'une mission de service public au sens de ce texte dispose d'un pouvoir de décision au nom de la puissance publique. • Crim. 14 juin 2000, n° 99-84.054 P : *Dr. pénal 2001. 5, obs. Véron* (architecte investi d'une mission de maîtrise d'œuvre par et pour le compte d'une collectivité ou un organisme publics). • 26 sept. 2001, n° 01-84.565 P : *D. 2002. Somm. 1800, obs. Segonds ; Dr. pénal 2002. 34, obs. J.-H. Robert* (mandataires judiciaires) • 27 févr. 2002, n° 01-86.024 P [ingénieur au commissariat à l'énergie atomique (CEA) mis à la disposition de l'agence nationale de valorisation de la recherche (ANVAR)]. ♦ Doit être regardée comme chargée d'une mission de service public, au sens de l'art. 432-12 C. pén., toute personne chargée, directement ou indirectement, d'accomplir des actes ayant pour but de satisfaire à l'intérêt général, peu important qu'elle ne disposât d'aucun pouvoir de décision au nom de la puissance publique (dirigeant de fait d'une association chargée de la gestion de mesures de protection judiciaire). • Crim. 30 janv. 2013, n° 11-89.224 P : *D. actu. 13 mars 2013, obs. Le Drevo ; D. 2013. Pan. 2713 ; Gaz. Pal. 8-11 mai 2013, p. 34, obs. Dreyer ; AJ pénal 2013. 613, obs. Lasserre Capdeville ; Dr. pénal 2013, n° 73, obs. Véron ; ibid. 2014. Chron. 3, obs. Bonis-Garçon et Peltier.*

12. ... Directeur départemental de l'équipement. • Rennes, 13 déc. 1994 : *D. 1995. 361, note Bénoit.* ♦ ... Directeur d'un service départemental d'incendie et de secours. • Crim. 27 nov. 2002, n° 02-83.092 P : *D. 2004. Somm. 314, obs. Segonds ; Gaz. Pal. 2003. 2. 2413, note Monnet.*

13. ... Maire d'une commune. • Crim. 20 févr.

1995 : *Dr. pénal 1995. 173, note Véron* • 4 juin 1996, n° 94-84.405 P : *Dr. pénal 1996. 262, obs. Véron* • 25 juin 1996, n° 95-80.592 P : *Dr. pénal 1996. 264, obs. Véron* • 7 mai 1998, n° 97-81.102 P : *Dr. pénal 1998. 128, obs. Véron* • 19 mai 1999, n° 98-82.607 P : *Dr. pénal 1999. 139 (2e arrêt), obs. Véron ; D. 1999. IR 213* • 21 juin 2000, n° 99-86.871 P • 3 mai 2001, n° 00-82.880 P : *Dr. pénal 2001. 99, obs. Véron ; RSC 2002. 111, obs. Delmas Saint-Hilaire* • 9 mars 2005, n° 04-83.615 P : *RLCT 2005/4, n° 97, note Mayaud ; RSC 2006. 75, obs. Delmas Saint-Hilaire* • 4 mars 2020, n° 19-83.390 : *D. 2020. Actu. 537 ; JCP 2020. 337, obs. Brigant ; Dr. pénal 2020, n° 109, obs. Conte.*

14. ... Adjoint au maire. • Crim. 18 juin 1996 : *Dr. pénal 1996. 263 (1er arrêt), obs. Véron* • 6 août 1996, n° 95-84.602 P : *Dr. pénal 1996. 263 (2e arrêt), obs. préc. Véron* • 25 juin 1996 : *préc. note 13* • Poitiers, 9 janv. 1998 : *JCP 1998. IV. 2453* • Limoges, 4 févr. 1998 : *BICC 1998. 778.*

15. Mais, selon l'art. 42 de la L. du 6 févr. 1992, complétant l'art. 8 de la L. du 7 juill. 1983 et devenu l'art. L. 1524-5 CGCT, les élus locaux représentant une collectivité territoriale au conseil d'administration d'une société d'économie mixte peuvent exercer, dans cette société, des fonctions rétribuées lorsqu'ils y ont été autorisés par une délibération expresse de l'assemblée qui les a désignés ; est ainsi justifié, par substitution de motifs, – les faits poursuivis, comme antérieurement à la L. du 6 févr. 1992 n'étant pas punissables – l'arrêt de non-lieu qui, dans une information suivie du chef d'ingérence contre un adjoint au maire ayant exercé les fonctions de directeur général d'une société d'économie mixte en percevant une rémunération, relève que l'intéressé représentait la commune au conseil d'administration de cette société et que le principe d'une rémunération de fonctions avait été voté par délibération du conseil municipal. • Crim. 6 août 1996 : *préc. note 14.*

16. ... Conseiller municipal. • Crim. 14 nov. 2007, n° 07-80.220 P.

17. ... Conseiller territorial de Corse. • Crim. 10 avr. 2002, n° 01-84.286 P : *D. 2003. Somm. 246, obs. Segonds ; Dr. pénal 2002. 105, obs. Véron ; Gaz. Pal. 2004. 1. Somm. 628, note A.C.*

18. ... Président d'un syndicat intercommunal. • Toulouse, 31 mai 2000 : *JCP 2001. IV. 1514.*

19. ... Président d'un conseil général. • Crim. 24 oct. 1996 : *Gaz. Pal. 1997. 1, chron. crim. 36* • 18 oct. 2000, n° 99-88.139 P • 27 nov. 2002, n° 02-81.581 P : *D. 2003. 2406, note Segonds ; JCP 2003. II. 10093, note Jeandidier ; Gaz. Pal. 2003. 2. 2415, note Monnet.*

20. ... Président d'une chambre de commerce et d'industrie. • Crim. 5 nov. 1998, n° 97-80.419 P : *JCP 1999. II. 10182, note Jeandidier.* ♦ ... Secrétaire général d'une chambre des métiers, auquel a été confié par l'État une mission d'intérêt général, qui doit être regardé tant comme agent du gouvernement, au sens de l'art. 175 ancien C. pén., que comme une personne chargée d'une mission de service public, au sens de l'art. 432-12 du même code. • Crim. 10 sept. 2003, n° 02-87.094 P : *D. 2004. Somm. 2758, obs. Segonds ; Dr. pénal 2004. 19, obs. Véron.*

21. ... Président de la Commission du développement des archipels de Polynésie française. • Crim. 22 sept. 1998 : *Dr. pénal 1999. 21, obs. Véron.* ♦ ... Ministre du gouvernement de Polynésie. • Papeete, 17 avr. 2008 : *JCP 2008. IV. 2698* • Crim. 3 déc. 2008 : *Dr. pénal 2009, n° 38, obs. Véron.*

22. ... Architecte investi d'une mission de maîtrise d'œuvre par et pour le compte d'une collectivité ou un organisme publics. • Crim. 14 juin 2000 : *préc. note 11.*

23. ... Président de la Fédération nationale de ski, établissement d'utilité publique détenant des prérogatives de puissance publique. • Chambéry, 11 janv. 2001 : *JCP 2001. IV. 2596.*

24. ... Mandataires judiciaires. • Crim. 26 sept. 2001 : *préc. note 11* • Versailles, 26 févr. 2003 : *Gaz. Pal. 2004. 1. Somm. 1300.*

25. ... Membre du conseil d'administration d'un port autonome, établissement public à caractère industriel et commercial. • Crim. 21 nov. 2001, n° 00-87.532 P : *D. 2003. Somm. 245, obs. Segonds ; Gaz. Pal. 2002. 2. 1008, note Petit.* ♦ ... Mais non le directeur général adjoint de « fret SNCF ». • Crim. 28 oct. 2015, n° 14-82.186 P : *D. actu. 12 nov. 2015, obs. Dufourq.*

26. .... Commissaire de police. • Aix-en-Provence, 30 mars 2005 : *JCP 2005. IV. 2948.*

27. ... Président d'un conseil régional des notaires, établissement d'utilité publique, auquel a été confiée par le Conseil supérieur du notariat, également établissement d'utilité publique, la mission d'intérêt général de faciliter l'obtention de stages aux futurs notaires, qui doit être regardé comme une personne chargée d'une mission de service public, au sens de l'art. 432-12 C. pén. (et 432-15, sol. impl.), peu important qu'il ne disposât pas, dans l'exercice de cette mission, de prérogatives de puissance publique. • Crim. 21 sept. 2005, n° 04-85.056 P.

28. ... Directeur d'hôpital. • Crim. 14 déc. 2005, n° 05-83.898 P : *Dr. pénal 2006, n° 59, obs. Véron.*

29. ... Président du conseil départemental de la Croix-Rouge (association), chargé en tant que tel d'exercer une fonction ou d'accomplir des actes ayant pour but de satisfaire à l'intérêt général, et qui est une personne investie d'une mission de service public au sens de l'art. 432-12 C. pén.

• Crim. 3 avr. 2007, n° 06-83.801 P : *Dr. pénal 2007, n° 127, obs. Véron.*

30. ... Officier supérieur des armées, qui, en sa qualité de chef du centre de soutien logistique de la section d'études et de fabrication des transmissions, ayant en charge la gestion des ressources de cet établissement, était dépositaire de l'autorité publique. • Cass., ass. plén., 4 juill. 2008, n° 00-87.102 P : *JCP 2008. Actu. 513.*

31. ... Président d'université. • Crim. 17 déc. 2008, n° 08-82.318 P : *AJ pénal 2009. 131, obs. Lasserre Capdeville ; Dr. pénal 2009, n° 39, obs. Véron.*

B. PRISE D'INTÉRÊTS

32. QPC. La QPC est ainsi rédigée : « Les dispositions de l'article 432-12 du code pénal, telles qu'interprétées de façon constante par la Cour de cassation, en ce qu'elles incriminent des comportements ne portant pas atteinte à l'intérêt général ni aux intérêts particuliers, sont-elles contraires au principe de nécessité et de proportionnalité des peines consacré par l'article 8 de la Déclaration des droits de l'homme de 1789 et au principe de légitimité de l'incrimination qui découle de l'article 5 de cette même Déclaration de 1789 ? » ; la question posée ne présente pas un caractère sérieux, dès lors que le législateur, en incriminant le fait, par une personne exerçant une fonction publique, de se placer dans une situation où son intérêt entre en conflit avec l'intérêt public dont elle a la charge, a entendu garantir, dans l'intérêt général, l'exercice indépendant, impartial et objectif des fonctions publiques, de sorte que l'art. critiqué ne porte atteinte à aucun des principes constitutionnels invoqués. • Crim. 20 déc. 2017, n° 17-81.975 QPC.

1° CONSOMMATION

a. Intérêt

33. Intérêt quelconque. Selon les art. 175 ancien et 432-12 C. pén., le délit de prise illégale d'intérêts est constitué notamment par le fait, pour une personne investie d'un mandat électif public, de prendre un intérêt quelconque dans une entreprise ou dans une opération dont elle a, au moment de l'acte, en tout ou partie, la charge d'assurer la surveillance, l'administration, la liquidation ou le paiement ; cet intérêt peut être de nature matérielle ou morale, direct ou indirect ; méconnaît le sens et la portée des textes susvisés la cour d'appel qui, pour renvoyer un prévenu des fins de la poursuite, énonce que le *législateur n'a pas prévu* « une prise d'intérêt moral et familial » et que le prévenu n'a pris, même par personne interposée, aucun intérêt patrimonial dans les actes litigieux. • Crim. 29 sept. 1999, n° 98-81.796 P : *D. 2000. Somm. 125, obs. Segonds ; Dr. pénal 2000. 15, obs. Véron.* ♦ Le délit prévu par l'art. 175 ancien, repris à l'art. 432-12 C. pén., est caractérisé par la prise d'un intérêt matériel ou moral, direct ou indirect, et se consomme par le seul abus de la fonction indépendamment de la recherche d'un gain ou de tout autre avantage personnel. • Crim. 21 juin 2000, n° 99-86.871 P.

34. Le délit d'ingérence n'exige qu'une prise d'intérêt quelconque à l'acte dont le fonctionnaire a la surveillance ou l'administration. • Rennes, 13 déc. 1994 : *préc. note 12.*

35. Indifférence à l'intérêt communal. L'art. 432-12 C. pén. n'exige pas que l'intérêt pris par le prévenu soit en contradiction avec l'intérêt communal. • Crim. 19 mars 2008, n° 07-84.288 P : *RSC 2008. 593, obs. Mascala ; RLCT 2008/39, n° 1106, note Mayaud ; AJ pénal 2008. 238 .*

36. L'intérêt, matériel ou moral, direct ou indirect, pris par des élus municipaux en participant au vote des subventions bénéficiant aux associations qu'ils président entre dans les prévisions de l'art. 432-12 C. pén. Il n'importe que ces élus n'en aient retiré un quelconque profit et que l'intérêt pris ou conservé ne soit pas en contradiction avec l'intérêt communal. • Crim. 22 oct. 2008, n° 08-82.068 P : *D. 2008. AJ 3013 ; AJ pénal 2009. 34, obs. Royer ; Dr. pénal 2009, n° 3, obs. Véron ; ibid. Chron. 9, obs. Linditch ; AJDA 2008. 2144 .*

37. Nécessité de charges suffisantes. Une commune a porté plainte et s'est constituée partie civile contre M. Z..., son ancien maire, et M. A..., ancien adjoint, des chefs de concussion, prise illégale d'intérêt et recel de ces délits, dénonçant l'octroi par le premier, sans paiement d'une redevance, à une association animée par le second, d'une autorisation de tournage, dans des locaux municipaux, d'un film produit par une société dont M. A... était l'associé majoritaire ; le juge d'instruction a renvoyé devant le tribunal correctionnel M. Z... du chef de concussion et M. A..., la société J... films et l'association J... prod. du chef de recel de ce délit, et a dit n'y avoir lieu à suivre contre les mis en examen des chefs de prise illégale d'intérêt et recel ; pour confirmer la décision de non-lieu, l'arrêt énonce que M. Z... n'entretenait pas de relations amicales avec M. A..., ne détenait aucune participation dans sa société ni n'avait aucun rôle dans son association, et que les seules circonstances que celui-ci ait été un des dix-huit adjoints de celui-là et que les deux hommes se soient retrouvés dans les mêmes lieux lors de manifestations officielles communales, ne caractérisent pas, faute de proximité particulière entre eux, l'existence d'un intérêt au sens de l'art. 432-12 C. pén. ; en l'état de ces énonciations, procédant de son appréciation souveraine, d'où il résulte qu'il n'existait pas de charges suffisantes de la prise, par le maire, d'un intérêt dans l'opération qu'il avait autorisée, la chambre de l'instruction a justifié sa décision. • Crim. 13 mars 2018, n° 17-86.548 : *AJCT 2018. 401, obs. Lasserre Capdeville*.

38. Liens familiaux. Il résulte de l'arrêt attaqué et du jugement qu'il confirme que, à la suite de l'appel d'offre d'une commune dont le prévenu était le maire, une société s'est vue confier l'exécution du lot n° 5 par la commission d'appel d'offre, puis celle du lot n° 2, initialement attribué à une autre entreprise, après que le maire eut rectifié de son propre chef la décision prise par la commission d'appel d'offre ; l'épouse du maire était propriétaire de parts sociales représentant le capital de la société, dont le gérant était son frère, et à laquelle le maire avait consenti un prêt ; pour rejeter l'argument du prévenu qui faisait valoir qu'il avait renoncé à la qualité d'associé que lui conférait la détention des parts par son épouse, commune de biens, et le déclarer coupable de prise illégale d'intérêts, la cour d'appel retient que, malgré cette renonciation, le maire avait, de par ses liens familiaux ainsi qu'en raison du prêt consenti et non encore remboursé à la date des faits, reçu et conservé des intérêts directs et indirects dans l'entreprise attributaire du marché, alors qu'en tant que maire, ordonnateur des dépenses de la municipalité, il était chargé d'assurer la surveillance, l'administration, et la liquidation des opérations ; en l'état de ces énonciations, la cour d'appel, qui a répondu aux articulations essentielles des conclusions dont elle était saisie, a justifié sa décision. • Crim. 19 nov. 2003, n° 03-80.660 : *Dr. pénal 2004. 35, obs. Véron.*

39. Le fait pour le prévenu, président du conseil départemental de la Croix-Rouge (association), de confier à une société dirigée par des membres de sa famille des prestations effectuées pour le compte de la Croix-Rouge et payées par elle caractérise l'immixtion dans une entreprise ou une opération dont il a, au moment de l'acte, la charge d'assurer la surveillance, l'administration, la liquidation ou le paiement. • Crim. 3 avr. 2007, n° 06-83.801 P : *Dr. pénal 2007, n° 127, obs. Véron.*

40. Liens d'amitié. Un lien d'amitié peut être constitutif de l'« intérêt quelconque » nécessaire à la caractérisation du délit de prise illégale d'intérêts. • Crim. 5 avr. 2018, n° 17-81.912 P : *D. actu. 13 avr. 2018, obs. Goetz ; AJ pénal 2018. 313, obs. Lasserre Capdeville*.

41. Lien d'affaires. D'une part, caractérise un intérêt, au sens de l'art. 432-12 C. pén., l'existence d'un lien d'affaires qui unit l'auteur de ce délit à la personne bénéficiant d'une décision prise par lui dans le cadre de ses fonctions publiques, peu important que ce lien ait été développé au sein d'une société sans rapport avec l'opération dont il a la charge d'assurer la surveillance, l'administration, la liquidation ou le paiement, d'autre part, caractérisent l'aide ou l'assistance donnée dans les faits qui ont préparé ou facilité l'infraction commise, les conseils techniques réitérés prodigués par une personne qui a intérêt à la réalisation de cette opération. • Crim. 20 mars 2019, n° 17-81.975 P : *D. actu. 12 avr. 2019, obs. Fonteix ; AJ pénal 2019. 386, obs. Sordino ; JCP 2019. 456, note J.-H. Robert.*

42. POS. Le conseiller municipal qui participe au groupe de travail et aux délibérations du conseil municipal relatifs à l'élaboration d'un projet de révision du POS de la commune ne commet pas de délit d'ingérence, dès lors que le reclassement des terres opéré par la révision du POS ne constitue pas, en l'espèce, un intérêt ; en effet, un reclassement plus favorable avait déjà été proposé par un autre projet de révision et était, de manière inéluctable, commandé par la situation des lieux et par la stricte interprétation, dans l'intérêt de la commune, des lois et règlements applicables en matière d'occupation des sols. • Poitiers, 9 janv. 1998 : *JCP 1998. IV. 2453.* ♦ ... En revanche, le même conseiller municipal, adjoint au maire délégué à la voirie, se rend coupable de prise illégale d'intérêts, dès lors qu'il participe, par mandataire interposé, à la délibération adoptant le POS ayant conduit à classer en zone constructible des terres lui appartenant classées auparavant en zone non constructible, et qu'il obtient, à titre dérogatoire, une autorisation d'application du POS par anticipation, lui permettant d'adjoindre à des terres non constructibles des terrains contigus situés en zone constructible et ainsi de constituer des lots de lotissement qu'il a par la suite vendus pour réaliser un bénéfice substantiel ; peu importe que cette prise d'intérêt ait été réalisée dans un esprit de lucre et de profit. • Même arrêt.

b. Matérialité

43. Temps de l'action. Le délit, prévu et réprimé par l'art. 175, al. 1er, C. pén., n'existe qu'autant que le fonctionnaire ou l'officier public a, au temps de l'acte, l'administration ou la surveillance de l'affaire dans laquelle il a pris intérêt. • Crim. 24 oct. 1957 : *Bull. crim. n° 676.* ♦ ... Celles-ci se réduiraient-elles à de simples pouvoirs de préparation ou de propositions de décisions prises par d'autres. • Crim. 7 oct. 1976 : *Bull. crim. n° 285 ; RSC 1977. 325, obs. Vitu*

44. Amnistie. Saisie, sur le fondement de la L. du 20 juill. 1988, d'une requête tendant à la constatation de l'amnistie d'un délit d'ingérence, en raison du quantum de la peine prononcée, une cour d'appel écarte, à bon droit, la demande en retenant que les faits étaient postérieurs au 20 mai 1988, dès lors que la déclaration définitive de culpabilité visait la vente, par un maire, d'un terrain communal à une société qu'il dirige, suivie des actes d'ingérence réitérés en 1989 après la signature de l'acte authentique en février 1988, ces actes consistant en une délibération du conseil municipal autorisant la vente, à la diligence du maire, et en la réquisition de celui-ci au receveur percepteur pour encaisser le prix. • Crim. 20 févr. 2001, nº 00-82.851 P.

45. Infraction formelle. Il n'importe que, pour des raisons indépendantes de la volonté du prévenu, les affaires incriminées n'aient pu se réaliser, le délit d'ingérence étant alors consommé et non point seulement tenté. • Crim. 16 déc. 1975, nº 91-04.575 P : *Gaz. Pal. 1976. 1. 233 ; RSC 1976. 713, obs. Vitu ; Rev. sociétés 1976. 353, obs. M. Guilberteau.*

46. Le délit de prise illégale d'intérêts est consommé dès que l'agent public a pris ou reçu un intérêt dans une opération dont il avait, au moment de l'acte, la charge d'assurer l'administration ou la surveillance, peu important que, pour des raisons indépendantes de sa volonté, l'opération en cause n'ait pu aboutir ; se rend coupable de prise illégale d'intérêts le gérant de tutelle de majeurs protégés d'un hôpital qui constitue une société civile immobilière afin d'acquérir les immeubles nécessaires à la réalisation d'une structure d'accueil pour majeurs protégés, le financement de la SCI étant assuré par des fonds prélevés sur les comptes bancaires des majeurs protégés, le prévenu ayant également fait souscrire des contrats d'assurance par des majeurs protégés par l'intermédiaire de son frère salarié dans un cabinet d'assurance, même si ces opérations financières n'ont pas abouti en raison du refus d'autorisation du juge des tutelles. • Crim. 21 févr. 2001, nº 00-81.167 P : *D. 2001. IR 1591 ; ibid. 2001. Somm. 2353, obs. Segonds.*

47. Indifférence au respect de la réglementation. Le fait qu'un prévenu, en sa qualité de maire, se soit soumis aux règles de recrutement instaurées par la L. nº 84-53 du 26 janv. 1984 et le Décr. nº 86-68 du 10 janv. 1986 pour désigner le directeur général des services de sa commune, est sans incidence sur la caractérisation du délit de prise illégale d'intérêt dès lors qu'il est, en toute connaissance de cause, intervenu à tous les stades de la procédure ayant abouti au recrutement à ce poste d'un membre de sa famille, quelles que soient les compétences professionnelles de celui-ci. • Crim. 4 mars 2020, nº 19-83.390 : *D. 2020. Actu. 537 ; JCP 2020. 337, obs. Brigant ; Dr. pénal 2020, nº 109, obs. Conte.*

48. Indifférence au profit personnel. Lorsqu'un fonctionnaire prend un intérêt dans un acte dont il a la surveillance, il est punissable alors même qu'il n'aurait retiré aucun profit personnel de l'opération, ou que le profit en résultant ne lui aurait été remis qu'après l'opération. • Crim. 1er juill. 1953 : *Bull. crim. nº 229* • 11 janv. 1956, nº 1.810 P. ♦ Le délit se *consomme par le seul* abus de la fonction, indépendamment de la recherche d'un gain ou de tout autre avantage personnel. • Crim. 2 nov. 1961 : *Bull. crim. nº 438* • 14 juin 2000, nº 99-84.054 P : *Dr. pénal 2001. 5, obs. Véron* • 21 juin 2000, nº 99-86.871 P. ♦ ... Mais, à défaut de profit personnel procuré aux prévenus, de larges circonstances atténuantes doivent leur être accordées. • T. corr. Poitiers, 19 mars 1980 : *JCP 1980. II. 19409, note de Lestang.*

49. Le délit d'ingérence est caractérisé dès lors qu'il est établi, d'une part, que les prévenus devaient exercer, en qualité de maire ou d'adjoint au maire, une surveillance sur l'activité de la société civile immobilière chargée de l'aménagement du littoral et dont la constitution avait été décidée par le conseil municipal et, d'autre part, qu'ils ont pris un intérêt personnel, même sans rémunération ou contrepartie pécuniaire, dans le fonctionnement de ladite société. • Crim. 25 juin 1996, nº 95-80.592 P : *Dr. pénal 1996. 264, obs. Véron.*

50. A justifié sa décision la cour d'appel qui relève que les marchés litigieux étaient renouvelables par tacite reconduction et que la prévenue n'avait pas fait cesser les situations illicites qui lui sont reprochées, peu important qu'elle ait retiré ou non un bénéfice quelconque des opérations visées à la prévention, dès lors qu'elle avait connaissance de leur caractère illicite. • Crim. 3 mai 2001, nº 00-82.880 : *préc. note 13.*

51. Surveillance ou administration de l'opération. Est justifiée la décision de non-lieu à l'égard d'un adjoint au maire poursuivi pour délit d'ingérence, qui avait en sa qualité de directeur administratif d'une association reçu une subvention du conseil municipal ; en l'absence de délégation de pouvoirs, si ce n'est en matière d'état civil, il n'avait aucun rôle de surveillance ou de contrôle de l'association dont il n'était que le salarié ; ainsi, un des éléments constitutifs du délit d'ingérence faisait défaut. • Crim. 6 août 1996, nº 95-84.602 P : *Dr. pénal 1996. 263 (2e arrêt), obs. Véron.*

52. La participation d'un conseiller d'une collectivité territoriale à un organe délibérant de celle-ci, lorsque la délibération porte sur une affaire dans laquelle il a un intérêt, vaut surveillance ou administration de l'opération au sens de l'art. 432-12 C. pén. • Crim. 19 mai 1999, nº 98-80.726 P : *D. 2000. Somm. 124, obs. Segonds ; Dr. pénal 1999. 139 (1er arrêt), obs. Véron.*

53. L'art. 432-12 C. pén. incrimine le fait, par une personne investie d'un mandat électif public, de prendre, recevoir ou conserver, directement ou indirectement, un intérêt quelconque dans une entreprise ou dans une opération dont elle a, au moment de l'acte, en tout ou en partie, la charge d'assurer la surveillance, l'administration, la liquidation ou le paiement ; il importe peu que la charge d'assurer la surveillance, l'administration, la liquidation ou le paiement, provienne de sa situation à l'intérieur de l'entreprise ou de ses relations avec les intervenants privés de l'opération, ou de son rôle au titre de la collectivité dont elle est l'élue ; le champ d'application de ce texte ne se limite pas au cas où cette charge relèverait de la fonction élective ; se rend donc coupable de prise illégale d'intérêts la conseillère municipale qui participe à la délibération du conseil municipal qui attribue des travaux à une entreprise dans laquelle elle exerce des pouvoirs directs en tant que secrétaire et comptable et indirects en tant qu'épouse du dirigeant et actionnaire ; vainement est-il soutenu que le mandat de conseiller municipal ne lui conférerait pas la charge d'assurer la surveillance, l'administration, la liquidation ou le paiement de l'opération concernée. • Toulouse, 7 oct. 1999 : *D. 2000. IR 66.*

54. Se rend coupable de prise illégale d'intérêt, le président d'une fédération sportive, établissement d'utilité publique détenant des prérogatives de puissance publique, pour avoir accepté une collaboration rémunérée avec un cabinet de courtage, lequel était par ailleurs chargé de la négociation des contrats d'assurance pour le compte de la fédération ; le prévenu était en effet ici chargé de contrôler et de surveiller les opérations réalisées par le cabinet de courtage, l'absence de rémunération directe et de contrat entre la fédération et le cabinet étant indifférente dans la mesure où le premier était directement rémunéré par les compagnies d'assurance contractant avec la fédération. • Chambéry, 11 janv. 2001 : *préc. note 23.*

55. Indifférence au pouvoir de décision. Le délit prévu par les art. 175 ancien et 432-12 nouveau C. pén. est constitué par la prise d'intérêt dans une affaire dont l'officier public avait l'administration ou la surveillance, celles-ci se réduiraient-elles à de simples pouvoirs de préparation ou de propositions de décisions prises par d'autres. • Crim. 22 sept. 1998 : ☎ *Dr. pénal 1999. 21, obs. Véron* • Limoges, 4 févr. 1998 : *BICC 1998. 778.* ♦ Le délit de l'art. 432-12 C. pén. est consommé dès que le prévenu a pris, reçu ou conservé, directement ou indirectement, un intérêt dans une affaire dont il avait l'administration ou la surveillance, celles-ci se réduiraient-elles à de simples pouvoirs de préparation ou de propositions de décisions prises par d'autres. • Crim. 14 juin 2000, ☎ n° 99-84.054 P : *Dr. pénal 2001, n° 5, obs. Véron* • 14 déc. 2005, ☎ n° 05-83.898 P : *Dr. pénal 2006, n° 59, obs. Véron.*

56. Participation exclusive de tout vote. La participation, serait-elle exclusive de tout vote, d'un conseiller d'une collectivité territoriale à un organe délibérant de celle-ci, lorsque la délibération porte sur une affaire dans laquelle il a un intérêt, vaut surveillance ou administration de l'opération au sens de l'art. 432-12 C. pén. • Crim. 14 nov. 2007, ☎ n° 07-80.220 : *préc. note 42.* ♦ ... Par délibérations en date des 21 juin 1999, 23 mars 2000 et 19 sept. 2000, le conseil municipal d'une commune a décidé la cession de parcelles communales à une société civile immobilière gérée par un conseiller municipal, détenteur de 90 % des parts sociales ; le conseiller municipal et son épouse, se substituant, lors de l'acte de vente, à la SCI, sont devenus propriétaires desdits terrains, dont ils ont ensuite échangé une partie contre des parcelles contiguës appartenant à une société chargée de les lotir, ce qui leur a permis de devenir propriétaires de terrains constructibles et viabilisés aux frais de ladite société ; pour déclarer le conseiller municipal et le maire coupables respectivement de prise illégale d'intérêts et de complicité, la cour d'appel relève que le conseiller municipal était présent et exerçait les fonctions de secrétaire de séance lors de la première délibération du conseil municipal engageant l'opération d'urbanisation ainsi que lors des délibérations suivantes au cours desquelles le projet a été « finalisé » ; dès lors, nonobstant le fait qu'il n'ait jamais pris part aux votes et soit sorti lors de ces derniers, sa participation active aux séances déclaratives du conseil municipal précitées vaut surveillance ou administration au sens de l'art. 432-12 C. pén. • Même arrêt.

57. S'est rendu coupable de prise illégale d'intérêts un ministre du gouvernement de Polynésie qui a participé aux délibérations du conseil des ministres alors qu'elles portaient sur un projet d'arrêté portant autorisation d'occupation temporaire d'un emplacement du domaine public maritime, autorisation qui devait être accordée au ministre lui-même moyennant une redevance annuelle. • Papeete, 17 avr. 2008 : *JCP 2008. IV. 2698.* ♦ Conf. par : • Crim. 3 déc. 2008, ☎ n° 08-83.532 : *Dr. pénal 2009, n° 38, obs. Véron.*

58. Un ingénieur au Commissariat à l'énergie atomique (CEA) avait été mis à la disposition de l'Agence nationale de valorisation de la recherche (ANVAR) pour occuper le poste de représentant du CEA auprès d'une délégation régionale ; il avait notamment pour mission d'assister le délégué régional dans l'instruction des dossiers de demande d'aide à l'innovation ; il avait instruit une demande formée par une société pour mettre au point un prototype industriel avec une société sous-traitante dont il était actionnaire et a reçu de cette société une somme d'argent, un ordinateur et des matériels informatiques en rémunération de son intervention auprès de l'ANVAR pour l'obtention des subventions ; la cour d'appel justifie sa décision de condamnation du prévenu pour trafic d'influence et prise illégale d'intérêts, dès lors qu'il était chargé d'accomplir des actes ayant pour but de satisfaire à l'intérêt général, peu important qu'il ne disposât d'aucun pouvoir de décision. • Crim. 27 févr. 2002, ☎ n° 01-86.024 P.

59. Simple préparation. Un membre du conseil d'administration du port autonome de Nouméa, désigné par l'organe exécutif du territoire de la Nouvelle-Calédonie, avait sollicité et obtenu de ce conseil, au nom de la société de transport des îles, dont il était actionnaire et gérant de fait, et qui louait une partie des docks et bureaux du port autonome, la remise gracieuse des redevances impayées sur deux années ; le prévenu se rend coupable de prise illégale d'intérêts dès lors qu'il a accompli sciemment l'acte constituant l'élément matériel du délit ; il avait en effet participé à la réunion au cours de laquelle a été évoquée la question de la remise gracieuse des redevances et au vote émis par le conseil d'administration accordant cette mesure, peu important qu'il n'ait pas pris part à la discussion précédant ce vote ou que celui-ci n'ait été que formel. • Crim. 21 nov. 2001, n° 00-87.532 P : *D. 2003. Somm. 245, obs. Segonds ; Gaz. Pal. 2002. 2. 1008, note Petit.*

60. Simple avis. Fait une exacte application de l'art. 432-12 C. pén. la cour d'appel qui, pour déclarer le maire d'une commune coupable de prise illégale d'intérêts, retient « qu'il a transmis, avec un avis favorable pour sa reconduction, une demande de subvention présentée par une association dans le fonctionnement de laquelle il avait une grande influence et par laquelle il avait été démarché dans le but de faire travailler pour le compte de celle-ci une entreprise commerciale dont il assumait la direction », relève que le fait que le paiement soit intervenu au moment où l'association connaissait des difficultés financières démontre que ce versement n'a pas été effectué dans l'intérêt de l'association mais dans celui de la société en état de cessation des paiements dont le maire en cause était le gérant, en vue de lui procurer artificiellement de la trésorerie, ajoute qu'il importe peu qu'au moment du vote de la subvention il n'aurait pas encore existé de relation commerciale, du moins formalisée, entre l'association et la société ; en effet, le délit est consommé dès que le prévenu a pris directement ou indirectement un intérêt dans une entreprise ou dans une opération dont il avait, au moment de l'acte, la surveillance ou l'administration, celles-ci se réduiraient-elles au simple pouvoir d'émettre un avis en vue de décisions prises par d'autres. • Crim. 9 mars 2005, n° 04-83.615 P : *RLCT 2005/4, n° 97, note Mayaud ; RSC 2006. 75, obs. Delmas Saint-Hilaire.*

61. Il se déduit de l'art. 432-12 C. pén. que le délit de prise illégale d'intérêts est consommé dès lors que le prévenu a pris directement ou indirectement un intérêt dans une entreprise ou dans une opération dont il avait, au moment de l'acte, la surveillance ou l'administration, celles-ci se réduiraient-elles au simple pouvoir d'émettre un avis en vue de décisions prises par d'autres. • Crim. 15 janv. 2020, n° 19-80.494 : *Gaz. Pal. 2020. 1763, obs. Dreyer.*

62. Réunion informelle. A justifié sa décision la cour d'appel qui déduit de la participation du prévenu, maire de la commune, à une réunion informelle la part prise à la surveillance, au sens de l'art. 432-12 C. pén., de l'opération litigieuse de cession de parcelles, propriété de la commune, caractérisant ainsi le délit de prise illégale d'intérêt à son encontre. • Crim. 20 janv. 2021, n° 19-86.702 : *JCP 2021. 223, obs. Brigant.*

63. Indifférence à la délégation. La participation d'un conseiller municipal, par personne interposée munie d'un pouvoir spécial, aux délibérations d'un conseil municipal, lorsque celles-ci portent sur une affaire dans laquelle il a un intérêt, vaut surveillance ou administration de l'opération au sens de l'art. 432-12 C. pén. • Crim. 24 oct. 2001, n° 00-86.681 : *Dr. pénal 2002. 29, obs. Véron.*

64. Une société dont le prévenu, conseiller territorial de Corse, était gérant associé, s'était vu attribuer une aide publique en application d'un règlement adopté par l'Assemblée de Corse, aide que le payeur de Corse avait refusé de verser au motif qu'elle ne remplissait pas les conditions prévues au règlement ; près de deux ans après, l'Assemblée de Corse a adopté un nouveau règlement, sur le fondement duquel des aides ont été versées à la société ; la cour d'appel a justifié sa décision de condamnation du prévenu pour prise illégale d'intérêts dès lors que, conseiller territorial de Corse, il a donné procuration à un autre élu afin qu'il prenne part à la délibération du second règlement accordant ces aides. • Crim. 10 avr. 2002, n° 01-84.286 P : *D. 2003. Somm. 246, obs. Segonds ; Dr. pénal 2002. 105, obs. Véron ; Gaz. Pal. 2004. 1. Somm. 628, note A.C.*

65. Peu importe que l'acte par lequel se réalise la prise d'intérêts soit accompli par un délégataire de signature. • Crim. 27 nov. 2002, n° 02-83.092 P : *D. 2004. Somm. 314, obs. Segonds ; Gaz. Pal. 2003. 2. 2413, note Monnet.*

66. Doit être condamné du chef de prise illégale d'intérêt le prévenu commissaire de police qui a conservé la maîtrise d'une opération d'expulsion forcée visant les occupants d'un immeuble dont il était devenu propriétaire, l'ayant acquis lors d'une vente aux enchères par le biais d'une société civile immobilière constituée par les membres de sa famille ; en effet, si le prévenu a délégué l'exécution de l'expulsion à ses subordonnés, il n'en a pas moins organisé les modalités et donné des instructions aux agents chargés de l'exécution effective de l'expulsion, de sorte que le délit est bien constitué. • Aix-en-Provence, 30 mars 2005 : *JCP 2005. IV. 2948.*

67. Signature différée. Président d'université du 1er sept. 1997 au 31 août 2002, le prévenu a signé le 2 sept. 2002 un contrat d'enseignement daté du 30 août engageant sa sœur, en qualité de professeur contractuel, sur un poste budgétaire de professeur titulaire agrégé de l'enseignement secondaire ; pour le déclarer coupable de prise illégale d'intérêts, l'arrêt énonce qu'en signant le contrat d'enseignement, même de manière différée, aux fins de régularisation de décisions prises pendant son mandat, il a agi en qualité de président d'université et a conféré à cet acte administratif son plein effet, à savoir l'engagement de sa sœur en qualité de professeur contractuel de l'université, administration dont il avait en charge la direction, la gestion et la surveillance ; en l'état de ces énonciations, la cour d'appel, qui a caractérisé en tous ses éléments constitutifs le délit de prise illégale d'intérêts dont elle a reconnu le prévenu coupable, a justifié sa décision. • Crim. 17 déc. 2008, n° 08-82.318 P : *AJ pénal 2009. 131, obs. Lasserre Capdeville ; Dr. pénal 2009, n° 39, obs. Véron.*

68. Le mandatement des charges afférentes à une opération dans laquelle le prévenu a pris, reçu ou conservé un intérêt vaut liquidation au sens de l'art. 432-12 C. pén., peu important que les paiements fussent effectués par une tierce personne. • Crim. 14 déc. 2005, n° 05-83.898 P : *Dr. pénal 2006, n° 59, obs. Véron.*

69. Affectation privative d'un agent public. Justifie sa décision la cour d'appel qui, pour déclarer un maire coupable d'ingérence ou prise illégale d'intérêt, retient que, en sa qualité de maire, il a la charge d'assurer la surveillance et l'administration du personnel communal et d'ordonnancer les dépenses afférentes aux emplois communaux, et relève que le prévenu a embauché, un couple, par l'intermédiaire d'une agence spécialisée dans le recrutement du personnel de maison, et a pris, pendant trois ans, des arrêtés de nomination des intéressés, en qualité d'agents techniques non titulaires, officiellement affectés au « service information » de la commune, alors que ceux-ci ont été employés exclusivement au service du maire et de son épouse, dans leur résidence secondaire. • Crim. 7 mai 1998, n° 97-81.102 P : *Dr. pénal 1998. 128, obs. Véron.* ♦ ... De même, le maire ne saurait se faire un grief de la requalification que les juges du second degré ont cru devoir opérer, à savoir que l'utilisation, par le maire et son épouse, d'un homme à tout faire à leur domicile, employé en qualité d'agent de service à la mairie et officiellement affecté au cabinet du maire, et rémunéré par la ville en tant qu'agent d'entretien, constitue la conservation d'un intérêt illégalement pris, dès lors que les faits constatés, à savoir l'emploi d'un agent communal à des fins privatives, constituent bien le délit de prise illégale d'intérêt visé à la prévention lors de chaque ordonnancement des rémunérations mensuelles. • Même arrêt.

70. Le président d'un conseil régional, à qui il est reproché d'avoir pris directement un intérêt dans une opération dont il avait la charge d'assurer la surveillance, en faisant ordonnancer le traitement d'employés de maison affectés à sa résidence privée, soutient vainement que le vide juridique existant relativement à la mise à disposition des exécutifs des collectivités territoriales de moyens tels que l'usage de résidences de fonction et des personnels associés, alors que la situation des maires et conseillers municipaux est réglementée, s'opposerait à ce que soit constitué le délit incriminé ; en effet, les termes de l'art. 432-12 C. pén. le rendent applicable à toute personne dépositaire de l'autorité publique ou chargée d'une mission de service public ou investie d'un mandat électif public ; le délit reproché est bien constitué, dès lors que le prévenu, alerté sur l'irrégularité de cette situation, a continué à faire assumer sur le budget du conseil régional la rémunération de l'intégralité de l'activité du couple d'employés, alors qu'il lui était possible de prendre à sa charge la part de l'activité de ces employés s'exerçant à son seul profit, ce qu'il n'a jamais voulu envisager. • Paris, 15 juin 2000 : *D. 2000. IR 256.*

c. Intention

71. BIBL. Delmas Saint-Hilaire, *RSC 1988. 83.* ♦ Indifférence à l'intention frauduleuse. L'immixtion prohibée est délictueuse par cela seul que le fonctionnaire contrevient volontairement aux prohibitions de l'art. 175 ; il n'est pas nécessaire qu'il ait agi dans une intention frauduleuse. • Crim. 15 déc. 1905 : *DP 1907. 1. 195, rapp. Mercier* • 22 avr. 1915 : *DP 1921. 1. 139* • 28 mai 1957 : *Bull. crim. n° 447* • 16 déc. 1975 : *ibid. n° 279 ; Gaz. Pal. 1976. 1. 233 ; RSC 1976. 713, obs. Vitu ; Rev. sociétés 1976. 353, obs. M. Guilberteau* • Bastia, 7 juin 1950 : *D. 1950. 547* • T. corr. Valence, 30 juin 1987 : *Gaz. Pal. 1987. 2. 644.* ♦ *Contra* : • Poitiers, 23 mai 1952 : *D. 1952. 501.*

72. L'intention coupable est caractérisée par le seul fait que l'auteur a accompli sciemment l'acte constituant l'élément matériel du délit. • Crim. 27 nov. 2002, n° 02-81.581 P : *D. 2003. 2406, note Segonds ; JCP 2003. II. 10093, note Jeandidier ; Gaz. Pal. 2003. 2. 2415, note Monnet.*

73. L'élément moral du délit résulte du manquement des prévenus à l'obligation, que leur impose leur mandat électif, de vérifier la régularité des engagements qu'ils prennent pour eux-mêmes ou pour la commune. • Crim. 25 juin 1996, n° 95-80.592 P : *Dr. pénal 1996. 264, obs. Véron.*

74. Erreur de droit. Ne présente aucun caractère insurmontable l'erreur de droit tirée de sa qualité d'agent détaché de l'administration alléguée par un prévenu dans des poursuites du chef de prise illégale d'intérêts. • Crim. 11 juin 1998 : *D. 1999. Somm. 159, obs. Segonds.*

75. Est coupable de délit de prise illégale d'intérêts le prévenu qui, cumulant les fonctions de président du conseil d'administration d'une société d'économie mixte exploitant de l'eau de source, de président du syndicat intercommunal d'adduction d'eau potable, de maire et de conseiller général, a fait prendre par le syndicat intercommunal des délibérations favorables à la société d'économie mixte afin de remédier aux problèmes de trésorerie de cette dernière ; le prévenu ne saurait s'exonérer de sa responsabilité pénale en invoquant l'art. 1524-5 CGCT, issu de la L. du 6 févr. 1992, dès lors qu'aucune délibération expresse du syndicat intercommunal n'a fixé le montant maximum de ses rémunérations ou avantages particuliers, ni indiqué précisément la nature des fonctions justifiant le versement de tels rémunérations ou avantages ; le fait que le syndicat intercommunal ait approuvé les comptes de la société d'économie mixte ne peut être considéré comme une véritable délibération expresse fixant un montant maximum de rémunérations ou d'avantages particuliers. • Toulouse, 31 mai 2000 : *préc. note 18.*

d. Complicité

76. Illustrations. Est justifiée la décision de la cour d'appel de retenir la culpabilité du prévenu du chef de complicité d'ingérence (C. pén., art. 432-12), qui relève qu'en sa qualité de représentant légal de la société à laquelle les travaux publics avaient été confiés, il a en connaissance de cause participé à l'intervention occulte d'une société gérée par le maire. • Crim. 4 juin 1996, n° 94-84.405 : *préc. note 79.*

77. Est à bon droit reconnu coupable de complicité du délit prévu à l'art. 175 anc. C. pén. le prévenu qui a mis en œuvre les écrans destinés à masquer les paiements effectués à l'auteur principal de l'ingérence, auquel il a prêté, en connaissance de cause, l'aide et l'assistance nécessaires à la réalisation de l'infraction. • Crim. 29 oct. 1996, n° 95-84.309 : *Gaz. Pal. 1997. 1, Chron. crim. 37.*

78. Par délibérations en date des 21 juin 1999, 23 mars 2000 et 19 sept. 2000, le conseil municipal d'une commune a décidé la cession de parcelles communales à une société civile immobilière gérée par un conseiller municipal, détenteur de 90 % des parts sociales ; le conseiller municipal et son épouse, se substituant, lors de l'acte de vente, à la SCI, sont devenus propriétaires desdits terrains, dont ils ont ensuite échangé une partie contre des parcelles contiguës appartenant à une société chargée de les lotir, ce qui leur a permis de devenir propriétaires de terrains constructibles et viabilisés aux frais de ladite société ; le maire, qui s'était entendu avec le conseiller municipal pour réaliser l'opération litigieuse, l'a, en qualité de rapporteur, présentée lui-même lors des séances du conseil municipal, sans faire état d'un précédent projet de lotir émanant d'une société de construction, à qui il n'avait pas jugé utile de demander une actualisation de son offre, au vu des propositions de son *concurrent ; les juges en concluent* que le maire, qui savait que la SCI était détenue par le conseiller municipal, a porté assistance et facilité la commission du délit de prise illégale d'intérêts reproché à ce dernier. • Crim. 14 nov. 2007, n° 07-80.220 : *préc. note 42.*

2° SEUILS

79. Application dans le temps. Les dispositions de l'art. 432-12 nouv. C. pén. sont divisibles, de sorte que les dispositions moins sévères relatives aux seuils de tolérance de la prise d'intérêts sont applicables aux infractions commises avant leur entrée en vigueur (solution implicite). • Crim. 4 juin 1996, n° 94-84.405 P : *Dr. pénal 1996. 262, obs. Véron ; RSC 1997. 371, obs. Bouloc.*

80. La circonstance que le maire ait présidé une délibération du conseil municipal autorisant la conclusion d'un contrat dans lequel il prend un intérêt rend inapplicables les dispositions moins sévères relatives aux seuils de la prise d'intérêts prohibée au sens de l'art. 432-12 nouv. C. pén. (c'est dire que les dispositions de l'art. 432-12 C. pén. sont divisibles). • Crim. 4 juin 1996 : *préc. note 79.* ♦ Le seuil de 100 000 F prévu par l'art. 432-12 nouv. C. pén. s'apprécie par référence au montant global du contrat soumis à la délibération du conseil municipal, et non d'après le montant de la prise effective d'intérêts. • Même arrêt.

81. Domaine de la dérogation. Les dispositions dérogatoires de l'art. 432-12, al. 2 s., C. pén., applicables aux communes comptant moins de 3 500 habitants, ne peuvent être invoquées par un maire qui conclut lui-même avec un tiers, au nom de la commune, un contrat dans lequel il prend intérêt. • Crim. 29 juin 2005, n° 04-87.294 P : *Dr. pénal 2005, n° 150, obs. Véron ; RLCT 2006/9, n° 225, note Mayaud.*

82. Un conseil municipal a autorisé l'échange de parcelles foncières entre une société dont le gérant est premier adjoint au maire, et la commune ; une telle opération est, en principe, prohibée par les dispositions de l'art. 1596 C. civ., applicables aux échanges en vertu de l'art. 1707 du même code, dès lors qu'en sa qualité de premier adjoint, l'intéressé était appelé, dans les cas prévus par l'art. L. 2122-17 CGCT, à remplacer le maire dans ses fonctions d'administrateur des biens de la commune que lui confère l'art. L. 2122-21 dudit code ; toutefois, s'agissant d'une commune de moins de 3 500 habitants, les dispositions de l'art. 432-12 C. pén. définissant les dérogations au délit de prise illégale d'intérêt institué par cet article, doivent être regardées comme dérogeant également au principe général posé par l'art. 1596 C. civ. • CAA Paris, 20 janv. 2000 : *Gaz. Pal. 2001. 2. Somm. 1682.* ♦ ... Si à défaut de toute évaluation de la valeur de la parcelle échangée par la commune, l'opération litigieuse ne peut être admise comme entrant dans le champ de la dérogation relative au « transfert de biens immobiliers dans la limite d'un montant annuel de 100 000 F », il ressort en revanche des pièces du dossier que cet échange a été réalisé dans le but d'assurer le développement des activités de la société ; la circonstance que cette dernière aurait déjà bénéficié, de fait, de la jouissance de cette parcelle est sans incidence sur l'application des dispositions de l'avant-dernier al. de l'art. 432-12 C. pén. admettant, dans le cas de la création ou du développement de son activité professionnelle, la licéité d'une acquisition d'un bien communal immobilier par un adjoint au maire. • Même décision. ♦ ... Toutefois, il résulte des dispositions de l'art. 432-12 C. pén. aux termes desquelles « le prix ne peut être inférieur à l'évaluation du service des domaines » que, pour réaliser une opération de cession autorisée en vertu de l'avant-dernier al. de cet article, il appartient à la commune de saisir préalablement le service des domaines afin que celui-ci évalue la valeur du bien communal cédé ainsi que, dans le cas d'un échange, celle du bien acquis par la commune en contrepartie ; les parcelles foncières échangées, aux termes de la délibération attaquée, n'ayant pas fait préalablement l'objet d'une évaluation du service des domaines, la délibération a été adoptée par le conseil municipal à l'issue d'une procédure irrégulière et doit être annulée. • Même décision.

3° APPLICATIONS

83. ... Maire d'une commune qui reçoit, en sa qualité personnelle de mandataire d'une société de construction, une rémunération pour son entremise dans la vente à cette société d'un terrain frappé de servitude au profit de sa commune, alors qu'en tant que maire, il était chargé de veiller à l'exécution d'une obligation imposée par le conseil municipal à la société de construction en contrepartie de la mainlevée de la servitude. • Crim. 23 févr. 1966 : *Bull. crim. n° 64.*

84. ... Maire d'une commune qui, par ses pouvoirs de préparation ou de propositions des décisions de son conseil municipal, fait exclure du périmètre d'une ZAC divers lots ou immeubles sur lesquels il possède des intérêts. • Crim. 7 oct. 1976 : *Bull. crim. n° 285 ; RSC 1977. 325, obs. Vitu.* ♦ Rappr. : • Crim. 16 déc. 1975 : *Bull. crim. n° 279 ; Gaz. Pal. 1976. 1. 233 ; RSC 1976. 713, obs. Vitu ; Rev. sociétés 1976. 353, obs. M. Guilberteau.*

85. ... Maire d'une commune qui, pour mettre un terrain à la disposition d'une entreprise, intervient, avec la complicité d'un géomètre, dans des opérations de remembrement, dont il avait pour partie l'administration et pour partie la surveillance, étant membre de la commission communale de remembrement. • T. corr. Poitiers, 19 mars 1980 : *JCP 1980. II. 19409, note de Lestang.*

86. ... Maire d'une commune qui a signé en cette qualité deux contrats avec une société dont les associés n'étaient que des prête-noms de son fils. • Crim. 20 févr. 1995 : *Dr. pénal 1995. 173, note Véron.*

87. ... Maire d'une commune qui, en l'état de travaux de rénovation d'une école primaire attribués à une société, accepte que la réalisation de certains travaux soit confiée par l'attributaire à une autre société dont il est le gérant. • Crim. 4 juin 1996 : *préc. note 79.* ♦ ... Maire d'une commune intervenu dans l'attribution de marchés publics à des sociétés dont il était le gérant de fait. • Crim. 21 juin 2000, n° 99-86.871 P.

88. ... Maire d'une commune et son adjoint chargé des questions maritimes qui, en tant que dirigeant de fait pour le premier, et pris en sa qualité de dirigeant de droit pour le second, d'une société civile immobilière dont la constitution avait été décidée par le conseil municipal, avaient accepté que la commune passât avec ladite société une convention stipulant qu'elle prendrait à sa charge le remboursement d'un prêt. • Crim. 25 juin 1996, n° 95-80.592 P : *Dr. pénal 1996. 264, obs. Véron.*

89. ... Maire d'une commune qui, d'une part, pour la réparation des véhicules de la commune et la fourniture d'essence, a contracté avec son fils, propriétaire d'un garage exploité dans des locaux propriété d'une SCI constituée avec sa femme et son fils, dans laquelle il possédait en tant qu'associé un intérêt, et qui, d'autre part, a loué à la commune un local appartenant à une seconde SCI dont il possédait 25 % du capital. • Crim. 19 mai 1999, n° 98-82.607 P : *Dr. pénal 1999. 139 (2e arrêt), obs. Véron ; D. 1999. IR 213.*

90. ... Maire d'une commune qui a fait réaliser par des employés communaux ou d'un syndicat mixte, sur leur temps de travail, des travaux d'entretien et de rénovation de biens immobiliers ou de terrains lui appartenant. • Crim. 7 mars 2012 : *Gaz. Pal. 2012. 2. 2228, obs. Dreyer.*

91. ... Maire d'une commune, qui, aux fins de recruter son épouse en qualité de secrétaire en remplacement de la titulaire en place, formule contre cette dernière, de façon répétée, des griefs injustifiés ou ne reposant sur aucune preuve tangible, avec pour effet une dégradation de ses conditions de travail, puis signe l'arrêté de nomination de son épouse après conclusion du contrat d'embauche par le centre de gestion de la commune ; il importe peu que le contrat ait d'abord été conclu par le centre de gestion dès lors que le maire a lui-même pris les dispositions pour le renouveler ; par ailleurs, le délit de prise illégale d'intérêt n'exige pas, en pareille circonstance, la réunion d'autres conditions tenant à l'absence de qualification de la salariée ou à l'absence de prestation fournie en contrepartie du salaire alloué. • Crim. 26 nov. 2019, n° 18-87.046 : *Gaz. Pal. 2020. 450, obs. E. Dreyer.*

92. ... Premier adjoint d'une commune qui intervient dans la préparation, comme dans l'adoption de décisions du conseil municipal, qui conditionnent ou influent directement sur la réalisation d'actes passés dans l'office notarial dont il est l'un des titulaires ; il en est de même lorsqu'il participe à la fixation des limites dans lesquelles la commune pourra enchérir lors d'une vente par adjudication publique de biens immobiliers dépendant d'une succession dont son office assure la liquidation. • Crim. 2 févr. 1988, n° 87-82.242 P. ♦ ... Premier adjoint d'une commune, chargé de l'espace rural et de la carte communale, qui a siégé au conseil municipal et voté avec ses collègues la décision de prescrire la carte communale et la création d'une réserve foncière et a, avec le maire, engagé des discussions avec l'un des propriétaires d'un terrain susceptible d'entrer dans la réserve, qui a, au surplus, présidé une commission ayant à l'ordre du jour l'établissement d'un plan d'exposition aux risques et de la carte communale, et qui vend à la commune des terrains aux prix de 48,50 F le m² et 12,50 F le m² alors que le service des Domaines en avait estimé le prix à 4,50 F le m², même s'il n'a pas assisté à la réunion du conseil municipal ayant décidé de l'achat de terres lui appartenant. • Limoges, 4 févr. 1998 : *BICC 1998. 778.*

93. ... Adjoint délégué à l'urbanisme qui a, en cette qualité, signé les avis du maire dans quatre dossiers de demande de permis de construire, alors qu'il était l'architecte auteur des projets produits à l'appui de ces demandes. • Crim. 18 juin 1996, n° 95-82.759 : *Dr. pénal 1996. 263 (1er arrêt), obs. Véron.*

94. Conseiller municipal qui reçoit, en qualité d'architecte, des honoraires sur le montant de travaux exécutés pour le compte de la commune, alors que, en raison de ses fonctions de membre de la commission des travaux, il était chargé de leur surveillance. • Crim. 14 janv. 1943 : *Bull. crim. n° 4.* ♦ ... Conseillère municipale qui participe à la délibération du conseil municipal attribuant des travaux à une entreprise dans laquelle elle exerce des pouvoirs directs en tant que secrétaire et comptable et indirects en tant qu'épouse du dirigeant et actionnaire ; vainement est-il soutenu que le mandat de conseiller municipal ne lui conférerait pas la charge d'assurer la surveillance, l'administration, la liquidation ou le paiement de l'opération concernée. • Toulouse, 7 oct. 1999 : *D. 2000. IR 66.*

95. Élus départementaux. ... Président d'un conseil général qui, dans le but d'apurer des comptes débiteurs, et en particulier celui d'une société exploitant le journal relevant de son obédience politique, dont il était associé et dirigeant de fait, a fait inscrire à l'ordre du jour du bureau le vote d'une subvention supplémentaire *de 535 000 F en faveur d'une association* départementale, sachant que ces fonds étaient en réalité destinés pour partie à combler le découvert bancaire du journal, grâce à une cession de créance consentie ultérieurement sur la subvention, à hauteur de 260 000 F, par le président de l'association. • Crim. 24 oct. 1996 : *Gaz. Pal. 1997. 1, chron. crim. 36.* ♦ ... Président d'un conseil général qui a fait recruter une employée de maison en qualité de collaboratrice de cabinet à mi-temps, puis comme agent vacataire affectée à son cabinet, alors que les fonctions qui lui étaient confiées ne correspondaient pas à la mission susceptible d'être celle d'un collaborateur de cabinet, et que l'intéressée continuait à consacrer la plus grande partie de son activité à son service privé, après que le conseil général se fut substitué à lui pour lui servir sa rémunération. • Crim. 18 oct. 2000, n° 99-88.139 P.

96. ... Méconnaît l'art. 432-12 C. pén. la cour d'appel qui relaxe le prévenu, président d'un conseil général, du chef de prise illégale d'intérêts, dès lors que, d'une part, ordonnateur des dépenses de communication du département payées à une société, il avait pris un intérêt direct dans l'opération dont il avait la charge d'assurer la surveillance, en raison de l'important soutien financier accordé par cette société à deux autres sociétés dont il était actionnaire et administrateur, et que, d'autre part, l'intention coupable est caractérisée du seul fait que l'auteur a accompli sciemment l'acte constituant l'élément matériel du délit. • Crim. 27 nov. 2002, n° 02-81.581 P : *D. 2003. 2406, note Segonds ; JCP 2003. II. 10093, note Jeandidier ; Gaz. Pal. 2003. 2. 2415, note Monnet.*

97. Pour déclarer le président du conseil général coupable de prise illégale d'intérêts lors de l'attribution d'un marché de travaux publics, la cour d'appel relève que le prévenu a présidé la première réunion de la commission d'appel d'offres, au cours de laquelle a eu lieu l'ouverture des plis, puis la seconde réunion, à l'issue de laquelle la société gérée par ses enfants a été déclarée attributaire du marché ; les juges ajoutent qu'il a pris un intérêt moral, en l'espèce familial, du fait que ce marché a bénéficié à une entreprise gérée par ses enfants ; la cour d'appel a justifié sa décision dès lors que le président du conseil général a seul l'administration de l'ensemble des affaires du département, en application de l'art. L. 3221-3 CGCT, notamment de celles relevant de ses pouvoirs de préparation et d'exécution des décisions de la commission d'appel d'offres qu'il préside. • Crim. 9 févr. 2005, n° 03-85.697 P : *RSC 2005. 560, obs. Delmas Saint-Hilaire .*

98. Pour relaxer le président du conseil général du chef de prise illégale d'intérêts, et ses enfants du chef de recel, s'agissant de l'attribution d'un marché de travaux publics, l'arrêt relève que si le prévenu a pris un intérêt moral, en l'espèce familial, dans cette entreprise, en revanche, il n'est pas établi qu'il ait pris une part quelconque, de façon directe ou indirecte, dans le processus de décision comme dans l'ensemble des opérations relatives à ce marché ; les juges énoncent que si celui-ci a été signé par un délégataire du président du conseil général et son paiement effectué par les services de cette collectivité territoriale, on ne saurait néanmoins déduire du seul fonctionnement régulier d'un organisme administratif l'existence de l'élément intentionnel requis par l'art. 121-3 C. pén. ; il ajoute que le délit n'étant pas établi en la personne de l'auteur principal, le recel n'est pas constitué à l'encontre de ses enfants ; en se prononçant ainsi alors que, nonobstant la délégation de signature donnée à un chef de service du conseil général, le président de ce conseil général avait conservé la surveillance ou l'administration de la conclusion du marché avec la société gérée par ses enfants et accompli sciemment l'acte constituant l'élément matériel du délit, la cour d'appel a méconnu le sens et la portée des art. 432-12 et 121-3 C. pén. • Crim. 9 févr. 2005 : *préc. note 97.*

99. Il est reproché au prévenu d'avoir, alors qu'il était vice-président d'un conseil général, participé aux délibérations octroyant des subventions bénéficiant partiellement à la société dont il est dirigeant ; l'art. 432-12 C. pén. exige que la personne visée prenne un intérêt dans une opération dont elle a en tout ou partie, au moment de l'acte, la charge d'assurer la surveillance, celle-ci se limiterait-elle à de simples pouvoirs de préparation ou de proposition de décisions prises par d'autres, et même si le coupable n'a réalisé aucun bénéfice de l'opération prohibée et si la collectivité n'a souffert d'aucun préjudice ; en l'espèce, le prévenu avait en charge d'assurer la surveillance de l'octroi de subventions en matière de travaux d'alimentation en eau potable ; à ce titre, il avait des pouvoirs de préparation, de proposition et de présentation de rapports ou d'avis en vue de la prise de décision, à laquelle il participait du fait de son mandat électif public ; il est indifférent qu'il partage ses prérogatives avec d'autres personnes en vue de l'élaboration de décisions collectives ; dès lors que l'attribution des subventions en cause bénéficiait à sa propre société, il est établi qu'il a pris sciemment des intérêts dans des affaires soumises à sa surveillance. • Limoges, 24 juin 2005 : *JCP 2006. IV. 1989.*

100. ... Conseiller général ayant participé à une délibération de la commission permanente du conseil général qui a décidé d'accorder une subvention à une association, dès lors que les juges du fond relèvent que l'association, au sein de laquelle l'épouse et le fils du conseiller œuvraient activement, n'a été constituée que pour pouvoir bénéficier périodiquement des subventions du conseil général et ajoutent qu'en prenant part en sa qualité de conseiller général, ayant un pouvoir de décision même partagé avec d'autres, à un vote au sein de la commission permanente du conseil général, compétente pour se prononcer sur l'attribution d'une subvention à l'association, le prévenu a pris un intérêt, ne serait-ce que par interposition de personnes, dans une affaire dont il avait, au moment de l'acte, l'administration ou la surveillance ; d'une part, les personnes investies d'un mandat électif public, visées par l'art. 432-12 C. pén., étaient regardées comme des agents du Gouvernement au sens de l'art. 175 ancien C. pén., et, d'autre part, la participation d'un conseiller d'une collectivité territoriale à un organe délibérant de celle-ci, lorsque la délibération porte sur une affaire dans laquelle il a un intérêt, vaut surveillance ou administration de l'opération au sens de l'art. 432-12. • Crim. 19 mai 1999, n° 98-80.726 P : *D. 2000. Somm. 124, obs. Segonds ; Dr. pénal 1999. 139 (1er arrêt), obs. Véron.*

101. Réserve parlementaire. En vertu de l'art. 593 C. pr. pén., tout jugement ou arrêt doit comporter les motifs propres à justifier la décision ; l'insuffisance ou la contradiction des motifs équivaut à leur absence ; aux termes de l'art. 432-12 C. pén., le délit de prise illégale d'intérêt est consommé dès que le prévenu a pris directement ou indirectement un intérêt dans une entreprise ou dans une opération dont il avait, au moment de l'acte, la surveillance ou l'administration, celles-ci se réduiraient-elles au simple pouvoir d'émettre un avis en vue de décisions prises par d'autres ; pour dire n'y avoir lieu à suivre du chef de prise illégale d'intérêt, l'arrêt énonce que si le fait de n'avoir pas été le signataire de la décision ayant généré un intérêt n'exclut pas que ce délit puisse être reproché à une personne qui, en l'occurrence, aurait concouru à la réalisation de l'acte ou de l'opération, par exemple en préparant le travail que le président d'une assemblée n'aurait plus qu'à signer, le mécanisme d'attribution de la réserve parlementaire n'est pas identique au cas précité dès lors que, même si la quasi-totalité des demandes formulées par les parlementaires sont admises, et même s'ils préparent eux-mêmes le dossier de subvention concernant l'association menant un projet d'intérêt général qu'ils entendent gratifier, il n'en demeure pas moins que le parlementaire reste le demandeur à la subvention, et le rapporteur général du Budget à l'assemblée, puis le ministère concerné, les décideurs ; les juges concluent qu'il ne peut dès lors être considéré que le parlementaire proposant l'attribution d'une subvention à l'association de son choix ayant une activité d'intérêt général et dans laquelle il aurait une participation, aurait eu en l'espèce un pouvoir juridique quelconque sur l'opération d'attribution de la réserve parlementaire, que ce soit surveillance, administration, liquidation ou paiement ; mais en prononçant ainsi, alors que, d'une part, l'arrêt constate que les parlementaires préparent le dossier de demande de subvention correspondant aux crédits de la réserve parlementaire, d'autre part, l'art. 432-12 C. pén. n'exige pas, pour que le délit de prise illégale d'intérêt soit constitué, que le prévenu ait disposé d'un pouvoir juridique quelconque sur l'opération dont il a la surveillance, l'administration, la liquidation ou le paiement, la cour d'appel a méconnu les textes susvisés et les principes ci-dessus rappelés. • Crim. 27 juin 2018, n° 17-84.804 : *Gaz. Pal. 2018. 3178, obs. Dreyer.*

102. Agents du fisc. ... Contrôleur divisionnaire des impôts qui, employé par un conseiller fiscal pour effectuer, contre rémunération, certains travaux concernant la clientèle de celui-ci, prend des intérêts dans des actes dont, en sa qualité de fonctionnaire, il a par hypothèse l'administration ou la surveillance, établissant lui-même, à l'échelon subalterne qui est le sien, l'imposition dans les cas les plus simples, ou participant à la préparation des décisions prises par son supérieur. • Crim. 11 mars 1976 : *Bull. crim. n° 93 ; JCP 1976. II. 18460, note Vitu ; Gaz. Pal. 1976. 1. 405.*

103. ... Inspecteur des impôts qui, moyennant rémunération, s'engage, vis-à-vis d'un contribuable soumis à sa surveillance, à présenter une réclamation en vue de lui obtenir un allégement d'impôts. • Crim. 3 avr. 1991, n° 89-86.756 P : *D. 1992. 225, note Pagnon.* ♦ Cassation de : • Fort-de-France, 9 nov. 1989 : *D. 1991. Somm. 64, obs. Azibert.*

104. Autres exemples. ... Président d'une chambre de commerce et d'industrie qui, à la suite d'appels d'offres, fait effectuer des travaux d'équipement, pour leur plus grande part réalisés par l'entreprise qu'il dirige, travaux dont il avait l'administration et la surveillance et dont il était chargé d'ordonnancer le paiement en sa qualité de président investi d'un mandat public. • Crim. 20 nov. 1980 : *Bull. crim. n° 310 ; D. 1982. 246, note Jeandidier ; Gaz. Pal. 1981. 1. 359 ; RSC 1981. 607, obs. Vitu.* ♦ Une chambre de commerce et d'industrie, établissement public administratif, exerce une prérogative de la puissance publique lorsqu'elle délègue à un tiers l'autorisation d'occuper le domaine public pour l'exécution d'un service public dont elle est concessionnaire ; se rend donc coupable d'ingérence le président d'une chambre de commerce et d'industrie qui accorde une sous-concession du domaine public, dont il a l'administration ou la surveillance, à une société dans laquelle il est intéressé par l'intermédiaire de son gendre (parking d'aéroport). • Crim. 5 nov. 1998, n° 97-80.419 P : *D. 1999. IR 21 ; RTD com. 1999. 771, obs. Bouloc ; JCP 1999. II. 10182, note Jeandidier.*

105. ... Directeur d'une SAFER qui obtient la rétrocession d'un lot à son profit. • Crim. 21 nov. 1985 : *Bull. crim. n° 370 ; JCP 1987. II. 20782, note Ourliac et de Juglart ; Gaz. Pal. 1986. 1. Somm. 124 ; RSC 1986. 607, obs. Delmas Saint-Hilaire.*

106. ... Directeur départemental de l'équipement qui, pour occuper une maison, signe une convention d'occupation précaire avec le directeur des services fiscaux du département, lequel était assisté du directeur adjoint de la direction départementale de l'équipement représentant le directeur, qui en était le supérieur hiérarchique, alors que cette convention s'inscrit dans la gestion du patrimoine qui incombe à la direction départementale de l'équipement dont le prévenu est le directeur ; il en est de même pour les travaux sur la maison qui ont été payés et imputés sur les crédits ordonnancés par le directeur départemental de l'équipement d'un pont en construction dans le département, et qui ont été décidés et surveillés par des fonctionnaires subordonnés au prévenu (arrêt rendu sur le fondement à la fois des art. 175 C. pén. et 432-12 C. pén. nouv.). • Rennes, 13 déc. 1994 : *D. 1995. 361, note Bénoit.*

107. ... Directeur du service départemental d'incendie et de secours, qui avait bénéficié de la prise en charge par cet organisme du loyer et des charges locatives de son logement ; souhaitant devenir propriétaire sans perdre cette indemnité, il a fait acquérir une maison par une SCI appartenant à sa famille, et un contrat de bail a été conclu entre la SCI et le président du conseil d'administration du service départemental d'incendie ; le directeur de ce service s'est rendu coupable de prise illégale d'intérêts alors que, ayant la charge de l'administration de ce service, en application de l'art. L. 1224-34 CGCT, il a reçu délégation de signature du président de cet organisme, et a, d'une part, signé les états et les mandats relatifs au paiement des loyers versés à la SCI afin de liquider la dette locative, et d'autre part, fait connaître à la SCI, qu'au nom du président de cet organisme, il résiliait le contrat ; peu importe que l'acte par lequel se réalise la prise d'intérêts soit accompli par un délégataire de signature. • Crim. 27 nov. 2002, n° 02-83.092 P : *D. 2004. Somm. 314, obs. Segonds ; Gaz. Pal. 2003. 2. 2413, note Monnet.*

108. ... Président d'un conseil régional des notaires qui a fait embaucher son fils, pour une durée d'un an, par ledit conseil régional dans le cadre d'une procédure mise en place par le Conseil supérieur du notariat (CSN) aux fins de faciliter l'obtention de stages aux futurs notaires, et l'a affecté à son étude en qualité de notaire stagiaire, trouvant ainsi un double intérêt, professionnel et familial, dans l'opération de recrutement dont il était chargé, le délit de prise illégale d'intérêts étant consommé par le seul fait de cet embauche. • Crim. 21 sept. 2005, n° 04-85.056 P.

109. ... Officier supérieur des armées, chef d'unités ayant pour objet la formation continue des personnels, qui détenait des participations dans les entreprises prestataires pour lesquelles il effectuait des actions rémunérées, ses fonctions et ses compétences dans les domaines de la bureautique et de l'informatique lui ayant conféré une autorité et une notoriété qui lui permettent d'imposer ses propositions à la personne chargée de la formation au sein de la sous-direction administrative du service, de sorte qu'il détenait un pouvoir de surveillance, de décision et d'administration sur toutes les opérations de formation. • Cass., ass. plén., 4 juill. 2008, n° 00-87.102 P : *JCP 2008. Actu., n° 513.*

II. RÉPRESSION

A. PRESCRIPTION

110. BIBL. M. Carius, *LPA 2001, 16 mai, p. 4* (le temps dans le délit de prise illégale d'intérêts des fonctionnaires publics).

111. Infraction instantanée. Lorsqu'une personne investie d'un mandat électif public a pris un intérêt dans des opérations successives, indépendantes les unes des autres, dont elle avait, au moment de l'acte, en tout ou en partie, la charge d'assurer la surveillance, le délit de prise illégale d'intérêts, consommé à l'occasion de chacune de ces opérations, a conservé son caractère d'infraction instantanée ; justifie, dès lors, sa décision la chambre d'accusation qui déclare prescrits les faits de prise illégale d'intérêts, résultant de la participation du prévenu aux délibérations d'un conseil municipal ayant adopté des décisions favorables à ses activités professionnelles, commis plus de trois années avant le premier acte interruptif de prescription. • Crim. 4 avr. 2001, n° 00-82.534 P. ♦ Sur l'affirmation du caractère instantané du délit de prise illégale d'intérêt, V. encore • Crim. 3 mai 2001, n° 00-82.880 : *préc. note 13* • Orléans, 21 févr. 2018, n° 16/00026 : *JCP 2018. 586, obs. J. Leroy.*

112. La conservation d'un intérêt dont la prise illégale n'était pas prescrite à la date d'entrée en vigueur du nouveau code pénal peut être poursuivie après le 1er mars 1994, en application de l'art. 432-12 C. pén. • Crim. 3 mai 2001 : *préc. note 111.*

113. Point de départ du délai. Le délit de prise illégale d'intérêts se prescrit à compter du dernier acte administratif accompli par l'agent public par lequel il prend ou reçoit directement ou indirectement un intérêt dans une opération dont il a l'administration ou la surveillance. • Crim. 4 oct. 2000, n° 99-85.404 P : *D. 2001. 1654, note Segonds ; Dr. pénal 2001. 16, obs. Véron ; Gaz. Pal. 2001. 1. Somm. 973, note Monnet* • 10 avr. 2002, n° 01-84.286 P : *D. 2003. Somm. 246, obs. Segonds ; Dr. pénal 2002. 105, obs. Véron ; Gaz. Pal. 2004. 1. Somm. 628, note A.C.* • 29 juin 2005, n° 04-87.294 P : *JCP 2005. IV. 2910 ; RLCT 2006/9, n° 225, note Mayaud.*

114. ... Les faits reprochés au maire d'une commune, lors de l'achat d'une maison par la commune, ont été commis lors de la délibération du conseil municipal, mais également lors du mandatement du prix par le maire, dernier acte administratif fait moins de trois ans avant l'acte de saisine pour enquête ; en conséquence, il n'y a pas acquisition de la prescription. • Crim. 10 avr. 2002, n° 01-84.286 : *préc.*

115. Le délit de prise illégale d'intérêts se prescrit à compter du dernier acte administratif accompli par l'agent public par lequel il prend ou reçoit directement ou indirectement un intérêt dans une opération dont il a l'administration ou la surveillance ; constitue un tel acte le dernier versement d'honoraires effectué par un maire, au nom de la commune, au profit de son beau-frère, architecte, attributaire d'un marché de maîtrise d'œuvre pour l'extension et la rénovation d'un bâtiment communal. • Crim. 29 juin 2005, n° 04-87.294 P : *RLCT 2006/9, n° 225, note Mayaud.*

116. La cour justifie sa décision d'écarter les conclusions du prévenu qui soutient que les faits de prise illégale d'intérêts sont prescrits, tant en ce qui concerne les prestations fournies par le garage exploité par son fils, l'accord entre la commune et celui-ci étant intervenu en 1983, que la location d'un local par la SCI dont il possédait 25 % du capital, la convention ayant été passée verbalement le 1er juin 1991, dès lors qu'elle énonce, d'une part, qu'il importe peu que la commune ait été déjà cliente du garage antérieurement à l'accès aux fonctions de maire du prévenu, le délit de prise illégale d'intérêts ayant été consommé lors de « la conclusion de chaque contrat d'achat ou de fourniture passé avec l'accord du maire », et, d'autre part, qu'à la suite du bail écrit conclu entre la commune et la SCI, le 10 nov. 1993, le point de départ de la prescription a été reporté à cette date. • Crim. 19 mai 1999, n° 98-82.607 P : *Dr. pénal 1999. 139 (2e arrêt), obs. Véron.*

117. Indivisibilité. Une poursuite pour faux et usage de faux en écritures publiques interrompt la prescription pour le délit d'ingérence reproché à un maire, du moment qu'il est établi en l'espèce que ce second délit était inséparable du premier. • Crim. 8 déc. 1965, n° 65-91.710 P.

118. Suspension. Une personne a porté plainte avec constitution de partie civile contre l'ancien président d'un conseil régional, notamment du chef de prise illégale d'intérêts, après avoir été autorisée à exercer cette action au nom de la région par arrêt du Conseil d'État, en application de l'art. L. 4143-1 CGCT ; cette décision a annulé les jugements antérieurs rendus par le tribunal administratif qui avaient rejeté les demandes de l'intéressé aux mêmes fins ; pour déclarer prescrite l'action publique et confirmer l'ordonnance de refus d'informer, la cour d'appel, après avoir constaté que les faits dénoncés auraient été commis plus de trois ans après la plainte, énoncent qu'aucun obstacle de droit n'empêchait l'action publique par le Ministère public ou par la région victime des faits, de sorte que la nécessité pour l'intéressé, en sa qualité de contribuable, d'obtenir l'autorisation de se constituer partie civile à la place de la région à défaut pour celle-ci d'agir, n'a pas d'effet suspensif ; en statuant ainsi, alors que la prescription de l'action publique a été suspendue à l'égard de la partie civile pendant la durée de la procédure prévue par l'art. L. 4143-1 CGCT, entre la date de la saisine du tribunal administratif et la date de l'arrêt du Conseil d'État, la chambre de l'instruction a méconnu les dispositions des art. 6 et 8 C. pr. pén. • Crim. 3 déc. 2003, ♔ n° 03-82.966 P : *Gaz. Pal. 2004. 2. 2574, note Monnet.*

B. ACTION CIVILE

119. Contribuable. La commune étant la seule victime directe d'un délit d'ingérence imputé à un maire et à ses adjoints, la recevabilité de l'action civile qu'un contribuable de la commune entend exercer de ce chef est subordonnée à l'autorisation préalable du tribunal administratif prévue par l'art. L. 316-8 C. communes. • Crim. 3 janv. 1985 : ♔ *Bull. crim. n° 1.* ♦ De même, n'est pas recevable la constitution de partie civile d'un ancien maire, qui ne peut exciper d'un dommage personnel et qui n'a pas obtenu en tant que contribuable l'autorisation du tribunal administratif. • Crim. 2 févr. 1988 : ♔ *Bull. crim. n° 51.* ♦ Ne satisfait pas aux exigences de l'art. L. 122-20, 16°, C. communes, devenu l'art. L. 2122-22, 16°, CGCT, la délibération du conseil municipal qui se borne à se référer aux dispositions de l'article précité, sans définir les cas dans lesquels le maire pourra ester en justice au nom de la commune ; dès lors, c'est à bon droit que la cour d'appel a jugé irrecevable l'action civile du maire agissant au nom de la commune dans les poursuites exercées contre l'ancien maire pour délit d'ingérence. • Crim. 8 oct. 1996, ♔ n° 95-84.475 P : *Gaz. Pal. 1998. 1. 318, et 2. 649.*

120. Commune. La juridiction répressive ne peut prononcer la condamnation du prévenu à des réparations civiles qu'autant que cette réparation est fondée sur un préjudice résultant directement de l'infraction ; encourt la censure l'arrêt qui, dans une poursuite du chef d'ingérence, accueille la constitution de partie civile de la commune, alors que le préjudice invoqué n'est que la conséquence d'un engagement de caution qu'elle a souscrit. • Crim. 25 juin 1996, ♔ n° 95-80.592 P : *Dr. pénal 1996. 264, obs. Véron.*

121. Syndicat intercommunal. Un syndicat intercommunal (d'adduction d'eau potable), personne morale de droit public, n'est pas susceptible d'éprouver, à la suite de la commission du délit de prise illégale d'intérêts, un préjudice moral dont le caractère inexistant est au surplus attesté par la modicité de sa demande. • Toulouse, 31 mai 2000 : *préc. note 99.*

122. Associations. Pour l'irrecevabilité des constitutions de parties civiles, faute de tout dommage personnel subi par eux, d'une association pour la protection de la propriété foncière et de deux particuliers propriétaires, V. • T. corr. Poitiers, 19 mars 1980 : *JCP 1980. II. 19409, note de Lestang.*

123. Une association de consommateurs ne bénéficiant pas de l'agrément exigé par la loi ne peut solliciter la réparation d'un préjudice indirect, comme le peuvent seules les associations agréées en application de l'art. L. 421-1 C. consom. • Toulouse, 31 mai 2000 : *préc. note 18.*

124. Syndicats professionnels. Des syndicats d'ingénieurs-conseils sont recevables à demander devant la juridiction répressive, en application de l'art. L. 411-11 C. trav. [L. 2132-3 nouv.], la réparation du préjudice indirect qui a été causé à l'ensemble de la profession qu'ils représentent par les agissements d'un fonctionnaire municipal (directeur des services techniques), qui, exerçant également la profession d'ingénieur-conseil, s'est rendu coupable du délit prévu et réprimé par l'art. 175 C. pén. ; en revanche, un ingénieur-conseil n'est pas recevable en sa constitution de partie civile, le préjudice dont il entend demander réparation, en suite du même délit, n'étant ni personnel ni direct. • Crim. 14 juin 1972 : ♔ *Bull. crim. n° 204.*

125. Il résulte des art. 2 et 3 C. pr. pén. et de l'art. L. 2132-3 C. trav. que les syndicats peuvent agir en justice et exercer les droits réservés à la partie civile pour les faits portant un préjudice direct ou indirect à l'intérêt collectif de la profession qu'ils représentent ; pour déclarer irrecevable la constitution de partie civile de syndicats, l'arrêt se borne à énoncer que ceux-ci n'allèguent pas un préjudice indirect porté à l'intérêt collectif de la profession, se distinguant du préjudice lui-même indirect qu'auraient pu subir individuellement les salariés de l'entreprise ; en se déterminant ainsi alors que les faits de prise illégale d'intérêts dénoncés par eux, à les supposer établis, rendent possible l'existence d'un préjudice, fût-il indirect, aux intérêts moraux de la profession qu'ils représentent, et distinct de celui qu'ont pu subir individuellement les salariés, la chambre de l'instruction a méconnu les textes susvisés ; d'où il suit que la cassation est encourue de ce chef. • Crim. 27 juin 2012, ♔ n° 11-86.920 P : *D. 2012. 2782, note Dreyer* ✎ ; *JCP G 2012, n° 1305, obs. Ducouloux-Favard ; Gaz. Pal. 2012. 2. 2147, note R. Mésa.*

C. CONFLITS DE QUALIFICATIONS

126. Qualifications incompatibles. Le délit de recel de prise illégale d'intérêts ne peut être reproché à la personne qui aurait commis l'infraction principale, celle-ci fût-elle prescrite. • Crim. 12 nov. 2015, ♔ n° 14-83.073 P : *D. actu. 27 nov. 2015, obs. Goetz.*

127. Concours réel. Pour des faits dissociables, et d'atteinte à la liberté d'accès et à l'égalité des candidats dans les marchés publics, et de prise illégale d'intérêt, la première infraction étant constituée par les irrégularités commises en connaissance de cause par le maire durant la procédure de marché, tandis que la seconde est caractérisée par le choix qu'il a fait de la société attributaire, afin de faire travailler un proche, qui lui devait sa survie économique, et de participer à la réalisation de travaux par lui-même dans des conditions lui permettant d'en tirer profit auprès de ses électeurs. • Crim. 17 avr. 2019, n° 18-83.025 : *D. actu. 16 mai 2019, obs. Fucini ; D. 2019. 890 ; AJCT 2019, p. 350, obs. Mayaud ; JCP 2019. 510, obs. Brigant.*

128. Les faits de corruption passive et de prise illégale d'intérêts sont différents et ne procèdent pas de manière indissociable d'une action unique caractérisée par une seule intention coupable. • Paris, 27 mai 2020, n° 19/12444 : *Dr. pénal 2020, n° 143, obs. Segonds.*

129. Ne donne pas de base légale à sa décision la cour d'appel qui, pour déclarer le président d'un syndicat intercommunal d'adduction d'eau potable coupable, en cette qualité, de prise illégale d'intérêts pour avoir, courant 1991 et 1992, reçu ou conservé un intérêt quelconque dans la société qu'il dirigeait, faits prévus et réprimés tant par l'art. 175 ancien que par les art. 432-12 et 432-17 nouv. C. pén., après avoir relevé qu'il détenait la réalité du pouvoir et décidait le plus souvent seul au sein de ces deux structures, se borne à énoncer qu'il a poursuivi une exploitation déficitaire pour continuer à percevoir une rémunération en tant que président de la société d'économie mixte et en retirer un avantage électoral, sans examiner les faits poursuivis au regard de l'art. L. 1524-5 CGCT, issu de la loi n° 92-125 du 6 févr. 1992 applicable en la cause. • Crim. 2 juin 1999, n° 98-81.454 P.

130. Concours idéal. Les deux qualifications de complicité de prise illégale d'intérêts et d'usurpation de fonctions ne sont pas incompatibles entre elles et peuvent être retenues pour un même fait, dès lors qu'elles sanctionnent la violation d'intérêts distincts, comportent des éléments constitutifs différents et qu'une seule peine a été prononcée conformément aux art. 5 ancien et 132-3 C. pén. • Crim. 21 févr. 2001, n° 00-81.167 P.

131. Gestion de fait. La gestion de fait est constituée par l'immixtion dans les fonctions de comptable public d'une personne n'ayant pas cette qualité ; le comptable de fait peut alors être sanctionné par une amende prononcée par le juge des comptes sur le fondement de l'art. L. 131-11 CJF ; les dispositions contestées prévoient que cette amende ne peut être infligée que si le comptable de fait n'a pas fait l'objet, pour les mêmes opérations, de poursuites sur le fondement de l'art. 432-12 C. pén., qui réprime le fait, par toute personne agissant sans titre, de s'immiscer dans l'exercice d'une fonction publique en accomplissant l'un des actes réservés au titulaire de cette fonction ; elles n'interdisent pas, en revanche, le cumul de poursuites pour gestion de fait et de poursuites sur le fondement d'autres dispositions répressives, dont les cinq infractions pénales désignées par les requérants, à savoir l'abus de confiance (C. pén., art. 314-1), la concussion (C. pén., art. 432-10), la corruption passive (C. pén., art. 432-11, 1°), le détournement de fonds publics (C. pén., art. 432-15) et l'abus de biens sociaux (C. com., art. L. 241-3, 4°, et art. L. 242-6, 3°) ; la seule circonstance que plusieurs incriminations soient susceptibles de réprimer un même comportement ne peut caractériser une identité de faits au sens des exigences résultant de l'art. 8 DDH que si ces derniers sont qualifiés de manière identique ; si les incriminations mentionnées sont susceptibles de réprimer des faits par lesquels une personne s'est rendue coupable de gestion de fait, elles ne se limitent pas, contrairement à cette dernière infraction, à cette seule circonstance ; en effet, entrent dans les éléments constitutifs de ces premières infractions soit l'utilisation des fonds ou des valeurs, soit la mission ou les fonctions dont est investi celui qui les a maniés ; dès lors, ces infractions ne tendent pas à réprimer de mêmes faits, qualifiés de manière identique ; en autorisant de tels cumuls de poursuites, les dispositions contestées ne méconnaissent pas le principe de nécessité des délits et des peines ; en second lieu, si les dispositions contestées rendent possibles d'autres cumuls, entre les poursuites pour gestion de fait et d'autres poursuites à des fins de sanction ayant le caractère de punition, ces cumuls éventuels doivent, en tout état de cause, respecter le principe de nécessité des délits et des peines, qui implique qu'une même personne ne puisse faire l'objet de plusieurs poursuites susceptibles de conduire à des sanctions de même nature pour les mêmes faits, en application de corps de règles protégeant les mêmes intérêts sociaux ; par conséquent, sous la réserve énoncée au paragraphe précédent, le grief tiré de la méconnaissance du principe de nécessité des délits et des peines doit être écarté ; il résulte de ce qui précède que les dispositions contestées, qui ne méconnaissent pas non plus le principe d'égalité devant la loi ni aucun autre droit ou liberté que la Constitution garantit, doivent, sous la même réserve, être déclarées conformes à la Constitution. • Cons. const., 7 mai 2020, n° 2020-838/839 QPC : *D. 2020. 987 ; D. actu 18 mai 2020, obs. Benoit, et 25 mai 2020, obs. Goetz.*

Art. 432-13 *(L. n° 2007-148 du 2 févr. 2007, art. 17, en vigueur le 27 avr. 2007)* **Est puni de** *(L. n° 2013-907 du 11 oct. 2013, art. 28)* **« trois ans d'emprisonnement et d'une amende de 200 000 €, dont le montant peut être porté au double du produit tiré de l'infraction, » le fait, par une personne ayant été chargée, en tant que** *(L.*

n° 2013-907 du 11 oct. 2013, art. 28) « **membre du gouvernement,** *(L. n° 2017-55 du 20 janv. 2017, art. 50)* « **membre d'une autorité administrative indépendante ou d'une autorité publique indépendante,** » **titulaire d'une fonction exécutive locale,** » **fonctionnaire** *(L. n° 2016-483 du 20 avr. 2016, art. 3-III)* « **, militaire** » **ou agent d'une administration publique, dans le cadre des fonctions qu'elle a effectivement exercées, soit d'assurer la surveillance ou le contrôle d'une entreprise privée, soit de conclure des contrats de toute nature avec une entreprise privée ou de formuler un avis sur de tels contrats, soit de proposer directement à l'autorité compétente des décisions relatives à des opérations réalisées par une entreprise privée ou de formuler un avis sur de telles décisions, de prendre ou de recevoir une participation par travail, conseil ou capitaux dans l'une de ces entreprises avant l'expiration d'un délai de trois ans suivant la cessation de ces fonctions.**

Est punie des mêmes peines toute participation par travail, conseil ou capitaux dans une entreprise privée qui possède au moins 30 % de capital commun ou a conclu un contrat comportant une exclusivité de droit ou de fait avec l'une des entreprises mentionnées au premier alinéa.

Pour l'application des deux premiers alinéas, est assimilée à une entreprise privée toute entreprise publique exerçant son activité dans un secteur concurrentiel et conformément aux règles du droit privé.

Ces dispositions sont applicables aux agents des établissements publics, des entreprises publiques, des sociétés d'économie mixte dans lesquelles l'État ou les collectivités publiques détiennent directement ou indirectement plus de 50 % du capital et des exploitants publics prévus par la loi n° 90-568 du 2 juillet 1990 relative à l'organisation du service public de la poste et à France Télécom.

L'infraction n'est pas constituée par la seule participation au capital de sociétés cotées en bourse ou lorsque les capitaux sont reçus par dévolution successorale.

Sur l'exercice d'activités privées par des fonctionnaires ou agents non titulaires ayant cessé temporairement ou définitivement leurs fonctions, V. Décr. n° 95-168 du 17 févr. 1995, ***C. fonct. publ.****, et Circ. du 19 mars 1996 (JO 23 mars) ; ... par des militaires, V. C. défense, art. R.* 4122-14 s.).*

Corresp. : *C. pén., ancien art. 175-1.*

BIBL. ▶ DUFAU, *Gaz. Pal. 1997. 2. Doctr. 1563* (le pantouflage et le droit). – BENHAMOU, *D. 2001, Point de vue n° 10* (« pantouflage » des juges : un danger pour l'impartialité de l'État ?). – JEAN-PIERRE, *JCP 2009. Actu. 155* (des fonctionnaires banquiers). – SEGONDS, *RSC 2014. 877* (loi organique n° 2013-906 du 11 octobre 2013 et loi n° 2013-907 du 11 octobre 2013 relatives à la transparence de la vie publique... ou à la préservation des délits de prise illégale d'intérêts).

1. Ancien fonctionnaire. L'art. 175-1 C. pén. (ancien art. 175, al. 4) n'a pas été jugé applicable à un ancien ministre des Finances, devenu l'avocat-conseil d'une banque qui, à l'occasion de certaines opérations, avait été soumise au contrôle du ministère des Finances. • Hte C. just., 23 juill. 1931 : *S. 1931. 2. 182 ; Gaz. Pal. 1931. 2. 298.*

2. Ne tombe pas sous le coup de l'art. 175-1 C. pén. (ancien art. 175, al. 4) l'administrateur provisoire d'une entreprise privée dépourvue de son dirigeant, nommé par arrêté ministériel, et qui, quelques jours après que sa nomination eût été rapportée, a été désigné directeur général adjoint par le conseil d'administration de la société ; dans la mesure, en effet, où cet administrateur *n'était pas rémunéré sur* un budget public, ne concourait pas à la gestion des affaires publiques, et n'était lié par aucun lien de subordination avec une administration publique, il n'était, au sens dudit article, ni un fonctionnaire, ni un agent, ni un préposé d'une administration publique. • Paris, 6 mai 1947 : *D. 1947. 320 ; S. 1947. 2. 104 ; Gaz. Pal. 1947. 2. 28.*

3. Est passible des peines prévues par l'art. 175-1 C. pén. l'ancien inspecteur des impôts ayant exercé dans un département les fonctions de vérificateur général, et qui, depuis sa révocation, a été appelé, en qualité de conseiller salarié d'une société fiduciaire, à donner à certaines entreprises privées de ce département des conseils d'ordre juridique ou fiscal ou à établir leur bilan, peu important que l'intéressé, durant l'exercice de ses fonctions publiques, n'ait pas été appelé à procéder par lui-même à des contrôles directs à l'égard de ces entreprises ; il suffit, en effet, au regard de cet article, que le fonctionnaire ait eu une mission générale de contrôle ou de surveillance. • Crim. 15 nov. 1982 : *Bull. crim. n° 254 ; RSC 1983. 469, obs. Vitu.*

4. Les dispositions de l'art. 432-13 C. pén. interdisent à toute personne ayant été chargée, en tant que fonctionnaire public, à raison même de sa fonction, d'assurer la surveillance ou le contrôle d'une entreprise privée ou d'exprimer son avis sur les opérations effectuées par une entreprise privée, d'occuper un emploi dans ladite entreprise avant l'expiration d'un délai de cinq ans suivant la cessation des fonctions de surveillance ou de contrôle susmentionnées ; elles font également obstacle à ce que l'autorité administrative nomme un fonctionnaire dans un poste où, quelle que soit la position statutaire qu'il serait amené à occuper, il contreviendrait à ces dispositions ; la circonstance que les dispositions de l'art. 72 de la loi n° 84-16 du 11 janv. 1984 relative à la fonction publique de l'État et des textes pris pour son application ne s'appliquent pas aux fonctionnaires détachés est sans influence sur l'application des dispositions mentionnées ci-dessus de l'art. 432-13 C. pén. • CE 6 déc. 1996 : *D. 1997. 57, note Dobkine ; JCP 1997. II. 22752, note Hérisson.* ♦ Le Crédit Foncier de France étant, eu égard à son statut juridique de droit privé et à la composition de son capital, une entreprise privée, un de ses actionnaires est fondé à soutenir que le décret du Président de la République nommant sous-gouverneur du Crédit Foncier de France un fonctionnaire qui, avant cette nomination, exerçait, en sa qualité de chef du service des affaires monétaires et financières à la Direction du Trésor, un contrôle direct sur cet établissement, est entaché d'excès de pouvoir. • Même arrêt.

5. Prise de participation. Parce que la loi exige la prise d'une « participation », l'ancien fonctionnaire doit prêter non un concours instantané et occasionnel, mais une collaboration se prolongeant ou susceptible de se prolonger un certain temps. • Crim. 11 mai 1928 : *Bull. crim. n° 140 ; Gaz. Pal. 1928. 2. 239.* ♦ Comp. • T. corr. Seine, 16 déc. 1966 : *D. 1967. Somm. 47 ; Gaz. Pal. 1967. 1. 156.*

6. La répression de la prise d'intérêt n'est pas subordonnée à des modalités particulières de l'expression des conseils fournis par l'ancien fonctionnaire à une entreprise antérieurement soumise à son contrôle ; ainsi, a caractérisé les éléments de l'art. 175-1 C. pén., retenu à l'encontre du prévenu, ancien inspecteur des impôts ayant appartenu à une direction des vérifications nationales chargée des compagnies d'assurances, la cour d'appel qui a constaté que, ayant quitté l'administration et entrepris l'activité d'agent d'affaires, il avait fourni à des compagnies d'assurances des conseils sur la fiscalité des sociétés immobilières en vue duquel il avait conclu avec celles-ci un contrat de formation, et qu'il avait collaboré de façon permanente avec un certain nombre d'autres compagnies. • Crim. 18 juill. 1984 : *Bull. crim. n° 262 ; RSC 1985. 291, obs. Delmas Saint-Hilaire.*

7. Selon l'art. 86, al. 4, C. pr. pén., la juridiction d'instruction ne peut dire n'y avoir lieu à informer, le cas échéant au vu des investigations réalisées à la suite de la plainte préalablement déposée devant le procureur de la République, conformément à l'art. 85 du même code, que s'il est établi, de façon manifeste, que les faits dénoncés par la partie civile n'ont pas été commis ; pour infirmer l'ordonnance du juge d'instruction disant y avoir lieu à informer contre M. X., du chef de prise illégale d'intérêts, l'arrêt énonce notamment que, de façon manifeste au regard de la nature de ses fonctions, ce dernier n'est pas intervenu et ne pouvait pas intervenir dans le processus formalisé de prise de décisions administratives relatives à la fusion et à la recapitalisation des établissements bancaires et qu'en conséquence, les investigations envisagées par le juge d'instruction ne sont pas utiles à la manifestation de la vérité ; en prononçant ainsi, sans rechercher la nature des fonctions effectivement exercées par l'intéressé, et alors que l'art. 432-13 C. pén. n'exige pas que l'intervention du fonctionnaire s'inscrive dans le processus formalisé des décisions administratives, la chambre de l'instruction a méconnu les textes susvisés et le principe ci-dessus énoncé. • Crim. 27 juin 2012, n° 11-86.920 P : *D. actu. 10 juill. 2012, obs. Bombled ; D. 2012. 2782, note Dreyer ; Gaz. Pal. 2012. 2. 2147, note Mésa.*

8. Le fait pour un ancien membre et président de la commission d'autorisation de mise sur le marché de médicaments, qui a donné son avis sur des autorisations demandées par une société de l'industrie pharmaceutique, d'être devenu le consultant de cette société moins de trois ans plus tard caractérise la réunion d'indices graves ou concordants rendant vraisemblable la participation à une prise illégale d'intérêts. • Crim. 16 déc. 2014, n° 14-82.815 : *D. actu. 23 janv. 2015, obs. Fucini ; D. 2015. Actu. 76* .

9. Prescription. Si le délit de prise illégale d'intérêts se prescrit à compter du jour où la participation a pris fin, le délai de prescription de l'action publique ne commence à courir, en cas de dissimulation destinée à empêcher la connaissance de l'infraction, qu'à partir du jour où celle-ci est apparue et a pu être constatée dans des conditions permettant l'exercice des poursuites. • Crim. 16 déc. 2014, n° 14-82.815 P : *préc. note 7.*

§ 4 DES ATTEINTES À LA LIBERTÉ D'ACCÈS ET À L'ÉGALITÉ DES CANDIDATS DANS LES MARCHÉS PUBLICS ET LES CONTRATS DE CONCESSION *(L. n° 95-127 du 8 févr. 1995 ; L. n° 2016-1691 du 9 déc. 2016, art. 19).*

Art. 432-14 *(L. n° 95-127 du 8 févr. 1995) et (L. n° 2013-1117 du 6 déc. 2013, art. 6)* **Est puni de deux ans d'emprisonnement « d'une amende de 200 000 €, dont le**

montant peut être porté au double du produit tiré de l'infraction *[ancienne rédaction : de 30 000 € d'amende]*, **» le fait par une personne dépositaire de l'autorité publique ou chargée d'une mission de service public ou investie d'un mandat électif public ou exerçant les fonctions de représentant, administrateur ou agent de l'État, des collectivités territoriales, des établissements publics, des sociétés d'économie mixte d'intérêt national chargées d'une mission de service public et des sociétés d'économie mixte locales ou par toute personne agissant pour le compte de l'une de celles susmentionnées de procurer ou de tenter de procurer à autrui un avantage injustifié par un acte contraire aux dispositions législatives ou réglementaires ayant pour objet de garantir la liberté d'accès et l'égalité des candidats dans les marchés publics et les** *(L. n° 2016-1691 du 9 déc. 2016, art. 19)* **« contrats de concession** *[ancienne rédaction : délégations de service public]* **».** — *Civ. 25 ; Élect. L. 7.*

V. Circ. du 2 juill. 1998 (BOMJ, n° 71, p. 120 ; Dr. adm. 1999, n° 68, note de Castelnau) ; Circ. CRIM 02-03 G3 du 4 mars 2002.

Corresp. : *L. n° 91-3 du 3 janv. 1991, ancien art. 7.*

RÉP. PÉN. v° *Favoritisme (Marchés publics)*, par LASSERRE CAPDEVILLE.

BIBL. ▸ G. PANCRAZI, *Gaz. Pal. 1995. 1. Doctr. 279*. – A.-S. MESCHERIAKOFF, *LPA 15 févr. 1995, n° 20*. – A. ROGER, *JCP 1998. I. 102*. – J. SAVOYE, *D. 1999. Chron. 169*. – T. DAL FARRA, *Gaz. Pal. 1999. 1. Doctr. 759 ; ibid. 2000. 1. Doctr. 237*. – L. LALLEMANT-BIF, *Gaz. Pal. 2000. 2. Doctr. 1947*. – G. PANCRAZI, *Gaz. Pal. 2001. 2. Doctr. 1402 ; Contrats et marchés publics, 2001, n° 5, p. 4* (nouveau code des marchés publics : décret du 7 mars 2001). – GOUTAL, *RLCT 2014/98, n° 2639, p. 61* (le délit d'octroi d'un avantage injustifié). – INGRAIN et LORRAIN, *Gaz. Pal. 2020. 1584* (favoritisme : étude de rares motifs de mises hors de cause intervenues durant ces 20 dernières années). – QUENTIN, *JCP 2020. 908* (délit de favoritisme : constitutionnel ?).

Circulaires : CRIM 96-01 G/14-02-96, *BOMJ 1996, n° 61, p. 87* (politique criminelle en matière de marchés publics). – CRIM 98-04 G3/02-07-98, *BOMJ 1998, n° 71, p. 120* (synthèse de la jurisprudence relative à l'application de l'art. 432-14 C. pén.).

I. INCRIMINATION

A. LÉGALITÉ

1. QPC. La question posée ne présente pas, à l'évidence, un caractère sérieux dès lors qu'en visant la nature législative ou réglementaire de la norme dont la violation est susceptible d'être sanctionnée pénalement, en définissant l'objet de celle-ci par référence aux principes constitutionnels de liberté d'accès et d'égalité des candidats gouvernant la commande publique, en précisant qu'une telle violation doit intervenir dans un marché public ou une délégation de service public et en énumérant de façon limitative les personnes à qui cette violation pourra être imputée, l'art. 432-14 C. pén. définit les manquements réprimés en termes suffisamment clairs et précis pour exclure l'arbitraire. • Crim., QPC, 30 nov. 2011 : *Dr. pénal 2012, n° 29, obs. Véron.*

2. L'art. 432-14 C. pén., dans sa rédaction applicable à la date des faits, définit le délit de favoritisme comme le fait, pour l'une des personnes visées par ce texte, de procurer ou de tenter de procurer à autrui un avantage injustifié par un acte contraire aux dispositions législatives ou réglementaires ayant pour objet de garantir la liberté d'accès et l'égalité des candidats dans les marchés publics et les délégations de service public ; il résulte de cette définition que l'élément matériel de cette infraction est constitué par un acte consistant à octroyer un avantage injustifié, contraire, notamment, aux dispositions contenues dans le C. marchés lesquelles, aux termes de la jurisprudence du Cons. const., ne mettent en cause ni les principes fondamentaux du régime de la propriété, des droits réels et des obligations civiles et commerciales, ni aucun autre principe ou règle que la Const. place dans le domaine de la loi, et sont de nature réglementaire (Décis. n° 64-29 L. du 12 mai 1964 ; Décis. n° 2003-195 L. du 22 mai 2003) ; en conséquence, le législateur ayant défini lui-même les caractéristiques essentielles du comportement fautif de nature à engager la responsabilité pénale, et la modification des dispositions réglementaires n'étant pas de nature à influer sur la définition du délit de favoritisme, lesdites dispositions étant, à l'époque des faits, contenues dans le C. marchés, l'art. 432-14 C. pén. ne porte pas atteinte aux principes de légalité et des peines et de prévisibilité de la loi. • Crim. 13 mai 2020, n° 20-90.001 QPC : *JCP 2020. 696, obs. J.-M. Brigant.*

3. Violation des règles des marchés publics. La méconnaissance de l'art. 1er C. marchés, dans sa rédaction issue du Décr. du 7 mars 2001, s'applique à tous les marchés publics, quel que soit leur montant, et entre dans les prévisions de l'art. 432-14 C. pén. • Crim. 14 févr. 2007, n° 06-81.924 P.

4. Le juge répressif ne peut prononcer une peine sans avoir relevé tous les éléments constitutifs de l'infraction ; en déclarant trois prévenus coupables d'atteinte à la liberté d'accès et à l'égalité des candidats dans les marchés publics, et un autre prévenu coupable du recel de ce délit, sans caractériser l'existence d'actes contraires aux dispositions législatives ou réglementaires ayant pour but de garantir la liberté d'accès et l'égalité des candidats dans les marchés publics, la cour d'appel n'a pas justifié sa décision au regard des art. 593 C. pr. pén. et 132-14 C. pén. • Crim. 10 mars 2004, n° 02-85.285 P.

5. Les marchés conclus par les pouvoirs adjudicateurs de Nouvelle-Calédonie sont soumis au respect des règles édictées par la Délib. n° 136/CP du 1er mars 1967 portant réglementation des marchés publics, qui met en œuvre les principes de liberté d'accès, d'égalité des candidats, de transparence des procédures, d'efficacité de la commande publique et de bon emploi des deniers publics, rappelés par l'art. 22, 17°, de la L. n° 99-209 du 19 mars 1999 relative à la Nouvelle-Calédonie et applicable sur ce territoire. Encourt la cassation l'arrêt qui, pour relaxer les prévenus du chef d'atteinte à la liberté d'accès et à l'égalité des candidats dans les marchés publics, se fonde sur l'absence d'élément légal de l'infraction pouvant fonder des poursuites, l'art. 22, 17°, préc. n'étant pas une disposition législative ou réglementaire définissant le délit et aucune disposition de ladite Délib. n° 136/CP du 1er mars 1967 ne faisant expressément référence aux principes de liberté d'accès et d'égalité des candidats. • Crim. 20 mars 2019, n° 17-81.975 P : *D. actu. 12 avr. 2019, obs. Fonteix ; AJ pénal 2019. 386, obs. Sordino* .

6. Application dans le temps. Dans le cadre d'une action pour recel d'atteinte à la liberté d'accès et à l'égalité des candidats dans les marchés publics, la cour d'appel a écarté à bon droit l'application de l'art. 28 du Décr. du 7 mars 2001, ayant relevé le seuil au-delà duquel la procédure d'appel d'offres est obligatoire, dès lors, d'une part, que les faits ont été commis antérieurement à l'entrée en vigueur de ce texte, et, d'autre part, que les dispositions législatives, support légal de l'incrimination, n'ont pas été modifiées. • Crim. 28 janv. 2004, n° 02-86.597 P : *JCP 2004. II. 10084, note Linditch ; Gaz. Pal. 2004. 2. 2541, note A.C. ; Dr. pénal 2004. 92, obs. Véron.*

7. Les dispositions réglementaires nouvelles du code des marchés publics modifiant les conditions de passation desdits marchés ne s'appliquent pas aux infractions commises avant leur entrée en vigueur, dès lors que le texte législatif, support légal de l'incrimination, n'a pas été modifié. • Crim. 7 avr. 2004, n° 03-84.191 P • 7 avr. 2004, n° 03-85.698 P. ♦ Pour infirmer le jugement ayant déclaré deux prévenus coupables de favoritisme à l'occasion de la passation de certains marchés, la cour, après avoir énoncé qu'à la suite de l'intervention, en cours de procédure, des dispositions du nouveau code des marchés publics résultant du Décr. n° 2001-210 du 7 mars 2001 relevant à 90 000 € hors taxes le seuil au-dessous duquel les marchés peuvent être passés sans formalité préalable, à compter du 8 sept. 2001, constate que l'élément légal de l'infraction de favoritisme a disparu en ce qui concerne plusieurs marchés, dont les montants ne dépassaient pas le seuil précité ; en se prononçant ainsi, alors que l'art. 432-14 C. pén., support légal de l'incrimination de favoritisme, demeure en vigueur, la cour d'appel méconnaît les art. 112-1 et 432-14 C. pén. et le principe ci-dessus rappelé. • Crim. 7 avr. 2004 : *préc.* ♦ Un président de conseil général a passé, en novembre 1996, avec un gérant de société, un marché de fourniture sans mise en concurrence préalable, alors que le montant total de ce marché, qui a été artificiellement fractionné, excédait ainsi le seuil de 300 000 F TTC prévu par l'art. 321 C. marchés ; pour infirmer le jugement ayant déclaré les prévenus coupables de favoritisme et recel de ce délit, et déclarer l'action éteinte, l'arrêt, après avoir relevé que l'art. 28 du nouveau code des marchés publics, résultant du décret du 7 mars 2001, a porté à 90 000 € le seuil en-dessous duquel la mise en concurrence n'est pas obligatoire, énonce que le marché litigieux étant d'un montant inférieur à ce nouveau seuil, les infractions ne sont plus pénalement punissables ; en se prononçant ainsi, la cour d'appel a méconnu les art. 112-1 et 432-14 C. pén., support légal de l'incrimination, qui demeure en vigueur. • Crim. 7 avr. 2004 : *préc.*

8. Les dispositions du code des marchés publics résultant du Décr. n° 2004-15 du 7 janv. 2004, portant code des marchés publics, et modifiant les conditions de passation desdits marchés, ne s'appliquent pas aux infractions commises avant leur entrée en vigueur, dès lors que le texte législatif, support légal de l'incrimination, n'a pas été modifié. • Crim. 19 mai 2004, n° 03-86.192 P : *Gaz. Pal. 2005. 1. Somm. 618, note A.C.*

9. Une cour d'appel écarte, à bon droit, l'application de l'art. 28 C. marchés, tel qu'il résulte des Décr. nos 2001-210 et 2004-15 des 7 mars 2001 et 7 janv. 2004, ayant relevé le seuil au-delà duquel une mise en concurrence est obligatoire pour les marchés de maîtrise d'œuvre dès lors que, d'une part, les faits ont été commis antérieurement à l'entrée en vigueur de ce texte, et que, d'autre part, les dispositions législatives, support légal de l'incrimination, n'ont pas été modifiées. • Crim. 14 déc. 2005, n° 05-83.898 P.

B. PRÉALABLES

10. Marchés visés. Encourt la cassation l'arrêt qui, pour relaxer du chef de favoritisme un président de conseil général, par ailleurs président d'une association pour la promotion et la communication du département, laquelle a attribué, courant 1991 à 1995, à une société, sans mise en concurrence préalable, le marché d'impression de la revue mensuelle du conseil général dont le montant excédait le seuil alors applicable à partir duquel devait être mise en œuvre la procédure d'appel d'offres, énonce que l'art. 9 de la L. du 3 janv. 1991, qui a soumis à des mesures de publicité et de mise en concurrence la passation de certains contrats par un organisme de droit privé créé en vue de satisfaire spécifiquement un besoin d'intérêt général et répondant à l'une des conditions prévues par ledit article, ne s'appliquait pas, pendant la période visée à la prévention, aux marchés de fournitures et de services qui n'ont été inclus dans le droit positif que par la L. du 22 janv. 1997, alors que, selon les propres constatations de l'arrêt, ladite association n'était qu'un simple démembrement des services du département et que, par suite, les marchés qu'elle passait relevaient des art. 250 s. C. marchés, alors applicables, relatifs aux marchés passés au nom des collectivités territoriales. • Crim. 30 juin 2004, n° 03-85.946 P : *AJ pénal 2004. 369* ; *Gaz. Pal. 2005. 1. Somm. 1380, obs. A.C.* ♦ Rappr. : Se rend coupable de favoritisme, au sens des art. 378 s. C. marchés alors applicables, le président du CIDE qui confie à une société une opération de consultation de tous les habitants du département comportant l'édition et la diffusion d'un numéro spécial d'un magazine accompagné d'une lettre du président du conseil général et d'un questionnaire, dont le coût excède le seuil de 300 000 F, et sans recours à un appel public à la concurrence. • Crim. 5 mai 2004, n° 03-85.503 P : *AJ pénal 2004. 285, obs. Girault*.

11. Une collectivité locale qui a décidé, bien qu'elle n'y soit pas légalement tenue, de recourir à la procédure d'appel d'offres doit se conformer aux règles imposées par cette dernière. • Crim. 15 mai 2008, n° 07-88.369 P : *D. 2009. Pan. 132, obs. Garé*.

12. Il résulte des termes de l'art. 432-14 C. pén. qu'il s'applique à l'ensemble des marchés publics et non pas seulement aux marchés régis par le C. marchés, lequel a été créé postérieurement à la date d'entrée en vigueur dudit article dans sa rédaction actuelle. Ces dispositions pénales ont en effet pour objet de faire respecter les principes à valeur constitutionnelle de liberté d'accès à la commande publique, d'égalité de traitement des candidats et de transparence des procédures et ces principes, qui constituent également des exigences posées par le droit de l'UE, et qui gouvernent l'ensemble de la commande publique. Il s'en déduit que la méconnaissance des dispositions de l'Ord. n° 2005-649 du 6 juin 2005, *relative aux marchés passés par certaines* personnes publiques ou privées non soumises au C. marchés, et, notamment, de son art. 6, qui rappelle les mêmes principes, entre dans les prévisions dudit art. 432-14. • Crim. 15 déc. 2015, n° 15-85.363 : *D. actu. 25 févr. 2016, obs. Pastor ; AJ pénal 2016, obs. Février et Cazenave ; Dr. pénal 2016, n° 57, obs. Claverie-Rousset.*

Aux termes d'une jurisprudence constante de la Cour de cassation, applicable aux personnes soumises au C. marchés, en vigueur à la date des faits, d'une part, une collectivité locale, qui a décidé, bien qu'elle n'y soit pas légalement tenue, de recourir à la procédure d'appel d'offres, doit se conformer aux règles imposées par cette dernière, d'autre part, la méconnaissance de l'art. 1er C. marchés, en vigueur à la date des faits, qui énonce les principes fondamentaux gouvernant la commande publique que sont le principe de liberté d'accès à la commande publique et le principe d'égalité de traitement, applicables à tous les marchés publics, entre dans les prévisions de l'art. 432-14 C. pén. (• Crim. 14 févr. 2007, n° 06-81.924 • 20 mars 2019, n° 17-81.975) ; ces solutions sont transposables à la situation des personnes dont les marchés sont soumis à l'Ord. n° 2005-649 du 6 juin 2005 dont l'art. 6 prescrit, dans les mêmes termes que l'art. 1er C. marchés, le respect des principes fondamentaux de la commande publique. • Crim. 4 mars 2020, n° 19-83.446 P : *D. actu. 23 avr. 2020, obs. Gallois.*

13. Personnes visées. Dès lors que le coordonnateur d'un groupement de commandes, qui, selon les art. 364 et 375 C. marchés alors applicables, était habilité à procéder aux opérations de consultation collective et à choisir, après avis de la commission de coordination des commandes, l'offre qu'il jugeait la plus intéressante pour les membres du groupement, est une personne entrant dans les prévisions de l'art. 432-14 C. pén., la cour d'appel, qui constate que la réglementation relative aux marchés publics était, en l'espèce, applicable, justifie sa décision par laquelle elle a déclaré le coordonnateur du groupement coupable de favoritisme à l'occasion de la passation d'un marché d'études. • Crim. 7 avr. 2004, n° 03-84.191 P.

Entre dans la catégorie des personnes visées à l'art. 432-14 le secrétaire général d'une commune, agissant en qualité de représentant ou agent d'une collectivité territoriale, qui a le pouvoir d'intervenir dans le déroulement d'une procédure d'attribution de marchés, en vue de préparer ou de proposer des décisions prises par d'autres. • Crim. 20 avr. 2005, n° 04-83.017 P : *D. 2005. IR 2454* ; *JCP 2005. IV. 2352.*

14. Entre dans la catégorie des personnes visées à l'art. 432-14 C. pén., le directeur général d'un CHU, ordonnateur principal des recettes et des dépenses de ce dernier, qui a le pouvoir d'intervenir dans le déroulement d'une procédure d'attribution de marchés, en vue de préparer ou de proposer les décisions prises par d'autres. • Crim. 12 sept. 2018, n° 17-83.793 P : *D. actu. 20 sept. 2018, obs. E. Maupin ; D. 2018. 2268, obs. T. Garé* ; *AJ pénal 2018. 509, obs. J.-M. Brigant* ; *JCP 2018. 1213, note H.*

Matsopoulou ; Gaz. Pal. 2019. 453, obs. E. Dreyer ; RSC 2018. 904, obs. H. Matsopoulou .

15. Un syndicat intercommunal à vocations multiples (SIVOM) est chargé directement ou indirectement d'accomplir des actes ayant pour but de satisfaire à l'intérêt général, et revêt ainsi la qualité de personne chargée d'une mission de service public au sens des art. 432-10 et 432-14 C. pén. • Crim. 19 déc. 2018, n° 18-81.328 P : *D. 2019. 2322, obs. M.-H. Gozzi* ; *AJCT 2019. 156, obs. Y. Mayaud* ; *JCP 2019. 138, note J.-M. Brigant ; Gaz. Pal. 2019. 226, note J.-Y. Maréchal.*

C. MATÉRIALITÉ

16. Preuve. Satisfait aux exigences de l'art. 432-14 C. pén., l'ordonnance (prise par un président de TGI au profit de la Mission interministérielle d'enquête sur les marchés et les conventions de délégation de service public) qui caractérise l'existence de présomptions d'octroi d'avantage injustifié par des actes contraires aux dispositions législatives ou réglementaires ayant pour objet de garantir la liberté d'accès et l'égalité des candidats dans les marchés publics, en relevant les anomalies qui ont affecté la procédure du choix de l'attributaire d'un marché public, dès lors que les présomptions retenues ne peuvent être étendues à des personnes autres que celles ayant participé à ce choix. • Com. 8 juill. 1997, n° 95-30.156 P.

17. Informations privilégiées. Pour déclarer le maire d'une commune et le secrétaire général coupables de favoritisme à l'occasion de l'attribution du marché de maîtrise d'œuvre relatif aux travaux d'agrandissement d'un stade et l'architecte et le dirigeant du bureau d'étude coupables de recel de ce délit, l'arrêt relève que le maire avait manifesté son intention, trois ans avant l'annonce officielle de la candidature de la ville à la coupe du monde de football, de voir désigner l'architecte et le dirigeant du bureau d'étude bénéficiaires exclusifs du contrat de maîtrise d'œuvre en raison de la participation du premier aux travaux de mise en sécurité du stade lors du championnat d'Europe des nations ; les juges retiennent que l'architecte a été désigné par un jury sans qu'aient été respectées les dispositions de l'art. 314 *bis*, al. 6, C. marchés, alors en vigueur, bien que, dès l'origine, il soit apparu que les travaux, qui prévoyaient, notamment, la démolition et la reconstruction de deux tribunes, dépassaient la réutilisation ou réhabilitation d'ouvrages existants ; les juges constatent que, compte tenu des travaux préparatoires menés par le bureau d'études et l'architecte, ce dernier a pu préparer un projet en un nombre réduit d'heures et établir le dossier de consultation des entreprises moins de quatre mois après avoir été désigné, ayant bénéficié d'informations dont les autres candidats ne disposaient pas ; ils ajoutent que le travail effectué gratuitement par l'architecte et le dirigeant du bureau d'études avant leur désignation, ne s'explique que par la quasi-certitude de bénéficier du contrat de maîtrise d'œuvre ; enfin les juges énoncent que les prévenus ont enfreint, en connaissance de cause, les dispositions du C. marchés, alors en vigueur ; dès lors que l'architecte et le dirigeant du bureau d'études ont bénéficié, en connaissance de cause, du produit de l'attribution irrégulière du marché de maîtrise d'œuvre, la cour d'appel a caractérisé en tous leurs éléments, tant matériel qu'intentionnel, les délits dont elle a déclaré les prévenus coupables. • Crim. 20 avr. 2005, n° 04-83.017 P : *D. 2005. Pan. 2459, obs. Chopin ; RLCT 2005/4, n° 98, note Mayaud.*

18. Entente prohibée. Dans le cadre de marchés de travaux publics sur appel d'offres, plusieurs entrepreneurs s'étaient réunis la veille de la remise des offres de soumission, pour mettre au point une entente sur les prix afin de se répartir, par maintien des positions acquises, les secteurs du marché départemental ; se rend coupable de participation frauduleuse à une entente prohibée le vice-président du conseil général, notaire et président de la commission d'appel d'offres, qui a exercé un rôle personnel et déterminant dans la conception, l'organisation et la mise en œuvre de l'entente. • Crim. 16 mai 2001, n° 99-83.467 P.

19. Offres de couverture. Le fait, par une personne dépositaire de l'autorité publique, de demander à des dirigeants d'entreprises de déposer des offres de couverture, simulant une proposition concurrente pour faire apparaître une autre entreprise comme mieux disante, dans le cadre d'une procédure d'appel d'offres est de nature à entraver le libre jeu de la concurrence, de façon contraire aux art. 47 C. marchés de 1964 et 1er C. marchés de 2001, alors applicables, et procure nécessairement un avantage injustifié à l'entreprise attributaire. • Crim. 16 nov. 2011, n° 11-80.433 : *Dr. pénal 2012. Comm. 29 (2e esp.), obs. Véron.*

20. Pratique prolongée du traitement de gré à gré. A la suite d'un contrôle de la chambre régionale des comptes et de la transmission, le 22 août 2005, des observations provisoires de cette juridiction par une lettre adressée par le procureur général au procureur de la République, le président d'une université de sept. 1997 au 31 août 2002 a été poursuivi pour avoir, courant 2002, procuré à autrui un avantage injustifié en traitant de gré à gré, avec les prestataires des années précédentes, les commandes annuelles « des services traiteurs » sans mise en concurrence alors que le montant global, en l'occurrence 202 000 €, de ces prestations dépassait le seuil de 90 000 € au-delà duquel la mise en concurrence préalable est obligatoire, faits prévus par l'art. 432-14 C. pén. et l'art. 28 C. marchés, issu du Décr. du 7 mars 2001, alors applicable ; pour déclarer le prévenu coupable de ce délit, l'arrêt énonce que le président de l'université, en qualité d'ordonnateur principal, élabore le budget de l'établissement, qui intègre ceux des instituts et des unités de formation et de recherche, et pouvait aisément et devait constater que le montant annuel des dépenses relatives aux services des traiteurs, lesquelles étaient en constante augmentation depuis plusieurs années, était supérieur au seuil légal de 90 000 € ; les juges en déduisent qu'il lui appartenait de mettre en œuvre, début 2002 au plus tard, la procédure de mise en concurrence des prestataires de service alors qu'il a laissé, en connaissance de cause, se prolonger la pratique du traitement de gré à gré avec les prestataires des années précédentes qui se sont vu ainsi accorder un avantage injustifié ; en l'état de ces énonciations, qui caractérisent en tous ses éléments, tant matériels qu'intentionnel, le délit d'atteinte à la liberté d'accès et à l'égalité des candidats dans les marchés publics imputable au prévenu, la cour d'appel a justifié sa décision. • Crim. 17 déc. 2008, n° 08-82.319 P : *AJ pénal 2009. 131, obs. Lasserre Capdeville ; Dr. pénal 2009, n° 36, obs. Véron ; RTD com. 2009. 471, obs. Bouloc ; RSC 2010. 141, obs. Mascala.*

21. Recours à la procédure d'urgence. Pour déclarer le prévenu coupable de favoritisme, l'arrêt retient qu'il a, en sa qualité de maire, procuré un avantage injustifié à deux de ses adjoints, en ayant eu recours à un appel d'offres ouvert selon la procédure d'urgence, qui a eu pour effet de limiter le nombre de candidats et de favoriser les offres déposées par ses adjoints ; en l'état de ces motifs, et dès lors qu'il n'est pas contesté que le prévenu a présidé la séance du conseil municipal dont il avait fixé l'ordre du jour, la cour d'appel a caractérisé la participation personnelle du demandeur aux faits poursuivis. • Crim. 19 nov. 2003, n° 02-87.336 : *D. 2004. Somm. 2753, obs. Roujou de Boubée ; Dr. pénal 2004. 32, obs. Véron.*

22. Fractionnement des marchés. Pour écarter l'argumentation de la partie civile prise du fractionnement illicite des marchés entre les différents établissements locaux de formation dépendant du centre national de la fonction publique territoriale, l'arrêt énonce que chaque établissement local, étant spécialisé dans la formation de publics différents, a des besoins spécifiques qui doivent être évalués au niveau local et non national ; en l'état de ces énonciations, d'où il se déduit que les marchés passés par chacun des établissements locaux constituaient des opérations de service distinctes au sens de l'art. 27 C. marchés alors applicable, la chambre de l'instruction a justifié sa décision. • Crim. 14 déc. 2011, n° 11-82.854 : *Gaz. Pal. 2012. 1. 1035, note Dreyer ; Dr. pénal 2012, n° 29 (3e esp.), obs. Véron.*

Commet le délit prévu et réprimé par l'art. 432-14 C. pén., le maire qui fractionne un marché pour éviter d'avoir recours à la procédure d'appel d'offres et paie des factures émises par des filiales d'une société de travaux publics bien qu'elles n'aient fourni aucune prestation ; ces agissements ont pour conséquence directe d'écarter de l'accès au marché des candidats potentiels, créant ainsi au bénéfice de la société de travaux publics une irrégularité de traitement injustifiée. • Crim. 13 déc. 2000, n° 99-86.876 P. ♦ En fractionnant le marché litigieux, dont l'attribution imposait le recours à une procédure d'appel d'offres, le prévenu a nécessairement attribué un avantage injustifié aux sociétés attributaires, par un acte contraire à l'art. 104-1, 10° C. marchés alors applicable. • Crim. 10 sept. 2008, n° 08-80.589 : *Dr. pénal 2008, n° 158, obs. Véron ; ibid. 2009. Chron. 9, obs. Linditch.*

23. Renouvellement de marché. Constitue une atteinte à la liberté d'accès des candidats aux marchés de travaux publics le fait, après avoir prévu dans le marché initial deux options, de remplacer la seconde solution d'abord choisie par la première à l'occasion d'un renouvellement de marché, dès lors que ce renouvellement impliquait un bouleversement de l'économie du marché et entraînait le choix d'une société n'étant pas forcément la moins-disante, mais qui finançait des séjours de chasse coûteux au bénéfice du président du conseil général et de ses proches. • Chambéry, 10 mai 2000, n° 98-87.588 : *JCP 2000. IV. 2766.*

24. Travaux non compris dans le marché initial. Caractérise le délit de prise illégale d'intérêts, par prise d'un intérêt moral, le fait, pour un maire, d'ordonner à l'entreprise attributaire d'un marché de travaux de réaliser des travaux non compris dans le marché initial, à la demande d'un élu municipal, afin de favoriser ce dernier. • Crim. 29 juin 2011, n° 10-87.498 P : *Gaz. Pal. 2011. 2. 2222, note Lasserre Capdeville ; ibid. 3444, note Dreyer.*

25. Marché fictif de régularisation. A privé sa décision de base légale, la cour d'appel qui, pour relaxer deux prévenus du chef d'atteinte à la liberté d'accès et à l'égalité des candidats dans les marchés publics, par fournitures d'avantages injustifiés à une entreprise, attributaire de marchés de travaux de réfection de la voirie communale, et après avoir relevé qu'il a été procédé à des marchés de régularisation par des procédures dont il n'est aucunement contesté le caractère fictif de la mise en concurrence des entreprises, des rapports de dépouillement et des délibérations relatives à ces procédures, énonce toutefois qu'il n'est pas démontré, eu égard aux circonstances de l'espèce, et notamment de l'absence de toute concurrence réelle de la part des entreprises ayant participé à la négociation, que les procédures litigieuses aient procuré un avantage injustifié à l'entreprise attributaire, et qu'il ne résulte pas plus de ces circonstances l'intention de violer les dispositions réglementaires applicables, alors qu'en se prononçant ainsi, tout en relevant qu'un marché de régularisation contrevient, de par sa nature, aux dispositions d'ordre public du C. marchés, elle ne pouvait, sans se contredire ou mieux s'en expliquer, considérer que les prévenus n'avaient pas commis le délit prévu par l'art. 432-14 C. pén. • Crim. 2 avr. 1998, n° 97-84.191 : *Gaz. Pal. 1998. 2, Chron. crim. 134 ; ibid. 2000. 1. 139, note Pancrazi.*

Un prévenu ne peut reprocher à une cour d'appel d'avoir statué sur des faits de favoritisme résultant de l'attribution irrégulière d'un marché d'entretien de la voirie, dont elle n'était pas saisie, dès lors que les poursuites visaient la passation d'un marché fictif de régularisation, qui, par nature, est contraire aux dispositions du C. marchés et caractérise le délit prévu par l'art. 432-14 C. pén. • Crim. 19 mai 2004, n° 03-86.192 P.

26. Constat d'infructuosité. Les irrégularités dans la conduite de la procédure d'appel d'offres vicient la déclaration du caractère infructueux de cette procédure, ainsi que le passage au marché négocié qui n'est possible qu'après un constat d'infructuosité à l'issue d'une procédure régulière ; ces irrégularités ont permis l'application de la préférence locale affirmée par le maire, caractérisant donc le délit d'avantage injustifié dans les marchés publics. • Caen, 20 avr. 1998, n° 03-86.192 : *BICC 1999, n° 561.*

27. Délégation de signature. Pour déclarer un sénateur coupable de favoritisme, l'arrêt relève, par motifs propres et adoptés, que le prévenu a signé un acte d'engagement le 1er août 1992 qui confiait le marché du centre de traitement des alertes d'un service départemental d'incendie et de secours (SDIS) à une société, avec comme sous-traitant une seconde société, alors que la commission d'appel d'offres ne s'était pas encore réunie pour choisir l'entreprise attributaire ; les juges ajoutent qu'à la suite de l'intervention du préfet lui ayant enjoint de retirer ce marché, le prévenu, qui suivait personnellement le déroulement de la procédure d'attribution de ce dernier et ne pouvait plus s'y impliquer directement, a demandé au titulaire d'une délégation de signature en vertu d'un Arr. du 17 juin 1985 de signer l'acte d'engagement du 5 nov. 1992 ; ils retiennent également que le choix des deux sociétés avait été fait avant la réunion de la commission d'appel d'offres, qui devait formaliser ce dernier par un vote ; les juges en concluent que les sociétés ont été déclarées attributaires, par préférence aux autres candidats et en dehors de toute considération technique ou technologique, pour favoriser des entreprises locales dont l'un des dirigeants entretenait des relations personnelles avec le délégataire de signature ; en l'état de ces seuls motifs, procédant de son pouvoir souverain d'appréciation, d'où il résulte que le prévenu a participé personnellement aux faits en signant ou faisant signer, sur ses instructions, les actes d'engagement litigieux, peu important à cet égard qu'il ait ou non valablement délégué sa signature, et dès lors que le retrait d'un marché impose de lancer une nouvelle procédure, la cour d'appel a, sans excéder les limites de sa saisine, justifié sa décision. • Crim. 19 sept. 2007, n° 06-85.003 P.

28. Versement d'avances. Si l'art. 110 du Décr. n° 2016-360 du 25 mars 2016 relatif aux marchés publics permet, dans certaines conditions, le versement d'avances pouvant aller jusqu'à 30, voire 60 % sur constitution d'une garantie à première demande, le même article prévoit que le taux et les conditions de l'avance sont fixés par le marché public et ne peuvent être modifiés en cours d'exécution de celui-ci ; la décision de verser une avance de 30 % constitue donc une modification illicite d'une condition du marché qui peut être qualifiée de substantielle au sens de l'art. 139 du Décr. préc., puisqu'elle introduit une condition qui, si elle avait été incluse dans la procédure de passation initiale, aurait attiré davantage d'opérateurs économiques ou permis l'admission d'autres opérateurs économiques ou permis le choix d'une offre autre que celle retenue ; le fait de modifier illicitement le montant de l'avance après attribution du marché constitue donc, pour les entreprises qui en bénéficient, un avantage injustifié. • Crim. 9 sept. 2020, n° 19-85.374 : *JCP 2020. 1072, obs. J.-M. Brigant ; Gaz. Pal. nov. 2020, obs. E. Dreyer.*

29. Variantes. Est susceptible de caractériser le délit de favoritisme la violation, en connaissance de cause, des règles de publicité et de concurrence prévues par le Décr. n° 93-990 du 3 août 1993 pris pour l'application de la L. du 11 déc. 1992, notamment de celles relatives aux critères d'attribution et aux conditions de légalité des variantes. • Crim. 4 mai 2011, n° 10-87.447 P.

30. Contrats à prestations intégrées. La participation, fût-elle minoritaire, d'une entreprise privée dans le capital d'une société à laquelle participe également une collectivité locale exclut que cette dernière puisse exercer sur cette société un contrôle analogue à celui qu'elle exerce sur ses propres services. • Crim. 25 juin 2008, n° 07-88.373 P. ♦ ... Justifie sa décision la cour d'appel qui, pour déclarer le prévenu coupable de favoritisme pour avoir attribué, sans concurrence, les marchés relatifs à la création et à la réalisation d'un bulletin municipal, pour les années 2003 à 2006, à une société d'économie mixte locale transformée en société anonyme, écarte notamment l'application de l'art. 3, 1° C. marchés alors applicable, excluant du champ d'application de ce code les contrats à prestations intégrées. • Même arrêt.

D. INTENTION

31. Définition. L'élément intentionnel du délit prévu par l'art. 432-14 C. pén. est caractérisé par l'accomplissement, en connaissance de cause, d'un acte contraire aux dispositions législatives ou réglementaires ayant pour objet de garantir la liberté d'accès et l'égalité des candidats dans les marchés publics et les délégations de service public ; méconnaît les art. 432-14 C. pén., ensemble l'art. 121-3, al. 1er, du même code et le principe sus-énoncé la cour d'appel qui, pour relaxer le maire d'une commune du chef de tentative de favoritisme, faute d'intention coupable, après avoir relevé que le prévenu n'avait pas organisé de concours d'architecture pour le choix du maître d'œuvre bien que le montant du marché excédât 900 000 F alors applicable, énonce que, toutefois, il résulte des documents présentés par la défense et de l'enquête que le maire n'a pas cherché à favoriser le maître d'œuvre. • Crim. 14 janv. 2004, n° 03-83.396 P : *AJ pénal 2004. 113, obs. Pitoun ; Gaz. Pal. 2004. 2. Somm. 2700, obs. A.C. ; Dr. pénal 2004. 50, obs. Véron.*

32. Justifie sa décision la cour d'appel qui, pour déclarer le prévenu coupable de favoritisme pour avoir attribué la maîtrise d'œuvre du marché public de rénovation d'une maison d'accueil pour personnes âgées à une société sans mise en compétition, relève que le prévenu a seul décidé du choix de cette société et qu'en raison de l'augmentation de l'évaluation globale du marché, le lot ingénierie aurait dû donner lieu à des consultations dans le respect des règles de la commande publique, d'autant que son coût était connu et a été approuvé par le conseil d'administration, d'où il résulte que le marché litigieux a été attribué en violation de l'art. 314 *bis* C. marchés, alors en vigueur, et dès lors que l'élément intentionnel du délit de favoritisme est caractérisé par l'accomplissement en connaissance de cause d'un acte contraire aux dispositions législatives ou réglementaires ayant pour objet de garantir la liberté d'accès et l'égalité des candidats dans les marchés publics. • Crim. 14 déc. 2005, n° 05-83.898 P.

33. Indifférence à l'intention de nuire. L'élément intentionnel du délit de favoritisme est caractérisé par l'accomplissement, en connaissance de cause, d'un acte contraire aux dispositions législatives ou réglementaires ayant pour objet de garantir la liberté d'accès et l'égalité des candidats dans les marchés publics et les délégations de service public ; le 8 oct. 2003, l'École nationale d'application des cadres territoriaux de Nancy a lancé une procédure d'appel d'offres pour le recrutement de formateurs professionnels devant assurer des modules d'enseignement pour des cadres de la fonction publique territoriale ; le règlement de la consultation prévoyait cinq critères de sélection classés selon leur ordre d'importance ; aucune des offres déposées par le groupement X...-Y... n'a été retenue ; par jugement en date du 23 mai 2006, le tribunal administratif de Nancy a annulé l'attribution de ces marchés au motif que lors de l'examen des offres des différents candidats, la commission locale n'avait pas procédé à un classement de ces derniers en fonction des critères précités mais s'était fondée sur la seule qualité de la réponse pédagogique et le prix des interventions, sans expliciter les éléments pris en compte pour apprécier le premier critère ; pour dire n'y avoir lieu à poursuivre quiconque du chef de favoritisme, l'arrêt, après avoir relevé que l'élément matériel du délit de favoritisme était caractérisé, énonce que le délit prévu à l'art. 432-14 C. pén. suppose que soit établi un élément intentionnel, qui se définit comme l'intention de nuire ; les juges ajoutent que si des maladresses et des dysfonctionnements se sont produits au regard des critères de choix, il ne résulte d'aucun élément de l'information que les membres de la commission aient été animés d'une telle intention de nuire au groupement X...-Y... et qu'ils aient de manière délibérée et frauduleuse évincé ce dernier pour privilégier un autre candidat ; en prononçant ainsi, la cour d'appel a méconnu les art. 121-3, al. 1er, et 432-14 C. pén. ainsi que le principe susénoncé ; d'où il suit que la cassation est encourue. • Crim. 14 déc. 2011, n° 11-82.854 : *préc. note 22.*

34. Indifférence à l'ignorance. Ne saurait se réfugier derrière une méconnaissance de la procédure d'appel d'offres le maire d'une commune depuis plus de deux ans, après avoir été conseiller municipal pendant plusieurs années. • Crim. 15 sept. 1999, n° 98-87.588 : *Dr. pénal 2000. 28, obs. Véron.*

35. Indifférence à l'incompétence. L'incompétence du prévenu n'est nullement exclusive de sa mauvaise foi dans la gestion des deniers publics. • Crim. 24 oct. 2001, n° 99-83.467 : *Dr. pénal 2002. 26, obs. Véron.*

36. Action dans l'urgence. Les marchés de prestations informatiques passés par une Caisse nationale d'assurance vieillesse, bien que n'ayant pas toujours respecté les règles édictées par le C. marchés en matière de mise en concurrence, ne révèlent pas d'intention frauduleuse de la part de ses dirigeants, dès lors que ceux-ci, à défaut de prévisions suffisantes, ont souvent agi dans l'urgence et se sont vu ainsi imposer le choix de certains fournisseurs ; c'est ainsi que, les constructeurs informatiques imposant leurs partenaires financiers, la caisse, obligée d'avoir recours à la location financière pour procéder au renouvellement de ses centres informatiques équipés de matériel Bull, n'a mis en concurrence que les seules sociétés de financement de matériel de ce constructeur. • Paris, 20 janv. 2000, n° 98-87.588 : *D. 2000. IR 68.*

II. RÉPRESSION

A. PRESCRIPTION

37. Infraction instantanée. Le délit d'atteinte à la liberté d'accès et à l'égalité des candidats dans les marchés publics et les délégations de service public est une infraction instantanée qui se prescrit à compter du jour où les faits la consommant ont été commis ; toutefois, le délai de prescription de l'action publique ne commence à courir, lorsque les actes irréguliers ont été dissimulés ou accomplis de manière occulte, qu'à partir du jour où ils sont apparus et ont pu être constatés dans des conditions permettant l'exercice des poursuites. • Crim. 27 oct. 1999, n° 98-85.214 P (cassation de • Caen, 20 avr. 1998 : *BICC 1999, n° 561 ; Dr. pénal 2000. 27, obs. Véron ; RSC 2000. 618, obs. Delmas Saint-Hilaire* • 27 oct. 1999, n° 98-85.757 P • 5 mai 2004, n° 03-85.503 P (cassation de • Limoges, 17 juin 1998 : *BICC 1999, n° 423 ; AJ pénal 2004. 285, obs. Girault ; Gaz. Pal. 2005. 1. Somm. 618, note A.C. ; RSC 2004. 897, obs. Commaret*). ♦ Ne donne donc pas de base légale à sa décision la cour d'appel qui retarde le point de départ de la prescription au jour du dépôt de plainte, sans établir que les actes irréguliers avaient été dissimulés ou accomplis de manière occulte. • Mêmes arrêts. ♦ Le caractère occulte du délit de favoritisme fait défaut lorsque les faits ont été commis dans le contexte d'un marché public argué d'aucun agissement clandestin ; le point de départ de la prescription se situe dès lors au jour de la commission des faits délictueux, soit à la date de notification du marché. • Paris, 27 mars 2002, n° 03-85.503 : *Gaz. Pal. 2002. 2. 950, note Repiquet.* ♦ Le délit de favoritisme incriminé par l'art. 432-14 C. pén. est une infraction instantanée qui se prescrit à compter du jour où les faits consommant l'atteinte à la liberté d'accès et à l'égalité des candidats dans les marchés publics ont été réalisés ; toutefois, il résulte de la jurisprudence de la chambre criminelle de la Cour de cassation que le délai de prescription de l'action publique ne commence à courir, lorsque des actes irréguliers ont été dissimulés ou accomplis de manière occulte, qu'à partir du jour où ils sont apparus et ont pu être constatés dans des conditions permettant l'exercice des poursuites ; or, en l'occurrence, le point de départ du délai de prescription doit être fixé au jour de l'ouverture des plis et de l'attribution du marché public relatif à l'extension du réseau d'enneigement artificiel d'une station de ski dès lors qu'aucun acte irrégulier, dissimulé ou accompli de manière occulte n'a pu être établi. • Toulouse, 19 janv. 2005 : *JCP 2005. IV. 2316.*

38. Dissimulation. Un conseil général organisant une consultation de tous les habitants du département a chargé le centre départemental d'information, de documentation et d'études (CIDE) de cette opération qui, comportant l'édition et la diffusion d'un numéro spécial d'un magazine accompagné d'une lettre du président du conseil général et d'un questionnaire, excédait le seuil de 300 000 F, et n'a pas été précédée d'un appel public à la concurrence, conformément aux art. 378 s. C. marchés, alors applicables ; c'est à bon droit que la cour d'appel a rejeté l'exception de prescription de l'action publique, relevant que le recours à une structure de droit privé, le CIDE, a eu pour effet d'empêcher tous les contrôles habituels et a fait obstacle à la découverte de l'aspect irrégulier d'une opération dissimulée qui a été présentée comme s'inscrivant dans l'exécution d'un marché déjà passé alors qu'il s'agissait d'une opération autonome ; cette dissimulation a perduré jusqu'à l'assemblée générale d'approbation des comptes annuels, soit moins de trois ans avant le réquisitoire introductif. • Crim. 5 mai 2004, n° 03-85.503 P : *AJ pénal 2004. 285, obs. Girault ; RSC 2004. 897, obs. Commaret* .

Le conseil municipal d'une commune a adopté un programme de travaux exceptionnels de voirie pour un montant de plus de 2 millions de F et a autorisé son maire à engager une procédure de consultation des entreprises ; toutefois, ces travaux ont été exécutés sans appel public à la concurrence, par une entreprise agissant en qualité de sous-traitante de cinq entreprises, pour une partie des travaux d'un montant de 999 957,52 F, et comme entreprise principale pour l'autre partie ; ensuite, une procédure d'appel d'offres restreint pour l'entretien et l'amélioration des voies communales a été lancée, à l'issue de laquelle le marché a été attribué à cette même société qui a reçu douze bons de commande d'un montant total de 1 348 395,22 F correspondant aux travaux de voirie qu'elle avait déjà exécutés auparavant ; pour rejeter l'exception de prescription de l'action publique quant aux faits de favoritisme résultant du fractionnement du marché d'entretien de la voirie de la commune attribué pour un montant de 999 957,52 F à la société, agissant comme sous-traitante de cinq entreprises, les juges relèvent à bon droit que l'attribution de ce marché est demeurée occulte, dès lors que le recours à ces entreprises n'avait pas fait l'objet d'une délibération du conseil municipal, ni d'aucune commande écrite, et que la société intervenait, en tant qu'entrepreneur principal, à la même période, pour des travaux sur une douzaine de sites différents ; l'envoi à la sous-préfecture des arrêtés de voirie pris pour réglementer la circulation et visant la société, ainsi que l'arrêté concernant des secteurs où cette dernière est intervenue en tant qu'entreprise principale, n'a pu permettre à l'autorité administrative de savoir qu'en réalité cette entreprise réalisait seule l'ensemble des travaux ; en outre, l'attribution des travaux à la société a été dissimulée et n'a été révélée que grâce à l'enquête réalisée par la mission interministérielle d'enquêtes sur les marchés (MIEM), qui a transmis son rapport au procureur de la République, cette transmission marquant le point de départ de la prescription. • Crim. 19 mai 2004, n° 03-86.192 P : *RSC 2004. 897, obs. Commaret* .

39. Pour écarter la prescription invoquée par le prévenu, qui soutenait que plus de trois ans s'étaient écoulés entre la cessation de ses fonctions de président d'université, le 31 août 2002, et le 7 sept. 2005, date de la saisine des services de police par le procureur de la République, premier acte interruptif de prescription, l'arrêt énonce que le délai de prescription du délit poursuivi ne commence à courir, lorsque les actes ont été dissimulés, qu'à partir du jour où ils sont apparus et ont pu être constatés dans des conditions permettant l'exercice des poursuites ; les juges ajoutent que, dès le 1er sept. 2002, le nouvel agent comptable a décidé de rompre avec la pratique antérieure et a alerté le nouveau président du dépassement du seuil et de l'impossibilité de régler les factures ; en cet état, la Cour de cassation est en mesure de s'assurer que les faits imputés au prévenu, qui ont été dissimulés jusqu'au 31 août 2002, n'étaient pas prescrits le 22 août 2005, date des instructions du procureur général au procureur de la République, aux fins d'enquête. • Crim. 17 déc. 2008, n° 08-82.319 P : *AJ pénal 2009. 131, obs. Lasserre Capdeville* ; *Dr. pénal 2009, n° 36, obs. Véron ; RTD com. 2009. 471, obs. Bouloc* ; *RSC 2010. 141, obs. Mascala* .

40. Interruption. Les actes ayant pour objet la constatation de l'infraction prévue par l'art. 432-14 C. pén., accomplis par les membres de la Mission interministérielle d'enquête sur les marchés publics habilités à cet effet par l'art. 7 de la L. du 3 janv. 1991, sont interruptifs de prescription. • Crim. 1er déc. 2004, n° 04-83.079 P : *RLCT 2005/1, n° 10, obs. Mayaud ; Gaz. Pal. 2005. 2. Somm. 3620, note A.C.* • 30 nov. 2005, n° 05-80.862 P • 8 avr. 2010, n° 09-86.691 P : *AJ pénal 2010. 296, obs. Perrier* . ♦ ... Constitue un tel acte le courrier qu'adresse le chef de la Mission interministérielle d'enquête sur les marchés publics au préfet, dans le cadre de l'enquête dont ce dernier l'a saisie, et qui a pour objet de permettre à cette mission d'accéder à des documents et à des éléments d'information détenus par les services de l'État. • Crim. 8 avr. 2010, n° 09-86.691 : *préc.*

41. Il ressort de l'art. 7 de la L. n° 91-3 du 3 janv. 1991 que les membres de la Mission interministérielle d'enquête sur les marchés publics sont habilités à constater l'infraction prévue par l'art. 432-14 C. pén. ; si l'art. 2 de la loi prévoit que « les rapports et comptes rendus d'audition sont transmis aux autorités qui ont demandé l'enquête », les investigations de la mission ne sauraient être assimilées pour autant à une simple enquête administrative à usage interne dont les résultats seraient soumis à la seule appréciation de l'autorité qui l'a ordonnée ; il ressort au contraire de l'art. 38-6 C. marchés que la mission est habilitée à transmettre directement son rapport au procureur de la République dans les conditions de l'art. 40 C. pr. pén. ; la constatation des infractions régulièrement opérée par la mission en vertu des pouvoirs qu'elle tient de l'art. 7 de la L. du 3 janv. 1991 interrompt donc valablement la prescription. • Paris, 20 janv. 2000 : *D. 2000. IR 68.* ♦ L'art. 7 de la L. du 3 janv. 1991 dispose que les membres de la mission interministérielle d'enquête sur les marchés publics sont habilités à constater l'infraction prévue à l'art. 432-14 C. pén. ; l'art. 2 de ladite loi prévoit que les rapports et comptes rendus d'auditions sont transmis aux autorités qui ont commandé l'enquête ; les comptes rendus d'auditions et le rapport de la « MIEM » ne sont pas des procès-verbaux d'auditions ni de constatation d'infractions, et contrairement aux procès-verbaux dressés par les agents de la « DGCCRF », ils n'ont pas de valeur probante (faisant foi jusqu'à preuve contraire) ; par ailleurs, aucun texte spécial ne confère aux membres de la « MIEM » qualité pour effectuer des actes de police judiciaire ; il apparaît dès lors que les actes d'enquêtes de la « MIEM » sont de simples actes administratifs, exclus de la notion d'acte d'instruction ou de poursuites interrompant la prescription. • Paris, 27 mars 2002 : *Gaz. Pal. 2002. 2. 950, note Repiquet. – Adde*, G. Pancrazi, Les actes d'enquête des membres de la MIEM interrompent la prescription de l'action publique du délit de l'art. 432-14 C. pén., *Gaz. Pal. 2003. 1. Doctr. 639*.

42. Indivisibilité. Un fonctionnaire du conseil général, mis en examen des chefs de corruption passive, recel d'abus de biens sociaux, trafic d'influence et favoritisme, entendu sur les méthodes employées par les élus et fonctionnaires pour favoriser certaines entreprises lors de l'attribution de marchés publics par le conseil général ainsi que sur les rémunérations illicites versées en contrepartie, a évoqué dans ce contexte le cas d'un hôpital ; les faits pour lesquels ce fonctionnaire a été mis en examen ont un rapport étroit avec ceux concernant le président du conseil d'administration de cet hôpital, qui ne constituaient qu'un exemple supplémentaire des méthodes illégales utilisées pour la passation des marchés publics dans le département ; en conséquence, le procès-verbal d'audition du fonctionnaire, ainsi que la commission rogatoire rendue par le juge d'instruction constituent des actes interruptifs de la prescription des faits de corruption passive et de favoritisme reprochés au président du conseil d'administration de l'hôpital ; les dispositions non limitatives de l'art. 203 C. pr. pén. s'étendent aux cas dans lesquels, comme en l'espèce, il existe entre les faits des rapports étroits analogues à ceux que la loi a spécialement prévus. • Crim. 28 mai 2003, n° 02-85.185 P.

B. POURSUITES

1° ACTION CIVILE

43. Sociétés. Est recevable la constitution de partie civile de deux sociétés dès lors que leurs candidatures avaient été retenues par la commission d'appel d'offres et que les agissements du prévenu ont eu pour effet de leur faire perdre une chance d'être déclarées attributaires du marché. • Crim. 21 sept. 2005, n° 04-83.868 : *Dr. pénal 2006. 26, obs. Véron.*

44. Associations. D'une part, tout jugement ou arrêt doit comporter les motifs propres à justifier la décision ; l'insuffisance ou la contradiction des motifs équivaut à leur absence ; d'autre part, les juridictions d'instruction qualifient librement les faits dont elles sont saisies et au regard desquels elles ont l'obligation d'informer ; il résulte de l'arrêt attaqué et des pièces de la procédure que l'association Anticor a porté plainte et s'est constituée partie civile, contre personne non dénommée, du chef de favoritisme, contestant la légalité d'une convention de prestation de services signée le 1er juin 2007 par Mme B..., directeur de cabinet du président de la République, et la société Publifact, dirigée par M. A. ; cette plainte s'appuie sur le contenu d'un rapport public de la Cour des comptes du 15 juill. 2009 relatif au contrôle des comptes et de la gestion de la présidence de la République ; pour réformer l'ordonnance du juge d'instruction écartant les réquisitions du procureur de la République tendant à l'irrecevabilité de toute poursuite des faits dénoncés en raison du statut pénal du chef de l'État, et dire n'y avoir lieu à informer, l'arrêt prononce par les motifs repris aux moyens ; mais en se déterminant ainsi, en l'absence de tout acte d'instruction, par des motifs hypothétiques et inopérants, alors que, d'une part, aucune disposition constitutionnelle, légale ou conventionnelle ne prévoit l'immunité ou l'irresponsabilité pénale des membres du cabinet du président de la République, et que d'autre part, le juge d'instruction a l'obligation d'informer sur tous les faits résultant de la plainte et des pièces y analysées, sous toutes leurs qualifications possibles, sans s'en tenir à celle proposée par la partie civile, la chambre de l'instruction n'a pas justifié sa décision. • Crim. 19 déc. 2012, n° 12-81.043 : *D. 2013. JP 551, note Décima et Detraz ; ibid. Pan. 2713.*

45. Contribuables. La constitution de partie civile d'un contribuable autorisée par le tribunal administratif, dans une information pour favoritisme et détournement de fonds publics, en raison de l'inaction de la commune, en application de l'art. L. 2132-5 CGCT, devient sans objet lorsque le maire intervient par la suite régulièrement dans l'information au nom de la collectivité territoriale. • Crim. 25 nov. 2003, n° 03-80.905 P.

46. Réparation. Pour condamner les prévenus à verser à l'État la somme de 10 000 € en réparation de son préjudice moral, l'arrêt relève que les infractions dont ils ont été déclarés coupables ont jeté le discrédit sur l'ensemble des personnels civils et militaires du ministère de la Défense et constituent un facteur d'affaiblissement de l'autorité de l'État dans l'opinion publique ; en l'état de ces motifs, qui établissent l'existence d'un lien direct entre les infractions constatées et le préjudice subi par l'État, la cour d'appel a justifié sa décision. • Crim. 4 mai 2006, n° 05-81.743 : *Dr. pénal 2006, n° 113, obs. Véron.*

47. Ne justifie pas sa décision la juridiction répressive qui se reconnaît compétente pour statuer sur la responsabilité civile d'un maire ayant agi dans l'exercice de ses fonctions, condamné pour atteinte à la liberté d'accès et à l'égalité dans les marchés publics, sans rechercher, même d'office, si la faute imputée à celui-ci présentait le caractère d'une faute personnelle détachable du service. • Crim. 17 oct. 2007, n° 06-87.566 P.

2° ACTION PUBLIQUE

48. Enquête. Justifie sa décision la chambre d'accusation qui, pour rejeter les demandes d'annulation de la procédure fondées sur l'incompétence des fonctionnaires de la direction départementale de la concurrence et de la consommation pour enquêter sur des faits de favoritisme, relève qu'un agent de cette administration s'est borné à se faire communiquer par sa direction générale des documents relatifs à un marché et à les examiner pour en vérifier la régularité, dès lors que, d'une part, cet agent n'a effectué, pour la recherche d'un éventuel délit de favoritisme, aucun des actes d'enquête prévus, notamment, par les art. 75 s. C. pr. pén., 3 à 5 de la L. du 3 janv. 1991 et 45 à 48 de l'Ord. du 1er déc. 1986, et que, d'autre part, l'exécution tardive de l'obligation faite à tout fonctionnaire qui, dans l'exercice de ses fonctions, acquiert la connaissance d'un délit, d'en donner avis sans délai au procureur de la République, n'est pas sanctionnée par la nullité. • Crim. 20 sept. 2000, n° 00-84.328 P : *RSC 2001. 171, obs. Rebut.*

49. Commission rogatoire. Il résulte de l'art. 45, al. 3, de l'Ord. du 1er déc. 1986, inséré dans l'art. L. 141-1 (IV) C. consom., que des fonctionnaires de catégorie A du ministère chargé de l'Économie, spécialement habilités à cet effet, peuvent recevoir des juges d'instruction des commissions rogatoires, mais seulement pour enquêter sur les infractions visées par cette ordonnance ; justifie sa décision la chambre d'accusation qui prononce la nullité d'une commission rogatoire par laquelle un juge d'instruction a délégué des agents de la direction générale de la concurrence, de la consommation et de la répression des fraudes pour enquêter sur des faits de favoritisme, délit prévu et réprimé par l'art. 432-14 C. pén., dès lors que le juge d'instruction ne pouvait avoir recours à ces agents qu'en leur qualité de personnes qualifiées et après leur avoir fait prêter le serment indiqué à l'art. 60 C. pr. pén. • Crim. 5 mai 1999, n° 98-85.589 P :

Dr. pénal 1999. 142, obs. J.-H. Robert ; JCP 2000. I. 207, n° 4, obs. J.-H. Robert.

50. Saisine du juge d'instruction. Dans une information suivie pour favoritisme, après dénonciation de l'irrégularité d'un marché de travaux publics, le juge d'instruction se trouve saisi de l'ensemble des actes irréguliers, notamment des avenants, antérieurs à sa saisine et se rattachant par un lien d'indivisibilité à ce marché ; il est, dès lors, en droit d'instruire sur tous ces actes, quand bien même le réquisitoire introductif ne viserait que partie d'entre eux. • Crim. 20 sept. 2000, n° 00-84.328 : *préc. note 53.*

51. Association « transparente ». Lorsqu'une association est créée à l'initiative d'une personne publique qui en contrôle l'organisation et le fonctionnement et lui procure l'essentiel de ses ressources, le juge pénal est compétent pour qualifier cette personne privée d'association « transparente » et en déduire que les contrats qu'elle conclut pour l'exécution de la mission qui lui est confiée sont des contrats administratifs soumis au C. marchés. • Crim. 7 nov. 2012, n° 11-82.961 P : *Gaz. Pal. 8-9 févr. 2013, p. 39, obs. Dreyer ; RLCT 2013/89, n° 2446, note Mayaud.*

52. Conflits de qualifications. Pour déclarer le prévenu, maire d'une commune, coupable des délits d'atteinte à la liberté d'accès et à l'égalité des candidats dans les marchés publics et de prise illégale d'intérêt, l'arrêt énonce que la fraude a été conçue d'emblée, que la procédure litigieuse, qui ne prévoyait pas le recours à la sous-traitance, a été organisée pour la forme en vue de retenir l'offre de la société A… qui était inappropriée et irrégulière, celle-ci ayant déposé son mémoire technique postérieurement à la réunion de la commission d'appel d'offres et n'étant pas en mesure de réaliser les opérations de terrassement, qu'ainsi un avantage injustifié a été octroyé à celle-ci, et que le maire et l'attributaire du marché avaient une pleine conscience de la violation des règles commise à cette occasion ; les juges ajoutent, concernant le délit de prise illégale d'intérêt, que le choix de la société A…, en connaissance de l'irrégularité de son offre et de son incapacité à y faire face, a été dicté par l'intérêt moral du demandeur à faire travailler un proche, qui lui devait sa survie économique, et à participer à la réalisation de travaux par lui-même dans des conditions lui permettant d'en tirer profit auprès de ses électeurs ; en prononçant ainsi, et dès lors que les déclarations de culpabilité des chefs d'atteinte à la liberté d'accès et à l'égalité des candidats dans les marchés publics et de prise illégale d'intérêt sont fondées *sur des faits dissociables*, la première infraction étant constituée par les irrégularités commises en connaissance de cause par le maire durant la procédure de marché tandis que la seconde est caractérisée par la seule décision prise par celui-ci, de faire signer à l'attributaire du marché, l'acte d'engagement des travaux et de publier l'avis d'attribution du marché, la cour d'appel a justifié sa décision. • Crim. 17 avr. 2019, n° 18-83.025 : *D. actu. 16 mai 2019, obs. S. Fucini ; D. 2019. 890 ; AJCT 2019, p. 350, obs. Y. Mayaud ; JCP 2019. 510, obs. J.-M. Brigant.*

53. Complicité. A justifié sa décision la cour d'appel qui, pour déclarer le prévenu coupable du délit de complicité de favoritisme, énonce que, en sa qualité de directeur adjoint puis de directeur, il avait la qualité d'ordonnateur des recettes et des dépenses de l'office public HLM, et qu'il était soumis à l'obligation qui en découle de prévenir et réparer les irrégularités susceptibles de survenir, notamment, dans le cadre de la passation des marchés publics. • Crim. 29 janv. 2020, n° 19-82.942 : *Gaz. Pal. 2020. 1756, obs. E. Dreyer.*

54. Recel. Le recel du délit d'atteinte à l'égalité des candidats dans les marchés publics est caractérisé dès lors que le prévenu s'est vu confier plusieurs marchés de gré à gré pour des prestations fournies au titre des documents d'arpentage et plans parcellaires, négociations foncières et levées topographiques, lesquelles, se rapportant à des travaux de même nature, auraient dû, eu égard à leur montant, donner lieu à un marché avec appel d'offres, ce que n'ignorait pas le prévenu. • Crim. 28 janv. 2004, n° 02-86.597 P : *JCP 2004. II. 10084, note Linditch ; Gaz. Pal. 2004. 2. 2541, note A.C. ; Dr. pénal 2004. 92, obs. Véron.*

55. C'est à bon droit que, pour déclarer le délit d'atteinte à la liberté d'accès et à l'égalité des candidats dans les marchés publics constitué, et dire le prévenu coupable de recel de ce délit, les juges énoncent qu'il avait été mandaté par le service foncier du conseil général pour établir des documents d'arpentage et des états parcellaires sur les mêmes terrains, lui permettant ainsi de disposer d'un avantage sur ses concurrents lors de la soumission ; ils ajoutent que le prévenu avait obtenu des renseignements privilégiés sur ce marché de l'un de ses employés et de la fille de ce dernier ; le prévenu a donc bénéficié en connaissance de cause de l'attribution d'un marché irrégulièrement passé. • Crim. 28 janv. 2004, n° 02-86.597 : *préc. note 52.*

56. Le délit de recel de favoritisme est caractérisé à l'égard de celui qui bénéficie en connaissance de cause du produit provenant de l'attribution irrégulière d'un marché ; se rend coupable de ce délit le gérant de la société qui a reçu, en connaissance de son origine délictuelle, le paiement par le CIDE et le conseil général du prix de la prestation de cette société, et a, en sa qualité de gérant également, bénéficié des retombées positives pour la société, en termes de chiffre d'affaires et d'influence, résultant de l'obtention du marché litigieux. • Crim. 5 mai 2004, n° 03-85.503 P : *AJ pénal 2004. 285, obs. Girault.*

§ 5 DE LA SOUSTRACTION ET DU DÉTOURNEMENT DE BIENS

Art. 432-15 **Le fait, par une personne dépositaire de l'autorité publique ou chargée d'une mission de service public, un comptable public, un dépositaire public ou l'un de ses subordonnés, de détruire, détourner ou soustraire un acte ou un titre, ou des fonds publics ou privés, ou effets, pièces ou titres en tenant lieu, ou tout autre objet qui lui a été remis en raison de ses fonctions ou de sa mission, est puni de dix ans d'emprisonnement et** *(L. n° 2013-1117 du 6 déc. 2013, art. 6)* **« d'une amende de 1 000 000 €, dont le montant peut être porté au double du produit de l'infraction** *[ancienne rédaction : de 150 000 € d'amende]* **».**

(Ord. n° 2019-963 du 18 sept. 2019, art. 2) **« La peine d'amende est portée à 2 000 000 € ou, s'il excède ce montant, au double du produit de l'infraction, lorsque l'infraction** *(Abrogé par L. n° 2020-1672 du 24 déc. 2020, art. 30)* ***« prévue au premier alinéa porte atteinte aux recettes perçues, aux dépenses exposées ou aux avoirs qui relèvent du budget de l'Union européenne, des budgets des institutions, organes et organismes de l'Union européenne ou des budgets gérés et contrôlés directement par eux et qu'elle »*** **est commise en bande organisée. »**

La tentative *(Ord. n° 2019-963 du 18 sept. 2019, art. 2)* **« des délits prévus aux alinéas qui précèdent » est punie des mêmes peines.** — *Civ. 25 ; Élect. L. 7.*

Corresp. *: C. pén., anciens art. 169 à 173, et 255, al. 2.*

BIBL. ▶ SEGONDS, *RSC 2018. 793* (de l'(in)utilité des délits d'emploi familial créés par la L. du 15 sept. 2017 pour la confiance dans la vie publique).

A. AUTEURS

1° « ANCIEN » CODE PÉNAL

1. Art. 169 s. Ont été reconnus comme ayant la qualité de fonctionnaire, au sens des art. 169 s. C. pén. : ... les receveurs des domaines et les conservateurs des hypothèques. • Crim. 23 févr. 1861 : *Bull. crim. n° 43.* ♦ ... L'économe d'un lycée. • Crim. 14 mai 1870 : *Bull. crim. n° 107.* ♦ ... Les vérificateurs des contributions indirectes. • Crim. 21 mars 1934 : *Bull. crim. n° 64.* ♦ ... Les officiers publics ou ministériels. • Crim. 12 juill. 1938 : *Bull. crim. n° 179.* ♦ ... Un officier d'administration du service de santé. • Crim. 14 janv. 1958 : *Bull. crim. n° 51.* ♦ ... Les receveurs des postes. • Crim. 23 oct. 1958 : *Bull. crim. n° 650 ; Gaz. Pal. 1959. 1. 40.* ♦ ... Le facteur des postes, chargé notamment, dans son service, du payement des articles d'argent. • Douai, 5 janv. 1950 : *D. 1950. 182.* ♦ ... Un inspecteur central du Trésor affecté à un centre hospitalier régional. • Crim. 23 févr. 1966 : *Bull. crim. n° 67 ; RSC 1966. 614, obs. Hugueney.* ♦ ... Le chef de cabinet d'un ministre déclaré par la cour des comptes dépositaire ou comptable de fait de fonds publics. • Crim. 7 nov. 1991, n° 91-84.717 P.

2. En revanche, n'ont pas été considérés comme ayant cette qualité : ... l'employé personnel et privé d'un comptable public. • Crim. 5 août 1825 : *Bull. crim. n° 147.* ♦ ... Le maire d'une commune, alors qu'en vertu de la réglementation en vigueur il existe un agent spécial responsable de la comptabilité. • Crim. 23 mars 1921 : *Bull. crim. n° 150.* ♦ ... Un secrétaire de mairie. • Crim. 7 févr. 1929 : *Bull. crim. n° 39.* ♦ ... Un président de chambre des métiers, qui n'a pas été investi de ses fonctions par une décision de l'autorité publique. • Crim. 24 juin 1987 : *Bull. crim. n° 267 ; RSC 1988. 293, obs. Delmas Saint-Hilaire.*

3. Un fonctionnaire qui a reçu de son chef, comptable public, une procuration et une délégation le commettant à la perception et au décaissement de deniers publics ou privés, et qui détourne ces deniers, commet le crime prévu et puni par l'art. 169 C. pén., sans qu'il y ait lieu de rechercher si la délégation et la procuration étaient régulières. • Crim. 23 févr. 1966 : *préc. note 1.* ♦ Rappr., pour une personne irrégulièrement investie des fonctions de secrétaire d'un tribunal de droit local, et constitué ainsi comptable de fait envers le territoire : • Crim. 10 déc. 1957 : *Bull. crim. n° 817.*

4. Art. 173. Ont encouru les peines édictées par l'art. 173 C. pén. : ... le facteur des postes convaincu d'avoir détourné des titres de rationnement qui lui avaient été confiés à raison de ses fonctions. • Crim. 3 janv. 1947 : *Bull. crim. n° 9 ; D. 1947. 117 ; RSC 1947. 226, obs. Hugueney.* ♦ ... Le notaire auteur de la destruction d'un acte sous seing privé qui lui avait été remis ou communiqué à raison de ses fonctions. • Crim. 13 févr. 1985 : *Bull. crim. n° 75.* ♦ *Contra :* • Crim. 24 juin 1841 : *ibid. n° 182 ; S. 1842. 1. 281.*

5. Art. 255, al. 2. Les procès-verbaux et pièces déposés dans un commissariat de police, sous la sauvegarde de l'autorité publique, entrent dans les prévisions des art. 254 et 255 C. pén. • Crim. 16 juill. 1948 : *Bull. crim. n° 201.* ♦ Mais, en se bornant à constater qu'un fonctionnaire de police avait détruit un tube contenant du sang provenant d'un prélèvement et conservé dans le commissariat auquel il était affecté, les juges n'ont pas caractérisé la qualité de dépositaire public. • Crim. 1er déc. 1987 : *Bull. crim. n° 438.*

6. Si les pièces déposées au rang des minutes d'un notaire ne peuvent, de ce seul fait, être considérées comme des actes de l'autorité publique au sens de l'art. 439 C. pén. (nouvel art. 322-2, al. 1er, 2°), leur destruction tombe sous l'application des art. 254 et 255 du même code. • Crim. 22 déc. 1953 : *Bull. crim. n° 351.*

2° « NOUVEAU » CODE PÉNAL

7. Personne chargée d'une mission de service public. Président du syndicat mixte d'un parc naturel régional. • Crim. 30 mai 2001, n° 00-84.102 P : *Dr. pénal 2001. 126, obs. Véron ; Gaz. Pal. 2002. 2. Somm. 1167, obs. Monnet.*

8. ... Président d'un conseil régional des notaires, établissement d'utilité publique, auquel a été confiée par le Conseil supérieur du notariat (CSN). Également établissement d'utilité publique, la mission d'intérêt général de faciliter l'obtention de stages aux futurs notaires, qui doit être regardé comme une personne chargée d'une mission de service public, au sens de l'art. 432-12 C. pén. et de l'art. 432-15 (sol. impl.), peu important qu'il ne disposât pas, dans l'exercice de cette mission, de prérogatives de puissance publique. • Crim. 21 sept. 2005, n° 04-85.056 P.

9. ... Contremaître chargé du service clientèle d'une agence EDF. • Crim. 29 juin 2011 : *Gaz. Pal. 2011. 2. 3443, note Dreyer.*

10. ... Directeur d'une agence de banque postale. • Crim. 20 avr. 2017, n° 16-80.091 P : *D. actu. 16 mai 2017, obs. Fonteix ; Dr. pénal 2017, n° 100, obs. Bonis-Garçon ; Gaz. Pal. 18 juill. 2017, p. 61, obs. Dreyer.*

11. ... Sénateur, et plus largement parlementaire, dès lors qu'est chargée d'une mission de service public au sens de l'art. 432-15 C. pén. la personne qui accomplit, directement ou indirectement, des actes ayant pour but de satisfaire à l'intérêt général, peu important qu'elle ne disposât d'aucun pouvoir de décision au nom de la puissance publique ; la notion doit être interprétée largement, dès lors que le sénateur, comme le député, vote la loi, détenant à ce titre une parcelle d'autorité publique, et que les parlementaires sont autorisés à visiter à tout moment les locaux de garde à vue, les établissements pénitentiaires et les centres éducatifs fermés ainsi que les lieux de rétention administrative et les zones d'attente, en application de l'art. 719 C. pr. pén. qui permet aux élus de la nation de vérifier que les conditions de détention répondent à l'exigence de respect de la personne humaine. • Crim. 27 juin 2018, n° 18-80.069 P : *D. actu. 5 juill. 2018, obs. Goetz ; D. 2018. Pan. 2259, obs. Garé ; ibid. 1791, avis Petitprez ; ibid. 1795, note Beaussonie et Rassafi-Guibal ; ibid. 2269, obs. Garé ; AJ pénal 2018. 465, obs. de Combles de Nayves ; JCP 2018, n° 828, obs. Brigant ; ibid., n° 1129, obs. Claverie-Rousset ; ibid., n° 1148, note Segonds ; Dr. pénal 2018, nos 190 et 191, obs. Conte.* ♦ *Adde* : Cutajar, *JCP 2018. 1105* (prévention de la corruption des parlementaires, juges et procureurs : un niveau de conformité globalement insuffisant). ♦ Dans le même sens : • Crim. 11 juill. 2018, n° 18-80.264 : *Gaz. Pal. 2018. 3177, obs. Dreyer ; Dr. pénal 2018, n° 190, obs. Conte.* ♦ La Cour de cassation n'étend aucunement les dispositions de l'art. 432-15 C. pén., mais retient l'intention du législateur et définit le domaine d'application de ces dispositions législatives dépourvues de toute ambiguïté ; il s'ensuit que l'exercice de cet office par le juge pénal ne viole ni le principe de légalité des délits, ni les principes d'interprétation stricte de la loi pénale et de prévisibilité de la loi qui en découlent ; de surcroît, les circonstances selon lesquelles, d'une part, les parlementaires appartiennent également à la catégorie des personnes investies d'un mandat électif visées comme auteurs potentiels d'autres infractions prévues et réprimées par le C. pén., et d'autre part qu'ils bénéficient d'un statut particulier lié à leurs prérogatives et attributions constitutionnelles et législatives, sont sans incidence sur le fait qu'ils accomplissent une activité d'intérêt général et sont à ce titre chargés d'une mission de service public au sens de l'art. 432-15. • 27 févr. 2020, n° 17025000146 : *D. actu. 16 juill. 2020, obs. Recotillet.*

12. Dépositaire public. L'art. 432-15 C. pén., relatif à la destruction, au détournement ou à la soustraction d'un acte commis par un dépositaire public s'applique, comme l'ancien art. 173 dudit code, à un notaire qui détruit un acte sous seing-privé qui lui avait été remis ou communiqué à raison de ses fonctions ; l'officier public ne peut s'exonérer de la responsabilité pénale qu'il encourt en vertu du texte précité qu'en rapportant la preuve du consentement de toutes les parties en cause à la destruction de l'acte. • Crim. 11 oct. 1994, n° 92-81.724 P : *Dr. pénal 1995. 34, note Véron ; RSC 1995. 584, obs. Ottenhof .*

13. Est un dépositaire de l'autorité publique le président d'un conseil général. • Crim. 4 mai 2006, n° 05-81.151 P : *RLCT 2006/18, n° 518, note Mayaud.*

14. Subordonnés d'un dépositaire public. Justifie sa décision la cour d'appel qui, pour déclarer des prévenus coupables de détournement de fonds publics, après avoir rappelé que leur employeur a la qualité de dépositaire public, énonce que l'art. 432-15 C. pén. vise notamment les détournements commis par les subordonnés d'un dépositaire public et ne comporte aucune restriction quant à la nature du contrat de travail ou le statut du salarié, et ajoute que les fonctions des deux prévenus impliquaient le maniement de billets confiés au dépositaire public en vue de leur destruction, dès lors que les billets ont été remis aux prévenus en raison de leurs fonctions ou de leurs missions. • Crim.

29 mars 2000, n° 98-87.855 P : *D. 2001. Somm. 2354, obs. Segonds ; Dr. pénal 2000. 96, obs. Véron.*

B. DÉTOURNEMENT

15. Constatations. Tout jugement ou arrêt de condamnation doit, à peine de nullité, contenir les motifs de nature à justifier sa décision ; en conséquence, doit être annulé, comme ne permettant pas à la Cour de cassation d'exercer son contrôle, l'arrêt qui, pour déclarer le prévenu coupable de détournement de deniers, par un comptable public, se borne à reproduire les termes de l'art. 169 C. pén. • Crim. 14 mai 1957 : *Bull. crim. n° 397.* ♦ L'arrêt de condamnation doit préciser les fonctions exercées par le prévenu et indiquer si les fonds détournés étaient venus entre ses mains en raison de ses fonctions. • Crim. 28 juill. 1958 : *Bull. crim. n° 584.* ♦ Mais l'art. 169 C. pén. n'exige pas du juge du fond la constatation de l'intention frauduleuse de l'auteur du détournement ; constate suffisamment cette intention l'arrêt qui retient à la charge de l'accusé le fait d'avoir « détourné ou soustrait » des deniers publics. • Crim. 19 janv. 1960 : *Bull. crim. n° 26.*

16. Lien avec les fonctions. Le détournement commis par un comptable public n'est punissable, que s'il a porté sur des deniers ou effets venus entre ses mains en vertu de ses fonctions. • Crim. 11 déc. 1952 : *Bull. crim. n° 299* • 19 janv. 1956 : *Bull. crim. n° 80* • 28 juill. 1958 : *Bull. crim. n° 584.* ♦ ... Et non par suite d'une remise volontaire. • Crim. 18 oct. 1924 : *S. 1925. 1. 89, note Roux.* ♦ ... Ou d'une remise par erreur. • Crim. 23 oct. 1958 : *Bull. crim. n° 650 ; Gaz. Pal. 1959. 1. 40.*

17. La qualité de l'auteur du détournement et le fait que les objets étaient venus entre ses mains en vertu de ses fonctions sont des éléments constitutifs de l'infraction et non une circonstance aggravante. • Crim. 16 nov. 1955 : *Bull. crim. n° 485.*

18. L'art. 432-15 C. pén. n'exige pas que les faits de détournements aient été commis à l'occasion de l'exécution de la mission de service public. • Crim. 11 juill. 2018, n° 18-80.264 : *Gaz. Pal. 2018. 3177, obs. Dreyer ; Dr. pénal 2018, n° 190, obs. Conte.*

19. Intention. Selon l'art. 432-15 C. pén., se rend coupable de détournement de biens le dépositaire public qui utilise, à des fins étrangères à celles prévues, les fonds publics ou privés qui lui ont été remis en raison de ses fonctions ou de sa mission ; cassation, pour méconnaissance du sens et de la portée de ce texte, de l'arrêt qui, pour relaxer deux prévenus du chef de détournement de fonds publics ou privés, et un troisième du chef de recel de ce délit, relève, d'une part, que s'il y a bien eu chez les prévenus une négligence persistante dans le respect de leurs devoirs en matière de perception et de reversement régulier des fonds remis par les clients du greffe pour un usage déterminé, n'est en revanche nullement caractérisée une volonté délibérée de s'emparer pour leur propre compte des fonds ainsi reçus, et énonce, d'autre part, que le versement à tort de salaires au prévenu du chef de recel de détournement de fonds publics ou privés, eussent-ils été alimentés en tout ou partie grâce à des fonds qui auraient été affectés au paiement des publicités légales, ne constitue pas un détournement de fonds par le dépositaire public, alors que l'art. 432-15 C. pén. n'exige pas que le prévenu ait eu l'intention de s'approprier les fonds détournés ni qu'il en ait tiré un profit personnel. • Crim. 20 avr. 2005, n° 04-84.917 P : *D. 2005. Pan. 2992, obs. Mascala ; AJ pénal 2005. 238, obs. Redon ; Dr. pénal 2005, n° 102, obs. Véron.*

20. Indifférence à l'atteinte aux intérêts de la personne publique. L'art. 432-15 C. pén. n'exige pas, pour que le délit de détournement de fonds soit constitué, que l'emploi par le prévenu des biens ou fonds à des fins autres que celles prévues par la personne publique soit contraire à l'intérêt de celle-ci. • Crim. 24 oct. 2018, n° 17-87.077 P : *Dr. pénal 2019, n° 3, obs. Conte.*

1° ACTES OU TITRES

21. Lettres missives. Pour qu'on puisse considérer des lettres missives comme des titres ou des actes (au sens de l'ancien art. 173 C. pén.), il faut que ces lettres contiennent des constatations ou des énonciations de nature à créer un lien de droit entre l'expéditeur et le destinataire. • Paris, 13 déc. 1887 : *DP 1888. 2. 57.*

22. Sommes d'argent. Les sommes d'argent, fussent-elles constituées par des billets de banque, ne sauraient rentrer, à aucun égard, dans la définition des actes et titres (catégorie à laquelle l'art. 173 avait limité ses dispositions). • Crim. 14 févr. 1957 : *Bull. crim. n° 152 ; D. 1957. 318.*

23. Compromis de vente. Un compromis de vente établi devant notaire, dès lors qu'il contient des dispositions de nature à créer des liens de droit entre les parties, est un acte juridique et rentre dans la catégorie des actes et titres visée à l'art. 173 ancien devenu l'art. 432-15 C. pén., relatif au délit de destruction, détournement ou soustraction d'un acte ou titre par un dépositaire de l'autorité publique. • Lyon, 3 nov. 1999 : *BICC 2000, n° 795.*

2° FONDS PUBLICS OU PRIVÉS

24. Indifférence à la détention matérielle des fonds. Justifie sa décision la cour d'appel qui, pour condamner le président d'un conseil général du chef d'abus de confiance et de détournements de fonds publics par une personne dépositaire de l'autorité publique, caractérise, d'une part, le mandat qu'il tient de l'art. L. 3221-2 CGCT, en tant qu'ordonnateur des dépenses du département ayant le pouvoir d'engager et de liquider lesdites dépenses, d'autre part, le détournement des fonds correspondant aux dépenses engagées et liquidées à des fins étrangères à celles prévues pour le fonctionnement du conseil général, peu important que l'intéressé n'ait pas eu la détention matérielle de ces fonds. • Crim. 18 oct. 2000, n° 99-88.139 P.

25. Se rend coupable de détournement de fonds publics par une personne chargée d'une mission de service public le président du syndicat mixte d'un parc naturel régional qui accepte qu'un employé détaché dans ce syndicat n'y exerce aucune activité et soit rémunéré par imputation de ses traitements et des charges afférentes à cet emploi fictif sur la dotation budgétaire annuelle allouée par l'organisme public ayant mis ce salarié à sa disposition, peu important que le président du syndicat n'ait pas eu la détention matérielle des fonds, dès lors qu'il avait la disposition de la dotation. • Crim. 30 mai 2001, n° 00-84.102 P : *Dr. pénal 2001. 126, obs. Véron ; Gaz. Pal. 2002. 2. Somm. 1167, obs. Monnet.*

26. Billets démonétisés. Justifie sa décision la cour d'appel qui, pour écarter l'argumentation des prévenus selon laquelle les billets détournés à l'intérieur des locaux de l'entreprise étaient des billets démonétisés et ne pouvaient recevoir la qualification de fonds publics ou privés au sens de l'art. 432-15 C. pén., énonce que les billets ne sont démonétisés qu'en fin de processus de destruction et non dès la prise, par l'agent compétent, de la décision de les mettre hors circuit et de les détruire. • Crim. 29 mars 2000, n° 98-87.855 P : *D. 2001. Somm. 2354, obs. Segonds ; Dr. pénal 2000. 96, obs. Véron.*

27. Crédits en dépenses obligatoires. Pour déclarer le président d'un conseil général coupable de détournement de fonds publics commis entre juill. 1995 et déc. 1997, l'arrêt attaqué énonce qu'en application de l'art. 38 de la L. du 1er déc. 1988, alors en vigueur, relative au revenu minimum d'insertion, des crédits, inscrits au budget du département au titre des dépenses obligatoires et destinés à des actions ayant pour objet l'insertion des personnes en difficulté, ont en définitive bénéficié à des associations sportives évoluant au niveau national, à des sportifs de haut niveau et à des associations ne proposant aucune activité particulière d'insertion ; l'arrêt ajoute qu'après adoption par le conseil général du plan départemental d'insertion établi par *la commission départementale* d'insertion, les décisions d'attribution de ces crédits ont été arrêtées par la commission permanente de l'assemblée départementale, présidée par le prévenu, qui a pris une part personnelle dans les attributions de ces subventions, notamment en présentant lui-même les rapports, en adressant des courriers à leurs bénéficiaires ou en signant les arrêtés attributifs ; en l'état de ces énonciations procédant de son appréciation souveraine, d'où il résulte que, d'une part, les crédits destinés à des actions déterminées ont été utilisés à d'autres fins que celles autorisées, et que, d'autre part, le prévenu a personnellement participé à l'attribution de ces crédits, la cour d'appel a justifié sa décision. • Crim. 4 mai 2006, n° 05-81.151 P : *RLCT 2006/18, n° 518, note Mayaud.*

28. Indemnités occultes. Une association constituant un comité social en faveur du personnel communal, dont le président et le trésorier étaient des agents communaux, avait procédé, avec l'accord du maire, au versement de compléments illicites ou occultes de rémunération à ces deux membres, provenant essentiellement de la subvention accordée par la commune à cette association ; pour relaxer le maire du chef de détournement de fonds publics, la cour d'appel retient que, si le prévenu était au courant du système mis en place pour le versement de ces indemnités occultes, ayant lui-même signé les courriers les accompagnant, il n'a accompli aucun acte de détournement, ni donné aucune instruction directe pour y procéder ; en se prononçant ainsi, sans tirer les conséquences légales de ses propres constatations relatives à la connaissance qu'avait le prévenu du détournement des sommes qu'il ordonnançait, la cour d'appel n'a pas justifié sa décision. • Crim. 19 juin 2002, n° 01-84.397 P : *D. 2003. Somm. 172, obs. Segonds .*

29. Frais professionnels. Le maire avait obtenu le remboursement d'états de frais de déplacement non justifiés, et une autre tentative pour une note de frais avait échoué en raison du refus de paiement du comptable public ; pour décider la relaxe du prévenu du chef d'abus de confiance et de détournement de fonds publics, la cour d'appel énonce qu'il n'existe aucun contrat et qu'il n'y a pas eu de remise de fonds pour en faire un usage déterminé, s'agissant du remboursement de frais de déplacement ; en se prononçant ainsi, la cour d'appel a méconnu les dispositions de l'art. 432-15 C. pén. • Crim. 19 juin 2002, n° 01-84.397 : *préc. note 22.*

30. Le fait, pour le dirigeant d'une personne morale financée par des fonds publics, de se comporter en véritable propriétaire de ceux-ci par l'engagement de dépenses liées à des déplacements professionnels, manifestement excessives, de pure convenance et hors de proportion avec les pratiques admises, caractérise le délit de détournement au sens de l'art. 432-15 C. pén. et la faute civile ouvrant droit à la réparation des préjudices de la partie civile. • Crim. 9 déc. 2020, n° 19-85.904 : *Gaz. Pal. 16 févr. 2021, p. 58, obs. Dreyer.*

31. Emploi fictif ou non conforme. A caractérisé en tous ses éléments, tant matériel qu'intentionnel, le délit de détournement de fonds dont elle a déclaré coupable le président d'un conseil régional des notaires la cour d'appel qui a relevé que le prévenu avait fait embaucher son fils par ledit conseil régional dans le cadre d'une procédure mise en place par le Conseil supérieur du notariat (CSN) aux fins de faciliter l'obtention de stages aux futurs notaires, et l'avait affecté à son étude en qualité de notaire stagiaire, tout en acceptant qu'il ne travaillât pas à temps plein, sa rémunération ayant été prise en charge par le conseil, lui-même subventionné par l'association Étude et avenir du notariat, créée par le CSN et la Caisse des dépôts et consignations. • Crim. 21 sept. 2005, n° 04-85.056 P.

32. L'affectation, en connaissance de cause, d'agents municipaux à des tâches non conformes aux emplois prévus implique le détournement de leur rémunération, opérée par prélèvement sur le budget de la commune. • Crim. 13 sept. 2006, n° 05-84.111 P : *AJ pénal 2006. 504 ; Gaz. Pal. 2006. 2. Somm. 3333, note A.C. ; RSC 2007. 537, obs. Mascala .*

33. Il n'importe, au regard de la commission du délit de détournement de fonds publics, que la somme détournée au profit d'un emploi fictif ait été ultérieurement réintégrée par décision préfectorale dans la dotation budgétaire du syndicat qui en avait assuré le règlement. • Crim. 30 mai 2001, n° 00-84.102 P : *Dr. pénal 2001. 126, obs. Véron.*

34. Il n'importe que l'arrêté n° 885 CM du 22 août 1991 autorise ou non la mise à disposition d'agents de cabinet, dès lors que s'analyse en un dévoiement frauduleux du recrutement et de la mise à disposition de ces agents caractérisant un détournement de fonds publics le fait, par le président du gouvernement de la Polynésie française, simultanément, de recruter des responsables syndicaux comme agents de cabinet et de les mettre à la disposition des organisations syndicales pour lesquelles ils exerçaient déjà leurs activités, la conclusion de tels contrats, dépourvus de toute réalité, étant exclusivement destinée à faire supporter par le territoire les rémunérations versées au titre des prestations qu'ils ont continué d'accomplir au seul profit de leur organisation syndicale. • Crim. 23 juill. 2014, n° 13-82.193 P.

35. Affectation de subventions. Justifie sa décision la cour d'appel qui déclare coupable de détournement de fonds publics le maire qui utilise à des fins étrangères à celles prévues des subventions destinées à financer un projet de coopération en affectant ces dernières au paiement de biens ou de prestations de services qui n'ont pas été commandés pour les besoins dudit programme. • Crim. 19 déc. 2012, n° 11-88.190 P : *Dr. pénal 2013, n° 36, obs. Véron.*

36. Dotation financière allouée aux parlementaires. Constitue un détournement de fonds publics l'utilisation des sommes reçues par un groupe parlementaire au Sénat à d'autres fins que celles prévues par les dispositions de l'art. 7 de l'Arr. du Bureau n° 95-190 du 12 déc. 1995 (supprimé depuis), qui destinaient ces sommes à la rémunération des assistants de son secrétariat. • Crim. 27 juin 2018, n° 18-80.069 P : *D. actu. 5 juill. 2018, obs. J. Gallois ; D. 2018. 1440 ; ibid. 2018. 1791, avis Ph. Petitprez ; ibid. 2018. 1795, note G. Beaussonie et H. Rassafi-Guibal ; ibid. 2018. 2269, obs. T. Garé ; AJ pénal 2018. 465, obs. P. de Combles de Nayves ; JCP 2018, n° 828, obs. J.-M. Brigant ; ibid. n° 1129, obs. Ch. Claverie-Rousset ; ibid. n° 1148, note M. Segonds ; Dr. pénal 2018, comm. 191, obs. Ph. Conte.* – *Adde* : Ch. Cutajar, *JCP 2018. 1105* (prévention de la corruption des parlementaires, juges et procureurs : un niveau de conformité globalement insuffisant).

3° TOUT AUTRE OBJET

37. Usage d'un photocopieur. A caractérisé en tous ses éléments le délit reproché la cour d'appel qui pour déclarer le prévenu, maire, coupable de détournement de bien public énonce que celui-ci a mis à la disposition d'un de ses amis, pendant plusieurs mois, un photocopieur loué et payé par la mairie. • Crim. 20 mai 2009 : *Dr. pénal 2009, n° 138, obs. Véron.*

C. RÉPRESSION

1° PRESCRIPTION

38. Infraction occulte. Lorsque les faits retenus au titre de l'art. 173 C. pén. constituent un détournement, le point de départ du délai de prescription doit être fixé au jour où ce détournement est apparu et a pu être constaté. • Crim. 10 mars 1992, n° 90-14.663 : *Dr. pénal 1992. 197 ; Gaz. Pal. 1992. 2. Chron. 374, par Doucet.*

39. Dès lors que le délit de détournement de fonds, s'agissant d'une infraction occulte, n'a pu être constaté dans des conditions permettant l'exercice de l'action publique avant l'intervention du ministère de l'économie, des finances et de l'industrie via le chef de service Tracfin, la dissimulation de toute trace de fraude par la prévenue est de nature à retarder le point de départ de la prescription. • Crim. 2 déc. 2009, n° 09-81.967 P : *AJ pénal 2010. 78 ; Dr. pénal 2010, comm. 39, obs. Véron ; RTD com. 2010. 441, obs. Bouloc ; RSC 2010. 863, obs. Mascala .*

40. Pour écarter la prescription de l'action publique, l'arrêt relève que les détournements opérés par le prévenu, directeur d'une agence de la Banque Postale, qui bénéficiait de la confiance totale des clients, ne sont apparus, dans des conditions permettant l'exercice de l'action publique, qu'après la plainte déposée à la suite d'une enquête interne, déclenchée sur signalement du service Tracfin, en raison des manœuvres qu'il avait déployées pour les dissimuler, notamment par utilisation anonyme et clandestine des codes et identifiants des conseillers en clientèle à des heures de fermeture de l'agence et par l'envoi aux titulaires de comptes de relevés ne mentionnant pas les évasions de fonds ; en l'état de ces énonciations, et dès lors qu'il résulte de l'art. 4 de la L. du 27 févr. 2017 que l'entrée en vigueur des dispositions de cette loi relatives à la prescription des infractions occultes ne peut avoir pour effet de prescrire celles qui, au jour de cette entrée en vigueur, avaient valablement donné lieu à la mise en mouvement ou à l'exercice de l'action publique à une date à laquelle, en vertu des dispositions législatives alors applicables et conformément à leur interprétation jurisprudentielle, la prescription n'était pas acquise, la cour d'appel a justifié sa décision. • Crim. 20 avr. 2017, n° 16-80.091 P : *D. actu. 16 mai 2017, obs. C. Fonteix.*

41. Sur le rejet d'une QPC tendant à remettre en cause, à propos de poursuites pour détournement de fonds publics, le régime des infractions occultes et dissimulées. • TJ Paris, 27 févr. 2020, n° 17/025000146 : *D. actu. 16 juill. 2020, obs. M. Recotillet.*

2° ACTION CIVILE

42. Trésor public. Le Trésor public, qui a obtenu de la juridiction administrative une décision condamnant le fonctionnaire, coupable de détournements de deniers publics, à lui rembourser les sommes détournées, est irrecevable à agir devant la juridiction répressive en remboursement desdites sommes ; il n'est pas recevable non plus à demander la réparation d'un préjudice moral du fait d'une infraction à la loi pénale. • Crim. 14 juin 1961, n° 93-51.960 P.

43. Contribuables. La constitution de partie civile d'un contribuable autorisée par le tribunal administratif, dans une information pour favoritisme et détournement de fonds publics, en raison de l'inaction de la commune, en application de l'art. L. 2132-5 CGCT, devient sans objet lorsque le maire intervient par la suite régulièrement dans l'information au nom de la collectivité territoriale. • Crim. 25 nov. 2003, n° 03-80.905 P.

3° ACTION PUBLIQUE

44. Débet. A caractérisé en tous ses éléments constitutifs, tant matériel qu'intentionnel, le délit de détournement de fonds publics dont elle a déclaré un maire coupable la cour d'appel qui *énonce que le prévenu* avait organisé, à l'occasion de son anniversaire, une fête réunissant le personnel communal dont les frais avaient été supportés par la commune, ayant fait régler par celle-ci des frais afférents à une manifestation purement privée, et ayant ainsi utilisé sciemment, à des fins étrangères à leur destination normale, des deniers publics, et qui ajoute qu'il est sans conséquence, pour ces poursuites, que la chambre régionale des comptes n'ait pas émis d'objection sur un tel financement. • Crim. 14 févr. 2007 : *Dr. pénal 2007, n° 70, obs. Véron.*

45. Il appartient aux juges répressifs de caractériser les infractions résultant des faits qui leur sont soumis, dont l'appréciation ne saurait être subordonnée à la déclaration préalable, par la juridiction financière, d'une qualité de comptable de fait et au prononcé d'un débet ; dès lors, c'est à bon droit qu'une cour d'appel, saisie d'une prévention de détournement de fonds publics, refuse de surseoir à statuer dans l'attente de cette décision. • Crim. 2 déc. 2009, n° 09-81.967 P : *AJ pénal 2010. 78 ; Dr. pénal 2010, n° 39, obs. Véron ; RTD com. 210. 441, obs. Bouloc ; RSC 2010. 863, obs. Mascala.* ♦ Opposer : • Crim. 2 juill. 1932 : *DH 1932. 510* (le prévenu comptable public, poursuivi en vertu des dispositions des art. 169 s. C. pén., doit, avant tout jugement, être déclaré reliquataire par l'autorité administrative) • Douai, 5 janv. 1950 : *D. 1950. 182* (la constitution en débet du comptable, si elle n'est pas requise avant toute poursuite, doit néanmoins intervenir au plus tard avant le jugement ; son absence constitue une exception préjudicielle).

46. L'exception préjudicielle de débet soulevée dans le cadre de poursuites du chef de détournement de fonds publics prévu par l'art. 432-15 C. pén., justifiant le sursis à statuer par le juge répressif, doit être soulevée avant toute défense au fond. • Crim. 18 déc. 2019, n° 18-85.856 : *D. 2020. 18 ; Gaz. Pal. 2020. 1762, obs. E. Dreyer.*

47. Saisie d'un bien immobilier. Justifie sa décision la chambre de l'instruction qui confirme la saisie d'un bien immobilier ordonnée dans le cadre d'une enquête préliminaire ouverte par le procureur de la République financier du chef de blanchiment aggravé de sommes constituant le produit d'un délit commis à l'étranger consistant dans le détournement de fonds au préjudice de personnes publiques à l'aide de sociétés écrans localisées dans d'autres pays étrangers, dès lors que la Cour de cassation est en mesure de s'assurer que ces faits peuvent recevoir, en France la qualification de détournements de biens publics, faits prévus et réprimés par l'art. 432-15 C. pén., déjà en vigueur à la date de commission des faits par les mis en cause. • Crim. 1er avr. 2020, n° 19-80.875 : *D. 2020. 879 ; ibid. 2020. 1811, obs. C. Mascala ; ibid. 2020. 1564, note G. Daïeff et G. Poissonnier ; D. actu. 22 juin 2020, obs. C. Fonteix ; Gaz. Pal. 2020. 2722, obs. S. Detraz.*

48. Requalification. Il résulte de l'arrêt attaqué que la secrétaire de mairie d'une commune a été poursuivie et condamnée du chef du délit prévu par l'art. 432-15 nouv. C. pén., pour avoir, de

1993 à 1995, acquis dans son intérêt personnel du matériel et des livres, qui ont été payés par la commune, sur présentation de bons de commande et de factures signés par le maire ; ce dernier, poursuivi pour complicité dudit délit, a été déclaré coupable par les premiers juges, après une requalification des faits, du délit de négligence par dépositaire de l'autorité publique ayant permis une soustraction de fonds publics par un tiers, prévu par l'art. 432-16 nouv. C. pén. ; pour confirmer cette requalification des faits, les juges du second degré énoncent que, si l'élément intentionnel du délit de complicité reproché au maire n'est pas suffisamment caractérisé, il y a lieu de retenir à sa charge les négligences ayant permis la réalisation des détournements, ajoutant que « la requalification d'une infraction volontaire en infraction involontaire est à l'évidence possible, les faits matériels étant rigoureusement identiques » ; en l'état de ces constatations et énonciations, desquelles il résulte que le prévenu s'est expliqué devant la cour d'appel sur la requalification des faits poursuivis, et que les juges ont puisé les éléments de leur décision dans les faits mêmes dont ils étaient saisis, aucun des griefs allégués n'est encouru. • Crim. 9 nov. 1998, n° 97-84.696 : *Dr. pénal 1999. 53, obs. Véron.*

49. Recel. Le délit de recel, qui est une infraction de conséquence, n'est légalement constitué que si l'infraction originaire est établie en tous ses éléments constitutifs ; à l'époque des faits, aucun texte n'imposait l'affectation des crédits transférés au groupe politique au recrutement de personnel de sorte que l'utilisation de ces sommes à d'autres fins ne pouvait s'analyser en un acte de détournement de fonds publics au sens de l'art. 432-15 C. pén. ; dès lors, la chambre de l'instruction ne pouvait refuser d'annuler la mise en examen du demandeur du chef de recel de ce délit aux motifs qu'il avait perçus des sommes provenant de son groupe politique. • Crim. 27 juin 2018, n° 18-80.069 P : *D. actu. 5 juill. 2018, obs. J. Gallois ; D. 2018. 1440 ; ibid. 2018. 1791, avis Ph. Petitprez ; ibid. 2018. 1795, note G. Beaussonie et H. Rassafi-Guibal ; ibid. 2018. 2269, obs. T. Garé ; AJ pénal 2018. 465, obs. P. de Combles de Nayves ; JCP 2018, n° 828, obs. J.-M. Brigant ; ibid., n° 1129, obs. Ch. Claverie-Rousset ; ibid., n° 1148, note M. Segonds ; Dr. pénal 2018, comm. 191, obs. Ph. Conte.* – *Adde* : Ch. Cutajar, *JCP 2018. 1105* (prévention de la corruption des parlementaires, juges et procureurs : un niveau de conformité globalement insuffisant).

Art. 432-16 **Lorsque la destruction, le détournement ou la soustraction par un tiers des biens visés à l'article 432-15 résulte de la négligence d'une personne dépositaire de l'autorité publique ou chargée d'une mission de service public, d'un comptable public ou d'un dépositaire public, celle-ci est punie d'un an d'emprisonnement et de 15 000 € d'amende.** — *Élect. L. 7.*

Corresp. : *C. pén., ancien art. 254.*

BIBL. ▸ DE BECHILLON, Mél. en l'honneur du Professeur Frédéric Sudre, *LexisNexis, 2018* (à propos de la conformité à la Constitution du délit de « négligence » prévu à l'article 432-16 du code pénal).

1. Négligences. S'il arrive qu'un secrétaire de mairie détienne régulièrement dans un autre lieu que la mairie, chez lui notamment, les registres d'état civil de la commune, il a le devoir de veiller à leur conservation, et si ceux-ci viennent à disparaître alors que, quittant son domicile, il a omis de les restituer à la mairie ou de les mettre à l'abri, cette attitude constitue de sa part une négligence certaine et il tombe ainsi sous le coup de l'art. 254 C. pén. • Nancy, 23 déc. 1965 : *JCP 1967. II. 14949, note de Lestang ; RSC 1967. 653, obs. Vitu.*

2. Commet le délit prévu et réprimé par l'art. 254 C. pén. le greffier en chef d'une juridiction, qui a permis, par sa négligence, la soustraction de scellés contenant des sommes d'argent, alors que, selon les termes de l'art. R. 812-3 COJ [V. R. 123-5 nouv.], la garde lui en incombait. • Crim. 26 nov. 1991 : *Dr. pénal 1992. 117.*

3. A commis de graves négligences, au sens de l'art. 432-16 C. pén., et n'a pas accompli les diligences normales qui lui incombaient, le maire qui a signé des bons de commande et des factures concernant certains objets ne pouvant manifestement pas être destinés à la commune, la cour d'appel ayant ainsi justifié sa décision au regard des art. 121-3 et 432-16 C. pén. • Crim. 9 nov. 1998 : *Dr. pénal 1999. 53, obs. Véron.*

4. L'art. 432-16 C. pén. n'exige pas, pour que le délit soit caractérisé, la violation délibérée d'une obligation particulière de prudence ou de sécurité. • Crim. 22 févr. 2017, n° 15-87.328 P : *D. actu. 3 mars 2017, obs. de Montecler ; Gaz. Pal. 25 avr. 2017, p. 53, obs. Dreyer.* ♦ ... Justifie sa décision la cour d'appel qui, pour déclarer un maire coupable de cette infraction, relève qu'il a signé, en négligeant d'en contrôler le contenu, des ordres de paiement non causés et étayés par de fausses factures, au profit du mari de la secrétaire qui les lui présentait. • Même arrêt.

5. Requalification. Il résulte de l'arrêt attaqué que la secrétaire de mairie d'une commune a été poursuivie et condamnée du chef du délit prévu par l'art. 432-15 nouv. C. pén., pour avoir, de 1993 à 1995, acquis dans son intérêt personnel du matériel et des livres, qui ont été payés par la commune, sur présentation de bons de commande et de factures signés par le maire ; ce dernier, poursuivi pour complicité dudit délit, a été déclaré coupable par les premiers juges, après une requalification des faits, du délit de négligence par dépositaire de l'autorité publique ayant permis une soustraction de fonds publics par un tiers, prévu par l'art. 432-16 nouv. C. pén. ; pour confirmer cette requalification des faits, les juges du second degré énoncent que, si l'élément intentionnel du délit de complicité reproché au maire n'est pas suffisamment caractérisé, il y a lieu de retenir à sa charge les négligences ayant permis la réalisation des détournements, ajoutant que « la requalification d'une infraction volontaire en infraction involontaire est à l'évidence possible, les faits matériels étant rigoureusement identiques » ; en l'état de ces constatations et énonciations, desquelles il résulte que le prévenu s'est expliqué devant la cour d'appel sur la requalification des faits poursuivis, et que les juges ont puisé les éléments de leur décision dans les faits mêmes dont ils étaient saisis, aucun des griefs allégués n'est encouru. • Crim. 9 nov. 1998, n° 97-84.696 : *Dr. pénal 1999, n° 53, obs. Véron.*

6. La prévenue a été renvoyée devant le tribunal correctionnel pour détournement de fonds publics par une personne chargée d'une mission de service public ; il lui était reproché d'avoir détourné des fonds remis en sa qualité de gérante d'une agence postale, en omettant d'établir immédiatement un reçu après chaque dépôt ; après avoir jugé qu'il n'était pas prouvé que la prévenue fût l'auteur des détournements, l'arrêt énonce que, par ses omissions, elle s'est rendue coupable de l'infraction prévue à l'art. 432-16 C. pén. ; la demanderesse ne saurait faire grief à l'arrêt d'avoir procédé à une telle requalification dès lors que, d'une part, les juges ont puisé les éléments de leur décision dans les faits mêmes dont ils ont été saisis ? et que, d'autre part, cette requalification ayant été demandée à l'audience par le procureur de la République, la prévenue a été mise en mesure de la discuter. • Crim. 22 févr. 2006 : *Dr. pénal 2006. 88, et la note.*

SECTION IV PEINES COMPLÉMENTAIRES

Art. 432-17 **Dans les cas prévus par le présent chapitre, peuvent être prononcées, à titre complémentaire, les peines suivantes :**

1° L'interdiction des droits civils, civiques et de famille, suivant les modalités prévues *(L. n° 2013-907 du 11 oct. 2013, art. 27)* **« aux articles 131-26 et 131-26-1 » ;**

2° *(L. n° 2008-776 du 4 août 2008, art. 70)* **« L'interdiction, suivant les modalités prévues par l'article 131-27, soit d'exercer une fonction publique ou d'exercer l'activité professionnelle ou sociale dans l'exercice ou à l'occasion de l'exercice de laquelle l'infraction a été commise, soit, pour les infractions prévues par le second alinéa de l'article 432-4 et les articles 432-11, 432-15 et 432-16, d'exercer une profession commerciale ou industrielle, de diriger, d'Administrer de gérer ou de contrôler à un titre quelconque, directement ou indirectement, pour son propre compte ou pour le compte d'autrui, une entreprise commerciale ou industrielle ou une société commerciale. Ces interdictions d'exercice peuvent être prononcées cumulativement ; »**

3° La confiscation, suivant les modalités prévues par l'article 131-21, des sommes ou objets irrégulièrement reçus par l'auteur de l'infraction, à l'exception des objets susceptibles de restitution ;

(L. n° 92-1336 du 16 déc. 1992) **« 4° Dans** *(L. n° 2007-1598 du 13 nov. 2007)* **« les cas prévus »** *(L. n° 2016-1691 du 9 déc. 2016, art. 19)* **« aux articles 432-7, 432-10, 432-11 et 432-12 à 432-16** *[ancienne rédaction : par les articles 432-7 et 432-11]* **», l'affichage ou la diffusion de la décision prononcée, dans les conditions prévues par l'article 131-35. »**

(Abrogé par L. n° 2017-1339 du 15 sept. 2017) (L. n° 2016-1691 du 9 déc. 2016, art. 19) ***« Par dérogation au 1° du présent article, le prononcé de la peine complémentaire d'inéligibilité mentionnée au 2° de l'article 131-26 et à l'article 131-26-1 est obligatoire à l'encontre de toute personne coupable de l'une des infractions définies à la section III du présent chapitre. Toutefois, la juridiction peut, par une décision spécialement motivée, décider de ne pas prononcer cette peine, en considération des circonstances de l'infraction et de la personnalité de son auteur. »***

CHAPITRE III DES ATTEINTES À L'ADMINISTRATION PUBLIQUE COMMISES PAR LES PARTICULIERS

RÉP. PÉN. v° *Officier public ou ministériel*, par REDON.

BIBL. ▶ WAGNER, *RSC 2011. 37* (le droit pénal spécial et les fonctions publiques : une illustration des affres de la pénalisation à outrance). – SEGONDS, *Dr. pénal 2014. Étude 3* (commentaire de la loi n° 2013-1117 du 6 décembre 2013 relative à la lutte contre la fraude fiscale et la grande délinquance économique et financière).

▶ Dossier, *AJ pénal 2013. 637 s.* (la lutte contre la délinquance financière).

SECTION PREMIÈRE **DE LA CORRUPTION ACTIVE ET DU TRAFIC D'INFLUENCE COMMIS PAR LES PARTICULIERS**

RÉP. PÉN. v^is *Corruption et trafic d'influence*, par JEANDIDIER ; *Favoritisme (Marchés publics)*, par LASSERRE CAPDEVILLE.

BIBL. ▶ POISSONNIER et DUHAMEL, *D. 2018. Point de vue* (lutte contre la corruption. Convention judiciaire d'intérêt public : le 23 février 2018 fera date !). – LIEVAUX, *RSC 2020. 43* (lutte contre la corruption et application internationale de *ne bis in idem*).

Art. 433-1 *(L. n° 2011-525 du 17 mai 2011, art. 154-2°)* **Est puni de dix ans d'emprisonnement et** *(L. n° 2013-1117 du 6 déc. 2013, art. 6)* **« d'une amende de 1 000 000 €, dont le montant peut être porté au double du produit tiré de l'infraction, » le fait, par quiconque, de proposer sans droit, à tout moment, directement ou indirectement, des offres, des promesses, des dons, des présents ou des avantages quelconques à une personne dépositaire de l'autorité publique, chargée d'une mission de service public ou investie d'un mandat électif public, pour elle-même ou pour autrui :**

1° Soit pour qu'elle accomplisse ou s'abstienne d'accomplir, ou parce qu'elle a accompli ou s'est abstenue d'accomplir, un acte de sa fonction, de sa mission ou de son mandat, ou facilité par sa fonction, sa mission ou son mandat ;

2° Soit pour qu'elle abuse, ou parce qu'elle a abusé, de son influence réelle ou supposée en vue de faire obtenir d'une autorité ou d'une administration publique des distinctions, des emplois, des marchés ou toute autre décision favorable.

Est puni des mêmes peines le fait de céder à une personne dépositaire de l'autorité publique, chargée d'une mission de service public ou investie d'un mandat électif public qui sollicite sans droit, à tout moment, directement ou indirectement, des offres, des promesses, des dons, des présents ou des avantages quelconques, pour elle-même ou pour autrui, pour accomplir ou avoir accompli, pour s'abstenir ou s'être abstenue d'accomplir un acte mentionné au 1° ou pour abuser ou avoir abusé de son influence dans les conditions mentionnées au 2°.

(Ord. n° 2019-963 du 18 sept. 2019, art. 2) **« La peine d'amende est portée à 2 000 000 € ou, s'il excède ce montant, au double du produit de l'infraction, lorsque les infractions prévues au présent article** *(Abrogé par L. n° 2020-1672 du 24 déc. 2020, art. 30)* ***« portent atteinte aux recettes perçues, aux dépenses exposées ou aux avoirs qui relèvent du budget de l'Union européenne, des budgets des institutions, organes et organismes de l'Union européenne ou des budgets gérés et contrôlés directement par eux et qu'elles »*** **sont commises en bande organisée. »**

V. Circ. CRIM 2001-11 G3 du 3 juill. 2001 (BOMJ 2001, n° 83, p. 29 s.).

V. la Convention des Nations unies contre la corruption, adoptée à New York le 31 oct. 2003, entrée en vigueur le 14 déc. 2005 et publiée par le Décr. n° 2006-1113 du 4 sept. 2006 (JO 6 sept.).

Corresp. : *C. pén., ancien art. 179.*

BIBL. ▶ V. ss. art. 432-11. – POISSONNIER et DUHAMEL, *D. 2018. Point de vue. 898* (lutte contre la corruption. Convention judiciaire d'intérêt public : le 23 février 2018 fera date).

Ancien art. 433-1 (L. n° 2007-1598 du 13 nov. 2007) ***Est puni de dix ans d'emprisonnement et de 150 000 € d'amende le fait, par quiconque, de proposer, sans droit, à tout moment, directement ou indirectement, des offres, des promesses, des dons, des présents ou des avantages quelconques à une personne dépositaire de l'autorité publique, chargée d'une mission de service public ou investie d'un mandat électif public, pour elle-même ou pour autrui, afin :***

1° Soit qu'elle accomplisse ou s'abstienne d'accomplir un acte de sa fonction, de sa mission ou de son mandat, ou facilité par sa fonction, sa mission ou son mandat ;

2° Soit qu'elle abuse de son influence réelle ou supposée en vue de faire obtenir d'une autorité ou d'une administration publique des distinctions, des emplois, des marchés ou toute autre décision favorable.

Est puni des mêmes peines le fait de céder à une personne dépositaire de l'autorité publique, chargée d'une mission de service public ou investie d'un mandat électif public qui sollicite, sans

droit, à tout moment, directement ou indirectement, des offres, des promesses, des dons, des présents ou des avantages quelconques, pour elle-même ou pour autrui, afin d'accomplir ou de s'abstenir d'accomplir un acte visé au 1° ou d'abuser de son influence dans les conditions visées au 2°.

A. CORRUPTION ACTIVE

1. Définition. Sur la distinction de la corruption active et de la corruption passive, V. ss. art. 432-11.

2. Qualité des personnes corrompues. Sur la notion de personne dépositaire de l'autorité publique, chargée d'une mission de service public ou investie d'un mandat électif public, V. ss. art. 432-11.

3. Proposition de corruption. Sur la qualité de la personne corrompue et l'objet des propositions (ou sollicitations), V. ss. art. 432-11.

4. La corruption résulte des offres ou promesses, dons ou présents, faits dans l'intention de corrompre, sans qu'il soit besoin que les personnes sollicitées aient été, en outre, l'objet de propositions verbales ou écrites. • Crim. 28 janv. 1897 : *Bull. crim. n° 27 ; DP 1897. 1. 240.*

5. Le délit est consommé dès que le prévenu a usé des moyens énoncés par la loi, en vue du but qu'elle définit ; ainsi, l'offre d'une somme d'argent constitue, non une tentative qui ne serait pas punissable, mais le délit même de corruption active. • Crim. 10 juin 1948 : *Bull. crim. n° 154 ; D. 1949. 15, note Carteret ; S. 1948. 1. 117, note Rousselet et Patin ; Gaz. Pal. 1948. 2. 35.* ♦ Doit être rejeté le moyen tiré de ce qu'un prévenu aurait été condamné pour corruption en raison du fait qu'il aurait offert une somme d'argent à un fonctionnaire, cette offre n'ayant pas été suivie d'effet par suite de circonstances indépendantes de la volonté du prévenu, alors que l'art. 179 ne prévoit pas la tentative de corruption. • Crim. 1er juill. 1948 : *Bull. crim. n° 172 ; D. 1949. Somm. 5.* ♦ Pour une analyse *sui generis* de la notion de tentative, présentée comme se trouvant incluse dans le texte de l'art. 179, mais sans que le mot y soit exprimé. • T. corr. Belfort, 7 nov. 1946 : *Gaz. Pal. 1947. 1. 51 ; S. 1947. 2. 73.*

6. Si, en matière de corruption active, il n'est pas indispensable que le corrupteur ait réussi à faire agréer ses offres, cette circonstance conserve cependant son intérêt pour caractériser le délit de corruption passive. • Orléans, 20 juin 1947 : *Gaz. Pal. 1947. 2. 99.*

7. ... Illustration. Le délit est établi à la charge du prévenu qui a offert une certaine somme à des inspecteurs de police pour qu'ils s'abstiennent de dresser un procès-verbal. • T. corr. Saint-Lô, 22 janv. 1947 : *Gaz. Pal. 1947. 1. 92.* ♦ *... Ou encore qu'ils acceptent de le libérer après son arrestation.* • Crim. 10 juin 1948 : *préc. note 5.* ♦ Pour l'offre, par un prévenu étranger, d'une somme d'argent à des douaniers, analysée, non pas comme la remise, mal interprétée, d'une consignation, mais comme une proposition visant à éviter un relevé d'infractions. • Nancy, 2 déc. 1992 : *JCP 1993. IV. 2439.*

8. Constitue le délit le fait, par un prévenu, de s'être engagé à verser une somme d'argent, pour obtenir un marché d'un office public d'HLM. • T. corr. Paris, 1er juin 1982 : *Gaz. Pal. 1983. 1. 253, note Marchi ; RSC 1983. 470, obs. Vitu.* ♦ Une cour d'appel caractérise en tous ses éléments constitutifs le délit de corruption active dont elle déclare des prévenus coupables, dès lors qu'elle relève que l'un des prévenus a remis à un inspecteur principal à la RATP une somme en espèces, après l'avoir lui-même obtenu du second, et énonce qu'il s'agissait d'un présent, au sens de l'art. 179 ancien C. pén., aucun intérêt n'ayant été prévu et aucun remboursement n'ayant été demandé, la cour ajoutant qu'il existait bien un pacte de corruption selon lequel, en contrepartie de la remise des fonds, des chantiers devaient être confiés à l'entreprise du second prévenu. • Crim. 2 avr. 1998, n° 97-83.119 : *D. 1998. IR 150.*

9. Déclare à bon droit un prévenu coupable de corruption de fonctionnaire l'arrêt qui relève que ce prévenu, étudiant en droit, après avoir été ajourné à l'examen de 2e année, a notamment adressé à l'un de ses correcteurs un chèque d'un montant de 10 000 F, accompagné d'une lettre par laquelle il s'en remettait à l'indulgence de celui-ci pour obtenir une note de 13 sur 20. • Crim. 16 oct. 1985 : *Gaz. Pal. 1986. 1. 152 ; RSC 1986. 607, obs. Delmas Saint-Hilaire.*

10. Détective privé, le prévenu a sollicité et rémunéré un gendarme soit pour qu'il identifie les propriétaires de véhicules dont il lui fournissait l'immatriculation, soit pour se faire communiquer les relevés de factures détaillées de téléphone ; eu égard à sa profession, il ne pouvait ignorer que la diffusion de ces informations était illégale et violait le secret professionnel auquel le gendarme était tenu ; en effet, il savait que les numéros d'immatriculation provenaient d'un fichier automatisé dont l'accès était réservé aux personnes autorisées, et que les factures de téléphone ne pouvaient être obtenues que par fraude, même s'il n'en connaissait pas à l'origine le processus exact, le gendarme rédigeant à cette fin des réquisitions en utilisant le support juridique de commissions rogatoires en cours ; c'est donc à bon droit qu'il a été condamné pour corruption active. • Nîmes, 23 oct. 2008 : *JCP 2009. IV. 1756.*

11. Pour déclarer le prévenu coupable du chef de corruption active, l'arrêt relève notamment que Mme Z..., contrôleuse au sein de la direction régionale des entreprises, de la concurrence, de la consommation, du travail et de l'emploi, relate dans son procès-verbal qu'à l'issue de sa visite dans l'établissement le 28 août 2013, le prévenu a déposé dans son porte-documents une enveloppe contenant des billets de banque ; les juges ajoutent que si le prévenu conteste formellement ce fait, il n'y a aucune raison objective de remettre en cause ce témoignage, qui émane d'une personne assermentée ; en prononçant ainsi, la cour d'appel qui a souverainement apprécié la valeur probante des éléments soumis au débat contradictoire et qui n'était pas saisie d'une demande de confrontation avec l'auteur du procès-verbal rapportant les faits de corruption, a justifié sa décision sans porter atteinte aux droits de la défense. • Crim. 11 déc. 2018, n° 18-80.271 : *Dr. pénal 2019. Chron. 9, n° 8, obs. Segonds.*

12. Absence de droit. Est nécessairement sans droit la sollicitation, de la part d'un élu, de fonds destinés au financement d'activités politiques, en vue d'accomplir un acte de sa fonction ; il ne saurait donc être soutenu que si la sollicitation de fonds, par des élus, destinés aux besoins d'un financement politique était irrégulière comme excédant le montant maximal de la L. n° 90-55 du 15 janv. 1990, elle était néanmoins fondée sur le droit pour un élu de rechercher un financement politique de sorte qu'elle ne tombait pas sous le coup de l'art. 433-1 C. pén. • Crim. 30 juin 1999, n° 96-81.935 P : *D. 2000. Somm. 123, obs. Segonds*. ♦ Est nécessairement sans droit, au sens de l'art. 433-1 C. pén., la sollicitation de la part d'élus, de fonctionnaires territoriaux et d'assistants à une maîtrise d'ouvrages publics, chargés d'une mission de service public, de fonds destinés au financement d'activités politiques, en vue d'accomplir ou s'abstenir d'accomplir un acte de leurs fonctions. • Crim. 20 févr. 2008, n° 02-82.676 P.

13. Acte facilité par la fonction. Constitue un acte facilité par la fonction, au sens de l'art. 433-1, 1°, C. pén., le fait pour un salarié d'EDF, personne chargée d'une mission de service public, de fournir des renseignements sur les marchés envisagés par son entreprise. • Crim. 26 janv. 2011 : *Gaz. Pal. 2011. 1. 1074, note Dreyer ; Dr. pénal 2011, n° 45, obs. Véron ; RPDP 2011. 405, obs. Segonds.*

14. Acquiescement aux sollicitations tendant à la corruption. Commet le délit de corruption active de fonctionnaire la personne qui, surprise par un gendarme en flagrant délit d'outrage public à la pudeur, acquiesce au désir du gendarme d'entretenir des relations sexuelles avec elle pour obtenir de ce fonctionnaire qu'il s'abstienne de dresser procès-verbal. • T. enfants Sarreguemines, 11 mai 1967 : *JCP 1968. II. 15359, note Sigalas.*

15. Conflit de qualifications. N'a pas mis la Cour de cassation en mesure de s'assurer de la légalité de sa décision au regard de l'art. 437, 3° de la L. du 24 juill. 1966, d'où il suit que la cassation est encourue de ce chef, la cour d'appel qui, pour déclarer le prévenu, dirigeant d'une société, coupable d'abus de biens sociaux, se borne à énoncer que le versement par lui d'une somme d'argent, qui ne correspond à aucune prestation réelle, est contraire à l'intérêt de ladite société, laquelle s'est appauvrie sans contrepartie, alors que sa démarche – fût-elle constitutive d'une infraction non poursuivie en l'espèce – a pu avoir pour résultat de minorer substantiellement la dette de cette société envers le Trésor public. • Crim. 6 févr. 1997, n° 96-80.615 P : *D. Affaires 1997. 281 ; Gaz. Pal. 1997. 1. 229, note Doucet ; BJS 1997. 118, note Barbiéri ; Dr. pénal 1997. 61, obs. Véron, et 63, obs. J.-H. Robert ; RSC 1997. 393, obs. Renucci ; Rev. sociétés 1997. 146, obs. Bouloc.* – *Adde* : H. Matsopoulou, *D. Affaires 1997. 780* (réflexions sur l'évolution de l'abus de biens sociaux). ♦ Quel que soit l'avantage à court terme qu'elle peut procurer, l'utilisation des fonds sociaux ayant pour seul objet de commettre un délit tel que la corruption est contraire à l'intérêt social, en ce qu'elle expose la personne morale au risque anormal de sanctions pénales ou fiscales contre elle-même et ses dirigeants, et porte atteinte à son crédit et à sa réputation. • Crim. 27 oct. 1997, n° 96-83.698 P : *D. Affaires 1997. 1429, note Boizard ; LPA, 7 nov. 1997, note Ducouloux-Favard ; JCP 1998. II. 10017, note Pralus ; JCP E 1998, p. 263, note Lucas de Leyssac ; BJS 1998. 11, note Barbiéri ; Dr. pénal 1998. 16 et 20, obs. Véron, et 21, obs. J.-H. Robert ; Rev. sociétés 1997. 869, obs. Bouloc ; RSC 1998. 336, obs. Renucci.* ♦ Dans le même sens, mais relativement à la corruption d'un salarié d'une entreprise privée, • Crim. 22 sept. 2004 : *Dr. pénal 2004. 178, obs. J.-H. Robert.* ♦ *Adde* : Ducouloux-Favard (entretien), *D. Affaires 1997. 1375* (Arrêt *Carignon* : un vrai-faux revirement ?).

16. Action civile. V. notes ss. art. 432-11.

17. Prescription. Le directeur général d'une banque qui proposait à des mandataires de justice des prêts à taux réduit en contrepartie de l'ouverture, dans son établissement, de comptes au nom de sociétés placées sous administration judiciaire, a été mis en examen pour corruption active ; pour écarter la prescription invoquée par le directeur du fait de sa démission, concernant les contrats de prêts dont l'amortissement s'est poursuivi, la cour d'appel rappelle que le délit de corruption, consommé dès la conclusion du pacte entre le corrupteur et le corrompu, se renouvelle à chaque acte d'exécution de ce pacte ; dès lors que le maintien, par la banque, d'un taux privilégié aurait été subordonné à l'accomplissement, par les mandataires de justice, d'actes de leur fonction, constituant à chaque échéance un acte d'exécution du pacte de corruption, la chambre de l'instruction a, à bon droit, écarté la prescription. • Crim. 8 oct. 2003, n° 03-82.589 P : *D. 2004. 3023, note Segonds ; Dr. pénal 2004. 16, obs. Véron ; Gaz. Pal. 2004. 1. 1192, note Monnet.*

18. L'accomplissement par le corrompu d'un acte de sa fonction ou facilité par sa fonction constitue un acte d'exécution du pacte conclu entre le corrupteur et le corrompu renouvelant le délit de corruption ; il importe peu que le corrompu n'ait pas accompli lui-même cet acte dès lors qu'il entrait dans ses attributions d'en proposer ou préparer la réalisation. • Crim. 29 juin 2005, n° 05-82.265 P : *Dr. pénal 2005, n° 163, obs. Véron.*

B. TRAFIC ACTIF D'INFLUENCE

19. Indifférence au résultat. Constitue le délit de trafic d'influence actif le fait pour un particulier, qui pensait avoir commis une infraction à la réglementation des changes, de remettre à un receveur principal des services fiscaux des sommes d'argent, en rémunération de l'influence qu'il lui supposait, pour empêcher des poursuites ; il n'importe que la décision favorable escomptée se soit avérée inutile ou sans objet, dès lors que le prévenu a usé des moyens prévus par la loi, en vue du but qu'elle définit. • Crim. 20 mars 1997, n° 96-82.286 P : *Dr. pénal 1997. 95, obs. Véron ; RTD com. 1997. 692, obs. Bouloc.*

20. Pacte de corruption. Un ancien mécanicien de la Marine nationale a porté à la connaissance des services de la gendarmerie maritime que le dirigeant d'une société se serait livré à des actes de corruption afin d'obtenir des commandes publiques ; une information ouverte à la suite de ces révélations a fait apparaître qu'un certain nombre d'employés de la direction de la construction navale (DCN) favorisaient certaines entreprises dans l'attribution de commandes ou de marchés publics, en échange de compensations financières ; c'est à bon droit que la cour d'appel a condamné ce dirigeant pour trafic d'influence, dès lors qu'il a bénéficié de nombreuses commandes sur facture de la DCN ; il a en outre bénéficié d'un marché important sur appel d'offres et d'un marché important à bon de commande ; il n'a bénéficié de ces commandes publiques de la part d'un agent de la DCN qu'en contrepartie des avantages versés à celui-ci en considération de l'influence qu'il lui prêtait dans l'attribution des marchés ou commandes relevant de sa compétence, et en exécution du concert frauduleux nécessairement préalable entre les parties ; l'abus d'influence a donc été précédé de promesses de dons faites par le prévenu à cette fin. • Crim. 10 mars 2004, n° 02-85.285 P.

21. Se rend coupable de trafic d'influence le prévenu qui a invité au restaurant un certain nombre de préparateurs de commandes ou acheteurs exerçant dans une unité de production de la DCN, qui leur a offerts divers objets et a, dans le même temps, bénéficié, par l'intermédiaire de ces agents, de plusieurs commandes ; il est manifeste que le prévenu n'a versé ces avantages aux agents qu'en considération de l'influence réelle ou supposée qu'il leur prêtait dans l'attribution des commandes ou marchés relevant de leurs compétences et en exécution du concert frauduleux, nécessairement préalable, existant au sein de la DCN entre les parties, les avantages versés, avant ou après l'attribution de ces commandes ou marchés, n'ayant d'autre objet que de récompenser les actes passés ou à venir. • Crim. 10 mars 2004 : *préc. note 20.*

22. Décision favorable. Le fait « d'aplanir » auprès d'une administration publique toutes difficultés liées à l'exécution d'un contrat constitue l'attribution d'une décision favorable d'un droit ou d'une faveur, au sens des art. 432-11 et 433-1 C. pén. • Crim. 19 mars 2008, n° 07-82.124 P.

23. Prescription. Pour écarter la prescription de l'action publique, l'arrêt énonce que les comptes des prévenus ont été crédités, les 24 et 27 sept. 1999, de la part leur revenant sur le dernier versement effectué par une société et que ces opérations constituent le dernier acte d'exécution du pacte frauduleux conclu entre les parties ; ils ajoutent que l'infraction ayant été dissimulée par la conclusion d'un contrat fictif et par l'utilisation d'une structure écran, les conditions de mise en œuvre de l'action publique n'ont été réunies que lors de la découverte des mouvements enregistrés sur les comptes des prévenus et de la dénonciation de ces faits par les autorités suisses au juge d'instruction français, le 23 août 2002 ; ils en déduisent qu'à la date de l'ouverture de l'information, le 12 sept. 2002, la prescription triennale n'était pas acquise ; en l'état de ces énonciations, la cour d'appel a justifié sa décision ; en effet, si le délit de trafic d'influence est une infraction instantanée qui se prescrit à compter de la perception du dernier versement effectué en exécution du pacte litigieux, le délai de prescription de l'action publique ne commence à courir, en cas de dissimulation, qu'à partir du jour où l'infraction est apparue et a pu être constatée dans des conditions permettant l'exercice des poursuites. • Crim. 19 mars 2008, n° 07-82.124 P : *AJ pénal 2008. 319, note Lelieur ; Dr. pénal 2008, n° 102, obs. Véron ; RPDP 2009. 176, obs. Segonds.*

Art. 433-2 *(L. n° 2007-1598 du 13 nov. 2007)* **Est puni de cinq ans d'emprisonnement et** *(L. n° 2013-1117 du 6 déc. 2013, art. 6)* **« d'une amende de 500 000 €, dont le montant peut être porté au double du produit tiré de l'infraction,** *[ancienne rédaction : de 75 000 € d'amende]* **» le fait, par quiconque, de solliciter ou d'agréer, à tout moment, directement ou indirectement, des offres, des promesses, des dons, des présents ou des avantages quelconques, pour lui-même ou pour autrui,** *(L. n° 2011-525 du 17 mai*

2011, art. 154-3°-a) **« pour abuser ou avoir abusé** *[ancienne rédaction : afin d'abuser]* **» de son influence réelle ou supposée en vue de faire obtenir d'une autorité ou d'une administration publique des distinctions, des emplois, des marchés ou toute autre décision favorable.**

Est puni des mêmes peines le fait de céder aux sollicitations prévues au premier alinéa ou de proposer, sans droit, à tout moment, directement ou indirectement, des offres, des promesses, des dons, des présents ou des avantages quelconques à une personne, pour elle-même ou pour autrui, *(L. n° 2011-525 du 17 mai 2011, art. 154-3°-b)* **« pour qu'elle abuse ou parce qu'elle a abusé** *[ancienne rédaction : afin qu'elle abuse]* **» de son influence réelle ou supposée en vue de faire obtenir d'une autorité ou d'une administration publique des distinctions, des emplois, des marchés ou toute autre décision favorable.**

1. Incrimination. Justifie sa décision la cour d'appel qui condamne les dirigeants d'une société pour trafic d'influence en retenant qu'ils ont, en exécution d'accords préalables, reçu des fonds d'entreprises ayant obtenu des marchés publics, pour rémunérer leur intervention auprès des élus chargés de les attribuer et appartenant à des partis politiques. • Crim. 16 déc. 1997, n° 96-82.509 P.

2. Il n'importe que le marché obtenu par les manœuvres constitutives du trafic d'influence ait eu un caractère privé, dès lors qu'il nécessitait l'agrément de l'autorité publique. • Crim. 15 mars 2000, n° 99-81.084 P.

3. Le délit de trafic d'influence se renouvelle lors de l'exécution, en connaissance de cause, d'un pacte illicite conclu antérieurement entre des tiers. • Crim. 15 mars 2000, n° 99-81.084 P : *préc. note 2.*

4. Constitue le délit de trafic d'influence passif et non une simple activité de conseil en stratégie le fait, pour un particulier, moyennant rémunération, de mettre à la disposition d'une société un réseau d'influence et un carnet d'adresses en vue de lui faire obtenir un marché d'armement grâce à des interventions auprès de différentes autorités civiles et militaires. • Crim. 4 mai 2011, n° 10-85.381 P : *JCP 2011, n° 687 ; Gaz. Pal. 2011. 2. 2347, note Dreyer ; Dr. pénal 2011, n° 104, obs. Véron ; RPDP 2012. 408, obs. M. Segonds.*

5. Le fait de se faire remettre par un agent d'une administration publique une information ou un document, même non accessible au public, ne peut constituer l'obtention d'une décision favorable de cette administration au sens de l'art. 433-2 C. pén. • Crim. 25 oct. 2017, n° 16-83.724 P : *D. actu. 5 déc. 2017, obs. Gallois ; AJ pénal 2018. 34, obs. Jouniot ; Dr. pénal 2018, n° 23, obs. Conte.*

6. Complicité. Se rendent coupables de complicité de trafic d'influence les responsables d'une société adjudicataire d'un marché de travaux publics qui ont remis de l'argent à un intermédiaire, auteur principal du délit, à charge pour lui d'intervenir auprès du premier adjoint au maire, délégué à la commission des marchés publics, dans laquelle il jouissait d'une grande influence. • Crim. 8 janv. 1998 : *Dr. pénal 1998. 98, obs. Véron.*

7. Action civile. La personne qui, de mauvaise foi, a remis une somme d'argent à l'auteur principal d'un délit de trafic d'influence ou à son complice, en vue d'obtenir une décision favorable d'une autorité publique est irrecevable à se constituer partie civile contre eux ; encourt, dès lors, la censure l'arrêt qui après avoir constaté que les parties civiles, avaient sciemment remis des fonds au prévenu afin qu'il abuse de son influence pour leur faire obtenir une décision favorable d'une autorité publique, condamne ce dernier, solidairement avec son complice, à leur rembourser les sommes versées, à titre de dommages-intérêts. • Crim. 7 févr. 2001, n° 00-83.023 P : *D. 2002. Somm. 1462, obs. Pradel ; Dr. pénal 2001. 82, obs. Véron ; Gaz. Pal. 2001. 2. Somm. 1290, note Monnet.*

Art. 433-2-1 *(L. n° 2013-1117 du 6 déc. 2013, art. 5)* **La peine privative de liberté encourue par l'auteur ou le complice d'une des infractions prévues à la présente section est réduite de moitié si, ayant averti l'autorité administrative ou judiciaire, il a permis de faire cesser l'infraction ou d'identifier, le cas échéant, les autres auteurs ou complices.**

SECTION II DES MENACES ET ACTES D'INTIMIDATION COMMIS CONTRE LES PERSONNES EXERÇANT UNE FONCTION PUBLIQUE *(L. n° 96-647 du 22 juill. 1996).*

Art. 433-3 *(L. n° 2003-239 du 18 mars 2003, art. 59)* **Est punie de** *(L. n° 2017-258 du 28 févr. 2017, art. 23)* **« trois ans d'emprisonnement et de 45 000 » € d'amende la menace de commettre un crime ou un délit contre les personnes ou les biens proférée**

à l'encontre d'une personne investie d'un mandat électif public, d'un magistrat, d'un juré, d'un avocat, d'un officier public ou ministériel, d'un militaire de la gendarmerie nationale, d'un fonctionnaire de la police nationale, des douanes, *(L. n° 2006-11 du 5 janv. 2006, art. 97)* « de l'inspection du travail, » de l'administration pénitentiaire ou de toute autre personne dépositaire de l'autorité publique, d'un sapeur-pompier professionnel ou volontaire, d'un gardien assermenté d'immeubles ou de groupes d'immeubles ou d'un agent exerçant pour le compte d'un bailleur des fonctions de gardiennage ou de surveillance des immeubles à usage d'habitation en application de l'article L. 127-1 du code de la construction et de l'habitation, dans l'exercice ou du fait de ses fonctions, lorsque la qualité de la victime est apparente ou connue de l'auteur. *(Abrogé par L. n° 2010-201 du 2 mars 2010, art. 11-III)* ***« Ces dispositions sont également applicables en cas de menace proférée à l'encontre, et du fait de ces mêmes fonctions, du conjoint, des ascendants et des descendants en ligne directe de cette personne ou de toute autre personne vivant habituellement à son domicile. »***

Est punie des mêmes peines la menace de commettre un crime ou un délit contre les personnes ou les biens proférée à l'encontre d'un agent d'un exploitant de réseau de transport public de voyageurs *(L. n° 2010-201 du 2 mars 2010, art. 11-III)* « , d'un enseignant ou de tout membre des personnels travaillant dans les établissements d'enseignement scolaire » ou de toute autre personne chargée d'une mission de service public ainsi que d'un professionnel de santé, dans l'exercice de ses fonctions, lorsque la qualité de la victime est apparente ou connue de l'auteur.

(L. n° 2010-201 du 2 mars 2010, art. 11-III) « Les mêmes peines sont applicables en cas de menace proférée à l'encontre du conjoint, des ascendants ou des descendants en ligne directe des personnes mentionnées aux deux premiers alinéas ou de toute autre personne vivant habituellement à leur domicile, en raison des fonctions exercées par ces personnes. »

La peine est portée à cinq ans d'emprisonnement et 75 000 € d'amende lorsqu'il s'agit d'une menace de mort ou d'une menace d'atteinte aux biens dangereuse pour les personnes.

Est puni de dix ans d'emprisonnement et de 150 000 € d'amende le fait d'user de menaces, de violences ou de commettre tout autre acte d'intimidation pour obtenir d'une personne mentionnée au premier ou au deuxième alinéa soit qu'elle accomplisse ou s'abstienne d'accomplir un acte de sa fonction, de sa mission ou de son mandat, ou facilité par sa fonction, sa mission ou son mandat, soit qu'elle abuse de son autorité vraie ou supposée en vue de faire obtenir d'une autorité ou d'une administration publique des distinctions, des emplois, des marchés ou toute autre décision favorable.

Corresp. *: C. pén., ancien art. 179.*

En vertu de l'art. L. 223-2 C. sport, issu de la L. n° 2006-1294 du 23 oct. 2006, les arbitres et juges sportifs sont considérés comme chargés d'une mission de service public au sens des art. 221-4, 222-3, 222-8, 222-10, 222-12, 222-13 et 433-3 du code pénal.

1. Menaces. Constituent des menaces entrant dans les prévisions de l'art. 179 C. pén., réprimant le délit de corruption active, les paroles ou les écrits, qui, même sous une forme voilée, sont de nature à faire naître, dans l'esprit de celui à qui ils sont adressés, la crainte de révélations diffamatoires. • Crim. 21 nov. 1977 : *Bull. crim. n° 356 ; RSC 1978. 623, obs. Vitu.*

2. Le renvoi par un lien hypertexte à une vidéo contenant des menaces de mort proférées par des tiers n'est pas susceptible de constituer, à lui seul, la commission par le prévenu, de l'infraction prévue par l'art. 433-3 C. pén. • Crim. *31 mars 2016,* n° 15-82.417 P : *D. actu. 15 avr. 2016, obs. Goetz ; AJ pénal 2016. 329, obs. Thierry ; Dr. pénal 2016, n° 90, obs. Conte.*

3. Intimidations. Caractérise le délit prévu par l'art. 433-3 C. pén. l'arrêt qui relève que les prévenus, membres d'une Confédération de défense des commerçants, professions libérales et agriculteurs, ont exercé des actes d'intimidation à l'encontre d'un huissier de justice, dans le but de dissuader celui-ci de poursuivre le recouvrement forcé, notamment par voie de saisies, des cotisations sociales dont les intéressés refusaient de s'acquitter, ainsi que des amendes prononcées par le tribunal des affaires de sécurité sociale. • Crim. 25 juin 1997, n° 96-81.108 P : *Dr. pénal 1997. 143, obs. J.-H. Robert.*

4. Justifie légalement sa décision la cour d'appel qui, pour déclarer les membres d'une association Comité anti-expulsion coupables du délit prévu et réprimé par l'art. 433-3 C. pén., énonce que la détermination des prévenus à rester groupés à la sortie d'un appartement dont l'occupant était expulsé, et à empêcher tout passage des meubles a été suffisamment explicite et grave pour faire craindre à l'huissier de justice que des incidents ne surviennent s'il ne donnait pas l'ordre aux déménageurs de suspendre leur action et que cette attitude a été, de fait, inquiétante et intimidante pour l'officier ministériel ; en effet, constitue, même en l'absence de violences, un acte d'intimidation au sens de l'art. 433-3, l'action concertée de plusieurs personnes, de nature à empêcher un officier ministériel d'accomplir sans le concours de la force publique, un acte de sa fonction. • Crim. 18 mai 1999, n° 98-80.482 P : *Dr. pénal 1999. 125, obs. Véron.*

5. Amnistie. Aucun texte ou principe de droit n'exclut le prévenu poursuivi pour un délit entrant dans les prévisions de la loi d'amnistie du bénéfice de celle-ci en raison d'un lien de connexité entre ce délit et une autre infraction non amnistiée. • Crim. 25 juin 1997, n° 96-81.108 P : *Dr. pénal 1997. 143, obs. J.-H. Robert.* ♦ ... Ainsi les infractions de violation de domicile, dégradations et outrages commis à l'occasion d'un conflit de caractère industriel, commercial, rural ou artisanal, doivent bénéficier de l'amnistie de la loi n° 95-884 du 3 août 1995 (art. 2, al. 2, 3°), même si elles sont connexes au délit d'actes d'intimidation contre une personne exerçant une fonction publique, délit expressément exclu du bénéfice de l'amnistie (art. 25, 4°). • Même arrêt. ♦ ... Toutefois, la cassation sera prononcée sans renvoi, la peine étant justifiée du chef du délit non amnistié. • Même arrêt.

6. Action civile. Il se déduit de l'art. 11, al. 4, de la L. du 13 juill. 1983 portant droits et obligations des fonctionnaires que l'action directe que peut exercer, au besoin par voie de constitution de partie civile devant la juridiction pénale, la collectivité publique subrogée aux droits de la victime pour obtenir des auteurs des menaces ou attaques la restitution des sommes versées au fonctionnaire intéressé suppose que l'action publique a été mise en mouvement soit par la victime elle-même, soit par le ministère public. • Crim. 10 mai 2005, n° 04-84.633 P : *AJ pénal 2005. 332 ; RLCT 2005/6, n° 149, obs. Mayaud ; Gaz. Pal. 2005. 2. 4113, note Monnet.*

7. Conflit de qualifications. M. Z. a été interpellé dans un centre commercial par deux fonctionnaires de police pour l'exécution d'un mandat d'arrêt ; il leur a opposé une vive résistance, incitant, en outre, plusieurs jeunes gens à lui prêter assistance afin de le libérer ; M. X., ainsi qu'Ibrahima et M. Y., répondant à son appel, sont intervenus, les deux premiers en le tirant, l'un par la main, l'autre par les vêtements, pour tenter de le dégager de l'emprise des policiers, et le troisième en se frappant le torse avec le poing pour détourner leur attention ; ils ont été poursuivis, ainsi qu'un autre prévenu, devant le tribunal correctionnel, selon la procédure de comparution immédiate, pour actes d'intimidation envers des personnes dépositaires de l'autorité publique en récidive, délit prévu par l'art. 433-3 C. pén. ; ils ont été reconnus coupables et ont relevé appel ; après avoir annulé le jugement entrepris et évoqué, les juges du second degré, pour requalifier les faits poursuivis et déclarer les prévenus coupables de complicité de rébellion, retiennent que la vive résistance que M. Z. a opposée à son interpellation caractérise le délit de rébellion et que l'assistance que M. X., et M. Y. lui ont apportée constitue la complicité de ce délit ; en prononçant ainsi, la cour d'appel a justifié sa décision. • Crim. 15 déc. 2009 : *Dr. pénal 2010, n° 32 (1re esp.), obs. Véron.*

SECTION III DE LA SOUSTRACTION ET DU DÉTOURNEMENT DE BIENS CONTENUS DANS UN DÉPÔT PUBLIC

Art. 433-4 **Le fait de détruire, détourner ou soustraire un acte ou un titre, ou des fonds publics ou privés, ou des effets, pièces ou titres en tenant lieu ou tout autre objet, qui ont été remis, en raison de ses fonctions, à une personne dépositaire de l'autorité publique ou chargée d'une mission de service public, à un comptable public, à un dépositaire public ou à l'un de ses subordonnés, est puni de sept ans d'emprisonnement et de 100 000 € d'amende.**

(Ord. n° 2019-963 du 18 sept. 2019, art. 2) **« La peine d'amende est portée à 750 000 €, lorsque l'infraction prévue au premier alinéa** *(Abrogé par L. n° 2020-1672 du 24 déc. 2020, art. 30)* ***« porte atteinte aux recettes perçues, aux dépenses exposées ou aux avoirs qui relèvent du budget de l'Union européenne, des budgets des institutions, organes et organismes de l'Union européenne ou des budgets gérés et contrôlés directement par eux et qu'elle »*** **est commise en bande organisée ».**

La tentative *(Ord. n° 2019-963 du 18 sept. 2019, art. 2)* **« des délits prévus aux alinéas qui précèdent » est punie des mêmes peines.** — *Élect. L. 7.*

Corresp. : *C. pén., anciens art. 254 et 255.*

RÉP. PÉN. v° *Détournement de pièces dans les dépôts publics*, par REDON.

1. Dépôt public. Une mairie constitue un dépôt public au sens de l'art. 254 ancien C. pén. • Crim. 19 févr. 1998, n° 96-83.423 P.

2. Conflit de qualifications. La soustraction de pièces à conviction ou d'objets placés sous scellés afférents à une procédure criminelle commise dans le bureau du président d'une cour d'assises constitue non le délit de vol, mais le crime prévu par les art. 254 et 255 C. pén. • Crim. 19 oct. 1993, n° 93-83.225 P.

SECTION IV DE L'OUTRAGE

RÉP. PÉN. v° *Outrage*, par DELBOS.

Art. 433-5 **Constituent un outrage puni de 7 500 € d'amende les paroles, gestes ou menaces, les écrits ou images de toute nature non rendus publics ou l'envoi d'objets quelconques adressés à une personne chargée d'une mission de service public, dans l'exercice ou à l'occasion de l'exercice de sa mission, et de nature à porter atteinte à sa dignité ou au respect dû à la fonction dont elle est investie.**

Lorsqu'il est adressé à une personne dépositaire de l'autorité publique, l'outrage est puni *(L. n° 2017-258 du 28 févr. 2017, art. 25)* **« d'un an d'emprisonnement et de 15 000 » € d'amende.** — *Pr. pén. 398-1.*

(L. n° 2002-1138 du 9 sept. 2002, art. 45) **« Lorsqu'il est adressé à une personne chargée d'une mission de service public et que les faits ont été commis à l'intérieur d'un établissement scolaire ou éducatif, ou, à l'occasion des entrées ou sorties des élèves, aux abords d'un tel établissement, l'outrage est puni de six mois d'emprisonnement et de 7500 € d'amende. »**

(L. n° 96-647 du 22 juill. 1996) **« Lorsqu'il est commis en réunion, l'outrage prévu au premier alinéa est puni de six mois d'emprisonnement et de 7500 € d'amende, et l'outrage prévu au deuxième alinéa est puni** *(L. n° 2017-258 du 28 févr. 2017, art. 25)* **« de deux ans d'emprisonnement et de 30 000 » € d'amende. »**

Corresp. : *C. pén., anciens art. 222 à 224, 475 et R. 40 (2°).*

BIBL. ▸ DELMAS SAINT-HILAIRE, *RSC 2004. 91* (absence d'unité de la notion de « personne chargée d'une mission de service public » ...). – RASSAT, *Dr. pénal 2018. Étude 7* (de la création d'un « outrage sexiste et sexuel »). – LABBÉE, *Gaz. Pal. 2018. 1370* (le radar outragé).

1. Application dans le temps. Lorsqu'une loi nouvelle transforme en délit une infraction antérieurement qualifiée de contravention, les faits commis avant l'entrée en vigueur de cette loi demeurent punissables mais, par application de l'art. 112-1 C. pén., n'encourent que les peines contraventionnelles prévues par le texte ancien ; méconnaît ce principe la cour d'appel qui déduit, de ce changement de peine plus sévère, un effet abrogatif de la contravention d'outrages à citoyen chargé d'un ministère de service public punie, antérieurement au 1er mars 1994, par l'art. R. 40-2° C. pén. alors applicable, auquel s'est substitué l'art. 433-5, et qui déclare l'action publique éteinte. • Crim. 21 févr. 1996, n° 95-81.656 P : *RSC 1996. 845, obs. Bouloc ; Dr. pénal 1998. Chron. 11, obs. Lesclous et Marsat.*

2. Liberté d'expression. Les propos de nature à porter atteinte à la dignité d'agents publics et au respect dû à leurs fonctions ne rentrent pas dans le champ de l'art. 10, § 1er, Conv. EDH. • Crim. 29 mars 2017, n° 16-80.637 P : *D. actu. 3 mai 2017, obs. Lavric ; AJ pénal 2017. 278, obs. Luciani-Mien ; RSC 2017. 290, obs. Mayaud ; Dr. pénal 2017, n° 86, obs. Conte.*

I. PERSONNES PROTÉGÉES

A. DÉTERMINATION

1° « ANCIEN » CODE PÉNAL

3. Art. 222. Ont été considérés comme des magistrats de l'ordre administratif ou judiciaire : ... le Président de la République. • Crim. 5 janv. 1900 : *DP 1901. 1. 406* • 26 juill. 1902 : *ibid. 1902. 1. 551.* ♦ ... Le président du conseil des ministres. • Aix-en-Provence, 6 nov. 1903 : *DP 1904. 2. 162.* ♦ ... Les ministres. • Paris, 24 nov. 1891 : *DP 1892. 2. 523.* ♦ ... Les préfets et sous-préfets. • Crim. 27 mai 1876 : *S. 1876. 1. 440* • 15 févr. 1902 : *ibid. 1904. 1. 476.* ♦ ... Les maires. • Crim. 8 mai 1869 : *DP 1870. 1. 93* • 23 août 1883 : *ibid. 1884. 1. 261* • 30 oct. 1925 : *DH 1926. 6.* ♦ ... Leurs adjoints. • Crim. 10 mai 1845 : *DP 1845. 4. 410* • 18 janv. 1956 : *Bull. crim. n° 73 ; RSC 1956. 540, obs. Hugueney* • 22 nov. 1966 : *Bull. crim. n° 263 ; D. 1967. Somm. 59 ; RSC 1967. 448, obs. Vitu.* ♦ ... Le directeur d'une maison centrale, surtout dans ses rapports avec les détenus placés sous son autorité. • Poitiers, 24 juin 1904 : *DP 1905. 2. 161, note A.L.* ♦ ... Les commissaires de police. • Cass., ch. réun., 2 mars 1838 : *S. 1838. 1. 359* • Crim. 19 févr. 1974 : *Bull. crim. n° 71 ; D. 1974. Somm. 40.*

4. Art. 224. Ont été retenus comme des officiers ministériels : ... les notaires. • Crim. 30 juill. 1927 : *Bull. crim. n° 199 ; S. 1928. 1. 373* • 1er mars 1951 : *Bull. crim. n° 70 ; D. 1951. 277 ; JCP 1951. II. 6336, note Colombini* • T. corr. Rennes, 31 déc. 1914 : *DP 1917. 2. 72.* ♦ ... Les huissiers, aussi bien lorsqu'ils agissent à la requête d'un particulier qu'au cas où ils procèdent en vertu d'une commission judiciaire. • Crim. 9 janv. 1958 : *Bull. crim. n° 46 ; D. 1958. Somm. 79* • Grenoble, 14 oct. 1954 : *D. 1955. 141 ; Gaz. Pal. 1955. 1. 249* • TGI Melun, 2 juin 1965 : *Gaz. Pal. 1966.*

1. 170. ♦ *Contra*, dans l'hypothèse où l'huissier instrumente sur la demande d'un particulier : • Caen, 31 déc. 1925 : *DP 1926. 2. 150, note Falcimaigne* • Toulouse, 10 mars 1954 : *D. 1954. 495, note Merle* (cassé par Crim. 9 janv. 1958, préc.) • T. corr. Auch, 19 déc. 1950 : *Gaz. Pal. 1951. 1. 256.* ♦ Comp., pour un avoué ayant agi comme simple mandataire ou conseil, en dehors de toute instance judiciaire : • Lyon, 11 mars 1966 : *D. 1966. Somm. 63 ; JCP 1966. II. 14673 ; Gaz. Pal. 1966. 1. 272.* ♦ ... Aux avoués (aujourd'hui près les cours d'appel). • Crim. 16 juin 1893 : *DP 1895. 1. 464* • 15 déc. 1959 : *Bull. crim. n° 551 ; D. 1960. Somm. 27* • Lyon, 11 mars 1966 : *préc.*

5. Ont été compris parmi les commandants ou agents de la force publique : ... les officiers et sous-officiers (mais avec nuances). • Crim. 2 févr. 1889 : *DP 1890. 1. 188* • 20 avr. 1899 : *ibid. 1901. 1. 281* • Caen, 9 nov. 1916 : *ibid. 1917. 2. 120.* ♦ ... Les gendarmes. • Crim. 24 mai 1873 : *DP 1874. 1. 183* • 5 juill. 1956 : *Bull. crim. n° 519* • 15 déc. 1964 : *ibid. n° 337 ; D. 1965. 83.* ♦ ... Les sous-brigadiers de police. • Crim. 18 juin 1969 : *Bull. crim. n° 203.* ♦ ... Les agents de police municipale. • Crim. 18 oct. 1972 : *Bull. crim. n° 294.* ♦ ... Les gardes-chasse de l'Office national de la chasse. • Crim. 17 avr. 1985 : *Bull. crim. n° 148* • Rennes, 18 mai 1983 : *Gaz. Pal. 1984. 1. 222, note Alauze ; RSC 1984. 497, obs. Vitu.* ♦ ... Même lorsqu'ils sont affectés, pour les besoins du service, dans les fédérations départementales de chasseurs. • Crim. 21 nov. 1989 : *Dr. pénal 1990. 119.* ♦ ... Les inspecteurs de police. • Crim. 2 déc. 1986 : *Gaz. Pal. 1987. 1. Somm. 202.*

6. Art. R. 40-2° et 475. Par l'expression « citoyen chargé d'un ministère de service public » est visé tout agent investi, dans une mesure quelconque, d'une portion de l'autorité publique. • Crim. 5 juin 1956 : *Bull. crim. n° 429 ; D. 1956. 575 ; S. 1956. 125.* ♦ Mais on ne saurait comprendre, dans cette dénomination, les personnes qui ne participent pas à cette autorité, bien qu'un intérêt public s'attache à leurs services, tel un facteur du service des Postes. • Même arrêt. ♦ Rappr. : • Paris, 22 avr. 1969 : *D. 1970. Somm. 54.*

7. Pour des applications positives : ... Instituteur communal. • Crim. 18 mai 1893 : *DP 1895. 1. 462.* ♦ ... Agents et ingénieurs des Ponts et Chaussées. • Crim. 5 nov. 1927 : *DH 1928. 21* • 23 juin 1954 : *Bull. crim. n° 232.* ♦ ... Syndic de faillite. • Crim. 30 oct. 1931 : *Bull. crim. n° 244 ; DH 1931. 540.* ♦ *Contra*, pour les administrateurs au règlement judiciaire : • Crim. 29 juin 1967 : *D. 1967. 712 ; Gaz. Pal. 1967. 2. 188.* ♦ ... Officier d'un corps de sapeurs-pompiers communaux. • Crim. 3 déc. 1942 : *Bull. crim. n° 120.* ♦ ... Interprète judiciaire assermenté. • Crim. 20 nov. 1952 : *Bull. crim. n° 276 ; D. 1953. Somm. 43.* ♦ ... Vétérinaire assermenté directeur d'un abattoir. • Crim. 2 janv. 1959 : *Bull. crim. n° 10.* ♦ ... Ingénieur du génie rural en matière de remembrement. • Crim. 10 févr. 1959 : *Bull. crim. n° 91.* ♦ ... Garde particulier commissionné par le ministère de l'agriculture. • Crim. 15 oct. 1969 : *Bull. crim. n° 253 ; D. 1969. 667.* ♦ ... Inspecteurs de la navigation. • Crim. 3 nov. 1971 : *Bull. crim. n° 296 ; D. 1972. Somm. 23.* ♦ ... Expert judiciaire qui a rempli la mission fixée par l'ordonnance d'un juge d'instruction. • Crim. 17 avr. 1980 : *Bull. crim. n° 110.* ♦ *Contra* : • Crim. 16 févr. 1950 : *Bull. crim. n° 59.*

8. ... Clerc d'huissier de justice assermenté. • Lyon, 25 juin 1953 : *Gaz. Pal. 1953. 2. 163* • Angers, 19 févr. 1970 : *D. 1970. 571.* ♦ *Contra* : • T. corr. Villefranche-sur-Saône, 14 avr. 1953 : *Gaz. Pal. 1953. 2. 30.* ♦ ... Gardes particuliers assermentés. • Paris, 12 nov. 1963 : *D. 1963. 721 ; S. 1964. 17.*

9. ... Inspecteurs chargés des examens du permis de conduire. • T. corr. Le Mans, 21 juill. 1952 : *Gaz. Pal. 1952. 2. 314.* ♦ ... Membres d'une commission communale des impôts. • T. pol. Melun, 22 nov. 1971 : *Gaz. Pal. 1972. 1. 170.*

2° « NOUVEAU » CODE PÉNAL

10. ... Huissier de justice. • Crim. 20 nov. 1996 : *Gaz. Pal. 1997. 1, chron. crim. 62* (huissier requis dans le litige opposant le directeur d'un musée à un peintre, pour procéder à un constat de restitution d'œuvres appartenant à ce dernier) • 21 mai 1997, n° 96-82.904 P (huissier intervenant dans le cadre d'une procédure fiscale). ♦ ... Gendarmes. • T. corr. Foix, 3 déc. 1996 : *Gaz. Pal. 1997. 1, chron. crim. 37* (bien que l'infraction n'ait pas été en l'espèce retenue : V. « *Matérialité* », notes 20 s.). ♦ ... Chef de section du service des impôts. • Crim. 21 mai 1997 : *préc.* ♦ ... Président d'université. • Crim. 18 avr. 2000, n° 99-83.522 P : *Dr. pénal 2000. 113, obs. Véron.* ♦ ... Capitaine de police, délégué d'un syndicat de fonctionnaires de police. • Crim. 4 déc. 2001 : *Dr. pénal 2002. 53, obs. Véron.* ♦ ... Employés du parc routier d'une direction départementale de l'équipement (même solution pour les violences au sens de l'art. 222-13, 4°, C. pén.). • Crim. 9 oct. 2002, n° 02-81.191 P : *Dr. pénal 2003. 20, obs. Véron ; RSC 2003. 100, obs. Mayaud.* ♦ ... Enseignant(e). • Nîmes, 3 juin 2005 : *JCP 2006. IV. 1782.* ♦ ... Gardes-chasse particuliers assermentés, étant investis, en application des art. L. 428-21 C. envir. et 29 C. pr. pén., du pouvoir de dresser procès-verbal des délits et contraventions entrant dans les prévisions de ces textes. • Crim. 14 mars 2006, n° 05-84.362 P : *Dr. pénal 2006, n° 95, obs. Véron ; Gaz. Pal. 2006. 2. Somm. 3442, note Monnet.* ♦ ... Directeur départemental des affaires maritimes. • Crim. 3 juin 2008, n° 07-80.079 P : *D. 2009. 269, note Dreyer.* ♦ ... Adjoint au maire. • Crim. 14 mai 2013, n° 12-85.787 : *Dr. pénal 2013, comm. 124, obs. Véron.*

♦ ... Institutrices. • Crim. 24 juin 2015, ☎ nº 14-82.890 P : *D. actu. 31 juill. 2015, obs. Hamonet.*

B. MISSION DE SERVICE PUBLIC

11. Constatations. Est nul l'arrêt qui prononce une condamnation pour outrages à un citoyen chargé d'un ministère de service public, sans spécifier les circonstances établissant que ces outrages lui ont été adressés dans l'exercice ou à l'occasion de l'exercice de ses fonctions. • Crim. 20 déc. 1955 : *Bull. crim. nº 580* • 27 déc. 1956 : *ibid. nº 894* • 14 mai 1958 : *ibid. nº 389.*

12. L'art. 222 C. pén. réprime les outrages seulement lorsqu'ils ont été adressés dans l'exercice ou à l'occasion de l'exercice des fonctions. • Crim. 20 avr. 1945 : *D. 1945. 322* • 15 déc. 1964 : *Bull. crim. nº 336 ; D. 1965. 138* • 3 déc. 1970 : *D. 1971. Somm. 38.* ♦ ... Et l'arrêt qui ne précise pas les faits d'où il déduit cet élément constitutif doit être cassé pour insuffisance de motifs. • Crim. 14 mai 1957 : *Bull. crim. nº 401* • 3 déc. 1970 : *préc.* ♦ Lorsqu'une injure est proférée à l'occasion de l'exercice de la fonction, il ne suffit pas, pour que se trouve caractérisé le délit d'outrage de l'art. 222 C. pén., que le propos incriminé concerne la vie privée ; il est nécessaire que ledit propos se rapporte à la fonction ou à la qualité de la personne visée. • Crim. 22 mars 1966 : *Bull. crim. nº 107 ; D. 1966. Somm. 71.*

13. Caractérisent le délit prévu et puni par l'art. 224 C. pén., comme le visant « à l'occasion de l'exercice de ses fonctions », les propos adressés à un officier de gendarmerie, non en service, dès lors que ces propos outrageants tendaient à ridiculiser l'uniforme dont il était revêtu et qui constitue, précisément, un attribut desdites fonctions. • Crim. 15 déc. 1964 : *Bull. crim. nº 337 ; D. 1965. 83.* ♦ Lorsque des outrages sont déterminés par la qualité d'un agent de la force publique, ils sont commis à l'occasion de ses fonctions. • Crim. 18 juin 1969 : *Bull. crim. nº 203.*

14. Est coupable du délit d'outrage commis à l'égard d'un dépositaire de l'autorité publique la prévenue qui a rédigé, dans le cadre de la procédure de divorce du plaignant, deux attestations faisant état de l'alcoolisme et de l'incompétence notoire d'un commandant de gendarmerie ; si le texte d'incrimination vise tout acte tendant à abaisser la personne visée, à diminuer l'autorité morale dont elle est investie par la fonction qu'elle assume ou la mission qu'elle accomplit, il est indéniable que le contenu des écrits en cause porte atteinte à la dignité et au respect dû à la fonction exercée. • Toulouse, 30 janv. 2003 : *JCP 2003. IV. 2654.*

15. Est puni par l'art. 433-5 C. pén. le seul outrage commis au préjudice d'une personne chargée d'une mission de service public, dans l'exercice ou à l'occasion de l'exercice de sa mission ; encourt en conséquence la cassation l'arrêt qui retient comme constituant des outrages au sens de l'art. préc. des écrits mettant en cause des fonctionnaires, non à l'occasion de l'exercice de leur mission de service public, mais dans le seul cadre de la mise en œuvre de leurs prérogatives hiérarchiques de notation d'un fonctionnaire placé sous leur autorité. • Crim. 3 juin 2008, ☎ nº 07-80.079 : *préc. note 10.*

16. Pour infirmer le jugement et dire le prévenu coupable du délit prévu par l'art. 433-5 C. pén., l'arrêt, après avoir rappelé la qualité de M. Y..., retient que les propos litigieux, indubitablement de nature à porter atteinte à la dignité de la victime, ont été tenus dans les locaux de la mairie ; les juges précisent que cette altercation est survenue à l'occasion d'une querelle dont l'objet était le plan local d'urbanisme, le prévenu soupçonnant M. Y... de profiter de sa fonction pour en tirer des avantages personnels ; les juges ajoutent que les paroles incriminées ont bien été prononcées à l'occasion de l'exercice, par la victime, de sa mission de premier adjoint au maire ; en prononçant ainsi, la cour d'appel a justifié sa décision, dès lors que même s'il concerne sa vie privée, l'outrage proféré à l'égard d'une personne dans l'exercice de ses fonctions rejaillit nécessairement sur celle-ci. • Crim. 14 mai 2013, ☎ nº 12-85.787 : *Dr. pénal 2013, comm. 124, obs. Véron.*

17. Fonctions expirées. L'art. 224 C. pén. punit l'outrage adressé à un citoyen chargé d'un ministère de service public, à l'occasion de l'exercice de ses fonctions, sans distinguer entre l'outrage proféré à l'occasion des fonctions expirées ou à l'occasion de celles qui sont actuellement exercées. • Crim. 27 janv. 1949 : *Bull. crim. nº 41 ; D. 1949. 182.* ♦ Même solution sur le fondement de l'art. 222 C. pén., pour l'outrage commis envers un ancien fonctionnaire relativement à ses fonctions expirées. • Nancy, 19 mai 1875 : *DP 1876. 5. 355* • 21 juin 1875 : *ibid.*

18. Irrégularité d'exercice. Le caractère délictueux de l'outrage envers les dépositaires de l'autorité publique dans l'exercice de leurs fonctions n'est nullement subordonné à la régularité des actes qu'ils accomplissent ou à la valeur légale des actes auxquels se réfère cet outrage. V. : ... pour les maires. • Crim. 4 mai 1916 : *DP 1919. 1. 62* • 30 oct. 1925 : *DH 1926. 6.* ♦ ... Pour les huissiers. • Crim. 31 oct. 1907 : *DP 1909. 1. 440* • 27 juin 1908 : *ibid. 1909. 1. 280* • 10 oct. 1956 : *Bull. crim. nº 624.* ♦ .... Pour les notaires. • Crim. 1er mars 1951 : *Bull. crim. nº 70 ; D. 1951. 277 ; JCP 1951. II. 6336, note Colombini.*

19. A la supposer établie, l'illégalité d'un contrôle d'identité ne saurait entraîner la nullité des poursuites relatives à des outrages et coups ou violences volontaires commis contre les autorités de police à l'occasion dudit contrôle. • Crim. 7 févr. 1995, ☎ nº 94-81.502 P. ♦ ... Même solution pour des poursuites relatives à des outrages et rébellion. • Crim. 1er sept. 2004, ☎ nº 04-80.362 P : *Dr. pénal 2004. 164, obs. Maron.*

II. FAIT D'OUTRAGE

A. MATÉRIALITÉ

20. Appréciation. L'outrage (art. 224 C. pén.) peut résulter de paroles, d'attitudes ou de gestes quelconques, qui ne sont ni grossiers, ni offensants par eux-mêmes, s'ils sont de nature à porter atteinte à l'autorité morale de la personne visée et à diminuer le respect dû à sa fonction. • T. corr. Les Sables-d'Olonne, 1er févr. 1951 : *D. 1951. 180.*

21. Ainsi constituent des outrages : ... des menaces verbales. • Crim. 5 mai 1900 : *DP 1902. 1. 583* • 5 juill. 1956 : *Bull. crim. n° 519* • 28 mai 1957 : *Bull. crim. n° 452.* ♦ ... Des menaces verbales proférées par une prévenue contre la principale du collège qui venait d'exclure son enfant pour indiscipline ainsi que la destruction d'un papier qu'on lui demandait de signer. • Bordeaux, 14 janv. 1998 : *Cah. jurispr. Aquitaine 1998, n° 3, p. 96.* ♦ ... Un coup de sifflet lancé contre un homme politique, investi d'une haute magistrature administrative (président du Conseil des ministres). • Aix-en-Provence, 6 nov. 1903 : *DP 1904. 2. 162.* ♦ ... Des paroles de mépris. • Crim. 27 nov. 1956 : *Bull. crim. n° 781.* ♦ ... La gêne apportée à un huissier dans ses opérations. • T. corr. Les Sables-d'Olonne, 1er févr. 1951 : *préc. note 20.* ♦ ... Le refus systématique de révéler sa véritable identité à des gendarmes enquêteurs. • T. corr. Pontoise, 18 janv. 1961 : *JCP 1961. II. 12243, note Lamand.* ♦ ... Des critiques acerbes contenues dans une lettre adressée à un inspecteur de police. • Crim. 2 déc. 1986 : *Gaz. Pal. 1987. 1. Somm. 202.*

22. Absence de publicité. Il résulte du jugement et de l'arrêt confirmatif attaqué que le président d'un syndicat de fonctionnaires de police est l'auteur d'un tract mettant en cause un capitaine de police, délégué d'un autre syndicat ; que ce tract, qu'il a adressé sous plis nominatifs fermés à des officiers de police, a, en outre, été diffusé par un autre policier à des officiers d'un commissariat et affiché sur un panneau d'information destiné au personnel ; à la suite d'une plainte avec constitution de partie civile, l'auteur du tract et celui de sa diffusion ont été poursuivis, l'un pour outrage à personne dépositaire de l'autorité publique, l'autre pour complicité de ce délit ; a caractérisé, en tous ses éléments, le délit prévu et réprimé par l'art. 433-5, al. 2, C. pén., la cour d'appel qui relève que le tract incriminé, diffusé au sein d'un groupement de personnes liées par une communauté d'intérêts, a été affiché dans le service auquel appartient la partie civile et qu'il comporte à l'égard d'une personne dépositaire de l'autorité publique, des allégations, non détachables de ses fonctions, mettant en cause ses compétences professionnelles et son intégrité. • Crim. 4 déc. 2001 : *Dr. pénal 2002. 53, obs. Véron.*

23. Est coupable du délit d'outrage commis à l'égard d'un dépositaire de l'autorité publique la prévenue qui a rédigé, dans le cadre de la procédure de divorce du plaignant, deux attestations faisant état de l'alcoolisme et de l'incompétence notoire d'un commandant de gendarmerie ; si le texte servant de fondement aux poursuites (C. pén., art. 433-5) ne permet de réprimer l'outrage qu'à la condition que les écrits ou images dont il est question n'aient pas été rendus publics, cette condition négative de l'incrimination est en l'occurrence remplie ; en effet, la production de telles attestations a eu lieu dans le cadre procédural d'une procédure de divorce qui n'est pas publique, l'art. 248 C. civ. édictant que les débats sur la cause, les conséquences du divorce et les mesures provisoires ne sont pas publics, et ces documents n'ayant pas été diffusés en public, et encore moins rendus publics. • Toulouse, 30 janv. 2003 : *JCP 2003. IV. 2654.*

24. Il résulte de l'énonciation de l'arrêt attaqué que la partie civile, directeur d'établissement pénitentiaire, a fait citer le prévenu, secrétaire d'un syndicat, du chef d'outrage à personne dépositaire de l'autorité publique, en raison des propos contenus dans un tract apposé sur un panneau réservé à l'information syndicale ; pour infirmer le jugement de condamnation, relaxer le prévenu et débouter la partie civile de ses demandes, l'arrêt relève que le tract litigieux était affiché dans le hall d'entrée de la maison d'arrêt, lieu accessible au passage de personnes autorisées, étrangères à l'administration pénitentiaire ; en l'état de ces constatations et de ces énonciations précédant de son appréciation souveraine des faits et circonstances de la cause contradictoirement débattus, la cour d'appel a déduit, à bon droit, que l'écrit doit être considéré comme un écrit rendu public et qu'il échappe aux prévisions de l'art. 433-5 C. pén., qui n'incrimine que l'outrage par écrit non rendu public. • Crim. 7 déc. 2004, n° 04-81.162 P : *RSC 2005. 302, note Mayaud ; Dr. pénal 2005. 54, obs. Véron ; Gaz. Pal. 2005. 1. 1906, note Monnet.*

25. A justifié sa décision la cour d'appel qui, pour déclarer le prévenu coupable d'outrages envers des personnes chargées d'une mission de service public, retient qu'il existe une communauté d'intérêts entre le maire de la commune de B. et la régie municipale de distribution d'énergie électrique dès lors que le maire, autorité de tutelle, intervient de manière directe dans la nomination des membres du conseil d'administration de la régie et de son directeur, et qui en déduit qu'en adressant au maire une copie des lettres destinées à la régie, le prévenu n'a pas pour autant donné un caractère public à ces courriers. • Crim. 14 déc. 2016, n° 15-85.517 P : *D. actu. 13 janv. 2017, obs. Lavric.*

26. Paroles. L'outrage prévu par l'art. 222 C. pén. peut résulter d'expressions en apparence inoffensives ou même polies, dès l'instant que ces expressions, quelle qu'en soit la forme extérieure, comportent, à raison des circonstances, un sens injurieux ou diffamatoire. • Crim. 8 mai 1891 : *DP 1892. 1. 105.* ♦ L'outrage existe légalement dès que les expressions employées sont de nature à diminuer le respect des citoyens pour l'autorité morale des magistrats, et qu'elles tendent, par cela même, à inculper leur honneur et leur délicatesse, sans qu'il soit nécessaire que la parole incriminée soit caractérisée par un mot grossier, un terme de mépris ou une invective. • Crim. 17 nov. 1922 : *DP 1923. 1. 36* • 7 avr. 1927 : *DH 1927. 272.*

27. A caractérisé le délit d'outrage par paroles à officier ministériel, dans l'exercice ou à l'occasion de l'exercice de ses fonctions, la cour d'appel qui relève qu'un huissier de justice, dont la qualité était connue de tous, avait été requis dans le litige opposant le directeur d'un musée à un peintre, pour procéder à un constat de restitution d'œuvres appartenant à ce dernier, qu'au cours de ces opérations difficultueuses, le prévenu a ordonné à cet officier ministériel de sortir et, qu'au moment où il partait, il a proféré à son encontre les paroles « pauvre con » entendues par tous les témoins présents. • Crim. 20 nov. 1996 : *Gaz. Pal. 1997. 1, chron. crim. 62.* ♦ Constitue le délit d'outrage la qualification de membre d'une secte satanique. • Toulouse, 15 déc. 2009 : *Dr. pénal 2010. Chron. 10, obs. Lepage.*

28. La prévenue a justement été condamnée pour outrage à personne chargée d'une mission de service public dans un établissement scolaire ; en effet, il est établi qu'elle a insulté de « salope, connasse », et tenté de gifler la partie civile sur son lieu de travail, portant ainsi atteinte à sa dignité ou au respect dû à sa fonction d'enseignante ; c'est sans convaincre que la prévenue, qui reconnaît s'être énervée, nie avoir insulté la plaignante, et avance bien opportunément ne pas se souvenir des termes employés sous l'effet de la colère ; en outre, le certificat médical produit évoque l'agression et le trouble important causé à la plaignante. • Nîmes, 3 juin 2005 : *préc. note 10.*

29. A justifié sa décision la cour d'appel qui, pour confirmer la déclaration de culpabilité du chef d'outrage, retient que, par les termes utilisés et le ton employé, les deux prévenus ont non seulement dénigré le travail de Mme Z..., inspectrice auxiliaire des services vétérinaires dans le département du Lot, mais également cherché à l'intimider pour lui faire modifier sa pratique professionnelle, et que l'un des deux a tenu envers Mme D..., inspectrice des services vétérinaires, des propos méprisants envers elle-même et sa fonction ; les juges ajoutent que les pressions ayant été concentrées avec virulence sur deux fonctionnaires visées personnellement, les limites de l'action syndicale ont été dépassées ; ces énonciations, qui établissent que les prévenus ont tenu des propos de nature à porter atteinte à la dignité des agents publics concernés et au respect dû à leurs fonctions, ne rentrent en conséquence pas dans le champ de l'art. 10, § 1, Conv. EDH. • Crim. 29 mars 2017, nº 16-80.637 P : *D. actu. 3 mai 2017, obs. Lavric ; D. 2017. 818 ; AJ pénal 2017. 278, note Luciani-Mien.*

30. Gestes. L'outrage par geste, tel que visé par l'art. 224 C. pén., est caractérisé par « toute action du corps, toute mimique, toute attitude exprimant clairement le dédain ou le mépris de la personne à laquelle il s'adresse » ; n'entre pas dans le cadre de cette définition la mise en scène imaginée par un jeune homme mineur pour faire croire à une agression ou à un accident dans le but de couvrir sa fugue, alors que l'enquête qui en est résultée a été diligentée à la demande du père du prévenu, étranger à cette machination. • T. corr. Besançon, 15 mars 1963 : *D. 1963. 324 ; S. 1963. 244 ; Gaz. Pal. 1963. 1. 460.* ♦ Mais est un geste tendant à inculper l'honneur et la délicatesse d'un agent de la force publique, le fait de fixer cet agent avec une persistance provoquante et d'un air narquois, ainsi que le fait de le suivre constamment plusieurs heures de suite. • T. corr. Châlons-sur-Marne, 22 nov. 1972 : *Gaz. Pal. 1973. 1. Somm. 156.* ♦ De même, constitue un outrage par geste le fait d'arracher des mains d'un huissier le dossier qu'il tenait. • Crim. 19 juin 1985 : *Gaz. Pal. 1985. 2. 654.* ♦ Comp. : • Nîmes, 6 avr. 1876 : *DP 1877. 2. 31.*

31. Les appels lumineux adressés à d'autres usagers de la route, pour les prévenir de l'existence d'un contrôle de gendarmerie, ne peuvent constituer le délit de l'art. 224 C. pén., alors que de tels signaux ont pour but premier d'inciter les autres usagers de ne pas commettre d'infraction au code de la route et non de ridiculiser l'action des gendarmes, l'inefficacité éventuelle de cette action du fait de ces signaux n'en étant qu'une conséquence indirecte. • T. corr. Aurillac, 15 déc. 1977 : *JCP 1978. II. 18855, note Almairac.* ♦ Comp., pour des cris et clameurs ayant notamment pour but et pour effet, en servant d'avertissement aux braconniers et autres délinquants, de favoriser leur fuite : • Pau, 7 avr. 1859 : *DP 1867. 2. 199* • Bordeaux, 28 févr. 1867 : *ibid. 1867. 2. 200* • Montpellier, 18 mai 1874 : *ibid. 1875. 2. 3.*

32. Pour que soit établie l'infraction d'outrage, il faut que le geste ait été de nature à porter atteinte à la dignité et au respect du fonctionnaire dans l'exercice de ses fonctions ; tel n'est pas le cas du fait de jeter des procès-verbaux de contraventions hors la présence des autorités qui en sont les auteurs (gendarmes), ce geste, non répréhensible en tant que tel, ne pouvant être considéré comme un outrage. • T. corr. Foix, 3 déc. 1996 : *Gaz. Pal. 1997. 1, chron. crim. 37.*

33. Menaces. La protestation émise contre l'illégalité d'un acte accompli par un magistrat et la menace de s'adresser à la justice ne constituent pas en soi des outrages et ne prennent ce caractère que si elles sont faites dans une intention blessante. • Crim. 15 févr. 1955 : *Bull. crim. n° 106.*

34. Écrits. Le délit d'outrage par écrit ou dessin, adressé à un magistrat de l'ordre administratif ou judiciaire, est consommé dès que l'écrit ou le dessin est parvenu au magistrat outragé. • Crim. 14 mars 1918 : *DP 1922. 5. 7.* ♦ ... Et est commis au lieu où cet écrit est reçu et lu par son destinataire. • Crim. 11 janv. 1930 : *Bull. crim. n° 16 ; DP 1931. 1. 175.*

35. Envoi d'objets quelconques. Le délit d'outrage par envoi d'objets à l'égard de personnes dépositaires de l'autorité publique n'est pas constitué dès lors que celles-ci ont été atteintes lors de l'interpellation de l'individu qui voulait lancer une tarte à la crème sur le ministre de la Culture ; l'objet n'ayant pas été effectivement lancé, le délit d'outrage par envoi n'est pas constitué. • Aix-en-Provence, 8 janv. 1996 : *Dr. pénal 1996. 157, obs. Véron.*

36. Outrage indirect. L'art. 222 C. pén. retient, comme condition constitutive du délit qu'il réprime, que l'outrage reçu par le magistrat ait été adressé à sa personne ; si cette condition peut être, dans certains cas, suppléée, ce n'est qu'autant qu'il ressort manifestement des faits et circonstances que la volonté formelle de l'auteur de l'outrage a été de le faire parvenir à celui qui en a été l'objet, et de la conviction qu'il obtiendrait le résultat poursuivi en proférant cet outrage devant des auditeurs qui devaient nécessairement en transmettre l'expression. • Crim. 20 avr. 1945 : *D. 1945. 322* • Paris, 27 févr. 1909 : *DP 1909. 1. 537.* ♦ L'art. 222 C. pén. punit l'outrage à un magistrat alors même qu'il n'aurait pas été directement adressé à celui-ci, s'il est parvenu à sa connaissance par la volonté de son auteur ; tel est le cas lorsque les propos outrageants ont été proférés devant une personne qui, à raison même de sa qualité, devait nécessairement en rendre compte audit magistrat. • Crim. 30 mars 1944 : *Bull. crim. n° 88* • 8 mars 1955 : *ibid. n° 142* • Toulouse, 25 mars 1980 : *Gaz. Pal. 1981. 1. Somm. 93* • T. corr. Brive, 9 mars 1979 : *Gaz. Pal. 1979. 1. 157, note Damien ; RSC 1979. 547, obs. Vitu* ; en appel, • Limoges, 11 juill. 1979 : *Gaz. Pal. 1979. 2. 471, note Damien ; RSC 1979. 831, obs. Vitu.* ♦ Pour être constitué, le délit prévu par l'art. L. 631-2, devenu l'art. L. 8114-2 C. trav. et par l'art. 433-5 C. pén. suppose, si l'outrage est *indirect*, que puisse être constatée chez son auteur l'intention de faire parvenir à la personne concernée l'écrit ou les propos outrageants. Justifie en conséquence sa décision la cour d'appel qui, à la suite du procès-verbal dressé par un inspecteur du travail contre un chef d'établissement, dit non établi à la charge de ce dernier le délit d'outrage lui étant reproché pour avoir adressé au directeur départemental du travail un écrit mettant en cause l'impartialité du fonctionnaire, en retenant que le courrier litigieux n'était pas parvenu à la connaissance de l'inspecteur du travail par la volonté de son auteur. En cet état, il ne saurait être reproché aux juges du fond de ne pas avoir requalifié les faits poursuivis au regard des dispositions de l'art. 226-10 C. pén. relatives à l'infraction de dénonciation calomnieuse, dès lors qu'il se déduit de la Convention internationale du travail n° 81 signée le 19 juill. 1947 et du décr. du 20 août 2003 portant statut du corps de l'inspection du travail, que lorsqu'ils décident de dresser procès-verbal d'une infraction, les inspecteurs du travail ne sont pas placés sous le contrôle hiérarchique du directeur départemental du travail. • Crim. 6 mai 2008 : *Dr. pénal 2008. Comm. 112, obs. Véron* • 24 juin 2015, n° 14-82.890 P : *D. actu. 31 juill. 2015, obs. Hamonet ; Dr. pénal 2015, n° 110, obs. Véron.*

37. Doit être cassé l'arrêt qui ne constate pas que des propos outrageants proférés devant des tiers soient parvenus à la connaissance de la personne visée, alors même que ledit arrêt constate la volonté, chez l'auteur, de faire parvenir l'outrage à la connaissance de cette personne. • Crim. 30 mars 1944 : *préc. note 36* • 19 déc. 1946 : *Bull. crim. n° 243 ; D. 1947. 110* • Caen, 11 déc. 1912 : *DP 1914. 2. 183.*

38. Est coupable du délit d'outrage commis à l'égard d'un dépositaire de l'autorité publique la prévenue qui a rédigé, dans le cadre de la procédure de divorce du plaignant, deux attestations faisant état de l'alcoolisme et de l'incompétence notoire d'un commandant de gendarmerie ; si l'art. 433-5 C. pén. permet de réprimer l'outrage indirect, c'est-à-dire commis hors la présence du dépositaire de l'autorité publique, c'est à la condition que la victime ait eu effectivement connaissance de l'écrit et que l'auteur des propos ait voulu qu'ils lui parviennent ; dès lors que la Chambre criminelle de la Cour de cassation considère que la preuve de cette intention peut résulter de ce que l'écrit ou les propos aient été proférés ou rédigés en présence d'un tiers dont le coupable savait ou devait savoir qu'il en informerait à coup sûr le dépositaire de l'autorité publique outragé, une telle présomption de représentation doit être rapprochée des propos tenus par la prévenue au cours de l'audience, laquelle affirmait savoir que les documents incriminés seraient communiqués à l'officier de gendarmerie dans le cadre de la procédure de divorce, puisqu'ils avaient été rédigés à cette fin pour faire valoir ce que de droit. • Toulouse, 30 janv. 2003 : *JCP 2003. IV. 2654.*

39. Pour être constitué, le délit prévu par l'art. L. 631-2, devenu l'art. L. 8114-2 C. trav., et par l'art. 433-5 C. pén. suppose, si l'outrage est indirect, que puisse être constatée chez son auteur l'intention de faire parvenir à la personne concernée l'écrit ou les propos outrageants ; justifie en conséquence sa décision la cour d'appel qui, à la suite du procès-verbal dressé par un inspecteur du travail contre un chef d'établissement, dit non établi à la charge de ce dernier le délit d'outrage lui étant reproché pour avoir adressé au directeur départemental du travail un écrit mettant en cause l'impartialité du fonctionnaire, en retenant que le courrier litigieux n'était pas parvenu à la connaissance de l'inspecteur du travail par la volonté de son auteur ; en cet état, il ne saurait être reproché aux juges du fond de ne pas avoir requalifié les faits poursuivis au regard des dispositions de l'art. 226-10 C. pén. relatives à l'infraction de dénonciation calomnieuse dès lors qu'il se déduit de la Convention internationale du travail n° 81 signée le 19 juill. 1947 et du décret du 20 août 2003 portant statut du corps de l'inspection du travail que lorsqu'ils décident de dresser procès-verbal d'une infraction, les inspecteurs du travail ne sont pas placés sous le contrôle hiérarchique du directeur départemental du travail. • Crim. 6 mai 2008, n° 07-80.530 P : *Dr. pénal 2008, n° 112, obs. Véron ; RSC 2009. 395, obs. Cerf-Hollender*.

40. Ne justifie pas sa décision l'arrêt d'une cour d'appel qui relaxe un prévenu du chef d'outrages envers une enseignante sans rechercher, d'une part, si les propos reprochés n'étaient pas de nature à porter atteinte à l'autorité morale de la personne visée ou à diminuer le respect dû à la fonction d'enseignant, d'autre part, si l'intéressé, bien qu'ayant proféré ses propos à des tiers, n'avait pas conscience qu'ils seraient nécessairement rapportés à la victime. • Crim. 24 juin 2015, n° 14-82.890 P : *D. actu. 31 juill. 2015, obs. Hamonet.*

B. INTENTION

41. Appréciation. Le juge du fond est souverain pour apprécier l'existence de l'élément intentionnel de l'infraction d'outrage, à la condition que cette existence ne soit contredite, ni par les termes des propos incriminés, ni par les motifs mêmes de l'arrêt attaqué. • Crim. 30 juin 1965 : *Bull. crim. n° 169.* ♦ Pour l'exemple de propos impliquant l'intention outrageante du prévenu. • Crim. 19 oct. 1983 : *Gaz. Pal. 1984. 1. Somm. 102, note Doucet.*

42. En matière d'outrages, l'élément intentionnel du délit fait défaut et la relaxe est justifiée, lorsqu'il est constaté par les juges du fait que, à raison de circonstances particulières affectant l'état physique et moral du prévenu, celui-ci n'a pas eu conscience du caractère outrageant de ses propos et de ses gestes. • Crim. 24 juill. 1931 : *Bull. crim. n° 214.* ♦ Si des propos outrageants ont été tenus, encore faut-il rechercher dans quel climat ils ont été prononcés. • T. corr. Nanterre, 16 mars 1982 : *Gaz. Pal. 1982. 2. Somm. 388.*

43. Le délit d'outrage, prévu et réprimé par l'art. 224 C. pén., n'est pas constitué lorsqu'il est établi que le prévenu ignorait la qualité de l'officier ministériel auquel il s'adressait (huissier), et qu'après en avoir été avisé, loin de réitérer l'outrage, il a cherché à atténuer la portée du mot prononcé. • Crim. 12 avr. 1967 : *Bull. crim. n° 116 ; D. 1967. 450.*

44. Commet le délit d'outrage à agents de la force publique le conducteur d'une voiture qui, se sachant dispensé du port obligatoire de la ceinture de sécurité, se fait volontairement verbaliser par les gendarmes pour défaut de ceinture, un tel comportement impliquant, en effet, la conscience de porter atteinte à l'autorité des agents de la force publique. • Crim. 14 nov. 1989 : *Bull. crim. n° 417 ; D. 1991. 447, note Fournier ; JCP 1990. II. 21441, note Vitu ; Gaz. Pal. 1990. 1. 240, note Fourgoux ; RSC 1990. 561, obs. Delmas Saint-Hilaire*.

45. Caractérise exactement l'élément matériel du délit prévu et réprimé par l'art. 433-5, al. 2, C. pén. et, sans insuffisance ni contradiction, apprécie souverainement l'élément moral de l'infraction, la cour d'appel qui, statuant sur le seul appel de la partie civile, pour déclarer une personne responsable du délit, retient que l'écrit incriminé porte atteinte à la dignité et au respect dus à la fonction exercée par la partie civile, ajoute qu'en vertu de l'art. 27 de la loi n° 84-52 du 26 janv. 1984 relative à l'enseignement supérieur un président d'université est, par la nature de ses fonctions et des attributions qui lui sont conférées par ce texte, dépositaire de l'autorité publique au sens de l'art. 433-5, al. 2, C. pén., relève enfin que les termes employés dans la lettre dépassent manifestement le cadre de la simple polémique, des luttes d'influence et des contestations que l'on peut admettre ou tolérer dans le milieu universitaire, puisqu'ils mettent directement en cause l'intégrité morale de la partie civile ès qualités de président d'université. • Crim. 18 avr. 2000, n° 99-83.522 P : *Dr. pénal 2000. 113, obs. Véron.*

46. En revanche, les expressions diffamatoires ou injurieuses proférées publiquement par l'un des moyens énoncés à l'art. 23 de la loi sur la presse, contre une personne chargée d'une mission de service public ou dépositaire de l'autorité publique à raison de ses fonctions ou à l'occasion de leur exercice, sans être directement adressées à l'intéressé, n'entrent pas, faute d'intention, dans les prévisions de l'art. 433-5 C. pén. incriminant l'outrage. • Crim. 29 mars 2017, n° 16-82.884 P : *D. actu. 2 mai 2017, obs. Lavric.*

47. Mensonge. La dénonciation spontanée d'un délit imaginaire implique la conscience chez son auteur qu'il porte atteinte à l'autorité du commissaire de police en l'exposant à d'inutiles recherches, et caractérise tous les éléments du délit prévu par l'art. 222 C. pén., notamment l'intention délictuelle. • Crim. 22 janv. 1963 : *Bull. crim. n° 36 ; D. 1963. 209 ; S. 1963. 74* • 13 mai 1971 : *Bull. crim. n° 159 ; D. 1971. Somm. 135 ; JCP 1971. II. 16844 ; Gaz. Pal. 1971. 2. 531 ; RSC 1971. 933, obs. Vitu* • 4 janv. 1991 : *Dr. pénal 1991. 137.* ♦ Rappr. : • 30 nov. 1944 : *Bull. crim.*

n° 192 ; *D. 1945. 161 ; Gaz. Pal. 1945. 1. 64.* ♦ Même solution sur le fondement de l'ancien art. 224 C. pén. • Crim. 8 juill. 1948 : *Bull. crim. n° 188* • 29 mai 1985 : *Bull. crim. n° 203.* ♦ V. désormais art. 434-26.

48. Mais le simple mensonge commis dans le but d'échapper à une poursuite ne suffit pas à caractériser le délit de l'art. 224 C. pén. • Crim. 12 déc. 1931 : *Bull. crim. n° 294.* ♦ Ainsi en est-il de fausses déclarations à des gendarmes procédant à une enquête, dès lors que leurs auteurs n'ont pas agi dans l'intention d'exposer les gendarmes à des recherches inutiles de nature à les ridiculiser, mais que ces déclarations avaient, au contraire, pour objet de persuader les enquêteurs de cesser toutes recherches et de clore leur enquête. • Caen, 21 mai 1969 : *D. 1969. 539 ; Gaz. Pal. 1969. 2. 93.*

49. Celui qui dénonce à l'autorité compétente des faits délictueux ou répréhensibles imputables à un fonctionnaire, ne commet à l'égard de ce fonctionnaire aucun outrage s'il se borne à spécifier et à qualifier les faits dénoncés. • Crim. 10 mars 1953 : *Bull. crim. n° 89.* ♦ L'auteur de cette dénonciation ne peut être poursuivi que pour dénonciation calomnieuse, s'il y a lieu, après déclaration préalable de la fausseté des faits par l'autorité compétente. • Crim. 8 nov. 1886 : *DP 1887. 1. 240* • 15 déc. 1893 : *ibid. 1894. 1. 367* • 6 mars 1952 : *Bull. crim. n° 69* • 25 mai 1956 : *ibid. n° 389.* ♦ Mais les termes injurieux ou outrageants employés dans la dénonciation et distincts de l'énonciation des faits dénoncés peuvent donner lieu à des poursuites pour outrages ou injures. • Crim. 19 janv. 1950 : *Bull. crim. n° 24* • 10 mars 1953 : *préc.*

50. Provocation. L'outrage ne saurait être excusé même par une prétendue provocation. • Crim. 16 juin 1893 : *DP 1895. 1. 464* • 14 déc. 1962 : *Bull. crim. n° 373* • 20 mars 1963 : *ibid. n° 127.*

C. CONFLIT DE QUALIFICATIONS

51. Diffamation et injures. V. également ss. art. 434-24. ♦ Une expression outrageante prononcée publiquement contre un adjoint au maire, à l'occasion de l'exercice de ses fonctions, mais faisant allusion à des faits anciens et sans rapport avec celles-ci, et n'en impliquant donc pas la critique, est à bon droit poursuivie et réprimée, non en vertu de l'art. 31 de la L. du 29 juill. 1881, mais par application de l'art. 222 C. pén. • Crim. 18 janv. 1956 : *Bull. crim. n° 73 ; RSC 1956. 540, obs. Hugueney.* ♦ L'art. 222 C. pén. s'applique aux injures et diffamations qui, ne présentant aucun des caractères du délit d'opinion, constituent de graves invectives ou des propos grossiers. • Bourges, 17 mai 1895 : *DP 1897. 2. 350* • Orléans, 2 févr. 1897 : *DP ibid.*

52. Les expressions diffamatoires ou injurieuses proférées publiquement par l'un des moyens énoncés à l'art. 23 de la L. du 29 juill. 1881 sur la liberté de la presse, contre un magistrat de l'ordre administratif ou judiciaire à raison de ses fonctions ou à l'occasion de leur exercice, sans être directement adressées à l'intéressé, n'entrent pas dans les prévisions de l'art. 434-24 C. pén. incriminant l'outrage à magistrat, et ne peuvent être poursuivies et réprimées que sur le fondement des art. 31 et 33 de ladite loi. • Crim. 1er mars 2016, n° 15-82.824 P : *D. actu. 15 mars 2016, obs. Lavric ; RSC 2016. 63, obs. Mayaud.*

53. L'outrage par écrit adressé à un magistrat ne tombe sous le coup de l'art. 222 C. pén. qu'autant qu'il n'a pas été l'objet d'une publication antérieure ou concomitante à la réception, par le magistrat, de l'écrit outrageant ; dans le cas contraire, le fait rentre dans les prévisions de la L. du 29 juill. 1881 sur la presse. • Crim. 31 oct. 1890 : *DP 1891. 1. 45, rapp. Tanon,* et, sur renvoi : • Toulouse, 11 févr. 1891 : *DP 1892. 2. 290* • Crim. 9 mai 1936 : *DH 1936. 333.* ♦ Ne saurait être considéré comme un outrage par écrit, au sens de l'art. 222 C. pén., celui résultant de la lecture faite par un tiers de cet écrit devant le magistrat outragé, en séance publique d'un conseil municipal, s'il est établi que ce magistrat n'a pas eu connaissance de l'écrit incriminé avant sa lecture publique ; dans de telles conditions, l'auteur de l'écrit a commis un délit relevant de la L. du 29 juill. 1881 sur la presse. • T. corr. Saumur, 10 mars 1950 : *Gaz. Trib. 8 avr. 1950.*

54. C'est à bon droit qu'une cour d'appel a relaxé un prévenu du chef d'injures envers des agents des douanes (C. douanes, art. 53-1 et 413 *bis*), dès lors qu'il était déjà poursuivi pour les mêmes faits sous la qualification d'outrage à personnes chargées d'une mission de service public, les éléments constitutifs des deux infractions étant identiques ; lorsque l'administration des douanes engage des poursuites devant la juridiction répressive pour infraction au code des douanes, elle doit respecter la règle *non bis in idem.* • Crim. 16 juill. 1997, n° 96-85.000 P.

55. Toute parole, toute expression, dont la violence ou le caractère blessant traduit un mépris certain, un manque de respect envers l'autorité est nécessairement outrageante ; dès lors, les paroles « Nique ta mère ! Je nique la police ! J'encule et je pisse sur la justice ! La police ce sont des fachos, c'est eux qui assassinent ... », proférées par des chanteurs de musique rap, lors d'un concert, en montrant du doigt à un public de plusieurs milliers de personnes des policiers présents sur le site en uniforme et en service, ne pouvaient être qualifiées d'injure au sens de la L. du 29 juill. 1881, mais d'outrage à personnes dépositaires de l'autorité publique ; en effet, les prévenus savaient nécessairement que les propos outranciers tenus par eux étaient de nature à porter atteinte à la dignité des policiers présents sur les lieux pour assurer la sécurité ; il leur appartenait donc de contrôler leurs paroles, et ce d'autant que la virulence des attaques était de nature à engendrer une réaction qu'ils n'étaient pas nécessairement en mesure de contrôler, eu égard à l'importance de la foule. • Aix-en-Provence, 23 juin 1997 : *JCP 1998. IV. 1954.*

56. Il résulte des art. 433-5 C. pén, et 31 et 33 de la L. du 29 juill. 1881 sur la liberté de la presse que les expressions diffamatoires ou injurieuses proférées publiquement par l'un des moyens énoncés à l'art. 23 de la L. préc., contre une personne chargée d'une mission de service public ou dépositaire de l'autorité publique à raison de ses fonctions ou à l'occasion de leur exercice, sans être directement adressées à l'intéressé, n'entrent pas dans les prévisions de l'art. 433-5 C. pén. incriminant l'outrage, et ne peuvent être poursuivies et réprimées que sur le fondement des art. 31 et 33 de ladite loi ; a méconnu les textes précités et le principe ci-dessus énoncé la cour d'appel qui déclare le prévenu coupable d'outrage à personne dépositaire de l'autorité publique, alors qu'il résulte de ses propres constatations que les propos incriminés n'avaient pas été adressés à la personne dépositaire de l'autorité publique visée, mais prononcés lors d'une conférence de presse publique, hors la présence de celle-ci, et sans qu'il soit établi que le prévenu ait voulu qu'ils lui soient rapportés par une personne présente. • Crim. 29 mars 2017, n° 16-82.884 P : *D. actu. 2 mai 2017, obs. Lavric ; D. 2017. 818 ; AJ pénal 2017. 278, note Luciani-Mien ; RSC 2018. 105, obs. Dreyer*

57. La parole adressée à une personne chargée d'une mission de service public, dans l'exercice ou à l'occasion de l'exercice de sa mission, et de nature à porter atteinte à sa dignité ou au respect dû à la fonction dont elle est investie, qualifiée d'outrage par l'art. 433-5 C. pén., d'une part, entre, même quand elle a été prononcée publiquement, dans les prévisions de ce texte, dont les art. 31 et 33 de la L. du 29 juill. 1881 n'ont pas modifié la portée ni affecté l'application, d'autre part, n'entre pas dans le champ de l'art. 10, § 1, Conv. EDH. • Crim. 19 juin 2018, n° 17-84.153 : *Dr. pénal 2018, comm. 174, obs. Conte ; RSC 2019. 111, obs. Dreyer .*

58. Correspondances à découvert. V. notes ss. art. 434-24.

59. Dénonciation mensongère. Une dénonciation mensongère entrant dans les prévisions de l'art. 434-26 C. pén. ne peut recevoir en outre la qualification d'outrage lorsque l'atteinte portée à la dignité et à l'autorité des membres de l'autorité publique trouve uniquement sa cause dans le fait même de la dénonciation. • Crim. 10 oct. 2000, n° 00-80.042 P : *Dr. pénal 2001. 2, obs. Véron.*

III. POURSUITES

60. Action civile. Il se déduit de l'art. 11, al. 4, de la L. du 13 juill. 1983 portant droits et obligations des fonctionnaires que l'action directe que peut exercer, au besoin par voie de constitution de partie civile devant la juridiction pénale, la collectivité publique subrogée aux droits de la victime pour obtenir des auteurs des menaces ou attaques la restitution des sommes versées au fonctionnaire intéressé suppose que l'action publique a été mise en mouvement soit par la victime elle-même, soit par le ministère public. • Crim. 10 mai 2005, n° 04-84.633 P : *AJ pénal 2005. 332 ; RLCT 2005/6, n° 149, obs. Mayaud.*

Loi n° 83-634 du 13 juillet 1983, *portant droits et obligations des fonctionnaires (D. et ALD 1983. 366).* **Art. 11** *(L. n° 2016-483 du 20 avr. 2016, art. 20-I)* I. — A raison de ses fonctions et indépendamment des règles fixées par le code pénal et par les lois spéciales, le fonctionnaire ou, le cas échéant, l'ancien fonctionnaire bénéficie, dans les conditions prévues au présent article, d'une protection organisée par la collectivité publique qui l'emploie à la date des faits en cause ou des faits ayant été imputés de façon diffamatoire.

(...)

IV. — La collectivité publique est tenue de protéger le fonctionnaire contre les atteintes volontaires à l'intégrité de la personne, les violences, les agissements constitutifs de harcèlement, les menaces, les injures, les diffamations ou les outrages dont il pourrait être victime sans qu'une faute personnelle puisse lui être imputée. Elle est tenue de réparer, le cas échéant, le préjudice qui en est résulté.

(...)

VI. — La collectivité publique est subrogée aux droits de la victime pour obtenir des auteurs des faits mentionnés aux IV et V la restitution des sommes versées au fonctionnaire ou aux personnes mentionnées au V. Elle dispose, en outre, aux mêmes fins, d'une action directe, qu'elle peut exercer au besoin par voie de constitution de partie civile devant la juridiction pénale.

Le présent art. s'applique aux faits survenant à compter de la date d'entrée en vigueur de la L. n° 2016-483 du 20 avr. 2016. Les faits survenus avant cette date demeurent régis par l'art. 11 de la L. n° 83-634 du 13 juill. 1983 portant droits et obligations des fonctionnaires, dans sa rédaction antérieure à la L. n° 2016-483 du 20 avr. 2016 (L. préc., art. 20-II).

Art. 433-5-1 *(L. n° 2003-239 du 18 mars 2003, art. 113)* **Le fait, au cours d'une manifestation organisée ou réglementée par les autorités publiques, d'outrager publiquement l'hymne national ou le drapeau tricolore est puni de 7 500 € d'amende.**

Lorsqu'il est commis en réunion, cet outrage est puni de six mois d'emprisonnement et de 7 500 € d'amende.

BIBL. ▶ DREYER, *Gaz. Pal. 2018. 1233* (la notion d'outrage). – DETRAZ, *Gaz. Pal. 2018. 1248* (l'outrage au drapeau national).

Constitutionnalité. Considérant que l'art. 113 de la loi pour la sécurité intérieure (n° 2003-239 du 18 mars 2003) insère dans le code pénal un art. 433-5-1 ... ; considérant que les députés et sénateurs requérants estiment que ces dispositions portent « une atteinte grave à la liberté d'expression, de conscience et d'opinion » ; qu'elles sont en outre contraires « au principe de légalité des délits et des peines et au principe de nécessité des sanctions » ; considérant, d'une part, que l'art. 10 de la Déclaration de 1789 dispose que « Nul ne doit être inquiété pour ses opinions, même religieuses, pourvu que leur manifestation ne trouble pas l'ordre public établi par la loi » ; qu'en vertu de l'art. 11 de la Déclaration : « La libre communication des pensées et des opinions est un des droits les plus précieux de l'homme : tout citoyen peut donc parler, écrire, imprimer librement, sauf à répondre à l'abus de cette liberté dans les cas déterminés par la loi » ; considérant, d'autre part, qu'aux termes du deuxième al. de l'art. 2 Const., « L'emblème national est le drapeau tricolore, bleu, blanc, rouge » ; qu'à ceux de son troisième al. : « L'hymne national est La Marseillaise » ; considérant, enfin, qu'il est loisible au législateur de prévoir de nouvelles infractions en déterminant les peines qui leur sont applicables ; que, toutefois, il lui incombe d'assurer, ce faisant, la conciliation des exigences de l'ordre public et la garantie des libertés constitutionnellement protégées ; considérant que sont exclus du champ d'application de l'article critiqué les œuvres de l'esprit, les propos tenus dans un cercle privé, ainsi que les actes accomplis lors de manifestations non organisées par les autorités publiques ou non réglementées par elles ; que l'expression « manifestations réglementées par les autorités publiques », éclairée par les travaux parlementaires, doit s'entendre des manifestations publiques à caractère sportif, récréatif ou culturel se déroulant dans des enceintes soumises par les lois et règlements à des règles d'hygiène et de sécurité en raison du nombre de personnes qu'elles accueillent ; considérant qu'en instituant un tel délit, le législateur a effectué la conciliation qu'il lui appartenait d'assurer entre les exigences constitutionnelles rappelées ci-dessus ; que la peine qu'il a fixée ne revêt pas de caractère manifestement disproportionné par rapport à l'infraction ; considérant qu'il résulte de ce qui précède que, sous la réserve d'interprétation énoncée ..., l'art. 113 de la loi déférée n'est pas contraire à la Constitution. • Cons. const. 13 mars 2003 : *JO 19 mars, p. 4789 ; RSC 2003. 616, obs. Bück*.

SECTION V **DE LA RÉBELLION**

RÉP. PÉN. v° *Rébellion*, par DONNIER.

Art. 433-6 **Constitue une rébellion le fait d'opposer une résistance violente à une personne dépositaire de l'autorité publique ou chargée d'une mission de service public agissant, dans l'exercice de ses fonctions, pour l'exécution des lois, des ordres de l'autorité publique, des décisions ou mandats de justice.** — *Consom. L. 217-10.*

I. INCRIMINATION

1. Constatations. Est nul, pour défaut de motifs, l'arrêt qui condamne un prévenu pour rébellion, sans spécifier en quoi ont consisté les violences et voies de fait, et sans indiquer si, au moment de la rébellion, l'agent de la force publique était dans l'exercice de ses fonctions et les circonstances de fait qui l'établissent. • Crim. 19 déc. 1946 : *Bull. crim. n° 245* • 14 mai 1958 : *ibid. n° 389 ; D. 1958. Somm. 111.*

A. FONCTIONS PROTÉGÉES

2. Nature. Le commissaire de police doit être considéré comme agissant en vertu des ordres de l'autorité publique, lorsqu'il intervient pour procurer l'exécution d'un règlement de police et constater les infractions qui y sont commises. • Crim. 22 août 1867 : *DP 1868. 1. 286.* ♦ En tentant d'arrêter un malfaiteur qui vient de commettre un crime, des gendarmes agissent nécessairement pour l'exécution des lois. • Crim. 24 oct. 1984 : *Bull. crim. n° 320.*

3. Exercice. L'art. 209 C. pén. ne subordonne pas son application au plus ou moins de régularité dans les ordres émanés de l'autorité pour faire agir la force publique. • Crim. 5 janv. 1821 : *S. 1821. 1. 358.* ♦ Le citoyen à l'égard duquel une mesure est mise à exécution par des agents de l'autorité administrative, agissant pour l'exécution des lois et des ordres ou ordonnances de l'autorité publique, est, même alors qu'il se croit fondé à en contester la légalité, tenu de s'y soumettre provisoirement, sauf, en cas d'irrégularité de la mesure ou de l'opération, son droit de prise à partie ou de poursuite contre ceux qui en ont la responsabilité : en résistant avec violence et voies de fait, ce citoyen se rend coupable du délit de rébellion. • Crim. 22 août 1867 : *DP 1868. 1. 286.* ♦ V. encore • Crim. 27 août 1908 : *DP 1909. 1. 79* • T. corr. Lille, 12 févr. 1948 : *D. 1948. 305.*

4. La rébellion ne saurait être excusée à raison de la prétendue illégalité de l'acte accompli par l'agent. • Crim. 3 mai 1961 : *Bull. crim. n° 234.* ♦ ... Et, dès lors que les fonctionnaires de police agissent dans l'exercice de leurs fonctions, la résistance avec violences et voies de fait constitue le délit de rébellion envers l'autorité publique. • Crim. 2 juill. 1987 : *Bull. crim. n° 281 ; Gaz. Pal. 1988. 1. Somm. 78 ; RSC 1988. 519, obs. Delmas Saint-Hilaire.* ♦ *Contra* : • Reims, 18 mai 1984 : *JCP 1985. II. 20422, note Chambon ; Gaz. Pal. 1984. 2. 715 ; RSC 1985. 69, obs. Delmas Saint-Hilaire* • T. corr. Bergerac, 12 févr. 1953 : *D. 1953. Somm. 60 ; Gaz. Pal. 1953. 1. 328.* ♦ Comp., pour la légitimité de la résistance, lorsque l'agent procède *motu proprio*, hors de l'exercice de ses fonctions. • Crim. 25 mars 1852 : *Bull. crim. n° 108.*

5. Même s'il s'estimait fondé à contester ultérieurement le bien-fondé du menottage, auquel il avait été donné ordre de procéder, le prévenu n'était pas en droit de résister à la mise en exécution de cet ordre, et en réagissant avec violence ou voies de fait, il s'est rendu coupable de rébellion. • Paris, 7 janv. 1997 : *Dr. pénal 1998. 140, obs. Maron ; RSC 1999. 105, obs. Delmas Saint-Hilaire* ; confirmé par • Crim. 19 mai 1999 : *Gaz. Pal. 1999. 2, chron. crim. 124.*

6. A la supposer établie, l'illégalité d'un contrôle d'identité ne saurait entraîner la nullité des poursuites pour des faits de rébellion et d'outrage commis contre les fonctionnaires de police à l'occasion dudit contrôle. • Crim. 1er sept. 2004, n° 04-80.362 P : *Dr. pénal 2004. 164, obs. Maron.* ♦ Rappr., en matière de violences : ss. art. 222-7 à 222-13.

B. RÉSISTANCE OPPOSÉE

1° MATÉRIALITÉ

7. Appréciation. Les violences et voies de fait caractérisant la résistance, élément constitutif de la rébellion, sont des circonstances de fait que la loi laisse à l'appréciation de la cour et du jury, sans qu'il soit nécessaire que leur nature soit précisée dans la question qui leur est posée. • Crim. 24 oct. 1984 : *Bull. crim. n° 320.* ♦ Le fait d'opposer une résistance violente aux personnes dépositaires de l'autorité publique doit s'entendre d'un acte de résistance active à l'intervention de ces personnes : la simple résistance passive et la force d'inertie ne sont pas des éléments constitutifs du délit de rébellion. • Crim. 1er mars 2006, n° 05-84.444 P : *D. 2006. IR 948 ; AJ pénal 2006. 218, obs. Royer ; Dr. pénal 2006. Comm. 68, obs. Véron ; RSC 2007. 85, note Mascala.*

8. Le fait de mettre obstacle avec violence à l'accomplissement de la mission légale de l'agent, même sans lui porter aucun coup, peut constituer en droit la rébellion. • Crim. 18 juill. 1884 : *DP 1885. 1. 91.* ♦ Le délit de rébellion résulte de tout acte de violence qui tend à empêcher l'agent de l'autorité d'accomplir la mission dont il est chargé ; il n'est pas nécessaire que des coups aient été portés. • Montpellier, 24 juin 1905 : *DP 1907. 1. 309.* ♦ Justifie suffisamment l'application des dispositions de l'art. 209 C. pén., l'arrêt qui constate que la résistance opposée par un prévenu à un officier ministériel, agissant dans l'exercice de ses fonctions (huissier), s'accompagne de violences qui, sans atteindre matériellement sa personne, sont de nature à l'impressionner vivement. • Crim. 15 mars 1972 : *Bull. crim. n° 106.* ♦ Le délit de rébellion est caractérisé par tout acte de résistance active à l'intervention des agents dépositaires de l'autorité publique, même sans atteinte physique à la personne de ces derniers. • Crim. 10 nov. 1998 : *Bull. crim. n° 295* • 11 mai 2005 : *Dr. pénal 2005, n° 124, obs. Véron.* ♦ Ne tire pas les conséquences légales de ses propres constatations la cour d'appel qui relaxe du chef de rébellion après avoir relevé que le prévenu s'était débattu au moment de son interpellation et avait pu se libérer avant de prendre la fuite, le délit étant caractérisé par tout acte de résistance active à l'intervention d'une personne dépositaire de l'autorité publique, même sans atteinte physique à l'encontre de cette personne. • Crim. 7 nov. 2006, n° 05-87.106 P : *D. 2007. Pan. 2641, obs. Garé ; AJ pénal 2007. 33 ; Dr. pénal 2007. Comm. 20, obs. Véron ; RSC 2007. 85, obs. Mascala ; Gaz. Pal. 2008. 1. Somm. 1174, note Monnet.* ♦ Le délit de rébellion est caractérisé par tout acte de résistance active à l'intervention de personnes dépositaires de l'autorité publique, même si celles-ci ne subissent pas d'atteinte physique ; ainsi du prévenu qui a refusé de se laisser menotter en maintenant ses bras sous son corps, les deux policiers qui avaient procédé à l'interpellation ayant dû lutter contre sa résistance et « se mettre à deux » pour réussir à le maîtriser. • Crim. 23 janv. 2018, n° 16-87.017 : *Gaz. Pal. 2018. 1125, obs. Detraz.*

9. Exemples positifs. Caractérise en tous ses éléments le délit de rébellion : ... le fait de s'armer d'un fusil et de coucher en joue un officier ministériel (huissier). • Crim. 30 août 1849 : *DP 1849. 1. 228.* ♦ V., pour un garde-chasse : • Bourges, 14 avr. 1853 : *DP 1854. 2. 188.* ♦ ... Le fait, par un individu présent à une visite domiciliaire, de s'emparer des objets saisis, de les cacher sous ses vêtements et de s'opposer par la force à la perquisition sur sa personne pour la reprise de ces objets. • Crim. 16 janv. 1869 : *DP 1869. 1. 381.* ♦ ... Le fait, par un prévenu, d'avoir tenté de s'enfuir en cherchant à faire tomber un gardien de la paix qui venait de l'arrêter en flagrant délit, et de lui avoir porté des coups, que ce policier a dû parer. • Crim. 28 sept. 1970 : *D. 1970. 706 ; ibid. 1971. 36, note Chabas ; JCP 1972. II. 17272, note Koering-Joulin.* ♦ ... Le fait d'avoir essayé de libérer un individu appréhendé, en le tirant à soi vigoureusement pour faire lâcher prise au policier qui procédait à son arrestation, une bousculade s'en étant suivie. • Crim. 29 janv. 1974 : *Bull. crim. n° 42 ; Gaz. Pal. 1974. 1. 277 ; RSC 1974. 583, obs. Vitu.* ♦ ... Le fait de résister avec violences et voies de fait à des gendarmes qui, en service et en tenue, tentent de procéder à une arrestation. • Crim. 24 oct. 1984 : *Bull. crim. n° 320.* ♦ ... Le fait de s'être opposé par la violence à la sortie de mandataires de justice en les agrippant par les poignets et en bloquant la porte. • Crim. 20 mars 1991 : *Dr. pénal 1991. 224.* ♦ ... Le fait de pénétrer dans l'enceinte d'un commissariat en escaladant une clôture fermée. • Agen, 12 mars 1993 : *JCP 1994. IV. 503.* ♦ ... Le fait de résister à un menottage, même si les conditions requises par l'art. 803 C. pr. pén. n'étaient pas réunies en l'espèce. • Paris, 7 janv. 1997 : *Dr. pénal 1998. 140, obs. Maron ; RSC 1999. 105, obs. Delmas Saint-Hilaire* ; confirmé par • Crim. 19 mai 1999 : *Gaz. Pal. 1999. 2, chron. crim. 124.* ♦ ... Le fait pour un mineur de faire volte-face lors d'une palpation, occasionnant pour l'agent des douanes la fracture d'une phalange. • Crim. 8 nov. 2011 : *Dr. pénal 2012, n° 19, obs. Véron.*

10. Les éléments de la rébellion sont encore réunis : ... lorsqu'un huissier, chargé d'instrumenter, a été arrêté dans sa mission par un attroupement de personnes. • T. corr. Lille, 25 mars 1946 : *Gaz. Pal. 1946. 1. 252.* ♦ ... Lorsque l'occupant d'un immeuble, objet d'un arrêt d'expulsion, a barré la route à l'huissier chargé d'exécuter cet arrêt, et, s'arc-boutant sur sa canne, s'est opposé à son action. • T. corr. Lille, 15 févr. 1955 : *D. 1955. 248.*

11. Doit être confirmé le jugement ayant condamné la prévenue appartenant aux gens du voyage, pour rébellion à l'encontre d'un fonctionnaire de police, au cours d'une interpellation faisant suite à des faits de menaces de mort réitérées ; la prévenue a en effet à cette occasion tenté de porter un coup au policier ; cette rébellion ne saurait être considérée comme légitime dans la mesure où elle ne s'est pas située lors de l'intervention de police relative au déguerpissement de caravanes, mais a eu lieu à l'occasion de l'interpellation relative à la procédure de menaces de mort et insultes sur agents de la force publique. • Riom, 25 juin 2003 : *JCP 2004. IV. 1500.*

12. K. X., alors mineur, a fait l'objet d'un contrôle effectué par les agents des douanes ; au cours de la palpation, il s'est débattu et a reculé de quelques mètres ; le fonctionnaire l'a agrippé par la veste ; le mineur a alors fait une volte face, occasionnant une blessure au doigt de M. Z..., laquelle a entraîné pour ce dernier la fracture d'une phalange ; K. X. a été cité devant le juge des enfants qui l'a relaxé en considérant que le mouvement de dégagement effectué par le mineur, alors qu'étant encore sous le coup d'une émotion authentique, tenant à son incompréhension de la palpation de sécurité au niveau de la ceinture, il était saisi au niveau du col, ne pouvait être qualifié de résistance violente du seul fait des graves conséquences involontaires qu'il avait eues ; à la suite, le juge a débouté M. Z..., partie civile, de ses demandes ; la partie civile a seule interjeté appel de cette décision ; pour infirmer le jugement sur les intérêts civils, et dire réunis les éléments constitutifs du délit de rébellion, l'arrêt retient que M. Z... effectuait un contrôle régulier sur la personne de K. X. et que celui-ci a tenté d'y échapper en effectuant un mouvement violent qui a causé une blessure à l'agent des douanes ; les juges ajoutent qu'en refusant de se soumettre au contrôle, K. X. est bien le seul responsable des blessures causées à M. Z. ; en prononçant ainsi, la cour d'appel a justifié sa décision. • Crim. 8 nov. 2011, n° 11-80.821 : *Dr. pénal 2012. Comm. 19, obs. Véron.*

13. Exemples négatifs. Mais la résistance passive n'est pas punissable : ainsi du refus de marcher, de se coucher à terre ou de se laisser traîner par les agents de l'autorité. • Crim. 27 juin 1908 : *Bull. crim. n° 272* • 23 mai 1913 : *ibid. n° 244.* ♦ Justifie sa décision de relaxer le prévenu du chef de rébellion la cour d'appel qui, après avoir précisé que le délit « exclut la simple désobéissance aux ordres, la simple résistance passive et l'usage de la force d'inertie », relève que le prévenu s'est borné à refuser de suivre les gendarmes en s'agrippant au volant de son véhicule, en « faisant l'œuf, un peu comme un manifestant qui se couche par terre », dès lors que le fait d'opposer une résistance violente aux personnes dépositaires de l'autorité publique, au sens de l'art. 433-6 C. pén., doit s'entendre d'un acte de résistance active à l'intervention de ces personnes. • Crim. 1er mars 2006, n° 05-84.444 P : *Dr. pénal 2006, n° 67, obs. Véron ; AJ pénal 2006. 218 ; Gaz. Pal. 2006. 2. Somm. 3481, note Monnet ; RSC 2007. 85, obs. Mascala.*

14. Le seul fait d'étendre le bras vers un officier ministériel dans le but de se saisir d'un objet tenu par celui-ci, ne revêt pas le caractère de violence exigé par la loi. • T. corr. Chalon-sur-Saône, 17 févr. 1950 : *JCP 1950. II. 5505, note Levasseur.* ♦ N'est pas coupable de rébellion, en l'absence de résistance, le prévenu qui, lors d'une interpellation, fait de grands gestes pour empêcher un fonctionnaire de police de le palper, mais ne touche pas ce fonctionnaire. • Paris, 17 oct. 1990 : *Dr. pénal 1991. 72.*

15. Suivant les termes de l'art. 433-6 nouv. C.

pén., une rébellion est constituée par le fait d'opposer un résistance violente à une personne dépositaire de l'autorité publique ; l'élément matériel du délit est caractérisé par une opposition avec résistance violente qui exclut la simple désobéissance aux ordres et la simple résistance passive consistant par exemple à se coucher sur le sol et se laisser traîner par les agents d'autorité sans user de violences ; ce délit n'est donc pas constitué lorsque la personne interpellée a seulement voulu opposer une force d'inertie quand elle a été empoignée et immobilisée par une clé au bras sans intention d'atteindre physiquement le policier. • Versailles, 9 nov. 1999 : *BICC 2000. 1355.*

16. Alors qu'il faisait l'objet d'un contrôle d'identité sur la voie publique en raison de son état d'ivresse, le prévenu s'est assis par terre et a mis les mains dans son dos, empêchant ainsi les policiers de le menotter ; il a ensuite refusé de se relever, obligeant les policiers à le traîner jusqu'au véhicule de service ; or il est de principe qu'il n'y a pas de rébellion, faute de violence ou de voie de fait, lorsqu'un individu arrêté refuse de marcher, se couche à terre et se laisse traîner par les agents de la force publique ; il convient donc de renvoyer le prévenu des fins de la poursuite. • Montpellier, 28 nov. 2006 : *JCP 2007. IV. 1943.*

17. M. Y. et M. Z., agents de l'Office national de la chasse et de la faune sauvage (ONCFS), qui, le jour de l'ouverture de la chasse, se trouvaient en mission de surveillance sur un territoire interdit de chasse, par arrêté préfectoral, ont constaté la présence de M. X. sans arme mais flanqué de son chien parti à la quête de gibier ; M. Z., en uniforme et muni de marques apparentes et distinctives de ses fonctions, a décliné sa qualité en lui spécifiant qu'il lui reprochait une telle action ; M. X., prétextant qu'il ramassait des champignons, s'est éloigné avant d'être saisi par son sac à dos qui en contenait puis, après s'être dégagé, a réussi à s'engager sur un chemin pentu où les deux fonctionnaires qui le suivaient ont pu le rejoindre en l'agrippant à nouveau par son sac avant de le plaquer au sol pour le neutraliser ; M. X. a été cité à comparaître devant le tribunal correctionnel pour avoir résisté avec violence à M. Y. et M. Z., agents de l'ONCFS ; M. Y. et M. Z. ont été cités directement à l'audience par M. X. qui leur a reproché des violences aggravées et suivies d'une ITT supérieure à huit jours ayant provoqué un traumatisme cervical ; le tribunal qui a relaxé les agents de l'ONCFS et débouté M. X. de ses demandes l'a condamné pour délit de rébellion et a reçu les fonctionnaires en leurs constitutions de partie civile ; M. X. a interjeté appel de l'ensemble des dispositions du jugement lui faisant grief, de même le ministère public qui a limité son appel au délit de rébellion ; n'a pas justifiée sa décision la cour d'appel qui, pour déclarer M. X. coupable de rébellion, s'est déterminée sans répondre aux conclusions du prévenu, qui faisait valoir qu'il tournait le dos à ses interpellateurs qui l'avaient jeté à terre pour l'immobiliser, et sans s'expliquer sur les délits de chasse qu'il aurait commis et qui, seuls, auraient pu justifier son appréhension par les agents de l'ONCFS en vue de sa conduite devant l'officier de police judiciaire le plus proche. • Crim. 26 juin 2012 : *RSC 2013. 83, obs. Mascala ; Gaz. Pal. 2012. 2. 3016, note Detraz ; Dr. pénal 2012, n° 142, obs. Véron ; RSC 2013. 83, obs. Mascala.*

2° INTENTION

18. Définition. L'intention coupable, qui est un des éléments du délit de rébellion, existe indépendamment du mobile auquel a cédé l'auteur du fait, dès lors que celui-ci exerce des violences sachant qu'il agit contre une des personnes qualifiées dans l'art. 209 C. pén., procédant pour l'exécution des lois ou des ordres de l'autorité publique. • Crim. 11 déc. 1924 : *DP 1925. 1. 87.*

19. L'élément intentionnel résulte de la volonté de faire obstacle à l'intervention des forces de l'ordre. • Crim. 23 janv. 2018, n° 17-81.434 : *Gaz. Pal. 2018. 1125, obs. Dreyer.*

20. Exemples. Celui qui s'est fait le complice d'un délit de rébellion ne peut invoquer comme excuse légale la circonstance qu'il est le père du délinquant. • Crim. 16 janv. 1869 : *DP 1869. 1. 381.* ♦ La rébellion d'un individu contre un agent agissant pour l'exécution d'un mandat de justice ne saurait être excusée par le fait que le délinquant ignorait qu'il faisait l'objet d'un tel mandat. • Crim. 27 nov. 1931 : *Bull. crim. n° 276.*

21. Pathologie mentale. La prévenue a été poursuivie du chef de rébellion à agent de la force publique ; elle s'est présentée dans un commissariat de police pour se renseigner sur les conditions de l'obtention d'un port d'armes, et elle a été invitée à patienter à l'entrée par un fonctionnaire de police ; elle a franchi le portique de sécurité sans y être autorisée, et le fonctionnaire de police a tenté de retenir la prévenue, qui s'est débattue et a exercé des violences sur le policier ; les faits sont établis, mais il convient de prendre en compte l'état mental de la prévenue ; en effet, elle a été décrite par les témoins comme ayant eu une attitude proche de l'hystérie, et une expertise psychiatrique a conclu à la persistance d'une pathologie mentale de nature à atténuer la responsabilité pénale ; cette circonstance est donc prise en compte dans le prononcé de la peine. • Paris, 30 avr. 2007 : *JCP 2007. IV. 2178.*

II. RÉPRESSION

A. QUALIFICATIONS

1° AGGRAVATION

22. Rébellion armée. Utilisation d'un tracteur attelé d'un motoculteur pour échapper à des gendarmes, lesquels ont dû s'écarter pour ne pas être renversés. • Crim. 12 mars 1991 : *Dr. pénal 1991. 225.*

2° CONFLITS

23. Violences envers les dépositaires de l'autorité publique. Dès lors que le prévenu n'a pas commis d'actes de violences distincts de ceux constituant une résistance violente, élément constitutif de la rébellion pour laquelle il a été condamné, il n'y a pas lieu de le condamner pour violences. • Crim. 21 févr. 2006, n° 05-81.561 P : *Dr. pénal 2006. Comm. 69, obs. Véron ; RSC 2006. 604, obs. Mayaud.*

24. Les délits de rébellion, d'une part, de violences à agents de la force publique (C. pén., art. 309 à 311 anc., et art. 222-7 s. nouv.), d'autre part, sont distincts dans leur nature ; si le trait commun constitutif des deux délits réside dans des actes de violence, la rébellion se caractérise par l'intention délibérée de l'auteur de mettre obstacle à l'exécution des lois ou des actes de l'autorité publique, alors que l'auteur d'un délit de violences à agent vise, sans autre dessein, à frapper la personne de l'agent. • T. corr. Nanterre, 29 avr. 1975 : *Gaz. Pal. 1976. 1. 367.*

25. Si les faits ne constituent pas le délit de violences envers un agent de la force publique dans l'exercice de ses fonctions, à tort retenu à l'encontre du prévenu, les peines prononcées contre lui se trouvent légalement justifiées, dès lors que sont réunis tous les éléments du délit de rébellion, et que ces peines entrent dans les prévisions de l'infraction qui devait être retenue. • Crim. 29 janv. 1974 : *Bull. crim. n° 42 ; Gaz. Pal. 1974. 1. 277 ; RSC 1974. 583, obs. Vitu.*

26. Justifie sa décision la cour d'appel qui, pour condamner le prévenu du chef de rébellion et le relaxer du chef de violences exercées sur trois gardiens de la paix, retient qu'il n'a pas commis d'actes de violences distincts de ceux constituant une résistance violente à son arrestation, élément constitutif de la rébellion. • Crim. 21 févr. 2006, n° 05-81.561 P : *Dr. pénal 2006, n° 69, obs. Véron ; RSC 2006. 604, obs. Mayaud.*

27. Menaces et actes d'intimidation contre les personnes exerçant une fonction publique. M. Z. a été interpellé dans un centre commercial par deux fonctionnaires de police pour l'exécution d'un mandat d'arrêt ; il leur a opposé une vive résistance, incitant, en outre, plusieurs jeunes gens à lui prêter assistance afin de le libérer ; M. X., ainsi que MM. Y., répondant à son appel, sont intervenus, les deux premiers en le tirant, l'un par la main, l'autre par les vêtements, pour tenter de le dégager de l'emprise des policiers, et le troisième en se frappant le torse avec le poing pour détourner leur attention ; ils ont été poursuivis, ainsi qu'un autre prévenu, devant le tribunal correctionnel, selon la procédure de comparution immédiate, pour actes d'intimidation envers des personnes dépositaires de l'autorité publique en récidive, délit prévu par l'art. 433-3 C. pén. ; ils ont été reconnus coupables et ont relevé appel ; après avoir annulé le jugement entrepris et évoqué, les juges du second degré, pour requalifier les faits poursuivis et déclarer les prévenus coupables de complicité de rébellion, retiennent que la vive résistance que M. Z. a opposée à son interpellation caractérise le délit de rébellion et que l'assistance que M. X., et MM. Y. lui ont apportée constitue la complicité de ce délit ; en prononçant ainsi, la cour d'appel a justifié sa décision. • Crim. 15 déc. 2009 : *Dr. pénal 2010, n° 32 (1re esp.), obs. Véron.*

B. ACTIONS

28. Action civile. Le tribunal saisi seulement de faits constitutifs d'un délit de rébellion ne peut donner aux faits poursuivis la qualification de violences à agent de la force publique, et il en résulte que l'action en réparation engagée par l'agent victime des violences est, en un tel cas, irrecevable. • T. corr. Nanterre, 29 avr. 1975 : *Gaz. Pal. 1976. 1. 367.*

29. Même considéré comme un moyen de s'opposer à l'action d'un fonctionnaire de police, le délit de l'art. 209 C. pén. peut consister, non seulement en résistance avec violences et voies de fait, mais encore en attaque envers l'un des dépositaires de l'autorité publique, et, dès lors que non seulement cette force publique a subi un dommage en la personne de son représentant, mais encore que ce dernier a souffert des violences ou des voies de fait résultant de la résistance, c'est à tort que le premier juge a refusé de recevoir la constitution de partie civile, au motif essentiel que le prévenu n'était pas poursuivi pour un délit ayant eu pour but de faire souffrir, à l'agent de la force publique, des blessures dont celui-ci s'est plaint. • Versailles, 10 janv. 1994 : *Dr. pénal 1995. 25 (I), note Maron.* ♦ Constitue une rébellion le fait d'opposer une résistance violente à une personne dépositaire de l'autorité publique ou chargée d'une mission de service public agissant, dans l'exercice de ses fonctions, pour l'exécution des lois, des ordres de l'autorité publique, des décisions ou mandats de justice ; cette définition comporte expressément et mentionne comme élément constitutif de l'infraction l'existence de violences : dès lors, lorsqu'un dommage résulte directement de ces violences, pour la personne qui est l'objet de la rébellion, celle-ci est fondée à en obtenir réparation, conformément à l'art. 2 C. pr. pén. • Versailles, 29 juin 1995 : *BICC 1996. 55.*

30. Doit être infirmé le jugement rejetant la demande d'indemnisation formée par un fonctionnaire de police en estimant qu'en sa qualité de policier n'ignorant ni la psychologie des gens du voyage, ni les difficultés de stationnement qui sont les leurs, les réactions de ces derniers ne pouvaient lui avoir causé un préjudice moral ; en effet, il apparaît que les faits sont extrêmement déplaisants ; les fonctionnaires de police, qui accomplissent des missions de ce type, toujours délicates et difficiles, dans la mesure où elles gênèrent souvent des violences diverses, ont droit à la légitime protection de la société qu'ils représentent et pour laquelle ils agissent ; le statut de gens du voyage n'autorise pas à déroger aux diverses obligations sociales qui pèsent sur l'ensemble des citoyens ; il convient de noter que les prévenus, qui ont déclaré être bénéficiaires de prestations sociales, profitent des bienfaits de la solidarité nationale et ne sauraient s'exonérer du légitime respect que tout citoyen doit manifester aux forces de l'ordre ; la motivation du premier juge en ce qui concerne le rejet de la demande formulée par la partie civile est carrément déplacée sur l'action civile ; elle établit indirectement une absolution plénière pour tous les gens du voyage, en fonction d'une psychologie qui leur serait propre et de difficultés de stationnement qui seraient inhérentes à leur statut, légitimant par là même toutes les insultes et les menaces dont pourraient être victimes les forces de l'ordre amenées à intervenir à leur encontre. • Riom, 25 juin 2003 : *JCP 2004. IV. 1500.*

31. Solidarité. La solidarité, édictée par l'art. 480-1 C. pr. pén., entre les individus condamnés pour un même délit, s'applique également à ceux qui ont été déclarés coupables de différentes infractions rattachées entre elles par des liens d'indivisibilité ou de connexité ; il en est ainsi en cas de violences commises en réunion sur plusieurs personnes, procédant d'une action concertée, déterminée par la même cause et tendant au même but ; cassation, pour méconnaissance du sens et de la portée de ce texte, de l'arrêt qui, pour débouter de leurs demandes en réparation des fonctionnaires de police blessés lors d'un attroupement et constitués parties civiles, et limiter la solidarité des prévenus déclarés coupables, en ce qui concerne les réparations civiles mises à leur charge, énonce qu'il y a lieu « de personnaliser les condamnations », que « la solidarité ne se présume pas, que la charge des dommages-intérêts sera affectée à chacun des prévenus formellement identifiés comme ayant porté des coups à tel ou tel fonctionnaire » et « qu'il n'y a pas lieu d'ordonner le paiement des dommages-intérêts lorsque l'auteur des coups n'a pu être identifié », alors que les juges du fond constatent que l'ensemble des dommages corporels subis par les parties civiles ont été causés à la suite des faits de rébellion et de violences commis en réunion auxquels les prévenus déclarés coupables se sont livrés sur les policiers, après l'arrestation de l'un d'eux, caractérisant ainsi le lien de connexité existant entre les différentes actions coupables. • Crim. 22 oct. 1997, n° 96-85.970 P.

32. Récidive. La violence que doit revêtir la résistance constitutive de la rébellion ne peut être retenue, au regard de la récidive, comme caractérisant la circonstance aggravante de violences prévue par l'art. 132-16-4 C. pén. ; justifie dès lors sa décision la cour d'appel qui, en pareille occurrence, écarte la circonstance de la récidive. • Crim. 8 déc. 2009, n° 09-85.627 P : *D. 2010. AJ 153, obs. Gachi ; ibid. 1132, note Lennon ; AJ pénal 2010. 191, obs. Duparc ; Dr. pénal 2010, n° 32 (2e esp.), obs. Véron ; Gaz. Pal. 2010. 1. Jur. 980, note Detraz ; RSC 2010. 859, obs. Mascala ; RPDP 2010, 118, obs. Chevallier.*

Art. 433-7 **La rébellion est punie** *(L. n° 2017-258 du 28 févr. 2017, art. 25)* **« de deux ans d'emprisonnement et de 30 000 » € d'amende**

La rébellion commise en réunion est punie *(L. n° 2007-297 du 5 mars 2007, art. 44)* **« de** *(L. n° 2017-258 du 28 févr. 2017, art. 25)* **« trois ans d'emprisonnement et de 45 000 » € d'amende ».**

V. notes ss. art. 433-6.

Art. 433-8 **La rébellion armée est punie** *(L. n° 2007-297 du 5 mars 2007, art. 44)* **« de cinq ans d'emprisonnement et de 75 000 € d'amende** *[ancienne rédaction : de trois ans d'emprisonnement et de 45 000 euros d'amende]* **».**

La rébellion armée commise en réunion est punie *(L. n° 2007-297 du 5 mars 2007, art. 44)* **« de dix ans d'emprisonnement et de 150 000 € d'amende** *[ancienne rédaction : de sept ans d'emprisonnement et de 100 000 euros d'amende]* **».** — *Pén. 132-75 ; Aviation civ. L. 282-3 ; Consom. L. 217-10 ; Constr. L. 152-4, L. 152-10 ; Urb. L. 316-4, L. 480-12.*

Corresp. : *C. pén., anciens art. 209 à 215.*

V. notes ss. art. 433-6.

Art. 433-9 **Lorsque l'auteur de la rébellion est détenu, les peines prononcées pour le délit de rébellion se cumulent, par dérogation aux articles 132-2 à 132-5, sans possibilité de confusion, avec celles que l'intéressé subissait ou celles prononcées pour l'infraction à raison de laquelle il était détenu.** — *Consom. L. 217-10.*

Art. 433-10 **La provocation directe à la rébellion, manifestée soit par des cris ou des discours publics, soit par des écrits affichés ou distribués, soit par tout autre moyen de**

transmission de l'écrit, de la parole ou de l'image, est punie *(L. n° 2007-297 du 5 mars 2007, art. 44)* **« de deux mois d'emprisonnement et » de 7 500 € d'amende.**

Lorsque le délit prévu à l'alinéa précédent est commis par la voie de la presse écrite ou audiovisuelle, les dispositions particulières des lois qui régissent ces matières sont applicables en ce qui concerne la détermination des personnes responsables. — *Consom. L. 217-10.*

RÉP. PÉN. v° *Provocation*, par LASSALLE.

Illustration. Une cour d'appel caractérise en tous ses éléments, tant matériels qu'intentionnel, le délit de provocation à la rébellion prévu et réprimé par l'art. 433-10 C. pén., en énonçant qu'il résulte clairement du procès-verbal de constatations et des déclarations concordantes de deux policiers que le prévenu, qu'ils connaissaient pour l'avoir déjà contrôlé antérieurement, a harangué la foule de jeunes présents, en les incitant à faire obstacle à son interpellation dans les termes suivants : « Venez, ils ne sont que quatre, on va les défoncer ». • Crim. 21 févr. 2017, n° 16-83.641 P : *D. actu. 6 mars 2017, obs. Goetz.*

SECTION VI DE L'OPPOSITION À L'EXÉCUTION DE TRAVAUX PUBLICS

Art. 433-11 Le fait de s'opposer, par voies de fait ou violences, à l'exécution de travaux publics ou d'utilité publique est puni d'un an d'emprisonnement et de 15 000 € d'amende.

Corresp. : *C. pén., ancien art. 438.*

1. Incrimination. Le délit prévu et puni par l'art. 438 C. pén. est caractérisé par l'opposition par des voies de fait à la confection de travaux autorisés par le Gouvernement, opposition réalisée volontairement et avec la connaissance du caractère public ou d'utilité publique des travaux. • Crim. 17 oct. 1967 : *Bull. crim. n° 253.*

2. Travaux publics. Les travaux autorisés doivent s'entendre comme comprenant, non pas seulement ceux exécutés pour le compte de l'État, mais également ceux entrepris pour le compte d'un département, lorsque l'exécution en a été prescrite par l'autorité préfectorale. • Crim. 4 avr. 1867 : *DP 1867. 5. 132.*

3. Opposition. Constitue le délit prévu et réprimé par l'art. 438 C. pén. : ... le fait d'empêcher, sous la menace, le travail d'ouvriers chargés par l'Administration de déplacer une conduite d'eau, et de remettre cette conduite à sa place primitive, ces circonstances impliquant l'intention délictuelle du prévenu et la connaissance qu'il a du caractère administratif des travaux auxquels il s'est opposé par voies de fait. • Crim. 5 avr. 1949 : *Bull. crim. n° 143 ; D. 1949. 292.* ♦ ... Le déplacement de bornes placées sur un terrain atteint par des opérations de remembrement, qu'effectue une association syndicale ayant le caractère d'un établissement public. • Crim. 14 févr. 1956 : *Bull. crim. n° 153.* ♦ L'art. 438 C. pén. protège les travaux de construction d'un chemin d'exploitation de parcelles de terre remembrées d'une commune, effectués par l'Association foncière créée en exécution du plan de remembrement, établi sur l'ordre de l'autorité administrative et rendu définitif et exécutoire par arrêté préfectoral. • Crim. 21 févr. 1961 : *Bull. crim. n° 110.*

4. L'art. 438 est général et absolu et n'admet aucune exception : ... si le propriétaire qui se croit lésé peut recourir aux voies légales, soit pour arrêter l'entreprise, soit pour obtenir réparation du préjudice encouru, toute violence directe lui est, dans tous les cas, interdite sous la sanction prévue par cet article. • Crim. 22 mai 1857 : *DP 1857. 1. 315* • 14 déc. 1928 : *ibid. 1931. 32* • 5 avr. 1949 : *préc. note 3.* ♦ ... Même en faveur du propriétaire sur le terrain duquel les travaux ont été commencés avant le versement d'une indemnité préalable. • Crim. 14 déc. 1928 : *préc.* ♦ ... Ou à l'égard duquel l'Administration aurait dépassé les limites fixées par l'arrêté d'autorisation des travaux. • Crim. 5 avr. 1949 : *préc. note 3.*

5. L'opposition par des voies de fait à l'exécution des travaux autorisés par le Gouvernement ne peut être légitimée par l'irrégularité alléguée de la procédure administrative (travaux connexes à une opération de remembrement). • Crim. 30 avr. 1974 : *Bull. crim. n° 155.*

6. N'a pas mis la Cour de cassation en mesure d'exercer son contrôle sur la légalité de sa décision, la cour d'appel qui condamne un prévenu pour délit d'opposition par voies de fait ou violences à l'exécution de travaux d'utilité publique, sans rechercher si le prévenu s'était, par son fait personnel, volontairement opposé à ladite exécution. • Crim. 8 oct. 1997 : *Dr. pénal 1998. 19, obs. Véron ; JCP 1999. I. 112, n° 2, obs. Véron.*

7. Conflit de qualifications. Le fait par des ouvriers en grève de mettre obstacle aux travaux envisagés en vue d'assurer la protection d'un puits de mine nationalisé ne constitue pas une atteinte à la liberté du travail, ni une infraction à l'art. 438 C. pén., mais peut contrevenir aux dispositions de l'art. 257 du même code (nouvel art. 322-2). • Crim. 29 juin 1950 : *Bull. crim. n° 201 ; D. 1950. 597 ;* sur l'arrêt objet du pourvoi : • Montpellier, 18 oct. 1949 : *D. 1950. 150* • Crim. 23 juin 1955 : *Bull. crim. n° 316 ; D. 1955. 578.* ♦ *Contra* : • Nîmes, 27 janv. 1949 : *D. 1949. 324.*

SECTION VII DE L'USURPATION DE FONCTIONS

RÉP. PÉN. v° *Usurpation de titres ou de fonctions*, par LACROIX.

Art. 433-12 Est puni de trois ans d'emprisonnement et de 45 000 € d'amende le fait, par toute personne agissant sans titre, de s'immiscer dans l'exercice d'une fonction publique en accomplissant l'un des actes réservés au titulaire de cette fonction.

Corresp. *: C. pén., ancien art. 258.*

1. Fonctions. Les fonctions publiques visées par l'art. 258 C. pén. sont celles qui s'exercent par une délégation de l'autorité publique. • Crim. 11 déc. 1962 : *Bull. crim. n° 368 ; D. 1963. 99 ; JCP 1963. II. 13017 ; Gaz. Pal. 1963. 1. 165.*

2. Le délit d'usurpation de fonctions est constitué sans qu'il soit nécessaire que l'acte de la fonction dont l'auteur n'était pas investi ait été régulièrement accompli. • Crim. 21 févr. 2001, n° 00-81.167 P • 20 mai 2009, n° 08-80.677 P : *AJ pénal 2009. 321 ; Dr. pénal 2009, n° 134, obs. Véron.*

3. Immixtion. L'art. 258 C. pén. sanctionne ceux qui, même sans usurpation de titres, ont accompli des actes d'une fonction dont ils n'étaient pas investis, sans qu'il soit d'ailleurs nécessaire, pour que le délit existe, que la victime l'ait cru. • Crim. 11 juin 1964 : *Bull. crim. n° 202 ; D. 1964. 532 ; RSC 1965. 126, obs. Hugueney* • 12 juin 1976 : *Bull. crim. n° 206* • 24 mars 1987 : *ibid. n° 140 ; JCP 1988. II. 20953, note Walton ; Gaz. Pal. 1988. 1. Somm. 4.*

4. Pour l'immixtion dans les fonctions de notaire. • Crim. 13 déc. 1894 : *DP 1898. 5. 646-647* (notaire destitué continuant, sous le titre d'agent d'affaires, l'exercice de ses fonctions notariales) • 10 juill. 1968 : *Bull. crim. n° 221 ; D. 1969. Somm. 4 ; Gaz. Pal. 1968. 2. 233 ; RSC 1969. 136, obs. Vitu.* ♦ ... De commissaire-priseur. • Crim. 3 nov. 1970 : *Bull. crim. n° 287 ; D. 1971. 98 ; Gaz. Pal. 1971. 1. 91 ; RSC 1971. 413, obs. Vitu.* ♦ ... D'officier de police judiciaire. • Crim. 24 mars 1987 : *préc. note 3.*

5. Si l'art. 59 de la loi n° 71-1130 du 31 déc. 1971, modifiée par celle n° 90-1259 du 31 déc. 1990, permet aux experts-comptables, dans les limites autorisées par l'ordonnance n° 45-2138 du 19 sept. 1945, de rédiger pour autrui des actes sous seing privé en matière juridique, c'est à la condition que ces actes constituent l'accessoire direct de la prestation fournie. • Crim. 13 mars 1996, n° 94-86.022 P.

6. Le seul fait d'exercer les fonctions de mandataire-liquidateur d'une société, incompatibles avec celles de commissaire aux comptes de cette société, ne saurait constituer le délit d'usurpation de fonctions. • Crim. 9 sept. 1998 : *Dr. pénal 1999. 4, obs. Véron.*

7. Doit être relaxé au bénéfice du doute du délit d'immixtion dans l'exercice d'une fonction publique prévu et réprimé par l'art. 433-12 C. pén., le prévenu, policier municipal, qui à l'occasion d'une intervention lors d'un stationnement nocturne prohibé, constate régulièrement un délit de port d'arme de 6e catégorie et saisit l'arme, dès lors que les allégations selon lesquelles il se serait immiscé dans les fonctions d'OPJ sont insuffisantes, puisqu'elles ne résultent que de la déclaration de la personne contrôlée et de celle d'un stagiaire avec qui le prévenu n'entretenait pas de bonnes relations, un autre stagiaire reconnaissant d'ailleurs n'avoir pas entendu le prévenu faire référence à la qualité d'OPJ au moment du contrôle. • Aix-en-Provence, 24 sept. 1998 : *JCP 1999. IV. 2310.*

8. Le premier surveillant d'une maison d'arrêt a dénoncé au procureur de la République un trafic de stupéfiants au sein de l'établissement mettant en cause un infirmier et un détenu trouvé en possession d'un morceau de résine de cannabis à sa sortie de l'infirmerie ; à l'issue de l'enquête diligentée en flagrant délit, au cours de laquelle l'infirmier a été placé en garde à vue par un officier de police judiciaire, la procédure a été classée sans suite ; cité directement par l'infirmier devant le tribunal correctionnel des chefs de dénonciation calomnieuse et usurpation de fonctions, le surveillant a été relaxé ; sur le seul appel de la partie civile, la cour d'appel, pour infirmer partiellement le jugement entrepris, déclarer constitué le délit prévu par l'art. 433-12 C. pén., et prononcer sur l'action civile, énonce que le surveillant a procédé à une « enquête » interne sans l'accord avéré de sa hiérarchie et monté un stratagème destiné à provoquer l'interpellation d'un infirmier travaillant au sein de l'établissement pénitentiaire ; en l'état de ces motifs, desquels il ne résulte pas que le prévenu a accompli les actes d'une fonction dont il n'était pas titulaire, la cour d'appel n'a pas légalement justifié sa décision. • Crim. 14 sept. 2004, n° 03-87.179 P. ♦ ... D'une part, les tribunaux répressifs de l'ordre judiciaire sont incompétents pour statuer sur la responsabilité d'une administration ou d'un service public en raison d'un fait dommageable commis par l'un de leurs agents ; d'autre part, l'agent d'un service public n'est personnellement responsable des conséquences dommageables de l'acte délictueux qu'il a commis que si celui-ci constitue une faute détachable de ses fonctions ; en se reconnaissant compétente pour statuer sur la responsabilité civile du prévenu sans rechercher si la faute imputée à celui-ci, fonctionnaire de l'administration pénitentiaire, présentait le caractère d'une faute personnelle détachable de la fonction, la cour d'appel a méconnu la loi des 16-24 août 1790 et le décret du 16 fructidor an III. • Même arrêt.

9. Action civile. Justifie sa décision la cour d'appel qui déclare recevable la constitution de partie civile de la chambre régionale des huissiers de justice et lui alloue des dommages-intérêts dès lors que l'infraction d'usurpation de fonction porte directement atteinte aux droits et intérêts communs des membres que cette chambre représente, par application de l'Ord. du 2 nov. 1945. • Crim. 20 mai 2009, n° 08-80.677 P.

10. Conflit de qualifications. Les deux qualifications de complicité de prise illégale d'intérêts et d'usurpation de fonctions ne sont pas incompatibles entre elles et peuvent être retenues pour un même fait, dès lors qu'elles sanctionnent la violation d'intérêts distincts, comportent des éléments constitutifs différents et qu'une seule peine a été prononcée, conformément à l'art. 132-3 C. pén. • Crim. 21 févr. 2001 : *préc. note 2.*

11. Tout jugement ou arrêt doit comporter les motifs propres à justifier sa décision ; l'insuffisance ou la contradiction des motifs équivaut à leur absence ; M. X., militaire affecté à la direction de la protection et de la sécurité de la défense, a été renvoyé devant le tribunal correctionnel pour s'être immiscé sans titre dans l'exercice de la fonction publique de policier ; pour confirmer le jugement ayant déclaré le prévenu coupable et déclarer constitué le délit prévu par l'art. 433-12 C. pén., l'arrêt retient que M. X. s'est rendu au domicile de Mme Y. en faisant état d'une qualité de policier qu'il n'avait pas, tout en présentant une carte professionnelle barrée de tricolore et en faisant ainsi croire à l'employée de Mme Y. qu'il possédait les pouvoirs d'un fonctionnaire de police ; en l'état de ces motifs, desquels il ne résulte pas que le prévenu a, à l'occasion de l'entrée dans l'appartement, accompli un acte réservé à la fonction de policier, la cour d'appel, qui n'a pas recherché si les faits poursuivis ne revêtaient pas la qualification prévue par l'art. 433-13 C. pén., n'a pas justifié sa décision ; d'où il suit que la cassation est encourue. • Crim. 13 oct. 2009 : *Dr. pénal 2010, n° 5, obs. Véron.*

12. D'une part, caractérise le délit d'immixtion dans une fonction publique, plus précisément dans l'exercice du pouvoir de classement sans suite conféré au seul procureur de la République par l'art. 40-1 C. pr. pén., le fait, pour un maire, qui ne bénéficie d'aucun titre au sens de l'art. 433-12 C. pén. pour ce faire, de décider, en violation de l'art. 21-2 C. pr. pén., de l'opportunité de transmettre certains procès-verbaux de contraventions à ce magistrat et de les conserver aux fins de les soustraire à toute poursuite judiciaire ; d'autre part, le fait de filtrer les procès-verbaux des contraventions, en lieu et place du ministère public, est dissociable de l'action d'annuler des références de la souche ou carte maîtresse de l'infraction enregistrée sur un logiciel dédié afin d'éviter toute communication au Trésor public aux fins de recouvrement, action constitutive de soustraction, détournement ou destruction de biens publics par personne dépositaire de l'autorité publique, de sorte que n'est pas méconnu le principe *ne bis in idem.* • Crim. 21 mars 2018, n° 17-81.011 P : *D. actu. 28 mars 2018, obs. Maupin ; ibid. 10 avr. 2018, obs. Recotillet ; D. 2018. 672 ; AJ pénal 2018. 244, note Roussel ; AJCT 2018. 393, obs. Mayaud ; Dr. pénal 2018. Comm. 103, obs. Conte ; Gaz. Pal. 2018. 2145, obs. Fourment.*

Art. 433-13 Est puni d'un an d'emprisonnement et de 15 000 € d'amende le fait par toute personne :

1° D'exercer une activité dans des conditions de nature à créer dans l'esprit du public une confusion avec l'exercice d'une fonction publique ou d'une activité réservée aux officiers publics ou ministériels ;

2° D'user de documents ou d'écrits présentant, avec des actes judiciaires ou extrajudiciaires ou avec des documents administratifs, une ressemblance de nature à provoquer une méprise dans l'esprit du public.

Corresp. : *C. pén., anciens art. 258 et 258-1.*

1. Confusion avec l'exercice d'une fonction publique. Sur le fondement de l'ancien art. 258 C. pén., il était de jurisprudence que le délit d'immixtion dans une fonction publique pouvait résulter d'un ensemble de faits qui, sans être des actes déterminés et caractéristiques de la fonction, constituaient des manœuvres et une mise en scène de nature à faire croire au pouvoir du fonctionnaire prétendu. • Crim. 13 déc. 1894 : *DP 1898. 5. 646* • 15 mai 1942 : *Bull. crim. n° 62* • 14 juin 1950 : *Bull. crim. n° 185 ; D. 1950. 538* • 18 avr. 1953 : *Bull. crim. n° 123* • 11 déc. 1962 : *Bull. crim. n° 368 ; D. 1963. 99 ; JCP 1963. II. 13017 ; Gaz. Pal. 1963. 1. 165* • 15 nov. 1967 : *Bull. crim. n° 291 ; D. 1968. 1 ; Gaz. Pal. 1968. 1. 35 ; RSC 1968. 330, obs. Vitu* • 21 juill. 1971 : *Bull. crim. n° 235 ; D. 1971. Somm. 192 ; Gaz. Pal. 1971. 2. 586.* ♦ ... Ces faits devant être relevés par les juges du fond pour constituer, au-delà du simple mensonge, l'usurpation punissable. • Crim. 2 févr. 1994, n° 92-85.980 P.

2. Exemples. ... Individus qui, même sans usurper aucun titre, se réunissent pour statuer sur des plaintes et constituent une organisation permanente dont les apparences sont celles d'une juridiction régulière. • Crim. 14 juin 1950 : *préc. note 1* • 13 déc. 1951 : *Bull. crim. n° 343.* ♦ ... Personne qui, sans faire des actes exclusivement réservés aux huissiers, fait croire, par un ensemble de manœuvres, qu'elle possède la qualité d'huissier. • Crim. 11 déc. 1962 : *préc. note 1* • 15 nov. 1967 : *préc. note 1.* ♦ Comp. : • Amiens, 20 févr. 1964 : *D. 1964. Somm. 87 ; JCP 1964. II. 13680.* ♦ ... Prévenu qui, pour recouvrer le montant d'une créance personnelle, tente de vérifier l'état des ressources de son débiteur, se disant insolvable, en lui adressant un questionnaire par une lettre à en-tête d'un ministère et revêtue d'un cachet d'une administration publique. • Crim. 22 avr. 1969 : *Bull. crim. n° 143 ; RSC 1970. 642, obs. Vitu.* ♦ ... Personne qui, vigile de nuit et revêtue d'une tenue à peu près semblable à celle des agents de police, se livre à un contrôle de pièces d'identité rappelant plus ou moins un contrôle officiel. • Crim. 21 juill. 1971 : *préc. note 1.* ♦ ... Agent privé de recherches, qui, effectuant, à la demande d'un concurrent, une enquête sur une entreprise, s'est introduit dans les locaux de cette dernière à la suite d'un huissier de justice chargé d'y faire un constat, s'est fait remettre des photocopies de documents, a questionné des salariés et a consulté des fichiers sur ordinateur, conscient de ce qu'il était pris pour un commissaire de police ou un confrère de l'huissier, et ayant ainsi sciemment effectué des actes relevant de la compétence d'un agent de la force publique ou d'un officier ministériel. • Crim. 9 avr. 2002, n° 01-85.076 P : *Dr. pénal 2002. 109, obs. Véron.*

3. Conflit de qualifications. Tout jugement ou arrêt doit comporter les motifs propres à justifier sa décision ; l'insuffisance ou la contradiction des motifs équivaut à leur absence ; M. X., militaire affecté à la direction de la protection et de la sécurité de la défense, a été renvoyé devant le tribunal correctionnel pour s'être immiscé sans titre dans l'exercice de la fonction publique de policier ; pour confirmer le jugement ayant déclaré le prévenu coupable et déclarer constitué le délit prévu par l'art. 433-12 C. pén., l'arrêt retient que M. X. s'est rendu au domicile de Mme Y. en faisant état d'une qualité de policier qu'il n'avait pas, tout en présentant une carte professionnelle barrée de tricolore et en faisant ainsi croire à l'employée de Mme Y. qu'il possédait les pouvoirs d'un fonctionnaire de police ; en l'état de ces motifs, desquels il ne résulte pas que le prévenu a, à l'occasion de l'entrée dans l'appartement, accompli un acte réservé à la fonction de policier, la cour d'appel, qui n'a pas recherché si les faits poursuivis ne revêtaient pas la qualification prévue par l'art. 433-13 C. pén., n'a pas justifié sa décision ; d'où il suit que la cassation est encourue. • Crim. 13 oct. 2009 : *Dr. pénal 2010, n° 5, obs. Véron.*

SECTION VIII DE L'USURPATION DE SIGNES RÉSERVÉS À L'AUTORITÉ PUBLIQUE

BIBL. ▶ BEAUSSONIE, *RSC 2014. 861* (loi n° 2013-711 du 5 août 2013 portant diverses dispositions d'adaptation dans le domaine de la justice en application du droit de l'Union européenne et des engagements internationaux de la France).

Art. 433-14 **Est puni d'un an d'emprisonnement et de 15 000 € d'amende le fait, par toute personne, publiquement et sans droit :**

1° De porter un costume, un uniforme ou une décoration réglementés par l'autorité publique ;

2° D'user d'un document justificatif d'une qualité professionnelle ou d'un insigne réglementés par l'autorité publique ;

3° D'utiliser un véhicule dont les signes extérieurs sont identiques à ceux utilisés par les fonctionnaires de la police nationale ou les militaires ;

(L. n° 2013-711 du 5 août 2013, art. 12) **« 4° D'user de l'emblème ou de la dénomination de l'un des signes distinctifs définis par les conventions signées à Genève le 12 août 1949 et leurs protocoles additionnels. »**

RÉP. PÉN. v^is^ *Uniforme-Costume*, par BOUZON-ROULLE ; *Usurpation des signes de l'autorité publique*, par REDON.

1. Port illégal de costume, d'uniforme ou de décoration (ancien art. 259, al. 1er). La robe que les avocats revêtent, conformément aux prévisions de l'art. 3 de la L. du 31 déc. 1971, dans l'exercice de leurs fonctions judiciaires, est un costume réglementé par l'autorité publique au sens de l'art. 433-14 C. pén. • Crim. 5 nov. 1997, n° 96-86.380 P : *D. Affaires 1998. 156.* – Sur le port de la robe d'avocat, V. également : • Civ. 29 juill. 1936 : *DP 1936. 1. 86, note Appleton ;* sur renvoi : • Amiens, 16 févr. 1938 : *DH 1938. 168* • Alger, 16 déc. 1898 : *DP 1899. 2. 33.*

2. Action civile. Justifie sa décision, l'arrêt qui, pour recevoir l'ordre des avocats au barreau de Paris en sa constitution de partie civile et condamner le prévenu à lui verser des dommages et intérêts, énonce qu'en vertu des art. 15, 17 et 21 de la L. du 31 déc. 1971, chaque barreau, doté de la personnalité civile, est administré par un conseil de l'ordre qui a notamment pour tâche de traiter toute question intéressant l'exercice de la profession et la défense des droits des avocats ; qui observe qu'investi d'un mandat de représentation en justice, l'avocat est généralement dispensé de justifier de ce mandat dès lors qu'il se présente en robe devant les juridictions ; et qui ajoute qu'en trompant la confiance inspirée par le port de la robe d'avocat, le prévenu a causé un préjudice certain à l'ordre des avocats. • Crim. 5 nov. 1997 : *préc. note 1.*

Art. 433-15 Est puni de six mois d'emprisonnement et de 7 500 € d'amende le fait, par toute personne, publiquement, de porter un costume ou un uniforme, d'utiliser un véhicule, ou de faire usage d'un insigne ou d'un document présentant, avec les costumes, uniformes, véhicules, insignes ou documents distinctifs réservés aux fonctionnaires de la police nationale ou aux militaires, une ressemblance de nature à causer une méprise dans l'esprit du public. — *Pén. R. 643-1.*

(L. n° 2013-711 du 5 août 2013, art. 12) **« Les mêmes peines sont applicables au fait, par toute personne, de faire publiquement usage d'un emblème ou d'une dénomination présentant avec l'un des signes distinctifs des conventions signées à Genève le 12 août 1949 et de leurs protocoles additionnels une ressemblance de nature à causer une méprise dans l'esprit du public. »**

Sur l'interdiction de donner une dénomination susceptible d'entraîner une confusion avec un service public, notamment un service de police, aux agences privées de recherches, V. Décr. n° 81-1086 du 8 déc. 1981, art. 6 et 8 (D. et BLD 1982. 2) ; ... aux entreprises de surveillance et de gardiennage, de transport de fonds ou de protection de personnes, V. L. n° 83-629 du 12 juill. 1983, art. 3 et 13 mod. par L. n° 2003-239 du 18 mars 2003 et L. n° 2011-267 du 14 mars 2011, V. ***C. pr. pén.****, App., v° Activités de sécurité privée.*

Art. 433-16 Les infractions définies par les articles 433-14 et 433-15 sont punies de trois ans d'emprisonnement et de 45 000 € d'amende lorsqu'elles ont pour objet de préparer ou de faciliter la commission d'un crime ou d'un délit.

SECTION IX DE L'USURPATION DE TITRES

RÉP. PÉN. v° *Usurpation de titres ou de fonctions*, par LACROIX.

Art. 433-17 L'usage, sans droit, d'un titre attaché à une profession réglementée par l'autorité publique ou d'un diplôme officiel ou d'une qualité dont les conditions d'attribution sont fixées par l'autorité publique est puni d'un an d'emprisonnement et de 15 000 € d'amende.

(L. n° 2009-1437 du 24 nov. 2009, art. 50) **« Les personnes physiques ou morales coupables du délit prévu à la présente section encourent également la peine complémentaire suivante : interdiction de l'activité de prestataire de formation professionnelle continue au sens de l'article L. 6313-1 du code du travail pour une durée de cinq ans. »**

En ce qui concerne le port illégal de l'insigne de pharmacien ou de préparateur en pharmacie, V. CSP, art. L. 5125-29.

En ce qui concerne l'usurpation des titres de : docteur en médecine, docteur en chirurgie dentaire ou chirurgien-dentiste, sage-femme, V. CSP, art. L. 4162-1. — ***CSP*** *; ... vétérinaire ou docteur vétérinaire, V. C. rur., art. L. 815-4. —* ***C. rur.*** *; ... pharmacien, V. CSP, art. L. 4223-2 s. —* ***CSP*** *; ... préparateur en pharmacie, V. CSP, art. L. 4243-1. —* ***CSP*** *; ... masseur-kinésithérapeute et pédicure-podologue, V. CSP, art. L. 4323-5. —* ***CSP*** *; ... infirmière ou infirmier, V. CSP, art. L. 4314-5. —* ***CSP*** *; ... diététicien, V. CSP, art. L. 4372-1. —* ***CSP*** *; ... biologiste médical, V. CSP, art. L. 6222-2. —* ***CSP*** *; ... ingénieur agronome, agricole ou horticole, ingénieur des industries agricoles et alimentaires, V. C. rur., art. L. 815-3. —* ***C. rur.*** *; ... ingénieur diplômé, V. L. 10 juill. 1934, art. 16 (DP 1935. 4. 269) ; ... expert-comptable et comptable agréé, V. Ord. n° 45-2138 du 19 sept. 1945, art. 20 (BLD 1945. 343), mod. par L. n° 68-946 du 31 oct. 1968, art. 10 (D. 1968. 305 ; BLD 1968. 539), L. n° 94-679 du 8 août 1994, art. 45 (JO 10 août ; D. et ALD 1994. 437) ; ... géomètre-expert, V. L. n° 46-942 du 7 mai 1946, art. 7 (D. 1946. 214), mod. par L. n° 85-1408 du 30 déc. 1985, art. 9 (D. et ALD 1986. 132 ; Rect. 219), L. n° 87-998 du 15 déc. 1987, art. 6 (D. et ALD 1988. 15), L. n° 94-529 du 28 juin 1994, art. 1er-II et 8 (D. et ALD 1994. 352) ; ... œnologue, V. L. 19 mars 1955, art. 5 (D. 1955. 123) ; ... commissaire aux comptes, V. C. com., art. L. 820-5. —* ***C. com.*** *; ... expert judiciaire, V. L. n° 71-498 du 29 juin 1971, art. 4, mod. par L. n° 2010-1609 du 22 déc. 2010, art. 39. —* ***C. pr. civ.*** *; ... expert agricole et foncier, expert forestier, V. L. n° 72-565 du 5 juill. 1972, art. 2 (D. et BLD 1972. 341) ; ... avocat, V. L. n° 71-1130 du 31 déc. 1971, art. 71 et 74 (D. et BLD 1972. 38), mod. par L. n° 90-1259 du 31 déc.*

1990, art. 30 et 67 (D. et ALD 1991. 81) ; … expert en automobile, V. C. route, art. L. 326-8 (App., v° Circulation, I. Circulation routière). — **C. route** *; … architecte ou agréé en architecture, V. L. n° 77-2 du 3 janv. 1977, art. 40 (D. et BLD 1977. 71), mod. par L. n° 2011-525 du 17 mai 2011, art. 7 ; … pilote hauturier, V. Décr. n° 79-354 du 2 mai 1979, art. 3 (JO 8 mai) ; … professeur, entraîneur, moniteur ou éducateur d'activités physiques et sportives, V. C. éduc., art. L. 363-1. —* **C. éduc.** *; … administrateur judiciaire et mandataire judiciaire à la liquidation des entreprises, V. C. com., art. L. 811-16 et L. 812-10. —* **C. com.** *; … psychologue, V. L. n° 85-772 du 25 juill. 1985, art. 44 (D. et ALD 1985. 440) mod. par Ord. n° 2010-177 du 23 févr. 2010, art. 14 ; … artisan, maître-artisan et maître, ainsi que diverses professions commerciales, V. L. n° 96-603 du 5 juill. 1996, art. 16, 21 et 24 mod. par L. n° 2010-853 du 23 juill. 2010, art. 48 et L. n° 2011-525 du 17 mai 2011, art. 94 ; Décr. n° 98-246 du 2 avr. 1998 et Décr. n° 98-247 du 2 avr. 1998. —* **C. com.** *; … conseil en propriété industrielle, V. CPI, art. L. 422-1. —* **CPI** *; … boulanger, V. C. consom., art. L. 121-80 à L. 121-82, ajoutés par L. n° 98-405 du 25 mai 1998 (JO 26 mai). —* **C. consom.** *; … conseiller en génétique, V. CSP, art. L. 1133-10. —* **CSP** *; … de l'appellation de laboratoire de biologie médicale, V. CSP, art. L. 6214-1. —* **CSP** *; … de l'appellation de Crédit maritime mutuel, V. Décr. n° 76-1011 du 19 oct. 1976, art. 24 (D. et BLD 1976. 430) ; … des appellations « société coopérative artisanale », « société coopérative maritime », V. L. n° 83-657 du 20 juill. 1983, art. 5 (D. et ALD 1983. 382), mod. par L. n° 85-703 du 12 juill. 1985, art. 11 (D. et ALD 1985. 399) ; … de l'appellation d'établissement de crédit, V. L. n° 84-46 du 24 janv. 1984, art. 14 et 75 (D. et ALD 1984. 148) ; … de l'appellation de fondation, V. L. n° 87-571 du 23 juill. 1987, art. 20 (D. et ALD 1987. 323), mod. par L. n° 90-559 du 4 juill. 1990, art. 6 (JO 6 juill.) ; … de l'appellation de groupement d'intérêt économique, V. C. com., art. L. 251-23. —* **C. com.** *; … de l'appellation de groupement européen d'intérêt économique, V. C. com., art. L. 252-12. —* **C. com.** *; … de l'appellation de « musée de France », V. C. patr., art. L. 441-1 s. —* **C. patr.** *; … de la dénomination de « Fondation du patrimoine », V. C. patr., art. L. 143-1 s. —* **C. patr.** *; … de la dénomination « magasin d'usine » ou « dépôtd'usine », V. C. com., art. L. 310-4, L. 310-5 et L. 310-6. —* **C. com.**

Corresp. : *C. pén., ancien art. 259, al. 2.*

A. INCRIMINATION

1° TITRES PROTÉGÉS

1. Architecte. • Crim. 15 janv. 1957 : *Bull. crim. n° 41* • 23 mai 1995 : *Dr. pénal 1995. 258.*

2. Attaché au CNRS. • Crim. 28 juin 1978 : *D. 1979. IR 60.*

3. Ingénieur. • Crim. 20 nov. 2001 : *Dr. pénal 2002. 54, obs. Véron* (ingénieur diplômé de l'École centrale de Paris).

4. Avocat. Sur la protection pénale du titre. • Crim. 30 nov. 1950 : *Bull. crim. n° 271 ; D. 1951. 24* • 27 juill. 1951 : *Bull. crim. n° 230* • 12 nov. 1953 : *ibid. n° 293* • 29 janv. 1958 : *ibid. n° 107 ; D. 1958. 449* • 11 mai 1971 : *Bull. crim. n° 148 ; D. 1971. 428 ; RSC 1971. 934, obs. Vitu* • 18 déc. 1978 : *Bull. crim. n° 356 ; D. 1979. IR 181, obs. Roujou de Boubée* • 11 oct. 1988 : *Gaz. Pal. 1989. 1. Somm. 80* • 10 mai 1989 : *Dr. pénal 1990. 47* • 14 févr. 1991, n° 90-80.460 P : *D. 1991. Somm. 274, obs. Azibert* • 30 oct. 1995, n° 95-80.365 P : *Dr. pénal 1996. 102 ; RSC 1996. 645, obs. Bouloc* • T. corr. Mascara, 12 janv. 1956 : *D. 1956. 479.* ♦ Pour des exemples de référés. • TGI Paris, 23 mars 1988 : *Gaz. Pal. 1988. 1. 405* • 28 avr. 1989 : *ibid. 1989. 1. 384.* ♦ *Sur l'absence de tentative punissable. • T. corr.* La Rochelle, 5 mai 1994 : *JCP 1994. IV. 2518.*

5. Dès lors qu'il est établi par la procédure, et d'ailleurs reconnu par le prévenu, que, titulaire d'une maîtrise de droit, ce dernier animait une société dont l'activité principale était la rédaction d'actes juridiques et accessoirement le courtage financier, qu'il a dressé un acte de cession de parts de fonds de commerce moyennant des honoraires, qu'il n'exerçait aucune des professions réglementées prévues par l'art. 56 de la loi n° 90-1259 du 31 déc. 1990, qu'il ne remplissait aucune des exigences prévues par l'art. 55 et qu'il a fait l'objet d'une condamnation définitive à deux ans d'emprisonnement avec sursis pour des faits de faux et usage de faux en écriture privée, est caractérisé en tous ses éléments le délit de consultation juridique ou rédaction d'acte sous seing privé sans respect des conditions légales ; en revanche le fait d'utiliser des papiers à en-tête « société d'études et de rédaction d'acte » ne suffit pas à lui seul à créer, dans l'esprit du public, une confusion avec le titre de la profession d'avocat, le délit d'usage de titre prêtant à confusion avec titre ou profession judiciaire n'est alors pas caractérisé à l'égard du prévenu. • Paris, 6 mars 2000 : *D. 2000. IR 103.*

6. Le prévenu, titulaire d'une maîtrise en droit et d'un certificat d'études judiciaires, reconnaît avoir fait usage du titre d'avocat ou d'avocat européen dans ses relations avec des clients, titre mentionné sur son papier à entête et sur des pièces de procédure établies par lui, notamment une requête devant le tribunal administratif et une assignation devant le tribunal de grande instance ; c'est vainement qu'il déclare qu'il est domicilié en Espagne et y exerce régulièrement la profession d'avocat : en effet, en admettant qu'il ait obtenu l'homologation des titres lui permettant de régulariser son inscription à un barreau espagnol, elle est postérieure aux faits reprochés ; à la date des faits, il n'avait pas le CAPA, n'avait jamais été inscrit sur une liste de conseil juridique et ne pouvait justifier être régulièrement inscrit à un barreau d'un pays membre de l'Union européenne ; il ne pouvait donc ni prétendre avoir la qualité d'avocat, ni accomplir des actes de procédure réservés à cette profession. • Montpellier, 19 mai 2005 : *JCP 2006. IV. 1778.*

7. Avoué. • T. corr. Le Mans, 25 mars 1955 : *JCP 1955. II. 8694, note G.M.*

8. Conseil en brevet d'invention. • Crim. 7 déc. 1982 (2 arrêts) : ♁ *Bull. crim. n° 279 ; D. 1984. IR 209, obs. Mousseron et J. Schmidt* • 1er mars 1990 : ♁ *Dr. pénal 1990. 249.*

9. Conseil juridique. • Crim. 15 juin 1977 : ♁ *Bull. crim. n° 225 ; D. 1978. IR 112, obs. Puech ; RSC 1978. 329, obs. Vitu* • 22 nov. 1978 : ♁ *Bull. crim. n° 328* • 25 juill. 1983 : *Gaz. Pal. 1984. 1. Somm. 8* • 13 nov. 1984 : ♁ *Bull. crim. n° 347* • 11 avr. 1991 : *Dr. pénal 1992. 3* • 10 févr. 1993 : ♁ *Gaz. Pal. 1993. 2. Somm. 296* • 17 nov. 1993 : ♁ *ibid. 1994. 1. Somm. 28* • Douai, 11 mars 1977 : *Gaz. Pal. 1978. 2. 594 ; RSC 1979. 319, obs. Vitu* • Paris, 6 nov. 1979 : *Gaz. Pal. 1980. 1. 193.* ♦ *Contra* : • Angers, 28 oct. 1976 : *D. 1977. 256 ; Gaz. Pal. 1977. 1. 165 ; RSC 1977. 569, obs. Vitu* • T. corr. Évry, 20 déc. 1978 : *Gaz. Pal. 1979. 1. 116 ; RSC 1979. 319, obs. préc. Vitu.* ♦ Sur la nécessité de caractériser l'élément intentionnel. • Crim. 31 mars 1993, ♁ n° 92-83.781 P.

10. Si la loi n° 71-1130 du 31 déc. 1971 réprime l'usage illicite du titre de conseil juridique (art. 74) et l'utilisation de tout titre de nature à créer une confusion avec le précédent, elle consacre en revanche le libre exercice des activités de consultation ou de rédaction d'actes sous seing privé en matière juridique. • Crim. 24 mars 1987 : ♁ *Bull. crim. n° 138.* ♦ Sur l'usage du titre de conseil juridique, et par là même l'intérêt d'une protection spécifique, depuis la loi n° 90-1259 du 31 déc. 1990 relative à la nouvelle profession d'avocat. • TGI Évry, 29 juin 1992 : *Gaz. Pal. 1992. 2. Somm. 335.*

11. Est de nature à entraîner dans l'esprit du public la confusion avec le titre de conseil juridique l'utilisation conjointe des termes « juriste *d'entreprise..., assistance juridique,* rédaction d'actes, représentation devant le tribunal de commerce... ». • Crim. 8 juin 1995, ♁ n° 94-84.386 P.

12. Expert près les tribunaux. • Crim. 26 juin 1968 : ♁ *Bull. crim. n° 208 ; D. 1968. 671, note Doll ; RSC 1969. 136, obs. Vitu* • 18 déc. 1979 : ♁ *Bull. crim. n° 366 ; RSC 1980. 709, obs. Vitu.*

13. Justifie légalement sa décision la cour d'appel qui, pour déclarer un prévenu coupable du délit d'usurpation de titre, relève que celui-ci a fait usage de la dénomination d'expert près les tribunaux sans être inscrit sur l'une des listes prévues par la loi n° 71-498 du 29 juin 1971, et que la dénomination utilisée, entrant dans les prévisions de l'art. 2 de ladite loi, était susceptible de tromper la clientèle, la cour ajoutant qu'il ne pouvait invoquer sa bonne foi dès lors que l'infraction poursuivie ne suppose pas une volonté délibérée de tromper. • Crim. 27 mars 1996, ♁ n° 95-83.081 P.

14. Huissier. • Crim. 3 avr. 1957 : *Bull. crim. n° 321.* ♦ *Contra* : • Toulouse, 25 mars 1980 : *Gaz. Pal. 1981. 1. Somm. 92* • T. corr. Marseille, 25 oct. 1973 : *D. 1974. Somm. 31 ; Gaz. Pal. 1974. 1. 111.*

15. Mandataire judiciaire à la liquidation des entreprises. Constitue le délit d'usurpation de titre ou de fonction, prévu par l'art. 433-17 C. pén., l'usage, dans l'exercice d'une activité d'assistance ou de représentation des parties devant le tribunal de commerce, des titres de mandataire ou de mandataire près le tribunal de commerce, de nature à entraîner dans l'esprit du public une confusion avec le titre de mandataire judiciaire à la liquidation des entreprises. • Crim. 1er févr. 2000, ♁ n° 99-83.372 P.

16. Masseur-kinésithérapeute. • Crim. 28 déc. 1959 : *Bull. crim. n° 592.*

17. Médecin. Le diplôme d'université est d'ordre exclusivement scientifique et ne confère aucun des droits et privilèges attachés au diplôme d'État ; par suite, commet le délit de l'art. 259 celui qui, pourvu de ce seul diplôme d'Université, fait usage d'un papier à lettres portant imprimée la mention : « Docteur de la Faculté de médecine de Paris ». • Crim. 22 déc. 1937 : *DH 1937. 117.* ♦ V. « Conflit de qualifications », notes 24 s.

18. D'une part, ne peut constituer le délit d'usurpation de titre prévu par l'art. 433-17 C. pén. que l'usage, sans droit, d'un titre attaché à une profession réglementée par l'autorité publique ou d'un diplôme officiel ou d'une qualité dont les conditions d'attribution sont fixées par l'autorité publique ; d'autre part, selon l'art. 593 C. pr. pén., tout jugement ou arrêt doit comporter les motifs propres à justifier la décision, et l'insuffisance ou la contradiction des motifs équivaut à leur absence ; M. X., docteur en médecine, chirurgien spécialisé en chirurgie thoracique et vasculaire, a proposé à Mme Y. une abdominoplastie associée à une liposuccion ; à l'issue de la consultation, il lui a remis un devis comportant, sous l'indication de son nom, les mentions « chirurgie vasculaire et thoracique, chirurgie endocrinienne, chirurgie esthétique » ; à la suite de la plainte de Mme Y., reprochant à M. X. d'avoir fait état de la qualification de chirurgien esthétique qu'il ne possédait pas, celui-ci a été cité à comparaître devant le tribunal du chef d'usurpation de titre, de diplôme ou de qualité ;

pour déclarer le prévenu coupable de ce délit, l'arrêt attaqué retient notamment que le choix de faire figurer dans le devis, sous le nom du chirurgien, la mention « chirurgie esthétique » était de nature à conforter l'idée d'une particulière compétence du docteur X. dans cette spécialité alors même que le titre « chirurgien esthétique » n'était pas explicitement employé ; mais en prononçant ainsi, sans caractériser l'usage, sans droit, d'un titre, d'un diplôme ou d'une qualité protégés par des dispositions répressives, la cour d'appel n'a pas justifié sa décision ; d'où il suit que la cassation est encourue. • Crim. 15 nov. 2011 : *Gaz. Pal. 2012. 1. 302, note Dreyer.*

19. Médiateur. Dès lors que l'appellation de « médiateur » a été donnée par le législateur à un ensemble de personnes aux statuts divers, elle ne désigne pas une catégorie précise de personnes habilitées à porter un titre dont l'obtention est réglementée par la loi, et qui serait en conséquence protégée par l'art. 259, al. 2, C. pén. • Paris, 1er juill. 1985 : *Gaz. Pal. 1986. 1. 29, note Marchi.*

20. Notaire. • Crim. 10 juill. 1968 : *Bull. crim. n° 221 ; D. 1969. Somm. 4 ; Gaz. Pal. 1968. 2. 233 ; RSC 1969. 136, obs. Vitu.*

2° QUALITÉS PROTÉGÉES

21. Titre nobiliaire. A quelques nuances de langage près, l'art. 433-17 C. pén. ne fait que reprendre le deuxième al. de l'art. 259 de l'ancien code pénal, mais il n'y subsiste aucune trace de l'al. 3 du même article qui réprimait l'usurpation de titre en particulier nobiliaire ; le plaignant soutient que les faits reprochés restent punissables au regard des dispositions de l'art. 433-17 en cela que les titres de noblesse seraient une « qualité » dont les conditions d'attribution seraient fixées par l'autorité publique, leur usage irrégulier constituant toujours un délit ; rien n'indique que le législateur a cru pouvoir, dans un souci de concision, donner la même extension à l'alinéa unique de l'art. 433-17 qu'aux al. 2 et 3 de l'art. 259 de l'ancien code pénal ; aucun élément tiré des travaux parlementaires n'indique cependant une quelconque intention de dépénaliser ces faits d'usurpation ; on sait que l'al. 3 de l'art. 259 de l'ancien code pénal avait été introduit par une L. du 28 mai 1858, ce qui tendrait à démontrer que les dispositions existantes, celles de l'al. 2 du même article, étaient jugées insuffisantes ; on comprend mal qu'aujourd'hui le législateur se serait privé d'un texte spécifique si son intention répressive était demeurée intacte ; *plus fondamentalement*, on doit se demander si le titre nobiliaire est ou non une « qualité dont les conditions d'attribution sont fixées par l'autorité publique ». • TGI Bordeaux, 17 févr. 2000 : *D. 2001. 2921, note E. Agostini.* ♦ ... Le titre nobiliaire ne peut être considéré aujourd'hui comme une « qualité » dont les conditions d'attribution sont fixées par l'autorité publique ; ceci vaut aussi pour les titres de noblesse étrangers puisque la procédure, prévue pour en autoriser l'usage par un Français, est justement tombée en désuétude parce que la République a tiré les conséquences logiques de ce qu'en raison de l'abolition de la noblesse elle ne confère plus de titres nobiliaires et qu'elle s'interdit en quelque sorte de tourner cette règle en autorisant le port de titres étrangers par ses nationaux ; pour ces raisons, l'interprétation extensive de l'art. 433-17 défendue par le plaignant ne peut être partagée par le tribunal ; la « qualité » visée par l'art. 433-17 et par l'art. 259, al. 2, de l'ancien code pénal n'englobe pas aujourd'hui le titre nobiliaire et ne peut remplacer la disparition des dispositions contenues dans l'art. 259, al. 3, de l'ancien code pénal ; il faut donc conclure que les comportements définis et réprimés par l'art. 259, al. 3, de l'ancien code pénal ne sont plus aujourd'hui pénalement répréhensibles ; or, selon l'art. 111-3 C. pén., nul ne peut être puni pour un crime ou un délit dont les éléments ne sont pas définis par la loi. • Même jugement.

22. Titres sportifs. Nul ne peut se prévaloir d'un dan de judo s'il n'a été délivré par la commission spécialisée des grades de la fédération française de judo et disciplines associées. • Crim. 18 nov. 2008 : *Dr. pénal 2009, n° 21, obs. Véron.*

3° FAIT D'USURPATION

23. Intention. La volonté délibérée de tromper le public sur la qualité usurpée n'est pas un élément constitutif du délit d'usurpation de titres professionnels. • Crim. 18 déc. 1979 : *Bull. crim. n° 366.* ♦ L'élément moral du délit d'usurpation de titre, qui n'exige pas l'intention spéciale de tromper le public, est caractérisé par l'utilisation en connaissance de cause d'un titre dont le prévenu n'est pas titulaire. • Crim. 23 mai 1995 : *Dr. pénal 1995. 258* • 30 oct. 1995, n° 95-80.365 P : *Dr. pénal 1996. 102 ; RSC 1996. 645, obs. Bouloc* • 27 mars 1996, n° 95-83.081 P • 13 nov. 1996 : *Gaz. Pal. 1997. 1, chron. crim. 65.* ♦ ... La seule constatation de la violation, en connaissance de cause, d'une prescription légale ou réglementaire impliquant, de la part de son auteur, l'intention coupable exigée par l'art. 121-3, al. 1er, C. pén. • Crim. 8 juin 1995, n° 94-84.386 P.

B. RÉPRESSION

24. Conflit de qualifications. L'usurpation du titre de docteur en médecine n'étant pas un élément constitutif du délit d'exercice illégal de la médecine, et cette infraction n'exigeant pas le versement d'une rémunération, l'usage par le prévenu de la fausse qualité de médecin, pour obtenir la remise de sommes d'argent à titre d'honoraires, caractérise le délit d'escroquerie. • Crim. 8 févr. 1995, n° 94-80.960 P : *RSC 1995. 592, obs. Delmas Saint-Hilaire* .

25. Pour requalifier le délit d'exercice illégal de la profession d'avocat reproché au prévenu, clerc et mari d'une avocate en titre, en délit d'usurpation du titre d'avocat, la juridiction du second degré retient que le prévenu a, dans le cabinet principal de son conjoint ou dans ses cabinets secondaires, reçu et conseillé les clients auxquels il donnait des consultations, en se présentant en qualité « d'associé » ou en se faisant présenter par les secrétaires du cabinet comme le « collaborateur » de cet avocat ; les juges précisent que l'exercice des autres prérogatives de la profession d'avocat par le prévenu n'est pas suffisamment caractérisé au regard notamment de la définition des fonctions de clerc donnée par la convention collective du 20 févr. 1979 ; en cet état, dès lors que l'élément moral du délit d'usurpation de titre, qui n'exige pas une intention spéciale de tromperie, est constitué par l'utilisation, en connaissance de cause, d'un titre dont le prévenu n'est pas titulaire, la cour d'appel, qui, sans rien ajouter aux faits de la prévention, a caractérisé en tous ses éléments le délit retenu à la charge du prévenu, a justifié sa décision. • Crim. 13 nov. 1996 : *Gaz. Pal. 1997. 1, chron. crim. 65.*

26. Action civile. Justifie sa décision la cour d'appel qui retient que ne constitue pas un préjudice pour une commune le paiement de salaires versés à un policier municipal, dès lors qu'elle a bénéficié du service rendu par l'intéressé au titre de son travail, dont l'exécution n'est pas entamée par le fait qu'il l'ait exercé sans en remplir les conditions légales. • Crim. 14 mai 2019, n° 17-87.259 : *AJCT 2019. 405, obs. Mayaud* ; *D. 2020. 567, obs. Méano* .

Décret du 13 juin 1853, *relatif aux décorations étrangères (DP 1853. 4. 145).*

Art. 1er Toutes décorations, ou ordres étrangers, quelle qu'en soit la dénomination ou la forme, qui n'auraient pas été conférés par une puissance souveraine, sont déclarés illégalement et abusivement obtenus, et il est enjoint à tout Français qui les porte de les déposer à l'instant.

Art. 2 Tout Français qui, ayant obtenu des ordres étrangers, n'aura pas reçu du chef de l'État l'autorisation de les accepter et de les porter, sera pareillement tenu de les déposer immédiatement, sauf à lui à se pourvoir, s'il y a lieu, devant notre grand chancelier de l'ordre impérial de la Légion d'honneur, pour solliciter cette autorisation.

Art. 3 Il est formellement interdit de porter d'autres insignes que ceux de l'ordre et du grade pour lesquels l'autorisation a été accordée, sous les peines édictées en l'article *(L. n° 92-1336 du 16 déc. 1992)* « 433-17 » du code pénal.

Code de la santé publique

PREMIÈRE PARTIE : LÉGISLATIVE

4e PARTIE. PROFESSIONS DE SANTÉ

LIVRE Ier. PROFESSIONS MÉDICALES

TITRE VI. DISPOSITIONS PÉNALES

CHAPITRE Ier. *EXERCICE ILLÉGAL*

RÉP. PÉN. v° *Médecine*, par PENNEAU.

Art. L. 4161-1 Exerce illégalement la médecine :

1° *Toute personne qui prend* part habituellement ou par direction suivie, même en présence d'un médecin, à l'établissement d'un diagnostic ou au traitement de maladies, congénitales ou acquises, réelles ou supposées, par actes personnels, consultations verbales ou écrites ou par tous autres procédés quels qu'ils soient, ou pratique l'un des actes professionnels prévus dans une nomenclature fixée par arrêté du ministre chargé de la santé pris après avis de l'Académie nationale de médecine, sans être titulaire d'un diplôme, certificat ou autre titre mentionné à l'article L. 4131-1 et exigé pour l'exercice de la profession de médecin, ou sans être bénéficiaire des dispositions spéciales mentionnées aux articles L. 4111-2 à L. 4111-4, *(Abrogé par L. n° 2009-526 du 12 mai 2009, art. 52)* « *L. 4111-6,* » L. 4111-7, L. 4112-6, L. 4131-2 à L. 4131-5 ;

2° Toute personne qui se livre aux activités définies au 1° ci-dessus sans satisfaire à la condition posée au 2° de l'article L. 4111-1 compte tenu, le cas échéant, des exceptions apportées à celle-ci par le présent livre et notamment par les articles *(L. nº 2004-806 du 9 août 2004, art. 146-VII ; L. nº 2009-526 du 12 mai 2009, art. 52)* « L. 4111-7 et L. 4131-4-1 ; »

3º Toute personne qui, munie d'un titre régulier, sort des attributions que la loi lui confère, notamment en prêtant son concours aux personnes mentionnées aux 1º et 2º, à l'effet de les soustraire aux prescriptions du présent titre ;

4º Toute personne titulaire d'un diplôme, certificat ou tout autre titre de médecin qui exerce la médecine sans être inscrite à un tableau de l'ordre des médecins institué conformément au chapitre II du titre Ier du présent livre ou pendant la durée de la peine d'interdiction temporaire prévue à l'article L. 4124-6 à l'exception des personnes mentionnées aux articles L. 4112-6 et L. 4112-7 ;

5º Tout médecin mentionné à l'article L. 4112-7 qui exécute des actes professionnels sans remplir les conditions ou satisfaire aux obligations prévues audit article.

Les dispositions du présent article ne s'appliquent pas aux étudiants en médecine ni aux sages-femmes, *(Ord. nº 2010-49 du 13 janv. 2010, art. 3)* « ni aux pharmaciens biologistes pour l'exercice des actes de biologie médicale » *(Ord. nº 2017-48 du 19 janv. 2017, art. 2)* « *(L. nº 2018-1203 du 22 déc. 2018, art. 59, en vigueur le 1er mars 2019)* « ni aux pharmaciens qui *(L. nº 2019-774 du 24 juill. 2019, art. 32)* « prescrivent des vaccins ou » effectuent des vaccinations, » ni aux physiciens médicaux » ni aux infirmiers ou gardes-malades qui agissent comme aides d'un médecin ou que celui-ci place auprès de ses malades, *(L. nº 2019-774 du 24 juill. 2019, art. 67)* « ni aux détenteurs d'une qualification professionnelle figurant sur une liste fixée par arrêté du ministre chargé de la santé et exerçant, dans la limite de leur formation, l'activité d'assistant médical, » *(L. nº 2016-41 du 26 janv. 2016, art. 119)* « ni aux auxiliaires médicaux exerçant en pratique avancée en application de l'article L. 4301-1, » ni aux personnes qui accomplissent, dans les conditions prévues par décret en Conseil d'État pris après avis de l'Académie nationale de médecine, les actes professionnels dont la liste est établie par ce même décret. — *[Anc. art. L. 372.]*

1. Instinctothérapie. Poursuivi pour exercice illégal de la médecine, le prévenu, qui n'est pas titulaire du diplôme de docteur en médecine, est l'initiateur d'une discipline relative à l'alimentation et à la santé, qu'il dénomme « instinctothérapie », préconisant de se nourrir par des produits crus sélectionnés selon l'odorat et le goût ; une société, qu'il dirige en fait, diffuse ses écrits et une autre commercialise les produits conformes aux théories qu'il développe ; pour le déclarer à bon droit coupable de ce délit, les juges relèvent que, par l'intermédiaire d'une association qu'il préside, il a ouvert un centre d'accueil dans un château recevant des pensionnaires pour des séjours de cure à titre onéreux, qu'il dispensait aux résidents, parfois atteints de maladie grave, un enseignement fondé sur les liens entre l'état psychique et physique et l'alimentation, les persuadant qu'ils recouvreraient la santé en suivant le mode nutritionnel préconisé, mis en œuvre au sein de l'établissement et présenté comme ayant des vertus thérapeutiques, et que les cours étaient accompagnés d'un questionnaire individuel quotidien visant à établir un rapport objectif entre la pratique alimentaire et l'existence ou la disparition de manifestations pathologiques ; les juges énoncent qu'ainsi, par l'application de ses directives, le prévenu a contribué à l'interruption du traitement médical d'une fillette atteinte de diabète insulino-dépendant, de deux enfants présentant une affection leucémique et d'une adulte soignée pour anorexie mentale. • Crim. 29 avr. 1998 : *Gaz. Pal. 1998. 2, chron. crim. 133.*

2. Sevrage tabagique. Caractérise l'exercice illégal de la médecine et notamment le traitement d'une maladie réelle ou supposée l'arrêt qui relève que le prévenu, non titulaire du diplôme de docteur en médecine, a ouvert en qualité de sophrologue un « centre anti-tabac » pour y recevoir de manière habituelle en consultation des personnes souffrant de dépendance tabagique, état se définissant comme le besoin impérieux de continuer à absorber une drogue afin de chasser le malaise somatique ou psychique dû au sevrage, et leur applique, en réponse aux demandes de désintoxication, un traitement par impulsions électriques tout en prescrivant notamment des infusions. • Crim. 6 nov. 1996 : *Bull. crim. nº 397 ; D. 1997. Somm. 317, obs. Penneau.*

3. Si le délit d'exercice illégal de la médecine, prévu et réprimé par l'art. L. 376 CSP, nécessite, pour être constitué, l'exécution habituelle d'un acte médical par une personne n'ayant pas les qualités requises, il s'entend aussi bien de la médecine préventive que de la médecine curative ; sera donc confirmée la condamnation du prévenu qui, n'étant pas titulaire d'un des diplômes, certificats ou autres titres exigés par l'art. L. 356-2 CSP pour exercer la profession de médecin, proposait aux personnes désireuses d'arrêter de fumer une méthode de sevrage tabagique reposant sur la stimulation par rayon laser de points situés sur le lobe de l'oreille et sur la mise en place de pastilles chinoises dites magrains ; en effet, contrairement à ce qu'il soutient, le prévenu ne prend pas en charge un simple vice, mais il procède au diagnostic d'un état pathologique en relation directe avec des risques de maladies graves et met en œuvre une véritable thérapie préventive permettant de supprimer ou d'atténuer la probabilité de la survenance de ces maladies ; la méthode du prévenu constitue un acte d'acupuncture, lui-même considéré comme un acte médical par ses conséquences physiologiques possibles – variation de poids – et sa finalité thérapeutique ; si la peine d'amende de 20 000 F, prononcée en première instance, est confirmée dans son montant, elle sera assortie, en appel, du sursis. • Poitiers, 17 nov. 2000 : *JCP 2001. IV. 1308.*

4. Titre ou diplôme étranger. Un ressortissant français, inscrit en Allemagne à la chambre de commerce et d'industrie en qualité de « Lebensberatung », c'est-à-dire « conseil en chose de la vie », a accompli en France des impositions de mains en vue de guérir et de soulager, a procédé à un diagnostic par interprétation des résultats d'une analyse médicale, a délivré des conseils concernant des régimes alimentaires, a sollicité l'interruption du traitement médical, a délivré un médicament et a formulé des commentaires sur divers produits prescrits par des médecins ; le déclarant coupable d'exercice illégal de la médecine, la cour d'appel a justifié sa décision au regard des art. L. 4161-1 et L. 4161-5 CSP, sans méconnaître le principe de la libre prestation de services garanti par les art. 49 et 50 du Traité CE ; le prévenu ne justifiait d'aucun diplôme, certificat, titre ou attestation de compétence, qui lui permettaient, conformément aux directives communautaires sur la reconnaissance mutuelle des diplômes, d'exercer l'activité de médecin dans la Communauté ; les art. L. 4161-1 et L. 4161-5 CSP, applicables sans distinction à tous les prestataires exerçant sur le territoire français, réservent l'exercice de la médecine aux personnes titulaires des diplômes, certificats ou titres prévus par l'art. L. 4131-1, 1° et 2° de ce code et sont justifiés par la protection de la santé publique, mesure impérieuse d'intérêt général dont ces textes poursuivent la réalisation de façon proportionnée. • Crim. 2 déc. 2003, n° 03-81.334 P.

5. Épilation par laser. Selon l'art. 2 5° de l'arrêté du 6 janv. 1962, pris en application de l'art. L. 372, devenu l'art. L. 4161-1, CSP, l'épilation, sauf à la pince ou la cire, ne peut être pratiquée que par les docteurs en médecine ; l'utilisation du laser, même à des fins esthétiques, constitue, en conséquence, l'exercice illégal de la médecine. • Crim. 8 janv. 2008, n° 07-81.193 P : *D. 2009. Pan. 1303, obs. Penneau ; Dr. pénal 2008. 32, obs. J.-H. Robert.*

6. Acupuncture. La pratique habituelle de l'acupuncture, tant en raison du diagnostic qu'elle implique que des moyens qu'elle utilise et des réactions organiques qu'elle est susceptible d'entraîner, constitue un acte médical dont la pratique est réservée aux docteurs en médecine. • Crim. 9 févr. 2010, n° 09-80.681 P : *D. 2010. AJ 829 ; AJ pénal 2010. 243 .*

7. Médecin sortant des limites de sa spécialité. Il résulte de l'art. L. 4161-1 CSP que commet le délit d'exercice illégal de la médecine celui qui pratique habituellement des actes médicaux, quelle que soit la spécialité dont ils relèvent, sans être titulaire d'un titre exigé par la loi ou sans être inscrit au conseil de l'ordre ; le prévenu, docteur en médecine, inscrit au tableau de l'ordre des médecins depuis le 10 juin 1991, comme spécialiste en stomatologie et compétent en chirurgie maxillo-faciale, a pratiqué des actes de chirurgie plastique, non seulement sur le visage, mais également sur tout le corps ; par ordonnance du juge d'instruction, il a été renvoyé devant le tribunal correctionnel du chef d'exercice illégal de la médecine ; pour dire établi ce délit, l'arrêt confirmatif attaqué, après avoir rappelé que la demande du prévenu tendant à obtenir, en outre, une compétence en chirurgie plastique et reconstructrice a fait l'objet, le 18 avr. 1997, d'un avis défavorable du conseil de l'ordre des médecins, confirmé en appel le 12 févr. 1999 et devenu définitif le 31 déc. 2002, retient qu'il n'est pas contesté que, de 2001 à 2004, le praticien a exercé la chirurgie plastique reconstructrice et esthétique, nonobstant une décision définitive lui en faisant interdiction ; mais en prononçant ainsi, alors que ne commet pas une infraction pénale, une personne titulaire du diplôme de docteur en médecine et inscrite au conseil de l'ordre, qui sort des limites de sa spécialité ou de sa compétence, la cour d'appel a méconnu le sens et la portée du texte susvisé. • Crim. 8 mars 2011, n° 10-83.330 P : *D. 2011. Actu. 1017, obs. M. Bombled ; AJ pénal 2011. 305, obs. J. Lasserre Capdeville ; JCP G 2011, n° 486, p. 808 ; Dr. pénal 2011, n° 79, obs. J.-H. Robert ; RPDP 2012. 193, obs. Mistretta.*

8. Conflits de qualifications. Le médecin qui, malgré une interdiction d'exercer, pratique pendant la période d'interdiction des consultations et délivre des feuilles de soins ne saurait être condamné pour l'infraction d'exercice illégal de la médecine ; il reste en effet libre de pratiquer son art à l'égard des personnes qui le sollicitent en sachant qu'elles seront dans l'impossibilité de se faire rembourser les consultations. • Grenoble, 29 janv. 1997 : *JCP 1997. IV. 2055.* ♦ ... En revanche, dès lors que ce médecin a antidaté les feuilles de soins ainsi délivrées pour faire apparaître une date se situant en dehors de la période d'interdiction, il commet les infractions de faux et d'usage de faux ; il a en effet fabriqué un document permettant aux patients de recevoir un remboursement normalement indu, l'usage se trouvant pour sa part caractérisé par la remise du document litigieux aux patients en échange du paiement de la consultation. • Même arrêt.

9. Commet une double infraction le prévenu qui a fait usage du titre de médecin sans être inscrit au tableau de l'ordre (art. 433-17 C. pén.), et qui a pris part de manière habituelle à l'établissement de diagnostics (art. L. 4161-1 CSP). • Crim. 12 janv. 2010, n° 09-82.380 : *Dr. pénal 2010. Comm. 45, obs. Véron ; ibid. 2010, n° 47, obs. J.-H. Robert.*

Art. L. 4161-2 Exerce illégalement l'art dentaire :

1° Toute personne qui prend part habituellement ou par direction suivie, même en présence d'un praticien, à la pratique de l'art dentaire, par consultation, acte personnel ou tous autres procédés, quels qu'ils soient, notamment prothétiques ;

— sans être titulaire d'un diplôme, certificat ou autre titre mentionné à l'article L. 4141-3 et exigé pour l'exercice de la profession de médecin ou de chirurgien-dentiste, alors qu'elle n'est pas régulièrement dispensée de la possession de l'un de ces diplômes, certificats ou titres par application du présent livre ;

— ou sans remplir les autres conditions fixées à l'article L. 4111-1, compte tenu, le cas échéant, des exceptions apportées à celles-ci, notamment *(L. n° 2004-806 du 9 août 2004, art. 146-VIII ; L. n° 2009-526 du 12 mai 2009, art. 52)* « par les articles L. 4111-7 et L. 4141-3-1 », ainsi que par l'article 8 de la loi n° 71-1026 du 24 décembre 1971 modifiant le code de la santé publique ;

2° Toute personne qui, munie d'un titre régulier, sort des attributions que la loi lui confère, notamment en prêtant son concours aux personnes mentionnées au 1°, à l'effet de les soustraire aux prescriptions du présent titre ;

3° Tout médecin, tout chirurgien-dentiste qui exerce l'art dentaire tel qu'il est défini à l'article L. 4141-1 pendant la durée d'une peine d'interdiction temporaire prononcée en application de l'article L. 4124-6 ;

4° Tout médecin ou tout praticien de l'art dentaire mentionné à l'article L. 4112-7 qui exécute des actes professionnels sans remplir les conditions ou satisfaire aux obligations prévues à cet article.

Les dispositions du présent article ne s'appliquent pas aux étudiants en art dentaire mentionnés au premier alinéa de l'article L. 4141-4.

1. Définition de l'art dentaire. Le prévenu, déclaré coupable d'exercice illégal de la profession de chirurgien-dentiste, soutenait que, en raison de l'imprécision de ses termes quant à la définition de l'art dentaire, le texte d'incrimination retenu était incompatible avec les dispositions des art. 6 et 7 Conv. EDH ; c'est à bon droit que les juges ont écarté cette argumentation au motif que, selon l'art. L. 4141-1 CSP, la pratique de l'art dentaire comporte le diagnostic ou le traitement des maladies de la bouche, des dents et des maxillaires, congénitales ou acquises, réelles ou supposées, et que l'art. L. 4161-2 CSP sanctionne l'exercice illégal de l'art dentaire. • Crim. 24 févr. 2004, n° 03-83.773 P : *Dr. pénal 2004. 88, obs. J.-H. Robert ; Gaz. Pal. 2004. 2. Somm. 3380, obs. Monnet.* ♦ ... Se rend coupable d'exercice illégal de l'art dentaire le prévenu qui. sans être titulaire du diplôme requis, procède à des actes relevant de cet art, tels que prise d'empreintes, pose et ajustement en bouche d'appareils dentaires ; la pose d'une prothèse est en effet la conséquence d'un diagnostic. • Même arrêt. ♦ ... Conformément aux dispositions de l'art. L. 4161-5 CSP, la confiscation ordonnée porte nécessairement sur le matériel ayant permis l'exercice illégal de l'art dentaire, qui est distinct de celui servant à la fabrication des éléments de prothèse. • Même arrêt.

2. Actes prothétiques. Justifie sa décision au regard de l'art. L. 373 CSP, l'arrêt qui, pour déclarer un prothésiste dentaire, non titulaire du diplôme de chirurgien-dentiste, coupable d'exercice illégal de la profession de chirurgien-dentiste, établit que ce praticien s'est livré à des opérations de réparations de prothèses en s'affranchissant de toute directive et de tout contrôle d'un chirurgien-dentiste. • Crim. 14 mai 1997, n° 96-81.865 P : *D. 1999. Somm. 382, obs. Penneau.* ♦ Constituent des actes prothétiques relevant de l'art dentaire, visés à l'art. L. 373-1° CSP, les opérations de prise d'empreintes, d'adaptation et de pose d'un appareil dentaire, sans qu'il y ait lieu de distinguer si ces interventions ont pour objet d'installer un premier appareil ou d'ajuster ou remplacer une prothèse existante. • Crim. 25 juin 1997, n° 96-83.761 P. – V. également *infra : « Conflit de qualifications ».* – Fait une exacte application des art. L. 373 et L. 376 CSP la cour d'appel qui, pour déclarer un prévenu coupable du délit d'exercice illégal de l'art dentaire, retient que celui-ci, technicien de laboratoire dentaire non titulaire d'un diplôme de chirurgien-dentiste, a pris des empreintes, a préparé la cavité buccale et a procédé à la pose de prothèses dentaires, en assurant le suivi nécessaire. • Crim. 10 mai 2000, n° 99-83.977 P : *D. 2000. IR 192.*

3. Équivalence des diplômes. Pour confirmer la condamnation du prévenu pour exercice illégal de la profession de chirurgien-dentiste, la cour d'appel énonce que la reconnaissance, par la Commission des Communautés européennes, de la formation technique donnée aux Pays-Bas aux prothésistes dentaires (tandprotheticus) n'autorise pas ses titulaires à procéder en France à des actes de diagnostic, de soins et de traitement qui, relevant de l'art dentaire, ne peuvent être pratiqués que par les titulaires soit d'un diplôme français d'État de docteur en chirurgie dentaire ou de chirurgien-dentiste, soit d'un diplôme, d'un certificat ou autre titre de praticien de l'art dentaire délivré par l'un des États membres de la Communauté européenne ou parties à l'accord sur l'espace économique européen ; la cour a justifié sa décision sans méconnaître le principe de libre établissement, dès lors que le diplôme dont fait état le demandeur n'est pas compris dans la liste des diplômes, certificats et autres titres de praticiens de l'art dentaire délivrés par les États membres de l'Union européenne fixée par arrêté en application de l'art. L. 356-2, 2°, devenu L. 4141-3 CSP. • Crim. 17 sept. 2002, n° 01-85.907 P.

4. Conflit de qualifications. Justifient leur décision les juges du second degré qui, pour déclarer un praticien coupable du délit de publicité de nature à induire la clientèle en erreur sur les qualités ou aptitudes du fabricant ou du prestataire de services, retiennent qu'alors qu'il n'était pas titulaire du diplôme de chirurgien-dentiste, il a proposé, directement, à la clientèle, par voie d'affiches, de tracts et de presse, des travaux de fabrication et de réparation de prothèses dentaires. • Crim. 14 mai 1997, n° 96-81.865 P : *D. 1999. Somm. 382, obs. Penneau*. ♦ ... Il en est de même du praticien, auteur d'un encart publicitaire dans un journal local gratuit largement diffusé auprès du public, qui laisse entendre qu'il est habilité à poser un diagnostic indispensable à l'établissement d'un devis, ainsi qu'à accomplir toutes les opérations nécessaires à la réalisation de prothèses dentaires, incluses dans le prix indiqué, alors qu'il ne remplissait pas les conditions exigées pour l'exercice d'actes prothétiques relevant de la pratique de l'art dentaire. • Crim. 25 juin 1997, n° 96-83.761 P.

5. Peines. Selon les art. 131-9 et 131-10 C. pén., l'emprisonnement ne peut être prononcé cumulativement avec une des peines privatives ou restrictives de droits, prévues à l'art. 131-6 du même code, sauf si la loi le prévoit expressément ; méconnaît ces textes et ce principe la cour d'appel qui, après avoir déclaré le prévenu coupable du délit d'exercice illégal de l'art dentaire et de fraude pour l'obtention de prestations d'assurances sociales indues, confirme le jugement ayant prononcé une interdiction professionnelle pendant cinq ans et condamne en outre le prévenu à trois mois d'emprisonnement avec sursis, alors que ni l'art. L. 376 CSP ni l'art. L. 377-1 CSS ne prévoient le cumul d'une peine d'emprisonnement avec une interdiction professionnelle. • Crim. 10 mai 2000, n° 99-83.977 P : *D. 2000. IR 192*.

Art. L. 4161-3 Exerce illégalement la profession de sage-femme :

1° Toute personne qui, pratique habituellement les actes mentionnés à l'article L. 4151-1 sans remplir les conditions exigées par le présent livre pour l'exercice de la profession de médecin ou de sage-femme, notamment par les articles L. 4111-1, L. 4111-3, *(Abrogé par L. n° 2009-526 du 12 mai 2009, art. 52) « L. 4111-6, »* L. 4111-7 et L. 4151-5 ;

2° Toute personne qui, munie d'un titre régulier, sort des attributions que la loi lui confère, notamment en prêtant son concours aux personnes mentionnées au 1°, à l'effet de les soustraire aux prescriptions du présent titre ;

3° Tout médecin ou sage-femme qui pratique les actes susmentionnés pendant la durée d'une peine d'interdiction temporaire prononcée en application de l'article L. 4124-6 ;

4° Tout médecin ou sage-femme mentionné à l'article L. 4112-7, qui exécute les actes énumérés sans remplir les conditions ou satisfaire aux obligations prévues audit article.

Art. L. 4161-4 En ce qui concerne spécialement l'exercice illégal de la médecine, de l'art dentaire ou de la profession de sage-femme, les médecins, les chirurgiens-dentistes et les sages-femmes *(Abrogé par L. n° 2004-204 du 9 mars 2004, art. 27-III) « , les conseils de l'ordre »* et les syndicats intéressés peuvent saisir les tribunaux par voie de citations directes, données dans les termes de l'article 388 du code de procédure pénale, sans préjudice de la faculté de se porter, s'il y a lieu, partie civile dans toute poursuite intentée par le ministère public.

1. Action civile. Les réparations civiles allouées aux deux syndicats professionnels de médecins, constitués partie civile, par application de l'art. L. 375 CSP, dans des poursuites exercées pour exercice illégal de la médecine, sont justifiées par la constatation des éléments constitutifs de cette infraction, qui porte nécessairement un préjudice, fût-il indirect, à l'intérêt collectif de la profession qu'ils représentent. • Crim. 24 avr. 1996, n° 95-84.055 P.

2. Les conseils de l'ordre des médecins, qui ont notamment pour mission d'assurer la défense de l'honneur et de l'indépendance de la profession médicale, peuvent exercer devant la juridiction pénale l'action civile en réparation du dommage causé par des infractions autres que l'exercice illégal de la médecine, telles que les complicités d'exercice illégal de la pharmacie, de tromperie et de publicité mensongère commises par un membre de la profession, lorsque celles-ci portent atteinte aux intérêts communs qu'ils ont la charge de défendre. • Crim. 15 févr. 2000, n° 99-81.290 P.

Art. L. 4161-5 *(Ord. nº 2005-1040 du 26 août 2005)* L'exercice illégal de la profession de médecin, de chirurgien-dentiste ou de sage-femme est puni de deux ans d'emprisonnement et de 30 000 euros d'amende.

Les personnes physiques encourent également les peines complémentaires suivantes :

a) L'affichage ou la diffusion de la décision prononcée, dans les conditions prévues par l'article 131-35 du code pénal ;

b) La confiscation de la chose qui a servi ou était destinée à commettre l'infraction ou de la chose qui en est le produit, conformément à l'article 131-21 du code pénal ;

c) L'interdiction définitive ou pour une durée de cinq ans au plus d'exercer une ou plusieurs professions régies par le présent code ou toute autre activité professionnelle ou sociale à l'occasion de l'exercice de laquelle l'infraction a été commise, suivant les modalités prévues par l'article 131-27 du code pénal ;

(L. nº 2009-1437 du 24 nov. 2009, art. 50-II) « *d)* L'interdiction d'exercer pour une durée de cinq ans l'activité de prestataire de formation professionnelle continue au sens de l'article 6313-1 du code du travail. »

Le fait d'exercer l'une de ces activités malgré une décision judiciaire d'interdiction définitive ou temporaire est puni des mêmes peines.

Art. L. 4161-6 *(L. nº 2009-526 du 12 mai 2009, art. 125-XXI, 13º)* Les personnes morales déclarées responsables pénalement, dans les conditions prévues par l'article 121-2 du code pénal, de l'infraction définie à l'article L. 4161-5 encourent, outre l'amende suivant les modalités prévues par l'article 131-38 du code pénal, les peines prévues par les 2º à 9º de l'article 131-39 du même code.

L'interdiction mentionnée au 2º de l'article 131-39 du même code porte sur une ou plusieurs professions régies par le présent code ou toute autre activité professionnelle ou sociale à l'occasion de l'exercice de laquelle l'infraction a été commise.

CHAPITRE II. *USURPATION DU TITRE*

Art. L. 4162-1 *(Ord. nº 2005-1040 du 26 août 2005)* L'usage sans droit de la qualité de médecin, de chirurgien-dentiste ou de sage-femme ou d'un diplôme, certificat ou autre titre légalement requis pour l'exercice de ces professions est puni comme le délit d'usurpation de titre prévu à l'article 433-17 du code pénal.

(L. nº 2009-526 du 12 mai 2009, art. 125-XXI, 14º) « Les personnes morales déclarées responsables pénalement, dans les conditions prévues par l'article 121-2 du code pénal, de l'infraction définie au présent article encourent l'amende prévue à l'article 433-17 du code pénal suivant les modalités prévues par l'article 131-38 du même code, ainsi que les peines prévues aux 2º à 4º de l'article 433-25 du même code. »

Le non-respect des dispositions de l'article L. 4111-5 est assimilé à une usurpation du titre de médecin, de chirurgien-dentiste ou de sage-femme.

SECTION X DE L'USAGE IRRÉGULIER DE QUALITÉ

Art. 433-18 **Est puni de six mois d'emprisonnement et de 7 500 € d'amende le fait, par le fondateur ou le dirigeant de droit ou de fait d'une entreprise qui poursuit un but lucratif, de faire figurer ou de laisser figurer, dans une publicité réalisée dans l'intérêt de l'entreprise qu'il se propose de fonder ou qu'il dirige :**

1º Le nom, avec mention de sa qualité, d'un membre ou d'un ancien membre du Gouvernement, du Parlement, du Parlement européen, d'une assemblée délibérante d'une collectivité territoriale, du Conseil constitutionnel, du Conseil d'État, du Conseil économique, social et environnemental, du Conseil supérieur de la magistrature, de la cour de cassation, de la cour des comptes, de l'Institut de France, du conseil de direction de la Banque de France ou d'un organisme collégial investi par la loi d'une mission de contrôle ou de conseil ; *— Dans toutes les dispositions législatives, lorsqu'ils désignent l'institution mentionnée au titre XI de la Constitution, les mots : « Conseil économique et social » sont remplacés par les mots : « Conseil économique, social et environnemental » (L. org. nº 2010-704 du 28 juin 2010, art. 21).*

2º Le nom, avec mention de sa fonction, d'un magistrat ou d'un ancien magistrat, d'un fonctionnaire ou d'un ancien fonctionnaire ou d'un officier public ou ministériel ;

3º Le nom d'une personne avec mention de la décoration réglementée par l'autorité publique qui lui a été décernée.

Est puni des mêmes peines le fait, par un banquier ou un démarcheur, de faire usage de la publicité visée à l'alinéa qui précède.

Les peines encourues pour l'une des infractions mentionnées aux art. 433-13, 433-14, 433-15, 433-17 et 433-18 C. pén. seront portées au double lorsque l'infraction aura été commise par le dirigeant ou le gérant, de droit ou de fait, ou l'employé d'une entreprise de surveillance et de gardiennage, de transport de fonds ou de protection de personnes, ou toute autre personne exerçant à titre individuel ces activités (L. n° 83-629 du 12 juill. 1983, art. 15, mod. par L. n° 92-1336 du 16 déc. 1992, art. 280).

Sur l'interdiction de faire état de la qualité d'ancien fonctionnaire de police ou d'ancien militaire que pourrait avoir l'un des dirigeants ou employés d'une entreprise de surveillance et de gardiennage, de transport de fonds ou de protection de personnes, V. L. n° 83-629 du 12 juill. 1983, art. 9 et 13, V. ***C. pr. pén.****, App., v° Activités de sécurité privée.*

V. Décr. n° 86-1099 du 10 oct. 1986 (D. et ALD 1986. 508) relatif à l'utilisation des matériels, documents, uniformes et insignes des entreprises de surveillance et de gardiennage, transport de fonds et protection de personnes, mod. par Décr. n° 2000-376 du 28 avr. 2000, art. 17 (JO 30 avr.).

Corresp. *: C. pén., anciens art. 262 et 263.*

BIBL. ► LE TOURNEAU, *D. 1972. Chron. 157.*

1. Entreprise. Il appartient aux juges du fond de déterminer l'objet réel, au sens de l'art. 262 C. pén., des sociétés mises en cause, et dès lors qu'une cour d'appel déduit de ses propres constatations que lesdites sociétés ont eu, en fait, un objet commercial et financier, elle caractérise l'infraction prévue et réprimée par l'art. 262 précité. • Crim. 27 juin 1972 : *Bull. crim. n° 222 ; D. 1972. 695, note Ph. Le T. ; JCP 1973. II. 17335, note Mayer ; RSC 1973. 114, obs. Vitu.*

2. Qualité. A la qualité de fonctionnaire, au sens de l'art. 263 C. pén., un maître de recherches titularisé, exerçant dans un établissement public national à caractère administratif. • Crim. 10 janv. 1967 : *Bull. crim. n° 17 ; RSC 1967. 654, obs. Vitu.*

Loi n° 2011-334 du 29 mars 2011,

Relative au Défenseur des droits.

Art. 11 Est puni de six mois d'emprisonnement et de 7 500 € d'amende le fait d'avoir fait ou laissé figurer le nom du Défenseur des droits, suivi ou non de l'indication de sa qualité, dans tout document de propagande ou de publicité, quelle qu'en soit la nature.

Est puni des mêmes peines le fait de faire figurer ou laisser figurer l'indication de la qualité passée de Défenseur des droits dans tout document de propagande ou de publicité, quelle qu'en soit la nature.

....

Art. 13 Les personnes physiques coupables des infractions prévues aux articles 11 et 12 encourent également les peines complémentaires suivantes :

1° L'interdiction des droits civiques, civils et de famille, suivant les modalités prévues par l'article 131-26 du code pénal ;

2° L'interdiction, pour une durée de cinq ans au plus, d'exercer une fonction publique ou d'exercer l'activité professionnelle ou sociale dans l'exercice ou à l'occasion de l'exercice de laquelle l'infraction a été commise ;

3° La confiscation prévue par l'article 131-21 du même code ;

4° L'affichage ou la diffusion de la décision prononcée, dans les conditions prévues par l'article 131-35 dudit code.

Art. 14 Les personnes morales déclarées responsables pénalement, dans les conditions prévues par l'article 121-2 du code pénal, des infractions définies aux articles 11 et 12 de la présente loi encourent, outre l'amende suivant les modalités prévues par l'article 131-38 du même code :

1° Pour une durée de cinq ans au plus, les peines mentionnées aux 2° à 7° de l'article 131-39 du même code ;

2° La confiscation dans les conditions et suivant les modalités prévues à l'article 131-21 du même code ;

3° L'affichage ou la diffusion de la décision prononcée, dans les conditions prévues par l'article 131-35 du même code ;

4° L'exclusion des marchés publics, suivant les modalités prévues au 5° de l'article 131-39 du même code.

L'interdiction mentionnée au 2° du même article 131-39 porte sur l'activité dans l'exercice ou à l'occasion de l'exercice de laquelle l'infraction a été commise.

....

SECTION XI DES ATTEINTES À L'ÉTAT CIVIL DES PERSONNES

Art. 433-18-1 *(L. nº 2007-293 du 5 mars 2007, art. 36)* **Le fait, pour une personne ayant assisté à un accouchement, de ne pas faire la déclaration prescrite par l'article 56 du code civil dans les délais fixés par l'article 55 du même code est puni de six mois d'emprisonnement et de 3 750 € d'amende.**

Art. 433-19 **Est puni de six mois d'emprisonnement et de 7 500 € d'amende le fait, dans un acte public ou authentique ou dans un document administratif destiné à l'autorité publique et hors les cas où la réglementation en vigueur autorise à souscrire ces actes ou documents sous un état civil d'emprunt :**

1° De prendre un nom ou un accessoire du nom autre que celui assigné par l'état civil ;

2° De changer, altérer ou modifier le nom ou l'accessoire du nom assigné par l'état civil.

Corresp. : *C. pén., anciens art. 259, al. 3, et 261.*

1. Substitution de nom. La connaissance que le nom patronymique utilisé dans l'un des actes énumérés à l'art. 261 C. pén. n'est pas légalement le sien, suffit à caractériser l'élément intentionnel du délit prévu par ledit article ; est ainsi coupable le prévenu qui, dans une plainte avec constitution de partie civile adressée au juge d'instruction, a pris comme nom un pseudonyme utilisé par lui dans la vie courante depuis de nombreuses années. • Crim. 11 janv. 1990 : *Gaz. Pal. 1991. 1. 298, note Doucet.*

2. Conflit de qualifications. Sur le fondement de l'art. 434-23 C. pén. • Crim. 16 févr. 1999, nº 98-80.535 P : *RSC 2000. 206, obs. Delmas Saint-Hilaire*.

Art. 433-20 **Le fait, pour une personne engagée dans les liens du mariage, d'en contracter un autre avant la dissolution du précédent, est puni d'un an d'emprisonnement et de 45 000 € d'amende.**

Est puni des mêmes peines l'officier public ayant célébré ce mariage en connaissant l'existence du précédent.

Corresp. : *C. pén., anciens art. 199 et 200.*

RÉP. PÉN. vº *Bigamie*, par BONFILS et GALLARDO.

BIBL. ▶ REVET, *JCP 1987. I. 3309.*

1. Application dans le temps. C'est à bon droit que la cour d'appel a condamné le prévenu sur le fondement de l'art. 433-20 C. pén., entré en vigueur le 1er mars 1994, dès lors que ce texte, qui réprime la bigamie d'une peine d'emprisonnement d'une durée maximale d'un an, est moins sévère que l'art. 340 ancien du même code, applicable à la date des faits, qui fixait à 3 ans le maximum de cette peine. • Crim. 11 mars 1998 : *Gaz. Pal. 1998. 2, chron. crim. 114.*

2. Premier mariage. Dans une accusation de bigamie, la nullité du premier mariage constitue une exception préjudicielle de la compétence de la juridiction civile. • Rennes, 27 août 1879 : *DP 1880. 2. 189.*

3. Il importe peu que le mariage soit annulé à raison d'une nullité relative ou à raison d'une nullité absolue : l'une et l'autre de ces nullités prennent naissance au jour de la célébration du mariage, et leurs effets, remontant nécessairement à cette date, sont identiquement les mêmes (jugé ainsi à propos d'une prévention d'adultère). • Crim. 13 avr. 1867 : *DP 1867. 1. 353.*

4. Second mariage. En cas de poursuite pour bigamie, le juge pénal ne fait qu'user du pouvoir qui lui appartient en refusant de prononcer la nullité du mariage incriminé, dès lors que le motif invoqué, soit n'est pas une cause de nullité, soit n'entraîne qu'une nullité facultative. • Crim. 18 févr. 1942 : *Bull. crim. nº 11 ; DA 1942. 83.*

5. En 1996, le prévenu se marie en France puis en 1997 par procuration en Centrafrique ; toutefois, cette seconde union est nulle, ainsi que cela résulte d'un document intitulé « certificat de nullité » établi le 3 sept. 1997 par le vice-consul général de République centrafricaine en France ; la nullité prenant naissance au jour de la célébration du mariage et ses effets remontant à cette date, le délit reproché au prévenu n'est pas constitué et il convient donc d'entrer en voie de relaxe. • Toulouse, 27 juin 2002 : *Dr. pénal 2003. 1, obs. Véron.*

6. Prescription. Le délit de bigamie constitue une infraction instantanée, caractérisée dès la célébration du second mariage, et la prescription de l'action publique commence à courir à compter de ce jour. • Crim. 5 sept. 1812 : *Bull. crim. n° 64* • 5 févr. 1963 : *ibid. n° 65* • 12 avr. 1983 : *ibid. n° 97 ; D. 1984. IR 225, obs. Roujou de Boubée.*

7. Ressortissants de pays pratiquant la polygamie. Valablement contractés par le ressortissant dans son pays d'origine, plusieurs mariages peuvent produire certains de leurs effets en France, sous réserve de l'ordre public français. • Civ. 19 févr. 1963 : *Clunet 1963. 986, note Ponsard ; Rev. crit. DIP 1963. 559, note G. H.* • TGI Versailles, 31 mars 1965 : *Clunet 1966. 97, note Ponsard.* ♦ Mais la célébration d'un second mariage en France (serait-ce dans les locaux diplomatiques étrangers), faisant suite à une première union non dissoute, consomme le délit de bigamie, sans que le prévenu puisse invoquer, à l'appui de sa défense, la loi de son statut personnel. • T. corr. Brest, 18 oct. 1949 : *S. 1950. 2. 74 ; RSC 1950. 415, obs. Hugueney* • T. corr. Paris, 8 avr. 1987 : *Gaz. Pal. 1987. 2. 474, note Domingo ; RSC 1988. 87, obs. Levasseur.*

Art. 433-21 Tout ministre d'un culte qui procédera, de manière habituelle, aux cérémonies religieuses de mariage sans que ne lui ait été justifié l'acte de mariage préalablement reçu par les officiers de l'état civil sera puni de six mois d'emprisonnement et de 7 500 € d'amende.

Corresp. *: C. pén., anciens art. 199 et 200.*

BIBL. ► REVET, *JCP 1987. I. 3309.* – PUTMAN, *Mél. B. Bouloc, Dalloz, 2006, p. 955* (brèves remarques sur l'art. 433-21 C. pén.). – ÉOCHE-DUVAL, *D. 2012. Point de vue 2615* (faut-il dépénaliser les célébrations religieuses effectuées sans mariage civil ?) ; *RPDP 2013. Libres propos 109* (mariage et droit pénal. – La pénalisation des célébrations religieuses effectuées sans mariage civil a-t-elle encore un sens ?).

Art. 433-21-1 *(L. n° 92-1336 du 16 déc. 1992)* **Toute personne qui donne aux funérailles un caractère contraire à la volonté du défunt ou à une décision judiciaire, volonté ou décision dont elle a connaissance, sera punie de six mois d'emprisonnement et de 7 500 € d'amende.**

RÉP. PÉN. v° *Sépulture,* par LACROIX.

SECTION XII PEINES COMPLÉMENTAIRES ET RESPONSABILITÉ DES PERSONNES MORALES

Art. 433-22 Les personnes physiques coupables de l'une des infractions prévues au présent chapitre encourent également les peines complémentaires suivantes :

1° L'interdiction des droits civiques, civils et de famille, suivant les modalités prévues par l'article 131-26 ;

2° *(L. n° 2008-776 du 4 août 2008, art. 70)* **« L'interdiction, suivant les modalités prévues par l'article 131-27, soit d'exercer une fonction publique ou d'exercer l'activité professionnelle ou sociale dans l'exercice ou à l'occasion de l'exercice de laquelle l'infraction a été commise, le maximum de la durée de l'interdiction temporaire étant porté à dix ans, soit, pour les infractions prévues par les articles 433-1, 433-2 et 433-4, d'exercer une profession commerciale ou industrielle, de diriger, d'Administrer de gérer ou de contrôler à un titre quelconque, directement ou indirectement, pour leur propre compte ou pour le compte d'autrui, une entreprise commerciale ou industrielle ou une société commerciale. Ces interdictions d'exercice peuvent être prononcées cumulativement ; »**

3° L'affichage ou la diffusion de la décision prononcée dans les conditions prévues par l'article 131-35.

(Abrogé par L. n° 2017-1339 du 15 sept. 2017) (L. n° 2016-1691 du 9 déc. 2016, art. 19) ***« Par dérogation au 1° du présent article, le prononcé de la peine d'inéligibilité mentionnée au 2° de l'article 131-26 et à l'article 131-26-1 est obligatoire à l'encontre de toute personne coupable de l'une des infractions définies aux articles 433-1 et 433-2. Toutefois, la juridiction peut, par une décision spécialement motivée, décider de ne pas prononcer cette peine, en considération des circonstances de l'infraction et de la personnalité de son auteur. »***

Affichage ou diffusion. Dans tous les cas d'application de l'art. 433-17 C. pén., la peine complémentaire de publication, prévue par l'art. 433-22 du même code, peut être prononcée ; prononce, dès lors, à bon droit cette peine, la cour d'appel qui condamne le prévenu pour le délit d'exercice illégal de la profession d'expert-comptable ou de comptable agréé, prévu par l'art. 20 de l'ordonnance du 19 sept. 1945 et puni des peines de l'art. 433-17 C. pén. • Crim. 22 févr. 1996, n° 95-82.506 P : *RSC 1996. 850, obs. Bouloc*.

Art. 433-23 Dans les cas prévus aux articles 433-1, 433-2 et 433-4, peut être également prononcée la confiscation des sommes ou objets irrégulièrement reçus par l'auteur de l'infraction, à l'exception des objets susceptibles de restitution.

Art. 433-24 *(L. n° 2012-304 du 6 mars 2012, art. 19)* En cas de condamnation pour les infractions prévues à l'article 433-8, le prononcé des peines complémentaires suivantes est obligatoire :

1° L'interdiction de détenir ou de porter, pour une durée de dix ans au plus, une arme soumise à autorisation ;

2° La confiscation d'une ou de plusieurs armes dont le condamné est propriétaire ou dont il a la libre disposition ;

3° Le retrait du permis de chasser avec interdiction de solliciter la délivrance d'un nouveau permis pendant trois ans au plus.

Toutefois, la juridiction peut, par une décision spécialement motivée, décider de ne pas prononcer ces peines, en considération des circonstances de l'infraction et de la personnalité de son auteur.

Art. 433-25 *(L. n° 2009-526 du 12 mai 2009, art. 124-I)* « Les personnes morales déclarées responsables pénalement, dans les conditions prévues par l'article 121-2, des infractions définies aux sections I, VI, VII, IX et X du présent chapitre encourent, outre l'amende suivant les modalités prévues par l'article 131-38 : »

2° *[1°]* Pour une durée de cinq ans au plus, les peines mentionnées aux 2°, 3°, 4°, 5°, 6° et 7° de l'article 131-39 ;

3° *[2°]* La confiscation prévue à l'article 131-21 ;

4° *[3°]* L'affichage ou la diffusion de la décision prononcée dans les conditions prévues par l'article 131-35.

L'interdiction mentionnée au 2° de l'article 131-39 porte sur l'activité dans l'exercice ou à l'occasion de l'exercice de laquelle l'infraction a été commise.

Art. 433-26 *(L. n° 2016-1691 du 9 déc. 2016, art. 18)* Les personnes morales reconnues pénalement responsables dans les conditions prévues à l'article 121-2 des infractions prévues aux articles 433-1 et 433-2 encourent également la peine prévue à l'article 131-39-2.

CHAPITRE IV DES ATTEINTES À L'ACTION DE JUSTICE

SECTION PREMIÈRE DES ENTRAVES À LA SAISINE DE LA JUSTICE

Art. 434-1 Le fait, pour quiconque ayant connaissance d'un crime dont il est encore possible de prévenir ou de limiter les effets, ou dont les auteurs sont susceptibles de commettre de nouveaux crimes qui pourraient être empêchés, de ne pas en informer les autorités judiciaires ou administratives est puni de trois ans d'emprisonnement et de 45 000 € d'amende.

Sont exceptés des dispositions qui précèdent, sauf en ce qui concerne les crimes commis sur les mineurs *(Abrogé par L. n° 2016-297 du 14 mars 2016, art. 45) « de quinze ans »* :

1° Les parents en ligne directe et leurs conjoints, ainsi que les frères et sœurs et leurs conjoints, de l'auteur ou du complice du crime ;

2° Le conjoint de l'auteur ou du complice du crime, ou la personne qui vit notoirement en situation maritale avec lui.

Sont également exceptées des dispositions du premier alinéa les personnes astreintes au secret dans les conditions prévues par l'article 226-13.

Corresp. : *C. pén., ancien art. 62, al. 1er et 3.*

RÉP. PÉN. v° *Omissions de porter secours-Entrave aux mesures d'assistance,* par REBUT.

BIBL. ▶ Chomienne et Guéry, *ALD 1995. Comm. 85* (secret, révélation, abstention, ou les limites de la liberté de conscience du professionnel dans le nouveau code pénal). – F. Alt-Maes, *RSC 1998. 301* (un exemple de dépénalisation : la liberté de conscience accordée aux personnes tenues au secret professionnel). – H. Moutouh, *D. 2000. Chron. 431* (secret professionnel et liberté de conscience : l'exemple des ministres des cultes). – C. Roca, *LPA 2001, n° 69* (secret de la confession, secret professionnel et atteintes sexuelles sur mineur). – Y. Mayaud, *D. 2001. Chron. 3454* (la condamnation de l'évêque de Bayeux pour non-dénonciation, ou le tribut payé à César ...). – J. Chamarre, *Gaz. Pal. 2002. 1. Doctr. 782* (secret professionnel de l'avocat et incitation à la dénonciation). – Cédile, *AJ pénal 2011. 579* (le signalement par le psychologue est-il compatible avec le respect du secret professionnel ?). – Margaine, *D. 2016. 1089* (retour de l'inceste dans le code pénal et extension de la protection du mineur victime). – Mayaud, *AJ pénal 2020. 8* (le droit pénal spécial de la dénonciation). – Hardouin-Le Goff, *in « Information, numérique et innovations », éd. Panthéon-Assas, 2020, p. 361* (faut-il pénalement contraindre les ministres du culte catholique à révéler toute information relative à la commission d'abus sexuels sur mineurs ?).

A. OBLIGATION DE DÉNONCIATION

1. Contenu. L'art. 62 C. pén. n'incrimine pas le fait de ne pas dénoncer un malfaiteur ; il punit seulement la non-dénonciation d'un crime présentant les caractères qu'il spécifie, et sous la condition que, à défaut de cette dénonciation, l'autorité publique, non avertie de ce crime, n'ait pu ainsi être à même d'en prévenir ou limiter les effets. • Crim. 17 avr. 1956 : *Bull. crim. n° 311 ; D. 1956. Somm. 125 ; RSC 1956. 840, obs. Hugueney* • 16 juill. 1958 : *Bull. crim. n° 542.* ♦ Ainsi, lorsque l'autorité a été avisée d'un viol sur une mineure de moins de quinze ans, toute autre personne qui aurait eu connaissance du crime ne peut être condamnée pour non-dénonciation de celui-ci. • Crim. 13 oct. 1992, n° 91-82.456 P. ♦ Rejet du pourvoi contre : • Agen, 1er mars 1991 : *D. 1992. Somm. 70, obs. Prothais ; RSC 1994. 333, obs. Levasseur.*

2. L'art. 62 C. pén. n'édicte pas une obligation générale de délation à l'égard de toute personne que l'on sait coupable d'un crime présentant les caractères qu'il spécifie ; ce n'est pas l'identité ou le refuge du criminel qui doit être porté à la connaissance des autorités, mais seulement le crime lui-même, afin de permettre à ces autorités de prendre les mesures propres à éviter qu'il achève de produire ses effets, ou qu'il soit suivi d'autres crimes. • Crim. 2 mars 1961 : *Bull. crim. n° 137 ; D. 1962. 121, note Bouzat ; JCP 1961. II. 12092, note Larguier.* ♦ Rappr. : • Crim. 26 févr. 1959 : *Bull. crim. n° 139 ; D. 1959. 301 ; S. 1959. 108 ; RSC 1959. 848, obs. Hugueney* • 27 déc. 1960 : *Bull. crim. n° 624 ; RSC 1961. 345, obs. Hugueney.*

3. Débiteurs. L'obligation édictée par l'art. 62 C. pén. ne saurait concerner ceux qui auraient participé au crime non dénoncé comme coauteurs ou complices. • Crim. 27 déc. 1960 : *Bull. crim. n° 624 ; RSC 1961. 345, obs. Hugueney.*

4. La qualification d'empêcher un crime ou un délit contre l'intégrité corporelle n'est pas incompatible avec celle de complicité d'abus de confiance, également retenue à la charge de l'accusée, alors même que le crime aurait eu pour mobile la dissimulation des détournements auxquels elle aurait contribué comme complice. • Crim. 27 nov. 1996 : *RSC 1997. 379, obs. Mayaud* . ♦ Rappr. : • CEDH 8 févr. 1996, *John Murray c/ Royaume-Uni : RSC 1997. 476, obs. Koering-Joulin* .

5. Destinataires. Le médecin, inspecteur de la santé, appartenant à la Direction départementale de la santé et de l'action sociale, placé sous la direction du préfet, est une autorité administrative au sens de l'art. 62 C. pén. • Crim. 13 oct. 1992, n° 91-82.456 P.

B. FAIT DE NON-DÉNONCIATION

6. Constatations. L'arrêt, qui retient contre un prévenu l'infraction de non-dénonciation de faits qualifiés crimes, doit, pour que puisse s'exercer le contrôle de la Cour de cassation, constater l'existence de tous les éléments constitutifs prévus à l'art. 62 C. pén., et notamment spécifier qu'à défaut de cette dénonciation l'autorité publique non avertie n'a pas été à même de prévenir ou de limiter les effets de ce crime ou d'empêcher qu'il soit suivi d'autres crimes. • Crim. 17 avr. 1956 : *Bull. crim. n° 311 ; D. 1956. Somm. 125 ; RSC 1956. 840, obs. Hugueney.* ♦ Les juges sont tenus de préciser quel crime a été commis et non révélé, en même temps que les circonstances qui rendaient la dénonciation obligatoire. • Crim. 27 déc. 1960 : *Bull. crim. n° 624 ; RSC 1961. 345, obs. Hugueney.*

7. Applications. L'art. 62 C. pén. n'est pas applicable au brigadier de police qui savait que son beau-frère commettrait un hold-up le lendemain et qui s'est abstenu sciemment de dénoncer à ses supérieurs le crime qui se préparait de façon imminente, dès lors que le prévenu ... n'avait pas connaissance d'un crime déjà tenté ou consommé. • Crim. 7 nov. 1990, n° 88-85.439 P.

8. Action civile. Si les dispositions de l'art. 62, al. 2, C. pén. ont pour objet l'intérêt général et répriment le trouble causé à l'ordre public par une abstention délictueuse, elles ont aussi pour but la protection des intérêts privés ; dès lors, l'action civile née de ce délit peut être régulièrement exercée devant les juridictions répressives dans les conditions prévues aux art. 2 et 3 C. pr. pén. et la victime est en droit de demander réparation du dommage né de l'infraction. • Crim. 17 nov. 1993, n° 93-80.466 P : *RSC 1994. 333, obs. Levasseur*. ♦ *Contra*, • Crim. 2 mars 1961 : *Bull. crim. n° 137 ; D. 1962. 121, note Bouzat ; JCP 1961. II. 12092, note Larguier.*

9. Doit être rejetée la contestation de la constitution de partie civile des parents d'un enfant par un évêque mis en examen pour s'être abstenu de dénoncer les faits de viols et atteintes sexuelles aux autorités judiciaires ou administratives commis par un prêtre de son diocèse ; la chambre d'accusation a énoncé qu'en ne révélant pas aux autorités le comportement sexuel du prêtre envers les enfants dont il avait la charge, l'évêque a privé les parents d'une information qui leur eût permis de comprendre le comportement de leurs enfants et d'adopter envers eux une attitude propre à apaiser leurs difficultés à un âge difficile de leur existence ; ce silence a empêché les parents de faire obstacle à la poursuite des rencontres entre leurs enfants et le prêtre ; en se prononçant ainsi, et dès lors que les parties civiles invoquaient l'existence d'un préjudice pouvant résulter directement de l'infraction, distinct du préjudice social dont la réparation est assurée par l'exercice même de l'action publique, les juges ont justifié leur décision ; en effet, l'art. 434-1 C. pén. a également pour but la protection des intérêts privés et autorise l'exercice de l'action civile dans les conditions des art. 2 et 3 C. pr. pén. ; il n'importe que les enfants, également victimes de l'infraction, et devenus majeurs, ne se soient pas constitués parties civiles, dès lors que leurs parents se réclament d'un préjudice qui leur est personnel. • Crim. 27 févr. 2001, n° 00-84.532 P.

Art. 434-2 **Lorsque le crime visé au premier alinéa de l'article 434-1 constitue une atteinte aux intérêts fondamentaux de la nation prévue par le titre Ier du présent livre ou un acte de terrorisme prévu par le titre II du présent livre, la peine est portée à cinq ans d'emprisonnement et à 75 000 € d'amende.** *(L. n° 2016-731 du 3 juin 2016, art. 8)* **« Les deuxième, troisième et avant-dernier alinéas de l'article 434-1 ne sont pas applicables. »**

Corresp. : *C. pén., ancien art. 100, al. 1er.*

1. Portée de l'obligation d'information. L'art. 100, al. 1er, C. pén. punit, à l'exclusion de toute autre incrimination, ceux qui, ayant connaissance de projets ou d'actes de trahison, ou d'activités de nature à nuire à la défense nationale, n'en font pas la déclaration aux autorités militaires, administratives ou judiciaires ; il n'impose aucune déclaration lorsque ces projets, actes ou activités sont déjà connus des autorités compétentes. • Crim. 27 déc. 1961 : *Bull. crim. n° 564.*

2. Une personne ne peut être tenue, aux termes de l'art. 100, al. 1er, C. pén. (anciens art. 103 s.), de révéler aux autorités compétentes des projets ou actes de trahison, ou une activité de nature à nuire à la défense nationale, que si elle a personnellement connaissance de faits constitutifs de ces crimes, projets ou activités. • Paris, 28 nov. 1945 : *D. 1946. 144 ; Gaz. Pal. 1946. 1. 55.*

3. QPC. La QPC est ainsi rédigée : « Les dispositions du premier alinéa de l'article 434-1 et de l'article 434-2 du code pénal, qui permettent de punir la non-dénonciation d'un crime dont il est encore possible de prévenir ou de limiter les effets, ou dont les auteurs sont susceptibles de commettre de nouveaux crimes qui pourraient être empêchés, combinées à celles des articles 421-2-1 et 421-6 du même code, qui font de la participation à un groupement formé ou à une entente établie en vue de la préparation d'une infraction, un crime puni de trente ans de réclusion criminelle lorsque cette infraction est l'un des actes de terrorisme visés par l'article 421-1, 1° du même code, sont-elles conformes aux principes de légalité et de nécessité des délits et des peines qui découlent de l'article 8 de la Déclaration des droits de l'homme et du citoyen en ce qu'elles reposent sur une qualification criminelle de l'infraction de participation à une association de malfaiteurs elle-même contraire au principe de nécessité, et en ce qu'elles étendent la répression pénale à la non-dénonciation d'actes qui se limitent à la préparation d'un délit dont la non-dénonciation n'est pas punissable ou d'un crime dont la non-dénonciation ne serait elle-même punissable que s'il était commis ou tenté d'être commis ? » ; cette question ne présente pas un caractère sérieux, dès lors que le législateur, en estimant que la gravité des atteintes portées à la paix publique par les actes terroristes justifie qu'une infraction, telle l'association de malfaiteurs, qui constitue en principe un délit, devienne un crime quand elle est commise en relation avec une entreprise terroriste, et que sa non-dénonciation soit alors punissable, même si elle porte sur des attentats seulement envisagés ou préparés mais non commis ou tentés, n'a pas porté atteinte aux principes de légalité et de nécessité des infractions et des peines. • Crim. 18 sept. 2019, n° 19-84.581 QPC.

4. Application. La chambre de l'instruction a prononcé le renvoi de M. I. devant la cour d'assises, sous la qualification de non-dénonciation d'une association de malfaiteurs à caractère terroriste à laquelle a participé Mme N. ; pour statuer ainsi, l'arrêt attaqué indique que le demandeur savait que Mme N. se rendait à Paris y commettre un attentat terroriste criminel d'atteinte aux personnes, inspiré par l'organisation dite « État islamique » ; la chambre de l'instruction en déduit que M. I. savait que Mme N. participait à une association de malfaiteurs à caractère terroriste, même s'il ne connaissait pas les détails de cette entente, et qu'il s'est abstenu de la dénoncer, alors qu'il pouvait, par son action, en prévenir ou en limiter les effets ; l'arrêt ajoute que M. I. n'entre pas dans le champ des exceptions prévues en cas de non-dénonciation de crime, pour les parents et le conjoint de l'auteur ; en l'état de ces énonciations, la chambre de l'instruction a relevé, à l'encontre de M. I., l'existence de charges qu'elle a estimées suffisantes pour ordonner son renvoi devant la cour d'assises de Paris, spécialement composées, pour le délit connexe aux crimes imputés aux autres accusés, faisant l'objet d'une décision de renvoi, devenue définitive, devant la même juridiction de jugement ; il n'appartient pas à la Cour de cassation de contrôler la consistance des charges ainsi relevées, car les juridictions d'instruction apprécient souverainement si les faits retenus à la charge de la personne mise en examen constituent une infraction, la chambre criminelle n'ayant d'autre pouvoir que de vérifier si, à supposer les faits établis, la qualification justifie la saisine de la juridiction de jugement, ce qui est ici le cas. • Crim. 18 sept. 2019, n° 19-84.581 QPC : *préc. note 3.*

Art. 434-3 **Le fait, pour quiconque ayant** *(Abrogé par L. n° 2018-703 du 3 août 2018, art. 1er)* **« eu » connaissance** *(L. n° 98-468 du 17 juin 1998)* **« de privations, de mauvais traitements ou d' »** *(L. n° 2016-297 du 14 mars 2016, art. 46)* **« agressions ou atteintes sexuelles infligés à un mineur** *[ancienne rédaction : atteintes sexuelles infligés à un mineur de quinze ans]* **» ou à une personne qui n'est pas en mesure de se protéger en raison de son âge, d'une maladie, d'une infirmité, d'une déficience physique ou psychique ou d'un état de grossesse, de ne pas en informer les autorités judiciaires ou administratives** *(L. n° 2018-703 du 3 août 2018, art. 1er)* **« ou de continuer à ne pas informer ces autorités tant que ces infractions n'ont pas cessé » est puni de trois ans d'emprisonnement et de 45 000 € d'amende.**

(L. n° 2018-703 du 3 août 2018, art. 5) **« Lorsque le défaut d'information concerne une infraction mentionnée au premier alinéa commise sur un mineur de quinze ans, les peines sont portées à cinq ans d'emprisonnement et 75 000 euros d'amende. »**

Sauf lorsque la loi en dispose autrement, sont exceptées des dispositions qui précèdent les personnes astreintes au secret dans les conditions prévues par l'article 226-13.

RÉP. PÉN. v° *Omissions de porter secours-Entrave aux mesures d'assistance,* par REBUT.

Corresp. : *C. pén., ancien art. 62, al. 2.*

BIBL. ▶ MAYAUD, *D. 2001. Chron. 3454* (la condamnation de l'évêque de Bayeux pour non-dénonciation, ou le tribut payé à César...). – DOUNOT et FRÉTY, *Dr. pénal 2019. Étude 19* (un cardinal condamné pour l'exemple ? Regards croisés sur la non-dénonciation de mauvais traitements).

V. ss. art. 434-1.

1. L. du 17 juin 1998. Les atteintes sexuelles constituent des mauvais traitements au sens de l'art. 434-3 C. pén., dans sa rédaction antérieure à l'entrée en vigueur de la L. du 17 juin 1998, les dispositions de l'art. 15 de cette loi qui précisent que l'obligation de dénoncer les mauvais traitements infligés à un mineur de quinze ans s'applique également en cas d'atteintes sexuelles, revêtant sur ce point un caractère interprétatif. • Crim. 12 janv. 2000, n° 99-80.534 P : *Dr. pénal 2000, n° 71, obs. Véron ; RSC 2000. 813, obs. Bouloc .*

2. Ratio legis. Le délit de non-dénonciation d'agression sexuelle sur mineur de 15 ans vise à inciter ceux qui ont eu connaissance de tels faits à informer la justice, alors que les victimes ne sont pas nécessairement en mesure de le faire. • T. corr. Orléans, 22 nov. 2018, n° 1760/S2/18 : *Dr. pénal 2019. Regards croisés 19. Annexe.*

3. Obligation de dénonciation. L'obligation de dénonciation porte sur des faits, sans que l'identité des victimes doive être nécessairement révélée, étant observé ... qu'il appartient aux autorités judiciaires de diligenter les enquêtes propres à l'identification tant des auteurs d'infractions que de leurs victimes. • TGI Caen, 4 sept. 2001 : *D. 2001. IR 2721 ; ibid. 2002. Somm. 1803, obs. Roujou de Boubée ; Gaz. Pal. 2001. 2. 1811, note Damien ; Dr. pénal 2001, chron. n° 46, obs. L. Leturmy. – Adde :* Y. Mayaud, *D. 2001. Chron. 3454.*

4. Le délit prévu par l'art. 434-3 C. pén. n'exige pas pour sa constitution que la dénonciation ait pu prévenir ou limiter les effets produits par les atteintes sexuelles infligées ou encore empêcher leur renouvellement. • Crim. 6 sept. 2006 : *Dr. pénal 2006. 149, obs. Véron.*

5. Les dispositions de l'art. 434-3 C. pén. ne font pas de la minorité de la victime au jour de la non-dénonciation des agressions sexuelles sur mineur de 15 ans une des conditions de la caractérisation de l'infraction. • T. corr. Orléans, 22 nov. 2018, n° 1760/S2/18 : *préc. note 1 bis.*

6. L'obligation sanctionnée par l'art. 434-3 C. pén. ne saurait être considérée comme juridiquement maintenue dès lors que l'infraction principale ne peut plus faire l'objet de poursuites en raison de son ancienneté et que l'intérêt protégé par ce texte n'existe plus. • Lyon, 30 janv. 2020, n° 19/01395 : *D. 2020. Point de vue 1238, Roujou de Boubée.*

7. Non-dénonciation. Sur la responsabilité d'un directeur de collège, pour avoir omis de dénoncer, dès qu'il les avait connus, des attentats à la pudeur commis sur une élève âgée de quatorze ans, alors que la loi n° 89-487 du 10 juill. 1989 fait obligation à l'ensemble des services et établissements publics et privés, susceptibles de connaître de la situation de mineurs maltraités, de signaler de tels cas dès qu'ils en ont connaissance. • Crim. 17 nov. 1993, n° 93-80.466 P : *Dr. pénal 1994. 58, obs. Véron ; RSC 1994. 333 et 555, obs. Levasseur.*

8. Retient à bon droit le délit de non-dénonciation de crime, prévu et réprimé par les art. 62 C. pén., 434-1 et 434-3 nouv. C. pén., la chambre d'accusation qui énonce que la prévenue, infirmière de son état, aurait été parfaitement avertie de la nature et de l'ampleur des relations de son mari avec sa fille, par celui-ci et par sa belle-mère, qu'elle aurait préféré se taire, et que, loin de prévenir le danger encouru par sa fille, elle aurait laissé faire, malgré sa qualification professionnelle qui la rendait plus sensible à ces faits. • Crim. 25 oct. 1994 : *Gaz. Pal. 5-7 févr. 1995.*

9. Justifie légalement sa décision la cour d'appel qui, pour déclarer le responsable du service de l'aide sociale à l'enfance auquel un enfant avait été confié, coupable du délit de l'art. 62, al. 2, C. pén., alors en vigueur, relève que le prévenu a été informé par la nourrice et un médecin des mauvais traitements dont l'enfant avait été la victime et qu'en dépit de cette situation, il a donné l'autorisation de ramener la fillette chez elle, dès lors que le prévenu, qui était chargé de l'exécution d'une mesure de placement décidée par le juge des enfants dans une procédure d'assistance éducative, avait l'obligation de dénoncer à l'autorité judiciaire qui lui avait confié la mineure les sévices et les privations, subis par celle-ci, dont il était informé dans l'exécution de sa mission. • Crim. 24 janv. 1995, n° 93-81.631 P : *D. 1996. 384, note Dekeuwer-Defossez et Waxin.*

10. Le délit de non-dénonciation exige la connaissance par l'auteur d'actes entrant dans la définition légale d'une atteinte sexuelle et l'âge des victimes soit des mineurs au-dessous de 15 ans. • TGI Caen, 4 sept. 2001 : *D. 2001. IR 2721 ; ibid. 2002. Somm. 1803, obs. Roujou de Boubée ; Gaz. Pal. 2001. 2. 1811, note Damien ; Dr. pénal 2001, chron. n° 46, obs. L. Leturmy.* ♦ *Adde* : Y. Mayaud, *D. 2001. Chron. 3454* (la condamnation de l'évêque de Bayeux pour non-dénonciation, ou le tribut payé à César ...).

11. L'obligation sanctionnée par le délit de non-dénonciation de mauvais traitements ne saurait être considérée comme juridiquement maintenue dès lors que l'infraction principale ne peut plus faire l'objet de poursuites en raison de son ancienneté et que l'intérêt protégé par l'art. 434-3 C. pén. n'existe plus (ie lorsque la victime n'est plus mineure ou en situation de vulnérabilité). • Lyon, 30 janv. 2020, n° 19/01395 : *D. actu. 4 févr. 2020, obs. Fucini ; Dr. pénal 2019. Étude 19, obs. Dounot et Fréty.* ♦ Infirmation de • TGI Lyon, 7 mars 2019 : *D. actu. 18 mars 2019, obs. Fucini.* ♦ Le délit de non-dénonciation de mauvais traitements impose une connaissance des faits suffisante permettant de renseigner les autorités publiques, peu important que l'infraction qu'il convient de dénoncer soit ou non prescrite ou que la victime soit devenue majeure.

12. Alors même que ses fonctions lui donnaient accès à toutes les informations et qu'il avait la capacité de les analyser et les communiquer utilement, le prévenu, cardinal archevêque de Lyon, primat des Gaules, a fait le choix en conscience, pour préserver l'institution à laquelle il appartient, de ne pas les transmettre à la justice ; il convient de le déclarer coupable des faits de non-dénonciation de mauvais traitements, privations ou atteintes sexuelles infligés à un mineur de 15 ans et d'entrer en voie de condamnation. • T. corr. Lyon, 17ᵉ ch., 7 mars 2019 : *Dr. pénal 2019. Étude 19, regards croisés C. Dounot et E.-C. Frety* (un cardinal condamné pour l'exemple ? Regards croisés sur la non-dénonciation de mauvais traitements). ♦ *Adde* : Mescheriakoff, *Catholica n° 144 (été 2019), p. 79* (ce que nous dit la condamnation du cardinal Barbarin). ♦ Jugement non confirmé en appel : l'élément intentionnel du délit apparaît manquant alors que le prévenu n'avait pas dissuadé la victime des agressions sexuelles de porter plainte, ce que cette dernière avait reconnu. • Lyon, 30 janv. 2020, n° 19/01395 : *D. 2020. 1238, Point de vue Roujou de Boubée.*

13. Secret professionnel. BIBL. F. Alt-Maes, *RSC 1998. 301* (un exemple de dépénalisation : la liberté de conscience accordée aux personnes tenues au secret professionnel). – Ch. Guéry, *D. 2001. Chron. 3293* (le défaut de protection de l'enfant par le professionnel : un nouveau délit ?).

14. Sur l'état antérieur de la jurisprudence relative aux assistantes sociales. • Agen, 1ᵉʳ mars 1991 : *D. 1992. Somm. 70, obs. Prothais ; RSC 1994. 333, obs. Levasseur.* ♦ Sur pourvoi : • Crim. 13 oct. 1992, n° 91-82.456 P • Angers, 12 juill. 1994 : *Gaz. Pal. 1994. 2. 720, note Bonneau.*

15. Le secret professionnel imposé aux membres d'un service éducatif sur la situation d'un mineur confié à celui-ci par le juge des enfants est inopposable à cette autorité judiciaire, à laquelle ils sont tenus de rendre compte de son évolution et notamment de tous mauvais traitements, en vertu des art. 375 s. C. civ. et de l'art. 1199-1 NCPC [devenu C. pr. civ.], pris pour leur application, tout comme le secret est inopposable, selon l'art. 80 C. fam., au président du conseil général pour les mineurs relevant de sa compétence ; il ne saurait donc être reproché à la cour d'appel d'écarter les dispositions plus douces issues de l'entrée en vigueur de l'art. 434-3, 2e al., C. pén. – selon lesquelles sont exceptées de l'obligation d'informer les autorités judiciaires ou administratives des mauvais traitements infligés à un mineur de quinze ans dont elles ont connaissance les personnes astreintes au secret professionnel, sauf lorsque la loi en dispose autrement – et de condamner les prévenus sur le fondement des art. 62, al. 2, et 378 C. pén. (nouvel art. 226-13) applicables au moment des faits. • Crim. 8 oct. 1997, n° 94-84.801 P : *D. 1998, Somm. 305, obs. Dekeuwer-Défossez ; Dr. pénal 1998. 50, obs. Véron ; RSC 1998. 320, obs. Mayaud* ; rejet du pourvoi contre : • Angers, 12 juill. 1994 : *préc. – Adde :* A. Lepage, *Dr. pénal 1999, chron. n° 1* (droit pénal et conscience).

16. L'art. 226-13 C. pén. qui interdit de révéler une information à caractère secret ne définit pas les faits couverts par le secret professionnel ; la notion même de confidence suppose une démarche spontanée de celui qui se confie envers celui qui la reçoit. • TGI Caen, 4 sept. 2001 : *D. 2001. IR 2721 ; ibid. 2002. Somm. 1803, obs. Roujou de Boubée ; Gaz. Pal. 2001. 2. 1811, note Damien ; Dr. pénal 2001, chron. n° 46, obs. Leturmy.* ♦ Un évêque est parmi les personnes tenues au secret selon l'art. 226-13 C. pén., mais l'option de conscience tirée de ce secret ne peut lui être appliquée, dès lors que les informations qu'il a reçues, relatives aux actes pédophiles d'un prêtre de son diocèse, résultent, non d'une confidence de ce dernier, mais d'une recherche de sa part. • Même jugement. ♦ *Adde :* Mayaud, *D. 2001. Chron. 3454* (la condamnation de l'évêque de Bayeux pour non-dénonciation, ou le tribut payé à César...). ♦ Le secret médical ne concerne pas uniquement les informations à caractère confidentiel reçues de la personne protégée. Dès lors, est couvert par le secret médical le médecin qui a connaissance d'actes de maltraitance physique et psychologique subis par plusieurs pensionnaires d'un hôpital membre d'un pôle de gérontologie, pôle auquel ce médecin est lui-même attaché. Est ainsi censuré l'arrêt d'appel pour n'avoir pas recherché si le prévenu avait l'accord des victimes, condition imposée pour la levée du secret médical par l'art. 226-14, 2°, C. pén., lequel permet une révélation du secret dans certaines hypothèses. • Crim. 27 avr. 2011 : *D. actu. 31 mai 2011, obs. Bombled ; Dr. pénal 2011, n° 77, obs. Véron.*

17. Il ne saurait être invoqué le secret ecclésiastique, en l'absence d'une révélation effectuée lors d'une confession ou d'une confidence recueillie par un ecclésiastique sous le sceau du secret. • T. corr. Lyon, 17e ch., 7 mars 2019 : *préc. note 12.* ♦ *Adde :* Mescheriakoff, *Catholica n° 144 (été 2019), p. 79* (ce que nous dit la condamnation du cardinal Barbarin).

18. Prescription. En matière de délit, la prescription de l'action publique est de trois années révolues ; la prévenue a été mise en examen pour n'avoir pas informé les autorités des atteintes sexuelles infligées à deux mineures de quinze ans, commises par son compagnon entre 1995 et 1998, et dont elle a eu connaissance durant la même période ; le premier acte de poursuite à l'encontre de son compagnon a été effectué en novembre 2005 ; l'arrêt attaqué ordonne le renvoi de la prévenue devant la cour d'assises pour avoir commis, entre le 22 nov. 2002 et le 22 nov. 2005, le délit de non-dénonciation prévu par l'art. 434-3 C. pén., connexe aux crimes de viols aggravés imputés à son compagnon, également renvoyé devant la juridiction criminelle pour des agressions sexuelles commises, entre 1994 et 1998, sur les mineures victimes ; en prononçant ainsi, à l'encontre de la prévenue, alors que la prescription de l'action publique concernant les agressions sexuelles a été interrompue en nov. 2005, à une date où celle relative au délit instantané de non-dénonciation était acquise, la chambre de l'instruction a méconnu le texte susvisé ; d'où il suit que la cassation est encourue ; elle aura lieu sans renvoi, la Cour de cassation étant en mesure d'appliquer directement la règle de droit et de mettre fin au litige, ainsi que le permet l'art. L. 411-3 COJ. • Crim. 7 avr. 2009, n° 09-80.655 P : *Dr. pénal 2009, n° 91, obs. Véron.*

19. En revanche peu importe que les mauvais traitements dont la non-dénonciation est reprochée au prévenu soient prescrits au moment où il en a connaissance. • TGI Lyon, 7 mars 2019 : *préc. note 11.*

20. Action civile. L'arrêt attaqué a confirmé l'ordonnance d'irrecevabilité de constitution de partie civile rendue par le juge d'instruction à l'encontre de l'association Centre médical de phoniatrie et de surdité infantile (CMPSI), aux motifs que, aux termes de l'art. 2 C. pr. pén., l'action civile en réparation du dommage causé par un crime, un délit ou une contravention appartient à tous ceux qui ont personnellement souffert du dommage directement causé par l'infraction ; que les faits de violences volontaires sur mineurs de 15 ans vulnérables, par personne ayant autorité, et d'omission de révélation à l'autorité judiciaire ou administrative de mauvais traitements à mineurs de 15 ans vulnérables commis par certains salariés de l'association, ne sont pas susceptibles de causer un préjudice direct, matériel ou même moral, à l'employeur, soit le CMPSI ; qu'en effet, l'intérêt protégé, notamment au travers de l'infraction d'omission de révélation à l'autorité judiciaire ou administrative de mauvais traitements à mineurs de 15 ans vulnérables, est celui des mineurs ; que le préjudice allégué par l'employeur résultant de l'exécution des obligations du contrat de travail, tant celles qui n'ont pu être mises en œuvre dans le cadre d'une procédure disciplinaire que celle relative au paiement du salaire, ne peut être qu'indirect ; ces énonciations mettent la Cour de cassation en mesure de s'assurer que, pour confirmer l'ordonnance d'irrecevabilité de partie civile rendue par le juge d'instruction, la chambre de l'instruction, après avoir analysé l'ensemble des faits dénoncés dans la plainte et répondu aux articulations essentielles du mémoire produit par la partie civile appelante, a retenu à bon droit qu'ils ne pouvaient avoir causé à la demanderesse aucun préjudice personnel et direct. • Crim. 27 nov. 2007 : *RSC 2012. 884, obs. Salvat*.

Art. 434-4 **Est puni de trois ans d'emprisonnement et de 45 000 € d'amende le fait, en vue de faire obstacle à la manifestation de la vérité :**

1° De modifier l'état des lieux d'un crime ou d'un délit soit par l'altération, la falsification ou l'effacement des traces ou indices, soit par l'apport, le déplacement ou la suppression d'objets quelconques ;

2° De détruire, soustraire, receler ou altérer un document public ou privé ou un objet de nature à faciliter la découverte d'un crime ou d'un délit, la recherche des preuves ou la condamnation des coupables.

Lorsque les faits prévus au présent article sont commis par une personne qui, par ses fonctions, est appelée à concourir à la manifestation de la vérité, la peine est portée à cinq ans d'emprisonnement et à 75 000 € d'amende.

A. MODIFICATION DE L'ÉTAT DES LIEUX, C. PR. PÉN., ART. 55 (ANCIEN AL. 3)

1. Caractérise la réunion de tous les éléments constitutifs du délit prévu et réprimé par l'art. 55, al. 3, C. pr. pén., l'arrêt qui précise qu'une tentative de meurtre ayant été commise dans un lieu déterminé, des destructions de traces ont été effectuées antérieurement aux premières opérations de l'enquête judiciaire, en vue d'entraver le fonctionnement de la justice. • Crim. 24 janv. 1967 : *Bull. crim. n° 35 ; RSC 1967. 655, obs. Vitu.*

B. DESTRUCTION DE DOCUMENTS, C. PÉN., ANCIEN ART. 439 (AL. 2)

2. Ratio legis. Le délit de destruction, soustraction ou altération de preuve prévu à l'art. 434-4 C. pén. ne constitue pas une suite indivisible du délit de blessures involontaires faisant obstacle à l'exercice de poursuites à l'égard de leur auteur de ce chef. • Crim. 16 mai 2012, n° 11-83.834 P : *D. actu. 30 mai 2012, obs. Bombled ; D. 2012. Actu. 1405 ; ibid. Pan. 2118, obs. Pradel ; Dr. pénal 2012, n° 114, obs. Véron.* ♦ V. en sens contraire : • Crim. 11 févr. 1954 : *Bull. crim. n° 70 ; D. 1954. 277* (sous réserve que la destruction, la soustraction, le recel, la dissimulation ou l'altération d'un document public ou privé ne soient pas prévus et réprimés par d'autres textes du code pénal ou par des lois spéciales, l'art. 439, al. 2, malgré son apparence générale, ne saurait, sous peine de renverser le fardeau de la preuve, s'appliquer à l'auteur de l'infraction principale).

3. L'art. 439, al. 2, C. pén. a pour objet la protection d'un intérêt public lié à l'administration de la justice, et le délit qu'il réprime ne peut être commis que dans le dessein de mettre obstacle à l'action de la justice, conduite par les personnes habilitées à rechercher les preuves ou à poursuivre le châtiment des crimes et des délits. • Crim. 20 juill. 1982 : *Gaz. Pal. 1983. 1. Pan. 95* • 18 janv. 1989 : *Bull. crim. n° 22 ; RSC 1989. 500, obs. Delmas Saint-Hilaire.* ♦ Ainsi, l'infraction n'est-elle pas constituée en cas de refus, opposé par un médecin à l'un de ses confrères, de communiquer un dossier médical intéressant une personne prétendant avoir été victime d'un délit de blessure involontaire, dès lors que le demandeur de cette communication n'intervenait qu'en qualité de mandataire de son patient, et qu'il jouait le rôle d'intermédiaire nécessaire auprès de l'administration hospitalière. • Crim. 18 janv. 1989 : *préc.*

4. Documents protégés. Les pièces originales des procédures d'information judiciaires suivies par un juge d'instruction constituent des documents de nature à faciliter la recherche des crimes et délits, au sens de l'art. 439, al. 2, C. pén. • Crim. 29 juin 1993, n° 93-81.784 P.

5. Intention. Le fait d'avoir sciemment détruit, soustrait ou dissimulé des actes de l'autorité publique implique nécessairement le dessein, chez l'auteur, de faire obstacle à la manifestation de la vérité, tant au regard des dispositions de l'art. 439 C. pén. alors applicable que de l'art. 434-4 C. pén. en vigueur. • Crim. 25 oct. 1995, n° 95-80.417 P : *Dr. pénal 1996. 59, obs. Véron.*

6. Le prévenu qui détient une cassette audio

concernant la révélation de la commission de faits délictueux ne saurait être condamné du chef de recel de document ou d'objet de nature à faciliter la découverte d'un délit en l'absence de volonté de sa part de faire obstacle à la manifestation de la vérité. • Aix-en-Provence, 25 mai 2000 : *JCP 2001. IV. 2470.*

C. POURSUITES

7. Action civile. L'art. 434-4 C. pén. a également pour but la protection des intérêts privés et autorise, en conséquence, l'exercice de l'action civile dans les conditions prévues par les art. 2 et 3 C. pr. pén. Ainsi se trouve justifiée la condamnation d'un accusé au paiement de dommages-intérêts aux parents de la victime d'un crime, dans la mesure où l'effacement des traces et indices qui se trouvaient sous le véhicule qui a heurté la victime, a contribué à entraver le cours de l'enquête, et dès lors que ces faits ont causé un préjudice direct et personnel aux parties civiles. • Crim. 23 févr. 2000, n° 99-84.448 P : *D. 2000. IR 111 ; Dr. pénal 2000. Comm. 70, obs. Véron, et 132, obs. Maron.*

8. Aucune disposition légale n'exclut la possibilité d'une constitution de partie civile du chef du délit prévu par l'art. 434-4 C. pén. • Crim. 14 janv. 2003 : *Dr. pénal 2003. Comm. 66, obs. Maron.*

9. Prescription. La prescription du délit d'altération de preuves en vue de faire obstacle à la manifestation de la vérité court du jour où cesse l'ignorance des procédés frauduleux dans laquelle a été tenue la partie lésée. • Crim. 16 mai 2012 : *préc. note 2.* ♦ Le point de départ de la prescription du délit d'altération de preuves en vue de faire obstacle à la manifestation de la vérité doit être fixé au jour où le délit est apparu et a pu être constaté dans des conditions permettant l'exercice de l'action publique. • Crim. 17 déc. 2002, n° 01-87.178 P : *D. 2003. IR 313 ; ibid. Somm. 1731, obs. Pradel ; JCP 2003. IV. 1258 ; Dr. pénal 2003. Comm. 29, obs. Véron ; RSC 2004. 94, obs. Delmas Saint-Hilaire .*

10. La prescription du délit d'altération de preuves en vue de faire obstacle à la manifestation de la vérité court du jour où cesse l'ignorance des procédés frauduleux dans laquelle a été tenue la partie lésée. • Crim. 16 mai 2012, n° 11-83.834 P : *D. actu. 30 mai 2012, obs. Bombled ; Dr. pénal 2012, n° 114, obs. Véron.*

11. Conflit de qualifications. Un médecin poursuivi pour blessures involontaires, occasionnées à un enfant lors d'un accouchement, peut faire l'objet d'une poursuite du chef d'altération de preuves en vue de faire obstacle à la manifestation de la vérité, ayant consisté à modifier le rapport médical de cet accouchement, dès lors que ce délit ne constitue pas la suite indivisible des blessures involontaires. • Crim. 16 mai 2012, n° 11-83.834 P : *D. actu. 30 mai 2012, obs. Bombled ; Gaz. Pal. 2012. 2. 2229, obs. Detraz ; Dr. pénal 2012, n° 114, obs. Véron.*

Art. 434-4-1 *(L. n° 2007-297 du 5 mars 2007, art. 41)* **Le fait pour une personne ayant connaissance de la disparition d'un mineur de quinze ans de ne pas en informer les autorités judiciaires ou administratives, en vue d'empêcher ou de retarder la mise en œuvre des procédures de recherche prévues par l'article 74-1 du code de procédure pénale, est puni de deux ans d'emprisonnement et de 30 000 € d'amende.**

Art. 434-4-2 *(L. n° 2010-930 du 9 août 2010)* **L'article 434-4 est applicable aux atteintes à l'administration de la justice par la Cour pénale internationale.**

Art. 434-5 Toute menace ou tout autre acte d'intimidation à l'égard de quiconque, commis en vue de déterminer la victime d'un crime ou d'un délit à ne pas porter plainte ou à se rétracter, est puni de trois ans d'emprisonnement et de 45 000 € d'amende.

Art. 434-6 Le fait de fournir à la personne auteur ou complice d'un crime *(L. n° 96-647 du 22 juill. 1996)* **« ou d'un acte de terrorisme puni d'au moins dix ans d'emprisonnement » un logement, un lieu de retraite, des subsides, des moyens d'existence ou tout autre moyen de la soustraire aux recherches ou à l'arrestation est puni de trois ans d'emprisonnement et de 45 000 € d'amende. Les peines sont portées à cinq ans d'emprisonnement et à 75 000 € d'amende lorsque l'infraction est commise de manière habituelle.**

Sont exceptés des dispositions qui précèdent :

1° Les parents en ligne directe et leurs conjoints, ainsi que les frères et sœurs et leurs conjoints, de l'auteur ou complice du crime *(L. n° 96-647 du 22 juill. 1996)* **« ou de l'acte de terrorisme » ;**

2° Le conjoint de l'auteur ou du complice du crime *(L. n° 96-647 du 22 juill. 1996)* **« ou de l'acte de terrorisme », ou la personne qui vit notoirement en situation maritale avec lui.**

Corresp. : *C. pén., ancien art. 61.*

RÉP. PÉN. v° *Recel de malfaiteurs,* par MAISTRE DU CHAMBON.

BIBL. ▶ AUBERT, *JCP 1969. I. 2266.* – DELMAS SAINT-HILAIRE, *RSC 2004. 645.*

1. Personne recelée. Le recel de malfaiteurs s'applique au cas de recel des individus poursuivis, et non pas seulement au cas de recel des condamnés. • Crim. 15 oct. 1853 : *DP 1854. 1. 85 ; S. 1854. 1. 55.* ♦ Il n'est donc pas nécessaire que la culpabilité de la personne recélée ait été également établie. • Crim. 27 juill. 1867 : *DP 1867. 1. 457 (2 arrêts)* • 17 févr. 1899 : *ibid. 1899. 1. 326.* ♦ ... L'infraction existant même au cas de recel d'un individu en faveur duquel est intervenu plus tard un acquittement. • Bastia, 8 avr. 1875 : *DP 1875. 2. 130 ; S. 1875. 2. 298.* ♦ ... Et le condamné pour recel de personnes ne pouvant fonder une demande en révision sur le fait que l'individu qu'il a recélé a bénéficié d'une décision d'acquittement. • Crim. 2 mai 1946 : *Bull. crim. n° 116 ; S. 1948. 1. 57, note Legal.*

2. Matérialité. Le fait de « soustraire le criminel à l'arrestation ou aux recherches » ne saurait être considéré comme caractérisé par des agissements ayant pour but de lui créer un alibi ou d'empêcher les enquêteurs de découvrir la vérité ; l'expression ne peut donc s'appliquer qu'à un acte matériel ayant pour intention de faire échapper un criminel déterminé aux recherches dirigées contre sa personne en vue de son arrestation. • Bourges, 16 févr. 1950 : *D. 1950. 405 ; JCP 1950. II. 5629, note Chavanne ; RSC 1950. 413, obs. Hugueney.*

3. Le recel n'impliquant pas nécessairement la clandestinité des actes qui le constituent, les juges ont pu légitimement considérer comme coupable du délit de recel de malfaiteurs un individu qui leur a donné asile avec intention de les soustraire aux recherches de la police, bien qu'il soit constaté, en outre, qu'il a accompagné ces malfaiteurs auxquels il servait de guide dans la localité, et qu'il les a même fait escorter de personnes armées. • Crim. 25 janv. 1894 : *DP 1898. 1. 287.*

4. Se rend coupable du délit prévu par l'al. 2 de l'art. 61 C. pén. le commissaire de police qui prévient un individu recherché pour crime qu'un mandat d'arrêt a été décerné contre lui et qui, par ses agissements, permet à ce dernier de prendre la fuite. • Crim. 14 juin 1951 : *Bull. crim. n° 176 ; JCP 1951. I. 6425 ; RSC 1951. 665, obs. Hugueney.*

5. A caractérisé en tous ses éléments, tant matériel qu'intentionnel, le délit dont elle a déclaré la prévenue coupable, la cour d'appel qui a reconnu qu'elle avait commis un recel de malfaiteur en recevant chez elle, en France, un criminel blessé par arme à feu au Portugal, et en lui prodiguant pendant une semaine tous les soins nécessaires, ajoutant que si les infirmières avaient un devoir de secours et de soins à l'égard de toute personne malade, ce devoir n'allait pas jusqu'à prendre le risque de faire voyager sur des centaines de kilomètres un individu blessé et de l'héberger ensuite pendant une semaine à son domicile. • Crim. 17 sept. 2003, n° 03-80.524 P : *Dr. pénal 2004. 5, obs. Véron ; RSC 2004. 86, obs. Mayaud* , *et 645, obs. Delmas Saint-Hilaire* .

6. Intention. L'art. 61, al. 2, punit seulement le recel fait en connaissance de cause d'un individu qu'on sait avoir commis un crime déterminé, ou qu'on sait recherché à raison d'un tel crime ; dès lors, doit être cassé l'arrêt qui constate seulement que le prévenu a reconnu avoir reçu deux personnes accusées, et qu'il ne saurait prétendre de ce fait avoir pu ignorer qu'il s'agissait de malfaiteurs poursuivis par la loi. • Crim. 13 oct. 1955 : *Bull. crim. n° 408 ; D. 1955. 738 ; Gaz. Pal. 1955. 2. 371 ; RSC 1956. 109, obs. Hugueney.*

7. Mais le délit de recel de malfaiteurs peut exister quoique le receleur n'eût pas une connaissance précise de la nature du crime commis et de la peine encourue par la personne recélée. • Crim. 25 janv. 1894 : *DP 1898. 1. 287.*

8. Peut bénéficier d'un léger doute et être relaxé celui qui, après avoir donné abri à un homme qu'il ignore être un criminel, ne le met pas à la porte en apprenant par la suite qu'il s'agit d'un malfaiteur dangereux. • T. corr. Draguignan, 22 juin 1948 : *Gaz. Pal. 1948. 2. 108 ; RSC 1948. 741, obs. Hugueney.*

9. Pour constituer la contrainte que prévoit l'art. 64 C. pén. (nouvel art. 122-2), les menaces dont les receleurs ont pu être l'objet doivent avoir été assez pressantes pour leur enlever toute liberté d'esprit, et les dangers auxquels ils se sont crus exposés assez imminents pour ne leur laisser d'autres moyens de les éviter que de commettre l'acte de recel qui leur était demandé. • Crim. 28 déc. 1900 : *DP 1901. 1. 81, note Le Poittevin ; S. 1903. 1. 254* ; sur renvoi : • Grenoble, 30 mai 1901 : *DP 1902. 2. 142 ; S. 1903. 2. 298.*

10. Action civile. Justifie sa décision la cour d'appel qui, pour condamner l'intéressé solidairement avec les autres auteurs du délit de recel de malfaiteur à payer des dommages-intérêts aux parents de la victime du meurtre, énonce que le préjudice moral qu'ils ont subi au cours de la période précédant la reddition du criminel, découle du délit de recel de malfaiteur commis par l'intéressé ; en effet, l'art. 434-6 C. pén. a également pour but la protection des intérêts privés et autorise, par voie de conséquence, l'exercice de l'action civile dans les conditions prévues par les art. 2 et 3 C. pr. pén. • Crim. 17 sept. 2003, n° 03-80.524 P : *D. 2004. Somm. 666, obs. Pradel* ; *Dr. pénal 2004. Comm. 5, obs. Véron.*

Art. 434-7 **Le fait de receler ou de cacher le cadavre d'une personne victime d'un homicide ou décédée des suites de violences est puni de deux ans d'emprisonnement et de 30 000 € d'amende.**

Corresp. : *C. pén., ancien art. 359.*

RÉP. PÉN. v° *Recel de cadavre*, par MAISTRE DU CHAMBON.

1. Ratio legis. Ni l'art. 359 de l'ancien code pénal ni l'art. 434-7 de l'actuel code pénal ne définissent le recel de cadavre mais ils prévoient tous deux des poursuites contre ceux qui ont caché ou recelé le cadavre d'une personne décédée de faits de violence ; en outre, si dans l'ancien code ce texte était inclus dans le paragraphe concernant les infractions aux lois sur l'inhumation, dans l'actuel code l'infraction est comprise dans la section « des entraves à la saisine de la justice », ce qui met l'accent sur la répression voulue à l'égard des faits entravant l'action de la justice et notamment la découverte des auteurs des faits de violence ; il importe peu, dès lors, que le cadavre n'ait pas été dissimulé, condition alternative et non cumulative de l'infraction des art. 359 ou 434-7 C. pén., le transport du corps par trois personnes non auteurs de l'homicide, dans le but d'entraver les recherches de la justice suffisant à constituer l'infraction : tel est le cas lorsque seul l'effondrement d'un des auteurs qui est allé se livrer à la police, fait postérieur à l'infraction et qui ne pourrait s'analyser qu'en un repentir actif, a permis que la découverte de l'auteur des faits ne soit ni empêchée ni retardée. • Rouen, 26 oct. 1995 : *BICC 1996. 130.*

2. Préalable de la mort. L'art. 359 C. pén. n'est pas applicable à celui qui a caché, à la suite d'un avortement, le cadavre d'un fœtus de trois mois, donc non viable, un tel être n'étant pas juridiquement une personne. • T. corr. Fontainebleau, 25 avr. 1947 : *D. 1947. 312 ; Gaz. Pal. 1947. 1. 235.*

3. Le délit de recel de cadavre n'est constitué, s'agissant d'un enfant nouveau-né, que s'il est établi que l'enfant a vécu. • Paris, 9 nov. 1951 : *Gaz. Pal. 1952. 1. 236.* ♦ Est passible des peines de l'art. 359 C. pén. celui qui fait disparaître le cadavre d'un enfant nouveau-né qu'il sait avoir été victime d'un homicide par imprudence. • Crim. 26 mai 1855 : *DP 1855. 1. 224.*

4. Action de recel. Le recel de cadavre n'étant pas défini par la loi pénale, la question concernant ce délit est régulièrement posée à la cour et au jury dans les termes de l'art. 359 C. pén. • Crim. 30 oct. 1973 : *Bull. crim. n° 392.*

5. Constitue un recel de cadavre la dissimulation d'une personne victime d'un homicide involontaire, pendant le temps mis à profit pour faire disparaître les preuves de la culpabilité de l'auteur de l'infraction, et qui a eu pour conséquences d'apporter une entrave à l'action de la justice. • Angers, 24 janv. 1985 : *BICC 1985, n° 219.*

6. Les tentatives de délit ne sont, aux termes de l'art. 3 C. pén. (nouvel art. 121-4, 2°), considérées comme délits que dans les cas déterminés par une disposition spéciale de la loi ; ne peut être assimilée au délit consommé la tentative de recel de cadavre qui n'est pas prévue par l'art. 359 C. pén. et qui, dès lors, n'est pas punissable. • Crim. 15 mars 1960 : *Bull. crim. n° 149.*

7. Conflit de qualifications. Le délit de recel de cadavre, prévu par l'art. 359 C. pén., ne peut être constitué que par le fait de celui qui n'a pas participé à l'homicide volontaire ; à l'égard de l'auteur de l'homicide volontaire, le fait d'avoir recélé ou caché le cadavre de sa victime, qui n'est que la suite de ce crime, ne peut jamais prendre le caractère d'un délit distinct de l'homicide volontaire. • Crim. 19 juill. 1956 : *Bull. crim. n° 556.* ♦ Les délits de recel de cadavre et de destruction, soustraction d'objet ou document de preuves en vue de faire obstacle à la manifestation de la vérité prévus par les art. 434-7 et 434-4 C. pén. ne sauraient s'appliquer à l'auteur de l'infraction principale et ne peuvent être constitués que par le fait de celui qui n'a pas participé à l'homicide volontaire ; à l'égard de l'auteur de l'homicide volontaire, le fait d'avoir recelé ou caché le cadavre de sa victime, qui n'est que la suite de ce crime, ne peut jamais prendre le caractère d'un délit distinct de l'homicide volontaire. • Crim. 24 nov. 2010 : *D. 2011. Pan. 2829, obs. Garé*

8. Sur la cassation de l'arrêt qui retient le délit de complicité d'avortement par aide et assistance contre un prévenu, en se fondant sur le seul motif qu'il a fait disparaître le fœtus en l'enterrant dans son jardin. • Crim. 6 août 1945 : *Gaz. Pal. 1945. 2. 143 ; RSC 1946. 67, obs. Hugueney.*

9. Prescription. En matière de recel de cadavre, le délai de prescription ne court qu'à compter du jour où la dissimulation a cessé, peu important que le corps ait été déplacé ultérieurement à l'insu du demandeur. • Crim. 13 déc. 2017, n° 17-83.330 : *D. actu. 11 janv. 2018, obs. Morgante ; D. 2018. 11 ; ibid. 2018. 1611, obs. Pradel ; Gaz. Pal. 2018. 1131, obs. Fourment ; RSC 2018. 129, obs. Parizot ; ibid. 421, obs. Mayaud*

SECTION II DES ENTRAVES À L'EXERCICE DE LA JUSTICE

Art. 434-7-1 *(L. n° 92-1336 du 16 déc. 1992)* **Le fait, par un magistrat, toute autre personne siégeant dans une formation juridictionnelle ou toute autorité administrative,**

de dénier de rendre la justice après en avoir été requis et de persévérer dans son déni après avertissement ou injonction de ses supérieurs est puni de 7 500 € d'amende et de l'interdiction de l'exercice des fonctions publiques pour une durée de cinq à vingt ans. — *Trav. L. 1442-9.*

Corresp. : *C. pén., ancien art. 185.*

RÉP. PÉN. v° *Déni de justice*, par BONIS-GARÇON.

1. Définition du déni de justice. Une décision de classement sans suite, prise en application de l'art. 40 C. pr. pén., ne saurait constituer le délit prévu par l'art. 185 C. pén. • Crim. 6 juill. 1982 : *Bull. crim. n° 181 ; RSC 1983. 254, obs. Vitu.*

2. Les droits reconnus par la loi à la partie civile ne comportent pas celui d'enjoindre au juge d'instruction de prononcer une inculpation ; sa décision à cet égard ne saurait, en conséquence, constituer le délit prévu par l'art. 185 C. pén., ni, en l'absence de toute autre imputation, recevoir une quelconque qualification pénale. • Crim. 6 janv. 1988 : *Bull. crim. n° 8.*

3. Il faut entendre par déni de justice, non seulement le refus de répondre aux requêtes ou le fait de négliger de juger les affaires en l'état de l'être, mais aussi, plus largement, tout manquement de l'État à son devoir de protection juridictionnelle de l'individu, qui comprend le droit pour tout justiciable de voir statuer sur ses prétentions dans un délai raisonnable. • TGI Paris, 5 nov. 1997 : *D. 1997. IR 258* (à propos de la responsabilité de l'État du fait du fonctionnement défectueux du service de la justice : COJ, art. L. 781-1).

4. Doit être relaxé du chef du délit de déni de justice le magistrat instructeur qui a refusé d'accomplir des actes d'instruction sollicités par une partie et qui, malgré une décision favorable à la réalisation de ces mesures rendue par la chambre de l'instruction après saisine, persévère dans son refus ; en effet, le fait pour un magistrat instructeur de ne pas accomplir les actes demandés nonobstant une décision contraire de la chambre de l'instruction, ne constitue pas une persévérance dans un déni de justice, la décision de la chambre de l'instruction ne pouvant être assimilée, ni à un avertissement, ni à une injonction émanant d'un supérieur, par respect du principe constitutionnel d'indépendance de la magistrature, la chambre de l'instruction étant seulement une juridiction de second degré. • Paris, 30 juin 2004 : *JCP 2005. IV. 1520.*

Art. 434-7-2 *(L. n° 2004-204 du 9 mars 2004, art. 13)* **Sans préjudice des droits de la défense, le fait, pour toute personne qui, du fait de ses fonctions, a connaissance, en application des dispositions du code de procédure pénale, d'informations issues d'une enquête ou d'une instruction en cours concernant un crime ou un délit,** *(L. n° 2005-1549 du 12 déc. 2005, art. 36)* **« de révéler sciemment ces informations à des personnes qu'elle sait susceptibles d'être impliquées », comme auteurs, coauteurs, complices ou receleurs, dans la commission de ces infractions, lorsque cette révélation** *(L. n° 2005-1549 du 12 déc. 2005, art. 36)* **« est réalisée dans le dessein d'entraver » le déroulement des investigations ou la manifestation de la vérité, est puni de** *(L. n° 2005-1549 du 12 déc. 2005, art. 36)* **« deux ans d'emprisonnement et de 30 000 € d'amende.**

« Lorsque l'enquête ou l'instruction concerne un crime ou un délit puni de dix ans d'emprisonnement relevant des dispositions de l'article 706-73 du code de procédure pénale, les peines sont portées à cinq ans d'emprisonnement et à 75 000 € d'amende. »

BIBL. ▶ BOULOC, *D. 2005. Tribune 1297* (les droits de la défense en péril ?). – MARTIN, *JCP 2005, Libres propos, n° 283* (l'avocat et le secret de l'instruction). – COCUSSE et FEUGÈRE, *Gaz. Pal. 2005. 1618* (au préjudice des droits de la défense).

Art. 434-8 Toute menace ou tout acte d'intimidation commis envers un magistrat, un juré ou toute autre personne siégeant dans une formation juridictionnelle, un arbitre, un interprète, un expert ou l'avocat d'une partie en vue d'influencer son comportement dans l'exercice de ses fonctions est puni de trois ans d'emprisonnement et de 45 000 € d'amende.

Corresp. : *C. pén., ancien art. 306, al. 2.*

1. Juré. Le fait de recevoir, à 7 heures du matin, le troisième jour de l'audience de la cour d'assises, la visite de l'émissaire d'un homme accusé d'assassinat et de tentatives d'assassinat venu solliciter un « vote indulgent », ne peut qu'être ressenti comme une pression intimidante, de nature à entraver la liberté de conscience d'un juré ; une telle démarche s'analyse donc en un acte d'intimidation tombant sous le coup de l'art. 434-8 C. pén. • Bastia, 20 déc. 2000 : *BICC 2001. 545.*

2. Avocat. Écrire dans une lettre adressée à un

avocat : « Si vous parlez sur mon dos pour défendre ma concubine, si vous me salissez, je n'aurai aucune pitié pour vous … Je vous apprendrai à me respecter », constitue une menace d'atteinte à la personne faite à un avocat dans l'exercice de ses fonctions avec ordre de remplir une condition. • Amiens, 2 mai 1986 : *D. 1987. Somm. 68, obs. Brunois.*

Art. 434-9 *(L. n° 2007-1598 du 13 nov. 2007)* **« Est puni de dix ans d'emprisonnement et** *(L. n° 2013-1117 du 6 déc. 2013, art. 6)* **« d'une amende de 1 000 000 €, dont le montant peut être porté au double du produit tiré de l'infraction,** *[ancienne rédaction : de 150 000 € d'amende]* **» le fait, par :**

« 1° Un magistrat, un juré ou toute autre personne siégeant dans une formation juridictionnelle ;

« 2° Un fonctionnaire au greffe d'une juridiction ;

« 3° Un expert nommé, soit par une juridiction, soit par les parties ;

« 4° Une personne chargée par l'autorité judiciaire ou par une juridiction administrative d'une mission de conciliation ou de médiation ;

« 5° Un arbitre exerçant sa mission sous l'empire du droit national sur l'arbitrage,

« de solliciter ou d'agréer, sans droit, à tout moment, directement ou indirectement, des offres, des promesses, des dons, des présents ou des avantages quelconques, pour lui-même ou pour autrui, *(L. n° 2011-525 du 17 mai 2011, art. 154-4°-a)* **« pour accomplir ou avoir accompli, pour s'abstenir ou s'être abstenu d'accomplir un** *[ancienne rédaction : en vue de l'accomplissement ou de l'abstention d'un]* **» acte de sa fonction ou facilité par sa fonction. »**

(L. n° 2011-525 du 17 mai 2011, art. 154-4°-b) **« Le fait de céder aux sollicitations d'une personne mentionnée aux 1° à 5° ou de lui proposer sans droit, à tout moment, directement ou indirectement, des offres, des promesses, des dons, des présents ou des avantages quelconques, pour elle-même ou pour autrui, pour qu'elle accomplisse ou s'abstienne d'accomplir, ou parce qu'elle a accompli ou s'est abstenue d'accomplir un acte de sa fonction ou facilité par sa fonction est puni des mêmes peines. »**

Lorsque l'infraction définie *(L. n° 2007-1598 du 13 nov. 2007)* **« aux premier à septième alinéas » est commise par un magistrat au bénéfice ou au détriment d'une personne faisant l'objet de poursuites criminelles, la peine est portée à quinze ans de réclusion criminelle et à 225 000 € d'amende.**

Corresp. : *C. pén., anciens art. 177, 179 et 181.*

BIBL. ▶ Segonds, *Dr. pénal 2014. Étude 3* (commentaire de la loi n° 2013-1117 du 6 décembre 2013 relative à la lutte contre la fraude fiscale et la grande délinquance économique et financière). – Cutajar, *JCP 2018. 1105* (prévention de la corruption des parlementaires, juges et procureurs : un niveau de conformité globalement insuffisant).

▶ **Dossier,** *AJ pénal 2013. 637 s.* (la lutte contre la délinquance financière).

1. Incrimination. Sur la définition et les éléments de consommation, et de la corruption passive, et de la corruption active, V. également ss. art. 432-11 et 433-1.

2. Se rendent coupables de corruption active et de complicité de ce délit, l'avocat et son client qui offrent une somme d'argent à un magistrat dans des conditions qui, même en l'absence de sollicitations précises, impliquaient l'attente d'une contrepartie. • Crim. 11 févr. 2004, n° 03-80.596 P : *Gaz. Pal. 2004. 2. Somm. 2721, obs. A.C.*

3. Magistrat. Pour des applications de l'art. 177 C. pén. (nouvel art. 432-11) à des magistrats. • Crim. 28 janv. 1897 : *DP 1897. 1. 240* • 13 janv. 1916 : *DP 1921. 1. 63.*

4. S'abstient d'un acte de sa fonction au sens de l'art. 434-9 C. pén. le magistrat qui, en s'affranchissant du secret que lui imposent ses fonctions, divulgue des pièces contenant des informations confidentielles sur une instance en cours. • Crim. 16 nov. 1999, n° 99-80.858 P : *D. 2001. Somm. 2353, obs. Segonds ; Dr. pénal 2000. 40, obs. Véron.* ♦ Méconnaît le texte susvisé la cour d'appel qui, pour relaxer un conseiller à la chambre régionale des comptes du chef de corruption passive et un délégué de l'agence de développement économique, association faisant l'objet d'un contrôle de cette juridiction financière, de celui de corruption active, retient que le fait pour un magistrat de divulguer des informations sur une procédure en cours à laquelle il n'a pas effectivement collaboré constitue, non un acte de la fonction, mais un acte facilité par celle-ci et, partant, exclu du champ d'application de l'art. 434-9 C. pén. • Même arrêt. ♦ Il résulte des art. L. 212-9, L. 220-1, L. 241-5, L. 241-6 C. jur. fin., de l'art. 134 du décret n° 95-945 du 23 août 1995 relatif aux chambres régionales des comptes et de l'art. 26 de la loi n° 83-634 du 13 juill. 1983 que le secret professionnel des membres de la chambre régionale des comptes ne se limite pas aux délibérations mais s'étend à l'ensemble des activités préparatoires au délibéré ; le fait pour un magistrat de divulguer des informations sur une procédure en cours à laquelle il n'a pas effectivement collaboré constitue néanmoins un acte de la fonction et entre dans le champ d'application de l'art. 434-9 C. pén. • Paris, 15 mai 2001 : *D. 2001. IR 2087.*

5. Expert. Les art. 177 et 179 C. pén. (nouvel art. 433-1) visent toute corruption, commise en France, d'un expert remplissant officiellement sa mission sur le territoire, aurait-il été désigné par un magistrat étranger. • Crim. 30 juin 1955 : *Bull. crim. n° 330.*

Art. 434-9-1 *(L. n° 2007-1598 du 13 nov. 2007)* **Est puni de cinq ans d'emprisonnement et** *(L. n° 2013-1117 du 6 déc. 2013, art. 6)* **« d'une amende de 500 000 €, dont le montant peut être porté au double du produit tiré de l'infraction,** *[ancienne rédaction : de 75 000 € d'amende]* **» le fait, par quiconque, de solliciter ou d'agréer, à tout moment, directement ou indirectement, des offres, des promesses, des dons, des présents ou des avantages quelconques, pour lui-même ou pour autrui,** *(L. n° 2011-525 du 17 mai 2011, art. 154-5°-a)* **« pour abuser ou avoir abusé** *[ancienne rédaction : afin d'abuser]* **» de son influence réelle ou supposée en vue de faire obtenir d'une des personnes visées à l'article 434-9 toute décision ou tout avis favorable.**

Est puni des mêmes peines le fait, par quiconque, à tout moment, de céder aux sollicitations prévues au premier alinéa ou de proposer, sans droit, directement ou indirectement, des offres, des promesses, des dons, des présents ou des avantages quelconques à une personne, pour elle-même ou pour autrui, *(L. n° 2011-525 du 17 mai 2011, art. 154-5°-b)* **« pour qu'elle abuse ou parce qu'elle a abusé** *[ancienne rédaction : afin qu'elle abuse]* **» de son influence réelle ou supposée en vue de faire obtenir d'une des personnes visées à l'article 434-9 une décision ou un avis favorable.**

Art. 434-9-2 *(L. n° 2013-1117 du 6 déc. 2013, art. 5)* **La peine privative de liberté encourue par l'auteur ou le complice d'une des infractions prévues aux articles 434-9 et 434-9-1 est réduite de moitié si, ayant averti l'autorité administrative ou judiciaire, il a permis de faire cesser l'infraction ou d'identifier, le cas échéant, les autres auteurs ou complices.**

Art. 434-10 **Le fait, pour tout conducteur d'un véhicule ou engin terrestre, fluvial ou maritime, sachant qu'il vient de causer ou d'occasionner un accident, de ne pas s'arrêter et de tenter ainsi d'échapper à la responsabilité pénale ou civile qu'il peut avoir encourue, est puni de** *(L. n° 2011-267 du 14 mars 2011, art. 82)* **« trois ans d'emprisonnement et de 75 000 € d'amende** *[ancienne rédaction : deux ans d'emprisonnement et de 30 000 € d'amende]* **».**

Lorsqu'il y a lieu à l'application des articles 221-6 et 222-19, les peines prévues par ces articles sont portées au double *(L. n° 2003-495 du 12 juin 2003, art. 3)* **« hors les cas prévus par les articles 221-6-1, 222-19-1 et 222-20-1 ».** — *Pr. pén. 398-1 ; Route L. 231-1.*

RÉP. PÉN. v° *Délit de fuite*, par REDON.

I. INCRIMINATION

1. Constatations. Pour que soit constitué le délit prévu et puni par l'art. L. 2 C. route, il faut qu'il soit constaté que le prévenu, sachant qu'il vient de causer un accident, ne s'est pas arrêté et a ainsi tenté d'échapper à la responsabilité pénale ou civile qu'il peut avoir encourue. • Crim. 17 janv. 1973 : ☎ *Bull. crim. n° 21 ; D. 1973. 243 ; RSC 1973. 685, obs. Vitu* • 25 févr. 1981 : ☎ *Bull. crim. n° 75.*

2. Ne justifie pas sa décision l'arrêt qui, pour déclarer établi le délit de fuite prévu et puni par l'art. L. 2 C. route, tout en constatant que les gardiens de la paix avaient relevé l'identité du prévenu, fonde sa décision sur ce que le prévenu, invité par les agents de la force publique à se rendre au commissariat, n'en a rien fait ; ces seules énonciations laissent incertain le point de savoir si le demandeur, ainsi que l'exige le texte précité, a tenté d'échapper à la responsabilité qu'il pouvait avoir encourue du fait de l'accident. • Crim. 6 déc. 1966 : ☎ *Bull. crim. n° 278.*

3. Ne justifie pas sa décision de relaxe du chef de délit de fuite, et se contredit, l'arrêt qui constate, d'une part, que l'auteur de l'accident n'étant pas assuré, a eu peur et est reparti, et, d'autre part, que, s'étant arrêté plusieurs minutes, il n'a pas tenté d'échapper à sa responsabilité. • Crim. 29 nov. 1967 : ☎ *Bull. crim. n° 309 ; D. 1968. Somm. 47.*

A. PRÉALABLES

1° ACCIDENT

4. Nature. Le délit de fuite existe non seulement au cas où l'accident a été causé aux personnes, mais également lorsqu'il n'a occasionné que des dégâts matériels. • Crim. 2 mai 1930 : *DH 1930. 317.*

5. Le délit de fuite prévu et réprimé par les art. 434-10 nouv. C. pén. et L. 2 C. route est susceptible d'être constitué même si le dommage corporel ou matériel a été occasionné volontairement ; « l'accident » visé à cet article doit en effet se définir non comme un événement fortuit à l'origine d'un dommage non délibéré, mais comme une implication à l'occasion de la conduite d'un véhicule, dans une rupture du cours normal des choses se traduisant par des dommages matériels ou corporels dont l'origine intentionnelle ou non intentionnelle importe peu. • Douai, 11 janv. 1995 : *Gaz. Pal. 1995. 2. 543.* ♦ L'accident de la circulation causé intentionnellement demeure donc objectivement un accident de la circulation au sens des articles précités, dont la finalité est de lutter contre les entraves à l'exercice de la justice même si, par ailleurs, la faute volontaire est susceptible d'être relevée pour exclure la qualification d'accident au plan de l'indemnisation ; il ne s'agit là que d'une application particulière de l'autonomie du droit pénal dont la mission fondamentale est de protéger la société à l'occasion de manifestations morbides de la volonté pénale. • Même arrêt. ♦ *Contra* : Le délit de fuite ne peut être constitué que si le dommage corporel ou matériel a été occasionné involontairement, condition non remplie au cas de dégradation volontaire ; la prévention visée par l'art. 434 C. pén. (nouvel art. 322-1) et le délit de fuite sont dès lors des qualifications incompatibles. • T. corr. Foix, 26 avr. 1983 : *JCP 1986. II. 20581, note Bonzom.*

6. Lieu. En l'absence de dispositions contraires, les prescriptions de l'art. L. 2 C. route sont applicables sur l'ensemble du territoire, serait-ce sur une voie privée. • Crim. 3 oct. 1983 : *Bull. crim. n° 235.* ♦ Rappr. : • Crim. 24 févr. 1971 : *Bull. crim. n° 62.*

2° RESPONSABILITÉ

7. Éventualité. L'art. L. 2 C. route n'exige pas, pour que le délit de fuite puisse être retenu, que le juge constate que le prévenu a encouru une responsabilité pénale ou civile ; il suffit, aux termes mêmes de la loi, qu'il ait pu l'encourir. • Crim. 4 mai 1950 : *Bull. crim. n° 142* • 23 mars 1953 : *ibid. n° 104 ; D. 1953. 371 ; JCP 1953. II. 7584 ; Gaz. Pal. 1953. 1. 416* • 2 janv. 1959 : *Bull. crim. n° 8 ; D. 1959. 469, note Prévault ; S. 1959. 216 ; Gaz. Pal. 1959. 1. 240* • 26 nov. 1970 : *Bull. crim. 1970, p. 765 ; Gaz. Pal. 1971. 1. 73* • 13 mars 1974 : *Bull. crim. n° 106.* ♦ Ainsi, une cour d'appel a légalement reconnu un automobiliste coupable du délit de fuite, bien qu'elle ait déclaré que l'accident à raison duquel il était poursuivi ne fût pas dû à sa faute, et qu'elle l'ait en conséquence relaxé du chef d'homicide par imprudence. • Crim. 23 mars 1953 : *préc.* ♦ ... Ou de blessures involontaires. • Crim. 2 janv. 1959 : *préc.*

8. Pour que soit caractérisé le délit de fuite, il suffit que l'auteur ait tenté d'échapper à la responsabilité civile ou pénale qu'il pouvait encourir, sans que le juge répressif ait à rechercher l'étendue ou la nature de cette responsabilité. • Crim. 3 oct. 1983 : *Bull. crim. n° 235.* ♦ L'art. L. 2 C. route, pour sanctionner le comportement d'un automobiliste tendant à se soustraire aux conséquences d'un accident qu'il a causé ou occasionné, vise la volonté de ce conducteur d'échapper, non pas à une responsabilité pénale ou civile certaine, mais seulement à celle qu'il aura pu encourir ; dès lors, il suffit, pour que soit constitué le délit de fuite, que par son attitude le prévenu, même si ultérieurement cette responsabilité s'avère non établie, ait manifesté l'intention de se dérober à l'éventualité de celle-ci. • Crim. 3 nov. 1983 : *Bull. crim. n° 276 ; D. 1984. 314, note Mayer ; ibid. 1984. IR 226, obs. Roujou de Boubée.*

B. FUITE

1° OBLIGATION DE S'ARRÊTER

9. Portée suffisante. Ne commet pas le délit de fuite : ... le conducteur qui, après un accrochage, a laissé sa voiture en stationnement et s'est arrêté après l'accident un temps suffisamment long pour permettre son identification. • Crim. 16 janv. 1958 : *Bull. crim. n° 67 ; D. 1958. 450.* ♦ ... Encore qu'il ne se soit pas fait connaître aux premiers gendarmes arrivés sur les lieux. • Crim. 20 nov. 1962 : *D. 1963. Somm. 19.* ♦ ... Le conducteur d'un véhicule, alors qu'il est constaté qu'après l'accident qu'il avait occasionné, il s'est arrêté, a laissé sa voiture sur place et remis deux valises à un habitant du quartier avant de se retirer. • Crim. 25 janv. 1962 : *Bull. crim. n° 66 ; D. 1962. 223 ; S. 1962. 134 ; Gaz. Pal. 1962. 1. 368.* ♦ ... Le conducteur d'une voiture automobile lui appartenant qui, auteur d'un accident, s'est arrêté après celui-ci, s'est entretenu avec le conducteur de la voiture accidentée, puis est reparti après un temps suffisant pour que le numéro d'immatriculation de son véhicule ait pu être relevé. • Crim. 2 juill. 1969 : *Bull. crim. n° 215 ; D. 1970. Somm. 19 ; JCP 1969. II. 16073 ; Gaz. Pal. 1969. 2. Somm. 26.* ♦ En cas de délit de fuite, si le conducteur est reparti après s'être arrêté, il ne peut être condamné que si les juges du fond constatent qu'au moment où il est reparti, il avait conscience que personne n'avait pu relever son identité. • Crim. 17 janv. 1973 : *Bull. crim. n° 21 ; D. 1973. 243 ; RSC 1973. 685, obs. Vitu.*

10. De même, ne commet pas le délit de fuite : ... l'auteur d'un accident qui, après s'être arrêté, avoir cherché du secours et avoir fait prévenir les gendarmes, ne déclare pas spontanément, tout en indiquant sa véritable identité, qu'il est responsable de l'accident. • T. corr. Saint-Lô, 25 mars 1958 : *D. 1958. Somm. 70.* ♦ ... En l'absence d'intention coupable, le conducteur qui, après une collision, immobilise son véhicule, en descend, et sait en conséquence que l'autre automobiliste a été en mesure de relever son numéro minéralogique. • Lyon, 26 mai 1971 : *Gaz. Pal. 1971. 2. 721, note D.S. ; RSC 1972. 107, obs. Vitu.* ♦ ... La personne qui laisse une adresse et un numéro de téléphone exacts au moment des faits intervenus avant son déménagement et qui, en tout état de cause, est restée sur place un temps suffisant pour permettre à la victime de l'identifier en relevant le numéro minéralogique de son véhicule. • Nancy, 3 nov. 1993 : *JCP 1994. IV. 2632* ♦ ... L'auteur d'un accrochage qui a laissé tant aux témoins qu'au propriétaire du véhicule endommagé le temps de le reconnaître et de relever le numéro de son véhicule. • Basse-Terre, 14 nov. 1995 : *Gaz. Pal. 1996. 1. Somm. 139.*

11. Portée insuffisante. L'arrêt qui déclare un prévenu coupable de délit de fuite tout en énonçant qu'il s'est arrêté après l'accident, justifie sa décision dès lors qu'il constate que ce conducteur n'a pas satisfait à toutes les exigences de la loi et que les autres circonstances établissent qu'il a tenté d'échapper à sa responsabilité pénale et civile ; l'obligation de s'arrêter est, en effet, destinée à permettre la détermination des causes de l'accident ou, tout au moins, l'identification du conducteur qui l'a causé. • Crim. 3 déc. 1975 : *Bull. crim. n° 268 ; Gaz. Pal. 1976. 1. 184 ; RSC 1976. 419, obs. Vitu* • 10 févr. 1993, n° 92-83.528 P. ♦ Il ne saurait être reproché à une cour d'appel de condamner un conducteur pour délit de fuite tout en constatant qu'il a laissé son véhicule sur l'aire de stationnement où l'accident s'est produit, dès lors que les autres circonstances qu'elle relève établissent que le prévenu a tenté d'échapper à sa responsabilité pénale ou civile (le conducteur, après avoir enfoncé l'aile d'un véhicule en stationnement, ne s'en est pas préoccupé « plus que cela » et est parti faire son marché sans poser de mot sur le pare-brise du véhicule accidenté) ; en effet, l'obligation de s'arrêter, imposée en pareil cas par l'art. L. 2 C. route, est destinée à permettre la détermination des causes de l'accident ou, tout au moins, l'identification du conducteur auquel il peut être imputé. • Crim. 29 oct. 1997, n° 96-86.320 P : *Dr. pénal 1998. 17, obs. Véron.* ♦ L'obligation de s'arrêter imposée en cas d'accident, par l'art. 434-10 C. pén., à toute personne susceptible d'encourir une responsabilité pénale ou civile, a pour objet de permettre la détermination des causes de l'accident ou l'identification du conducteur auquel il peut être imputé. • Crim. 4 juin 2002 : *Dr. pénal 2003, Chron. 2.*

12. Se rend coupable du délit de fuite : ... le conducteur d'un camion, qui, après avoir accroché deux voitures en stationnement régulier sur le bord de la chaussée et traîné l'une d'elles sur plusieurs mètres, s'est arrêté une première fois pour vérifier si son camion n'avait pas de dégâts, puis devant un feu rouge, et a ensuite pris la fuite, malgré l'intervention de témoins, sur l'un desquels il a même exercé des violences. • Crim. 2 juill. 1958 : *Bull. crim. n° 517.* ♦ ... Le conducteur non-propriétaire de la voiture qu'il conduisait, qui s'est arrêté momentanément, mais a refusé de faire connaître à la victime son identité, laquelle ne pouvait être révélée par la seule connaissance du numéro minéralogique. • Crim. 10 févr. 1966 : *Bull. crim. n° 39 ; D. 1966. 359.* ♦ ... Le conducteur qui n'a arrêté sa voiture qu'à proximité du lieu où il a heurté d'autres véhicules, puis est parti sans laisser aucun renseignement permettant de l'identifier. • Crim. 12 juill. 1966 : *Bull. crim. n° 199 ; D. 1966. 605 ; JCP 1966. II. 14863.* ♦ ... Le conducteur, contraint de s'arrêter en raison de la présence devant lui de la voiture qu'il avait heurtée et qui lui coupait la route, qui a tenté malgré tout d'échapper par la fuite aux responsabilités qu'il pouvait avoir encourues. • Crim. 10 juill. 1968 : *Bull. crim. n° 218 ; D. 1969. Somm. 3.* ♦ ... L'automobiliste qui, s'étant arrêté après avoir heurté un véhicule en stationnement, gare sa voiture, hors d'état de marche, à une certaine distance, pour la dissimuler aux recherches et éviter d'être identifié. • Crim. 10 juin 1970 : *Bull. crim. n° 195 ; RSC 1971. 111, obs. Vitu.* ♦ ... L'automobiliste qui, après avoir refusé d'établir un constat amiable, quitte brusquement les lieux après un arrêt insuffisant pour donner son identité, son numéro d'immatriculation n'ayant pu être noté qu'incidemment par une auxiliaire féminine de la police. • Crim. 6 juin 1978 : *Gaz. Pal. 1977-1979, Table générale, v° « Circulation routière », n° 76.* ♦ ... Le conducteur d'un véhicule qui, venant de causer un accident, abandonne son véhicule sur place et s'enfuit avant d'avoir pu être identifié. • Crim. 24 oct. 1978 : *Bull. crim. n° 287 ; D. 1979. IR 39, obs. Puech ; RSC 1979. 324, obs. Vitu.* ♦ ... L'automobiliste qui, pour dégager son véhicule qui stationnait parallèlement au trottoir, a braqué à fond, et est parti en faisant crisser ses pneus sans se soucier des dégâts qu'il avait pu causer au cours de cet accrochage qu'il aurait pu éviter ... et dont il n'avait pas pu ne pas se rendre compte en raison du choc et du bruit. • Crim. 4 nov. 1988 : *Gaz. Pal. 1989. 1. Somm. 81.* ♦ ... L'automobiliste qui, impliqué dans un accrochage, s'est immobilisé 150 mètres plus loin et, après avoir observé les dégâts sur son véhicule, est reparti sans prendre contact avec l'autre conducteur, son identification ayant pu être faite par le relevé du numéro minéralogique de sa voiture, ainsi que par la mise en cause de plusieurs témoins. • Crim. 30 avr. 1996 : *Gaz. Pal. 1996. 2, chron. crim. 135.* ♦ ... La prévenue qui, à la suite de la collision entre son véhicule et une motocyclette, ne s'est immobilisée que quelques secondes à l'entrée du chemin départemental où elle s'était engagée, puis a quitté les lieux, alors que le corps de la victime sur la chaussée, ainsi que les mouvements de véhicules et de personnes consécutifs à l'accident, étaient visibles de l'endroit où elle s'était ainsi arrêtée, et que, après avoir fait des déclarations inexactes à son entourage au sujet des circonstances dans lesquelles son véhicule avait été endommagé, elle s'est rendue dans l'est de la France, où elle a vendu ledit véhicule après avoir eu un second accident de la circulation, seul déclaré à son assureur. • Crim. 4 juin 2002 : ♔ *préc. note 11.*

13. Commet pareillement le délit de fuite : … l'auteur d'un accident de la circulation qui, bien qu'étant resté sur les lieux pendant une heure environ, a, par son attitude et ses déclarations, caché qu'il avait causé cet accident, et dissimulé son identité, peu importe que, parla suite, pris d'un remords tardif, le délinquant se soit fait connaître des autorités. • Douai, 29 oct. 1953 : *D. 1954. 62.* ♦ … L'auteur d'un accident qui laisse sa motocyclette en stationnement en un point assez éloigné du point de choc, ce qui ne permet pas à la victime ou aux témoins de relever le numéro minéralogique, et qui, en outre, donne une fausse identité dans la pensée qu'il ne pourra pas être identifié et qu'il pourra ainsi se soustraire à sa responsabilité. • T. corr. Lille, 19 févr. 1954 : *D. 1954. 395 ; Gaz. Pal. 1954. 1. 366.* ♦ … L'automobiliste qui, par temps de brouillard, a pu se rendre compte de l'accident par les bruits suspects et l'apparition d'un reflet lumineux, et qui, après avoir marqué un temps d'arrêt très bref, est reparti sans descendre de voiture, essayant ainsi d'échapper à ses responsabilités. • Colmar, 12 avr. 1957 : *D. 1957. 490.* ♦ … Le conducteur qui, ayant heurté et endommagé une clôture, ne s'est arrêté que parce que sa voiture n'était plus en état de circuler, et n'a fait aucune démarche pour se faire connaître du propriétaire de la clôture. • Besançon, 8 mars 1979 : *Gaz. Pal. 1977-1979, Table générale, v° « Circulation routière », n° 77.*

2° OMISSION DE S'ARRÊTER

14. Intention. Le délit de fuite est applicable à l'auteur d'un délit de blessures involontaires qui ne s'est pas arrêté, lorsqu'il résulte des circonstances de fait qu'il ne pouvait ignorer qu'il venait d'occasionner un accident. • Crim. 9 déc. 1948 : *Bull. crim. n° 280.*

15. Le conducteur qui a causé un dommage ne peut justifier sa fuite par la situation anormale du véhicule qu'il a accidenté. • Crim. 3 oct. 1983 : ♔ *Bull. crim. n° 235* • Civ. 2e, 3 déc. 1980 : *Bull. civ. II, n° 25.*

16. Le délit de fuite n'est pas caractérisé si l'auteur de l'accident n'a pas eu l'intention d'échapper à sa responsabilité civile ; ainsi en est-il du prévenu qui, n'ayant trouvé personne sur les lieux de l'accident, étant de nationalité espagnole, ne sachant pas écrire le français, a laissé son véhicule sur place, bien qu'en état de circuler, pensant qu'il serait reconnu par la victime, ce qui se produisit effectivement. • T. corr. Lyon, 19 déc. 1980 : *Gaz. Pal. 1981. 2. Somm. 295.*

17. C'est « l'événement accident » (choc) et non la considération des « conséquences » de celui-ci, soumises à une appréciation purement subjective, différente d'un individu à un autre, qui doit déterminer l'arrêt immédiat de l'automobiliste. • T. corr. Guingamp, 3 nov. 1989 : *Gaz. Pal. 1990. 1. Somm. 136 ; ibid. 1991. 2. Somm. 400.*

18. N'est pas coupable de délit de fuite après un accident d'ordre matériel par conducteur de véhicule terrestre à moteur le prévenu, automobiliste, qui, alerté par les gestes du conducteur d'un véhicule qu'il aurait heurté, est descendu de son véhicule pour vérifier l'importance des dégâts et a déclaré à ce dernier que « ce n'était rien » avant de repartir ; le prévenu s'est arrêté suffisamment longtemps pour être identifié par l'autre conducteur qui a pu relever le numéro minéralogique de son véhicule ; au regard des légères éraflures sur l'angle droit du pare-chocs arrière, le prévenu est fondé à soutenir qu'il n'a pas eu conscience d'avoir occasionné un accident. • Rennes, 15 oct. 2007 : *JCP 2008. IV. 1895.*

19. Contrainte. Si l'inculpé prétend et justifie que, membre des hospitaliers-sauveteurs et utilisant à ce titre sa voiture personnelle munie d'un signal d'alarme particulier, il avait été alerté pour prêter assistance à des voiliers victimes d'un coup de vent au large de la côte, il fait à bon droit valoir que l'urgence constituait pour lui la contrainte à laquelle il n'a pu résister, et il échet de le relaxer par application de l'art. 64 C. pén. (nouvel art. 122-2). • T. corr. Saint-Malo, 22 sept. 1961 : *Gaz. Pal. 1961. 2. 316.*

20. Repentir actif. Pour constituer le délit de fuite, il suffit que le prévenu, sachant qu'il venait de causer un accident, ne se soit pas conformé à l'obligation stricte, qui lui est imposée, de s'arrêter aussitôt. • Crim. 19 mars 1956 : *Bull. crim. n° 272 ; D. 1957. Somm. 19* • 19 nov. 1974 : ♔ *Bull. crim. n° 337.* ♦ Il n'importe qu'après avoir parcouru un trajet assez long après l'accident il se soit présenté à la gendarmerie. • Crim. 19 mars 1956 : *préc.* ♦ … Alors surtout qu'il ressort des constatations de l'arrêt qu'il avait été identifié par des témoins. • Crim. 19 nov. 1974 : *préc.* ♦ Il n'importe que le conducteur, dont le véhicule a causé un accident et qui ne s'est pas arrêté, soit revenu sur les lieux, dès lors que toutes les autres circonstances établissent qu'il a tenté d'échapper à la responsabilité pénale ou civile qu'il pouvait avoir encourue. • Crim. 30 oct. 1973 : ♔ *Bull. crim. n° 394 ; Gaz. Pal. 1974. 1. 32.*

II. RÉPRESSION

21. Responsable. Un véhicule automobile ne pouvant avoir qu'un seul conducteur, la culpabilité de l'auteur principal de l'infraction poursuivi pour délit de fuite est imputable à celui-ci ; il ne pourrait en être autrement que si deux personnes avaient successivement conduit le véhicule et commis des délits de fuite distincts. • Alger, 20 oct. 1965 : *Gaz. Pal. 1966. 1. 133.*

22. Complicité. A justifié sa décision la cour d'appel qui, pour le déclarer coupable de complicité de délit de fuite, retient que le prévenu, impliqué dans un accident, a, en présence des automobilistes qui le suivaient, déplacé son véhicule pour échapper à toute éventuelle mise en cause, et qu'il y a eu une entente entre tous les conducteurs pour fournir une version erronée des événements afin d'égarer les recherches de la gendarmerie, qui a été contrainte de multiplier les investigations pour aboutir à la vérité. • Crim. 13 janv. 2004 : *Dr. pénal 2004. 83.*

23. Peines. Les pénalités aggravées ne sont encourues par le conducteur de véhicule qui, venant de causer un accident, ne s'est pas arrêté, que dans le cas où cet accident a été consécutif d'un délit d'homicide et de blessures par imprudence ; doit être cassée la décision qui omet de s'expliquer, tant sur le point de savoir si l'accident était imputable à la faute du prévenu, que sur l'incapacité de travail personnel subie par la victime. • Crim. 3 janv. 1959 : *Bull. crim. n° 13.*

24. Les faits qui constituent le délit de fuite ne sauraient être considérés comme de simples circonstances aggravantes du délit d'homicide ou de blessures involontaires qui a pu le précéder ; il s'agit en réalité d'un délit distinct, commis nécessairement dans un temps différent et caractérisé par des éléments constitutifs qui sont indépendants de ceux qui définissent les infractions prévues et réprimées par les art. 319 et 320 C. pén. (nouveaux art. 221-6 et 222-19) ; le fait que les peines édictées par lesdits articles soient portées au double par l'art. L. 2, al. 2, C. route, lorsque l'homicide ou les blessures involontaires ont été suivis d'un délit de fuite n'exclut aucunement que les deux infractions puissent être poursuivies et sanctionnées sous réserve du principe du non-cumul des peines. • Crim. 24 janv. 1973 : *Bull. crim. n° 35 ; Gaz. Pal. 1973. 1. 289.*

25. Action civile. Le délit de fuite n'est pas exclu des prévisions de l'art. 3 C. pr. pén. selon lequel l'action civile est recevable pour tous les chefs de dommage découlant des faits objet de la poursuite. • Crim. 18 oct. 1990, n° 89-84.152 P.

26. Conflit de qualifications. Les délits de violences volontaires et de fuite sont compatibles l'un avec l'autre, portant en effet atteinte, selon les termes mêmes des chapitres correspondants du nouveau code pénal, à l'intégrité physique ou psychique des personnes d'une part et à l'action de la justice d'autre part, c'est-à-dire à des valeurs sociales distinctes : aussi est-il logique de retenir autant de qualifications que d'intérêts distincts violés. • Douai, 11 janv. 1995 : *Gaz. Pal. 1995. 2. 543.* ♦ V. également « Accident », notes 4 s.

27. Diffèrent dans leurs éléments constitutifs le délit de fuite et la contravention à l'art. R. 11 C. route, qui consiste dans l'inobservation des prescriptions réglementaires relatives à la maîtrise du véhicule et à la vitesse du conducteur. • Crim. 18 mars 1992, n° 91-82.163 P : *RSC 1993. 314, obs. Bouloc ; Dr. pénal 1992. 248.*

28. Outre le délit de fuite, commet également le délit d'abstention prévu par l'art. 63 C. pén., l'automobiliste qui, ayant causé un accident, et alors surtout qu'il est docteur en médecine, néglige de porter secours à un homme qu'il sait en péril ; ces deux délits, de fuite et d'abstention, aux éléments constitutifs différents, peuvent être retenus simultanément contre l'inculpé. • Rennes, 20 déc. 1948 : *D. 1949. 230.* ♦ Se rend coupable des délits de fuite et de non-assistance à personne en danger, prévu et réprimé par l'art. 223-6 C. pén. le capitaine d'un navire étranger qui a abordé dans les eaux internationales un navire de pêche, entraînant le naufrage de ce dernier, et qui s'est abstenu volontairement de se porter au secours des marins en détresse. • T. corr. Les Sables-d'Olonne, 7 déc. 1995 : *D. 1996. 473, note Morin.*

Art. 434-11 **Le fait, pour quiconque connaissant la preuve de l'innocence d'une personne détenue provisoirement ou jugée pour crime ou délit, de s'abstenir volontairement d'en apporter aussitôt le témoignage aux autorités judiciaires ou administratives est puni de trois ans d'emprisonnement et de 45 000 € d'amende.**

Toutefois, est exempt de peine celui qui apportera son témoignage tardivement, mais spontanément.

Sont exceptés des dispositions du premier alinéa :

1° L'auteur ou le complice de l'infraction qui motivait la poursuite, ses parents en ligne directe et leurs conjoints, ainsi que ses frères et sœurs et leurs conjoints ;

2° Le conjoint de l'auteur ou du complice de l'infraction qui motivait la poursuite, ou la personne qui vit notoirement en situation maritale avec lui.

Sont également exceptées des dispositions du premier alinéa les personnes astreintes au secret dans les conditions prévues par l'article 226-13.

RÉP. PÉN. v° *Omissions de porter secours–Entrave aux mesures d'assistance*, par REBUT.

Corresp. : *C. pén., ancien art. 63, al. 3.*

1. Incrimination. Constitue le délit d'omission de porter témoignage en faveur d'un innocent le fait de s'abstenir d'apporter aussitôt témoignage aux autorités de justice, alors que l'on connaît la preuve de l'innocence des personnes incarcérées. • Cameroun, 6 avr. 1955 : *JCP 1957. II. 9755, note Larguier.*

2. L'art. 434-11 C. pén. exige la double connaissance par la personne poursuivie, d'une part, de la situation de la personne détenue ou jugée, et, d'autre part, de la preuve de son innocence, laquelle peut être celle de l'identité du ou des véritables coupables ; en exprimant dans ses écrits de manière non équivoque sa connaissance d'informations de nature à innocenter la personne en détention et en s'abstenant volontairement d'en livrer l'élément essentiel, c'est-à-dire l'identité de la personne mise en cause, le prévenu a bien commis l'infraction prévue par l'art. 434-11. • Nancy, 2 févr. 2005 : *JCP 2005. II. 10065, note Rassat.*

3. D'une part, selon l'art. 111-4 C. pén., la loi pénale est d'interprétation stricte ; d'autre part, seul commet l'infraction prévue par l'art. 434-11 C. pén celui qui, connaissant la preuve de l'innocence d'une personne jugée pour crime ou pour délit, s'abstient volontairement d'en apporter aussitôt le témoignage aux autorités judiciaires ou administratives ; méconnaît les textes susvisés et le principe ci-dessus rappelé la cour d'appel qui retient la culpabilité du prévenu, qui avait été entendu par divers services de police judiciaire postérieurement à ses révélations sur l'affaire, qui a exprimé de manière non équivoque sa connaissance d'informations de nature à innocenter le condamné, qui s'est attaché de façon constante à donner le plus de vraisemblance et de crédibilité à ses déclarations, mais qui a refusé, en invoquant de possibles représailles en milieu carcéral, de donner l'identité de la seule personne permettant de vérifier une hypothèse d'enquête plausible, alors qu'elle n'a pas constaté que le prévenu connaissait la preuve de l'innocence du condamné. • Crim. 22 nov. 2005, n° 05-81.489 P : *D. 2006. Pan. 1651, obs. Roujou de Boubée ; AJ pénal 2006. 83 ; Dr. pénal 2006, n° 34, obs. Véron ; Gaz. Pal. 2006. 1. Somm. 2100, note Monnet.*

4. Appel d'un jugement de relaxe. Si l'appel d'un jugement de relaxe formé par la seule partie civile a pour effet de déférer à la juridiction du second degré l'action en réparation du dommage pouvant résulter de la faute civile du prévenu définitivement relaxé, encore faut-il que cette faute soit démontrée à partir et dans la limite des faits objet de la poursuite ; encourt dès lors la cassation l'arrêt d'une cour d'appel qui, sur le seul appel des parties civiles d'un jugement de relaxe, retient la responsabilité civile d'une personne poursuivie pour s'être volontairement abstenue de porter témoignage en faveur d'un innocent, délit prévu et puni par l'art. 434-11 C. pén., alors que les faits objet de la poursuite n'entraient pas dans les prévisions de ce texte (garde à vue). • Crim. 11 mars 2014, n° 12-88.131 P : *D. actu. 24 mars 2014, obs. Fucini ; D. 2014. 1188, note Dantras-Bioy ; AJ pénal 2014. 422, obs. Renaud-Duparc ; JCP 2014, n° 653, note Pradel.*

Art. 434-12 **Le fait, pour toute personne ayant déclaré publiquement connaître les auteurs d'un crime ou d'un délit, de refuser de répondre aux questions qui lui sont posées à cet égard par un juge est puni d'un an d'emprisonnement et de 15 000 € d'amende.**

Art. 434-13 **Le témoignage mensonger fait sous serment devant toute juridiction ou devant un officier de police judiciaire agissant en exécution d'une commission rogatoire est puni de cinq ans d'emprisonnement et de 75 000 € d'amende.**

Toutefois, le faux témoin est exempt de peine s'il a rétracté spontanément son témoignage avant la décision mettant fin à la procédure rendue par la juridiction d'instruction ou par la juridiction de jugement. — *CSS, art. L. 471-4.*

Corresp. : *C. pén., anciens art. 361 à 363.*

RÉP. PÉN. v° *Faux témoignage,* par FOURMENT.

BIBL. ▶ MAYAUD, *AJ pénal 2008. 111* (la crédibilité, critère du mensonge punissable en droit pénal). – ROETS, *AJ pénal 2008. 119* (le droit de ne pas contribuer à sa propre incrimination dans la jurisprudence de la Cour européenne des droits de l'homme).

▶ **Dossier** : Le témoin, *AJ pénal 2018. 171* s.

I. TÉMOIGNAGE

A. TÉMOIGNAGE EN JUSTICE

1. Déposition devant une juridiction. On ne peut considérer comme faux témoins que les individus appelés judiciairement au cours d'une instance, pour déclarer et attester sous la foi du serment, devant un magistrat, agissant dans l'ordre de ses fonctions judiciaires, les faits qu'il importe d'établir ; en conséquence, la déclaration faite devant un magistrat (cadi algérien) agissant comme officier public et non comme juge, fût-elle mensongère, ne peut être considérée comme un délit de faux témoignage. • Crim. 18 avr. 1878 : *DP 1879. 1. 93.*

2. Même réuni en formation disciplinaire, le

Conseil de l'ordre des avocats ne saurait être vu comme une juridiction au sens des art. 361, 362 et 363 C. pén. ; dès lors, à supposer contraires à la vérité les propos tenus par une personne entendue devant cette instance, ils ne peuvent tomber sous le coup de la loi pénale qui est d'interprétation stricte. • Aix-en-Provence, 5 févr. 1985 : *Gaz. Pal. 1985. 1. 350, note A.D.*

3. Tombe sous le coup des dispositions de l'art. 362 C. pén. le prévenu qui a sciemment altéré la vérité dans une fausse déposition faite sous la foi du serment devant une juridiction étrangère (juridiction militaire allemande pendant l'occupation), l'affirmation par les juges du fond que la déposition a été faite sous la foi du serment impliquant que le serment a été prêté régulièrement selon les règles de procédure en vigueur devant la juridiction qui l'a reçue. • Crim. 3 nov. 1942 : *Bull. crim. n° 106.* ♦ Arrêt de rejet du pourvoi contre : • Paris, 2 déc. 1941 : *JCP 1942. II. 1856, note Magnol ; S. 1942. 2. 5 ; Gaz. Pal. 1942. 1. 91.*

4. Le faux témoignage résulte du seul fait d'une déposition contraire à la vérité sous la foi du serment, alors même que les débats auraient été terminés par une déclaration d'incompétence. • Crim. 30 juin 1847 : *DP 1847. 1. 329* • 11 sept. 1851 : *DP 1851. 5. 509.* ♦ Comp. : • Cass. Belgique, 5 avr. 1892 : *DP 1894. 2. 246, note Sarrut.*

5. Déposition devant toute juridiction. L'art. 363 C. pén., qui réprime le faux témoignage en matière civile, atteint la déposition fausse faite dans une enquête ordonnée sur délégation de la juridiction de jugement, sans pouvoir objecter qu'il ne s'agit que d'une procédure préparatoire. • Crim. 6 janv. 1859 : *DP 1860. 5. 377* • 7 mars 1956 : *Bull. crim. n° 237* • 15 oct. 1957 : *ibid. n° 630 ; D. 1958. 61.*

B. TÉMOIGNAGE SOUS SERMENT

6. Déclaration. Le faux témoignage ne peut résulter que d'une déclaration faite sous la foi du serment. • Crim. 20 mai 1958 : *Bull. crim. n° 408* • 18 janv. 1968 : ☖ *ibid. n° 18 ; RSC 1968. 851, obs. Vitu.* ♦ ... Serment régulièrement prêté dans les termes de la loi. • Crim. 2 déc. 1864 : *DP 1865. 1. 317.*

7. Attestation. Les attestations prévues par l'art. 202 NCPC [devenu C. pr. civ.] ne constituent pas des témoignages, lesquels sont réglementés par les art. 204 s. du même code, et notamment par l'art. 211 qui fait référence aux peines encourues en cas de faux témoignage ; commet le délit prévu et réprimé par l'art. 161 C. pén. (nouvel art. 441-7) celui qui use d'une telle attestation faisant état de faits inexacts. • Crim. 3 févr. 1982 : *Bull. crim. n° 40 ; RSC 1983. 74, obs. Vitu.*

8. Expertise. Le fait, pour un expert, de falsifier les données ou les résultats de l'expertise est réprimé et puni par l'art. 434-20 nouv. C. pén. ; il ne faisait toutefois l'objet d'aucune incrimination particulière sous l'ancien code pénal ; en vertu du principe de l'interprétation stricte des textes pénaux, il n'est pas possible de poursuivre de tels faits, commis avant l'entrée en vigueur du code pénal actuel, sous la qualification de faux témoignage prévue par l'art. 362 de l'ancien code pénal ; en effet, il n'est pas possible d'assimiler l'expert au témoin, dès lors que le premier est chargé de donner un avis sur une question technique et que le second doit relater des faits vus ou entendus ; en outre, les formules de leurs prestations de serment respectives sont différentes ; en conséquence, l'action de la partie civile doit être déclarée irrecevable. • Paris, 24 avr. 1997 : *JCP 1997. IV. 2113.*

C. TÉMOIGNAGE IRRÉVOCABLE

9. Principe de l'irrévocabilité. Le délit de faux témoignage n'est légalement consommé qu'au moment où la déposition mensongère du témoin est devenue irrévocable et a produit tout son effet sur l'esprit du juge. • Crim. 20 nov. 1868 : *DP 1869. 1. 263* • 23 juin 1938 : *Bull. crim. n° 161 ; DH 1938. 501 ; Gaz. Pal. 1938. 2. 297 ; RSC 1938. 713, obs. Hugueney* • 24 févr. 1949 : *Bull. crim. n° 76 ; RSC 1950. 54, obs. Hugueney.*

10. Si, à la date de la décision de renvoi devant le tribunal correctionnel, le délit de faux témoignage ne pouvait être pénalement sanctionné, le témoignage incriminé pouvant encore être rétracté, la cour d'appel fait, par contre, à bon droit une exacte application de l'art. 363 C. pén. lorsqu'elle relève que les dépositions incriminées étaient devenues irrévocables à la date où elle a statué. • Crim. 11 oct. 1973 : ☖ *Bull. crim. n° 354 ; D. 1973. Somm. 140.* ♦ *Contra* : • T. corr. Angers, 30 oct. 1957 : *D. 1958. Somm. 19 ; Gaz. Pal. 1957. 2. 352 ; RSC 1958. 105, obs. Hugueney.*

11. Régime de la rétractation. Devant la juridiction correctionnelle, le dernier état du débat n'est irrévocablement fixé que par la prononciation de l'arrêt ou du jugement sur l'affaire principale. • Crim. 23 juin 1938 : *Bull. crim. n° 161 ; DH 1938. 501 ; Gaz. Pal. 1938. 2. 297 ; RSC 1938. 713, obs. Hugueney.* ♦ Les prévenus ne sauraient faire état de ce que, en cause d'appel, ils n'ont pas été entendus à nouveau et mis en mesure de se rétracter. • Crim. 10 juill. 1931 : *Bull. crim. n° 199 ; S. 1933. 1. 315.* ♦ *Contra*, fixant la clôture des débats (conformément d'ailleurs au premier état de la jurisprudence de la chambre criminelle en la matière) après que le ministère public ait été entendu en ses réquisitions et le prévenu en sa défense : • T. corr. Colmar, 4 mai 1951 : *JCP 1951. II. 6478, note Pierron ; RSC 1951. 670, obs. Hugueney.*

12. Mais la rétractation d'un faux témoignage est tardive, lorsqu'elle n'intervient qu'après que des poursuites ont été ordonnées contre le témoin, et cela encore bien que les débats sur le fait principal n'aient pas été définitivement clos, et qu'il ait été seulement sursis pendant l'instruction sur le faux témoignage. • Crim. 29 nov. 1873 : *DP 1874. 1. 5* • 22 sept. 1887 : *Bull. crim. n° 343* • 17 déc. 1896 : *ibid. n° 369.* ♦ Le faux témoignage est consommé dès l'instant où le témoin, par sa persistance à maintenir sa déclaration mensongère, a forcé la justice à suspendre son cours ; la rétractation qui a pu ultérieurement se produire devant le juge d'instruction ne peut effacer le faux témoignage ainsi caractérisé. • Crim. 23 déc. 1954 : *Bull. crim. n° 430* • T. corr. Alençon, 22 avr. 1936 : *DH 1936. 326.*

13. Les déclarations mensongères faites par des témoins dans une enquête civile portent préjudice aux tiers dès l'instant où est dressé le procès-verbal qui clôt la procédure d'enquête ; le délit de faux témoignage est par suite consommé à partir de ce moment. • Crim. 6 juill. 1938 : *Bull. crim. n° 171 ; Gaz. Pal. 1938. 2. 550* • 1er juin 1954 : *Bull. crim. n° 206.*

D. TÉMOIGNAGE DÉTERMINANT

14. Déclarations sur le fond. Le faux témoignage n'est un crime ou un délit que lorsqu'il est prouvé qu'il pouvait exercer une influence sur la décision du juge. • Crim. 30 avr. 1954 : *Bull. crim. n° 147 ; D. 1954. 573* • T. corr. Seine, 9 nov. 1962 : *Gaz. Pal. 1963. 1. 308.* ♦ Le faux témoignage consiste dans une altération volontaire de la vérité portant sur les circonstances essentielles du fait poursuivi. • Crim. 11 déc. 1957 : *Bull. crim. n° 827.* ♦ ... Ou sur une circonstance présentant un intérêt dans l'affaire. • Crim. 27 janv. 1960 : *Bull. crim. n° 49 ; Gaz. Pal. 1960. 1. 297.*

15. La simple inexactitude portant sur une circonstance accessoire et sans effet sur le sens réel de la déposition ne saurait constituer le délit. • Crim. 29 nov. 1951 : *Bull. crim. n° 329.*

16. Explications annexes. Les déclarations faites par un témoin entendu en matière civile, même après prestation de serment, et qui constituent une réponse au reproche dont il est l'objet, ne font point partie intégrante de la déposition ; encourt dès lors la cassation l'arrêt qui retient à la charge d'un témoin la prévention de faux témoignage, alors que des constatations dudit arrêt il ne résulte pas que les déclarations mensongères imputées à ce témoin ont été énoncées par lui au cours de sa déposition et non au cours de ses explications sur le reproche dont il était l'objet. • Crim. 10 nov. 1949 : *Bull. crim. n° 305 ; D. 1949. 549, note A.-L. P. ; S. 1950. 1. 123 ; JCP 1950. II. 5537, note Chavanne ; RSC 1950. 54, obs. Hugueney ; RTD civ. 1950. 99, obs. Raynaud.*

II. MENSONGE

A. MATÉRIALITÉ

17. Le faux témoignage peut consister : ... dans l'affirmation d'un fait inexact. • Crim. 6 avr. 1954 : *Bull. crim. n° 145 ; D. 1954. 572 (1re esp.)* • 27 janv. 1960 : *Bull. crim. n° 49 ; Gaz. Pal. 1960. 1. 297.* ♦ ... Dans la négation d'un fait véritable. • Crim. 6 avr. 1954 : *préc.* • 6 mars 1973 : *Bull. crim. n° 108.* ♦ ... Dans des omissions et réticences volontaires. • Crim. 29 nov. 1951 : *Bull. crim. n° 329* • Colmar, 30 janv. 1969 : *Rev. Alsace-Lorraine 1969. 77.* ♦ ... Auxquelles ne saurait être assimilé le refus pur et simple du témoin de répondre aux questions qui lui sont posées. • Crim. 6 févr. 1863 : *DP 1863. 1. 323 ; S. 1863. 1. 279* • Poitiers, 17 déc. 1919 : *D. 1921. 2. 22 ; Gaz. Pal. 1920. 1. 237.*

B. PRÉJUDICE

18. Le préjudice n'est pas un élément constitutif de l'infraction de faux témoignage. • Crim. 17 déc. 2002, n° 02-81.424 P : *Dr. pénal 2003. 32, obs. Véron ; RSC 2004. 94, obs. Delmas Saint-Hilaire.*

19. Le délit de faux témoignage (en matière civile) est constitué lorsque les déclarations mensongères sont de nature à exercer une influence sur le procès et à causer à la partie civile un préjudice, fût-il éventuel. • Crim. 11 oct. 1989 : *Bull. crim. n° 354* • Pau, 29 nov. 1946 : *JCP 1947. II. 3857, note Laurens et Seignolle ; RSC 1947. 586, obs. Hugueney.*

20. Les constatations par les juges du fait que la fausse déposition était de nature à exercer une influence sur le procès civil relèvent les éléments du délit de faux témoignage et notamment l'existence d'un préjudice. • Crim. 10 nov. 1954 : *Bull. crim. n° 328.*

21. Doit être cassée la décision relaxant un prévenu du chef de faux témoignage en matière civile, au motif que ses déclarations n'auraient exercé aucune influence sur la solution du procès, alors qu'il résulte des motifs, qui constituent le soutien nécessaire du dispositif de la décision civile, que les juges en ont retenu au contraire certains éléments. • Crim. 4 oct. 1961 : *Bull. crim. n° 373.* ♦ ... Ou encore, au motif que la déclaration faite par lui au cours d'une enquête n'avait pu causer aucun préjudice à la partie plaignante, alors qu'il résulte des constatations de la décision que la question posée au témoin n'était pas étrangère à l'objet de l'enquête, et que la réponse négative faite mensongèrement à cette interrogation coupait court aux questions plus précises que la même partie aurait été en droit de poser. • Crim. 6 mars 1973 : *Bull. crim. n° 108.*

C. INTENTION

22. Nécessité. Le faux témoignage n'existe pas par cela seul qu'une déposition est contraire à la vérité et qu'elle est de nature à causer un préjudice : il faut encore qu'elle soit faite de mauvaise foi et avec une intention dolosive.

• Crim. 31 mai 1935 : *Bull. crim. n° 72* • 30 avr. 1954 : *D. 1954. 572 (2e esp.)* • 7 mai 1957 : *Bull. crim. n° 383* • 11 déc. 1957 : *ibid. n° 827.* ♦ ... Le doute sur la volonté de tromper devant entraîner la relaxe. • Paris, 25 mai 1982 : *Gaz. Pal. 1982. 2. Somm. 365.*

23. Constatation. L'intention dolosive, élément constitutif du délit de faux témoignage, peut résulter des énonciations des juges du fond, sans qu'il soit indispensable qu'elle soit expressément constatée. • Crim. 10 juin 1942 : *Bull. crim. n° 74* • 6 avr. 1954 : *ibid. n° 145 ; D. 1954. 572 (1re esp.)* • 18 janv. 1968 : *Bull. crim. n° 18 ; RSC 1968. 851, obs. Vitu.* ♦ Et l'arrêt qui qualifie les dépositions de mensongères et erronées relève par là-même qu'elles sont contraires à la vérité et qu'elles ont été faites avec le dessein de tromper, constatant ainsi la mauvaise foi, élément nécessaire du délit. • Crim. 20 mai 1958 : *Bull. crim. n° 408.*

24. Jugement personnel. La déposition s'analysant en une appréciation ou un jugement personnel du témoin ne constitue pas le délit de faux témoignage. • Crim. 25 févr. 1964 : *Bull. crim. n° 65.*

25. Défense personnelle. La loi ne distingue pas la fausse affirmation en défense personnelle du faux témoignage ; en effet, les art. 361 s. C. pén., qui punissent le faux témoignage, ne prévoient aucune exception, et le témoin qui a prêté le serment prescrit par la loi ne peut être dispensé par aucune considération personnelle de remplir le devoir que ce serment lui impose, le faux témoignage ne pouvant être excusé sous le prétexte que le témoin n'aurait pu dire la vérité sans s'exposer à un dommage grave et inévitable pour sa liberté ou son honneur. • Crim. 2 déc. 1864 : *DP 1865. 1. 317* • 29 mai 1914 : *DP 1918. 1. 36* • 26 juill. 1945 : *Gaz. Pal. 1945. 2. Somm. 2 ; RSC 1946. 236, obs. Hugueney* • 11 avr. 1964 : *Bull. crim. n° 112 ; D. 1964. Somm. 86 ; JCP 1964. II. 13770, note Larguier ; Gaz. Pal. 1964. 2. 154.*

III. RÉPRESSION

26. Complicité. V. notes ss. art. 434-15.

27. Action civile. La subornation de témoins et le faux témoignage qui s'en est suivi constituent un ensemble de faits qui est indivisible au regard du droit à réparation qu'il ouvre, devant la juridiction répressive, à ceux qui en ont été victimes. • Crim. 2 mai 1967 : *Bull. crim. n° 139.*

28. Prescription. Le faux témoignage est une infraction instantanée, à l'égard de laquelle le délai de prescription commence à courir du jour où la déposition a été faite. • Crim. 17 déc. 2002, n° 02-81.424 P : *Gaz. Pal. 2003. 2. Somm. 3232, obs. Monnet ; Dr. pénal 2003. 32, obs. Véron ; RSC 2004. 94, obs. Delmas Saint-Hilaire.* ♦ ... Les dispositions de l'art. 434-13, al. 2, C. pén., qui prévoient une exemption de peine si le faux témoin a rétracté spontanément son témoignage, n'ont pas pour effet de reporter le point de départ de la prescription à la date à laquelle le témoignage est devenu irrévocable. • Même arrêt.

29. Incidents de procédure. Le président de la cour d'assises apprécie souverainement, d'après les débats, s'il existe des additions, changements ou variations entre la déposition d'un témoin et ses précédentes déclarations, et s'il y a lieu d'en établir un procès-verbal ; en agissant ainsi, le président ne fait qu'user du droit personnel et exclusif que lui reconnaît l'art. 333 C. pr. pén. • Crim. 25 févr. 1965 : *Bull. crim. n° 63* • 14 avr. 1972 : *ibid. n° 119 ; D. 1972. Somm. 143* • 11 janv. 1977 : *Bull. crim. n° 12 ; D. 1977. IR 76.*

30. Pareillement, aucune obligation de surseoir jusqu'à la décision à intervenir sur l'inculpation de faux témoignage ne pèse sur les juridictions saisies de l'affaire principale. • Crim. 27 mars 1856 : *DP 1856. 1. 229* • 25 févr. 1965 : *préc. note 29.*

31. L'arrêt qui ordonne le renvoi d'une affaire jusqu'à décision définitive sur une plainte en faux témoignage constitue une simple mesure d'instruction et ne revêt pas le caractère de la chose jugée, de même qu'il n'imprime pas un caractère préjudiciel au jugement à intervenir sur la plainte en faux témoignage. • Crim. 25 juill. 1972 : *Bull. crim. n° 257 ; RSC 1973. 428, obs. Robert.*

32. Témoin anonyme. D'une part, l'impossibilité de déposer plainte contre le témoin anonyme pour faux témoignage est compensée par la portée limitée conférée à son audition, aucune condamnation ne pouvant être prononcée sur le seul fondement de ses déclarations, d'autre part, la personne mise en cause dispose du droit de solliciter l'annulation dudit témoignage dans les conditions prévues par l'art. 706-60 C. pr. pén. • Crim. 7 déc. 2016, n° 15-87.290 P : *D. actu. 9 janv. 2017, obs. Lavric.* ♦ Dans le même sens, et dans la même affaire. • Crim. 29 juin 2016, n° 15-87.290 P : *préc.*

Art. 434-14 Le témoignage mensonger est puni de sept ans d'emprisonnement et de 100 000 € d'amende :

1° Lorsqu'il est provoqué par la remise d'un don ou d'une récompense quelconque ;

2° Lorsque celui contre lequel ou en faveur duquel le témoignage mensonger a été commis est passible d'une peine criminelle. — *CSS, art. L. 471-4.*

Art. 434-15 Le fait d'user de promesses, offres, présents, pressions, menaces, voies de fait, manœuvres ou artifices au cours d'une procédure ou en vue d'une demande ou

défense en justice afin de déterminer autrui soit à faire ou délivrer une déposition, une déclaration ou une attestation mensongère, soit à s'abstenir de faire ou délivrer une déposition, une déclaration ou une attestation, est puni de trois ans d'emprisonnement et de 45 000 € d'amende, même si la subornation n'est pas suivie d'effet. — *CSS, L. 471-4.*

En cas de faux témoignage ou de subornation de témoin devant les commissions d'enquête et de contrôle parlementaires, les dispositions des art. 434-13, 434-14 et 434-15 C. pén. sont respectivement applicables (Ord. n° 58-1100 du 17 nov. 1958, art. 6, mod. par L. n° 77-807 du 19 juill. 1977, L. n° 91-698 du 20 juill. 1991, L. n° 92-1336 du 16 déc. 1992, art. 277 et 373, L. n° 2011-140 du 3 févr. 2011, art. 2).

***Corresp.** : C. pén., anciens art. 306, al. 3, et 365.*

BIBL. ► M. LEMONDE, *RSC 1996. 815* (la protection des témoins devant les tribunaux français).

I. SUBORNATION–DÉLIT

A. OBJET DE LA SUBORNATION

1. Déposition, déclaration ou attestation. Pour des exemples de subornation : ... aux fins d'une déposition mensongère au cours d'une enquête civile. • Crim. 27 juill. 1954 : *Bull. crim. n° 281* • 5 févr. 1958 : *ibid. n° 135.* ♦ ... Aux fins d'une déclaration mensongère au cours d'une enquête de police. • Crim. 3 janv. 1956 : *Bull. crim. n° 5.* ♦ ... Aux fins de déclarations mensongères au cours d'une procédure relative à des faits de corruption. • Crim. 4 févr. 1997, n° 96-81.227 P : *Gaz. Pal. 1997. 1. 225, note Doucet.* ♦ ... Aux fins de déclarations mensongères au cours de l'instruction. • Crim. 2 mars 2016, n° 15-81.787 P : *D. actu. 30 mars 2016, obs. Fonteix ; Dr. pénal 2016, n° 124, obs. Conte.*

2. Mensonge. L'art. 365 C. pén. ne punit que ceux qui, par les procédés qu'il précise, ont déterminé ou tenté de déterminer autrui à faire des dépositions ou des déclarations mensongères. • Crim. 5 oct. 1971 : *Gaz. Pal. 1972. 1. 137.*

3. Ainsi, le délit est caractérisé lorsque l'objet de la pression exercée sur le témoin est d'obtenir de celui-ci qu'il affirme, comme les ayant personnellement constatés, des faits dont, quelle qu'en soit la réalité, il n'a eu qu'indirectement connaissance. • Crim. 28 mai 1968 : *Bull. crim. n° 180.* ♦ De même, commet le délit de subornation, alors qu'une information est ouverte du chef de détournement de sommes à lui remises, l'individu qui, usant de diverses menaces, demande à son ancienne secrétaire de dissimuler, dans le témoignage qu'elle serait appelée à fournir, certains faits parvenus à sa connaissance, et d'indiquer qu'elle n'a aucun souvenir de relations financières. • Crim. 29 mars 1977 : *Bull. crim. n° 115.*

4. Il y a encore subornation à déterminer un témoin à revenir sur sa déposition. • Crim. 10 déc. 1958 : *Bull. crim. n° 740* • 27 oct. 1997, n° 96-83.698 P. ♦ ... Ou à déterminer l'auteur d'une attestation déjà soumise à une juridiction à lui en faire délivrer une autre rétractant ou contredisant la première. • Crim. 6 nov. 1962 : *Bull. crim. n° 305* • 9 déc. 1975 : *ibid. n° 274* • 4 avr. 1978 : *ibid. n° 125 ; D. 1978. 512, rapp. Robert ; RSC 1979. 83, obs. Vitu* • 11 déc. 1991, n° 91-80.597 P. ♦ Suite à son licenciement le 7 févr. 2003 pour faute grave par la société X... Biotechnologies, Mme E..., secrétaire, a engagé une procédure prud'homale dans le cadre de laquelle elle a produit des attestations de cinq salariés de cette société portant sur le poste qu'elle occupait ; ceux-ci ont été convoqués par l'employeur aux fins d'établissement, sous peine de licenciement, d'attestations en sens contraire, ce à quoi ils se sont refusés à l'exception d'un seul, M. A... ; deux salariés ont été licenciés par l'employeur, notamment pour attestations mensongères ; Mme E... a déposé plainte avec constitution de partie civile pour subornation de témoins à l'encontre des dirigeants de la société, lesquels ont été renvoyés de ce chef devant la juridiction correctionnelle ; pour dire l'infraction caractérisée en tous ses éléments, la cour d'appel, par motifs propres et adoptés, après avoir repris l'ensemble des témoignages des salariés concernés ayant précisé que les attestations initiales étaient sincères et que leur contenu était vrai, et relevé que ceux-ci avaient été menacés de licenciement s'ils ne produisaient pas une nouvelle attestation contredisant la première, retient que leurs déclarations sont corroborées par M. F..., délégué syndical présent lors des entretiens préalables au licenciement ; les juges ajoutent que M. A..., seul salarié ayant accepté d'établir une nouvelle attestation après avoir subi la pression de son employeur, en raison de sa situation familiale, a affirmé que ce qu'il avait écrit sur la première était vrai ; en cet état et dès lors qu'ayant constaté que les attestations initiales étaient sincères, les témoignages en sens contraire sciemment sollicités par les dirigeants de la société, dans le dessein d'en faire état en justice, ne pouvaient qu'être mensongers, la cour d'appel a justifié sa décision. • Crim. 28 juin 2011 : *Dr. pénal 2011, n° 119, obs. Véron.*

5. Mais ne saurait admettre une quelconque qualification pénale, et notamment pas le délit de subornation de témoin, le fait pour un juge d'instruction d'avoir incité une personne en garde à vue à dire la vérité, de telles recommandations, à supposer qu'elles soient démontrées, n'ayant pas eu pour but de déterminer leur destinataire à faire une déclaration mensongère, mais au contraire une déposition conforme à la vérité. • Crim. 20 sept. 1995 : *Gaz. Pal. 1996. 1. Chron. 6, par Doucet.*

B. ACTE DE SUBORNATION

6. ***Matérialité.*** Le délit prévu et réprimé par l'art. 365 C. pén. n'est réalisé qu'autant que le prévenu a usé de promesses, offres ou présents, de pressions, menaces, voies de fait, manœuvres ou artifices pour déterminer autrui à faire ou délivrer une déposition, une déclaration ou attestation mensongère. • Crim. 11 janv. 1956 : *Bull. crim. n° 49* • 31 janv. 1956 : *ibid. n° 114 ; D. 1956. Somm. 130* • 26 janv. 1972 : *ibid. n° 35 ; D. 1972. Somm. 92 ; Gaz. Pal. 1972. 2. 718 ; RSC 1972. 867, obs. Vitu.*

7. Le délit de subornation de témoins n'est donc réalisé qu'autant qu'il a été fait usage de l'un des moyens limitativement énumérés par le texte, à l'exclusion d'une simple sollicitation. • Crim. 22 févr. 1956 : *Bull. crim. n° 187 ; D. 1956. Somm. 131 ; JCP 1956. II. 9270, note Colombini* • 7 mars 1956 : *Bull. crim. n° 237* • 2 nov. 2005 : *Dr. pénal 2006, n° 24, obs. Véron* • Rouen, 25 févr. 1952 : *D. 1952. 806.* ♦ De même, de simples recommandations faites à d'éventuels coinculpés, en vue de se concerter, avant toute procédure, pour assurer leur défense commune, ne sauraient constituer la subornation de témoins. • Crim. 26 janv. 1972 : *préc. note 6.*

8. Est suffisamment motivé l'arrêt qui, pour condamner la prévenue du chef de subornation de témoin, constate que les pressions employées pour parvenir au faux témoignage ont été d'autant plus efficaces que le suborné est simple d'esprit et d'un caractère faible. • Crim. 23 oct. 1956 : *Bull. crim. n° 666.* ♦ De même, la menace de poursuites pénales doit s'interpréter en fonction de la psychologie de celui qui en est l'objet. • Crim. 4 avr. 1978, n° 77-93.092 P : *D. 1978. 512, rapp. Robert ; RSC 1979. 83, obs. Vitu.*

9. Le délit de subornation de témoin n'exige pas que les promesses, offres ou pressions aient précédé la demande de déposition mensongère. • Crim. 4 févr. 1997, n° 96-81.227 P : *Gaz. Pal. 1997. 1. 225, note Doucet.*

10. Les art. 365 ancien et 434-15 C. pén. n'exigent pas que les promesses ou offres, faites pour déterminer un témoin à des dépositions ou à des déclarations mensongères, lui soient adressées personnellement. • Crim. 20 oct. 1999, n° 99-80.088 P : *D. 2000. IR 23.*

11. Le fait d'exercer des pressions sur une personne pour l'inciter à déclarer autre chose que ce qu'elle pense être la vérité caractérise le délit de subornation. • Crim. 12 juin 2019, n° 18-83.844 : *D. actu. 1er juill. 2019, obs. Recotillet ; D. 2019. 1229 ; AJ pénal 2019. 447, obs. Thierry ; JCP 2019. 892, note Saint-Pau ; Dr. pénal 2019. Comm. 162, obs. Conte ; Gaz. Pal. 2019. 2084, note D. Piau ; ibid. 3325, obs. Detraz* (subornation de témoin par un avocat).

12. ***Promesses, offres ou présents.*** Promesse d'avantages commerciaux. • T. corr. Louviers, 28 nov. 1951 : *D. 1952. 263 ; RSC 1952. 453, obs. Hugueney ;* infirmé par : • Rouen, 25 févr. 1952 : *D. 1952. 806.* ♦ ... Promesse d'un prêt. • Crim. 27 juill. 1954 : *Bull. crim. n° 281.* ♦ ... Promesses d'argent. • Crim. 9 mai 1963 : *Bull. crim. n° 176* • 9 déc. 1975 : *ibid. n° 274.* ♦ ... Remise de chèques. • Crim. 25 janv. 1984, n° 83-90.646 P : *Gaz. Pal. 1984. 2. 493 ; RSC 1985. 72, obs. Delmas Saint-Hilaire.* ♦ ... Proposition d'une place d'entraîneur. • Crim. 4 févr. 1997, n° 96-81.227 P : *Gaz. Pal. 1997. 1. 225, note Doucet.*

13. ***Pressions, menaces, voies de fait.*** La QPC est ainsi rédigée : « L'article 434-15 du code pénal est-il conforme aux articles 5, 8 et 16 de la Déclaration des droits de l'homme et du citoyen de 1789, 34 de la Constitution ainsi qu'aux principes de légalité des délits et des peines, de clarté de la loi, de prévisibilité juridique et de sécurité juridique, notamment en ce qu'il ne détermine pas la notion de "pressions" ? » ; la question posée ne présente pas un caractère sérieux, dès lors que la disposition législative critiquée est rédigée en des termes suffisamment clairs et précis pour que son interprétation, qui entre dans l'office du juge pénal, puisse se faire sans risque d'arbitraire ; d'où il suit qu'il n'y a pas lieu de transmettre la question au Conseil constitutionnel. • Crim. 7 oct. 2015, n° 15-81.787 QPC.

14. ***Démarches réitérées.*** • Crim. 3 janv. 1958 : *Bull. crim. n° 6.* ♦ ... Crainte d'être licencié. • Crim. 3 mai 1989 : *Dr. pénal 1989. 63.* ♦ ... Vive colère du suborneur. • T. corr. Abbeville, 31 mars 1951 : *JCP 1951. II. 6345 ; RSC 1951. 670, obs. Hugueney.* ♦ ... Sollicitations émanant de membres influents de l'État, faites à une personne hiérarchiquement placée sous l'autorité d'un ministre de même appartenance gouvernementale que l'un des suborneurs, ce qui a créé une contrainte dans l'esprit du témoin, contrainte qui l'a amené à modifier ses déclarations dans le sens souhaité. • Crim. 27 oct. 1997, n° 96-83.698 P. ♦ ... Visites régulières au domicile du témoin et remise d'un courrier destiné à être recopié et envoyé au juge d'instruction, afin d'inciter ledit témoin à revenir sur sa déposition, alors que, déjà mis en examen, il était fatigué psychologiquement et physiquement du fait de l'enquête. • Même arrêt. ♦ ... Réception de plusieurs lettres sorties en fraude de la prison et visite d'un ancien détenu, ces divers démarches ayant pour but d'inciter le témoin, maîtresse du suborneur, incarcéré à la suite du meurtre de son épouse, à rétracter les déclarations sincères qu'elle avait faites au cours de l'instruction. • Crim. 4 mai 1999 : *Gaz. Pal. 1999. 2, chron. crim. 128.* ♦ ... Menaces et pressions sur une victime d'agression sexuelle handicapée, afin d'obtenir d'elle un témoignage favorable. • Grenoble, 7 juill. 2000 : *JCP 2001. IV. 1469.* ♦ ... Actes de nature à peser sur la volonté du témoin (modèle de lettre à recopier et appels et messages téléphoniques répétés et insistants) et qui l'ont directement déterminé à adresser au juge d'instruction une déclaration mensongère. • Crim. 2 mars 2016, nº 15-81.787 P : *D. actu. 30 mars 2016, obs. Fonteix.* ♦ ... Pressions exercées par un avocat qui s'est rendu, à plusieurs reprises, au magasin d'un témoin afin de l'inciter à changer sa version des faits, peu important à cet égard la réalité desdits faits. • Crim. 12 juin 2019, nº 18-83.844 P : *D. actu. 1er juill. 2019, obs. Recotillet ; AJ pénal 2019. 447, obs. Thierry ; Dr. pénal 2019, nº 162, obs. Conte.*

15. Manœuvres ou artifices. Use des pressions, manœuvres et artifices prévus par l'art. 365 C. pén., et commet le délit de subornation de témoin celui qui, pour obtenir une attestation mensongère en vue d'une défense en justice, se rend, accompagné d'un tiers, chez une personne affectée par un deuil très récent, la trompe sur l'utilisation qui sera faite de cette pièce dont il lui dicte les termes, et lui cache les motifs pour lesquels elle doit être établie. • Crim. 3 avr. 1974, nº 73-91.292 P : *D. 1974. Somm. 63.* ♦ Se rendent coupables du délit de subornation d'autrui, prévu et réprimé par l'art. 365 C. pén., un inculpé et des avocats qui ont usé, au cours d'une procédure, de manœuvres pour déterminer un autre inculpé à faire des déclarations mensongères. • Crim. 25 janv. 1984 : *Bull. crim. nº 33 ; Gaz. Pal. 1984. 2. 493 ; RSC 1985. 72, obs. Delmas Saint-Hilaire.*

16. Intention. Si des inculpés ont le droit de mentir et de rester silencieux ou de se concerter en vue d'une défense commune, ils ne peuvent, en revanche, invoquer les droits de la défense pour user des procédés prohibés par l'art. 365 C. pén. et entraver ainsi le fonctionnement de la justice ; il en est de même pour les avocats qui n'ont pas davantage le droit d'employer ces procédés pour défendre leurs clients et les faire acquitter à tout prix. • Crim. 25 janv. 1984 : *préc. note 15* (par adoption des motifs de l'arrêt attaqué). ♦ Rappr. : • 26 janv. 1972 : *ibid. nº 35 ; D. 1972. Somm. 92 ; Gaz. Pal. 1972. 2. 718 ; RSC 1972. 867, obs. Vitu.*

17. Effet. Il n'importe que le témoin n'ait pas fait de déclaration ni de déposition, l'art. 365 punissant les faits qu'il vise, que la subornation ait ou non produit son effet. • Crim. 11 janv. 1956 : *Bull. crim. nº 49* • 31 janv. 1956 : *ibid. nº 114 ; D. 1956. Somm. 130* • 10 déc. 1958 : *Bull. crim. nº 740* • 6 nov. 1962 : *Bull. crim. nº 305.*

C. RÉPRESSION

18. Action publique. La poursuite du délit de subornation de témoins, à le supposer commis à l'occasion d'une poursuite judiciaire, n'impliquant pas la violation d'une règle de procédure pénale, n'est pas soumise à l'exception préjudicielle à l'action publique édictée par l'art. 6-1 C. pr. pén. • Crim. 27 sept. 2005, nº 05-84.032 P : *Gaz. Pal. 2006. 1. Somm. 1392, note Monnet.*

19. Action civile. La subornation de témoins et le faux témoignage qui s'en est suivi constituent un ensemble de faits qui est indivisible au regard du droit à réparation qu'il ouvre, devant la juridiction répressive, à ceux qui en ont été victimes. • Crim. 2 mai 1967, nº 66-90.026 P.

20. Prescription. L'infraction de subornation de témoin s'analysant en un délit instantané, la prescription commence à courir dès le jour où ont été commis les actes incriminés ; seul un obstacle de droit survenu après la mise en mouvement de l'action publique et mettant la partie civile dans l'impossibilité d'agir est de nature à suspendre le délai de prescription de celle-ci ; c'est dès lors à bon droit que la chambre d'accusation a écarté l'argumentation de l'appelante faisant valoir qu'elle n'avait eu connaissance des faits qu'en juin 1992 et qu'ainsi la prescription avait été suspendue jusqu'à cette date. • Crim. 27 sept. 1995 : *Gaz. Pal. 1996. 1. Chron. crim. 6.*

21. Sursis à statuer. La juridiction répressive saisie de poursuites du chef de subornation de témoin, commise à l'occasion d'une procédure pendante devant la juridiction civile, n'a pas à surseoir à statuer jusqu'à la solution définitive de l'instance civile en cours. • Crim. 6 nov. 1962 : *Bull. crim. nº 305.* ♦ De même, la cour d'appel n'est pas tenue de surseoir à statuer sur une poursuite en subornation de témoin dont elle est régulièrement saisie jusqu'au jugement de l'affaire pénale à l'occasion de laquelle ce délit a été commis, ces deux procédures ayant des objets distincts, et l'existence du délit de subornation, qui a un caractère propre, étant indépendante du résultat de l'affaire principale. • Crim. 3 avr. 1974 : *Bull. crim. nº 145 ; D. 1974. Somm. 63.* ♦ *Contra* : • Crim. 27 juill. 1954 : *Bull. crim. nº 282.*

22. Complicité. Pour un exemple de complicité de subornation de témoin par aide et assistance. • Crim. 9 déc. 1975 : *Bull. crim. nº 274.* ♦ Rappr., *RSC 1985. 72, obs. Delmas Saint-Hilaire.*

II. SUBORNATION–COMPLICITÉ

23. Complicité de faux témoignage. Il appartient à une cour d'appel qui relaxe un prévenu du chef de subornation de témoins de rechercher si celui-ci ne s'est pas rendu coupable d'un fait de complicité de faux témoignage. • Crim. 4 oct. 1961 : *Bull. crim. nº 373.*

24. Dès lors que le faux témoignage a eu lieu,

les pressions exercées sur le témoin par le suborneur (employeur, en l'espèce) constituent de la part de celui-ci, non le délit de subornation de témoin, mais celui de complicité de faux témoignage. • Crim. 24 juill. 1958 (2 arrêts) : *Bull. crim. nos 572 et 573.*

25. Ainsi, il y a complicité de faux témoignage en matière civile dans le fait de donner des instructions pour déposer faussement, si ces témoignages mensongers ont été reçus sous la foi du serment par la juridicition civile. • Crim. 20 mai 1958 : *Bull. crim. n° 408.*

26. De même, justifie légalement une condamnation pour complicité de faux témoignage l'arrêt qui constate la connaissance, par le témoin, de la fausseté de sa déposition et la connaissance par le prévenu de cette fausseté, lors des instructions données à ce témoin en vue de commettre le faux témoignage. • Crim. 19 nov. 1957 : *Bull. crim. n° 747.*

Art. 434-15-1 *(L. n° 2000-516 du 15 juin 2000, art. 32-III, en vigueur le 1er janv. 2001)* **Le fait de ne pas comparaître,** *(L. n° 2000-1354 du 30 déc. 2000)* **« de ne pas prêter serment ou de ne pas déposer, » sans excuse ni justification, devant le juge d'instruction** *(L. n° 2002-1138 du 9 sept. 2002, art. 39)* **« ou devant un officier de police judiciaire agissant sur commission rogatoire » par une personne qui a été citée par lui pour y être entendue comme témoin est puni de 3 750 € d'amende.**

Art. 434-15-2 *(L. n° 2001-1062 du 15 nov. 2001, art. 31 ; L. n° 2003-239 du 18 mars 2003, art. 31)* **Est puni de trois ans d'emprisonnement et de** *(L. n° 2016-731 du 3 juin 2016, art. 16)* **« 270 000 € » d'amende le fait, pour quiconque ayant connaissance de la convention secrète de déchiffrement d'un moyen de cryptologie susceptible d'avoir été utilisé pour préparer, faciliter ou commettre un crime ou un délit, de refuser de remettre ladite convention aux autorités judiciaires ou de la mettre en œuvre, sur les réquisitions de ces autorités délivrées en application des titres II et III du livre Ier du code de procédure pénale.**

Si le refus est opposé alors que la remise ou la mise en œuvre de la convention aurait permis d'éviter la commission d'un crime ou d'un délit ou d'en limiter les effets, la peine est portée à cinq ans d'emprisonnement et à *(L. n° 2016-731 du 3 juin 2016, art. 16)* **« 450 000 € » d'amende.**

Les dispositions du présent article sont applicables en Nouvelle-Calédonie, dans les îles Wallis-et-Futuna et en Polynésie française (L. n° 2001-1062 du 15 nov. 2001, art. 71).

RÉP. PÉN. v° *Cybercriminalité*, par CHOPIN.

1. QPC. Le requérant, rejoint par les parties intervenantes, soutient que les dispositions contestées, en ce qu'elles sanctionnent le refus pour une personne suspectée d'une infraction de remettre aux autorités judiciaires, ou de mettre en œuvre à leur demande, une clé de déchiffrement susceptible d'avoir été utilisée pour commettre cette infraction, porteraient atteinte au droit au silence et au droit de ne pas contribuer à sa propre incrimination ; elles seraient ainsi contraires au droit à une procédure juste et équitable garanti par l'art. 16 DDH et au principe de présomption d'innocence garanti par l'art. 9 de cette même déclaration ; enfin, selon les parties intervenantes, ces mêmes dispositions violeraient également le droit au respect de la vie privée et, selon l'une des parties intervenantes, le secret des correspondances, les droits de la défense, le principe de proportionnalité des peines et la liberté d'expression ; en premier lieu, en imposant à la personne ayant connaissance d'une convention secrète de déchiffrement d'un moyen de cryptologie de remettre ladite convention aux autorités judiciaires ou de la mettre en œuvre uniquement si ce moyen de cryptologie est susceptible d'avoir été utilisé pour préparer, faciliter ou commettre un crime ou un délit et uniquement si la demande émane d'une autorité judiciaire, le législateur a poursuivi les objectifs de valeur constitutionnelle de prévention des infractions et de recherche des auteurs d'infractions, tous deux nécessaires à la sauvegarde de droits et de principes de valeur constitutionnelle ; en second lieu, aux termes de la première phrase de l'art. 29 de la L. n° 2004-575 du 21 juin 2004 pour la confiance dans l'économie numérique, constitue un moyen de cryptologie « tout matériel ou logiciel conçu ou modifié pour transformer des données, qu'il s'agisse d'informations ou de signaux, à l'aide de conventions secrètes ou pour réaliser l'opération inverse avec ou sans convention secrète » ; les dispositions critiquées n'imposent à la personne suspectée d'avoir commis une infraction, en utilisant un moyen de cryptologie, de délivrer ou de mettre en œuvre la convention secrète de déchiffrement que s'il est établi qu'elle en a connaissance ; elles n'ont pas pour objet d'obtenir des aveux de sa part et n'emportent ni reconnaissance ni présomption de culpabilité mais permettent seulement le déchiffrement des données cryptées, en outre, l'enquête ou l'instruction doivent avoir permis d'identifier l'existence des données traitées par le moyen de cryptologie susceptible d'avoir été utilisé pour préparer, faciliter ou commettre un crime ou un délit ; enfin, ces données, déjà fixées sur un support, existent indépendamment de la volonté de la personne suspectée ; il résulte de ce qui précède que les dispositions contestées ne portent pas atteinte au droit de ne pas s'accuser ni au droit au respect de la vie privée et au secret des correspondances ; le premier alinéa de l'art. 434-15-2 C. pén., qui ne méconnaît pas non plus les droits de la défense, le principe de proportionnalité des peines et la liberté d'expression, ni aucun autre droit ou liberté que la Constitution garantit, doit être déclaré conforme à la Constitution. • Cons. const., 30 mars 2018, n° 2018-696 QPC : *JO 31 mars ; AJ pénal 2018. 257, obs. Lacaze ; Dr. pénal 2018. Comm. 123, obs. Conte.*

2. Conv. EDH. Pour écarter le moyen pris de l'inconventionnalité de l'art. 434-15-2 C. pén., l'arrêt énonce que l'atteinte au droit de se taire et au droit de ne pas s'auto-incriminer est constituée dès lors que les données ne peuvent exister indépendamment de la volonté du suspect, ce qui n'est pas le cas des données contenues dans les téléphones, qui peuvent être obtenues par des moyens techniques ; en statuant ainsi, et dès lors que le droit de ne pas s'incriminer soi-même ne s'étend pas aux données que l'on peut obtenir de la personne concernée en recourant à des pouvoirs coercitifs mais qui existent indépendamment de la volonté de l'intéressé, la cour d'appel n'a méconnu aucune des dispositions légales et conventionnelles visées au moyen. • Crim. 10 déc. 2019, n° 18-86.878 : *D. 2019. 2410 ; JCP 2019. 1369 ; AJ pénal 2020. 33, obs. Bello et Mercinier ; Dr. pénal 2020. Comm. 27, obs. Conte ; ibid. Chron. 12, obs. Lepage ; Gaz. Pal. 2020. 238, note Mésa ; ibid. 1771, obs. Fourment.*

3. Le code de déverrouillage d'un téléphone portable peut constituer une convention secrète de déchiffrement d'un moyen de cryptologie lorsque ledit téléphone est équipé d'un tel moyen, ce qui peut se déduire des caractéristiques de l'appareil ou des logiciels qui l'équipent ainsi que par les résultats d'exploitation des téléphones au moyen d'outils techniques, utilisés notamment par les personnes qualifiées requises ou experts désignés à cette fin, portés, le cas échéant, à la connaissance de la personne concernée. • Crim. 13 oct. 2020, n° 20-80.150 : *D. 2020. 2009 ; ibid. 2021. 609, note S. Vergnolle ; D. actu. 20 oct. 2020, obs. Fucini ; AJ pénal 2020. 587, obs. de Combles de Nayves ; JCP 2020. 1417, note Dreyer ; Gaz. Pal. 2020. 3357, note Thierry ; ibid. 2021. 474, obs. Fourment ; Dr. pénal 2020. Chron. 12, obs. Lepage ; ibid. 2021, n° 1, obs. Ribeyre ; Dr. pénal 2021, n° 1, obs. Ribeyre* • Paris, 16 avr. 2019, n° 19/09267 : *D. actu. 3 oct. 2019, obs. Azoulay ; AJ pénal 2019. 439, note de Combles de Nayves* (qui avait jugé, au contraire, que le code de déverrouillage d'un téléphone n'est pas une convention secrète de déchiffrement).

Art. 434-16 **La publication, avant l'intervention de la décision juridictionnelle définitive, de commentaires tendant à exercer des pressions en vue d'influencer les déclarations des témoins ou la décision des juridictions d'instruction ou de jugement est punie de six mois d'emprisonnement et de 7 500 € d'amende.**

Lorsque l'infraction est commise par la voie de la presse écrite ou audiovisuelle, les dispositions particulières des lois qui régissent ces matières sont applicables en ce qui concerne la détermination des personnes responsables.

Corresp. : *C. pén., ancien art. 227.*

1. Pressions. L'art. 227 C. pén. n'incrimine les commentaires publiés avant l'intervention d'une décision juridictionnelle définitive que dans la mesure où ils tendent à exercer des pressions sur les déclarations des témoins ou la décision des juridictions d'instruction ou de jugement. • Crim. 15 mai 1961 : *Bull. crim. n° 257 ; JCP 1961. II. 12233, note Mimin ; RSC 1961. 803, obs. Huguеney* • 2 mai 1963 : *Bull. crim. n° 164 ; D. 1965. 235, note Souty ; RSC 1963. 802, obs. Hugueney* • 4 nov. 1987 : *Bull. crim. n° 388* • 27 oct. 1992, n° 91-85.215 P.

2. La Cour de cassation a le contrôle du point de savoir, au vu desdits commentaires, si dans les termes et dans la forme où ils sont établis, ils tendaient à exercer lesdites pressions. • Crim. 2 mai 1963 : *préc. note 1* • 4 nov. 1987 : *préc. note 1* • 27 oct. 1992 : *préc. note 1.*

3. Action civile. Si les dispositions de l'art. 227 C. pén., réprimant les commentaires qui tendent à exercer des pressions sur les déclarations des témoins ou sur la décision des juges, ont été édictées en vue de l'intérêt général, elles n'en sont pas moins destinées à assurer également la protection des particuliers auxquels ces commentaires peuvent éventuellement causer un préjudice direct et personnel de nature à servir de base à une action civile devant la juridiction répressive. • Crim. 2 oct. 1985 : *Bull. crim. n° 291.*

Art. 434-17 **Le faux serment en matière civile est puni de trois ans d'emprisonnement et de 45 000 € d'amende.**

Corresp. : *C. pén., ancien art. 366.*

1. Domaine de l'incrimination. L'art. 366 C. pén. est général et absolu et s'applique au serment supplétif comme au serment décisoire. • Crim. 20 janv. 1843 : *S. 1843. 1. 659.*

2. A commis le délit de faux serment prévu et réprimé par l'art. 366 C. pén. le prévenu qui, dans une instance prud'homale, a fait, sous serment décisoire déféré par son adversaire, une affirmation qu'il savait fausse ; n'a pas eu pour effet de retirer à ce serment son caractère judiciaire décisoire le fait que, par une erreur de droit, le conseil des prud'hommes n'en a pas tiré les conséquences légales prévues par les art. 1357-1°, 1363 et 1365 C. civ. • Crim. 26 avr. 1988 : ⚖ *Bull. crim. n° 174.*

3. Exercice des actions publique et civile. L'art. 366 C. pén., en déclarant que le faux serment prêté devant les juges civils ou commerciaux pouvait donner matière à des poursuites correctionnelles, a établi par cela même que la juridiction correctionnelle, saisie de poursuites de cette nature, ne peut être arrêtée dans l'exercice de ses attributions, ni par une question de compétence, ni par une question de chose jugée. • Crim. 17 mai 1878 : *S. 1878. 1. 487.*

4. La partie contre laquelle a été rendu un arrêt définitif, à la suite du serment décisoire prêté par son adversaire, ne peut, au cas où la fausseté du serment est ultérieurement prouvée, obtenir la modification de la décision qui lui fait grief ; elle ne peut ni se porter partie civile dans l'instance correctionnelle engagée pour la répression du délit, ni réclamer ensuite de cette instance des dommages-intérêts. • Crim. 21 août 1834 : *S. 1835. 1. 119* • 7 juill. 1843 : *S. 1844. 1. 36* • Dijon, 6 juill. 1928 : *DH 1928. 550.* ♦ L'art. 1363 C. civ. disposant que, lorsque le serment déféré ou référé a été fait, l'adversaire n'est point recevable à en prouver la fausseté, il y a lieu de décider que cet adversaire ne peut se constituer partie civile dans l'action pénale engagée contre l'auteur du serment du chef de faux serment. • T. corr. Bordeaux, 19 juin 1952 : *D. 1953. 50.*

5. Mais le ministère public peut faire la preuve de la fausseté du serment et poursuivre le parjure. • Dijon, 6 juill. 1928 : *préc. note 4.*

6. Preuve de la fausseté du serment. La preuve de la fausseté du serment doit être faite conformément aux règles édictées par la loi civile ; ce principe est général et absolu, et lorsque le litige porte sur une somme supérieure à celle visée à l'art. 1341 C. civ., ce dernier texte interdit, à défaut de tout commencement de preuve par écrit, de recourir à la preuve testimoniale. • Crim. 22 mars 1878 : *DP 1878. 1. 442* • 31 oct. 1957 : *Bull. crim. n° 694* • 15 juill. 1964 : *ibid. n° 232 ; JCP 1964. II. 13817* • TGI Seine, 15 mars 1967 : *D. 1967. Somm. 82 ; Gaz. Pal. 1967. 1. 321.* ♦ Inversement, elle peut être faite par témoin, même sans commencement de preuve par écrit, bien que l'intérêt engagé dépasse la valeur visée à l'art. 1341 C. civ., s'il y a impossibilité de se procurer une preuve littérale. • Dijon, 6 juill. 1928 : *préc. note 4.*

Art. 434-18 **Le fait, par un interprète, en toute matière, de dénaturer la substance des paroles ou documents traduits est puni, selon les distinctions des articles 434-13 et 434-14, de cinq ans d'emprisonnement et 75 000 € d'amende ou de sept ans d'emprisonnement et 100 000 € d'amende.**

Art. 434-19 **La subornation de l'interprète est réprimée dans les conditions prévues par l'article 434-15.**

Art. 434-20 **Le fait, par un expert, en toute matière, de falsifier, dans ses rapports écrits ou ses exposés oraux, les données ou les résultats de l'expertise est puni, selon les distinctions des articles 434-13 et 434-14, de cinq ans d'emprisonnement et 75 000 € d'amende ou de sept ans d'emprisonnement et 100 000 € d'amende.**

1. Application dans le temps. Le fait, pour un expert, de falsifier les données ou les résultats de l'expertise est réprimé et puni par l'art. 434-20 nouv. C. pén. ; il ne faisait toutefois l'objet d'aucune incrimination particulière sous l'ancien code pénal ; en vertu du principe de l'interprétation stricte des textes pénaux, il n'est pas possible de poursuivre de tels faits, commis avant l'entrée en vigueur du code pénal actuel, sous la qualification de faux témoignage prévue par l'art. 362 de l'ancien code pénal ; en effet, il n'est pas possible d'assimiler l'expert au témoin, dès lors que le premier est chargé de donner un avis sur une question technique et que le second doit relater des faits vus ou entendus ; en outre, les formules de leurs prestations de serment respectives sont différentes ; en conséquence, l'action de la partie civile doit être déclarée irrecevable. • Paris, 24 avr. 1997 : *JCP 1997. IV. 2113.*

2. Expertises protégées. Expert-comptable inscrit sur une liste d'experts judiciaires, le prévenu a été cité devant le tribunal correctionnel notamment pour faux et falsification, dans ses rapports écrits, des données et des résultats d'expertises pour relaxer le prévenu, l'arrêt énonce que les rapports incriminés ont été établis par l'expert agissant à la demande d'une partie ; les juges ajoutent que les documents produits, qui ne constituent que des déclarations unilatérales sujettes à vérification, n'ont aucune valeur probatoire ; en l'état de ces énonciations et dès lors que les faits incriminés, n'ayant pas été commis par un expert désigné pour exécuter une mission judiciaire, ne relevaient pas de l'art. 434-20 C. pén., la cour d'appel, qui, en outre, a souverainement apprécié l'absence d'altération frauduleuse de la vérité dans les mentions du rapport, a justifié sa décision. • Crim. 28 mai 2008, n° 07-84.366 P : *AJ pénal 2008. 465, obs. Royer*.

Art. 434-21 La subornation de l'expert est réprimée dans les conditions prévues par l'article 434-15.

Art. 434-22 Le bris de scellés apposés par l'autorité publique est puni de deux ans d'emprisonnement et de 30 000 € d'amende. La tentative de bris de scellés est punie des mêmes peines.

Est puni des mêmes peines tout détournement d'objet placé sous scellés ou sous main de justice.

Corresp. *: C. pén., anciens art. 249 à 253.*

RÉP. PÉN. v° *Scellés*, par MAISTRE DU CHAMBON.

1. Scellés. Si, en matière judiciaire, la régularité d'une apposition de scellés peut être subordonnée aux pouvoirs propres de celui qui y procède en vertu de l'autorité dont il est investi, il en est autrement lorsqu'un des agents, appelés par leurs fonctions à assurer l'exécution des actes de l'autorité publique, procède, en apposant les scellés par ordre du Gouvernement, à la réalisation matérielle d'une mesure dont il n'est que l'instrument ; dès lors, il suffit que les scellés offrent tous les caractères extérieurs des scellés apposés au nom de la puissance publique pour que leur bris constitue le délit prévu et puni par les art. 249 s. C. pén. • Crim. 23 janv. 1904 : *DP 1904. 1. 349.*

2. Dès lors que la décision de l'autorité publique existe antérieurement à l'apposition des scellés, il y a délit même si cette apposition, faite suivant les formes légales par un fonctionnaire compétent, l'a été en dehors des cas précis où elle est autorisée par la loi. • Crim. 28 nov. 1902 : *DP 1903. 1. 193, concl. Baudouin ; S. 1904. 1. 57, note Chavegrin.*

3. Constituent des scellés au sens de la loi un cadenas et une affichette « défense d'entrer » apposés sur un immeuble par un huissier en exécution d'une décision de justice. • Montpellier, 24 avr. 2001 : *Dr. pénal 2001. 137, obs. Véron.*

4. Bris. Le bris des scellés apposés par ordre du Gouvernement est délictueux, aux termes de l'art. 249 C. pén., quand même le délinquant n'aurait reçu aucune notification quelconque : il suffit qu'il ait agi en connaissance de cause. • Crim. 28 nov. 1902 : *préc. note 2.*

5. Le bris de scellés est délictueux quand même le délinquant n'aurait reçu aucune notification quelconque, un tiers au procès étant lui-même punissable sans cette notification, et il suffit qu'il ait agi en connaissance de cause. • Montpellier, 24 avr. 2001 : *préc. note 3.* ♦ ... Ainsi du prévenu en conflit depuis plusieurs années avec ses adversaires à propos d'un bail commercial et d'un immeuble menaçant ruine, qui n'a pu douter à aucun moment de l'interdiction à lui faite de pénétrer dans les lieux, dès lors que la décision était déjà ancienne (54 jours), et que son avocat l'en avait nécessairement informé. • Même arrêt.

6. Détournement. Est constitutif d'un détournement au sens de l'art. 434-22 C. pén. le fait, pour un mandataire liquidateur, de verser sur un compte ouvert à la Caisse des dépôts et consignations au nom d'une société en liquidation judiciaire des fonds appartenant à cette dernière mais provenant d'un compte bloqué par décision d'un juge d'instruction sans en informer ce dernier. • Crim. 4 mai 2011, n° 10-84.456 P : *JCP G 2011, n° 894, note Dreyer ; Dr. pénal 2011, n° 101, obs. Véron ; RSC 2011. 840, obs. Matsopoulou*.

Art. 434-23 Le fait de prendre le nom d'un tiers, dans des circonstances qui ont déterminé ou auraient pu déterminer contre celui-ci des poursuites pénales, est puni de cinq ans d'emprisonnement et de 75 000 € d'amende.

Nonobstant les dispositions des articles 132-2 à 132-5, les peines prononcées pour ce délit se cumulent, sans possibilité de confusion, avec celles qui auront été prononcées pour l'infraction à l'occasion de laquelle l'usurpation a été commise.

Est punie des peines prévues par le premier alinéa la fausse déclaration relative à l'état civil d'une personne, qui a déterminé ou aurait pu déterminer des poursuites pénales contre un tiers.

Corresp. *: C. pr. pén., ancien art. 780.*

BIBL. ▶ PRUD'HOMME, *Gaz. Pal. 2010. 1. Doctr. 776* (l'usurpation d'identité numérique : bientôt un nouveau délit). – MATTATIA, *RSC 2014. 331* (l'usurpation d'identité sur internet dans tous ses états).

▶ **Dossier** : Identité : la prouver et la défendre, *AJ pénal 2010. 217 s.* : REVEL, Précision sur la notion d'usurpation d'identité ou l'inexistence de l'ubiquité, *p. 218.* – TH. CASSUTO, Usurpation d'identité numérique, *p. 220.* – GIRAULT, Identification et identité génétiques, *p. 224.*

RÉP. PÉN. v° *Usurpation d'identité*, par LACROIX.

1. Usurpation. L'identité usurpée doit correspondre à celle d'une personne réellement existante. • Limoges, 26 déc. 1901 : *S. 1902. 2. 300* • Crim. 14 déc. 1971 : *Bull. crim. n° 349 ; D. 1972. Somm. 42 ; RSC 1972. 600, obs. Vitu* • 15 avr. 1972 : *Bull. crim. n° 123 ; JCP 1972. II. 17141, note M. A.* • 9 mai 1972 : *Bull. crim. n° 162 ; D. 1973. 78, note E. R.* • 13 mai 1991, n° 90-86.419 P : *RSC 1992. 316, obs. Delmas Saint-Hilaire*. ♦ ... L'usurpation ne serait-elle que partielle. • Crim. 13 janv. 1955 : *Bull. crim. n° 33.*

2. Pour déclarer X coupable de prise du nom d'un tiers, une cour d'appel a relevé que le prévenu avait pris le nom de Y dans des circonstances pouvant déterminer des poursuites pénales pour diffamation ; mais, en l'état de ces énonciations, qui n'établissent pas que les affirmations contenues dans le message attribué à Y comportaient des imputations portant atteinte à l'honneur ou à la considération de personnes nommément désignées, la cour d'appel a méconnu l'art. 434-23 C. pén. et le principe selon lequel le juge répressif ne peut prononcer une peine sans avoir relevé tous les éléments constitutifs de l'infraction qu'il réprime. • Crim. 29 mars 2006, n° 05-85.857 P : *D. 2006. 1443, obs. Manara ; Dr. pénal 2006. 82, obs. Véron ; AJ pénal 2006, p. 263 ; Gaz. Pal. 2006. 2. Somm. 3442, note Monnet. – Adde* : D. Père et D. Forest, L'arsenal répressif du *phishing, D. 2006. 2666.*

3. Rétractation. La rétractation ultérieure ne saurait avoir aucun effet sur le délit consommé dès le moment où le nom a été usurpé. • Crim. 2 mars 1912 : *S. 1913. 1. 225, note Roux* • 13 janv. 1987 : *Bull. crim. n° 19 ; RSC 1987. 419, obs. Delmas Saint-Hilaire.*

4. Cumul des peines. Par dérogation aux dispositions de l'art. 5 ancien et 132-3 C. pén., les peines prononcées pour usurpation d'état civil se cumulent, sans possibilité de confusion avec celles prononcées pour l'infraction à l'occasion de laquelle l'usurpation a été commise. • Crim. 26 sept. 1994, n° 93-85.049 P. ♦ Sur la jurisprudence antérieure : • Crim. 17 nov. 1965 : *Bull. crim. 238* • 16 mars 1981 : *ibid. n° 193.*

5. En revanche, il n'est pas dérogé à la règle du non-cumul des peines lorsque plusieurs infractions d'usurpation d'identité font l'objet d'une poursuite unique. • Crim. 24 oct. 1991, n° 91-80.449 P : *Dr. pénal 1992. 28 ; RSC 1993. 91, obs. Bouloc*.

6. Si aux termes des art. 434-23, al. 2, C. pén. et 706-56, II, al. 3, C. pr. pén., les peines prononcées pour le délit de prise du nom d'un tiers, d'une part, et pour le délit de refus de prélèvement biologique, d'autre part, se cumulent, sans possibilité de confusion, avec celles prononcées pour l'infraction à l'occasion de laquelle l'usurpation a été commise ou pour l'infraction ayant fait l'objet de la procédure à l'occasion de laquelle les prélèvements devaient être effectués, elles ne se cumulent pas entre elles ; il résulte des énonciations de l'arrêt attaqué que le prévenu a été poursuivi, d'une part, pour vol en récidive et prise du nom d'un tiers en récidive dans des circonstances ayant pu déterminer contre celui-ci des poursuites du chef de vol, les faits étant réputés commis le 31 mai 2006, dans un centre commercial de Lille, d'autre part, pour refus de se soumettre à des relevés signalétiques ainsi qu'à des prélèvements biologiques, ces faits ayant eu lieu le lendemain alors que l'intéressé était placé en garde à vue ; la cour d'appel l'a condamné à 10 mois d'emprisonnement pour prise du nom d'un tiers en récidive, à 6 mois d'emprisonnement pour vol en récidive et refus de se soumettre à des relevés signalétiques, enfin à 2 mois d'emprisonnement pour refus de se soumettre à des prélèvements biologiques ; en prononçant ainsi alors que, d'une part, seul le délit de vol constituait l'infraction à l'occasion de laquelle l'usurpation avait été commise et que, d'autre part, si la peine prononcée pour le délit de refus de se soumettre à des prélèvements biologiques devait se cumuler, en application de l'art. 706-56, II, al. 3, C. pr. pén., avec celle prononcée pour le vol, elle ne pouvait en revanche se cumuler avec la peine prononcée pour l'usurpation d'identité, cette infraction ne figurant pas au nombre de celles énumérées par l'art. 706-55 dudit code, les juges ont méconnu le sens et la portée du texte susvisé ; d'où il suit que la cassation est encourue. • Crim. 13 juin 2007, n° 06-88.144 P.

7. Conflit de qualifications. Pour disqualifier en fourniture de renseignements d'identité imaginaires qui auraient pu provoquer des mentions erronées au casier judiciaire (C. pr. pén., art. 781, al. 2) les faits poursuivis sous la qualification d'usurpation d'identité, et en déclarer le prévenu coupable, la cour d'appel retient que, lors de son interpellation, le prévenu a pris un nom dont l'existence réelle n'a pu être établie par l'enquête ; en cet état, et dès lors que la prévention ne porte pas seulement sur le recel d'un faux passeport, mais aussi sur celui d'autres faux documents administratifs et de plaques d'immatriculation volées, qui auraient pu faire l'objet d'une condamnation inscrite au casier judiciaire sous une fausse identité, l'arrêt attaqué n'encourt pas les griefs du moyen. • Crim. 22 mai 1997, n° 96-82.080 P.

8. Prescription. Justifie sa décision une chambre d'accusation qui, pour confirmer une ordonnance portant refus d'informer rendue par le juge d'instruction, retient que les faits d'usurpation dénoncés par la partie civile sont prescrits, le délit prévu et réprimé par l'art. 434-23 C. pén. étant une infraction instantanée, dont la prescription commence à courir dès le moment où l'identité est usurpée dans des circonstances de nature à déterminer des poursuites pénales. • Crim. 16 févr. 1999, n° 98-80.535 P : *RSC 2000. 206, obs. Delmas Saint-Hilaire*.

Art. 434-23-1 (*L. n° 2010-930 du 9 août 2010*) **Les articles 434-8, 434-9, 434-13 à 434-15 sont applicables aux atteintes à l'administration de la justice par la Cour pénale internationale.**

Loi n° 2011-334 du 29 mars 2011,

Relative au Défenseur des droits.

Art. 12 Est puni d'un an d'emprisonnement et de 15 000 € d'amende le fait de ne pas déférer aux convocations du Défenseur des droits, de ne pas lui communiquer les informations et pièces utiles à l'exercice de sa mission ou de l'empêcher d'accéder à des locaux administratifs ou privés, dans des conditions contraires à la loi organique n° 2011-333 du 29 mars 2011 relative au Défenseur des droits.

Sur les peines complémentaires et les peines applicables aux personnes morales, V. art. 13 et 14 ss. C. pén., art. 433-18.

SECTION III DES ATTEINTES À L'AUTORITÉ DE LA JUSTICE

§ 1er DES ATTEINTES AU RESPECT DÛ À LA JUSTICE

Art. 434-24 **L'outrage par paroles, gestes ou menaces, par écrits ou images de toute nature non rendus publics ou par l'envoi d'objets quelconques adressé à un magistrat, un juré ou toute personne siégeant dans une formation juridictionnelle dans l'exercice de ses fonctions ou à l'occasion de cet exercice et tendant à porter atteinte à sa dignité ou au respect dû à la fonction dont il est investi est puni d'un an d'emprisonnement et de 15 000 € d'amende.**

Si l'outrage a lieu à l'audience d'une cour, d'un tribunal ou d'une formation juridictionnelle, la peine est portée à deux ans d'emprisonnement et à 30 000 € d'amende.

Corresp. : *C. pén., anciens art. 222 et 223.*

BIBL. ▶ DREYER, *Gaz. Pal. 2018. 1233* (la notion d'outrage). – SAENKO, *Gaz. Pal. 2018. 1244* (l'outrage à magistrat : une qualification en danger ?).

1. Ratio legis. Si l'art. 10, § 1er, Conv. EDH reconnaît à toute personne le droit à la liberté d'expression, ce texte prévoit, dans son deuxième paragraphe, que l'exercice de cette liberté comportant des devoirs et des responsabilités peut être soumis à certaines formalités, conditions, restrictions ou sanctions, prévues par la loi, qui constituent dans une société démocratique des mesures nécessaires, notamment pour garantir l'autorité et l'impartialité du pouvoir judiciaire. Tel est précisément l'objet de l'art. 434-24 C. pén. • Crim. 27 sept. 2000, n° 99-87.929 P : *D. 2000. IR 281*.

2. Eu égard en particulier à la nature des propos qui *ne méritent pas* la protection accrue revenant aux prises de positions politiques, la Cour européenne estime que la condamnation du requérant pour outrage et la sanction qui lui a été infligée n'étaient pas disproportionnées aux buts légitimes visés. • CEDH 9 janv. 2018, n° 50538/12 : *D. actu. 9 févr. 2018, obs. Lavric.*

A. PERSONNES PROTÉGÉES

3. Fonctions. L'art. 222 C. pén. est applicable à l'outrage commis envers des magistrats consulaires qui, en attendant de prêter serment après leur réélection, continuent d'exercer leurs fonctions ostensiblement et sans contestation. • Crim. 24 févr. 1943 : *Bull. crim. n° 17.* ♦ Rappr. : • Nancy, 19 mai 1875 : *DP 1876. 5. 355.*

4. Les membres de la commission des requêtes près la Cour de justice de la République ont, indépendamment de leur statut, la qualité de magistrats au sens de l'art. 434-24 C. pén. • Crim. 21 janv. 1998, n° 96-85.001 P.

B. FAIT D'OUTRAGE

5. Matérialité et intention. V. ss. art. 433-5.

6. Outrage direct. Ont été retenus comme des outrages : … l'exclamation adressée avec ironie à un juge de paix qui vient de rendre une sentence : « Voilà un jugement qui mérite d'être encadré ». • Cass., ch. réun., 25 juin 1855 : *DP 1855. 1. 429.* ♦ … L'attitude insolente et ironique d'un prévenu à l'égard du commissaire du gouvernement près d'une cour de justice. • Riom, 20 févr. 1947 *S. 1947. 2. 87.* ♦ … Le télégramme adressé par un syndicat à un président de tribunal correctionnel protestant énergiquement contre la « justice de classe » et exigeant l'acquittement de prévenus. • T. corr. Privas, 8 déc. 1950 : *Gaz. Pal. 1951. 1. 180.* ♦ ... La réponse d'un médecin, appelé par un magistrat au chevet de sa fille malade, lui faisant connaître qu'il refuse de la soigner parce que ce magistrat a condamné certains de ses amis politiques. • T. corr. Charleville, 6 févr. 1952 : *D. 1952. 481 ; JCP 1952. II. 6987.* ♦ ... Le ton violent et le geste à l'adresse du tribunal, au-delà du simple fait de manifester l'intention de faire appel au moment où le jugement vient d'être prononcé. • T. corr. Dunkerque, 17 mai 1963 : *D. 1964. Somm. 27 ; Gaz. Pal. 1963. 2. 227.* ♦ ... L'affirmation, à l'adresse d'un juge, qu'il fait volontairement un blocage à une plainte pénale, ce qui revient à lui faire grief d'un véritable déni de justice. • Crim. 16 févr. 1994 : ♧ *Dr. pénal 1994. 130.* ♦ ... Le grief fait par un bâtonnier à un magistrat, à propos d'un incident relatif au renvoi d'une affaire, d'avoir manqué au respect de la parole donnée et à l'honneur qui s'y attache, tout en estimant ce magistrat indigne de sa fonction, puisque dépourvu des valeurs morales dont le juge devrait être le modèle, en suspectant sa bonne éducation, et en considérant qu'il a manifesté désinvolture et mépris à l'égard du barreau. • T. corr. Bordeaux, 14 oct. 1996 : *Gaz. Pal. 1996. 2. 626, note A. Damien.* ♦ ... L'interpellation du procureur de la République accusé de « forfaiture » par le prévenu et l'affirmation selon laquelle « ce parquet est la honte de la Nation ». • Crim. 24 nov. 1998 : ♧ *Dr. pénal 1999. Comm. 65, obs. Véron.* ♦ ... Le fait de crier, lorsque le jugement a été prononcé : « Ah, elle est belle la justice », tout en adressant un bras d'honneur au tribunal. • Montpellier, 22 mai 2007 : *JCP 2007. IV. 2719.*

7. L'intéressé ayant adressé, au garde des Sceaux et au procureur général, une lettre accusant de forfaiture, de faux en écritures publiques et authentiques et de coalition de fonctionnaires le juge de l'application des peines qui avait rejeté sa demande de libération conditionnelle et traitant ce magistrat de « fasciste », c'est à bon droit que les juges ont déclaré celui-ci coupable d'outrage à magistrat, dès lors que l'emploi du terme injurieux « fasciste » était distinct de l'énonciation des faits dénoncés. • Crim. 27 sept. 2000, ♧ n° 99-87.929 P.

8. Est coupable du délit prévu par l'art. 434-24, al. 1er, C. pén. le prévenu qui a employé des termes outrageants à l'égard d'un juge d'instruction ; le tribunal correctionnel a retenu que les propos tenus par la personne mise en examen présentaient le juge d'instruction comme de parti pris, mettaient en doute son intégrité et son honnêteté et portaient ainsi atteinte à sa dignité et au respect dû à sa fonction. La juridiction correctionnelle a également insisté sur la nécessité de ne pas laisser s'installer au sein d'une maison d'arrêt la rumeur selon laquelle un juge d'instruction peut être outragé et insulté sans qu'une réponse judiciaire ferme ne soit donnée à cette forme d'infraction. Le prévenu ne saurait arguer du fait qu'il n'avait pas eu la volonté d'outrager ce magistrat et n'avait fait que manifester l'impression ressentie au cours de la procédure, à la suite des mises en examen successives dont il avait fait l'objet pour des faits qu'il contestait. • Toulouse, 9 oct. 2003 : *JCP 2004. IV. 2705.*

9. Doit être confirmé le jugement déclarant le prévenu coupable du délit d'outrage par écrits à l'égard d'un juge d'instruction dès lors, d'une part, que le mot « partialité » est nécessairement en lui-même attentatoire à l'honneur et à la dignité d'un magistrat et, d'autre part, que l'expression « votre incompétence à connaître de mes affaires » ne peut, eu égard au contexte et au ton général de la lettre, être considérée comme une expression de technique juridique ou comme une erreur de formulation, ainsi que voudrait que cela soit considéré le prévenu, le mot incompétence ayant incontestablement été employé par lui avec son sens péjoratif. • Bordeaux, 2 juill. 2004 : *JCP 2004. IV. 3545.*

10. Le seul moyen de communication du prévenu, sourd et muet de naissance, est le langage des signes, qui, compte tenu de sa spécificité et de sa complexité, doit être pratiqué par un spécialiste ; le prévenu soutient que son interprète devant le tribunal n'était pas suffisamment apte à le comprendre et n'était pas capable de traduire simultanément, ce qui dénaturait son discours ; il ajoute que c'est pour cela qu'il s'est énervé, mais que sa vindicte n'était dirigée que contre cet interprète, et non contre les membres du tribunal, le greffier d'audience ou l'avocat présent à ses côtés ; il résulte de ses explications qu'il existe à tout le moins un doute sur la formulation et la portée des propos qui lui ont été prêtés ; dès lors, les éléments constitutifs de l'infraction poursuivie ne sont pas caractérisés à son encontre. • Bordeaux, 27 avr. 2006 : *Dr. pénal 2006, n° 136, obs. Véron.*

11. Outrage indirect. V. également notes ss. art. 433-5. ♦ Caractérise l'existence de l'élément matériel de l'outrage à magistrat l'arrêt qui constate que les termes d'une lettre adressée par un avocat au procureur général atteignent personnellement ce magistrat, au-delà des critiques adressées à la juridiction elle-même. • Crim. 30 juin 1965 : *Bull. crim. n° 169.*

12. L'élément intentionnel du délit d'outrage est avéré, imputable à un bâtonnier qui avait été saisi ès qualités par un confrère à la suite d'un incident concernant le renvoi d'une affaire, et qui avait adressé une lettre de protestation au président du tribunal de grande instance, dès lors que le bâtonnier ne pouvait ignorer qu'en relatant l'incident au président de la juridiction, celui-ci, de par sa tâche administrative découlant de sa fonction hiérarchique, ne recevait pas une confidence écrite dans l'exercice de sa profession, et n'était donc pas tenu, puisqu'il n'était pas au sens de la loi pénale un confident nécessaire, au secret, mais qu'il devait communiquer au magistrat concerné la lettre, du moins sa teneur, puisqu'elle jetait l'opprobre sur l'honneur professionnel de ce dernier. • T. corr. Bordeaux, 14 oct. 1996 : *Gaz. Pal. 1996. 2. 626, note A. Damien.*

13. Le délit prévu par l'art. 434-24 C. pén. n'est constitué que lorsqu'il est établi que l'auteur des propos a voulu que ceux-ci soient rapportés à la personne visée ; pour confirmer le jugement ayant déclaré le demandeur coupable d'outrage à magistrat, l'arrêt retient, notamment, que le gendarme qui avait entendu les propos outrageants à l'encontre de la présidente de la chambre de l'instruction ne pouvait que rendre compte au juge d'instruction et qu'il existe un lien judiciaire sur le fondement de l'art. 40 C. pr. pén. reliant ce gendarme à la personne outragée par l'intermédiaire du juge mandant ou du procureur de la République, ce qui ne pouvait échapper au prévenu ; mais en prononçant ainsi, alors que ne peut être qualifié de rapporteur nécessaire que celui dont le prévenu savait que par ses liens avec la personne outragée il lui rapporterait l'outrage, la cour d'appel a méconnu le texte susvisé et le principe ci-dessus rappelé ; d'où il suit que la cassation est encourue. • Crim. 26 oct. 2010 : *D. 2011. 570, note Dreyer ; ibid. 2011. Pan. 2836, obs. Garé ; AJ pénal 2011. 74, obs. Roussel ; Dr. pénal 2011, n° 4, obs. Véron ; Gaz. Pal. 2011, 1, p. 263, note Detraz.*

14. Convoqué devant le tribunal correctionnel pour y répondre de plusieurs infractions au C. rur., le prévenu a déposé au greffe de la juridiction des conclusions écrites, dans lesquelles il accusait l'ancien procureur de la République, et la présidente de la chambre correctionnelle de la cour d'appel « d'agissements mafieux », et « d'appartenance à une association de malfaiteurs pervers et corrompus » ; il a été poursuivi, à raison de ces propos, du chef d'outrages à magistrats, au visa des art. 434-24 et 434-25 C. pén., et condamné à trois mois d'emprisonnement ; il a relevé appel de ce jugement, ainsi que le ministère public ; pour déclarer le prévenu coupable, l'arrêt, adoptant les motifs du jugement, retient que les expressions litigieuses caractérisent sans conteste l'élément matériel du délit d'outrage à magistrat en ce qu'elles constituent des propos outranciers, irrespectueux et injurieux portant atteinte à la dignité et à l'honneur des deux magistrats visés, agissant dans l'exercice de leurs fonctions ; mais, en se déterminant ainsi, sans rechercher en quoi les propos litigieux, s'ils ne leur avaient pas été directement adressés, seraient nécessairement rapportés aux deux magistrats concernés, alors que le délit prévu par l'art. 434-24 C. pén. n'est constitué que lorsqu'il est établi que l'auteur des propos a voulu que ceux-ci soient rapportés à la personne visée, la cour d'appel n'a pas justifié sa décision. • Crim. 8 sept. 2015, n° 14-84380 : *D. actu. 30 sept. 2015, obs. Lavric.*

15. Dans les cas où des propos outrageants à l'égard d'un magistrat sont tenus devant un tiers en l'absence de la personne visée ou ne sont adressés qu'à un tiers, le délit d'outrage à magistrat n'est constitué que si, d'une part, leur auteur a l'intention, non pas seulement de prendre à témoin son interlocuteur, mais de voir ses propos rapportés à l'intéressé, et que, d'autre part, en raison de ses liens avec ce magistrat, ce tiers lui rapportera nécessairement l'outrage ; pour confirmer le jugement et écarter l'argumentation du prévenu, selon laquelle le délit d'outrage à magistrat ne saurait être constitué, la victime n'ayant eu connaissance des propos litigieux qu'en raison de la transmission par le journaliste du mail qui les contenait à un fonctionnaire de police, lequel journaliste ne peut être regardé comme un rapporteur nécessaire, l'arrêt énonce que le prévenu ne pouvait ignorer que l'article qu'il demandait au journaliste de publier aurait impliqué une enquête sérieuse donnant la parole aux personnes qu'il visait, en sorte que les propos concernant la victime auraient pu être portés à la connaissance de cette dernière ; en prononçant ainsi, sans caractériser ni la volonté du prévenu de s'adresser, fût-ce par un intermédiaire, au magistrat concerné, ni la qualité de rapporteur nécessaire du destinataire des propos, la cour d'appel n'a pas justifié sa décision. • Crim. 23 mai 2018, n° 17-82.355 P : *D. actu. 13 juin 2018, obs. Recotillet ; D. 2018. 1153 ; AJ pénal 2018. 418, obs. Clément ; JCP 2018. 898, note Serinet ; RSC 2018. 686, obs. Mayaud ; ibid. 712, obs. Dreyer.*

16. Pour le rejet de la qualification d'outrage en rapport avec le calembour d'un détenu ayant porté sur le nom d'une juge de l'application des peines. • T. corr. 3 sept. 2019 : *D. actu. 4 sept. 2049, obs. Mucchielli.*

C. POURSUITES

1° CONFLIT DE QUALIFICATIONS

17. Diffamation et injures. V. également notes ss. art. 433-5. ♦ Toute expression injurieuse ou diffamatoire, lorsqu'elle s'adresse à un magistrat de l'ordre administratif ou judiciaire dans l'exercice de ses fonctions ou à l'occasion de cet exercice, est qualifiée d'outrage par l'art. 222 C. pén. et rentre, même lorsqu'elle a été proférée publiquement, dans les prévisions de ce texte, dont les art. 31 et 33 de la L. du 29 juill. 1881 n'ont pas modifié la portée ni affecté l'application. • Crim. 16 oct. 1956 : *Bull. crim. n° 638* • 13 févr. 1975 : *ibid. n° 54 ; Gaz. Pal. 1975. 1. 357 ; RSC 1976. 101, obs. Vitu* • 24 janv. 1991 : *Dr. pénal 1991. 193* • 17 juin 1991 : *Gaz. Pal. 1992. 1. Somm. 24* • 1er mars 2016, n° 15-82.824 P : *D. actu. 15 mars 2016, obs. Lavric ; RSC 2016. 63, obs. Mayaud.* ♦ ... Et il n'y a pas à distinguer si ces outrages ont été commis à raison des fonctions ou de la qualité, comme le porte l'art. 31 de la L. du 29 juill. 1881, ou soit dans l'exercice de leurs fonctions, soit à l'occasion de cet exercice, comme le portent les art. 222 à 224 C. pén. • Crim. 3 mai 1895 : *DP 1897. 1. 337, note Sarrut.* ♦ En matière d'injures adressées à un magistrat à raison de ses fonctions, la L. du 29 juill. 1881 n'est applicable que lorsque les injures se produisent par la voie de la presse ou tout autre moyen visé par l'art. 23 de ladite loi ; au contraire, l'outrage par paroles, avec ou sans publicité, tombe sous le coup de l'art. 222 C. pén. • Crim. 17 nov. 1944 : *Bull. crim. n° 182.*

18. Toute expression injurieuse ou diffamatoire, lorsqu'elle s'adresse à un magistrat de l'ordre administratif ou judiciaire dans l'exercice de ses fonctions ou à l'occasion de cet exercice, est qualifiée d'outrage par l'art. 434-24 C. pén. et, même lorsqu'elle a été proférée publiquement (en l'espèce, lors d'une conférence de presse), entre dans les prévisions de ce texte. • Crim. 19 avr. 2000, n° 99-84.556 P.

19. Il résulte de l'art. 434-24 C. pén. et des art. 31 et 33 de la L. du 29 juill. 1881 sur la liberté de la presse que les expressions diffamatoires ou injurieuses proférées publiquement par l'un des moyens énoncés à l'art. 23 de la loi susvisée, contre un magistrat de l'ordre administratif ou judiciaire à raison de ses fonctions ou à l'occasion de leur exercice, sans être directement adressées à l'intéressé, n'entrent pas dans les prévisions de l'art. 434-24 C. pén. incriminant l'outrage à magistrat, et ne peuvent être poursuivies et réprimées que sur le fondement des art. 31 et 33 de ladite loi. • Crim. 1er mars 2016, n° 15-82.824 P : *D. actu. 15 mars 2016, obs. Lavric ; RSC 2016. 63, obs. Mayaud.*

20. Correspondances à découvert. Lorsque l'injure ou la diffamation contenues dans une correspondance circulant à découvert visent un magistrat de l'ordre administratif ou judiciaire ou un juré à l'occasion de l'exercice de leurs fonctions, elles constituent une infraction à la L. du 11 juin 1887 et non pas à l'art. 222 C. pén. • Crim. 28 févr. 1874 : *Bull. crim. n° 90.*

2° IMMUNITÉ JUDICIAIRE

21. L. 29 juill. 1881, art. 41. L'immunité tirée de l'art. 41, al. 3, de la L. du 29 juill. 1881 s'applique non seulement aux outrages réprimés par ladite loi, mais encore à ceux prévus par les art. 222 s. C. pén. • Crim. 7 juin 1956 : *Bull. crim. n° 445 (arrêt n° 5).* – Rappr., • Crim. 13 févr. 2001 : *Dr. pénal 2001. 98, obs. Véron.* ♦ Mais en matière d'outrages proférés à l'audience par le prévenu à l'adresse des membres du tribunal, elle ne peut recevoir application lorsque les propos tenus excèdent les limites des droits de la défense. • Crim. 13 févr. 1975 : *préc. note 17.* ♦ ... Ou ne font point corps avec la plaidoirie prononcée par l'avocat pour la défense de son client. • Riom, 20 févr. 1947 : *S. 1947. 2. 87.* ♦ ... Voire, relèvent de la riposte purement gratuite marquée par l'outrance, ce que ne saurait légitimer la déception d'un conseil à l'énoncé d'un verdict de condamnation. • Montpellier, 20 juin 1985 : *Gaz. Pal. 1985. 2. 555.*

22. Accuser au cours d'une audience le procureur de la République de « forfaiture », en ajoutant que « ce parquet est la honte de la nation », participe de propos qui excèdent les limites des droits de la défense, et, dès lors, l'immunité de l'art. 41, al. 3, de la L. du 29 juill. 1881 ne peut recevoir application. • Crim. 24 nov. 1998 : *Dr. pénal 1999. 65, obs. Véron.*

23. Convoqué devant le tribunal correctionnel pour y répondre de plusieurs infractions au C. rur., le prévenu a déposé au greffe de la juridiction des conclusions écrites, dans lesquelles il accusait l'ancien procureur de la République, et la présidente de la chambre correctionnelle de la cour d'appel « d'agissements mafieux », et « d'appartenance à une association de malfaiteurs pervers et corrompus » ; il a été poursuivi, à raison de ces propos, du chef d'outrages à magistrats, au visa des art. 434-24 et 434-25 C. pén., et condamné à trois mois d'emprisonnement ; il a relevé appel de ce jugement, ainsi que le ministère public ; pour écarter l'argument du prévenu qui soutenait que les écrits produits devant le tribunal étaient couverts par l'immunité de l'art. 41 de la L. du 29 juill. 1881, l'arrêt retient que l'immunité judiciaire du plaideur reçoit exception dans les cas où les écrits outrageants sont étrangers à la cause, trouve des limites dans le respect de l'autorité et de l'impartialité du pouvoir judiciaire, et n'autorise pas des allégations virulentes, empreintes d'animosité personnelle contre un magistrat, mis en cause dans son intégrité ; les juges relèvent qu'en l'espèce, les propos du prévenu ont été proférés à l'occasion d'une procédure pour infraction aux dispositions du C. rur., qui a été le prétexte pour dénoncer l'acharnement judiciaire dont il disait être l'objet ; que ces accusations d'une extrême gravité, en ce qu'elles font référence à l'appartenance de deux magistrats à une organisation criminelle, sont totalement étrangères à la cause soumise au tribunal, et sont inutiles à la défense du prévenu pour les faits pour lesquels il était alors poursuivi, s'agissant uniquement d'exprimer une profonde rancœur et un mépris à l'égard de personnes à l'origine de précédentes condamnations ; en se déterminant ainsi, la cour d'appel a justifié sa décision, dès lors que ne peuvent bénéficier de l'immunité de l'art. 41 de la L. du 29 juill. 1881 les discours ou écrits outrageants étrangers à la cause, et excédant les limites des droits de la défense. • Crim. 8 sept. 2015, n° 14-84.380 : *D. actu. 30 sept. 2015, obs. Lavric.*

Art. 434-25 **Le fait de chercher à jeter le discrédit, publiquement par actes, paroles, écrits ou images de toute nature, sur un acte ou une décision juridictionnelle, dans des conditions de nature à porter atteinte à l'autorité de la justice ou à son indépendance est puni de six mois d'emprisonnement et de 7 500 € d'amende.**

Les dispositions de l'alinéa précédent ne s'appliquent pas aux commentaires techniques ni aux actes, paroles, écrits ou images de toute nature tendant à la réformation, la cassation ou la révision d'une décision.

Lorsque l'infraction est commise par la voie de la presse écrite ou audiovisuelle, les dispositions particulières des lois qui régissent ces matières sont applicables en ce qui concerne la détermination des personnes responsables.

(Abrogé par L. n° 2017-242 du 27 févr. 2017) ***« L'action publique se prescrit par trois mois révolus, à compter du jour où l'infraction définie au présent article a été commise, si dans cet intervalle il n'a été fait aucun acte d'instruction ou de poursuite. »***

Corresp. *: C. pén., ancien art. 226.*

1. Ratio legis. Si l'art. 10 Conv. EDH, en son § 1er, reconnaît à toute personne le droit à la liberté d'expression, ce texte prévoit, en son § 2, que l'exercice de cette liberté, comportant des devoirs et des responsabilités, peut être soumis à certaines formalités, conditions, restrictions ou sanctions, prévues par la loi, qui constituent, dans une société démocratique, des mesures nécessaires, notamment, pour garantir l'autorité et l'impartialité du pouvoir judiciaire ; tel est précisément l'objet de l'art. 434-25 C. pén. • Crim. 11 mars 1997, n° 96-82.283 P : *BICC 1997, n° 455, p. 7, concl. Cotte ; Dr. pénal 1997. 106, obs. Véron.*

2. Décisions protégées. L'art. 226 C. pén. ne fait aucune discrimination entre les décisions juridictionnelles à caractère pénal et celles à caractère civil. • T. corr. Nice, 12 juill. 1962 : *D. 1963. 84, note Borricand.* ♦ Mais la critique que l'on peut élever de l'opportunité, voire de la légalité des poursuites qu'engage le ministère public, ne peut jeter le discrédit sur l'autorité de la justice ou son indépendance, seuls les magistrats du siège s'étant vus reconnaître une indépendance qui se trouve protégée par les dispositions de l'art. 226 C. pén. • T. corr. Pointe-à-Pitre, 1er déc. 1971 : *Gaz. Pal. 1972. 1. 272, note J.P.D. ; RSC 1972. 598, obs. Vitu.*

3. Discrédit sanctionné. L'art. 226 C. pén., en punissant ceux qui, publiquement, par actes, paroles ou écrits, auront cherché à jeter le discrédit sur un acte ou une décision juridictionnelle, exige que cette action ait été accomplie dans des conditions « de nature à porter atteinte à l'autorité de la justice ou à son indépendance ». • Crim. 15 mai 1961 : *Bull. crim. n° 257 ; JCP 1961. II. 12233, note Mimin ; RSC 1961. 803, obs. Hugueney.*

4. Spécialement, le fait de qualifier la décision d'un juge d'expropriation de « chef-d'œuvre d'incohérence, d'extravagance et d'abus de droit » est de nature à jeter le discrédit sur elle, et il n'est pas douteux, non plus, que le fait d'ajouter « que rarement, les annales judiciaires françaises, pourtant assez bien pourvues d'ordinaire en pareille sorte, n'en ont recelé de tels », est de nature à porter atteinte à l'autorité de la justice. • T. corr. Nice, 12 juill. 1962 : *préc. note 2,* et, en cassation : • Crim. 27 févr. 1964 : *Bull. crim. n° 77 ; D. 1964. 623 ; JCP 1964. II. 13659.* ♦ Il en est de même d'une accusation de partialité, ... ainsi des propos qui qualifient une décision de « justice de classe », où les juges sont présentés comme faisant « le sale boulot de chiens de garde et de valets serviles du capitalisme ». • Crim. 3 déc. 1974 : *Gaz. Pal. 1975. 1. Somm. 95.* ♦ ... Ainsi d'un commentaire, par un avocat, d'un verdict de cour d'assises, où le jury est clairement accusé de s'être abandonné à des considérations relevant du racisme. • Grenoble, 11 oct. 1995 : *Dr. pénal 1996. 79, obs. Véron.*

5. Lorsque, par sa violence, un article dépasse toutes les limites de la critique normale (à laquelle les décisions des juges ne peuvent pas et même ne doivent pas échapper), il n'a pu être inspiré que par la volonté de jeter le discrédit sur la décision du juge, dans des conditions telles qu'il devait porter atteinte à l'autorité de la justice. • Aix-en-Provence, 9 nov. 1962 : *D. 1963. 84, note préc. Borricand ; JCP 1963. II. 13155, note Mimin ;* et, sur pourvoi : • Crim. 27 févr. 1964 : *préc. note 4.* ♦ V. encore : • Crim. 11 févr. 1965 : *Bull. crim. n° 48 ; D. 1965. 328 ; JCP 1965. II. 14128 bis* • T. corr. Montbéliard, 28 juin 1963 : *D. 1964. Somm. 46 ; Gaz. Pal. 1963. 2. 350 ; JCP 1964. II. 13462.*

6. L'art. 434-25 C. pén., qui réprime le fait de chercher à jeter le discrédit publiquement, par actes, paroles, écrits ou images de toute nature, sur un acte ou une décision juridictionnelle, exige que cette action ait été accomplie « dans des conditions de nature à porter atteinte à l'autorité de la justice ou à son indépendance » ; entrent dans les prévisions de cet article les déclarations qui mettent en cause, en termes outranciers, l'impartialité des juges, et qui présentent leur attitude comme une manifestation de « l'injustice judiciaire », dès lors que leur auteur, excédant la limite de la libre critique permise aux citoyens, a voulu atteindre dans son autorité, par-delà les magistrats concernés, la justice, considérée comme une institution fondamentale de l'État. • Crim. 11 mars 1997, n° 96-82.283 P : *BICC 1997, n° 455, p. 7, concl. Cotte ; Dr. pénal 1997. 106, obs. Véron.*

7. Selon l'art. 111-4 C. pén., la loi pénale est d'interprétation stricte ; il se déduit de l'art. 434-25 C. pén. que, pour être constitué, le délit de discrédit jeté sur un acte ou une décision juridictionnelle implique que les actes, paroles, écrits ou images incriminés, d'une part, aient fait l'objet d'une publicité, d'autre part, aient été de nature à porter atteinte à l'autorité de la justice ou à son indépendance ; selon l'art. 593 C. pr. pén., tout jugement ou arrêt doit comporter les motifs propres à justifier la décision ; l'insuffisance ou la contradiction des motifs équivaut à leur absence ; pour écarter l'argumentation du prévenu, qui soutenait que le courriel litigieux n'avait pas vocation à être communiqué, et dire établi le délit d'atteinte à l'autorité judiciaire par discrédit jeté sur une décision de justice, l'arrêt retient notamment que l'appel comminatoire adressé à un journaliste d'avoir à informer l'opinion publique des supposés errements de la décision rendue, présentés en termes véhéments et délibérément caricaturaux, et alors que le prévenu avait la possibilité d'exercer une voie de recours contre l'arrêt confirmant la limitation de son droit de visite, ce qu'il n'a pas manqué de faire dans d'autres instances, parfois avec succès, visait à rendre public le discrédit jeté sur la décision et la juridiction visées ; en se déterminant ainsi, d'une part, alors qu'il résultait de ses propres constatations que l'écrit en cause avait été adressé à un journaliste par un courrier exclusif, en lui-même, de toute publicité, et ne contenant pas de demande de le rendre public, d'autre part, sans caractériser en quoi les propos, aussi outrageants fussent-ils à l'encontre des magistrats dont leur auteur critiquait les décisions rendues à son égard, étaient, dans les circonstances où ils avaient été tenus et compte tenu de l'écho dont ils auraient bénéficié, de nature à porter atteinte à l'autorité ou à l'indépendance de la justice, la cour d'appel a méconnu les textes susvisés et les principes ci-dessus énoncés. • Crim. 23 mai 2018, n° 17-82.355 P : *D. actu. 13 juin 2018, obs. Recotillet ; D. 2018. 1153 ; AJ pénal 2018. 418, obs. Clément ; JCP 2018. 898, note Serinet ; RSC 2018. 686, obs. Mayaud ; ibid. 712, obs. Dreyer .*

8. Pour être constitué, le délit de discrédit jeté sur un acte ou une décision juridictionnelle prévu par l'art. 434-25 C. pén. implique que les actes, paroles, écrits ou images incriminés, d'une part, aient fait l'objet d'une publicité, d'autre part, aient été de nature à porter atteinte à l'autorité de la justice ou à son indépendance. Encourt la censure l'arrêt déclarant un prévenu coupable de ce délit, alors, d'une part, qu'il résulte de ses propres constatations que l'écrit incriminé avait été adressé à un journaliste par un courrier exclusif, en lui-même, de toute publicité et ne contenant pas de demande de le rendre public, d'autre part, qu'il ne caractérise pas en quoi les propos incriminés, aussi outrageants fussent-ils à l'encontre des magistrats dont leur auteur critiquait les décisions rendues à son égard, étaient, dans les circonstances où ils avaient été tenus et compte tenu de l'écho dont ils auraient bénéficié, de nature à porter atteinte à l'autorité ou à l'indépendance de la justice. • Crim. 23 mai 2018, n° 17-82.355 P : *D. actu. 13 juin 2018, obs. Recotillet ; AJ pénal 2018. 418, obs. Clément ; RSC 2018. 686, obs. Mayaud ; ibid. 712, obs. Dreyer .*

9. Action publique. Il résulte de la combinaison des dispositions de l'art. 434-25 C. pén. instituant une prescription de 3 mois de l'action publique et de celles des art. 7 et 8 C. pr. pén., que la prescription abrégée reprend son cours après chaque acte d'instruction ou de poursuite accompli dans le même délai. • Crim. 30 avr. 1996, n° 95-85.027 P. ♦ ... Sont interruptifs de prescription, tant les actes de poursuite ou d'instruction accomplis au cours de l'information, que ceux accomplis au cours d'une procédure incidente devant la chambre d'accusation. • Même arrêt.

10. Lorsque des poursuites pour le délit d'atteinte à l'autorité de la justice prévu par l'art. 434-25 C. pén., dans sa rédaction applicable antérieurement à l'entrée en vigueur de la L. n° 2017-242 du 27 févr. 2017, sont engagées en raison de la diffusion, sur le réseau internet, d'un message figurant sur un site, le point de départ du délai de trois mois de prescription de l'action publique édicté par cet art. doit être fixé à la date du premier acte de publication ; cette date est celle à laquelle le message a été mis pour la première fois à la disposition des utilisateurs. • Crim. 19 juin 2018, n° 15-85.073 P : *D. actu. 23 juill. 2018, obs. Recotillet ; D. 2018. 2260, obs. Roujou de Boubée ; RSC 2018. 724, obs. Delage ; ibid. 2019. 113, obs. Dreyer .* ♦ Si l'action publique résultant du délit de l'art. 434-25 C. pén., dans sa rédaction applicable antérieurement à l'entrée en vigueur de la L. n° 2017-242 du 27 févr. 2017 portant réforme de la prescription en matière pénale, se prescrit après trois mois révolus à compter du jour où l'infraction a été commise, ou du jour du dernier acte d'instruction ou de poursuite s'il en a été fait, la prescription est interrompue par l'audience à laquelle ont lieu les débats, dont le déroulement est attesté par les notes d'audience tenues par le greffier et signées par le président, et suspendue pendant la durée du délibéré, les parties poursuivantes étant alors dans l'impossibilité d'accomplir un acte de procédure avant le prononcé du jugement, peu important que celui-ci ait été ultérieurement annulé. • Même décision.

11. L'exception de la prescription de l'action publique ayant été invoquée par le prévenu, les dispositions légales (L. n° 2017-242 du 27 févr. 2017) modifiant la prescription de l'action publique pour le délit d'atteinte à l'autorité de la justice prévu et réprimé par l'art. 434-25 C. pén., tout comme les conditions de leur application édictées par l'art. 111-2, 4°, de ce code ont été nécessairement incluses dans le débat. • Crim. 19 juin 2018, n° 15-85.073 P : *préc. note 10.*

12. Action civile. L'infraction prévue par l'art. 226 C. pén. a pour objet exclusif la protection de l'intérêt général qui s'attache à l'autorité de la justice qu'assure seul le ministère public, et l'action d'un syndicat professionnel (syndicat de magistrats) fondée sur ce texte est irrecevable. • Crim. 7 mars 1988 : *Bull. crim. n° 113 ; JCP 1988. II. 21133, note Jeandidier* • 9 déc. 1993, n° 92-83.475 P : *Gaz. Pal. 1994. 1. 220, et la note.*

13. La constitution de partie civile d'un particulier du chef du délit prévu par l'art. 434-25 C. pén. est irrecevable, cette incrimination ayant pour objet exclusif la protection de l'intérêt public qui s'attache à l'autorité de la justice et qui incombe au seul ministère public. • Crim. 13 sept. 2005, n° 04-87.258 P.

14. Jurisprudence européenne. • CEDH 26 avr. 1995, *Prager et Oberschlick c/ Autriche : RSC 1996. 476, obs. Koering-Joulin.*

Art. 434-26 **Le fait de dénoncer mensongèrement à l'autorité judiciaire ou administrative des faits constitutifs d'un crime ou d'un délit qui ont exposé les autorités judiciaires à d'inutiles recherches est puni de six mois d'emprisonnement et de 7 500 € d'amende.**

1. Application dans le temps. Toutes les fois que parmi les différentes lois en conflit, l'une d'elles embrasse sous tous ses aspects l'action punissable, le juge répressif, lié par ailleurs par les principes fondamentaux du règlement des conflits de lois pénales dans le temps, se doit de retenir le délit spécifique qui a été nouvellement créé, tout en le sanctionnant par la pénalité la plus douce ; dès lors, en présence d'agissements consistant en une dénonciation d'un délit imaginaire à même de constituer le délit d'outrages à agents de la force publique prévu et réprimé par l'art. 224 de l'ancien code pénal (nouvel art. 433-5) et désormais constitutif du délit spécifique prévu et réprimé par l'art. 434-26 du nouveau code pénal, appartient-il à ce juge, saisi de poursuites engagées avant le 1er mars 1994, date de mise en vigueur de ce dernier code et statuant après cette date, de retenir le délit spécifique nouvellement créé, alors même que le délit d'outrages continue d'être réprimé par l'art. 433-5 de ce code, tout en le sanctionnant par les peines moins sévères qui sont celles prévues pour le délit d'outrages dans l'ancienne législation. • Douai, 30 nov. 1994 : *BICC 1995. 194.*

2. Objet de la dénonciation. La dénonciation dont le caractère mensonger ne porte que sur une circonstance aggravante d'une infraction n'est pas constitutive du délit prévu par l'art. 434-26 C. pén. • Crim. 20 déc. 2006, n° 06-80.006 P : *D. 2007. Pan. 2641, obs. Garé ; Dr. pénal 2007, n° 30, obs. Véron ; RSC 2007. 539, obs. Mascala.*

3. Inutiles recherches. L'art. 434-26 C. pén. n'exige pas que les autorités judiciaires aient effectivement conduit les recherches inutiles auxquelles la dénonciation mensongère reçue les exposait. • Crim. 18 oct. 2016, n° 16-80.579 P : *D. actu. 10 nov. 2016, obs. Goetz.*

4. Illustration. En l'état de constatations, qui établissent qu'une plainte pour vol était mensongère et exposait les autorités publiques à d'inutiles recherches, une cour d'appel a justifié sa décision de condamnation tant au regard de l'art. 224 ancien que de l'art. 434-26 nouv. C. pén. • Crim. 29 avr. 1998 : *Gaz. Pal. 1998. 2, chron. crim. 132.*

5. Une cour d'appel caractérise en tous ses éléments constitutifs, tant matériels qu'intentionnels, le délit de dénonciation mensongère reproché à « l'inspecteur » d'un magasin qui a porté plainte contre une caissière pour le vol d'une somme d'argent, dès lors qu'elle retient, d'une part, que l'enquête, demeurée sans suite, et les déclarations du prévenu ont révélé l'inexistence des faits dénoncés, que, d'autre part, le prévenu, tout en sachant que la disparition de l'argent pouvait provenir d'un dysfonctionnement de la caisse, s'est empressé de mettre en cause la salariée dont il souhaitait la démission, sans attendre le résultat des vérifications effectuées le jour même et que, enfin, la dénonciation mensongère a amené les services de police à effectuer de nombreuses et inutiles investigations par ailleurs entravées par les fausses déclarations du prévenu ; en effet, l'art. 434-26 C. pén. n'exige pas que l'existence des faits dénoncés ait été constatée par une décision judiciaire d'acquittement, de relaxe ou de non-lieu devenue définitive. • Crim. 10 oct. 2000, n° 00-80.042 P : *Dr. pénal 2001. 2, obs. Véron ; Gaz. Pal. 2001. 1. Somm. 938, note Monnet.*

6. Le délit de dénonciation d'une infraction imaginaire consiste dans le fait de dénoncer mensongèrement à l'autorité judiciaire ou administrative des faits constitutifs d'un crime ou d'un délit qui ont exposé les autorités judiciaires à d'inutiles recherches ; la jurisprudence exige de surcroît que la dénonciation résulte d'une démarche personnelle et réfléchie, sans sollicitation extérieure ; en l'espèce, les faits dénoncés par le prévenu l'ont été à l'issue d'un entretien, alors qu'il était interrogé par un lieutenant pénitentiaire sur son souhait d'arrêter une formation ; les comportements qu'il a évoqués, c'est-à-dire des caresses sur la tête et les genoux, quelle qu'ait pu être son interprétation, ne sont constitutifs d'aucune infraction pénale susceptible d'être reprochée à son formateur ; enfin, l'élément intentionnel du délit fait défaut, la mauvaise foi du prévenu, c'est-à-dire la connaissance qu'il avait de l'inexistence des faits dénoncés, n'étant nullement établie, alors qu'il a admis ultérieurement s'être mépris sur la signification de caresses sur la tête et le mollet ; dès lors, c'est à bon droit que les premiers juges ont renvoyé le prévenu des fins de la poursuite ; leur décision sera en conséquence confirmée. • Lyon, 20 juill. 2012 : *AJ pénal 2012. 548, obs. Lavric* .

7. L'art. 434-26 C. pén. n'exige pas que les autorités judiciaires aient effectivement conduit les recherches inutiles auxquelles la dénonciation mensongère reçue les exposait. • Crim. 18 oct. 2016, nº 16-80.579 P : *D. actu. 10 nov. 2016, obs. Goetz ; RSC 2016. 755, obs. Mayaud ; Gaz. Pal. 24 janv. 2017, p. 54, obs. Dreyer.*

8. Action civile. La création d'un délit spécifique de dénonciation mensongère prévu par l'art. 434-26 C. pén. n'a pas eu pour effet de faire perdre aux fonctionnaires le droit de se constituer partie civile qui leur était reconnu lorsque ces faits étaient, sous l'empire de l'ancien code pénal, poursuivis sous la qualification d'outrage, dès lors qu'ils justifient d'un préjudice personnel. • Paris, 10 nov. 1998 : *Dr. pénal 1999. 81, obs. Véron.* ♦ ... Mais ne peuvent être assimilées à un tel préjudice, les perturbations relatives à l'organisation du service. • Même arrêt.

9. Dans la poursuite exercée contre une personne pour avoir mensongèrement dénoncé des faits d'enlèvement et séquestration dont elle aurait été victime, l'agent judiciaire du Trésor s'est constitué partie civile en demandant le remboursement du préjudice matériel causé par d'inutiles recherches ; le prévenu a été reconnu coupable et la partie civile déclarée irrecevable ; pour confirmer le jugement sur le seul appel de la partie civile, l'arrêt retient que la mission de la police nationale est de concourir à la protection des personnes, et que les investigations entreprises se rattachent aux obligations normales qui lui incombent ; en prononçant ainsi, les juges du fond ont fait l'exacte application de l'art. 2 C. pr. pén., qui réserve l'exercice de l'action civile à celui qui a personnellement souffert du dommage directement causé par l'infraction. • Crim. 20 janv. 2009, nº 08-82.357 P : *AJ pénal 2009. 183, obs. Duparc* .

10. Conflit de qualifications – Outrage. Une dénonciation mensongère entrant dans les prévisions de l'art. 434-26 C. pén., ne peut recevoir en outre la qualification d'outrage à personne dépositaire de l'autorité publique lorsque l'atteinte portée à la dignité et à l'autorité des membres de l'autorité publique trouve uniquement sa cause dans le fait même de la dénonciation. • Crim. 10 oct. 2000, nº 00-80.042 P : *Dr. pénal 2001. 2, obs. Véron.*

§ 2 DE L'ÉVASION

RÉP. PÉN. vº *Évasion*, par BEAU.

BIBL. ► ARBOUSSET, *JCP 2009. I. 141* (évasion de détenu(s) et droit administratif).

Art. 434-27 **Constitue une évasion punissable le fait, par un détenu, de se soustraire à la garde à laquelle il est soumis** *(Abrogé par L. nº 2004-204 du 9 mars 2004, art. 194-I)* ***« , par violence, effraction ou corruption, lors même que celles-ci auraient été commises, de concert avec lui, par un tiers ».***

L'évasion est punie de trois ans d'emprisonnement et de 45 000 € d'amende.

(L. nº 2004-204 du 9 mars 2004, art. 194-I) **« Lorsque l'évasion est réalisée par violence, effraction ou corruption, lors même que celles-ci auraient été commises, de concert avec le détenu, par un tiers, les peines sont portées à cinq ans d'emprisonnement et à 75 000 € d'amende. »**

Corresp. : *C. pén., ancien art. 245, al. 1er.*

1. Matérialité. Aux termes de l'art. 245 C. pén., l'évasion des détenus n'est punissable que si elle est accomplie par bris de prison ou par violence ; manque de base légale la décision qui se borne à constater que le prévenu a été pris en flagrant délit. • Crim. 4 déc. 1947 : *Bull. crim. nº 242.*

2. Ont été retenus comme constitutif d'un bris de prison au sens de l'ancien art. 245 C. pén. : ... le fait de creuser un conduit souterrain au-dessous d'une porte. • Crim. 8 août 1902 : *Bull. crim. nº 284.* ♦ ... La destruction d'un barreau de cellule. • Crim. 11 juin 1975 : *Bull. crim. nº 150.*

3. L'expression « violence » de l'art. 245 C. pén. doit s'entendre non seulement de voies de fait exercées sur la personne, mais encore de celles qui, sans l'atteindre matériellement, sont de nature à agir sur elle en l'impressionnant vivement, les juges du fond étant dans l'obligation de relater les circonstances susceptibles de caractériser cette violence. • Crim. 4 nov. 1948 : *Bull. crim. nº 252 ; D. 1949. 3 ; JCP 1949. II. 4751, note Colombini.*

4. Il résulte de la combinaison des art. 132-73 et 434-27 C. pén., que le délit d'évasion par effraction n'est constitué que lorsque le détenu, gardé dans un endroit clos, brise le dispositif de fermeture qui fait obstacle à sa fuite ; dès lors, justifie sa décision la cour d'appel qui, pour confirmer le jugement de relaxe entrepris, retient qu'aucun acte de violence n'est établi à la charge du prévenu, lequel n'a fait que profiter, après être sorti du fourgon cellulaire le transportant et garé dans la cour du palais de justice, d'un moment d'inattention du seul policier chargé de sa garde, qui avait lâché ses menottes, qu'il a réussi à s'enfuir en passant par la grille d'enceinte du tribunal, alors ouverte, sans commettre aucun acte d'effraction, et en déduit que son évasion est le résultat d'une simple ruse, exclusive du délit poursuivi, et ajoute que l'intervention du garagiste chez qui le prévenu a trouvé refuge après sa fuite, et qui a accepté de couper la chaîne de ses menottes, lui permettant ainsi de joindre par téléphone un ami avec lequel il a quitté les lieux pour se rendre au Maroc, d'où il a été extradé, intervention au demeurant postérieure à la fuite consommée de son coprévenu, ne peut être sanctionnée, ni au titre de la complicité visée à la prévention, en l'absence de fait principal punissable, ni au titre de la connivence à évasion, aucun acte de nature à procurer au détenu le moyen de s'évader n'ayant été établi à son encontre. • Crim. 5 mai 1998, n° 97-85.271 P : *Dr. pénal 1998. 110, obs. Véron*; *JCP 1999. I. 112, n° 5, obs. Véron*; *RSC 1999. 107-B, obs. Delmas Saint-Hilaire*. ♦ Il résulte de la combinaison des art. 132-73 et 434-27 C. pén., que le délit d'évasion par effraction n'est constitué que lorsque le détenu, gardé dans un endroit clos, brise le dispositif de fermeture qui fait obstacle à sa fuite ; doit être relaxé des fins de la poursuite le détenu qui reconnaît avoir escaladé les deux murs d'enceinte d'un centre pénitentiaire, et indique avoir été blessé à une jambe en se glissant sous les barbelés, alors que les photos et les constatations ne font apparaître aucune destruction de ceux-ci, mais un simple déplacement de certains de leurs éléments, l'ensemble étant resté en place, déplacement exclusif de tout bris. • Toulouse, 7 août 2002 : *D. 2002. IR 2656.*

5. Est punissable, aux termes des art. 434-27 et 132-73 C. pén., l'évasion par effraction, qui peut consister dans le forcement d'un dispositif de fermeture ou de toute espèce de clôture ; tel est le cas des barbelés placés en haut des murs de la prison, lesquels ont été endommagés par les détenus qui y ont accroché volontairement les grappins prévus à cet effet. • Limoges, 11 févr. 1998 : *BICC 1998. 852.*

6. Ne commet pas le délit d'évasion par effraction le prévenu qui à la sortie du Palais de justice réussit à s'enfuir après avoir tiré violemment sur la chaîne de conduite qui l'entravait et le reliait à un gendarme, provoquant la cassure d'un anneau ; en effet, une dégradation ou effraction mobilière n'entre pas dans les prévisions du texte. • Toulouse, 3 juill. 2003 : *Dr. pénal 2004. 4, obs. Véron*; *JCP 2004. IV. 1180.* ♦ ... En revanche, il a commis le délit d'évasion par violence en tirant avec énergie sur la chaîne et en bousculant le gendarme auquel il était relié par la chaîne de conduite ; en effet, les pièces de la procédure établissent que cet individu faisait l'objet d'une attention spécifique, signalé comme détenu à risque ; il bénéficiait d'une escorte spéciale dont il convient de présumer qu'elle était particulièrement sensibilisée aux moindres gestes du détenu ; tous ses membres ont indiqué clairement et sans ambiguïté le déroulement de sa fuite ; la constatation d'ecchymoses ou de lésions n'est pas déterminante dans la caractérisation de l'infraction d'évasion par violence ; c'est pourquoi peu importent l'absence de certificat médical mentionnant une éventuelle lésion sur la victime et le fait que le détenu ne présente aucune lésion. • Même arrêt.

7. *Intention.* L'intention délictuelle nécessaire pour constituer le délit d'évasion fait défaut lorsque le détenu n'a pas cherché à se soustraire à l'exécution de sa peine, mais a voulu échapper au péril imminent d'être déporté en pays ennemi. • T. corr. Cherbourg, 6 févr. 1945 : *Gaz. Pal. 1945. 1. 104*; *S. 1945. 2. 81.*

8. Le prévenu détenu qui a été en relations téléphoniques constantes avec l'évadé avant et pendant l'évasion, et avec d'autres individus non identifiés, qui a pris place dans l'aéronef dont le pilote était pris en otage par deux individus lourdement armés, avait nécessairement conscience de ce que son évasion n'était rendue possible que grâce à l'action d'une bande organisée, et s'est rendu coupable des délits d'évasion en bande organisée et de participation à une association de malfaiteurs correspondant à des faits matériels distincts. • Crim. 19 janv. 2010 : *JCP G 2010, n° 7, p. 340*; *Gaz. Pal. 2010. 1. Jur. 981, note Detraz*; *Dr. pénal 2010, n° 43, obs. Véron.*

9. *État de nécessité.* Justifie sa décision la cour d'appel qui, pour écarter l'état de nécessité invoqué par le prévenu et déclarer ce dernier coupable d'évasion lors de son transport dans un fourgon de police, lequel était attaqué par des malfaiteurs armés, retient que l'intéressé a refusé de se coucher au sol pour se protéger, alors qu'il était invité à le faire par un policier, qu'il a sauté du fourgon afin de prendre la fuite et qu'il s'est volontairement exposé aux tirs en provenance de l'extérieur. • Crim. 11 janv. 2017, n° 16-80.610 P : *D. actu. 25 janv. 2017, obs. Goetz*; *D. 2017. Pan. 2501, obs. Gozzi*.

10. *Bande organisée.* Pour retenir contre le condamné la circonstance aggravante de bande organisée, et non l'association de malfaiteurs, l'arrêt attaqué relève que son évasion a été préparée par un groupe structuré, composé du frère du prévenu et d'individus, dont certains ont été identifiés, qui s'était procuré des armes et deux véhicules et dont l'objectif était d'attaquer le fourgon de police afin que le détenu puisse s'échapper ; les juges ajoutent que la bande organisée s'analyse en une circonstance aggravante réelle qui, ayant trait aux conditions dans lesquelles l'infraction a été commise, a vocation à s'appliquer à l'ensemble des coauteurs et complices, sans qu'il soit besoin de démontrer la participation personnelle et directe du détenu à la préparation de son évasion ; en prononçant ainsi, la cour d'appel a justifié sa décision. • Crim. 11 janv. 2017, n° 16-80.610 P : *préc. note 9.*

11. Conflit de qualifications. Ne méconnaît pas le principe selon lequel un même fait ne peut être retenu comme élément constitutif d'une infraction et circonstance aggravante d'une autre infraction la cour d'appel qui déclare le prévenu coupable d'association de malfaiteurs en vue de la préparation d'une évasion et d'évasion en bande organisée dès lors qu'elle constate que les éléments constitutifs du premier de ces délits et la circonstance aggravante du second correspondent, en l'espèce, à des faits distincts. • Crim. 19 janv. 2010 : *préc. note 8.*

Art. 434-28 **Pour l'application du présent paragraphe, est regardée comme détenue toute personne :**

1° Qui est placée en garde à vue ;

2° Qui se trouve en instance ou en cours de présentation à l'autorité judiciaire à l'issue d'une garde à vue ou en exécution d'un mandat d'amener ou d'arrêt ;

3° Qui s'est vu notifier un mandat de dépôt ou un mandat d'arrêt continuant de produire effet ;

4° Qui exécute une peine privative de liberté ou qui a été arrêtée pour exécuter cette peine ;

5° Qui est placée sous écrou extraditionnel.

Garde à vue. Le prévenu placé en garde à vue, mais à qui la décision même d'une telle mesure et les droits y afférents n'ont pas été notifiés, et qui a pris la fuite à l'arrivée à son domicile où il avait été conduit par des policiers pour rechercher une pièce d'identité n'est pas coupable du délit d'évasion ; certes, le fait de s'échapper pendant le déroulement d'une garde à vue constitue un cas d'évasion visé par les dispositions du code pénal, et s'enfuir et se soustraire définitivement à la force publique constitue l'élément matériel de l'infraction reprochée ; cependant, la volonté de se soustraire à une mesure de garde à vue fait défaut en l'espèce dès lors que le prévenu n'a jamais été informé de son placement en garde à vue et n'a jamais reçu notification des droits attachés à cet état. • Toulouse, 13 avr. 2006 : *JCP 2006. IV. 3123. – Adde* : R. Maman, De l'évasion impossible : à propos d'un arrêt rendu par la cour d'appel de Toulouse le 13 avr. 2006, *Dr. pénal 2007. Étude 3.*

Art. 434-29 **Constitue également une évasion punie des mêmes peines le fait :**

1° Par un détenu placé dans un établissement sanitaire ou hospitalier, de se soustraire à la surveillance à laquelle il est soumis ;

2° Par tout condamné, de se soustraire au contrôle auquel il est soumis alors qu'il a fait l'objet d'une décision *(L. n° 97-1159 du 19 déc. 1997)* **« soit de placement à l'extérieur d'un établissement pénitentiaire, soit de** *(L. n° 2019-222 du 23 mars 2019, art. 74-X et 109-XIX, en vigueur le 24 mars 2020)* **« détention à domicile sous surveillance électronique** *[ancienne rédaction : placement sous surveillance électronique]* **» ou qu'il bénéficie soit du régime de la semi-liberté, soit d'une permission de sortir ;**

3° Par tout condamné, de ne pas réintégrer l'établissement pénitentiaire à l'issue d'une mesure de suspension ou de fractionnement de l'emprisonnement *(L. n° 92-1336 du 16 déc. 1992)* **« , de placement à l'extérieur, de semi-liberté ou de permission de sortir » ;** – *Pr. pén. 723-5.*

(L. n° 97-1159 du 19 déc. 1997) **« 4° Par tout condamné** *(L. n° 2019-222 du 23 mars 2019, art. 74-X et 109-XIX, en vigueur le 24 mars 2020)* **« détenu à domicile sous surveillance électronique** *[ancienne rédaction : placé sous surveillance électronique]* **», de neutraliser par quelque moyen que ce soit le procédé permettant de détecter à distance sa présence ou son absence dans le lieu désigné par le juge de l'application des peines. »**

BIBL. ▸ El Hage, *Dr. pénal 1998. Chron. 13* (surveillance électronique).

Corresp. : *C. pén., ancien art. 245, al. 3 et 4.*

1. Placement dans un établissement sanitaire ou hospitalier. Le prévenu, placé sous mandat de dépôt et admis directement dans un hôpital, qui s'évade de celui-ci, commet le délit prévu par l'art. 245, al. 3, C. pén., ce dernier texte n'exigeant nullement que le détenu hospitalisé, dont il punit l'évasion, ait été transféré d'un établissement pénitentiaire dans un hôpital. • Crim. 14 mars 1972 : *Bull. crim. n° 97 ; Gaz. Pal. 1972. 2. Somm. 79 ; RSC 1972. 866, obs. Vitu.*

2. Il résulte des termes de l'art. 245, al. 3, C. pén. (V. nouvel art. 434-31) que, par exception à la règle du non-cumul des peines, la peine prononcée pour évasion d'un établissement hospitalier doit se cumuler avec celle prononcée pour le crime ou le délit motivant la détention ; en pareil cas, doit être annulée par voie de retranchement et sans renvoi la disposition de l'arrêt qui a illégalement prononcé la confusion des peines. • Crim. 11 déc. 1947 : *Bull. crim. n° 258 ; D. 1948. 154 ; Gaz. Pal. 1948. 1. 62.*

3. Déclare à bon droit coupable d'évasion l'arrêt qui relève que le prévenu, détenu dans un établissement hospitalier, a profité de l'assoupissement des policiers affectés à sa surveillance pour quitter les lieux, en suivant les panneaux indiquant la sortie, et rentrer à son domicile. • Crim. 14 avr. 1999 : *Gaz. Pal. 1999. 2, chron. crim. 111.*

4. Constitue le délit d'évasion prévu et réprimé par l'art. 434-29, 1°, C. pén. le fait pour un détenu, hospitalisé d'office en vertu d'un arrêté préfectoral dans un établissement de santé habilité par référence aux dispositions de l'art. D. 398 C. pr. pén., s'est volontairement soustrait à la surveillance du personnel hospitalier en s'enfuyant par un vasistas de sa chambre. • Limoges, 5 mai 2000 : *BICC 2000, n° 1249.*

5. Placement à l'extérieur d'un établissement pénitentiaire. Le dernier § de l'art. 245 C. pén., qui punit « tout condamné qui se sera évadé ou aura tenté de s'évader alors qu'il était employé à l'extérieur d'un établissement pénitentiaire », vise les condamnés qui travaillent hors de l'établissement et ont cessé d'être sous le contrôle du personnel de l'administration pénitentiaire, à l'exclusion de ceux qui, occupés aux jardins ou aux cuisines, demeurent sous cette surveillance. • TGI Beauvais, 24 mars 1961 : *D. 1961. Somm. 66.*

6. Le fait de s'être enfui alors qu'il tondait la pelouse devant la maison d'arrêt constitue pour le prévenu le délit d'évasion entrant dans les prévisions de l'art. 434-29 C. pén. En effet, il s'est soustrait au contrôle auquel il était soumis alors qu'il faisait l'objet d'un placement à l'extérieur de l'établissement pénitentiaire. • Colmar, 3 sept. 1996 : *D. 1997. 103, note Beau.*

7. Placement sous surveillance électronique. La prévenue, placée sous surveillance électronique, est poursuivie pour évasion pour s'être soustraite à la surveillance à laquelle elle était soumise ; elle a appelé la maison d'arrêt pour signaler un différend avec son concubin et son intention de partir du domicile, lieu de son assignation ; le surveillant a ensuite signalé un dysfonctionnement informatique selon lequel le message « le condamné a manqué un appel » ne s'était pas affiché ; il a essayé vainement de contacter la prévenue et le dispositif à domicile apparaissait comme ayant été débranché ; l'évasion est donc caractérisée par le non-respect des créneaux horaires imposés par le bracelet électronique ; la prévenue a été déclarée coupable d'évasion pour s'être soustraite à une mesure de placement sous surveillance électronique ; il apparaît que la sanction logique du non-respect d'un placement sous surveillance électronique, qui constitue une mesure favorable, ne peut être qu'un emprisonnement ferme ; il est donc illégitime que les premiers juges aient prononcé une peine d'emprisonnement avec sursis, la prévenue devant être condamnée à un mois d'emprisonnement sans sursis. • Douai, 22 juin 2005 : *JCP 2005. IV. 3828.*

8. Est coupable du délit d'évasion le prévenu qui, placé sous surveillance électronique par le juge d'application des peines, n'est pas en mesure de donner des explications probantes à propos de la cessation du fonctionnement du système de surveillance pendant plusieurs heures au cours d'une nuit ; tout d'abord, il ne saurait valablement exciper de l'arrêt d'émission des signaux dû, selon lui, au fait qu'il ait oublié d'éteindre son téléphone sans fil et que ce dernier soit resté allumé en position communication toute la nuit durant : en effet, la transmission des signaux émanant de l'émetteur ne cesse pas pendant les communications téléphoniques ; ensuite, le prétendu dysfonctionnement de l'installation électrique de l'immeuble où vit le prévenu, voire le prétendu mauvais fonctionnement du bracelet électronique ne sont guère plus conformes aux constatations des agents de surveillance de la maison d'arrêt : selon le point de vue de ces techniciens, l'incident en cause est dû au fait que l'émetteur a été débranché pour permettre au prévenu de se soustraire à la surveillance à laquelle il était soumis ; d'ailleurs, l'absence du prévenu à son domicile a été confirmée, puisque l'intéressé n'a pas répondu aux appels téléphoniques qui lui ont été adressés à son domicile au matin, et il n'a pas été en mesure de donner des explications satisfaisantes pour justifier une telle absence. • Toulouse, 3 août 2005 : *JCP 2005. IV. 3692.*

9. Le prévenu a fait l'objet d'une procédure de comparution immédiate pour être jugé sous la prévention d'avoir, étant condamné placé sous surveillance électronique, neutralisé par quelque moyen que ce soit le procédé permettant de détecter à distance sa présence ou son absence dans le lieu désigné par le juge de l'application des peines ; la cour d'appel, après infirmation du jugement de condamnation, a renvoyé le prévenu des fins de la poursuite au motif que l'infraction d'évasion, prévue par l'art. 434-29 C. pén., n'était pas applicable au condamné soumis par le tribunal de l'application des peines à une surveillance électronique mobile après sa libération définitive ; elle a également refusé de faire droit aux réquisitions du ministère public, tendant à ce que soit retenue la qualification de dégradation d'un bien d'utilité publique, infraction constituée par le sectionnement par le prévenu de la sangle de son bracelet électronique ; pour refuser de faire droit à ces réquisitions, l'arrêt attaqué retient que l'acte de poursuite n'a visé que la soustraction à la mesure de surveillance par la neutralisation, qui peut prendre d'autres formes qu'une dégradation, du moyen par laquelle elle s'opérait ; en statuant ainsi, et dès lors que le délit de dégradation d'objet d'utilité publique, prévu par les art. 322-1 et 322-3, 8°, C. pén., dont l'application était demandée par le ministère public, était distinct de celui incriminé par l'art. 434-29 du même code, seul visé à la poursuite, la cour d'appel a justifié sa décision. • Crim. 13 avr. 2016, n° 15-82.982 P : *D. actu. 11 mai 2016, obs. D. Goetz ; D. 2016. 1538, obs. Décima ; AJ pénal 2016. 389, obs. Herzog-Evans ; Dr. pénal 2016, n° 103, obs. Bonis-Garçon.*

10. Semi-liberté. Le délit d'évasion d'un condamné soumis au régime de la semi-liberté est réalisé par le seul fait de l'évasion, même en l'absence de violences ou bris de prison. • Crim. 4 mai 1965 : *Bull. crim. n° 126 ; Gaz. Pal. 1965. 2. 165.*

11. Encourt la cassation l'arrêt qui, pour déclarer un débiteur exécutant une contrainte par corps sous le régime de la semi-liberté, coupable du délit d'évasion prévu par l'art. 245, al. 4, C. pén., se fonde sur les dispositions de l'art. 761 C. pr. pén. ; ledit article, qui se combine avec l'art. 728 du même code, ne concerne, en effet, dans l'assimilation qu'il édicte, que le régime intérieur de l'établissement où est détenu le débiteur, sans pour autant placer celui-ci dans la situation juridique d'un condamné au sens de l'art. 245, dernier al., C. pén. • Crim. 10 nov. 1976 : *Bull. crim. n° 323 ; D. 1977. 36, note Mayer ; JCP 1977. II. 18548 ; Gaz. Pal. 1977. 1. 146 ; RSC 1977. 86, obs. Vitu, et 563, obs. Larguier.*

12. Permission de sortir. Le délit prévu par l'art. 245, dernier al., C. pén., est réalisé par le seul fait de l'évasion d'un condamné bénéficiant d'une permission de sortir d'un établissement pénitentiaire. • Crim. 18 févr. 1976 : *Bull. crim. n° 64.*

13. Constitue une évasion, tant au sens de l'art. 245 que de l'art. 434-29, al. 3, C. pén., le fait pour un condamné bénéficiant d'une permission de sortie d'un établissement pénitentiaire de ne pas rejoindre cet établissement à l'expiration de sa permission. • Crim. 22 juin 1994, n° 93-81.462 P : *RSC 1995. 105, obs. Delmas Saint-Hilaire.*

14. Le délit d'évasion, prévu par l'art. 434-29, 3°, C. pén. est un délit instantané, entièrement consommé à la date même où le condamné n'a pas réintégré l'établissement pénitentiaire, à l'issue d'une permission de sortir. Dès lors, l'intervention d'un tiers, postérieurement à cette date, aux fins d'aider l'auteur principal dans sa fuite, ne saurait constituer un acte de complicité punissable, en l'absence d'un accord antérieur à l'infraction. • Crim. 4 mai 2000, n° 99-86.563 P : *D. 2000. IR 177 ; Dr. pénal 2000. Comm. 112, obs. Véron. RSC 2001. 164, obs. Delmas Saint-Hilaire.*

Art. 434-30 **Les infractions prévues à l'article 434-27 et au 1° de l'article 434-29 sont punies de sept ans d'emprisonnement et de 100 000 € d'amende** *(L. n° 2004-204 du 9 mars 2004, art. 194-II)* **« lorsqu'elles ont été commises sous la menace d'une arme ou d'une substance explosive, incendiaire ou toxique »** *(Abrogé par L. n° 2004-204 du 9 mars 2004, art. 6-XII)* ***« ou lorsqu'elles ont été commises dans le cadre d'une action concertée entre plusieurs détenus ».*** *— Pén. 132-75.*

Les peines sont portées à dix ans d'emprisonnement et à 150 000 € d'amende lorsqu'il a été fait usage d'une arme ou d'une substance explosive, incendiaire ou toxique *(L. n° 2004-204 du 9 mars 2004, art. 6-XII)* **« ou lorsque les faits sont commis en bande organisée, que les membres de cette bande soient ou non des détenus ».**

Art. 434-31 **Nonobstant les dispositions des articles 132-2 à 132-5, les peines prononcées pour le délit d'évasion se cumulent, sans possibilité de confusion, avec celles que l'évadé subissait ou celles prononcées pour l'infraction à raison de laquelle il était détenu.**

Corresp. : *C. pén., ancien art. 245, al. 1er.*

1. Cumul. Si, en cas de conviction de plusieurs crimes ou délits, la peine la plus forte doit seule être prononcée, il est dérogé à cette disposition en ce qui concerne les délits prévus par l'art. 245 C. pén. • Crim. 21 déc. 1894 : *DP 1898. 5. 319* • 19 juill. 1917 : *DP 1922. 5. 6* • 16 sept. 1920 : *ibid.* • 11 déc. 1947 : *D. 1948. 154.*

2. La dérogation que l'art. 245 C. pén. apporte au principe du non-cumul des peines, consacré par l'art. 5 dudit code (nouv. art. 132-2 à 132-5), consiste en ce que la peine prononcée pour évasion doit être cumulativement subie avec celle encourue par le prévenu pour le crime ou délit à raison duquel il était détenu ; dès lors l'art. 245 ne peut recevoir d'application qu'autant que la détention du prévenu était motivée par l'infraction poursuivie concurremment avec le délit d'évasion, et doit être cassé l'arrêt qui ne précise pas cette dernière circonstance. • Crim. 9 févr. 1971 : *Bull. crim. n° 44 ; D. 1971. Somm. 60*

• 26 févr. 1974 : *Bull. crim. n° 80.* ♦ ... Sauf le cas où le prévenu subissait une peine devenue définitive au moment de son évasion. • Crim. 4 nov. 1948 : *Bull. crim. n° 252 ; D. 1949. 3 ; JCP 1949. II. 4751, note Colombini.*

3. La dérogation apportée par l'art. 245, al. 1er, C. pén. à la règle du non-cumul des peines fixée par l'art. 5 du même code (nouv. art. 132-2 à 132-5) ne comporte aucune restriction tenant à la confusion avec d'autres peines de celle à raison de laquelle la peine pour évasion ou tentative d'évasion a été prononcée ; le point de départ de l'exécution de cette dernière se trouve ainsi reporté à l'expiration de l'exécution des peines confondues. • Crim. 5 févr. 1992, n° 91-81.378 P.

4. L'art. 434-31 C. pén. a pour effet, en matière d'évasion, de déroger aux règles normalement applicables, lorsque plusieurs infractions sont en concours, relatives à la limitation de la durée des peines cumulées à un maximum légal et d'en permettre le dépassement. • Crim. 13 juin 2007 : *AJ pénal 2007. 533, obs. Herzog-Evans ; Dr. pénal 2008. Chron. 23, obs. Peltier.*

5. Non-cumul. Mais la règle du non-cumul reste applicable lorsque c'est un fait concomitant ou postérieur à l'évasion qui est compris dans la même poursuite que le délit d'évasion. • Crim. 23 févr. 1965 : *Bull. crim. n° 55 ; Gaz. Pal. 1965. 1. 383* • 27 mai 1972 : *Bull. crim. n° 173 ; D. 1972. Somm. 199 ; Gaz. Pal. 1972. 2. 600 ; RSC 1973. 113, obs. Vitu* • 26 mai 1992, n° 91-84.137 P : *D. 1993. Somm. 16, obs. Azibert ; Dr. pénal 1992. 249 ; RSC 1993. 137. Chron. Couvrat.* ♦ Ainsi, la juridiction correctionnelle saisie d'une poursuite des chefs, d'une part, d'évasion et, d'autre part, de vols commis par le prévenu à la suite de cette évasion, doit, en vertu de l'art. 5 C. pén. (nouv. art. 132-2 à 132-5), prononcer une peine unique ; mais lorsque la peine encourue du chef de l'évasion est la plus forte de celles qu'encourait le prévenu à l'occasion de cette poursuite, la peine prononcée ne saurait être confondue avec celle qui a, d'autre part, été infligée à l'intéressé pour les faits en raison desquels il était provisoirement détenu lors de son évasion. • Crim. 5 déc. 1973 : *Bull. crim. n° 450.*

6. La règle du non-cumul des peines s'applique sans qu'il y ait lieu de distinguer selon que les infractions en concours font l'objet d'une seule poursuite ou de poursuites successives. • Crim. 21 mars 1989 : *Bull. crim. n° 141 ; RSC 1990. 61, obs. Vitu.*

7. Le détenu employé à l'extérieur d'un établissement pénitentiaire qui prend la fuite à bord d'un véhicule et est arrêté après une poursuite par les gendarmes commet l'infraction de tentative d'évasion ; mais dès lors qu'il est, outre cette infraction, poursuivi pour un délit de mise en danger commis pendant sa fuite, il ne peut être poursuivi à son encontre qu'une seule peine d'emprisonnement ; en effet, si aux termes de l'art. 434-31 C. pén., les peines prononcées pour délit d'évasion se cumulent avec celles que l'évadé subissait, la règle du non-cumul demeure applicable lorsque c'est un fait concomitant ou postérieur à l'évasion qui est compris dans la même poursuite que l'évasion ou qui est poursuivi distinctement. • Grenoble, 25 oct. 1996 : *JCP 1997. IV. 2056.*

8. En application de l'art. 132-5 C. pén., toute peine privative de liberté est confondue avec une peine perpétuelle lorsque lesdites peines ont été prononcées pour des infractions en concours ; il résulte de l'art. 720-2 C. pr. pén. qu'en cas de confusion entre deux peines privatives de liberté, la durée de la détention subie antérieurement à cette mesure en exécution de la peine absorbée doit s'imputer sur la période de sûreté attachée à la peine absorbante ; dès lors, encourt la cassation l'arrêt de la chambre de l'application des peines qui déclare une demande de libération conditionnelle irrecevable en omettant, dans le calcul de la période de sûreté exécutée qui était attachée à une peine de réclusion criminelle à perpétuité, d'imputer l'exécution d'une peine correctionnelle relative à une condamnation pour aide à l'évasion d'un condamné à une peine perpétuelle, prévue par l'art. 240, al. 2, de l'ancien code pénal et 434-32 C. pén., cette infraction n'entrant pas dans le champ d'application des art. 245 de l'ancien code pénal et 434-31 C. pén. • Crim. 16 janv. 2008, n° 07-81.289 P : *Gaz. Pal. 2009. 1. Somm. 627, note Monnet ; AJ pénal 2008. 135, obs. Herzog-Evans.*

Art. 434-32 **Est puni de trois ans d'emprisonnement et de 45 000 € d'amende le fait, par toute personne, de procurer à un détenu tout moyen de se soustraire à la garde à laquelle il était soumis.**

Si le concours ainsi apporté s'accompagne de violence, d'effraction ou de corruption, l'infraction est punie de cinq ans d'emprisonnement et de 75 000 € d'amende. — *Pén. 132-73.*

Si ce concours consiste en la fourniture ou l'usage d'une arme ou d'une substance explosive, incendiaire ou toxique, l'infraction est punie de sept ans d'emprisonnement et de 100 000 € d'amende. — *Pén. 132-75.*

Corresp. : *C. pén., anciens art. 238 à 240, al. 2, et 241 à 243.*

1. Nécessité d'une possibilité d'évasion. Ne peut être assimilé au fait de s'évader celui d'être libéré par une décision de justice régulière, même si cette décision a été prononcée pour des raisons médicales résultant de faux certificats. • Crim. 21 févr. 1985 : *Bull. crim. n° 84 ; Gaz. Pal. 1985. 1. 404 ; RSC 1985. 803, obs. Delmas Saint-Hilaire.* ♦ Sur l'arrêt objet du pourvoi : • Versailles, 21 févr. 1984 : *Gaz. Pal. 1984. 1. 249, note Doucet ; RSC 1984. 499, obs. Vitu.*

2. Indifférence à la réalité de l'évasion. Le § 2 de l'art. 240 C. pén. institue un délit spécial qui doit être envisagé en lui-même, et dont l'existence est indépendante de l'évasion ou de la tentative d'évasion qui aurait pu survenir ultérieurement. • Crim. 11 juin 1949 : *Bull. crim. n° 209 ; D. 1949. 349.*

3. Ainsi, constitue une tentative caractérisée de faciliter l'évasion, et non un acte préparatoire, le fait, par celui qui n'est pas chargé de sa garde, de faire parvenir des scies à métaux à un détenu, peu importe que celui-ci n'en ait pas fait usage, et qu'il n'ait pas tenté de s'évader. • Crim. 11 juin 1949 : *préc. note 2.*

4. Indifférence à l'identité du détenu. Est à bon droit infirmée la décision des premiers juges qui a relaxé les prévenus des fins de la poursuite, au motif que l'absence d'identification du détenu concerné par l'évasion rendait, en l'espèce, impossible la détermination du texte répressif applicable. • Crim. 3 sept. 1996 : *Dr. pénal 1997. 17, obs. Véron.*

5. Antériorité ou concomitance du concours. Il résulte de la combinaison des art. 132-73 et 434-27 C. pén., que le délit d'évasion par effraction n'est constitué que lorsque le détenu, gardé dans un endroit clos, brise le dispositif de fermeture qui fait obstacle à sa fuite ; dès lors, justifie sa décision la cour d'appel qui, pour confirmer le jugement de relaxe entrepris, retient qu'aucun acte de violence n'est établi à la charge du prévenu, lequel n'a fait que profiter, après être sorti du fourgon cellulaire le transportant et garé dans la cour du palais de justice, d'un moment d'inattention du seul policier chargé de sa garde, qui avait lâché ses menottes, qu'il a réussi à s'enfuir en passant par la grille d'enceinte du tribunal, alors ouverte, sans commettre aucun acte d'effraction, et en déduit que son évasion est le résultat d'une simple ruse, exclusive du délit poursuivi, et ajoute que l'intervention du garagiste chez qui le prévenu a trouvé refuge après sa fuite, et qui a accepté de couper la chaîne de ses menottes, lui permettant ainsi de joindre par téléphone un ami avec lequel il a quitté les lieux pour se rendre au Maroc, d'où il a été extradé, intervention au demeurant postérieure à la fuite consommée de son coprévenu, ne peut être sanctionnée, ni au titre de la complicité visée à la prévention, en l'absence de fait principal punissable, ni au titre de la connivence à évasion, aucun acte de nature à procurer au détenu le moyen de s'évader n'ayant été établi à son encontre. • Crim. 5 mai 1998, n° 97-85.271 P : *Dr. pénal 1998. 110, obs. Véron ; JCP 1999. I. 112, n° 5, obs. Véron ; RSC 1999. 107, obs. Delmas Saint-Hilaire.*

6. Aggravation. Pour un exemple de violences. • Crim. 27 nov. 1968 : *Bull. crim. n° 319.* ♦ ... De corruption ou de connivence. • Crim. 1er avr. 1952 : *Bull. crim. n° 97.*

Art. 434-33 **Est puni de dix ans d'emprisonnement et de 150 000 € d'amende le fait, par toute personne chargée de sa surveillance, de faciliter ou de préparer, même par abstention volontaire, l'évasion d'un détenu.**

Ces dispositions sont également applicables à toute personne habilitée par ses fonctions à pénétrer dans un établissement pénitentiaire ou à approcher, à quelque titre que ce soit, des détenus.

Dans les cas prévus par le présent article, si le concours apporté consiste en la fourniture ou l'usage d'une arme ou d'une substance explosive, incendiaire ou toxique, l'infraction est punie de quinze ans de réclusion criminelle et de 225 000 € d'amende. — *Pén. 132-75.*

Corresp. : *C. pén., anciens art. 237, 238 à 240, al. 1er, 241 et 243.*

Personne chargée de la surveillance. Sur le caractère énonciatif de l'énumération qui était donnée par l'art. 237 C. pén. des personnes chargées de la garde des détenus. • Crim. 10 nov. 1960 : *Bull. crim. n° 515.*

Art. 434-34 **Les personnes visées aux articles 434-32 et 434-33 peuvent être condamnées solidairement aux dommages-intérêts que la victime aurait eu le droit d'obtenir du détenu par l'exercice de l'action civile en raison de l'infraction qui motivait la détention de celui-ci.**

Corresp. : *C. pén., ancien art. 244.*

La personne qui a favorisé, par transmission d'arme, la tentative d'évasion avec violence d'un détenu, ne peut être condamnée à réparer solidairement avec lui le préjudice subi par un gardien blessé dans la tentative d'homicide volontaire que ledit détenu a commise en tentant de s'évader, dès lors qu'elle n'a pas été déclarée coupable de complicité de tentative d'homicide volontaire. • Crim. 15 déc. 1982 : *Bull. crim. n° 291.*

Art. 434-35 **Est puni d'un an d'emprisonnement et de 15 000 € d'amende le fait, en quelque lieu qu'il se produise, de remettre ou de faire parvenir à un détenu, ou de recevoir de lui et de transmettre des sommes d'argent, correspondances, objets ou substances quelconques** *(Abrogé par Cons. const. n° 2016-608 QPC du 24 janv. 2017) (L. n° 2003-239 du 18 mars 2003, art. 73)* **« *ainsi que de communiquer par tout moyen avec une personne détenue* », en dehors des cas autorisés par les règlements.**

(L. n° 2017-258 du 28 févr. 2017, art. 30) **« Est puni des mêmes peines le fait, pour une personne se trouvant à l'extérieur d'un établissement pénitentiaire ou d'un établissement de santé habilité à recevoir des détenus, de communiquer avec une personne détenue à l'intérieur de l'un de ces établissements, y compris par la voie des communications électroniques, hors les cas où cette communication est autorisée en application de l'article 145-4 du code de procédure pénale ou des articles 39 et 40 de la loi n° 2009-1436 du 24 novembre 2009 pénitentiaire et réalisée par les moyens autorisés par l'administration pénitentiaire. »**

La peine est portée à trois ans d'emprisonnement et à 45 000 € d'amende si le coupable est chargé de la surveillance de détenus ou s'il est habilité par ses fonctions à pénétrer dans un établissement pénitentiaire ou à approcher, à quelque titre que ce soit, des détenus.

Corresp. : *C. pén., ancien art. 248.*

1. QPC. D'une part, les dispositions contestées répriment la communication, par tout moyen, avec une personne détenue ; par exception, elles prévoient que cette communication peut être autorisée dans les cas prévus par des dispositions de nature réglementaire, sans préciser les motifs pouvant justifier ces autorisations ni en définir le cadre ; d'autre part, la prérogative ainsi conférée au pouvoir réglementaire est susceptible d'être exercée indépendamment des dispositions législatives qui autorisent et organisent la communication avec une personne détenue ; s'il est possible au législateur de fixer les règles relatives à la communication avec les détenus compte tenu des contraintes inhérentes à la détention, il s'en est remis en l'espèce au pouvoir réglementaire pour déterminer la portée du délit de communication irrégulière avec une personne détenue ; il en résulte que le législateur, qui n'a pas fixé lui-même le champ d'application de la loi pénale, a méconnu les exigences découlant du principe de légalité des délits et des peines ; ainsi, sans qu'il soit besoin d'examiner les autres griefs, les mots : « ainsi que de communiquer par tout moyen avec une personne détenue », figurant au 1er al. de l'art. 434-35 C. pén. doivent être déclarés contraires à la Constitution. • Cons. const. 24 janv. 2017, n° 2016-608 QPC : *D. actu. 27 janv. 2017, obs. Fleuriot ; D. 2017. Pan. 2501, obs. Roujou de Boubée* ; *AJ pénal 2017. 130, obs. H.-Evans*.

2. Incrimination. L'art. 248 C. pén. ne concerne pas le détenu lui-même. • Crim. 7 mars 1957 : *Bull. crim. n° 238* • T. corr. Poitiers, 8 févr. 1951 : *JCP 1951. II. 6060, note Pageaud.* ♦ *Contra* : • Douai, 21 déc. 1951 : *JCP 1952. II. 7112, note Liotard* • T. corr. Pont-Audemer, 4 févr. 1954 : *Gaz. Pal. 1954. 1. 422.* ♦ Mais il peut être puni au titre de la complicité comme ayant donné des instructions. • Douai, 23 juin 2004 : *Dr. pénal 2005. Comm. 18, obs. Véron.*

3. Complicité. Le prévenu, qui exécutait une peine dans une maison d'arrêt, détenait irrégulièrement un téléphone portable ; il a demandé à son épouse de lui ramener une puce électronique pour l'alimenter, de sorte qu'il a pu communiquer avec elle pendant plusieurs mois, notamment par l'envoi de textos ; il fut poursuivi du chef de complicité de remise irrégulière d'un objet à un détenu ; si l'art. 434-5 C. pén. écarte de ses prévisions le prévenu lui-même, en revanche, il peut être puni au titre de la complicité, comme ayant donné des instructions afin de recevoir de ses visiteurs les objets interdits. • Douai, 23 juin 2004 : *Dr. pénal 2005. 5, obs. Véron.*

4. Aggravation. Un avocat commet le délit de sortie irrégulière de correspondance en remettant à leur destinataire réel des lettres qu'un détenu lui avait transmises à cette fin, par voie postale sous pli fermé. • Crim. 21 nov. 1979 : *Bull. crim. n° 332 ; Gaz. Pal. 1980. 1. 266, note P.L.G. ; RSC 1980. 707, obs. Vitu.* ♦ Comp. : • T. corr. Clermont, 27 nov. 1951 : *D. 1951. 782.*

5. L'infraction prévue par l'art. 248, al. 2 et 3, C. pén. est établie dès lors que l'avocat, mis en possession de lettres ou documents par un inculpé sous le couvert d'une application abusive de l'art. D. 69 C. pr. pén., a accompli, en les remettant ou communiquant aux destinataires réels, quels qu'en soient les motifs, un acte permettant d'éluder les prescriptions de l'art. D. 416 C. pr. pén. imposant le contrôle administratif ou judiciaire des correspondances. • Crim. 12 mai 1992, n° 91-82.973 P : *D. 1993. Somm. 17, obs. Azibert* ; *RSC 1993. 137, chron. Couvrat*.

Art. 434-35-1 *(L. nº 2003-239 du 18 mars 2003, art. 73)* **Est puni d'un an d'emprisonnement et de 15 000 € d'amende le fait de pénétrer dans un établissement pénitentiaire ou d'en escalader l'enceinte sans y être habilité en vertu de dispositions législatives ou réglementaires ou y avoir été autorisé par les autorités compétentes.**

Suspension d'un permis de visite. Mme X... s'est vu délivrer par un juge d'instruction un permis de visite concernant un mis en examen détenu provisoirement à la maison d'arrêt de Lyon-Corbas ; à la suite d'un incident survenu le 4 nov. 2010, son permis de visite a été suspendu par le directeur d'établissement ; le 9 nov. 2010, la gendarmerie était appelée à intervenir au motif que l'intéressée se serait introduite sans autorisation dans l'établissement pénitentiaire et, retenue par un fonctionnaire, aurait volontairement porté à celui-ci un coup de genou ; pour déclarer la prévenue coupable du délit de pénétration sans autorisation dans un établissement pénitentiaire, l'arrêt retient notamment, par motifs propres et adoptés, que l'intéressée, informée le 4 nov. 2010 de la suspension de son permis de visite décidée par le directeur de la maison d'arrêt de Lyon-Corbas le même jour, avait, le 9 nov. 2010, forcé le passage pour pénétrer dans l'établissement pénitentiaire ; les juges ajoutent que le fait qu'un permis de visite ait été délivré à l'égard d'un prévenu détenu par un juge d'instruction en application des dispositions de l'art. D. 64 C. pr. pén. ne saurait, aux termes des dispositions combinées des art. D. 404 et D. 409 du même code, priver le directeur de ses pouvoirs propres en présence de circonstances exceptionnelles, liées au maintien de la sécurité ou du bon ordre de l'établissement dont il assume la charge ; en l'état de ces énonciations, exemptes d'insuffisance comme de contradiction, et dès lors que, selon l'art. D. 409 C. pr. pén., en vigueur à l'époque des faits, le chef d'un établissement pénitentiaire peut surseoir à l'exécution de l'ordre qui lui est donné par l'autorité ayant délivré un permis de visite, si quelque circonstance exceptionnelle l'oblige à en référer à ladite autorité, la cour d'appel a caractérisé, en tous ses éléments constitutifs, le délit de pénétration sans autorisation dans un établissement pénitentiaire dont elle a déclaré la prévenue coupable. • Crim. 19 sept. 2012 : *Dr. pénal 2012, nº 156, obs. Véron.*

Art. 434-36 **La tentative des délits prévus au présent paragraphe est punie des mêmes peines.**

Corresp. *: C. pén., anciens art. 237 à 248.*

1. Tentative d'évasion. Commet l'infraction de tentative d'évasion le détenu employé à l'extérieur d'un établissement pénitentiaire qui prend la fuite à bord d'un véhicule et est arrêté après une poursuite par les gendarmes. • Grenoble, 25 oct. 1996 : *JCP 1997. IV. 2056.*

2. Deux détenus, ayant commencé à creuser le béton sous la fenêtre de leur cellule puis ayant renoncé à leur projet et demandé à un surveillant de venir examiner les dégâts se sont désistés volontairement de leur projet, une tentative d'évasion ne peut donc être retenue ; en revanche, il y a lieu de requalifier ces faits en dégradation volontaire d'un bien destiné à l'utilité publique. • Douai, 6 mai 2003 : *Dr. pénal 2003. 122, obs. Véron.*

3. L'élément intentionnel de la tentative d'évasion se déduit de la matérialité des faits. La poursuite de l'excavation pratiquée sous la fenêtre de la cellule aurait nécessairement provoqué le descellement des bareaux qui constituent un des dispositifs de fermeture faisant obstacle à une fuite. • Douai, 11 août 2004 : *Dr. pénal 2005. Comm. 3, obs. Véron.*

4. L'intention d'une tentative d'évasion peut être établie même s'il s'agit d'un projet peu réaliste. • Douai, 21 sept. 2004 : *Dr. pénal 2005. 3 (2e esp.), obs. Véron.*

5. Tentative de connivence à évasion. Constitue une tentative caractérisée de faciliter l'évasion, et non un acte préparatoire, le fait, par celui qui n'est pas chargé de sa garde, de faire parvenir des scies à métaux à un détenu, peu importe que celui-ci n'en ait pas fait usage, et qu'il n'ait pas tenté de s'évader. • Crim. 11 juin 1949 : *Bull. crim. nº 209 ; D. 1949. 349.*

6. En l'état des motifs de l'arrêt attaqué ... desquels il résulte que, d'une part, la recherche par les prévenus d'un pilote d'hélicoptère acceptant de poser son appareil dans la cour de la prison, constituait un commencement d'exécution caractérisant la tentative du délit poursuivi et que, d'autre part, c'est en raison du refus des pilotes contactés, et non d'un désistement volontaire des intéressés, que cette tentative a été suspendue ou a manqué son effet, la cour d'appel a caractérisé en tous ses éléments constitutifs la tentative de connivence à évasion dont elle a déclaré les intéressés coupables. • Crim. 3 sept. 1996 : *Dr. pénal 1997. 17, obs. Véron.*

7. Se rend coupable de complicité de tentative de connivence à évasion, le détenu qui fait parvenir des renseignements permettant de réaliser son évasion, à une personne, elle-même complice, qui a recruté des exécutants et fourni les moyens de réaliser le délit, la tentative ayant été interrompue par l'arrivée des forces de police. • Douai, 21 oct. 2003 : *JCP 2004. II. 10115, note Maréchal ; Dr. pénal 2004. 59, obs. Véron.*

Art. 434-37 **Toute personne qui a tenté de commettre, en qualité d'auteur ou de complice, l'une des infractions prévues au présent paragraphe, sera exempte de peine si, ayant averti l'autorité judiciaire ou l'administration pénitentiaire, elle a permis d'éviter que l'évasion ne se réalise.**

Corresp. : *C. pén., ancien art. 247, al. 2.*

Le fait, par un détenu, d'avoir avisé la gendarmerie d'un projet d'évasion, laisse subsister les éléments du délit retenu à sa charge et sa culpabilité, s'il n'en a pas moins participé directement et personnellement à cette évasion dont il connaissait le caractère délictueux. • Crim. 7 mai 1951 : *Bull. crim. n° 134 ; D. 1951. 451 ; JCP 1951. II. 6440, note Colombini.*

§ 3 DES AUTRES ATTEINTES À L'AUTORITÉ DE LA JUSTICE PÉNALE

BIBL. ▸ SALVAGE, *Dr. pénal 2000, Chron. n° 1* (l'inexécution d'une peine insusceptible d'exécution forcée, source de responsabilité pénale).

Art. 434-38 **Le fait, par un interdit de séjour, de paraître dans un lieu qui lui est interdit est puni de deux ans d'emprisonnement et de 30 000 € d'amende.**

Est puni des mêmes peines le fait pour l'interdit de séjour de se soustraire aux mesures de surveillance prescrites par le juge. — *Pén. 131-31.*

Corresp. : *C. pén., ancien art. 49.*

BIBL. ▸ SALVAGE, *Dr. pénal 2000. Chron. n° 1* (l'inexécution d'une peine insusceptible d'exécution forcée, source de responsabilité pénale).

1. Constatations. Doit être cassé pour insuffisance de motifs l'arrêt qui condamne un prévenu pour infraction à une interdiction de séjour, sans mettre la Cour de cassation en mesure de s'assurer qu'à la date du fait incriminé ledit prévenu se trouvait encore sous le coup de l'interdiction visée aux poursuites. • Crim. 4 sept. 1971 : *Bull. crim. n° 250.*

2. Notamment, doit être annulé l'arrêt de condamnation qui ne précise pas la date à laquelle l'interdiction a été signifiée au prévenu, la durée de la mesure à laquelle l'intéressé était soumis, et la date à laquelle a expiré la peine principale. • Crim. 5 févr. 1958 : *Bull. crim. n° 130 ; D. 1958. Somm. 70* • 17 nov. 1959 : *Bull. crim. n° 489.* ♦ ... Ou encore qui n'indique pas la date où le jugement prononçant l'interdiction de séjour est devenu définitif, ni celle de la libération du condamné. • Crim. 15 févr. 1961 : *Bull. crim. n° 101.*

Art. 434-38-1 *(L. n° 2019-290 du 10 avr. 2019, art. 7)* **Le fait, pour une personne condamnée à une peine d'interdiction de participer à des manifestations sur la voie publique, de participer à une manifestation en méconnaissance de cette interdiction est puni d'un an d'emprisonnement et de 15 000 € d'amende.**

Art. 434-39 **Dans le cas où un jugement a ordonné, à titre de peine, l'affichage de la décision de condamnation, le fait de supprimer, dissimuler ou lacérer totalement ou partiellement des affiches apposées est puni de six mois d'emprisonnement et de 7 500 € d'amende.** — *Pén. 131-35.*

Le jugement ordonnera à nouveau l'exécution de l'affichage aux frais du condamné.

Art. 434-40 *(L. n° 2011-525 du 17 mai 2011, art. 155-I)* **Lorsqu'a été prononcée, à titre de peine, l'interdiction d'exercer une activité professionnelle ou sociale ou une fonction publique prévue au premier alinéa de l'article 131-27 et aux articles 131-28 et 131-29, toute violation de cette interdiction est punie de deux ans d'emprisonnement et de 30 000 € d'amende.**

Art. 434-40-1 *(L. n° 2011-525 du 17 mai 2011, art. 155-II)* **Lorsqu'a été prononcée, à titre de peine, l'interdiction d'exercer une profession commerciale ou industrielle, de diriger, d'Administrer de gérer ou de contrôler à un titre quelconque, directement ou indirectement, pour son propre compte ou pour le compte d'autrui, une entreprise commerciale ou industrielle ou une société commerciale prévue au deuxième alinéa de l'article 131-27, toute violation de cette interdiction est punie de deux ans d'emprisonnement et de 375 000 € d'amende.**

BIBL. ▸ SEGONDS, *RSC 2011. 885* (loi de simplification et d'amélioration de la qualité du droit).

Art. 434-41 **Est punie de deux ans d'emprisonnement et de 30 000 € d'amende la violation, par le condamné, des obligations ou interdictions résultant des peines de**

suspension ou d'annulation du permis de conduire *(L. n° 2003-495 du 12 juin 2003, art. 6)* « , d'interdiction de conduire certains véhicules terrestres à moteur, *(L. n° 2004-204 du 9 mars 2004, art. 44-XV, en vigueur le 1er oct. 2004)* « d'interdiction de paraître dans certains lieux ou de rencontrer certaines personnes, » d'obligation d'accomplir un stage », d'interdiction de détenir ou de porter une arme, de retrait du permis de chasser, *(L. n° 2007-297 du 5 mars 2007, art. 25)* « d'interdiction de détenir un animal, » d'interdiction d'émettre des chèques ou d'utiliser des cartes de paiement, de fermeture d'établissement ou d'exclusion des marchés publics prononcées en application des articles *(L. n° 2004-204 du 9 mars 2004, art. 44-XVI, en vigueur le 1er oct. 2004)* « 131-5-1, » 131-6, 131-10, 131-14, 131-16 ou 131-17 *(L. n° 2009-1311 du 28 oct. 2009, art. 11)* « , d'interdiction de souscrire un nouveau contrat d'abonnement à un service de communication au public en ligne résultant de la peine complémentaire prévue en matière délictuelle par l'article L. 335-7 du code de la propriété intellectuelle » *(L. n° 2014-366 du 24 mars 2014, art. 77)* « , d'interdiction d'acheter un bien immobilier ou un fonds de commerce d'un établissement recevant du public à usage total ou partiel d'hébergement résultant de la peine complémentaire prévue au *(L. n° 2018-1021 du 23 nov. 2018, art. 190)* « 2° du I de l'article 225-26 » du présent code, au 3° du III de l'article *(Ord. n° 2020-1144 du 16 sept. 2020, art. 8 et 19, en vigueur le 1er janv. 2021)* « L. 511-22 *[ancienne rédaction : L. 511-6]* » du code de la construction et de l'habitation » *(Abrogé par Ord. n° 2020-1144 du 16 sept. 2020, art. 8 et 19, en vigueur le 1er janv. 2021)* *« et au 3° du IV de l'article L. 1337-4 du code de la santé publique ».*

Est puni des mêmes peines le fait de détruire, détourner ou tenter de détruire ou de détourner un véhicule immobilisé ou un véhicule, une arme, *(L. n° 2013-1117 du 6 déc. 2013, art. 26)* « tout autre bien, corporel ou incorporel, ou un animal confisqués en application des articles 131-6, 131-10, 131-14, 131-16, 131-21 ou 131-39. »

Est également puni des mêmes peines le fait, par une personne recevant la notification d'une décision prononçant à son égard, en application des articles précités, la suspension ou l'annulation du permis de conduire, le retrait du permis de chasser ou la confiscation d'un véhicule, d'une arme *(L. n° 2007-297 du 5 mars 2007, art. 25)* « , de tout autre » *(L. n° 2013-1117 du 6 déc. 2013, art. 26)* « bien corporel ou incorporel ou d'un animal, de refuser de remettre le permis suspendu, annulé ou retiré, le bien ou l'animal confisqué » à l'agent de l'autorité chargé de l'exécution de cette décision. – *Route L. 231-1.*

RÉP. PÉN. v° *Chèque et carte de paiement*, par JEANDIDIER.

Détournement d'objet confisqué par décision judiciaire. Ne s'est pas rendu complice du délit de détournement d'objet confisqué au terme d'une décision de justice le prévenu qui a créé une société civile immobilière en vue d'acheter une maison dont la confiscation avait été prononcée à titre de peine complémentaire à l'encontre d'une personne condamnée pour avoir été dans l'incapacité de justifier de ses ressources, tout en entretenant des relations habituelles avec un trafiquant de drogue ; bien que l'intention de faire obstacle à la confiscation prononcée par une juridiction pénale du second degré ne fasse pas de doute, il n'en demeure pas moins que l'infraction n'est pas constituée ; en effet, dans la mesure où la personne contre laquelle la mesure de confiscation avait été prononcée avait pris le soin de former un pourvoi en cassation contre l'arrêt portant condamnation, et puisque la vente de la maison en cause est intervenue entre le jour où ladite décision a été rendue et le jour où la chambre criminelle a rejeté le pourvoi, il est établi qu'en raison de l'exercice de cette voie de recours extraordinaire, la confiscation du bien immobilier n'était donc pas prononcée de façon définitive à la date où s'est produit le changement de propriétaire. • Toulouse, 8 nov. 2006 : *JCP 2007. IV. 1745.*

Art. 434-42 La violation, par le condamné, des obligations résultant de la peine de travail d'intérêt général *(L. n° 92-1336 du 16 déc. 1992)* « prononcée à titre de peine principale ou de peine complémentaire » est punie de deux ans d'emprisonnement et de 30 000 € d'amende.

Corresp. : *C. pén., ancien art. 43-6.*

1. Violation. Déclare légalement coupable de violation d'une des obligations résultant d'une peine de travail d'intérêt général, la cour d'appel qui constate que le condamné a omis, en toute connaissance de cause, de se présenter sur les lieux du travail qui lui avait été imparti aux jour et heure fixés par décision du juge de l'application des peines. • Crim. 6 nov. 1986 : *Bull. crim. n° 329 ; D. 1987. 237, note Pradel ; Gaz. Pal. 1987. 1. 181.*

2. Est coupable du délit de non-respect d'une décision ordonnant un travail d'intérêt général, délit prévu et puni par l'art. 43-6 C. pén., le prévenu qui n'a pas accompli le travail auquel il a été condamné, alors que cette non-exécution découle directement de la faute personnelle de ce prévenu, qui, à la suite d'un vol commis par lui, a été incarcéré, et a donc ainsi, de son propre fait, rendu impossible ladite mesure. • Douai, 21 mai 1987 : *Gaz. Pal. 1988. 2. 777 (2e arrêt), note Doucet.*

3. Est confirmé le jugement qui a condamné le prévenu à la peine de 5 mois d'emprisonnement pour inexécution d'un travail d'intérêt général, faute d'avoir répondu aux convocations, et d'avoir adressé les pièces exigées, certificat médical et justificatif de sa couverture sociale, pour mettre en œuvre la mesure. • Riom, 16 janv. 2003 : *Dr. pénal 2003, comm. 73, obs. Véron.*

4. Répression. La condamnation prononcée, en application de l'art. 434-42 C. pén., pour violation des obligations résultant d'une peine de travail d'intérêt général, ne dispense pas le condamné de l'exécution de cette peine ; encourt dès lors la cassation l'arrêt qui, avant de condamner le prévenu de ce chef, ordonne « la révocation » de la peine inexécutée. • Crim. 7 janv. 1997, n° 96-82.075 P : *Dr. pénal 1997. 76, obs. Véron ; JCP 1997. II. 22878, note Salvage ; RSC 1997. 829, obs. Bouloc.*

5. En application de l'art. 132-3 C. pén., lorsque, à l'occasion d'une même procédure, plusieurs peines de même nature sont encourues, il ne peut être prononcé qu'une seule peine de cette nature dans la limite du maximum légal le plus élevé ; ont méconnu le sens et la portée de ce texte les juges qui, après avoir déclaré le prévenu poursuivi sur le fondement de l'art. 434-42 C. pén., pour s'être soustrait aux obligations résultant de deux peines de travail d'intérêt général d'une durée de 160 heures chacune, prononcées à son encontre par deux jugements du même jour, l'ont condamné à deux peines d'emprisonnement d'une durée de 5 mois chacune. • Crim. 5 déc. 1996, n° 96-83.371 P : *Dr. pénal 1997. 77, obs. Véron.*

6. Aux termes de l'art. 381, al. 1er, C. pr. pén., le tribunal correctionnel connaît des délits ; méconnaît ce texte la cour d'appel qui, pour se déclarer incompétente pour statuer sur le délit prévu et réprimé par l'art. 434-42 C. pén., le prévenu étant poursuivi pour avoir omis d'exécuter le travail d'intérêt général auquel il avait été condamné par jugement du tribunal correctionnel, relève qu'en application des art. 712-4 et 712-6 C. pr. pén., seul le juge de l'application des peines est compétent pour modifier, ajourner ou révoquer une mesure de travail d'intérêt général alors que le jugement des délits relève de la compétence des juridictions correctionnelles. • Crim. 15 mars 2006, n° 05-85.676 P : *AJ pénal 2006. 270, obs. Herzog-Evans.*

Art. 434-42-1 *(L. n° 2015-993 du 17 août 2015, art. 6, en vigueur le 1er oct. 2015)* **Le fait, pour une personne faisant l'objet d'une ou plusieurs obligations ou interdictions imposées par une ordonnance du juge des libertés et de la détention prise en application d'une décision de protection européenne conformément à l'article 696-102 du code de procédure pénale, de ne pas se conformer à l'une de ces obligations ou interdictions, est puni de deux ans d'emprisonnement et de 30 000 € d'amende.**

Art. 434-43 **Lorsqu'a été prononcée contre une personne morale l'une des peines prévues à l'article 131-39, la violation par une personne physique des obligations qui en découlent est punie de deux ans d'emprisonnement et de 30 000 € d'amende.** — *Pr. pén. 706-45.*

(L. n° 2001-504 du 12 juin 2001) **« Le fait, pour toute personne physique, de participer au maintien ou à la reconstitution, ouverte ou déguisée, d'une personne morale dont la dissolution a été prononcée en application des dispositions du 1° de l'article 131-39 est puni de trois ans d'emprisonnement et de 45 000 € d'amende.**

« Lorsque la dissolution a été prononcée pour une infraction commise en récidive, ou pour l'infraction prévue à l'alinéa précédent, la peine est portée à cinq ans d'emprisonnement et 75 000 € d'amende. »

Art. 434-43-1 *(L. n° 2016-1691 du 9 déc. 2016, art. 18)* **Le fait, pour les organes ou représentants d'une personne morale condamnée à la peine prévue à l'article 131-39-2, de s'abstenir de prendre les mesures nécessaires ou de faire obstacle à la bonne exécution des obligations qui en découlent est puni de deux ans d'emprisonnement et de 50 000 € d'amende.**

Le montant de l'amende prononcée à l'encontre des personnes morales déclarées responsables pénalement pour le délit prévu au premier alinéa du présent article peut être porté au montant de l'amende encourue au titre du délit pour lequel elles ont été condamnées et qui a donné lieu au prononcé de la peine prévue à l'article 131-39-2. Les personnes morales déclarées responsables pénalement encourent également l'ensemble des autres peines encourues au titre du délit pour lequel elles ont été condamnées et qui a donné lieu au prononcé de cette peine.

Les personnes physiques et les personnes morales déclarées responsables pénalement encourent également la peine complémentaire d'affichage ou de diffusion de la décision prononcée dans les conditions prévues à l'article 131-35.

SECTION IV PEINES COMPLÉMENTAIRES ET RESPONSABILITÉ DES PERSONNES MORALES

Art. 434-44 Les personnes physiques coupables de l'un des délits prévus aux articles 434-4 à *(L. n° 2007-1598 du 13 nov. 2007)* « 434-9-1 », 434-11, 434-13 à 434-15, 434-17 à 434-23, 434-27, 434-29, 434-30, 434-32, 434-33, 434-35, 434-36 et 434-40 à 434-43 encourent également l'interdiction des droits civiques, civils et de famille, suivant les modalités prévues par l'article 131-26.

Dans les cas prévus aux articles *(L. n° 2007-1598 du 13 nov. 2007)* « 434-9, 434-9-1 », 434-16 et 434-25, peuvent être également ordonnés l'affichage ou la diffusion de la décision prononcée dans les conditions prévues par l'article 131-35.

(L. n° 2008-776 du 4 août 2008, art. 70) « Les personnes physiques coupables de l'une des infractions prévues au troisième alinéa de l'article 434-9, à l'article 434-33 et au *(L. n° 2017-258 du 28 févr. 2017, art. 30)* « dernier » alinéa de l'article 434-35 encourent également la peine complémentaire d'interdiction, suivant les modalités prévues par l'article 131-27, soit d'exercer une fonction publique ou d'exercer l'activité professionnelle ou sociale dans l'exercice ou à l'occasion de l'exercice de laquelle l'infraction a été commise, soit, pour les seules infractions prévues au dernier alinéa des articles 434-9 et 434-33, d'exercer une profession commerciale ou industrielle, de diriger, d'Administrer de gérer ou de contrôler à un titre quelconque, directement ou indirectement, pour leur propre compte ou pour le compte d'autrui, une entreprise commerciale ou industrielle ou une société commerciale. Ces interdictions d'exercice peuvent être prononcées cumulativement. »

Dans tous les cas prévus au présent chapitre, est en outre encourue la confiscation de la chose qui a servi ou était destinée à commettre l'infraction, à l'exception des objets susceptibles de restitution.

1. Interdiction des droits civiques, civils et de famille. Nul ne peut être puni d'une peine qui n'est pas prévue par la loi ; dès lors, encourt la cassation par voie de retranchement l'arrêt d'une cour d'appel qui prononce l'interdiction des droits civiques, civils et de famille à l'encontre d'un prévenu déclaré coupable de non-dénonciation de mauvais traitements infligés à un mineur (C. pén., art. 434-3), alors que les textes réprimant cette infraction ne prévoient pas une telle interdiction. • Crim. 12 janv. 2000, n° 99-80.534 P.

2. Selon l'art. 111-3 C. pén., nul ne peut être puni d'une peine qui n'est pas prévue par la loi ; après avoir déclaré le prévenu coupable d'outrage à magistrat, les juges l'ont condamné, à titre de peine principale, à trois ans d'interdiction des droits civiques, civils et de famille ; en prononçant ainsi, alors que, d'une part, l'art. 434-44 C. pén., qui énumère les délits passibles de la peine complémentaire de l'interdiction des droits civiques, civils et de famille, ne mentionne pas le délit d'outrage à magistrat, en sorte que cette peine ne pouvait être prononcée en application de l'art. 131-11 dudit code, et que, d'autre part, cette mesure ne figure pas au nombre des peines privatives ou restrictives de liberté énumérées à l'art. 131-6 du code susvisé et pouvant être prononcées à la place de l'emprisonnement ou de l'amende, la cour d'appel a méconnu le texte susvisé et le principe ci-dessus rappelé. • Crim. 13 avr. 2010, n° 09-84.583 P : *D. 2010 Actu. 1285 ; AJ pénal 2010. 395, obs. Perrier*.

Art. 434-45 Les personnes physiques coupables du délit prévu par l'article 434-10 encourent également la suspension, pour une durée de cinq ans au plus, du permis de conduire, *(L. n° 2003-495 du 12 juin 2003, art. 5)* « cette suspension ne pouvant pas être limitée à la conduite en dehors de l'activité professionnelle ».

Art. 434-46 L'interdiction du territoire français peut être prononcée dans les conditions prévues par l'article 131-30, soit à titre définitif, soit pour une durée de dix ans au plus, à l'encontre de tout étranger coupable de l'une des infractions définies au *(L. n° 2007-1598 du 13 nov. 2007)* « huitième alinéa de l'article 434-9, aux articles 434-9-1 et 434-30 », au dernier alinéa de l'article 434-32 et à l'article 434-33.

Art. 434-47 *(L. n° 2007-1598 du 13 nov. 2007)* « Les personnes morales reconnues pénalement responsables, dans les conditions prévues à l'article 121-2, des infractions prévues au huitième alinéa de l'article 434-9, au deuxième alinéa de l'article 434-9-1 et aux articles 434-39 et 434-43 encourent les peines suivantes : »

1° L'amende, suivant les modalités prévues par l'article 131-38 ;
2° Pour une durée de cinq ans au plus, les peines mentionnées aux 2°, 3°, 4°, 5°, 6° et 7° de l'article 131-39 ;
3° La confiscation prévue à l'article 131-21 ;
4° L'affichage ou la diffusion de la décision prononcée dans les conditions prévues par l'article 131-35 ;
(L. nº 2001-504 du 12 juin 2001) **« 5° Pour les infractions prévues aux deuxième et troisième alinéas de l'article 434-43, la peine de dissolution mentionnée au 1° de l'article 131-39 ».**

L'interdiction mentionnée au 2° de l'article 131-39 porte sur l'activité dans l'exercice ou à l'occasion de l'exercice de laquelle l'infraction a été commise. — *Pr. pén. 706-45.*

Art. 434-48 *(L. nº 2016-1691 du 9 déc. 2016, art. 18)* **Les personnes morales reconnues pénalement responsables dans les conditions prévues à l'article 121-2 des infractions prévues à l'avant-dernier alinéa de l'article 434-9 et au second alinéa de l'article 434-9-1 encourent également la peine prévue à l'article 131-39-2.**

CHAPITRE V DES ATTEINTES À L'ADMINISTRATION PUBLIQUE ET À L'ACTION DE LA JUSTICE DES COMMUNAUTÉS EUROPÉENNES, DES ÉTATS MEMBRES DE L'UNION EUROPÉENNE, DES AUTRES ÉTATS ÉTRANGERS ET DES AUTRES ORGANISATIONS INTERNATIONALES PUBLIQUES

(L. nº 2007-1598 du 13 nov. 2007)

BIBL. GÉN. ▶ J.-C. FOURGOUX, *D. 1997. Chron. 348* (un espace judiciaire contre la fraude communautaire : un *corpus juris* entre rêve et réalité). – B. FILLION-DUFOULEUR, *JCP 1999. I. 184* (la lutte contre la corruption dans le commerce international. La convention OCDE du 21 novembre 1997 et le projet de loi français de transposition). – D. AMMAR, *D. 1999, Dernière Actualité nº 31* (la corruption active d'agents publics étrangers (lois nos 99-419 à 99-424 du 27 mai 1999)). – A. CABANES, *Gaz. Pal. 2000. 2. Doctr. 1262* (la lutte contre la corruption des fonctionnaires étrangers : pas d'efficacité sans ingérence). – M.-A. CARTIER et C. MAURO, *RSC 2000. 737* (la loi relative à la lutte contre la corruption des fonctionnaires étrangers). – TRICOT, *RSC 2005. 753* (la corruption internationale). – SEGONDS, *Dr. pénal 2006. Étude 12* (l'internationalisation de l'incrimination de la corruption (... ou le devenir répressif d'une arme économique)) ; *ibid. 2014. Étude 3* (commentaire de la loi nº 2013-1117 du 6 décembre 2013 relative à la lutte contre la fraude fiscale et la grande délinquance économique et financière). – CUTAJAR, *JCP 2012, nº 1190* (la France et la lutte contre la corruption d'agents publics : un rapport accablant ! A propos du rapport de l'OCDE du 23 oct. 2012). – BALLOT, *RSC 2013. 321* (réflexions sur les sanctions patrimoniales à la lumière du recouvrement des avoirs issus de la corruption transnationale). – DUFOURQ et KROUTI, *D. actu. 13 sept. 2019* (de nouvelles réflexions autour de l'extraterritorialité de la loi pénale américaine anticorruption).

▶ **Dossier**, *AJ pénal 2006. 193* s. (la lutte contre la corruption) ; *AJ pénal 2013. 637 s.* (la lutte contre la délinquance financière).

▶ **Rapport :** Du renforcement de la lutte contre la corruption transnationale, *Le club des juristes, mars 2015*, commission *ad hoc* présidée par D. Rebut. – GALLOIS, Renforcer la lutte contre la corruption internationale. A propos du rapport du Club des juristes, *JCP 2015. 465.*

V. la Convention relative à la lutte contre la corruption impliquant des fonctionnaires des Communautés européennes ou des fonctionnaires des États membres de l'Union européenne, publiée par Décr. nº 2006-749 du 28 juin 2006 (JO 30 juin).

V. également la Convention des Nations unies contre la corruption, adoptée à New York le 31 oct. 2003, entrée en vigueur le 14 déc. 2005 et publiée par le Décr. nº 2006-1113 du 4 sept. 2006 (JO 6 sept.).

SECTION PREMIÈRE DES ATTEINTES À L'ADMINISTRATION PUBLIQUE

SOUS-SECTION 1 DE LA CORRUPTION ET DU TRAFIC D'INFLUENCE PASSIFS

Art. 435-1 Est puni de dix ans d'emprisonnement et *(L. nº 2013-1117 du 6 déc. 2013, art. 6)* **« d'une amende de 1 000 000 €, dont le montant peut être porté au double du produit tiré de l'infraction,** *[ancienne rédaction : de 150 000 € d'amende]* **» le fait, par une**

personne dépositaire de l'autorité publique, chargée d'une mission de service public ou investie d'un mandat électif public dans un État étranger ou au sein d'une organisation internationale publique, de solliciter ou d'agréer, sans droit, à tout moment, directement ou indirectement, des offres, des promesses, des dons, des présents ou des avantages quelconques, pour elle-même ou pour autrui, *(L. n° 2011-525 du 17 mai 2011, art. 154-6°)* « pour accomplir ou avoir accompli, pour s'abstenir ou s'être abstenue *[ancienne rédaction : afin d'accomplir ou de s'abstenir]* » d'accomplir un acte de sa fonction, de sa mission ou de son mandat ou facilité par sa fonction, sa mission ou son mandat.

(Ord. n° 2019-963 du 18 sept. 2019, art. 2) « La peine d'amende est portée à 2 000 000 € ou, s'il excède ce montant, au double du produit de l'infraction, lorsque les infractions prévues au présent article *(Abrogé par L. n° 2020-1672 du 24 déc. 2020, art. 30) « portent atteinte aux recettes perçues, aux dépenses exposées ou aux avoirs qui relèvent du budget de l'Union européenne, des budgets des institutions, organes et organismes de l'Union européenne ou des budgets gérés et contrôlés directement par eux et qu'elles »* sont commises en bande organisée. »

Art. 435-2 Est puni de cinq ans d'emprisonnement et *(L. n° 2013-1117 du 6 déc. 2013, art. 6)* « d'une amende de 500 000 €, dont le montant peut être porté au double du produit tiré de l'infraction, *[ancienne rédaction : de 75 000 € d'amende]* » le fait, par quiconque, de solliciter ou d'agréer, à tout moment, directement ou indirectement, des offres, des promesses, des dons, des présents ou des avantages quelconques, pour lui-même ou pour autrui, *(L. n° 2011-525 du 17 mai 2011, art. 154-7°)* « pour abuser ou avoir abusé *[ancienne rédaction : afin d'abuser]* » de son influence réelle ou supposée en vue de faire obtenir des distinctions, des emplois, des marchés ou toute autre décision favorable d'une personne dépositaire de l'autorité publique, chargée d'une mission de service public ou investie d'un mandat électif public *(L. n° 2016-1691 du 9 déc. 2016, art. 20)* « dans un État étranger ou » au sein d'une organisation internationale publique.

SOUS-SECTION 2 DE LA CORRUPTION ET DU TRAFIC D'INFLUENCE ACTIFS

Art. 435-3 Est puni de dix ans d'emprisonnement et *(L. n° 2013-1117 du 6 déc. 2013, art. 6)* « d'une amende de 1 000 000 €, dont le montant peut être porté au double du produit tiré de l'infraction, *[ancienne rédaction : de 150 000 € d'amende]* » le fait, par quiconque, de proposer, sans droit, à tout moment, directement ou indirectement, à une personne dépositaire de l'autorité publique, chargée d'une mission de service public ou investie d'un mandat électif public dans un État étranger ou au sein d'une organisation internationale publique, des offres, des promesses, des dons, des présents ou des avantages quelconques, pour elle-même ou pour autrui, *(L. n° 2011-525 du 17 mai 2011, art. 154-8°-a)* « pour qu'elle accomplisse ou s'abstienne d'accomplir, ou parce qu'elle a accompli ou s'est abstenue d'accomplir *[ancienne rédaction : afin d'obtenir qu'elle accomplisse ou s'abstienne d'accomplir]* » un acte de sa fonction, de sa mission ou de son mandat, ou facilité par sa fonction, sa mission ou son mandat.

Est puni des mêmes peines le fait, par quiconque, de céder à une personne visée au premier alinéa qui sollicite, sans droit, à tout moment, directement ou indirectement, des offres, des promesses, des dons, des présents ou des avantages quelconques, pour elle-même ou pour autrui, *(L. n° 2011-525 du 17 mai 2011, art. 154-8°-b)* « pour accomplir ou avoir accompli, pour s'abstenir ou s'être abstenue *[ancienne rédaction : afin d'accomplir ou de s'abstenir]* » d'accomplir un acte visé audit alinéa.

(Ord. n° 2019-963 du 18 sept. 2019, art. 2) « La peine d'amende est portée à 2 000 000 € ou, s'il excède ce montant, au double du produit de l'infraction, lorsque les infractions prévues au présent article *(Abrogé par L. n° 2020-1672 du 24 déc. 2020, art. 30) « portent atteinte aux recettes perçues, aux dépenses exposées ou aux avoirs qui relèvent du budget de l'Union européenne, des budgets des institutions, organes et organismes de l'Union européenne ou des budgets gérés et contrôlés directement par eux et qu'elles »* sont commises en bande organisée. »

1. QPC. Il résulte de l'art. 435-3 C. pén. que l'infraction de corruption d'un agent public étranger n'est constituée qu'autant que peut être caractérisé un fait matériel ayant consisté à « proposer » à cette personne, « directement ou indirectement », à des fins de corruption, « des offres, des promesses, des dons, des présents ou des avantages quelconques, pour elle-même ou pour autrui ». Il ne peut, dès lors, être sérieusement soutenu que le législateur aurait méconnu le principe de nécessité des délits et des peines en incriminant une simple intention délictueuse. • CE 6 avr. 2018, n° 417192 QPC : *D. 2018. 1534, note Dreyer*.

2. Il ressort de l'art. 435-3 C. pén. et de l'art. 433-1 du même code que le comportement incriminé est de même nature, qu'il s'agisse d'un agent public national ou étranger ; il se déduit, en outre, des engagements internationaux de la France et des travaux préparatoires de la L. du 30 juin 2000 que le législateur a entendu tenir compte de la gravité des conséquences de faits de corruption, qui nuisent à l'ensemble des pays en créant des distorsions de concurrence, déstabilisant l'État de droit et favorisant le développement de la criminalité organisée ainsi que le financement du terrorisme ; en particulier, ainsi que l'indique le préambule de la convention sur la lutte contre la corruption d'agents publics étrangers dans les transactions commerciales internationales, pour l'application de laquelle l'art. 435-3 a été créé, les États parties considèrent « que la corruption est un phénomène répandu dans les transactions commerciales internationales, y compris dans le domaine des échanges et de l'investissement, qui suscite de graves préoccupations morales et politiques, affecte la bonne gestion des affaires publiques et le développement économique et fausse les conditions internationales de concurrence » et « que la responsabilité de la lutte contre la corruption dans le cadre de transactions commerciales internationales incombe à tous les pays » ; par ailleurs, une telle infraction n'est pas dépourvue de conséquences négatives sur le respect du droit et de l'économie en France lorsque les faits en cause sont justiciables de la loi française, soit qu'ils aient été commis, en tout ou partie, sur le territoire de la République, soit qu'un ou plusieurs de leurs auteurs, complices ou victimes aient été de nationalité française ; enfin, les engagements internationaux de la France tout comme l'exemple des législations étrangères invitent les États à prévoir et appliquer des sanctions comparables pour la corruption des agents publics nationaux et étrangers ; dans ces conditions, il n'apparaît pas que le législateur ait pu commettre une erreur manifeste d'appréciation en incriminant la corruption d'agent public étranger et en lui appliquant des peines identiques à celles prévues pour la corruption de leurs homologues nationaux. • CE 6 avr. 2018, n° 417192 QPC : *préc. note 2.*

3. Commissions occultes. Entre dans les prévisions du 2e al. de l'art. 435-3 C. pén., dans sa version en vigueur à la date des faits, le fait, pour toute personne physique ou morale, de céder aux sollicitations dépourvues de fondement juridique des agents d'un organisme ayant la qualité de personne chargée d'une mission de service public au sens des mêmes dispositions, relayant une demande de paiement de commissions occultes formulée par les instances représentatives d'un État qui en sont les bénéficiaires et à défaut du paiement desquelles toute relation commerciale serait interrompue. • Crim. 14 mars 2018, n° 16-82.117 P : *D. actu. 4 avr. 2018, obs. Gallois ; D. 2018. 618 ; AJ pénal 2018. 254, obs. de Combles de Nayves ; JCP 2018. 389, obs. Brigant ; Dr. pénal 2018. Comm. 110, obs. Robert ; Gaz. Pal. 2018. 1715, note Schlumberger.*

Art. 435-4 **Est puni de cinq ans d'emprisonnement et** *(L. n° 2013-1117 du 6 déc. 2013, art. 6)* **« d'une amende de 500 000 €, dont le montant peut être porté au double du produit tiré de l'infraction,** *[ancienne rédaction : de 75 000 € d'amende]* **» le fait, par quiconque, de proposer, sans droit, à tout moment, directement ou indirectement, des offres, des promesses, des dons, des présents ou des avantages quelconques à une personne, pour elle-même ou pour autrui,** *(L. n° 2011-525 du 17 mai 2011, art. 154-9°-a)* **« pour qu'elle abuse ou parce qu'elle a abusé** *[ancienne rédaction : afin qu'elle abuse]* **» de son influence réelle ou supposée en vue de faire obtenir des distinctions, des emplois, des marchés ou toute autre décision favorable d'une personne dépositaire de l'autorité publique, chargée d'une mission de service public ou investie d'un mandat électif public** *(L. n° 2016-1691 du 9 déc. 2016, art. 20)* **« dans un État étranger ou » au sein d'une organisation internationale publique.**

Est puni des mêmes peines le fait, par quiconque, de céder à toute personne qui sollicite, à tout moment, directement ou indirectement, des offres, des promesses, des dons, des présents ou des avantages quelconques, pour elle-même ou pour autrui, *(L. n° 2011-525 du 17 mai 2011, art. 154-9°-b)* **« pour abuser ou avoir abusé** *[ancienne rédaction : afin d'abuser]* **» de son influence réelle ou supposée en vue de faire obtenir des distinctions, des emplois, des marchés ou toute autre décision favorable d'une personne visée au premier alinéa.**

SOUS-SECTION 3 DISPOSITIONS COMMUNES

Art. 435-5 **Les organismes créés en application du traité sur l'Union européenne sont considérés comme des organisations internationales publiques pour l'application des dispositions de la présente section.**

Art. 435-6 *Abrogé par L. nº 2013-1117 du 6 déc. 2013, art. 1er-II.*

Art. 435-6-1 *(L. nº 2013-1117 du 6 déc. 2013, art. 5)* **La peine privative de liberté encourue par l'auteur ou le complice d'une des infractions prévues aux articles 435-1 à 435-4 est réduite de moitié si, ayant averti l'autorité administrative ou judiciaire, il a permis de faire cesser l'infraction ou d'identifier, le cas échéant, les autres auteurs ou complices.**

Art. 435-6-2 *(L. nº 2016-1691 du 9 déc. 2016, art. 21)* **Dans le cas où les infractions prévues aux articles 435-1 à 435-4 sont commises à l'étranger par un Français ou par une personne résidant habituellement ou exerçant tout ou partie de son activité économique sur le territoire français, la loi française est applicable en toutes circonstances, par dérogation au deuxième alinéa de l'article 113-6, et l'article 113-8 n'est pas applicable.**

Pour la poursuite de la personne qui s'est rendue coupable sur le territoire français, comme complice, d'une infraction prévue aux articles 435-1 à 435-4 commise à l'étranger, la condition de constatation de l'infraction par une décision définitive de la juridiction étrangère prévue à l'article 113-5 n'est pas applicable.

SECTION II DES ATTEINTES À L'ACTION DE LA JUSTICE

SOUS-SECTION 1 DE LA CORRUPTION ET DU TRAFIC D'INFLUENCE PASSIFS

Art. 435-7 **Est puni de dix ans d'emprisonnement et** *(L. nº 2013-1117 du 6 déc. 2013, art. 6)* **« d'une amende de 1 000 000 €, dont le montant peut être porté au double du produit tiré de l'infraction,** *[ancienne rédaction : de 150 000 € d'amende]* **» le fait, par :**

1º Toute personne exerçant des fonctions juridictionnelles dans un État étranger ou au sein ou auprès d'une cour internationale ;

2º Tout fonctionnaire au greffe d'une juridiction étrangère ou d'une cour internationale ;

3º Tout expert nommé par une telle juridiction ou une telle cour ou par les parties ;

4º Toute personne chargée d'une mission de conciliation ou de médiation par une telle juridiction ou par une telle cour ;

5º Tout arbitre exerçant sa mission sous l'empire du droit d'un État étranger sur l'arbitrage,

de solliciter ou d'agréer, sans droit, à tout moment, directement ou indirectement, des offres, des promesses, des dons, des présents ou des avantages quelconques, pour lui-même ou pour autrui, *(L. nº 2011-525 du 17 mai 2011, art. 154-10º)* **« pour accomplir ou avoir accompli, pour s'abstenir ou s'être abstenu d'accomplir un** *[ancienne rédaction : en vue de l'accomplissement ou de l'abstention d'un]* **» acte de sa fonction ou facilité par sa fonction.**

Art. 435-8 **Est puni de cinq ans d'emprisonnement et** *(L. nº 2013-1117 du 6 déc. 2013, art. 6)* **« d'une amende de 500 000 €, dont le montant peut être porté au double du produit tiré de l'infraction,** *[ancienne rédaction : de 75 000 € d'amende]* **» le fait, par quiconque, de solliciter ou d'agréer, à tout moment, directement ou indirectement, des offres, des promesses, des dons, des présents ou des avantages quelconques, pour lui-même ou pour autrui,** *(L. nº 2011-525 du 17 mai 2011, art. 154-11º)* **« pour abuser ou avoir abusé** *[ancienne rédaction : afin d'abuser]* **» de son influence réelle ou supposée en vue de faire obtenir toute décision ou tout avis favorable d'une personne visée à l'article 435-7, lorsqu'elle exerce ses fonctions au sein ou auprès d'une cour internationale ou lorsqu'elle est nommée par une telle cour.**

SOUS-SECTION 2 DE LA CORRUPTION ET DU TRAFIC D'INFLUENCE ACTIFS

Art. 435-9 **Est puni de dix ans d'emprisonnement et** *(L. nº 2013-1117 du 6 déc. 2013, art. 6)* **« d'une amende de 1 000 000 €, dont le montant peut être porté au double du produit tiré de l'infraction,** *[ancienne rédaction : de 150 000 € d'amende]* **» le fait, par quiconque, de proposer, sans droit, à tout moment, directement ou indirectement, à :**

1º Toute personne exerçant des fonctions juridictionnelles dans un État étranger ou au sein ou auprès d'une cour internationale ;

2° Tout fonctionnaire au greffe d'une juridiction étrangère ou d'une cour internationale ;
3° Tout expert nommé par une telle juridiction ou une telle cour ou par les parties ;
4° Toute personne chargée d'une mission de conciliation ou de médiation par une telle juridiction ou une telle cour ;
5° Tout arbitre exerçant sa mission sous l'empire du droit d'un État étranger sur l'arbitrage,

pour lui-même ou pour autrui, des offres, des promesses, des dons, des présents ou des avantages quelconques *(L. n° 2011-525 du 17 mai 2011, art. 154-12°-a)* « pour que cette personne accomplisse ou s'abstienne d'accomplir, ou parce qu'elle a accompli ou s'est abstenue d'accomplir un *[ancienne rédaction : pour obtenir l'accomplissement ou l'abstention d'un]* » acte de sa fonction ou facilité par sa fonction.

Est puni des mêmes peines le fait, par quiconque, de céder à une personne mentionnée aux 1° à 5° qui sollicite, sans droit, à tout moment, directement ou indirectement, des offres, des promesses, des dons, des présents ou des avantages quelconques, pour elle-même ou pour autrui, *(L. n° 2011-525 du 17 mai 2011, art. 154-12°-b)* « pour accomplir ou avoir accompli, pour s'abstenir ou s'être abstenue d'accomplir un acte de sa fonction ou facilité par *[ancienne rédaction : en vue de l'accomplissement ou de l'abstention d'un acte de]* » sa fonction.

Art. 435-10 Est puni de cinq ans d'emprisonnement et *(L. n° 2013-1117 du 6 déc. 2013, art. 6)* « d'une amende de 500 000 €, dont le montant peut être porté au double du produit tiré de l'infraction, *[ancienne rédaction : de 75 000 € d'amende]* » le fait, par quiconque, de proposer, sans droit, à tout moment, directement ou indirectement, des offres, des promesses, des dons, des présents ou des avantages quelconques à une personne, pour elle-même ou pour autrui, *(L. n° 2011-525 du 17 mai 2011, art. 154-13°-a)* « pour qu'elle abuse ou parce qu'elle a abusé *[ancienne rédaction : afin qu'elle abuse]* » de son influence réelle ou supposée en vue de faire obtenir toute décision ou avis favorable d'une personne visée à l'article 435-9, lorsqu'elle exerce ses fonctions au sein ou auprès d'une cour internationale ou lorsqu'elle est nommée par une telle cour.

Est puni des mêmes peines le fait, par quiconque, de céder à toute personne qui sollicite, à tout moment, directement ou indirectement, des offres, des promesses, des dons ou des présents ou des avantages quelconques, pour elle-même ou pour autrui, *(L. n° 2011-525 du 17 mai 2011, art. 154-13°-b)* « pour abuser ou avoir abusé *[ancienne rédaction : afin d'abuser]* » de son influence réelle ou supposée en vue de faire obtenir d'une personne visée au premier alinéa toute décision ou tout avis favorable.

SOUS-SECTION 3 *[ABROGÉE]* DISPOSITIONS COMMUNES

Cette sous-section a été supprimée par la L. n° 2013-1117 du 6 déc. 2013 (L. préc., art. 1er-II).

Art. 435-11 *Abrogé par L. n° 2013-1117 du 6 déc. 2013, art. 1er-II.*

Art. 435-11-1 *(L. n° 2013-1117 du 6 déc. 2013, art. 5)* La peine privative de liberté encourue par l'auteur ou le complice d'une des infractions prévues aux articles 435-7 à 435-10 est réduite de moitié si, ayant averti l'autorité administrative ou judiciaire, il a permis de faire cesser l'infraction ou d'identifier, le cas échéant, les autres auteurs ou complices.

Art. 435-11-2 *(L. n° 2016-1691 du 9 déc. 2016, art. 21)* Dans le cas où les infractions prévues aux articles 435-7 à 435-10 sont commises à l'étranger par un Français ou par une personne résidant habituellement ou exerçant tout ou partie de son activité économique sur le territoire français, la loi française est applicable en toutes circonstances, par dérogation au deuxième alinéa de l'article 113-6, et l'article 113-8 n'est pas applicable.

Pour la poursuite de la personne qui s'est rendue coupable sur le territoire français, comme complice, d'une infraction prévue aux articles 435-7 à 435-10 commise à l'étranger, la condition de constatation de l'infraction par une décision définitive de la juridiction étrangère prévue à l'article 113-5 n'est pas applicable.

SOUS-SECTION 4 DES AUTRES ENTRAVES À L'EXERCICE DE LA JUSTICE

Art. 435-12 Est puni de trois ans d'emprisonnement et de 45 000 € d'amende le fait, par quiconque, d'user de promesses, offres, présents, pressions, menaces, voies de fait, manœuvres ou artifices à l'occasion d'une procédure ou en vue d'une demande ou défense en justice, dans un État étranger ou devant une cour internationale, afin de déterminer autrui soit à fournir une déposition, une déclaration ou une attestation mensongère, soit à s'abstenir de fournir une déposition, une déclaration ou une attestation, même si la subornation n'est pas suivie d'effet.

Art. 435-13 Est puni de dix ans d'emprisonnement et de 150 000 € d'amende le fait, par quiconque, d'user de menaces, de violences ou de commettre tout autre acte d'intimidation pour obtenir d'un magistrat, d'un juré, de toute personne siégeant dans une formation juridictionnelle ou participant au service public de la justice, ou d'un agent des services de détection ou de répression des infractions dans un État étranger ou dans une cour internationale, qu'il accomplisse ou s'abstienne d'accomplir un acte de sa fonction, de sa mission ou facilité par sa fonction ou sa mission.

SECTION III PEINES COMPLÉMENTAIRES ET RESPONSABILITÉ DES PERSONNES MORALES

Art. 435-14 Les personnes physiques coupables de l'une des infractions prévues au présent chapitre encourent également les peines complémentaires suivantes :

1° L'interdiction des droits civiques, civils et de famille, suivant les modalités prévues par l'article 131-26 ;

2° L'interdiction, pour une durée de cinq ans au plus, d'exercer une fonction publique ou d'exercer l'activité professionnelle ou sociale dans l'exercice ou à l'occasion de l'exercice de laquelle l'infraction a été commise ;

3° L'affichage ou la diffusion de la décision prononcée dans les conditions prévues par l'article 131-35 ;

4° La confiscation, suivant les modalités prévues par l'article 131-21, de la chose qui a servi ou était destinée à commettre l'infraction ou de la chose qui en est le produit.

L'interdiction du territoire français peut en outre être prononcée dans les conditions prévues par les articles 131-30 à 131-30-2 soit à titre définitif, soit pour une durée de dix ans au plus, à l'encontre de tout étranger qui s'est rendu coupable de l'une des infractions prévues au présent chapitre.

Art. 435-15 Les personnes morales reconnues pénalement responsables, dans les conditions prévues à l'article 121-2, des infractions prévues aux articles 435-3, 435-4, 435-9 et 435-10 encourent les peines suivantes :

1° L'amende, suivant les modalités prévues par l'article 131-38 ;

2° Pour une durée de cinq ans au plus, les peines prévues aux 2° à 7° de l'article 131-39 ;

3° La confiscation, suivant les modalités prévues par l'article 131-21, de la chose qui a servi ou était destinée à commettre l'infraction ou de la chose qui en est le produit ;

4° L'affichage ou la diffusion de la décision prononcée dans les conditions prévues par l'article 131-35 ;

(L. nº 2016-1691 du 9 déc. 2016, art. 18) « 5° La peine prévue à l'article 131-39-2. »

Convention sur la lutte contre la corruption d'agents publics étrangers dans les transactions commerciales internationales,

Faite à Paris le 17 déc. 1997. — Publiée par Décr. nº 2000-948 du 28 sept. 2000 (JO 29 sept.).

Préambule

Les Parties,

Considérant que la corruption est un phénomène répandu dans les transactions commerciales internationales, y compris dans le domaine des échanges et de l'investissement, qui suscite de graves préoccupations morales et politiques, affecte la bonne gestion des affaires publiques et le développement économique et fausse les conditions internationales de concurrence ;

Considérant que la responsabilité de la lutte contre la corruption dans le cadre de transactions commerciales internationales incombe à tous les pays ;

Vu la recommandation révisée sur la lutte contre la corruption dans les transactions commerciales internationales, adoptée par le Conseil de l'Organisation de Coopération et de Développement Économiques (OCDE) le 23 mai 1997, C(97)123/Final, qui, entre autres, demande que soient prises des mesures efficaces pour décourager, prévenir et combattre la corruption d'agents publics étrangers dans le cadre de transactions commerciales internationales et, en particulier, que cette corruption soit rapidement incriminée de façon efficace et coordonnée en conformité avec les éléments communs convenus qui figurent dans cette recommandation ainsi qu'avec les principes de compétence et les autres principes juridiques fondamentaux applicables dans chaque pays ;

Se félicitant d'autres initiatives récentes qui font progresser l'entente et la coopération internationales en matière de lutte contre la corruption d'agents publics, notamment les actions menées par les Nations Unies, la Banque mondiale, le Fonds monétaire international, l'Organisation mondiale du commerce, l'Organisation des États américains, le Conseil de l'Europe et l'Union européenne ;

Se félicitant des efforts des entreprises, des organisations patronales et syndicales ainsi que d'autres organisations non gouvernementales dans la lutte contre la corruption ;

Reconnaissant le rôle des gouvernements dans la prévention des sollicitations de pots-de-vin de la part des individus et des entreprises dans les transactions commerciales internationales ;

Reconnaissant que tout progrès dans ce domaine exige non seulement des efforts de chaque pays, mais aussi une coopération, une surveillance et un suivi au niveau multilatéral ;

Reconnaissant qu'assurer l'équivalence entre les mesures que doivent prendre les Parties constitue un objet et un but essentiels de la convention qui exigent que la convention soit ratifiée sans dérogations affectant cette équivalence,

sont convenues de ce qui suit :

Art. 1er *L'infraction de corruption d'agents publics étrangers.* — 1. Chaque Partie prend les mesures nécessaires pour que constitue une infraction pénale en vertu de sa loi le fait intentionnel, pour toute personne, d'offrir, de promettre ou d'octroyer un avantage indu pécuniaire ou autre, directement ou par des intermédiaires, à un agent public étranger, à son profit ou au profit d'un tiers, pour que cet agent agisse ou s'abstienne d'agir dans l'exécution de fonctions officielles, en vue d'obtenir ou conserver un marché ou un autre avantage indu dans le commerce international.

2. Chaque Partie prend les mesures nécessaires pour que constitue une infraction pénale le fait de se rendre complice d'un acte de corruption d'un agent public étranger, y compris par instigation, assistance ou autorisation. La tentative et le complot en vue de corrompre un agent public étranger devront constituer une infraction pénale dans la mesure où la tentative et le complot en vue de corrompre un agent public de cette Partie constituent une telle infraction.

3. Les infractions définies aux paragraphes 1 et 2 ci-dessus sont dénommées ci-après « corruption d'un agent public étranger ».

4. Aux fins de la présente convention :

a) « agent public étranger » désigne toute personne qui détient un mandat législatif, administratif ou judiciaire dans un pays étranger, qu'elle ait été nommée ou élue, toute personne exerçant une fonction publique pour un pays étranger, y compris pour une entreprise ou un organisme publics, et tout fonctionnaire ou agent d'une organisation internationale publique ;

b) « pays étranger » comprend tous les niveaux et subdivisions d'administration, du niveau national au niveau local ;

c) « agir ou s'abstenir d'agir dans l'exécution de fonctions officielles » désigne toute utilisation qui est faite de la position officielle de l'agent public, que cette utilisation relève ou non des compétences conférées à cet agent.

Art. 2 *Responsabilité des personnes morales.* — Chaque Partie prend les mesures nécessaires, conformément à ses principes juridiques, pour établir la responsabilité des personnes morales en cas de corruption d'un agent public étranger.

Art. 3 *Sanctions.* — 1. La corruption d'un agent public étranger doit être passible de sanctions pénales efficaces, proportionnées et dissuasives. L'éventail des sanctions applicables doit être comparable à celui des sanctions applicables à la corruption des agents publics de la Partie en question et doit, dans le cas des personnes physiques, inclure des peines privatives de liberté suffisantes pour permettre une entraide judiciaire efficace et l'extradition.

2. Si, dans le système juridique d'une Partie, la responsabilité pénale n'est pas applicable aux personnes morales, cette Partie fait en sorte que les personnes morales soient passibles de sanctions non pénales efficaces, proportionnées et dissuasives, y compris pécuniaires, en cas de corruption d'agents publics étrangers.

3. Chaque Partie prend les mesures nécessaires pour assurer que l'instrument et les produits de la corruption d'un agent public étranger ou des avoirs d'une valeur équivalente à celle de ces produits puissent faire l'objet d'une saisie et d'une confiscation ou que des sanctions pécuniaires d'un effet comparable soient prévues.

4. Chaque Partie envisage l'application de sanctions complémentaires civiles ou administratives à toute personne soumise à des sanctions pour corruption d'un agent public étranger.

Art. 4 *Compétence.* — 1. Chaque Partie prend les mesures nécessaires pour établir sa compétence à l'égard de la corruption d'un agent public étranger lorsque l'infraction est commise en tout ou partie sur son territoire.

2. Chaque Partie ayant compétence pour poursuivre ses ressortissants à raison d'infractions commises à l'étranger prend les mesures nécessaires pour établir sa compétence à l'égard de la corruption d'un agent public étranger selon les mêmes principes.

3. Lorsque plusieurs Parties ont compétence à l'égard d'une infraction présumée visée dans la présente convention, les Parties concernées se concertent, à la demande de l'une d'entre elles, afin de décider quelle est celle qui est la mieux à même d'exercer les poursuites.

4. Chaque Partie examine si le fondement actuel de sa compétence est efficace pour lutter contre la corruption d'agents publics étrangers ; si tel n'est pas le cas, elle prend les mesures correctrices appropriées.

Art. 5 *Mise en œuvre.* — Les enquêtes et poursuites en cas de corruption d'un agent public étranger sont soumises aux règles et principes applicables de chaque Partie. Elles ne seront pas influencées par des considérations d'intérêt économique national, les effets possibles sur les relations avec un autre État ou l'identité des personnes physiques ou morales en cause.

Art. 6 *Prescription.* — Le régime de prescription de l'infraction de corruption d'un agent public étranger devra ménager un délai suffisant pour l'enquête et les poursuites relatives à cette infraction.

Art. 7 *Blanchiment de capitaux.* — Chaque Partie ayant fait en sorte que la corruption de ses agents publics soit une infraction principale aux fins de l'application de sa législation relative au blanchiment de capitaux prendra la même mesure en cas de corruption d'un agent public étranger, quel que soit le lieu où la corruption s'est produite.

Art. 8 *Normes comptables.* — 1. Pour combattre efficacement la corruption d'agents publics étrangers, chaque Partie prend les mesures nécessaires, dans le cadre de ses lois et règlements concernant la tenue de livres et états comptables, la publication d'informations sur les états financiers et les normes de comptabilité et de vérification des comptes, pour interdire aux entreprises soumises à ces lois et règlements l'établissement de comptes hors livres, les opérations hors livres ou insuffisamment identifiées, l'enregistrement de dépenses inexistantes, l'enregistrement d'éléments de passif dont l'objet n'est pas correctement identifié, ainsi que l'utilisation de faux documents, dans le but de corrompre un agent public étranger ou de dissimuler cette corruption.

2. Chaque Partie prévoit des sanctions civiles, administratives ou pénales efficaces, proportionnées et dissuasives en cas de telles omissions ou falsifications dans les livres, les documents, les comptes et les états financiers de ces entreprises.

Art. 9 *Entraide judiciaire.* — 1. Chaque Partie accorde, autant que le permettent ses lois et ses instruments internationaux pertinents, une entraide judiciaire prompte et efficace aux autres Parties aux fins des enquêtes et des procédures pénales engagées par une Partie pour les infractions relevant de la présente convention ainsi qu'aux fins des procédures non pénales relevant de la présente convention engagées par une Partie contre des personnes morales. La Partie requise informe la Partie requérante, sans retard, de tout élément ou document additionnels qu'il est nécessaire de présenter à l'appui de la demande d'entraide et, sur demande, des suites données à cette demande d'entraide.

2. Lorsqu'une Partie subordonne l'entraide judiciaire à une double incrimination, celle-ci est réputée exister si l'infraction pour laquelle l'entraide est demandée relève de la présente convention.

3. Une Partie ne peut refuser d'accorder l'entraide judiciaire en matière pénale dans le cadre de la présente convention en invoquant le secret bancaire.

Art. 10 *Extradition.* — 1. La corruption d'un agent public étranger est réputée constituer une infraction pouvant donner lieu à extradition en vertu du droit des Parties et des conventions d'extradition entre celles-ci.

2. Lorsqu'une Partie qui subordonne l'extradition à l'existence d'une convention d'extradition reçoit une demande d'extradition de la part d'une autre Partie avec laquelle elle n'a pas de convention d'extradition, elle peut considérer la présente convention comme base juridique pour l'extradition en ce qui concerne l'infraction de corruption d'un agent public étranger.

3. Chaque Partie prend les mesures nécessaires pour faire en sorte soit de pouvoir extrader ses ressortissants, soit de pouvoir les poursuivre à raison de l'infraction de corruption d'un agent public étranger. Une Partie qui refuse une demande d'extradition d'une personne pour corruption d'un agent étranger au seul motif que cette personne est son ressortissant doit soumettre l'affaire à ses autorités compétentes aux fins de poursuites.

4. L'extradition pour corruption d'un agent public étranger est soumise aux conditions fixées par le droit national et par les accords et arrangements applicables pour chaque Partie. Lorsqu'une Partie subordonne l'extradition à l'existence d'une double incrimination, cette condition est réputée remplie lorsque l'infraction pour laquelle l'extradition est demandée relève de l'article 1er de la présente convention.

Art. 11 *Autorités responsables.* — Aux fins de la concertation prévue à l'article 4, paragraphe 3, de l'entraide judiciaire prévue à l'article 9 et de l'extradition prévue à l'article 10, chaque Partie notifie au Secrétaire général de l'OCDE une autorité ou des autorités, chargées de l'envoi et de la réception des demandes, qui joueront le rôle d'interlocuteur pour cette Partie pour ces matières, sans préjudice d'autres arrangements entre les Parties.

Art. 12 *Surveillance et suivi.* — Les Parties coopèrent pour mettre en œuvre un programme de suivi systématique afin de surveiller et promouvoir la pleine application de la présente convention. Sauf décision contraire prise par consensus des Parties, cette action est menée au sein du groupe de travail de l'OCDE sur la corruption dans le cadre de transactions commerciales internationales et conformément au mandat de ce groupe, ou au sein et conformément au mandat de tout organe qui pourrait lui succéder dans ses fonctions, et les Parties supportent le coût du programme selon les règles applicables à cet organe.

Art. 13 *Signature et adhésion.* — 1. Jusqu'à la date de son entrée en vigueur, la présente convention est ouverte à la signature des pays membres de l'OCDE et des non-membres qui ont été invités à devenir participants à part entière aux activités de son groupe de travail sur la corruption dans le cadre de transactions commerciales internationales.

2. Après son entrée en vigueur, la présente convention est ouverte à l'adhésion de tout non-signataire devenu membre de l'OCDE ou participant à part entière au groupe de travail sur la corruption dans le cadre de transactions commerciales internationales ou à tout organe lui succédant dans ses fonctions. Pour chaque non-signataire adhérant à la convention, la convention entre en vigueur le soixantième jour suivant la date du dépôt de son instrument d'adhésion.

Art. 14 *Ratification et dépôt.* — 1. La présente convention est soumise à acceptation, approbation ou ratification par les signataires conformément à leur loi.

2. Les instruments d'acceptation, d'approbation, de ratification ou d'adhésion sont déposés auprès du Secrétaire général de l'OCDE, dépositaire de la présente convention.

Art. 15 *Entrée en vigueur.* — 1. La présente convention entrera en vigueur le soixantième jour suivant la date à laquelle cinq pays qui comptent parmi les dix premiers pays pour la part des exportations, selon le document annexé, et qui représentent à eux cinq au moins soixante pour cent des exportations totales cumulées de ces dix pays, auront déposé leur instrument d'acceptation, d'approbation ou de ratification. Pour chaque signataire déposant son instrument après cette entrée en vigueur, la convention entrera en vigueur le soixantième jour suivant le dépôt de cet instrument. — *V. cette annexe au JO 29 sept. 2000.*

2. Si la convention n'est pas entrée en vigueur le 31 décembre 1998 conformément au paragraphe 1, tout signataire ayant déposé son instrument d'acceptation, d'approbation ou de ratification peut déclarer par écrit au dépositaire qu'il est prêt à accepter l'entrée en vigueur de la convention conformément au présent paragraphe 2. La convention entrera en vigueur pour ce signataire le soixantième jour suivant la date à laquelle une telle déclaration aura été faite par au moins deux signataires. Pour chaque signataire ayant déposé sa déclaration après cette entrée en vigueur, la convention entrera en vigueur le soixantième jour suivant la date du dépôt.

Art. 16 *Modification.* — Toute Partie peut proposer de modifier la présente convention. La modification proposée est soumise au dépositaire, qui la transmet aux autres Parties au moins soixante jours avant de convoquer une réunion des Parties pour l'examiner. Toute modification, adoptée par consensus des Parties ou selon toute autre modalité que les Parties fixeront par consensus, entre en vigueur soixante jours après le dépôt d'un instrument de ratification, d'acceptation ou d'approbation par toutes les Parties, ou selon toutes autres conditions qui pourront être fixées par les Parties au moment de l'adoption de la modification.

Art. 17 *Retrait.* — Une Partie peut se retirer de la présente convention par notification écrite au dépositaire. Ce retrait prend effet un an après la date de réception de la notification. Après le retrait, la coopération se poursuit entre les Parties et la Partie qui s'est retirée pour toutes les demandes d'entraide ou d'extradition présentées avant la date d'effet du retrait.

Notification de la France en application de l'article 11

Aux fins de la concertation prévue à l'article 4, paragraphe 3, de l'entraide judiciaire prévue à l'article 9 et de l'extradition prévue à l'article 10, l'envoi et la réception des demandes s'effectueront, pour la France, par la voie diplomatique, sans préjudice d'autres arrangements entre les Parties.

CHAPITRE VI DE LA PARTICIPATION À UNE ACTIVITÉ DE MERCENAIRE

(L. nº 2003-340 du 14 avr. 2003)

Art. 436-1 Est puni de cinq ans d'emprisonnement et de 75 000 € d'amende le fait :

1º Par toute personne, spécialement recrutée pour combattre dans un conflit armé et qui n'est ni ressortissante d'un État partie audit conflit armé, ni membre des forces armées de cet État, ni n'a été envoyée en mission par un État autre que l'un de ceux parties au conflit en tant que membre des forces armées dudit État, de prendre ou tenter de prendre une part directe aux hostilités en vue d'obtenir un avantage personnel ou une rémunération nettement supérieure à celle qui est payée ou promise à des combattants ayant un rang et des fonctions analogues dans les forces armées de la partie pour laquelle elle doit combattre ;

2º Par toute personne, spécialement recrutée pour prendre part à un acte concerté de violence visant à renverser les institutions ou porter atteinte à l'intégrité territoriale d'un État et qui n'est ni ressortissante de l'État contre lequel cet acte est dirigé, ni membre des forces armées dudit État, ni n'a été envoyée en mission par un État, de prendre ou tenter de prendre part à un tel acte en vue d'obtenir un avantage personnel ou une rémunération importants.

Art. 436-2 Le fait de diriger ou d'organiser un groupement ayant pour objet le recrutement, l'emploi, la rémunération, l'équipement ou l'instruction militaire d'une personne définie à l'article 436-1 est puni de sept ans d'emprisonnement et de 100 000 € d'amende.

Art. 436-3 Lorsque les faits mentionnés au présent chapitre sont commis à l'étranger par un Français ou par une personne résidant habituellement sur le territoire français, la loi française est applicable par dérogation au deuxième alinéa de l'article 113-6 et les dispositions de la seconde phrase de l'article 113-8 ne sont pas applicables.

Art. 436-4 Les personnes physiques coupables des infractions prévues par le présent chapitre encourent également les peines complémentaires suivantes :

1° L'interdiction des droits civiques, civils et de famille, suivant les modalités prévues par l'article 131-26 ;

2° La diffusion intégrale ou partielle de la décision ou d'un communiqué informant le public des motifs et du dispositif de celle-ci dans les conditions prévues par l'article 131-35 ;

3° L'interdiction de séjour, suivant les modalités prévues par l'article 131-31.

Art. 436-5 (*L. nº 2009-526 du 12 mai 2009, art. 124-I*) **« Les personnes morales déclarées responsables pénalement, dans les conditions prévues par l'article 121-2, de l'infraction définie à l'article 436-2 encourent, outre l'amende suivant les modalités prévues par l'article 131-38, les peines prévues par l'article 131-39. »**

L'interdiction mentionnée au 2° de l'article 131-39 porte sur l'activité dans l'exercice ou à l'occasion de l'exercice de laquelle l'infraction a été commise.

TITRE QUATRIÈME DES ATTEINTES À LA CONFIANCE PUBLIQUE

CHAPITRE PREMIER DES FAUX

RÉP. PÉN. vº *Faux*, par MALABAT.

Art. 441-1 **Constitue un faux toute altération frauduleuse de la vérité, de nature à causer un préjudice et accomplie par quelque moyen que ce soit, dans un écrit ou tout autre support d'expression de la pensée qui a pour objet ou qui peut avoir pour effet d'établir la preuve d'un droit ou d'un fait ayant des conséquences juridiques.**

Le faux et l'usage de faux sont punis de trois ans d'emprisonnement et de 45 000 € d'amende.

Corresp. *: C. pén., anciens art. 145 à 152, 462-5 et 462-6.*

En ce qui concerne les sanctions de la fraude aux prestations de la protection complémentaire en matière de santé, V. CSS, art. L. 861-10. — ***CSS*** *ou* ***C. assur.***

BIBL. ▸ MAYAUD, *AJ pénal 2008. 111* (la crédibilité, critère du mensonge punissable en droit pénal). - GUÉRY, *D. 2012. 1839* (de l'escroquerie et de l'usage de faux envisagés sous l'angle d'un régime dérogatoire à la prescription de l'action publique).

PLAN DES ANNOTATIONS

I. FAUX

1. Définition. Les constatations souveraines des juges du fond, établissant l'altération frauduleuse de la vérité de nature à causer un préjudice dans un écrit valant titre, caractérisent, au sens de l'art. 441-1 nouv. C. pén., en tous ses éléments constitutifs, le faux prévu par ce texte (à propos d'un abus de blanc-seing). • Crim. 18 mai 1994 : *RSC 1995. 93, obs. Bouloc , et 101, obs. Ottenhof .* ♦ Constitue un faux pénalement punissable au sens de l'art. 441-1 C. pén. l'altération frauduleuse de la vérité, préjudiciable à autrui, accomplie dans un document faisant titre. • Crim. 8 juin 1994, n° 93-83.360 P. ♦ Constituent des faux et usage de faux, entrant dans les prévisions des art. 147, 150, 151 anciens et 441-1 nouv. C. pén., la falsification de documents ayant un effet probatoire et l'usage de tels documents falsifiés, lorsque l'auteur, quel que soit son mobile, a conscience d'une altération de la vérité susceptible d'occasionner un préjudice. • Crim. 19 déc. 1996 : *Gaz. Pal. 1997. 1, chron. crim. 82.* ♦ Il n'existe de faux commis dans un document administratif que si la pièce contrefaite ou altérée a pour objet, ou peut avoir pour effet, d'établir la preuve d'un droit ou d'un fait ayant des conséquences juridiques. • Crim. 2 sept. 2014 : *D. actu. 16 sept. 2014, obs. Fucini.*

2. Application dans le temps. Doit être relaxé, en application de l'art. 160 C. pén. alors applicable, de la prévention de délivrance d'un faux certificat médical, le médecin qui, à la demande de la famille, se contente de mentionner que le décès d'un hospitalisé est imputable à une « asphyxie des voies naturelles », sans préciser qu'il s'agit d'un suicide par pendaison ; en effet, le texte susvisé a été abrogé en raison de l'entrée en vigueur du nouveau code pénal, et l'art. 441-1 de ce code, qui réprime le faux en général et qui est plus rigoureux, est inapplicable en l'espèce, en raison de la non-rétroactivité de la loi pénale plus sévère. • Douai, 6 mai 1994 : *Gaz. Pal. 1994. 2. Somm. 439.*

3. L'incrimination d'abus de blanc-seing prévue par le 1er al. de l'art. 407 ancien C. pén., qui n'a pas été conservée dans le nouveau code pénal, entre dans les prévisions de l'art. 441-1 de ce texte ; c'est, dès lors, à bon droit qu'une cour d'appel, sans excéder sa saisine, ni violer le principe du débat contradictoire, requalifie en faux, après réquisitions en ce sens du ministère public, des faits poursuivis comme abus de blanc-seing. • Crim. 20 juin 1996, n° 95-82.997 P.

A. SUPPORT

1° DESTINATION OU APTITUDE PROBATOIRE

4. Faux matériel. En cas de faux matériel, le délit est caractérisé quelle que soit la valeur de l'écrit et sans qu'il soit une source de droit, dès lors qu'un préjudice peut en résulter et qu'il y a intention coupable. • Crim. 9 juin 1964 : *Bull. crim. n° 196.* ♦ Alors que la cour d'appel constate que le document incriminé (lettre missive) comporte un faux matériel, ayant porté préjudice à autrui, il importe peu de rechercher s'il a pu, ou non, constituer une source de droit. • Crim. 28 nov. 1968 : *Bull. crim. n° 323.* ♦ De la circonstance qu'un faux matériel ne constitue pas un titre et ne fait pas preuve, une cour d'appel ne peut en déduire l'absence de préjudice pour la partie civile. • Crim. 3 mai 1993 : *JCP 1993. IV. 2044.*

5. Le faux matériel qui a occasionné un préjudice à la personne dont il est censé émaner est punissable, qu'il ait eu ou non pour objet ou pour effet d'établir la preuve d'un droit ou d'un fait ayant des conséquences juridiques ; pour rejeter la demande d'actes supplémentaires formée par la partie civile, et confirmer l'ordonnance de non-lieu entreprise en ce qu'elle a considéré que le délit de faux n'était pas susceptible d'être constitué en l'espèce, l'arrêt énonce que le descriptif de mission signé par Mme A... constitue une déclaration unilatérale, ne contenant aucune convention, disposition, obligation ou décharge, et n'a donc ni pour objet, ni pour effet, d'établir la preuve d'un droit ou d'un fait ayant des conséquences juridiques ; les juges ajoutent qu'à supposer que ces affirmations soient fausses, elles sont, en tout état de cause, sujettes à vérification et laissées à la libre appréciation des juges ; la chambre de l'instruction relève qu'il en est de même du courriel, qui ne contient que de simples déclarations faites en faveur du scripteur, également sujettes à vérifications ; mais en statuant ainsi, alors que les faux allégués étaient susceptibles de constituer des faux matériels de nature à occasionner un préjudice, la chambre de l'instruction a méconnu l'article susvisé. • Crim. 27 juin 2018, n° 17-81.759 : *Gaz. Pal. 2018. 3176, obs. Detraz.*

6. Faux intellectuel. Un faux intellectuel qui ne comporte pas d'obligation pour un tiers ne peut constituer le délit prévu par les art. 147 et 150 C. pén. • Crim. 28 mai 1962 : *Bull. crim. n° 212 ; D. 1962. Somm. 123.* ♦ Pour être punissable, un faux intellectuel doit constituer un titre au profit de celui qui l'a établi et faire preuve pour lui. • Crim. 7 mars 1972 : *Bull. crim. n° 86 ; D. 1972. 341 ; Gaz. Pal. 1972. 1. 415.* ♦ ... Ou encore, reproduire des éléments d'information contenus dans les autres écritures comptables ayant l'un de ces caractères. • Paris, 29 mai 1986 : *Gaz. Pal. 1986. 2. 479, réq. Hecquard et note Marchi.* ♦ Des actes de falsification d'ordre comptable constituent des faux en écritures de commerce, dès lors que la comptabilité d'une société commerciale est destinée à servir de preuve. • Crim. 3 juill. 1991 : *Dr. pénal 1992. 2.*

7. Des actes sous signatures privées qui comportent des obligations synallagmatiques à la charge de chaque contractant, conventions qui, lorsqu'elles sont légalement formées, font la loi des parties, constituent, au sens de l'art. 441-1 nouv. et de l'art. 150 ancien C. pén., des écrits ayant pour effet d'établir la preuve de droits et de faits ayant des conséquences juridiques ; remplissent ces conditions, les conventions par lesquelles des vendeurs ou bailleurs, des acquéreurs ou preneurs, confient à un ou plusieurs intermédiaires la mission de rechercher des acquéreurs ou preneurs, des vendeurs ou bailleurs, moyennant une rémunération convenue ; le fait d'y porter sciemment des clauses opérant des simulations, constatant des prestations et honoraires fictifs, des suppositions ou interpositions de personnes ou d'actes, caractérise en tous ses éléments, tant matériel qu'intentionnel, le délit de faux, sans que puisse influer le consentement des signataires des actes faux, dont le concert frauduleux a précisément pour objet de tromper des tierces personnes, fussent des personnes morales dans lesquelles ils ont des intérêts. • Paris, 21 sept. 1998 : *BICC 1999, n° 700.*

8. Aucune inculpation de faux et usage ne peut être retenue contre l'auteur d'un télégramme signé d'un faux nom, le crime de faux en écriture privée supposant l'altération d'un acte pouvant être la base d'une action ou d'un droit. • Paris, 1er juin 1948 : *S. 1948. 2. 164.* ♦ Un extrait d'acte de baptême délivré par le curé d'une paroisse a le même caractère que des titres, registres et papiers domestiques ; par suite, l'altération dans cet extrait de la date à laquelle a été célébré le baptême constitue un faux en écriture privée. • Crim. 18 avr. 1907 : *DP 1909. 5. 34.*

9. Une cour d'appel ne justifie pas sa décision de condamner pour faux et escroquerie par usage de faux nom le prévenu qui a utilisé faussement les noms « Hôtel du département » et « Conseil général » dans l'envoi d'une télécopie, dès lors que ce document ne constitue pas un titre et que le faux nom s'entend d'un faux nom patronymique ou d'un faux pseudonyme. • Crim. 27 oct. 1999, n° 98-86.017 P : *Dr. pénal 2000. 42 (2e arrêt), obs. Véron.*

10. Constituent des faux documents faisant titre, entrant dans les prévisions de l'art. 441-1 C. pén., des décomptes informatisés de remboursement de prestations sociales établis, sur papier, à partir des données erronées introduites frauduleusement dans un système de traitement automatisé. • Crim. 24 janv. 2001, n° 00-83.915 P.

11. Un bulletin de salaire étant un document pouvant établir la preuve de faits ayant des conséquences juridiques, justifie sa décision condamnant un employeur pour faux et usage la cour d'appel qui retient qu'il a établi le bulletin de salaire d'un de ses employés en mentionnant que celui-ci se trouvait en congés payés alors qu'il était en arrêt maladie. • Crim. 7 sept. 2005, n° 04-87.080 P : *D. 2005. IR 2547 ; AJ pénal 2005. 454 ; Dr. pénal 2005. n° 176, obs. Véron.*

12. Déclarations unilatérales. De simples déclarations établies par un prévenu en sa propre faveur ne représentent que ses seules affirmations sujettes à vérification. • Crim. 7 mars 1972 : *Bull. crim. n° 86 ; D. 1972. 341 ; Gaz. Pal. 1972. 1. 415.* ♦ Une déclaration unilatérale, transmise à un créancier, même en exécution d'une prescription légale pour établir l'assiette d'une dette, ne contient aucune convention, disposition, obligation ou décharge et ne constitue pas un titre. • Crim. 23 nov. 1972 : *Bull. crim. n° 357 ; D. 1973. Somm. 19 ; Gaz. Pal. 1973. 1. 248.*

13. Pour condamner du chef de faux la gestionnaire des ressources humaines ayant apposé une fausse date sur la copie des courriers d'invitation destinés aux organisations syndicales en vue de la négociation des protocoles d'accord préélectoraux, les juges doivent rechercher si cette mention est de nature, par elle-même, à rapporter la preuve, auprès de l'inspection du travail, de cet envoi et, du fait de sa fausseté à induire ce service en erreur sur la régularité desdites convocations. • Crim. 19 juin 2018, n° 17-81.730.

14. Ne rentre pas dans les prévisions de l'art. 150 C. pén. le fait d'établir par écrit et de signer sur l'honneur une fausse déclaration de domicile en vue de toucher des indemnités de déplacement, un tel écrit, établi par le prévenu en sa propre faveur, ne représentant que ses seules affirmations sujettes à vérification. • Crim. 7 mars 1972 : *préc. note 12.* ♦ De même, la simple déclaration de recettes, transmise par l'entrepreneur de spectacles en application de l'art. 46 de la L. du 11 mars 1957, ne constitue ni un délit de faux en écriture privée, ni un délit d'établissement de faux certificat, de tels états, soumis à discussion et à une vérification, n'ayant aucun caractère probatoire. • Crim. 23 nov. 1972 : *préc. note 12.* ♦ N'est pas un faux la déclaration mensongère sur l'honneur établie en sa propre faveur, en application de l'art. 272 C. civ., puisque seules les déclarations établies en faveur d'un tiers bénéficiaire constituent une attestation ou un certificat au sens de l'art. 441-7, 1°, C. pén. • Crim. 7 mars 2012, n° 11-82.153 P : *D. actu. 26 mars 2012, obs. Priou-Alibert ; D. 2012. Actu. 815 ; AJ pénal 2012. 287, obs. Gallois .*

15. Des écrits mensongers, tels que des mémoires, notes ou factures, qui sont par leur nature soumises à discussion et à vérification, ne constituent pas, en l'absence de toutes autres précisions, des titres susceptibles d'entrer dans les prévisions des art. 147 et 150 C. pén. • Crim. 12 déc. 1977 : *Bull. crim. n° 393* • Paris, 4 juin 1992 : *D. 1993. 480, note Fortin .* ♦ Il en est ainsi : ... des déclarations établies par un employé au sujet de ses frais remboursables. • Crim. 12 déc. 1977 : *préc.* ♦ ... Des déclarations unilatérales des salariés concernant leurs horaires et productions de travail. • Douai, 14 févr. 1995 : *Gaz. Pal. 1996. 2, chron. crim. 117.* ♦ ... De l'inobservation par un médecin, lors de la fixation de ses honoraires, de la nomenclature générale des actes professionnels et de la tarification interministérielle correspondante, dans un document soumis à vérification et à discussion de la part de l'organisme social destinataire. • Crim. 25 sept. 1997, n° 96-82.818 P : *Dr. pénal 1998. 3, obs. Véron ; RSC 1999. 103, obs. Ottenhof* (V. *« Conflit de qualifications »*, notes 148 s.). ♦ ... De devis simplement minorés, qui sont par leur nature soumis à discussion et vérification, et qui ne constituent pas, en l'absence de toutes autres précisions, des titres susceptibles d'entrer dans les prévisions de l'art. 441-1 C. pén. • Crim. 15 sept. 1999 : *Dr. pénal 2000. 42 (1er arrêt), obs. Véron.* ♦ ... Des notes d'honoraires d'un architecte, qui sont, par leur nature, soumises à discussion et vérification de la part de celui à qui elles sont opposées, et qui n'ont aucun caractère probatoire au sens de l'art. 441-1 C. pén. • Crim. 13 févr. 2002, nº 00-85.338 P : *D. 2003. 448, note Bouloc ; Gaz. Pal. 2003. 2. 2318, note A.C.*

16. Mais il en est autrement : ... dès lors que les fausses énonciations résultant de ces opérations fictives ont été reportées sur les livres comptables de la société, pour leur donner l'apparence d'actes de commerce réels et y traduire l'existence d'une activité commerciale, en fait imaginaire. • Crim. 24 avr. 1984 : *D. 1986. 125, note Cosson.* ♦ Rappr. : • Crim. 19 sept. 1995, nº 94-85.353 P : *Dr. pénal 1996. 34.* ♦ ... Lorsque lesdits documents sont présentés faussement comme émanant de fournisseurs. • Crim. 18 mai 1994 : *Gaz. Pal. 1994. 2. Somm. 546.* ♦ Sont à bon droit déclarés coupables de faux les dirigeants de sociétés qui ont adressé des factures à des entreprises ayant obtenu des marchés publics, ces factures, dont le montant a été encaissé, étant supposées rétribuer une prétendue « assistance commerciale », laquelle était inexistante ; en effet, constitue un faux le fait d'établir, en vue de justifier des mouvements de fonds en comptabilité, des pièces justificatives inexactes concernant les opérations correspondantes. • Crim. 16 déc. 1997, nº 96-82.509 P. ♦ A un effet probatoire une note produite par un commissaire-priseur aux fins de taxation, qui fait état d'honoraires fondés sur l'application d'un tarif minimal prévu par la loi et non discutable ; est, en conséquence, un faux et usage le fait de la présenter mensongèrement comme ayant existé à la date à laquelle elle est censée avoir été établie. • Crim. 9 mars 2005 : *Dr. pénal 2005, nº 93, obs. Véron.*

17. Constituent des titres les factures jointes à l'appui des bordereaux de cessions de créances prévus par l'art. 1er de la loi nº 81-1 du 2 janv. 1981 facilitant le crédit aux entreprises. • Crim. 30 mars 1992, nº 91-81.143 P : *D. 1994. Somm. 157, obs. Roujou de Boubée.* ♦ Rappr. : • Crim. 22 févr. 1993, nº 91-85.162 P.

18. Production d'écrits en justice. En l'absence de toute falsification matérielle dans les actes, la simple production en justice de conclusions ne saurait, faute de valeur probatoire, caractériser un faux au sens des art. 145 s. C. pén. ; en effet, les conclusions déposées en justice n'ont pas pour objet de constater des faits ni d'en faire la preuve, leur objet étant seulement d'exposer les prétentions réciproques des parties devant le juge qui les apprécie après discussion contradictoire. • Crim. 22 nov. 1977 : *Bull. crim. nº 361 ; D. 1978. IR 71, obs. Roujou de Boubée.* ♦ En revanche, la production en justice d'un écrit émanant de la partie adverse et dont la portée a été volontairement modifiée par l'insertion de mentions, caractérise un faux et un usage de faux lorsque le document ainsi versé aux débats a valeur probatoire et entraîne des effets juridiques. • Crim. 30 oct. 1975 : *Bull. crim. nº 235 ; Gaz. Pal. 1976. 1. 267* • 4 mai 1987 : *Bull. crim. nº 176 ; Gaz. Pal. 1988. 1. Somm. 3.* ♦ Constituent les délits de faux et usage de faux la fabrication d'un document pour servir de preuve et sa production, même sous forme de photocopie, au cours d'une instance civile, lorsque le document ainsi versé aux débats est de nature à avoir valeur probatoire et à entraîner des effets juridiques. • Crim. 16 nov. 1995, nº 94-84.725 P : *Dr. pénal 1996. 103.* ♦ La fabrication et l'envoi d'une assignation à comparaître devant le tribunal de grande instance constituent un faux de nature à causer un préjudice à autrui. • Crim. 20 mai 2009, nº 08-80.677 P : *AJ pénal 2009. 321 ; Dr. pénal 2009, nº 140, obs. Véron.*

19. Frédéric X..., salarié de la société M. S. jusqu'au 6 juin 2005, date de sa démission, a rédigé une lettre de candidature pour postuler à un emploi dans la société K. F., portant la date inexacte du 22 juin 2005, qui a été produite par cette dernière société au cours d'une instance pour concurrence déloyale, l'opposant à la société M. S. qui lui reprochait de recruter ses salariés ; pour déclarer Frédéric X... coupable de faux, l'arrêt relève que la lettre de candidature de ce dernier, portant la date inexacte du 22 juin 2005 et correspondant à un emploi qu'il occupait déjà, a été établie frauduleusement pour lui permettre de justifier de l'absence de débauchage de la part de la société K. F., et ainsi éviter à son nouvel employeur une action en concurrence déloyale, ce qui a porté préjudice à la société M. S. ; en l'état de ces énonciations et dès lors que constitue le délit de faux la fabrication d'un document pour servir de preuve, au cours d'une instance civile, lorsque le document ainsi versé aux débats est, comme il résulte des constatations des juges, de nature à avoir valeur probatoire et à entraîner des effets juridiques, la cour d'appel a justifié sa décision. • Crim. 25 févr. 2009 : *Dr. pénal 2009, nº 78, obs. Véron.*

20. Déclaration mensongère d'état civil. La reconnaissance mensongère d'un enfant naturel dans un acte de l'état civil, dès lors que seule la véracité de la paternité affirmée dans l'acte incriminé est en cause, ne constitue pas en soi un faux punissable, cette reconnaissance pouvant toujours être contestée, en vertu de l'art. 339 C. civ., par toutes personnes qui y ont intérêt et par son auteur lui-même. • Crim. 8 mars 1988 : *Bull. crim. nº 117 ; D. 1989. 528, note de la Marnierre ; JCP 1989. II. 21162, note Jeandidier ; Gaz. Pal. 1988. 2. 529.* ♦ Sur les suites procédurales de cette affaire : • T. corr. Angers, 18 mai 1990 : *RSC 1991. 352, obs. Bouzat* .

2° CONTENU SUBSTANTIEL

21. En droit, l'art. 147 C. pén. punit, comme ayant commis un faux en écriture authentique et publique, toute personne qui a altéré dans un acte des clauses, déclarations ou faits que cet acte avait pour objet de recevoir et constater ; il ne suffit donc pas, pour encourir cette pénalité, que l'agent ait fait une déclaration mensongère, il faut encore que cette déclaration soit de celles qui tiennent à la substance de l'acte et dont la réception et la constatation font l'objet même dudit acte. • Crim. 27 sept. 1877 : *D. 1879. 1. 486.* ♦ Si les art. 147 et 150 C. pén. punissent tout individu qui commet un faux par addition ou altération de clauses, de déclarations ou de faits que l'acte avait pour objet de recevoir ou de constater, ces dispositions ne s'appliquent pas aux fausses déclarations qui n'appartiennent pas à la substance de l'acte. • Crim. 19 mars 1957 : *Bull. crim. n° 263* • 9 avr. 1962 : *ibid. n° 175.*

22. Ainsi, le fait, par l'un des futurs époux, de prendre faussement la qualité de veuf dans le contrat de mariage et dans les actes de publication d'un mariage projeté, ne tombe pas sous l'application de la loi pénale, une telle déclaration dans ces actes étant sans efficacité légale. • Crim. 27 sept. 1877 : *préc. note 21.* ♦ Pareillement, ne constitue pas le crime de faux en écriture authentique et publique le fait par le déclarant d'un décès de prendre faussement la qualité d'époux du défunt. • Crim. 19 mars 1957 : *préc. note 21.* ♦ Il en est de même, dans une transaction, pour des déclarations mensongères relatives à la qualité de célibataire et au domicile d'une des parties. • Crim. 9 avr. 1962 : *préc. note 21.* ♦ Mais, par application de l'art. 79 C. civ., le nom de l'époux survivant, prédécédé, ou divorcé, est une énonciation substantielle de l'acte de décès. • Alger, 28 oct. 1949 : *JCP 1950. II. 5318 ; Gaz. Pal. 1950. 1. 203.*

23. Aux termes de l'art. 441-1 C. pén., constitue un faux toute altération frauduleuse de la vérité, de nature à causer un préjudice, accomplie par quelque moyen que ce soit, dans un écrit ou tout autre support d'expression de la pensée qui a pour objet ou qui peut avoir pour effet d'établir la preuve d'un droit ou d'un fait ayant des conséquences juridiques ; il résulte de l'art. 593 C. pr. pén. que tout jugement ou arrêt doit comporter les motifs propres à justifier la décision ; l'insuffisance ou la contradiction équivaut à leur absence ; a méconnu ces textes une cour d'appel qui a statué sans établir que l'altération reprochée portait sur une mention substantielle du document argué de faux et était de nature à causer un préjudice. • Crim. 1er avr. 2020, n° 18-85.381 : *Gaz. Pal. 2020. 2724, obs. Detraz.*

3° INDIFFÉRENCE AUX NULLITÉS

24. Les nullités intrinsèques ou extrinsèques à un acte faux n'en détruisent pas la criminalité. • Crim. 13 juill. 1899 : *DP 1903. 164.* ♦ Il est de principe, en matière criminelle, qu'un faux reste punissable alors même que l'acte argué de faux serait nul en la forme. • Crim. 18 mai 1960 : *Bull. crim. n° 272.*

25. Le notaire qui énonce faussement, dans un acte par lui reçu, la présence d'une partie qui n'y a pas comparu, commet en cela un faux punissable, bien que l'acte n'étant pas revêtu de la signature de cette partie et ne contenant pas mention d'une déclaration par elle de ne savoir signer, soit nul à son égard et ne lui soit pas opposable. • Crim. 13 nov. 1857 : *S. 1858. 1. 169.* ♦ Le crime de faux peut exister dans un acte public même incomplet ou susceptible d'annulation pour défaut de signature des parties et des témoins, le caractère authentique de l'acte s'attachant à la présence de l'officier public instrumentaire. • Crim. 6 nov. 1930 : *DH 1930. 573* • 2 août 1951 : *Bull. crim. n° 244.* ♦ *Contra*, pour un acte inexistant insusceptible de causer un préjudice : • Grenoble, 29 nov. 1988 : *Gaz. Pal. 1989. 1. 257, note Doucet.*

B. MENSONGE

26. Constatation. Encourt la cassation l'arrêt d'une cour d'appel qui retient le délit de faux en écritures privées sans avoir établi que la convention incriminée contenait une altération de la vérité, et alors qu'il ne ressort pas des constatations des juges du fond que le prévenu ait participé à la rédaction de la convention. • Crim. 10 oct. 1974 : *Bull. crim. n° 289.* ♦ Justifie sa décision la cour d'appel qui, pour rejeter la qualification de faux en écriture à l'établissement de cartes de membre actif d'une association, et sans dénier à ces documents la valeur de titres, déduisent d'une appréciation souveraine des faits et circonstances de la cause, l'absence de toute altération de la vérité, tant matérielle qu'intellectuelle. • Crim. 30 sept. 1991 : *Dr. pénal 1992. 32.* ♦ Le faux en écriture est constitué par l'altération de la vérité dans un document faisant titre ; une telle altération ne saurait se déduire de la seule irrégularité ou illicéité de l'acte incriminé (en l'espèce, une contrepassation d'écritures, irrégulière au regard des pratiques bancaires). • Crim. 27 janv. 1992, n° 91-82.046 P.

1° FAUX MATÉRIEL

27. Fausse signature. Fait d'avoir adressé à des autorités administratives des lettres de dénonciation tapées à la machine à écrire et comportant une fausse signature apposée à l'aide d'un timbre humide. • Crim. 11 janv. 1956 : *Bull. crim. n° 43.* ♦ ... Apposition de fausses signatures sur des formulaires de résiliation de contrats d'assurance par un agent général suspendu de ses fonctions. • Crim. 15 oct. 1996 : *RGDA 1997. 589, note Fortis.*

28. Est coupable de faux et d'usage de faux le dirigeant d'une entreprise de spectacle en difficultés financières, qui a volontairement apposé sur un chèque important une signature manifestement différente de celle déposée à la banque, ce qui a entraîné le rejet du chèque et des délais de paiement indus au préjudice de la partie civile, qui n'a été payée, avec quatre ans de retard, qu'en exécution de la décision critiquée ; il y a bien faux dès lors qu'un individu s'identifie par sa signature, et que s'il reste libre d'en changer, ce n'est qu'à condition que ce changement soit porté spontanément à la connaissance de tous ses partenaires, et notamment de son ou ses banquiers. • Grenoble, 21 nov. 1997 : *Dr. pénal 1998. 79, obs. Véron.*

29. *Imitation de signature.* Un négociant en timbres-poste est à bon droit reconnu coupable de faux et usage de faux en écritures privées à raison de la fausse griffe d'un expert portée par lui sur des enveloppes ; en effet, l'imitation d'une signature sous forme, comme en l'espèce, d'une fausse griffe constitue un faux matériel punissable dès l'instant où il est de nature à porter préjudice à autrui. • Crim. 5 janv. 1971 : *Bull. crim. n° 2 ; D. 1971. Somm. 39 ; Gaz. Pal. 1971. 1. 108.*

30. Se rend coupable de faux et usage de faux sur le fondement de l'art. 441-1 C. pén., le prévenu qui imite la signature de ses enfants sur un formulaire de changement d'adresse établi en leur nom et ne correspondant à aucun déménagement réel, afin d'obtenir leur inscription sur une liste électorale d'un bureau de vote situé dans une autre circonscription, cette falsification étant de nature à nuire à la sincérité du scrutin. • Crim. 2 oct. 2001, n° 01-80.334 P.

31. *Main guidée.* Le fait de tenir la main passive d'une personne en état de pré-coma et dépourvue de lucidité pour l'amener à rédiger un testament olographe implique nécessairement l'altération de la vérité dans l'écrit argué de faux, sans avoir à rechercher quelle était l'intention réelle du testateur ; il s'en déduit, en effet, qu'une volonté étrangère a été substituée à la volonté propre dudit testateur, au moment de la rédaction de l'acte. • Crim. 30 nov. 1971 : *Bull. crim. n° 326 ; D. 1972. Somm. 15 ; Gaz. Pal. 1972. 1. 374.* ♦ Mais l'épouse qui a guidé la main de son mari, gravement malade et physiquement incapable d'écrire, pour rédiger un testament, ne se rend pas coupable de faux dès lors que la volonté du testateur, aux facultés mentales intactes, n'a à aucun moment fait défaut à l'œuvre commune, et dans la mesure où la preuve de cette participation du testateur peut résulter de la comparaison des écritures respectives des époux. • Toulouse, 20 mars 1973 : *D. 1974. Somm. 79.*

32. *Fabrication de conventions, dispositions, obligations ou décharges.* Constitue un faux, la fabrication de conventions, dispositions, obligations ou décharges, ainsi que de tout document susceptible de constituer un mode de preuve, dès lors qu'intentionnellement commise, elle est de nature à porter préjudice à un tiers. • Crim. 7 févr. 1973 : *Bull. crim. n° 70 ; Gaz. Pal. 1973. 2. 508* • 26 nov. 1974 : *Bull. crim. n° 348* • 2 mai 1989 : *Dr. pénal 1989. 2* • 18 mai 1989 : *ibid. 1989. 3* • 26 févr. 1990, n° 87-84.892 P.

33. Ainsi en est-il de la : ... fabrication d'une lettre, par la suite proposée à la signature d'une personne en la trompant sur son contenu. • Crim. 6 févr. 1978 : *Bull. crim. n° 44 ; Gaz. Pal. 1978. 2. Somm. 380.* ♦ ... Fabrication par voie de décalque d'un testament olographe. • Crim. 15 nov. 1982 : *Bull. crim. n° 252.* ♦ ... Fabrication d'une fausse promesse de vente, établie à la faveur d'un montage par photocopie d'un autre acte. • Crim. 5 déc. 1994 : *Gaz. Pal. 1995. 1. Somm. 181.*

34. Le faux par fabrication de conventions, dispositions, obligations ou décharges se commet dans la rédaction même de l'acte et avant sa signature ; il n'est donc pas nécessaire que la signature soit fausse, et il suffit qu'elle ait été obtenue frauduleusement. • Crim. 29 juill. 1948 : *Bull. crim. n° 216 ; JCP 1949. II. 4804, note Colombini* • 8 févr. 1955 : *Bull. crim. n° 87 ; D. 1955. Somm. 63* • 5 nov. 1969 : *Bull. crim. n° 290* • 6 févr. 1978 : *ibid. n° 44 ; Gaz. Pal. 1978. 2. Somm. 380* • 1er oct. 1990, n° 89-86.675 P : *Gaz. Pal. 1991. 1. 300, note J.-P. D. ; RSC 1991. 770, obs. Bouzat.*

35. Le crime ou délit de faux par fabrication de conventions, dispositions, obligations ou décharges est caractérisé alors même que la fausseté du fait attesté ne serait pas constaté ; il ne peut être permis à personne, en effet, de se fabriquer à soi-même ou de fabriquer pour autrui une preuve écrite d'une convention qui n'aurait été que verbale. • Crim. 29 juill. 1948 : *préc. note 34* • 23 févr. 1965 : *Bull. crim. n° 56* • 28 avr. 1970 : *D. 1970. Somm. 138.* ♦ Nul ne pouvant se constituer un titre à soi-même, la fabrication d'un document, forgé pour servir de preuve, constitue un faux matériel susceptible de porter préjudice à autrui. • Crim. 6 mars 1978 : *Bull. crim. n° 85.* ♦ ... Même si ce document est conforme à l'original. • Crim. 7 févr. 1973 : *préc. note 32.* ♦ ... Ou comporte des énonciations pour partie exactes. • Crim. 31 janv. 1994 : *Dr. pénal 1994. 104.*

36. Le fait de fabriquer de fausses pièces pour obtenir le remboursement de sommes réellement dues constitue le délit de faux, dès lors que l'auteur, indépendamment des mobiles de son acte, savait que l'altération de la vérité était de nature à causer un préjudice même éventuel. • Crim. 19 févr. 1975 : *Gaz. Pal. 1975. 1. 397.* ♦ Mais ne constitue pas une altération de la vérité punissable comme faux le fait de compléter une convention par l'indication d'un prix laissé en blanc lors de sa signature par les parties, mais résultant d'un document estimatif auquel elle se réfère ; c'est donc à bon droit qu'une cour d'appel, saisie d'une poursuite des chefs d'abus de blanc-seing et de tentative d'escroquerie, relaxe le prévenu sans requalifier les faits en faux et usage de faux. • Crim. 23 nov. 1995, n° 94-84.184 P.

37. En tant que représentant du syndicat des copropriétaires, un syndic d'immeuble a conclu un contrat de travail ; licencié à la suite d'un changement de syndic, le salarié a introduit une instance prud'homale au cours de laquelle il n'a pu produire l'original du contrat de travail ; le syndic, ayant retrouvé dans ses archives un double du contrat sur pelure, en a recopié le contenu sur une feuille, au bas de laquelle il a, comme l'ancien salarié, apposé sa signature ; le syndicat des copropriétaires s'étant aperçu que ce document, produit au cours de l'instance, portait l'en-tête d'une SARL, alors que le syndic, à la date du contrat initial, exerçait sa profession en son nom personnel, a découvert que le document avait été reconstitué ; à l'issue de l'information ouverte sur la plainte avec constitution de partie civile du syndicat, le syndic et l'ancien salarié ont été poursuivis pour faux ; pour les déclarer coupables la cour d'appel énonce que le document constitue un faux matériel et que le fait de fabriquer une pièce destinée, fût-elle conforme à l'original, à se substituer à un contrat écrit dont ils ne retrouvaient pas la trace, en vue de sa production en justice, à titre de preuve, constitue le délit de faux de nature à porter préjudice à autrui ; en l'état de ces énonciations, qui caractérisent en tous ses éléments l'infraction de faux, la cour d'appel, qui a pu, sans se contredire, pour motiver la dispense de peine, constater l'absence d'intention de nuire, a justifié sa décision. • Crim. 3 juin 2004, n° 03-81.704 P : *D. 2004. Somm. 2752, obs. de Lamy* ; *Dr. pénal 2004. 141, obs. Véron ; Gaz. Pal. 2005. 1. Somm. 1362, obs. A.C.*

38. Le fait de fabriquer une pièce de quelque nature et par quelque moyen que ce soit, même lorsque son contenu est conforme à la vérité, peut être qualifié d'établissement d'un faux matériel si le document en cause présente les autres éléments constitutifs de l'infraction tels que définis par l'art. 441-1 C. pén. • Nancy, ch. instr., 18 nov. 2004 : *JCP 2005. II. 10158, note Mayaud.* ♦ ... Ne constitue pas un tel faux l'ordonnance de soit-communiqué rendue par un magistrat instructeur au seul motif allégué qu'elle a été mise en forme à une date ultérieure par rapport à celle que mentionne l'acte, laquelle correspond au jour effectif où la formalité indiquée avait été accomplie ; en effet, il ne s'agit pas dans ce cas de la fabrication d'une pièce par le magistrat mais de la simple matérialisation par lui de sa décision, au moyen d'un support prévu par la loi ; la tardiveté de la mise en forme n'est pas de nature à enlever à l'ordonnance son caractère original ; la qualification de faux matériel est en conséquence inapplicable en l'espèce. • Même arrêt. ♦ Sur l'irrecevabilité du pourvoi, fondée sur l'art. 575 C. pr. pén., • Crim. 27 sept. 2005 : *AJ pénal 2006. 85* . – *Adde*, G. Bolard, De la responsabilité pénale du juge, *JCP 2005. I. 190.*

39. La fabrication d'un document, forgé pour servir de preuve, constitue un faux matériel susceptible de porter préjudice à un tiers, même si ce document est conforme à l'original. • Crim. 12 sept. 2018, n° 17-85.825 : *Dr. pénal 2018. Comm. 210, obs. Conte.*

40. Abus de blanc-seing. Constitue un faux entrant dans les prévisions de l'art. 441-1 C. pén. l'altération frauduleuse de la vérité, préjudiciable à autrui, accomplie dans un document susceptible d'entraîner des conséquences juridiques ; tel est le cas d'une pétition adressée au procureur de la République, dénonçant de prétendus détournements de fonds publics imputés à un maire et aux responsables d'une association, écrite au-dessus des signatures données en blanc par plusieurs personnes en vue d'une demande d'indemnisation, une telle plainte exposant, notamment, ses auteurs à des poursuites pour dénonciation calomnieuse. • Crim. 20 juin 1996, n° 95-82.997 P.

41. Plastification. Est susceptible d'entrer dans les prévisions de l'art. 150 C. pén., qui réprime le faux et la tentative de faux en écriture privée ou de commerce, au moyen notamment d'une altération d'écritures, le fait de plastifier des tickets d'autobus, dans la mesure où ce procédé a pu avoir pour objet et pour résultat de modifier, par l'interposition de la pellicule plastifiée, la substance ou les propriétés du support matériel de l'écrit imprimé, et, par ce moyen, d'empêcher d'apparaître, de faire disparaître, ou encore de rendre effaçables sur les billets litigieux des signes ou caractères normalement indélébiles destinés à faire preuve entre les parties au contrat de transport. • Crim. 19 déc. 1974 : *Bull. crim. n° 378 ; Gaz. Pal. 1975. 1. 202 ; RSC 1975. 690, obs. Vitu.*

2° FAUX INTELLECTUEL

42. Constatation de faits faux. L'inscription de fausses indications dans des écritures de commerce au sens de l'art. 150 C. pén., constitue, aux termes de l'art. 147, al. 4, dudit code, une altération de faits que ces documents avaient pour objet de constater et caractérise en conséquence le délit de faux en écritures de commerce. • Crim. 29 avr. 1971 : *Bull. crim. n° 129 ; D. 1971. Somm. 113.*

43. Le délit est constitué par le fait, pour une personne chargée de la tenue des comptes d'une entreprise, de faire apparaître une position comptable fausse, aussi bien par l'omission intentionnelle de certaines écritures, que par l'inscription d'écritures inexactes. • Crim. 25 janv. 1982 : *Bull. crim. n° 29 ; D. 1982. IR 333, obs. Vasseur.* ♦ Rappr. : • 20 mai 1947 : *Bull. crim. n° 136.* ♦ ... Tel le fait par une personne, tenue de justifier sur le plan comptable les mouvements de fonds effectués en vertu de son mandat, de porter dans ses écritures des mentions inexactes concernant les opérations correspondantes. • Crim. 14 mai 1990, n° 89-84.807 P : *D. 1991. Somm. 63, obs. Azibert ; RSC 1991. 771, obs. Bouzat* • 12 déc. 1994 : *BJS 1995. 150.*

44. Mme Y..., titulaire du certificat d'aptitude à la profession d'avocat, ayant obtenu, après en avoir été omise, sa réinscription sur la liste du stage des avocats au barreau du Gers, a adressé au bâtonnier de l'ordre, une convention de stage conclue avec la direction des services vétérinaires de ce département, puis deux accords prorogeant la durée de ce stage ; étant apparu que ledit stage n'avait pas été effectué, et que les contrats, qui n'avaient pas été autorisés par le directeur de ces services, avaient été signés par son adjoint M. Z..., ce dernier et Mme Y... ont été poursuivis des chefs de faux documents administratifs pour l'établissement des deux conventions de prorogation de stage, et Mme Y..., en outre, pour usage de ces faux ; a justifié sa décision l'arrêt qui a déclaré Mme Y... coupable de faux et usage, et M. Z... coupable de faux, et les a condamnés à des réparations civiles dès lors que l'altération de la vérité dans les conventions litigieuses porte atteinte à l'intérêt collectif de la profession d'avocat. • Crim. 17 déc. 2008 : *Dr. pénal 2009, n° 45, obs. Véron.*

45. Supposition de personnes. Le faux par supposition de personnes n'est qu'une des formes du crime de faux par altération des faits que l'acte avait pour objet de constater, prévu et puni par l'art. 147 C. pén. • Crim. 6 avr. 1933 : *Bull. crim. n° 75.*

46. Simulations. Si les énonciations mensongères auxquelles les parties croient pouvoir consentir dans une convention peuvent ne constituer qu'une simple simulation non punissable, il en est autrement lorsque les fausses énonciations ont été concertées avec l'intention coupable de tromper les tiers et de leur porter éventuellement un préjudice. • Crim. 28 nov. 1962 : *Bull. crim. n° 346* • 12 déc. 1977 : *ibid. n° 393.* ♦ Le fait de mentionner, dans une convention écrite, contrairement à la vérité, que l'assuré social n'est pas propriétaire du matériel médical et qu'il a l'obligation de le restituer à la caisse primaire constitue un faux ; si les mobiles des prévenus sont dénués de toute recherche d'avantage personnel et même ont pour objectif de mettre en place un système plus utile aux assurés et plus économique pour la collectivité, il n'en demeure pas moins que l'élément moral du délit est constitué ; il découle en effet nécessairement de la constatation de l'élément matériel puisque les imprimés relatifs à la convention sont par eux rédigés et qu'ils ont pris consciemment le risque de travestir la vérité pour obtenir la restitution d'appareils médicaux qu'ils ne pouvaient pas juridiquement exiger. • Limoges, 5 févr. 1997 : *BICC 1997. 864.*

47. Coopération intellectuelle. Pour déclarer le prévenu coupable de faux en ayant porté de fausses mentions dans le procès-verbal de l'assemblée générale d'une mutuelle, dont il était le directeur, l'arrêt relève, notamment, qu'il a admis, de par ses fonctions, avoir l'habitude d'assister aux assemblées générales pour y prendre des notes à partir desquelles était rédigé le procès-verbal de ces assemblées et avoir la responsabilité de sa mise en forme ; il retient que le prévenu est à l'origine de l'établissement du faux procès-verbal dont il est le véritable auteur intellectuel ; en l'état de ces énonciations, et dès lors que se rend coupable de faux celui qui coopère sciemment à la fabrication d'un faux procès-verbal portant la signature de tiers, même s'il n'y concourt pas matériellement, la cour d'appel, qui n'a pas requalifié les faits dont elle était saisie, a justifié sa décision. • Crim. 3 juin 2004 : *Dr. pénal 2004. 144.*

C. PRÉJUDICE

48. Nécessité. Il n'y a faux punissable qu'autant que la pièce contrefaite ou altérée est susceptible d'occasionner à autrui un préjudice actuel ou éventuel. • Crim. 15 juin 1962 : *Bull. crim. n° 222 ; D. 1962. 505 ; S. 1962. 294* • 2 juill. 1980 : *Bull. crim. n° 210.* ♦ Dès lors qu'il admet l'existence d'un faux en écriture privée, le juge du fond est tenu d'apprécier l'existence ou non d'un préjudice, ses énonciations de ce chef étant souveraines. • Crim. 20 oct. 1982 : *Bull. crim. n° 229.* ♦ Il n'existe de faux punissable qu'autant que la pièce contrefaite ou altérée est susceptible d'occasionner à autrui un préjudice. • Crim. 6 sept. 2011 : *Gaz. Pal. 2012. 301, note Dreyer.*

1° NATURE

49. Préjudice actuel ou éventuel. BIBL. Véron, *Dr. pénal 1999. Chron. 7* (la répression du faux : du préjudice éventuel au préjudice virtuel). ♦ La loi n'exige pas, pour qu'il y ait crime de faux ou usage de faux, que le préjudice soit consommé ou inévitable ; il suffit d'une simple éventualité ou possibilité de préjudice. • Crim. 15 avr. 1935 : *DH 1935. 334.* ♦ La possibilité d'un préjudice suffit à faire tomber la falsification de la vérité sous l'application de la loi pénale. • Crim. 27 nov. 1891 : *DP 1892. 253* • 28 nov. 1962 : *Bull. crim. n° 346* • 3 févr. 1970 : *D. 1970. Somm. 141* • 25 nov. 1975 : *Bull. crim. n° 256* • 5 janv. 1978 : *ibid. n° 8.*

50. Pour déclarer le prévenu, qui a opéré des

ajouts sur deux extraits du registre du commerce, puis a produit ces documents ainsi falsifiés auprès d'une banque, coupable de falsification de documents administratifs et usage, délit prévu et réprimé à la date des faits par l'art. 153, al. 1 et 4, C. pén., dont les dispositions sont reprises aux art. 441-1 et 441-2 C. pén. entré en vigueur le 1er mars 1994, la cour d'appel énonce « que la matérialité des faux ne peut être contestée, puisque lesdites mentions ne se retrouvent pas sur les originaux au greffe du tribunal de commerce et que le seul fait de s'en être servi auprès de la banque, alors qu'il savait que ces mentions n'étaient pas conformes, suffit à établir l'élément intentionnel de l'infraction et ce indépendamment du mobile » ; en l'état de ces motifs, d'où résulte l'éventualité d'un préjudice découlant de la falsification matérielle d'un document valant titre, la cour d'appel a justifié sa décision. • Crim. 21 sept. 1994 : *Gaz. Pal. 1994. 2. Somm. 712.*

51. Une cour d'appel ne peut, sans se contredire, constater que le prévenu avait apposé de fausses signatures sur des formulaires de résiliation de contrats d'assurance, et exclure l'existence d'un préjudice, fût-il éventuel, causé à la compagnie auprès de laquelle ces contrats avaient été souscrits. • Crim. 15 oct. 1996 : *RGDA 1997. 589, note Fortis.*

52. La fabrication d'une assignation est de nature à causer un préjudice à autrui. • Crim. 20 mai 2009, n° 08-80.677 P : *Dr. pénal 2009, n° 140, obs. Véron.*

53. Des courriers électroniques, censés émaner de tiers et destinés à figurer dans la comptabilité d'une banque (Société générale), ont des conséquences juridiques et sont de nature à causer un préjudice à la banque. • Crim. 19 mars 2014, n° 12-87.416 P : *D. actu. 20 mars 2014, obs. Coustet ; ibid. 27 mars 2014, obs. Priou-Alibert ; D. 2014. 912, obs. Coustet, et note Lasserre Capdeville ; ibid. 1564, obs. Mascala ; AJ pénal 2014. 293, note Gallois ; RSC 2015. 379, obs. Stasiak ; RTD civ. 2014. 389, obs. Jourdain ; RTD com. 2014. 427, obs. Bouloc ; JCP 2014, n° 15, 449, note Wester-Ouisse ; JCP E 2014, n° 18, 1234, note Mortier ; BJB 2014 n° 5, p. 265, note Rontchevsky ; ibid., n° 6, p. 313, note Rebut ; LPA 16 avr. 2014, n° 76, p. 3, note de Lamaze ; RLDA 10/2014, n° 97, note Stasiak ; Gaz. Pal. 2014. 1. 919, note Pitti ; ibid. 2014. 2. 2342, obs. Fourment.* ♦ Sur l'arrêt objet du pourvoi : • Paris, 24 oct. 2012 : *JCP 2012, n° 1371, note Lasserre Capdeville.* ♦ Sur le dénouement de l'affaire : • Versailles, 23 sept. 2016, n° 14/01570 : *D. actu. 10 oct. 2016, obs. Gallois ; RSC 2017. 530, obs. Stasiak.*

54. Préjudice matériel, moral ou social. Le préjudice auquel peut donner lieu le crime de faux, est matériel ou moral, et il peut affecter, soit un intérêt privé, soit un intérêt social. • Crim. 5 nov. 1903 : *D. 1904. 1. 25, note Le Poittevin* • 19 févr. 1975 : *Gaz. Pal. 1975. 1. 397.* ♦ Rappr. : • Crim. 2 avr. 1896 : *DP 1896. 1. 440.* ♦ Le préjudice, élément constitutif du faux, et dont la simple éventualité suffit pour faire tomber la falsification de la vérité sous le coup de la loi, est le préjudice matériel, moral ou social, qui a été causé – ou qui aurait pu être causé – par l'existence ou l'usage de la pièce fausse ; il ne se confond pas nécessairement avec le préjudice personnel, né et actuel qui, en sus de tout dommage résultant de l'usage d'une pièce fausse, découle directement pour la victime d'une infraction de la perpétration même de cette infraction. • Crim. 15 janv. 1969 : *Bull. crim. n° 30.*

55. La fabrication d'une demande de permis de construire faussement attribuée à un architecte est de nature à causer un préjudice moral à celui-ci, en pouvant porter atteinte à sa réputation professionnelle et engager sa responsabilité ; une cour d'appel justifie donc légalement sa décision de déclarer la personne, qui a déposé en mairie la demande de permis de construire établie au nom d'un architecte et portant la fausse signature de celui-ci, coupable de faux et usage de faux. • Crim. 13 oct. 1999, n° 99-81.107 P : *Dr. pénal 2000. 42 (3e arrêt), obs. Véron.*

56. Les intéressés sont prévenus d'avoir falsifié six rapports concernant des résultats d'analyses bactériologiques réalisées par un laboratoire, en transformant les résultats défavorables en résultats favorables, permettant ainsi indûment la délivrance de certificats sanitaires par la direction locale des services vétérinaires ; la matérialité des faux ne faisant aucun doute, il convient de déterminer s'il y a eu altération frauduleuse de la vérité de nature à causer un préjudice ; même en estimant que les prélèvements ont été opérés de telle façon qu'ils ont faussé les résultats, ce qui est possible, même en considérant qu'en réalité le taux maximum de flore mésophile édicté par l'arrêté du 21 déc. 1979 ne devrait pas s'appliquer aux viandes roulées sur elles-mêmes, il apparaît qu'en modifiant de leur propre initiative, sans aucune contre-analyse, les résultats donnés par le laboratoire départemental, les prévenus ont annoncé des chiffres vraisemblables et conformes aux exigences de la DSV, mais en aucun cas des chiffres sincères, fiables et conformes à la réalité ; s'il est possible que la viande ainsi commercialisée ait été propre à la consommation, il ne peut y avoir aucune certitude en ce sens ; le simple fait de commercialiser dans l'urgence vers l'étranger une viande incertaine est susceptible de causer un préjudice au consommateur ; de telles falsifications de documents officiels destinés à l'exportation sont susceptibles de mettre gravement en cause la signature du directeur des services vétérinaires attestant sur le certificat sanitaire de la conformité des viandes exportées, et au-delà, de la fiabilité de la certification sanitaire française au regard des autorités sanitaires du pays destinataire, outre la santé du consommateur final qui aurait bien du mal à remonter jusqu'à la société exportatrice pour faire valoir d'éventuelles doléances. • T. corr. Aurillac, 17 juin 1999 : *Gaz. Pal. 2000. 1. Somm. 284.*

2° RÉGIME

57. *Dualité.* S'il est vrai qu'il n'existe de faux punissable qu'autant que ce faux est de nature à occasionner à autrui un préjudice actuel ou possible, ce caractère préjudiciable n'a pas à être expressément constaté, s'il résulte de la nature même de la pièce fausse. • Crim. 10 juill. 1957 : *Bull. crim. n° 537* • 11 juill. 1967 : *ibid. n° 212 ; D. 1967. 536 ; Gaz. Pal. 1967. 2. 174* • 30 nov. 1971 : *Bull. crim. n° 326 ; D. 1972. Somm. 15 ; Gaz. Pal. 1972. 1. 374* • 19 nov. 1974 : *Bull. crim. n° 335 ; Gaz. Pal. 1975. 1. Somm. 94 ; RSC 1975. 689, obs. Vitu* • 10 mai 1989 : *Dr. pénal 1990. 84.* ♦ Quant au préjudice, en effet, on doit distinguer entre les actes qui portent par eux-mêmes préjudice, tels que les obligations, ventes, quittances, sans qu'il y ait besoin d'en faire la déclaration explicite, et les simples écrits ou lettres missives, dont le préjudice est exceptionnel et doit, par suite, être formellement reconnu. • Crim. 13 nov. 1857 : *S. 1858. 1. 169.*

58. *Préjudice intrinsèque.* Le préjudice auquel peut donner lieu le crime de faux dans un acte public et authentique résulte nécessairement de l'atteinte qu'une falsification de cette nature porte à la foi publique et à l'ordre social. • Crim. 24 juill. 1930 : *Bull. crim. n° 215* • 31 mars 1949 : *ibid. n° 125* • 10 oct. 1974 : *Gaz. Pal. 1975. 1. Somm. 39* • 1er juin 1976 : *Bull. crim. n° 193.* ♦ En effet, l'altération de la vérité dans un acte notarié peut compromettre la confiance nécessaire à la sécurité des transactions. • Crim. 31 mai 1895 : *DP 1900. 5. 353* • 5 nov. 1903 : *D. 1904. 1. 25, note Le Poittevin* • 19 nov. 1974 : *Bull. crim. n° 335 ; Gaz. Pal. 1975. 1. Somm. 94 ; RSC 1975. 689, obs. Vitu.* ♦ Rappr. : • Rennes, 18 nov. 1976 : *JCP 1979. II. 19260, note Brulliard,* confirmé par : • Crim. 21 févr. 1978 : *Bull. crim. n° 63.* ♦ ... Et, dans un acte de procédure, ayant pour objet de saisir les tribunaux d'un litige, elle blesse la dignité de la justice, porte atteinte à la foi due à ses décisions et entrave l'accomplissement normal de sa mission. • Crim. 8 août 1895 : *DP 1900. 5. 354* • 5 nov. 1903 : *préc.*

59. Le préjudice auquel peut donner lieu un faux dans un acte authentique résulte nécessairement de l'atteinte portée à la foi publique et à l'ordre social par une falsification de cette nature. • Crim. 24 mai 2000, n° 99-81.706 P.

60. En matière de faux en écriture publique ou authentique, le préjudice découle de la nature même de la pièce en cause, en ce qu'elle porte atteinte à des intérêts généraux de la société, le premier étant la foi que tous les citoyens doivent pouvoir conserver dans les écritures faites par les dépositaires de l'autorité publique et, singulièrement, les magistrats qui ont reçu mission de les juger (à propos d'une ordonnance de soit-communiqué antidatée par un magistrat instructeur). • Nancy, ch. instr., 18 nov. 2004 : *JCP 2005. II. 10158, note Mayaud.* ♦ Sur l'irrecevabilité du pourvoi, fondée sur l'art. 575 C. pr. pén. • Crim. 27 sept. 2005 : *AJ pénal 2006. 85.* – *Adde*, G. Bolard, De la responsabilité pénale du juge, *JCP 2005. I. 190.*

61. Le notaire qui donne une fausse date à un acte par lui reçu commet en cela un faux punissable, sans qu'il soit nécessaire que les juges déclarent, d'une manière expresse, qu'un préjudice ait été causé aux parties par la fausse date : ce préjudice résulte de plein droit de ce que l'acte se trouve dépouillé de son caractère d'authenticité. • Crim. 26 août 1853 : *S. 1853. 1. 783.*

62. De même, en matière de faux commis par les comptables militaires dans des écritures militaires, le préjudice résulte nécessairement du faux commis, en raison de l'atteinte qu'il porte à la foi publique et à l'ordre social. • Crim. 23 mars 1937 : *Bull. crim. n° 62.*

63. Le préjudice ou la possibilité d'un préjudice est encore nécessairement attaché : ... à toutes falsifications ou altérations introduites dans les écritures des agents de change sur leurs registres. • Crim. 16 juin 1932 : *Bull. crim. n° 146.* ♦ ... A la falsification de feuilles de présence de l'assemblée générale ou des procès-verbaux du conseil d'administration d'une société anonyme, qui peut permettre de contester la régularité et les pouvoirs de l'assemblée ou du conseil et la validité des décisions prises. • Crim. 16 mars 1970 : *Bull. crim. n° 107 ; JCP 1971. II. 16813, note Bouloc ; RSC 1970. 858, obs. Vitu ; Rev. sociétés 1970. 480, obs. Bouloc.* ♦ ... Aux procès-verbaux de l'assemblée générale extraordinaire d'une société anonyme dont la falsification met en cause la validité des décisions apparemment prises. • Crim. 21 mars 1972 : *Bull. crim. n° 115 ; D. 1972. Somm. 109 ; JCP 1972. II. 17178 ; Gaz. Pal. 1972. 2. Somm. 51 ; RSC 1972. 890, obs. Bouzat.* ♦ ... A l'altération de procès-verbaux d'assemblée générale d'une société, qui est de nature à permettre de contester la régularité et les pouvoirs de cet organe. • Crim. 20 mars 2007, n° 05-85.253 P : *RSC 2007. 536, obs. Mascala.* ♦ ... Au registre des mandats d'un agent immobilier, qui constitue un titre, et dont la falsification matérielle implique l'éventualité d'un préjudice. • Crim. 25 janv. 1988 : *Bull. crim. n° 30.* ♦ ... Et, plus généralement, à tous les faux qui s'appliquent à des écritures de commerce. • Crim. 27 nov. 1978 : *Bull. crim. n° 331 ; Gaz. Pal. 1979. 2. Somm. 354 ; Rev. sociétés 1979. 880, note Bouloc* • 6 mars 1989 : *Bull. crim. n° 103.*

64. L'usage fait sciemment d'un billet de dette portant la fausse signature d'un particulier comporte vis-à-vis de celui-ci l'existence ou la possibilité d'un préjudice. • Crim. 22 janv. 1932 : *Bull.*

crim. n° 18. ♦ Pareillement, dans l'hypothèse d'un testament olographe rédigé à main guidée, le caractère préjudiciable du faux n'a pas à être expressément constaté, résultant de la nature même de la pièce falsifiée. • Crim. 30 nov. 1971 : *Bull. crim. n° 326 ; D. 1972. Somm. 15 ; Gaz. Pal. 1972. 1. 374.* ♦ Tel est encore le cas d'un faux bordereau d'affiliation à l'ASSEDIC. • Crim. 10 mai 1989 : *Dr. pénal 1990. 84.*

65. Le préjudice causé par la falsification d'un permis de conduire, qui découle de la nature de l'acte falsifié, n'a pas à être expressément constaté. • Crim. 12 nov. 1998, n° 97-82.803 P : *JCP 1999. I. 151, obs. Véron ; Dr. pénal 1999. Chron. 7, par Véron ; D. 2000. Somm. 128, obs. Gozzi.*

66. Pour dire établies les infractions de faux, l'arrêt relève notamment qu'une société a émis des factures comportant l'indication de prix de vente qui ne correspondaient pas à la réalité des transactions et que des factures établies par une autre société pour le compte de sa filiale faisaient état de prestations de services inexistantes ; les juges ajoutent que ces documents ont pour objet de démontrer la réalité et la transparence des prix et des opérations commerciales ; en l'état de ces énonciations, d'où il résulte que le préjudice consiste en l'atteinte portée à la force probante de ces écrits, la cour d'appel a justifié sa décision. • Crim. 25 juin 2008, n° 07-80.261 P : *D. 2009. Pan. 1445, obs. Valette-Ercole.*

67. Le préjudice, élément constitutif du délit de faux, résulte de l'atteinte portée à la force probante reconnue aux écritures comptables et aux pièces les justifiant. • Cass., ass. plén., 4 juill. 2008, n° 00-87.102 P : *D. 2009. Pan. 1725, obs. Mascala.* ♦ Constitue un faux toute altération frauduleuse de la vérité, de nature à causer un préjudice, dans un écrit qui a pour objet ou qui peut avoir pour effet d'établir la preuve d'un droit ou d'un fait ayant des conséquences juridiques ; pour relaxer un notaire des chefs de faux et usage, l'arrêt confirmatif attaqué, après avoir constaté que, d'une part, celui-ci ne contestait pas avoir omis de porter, sur le tableau de bord comptable remis à la chambre départementale des notaires, une somme de 20 987 € due aux instances ordinales, d'autre part, cette omission n'était « pas sans portée juridique » sur la caractérisation d'une éventuelle cessation des paiements, relève qu'il n'en est résulté aucun préjudice, la situation financière de l'étude ayant ensuite été apurée ; en prononçant ainsi, alors que le préjudice résulte de l'atteinte portée à la force probante des écritures comptables, la cour d'appel, qui n'a pas tiré les conséquences légales de ses propres constatations, n'a pas justifié sa décision. • Crim. 14 nov. 2013, n° 12-88.309 : *Dr. pénal 2014. Comm. 21, obs. Véron ; Gaz. Pal. 2014. 1. 480, obs. Detraz ; RSC 2014. 74, obs. Mascala.*

68. Préjudice extrinsèque. Le juge du fond est tenu d'affirmer l'existence du préjudice qui résulte de l'altération du document dès lors que ce préjudice ne résulte pas de la nature même de la pièce incriminée. • Crim. 19 févr. 1964 : *Bull. crim. n° 60 ; D. 1964. 376, note Mazard* • 25 janv. 1988 : *Bull. crim. n° 30.*

69. Ainsi, relève de l'appréciation souveraine des juges du fond la constatation qu'un faux constat amiable peut être préjudiciable,dans la mesure où il est à même d'influer sur l'indemnisation du dommage. • Crim. 1er juin 1981 : *Bull. crim. n° 177.* ♦ Recoupent les éléments constitutifs du faux au sens de l'art. 441-1 C. pén. la fausse indication de la date de valeur d'opérations financières affectant un compte bancaire et l'inscription erronée, au crédit d'un compte, de versements destinés à un autre compte, alors qu'est allégué par la banque un préjudice résultant de ces altérations de la vérité dans ses écritures et constitué tant par le manque à gagner sur les agios exigibles que par le versement indu d'intérêts. • Crim. 8 juin 1994, n° 93-83.360 P.

70. En revanche, le fait de fabriquer des lettres missives pour les substituer à d'autres, qui avaient été comprises dans une saisie judiciaire et qui ont disparu, ne peut servir de base à une accusation de faux, lorsque les lettres substituées émanent de l'auteur même des lettres originaires et sont revêtues de sa signature, et lorsqu'il est constant que le contenu des unes est conforme au contenu des autres. • Paris, 13 déc. 1887 : *DP 1888. 2. 57.* ♦ Pareillement, la fabrication d'un testament par voie de décalque n'est pas de nature à porter préjudice aux parties civiles, dès lors que l'acte argué de faux reproduit, sans altération de la vérité, les volontés exprimées par le défunt dans son dernier testament. • Crim. 15 nov. 1982 : *Bull. crim. n° 252.* ♦ Ne présente pas le caractère d'un faux punissable, au sens de l'art. 441-1 C. pén., la mention du délai de paiement ajoutée par le prévenu en marge d'un acte de cession de droit au bail, dès lors que, n'ayant pas été signée par le cessionnaire, elle ne lui était pas opposable. • Crim. 26 sept. 1995, n° 94-86.182 P : *Dr. pénal 1996. 35.*

71. D'une part, constitue un faux l'acte fabriqué par une ou plusieurs personnes à seule fin d'éluder la loi et de créer l'apparence d'une situation juridique de nature à porter préjudice à autrui ; d'autre part, tout jugement ou arrêt doit comporter les motifs propres à justifier la décision et répondre aux chefs péremptoires des conclusions des parties : l'insuffisance ou la contradiction des motifs équivaut à leur absence ; un arrêt, pour réformer une décision de condamnation pour faux par un tribunal correctionnel, relaxer les prévenus et débouter de ses demandes la partie civile, société de gestion d'un régime obligatoire de sécurité sociale, après avoir relevé qu'aux termes d'une ordonnance, qui n'a pas été contestée par la partie civile, le juge d'instruction a renvoyé les deux médecins devant le tribunal correctionnel sous la prévention d'avoir commis des altérations de la vérité « ayant entraîné un préjudice pour l'État », se borne à énoncer que les actes reprochés n'ont en réalité causé aucun préjudice à celui-ci dès lors qu'en application de l'art. L. 115 C. pens. mil., il était effectivement débiteur à l'égard des patients concernés, titulaires d'une pension d'invalidité, des prestations médicales dont il a assuré le paiement ; en se déterminant ainsi, sans répondre aux conclusions de la partie civile, qui faisait valoir que les actes frauduleux des médecins lui avaient causé un préjudice, la cour d'appel, qui n'était pas liée par le détail des termes de la qualification visée à la prévention, a méconnu le sens et la portée des art. 441-1 C. pén., 591 et 593 C. pr. pén. • Crim. 18 mai 2005, n° 04-84.742 P : *AJ pénal 2005. 370, obs. Saas*.

D. INTENTION

72. Définition. En matière de faux et d'usage de faux, l'intention coupable de l'agent résulte, quel que soit son mobile, de sa conscience de l'altération de la vérité dans un document susceptible d'établir la preuve d'un droit ou d'un fait ayant des conséquences juridiques. • Crim. 3 mai 1995 : *Gaz. Pal. 1995. 2. Chron. 437, obs. Doucet*.

73. L'altération de la vérité qui porte sur les déclarations et les faits qu'un acte authentique a pour objet de recevoir et de constater est susceptible de constituer le crime de faux, dès lors que cette altération a été commise dans le dessein de nuire et peut porter préjudice. • Crim. 21 févr. 1978 : *Bull. crim. n° 63*.

74. Le seul manquement d'un notaire à ses obligations professionnelles de conseil et de vérification de l'identité des parties ne suffit pas à caractériser l'intention frauduleuse exigée par les art. 441-1 et 441-4 C. pén. • Crim. 29 janv. 1998 : *D. 2000. Somm. 128, obs. Gozzi*.

75. Un comportement naïf et léger incompatible avec la rigueur attendue d'une fonctionnaire ne se traduit pas en commission du délit de faux. • Grenoble, 6 avr. 2005 : *JCP 2005. IV. 3378*.

76. La reproduction et la diffusion d'un *curriculum vitae* en usurpant l'identité d'un tiers, pour nuire à ce dernier, caractérisent le faux et l'usage de faux en tous leurs éléments tant matériel qu'intentionnel, sans qu'importe le mobile. • Crim. 5 déc. 2012 : *JCP G 2013, n° 206, p. 367, note Décima et Detraz*.

77. Appréciation. Les juges du fond apprécient souverainement l'existence d'une intention frauduleuse en matière de faux et d'usage de faux. • Crim. 23 nov. 1995, n° 94-84.184 P.

78. Constatation. L'arrêt qui déclare, à l'occasion de chacun des faux en écritures publiques qu'il relève à la charge du prévenu, que celui-ci a sciemment fabriqué les fausses pièces qu'il décrit, constate suffisamment l'élément intentionnel. • Crim. 25 févr. 1958 : *Bull. crim. n° 197*.

79. Doit être cassé l'arrêt de la chambre d'accusation qui, pour renvoyer un notaire devant les assises du chef de faux en écritures publiques à l'occasion de la rédaction d'un testament authentique, se borne à déclarer que sa « traduction » des paroles du testateur était « fantaisiste », et à déduire l'intention frauduleuse de la seule conscience que le notaire avait eue de méconnaître les règles de sa profession, sans rechercher s'il avait sciemment altéré les volontés testamentaires de son client. • Crim. 14 mars 1963 : *Bull. crim. n° 123 ; Gaz. Pal. 1963. 2. 87.* ♦ Justifie sa décision, la cour d'appel qui, pour relaxer un notaire du chef de faux en écriture authentique, énonce que celui-ci a reproduit les affirmations des parties, l'acte authentique faisant foi de leur convention, conformément à l'art. 1319 C. civ., et qu'il n'est pas établi qu'il ait eu connaissance des falsifications visées à la poursuite. • Crim. 29 janv. 1998 : *D. 2000. Somm. 128, obs. Gozzi*.

80. Justifie sa décision l'arrêt déclarant établis les délits de faux en écriture privée et d'usage de faux, dès lors qu'il résulte de ses constatations et énonciations que l'altération de la vérité, sciemment commise par le prévenu, était susceptible de porter préjudice à autrui et que l'intéressé en avait connaissance. • Crim. 24 févr. 1972 : *Bull. crim. n° 78.* ♦ ... Quel que soit le mobile qui ait inspiré la falsification. • Crim. 2 mai 1978 : *Gaz. Pal., Table analytique 1977-1979, V° Faux, n° 7* • Paris, 30 mars 1965 : *JCP 1966. II. 14702, note Ottenhof* • Limoges, 5 févr. 1997 : *BICC 1997, n° 864* (V. « Simulations », note 46). ♦ Pour l'absence de mauvaise foi en cas d'imitation de signature avec l'accord du « signataire ». • Crim. 6 nov. 1989 : *Dr. pénal 1990. 85.* ♦ Pour l'exemple d'une relaxe au bénéfice d'un doute sur l'existence de l'élément intentionnel. • T. corr. Paris, 8 juin 1983 : *Gaz. Pal. 1983. 2. 529*.

81. Tout jugement ou arrêt doit comporter les motifs propres à justifier la décision, et l'insuffisance ou la contradiction équivaut à leur absence ; il résulte de l'arrêt attaqué que le prévenu, chargé d'effectuer les contrôles techniques, prévus par les art. R. 323-6 s. C. route, de quatre véhicules destinés à être vendus, a dressé des procès-verbaux incomplets, omettant de mentionner de graves défauts portant sur des points qu'il avait l'obligation réglementaire de vérifier ; ces omissions ont eu pour conséquence de permettre la vente des véhicules qui n'étaient pas en état de circuler ; pour déclarer le prévenu coupable de faux, l'arrêt retient que ces omissions caractérisent une altération frauduleuse et préjudiciable de la vérité ; mais en se prononçant ainsi, alors que le seul manquement du prévenu à ses obligations professionnelles ne suffit pas à caractériser l'intention frauduleuse exigée par l'art. 441-1 C. pén., la cour d'appel n'a pas justifié sa décision, d'où il suit que la cassation est encourue. • Crim. 7 sept. 2004 : *Dr. pénal 2004. 180, obs. Véron.* ♦ A justifié sa décision la cour d'appel qui, pour confirmer le jugement de condamnation à l'égard du prévenu, expert automobile qualifié, retient, par motifs propres et adoptés, qu'il a certifié dans son rapport avoir examiné le véhicule à plusieurs reprises durant les travaux et avoir constaté que tous les éléments touchant à la sécurité avaient été remis en état dans les règles de l'art alors qu'il a admis n'avoir, en réalité, procédé qu'à un contrôle purement formel, ne faisant que « jeter un coup d'œil », sans même faire placer le véhicule sur un pont élévateur ; les juges en déduisent que le rapport litigieux constitue une altération frauduleuse de la vérité ; ils ajoutent que le prévenu savait, en raison de sa qualité professionnelle, que son intervention tendait à la remise en circulation du véhicule en vue de la revente. • Crim. 18 mai 2005 : *Dr. pénal 2005, n° 131, obs. Véron.*

82. En procédant, à 97 reprises, à des embauches dérogatoires de contractuels, sur la base de faux motifs destinés à donner une apparence de légalité à des recrutements auxquels il ne pouvait procéder seul, le prévenu ne peut ni se retrancher derrière un simple manquement à ses obligations professionnelles, ni invoquer l'inutilité du procédé en arguant d'une majorité acquise au sein du conseil municipal, pour tenter d'échapper à sa responsabilité pénale, puisqu'il est ainsi établi qu'il avait conscience de la fausseté des mentions figurant sur les arrêtés de recrutement qu'il signait. • Crim. 16 janv. 2019, n° 17-85.852 : *AJCT 2019. 256, obs. Mayaud.*

83. Le prévenu est notamment poursuivi pour avoir, en tant que gérant d'un bar et d'une discothèque, fait signer à plusieurs de ses employés des contrats à durée déterminée et des reçus pour solde de tout compte en blanc ; il apparaît que le terme des contrats était laissé en blanc afin de permettre une adaptation selon la fin de la période touristique, la commune intention des parties lors de la signature étant de conclure un contrat « pour la durée de la saison d'été » ; suite à une condamnation en première instance confirmée en appel, le prévenu s'est pourvu en cassation ; sur renvoi après cassation, la cour d'appel affirme principalement que la signature d'un contrat de travail à durée déterminée dont la date de fin a été laissée en blanc ne saurait en soi constituer un faux alors que la commune intention des parties est de donner effet au contrat jusqu'à la fin de la période estivale dont la date est aléatoire et inconnue lors de la signature dudit contrat, et que rien ne permet d'établir une fraude aux droits des salariés dans la mesure où, à défaut de mention du terme, le contrat devient à durée indéterminée et qu'en outre il n'est pas établi que le prévenu ait complété ultérieurement des contrats en y rajoutant des dates ne correspondant pas à la réalité ; elle en déduit alors que la preuve de la commission de faux n'est pas rapportée et, réformant la décision déférée, prononce la relaxe. • Bordeaux, 14 sept. 2004 : *JCP 2005. IV. 2105.*

84. Doit être relaxé du chef de faux le prévenu, ancien chargé d'entretien de piscines, qui, au cours d'un contentieux prud'homal relatif au règlement d'heures supplémentaires, produit des photocopies de relevés d'interventions sur lesquelles sont ajoutées les initiales JCC ; si ces dernières figuraient sur les originaux, elles avaient été rajoutées une seconde fois par le prévenu qui le reconnaissait volontiers ; cependant, hormis ce rajout, l'ensemble des photocopies des registres n'avait pas été modifié ; c'est ainsi qu'à aucun moment la partie civile ne contestait l'authenticité des mentions techniques des fiches journalières ; or l'infraction suppose la modification frauduleuse et la conscience de nuire de la part du prévenu ; dès lors, les rajouts ayant été effectués par ce dernier avec une encre différente afin de rendre les photocopies plus explicites, alors que les interventions du prévenu dans son travail demeuraient incontestables, la preuve de la mauvaise foi de ce dernier n'était pas rapportée ; il devait par conséquent bénéficier du doute. • Pau, 23 mars 2006 : *JCP 2006. IV. 2539.*

85. Les prévenus sont poursuivis pour avoir indiqué faussement dans une convention de cession de parts sociales d'une SARL, et dans un accord entre les parties, que l'un d'entre eux était propriétaire de la licence de débit de boissons de quatrième catégorie afférente au fonds de commerce d'un restaurant ; l'infraction de faux en écriture n'est pas constituée faute d'élément intentionnel prévu par l'art. 441-1 C. pén., et la relaxe doit être confirmée ; bien que l'acte stipule à tort que la licence était la propriété de l'un des associés, il ressort du dossier que cette mention erronée n'était pas destinée à tromper sciemment l'acquéreur des parts sociales de la société propriétaire de la licence, puisque la licence, qui n'a pas été vendue, appartient toujours au patrimoine de la société, la somme versée par l'acquéreur l'ayant été à titre d'acompte sur le prix de vente des parts sociales, conformément au compromis signé par les parties ; de plus, l'acquéreur n'ignorait pas l'identité du propriétaire réel de la licence dès lors qu'il a par la suite demandé un acte d'acquisition séparé à son profit. • Colmar, 17 mars 2006 : *JCP 2006. IV. 2967.*

E. QUALIFICATION

1° ÉCRITURES PUBLIQUES OU AUTHENTIQUES

86. Renvoi. V. notes ss. art. 441-4.

2° ÉCRITURES PRIVÉES

87. Illustrations. Est une écriture privée la quittance de règlement amiable concernant une indemnité d'accident. • Crim. 24 févr. 1972 : *Bull. crim. n° 78.* ♦ Commet un faux en écriture privée le conducteur d'un véhicule qui, après avoir refusé de procéder à l'établissement d'un constat amiable d'accident de la circulation, falsifie un tel constat en y ajoutant sa signature et des mentions écrites dont certaines inexactes. • Crim. 1er juin 1981 : *Bull. crim. n° 177.*

88. Constitue un faux en écriture privée : ... un congé amiable faussement signé. • Crim. 3 mai 1960 : *Bull. crim. n° 234.* ♦ ... La falsification par un employé du papier à en-tête de son employeur et revêtu du cachet de l'entreprise. • Crim. 6 mars 1978 : *Bull. crim. n° 85.* ♦ ... La falsification d'un bulletin de salaire par un employeur qui a inscrit des jours d'absence en congés payés alors qu'il s'agissait de jours où la salariée était en maladie. • Crim. 7 sept. 2005 : *préc. note 11.* ♦ ... La falsification de feuilles de décomptes d'indemnités journalières de maladie, émanant d'une caisse primaire de sécurité sociale. • Crim. 4 févr. 1980 : *Bull. crim. n° 46.* ♦ ... La falsification d'une lettre d'embauche, sur laquelle un salarié a ajouté des mentions marginales non conformes à celles figurant sur l'exemplaire retourné par lui à son employeur. • Crim. 4 mai 1987 : *Bull. crim. n° 176 ; Gaz. Pal. 1988. 1. Somm. 3.* ♦ ... L'antidatage de feuilles de soins délivrées par un médecin, pour faire apparaître une date se situant en dehors d'une période d'interdiction. • Grenoble, 29 janv. 1997 : *JCP 1997. IV. 2055.*

89. Constitue le délit de faux en écritures privées le fait, pour des dirigeants d'un club de football, de falsifier et de présenter en comptabilité lors des assemblées générales, en premier lieu des prêts versés à des joueurs afin d'effectuer des versements occultes de compléments de salaires et de primes, en deuxième lieu des factures et des conventions destinées à obtenir le transfert de joueurs et à rémunérer des intermédiaires pour des activités secrètes et contraires à l'éthique sportive, et en troisième lieu des comptes annuels d'un club de football, ces derniers ne représentant pas la réalité de l'image, du patrimoine et de la situation financière du club. • Aix-en-Provence, 4 juin 1998 : *JCP 1998. IV. 2757.*

90. Constitue un faux l'acte fabriqué par une ou plusieurs personnes à seule fin d'éluder la loi et de créer l'apparence d'une situation juridique de nature à porter préjudice ; justifie ainsi la déclaration de culpabilité d'un vétérinaire pour faux la cour d'appel qui retient qu'il a, sur la demande d'un pharmacien qui le rémunérait, rédigé de manière habituelle des ordonnances prescrivant des médicaments contenant des substances vénéneuses à des animaux d'élevage dont il n'assurait pas les soins ni la surveillance sanitaire, à seule fin de régulariser la vente des médicaments déjà effectuée par le pharmacien, en méconnaissance de la réglementation pharmaceutique, et que ces pratiques ont porté atteinte à la filière alimentaire de l'élevage. • Crim. 6 févr. 2001, n° 00-80.226 P : *D. 2001. Somm. 2355, obs. Gozzi* ; *RSC 2001. 589, obs. Delmas Saint-Hilaire*. ♦ De même constitue un faux la délivrance pendant plusieurs années, par un médecin salarié d'une société gérant un régime obligatoire de sécurité sociale à laquelle les patients étaient affiliés, d'ordonnances à l'en-tête d'un autre médecin qui exerçait à titre libéral dans la même commune et qui signait à l'avance ces ordonnances. • Crim. 18 mai 2005, n° 04-84.742 P : *D. 2005. IR 1804* ; *AJ pénal 2005. 370, obs. Saas* .

91. Constitue un faux l'omission volontaire d'un bien dans l'inventaire établi par un curateur et remis au juge des tutelles, cette omission ayant pour conséquence d'éluder le contrôle judiciaire institué dans l'intérêt des majeurs protégés. • Crim. 5 févr. 2008, n° 07-84.724 P : *AJ pénal 2008. 236, obs. Royer* ; *Dr. pénal 2008, n° 42, obs. Véron ; RSC 2008. 591, obs. Mascala* .

3° ÉCRITURES DE COMMERCE OU DE BANQUE

BIBL. J. Djoudi, *RSC 1996. 357* (les fausses factures et le délit du faux). – N. Stolowy, *JCP 2003. I. 147* (délinquance des comptes et droit des entreprises en difficulté).

92. Livres de commerce, bilans. Les livres de commerce, aussi bien les livres dont la tenue est facultative que les livres dont la tenue est obligatoire, sont des écritures de commerce, au sens de l'art. 150 C. pén. • Crim. 13 mars 1968 : *Bull. crim. n° 87 ; D. 1968. 363 ; JCP 1968. IV. 69 ; RSC 1968. 620, obs. Vitu, et 642, obs. Bouzat.* ♦ Pour les documents comptables dont la tenue est imposée par l'art. 8 C. com. (L. 123-12 C. com.). • Crim. 29 avr. 1971 : *Bull. crim. n° 129 ; D. 1971. Somm. 113.*

93. Il en est de même du bilan d'une entreprise commerciale. • Crim. 13 mars 1968 : *préc. note 92* • Paris, 29 mai 1986 : *Gaz. Pal. 1986. 2. 479, réq. Hecquard, et note Marchi* • T. corr. Paris, 18 févr. 1983 : *Gaz. Pal. 1983. 2. Somm. 341.* ♦ ... Et des feuilles de payement des salaires des ouvriers de cette entreprise. • Crim. 13 mars 1968 : *préc. note 92.*

94. Pour déclarer un prévenu, expert-comptable, coupable de faux, l'arrêt attaqué retient que l'intéressé, chargé de procéder à la présentation des comptes annuels d'un club de football avait connaissance de la situation financière très obérée de l'association au moment où il a dressé les comptes litigieux ; il précise que le président du club lui a demandé de réduire le déficit et qu'il s'est exécuté en faisant, notamment, figurer dans les comptes le montant de factures « sponsoring » qu'il savait fictives ; il ajoute que la production de ces comptes devant la commission de contrôle financier était de nature à causer un préjudice, dès lors que l'avis de cette commission municipale était destiné à éclairer les organes délibérants de la commune dans l'attribution des subventions et à vérifier le bon emploi des deniers publics ; en l'état de ces seuls motifs, et dès lors que le bilan et le compte de résultat, documents obligatoires établis par l'expert-comptable, ont par eux-mêmes un caractère probatoire, indépendamment du contrôle exercé postérieurement par le commissaire aux comptes, la cour d'appel a justifié sa décision. • Crim. 17 déc. 2003 : *Dr. pénal 2004. 60, obs. Véron.* ♦ Rappr., pour un autre exemple de poursuites contre un expert-comptable : • Crim. 9 déc. 1991 : *Gaz. Pal. 1992. 1. Somm. 181.*

95. La fabrication, par un concert frauduleux, d'une sentence arbitrale, portant condamnation au paiement d'une somme indue et extinction d'une créance par compensation, est constitutive des délits de faux et d'usage de faux, dès lors que cette sentence a fait l'objet d'écritures de débit dans la comptabilité de la partie perdante. • Crim. 11 janv. 1996, n° 94-84.477 P.

96. Sociétés commerciales. Sont des écritures de commerce, dont l'altération est pénalement sanctionnée au titre du faux : ... les obligations négociables d'une société anonyme (en l'espèce, le Crédit foncier de France), ainsi que les coupons qui s'y rapportent. • Crim. 5 mai 1870 : *D. 1870. 1. 371.* ♦ ... Le procès-verbal de la délibération d'une assemblée réunissant des porteurs de parts d'une SARL. • Crim. 10 janv. 1956 : *Bull. crim. n° 29 ; D. 1956. Somm. 127.* ♦ Rappr. : • T. corr. Lisieux, 7 nov. 1980 : *Gaz. Pal. 1982. 2. Somm. 245, note Doucet.* ♦ ... La feuille de présence de l'assemblée générale et le procès-verbal du conseil d'administration d'une société anonyme. • Crim. 16 mars 1970 : *Bull. crim. n° 107 ; JCP 1971. II. 16813, note Bouloc ; RSC 1970. 858, obs. Vitu ; Rev. sociétés 1970. 480, obs. Bouloc.* ♦ ... Le procès-verbal de l'assemblée générale d'une société anonyme. • Crim. 21 mars 1972 : *Bull. crim. n° 115 ; JCP 1972. II. 17178* • T. corr. Paris, 8 juin 1983 : *Gaz. Pal. 1983. 2. 529.* ♦ ... Le rapport des commissaires aux comptes. • Crim. 12 janv. 1981 : *Bull. crim. n° 10.* ♦ ... Le procès-verbal de tenue de l'assemblée générale d'une SAS, ayant pour objet de revenir sur la reconduite du mandat d'un commissaire aux comptes. • Crim. 5 déc. 2012 : *AJ pénal 2013. 102, obs. Gallois.*

97. Bourse et banques. Caractérise un faux en écriture de commerce : ... la signature d'un ordre de bourse. • Crim. 28 nov. 1963 : *Gaz. Pal. 1964. 1. 216.* ♦ ... La confection matérielle d'un engagement bancaire de caution. • Crim. 26 nov. 1974 : *Bull. crim. n° 348.* ♦ ... La falsification d'un relevé bancaire. • Crim. 25 nov. 1975 : *Bull. crim. n° 256.* ♦ ... L'omission de certaines écritures dans la comptabilité d'établissements bancaires. • Crim. 25 janv. 1982 : *Bull. crim. n° 29 ; D. 1982. IR 333, obs. Vasseur.* ♦ ... La contrefaçon de la signature des clients d'une banque sur les chèques dits « de guichet ». • Crim. 3 janv. 1991 : *Bull. crim. n° 2.* ♦ ... La falsification de documents afin d'ouvrir des comptes fictifs. • Même arrêt. ♦ ... La falsification de documents informatisés par l'introduction de fausses données, afin de réaliser de faux virements informatiques. • TGI Paris, 12 oct. 1988 : *Gaz. Pal. 1989. 1. 163, note Marchi.* ♦ En appel : • Paris, 22 mai 1989 : *Gaz. Pal. 1989. 2. 559, note Marchi.* ♦ ... Un ordre de virement établi au nom d'une ancienne société dont le prévenu avait été le gérant de fait. • Crim. 16 oct. 2013, n° 12-87.096 P : *AJ pénal 2014. 183, obs. Lasserre Capdeville.*

98. L'altération frauduleuse de la vérité dans un document, élément constitutif du faux, ne saurait se déduire de la seule irrégularité ou illicéité de l'acte incriminé ; justifie sa décision la cour d'appel qui, pour relaxer le prévenu, directeur d'une agence bancaire, poursuivi pour faux, énonce qu'en dépit de l'irrégularité des pratiques suivies au regard des usages bancaires pour retarder les débits d'un compte-client, les comptes internes de l'établissement ont, en définitive, correspondu aux opérations réellement effectuées, de sorte qu'aucune altération de la vérité n'en est résultée. • Crim. 23 janv. 1997, n° 95-84.308 P : *D. Affaires 1997. 505.*

99. La falsification d'un chèque, notamment à l'aide d'une fausse signature, ne saurait constituer un faux en écriture de commerce, ce fait relevant uniquement des dispositions de l'art. 67 du décret-L. du 30 oct. 1935 (solution antérieure à l'ordonnance de correctionnalisation n° 58-1298 du 23 déc. 1958). • Crim. 7 janv. 1955 : *Bull. crim. n° 3.* ♦ En revanche, la contrefaçon de chèques de voyage (traveller's chèques) constitue le délit de faux en écritures de commerce, de tels titres n'étant pas des chèques au sens du décret-L. du 30 oct. 1935. • Crim. 20 janv. 1960 : *D. 1961. 56, note Despax.*

100. Papiers fictifs. Est un faux en écritures de commerce la fabrication de fausses traites, lesquelles ne sauraient être assimilées aux faux certificats de l'art. 161 C. pén. • Crim. 4 mai 1957 : *Bull. crim. n° 363* • 18 janv. 1961 : *ibid. n° 33.* ♦ Mais un billet à ordre n'a le caractère commercial qu'autant qu'il porte la signature d'un commerçant ou qu'il est relatif à un acte de commerce, et la mention « valeur reçue en marchandises » ne suffit pas à lui imprimer un tel caractère. • Crim. 7 août 1933 : *Bull. crim. n° 187.* ♦ L'employé du banquier escompteur d'une lettre de change tirée par un de ses clients sur un tiers commet le délit de faux en écritures de commerce en ajoutant, à l'insu de ce tiers acceptant, la mention « valeur reçue en travaux exécutés », destinée à déterminer la Banque de France à réescompter une traite qui ne présentait pas les garanties requises, les travaux n'ayant pas été effectivement exécutés. • Paris, 18 avr. 1970 : *D. 1970. 595, note Vasseur ; JCP 1971. II.*

16601, note Gavalda. ♦ En première instance : • TGI Paris, 2 avr. 1969 : *D. 1969. 674, note Vasseur ; JCP 1969. II. 15892 ; Gaz. Pal. 1969. 2. 62.*

101. L'altération frauduleuse de la vérité, préjudiciable à autrui, ne constitue un faux pénalement punissable que lorsqu'elle est commise dans un document faisant titre ; cassation, pour violation des art. 147 ancien et 441-1 C. pén., de l'arrêt qui, pour condamner un président de société pour faux et usage, relève qu'il a présenté à l'escompte des lettres de change dépourvues de cause, tirées sur des clients et qu'il a obtenu ainsi de deux établissements bancaires une remise de fonds, alors que, en l'absence de toute autre circonstance, les effets de commerce, qui n'ont pas été acceptés par les tirés, ne constituent pas des titres au sens de ces textes. • Crim. 5 nov. 1998, n° 97-83.170 P : *D. 1999. Somm. 150, obs. Cabrillac ; ibid. 2000. Somm. 128, obs. Gozzi ; D. Affaires 2000. 431, note Djoudi.*

102. Registres, fiches.. Entrent également dans les prévisions des dispositions réprimant les faux en écriture privée ou de commerce : ... l'altération de la vérité dans le registre de brocanteur prévu à l'art. 1er de la loi n° 87-962 du 30 nov. 1987 (ancien décret n° 68-786 du 29 août 1968). • Crim. 28 oct. 1985 : *Bull. crim. n° 327 ; Gaz. Pal. 1986. 2. Somm. 267.* ♦ ... La falsification matérielle du registre des mandats d'un agent immobilier. • Crim. 25 janv. 1988 : *Bull. crim. n° 30.* ♦ ... La falsification de la fiche de renseignements que l'intermédiaire se livrant aux opérations de vente et d'achat de fonds de commerce fait signer à son client, pour prouver éventuellement que ce dernier a eu connaissance par cet intermédiaire du fonds qu'il aura acheté, et qu'ainsi une commission est due, ce qui est susceptible de constituer un titre à l'encontre du client. • Crim. 1er mars 1967 : *Bull. crim. n° 82.*

103. Bons, factures, souches.. Constituent encore l'élément matériel du délit de faux en écritures de commerce : ... l'établissement de bons constatant des livraisons fictives. • Crim. 5 janv. 1978 : *Bull. crim. n° 8.* ♦ ... La fabrication de factures de fourniture de main-d'œuvre, ainsi que la signature de faux certificats de concordance de soldes, tous documents enregistrés en comptabilité comme justificatifs d'opérations fictives. • Crim. 27 nov. 1978 : *Bull. crim. n° 331.* ♦ ... La fabrication de factures sans cause, au nom d'une entreprise de pure façade ou d'une société fictive (société facturière dans le circuit de la confection clandestine). • Crim. 19 oct. 1987 : *Bull. crim. n° 353* • Paris, 9 juill. 1985 : *Gaz. Pal. 1985. 2. 551, note Marchi* • 23 mai 2007, n° 06-83.061 P : *RSC 2008. 614, obs. Matsopoulou ; AJ pénal 2007. 327, obs. Roussel* (factures établies au nom de sociétés situées dans des paradis fiscaux et présentées comme intermédiaires pour ne pas faire apparaître le nom du véritable fournisseur). ♦ ... L'inscription de fausses indications sur des souches de chéquiers, reproduites sur la comptabilité informatisée d'une société, et la modification du solde des comptes lors du changement du système informatique. • Crim. 3 juill. 1991 : *Dr. pénal 1992. 2.* ♦ ... L'inscription sur des bordereaux de cession, au sens de la loi n° 81-1 du 2 janv. 1981 facilitant le crédit aux entreprises, de créances professionnelles qui n'étaient plus dans le patrimoine de la société cédante, les prévenus ayant ainsi altéré la vérité dans un document valant titre. • Crim. 22 févr. 1993, n° 91-85.162 P. ♦ ... Le fait par une personne, tenue de justifier sur le plan comptable les mouvements de fonds effectués en vertu de son mandat, d'établir des pièces justificatives inexactes concernant les opérations correspondantes. • Crim. 5 avr. 1993, n° 92-82.856 P. ♦ ... Le fait par des dirigeants de sociétés d'établir, en vue de justifier des mouvements de fonds en comptabilité, des pièces justificatives inexactes concernant les opérations correspondantes. • Crim. 16 déc. 1997, n° 96-82.509 P.

104. Constituent des faux en écriture, au sens de l'art. 441-1 nouv. et de l'art. 150 ancien C. pén., des factures qui constatent des prestations fictives et appuient des paiements indus de rémunérations occultes dès lors, d'une part, qu'une facture, qui doit être conforme aux prescriptions de l'art. 31 de l'ordonnance du 1er déc. 1986, ne doit être délivrée qu'à la réalisation effective d'une vente ou d'une prestation de service et, d'autre part, qu'elle sert de pièce comptable justifiant des passations d'écritures dans les livres et comptes dont la tenue est obligatoire et qui, selon l'art. 17 C. com., sont admis pour servir de preuve entre commerçants. • Paris, 21 sept. 1998 : *BICC 1999, n° 700.*

105. Constitue l'élément matériel du délit de faux la fabrication de factures sans cause, au nom de sociétés de pure façade. • Crim. 23 mai 2007 : *AJ pénal 2007. 327 ; JCP 2007. IV. 2397 ; RSC 2008. 614, obs. Matsopoulou .*

106. Le prévenu, cadre dans une société, était chargé de contrôler et d'avaliser les achats de matériel ; il a été poursuivi du chef de faux en écritures pour avoir passé la commande d'un matériel électrique par téléphone, en utilisant un numéro de commande ayant déjà servi ; le prévenu reconnaît avoir modifié le bon de commande en faisant figurer à la place du matériel initialement commandé le matériel qu'il souhaitait acquérir ; les faits ont causé un préjudice pour la société, la commande générant une facture de plus de 700 € réglée par la société ; la falsification a eu pour effet d'établir la preuve d'un droit, à savoir celui, pour le fournisseur, de mettre en demeure la société de régler la commande ; le délit est donc caractérisé. • Paris, 30 avr. 2007 : *JCP 2007. IV. 2179.*

107. Il résulte de l'arrêt attaqué que le directeur commercial d'une société a été poursuivi pour avoir établi de fausses factures en sousévaluant le prix de la viande exportée vers des filiales africaines dont il était le gérant afin de diminuer le coût des droits de douane ; pour compenser, dans la comptabilité de la société, la différence résultant de ces pratiques, il a facturé des prestations fictives ; pour déclarer le prévenu coupable de faux et usage, les juges énoncent que l'établissement de factures sous-évaluées ou fictives, adressées à des filiales, constitue les délits de faux et usage ; ils ajoutent qu'en sa qualité de responsable du service export de la société et de gérant des filiales africaines bénéficiaires du système, il a eu conscience de l'altération de la vérité et du préjudice subi par son employeur ; en l'état de ces énonciations et dès lors que constitue un faux le fait d'établir, en vue de justifier des mouvements de fonds en comptabilité, des pièces justificatives inexactes concernant le prix de marchandises facturées et de prestations inexistantes, la cour d'appel, qui a, en outre, caractérisé la participation du demandeur aux faits délictueux, a justifié sa décision. • Crim. 20 juin 2007 : ♔ *D. 2008. Pan. 1576, obs. Mascala* ✐ *; Dr. pénal 2007, n° 142, obs. Véron ; Rsc crim. 2008. 591, obs. Mascala.*

108. Sont également des faux : ... la photocopie d'un reçu, remis par un débiteur au sujet d'une opération, et qui a été falsifié de telle sorte qu'il apparaît comme s'appliquant à une autre créance. • Crim. 25 janv. 1961 : *Bull. crim. n° 46 ; D. 1961. 406 ; S. 1961. 239.* ♦ ... La reproduction du papier à en-tête commercial d'une société. • Crim. 7 févr. 1973 : ♔ *Bull. crim. n° 70 ; Gaz. Pal. 1973. 2. 508.*

II. USAGE DE FAUX

A. INCRIMINATION

109. Délit spécifique. Les délits de faux et d'usage de faux, tout en impliquant l'un comme l'autre l'altération de la vérité dans un document, sont distincts ; celui qui a fait usage du document falsifié est punissable quand bien même il ne serait pas l'auteur du faux ou que celui-ci serait inconnu ou ne pourrait être poursuivi. • Crim. 5 mars 1990 : ♔ *Dr. pénal 1990. 247* • 7 août 1990 : ♔ *JCP 1990. IV. 395* • 8 août 1995 : ♔ *Dr. pénal 1995. 279, obs. Véron.* ♦ De même, l'usage de faux ne perd pas son caractère punissable par le fait que l'établissement des pièces arguées de faux remonterait à un temps couvert par la prescription. • Crim. 14 oct. 1991 : ♔ *Dr. pénal 1992. 56.*

110. L'individu condamné pour fabrication d'une pièce fausse peut, en outre, être condamné pour usage de cette pièce, encore bien que ce serait dans l'intention de s'en servir lui-même qu'il l'aurait fabriquée. • Crim. 30 mars 1854 : *D. 1854. 5. 380.* ♦ Une condamnation pour escroquerie, alors que la manœuvre frauduleuse retenue comme élément du délit a consisté dans l'usage d'une pièce falsifiée, ne met pas obstacle à une poursuite ultérieure devant la juridiction criminelle contre l'auteur du délit, du chef de faux, à raison de la falsification de ladite pièce. • Crim. 20 févr. 1931 : *Bull. crim. n° 50.* ♦ Dès lors qu'ils puisent les éléments de leur décision dans les faits mêmes visés à la prévention, les juges peuvent requalifier la prévention d'escroquerie en faux en écriture et usage, lorsque la poursuite comporte un cumul idéal d'infractions, la manœuvre frauduleuse retenue comme caractérisant le délit d'escroquerie étant fondée sur le faux en écriture privée reproché au prévenu (en l'espèce, la requalification présentait un intérêt sous l'angle de l'immunité familiale). • Crim. 25 mai 1992, ♔ n° 91-82.934 P.

111. Préalable du faux. Doit être relaxé du chef d'usage de faux en écriture le prévenu qui fait usage, au cours d'un contentieux prud'homal, de photocopies de relevés d'interventions, dans la mesure où ces photocopies ne sont pas qualifiées de faux. • Pau, 23 mars 2006 : *JCP 2006. IV. 2539.*

112. Matérialité. La loi n'ayant pas défini l'usage d'une pièce fausse et n'en ayant pas limité la criminalité à une destination déterminée, il n'est pas nécessaire que le détenteur de cette pièce l'ait opposée au plaignant lui-même ; il suffit qu'il l'ait utilisée en vue du résultat final qu'elle était destinée à produire. • Crim. 15 juin 1939 : *Bull. crim. n° 130.*

113. Le juge répressif ne peut prononcer une peine sans avoir relevé tous les éléments constitutifs de l'infraction qu'il réprime ; M. Y... a porté plainte et s'est constitué partie civile contre son ex-épouse, Mme X..., du chef d'usage de faux en exposant que cette dernière avait contrefait sa signature sur différents prêts contactés durant leur vie maritale, et qu'il avait été assigné en justice, par les divers organismes de crédit, en sa qualité de co-emprunteur, pour paiement des échéances dues ; pour déclarer la prévenue coupable d'usage de faux, l'arrêt relève que celle-ci, par une abstention coupable, a volontairement laissé produire en justice des contrats de prêts sur lesquels elle avait apposé la signature contrefaite de son époux, ce qui a occasionné à ce dernier un préjudice ; mais en l'état de ces énonciations, qui ne caractérisent pas un fait positif d'utilisation imputable à la prévenue, la cour d'appel n'a pas justifié sa décision ; d'où il suit que la cassation est encourue. • Crim. 4 nov. 2010 : ♔ *Dr. pénal 2011, n° 17, obs. Véron.*

114. Intention. Les juges du fond apprécient souverainement l'existence d'une intention frauduleuse en matière de faux et d'usage de faux. • Crim. 23 nov. 1995, ♔ n° 94-84.184 P.

115. En matière de faux et d'usage de faux, l'intention coupable de l'agent résulte, quel que soit son mobile, de sa conscience de l'altération de la vérité dans un document susceptible d'établir la preuve d'un droit ou d'un fait ayant des conséquences juridiques. • Crim. 3 mai 1995 : *Gaz. Pal. 1995. 2. Somm. 437.*

116. Préjudice. Il n'existe de faux ou d'usage de faux punissable qu'autant que la pièce contrefaite ou altérée est susceptible d'occasionner à autrui un préjudice actuel ou possible. • Crim. 2 juill. 1980 : *Bull. crim. n° 210.* ♦ La loi n'exige pas, pour qu'il y ait crime de faux ou usage de faux, que le préjudice soit consommé ou inévitable ; il suffit d'une simple éventualité ou possibilité de préjudice. • Crim. 15 avr. 1935 : *DH 1935. 334* • 11 déc. 1974 : *Bull. crim. n° 366.* ♦ Il ne suffit pas d'établir qu'un tel préjudice a pu résulter soit du faux lui-même, dès lors qu'il est prescrit et non imputé au prévenu, soit d'un fait d'usage non visé par la prévention. • Crim. 9 mai 1984 : *Bull. crim. n° 161.*

B. APPLICATIONS

117. Usage en justice. Est constitutive d'un usage de faux la production en justice d'un document contrefait de nature à avoir une valeur probatoire et à entraîner des effets juridiques. • Crim. 16 févr. 1977 : *Bull. crim. n° 63 ; Gaz. Pal. 1977. 1. 306.* ♦ La production en justice d'un document contrefait, sous forme de photocopie, est de nature à établir la preuve d'un droit et à entraîner des effets juridiques ; il ne saurait donc être reproché à une cour d'appel de condamner du chef de faux un employeur qui a produit la photocopie d'une fausse attestation selon laquelle le salarié aurait reconnu avoir perçu son salaire, au prétendu motif qu'une simple photocopie serait dénuée de toute valeur probatoire. • Crim. 12 nov. 1998, n° 97-82.803 P : *D. 2000. Somm. 128, obs. Gozzi.* ♦ Encore faut-il établir que la production en justice du document falsifié s'est traduite par un acte positif. • Crim. 19 janv. 2000, n° 98-88.101 P : *Dr. pénal 2000, n° 73, obs. Véron.* ♦ Le délit d'usage de faux est caractérisé dès lors que sont produits en justice des documents falsifiés au soutien des prétentions d'une partie, peu important que cette production ait été spontanée ou effectuée en exécution d'une décision de justice. • Crim. 3 mai 2012, n° 11-82.431 P : *D. actu. 16 mai 2012, obs. Bombled ; D. 2012. Actu. 1334 ; AJ pénal 2012.481, obs. Gallois ; Dr. pénal 2012, n° 113, obs. Véron.* ♦ L'usage de faux ne peut résulter de la seule abstention, même volontaire, destinée à laisser produire en justice par un tiers les documents falsifiés. • Crim. 4 nov. 2010 : *Dr. pénal 2011, n° 17, obs. Véron.*

118. Ainsi constitue l'usage de faux : ... la production devant la juridiction consulaire de la photocopie d'un reçu falsifié en vue d'établir une prétendue créance. • Crim. 25 janv. 1961 : *Bull. crim. n° 46 ; D. 1961. 406 ; S. 1961. 239.* ♦ ... La présentation en justice d'un contrat que l'on sait être faux, pour tenter de faire triompher une demande. • Crim. 15 janv. 1969 : *Bull. crim. n° 30.* ♦ ... La production en justice, au cours d'une instance pénale, de la photocopie d'une fausse attestation obtenue par un montage photographique, dès lors que ce document est de nature à avoir une valeur probatoire et à entraîner des effets juridiques. • Crim. 6 déc. 1973 : *Bull. crim. n° 455 ; Gaz. Pal. 1974. 1. 131.* ♦ Comp., pour la reproduction photographique d'une reconnaissance de dette arguée de faux ne pouvant donner lieu à l'exercice d'aucun droit : • Crim. 25 janv. 1934 : *DH 1934. 135.* ♦ ... La production en justice, au cours d'une instance commerciale, de la photocopie d'un écrit émanant de la partie adverse, et dont la portée a été volontairement modifiée par la suppression matérielle de certains passages, ce document étant de nature à avoir une valeur probatoire et à entraîner des effets juridiques. • Crim. 30 oct. 1975 : *Bull. crim. n° 235 ; Gaz. Pal. 1976. 1. 267.* ♦ ... La communication, au cours d'une instance en divorce, à titre de pièce destinée à faire preuve des allégations du prévenu, d'une lettre missive en réalité fabriquée par lui-même. • Crim. 16 févr. 1977 : *préc. note 117* ♦ ... La production en justice, pour s'opposer à une demande en paiement d'honoraires émanant d'un géomètre, du calque d'un plan établi par ce technicien et revêtu d'une signature substituée à celle de son auteur ainsi que d'une fausse date, le document ayant été forgé par le prévenu dans le seul but de se constituer à lui-même un titre. • Crim. 13 juin 1978 : *Bull. crim. n° 195 ; Gaz. Pal. 1979. 1. Somm. 148.* ♦ ... La production en justice d'un écrit émanant de la partie adverse et dont la portée a été volontairement modifiée par l'insertion de mentions, le document ainsi versé aux débats (lettre d'embauche) ayant valeur probatoire et entraînant des effets juridiques. • Crim. 4 mai 1987 : *Bull. crim. n° 176 ; Gaz. Pal. 1988. 1 Somm. 3.* ♦ ... La présentation, devant la juridiction commerciale, du registre des mandats, matériellement falsifié, d'un agent immobilier. • Crim. 25 janv. 1988 : *Bull. crim. n° 30.* ♦ ... La production, par le légataire universel ayant obtenu l'envoi en possession, du testament qui l'institue, pour en défendre l'authenticité dans l'instance en nullité de ce document. • Crim. 25 nov. 1992, n° 91-86.147 P. ♦ ... La production d'un document, même comportant des énonciations pour partie exactes, mais forgé pour servir de preuve, lorsque ce document est de nature à avoir valeur probatoire et à entraîner des effets juridiques. • Crim. 31 janv. 1994 : *Dr. pénal 1994. 104.* ♦ ... La production en justice d'une fausse facture à la charge d'une société afin d'obtenir l'application de la clause de garantie du passif mise à la charge de l'ancien dirigeant de la société. • Crim. 19 sept. 1995, n° 94-85.353 P : *Dr. pénal 1996. 34.* ♦ ... La production en justice, au cours d'une instance civile, de la photocopie d'une fausse lettre-circulaire émanant de la caisse primaire d'assurance maladie, document réalisé par montage photographique, et alors qu'il était de nature à avoir valeur probatoire et à entraîner des effets juridiques. • Crim. 16 nov. 1995, n° 94-84.725 P : *Dr. pénal 1996. 103.*

119. Le simple fait de viser un document argué de faux dans un mémoire en défense déposé devant la Cour de cassation ne peut caractériser un usage de faux dudit document, le contrôle de celle-ci ne portant que sur la légalité des décisions qui lui sont soumises et n'impliquant aucune discussion des éléments de preuve souverainement appréciés par les juges du fond. • Crim. 18 déc. 2007, n° 07-80.696 P : *Dr. pénal 2008, n° 45, obs. Véron.*

120. Le délit d'usage de faux est caractérisé dès lors que sont produits en justice des documents falsifiés au soutien des prétentions d'une partie, peu important que cette production ait été spontanée ou effectuée en exécution d'une décision de justice. • Crim. 3 mai 2012, n° 11-82.431 P : *D. actu. 16 mai 2012, obs. Bombled ; AJ pénal 2012. 481, obs. Gallois ; Gaz. Pal. 2012. 2. 2226, obs. Dreyer ; Dr. pénal 2012, n° 113, obs. Véron.*

121. Autres exemples. Constituent l'usage d'un faux : ... la présentation au payement d'un dixième de billet de la Loterie nationale portant un timbre falsifié. • Crim. 16 nov. 1967 : *Bull. crim. n° 295.* ♦ ... Le fait d'utiliser une fausse pièce auprès d'une administration publique pour lui faire conférer, par la certification de sa date, une opposabilité aux tiers. • Crim. 26 août 1853 : *S. 1853. 1. 783* • 11 déc. 1974 : *Bull. crim. n° 366.* ♦ ... La remise par un médecin à ses patients de feuilles de soins antidatées, en échange du paiement de consultations correspondant à une période d'interdiction. • Grenoble, 29 janv. 1997 : *JCP 1997. IV. 2055.* ♦ ... La présentation d'une attestation falsifiée de réussite au DEUG et à la licence pour s'inscrire en maîtrise en droit. • Paris, 12 nov. 1998 : *Dr. pénal 1999. 66 (2e arrêt), obs. Véron.*

122. Caractérisent l'élément matériel du délit d'usage de faux en écriture de commerce : ... l'utilisation de fausses traites dans le but de se procurer du crédit, notamment par leur mise à l'escompte. • Crim. 18 janv. 1961 : *Bull. crim. n° 33.* ♦ ... La comptabilisation de fausses factures. • Crim. 19 oct. 1987 : *Bull. crim. n° 353* • 25 nov. 1991 : *Gaz. Pal. 1992. 1. Somm. 165.* ♦ ... La présentation au bureau des douanes de fausses factures établies au nom de sociétés situées dans des paradis fiscaux et présentées comme intermédiaires pour ne pas faire apparaître le nom du véritable fournisseur. • Crim. 23 mai 2007 : *préc. note 103.* ♦ ... Le débit de comptes par de faux virements informatiques. • TGI Paris, 12 oct. 1988 : *Gaz. Pal. 1989. 1. 163, note Marchi.* ♦ Sur appel : • Paris, 22 mai 1989 : *Gaz. Pal. 1989. 2. 559, note Marchi.* ♦ ... La présentation à la signature d'une fausse promesse de vente établie à la faveur d'un montage par photocopie d'un autre acte. • Crim. 5 déc. 1994 : *Gaz. Pal. 1995. 1. Somm. 181.*

123. Pour l'usage de pièces fausses destinées : ... à donner une origine crédible à des peintures authentiques. • Crim. 22 févr. 1995 : *Dr. pénal 1995. 170, note Véron.* ♦ ... A présenter pour anciennes des poteries récentes. • Crim. 2 avr. 1998 : *Gaz. Pal. 1998. 2, chron. crim. 136.*

124. Ne constitue pas l'usage de faux la production, en l'absence de toute autre circonstance, de fausses lettres missives, de telles lettres ne pouvant, en l'état, être la base d'une action ou d'un droit. • Crim. 17 mars 1944 : *Bull. crim. n° 75.*

125. Se rend coupable d'usage de faux le prévenu qui, à plusieurs reprises, effectue des commandes fictives ou des commandes plus importantes que celles réellement nécessaires, avant de réduire de moitié la commande sans aviser le bureau achat de cette modification, ce qui permettait à l'entreprise favorisée de facturer à la direction de la construction navale un prix bien plus élevé que la réalité de ce qu'elle avait livré. • Crim. 10 mars 2004, n° 02-85.285 P.

III. RÉPRESSION

A. ACTIONS

1° ACTION PUBLIQUE

126. Prescription. Les délits de faux et usage de faux sont des infractions instantanées. • Crim. 15 nov. 1973 : *Bull. crim. n° 422 ; Gaz. Pal. 1974. 1. 130* • 3 mai 1993, n° 92-81.728 P. ♦ Le point de départ de la prescription est le jour de l'utilisation délictueuse dudit faux. • Crim. 27 mai 1991, n° 90-80.267 P. ♦ ... Voire le jour du dernier usage délictueux. • Crim. 15 nov. 1973 : *préc.* ♦ L'infraction se renouvelle à chaque fait positif d'usage qui interrompt la prescription. • Crim. 8 juill. 1971 : *Bull. crim. n° 227 ; D. 1971. Somm. 150.* ♦ Il en est ainsi lorsque la pièce fausse est présentée de nouveau après une reprise d'instance. • Crim. 12 nov. 1979 : *Bull. crim. n° 313* • 30 mars 1999, n° 98-81.301 P. ♦ En matière de faux et usage de faux, le point de départ de la prescription n'est pas reporté à la date à laquelle l'infraction est apparue. • Crim. 25 mai 2004 : *Dr. pénal 2004. 183.* ♦ Pour une jurisprudence contraire, fixant le point de départ du délai de prescription au jour de la découverte de l'existence de l'écrit argué de faux. • Toulouse, 7 févr. 1995 : *BICC 1995. 979.*

127. Le délai de prescription court, à l'égard du délit d'usage de faux, infraction instantanée, à partir de la date de chacun des actes par lesquels les prévenus se prévalent de la pièce fausse ; ne met pas la Cour de cassation en mesure de s'assurer de la légalité de sa décision, la cour d'appel qui, pour confirmer une ordonnance de refus d'informer, énonce que pour les documents argués de faux la prescription est acquise en raison de la date de leur établissement, que la seule utilisation de ces documents est

« constituée par leur versement au dossier de la procédure de la première instance », « que la circonstance que ces pièces ont normalement continué à figurer au dossier de la cour en cause d'appel ne constitue pas un nouvel acte d'usage s'agissant toujours de la même demande » et que l'usage de faux se trouve également prescrit au moment de la plainte, sans rechercher si les documents argués de faux, après leur versement au dossier de la première instance, n'ont pas été invoqués, dans les conclusions régulièrement déposées, aux différents stades du procès civil en cause, et n'ont ainsi pas fait l'objet d'un nouveau fait positif d'usage. • Crim. 19 janv. 2000 : *préc. note 117.*

128. Exceptions préjudicielles. Le juge de l'action est le juge de l'exception ; en conséquence, le juge de répression, saisi d'une poursuite pour usage d'une fausse attestation de bail, n'a pas à surseoir jusqu'à ce que la validité de ce bail ait été examinée par le juge civil. • Crim. 29 oct. 1963 : *Bull. crim. n° 297.* ♦ Mais il en va différemment en cas de poursuite pour faux relative à un acte de naissance, dès lors que cette infraction met en cause l'état civil d'un enfant et que la question de sa filiation – exception préjudicielle au jugement, et non plus à l'action, depuis la loi n° 72-3 du 3 janv. 1972 (C. civ., art. 311-6) – se rattache directement au fait de l'accusation. • Crim. 22 avr. 1969 : *n° 66–93.016.*

129. L'exception préjudicielle à l'action publique prévue par l'art. 6-1 C. pr. pén. est applicable lorsqu'un crime ou délit prétendument commis à l'occasion d'une poursuite judiciaire impliquerait la violation d'une disposition de procédure pénale ; tel est le cas lorsqu'il est reproché à un fonctionnaire de police d'avoir, dans un procès-verbal de notification de garde à vue, frauduleusement altéré la vérité quant à l'heure et au lieu de son établissement, les faits dénoncés impliquant la violation des dispositions de l'art. 63-1 C. pr. pén., qui imposent à l'officier de police judiciaire non seulement de notifier immédiatement à la personne concernée son placement en garde à vue, mais encore de consigner par procès-verbal l'accomplissement de cette formalité. • Crim. 7 déc. 2005, n° 05-81.483 P : *RSC 2006. 346, obs. Commaret.* – *Adde* : M. Anzani, L'art. 6-1 C. pr. pén. et le faux commis à l'occasion d'une poursuite judiciaire, *Dr. pénal 2006. Étude 5.*

130. Preuve. L'existence du crime de faux peut être acquise indépendamment de la représentation de la pièce fausse, et, si la disposition de cette pièce ne permet pas d'en faire le dépôt au greffe (C. pr. pén., art. 643), il ne saurait en résulter une fin de non-recevoir contre l'action du ministère public, auquel il reste tous les moyens d'instruction et de preuve communs à tous les crimes. • Crim. 23 oct. 1946 : *Bull. crim. n° 187.*

131. Coactivité et complicité. Celui qui fait fabriquer un écrit faux coopère au crime de faux à titre d'auteur, de même que celui qui a personnellement fabriqué l'écrit. • Crim. 21 mai 1963 : *Bull. crim. n° 180.* ♦ Commet le délit de faux au même titre que celui qui a personnellement fabriqué l'écrit, celui qui coopère sciemment à la fabrication d'une attestation falsifiée. • Crim. 4 janv. 1966 : *Bull. crim. n° 2.*

132. Est à bon droit déclaré complice, par aide et assistance, de faux en écriture de commerce dans l'établissement des comptes d'une SARL, le président du conseil d'administration d'une société titulaire de 49 % des parts de ladite SARL, qui avait, en accord avec ses dirigeants et les auteurs du faux, sur lesquels il exerçait une forte influence, approuvé par son vote l'établissement de ce faux lors de l'assemblée générale statuant sur les comptes de l'exercice. • Crim. 22 août 1995 : *Dr. pénal 1996. 2, obs. Véron ; Gaz. Pal. 1995. 2. Somm. 574.*

2° ACTION CIVILE

133. Préjudice personnel et direct. Un faux en écriture commis dans un procès-verbal constatant les résultats d'un scrutin électoral porte principalement atteinte à la foi publique et à l'ordre social ; par suite, est irrecevable à se constituer partie civile, à raison d'une telle infraction, l'électeur qui, n'étant pas lui-même candidat à l'élection contestée, ne se prévaut que d'un préjudice indirect et d'ailleurs hypothétique. • Crim. 23 mai 1977 : *Bull. crim. n° 182 ; RSC 1978. 91, obs. Vitu.* ♦ S'il est exact qu'il suffit aux parties civiles, au stade de l'information, de démontrer seulement que le préjudice allégué et son lien direct avec l'infraction soient possibles, une telle démonstration ne peut être faite dans le cas d'un prétendu crime de faux en écritures publiques en raison de la nature de ce crime. • Crim. 5 déc. 1973 : *Gaz. Pal. 1974. 1. 129 ; RSC 1974. 357, obs. Vitu.* ♦ Si la victime de faits susceptibles d'être qualifiés … faux et usage de faux en écriture de commerce est une société, personne morale, cette société ne saurait être déclarée bien fondée en son action civile qu'autant que les agissements délictueux dont elle prétend demander réparation ont été de nature à tromper la personne physique qui la représentait ; lorsque tel n'est pas le cas, la société n'a subi qu'un préjudice indirect. • Crim. 28 nov. 1973 : *Bull. crim. n° 439.*

134. Des faux, abus de confiance et délits connexes commis par les dirigeants d'un groupement sportif, dans le cadre de sa gestion, et se rapportant notamment au transfert et au droit à l'image des joueurs, sont de nature à porter directement atteinte aux intérêts que les fédérations sportives sont chargées de défendre. • Crim. 15 mai 1997, n° 96-81.496 P : *RSC 1997. 853, obs. Dintilhac.*

135. Encourt la censure l'arrêt de la chambre de l'instruction qui, dans l'information suivie contre le comptable salarié d'une société pour faux et usage, abus de confiance, déclare recevable la constitution de partie civile du commissaire aux comptes, qui invoque l'action en responsabilité civile dont il est l'objet de la part de la société, mais qui ne justifie pas d'un préjudice directement causé par l'infraction. • Crim. 20 juin 2002, n° 01-87.658 P.

136. Doit être réformé le jugement ayant déclaré irrecevable la constitution de partie civile d'un organisme de contrôle dont les rapports d'opérations ont été falsifiés par le prévenu, relatifs à l'entretien d'un alambic ayant explosé ; en effet, le délit de faux et d'usage de faux nécessite pour être constitué l'existence d'un préjudice actuel et éventuel ; en l'espèce, le faux réalisé par le prévenu et utilisé au cours de l'enquête avait pour but de faire croire que son alambic avait été contrôlé régulièrement par l'organisme, et avait été considéré par cet organisme de vérification comme étant en état de fonctionner ; ces faits étaient de nature à engager la responsabilité de la partie civile dans la survenance de l'accident ; le faux et son usage étaient encore de nature à porter atteinte à l'honneur de l'organisme vérificateur en laissant présumer son incompétence et son manque de sérieux dans les vérifications ; l'organisme justifie en conséquence d'un préjudice actuel et certain directement causé par l'infraction dont le prévenu a été déclaré coupable. • Riom, 29 avr. 2004 : *JCP 2005. IV. 1068.*

137. L'associé et directeur général d'une société anonyme a été déclaré coupable des chefs de vols, faux et usage, abus de biens sociaux et escroquerie commis au préjudice de ladite société ; sur l'action civile, le tribunal a déclaré irrecevable la constitution de partie civile de l'associé principal de la société susvisée, qui se prévalait, d'une part, du préjudice lié aux condamnations civiles prononcées à son encontre en sa qualité de caution de la société aujourd'hui défaillante, d'autre part, de celui découlant des incidences des infractions sur la présentation des comptes de la société ; pour déclarer irrecevable cette constitution de partie civile, l'arrêt relève que, d'une part, le préjudice causé par les condamnations prononcées à l'encontre du constituant en sa qualité de caution ne résulte pas directement des infractions, d'autre part, le second préjudice dont il se prévaut ne se rattache à aucune des infractions dont le prévenu a été reconnu coupable ; en prononçant ainsi, par une motivation exempte d'insuffisance comme de contradiction, et dès lors que l'exécution de l'obligation mise à la charge de la caution ne résulte directement que de son seul engagement contractuel, la cour d'appel, qui n'a pas méconnu la disposition conventionnelle invoquée (art. 6, § 1, CEDH, de l'art. 1er du premier protocole additionnel à la CEDH), a justifié sa décision. • Crim. 23 mars 2016, n° 15-81.448 P : *D. actu. 12 avr. 2016, obs. Benelli-de Bénazé.*

138. Réparation. Les délits de faux en écritures de commerce et usage impliquant nécessairement l'existence d'un préjudice, les juges ne peuvent écarter la demande de réparation présentée par la partie civile, qui s'en prétend la victime, au seul motif que les infractions commises ne lui seraient pas préjudiciables. • Crim. 6 mars 1989 : *Bull. crim. n° 103.*

139. L'action en réparation contre les héritiers de l'auteur du faux reste ouverte indépendamment de toute procédure d'inscription de faux. • Civ. 2e, 4 avr. 1973 : *Bull. civ. II, n° 127 ; Gaz. Pal. 1973. 1. Somm. 124.*

140. L'exercice d'une action en justice provoque un dommage pour le défendeur lorsque le demandeur fonde sur un faux sa capacité pour agir. • Crim. 14 nov. 1968 : *Bull. crim. n° 298.* ♦ Sur la condamnation à des dommages-intérêts d'un accusé acquitté des crimes de faux et usage de faux, en raison de l'imprudence et de la légèreté avec laquelle il avait fait usage de documents falsifiés en appui d'une demande en recherche de paternité. • Crim. 22 mars 1955 : *Bull. crim. n° 166.*

141. En l'état d'une poursuite pénale dirigée pour falsification de documents comptables et usage de ces documents contre le président de la société gérant un club de football et le directeur général de la même société, justifie sa décision la cour d'appel qui, pour débouter la commune ayant accordé des subventions au club et une banque lui ayant octroyé des prêts, de leurs demandes d'indemnisation présentées au titre de l'action civile, retient que les concours financiers ont été consentis en connaissance exacte de la situation financière réelle du club et que les infractions de faux et usage n'ont nullement déterminé les décisions de financement. • Crim. 18 sept. 2002 : *D. 2003. Somm. 2536, obs. Lacabarats.*

142. Une antiquaire désirait mettre en vente un secrétaire de la fin du XVIIIe siècle lors d'un salon organisé à Paris ; conformément au règlement stipulé par le contrat de participation à la manifestation, le meuble a été soumis au contrôle d'un comité d'admission, composé de quatre membres, lesquels, par quatre signatures, le refusèrent à l'exposition ; ayant appris par la suite qu'un des membres n'avait pas signé, et que sa signature avait été apposée par un autre, l'antiquaire a porté plainte contre celui-ci avec constitution de partie civile ; renvoyé du chef de faux, le prévenu a été condamné par le tribunal correctionnel à un an d'emprisonnement avec sursis et mise à l'épreuve, ainsi qu'à 1 002 992,07 € de dommages-intérêts ; pour infirmer le jugement, relaxer le prévenu et débouter la partie civile de ses demandes, l'arrêt relève que si le prévenu a commis un faux en apposant la signature d'un tiers sur la fiche de refus d'admission, il n'en est résulté aucun préjudice pour la partie civile dès lors que, en l'absence de disposition imposant l'unanimité, la signature de trois membres sur quatre a suffi à emporter la décision ; en prononçant ainsi, sans répondre aux conclusions de la partie civile, qui faisait valoir que la fausse signature apposée par le prévenu a eu pour effet de laisser croire que la décision de refus avait été prise à l'unanimité des membres du comité d'admission, de sorte que le meuble était devenu invendable et que la crédibilité commerciale de son propriétaire avait gravement souffert, la cour d'appel n'a pas justifié sa décision. • Crim. 27 mars 2007 : *Dr. pénal 2007, n° 99, obs. Véron.*

143. Chose jugée. Une condamnation pour délits de faux et usage de faux ayant acquis l'autorité de chose jugée implique nécessairement l'existence d'un préjudice ; ne justifie pas légalement sa décision la cour d'appel qui rejette l'action en réparation du préjudice subi par une société par l'exécution d'une fausse sentence arbitrale alors qu'elle a admis précédemment que cette fausse sentence, qui a donné lieu à extinction de créance par compensation, a contribué à la mise en liquidation de biens, la cour d'appel ne pouvant, sans méconnaître l'autorité de la chose jugée, dénier l'existence d'un préjudice inhérent aux délits de faux et usage de faux. • Crim. 11 janv. 1996, n° 94-84.477 P.

144. Un jugement, irrévocable, d'un tribunal correctionnel a déclaré un prévenu coupable de faux en écriture privée ou de banque, d'usage de faux et d'abus de confiance au préjudice de son employeur, une banque, et l'a condamné à une peine d'emprisonnement ; la banque a assigné son employé en réparation de son préjudice matériel ; le salarié a contesté cette demande ; pour le condamner à payer les sommes réclamées par la banque, l'arrêt a retenu que le jugement correctionnel, devenu irrévocable, l'avait reconnu coupable du détournement de ces sommes et qu'il n'appartenait pas à la juridiction civile de déterminer l'étendue du droit à réparation ; en statuant ainsi alors que l'étendue du préjudice ne constitue pas le soutien nécessaire de la condamnation pénale prononcée, la cour d'appel a violé le principe de l'autorité, au civil, de la chose jugée au pénal et les art. 314-1 et 441-1 C. pén. • Civ. 2e, 17 avr. 2008, n° 06-20.992 P.

145. Inscription de faux. L'inscription de faux ne peut se faire par voie de plainte avec constitution de partie civile ; mais toute personne qui se prétend lésée par la production d'une pièce publique ou authentique arguée de faux conserve le droit d'engager une procédure de faux principal dans les conditions de droit commun. • Crim. 28 janv. 1992 : *Gaz. Pal. 1992. 2. Somm. 365 ; RSC 1992. 769, obs. Giudicelli-Delage.* ♦ Celui qui se prétend lésé par une pièce publique ou authentique arguée de faux et qui ne s'est pas inscrit en faux contre cette pièce conserve le droit d'engager une procédure de faux principal dans les conditions de droit commun (C. pr. pén., art. 85). • Crim. 6 mai 1997, n° 96-83.581 P.

B. PEINES

146. Amende. Une personne ayant fait apport d'un camion à une société dont il était le président du conseil d'administration, et qui a présenté au commissaire aux apports, pour en justifier la valeur, une facture fictive établie à sa demande par une personne autre que le fournisseur du véhicule et mentionnant un prix supérieur à celui qu'il avait payé, a commis un usage de faux en écriture de commerce qui entre dans les prévisions de l'art. 441-1 C. pén. en vigueur depuis le 1er mars 1994, comme dans celles des art. 147, 150 et 151 C. pén. précédemment applicables ; mais la cour d'appel ne saurait condamner le prévenu à une amende par application de l'art. 164 C. pén. alors applicable, dès lors que ce texte, abrogé à compter du 1er mars 1994 par les art. 372 et 373 de la L. du 16 déc. 1992 modifiée, n'a été remplacé par aucune disposition du code pénal entré en vigueur à cette date. • Crim. 16 mai 1994, n° 93-83.004 P.

147. Peine justifiée. S'il ne résulte pas des énonciations des juges du fond que le prévenu se soit rendu coupable du délit de faux pour lequel il a été condamné, la peine prononcée et les dommages-intérêts dont il a été déclaré redevable envers la partie civile se trouvent justifiés par sa condamnation du chef d'usage de faux. • Crim. 19 sept. 1995 : *Dr. pénal 1996. 34.*

C. CONFLIT DE QUALIFICATIONS

148. Avantage commercial injustifié. La circonstance que l'obtention d'un avantage commercial injustifié ne soit passible, en vertu de l'art. L. 442-6, I.2°.a, C. com., que d'une amende civile ne met pas obstacle aux poursuites exercées du chef de faux, relativement à l'établissement de factures constatant des prestations inexistantes et des prix erronés. • Crim. 25 juin 2008, n° 07-80.261 P : *D. 2009. Pan. 1445, obs. Valette-Ercole.*

149. Banqueroute. Pour déclarer le prévenu coupable du chef de banqueroute, l'arrêt attaqué, après avoir relevé que la société S... a été mise en liquidation judiciaire le 19 nov. 2007 et que la date de cessation des paiements a été fixée au 1er août 2007, énonce notamment que la comptabilité de la société a été irrégulière et qu'il appartenait au prévenu, en sa qualité de gérant, de veiller à sa régularité ; la cour d'appel confirme par ailleurs la culpabilité du prévenu du chef de faux en comptabilité ; en statuant ainsi, sans retenir à l'encontre du prévenu des faits constitutifs du délit de faux, distincts de ceux pour lesquels elle l'a reconnu coupable du chef de banqueroute, la cour d'appel a méconnu les principes et le texte susvisés. • Crim. 9 sept. 2020, n° 18-86.351 : *Gaz. Pal. 2020. 3439, obs. Dreyer.*

150. Escroquerie. V. égal. ss. art. 313-1. ♦ Une prévenue ne saurait reprocher à la cour d'appel, qui a prononcé une seule peine dans la limite des maxima encourus, d'avoir retenu les deux qualifications de faux et d'escroquerie, qui sont susceptibles d'être appliquées concurremment dès lors qu'elles sanctionnent la violation d'intérêts distincts. • Crim. 14 nov. 2013, n° 12-87.991 P : *D. actu. 11 déc. 2013, obs. Le Drevo ; AJ pénal 2014. 296, obs. Lasserre Capdeville.*

151. Les chambres d'accusation ont le pouvoir de modifier et de compléter la qualification donnée aux faits incriminés par le juge d'instruction ; en application de l'art. 202, al. 2, C. pr. pén., elles peuvent statuer sans ordonner une nouvelle information si les chefs de poursuite résultant du dossier de la procédure ont été compris dans les faits pour lesquels la personne a été mise en examen ; n'encourt pas la censure l'arrêt d'une chambre d'accusation qui renvoie devant le tribunal correctionnel pour faux et usage de faux une personne mise en examen pour escroquerie dès lors que les manœuvres qui lui étaient reprochées consistaient en la réalisation d'un faux engagement de caution. • Crim. 1er oct. 1997, n° 96-83.351 P.

152. A commis le délit de faux et usage, prévu et réprimé par l'art. 441-1 C. pén., et non pas celui d'escroquerie visé à l'art. 313-1 du même code, le gérant d'une société de location de voitures qui a, de mauvaise foi, inscrit à l'insu d'une cliente, sur l'empreinte vierge d'une carte bleue que celle-ci lui avait remise, une somme supérieure aux accords contractuels et qui en a perçu le montant. • Crim. 14 mai 1998 : *Gaz. Pal. 1998. 2, chron. crim. 154.*

153. En requalifiant en faux le délit de complicité d'escroquerie reproché au prévenu, pour avoir confectionné sur support informatique un faux tampon du Tribunal de commerce de Paris ayant permis à l'auteur principal d'établir un faux certificat de vente émanant de cette juridiction et utilisé dans le cadre de ses manœuvres, la cour d'appel a restitué aux faits leur véritable qualification sans rien y ajouter. • Crim. 31 oct. 2000 : *Dr. pénal 2001. 31, obs. Véron.*

154. Il se déduit du principe *ne bis in idem* que des faits qui procèdent de manière indissociable d'une action unique caractérisée par une seule intention coupable ne peuvent donner lieu, contre le même prévenu, à deux déclarations de culpabilité de nature pénale, fussent-elles concomitantes ; il n'en est pas ainsi en cas de double déclaration de culpabilité pour faux et escroquerie, faute d'action et intention coupable uniques, lorsque l'infraction de faux consiste en une altération de la vérité dans un support d'expression de la pensée qui se distingue de son utilisation constitutive du délit d'usage de faux et, le cas échéant, d'un élément des manœuvres frauduleuses de l'infraction d'escroquerie ; dans cette hypothèse, seuls les faits d'usage sont de nature à procéder des mêmes faits que ceux retenus pour les manœuvres frauduleuses ; par conséquent, n'a pas méconnu le principe *ne bis in idem* la cour d'appel qui condamne une infirmière libérale des chefs d'escroquerie et de faux dès lors que les juges se sont fondés, au titre du faux, sur des faits de falsification d'ordonnances médicales qui sont distincts des faits d'utilisation de ces documents retenus comme élément des manœuvres frauduleuses de l'escroquerie à des fins de facturation de soins fictifs au préjudice de caisses d'assurance maladie et mutuelles de santé. • Crim. 9 sept. 2020, n° 19-84.301 : *D. actu. 28 oct. 2020, obs. Roques ; AJ pénal 2020. 524, obs. Lassalle ; Dr. pénal 2020, n° 183, obs. Conte ; JCP 2020. 1287, note Detraz ; Gaz. Pal. 2020. 2683, note Mésa.*

155. Des faits qui procèdent de manière indissociable d'une action unique caractérisée par une seule intention coupable ne peuvent donner lieu, contre le même prévenu, à deux déclarations de culpabilité de nature pénale, fussent-elle concomitantes ; tout jugement ou arrêt doit comporter les motifs propres à justifier la décision ; l'insuffisance ou la contradiction des motifs équivaut à leur absence ; pour confirmer le jugement en ce qu'il a déclaré le prévenu coupable d'escroquerie, de faux et d'usage de faux, l'arrêt retient que des documents d'identité et des justificatifs utilisés par lui lors de l'acquisition d'un véhicule, détournés et falsifiés, ont été produits en vue d'obtenir d'une société de crédit un prêt pour l'acquisition d'un véhicule Ford ; les juges ajoutent que malgré les dénégations du prévenu, les investigations et déclarations du directeur et de l'employé du garage ayant vendu le véhicule permettent de confirmer sa culpabilité pour ces faits d'escroquerie ; en retenant ainsi les mêmes faits pour déclarer le prévenu coupable des chefs d'escroquerie, faux et usage de faux, la cour d'appel a méconnu l'art. 593 C. pr. pén. et les principes ci-dessus énoncés (usage de faux non dissociable des manœuvres frauduleuses retenues au titre de l'escroquerie). • Crim. 9 sept. 2020, n° 18-86.351 : *Gaz. Pal. nov. 2020, obs. Dreyer.*

156. Exercice illégal d'une profession. Le médecin qui, malgré une interdiction d'exercer, pratique pendant la période d'interdiction des consultations et délivre des feuilles de soins ne saurait être condamné pour l'infraction d'exercice illégal de la médecine ; il reste en effet libre de pratiquer son art à l'égard des personnes qui le sollicitent en sachant qu'elles seront dans l'impossibilité de se faire rembourser les consultations. • Grenoble, 29 janv. 1997 : *JCP 1997. IV.*

2055. ♦ ... En revanche, dès lors que ce médecin a antidaté les feuilles de soins ainsi délivrées pour faire apparaître une date se situant en dehors de la période d'interdiction, il commet les infractions de faux et d'usage de faux ; il a en effet fabriqué un document permettant aux patients de recevoir un remboursement normalement indu, l'usage se trouvant pour sa part caractérisé par la remise du document litigieux aux patients en échange du paiement de la consultation. • Même arrêt.

157. Faux certificats. Le fait de falsifier des résultats d'analyse de sang n'est pas constitutif de l'infraction de faux en écritures ; le document litigieux constitue en effet un certificat au sens de l'art. 441-7 C. pén. et la poursuite doit être requalifiée en ce sens ; le prévenu qui modifie les résultats d'une analyse de sang faisant apparaître une recherche positive d'anticorps au virus du SIDA, pour mentionner une recherche négative, se rend coupable de l'infraction de faux certificat. • Rouen, 22 sept. 1999 : *JCP 2000. IV. 2736.* ♦ Rappr. : • Crim. 29 oct. 1996, n° 96-80.701 P : *Dr. pénal 1997. 18, obs. Véron.*

158. Fraude à la sécurité sociale. L'inobservation par un médecin, lors de la fixation de ses honoraires, de la nomenclature générale des actes professionnels et de la tarification interministérielle correspondante, dans un document soumis à vérification et à discussion de la part de l'organisme social destinataire, ne constitue ni un faux, ni, *a fortiori*, une manœuvre frauduleuse constitutive d'une escroquerie, mais seulement la contravention de cinquième classe prévue par les art. L. 162-38 CSS et 1er du décret du 28 juill. 1988 pris pour son application. • Crim. 25 sept. 1997, n° 96-82.818 P : *Dr. pénal 1998. 3, obs. Véron ; RSC 1999. 103, obs. Ottenhof.*

Art. 441-2 **Le faux commis dans un document délivré par une administration publique aux fins de constater un droit, une identité ou une qualité ou d'accorder une autorisation est puni de cinq ans d'emprisonnement et de 75 000 € d'amende.**

L'usage du faux mentionné à l'alinéa précédent est puni des mêmes peines.

Les peines sont portées à sept ans d'emprisonnement et à 100 000 € d'amende lorsque le faux ou l'usage de faux est commis :

1° Soit par une personne dépositaire de l'autorité publique ou chargée d'une mission de service public agissant dans l'exercice de ses fonctions ;

2° Soit de manière habituelle ;

3° Soit dans le dessein de faciliter la commission d'un crime ou de procurer l'impunité à son auteur.

Corresp. : *C. pén., ancien art. 153.*

A. SUPPORTS PROTÉGÉS

1° ILLUSTRATIONS POSITIVES

1. Titres d'identité ou de circulation. Les passeports étrangers entrent dans les prévisions de l'art. 153 C. pén., qui ne fait aucune distinction suivant la nationalité de l'autorité dont émanent apparemment les passeports. • Crim. 30 juill. 1942 : *Bull. crim. n° 100* • 17 janv. 1984 : *ibid. n° 21.* ♦ Il en est de même de la falsification de documents d'identité délivrés par un consulat étranger. • Crim. 9 oct. 1978 : *Gaz. Pal. 1979. 2. Somm. 354 ; RSC 1979. 829, obs. Vitu.*

2. Sont également des documents administratifs au sens de l'art. 153 C. pén. : ... les vignettes fiscales des véhicules à moteur. • Crim. 22 juin 1961 : *Bull. crim. n° 310 ; RSC 1962. 95, obs. Hugueney.* ♦ ... Les cartes grises. • Crim. 7 déc. 1965 : *D. 1966. Somm. 59.* ♦ Rappr. : • Bordeaux, 2 déc. 1948 : *D. 1949. 200.* ♦ ... Les permis de conduire. • Crim. 8 nov. 1972 : *Bull. crim. n° 331 ; D. 1973. Somm. 20 ; Gaz. Pal. 1973. 1. 205.* ♦ ... Les cartes nationales d'identité et les certificats de nationalité. • Crim. 19 mai 1981 : *Bull. crim. n° 162 ; RSC 1982. 607, obs. Vitu.* ♦ En revanche, ne constitue pas un document administratif, au sens de l'art. 441-2 C. pén., la demande d'inscription sur une liste électorale, établie sur un simple formulaire. • Crim. 2 sept. 2014, n° 13-83.698 P : *D. actu. 16 sept. 2014, obs. Fucini ; AJDA 2014. 2226 ; D. 2014. 1766 ; AJ pénal 2014. 582, obs. Gallois ; RTD com. 2014. 879, obs. Bouloc ; Dr. pénal 2014. Comm. 135, obs. Véron.*

3. Extraits du registre du commerce. Est coupable de falsification de documents administratifs et usage, délit prévu et réprimé à la date des faits par l'art. 153, al. 1 et 4, C. pén., dont les dispositions sont reprises aux art. 441-1 et 441-2 C. pén. entré en vigueur le 1er mars 1994, le prévenu qui a opéré des ajouts sur deux extraits du registre du commerce, puis a produit ces documents ainsi falsifiés auprès d'une banque. • Crim. 21 sept. 1994 : *Gaz. Pal. 1994. 2. Somm. 712.*

4. Carte de police. La contrefaçon d'une carte de policier municipal ne doit pas être poursuivie en vertu de l'art. 441-1 C. pén. réprimant le faux et l'usage de faux, mais requalifiée en délit de faux commis dans un document administratif, en vertu de l'art. 441-2 C. pén. ; doit être relaxé du chef du défit de faux dans un document administratif prévu et réprimé par l'art. 441-2 C. pén., le prévenu qui a contrefait une carte de police municipale mentionnant le grade inexistant de « Brigadier chef prévôt », dès lors que cette carte était inexploitable en raison de l'absence des tampons et signatures réglementaires du maire de la commune et du Procureur de la République, que son port n'est pas établi, celle-ci ayant été trouvée dans un tiroir à son domicile et non sur lui, et que son usage était impossible en l'état de ses fonctions de policier municipal, ces faits n'étant pas susceptibles de causer un préjudice même éventuel ou possible, et ne traduisant pas la volonté de commettre une falsification d'un document administratif dans le but d'en faire usage et de s'approprier une fonction inexistante, mais davantage un fantasme post-militaire. • Aix-en-Provence, 24 sept. 1998 : *JCP 1999. IV. 2310.*

5. Ordres de mission. Justifie légalement sa décision la cour d'appel qui, pour condamner le président d'un conseil général pour abus de confiance, détournement de fonds publics, faux documents administratifs et prise illégale d'intérêts, retient que de faux ordres de mission entrent dans la définition de l'art. 441-2, al. 1er, C. pén., et caractérise, d'une part, le mandat que le président du conseil général tient de l'art. L. 3221-2 CGCT, en tant qu'ordonnateur des dépenses du département, ayant le pouvoir d'engager et de liquider lesdites dépenses, d'autre part, le détournement des fonds correspondant aux dépenses engagées et liquidées à des fins étrangères à celles prévues pour le fonctionnement du conseil général, peu important que l'intéressé n'ait pas eu la détention matérielle de ces fonds. • Crim. 18 oct. 2000, n° 99-88.139 P.

6. En revanche, un avis de vérification fiscale ne constate pas un droit, une identité ou une qualité et n'accorde pas une autorisation. Sa falsification ne saurait en conséquence caractériser un faux et un usage de faux commis dans un document administratif. • Crim. 5 janv. 2017, n° 16-80.045 P : *D. actu. 27 janv. 2017, obs. Gallois.*

7. Procurations de vote. Les procurations de vote, qui sont établies dans le cadre de l'organisation administrative des élections, par des autorités publiques habilitées, en présence du mandant, afin que puisse être authentifiée la volonté de ce dernier, et ont pour effet d'autoriser le mandataire à voter au nom du mandant, constituent des documents délivrés par une administration publique au sens de l'art. 441-2 C. pén. • Crim. 24 oct. 2018, n° 17-86.883 P : *D. 2018. 2139 ; Gaz. Pal. 2019. 453, obs. Dreyer ; Dr. pénal 2019. Comm. 4, obs. Conte.*

8. Preuve de l'âge d'un mineur étranger. M. X... s'est présenté aux services de l'aide sociale à l'enfance muni d'une copie certifiée conforme d'un extrait d'acte de naissance établissant son état de minorité ; le juge des tutelles a ouvert sa tutelle et, après en avoir constaté la vacance, l'a confiée au président du conseil général ; après avoir été soumis à un examen radiographique ayant établi une discordance avec son âge allégué et consécutivement à l'enquête diligentée par le ministère public, il a été poursuivi, selon la procédure de comparution immédiate, devant le tribunal correctionnel, pour usage et détention de faux document administratif, obtention frauduleuse de document administratif et séjour irrégulier d'un étranger en France ; a justifié la condamnation de ces chefs la cour d'appel qui a souverainement apprécié que l'intéressé était majeur nonobstant la procédure suivie par ailleurs devant le juge des tutelles. • Crim. 19 juin 2013, n° 12-82.912 P : *D. actu. 9 oct. 2013, obs. Winckelmuller ; Dr. pénal 2013. Comm. 142, obs. Robert, et 152, obs. Véron.*

2° ILLUSTRATIONS NÉGATIVES

9. Formulaire unilatéralement rempli par l'administré. Selon les art. 441-1 et 441-2 C. pén., il n'existe de faux commis dans un document administratif que si la pièce contrefaite ou altérée a pour objet, ou peut avoir pour effet, d'établir la preuve d'un droit ou d'un fait ayant des conséquences juridiques, et si elle est délivrée par une administration publique aux fins de constater un droit, une identité ou une qualité ou d'accorder une autorisation ; pour déclarer M. Y... coupable de complicité de faux documents administratifs et usage, l'arrêt retient qu'il est établi qu'il a déposé des demandes d'inscriptions sur la liste électorale, qu'il avait lui-même signées, entre les mains des fonctionnaires du service électoral de la mairie d'Ouvéa, en sachant que ces derniers, après les avoir authentifiées en y apposant le cachet de la mairie, allaient les transmettre à la commission chargée de procéder auxdites inscriptions ; que les juges en concluent qu'en agissant ainsi, M. Y... s'est rendu complice des faux et usage de faux documents administratifs commis par les employés de mairie, M. B... et Mme C... ; mais en prononçant ainsi, alors, d'une part, qu'une demande d'inscription sur la liste électorale, établie unilatéralement par son auteur, et qui doit être soumise au contrôle d'une commission administrative pour produire effet, ne revêt aucune valeur probante, et, d'autre part, que cette demande, établie sur un simple formulaire, qui émane de l'administré, ne saurait entrer dans la classe des documents délivrés par une administration publique au sens de l'art. 441-2 C. pén., la cour d'appel a méconnu les textes susvisés. • Crim. 2 sept. 2014, n° 13-83.698 P : *D. actu. 16 sept. 2014, obs. Fucini ; AJ pénal 2014. 582, obs. Gallois.*

10. Avis de vérification fiscale. L'art. 441-2 C. pén. ne s'applique qu'au faux commis dans un document délivré par une administration publique aux fins de constater un droit, une identité ou une qualité ou d'accorder une autorisation ; un avis de vérification fiscale ne constate pas un droit, une identité ou une qualité et n'accorde pas une autorisation ; n'a pas justifié sa décision la cour d'appel, qui confirme le jugement de culpabilité, alors qu'il lui appartenait de rechercher si les faits poursuivis ne constituaient pas les délits de faux et usage prévus à l'art. 441-1 C. pén. • Crim. 5 janv. 2017, n° 16-80.045 P.

B. ÉLÉMENTS CONSTITUTIFS

11. Matérialité. Après l'amarrage d'un navire, les agents des affaires maritimes se sont fait présenter le journal de pêche communautaire, ne mentionnant pas la présence de merlus : les vérifications opérées en cale ont permis de découvrir 119 caisses de merlus ; de retour sur la passerelle, un des agents verbalisateurs a constaté que le journal de pêche, entre-temps rectifié, faisait état d'une cargaison de merlus qui avait été mentionnée avant d'être rayée ; pour déclarer le capitaine coupable de faux dans un document administratif, la cour d'appel énonce qu'en donnant des chiffres erronés puis en les raturant, dans le seul objectif de dissimuler une partie de sa pêche, il a commis un faux aux seules fins d'outrepasser le quota dont il dispose pour la pêche au merlu ; la cour d'appel n'a pas justifié sa décision, dès lors que ces énonciations ne caractérisent pas le délit prévu par l'art. 441-2 C. pén., les déclarations unilatérales qui sont portées au journal de bord étant soumises à vérification et le fait d'y inscrire, au moment où elles doivent l'être, des mentions erronées ou incomplètes, étant constitutif d'une contravention ; il appartenait à la cour d'appel, le cas échéant, de rechercher si l'intéressé, en apportant. dans le dessein de tromper les enquêteurs et d'éluder leur surveillance, des modifications à ce journal, après la mise en œuvre des opérations de contrôle, n'avait pas fait obstacle au déroulement de leur mission, méconnaissant ainsi les dispositions de l'art. 8 du Décr.-L. du 9 janv. 1852. • Crim. 14 déc. 2004, n° 04-83.551 P : *AJ pénal 2005. 157, obs. G. R.* ; *Dr. pénal 2005. Comm. 69, obs. Véron.*

12. Appréciation souveraine des juges du fond. Saisies de poursuites des chefs d'usage et détention de faux document administratif, obtention frauduleuse de document administratif et séjour irrégulier d'un étranger en France, les juridictions répressives apprécient souverainement l'âge réel du prévenu, indépendamment de son placement sous tutelle de mineur. • Crim. 19 juin 2013 : *D. actu. 9 oct. 2013, obs. Winckelmuller ; Dr. pénal 2013, n° 152, obs. Véron.*

13. Intention. Tout jugement ou arrêt doit répondre aux chefs péremptoires des conclusions des parties ; méconnaît les art. 441-1 et 441-2 C. pén., ensemble l'art. 593 C. pr. pén., la cour d'appel qui, pour relaxer la prévenue du chef d'usage de faux commis dans un document administratif, énonce que, si la fausseté du document produit devant le juge des affaires familiales résulte du rapport dressé par le commissariat de police de Dakar, qui établit que le signataire de cet acte de mariage n'est pas l'officier d'état civil compétent pour signer un tel document, les autres énonciations ne comportent aucune altération frauduleuse de la vérité et que le demandeur ne démontre ni le préjudice qui en est résulté pour lui ni la connaissance de la fausseté de la pièce litigieuse par la prévenue qui a pu se croire également mariée, sans répondre aux conclusions de la partie civile qui faisait valoir que l'écriture sur le certificat litigieux était identique à celle d'une demande en convocation devant le conseil des prud'hommes rédigée par la prévenue et pouvant démontrer sa connaissance de la fausseté du document. • Crim. 22 oct. 2003, n° 02-87.875 P : *AJ pénal 2004. 31* ; *Gaz. Pal. 2004. 1. Somm. 1325, note Monnet.*

14. Préjudice. La possibilité d'un préjudice suffit pour qu'un faux commis dans un passeport tombe sous l'application de l'art. 153 C. pén. • Crim. 30 juill. 1942 : *Bull. crim. n° 100.*

15. La fabrication d'un document administratif relatif à l'état civil des personnes, même comportant des mentions pour parties exactes, constitue un faux matériel qui cause un préjudice résultant de l'atteinte portée aux intérêts de la société et dont la production au cours d'une audience civile constitue l'usage d'un faux. • Crim. 22 oct. 2003, n° 02-87.875 P : *D. 2004. IR 324* ; *JCP 2004. IV. 1037 ; AJ pénal 2004. 31* ; *Gaz. Pal. 2004. 1. Somm. 1325, note Monnet.*

16. Sont établis les éléments du délit de faux en écriture publique ou dans un document administratif et usage, le prévenu ayant masqué en location de matériel une prestation de service (colmatage de fissures) qui aurait dû être faite au mètre linéaire, ce bon de commande fictif ayant été établi pour contourner les règles du marché public, causant ainsi un préjudice à la société titulaire exclusive du marché. • Crim. 22 sept. 2004 : *JCP 2005. II. 10042, note Linditch ; RSC 2005. 565, obs. Delmas Saint-Hilaire* ; *Gaz. Pal. 2005. 2. Somm. 3596, note A. C.*

Art. 441-3 **La détention frauduleuse de l'un des faux documents définis à l'article 441-2 est punie de deux ans d'emprisonnement et de 30 000 € d'amende.**

La peine est portée à cinq ans d'emprisonnement et à 75 000 € d'amende en cas de détention frauduleuse de plusieurs faux documents.

1. Matérialité. L'art. 441-3 C. pén. réprime la détention frauduleuse d'un ou plusieurs faux documents administratifs ; la détention, qui se définit comme un pouvoir de fait exercé sur un bien, n'implique pas une appréhension matérielle des documents, qui peuvent être détenus par l'intermédiaire d'autrui. • Crim. 6 janv. 2021, n° 19-84.547 P : *D. actu. 26 janv. 2021, obs. Récotillet ; D. 2021. 13* . ♦ ... En l'espèce, pour déclarer M. X coupable de la détention frauduleuse des faux documents administratifs découverts sur Mme Y le 25 nov. 2015 et dans les bagages du couple et de leur fille le 11 sept. 2016, l'arrêt attaqué, après avoir rappelé que les premiers juges ont relaxé le prévenu au motif que ces faits ne pouvaient être imputés qu'à Mme Y, qui détenait matériellement les documents, relève que les époux voyageaient à chaque fois ensemble, en famille et que les sommes et objets servant à fabriquer les faux passeports trouvés dans leurs bagages communs doivent être considérés comme détenus en commun ; les juges ajoutent que les faux documents d'identité portant la photographie de M. X étaient nécessairement destinés à être prioritairement utilisés par lui, et que le couple agissait de manière parfaitement coordonnée, caractérisant une coaction ; ils en déduisent que les faits de détention de faux documents doivent leur être imputés à l'un comme à l'autre ; en l'état de ces seules énonciations, qui établissent que M. X disposait, tout autant que Mme Y, des faux passeports litigieux, la cour d'appel a justifié sa décision. • Même arrêt.

2. *Intention.* Après avoir relevé que les éléments constitutifs des infractions ont été caractérisés de manière instantanée lors de l'interpellation du prévenu, l'arrêt confirmatif attaqué, pour déclarer le demandeur coupable de recel de faux documents administratifs, énonce notamment qu'un faux passeport, un faux permis de conduire, ainsi que des ébauches de cartes grises néerlandaises et de permis de circulation suisses, ont été découverts dans le véhicule automobile qu'il conduisait, et que le prévenu, qui ne conteste pas la matérialité des faits, ne donne pas d'explications convaincantes sur la détention de ces faux documents ; en l'état de ces énonciations, d'où les juges, sans renverser la charge de la preuve, ont déduit la connaissance, par le prévenu, de la fausseté des documents administratifs litigieux, et qui caractérisent le délit de détention frauduleuse de faux documents administratifs prévu par l'art. 441-3 C. pén., alors même que le prévenu serait l'auteur de la falsification, la peine est justifiée du chef des faits susvisés, ainsi requalifiés. • Crim. 22 mai 1997, n° 96-82.080 P. – Rappr. : *RSC 2000. 206, obs. Delmas Saint-Hilaire*.

3. *Purge des qualifications.* Le juge correctionnel, qui n'est pas lié par la qualification donnée par la prévention, ne peut prononcer une décision de relaxe qu'autant qu'il a vérifié que les faits dont il est saisi ne sont constitutifs d'aucune infraction ; ainsi, doit être cassé l'arrêt qui relaxe le prévenu poursuivi pour usage d'un faux commis dans un document délivré par une administration publique au sens de l'art. 441-2, al. 1 et 2, et 441-1, al. 1, C. pén. (brevet d'État d'éducateur sportif), et pour avoir recelé ce document, sans rechercher si les faits constatés ne caractérisaient pas l'usage d'un document obtenu indûment, ou la détention frauduleuse d'un tel document, infractions prévues et réprimées par les art. 154, al. 1 et 2, ancien, applicable pour une partie des faits, 441-6, al. 1, 441-2, al. 2, et 441-3 C. pén. et le recel de ce document. • Crim. 2 juin 1999 : *Dr. pénal 2000. 2, obs. Véron.*

Art. 441-4 Le faux commis dans une écriture publique ou authentique ou dans un enregistrement ordonné par l'autorité publique est puni de dix ans d'emprisonnement et de 150 000 € d'amende.

L'usage du faux mentionné à l'alinéa qui précède est puni des mêmes peines.

Les peines sont portées à quinze ans de réclusion criminelle et à 225 000 € d'amende lorsque le faux ou l'usage de faux est commis par une personne dépositaire de l'autorité publique ou chargée d'une mission de service public agissant dans l'exercice de ses fonctions ou de sa mission. — *Discipl. et pén. mar. march. 44.*

Corresp. : *C. pén., anciens art. 145 à 149.*

RÉP. PÉN. v° *Officier public ou ministériel,* par REDON.

1. *Application dans le temps.* L'art. 441-4 nouv. C. pén., entré en vigueur le 1er mars 1994, qui punit de peines correctionnelles le faux en écritures publiques, s'il a substitué, à compter de cette date, le délai de prescription de 3 ans à celui de 10 ans, n'a pas eu pour effet de remettre en cause les actes interruptifs accomplis sous l'empire de la loi ancienne. • Crim. 29 avr. 1997, n° 95-82.669 P. ♦ ... En ce cas, le délai de prescription de l'action publique de 3 ans ne se substitue à la prescription décennale qu'à compter de la date d'entrée en vigueur de la loi nouvelle, sans toutefois que le délai total puisse excéder 10 ans depuis le dernier acte interruptif accompli sous l'empire de la loi ancienne. • Même arrêt.

2. S'agissant d'une infraction de faux en écritures publiques ou authentiques commise avant l'entrée en vigueur du nouveau code pénal correctionnalisant l'infraction, l'action publique n'est pas prescrite, même si les poursuites ont été engagées plus de trois ans après les faits dès lors qu'elles l'ont été avant l'entrée en vigueur du nouveau texte et dans le délai de 10 ans. • Paris, 30 oct. 1998 : *JCP 1999. IV. 1686.*

I. INCRIMINATION

A. ÉCRITURE

1° ÉCRITURES PUBLIQUES

3. *Écritures gouvernementales.* Des certificats de rente émanés d'un gouvernement (certificats de la rente piémontaise) sont de leur nature des actes authentiques, puisqu'ils sont créés par une administration publique qui les met en circulation sous la garantie de son autorité et de son sceau, et si ces titres ont évidemment ce caractère dans les pays où ils sont émis, ils doivent le conserver dans les États où ils circulent et se négocient par l'intermédiaire des agents publics préposés à ces négociations, tels que les agents de change, surtout dans l'hypothèse où, en outre, ils rentrent dans la classe d'actes qu'un traité international a déclarés exécutoires dans les deux États. • Crim. 17 nov. 1855 : *DP 1856. 1. 112.*

4. Écritures judiciaires. Sont également des écritures publiques : ... les décisions de justice. • Crim. 23 sept. 1880 : *DP 1881. 1. 489* • 8 août 1895 : *ibid. 1900. 5. 354.* ♦ ... Une ordonnance de soit-communiqué. • Nancy, 18 nov. 2004 : *JCP 2005. II. 10158, note Mayaud.* ♦ ... Une fausse sentence arbitrale, rendue exécutoire par arrêté ministériel, conformément à la législation en vigueur. • Crim. 18 mai 1960 : *Bull. crim. n° 272.* ♦ Plus généralement, doit être considéré comme coupable de faux celui qui a frauduleusement inséré ou fait insérer dans des assignations, constitutions d'avoués, actes d'appel et pourvois en cassation, les noms, prénoms, professions et domiciles de personnages qu'il savait imaginaires. • Crim. 5 nov. 1903 : *D. 1904. 1. 25, note Le Poittevin.* ♦ Rappr., pour le fait d'apposer faussement sur une signification la signature de la personne à laquelle cette signification s'adresse : • Crim. 21 mai 1963 : *Bull. crim. n° 180.*

5. Constitue un faux en écriture publique et authentique le fait par un greffier d'antidater l'acte de dépôt au greffe d'un rapport d'expertise, et de mentionner faussement que ce dépôt avait été effectué par l'expert commis. • Crim. 31 mars 1949 : *Bull. crim. n° 125.*

6. L'altération frauduleuse de la vérité affectant la substance d'un procès-verbal dressé par un commissaire de police, fonctionnaire public, dans l'exercice de ses fonctions revêt la qualification criminelle prévue à l'art. 441-4 C. pén., et ce, lors même qu'un tel procès-verbal ne vaudrait qu'à titre de simple renseignement. • Crim. 28 oct. 2003, n° 02-87.628 P : *AJ pénal 2004. 31 ; Gaz. Pal. 2004. 1. Somm. 1325, note Monnet.*

7. Le prévenu, avocat au Conseil d'État et à la Cour de cassation, doit être relaxé du chef de faux en écritures publiques alors qu'il lui est notamment reproché des fautes dans la rédaction d'un mémoire ampliatif présenté à l'appui d'un pourvoi en cassation déposé au nom de la partie civile ; en effet, le mémoire ampliatif ne constitue pas un document délivré par une administration publique mais un acte privé résumant des moyens à faire valoir devant une juridiction ; le changement d'un élément de phrase dans le mémoire est insusceptible de constituer un faux, s'agissant au surplus d'une simple correction ; enfin, la prétendue omission de certains moyens suggérés par la partie civile au prévenu pour le pourvoi ne constitue pas plus l'infraction poursuivie en l'absence de preuve de la présence d'éléments de nature à nuire à la partie civile dans le mémoire litigieux. • Paris, 11 mars 2003 : *JCP 2003. IV. 3068.*

8. Ne constitue pas un faux en écriture publique ou authentique l'ordonnance de soit-communiqué rendue par un magistrat instructeur au seul motif allégué qu'elle a été mise en forme à une date ultérieure par rapport à celle que mentionne l'acte, laquelle correspond au jour effectif où la formalité indiquée avait été accomplie ; en effet, il ne s'agit pas dans ce cas de la fabrication d'une pièce par le magistrat mais de la simple matérialisation par lui de sa décision, au moyen d'un support prévu par la loi ; la tardiveté de la mise en forme n'est pas de nature à enlever à l'ordonnance son caractère original ; la qualification de faux matériel est en conséquence inapplicable en l'espèce. • Nancy, ch. instr., 18 nov. 2004 : *JCP 2005. II. 10158, note Mayaud.* ♦ Sur l'irrecevabilité du pourvoi, fondée sur l'art. 575 C. pr. pén., V. • Crim. 27 sept. 2005 : *AJ pénal 2006. 85* . – *Adde*, G. Bolard, De la responsabilité pénale du juge, *JCP 2005. I. 190.* ♦ Rappr. : Souchard, *D. actu. 18 mai 2018* (document antidaté : non-lieu pour une juge d'instruction).

9. Écritures fiscales. Doivent être considérés comme livres officiels, les registres à souches d'un fonctionnaire chargé de la perception des impôts, et les falsifications commises sur les souches constituent des faux en écritures publiques. • Crim. 10 janv. 1952 : *Bull. crim. n° 10.* ♦ Constitue un faux en écritures publiques le fait, pour un receveur-percepteur, d'inscrire des mentions inexactes sur un registre de la perception, destiné au relevé des imputations provisoires de dépenses en attente de régularisation. • Crim. 29 avr. 1996, n° 95-83.110 P.

10. La falsification des timbres délivrés par le ministère des finances et qui portent le numéro des dixièmes de billets de la loterie nationale constitue un faux en écritures publiques. • Crim. 16 nov. 1967 : *Bull. crim. n° 295 ; Gaz. Pal. 1967. 2. 318.* ♦ En revanche, ne peuvent être comparés avec des timbres délivrés par le ministère des Finances, et ne constituent pas davantage des pièces comptables d'un établissement de l'État, de simples fiches de renseignements d'usage strictement interne à la société de la loterie nationale ou du loto national (« fiche hebdomadaire » et « fiche de désaccord »). • Crim. 10 mai 1994, n° 93-82.208 P.

11. Écritures préfectorales. Est un faux en écriture publique le fait de fabriquer une lettre à en-tête préfectoral avec la signature apparente du secrétaire général. • Nîmes, 19 déc. 1878 : *D. 1880. 2. 37.*

12. Écritures municipales. Les registres de l'administration d'un mont-de-piété ou d'une caisse de crédit municipal, destinés par la loi à prouver les remises de fonds faites aux emprunteurs sur nantissement, renferment des écritures publiques et authentiques qui font foi des opérations qu'elles constatent ; par suite, l'altération de la vérité dans une mention essentielle de l'acte d'engagement, manifestement de nature à causer préjudice à autrui, est à bon droit qualifiée de faux en écritures publiques et authentiques. • Crim. 3 août 1935, *(Aff. Stavisky) : DP 1937. 1. 94 (1er arrêt), note Leloir.* ♦ Renferme de même des écritures publiques et authentiques, au sens de l'art. 147 C. pén., le registre qui constate les décisions prises ou les actes accomplis par le conseil d'administration en vue de la gestion des deniers du crédit municipal. • Crim. 3 avr. 1936 : *DP 1937. 1. 94 (2e arrêt), note Leloir.*

13. Constitue un faux en écriture publique, tombant sous le coup de l'art. 146 C. pén., le fait, par un maire, de faire établir et de signer, pour l'adresser au préfet du département, un extrait du registre des délibérations du conseil municipal de la commune relatant une délibération dont ce registre ne contient aucune trace, et dont il est établi qu'elle n'a donné lieu à aucun procès-verbal. • Crim. 27 févr. 1984 : *Bull. crim. n° 75.* ♦ Mais n'est pas une écriture publique le procès-verbal, signé par le maire ou son délégué, des tableaux des additions et retranchements opérés par une commission administrative pour la révision des listes électorales. • Crim. 7 oct. 1991, n° 90-87.757 P.

14. Se rend coupable de faux en écriture publique l'agent d'une direction départementale de l'équipement qui, en exécution d'instructions téléphoniques d'un maire, a modifié le document graphique annexé au plan d'occupation des sols de la commune pour inclure dans une zone constructible, en violation de la délibération du conseil municipal, une parcelle de terrain classée dans une zone d'espace boisé à protéger ; l'intention coupable du prévenu est établie par le fait qu'il a donné des instructions à un agent de son service pour substituer le plan ainsi altéré au plan annexé à la délibération du conseil municipal dans les archives de la mairie et de la préfecture ; le conseil municipal ayant dû prendre une nouvelle délibération qui maintient la parcelle contestée dans la zone protégée, tout en admettant le caractère constructible de l'emplacement du bâtiment qui y a été entre temps édifié, l'acte reproché a causé un préjudice à la collectivité. • Crim. 25 févr. 1998 : *Dr. pénal 1998. 94.*

15. A justifié sa décision la cour d'appel qui, pour déclarer le prévenu coupable de faux en écriture publique, retient, notamment, en relation avec la décision d'un conseil municipal de participer à la vente aux enchères d'un bien immobilier à hauteur de 35 000 F maximum, qu'il a établi un compte rendu manuscrit de la séance, sur lequel il a mentionné la somme de 35 000 F, portée, ensuite, à 50 000 F, après avoir consulté les membres du conseil municipal partageant son opinion, qu'il a demandé, en vain, à la secrétaire de transformer la somme initiale en celle de 50 000 F, rectification qu'il a opérée lui-même sur ses notes destinées à l'établissement du registre des délibérations, les juges précisant que, en altérant ainsi, le contenu de la délibération du conseil municipal, le prévenu a bien eu conscience de commettre un faux, et que celui-ci était susceptible de causer un préjudice, tant à la commune, qu'aux tiers enchérisseurs, et que l'adjudicataire, qui a porté les enchères jusqu'à 51 000 F, a perdu une chance d'acquérir le tènement immobilier à moindre coût. • Crim. 30 avr. 2003 : *Dr. pénal 2003, comm. 109, obs. Véron.*

16. Actes de l'état civil. Est de nature à constituer le crime de faux en écriture authentique et publique le fait de signer un extrait des actes de l'état civil d'une fausse signature imitée de celle d'un fonctionnaire municipal, et d'y apposer le sceau contrefait d'une mairie. • Crim. 7 nov. 1974 : *Bull. crim. n° 319 ; RSC 1975. 689, obs. Vitu.* ♦ Mais la reconnaissance mensongère d'un enfant naturel dans un acte de l'état civil, dès lors que seule la véracité de la paternité affirmée dans l'acte imcriminé est en cause, ne constitue pas en soi un faux punissable, cette reconnaissance pouvant toujours être contestée, en vertu de l'art. 339 C. civ., par toutes personnes qui y ont intérêt et par son auteur lui-même. • Crim. 8 mars 1988 : *Bull. crim. n° 117 ; D. 1989. 528, note de la Marnierre ; JCP 1989. II. 21162, note Jeandidier ; Gaz. Pal. 1988. 2. 529.* ♦ Sur les suites procédurales de cette affaire : • T. corr. Angers, 18 mai 1990 : *RSC 1991. 352, obs. Bouzat.* ♦ Le fait, pour un officier d'état civil, de signer un acte constatant un mariage fictif constitue le crime de faux commis dans une écriture publique par une personne dépositaire de l'autorité publique ou chargée d'une mission de service public agissant dans l'exercice de ses fonctions ou de sa mission. • Crim. 20 juill. 2011, n° 10-83.763 P : *D. actu. 5 sept. 2011, obs. Bombled ; RSC 2012. 151, obs. Mascala.*

17. Marchés publics. Sont établis les éléments du délit de faux en écriture publique ou dans un document administratif et usage, le prévenu ayant masqué en location de matériel une prestation de service (colmatage de fissures) qui aurait dû être faite au mètre linéaire, ce bon de commande fictif ayant été établi pour contourner les règles du marché public, causant ainsi un préjudice à la société titulaire exclusive du marché. • Crim. 22 sept. 2004 : *JCP 2005. II. 10042, note Linditch ; RSC 2005. 565, obs. Delmas Saint-Hilaire.*

18. Écritures postales. Les reconnaissances de dépôts d'argent délivrées par l'administration des postes engageant le Trésor public et formant par elles-mêmes un titre complet dont la falsification est de nature à préjudicier à l'État, le fait d'effacer à l'aide d'un procédé chimique le chiffre d'un mandat-poste et d'en majorer frauduleusement le montant, constitue le crime de faux en écriture authentique et publique. • Crim. 16 mars 1895 : *DP 1899. 5. 377.* ♦ La fausse signature apposée sur les registres de l'administration des postes, destinés à prouver les payements effectués par les préposés de cette administration,constitue un faux en écriture publique. • Crim. 23 mars 1912 : *DP 1913. 1. 239.* ♦ Le fonctionnaire de l'administration des postes chargé d'assurer la gestion d'une caisse d'épargne, se rend coupable du crime de faux en écritures publiques s'il altère des livrets de caisse d'épargne par des grattages ou surcharges, ou s'il appose de fausses signatures sur des demandes de remboursement. • Crim. 11 juin 1959 : *Bull. crim. n° 312.*

19. Écritures comptables. Un arrêt qui constate que l'accusé, fonctionnaire public, a imité une signature et dénaturé ses écritures comptables pour dissimuler le déficit de sa caisse, déficit résultant de détournements antérieurement commis par lui, justifie l'application à ce fonctionnaire des art. 145 et 146 C. pén. • Crim. 4 mai 1957 : *Bull. crim. n° 367.*

20. Constituent les crimes prévus par les art. 147 et 148 C. pén. la fabrication et l'usage de factures relatant des fournitures imaginaires de marchandises, lorsque lesdites factures sont revêtues d'une attestation par laquelle un fonctionnaire compétent, agissant de concert avec les prétendus fournisseurs, certifie faussement la prise en charge par l'État de marchandises qui n'ont pas été livrées. • Crim. 28 juin 1939 : *Bull. crim. n° 139.* ♦ Se rend coupable de faux en écritures publiques et d'usage, tant au regard de l'art. 147 C. pén. applicable lors des faits, que des art. 441-1 et 441-4 nouv. C. pén., le chef d'un service départemental, qui a fait solder des dettes personnelles contractées auprès de deux commerçants, en faisant régler par le conseil général plusieurs factures correspondant à des fournitures fictives, émises à sa demande par ces mêmes commerçants ; en visant et signant lui-même ces factures, en sa qualité de « chef de service des bâtiments départementaux », l'accusé leur a ainsi donné le caractère de pièces comptables constitutives de faux en écritures publiques, dont il a ensuite fait usage en les transmettant à la trésorerie générale du département pour en obtenir le paiement sur les deniers du conseil général. • Crim. 5 oct. 1994, n° 94-83.635 P.

21. Écritures universitaires. Constitue un faux en écriture publique le fait, pour un doyen de faculté, de transmettre au secrétariat de l'université, en faveur de deux étudiants, des notes manuscrites mentionnant des décisions spéciales d'un jury, en réalité inexistantes. • Crim. 26 janv. 2011 : *Dr. pénal 2011. 46, obs. Véron.*

2° *ÉCRITURES AUTHENTIQUES*

22. Actes dressés par les officiers publics. Le caractère d'actes authentiques est conféré par la loi à tous les actes dressés par les officiers publics. • Crim. 16 juin 1955 : *Bull. crim. n° 302.* ♦ ... Tel un acte de mainlevée de saisie-arrêt établi par un clerc d'huissier assermenté. • Crim. 29 oct. 1990 : *Dr. pénal 1991. 71.*

23. Notaires. Le fait d'un notaire qui, stipulant par un prête-nom dans un acte qu'il dresse comme officier public, dissimule l'extinction de la procuration en vertu de laquelle ce prête-nom agit pour lui, constitue le crime de faux. • Crim. 29 avr. 1841 : *S. 1841. 1. 740.*

24. Est faussaire le notaire qui certifie faussement par sa signature la présence de deux personnes lors de l'établissement d'un acte et le contenu de l'information qui leur avait été fournie. • Crim. 7 avr. 2009 : *RSC 2010. 139, obs. Mascala* ; *Dr. pénal 2009, n° 90, obs. Véron.*

25. Des copies collationnées d'actes sous seing privé établies par un notaire, bien qu'elles ne puissent valoir au point de vue de la preuve que comme écrits sous seing privé, participent du caractère de l'officier public qui les a dressées, et l'altération frauduleuse de la vérité dans lesdites copies constitue le crime de faux en écriture authentique et publique, prévu par l'art. 147 C. pén. • Crim. 19 juill. 1930 : *Bull. crim. n° 213.*

26. Ont le caractère d'écritures publiques : ... le livre-journal et le grand-livre des études de notaires, ces documents permettant aux chambres de discipline et au ministère public d'exercer leur surveillance sur la gestion de ces études. • Crim. 19 nov. 1914 : *Bull. crim. n° 434.* ♦ ... Les documents comptables visés par les notaires (reçus pour quittances ou décharges...) qui s'accompagnent de fausses mentions portées sur les registres que les officiers ministériels et publics sont astreints à tenir. • Crim. 1er juin 1976 : *Bull. crim. n° 193 ; RSC 1977. 85, obs. Vitu* • 13 nov. 1991, n° 90-84.172 P : *RSC 1993. 112, obs. Bouzat* .

27. Sont constitutives du faux en écriture authentique les fausses déclarations faites dans un acte de notoriété dressé par un notaire, même étranger mais ayant qualité pour le recevoir, relativement à des faits que cet acte avait pour objet de constater, et ce avec l'intention de nuire et l'éventualité d'un préjudice. • Crim. 21 févr. 1978 : *Bull. crim. n° 63* ; confirmation de : • Rennes, 18 nov. 1976 : *JCP 1979. II. 19260, note Brulliard.*

28. Le dépôt d'un acte sous seing privé au rang des minutes d'un notaire ne peut donner à cet acte un caractère authentique qu'à la condition d'être fait par toutes les personnes qui ont été parties à l'acte et qui reconnaissent leurs signatures ; la fausseté, à la supposer établie, des actes déposés ne peut entraîner la fausseté de l'acte de dépôt, qui n'a pas eu le pouvoir, du seul fait de sa passation, de constater comme vrais les faits faux relatés dans ces actes. • Crim. 8 janv. 1980 : *Bull. crim. n° 12 ; Gaz. Pal. 1980. 2. Somm. 468.*

29. Constitue en elle-même le faux en écriture de l'art. 441-4, al. 1er, C. pén. la fausseté des indications par un notaire sur la présence des parties dans les actes qu'il instrumente. • T. corr. Tarbes, 16 déc. 1997 : *Gaz. Pal. 1998. 1, chron. crim. 55.*

30. Le greffier en chef substituant le notaire empêché qui signe un acte authentique de vente sous condition suspensive violant manifestement les formalités substantielles et donc les garanties voulues par le législateur, se rend coupable de faux en écritures publiques ou authentiques (en l'espèce, il n'était pas présent lors de la signature de l'acte présenté comme faussement reçu par lui, et n'a pas fait respecter l'obligation de lecture de l'acte). • Paris, 30 oct. 1998 : *JCP 1999. IV. 1686.* ♦ ... Le notaire qui établit un acte de vente sous condition suspensive comportant des mentions erronées, notamment la comparution personnelle des parties à l'acte, et qui le fait signer par le greffier en chef lui-même étant frappé d'empêchement, se rend coupable de faux en écritures publiques ou authentiques ; il a par ailleurs fait usage de ce faux en le transmettant à son conseil en vue de son utilisation dans un litige judiciaire. • Même arrêt.

31. Les faits de faux en écriture sont couverts par la prescription triennale dès lors que l'intéressé, clerc de notaire, n'est pas dépositaire de l'autorité publique. • Crim. 15 mai 2007 : *Dr. pénal 2007, n° 118, obs. Véron.*

32. Agents de change. L'obligation, pour les agents de change, de tenir un registre sur lequel ils consignent les conditions des négociations qui ont eu lieu par leur entremise, confère à cette pièce un caractère d'écriture publique, ayant pour objet d'éclairer la justice sur les contestations auxquelles peuvent donner lieu les opérations qui doivent y être mentionnées. • Crim. 16 juin 1932 : *Bull. crim. n° 146.* ♦ Rappr., pour les notaires : • Crim. 19 nov. 1914 : *Bull. crim. n° 434.*

33. Commissaires-priseurs. Les procès-verbaux de vente, dressés par les commissaires-priseurs, font foi à l'égard des tiers et ont le caractère d'actes authentiques. • Crim. 16 juin 1955 : *Bull. crim. n° 302.* ♦ *Contra* : • Bordeaux, 11 mai 1988 : *Journ. commiss.-pris. 1989. 98, note Gaultier.*

B. ENREGISTREMENT

34. Néant.

II. RÉPRESSION

A. AGGRAVATION

35. Dépositaires de l'autorité publique. L'expression « fonctionnaire » au sens de l'ancien art. 145 C. pén. a été entendue dans son acception la plus large, abstraction faite du caractère permanent ou temporaire des fonctions exercées. • Crim. 29 juin 1944 : *Bull. crim. n° 155* • 10 janv. 1952 : *ibid. n° 10.* ♦ Mais le clerc de notaire déclaré coupable de faux en écriture authentique et publique n'encourait pas les peines prévues par les art. 145 et 146 C. pén. pour les fonctionnaires et officiers publics qui avaient commis ces crimes : n'ayant ni l'une ni l'autre de ces qualités, seul l'art. 147 C. pén. était applicable. • Crim. 22 déc. 1970 : *Bull. crim. n° 349 ; D. 1971. Somm. 52 ; Gaz. Pal. 1971. 1. 84.* ♦ Un clerc de notaire n'est pas dépositaire de l'autorité publique. • Crim. 15 mai 2007 : *préc. note 31.*

36. La question de savoir si l'accusé dans une affaire de faux est fonctionnaire public est une question de droit qui ne peut être valablement résolue par le jury. • Crim. 30 nov. 1933 : *Bull. crim. n° 223.*

37. Exercice des fonctions. Le faux doit être considéré comme commis dans l'exercice des fonctions, lorsque l'auteur de la mention mensongère (en l'espèce, un facteur auxiliaire des postes) avait le pouvoir, en vertu de la délégation qu'il tenait des pouvoirs publics, d'attester la réalité du fait, objet de ladite mention. • Crim. 29 juin 1944 : *Bull. crim. n° 155.*

38. Complicité. Sont applicables au complice les circonstances aggravantes liées à la qualité de l'auteur principal ; ainsi de la qualité de personne chargée d'une mission de service public agissant dans l'exercice de sa mission (notaire) prévue par l'art. 441-4 C. pén. (faux en écriture publique ou authentique). • Crim. 7 sept. 2005, n° 04-84.235 P : *D. 2005. Pan. 2988, obs. Roujou de Boubée ; ibid. 2006. 835, note Dreyer ; AJ pénal 2005. 413 ; Dr. pénal 2005. 167, obs. Véron ; Gaz. Pal. 2006. 1. 1114, note Monnet.*

B. ACTIONS

39. Action civile. Pour qu'une constitution de partie civile soit recevable devant la juridiction d'instruction, il suffit que les circonstances sur lesquelles elle s'appuie fassent apparaître comme possible l'existence d'un préjudice en relation directe avec une infraction à la loi pénale ; encourt dès lors la cassation l'arrêt d'une chambre d'accusation déclarant irrecevables du chef de faux en écritures publiques les plaintes avec constitution de partie civile de conseillers prud'hommes et d'une union locale de syndicats contre un vice-président de conseil de prud'hommes, auquel ils reprochent d'avoir rédigé des jugements non conformes au délibéré, dans un sens défavorable aux salariés, les faits allégués étant de nature, s'ils étaient établis, à porter atteinte tant aux prérogatives et à la dignité des magistrats concernés qu'à l'intérêt collectif des salariés. • Crim. 7 mars 1996, n° 95-82.659 P.

40. Questions. L'accusé ayant été renvoyé devant la cour d'assises pour avoir fait usage d'un état hypothécaire falsifié, c'est à bon droit que le président a posé 2 questions à la cour et au jury, l'une sur l'existence des faits, et l'autre sur la nature d'écriture publique que possède un tel document au sens des art. 147 et 148 anciens et 441-4 nouv. C. pén. • Crim. 29 avr. 1997, n° 95-82.669 P.

C. CONFLIT DE QUALIFICATIONS

41. Faux certificats. Le devoir qu'ont les juges de restituer à la poursuite sa qualification véritable, dès lors qu'ils puisent les éléments de leur décision dans les faits visés à la prévention, n'est pas contraire à l'art. 6, § 3, Conv. EDH ; c'est à bon droit que la cour d'appel a requalifié les faits, poursuivis sous la qualification de faux en écritures publiques, en fausses attestations ; le prévenu, greffier au tribunal d'instance, avait remis à des étrangers en situation irrégulière un récépissé attestant du dépôt d'un dossier en vue de la délivrance d'un certificat de nationalité française, alors qu'aucun dossier n'avait été remis par les intéressés. • Crim. 29 oct. 1996, n° 96-80.701 P : *Dr. pénal 1997. 18, obs. Véron*. – Rappr. • Rouen, 22 sept. 1999 : *JCP 2000. IV. 2736*.

42. Faux dans un document administratif. En matière répressive, la compétence des juridictions est d'ordre public ; les juges du second degré, saisis de la cause entière par l'appel du ministère public, doivent examiner, même d'office, leur compétence et se déclarer incompétents si les faits poursuivis sont du ressort de la juridiction criminelle ; la prévenue a été citée directement devant le tribunal correctionnel, à la requête du procureur de la République, du chef de faux dans un document administratif, « en l'espèce un acte de mariage », par une personne chargée d'une mission de service public, agissant dans l'exercice de ses fonctions ; pour la déclarer coupable de cette infraction, les juges du second degré énoncent que la prévenue, en sa qualité d'officier de l'état civil, a signé un acte constatant un mariage fictif ; en prononçant ainsi, alors que les faits, à les supposer établis, constituent le crime de faux commis dans une écriture publique, par un officier de l'état civil, prévu et réprimé par l'art. 441-4, al. 3, C. pén., et qu'ainsi la juridiction correctionnelle était incompétente pour en connaître, la cour d'appel a méconnu les art. 469, 512 et 519 C. pr. pén., et le principe ci-dessus rappelé ; d'où il suit que la cassation est encourue. • Crim. 20 juill. 2011, n° 10-83.763 P : *Gaz. Pal. 2012. 1. 301, obs. Dreyer ; RSC 2012. 151, obs. Mascala*.

Art. 441-5 **Le fait de procurer frauduleusement à autrui un document délivré par une administration publique aux fins de constater un droit, une identité ou une qualité ou d'accorder une autorisation est puni de cinq ans d'emprisonnement et de 75 000 € d'amende.**

Les peines sont portées à sept ans d'emprisonnement et à 100 000 € d'amende lorsque l'infraction est commise :

1° Soit par une personne dépositaire de l'autorité publique ou chargée d'une mission de service public agissant dans l'exercice de ses fonctions ;

2° Soit de manière habituelle ;

3° Soit dans le dessein de faciliter la commission d'un crime ou de procurer l'impunité à son auteur.

Corresp. : *C. pén., ancien art. 154, al. 3.*

1. L'élément intentionnel du délit prévu par l'art. 154, al. 3, C. pén. est caractérisé dès qu'il est constaté que l'auteur a délivré, en connaissance de cause, des documents administratifs à des personnes qui n'y avaient pas droit. • Crim. 26 janv. 1993, n° 90-87.254 P.

2. Pour déclarer le prévenu, inspecteur des impôts, coupable de délivrance frauduleuse à autrui de documents administratifs, la cour d'appel énonce que seule la connaissance du but frauduleux de la demande permet d'expliquer que le prévenu ait remis des documents dont il a admis la parfaite inutilité pour l'administration fiscale et son souci de ne laisser aucune trace au dossier ; ces attestations fiscales ont été remises à un étranger dans le but de lui permettre de régulariser sa situation administrative ; la cour d'appel a caractérisé l'élément intentionnel de l'infraction. • Crim. 8 déc. 1999 : *JCP 2000. IV. 1368*.

3. Le prévenu maire d'une commune qui a donné à un étranger des droits plus étendus en participant à un mariage simulé, en sa qualité d'officier d'état civil, doit être relaxé du chef d'aide à la circulation ou à un séjour irrégulier d'un étranger en France, dès lors que l'étranger n'était pas en situation irrégulière sur le territoire français puisqu'il bénéficiait d'un titre de séjour annuel en cours de validité en qualité d'étudiant ; mais il est coupable de délivrance frauduleuse de documents administratifs, avec la circonstance aggravante que ces faits ont été commis par un officier de l'état civil dans l'exercice de ses fonctions, dès lors qu'il a dressé un acte de mariage irrégulier en l'absence du marié et d'un témoin, et qu'il ne pouvait ignorer les conditions d'établissement de cet acte qui ont un caractère d'ordre public. • Agen, 11 sept. 1997 : *Dr. pénal 1998. 116.*

Art. 441-6 Le fait de se faire délivrer indûment par une administration publique ou par un organisme chargé d'une mission de service public, par quelque moyen frauduleux que ce soit, un document destiné à constater un droit, une identité ou une qualité ou à accorder une autorisation est puni de deux ans d'emprisonnement et de 30 000 € d'amende.

(L. n° 2013-1203 du 23 déc. 2013, art. 86) **« Est puni des mêmes peines le fait de fournir sciemment une fausse déclaration ou une déclaration incomplète en vue d'obtenir ou de tenter d'obtenir, de faire obtenir ou de tenter de faire obtenir d'une personne publique, d'un organisme de protection sociale ou d'un organisme chargé d'une mission de service public une allocation, une prestation, un paiement ou un avantage indu. »**

BIBL. ▶ J.-H. Robert, *Dr. pénal 1994, Chron. 61* (le mensonge à l'Administration, une nouvelle forme de faux [nouv. C. pén., art. 441-6, al. 2]). – G. Neyrand, *Rev. Gendarmerie nationale 1997/2, p. 17* (mariages blancs et justice). – O. Lecucq, *D. 2004. 1405* (la liberté de mariage des étrangers en situation irrégulière : note ss. Cons. const., 20 nov. 2003 n° 2003-484 DC).

Ancien art. 441-6, al. 2 ***Est puni des mêmes peines le fait de fournir une déclaration mensongère en vue d'obtenir d'une administration publique ou d'un organisme chargé d'une mission de service public une allocation, un paiement ou un avantage indu.***

A. OBTENTION INDUE DE DOCUMENTS ADMINISTRATIFS (ANCIEN ART. 154, AL. 1er)

1° INCRIMINATION

1. Indu. L'adverbe « indûment » figurant à l'art. 154 C. pén. ne vise pas le droit ou la qualité constatés par un document administratif, mais seulement les moyens frauduleux utilisés pour obtenir celui-ci ; en conséquence, un prévenu ne peut être admis à soulever l'exception de nationalité française, sa nationalité n'étant pas en cause dans la poursuite. • Crim. 19 mai 1981 : *Bull. crim. n° 162 ; RSC 1982. 607, obs. Vitu* • 4 janv. 1982 : *Bull. crim. n° 2 ; RSC 1983. 73, obs. Vitu.*

2. Moyens frauduleux. Le visa apposé par un fonctionnaire français confère à un passeport étranger le caractère d'un acte émané de l'autorité française ; dès lors, la prise d'un nom supposé dans un passeport étranger revêtu d'un visa français constitue le délit prévu par l'art. 154 C. pén. • Crim. 5 juill. 1951 : *Bull. crim. n° 200.*

3. Constitue la prise de fausse qualité, au sens de l'art. 154 C. pén., le fait pour un étranger qui a contracté un mariage simulé de se prévaloir de la qualité de conjoint d'une ressortissante française. • Crim. 4 nov. 1992, n° 92-82.650 P : *RSC 1994. 115, obs. Bouzat , et 566, obs. Delmas Saint-Hilaire* • 8 juin 1993 : *Gaz. Pal. 1993. 2. Somm. 454* • 26 oct. 1994, n° 93-84.089 P : *D. 1995. Somm. 187, obs. Julien-Laferrière ; RSC 1995. 593, obs. Delmas Saint-Hilaire .* ♦ Est indue, au sens tant de l'art. 154 alors applicable que de l'art. 441-6 C. pén., la délivrance d'un document administratif lorsqu'elle a été obtenue par quelque moyen frauduleux que ce soit, et constitue un moyen frauduleux le fait pour un étranger qui a contracté un mariage de complaisance de se prévaloir de la qualité de conjoint d'une ressortissante française pour l'obtention d'un titre de séjour. • Crim. 14 juin 1995 : *Dr. pénal 1995. 219, note Véron* • 23 avr. 1997 : *Gaz. Pal. 1997. 2, chron. crim. 164.* ♦ Rappr., en matière civile : • Paris, 13 janv. 2005 : *JCP 2005. II. 10068, note Boulanger (2 arrêts).*

4. Commet le délit de l'art. 154 C. pén. le président d'une société qui, sur de fausses déclarations relatives au véritable bénéficiaire de l'opération projetée, obtient une autorisation administrative d'extension de surface commerciale. • Crim. 11 déc. 1989 : *Dr. pénal 1990. 186.*

5. Préjudice. L'existence d'un préjudice n'est pas un élément constitutif du délit d'obtention indue de document administratif. • Crim. 7 avr. 1994, n° 93-81.361 P : *Dr. pénal 1994. 207, obs. Véron.*

6. Usage. Pour une sanction indirecte de l'usage de documents indûment délivrés, par le recours à la qualification de recel, • Crim. 26 avr. 1983 : *Bull. crim. n° 117 ; RSC 1984. 67, obs. Vitu.*

2° RÉPRESSION

7. Poursuites. N'est pas prescrit le délit consistant dans une supposition de prénom dans un passeport établi plus de trois ans avant les poursuites, dès lors que celles-ci sont engagées moins de trois ans après son renouvellement. • Crim. 11 févr. 1927 : *DH 1927. 209.*

8. La validité de son mariage avec un ressortissant français ne constitue pas une exception préjudicielle au jugement d'un étranger poursuivi pour obtention indue de document administratif. • Crim. 18 mai 1993, n° 93-80.331 P : *RSC 1994. 566, obs. Delmas Saint-Hilaire* • 23 avr. 1997 : *Gaz. Pal. 1997. 2, Chron. crim. 164* • 5 oct. 2005, n° 05-82.027 P : *Gaz. Pal. 2006. 1. Somm. 2089, note Monnet.*

9. Conflit de qualifications. Lorsque le moyen frauduleux utilisé pour la délivrance indue d'un document administratif est un faux, il existe un concours de qualifications entre l'art. 441-2 et l'art. 441-6 C. pén. nouv., et devant l'unité d'infraction, il convient de retenir la plus haute des qualifications. • Douai, 1er juill. 1994 : *Gaz. Pal. 1994. 2. Somm. 770.*

10. Le juge correctionnel, qui n'est pas lié par la qualification donnée par la prévention, ne peut prononcer une décision de relaxe qu'autant qu'il a vérifié que les faits dont il est saisi ne sont constitutifs d'aucune infraction ; ainsi, doit être cassé l'arrêt qui relaxe le prévenu poursuivi pour usage d'un faux commis dans un document délivré par une administration publique au sens de l'art. 441-2, al. 1 et 2, et 441-1, al. 1, C. pén. (brevet d'État d'éducateur sportif), et pour avoir recelé ce document, sans rechercher si les faits constatés ne caractérisaient pas l'usage d'un document obtenu indûment, ou la détention frauduleuse d'un tel document, infractions prévues et réprimées par les art. 154, al. 1 et 2, ancien, applicable pour une partie des faits, 441-6, al. 1, 441-2, al. 2, et 441-3 C. pén. et le recel de ce document. • Crim. 2 juin 1999 : *Dr. pénal 2000. 2, obs. Véron.*

B. DÉCLARATION MENSONGÈRE

11. Fausse qualité d'infirme invalide. Il résulte de l'arrêt attaqué et du jugement qu'il infirme que Mme X., se disant atteinte de cécité et invalide, a perçu, depuis le 18 oct. 1989, l'allocation compensatrice pour l'aide d'une tierce personne versée par le département de la Saône-et-Loire ; elle a ensuite obtenu le renouvellement de cette prestation jusqu'au 31 mai 2002, ayant déposé une nouvelle demande le 22 nov. 1996 ; elle fut poursuivie pour avoir trompé la collectivité territoriale, notamment par l'usage d'une fausse qualité ; l'arrêt attaqué retient que l'escroquerie est un délit d'action dont la commission requiert nécessairement l'accomplissement d'un acte positif, qu'en s'abstenant d'indiquer à l'organisme payeur que son état de santé s'était amélioré dans un contexte d'évolution très lente, Mme X. n'a pas commis d'acte fautif au sens de la loi, que l'infraction n'est donc pas caractérisée ; mais en statuant ainsi, sans rechercher si la prévenue n'avait pas fait usage de la fausse qualité d'infirme invalide pour obtenir le versement de l'allocation, et alors, au surplus, que les faits étaient susceptibles de la qualification prévue par l'art. 441-6, al. 2, C. pén., la cour d'appel n'a pas justifié sa décision. • Crim. 30 avr. 2003 : *Dr. pén. 2003. 119, obs. Véron.*

12. Surfacturation de frais de taxi. Fait l'exacte application des art. 441-6, al. 2, C. pén., L. 322-5 et R. 322-10-5 CSS la cour d'appel qui, pour déclarer le prévenu coupable de déclaration mensongère en vue d'obtenir d'une administration publique une allocation, une prestation, un paiement ou un avantage indu, relève qu'il a facturé les kilomètres d'approche dans le calcul des distances parcourues lors des transports de patients en méconnaissance de l'art. R. 322-10-5 CSS issu du Décr. du 23 déc. 2006, en vertu duquel le remboursement des frais de transport est calculé sur la base de la distance séparant le point de prise en charge du malade de la structure de soins prescrite appropriée la plus proche et en conformité duquel les conventions locales signées entre les entreprises de taxi et les organismes locaux d'assurance maladie doivent être conclues. • Crim. 8 déc. 2015, n° 14-88.517 P : *D. actu. 13 janv. 2016, obs. Goetz.*

13. Fausse identité. Présentent un caractère indu, au sens de l'art. 441-6, al. 2, C. pén., les prestations versées par un organisme de sécurité sociale à une personne prise en charge sous une fausse identité, quels que soient les droits auxquels l'intéressée peut prétendre en son nom propre. • Crim. 8 août 2018, n° 17-84.920 P : *D. 2018. 1648 ; D. actu. 27 sept. 2018, obs. Diaz ; Dr. pénal 2018. Comm. 207, obs. Conte.*

14. Fraude aux prestations sociales. A justifié sa décision la cour d'appel qui, pour rejeter le moyen tiré de l'extinction de l'action publique, énonce que l'art. L. 114-13 CSS a été abrogé par la loi de financement de la sécurité sociale du 23 déc. 2013, entrée en vigueur le 25 déc. 2013, qui a introduit une nouvelle rédaction du 2e al. de l'art. 441-6 C. pén., relevant que ces nouvelles dispositions peuvent toutefois servir de fondement à la répression, dès lors qu'elles incriminent des faits qui l'étaient déjà au moment de leur commission, comme c'est le cas en l'espèce, s'agissant de la fraude aux prestations sociales, et retenant que l'art. 441-6, al. 2, C. pén. assure la continuité de l'incrimination de l'ancien art. L. 114-13 CSS, pour en déduire qu'il trouve à s'appliquer dès lors que les faits concernés tombent aussi sous la nouvelle qualification, les faits reprochés pouvant faire l'objet d'une sanction pénale dans la limite, cependant, de celle prévue par l'ancien art. L. 114-13 préc. • Crim. 12 juin 2019, n° 18-83.244 : *Gaz. Pal. 2019. 3324, obs. Dreyer.*

15. La QPC est ainsi rédigée : « L'article L. 262-50 du code de l'action sociale et des familles, qui dispose que "sans préjudice de la constitution éventuelle du délit défini et sanctionné aux articles 313-1 et 313-3 du code pénal, le fait de se rendre coupable de fraude ou de fausse déclaration pour obtenir, faire obtenir ou tenter de faire obtenir le revenu de solidarité active est passible de l'amende prévue à l'article L. 114-13 du code de la sécurité sociale" est-il contraire au principe de légalité des délits et des peines protégé par l'article 8 de la Déclaration des droits de l'homme de 1789, en ce qu'il s'abstient de définir de manière claire et précise les éléments constitutifs de l'infraction ? » ; l'art. L. 262-50 CASF, ainsi que l'art. L. 113-14 CSS auquel il renvoie, ont été abrogés par la L. n° 2013-1203 du 23 déc. 2013 sur le financement de la sécurité sociale ; le prévenu est poursuivi pour des faits commis entre le 1er sept. 2013 et le 18 févr. 2015, sur le fondement de l'art. 441-6, al. 2, C. pén., issu de la loi susvisée, qui incrimine, notamment, les agissements qui, antérieurement, tombaient sous le coup de l'art. L. 262-50 CASF critiqué ; il résulte d'une jurisprudence constante qu'une loi déterminant autrement que la loi précédente les éléments constitutifs d'une infraction est applicable aux faits commis avant son entrée en vigueur si ceux-ci entrent dans les prévisions de l'ancienne et de la nouvelle loi (• Crim. 4 sept. 1990, n° 89-85.962 P) ; dans ces conditions, il appartient à la cour d'appel, qui ne saurait faire application d'un texte abrogé, de rechercher si les faits reprochés au prévenu sont susceptibles d'être incriminés par l'art. 441-6, tant dans sa version antérieure à la L. n° 2013-1203 du 23 déc. 2013, que dans celle qui en est issue ; en conséquence, le texte critiqué ne peut être retenu comme étant applicable à la procédure ; par ces motifs, déclare irrecevable la QPC. • Crim. 13 juin 2019, n° 19-90.013 QPC : *D. 2019. 1293 ; Dr. pénal 2019, Comm. 147, obs. Robert ; Gaz. Pal. 2019. 3315, obs. Detraz.*

Art. 441-7 **Indépendamment des cas prévus au présent chapitre, est puni d'un an d'emprisonnement et de 15 000 € d'amende le fait :**

1° D'établir une attestation ou un certificat faisant état de faits matériellement inexacts ;

2° De falsifier une attestation ou un certificat originairement sincère ;

3° De faire usage d'une attestation ou d'un certificat inexact ou falsifié.

Les peines sont portées à trois ans d'emprisonnement et à 45 000 € d'amende lorsque l'infraction est commise *(L. n° 2018-778 du 10 sept. 2018, art. 39)* **« soit en vue de porter préjudice au Trésor public ou au patrimoine d'autrui, soit en vue d'obtenir un titre de séjour ou le bénéfice d'une protection contre l'éloignement. »** — *CSS L. 471-4.*

Corresp. : *C. pén., anciens art. 161, al. 4, et 162.*

A. INCRIMINATION

1° ATTESTATION OU CERTIFICAT INEXACT

1. Application dans le temps. Doit être confirmé le jugement qui a retenu l'infraction prévue par l'art. 161, al. 4, de l'ancien code pénal, qui applique des dispositions nouvelles plus favorables, relatives à l'établissement des fausses déclarations, dès lors qu'aux termes d'une jurisprudence constante, il n'est pas nécessaire que le document incriminé soit rédigé en la forme, soit d'un certificat soit d'une attestation, qu'il peut revêtir des formes différentes telles qu'une lettre, un rapport ou une déclaration. • Grenoble, 25 févr. 1998 : *Gaz. Pal. 1999. 2, Somm. 568, note Fagot et Manseur-Rivet.*

2. Ratio legis. L'incrimination prévue par l'art. 161, al. 4, C. pén. tend à protéger toute déclaration écrite, quelle que soit sa forme, faite en faveur d'autrui dans un but probatoire, et dans laquelle une personne affirme avoir constaté un fait matériel quelconque. • T. corr. Seine, 9 nov. 1962 : *Gaz. Pal. 1963. 1. 308.*

3. Seules les déclarations établies en faveur d'un tiers bénéficiaire constituent une attestation ou un certificat au sens de l'art. 441-7, 1°, C. pén., ce que n'est pas une déclaration sur l'honneur établie en application de l'art. 272 C. civ., produite par la prévenue dans son intérêt au soutien de sa demande tendant à la fixation d'une prestation compensatoire, ne mentionnant pas la donation en avancement d'hoirie consentie par sa mère. • Crim. 7 mars 2012, n° 11-82.153 P : *D. actu. 26 mars 2012, obs. Priou-Alibert ; AJ pénal 2012. 287, obs. Gallois ; Gaz. Pal. 2012. 2. 2227, obs. Dreyer ; Dr. pénal 2012, n° 67, obs. Véron.*

4. Écrit. La seule fourniture de renseignements oraux, à les supposer inexacts, ne saurait constituer, à l'égard de celui qui les a procurés, l'établissement d'attestation ou de certificat prévu par l'art. 161, al. 4, C. pén., texte qui ne s'applique qu'à un écrit. • Crim. 21 févr. 1985 : *Bull. crim. n° 84 ; Gaz. Pal. 1985. 1. 404.* ♦ Les attestations prévues par l'art. 202 NCPC [devenu C. pr. civ.] ne constituent pas des témoignages, lesquels sont réglementés par les art. 204 s. du même code ; par suite, commet le délit prévu et réprimé par l'art. 161 C. pén. celui qui use d'une telle attestation faisant état de faits inexacts. • Crim. 3 févr. 1982 : *Bull. crim. n° 40* • T. corr. Seine, 9 nov. 1962 : *Gaz. Pal. 1963. 1. 308.*

5. Signature. Le délit d'établissement et usage de faux certificat prévu par l'art. 161, al. 4, C. pén. implique qu'est authentique la signature de l'attestation faisant état de faits matériellement inexacts ; si la signature du certificat est fausse, l'infraction doit être réprimée sous la qualification de faux en écriture privée ou de commerce, selon l'espèce. • Crim. 7 nov. 1973 : *Bull. crim. n° 407 ; D. 1973. Somm. 155.* ♦ Comp. : • Crim.

21 avr. 1964 : *D. 1964. 363.* ♦ Le délit de fausse attestation prévu par l'art. 441-7 C. pén. implique que le document faisant état de faits matériellement inexacts comporte la signature authentique de son auteur ; encourt, dès lors, la censure l'arrêt qui déclare un prévenu coupable de ce délit, alors qu'à défaut de signature de son auteur, le document litigieux ne constituait pas une attestation ou un certificat au sens du texte précité, et ne recherche pas si les faits poursuivis pouvaient recevoir une autre qualification. • Crim. 15 mars 2000, n° 99-83.224 P : *Dr. pénal 2000. 86, obs. Véron.*

6. Ne constituent pas des certificats ou attestations mensongères, des bulletins de paye, non signés de l'employeur, et faisant état de salaires inférieurs à ceux qui sont versés réellement. • Crim. 12 mai 1960 : *Bull. crim. n° 261* • 7 févr. 1962 : *ibid. n° 84.* ♦ Une pièce ne portant pas de signature mais seulement le cachet d'un artisan, ne saurait être tenue pour un certificat ou une attestation. • Crim. 20 juin 1963 : *D. 1964. Somm. 38.*

7. Forme. Pour tomber sous le coup de la loi, il n'est pas nécessaire que le document incriminé soit rédigé en la forme brève et concise habituellement donnée aux certificats, mais il peut revêtir des formes différentes, telles qu'une lettre ou qu'un rapport ; il n'est pas non plus nécessaire que le document soit signé, alors qu'on allègue qu'il émane d'une administration (rapport présenté en justice comme émanant d'un service de renseignements de la police). • T. corr. Seine, 9 juill. 1954 : *D. 1954. 655.*

8. Caractérise les délits d'établissement et d'usage d'une attestation inexacte l'arrêt qui relève que le prévenu, dirigeant d'un club sportif, a établi en connaissance de cause le brouillon d'un prétendu procès-verbal de la commission de sécurité faisant état inexactement de l'avis favorable de celle-ci à la tenue d'un match, afin d'obtenir, de la fédération sportive compétente, la délivrance d'un complément de billets d'entrée au profit de son club et de la ligue locale. • Crim. 24 juin 1997, n° 96-82.424 P : *Gaz. Pal. 1998. 2. 650, note S. Petit.*

9. Contenu. Le délit prévu par l'art. 441-7 incrimine l'attestation de faits matériellement inexacts, qu'ils aient été ou non personnellement constatés par leur auteur. • Crim. 1er juin 2005, n° 04-84.526 P : *D. 2005. IR 1961* ; *AJ pénal 2005. 416* ; *Dr. pénal 2005. Comm. 141, obs. Véron.* ♦ Pour que le délit de l'art. 161 soit constitué, il faut que l'attestation incriminée fasse état de faits, d'éléments objectifs dont la fausseté puisse être établie, caractère que ne présentent pas des états d'âme. • T. corr. Seine, 28 avr. 1965 : *Gaz. Pal. 1965. 2. 136.* ♦ Ne rentre pas dans les prévisions de l'art. 161, al. 4, le document qui s'analyse en un simple avis, sans contenir l'affirmation de faits matériels présentés comme indiscutables. • Crim. 16 mars 1994, n° 93-81.913 P.

10. Ne constitue pas un certificat, au sens de l'art. 161 C. pén., la simple déclaration établie par le prévenu dans son intérêt, et non en faveur d'un tiers bénéficiaire. • Crim. 23 nov. 1972 : *Bull. crim. n° 357 ; D. 1973. Somm. 19 ; Gaz. Pal. 1973. 1. 248.* ♦ Ainsi en est-il : … des relevés de salaires remis aux organismes de Sécurité sociale pour le calcul des cotisations, quoique certifiés exacts par l'employeur alors même que le montant des salaires versés y est mensongèrement énoncé. • Crim. 12 mai 1960 : *Bull. crim. n° 261* • 7 févr. 1962 : *ibid. n° 84.* ♦ … D'une demande de prêt dans laquelle l'emprunteur indique une fausse adresse. • Crim. 20 juin 1963 : *D. 1964. Somm. 38.* ♦ … De l'écrit par lequel un individu certifie comme étant son domicile, un domicile qui n'est pas le sien. • Crim. 7 mars 1972 : *Bull. crim. n° 86 ; D. 1972. 341 ; Gaz. Pal. 1972. 1. 415.* ♦ … De la déclaration de recettes transmise par l'entrepreneur de spectacles en application de l'art. 46 de la L. du 11 mars 1957. • Crim. 23 nov. 1972 : *préc.*

11. Ne sont pas des documents qui rentrent dans les prévisions de l'art. 161 C. pén. : … une fausse inscription portée par un fonctionnaire sur une feuille de contrôle. • Crim. 15 mai 1957 : *Bull. crim. n° 415.* ♦ … Des fausses traites. • Crim. 4 mai 1957 : *Bull. crim. n° 363* • 18 janv. 1961 : *ibid. n° 33.* ♦ … Une photocopie non certifiée. • Crim. 25 janv. 1961 : *D. 1961. 406.* ♦ En revanche, et en dépit de la terminologie invoquée, une facture *pro forma* constitue en fait, non pas une facture, mais une véritable attestation destinée à être communiquée à un tiers. • Crim. 11 mai 1964 : *Bull. crim. n° 158* • Paris, 20 nov. 1962 : *D. 1963. Somm. 59.*

12. Méconnaît les dispositions des art. 441-7 et 111-4 C. pén. la cour d'appel qui condamne les prévenus pour fausses attestations, alors que ces documents, produits à l'appui d'une action en remboursement à l'encontre d'un ancien concubin, se bornent à faire état d'un projet de prêt et ne contiennent aucune affirmation de faits matériels inexacts. • Crim. 18 févr. 2003, n° 02-85.485 P : *Dr. pénal 2003, comm. 70, obs. Véron.*

13. L'établissement d'une fausse attestation et son usage ne sauraient être retenus en l'absence de la démonstration d'une mention de faits matériellement inexacts. • Crim. 25 juin 2019, n° 18-81.504 : *Gaz. Pal. 2019. 3325, obs. Dreyer.*

14. Intention. L'intention coupable doit résulter de la connaissance de la falsification et du préjudice qui peut en résulter. • Cour suprême Abidjan, 14 janv. 1966 : *D. 1966. 489, note Bouloc ; JCP 1966. II. 14886, note Larguier ; RSC 1967. 446, obs. Vitu.* ♦ Le délit prévu et réprimé par l'art. 161, al. 4, C. pén. se trouve constitué en tous ses éléments dès lors que l'auteur d'une attestation établie en faveur d'un tiers connaît l'inexactitude matérielle des faits par lui certifiés, sans qu'il soit nécessaire qu'il ait en outre exactement prévu l'usage frauduleux auquel cette fausse attestation pourrait être ensuite employée. • Crim. 14 mars 1972 : *Bull. crim. n° 98 ; Gaz. Pal. 1972. 2. Somm. 80.*

15. Le délit de faux certificat ne résulte pas du mobile ou des sentiments qui ont pu faire agir l'auteur du certificat. • T. corr. Saint-Étienne, 14 févr. 1948 : *S. 1948. 2. 75.* ♦ Se rend coupable de l'infraction : … la victime d'un accident dû à la faute d'un tiers qui fournit une fausseattestation, par laquelle elle déclare que l'accident lui est imputable, en vue d'exonérer le tiers de sa responsabilité. • Crim. 30 janv. 1962 : *Bull. crim. n° 70.* ♦ … Un mari, qui, sincèrement convaincu de son infortune, se rend complice de la signature de fausses attestations par des personnes complaisantes, affirmant l'existence de relations intimes entre sa femme et un tiers. • T. corr. Rouen, 27 sept. 1982 : *Gaz. Pal. 1983. 1. Somm. 6.*

16. Caractérise le délit prévu et puni par l'art. 161, al. 4-1°, C. pén., le fait pour le signataire d'une attestation ou d'un certificat, de n'avoir pas eu personnellement connaissance des faits qu'il atteste avoir constatés. • Crim. 22 mars 1989 : *Bull. crim. n° 147 ; Gaz. Pal. 1989. 2. 596.* ♦ Tel est le cas : … du médecin, qui, dans le but de faire transférer dans un service psychiatrique une personne avec laquelle il avait un différend d'ordre personnel, a délivré à la police un certificat attestant faussement que cette personne, qu'il n'avait pas examinée, était atteinte d'une crise de *delirium.* • Crim. 3 juin 1957 : *Bull. crim. n° 471.* ♦ … Du vétérinaire qui atteste faussement qu'il a procédé à la visite de contrôle du bétail après tuberculination et qu'il a constaté une réaction négative, alors que cette visite n'a pas eu lieu. • Crim. 21 nov. 1963 : *Bull. crim. n° 329 ; D. 1964. Somm. 39.* ♦ … Ou qui certifie avoir procédé à des prélèvements réglementaires sur soixante-neuf bovins dont il a affirmé l'identification, alors qu'en réalité il n'a opéré que sur deux d'entre eux. • Crim. 2 déc. 1991, n° 91-80.048 P : *D. 1993. 218, note Fenaux.* ♦ … Du praticien qui a signé une feuille destinée à la Sécurité sociale, concernant des actes qu'il n'a pas accomplis. • Crim. 13 févr. 1969 : *Bull. crim. n° 75.* ♦ … Du médecin qui a établi des certificats concernant une malade soignée par un autre praticien appartenant au même cabinet de groupe. • Crim. 22 mars 1989 : *préc.* ♦ … Ou qui s'est borné à transcrire les dires du client, en les présentant comme des constatations réelles ou objectives résultant de son propre examen. • T. corr. Saint-Étienne, 14 févr. 1948 : *préc. note 15.*

17. Est caractérisé dans tous ses éléments, tant matériel qu'intentionnel, le délit prévu par l'art. 441-7 C. pén., dès lors qu'il est reproché au prévenu, non d'avoir porté une appréciation erronée sur une décision, mais d'avoir attesté faussement le fait matériel de cette décision. • Crim. 2 déc. 1997, n° 96-85.484 P.

18. Se rend coupable du délit prévu par l'art. 441-7 C. pén. toute personne qui établit un écrit relatant des faits matériellement inexacts ; méconnaît le sens et la portée de ce texte la cour d'appel qui pour relaxer le prévenu retient que, pour être reprochable, l'attestation doit avoir un effet probant et que les faits qui y sont relatés doivent avoir été personnellement constatés par celui qui les rapporte alors que le délit prévu par l'article précité incrimine l'attestation de faits matériellement inexacts, qu'ils aient été ou non personnellement constatés par leur auteur. • Crim. 1er juin 2005, n° 04-84.526 P : *Dr. pénal 2005, n° 141 ; Gaz. Pal. 2006. 1. Somm. 542, note Monnet.*

19. Préjudice. L'application de l'art. 161, al. 4, C. pén. n'est pas subordonnée à la condition de l'existence d'un préjudice, laquelle n'est pas légalement exigée. • Crim. 15 janv. 1990, n° 89-82.385 P. ♦ Même solution sur le fondement du nouvel art. 441-7 C. pén. • Crim. 24 juin 1997, n° 96-82.424 P : *Gaz. Pal. 1998. 2. 650, note S. Petit.*

20. Complicité. Commet le délit de faux, au même titre que celui qui a personnellement fabriqué l'écrit, celui qui coopère sciemment à la fabrication d'une attestation falsifiée. • Crim. 4 janv. 1966 : *Bull. crim. n° 2.* ♦ Se rend coupable de complicité celui qui remet une somme d'argent à l'auteur de la fausse attestation pour le déterminer à la produire. • Crim. 30 janv. 1962 : *Bull. crim. n° 70.*

21. Requalification. Le devoir qu'ont les juges de restituer à la poursuite sa qualification véritable, dès lors qu'ils puisent les éléments de leur décision dans les faits visés à la prévention, n'est pas contraire à l'art. 6, § 3, Conv. EDH ; c'est à bon droit que la cour d'appel a requalifié les faits, poursuivis sous la qualification de faux en écritures publiques, en fausses attestations ; le prévenu, greffier au tribunal d'instance, avait remis à des étrangers en situation irrégulière un récépissé attestant du dépôt d'un dossier en vue de la délivrance d'un certificat de nationalité française, alors qu'aucun dossier n'avait été remis par les intéressés. • Crim. 29 oct. 1996, n° 96-80.701 P : *Dr. pénal 1997. 18, obs. Véron.*

2° ATTESTATION OU CERTIFICAT FALSIFIÉ

22. Surcharge. Se rend coupable du délit prévu par l'art. 161, al. 4-2°, C. pén., celui qui surcharge les dates de validité d'un certificat délivré pour l'immatriculation d'un véhicule automobile dans les séries WW. • Crim. 14 févr. 1973 : *Bull. crim. n° 80.*

23. Requalification. Le fait de falsifier des résultats d'analyse de sang n'est pas constitutif de l'infraction de faux en écritures ; le document litigieux constitue en effet un certificat au sens de l'art. 441-7 C. pén. et la poursuite doit être requalifiée en ce sens ; le prévenu qui modifie les résultats d'une analyse de sang faisant apparaître une recherche positive d'anticorps au virus du SIDA, pour mentionner une recherche négative, se rend coupable de l'infraction de faux certificat. • Rouen, 22 sept. 1999 : *JCP 2000. IV. 2736.*

3° USAGE

24. *Constatations.* Doit être cassée la décision qui condamne le prévenu du chef d'usage d'un faux certificat sans faire connaître les circonstances dans lesquelles le certificat a été délivré et utilisé, sa teneur et les inexactitudes volontaires ou involontaires qu'il pouvait contenir, ne mettant pas ainsi la Cour de cassation en mesure d'exercer son contrôle sur la légalité de la condamnation intervenue. • Crim. 12 févr. 1958 : *Bull. crim. n° 149* • 31 mai 1961 : *ibid. n° 281.*

25. *Production en justice.* Constitue l'usage d'un faux certificat, au sens de l'art. 161, al. 4-3°, C. pén., la production frauduleuse en justice, en vue de justifier l'exercice du droit de reprise d'un appartement en faveur d'un tiers, d'une lettre missive dont la signature a été contrefaite et qui relate des faits matériellement inexacts. • Crim. 21 avr. 1964 : *Bull. crim. n° 117 ; D. 1964. 363.*

26. Se rend coupable des délits d'établissement et d'usage d'attestation inexacte l'avocat qui fait rédiger par sa secrétaire, sous sa dictée, des attestations destinées à étoffer le dossier de divorce de son client. • Crim. 8 oct. 1996 : *Dr. pénal 1997. 45, obs. Véron.*

27. Est justifié l'arrêt de la cour d'appel qui, pour déclarer le prévenu coupable d'usage d'attestations établies par ses employés, dans le cadre d'une procédure prud'homale l'opposant à l'un de ses anciens salariés, énonce notamment que les signataires des attestations recueillies dans des conditions douteuses ont indiqué que le prévenu les avait exigées d'eux et qu'ils les reconnaissent pour fausses, ajoute que la victime elle-même a reconnu avoir établi, à la demande du prévenu, une fausse attestation à l'occasion du congédiement d'une autre employée, et que l'une des salariées a précisé qu'elle avait rédigé l'attestation sur la base d'une ébauche préparée par le prévenu, avant de se rétracter devant le conseil des prud'hommes, et enfin en conclue que le prévenu a fait usage d'attestations dont le caractère faux ne peut être contesté, afin de surprendre, *dans son intérêt exclusif*, la religion de la juridiction prud'homale, d'où il résulte que le prévenu avait connaissance du caractère inexact des attestation dont il a fait usage. • Crim. 26 sept. 2001 : *Dr. pénal 2002. 15, obs. Véron.*

28. La prévenue a produit, dans une procédure de divorce, une attestation établie par une amie relatant de graves violences commises sur elle-même par son époux, en état d'ébriété ; celui-ci a porté plainte et s'est constitué partie civile des chefs d'établissement d'attestation faisant état de faits matériellement inexacts et usage, et a produit un procès-verbal d'huissier transcrivant intégralement l'enregistrement d'une conversation téléphonique entre lui-même et son épouse, dans laquelle celle-ci reconnaissait le caractère mensonger de l'attestation ; c'est à bon droit que la cour d'appel a écarté l'argumentation de la prévenue qui invoquait le caractère déloyal de ce moyen de preuve au regard du procès équitable, et l'a condamnée du chef d'usage d'attestation inexacte ; dès lors que l'enregistrement de la conversation téléphonique privée, réalisé par l'époux, était justifié par la nécessité de rapporter la preuve des faits dont il était victime et de répondre, pour les besoins de sa défense, aux accusations de violences qui lui étaient imputées, la cour d'appel, devant qui la valeur de ce moyen de preuve a été contradictoirement débattue, n'a pas méconnu les art. 427 C. pr. pén., 226-1 et 441-7 C. pén., et 6, § 1, Conv. EDH. • Crim. 31 janv. 2007, n° 06-82.383 P : *D. 2007. Chron. C. cass. 1821, obs. Ménotti ; Dr. pénal 2007, n° 98, obs. Véron ; RSC 2007. 331, obs. Filniez.*

29. *Production d'une fausse attestation de réussite.* Présentation d'une attestation falsifiée de réussite à un certificat d'aptitude professionnelle pour s'inscrire dans un centre de formation. • Paris, 5 nov. 1998 : *Dr. pénal 1999. 66 (1er arrêt), obs. Véron.*

30. *Prescription.* Le délit de fausse attestation étant un délit instantané, le délai de prescription de l'action publique commence à courir dès le jour où a été établie l'attestation, les actes éventuels d'usage n'étant pas de nature à interrompre ledit délai. • Crim. 25 oct. 1983 : *Bull. crim. n° 261.* ♦ L'infraction d'usage de faux certificats se renouvelle à chaque fait positif d'usage, et le point de départ de la prescription du délit est non pas le jour où le faux certificat a été établi, mais celui où il en a été fait usage, la date de celui-ci relevant de l'appréciation souveraine des juges. • Crim. 7 janv. 1970 : *Bull. crim. n° 16.*

B. AGGRAVATION

31. L'art. 162 C. pén. ne s'applique que s'il peut résulter du certificat argué de faux une lésion envers des tiers ou envers le Trésor public ; ces conditions ne sont pas remplies par un faux certificat médical destiné à être produit devant une juridiction d'appel en vue d'obtenir une indemnité plus élevée que celle allouée par les juridictions de première instance, une telle pièce ne constituant pas un titre générateur d'obligation capable de causer un dommage au Trésor public ou à un particulier. • Crim. 20 oct. 1955 : *D. 1956. 138 ; JCP 1956. II. 9032, note Colombini.*

32. Il suffit que la circonstance aggravante tirée de la volonté de porter préjudice au patrimoine d'autrui soit réalisée en la personne de l'auteur de l'usage des fausses attestations. • Crim. 26 sept. 2001 : *Dr. pénal 2002. 15, obs. Véron.*

Art. 441-8 *(L. n° 2016-274 du 7 mars 2016, art. 53)* **Le fait d'utiliser un document d'identité ou de voyage** *(L. n° 2018-778 du 10 sept. 2018, art. 35)* **« , un titre de séjour ou tout document provisoire mentionné à l'article** *(Ord. n° 2020-1733 du 16 déc. 2020, art. 10, en vigueur le 1er mai 2021)* **« L. 431-3** *[ancienne rédaction : L. 311-4]* **» du code de l'entrée et du séjour des étrangers et du droit d'asile » appartenant à un tiers, avec ou sans son consentement, aux fins d'entrer** *(L. n° 2018-778 du 10 sept. 2018, art. 35)* **« , de circuler » ou de se maintenir sur le territoire** *(L. n° 2018-778 du 10 sept. 2018, art. 35)* **« français** *[ancienne rédaction : de l'espace Schengen]* **» ou d'obtenir indûment un titre, une qualité, un statut ou un avantage est puni de cinq ans d'emprisonnement et de 75 000 € d'amende.**

Le fait pour le titulaire du document d'identité ou de voyage *(L. n° 2018-778 du 10 sept. 2018, art. 35)* **« , du titre de séjour ou du document provisoire mentionné au même article L. 311-4 » d'avoir sciemment facilité la commission de l'infraction mentionnée au premier alinéa est puni de la même peine.**

Les peines sont portées à sept ans d'emprisonnement et à 100 000 € d'amende lorsque ces infractions sont commises de manière habituelle.

Art. 441-9 **La tentative des délits prévus aux articles 441-1, 441-2 et 441-4 à 441-8 est punie des mêmes peines.**

La falsification d'un certificat d'hébergement, remis à l'administration pénitentiaire à l'appui d'une demande de permission de sortir, est constitutive de la tentative du délit précédemment incriminée et punie par l'art. 154 C. pén. ancien, et actuellement par les art. 441-6 et 441-9 nouv. C. pén. • Crim. 30 mars 1994, n° 94-80.993 P : *Dr. pénal 1994. 154.*

Art. 441-10 **Les personnes physiques coupables des crimes et délits prévus au présent chapitre encourent également les peines suivantes :**

1° L'interdiction des droits civiques, civils et de famille suivant les modalités prévues par l'article 131-26 ;

2° *(L. n° 2008-776 du 4 août 2008, art. 70)* **« L'interdiction, suivant les modalités prévues par l'article 131-27, soit d'exercer une fonction publique ou d'exercer l'activité professionnelle ou sociale dans l'exercice ou à l'occasion de l'exercice de laquelle l'infraction a été commise, soit d'exercer une profession commerciale ou industrielle, de diriger, d'Administrer de gérer ou de contrôler à un titre quelconque, directement ou indirectement, pour son propre compte ou pour le compte d'autrui, une entreprise commerciale ou industrielle ou une société commerciale. Ces interdictions d'exercice peuvent être prononcées cumulativement ; »**

3° L'exclusion des marchés publics ; — *Pén. 131-34.*

4° La confiscation de la chose qui a servi ou était destinée à commettre l'infraction ou de la chose qui en est le produit, à l'exception des objets susceptibles de restitution. — *Pén. 131-21.*

1. QPC. A l'occasion du pourvoi formé par lui contre un arrêt qui, pour faux, l'a condamné à six mois d'emprisonnement avec sursis, 2 000 € d'amende, deux ans d'interdiction d'exercer la profession d'expert comptable, et a prononcé sur les intérêts civils, le prévenu demande que le Conseil constitutionnel soit saisi de la question ainsi rédigée : « L'art. 441-10 C. pén., disposant que les personnes physiques coupables de faux encourent à titre de peine complémentaire l'interdiction d'exercer l'activité professionnelle ou sociale dans l'exercice ou à l'occasion de l'exercice de laquelle l'infraction a été commise est-il contraire au principe de la liberté du travail posé par l'al. 5 du préambule de la Constitution du 27 oct. 1946 ? » ; les dispositions contestées sont applicables à la procédure ; elles n'ont pas été déclarées conformes à la Constitution dans les motifs et le dispositif d'une décision du Conseil constitutionnel ; la question, ne portant pas sur l'interprétation d'une disposition constitutionnelle dont le Conseil constitutionnel n'aurait pas encore eu l'occasion de faire application, n'est pas nouvelle ; aux termes de l'art. 441-10 C. pén., les personnes physiques coupables du délit de faux encourent, notamment, la peine complémentaire d'interdiction d'exercer l'activité professionnelle ou sociale dans l'exercice ou à l'occasion de l'exercice de laquelle l'infraction a été commise ; une telle interdiction, limitée à l'activité liée à l'infraction, n'est manifestement pas de nature à faire échec au droit d'obtenir un emploi, mentionné au cinquième alinéa du préambule de la Constitution du 27 oct. 1946 ; en conséquence, la question posée ne revêt pas un caractère sérieux ; d'où il suit qu'il n'y a pas lieu de la renvoyer au Conseil constitutionnel. • Crim. 9 mars 2011 : *Gaz. Pal. 2011. 1. 1608, note Briand.*

2. Confiscation. Selon les dispositions des art. 481 et 484 C. pr. pén., lorsque les objets saisis ne sont pas susceptibles de confiscation et ne sont pas revendiqués par un tiers, la juridiction correctionnelle ne peut en refuser la restitution que si celle-ci présente un danger pour les personnes ou les biens ; encourt, dès lors, la cassation l'arrêt de condamnation qui, pour rejeter la demande de restitution d'objets saisis formée par le prévenu, se borne à énoncer qu'il n'a pas établi que ces objets (machine à écrire Brother et 34 disquettes) étaient sa propriété, sans rechercher s'ils étaient revendiqués par un tiers, si leur restitution présentait un danger pour les personnes ou les biens, ou s'ils étaient susceptibles de confiscation en vertu de l'art. 441-10 C. pén. • Crim. 22 mai 1997, nº 96-82.080 P.

3. Interdiction de gérer. L. du 4 août 2008. Fait une exacte application des dispositions des art. 441-10 et 131-27 C. pén. relatives à l'interdiction d'exercer l'activité professionnelle dans l'exercice ou à l'occasion de laquelle l'infraction a été commise, qui n'ont pas été modifiées par la L. du 4 août 2008, la cour d'appel qui prononce une peine complémentaire d'interdiction de gérer, d'administrer ou de diriger toute entreprise commerciale, artisanale ou toute personne morale pour sanctionner les délits de faux et usage commis par le prévenu à l'occasion de ses fonctions de gérant de société. • Crim. 6 mai 2009 : *D. 2009. Pan. 1719, obs. Degorce.*

4. Interdiction de soumissionner. L'interdiction de soumissionner sanctionnant les personnes qui ont fait l'objet, depuis moins de 5 ans, d'une condamnation définitive pour faux certificat ou fausse attestation ne constitue pas une sanction ayant le caractère d'une punition, mais a pour objet d'assurer l'intégrité et la moralité des candidats à l'accès aux marchés et ces dispositions ne méconnaissent pas les droits et principes que la Constitution garantit. • Crim. 6 avr. 2011, nº 11-90.009 P : *JCP 2011, nº 554 ; RLCT 2012/76, nº 2119, note Mayaud.*

Art. 441-11 **L'interdiction du territoire français peut être prononcée dans les conditions prévues par l'article 131-30, soit à titre définitif, soit pour une durée de dix ans au plus, à l'encontre de tout étranger coupable de l'une des infractions définies au présent chapitre.**

Art. 441-12 *(L. nº 2009-526 du 12 mai 2009, art. 124-I)* **« Les personnes morales déclarées responsables pénalement, dans les conditions prévues par l'article 121-2, des infractions définies au présent chapitre encourent, outre l'amende suivant les modalités prévues par l'article 131-38, les peines prévues par l'article 131-39. »**

L'interdiction mentionnée au 2º de l'article 131-39 porte sur l'activité dans l'exercice ou à l'occasion de l'exercice de laquelle l'infraction a été commise.

1. Usage de fausses attestations. Il résulte de l'art. 121-2 C. pén. que les personnes morales ne peuvent être déclarées pénalement responsables que s'il est établi qu'une infraction a été commise, pour leur compte, par leurs organes ou représentants ; ne justifie pas sa décision, au regard de ce texte, la cour d'appel qui, pour caractériser à l'encontre d'une société l'élément intentionnel du délit d'usage de fausses attestations, se borne à énoncer que cette « société » ne pouvait ignorer que les attestations produites en justice par son directeur général comportaient certaines affirmations inexactes, alors qu'il appartenait aux juges du second degré de rechercher si le directeur général, organe de la société, avait eu personnellement connaissance de l'inexactitude des faits relatés dans les attestations. • Crim. 2 déc. 1997, nº 96-85.484 P : *JCP 1998. II. 10023, rapp. F. Desportes ; ibid. éd. E 1998, p. 948, note Salvage ; ibid. 1999. I. 112, nº 1, obs. Véron ; D. Affaires 1998. 225, et 432 ; D. 1999. Somm. 152, obs. Roujou de Boubée ; BJS 1998. 512, note J.-F. Barbiéri ; RSC 1998. 536, obs. Bouloc ; Rev. sociétés 1998. 148, obs. Bouloc.* ♦ ... Il n'est pas nécessaire cependant que l'organe ou le représentant ait été personnellement déclaré coupable des faits reprochés à la personne morale (sol. impl.). • Même arrêt.

2. Il résulte de l'art. 121-2 C. pén. que les personnes morales ne peuvent être déclarées pénalement responsables que s'il est établi qu'une infraction a été commise, pour leur compte, par leurs organes ou représentants ; justifie sa décision au regard de ce texte la cour d'appel qui, statuant sur les intérêts civils, après relaxe définitive, déclare l'infraction d'usage d'une fausse attestation caractérisée à l'encontre d'une société en relevant, d'une part, que le conseiller en ressources humaines a engagé cette société en procédant à un licenciement fondé sur une attestation faisant état de faits matériellement inexacts et contenant un faux intellectuel manifeste, d'autre part, que lors de la production de cette attestation devant le conseil des prud'hommes puis la cour d'appel, la société savait utiliser, par les organes ayant pouvoir de l'engager, un document faisant état de faits matériellement inexacts et formellement contestés ; en l'état de ces seules énonciations, il résulte que l'infraction reprochée, caractérisée en tous ses éléments, tant matériel qu'intentionnel, a été commise, pour le compte de la société, par ses organes. • Crim. 24 mai 2000, ☎ n° 99-83.414 P : *RSC 2000. 816, obs. Bouloc* ✎.

3. Interdiction de soumissionner. V. ss. art. 441-10.

Loi du 23 décembre 1901, *réprimant les fraudes dans les examens et concours publics (DP 1902. 4. 22).* **Art. 1er** Toute fraude commise dans les examens et les concours publics qui ont pour objet l'entrée dans une administration publique ou l'acquisition d'un diplôme délivré par l'État constitue un délit.

Art. 2 Quiconque se sera rendu coupable d'un délit de cette nature, notamment en livrant à un tiers ou en communiquant sciemment, avant l'examen ou le concours, à quelqu'une des parties intéressées, le texte ou le sujet de l'épreuve, ou bien en faisant usage de pièces fausses, telles que diplômes, certificats, extraits de naissance ou autres, ou bien en substituant une tierce personne au véritable candidat, sera condamné à un emprisonnement de trois ans et à une amende de 9 000 € ou à l'une de ces peines seulement.

Art. 3 Les mêmes peines seront prononcées contre les complices du délit.

Art. 4 *Abrogé par L. n° 92-1336 du 16 déc. 1992, art. 323.*

Art. 5 L'action publique ne fait pas obstacle à l'action disciplinaire dans tous les cas où la loi a prévu cette dernière.

1. Examens et concours publics. La L. du 23 déc. 1901, conçue dans les termes les plus généraux, est applicable aux fraudes commises dans l'examen passé en vue de l'obtention du permis de conduire. • Crim. 19 déc. 1935 : *Bull. crim. n° 144 ; DH 1936. 87* • Montpellier, 11 févr. 1992 : *JCP 1993. IV. 572.* ♦ ... Aux épreuves relatives à un diplôme (brevet de pilote d'avion) dont la délivrance est confiée à un organisme agissant par délégation ministérielle. • Crim. 19 oct. 1967 : *Bull. crim. n° 258.*

2. N'entrent pas dans les prévisions de la L. du 23 déc. 1901 – et, au surplus, ne constituent pas des décisions administratives faisant grief – les propositions faites à l'autorité compétente par la commission d'homologation chargée d'examiner les demandes d'intégration dans le cadre d'emplois d'administrateurs territoriaux ; est, dès lors, déclarée à bon droit irrecevable la plainte avec constitution de partie civile portée du chef de ladite loi et reprochant aux membres de cette commission d'avoir homologué certaines candidatures. • Crim. 3 juin 1993, ☎ n° 92-82.112 P.

3. Fraudes. Encourt la cassation pour insuffisance de motifs l'arrêt qui prononce condamnation pour fraude dans les examens, sans préciser les faits constituant le délit, ni la part qu'y a prise le prévenu. • Crim. 13 mai 1958 : *Bull. crim. n° 377.*

4. Le candidat qui fait usage de pièces fausses en vue d'obtenir indûment son inscription sur la liste des concurrents admis à se présenter à un concours ou à un examen se rend coupable non d'une tentative qui ne serait pas punissable, mais du délit même de fraude dans les examens prévu et réprimé par la L. du 23 déc. 1901. • Crim. 21 déc. 1949 : *Bull. crim. n° 352 ; JCP 1950. II. 5367, note Laurens et Seignolle.*

5. Complicité. Pour un cas de complicité par domiciliation des bénéficiaires de la fraude chez l'auteur du délit. • Crim. 15 mars 1994 : ☎ *Gaz. Pal. 1994. 1. Somm. 313.*

6. Conflit de qualifications. Constitue l'usage d'une attestation ou d'un certificat inexact ou falsifié au sens de l'art. 441-7 C. pén., la présentation d'une attestation falsifiée de réussite à un certificat d'aptitude professionnelle pour s'inscrire dans un centre de formation. • Paris, 5 nov. 1998 : *Dr. pénal 1999. 66 (1er arrêt), obs. Véron.* ♦ Constitue l'usage d'un faux au sens de l'art. 441-1 C. pén., la présentation d'une attestation falsifiée de réussite au DEUG et à la licence pour s'inscrire en maîtrise en droit. • Paris, 12 nov. 1998 : *Dr. pénal 1999. 66 (2e arrêt), obs. préc. Véron.*

CHAPITRE II DE LA FAUSSE MONNAIE

RÉP. PÉN. v° *Fausse monnaie et autres infractions à la monnaie,* par REDON.

BIBL. ▶ GRAVET, *Administration juill. 1999. 141* (euro et fausse monnaie).

Art. 442-1 **La contrefaçon ou la falsification des pièces de monnaie ou des billets de banque ayant cours légal en France ou émis par les institutions étrangères ou interna-**

tionales habilitées à cette fin est punie de trente ans de réclusion criminelle et de 450 000 € d'amende.

(L. nº 2004-204 du 9 mars 2004, art. 6-XIII) « Est punie des mêmes peines la fabrication des pièces de monnaie et des billets de banque mentionnés à l'alinéa précédent réalisée à l'aide d'installations ou de matériels autorisés destinés à cette fin, lorsqu'elle est effectuée en violation des conditions fixées par les institutions habilitées à émettre ces signes monétaires et sans l'accord de ces institutions. »

Les deux premiers alinéas de l'article 132-23 relatif à la période de sûreté sont applicables aux infractions prévues par le présent article. — *C. mon. fin., art. L. 162-1 ss. 442-15.*

Sur la coordination de l'action publique en matière de contrefaçon de monnaie et de mise en circulation de monnaie contrefaite, V. Circ. du 19 févr. 1997 (JUS-D-97-30038C).

Corresp. : *C. pén., anciens art. 132, al. 1er et 2, 133, al. 1er, 134 et 139, al. 2.*

1. Cours légal. Le cours légal est l'obligation imposée par la loi à tous les citoyens d'un pays d'accepter les monnaies nationales ou celles qui leur sont légalement assimilées. • Crim. 27 juill. 1883 : *Bull. crim. nº 190 ; S. 1885. 1. 41.*

2. Monnaies étrangères. L'effigie du prince est le type dominant pour décider si la monnaie est étrangère ou nationale. • Crim. 25 mars 1837 : *S. 1838. 1. 171.*

3. Contrefaçon. Pour qu'il y ait contrefaçon, il n'est pas nécessaire que l'imitation des monnaies soit parfaite ; la contrefaçon peut résulter d'une somme d'apparences suffisantes pour que la circulation puisse en être obtenue au détriment des pièces véritables. • Crim. 25 mars 1837 : *préc. note 2* • 6 mai 1841 : *D. 1841. 1. 299 ; S. 1841. 1. 501.* ♦ Et il y a tentative de contrefaçon de monnaies ayant cours légal en France, même si les pièces contrefaites ne sont que de grossières ébauches, qui n'ont pas même le caractère d'une imitation et qui ne peuvent produire aucun résultat dommageable. • Crim. 2 juin 1853 : *D. 1853. 5. 225.*

4. Selon l'art. 36 C. instr. mon., la contrefaçon et la falsification des billets de banque, ainsi que le transport, la mise en circulation et la détention en vue de la mise en circulation de billets contrefaits ou falsifiés sont réprimés par les art. 442-1 à 442-7 C. pén. ; il résulte de ce texte que la sanction de la contrefaçon de billets de banque ne peut être recherchée que sur le fondement des dispositions pénales qu'il vise ; dès lors, la Banque de France n'est pas fondée à se prévaloir des dispositions des art. L. 122-4 et L. 335-2 CPI pour imputer à une société d'édition une prétendue contrefaçon des billets de banque qu'elle émet ; au demeurant les reproductions de billets de banque figurant dans l'ouvrage litigieux ne contreviennent pas auxdites dispositions pénales ; en effet, aucune de ces reproductions ne peut donner lieu à confusion avec le billet de banque qui en est l'objet, dès lors que chacune d'elle se présente sous la forme d'une seule des faces de ce billet et que les dimensions de cette photographie, indissociable du support que constitue la page sur laquelle elle est imprimée, sont très nettement inférieures à celles dudit billet. • Paris, 10 nov. 1999 : *D. Affaires 2000, Actu. jurispr., p. 36, obs. B.P ; ibid. 2000. 322, note Boudry ; Gaz. Pal. 2000. 1. Somm. 1323.* ♦ Une cour d'appel qui relève la fonction de mode de paiement légal dévolue aux billets de banque, émis et mis en circulation à cette fin par la Banque de France, établissement public administratif, leur affectation à l'intérêt général et le caractère de service public des opérations concernées, fait ainsi ressortir l'incompatibilité entre l'exercice de cette activité régalienne et la protection par les dispositions du code de la propriété intellectuelle, relatives à la contrefaçon revendiquée par l'institution. • Civ. 1re, 5 févr. 2002, nº 00-11.588 P : *D. Affaires 2002. 1128, note Gridel ; Gaz. Pal. 2003. 1. 403, concl. Sainte-Rose* (rejet du pourvoi contre • Paris, 10 nov. 1999 : *préc.*).

Art. 442-2 *(L. nº 2004-204 du 9 mars 2004, art. 6-XIV)* Le transport, la mise en circulation ou la détention en vue de la mise en circulation des signes monétaires *(L. nº 2007-1544 du 29 oct. 2007)* « contrefaisants » ou falsifiés mentionnés au premier alinéa de l'article 442-1 ou des signes monétaires irrégulièrement fabriqués mentionnés au deuxième alinéa de cet article sont punis de dix ans d'emprisonnement et de 150 000 € d'amende.

Les infractions prévues au précédent alinéa sont punies de trente ans de réclusion criminelle et de 450 000 € d'amende lorsqu'elles sont commises en bande organisée.

Les deux premiers alinéas de l'article 132-23 relatif à la période de sûreté sont applicables aux infractions prévues au deuxième alinéa du présent article.

Corresp. : *C. pén., anciens art. 132, al. 1er et 2, 133, al. 1er, 134 et 139, al. 2.*

1. Matérialité. Relève tous les éléments constitutifs du crime de fausse monnaie (art. 133 C. pén.) et justifie le renvoi de l'inculpé devant la cour d'assises l'arrêt de la chambre des mises en accusation d'où il résulte qu'il aurait mis en circulation en France un certain nombre de pièces de monnaie d'or qu'il savait être la contrefaçon de « souverains » anglais, et alors qu'il est constaté par les juges que le « souverain » a cours légal et effet libératoire en Angleterre. • Crim. 17 févr. 1959 : *Bull. crim. n° 109.*

2. Le crime d'exposition de billets de banque contrefaits ne constitue qu'une modalité du crime d'usage de tels billets et entre, dès lors, dans les prévisions des art. 133 et 139 C. pén. • Crim. 3 févr. 1993, n° 92-83.443 P.

3. Intention. La connaissance des billets contrefaits ou falsifiés, de la part de celui qui en a fait usage, est un élément essentiel et constitutif de la criminalité. • Crim. 27 févr. 1947 : *Bull. crim. n° 60 ; D. 1947. 252 ; Gaz. Pal. 1947. 1. 173 ; RSC 1947. 225, obs. Hugueney* (billets français) • Crim. 26 nov. 1986 : *Bull. crim. n° 358 ; Gaz. Pal. 1987. 1. Somm. 201 ; RSC 1988. 97, obs. Massé* (billets étrangers). ♦ ... En conséquence, la question posée à la cour et au jury doit, à peine de nullité, mentionner cette connaissance. • Crim. 18 févr. 1875 : *D. 1876. 1. 281* • 18 nov. 1875 : *ibid.* • 16 déc. 1880 : *D. 1881. 1. 138 ; S. 1881. 1. 330* • 27 févr. 1947 : *préc.* • 26 nov. 1986 : *préc.*

4. Il résulte de l'art. 442-2, al. 1er, C. pén. que la connaissance de la contrefaçon ou de la falsification est un élément constitutif du délit de mise en circulation ou de détention de signes monétaires contrefaits ou falsifiés ; prive sa décision de base légale la cour d'assises qui, pour déclarer un accusé coupable de détention en vue de leur mise en circulation de billets de banque contrefaits ou falsifiés, fonde la condamnation qu'elle prononce sur une réponse affirmative à une question qui a omis de caractériser la connaissance qu'aurait eu cet accusé de la contrefaçon ou de la falsification des billets falsifiés. • Crim. 8 nov. 2000, n° 00-81.805 P : *Dr. pénal 2001. 58, obs. Véron.*

5. Tentative. Le fait par un individu d'avoir émis ou tenté d'émettre sciemment une pièce de monnaie fausse, constitue le crime ou la tentative du crime de fausse monnaie, sans qu'il soit nécessaire que la pièce fausse ait été présentée comme étant de bon aloi ; ainsi, celui qui, feignant de trouver dans un payement qui lui est fait une pièce fausse qu'il y a lui-même glissée, prétend se faire remettre en échange une pièce bonne, commet le crime de tentative d'émission de fausse monnaie (art. 132 C. pén.), et objecterait vainement que la pièce fausse n'a pas été présentée pour bonne. • Crim. 28 déc. 1854 : *DP 1855. 1. 124 ; S. 1855. 1. 336.*

6. Conflit de qualifications. L'individu qui, au cours d'une quête faite par une chanteuse de café-concert, dépose dans la coupe qu'elle lui présente, une pièce étrangère qu'il sait fausse, afin de se faire rendre la monnaie, conformément à l'usage généralement admis, ne commet pas le délit d'escroquerie, alors qu'aucune manœuvre frauduleuse autre que la remise de la pièce ne lui est imputée, mais se rend coupable du crime d'émission en France d'une monnaie étrangère contrefaite et altérée (art. 133 C. pén.). • Caen, 18 déc. 1889 : *DP 1891. 2. 240.*

7. Les deux infractions de mise en circulation de fausse monnaie et d'escroquerie ne sont pas incompatibles entre elles dans la mesure où elles comportent des éléments constitutifs différents et sanctionnent des intérêts distincts. • Crim. 12 janv. 2005 : *AJ pénal 2005. 240, obs. Redon.*

8. Pour un exemple de correctionnalisation du crime d'usage de faux billets de banque (art. 139 C. pén.) sous la qualification d'escroquerie. • Paris, 12 juin 1946 : *D. 1946. 405 ; S. 1947. 2. 129 ; Gaz. Pal. 1946. 2. 126.*

Art. 442-3 La contrefaçon ou la falsification de pièces de monnaie ou de billets de banque français ou étrangers n'ayant plus cours légal ou n'étant plus autorisés est punie de cinq ans d'emprisonnement et de 75 000 € d'amende. — *C. mon. fin., art. L. 162-1 ss. 442-15.*

Corresp. : *C. pén., anciens art. 132, al. 3, et 133, al. 2.*

Constitue le délit prévu par l'art. 133, al. 2, C. pén. le fait de vendre des reproductions de pièces d'argent ayant eu cours légal en Grèce à l'époque d'Alexandre le Grand. • Crim. 13 mai 1987 : *Bull. crim. n° 196 ; Gaz. Pal. 1987. 2. 582 ; RSC 1988. 99, obs. Massé.*

Art. 442-4 La mise en circulation de tout signe monétaire non autorisé ayant pour objet de remplacer les pièces de monnaie ou les billets de banque ayant cours légal en France est punie de cinq ans d'emprisonnement et de 75 000 € d'amende. — *C. mon. fin., art. L. 162-1 ss. 442-15.*

Corresp. : *C. pén., ancien art. 136.*

En mettant des rondelles métalliques dans la tirelire de parcmètres, un automobiliste fait fonctionner ceux-ci à son bénéfice, obtenant ainsi le droit de stationner sans acquitter, en monnaie ayant cours légal, la redevance prévue ; il met donc en circulation, en agissant de cette façon, un moyen de paiement ayant pour objet de remplacer les signes monétaires ayant cours légal, délit prévu et puni par l'art. 136 C. pén. • T. corr. Saint-Étienne, 17 avr. 1970 : *JCP 1972. II. 17277 (2e esp.), note Gassin.*

Art. 442-5 *(L. nº 2001-1168 du 11 déc. 2001)* **La fabrication, l'emploi ou la détention sans autorisation des matières, instruments, programmes informatiques ou de tout autre élément spécialement destinés à la fabrication ou à la protection contre la contrefaçon ou la falsification des billets de banque ou des pièces de monnaie sont punis de deux ans d'emprisonnement et de 30 000 € d'amende.** — *C. mon. fin., art. L. 162-1 ss. 442-15.*

Art. 442-6 **Sont punis d'un an d'emprisonnement et de 15 000 € d'amende la fabrication, la vente, la distribution de tous objets, imprimés ou formules qui présentent avec les signes monétaires visés à l'article 442-1 une ressemblance de nature à faciliter l'acceptation desdits objets, imprimés ou formules au lieu et place des valeurs imitées.** — *C. mon. fin., art. L. 162-1 ss. 442-15.*

Corresp. : *C. pén., ancien art. 144 (1º).*

1. Constitue le délit prévu et réprimé par l'art. 144-1º C. pén. le fait, pour les éditeurs d'une revue, d'offrir en prime à ses lecteurs un porte-billets en matière plastique présentant une imitation imprimée de l'une des faces d'un billet de banque de 500 F ayant cours légal, dès lors que, par sa dimension, sa configuration générale et sa coloration, la composition du cliché, les dessins, chiffres et caractères typographiques, cet imprimé présente une ressemblance certaine avec le véritable billet, pouvant ainsi prêter à confusion, particulièrement s'il était inclus dans une liasse de vrais billets, de la part de personnes peu averties, négligentes ou pressées ; il n'est d'ailleurs pas nécessaire que le colportage ou la distribution d'un tel objet ait eu effectivement pour résultat son acceptation par des personnes abusées. • Crim. 21 févr. 1978 : *Bull. crim. nº 65 ; Gaz. Pal. 1978. 1. 310, note Doll ; RSC 1978. 855, obs. Vitu.*

2. Commet l'infraction prévue par l'art. 144-1º C. pén. le metteur en scène de cinéma ou le producteur qui, pour pouvoir mieux filmer des effets de foule, fait projeter d'un lieu élevé dans une rue passante des centaines d'imprimés présentant avec le billet de 500 F français une forte ressemblance, même si, à un examen un peu sérieux, cet imprimé révèle l'impossibilité d'être présenté aux lieu et place d'un billet véritable ; il suffit qu'il puisse y avoir confusion de la part des personnes peu averties ou négligentes. • TGI Paris, 22 oct. 1968 : *JCP 1969. IV. 93.*

Art. 442-7 **Le fait, pour celui qui a reçu les signes monétaires** *(L. nº 2007-1544 du 29 oct. 2007, art. 41-VI)* **« contrefaisants » ou falsifiés visés à l'article 442-1 en les tenant pour bons, de les remettre en circulation après en avoir découvert les vices est puni de 7 500 € d'amende.** — *C. mon. fin., art. L. 162-1 ss. 442-15.*

Corresp. : *C. pén., ancien art. 135.*

Le fait d'avoir reçu pour bonnes des pièces de monnaie contrefaites ou altérées, constitue une excuse légale au profit de l'individu poursuivi comme ayant participé à l'émission de ces pièces après en avoir vérifié les vices. • Crim. 4 avr. 1878 : *DP 1878. 1. 330.* ♦ ... Excuse qui peut être relevée par le juge d'instruction lui-même, si elle ressort à l'évidence des éléments du dossier (ce qui avait pour intérêt, avant la réforme du code pénal, de permettre un renvoi devant le tribunal correctionnel). • Crim. 3 mars 1842 : *Bull. crim. nº 45.*

Art. 442-8 **La tentative des délits prévus par le premier alinéa de l'article 442-2 et par les articles 442-3 à 442-7 est punie des mêmes peines.**

Art. 442-9 **Toute personne qui a tenté de commettre l'une des infractions prévues au présent chapitre sera exempte de peine si, ayant averti l'autorité administrative ou judiciaire, elle a permis d'éviter que l'infraction ne se réalise et d'identifier, le cas échéant, les autres coupables.**

Corresp. : *C. pén., ancien art. 138.*

1. L'exemption de peine établie par l'art. 138 C. pén. n'est valablement prononcée par la cour d'assises que si le fait sur lequel elle est basée a été soumis au jury et que celui-ci, répondant affirmativement à la question qui lui était posée, a admis l'existence de ce fait. • Crim. 10 sept. 1896 : *DP 1897. 1. 32.*

2. Les dispositions de l'art. 138 C. pén. sont générales et n'excluent pas du bénéfice éventuel de l'excuse les individus poursuivis en France qui soutiennent avoir procuré l'arrestation des autres coupables, fût-ce à l'étranger ; par suite, doit être cassé l'arrêt d'une cour d'assises qui a refusé de poser au jury la question d'excuse légale invoquée par les demandeurs, au motif qu'en raison du jugement des autres coupables en territoire étranger, cette excuse ne pouvait être retenue. • Crim. 31 déc. 1936 : *Bull. crim. n° 158 ; DH 1937. 103 ; RSC 1937. 288, obs. Hugueney.*

Art. 442-10 **La peine privative de liberté encourue par l'auteur ou le complice des infractions prévues par les articles 442-1 à 442-4 est réduite de moitié si, ayant averti les autorités administratives ou judiciaires, il a permis de faire cesser les agissements incriminés et d'identifier, le cas échéant, les autres coupables.**

Art. 442-11 **Les personnes physiques coupables des crimes et délits prévus aux articles 442-1 à 442-6 encourent également les peines suivantes :**

1° L'interdiction des droits civiques, civils et de famille suivant les modalités prévues par l'article 131-26 ;

2° *(L. n° 2008-776 du 4 août 2008, art. 70)* **« L'interdiction, suivant les modalités prévues par l'article 131-27, soit d'exercer une fonction publique ou d'exercer l'activité professionnelle ou sociale dans l'exercice ou à l'occasion de l'exercice de laquelle l'infraction a été commise, soit d'exercer une profession commerciale ou industrielle, de diriger, d'Administrer de gérer ou de contrôler à un titre quelconque, directement ou indirectement, pour son propre compte ou pour le compte d'autrui, une entreprise commerciale ou industrielle ou une société commerciale. Ces interdictions d'exercice peuvent être prononcées cumulativement ; »**

3° L'interdiction de séjour, suivant les modalités prévues par l'article 131-31.

Art. 442-12 **L'interdiction du territoire français peut être prononcée dans les conditions prévues par l'article 131-30, soit à titre définitif, soit pour une durée de dix ans au plus, à l'encontre de tout étranger coupable de l'une des infractions définies aux articles 442-1 à 442-4.** *(Abrogé par L. n° 2003-1119 du 26 nov. 2003, art. 78)* (L. n° 93-1027 du 24 août 1993 ; L. n° 98-349 du 11 mai 1998) **« *Les dispositions des sept derniers alinéas de l'article 131-30 ne sont pas applicables.* »**

Art. 442-13 **Dans tous les cas prévus au présent chapitre, peut être également prononcée la confiscation de la chose qui a servi ou était destinée à commettre l'infraction ou de la chose qui en est le produit, à l'exception des objets susceptibles de restitution.**

La confiscation des pièces de monnaie et des billets de banque *(L. n° 2007-1544 du 29 oct. 2007, art. 41-VI)* **« contrefaisants » ou falsifiés ainsi que des matières et instruments destinés à servir à leur fabrication est obligatoire.**

Selon que la contrefaçon ou la falsification a porté sur des pièces de monnaie ou des billets de banque, les signes monétaires *(L. n° 2007-1544 du 29 oct. 2007, art. 41-VI)* **« contrefaisants » ou falsifiés sont remis à la Monnaie de Paris ou à la Banque de France, aux fins de destruction éventuelle. Leur sont également remis, aux mêmes fins, ceux des matériels et instruments confisqués qu'elles désignent.**

La confiscation des objets, imprimés ou formules visés à l'article 442-6 est également obligatoire. Elle entraîne remise de la chose confisquée à la Monnaie de Paris ou à la Banque de France, selon la distinction prévue à l'alinéa précédent, aux fins de destruction éventuelle.

Art. 442-14 *(L. n° 2009-526 du 12 mai 2009, art. 124-I)* **« Les personnes morales déclarées responsables pénalement, dans les conditions prévues par l'article 121-2, des infractions définies au présent chapitre encourent, outre l'amende suivant les modalités prévues par l'article 131-38 : »**

2° *[1°]* **Les peines mentionnées à l'article 131-39 ;**

3° *[2°]* **La confiscation, suivant les modalités prévues par l'article 442-13.**

L'interdiction mentionnée au 2° de l'article 131-39 porte sur l'activité dans l'exercice ou à l'occasion de l'exercice de laquelle l'infraction a été commise.

Art. 442-15 *(L. n° 2001-1168 du 11 déc. 2001)* **Les dispositions des articles 442-1, 442-2 et 442-5 à 442-14 sont applicables lorsque sont en cause les billets de banque et pièces de monnaie qui, bien que destinés à être mis en circulation, n'ont pas été encore émis par les institutions habilitées à cette fin et n'ont pas encore cours légal.**

Code monétaire et financier

CHAPITRE Ier (DU TITRE II DU LIVRE Ier). *LES MONNAIES MÉTALLIQUES*

Art. L. 121-1 Sous réserve de celles qui ont cours légal en France, les pièces métalliques de fabrication étrangère ne peuvent être admises dans les caisses publiques en paiement de droits et de contributions de quelque nature que ce soit, payables en numéraire. – *[C. instr. mon., art. 18.]*

Art. L. 121-2 *(L. nº 2006-1666 du 21 déc. 2006, art. 36-II)* Les pièces métalliques ayant cours légal et pouvoir libératoire destinées à la circulation en France sont fabriquées par la Monnaie de Paris.

CHAPITRE II (DU TITRE VI DU LIVRE Ier). *INFRACTIONS RELATIVES À LA MONNAIE (Ord. nº 2005-429 du 6 mai 2005, art. 19).*

Art. L. 162-1 La contrefaçon et la falsification des monnaies et des billets de banque, ainsi que le transport, la mise en circulation et la détention en vue de la mise en circulation de monnaies et de billets *(L. nº 2007-1544 du 29 oct. 2007)* « contrefaisants » ou falsifiés sont réprimés par les articles 442-1 à *(Ord. nº 2005-429 du 6 mai 2005, art. 20)* « 442-15 » du code pénal. – *[C. instr. mon., art. 22 et 36.]*

Art. L. 162-2 Toute personne qui a reçu des signes monétaires *(L. nº 2007-1544 du 29 oct. 2007)* « contrefaisants » ou falsifiés a l'obligation de les remettre ou de les faire remettre à la Banque de France ou à la Monnaie de Paris, selon qu'il s'agit de billets de banque ou de monnaies métalliques.

La Banque de France et la Monnaie de Paris sont habilitées à retenir et éventuellement à détruire les signes monétaires qu'elles reconnaissent comme *(L. nº 2007-1544 du 29 oct. 2007)* « contrefaisants » ou falsifiés. – *[C. instr. mon., art. 38-2.]*

Art. 442-16 *(L. nº 2007-297 du 5 mars 2007, art. 66)* **Les personnes physiques ou morales coupables des crimes et délits prévus aux articles 442-1 à 442-3 encourent également la peine complémentaire de confiscation de tout ou partie** *(L. nº 2012-409 du 27 mars 2012, art. 13-I-2º)* **« des biens leur appartenant ou, sous réserve des droits du propriétaire de bonne foi, dont elles ont la libre disposition** *[ancienne rédaction : de leurs biens]* **», quelle qu'en soit la nature, meubles ou immeubles, divis ou indivis.**

CHAPITRE III DE LA FALSIFICATION DES TITRES OU AUTRES VALEURS FIDUCIAIRES ÉMISES PAR L'AUTORITÉ PUBLIQUE

RÉP. PÉN. vº *Falsification des titres et marques de l'autorité,* par REDON.

Art. 443-1 La contrefaçon ou la falsification des effets émis par le Trésor public avec son timbre ou sa marque ou des effets émis par les États étrangers avec leur timbre ou leur marque, ainsi que l'usage ou le transport de ces effets *(L. nº 2007-1544 du 29 oct. 2007)* **« contrefaisants » ou falsifiés sont punis de sept ans d'emprisonnement et de 100 000 € d'amende.**

Art. 443-2 Sont punis de cinq ans d'emprisonnement et de 75 000 € d'amende la contrefaçon ou la falsification des timbres-poste ou autres valeurs fiduciaires postales, ainsi que des timbres émis par l'administration des finances, la vente, le transport, la distribution ou l'usage de ces timbres ou valeurs *(L. nº 2007-1544 du 29 oct. 2007)* **« contrefaisants » ou falsifiés.** – *Imp. 1840 Q.*

Corresp. : *C. pén., ancien art. 142, al. 1er (4º et 5º).*

1. L'art. 142-4º C. pén. suppose que les timbres contrefaits ou falsifiés aient cours légal. • T. corr. Seine, 18 déc. 1922 : *Gaz. Pal. 1923. 1. 59.* ♦ ... Et que le préjudice résultant de la contrefaçon incriminée ait été causé au Trésor et non à des particuliers. • T. corr. Seine, 23 nov. 1895 : *DP 1897. 2. 313.*

2. Ont fait l'exacte application de l'art. 443-2 C. pén. les juges du second degré qui, pour condamner un négociant en timbres du chef de transport et vente de timbres-poste contrefaits ou falsifiés, ont relevé que l'infraction était constituée en tous ses éléments, d'où il résulte que les timbres contrefaits n'étaient pas oblitérés, le prévenu ayant reconnu qu'il les avait transportés et vendus à un autre négociant sans lui cacher qu'il s'agissait de faux. • Crim. 30 janv. 2002 : *Dr. pénal 2002. 81, obs. Véron.*

Art. 443-3 Sont punis d'un an d'emprisonnement et de 15 000 € d'amende, la fabrication, la vente, le transport ou la distribution de tous objets, imprimés ou formules qui présentent, avec les titres ou autres valeurs fiduciaires émises par l'État, les collectivités locales, les établissements publics ou les exploitants publics prévus par la loi n° 90-568 du 2 juillet 1990 relative à l'organisation du service public de la poste et des télécommunications, une ressemblance de nature à faciliter l'acceptation desdits objets, imprimés ou formules au lieu et place des valeurs imitées.

Art. 443-4 Sont punis de six mois d'emprisonnement et de 7 500 € d'amende la contrefaçon ou la falsification des timbres-poste étrangers ou autres valeurs postales émises par le service des postes d'un pays étranger, ainsi que la vente, le transport, la distribution ou l'usage de ces timbres ou valeurs *(L. n° 2007-1544 du 29 oct. 2007)* « contrefaisants » ou falsifiés.

Art. 443-5 La tentative des délits prévus au présent chapitre est punie des mêmes peines.

Art. 443-6 Les personnes physiques coupables des délits prévus au présent chapitre encourent également les peines suivantes :

1° L'interdiction des droits civiques, civils et de famille suivant les modalités prévues par l'article 131-26 ;

2° *(L. n° 2008-776 du 4 août 2008, art. 70)* « L'interdiction, suivant les modalités prévues par l'article 131-27, soit d'exercer une fonction publique ou d'exercer l'activité professionnelle ou sociale dans l'exercice ou à l'occasion de l'exercice de laquelle l'infraction a été commise, soit d'exercer une profession commerciale ou industrielle, de diriger, d'Administrer de gérer ou de contrôler à un titre quelconque, directement ou indirectement, pour son propre compte ou pour le compte d'autrui, une entreprise commerciale ou industrielle ou une société commerciale. Ces interdictions d'exercice peuvent être prononcées cumulativement ; »

3° La confiscation de la chose qui a servi ou était destinée à commettre l'infraction ou de la chose qui en est le produit, à l'exception des objets susceptibles de restitution. *– Pén. 131-21.*

Dans tous les cas, la confiscation du corps du délit est obligatoire. Elle entraîne remise à l'administration de la chose confisquée aux fins de destruction éventuelle.

Art. 443-7 L'interdiction du territoire français peut être prononcée dans les conditions prévues par l'article 131-30, soit à titre définitif, soit pour une durée de dix ans au plus, à l'encontre de tout étranger coupable de l'une des infractions définies aux articles 443-1 et 443-2.

Art. 443-8 *(L. n° 2009-526 du 12 mai 2009, art. 124-I)* « Les personnes morales déclarées responsables pénalement, dans les conditions prévues par l'article 121-2, des infractions définies au présent chapitre encourent, outre l'amende suivant les modalités prévues par l'article 131-38 : »

2° *[1°]* Les peines mentionnées à l'article 131-39 ;

3° *[2°]* La confiscation suivant les modalités prévues par l'article 443-6.

L'interdiction mentionnée au 2° de l'article 131-39 porte sur l'activité dans l'exercice ou à l'occasion de l'exercice de laquelle l'infraction a été commise.

CHAPITRE IV DE LA FALSIFICATION DES MARQUES DE L'AUTORITÉ

RÉP. PÉN. v° *Falsification des titres et marques de l'autorité*, par REDON.

Art. 444-1 La contrefaçon ou la falsification soit du sceau de l'État, soit des timbres nationaux, soit des poinçons servant à marquer les matières d'or, d'argent ou de platine, ou l'usage de ces sceaux, timbres ou poinçons, *(L. n° 2007-1544 du 29 oct. 2007)* « contrefaisants » ou falsifiés, est punie de dix ans d'emprisonnement et de 150 000 € d'amende.

Corresp. : *C. pén., anciens art. 139, al. 1er, et 140.*

Timbres nationaux. Deux conditions sont indispensables pour qu'un timbre puisse être réputé national : d'abord, qu'il ait été employé pour les affaires de l'État et par une administration ou une autorité publique représentant l'État, ensuite, qu'il ait le type prescrit par la loi qui le crée. ♦ Sur ces conditions, V. Garçon, art. 140, n° 6. ♦ Ainsi, l'art. 140 C. pén., et non l'art. 142 (nouvel art. 443-2), est applicable à la contrefaçon de la marque apposée par l'administration sur le papier timbré. • Crim. 13 oct. 1843 : *Bull. crim. n° 265.* ♦ En revanche, le timbre d'un bureau de poste, quoique fourni par le Gouvernement, n'est pas un timbre national, en ce qu'il ne porte que le nom du lieu et la date. • Crim. 28 nov. 1812 : *Bull. crim. n° 253.*

Art. 444-2 **L'usage frauduleux du sceau de l'État, des timbres nationaux ou des poinçons servant à marquer des matières d'or, d'argent ou de platine est puni de sept ans d'emprisonnement et de 100 000 € d'amende.**

Art. 444-3 **Sont punies de cinq ans d'emprisonnement et de 75 000 € d'amende :**

1° La contrefaçon ou la falsification des sceaux, timbres ou marques d'une autorité publique, ou l'usage de ces sceaux, timbres ou marques, *(L. n° 2007-1544 du 29 oct. 2007, art. 41-VI)* **« contrefaisants » ou falsifiés ;**

2° La contrefaçon ou la falsification des papiers à en-tête ou imprimés officiels utilisés dans les assemblées instituées par la Constitution, les administrations publiques ou les juridictions, la vente, la distribution ainsi que l'usage de ces papiers ou imprimés ainsi *(L. n° 2007-1544 du 29 oct. 2007, art. 41-VI)* **« contrefaisants » ou falsifiés ;**

(L. n° 99-574 du 9 juill. 1999) **« 3° La contrefaçon ou la falsification d'estampilles et de marques attestant l'intervention des services d'inspection ou de surveillance sanitaire de la France ou d'un pays étranger. »**

Corresp. *: C. pén., ancien art. 142, al. 1er (2° et 3°).*

1. Sceaux, timbres ou marques d'une autorité publique. L'art. 142-2° C. pén., qui punit la contrefaçon des marques d'une autorité quelconque, a une portée générale et vise toutes les contrefaçons de marques apposées au nom du Gouvernement, quelles que soient la nature et la destination de la marque contrefaite dans une intention dolosive. • Crim. 4 mars 1954 : *D. 1954. 242, note F.G. ; S. 1955. 1. 30 ; RSC 1954. 541, obs. Hugueney* • 18 juill. 1963 : *Bull. crim. n° 259 ; D. 1963. 604 ; S. 1963. 293 ; Gaz. Pal. 1964. 1. 70* • 13 févr. 1969 : *Bull. crim. n° 79 ; D. 1969. 269, rapp. Escolier ; RSC 1969. 660, obs. Vitu.* ♦ L'incrimination prévue par l'art. 142 C. pén. a un sens très général et vise à réprimer toute atteinte au signe employé par toute personne remplissant une fonction publique ou officielle pour désigner son nom ou sa qualité à l'occasion de l'exercice de son ministère. • T. corr. Seine, 4 nov. 1961 : *Gaz. Pal. 1962. 1. 364.*

2. Ainsi, l'art. 142 a été appliqué aux contrefaçons de pièces d'or démonétisées (avant que la loi n° 68-1035 du 27 nov. 1968 ne modifie l'art. 132 C. pén., al. 3 (nouvel art. 442-3), afin d'incriminer spécialement la contrefaçon de monnaies n'ayant plus cours légal), dès lors que les pièces fabriquées portaient la marque des « différents » du directeur et du graveur des Monnaies ainsi que l'effigie et les attributs définis par la loi, le « différent » de l'Hôtel des Monnaies demeurant, malgré l'abrogation des textes qui avaient institué ce signe, la garantie de la « bonté », c'est-à-dire de l'origine, du titre et du poids des pièces émises par la Régie des Monnaies, autorité publique. • Crim. 4 mars 1954 : *préc.* • 18 juill. 1963 : *préc.* • 13 févr. 1969 : *préc.* • Paris, 2 juill. 1962 : *Gaz. Pal. 1962. 2. 212* • T. corr. Évreux, 15 nov. 1951 : *D. 1951. 734* • T. corr. Seine, 4 nov. 1961 : *préc.* ♦ *Contra* : • Rouen, 16 juin 1952 : *D. 1953. 720, note Carbonnier ; S. 1953. 2. 85, note Dupond ; Gaz. Pal. 1952. 2. 284.*

3. De même, lors de la dernière guerre, ont été réprimées sur le fondement de l'art. 142 C. pén. les falsifications des divers titres de rationnement ; V. pour l'usage de faux bons d'essence : • Crim. 1er juill. 1943 : *Bull. crim. n° 61 ; DA 1943. 71.* ♦ Opposer, pour la fabrication et la mise en circulation de faux points de cartes d'articles textiles : • Crim. 14 avr. 1945 : *Bull. crim. n° 38.*

4. Tombe encore sous le coup de l'art. 142 C. pén. : ... le fait de circuler sur une bicyclette munie d'une plaque de contrôle dont un chiffre d'une année antérieure a été gratté et remplacé par le millésime de l'année courante, afin de laisser croire que la plaque a été fournie pendant cette année, et qu'elle est dès lors valable, une telle plaque constituant une marque de l'autorité au sens dudit article. • Crim. 15 févr. 1930 : *Bull. crim. n° 58 ; DP 1930. 1. 134, rapp. Legris.* ♦ *Contra* : • Dijon, 3 mai 1929 : *DH 1929. 387.* ♦ ... Celui qui, à l'aide de manœuvres frauduleuses, trompe la bonne foi d'un graveur et lui fait fabriquer le tampon du service des cartes grises d'une préfecture ; sa mauvaise foi résulte de ces manœuvres, et il commet ainsi, en faisant fabriquer ce tampon pour se l'approprier, le délit de contrefaçon de marques de l'autorité administrative. • Crim. 28 févr. 1957 : *Bull. crim. n° 213 ; JCP 1957. II. 9856, rapp. Rolland.* ♦ ... Le fait d'apposer de faux cachets d'oblitération imitant les cachets de l'Administration des PTT. • Crim. 5 janv. 1971 : *Bull. crim. n° 2 ; D. 1971. Somm. 39 ; Gaz. Pal. 1971. 1. 108 ; RSC 1971. 412, obs. Vitu.* ♦ Mais la falsification de la vignette fiscale des véhicules à moteur est réprimée par l'art. 153 C. pén. (nouvel art. 441-2). • Crim. 22 juin 1961 : *Bull. crim. n° 310 ; RSC 1962. 95, obs. Hugueney.*

5. Le délit de contrefaçon n'implique pas nécessairement l'imitation frauduleuse de l'ensemble de l'objet contrefait ; il suffit que l'une des parties en ait été imitée de manière à donner à l'ensemble toutes les apparences de l'objet contrefait. • Crim. 15 févr. 1930 : *préc. note 4.*

6. Pour déclarer le prévenu coupable d'avoir contrefait le sceau du ministère de la justice, une cour d'appel relève que la reproduction de la figure de la Liberté, telle qu'elle est prévue pour le sceau de l'État, avec l'inscription, sur le pourtour, « ministère de la justice », donne à cet ensemble l'apparence de la marque d'une autorité publique et ajoute que l'apposition d'un tel sceau avait pour but de tromper, ne fût-ce que momentanément, les destinataires des faux avis de saisie ; en l'état de ces énonciations, qui procèdent de son pouvoir souverain d'appréciation des faits et circonstances de la cause contradictoirement débattus, la cour d'appel, sans méconnaître l'étendue de sa saisine, caractérise en tous ses éléments, tant matériels qu'intentionnel, le délit prévu par l'art. 444-3, 1°, C. pén. • Crim. 9 mars 2004, n° 03-83.080 P : *D. 2004. Somm. 2753, obs. de Lamy ; Dr. pénal 2004. 100 (1re esp.), obs. Véron.*

Art. 444-4 **L'usage frauduleux des sceaux, marques, timbres, papiers** *(L. n° 99-574 du 9 juill. 1999)* **« , imprimés ou estampilles et marques attestant l'intervention des services d'inspection ou de surveillance sanitaire » visés à l'article 444-3 est puni de trois ans d'emprisonnement et de 45 000 € d'amende.**

Corresp. : *C. pén., ancien art. 143.*

1. Le fait, pour un militaire, de s'être procuré indûment le sceau d'un officier supérieur, et de l'avoir apposé sur des permissions en blanc ne portant aucune signature, n'est pas punissable au titre de l'art. 143 C. pén., alors qu'il n'a pas été fait usage de ces permissions (usage préjudiciable à l'État ou à une autorité quelconque, selon l'ancienne formule de l'art. 143). • Besançon, 21 mai 1890 : *DP 1891. 2. 336.*

2. Constate suffisamment l'appropriation illicite et l'usage (préjudiciable) d'un timbre ou sceau de l'État, éléments constitutifs de l'art. 143 C. pén., la déclaration souveraine d'un arrêt portant que le prévenu s'était « indûment procuré » le cachet de la Régie, et que l'usage par lui de ce cachet avait eu pour but de dissimuler un enlèvement clandestin d'alcool, et de faire ainsi obstacle à la perception par l'État des droits qui atteignent ce produit. • Crim. 22 juin 1901 : *S. 1905. 1. 431.*

3. L'art. 143 C. pén. réprime l'usage frauduleux de vrais sceaux, marques ou timbres de l'État, par ceux qui se les sont indûment procurés ; en conséquence, encourt la cassation l'arrêt qui condamne, en vertu de cet article, le titulaire d'un plan de chasse individuel au grand gibier qui a fait un usage illégal d'un bracelet de marquage qui lui avait été régulièrement délivré. • Crim. 30 mai 1985 : *Bull. crim. n° 205.*

Art. 444-5 **Sont punies d'un an d'emprisonnement et de 15 000 € d'amende la fabrication, la vente, la distribution ou l'utilisation d'imprimés qui présentent avec les papiers à en-tête ou imprimés officiels en usage dans les assemblées instituées par la Constitution, les administrations publiques ou les juridictions une ressemblance de nature à causer une méprise dans l'esprit du public.**

Corresp. : *C. pén., ancien art. 144, al. 1er (2°).*

1. Les actes extrajudiciaires accomplis par les huissiers, lorsqu'ils exercent leurs fonctions à la requête des particuliers (constats, sommations, interpellations, offres, etc.), ne sauraient être assimilés à l'un des actes protégés par l'art. 144-2° C. pén. • Paris, 16 févr. 1961 : *Gaz. Pal. 1961. 1. 313 ; JCP 1961. II. 12047 (1re esp.)* • 23 févr. 1961 : *D. 1961. 647 ; S. 1962. 13.* ♦ En revanche, le commandement, acte authentique et solennel dont les huissiers ont le monopole de la rédaction et de la signification, doit être considéré comme « en usage dans les différentes juridictions » au sens de l'art. 144-2° C. pén., et se rend coupable de ce délit l'agent d'affaires, spécialisé dans le recouvrement des créances, qui adresse à des débiteurs, par la poste, un imprimé intitulé « commandement » et reproduisant littéralement le texte d'un véritable commandement, sous la seule réserve que les mots « Nous ... huissier » y sont remplacés par « Nous ... agent de poursuite, avons fait commandement ». • Bordeaux, 7 déc. 1960 : *JCP 1961. II. 12047 (2e esp.).*

2. A partir du moment où un service contentieux s'adresse par écrit à des débiteurs récalcitrants, le style employé par lui pour tenter de recouvrer une créance ne peut être que comminatoire, sans que le ton d'un tel style puisse être considéré comme l'apanage exclusif des huissiers et des agents du Trésor, spécialement lorsque aucune formule strictement officielle n'a été reproduite ni imitée qui ait pu, malgré les mentions établissant que l'imprimé émanait d'une société privée, laisser croire que l'organisme expéditeur appartenait à une administration ou à une juridiction. • Paris, 7 avr. 1960 : *Gaz. Pal. 1960. 1. 288 ; JCP 1960. II. 11619 ; RSC 1960. 466, obs. Hugueney.*

3. Caractérise le délit prévu et puni par l'art. 444-5 C. pén., la fabrication et la distribution, sur le pare-brise de véhicules, de tracts publicitaires dont le recto, qui prend la forme de faux avis de contravention au stationnement, présente, avec l'imprimé officiel utilisé pour verbaliser les conducteurs, une ressemblance étroite de nature à causer une méprise dans l'esprit du public. • Crim. 9 mars 2004, n° 03-83.081 P : *D. 2004. Somm. 2753, obs. de Lamy ; ibid. 2005. 43, note Daniel ; AJ pénal 2004. 204 ; Dr. pénal 2004. 100 (2e esp.), obs. Véron.*

Art. 444-6 **La tentative des délits prévus au présent chapitre est punie des mêmes peines.**

Art. 444-7 **Les personnes physiques coupables des crimes et délits prévus au présent chapitre encourent également les peines suivantes :**

1° L'interdiction des droits civiques, civils et de famille suivant les modalités prévues par l'article 131-26 ;

2° *(L. n° 2008-776 du 4 août 2008, art. 70)* **« L'interdiction, suivant les modalités prévues par l'article 131-27, soit d'exercer une fonction publique ou d'exercer l'activité professionnelle ou sociale dans l'exercice ou à l'occasion de l'exercice de laquelle l'infraction a été commise, soit d'exercer une profession commerciale ou industrielle, de diriger, d'Administrer de gérer ou de contrôler à un titre quelconque, directement ou indirectement, pour son propre compte ou pour le compte d'autrui, une entreprise commerciale ou industrielle ou une société commerciale. Ces interdictions d'exercice peuvent être prononcées cumulativement ; »**

3° L'exclusion des marchés publics ; — *Pén. 131-34.*

4° La confiscation de la chose qui a servi ou était destinée à commettre l'infraction ou de la chose qui en est le produit, à l'exception des objets susceptibles de restitution. — *Pén. 131-21.*

Dans tous les cas, la confiscation du corps du délit est obligatoire. Elle entraîne remise à l'administration de la chose confisquée aux fins de destruction éventuelle.

Art. 444-8 **L'interdiction du territoire français peut être prononcée dans les conditions prévues par l'article 131-30, soit à titre définitif, soit pour une durée de dix ans au plus, à l'encontre de tout étranger coupable de l'une des infractions définies au présent chapitre.**

Art. 444-9 *(L. n° 2009-526 du 12 mai 2009, art. 124-I)* **« Les personnes morales déclarées responsables pénalement, dans les conditions prévues par l'article 121-2, des infractions définies au présent chapitre encourent, outre l'amende suivant les modalités prévues par l'article 131-38 : »**

2° *[1°]* **Les peines mentionnées à l'article 131-39 ;**

3° *[2°]* **La confiscation, suivant les modalités prévues par l'article 444-7.**

L'interdiction mentionnée au 2° de l'article 131-39 porte sur l'activité dans l'exercice ou à l'occasion de l'exercice de laquelle l'infraction a été commise.

Loi du 18 mars 1918, *réglementant la fabrication et la vente des sceaux, timbres et cachets officiels (DP 1920. 4. 177).* **Art. 1er** Il est interdit de fabriquer les sceaux, timbres, cachets et marques de l'État ou d'une autorité quelconque sans l'ordre écrit des représentants attitrés de l'État ou de cette autorité. La livraison n'en pourra être faite qu'à ces représentations ou au siège même de l'autorité.

Art. 2 Indépendamment des contrefaçons et usages frauduleux prévus et punis *(L. n° 92-1336 du 16 déc. 1992)* « aux articles 444-1 à 444-9 » du code pénal sont également interdits la fabrication, la détention, la distribution, l'achat et la vente de timbres, sceaux, cachets et marques susceptibles d'être confondus avec les timbres, sceaux, cachets et marques de l'État ou d'une autorité quelconque.

Art. 3 Les dispositions des articles 1er et 2 de la présente loi sont applicables aux sceaux, timbres, cachets et marques des gouvernements étrangers et des autorités étrangères.

Art. 4 Toute infraction aux dispositions de la présente loi sera punie d'un emprisonnement de six mois et d'une amende de 3 750 € ou de l'une de ces deux peines seulement, sans préjudice, s'il y a lieu, des pénalités prévues aux articles 139 et suivants *[art. 444-1 s.]* du code pénal.

(Abrogé par L. nº 92-1336 du 16 déc. 1992, art. 323) « L'article 463 du code pénal sur les circonstances atténuantes pourra être appliqué. »

Les timbres, sceaux, cachets et marques seront confisqués.

La L. du 18 mars 1918 réglemente, indépendamment de toute intention frauduleuse, la détention, la fabrication, la distribution, la vente et l'achat des sceaux, timbres, cachets et marques des autorités françaises ou étrangères ; elle réserve l'usage fait de mauvaise foi du sceau d'une autorité, délit prévu par l'art. 143 C. pén. (nouvel art. 444-4). • Crim. 2 mars 1954 : *Bull. crim. nº 92.*

Loi du 13 juillet 1925, *portant fixation du budget général de l'exercice 1925 (DP 1925. 4. 281).* **Art. 221** Est interdit l'usage de prospectus, affiches, tracts, etc., imitant les sommations et tous autres imprimés utilisés pour le recouvrement des impôts, contributions, taxes et revenus par les administrations de l'État, des départements, des communes et des établissements publics. — Toute personne qui aura contrevenu aux dispositions qui précèdent sera punie de l'amende prévue pour les contraventions de la 3e classe par exemplaire distribué en contravention aux dispositions du présent article.

En ce qui concerne l'interdiction de l'usage de prospectus, affiches, tracts, etc., imitant les formules d'arrivée des télégrammes et les cartes pneumatiques utilisées par l'exploitant public, V. C. P. et T., art. R. 11 (D. 1962. 107 ; BLD 1962. 193), mod. par Décr. nº 90-1213 du 29 déc. 1990, art. 2-III (JO 30 déc.).

CHAPITRE V DE LA CORRUPTION DES PERSONNES N'EXERÇANT PAS UNE FONCTION PUBLIQUE

(L. nº 2005-750 du 4 juill. 2005, art. 2)

SECTION PREMIÈRE DE LA CORRUPTION PASSIVE ET ACTIVE DES PERSONNES N'EXERÇANT PAS UNE FONCTION PUBLIQUE

Art. 445-1 *(L. nº 2007-1598 du 13 nov. 2007)* **Est puni de cinq ans d'emprisonnement et** *(L. nº 2013-1117 du 6 déc. 2013, art. 6)* **« d'une amende de 500 000 €, dont le montant peut être porté au double du produit tiré de l'infraction,** *[ancienne rédaction : de 75 000 € d'amende]* **» le fait, par quiconque, de proposer, sans droit, à tout moment, directement ou indirectement, à une personne qui, sans être dépositaire de l'autorité publique, ni chargée d'une mission de service public, ni investie d'un mandat électif public exerce, dans le cadre d'une activité professionnelle ou sociale, une fonction de direction ou un travail pour une personne physique ou morale ou pour un organisme quelconque, des offres, des promesses, des dons, des présents ou des avantages quelconques, pour elle-même ou pour autrui,** *(L. nº 2011-525 du 17 mai 2011, art. 154-14º-a)* **« pour qu'elle accomplisse ou s'abstienne d'accomplir, ou parce qu'elle a accompli ou s'est abstenue d'accomplir** *[ancienne rédaction : afin d'obtenir qu'elle accomplisse ou s'abstienne d'accomplir]* **» un acte de son activité ou de sa fonction ou facilité par son activité ou sa fonction, en violation de ses obligations légales, contractuelles ou professionnelles.**

Est puni des mêmes peines le fait, par quiconque, de céder à une personne visée au premier alinéa qui sollicite, sans droit, à tout moment, directement ou indirectement, des offres, des promesses, des dons, des présents ou des avantages quelconques, pour elle-même ou pour autrui, *(L. nº 2011-525 du 17 mai 2011, art. 154-14º-b)* **« pour accomplir ou avoir accompli, pour s'abstenir ou s'être abstenue** *[ancienne rédaction : afin d'accomplir ou de s'abstenir]* **» d'accomplir un acte visé audit alinéa, en violation de ses obligations légales, contractuelles ou professionnelles.**

BIBL. ▶ SEGONDS, *Dr. pénal 2014. Étude 3* (commentaire de la loi nº 2013-1117 du 6 décembre 2013 relative à la lutte contre la fraude fiscale et la grande délinquance économique et financière).

▶ DOSSIER, *AJ pénal 2006. 193 s.* (la lutte contre la corruption).

1. Constitue le délit de corruption active de salarié [C. pén, art. 445-1] le fait pour un dirigeant d'une entreprise sous-traitante d'avoir adressé une proposition de nature corruptrice au salarié de l'entreprise donneuse d'ordres afin de fidéliser les opérations de sous-traitance, proposition finalement agréée par son destinataire. • Crim. 19 mai 2010 : *RSC 2010. Chron. 868, obs. Mascala* ; *Dr. pénal 2010. Chron. 9, obs. Segonds.*

2. Se rend coupable de corruption passive le salarié qui, chargé de négocier les meilleurs tarifs auprès des fournisseurs de son employeur, obtient de fausses ristournes sur lesquelles il perçoit abusivement des commissions (cassation au visa de l'anc. art. L. 152-6 C. trav. punissant de deux ans d'emprisonnement et de 30 000 € d'amende le fait, par tout directeur ou salarié, de solliciter ou d'agréer, directement ou indirectement, à l'insu et sans l'autorisation de son employeur, des offres ou des promesses, des dons, présents, escomptes ou primes pour accomplir ou s'abstenir d'accomplir un acte de sa fonction ou facilité par sa fonction). • Crim. 29 juin 2011 : *Gaz. Pal. 2011. 2. 3442, obs. Dreyer.*

Art. 445-1-1 *(L. n° 2018-202 du 26 mars 2018, art. 26)* **Est puni de cinq ans d'emprisonnement et d'une amende de 500 000 €, dont le montant peut être porté au double du produit tiré de l'infraction, le fait, par quiconque, de proposer, sans droit, à tout moment, directement ou indirectement, à un acteur d'une manifestation sportive** *(Ord. n° 2019-1015 du 2 oct. 2019, art. 33, en vigueur le 1er janv. 2020)* **« ou d'une course hippique » donnant lieu à des paris, des offres, des promesses, des présents, des dons ou des avantages quelconques, pour lui-même ou pour autrui, pour que cet acteur, par un acte ou une abstention, modifie le déroulement normal et équitable de cette manifestation** *(Ord. n° 2019-1015 du 2 oct. 2019, art. 33, en vigueur le 1er janv. 2020)* **« ou de cette course » ou parce que cet acteur, par un acte ou une abstention, a modifié le déroulement normal et équitable de cette manifestation** *(Ord. n° 2019-1015 du 2 oct. 2019, art. 33, en vigueur le 1er janv. 2020)* **« ou de cette course ».**

BIBL. ▶ BELLOIR, *AJ pénal 2013. 314* (la corruption de paris sportifs. Articles 445-1-1 et 445-1-2 du code pénal : la corruption de manifestation sportive donnant lieu à des paris sportifs). – SEGONDS, *APC 2020, n° 42, p. 21* (pour un retour aux qualifications « générales » de la corruption pour lutter contre la corruption dite « sportive », *in* « Déviances sportives »). – NAVARRE et LÉTOCARD, *APC 2020, n° 42, p. 113* (le traitement de la corruption sportive par le parquet national financier, *in* « Déviances sportives »). – TARTAGLIA POLCINI, *APC 2020, n° 42, p. 175* (la corruption dans le sport. Réflexions à partir de l'exemple italien, *in* « Déviances sportives »).

Ancien art. 445-1-1 (L. n° 2012-158 du 1er févr. 2012, art. 9) ***Les peines prévues à l'article 445-1 sont applicables à toute personne qui promet ou offre, sans droit, à tout moment, directement ou indirectement, des présents, des dons ou des avantages quelconques, pour lui-même ou pour autrui, à un acteur d'une manifestation sportive donnant lieu à des paris sportifs,*** (L. n° 2017-261 du 1er mars 2017, art. 10) ***« pour que ce dernier accomplisse ou s'abstienne d'accomplir, ou parce qu'il a accompli ou s'est abstenu d'accomplir, un acte modifiant » le déroulement normal et équitable de cette manifestation.***

BIBL. ▶ BELLOIR, *AJ pénal 2013. 314* (corruption de paris sportifs).

Art. 445-2 *(L. n° 2007-1598 du 13 nov. 2007)* **Est puni de cinq ans d'emprisonnement et** *(L. n° 2013-1117 du 6 déc. 2013, art. 6)* **« d'une amende de 500 000 €, dont le montant peut être porté au double du produit tiré de l'infraction,** *[ancienne rédaction : de 75 000 € d'amende]* **» le fait, par une personne qui, sans être dépositaire de l'autorité publique, ni chargée d'une mission de service public, ni investie d'un mandat électif public exerce, dans le cadre d'une activité professionnelle ou sociale, une fonction de direction ou un travail pour une personne physique ou morale ou pour un organisme quelconque, de solliciter ou d'agréer, sans droit, à tout moment, directement ou indirectement, des offres, des promesses, des dons, des présents ou des avantages quelconques, pour elle-même ou pour autrui,** *(L. n° 2011-525 du 17 mai 2011, art. 154-15°)* **« pour accomplir ou avoir accompli, pour s'abstenir ou s'être abstenue** *[ancienne rédaction : afin d'accomplir ou de s'abstenir]* **» d'accomplir un acte de son activité ou de sa fonction ou facilité par son activité ou sa fonction, en violation de ses obligations légales, contractuelles ou professionnelles.**

Application dans le temps. Le délit de corruption de personnes n'exerçant pas une fonction publique a été instauré par l'art. 445-2 C. pén. résultant de la L. n° 2005-750 du 4 juill. 2005 ; justifie sa décision la cour d'appel qui déclare coupable de complicité de ce délit le prévenu qui a, après l'entrée en vigueur de la L. préc., continué de provoquer à la corruption en maintenant ses instructions, qui ont entraîné la poursuite des sollicitations et des remises de fonds. • Crim. 25 févr. 2015, n° 13-88.506 P : *D. actu. 25 mars 2015, obs. Anane.*

Art. 445-2-1 *(L. n° 2018-202 du 26 mars 2018, art. 26)* **Est puni de cinq ans d'emprisonnement et d'une amende de 500 000 €, dont le montant peut être porté au double du produit tiré de l'infraction, le fait, par un acteur d'une manifestation sportive** *(Ord. n° 2019-1015 du 2 oct. 2019, art. 33, en vigueur le 1er janv. 2020)* **« ou d'une course hippique » donnant lieu à des paris, de solliciter ou d'agréer de quiconque, sans droit, à tout moment, directement ou indirectement, des offres, des promesses, des présents, des dons ou des avantages quelconques, pour lui-même ou pour autrui, pour modifier ou pour avoir modifié, par un acte ou une abstention, le déroulement normal et équitable de cette manifestation** *(Ord. n° 2019-1015 du 2 oct. 2019, art. 33, en vigueur le 1er janv. 2020)* **« ou de cette course ».**

Ancien art. 445-2-1 (L. n° 2012-158 du 1er févr. 2012, art. 9) ***Les peines prévues à l'article 445-2 sont applicables à tout acteur d'une manifestation sportive donnant lieu à des paris sportifs*** (L. n° 2017-261 du 1er mars 2017, art. 10) ***« qui sollicite ou accepte, à tout moment, des présents, des dons ou des avantages quelconques, pour lui-même ou pour autrui, pour modifier ou avoir modifié, par un acte ou une abstention, le déroulement normal et équitable de la manifestation. »***

BIBL. ► Belloir, *AJ pénal 2013. 314* (corruption de paris sportifs).

SECTION II PEINES COMPLÉMENTAIRES APPLICABLES AUX PERSONNES PHYSIQUES ET RESPONSABILITÉ PÉNALE DES PERSONNES MORALES

Art. 445-3 **Les personnes physiques coupables des infractions définies aux articles 445-1** *(L. n° 2012-158 du 1er févr. 2012, art. 9)* **« , 445-1-1, 445-2 et 445-2-1 » encourent également les peines complémentaires suivantes :**

1° L'interdiction, suivant les modalités prévues par l'article 131-26, des droits civiques, civils et de famille ;

2° *(L. n° 2008-776 du 4 août 2008, art. 70)* **« L'interdiction, suivant les modalités prévues par l'article 131-27, soit d'exercer une fonction publique ou d'exercer l'activité professionnelle ou sociale dans l'exercice ou à l'occasion de l'exercice de laquelle l'infraction a été commise, soit d'exercer une profession commerciale ou industrielle, de diriger, d'Administrer de gérer ou de contrôler à un titre quelconque, directement ou indirectement, pour son propre compte ou pour le compte d'autrui, une entreprise commerciale ou industrielle ou une société commerciale. Ces interdictions d'exercice peuvent être prononcées cumulativement ; »**

3° La confiscation, suivant les modalités prévues par l'article 131-21, de la chose qui a servi ou était destinée à commettre l'infraction ou de la chose qui en est le produit, à l'exception des objets susceptibles de restitution ;

4° L'affichage ou la diffusion de la décision prononcée dans les conditions prévues par l'article 131-35.

Art. 445-4 *(L. n° 2009-526 du 12 mai 2009, art. 124-I)* **« Les personnes morales déclarées responsables pénalement, dans les conditions prévues par l'article 121-2, des infractions définies aux articles 445-1** *(L. n° 2012-158 du 1er févr. 2012, art. 9)* **« , 445-1-1, 445-2 et 445-2-1 » encourent, outre l'amende suivant les modalités prévues par l'article 131-38 : »**

2° *[1°]* **Pour une durée de cinq ans au plus, les peines mentionnées aux 2°, 3°, 4°, 5°, 6° et 7° de l'article 131-39.**

L'interdiction mentionnée au 2° de l'article 131-39 porte sur l'activité dans l'exercice ou à l'occasion de laquelle l'infraction a été commise ;

3° *[2°]* **La confiscation, suivant les modalités prévues par l'article 131-21, de la chose qui a servi ou était destinée à commettre l'infraction ou de la chose qui en est le produit, à l'exception des objets susceptibles de restitution ;**

4° *[3°]* **L'affichage ou la diffusion de la décision prononcée dans les conditions prévues par l'article 131-35 ;**

(L. n° 2016-1691 du 9 déc. 2016, art. 18) **« 5°** *[4°]* **La peine prévue à l'article 131-39-2. »**

CHAPITRE VI DE LA VIOLATION DES DISPOSITIONS RÉGLEMENTANT LES PROFESSIONS EXERCÉES DANS LES LIEUX PUBLICS

(L. n° 2011-267 du 14 mars 2011, art. 51-I)

Art. 446-1 La vente à la sauvette est le fait, sans autorisation ou déclaration régulière, d'offrir, de mettre en vente ou d'exposer en vue de la vente des biens ou d'exercer toute autre profession dans les lieux publics en violation des dispositions réglementaires sur la police de ces lieux.

La vente à la sauvette est punie de six mois d'emprisonnement et de 3 750 € d'amende.

(L. n° 2019-222 du 23 mars 2019, art. 58-II) « Pour le délit prévu au premier alinéa du présent article, y compris en cas de récidive, l'action publique peut être éteinte, dans les conditions prévues aux articles 495-17 à 495-25 du code de procédure pénale, par le versement d'une amende forfaitaire d'un montant de 300 €. Le montant de l'amende forfaitaire minorée est de 250 € et le montant de l'amende forfaitaire majorée est de 600 €.

« L'auteur de cette infraction encourt également les peines complémentaires définies à l'article 446-3 du présent code. »

BIBL. ▸ Ribeyre, *Dr. pénal 2011. Étude 10* (LOPPSI II : de nouvelles règles au service de la répression).

Art. 446-2 Lorsque la vente à la sauvette est accompagnée de voies de fait ou de menaces ou lorsqu'elle est commise en réunion, la peine est portée à un an d'emprisonnement et à 15 000 € d'amende.

Art. 446-3 Les personnes physiques coupables des délits prévus au présent chapitre encourent également les peines complémentaires suivantes :

1° La confiscation de la chose qui a servi ou était destinée à commettre l'infraction ou de la chose qui en est le produit ;

2° La destruction de la chose qui a servi ou était destinée à commettre l'infraction ou de la chose qui en est le produit.

Art. 446-4 Les personnes morales déclarées responsables pénalement, dans les conditions prévues par l'article 121-2, des infractions définies au présent chapitre encourent, outre l'amende suivant les modalités prévues par l'article 131-38, les peines prévues par l'article 131-39.

L'interdiction mentionnée au 2° de l'article 131-39 porte sur l'activité dans l'exercice ou à l'occasion de l'exercice de laquelle l'infraction a été commise.

TITRE CINQUIÈME DE LA PARTICIPATION À UNE ASSOCIATION DE MALFAITEURS

RÉP. PÉN. v° *Association de malfaiteurs*, par Culioli et Gioanni.

BIBL. ▸ J.-F. Seuvic, *obs. RSC 2001. 857*.

▸ Colloque 27/28 janv. 1994, *Dalloz, 1994, p. 60 s.* – Colloque préparatoire de Naples 18/20 sept. 1997, *RID pén. 1998, p. 481*.

Art. 450-1 *(L. n° 2001-420 du 15 mai 2001)* Constitue une association de malfaiteurs tout groupement formé ou entente établie en vue de la préparation, caractérisée par un ou plusieurs faits matériels, d'un ou plusieurs crimes ou d'un ou plusieurs délits punis d'au moins cinq ans d'emprisonnement.

Lorsque les infractions préparées sont des crimes ou des délits punis de dix ans d'emprisonnement, la participation à une association de malfaiteurs est punie de dix ans d'emprisonnement et de 150 000 € d'amende.

Lorsque les infractions préparées sont des délits punis d'au moins cinq ans d'emprisonnement, la participation à une association de malfaiteurs est punie de cinq ans d'emprisonnement et de 75 000 € d'amende. — *Pr. pén. 706-16, 706-26 s., 706-34 s.*

Les dispositions du présent article sont applicables à Mayotte, en Nouvelle-Calédonie, dans les îles Wallis-et-Futuna et en Polynésie française (L. n° 2001-1062 du 15 nov. 2001, art. 71).

Corresp. : *C. pén., anciens art. 265 et 266 ; CSP, ancien art. L. 627, al. 2.*

BIBL. ▸ Seuvic, *obs. RSC 2001. 857*.

▸ **Colloques :** *Colloque 27/28 janv. 1994, Dalloz 1994, p. 60 s.* – Colloque préparatoire de Naples des 18 et 20 sept. 1997 (les systèmes pénaux à l'épreuve du crime organisé), *RID pén. 1998, p. 481.*

▸ **Dossier :** Criminalité organisée – France / Italie, *RSC 2017, p. 1* ✎ *s.* – Parizot, *p. 1* (organisation criminelle *versus* association de malfaiteurs et *associazione per delinquere* : quel socle à la lutte contre la criminalité organisée en France et en Italie). – Grandi, *p. 13* (l'apport de la jurisprudence italienne dans l'élaboration du concept d'« association de type mafieux »). – Venturoli, *p. 27* (au-delà de la participation à l'association de type mafieux : le concours externe).

I. INCRIMINATION

A. ASSOCIATION

1. *Préparation d'un crime ou d'un délit.* N'a pas donné une base légale à sa décision la chambre d'accusation qui omet de répondre aux réquisitions du ministère public faisant valoir que les légendes apposées sur les photographies prises par les intéressés, les plans dressés par eux, les relevés des horaires de la personne visée, ainsi que la détention, régulière ou non, d'armes nombreuses, constitueraient des actes préparatoires d'un crime ou d'un délit, susceptibles de justifier le renvoi des intéressés devant la juridiction de jugement pour association de malfaiteurs, au sens tant des art. 265 et 266 anciens, que de l'art. 450-1 nouv. C. pén. • Crim. 11 juill. 1995 : *Gaz. Pal. 1995. 2. Somm. 573.*

2. *Concrétisation par un ou plusieurs faits matériels.* L'art. 265 C. pén. n'exige pas, comme élément constitutif du délit d'association de malfaiteurs, le dessein, formé par des individus rassemblés, de commettre un crime déterminé de façon précise ; il suffit que l'entente établie ait été concrétisée par un ou plusieurs actes préparatoires. • Crim. 15 déc. 1993 : *Dr. pénal 1994. 131.* ♦ Dans le même sens, mais sur le fondement des textes antérieurs à la L. du 2 févr. 1981. • Crim. 7 juin 1951 : *Bull. crim. n° 163 ; D. 1951. 510* • 7 déc. 1966 : *Bull. crim. n° 281* • 7 févr. 1973 : *ibid. n° 67.*

3. Il résulte des dispositions de l'art. 265 C. pén. que l'association de malfaiteurs doit être « concrétisée par un ou plusieurs faits matériels » ; le point de savoir si cet élément est ou non réalisé est une circonstance de fait que la loi laisse à l'appréciation de la cour et du jury, sans qu'il soit nécessaire que la nature desdits faits matériels soit précisée dans la question qui leur est posée. • Crim. 16 janv. 1985 : *Bull. crim. n° 30.*

4. *Illustrations.* Caractérise tous les éléments constitutifs du délit retenu, la cour d'appel qui, pour déclarer un prévenu coupable d'association de malfaiteurs en application de l'art. 265 C. pén., énonce que ce prévenu et son co-prévenu avaient l'intention de commettre ensemble un crime contre les biens dont ils avaient préparé la réalisation. • Crim. 5 janv. 1984 : *Gaz. Pal. 1984. 2. Pan. 264.* ♦ Rappr. : • Crim. 29 déc. 1970 : *Bull. crim. n° 356 ; JCP 1971. II. 16770, note Bouzat ; RSC 1971. 675, obs. Vitu.*

5. Se rend coupable du délit de participation à une association de malfaiteurs, au sens de l'art. 450-1 C. pén., celui qui, dans le dessein de faire défigurer au vitriol une ancienne amie, recrute et rétribue un homme de main, qu'il accompagne en repérage sur les lieux de l'agression projetée et auquel il fournit les instructions et renseignements nécessaires à son exécution. • Crim. 30 avr. 1996, n° 94-86.107 P : *RSC 1997. 100, obs. Bouloc, et 113, obs. Delmas Saint-Hilaire* ✎.

6. Caractérise le délit d'association de malfaiteurs en vue de la préparation d'un délit puni de 10 ans d'emprisonnement, en l'espèce la préparation d'une évasion par hélicoptère et avec usage d'armes, la cour d'appel qui précise les éléments objectifs desquels résulte l'intention manifeste des auteurs d'user de leurs armes, nonobstant leur interpellation, antérieure à la mise à exécution de leur projet. • Crim. 26 mai 1999, n° 97-86.128 P : *RSC 2000. 621, obs. Delmas Saint-Hilaire* ✎.

7. Doit être cassé l'arrêt qui, pour condamner du chef d'association de malfaiteurs en vue de la préparation d'un délit puni de 10 ans d'emprisonnement, retient que l'infraction préparée était une extorsion commise au préjudice d'une personne particulièrement vulnérable, prévue et punie par les art. 312-1, al. 1er, et 312-2.2°, C. pén., et qui, pour caractériser la circonstance aggravante, édictée par ce dernier texte, qui élève à 10 ans la peine d'emprisonnement encourue, énonce que la particulière vulnérabilité de la victime est due à son âge de 64 ans, connu des auteurs, sans préciser en quoi l'âge de la victime la mettait dans une situation de particulière vulnérabilité. • Crim. 23 juin 1999, n° 98-84.158 P.

8. Caractérise une association de malfaiteurs, pour réaliser l'acquisition d'une importante quantité d'héroïne, le « couple formé » par deux individus, qui a eu des contacts avec un fournisseur et a organisé de concert une livraison en utilisant divers véhicules, dont une voiture volée, en disposant d'une forte somme d'argent. • Crim. 3 juin 2004 : *Dr. pénal 2004. 182.*

9. *Différence avec la bande organisée.* Pour confirmer l'ordonnance entreprise, l'arrêt énonce que la seule constitution d'une équipe de plusieurs malfaiteurs ne peut suffire à qualifier la bande organisée dès lors que cette équipe ne répond pas au critère supplémentaire de structure existant depuis un certain temps ; les juges ajoutent qu'en outre les équipes de malfaiteurs n'étaient pas toujours constituées de la même manière mais de façon variable avec trois, quatre ou cinq membres ; en l'état de ces seuls motifs, et dès lors que la bande organisée suppose la préméditation des infractions et, à la différence de l'association de malfaiteurs, une organisation structurée entre ses membres, la chambre de l'instruction a justifié sa décision. • Crim. 8 juill. 2015, n° 14-88.329 P : *D. actu. 31 août 2015, obs. Benelli-de Bénazé.* ♦ Rappr. : • Crim. 10 avr. 2019, n° 18-83.053 : *D. actu. 3 mai 2019, obs. Azoulay ; D. 2019. 764 ; AJ pénal 2019. 334, obs. Thierry .*

B. PARTICIPATION

10. *Application dans le temps.* En présence d'agissements constitutifs du délit de participation à un groupement formé en vue de la préparation d'un crime au moment où ils ont été commis, et qui sont désormais constitutifs du délit de participation à un groupement formé en vue de la préparation d'un délit, le juge répressif, lié par les principes fondamentaux du règlement des conflits de lois pénales dans le temps, se doit de retenir la nouvelle qualification, l'infraction pour laquelle l'association a été constituée relevant désormais du tribunal correctionnel et non plus de la cour d'assises ; il appartient toutefois à ce juge de faire une application distributive de la loi nouvelle et de sanctionner les agissements poursuivis et ainsi requalifiés par les anciennes pénalités dès lors que la nouvelle infraction de participation à un groupement formé en vue de la préparation d'un délit est plus sévèrement réprimée que l'ancienne qualification visée à la prévention. • Douai, 19 oct. 1994 : *BICC 1995. 192 ; Gaz. Pal. 1995. 1. Somm. 162.*

11. L'association ou l'entente formée en vue de commettre un trafic de stupéfiants, définie, avant le 1er mars 1994, par l'art. L. 627 CSP, entre désormais dans les prévisions du délit d'association de malfaiteurs, qui, selon l'art. 450-1 C. pén., réprime la participation à tout groupement formé ou entente établie en vue de la préparation, caractérisée par un ou plusieurs faits matériels, d'un ou plusieurs crimes ou d'un ou plusieurs délits punis de 10 ans d'emprisonnement ; c'est donc à bon droit que la chambre d'accusation a requalifié les faits poursuivis en ce sens. • Crim. 13 mars 1997, n° 95-85.766 P : *Dr. pénal 1997. 126 (2e arrêt), obs. Véron.*

12. *Infraction-obstacle.* L'association de malfaiteurs définie par l'art. 265 C. pén. constitue une infraction indépendante, tant du ou des crimes contre les personnes ou les biens préparés ou commis par les membres de l'association. • Crim. 8 févr. 1979 : *Bull. crim. n° 58 ; D. 1979. IR 528, obs. Puech* • 22 janv. 1986 : *ibid. n° 29* • 6 nov. 1986 : *Gaz. Pal. 1987. 1. Somm. 200* • Douai, 19 oct. 1994 : *Gaz. Pal. 1995. 1. Somm. 161.* ♦ ... Que des infractions caractérisées par certains des faits qui la concrétisent. • Crim. 2 juill. 1991, n° 90-87.165 P : *Gaz. Pal. 1992. 1. Somm. 24.* ♦ L'association de malfaiteurs constitue un délit distinct tant des crimes préparés ou commis par ses membres que des infractions caractérisées par certains faits qui la concrétisent. • Crim. 15 juin 2011 : *Dr. pénal 2011, n° 133, obs. Véron ; JCP G 2011, n° 893.*

13. Il s'ensuit : ... qu'est, à bon droit, déclarée irrecevable une constitution de partie civile qui, fondée sur ce chef d'accusation, n'invoque aucun préjudice pouvant être distingué de celui résultant des autres crimes de droit commun imputés par le plaignant aux individus mis en cause. • Crim. 8 févr. 1979 : *préc. note 12.* ♦ ... Que, lorsque l'infraction préparée entre dans sa phase d'exécution, l'association de malfaiteurs n'est pas absorbée par les textes spéciaux qui répriment ladite infraction. • Crim. 22 janv. 1986 : *préc. note 12.* ♦ ... Qu'est coupable du délit d'association de malfaiteurs le prévenu qui revendique son appartenance à un groupe qui s'est déjà rendu coupable de plusieurs crimes, dès lors que les circonstances ne laissent aucun doute sur sa volonté d'apporter son concours à ce groupe, et qu'il en connaît les buts criminels. • Crim. 6 nov. 1986 : *préc. note 12.* ♦ ... Que pour déclarer une prévenue coupable du délit d'association de malfaiteurs, une cour d'appel a pu retenir sa participation active à la préparation d'attentats à caractère terroriste, notamment par la détention et le transport d'armes, délit pour lequel elle a été également condamnée. • Crim. 2 juill. 1991 : *préc. note 12.* ♦ ... Qu'il n'est pas possible de se prévaloir du désistement volontaire de celui qui était chargé d'accomplir l'infraction principale, pour prétendre qu'il ne resterait plus rien à la charge des autres, ni au titre d'une complicité de tentative de crime, puisque le désistement volontaire efface la punissabilité de l'acte, ni au titre de l'association de malfaiteurs, qui ne serait plus rien au moment où est dépassé le stade de la simple préparation. • Douai, 19 oct. 1994 : *préc. note 12.* ♦ ... Qu'il n'importe que l'homme chargé de commettre l'infraction, ayant dilapidé l'argent reçu, ait renoncé à l'action. • Crim. 30 avr. 1996, n° 94-86.107 P : *RSC 1997. 100, obs. Bouloc , et 113, obs. Delmas Saint-Hilaire .* ♦ ... Que doit être rejetée l'exception de chose jugée tirée de ce que l'accusé a déja été condamné du chef de participation à une association de malfaiteurs en vue de la commission d'actes de terrorisme. • Crim. 15 juin 2011 : *Dr. pénal 2011 : préc. note 12.*

14. L'art. 265 C. pén. n'exige pas que les membres de l'association aient participé personnellement à plusieurs crimes, dès lors qu'il est constaté que l'inculpé a agi en connaissance de l'entreprise criminelle dans laquelle s'intégraient les faits retenus à son encontre. • Crim. 11 juin 1970 : *Bull. crim. n° 199 ; D. 1970. Somm. 177 ; RSC 1971. 108, obs. Vitu* • 29 oct. 1975 : *Bull. crim. n° 230 ; RSC 1976. 417, obs. Vitu.*

II. RÉPRESSION

15. Infraction de droit commun. L'association de malfaiteurs est une infraction dépourvue de caractère politique. • CE 24 févr. 1995 : *D. 1995. Flash n° 11.*

16. Territorialité. Les projets de crimes en France, même si leur auteur étranger n'a pas participé personnellement à leur préparation, constituent un des éléments de l'infraction d'association de malfaiteurs, élément suffisant pour considérer le délit d'association comme réputé commis sur le territoire de la République, au sens de l'art. 693 C. pr. pén. (nouvel art. 113-2, al. 2). • Crim. 20 févr. 1990, n° 89-86.610 P. ♦ Dès lors que c'est en France que le prévenu a recruté ses hommes de main, un des éléments constitutifs de l'infraction a été accompli en France, et, en application de l'art. 693 C. pr. pén. (nouvel art. 113-2, al. 2), l'ensemble de l'infraction est réputée avoir été commise sur le territoire de la République. • T. corr. Paris, 16 oct. 1991 : *Gaz. Pal. 1992. 1. Somm. 46.*

17. A justifié sa décision la chambre de l'instruction qui retient la compétence des juridictions françaises par des motifs qui établissent que la séquestration et le vol avec arme en bande organisée commis à l'étranger étaient indivisiblement liés, pour en avoir été la résultante, aux faits d'association de malfaiteurs commis en France auxquels il est reproché au prévenu, de nationalité algérienne, d'avoir participé. • Crim. 27 oct. 2004, n° 04-85.187 P : *Dr. pénal 2005. 16 (1re esp.), obs. Maron.*

18. Prescription. L'appartenance à une association ou entente en vue de commettre des infractions (à la législation sur les stupéfiants) est un délit continu qui ne commence à se prescrire qu'à partir de l'instant où le prévenu cesse d'en faire partie, soit en la quittant soit parce qu'elle a cessé d'exister. • Crim. 16 oct. 1979 : *Bull. crim. n° 285.*

19. Action civile. La constitution de partie civile fondée sur le chef d'accusation d'association de malfaiteurs n'est recevable que si est invoqué un préjudice prenant directement sa source dans l'infraction reprochée ; par suite, une personne est recevable à se constituer partie civile contre des prévenus renvoyés devant le tribunal du chef d'association de malfaiteurs, dès lors que l'information l'a clairement identifiée comme victime potentielle du délit poursuivi sous cette qualification et que le préjudice dont elle demande réparation prend sa source dans cette entente. • Limoges, 31 déc. 1993 : *Dr. pénal 1994. 171.*

20. Conflit de qualifications. Ne méconnaît pas le principe selon lequel un même fait ne peut être retenu comme élément constitutif d'une infraction et circonstance aggravante d'une autre infraction, la cour d'appel qui déclare le prévenu coupable d'association de malfaiteurs en vue de la préparation d'une évasion et d'évasion en bande organisée, dès lors qu'elle constate que les éléments constitutifs du premier de ces délits et la circonstance aggravante du second correspondent en l'espèce à des faits distincts. • Crim. 19 janv. 2010, n° 09-84.056 P : *AJ pénal 2010. 201 ; Dr. pénal 2010, n° 43, obs. Véron.* ♦ V. aussi : • Crim. 30 juin 2010 : *Dr. pénal 2010, n° 125, obs. Véron.*

21. Pour retenir contre le condamné la circonstance aggravante de bande organisée, et non l'association de malfaiteurs, l'arrêt attaqué relève que son évasion a été préparée par un groupe structuré, composé du frère du prévenu et d'individus, dont certains ont été identifiés, qui s'était procuré des armes et deux véhicules et dont l'objectif était d'attaquer le fourgon de police afin que le détenu puisse s'échapper ; les juges ajoutent que la bande organisée s'analyse en une circonstance aggravante réelle qui, ayant trait aux conditions dans lesquelles l'infraction a été commise, a vocation à s'appliquer à l'ensemble des coauteurs et complices, sans qu'il soit besoin de démontrer la participation personnelle et directe du détenu à la préparation de son évasion ; en prononçant ainsi, la cour d'appel a justifié sa décision. • Crim. 11 janv. 2017, n° 16-80.610 P : *D. actu. 25 janv. 2017, obs. Goetz ; D. 2017. Pan. 2501, obs. Gozzi .*

22. Des faits qui procèdent de manière indissociable d'une action unique caractérisée par une seule intention coupable ne peuvent être retenus comme élément constitutif d'une infraction et circonstance aggravante d'une autre infraction ; en retenant des faits identiques pour caractériser la circonstance aggravante de bande organisée et l'infraction d'association de malfaiteurs, la cour d'assises a méconnu le principe susénoncé. • Crim. 9 mai 2019, n° 18-82.800 : *D. actu. 3 juin 2019, obs. Azoulay ; D. 2019. 1048 ; AJ pénal 2019. 380, obs. Lacaze ; JCP 2019. 1030, n° 2, obs. Claverie-Rousset ; Gaz. Pal. 2019. 2087, note Mésa ; ibid. 2019. 2625, obs. Detraz ; Dr. pénal 2019. Comm. 136, obs. Maron et Haas ; ibid. Comm. 143, obs. Conte.*

23. A justifié sa décision, sans méconnaître le principe *non bis in idem*, la cour d'assises qui a caractérisé un délit d'association de malfaiteurs distinct de la circonstance aggravante spécifiquement attachée à une tentative de vol en bande organisée, dès lors que l'association de malfaiteurs avait pour objet la préparation d'autres infractions. • Crim. 9 mai 2019, n° 18-82.885 : *D. actu. 28 mai 2019, obs. Fucini ; AJ pénal 2019. 380, obs. Lacaze ; JCP 2019. 1030, n° 2, obs. Claverie-Rousset ; Dr. pénal 2019.*

Comm. 136, obs. Maron et Haas ; ibid. Comm. 142 et 143, obs. Conte.

24. Sans méconnaître la règle *ne bis in idem*, la cour d'assises a caractérisé sans insuffisance, d'une part la circonstance aggravante de bande organisée assortissant les vols dont l'accusé a été reconnu coupable, et d'autre part l'infraction d'association de malfaiteurs visant la préparation de faits distincts d'attaques de fourgons blindés. • Crim. 22 avr. 2020, n° 19-84.464 : *D. 2020. 982 ; D. actu. 25 mai 2020, obs. Charlent ; Gaz. Pal. 2020. 2715, obs. Dreyer.*

25. En constatant que le prévenu s'est en connaissance de cause associé avec un groupement déjà constitué en vue de la préparation d'escroqueries, concrétisée par la réalisation de faux papiers à laquelle il a contribué en leur remettant des photos et des documents, les juges ont caractérisé sa participation à une association de malfaiteurs ; ces faits sont distincts de ceux retenus à l'encontre du prévenu au titre du délit d'escroquerie, qui ont consisté à constituer des dossiers de prêts à l'aide des documents ainsi obtenus, en vue de se faire remettre des fonds par des organismes de crédit. • Crim. 9 sept. 2020, n° 18-86.351 : *Gaz. Pal. nov. 2020, obs. Dreyer.*

Art. 450-2 **Toute personne ayant participé au groupement ou à l'entente définis par l'article 450-1 est exempte de peine si elle a, avant toute poursuite, révélé le groupement ou l'entente aux autorités compétentes et permis l'identification des autres participants.**

Corresp. : *C. pén., ancien art. 268 ; CSP, ancien art. L. 627-5.*

Art. 450-3 **Les personnes physiques coupables de l'infraction prévue par l'article 450-1 encourent également les peines complémentaires suivantes :**

1° L'interdiction des droits civiques, civils et de famille, suivant les modalités prévues par l'article 131-26 ;

2° *(L. n° 2008-776 du 4 août 2008, art. 70)* **« L'interdiction, suivant les modalités prévues par l'article 131-27, soit d'exercer une fonction publique ou d'exercer l'activité professionnelle ou sociale dans l'exercice ou à l'occasion de l'exercice de laquelle l'infraction a été commise, soit d'exercer une profession commerciale ou industrielle, de diriger, d'Administrer de gérer ou de contrôler à un titre quelconque, directement ou indirectement, pour son propre compte ou pour le compte d'autrui, une entreprise commerciale ou industrielle ou une société commerciale. Ces interdictions d'exercice peuvent être prononcées cumulativement ; »**

3° L'interdiction de séjour, suivant les modalités prévues par l'article 131-31.

Peuvent être également prononcées à l'encontre de ces personnes les autres peines complémentaires encourues pour les crimes et les délits que le groupement ou l'entente avait pour objet de préparer.

Peines complémentaires encourues pour l'infraction préparée. Selon l'art. 450-3 C. pén., une personne ayant participé à une association de malfaiteurs peut être condamnée aux peines complémentaires encourues pour l'infraction que le groupement ou l'entente avait pour objet de préparer ; justifie ainsi sa décision la cour d'appel qui, après avoir constaté que le prévenu, avant le 1er mars 1994, a formé avec plusieurs coauteurs un groupement qui a pris contact avec des fournisseurs à l'étranger en vue d'acheter de la drogue et qui a recherché des acheteurs en France, le déclare coupable d'association de malfaiteurs et le condamne à la peine complémentaire de l'interdiction du territoire français. • Crim. 13 mars 1997, n° 95-85.766 P : *Dr. pénal 1997. 126 (2e arrêt), obs. Véron.*

Art. 450-4 *(L. n° 2009-526 du 12 mai 2009, art. 124-I)* **« Les personnes morales déclarées responsables pénalement, dans les conditions prévues par l'article 121-2, de l'infraction définie à l'article 450-1 encourent, outre l'amende suivant les modalités prévues par l'article 131-38, les peines prévues par l'article 131-39. »**

(L. n° 98-468 du 17 juin 1998) **« L'interdiction mentionnée au 2° de l'article 131-39 porte sur l'activité dans l'exercice ou à l'occasion de l'exercice de laquelle l'infraction a été commise. »**

Art. 450-5 *(L. n° 2004-204 du 9 mars 2004, art. 6-XV)* **Les personnes physiques et morales reconnues coupables des infractions prévues au deuxième alinéa de l'article 450-1 et à l'article** *(L. n° 2006-64 du 23 janv. 2006, art. 24)* **« 321-6-1** *[ancienne rédaction : 450-2-1]* **» encourent également la peine complémentaire de confiscation de tout ou partie** *(L. n° 2012-409 du 27 mars 2012, art. 13-I-2°)* **« des biens leur appartenant ou, sous réserve des droits du propriétaire de bonne foi, dont elles ont la libre**

disposition *[ancienne rédaction : de leurs biens]* **», quelle qu'en soit la nature, meubles ou immeubles, divis ou indivis.**

1. Motivation. Pour rejeter la demande de confiscation du patrimoine immobilier appartenant au prévenu, l'arrêt retient que l'acquisition de ces biens est ancienne et sans lien avec la période de la prévention ; en prononçant ainsi, la cour d'appel, qui n'était pas tenue de motiver sa décision, n'a fait qu'user d'une faculté qu'elle tient de l'art. 450-5 C. pén. • Crim. 16 déc. 2015, n° 14-85.900 : *D. actu. 19 janv. 2016, obs. Fonteix.*

2. Aux termes des art. 222-49, al. 2, et 450-5 C. pén., les personnes physiques déclarées coupables d'un trafic de stupéfiants ou de la participation à une association de malfaiteurs encourent, à titre de peine complémentaire, la confiscation de tout ou partie de leurs biens ou, sous réserve des droits du propriétaire de bonne foi, des biens dont elles ont la libre disposition, quelle qu'en soit la nature, meubles ou immeubles, divis ou indivis, et ce, sans qu'il soit exigé que le bien confisqué soit l'objet ou le produit direct ou indirect de l'infraction ; justifient leur décision, sans méconnaître l'article premier du Protocole additionnel à la Conv. EDH, les juges qui s'expliquent, par des motifs dépourvus d'insuffisance, sur la nécessité et la proportionnalité de l'atteinte portée au droit de propriété de l'intéressé par la mesure de confiscation de tout ou partie du patrimoine, au regard de sa situation personnelle et de la gravité concrète des faits. • Crim. 7 déc. 2016, n° 15-85.136 P.

Loi n° 92-686 du 22 juillet 1992, *portant réforme des dispositions du code pénal relatives à la répression des crimes et délits contre la nation, l'État et la paix publique.* **Art. unique** Les dispositions du code pénal relatives à la répression des crimes et des délits contre la nation, l'État et la paix publique sont fixées par le livre IV annexé à la présente loi.

Ces dispositions entreront en vigueur à la date qui sera fixée par la loi relative à l'entrée en vigueur du nouveau code pénal et à la modification de certaines dispositions de droit pénal et de procédure pénale rendue nécessaire par cette entrée en vigueur.

LIVRE QUATRIÈME *BIS* DES CRIMES ET DES DÉLITS DE GUERRE

(L. nº 2010-930 du 9 août 2010)

BIBL. ▶ Ascensio, *JCP G 2010, nº 910* (une entrée mesurée dans la modernité du droit international pénal. A propos de la loi du 9 août 2010). – Vergès, *RSC 2010. 896* (L. nº 2010-930 du 9 août 2010 portant adaptation du droit pénal à l'institution de la Cour pénale internationale : une avancée marquante de la répression en France des crimes de guerre et des crimes contre l'humanité). – Baroudy, *RSC 2011. 228* (la compétence universelle en mutation. A propos de la loi française d'août 2010). – Devos, *AJ pénal 2013. 255* (création d'un pôle judiciaire crimes contre l'humanité, crimes et délits de guerre – Histoire et enjeux). – Bectarte et Baudouin, *AJ pénal 2013. 257* (la proposition de loi Sueur : vers une mise en conformité du droit français en termes de lutte contre l'impunité des crimes les plus graves). – Hamuli Kabumba, *RSC 2017. 445* (les éléments objectifs de la responsabilité pénale du supérieur hiérarchique en droit international pénal).

1. Constitutionnalité.... Incriminations. Nonobstant la mention de la convention portant statut de la Cour pénale internationale dans la Constitution (art. 53-2), il ne revient pas au Conseil Constitutionnel, saisi en application de l' art. 61, de contrôler la compatibilité de la loi déférée (loi nº 2010–930 portant adaptation du droit pénal à l'institution de la Cour pénale internationale) avec cette convention ; un tel contrôle incombe aux juridictions administratives et judiciaires (§ 5). • Cons. const. 5 août 2010, nº 2010–612 DC (*JO* 10 août) : *D. 2010, Actu 1874, obs. Lavric ; Gaz. Pal. 2010. 2. 2815, note Poissonnier ; RSC 2011. 173, obs. De Lamy*.

2. ... Prescription de l'action publique. Le principe d'égalité devant la loi pénale, tel qu'il résulte de l'art. 6 DDH, ne fait pas obstacle à ce qu'une différenciation soit opérée par la loi pénale entre agissements de nature différente (§ 6) ; les crimes de guerre et les crimes contre l'humanité sont de nature différente ; par suite, en portant de dix à trente ans le délai de prescription de l'action publique pour les crimes de guerre alors que les crimes contre l'humanité sont imprescriptibles en application de l'art. 213-5 C. pén., le législateur n'a pas méconnu le principe d'égalité (§ 7) ; les art. 1er et 2 de la loi déférée ainsi que son art. 7 en tant qu'il insère dans le code pénal le premier al. de l'art. 462-10 ne sont pas contraires à la Constitution. • Cons. const. 5 août 2010 : *préc. note 1.*

3. ... Compétence des juridictions françaises. Il résulte des art. 113-2 s. C. pén. que la loi pénale française est applicable à tout crime commis sur le territoire de la République ainsi qu'à tout crime commis à l'étranger à condition que l'auteur ou la victime soit français ; l'art. 689-11 C. pr. pén. a pour seul objet d'étendre la compétence des juridictions pénales françaises à certains crimes commis à l'étranger, par des personnes de nationalité étrangère, sur des victimes elles-mêmes étrangères ; en définissant, dans cet article, les conditions d'exercice de cette compétence, le législateur a fait usage du pouvoir qui est le sien sans porter atteinte au principe d'égalité devant la loi et la justice (§ 14). • Cons. const. 5 août 2010 : *préc. note 1.* ♦ ... Le second alinéa de l'art. 689-11 C. pr. pén. impose au ministère public, préalablement à la mise en œuvre de l'action publique, de s'assurer, auprès de la Cour pénale internationale, que cette dernière n'exerce pas sa compétence, et de vérifier qu'aucune autre juridiction internationale compétente pour juger la personne n'a demandé sa remise et qu'aucun autre État n'a demandé son extradition ; en adoptant ces dispositions, le législateur n'a méconnu aucune exigence constitutionnelle ; il ne revient pas au Conseil constitutionnel de contrôler la compatibilité d'une loi aux stipulations d'un traité ou accord international (§ 15) : • Même décision. ♦ ... Il résulte de ce qui précède que l'art. 689-11 C. pr. pén. n'est pas contraire à la Constitution (§ 16) : • Même décision.

4. Restriction à la liberté. Sur les restrictions de liberté pouvant peser sur les personnes soupçonnées d'avoir commis dans le passé des crimes de guerre. • CJUE 2 mai 2018, nº C-311/16 : *D. actu. 7 mai 2018, obs. Maupin.*

CHAPITRE PREMIER DES DIFFÉRENTS CRIMES ET DÉLITS DE GUERRE

SECTION PREMIÈRE DE LA DÉFINITION DES CRIMES ET DÉLITS DE GUERRE

Art. 461-1 Constituent des crimes ou des délits de guerre les infractions définies par le présent livre commises, lors d'un conflit armé international ou non international et en relation avec ce conflit, en violation des lois et coutumes de la guerre ou des conventions internationales applicables aux conflits armés, à l'encontre des personnes ou des biens visés aux articles 461-2 à 461-31.

SECTION II DES CRIMES ET DÉLITS DE GUERRE COMMUNS AUX CONFLITS ARMÉS INTERNATIONAUX ET NON INTERNATIONAUX

SOUS-SECTION 1 DES ATTEINTES À LA PERSONNE HUMAINE PERPÉTRÉES LORS D'UN CONFLIT ARMÉ INTERNATIONAL OU NON INTERNATIONAL

§ 1er DES ATTEINTES À LA VIE ET À L'INTÉGRITÉ PHYSIQUE OU PSYCHIQUE

Art. 461-2 Sont passibles des aggravations de peines prévues à l'article 462-1 les atteintes volontaires à la vie, les atteintes volontaires à l'intégrité physique ou psychique de la personne ainsi que l'enlèvement et la séquestration, définis par le livre II du présent code et commis à l'encontre d'une personne protégée par le droit international des conflits armés en vertu des lois et coutumes de guerre et du droit international humanitaire.

Art. 461-3 Le fait de soumettre des personnes d'une partie adverse à des mutilations ou à des expériences médicales ou scientifiques qui ne sont ni justifiées par des raisons thérapeutiques, ni pratiquées dans l'intérêt de ces personnes et qui entraînent leur mort ou portent gravement atteinte à leur santé ou à leur intégrité physique ou psychique est puni de la réclusion criminelle à perpétuité.

Art. 461-4 Le fait de forcer une personne protégée par le droit international des conflits armés à se prostituer, de la contraindre à une grossesse non désirée, de la stériliser contre sa volonté ou d'exercer à son encontre toute autre forme de violence sexuelle de gravité comparable est puni de la réclusion criminelle à perpétuité.

Art. 461-5 Le fait de se livrer à des traitements humiliants et dégradants sur des personnes de la partie adverse et qui portent gravement atteinte à leur intégrité physique ou psychique est puni de quinze ans de réclusion criminelle.

§ 2 DES ATTEINTES À LA LIBERTÉ INDIVIDUELLE

Art. 461-6 Sont passibles des aggravations de peines prévues à l'article 462-1 les atteintes à la liberté individuelle définies à l'article 432-4 et commises à l'encontre d'une personne protégée par le droit international des conflits armés, en dehors des cas admis par les conventions internationales.

§ 3 DES ATTEINTES AUX DROITS DES MINEURS DANS LES CONFLITS ARMÉS

Art. 461-7 Le fait de procéder à la conscription ou à l'enrôlement de mineurs de dix-huit ans dans les forces armées ou dans des groupes armés, ou de les faire participer activement à des hostilités est puni de vingt ans de réclusion criminelle. Ces dispositions ne font pas obstacle à l'enrôlement volontaire des mineurs de plus de quinze ans.

SOUS-SECTION 2 DES CRIMES ET DÉLITS DE GUERRE LIÉS À LA CONDUITE DES HOSTILITÉS

§ 1er DES MOYENS ET DES MÉTHODES DE COMBAT PROHIBÉS

Art. 461-8 Le fait d'ordonner qu'il n'y ait pas de survivants ou d'en menacer l'adversaire est puni de la réclusion criminelle à perpétuité.

Art. 461-9 Le fait de lancer des attaques délibérées contre la population civile en tant que telle ou contre des personnes civiles qui ne prennent pas part directement aux hostilités est puni de la réclusion criminelle à perpétuité.

Art. 461-10 Le fait de causer des blessures ayant porté gravement atteinte à son intégrité physique à un combattant de la partie adverse qui, ayant déposé les armes ou n'ayant plus de moyens de se défendre, s'est rendu est puni de vingt ans de réclusion criminelle.

La peine est portée à trente ans de réclusion criminelle si les blessures ont entraîné une mutilation ou une infirmité permanente ou la mort de la victime sans intention de la donner.

Le fait de lui donner volontairement la mort dans les circonstances définies au premier alinéa est puni de la réclusion criminelle à perpétuité.

Art. 461-11 Le fait de causer, par traîtrise, à un individu appartenant à la Nation ou à l'armée adverse ou à un combattant de la partie adverse des blessures ayant porté gravement atteinte à son intégrité physique est puni de vingt ans de réclusion criminelle.

La peine est portée à trente ans de réclusion criminelle si les blessures ont entraîné une mutilation ou une infirmité permanente ou la mort de la victime sans intention de la donner.

Le fait de lui donner volontairement la mort dans les circonstances définies au premier alinéa est puni de la réclusion criminelle à perpétuité.

Art. 461-12 Est puni de vingt ans de réclusion criminelle le fait :

1° De lancer des attaques délibérées contre le personnel, les bâtiments, le matériel, les unités et les moyens de transport sanitaires portant, conformément au droit international, les signes distinctifs prévus par les conventions de Genève du 12 août 1949 ou leurs protocoles additionnels ;

2° De lancer des attaques délibérées contre le personnel, les installations, le matériel, les unités ou les véhicules employés dans le cadre d'une mission d'aide humanitaire ou de maintien de la paix conformément à la Charte des Nations unies, pour autant qu'ils aient droit à la protection que le droit international des conflits armés garantit aux civils et aux biens de caractère civil.

Lorsque les infractions décrites aux 1° et 2° ont causé aux personnels susmentionnés des blessures ayant entraîné une mutilation ou une infirmité permanente, la peine est portée à trente ans de réclusion criminelle.

Lorsque ces mêmes infractions ont eu pour conséquence la mort des personnels considérés, la peine est portée à la réclusion criminelle à perpétuité.

Art. 461-13 Le fait de lancer des attaques délibérées contre des bâtiments consacrés à la religion, à l'enseignement, à l'art, à la science ou à l'action caritative, des monuments historiques, des hôpitaux et des lieux où des malades ou des blessés sont rassemblés, pour autant que ces bâtiments ne soient pas alors utilisés à des fins militaires, est puni de vingt ans de réclusion criminelle.

Art. 461-14 Le fait de lancer des attaques délibérées contre des biens de caractère civil qui ne sont pas des objectifs militaires est puni de quinze ans de réclusion criminelle.

§ 2 DES ATTEINTES AUX BIENS DANS LES CONFLITS ARMÉS

Art. 461-15 Le fait de se livrer, avec des armes ou à force ouverte, au pillage d'une ville ou d'une localité, même prise d'assaut, est puni de quinze ans de réclusion criminelle.

Art. 461-16 A moins qu'elles ne soient justifiées par des nécessités militaires, constituent également des crimes ou des délits de guerre et sont passibles des aggravations de peines prévues à l'article 462-1 les infractions suivantes commises à l'encontre d'une personne protégée par le droit international des conflits armés :

1° Les vols, les extorsions ainsi que les destructions, dégradations et détériorations de biens définis par le livre III du présent code ;

2° Le recel du produit de l'une des infractions prévues au 1° du présent article.

Art. 461-17 La tentative des délits prévus au 1° de l'article 461-16 est passible des mêmes causes d'aggravation des peines.

SOUS-SECTION 3 DES GROUPEMENTS FORMÉS OU DES ENTENTES ÉTABLIES EN *VUE DE PRÉPARER DES CRIMES OU DES DÉLITS DE GUERRE*

Art. 461-18 Le fait de participer à un groupement formé ou à une entente établie en vue de la préparation, caractérisée par un ou plusieurs faits matériels, de l'un des crimes ou des délits de guerre définis au présent chapitre est puni de dix ans d'emprisonnement et de 225 000 € d'amende.

SECTION III DES CRIMES ET DÉLITS DE GUERRE PROPRES AUX CONFLITS ARMÉS INTERNATIONAUX

SOUS-SECTION 1 DES ATTEINTES À LA LIBERTÉ ET AUX DROITS DES PERSONNES DANS LES CONFLITS ARMÉS INTERNATIONAUX

Art. 461-19 Le fait d'employer une personne protégée par le droit international des conflits armés pour éviter que certains points, zones ou forces militaires ne soient la cible d'opérations militaires est puni de vingt ans de réclusion criminelle.

Art. 461-20 Est puni de vingt ans de réclusion criminelle le fait, pour le compte d'une puissance belligérante :

1° De contraindre une personne protégée par le droit international des conflits armés à servir dans ses forces armées ;

2° De contraindre les nationaux de la partie adverse à prendre part aux opérations de guerre dirigées contre leur pays, même s'ils étaient au service de la puissance belligérante avant le commencement de la guerre.

Art. 461-21 Le fait de faire obstacle au droit d'une personne protégée par le droit international des conflits armés d'être jugée régulièrement et impartialement, selon les prescriptions des conventions internationales applicables, est puni de vingt ans de réclusion criminelle.

Lorsque l'infraction a conduit à l'exécution de la personne qui a fait l'objet de la condamnation prononcée, la peine est portée à la réclusion criminelle à perpétuité.

Art. 461-22 Le fait de déclarer les droits et actions des nationaux de la partie adverse irrecevables en justice, forclos ou suspendus, en raison de la nationalité des requérants, est puni de quinze ans de réclusion criminelle.

SOUS-SECTION 2 DES MOYENS ET MÉTHODES DE COMBAT PROHIBÉS DANS UN CONFLIT ARMÉ INTERNATIONAL

Art. 461-23 Est puni de la réclusion criminelle à perpétuité le fait :

1° D'utiliser du poison ou des armes empoisonnées ;

2° D'utiliser des gaz asphyxiants, toxiques ou assimilés et tous liquides, matières ou procédés analogues ;

3° D'utiliser des balles qui se déforment facilement dans le corps humain ;

4° D'employer des armes, des projectiles, des matériels ou des méthodes de combat ayant fait l'objet d'une interdiction générale et ayant été inscrits dans une annexe au statut de la Cour pénale internationale acceptée par la France.

Art. 461-24 Le fait d'attaquer ou de bombarder, par quelque moyen que ce soit, des villes, villages, habitations ou bâtiments, qui ne sont pas défendus et qui ne sont pas des objectifs militaires, est puni de la réclusion criminelle à perpétuité.

Art. 461-25 Le fait d'affamer des personnes civiles, comme méthode de guerre, en les privant délibérément de biens indispensables à leur survie, y compris en empêchant intentionnellement l'envoi des secours prévus par les conventions de Genève du 12 août 1949 et leurs protocoles additionnels, est puni de la réclusion criminelle à perpétuité.

Art. 461-26 Le fait de participer soit au transfert, direct ou indirect, par une puissance occupante, d'une partie de sa population civile dans le territoire qu'elle occupe, soit à la déportation ou au transfert à l'intérieur ou hors du territoire occupé de la totalité ou d'une partie de la population civile de ce territoire, est puni de la réclusion criminelle à perpétuité.

Art. 461-27 Le fait de lancer une attaque délibérée en sachant qu'elle causera incidemment des pertes en vies humaines dans la population civile ou des blessures parmi cette population, qui seraient manifestement disproportionnées par rapport à l'avantage militaire concret et direct attendu de l'ensemble de l'attaque, est puni de la réclusion criminelle à perpétuité.

Art. 461-28 Est puni de vingt ans de réclusion criminelle le fait de lancer une attaque délibérée en sachant qu'elle causera incidemment :

1° Des dommages aux biens de caractère civil, qui seraient manifestement disproportionnés par rapport à l'avantage militaire concret et direct attendu de l'ensemble de l'attaque ;

2° Des dommages étendus, durables et graves à l'environnement naturel, qui seraient manifestement disproportionnés par rapport à l'avantage militaire concret et direct attendu de l'ensemble de l'attaque.

Art. 461-29 Le fait d'employer indûment le pavillon parlementaire, le drapeau ou les insignes militaires et l'uniforme de l'ennemi ou de l'Organisation des Nations unies, ainsi que les signes distinctifs prévus par les conventions de Genève du 12 août 1949 et leurs protocoles additionnels et, ce faisant, de causer à un combattant de la partie adverse des blessures ayant porté gravement atteinte à son intégrité physique, est puni de vingt ans de réclusion criminelle.

Lorsque l'infraction définie au premier alinéa a eu pour effet de causer audit combattant des blessures ayant entraîné une mutilation ou une infirmité permanente, la peine est portée à trente ans de réclusion criminelle.

Lorsque l'infraction a eu pour conséquence la mort de la victime, la peine est portée à la réclusion criminelle à perpétuité.

SECTION IV DES CRIMES ET DÉLITS DE GUERRE PROPRES AUX CONFLITS ARMÉS NON INTERNATIONAUX

Art. 461-30 A moins que la sécurité des personnes civiles ou des impératifs militaires ne l'exigent, le fait d'ordonner le déplacement de la population civile pour des raisons ayant trait au conflit est puni de la réclusion criminelle à perpétuité.

Art. 461-31 Le fait de prononcer des condamnations et d'exécuter des peines sans un jugement préalable, rendu par un tribunal régulièrement constitué, assorti des garanties judiciaires prévues par les conventions de Genève du 12 août 1949 et leurs protocoles additionnels, est puni de vingt ans de réclusion criminelle.

Lorsque l'infraction définie au premier alinéa a conduit à l'exécution de la personne qui a été condamnée, la peine est portée à la réclusion criminelle à perpétuité.

CHAPITRE II DISPOSITIONS PARTICULIÈRES

Art. 462-1 Le maximum de la peine privative de liberté encourue pour les infractions mentionnées aux articles 461-2, 461-6, 461-16 et 461-17 est relevé ainsi qu'il suit lorsque ces infractions constituent des crimes ou des délits de guerre :

1° Il est porté à la réclusion criminelle à perpétuité lorsque l'infraction est punie de trente ans de réclusion criminelle ;

2° Il est porté à trente ans de réclusion criminelle lorsque l'infraction est punie de vingt ans de réclusion criminelle ;

3° Il est porté à vingt ans de réclusion criminelle lorsque l'infraction est punie de quinze ans de réclusion criminelle ;

4° Il est porté à quinze ans de réclusion criminelle lorsque l'infraction est punie de dix ans d'emprisonnement ;

5° Il est porté à dix ans d'emprisonnement lorsque l'infraction est punie de sept ans d'emprisonnement ;

6° Il est porté à sept ans d'emprisonnement lorsque l'infraction est punie de cinq ans d'emprisonnement ;

7° Il est porté au double lorsque l'infraction est punie de trois ans au plus.

Art. 462-2 Les deux premiers alinéas de l'article 132-23 relatif à la période de sûreté sont applicables aux crimes, ainsi qu'aux délits punis de dix ans d'emprisonnement, prévus par le présent livre.

Art. 462-3 Les personnes physiques coupables de l'une des infractions prévues par le présent livre encourent également les peines suivantes :

1° L'interdiction des droits civiques, civils et de famille, suivant les modalités prévues par l'article 131-26. Toutefois, le maximum de la durée de l'interdiction est porté à quinze ans en cas de crime et à dix ans en cas de délit ;

2° L'interdiction, suivant les modalités prévues par l'article 131-27, d'exercer une fonction publique ou d'exercer l'activité professionnelle ou sociale dans l'exercice ou à l'occasion de l'exercice de laquelle l'infraction a été commise. Toutefois, le maximum de la durée de l'interdiction temporaire est porté à dix ans ;

3° L'interdiction de séjour, suivant les modalités prévues par l'article 131-31. Toutefois, le maximum de la durée de l'interdiction est porté à quinze ans en cas de crime et à dix ans en cas de délit.

Art. 462-4 L'interdiction du territoire français peut être prononcée dans les conditions prévues par l'article 131-30 soit à titre définitif, soit pour une durée de dix ans au plus à l'encontre de tout étranger coupable de l'une des infractions définies au présent livre.

Art. 462-5 Les peines encourues par les personnes morales déclarées responsables pénalement, dans les conditions prévues par l'article 121-2, des crimes ou des délits de guerre définis au présent livre sont, outre l'amende, suivant les modalités prévues par l'article 131-38, les peines mentionnées à l'article 131-39.

L'interdiction mentionnée au 2° de l'article 131-39 porte sur l'activité dans l'exercice ou à l'occasion de l'exercice de laquelle l'infraction a été commise.

Art. 462-6 Les personnes physiques ou les personnes morales reconnues coupables d'un crime ou d'un délit de guerre visé par le présent livre encourent également la peine complémentaire de confiscation de tout ou partie *(L. n° 2012-409 du 27 mars 2012, art. 13-I-2°)* « des biens leur appartenant ou, sous réserve des droits du propriétaire de bonne foi, dont elles ont la libre disposition *[ancienne rédaction : de leurs biens]* ».

Art. 462-7 Sans préjudice de l'application des dispositions de l'article 121-7, est considéré comme complice d'un crime ou d'un délit de guerre visé par le présent livre commis par des subordonnés placés sous son autorité et son contrôle effectifs le chef militaire ou la personne qui en faisait fonction qui savait ou, en raison des circonstances, aurait dû savoir que ces subordonnés commettaient ou allaient commettre ce crime ou ce délit et qui n'a pas pris toutes les mesures nécessaires et raisonnables qui étaient en son pouvoir pour en empêcher ou en réprimer l'exécution ou pour en référer aux autorités compétentes aux fins d'enquête et de poursuites.

Sans préjudice de l'application des dispositions de l'article 121-7, est également considéré comme complice d'un crime ou d'un délit de guerre visé par le présent livre et commis par des subordonnés placés sous son autorité et son contrôle effectifs le supérieur hiérarchique, n'exerçant pas la fonction de chef militaire, qui savait que ces subordonnés commettaient ou allaient commettre une telle infraction ou a délibérément négligé de tenir compte d'informations qui l'indiquaient clairement et qui n'a pas pris toutes les mesures nécessaires et raisonnables qui étaient en son pouvoir pour en empêcher ou en réprimer l'exécution ou pour en référer aux autorités compétentes aux fins d'enquête et de poursuites, alors que le crime ou le délit était lié à des activités relevant de sa responsabilité ou de son contrôle effectifs.

Art. 462-8 L'auteur ou le complice d'un crime ou d'un délit de guerre visé par le présent livre ne peut être exonéré de sa responsabilité pénale du seul fait qu'il a accompli un acte prescrit ou autorisé par des dispositions législatives ou réglementaires ou un acte commandé par l'autorité légitime. Toutefois, la juridiction tient compte de cette circonstance lorsqu'elle détermine la peine et en fixe le montant.

En outre, l'auteur ou le complice n'est pas pénalement responsable dans le cas où il ne savait pas que l'ordre de l'autorité légitime était illégal et où cet ordre n'était pas manifestement illégal.

Art. 462-9 N'est pas pénalement responsable d'un crime ou d'un délit de guerre visé par le présent livre la personne qui a agi raisonnablement pour sauvegarder des biens essentiels à sa survie ou à celle d'autrui ou essentiels à l'accomplissement d'une mission militaire contre un recours imminent et illicite à la force, sauf s'il y a disproportion entre les moyens de défense employés et la gravité du danger couru.

Art. 462-10 *(Abrogé par L. n° 2017-242 du 27 févr. 2017)* ***L'action publique à l'égard des crimes de guerre définis au présent livre se prescrit par trente ans. La peine prononcée en cas***

de condamnation pour l'un de ces crimes se prescrit par trente ans à compter de la date à laquelle la condamnation est devenue définitive.

L'action publique à l'égard des délits de guerre définis au présent livre se prescrit par vingt ans. La peine prononcée en cas de condamnation pour l'un de ces délits se prescrit par vingt ans à compter de la date à laquelle la condamnation est devenue définitive.

Art. 462-11 N'est pas constitutif d'une infraction visée par le présent livre le fait, pour accomplir un acte nécessaire à l'exercice par la France de son droit de légitime défense, d'user de l'arme nucléaire ou de toute autre arme dont l'utilisation n'est pas prohibée par une convention internationale à laquelle la France est partie.

LIVRE CINQUIÈME DES AUTRES CRIMES ET DÉLITS

(L. n° 92-1336 du 16 déc. 1992)

Le livre V du code pénal est entré en vigueur le 1er mars 1994 *(L. n° 92-1336 du 16 déc. 1992, art. 373, modifié par L. n° 93-913 du 19 juill. 1993).*

BIBL. GÉN. ▶ FALLETTI, *Colloque 27/28 janv. 1994, Dalloz, 1994, p. 137.* – THIERRY, *in* « La réforme du Code pénal et du Code de procédure pénale. *Opinio doctorum.* » *Thèmes et commentaires, Dalloz 2009* (la question de la complétude du code pénal vue au travers de son livre V).

TITRE PREMIER DES INFRACTIONS EN MATIÈRE DE SANTÉ PUBLIQUE

(L. n° 94-653 du 29 juill. 1994)

RÉP. PÉN. v° *Corps humain (Bioéthique)*, par KUREK.

BIBL. ▶ *RCS 1996. 1 s.* (santé publique et droit pénal)

CHAPITRE PREMIER DES INFRACTIONS EN MATIÈRE D'ÉTHIQUE BIOMÉDICALE

BIBL. ▶ VÉRON, *Dr. pénal 1994, Chron. 65 et 67* (éthique biomédicale, empreintes génétiques et sanction pénale – Présentation des lois nos 94-653 et 94-654 du 29 juill. 1994). – MÉMETEAU, *JCP 1995. I. 3838* (remarques sur la stérélisation non thérapeutique après les lois bioéthiques). – BYK, *JCP 1995. I. 3848 ; ibid. 1996. I. 3956* (bioéthique, législation, jurisprudence et avis des instances d'éthique) ; *Rev. pénit. 1996. 23* (le droit pénal des sciences de la vie). – D. THOUVENIN, *ALD 1995. 149* (les lois n° 94-548 du 1er juill. 1994, n° 94-653 et n° 94-654 du 29 juill. 1994 ou comment construire un droit de la bioéthique). – B. MATHIEU, *D. 1996. Chron. 282* (la dignité de la personne humaine : quel droit ? quel titulaire ?). – T. FOSSIER, *Gaz. Pal. 1996. 2. Doctr. 726* (le malade mental confronté à la médecine somatique et à la recherche – Un exemple d'application des lois bioéthiques de 1994 et du code de déontologie de 1995). – N. LENOIR, *Gaz. Pal. 1996. 2. Doctr. 822* (esquisse révisée d'une déclaration sur la protection du génome humain [3e session du Comité International de Bioéthique (CIB)]). – A. KEMELMAJER DE CARLUCCI, *Gaz. Pal. 1997. 1. Doctr. 284* (observations sur quelques problèmes juridiques posés par la protection du génome humain). – V. SAINT-JAMES, *D. 1997. Chron. 61* (réflexions sur la dignité de l'être humain en tant que concept juridique du droit français). – M. VÉRON, *Dr. pénal 1997. Chron. n° 7* (du constat de la mort et du constat de la vie). – PROTHAIS, *JCP 1997. I. 4055* (les paradoxes de la pénalisation – Enquête en matière d'assistance médicale à la procréation et d'adoption) ; *JCP 1999. I. 129* (tribulations d'un pénaliste au royaume de l'éthique biomédicale) ; *RSC 2000. 39* (un droit pénal pour les besoins de la bioéthique, *in* « La place du droit pénal dans la société contemporaine »). – X. LABBÉE, *D. 1999. Chron. 437* (esquisse d'une définition civiliste de l'espèce humaine). – B. MATHIEU, *D. 1999. Chron. 451* (la recherche sur l'embryon au regard des droits fondamentaux constitutionnels). – N. LE DOUARIN et C. PUIGELIER, *JCP 2002. I. 127* (l'expérimentation à partir de cellules souches embryonnaires humaines). – Cl. NEIRINCK, *D. 2003. Chron. 841* (l'embryon humain : une catégorie juridique à dimension variable ?). – M.-P. PEIS-HITIER, *D. 2005. Chron. 865* (recherche d'une qualification juridique de l'espèce humaine). – CORPART, *JCP 2005. I. 171* (décès périnatal et qualification juridique du cadavre). – SAUTEL, *éd. Pédone 2005, p. 181* (le code pénal à l'épreuve de la bioéthique). – Dix ans de réflexion, *in* « Le nouveau code pénal dix ans après ».

SECTION PREMIÈRE DE LA PROTECTION DE L'ESPÈCE HUMAINE

Art. 511-1 *(L. n° 2004-800 du 6 août 2004, art. 28-II)* **Est puni de dix ans d'emprisonnement et de 150 000 € d'amende le fait de se prêter à un prélèvement de cellules ou de gamètes, dans le but de faire naître un enfant génétiquement identique à une autre personne, vivante ou décédée.**

BIBL. ▶ VÉRON, *Dr. pénal 1994. Chron. 65 et 67* (éthique biomédicale, empreintes génétiques et sanction pénale. – Présentation des lois nos 94-653 et 94-654 du 29 juill. 1994). – MÉMETEAU, *JCP 1995. I. 3838* (remarques sur la stérilisation non thérapeutique après les lois bioéthiques). – BYK, *Rev. pénit. 1996. 23* (le droit pénal des sciences de la vie). – LABRUSSE-RIOU, *Rev. Justices 1996. 133* (pouvoirs scientifiques sur la vie et justice). – PROTHAIS, *JCP 1997. I. 4055* (les paradoxes de la pénalisation). – MATHIEU, *D. 1999. Chron. 451* (la recherche sur l'embryon au regard des droits fondamentaux constitutionnels). – LE DOUARIN et PUIGELIER, *JCP 2002. I. 127* (l'expérimentation à partir de cellules souches embryonnaires humaines). – NEIRINCK, *D. 2003.*

Chron. 841 (l'embryon humain : une catégorie juridique à dimension variable ?). – M. Véron, *Dr. pénal 2004. Étude 16* (bioéthique : le contenu pénal de la loi du 6 août 2004). – Peis-Hitier, *D. 2005. Chron. 865* (recherche d'une qualification juridique de l'espèce humaine). – Sautel, *in* « Le nouveau code pénal dix ans après », *éd. Pedone, 2005, p. 181* (le code pénal à l'épreuve de la bioéthique. Dix ans de réflexion). – Bénéjat, *AJ pénal 2012. 392* (les relations du droit pénal et de la bioéthique). – Sordino, *AJ pénal 2014. 58* (le procès pénal confronté aux neurosciences : science sans conscience... ?). – Bénéjat-Guerlin, *AJ pénal 2016. 522* (droit pénal et fin de vie). – Girault, *AJ pénal 2018. 63* (faut-il légiférer sur le portrait-robot génétique ?).

► Comité international de bioéthique (CIB), 3e session, *Gaz. Pal. 1996. 2. Chron. 822* (esquisse révisée d'une Déclaration sur la protection du génome humain).

Art. 511-1-1 *(L. no 2004-800 du 6 août 2004, art. 28-II)* **Dans le cas où le délit prévu à l'article 511-1 est commis à l'étranger par un Français ou par une personne résidant habituellement sur le territoire français, la loi française est applicable par dérogation au deuxième alinéa de l'article 113-6 et les dispositions de la seconde phrase de l'article 113-8 ne sont pas applicables.**

Art. 511-1-2 *(L. no 2004-800 du 6 août 2004, art. 29)* **Est puni de trois ans d'emprisonnement et de 45 000 € d'amende le fait, par don, promesse, menace, ordre, abus d'autorité ou de pouvoir, de provoquer autrui à se prêter à un prélèvement de cellules ou de gamètes, dans le but de faire naître un enfant génétiquement identique à une autre personne vivante ou décédée.**

Est punie des mêmes peines la propagande ou la publicité, quel qu'en soit le mode, en faveur de l'eugénisme ou du clonage reproductif.

SECTION II DE LA PROTECTION DU CORPS HUMAIN

Art. 511-2 **Le fait d'obtenir d'une personne l'un de ses organes contre un paiement, quelle qu'en soit la forme, est puni de sept ans d'emprisonnement et de 100 000 € d'amende.**

Est puni des mêmes peines, le fait d'apporter son entremise pour favoriser l'obtention d'un organe contre le paiement de celui-ci, ou de céder à titre onéreux un tel organe du corps d'autrui.

Les mêmes peines sont applicables dans le cas où l'organe obtenu dans les conditions prévues au premier alinéa provient d'un pays étranger.

Art. 511-3 *(L. no 2004-800 du 6 août 2004, art. 15)* **Le fait de prélever un organe sur une personne vivante majeure, y compris dans une finalité thérapeutique, sans que le consentement de celle-ci ait été recueilli dans les conditions prévues au** *(L. no 2011-814 du 7 juill. 2011, art. 7-II)* **« quatrième » alinéa de l'article L. 1231-1 du code de la santé publique ou sans que l'autorisation prévue aux deuxième et** *(L. no 2011-814 du 7 juill. 2011, art. 7-II)* **« sixième » alinéas du même article ait été délivrée est puni de sept ans d'emprisonnement et de 100 000 € d'amende.**

Est puni des mêmes peines le fait de prélever un organe, un tissu ou des cellules ou de collecter un produit en vue de don sur une personne vivante mineure ou sur une personne vivante majeure faisant l'objet d'une mesure de protection légale, hormis les cas prévus aux articles L. 1241-3 et L. 1241-4 du code de la santé publique. – *V. ces textes ss. 511-28.*

Art. 511-4 **Le fait d'obtenir d'une personne le prélèvement de tissus, de cellules ou de produits de son corps contre un paiement, quelle qu'en soit la forme, est puni de cinq ans d'emprisonnement et de 75 000 € d'amende.**

Est puni des mêmes peines le fait d'apporter son entremise pour favoriser l'obtention de tissus, de cellules ou de produits humains contre un paiement, quelle qu'en soit la forme, ou de céder à titre onéreux des tissus, des cellules ou des produits du corps d'autrui.

Art. 511-5 *(L. no 2004-800 du 6 août 2004, art. 15)* **Le fait de prélever un tissu ou des cellules ou de collecter un produit sur une personne vivante majeure sans qu'elle ait exprimé son consentement dans les conditions prévues aux** *(L. no 2011-814 du 7 juill. 2011, art. 7-II)* **« trois derniers » alinéas de l'article L. 1241-1 du code de la santé publique est puni de cinq ans d'emprisonnement et de 75 000 € d'amende.**

Le fait de prélever sur une personne vivante mineure ou sur une personne vivante majeure faisant l'objet d'une mesure de protection légale des cellules hématopoïétiques issues de la moelle osseuse *(L. n° 2011-814 du 7 juill. 2011, art. 19-II-2°)* **« , qu'elles soient recueillies par prélèvement osseux ou dans le sang périphérique, » sans avoir respecté les conditions prévues, selon le cas, aux articles L. 1241-3 ou L. 1241-4 du code de la santé publique est puni de sept ans d'emprisonnement et de 100 000 € d'amende.** — *V. CSP, art. L. 1241-2, ss. art. 511-28.*

Art. 511-5-1 *(L. n° 2004-800 du 6 août 2004, art. 15)* **Le fait de procéder à des prélèvements à des fins scientifiques sur une personne décédée sans avoir transmis le protocole prévu à l'article L. 1232-3 du code de la santé publique est puni de deux ans d'emprisonnement et de 30 000 € d'amende.**

Est puni des mêmes peines le fait de mettre en œuvre un protocole suspendu ou interdit par le ministre chargé de la recherche.

Art. 511-5-2 *(L. n° 2004-800 du 6 août 2004, art. 15)* **I. — Est puni de cinq ans d'emprisonnement et de 75 000 € d'amende le fait de conserver et transformer à des fins scientifiques, y compris à des fins de recherche génétique, des organes, des tissus, des cellules ou du sang, ses composants et ses produits dérivés :**

1° Sans en avoir fait la déclaration préalable prévue à l'article L. 1243-3 du code de la santé publique ;

2° Alors que le ministre chargé de la recherche s'est opposé à l'exercice de ces activités ou les a suspendues ou interdites.

II. — Est puni des mêmes peines le fait de conserver et transformer, en vue de leur cession pour un usage scientifique, y compris à des fins de recherche génétique, des organes, des tissus, des cellules ou du sang, ses composants et ses produits dérivés, sans avoir préalablement obtenu l'autorisation prévue à l'article L. 1243-3 *[L. 1243-4]* **du code de la santé publique ou alors que cette autorisation est suspendue ou retirée.**

Art. 511-6 Le fait de recueillir ou de prélever des gamètes sur une personne vivante sans son consentement écrit est puni de cinq ans d'emprisonnement et de 75 000 € d'amende.

Art. 511-7 *(L. n° 2004-800 du 6 août 2004, art. 15)* **Le fait de procéder à des prélèvements d'organes ou des greffes d'organes, à des prélèvements de tissus ou de cellules, à des greffes de tissus ou à des administrations de préparations de thérapie cellulaire, à la conservation ou à la transformation de tissus ou de préparations de thérapie cellulaire dans un établissement n'ayant pas obtenu l'autorisation prévue par les articles L. 1233-1, L. 1234-2, L. 1242-1, L. 1243-2 ou L. 1243-6 du code de la santé publique, ou après le retrait ou la suspension de cette autorisation, est puni de deux ans d'emprisonnement et de 30 000 € d'amende.** — *V. CSP, art. L. 1233-1, L. 1234-2, L. 1242-1, L. 1243-6, ss. 511-28.*

Art. 511-8 *(L. n° 2004-800 du 6 août 2004, art. 15)* **Le fait de procéder à la distribution ou à la cession d'organes, de tissus, de produits cellulaires à finalité thérapeutique ou de produits humains en vue d'un don sans qu'aient été respectées les règles de sécurité sanitaire exigées en application des dispositions de l'article L. 1211-6 du code de la santé publique est puni de deux ans d'emprisonnement et de 30 000 € d'amende.** — *V. CSP, art. L. 1211-6, ss. 511-28.*

Art. 511-8-1 *(L. n° 2004-800 du 6 août 2004, art. 15)* **Le fait de procéder à la distribution ou à la cession en vue d'un usage thérapeutique de tissus ou de préparations de thérapie cellulaire en violation des dispositions de l'article** *(L. n° 2012-387 du 22 mars 2012, art. 122-IX)* **« L. 1243-2** *[ancienne rédaction : L. 1243-5]* **» du code de la santé publique est puni de deux ans d'emprisonnement et de 30 000 € d'amende.** — *V. CSP, art. L. 1243-5.* — **CSP.**

Art. 511-8-2 *(L. n° 2004-800 du 6 août 2004, art. 15)* **Le fait** *(L. n° 2017-220 du 23 févr. 2017, art. 3)* **« de se procurer auprès d'un État membre de l'Union européenne ou partie à l'accord sur l'Espace économique européen ou de lui fournir ou » d'importer ou d'exporter des organes,** *(L. n° 2017-220 du 23 févr. 2017, art. 3)* **« des tissus, leurs dérivés, des cellules issus du corps humain et des préparations de thérapie cellulaires », en violation des dispositions prises pour l'application des articles**

L. 1235-1 *(L. n° 2017-220 du 23 févr. 2017, art. 3)* « , L. 1245-5 et L. 1245-5-1 » du code de la santé publique, est puni de cinq ans d'emprisonnement et de 75 000 € d'amende. – *V. CSP, art. L. 1235-1 et L. 1245-5, App., v° Douanes et changes.*

Art. 511-9 Le fait d'obtenir des gamètes contre un paiement, quelle qu'en soit la forme, à l'exception du paiement des prestations assurées par les établissements effectuant la préparation et la conservation de ces gamètes, est puni de cinq ans d'emprisonnement et de 75 000 € d'amende.

Est puni des mêmes peines le fait d'apporter son entremise pour favoriser l'obtention de gamètes contre un paiement, quelle qu'en soit la forme, ou de remettre à des tiers, à titre onéreux des gamètes provenant de dons.

Art. 511-10 Le fait de divulguer une information permettant à la fois d'identifier une personne ou un couple qui a fait don de gamètes et le couple qui les a reçus est puni de deux ans d'emprisonnement et de 30 000 € d'amende.

Anonymat du donneur de gamètes. Pour l'application de l'art. 8 Conv. EDH, la marge d'appréciation dont dispose l'État en vue d'assurer un juste équilibre entre intérêts concurrents dépend de différents facteurs. Lorsqu'il n'y a pas de consensus au sein des États membres du Conseil de l'Europe – ce qui est le cas en matière de procréation médicale assistée – que ce soit sur l'importance relative de l'intérêt en jeu ou sur les meilleurs moyens de le protéger, en particulier lorsque l'affaire soulève des questions morales ou éthiques délicates, cette marge d'appréciation est plus large. Celle-ci est encore plus grande quand la question porte sur les rapports individuels. Elle s'applique tant à la décision de légiférer ou non en la matière que, le cas échéant, aux règles détaillées édictées pour ménager un équilibre entre les intérêts publics et les intérêts privés en conflit. Pour déterminer si cette marge d'appréciation a été outrepassée, il appartient au juge de se prononcer sur le dispositif juridique critiqué, et non sur le point de savoir si une autre solution pourrait être mise en œuvre (§ 8). – En application de l'art. 8 préc., les règles applicables en matière de procréation médicale assistée doivent prendre en compte les différents intérêts privés en cause, à savoir ceux du donneur et de sa famille, du couple receveur, de l'enfant issu du don de gamètes et de la famille de l'enfant ainsi conçu. Dans ce cadre, la règle de l'anonymat du donneur de gamètes répond, tout d'abord, à l'objectif de préservation de la vie privée du donneur et de sa famille. En ce qui concerne le couple receveur, la règle de l'anonymat répond à l'objectif de respect de la vie familiale au sein de la famille légale de l'enfant conçu à partir de gamètes issues de ce don, étant toutefois précisé que, s'agissant du receveur, cette règle de l'anonymat ne saurait, en tout état de cause, être constitutive d'une atteinte à la vie privée au sens de l'art. 8 Conv. EDH (§ 9). – S'agissant de la personne issue d'un don de gamètes, même si la règle de l'anonymat s'oppose à la satisfaction de certaines demandes d'information, cette règle, qui s'applique à tous les dons d'un élément ou d'un produit du corps, n'implique par elle-même aucune atteinte à la vie privée et familiale de la personne ainsi conçue, d'autant qu'il appartient au demeurant aux seuls parents de décider de lever ou non le secret sur la conception de cette personne (§ 10). – Ainsi qu'il résulte notamment des récents débats sur la L. du 7 juill. 2011, plusieurs considérations d'intérêt général ont conduit le législateur à écarter toute modification de la règle de l'anonymat, notamment la sauvegarde de l'équilibre des familles et le risque majeur de remettre en cause le caractère social et affectif de la filiation, le risque d'une baisse substantielle des dons de gamètes ainsi que celui d'une remise en cause de l'éthique qui s'attache à toute démarche de don d'éléments ou de produits du corps. En la matière, il n'appartient qu'au seul législateur de porter, le cas échéant, une nouvelle appréciation sur les considérations d'intérêt général à prendre en compte et sur les conséquences à en tirer (§ 11). – Il résulte de ce qui précède que, en interdisant la divulgation de toute information sur les données personnelles d'un donneur de gamètes, le législateur a établi un juste équilibre entre les intérêts en présence et que, dès lors, cette interdiction n'est pas incompatible avec les stipulations de la Conv. EDH (§ 12). • CE, avis, 13 juin 2013, n° 362981 : *JO 19 juin.*

Art. 511-11 Le fait de recueillir ou de prélever des gamètes sur une personne vivante en vue d'une assistance médicale à la procréation sans procéder aux tests de dépistage des *maladies transmissibles* exigés en application de l'article L. 665-15 du code de la santé publique *[CSP, art. L. 1211-6, L. 1211-7 et L. 1211-9]* est puni de deux ans d'emprisonnement et de 30 000 € d'amende. – *V. ces textes ss. 511-28.*

Art. 511-12 Le fait de procéder à une insémination artificielle par sperme frais ou mélange de sperme provenant de dons en violation de l'article L. 673-3 du code de la santé publique *[CSP, art. L. 1244-3]* est puni de deux ans d'emprisonnement et de 30 000 € d'amende. — *V. ce texte ss. 511-28.*

Art. 511-13 Le fait de subordonner le bénéfice d'un don de gamètes à la désignation par le couple receveur d'une personne ayant volontairement accepté de procéder à un tel don en faveur d'un couple tiers en violation de l'article L. 673-7 du code de la santé publique *[CSP, art. L. 1244-7]* est puni de deux ans d'emprisonnement et de 30 000 € d'amende. — *V. ce texte ss. 511-28.*

Art. 511-14 *Abrogé par Ord. nº 2008-480 du 22 mai 2008, art. 6.*

SECTION III DE LA PROTECTION DE L'EMBRYON HUMAIN

BIBL. ▶ B. MATHIEU, *D. 1999. Chron. 451* ✎.

Art. 511-15 Le fait d'obtenir des embryons humains contre un paiement, quelle qu'en soit la forme, est puni de sept ans d'emprisonnement et de 100 000 € d'amende.

Est puni des mêmes peines le fait d'apporter son entremise pour favoriser l'obtention d'embryons humains contre un paiement, quelle qu'en soit la forme, ou de remettre à des tiers, à titre onéreux, des embryons humains.

Art. 511-16 *(L. nº 2004-800 du 6 août 2004, art. 28-II)* Le fait d'obtenir des embryons humains sans respecter les conditions prévues aux articles L. 2141-5 et L. 2141-6 du code de la santé publique est puni de sept ans d'emprisonnement et de 100 000 € d'amende. — *V. CSP, art. L. 2141-5 et L. 2141-6 ss. 511-28.*

Art. 511-17 *(L. nº 2004-800 du 6 août 2004, art. 28-II)* « Le fait de procéder à la conception *in vitro* ou à la constitution par clonage d'embryons humains à des fins industrielles ou commerciales est puni de sept ans d'emprisonnement et de 100 000 € d'amende. »

Est puni des mêmes peines le fait d'utiliser des embryons humains à des fins industrielles ou commerciales.

Art. 511-18 *(L. nº 2004-800 du 6 août 2004, art. 28-II)* Le fait de procéder à la conception *in vitro* ou à la constitution par clonage d'embryons humains à des fins de recherche est puni de sept ans d'emprisonnement et de 100 000 € d'amende.

Art. 511-18-1 *(L. nº 2004-800 du 6 août 2004, art. 28-II)* Le fait de procéder à la constitution par clonage d'embryons humains à des fins thérapeutiques est puni de sept ans d'emprisonnement et de 100 000 € d'amende.

Art. 511-19 *(L. nº 2004-800 du 6 août 2004, art. 28-II)* I. — Le fait de procéder à une étude ou une recherche sur l'embryon humain :

1º Sans avoir préalablement obtenu le consentement écrit et l'autorisation visés à l'article L. 2151-5 du code de la santé publique, ou alors que cette autorisation est retirée, suspendue, ou que le consentement est révoqué ;

2º Sans se conformer aux prescriptions législatives et réglementaires ou à celles fixées par cette autorisation,

est puni de sept ans d'emprisonnement et de 100 000 € d'amende.

II. — Le fait de procéder à une étude ou une recherche sur des cellules souches embryonnaires :

1º Sans avoir préalablement obtenu le consentement écrit et l'autorisation visés à l'article L. 2151-5 du code de la santé publique, ou alors que cette autorisation est retirée, suspendue, ou que le consentement est révoqué ;

2º Sans se conformer aux prescriptions législatives et réglementaires ou à celles fixées par cette autorisation,

est puni de deux ans d'emprisonnement et de 30 000 € d'amende.

Art. 511-19-1 *(L. nº 2004-800 du 6 août 2004, art. 28-II)* Le fait, à l'issue d'une interruption de grossesse, de prélever, conserver ou utiliser des tissus ou cellules embryonnaires ou fœtaux dans des conditions non conformes à celles prévues par les premier, deuxième et quatrième alinéas de l'article L. 1241-5 du code de la santé publique ou pour des finalités autres que diagnostiques, thérapeutiques ou scientifiques est puni de deux ans d'emprisonnement et de 30 000 € d'amende.

Art. 511-19-2 *(L. n° 2004-800 du 6 août 2004, art. 28-II)* Est puni de deux ans d'emprisonnement et de 30 000 € d'amende :

1° Le fait de conserver des cellules souches embryonnaires sans avoir obtenu l'autorisation mentionnée à l'article L. 2151-7 du code de la santé publique ou alors que cette autorisation est retirée ou suspendue ;

2° Le fait de conserver des cellules souches embryonnaires sans se conformer aux règles mentionnées au deuxième alinéa de l'article L. 2151-7 du même code ;

3° Le fait de céder des cellules souches embryonnaires à des organismes non titulaires de l'autorisation délivrée en application de l'article L. 2151-5 ou de l'article L. 2151-7 du même code ;

4° Le fait d'avoir cédé des cellules souches embryonnaires sans en avoir informé préalablement l'Agence de la biomédecine.

Art. 511-19-3 *(L. n° 2004-800 du 6 août 2004, art. 28-II)* Est puni de deux ans d'emprisonnement et de 30 000 € d'amende le fait d'importer ou d'exporter, à des fins de recherche, des tissus ou des cellules embryonnaires ou fœtaux sans avoir obtenu l'autorisation mentionnée à l'article L. 2151-6 du code de la santé publique.

Art. 511-20 Le fait de procéder au diagnostic prénatal sans avoir reçu l'autorisation mentionnée à l'article L. 162-16 du code de la santé publique *[CSP, art. L. 2131-1 et L. 2131-5]* est puni de deux ans d'emprisonnement et de 30 000 € d'amende. *— V. ces textes ss. 511-28.*

Art. 511-21 *(L. n° 2004-800 du 6 août 2004, art. 28-II)* Le fait de méconnaître les dispositions des articles L. 2131-4 et L. 2131-4-1 relatifs au diagnostic préimplantatoire est puni de deux ans d'emprisonnement et de 30 000 € d'amende. *— V. CSP, art. L. 2131-4 et L. 2131-4-1 ss. 511-28.*

Art. 511-22 *(L. n° 2004-800 du 6 août 2004, art. 28-II)* Le fait de mettre en œuvre des activités d'assistance médicale à la procréation sans avoir recueilli l'autorisation prévue par le *(Ord. n° 2008-480 du 22 mai 2008, art. 6)* « quatrième » alinéa de l'article L. 2142-1 du code de la santé publique ou sans se conformer aux prescriptions de cette dernière est puni de deux ans d'emprisonnement et de 30 000 € d'amende. *— V. CSP, art. L. 2142-1 ss. 511-28.*

Art. 511-23 *(L. n° 2004-800 du 6 août 2004, art. 28-II)* Le fait d'introduire des embryons humains sur le territoire où s'applique le code de la santé publique ou de les sortir de ce territoire sans l'autorisation prévue à l'article L. 2141-9 du code de la santé publique est puni de trois ans d'emprisonnement et de 45 000 € d'amende. *— V. CSP, art. L. 2141-9 ss. 511-28.*

Art. 511-24 Le fait de procéder à des activités d'assistance médicale à la procréation à des fins autres que celles définies à l'article L. 152-2 du code de la santé publique *[CSP, art. L. 2141-2]* est puni de cinq ans d'emprisonnement et de 75 000 € d'amende. *— V. cet art. ss. art. 511-28.*

Art. 511-25 *(L. n° 2004-800 du 6 août 2004, art. 28-II)* I. — Le fait d'exercer les activités nécessaires à l'accueil d'un embryon humain dans des conditions fixées à l'article L. 2141-6 du code de la santé publique :

1° Sans s'être préalablement assuré qu'a été obtenue l'autorisation judiciaire prévue au deuxième alinéa dudit article ;

2° Ou sans avoir pris connaissance des résultats des tests de dépistage des maladies infectieuses exigés au sixième alinéa du même article ;

3° Ou en dehors d'un établissement autorisé conformément aux dispositions du septième alinéa du même article,

est puni de deux ans d'emprisonnement et de 30 000 € d'amende.

II. — Est puni des mêmes peines le fait de divulguer une information nominative permettant d'identifier à la fois le couple qui a renoncé à l'embryon et le couple qui l'a accueilli. *— V. CSP, art. L. 2141-6, ss. art. 511-28.*

Art. 511-25-1 *(Ord. n° 2008-480 du 22 mai 2008, art. 6)* Est puni de deux ans d'emprisonnement et de 30 000 € d'amende :

1° Le fait d'importer ou d'exporter des gamètes ou des tissus germinaux sans avoir recueilli l'autorisation prévue à l'article L. 2141-11-1 du code de la santé publique ;

2° Le fait d'importer ou d'exporter des gamètes ou des tissus germinaux pour des finalités autres que celles prévues dans l'autorisation mentionnée à l'article L. 2141-11-1 du code de la santé publique.

SECTION IV **AUTRES DISPOSITIONS ET PEINES COMPLÉMENTAIRES APPLICABLES AUX PERSONNES PHYSIQUES ET RESPONSABILITÉ DES PERSONNES MORALES**

Art. 511-26 *(L. n° 2004-800 du 6 août 2004, art. 28-II)* **La tentative des délits prévus par les articles 511-2, 511-3, 511-4, 511-5, 511-5-1, 511-5-2, 511-6, 511-9, 511-15, 511-16 et 511-19 est punie des mêmes peines.**

Art. 511-27 Les personnes physiques coupables des infractions prévues au présent chapitre encourent également la peine complémentaire d'interdiction pour une durée de dix ans au plus, d'exercer l'activité professionnelle ou sociale dans l'exercice de laquelle ou à l'occasion de laquelle l'infraction a été commise.

Art. 511-28 *(L. n° 2009-526 du 12 mai 2009, art. 124-I)* **« Les personnes morales déclarées responsables pénalement, dans les conditions prévues par l'article 121-2, des infractions définies au présent chapitre encourent, outre l'amende suivant les modalités prévues par l'article 131-38, les peines prévues par l'article 131-39. »**

L'interdiction mentionnée au 2° de l'article 131-39 porte sur l'activité dans l'exercice ou à l'occasion de l'exercice de laquelle l'infraction a été commise.

Code de la santé publique

(Ord. n° 2000-548 du 15 juin 2000)

Art. L. 1211-6 *(L. n° 2004-800 du 6 août 2004, art. 7-5°)* Les éléments et produits du corps humain ne peuvent être utilisés à des fins thérapeutiques si le risque mesurable en l'état des connaissances scientifiques et médicales couru par le receveur potentiel est supérieur à l'avantage escompté pour celui-ci.

Le prélèvement d'éléments et la collecte de produits du corps humain à des fins thérapeutiques, ainsi que les activités ayant les mêmes fins, mentionnées dans le présent livre et relatives à ces éléments et produits, sont soumis aux règles de sécurité sanitaire en vigueur, concernant notamment les tests de dépistage des maladies transmissibles.

Art. L. 1211-6-1 *(L. n° 2011-814 du 7 juill. 2011, art. 11)* Nul ne peut être exclu du don de sang en dehors de contre-indications médicales.

(L. n° 2016-41 du 26 janv. 2016, art. 40) « Nul ne peut être exclu du don de sang en raison de son orientation sexuelle. »

Art. L. 1211-7 *(L. n° 2004-800 du 6 août 2004, art. 7-6° ; Ord. n° 2017-51 du 19 janv. 2017, art. 3, en vigueur le 1er juill. 2017)* « Sont » mis en œuvre des systèmes de vigilance portant sur les éléments et produits du corps humain, les produits, autres que les médicaments, qui en dérivent *(L. n° 2016-41 du 26 janv. 2016, art. 165)* « et les dispositifs médicaux les incorporant ».

Art. L. 1211-7-1 *(Ord. n° 2017-51 du 19 janv. 2017, art. 3, en vigueur le 1er juill. 2017)* Les professionnels de santé, les établissements, personnes ou organismes figurant sur une liste fixée par décret en Conseil d'État signalent et déclarent les informations relevant de la biovigilance et du dispositif de vigilance relatif à l'assistance médicale à la procréation.

....

Art. L. 1211-9 *(L. n° 2004-800 du 6 août 2004, art. 7-8°)* Sont déterminées par décret en Conseil d'État :

1° à 2° ....

3° Les règles de sécurité sanitaire prévues à l'article L. 1211-6 ;

(Ord. n° 2017-51 du 19 janv. 2017, art. 3) « 4° Les conditions dans lesquelles sont mis en œuvre les dispositifs de vigilance mentionnés à l'article L. 1211-7-1 ; »

5° ....

V. Décr. n° 97-928 du 9 oct. 1997 (JO 12 oct.).

....

Art. L. 1231-1 B *(L. n° 2004-800 du 6 août 2004, art. 9-B-I)* Les règles de répartition et d'attribution des greffons doivent respecter le principe d'équité.

Art. L. 1231-1 *(L. n° 2004-800 du 6 août 2004, art. 9)* Le prélèvement d'organes sur une personne vivante, qui en fait le don, ne peut être opéré que dans l'intérêt thérapeutique direct d'un receveur. Le donneur doit avoir la qualité de père ou mère du receveur.

Par dérogation au premier alinéa, peuvent être autorisés à se prêter à un prélèvement d'organe dans l'intérêt thérapeutique direct d'un receveur son conjoint, ses frères ou sœurs, ses fils ou filles, ses grands-parents, ses oncles ou tantes, ses cousins germains et cousines germaines ainsi que le conjoint de son père ou de sa mère. Le donneur peut également être toute personne apportant la preuve d'une vie commune d'au moins deux ans avec le receveur *(L. n° 2011-814 du 7 juill. 2011, art. 7)* « ainsi que toute personne pouvant apporter la preuve d'un lien affectif étroit et stable depuis au moins deux ans avec le receveur.

« En cas d'incompatibilité entre la personne ayant exprimé l'intention de don et la personne dans l'intérêt de laquelle le prélèvement peut être opéré en vertu des premier ou deuxième alinéas, rendant impossible la greffe, le donneur et le receveur potentiels peuvent se voir proposer le recours à un don croisé d'organes. Celui-ci consiste pour le receveur potentiel à bénéficier du don d'une autre personne ayant exprimé l'intention de don et également placée dans une situation d'incompatibilité à l'égard de la personne dans l'intérêt de laquelle le prélèvement peut être opéré en vertu des premier ou deuxième alinéas, tandis que cette dernière bénéficie du don du premier donneur. En cas de mise en œuvre d'un don croisé, les actes de prélèvement et de greffe sont engagés de façon simultanée respectivement sur les deux donneurs et sur les deux receveurs. L'anonymat entre donneur et receveur est respecté. »

Le donneur, préalablement informé par le comité d'experts mentionné à l'article L. 1231-3 des risques qu'il encourt *(L. n° 2011-814 du 7 juill. 2011, art. 7)* «, des conséquences éventuelles du prélèvement et, le cas échéant, des modalités du don croisé, doit exprimer son consentement au don et, le cas échéant, au don croisé » devant le président du tribunal judiciaire ou le magistrat désigné par lui, qui s'assure au préalable que le consentement est libre et éclairé et que le don est conforme aux conditions prévues aux *(L. n° 2011-814 du 7 juill. 2011, art. 7)* « premier, deuxième et, le cas échéant, troisième alinéas ». En cas d'urgence vitale, le consentement est recueilli, par tout moyen, par le procureur de la République. Le consentement est révocable sans forme et à tout moment.

L'autorisation *(L. n° 2011-814 du 7 juill. 2011, art. 7)* « de prélèvement sur une personne mentionnée » au deuxième alinéa est délivrée, postérieurement à l'expression du consentement, par le comité d'experts mentionné à l'article L. 1231-3.

Les prélèvements sur les personnes mentionnées au premier alinéa peuvent également, sauf en cas d'urgence vitale, être soumis à l'autorisation de ce comité lorsque le magistrat chargé de recueillir le consentement l'estime nécessaire.

L'Agence de la biomédecine est informée, préalablement à sa réalisation, de tout prélèvement d'organes à fins thérapeutiques sur une personne vivante.

Le Gouvernement remet au Parlement tous les quatre ans un rapport sur l'application du présent article, et notamment les dérogations autorisées au titre de son deuxième alinéa.

Art. L. 1231-2 Aucun prélèvement d'organes, en vue d'un don, ne peut avoir lieu sur une personne vivante mineure ou sur une personne vivante majeure faisant l'objet d'une mesure de protection légale. – *[Anc. art. L. 671-4.]*

....

Art. L. 1232-1 *(L. n° 2004-800 du 6 août 2004, art. 9-B-III)* Le prélèvement d'organes sur une personne dont la mort a été dûment constatée ne peut être effectué qu'à des fins thérapeutiques ou scientifiques.

(L. n° 2016-41 du 26 janv. 2016, art. 192-I, en vigueur au plus tard le 1er janv. 2017) « Le médecin informe les proches du défunt, préalablement au prélèvement envisagé, de sa nature et de sa finalité, conformément aux bonnes pratiques arrêtées par le ministre chargé de la santé sur proposition de l'Agence de la biomédecine.

« Ce prélèvement peut être pratiqué sur une personne majeure dès lors qu'elle n'a pas fait connaître, de son vivant, son refus d'un tel prélèvement, principalement par l'inscription sur un registre national automatisé prévu à cet effet. Ce refus est révocable à tout moment. »

L'Agence de la biomédecine est avisée, préalablement à sa réalisation, de tout prélèvement à fins thérapeutiques ou à fins scientifiques.

Le I de l'art. 192 de la L. nº 2016-41 du 26 janv. 2016 entre en vigueur six mois après la publication du décret en Conseil d'État prévu au II du même art., et au plus tard le 1er janv. 2017 (L. préc., art. 192-III).

Art. L. 1232-2 *(L. nº 2004-800 du 6 août 2004, art. 9-B-III)* Si la personne décédée était un mineur ou un majeur sous tutelle, le prélèvement à l'une ou plusieurs des fins mentionnées à l'article L. 1232-1 ne peut avoir lieu qu'à la condition que chacun des titulaires de l'autorité parentale ou le tuteur y consente par écrit.

Toutefois, en cas d'impossibilité de consulter l'un des titulaires de l'autorité parentale, le prélèvement peut avoir lieu à condition que l'autre titulaire y consente par écrit.

……………………………………………………………………………………………

Art. L. 1233-1 *(L. nº 2004-800 du 6 août 2004, art. 9-B-IV)* « Les prélèvements d'organes en vue de don à des fins thérapeutiques ne peuvent être pratiqués que dans des établissements de santé autorisés à cet effet par l'autorité administrative après avis de l'Agence de la biomédecine. »

L'autorisation est délivrée pour une durée de cinq ans. Elle est renouvelable.

(L. nº 2004-800 du 6 août 2004, art. 11) « Tous les établissements de santé, qu'ils soient autorisés ou non, participent à l'activité de prélèvement d'organes et de tissus en s'intégrant dans des réseaux de prélèvement. »

……………………………………………………………………………………………

Art. L. 1234-2 Les *(L. nº 2004-800 du 6 août 2004, art. 9-B-V)* « greffes » d'organes sont effectuées dans les établissements de santé autorisés à cet effet dans des conditions prévues par les dispositions des chapitres Ier et II du titre II du livre Ier de la partie VI du présent code *(L. nº 2004-800 du 6 août 2004, art. 9-B-V)* « , après avis de l'Agence de la biomédecine ».

Peuvent recevoir l'autorisation d'effectuer des *(L. nº 2004-800 du 6 août 2004, art. 9-B-V)* « greffes » d'organes les établissements qui sont autorisés à effectuer des prélèvements d'organes en application de l'article L. 1233-1, et qui assurent, en outre, des activités d'enseignement médical et de recherche médicale selon les dispositions du chapitre II du titre IV du livre Ier de la partie VI du présent code, ainsi que les établissements de santé liés *(Ord. nº 2010-177 du 23 févr. 2010, art. 1er-4º)* « aux précédents par la convention mentionnée à l'article L. 6142-5 ». — *[Anc. art. L. 671-16.]*

……………………………………………………………………………………………

Art. L. 1235-1 *(L. nº 2004-800 du 6 août 2004, art. 9-B-VI)* Seuls les établissements de santé autorisés à prélever des organes en application de l'article L. 1233-1 peuvent les exporter à des fins thérapeutiques.

Seuls les établissements de santé autorisés à greffer des organes en application des dispositions de l'article L. 1234-2 peuvent les importer à des fins thérapeutiques.

Seuls peuvent importer ou exporter des organes à des fins scientifiques les organismes autorisés par le ministre chargé de la recherche après avis de l'Agence de la biomédecine.

Art. L. 1235-2 *(L. nº 2004-800 du 6 août 2004, art. 9-B-VI)* Les organes prélevés à l'occasion d'une intervention chirurgicale, pratiquée dans l'intérêt de la personne opérée, peuvent être utilisés à des fins thérapeutiques ou scientifiques, sauf opposition exprimée par elle après qu'elle a été informée de l'objet de cette utilisation.

Lorsque cette personne est un mineur ou un majeur sous tutelle, l'utilisation ultérieure des organes ainsi prélevés est en outre subordonnée à l'absence d'opposition des titulaires de l'autorité parentale ou du tuteur, dûment informés de l'objet de cette utilisation. Le refus du mineur ou du majeur sous tutelle fait obstacle à cette utilisation.

Les organes ainsi prélevés sont soumis aux dispositions du titre Ier, à l'exception du premier alinéa de l'article L. 1211-2, et à celles des chapitres III et IV du présent titre.

Art. L. 1235-3 *(L. nº 2004-800 du 6 août 2004, art. 9-B-VI)* Tout prélèvement d'organes effectué dans les conditions prévues par le chapitre III du présent titre est une activité médicale.

……………………………………………………………………………………………

Art. L. 1241-2 Aucun prélèvement de tissus ou de cellules, aucune collecte de produits du corps humain *(L. n° 2004-800 du 6 août 2004, art. 12-A-II)* « en vue de don » ne peut avoir lieu sur une personne vivante mineure ou sur une personne vivante majeure faisant l'objet d'une mesure de protection légale. — *[Anc. art. L. 672-5.]*

....

Art. L. 1242-1 *(L. n° 2004-800 du 6 août 2004, art. 12-A-III)* Les tissus du corps humain ne peuvent être prélevés en vue de don à des fins thérapeutiques que dans des établissements de santé autorisés à cet effet par l'autorité administrative après avis de l'Agence de la biomédecine.

(L. n° 2011-814 du 7 juill. 2011, art. 19-I) « Les cellules à fins d'administration autologue ou allogénique ne peuvent être prélevées que dans des établissements de santé autorisés à cet effet par le directeur général de l'agence régionale de santé après avis de l'Agence de la biomédecine. Les cellules du sang destinées à la préparation de produits cellulaires à finalité thérapeutique mentionnés à l'article L. 1243-1 peuvent également être prélevées par l'Établissement français du sang soit dans ses établissements de transfusion sanguine, s'ils ont été autorisés dans les conditions applicables aux établissements de santé, soit dans des établissements de santé autorisés. »

Par dérogation à l'alinéa précédent, peuvent être prélevées à fins d'administration autologue dans tous les établissements de santé et par les médecins et les chirurgiens-dentistes exerçant en dehors des établissements de santé les catégories de cellules figurant sur une liste arrêtée par le ministre chargé de la santé, sur proposition de *(L. n° 2011-2012 du 29 déc. 2011, art. 5-IV)* « l'Agence nationale de sécurité du médicament et des produits de santé » et après avis de l'Agence de la biomédecine, à condition que les prélèvements soient faits dans le respect des règles de bonnes pratiques arrêtées selon les mêmes modalités.

Les autorisations prévues aux premier et deuxième alinéas sont délivrées pour une durée de cinq ans. Elles sont renouvelables.

(Ord. n° 2007-613 du 26 avr. 2007, art. 7-II) « Cet article ne s'applique pas aux éléments et produits du corps humain mentionnés à l'article L. 1211-8. »

....

Art. L. 1243-1 *(L. n° 2004-800 du 6 août 2004, art. 12-A-IV)* A l'exception des produits sanguins labiles, sont des produits cellulaires à finalité thérapeutique les cellules humaines utilisées à des fins thérapeutiques autologues ou allogéniques, quel que soit leur niveau de transformation, y compris leurs dérivés.

Lorsque ces produits cellulaires à finalité thérapeutique sont des spécialités pharmaceutiques ou d'autres médicaments fabriqués industriellement, ils sont régis par les dispositions du titre II du livre Ier de la cinquième partie. Dans les autres cas, ce sont des préparations de thérapie cellulaire régies par les dispositions du présent chapitre, y compris lorsque les cellules humaines servent à transférer du matériel génétique.

Art. L. 1243-2 *(L. n° 2004-800 du 6 août 2004, art. 12-A-IV)* Peuvent assurer la préparation, la conservation, la distribution et la cession, à des fins thérapeutiques autologues ou allogéniques, des tissus et de leurs dérivés et des préparations de thérapie cellulaire, les établissements et les organismes autorisés à cet effet, après avis de l'Agence de la biomédecine, par *(L. n° 2011-2012 du 29 déc. 2011, art. 5-IV)* « l'Agence nationale de sécurité du médicament et des produits de santé » qui s'assure du respect des dispositions du titre Ier du présent livre.

(L. n° 2012-387 du 22 mars 2012, art. 122-I) « L'autorisation délivrée par l'Agence nationale de sécurité du médicament et des produits de santé, conformément à l'article 6 de la directive 2004/23/CE du Parlement européen et du Conseil du 31 mars 2004 relative à l'établissement de normes de qualité et de sécurité pour le don, l'obtention, le contrôle, la transformation, la conservation, le stockage et la distribution des tissus et cellules humains, précise la catégorie de tissus et leurs dérivés ou de préparations de thérapie cellulaire et mentionne les accords passés entre un établissement et des tiers pour la réalisation de ces activités, les procédés de préparation et de conservation mis en œuvre ainsi que les indications thérapeutiques reconnues.

« Toute modification substantielle des éléments figurant dans l'autorisation initiale qui affecte une ou plusieurs des activités exercées par l'établissement ou l'organisme autorisé doit faire l'objet d'une nouvelle autorisation. » *(Ord. n° 2007-613 du 26 avr. 2007, art. 8-I)* « Les autres modifications sont soumises à une déclaration auprès du directeur général de *(L. n° 2011-2012 du 29 déc. 2011, art. 5-IV)* « l'Agence nationale de sécurité du médicament et des produits de santé ». »

(L. nº 2011-814 du 7 juill. 2011, art. 18-2º) « Seules peuvent être préparées, conservées, distribuées ou cédées les cellules du sang de cordon et du sang placentaire ainsi que les cellules du cordon et du placenta prélevées dans les conditions mentionnées au dernier alinéa de l'article L. 1241-1. Chacun de ces établissements consacre une part de son stockage au don dédié mentionné à ce même dernier alinéa. »

(L. nº 2012-387 du 22 mars 2012, art. 122-I) « L'Agence de la biomédecine est informée des autorisations délivrées en application du présent article. »

Pour les conditions d'autorisation, V. art. R. 1243-1 s. CSP. — ***CSP.***

Art. L. 1243-2-1 *(Ord. nº 2007-613 du 26 avr. 2007, art. 8-II)* Le respect, dans les établissements autorisés au titre de l'article L. 1243-2, des dispositions législatives et réglementaires relatives à la qualité et la sécurité des tissus et de leurs dérivés et des préparations de thérapie cellulaire, est garanti par une personne responsable désignée dans des conditions prévues par décret en Conseil d'État.

Au sein de l'Établissement français du sang, la personne responsable a autorité sur les directeurs des établissements de transfusion sanguine pour l'exercice de cette mission.

……………………………………………………………………………………

Art. L. 1243-4 Tout organisme qui assure la conservation et la préparation de tissus et cellules *(L. nº 2012-300 du 5 mars 2012, art. 3-III-1º)* « , d'organes, de sang, de ses composants et de ses produits dérivés, issus » du corps humain en vue de leur cession *(Abrogé par L. nº 2012-300 du 5 mars 2012, art. 3-III-1º)* « *dans le cadre d'une activité commerciale,* » pour un usage scientifique *(Abrogé par L. nº 2012-300 du 5 mars 2012, art. 3-III-1º)* « *, y compris à des fins de recherche génétique,* » doit être titulaire d'une autorisation délivrée par le ministre chargé de la recherche *(Abrogé par L. nº 2012-300 du 5 mars 2012, art. 3-III-1º)* « *, après avis du comité consultatif sur le traitement de l'information en matière de recherche dans le domaine de la santé, prévu à l'article 40-2 de la loi nº 78-17 du 6 janvier 1978 précitée. Une autorisation doit être obtenue dans les mêmes conditions par tout organisme qui assure la conservation et la préparation de tissus et cellules du corps humain en vue de leur cession à titre gratuit pour un usage scientifique* ». Lorsque l'organisme est un établissement de santé, l'autorisation est délivrée de manière conjointe par le ministre chargé de la recherche et le *(Ord. nº 2010-177 du 23 févr. 2010, art. 9-I-4º)* « directeur général de l'agence régionale de santé » territorialement compétent.

(L. nº 2012-300 du 5 mars 2012, art. 3-III-2º) « Par dérogation, les activités prévues au premier alinéa exercées dans le cadre d'une recherche impliquant la personne humaine sont régies par le titre II du livre Ier de la première partie du présent code. »

……………………………………………………………………………………

Art. L. 1243-6 Les greffes de tissus et les administrations de préparations de thérapie cellulaire ne peuvent être pratiquées que dans des établissements de santé. Lorsque ces activités sont d'un coût élevé ou nécessitent des dispositions particulières dans l'intérêt de la santé publique, elles ne peuvent être pratiquées que dans des établissements de santé autorisés à cet effet, après avis de l'Agence de la biomédecine, dans les conditions prévues au chapitre Ier du titre II du livre Ier de la sixième partie.

Toutefois, peuvent être utilisés par les médecins et les chirurgiens-dentistes en dehors des établissements de santé les tissus et les préparations de thérapie cellulaire figurant sur une liste arrêtée par le ministre chargé de la santé sur proposition de *(L. nº 2011-2012 du 29 déc. 2011, art. 5-IV)* « l'Agence nationale de sécurité du médicament et des produits de santé » et après avis de l'Agence de la biomédecine, à condition qu'ils soient utilisés dans le respect de règles de bonnes pratiques arrêtées selon les mêmes modalités.

Peuvent être autorisés à pratiquer des allogreffes de cellules hématopoïétiques, selon les dispositions du chapitre II du titre IV du livre Ier de la sixième partie, les établissements de santé qui assurent des activités d'enseignement médical et de recherche médicale, ainsi que les établissements de santé liés par convention aux précédents *(Abrogé par Ord. nº 2010-177 du 23 févr. 2010, art. 1er-5º)* « *dans le cadre du service public hospitalier* ». L'autorité administrative compétente délivre l'autorisation après avis de l'Agence de la biomédecine.

Les greffes composites de tissus vascularisés sont assimilées aux greffes d'organes et relèvent des mêmes dispositions.

(Ord. nº 2007-613 du 26 avr. 2007, art. 7-III) « Cet article ne s'applique pas aux greffes et administration d'éléments et produits du corps humain mentionnés à l'article L. 1211-8. »

……………………………………………………………………………………

Art. L. 1243-9 *(L. nº 2004-800 du 6 août 2004, art. 12-A-IV)* Les modalités d'application du présent chapitre sont déterminées par décret en Conseil d'État, et notamment :

1° Les activités d'un coût élevé ou nécessitant des dispositions particulières dans l'intérêt de la santé publique prévues à l'article L. 1243-6 ;

2° Les conditions et les modalités de délivrance des autorisations prévues aux articles L. 1243-2 *(Abrogé par L. nº 2012-387 du 22 mars 2012, art. 122-VI)* « , *L. 1243-5* » et L. 1243-6, ainsi que les conditions de modification *(Ord. nº 2007-613 du 26 avr. 2007, art. 11)* « de ces autorisations par l'autorité administrative compétente, notamment la liste des modifications devant faire l'objet de l'autorisation prévue au troisième alinéa de l'article L. 1243-2, ainsi que les conditions », de suspension ou de retrait de ces autorisations par l'autorité administrative compétente ; *– Les dispositions issues de la L. nº 2012-387 du 22 mars 2012 sont applicables à Wallis-et-Futuna (L. préc., art. 122-XI).*

3° En tant que de besoin, les règles, notamment financières et économiques, propres à assurer le respect des dispositions du titre Ier du présent livre applicables à la préparation, la conservation, la transformation, la distribution et la cession des tissus et des préparations de thérapie cellulaire.

....

Art. L. 1244-3 L'insémination artificielle par sperme frais provenant d'un don et le mélange de spermes sont interdits. — *[Anc. art. L. 673-3.]*

....

Art. L. 1244-7 Le bénéfice d'un don de gamètes ne peut en aucune manière être subordonné à la désignation par le couple receveur d'une personne ayant volontairement accepté de procéder à un tel don en faveur d'un couple tiers anonyme.

(L. nº 2004-800 du 6 août 2004, art. 12-A-V) « La donneuse d'ovocytes doit être particulièrement informée des conditions de la stimulation ovarienne et du prélèvement ovocytaire, des risques et des contraintes liés à cette technique, lors des entretiens avec l'équipe médicale pluridisciplinaire. Elle est informée des conditions légales du don, notamment du principe d'anonymat et du principe de gratuité. Elle bénéficie du remboursement des frais engagés pour le don. »

....

Art. L. 2131-1 *(L. nº 2011-814 du 7 juill. 2011, art. 20-II)* I. — Le diagnostic prénatal s'entend des pratiques médicales, y compris l'échographie obstétricale et fœtale, ayant pour but de détecter *in utero* chez l'embryon ou le fœtus une affection d'une particulière gravité.

II. — Toute femme enceinte reçoit, lors d'une consultation médicale, une information loyale, claire et adaptée à sa situation sur la possibilité de recourir, à sa demande, à des examens de biologie médicale et d'imagerie permettant d'évaluer le risque que l'embryon ou le fœtus présente une affection susceptible de modifier le déroulement ou le suivi de sa grossesse.

III. — Le prescripteur, médecin ou sage-femme, communique les résultats de ces examens à la femme enceinte et lui donne toute l'information nécessaire à leur compréhension.

En cas de risque avéré, la femme enceinte et, si elle le souhaite, l'autre membre du couple sont pris en charge par un médecin et, le cas échéant ou à sa demande, orientés vers un centre pluridisciplinaire de diagnostic prénatal. Ils reçoivent, sauf opposition de leur part, des informations sur les caractéristiques de l'affection suspectée, les moyens de la détecter et les possibilités de prévention, de soin ou de prise en charge adaptée du fœtus ou de l'enfant né. Une liste des associations spécialisées et agréées dans l'accompagnement des patients atteints de l'affection suspectée et de leur famille leur est proposée.

IV. — En cas de risque avéré, de nouveaux examens de biologie médicale et d'imagerie à visée diagnostique peuvent être proposés par un médecin, le cas échéant membre d'un centre pluridisciplinaire de diagnostic prénatal, au cours d'une consultation adaptée à l'affection recherchée.

V. — Préalablement à certains examens mentionnés au II et aux examens mentionnés au IV du présent article, le consentement prévu au *(L. nº 2016-87 du 2 févr. 2016, art. 5)* « quatrième » alinéa de l'article L. 1111-4 est recueilli par écrit auprès de la femme enceinte par le médecin ou la sage-femme qui prescrit ou, le cas échéant, qui effectue les examens. La liste de ces examens est déterminée par arrêté du ministre chargé de la santé au regard notamment de leurs risques pour la femme enceinte, l'embryon ou le fœtus et de la possibilité de détecter une affection d'une particulière gravité chez l'embryon ou le fœtus.

VI. — Préalablement au recueil du consentement mentionné au V et à la réalisation des examens mentionnés aux II et IV, la femme enceinte reçoit, sauf opposition de sa part dûment mentionnée par le médecin ou la sage-femme dans le dossier médical, une information portant notamment sur les objectifs, les modalités, les risques, les limites et le caractère non obligatoire de ces examens.

En cas d'échographie obstétricale et fœtale, il lui est précisé en particulier que l'absence d'anomalie détectée ne permet pas d'affirmer que le fœtus soit indemne de toute affection et qu'une suspicion d'anomalie peut ne pas être confirmée ultérieurement.

VII. — Les examens de biologie médicale destinés à établir un diagnostic prénatal sont pratiqués dans des laboratoires de biologie médicale faisant appel à des praticiens en mesure de prouver leur compétence, autorisés selon les modalités prévues au titre II du livre Ier de la sixième partie et accrédités selon les modalités prévues au chapitre Ier du titre II du livre II de la même partie. Lorsque le laboratoire dépend d'un établissement de santé, l'autorisation est délivrée à cet établissement.

VIII. — La création de centres pluridisciplinaires de diagnostic prénatal, mentionnés au III, dans des organismes et établissements de santé publics et privés d'intérêt collectif est autorisée par l'Agence de la biomédecine.

....

Art. L. 2131-4 *(L. nº 2011-814 du 7 juill. 2011, art. 21-I-1º)* « On entend par diagnostic préimplantatoire le diagnostic biologique réalisé à partir de cellules prélevées sur l'embryon *in vitro*. »

Le diagnostic *(L. nº 2011-814 du 7 juill. 2011, art. 21-II)* « préimplantatoire » n'est autorisé qu'à titre exceptionnel dans les conditions suivantes :

Un médecin exerçant son activité dans un *(L. nº 2011-814 du 7 juill. 2011, art. 21-I-2º)* « centre pluridisciplinaire de diagnostic prénatal » tel que défini par l'article L. 2131-1 doit attester que le couple, du fait de sa situation familiale, a une forte probabilité de donner naissance à un enfant atteint d'une maladie génétique d'une particulière gravité reconnue comme incurable au moment du diagnostic.

Le diagnostic ne peut être effectué que lorsqu'a été préalablement et précisément identifiée, chez l'un des parents *(L. nº 2004-800 du 6 août 2004, art. 23-4º)* « ou l'un de ses ascendants immédiats dans le cas d'une maladie gravement invalidante, à révélation tardive et mettant prématurément en jeu le pronostic vital », l'anomalie ou les anomalies responsables d'une telle maladie.

Les deux membres du couple expriment par écrit leur consentement à la réalisation du diagnostic.

Le diagnostic ne peut avoir d'autre objet que de rechercher cette affection ainsi que les moyens de la prévenir et de la traiter.

Il ne peut être réalisé, à certaines conditions, que dans un établissement spécifiquement autorisé à cet effet *(L. nº 2004-800 du 6 août 2004, art. 23-5º)* « par l'Agence de la biomédecine instituée à l'article L. 1418-1.

« En cas de diagnostic sur un embryon de l'anomalie ou des anomalies responsables d'une des maladies mentionnées au deuxième alinéa, les deux membres du couple, s'ils confirment leur intention de ne pas poursuivre leur projet parental en ce qui concerne cet embryon, peuvent consentir à ce que celui-ci fasse l'objet d'une recherche dans les conditions prévues à l'article L. 2151-5. Par dérogation au deuxième alinéa de l'article L. 1111-2 et à l'article L. 1111-7, seul le médecin prescripteur des *(L. nº 2011-814 du 7 juill. 2011, art. 23-3º)* « examens de biologie médicale destinés à établir » un diagnostic prénatal est habilité à en communiquer les résultats à la femme enceinte. »

Art. L. 2131-4-1 *(L. nº 2004-800 du 6 août 2004, art. 23-6º ; L. nº 2011-814 du 7 juill. 2011, art. 22)* « Par dérogation au sixième alinéa de l'article L. 2131-4, et sous réserve d'avoir épuisé toutes les possibilités offertes par les articles L. 1241-1 à L. 1241-7, le diagnostic préimplantatoire peut également être autorisé lorsque les conditions suivantes sont réunies : »

— le couple a donné naissance à un enfant atteint d'une maladie génétique entraînant la mort dès les premières années de la vie et reconnue comme incurable au moment du diagnostic ;

— le pronostic vital de cet enfant peut être amélioré, de façon décisive, par l'application sur celui-ci d'une thérapeutique ne portant pas atteinte à l'intégrité du corps de l'enfant né du transfert de l'embryon *in utero*, conformément à l'article 16-3 du code civil ;

— le diagnostic mentionné au premier alinéa a pour seuls objets de rechercher la maladie génétique ainsi que les moyens de la prévenir et de la traiter, d'une part, et de permettre l'application de la thérapeutique mentionnée au troisième alinéa, d'autre part.

Les deux membres du couple expriment par écrit leur consentement à la réalisation du diagnostic.

La réalisation du diagnostic est soumise à la délivrance d'une autorisation par l'Agence de la biomédecine, qui en rend compte dans son rapport public conformément à l'article L. 1418-1. Cette autorisation est subordonnée au respect des dispositions prévues au dernier alinéa de l'article L. 2141-3.

Art. L. 2131-4-2 *(L. n° 2004-800 du 6 août 2004, art. 23-7°)* Sont seuls habilités à procéder *(Abrogé par L. n° 2011-814 du 7 juill. 2011, art. 30-II-1°) « au diagnostic prénatal et »* au diagnostic biologique effectué à partir de cellules prélevées sur l'embryon *in vitro* les praticiens ayant été agréés à cet effet par l'Agence de la biomédecine mentionnée à l'article L. 1418-1 dans des conditions fixées par voie réglementaire.

(Abrogé par L. n° 2011-814 du 7 juill. 2011, art. 30-II-2°) « Le nom des praticiens agréés chargés d'exercer les activités mentionnées au présent article fait l'objet d'une déclaration à l'autorité administrative qui a délivré l'autorisation mentionnée aux articles L. 2131-1 ou L. 2131-4. »

Art. L. 2131-5 Sauf disposition contraire, les modalités d'application du présent chapitre sont déterminées par décret en Conseil d'État et notamment :

1° Les missions, le rôle auprès des autres intervenants en matière de diagnostic prénatal et *(L. n° 2004-800 du 6 août 2004, art. 23-8°)* « les conditions de création et d'autorisation des centres pluridisciplinaires de diagnostic prénatal » prévus à l'article L. 2131-1 ;

2° *(L. n° 2004-800 du 6 août 2004, art. 23-9°)* « La nature des *(L. n° 2011-814 du 7 juill. 2011, art. 23-3°)* « examens de biologie médicale destinés à établir » un diagnostic prénatal et les conditions dans lesquelles *(L. n° 2011-814 du 7 juill. 2011, art. 23-4°)* « ils » peuvent être pratiquées *[pratiqués]* dans les établissements publics de santé et les laboratoires de biologie médicale autorisés ; »

3° Les conditions dans lesquelles le diagnostic *(L. n° 2011-814 du 7 juill. 2011, art. 21-II)* « préimplantatoire » peut être réalisé dans un établissement spécifiquement autorisé à cet effet. — *[Anc. art. L. 162-16, L. 162-17, L. 190-2.]*

....

Art. L. 2141-2 *(L. n° 2004-800 du 6 août 2004, art. 24-I ; L. n° 2011-814 du 7 juill. 2011, art. 33-1°)* « L'assistance médicale à la procréation a pour objet de remédier à l'infertilité d'un couple ou d'éviter la transmission à l'enfant ou à un membre du couple d'une maladie d'une particulière gravité. Le caractère pathologique de l'infertilité doit être médicalement diagnostiqué. »

L'homme et la femme formant le couple doivent être vivants, en âge de procréer *(L. n° 2011-814 du 7 juill. 2011, art. 33-2°)* « et consentir » préalablement au transfert des embryons ou à l'insémination. Font obstacle à l'insémination ou au transfert des embryons le décès d'un des membres du couple, *(L. n° 2019-222 du 23 mars 2019, art. 22 et 109-VII, en vigueur au plus tard le 1er sept. 2020)* « l'introduction d'une demande *[ancienne rédaction : le dépôt d'une requête]* » en divorce ou en séparation de corps ou la cessation de la communauté de vie, ainsi que la révocation par écrit du consentement par l'homme ou la femme auprès du médecin chargé de mettre en œuvre l'assistance médicale à la procréation.

Art. L. 2141-3 *(L. n° 2004-800 du 6 août 2004, art. 24-I)* Un embryon ne peut être conçu *in vitro* que dans le cadre et selon les objectifs d'une assistance médicale à la procréation telle que définie à l'article *(L. n° 2011-814 du 7 juill. 2011, art. 36-1°-a)* « L. 2141-1 ». Il ne peut être conçu avec des gamètes ne provenant pas d'un au moins des membres du couple.

Compte tenu de l'état des techniques médicales, les membres du couple peuvent consentir par écrit à ce que soit tentée la fécondation d'un nombre d'ovocytes pouvant rendre nécessaire la conservation d'embryons, dans l'intention de réaliser ultérieurement leur projet parental. *(L. n° 2011-814 du 7 juill. 2011, art. 36-1°-b)* « Dans ce cas, ce nombre est limité à ce qui est strictement nécessaire à la réussite de l'assistance médicale à la procréation, compte tenu du procédé mis en œuvre. » Une information détaillée est remise aux membres du couple sur les possibilités de devenir de leurs embryons conservés qui ne feraient plus l'objet d'un projet parental.

Les membres du couple peuvent consentir par écrit à ce que les embryons, non susceptibles d'être transférés ou conservés, fassent l'objet d'une recherche dans les conditions prévues à l'article L. 2151-5.

Un couple dont des embryons ont été conservés ne peut bénéficier d'une nouvelle tentative de fécondation *in vitro* avant le transfert de ceux-ci sauf si un problème de qualité affecte ces embryons.

Art. L. 2141-4 *(L. n° 2004-800 du 6 août 2004, art. 24-I)* I. — Les deux membres du couple dont des embryons sont conservés sont consultés chaque année par écrit sur le point de savoir s'ils maintiennent leur projet parental.

(L. n° 2011-814 du 7 juill. 2011, art. 34-2°) « II. — S'ils n'ont plus de projet parental ou en cas de décès de l'un d'entre eux, les deux membres d'un couple, ou le membre survivant, peuvent consentir à ce que :

« 1° Leurs embryons soient accueillis par un autre couple dans les conditions fixées aux articles L. 2141-5 et L. 2141-6 ;

« 2° Leurs embryons fassent l'objet d'une recherche dans les conditions prévues à l'article L. 2151-5 ou, dans les conditions fixées par cet article et *(Ord. n° 2016-800 du 16 juin 2016, art. 7-1° et 8-I, en vigueur au plus tard le 31 déc. 2016)* « les articles L. 1121-4 et L. 1125-1 », à ce que les cellules dérivées à partir de ceux-ci entrent dans une préparation de thérapie cellulaire à des fins exclusivement thérapeutiques ;

« 3° Il soit mis fin à la conservation de leurs embryons.

« Dans tous les cas, le consentement ou la demande est exprimé par écrit et fait l'objet d'une confirmation par écrit après un délai de réflexion de trois mois. En cas de décès de l'un des membres du couple, le membre survivant ne peut être consulté avant l'expiration d'un délai d'un an à compter du décès, sauf initiative anticipée de sa part. »

III. — Dans le cas où l'un des deux membres du couple consultés à plusieurs reprises ne répond pas sur le point de savoir s'il maintient ou non son projet parental, il est mis fin à la conservation des embryons si la durée de celle-ci est au moins égale à cinq ans. Il en est de même en cas de désaccord des membres du couple sur le maintien du projet parental ou sur le devenir des embryons.

IV. — Lorsque les deux membres d'un couple, ou le membre survivant, ont consenti, dans les conditions prévues aux articles L. 2141-5 et L. 2141-6, à l'accueil de leurs embryons et que ceux-ci n'ont pas été accueillis dans un délai de cinq ans à compter du jour où ce consentement a été exprimé par écrit, il est mis fin à la conservation de ces embryons. — *Les mentions des I, II, III et IV ont été insérées par la L. n° 2011-814 du 7 juill. 2011, art. 34.*

Art. L. 2141-5 *(Abrogé par L. n° 2011-814 du 7 juill. 2011, art. 35-I)* « *A titre exceptionnel,* » Les deux membres du couple peuvent consentir par écrit à ce que les embryons conservés soient accueillis par un autre couple dans les conditions prévues à *(L. n° 2004-800 du 6 août 2004, art. 24-I)* « l'article L. 2141-6 ».

En cas de décès d'un membre du couple, le membre survivant est consulté par écrit sur le point de savoir s'il consent à ce que les embryons conservés soient accueillis par un autre couple dans les conditions prévues à *(L. n° 2004-800 du 6 août 2004, art. 24-I)* « l'article L. 2141-6 ». — *[Anc. art. L. 2141-4.] — V. Arr. du 11 avr. 2001 (JO 25 avr.).*

Art. L. 2141-6 *(L. n° 2011-814 du 7 juill. 2011, art. 35-II)* « Un couple répondant aux conditions prévues à l'article L. 2141-2 peut accueillir un embryon lorsque les techniques d'assistance médicale à la procréation au sein du couple ne peuvent aboutir ou lorsque le couple, dûment informé dans les conditions prévues à l'article L. 2141-10, y renonce. »

(L. n° 2019-222 du 23 mars 2019, art. 6-VIII) « Le couple demandeur doit préalablement donner son consentement à un notaire. Les conditions et les effets de ce consentement sont régis par l'article 311-20 du code civil. »

Le couple accueillant l'embryon et celui y ayant renoncé ne peuvent connaître leurs identités respectives.

Toutefois, en cas de nécessité thérapeutique, un médecin pourra accéder aux informations médicales non identifiantes concernant le couple ayant renoncé à l'embryon.

Aucun paiement, quelle qu'en soit la forme, ne peut être alloué au couple ayant renoncé à l'embryon.

L'accueil de l'embryon est subordonné à des règles de sécurité sanitaire. Ces règles comprennent notamment des tests de dépistage des maladies infectieuses.

(L. n° 2004-800 du 6 août 2004, art. 24-I) « Seuls les établissements publics ou privés à but non lucratif autorisés à cet effet peuvent conserver les embryons destinés à être accueillis et mettre en œuvre la procédure d'accueil. » — *[Anc. art. L. 2141-5.]*

Art. L. 2141-7 *(L. n° 2004-800 du 6 août 2004, art. 24-I)* L'assistance médicale à la procréation avec tiers donneur peut être mise en œuvre lorsqu'il existe un risque de transmission d'une maladie d'une particulière gravité à l'enfant ou à un membre du couple, lorsque les techniques d'assistance médicale à la procréation au sein du couple ne peuvent aboutir ou lorsque le couple, dûment informé dans les conditions prévues à l'article L. 2141-10, *(L. n° 2011-814 du 7 juill. 2011, art. 36-2°)* « renonce à une assistance médicale à la procréation au sein du couple ».

Art. L. 2141-8 *[ancien art. L. 2141-7]* Un embryon humain ne peut être conçu ni utilisé à des fins commerciales ou industrielles.

Art. L. 2141-9 *(L. n° 2004-800 du 6 août 2004, art. 24-I)* Seuls les embryons conçus avec les gamètes de l'un au moins des membres d'un couple et dans le respect des principes fondamentaux prévus par les articles 16 à 16-8 du code civil peuvent entrer sur le territoire où s'applique le présent code ou en sortir. Ces déplacements d'embryons sont exclusivement destinés à permettre la poursuite du projet parental de ce couple ; ils sont soumis à l'autorisation de l'Agence de la biomédecine.

…………………………………………………………………………………………

Art. L. 2141-11 *(Ord. n° 2008-480 du 22 mai 2008, art. 3)* Toute personne dont la prise en charge médicale est susceptible d'altérer la fertilité, ou dont la fertilité risque d'être prématurément altérée, peut bénéficier du recueil et de la conservation de ses gamètes ou de ses tissus germinaux, en vue de la réalisation ultérieure, à son bénéfice, d'une assistance médicale à la procréation, ou en vue de la préservation et de la restauration de sa fertilité. Ce recueil et cette conservation sont subordonnés au consentement de l'intéressé et, le cas échéant, de celui de l'un des titulaires de l'autorité parentale, ou du tuteur, lorsque l'intéressé, mineur ou majeur, fait l'objet d'une mesure de tutelle.

(L. n° 2011-814 du 7 juill. 2011, art. 32) « Les procédés biologiques utilisés pour la conservation des gamètes et des tissus germinaux sont inclus dans la liste prévue à l'article L. 2141-1, selon les conditions déterminées par cet article. »

…………………………………………………………………………………………

Art. L. 2141-12 *(L. n° 2004-800 du 6 août 2004, art. 24-I)* Les modalités d'application du présent chapitre sont déterminées par décret en Conseil d'État, et notamment :

1° Les modalités d'application de l'article L. 2141-6 et notamment les activités soumises à l'autorisation prévue par le dernier alinéa de cet article ;

2° Les règles de sécurité sanitaire auxquelles est subordonnée la mise en œuvre de l'assistance médicale à la procréation ;

(Ord. n° 2008-480 du 22 mai 2008, art. 3) « 3° Les conditions d'autorisation des activités d'importation et d'exportation de gamètes et de tissus germinaux mentionnées à l'article L. 2141-11-1. »

…………………………………………………………………………………………

Art. L. 2142-1 Les activités cliniques d'assistance médicale à la procréation, à l'exception de l'insémination artificielle *(L. n° 2004-800 du 6 août 2004, art. 24-II)* « et de la stimulation ovarienne », ne peuvent être pratiquées que dans des établissements de santé.

(Ord. n° 2010-49 du 13 janv. 2010, art. 3) « Sous réserve de l'alinéa suivant, les activités biologiques d'assistance médicale à la procréation ne peuvent être pratiquées que dans les laboratoires de biologie médicale accrédités selon les modalités prévues par les dispositions du chapitre Ier du titre II du livre II de la sixième partie. »

Les activités cliniques et biologiques d'assistance médicale à la procréation relatives aux gamètes en vue de don ne peuvent être pratiquées que dans des organismes et établissements de santé publics, ou dans des organismes et établissements de santé privés à but non lucratif. Aucune rémunération à l'acte ne peut être perçue par les praticiens au titre de ces activités.

A l'exception de l'insémination artificielle *(L. n° 2004-800 du 6 août 2004, art. 24-II)* « et de la stimulation ovarienne », les activités, tant cliniques que biologiques, d'assistance médicale à la procréation doivent être autorisées suivant les modalités prévues par les dispositions du chapitre II du titre II du livre Ier de la partie VI du présent code. *(Abrogé par Ord. n° 2010-49 du 13 janv. 2010, art. 3)* *« Cette autorisation vaut dérogation, au sens des dispositions du septième alinéa de l'article L. 6221-9 pour les laboratoires d'analyses de biologie médicale ».*

Pour être autorisés à exercer ces activités, *(Ord. n° 2008-480 du 22 mai 2008)* « les établissements, les laboratoires et les organismes mentionnés aux premier, deuxième et troisième alinéas » *(Ord. n° 2017-28 du 12 janv. 2017, art. 2)* « ainsi que, le cas échéant, les groupements de coopération sanitaire » doivent *(L. n° 2011-814 du 7 juill. 2011, art. 30-III-1°)* « faire appel à des praticiens en mesure de prouver leur compétence et » remplir les conditions déterminées en application des dispositions susmentionnées de la partie VI du présent code et des conditions de fonctionnement déterminées par voie réglementaire.

L'autorisation porte sur une ou plusieurs des activités d'assistance médicale à la procréation, avec ou sans tiers donneur. Elle est délivrée pour une durée de *(Ord. n° 2018-4 du 3 janv. 2018, art. 2)* « sept ans ». *(Abrogé par L. n° 2004-800 du 6 août 2004, art. 24-II) « Elle est accordée après avis de la Commission nationale de médecine et de biologie de la reproduction et du diagnostic prénatal instituée par l'article L. 2113-1 et du Comité national de l'organisation sanitaire et sociale institué par l'article L. 6121-9. »*

(L. n° 2004-800 du 6 août 2004, art. 24-II) « La mise en œuvre de la fécondation *in vitro* est subordonnée à la réunion des autorisations clinique et biologique mentionnées au *(Ord. n° 2008-480 du 22 mai 2008, art. 4)* « quatrième » alinéa. »

TITRE DEUXIÈME AUTRES DISPOSITIONS

(L. n° 94-653 du 29 juill. 1994)

CHAPITRE UNIQUE DES SÉVICES GRAVES OU ACTES DE CRUAUTÉ ENVERS LES ANIMAUX

RÉP. PÉN. v° *Animaux*, par REDON.

BIBL. ▶ G. AZIBERT, *Gaz. Pal. 9-11 avr. 1995* (droit pénal dans l'arène). – Ch. PASTA, *Gaz. Pal. 9-11 avr. 1995* (droit pénal et tauromachie). – MARGUÉNAUD, *D. 1995. Chron. 187* (l'animal dans le nouveau code pénal) ; *D. 1998. Chron. 205* (la personnalité juridique des animaux). – S. ANTOINE, *D. 1996. Chron. 126* (le droit de l'animal : évolution et perspectives). – M. DANTI-JUAN, *RD rur. 1996. 477* (la contribution du nouveau code pénal au débat sur la nature juridique de l'animal). – P. SOUBELET, *D. 2002, Point de vue, p. 2267* (corridas : confusion sur la « tradition locale ininterrompue »). – J.-M. LATTES, *D. 2002, Point de vue, p. 3083* (*Mano a mano* juridique sur la notion de tradition locale ininterrompue). – MARGUÉNAUD et ALII, *D. 2004. Chron. 3009* (la protection juridique du lien d'affection envers un animal). – X. LABBÉE, *D. 2005, Point de vue, p. 588* (une vie de chien). – SEGURA-CARISSIMI, *Gaz. Pal. 2009. 2. Doctr. 242. 6* (expérimentation animale et protection des animaux. Étude et perspectives). – MARGUÉNAUD, BURGAT, LEROY, *D. 2020. 28* (la personnalité animale). – DESVALLON, DE GRANVILLIERS et NICOLAS-LAURENT, *JSS 21 nov. 2020, n° 73, p. 2 s.* (chevaux mutilés – Au-delà des chiffres : tribune juridique sur les affaires).

▶ **Dossier** : L'animal face au droit, *JSS 3 juill. 2019*.

Art. 521-1 *(L. n° 99-5 du 6 janv. 1999)* **« Le fait, publiquement ou non, d'exercer des sévices graves** *(L. n° 2004-204 du 9 mars 2004, art. 50)* **« , ou de nature sexuelle, » ou de commettre un acte de cruauté envers un animal domestique, ou apprivoisé, ou tenu en captivité, est puni de deux ans d'emprisonnement et de 30 000 € d'amende. »**

(Ord. n° 2006-1224 du 5 oct. 2006, art. 6) **« En cas de condamnation du propriétaire de l'animal ou si le propriétaire est inconnu, le tribunal statue sur le sort de l'animal, qu'il ait été ou non placé au cours de la procédure judiciaire. Le tribunal peut prononcer la confiscation de l'animal et prévoir qu'il sera remis à une fondation ou à une association de protection animale reconnue d'utilité publique ou déclarée, qui pourra librement en disposer** *[ancienne rédaction : A titre de peine complémentaire, le tribunal peut interdire la détention d'un animal, à titre définitif ou non]*.

« Les personnes physiques coupables des infractions prévues au présent article encourent également les peines complémentaires d'interdiction, à titre définitif ou non, de détenir un animal et d'exercer, pour une durée de cinq ans au plus, une activité professionnelle ou sociale dès lors que les facilités que procure cette activité ont été sciemment utilisées pour préparer ou commettre l'infraction. Cette interdiction n'est toutefois pas applicable à l'exercice d'un mandat électif ou de responsabilités syndicales.

« Les personnes morales, déclarées pénalement responsables dans les conditions prévues à l'article 121-2 du code pénal, encourent les peines suivantes :

« – l'amende suivant les modalités prévues à l'article 131-38 du code pénal ;

« – les peines prévues aux 2°, 4°, 7°, 8° et 9° de l'article 131-39 du code pénal. »

Les dispositions du présent article ne sont pas applicables aux courses de taureaux lorsqu'une tradition locale ininterrompue peut être invoquée. Elles ne sont pas non

plus applicables aux combats de coqs dans les localités où une tradition ininterrompue peut être établie. — *Cette disposition a été déclarée conforme à la Constitution par le Conseil constitutionnel saisi sur QPC (Cons. const., QPC, 21 sept. 2012, n° 2012-271-QPC).*

Est punie des peines prévues *(Ord. n° 2006-1224 du 5 oct. 2006, art. 6)* **« au présent article » toute création d'un nouveau gallodrome.** — *Cet al. a été déclaré conforme à la Constitution par le Conseil constitutionnel saisi sur QPC (Cons. const., QPC, 31 juill. 2015, n° 2015-477 QPC).*

Est également puni des mêmes peines l'abandon d'un animal domestique, apprivoisé ou tenu en captivité, à l'exception des animaux destinés au repeuplement. — *Pén. R. 654-1 ; Pr. pén. 2-13, 398-1.*

BIBL. ▶ MARÉCHAL, *Dr. pénal 2012. Étude 25* (la tradition tauromachique devant le Conseil constitutionnel : la réponse contestable à une question mal posée).

▶ **Dossier.** L'animal en droit pénal, *Dr. pénal 2018, p. 13 s.*

Ancien art. 521-1 ***Le fait, sans nécessité, publiquement ou non, d'exercer des sévices graves ou de commettre un acte de cruauté envers un animal domestique, ou apprivoisé, ou tenu en captivité, est puni de six mois d'emprisonnement et de 50 000 F d'amende.***

En cas d'urgence ou de péril, le juge d'instruction peut décider de confier l'animal, jusqu'au jugement, à une œuvre de protection animale déclarée.

En cas de condamnation du propriétaire de l'animal ou si le propriétaire est inconnu, le tribunal peut décider de remettre l'animal à une œuvre de protection animale reconnue d'utilité publique ou déclarée, laquelle pourra librement en disposer.

Les dispositions du présent article ne sont pas applicables aux courses de taureaux lorsqu'une tradition locale ininterrompue peut être invoquée. Elles ne sont pas non plus applicables aux combats de coqs dans les localités où une tradition ininterrompue peut être établie.

Est punie des peines prévues au premier alinéa toute création d'un nouveau gallodrome.

Est également puni des mêmes peines l'abandon d'un animal domestique, apprivoisé ou tenu en captivité, à l'exception des animaux destinés au repeuplement. — Pén. R. 654-1 ; Pr. pén. 2-13, 398-1.

Corresp. : *C. pén., ancien art. 453.*

A. INCRIMINATION

1° ANIMAUX PROTÉGÉS

1. Animal domestique. L'art. 453 C. pén. est applicable aux actes de cruauté commis envers un chat domestique, même si l'animal, en divagation, et rencontré à l'écart des habitations, pourrait être assimilé à un haret. • Crim. 28 févr. 1989 : *Bull. crim. n° 93* • Douai, 20 mars 1980 : *D. 1980. IR 555.*

2. Le fait que des cygnes, vivant en liberté et nourris par les riverains et les promeneurs, soient destinés à l'agrément des hommes et vivent dans leur entourage permet de les ranger dans la catégorie des animaux domestiques. • Paris, 11 déc. 1970 : *D. 1971. 480, note Souty.*

3. Animal apprivoisé. Ne sauraient être considérés comme des animaux apprivoisés, au sens de l'art. 453, al. 1er, C. pén., des faisans élevés en enclos, qui ont été ensuite lâchés dans la nature pour être chassés. • Crim. 25 févr. 1981 : *Bull. crim. n° 74 ; JCP 1981. II. 19621, note de Malafosse.*

4. Animal tenu en captivité. Ne saurait être considéré comme un animal tenu en captivité, au sens de l'art. 453, al. 1er, C. pén., un cerf vivant en état de totale liberté et qui, chassé à courre, a été mis à mort, alors que, cerné par les chiens, il se trouvait dans l'impossibilité de s'échapper. • Crim. 22 oct. 1980 : *Bull. crim. n° 265 ; Gaz. Pal. 1981. 1. 383, note Alauze.*

2° CRUAUTÉS SANCTIONNÉES

5. Constatations. Les juges du fond doivent constater la commission d'un acte de cruauté, qui est un élément constitutif du délit prévu par l'art. 453 C. pén. • Crim. 13 janv. 1966 : *Bull. crim. n° 12 ; JCP 1966. II. 14538, rapp. Combaldieu, et concl. Touren ; Gaz. Pal. 1966. 1. 262.* ♦ *Adde* : Alauze, *Gaz. Pal. 1980. 2. Doctr. 593.*

6. Le juge répressif ne peut prononcer une peine sans avoir relevé tous les éléments constitutifs de l'infraction qu'il réprime ; ne justifie pas sa décision la cour d'appel qui, pour déclarer le prévenu coupable de sévices graves et actes de cruauté envers un animal, énonce que la pouliche visée par la prévention se trouvait dans un état lamentable et que le certificat du vétérinaire qui lui a prodigué des soins est éloquent, énonciations qui ne caractérisent pas l'existence de sévices ou actes de cruauté accomplis intentionnellement dans le dessein de provoquer la souffrance ou la mort, éléments constitutifs de l'infraction prévue à l'art. 521-1, al. 1er, C. pén. • Crim. 13 janv. 2004, n° 03-82.045 P : *AJ pénal 2004. 115 ; Gaz. Pal. 2004. 2. 3198, note Monnet.* ♦ Le juge répressif ne peut prononcer une peine sans avoir relevé tous les éléments constitutifs de l'infraction qu'il réprime ; n'a pas justifié sa décision la cour d'appel qui ne caractérise pas l'existence de sévices ou actes de cruauté accomplis intentionnellement dans le dessein de provoquer la souffrance ou la mort, éléments constitutifs de l'infraction prévue par l'art. 521-1, al. 1er, C. pén. • Crim. 30 mai 2006 : *Dr. pénal 2006. 119, obs. Véron.* ♦ Le juge répressif ne peut prononcer une peine sans avoir relevé tous les éléments constitutifs de l'infraction qu'il réprime ; n'a pas justifié sa décision la cour d'appel qui ne caractérise pas l'existence de sévices ou actes de cruauté accomplis intentionnellement dans le but de provoquer la souffrance ou la mort, et qui, à supposer les faits non établis sous cette qualification, aurait dû rechercher s'ils ne pouvaient constituer le délit d'abandon d'animal domestique prévu à l'al. 7 de l'art. 521-1 C. pén. • Crim. 4 mai 2010 : *Gaz. Pal. 2010, 2, p. 3560, note Dreyer.*

7. Définition. Proche de la barbarie et du sadisme … • Paris, 9 oct. 1971 : *Gaz. Pal. 1972. 1. 410.* ♦ … L'acte de cruauté se distingue de la simple brutalité en ce qu'il est inspiré par une méchanceté réfléchie et qu'il traduit l'intention d'infliger une souffrance. • Paris, 2 févr. 1977 : *JCP 1978. II. 18843, note R. de L. ; Gaz. Pal. 1977. 1. 317.* ♦ … Dénotant une volonté perverse ou un instinct de perversité. • T. corr. Nîmes, 29 juin 1973 : *Gaz. Pal. 1973. 2. 879* • T. pol. Vienne, 7 mars 1979 : *Gaz. Pal. 1979. 1. 175.* ♦ Ainsi, il n'y a pas simple contravention de mauvais traitements envers un animal domestique, visée à l'art. R. 38-12° C. pén. (nouvel art. R. 654-1), mais délit prévu par l'art. 453 C. pén., dans le fait, par un prévenu, d'avoir tiré sur un malinois trop sensible aux attraits de l'une de ses chiennes, lui provoquant des blessures telles que le chien a dû être sacrifié. • Paris, 2 févr. 1977 : *préc.*

8. Exemples positifs. Constitue un acte de cruauté : … le fait d'organiser un concours de chiens ratiers qui, dans une cage de grandeur appropriée, mettent à mort d'un seul coup de croc des rats capturés sur les décharges publiques, alors que nombreuses sont, parmi les bêtes sacrifiées, celles qui meurent après avoir agonisé dans des souffrances prolongées. • Douai, 5 juill. 1983 : *Gaz. Pal. 1983. 2. 540.* ♦ … Le fait de laisser son chien sans soins pendant quarante-huit heures, alors qu'il avait la gorge arrachée à la suite de deux coups de fusil donnés par le prévenu. • Paris, 16 oct. 1998 : *Dr. pénal 1999. 51 (1er arrêt), obs. Véron.* ♦ … Le fait d'avoir, sans nécessité, donné un coup de pied à un loup blanc, animal domestique apprivoisé ou captif. • T. corr. Bobigny, 28 sept. 1998 : *Gaz. Pal. 1999. 2, chron. crim. 155.* ♦ … Le fait de procéder à la castration d'un cheval sans anesthésiant, l'animal s'étant vu donner simplement un tranquillisant, ce qui est insuffisant vu la nature de l'opération. • Pau, 24 avr. 2001 : *JCP 2001. IV. 3102.* ♦ … Le fait de mettre un chat dans un congélateur, aurait-il une attitude incontrôlable. • Pau, 28 avr. 2005 : *JCP 2005. IV. 3414.*

9. Pour des actes de cruauté retenus contre un cultivateur. • T. corr. Albi, 15 déc. 1977 : *Gaz. Pal. 1978. 2. Somm. 489.* ♦ … Contre un éleveur de chiens. • TGI Évry, 5 nov. 1985 : *Gaz. Pal. 1986. 1. Somm. 205.*

10. Il convient de confirmer la condamnation du prévenu du chef de mauvais traitements infligés sans nécessité à un animal domestique ; en effet, il est établi qu'il est parti travailler sur une plate-forme pétrolière pour cinq semaines en laissant ses deux chiens Bichons attachés à une chaîne à l'extérieur en plein mois de décembre ; après trois semaines, sur appel des voisins, les gendarmes ont constaté que les chiens étaient cernés par leurs excréments, qu'ils ne pouvaient se libérer et qu'ils n'avaient aucune nourriture ; peu importe qu'il ait demandé à une amie de s'en occuper et que cette dernière soit finalement partie en vacances ; cet élément ne saurait l'exonérer de sa responsabilité, surtout qu'il avait les moyens financiers d'assurer leur gardiennage. • Nîmes, 29 oct. 2004 : *JCP 2005. IV. 3636.*

11. Exemples négatifs. Ne sauraient constituer le délit prévu par l'art. 453 C. pén. : … le simple fait, à lui seul, de participer à un tir aux pigeons vivants. • Crim. 13 janv. 1966 : *préc. note 5* • 10 janv. 1968 : *D. 1968. 465, note Mimin.* ♦ … Le seul fait de laisser des animaux dans un pré sans nourriture ni abreuvement, en l'absence de sévices ou d'actes de cruauté accomplis volontairement dans le but de provoquer la souffrance ou la mort. • Crim. 23 janv. 1989, n° 87-90.298 P • 12 mars 1992, n° 89-80.866 P. ♦ … Le fait de ne pouvoir se résoudre à donner la mort à une jument, qui, très âgée, ne peut plus se relever. • T. pol. Bordeaux, 20 févr. 1984 : *D. 1984. 383, note Pradel ; JCP 1985. II. 20380, note Mémeteau.*

12. Doit être relaxé le prévenu qui, suivant une tradition ancestrale de la Polynésie, a procédé ou fait procéder à l'abattage par noyade forcée de plusieurs chiens en vue de leur consommation, dès lors que rien ne permet d'établir que les chiens subissent au cours de la noyade une souffrance intense ou à tout le moins supérieure à celle strictement exigée par leur sacrifice en vue de leur consommation. • Papeete, 19 févr. 1998 : *Dr. pénal 1999. 51 (2e arrêt), obs. Véron.*

13. Alerté qu'une vache échappée de son cheptel se trouvait sur le bord de la route, le prévenu s'est rendu sur les lieux et a tenté de lui faire regagner son enclos ; constatant qu'elle ne réagissait pas au coup de pied dans l'arrière train qu'il lui donnait, il est allé lui chercher de la nourriture et des antibiotiques ; quelques jours plus tard, il l'a relevée avec un tractopelle pour la ramener à son enclos où il a dû l'euthanasier ; si le procès-verbal des gendarmes indique que les souffrances de cette bête auraient pu être abrégées, il est cependant établi qu'elle était malade, que le prévenu a tenté de la soigner et que sa mort est due à une hémorragie gastrique ; le fait qu'il l'ait relevée et transportée avec un tractopelle alors qu'elle ne pouvait marcher ne constitue pas un mauvais traitement infligé sans nécessité. • Montpellier, 2 mars 2005 : *JCP 2005. IV. 3635.*

14. Sévices sexuels (L. du 9 mars 2004). Les actes de pénétration sexuelle, commis par une personne sur un animal, constituent des sévices de nature sexuelle, sans qu'il soit nécessaire de caractériser la violence, la brutalité ou les mauvais traitements avec lesquels l'infraction aurait été commise. • Crim. 4 sept. 2007, n° 06-82.785 P : *D. 2007. AJ 2471, obs. Lacroix ; ibid. 2008. 524, note Chacornac ; AJ pénal 2007. 440 ; Dr. pénal 2007. Comm. 133, obs. Véron.*

B. JUSTIFICATION

1° NÉCESSITÉ

15. Illustrations. Lorsque l'écornage auquel s'est livré un éleveur n'a pas été réalisé sans nécessité, mais qu'il a eu pour but d'empêcher de jeunes animaux livrés à eux-mêmes sans surveillance, en raison de la pratique de la stabulation libre, de se blesser mutuellement, il y a lieu de prononcer la relaxe du prévenu pour infraction à l'art. 453 C. pén. • Poitiers, 18 déc. 1964 : *D. 1965. Somm. 75 ; Gaz. Pal. 1965. 1. 234.*

16. Les sanctions prévues par l'art. 453 C. pén. ne sont pas applicables au cultivateur qui s'est trouvé dans la nécessité de tuer d'un coup de fusil un chien entré dans sa propriété pour dévorer des volailles. • Pau, 9 mars 1966 : *D. 1967. Somm. 34.*

2° TRADITION ININTERROMPUE

17. Courses de taureaux. QPC. L'art. 521-1, al. 1er, C. pén. réprime notamment les sévices graves et les actes de cruauté envers un animal domestique ou tenu en captivité. La première phrase du 7e al. de cet art. exclut l'application de ces dispositions aux courses de taureaux. Cette exonération est toutefois limitée aux cas où une tradition locale ininterrompue peut être invoquée. En procédant à une exonération restreinte de la responsabilité pénale, le législateur a entendu que les dispositions de l'art. 521-1, al. 1er, C. pén. ne puissent pas conduire à remettre en cause certaines pratiques traditionnelles qui ne portent atteinte à aucun droit constitutionnellement garanti. L'exclusion de responsabilité pénale instituée par les dispositions contestées n'est applicable que dans les parties du territoire national où l'existence d'une telle tradition ininterrompue est établie et pour les seuls actes qui relèvent de cette tradition. Par suite, la différence de traitement instaurée par le législateur entre agissements de même nature accomplis dans des zones géographiques différentes est en rapport direct avec l'objet de la loi qui l'établit. En outre, s'il appartient aux juridictions compétentes d'apprécier les situations de fait répondant à la tradition locale ininterrompue, cette notion, qui ne revêt pas un caractère équivoque, est suffisamment précise pour garantir contre le risque d'arbitraire. Il résulte de ce qui précède que le grief tiré de la méconnaissance du principe d'égalité doit être rejeté. En conséquence, la 1re phrase de l'art. 521-1, al. 7, C. pén., qui ne méconnaît aucun autre droit ou liberté que la Constitution garantit, doit être déclarée conforme à la Constitution. • Cons. const., QPC, 21 sept. 2012 : *D. actu. 2 oct. 2012, obs. Bombled ; D. 2012. Actu. 2174 ; ibid. 2486, note Daverat ; AJ pénal 2012. 597, obs. Lacroix ; RSC 2013. 427, obs. De Lamy ; Rev. pénit. 2012. 632, obs. Lepage ; RSC 2013. 427, obs. de Lamy .*
♦ Sur la décision de renvoi : • CE 20 juin 2012, n° 357798 QPC : *JCP 2012, n° 792. – Adde* : Maréchal, *Dr. pénal 2012. Étude 25* (la tradition tauromachique devant le Conseil constitutionnel : la réponse contestable à une question mal posée).
♦ Rappr. : • TA Paris, 3 avr. 2013 : *JCP 2013, n° 532, obs. Guinamant.*

18. Gallodromes – QPC. Selon le requérant, en incriminant la création de nouveaux gallodromes et non celle de nouveaux lieux accueillant des courses de taureaux alors que le législateur a prévu tant pour les courses de taureaux que pour les combats de coqs une même dérogation à l'incrimination pénale des sévices sur les animaux, à la même condition qu'existe une tradition locale ininterrompue, les dispositions contestées portent atteinte au principe d'égalité devant la loi ; aux termes de l'art. 6 DDH : « La loi... doit être la même pour tous, soit qu'elle protège, soit qu'elle punisse » ; le principe d'égalité ne s'oppose ni à ce que le législateur règle de façon différente des situations différentes, ni à ce qu'il déroge à l'égalité pour des raisons d'intérêt général, pourvu que, dans l'un et l'autre cas, la différence de traitement qui en résulte soit en rapport direct avec l'objet de la loi qui l'établit ; si le législateur a entendu, tant pour les courses de taureaux que pour les combats de coqs, fonder l'exclusion de responsabilité pénale sur l'existence d'une tradition ininterrompue, il s'agit toutefois de pratiques distinctes par leur nature ; il ressort des travaux préparatoires de la L. du 8 juill. 1964 modifiant la L. n° 63-1143 du 19 nov. 1963 relative à la protection des animaux que le législateur a entendu encadrer plus strictement l'exclusion de responsabilité pénale pour les combats de coqs afin d'accompagner et de favoriser l'extinction de ces pratiques ; en interdisant la création de nouveaux gallodromes, le législateur a traité différemment des situations différentes. La différence de traitement qui résulte de l'incrimination de toute création d'un nouveau gallodrome est en rapport direct avec l'objet de la loi qui l'établit ; par suite, le grief tiré d'une atteinte au principe d'égalité devant la loi doit être écarté. • Cons. const., 31 juill. 2015, n° 2015-477 QPC : *JO 2 août, p. 13259 ; RSC 2015. 718, obs. de Lamy*.

19. Appréciation des juges du fond. Si les juges du fond, à l'occasion de l'application de l'art. 453, al. 4, C. pén., apprécient souverainement l'existence d'une coutume invoquée par les prévenus à titre d'immunité légale, cette appréciation cesse d'être souveraine lorsqu'elle est déduite de motifs insuffisants, ou entachée d'illégalité. • Crim. 27 mai 1972 : *Bull. crim. n° 171 ; D. 1972. 564, rapp. Combaldieu ; Gaz. Pal. 1972. 2. 607, note Lambert ;* sur renvoi : • Toulouse, 30 janv. 1973 : *D. 1973. Somm. 37.* ♦ Les juges du fond apprécient souverainement l'existence d'une tradition locale ininterrompue dont peuvent se prévaloir les prévenus du chef d'actes de cruauté envers des animaux domestiques apprivoisés ou tenus en captivité, pour bénéficier de l'immunité légale instituée par l'al. 4 de l'art. 453 de l'ancien C. pén., devenu l'art. 511-1 (puis l'art. 521-1 depuis la loi n° 94-653 du 29 juill. 1994) C. pén. entré en vigueur le 1er mars 1994, relatif aux courses de taureaux. • Crim. 8 juin 1994, n° 93-82.459 P : *Dr. pénal 1994. 235 ; JCP 1995. II. 22483, note de Monredon.* ♦ Les juges du fond, à l'occasion de l'application de l'art. 453 de l'ancien code pénal, devenu l'art. 521-1 nouv. C. pén., apprécient souverainement l'existence d'une coutume locale invoquée par le prévenu à titre d'immunité locale, et ne sauraient être liés par les termes d'un arrêté préfectoral relatif à l'absence de coutume locale. • Crim. 16 sept. 1997, n° 96-82.649 P. ♦ Il appartient au seul juge du fond d'apprécier si les événements en cause sont réellement susceptibles de permettre d'invoquer une tradition locale suffisamment constante pour justifier l'organisation de spectacles taurins ; il n'apparaît pas en l'état qu'une telle organisation de spectacle, sans pique ni mise à mort en public, puisse être considérée comme constitutive du trouble manifestement illicite, qui seul pouvait justifier la saisine du juge des référés, aucun dommage imminent ne pouvant être invoqué dès lors que les règles tauromachiques sont respectées. • Toulouse, 3 avr. 2000 : *JCP 2000. II. 10390, note Deumier.*

20. Pratique continue. Une habitude de quelques années ne peut constituer une tradition. • Nîmes, 2 déc. 1965 : *JCP 1966. II. 14654, note Cambedouzou.* ♦ ... Le tribunal devant nécessairement constater l'existence d'une coutume ancienne, transmise de génération en génération, et formée d'une pratique continue et non de faits isolés ou plus ou moins intermittents. • T. corr. Bordeaux, 27 avr. 1989 : *JCP 1989. II. 21344 (1°), note Agostini ; Gaz. Pal. 1990. 1. Somm. 82.*

21. Pratique locale. Dans l'art. 453, al. 4, C. pén., l'expression « locale » des termes « tradition locale ininterrompue » a le sens « d'ensemble démographique ». • Crim. 14 mai 1958 : *Bull. crim. n° 382 ; S. 1958. 266, note Bouché ; Gaz. Pal. 1958. 2. 75* • 27 mai 1972 : *préc. note 19* • 8 juin 1994 : *préc. note 19.* ♦ ... Même solution sur le fondement de l'art. 521-1 nouv. C. pén. • Crim. 16 sept. 1997 : *préc. note 19.* ♦ La tradition locale ininterrompue doit être entendue au sens régional de coutume ou d'usage local dépassant, selon le cas et la situation de fait, les limites administratives de la commune, de l'arrondissement, voire même les frontières du département. • Bordeaux, 29 oct. 1968 : *JCP 1969. II. 15888.* ♦ Une tradition locale est une tradition qui existe dans un ensemble démographique déterminé par une culture commune, les mêmes habitudes, les mêmes aspirations et affinités, « une même façon de ressentir les choses et de s'enthousiasmer pour elles », le même système des représentations collectives, les mêmes mentalités. • Bordeaux, 11 juill. 1989 : *JCP 1989. II. 21344 (2°), note Agostini,* infirmant • T. corr. Bordeaux, 27 avr. 1989 : *préc. note 20.* ♦ Le maintien de la tradition doit s'apprécier dans le cadre d'un ensemble démographique. • Toulouse, 3 avr. 2000 : *préc. note 19.*

22. Interruption. L'interruption d'une tradition ne peut résulter d'un fait purement matériel et accidentel. • CE 4 nov. 1959 : *S. 1960. 25, note Mimin* (temps de guerre ; expropriation des arènes pour cause d'utilité publique) • Bordeaux, 29 oct. 1968 : *préc. note 21* (incendie des arènes) • Bordeaux, 11 juill. 1989 : *préc. note 21* (effondrement d'un gradin et fermeture définitive des arènes). ♦ ... Elle doit s'entendre d'une désuétude née de l'évolution des mœurs, d'un changement des mentalités locales. • Bordeaux, 11 juill. 1989 : *préc. note 21.*

23. Tradition taurine. Il ne saurait être contesté que dans le midi de la France, entre le pays d'Arles et le Pays basque, entre garrigue et Méditerranée, entre Pyrénées et Garonne, en Provence, Languedoc, Catalogne, Gascogne, Landes et Pays basque, existe une forte tradition taurine qui se manifeste par l'organisation de spectacles complets de corridas de manière régulière dans les grandes places bénéficiant de structures adaptées permanentes et de manière plus épisodique dans les petites places à l'occasion notamment de fêtes locales ou votives ; la seule absence ou la disparition d'arènes en dur qui peut résulter de circonstances diverses ne peut donc être considérée comme la preuve évidente de la disparition d'une tradition qui se manifeste aussi par la vie de clubs taurins locaux, l'organisation de manifestations artistiques et culturelles autour de la corrida et le déplacement organisé ou non des « aficionados » locaux vers les places actives voisines ou plus éloignées. • Toulouse, 3 avr. 2000 : *préc. note 19.*

24. Sont injustement condamnés pour actes de cruauté envers les animaux les prévenus qui avaient participé à une corrida organisée par une association d'amateurs sur un terrain privé ; en effet, l'immunité de l'art. 521-1, al. 3, C. pén. est applicable aux courses de taureaux lorsqu'une tradition locale ininterrompue peut être invoquée, tradition qui n'est pas contestée en l'espèce ; s'agissant de la définition de la course de taureau, la loi pénale ne l'a assujettie à aucune condition de forme ou de fond ; il est dès lors inutile d'opérer une distinction entre les diverses formes de courses, landaises, espagnoles, portugaises ou camarguaises ; le premier juge ne pouvait donc condamner les prévenus sans ajouter à la loi en visant le non-respect des prescriptions du règlement de l'Union des Villes Taurines de France dès lors que ce règlement est un document élaboré par une association qui ne peut s'imposer qu'à ses seuls membres ; de même, l'absence d'autorisation municipale est sans incidence sur la définition de la course de taureau, et donc sur l'infraction, le maire se reconnaissant lui-même incompétent puisqu'il s'agissait d'une manifestation privée ; *in fine*, il convient de souligner, d'une part, que la distinction faite par le tribunal correctionnel entre professionnels et amateurs est inopérante, puisque la loi française ne connaît aucun statut professionnel du matador ou du torero, et, d'autre part, qu'est également sans incidence sur l'infraction la distinction faite entre Fiesta Campera et Festival Taurin. • Nîmes, 1er déc. 2000 : *JCP 2002. II. 10016, note de Monredon.*

25. Il ne peut être reproché à l'arrêt attaqué d'avoir infirmé l'ordonnance de référé qui avait interdit sous astreinte, à la demande d'une association pour la défense des animaux, l'utilisation de « banderilles agressives » lors d'un spectacle de tauromachie en Haute-Garonne ; la cour d'appel, qui a apprécié souverainement, par une décision motivée, l'existence d'une tradition locale ininterrompue, et qui a retenu exactement que les organisateurs de la manifestation pouvaient se prévaloir de l'immunité légale instituée par l'art. 521-1 C. pén. en raison de l'appartenance de la commune concernée à une région dans laquelle persiste cette tradition, a pu déduire de ces constatations et énonciations l'absence d'un trouble manifestement illicite. • Civ. 2e, 22 nov. 2001, n° 00-16.452 P : *JCP 2002. II. 10073, note Daverat ; Gaz. Pal. 2002. 1. Somm. 144 ; ibid. 2002. 2. Somm. 1090 ; RTD civ. 2002. 181, obs. Molfessis* .

26. Action en interdiction. Seule l'existence d'une tradition locale ininterrompue fait obstacle à ce que s'appliquent à une course de taureaux les dispositions pénales qui sanctionnent le fait d'exercer des sévices graves ou de commettre un acte de cruauté envers un animal domestique, ou apprivoisé, ou tenu en captivité ; une association Alliance pour la suppression de la corrida a demandé, devant le tribunal de grande instance, que soit interdite l'organisation d'une corrida à Rieumes en Haute-Garonne ; pour rejeter cette demande, l'arrêt attaqué, après avoir relevé qu'à Toulouse, dans la proche agglomération et dans les zones limitrophes aucune course de taureaux avec mise à mort n'avait été organisée au cours des années précédentes et que la dernière corrida avait eu lieu à Toulouse en 1976, a retenu la persistance d'une tradition tauromachique qui se manifesterait notamment par l'existence de corridas complètes dans la zone démographique constituée par la région toulousaine, par des spectacles taurins de type becerrada avec banderilles et simulacre de mise à mort, par la vie de clubs taurins locaux, de manifestations artistiques et culturelles ou scientifiques autour de la corrida, par des émissions de la télévision locale et par l'existence de rubriques spécialisées dans la presse locale ; en statuant ainsi, sans préciser si la localité de Rieumes se situait bien dans un ensemble démographique local où l'existence d'une tradition taurine ininterrompue se caractérisait par l'organisation régulière de corridas, la cour d'appel n'a pas donné de base légale à sa décision au regard de l'art. 521-l, al. 3, C. pén. • Civ. 2e, 10 juin 2004, n° 02-17.121 P : *JCP 2004. II. 10162, note de Monredon.*

27. Action en dissolution. Après avoir rappelé l'inapplicabilité du délit de l'art. 521-1 C. pén., inscrite à son al. 3, aux courses de taureaux lorsqu'une tradition locale ininterrompue peut être invoquée, une cour d'appel, qui a souverainement constaté l'ancienneté de l'existence de celle-ci, puis déduit sa persistance de l'intérêt que lui portait un nombre suffisant de personnes, rejette valablement une demande en dissolution d'association ayant pour objet l'organisation de corridas dans la ville et ses environs. • Civ. 1re, 7 févr. 2006, n° 03-12.804 P : *JCP 2006. II. 10073, note de Monredon ; Gaz. Pal. 2006. 2. 3270, note D. Blanc.*

3° *ABATTAGE RITUEL*

28. Jurisprudence européenne. Lorsque plusieurs droits fondamentaux et principes consacrés par les traités sont en cause, tels que, en l'occurrence, le droit garanti à l'art. 10 de la Charte et le bien-être des animaux consacré à l'art. 13 TFUE, l'appréciation du respect du principe de proportionnalité doit s'effectuer dans le respect de la conciliation nécessaire des exigences liées à la protection des différents droits et principes en cause et d'un juste équilibre entre eux (V., en ce sens, • CEDH 19 déc. 2019, *Deutsche Umwelthilfe,* n° C 752/18 : *EU :C :2019 :1114, point 50*) (§ 65) ; à cet égard, il convient de constater qu'une réglementation nationale qui impose l'obligation d'étourdissement préalable de l'animal lors de l'abattage rituel, tout en prescrivant que cet étourdissement soit réversible et qu'il ne provoque pas la mort de l'animal, est apte à réaliser l'objectif de la promotion du bien-être animal visé au point 62 du présent arrêt (§ 66) ; il ressort de la jurisprudence de la CEDH que, lorsque des questions de politique générale, telles que la détermination des rapports entre l'État et les religions, sont en jeu, sur lesquelles de profondes divergences peuvent raisonnablement exister dans un État démocratique, il y a lieu d'accorder une importance particulière au rôle du décideur national ; aussi convient-il, en principe, de reconnaître à l'État, dans le champ d'application de l'art. 9 CEDH, une ample marge d'appréciation pour décider si et dans quelle mesure une restriction au droit de manifester sa religion ou ses convictions est « nécessaire » ; la marge d'appréciation ainsi reconnue aux États membres en l'absence de consensus au niveau de l'Union doit toutefois aller de pair avec un contrôle européen consistant notamment à rechercher si les mesures prises au niveau national se justifient dans leur principe et si elles sont proportionnées (V., en ce sens, • CEDH, 1er juill. 2014, *S.A.S. c/ France*, §§ 129 et 131) (§ 67) ; en faisant référence à l'existence de « perceptions nationales » différentes vis-à-vis des animaux ainsi qu'à la nécessité de laisser « une certaine flexibilité » ou encore « un certain degré de subsidiarité » aux États membres, le législateur de l'Union a entendu préserver le contexte social propre à chaque État membre à cet égard et reconnaître à chacun d'entre eux une ample marge d'appréciation dans le cadre de la conciliation nécessaire de l'art. 13 TFUE et de l'art. 10 de la Charte, aux fins d'assurer un juste équilibre entre, d'un côté, la protection du bien-être des animaux lors de leur mise à mort et, de l'autre, le respect de la liberté de manifester sa religion (§ 71). • CJUE, gr. ch., 17 déc. 2020, n° C-336/19 : *JCP 2021. 199, note Gonzalez.*

C. POURSUITES

29. Responsabilité personnelle. L'art. 453 C. pén. ne punit que ceux qui ont personnellement exercé des sévices graves ou commis un acte de cruauté envers des animaux ; ainsi, des dirigeants d'un abattoir, pour lesquels aucune participation personnelle à des actes de cruauté commis envers des animaux dans ledit abattoir n'a été établie, ne peuvent tomber sous le coup des dispositions de cet article. • Crim. 18 févr. 1987, n° 86-91.870 P : *RSC 1987. 903, obs. J.-H. Robert.*

30. Conflit de qualifications. Un même fait ne saurait entraîner, ni une double déclaration de culpabilité, ni le prononcé de deux amendes distinctes ; cassation, pour violation de ces principes, de l'arrêt qui, saisi des poursuites contre un individu surpris en train de tuer un animal domestique (chat) en le projetant violemment au sol, poursuit ce dernier dans la même procédure, en raison de cet acte unique, sous la prévention délictuelle de l'art. 521-1 C. pén. pour avoir exercé des sévices graves ou commis un acte de cruauté envers un animal domestique, et sous la prévention contraventionnelle de l'art. R. 655-1, 1°, du même code, pour avoir commis un acte de destruction volontaire et sans nécessité d'un animal domestique, et inflige au prévenu deux amendes distinctes, l'une pour le délit et l'autre pour la contravention. • Crim. 4 févr. 1998, n° 97-82.417 P : *Dr. pénal 1998, Chron. 15.*

31. Sort de l'animal. L'ordonnance du juge d'instruction, qui, sur le fondement de l'art. 453, al. 2, C. pén., confie à une œuvre de protection animale déclarée un animal victime d'actes de cruauté, est susceptible d'appel. • Dijon, 24 mars 1988 : *Gaz. Pal. 1988. 1. 403, note J.K.*

32. Action civile collective. V. C. pr. pén., art. 2-13, réd. L. n° 94-89 du 1er févr. 1994. ♦ Des faits initialement retenus sous la qualification délictuelle de mauvais traitement à animal domestique par professionnel ayant été requalifiés en contravention de défaut de soins à animal domestique, les constitutions de partie civile des associations de défense et de protection des animaux doivent être déclarées irrecevables en application de l'art. 2-13 C. pr. pén. qui, dans ce cas, ne les autorise pas à intervenir. • Crim. 30 mai 2012, n° 11-88.268 P.

33. Référé. En matière de corridas le caractère manifestement illicite du trouble allégué ne peut résulter que de l'impossibilité évidente pour les organisateurs de se prévaloir de la tradition suffisante de nature à justifier l'organisation de spectacles taurins prévue par les art. 521-1 et R. 654-1, al. 3, nouv. C. pén. • Toulouse, 3 avr. 2000 : *JCP 2000. II. 10390, note Deumier.*

Art. 521-2 **Le fait de pratiquer des expériences ou recherches scientifiques ou expérimentales sur les animaux sans se conformer aux prescriptions fixées par décret en Conseil d'État est puni des peines prévues à l'article 521-1.** — *V. art. R. 511-1.*

LIVRE SIXIÈME DES CONTRAVENTIONS

(Ord. nº 96-267 du 28 mars 1996)

TITRE PREMIER DU RECOURS À LA PROSTITUTION *(L. nº 2018-703 du 3 août 2018, art. 15).*

(L. nº 2016-444 du 13 avr. 2016, art. 20)

Art. 611-1 Le fait de solliciter, d'accepter ou d'obtenir des relations de nature sexuelle d'une personne qui se livre à la prostitution, y compris de façon occasionnelle, en échange d'une rémunération, d'une promesse de rémunération, de la fourniture d'un avantage en nature ou de la promesse d'un tel avantage est puni de l'amende prévue pour les contraventions de la cinquième classe.

Les personnes physiques coupables de la contravention prévue au présent article encourent également une ou plusieurs des peines complémentaires mentionnées à l'article 131-16 et au second alinéa de l'article 131-17.

BIBL. ▶ Clément, *RSC 2015. 813* (hésitations du droit français sur la prostitution des majeurs). – Casado, *Dr. pénal 2016. Étude 12* (brèves remarques à la lecture de la loi nº 2016-444 du 13 avril 2016 visant à renforcer la lutte contre le système prostitutionnel et à accompagner les personnes prostituées). – Parizot, *RSC 2016. 373* (la prostitution, infraction sans texte). – Laurent-Bonne, *D. 2016. Chron. 1713* (la lutte contre le système prostitutionnel). – Lavaud-Legendre, *RSC 2016. 725* (quand le législateur se veut pédagogue… Retour sur les objectifs de la loi de lutte contre le système prostitutionnel). – Mistretta, *RSC 2017. 273* (les bonnes mœurs sexuelles : un concept mal ressuscité en droit pénal).

1. Constitutionnalité. Le 1er al. de l'art. 611-1 C. pén. institue une contravention réprimant le fait de solliciter, d'accepter ou d'obtenir des relations de nature sexuelle d'une personne qui se livre à la prostitution, y compris de façon occasionnelle, en échange d'une rémunération, d'une promesse de rémunération, de la fourniture d'un avantage en nature ou de la promesse d'un tel avantage ; le 1er al. de l'art. 225-12-1 du même code érige en délit ces mêmes faits lorsqu'ils sont commis en situation de récidive légale (§ 10) ; d'une part, il ressort des travaux préparatoires que, en faisant le choix par les dispositions contestées de pénaliser les acheteurs de services sexuels, le législateur a entendu, en privant le proxénétisme de sources de profits, lutter contre cette activité et contre la traite des êtres humains aux fins d'exploitation sexuelle, activités criminelles fondées sur la contrainte et l'asservissement de l'être humain ; il a ainsi entendu assurer la sauvegarde de la dignité de la personne humaine contre ces formes d'asservissement et poursuivi l'objectif de valeur constitutionnelle de sauvegarde de l'ordre public et de prévention des infractions (§ 11) ; d'autre part, l'art. 61-1 Const. ne confère pas au Cons. const. un pouvoir général d'appréciation et de décision de même nature que celui du Parlement mais lui donne seulement compétence pour se prononcer sur la conformité à la Const. des lois déférées à son examen ; si le législateur a réprimé tout recours à *la prostitution, y compris lorsque* les actes sexuels se présentent comme accomplis librement entre adultes consentants dans un espace privé, il a considéré que, dans leur très grande majorité, les personnes qui se livrent à la prostitution sont victimes du proxénétisme et de la traite et que ces infractions sont rendues possibles par l'existence d'une demande de relations sexuelles tarifées ; en prohibant cette demande par l'incrimination contestée, le législateur a retenu un moyen qui n'est pas manifestement inapproprié à l'objectif de politique publique poursuivi (§ 12) ; il résulte de tout ce qui précède que le législateur a assuré une conciliation qui n'est pas manifestement déséquilibrée entre, d'une part, l'objectif de valeur constitutionnelle de sauvegarde de l'ordre public et de prévention des infractions et la sauvegarde de la dignité de la personne humaine et, d'autre part, la liberté personnelle. Le grief tiré de la méconnaissance de cette liberté doit donc être écarté (§ 13). • Cons. const., 1er févr. 2019, nº 2018-761 QPC : *D. actu. 5 févr. 2019, obs. Goetz ; D. 2019. 202 ; D. 2020. 850, obs. M.P. ; AJ pénal 2019. 210, obs. Kurek ; ibid. 1330, obs. Debaets et Jacquinot ; JCP 2019. 133, obs. Mistretta ; ibid. 202, note Mistretta ; Dr. pénal 2019. Alerte 11 ; ibid. 2019. Comm. 63, obs. Conte ; Gaz. Pal. 2019. 895, note Le Maigat, et p. 976, obs. C. Richaud ; RSC 2019. 85, obs. Mayaud*. ♦ … Les dispositions contestées punissent le recours à la prostitution d'une amende de 1 500 €, portée à 3 750 € en cas de récidive, ainsi que de certaines peines complémentaires ; au regard de la nature des comportements réprimés, les peines ainsi instituées ne sont pas manifestement disproportionnées ; par conséquent, et pour les motifs énoncés aux § 11 et 12, les griefs tirés de la méconnaissance des principes de nécessité et de proportionnalité des peines doivent être écartés (§ 15). • Même décision. ♦ … Il n'appartient pas au Cons. const. de substituer son appréciation à celle du législateur sur les conséquences sanitaires pour les personnes prostituées des dispositions contestées, dès lors que cette appréciation n'est pas, en l'état des connaissances, manifestement inadéquate ; le grief tiré de la méconnaissance du droit à la protection de la santé doit donc être écarté (§ 16). • Même décision. ♦ ... Il est loisible au législateur d'apporter à la liberté d'entreprendre et à la liberté contractuelle, qui découlent de l'art. 4 DDH, des limitations liées à des exigences constitutionnelles ou justifiées par l'intérêt général, à la condition qu'il n'en résulte pas d'atteintes disproportionnées au regard de l'objectif poursuivi (§ 17) ; pour les mêmes motifs que ceux énoncés aux § 11 et 12, les griefs tirés de la méconnaissance de la liberté d'entreprendre et de la liberté contractuelle doivent être écartés (§ 18). • Même décision. ♦ ... Il résulte de tout ce qui précède que le 1er al. de l'art. 225-12-1 et l'art. 611-1 C. pén., qui ne méconnaissent ni le droit au respect de la vie privée, ni aucun autre droit ou liberté que la Constitution garantit, doivent être déclarés conformes à la Constitution (§ 19). • Même décision.

2. *Conflit de qualifications – Proxénétisme aggravé.* MM. R..., X..., Y... et Z... ont organisé d'un commun accord, avec des amis, des rencontres à caractère sexuel auxquelles participaient des prostituées dont ils étaient les clients ; si ces soirées se déroulaient parfois dans l'appartement de M. R..., c'était à l'invitation et en présence de ce dernier, et si MM. X..., Y... et Z... ont, en vue de ces rencontres, recruté et rémunéré des prostituées, c'était tant pour leur satisfaction personnelle que pour celle des autres participants, et sans en tirer de profit financier ; les comportements en cause relèvent non pas du proxénétisme aggravé, objet des poursuites pénales, mais du recours à la prostitution, infraction non susceptible d'être poursuivie à la date des faits (C. pén., art. 225-12-1 s.). • Crim. 28 févr. 2018, n° 16-85.518 : *AJ pénal 2018. 315, obs. Darsonville ; RSC 2018. 690, obs. Mayaud.*

TITRE DEUXIÈME DE L'OUTRAGE SEXISTE

(L. n° 2018-703 du 3 août 2018, art. 15)

Art. 621-1 I. — Constitue un outrage sexiste le fait, hors les cas prévus aux articles 222-13, 222-32, 222-33 et 222-33-2-2, d'imposer à une personne tout propos ou comportement à connotation sexuelle ou sexiste qui soit porte atteinte à sa dignité en raison de son caractère dégradant ou humiliant, soit crée à son encontre une situation intimidante, hostile ou offensante.

II. — L'outrage sexiste est puni de l'amende prévue pour les contraventions de la 4e classe. Cette contravention peut faire l'objet des dispositions du code de procédure pénale relatives à l'amende forfaitaire, y compris celles concernant l'amende forfaitaire minorée.

III. — L'outrage sexiste est puni de l'amende prévue pour les contraventions de la 5e classe lorsqu'il est commis :

1° Par une personne qui abuse de l'autorité que lui confèrent ses fonctions ;

2° Sur un mineur de quinze ans ;

3° Sur une personne dont la particulière vulnérabilité, due à son âge, à une maladie, à une infirmité, à une déficience physique ou psychique ou à un état de grossesse, est apparente ou connue de son auteur ;

4° Sur une personne dont la particulière vulnérabilité ou dépendance résultant de la précarité de sa situation économique ou sociale est apparente ou connue de son auteur ;

5° Par plusieurs personnes agissant en qualité d'auteur ou de complice ;

6° Dans un véhicule affecté au transport collectif de voyageurs ou dans un lieu destiné à l'accès à un moyen de transport collectif de voyageurs ;

7° En raison de l'orientation sexuelle, vraie ou supposée, de la victime.

La récidive de la contravention prévue au présent III est réprimée conformément au premier alinéa de l'article 132-11.

IV. — Les personnes coupables des contraventions prévues aux II et III du présent article encourent également les peines complémentaires suivantes :

(L. n° 2019-222 du 23 mars 2019, art. 71-IX et 109-XIX, en vigueur le 24 mars 2020) « 1° La peine de stage prévue aux 1°, 4°, 5° ou 7° de l'article 131-5-1 ;

« 2° » Dans le cas prévu au III, un travail d'intérêt général pour une durée de vingt à cent vingt heures.

BIBL. ▸ TELLIER-CAYROL, *AJ pénal 2018. 400* s. (L. du 3 août 2018 renforçant la lutte contre les violences sexuelles et sexistes. Des objectifs respectables, une efficacité incertaine). – CLAVERIE-ROUSSET, *Dr. pénal 2018. Étude 23* (commentaire des principales dispositions de la L. n° 2018-

703 du 3 août 2018 renforçant la lutte contre les violences sexuelles ou sexistes). – Saenko et Detraz, *D. 2018. Chron. 2031* (la L. n° 2018-703 du 3 août 2018 renforçant la lutte contre les violences sexuelles et sexistes : les femmes et les enfants d'abord !). – Delage, *JCP 2018. 947* (outrage sexiste : les décevantes réponses du législateur à un réel enjeu de société. A propos de la L. n° 2018-703 du 3 août 2018).

Ancien art. 621-1, IV (L. n° 2018-703 du 3 août 2018, art. 15) ***Les personnes coupables des contraventions prévues aux II et III du présent article encourent également les peines complémentaires suivantes :***

1° L'obligation d'accomplir, le cas échéant à leurs frais, un stage de lutte contre le sexisme et de sensibilisation à l'égalité entre les femmes et les hommes ;

2° L'obligation d'accomplir, le cas échéant à leurs frais, un stage de citoyenneté ;

3° L'obligation d'accomplir, le cas échéant à leurs frais, un stage de sensibilisation à la lutte contre l'achat d'actes sexuels ;

4° L'obligation d'accomplir, le cas échéant à leurs frais, un stage de responsabilisation pour la prévention et la lutte contre les violences au sein du couple et les violences sexistes ;

5° Dans le cas prévu au III, un travail d'intérêt général pour une durée de vingt à cent vingt heures.

LIVRE SEPTIÈME DISPOSITIONS RELATIVES À L'OUTRE-MER

(Ord. n° 2011-337 du 29 mars 2011, en vigueur le 1er avr. 2011).

(Ord. n° 96-267 du 28 mars 1996, en vigueur le 1er mai 1996 ; ratifiée par L. n° 96-1240 du 30 déc. 1996)

[L'ordonnance n° 96-267 du 28 mars 1996 est entrée en vigueur le 1er mai 1996]

Sur l'application des lois modificatives du code pénal dans les territoires d'outre-mer et à Mayotte, V. L. n° 98-468 du 17 juin 1998, art. 51 (JO 18 juin).

RÉP. PÉN. v° *Outre-mer*, par REDON.

TITRE PREMIER DISPOSITIONS APPLICABLES DANS LES COLLECTIVITÉS D'OUTRE-MER *(L. n° 2016-731 du 3 juin 2016, art. 119).*

CHAPITRE PREMIER DISPOSITIONS GÉNÉRALES

Art. 711-1 *(L. n° 2021-478 du 21 avr. 2021, art. 15)* **Sous réserve des adaptations prévues au présent titre, les livres Ier à V du présent code sont applicables, dans leur rédaction résultant de la loi n° 2021-478 du 21 avril 2021 visant à protéger les mineurs des crimes et délits sexuels et de l'inceste, en Nouvelle-Calédonie, en Polynésie française et dans les îles Wallis-et-Futuna.**

Art. 711-2 **Les livres Ier à V du présent code sont applicables dans les Terres australes et antarctiques françaises.**

Art. 711-3 **En Nouvelle-Calédonie,** *(L. n° 2016-731 du 3 juin 2016, art. 119)* **« en » Polynésie française et** *(L. n° 2016-731 du 3 juin 2016, art. 119)* **« dans les » îles Wallis-et-Futuna, les sanctions pécuniaires encourues en vertu du présent code sont prononcées en monnaie locale, compte tenu de la contre-valeur dans cette monnaie** *(Ord. n° 2000-916 du 19 sept. 2000, art. 16, en vigueur le 1er janv. 2002)* **« de l'euro ».**

Art. 711-4 *(L. n° 2016-731 du 3 juin 2016, art. 119)* **Pour l'application du présent code dans les collectivités d'outre-mer et en Nouvelle-Calédonie :**

1° Les références au département sont remplacées par la référence à la collectivité ;

2° Les références au préfet et au sous-préfet sont remplacées par la référence au représentant de l'État dans la collectivité.

En l'absence d'adaptation, les références faites, par des dispositions du présent code applicables dans les collectivités d'outre-mer et en Nouvelle-Calédonie, à des dispositions qui n'y sont pas applicables sont remplacées par les références aux dispositions ayant le même objet applicables localement.

Pour l'application du présent code à Saint Pierre et Miquelon, en Nouvelle-Calédonie, en Polynésie française et à Wallis-et-Futuna, les références au tribunal de grande instance sont remplacées par la référence au tribunal de première instance.

CHAPITRE II ADAPTATION DU LIVRE Ier

(L. n° 96-1240 du 30 déc. 1996)

Art. 712-1 A *(L. n° 2019-222 du 23 mars 2019, art. 71-XI)* **Pour son application en Nouvelle-Calédonie, l'article 131-8 est complété par un alinéa ainsi rédigé :**

Peuvent également être habilitées à mettre en œuvre des travaux d'intérêt général les institutions de droit coutumier dont la liste est fixée par voie réglementaire.

Art. 712-1 **Le dernier alinéa de l'article 131-35 est rédigé comme suit :**

Art. 131-35, dern. al. La diffusion de la décision est faite par le *Journal officiel* de la République française, par le *Journal officiel* du territoire, par une ou plusieurs autres publications de presse, ou par un ou plusieurs services de communication audiovisuelle. Les publications ou les services de communication audiovisuelle chargés de cette diffusion sont désignés par la juridiction. Ils ne peuvent s'opposer à cette diffusion.

Art. 712-2 Le 7° de l'article 132-45 est rédigé comme suit :

Art. 132-45 7° S'abstenir de conduire certains véhicules terrestres pour la conduite desquels un permis est nécessaire *(L. nº 2019-1428 du 24 déc. 2019, art. 98)* « ou de conduire un véhicule qui ne soit pas équipé, par un professionnel agréé ou par construction, d'un dispositif homologué d'antidémarrage par éthylotest électronique ».

Loi nº 2004-193 du 27 février 2004, *complétant le statut d'autonomie de la Polynésie française.* **Art. 12** Sous réserve des dispositions du quatrième alinéa de l'article 121-3 du code pénal, le président de la Polynésie française, les ministres ou le président de l'assemblée de la Polynésie française ne peuvent être condamnés sur le fondement du troisième alinéa de ce même article pour des faits non intentionnels commis dans l'exercice de leurs fonctions que s'il est établi qu'ils n'ont pas accompli les diligences normales compte tenu de leurs compétences, du pouvoir et des moyens dont ils disposaient ainsi que des difficultés propres aux missions que la loi leur confie.

CHAPITRE III ADAPTATION DU LIVRE II

Art. 713-1 *Abrogé par Ord. nº 2008-1339 du 18 déc. 2008, art. 8.*

Art. 713-2 *Abrogé par L. nº 2001-588 du 4 juill. 2001.*

Pour l'application des dispositions relatives à l'interruption volontaire de grossesse dans les territoires d'outre-mer, V. L. nº 2001-588 du 4 juill. 2001, art. 19 (JO 7 juill.).

Art. 713-3 Les 2° et 3° de l'article 225-3 sont rédigés comme suit :

Art. 225-3 2° Aux discriminations fondées sur l'état de santé ou le handicap, lorsqu'elles consistent en un refus d'embauche ou un licenciement fondé sur l'inaptitude médicalement constatée dans le cadre des dispositions relatives à la médecine du travail ou à la fonction publique applicables localement ;

3° Aux discriminations fondées, en matière d'embauche, sur le sexe lorsque l'appartenance à l'un ou l'autre sexe constitue, conformément aux dispositions applicables localement en matière de droit du travail ou de droit de la fonction publique, la condition déterminante de l'exercice d'un emploi ou d'une activité professionnelle ;

Art. 713-3-1 *(L. nº 2015-1402 du 5 nov. 2015, art. 3-II)* **Pour l'application de l'article 226-14 :**

1° Au 2°, les mots : "ou de la cellule de recueil, de traitement et d'évaluation des informations préoccupantes relatives aux mineurs en danger ou qui risquent de l'être, mentionnée au deuxième alinéa de l'article L. 226-3 du code de l'action sociale et des familles," sont supprimés ;

2° Au dernier alinéa, le mot : "civile," et les mots : "ou disciplinaire" sont supprimés.

Art. 713-4 *(L. nº 2011-267 du 14 mars 2011, art. 135-1°)* **Pour son application en Polynésie française et en Nouvelle-Calédonie, l'article 226-28 est ainsi rédigé :**

Art. 226-28 Le fait de rechercher l'identification par ses empreintes génétiques d'une personne en dehors des cas prévus à l'article 16-11 du code civil est puni d'un an d'emprisonnement et de 15 000 € d'amende.

Est puni des mêmes peines le fait de divulguer des informations relatives à l'identification d'une personne par ses empreintes génétiques ou de procéder à l'identification d'une personne par ses empreintes génétiques sans être titulaire de l'agrément prévu par la réglementation localement applicable.

Art. 713-5 *(L. nº 2011-267 du 14 mars 2011, art. 135-1°)* **Pour son application à Wallis-et-Futuna et dans les Terres australes et antarctiques françaises, l'article 226-28 est ainsi rédigé :**

Art. 226-28 Le fait de rechercher l'identification par ses empreintes génétiques d'une personne en dehors des cas prévus à l'article 16-11 du code civil est puni d'un an d'emprisonnement et de 15 000 € d'amende.

Est puni des mêmes peines le fait de divulguer des informations relatives à l'identification d'une personne par ses empreintes génétiques ou de procéder à l'identification d'une personne par ses empreintes génétiques sans être titulaire de l'agrément prévu à l'article L. 1131-3 du code de la santé publique.

CHAPITRE IV **ADAPTATION DU LIVRE III**

Art. 714-1 *(L. nº 2008-696 du 15 juill. 2008, art. 34)* **Les quatre premiers alinéas de l'article 322-3-1 sont remplacés par un alinéa ainsi rédigé :**

La destruction, la dégradation ou la détérioration est punie d'une peine de sept ans d'emprisonnement et de 100 000 € d'amende lorsqu'elle porte sur un immeuble ou un objet mobilier classé, inscrit ou protégé en vertu de la réglementation applicable localement, une découverte archéologique faite au cours de fouilles ou fortuitement, un terrain contenant des vestiges archéologiques ou un objet conservé ou déposé dans des musées, bibliothèques ou archives appartenant à une personne publique, chargée d'un service public ou reconnue d'utilité publique.

CHAPITRE V **ADAPTATION DU LIVRE IV**

Art. 715-1 **Le 3° de l'article 421-1 est rédigé comme suit :**

Art. 421-1 3° La fabrication ou la détention de machines, engins meurtriers ou explosifs définies à l'article 3 de la loi du 19 juin 1871 qui abroge le décret du 4 septembre 1870 sur la fabrication des armes de guerre :

— la production, la vente, l'importation ou l'exportation de substances explosives en infraction à la réglementation applicable localement ;

— l'acquisition, la détention, le transport ou le port illégitimes de substances explosives ou d'engins fabriqués à l'aide desdites substances en infraction à la réglementation applicable localement ;

— la détention, le port ou le transport d'armes et de munitions en infraction à la réglementation applicable localement ;

— les infractions définies aux articles L. 2341-1 et L. 2341-4 du code de la défense.

Art. 715-2 **Le deuxième alinéa de l'article 432-9 est rédigé comme suit :**

Art. 432-9, al. 2 Est puni des mêmes peines le fait, par une personne visée à l'alinéa précédent ou un agent d'un exploitant de réseau de télécommunications autorisé en vertu de la réglementation applicable localement en matière de postes et télécommunications ou d'un fournisseur de services de télécommunications, agissant dans l'exercice de ses fonctions, d'ordonner, de commettre ou de faciliter, hors les cas prévus par la loi, l'interception ou le détournement des correspondances émises, transmises ou reçues par la voie des télécommunications, l'utilisation ou la divulgation de leur contenu.

Art. 715-3 **Le dernier alinéa** *[de l'article]* **432-12 est rédigé comme suit :**

Art. 432-12, dern. al. Pour l'application des trois alinéas qui précèdent, la commune est représentée dans les conditions prévues par l'article L. 122-12 du code des communes tel qu'il a été rendu applicable localement et le maire, l'adjoint ou le conseiller municipal intéressé doit s'abstenir de participer à la délibération du conseil municipal relative à la conclusion ou à l'approbation du contrat. En outre, par dérogation au deuxième alinéa de l'article L. 121-15 du code des communes tel qu'il a été rendu applicable localement, le conseil municipal ne peut décider de se réunir à huis clos.

Art. 715-4 **Le quatrième alinéa de l'article 432-13 est rédigé comme suit :**

Art. 432-13, al. 4 Ces dispositions sont applicables aux agents des établissements publics, des entreprises nationalisées, des sociétés d'économie mixte dans lesquelles l'État ou les collectivités publiques détiennent directement ou indirectement plus de 50 p. 100 du capital et des exploitants publics intervenant dans le fonctionnement du service public de la poste et des télécommunications.

Art. 715-5 L'article 443-3 est rédigé comme suit :

Art. 443-3 Sont punis d'un an d'emprisonnement et de 15 000 € d'amende, la fabrication, la vente, le transport ou la distribution de tous objets, imprimés ou formules qui présentent, avec les titres ou autres valeurs fiduciaires émises par l'État, les collectivités locales, les établissements publics ou les exploitants publics intervenant dans le fonctionnement du service public de la poste et des télécommunications, une ressemblance de nature à faciliter l'acceptation desdits objets, imprimés ou formules au lieu et place des valeurs imitées.

CHAPITRE VI ADAPTATION DU LIVRE V

Art. 716-1 à 716-15 *Abrogés par Ord. n° 2008-1339 du 18 déc. 2008, art. 8.*

Art. 716-16 L'article 521-2 est ainsi rédigé :

Art. 521-2 Le fait de pratiquer des expériences ou recherches scientifiques ou expérimentales sur les animaux sans se conformer aux prescriptions applicables localement est puni des peines prévues à l'article 521-1.

CHAPITRE VII DISPOSITIONS DIVERSES

Art. 717-1 *Abrogé par L. n° 2011-525 du 17 mai 2011, art. 153.*

Art. 717-2 Le fait, en diffusant, par quelque moyen que ce soit, des informations mensongères ou calomnieuses, en jetant sur le marché des offres destinées à troubler les cours ou des sur-offres faites au prix demandé par les vendeurs, ou en utilisant tout autre moyen frauduleux, d'opérer ou de tenter d'opérer la hausse ou la baisse artificielle du prix de biens ou de services ou d'effets publics ou privés est puni de deux ans d'emprisonnement et de 30 000 € d'amende.

Lorsque la hausse ou la baisse artificielle des prix concerne des produits alimentaires, la peine est portée à trois ans d'emprisonnement et 45 000 € d'amende.

Les personnes physiques coupables des infractions prévues au présent article encourent également les peines complémentaires suivantes :

1° L'interdiction des droits civiques, civils et de famille, suivant les modalités prévues par l'article 131-26 ;

2° L'affichage ou la diffusion de la décision prononcée dans les conditions prévues par l'article 131-35.

Art. 717-3 *(L. n° 2009-526 du 12 mai 2009, art. 124-I)* « Les personnes morales déclarées responsables pénalement, dans les conditions prévues par l'article 121-2, des infractions définies aux deux premiers alinéas de l'article 717-2 encourent, outre l'amende suivant les modalités prévues par l'article 131-38, les peines prévues par les 2° à 6° et 9° de l'article 131-39. »

L'interdiction mentionnée au 2° de l'article 131-39 porte sur l'activité dans l'exercice ou à l'occasion de l'exercice de laquelle l'infraction a été commise.

TITRE DEUXIÈME DISPOSITIONS PARTICULIÈRES AU DÉPARTEMENT DE MAYOTTE *(Ord. n° 2011-337 du 29 mars 2011, en vigueur le 1er avr. 2011).*

Outre les lois, ordonnances et décrets qui, en raison de leur objet, sont nécessairement destinés à régir l'ensemble du territoire national, sont applicables de plein droit à Mayotte les lois, ordonnances et décrets portant sur le droit pénal et la procédure pénale (L. n° 2001-616 du 11 juill. 2001, art. 3-I).

Depuis la L. n° 2010-1487 du 7 déc. 2010, en vigueur le 31 mars 2011, Mayotte est un département.

CHAPITRE PREMIER DISPOSITIONS GÉNÉRALES

Art. 721-1 *(Ord. n° 2011-337 du 29 mars 2011, en vigueur le 1er avr. 2011)* Pour l'application des livres Ier à V du présent code dans le Département de Mayotte, il est tenu compte des adaptations prévues par le présent titre.

Art. 721-2 *(Ord. nº 2011-337 du 29 mars 2011, en vigueur le 1er avr. 2011)* **Pour l'application du présent code dans le Département de Mayotte, les références à des dispositions qui n'y sont pas applicables sont remplacées par les références aux dispositions ayant le même objet applicables localement.**

CHAPITRE II ADAPTATION DU LIVRE Ier

(L. nº 96-1240 du 30 déc. 1996)

Art. 722-1 Le 7º de l'article 132-45 est rédigé comme suit :

Art. 132-45 7º S'abstenir de conduire certains véhicules terrestres pour la conduite desquels un permis est nécessaire.

CHAPITRE III ADAPTATION DU LIVRE II

Art. 723-1 Le premier alinéa de l'article 223-8 est rédigé comme suit :

Art. 223-8, al. 1er Le fait de pratiquer ou de faire pratiquer sur une personne une recherche biomédicale sans avoir recueilli le consentement libre, éclairé et exprès de l'intéressé, des titulaires de l'autorité parentale ou du tuteur est puni de trois ans d'emprisonnement et de 45 000 € d'amende.

Art. 723-2 *Abrogé par L. nº 2001-588 du 4 juill. 2001.*

Pour l'application des dispositions relatives à l'interruption volontaire de grossesse à Mayotte, V. CSP.

Art. 723-3 Les 2º et 3º de l'article 225-3 sont rédigés comme suit :

Art. 225-3 2º Aux discriminations fondées sur l'état de santé ou le handicap, lorsqu'elles consistent en un refus d'embauche ou un licenciement fondé sur l'inaptitude médicalement constatée dans le cadre des dispositions relatives à la médecine du travail ou à la fonction publique applicables localement ;

3º Aux discriminations fondées, en matière d'embauche, sur le sexe lorsque l'appartenance à l'un ou l'autre sexe constitue, conformément aux dispositions applicables localement en matière de droit du travail ou de droit de la fonction publique, la condition déterminante de l'exercice d'un emploi ou d'une activité professionnelle.

Art. 723-4 L'article 226-25 est rédigé comme suit :

Art. 226-25 Le fait de procéder à l'étude des caractéristiques génétiques d'une personne à des fins médicales sans avoir préalablement recueilli son consentement par écrit est puni d'un an d'emprisonnement et de 15 000 € d'amende.

Les dispositions de l'alinéa précédent ne sont pas applicables :

1º Lorsque l'étude est réalisée dans le cadre d'une procédure judiciaire ;

2º Ou lorsque, à titre exceptionnel, dans l'intérêt de la personne et le respect de sa confiance, le consentement de celle-ci n'est pas recueilli.

Art. 723-5 *(L. nº 2011-267 du 14 mars 2011, art. 135-2º)* **L'article 226-27 est ainsi rédigé :**

Art. 226-27 Le fait de procéder, sans avoir recueilli le consentement de la personne dans les conditions prévues par l'article 16-11 du code civil, à son identification par ses empreintes génétiques à des fins médicales ou de recherche scientifique ou au prélèvement de ses traces biologiques à titre d'ascendant, descendant ou collatéral aux fins de l'établissement, par ses empreintes génétiques, de l'identité d'une personne mentionnée au 3º du même article, est puni d'un an d'emprisonnement et de 15 000 € d'amende.

L'alinéa précédent n'est pas applicable :

1º Lorsque l'étude est réalisée dans le cadre d'une procédure judiciaire ;

2º Ou lorsque, à titre exceptionnel, dans l'intérêt de la personne et le respect de sa confiance, le consentement de celle-ci n'est pas recueilli.

Art. 723-6 *(L. n° 2011-267 du 14 mars 2011, art. 135-3°)* **L'article 226-28 est ainsi rédigé :**

Art. 226-28 Le fait de rechercher l'identification par ses empreintes génétiques d'une personne en dehors des cas prévus à l'article 16-11 du code civil est puni d'un an d'emprisonnement et de 15 000 € d'amende.

Est puni des mêmes peines le fait de divulguer des informations relatives à l'identification d'une personne par ses empreintes génétiques ou de procéder à l'identification d'une personne par ses empreintes génétiques sans être titulaire de l'agrément prévu à l'article L. 1131-3 du code de la santé publique.

CHAPITRE IV ADAPTATION DU LIVRE III

Art. 724-1 *(L. n° 2008-696 du 15 juill. 2008, art. 34)* **Les quatre premiers alinéas de l'article 322-3-1 sont remplacés par un alinéa ainsi rédigé :**

La destruction, la dégradation ou la détérioration est punie d'une peine de sept ans d'emprisonnement et de 100 000 € d'amende lorsqu'elle porte sur un immeuble ou un objet mobilier classé, inscrit ou protégé en vertu de la réglementation applicable localement, une découverte archéologique faite au cours de fouilles ou fortuitement, un terrain contenant des vestiges archéologiques ou un objet conservé ou déposé dans des musées, bibliothèques ou archives appartenant à une personne publique, chargée d'un service public ou reconnue d'utilité publique.

CHAPITRE V ADAPTATION DU LIVRE IV

Art. 725-1 **Le 3° de l'article 421-1 est rédigé comme suit :**

Art. 421-1 3° La fabrication ou la détention de machines, engins meurtriers ou explosifs définies à l'article L. 2353-4 du code de la défense *[ancienne rédaction : article 3 de la loi du 19 juin 1871 qui abroge le décret du 4 septembre 1870 sur la fabrication des armes de guerre]* ;

— la production, la vente, l'importation ou l'exportation de substances explosives en infraction à la réglementation applicable localement ;

— l'acquisition, la détention, le transport ou le port illégitimes de substances explosives ou d'engins fabriqués à l'aide desdites substances en infraction à la réglementation applicable localement ;

— la détention, le port ou le transport d'armes et de munitions, en infraction à la réglementation applicable localement ;

— les infractions définies aux articles L. 2341-1 et L. 2341-4 du code de la défense *[ancienne rédaction : « 1er et 4 de la loi n° 72-467 du 9 juin 1972 interdisant la mise au point, la fabrication, la détention, le stockage, l'acquisition et la cession d'armes biologiques ou à base de toxines »]*.

Art. 725-2 **Le deuxième alinéa de l'article 432-9 est rédigé comme suit :**

Art. 432-9, al. 2 Est puni des mêmes peines le fait, par une personne visée à l'alinéa précédent ou un agent d'un exploitant de réseau de télécommunications autorisé en vertu de la réglementation applicable localement en matière de postes et télécommunications ou d'un fournisseur de services de télécommunications, agissant dans l'exercice de ses fonctions, d'ordonner, de commettre ou de faciliter, hors les cas prévus par la loi, l'interception ou le détournement des correspondances émises, transmises ou reçues par la voie des télécommunications, l'utilisation ou la divulgation de leur contenu.

Art. 725-3 **Le dernier alinéa de l'article 432-12 est rédigé comme suit :**

Art. 432-12, dern. al. Pour l'application des trois alinéas qui précèdent, la commune est représentée dans les conditions prévues à l'article L. 122-12 du code des communes tel qu'il a été rendu applicable localement et le maire, l'adjoint ou le conseiller municipal intéressé doit s'abstenir de participer à la délibération du conseil municipal relative à la conclusion ou à l'approbation du contrat. En outre, par dérogation au deuxième alinéa de l'article L. 121-15 du code des communes tel qu'il a été rendu applicable localement, le conseil municipal ne peut décider de se réunir à huis clos.

Art. 725-4 **Le quatrième alinéa de l'article 432-13 est rédigé comme suit :**

Art. 432-13, al. 4 Ces dispositions sont applicables aux agents des établissements publics, des entreprises nationalisées, des sociétés d'économie mixte dans lesquelles l'État ou les collectivités publiques, détiennent directement ou indirectement plus de 50 p. 100 du capital et des exploitants publics intervenant dans le fonctionnement du service public de la poste et des télécommunications.

Art. 725-5 *(Abrogé par Ord. n° 2010-590 du 3 juin 2010, art. 16)* ***Les dispositions des articles 433-20 et 433-21 ne sont applicables qu'aux personnes ayant le statut civil de droit commun.***

Art. 725-6 **L'article 443-3 est rédigé comme suit :**

Art. 443-3 Sont punis d'un an d'emprisonnement et de 15 000 € d'amende, la fabrication, la vente, le transport ou la distribution de tous objets, imprimés ou formules qui présentent, avec les titres ou autres valeurs fiduciaires émises par l'État, les collectivités locales, les établissements publics ou les exploitants publics intervenant dans le fonctionnement du service public de la poste et des télécommunications, une ressemblance de nature à faciliter l'acceptation desdits objets, imprimés ou formules au lieu et place des valeurs imitées.

CHAPITRE VI ADAPTATION DU LIVRE V

Art. 726-1 **L'article 511-3 est ainsi rédigé :**

Art. 511-3 Le fait de prélever un organe sur une personne vivante majeure sans avoir recueilli son consentement ou sans l'avoir préalablement éclairée sur les risques et les conséquences de l'acte est puni de sept ans d'emprisonnement et de 100 000 € d'amende.

Est puni des mêmes peines le fait de prélever un organe sur un donneur vivant mineur ou sur un donneur vivant majeur faisant l'objet d'une mesure de protection légale. Toutefois, un prélèvement de moelle osseuse sur un mineur au profit de son frère ou de sa sœur peut être autorisé par un comité médical constitué dans les conditions fixées par la réglementation applicable localement, sous réserve du consentement de chacun des titulaires de l'autorité parentale ou du représentant légal du mineur.

Les consentements prévus aux alinéas précédents sont exprimés devant le président du *(Ord. n° 2019-964 du 18 sept. 2019, art. 16 et 36, en vigueur le 1er janv. 2020)* « tribunal judiciaire » ou le magistrat désigné par lui. Ils peuvent être révoqués sans forme à tout moment.

En cas d'urgence, le consentement est recueilli par tout moyen par le procureur de la République.

Le comité médical s'assure que le mineur a été informé du prélèvement envisagé en vue d'exprimer sa volonté, si celui-ci y est apte. Le refus du mineur fait obstacle au prélèvement.

Art. 726-2 **Le deuxième alinéa de l'article 511-5 est ainsi rédigé :**

Art. 511-5 Est puni des mêmes peines le fait de prélever un tissu ou des cellules ou de collecter un produit sur une personne vivante mineure ou sur une personne vivante majeure faisant l'objet d'une mesure de protection légale.

Art. 726-3 **L'article 511-7 est ainsi rédigé :**

Art. 511-7 Le fait de procéder à des prélèvements d'organes ou des transplantations d'organes, à des prélèvements ou des greffes de tissus, à la conservation ou à la transformation de tissus ou à la greffe de cellules *(L. n° 96-1240 du 30 déc. 1996)* « hors d'un établissement autorisé » à cet effet est puni de deux ans d'emprisonnement et de 30 000 € d'amende.

Art. 726-4 **L'article 511-8 est ainsi rédigé :**

Art. 511-8 Le fait de procéder à la distribution ou à la cession d'organes, de tissus, de cellules et produits humains en vue d'un don sans qu'aient été respectées les règles de sécurité sanitaires exigées par les dispositions applicables localement

(Abrogé par L. n° 96-1240 du 30 déc. 1996) « ou, à défaut, celles dont la pratique médicale a consacré la nécessité, » est puni de deux ans d'emprisonnement et de 30 000 € d'amende.

Art. 726-5 L'article 511-11 est ainsi rédigé :

Art. 511-11 Le fait de recueillir ou de prélever des gamètes sur une personne vivante en vue d'une assistance médicale à la procréation sans procéder aux tests de dépistage des maladies transmissibles exigés en vertu de la réglementation applicable localement *(Abrogé par L. n° 96-1240 du 30 déc. 1996) « ou, à défaut, ceux dont la pratique médicale a consacré la nécessité, »* est puni de deux ans d'emprisonnement et de 30 000 € d'amende.

Art. 726-6 L'article 511-12 est ainsi rédigé :

Art. 511-12 Le fait de procéder à une insémination artificielle par sperme frais ou mélange de sperme provenant de dons est puni de deux ans d'emprisonnement et de 30 000 € d'amende.

Art. 726-7 L'article 511-13 est ainsi rédigé :

Art. 511-13 Le fait de subordonner le bénéfice d'un don de gamètes à la désignation par le couple receveur d'une personne ayant volontairement accepté de procéder à un tel don en faveur d'un couple tiers anonyme est puni de deux ans d'emprisonnement et de 30 000 € d'amende.

Art. 726-8 L'article 511-14 est ainsi rédigé :

Art. 511-14 Le fait de procéder à des activités de recueil, de traitement, de conservation et de cession de gamètes provenant de dons hors d'un établissement ou organisme à but non lucratif autorisé à cet effet est puni de deux ans d'emprisonnement et de 30 000 € d'amende.

Art. 726-9 L'article 511-16 est ainsi rédigé :

Art. 511-16 Le fait d'obtenir des embryons humains sans autorisation préalable de l'autorité judiciaire est puni de sept ans d'emprisonnement et de 100 000 € d'amende. L'autorité judiciaire ne peut délivrer une telle autorisation qu'à titre exceptionnel, au vu du consentement écrit du couple à l'origine de la conception ou, si l'un des membres du couple est décédé, du membre survivant, et après avoir vérifié que l'acte ne tombe pas sous le coup des dispositions de l'article 511-24 et que le couple receveur offre des garanties d'accueil satisfaisantes à l'enfant à naître.

Est également puni d'une peine de sept ans d'emprisonnement et de 100 000 € d'amende le fait d'obtenir un embryon humain :

— si l'anonymat entre le couple accueillant l'embryon et celui y ayant renoncé n'est pas respecté ;

— ou si le couple accueillant l'embryon ne se trouve pas dans une situation où l'assistance médicale à la procréation sans recours à un tiers donneur ne peut aboutir.

Art. 726-10 L'article 511-19 est ainsi rédigé :

Art. 511-19 Est puni de sept ans d'emprisonnement et de 100 000 € d'amende le fait de procéder à une étude ou à une expérimentation sur l'embryon.

L'alinéa précédent n'est pas applicable à une étude réalisée, à titre exceptionnel, à des fins médicales à condition qu'elle ne porte pas atteinte à l'embryon et qu'elle concerne l'embryon issu d'un couple ayant donné son consentement par écrit *(L. n° 96-1240 du 30 déc. 1996)* « , après avis conforme d'une commission constituée *dans les conditions* fixées par décret en Conseil d'État ».

Art. 726-11 L'article 511-20 est ainsi rédigé :

Art. 511-20 Le fait de procéder au diagnostic prénatal hors d'un établissement autorisé à cet effet est puni de deux ans d'emprisonnement et de 30 000 € d'amende.

Art. 726-12 L'article 511-21 est ainsi rédigé :

Art. 511-21 Le fait de procéder à un diagnostic préimplantatoire sans que soit attestée, par un médecin exerçant son activité dans un établissement mentionné à l'article 511-20, la forte probabilité, pour le couple, de donner naissance à un enfant atteint d'une maladie génétique *(L. nº 96-1240 du 30 déc. 1996)* « d'une particulière gravité » reconnue comme incurable au moment du diagnostic est puni de deux ans d'emprisonnement et de 30 000 € d'amende.

Est puni des mêmes peines le fait de procéder à un diagnostic préimplantatoire :

1° Sans avoir recueilli par écrit le consentement des deux membres du couple ;

2° Ou à d'autres fins que de rechercher l'affection, de la prévenir et de la traiter ;

3° Ou hors d'un établissement autorisé à cet effet.

Art. 726-13 L'article 511-22 est ainsi rédigé :

Art. 511-22 Le fait de procéder à des activités d'assistance médicale à la procréation hors d'un établissement autorisé à cet effet est puni de deux ans d'emprisonnement et de 30 000 € d'amende.

Art. 726-14 L'article 511-24 est ainsi rédigé :

Art. 511-24 Est puni de cinq ans d'emprisonnement et de 75 000 € d'amende le fait de procéder à des activités d'assistance médicale à la procréation lorsque celles-ci ne répondent pas à la demande parentale d'un couple ou lorsque le couple bénéficiaire n'est pas composé d'un homme et d'une femme vivants, en âge de procréer, mariés ou en mesure d'apporter la preuve d'une vie commune d'au moins deux ans et ayant préalablement consenti au transfert des embryons ou à l'insémination artificielle.

Est puni des mêmes peines le fait de procéder à des activités d'assistance médicale *(L. nº 96-1240 du 30 déc. 1996)* « à la procréation » en vue d'un objet autre que de remédier à une infertilité dont le caractère pathologique a été médicalement diagnostiqué ou d'éviter la transmission à un enfant d'une maladie d'une particulière gravité.

Art. 726-15 L'article 511-25 est ainsi rédigé :

Art. 511-25 Le fait de procéder au transfert d'un embryon sans avoir pris connaissance des résultats des tests de dépistage de maladies infectieuses exigés en application des dispositions en vigueur localement *(Abrogé par L. nº 96-1240 du 30 déc. 1996) « ou, à défaut, de ceux dont la pratique médicale a consacré la nécessité, »* est puni de deux ans d'emprisonnement et de 30 000 € d'amende.

CHAPITRE VII **DISPOSITIONS DIVERSES**

Art. 727-1 *Abrogé par L. nº 2011-525 du 17 mai 2011, art. 153.*

Art. 727-2 **Le fait, en diffusant, par quelque moyen que ce soit, des informations mensongères ou calomnieuses, en jetant sur le marché des offres destinées à troubler les cours ou des sur-offres faites aux prix demandés par les vendeurs, ou en utilisant tout autre moyen frauduleux, d'opérer ou de tenter d'opérer la hausse ou la baisse artificielle du prix de biens ou de services ou d'effets publics ou privés, est puni de deux ans d'emprisonnement et de 30 000 € d'amende.**

Lorsque la hausse ou la baisse artificielle des prix concerne des produits alimentaires, la peine est portée à trois ans d'emprisonnement et 45 000 € d'amende.

Les personnes physiques coupables des infractions prévues au présent article encourent également les peines complémentaires suivantes :

1° L'interdiction des droits civiques, civils et de famille, suivant les modalités prévues par l'article 131-26 ;

2° L'affichage ou la diffusion de la décision prononcée dans les conditions prévues à l'article 131-35.

Art. 727-3 *(L. nº 2009-526 du 12 mai 2009, art. 124-I)* **« Les personnes morales déclarées responsables pénalement, dans les conditions prévues par l'article 121-2, des**

infractions définies aux deux premiers alinéas de l'article 727-2 encourent, outre l'amende suivant les modalités prévues par l'article 131-38, les peines prévues par les 2° à 6° et 9° de l'article 131-39. »

L'interdiction mentionnée au 2° de l'article 131-39 porte sur l'activité dans l'exercice ou à l'occasion de l'exercice de laquelle l'infraction a été commise.

Loi nº 92-1336 du 16 décembre 1992,

Relative à l'entrée en vigueur du nouveau code pénal et à la modification de certaines dispositions de droit pénal et de procédure pénale rendue nécessaire par cette entrée en vigueur (JO 23 déc. ; D. et ALD 1993. 40).

BIBL. ► DESPORTES et LE GUNEHEC, *JCP 1993, nº 3.* – DERVIEUX et PESQUIÉ, *RSC 1993. 523.*

....

TITRE V. DISPOSITIONS DIVERSES

Art. 322 Dans tous les textes prévoyant qu'un crime ou un délit est puni d'une peine d'amende, d'emprisonnement, de détention ou de réclusion, les mentions relatives aux minima des peines d'amende ou des peines privatives de liberté encourues sont supprimées.

1. Un prévenu ne saurait, sous le couvert d'un manque de base légale, contester devant la Cour de cassation le quantum de la peine prononcée pour publicité fausse ou de nature à induire en erreur au motif que la condamnation, rendue sur le fondement de l'art. 1er de la L. du 1er août 1905 prévoyant une peine minimum, devrait être annulée puisque l'art. 322 de la loi nº 92-1336 du 16 déc. 1992 supprime les mentions relatives aux minima des peines d'amende et des peines privatives de liberté et s'applique aux faits commis avant son entrée en vigueur et non encore définitivement jugés. • Crim. 14 déc. 1994 : *JCP 1995. IV. 764 ; Dr. pénal 1995. 98, obs. J.-H. Robert ; BICC 1995. 306.*

2. C'est à tort qu'une cour d'appel a fait application des art. 322 et 323 de la L. du 16 déc. 1992 aux prévenus qui étaient reconnus coupables de contrebande de marchandises fortement taxées ; d'une part, l'art. 322 de la L. du 16 déc. 1992 n'est pas applicable aux confiscations et amendes fiscales, proportionnelles à la valeur des marchandises de fraude qui ont le double caractère de sanction pénale et de réparations civiles ; d'autre part, l'art. 323 de ladite loi n'entraîne aucune modification de l'art. 369, § 1er, C. douanes, selon lequel le tribunal, s'il retient des circonstances atténuantes, peut réduire le montant des sommes tenant lieu de confiscation des marchandises de fraude jusqu'au tiers de la valeur de ces marchandises, et celui des amendes fiscales jusqu'au tiers de leur montant minimal. • Crim. 24 oct. 1996 : *Bull. crim. nº 373 ; D. 1997. 226, note Berr.* ♦ Rappr. : • Crim. 29 mai 1997 : *Bull. crim. nº 213 ; Dr. pénal 1997. 144, obs. Robert ; RSC 1998. 98, obs. Bouloc.* ♦ Selon l'art. 369, § 1er, C. douanes, le tribunal, s'il retient des circonstances atténuantes, peut réduire le montant des amendes fiscales jusqu'au tiers de leur montant minimal ; après avoir déclaré les prévenus coupables du délit prévu à l'art. 426, 4°, C. douanes, les juges, pour les condamner au paiement de sommes inférieures au tiers de la valeur des marchandises de fraude à titre d'amende fiscale, se fondant sur les dispositions de l'art. 322 de la L. du 16 déc. 1992, énoncent qu'ils ne sauraient être tenus par une peine d'amende minimale ; mais en prononçant ainsi, alors que, d'une part, l'art. 322 de la L. du 16 déc. 1992 n'est pas applicable aux amendes fiscales, proportionnelles à la valeur des marchandises de fraude, qui ont le double caractère de sanctions pénales et de réparations civiles, et que, d'autre part, l'art. 323 de ladite loi n'entraîne aucune modification de l'art. 369, § 1er, C. douanes, la cour d'appel a méconnu le sens et la portée des texte et principe ci-dessus rappelés. • Crim. 31 mars 1999, nº 96-84.993 P : *Dr. pénal 1999. 116, obs. Robert.*

3. Les dispositions de l'art. 322 de la L. d'adaptation du 16 déc. 1992 supprimant les mentions relatives à l'indication des minima des amendes, ne sont pas applicables aux amendes proportionnelles sanctionnant les infractions douanières. • Crim. 19 juin 1997 : *Bull. crim. nº 249.*

Art. 323 Sont abrogées toutes les dispositions faisant référence à l'article 463 du code pénal.

1. Douanes. L'abrogation, par l'art. 323 de la L. du 16 déc. 1992, de toutes les dispositions faisant référence à l'art. 463 anc. C. pén., relatif aux circonstances atténuantes, implique que le juge, faisant application de l'art. 369 C. douanes, a le pouvoir de moduler discrétionnairement, dans les limites fixées par ce texte, le montant des peines qu'il prononce. • Crim. 20 mars 1996, nº 95-84.272 P. ♦ Conf. : • Crim. 24 oct. 1996, nº 95-82.782 P : *D. 1997. 226, note Berr*, cassant : • Saint-Denis de la Réunion, 13 avr. 1995 : *BICC 1995. 652.* ♦ L'art. 323 de la L. du 16 déc. 1992 n'a aucune conséquence en matière de douane, le régime spécial des circonstances atténuantes établi par l'art. 369 C. douanes étant un régime autonome qui ne fait pas référence à l'art. 463 ancien C. pén. • Douai, 17 juin 1994 : *D. 1995. 127, note Cl.-J. Berr* ; *Gaz. Pal. 1994. 2. Somm. 763* ; *BICC 1995. 381.*

2. Il résulte des dispositions combinées des art. 114 et 369-1 *d* C. douanes, auxquelles ne sont pas applicables celles des art. 322 et 323 de la L. du 16 déc. 1996, que le tribunal ne peut réduire le montant de l'amende fiscale au-dessous du tiers de son montant minimal, lequel est égal à la valeur de la marchandise de fraude. • Crim. 29 mai 1997, n° 96-83.019 P : *Dr. pénal 1997. Comm. 144, note J.-H. Robert.*

3. Questions. Il résulte des art. 21, 22 et 23 de la loi n° 92-1336 du 16 déc. 1992, supprimant dans les art. 356, 358 et 359 C. pr. pén. toutes les dispositions relatives aux circonstances atténuantes, que la question relative à l'octroi de ces dernières n'a plus à être posée à la cour et au jury réunis, délibérant sur l'application de la peine, depuis l'entrée en vigueur, le 1er mars 1994, du nouveau code pénal ; les juges disposent, en effet, de la faculté discrétionnaire d'atténuer la peine encourue, par application des art. 132-18, 132-19 et 132-20 C. pén., dont le maximum, seul prévu par la loi, doit, pour être prononcé, recueillir la majorité qualifiée de huit voix au moins. • Crim. 14 déc. 1994, n° 94-82.436 P • 1er févr. 1995, n° 94-83.459 P. ♦ Un condamné pour viol ne peut donc se prévaloir du fait qu'aucune question relative aux circonstances atténuantes n'a été posée à la cour d'assises au prétendu motif que les lois qui suppriment une cause d'atténuation de la peine ont le caractère de lois plus sévères et seraient par suite inapplicables aux faits commis avant leur entrée en vigueur. • Crim. 1er févr. 1995 : *préc.*

Art. 324 Dans tous les textes prévoyant une peine de réclusion ou de détention criminelle n'excédant pas une durée de dix ans, la peine encourue devient une peine de dix ans d'emprisonnement.

Art. 325 Nonobstant les dispositions de l'article 131-4 du code pénal fixant l'échelle des peines d'emprisonnement en matière délictuelle, demeurent des délits les délits actuellement punis d'une peine d'emprisonnement supérieure à deux mois mais inférieure à six mois.

Art. 326 Les textes de nature législative postérieurs à l'entrée en vigueur de la Constitution et fixant les amendes en matière de contravention de police sont modifiés conformément aux dispositions ci-après :

1° Lorsque le maximum de l'amende prévue est inférieur ou égal à 38 €, la contravention est désormais punie de l'amende prévue par le 1° de l'article 131-13 du code pénal pour les contraventions de la 1re classe ;

2° Lorsque le maximum de l'amende prévue est supérieur à 38 € et inférieur ou égal à 90 €, la contravention est désormais punie de l'amende prévue par le 2° de l'article 131-13 du code pénal pour les contraventions de la 2e classe ;

3° Lorsque le maximum de l'amende prévue est supérieur à 90 € et inférieur ou égal à 180 €, la contravention est désormais punie de l'amende prévue par le 3° de l'article 131-13 du code pénal pour les contraventions de la 3e classe ;

4° Lorsque le maximum de l'amende prévue est supérieur à 180 € et inférieur ou égal à 450 €, la contravention est désormais punie de l'amende prévue par le 4° de l'article 131-13 du code pénal pour les contraventions de la 4e classe ;

5° Lorsque le maximum de l'amende prévue est supérieur à 450 € et inférieur ou égal à 900 €, la contravention est désormais punie de l'amende prévue par le 5° de l'article 131-13 du code pénal pour les contraventions de la 5e classe ; lorsque le maximum de l'amende prévue en récidive est supérieur à 900 € et inférieur ou égal à 1 500 €, la contravention commise en récidive est désormais punie de l'amende prévue par le 5° de l'article 131-13 du code pénal pour les contraventions de la 5e classe commises en récidive.

Art. 327 Les textes de nature législative postérieurs à l'entrée en vigueur de la Constitution prévoyant la récidive des contraventions des quatre premières classes sont abrogés.

Art. 328 Sont considérées comme des contraventions de 5e classe les contraventions punies d'une amende dont le taux est fixé proportionnellement au montant ou à la valeur exprimée en numéraire du préjudice, des réparations ou de l'objet de l'infraction. La peine d'amende prononcée pour ces contraventions ne peut excéder les montants fixés par le 5° de l'article 131-13 du code pénal.

Art. 329 Dans tous les textes prévoyant qu'un délit est puni d'une peine d'amende dont le maximum est inférieur à 3 750 €, l'amende encourue est désormais de 3 750 €.

Lorsque les textes visés au premier alinéa prévoient une peine d'amende encourue en cas de récidive inférieure à 7 500 €, cette amende est désormais de 7 500 €.

Art. 330 Toute référence à l'article 42 du code pénal est remplacée par la référence à l'article 131-26 du code pénal.

Art. 331 Toute référence aux articles 51 ou 51-1 du code pénal est remplacée par la référence à l'article 131-35 du code pénal.

Art. 332 Toute référence à l'article 60 et aux articles 59 et 60 du code pénal est remplacée par la référence aux articles 121-6 et 121-7 du code pénal.

Art. 333 Toute référence aux dispositions de l'article 378 du code pénal est remplacée par la référence aux articles 226-13 et 226-14 du code pénal. Lorsqu'il est fait référence aux peines prévues par l'article 378 du code pénal, cette mention vise les peines fixées par l'article 226-13 du code pénal.

Art. 334 Toute référence aux peines prévues par l'article 259 du code pénal est remplacée par la référence aux peines encourues pour le délit d'usurpation de titre prévu par l'article 433-17 du code pénal.

Art. 335 Toute référence aux peines prévues par l'article 405 du code pénal est remplacée par la référence aux peines prévues par les articles 313-1, 313-7 et 313-8 du code pénal.

Art. 335-1 *(L. nº 94-89 du 1er févr. 1994)* Dans tous les textes qui érigent en délit la récidive d'une contravention, la référence à l'article 474 du code pénal est remplacée par la référence à l'article 132-11 du code pénal.

Art. 336 Dans les textes prévoyant qu'une interdiction, déchéance ou incapacité quelconque, autres que celles visées à l'article 131-26 du code pénal, résulte de plein droit d'une condamnation pénale prononcée pour certaines infractions déterminées, toute référence aux dispositions du code pénal abrogées par l'article *(L. nº 94-89 du 1er févr. 1994)* « 372 » de la présente loi est remplacée par la référence aux dispositions correspondantes du Nouveau code pénal, d'autres codes ou d'autres textes de nature législative réprimant ces mêmes infractions.

Dans les textes visés au précédent alinéa, toute référence aux délits prévus par l'article L. 5 du code électoral est remplacée par la référence aux délits de vol, escroquerie, recel, abus de confiance, agressions sexuelles, soustraction commise par un dépositaire de l'autorité publique, faux témoignage, corruption et trafic d'influence, faux, et aux délits punis des peines du vol, de l'escroquerie et de l'abus de confiance.

(L. nº 94-89 du 1er févr. 1994) « Les juridictions pourront prononcer à l'encontre des auteurs d'infractions commises avant l'entrée en vigueur de la présente loi les interdictions, déchéances ou incapacités qui sont désormais encourues à titre de peine complémentaire, lorsque ces interdictions, déchéances ou incapacités résultaient auparavant de plein droit de la condamnation. »

Art. 337 Lorsqu'une peine d'interdiction de séjour a été prononcée par une décision devenue définitive à la date d'entrée en vigueur de la présente loi, l'arrêté d'interdiction pris par le ministre de l'intérieur peut être modifié par le juge de l'application des peines compétent dans les conditions prévues par le titre VII du livre V du code de procédure pénale dans sa rédaction issue de l'article 102 de la présente loi.

Si aucun arrêté d'interdiction n'a été pris par le ministre de l'intérieur au jour de l'entrée en vigueur de la présente loi, la liste des lieux interdits ainsi que les mesures de surveillance sont fixées par le juge de l'application des peines. Est compétent le juge de l'application des peines du lieu où la personne condamnée est détenue, celui du lieu où cette personne a sa résidence ou, à défaut de résidence connue en France, celui du siège de la juridiction qui a prononcé la condamnation à l'interdiction de séjour.

La décision du juge de l'application des peines peut être soumise à l'examen du tribunal correctionnel par la personne condamnée ou le ministère public dans les conditions prévues par le troisième alinéa de l'article 739 du code de procédure pénale.

La cour d'assises et le jury ayant, à bon droit, au moment où ils statuaient, condamné un accusé à la peine de 10 ans d'interdiction de séjour sans fixer eux-mêmes la liste des lieux interdits, ce dernier invoque vainement l'art. 131-31 C. pén. entré en vigueur le 1er mars 1994, dès lors qu'il résulte de l'art. 337 de la L. du 16 déc. 1992 qu'il appartiendra au juge de l'application des peines de fixer les modalités d'exécution de la peine ainsi prononcée. • Crim. 8 juin 1994, nº 93-85.545 P : *RSC 1995. 341, obs. Bouloc*.

Art. 338 Les infractions, commises avant l'entrée en vigueur de la présente loi mais jugées postérieurement à cette entrée en vigueur, de fabrication ou de production illicites de stupéfiants, ou, lorsque ces faits ont été commis en bande organisée, d'importation ou d'exportation illicites de stupéfiants, demeurent punies de vingt ans d'emprisonnement.

BIBL. ► GUÉRY, *D. 1994. Doctr. 140* .

1. Si l'art. 222-36, en ce qu'il réprime désormais les faits qu'il incrimine d'une peine de 30 ans de réclusion criminelle, plus sévère dans sa nature et sa durée que celle encourue au moment des faits, est, de ce fait, inapplicable, les peines prononcées demeurent justifiées, nonobstant les termes de l'art. 131-4 C. pén., par application de l'art. 338 de la L. du 16 déc. 1992. • Crim. 22 juin 1994, n° 92-85.123 P.

2. Les faits d'importation de produits stupéfiants commis en bande organisée avant le 1er mars 1994, désormais constitutifs d'un crime, restent punissables de la peine correctionnelle qui les sanctionnait avant cette date, cela alors même que la loi ancienne ne connaissait pas la distinction introduite par la loi nouvelle, qui sanctionne désormais moins sévèrement les faits d'importation de produits stupéfiants qui ne sont pas commis en bande organisée. • Douai, 19 mai 1994 : *BICC 1995. 141 ; Gaz. Pal. 1994. 2. Somm. 771.*

3. Le délit d'entente ou association en vue de commettre l'infraction d'importation de stupéfiants, prévu par les dispositions anciennes de l'art. L. 627 CSP, doit être requalifié en complicité d'importation de stupéfiants en bande organisée, infraction prévue par les art. 121-6, 121-7 (complicité), 132-71 et 222-36 C. pén., et punie, en raison de la date de la commission des faits et de celle de leur jugement, par la peine correctionnelle de vingt ans d'emprisonnement, en application de l'art. 338 de la loi n° 92-1336 du 16 déc. 1992. • Versailles, 17 nov. 1994 : *BICC 1995. 793.*

Art. 339 Tous les délits non intentionnels réprimés par des textes antérieurs à l'entrée en vigueur de la présente loi demeurent constitués en cas d'imprudence, de négligence ou de mise en danger délibérée de la personne d'autrui, même lorsque la loi ne le prévoit pas expressément.

BIBL. ► DURRANDE, *D. 1999. Chron. 319* (l'élément intentionnel de la contrefaçon et le nouveau code pénal). – PRALUS, *Dr. pénal 2002. Chron. 41* (réflexions autour de l'élément moral des délits).

1. Principe. Si, selon l'art. 121-3 C. pén., applicable à partir du 1er mars 1994, il n'y a ni crime, ni délit, sans intention de le commettre, l'art. 339 de la loi d'adaptation du 16 déc. 1992 dispose que tous les délits non intentionnels réprimés par des textes antérieurs à son entrée en vigueur demeurent constitués, notamment en cas d'imprudence ou de négligence, même lorsque la loi ne le prévoit pas expressément. • Crim. 7 nov. 1994, n° 93-85.286 P : *Dr. pénal 1995. 41, note J.-H. Robert ; RSC 1995. 569, obs. Bouloc* • 28 nov. 1994, n° 93-85.704 P : *RSC 1995. 570, obs. Bouloc* • 19 sept. 1995 : *Dr. pénal 1996. 15, obs. J.-H. Robert ; Gaz. Pal. 1996. 1. Chron. 2, par Doucet.*

2. Les délits correctionnels sont devenus des infractions d'imprudence depuis le 1er mars 1994, en vertu des dispositions combinées de l'art. 121-3, al. 2, nouv. C. pén. et de l'art. 339 de la loi n° 92-1336 du 16 déc. 1992 dite d'adaptation, qui abolissent les délits purement matériels ; ces dispositions pénales plus douces ont un effet rétroactif sur les situations en cours. • T. corr. Valenciennes, 30 juin 1994 : *Dr. pénal 1994. 264 (1re décision).*

3. Applications. Pour des applications de l'art. 339 : ... en matière d'infractions à la législation des contributions indirectes. • Crim. 7 nov. 1994 : *préc. note 1* • 28 nov. 1994 : *préc. note 1* (réception d'alcool sous couvert de titres de mouvement inapplicables) • 19 sept. 1995 : *préc. note 1* (CGI, art. 1791). ♦ ... En matière de pollution fluviale. • Crim. 25 oct. 1995, n° 94-82.459 P : *Dr. pénal 1996. 66, obs. J.-H. Robert* • TGI Chaumont, 17 mai 1994 : *D. 1995. 191, note Guihal* • TGI Quimper, 2 juin 1994 : *Gaz. Pal. 1995. 1. 214.* ♦ ... En matière de publicité indirecte en faveur du tabac. • Crim. 11 févr. 1998, n° 96-82.672 P : *D. 1998. IR 126* .

4. Ayant relevé, outre le caractère trompeur de la publicité, qu'une société n'avait pas vérifié la sincérité et la véracité du message publicitaire avant d'assurer sa diffusion, la cour d'appel a justifié la condamnation du prévenu, directeur-adjoint, pour publicité fausse ou de nature à induire en erreur, ces motifs caractérisant en effet la négligence du prévenu tant au regard des dispositions des art. L. 121-1 et L. 121-6 C. consom. que de l'art. 339 de la loi d'adaptation du 16 déc. 1992. • Crim. 14 déc. 1994, n° 92-85.557 P : *Dr. pénal 1995. 98, obs. J.-H. Robert ; RSC 1995. 570, obs. Bouloc* . ♦ V. aussi : • Crim. 12 nov. 1997 : *Dr. pénal 1998. Comm. 24, obs. J.-H. Robert ; JCP 1998. I. 153, obs. J.-H. Robert* • 26 oct. 1999, n° 98-84.446 P : *D. 2000. AJ 80* ; *Dr. pénal 2000. Comm. 21, obs. J.-H. Robert.* ♦ ... Caractérise ainsi l'élément moral du délit de publicité trompeuse la cour d'appel qui relève que le prévenu n'a pas pris toutes les précautions propres à assurer la véracité du message publicitaire incriminé. • Crim. 26 oct. 1999, n° 98-84.446 P : *préc.*

5. Justifie légalement sa décision la cour qui, pour déclarer un prévenu coupable de publicité illicite en faveur du tabac, retient que ce dernier, étant un professionnel de la vente par correspondance, amené à conduire de nombreuses opérations publicitaires, était tenu de vérifier la licéité de la publicité dont il assurait la diffusion, dès lors que, conformément à l'art. 339 de la L. du 16 déc. 1992, l'élément du délit reproché est caractérisé par la négligence de son auteur. • Crim. 11 févr. 1998, n° 96-82.672 P : *D. Affaires 1998. 794.*

Art. 340 à 369 *V. C. pén., art. 113-11, 131-6, 131-21, 131-22, 131-46, 132-5, 132-6, 132-32, 132-47, 132-48, 132-57, 133-1, 222-34 à 222-37, 222-38, mod. à nouveau, 222-39, 222-45, 222-49, 222-50, 224-8, 226-16, 226-25, 321-7, 322-12, 322-13, 412-1, 432-17, 433-21-1, 434-7-1, 434-29 et 434-42.*

Art. 370 Sans préjudice des dispositions de l'article 702-1 du code de procédure pénale, l'interdiction des droits civiques, civils et de famille ou l'interdiction d'être juré résultant de plein droit d'une condamnation pénale *(L. n° 94-89 du 1er févr. 1994)* « prononcée en dernier ressort » avant l'entrée en vigueur de la présente loi demeurent applicables.

BIBL. ▶ MASSIP, *Gaz. Pal. 1996. 1. Doctr. 462* (y a-t-il encore des interdits légaux ?). – LORHO, *Dr. pénal 2001. Chron. 29* (le corrompu, l'électeur et le juge : premier bilan d'application de l'art. L. 7 C. élect.).

1. Interdiction des droits civiques. Le maintien de l'interdiction de voter pour une catégorie de personnes condamnées de manière définitive pour crime grave avant l'entrée en vigueur du nouveau C. pén. n'est pas contraire aux art. 39, § 2, et 49, § 1er, dernière phrase, de la Charte UE, dès lors que cette interdiction est limitée à certaines infractions graves et que, en application de l'art. 702-1 C. pr. pén., existe une procédure de réévaluation de la situation individuelle du condamné. • CJUE, 6 oct. 2015, n° C-650/13 : *D. actu. 23 oct. 2015, obs. de Gaudemont.*

2. Est légalement justifié le jugement qui, après avoir énoncé à bon droit qu'il résulte des dispositions de l'art. 370 de la L. d'adaptation n° 92-1336 du 16 déc. 1992 modifié que l'interdiction des droits civiques résultant d'une condamnation pénale prononcée en dernier ressort avant l'entrée en vigueur du nouveau C. pén. demeurait applicable, retient que l'électeur qui a été condamné en dernier ressort avant le 1er mars 1994 à une peine supérieure à six mois d'emprisonnement avec sursis doit être radié de la liste électorale de sa commune. • Civ. 2e, 29 mai 1995, n° 95-60.122 P.

3. Selon l'art. L. 5-3° C. élect. dans sa rédaction antérieure, ne doivent pas être inscrits sur les listes électorales les individus condamnés à plus de 3 mois d'emprisonnement sans sursis pour un délit ; c'est donc à bon droit qu'un tribunal décide, sans violer l'art. 6 Conv. EDH, qu'un électeur étant condamné à une peine de 5 ans d'emprisonnement devenue définitive avant l'entrée en vigueur de la L. du 22 juill. 1992, une telle condamnation entraîne, en application de l'art. 370 de la L. du 16 déc. 1992, l'interdiction des droits civiques. • Civ. 2e, 20 nov. 1996, n° 96-60.103 P.

4. Si les art. 28 et 34 C. pén., instituant la peine de la dégradation civique, ont été abrogés par l'art. 372 de la L. du 16 déc. 1992 entrée en vigueur le 1er mars 1994, demeure applicable, en vertu de l'art. 370 de ladite loi, l'interdiction de témoigner sous la foi du serment résultant de plein droit d'une condamnation pénale prononcée en dernier ressort avant le 1er mars 1994. • Crim. 8 nov. 2000, n° 00-82.781 P : *Gaz. Pal. 2001. 2. Somm. 1334, note Monnet ; RSC 2001. 369, obs. Bouloc.*

5. L'art. 370 de la L. n° 92-1336 du 16 déc. 1992 a maintenu les incapacités résultant de plein droit d'une condamnation pénale prononcée en dernier ressort avant l'entrée en vigueur de cette loi ; les incapacités de plein droit antérieures au 1er mars 1994 subsistent donc jusqu'à ce que la personne frappée d'incapacité électorale obtienne, soit sa réhabilitation judiciaire ou légale, soit une décision de relèvement ou de dispense d'inscription au bulletin n° 2 ; à défaut, elle ne peut bénéficier que de l'effacement par l'effet du temps, prévu à l'art. 769 C. pr. pén. • Civ. 2e, 18 avr. 2007, n° 07-60.188 : *Dr. pénal 2007. 103, obs. Robert.*

6. Interdiction légale. Il résulte de l'art. 112-2-3° que, sauf disposition contraire, l'abrogation d'une loi instituant une peine met obstacle à son exécution ; c'est à tort qu'une chambre d'accusation – pour rejeter la requête d'une personne condamnée (en 1989) à la réclusion criminelle à perpétuité, et qui demandait à être relevée de la peine de l'interdiction légale – a cru pouvoir considérer que l'interdiction légale, constituant une interdiction des droits civils et de famille au sens de l'art. 370 de la L. du 16 déc. 1992, devait continuer à recevoir exécution malgré l'abrogation des textes qui l'instituaient ; l'art. 370 de la L. du 16 déc. 1992 n'est pas applicable à l'interdiction légale, et en l'état de l'abrogation, par l'art. 372 de cette loi, des art. 29 à 31 C. pén. instituant cette peine, et en l'absence de dispositions contraires, l'interdiction légale avait cessé d'être applicable au condamné, dont la requête en relèvement était, dès lors, sans objet. • Crim. 28 juin 2000, n° 98-86.376 P : *JCP 2000. II. 10375, rapp. Desportes ; D. 2001. 1351, note Massip ; Dr. pénal 2001, Chron. 13, obs. Marsat ; RSC 2001. 155, obs. Bouloc ; RTD civ. 2001. 108, obs. Hauser*.

Art. 371 L'application des dispositions des articles 132-2 à 132-5 du code pénal, issus de la loi n° 92-683 du 22 juillet 1992 précitée, ne peut préjudicier aux personnes reconnues coupables de crimes ou de délits qui ont tous été commis avant l'entrée en vigueur de la présente loi.

1. Aux termes de l'art. 371 de la loi d'adaptation du 16 déc. 1992, l'application des dispositions des art. 132-2 à 132-5 C. pén., issus de la L. du 22 juill. 1992 portant réforme des dispositions générales du code pénal, ne peut préjudicier aux personnes reconnues coupables de crimes ou délits qui ont tous été commis avant l'entrée en vigueur de la présente loi, soit le 1er mars 1994 ; dans ce cas, le principe de confusion de droit entre les peines criminelles et les peines correctionnelles ou entre des peines de nature différente est maintenu ; encourt donc la cassation l'arrêt de la cour d'assises qui ne prononce que la confusion partielle de peines correctionnelles qu'elle inflige pour des faits commis les 27 avr. et 11 mai 1990 avec des peines criminelles prononcées antérieurement par une autre cour d'assises pour des crimes perpétrés entre les 7 oct. et 9 nov. 1990. • Crim. 16 nov. 1994, n° 94-82.548 P : *RSC 1995. 572, obs. Bouloc*. ♦ V. aussi : • Crim. 17 mai 2000, n° 99-86.991 P.

2. Il résulte de l'art. 371 de la L. du 16 déc. 1992 que la suppression des circonstances atténuantes ne peut préjudicier aux personnes reconnues coupables de crimes commis avant l'entrée en vigueur des dispositions nouvelles du code pénal. Les peines successivement prononcées avant le 1er mars 1994 pour des infractions en concours, lorsque la réclusion criminelle à perpétuité encourue pour l'une ou plusieurs d'entre elles n'a pas été prononcée à raison des circonstances atténuantes accordées à l'accusé, ne peuvent être cumulativement subies au-delà du maximum légal de la réclusion criminelle à temps, alors fixé à 20 ans. • Crim. 16 janv. 1996, n° 95-81.722 P.

3. Ne méconnaît pas le principe posé par l'art. 371 de la loi d'adaptation du 16 déc. 1992 la chambre d'accusation qui constate, en application de l'art. 132-4 C. pén., la confusion de droit dans la limite du maximum légal de peines criminelles et correctionnelles prononcées pour des infractions en concours commises avant le 1er mars 1994, dès lors que les condamnations prononcées entraient dans les prévisions des dispositions dérogatoires de l'art. L. 630-3, al. 2 et 3, CSP demeurées applicables jusqu'au 1er mars 1994. • Crim. 25 févr. 1997, n° 96-82.750 P.

4. En application des art. 371 de la L. du 16 déc. 1992 et 132-4 C. pén., il ne peut être prononcée qu'une confusion partielle entre une peine d'emprisonnement pour des faits commis en 1991 et une peine de réclusion criminelle pour des faits commis en 1995, postérieurement à l'entrée en vigueur du nouveau code pénal. • Crim. 22 mars 2000, n° 99-83.501 P.

Art. 372 Sont abrogés :

— les articles 1er à 477 du code pénal ;

— la loi du 18 juillet 1860 sur l'émigration ;

— la loi du 28 juillet 1894 ayant pour objet de réprimer les menées anarchistes ;

— la loi du 31 mars 1926 sanctionnant pénalement le refus de payer le prix de location d'une voiture de place ;

— l'article 4 du décret-loi du 23 octobre 1935 portant réglementation des mesures relatives au renforcement du maintien de l'ordre public ;

— les articles 2 et 3 de la loi du 10 janvier 1936 sur les groupes de combat et milices privées ;

— la loi du 8 décembre 1943 réprimant les vols et les escroqueries commis par de faux officiers civils ou militaires ;

— l'ordonnance du 7 octobre 1944 relative à la répression des évasions ;

— le dernier alinéa de l'article 7 de la loi n° 46-685 du 13 avril 1946 tendant à la fermeture des maisons de tolérance et au renforcement de la lutte contre le proxénétisme ;

— l'article 2 de la loi n° 64-690 du 8 juillet 1964 modifiant la loi n° 63-1143 du 19 novembre 1963 relative à la protection des animaux ;

— la loi n° 66-962 du 26 décembre 1966 réprimant le délit de fuite en cas d'accident occasionné par la navigation ;

— l'article 5 de la loi n° 80-980 du 5 décembre 1980 relative aux billets de banque contrefaits ou falsifiés et aux monnaies métalliques contrefaites ou falsifiées ;

— la loi n° 87-520 du 10 juillet 1987 relative à la protection des services de télévision ou de radiodiffusion destinés à un public déterminé ;

— la loi n° 87-962 du 30 novembre 1987 relative à la répression du recel et organisant la vente ou l'échange d'objets mobiliers.

Art. 373 *(L. n° 93-913 du 19 juill. 1993)* « Les dispositions des livres Ier à V du code pénal entreront en vigueur le 1er mars 1994. »

Elles seront applicables dans les territoires d'outre-mer et le Département de Mayotte à compter du *(L. n° 95-125 du 8 févr. 1995 ; L. n° 96-1 du 2 janv. 1996)* « 1er mai 1996 », dans les conditions fixées par la loi après consultation, en ce qui concerne les territoires, des assemblées territoriales intéressées.

(L. n° 93-913 du 19 juill. 1993) « La présente loi entrera en vigueur le 1er mars 1994.

« Toutefois, dès la date de publication *[JO 20 juill.]* de la loi n° 93-913 du 19 juillet 1993 reportant l'entrée en vigueur du nouveau code pénal :

« 1° Les mots : "L'emprisonnement," sont supprimés de l'article 464 du code pénal ;

« 2° L'article 465 du même code est abrogé.

« 3° Les mots : "d'un emprisonnement supérieur à dix jours ou » sont supprimés du deuxième alinéa de l'article 474 du même code." »

Ordonnance n° 96-267 du 28 mars 1996, *relative à l'entrée en vigueur du nouveau code pénal dans les territoires d'outre-mer et dans le Département de Mayotte ainsi qu'à l'extension et à la modification de certaines dispositions législatives rendues nécessaires par cette entrée en vigueur.* **Art. 12** I. — Les articles 136 à 144, 153, 159 à 161, 170 à 197, 202, 205 à 207, 222 à 227, 230 à 233, 264 à 268, 273 à 278, 285, 287, 289, 295, 297 à 299, 301, 303, 304, 313, 315 et 319 de la loi du 16 décembre 1992 susvisée sont applicables dans les territoires d'outre-mer et dans le Département de Mayotte.

II. — Les articles 281, 294 et 309 de la loi du 16 décembre 1992 susvisée sont applicables dans les territoires de la Nouvelle-Calédonie et des îles Wallis-et-Futuna.

III. — L'article 286 de la loi du 16 décembre 1992 susvisée est applicable dans le territoire de la Polynésie française.

IV. — *a)* Les articles 147, 163, 208 à 212, 216, 217, 288, 290, 305 à 308, 320 de la loi du 16 décembre 1992 susvisée sont applicables dans le Département de Mayotte.

b) à *d)* ....

Art. 13 Les articles 322 à 339, 370 et 371 de la loi du 16 décembre 1992 susvisée sont applicables dans les territoires d'outre-mer et dans le Département de Mayotte.

Toutefois, pour l'application des articles 337, 338, 339, 370 et 371, les mots : "entrée en vigueur de la présente loi" sont remplacés par les mots : "entrée en vigueur de l'ordonnance n° 96-267 du 28 mars 1996".

Pour l'application de l'article 337, les mots : "dans sa rédaction issue de l'article 102 de la présente loi" sont remplacés par les mots : "dans sa rédaction à la date d'entrée en vigueur de l'ordonnance n° 96-268 du 28 mars 1996".

Art. 14 Dans les textes applicables dans les territoires d'outre-mer et dans le Département de Mayotte non mentionnés aux articles précédents, les références au code pénal dans sa rédaction antérieure à la présente ordonnance sont remplacées par les références aux dispositions correspondantes du code pénal dans sa rédaction issue de la présente ordonnance.

Art. 15 Sont abrogées dans les territoires d'outre-mer et dans le Département de Mayotte toutes les dispositions législatives pénales contraires à la présente ordonnance.

Sont abrogés notamment :

1° Le code pénal dans sa rédaction applicable antérieurement à l'entrée en vigueur de la présente ordonnance ;

2° Les textes visés par l'article 372 de la loi du 16 décembre 1992 susvisée en tant qu'ils concernent des textes applicables dans les territoires et dans la collectivité visés au premier alinéa du présent article ;

3° L'article 8 du décret du 11 mai 1940 instituant un régime des explosifs en Nouvelle-Calédonie ;

4° Le décret n° 47-785 du 29 avril 1947 portant dérogation à l'article 410 en ce qui concerne la Nouvelle-Calédonie et ses dépendances ;

5° Les articles 1er à 6 de la loi n° 83-520 du 27 juin 1983 rendant applicables le code pénal, le code de procédure pénale et certaines dispositions législatives dans les territoires d'outre-mer ;

6° Les articles 15 et 16 de la loi n° 83-652 du 12 juillet 1983 rendant applicables dans les territoires d'outre-mer les dispositions de la loi n° 82-652 du 29 juillet 1982 sur la communication audiovisuelle ;

7° L'article 18 de l'ordonnance n° 92-1149 du 12 octobre 1992 portant actualisation et adaptation des dispositions législatives de procédure pénale applicables dans les territoires de la Nouvelle-Calédonie, de la Polynésie française et des îles Wallis-et-Futuna.

Art. 16 La présente ordonnance entrera en vigueur le 1er mai 1996.

La présente Ord. ci-dessus a été ratifiée par la loi n° 96-1240 du 30 déc. 1996 (JO 1er janv. 1997).

Circulaire du 14 mai 1993,

Commentaire des dispositions de la partie Législative du nouveau code pénal (livres I à V) et des dispositions de la loi du 16 décembre 1992 relatives à son entrée en vigueur.

DEUXIÈME PARTIE : DÉCRETS EN CONSEIL D'ÉTAT

(Décr. nº 93-726 du 29 mars 1993)

La deuxième partie du code pénal est entrée en vigueur le 1er mars 1994 *(L. nº 92-1336 du 16 déc. 1992, art. 373, et Décr. nº 93-726 du 29 mars 1993, art. 10).*

V. Circ. du 18 janv. 1994, nos [1 s.].

BIBL. GÉN. ▸ DESPORTES et LE GUNEHEC, *JCP 1993, nº 18.*

LIVRE PREMIER DISPOSITIONS GÉNÉRALES

TITRE PREMIER DE LA LOI PÉNALE

Néant.

TITRE DEUXIÈME DE LA RESPONSABILITÉ PÉNALE

Néant.

TITRE TROISIÈME DES PEINES

CHAPITRE PREMIER DE LA NATURE DES PEINES

SECTION PREMIÈRE DES PEINES APPLICABLES AUX PERSONNES PHYSIQUES

SOUS-SECTION 1 DE LA SUSPENSION DU PERMIS DE CONDUIRE, DE L'INTERDICTION DE CONDUIRE CERTAINS VÉHICULES ET DE L'IMMOBILISATION DU VÉHICULE

§ 1er DE LA SUSPENSION DU PERMIS DE CONDUIRE

Art. R. 131-1 La juridiction qui prononce une suspension du permis de conduire en limitant cette suspension à la conduite en dehors de l'activité professionnelle définit dans sa décision la nature de cette activité et fixe les diverses conditions, notamment de lieu et de temps, auxquelles l'usage du droit de conduire est subordonné ainsi que, le cas échéant, la ou les catégories de véhicules dont la conduite est autorisée.

Art. R. 131-2 L'agent de l'autorité chargé de l'exécution de la décision prononçant la suspension du permis de conduire limitée à la conduite en dehors de l'activité professionnelle remet au condamné, en échange de son permis suspendu, un certificat établi par le greffier de la juridiction. Ce certificat mentionne :

1° La date de la décision, la juridiction qui l'a prononcée et la durée de la suspension du permis de conduire ;

2° Les nom, prénoms, date et lieu de naissance et domicile de l'intéressé ;

3° Les références du permis de conduire ainsi que les diverses indications qui y sont portées, y compris éventuellement les limitations et restrictions de validité qu'il comporte ;

4° L'activité professionnelle en vue de laquelle la conduite est autorisée, les diverses conditions, notamment de lieu et de temps, auxquelles cette autorisation est subordonnée et, le cas échéant, la ou les catégories de véhicules dont la conduite est autorisée.

Le certificat doit comporter, en outre, une photographie récente du condamné et indiquer qu'il vaut, notamment au regard de l'article R. 123 du code de la route, justification du droit de conduire, lorsque sont respectées les conditions fixées par la juridiction.

A l'issue de la période de suspension, le permis de conduire est restitué au condamné par le greffier de la juridiction contre remise du certificat.

V. Circ. du 18 janv. 1994, nos [8 s.].

§ 2 DE L'INTERDICTION DE CONDUIRE CERTAINS VÉHICULES OU DES VÉHICULES NON ÉQUIPÉS D'UN ÉTHYLOTEST ÉLECTRONIQUE ANTIDÉMARRAGE *(Décr. nº 2011-1048 du 5 sept. 2011, art. 1er).*

Art. R. 131-3 La juridiction qui prononce une interdiction temporaire de conduire certains véhicules définit dans sa décision la ou les catégories de véhicules dont la conduite est interdite et la durée de cette interdiction.

Art. R. 131-4 Lorsque le condamné est titulaire d'un permis de conduire, l'agent de l'autorité chargé de l'exécution de la décision lui remet, en échange de ce permis, un certificat établi par le greffier de la juridiction. Ce certificat mentionne :

1° La date de la décision, la juridiction qui l'a prononcée et la durée de l'interdiction de conduire ;

2° Les nom, prénoms, date et lieu de naissance, profession et domicile de l'intéressé ;

3° Les références du permis de conduire ainsi que les diverses indications qui y sont portées, y compris éventuellement les limitations et restrictions de validité qu'il comporte ;

4° La ou les catégories de véhicules pour lesquelles le permis de conduire cesse d'être valable.

Le certificat doit comporter, en outre, une photographie récente du condamné et indiquer qu'il vaut, notamment au regard des articles *(Décr. nº 2017-198 du 16 févr. 2017)* « R. 221-1-1 » à R. 221-3 du code de la route, justification du droit de conduire, à l'exception de la ou des catégories de véhicules pour lesquelles la juridiction a prononcé l'interdiction de conduire.

A l'issue de la période d'interdiction, le permis de conduire est restitué au condamné par le greffier de la juridiction contre remise du certificat.

V. Circ. du 18 janv. 1994, nº [10].

Art. R. 131-4-1 *(Décr. nº 2011-1048 du 5 sept. 2011, art. 1er)* Lorsqu'est *[Lorsque est]* prononcée la peine d'interdiction de conduire un véhicule qui ne soit pas équipé par un professionnel agréé ou par construction d'un dispositif homologué d'antidémarrage par éthylotest électronique, les dispositions de l'article R. 131-4 sont applicables, à l'exception du 4°.

Le certificat remis au condamné mentionne que celui-ci n'est autorisé à conduire qu'un véhicule équipé du dispositif prévu au premier alinéa. Il indique que, lorsque l'intéressé conduit un véhicule, il doit être en mesure de présenter, à toute réquisition de l'autorité publique, les documents mentionnés au 5° de l'article R. 233-1 du code de la route.

Le certificat comporte le rappel des dispositions des articles L. 234-16 et R. 234-5 du même code.

Lorsque la peine mentionnée au premier alinéa est prononcée en même temps que celle d'annulation ou de suspension du permis de conduire, ce certificat n'est remis à la personne qu'à l'issue de l'exécution de celle-ci.

§ 3 DE L'IMMOBILISATION DE VÉHICULE

Art. R. 131-5 L'agent de l'autorité chargé de l'exécution de la décision de justice prononçant une immobilisation de véhicule est un officier de police judiciaire ou, sous l'autorité de celui-ci, un agent de police judiciaire.

Art. R. 131-6 L'agent de l'autorité met en demeure le condamné de présenter son véhicule aux date et lieu qu'il fixe.

Art. R. 131-7 L'immobilisation du véhicule est exécutée dans un local dont le condamné a la libre disposition dans le département de sa résidence. A défaut, elle est exécutée dans un lieu désigné par l'agent de l'autorité.

Le condamné remet à l'agent de l'autorité le certificat d'immatriculation du véhicule immobilisé.

Un procès-verbal est dressé sur-le-champ, qui mentionne la date de la condamnation et la juridiction qui l'a prononcée, la durée de l'immobilisation, les nom, prénoms, date et lieu de naissance et domicile de l'intéressé, les date, heure et lieu d'immobilisation, les éléments d'identification du véhicule et son kilométrage.

Art. R. 131-8 Pendant l'exécution de la peine, le véhicule est placé sous scellés et, en tant que de besoin, immobilisé par un moyen technique.

Art. R. 131-9 L'agent de l'autorité a le droit d'accéder au lieu d'immobilisation du véhicule.

Il rend compte au procureur de la République de tout incident d'exécution.

Art. R. 131-10 L'immobilisation cesse et le certificat d'immatriculation est restitué dès la fin de la peine.

Art. R. 131-10-1 *(Décr. n° 2005-320 du 30 mars 2005, art. 5-I)* Lorsque la peine d'immobilisation concerne un véhicule déjà immobilisé et mis en fourrière en application des dispositions de l'article L. 325-1-1 du code de la route, l'immobilisation effectuée en application de cet article s'impute sur la durée de la peine.

Art. R. 131-11 L'immobilisation d'un véhicule ne fait obstacle ni aux saisies ou confiscations ordonnées par l'autorité judiciaire ni à l'action du créancier qui disposerait d'un droit réel constitué antérieurement au prononcé de la décision de condamnation.

V. Circ. du 18 janv. 1994, n° [11].

§ 4 DE L'OBLIGATION D'ACCOMPLIR UN STAGE DE SENSIBILISATION À LA SÉCURITÉ ROUTIÈRE

(Décr. n° 2003-642 du 11 juill. 2003)

Art. R. 131-11-1 Le stage de sensibilisation à la sécurité routière prévu *(Décr. n° 2020-128 du 18 févr. 2020, art. 3 et 6, en vigueur le 24 mars 2020)* « par le 2° de l'article 131-5-1 » est dispensé, dans les conditions fixées par les articles R. 223-5 à R. 223-13 du code de la route, par les personnes agréées selon les modalités définies par ces articles *(Décr. n° 2020-128 du 18 févr. 2020, art. 3 et 6, en vigueur le 24 mars 2020)* « , sauf lorsque ces stages ont été mis en place conformément aux dispositions des articles R. 131-35 à R. 131-44. »

(Abrogé par Décr. n° 2020-128 du 18 févr. 2020, art. 3 et 6, à compter du 24 mars 2020) « Un arrêté conjoint du garde des sceaux, ministre de la justice, et du (Décr. n° 2014-1295 du 31 oct. 2014, art. 12) « ministre chargé de la sécurité routière » peut fixer un programme et une durée de stage différents, sans que cette durée puisse excéder cinq jours. »

(Abrogé par Décr. n° 2016-1709 du 12 déc. 2016, art. 2) « Les frais de stage, à la charge du condamné, ne peuvent excéder le montant maximum de l'amende encourue pour les contraventions de la 3e classe. »

SOUS-SECTION 2 DU TRAVAIL D'INTÉRÊT GÉNÉRAL

§ 1er DES MODALITÉS D'HABILITATION DES PERSONNES MORALES ET D'ÉTABLISSEMENT DE LA LISTE DES TRAVAUX D'INTÉRÊT GÉNÉRAL *(Décr. n° 2007-1388 du 26 sept. 2007, art. 2-I).*

A *DES MODALITÉS D'HABILITATION DES PERSONNES MORALES (Décr. n° 2007-1388 du 26 sept. 2007, art. 2-I).*

Art. R. 131-12 *(Décr. n° 2007-1388 du 26 sept. 2007, art. 2-II)* « Les personnes morales de droit privé chargées d'une mission de service public ou les associations qui désirent obtenir l'habilitation prévue au premier alinéa de l'article 131-8 en font la demande au juge de l'application des peines du ressort dans lequel elles envisagent de mettre en œuvre des travaux d'intérêt général.

« Pour les personnes morales de droit privé chargées d'une mission de service public, la demande comporte :

« 1° La copie des statuts de la personne morale ;

« 2° Un extrait du registre du commerce et des sociétés (extraits K ou K *bis*) datant de moins de trois mois ;

« 3° Une copie des comptes annuels et des bilans du dernier exercice.

« Pour les associations, la demande comporte : »

1° La copie du *Journal officiel* portant publication de la déclaration de l'association ou, pour les associations déclarées dans les départements du Bas-Rhin, du Haut-Rhin et de la Moselle, une copie du registre des associations du tribunal judiciaire ;

2° Un exemplaire des statuts et, s'il y a lieu, du règlement intérieur de l'association ;

3° La liste des établissements de l'association avec indication de leur siège ;

4° Un exposé indiquant les conditions de fonctionnement de l'association et, le cas échéant, l'organisation et les conditions de fonctionnement des comités locaux, ainsi que leurs rapports avec l'association ;

5° La mention des nom, prénoms, date et lieu de naissance, nationalité, profession et domicile des membres du conseil d'administration et du bureau de l'association ainsi que, le cas échéant, ceux de leurs représentants locaux ;

6° Les pièces financières qui doivent comprendre les comptes du dernier exercice, le budget de l'exercice courant et un bilan ou un état de l'actif mobilier et immobilier et du passif.

Art. R. 131-13 *(Décr. n° 2010-671 du 18 juin 2010)* Le juge de l'application des peines procède à toutes diligences qu'il juge utiles. Il peut, notamment, consulter le conseil départemental de prévention de la délinquance *(Abrogé par Décr. n° 2018-329 du 3 mai 2018, art. 8)* « *, d'aide aux victimes* » et de lutte contre la drogue, les dérives sectaires et les violences faites aux femmes qui dispose alors d'un délai de deux mois pour donner son avis. Il communique ensuite au procureur de la République la demande d'habilitation et les éléments d'information recueillis par lui.

Au vu de l'avis du procureur de la République ou un mois au plus tôt après lui avoir communiqué la demande d'habilitation, le juge de l'application des peines statue sur celle-ci.

Le juge de l'application des peines communique sa décision d'habilitation au président du tribunal judiciaire, au procureur de la République et au conseil départemental mentionné au premier alinéa. Il informe de cette décision l'assemblée générale des magistrats du siège et du parquet du tribunal ou, dans les tribunaux où sa constitution est obligatoire, la commission restreinte, lors de sa prochaine réunion.

L'habilitation accordée est valable pour une durée de cinq ans.

Art. R. 131-14 *Abrogé par Décr. n° 2010-671 du 18 juin 2010.*

Art. R. 131-15 *(Décr. n° 2007-1388 du 26 sept. 2007, art. 2-III)* « La personne morale » habilitée porte à la connaissance du juge de l'application des peines toute modification de l'un des éléments mentionnés à l'article R. 131-12. Elle est tenue de faire parvenir chaque année le budget et ses comptes.

Art. R. 131-16 *(Décr. n° 2010-671 du 18 juin 2010)* « Le président du tribunal judiciaire ou le procureur de la République peut saisir l'assemblée générale des magistrats du siège et du parquet ou, dans les tribunaux où sa constitution est obligatoire, la commission restreinte, aux fins de retrait de l'habilitation. L'assemblée générale ou la commission statue à la majorité des membres présents au vu des observations du représentant de la personne morale concernée et après rapport du juge de l'application des peines. »

En cas d'urgence, le juge de l'application des peines peut, sur proposition ou après avis conforme du procureur de la République, retirer provisoirement l'habilitation jusqu'à la décision de la prochaine assemblée générale ou commission restreinte.

V. Circ. 18 janv. 1994, n^os^ [12 s.].

Art. R. 131-16-1 *(Décr. n° 2011-1310 du 17 oct. 2011)* Par dérogation aux articles R. 131-12 à R. 131-16, l'habilitation peut être délivrée par le ministre de la justice lorsqu'il s'agit d'une association ou d'une personne morale de droit privé chargée d'une mission de service public exerçant ou ayant vocation à exercer son activité sur l'ensemble du territoire national.

Pour les associations, la demande d'habilitation comporte la copie du *Journal officiel* portant publication de la déclaration de l'association, un exemplaire des statuts, ainsi que l'identité de ses dirigeants.

Pour les personnes morales de droit privé chargées d'une mission de service public, la demande comporte la copie des statuts de la personne morale ainsi qu'un extrait du registre du commerce et des sociétés (extraits K ou K *bis*) datant de moins de trois mois.

La personne morale habilitée porte à la connaissance du ministre de la justice toute modification de l'un des éléments mentionnés aux deux alinéas précédents.

Les habilitations sont accordées pour une durée de cinq ans et pour l'ensemble du territoire national.

La liste des personnes morales habilitées est fixée par arrêté du ministre de la justice.

B *DE L'ÉTABLISSEMENT DE LA LISTE DES TRAVAUX D'INTÉRÊT GÉNÉRAL*

Art. R. 131-17 Les collectivités publiques, les établissements publics *(Décr. nº 2007-1388 du 26 sept. 2007, art. 2-IV)* **« , les personnes morales de droit privé chargées d'une mission de service public » et les associations qui désirent faire inscrire des travaux d'intérêt général sur la liste prévue par l'article** *(Décr. nº 2010-671 du 18 juin 2010)* **« 131-36 » en font la demande au juge de l'application des peines du ressort dans lequel ils envisagent de faire exécuter ces travaux.**

Pour les collectivités publiques et les établissements publics, la demande mentionne les nom, prénoms, date et lieu de naissance ainsi que les fonctions des représentants qualifiés.

Pour *(Décr. nº 2007-1388 du 26 sept. 2007, art. 2-IV)* **« les personnes morales de droit privé » qui ne sont pas encore habilitées, la demande prévue par le premier alinéa du présent article est jointe à la demande d'habilitation. Pour** *(Décr. nº 2007-1388 du 26 sept. 2007, art. 2-IV)* **« les personnes morales de droit privé » déjà habilitées, elle comporte mention de la date de cette habilitation** *(Décr. nº 2010-671 du 18 juin 2010)* **« sans qu'il soit nécessaire de demander une nouvelle habilitation ».**

A la demande est annexée une note indiquant la nature et les modalités d'exécution des travaux proposés, les nom, prénoms, date et lieu de naissance et qualité des personnes chargées de l'encadrement technique ainsi que le nombre de postes de travail susceptibles d'être offerts.

Art. R. 131-18 Le juge de l'application des peines procède à toutes diligences et consultations utiles. A cette fin, il adresse copie de la demande au *(Décr. nº 2010-671 du 18 juin 2010)* **« conseil départemental de prévention de la délinquance** *(Abrogé par Décr. nº 2018-329 du 3 mai 2018, art. 8)* **« , *d'aide aux victimes* » et de lutte contre la drogue, les dérives sectaires et les violences faites aux femmes** *[ancienne rédaction : conseil départemental de prévention de la délinquance]* **».**

Art. R. 131-19 Après que le procureur de la République a donné son avis ou dix jours au plus tôt après l'avoir saisi, le juge de l'application des peines prend sa décision en tenant compte de l'utilité sociale des travaux proposés et des perspectives d'insertion sociale ou professionnelle qu'ils offrent aux condamnés. *(Décr. nº 2010-671 du 18 juin 2010)* **« Il communique sa décision au président du tribunal judiciaire, au procureur de la République et au conseil départemental mentionné à l'article R. 131-18. »**

Art. R. 131-20 La radiation d'un travail inscrit sur la liste peut être prononcée selon la procédure prévue par l'article R. 131-19.

V. Circ. 18 janv. 1994, nº [14].

C *DISPOSITIONS DIVERSES*

Art. R. 131-21 *(Abrogé par Décr. nº 2010-671 du 18 juin 2010)* ***« Les décisions relatives à l'habilitation provisoire des associations et à l'établissement de la liste des travaux d'intérêt général sont communiquées au président du tribunal de grande instance et au procureur de la République. »***

Toutes les décisions relatives à l'habilitation ou au retrait d'habilitation des associations sont portées à la connaissance du garde des sceaux et du préfet par le juge de l'application des peines.

Art. R. 131-22 Les organismes mettant en œuvre des travaux d'intérêt général adressent chaque année un rapport au juge de l'application des peines.

V. Circ. du 18 janv. 1994, n° [15].

§ 2 DE L'EXÉCUTION DU TRAVAIL D'INTÉRÊT GÉNÉRAL

A *DE LA DÉCISION DU JUGE DE L'APPLICATION DES PEINES FIXANT LES MODALITÉS D'EXÉCUTION DU TRAVAIL D'INTÉRÊT GÉNÉRAL*

Art. R. 131-23 Le juge de l'application des peines fixe les modalités d'exécution du travail d'intérêt général.

Sa décision précise :

1° L'organisme au profit duquel le travail sera accompli ;

2° Le travail ou les travaux que le condamné accomplira ;

3° Les horaires de travail.

La décision prise en application du présent article peut être modifiée à tout moment.

Art. R. 131-24 Le juge de l'application des peines choisit un travail d'intérêt général parmi ceux inscrits sur la liste de son ressort ou, avec l'accord du juge de l'application des peines territorialement compétent, sur la liste d'un autre ressort.

Art. R. 131-25 Lorsqu'un condamné exerce une activité salariée, la durée hebdomadaire cumulée de cette activité et du travail d'intérêt général ne peut excéder de plus de douze heures la durée légale du travail.

Art. R. 131-26 La durée du travail d'intérêt général n'inclut pas les délais de route et le temps des repas.

Art. R. 131-27 Le juge de l'application des peines notifie sa décision au condamné et à l'organisme au profit duquel le travail d'intérêt général sera accompli. Il en donne avis au procureur de la République.

Art. R. 131-28 Avant d'exécuter sa peine, le condamné se soumet à un examen médical qui a pour but :

1° De rechercher s'il n'est pas atteint d'une affection dangereuse pour les autres travailleurs ;

2° De s'assurer qu'il est médicalement apte au travail auquel le juge de l'application des peines entend l'affecter ;

3° De s'assurer, si le travail auquel le juge de l'application des peines entend l'affecter doit s'exercer dans un établissement ou organisme public ou privé de prévention ou de soins visé à l'article L. 10 du code de la santé publique *[CSP, art. L. 3111-4]* et l'expose à des risques de contamination, qu'il est immunisé contre les maladies mentionnées à cet article.

V. Circ. du 18 janv. 1994, n° [16].

B *DU CONTRÔLE DE L'EXÉCUTION DU TRAVAIL D'INTÉRÊT GÉNÉRAL*

Art. R. 131-29 Le juge de l'application des peines s'assure de l'exécution du travail d'intérêt général soit par lui-même, soit par l'intermédiaire d'un agent de probation.

Si le travail à exécuter est inscrit sur la liste d'un autre ressort, il délègue son pouvoir de contrôle au juge de l'application des peines territorialement compétent.

Art. R. 131-30 Pour chaque condamné, l'organisme au profit duquel le travail d'intérêt général est effectué fait connaître au juge de l'application des peines ou à l'agent de probation le responsable désigné pour assurer la direction et le contrôle technique du travail.

Art. R. 131-31 Le juge de l'application des peines ou l'agent de probation s'assure de l'exécution du travail auprès du responsable désigné. Il visite, le cas échéant, le condamné sur son lieu de travail.

Art. R. 131-32 Le responsable désigné informe sans délai le juge de l'application des peines ou l'agent de probation de toute violation de l'obligation de travail et de tout incident causé ou subi par le condamné à l'occasion de l'exécution de son travail.

Art. R. 131-33 En cas de danger immédiat pour le condamné ou pour autrui ou en cas de faute grave du condamné, le responsable désigné peut suspendre l'exécution du travail. Il en informe sans délai le juge de l'application des peines ou l'agent de probation.

Art. R. 131-34 L'organisme au profit duquel le travail d'intérêt général a été accompli délivre au juge de l'application des peines ou à l'agent de probation ainsi qu'au condamné un document attestant que ce travail a été exécuté.

V. Circ. du 18 janv. 1994, n° [17].

SOUS-SECTION 3 DE LA PEINE DE STAGE *(Décr. n° 2020-128 du 18 févr. 2020, art. 3 et 6, en vigueur le 24 mars 2020).*

(Décr. n° 2004-1021 du 27 sept. 2004, art. 1er)

§ 1er OBJET ET DURÉE DU STAGE

Art. R. 131-35 *(Décr. n° 2020-128 du 18 févr. 2020, art. 3 et 6, en vigueur le 24 mars 2020)* Le contenu des stages prévus par l'article 131-5-1 est précisé par les dispositions du présent article.

1° Le stage de citoyenneté a pour objet de rappeler au condamné les valeurs républicaines de tolérance et de respect de la dignité de la personne humaine et de lui faire prendre conscience de sa responsabilité pénale et civile ainsi que des devoirs qu'implique la vie en société. Il vise également à favoriser son insertion sociale. Lorsqu'il concerne une personne condamnée pour une infraction commise avec la circonstance aggravante prévue par l'article 132-76, il rappelle en outre à l'intéressé l'existence des crimes contre l'humanité, notamment ceux commis pendant la Seconde Guerre mondiale ;

2° Le stage de sensibilisation à la sécurité routière est destiné à éviter la réitération des comportements dangereux par les conducteurs ;

3° Le stage de sensibilisation aux dangers de l'usage de produits stupéfiants a pour objet de faire prendre conscience au condamné des conséquences dommageables pour la santé humaine et pour la société de l'usage de tels produits ;

4° Le stage de responsabilité parentale a pour objet de rappeler au condamné les obligations juridiques, économiques, sociales et morales qu'implique l'éducation d'un enfant ;

5° Le contenu du stage de responsabilisation pour la prévention et la lutte contre les violences au sein du couple et sexistes doit permettre de rappeler au condamné le principe républicain d'égalité entre les femmes et les hommes, la gravité des violences, quelle que soit leur forme, au sein du couple ou à caractère sexiste et, le cas échéant, le devoir de respect mutuel qu'implique la vie en couple. Il vise également à lui faire prendre conscience de sa responsabilité pénale et civile pour les faits commis ;

6° Le contenu du stage de sensibilisation à la lutte contre l'achat d'actes sexuels doit permettre de rappeler au condamné ce que sont les réalités de la prostitution et les conséquences de la marchandisation du corps. Il vise également à lui faire prendre conscience de sa responsabilité pénale et civile pour les faits commis ;

7° Le contenu du stage de lutte contre le sexisme et de sensibilisation à l'égalité entre les femmes et les hommes doit permettre au condamné de prendre conscience de la gravité des conséquences de toute forme de violence sexuelle ou sexiste dans l'espace public comme dans l'espace privé, notamment dans le monde du travail. Le stage a pour objet de favoriser la compréhension des interdits en soulignant le caractère discriminatoire et dégradant pour les victimes des comportements sexistes. Il comporte notamment des éléments sur l'histoire du mouvement d'émancipation des femmes et du principe républicain d'égalité.

Art. R. 131-36 La durée du stage *(Abrogé par Décr. n° 2020-128 du 18 févr. 2020, art. 3 et 6, à compter du 24 mars 2020) « de citoyenneté »* est fixée par la juridiction en tenant compte, pour le condamné majeur de ses obligations familiales, sociales ou professionnelles, pour le condamné mineur de ses obligations scolaires et de sa situation familiale. *(Abrogé par Décr. n° 2020-128 du 18 févr. 2020, art. 3 et 6, à compter du 24 mars 2020) « Elle ne peut excéder un mois. »*

La durée journalière de formation effective ne peut excéder six heures. Pour le mineur, elle doit être adaptée en fonction de son âge et de sa personnalité.

§ 2 ORGANISATION DU STAGE

Art. R. 131-37 Le stage *(Abrogé par Décr. nº 2020-128 du 18 févr. 2020, art. 3 et 6, à compter du 24 mars 2020) « de citoyenneté »* est organisé en sessions collectives, continues ou discontinues, composées d'un ou plusieurs modules de formation adaptés à la personnalité des condamnés et à la nature de l'infraction commise. Pour les mineurs, les modules sont en outre adaptés à leur âge.

(Abrogé par Décr. nº 2015-1272 du 13 oct. 2015, art. 4) « Ces sessions ont lieu soit dans le ressort du tribunal de grande instance, soit dans le ressort de la cour d'appel. »

Les stages sont mis en œuvre sous le contrôle du délégué du procureur de la République du lieu d'exécution de la peine. Ils peuvent également être mis en œuvre sous le contrôle du service pénitentiaire d'insertion ou de probation.

Le contenu du stage *(Abrogé par Décr. nº 2020-128 du 18 févr. 2020, art. 3 et 6, à compter du 24 mars 2020) « de citoyenneté »* fait l'objet d'un projet élaboré par la personne ou le service chargé de procéder au contrôle de sa mise en œuvre. Ce projet est validé par le procureur de la République après avis du président du tribunal judiciaire.

Art. R. 131-38 Les modules du stage *(Abrogé par Décr. nº 2020-128 du 18 févr. 2020, art. 3 et 6, à compter du 24 mars 2020) « de citoyenneté »* peuvent être élaborés avec le concours des collectivités territoriales et des établissements publics et, le cas échéant, de personnes morales de droit privé ou de personnes physiques participant à des missions d'intérêt général, notamment d'accès au droit.

(Décr. nº 2020-128 du 18 févr. 2020, art. 3 et 6, en vigueur le 24 mars 2020) « Les modules du stage de sensibilisation aux dangers de l'usage de produits stupéfiants peuvent être élaborés avec le concours des personnes privées dont l'activité est d'assister ou d'aider les usagers de stupéfiants, telles que les associations de lutte contre la toxicomanie et le trafic de stupéfiants prévues à l'article 2-16 du code de procédure pénale.

« Les modules du stage de responsabilité parentale peuvent être élaborés avec le concours des personnes publiques ou privées mettant en œuvre les accompagnements parentaux prévus par l'article L. 141-1 du code de l'action sociale et des familles.

« Les modules de formation du stage de responsabilisation pour la prévention et la lutte contre les violences au sein du couple et sexistes peuvent être élaborés avec le concours des personnes publiques ou privées dont l'activité est d'assister ou d'aider les victimes.

« Les modules de formation du stage de lutte contre le sexisme et de sensibilisation à l'égalité entre les femmes et les hommes peuvent être élaborés avec le concours des personnes publiques ou privées dont l'activité est d'assister ou d'aider les victimes de violences sexuelles et sexistes ou de harcèlement, telles que les associations prévues aux articles 2-2 et 2-6 du code de procédure pénale. »

Lorsqu'un module de formation est élaboré avec l'une des personnes publiques ou privées mentionnées *(Décr. nº 2020-128 du 18 févr. 2020, art. 3 et 6, en vigueur le 24 mars 2020)* « aux précédents alinéas », il fait l'objet d'une convention entre le procureur de la République, agissant au nom de l'État, et cette personne. Cette convention précise le contenu de ce module, sa durée, les objectifs particuliers qui lui sont assignés, les modalités de la prestation assurée par la personne privée ou publique ainsi que les modalités de financement des frais engagés.

§ 3 DÉROULEMENT ET FIN DU STAGE

Art. R. 131-39 Préalablement à la mise en œuvre du stage, la personne ou le service qui en a la charge reçoit le condamné et lui en expose les objectifs. Il lui précise les conséquences du non-respect de ses obligations résultant du stage, telles qu'elles découlent de l'article 434-41 ou telles qu'elles ont été, le cas échéant, fixées par la juridiction en application de l'article 131-9.

Art. R. 131-40 Une attestation de fin de stage est délivrée au condamné, qui l'adresse à la personne ou au service chargé d'en contrôler la mise en œuvre.

§ 4 DISPOSITIONS SPÉCIFIQUES APPLICABLES AUX MINEURS

Art. R. 131-41 Lorsque le stage *(Abrogé par Décr. nº 2020-128 du 18 févr. 2020, art. 3 et 6, à compter du 24 mars 2020)* ***« de citoyenneté »*** concerne des mineurs, il est élaboré et mis en œuvre sous le contrôle d'un service du secteur public de protection judiciaire de la jeunesse. Le projet de stage est transmis par le responsable de ce service au directeur territorial de la protection judiciaire de la jeunesse. Pour en autoriser la mise en œuvre, le directeur recueille l'avis du juge des enfants et l'accord du procureur de la République du lieu où se déroulera habituellement le stage.

Art. R. 131-42 La convention prévue à l'article R. 131-38 est passée entre les personnes mentionnées *(Décr. nº 2020-128 du 18 févr. 2020, art. 3 et 6, en vigueur le 24 mars 2020)* « à cet article » et le service du secteur public de la protection judiciaire de la jeunesse.

Le directeur territorial de la protection judiciaire de la jeunesse informe le juge des enfants et le procureur de la République de l'identité des services mettant en œuvre des stages *(Abrogé par Décr. nº 2020-128 du 18 févr. 2020, art. 3 et 6, à compter du 24 mars 2020)* ***« de citoyenneté »*** pour les mineurs dans le département et du contenu de ces stages.

Art. R. 131-43 Les formalités prévues à l'article R. 131-39 sont accomplies en présence des parents, du tuteur, du responsable de l'établissement ou de la personne à qui le mineur est confié, ou ceux-ci dûment convoqués.

Le stage se déroule sous le contrôle et en présence permanente d'un personnel éducatif du service chargé de sa mise en œuvre. En cas de difficulté d'exécution du stage liée notamment au comportement du mineur, le représentant du service peut en suspendre l'exécution. Il en informe alors sans délai le juge des enfants et le procureur de la République et leur adresse un rapport.

Art. R. 131-44 En fin de stage, le service en charge de la mesure reçoit le mineur et les parents, le tuteur, le responsable de l'établissement ou la personne à qui le mineur est confié afin d'établir un bilan du déroulement du stage et de vérifier que ses objectifs ont été atteints.

Dans le délai d'un mois suivant la fin du stage, un rapport de synthèse est transmis par le service au juge des enfants et au procureur de la République.

SOUS-SECTION 4 DE LA PEINE DE SANCTION-RÉPARATION

(Décr. nº 2007-1388 du 26 sept. 2007, art. 3)

Art. R. 131-45 Dès que la condamnation est exécutoire, la personne condamnée à la peine de sanction-réparation est informée par le procureur de la République ou par son délégué qu'elle doit lui adresser, au plus tard à l'expiration du délai fixé pour indemniser la victime ou procéder à la remise en état des lieux, la justification qu'il a été procédé à cette indemnisation ou à cette remise en état. Si l'indemnisation se fait en plusieurs fois selon des modalités fixées par la juridiction, la justification doit intervenir pour chaque versement, sauf décision contraire du procureur ou de son délégué.

Lorsque la réparation s'exécute en nature et consiste en une remise en état des lieux, ou en cas de retard dans l'indemnisation de la victime, le délégué du procureur peut convoquer le condamné, le cas échéant avec la partie civile, afin de faciliter l'exécution de la peine ou d'en vérifier l'exécution.

SOUS-SECTION 5 DE LA PEINE DE CONFISCATION D'UN ANIMAL

(Décr. nº 2007-1388 du 26 sept. 2007, art. 3)

L'anc. sous-section 7 a été renumérotée sous-section 5 en application des art. 3 et 6 du Décr. nº 2020-128 du 18 févr. 2020, entré en vigueur le 24 mars 2020.

Art. R. 131-50 Lorsque la juridiction qui prononce la peine de confiscation d'un animal prévue par l'article 131-21-1 ordonne que l'animal sera remis à une fondation ou à une association sans préciser l'identité de cette personne morale, le procureur de la République met à exécution cette peine auprès de la personne morale qu'il détermine.

Art. R. 131-51 Lorsqu'en application des dispositions de l'article 99-1 du code de procédure pénale l'animal confisqué a été placé au cours d'une procédure dirigée contre une personne qui n'en est pas propriétaire, la juridiction se prononce sur la mise à la charge du condamné des frais de placement.

SECTION II DES PEINES APPLICABLES AUX PERSONNES MORALES

Art. R. 131-52 Le mandataire de justice prévu par l'article 131-46 est choisi soit parmi les personnes inscrites sur la liste prévue par l'article 2 de la loi nº 85-99 du 25 janvier 1985 relative aux administrateurs judiciaires, aux mandataires judiciaires à la liquidation des entreprises et experts en diagnostic d'entreprise *[codifié au C. com., art. L. 811-2]*, soit parmi celles inscrites sur l'une des listes prévues par l'article 157 du code de procédure pénale. Toutefois, à titre exceptionnel, la juridiction peut, par décision motivée, désigner comme mandataire une personne physique ne figurant sur aucune des listes précitées mais ayant une expérience ou une qualification particulière.

Ancien art. R. 131-45 devenu art. R. 131-52 en application du Décr. nº 2007-1388 du 26 sept. 2007, art. 3.

Art. R. 131-53 Lorsqu'il existe, au sein d'une personne morale citée ou amenée à comparaître devant une juridiction de jugement, des représentants du personnel, le ministère public les avise de la date et de l'objet de l'audience, par lettre recommandée adressée dix jours au moins avant la date de l'audience.

Lorsque le personnel de cette personne morale est régie par les dispositions du code du travail relatives à la représentation des salariés, l'avis mentionné au premier alinéa est adressé au secrétaire du comité d'entreprise ou, le cas échéant, au secrétaire du comité central d'entreprise et, en l'absence de tels comités, aux délégués du personnel titulaire.

V. Circ. du 18 janv. 1994, nº [18].

Ancien art. R. 131-46 devenu art. R. 131-53 en application du Décr. nº 2007-1388 du 26 sept. 2007, art. 3.

CHAPITRE II DU RÉGIME DES PEINES

(Décr. nº 2003-642 du 11 juill. 2003)

SECTION I DISPOSITIONS GÉNÉRALES

Néant.

SECTION II DES MODES DE PERSONNALISATION DES PEINES

SOUS-SECTIONS 1 à 3

Néant.

SOUS-SECTION 4 DU SURSIS AVEC MISE À L'ÉPREUVE

Art. R. 132-45 *(Décr. nº 2017-198 du 16 févr. 2017)* « Lorsque le sursis avec mise à l'épreuve comprend l'obligation mentionnée au 7º de l'article 132-45, les dispositions des articles R. 131-3 à R. 131-4-1 sont applicables.

« Lorsqu'il » *(Décr. nº 2016-1709 du 12 déc. 2016, art. 2)* comprend comme obligation l'accomplissement d'un stage de sensibilisation à la sécurité routière prévu au 15º de l'article 132-45, les dispositions de l'article R. 131-11-1 sont applicables.

Lorsqu'il comprend comme obligation l'accomplissement d'un stage de citoyenneté prévu au 18º de l'article 132-45, les dispositions des articles R. 131-36 à R. 131-44 qui régissent le stage de citoyenneté sont applicables.

Lorsqu'il comprend comme obligation l'accomplissement d'un stage de responsabilisation pour la prévention et la lutte contre les violences au sein du couple et sexistes prévu au 20º de l'article 132-45, les dispositions des articles R. 131-51-1 et R. 131-51-2 sont applicables.

Lorsque le stage n'a pas été organisé par le service pénitentiaire d'insertion et de probation, son accomplissement donne lieu à la remise au condamné d'une attestation

que celui-ci adresse au service pénitentiaire d'insertion et de probation. Ce service en avise le juge de l'application des peines.

Ancien art. R. 132-45 (Décr. n° 2003-642 du 11 juill. 2003) ***L'attestation de stage de sensibilisation à la sécurité routière prévue au second alinéa de l'article 131-35-1 est adressée au juge de l'application des peines ou au service pénitentiaire d'insertion et de probation chargé du suivi de cette obligation.***

V. Arr. du 25 févr. 2004 relatif aux documents établis à l'occasion du suivi des stages de sensibilisation à la sécurité routière (JO 13 mars).

CHAPITRE III **DE L'EXTINCTION DES PEINES ET DE L'EFFACEMENT DES CONDAMNATIONS**

SECTION II **DE LA GRÂCE**

(Décr. n° 95-152 du 7 févr. 1995)

RÉP. PÉN. v° *Grâce*, par RENAUT.

Art. R. 133-1 **Les recours en grâce sont instruits par le ministre de la justice après, le cas échéant, examen préalable par le ou les ministres intéressés.**

Art. R. 133-2 **Le décret de grâce, signé par le Président de la République, est contresigné par le Premier ministre, par le ministre de la justice et, le cas échéant, le ou les ministres ayant procédé à l'examen préalable du recours.**

LIVRE DEUXIÈME DES CRIMES ET DÉLITS CONTRE LES PERSONNES

TITRE PREMIER DES CRIMES CONTRE L'HUMANITÉ

Néant.

TITRE DEUXIÈME DES ATTEINTES À LA PERSONNE HUMAINE

CHAPITRE PREMIER DES ATTEINTES À LA VIE DE LA PERSONNE

Néant.

CHAPITRE II DES ATTEINTES À L'INTÉGRITÉ PHYSIQUE OU PSYCHIQUE DE LA PERSONNE

Néant.

CHAPITRE III DE LA MISE EN DANGER DE LA PERSONNE

Néant.

CHAPITRE IV DES ATTEINTES AUX LIBERTÉS DE LA PERSONNE

Néant.

CHAPITRE V DES ATTEINTES À LA DIGNITÉ DE LA PERSONNE

Néant.

CHAPITRE VI DES ATTEINTES À LA PERSONNALITÉ

SECTION PREMIÈRE DE L'ATTEINTE À LA VIE PRIVÉE

Art. R. 226-1 *(Décr. n° 97-757 du 10 juill. 1997)* **La liste d'appareils** *(Décr. n° 2016-67 du 29 janv. 2016, art. 6)* **« et de dispositifs techniques » prévue par l'article 226-3 est établie par arrêté du Premier ministre.** – *V. Arr. du 4 juill. 2012 (JO 1er août), mod. par Arr. du 17 juill. 2015 (JO 22 juill.), mod. par Arr. du 15 déc. 2015 (JO 27 déc.) ; mod. par Arr. du 11 août 2016 (JO 26 août).*

Par dérogation aux dispositions de l'article 1er du décret n° 97-34 du 15 janvier 1997 relatif à la déconcentration des décisions administratives individuelles, les autorisations prévues aux articles R. 226-3 et R. 226-7 sont délivrées par le *(Décr. n° 2019-1139 du 7 nov. 2019, art. 1er)* **« directeur général de l'Agence nationale de la sécurité des systèmes d'information** *[ancienne rédaction : Premier ministre]* **».**

V. Instr. du 5 sept. 2006 relative à la commercialisation et à l'acquisition ou détention des matériels permettant de porter atteinte à l'intimité de la vie privée ou au secret des correspondances (JO 3 nov.).

Arrêté du 4 juillet 2012,

Fixant la liste d'appareils et de dispositifs techniques prévue par l'article 226-3 du code pénal.

Art. 1er La liste prévue par l'article 226-3 du code pénal des appareils et des dispositifs techniques soumis à l'autorisation mentionnée à l'article R. 226-3 de ce code figure en annexe I au présent arrêté.

Art. 2 La liste prévue par l'article 226-3 du code pénal des appareils et des dispositifs techniques soumis à l'autorisation mentionnée à l'article R. 226-7 de ce code figure en annexe II au présent arrêté.

Art. 3 L'arrêté du 29 juillet 2004 fixant la liste d'appareils prévue par l'article 226-3 du code pénal est abrogé.

Art. 3-1 *(Arr. du 17 juill. 2015)* Le présent arrêté est applicable sur l'ensemble du territoire de la République.

Art. 4 Le directeur général de l'Agence nationale de la sécurité des systèmes d'information est chargé de l'exécution du présent arrêté, qui sera publié au *Journal officiel* de la République française.

ANNEXES
ANNEXE I

Appareils et dispositifs techniques soumis à autorisation en application de l'article R. 226-3 du code pénal

1. Appareils, à savoir tous dispositifs matériels et logiciels, *(Arr. du 11 août 2016, en vigueur le 1er oct. 2016)* « de nature à permettre » l'interception, l'écoute, l'analyse, la retransmission, l'enregistrement ou le traitement de correspondances émises, transmises ou reçues sur des réseaux de communications électroniques, opérations pouvant constituer l'infraction prévue par le deuxième alinéa de l'article 226-15 du code pénal.

Entrent notamment dans cette catégorie :

(Arr. du 11 août 2016, en vigueur le 1er oct. 2021) « — les appareils qui permettent aux opérateurs de communications électroniques de connecter les équipements de leurs clients au cœur de leur réseau radioélectrique mobile ouvert au public, dès lors que ces appareils disposent de fonctionnalités, pouvant être configurées et activées à distance, permettant de dupliquer les correspondances des clients, à l'exclusion des appareils installés chez ceux-ci ; »

— les appareils dont les fonctionnalités qui participent à l'interception, l'écoute, l'analyse, la retransmission, l'enregistrement ou le traitement de correspondances ne sont pas activées, quel que soit le moyen d'activation ;

— les appareils permettant, par des techniques non intrusives d'induction électromagnétique ou de couplage optique, d'intercepter ou d'écouter les correspondances transitant sur les câbles filaires ou les câbles optiques des réseaux de communications électroniques.

N'entrent pas dans cette catégorie :

— les appareils de tests et de mesures utilisables exclusivement pour l'établissement, la mise en service, le réglage et la maintenance des réseaux et systèmes de communications électroniques ;

— les appareils conçus pour un usage grand public et permettant uniquement l'exploration manuelle ou automatique du spectre radioélectrique en vue de la réception et de l'écoute de fréquences ;

— les dispositifs permettant de réaliser l'enregistrement des communications reçues ou émises par des équipements terminaux de télécommunications, lorsque cet enregistrement fait partie des fonctionnalités prévues par les caractéristiques publiques de ces équipements.

2. Appareils qui, spécifiquement conçus pour détecter à distance les conversations afin de réaliser à l'insu du locuteur l'interception, l'écoute ou la retransmission de la parole, directement ou indirectement, par des moyens acoustiques, électromagnétiques ou optiques, permettent de réaliser l'infraction prévue par l'article 226-1 du code pénal.

Entrent dans cette catégorie :

— les dispositifs microémetteurs permettant la retransmission de la voix par moyens hertziens, optiques ou filaires, à l'insu du locuteur ;

— les appareils d'interception du son à distance de type microcanon ou équipés de dispositifs d'amplification acoustique ;

— les systèmes d'écoute à distance par faisceaux laser.

3. Dispositifs techniques, à savoir tous matériels ou logiciels, spécifiquement conçus pour, sans le consentement des intéressés, accéder aux données informatiques, les enregistrer, les conserver et les transmettre, telles qu'elles s'affichent sur un écran pour l'utilisateur d'un système de traitement automatisé de données *(Arr. du 17 juill. 2015)* « , telles qu'il les y introduit par saisie de caractères ou telles qu'ellles sont reçues et émises par des périphériques audiovisuels », opérations ayant pour objet la captation de données informatiques prévue par l' article 706-102-1 du code de procédure pénale.

N'entrent pas dans cette catégorie les dispositifs de tests et de mesures des signaux radioélectriques émis par un équipement électronique destinés exclusivement à évaluer la compatibilité ou le champ électromagnétique.

ANNEXE II

Appareils et dispositifs techniques soumis à autorisation en application de l'article R. 226-7 du code pénal

1. Appareils, à savoir tous dispositifs matériels et logiciels, *(Arr. du 11 août 2016, en vigueur le 1er oct. 2016)* « de nature à permettre » l'interception, l'écoute, l'analyse, la retransmission, l'enregistrement ou le traitement de correspondances émises, transmises ou reçues sur des réseaux de communications électroniques, opérations pouvant constituer l'infraction prévue par le deuxième alinéa de l'article 226-15 du code pénal.

Entrent notamment dans cette catégorie :

(Arr. du 11 août 2016, en vigueur le 1er oct. 2021) « — les appareils qui permettent aux opérateurs de communications électroniques de connecter les équipements de leurs clients au cœur de leur réseau radioélectrique mobile ouvert au public, dès lors que ces appareils disposent de fonctionnalités, pouvant être configurées et activées à distance, permettant de dupliquer les correspondances des clients, à l'exclusion des appareils installés chez ceux-ci ; »

— les appareils dont les fonctionnalités qui participent à l'interception, l'écoute, l'analyse, la retransmission, l'enregistrement ou le traitement de correspondances ne sont pas activées, quel que soit le moyen d'activation ;

— les appareils permettant, par des techniques non intrusives d'induction électromagnétique ou de couplage optique, d'intercepter ou d'écouter les correspondances transitant sur les câbles filaires ou les câbles optiques des réseaux de communications électroniques.

N'entrent pas dans cette catégorie :

— les appareils de tests et de mesures acquis exclusivement pour l'établissement, la mise en service, le réglage et la maintenance des réseaux et systèmes de communications électroniques ;

— les dispositifs permettant de réaliser l'enregistrement des communications reçues ou émises par des équipements terminaux de télécommunications, lorsque cet enregistrement fait partie des fonctionnalités prévues par les caractéristiques publiques de ces équipements.

2. Appareils permettant l'analyse du spectre radioélectrique ou son exploration manuelle ou automatique en vue de la réception et de l'écoute des fréquences n'appartenant pas aux bandes de fréquences attribuées seules ou en partage par le tableau national de répartition des bandes de fréquences au service de radiodiffusion, ou au service radioamateur, ou aux installations radioélectriques pouvant être établies librement en application de l'article L. 33-3 du code des postes et des communications électroniques, ou aux postes émetteurs et récepteurs fonctionnant sur les canaux banalisés dits "CB".

3. Appareils qui, spécifiquement conçus pour détecter à distance les conversations afin de réaliser à l'insu du locuteur l'interception, l'écoute ou la retransmission de la parole, directement ou indirectement, par des moyens acoustiques, électromagnétiques ou optiques, permettent de réaliser l'infraction prévue par l'article 226-1 du code pénal.

Entrent dans cette catégorie :

— les dispositifs microémetteurs permettant la retransmission de la voix par moyens hertziens, optiques ou filaires, à l'insu du locuteur ;

— les appareils d'interception du son à distance de type microcanon ou équipés de dispositifs d'amplification acoustique ;

— les systèmes d'écoute à distance par faisceaux laser.

4. Dispositifs techniques, à savoir tous matériels ou logiciels, spécifiquement conçus pour, sans le consentement des intéressés, accéder aux données informatiques, les enregistrer, les conserver et les transmettre, telles qu'elles s'affichent sur un écran pour l'utilisateur d'un système de traitement automatisé de données *(Arr. du 17 juill. 2015)* «, telles qu'il les y introduit par saisie de caractères ou telles qu'elles sont reçues et émises par des périphériques audiovisuels », opérations ayant pour objet la captation de données informatiques prévue par l'article 706-102-1 du code de procédure pénale.

N'entrent pas dans cette catégorie les dispositifs de tests et de mesures des signaux radioélectriques émis par un équipement électronique, destinés exclusivement à évaluer la compatibilité ou le champ électromagnétique.

Art. R. 226-2 *(Décr. no 97-757 du 10 juill. 1997)* **Il est institué auprès du Premier ministre une commission consultative composée comme suit :**

1° Le *(Décr. n° 2009-1657 du 24 déc. 2009, en vigueur le 13 janv. 2010)* « directeur général de l'Agence nationale de la sécurité des systèmes d'information » ou son représentant, président ;

2° Un représentant du ministre de la justice ;

3° Un représentant du ministre de l'intérieur ;

4° Un représentant du ministre de la défense ;

5° Un représentant du ministre chargé des douanes ;

6° Un représentant du ministre chargé de l'industrie ;

7° Un représentant du ministre chargé des télécommunications ;

8° Un représentant de la Commission nationale de contrôle *(Décr. n° 2016-67 du 29 janv. 2016, art. 6)* « des techniques de renseignement *[ancienne rédaction : des interceptions de sécurité]* » ;

9° Un représentant du directeur général de l'Agence nationale des fréquences ;

10° Deux personnalités choisies en raison de leur compétence, désignées par le Premier ministre.

La commission peut entendre, à titre d'expert, toute personne compétente.

Elle est saisie pour avis des projets d'arrêtés pris en application des articles R. 226-1 et R. 226-10. Elle peut formuler des propositions de modification de ces arrêtés.

Elle est également consultée sur les demandes d'autorisation présentées en application des articles R. 226-3 et R. 226-7.

Le secrétariat de la commission est assuré par *(Décr. n° 2009-1657 du 24 déc. 2009, en vigueur le 13 janv. 2010)* « l'Agence nationale de la sécurité des systèmes d'information ».

Art. R. 226-3 La fabrication, l'importation, l'exposition, l'offre, la location ou la vente de tout appareil *(Décr. n° 2016-67 du 29 janv. 2016, art. 6)* « ou dispositif technique » figurant sur la liste mentionnée à l'article R. 226-1 est soumise à une autorisation *(Abrogé par Décr. n° 2019-1139 du 7 nov. 2019, art. 1er)* « *délivrée (Décr. n° 97-757 du 10 juill. 1997) « par le Premier ministre* », après avis de la commission mentionnée à l'article R. 226-2 ».

Art. R. 226-4 La demande d'autorisation est déposée *(Décr. n° 97-757 du 10 juill. 1997 ; Décr. n° 2009-1657 du 24 déc. 2009, en vigueur le 13 janv. 2010)* « auprès du directeur général de l'Agence nationale de la sécurité des systèmes d'information ». Elle comporte pour chaque type d'appareil *(Décr. n° 2016-67 du 29 janv. 2016, art. 6)* « ou de dispositif technique » :

1° Le nom et l'adresse du demandeur, s'il est une personne physique, ou sa dénomination et son siège, s'il est une personne morale ;

2° La ou les opérations mentionnées à l'article R. 226-3 pour lesquelles l'autorisation est demandée et, le cas échéant, la description des marchés visés ;

3° L'objet et les caractéristiques techniques du type de l'appareil *(Décr. n° 2016-67 du 29 janv. 2016, art. 6)* « ou du dispositif technique », accompagnés d'une documentation technique ;

4° Le lieu prévu pour la fabrication de l'appareil *(Décr. n° 2016-67 du 29 janv. 2016, art. 6)* « ou du dispositif technique » ou pour les autres opérations mentionnées à l'article R. 226-3 ;

5° L'engagement de se soumettre aux contrôles nécessaires à la vérification du respect des indications fournies dans la demande d'autorisation.

Art. R. 226-5 L'autorisation mentionnée à l'article R. 226-3 est délivrée pour une durée maximale de six ans.

Elle peut fixer les conditions de réalisation de l'opération et le nombre des appareils *(Décr. n° 2016-67 du 29 janv. 2016, art. 6)* « ou des dispositifs techniques » concernés.

(Décr. n° 2016-67 du 29 janv. 2016, art. 6) « Elle est accordée de plein droit aux services de l'État désignés par arrêté du Premier ministre pour la fabrication d'appareils ou de dispositifs techniques. »

Art. R. 226-6 Chaque appareil *(Décr. n° 2016-67 du 29 janv. 2016, art. 6)* « ou dispositif technique » fabriqué, importé, exposé, offert, loué ou vendu doit porter la référence du type correspondant à *(Décr. n° 97-757 du 10 juill. 1997)* « la demande d'autorisation » et un numéro d'identification individuel.

Art. R. 226-7 L'acquisition ou la détention de tout appareil *(Décr. n° 2016-67 du 29 janv. 2016, art. 6)* « ou dispositif technique » figurant sur la liste mentionnée à l'article R. 226-1 est soumise à une autorisation *(Abrogé par Décr. n° 2019-1139 du 7 nov. 2019, art. 1er)* « *délivrée* *(Décr. n° 97-757 du 10 juill. 1997)* « *par le Premier ministre* », après avis de la commission mentionnée à l'article R. 226-2 ».

Art. R. 226-8 La demande d'autorisation est déposée *(Décr. n° 97-757 du 10 juill. 1997 ; Décr. n° 2009-1657 du 24 déc. 2009, en vigueur le 13 janv. 2010)* « auprès du directeur général de l'Agence nationale de la sécurité des systèmes d'information ». Elle comporte pour chaque type d'appareil *(Décr. n° 2016-67 du 29 janv. 2016, art. 6)* « ou de dispositif technique » :

1° Le nom et l'adresse du demandeur, s'il est une personne physique, ou sa dénomination et son siège, s'il est une personne morale ;

2° Le type de l'appareil *(Décr. n° 2016-67 du 29 janv. 2016, art. 6)* « ou du dispositif technique » et le nombre d'appareils *(Décr. n° 2016-67 du 29 janv. 2016, art. 6)* « ou de dispositifs techniques » pour la détention desquels l'autorisation est demandée ;

3° L'utilisation prévue ;

(Décr. n° 97-757 du 10 juill. 1997) « 4° L'engagement de se soumettre aux contrôles nécessaires à la vérification du respect des indications fournies dans la demande d'autorisation. »

Art. R. 226-9 L'autorisation mentionnée à l'article R. 226-7 est délivrée pour une durée maximale de trois ans.

Elle peut subordonner l'utilisation des appareils *(Décr. n° 2016-67 du 29 janv. 2016, art. 6)* « ou des dispositifs techniques » à des conditions destinées à en éviter tout usage abusif.

Elle est accordée de plein droit aux agents ou services de l'État *(Décr. n° 2016-67 du 29 janv. 2016, art. 6)* « pour l'acquisition et la détention des appareils ou dispositifs techniques qu'ils sont autorisés à utiliser en application de la loi *[ancienne rédaction : habilités à réaliser des interceptions autorisées par la loi]* ».

Art. R. 226-10 Les titulaires de l'une des autorisations mentionnées à l'article R. 226-3 ne peuvent proposer, céder, louer ou vendre les appareils *(Décr. n° 2016-67 du 29 janv. 2016, art. 6)* « ou dispositifs techniques » figurant sur la liste prévue à l'article R. 226-1 qu'aux titulaires de l'une des autorisations mentionnées à l'article R. 226-3 *(Décr. n° 2019-1300 du 6 déc. 2019, art. 2)* « à l'article R. 226-7 ou à l'article L. 34-11 du code des postes et communications électroniques ».

Ils tiennent un registre retraçant l'ensemble des opérations relatives à ces matériels. Le modèle de ce registre est déterminé *(Décr. n° 97-757 du 10 juill. 1997)* « par arrêté du Premier ministre, pris après avis de la commission mentionnée à l'article R. 226-2 ». — *V. ci-dessous Arr. du 16 août 2006. — V. art. R. 623-4.*

Les dispositions des art. R. 226-2, R. 226-3, R. 226-4, R. 226-6, R. 226-7, R. 226-8 et R. 226-10 C. pén. pourront être ultérieurement modifiées par décret en Conseil d'État (Décr. n° 97-757 du 10 juill. 1997, art. 10).

Arrêté du 16 août 2006,

Relatif au registre visé par l'article R. 226-10 du code pénal.

Art. 1er Le registre prévu à l'article R. 226-10 du code pénal retraçant l'ensemble des opérations relatives aux matériels dont la liste est fixée par l'arrêté du 29 juillet 2004 susvisé est conforme au modèle figurant en annexe du présent arrêté.

Art. 2 Ce registre revêt la forme d'un cahier coté et paraphé tenu par le responsable de la société qui a souscrit l'engagement de se soumettre aux contrôles nécessaires tel qu'il est prévu à l'article R. 226-4 du code pénal.

Art. 3 L'arrêté du 15 janvier 1998 ayant le même objet est abrogé.

ANNEXE

REGISTRE

Renseignements concernant la commercialisation

DATE de l'opération (A)	NATURE de l'opération (1) (B)	DÉSIGNATION de l'appareil (C)	NUMÉRO d'identification (art. R. 226-6 du code pénal) (D)	NUMÉRO d'autorisation administrative (art. R. 226-3 du code pénal) (E)	IDENTIFICATION du client ou du fournisseur (2) (f)	RÉFÉRENCES de l'autorisation du client ou du fournisseur ou du transitaire (3) (art. R. 226-3 ou R. 226-7 du code pénal) (G)	NOM de la personne prenant en charge l'appareil et les références de la pièce d'identité produite (H)

Nota. – Seules les colonnes (A), (B) et (G) sont renseignées lorsque le client est un agent ou un service de l'État titulaire d'une autorisation délivrée en application de l'article R. 226-9 du code pénal, dernier alinéa. Par ailleurs, en cas de réquisition judiciaire, le numéro correspondant et la désignation de l'autorité judiciaire à l'origine de la réquisition seront renseignés dans la colonne (G), en lieu et place du numéro d'autorisation.
(1) Fabrication, importation, achat, location, vente, retour après location ou dans le cadre du service après-vente, ou autres.
(2) Personne physique ou morale.
(3) Au sens des articles 86 à 94 du code des douanes.

Art. R. 226-11 **Les autorisations prévues à l'article R. 226-3 et à l'article R. 226-7 peuvent être retirées :**

1° En cas de fausse déclaration ou de faux renseignement ;

2° En cas de modification des circonstances au vu desquelles l'autorisation a été délivrée ;

3° Lorsque le bénéficiaire de l'autorisation n'a pas respecté les dispositions de la présente section ou les obligations particulières prescrites par l'autorisation ;

4° Lorsque le bénéficiaire de l'autorisation cesse l'exercice de l'activité pour laquelle a été délivrée l'autorisation.

Le retrait ne peut intervenir, sauf urgence, qu'après que le titulaire de l'autorisation a été mis à même de faire valoir ses observations.

Les autorisations prennent fin de plein droit en cas de condamnation du titulaire pour l'une des infractions prévues par les articles 226-1, 226-15 ou 432-9.

Art. R. 226-12 **Les personnes qui fabriquent, importent, détiennent, exposent, offrent, louent ou vendent des appareils** *(Décr. n° 2016-67 du 29 janv. 2016, art. 6)* **« ou des dispositifs techniques » figurant sur la liste prévue à l'article R. 226-1 doivent se mettre en conformité avec les prescriptions de la présente section en sollicitant les autorisations nécessaires dans un délai de trois mois à compter de la publication de l'arrêté prévu à l'article R. 226-1.**

Si l'autorisation n'est pas délivrée, ces personnes disposent d'un délai d'un mois pour procéder à la destruction de ces appareils *(Décr. n° 2016-67 du 29 janv. 2016, art. 6)* **« ou dispositifs techniques » ou pour les vendre ou les céder à une personne titulaire de l'une des autorisations prévues** *(Décr. n° 2019-1300 du 6 déc. 2019, art. 2)* **« aux articles R. 226-3, R. 226-7 ou à l'article L. 34-11 du code des postes et communications électroniques ». Il en est de même dans les cas d'expiration ou de retrait de l'autorisation.**

V. Circ. du 18 janv. 1994, nos [19 s.].

SECTIONS II *à* VI

Néant.

CHAPITRE VII **DES ATTEINTES AUX MINEURS ET À LA FAMILLE**

Néant.

LIVRE TROISIÈME DES CRIMES ET DÉLITS CONTRE LES BIENS

TITRE PREMIER DES APPROPRIATIONS FRAUDULEUSES

Néant.

TITRE DEUXIÈME DES AUTRES ATTEINTES AUX BIENS

CHAPITRE PREMIER DU RECEL ET DES INFRACTIONS ASSIMILÉES OU VOISINES

SECTION PREMIÈRE

Néant.

SECTION II DES INFRACTIONS ASSIMILÉES AU RECEL OU VOISINES DE CELUI-CI

SOUS-SECTION 1 DISPOSITIONS RELATIVES AUX PERSONNES DONT L'ACTIVITÉ PROFESSIONNELLE COMPORTE LA VENTE OU L'ÉCHANGE DE CERTAINS OBJETS MOBILIERS

Art. R. 321-1 Toute personne soumise à l'obligation de tenir le registre d'objets mobiliers prévu au premier alinéa de l'article 321-7 doit effectuer une déclaration préalable à la préfecture ou la sous-préfecture dont dépend son établissement principal. A Paris, la déclaration est faite à la préfecture de police.

En l'absence d'établissement fixe ouvert au public, le lieu du domicile ou, à défaut, *(Décr. n° 2017-1522 du 2 nov. 2017, art. 5)* « le lieu d'élection de domicile au sens de l'article L. 264-1 du code de l'action sociale et des familles » est considéré comme le lieu d'établissement.

La déclaration comporte les indications suivantes : nom et prénoms du déclarant ; date et lieu de naissance ; nationalité ; lieu d'exercice habituel de la profession ; statut de l'entreprise ainsi qu'un extrait d'immatriculation au registre du commerce et des sociétés *(Abrogé par Décr. n° 2015-731 du 24 juin 2015, à compter du 19 déc. 2015) (Décr. n° 2009-16 du 7 janv. 2009)* ***« ou le récépissé de déclaration d'activité remis par le centre de formalités des entreprises aux personnes physiques bénéficiant de la dispense d'immatriculation prévue par l'article L. 123-1-1 du code de commerce »***.

Il est remis un récépissé de déclaration qui doit être présenté à toute réquisition des services de police et de gendarmerie, des services fiscaux, des douanes ainsi que des services de la concurrence, de la consommation et de la répression des fraudes. – *Pén. R. 633-1 s., R. 635-3 s.*

Art. R. 321-2 En cas de changement du lieu de l'établissement principal, les personnes mentionnées à l'article R. 321-1 sont tenues de faire une déclaration au commissariat de police, ou, à défaut, à la mairie tant du lieu qu'elles quittent que de celui où elles vont s'établir.

Le déplacement d'un établissement secondaire doit également faire l'objet d'une déclaration au commissariat de police ou, à défaut, à la mairie du lieu de l'établissement principal.

Il est remis un récépissé de ces déclarations. – *Pén. R. 635-3, R. 635-7 s.*

Art. R. 321-3 *(Décr. n° 2012-99 du 26 janv. 2012)* « Le registre d'objets mobiliers prévu au premier alinéa de l'article 321-7 comporte : »

1° Les nom, prénoms, qualité et domicile de chaque personne qui a vendu, apporté à l'échange ou remis en dépôt en vue de la vente un ou plusieurs objets, ainsi que la nature, le numéro et la date de délivrance de la pièce d'identité produite par la personne physique qui a réalisé la vente, l'échange ou le dépôt, avec l'indication de l'autorité qui l'a établie ;

2° Lorsqu'il s'agit d'une personne morale, la dénomination et le siège de celle-ci ainsi que les nom, prénoms, qualité et domicile du représentant de la personne morale qui a effectué l'opération pour son compte, avec les références de la pièce d'identité produite.

(Décr. n° 2012-99 du 26 janv. 2012) « 3° La nature, la provenance et la description des objets acquis ou détenus en vue de la vente ou de l'échange.

« La description de chaque objet comprend ses caractéristiques ainsi que les noms, signatures, monogrammes, lettres, chiffres, numéros de série, emblèmes et signes de toute nature apposés sur lui et qui servent à l'identifier ;

« Toutefois les objets dont la valeur unitaire » n'excède pas un montant fixé par un arrêté conjoint du garde des sceaux, ministre de la justice, du ministre de l'intérieur et du ministre chargé du commerce et qui ne présentent pas un intérêt artistique ou historique peuvent être regroupés et faire l'objet d'une mention et d'une description communes sur le registre.

Le seuil prévu au dernier al. de l'art. R. 321-3 C. pén. ne s'applique pas aux véhicules retirés de la circulation dans le cadre du Décr. n° 95-1119 du 19 oct. 1995 instituant une aide à la reprise des véhicules automobiles de plus de huit ans (Décr. préc., art. 8). — V. ce décret au ***C. route.***

Art. R. 321-4 Chaque objet exposé à la vente ou détenu en stock est affecté d'un numéro d'ordre.

Les objets mentionnés au dernier alinéa de l'article R. 321-3 peuvent faire l'objet d'un numéro d'ordre commun.

Le numéro d'ordre est porté sur le registre et figure de manière apparente sur chaque objet ou lot d'objets. — *Pén. R. 633-2.*

La détermination du nombre des contraventions ne résulte pas de celui des objets exposés, mais des numéros d'ordre portés sur le registre. • Crim. 23 oct. 1997 : *Dr. pénal 1998. Comm. 32, note Véron.*

Art. R. 321-5 Le registre comporte également :

1° Le prix d'achat *(Décr. n° 2012-99 du 26 janv. 2012)* « et le mode de règlement de chaque objet ou lot d'objets » ou, en cas d'échange, d'acquisition à titre gratuit ou de dépôt en vue de la vente, une estimation de la valeur vénale de chaque objet ou lot d'objets ;

2° Le cas échéant, l'indication *(Décr. n° 2013-287 du 4 avr. 2013)* « de la mesure de protection de l'objet mobilier en application des dispositions du code du patrimoine », lorsqu'il en est donné connaissance au revendeur d'objets mobiliers.

Art. R. 321-6 Les mentions figurant sur le registre sont inscrites à l'encre indélébile, sans blanc, rature ni abréviation.

Le registre est coté et paraphé par le commissaire de police ou, à défaut, par le maire de la commune où est situé l'établissement ouvert au public.

Lorsque les personnes mentionnées à l'article R. 321-1 possèdent plusieurs établissements ouverts au public, un registre est tenu pour chaque établissement.

Lorsque ces mêmes personnes ne possèdent pas d'établissement fixe ouvert au public, le registre est coté et paraphé par un commissaire de police ou un maire.

Le registre est conservé pendant un délai de cinq ans à compter de sa date de clôture. — *Pén. R. 633-3 s.*

Art. R. 321-6-1 *(Décr. n° 2013-287 du 4 avr. 2013)* La tenue du registre au moyen d'un traitement automatisé de données à caractère personnel dispense de la tenue d'un registre physique coté et paraphé.

Le registre tenu au moyen d'un traitement automatisé comporte les mentions prévues aux articles R. 321-3 à R. 321-5.

Le traitement automatisé garantit l'intégrité, l'intangibilité et la sécurité des données enregistrées.

La durée de conservation des données est de dix ans à compter de leur enregistrement dans le traitement.

Art. R. 321-7 Lorsque la personne mentionnée à l'article R. 321-1 est une personne morale, les obligations prévues par la présente sous-section incombent aux dirigeants de celle-ci.

Art. R. 321-8 Le modèle du registre d'objets mobiliers est déterminé par arrêté conjoint du ministre de l'intérieur et du ministre chargé du commerce.

(Décr. n° 2013-287 du 4 avr. 2013) « Les modalités de tenue du registre d'objets mobiliers au moyen d'un traitement automatisé de données à caractère personnel prévu à l'article R. 321-6-1 et les obligations techniques devant être respectées par un tel traitement sont déterminées par arrêté conjoint du ministre de l'intérieur et du ministre de la culture. »

V. Circ. du 18 janv. 1994, nos 22 s.

SOUS-SECTION 2 DISPOSITIONS CONCERNANT LES MANIFESTATIONS PUBLIQUES EN VUE DE LA VENTE OU DE L'ÉCHANGE DE CERTAINS OBJETS MOBILIERS

Art. R. 321-9 Le registre tenu à l'occasion de toute manifestation mentionnée au deuxième alinéa de l'article 321-7 doit comprendre :

1° Les nom, prénoms, qualité et domicile de chaque personne qui offre à la vente ou à l'échange des objets mobiliers usagés ou acquis de personnes autres que celles qui les fabriquent ou en font commerce ainsi que la nature, le numéro et la date de délivrance de la pièce d'identité produite par celle-ci avec l'indication de l'autorité qui l'a établie ;

(Décr. n° 2009-16 du 7 janv. 2009) « 2° Pour les participants non professionnels, la mention de la remise d'une attestation sur l'honneur de non-participation à deux autres manifestations de même nature au cours de l'année civile ;

« 3° » Lorsqu'il s'agit d'une personne morale, la dénomination et le siège de celle-ci ainsi que les nom, prénoms, qualité et domicile du représentant de la personne morale à la manifestation, avec les références de la pièce d'identité produite.

Art. R. 321-10 Le registre doit être coté et paraphé par le commissaire de police ou, à défaut, par le maire de la commune du lieu de la manifestation.

Il est tenu à la disposition des services de police et de gendarmerie, des services fiscaux, des douanes ainsi que des services de la concurrence, de la consommation et de la répression des fraudes pendant toute la durée de la manifestation.

Au terme de celle-ci et au plus tard dans le délai de huit jours, il est déposé à la préfecture ou à la sous-préfecture du lieu de la manifestation. – *Pén. R. 633-5, R. 635-5 s.*

Art. R. 321-11 Lorsque l'organisateur de la manifestation est une personne morale, les obligations prévues par la présente sous-section incombent aux dirigeants de celle-ci.

Art. R. 321-12 Le modèle du registre est déterminé par arrêté conjoint du ministre de l'intérieur et du ministre chargé du commerce.

V. Circ. du 18 janv. 1994, n° [26].

SECTION III

Néant.

CHAPITRE II DES DESTRUCTIONS, DÉGRADATIONS ET DÉTÉRIORATIONS

Néant.

CHAPITRE III DES ATTEINTES AUX SYSTÈMES DE TRAITEMENT AUTOMATISÉ DE DONNÉES

Néant.

LIVRE QUATRIÈME DES CRIMES ET DÉLITS CONTRE LA NATION, L'ÉTAT ET LA PAIX PUBLIQUE

TITRE PREMIER DES ATTEINTES AUX INTÉRÊTS FONDAMENTAUX DE LA NATION

CHAPITRE PREMIER DE LA TRAHISON ET DE L'ESPIONNAGE

Néant.

CHAPITRE II DES AUTRES ATTEINTES AUX INSTITUTIONS DE LA RÉPUBLIQUE OU À L'INTÉGRITÉ DU TERRITOIRE NATIONAL

Néant.

CHAPITRE III DES AUTRES ATTEINTES À LA DÉFENSE NATIONALE

SECTION PREMIÈRE DES ATTEINTES À LA SÉCURITÉ DES FORCES ARMÉES ET AUX ZONES PROTÉGÉES INTÉRESSANT LA DÉFENSE NATIONALE

Art. R. 413-1 Les zones protégées que constituent les locaux et terrains clos mentionnés à l'article 413-7 sont délimitées dans les conditions prévues à la présente section.

Art. R. 413-2 Le besoin de protection est déterminé par le ministre qui a la charge des installations, du matériel ou des recherches, études, fabrications à caractère secret qu'il désigne.

(Décr. n° 2001-744 du 24 août 2001) « Les autorités dont relèvent les services, établissements ou entreprises concernés peuvent recevoir par décret délégation pour déterminer ce besoin de protection. »

Art. R. 413-3 Lorsque l'activité principale du service, de l'établissement ou de l'entreprise relève du ministre ayant déterminé le besoin de protection, l'implantation et les limites des zones protégées sont fixées par arrêté de ce ministre.

Lorsque l'activité principale du service, de l'établissement ou de l'entreprise relève d'un autre ministre, l'implantation et les limites de zones protégées sont fixées par arrêté conjoint de ce ministre et du ministre ayant déterminé le besoin de protection.

(Décr. n° 2001-744 du 24 août 2001) « Les autorités dont relèvent ces services, établissements ou entreprises peuvent recevoir par décret délégation pour prendre les arrêtés prévus par le présent article. »

Art. R. 413-4 L'arrêté portant création d'une zone protégée est notifié au chef du service, de l'établissement ou de l'entreprise. Celui-ci prend alors, sous le contrôle *(Décr. n° 2001-744 du 24 août 2001)* « de l'autorité » qui a déterminé le besoin de protection, toutes dispositions pour rendre apparentes les limites de la zone et les mesures d'interdiction dont elle est l'objet.

Un exemplaire de l'arrêté est adressé, pour leur information et éventuellement aux fins d'application des dispositions qui les concernent, au ministre de l'intérieur et aux préfets territorialement compétents.

Art. R. 413-5 L'autorisation de pénétrer dans la zone protégée est donnée par le chef du service, de l'établissement ou de l'entreprise, selon les directives et sous le contrôle du ministre ayant déterminé le besoin de protection.

Toutefois, lorsque la zone a été instituée pour protéger des recherches, études ou fabrications qui doivent être tenues secrètes dans l'intérêt de la défense nationale, l'autorisation est délivrée par le ministre qui a déterminé le besoin de protection.

Dans tous les cas, l'autorisation est délivrée par écrit. Elle peut être retirée à tout moment dans les mêmes formes.

V. Circ. du 18 janv. 1994, nos [27 s.].

Art. R. 413-5-1 *(Décr. n° 2011-1425 du 2 nov. 2011)* I. — Sont dites "zones à régime restrictif" celles des zones, mentionnées à l'article R. 413-1, dont le besoin de protection tient à l'impératif qui s'attache à empêcher que des éléments essentiels du potentiel scientifique ou technique de la nation :

1° Fassent l'objet d'une captation de nature à affaiblir ses moyens de défense, à compromettre sa sécurité ou à porter préjudice à ses autres intérêts fondamentaux ;

2° Ou soient détournés à des fins de terrorisme, de prolifération d'armes de destruction massive et de leurs vecteurs ou de contribution à l'accroissement d'arsenaux militaires.

Les zones à régime restrictif peuvent inclure, dans leur périmètre, des locaux dont la protection renforcée est justifiée par l'entreposage de produits ou par l'exécution d'activités comportant des risques particuliers au regard des impératifs mentionnés aux trois premiers alinéas.

II. — Par dérogation aux deux premiers alinéas de l'article R. 413-5, l'accès à une zone à régime restrictif pour y effectuer un stage, y préparer un doctorat, y participer à une activité de recherche, y suivre une formation, y effectuer une prestation de service ou y exercer une activité professionnelle est soumis à l'autorisation du chef du service, d'établissement ou d'entreprise, après avis favorable du ministre chargé d'en exercer la tutelle ou, à défaut de ministre de tutelle, du ministre qui a déterminé le besoin de protection en application de l'article R. 413-2.

La demande d'avis est adressée par le chef de service, d'établissement ou d'entreprise au ministre mentionné au précédent alinéa. Le silence gardé par le ministre au cours des deux mois suivant la réception de la demande vaut avis favorable.

Le refus d'autorisation d'accès n'est pas motivé.

III. — Toute personne bénéficiant d'une habilitation au titre de la protection du secret de la défense nationale est réputée avoir obtenu l'avis ministériel favorable mentionné au II.

Les prestataires extérieurs de services relevant de catégories précisées par arrêté du Premier ministre et exerçant leur activité habituelle dans une zone à régime restrictif sont réputés avoir obtenu l'avis ministériel favorable mentionné au II pour accéder, dans les conditions prévues par un contrat de prestation de service, à la zone à régime restrictif.

IV. — Dans tous les cas, le chef du service, de l'établissement ou de l'entreprise informe le ministre mentionné au premier alinéa du II de sa décision relative à l'autorisation d'accès.

SECTION II DES ATTEINTES AU SECRET DE LA DÉFENSE NATIONALE

Art. R. 413-6 *(Décr. n° 94-167 du 25 févr. 1994)* Pour l'application de l'article 413-9, les niveaux de classification des renseignements, procédés, objets, documents, données informatisées ou fichiers présentant un caractère de secret de la défense nationale ainsi que les autorités chargées de définir les modalités selon lesquelles est organisée leur protection sont déterminés par les articles R. 2311-1 et suivants du code de la défense. — *V. ce décret (JO 19 juill.).*

V. Circ. du 18 janv. 1994, n° [29].

CHAPITRE IV DISPOSITIONS PARTICULIÈRES

Néant.

TITRE DEUXIÈME DU TERRORISME

Néant.

TITRE TROISIÈME DES ATTEINTES À L'AUTORITÉ DE L'ÉTAT

CHAPITRE PREMIER DES ATTEINTES À LA PAIX PUBLIQUE

RÉP. PÉN. v° *Espionnage,* par RAYNE.

SECTION PREMIÈRE

Néant.

SECTION II DE LA PARTICIPATION DÉLICTUEUSE À UN ATTROUPEMENT

RÉP. PÉN. v° *Attroupement*, par PERROUDON.

Art. R. 431-1 à R. 431-5 *Abrogés par Décr. n° 2013-1113 du 4 déc. 2013, art. 9, à compter du 1er janv. 2014.*

V. CSI, art. D. 211-10 s., ss. C. pén., art. 431-3.

SECTIONS III et IV

Néant.

CHAPITRE II DES ATTEINTES À L'ADMINISTRATION PUBLIQUE COMMISES PAR DES PERSONNES EXERÇANT UNE FONCTION PUBLIQUE

Néant.

CHAPITRE III DES ATTEINTES À L'ADMINISTRATION PUBLIQUE COMMISES PAR LES PARTICULIERS

Néant.

CHAPITRE IV DES ATTEINTES À L'ACTION DE LA JUSTICE

Néant.

TITRE QUATRIÈME DES ATTEINTES À LA CONFIANCE PUBLIQUE

Néant.

TITRE CINQUIÈME DE LA PARTICIPATION À UNE ASSOCIATION DE MALFAITEURS

Néant.

LIVRE CINQUIÈME DES AUTRES CRIMES ET DÉLITS

CHAPITRE PREMIER DES SÉVICES GRAVES OU ACTES DE CRUAUTÉ ENVERS LES ANIMAUX

Art. R. 511-1 Les prescriptions relatives aux expériences ou recherches scientifiques ou expérimentales sur les animaux mentionnées à l'article 511-2 *[art. 521-2]* sont fixées par le décret n° 87-848 du 19 octobre 1987 *[C. rur., art. R.* 214-87 s.]* pris pour l'application de cet article et du troisième alinéa de l'article 276 du code rural et de la pêche maritime *[devenu C. rur., art. L. 214-3]*.

V. Circ. du 18 janv. 1994, n° [32].

V. Décr. n° 2001-486 du 6 juin 2001 (JO 8 juin) portant publication de la Convention européenne sur la protection des animaux vertébrés utilisés à des fins expérimentales ou à d'autres fins scientifiques, adoptée à Strasbourg le 18 mars 1986 et signée par la France, le 2 sept. 1987.

Code rural et de la pêche maritime

2e PARTIE. RÉGLEMENTAIRE

(Décr. n° 2003-768 du 1er août 2003 ; Décr. n° 2005-368 du 19 avr. 2005)

LIVRE II. SANTÉ PUBLIQUE VÉTÉRINAIRE ET PROTECTION DES VÉGÉTAUX

TITRE Ier. LA GARDE ET LA CIRCULATION DES ANIMAUX ET DES PRODUITS ANIMAUX

CHAPITRE IV. *LA PROTECTION DES ANIMAUX*

SECTION VI. *Utilisation d'animaux vivants à des fins scientifiques*
(Décr. n° 2013-118 du 1er févr. 2013)

SOUS-SECTION 1. *Champ d'application et définitions*

Art. R. 214-87 Les dispositions de la présente section s'appliquent lorsque des animaux sont utilisés ou destinés à être utilisés dans des procédures expérimentales telles que définies à l'article R. 214-89, ou lorsqu'ils sont élevés pour que leurs organes ou tissus puissent être utilisés à des fins scientifiques.

Les dispositions de la présente section s'appliquent jusqu'à ce que les animaux visés au premier alinéa aient été mis à mort, placés dans un système d'élevage approprié ou relâchés dans un habitat approprié.

Ces dispositions s'appliquent aux :

— animaux vertébrés vivants, y compris les formes larvaires autonomes et les formes fœtales de mammifères à partir du dernier tiers de leur développement normal ;

— formes larvaires autonomes et formes fœtales de mammifères à un stade de développement antérieur au dernier tiers de leur développement normal, si l'animal doit être laissé en vie au-delà de ce stade de développement et risque, à la suite des procédures expérimentales menées, d'éprouver de la douleur, de la souffrance ou de l'angoisse ou de subir des dommages durables après avoir atteint ce stade de développement ;

— céphalopodes vivants.

Le recours à un anesthésique, à un analgésique ou à d'autres méthodes destinées à supprimer la douleur, la souffrance, l'angoisse ou les dommages durables ne place pas l'utilisation d'un animal en dehors du champ d'application de la présente section.

Art. R. 214-88 N'entre pas dans le champ d'application de la présente section l'utilisation d'animaux dans les conditions suivantes :

(Abrogé par Décr. n° 2020-274 du 17 mars 2020) *« 1° L'utilisation, invasive ou non, à des fins expérimentales ou à d'autres fins scientifiques, des animaux invertébrés, autres que les céphalopodes, des formes embryonnaires des vertébrés ovipares et des formes fœtales de mammifères avant le dernier tiers de leur développement normal sous réserve des dispositions du cinquième alinéa de l'article R. 214-87 ; »*

2° Les actes pratiqués dans les exploitations agricoles à des fins non expérimentales ;

3° Les actes pratiqués à des fins d'élevage reconnues ;

4° Les actes pratiqués dans le but premier d'identifier un animal ;

5° La pratique de la médecine vétérinaire à des fins non expérimentales ;
6° Les essais cliniques vétérinaires nécessaires aux fins d'une autorisation de mise sur le marché d'un médicament vétérinaire ;
7° Les pratiques qui sont susceptibles de causer une douleur, une souffrance, une angoisse ou des dommages durables inférieurs à ceux causés par l'introduction d'une aiguille effectuée conformément aux bonnes pratiques vétérinaires.

Art. R. 214-89 Au sens de la présente section et des textes pris pour son application, on entend par :
1° "Procédure expérimentale" :
— toute utilisation, invasive ou non, d'un animal à des fins expérimentales ou à d'autres fins scientifiques *(Décr. nº 2020-274 du 17 mars 2020)* « , y compris lorsque les résultats sont connus, » ou à des fins éducatives ;
— toute intervention destinée ou de nature à aboutir à la naissance ou à l'éclosion d'un animal ou à la création et à la conservation d'une lignée d'animaux génétiquement modifiés ;
Dès lors que cette utilisation ou cette intervention sont susceptibles de causer à cet animal une douleur, une souffrance, une angoisse ou des dommages durables équivalents ou supérieurs à ceux causés par l'introduction d'une aiguille effectuée conformément aux bonnes pratiques vétérinaires.
La mise à mort d'animaux, à la seule fin d'utiliser leurs organes ou tissus, selon une méthode définie par arrêté conjoint du ministre chargé de l'agriculture et du ministre chargé de la recherche, n'est pas considérée comme une procédure expérimentale ;
2° "Projet" : tout programme de travail répondant à un objectif scientifique défini, utilisant un ou plusieurs modèles animaux, et impliquant une ou plusieurs procédures expérimentales ;
3° "Établissement" : toute installation, tout bâtiment, tout groupe de bâtiments ou tout autre local, y compris, le cas échéant, un endroit non totalement clos ou couvert, ainsi que des installations mobiles ;
4° "Éleveur" : toute personne élevant des animaux des espèces définies par arrêté conjoint des ministres chargés de l'agriculture et de la recherche, en vue de leur utilisation exclusive dans des procédures expérimentales ou en vue de l'utilisation de leurs tissus ou organes à des fins scientifiques, ou élevant d'autres animaux principalement à ces fins, dans un but lucratif ou non ;
5° "Fournisseur" : toute personne autre qu'un éleveur fournissant des animaux en vue de leur utilisation dans des procédures expérimentales ou en vue de l'utilisation de leurs tissus ou organes à des fins scientifiques, dans un but lucratif ou non ;
6° "Utilisateur" : toute personne utilisant des animaux dans des procédures expérimentales ou procédant à la mise à mort d'animaux au sens du dernier alinéa du 1° ;
7° "Affection invalidante" : chez l'homme, toute diminution des capacités physiques ou psychologiques d'une personne ;
8° "Colonie entretenue sans apport d'effectifs extérieurs" : colonie dont les animaux sont élevés uniquement au sein de la colonie ou proviennent d'autres colonies mais n'ont pas été prélevés dans la nature et sont détenus de manière à être habitués à l'être humain.

SOUS-SECTION 2. *Protection des animaux utilisés à des fins scientifiques*

§ 1er. *Espèces animales concernées et origine des animaux*

Art. R. 214-90 Les animaux utilisés ou destinés à être utilisés dans des procédures expérimentales appartenant aux espèces dont la liste est fixée par arrêté conjoint des ministres chargés de l'environnement, de l'agriculture et de la recherche doivent avoir été élevés à cette fin et provenir d'éleveurs ou de fournisseurs agréés selon les modalités prévues aux articles R. 214-99 à R. 214-103.

A compter d'une date fixée par arrêté conjoint des ministres chargés de l'environnement, de l'agriculture et de la recherche, les primates sont issus d'élevages en captivité ou de colonies entretenues sans apport d'effectifs extérieurs.

Des dérogations au premier alinéa du présent article peuvent être accordées par le ministre chargé de la recherche, après avis des autres ministres concernés, sur la base d'éléments scientifiques dûment justifiés *(Abrogé par Décr. nº 2020-274 du 17 mars 2020) « lorsque la production des éleveurs agréés est insuffisante ou ne convient pas aux besoins spécifiques du projet ».*

Art. R. 214-91 Les animaux d'espèces domestiques errants ou vivant à l'état sauvage ne sont pas utilisés dans des procédures expérimentales. A titre exceptionnel, des dérogations peuvent être accordées par les ministres chargés de l'agriculture et de la recherche après avis favorable de la *(Décr. n° 2020-274 du 17 mars 2020)* « Commission nationale pour la protection des animaux utilisés à des fins scientifiques » pour autant que les conditions suivantes soient satisfaites :

a) Il existe une nécessité essentielle de mener cette procédure expérimentale qui concerne la santé et le bien-être des animaux de la même espèce ou une menace sérieuse pour la santé humaine ou animale ou pour l'environnement ;

b) Il existe des éléments scientifiques démontrant que la finalité de la procédure expérimentale ne peut être atteinte qu'en utilisant un animal errant ou vivant à l'état sauvage.

Art. R. 214-92 Les animaux d'espèces non domestiques non tenus en captivité ne sont pas utilisés dans des procédures expérimentales. Des dérogations ne peuvent être accordées par les ministres chargés de l'environnement et de la recherche que s'il est démontré scientifiquement que l'objectif de la procédure expérimentale ne peut être atteint en utilisant un animal élevé en vue d'une utilisation dans des procédures expérimentales.

Lorsque les animaux utilisés ou destinés à être utilisés dans les procédures expérimentales sont des spécimens d'espèces protégées en application de l'article L. 411-1 du code de l'environnement, cette dérogation ne peut être accordée que si la dérogation prévue au 4° de l'article L. 411-2 du même code a été accordée.

Lorsque les animaux utilisés ou destinés à être utilisés dans les procédures expérimentales sont des spécimens d'espèces dont la chasse est autorisée, cette dérogation ne peut être accordée que si l'autorisation de prélèvement prévue à l'article L. 424-11 du code de l'environnement a été accordée.

La capture des animaux dans la nature ne peut être effectuée que par une personne disposant des compétences définies par arrêté conjoint des ministres chargés de l'environnement et de l'agriculture et en employant des méthodes ne causant pas aux animaux de douleur, de souffrance, d'angoisse ou de dommages durables qui pourraient être évités.

Tout animal qui, lors de la capture ou après celle-ci, est blessé ou en mauvaise santé est examiné par un vétérinaire et des mesures sont prises pour atténuer autant que possible la souffrance de l'animal.

Art. R. 214-93 L'utilisation dans des procédures expérimentales d'animaux appartenant à des espèces menacées, autres que celles appartenant à l'ordre des primates, énumérées à l'annexe A du règlement (CE) n° 338/97 du Conseil du 9 décembre 1996 relatif à la protection des espèces de faune et de flore sauvages par le contrôle de leur commerce, qui ne relèvent pas du champ d'application de l'article 7, paragraphe 1, de ce règlement, n'est autorisée que pour les procédures expérimentales répondant aux conditions suivantes :

a) La procédure poursuit l'une des finalités visées au i du *b*, au *c* ou au *e* du 1° de l'article R. 214-105 ;

b) Il existe des éléments scientifiques démontrant que la finalité de la procédure ne peut être atteinte en utilisant d'autres espèces que celles énumérées dans l'annexe A du règlement (CE) n° 338/97 du Conseil du 9 décembre 1996.

Art. R. 214-94 I. — L'utilisation de primates dans des procédures expérimentales ne peut être autorisée que pour les procédures expérimentales répondant aux conditions suivantes :

a) La procédure expérimentale poursuit l'une des finalités mentionnées :

— au i du *b* ou au *c* du 1° de l'article R. 214-105 et est appliquée en vue de la prévention, de la prophylaxie, du diagnostic ou du traitement d'affections invalidantes ou susceptibles d'être mortelles ;

— au *a* ou au *e* du 1° de l'article R. 214-105 ;

b) Il existe des éléments scientifiques démontrant que la finalité de la procédure expérimentale ne peut être atteinte en utilisant d'autres espèces que celles appartenant à l'ordre des primates.

II. — L'utilisation, pour des procédures expérimentales, de primates appartenant à des espèces énumérées à l'annexe A du règlement (CE) n° 338/97 du Conseil du 9 décembre 1996 relatif à la protection des espèces de faune et de flore sauvages par le contrôle de leur commerce, qui ne relèvent pas du champ d'application de l'article 7, paragraphe 1, de ce règlement, ne peut être autorisée que pour les procédures expérimentales répondant aux conditions suivantes :

a) La procédure expérimentale poursuit l'une des finalités mentionnées :

— au i du *b* ou au *c* du 1° de l'article R. 214-105 et est appliquée en vue de la prévention, de la prophylaxie, du diagnostic ou du traitement d'affections invalidantes ou susceptibles d'être mortelles ;

— au e du 1° de l'article R. 214-105 ;

b) Il existe des éléments scientifiques démontrant que la finalité de la procédure expérimentale ne peut être atteinte en utilisant d'autres espèces que celles appartenant à l'ordre des primates ou en utilisant des espèces non énumérées dans l'annexe A du règlement (CE) n° 338/97 du Conseil du 9 décembre 1996.

III. — Si pour des motifs scientifiquement justifiables la finalité de la procédure expérimentale ne peut être atteinte qu'en utilisant des primates à des fins autres que la prévention, la prophylaxie, le diagnostic ou le traitement d'affections invalidantes ou susceptibles d'être mortelles, le responsable de projet dépose une demande écrite auprès du ministre chargé de la recherche. Après avis de la *(Décr. n° 2020-274 du 17 mars 2020)* « Commission nationale pour la protection des animaux utilisés à des fins scientifiques », le ministre chargé de la recherche peut faire adopter une mesure provisoire cosignée par les ministres chargés de l'environnement, de l'agriculture et de la recherche pour autoriser le projet. La Commission européenne est informée de cette mesure provisoire et peut s'y opposer.

IV. — Les singes appartenant aux genres *Gorilla*, *Pan* et *Pongo* ne sont pas utilisés dans des procédures expérimentales. Par dérogation, si des motifs valables existent, il peut être adopté, par arrêté conjoint des ministres chargés de l'environnement, de l'agriculture et de la recherche, après consultation de la *(Décr. n° 2020-274 du 17 mars 2020)* « Commission nationale pour la protection des animaux utilisés à des fins scientifiques », une mesure provisoire permettant l'utilisation de singes appartenant aux trois genres dont il s'agit dans des procédures expérimentales aux fins de la préservation de l'espèce ou du fait de l'apparition imprévue, chez l'homme, d'une affection clinique invalidante ou susceptible d'être mortelle, poursuivant l'un des objectifs mentionnés au i du *b*, au *c* ou au e du 1° de l'article R. 214-105, à condition que l'objectif de la procédure expérimentale ne puisse pas être atteint en recourant à des espèces autres que les singes appartenant à ces trois genres ou à des méthodes alternatives. La Commission européenne est informée immédiatement de cette mesure provisoire et peut s'y opposer.

Art. R. 214-94-1 *(Décr. n° 2017-1411 du 27 sept. 2017)* Le silence gardé pendant un délai de huit semaines par l'autorité administrative sur une demande de dérogation aux règles générales de mise en œuvre des procédures d'expérimentation animale, mentionnées aux articles R. 214-90 à R. 214-94, vaut décision de rejet.

§ 2. *Conditions d'hébergement et d'entretien des animaux*

Art. R. 214-95 Sans préjudice des dispositions de l'article R. 214-17, les responsables et le personnel des établissements utilisateurs, éleveurs et fournisseurs veillent à ce que :

a) Tous les animaux bénéficient d'un logement, d'un environnement, d'une alimentation, d'un apport en eau et de soins appropriés à leur santé et à leur bien-être ;

b) Toute restriction de la capacité d'un animal de satisfaire ses besoins physiologiques et éthologiques soit limitée au strict minimum ;

c) Les conditions d'environnement et les paramètres d'ambiance dans lesquels les animaux sont élevés, détenus ou utilisés fassent l'objet de vérifications quotidiennes ;

d) Des mesures soient prises pour mettre fin dans les délais les plus brefs à toute anomalie ou à toute douleur, toute souffrance, toute angoisse ou tout dommage durable constatés qui pourraient être évités ;

e) Les animaux soient transportés dans des conditions appropriées à leur santé et à leur bien-être.

Un arrêté conjoint des ministres chargés de l'environnement, de l'agriculture et de la recherche définit les normes de soins et d'hébergement. Des dérogations à ces normes pourront être accordées pour des raisons scientifiques ou des raisons liées au bien-être des animaux ou à la santé animale par décision conjointe des mêmes ministres.

Art. R. 214-95-1 *(Décr. n° 2017-1411 du 27 sept. 2017)* Le silence gardé pendant un délai de huit semaines par l'autorité administrative sur une demande de dérogation aux normes de soins et d'hébergement des animaux destinés à l'expérimentation scientifique, mentionnée à l'article R. 214-95, vaut décision de rejet.

Art. R. 214-96 Les chiens, les chats et les primates qui se trouvent dans les établissements utilisateurs, éleveurs ou fournisseurs sont identifiés par un marquage individuel et permanent. Lorsque les animaux sont sevrés, ce marquage est conforme aux modalités prévues pour l'application de l'article L. 212-10.

Les établissements utilisateurs, éleveurs ou fournisseurs sont tenus de conserver les informations individuelles relatives à chaque chien, chat ou primate, définies par arrêté des ministres chargés de l'environnement et de l'agriculture, pendant au moins trois ans après la mort ou le placement de l'animal et de les mettre à la disposition des agents habilités.

En cas de placement, conformément à l'article R. 214-112, les informations utiles sur les antécédents médicaux, sanitaires et comportementaux figurant dans le dossier individuel mentionné ci-dessus accompagnent l'animal.

Art. R. 214-97 Le responsable d'un établissement utilisateur ou d'un établissement éleveur ou fournisseur d'animaux destinés à des procédures expérimentales tient des registres des animaux dans lesquels sont consignés les éléments de suivi des animaux définis par arrêté conjoint des ministres chargés de l'agriculture et de la recherche.

Ces registres sont conservés pendant cinq années.

§ 3. *Conditions de mise à mort*

Art. R. 214-98 La mise à mort est effectuée en limitant le plus possible la douleur, la souffrance et l'angoisse de l'animal, par une personne compétente de l'établissement éleveur, fournisseur ou utilisateur. Toutefois, dans le cas d'une étude sur le terrain, un animal peut être mis à mort en dehors d'un établissement.

La liste et les conditions d'utilisation des méthodes de mise à mort sont précisées par arrêté conjoint des ministres chargés de l'environnement, de l'agriculture et de la recherche et du ministre de la défense.

Des dérogations concernant les méthodes de mise à mort identifiées dans l'arrêté mentionné à l'alinéa précédent peuvent être accordées par le ministre chargé de la recherche pour autant que, sur la base de données scientifiques, la méthode alternative soit considérée comme équivalente ou sur la base d'éléments scientifiques démontrant que la finalité de la procédure expérimentale ne peut être atteinte par le recours à une méthode de mise à mort spécifiée dans l'arrêté mentionné à l'alinéa précédent.

Les dispositions du premier alinéa et celles de l'arrêté prévu au deuxième alinéa du présent article ne s'appliquent pas lorsqu'un animal est mis à mort en cas d'urgence pour des raisons liées au bien-être des animaux, à la santé publique, à la santé animale, à la sécurité publique ou à l'environnement.

Art. R. 214-98-1 *(Décr. nº 2017-1411 du 27 sept. 2017)* Le silence gardé pendant un délai de huit semaines par le ministre chargé de la recherche sur une demande de dérogation aux normes de mise à mort des animaux destinés à l'expérimentation scientifique, mentionnée à l'article R. 214-98, vaut décision de rejet.

SOUS-SECTION 3. *Agrément et contrôle des établissements éleveurs, fournisseurs et utilisateurs*

§ 1er. *Modalités d'agrément*

Art. R. 214-99 Tout établissement éleveur, fournisseur ou utilisateur doit être agréé. A cet effet, sous réserve des dispositions de l'article R. 214-127, une demande d'agrément est adressée par le responsable de l'établissement au préfet du département du lieu d'implantation de l'établissement.

Cette demande est accompagnée d'un dossier dont les éléments sont précisés par arrêté conjoint des ministres chargés de l'agriculture et de la recherche et du ministre de la défense. — *V. Arr. du 1er févr. 2013 fixant les conditions d'agrément, d'aménagement et de fonctionnement des établissements utilisateurs, éleveurs ou fournisseurs d'animaux utilisés à des fins scientifiques et leurs contrôles (JO 7 févr.).*

(Décr. nº 2020-274 du 17 mars 2020) « Toute procédure expérimentale doit être menée dans un établissement agréé.

« Sur la base d'éléments scientifiques et par dérogation à l'alinéa précédent, l'utilisateur d'un établissement agréé peut être autorisé, dans des conditions définies par arrêté conjoint des ministres chargés de l'agriculture, de la recherche, de l'écologie et de la défense, à réaliser une procédure expérimentale hors d'un établissement agréé. »

Art. R. 214-100 L'agrément est accordé en fonction de la vocation de l'établissement, de la nature de ses installations, des espèces animales hébergées, du type de procédures expérimentales mises en œuvre et de la qualification de son personnel. Le préfet peut restreindre l'étendue de l'agrément demandé ou l'assortir de toute condition jugée utile.

L'agrément est accordé pour une durée de six ans.

Toute modification des éléments pris en compte pour l'octroi de l'agrément initial de même que la cessation d'activité doivent être notifiées au préfet. Le cas échéant, une extension de l'étendue de l'agrément peut être accordée par le préfet, après justification par le responsable de l'établissement.

Une modification de l'agrément est requise dès qu'un changement significatif de la structure ou du fonctionnement de l'établissement éleveur, fournisseur ou utilisateur est susceptible de nuire au bien-être des animaux.

L'agrément devient caduc si l'établissement cesse son activité. Il peut être suspendu ou retiré si les conditions qui ont permis l'octroi de l'agrément ne sont plus respectées, dans les conditions prévues à l'article L. 206-2.

Art. R. 214-100-1 *(Décr. n° 2017-1411 du 27 sept. 2017)* Le silence gardé par le préfet sur une demande d'agrément d'un établissement éleveur ou fournisseur d'animaux destinés à l'expérimentation animale, mentionnée aux articles R. 214-99 et R. 214-100, vaut décision de rejet.

§ 2. *Exigences relatives au personnel des établissements*

Art. R. 214-101 Tout établissement éleveur, fournisseur ou utilisateur doit disposer sur place d'un personnel dont la composition, la formation et le rôle sont définis par arrêté conjoint des ministres chargés de l'agriculture et de la recherche et du ministre de la défense.

Art. R. 214-102 Tout établissement éleveur, fournisseur ou utilisateur doit désigner un vétérinaire sanitaire compétent pour les animaux concernés ou, au cas où cela serait plus approprié pour certaines espèces, un expert ayant les qualifications requises. Ce vétérinaire ou, le cas échéant, l'expert est chargé de donner des conseils sur le bien-être et le traitement des animaux, notamment auprès de la structure mentionnée à l'article R. 214-103.

Art. R. 214-103 Tout établissement éleveur, fournisseur ou utilisateur doit se doter d'une structure chargée du bien-être des animaux dont la composition, le rôle et le fonctionnement sont définis par arrêté conjoint des ministres chargés de l'agriculture et de la recherche et du ministre de la défense.

Par dérogation à l'alinéa précédent, le préfet peut autoriser un établissement éleveur, fournisseur ou utilisateur de très petite taille à réaliser les tâches confiées à cette structure par d'autres moyens que ceux précisés par l'arrêté mentionné à l'alinéa précédent.

§ 3. *Inspection des établissements*

Art. R. 214-104 Les agents mentionnés à l'article L. 214-23 sont habilités à exercer dans les établissements utilisateurs, les établissements éleveurs et les établissements fournisseurs le contrôle de l'application des dispositions de cette section.

Les établissements éleveurs, fournisseurs et utilisateurs sont inspectés de façon régulière selon les modalités définies par arrêté conjoint des ministres chargés de l'agriculture et de la recherche et du ministre de la défense.

SOUS-SECTION 4. *Procédures expérimentales*

§ 1er *Licéité, choix et mise en œuvre des procédures expérimentales*

Art. R. 214-105 Seules sont licites les procédures expérimentales qui remplissent les deux conditions suivantes :

1° Avoir un ou plusieurs des objets suivants :

a) La recherche fondamentale ;

b) Les recherches translationnelles ou appliquées menées pour :

i) La prévention, la prophylaxie, le diagnostic ou le traitement de maladies, de mauvais états de santé ou d'autres anomalies ou de leurs effets chez l'homme, les animaux ou les plantes ;

ii) L'évaluation, la détection, le contrôle ou les modifications des conditions physiologiques chez l'homme, les animaux ou les plantes ;

iii) Le bien-être des animaux et l'amélioration des conditions de production des animaux élevés à des fins agronomiques ;

c) L'une des finalités visées au b lors de la mise au point, de la production ou des essais de qualité, d'efficacité et d'innocuité de médicaments à usage humain ou vétérinaire, de denrées alimentaires, d'aliments pour animaux et d'autres substances ou produits ;

d) La protection de l'environnement naturel dans l'intérêt de la santé ou du bien-être de l'homme ou de l'animal ;

e) La recherche en vue de la préservation des espèces ;

f) L'enseignement supérieur ou la formation professionnelle ou technique conduisant à des métiers qui comportent la réalisation de procédures expérimentales sur des animaux ou les soins et l'entretien de ces animaux ainsi que la formation professionnelle continue dans ce domaine ;

g) Les enquêtes médico-légales ;

2° Respecter les principes de remplacement, de réduction et de raffinement suivants :

— les procédures expérimentales ont un caractère de stricte nécessité et ne peuvent pas être remplacées par d'autres *(Décr. nº 2020-274 du 17 mars 2020)* « stratégies ou » méthodes expérimentales n'impliquant pas l'utilisation d'animaux vivants et susceptibles d'apporter le même niveau d'information ;

— le nombre d'animaux utilisés dans un projet est réduit à son minimum sans compromettre les objectifs du projet. A cet effet, le partage d'organes ou de tissus d'animaux mis à mort est permis entre établissements ;

— les conditions d'élevage, d'hébergement, de soins et les méthodes utilisées sont les plus appropriées pour réduire le plus possible toute douleur, souffrance, angoisse ou dommage durables que pourraient ressentir les animaux.

Art. R. 214-106 Le choix des méthodes utilisées dans les procédures expérimentales doit permettre d'utiliser le moins d'animaux possible pour atteindre les objectifs du projet.

Il est de plus guidé par le souci de sélectionner les procédures expérimentales qui :

a) Sont les plus susceptibles de fournir des résultats satisfaisants ;

b) Satisfont le mieux aux exigences suivantes :

— utiliser les animaux des espèces les moins susceptibles de ressentir de la douleur, de la souffrance, de l'angoisse ou de subir des dommages durables dans les conditions de la procédure expérimentale ;

— causer le moins possible de douleur, de souffrance, d'angoisse ou de dommages durables.

Art. R. 214-107 Dans la mesure du possible, la mort doit être évitée en tant que point limite de la procédure expérimentale et remplacée par des critères d'arrêt précis adaptés et dont la mise en œuvre est aussi précoce que possible. Lorsque la mort ne peut être évitée en tant que point limite, la procédure expérimentale doit être réalisée sur le plus petit nombre possible d'animaux, en réduisant le plus possible la durée, l'intensité de la souffrance et autant que possible en assurant les conditions d'une mort sans douleur.

Art. R. 214-108 Une procédure expérimentale n'est pas mise en œuvre si elle implique une douleur, une souffrance ou une angoisse intenses susceptibles de se prolonger sans qu'il soit possible de les soulager.

Des dérogations au précédent alinéa peuvent être accordées par le ministre chargé de la recherche pour des raisons exceptionnelles dûment justifiées scientifiquement, après avis des autres ministres signataires de l'arrêté mentionné à l'article R. 214-122. Le ministre chargé de la recherche notifie cette mesure provisoire auprès de la Commission européenne, laquelle peut s'y opposer.

Art. R. 214-108-1 *(Décr. nº 2017-1411 du 27 sept. 2017)* Le silence gardé pendant un délai de huit semaines par le ministre chargé de la recherche sur une demande de dérogation relative à une procédure expérimentale impliquant l'utilisation d'animaux vivants, mentionnée à l'article R. 214-108, vaut décision de rejet.

Art. R. 214-109 Sauf si cela n'est pas approprié, toutes les procédures expérimentales doivent être pratiquées sous anesthésie générale ou locale et en recourant à des analgésiques ou à toute autre méthode appropriée, afin que la douleur, la souffrance et l'angoisse soient limitées le plus possible.

Les procédures expérimentales entraînant des lésions graves susceptibles de causer une douleur importante ne sont pas conduites sans anesthésie.

La décision de ne pas recourir à l'anesthésie ne peut se justifier que si l'anesthésie est jugée plus traumatisante pour l'animal que la procédure expérimentale elle-même ou si elle *est incompatible avec la finalité de la procédure expérimentale.*

Les procédures expérimentales incompatibles avec l'emploi d'anesthésiques ou d'analgésiques sont justifiées scientifiquement dans la demande d'autorisation du projet mentionnée à l'article R. 214-122.

L'administration de substances qui empêchent ou limitent la capacité des animaux à exprimer la douleur ne peut être faite sans un niveau adéquat d'anesthésie ou d'analgésie. Dans ce cas, la demande d'autorisation de projet comprend des éléments scientifiques accompagnés de précisions sur le protocole anesthésique ou analgésique.

Lorsque l'anesthésie a cessé de produire son effet, un animal susceptible d'éprouver de la douleur reçoit un traitement analgésique préventif, curatif ou postopératoire, ou est traité au moyen d'autres méthodes appropriées pour soulager la douleur pour autant que cela soit compatible avec la finalité de la procédure expérimentale.

Dès que la finalité de la procédure expérimentale a été atteinte, des mesures appropriées sont prises afin de réduire le plus possible la douleur, la souffrance et l'angoisse de l'animal.

Art. R. 214-110 Une procédure expérimentale est réputée terminée lorsque aucune observation ne doit plus être faite. En ce qui concerne les nouvelles lignées d'animaux génétiquement modifiés, la procédure expérimentale est terminée lorsque aucune douleur, souffrance, angoisse ou dommage durable d'un niveau équivalent ou supérieur à celui causé par l'introduction d'une aiguille n'est plus observé ou escompté sur la descendance.

A l'issue d'une procédure expérimentale, le vétérinaire ou toute autre personne compétente désignée par le responsable du projet décide si l'animal est gardé en vie.

Si un animal est gardé en vie, il reçoit les soins appropriés et est hébergé dans des conditions compatibles avec son état de santé. Il est placé sous la surveillance d'un vétérinaire ou d'une autre personne compétente désignée par le responsable du projet, dès la fin de la procédure expérimentale, en vue de garantir son bien-être.

Art. R. 214-111 Un animal n'est pas gardé en vie à l'issue d'une procédure expérimentale s'il est susceptible de continuer à éprouver une douleur, une souffrance ou une angoisse ou de subir l'effet de dommages durables des classes " modérée " ou " sévère " définies par l'arrêté mentionné à l'article R. 214-122. Il est en ce cas mis à mort avant la fin de l'anesthésie ou le plus rapidement possible lorsque la procédure expérimentale a été faite sans anesthésie.

Art. R. 214-112 Le placement ou la mise en liberté d'animaux utilisés ou destinés à être utilisés dans des procédures expérimentales, dans un habitat approprié adapté à l'espèce, peuvent être autorisés par le préfet du département du lieu de ce placement ou de cette mise en liberté, sous réserve que :

— l'état de santé de l'animal, certifié par un vétérinaire, le permette ;

— il n'existe aucun danger pour la santé publique, la santé animale et l'environnement ;

— des mesures appropriées aient été prises pour préserver son bien-être.

Les éleveurs, fournisseurs et utilisateurs dont les animaux sont destinés à être placés doivent disposer d'un programme de placement assurant la socialisation des animaux à placer. Le cas échéant, un programme de réadaptation est mis en place pour les animaux d'espèces de la faune sauvage avant de les relâcher dans leur habitat naturel. La mise en liberté dans le milieu naturel est subordonnée à l'obtention préalable, selon les animaux concernés, des dérogations nécessaires en application du 4° de l'article L. 411-2 du code de l'environnement, des autorisations nécessaires *(Décr. n° 2017-595 du 21 avr. 2017, art. 3-III ; Décr. n° 2017-1246 du 7 août 2017, art. 12-26°)* « en application du II de l'article L. 411-5 du même code » ou des autorisations nécessaires en application de l'article L. 424-11 *(Décr. n° 2017-1246 du 7 août 2017, art. 12-26°)* « du même code ».

Art. R. 214-112-1 *(Décr. n° 2017-1411 du 27 sept. 2017)* Le silence gardé pendant un délai de huit semaines par le préfet sur une demande d'autorisation ou de dérogation de placement ou mise en liberté d'animaux utilisés dans des expérimentations scientifiques, mentionnée à l'article R. 214-112, vaut décision de rejet.

Art. R. 214-113 Un animal déjà utilisé dans une procédure expérimentale ne peut être réutilisé dans une nouvelle procédure expérimentale, lorsqu'un autre animal auquel aucune procédure expérimentale n'a été appliquée précédemment pourrait aussi être utilisé, que si les quatre conditions suivantes sont satisfaites :

a) La gravité réelle des procédures expérimentales précédentes était de classe "légère" ou "modérée" telle que définie par l'arrêté mentionné à l'article R. 214-122 ;

b) Il est démontré que l'animal a pleinement recouvré son état de santé et de bien-être général ;

c) La gravité de la nouvelle procédure expérimentale est de classe "légère", "modérée" ou "sans réveil" telle que définie par l'arrêté mentionné à l'article R. 214-122 ;

d) Un avis favorable a été donné par un vétérinaire en prenant en considération le sort de l'animal concerné sur toute sa durée de vie.

Dans des circonstances exceptionnelles, par dérogation au *a* du présent article, et après un examen de l'animal par un vétérinaire, le ministre chargé de la recherche peut autoriser la réutilisation d'un animal, après avoir pris l'avis du comité d'éthique en expérimentation animale, tel que défini à l'article R. 214-117, dont relève l'établissement, pour autant que l'animal n'ait pas été utilisé plus d'une fois dans une procédure expérimentale entraînant une douleur intense, de l'angoisse ou une souffrance équivalente.

Art. R. 214-113-1 *(Décr. nº 2017-1411 du 27 sept. 2017)* Le silence gardé pendant un délai de huit semaines par le ministre chargé de la recherche sur une demande de dérogation de réutiliser dans une expérimentation scientifique un animal ayant déjà subi une procédure expérimentale, mentionnée à l'article R. 214-113, vaut décision de rejet.

§ 2. *Compétences requises pour concevoir ou réaliser des projets ou procédures expérimentales sur les animaux (Décr. nº 2020-274 du 17 mars 2020).*

Art. R. 214-114 Tout établissement utilisateur, éleveur ou fournisseur d'animaux utilisés ou destinés à être utilisés dans *(Décr. nº 2020-274 du 17 mars 2020)* « des projets ou des procédures expérimentales » dispose d'un personnel en nombre suffisant et doté d'une qualification appropriée.

Un arrêté conjoint des ministres chargés de l'environnement, de l'industrie, de la santé, de l'éducation nationale, de l'agriculture et de la recherche et du ministre de la défense définit le niveau d'études et de formation requis pour exercer les fonctions suivantes :

1º La conception ou la réalisation *(Décr. nº 2020-274 du 17 mars 2020)* « des projets ou procédures expérimentales » ;

2º L'application *(Décr. nº 2020-274 du 17 mars 2020)* « des projets ou procédures expérimentales » aux animaux ;

3º Les soins aux animaux ;

4º La mise à mort des animaux. — *V. Arr. du 1er févr. 2013 relatif à l'acquisition et à la validation des compétences des personnels des établissements utilisateurs, éleveurs et fournisseurs d'animaux utilisés à des fins scientifiques (JO 7 févr.).*

Art. R. 214-115 Un niveau d'études et de formation nécessaire pour concevoir ou réaliser *(Décr. nº 2020-274 du 17 mars 2020)* « des projets ou procédures expérimentales » est également reconnu, selon des modalités fixées par arrêté conjoint des ministres chargés de l'agriculture et de la recherche et du ministre de la défense, aux professionnels, autres que ceux mentionnés à l'article R. 214-114, ressortissants d'un État membre de l'Union européenne ou d'un autre État partie à l'accord sur l'Espace économique européen *(Décr. nº 2015-1768 du 24 déc. 2015, art. 7)* « dans les conditions prévues aux articles R. 204-2 et R. 204-3.

« En cas de différences substantielles entre la formation requise en France et les connaissances acquises du demandeur, le 1º de l'article R. 204-5 s'applique aux professionnels appliquant des procédures d'expérimentation et le 5º du même article s'applique pour la profession de conception et de réalisation d'expérimentation sur animaux. Un arrêté conjoint des ministres chargés de l'agriculture, de la recherche et de la défense fixe le contenu et les modalités des conditions du stage et de l'épreuve d'aptitude mentionnés à l'article R. 204-3. »

Art. R. 214-116 *Abrogé par Décr. nº 2015-1768 du 24 déc. 2015, art. 7.*

SOUS-SECTION 5. *Autorisation des projets*

§ 1er. *Comités d'éthique en expérimentation animale et évaluation éthique des projets*

Art. R. 214-117 I. — Sous réserve des dispositions de l'article R. 214-127, tout projet fait l'objet d'une évaluation éthique par un comité d'éthique en expérimentation animale agréé par arrêté du ministre chargé de la recherche.

A cet effet, des comités d'éthique en matière d'expérimentation animale sont créés à l'initiative des établissements utilisateurs. Tout établissement utilisateur doit relever d'un seul comité. Plusieurs établissements utilisateurs peuvent dépendre d'un même comité.

II. — Sous réserve des dispositions de l'article R. 214-127, les comités d'éthique en expérimentation animale sont agréés par le ministre chargé de la recherche. Pour être agréé, un comité doit :

1º Justifier de la compétence pluridisciplinaire de ses membres ;

2º Garantir le respect de la charte nationale portant sur l'éthique de l'expérimentation animale mentionnée à l'article R. 214-134 ;

3° Garantir le respect des principes relatifs à l'évaluation éthique ;

4° Présenter des garanties d'indépendance et d'impartialité ;

5° Disposer des moyens de fonctionnement permettant de réaliser l'évaluation éthique des projets dans les délais impartis.

III. — Sous réserve des dispositions de l'article R. 214-127, le ministre chargé de la recherche est informé, dans les plus brefs délais, de toute modification affectant le respect d'une des conditions d'octroi de l'agrément énumérées au II du présent article.

Lorsque les conditions d'agrément ne sont plus remplies, le ministre met le comité d'éthique en demeure de se mettre en conformité, dans un délai qu'il fixe et qui ne peut excéder six mois.

En l'absence de mise en conformité à l'expiration de ce délai, et après que le comité d'éthique a été mis en mesure de présenter ses observations, le ministre peut décider la suspension de l'agrément pour une durée ne pouvant excéder trois mois ou son retrait.

IV. — Un arrêté conjoint des ministres chargés de l'agriculture et de la recherche et du ministre de la défense précise les modalités d'application du présent article, notamment le contenu du dossier de demande d'agrément. — *V. Arr. du 1er févr. 2013 relatif à l'évaluation éthique et à l'autorisation des projets impliquant l'utilisation d'animaux dans des procédures expérimentales (JO 7 févr.).*

Art. R.* 214-117-1 *(Décr. n° 2017-1411 du 27 sept. 2017)* Le silence gardé par le ministre chargé de la recherche sur la demande d'agrément d'un comité d'éthique en expérimentation animale, mentionnée à l'article R. 214-117, vaut décision de rejet.

Art. R. 214-118 Les comités d'éthique en expérimentation animale sont composés, au minimum, de cinq personnes, dont :

1° Une personne justifiant de compétences dans le domaine de la conception *(Décr. n° 2020-274 du 17 mars 2020)* « de projets ou de procédures expérimentales » sur les animaux ;

2° Une personne justifiant de compétences dans le domaine de la réalisation de procédures expérimentales sur les animaux ;

3° Une personne justifiant de compétences dans l'un au moins des domaines suivants :

— soins des animaux ;

— mise à mort des animaux ;

4° Un vétérinaire ;

5° Une personne non spécialisée dans les questions relatives à l'utilisation des animaux à des fins scientifiques.

Tout membre d'un comité d'éthique en expérimentation animale ne peut participer à une délibération à laquelle il est intéressé soit en son nom personnel, soit comme mandataire, à peine de nullité de la délibération.

Art. R. 214-119 L'évaluation éthique des projets mentionnée à l'article R. 214-123 est effectuée par le comité d'éthique en expérimentation animale dont relève l'établissement utilisateur.

Elle permet de vérifier que le projet satisfait aux critères suivants :

1° Le projet est justifié du point de vue scientifique ou éducatif, ou requis par la loi ;

2° Les objectifs justifient l'utilisation des animaux ;

3° Le projet est conçu pour permettre le déroulement des procédures expérimentales dans les conditions les plus respectueuses de l'animal et de l'environnement.

Les modalités de l'évaluation éthique sont fixées par un arrêté conjoint des ministres chargés de l'agriculture et de la recherche et du ministre de la défense.

Lors de l'évaluation éthique des projets, le comité d'éthique en expérimentation animale prend en compte les principes énoncés dans la charte mentionnée à l'article R. 214-134.

Art. R. 214-120 Au vu du dossier fourni pour l'évaluation éthique d'un projet, le comité d'éthique en expérimentation animale dont relève l'établissement peut exiger qu'une appréciation rétrospective de ce projet soit menée à l'issue de la réalisation de celui-ci. Cette appréciation rétrospective est effectuée par le comité selon des modalités fixées par un arrêté conjoint des ministres chargés de l'agriculture et de la recherche et du ministre de la défense.

Les projets utilisant des primates ainsi que les projets impliquant des procédures expérimentales de classe "sévère", dont celles qui, mises en œuvre par dérogation au premier alinéa de l'article R. 214-108, impliquent une douleur, une souffrance ou une angoisse intenses et susceptibles de se prolonger sans qu'il soit possible de les soulager, doivent faire l'objet d'une appréciation rétrospective.

Les projets comprenant uniquement des procédures expérimentales de classe "légère" et "sans réveil" sont exemptés de l'obligation d'appréciation rétrospective.

Art. R. 214-121 Tous les documents pertinents, y compris l'autorisation de projet et le résultat de l'évaluation éthique du projet, sont conservés par l'établissement utilisateur pendant au moins cinq ans à compter de la date d'expiration de l'autorisation du projet et mis à la disposition des agents habilités.

Sans préjudice de l'alinéa précédent, les documents portant sur des projets qui doivent faire l'objet d'une appréciation rétrospective sont conservés jusqu'à l'aboutissement de celle-ci.

Les informations statistiques sur l'utilisation d'animaux dans des procédures expérimentales, y compris des informations sur la gravité réelle des procédures expérimentales et sur l'origine et les espèces de primates utilisés dans des procédures expérimentales, doivent être collectées et transmises chaque année par l'établissement utilisateur au ministre chargé de la recherche.

§ 2. *Demande d'autorisation*

Art. R. 214-122 Sans préjudice de l'application des dispositions de l'article R. 214-127, la réalisation d'un projet comportant l'exécution d'une ou de plusieurs procédures expérimentales est soumise à l'obtention d'une autorisation accordée par le ministre chargé de la recherche dans les conditions prévues à l'article R. 214-123.

La demande est introduite par le responsable du projet. Elle précise la classe de sévérité ("sans réveil", "légère", "modérée" ou "sévère") des procédures expérimentales utilisées pour la réalisation du projet.

Les modalités de dépôt de la demande et la composition du dossier de cette demande ainsi que les critères de classification des procédures sont précisés par un arrêté conjoint des ministres chargés de l'environnement, de l'agriculture et de la recherche et du ministre de la défense.

Art. R. 214-122-1 *(Décr. nº 2017-1411 du 27 sept. 2017)* Le silence gardé pendant un délai de huit semaines par le ministre chargé de la recherche sur une demande d'autorisation d'un projet comportant des procédures d'expérimentation animale, mentionnée à l'article R. 214-122, vaut décision de rejet.

Art. R. 214-123 L'autorisation ne peut être accordée à un projet que s'il a fait l'objet d'une évaluation éthique favorable.

L'autorisation est octroyée pour une durée maximale de cinq ans, selon les modalités définies par un arrêté conjoint des ministres chargés de l'agriculture et de la recherche et du ministre de la défense.

Une autorisation peut être accordée à des projets multiples à caractère générique exécutés par un même utilisateur si ces projets visent à répondre à des exigences réglementaires ou s'ils utilisent des animaux à des fins de production ou de diagnostic au moyen de méthodes reconnues.

Art. R. 214-124 Le ministre chargé de la recherche accuse réception de la demande d'autorisation dans les plus brefs délais et indique au demandeur le délai mentionné à l'article R. 214-125 au cours duquel la décision sera prise.

En cas de demande incomplète ou erronée, le ministre chargé de la recherche informe le demandeur, dans les plus brefs délais, de la nécessité de fournir des documents supplémentaires et des conséquences éventuelles sur le calcul du délai applicable.

Le dossier est rendu accessible par la voie électronique au comité d'éthique en expérimentation animale concerné.

Pour les établissements relevant de son autorité ou de sa tutelle, un arrêté du ministre de la défense définit la procédure de traitement des demandes d'autorisation de projet.

Art. R. 214-125 La décision concernant une autorisation de projet est notifiée au plus tard huit semaines après la réception de la demande complète et correcte. Ce délai inclut celui de l'évaluation éthique du projet qui ne peut être supérieure à sept semaines.

Lorsque la complexité ou la nature pluridisciplinaire du projet le justifie, le comité d'éthique en expérimentation animale demande au ministre chargé de la recherche de prolonger le délai de l'évaluation éthique mentionné à l'alinéa précédent pour une durée supplémentaire ne dépassant pas trois semaines. La prolongation ainsi que sa durée sont dûment motivées et notifiées au demandeur avant l'expiration du délai de huit semaines mentionné à l'alinéa précédent.

Art. R. 214-126 I. — Toute modification du projet qui pourrait avoir une incidence négative sur le bien-être des animaux fait l'objet d'une nouvelle demande d'autorisation.

L'octroi d'une nouvelle autorisation de projet s'appuie sur un nouveau résultat favorable de l'évaluation éthique du projet.

La décision relative à une nouvelle demande d'autorisation portant sur une modification du projet est notifiée au plus tard quatre semaines après la réception de la demande.

Ce délai inclut celui de l'évaluation éthique, qui ne peut être supérieur à trois semaines.

II. — Le ministre chargé de la recherche peut retirer l'autorisation de projet lorsque celui-ci n'est pas exécuté en conformité avec l'autorisation.

Le retrait d'une autorisation de projet ne doit pas porter atteinte au bien-être des animaux utilisés ou destinés à être utilisés dans le cadre du projet.

La procédure à suivre pour le renouvellement, la modification ou le retrait des autorisations de projet est fixée par un arrêté conjoint des ministres chargés de l'agriculture et de la recherche et du ministre de la défense.

Art. R. 214-126-1 *(Décr. nº 2017-1411 du 27 sept. 2017)* Le silence gardé pendant un délai de quatre semaines par le ministre chargé de la recherche sur une demande d'autorisation des modifications d'un projet autorisé comportant des procédures d'expérimentation animale, mentionnée à l'article R. 214-126, vaut décision de rejet.

SOUS-SECTION 6. *Établissements relevant de la défense nationale*

Art. R. 214-127 Pour l'application des dispositions de la présente section, le ministre de la défense est seul compétent pour recevoir et instruire les demandes d'autorisation, d'agrément et de dérogation et pour accorder ou refuser ces autorisations, agréments et dérogations lorsque les procédures expérimentales concernent les établissements relevant de son autorité ou de sa tutelle. Pour le placement ou la mise en liberté prévus à l'article R. 214-112, l'autorisation du préfet du département du lieu de ce placement ou de cette mise en liberté est également demandée.

Le ministre de la défense est seul destinataire des déclarations et informations concernant les établissements relevant de son autorité ou de sa tutelle.

Art. R. 214-128 Lorsque le ministre de la défense adopte par arrêté une des mesures provisoires prévues aux articles R. 214-94 et R. 214-108, il en informe immédiatement les ministres chargés de l'environnement, de l'agriculture et de la recherche. Il informe la Commission européenne de cette mesure provisoire.

Art. R. 214-129 Les inspections prévues par l'article R. 214-104 sont effectuées par des vétérinaires spécialement habilités à cet effet par le ministre de la défense, pour les établissements relevant de son autorité ou de sa tutelle.

SOUS-SECTION 7. *Organismes nationaux*

§ 1er. *Commission nationale pour la protection des animaux utilisés à des fins scientifiques (Décr. nº 2020-274 du 17 mars 2020).*

Art. R. 214-130 Il est institué auprès du ministre chargé de l'agriculture et du ministre chargé de la recherche une *(Décr. nº 2020-274 du 17 mars 2020)* « Commission nationale pour la protection des animaux utilisés à des fins scientifiques ».

Cette commission donne son avis sur tout projet de modification de la législation ou de la réglementation relative à l'expérimentation animale et sur les dérogations prévues aux articles R. 214-91 et R. 214-94.

La *(Décr. nº 2020-274 du 17 mars 2020)* « Commission nationale pour la protection des animaux utilisés à des fins scientifiques » rend au ministre chargé de l'agriculture un avis pour l'approbation des formations des personnes appelées à concevoir les procédures expérimentales et les projets tels que définis à l'article R. 214-89, à utiliser des animaux à des fins scientifiques et à assurer l'entretien et les soins des animaux. Ces formations sont approuvées pour une durée de cinq ans. Leur renouvellement fait l'objet d'un nouvel avis de la commission.

Elle peut également être consultée par les ministres auprès desquels elle est placée ainsi que par le ministre de la défense ou le ministre chargé de la santé, donner des avis et faire toute proposition qu'elle juge utile sur :

1° L'élevage des animaux utilisés à des fins scientifiques ;

2° Les méthodes de nature à améliorer les conditions de transport, d'hébergement et d'utilisation des animaux utilisés à des fins scientifiques ;

3° La formation des personnes appelées à utiliser des animaux à des fins scientifiques ou éducatives ou à leur apporter des soins ;

4° La mise au point, la validation et la promotion des approches alternatives susceptibles de fournir le même niveau ou un niveau plus élevé d'information que les procédures expérimentales utilisant des animaux, mais sans impliquer l'utilisation d'animaux ou en réduisant le nombre d'animaux utilisés ou en recourant à des procédures expérimentales moins douloureuses ;

5° Le bilan annuel national de l'activité des comités d'éthique, élaboré par le Comité national de réflexion éthique sur l'expérimentation animale.

Art. R. 214-131 La *(Décr. n° 2020-274 du 17 mars 2020)* « Commission nationale pour la protection des animaux utilisés à des fins scientifiques » est aussi chargée :

— de conseiller les autorités compétentes et les structures chargées du bien-être des animaux sur des questions en rapport avec l'acquisition, l'élevage, l'hébergement, les soins et l'utilisation des animaux dans les procédures expérimentales et de veiller au partage des meilleures pratiques ;

— d'échanger des informations sur le fonctionnement des structures chargées du bien-être des animaux et sur les évaluations de projets avec les comités nationaux des autres États membres afin de partager les meilleures pratiques au sein de l'Union européenne.

Art. R. 214-132 Outre son président nommé pour cinq ans renouvelables par arrêté conjoint des ministres chargés de l'agriculture et de la recherche, la commission comprend :

1° Huit représentants de l'État :

a) Le directeur chargé de la recherche au ministère chargé de la recherche ou son représentant ;

b) Le directeur chargé de la santé et de la protection animales au ministère chargé de l'agriculture ou son représentant ;

c) Le directeur chargé de l'enseignement supérieur au ministère chargé de l'enseignement supérieur ou son représentant ;

d) Le directeur chargé de l'enseignement scolaire au ministère chargé de l'éducation nationale ou son représentant ;

e) Le directeur général de la santé au ministère chargé de la santé ou son représentant ;

f) Le directeur chargé de l'industrie au ministère chargé de l'industrie ou son représentant ;

g) Le directeur chargé de la protection de la nature au ministère chargé de l'environnement ou son représentant ;

h) Le directeur central du service de santé des armées au ministère de la défense ou son représentant ;

2° *(Décr. n° 2020-274 du 17 mars 2020)* « Quinze *[ancienne rédaction : Douze]* » personnalités qualifiées nommées pour cinq ans renouvelables par arrêté conjoint des ministres chargés de l'agriculture et de la recherche et se répartissant ainsi qu'il suit :

a) Trois personnalités représentant le secteur de la recherche publique ;

b) Trois personnalités proposées par les organisations représentatives du secteur industriel privé ;

c) (Décr. n° 2020-274 du 17 mars 2020) « Six *[ancienne rédaction : Trois]* » personnalités proposées par des organisations reconnues d'utilité publique de protection des animaux et de protection de la faune sauvage ;

d) Trois personnalités proposées par les professionnels de l'expérimentation animale.

Pour chacun des membres mentionnés au 2° ci-dessus, un suppléant est nommé dans les mêmes conditions.

La commission se prononce à la majorité des voix des membres présents ou suppléés. En cas de partage égal des voix, la voix du président est prépondérante.

Art. R. 214-133 La *(Décr. n° 2020-274 du 17 mars 2020)* « Commission nationale pour la protection des animaux utilisés à des fins scientifiques » se réunit au moins deux fois par an. Elle peut, en outre, être exceptionnellement réunie soit à la demande de l'un des ministres parmi ceux chargés de l'environnement, de l'agriculture, de la recherche et de la santé ou du ministre de la défense, soit à la demande de la moitié de ses membres.

Le président de la commission peut appeler à participer aux séances, à titre consultatif et sur un point déterminé et précisé à l'ordre du jour, toute personne dont il estime opportun de recueillir l'avis.

Le secrétariat de la commission est assuré par les services du ministre chargé de la recherche.

La commission se dote d'un règlement intérieur.

§ 2. *Comité national de réflexion éthique sur l'expérimentation animale*

Art. R. 214-134 Un Comité national de réflexion éthique sur l'expérimentation animale est placé auprès de la *(Décr. nº 2020-274 du 17 mars 2020)* « Commission nationale pour la protection des animaux utilisés à des fins scientifiques ».

Ce comité a pour mission d'émettre des avis sur les questions éthiques soulevées par l'expérimentation animale.

Il est chargé notamment :

1º D'élaborer, de publier et d'actualiser s'il en est besoin une charte nationale portant sur l'éthique de l'expérimentation animale et de faire toute proposition sur sa mise en application ;

2º De conduire l'élaboration et la mise à jour d'un guide de bonnes pratiques de fonctionnement des comités d'éthique ;

3º D'établir le bilan annuel national d'activité des comités d'éthique et de formuler des recommandations visant à améliorer leurs pratiques ;

4º D'adresser à la *(Décr. nº 2020-274 du 17 mars 2020)* « Commission nationale pour la protection des animaux utilisés à des fins scientifiques » toute recommandation de méthode susceptible d'améliorer le bien-être des animaux utilisés à des fins expérimentales ou à d'autres fins scientifiques.

Art. R. 214-135 Outre son président, le Comité national de réflexion éthique sur l'expérimentation animale comprend quatorze membres, dont :

1º Deux représentants de l'État :

a) Le directeur chargé de la recherche au ministère chargé de la recherche ou son représentant ;

b) Le directeur chargé de la santé et de la protection animales au ministère chargé de l'agriculture ou son représentant ;

2º Deux personnalités qualifiées, professionnels de l'expérimentation animale, choisies dans le secteur public de la recherche et de l'enseignement supérieur ;

3º Deux personnalités qualifiées, professionnels de l'expérimentation animale, proposées par les organisations représentatives du secteur industriel privé, dont un pharmacien ;

4º Une personnalité du secteur médical exerçant tout ou partie de son activité en milieu hospitalier ;

5º Une personnalité du secteur vétérinaire ;

6º Trois personnalités qualifiées dans les domaines de la philosophie, des sciences juridiques et de la sociologie ;

7º Trois personnalités désignées sur proposition d'organisations reconnues d'utilité publique de protection des animaux et de protection de la faune sauvage.

Le président et les membres du comité, mentionnés aux 2º à 7º, sont nommés pour cinq ans renouvelables par arrêté conjoint du ministre chargé de l'agriculture et du ministre chargé de la recherche.

Pour chacun des membres mentionnés aux 2º à 7º ci-dessus, un suppléant est nommé dans les mêmes conditions.

Les membres du comité sont remplacés en cas de démission, de décès ou de cessation des fonctions au titre desquelles ils ont été nommés. Le mandat des nouveaux membres expire à la date à laquelle aurait normalement pris fin celui de leur prédécesseur.

Art. R. 214-136 Le comité se réunit sur convocation de son président et au moins deux fois par an. Il peut également se réunir soit à la demande de l'un des ministres parmi ceux chargés de l'environnement, de l'agriculture, de la recherche, et de la santé ou du ministre de la défense, soit à la demande de la moitié de ses membres.

Le secrétariat du comité est assuré par le secrétariat de la *(Décr. nº 2020-274 du 17 mars 2020)* « Commission nationale pour la protection des animaux utilisés à des fins scientifiques ».

Le comité établit un rapport d'activité annuel qu'il adresse au président de la *(Décr. nº 2020-274 du 17 mars 2020)* « Commission nationale pour la protection des animaux utilisés à des fins scientifiques ».

Le comité établit son règlement intérieur.

§ 3. *Dispositions communes aux deux organismes*

Art. R. 214-137 Les fonctions de membre de la *(Décr. nº 2020-274 du 17 mars 2020)* « Commission nationale pour la protection des animaux utilisés à des fins scientifiques » et de membre du Comité national de réflexion éthique sur l'expérimentation animale sont exercées à titre gratuit. Elles ouvrent droit aux indemnités de déplacement et de séjour prévues par la réglementation applicable aux fonctionnaires de l'État.

CHAPITRE V. *DISPOSITIONS PÉNALES*

Art. R. 215-1 à R. 215-9 ....

Art. R. 215-10 *(Décr. n° 2013-118 du 1er févr. 2013)* I. — Sont punis de la peine d'amende prévue pour les contraventions de la 4e classe :

1° Le fait, pour toute personne responsable d'un établissement utilisateur dans lequel sont pratiquées des procédures expérimentales sur les animaux, de ne pas s'assurer :

a) Que les animaux qui sont utilisés ou destinés à être utilisés dans des procédures expérimentales proviennent d'établissements éleveurs ou fournisseurs, agréés conformément aux dispositions fixées aux articles R. 214-99 à R. 214-103 et R. 214-127 ;

b) Que les animaux détenus reçoivent les soins nécessaires à leur bon état d'entretien prévus par les dispositions de l'article R. 214-17 ;

c) Que les chiens, les chats et les primates détenus soient identifiés par un marquage individuel et permanent ;

d) Que l'établissement dispose d'un agrément en cours de validité, dont le champ est compatible avec les procédures expérimentales qui sont réalisées dans son enceinte ;

e) Que tous les projets mis en œuvre dans l'établissement soient couverts par une autorisation de projet en cours de validité conformément aux dispositions fixées aux articles R. 214-122 à R. 214-126 ;

f) Que les normes auxquelles doivent être conformes les installations mentionnées à l'article R. 214-95 et les textes pris pour son application soient respectées *[respectés]* ;

g) Que les personnes mentionnées aux articles R. 214-101 à R. 214-103 soient en nombre suffisant et disposent de la qualification requise ;

h) Que les méthodes définies aux articles R. 214-98 et R. 214-106 à R. 214-113 et aux textes pris pour leur application, lorsqu'il est procédé à l'euthanasie d'animaux, soient respectées ;

2° Le fait, pour toute personne responsable d'un établissement d'élevage ou de fourniture d'animaux destinés à être utilisés dans des procédures expérimentales :

a) De ne pas s'assurer que l'établissement dispose d'un agrément en cours de validité ;

b) De ne pas assurer aux animaux détenus les soins nécessaires à leur bon état d'entretien prévus par les dispositions de l'article R. 214-17 ;

c) De ne pas respecter les règles particulières applicables aux installations et au fonctionnement des locaux mentionnés à l'article R. 214-95 ;

d) De ne pas s'assurer que les chiens, les chats et les primates détenus sont identifiés par un marquage individuel et permanent ;

e) De ne pas recourir aux méthodes définies à l'article R. 214-98 lorsqu'il est procédé à l'euthanasie d'animaux.

II. — Sont punis de la peine d'amende prévue pour les contraventions de la 3e classe :

1° Le fait, pour toute personne responsable d'un établissement utilisateur dans lequel sont pratiquées des procédures expérimentales sur les animaux, de ne pas être en mesure de présenter aux agents chargés du contrôle les éléments permettant de justifier que les agents placés sous sa responsabilité ont acquis une compétence et qu'ils maintiennent leurs compétences dans le domaine scientifique et spécifique des procédures expérimentales concernées et des espèces animales concernées ;

2° Le fait, pour toute personne responsable d'un établissement utilisateur, éleveur ou fournisseur, de ne pas être en mesure de présenter aux agents chargés du contrôle le registre dûment renseigné permettant d'établir l'origine et la destination des animaux détenus lors du contrôle ou qui ont été détenus antérieurement.

LIVRE SIXIÈME DES CONTRAVENTIONS

TITRE PREMIER DISPOSITIONS GÉNÉRALES

RÉP. PÉN. v° *Contravention*, par COURTIN.

Art. R. 610-1 **Les contraventions, ainsi que les classes dont elles relèvent, sont déterminées par décrets en Conseil d'État.**

V. Circ. du 18 janv. 1994, n^{os} [33 s.].

Corresp. : *C. pén., ancien art. R. 25.*

1. Les contraventions de grande voirie, bien que sanctionnées par des amendes pénales, ne sont pas, compte tenu de leur objet et de leur régime particulier, des contraventions de police et n'entrent pas dans les catégories énumérées par l'art. R. 25 C. pén. ; par suite, les décrets relatifs aux taux des amendes en matière de contravention de police ne leur sont pas applicables. • CE 22 juin 1987 : *JCP 1987. IV. 352.*

2. Bien que le tribunal de police ait méconnu sa compétence en statuant sur des faits constitutifs d'une contravention de grande voirie sur le domaine public fluvial, dont la répression relève du juge administratif, le caractère définitif de la condamnation fait obstacle à ce qu'une amende soit infligée par le tribunal administratif, un même fait ne pouvant donner lieu à une double condamnation. • TA Besançon, 21 nov. 1991 : *JCP 1992. IV. 1389, p. 151.*

Art. R. 610-2 *(Décr. n° 2001-883 du 20 sept. 2001)* **« Les dispositions des troisième et quatrième alinéas de l'article 121-3 sont applicables aux contraventions pour lesquelles le règlement exige une faute d'imprudence ou de négligence. »**

Le complice d'une contravention au sens du second alinéa de l'article 121-7 est puni conformément à l'article 121-6.

V. Circ. CRIM 2001-18 F1 du 8 oct. 2001 relative aux contraventions non intentionnelles (BOMJ 2001, n° 84, p. 48 s.).

Art. R. 610-3 **Le montant des amendes encourues pour les cinq classes de contraventions est fixé par l'article 131-13.**

Art. R. 610-4 **Les contraventions punies d'une amende dont le taux est proportionnel au montant ou à la valeur exprimée en numéraire du préjudice, des réparations ou de l'objet de l'infraction constituent des contraventions de la 5e classe dont la peine d'amende ne peut excéder les montants fixés par le 5° de l'article 131-13.**

V. Circ. du 18 janv. 1994, n° [37].

Art. R. 610-5 **La violation des interdictions ou le manquement aux obligations édictées par les décrets et arrêtés de police sont punis de l'amende prévue pour les contraventions de la 1re classe.** — *Route R. 130-1, R. 130-3.*

V. Circ. du 18 janv. 1994, n° [38].

Corresp. : *C. pén., ancien art. R. 26 (15°).*

RÉP. PÉN. v° *Lois et Règlements*, par LACROIX.

1. Légalité. Sur le contrôle de la légalité des actes administratifs par le juge pénal, V. ss. art. 111-5.

2. L'art. R. 26-15° C. pén. ne peut trouver application qu'autant qu'il a été contrevenu aux décrets et arrêtés de police légalement faits. • Crim. 5 mars 1987 : *Bull. crim. n° 110* • 30 janv. 1991, n° 89-86.140 P : *D. 1992. Somm. 215, obs. Maillard Desgrées du Loû.* ♦ ... Sans qu'il y ait lieu de distinguer selon l'origine des pouvoirs de police en vertu desquels ils ont été pris. • Crim. 14 mars 1989 : *Bull. crim. n° 127.* ♦ Il ne peut être fait application de ce texte à la violation d'une disposition législative dépourvue de sanction pénale. • Crim. 12 janv. 1983 : *Bull. crim. n° 15.* ♦ ... Ni aux infractions aux dispositions réglementaires du code de la route. • Crim. 24 nov. 1993, n° 92-81.611 P.

3. Il appartient au juge de police, saisi d'une contravention à un règlement ou à un arrêté municipal, de rechercher la légalité de ce règlement ou de cet arrêté, condition nécessaire pour que les peines de l'art. R. 26-15° C. pén. puissent être appliquées. • Crim. 5 juill. 1961 : *Bull. crim. n° 322.*

4. Règlements de police. Les sanctions édictées par l'art. R. 26-15° C. pén. ne s'attachent qu'aux règlements de police pris par les autorités administratives en vue de maintenir la tranquillité, la sécurité et la salubrité publiques.

• Crim. 14 mars 1989 : *préc. note 2.* ♦ ... Et non à des arrêtés ayant un objet financier ou fiscal. • Crim. 25 mai 1978 : *Bull. crim. n° 167.* ♦ Ou à un arrêté prétendant régler un litige d'ordre privé. • Crim. 21 févr. 1984 : *Bull. crim. n° 64.*

5. L'art. R. 610-5 s'attache aux règlements de police pris par une autorité administrative pour assurer le bon ordre ainsi que la sûreté, la sécurité et la salubrité publiques ; l'ordonnance du préfet de police de Paris du 3 juin 1959 réglementant l'exploitation, le contrôle et l'usage des voitures publiques tend notamment à ces objectifs et son non-respect peut donc être sanctionné sur la base de cet article. • Crim. 25 avr. 2001, n° 00-86.992 P : *Jurispr. auto 2001. 311, note Defrance.*

6. Une disposition réglementaire interdisant la distribution de tracts à l'occasion d'un référendum n'est pas un texte de police sanctionné par l'art. R. 26-15° C. pén. • Crim. 27 févr. 1964 : *Bull. crim. n° 74.*

7. Conflit de qualifications. Relèvent d'un fait unique de stationnement illicite, le stationnement abusif au sens de l'art. R. 37 C. route, et le non-respect des règlements légalement pris en la matière, au sens de l'art. R. 26-15° C. pén. • Crim. 3 juill. 1968 : *Bull. crim. n° 213.* ♦ L'art. R. 610-5 C. pén. n'est pas applicable lorsque la méconnaissance des interdictions ou obligations prévues par un décret ou un arrêté de police est sanctionnée par un texte spécial. Tel est le cas pour la violation d'un arrêté préfectoral imposant une fermeture hebdomadaire à certains commerces sanctionnée par l'art. R. 262-2 C. trav. • Crim. 1er juill. 1997, n° 96-83.433 P : *RSC 1998. 342, note Cerf ; Dr. pénal 1998. 9, note J.-H. Robert.*

TITRE DEUXIÈME DES CONTRAVENTIONS CONTRE LES PERSONNES

CHAPITRE PREMIER DES CONTRAVENTIONS DE LA 1re CLASSE CONTRE LES PERSONNES

SECTION PREMIÈRE DE LA DIFFAMATION ET DE L'INJURE NON PUBLIQUES

Art. R. 621-1 **La diffamation non publique envers une personne est punie de l'amende prévue pour les contraventions de la 1re classe.**

La vérité des faits diffamatoires peut être établie conformément aux dispositions législatives relatives à la liberté de la presse.

V. Circ. du 18 janv. 1994, n° [40].

Corresp. : *C. pén., ancien art. R. 26 (11°).*

A. INCRIMINATION

1. Ancien code pénal : assimilation à l'injure non publique. La diffamation, lorsqu'elle n'était pas publique, dégénérait en contravention d'injure non publique, prévue et réprimée par l'art. R. 26-11° C. pén. Jurisprudence constante : • Crim. 18 mai 1954 : *Bull. crim. n° 187 ; D. 1956. 366, note Lemercier ; JCP 1954. II. 8292, note Chavanne* • 23 déc. 1959 : *Bull. crim. n° 577* • 24 janv. 1967 : *ibid. n° 36* • 27 mai 1975 : *ibid. n° 134 ; RSC 1975. 1024, obs. Levasseur* • 4 janv. 1990, n° 85-94.880 P • 26 janv. 1993, n° 91-83.260 P • 25 mai 1993, n° 92-84.230 P. ♦ *Contra :* • Paris, 7 oct. 1992 : *Dr. pénal 1993. 41, note Véron.*

2. Nouveau code pénal : incrimination spécifique. Lorsque l'élément de publicité fait défaut, les imputations diffamatoires caractérisent *la contravention prévue et réprimée tant par* l'art. R. 26.11° C. pén., applicable aux faits commis avant le 1er mars 1994, que par l'art. R. 621-1 C. pén. • Crim. 21 févr. 1995, n° 92-86.617 P : *RSC 1996. 122, obs. Mayaud* • Civ. 2e, 23 sept. 1999, n° 97-18.784 P : *D. 1999. IR 237* • 20 janv. 2000, n° 99-86.650 P • Crim. 12 sept. 2000, n° 99-86.650 P. ♦ Lorsque l'élément de publicité fait défaut, les imputations diffamatoires caractérisent la contravention prévue et réprimée par l'art. R. 621-1 C. pén., et la juridiction ayant constaté que les faits retenus constituent l'infraction de diffamation non publique a le devoir de statuer sur cette prévention. Encourt la censure, l'arrêt qui, en pareille occurrence, prononce une relaxe motivée par la prohibition de requalifier la prévention en matière de presse. • Crim. 8 avr. 2008, n° 07-87.226 P : *D. 2008. AJ 1414 ; AJ pénal 2008. 332, obs. Royer ; Dr. pénal 2009. Chron. 6, obs. Mouysset.*

3. Non-publicité. Est justifiée la déclaration de culpabilité du chef d'injure (diffamation) non publique, dès lors que le prévenu a, en connaissance de cause, dépassé les limites que lui permettait la défense des intérêts généraux du syndicat d'actionnaires dont il est membre. • Crim. 5 nov. 1963 : *Bull. crim. n° 305.* ♦ La contravention d'injure (diffamation) non publique résulte de propos diffamatoires tenus au cours d'une assemblée générale d'actionnaires et qui, bien qu'ayant trait aux intérêts généraux de la société, excèdent les limites admissibles de la défense desdits intérêts (attaques visant la personne et contenant l'imputation de manquements à la probité). • Crim. 27 mai 1975 : *Bull. crim. n° 134 ; RSC 1975. 1024, obs. Levasseur.* ♦ Même solution pour la diffusion, au sein d'un groupement, d'un écrit diffamatoire. • Crim. 24 janv. 1967 : *Bull. crim. n° 36* (syndicat) • 12 juill. 1972 : *ibid. n° 241* (association) • 2 juill. 1975 : *ibid. n° 175* (copropriétaires). ♦ Pour une hypothèse ne relevant pas de la qualification. • Crim. 1er déc. 1971 : *Bull. crim. n° 334* (société).

4. Une lettre présentant les caractères d'une lettre privée constitue, si elle est injurieuse ou diffamatoire, la simple contravention d'injure (diffamation) non publique ; la circonstance que cette lettre a été communiquée à un jury d'honneur, appelé à se prononcer sur la valeur des imputations qui y étaient contenues, n'est pas en soi un fait de publicité : des circonstances ultérieures, en effet, étrangères au prévenu, ne sauraient modifier le caractère légal des faits dont il s'est rendu coupable. • Crim. 28 oct. 1953 : *Bull. crim. n° 273 ; D. 1954. 347, note G.C.*

5. Les imputations diffamatoires contenues dans une lettre et concernant une personne autre que le destinataire ne sont punissables, comme injures (diffamations) non publiques, que si cette lettre a été adressée dans des conditions exclusives d'un caractère confidentiel. • Crim. 2 déc. 1943 : *Bull. crim. n° 139* • 12 juill. 1972 : *ibid. n° 241* • 3 juill. 1976 : *ibid. n° 199* • 26 janv. 1993, n° 91-83.260 P • Civ. 2e, 28 oct. 1992, n° 91-13.593 P. • Crim. 30 mai 2007 : *D. 2007. AJ 1882* • Civ. 1re, 6 déc. 2007, n° 06-21.014 P : *D. 2008. AJ 89* • Crim. 11 mai 2010, n° 09-80.725 P : *D. 2011. Pan. 786, obs. Dreyer ; AJ pénal 2010. 447, obs. Royer*. ♦ Dans le cas contraire, et même si la lettre contient l'annonce de sa publication future, le destinataire est soumis à l'obligation de discrétion : dès lors, si le destinataire divulgue le contenu de ladite lettre, l'auteur de celle-ci échappe à toute incrimination. • Crim. 3 juill. 1976 : *préc.* ♦ Les imputations diffamatoires contenues dans une correspondance personnelle et privée, et visant le seul destinataire de la lettre qui les contient, ne sont punissables, sous la qualification de diffamation non publique, que si ladite lettre a été adressée dans des conditions exclusives de tout caractère confidentiel. • Crim. 11 avr. 2012, n° 11-87.688 P : *D. 2012. Actu. 1405 ; Dr. pénal 2013. Chron. 6, obs. Mouysset.* ♦ Les expressions diffamatoires contenues dans une correspondance personnelle et privée, et visant une personne autre que le destinataire du message qui les contient, ne sont punissables, sous la qualification de diffamation non publique, que si cette correspondance a été adressée dans des conditions exclusives de tout caractère confidentiel. • Crim. 14 mai 2013, n° 12-84.042 P : *D. actu. 10 juin 2013, obs. Lavric ; D. 2013. Actu. 1351, obs. Lavric ; Dr. pénal 2013, n° 121, obs. Véron ; Légipresse, n° 314, mars 2014, p. 188, obs. Guerder.*

6. Des propos diffamatoires tenus au cours d'une conversation et concernant une personne autre que celle à laquelle ils sont adressés peuvent, par voie d'assimilation, constituer à l'égard de la personne visée la contravention d'injures (diffamations) non publiques, s'ils ont été exprimés dans des conditions exclusives d'un caractère confidentiel. • Crim. 29 mai 1978 : *Bull. crim. n° 169.* ♦ Même solution pour des propos transmis au moyen du téléphone par l'intermédiaire d'un répondeur automatique. • Crim. 22 mai 1984 : *Bull. crim. n° 188.* ♦ Même solution pour des propos adressés par télécopie, la mention « confidentiel » étant une précaution inopérante s'agissant d'un courrier assimilé à une correspondance à découvert. • T. pol. Paris, 11 janv. 1999 : *BICC n° 858.* ♦ Les expressions diffamatoires, formulées dans un entretien privé entre deux personnes, et visant un tiers, ne sont punissables que si les propos ont été tenus dans des conditions exclusives de tout caractère confidentiel. • Crim. 14 oct. 2014, n° 13-85.512 P : *D. actu. 24 oct. 2014, obs. Lavric ; D. 2014. 2114 ; ibid. 2015. 342, obs. Dreyer ; Dr. pénal 2015, n° 4, obs. Véron ; ibid. Chron. 6, obs. Mouysset.*

7. Une condamnation pour contravention de diffamation non publique est justifiée, dès lors qu'une communauté d'intérêts est établie entre les destinataires de l'écrit litigieux, lesquels ont la qualité de copropriétaires au sein d'un immeuble d'habitation, ce qui permet d'exclure l'existence d'une publicité. • Crim. 7 mars 2000 : *Dr. pénal 2000. Comm. 97, obs. Véron.*

8. Réseaux sociaux. Le dialogue entre quelques personnes au moyen d'un service de messagerie instantanée relève de la confidentialité des communications. Les propos qui y sont tenus doivent s'apprécier dans leur contexte non seulement intrinsèque mais extrinsèque au regard de la contravention de diffamation non publique. • Aix-en-Provence, 7 mai 2013 : *D. actu. 14 juin 2013, obs. Manara ; D. 2013. Actu. 1550, obs. Manara*. ♦ Ne constituent pas des injures publiques des propos litigieux diffusés sur des comptes ouverts tant sur Facebook que sur MSN dont le titulaire ne les a rendus accessibles qu'aux seules personnes qu'il a agréées, qui sont en nombre très restreint et forment donc une communauté d'intérêts. • Civ. 1re, 10 avr. 2013, n° 11-19.530 P : *D. actu. 24 avr. 2013, obs. Manara ; D. 2013. Actu. 1004 ; ibid. Pan. 2713 ; ibid. 2014. 508, obs. Dreyer ; Gaz. Pal. 19-20 juin 2013, p. 14, obs. Piot.*

9. Courriels. Le chef d'un établissement scolaire sous contrat d'association et les membres de l'inspection académique forment un groupement de personnes liées par une communauté d'intérêts. Mais n'a pas justifié sa décision une cour d'appel qui, pour exclure la publicité, n'a pas recherché l'identité de toutes les personnes ayant pu prendre connaissance du courriel à partir de la boîte structurelle sur laquelle il a été envoyé. • Crim. 22 janv. 2019, n° 18-82.614 P : *D. actu. 13 févr. 2019, obs. Lavric ; D. 2020. Pan. 237, obs. Dreyer*.

10. Intention. Même lorsqu'elles dégénèrent, faute de publicité, en injures (diffamations) non publiques, les imputations diffamatoires sont réputées faites avec intention de nuire ; cette présomption ne peut disparaître qu'en présence de faits justificatifs autres que la vérité des faits imputés et de nature à faire admettre la bonne foi ; la preuve en incombe au prévenu qui invoque la bonne foi. • Crim. 8 août 1949 : *Bull. crim. n° 283* • 15 févr. 1962 : *ibid. n° 100* • 5 nov. 1974 : *ibid. n° 312* • 14 nov. 1977 : *ibid. n° 350* • 9 juill. 1982 : *ibid. n° 186* • 1er déc. 1987 : *ibid. n° 440.*

11. Résultant des imputations diffamatoires elles-mêmes, il n'est pas nécessaire que la mauvaise foi soit expressément constatée dans l'arrêt de condamnation. • Crim. 16 mars 1971 : *Bull. crim. n° 91.*

12. Lorsqu'un employeur est poursuivi pour avoir adressé à un de ses salariés une lettre de licenciement motivée, imputant à celui-ci certains faits présentant un caractère diffamatoire, la circonstance que le prévenu a été seulement guidé par l'intention d'éclairer le salarié sur les causes de son congédiement constitue un fait justificatif de la bonne foi. • Crim. 5 nov. 1974 : *Bull. crim. n° 312.* ♦ Mais c'est à bon droit qu'est retenue la culpabilité d'un chef d'entreprise qui a donné son accord pour que soit affiché un procès-verbal d'une séance du comité d'entreprise contenant des imputations diffamatoires, l'affichage d'un tel procès-verbal n'étant pas obligatoire. • Crim. 9 juill. 1982 : *préc. note 10.*

13. Dans le cadre d'un procès civil, la bonne foi d'un avocat peut résulter de ce que l'écrit par lui adressé, au nom de son client, à un expert, se rattache directement à l'objet de l'expertise comme à celui du litige, et ne contient aucune imputation étrangère à l'exercice des droits de la défense. • Crim. 11 juin 1979 : *Bull. crim. n° 203.*

14. C'est à bon droit que les juges du fond peuvent écarter la bonne foi du prévenu, pour avoir inutilement usé du ton de la polémique et commis des excès de langage, tout en reconnaissant sa sincérité et son désintéressement. • Crim. 26 oct. 1982 : *Bull. crim. n° 235.*

15. Encourt la cassation l'arrêt condamnant, *pour des faits de diffamation* non publique, l'auteur d'un propos tenu au cours d'une conversation confidentielle, sans que soit démontrée la volonté de cette personne de voir porter ledit propos à la connaissance des tiers. • Crim. 14 oct. 2014 : *préc. note 6.*

B. RÉPRESSION

16. Procédure. Le régime juridique de la contravention de diffamation non publique étant, sauf exception, celui des infractions de presse, doit être considéré comme directeur de publication du bulletin édité par la Fédération des associations pour adultes et jeunes handicapés le président de cette fédération. • Crim. 8 janv. 2019, n° 17-85.789 P : *D. actu. 28 janv. 2019, obs. Lavric.*

17. Il appartient aux juridictions d'instruction saisies d'une poursuite pour diffamation de disqualifier les faits au cas où les conditions de la publicité ne se trouvent pas réunies, et de rechercher s'ils ne constituent pas une diffamation non publique. • Crim. 9 janv. 1979 : *Bull. crim. n° 15* • 2 oct. 1985 : *ibid. n° 293* • 14 janv. 1992, n° 91-80.185 P. ♦ Il en est de même pour les juridictions de jugement. • Crim. 20 févr. 1990 : *Dr. pénal 1990. 258.*

18. Doit être cassé le jugement par lequel un tribunal de simple police se déclare incompétent, motif pris de ce que les propos incriminés constituent une diffamation, sans avoir précisé si la diffamation est publique ou non. • Crim. 24 janv. 1946 : *Bull. crim. n° 34.*

19. Doit être cassé l'arrêt de la chambre d'accusation qui, pour déclarer irrecevable une constitution de partie civile, suite à une plainte pour diffamation publique envers un citoyen chargé d'un service public, à l'occasion de la distribution, dans les boîtes au lettres des locataires d'un OPHLM, d'un document contenant des imputations diffamatoires à l'égard d'un membre du conseil d'administration de cet office, affirme que les faits en cause ne peuvent constituer que la contravention de diffamation non publique, dès lors que le document distribué a été déposé sous pli fermé aux membres d'un groupement de personnes liées par une communauté d'intérêts et qu'il n'est pas allégué que le document ait été adressé à des personnes autres que locataires, sans rechercher si les propriétaires s'étaient réunis en groupement ou association de défense de leurs intérêts communs. • Crim. 5 oct. 1999, n° 97-85.701 P : *D. 1999. IR 272*.

20. La diffamation, lors même qu'elle n'a pas été rendue publique par l'un des moyens prévus par la L. du 29 juill. 1881, peut encore constituer un quasi-délit et servir de base à une action en dommages-intérêts régie par le droit commun ; le tribunal peut, en conséquence, admettre la pertinence du fait offert en preuve. • Req. 2 déc. 1946 : *D. 1947. 110.*

21. Seule la personne diffamée peut solliciter la réparation du préjudice causé par cette infraction et les juges doivent rechercher, le cas échéant, les éléments extrinsèques permettant son identification. • Civ. 1re, 11 juill. 2018, n° 17-21.757 P : *D. actu. 4 sept. 2018, obs. Lavric ; D. 2019. Pan. 216, obs. Dreyer* .

22. Peines. La règle du non-cumul des peines édictée par l'art. 5 C. pén. n'est pas applicable en matière de contravention ; en cas de pluralité d'écrits distincts (télécopies à des moments différents), non publics, comportant des propos diffamatoires ou injurieux, des condamnations cumulatives à des peines contraventionnelles peuvent être prononcées. • Crim. 25 mai 1993, n° 92-84.230 P.

Art. R. 621-2 **L'injure non publique envers une personne, lorsqu'elle n'a pas été précédée de provocation, est punie de l'amende prévue pour les contraventions de la 1re classe.**

V. Circ. du 18 janv. 1994, n° [40].

Corresp. : *C. pén., ancien art. R. 26 (11°).*

BIBL. ► BLIN, *JCP 1973. I. 2546 (Err. 2552 bis).*

1. Droit de la presse. Si la L. du 1er juill. 1972 concernant la lutte contre le racisme a supprimé, dans l'art. 33 de la loi sur la liberté de la presse, la référence à l'art. R. 26-11° C. pén. réprimant l'injure non publique, elle n'a pas pour autant modifié la nature de cette infraction. • Crim. 7 juin 1983 : *Bull. crim. n° 171* • 17 mai 1988 : *ibid. n° 214.* ♦ ... Ni exclu cette contravention du domaine d'application des règles particulières de procédure édictées par la loi sur la presse. • Crim. 22 mai 1974 : *Bull. crim. n° 196 ; D. 1975. 128, note Foulon-Piganiol ; JCP 1975. II. 18019, note Blin ; RSC 1974. 877, obs. Levasseur* • 10 oct. 1974 : *Bull. crim. n° 290* • 7 mai 1975 : *ibid. n° 119* • 18 déc. 1978 : *D. 1979. IR 272* • 7 juin 1983 : *préc.* • 17 mai 1988 : *préc.*

2. L'incrimination d'injure touche, dans tous les cas, à la liberté d'expression telle que la réglemente la loi sur la presse. • Crim. 22 mai 1974 : *préc. note 1* • 7 mai 1975 : *préc. note 1.* ♦ ... Et il n'importe, au regard des règles de procédure applicables, que les infractions prévues par la L. du 29 juill. 1881 soient réprimées par d'autres textes. • Crim. 22 mai 1974 : *préc. note 1.*

3. Non-publicité. Les expressions injurieuses visant une personne autre que le destinataire de la lettre qui les contient ne sont punissables que si ladite lettre a été adressée dans des conditions exclusives d'un caractère confidentiel. • Crim. 17 janv. 1995 : *Dr. pénal 1995. 120, obs. Véron.*

CHAPITRE II DES CONTRAVENTIONS DE LA 2e CLASSE CONTRE LES PERSONNES

SECTION PREMIÈRE DES ATTEINTES INVOLONTAIRES À L'INTÉGRITÉ DE LA PERSONNE N'AYANT ENTRAÎNÉ AUCUNE INCAPACITÉ TOTALE DE TRAVAIL

Art. R. 622-1 **Hors le cas prévu par l'article R. 625-3, le fait, par maladresse, imprudence, inattention, négligence ou manquement à une obligation de sécurité ou de prudence imposée par la loi ou** *(Décr. n° 2001-883 du 20 sept. 2001)* **« le règlement, dans les conditions et selon les distinctions prévues à l'article 121-3 », de porter atteinte à l'intégrité d'autrui sans qu'il en résulte d'incapacité totale de travail est puni de l'amende prévue pour les contraventions de la 2e classe.**

Les personnes coupables de la contravention prévue au présent article encourent également la peine complémentaire de confiscation de la chose qui a servi à commettre l'infraction.

(Décr. n° 2010-671 du 18 juin 2010) **« Les personnes morales déclarées responsables pénalement, dans les conditions prévues par l'article 121-2, de l'infraction définie au présent article encourent, outre l'amende suivant les modalités prévues par l'article 131-41, la peine de confiscation de la chose qui a servi à commettre l'infraction. »**

V. Circ. du 18 janv. 1994, n° [41].

Corresp. : *C. pén., ancien art. R. 40 (4°).*

Sur l'application, avant l'entrée en vigueur du nouveau code pénal, de l'ancien art. R. 40-4° C. pén. (nouvel art. R. 625-2) même en l'absence d'incapacité de travail, dès lors qu'une atteinte quelconque était portée à l'intégrité physique de la victime. • Crim. 5 mai 1978 : *Bull. crim. n° 140 ; RSC 1979. 91, obs. Levasseur.*

SECTION II DE LA DIVAGATION D'ANIMAUX DANGEREUX

RÉP. PÉN. v° *Animaux*, par REDON.

Art. R. 622-2 **Le fait, par le gardien d'un animal susceptible de présenter un danger pour les personnes, de laisser divaguer cet animal est puni de l'amende prévue pour les contraventions de la 2e classe.**

En cas de condamnation du propriétaire de l'animal ou si le propriétaire est inconnu, le tribunal peut décider de remettre l'animal à une œuvre de protection animale reconnue d'utilité publique ou déclarée, laquelle pourra librement en disposer.

V. Circ. du 18 janv. 1994, n° [42].

Les art. 529 à 529-2 et 530 à 530-2 C. pr. pén. [relatifs à la procédure de l'amende forfaitaire] sont applicables aux infractions en matière de divagation réprimées par le code rural et le code pénal (C. rur., art. L. 215-5), V. C. pr. pén., art. R. 48-1 s. — ***C. pr. pén.***

Corresp. : *C. pén., ancien art. R. 30 (7°).*

BIBL. ▶ **Dossier.** L'animal en droit pénal, *Dr. pénal 2018, p. 13 s.*

1. Animal dangereux. L'animal qui se jette spontanément sur les personnes pour les mordre est malfaisant ou féroce. • Crim. 19 mars 1992, n° 91-81.323 P : *D. 1993. Somm. 13, obs. Azibert ; Gaz. Pal. 1992. 2. Somm. 489, note Doucet ; RSC 1993. 330, obs. Levasseur .*

2. ... Ou potentiellement dangereux. Le fait pour un éleveur de laisser divaguer, par suite d'une surveillance insuffisante de sa part, des animaux susceptibles de présenter un danger pour les personnes, constitue la contravention prévue à l'art. R. 622-2 C. pén., dès lors que cet article vise la seule possibilité de causer un dommage à la personne, indépendamment du caractère intrinsèquement dangereux ou féroce de l'animal. • T. pol. Saint-Girons, 20 avr. 1998 : *BICC 1998, n° 1077.*

3. Divagation. Il n'est pas possible de considérer comme étant en état de divagation le chien qui est resté sous le contrôle de son maître. • Crim. 5 avr. 1990, n° 89-84.528 P. ♦ ... Ce qui n'est pas le cas du chien tenu en laisse qui mord une personne, parce qu'il a été mal surveillé et que sa laisse était trop longue. • Pau, 2 oct. 1991 : *Dr. pénal 1992. 95.*

4. Conflit de qualifications. V. ss. art. 223-1 (risques causés à autrui).

CHAPITRE III DES CONTRAVENTIONS DE LA 3e CLASSE CONTRE LES PERSONNES

SECTION PREMIÈRE DES MENACES DE VIOLENCES

Art. R. 623-1 **Hors les cas prévus par les articles 222-17 et 222-18, la menace de commettre des violences contre une personne, lorsque cette menace est soit réitérée, soit matérialisée par un écrit, une image ou tout autre objet, est punie de l'amende prévue pour les contraventions de la 3e classe.**

V. Circ. du 18 janv. 1994, n° [43].

SECTION II DES BRUITS OU TAPAGES INJURIEUX OU NOCTURNES

Art. R. 623-2 **Les bruits ou tapages injurieux ou nocturnes troublant la tranquillité d'autrui sont punis de l'amende prévue pour les contraventions de la 3e classe.**

Les personnes coupables des contraventions prévues au présent article encourent également la peine complémentaire de confiscation de la chose qui a servi ou était destinée à commettre l'infraction.

Le fait de faciliter sciemment, par aide ou assistance, la préparation ou la consommation des contraventions prévues au présent article est puni des mêmes peines.

V. Circ. du 18 janv. 1994, n° [44].

Corresp. : *C. pén., ancien art. R. 34 (8°).*

1. Tranquillité d'autrui. Le trouble apporté à la tranquillité des habitants est une question de fait laissée à la souveraine appréciation du juge quand il n'existe pas de procès-verbal faisant foi. • Crim. 8 nov. 1935 : *Bull. crim. 125 ; DH 1936. 4.*

2. Un arrêté préfectoral fixant à minuit l'heure de la fermeture des débits de boissons ne saurait apporter aucune dérogation à la disposition de l'art. 479, 8°, C. pén. (R. 34-8°) qui assure le repos et la tranquillité des habitants. • Crim.

13 juill. 1949 : *Bull. crim. n° 242 ; JCP 1949. II. 5128 (2e esp.), note Colombini.*

3. Il suffit, pour constituer la contravention de tapage injurieux ou nocturne, que la tranquillité d'une seule personne ait été troublée. • Crim. 8 juill. 1949 : *Bull. crim. n° 237 ; JCP 1949. II. 5128 (1re esp.), note préc. Colombini.*

4. Bruits ou tapages. Les bruits qui ont lieu dans l'intérieur des habitations pendant la nuit constituent la contravention de tapage nocturne lorsqu'ils sont entendus *du dehors* et troublent la tranquillité des habitants. • Crim. 15 déc. 1928 : *DH 1929. 68.* ♦ Sont constitutifs de la contravention à l'art. R. 34-8° C. pén., bien qu'ayant eu lieu à l'intérieur d'un appartement, mais dès lors qu'ils peuvent être entendus *en dehors* par les autres habitants, des bruits volontairement et malicieusement causés pour troubler la tranquillité du voisinage (meubles traînés sur le plancher, fonctionnement d'intensité excessive d'un appareil de radio). • Crim. 4 févr. 1970 : *Bull. crim. n° 50 ; D. 1970. 288, note R. S.*

5. Les peines prévues par l'art. R. 34-8° C. pén. sont encourues par tous ceux qui, par des agissements personnels et volontaires, produisent ou occasionnent des bruits nocturnes troublant la tranquillité des habitants. • Crim. 25 avr. 1972 : *Bull. crim. n° 139 ; D. 1972. 442.* ♦ Tel est le cas du prévenu qui, pendant une longue période de temps, et au mépris de plaintes aussi nombreuses que répétées, a transporté chaque soir sur un chantier, où il l'abandonnait pour la durée de la nuit, un chien dont les aboiements troublaient gravement le repos des habitants du quartier. • Même arrêt. ♦ L'intéressé qui, à deux reprises, a volontairement disposé une mini-chaîne sur le mur séparant sa propriété de celle de son voisin, de façon à l'importuner par la diffusion de musique avec un niveau sonore très élevé, est à bon droit déclaré coupable de tapages injurieux troublant la tranquillité d'autrui. • Crim. 24 févr. 1999 : *Gaz. Pal. 14-18 mai 1999, p. 15.*

6. Même en l'absence de toute volonté de nuire, et même si des bruits peuvent résulter de l'exercice d'une profession, la contravention de tapage nocturne est caractérisée, dès lors que le prévenu a eu conscience du trouble causé au voisinage par l'installation dont il était responsable et n'a pris aucune mesure pour y remédier. • Crim. 19 nov. 1985 : *Bull. crim. n° 361* (bruits et vibrations occasionnés par les installations d'une usine) • 17 janv. 1990, n° 89-83.504 P : *RSC 1990. 791, obs. Levasseur* (motopompes utilisées par des agriculteurs) • 11 janv. 2005 : *Dr. pénal 2005. Comm. 71, obs. Véron* (aboiements d'un chien). ♦ V. aussi : • T. pol. Paris, 26 nov. 1998 : *BICC 1999, n° 622 ; D. 2000. Somm. 118, obs. de Lamy.* ♦ *Contra :* • Paris, 16 mai 1970 : *D. 1970. 568* (bruits provenant d'une boulangerie).

7. Complicité. Selon les dispositions de l'art. R. 34-8° C. pén., doivent être considérés comme coupables de bruits, tapages ou attroupements injurieux ou nocturnes troublant la tranquillité des habitants, non seulement ceux qui prennent une part active aux bruits ou tapages nocturnes ou injurieux, mais encore tous ceux qui, par leur présence ou leur fait, ont favorisé ou facilité la commission de cette contravention. • Crim. 17 févr. 1988 : *Bull. crim. n° 80.* ♦ Se rend complice de la contravention de tapage nocturne, la personne qui, présente à son domicile, laisse se perpétrer des bruits troublant la tranquillité d'autrui. • Crim. 26 janv. 2020, n° 19-80.641 P : *D. actu. 13 mars 2020, obs. Goetz.* ♦ Ainsi, le débitant de boissons qui laisse se perpétrer dans son établissement la contravention de bruits ou tapages nocturnes doit être considéré comme complice de cette infraction. • Crim. 14 nov. 1924 : *DH 1924. 700* • 8 juill. 1949 : *Bull. crim. n° 237 ; JCP 1949. II. 5128 (1re esp.), note Colombini* • 17 févr. 1988 : *préc.* ♦ ... L'exercice de cette profession ne pouvant justifier un bruit qui dégénèrerait en tapage nocturne. • Crim. 13 juill. 1949 : *Bull. crim. n° 242 ; JCP 1949. II. 5128 (2e esp.), note préc. Colombini.* ♦ Il en est de même pour l'organisateur de bals en plein air dans l'enceinte d'un parc thermal. • Crim. 15 janv. 1974 : *Bull. crim. n° 22.*

8. Poursuites. L'infraction de tapage nocturne englobe nécessairement l'ensemble des faits reprochés au prévenu au cours de la nuit, à la date mentionnée par la citation. • Crim. 5 nov. 1996, n° 96-81.879 P : *Dr. pénal 1997. Comm. 30, note Maron ; Gaz. Pal. 16-18 mars 1997.*

9. Doit être déclaré pénalement responsable de la contravention de tapage nocturne l'adjoint au maire délégué aux fêtes et chargé de l'organisation des manifestations sportives dès lors qu'il disposait de la compétence, des pouvoirs et des moyens nécessaires pour remplir les fonctions de contrôle et de surveillance de la manifestation au cours de laquelle l'infraction a été commise. • Crim. 4 sept. 2007, n° 07-80.072 P : *D. 2007. AJ 2472 ; ibid. 2008. Chron. 113, obs. Caron ; AJ pénal 2007. 436 ; Dr. pénal 2007. Comm. 153, obs. Véron ; AJDA 2007. 1783.*

Code de la santé publique *(Décr. n° 2003-462 du 21 mai 2003)* **Art. R. 1337-6** *(Décr. n° 2006-1099 du 31 août 2006)* Est puni de la peine d'amende prévue pour les contraventions de la cinquième classe :

1° Le fait, lors d'une activité professionnelle ou d'une activité culturelle, sportive ou de loisir organisée de façon habituelle ou soumise à autorisation, et dont les conditions d'exercice relatives au bruit n'ont pas été fixées par les autorités compétentes, d'être à l'origine d'un bruit de voisinage dépassant les valeurs limites de l'émergence globale ou de l'émergence spectrale conformément à l'article *(Décr. n° 2017-1244 du 7 août 2017, art. 1er-IV)* « R. 1336-6 » ;

2° Le fait, lors d'une activité professionnelle ou d'une activité culturelle, sportive ou de loisir organisée de façon habituelle ou soumise à autorisation, dont les conditions d'exercice relatives au bruit ont été fixées par les autorités compétentes, de ne pas respecter ces conditions ;

3° Le fait, à l'occasion de travaux prévus à l'article *(Décr. n° 2017-1244 du 7 août 2017, art. 1er-IV)* « R. 1336-10 », de ne pas respecter les conditions de leur réalisation ou d'utilisation des matériels et équipements fixées par les autorités compétentes, de ne pas prendre les précautions appropriées pour limiter le bruit ou d'adopter un comportement anormalement bruyant.

Doit être cassé l'arrêt de condamnation rendu par les juges du fond à l'encontre du président d'une association de tir pour infraction à la réglementation sur les bruits de nature à porter atteinte à la tranquillité du voisinage ou à la santé humaine, dans la mesure où l'activité du stand de tir de cette association a généré, un samedi et un dimanche, des bruits d'une émergence supérieure aux valeurs limites admissibles et que ses conditions de fonctionnement résultant d'un arrêté préfectoral n'ont pas été observées, dès lors qu'ils n'ont pas recherché si l'arrêté préfectoral précité avait été enfreint pour la journée du samedi. • Crim. 15 sept. 1999 : *Dr. pénal 2000. Comm. 33, obs. J.-H. Robert ; RSC 2000. 834, obs. J.-H. Robert*.

Art. R. 1337-7 *(Décr. n° 2006-1099 du 31 août 2006)* Est puni de la peine d'amende prévue pour les contraventions de la troisième classe le fait d'être à l'origine d'un bruit particulier, autre que ceux relevant de l'article R. 1337-6, de nature à porter atteinte à la tranquillité du voisinage ou à la santé de l'homme dans les conditions prévues à l'article *(Décr. n° 2017-1244 du 7 août 2017, art. 1er-IV-2°)* « R. 1336-5 ».

Art. R. 1337-8 *(Décr. n° 2006-1099 du 31 août 2006)* Les personnes physiques coupables des infractions prévues aux articles R. 1337-6 et R. 1337-7 encourent également la peine complémentaire de confiscation de la chose qui a servi ou était destinée à commettre l'infraction ou de la chose qui en est le produit.

Art. R. 1337-9 *(Décr. n° 2006-1099 du 31 août 2006)* Le fait de faciliter sciemment, par aide ou assistance, la préparation ou la consommation des contraventions prévues aux articles R. 1337-6 et R. 1337-7 est puni des mêmes peines.

Art. R. 1337-10 *(Décr. n° 2010-671 du 18 juin 2010)* Les personnes morales déclarées responsables pénalement, dans les conditions prévues par l'article 121-2 du code pénal, des infractions définies à la présente section encourent, outre l'amende suivant les modalités prévues par l'article 131-41 du code pénal, la peine de confiscation de la chose qui a servi ou était destinée à commettre l'infraction ou de la chose qui en est le produit.

Art. R. 1337-10-1 *(Décr. n° 2006-1099 du 31 août 2006)* La récidive des infractions prévues à l'article R. 1337-6 est punie conformément aux dispositions des articles 132-11 et 132-15 du code pénal.

Art. R. 1337-10-2 *(Décr. n° 2007-1467 du 12 oct. 2007, art. 14)* Sont habilités à constater et à rechercher les infractions au bruit de voisinage, outre les agents mentionnés à l'article R. 1312-1 dans les conditions fixées par les articles R. 1312-2 à R. 1312-7, les autres agents des communes dans les conditions fixées par les articles *(Décr. n° 2017-1244 du 7 août 2017, art. 1er-IV-3°, en vigueur au plus tard le 1er janv. 2018)* « R. 571-92 » à R. 571-93 du code de l'environnement.

V. également Décr. n° 98-1143 du 15 déc. 1998 (JO 16 déc.) relatif aux prescriptions applicables aux établissements ou locaux recevant du public et diffusant à titre habituel de la musique amplifiée à l'exclusion des salles dont l'activité est réservée à l'enseignement de la musique et de la danse ; et, en application, Arr. du 15 déc. 1998 (JO 16 déc.).

SECTION III *DE L'EXCITATION D'ANIMAUX DANGEREUX*

RÉP. PÉN. v° *Animaux*, par REDON.

Art. R. 623-3 **Le fait, par le gardien d'un animal susceptible de présenter un danger pour les personnes, d'exciter ou de ne pas retenir cet animal lorsqu'il attaque ou pour-**

suit un passant, alors même qu'il n'en est résulté aucun dommage, est puni de l'amende prévue pour les contraventions de la 3e classe.

En cas de condamnation du propriétaire de l'animal ou si le propriétaire est inconnu, le tribunal peut décider de remettre l'animal à une œuvre de protection animale reconnue d'utilité publique ou déclarée, laquelle pourra librement en disposer.

V. Circ. du 18 janv. 1994, n° [45].

***Corresp. :** C. pén., ancien art. R. 30 (7°).*

BIBL. ► **Dossier.** L'animal en droit pénal, *Dr. pénal 2018, p. 13 s.*

Conflit de qualifications. Le prévenu qui a lancé un chien contre un tiers pour qu'il le morde, a commis, alors qu'il est constaté que ces morsures ont entraîné pour la victime une incapacité totale de plus de huit jours, non la contravention prévue par l'art. R. 30-7° C. pén., mais le délit puni par l'art. 309 (nouveaux art. 222-11 et 222-12) dudit code, l'animal n'ayant été alors qu'un instrument ayant servi à causer des blessures volontaires. • Crim. 7 avr. 1967 : *Bull. crim. n° 105 ; D. 1967. 601 ; JCP 1968. II. 15366, note Volff.*

SECTION IV **DE LA VIOLATION DES DISPOSITIONS RÉGLEMENTANT LE COMMERCE DE CERTAINS MATÉRIELS SUSCEPTIBLES D'ÊTRE UTILISÉS POUR PORTER ATTEINTE À L'INTIMITÉ DE LA VIE PRIVÉE**

Art. R. 623-4 Le fait, par une personne titulaire de l'une des autorisations mentionnées à l'article R. 226-3, de ne pas tenir le registre prévu par le deuxième alinéa de l'article R. 226-10 est puni de l'amende prévue pour les contraventions de la 3e classe.

(Abrogé par Décr. n° 2010-671 du 18 juin 2010) ***« Les personnes morales peuvent être déclarées responsables pénalement, dans les conditions prévues par l'article 121-2, de l'infraction définie au présent article.***

« La peine encourue par les personnes morales est l'amende, suivant les modalités prévues par l'article 131-41. »

V. Circ. du 18 janv. 1994, n° [46].

CHAPITRE IV **DES CONTRAVENTIONS DE LA 4e CLASSE CONTRE LES PERSONNES**

SECTION PREMIÈRE **DES VIOLENCES LÉGÈRES**

Art. R. 624-1 Hors les cas prévus par les articles 222-13 et 222-14, les violences volontaires n'ayant entraîné aucune incapacité totale de travail sont punies de l'amende prévue pour les contraventions de la 4e classe.

Les personnes coupables de la contravention prévue au présent article encourent également les peines complémentaires suivantes :

1° La suspension, pour une durée de trois ans au plus, du permis de conduire, cette suspension pouvant être limitée à la conduite en dehors de l'activité professionnelle ;

2° L'interdiction de détenir ou de porter, pour une durée de trois ans au plus, une arme soumise à autorisation ;

3° La confiscation d'une ou de plusieurs armes dont le condamné est propriétaire ou dont il a la libre disposition ;

4° Le retrait du permis de chasser, avec interdiction de solliciter la délivrance d'un nouveau permis pendant trois ans au plus ;

5° La confiscation de la chose qui a servi ou était destinée à commettre l'infraction ou de la chose qui en est le produit.

Le fait de faciliter sciemment, par aide ou assistance, la préparation ou la consommation de la contravention prévue au présent article est puni des mêmes peines.

V. Circ. du 18 janv. 1994, n° [47].

***Corresp. :** C. pén., ancien art. R. 38 (1°).*

1. Matérialité. La violence atteignant matériellement la personne n'est pas un élément essentiel de la contravention de violences légères. • Crim. 27 mai 1942 : *Bull. crim. n° 68* • 5 juin 1958 : *ibid. n° 439* • 8 janv. 1974 : *Gaz. Pal. 1974. 1. 190.*

2. La contravention de violences légères prévue et réprimée par l'art. 483 C. pén. (art. R. 38-1°) n'existe qu'à la condition que leur auteur n'ait blessé, ni frappé personne. • Nancy, 22 févr. 1951 : *Gaz. Pal. 1951. 1. 272.* ♦ Du moment qu'un coup a été volontairement porté, doivent seuls recevoir application les art. 309 (nouvel art. 222-11) et R. 40 (nouvel art. R. 625-1) C. pén. • Crim. 27 mai 1959 : *Bull. crim. n° 280.* ♦ Doit être annulé le jugement de simple police qui, après avoir constaté que les plaignants ont reçu un coup de poing et un soufflet du prévenu, a néanmoins statué comme en matière de violences légères. • Crim. 14 avr. 1930 : *Bull. crim. n° 127* • 4 août 1934 : *ibid. n° 158.*

3. S'il résulte de voies de fait ou de violences légères une maladie ou une incapacité totale de travail personnel supérieure à huit jours, ces voies de fait et violences constituent, non la contravention prévue par l'art. R. 38-1° C. pén., mais le délit de l'art. 309 du même code (nouvel art. 222-11), sans qu'il soit exigé l'existence d'un lien de causalité direct et immédiat. • Crim. 28 avr. 1981 : *Bull. crim. n° 129.* ♦ Rappr. : • Crim. 20 nov. 1952 : *Bull. crim. n° 267.*

4. Intention. Le caractère intentionnel des violences légères, s'il n'est pas expressément constaté, se déduit nécessairement des circonstances dans lesquelles la scène s'est produite et est relatée par les juges. • Crim. 30 nov. 1961 : *Bull. crim. n° 487.*

5. Justification. Le fait justificatif de légitime défense s'applique non seulement aux crimes et délits, mais aussi à la contravention de violences légères. • Crim. 20 nov. 1956 : *Bull. crim. n° 761.*

6. Exemples. Sont des violences légères : ... le fait de décoiffer une jeune fille dans un bal. • Crim. 26 janv. 1877 : *DP 1878. 1. 240.* ♦ ... Le fait de se précipiter sur une personne et de la bousculer. • Crim. 19 avr. 1958 : *Bull. crim. n° 321.* ♦ ... Le fait de pousser à la mer un jeune homme qui prend pied sur un débarcadère. • T. pol. Fréjus, 19 oct. 1964 : *JCP 1964. II. 13935.* ♦ ... Le fait d'avoir porté deux gifles à la victime. • T. pol. Aix-en-Provence, 12 janv. 1983 : *Gaz. Pal. 1983. 2. 728, note Doucet ; RSC 1984. 74, obs. Levasseur.* ♦ *Contra* : • Crim. 3 févr. 1927 : *Bull. crim. n° 38.* ♦ ... Le fait d'asperger la victime avec un tuyau d'arrosage. • Crim. 16 févr. 1984 : *Gaz. Pal. 1984. 2. Somm. 271.* ♦ ... Le fait de secouer une personne par les épaules (en l'espèce, fait d'un époux sur son épouse). • Crim. 27 janv. 1987 : *Gaz. Pal. 1987. 1. Somm. 203 ; RSC 1987. 876, obs. Levasseur.* ♦ ... Le fait de s'opposer pendant un long moment, sans droit et par la force, au conducteur d'un véhicule désirant quitter son stationnement. • Crim. 10 nov. 1992, n° 91-84.744 P : *D. 1994. Somm. 260, obs. Couvrat et Massé ; RSC 1993. 775, obs. Levasseur.* ♦ ... Le fait, au cours d'une altercation entre automobilistes, d'avoir, dans un état « d'énervement extrême », invectivé la victime puis tenté d'ouvrir la portière de son véhicule. • Crim. 15 avr. 1993 : *Gaz. Pal. 1993. 2. Somm. 439.*

7. Constituent une voie de fait des appels téléphoniques anonymes et réitérés perturbant la vie familiale du destinataire. • Crim. 17 juill. 1984 : *Bull. crim. n° 259 (arrêt n° 1) ; RSC 1985. 297, obs. Levasseur.* ♦ Comp, pour la qualification de violences sur le fondement de l'art. 309, al. 2, C. pén. (nouvel art. 222-13) : • Crim. 3 mars 1992, n° 90-85.373 P.

8. Si le fait pour la directrice d'un supermarché de demander à un enfant d'ouvrir son manteau, de fouiller toutes ses poches et de le palper sommairement ne paraît pas devoir être qualifié de violences, même légères, cet acte est cependant constitutif d'une voie de fait, infraction prévue et réprimée par le même texte ; en effet, il s'agit d'une atteinte à la liberté d'une autre personne, spécialement caractérisée par le fait que le jeune âge de l'enfant ne lui permettait pas de s'opposer aux exigences de la directrice. • T. pol. Carvin, 11 févr. 1994 : *D. 1995. 158, note Mayer ; RSC 1995. 817, obs. Mayaud.* ♦ Sur le droit de correction à l'encontre des enfants, V. ss. art. 327 (nouvel art. 122-4), *Permission de la loi*.

9. Pour le jet de corps durs ou d'immondices. • Crim. 21 mars 1868 : *DP 1869. 1. 262* • 20 févr. 1897 : *ibid. 1897. 1. 336.*

10. Violences collectives. Justifie suffisamment l'application de l'art. R. 38-1° C. pén. l'arrêt qui, sans préciser la part individuellement prise par chacun des prévenus dans une agression commise sur deux personnes, constate du moins que chacun d'eux a exercé des violences sur les victimes, dont l'une a été griffée à la joue et l'autre a subi un choc émotionnel. • Crim. 30 nov. 1961 : *Bull. crim. n° 487.*

SECTION II **DE LA DIFFUSION DE MESSAGES CONTRAIRES À LA DÉCENCE**

Art. R. 624-2 Le fait de diffuser sur la voie publique ou dans des lieux publics des messages contraires à la décence est puni de l'amende prévue pour les contraventions de la 4e classe.

Est puni de la même peine le fait, sans demande préalable du destinataire, d'envoyer ou de distribuer à *domicile* de tels messages.

Les personnes coupables des contraventions prévues au présent article encourent également la peine complémentaire de confiscation de la chose qui a servi ou était destinée à commettre l'infraction ou de la chose qui en est le produit.

Le fait de faciliter sciemment, par aide ou assistance, la préparation ou la consommation des contraventions prévues au présent article est puni des mêmes peines.

(Décr. n° 2010-671 du 18 juin 2010) **« Les personnes morales déclarées responsables pénalement, dans les conditions prévues par l'article 121-2, des infractions définies au présent article encourent, outre l'amende suivant les modalités prévues par l'article 131-41, la peine de confiscation de la chose qui a servi ou était destinée à commettre l'infraction ou de la chose qui en est le produit. »**

V. Circ. du 18 janv. 1994, n° [48].

V. Circ. CRIM 04-16-E8 du 14 mai 2004 ss. R. 625-7.

Corresp. : *C. pén., ancien art. R. 38 (9° et 10°).*

RÉP. PÉN. v° *Infractions sexuelles*, par MALABAT.

A. INDÉCENCE

1. La contravention prévue par l'art. R. 38-9° C. pén., distincte du délit d'outrage aux bonnes mœurs prévu et réprimé par l'art. 283 C. pén. (nouvel art. 227-24), n'exige nullement que les affiches ou images exposées, voire même imposées au regard du public, soient de nature à provoquer des émotions malsaines ; il suffit qu'elles soient indécentes. • Crim. 8 janv. 1959 : *Bull. crim. n° 33 ; D. 1959. 140* • 1er juin 1965 : *Bull. crim. n° 148 ; D. 1965. 667 ; Gaz. Pal. 1965. 2. 140.*

2. Le concept de décence visé par l'art. R. 38-9° C. pén. est plus large et plus compréhensif que celui de bonnes mœurs visé par les art. 283 s. du même code (nouvel art. 227-24), de sorte que tout ce qui est contraire à la décence n'est pas nécessairement contraire aux bonnes mœurs. • T. pol. Lyon, 9 déc. 1966 : *Gaz. Pal. 1967. 1. 116.*

3. L'indécence d'une affiche doit être appréciée au regard des mœurs actuelles et de la diffusion des images par les médias, y inclus la publicité. • Paris, 20 avr. 1990 : *Gaz. Pal. 1990. 1. 309.* ♦ *Adde* : Bertin, *Gaz. Pal. 1990. 1. Doctr. 296.*

B. DIFFUSION

4. Justification. Le principe de la séparation des pouvoirs s'oppose à ce qu'une autorisation administrative relève le juge répressif du devoir qui n'incombe qu'à lui d'appliquer la loi pénale ; ainsi une autorisation administrative telle que le visa de la commission de contrôle des films cinématographiques ne constitue pas un fait justificatif au sens de l'art. 327 C. pén. (nouvel art. 122-4), si les affiches ou images pour lesquelles le visa a été obtenu, et qui ont été ensuite exposées dans les lieux publics, sont reconnues contraires à la décence par le juge répressif. • Crim. 26 juin 1974 : *Bull. crim. n° 241 ; D. 1975. 81, note Puech ; JCP 1975. II. 18011, note Lindon ; Gaz. Pal. 1974. 2. 722.* ♦ Dans des termes identiques, mais sur le fondement de l'excuse légale au sens de l'art. 65 C. pén. (non repris dans le nouveau code pénal). • Crim. 1er juin 1965 : *Bull. crim. n° 148 ; D. 1965. 667 ; Gaz. Pal. 1965. 2. 140.*

5. L'autorisation administrative donnée à des affiches à titre de « matériel publicitaire » ne vaut pas fait justificatif et ne crée pas une immunité au regard de l'art. R. 38-9° C. pén. • T. pol. Lyon, 9 déc. 1966 : *Gaz. Pal. 1967. 1. 116.*

6. Action civile. La contravention d'exposition sur la voie publique ou dans des lieux publics d'affiches ou d'images contraires à la décence ne lèse que la généralité des citoyens ; par suite, elle n'entraîne pas, en principe, un préjudice direct et certain porté à tel ou tel individu. • Crim. 26 juin 1974 : *Bull. crim. n° 241 ; D. 1975. 81, note Puech ; JCP 1975. II. 18011, note Lindon ; Gaz. Pal. 1974. 2. 722.*

7. Référé. Une association ne peut raisonnablement prétendre que l'affichage réalisé constitue un trouble manifestement illicite, au sens de l'art. 809 NCPC [devenu C. pr. civ.], alors que l'affiche litigieuse a reçu le visa de contrôle du Comité national de la cinématographie. • Paris, 20 avr. 1990 : *Gaz. Pal. 1990. 1. 309.*

C. ENVOI OU DISTRIBUTION

8. Minitel rose. Sont justiciables des dispositions de l'art. R. 38-10° C. pén. les publicités pour le minitel rose dans les journaux distribués gratuitement (Rép. min. Sénat, n° 3711 : *JCP 1989. IV. 180*).

SECTION III *[ABROGÉE]* DE LA DIFFAMATION ET DE L'INJURE NON PUBLIQUES PRÉSENTANT UN CARACTÈRE RACISTE OU DISCRIMINATOIRE

(Abrogée par Décr. n° 2017-1230 du 3 août 2017)

Art. R. 624-3 ***La diffamation non publique commise envers une personne ou un groupe de personnes à raison de leur origine ou de leur appartenance ou de leur non-appartenance, vraie ou supposée, à une ethnie, une nation, une race ou une religion déterminée est punie de l'amende prévue pour les contraventions de la 4e classe.***

(Décr. n° 2005-284 du 25 mars 2005, art. 1er) ***« Est punie de la même peine la diffamation non publique commise envers une personne ou un groupe de personnes à raison de leur sexe, de leur orientation sexuelle ou de leur handicap. »***

Art. R. 624-4 *L'injure non publique commise envers une personne ou un groupe de personnes à raison de leur origine ou de leur appartenance ou de leur non-appartenance, vraie ou supposée, à une ethnie, une nation, une race ou une religion déterminée est punie de l'amende prévue pour les contraventions de la 4e classe.*

(Décr. no 2005-284 du 25 mars 2005, art. 2) ***« Est punie de la même peine l'injure non publique commise envers une personne ou un groupe de personnes à raison de leur sexe, de leur orientation sexuelle ou de leur handicap. »***

Prescription. La contravention d'injure raciale non publique est régie par les dispositions particulières de procédure édictées par la loi sur la liberté de la presse (L. 29 juill. 1881), dès lors, la prescription de cette infraction résulte des dispositions de l'art. 65 L. 29 juill. 1881 et le délai est de trois mois. • Crim. 11 mars 2003, no 02-86.902 P : *JCP 2003. IV. 1810 ; Dr. pénal 2003. Comm. 111, obs. Véron.*

Art. R. 624-5 *Les personnes coupables des infractions définies aux articles R. 624-3 et R. 624-4 encourent, outre les peines d'amende prévues par ces articles, les peines complémentaires suivantes :*

1o L'interdiction de détenir ou de porter, pour une durée de trois ans au plus, une arme soumise à autorisation ;

2o La confiscation d'une ou de plusieurs armes dont le condamné est propriétaire ou dont il a la libre disposition ;

3o La confiscation de la chose qui a servi ou était destinée à commettre l'infraction ou de la chose qui en est le produit.

Art. R. 624-6 *(Décr. no 2010-671 du 18 juin 2010)* ***Les personnes morales déclarées responsables pénalement, dans les conditions prévues par l'article 121-2, des infractions définies aux articles R. 624-3 et R. 624-4 encourent, outre l'amende suivant les modalités prévues par l'article 131-41, la peine de confiscation de la chose qui a servi ou était destinée à commettre l'infraction ou de la chose qui en est le produit.***

V. Circ. du 18 janv. 1994, no [49].

SECTION IV DU MANQUEMENT À L'OBLIGATION D'ASSIDUITÉ SCOLAIRE

(Décr. no 2004-162 du 19 févr. 2004)

Art. R. 624-7 **Le fait, pour l'un ou l'autre parent d'un enfant soumis à l'obligation scolaire ou pour toute personne exerçant à son égard l'autorité parentale ou une autorité de fait de façon continue, après avertissement donné par le directeur académique des services de l'éducation nationale agissant sur délégation du recteur d'académie et mise en œuvre des procédures définies** *(Décr. no 2004-703 du 13 juill. 2004 ; Décr. no 2006-583 du 23 mai 2006)* **« à l'article R. 131-7 du code de l'éducation », de ne pas imposer à l'enfant l'obligation d'assiduité scolaire sans faire connaître de motif légitime ou d'excuse valable ou en donnant des motifs d'absence inexacts est puni de l'amende prévue pour les contraventions de la 4e classe.**

Le fait de faciliter, par aide ou assistance, la commission de la contravention prévue au présent article est puni des mêmes peines.

(Abrogé par Décr. no 2010-671 du 18 juin 2010) ***« Les personnes morales peuvent être déclarées responsables pénalement, dans les conditions prévues par l'article 121-2, de l'infraction définie au présent article.***

« La peine encourue par les personnes morales est l'amende, suivant les modalités prévues par l'article 131-41. »

Dans toutes les dispositions réglementaires en vigueur autres que celles mentionnées ci-dessous, les références à « l'inspecteur d'académie, directeur des services départementaux de l'éducation nationale », à « l'inspecteur d'académie, directeur des services départementaux de l'éducation » et à « l'inspecteur d'académie » sont remplacées par la référence au « directeur académique des services de l'éducation nationale agissant sur délégation du recteur d'académie » (Décr. no 2012-16 du 5 janv. 2012, art. 7-I).

CHAPITRE V DES CONTRAVENTIONS DE LA 5e CLASSE CONTRE LES PERSONNES

SECTION PREMIÈRE DES VIOLENCES

Art. R. 625-1 Hors les cas prévus par les articles 222-13 et 222-14, les violences volontaires ayant entraîné une incapacité totale du travail d'une durée inférieure ou égale à huit jours sont punies de l'amende prévue pour les contraventions de la 5e classe.

Les personnes coupables de la contravention prévue au présent article encourent également les peines complémentaires suivantes :

1° La suspension, pour une durée de trois ans au plus, du permis de conduire, cette suspension pouvant être limitée à la conduite en dehors de l'activité professionnelle ;

2° L'interdiction de détenir ou de porter, pour une durée de trois ans au plus, une arme soumise à autorisation ;

3° La confiscation d'une ou de plusieurs armes dont le condamné est propriétaire ou dont il a la libre disposition ;

4° Le retrait du permis de chasser, avec interdiction de solliciter la délivrance d'un nouveau permis pendant trois ans au plus ;

5° La confiscation de la chose qui a servi ou était destinée à commettre l'infraction ou de la chose qui en est le produit ;

6° Le travail d'intérêt général pour une durée de vingt à cent-vingt heures.

Le fait de faciliter sciemment, par aide ou assistance, la préparation ou la consommation de la contravention prévue au présent article est puni des mêmes peines.

La récidive de la contravention prévue au présent article est réprimée conformément à l'article 132-11.

V. Circ. du 18 janv. 1994, n° [50].

***Corresp. :** C. pén., ancien art. R. 40 (1°).*

1. Matérialité. V. notes ss. art. 222-7 à 222-13.

2. Résultat. L'arrêt qui constate qu'il n'est pas résulté des blessures faites ou des coups portés une incapacité totale de travail personnel de plus de huit jours caractérise l'infraction prévue et punie par l'art. R. 40-1° C. pén. • Crim. 6 juin 1967 : *Bull. crim. n° 175.*

3. Doit être déclaré coupable de la contravention de l'art. R. 40-1° C. pén. l'arbitre d'un match de football, qui, au moment où un photographe s'apprêtait à le prendre en photo, s'est jeté sur le reporter et lui a porté un violent coup au visage entraînant une incapacité totale de travail de sept jours. • Lyon, 9 juill. 1985 : *D. 1985. 569, note Mayer.*

4. Peines. Il résulte, tant de l'art. 464, modifié par la L. du 19 juill. 1993 et entré en vigueur le 20 janv. 1993, que de l'art. L. 131-12 C. pén. entré en vigueur le 1er mars 1994, que l'emprisonnement a disparu de la nomenclature des peines contraventionnelles, la contravention de coups ou violences volontaires n'ayant pas échappé à cette règle. • Crim. 7 avr. 1994, n° 93-82.106 P. ♦ Encourt la cassation l'arrêt qui, pour contravention de coups ou violences volontaires commise le 13 janv. 1993, prononce une peine d'emprisonnement alors qu'au moment de son prononcé cette peine avait été supprimée par la L. du 19 juill. 1993. • Crim. 14 déc. 1994, n° 94-83.064 P : *RSC 1995. 568, obs. Bouloc.*

SECTION II DES ATTEINTES INVOLONTAIRES À L'INTÉGRITÉ DE LA PERSONNE

Art. R. 625-2 Hors *(Décr. n° 2003-642 du 11 juill. 2003)* « les cas prévus par les articles 222-20 et 222-20-1 *[ancienne rédaction : le cas prévu par l'article 222-20]* », le fait de causer à autrui, par maladresse, imprudence, inattention, négligence ou manquement à une obligation de sécurité ou de prudence imposée par la loi ou *(Décr. n° 2001-883 du 20 sept. 2001)* « le règlement, dans les conditions et selon les distinctions prévues à l'article 121-3 », une incapacité totale de travail d'une durée inférieure ou égale à trois mois est puni de l'amende prévue pour les contraventions de la 5e classe. — *Route R. 130-1.*

V. Circ. du 18 janv. 1994, n° [51].

***Corresp. :** C. pén., ancien art. R. 40 (4°).*

1. Faute. V. notes ss. art. 221-6.

2. Une cour d'appel ne peut sans se contredire constater que le prévenu, président de société, avait commis une faute caractérisée exposant autrui à un risque d'une particulière gravité en ne veillant pas personnellement au respect de la réglementation relative à la sécurité des machines dangereuses, et finalement le relaxer au motif qu'il pouvait ignorer le risque découlant de ce manquement. • Crim. 11 févr. 2003, n° 02-85.810 P : *D. 2003. IR 1267 ; JCP 2003. IV. 1651.*

3. Incapacité. S'il résulte de l'énonciation de l'arrêt que la victime a cessé, avant l'expiration du délai de trois mois, d'être incapable de travailler et qu'au contraire elle a recouvré, dans ce délai, 85 % de sa puissance de travail, c'est à tort que les juges d'appel font application au prévenu des dispositions de l'art. 320 C. pén. (nouvel art. 222-19), alors que seule la contravention de 5e classe prévue par l'art. R. 40-4° du même code aurait dû être retenue à son encontre ; toutefois, il y a lieu de rejeter le pourvoi, la peine prononcée étant justifiée dans les termes de l'art. 598 C. pr. pén., dès lors qu'elle n'excède pas celle qu'édicte l'art. R. 40-4° susvisé. • Crim. 28 mai 1959 : *Bull. crim. n° 288 ; D. 1959. 277, note M.R.M.P. ; S. 1959. 82 ; JCP 1959. II. 11155 bis.* ♦ A l'inverse, lorsqu'au cours de la procédure suivie contre une personne prévenue d'une contravention de blessures involontaires ayant entraîné une incapacité totale de travail inférieure à trois mois, les débats révèlent que cette incapacité a été supérieure à cette durée, les juges ont le devoir de requalifier les faits sous leur plus haute acception pénale dès lors que le prévenu a pu s'expliquer sur la faute qui lui était reprochée ainsi que sur ses conséquences, telles qu'elles résultaient des débats. • Crim. 15 mars 1994, n° 93-81.110 P.

4. Pluralité de victimes. Quel que soit le nombre des victimes, la contravention prévue par l'art. 483, al. 2, C. pén. (art. R. 40-4°) ne peut être punie que d'une seule peine, la même action coupable, une et indivisible (action de doubler imprudemment un véhicule), ayant causé les blessures involontaires. • Crim. 19 mars 1957 : *D. 1957. 498.* ♦ Un fait unique ne peut donner lieu à plusieurs sanctions pénales lorsque le conducteur d'un véhicule occasionne, par son imprudence, des blessures à plusieurs personnes, une seule peine devant être prononcée quelle que soit la durée de l'incapacité totale de travail. • Crim. 22 févr. 1995 (1er arrêt), n° 94-82.102 P • 22 févr. 1995 (2e arrêt), n° 94-82.111 P.

Art. R. 625-3 **Le fait,** *(Décr. n° 2001-883 du 20 sept. 2001)* **« par la violation manifestement délibérée d'une obligation particulière de sécurité ou de prudence prévue par la loi ou le règlement » de porter atteinte à l'intégrité d'autrui sans qu'il en résulte d'incapacité totale de travail est puni de l'amende prévue pour les contraventions de la 5e classe.** – *Pén. R. 622-1.*

Art. R. 625-4 **Les personnes coupables des infractions définies aux articles R. 625-2 et R. 625-3 encourent, outre les peines d'amende prévues par ces articles, les peines complémentaires suivantes :**

1° La suspension, pour une durée de trois ans au plus, du permis de conduire, cette suspension pouvant être limitée à la conduite en dehors de l'activité professionnelle ;

2° L'interdiction de détenir ou de porter, pour une durée de trois ans au plus, une arme soumise à autorisation ;

3° La confiscation d'une ou de plusieurs armes dont le condamné est propriétaire ou dont il a la libre disposition ;

4° Le retrait du permis de chasser, avec interdiction de solliciter la délivrance d'un nouveau permis pendant trois ans au plus ;

5° La confiscation de la chose qui a servi à commettre l'infraction ;

6° Le travail d'intérêt général pour une durée de vingt à cent vingt heures.

Art. R. 625-5 *(Décr. n° 2010-671 du 18 juin 2010)* **Les personnes morales déclarées responsables pénalement, dans les conditions prévues par l'article 121-2, des infractions définies aux articles R. 625-2 et R. 625-3 encourent, outre l'amende suivant les modalités prévues par l'article 131-41, la peine de confiscation de la chose qui a servi à commettre l'infraction.**

Art. R. 625-6 **La récidive des contraventions prévues aux articles R. 625-2 et R. 625-3 est réprimée conformément aux articles 132-11 et 132-15.**

V. Circ. du 18 janv. 1994, n° [51].

SECTION III DES PROVOCATIONS, DIFFAMATIONS ET INJURES NON PUBLIQUES PRÉSENTANT UN CARACTÈRE RACISTE OU DISCRIMINATOIRE

(Décr. nº 2017-1230 du 3 août 2017).

Art. R. 625-7 **La provocation non publique à la discrimination, à la haine ou à la violence à l'égard d'une personne ou d'un groupe de personnes à raison de leur origine ou de leur appartenance ou de leur non-appartenance, vraie ou supposée, à une ethnie, une nation,** *(Décr. nº 2017-1230 du 3 août 2017)* **« une prétendue race » ou une religion déterminée est punie de l'amende prévue pour les contraventions de la 5e classe.**

(Décr. nº 2005-284 du 25 mars 2005, art. 4) **« Est punie de la même peine la provocation non publique à la haine ou à la violence à l'égard d'une personne ou d'un groupe de personnes à raison de leur sexe, de leur orientation sexuelle** *(Décr. nº 2017-1230 du 3 août 2017)* **« ou identité de genre, » ou de leur handicap, ainsi que la provocation non publique, à l'égard de ces mêmes personnes, aux discriminations prévues par les articles 225-2 et 432-7. »**

(Abrogé par Décr. nº 2017-1230 du 3 août 2017) ***« Les personnes coupables*** *(Décr. nº 2005-284 du 25 mars 2005, art. 4)* ***« des contraventions prévues » au présent article encourent également les peines complémentaires suivantes :***

« 1º L'interdiction de détenir ou de porter, pour une durée de trois ans au plus, une arme soumise à autorisation ;

« 2º La confiscation d'une ou de plusieurs armes dont le condamné est propriétaire ou dont il a la libre disposition ;

« 3º La confiscation de la chose qui a servi ou était destinée à commettre l'infraction ou de la chose qui en est le produit ;

« 4º Le travail d'intérêt général pour une durée de vingt à cent vingt heures.

« (Décr. nº 2010-671 du 18 juin 2010) « Les personnes morales déclarées responsables pénalement, dans les conditions prévues par l'article 121-2, des infractions définies au présent article encourent, outre l'amende suivant les modalités prévues par l'article 131-41, la peine de confiscation de la chose qui a servi ou était destinée à commettre l'infraction ou de la chose qui en est le produit. »

« La récidive *(Décr. nº 2005-284 du 25 mars 2005, art. 4)* ***« des contraventions prévues » au présent article est réprimée conformément aux articles 132-11 et 132-15. »***

V. Circ. du 18 janv. 1994, nº [52].

RÉP. PÉN. vº *Provocation*, par LASSALLE.

Art. R. 625-8 *(Décr. nº 2017-1230 du 3 août 2017)* **La diffamation non publique commise envers une personne ou un groupe de personnes à raison de leur origine ou de leur appartenance ou de leur non-appartenance, vraie ou supposée, à une ethnie, une nation, une prétendue race ou une religion déterminée est punie de l'amende prévue pour les contraventions de la 5e classe.**

Est punie de la même peine la diffamation non publique commise envers une personne ou un groupe de personnes à raison de leur sexe, de leur orientation sexuelle ou identité de genre, ou de leur handicap.

Art. R. 625-8-1 *(Décr. nº 2017-1230 du 3 août 2017)* **L'injure non publique commise envers une personne ou un groupe de personnes à raison de leur origine ou de leur appartenance ou de leur non-appartenance, vraie ou supposée, à une ethnie, une nation, une prétendue race ou une religion déterminée est punie de l'amende prévue pour les contraventions de la 5e classe.**

Est punie de la même peine l'injure non publique commise envers une personne ou un groupe de personnes à raison de leur sexe, de leur orientation sexuelle ou identité de genre, ou de leur handicap.

Art. R. 625-8-2 *(Décr. nº 2017-1230 du 3 août 2017)* **Les personnes coupables des infractions prévues par la présente section encourent, outre les peines d'amende prévues par ces articles, les peines complémentaires suivantes :**

1º L'interdiction de détenir ou de porter, pour une durée de trois ans au plus, une arme soumise à autorisation ;

2° La confiscation d'une ou de plusieurs armes dont le condamné est propriétaire ou dont il a la libre disposition ;

3° La confiscation de la chose qui a servi ou était destinée à commettre l'infraction ou de la chose qui en est le produit ;

4° Le travail d'intérêt général pour une durée de vingt à cent vingt heures ;

5° L'obligation d'accomplir, le cas échéant à ses frais, un stage de citoyenneté.

Les personnes morales déclarées responsables pénalement, dans les conditions prévues par l'article 121-2, des infractions prévues par la présente section encourent, outre l'amende suivant les modalités prévues par l'article 131-41, la peine de confiscation de la chose qui a servi ou était destinée à commettre l'infraction ou de la chose qui en est le produit.

La récidive des contraventions prévues par la présente section est réprimée conformément aux articles 132-11 et 132-15.

SECTION IV *[ABROGÉE]* DU RACOLAGE

(Abrogée par Décr. n° 2004-1021 du 27 sept. 2004, art. 13)

Art. R. 625-8 *Abrogé par Décr. n° 2004-1021 du 27 sept. 2004, art. 13.*

SECTION V DE LA VIOLATION DES DISPOSITIONS RÉGLEMENTANT LE COMMERCE DE CERTAINS MATÉRIELS SUSCEPTIBLES D'ÊTRE UTILISÉS POUR PORTER ATTEINTE À L'INTIMITÉ DE LA VIE PRIVÉE

Art. R. 625-9 Le fait, par une personne titulaire de l'une des autorisations mentionnées à l'article R. 226-3, de proposer, céder, louer ou vendre un appareil figurant sur la liste visée à l'article R. 226-1 en violation des dispositions du premier alinéa de l'article R. 226-10 est puni de l'amende prévue pour les contraventions de la 5e classe.

Les personnes coupables de la contravention prévue au présent article encourent également la peine complémentaire de confiscation de la chose qui a servi ou était destinée à commettre l'infraction ou de la chose qui en est le produit.

(Décr. n° 2010-671 du 18 juin 2010) « Les personnes morales déclarées responsables pénalement, dans les conditions prévues par l'article 121-2, de l'infraction définie au présent article encourent, outre l'amende suivant les modalités prévues par l'article 131-41, la peine de confiscation de la chose qui a servi ou était destinée à commettre l'infraction ou de la chose qui en est le produit. »

La récidive de la contravention prévue au présent article est réprimée conformément aux articles 132-11 et 132-15.

SECTION VI DES ATTEINTES AUX DROITS DE LA PERSONNE RÉSULTANT DES FICHIERS OU DES TRAITEMENTS INFORMATIQUES

(Décr. n° 2005-1309 du 20 oct. 2005)

Art. R. 625-10 Lorsque cette information est exigée par la loi, est puni de l'amende prévue pour les contraventions de la cinquième classe le fait, pour le responsable d'un traitement automatisé de données à caractère personnel :

1° De ne pas informer la personne auprès de laquelle sont recueillies des données à caractère personnel la concernant :

a) De l'identité du responsable du traitement et, le cas échéant, de celle de son représentant ;

b) De la finalité poursuivie par le traitement auquel les données sont destinées ;

c) Du caractère obligatoire ou facultatif des réponses ;

d) Des conséquences éventuelles, à son égard, d'un défaut de réponse ;

e) Des destinataires ou catégories de destinataires des données ;

f) De ses droits d'*opposition*, d'interrogation, d'accès et de rectification ;

g) Le cas échéant, des transferts de données à caractère personnel envisagés à destination d'un État *(Décr. n° 2018-687 du 1er août 2018, art. 29)* « n'appartenant pas à l'Union européenne » ;

2° Lorsque les données sont recueillies par voie de questionnaire, de ne pas porter sur le questionnaire les informations relatives :

a) A l'identité du responsable du traitement et, le cas échéant, à celle de son représentant ;

b) A la finalité poursuivie par le traitement auquel les données sont destinées ;

c) Au caractère obligatoire ou facultatif des réponses ;

d) Aux droits d'opposition, d'interrogation, d'accès et de rectification des personnes auprès desquelles sont recueillies les données ;

3° De ne pas informer de manière claire et précise toute personne utilisatrice des réseaux de communications électroniques :

a) De la finalité de toute action tendant à accéder, par voie de transmission électronique, à des informations stockées dans son équipement terminal de connexion ou à inscrire, par la même voie, des informations dans son équipement terminal de connexion ;

b) Des moyens dont elle dispose pour s'y opposer ;

4° De ne pas fournir à la personne concernée, lorsque les données à caractère personnel n'ont pas été recueillies auprès d'elle, les informations énumérées au 1° et au 2° dès l'enregistrement des données ou, si une communication des données à des tiers est envisagée, au plus tard lors de la première communication des données.

(Décr. nº 2018-687 du 1er août 2018, art. 29) « Est puni de la même peine le fait de ne pas fournir l'une des informations mentionnées au I de l'article *(Décr. nº 2019-536 du 29 mai 2019, art. 158, en vigueur le 1er juin 2019)* « 104 *[ancienne rédaction : 70-18]* » de la loi nº 78-17 du 6 janvier 1978 relative à l'informatique, aux fichiers et aux libertés ou aux articles 13 et 14 du règlement (UE) 2016/679 du Parlement européen et du Conseil du 27 avril 2016. »

La contravention d'opposition à l'exercice du droit d'accès à une information nominative, matérialisée par la communication d'informations qui ne se présentent pas sous une forme directement intelligible, est une infraction instantanée, consommée à la date d'envoi desdites informations (informations nominatives sollicitées auprès d'un opérateur de téléphonie mobile sur le fondement de l'art. 39-I, 4° de la loi nº 78-17 « informatique, fichiers et libertés » du 6 janv. 1978). • Crim. 6 mai 2008, nº 07-82.000 P : *D. 2008. AJ 1555, note Girault ; RSC 2008. 626, obs. Francillon ; AJ pénal 2008. 419, obs. Saas ; Dr. pénal 2008. Comm. 97, obs. J.-H. Robert ; ibid. 2008. Chron. 10, obs. Lepage.* ♦ Ne caractérisent pas la réitération de cette infraction, les réponses faites ultérieurement aux réclamations du titulaire du droit d'accès se plaignant de l'absence de clarté des informations données. • Même arrêt. ♦ Justifie, dès lors, sa décision, la cour d'appel qui constate l'extinction de l'action publique par la prescription après avoir retenu qu'il s'était écoulé plus d'une année entre l'envoi des informations au titulaire du droit d'accès et la plainte adressée par lui au procureur de la République. • Même arrêt.

Art. R. 625-11 Est puni de l'amende prévue pour les contraventions de la cinquième classe le fait, pour le responsable d'un traitement automatisé de données à caractère personnel, de ne pas répondre aux demandes d'une personne physique justifiant de son identité qui ont pour objet :

1° La confirmation que des données à caractère personnel la concernant font ou ne font pas l'objet de ce traitement ;

2° Les informations relatives aux finalités du traitement, aux catégories de données à caractère personnel traitées et aux destinataires ou aux catégories de destinataires auxquels les données sont communiquées ;

3° Le cas échéant, les informations relatives aux transferts de données à caractère personnel envisagés à destination d'un État *(Décr. nº 2018-687 du 1er août 2018, art. 29)* « n'appartenant pas à l'Union européenne » ;

4° La communication, sous une forme accessible, des données à caractère personnel qui la concernent ainsi que de toute information disponible quant à l'origine de celles-ci ;

5° Les informations permettant de connaître et de contester la logique qui sous-tend le traitement automatisé en cas de décision prise sur le fondement de celui-ci et produisant des effets juridiques à l'égard de l'intéressé.

Est puni de la même peine le fait de refuser de délivrer, à la demande de l'intéressé, une copie des données à caractère personnel le concernant, le cas échéant, contre paiement d'une somme qui ne peut excéder le coût de la reproduction.

(Décr. n° 2018-687 du 1er août 2018, art. 29) « Est puni de la même peine le fait de ne pas répondre aux demandes tendant à la mise en œuvre des droits prévus à l'article 15 du règlement (UE) 2016/679 du Parlement européen et du Conseil du 27 avril 2016 ou, hors les cas prévus à l'article *(Décr. n° 2019-536 du 29 mai 2019, art. 158, en vigueur le 1er juin 2019)* « 107 *[ancienne rédaction : 70-21]* » de la loi n° 78-17 du 6 janvier 1978 relative à l'informatique, aux fichiers et aux libertés, au II de l'article *(Décr. n° 2019-536 du 29 mai 2019, art. 158, en vigueur le 1er juin 2019)* « 104 et à l'article 105 *[ancienne rédaction : 70-18 et à l'article 70-19]* » de cette même loi. »

Les contraventions prévues par le présent article ne sont toutefois pas constituées si le refus de réponse est autorisé par la loi soit afin de ne pas porter atteinte au droit d'auteur, soit parce qu'il s'agit de demandes manifestement abusives, notamment par leur nombre, leur caractère répétitif ou systématique, soit parce que les données à caractère personnel sont conservées sous une forme excluant manifestement tout risque d'atteinte à la vie privée des personnes concernées et pendant une durée n'excédant pas celle nécessaire aux seules finalités d'établissement de statistiques ou de recherche scientifique ou historique.

Art. R. 625-12 Est puni de l'amende prévue pour les contraventions de la cinquième classe le fait, pour le responsable d'un traitement automatisé de données à caractère personnel, de ne pas procéder, sans frais pour le demandeur, aux opérations demandées par une personne physique justifiant de son identité et qui exige que soient rectifiées, complétées, mises à jour, verrouillées ou effacées les données à caractère personnel la concernant ou concernant la personne décédée dont elle est l'héritière, lorsque ces données sont inexactes, incomplètes, équivoques, périmées, ou lorsque leur collecte, leur utilisation, leur communication ou leur conservation est interdite.

(Décr. n° 2018-687 du 1er août 2018, art. 29) « Est puni de la même peine le fait de ne pas procéder aux opérations exigées par les articles 16 à 18 du règlement (UE) 2016/679 du Parlement européen et du Conseil du 27 avril 2016, ou, hors les cas prévus à l'article *(Décr. n° 2019-536 du 29 mai 2019, art. 158, en vigueur le 1er juin 2019)* « 107 *[ancienne rédaction : 70-21]* » de la loi n° 78-17 du 6 janvier 1978 relative à l'informatique, aux fichiers et aux libertés, par l'article *(Décr. n° 2019-536 du 29 mai 2019, art. 158, en vigueur le 1er juin 2019)* « 106 *[ancienne rédaction : 70-20]* » de cette même loi. »

Art. R. 625-13 *(Abrogé par Décr. n° 2010-671 du 18 juin 2010)* « ***Les personnes morales peuvent être déclarées responsables pénalement, dans les conditions prévues par l'article 121-2, des contraventions prévues par la présente section.*** »

La récidive des contraventions prévues par la présente section est réprimée conformément aux articles 132-11 et 132-15.

TITRE TROISIÈME DES CONTRAVENTIONS CONTRE LES BIENS

CHAPITRE PREMIER DES CONTRAVENTIONS DE LA 1re CLASSE CONTRE LES BIENS

SECTION UNIQUE DES MENACES DE DESTRUCTION, DE DÉGRADATION OU DE DÉTÉRIORATION N'ENTRAÎNANT QU'UN DOMMAGE LÉGER

Art. R. 631-1 Hors le cas prévu par l'article 322-13, la menace de commettre une destruction, une dégradation ou une détérioration n'entraînant qu'un dommage léger, lorsqu'elle est soit réitérée, soit matérialisée par un écrit, une image ou tout autre objet, est punie de l'amende prévue pour les contraventions de la 1re classe.

Les personnes coupables de la contravention prévue au présent article encourent également les peines complémentaires suivantes :

1° L'interdiction de détenir ou de porter, pour une durée de trois ans au plus, une arme soumise à autorisation ;

2° La confiscation d'une ou de plusieurs armes dont le condamné est propriétaire ou dont il a la libre disposition.

(Abrogé par Décr. n° 2010-671 du 18 juin 2010) « ***Les personnes morales peuvent être déclarées responsables pénalement, dans les conditions prévues par l'article 121-2, de l'infraction définie au présent article.*** »

« La peine encourue par les personnes morales est l'amende, suivant les modalités prévues par l'article 131-41. »

V. Circ. du 18 janv. 1994, n° [55].

CHAPITRE II DES CONTRAVENTIONS DE LA 2e CLASSE CONTRE LES BIENS

SECTION UNIQUE DU NON-RESPECT DE LA RÉGLEMENTATION EN MATIÈRE DE COLLECTE DES ORDURES

(Décr. n° 2015-337 du 25 mars 2015, art. 1er)

Art. R. 632-1 *(Décr. n° 2020-1573 du 11 déc. 2020, art. 8)* **Est puni de l'amende prévue pour les contraventions de la 2e classe le fait de déposer, dans des conteneurs, poubelles ou bennes adaptés aux déchets ou aux emplacements désignés à cet effet pour ce type de déchets par l'autorité administrative compétente, des ordures, déchets, matériaux ou tout autre objet de quelque nature qu'il soit, en vue de leur enlèvement par le service de collecte, sans respecter les conditions fixées par cette autorité, notamment en matière d'adaptation du contenant à leur enlèvement, de jours et d'horaires de collecte, ou de tri des ordures.**

Ancien art. R. 632-1 *Est puni de l'amende prévue pour les contraventions de la 2e classe le fait de déposer, aux emplacements désignés à cet effet par l'autorité administrative compétente, des ordures, déchets, matériaux ou tout autre objet de quelque nature qu'il soit, en vue de leur enlèvement par le service de collecte, sans respecter les conditions fixées par cette autorité, notamment en matière d'adaptation du contenant à leur enlèvement, de jours et d'horaires de collecte ou de tri des ordures.*

1. Auteur de l'infraction. Le directeur d'un supermarché dont les clients ont jeté des détritus sur le parking, détritus emportés par le vent sur des fonds voisins, ne peut être condamné en vertu des dispositions de l'art. R. 632-1 dès lors qu'il ne peut être caractérisé à sa charge les faits de dépôt, d'abandon ou de rejet des déchets sur le terrain d'autrui. • Crim. 28 juin 2005, n° 05-80.185 P : *D. 2005. Pan. 2987, obs. Roujou de Boubée ; JCP 2005. IV. 2908 ; Dr. pénal 2005. Comm. 137, obs. Véron.*

2. Notion de domaine public. Le chemin vicinal bordant un terrain privé est une dépendance du domaine public communal ; les détritus déposés sur le terrain en question ne doivent donc pas toucher le chemin. • Crim. 7 nov. 2006, n° 06-85.603 P : *AJ pénal 2007. 30, obs. Royer ; Dr. pénal 2007. Comm. 14, obs. Véron.*

CHAPITRE III DES CONTRAVENTIONS DE LA 3e CLASSE CONTRE LES BIENS

SECTION PREMIÈRE DE LA VIOLATION DES DISPOSITIONS RÉGLEMENTANT LA VENTE OU L'ÉCHANGE DE CERTAINS OBJETS MOBILIERS

Art. R. 633-1 **Le fait, par une personne mentionnée à l'article R. 321-1, lorsqu'elle est requise par l'autorité compétente, de s'abstenir de présenter le récépissé de déclaration prévu au dernier alinéa du même article, est puni de l'amende prévue pour les contraventions de la 3e classe.**

Art. R. 633-2 **Le fait, par une personne mentionnée à l'article R. 321-1, d'omettre de faire figurer de manière apparente sur un objet ou lot d'objets exposé à la vente ou détenu en stock le numéro d'ordre correspondant, conformément aux prescriptions de l'article R. 321-4, est puni de l'amende prévue pour les contraventions de la 3e classe.**

Art. R. 633-3 **Le fait, par une personne mentionnée à l'article R. 321-1, d'omettre de faire parapher le registre d'objets mobiliers prévu à l'article R. 321-3, conformément aux prescriptions de l'article R. 321-6, est puni de l'amende prévue pour les contraventions de la 3e classe.**

(Décr. n° 2013-287 du 4 avr. 2013) **« Le fait, par une personne mentionnée à l'article R. 321-1, tenant un registre d'objets mobiliers au moyen d'un traitement automatisé de données à caractère personnel, de ne pas tenir ce registre dans les conditions garantissant l'intégrité, l'intangibilité et la sécurité des données enregistrées telles que**

définies par l'arrêté prévu au deuxième alinéa de l'article R. 321-8 est puni de l'amende prévue pour les contraventions de la 3e classe. »

Art. R. 633-4 *(Abrogé par Décr. nº 2010-671 du 18 juin 2010) Les personnes morales peuvent être déclarées responsables pénalement, dans les conditions prévues par l'article 121-2, des infractions définies aux articles R. 633-1, R. 633-2 et R. 633-3.*

La peine encourue par les personnes morales est l'amende, suivant les modalités prévues par l'article 131-41.

V. Circ. du 18 janv. 1994, nº [57].

SECTION II DE LA VIOLATION DES DISPOSITIONS CONCERNANT LES MANIFESTATIONS PUBLIQUES EN VUE DE LA VENTE OU DE L'ÉCHANGE DE CERTAINS OBJETS MOBILIERS

Art. R. 633-5 Le fait, par une personne mentionnée au deuxième alinéa de l'article 321-7, d'omettre de faire parapher le registre prévu par l'article R. 321-9, conformément aux prescriptions de l'article R. 321-10, est puni de l'amende prévue pour les contraventions de la 3e classe.

(Abrogé par Décr. nº 2010-671 du 18 juin 2010) « Les personnes morales peuvent être déclarées responsables pénalement, dans les conditions prévues par l'article 121-2, de l'infraction définie au présent article.

« La peine encourue par les personnes morales est l'amende, suivant les modalités prévues par l'article 134-41 [art. 131-41]. »

SECTION III DE L'ABANDON D'ORDURES, DÉCHETS, MATÉRIAUX OU AUTRES OBJETS

(Décr. nº 2015-337 du 25 mars 2015, art. 1er)

Art. R. 633-6 *(Abrogé par Décr. nº 2020-1573 du 11 déc. 2020, art. 8) Hors les cas prévus par les articles R. 635-8 et R. 644-2, est puni de l'amende prévue pour les contraventions de la 3e classe le fait de déposer, d'abandonner, de jeter ou de déverser, en lieu public ou privé, à l'exception des emplacements désignés à cet effet par l'autorité administrative compétente, des ordures, déchets, déjections, matériaux, liquides insalubres ou tout autre objet de quelque nature qu'il soit, y compris en urinant sur la voie publique, si ces faits ne sont pas accomplis par la personne ayant la jouissance du lieu ou avec son autorisation.*

V. Circ. du 18 janv. 1994, nº [58].

CHAPITRE IV DES CONTRAVENTIONS DE LA 4e CLASSE CONTRE LES BIENS

SECTION PREMIÈRE DES MENACES DE DESTRUCTION, DE DÉGRADATION OU DE DÉTÉRIORATION NE PRÉSENTANT PAS DE DANGER POUR LES PERSONNES

Art. R. 634-1 Hors le cas prévu par l'article 322-13, la menace de commettre une destruction, une dégradation ou une détérioration ne présentant pas de danger pour les personnes, lorsqu'elle est soit réitérée, soit matérialisée par un écrit, une image ou tout autre objet, est punie de l'amende prévue pour les contraventions de la 4e classe.

Les personnes coupables de la contravention prévue au présent article encourent également les peines complémentaires suivantes :

1º L'interdiction de détenir ou de porter, pour une durée de trois ans au plus, une arme soumise à autorisation ;

2º La confiscation d'une ou de plusieurs armes dont le condamné est propriétaire ou dont il a la libre disposition.

(Abrogé par Décr. nº 2010-671 du 18 juin 2010) « Les personnes morales peuvent être déclarées responsables pénalement, dans les conditions prévues par l'article 121-2, de l'infraction définie au présent article.

« La peine encourue par les personnes morales est l'amende, suivant les modalités prévues par l'article 131-41. »

V. Circ. du 18 janv. 1994, nº [59].

Art. R. 634-2 *(Décr. n° 2020-1573 du 11 déc. 2020, art. 8)* **Hors les cas prévus aux articles R. 635-8 et R. 644-2, est puni de l'amende prévue pour les contraventions de la 4e classe le fait de déposer, d'abandonner, de jeter ou de déverser, en lieu public ou privé, à l'exception des emplacements, conteneurs, poubelles ou bennes adaptés aux déchets désignés à cet effet pour ce type de déchets par l'autorité administrative compétente, des ordures, déchets, déjections, matériaux, liquides insalubres ou tout autre objet de quelque nature qu'il soit, y compris en urinant sur la voie publique, si ces faits ne sont pas accomplis par la personne ayant la jouissance du lieu ou avec son autorisation.**

CHAPITRE V DES CONTRAVENTIONS DE LA 5e CLASSE CONTRE LES BIENS

SECTION PREMIÈRE DES DESTRUCTIONS, DÉGRADATIONS ET DÉTÉRIORATIONS DONT IL N'EST RÉSULTÉ QU'UN DOMMAGE LÉGER

Art. R. 635-1 **La destruction, la dégradation ou la détérioration volontaires d'un bien appartenant à autrui dont il n'est résulté qu'un dommage léger est punie de l'amende prévue pour les contraventions de la 5e classe.**

Les personnes coupables de la contravention prévue au présent article encourent également les peines complémentaires suivantes :

1° La suspension, pour une durée de trois ans au plus, du permis de conduire, cette suspension pouvant être limitée à la conduite en dehors de l'activité professionnelle ;

2° L'interdiction de détenir ou de porter, pour une durée de trois ans au plus, une arme soumise à autorisation ;

3° La confiscation d'une ou de plusieurs armes dont le condamné est propriétaire ou dont il a la libre disposition ;

4° Le retrait du permis de chasser, avec interdiction de solliciter la délivrance d'un nouveau permis pendant trois ans au plus ;

5° La confiscation de la chose qui a servi ou était destinée à commettre l'infraction ou de la chose qui en est le produit ;

6° Le travail d'intérêt général pour une durée de vingt à cent vingt heures.

Le fait de faciliter sciemment, par aide ou assistance, la préparation ou la consommation de la contravention prévue au présent article est puni des mêmes peines.

(Décr. n° 2010-671 du 18 juin 2010) **« Les personnes morales déclarées responsables pénalement, dans les conditions prévues par l'article 121-2, de l'infraction définie au présent article encourent, outre l'amende suivant les modalités prévues par l'article 131-41, la peine de confiscation de la chose qui a servi ou était destinée à commettre l'infraction ou de la chose qui en est le produit. »**

La récidive de la contravention prévue au présent article est réprimée conformément aux articles 132-11 et 132-15.

V. Circ. du 18 janv. 1994, n° [60].

Corresp. : *C. pén., ancien art. R. 38 (6°).*

BIBL. ▶ FONTANAUD, *Dr. pénal 1992. Chron. 36* (la question du tag).

1. Généralités. Les termes de l'art. 483, al. 6, C. pén. (art. R. 38-6°) doivent s'appliquer à tout fait dommageable, si minime soit-il, causé à la propriété (mobilière) d'autrui, dès lors que les dommages ont été occasionnés volontairement. • Crim. 13 mai 1954 : *Bull. crim. n° 179 ; D. 1954. 457.* ♦ Il n'importe que l'étendue des dommages ait dépassé les prévisions de celui qui les causait. • Crim. 22 oct. 1958 : *Bull. crim. n° 641.*

2. Il résulte de la rédaction même de l'art. R. 38-6° C. pén. que la contravention de dommage causé à un bien appartenant à autrui est une infraction intentionnelle ; les juges du fond apprécient souverainement l'existence ou l'absence de l'élément moral de cette contravention. • Crim. 19 déc. 1989 : *Bull. crim. n° 490 ; Gaz. Pal. 1990. 2. Somm. 367.*

3. En vertu du principe de non-rétroactivité de la loi pénale plus sévère, les dispositions de l'art. R. 34-11 ancien C. pén., étant moins sévères que celles de l'art. R. 635-1 nouveau C. pén., doivent s'appliquer à la contravention de dégradation de chemins publics qui n'a pas cessé d'être réprimée. • Crim. 17 sept. 1997, n° 96-85.163 P : *RSC 1998. 315, obs. Bouloc ; D. 1997. IR 236 ; Dr. pénal 1998. Chron. 11, par Lesclous et Marsat.*

4. Dommages à la propriété mobilière d'autrui. Retiennent à bon droit la qualification de dommage volontaire à la propriété mobilière d'autrui les juges du fond qui, après avoir énoncé que le prévenu a tué à coups de fusil deux chiens qui s'étaient introduits sur la propriété qu'il exploite, relèvent qu'il ne pouvait ignorer que ceux-ci, bien qu'ils fussent sans collier, appartenaient à ses voisins et qu'il a, par conséquent, volontairement causé un dommage à la partie civile en abattant les deux bêtes sans nécessité. • Crim. 18 mars 1975 : *Gaz. Pal. 1975. 2. Somm. 205.* ♦ Rappr. : • Crim. 2 mai 1952 : *Bull. crim. n° 115* • 12 mai 1955 : *ibid. n° 239 ; D. 1955. 471* • 15 févr. 1966 : *D. 1966. 288 ; Gaz. Pal. 1966. 1. 369.* ♦ Pour l'atteinte à la propriété mobilière d'autrui par la destruction de cinq chats. • Crim. 18 juin 1958 : *Bull. crim. n° 471 ; D. 1958. Somm. 111.*

5. Sans préjudice du cas où les dispositions de l'art. R. 40-9° C. pén. (nouvel art. R. 655-1) seraient éventuellement applicables, la destruction volontaire d'abeilles appartenant à autrui constitue un dommage à la propriété mobilière au sens de l'art. R. 38-6° du même code ; ne justifie pas l'infraction la simple crainte, et non le péril imminent, née de la venue des abeilles dans un entrepôt, dès lors que le prévenu avait la possibilité de faire constater ce trouble anormal de voisinage et d'en demander en justice la suppression. • Crim. 27 déc. 1961 : *Bull. crim. n° 563 ; JCP 1962. II. 12652, note H. G.* ♦ Pour une application de la contravention de l'art. R. 40-9° C. pén. (nouvel art. R. 655-1). • Crim. 28 nov. 1962 : *D. 1963. Somm. 39.*

6. Déclarent à bon droit le prévenu coupable de détérioration volontaire d'objet mobilier les juges du fond qui énoncent que, son véhicule étant bloqué par celui du plaignant, le prévenu a poussé avec son automobile celle de ce dernier, que ce véhicule a été endommagé sur toute la partie gauche et que la dégradation ainsi causée a été volontaire. • Crim. 4 janv. 1983 : *Gaz. Pal. 1983. 1. Somm. 95.* ♦ Rappr. : • Crim. 22 oct. 1958 : *Bull. crim. n° 641 ; D. 1958. 767 ; S. 1959. 4, note Prévault.*

7. Entrent pareillement dans les prévisions de l'art. R. 38-6° C. pén. : … le fait de s'emparer et de brûler une feuille de papier sur laquelle est couchée une pétition rédigée par des associations et des syndicats, cette feuille étant en effet un objet mobilier appartenant aux plaignants, qui l'utilisaient pour leur propagande. • T. corr. Saint-Mihiel, 24 déc. 1952 : *D. 1953. 88 ; Gaz. Pal. 1953. 1. 175.* ♦ … Le fait d'avoir, en dégonflant les pneumatiques d'une voiture appartenant à autrui, mis volontairement ce véhicule hors d'état de rouler. • Crim. 13 mai 1954 : *Bull. crim. n° 179 ; D. 1954. 457* • 12 févr. 1974 : *Bull. crim. n° 61 ; D. 1974. Somm. 34.* ♦ … Le fait d'avoir introduit du sucre dans le réservoir d'essence d'une motocyclette appartenant à un tiers, ce qui a rendu l'essence inutilisable. • T. corr. Fougères, 7 juin 1955 : *D. 1955. 552 ; Gaz. Pal. 1955. 2. 210.* ♦ … Le fait, à l'occasion d'une grève, de répandre sur le sol le lait contenu dans des bidons. • T. corr. Nancy, 21 oct. 1964 : *Gaz. Pal. 1965. 1. 50.* ♦ … Le fait d'avoir arraché la valve d'une roue de camion. • T. corr. Mâcon, 6 juin 1984 : *Gaz. Pal. 1985. 2. Somm. 218.* ♦ … Le sabotage du système de freinage d'un véhicule. • Nancy, 13 avr. 1993 : *JCP 1993. IV. 2440.*

8. Dommages à la propriété immobilière d'autrui. Est justement condamné du chef de destruction ou détérioration d'un bien immobilier appartenant à autrui, le prévenu qui s'est opposé à la surélévation d'un mur mitoyen effectuée par son voisin, une première fois en démolissant sa partie faite en briques, la seconde fois en retirant son coffrage, alors qu'aucune limitation administrative ne concernait la hauteur du mur litigieux et que son exhaussement avait été régulièrement autorisé. • Crim. 25 avr. 1990 : *Gaz. Pal. 1990. 2. Somm. 526.*

9. En revanche, dès lors qu'une ordonnance d'expropriation pour cause d'utilité publique éteint, par elle-même et à sa date, tous droits réels et personnels existant sur les immeubles expropriés par application de l'art. L. 12-2 C. expr., ne se rend pas coupable de la contravention de dégradation légère du bien d'autrui prévue par l'art. R. 635-1 C. pén. la personne morale qui procède à des travaux de démolition de l'immeuble faisant l'objet d'une telle ordonnance. • Crim. 16 avr. 2013, n° 12-81.588 P. ♦ L'annulation ultérieure de l'ordonnance d'expropriation ne saurait avoir pour effet de faire revivre l'infraction : • Même arrêt.

10. Pour des hypothèses antérieures au décret du 12 mai 1981, qui ont motivé le rejet de la contravention, laquelle ne protégeait, dans son ancienne rédaction, que les seuls biens mobiliers. • Chambéry, 2 nov. 1979 : *JCP 1980. II. 19463, note Chambon* (dévastation de récoltes pendantes par racines et aux arbres) • T. simple pol. Arras, 10 juill. 1933 : *DH 1934. Somm. 13* (lacération d'une affiche adhérente à un immeuble).

11. Sur le fondement de l'art. R. 38-5° C. pén. (non repris), a été considéré comme une dégradation de clôture : … le fait de détacher des fils de fer barbelés du pieu terminal d'une clôture fixe pour les enrouler. • Crim. 19 avr. 1989 : *Gaz. Pal. 1989. 2. Somm. 388.* ♦ … Mais non le simple fait de crocheter une serrure. • T. corr. Chalon-sur-Saône, 17 févr. 1950 : *JCP 1950. II. 5505, note Levasseur.*

SECTION II DE LA VENTE FORCÉE PAR CORRESPONDANCE

Art. R. 635-2 Le fait d'adresser à une personne, sans demande préalable de celle-ci, un objet quelconque accompagné d'une correspondance indiquant que cet objet peut être accepté contre versement d'un prix fixé ou renvoyé à son expéditeur, même si ce renvoi peut être fait sans frais pour le destinataire, est puni de l'amende prévue pour les contraventions de la 5ᵉ classe.

Les personnes coupables de la contravention prévue au présent article encourent également les peines complémentaires suivantes :

1° L'interdiction, pour une durée de trois ans au plus, d'émettre des chèques autres que ceux qui permettent le retrait de fonds par le tireur auprès du tiré ou ceux qui sont certifiés ;

2° La confiscation de la chose qui a servi ou était destinée à commettre l'infraction ou de la chose qui en est le produit.

(Décr. nº 2010-671 du 18 juin 2010) « Les personnes morales déclarées responsables pénalement, dans les conditions prévues par l'article 121-2, de l'infraction définie au présent article encourent, outre l'amende suivant les modalités prévues par l'article 131-41, les peines suivantes :

« 1° L'interdiction, pour une durée de trois ans au plus, d'émettre des chèques autres que ceux qui permettent le retrait de fonds par le tireur auprès du tiré ou ceux qui sont certifiés ;

« 2° La confiscation de la chose qui a servi ou était destinée à commettre l'infraction ou de la chose qui en est le produit. »

La récidive de la contravention prévue au présent article est réprimée conformément aux articles 132-11 et 132-15.

V. Circ. du 18 janv. 1994, nº [61].

Corresp. : *C. pén., ancien art. R. 40 (12º).*

1. Envoi. Aucun contrat n'est spécifié dans le texte même de l'art. R. 40-12° C. pén., lequel se borne à prévoir et à réprimer le fait matériel de l'envoi spontané d'un « objet quelconque », dans des circonstances qui caractérisent seulement une sollicitation anormale tendant à forcer le consentement du destinataire. • Paris, 27 oct. 1965 : *JCP 1966. II. 14662 (1ʳᵉ esp.), note Guérin.*

2. La contravention est commise dès l'expédition annoncée par la correspondance, sans qu'il y ait lieu de tenir compte de l'exercice de l'option laissée au destinataire. • Crim. 25 oct. 1972 : *Bull. crim. nº 313 ; D. 1973. 27 ; JCP 1973. II. 17308, note Guérin.*

3. Destinataire. Il n'importe que le destinataire soit un particulier ou une société commerciale. • Crim. 5 nov. 1985 : *Bull. crim. nº 346 ; D. 1986. IR 400, obs. Roujou de Boubée ; JCP E 1987. I. 15975, obs. Devèze.*

4. Objet. Le terme « objet quelconque » employé par le législateur est d'une généralité telle qu'il s'applique : ... à une carte d'adhérent d'association. • Paris, 27 oct. 1965 : *JCP 1966. II. 14662 (1ʳᵉ esp.), note Guérin.* ♦ ... A une carte d'abonnement à une revue. • Crim. 14 avr. 1972 : *Bull. crim. nº 120 ; D. 1972. 478 ; JCP 1972. II. 17216.* ♦ Rejet du pourvoi contre : • Paris, 9 janv. 1971 : *D. 1971. 158 ; Gaz. Pal. 1971. 1. 86, note D.S.*

5. Ne caractérise pas la contravention de vente par envoi forcé le procédé consistant à inviter les destinataires d'un courrier à souscrire un abonnement à une revue pour l'avenir, même avec recouvrement automatique de l'abonnement à défaut de réponse dans un délai fixé, dès lors qu'ils n'ont pas eu à conserver ou à payer un certain nombre de numéros préalablement envoyés. • T. pol. Paris, 30 nov. 1966 : *JCP 1967. II. 15146.*

6. Correspondance. Une lettre accompagne la transmission d'un objet spécifié, dès lors qu'elle en annonce l'envoi. • Crim. 25 oct. 1972 : *Bull. crim. nº 313 ; D. 1973. 27 ; JCP 1973. II. 17308, note Guérin.* ♦ Qu'elle soit antérieure ou concomitante à l'envoi de la marchandise, la correspondance fait cortège à cet envoi, et l'« accompagne » au sens de l'art. R. 40-12° C. pén. • Paris, 15 déc. 1965 : *JCP 1966. II. 14662 (2ᵉ esp.), note Guérin.*

7. Constituent la correspondance définie à l'art. R. 40-12° C. pén., les documents remplis, sur le territoire français, par l'expéditeur d'un envoi contre remboursement, remis ensuite par lui aux services postaux en même temps que l'objet, puis présentés au destinataire en vue de lui permettre d'exercer son choix entre la remise contre paiement ou le refus. • Crim. 5 nov. 1985 : *Bull. crim. nº 346 ; D. 1986. IR 400, obs. Roujou de Boubée ; JCP E 1987. I. 15975, obs. Devèze.*

SECTION III DE LA VIOLATION DES DISPOSITIONS RÉGLEMENTANT LA VENTE OU L'ÉCHANGE DE CERTAINS OBJETS MOBILIERS

Art. R. 635-3 Le fait, par une personne mentionnée à l'article R. 321-1, d'omettre de procéder aux déclarations prévues par ce même article et par l'article R. 321-2 est puni de l'amende prévue pour les contraventions de la 5e classe.

Art. R. 635-4 Le fait, par une personne mentionnée à l'article R. 321-1, de recevoir, à titre gratuit ou onéreux, un objet mobilier d'un mineur non émancipé sans le consentement exprès des père, mère ou tuteur est puni de l'amende prévue pour les contraventions de la 5e classe.

Art. R. 635-5 Le fait, par une personne mentionnée au deuxième alinéa de l'article 321-7, d'omettre de déposer le registre prévu par l'article R. 321-9 auprès des services compétents dans les conditions prévues à l'article R. 321-10 est puni de l'amende prévue pour les contraventions de la 5e classe.

Art. R. 635-6 *(Abrogé par Décr. no 2010-671 du 18 juin 2010) **Les personnes morales peuvent être déclarées responsables pénalement, dans les conditions prévues par l'article 121-2, des infractions définies aux articles R. 635-3, R. 635-4 et R. 635-5.***

La peine encourue par les personnes morales est l'amende, suivant les modalités prévues par l'article 131-41.

Art. R. 635-7 La récidive des contraventions prévues aux articles R. 635-3, R. 635-4 et R. 635-5 est réprimée conformément aux articles 132-11 et 132-15.

V. Circ. du 18 janv. 1994, no [62].

SECTION IV DE L'ABANDON D'ÉPAVES DE VÉHICULE OU D'ORDURES, DÉCHETS, MATÉRIAUX ET AUTRES OBJETS TRANSPORTÉS DANS UN VÉHICULE

Art. R. 635-8 *(Décr. no 2007-1388 du 26 sept. 2007, art. 4-II)* « Est puni de l'amende prévue pour les contraventions de la 5e classe le fait de déposer, d'abandonner, de jeter ou de déverser, en lieu public ou privé, à l'exception des emplacements désignés à cet effet par l'autorité administrative compétente, soit une épave de véhicule, soit des ordures, déchets, déjections, matériaux, liquides insalubres ou tout autre objet de quelque nature qu'il soit, lorsque ceux-ci ont été transportés avec l'aide d'un véhicule, si ces faits ne sont pas accomplis par la personne ayant la jouissance du lieu ou avec son autorisation. »

Les personnes coupables de la contravention prévue au présent article encourent également la peine complémentaire de confiscation de la chose qui a servi ou était destinée à commettre l'infraction ou de la chose qui en est le produit.

(Décr. no 2010-671 du 18 juin 2010) « Les personnes morales déclarées responsables pénalement, dans les conditions prévues par l'article 121-2, de l'infraction définie au présent article encourent, outre l'amende suivant les modalités prévues par l'article 131-41, la peine de confiscation de la chose qui a servi ou était destinée à commettre l'infraction ou de la chose qui en est le produit. »

La récidive de la contravention prévue au présent article est réprimée conformément aux articles 132-11 et 132-15.

V. Circ. du 18 janv. 1994, no [63].

TITRE QUATRIÈME DES CONTRAVENTIONS CONTRE LA NATION, L'ÉTAT OU LA PAIX PUBLIQUE

CHAPITRE PREMIER DES CONTRAVENTIONS DE LA 1re CLASSE CONTRE LA NATION, L'ÉTAT OU LA PAIX PUBLIQUE

SECTION UNIQUE DE L'ABANDON D'ARMES OU D'OBJETS DANGEREUX

Art. R. 641-1 Le fait d'abandonner, en un lieu public ou ouvert au public, une arme ou tout autre objet présentant un danger pour les personnes et susceptible d'être uti-

lisé pour commettre un crime ou un délit est puni de l'amende prévue pour les contraventions de la 1re classe.

Les personnes coupables de la contravention prévue au présent article encourent également la peine complémentaire de confiscation de la chose qui a servi à commettre l'infraction.

V. Circ. du 18 janv. 1994, n° [64].

CHAPITRE II DES CONTRAVENTIONS DE LA 2e CLASSE CONTRE LA NATION, L'ÉTAT OU LA PAIX PUBLIQUE

SECTION PREMIÈRE DU DÉFAUT DE RÉPONSE À UNE RÉQUISITION DES AUTORITÉS JUDICIAIRES OU ADMINISTRATIVES

Art. R. 642-1 Le fait, sans motif légitime, de refuser ou de négliger de répondre soit à une réquisition émanant d'un magistrat ou d'une autorité de police judiciaire agissant dans l'exercice de ses fonctions, soit, en cas d'atteinte à l'ordre public ou de sinistre ou dans toute autre situation présentant un danger pour les personnes, à une réquisition émanant d'une autorité administrative compétente, est puni de l'amende prévue pour les contraventions de la 2e classe.

V. Circ. du 18 janv. 1994, n° [65].

Corresp. : *C. pén., ancien art. R. 30 (12°).*

1. Les règles de sa profession n'interdisent pas à un pharmacien de secourir une personne blessée ; encourt la peine prévue par l'art. 475-12° C. pén. (art. R. 30-12°) le pharmacien qui refuse d'effectuer un pansement, en arguant de l'exercice illégal de la médecine. • Crim. 4 avr. 1919 : *DP 1920. 1. 47.*

2. Commet la contravention prévue et réprimée par l'art. R. 30-12° C. pén. : ... le médecin qui ne défère pas à une réquisition de la gendarmerie aux fins d'effectuer une prise de sang sur la personne d'un individu auteur d'une infraction flagrante à la police de la circulation. • Crim. 15 mars 1961 : *Bull. crim. n° 164 ; Gaz. Pal. 1961. 2. 8.* ♦ ... Le commandant de sapeurs-pompiers qui refuse de déférer à une première réquisition aux fins d'enlèvement du corps déchiqueté d'une victime gisant sur la voie ferrée et faisant obstacle à la circulation des convois. • Crim. 24 juin 1992, n° 91-85.474 P.

SECTION II DES ATTEINTES À LA MONNAIE

Art. R. 642-2 Le fait d'accepter, de détenir ou d'utiliser tout signe monétaire non autorisé ayant pour objet de remplacer les pièces de monnaie ou les billets de banque ayant cours légal en France est puni de l'amende prévue pour les contraventions de la 2e classe.

Les personnes coupables de la contravention prévue au présent article encourent également la peine complémentaire de confiscation de la chose qui a servi ou était destinée à commettre l'infraction ou de la chose qui en est le produit.

(Décr. n° 2010-671 du 18 juin 2010) **« Les personnes morales déclarées responsables pénalement, dans les conditions prévues par l'article 121-2, de l'infraction définie au présent article encourent, outre l'amende suivant les modalités prévues par l'article 131-41, la peine de confiscation de la chose qui a servi ou était destinée à commettre l'infraction ou de la chose qui en est le produit. »**

La peine de confiscation est obligatoire pour les signes monétaires visés au premier alinéa du présent article en application des articles 131-21 et 131-48.

V. Circ. du 18 janv. 1994, nos [66 s.].

Corresp. : *C. pén., ancien art. R. 30 (6°).*

Les art. R. 30 s. C. pén. n'ont nullement eu pour objet d'interdire l'acceptation, l'utilisation ou la détention des moyens de payement tels que le chèque bancaire ou les effets de commerce, auxquels les conventions internationales et les dispositions du code civil et du code de commerce reconnaissent un caractère légal. • CE 12 févr. 1960 : *D. 1960. 263, note L'Huillier ; S. 1960. 131, concl. Kahn ; JCP 1960. II. 11629 bis, note Vedel.*

Art. R. 642-3 Le fait de refuser de recevoir des pièces de monnaie ou des billets de banque ayant cours légal en France selon la valeur pour laquelle ils ont cours est puni de l'amende prévue pour les contraventions de la 2e classe.

(Abrogé par Décr. n° 2010-671 du 18 juin 2010) ***« Les personnes morales peuvent être déclarées responsables pénalement, dans les conditions prévues par l'article 121-2, de l'infraction définie au présent article.***

« La peine encourue par les personnes morales est l'amende, suivant les modalités prévues par l'article 131-41. »

1. Ne se rend pas coupable de l'infraction prévue par l'art. R. 642-3 le directeur de supermarché qui refuse d'accepter en paiement un billet de 500 € présenté par une cliente et donc de devoir lui rendre la monnaie car en application des dispositions de l'art. L. 112-5 C. mon. fin., en cas de paiement en billets et pièces, il appartient au débiteur de faire l'appoint. • Crim. 14 déc. 2005, n° 04-87.536 P: *D. 2006. AJ 498, obs. Avena-Robardet ; Dr. pénal 2006. Comm. 57, obs. Véron ; RSC 2006. 607, obs. Delmas Saint-Hilaire .*

2. N'est pas entachée d'illégalité l'instauration d'un système de règlement de la redevance de stationnement exclusivement au moyen d'une carte prépayée (en l'espèce la « Paris-carte »), qui répond à l'objectif d'intérêt public de sécuriser les appareils contre le vol et qui n'apparaît pas imposer aux usagers d'autre contrainte que l'acquisition d'une telle carte auprès des buralistes au moyen de pièces et billets ayant cours légal, sujétion proportionnée au but légitime en vue duquel cette mesure a été prise par l'autorité publique. • Crim. 26 avr. 2006, n° 06-80.263 P: *D. 2006. IR 1632 ; AJ pénal 2006. 309, obs. Céré ; Jurispr. auto 2006. 327 ; Dr. pénal 2006. Comm. 111, note Robert ; AJDA 2006. 2011, note Lombard ; RSC 2007. 87, note Mascala .*

3. Se rend coupable de la contravention prévue par l'art. R. 642-3 C. pén. une société créancière n'acceptant aucun règlement en numéraire, le débiteur n'étant pas en mesure d'effectuer un paiement en billets et pièces ni même de s'acquitter de l'obligation de faire l'appoint. • Crim. 3 oct. 2007, n° 07-80.045 P: *D. 2007. 2803, note Avena-Robardet ; AJ pénal 2007. 538 .*

Art. R. 642-4 Le fait d'utiliser comme support d'une publicité quelconque des pièces de monnaie ou des billets de banque ayant cours légal en France ou émis par les institutions étrangères ou internationales habilitées à cette fin est puni de l'amende prévue pour les contraventions de la 2e classe.

Les personnes coupables de la contravention prévue au présent article encourent également la peine complémentaire de confiscation de la chose qui a servi ou était destinée à commettre l'infraction ou de la chose qui en est le produit.

(Décr. n° 2010-671 du 18 juin 2010) « Les personnes morales déclarées responsables pénalement, dans les conditions prévues par l'article 121-2, de l'infraction définie au présent article encourent, outre l'amende suivant les modalités prévues par l'article 131-41, la peine de confiscation de la chose qui a servi ou était destinée à commettre l'infraction ou de la chose qui en est le produit. »

La peine de confiscation est obligatoire pour les signes monétaires visés au premier alinéa du présent article en application des articles 131-21 et 131-48. Les dispositions du troisième alinéa de l'article 442-13 sont applicables.

V. Circ. du 18 janv. 1994, n^os^ [67 s.].

CHAPITRE III DES CONTRAVENTIONS DE LA 3e CLASSE CONTRE LA NATION, L'ÉTAT OU LA PAIX PUBLIQUE

SECTION PREMIÈRE DE L'USURPATION DE SIGNES RÉSERVÉS À L'AUTORITÉ PUBLIQUE

Art. R. 643-1 Hors les cas prévus par l'article 433-15, est puni de l'amende prévue pour les contraventions de la 3e classe le fait de porter publiquement un costume ou un uniforme ou de faire usage d'un insigne ou d'un document présentant avec des costumes, uniformes, insignes ou documents réglementés par l'autorité publique une ressemblance de nature à causer une méprise dans l'esprit du public.

Les personnes coupables de la contravention prévue au présent article encourent également la peine complémentaire de confiscation de la chose qui a servi ou était destinée à commettre l'infraction ou de la chose qui en est le produit.

(Décr. n° 2010-671 du 18 juin 2010) « Les personnes morales déclarées responsables pénalement, dans les conditions prévues par l'article 121-2, de l'infraction définie au présent article encourent, outre l'amende suivant les modalités prévues par l'article

131-41, la peine de confiscation de la chose qui a servi ou était destinée à commettre l'infraction ou de la chose qui en est le produit. »

V. Circ. du 18 janv. 1994, n° [69].

SECTION II DE L'UTILISATION DE POIDS OU MESURES DIFFÉRENTS DE CEUX ÉTABLIS PAR LES LOIS ET RÈGLEMENTS EN VIGUEUR

Art. R. 643-2 L'utilisation de poids ou mesures différents de ceux qui sont établis par les lois et règlements en vigueur est punie de l'amende prévue pour les contraventions de la 3e classe.

Les personnes coupables de la contravention prévue au présent article encourent également la peine complémentaire de confiscation de la chose qui a servi ou était destinée à commettre l'infraction ou de la chose qui en est le produit.

(Décr. n° 2010-671 du 18 juin 2010) « Les personnes morales déclarées responsables pénalement, dans les conditions prévues par l'article 121-2, de l'infraction définie au présent article encourent, outre l'amende suivant les modalités prévues par l'article 131-41, la peine de confiscation de la chose qui a servi ou était destinée à commettre l'infraction ou de la chose qui en est le produit. »

V. Circ. du 18 janv. 1994, n° [70].

***Corresp.** : C. pén., ancien art. R. 34 (6°).*

RÉP. PÉN. v° *Poids et mesures*, par FONTEIX.

Ne méconnaît pas le système métrique légal une méthode d'évaluation de la « surface locative brute » d'un local commercial – dite « gross leasing area » ou GLA – qui y inclut, notamment, l'épaisseur des murs et celle des cloisons séparatives, dès lors que cette surface est exprimée en mètres carrés qui en constituent l'unité de base. • Crim. 21 nov. 1983 : *Bull. crim. n° 305 ; JCP 1984. II. 20267, concl. Clerget, et note Boccara.*

CHAPITRE IV DES CONTRAVENTIONS DE LA 4e CLASSE CONTRE LA NATION, L'ÉTAT OU LA PAIX PUBLIQUE

SECTION PREMIÈRE DE L'ACCÈS SANS AUTORISATION À UN TERRAIN, UNE CONSTRUCTION, UN ENGIN OU UN APPAREIL MILITAIRE

Art. R. 644-1 Hors le cas prévu par l'article 413-5, le fait, sans autorisation des autorités compétentes, de pénétrer, séjourner ou circuler sur un terrain *(Décr. n° 2015-159 du 11 févr. 2015, art. 11)* « , dans un port », dans une construction ou dans un engin ou appareil quelconque affecté à l'autorité militaire ou placé sous son contrôle est puni de l'amende prévue pour les contraventions de la 4e classe.

L'interdiction d'accès aux terrains, constructions, engins ou appareils visés à l'alinéa précédent fait l'objet d'une signalisation particulière lorsque aucune marque distinctive ne signale qu'ils sont affectés à l'autorité militaire ou placés sous son contrôle.

V. Circ. du 18 janv. 1994, n° [71].

SECTION II DES ENTRAVES À LA LIBRE CIRCULATION SUR LA VOIE PUBLIQUE

Art. R. 644-2 Le fait d'embarrasser la voie publique en y déposant ou y laissant sans nécessité des matériaux ou objets quelconques qui entravent ou diminuent la liberté ou la sûreté de passage *(Décr. n° 2020-1573 du 11 déc. 2020, art. 8)* « y compris les ordures ou les déchets » est puni de l'amende prévue pour les contraventions de la 4e classe.

Les personnes coupables de la contravention prévue au présent article encourent également la peine complémentaire de confiscation de la chose qui a servi ou était destinée à commettre l'infraction ou de la chose qui en est le produit. – *Route R. 130-1, R. 130-3.*

V. Circ. du 18 janv. 1994, n° [72].

***Corresp.** : C. pén., ancien art. R. 38 (11°).*

1. ***Voie publique.*** Aux termes de l'art. 471, al. 4, C. pén. (art. R. 38-11°), la publicité de la voie sur laquelle l'embarras a eu lieu est un des éléments de la contravention prévue par cette disposition ; en l'absence de tout document administratif attribuant à la voie un caractère public, il appartient au juge de police de rechercher et de déclarer, en fait d'après les éléments du débat, si la voie est publique ou privée. • Crim. 18 janv. 1895 : *DP 1898. 5. 666* • 18 janv. 1929 : *DH 1929. 149* • 4 juin 1931 : *Bull. crim. n° 153.* ♦ Tant qu'un terrain est livré par son propriétaire à la circulation du public, il est nécessairement soumis à toutes les mesures de police que les lois municipales déclarent applicables aux rues, places, quais et voies publiques ; il en résulte que la contravention d'embarras est également applicable à l'encombrement sans nécessité du trottoir d'une voie privée. • Crim. 13 janv. 1928 : *Bull. crim. n° 16 ; S. 1929. 1. 156.*

2. Pour l'absence de contravention lorsque le dépôt a été effectué : ... sur un terrain communal vague et inculte. • Crim. 30 mars 1895 : *DP 1899. 5. 744.* ♦ ... Sur un terrain communal ouvert au public, mais ne constituant pas une rue de village, ni ne servant de passage au public. • Crim. 16 mai 1902 : *DP 1903. 5. 796.* ♦ Est un chemin rural le chemin appartenant au domaine privé de la commune dont l'affectation à l'usage du public est établie, notamment, par son inscription sur le plan départemental des itinéraires de promenade et de randonnée, jointe au fait d'une circulation générale et continue démontrée. • Crim. 13 janv. 1993 : *Gaz. Pal. 1993. 2. Somm. 557.* ♦ Constitue de même un chemin rural une voie affectée, par détermination de la loi, à la circulation publique, peu important qu'elle relève du domaine privé de la commune. • Crim. 7 févr. 1996, n° 94-83.678 P : *Dr. pénal 1996. Comm. 158, note Véron.*

3. ***Embarras.*** L'embarras de la voie publique prévu par l'art. 471, al. 4, C. pén. (art. R. 38-11°) ne peut résulter que du dépôt de choses matérielles et inanimées ; la contravention est donc inapplicable au conducteur d'un animal. • Crim. 5 juin 1931 : *Bull. crim. n° 159 ; DH 1931. 430.*

4. De même, l'art. R. 38-11° C. pén. n'est applicable que lorsqu'il s'agit d'objets matériels susceptibles de déplacement et qui, par leur nature, peuvent être l'objet d'un dépôt ou d'un abandon sur la voie publique ; par suite, doit être cassé l'arrêt condamnant par application de ce texte un prévenu poursuivi pour n'avoir pas démoli trois pompes à essence scellées sur la voie publique, à l'expiration du délai pendant lequel l'administration l'avait autorisé à installer ces pompes. • *Crim. 3 janv. 1964 : Bull. crim. n° 7 ; D. 1964. 150.* ♦ A commis la contravention incriminée par l'art. R. 38-11° C. pén. celui qui a mis volontairement en place, sur un chemin rural affecté à l'usage du public, un barrage de pièces de bois et deux barrières qui ont empêché ou diminué la liberté de passage. • Crim. 13 janv. 1993 : *Gaz. Pal. 1993. 2. Somm. 557.*

5. ***Nécessité.*** La contravention d'embarras de la voie publique n'est punissable que si elle a été commise sans nécessité, et le juge du fait doit s'expliquer sur l'excuse de nécessité dudit embarras, alléguée par le prévenu. • Crim. 2 avr. 1963 : *Bull. crim. n° 150.* ♦ ... Sous le contrôle de la Cour de cassation. • Crim. 21 mars 1931 : *Bull. crim. n° 87 ; DH 1931. 221.*

6. L'interdiction portée par l'art. 471, al. 4, C. pén. (art. R. 38-11°) est absolue, et ne comporte d'autre excuse que la nécessité. • Crim. 6 mars 1884 : *DP 1885. 1. 47.* ♦ Tout dépôt d'objet sur la voie publique, lorsque la nécessité n'est pas constatée, ne peut être excusé par le fait que les objets déposés ne gêneraient pas la circulation. • Crim. 10 nov. 1938 : *Bull. crim. n° 219 ; DH 1939. 85* • 4 janv. 1956 : *Bull. crim. n° 13.*

7. La nécessité ne peut résulter que d'un événement accidentel, imprévu et de force majeure. • Crim. 6 mars 1884 : *préc. note 6* • 26 mars 1927 : *DH 1927. 258* • 17 oct. 1956 : *Bull. crim. n° 651 ; D. 1956. 742* • 26 juin 1957 : *Bull. crim. n° 528.* ♦ ... Mais non de simples convenances pour la commodité de l'industrie ou du commerce. • Crim. 31 oct. 1925 : *DP 1927. 1. 173 (2e esp.), note Monsarrat* • 24 mars 1926 : *ibid. (3e esp.).*

8. Pour des exemples où la nécessité n'a pas été retenue au profit d'auxiliaires de justice agissant dans l'exercice de leurs fonctions, notamment : ... un huissier. • Crim. 17 nov. 1893 : *DP 1896. 1. 476 (2e esp.)* • 26 mars 1927 : *préc. note 7.* ♦ ... Un commissaire-priseur. • Crim. 17 nov. 1893 : *DP 1896. 1. 476 (3e esp.).* ♦ ... Un notaire. • Crim. 17 oct. 1956 : *préc. note 7.*

9. Un conducteur de camion, qui a fait stationner son véhicule sur le trottoir pendant le temps du chargement, ne peut invoquer, pour se justifier, le fait que l'accès des berges où il stationnait normalement était momentanément interdit, et qu'il n'avait pas d'autre ressource pour exercer sa profession que d'embarrasser la voie publique en stationnant sur le trottoir. • Crim. 21 janv. 1959 : *Bull. crim. n° 60.* ♦ Pour la justification d'infractions au stationnement, commises par une bijoutière, au nom du sentiment d'insécurité qu'elle éprouvait au cours de ses livraisons. • T. pol. Lyon, 20 nov. 1984 : *Gaz. Pal. 1986. 1. 159, note Guinchard et Mayaud ; JCP 1986. II. 20684, note Bouzat.*

SECTION III DE L'ACQUISITION DE PRODUITS DU TABAC MANUFACTURÉ VENDUS À LA SAUVETTE

(Décr. n° 2019-1396 du 18 déc. 2019, art. 1er)

Art. R. 644-3 **L'acquisition de produits du tabac manufacturé vendus à la sauvette est punie de l'amende prévue pour les contraventions de la 4e classe.**

Code pénal

SECTION III [ANCIENNE]. *De la violation des dispositions réglementant les professions exercées dans les lieux publics*

Ancien art. R. 644-3 *Le fait, sans autorisation ou déclaration régulière, d'offrir, de mettre en vente ou d'exposer en vue de la vente des marchandises ou d'exercer toute autre profession dans les lieux publics en violation des dispositions réglementaires sur la police de ces lieux est puni de l'amende prévue pour les contraventions de la 4e classe.*

Les personnes coupables de la contravention prévue au présent article encourent également la peine complémentaire de confiscation de la chose qui a servi ou était destinée à commettre l'infraction ou de la chose qui en est le produit.

(Décr. n° 2010-671 du 18 juin 2010) « *Les personnes morales déclarées responsables pénalement, dans les conditions prévues par l'article 121-2, de l'infraction définie au présent article encourent, outre l'amende suivant les modalités prévues par l'article 131-41, la peine de confiscation de la chose qui a servi ou était destinée à commettre l'infraction ou de la chose qui en est le produit.* »

V. Circ. du 18 janv. 1994, n° [73].

***Corresp. :** C. pén., ancien art. R. 38 (14°).*

1. Police des lieux. La délibération d'un conseil municipal ne constitue pas une disposition réglementaire relative à la police des lieux, au sens de l'art. R. 38, 14° C. pén. ; en conséquence, encourt la cassation l'arrêt qui se fonde sur une telle délibération pour déclarer constituée une contravention aux prescriptions dudit article. • Crim. 6 mars 1984 : *Bull. crim. n° 91.* ♦ Le fait d'offrir, de mettre en vente ou d'exposer en vue de la vente des marchandises ou d'exercer toute autre profession dans les lieux publics, sans autorisation ou déclaration, n'est réprimé par l'art. R. 644-3 C. pén. que s'il est commis en violation des dispositions réglementaires sur la police de ces lieux. Tel n'est pas le cas d'une délibération d'un conseil municipal. • Crim. 24 févr. 2009, n° 08-87.409 P : *D. 2009. AJ 951 ; AJ pénal 2009. 229 ; Dr. pénal 2009, n° 72, obs. Véron.* ♦ Encourt la cassation le jugement du tribunal qui, pour déclarer un prévenu coupable de la contravention prévue par l'art. R. 644-3 C. pén., se borne à énoncer que les faits sont établis au vu des débats et des pièces du dossier, sans préciser quel règlement de police soumet à une autorisation l'exercice d'une telle activité dans les lieux publics. En effet, la contravention de l'art. R. 644-3 C. pén. n'est réprimée que si elle est commise en violation des dispositions réglementaires sur la police de ces lieux. • Crim. 3 juin 1998, n° 97-83.321 P : *D. 1998. IR 210.* ♦ Dans le même sens, V. : • Crim. 28 nov. 2000 : *Dr. pénal 2001. Comm. 46, obs. Véron.*

2. Tolérance. Une cour d'appel a violé la loi en décidant que, si la vente du muguet sur la voie publique à l'occasion du 1er mai avait, à l'origine, pour objet des fleurs sauvages, la coutume s'est étendue depuis plusieurs années au muguet cultivé, et que ces ventes échappent, en vertu d'une tolérance générale, à l'application de l'art. R. 38-14° C. pén., alors qu'une tolérance n'est pas de nature à empêcher l'application d'une disposition pénale. • Crim. 30 oct. 1984 : *JCP 1985. IV. 12.* ♦ Conf. : • Paris, 13 févr. 1992 : *D. 1992. IR 143* • TGI Nanterre, 14 mars 1990 : *Gaz. Pal. 1992. 1. Somm. 206.* ♦ La contravention prévue par l'art. R. 644-3 C. pén. ne peut être retenue à l'encontre d'un marchand ambulant, dès lors que la vente de muguet, au cours de la seule journée du 1er mai, ne revêt pas un caractère professionnel au sens des dispositions de l'article précité. • Paris, 29 avr. 1997 : *Gaz. Pal. 1998. 1. Somm. 71.* ♦ Cassé par : • Civ. 2e, 25 mai 2000 : *D. 2000. IR 194 ; CCC 2000. Comm. 183, obs. Raymond,* le caractère non-professionnel de l'activité en cause étant insuffisant à écarter la contravention prévue par l'art. R. 644-3 C. pén.

3. Action civile. La vente irrégulière de fleurs sur la voie publique étant susceptible de porter atteinte aux intérêts de la profession, doit être accueillie la demande d'une chambre syndicale de fleuristes tendant à faire constater les pratiques concurrentielles dont elle pourrait être la victime. • Versailles, 29 avr. 1994 : *Gaz. Pal. 1994. 2. Somm. 581.*

SECTION IV DE LA PARTICIPATION À UNE MANIFESTATION INTERDITE SUR LA VOIE PUBLIQUE

(Décr. n° 2019-208 du 20 mars 2019)

Art. R. 644-4 Le fait de participer à une manifestation sur la voie publique interdite sur le fondement des dispositions de l'article L. 211-4 du code de la sécurité intérieure est puni de l'amende prévue pour les contraventions de la quatrième classe.

CHAPITRE V DES CONTRAVENTIONS DE LA 5e CLASSE CONTRE LA NATION, L'ÉTAT OU LA PAIX PUBLIQUE

SECTION PREMIÈRE DU PORT OU DE L'EXHIBITION D'UNIFORMES, INSIGNES OU EMBLÈMES RAPPELANT CEUX D'ORGANISATIONS OU DE PERSONNES RESPONSABLES DE CRIMES CONTRE L'HUMANITÉ

Art. R. 645-1 Est puni de l'amende prévue pour les contraventions de la 5e classe le fait, sauf pour les besoins d'un film, d'un spectacle ou d'une exposition comportant une évocation historique, de porter ou d'exhiber en public un uniforme, un insigne ou un emblème rappelant les uniformes, les insignes ou les emblèmes qui ont été portés ou exhibés soit par les membres d'une organisation déclarée criminelle en application de l'article 9 du statut du tribunal militaire international annexé à l'accord de Londres du 8 août 1945, soit par une personne reconnue coupable par une juridiction française ou internationale d'un ou plusieurs crimes contre l'humanité prévus par les articles 211-1 à 212-3 ou mentionnés par la loi n° 64-1326 du 26 décembre 1964.

Les personnes coupables de la contravention prévue au présent article encourent également les peines complémentaires suivantes :

1° L'interdiction de détenir ou de porter, pour une durée de trois ans au plus, une arme soumise à autorisation ;

2° La confiscation d'une ou de plusieurs armes dont le condamné est propriétaire ou dont il a la libre disposition ;

3° La confiscation de la chose qui a servi ou était destinée à commettre l'infraction ou de la chose qui en est le produit ;

4° Le travail d'intérêt général pour une durée de vingt à cent vingt heures.

(Décr. n° 2010-671 du 18 juin 2010) « Les personnes morales déclarées responsables pénalement, dans les conditions prévues par l'article 121-2, de l'infraction définie au présent article encourent, outre l'amende suivant les modalités prévues par l'article 131-41, la peine de confiscation de la chose qui a servi ou était destinée à commettre l'infraction ou de la chose qui en est le produit. »

La récidive de la contravention prévue au présent article est réprimée conformément aux articles 132-11 et 132-15.

V. Circ. du 18 janv. 1994, n° [74].

SECTION II DES DESSINS, LEVÉS OU ENREGISTREMENTS EFFECTUÉS SANS AUTORISATION DANS UNE ZONE D'INTERDICTION FIXÉE PAR L'AUTORITÉ MILITAIRE

Art. R. 645-2 Le fait, dans une zone d'interdiction fixée par l'autorité militaire et faisant l'objet d'une signalisation particulière, d'effectuer, sans l'autorisation de cette autorité, des dessins, levés ou des enregistrements d'images, de sons ou de signaux de toute nature est puni de l'amende prévue pour les contraventions de la 5e classe.

Les personnes coupables de la contravention prévue au présent article encourent également la peine complémentaire de confiscation de la chose qui a servi ou était destinée à commettre l'infraction ou de la chose qui en est le produit.

La récidive de la contravention prévue au présent article est réprimée conformément à l'article 132-11.

V. Circ. du 18 janv. 1994, n° [75].

L'exposition, en vue de leur vente, d'objets nazis constitue une contravention à la loi française (art. R. 645-2 C. pén.), mais plus encore une offense à la mémoire collective du pays profondément meurtri par les atrocités commises par et au nom de l'entreprise criminelle nazie à l'encontre de ses ressortissants et surtout à l'encontre de ses ressortissants de confession juive. En permettant la visualisation en France de ces objets et la participation éventuelle d'un internaute installé en France à une telle exposition-vente, la société propriétaire du site internet commet donc une faute sur le territoire français, faute dont le caractère non intentionnel est avéré mais qui est à l'origine d'un dommage pour les associations ayant vocation à poursuivre en France toute forme de banalisation du nazisme, peu important le caractère résiduel de l'activité litigieuse au regard de l'ensemble de l'activité du service de ventes aux enchères proposé sur ce site. • TGI Paris, réf., 22 mai 2000 : *D. 2000. IR 172 ; CCE 2000. Comm. 92, obs. Galloux.*

SECTION III DES ATTEINTES À L'ÉTAT CIVIL DES PERSONNES

Art. R. 645-3 Est puni de l'amende prévue pour les contraventions de la 5e classe le fait, par un officier d'état civil ou une personne déléguée par lui en vertu des dispositions de l'article *(Décr. nº 2017-270 du 1er mars 2017, art. 5)* « R. 2122-10 du code général des collectivités territoriales » :

1° De contrevenir aux dispositions réglementaires concernant la tenue des registres et la publicité des actes d'état civil ;

2° De ne pas s'assurer de l'existence du consentement des père, mère ou autres personnes lorsque la loi le prescrit pour la validité d'un mariage ;

(Abrogé par Décr. nº 2017-270 du 1er mars 2017, art. 5) « 3° De recevoir, avant le temps prescrit par l'article 228 du code civil, l'acte de mariage d'une femme ayant déjà été mariée. »

Les contraventions prévues par le présent article sont constituées même lorsque la nullité des actes de l'état civil n'a pas été demandée ou a été couverte.

La récidive des contraventions prévues au présent article est réprimée conformément à l'article 132-11.

Art. R. 645-4 Le fait, par une personne ayant assisté à un accouchement, de ne pas faire la déclaration prescrite par l'article 56 du code civil dans les délais fixés par l'article 55 du même code est puni de l'amende prévue pour les contraventions de la 5e classe.

V. Circ. du 18 janv. 1994, nº [76].

Corresp. : *C. pén., ancien art. R. 40 (6º).*

1. En l'absence du père, la déclaration de naissance incombe indistinctement à toutes les personnes qui ont assisté à l'accouchement. • Crim. 12 nov. 1859 : *DP 1860. 1. 50.* ♦ ... Les termes de la loi repoussant toute distinction et même tout ordre successif chez ceux auxquels elle impose l'obligation de la déclaration. • Crim. 28 févr. 1867 : *DP 1867. 1. 190.* ♦ *Contra :* • T. corr. Lille, 3 mars 1951 : *D. 1951. 431.*

2. La mort de l'enfant au moment de la naissance ne dispense pas de déclarer l'accouchement, conformément à la loi. • Crim. 27 juill. 1872 : *DP 1872. 1. 277.*

Art. R. 645-5 Le fait, par une personne ayant trouvé un enfant nouveau-né, de ne pas faire la déclaration prescrite par l'article 58 du code civil ou, si elle ne consent pas à se charger de l'enfant, de ne pas le remettre à l'officier d'état civil est puni de l'amende prévue pour les contraventions de la 5e classe.

Art. R. 645-6 Le fait de procéder ou faire procéder à l'inhumation d'un individu décédé sans que cette inhumation ait été préalablement autorisée par l'officier public, dans le cas où une telle autorisation est prescrite, ou en violation des dispositions législatives et réglementaires relatives aux délais prévus en cette matière est puni de l'amende prévue par *[pour]* les contraventions de la 5e classe.

(Abrogé par Décr. nº 2010-671 du 18 juin 2010) « Les personnes morales peuvent être déclarées responsables pénalement, dans les conditions prévues par l'article 121-2, de l'infraction définie au présent article.

« La peine encourue par les personnes morales est l'amende, suivant les modalités prévues par l'article 131-41. »

La récidive de la contravention prévue au présent article est réprimée conformément aux articles 132-11 et 132-15.

V. Circ. du 18 janv. 1994, nº [76].

Corresp. : *C. pén., ancien art. R. 40 (7º).*

Il est interdit aux ministres des cultes de lever aucun corps ou de l'accompagner hors des églises et des temples, s'il n'est pas justifié de l'autorisation donnée par l'officier de l'état civil pour l'inhumation ; en conséquence, commet une contravention le ministre du culte catholique qui procède à l'inhumation d'une personne décédée dans une autre commune, sur le seul vu de l'autorisation de déplacement délivrée par le sous-préfet, et sans qu'un permis d'inhumer ait été donné par l'officier de l'état civil du lieu du décès. • Crim. 23 janv. 1914 : *DP 1918. 1. 72.*

SECTION IV DE LA SOUSTRACTION D'UNE PIÈCE PRODUITE EN JUSTICE

Art. R. 645-7 Le fait, pour une personne ayant produit, dans une contestation judiciaire, un titre, une pièce ou un mémoire, de le soustraire, de quelque manière que ce soit, est puni de l'amende prévue pour les contraventions de la 5e classe.

(Abrogé par Décr. n° 2010-671 du 18 juin 2010) ***« Les personnes morales peuvent être déclarées responsables pénalement, dans les conditions prévues par l'article 121-2, de l'infraction définie au présent article.***

« La peine encourue par les personnes morales est l'amende, suivant les modalités prévues par l'article 131-41. »

La récidive de la contravention prévue au présent article est réprimée conformément aux articles 132-11 et 132-15.

V. Circ. du 18 janv. 1994, n° [77].

RÉP. PÉN. v° *Soustraction de pièces produites en justice,* par PASCHOUD.

SECTION V DE L'UTILISATION D'UN DOCUMENT DÉLIVRÉ PAR UNE ADMINISTRATION PUBLIQUE COMPORTANT DES MENTIONS DEVENUES INCOMPLÈTES OU INEXACTES

Art. R. 645-8 L'usage d'un document délivré par une administration publique aux fins de constater un droit, une identité ou une qualité ou d'accorder une autorisation, lorsque les mentions invoquées par l'intéressé sont devenues incomplètes ou inexactes, est puni de l'amende prévue pour les contraventions de la 5e classe.

Les personnes coupables de la contravention prévue au présent article encourent également la peine complémentaire de confiscation de la chose qui a servi à commettre l'infraction ou de la chose qui en est le produit.

(Décr. n° 2010-671 du 18 juin 2010) « Les personnes morales déclarées responsables pénalement, dans les conditions prévues par l'article 121-2, de l'infraction définie au présent article encourent, outre l'amende suivant les modalités prévues par l'article 131-41, la peine de confiscation de la chose qui a servi ou était destinée à commettre l'infraction ou de la chose qui en est le produit. »

La récidive de la contravention prévue au présent article est réprimée conformément aux articles 132-11 et 132-15.

SECTION V *bis* DE L'USURPATION DE FONCTION OU DE TITRE DE DÉLÉGUÉ OU DE MÉDIATEUR DU PROCUREUR DE LA RÉPUBLIQUE

(Décr. n° 2004-1021 du 27 sept. 2004, art. 4)

RÉP. PÉN. v° *Usurpation de titres ou de fonctions,* par LACROIX.

Art. R. 645-8-1 Le fait d'accomplir les actes réservés aux délégués ou médiateurs du procureur de la République ou d'user du titre attaché à ces fonctions, sans y avoir été habilité ou après avoir fait l'objet d'un retrait d'habilitation, est puni de l'amende prévue pour les contraventions de la cinquième classe.

(Abrogé par Décr. n° 2010-671 du 18 juin 2010) ***« Les personnes morales peuvent être déclarées responsables pénalement, dans les conditions prévues par l'article 121-2, des contraventions définies au présent article. »***

SECTION VI DU REFUS DE RESTITUTION DE SIGNES MONÉTAIRES CONTREFAITS OU FALSIFIÉS

Art. R. 645-9 Le fait, par une personne ayant reçu des pièces de monnaie ou billets de banque ayant cours légal en France contrefaits ou falsifiés, de refuser de les remettre ou de les faire remettre à la Banque de France ou à l'établissement public La Monnaie de Paris, conformément aux prescriptions de l'article 38-2 du code des instruments monétaires et des médailles, est puni de l'amende prévue pour les contraventions de la 5e classe.

Les personnes coupables de la contravention prévue au présent article encourent également la peine complémentaire de confiscation de la chose qui a servi à commettre l'infraction ou de la chose qui en est le produit.

(Décr. nº 2010-671 du 18 juin 2010) « Les personnes morales déclarées responsables pénalement, dans les conditions prévues par l'article 121-2, de l'infraction définie au présent article encourent, outre l'amende suivant les modalités prévues par l'article 131-41, la peine de confiscation de la chose qui a servi ou était destinée à commettre l'infraction ou de la chose qui en est le produit. »

La peine de confiscation est obligatoire pour les signes monétaires visés au premier alinéa du présent article en application des articles 131-21 et 131-48. Les dispositions du troisième alinéa de l'article 442-13 sont applicables.

La récidive de la contravention prévue au présent article est réprimée conformément aux articles 132-11 et 132-15.

SECTION VII DE L'ALTÉRATION OU DE LA CONTREFAÇON DES TIMBRES-POSTE OU DES TIMBRES ÉMIS PAR L'ADMINISTRATION DES FINANCES

Art. R. 645-10 L'altération des timbres-poste ou des timbres émis par l'administration des finances dans le but de les soustraire à l'oblitération et de permettre ainsi leur réutilisation est punie de l'amende prévue pour les contraventions de la 5e classe.

Les personnes coupables des contraventions prévues au présent article encourent également la peine complémentaire de confiscation de la chose qui a servi ou était destinée à commettre l'infraction ou de la chose qui en est le produit.

(Décr. nº 2010-671 du 18 juin 2010) « Les personnes morales déclarées responsables pénalement, dans les conditions prévues par l'article 121-2, des infractions définies au présent article encourent, outre l'amende suivant les modalités prévues par l'article 131-41, la peine de confiscation de la chose qui a servi ou était destinée à commettre l'infraction ou de la chose qui en est le produit. »

La peine de confiscation est obligatoire pour les timbres visés au premier alinéa du présent article en application des articles 131-21 et 131-48.

La récidive de la contravention prévue au présent article est réprimée conformément aux articles 132-11 et 132-15.

Art. R. 645-11 La contrefaçon ou la falsification des timbres-poste ou autres valeurs fiduciaires postales périmés, français ou étrangers, ainsi que l'usage de ces timbres ou valeurs fiduciaires contrefaits ou falsifiés, sont punis de l'amende prévue pour les contraventions de la 5e classe.

Les personnes coupables des contraventions prévues au présent article encourent également la peine complémentaire de confiscation de la chose qui a servi ou était destinée à commettre l'infraction ou de la chose qui en est le produit.

(Décr. nº 2010-671 du 18 juin 2010) « Les personnes morales déclarées responsables pénalement, dans les conditions prévues par l'article 121-2, des infractions définies au présent article encourent, outre l'amende suivant les modalités prévues par l'article 131-41, la peine de confiscation de la chose qui a servi ou était destinée à commettre l'infraction ou de la chose qui en est le produit. »

La peine de confiscation est obligatoire pour les timbres et autres valeurs fiduciaires postales visés au premier alinéa du présent article en application des articles 131-21 et 131-48.

La récidive des contraventions prévues au présent article est réprimée conformément aux articles 132-11 et 132-15.

Corresp. *: C. pén., ancien art. 144, al. 1er (4º).*

SECTION VIII DE L'INTRUSION DANS LES ÉTABLISSEMENTS SCOLAIRES

(Décr. nº 96-378 du 6 mai 1996)

Art. R. 645-12 Le fait de pénétrer *(Décr. nº 2008-1412 du 19 déc. 2008)* « ou de se maintenir » dans l'enceinte d'un établissement scolaire, public ou privé, sans y être habilité en vertu de dispositions législatives ou réglementaires ou y avoir été autorisé par les autorités compétentes est puni de l'amende prévue pour les contraventions de la 5e classe.

Les personnes coupables de la contravention prévue au présent article encourent également les peines complémentaires suivantes :

1° La confiscation de la chose qui a servi à commettre l'infraction ou de la chose qui en est le produit ;

2° Le travail d'intérêt général pour une durée de 20 à 120 heures.

La récidive de la contravention prévue au présent article est réprimée conformément à l'article 132-11.

SECTION IX DE L'INTRUSION DANS LES LIEUX HISTORIQUES OU CULTURELS

(Décr. n° 2008-1412 du 19 déc. 2008)

Art. R. 645-13 Le fait de pénétrer ou de se maintenir dans un immeuble classé ou inscrit en application des dispositions des articles L. 621-1 et L. 621-25 du code du patrimoine, un musée de France, une bibliothèque ou une médiathèque ouvertes au public, un service d'archives, ou leurs dépendances, appartenant à une personne publique ou à une personne privée assurant une mission d'intérêt général, dont l'accès est interdit ou réglementé de façon apparente, sans y être habilité en vertu de dispositions législatives ou réglementaires ou y avoir été autorisé par les autorités compétentes ou le propriétaire est puni de l'amende prévue pour les contraventions de la 5e classe.

Est puni des mêmes peines le fait de pénétrer ou de se maintenir dans les mêmes conditions sur un terrain sur lequel se déroulent des opérations archéologiques.

Les personnes coupables de la contravention prévue au présent article encourent également les peines complémentaires suivantes :

1° La confiscation de la chose qui a servi à commettre l'infraction conformément à l'article 131-21 ;

2° Un travail d'intérêt général pour une durée de vingt à cent vingt heures.

La récidive de la contravention prévue au présent article est réprimée conformément à l'article 132-11.

SECTION X DE LA DISSIMULATION ILLICITE DU VISAGE À L'OCCASION DE MANIFESTATIONS SUR LA VOIE PUBLIQUE

(Décr. n° 2009-724 du 19 juin 2009)

Art. R. 645-14 Est puni de l'amende prévue pour les contraventions de la cinquième classe le fait pour une personne, au sein ou aux abords immédiats d'une manifestation sur la voie publique, de dissimuler volontairement son visage afin de ne pas être identifiée dans des circonstances faisant craindre des atteintes à l'ordre public.

La récidive de la contravention prévue au présent article est réprimée conformément aux articles 132-11 et 132-15.

Les dispositions du présent article ne sont pas applicables aux manifestations conformes aux usages locaux ou lorsque la dissimulation du visage est justifiée par un motif légitime.

BIBL. ▶ A.-G. Robert, *RSC 2009. 882* (décret n° 2009-724 du 19 juin 2009 relatif à l'incrimination de dissimulation illicite du visage à l'occasion de manifestations sur la voie publique). – Defferrard, *D. 2009. 2225* (*requiem* pour un « capuchard »). – Slama, *Lettres d'actualité droits-libertés du CREDOF, 27 févr. 2011* (conformité sous réserve de l'interdiction intentionnelle de dissimulation du visage lors de manifestations publiques).

Pour valider le Décr. n° 2009-724 du 19 juin 2009, qui a inséré un nouvel art. R. 645-14, le Conseil d'État considère qu'il a bien été pris par une autorité compétente, car il n'avait pas pour objet de réglementer la liberté de manifestation ni pour effet d'y porter atteinte. En outre, le Conseil estime que n'ont pas été bafoués le principe de la légalité des délits et des peines, le principe de nécessité des incriminations et des peines et l'art. 10 Conv. EDH, la mesure prévue en l'espèce étant nécessaire pour la préservation de la sécurité publique et ne portant pas une atteinte disproportionnée aux droits et libertés garantis par cet article. Enfin, il considère qu'il n'y a d'atteinte ni à la présomption d'innocence, chaque contravention devant résulter de l'établissement des faits devant le juge, sans que le constat de l'infraction par procès-verbal ne puisse présumer de la qualification retenue par l'autorité judiciaire, ni au respect des droits de la défense et au principe du contradictoire, l'article litigieux n'instituant pas un mode de preuve différent du droit commun en matière contraventionnelle. • CE 23 févr. 2011 : *D. 2011. Pan. 2835, obs. Garé ; D. actu. 4 mars 2011, obs. Bombled ; AJ pénal 2011. 240, obs. Péchillon ; AJDA 2011. 416*.

SECTION XI DE L'OUTRAGE AU DRAPEAU TRICOLORE

(*Décr. n° 2010-835 du 21 juill. 2010*)

Art. R. 645-15 **Hors les cas prévus par l'article 433-5-1, est puni de l'amende prévue pour les contraventions de la cinquième classe le fait, lorsqu'il est commis dans des conditions de nature à troubler l'ordre public et dans l'intention d'outrager le drapeau tricolore :**

1° De détruire celui-ci, le détériorer ou l'utiliser de manière dégradante, dans un lieu public ou ouvert au public ;

2° Pour l'auteur de tels faits, même commis dans un lieu privé, de diffuser ou faire diffuser l'enregistrement d'images relatives à leur commission.

La récidive des contraventions prévues au présent article est réprimée conformément aux articles 132-11 et 132-15.

En prévoyant que le fait de détruire, détériorer ou utiliser de manière dégradante le drapeau tricolore, dans un lieu public ou ouvert au public, ou de diffuser ou faire diffuser l'enregistrement d'images relatives à de tels faits, même commis dans un lieu privé, n'est passible des peines que prévoit le Décr. n° 2010-835 du 21 juill. 2010 que s'il est commis dans des conditions de nature à troubler l'ordre public et dans l'intention d'outrager le drapeau tricolore, le pouvoir réglementaire a entendu n'incriminer que les dégradations physiques ou symboliques du drapeau susceptibles d'entraîner des troubles graves à la tranquillité et à la sécurité publiques et commises dans la seule intention de détruire, abîmer ou avilir le drapeau. Ainsi, ce texte n'a pas pour objet de réprimer les actes de cette nature qui reposeraient sur la volonté de communiquer, par cet acte, des idées politiques ou philosophiques ou feraient œuvre de création artistique, sauf à ce que ce mode d'expression ne puisse, sous le contrôle du juge pénal, être regardé comme une œuvre de l'esprit. Ainsi, compte tenu de ces précisions et malgré la généralité de la définition des actes incriminés, le décret attaqué ne porte pas, contrairement à ce que soutient la LDH, une atteinte excessive à la liberté d'expression garantie par la DDH et la Conv. EDH. Au regard des peines déjà prévues par le législateur tant dans le C. pén. que dans le C. défense pour protéger l'emblème de la République institué par l'art. 2 de la Constitution d'atteintes de ce type, l'auteur du décret attaqué n'a pas fait une inexacte appréciation de la nécessité d'interdire les agissements réprimés par ce texte et des sanctions destinées à punir la contravention à ces interdictions. • CE, 9e et 10e sous-sect. réun., 19 juill. 2011 : *D. 2011. 2320, note Salcedo ; D. 2011. Pan. 2835, obs. Roujou de Boubée ; AJDA 2011. 1525*.

TITRE CINQUIÈME DES AUTRES CONTRAVENTIONS

CHAPITRE PREMIER DES CONTRAVENTIONS DE LA 1re CLASSE

Néant.

CHAPITRE II DES CONTRAVENTIONS DE LA 2e CLASSE

Néant.

CHAPITRE III DES CONTRAVENTIONS DE LA 3e CLASSE

SECTION UNIQUE DES ATTEINTES INVOLONTAIRES À LA VIE OU À L'INTÉGRITÉ D'UN ANIMAL

RÉP. PÉN. v° *Animaux*, par REDON.

Art. R. 653-1 **Le fait par maladresse, imprudence, inattention, négligence ou manquement à une obligation de sécurité ou de prudence imposée par la loi ou les règlements, d'occasionner la mort ou la blessure d'un animal domestique ou apprivoisé ou tenu en captivité est puni de l'amende prévue pour les contraventions de la 3e classe.**

En cas de condamnation du propriétaire de l'animal ou si le propriétaire est inconnu, le tribunal peut décider de remettre l'animal à une œuvre de protection animale

reconnue d'utilité publique ou déclarée, laquelle pourra librement en disposer. – *Route R. 130-1, R. 130-3.*

V. Circ. du 18 janv. 1994, n° [82].

BIBL. ▸ **Dossier.** L'animal en droit pénal, *Dr. pénal 2018, p. 13 s.*

La confiscation d'un animal à l'encontre duquel une infraction a été commise peut être prononcée avec remise à une fondation ou à une association de protection animale reconnue d'utilité publique. • Crim. 10 janv. 2012 : *Dr. pénal 2012, n° 508, obs. Véron.*

CHAPITRE IV DES CONTRAVENTIONS DE LA 4e CLASSE

SECTION UNIQUE DES MAUVAIS TRAITEMENTS ENVERS UN ANIMAL

Art. R. 654-1 **Hors le cas prévu par l'article 511-1** *[art. 521-1]*, **le fait, sans nécessité, publiquement ou non, d'exercer volontairement des mauvais traitements envers un animal domestique ou apprivoisé ou tenu en captivité est puni de l'amende prévue pour les contraventions de la 4e classe.**

En cas de condamnation du propriétaire de l'animal ou si le propriétaire est inconnu, le tribunal peut décider de remettre l'animal à une œuvre de protection animale reconnue d'utilité publique ou déclarée, laquelle pourra librement en disposer.

Les dispositions du présent article ne sont pas applicables aux courses de taureaux lorsqu'une tradition locale ininterrompue peut être invoquée. Elles ne sont pas non plus applicables aux combats de coqs dans les localités où une tradition ininterrompue peut être établie.

V. Circ. du 18 janv. 1994, n° [83].

Corresp. **:** *C. pén., ancien art. R. 38 (12°).*

BIBL. ▸ **Dossier.** L'animal en droit pénal, *Dr. pénal 2018, p. 13 s.*

1. Constitue la contravention de mauvais traitements exercés envers des animaux domestiques, prévue par l'art. R. 38-12° C. pén. : ... le fait de laisser, au mois de décembre, par une température descendant la nuit jusqu'à moins dix degrés centigrades, plusieurs bovins dans un pré exposé au vent, sans abri et sans autre nourriture que l'herbe givrée. • Crim. 7 oct. 1975 : *D. 1975. IR 225.* ♦ V. également : • Crim. 23 janv. 1989 : *Bull. crim. n° 23* • Rouen, 18 mars 1980 : *D. 1980. IR 246.* ♦ ... Le fait de laisser des vaches sans soins et sans nourriture suffisante. • Crim. 12 mars 1992, n° 89-80.866 P. ♦ ... Le fait de laisser du bétail manquer de nourriture et souffrir de la faim, le prévenu reconnaissant n'avoir ni foin, ni betteraves pour l'hiver et n'avoir jamais sorti ses bêtes dans les prés. • T. pol. Colmar, 8 févr. 1965 : *D. 1965. Somm. 115.* ♦ ... Le fait d'assommer des bovins à coups de barre de fer avant de les égorger (abattage rituel). • TGI Argentan, 9 avr. 1991 : *D. 1993. Somm. 13, obs. Azibert.* ♦ ... Le fait de laisser des chevaux parqués dans des landes, sans surveillance, sans eau propre et sans soins vétérinaires car l'art. R. 654-1 réprime les mauvais traitements, même s'ils résultent d'abstentions, dès lors que leur auteur ne justifie d'aucun empêchement légitime. • Crim. 4 déc. 2001 : *Dr. pénal 2002. Comm. 38, obs. Véron.*

2. Est coupable de la contravention prévue par l'art. R. 38-12° C. pén. le prévenu qui a tiré à coups de fusil sur trois chiens qui s'étaient introduits dans son élevage, alors qu'il aurait pu d'abord essayer de les mettre en fuite, puis qui a achevé deux d'entre eux, alors qu'ils étaient déjà blessés et par là-même totalement inoffensifs. • Crim. 11 oct. 1978 : *D. 1979. IR 101.* ♦ Mais doit être relaxé des poursuites le propriétaire d'un troupeau qui, ayant vu un chien égorger un agneau, s'est trouvé dans la nécessité d'abattre ce chien. • Riom, 22 juin 1966 : *D. 1966. 514.* ♦ Comp., sur le fondement de l'art. 453 C. pén. : • Pau, 9 mars 1966 : *D. 1967. Somm. 34.*

3. Doit être condamné, non pas sur le fondement de l'art. R. 40-9° C. pén. (nouvel art. R. 655-1), mais sur celui de l'art. R. 38-12° du même code, le prévenu qui, sans nécessité, a tué un chien inoffensif d'un violent coup de pied, alors que les faits se sont produits dans la rue et non au domicile du propriétaire de ce chien. • Paris, 5 juill. 1990 : *Dr. pénal 1991. 80.*

4. Est coupable de mauvais traitements à animaux le pilote d'une vedette à moteur qui, après avoir contourné un groupe de cygnes, est revenu pour foncer dans le groupe d'oiseaux, dont l'un a été tué et un autre blessé. • Paris, 11 déc. 1970 : *D. 1971. 480, note Souty.*

5. Doit être relaxé des poursuites fondées sur l'art. R. 38-12° C. pén., le propriétaire d'une jument âgée qui n'a pu se résoudre à lui donner la mort, alors qu'elle ne pouvait plus se relever. • T. pol. Bordeaux, 20 févr. 1984 : *D. 1984. 383, note Pradel ; JCP 1985. II. 20380, note Mémeteau.*

CHAPITRE V DES CONTRAVENTIONS DE LA 5e CLASSE

SECTION UNIQUE DES ATTEINTES VOLONTAIRES À LA VIE D'UN ANIMAL

RÉP. PÉN. v° *Animaux,* par REDON.

Art. R. 655-1 Le fait, sans nécessité, publiquement ou non, de donner volontairement la mort à un animal domestique ou apprivoisé ou tenu en captivité est puni de l'amende prévue pour les contraventions de la 5e classe.

La récidive de la contravention prévue au présent article est réprimée conformément à l'article 132-11.

Les dispositions du présent article ne sont pas applicables aux courses de taureaux lorsqu'une tradition locale ininterrompue peut être invoquée. Elles ne sont pas non plus applicables aux combats de coqs dans les localités où une tradition ininterrompue peut être établie.

V. Circ. du 18 janv. 1994, n° [84].

Corresp. : *C. pén., ancien art. R. 40 (9°).*

BIBL. ▸ **Dossier.** L'animal en droit pénal, *Dr. pénal 2018, p. 13 s.*

1. V. également ss. art. R. 635-1.

2. Constitue la contravention prévue à l'art. R. 40-9° C. pén., la destruction volontaire d'abeilles qui vivaient en ruches sous la surveillance et l'autorité de leur propriétaire, alors que ces abeilles avaient été installées par lui sur une parcelle de terrain dont il était locataire. • Crim. 28 nov. 1962 : *Bull. crim. n° 347 ; D. 1963. Somm. 39.*

3. Déclare à bon droit le prévenu responsable de destruction d'animaux domestiques sans nécessité, contravention prévue par l'art. R. 40-9° C. pén., la cour d'appel qui relève que le prévenu a volontairement provoqué la mort de nombreux bovins en introduisant des morceaux de fils métalliques dans leurs aliments, et que le préjudice subi par les propriétaires de ces animaux a pour fondememt ladite contravention. • Crim. 14 mai 1990 : *Gaz. Pal. 1990. 2. Somm. 632.*

4. En revanche, ne commet pas la contravention prévue par l'art. R. 655 C. pén., la prévenue qui a tué un lapin à coups de bâton, dès lors qu'il portait atteinte à ses légumes, ce qui constitue une nécessité. En effet, l'art. R. 655, al. 1er, C. pén., ne sanctionne le fait de tuer volontairement un animal domestique que si cette destruction a été faite sans nécessité. • Grenoble, 22 oct. 1999 : *Dr. pénal 2000. Comm. 136, obs. Véron.*

5. Pour sauvegarder son propre chien, un agent de la surveillance générale de la SNCF s'est trouvé dans la nécessité d'abattre un autre chien qui l'agressait et le blessait, le moyen de défense n'étant pas disproportionné. • Crim. 8 mars 2011 : *D. 2011. Pan. 2826, obs. Roujou de Boubée ; Dr. pénal 2011, n° 75, obs. Véron ; RPDP 2012. 146, obs. Chevallier.* ♦ Un chasseur, après avoir tenté de faire partir les chiens en criant et tirant en l'air, s'est trouvé dans la nécessité de tirer dans la direction de ces chiens pour éviter qu'ils ne viennent tuer ses canards appelants. • Crim. 5 avr. 2011 : *Dr. pénal 2011, n° 92, obs. Véron.*

LIVRE SEPTIÈME DISPOSITIONS RELATIVES À L'OUTRE-MER

(Décr. nº 2011-338 du 29 mars 2011, en vigueur le 1er avr. 2011).

(Décr. nº 97-544 du 28 mai 1997)

Depuis la L. nº 2010-1487 du 7 déc. 2010, en vigueur le 31 mars 2011, Mayotte est un département.

TITRE PREMIER DISPOSITIONS APPLICABLES DANS LES TERRITOIRES D'OUTRE-MER ET EN NOUVELLE-CALÉDONIE

CHAPITRE PREMIER DISPOSITIONS GÉNÉRALES

Art. R. 711-1 **Sous réserve des adaptations prévues au présent titre, les livres Ier à VI de la deuxième partie du présent code (Décrets en Conseil d'État), à l'exception des articles R. 321-1 à R. 321-12, R. 633-1 à R. 633-5, R. 635-3 à R. 635-7 et R. 645-6, sont applicables en Nouvelle-Calédonie, dans les territoires de la Polynésie française et des îles Wallis-et-Futuna** *(Décr. nº 2015-337 du 25 mars 2015, art. 3)* **« dans leur rédaction résultant du »** *(Décr. nº 2019-536 du 29 mai 2019, art. 158, en vigueur le 1er juin 2019 ; Décr. nº 2019-1396 du 18 déc. 2019, art. 3 ; Décr. nº 2020-128 du 18 févr. 2020, art. 7)* **« décret nº 2020-128 du 18 février 2020 ».**

Art. R. 711-2 **Les livres Ier à VI de la deuxième partie du présent code (Décrets en Conseil d'État) sont applicables dans les Terres australes et antarctiques françaises.**

Art. R. 711-3 **Pour l'application du présent code aux territoires visés à l'article R. 711-1, les termes énumérés ci-après sont remplacés comme suit :**

– *(Décr. nº 2019-913 du 30 août 2019, art. 18, en vigueur le 1er janv. 2020)* **« "tribunal judiciaire" » par "tribunal de première instance" ;**

– "département" par "territoire" ;

– "préfet" et "sous-préfet" par "représentant de l'État dans le territoire" ;

– "Banque de France" par "Institut d'émission d'outre-mer".

De même, les références à des dispositions non applicables dans ces territoires sont remplacées par les références aux dispositions ayant le même objet applicables localement.

CHAPITRE II ADAPTATION DU LIVRE Ier

Art. R. 712-1 **Le deuxième alinéa de l'article R. 131-2 est rédigé comme suit :**

Art. R. 131-2, al. 2 Le certificat doit comporter, en outre, une photographie récente du condamné et indiquer qu'il vaut, au regard du code de la route applicable localement, justification du droit de conduire, lorsque sont respectées les conditions fixées par la juridiction.

Art. R. 712-2 **L'avant-dernier alinéa de l'article R. 131-4 est rédigé comme suit :**

Art. R. 131-4, al. 2 Le certificat doit comporter, en outre, une photographie récente du condamné et indiquer qu'il vaut, au regard du code de la route applicable localement, justification du droit de conduire, à l'exception de la ou des catégories de véhicules pour lesquelles la juridiction a prononcé l'interdiction de conduire.

Art. R. 712-3 **Le 1º de l'article R. 131-12 est rédigé comme suit :**

Art. R. 131-12, al. 1er 1º La copie du *Journal officiel* ou du *Journal officiel* du territoire portant publication de la déclaration de l'association.

Art. R. 712-4 *(Décr. nº 2010-671 du 18 juin 2010)* **La première phrase du troisième alinéa de l'article R. 131-13 est rédigée comme suit :**

Art. R. 131-13, al. 3 Le juge de l'application des peines communique sa décision d'habilitation au président du tribunal de première instance, au procureur de la République et aux organismes ou services locaux de prévention de la délinquance.

Art. R. 712-5 La deuxième phrase de l'article R. 131-18 est rédigée comme suit :

Art. R. 131-18 Il adresse copie de la demande aux organismes ou services locaux de prévention de la délinquance lorsqu'ils existent ; ceux-ci ont trois mois pour donner leur avis.

Art. R. 712-6 L'article R. 131-25 est rédigé comme suit :

Art. R. 131-25 Lorsqu'un condamné exerce une activité salariée, la durée hebdomadaire cumulée de cette activité et du travail d'intérêt général ne peut excéder de plus de douze heures la durée légale de travail en vigueur localement.

Art. R. 712-7 Le 3° de l'article R. 131-28 est rédigé comme suit :

Art. R. 131-28, 3° De s'assurer, si le travail auquel le juge de l'application des peines entend l'affecter doit s'exercer dans un établissement ou organisme public ou privé de prévention ou de soins et l'expose à des risques de contamination, qu'il est immunisé contre l'hépatite B, la diphtérie, le tétanos, la poliomyélite et la fièvre typhoïde, ainsi que contre les maladies prévues par la réglementation applicable localement.

Art. R. 712-8 Le deuxième alinéa de l'article R. 131-36 est rédigé comme suit :

Art. R. 131-36, al. 2 Lorsque le personnel de cette personne morale est régi par les dispositions applicables localement relatives à la représentation des salariés, l'avis mentionné au premier alinéa est adressé au secrétaire du comité d'entreprise ou, le cas échéant, au secrétaire du comité central d'entreprise et, en l'absence de tels comités, aux délégués du personnel titulaire.

Art. D. 712-9 *(Décr. n° 2019-1217 du 21 nov. 2019)* En leur qualité d'institutions coutumières de la Nouvelle-Calédonie et en application de l'article 712-1-A, le sénat coutumier et les conseils coutumiers sont habilités à mettre en œuvre des travaux d'intérêt général.

A ce titre, ils peuvent demander, conformément à l'article R. 131-17, l'inscription de travaux sur la liste prévue par l'article 131-36.

Il en est de même des tribus habilitées à cet effet selon la procédure prévue à l'article R. 712-4.

La tribu sollicitant l'habilitation auprès du juge d'application des peines compétent accompagne sa demande des informations relatives à son lieu d'établissement et aux nom, prénoms, date et lieu de naissance, nationalité, profession et domicile de son responsable ou représentant. Elle l'informe de toute modification des éléments communiqués à l'occasion de sa demande.

CHAPITRE III ADAPTATION DU LIVRE II

Néant.

CHAPITRE IV ADAPTATION DU LIVRE III

Néant.

CHAPITRE V ADAPTATION DU LIVRE IV

Néant.

CHAPITRE VI ADAPTATION DU LIVRE V

Art. R. 716-1 L'article R. 511-1 est rédigé comme suit :

Art. R. 511-1 Les prescriptions relatives aux expériences ou recherches scientifiques ou expérimentales sur les animaux mentionnées à l'article 521-2 sont fixées par la réglementation applicable localement.

CHAPITRE VII ADAPTATION DU LIVRE VI

Néant.

TITRE DEUXIÈME **DISPOSITIONS PARTICULIÈRES AU DÉPARTEMENT DE MAYOTTE** *(Décr. n° 2011-338 du 29 mars 2011, en vigueur le 1er avr. 2011).*

Depuis la L. n° 2010-1487 du 7 déc. 2010, en vigueur le 31 mars 2011, Mayotte est un département.

CHAPITRE PREMIER **DISPOSITIONS GÉNÉRALES**

Art. R. 721-1 *(Décr. n° 2011-338 du 29 mars 2011, en vigueur le 1er avr. 2011)* **Pour l'application des livres Ier à VI de la deuxième partie du présent code (Décrets en Conseil d'État) dans le Département de Mayotte, les références à des dispositions qui n'y sont pas applicables sont remplacées par les références aux dispositions ayant le même objet applicables localement.**

CHAPITRE II **ADAPTATION DU LIVRE Ier**

Art. R. 722-1 et R. 722-2 *Abrogés par Décr. n° 2011-338 du 29 mars 2011.*

Art. R. 722-3 *(Décr. n° 2010-671 du 18 juin 2010)* **La première phrase du troisième alinéa de l'article R. 131-13 est rédigée comme suit :**

"Le juge de l'application des peines communique sa décision d'habilitation au président du *(Décr. n° 2019-913 du 30 août 2019, art. 18, en vigueur le 1er janv. 2020)* **« tribunal judiciaire », au procureur de la République et aux organismes ou services locaux de prévention de la délinquance."**

Art. R. 722-4 **La deuxième phrase de l'article R. 131-18 est rédigée comme suit :**

Art. R. 131-18 Il adresse copie de la demande aux organismes ou services locaux de prévention de la délinquance, lorsqu'ils existent ; ceux-ci ont trois mois pour donner leur avis.

Art. R. 722-5 L'article R. 131-25 est rédigé comme suit :

Art. R. 131-25 Lorsqu'un condamné exerce une activité salariée, la durée hebdomadaire cumulée de cette activité ne peut excéder de plus de douze heures la durée légale de travail en vigueur localement.

Art. R. 722-6 *Abrogé par Décr. n° 2011-338 du 29 mars 2011.*

Art. R. 722-7 **Le deuxième alinéa de l'article R. 131-36 est rédigé comme suit :**

Art. R. 131-36, al. 2 Lorsque le personnel de cette personne morale est régi par les dispositions applicables localement relatives à la représentation des salariés, l'avis mentionné au premier alinéa est adressé au secrétaire du comité d'entreprise ou, le cas échéant, au secrétaire du comité central d'entreprise et, en l'absence de tels comités, aux délégués du personnel titulaires.

CHAPITRE III **ADAPTATION DU LIVRE II**

Néant.

CHAPITRE IV **ADAPTATION DU LIVRE III**

Néant.

CHAPITRE V **ADAPTATION DU LIVRE IV**

Néant.

CHAPITRE VI **ADAPTATION DU LIVRE V**

Néant.

CHAPITRE VII **ADAPTATION DU LIVRE VI**

Néant.

Décret nº 93-726 du 29 mars 1993,

Portant réforme du code pénal (deuxième partie : Décrets en Conseil d'État) et modifiant certaines dispositions de droit pénal et de procédure pénale (JO 30 mars ; Rect., JO 26 févr. 1994).

Art. 1er Sont abrogées les dispositions des textes législatifs antérieurs à l'entrée en vigueur de la Constitution et des règlements :

1° Qui édictent des peines d'emprisonnement pour des contraventions ;

2° Qui prévoient la récidive de contraventions des quatre premières classes ;

3° Qui punissent des contraventions de la peine d'affichage ou de diffusion de la condamnation.

Art. 2 Les textes législatifs antérieurs à l'entrée en vigueur de la Constitution et les règlements qui fixent des amendes pénales en matière de contraventions sont modifiés conformément aux dispositions ci-après :

1° Les contraventions punies des peines d'amende prévues pour les contraventions de la 1re classe relèvent du 1° de l'article 131-13 du code pénal ;

2° Les contraventions punies des peines d'amende prévues pour les contraventions de la 2e classe relèvent du 2° de l'article 131-13 du code pénal ;

3° Les contraventions punies des peines d'amende prévues pour les contraventions de la 3e classe relèvent du 3° de l'article 131-13 du code pénal ;

4° Les contraventions punies des peines d'amende prévues pour les contraventions de la 4e classe relèvent du 4° de l'article 131-13 du code pénal ;

5° Les contraventions punies des peines d'amende prévues pour les contraventions de la 5e classe relèvent du 5° de l'article 131-13 du code pénal.

Art. 3 Les dispositions du code pénal (deuxième partie : Décrets en Conseil d'État) sont fixées par les livres Ier à VI annexés au présent Décret.

Art. 4 *V. C. pr. pén., art. R. 59.*

Art. 5 et 6 *V. C. route, art. R. 235-1, App., vº Circulation routière.*

Art. 7 *V. Décr. nº 76-1073 du 22 nov. 1976, App., vº Enfance — Enfance délinquante.*

Art. 8 *V. C. rur., art. R. 214-87 s. ss. R. 511-1.*

Art. 9 Sont abrogés :

— les articles R. 1er à R. 43 et D. 1er à D. 15 du code pénal ;

— les articles R. 51, R. 52, R. 56 à R. 58, R. 61, le titre V du livre V (deuxième partie : Décrets en Conseil d'État) et l'article D. 137 du code de procédure pénale ;

— le décret nº 73-389 du 27 mars 1973 portant application de l'article 418-1 du code pénal ;

— le décret nº 81-132 du 6 février 1981 réglementant l'accès des établissements militaires ;

— le 1° de l'article 1er du décret nº 81-1142 du 23 décembre 1981 instituant des contraventions de police en cas de violation de certaines dispositions de la loi nº 78-17 du 6 janvier 1978 relative à l'informatique, aux fichiers et aux libertés ;

— le décret nº 88-1039 du 14 novembre 1988 relatif à la police du commerce de certains objets mobiliers ;

— le décret nº 88-1040 du 14 novembre 1988 relatif à la vente ou à l'échange de certains objets mobiliers ;

— le décret nº 93-513 du 25 mars 1993 pris pour l'application de l'article 24 de la loi nº 91-646 du 10 juillet 1991 relative au secret des correspondances émises par la voie des télécommunications.

Art. 10 Le présent décret entrera en vigueur à la date fixée pour l'entrée en vigueur des lois nº 92-683, nº 92-684, nº 92-685 et nº 92-686 du 22 juillet 1992. — *Date fixée au 1er mars 1994, par L. nº 92-1336 du 16 déc. 1992, art. 373, mod. par L. nº 93-913 du 19 juill. 1993.*

V. Circ. du 18 janv. 1994, nos [85 s.].

Décret n° 94-167 du 25 février 1994,

Modifiant certaines dispositions de droit pénal et de procédure pénale (JO 26 févr.).

Art. 1er Dans tous les textes réglementaires :

Toute référence aux peines prévues par l'article R. 26 du code pénal est remplacée par la référence à la peine d'amende prévue par le 1° de l'article 131-13 du code pénal ;

Toute référence aux peines prévues par l'article R. 30 du code pénal est remplacée par la référence à la peine d'amende prévue par le 2° de l'article 131-13 du code pénal ;

Toute référence aux peines prévues par l'article R. 34 du code pénal est remplacée par la référence à la peine d'amende prévue par le 3° de l'article 131-13 du code pénal ;

Toute référence aux peines prévues par l'article R. 38 du code pénal est remplacée par la référence à la peine d'amende prévue par le 4° de l'article 131-13 du code pénal ;

Toute référence aux peines prévues par l'article R. 40 du code pénal est remplacée par la référence à la peine d'amende prévue par le 5° de l'article 131-13 du code pénal.

Art. 2 à 15 *V.* ***C. pr. pén.****, art. R. 64 à R. 66-1, R. 69, R. 70, R. 75 à R. 77-1, R. 80, R. 81, R. 85, R. 90 et R. 147-1.*

Art. 16 *V. C. pén., art. R. 413-6.*

Art. 17 — I. — *V. C. route, art. R. 233-1, App., v° Circulation routière.*

II. — *V. Décr. n° 92-258 du 20 mars 1992, art. 4 [Abrogé par Décr. n° 2005-935 du 2 août 2005, art. 8, 40°].*

Art. 18 Le présent décret entrera en vigueur le 1er mars 1994.

Décret n° 97-544 du 28 mai 1997,

Portant extension et adaptation de la deuxième partie du code pénal (Décrets en Conseil d'État) dans les territoires d'outre-mer et dans le Département de Mayotte.

Art. 1er Il est institué dans le code pénal (deuxième partie : Décrets en Conseil d'État) un livre VII intitulé "Dispositions applicables dans les territoires d'outre-mer et dans le Département de Mayotte" et rédigé comme suit : — *V. art. R. 711-1 s.*

Art. 2 Sont abrogées dans les territoires d'outre-mer et dans le Département de Mayotte toutes dispositions pénales réglementaires contraires au présent décret. Sont notamment abrogés :

Le décret n° 83-1203 du 29 décembre 1983 rendant applicable dans les territoires d'outre-mer la deuxième partie du code pénal ;

Les articles R. 61-1 à R. 61-32 du code de procédure pénale.

Circulaire du 18 janvier 1994,

Commentaire des dispositions de la partie Réglementaire du nouveau code pénal et des modifications de nature réglementaire nécessitées par son entrée en vigueur.

APPENDICE

AFFICHAGE

RÉP. PÉN. v° *Affichage,* par KECHICHIAN.

Code de l'environnement

PREMIÈRE PARTIE : ***LÉGISLATIVE***

(Ord. n° 2000-914 du 18 sept. 2000)

LIVRE V **Prévention des pollutions, des risques et des nuisances**

TITRE VIII **Protection du cadre de vie**

CHAPITRE PREMIER ***Publicité, enseignes et préenseignes*** *(Ord. n° 2004-1199 du 12 nov. 2004).*

SECTION I *Principes généraux*

Art. L. 581-1 Chacun a le droit d'exprimer et de diffuser informations et idées, quelle qu'en soit la nature, par le moyen de la publicité, d'enseignes et de préenseignes, conformément aux lois en vigueur et sous réserve des dispositions du présent chapitre. — *[L. n° 79-1150 du 29 déc. 1979, art. 1er.]*

Art. L. 581-2 Afin d'assurer la protection du cadre de vie, le présent chapitre fixe les règles applicables à la publicité, aux enseignes et aux préenseignes, visibles de toute voie ouverte à la circulation publique, au sens précisé par décret en Conseil d'État. Ses dispositions ne s'appliquent pas à la publicité, aux enseignes et aux préenseignes situées à l'intérieur d'un local, sauf si l'utilisation de celui-ci est principalement celle d'un support de publicité. — *[L. n° 79-1150 du 29 déc. 1979, art. 2.]*

Art. L. 581-3 Au sens du présent chapitre :

1° Constitue une publicité, à l'exclusion des enseignes et des préenseignes, toute inscription, forme ou image, destinée à informer le public ou à attirer son attention, les dispositifs dont le principal objet est de recevoir lesdites inscriptions, formes ou images étant assimilées à des publicités ;

2° Constitue une enseigne toute inscription, forme ou image apposée sur un immeuble et relative à une activité qui s'y exerce ;

3° Constitue une préenseigne toute inscription, forme ou image indiquant la proximité d'un immeuble où s'exerce une activité déterminée. — *[L. n° 79-1150 du 29 déc. 1979, art. 3.]*

SECTION II *Publicité*

SOUS-SECTION 1 *Dispositions générales*

Art. L. 581-4 I. — Toute publicité est interdite :

(L. n° 2016-925 du 7 juill. 2016, art. 100) « 1° Sur les immeubles classés ou inscrits au titre des monuments historiques ; »

2° Sur les monuments naturels et dans les sites classés ;

3° *(L. n° 2006-436 du 14 avr. 2006, art. 25-III)* « Dans les cœurs des parcs nationaux » et les réserves naturelles ;

4° Sur les arbres.

II. — Le maire ou, à défaut, le préfet, sur demande ou après avis du conseil municipal et après avis de la commission départementale compétente en matière de sites, peut en outre interdire par arrêté toute publicité sur des immeubles présentant un caractère esthétique, historique ou pittoresque.

III. — L'avis de la commission départementale compétente en matière de sites est réputé acquis s'il n'est pas intervenu dans un délai de deux mois à compter de la saisine par le préfet ou de la demande d'avis de la commission adressée par le maire au préfet. — *[L. nº 79-1150 du 29 déc. 1979, art. 4.]*

Art. L. 581-5 Toute publicité doit mentionner, selon le cas, le nom et l'adresse ou bien la dénomination ou la raison sociale, de la personne physique ou morale qui l'a apposée ou fait apposer. — *[L. nº 79-1150 du 29 déc. 1979, art. 5.]*

Art. L. 581-6 L'installation, le remplacement ou la modification des dispositifs ou matériels qui supportent de la publicité sont soumis à déclaration préalable auprès du maire et du préfet dans des conditions fixées par décret en Conseil d'État. — *[L. nº 79-1150 du 29 déc. 1979, art. 5-1.]*

SOUS-SECTION 2 *Publicité en dehors des agglomérations*

Art. L. 581-7 *(L. nº 2010-788 du 12 juill. 2010, art. 36)* En dehors des lieux qualifiés d'agglomération par les règlements relatifs à la circulation routière, toute publicité est interdite. Elle est toutefois autorisée à l'intérieur de l'emprise des aéroports ainsi que des gares ferroviaires *(Ord. nº 2016-79 du 29 janv. 2016, art. 8)* « et routières » *(L. nº 2015-990 du 6 août 2015, art. 224)* « et des équipements sportifs ayant une capacité d'accueil d'au moins 15 000 places », selon des prescriptions fixées par décret en Conseil d'État. La publicité peut également être autorisée par le règlement local de publicité de l'autorité administrative compétente à proximité immédiate des établissements de centres commerciaux exclusifs de toute habitation et situés hors agglomération, dans le respect de la qualité de vie et du paysage et des critères, en particulier relatifs à la densité, fixés par décret.

SOUS-SECTION 3 *Publicité à l'intérieur des agglomérations*

Art. L. 581-8 *(L. nº 2010-788 du 12 juill. 2010, art. 36)* I. — A l'intérieur des agglomérations, la publicité est interdite :

(L. nº 2016-925 du 7 juill. 2016, art. 100) « 1º Aux abords des monuments historiques mentionnés à l'article L. 621-30 du code du patrimoine ; — *V. note, infra.*

« 2º Dans le périmètre des sites patrimoniaux remarquables mentionnés à l'article L. 631-1 du même code ; »

3º Dans les parcs naturels régionaux ;

4º Dans les sites inscrits *(Abrogé par L. nº 2016-925 du 7 juill. 2016, art. 100) « à l'inventaire et les zones de protection délimitées autour de ceux-ci »* ;

5º A moins de 100 mètres et dans le champ de visibilité des immeubles *(Abrogé par L. nº 2016-925 du 7 juill. 2016, art. 100) « classés parmi les monuments historiques ou inscrits à l'inventaire supplémentaire ou »* mentionnés au II de l'article L. 581-4 ; — *V. note, infra.*

(Abrogé par L. nº 2016-925 du 7 juill. 2016, art. 100) « 6º Dans les zones de protection du patrimoine architectural, urbain et paysager et les aires de mise en valeur de l'architecture et du patrimoine ; »

7º Dans l'aire d'adhésion des parcs nationaux ;

8º Dans les zones spéciales de conservation et dans les zones de protection spéciales mentionnées à l'article L. 414-1.

Il ne peut être dérogé à cette interdiction que dans le cadre d'un règlement local de publicité établi en application de l'article L. 581-14.

II. — Dans le cas où il n'est pas dérogé aux interdictions prévues au I du présent article, le maire peut autoriser l'affichage d'opinion et la publicité relative aux activités des associations, mentionnés à l'article L. 581-13, sur les palissades de chantier, dans des conditions déterminées par décret en Conseil d'État.

III. — La publicité ne peut recouvrir tout ou partie d'une baie. Toutefois, sous réserve de l'application de l'article L. 581-4 et du présent article, cette interdiction est levée pour les dispositifs de petit format intégrés à des devantures commerciales et ne recouvrant que partiellement la baie ou lorsqu'il s'agit de la devanture d'un établissement temporairement fermé pour réfection ou à la suite d'une procédure de règlement judiciaire, dans des conditions fixées par décret en Conseil d'État.

Dans les communes et les établissements publics de coopération intercommunale où n'existe pas de règlement local de publicité prévu aux art. L. 581-14 à L. 581-14-3 du C. envir., le 1º du I de l'art.

L. 581-8 du même code, dans sa rédaction résultant de l'art. 100 de la L. n° 2016-925 du 7 juill. 2016, entre en vigueur le 1er janv. 2020. Dans les communes et les établissements publics de coopération intercommunale où existe un règlement local de publicité pris en application de l'art. 39 de la L. n° 2010-788 du 12 juill. 2010 portant engagement national pour l'environnement ou prévu au C. envir., le 1° du I de l'art. L. 581-8 du même code, dans sa rédaction résultant de l'art. 100 de la L. n° 2016-925 du 7 juill. 2016, entre en vigueur à compter de la prochaine révision ou modification de ce règlement. Dans les communes et les établissements publics de coopération intercommunale où existe un règlement local de publicité adopté avant la publication de la L. n° 2010-788 du 12 juill. 2010 préc., le 1° du I de l'art. L. 581-8 du même code, dans sa rédaction résultant de l'art. 100 de la L. n° 2016-925 du 7 juill. 2016, entre en vigueur à compter de la prochaine révision ou modification de ce règlement et, au plus tard, le 13 juill. 2020 (L. préc., art. 112-I). Jusqu'à l'entrée en vigueur, selon les modalités fixées au I de l'art. 112 de la L. n° 2016-925 du 7 juill. 2016 relative à la liberté de la création, à l'architecture et au patrimoine, du 1° du I de l'art. L. 581-8 C. envir. dans sa rédaction résultant de l'art. 100 de la L. n° 2016-925 du 7 juill. 2016 préc., le 5° du I de l'art. L. 581-8 C. envir. est ainsi rédigé : « 5° A moins de 100 mètres et dans le champ de visibilité des immeubles classés parmi les monuments historiques ou inscrits au titre des monuments historiques ou mentionnés au II de l'article L. 581-4 ; » (L. n° 2017-257 du 28 févr. 2017, art. 52).

Art. L. 581-9 *(L. n° 2010-788 du 12 juill. 2010, art. 40)* « Dans les agglomérations, et sous réserve des dispositions des articles L. 581-4 et L. 581-8, la publicité est admise. Elle doit toutefois satisfaire, notamment en matière d'emplacements, de densité, de surface, de hauteur, d'entretien et, pour la publicité lumineuse, d'économies d'énergie et de prévention des nuisances lumineuses au sens du chapitre III du présent titre, à des prescriptions fixées par décret en Conseil d'État en fonction des procédés, des dispositifs utilisés, des caractéristiques des supports et de l'importance des agglomérations concernées. » Ce décret précise également les conditions d'utilisation comme supports publicitaires du mobilier urbain installé sur le domaine public.

(L. n° 2010-788 du 12 juill. 2010, art. 40) « Peuvent être autorisés par arrêté municipal, au cas par cas, les emplacements de bâches comportant de la publicité et, après avis de la commission départementale compétente en matière de nature, de paysages et de sites, l'installation de dispositifs publicitaires de dimensions exceptionnelles liés à des manifestations temporaires. Les conditions d'application du présent alinéa sont déterminées par le décret mentionné au premier alinéa. »

L'installation des dispositifs de publicité lumineuse autres que ceux qui supportent des affiches éclairées par projection ou par transparence est soumise à l'autorisation *(L. n° 2011-525 du 17 mai 2011, art. 94)* « de l'autorité compétente ». — *[L. n° 79-1150 du 29 déc. 1979, art. 8.]*

(Abrogé par Ord. n° 2018-1125 du 12 déc. 2018, art. 9, au plus tard à compter du 1er juin 2019) (L. n° 2010-788 du 12 juill. 2010, art. 40) ***« Tout système de mesure automatique de l'audience d'un dispositif publicitaire ou d'analyse de la typologie ou du comportement des personnes passant à proximité d'un dispositif publicitaire est soumis à autorisation de la Commission nationale de l'informatique et des libertés. »***

Art. L. 581-10 *(L. n° 2015-990 du 6 août 2015, art. 223)* Sans préjudice de l'article L. 581-4 et des I et II de l'article L. 581-8, les dispositifs publicitaires, lumineux ou non, implantés sur l'emprise des équipements sportifs ayant une capacité d'accueil d'au moins 15 000 places assises peuvent déroger au premier alinéa de l'article L. 581-9 en matière d'emplacement, de surface et de hauteur, dans des conditions fixées par décret en Conseil d'État. L'implantation des dispositifs dérogatoires est soumise à l'autorisation du conseil municipal ou de l'assemblée délibérante de l'établissement public de coopération intercommunale compétent ou du conseil de la métropole de Lyon.

Art. L. 581-11 *et* L. 581-12 *Abrogés par L. n° 2010-788 du 12 juill. 2010.*

Art. L. 581-13 Sous réserve des dispositions du présent chapitre, le maire détermine par arrêté et fait aménager sur le domaine public ou en surplomb de celui-ci ou sur le domaine privé communal, un ou plusieurs emplacements destinés à l'affichage d'opinion ainsi qu'à la publicité relative aux activités des associations sans but lucratif. Aucune redevance ou taxe n'est perçue à l'occasion de cet affichage ou de cette publicité.

En vue d'assurer la liberté d'opinion et de répondre aux besoins des associations, les conditions d'application du présent article sont fixées par décret en Conseil d'État en fonction du nombre d'habitants et de la superficie de la commune. Ce décret fixe une surface minimale que chaque catégorie de communes doit réserver à l'affichage défini à l'alinéa précédent.

Si dans un délai de six mois à compter de l'entrée en vigueur de ce décret, le maire n'a pas pris l'arrêté prévu au premier alinéa, le préfet, après une mise en demeure restée sans effet durant trois mois, détermine le ou les emplacements nécessaires. L'arrêté préfectoral cesse de s'appliquer dès l'entrée en vigueur d'un arrêté du maire déterminant un autre ou d'autres emplacements. – *[L. n° 79-1150 du 29 déc. 1979, art. 12.]*

SOUS-SECTION 4 *Règlements locaux de publicité*

(L. n° 2010-788 du 12 juill. 2010, art. 36)

Art. L. 581-14 L'établissement public de coopération intercommunale compétent en matière de plan local d'urbanisme *(L. n° 2015-990 du 6 août 2015, art. 223-II)* « , la métropole de Lyon » ou, à défaut, la commune peut élaborer sur l'ensemble du territoire de l'établissement public ou de la commune un règlement local de publicité qui adapte les dispositions prévues *(L. n° 2015-990 du 6 août 2015, art. 226)* « aux articles L. 581-9 et L. 581-10 ».

Sous réserve des dispositions des articles L. 581-4, L. 581-8 et L. 581-13, le règlement local de publicité définit une ou plusieurs zones où s'applique une réglementation plus restrictive que les prescriptions du règlement national.

(L. n° 2014-626 du 18 juin 2014, art. 18) « Il peut aussi définir des zones dans lesquelles tout occupant d'un local commercial visible depuis la rue ou, à défaut d'occupant, tout propriétaire doit veiller à ce que l'aspect extérieur de ce local ne porte pas atteinte au caractère ou à l'intérêt des lieux avoisinants. »

La publicité supportée par des palissades de chantier ne peut être interdite, sauf lorsque celles-ci sont implantées dans les lieux visés aux 1° et 2° du I de l'article L. 581-8.

Le cas échéant, les dispositions du règlement local de publicité doivent être compatibles avec les orientations de protection, de mise en valeur et de développement durable de la charte applicables à l'aire d'adhésion d'un parc national mentionnées au 2° du I de l'article L. 331-3 *(Abrogé par L. n° 2016-1087 du 8 août 2016, art. 51) « et avec les orientations et mesures de la charte d'un parc naturel régional mentionnées au II de l'article L. 333-1 ».*

(L. n° 2016-1087 du 8 août 2016, art. 51) « Sur le territoire d'un parc naturel régional, le règlement local de publicité peut autoriser la publicité dans les conditions prévues aux articles L. 581-7 et L. 581-8 lorsque la charte du parc contient des orientations ou mesures relatives à la publicité, après avis du syndicat mixte d'aménagement et de gestion du parc.

« Les dispositions du règlement local de publicité doivent être compatibles avec la charte.

« Le sixième alinéa du présent article est opposable aux règlements locaux de publicité applicables sur le territoire d'un parc naturel régional dont le projet de charte a fait l'objet d'une enquête publique ouverte après la publication de la loi n° 2016-1087 du 8 août 2016 pour la reconquête de la biodiversité, de la nature et des paysages. Les règlements locaux de publicité doivent alors être abrogés ou mis en compatibilité avec la charte, dans un délai de trois ans à compter de la date de publication du décret approuvant la charte initiale ou révisée. »

Art. L. 581-14-1 Le règlement local de publicité est élaboré, révisé ou modifié conformément aux procédures d'élaboration, de révision ou de modification des plans locaux d'urbanisme définies *(Ord. n° 2015-1174 du 23 sept. 2015, art. 9-VI, en vigueur le 1er janv. 2016)* « au titre V du livre Ier du code de l'urbanisme », à l'exception des dispositions relatives à la procédure de modification simplifiée prévue par l'article *(Ord. n° 2015-1174 du 23 sept. 2015, art. 9-VI, en vigueur le 1er janv. 2016)* « L. 153-45 » et des dispositions transitoires *(Ord. n° 2015-1174 du 23 sept. 2015, art. 9-VI, en vigueur le 1er janv. 2016)* « *[du]* chapitre IV du titre VII du code de l'urbanisme ». *(L. n° 2019-1461 du 27 déc. 2019, art. 22)* « Par dérogation au premier alinéa de l'article L. 581-14 du présent code, les dispositions du titre V du livre Ier du code de l'urbanisme relatives au périmètre du plan local d'urbanisme et à l'autorité compétente en la matière ainsi que les dispositions du même titre V relatives aux établissements publics de coopération intercommunale à fiscalité propre de grande taille sont applicables aux règlements locaux de publicité. La métropole d'Aix-Marseille-Provence peut élaborer un ou plusieurs règlements locaux de publicité sur le périmètre prévu au second alinéa de l'article L. 134-12 du même code. »

Le président de l'établissement public de coopération intercommunale compétent en matière de plan local d'urbanisme *(L. n° 2015-990 du 6 août 2015, art. 223-II)* « , la métropole de Lyon » ou le maire peut recueillir l'avis de toute personne, de tout organisme ou association compétents en matière de paysage, de publicité, d'enseignes et préenseignes, d'environnement, d'architecture, d'urbanisme, d'aménagement du territoire, d'habitat et de déplacements, y compris, le cas échéant, des collectivités territoriales des États limitrophes.

Avant d'être soumis à enquête publique, le projet de règlement arrêté par l'établissement public de coopération intercommunale ou la commune est soumis pour avis à la commission départementale compétente en matière de nature, de paysages et de sites. Cet avis est réputé favorable s'il n'est pas intervenu dans un délai de trois mois.

L'élaboration, la révision ou la modification du règlement local de publicité et l'élaboration, la révision ou la modification du plan local d'urbanisme peuvent faire l'objet d'une procédure unique et d'une même enquête publique dans les conditions définies par le chapitre III du titre II du livre Ier du présent code.

Le règlement local de publicité, une fois approuvé, est annexé au plan local d'urbanisme ou aux documents d'urbanisme en tenant lieu. A défaut de document d'urbanisme, il est tenu à disposition du public.

L'illégalité pour vice de forme ou de procédure commise à l'occasion de l'élaboration, de la révision ou de l'approbation d'un règlement local de publicité ne peut être invoquée par voie d'exception après l'expiration d'un délai de six mois à compter de l'entrée en vigueur de ce règlement. Cette règle ne s'applique pas lorsque le vice de procédure concerne la méconnaissance substantielle ou la violation manifeste des règles de l'enquête publique.

Lorsqu'elle annule pour excès de pouvoir un règlement local de publicité ou en ordonne la suspension, la juridiction administrative se prononce sur l'ensemble des moyens qu'elle estime susceptibles de fonder l'annulation ou la suspension en l'état du dossier.

Art. L. 581-14-2 Les compétences en matière de police de la publicité sont exercées par le préfet. Toutefois, s'il existe un règlement local de publicité, ces compétences sont exercées par le maire au nom de la commune. Dans ce dernier cas, à défaut pour le maire de prendre les mesures prévues aux articles L. 581-27, L. 581-28 et L. 581-31 dans le délai d'un mois suivant la demande qui lui est adressée par le représentant de l'État dans le département, ce dernier y pourvoit en lieu et place du maire.

Art. L. 581-14-3 *(L. n° 2019-1461 du 27 déc. 2019, art. 23)* « Pour l'application de la présente sous-section, les établissements publics de coopération intercommunale auxquels a été transférée la compétence "règlement local de publicité" sont soumis aux mêmes dispositions que les établissements publics de coopération intercommunale compétents en matière de plan local d'urbanisme, quand bien même cette dernière compétence ne leur aurait pas été transférée. »

Les conditions de mise en œuvre de la présente sous-section sont fixées par décret en Conseil d'État.

Les réglementations spéciales qui sont en vigueur à la date de publication de la loi n° 2010-788 du 12 juillet 2010 portant engagement national pour l'environnement restent valables jusqu'à leur révision ou modification et pour une durée maximale de dix ans *(L. n° 2020-734 du 17 juin 2020, art. 29)* « et six mois » à compter de cette date. Elles sont révisées ou modifiées selon la procédure prévue à l'article L. 581-14-1. *(L. n° 2019-1461 du 27 déc. 2019, art. 22)* « Lorsqu'un établissement public de coopération intercommunale à fiscalité propre compétent en matière de plan local d'urbanisme, un établissement public territorial de la métropole du Grand Paris ou la métropole de Lyon a prescrit l'élaboration d'un règlement de publicité intercommunal, la durée prévue au présent alinéa est de douze ans. »

SOUS-SECTION 5 *Dispositions particulières applicables à certains modes d'exercice de la publicité*

Art. L. 581-15 La publicité sur les véhicules terrestres, sur l'eau ou dans les airs peut être réglementée, subordonnée à autorisation ou interdite, dans des conditions fixées par décret en Conseil d'État. — *En ce qui concerne les véhicules terrestres, V.* ***C. envir.****, art. R. 581-49 ; ... les eaux intérieures, V.* ***C. envir.****, art. R. 581-50 à R. 581-53.*

Toutefois, les dispositions de l'alinéa précédent ne sont pas applicables à la publicité relative à l'activité exercée par le propriétaire ou l'usager d'un véhicule, sous réserve que ce véhicule ne soit pas utilisé ou équipé à des fins essentiellement publicitaires. — *[L. n° 79-1150 du 29 déc. 1979, art. 14.]*

Art. L. 581-16 Les communes ont le droit d'utiliser à leur profit comme support de publicité commerciale ou d'affichage libre défini à l'article L. 581-13, les palissades de chantier lorsque leur installation a donné lieu à autorisation de voirie. — *[L. n° 79-1150 du 29 déc. 1979, art. 15.]*

Art. L. 581-17 Un décret en Conseil d'État détermine les conditions dans lesquelles la publicité peut déroger aux dispositions de la présente section lorsqu'elle est effectuée en exécution d'une disposition législative ou réglementaire ou d'une décision de justice ou lorsqu'elle est destinée à informer le public sur des dangers qu'il encourt ou des obligations qui pèsent sur lui dans les lieux considérés. – *[L. nº 79-1150 du 29 déc. 1979, art. 16.]*

SECTION III *Enseignes et préenseignes*

Art. L. 581-18 Un décret en Conseil d'État fixe les prescriptions générales relatives à l'installation et à l'entretien des enseignes en fonction des procédés utilisés, de la nature des activités ainsi que des caractéristiques des immeubles où ces activités s'exercent et du caractère des lieux où ces immeubles sont situés. *(L. nº 2010-788 du 12 juill. 2010, art. 36-5º)* « Ce décret fixe également des prescriptions relatives aux enseignes lumineuses afin *(L. nº 2012-387 du 22 mars 2012, art. 131)* « d'économiser l'énergie et » de prévenir ou limiter les nuisances lumineuses mentionnées au chapitre III du présent titre.

« Le règlement local de publicité mentionné à l'article L. 581-14 peut prévoir des prescriptions relatives aux enseignes plus restrictives que celles du règlement national, dans des conditions fixées par décret en Conseil d'État. »

Sur les immeubles et dans les lieux mentionnés aux articles L. 581-4 et L. 581-8, ainsi que *(L. nº 2010-788 du 12 juill. 2010, art. 36-5º)* « dans le cadre d'un règlement local de publicité », l'installation d'une enseigne est soumise à autorisation.

Les enseignes à faisceau de rayonnement laser sont soumises à l'autorisation *(L. nº 2010-788 du 12 juill. 2010, art. 36-5º)* « de l'autorité compétente en matière de police ». – *[L. nº 79-1150 du 29 déc. 1979, art. 17 ; dernier al. ajouté par L. nº 95-101 du 2 févr. 1995, art. 53-II.]*

Art. L. 581-19 Les préenseignes sont soumises aux dispositions qui régissent la publicité.

Les dispositions relatives à la déclaration prévue par l'article L. 581-6 sont applicables aux préenseignes dans des conditions, notamment de dimensions, précisées par décret en Conseil d'État.

(L. nº 2010-788 du 12 juill. 2010, art. 42-I et IV, en vigueur le 13 juill. 2015) « Par dérogation à l'interdiction mentionnée au premier alinéa de l'article L. 581-7, en dehors des lieux qualifiés d'agglomération par les règlements relatifs à la circulation routière, peuvent être signalés de manière harmonisée par des préenseignes, dans des conditions définies par décret en Conseil d'État :

« – les activités en relation avec la fabrication ou la vente de produits du terroir par des entreprises locales, les activités culturelles et les monuments historiques, classés ou inscrits, ouverts à la visite ;

« – à titre temporaire, les opérations et manifestations exceptionnelles mentionnées à l'article L. 581-20 du présent code.

« Les activités autres que celles mentionnées aux quatrième et cinquième alinéas du présent article ne peuvent être signalées que dans des conditions définies par les règlements relatifs à la circulation routière. »

*V. **C. envir.**, art. R. 581-71 s.*

Art. L. 581-20 I. – Le décret prévu à l'article L. 581-18 détermine les conditions dans lesquelles peuvent être temporairement apposées sur des immeubles des enseignes annonçant :

1º Des opérations exceptionnelles qui ont pour objet lesdits immeubles ou sont relatives aux activités qui s'y exercent ;

2º Des manifestations exceptionnelles à caractère culturel ou touristique qui y ont lieu ou y auront lieu.

II. – Le décret prévu à l'article L. 581-19 détermine les conditions dans lesquelles peuvent être temporairement apposées des préenseignes indiquant la proximité des immeubles mentionnés au paragraphe I.

III. – Le décret prévu à l'article L. 581-19 détermine les conditions dans lesquelles peuvent être apposées des préenseignes indiquant la proximité de monuments historiques, classés ou inscrits, ouverts à la visite. – *[L. nº 79-1150 du 29 déc. 1979, art. 19.]*

SECTION IV *Dispositions communes*

Art. L. 581-21 *Les autorisations prévues aux sections 2 et 3 du présent chapitre sont délivrées au nom de (L. nº 2010-788 du 12 juill. 2010, art. 36)* « l'autorité compétente en matière de police ». Le refus de ces autorisations doit être motivé.

Un décret en Conseil d'État fixe le délai à l'expiration duquel le défaut de notification de la décision de l'autorité compétente équivaut à l'octroi de l'autorisation. Ce délai ne pourra excéder deux mois à compter de la réception de la demande.

Le délai pourra être porté à quatre mois pour les autorisations relatives aux installations d'enseignes sur un immeuble *(L. n° 2016-925 du 7 juill. 2016, art. 100)* « protégé au titre des monuments historiques », ainsi que dans un site classé *(Abrogé par L. n° 2016-925 du 7 juill. 2016, art. 100)* « *ou dans un secteur sauvegardé* ». – *[L. n° 79-1150 du 29 déc. 1979, art. 20.]*

Art. L. 581-22 Lorsqu'elle est consultée en application du présent chapitre, la commission départementale compétente en matière de sites est complétée par des représentants de la commune *(L. n° 2010-788 du 12 juill. 2010, art. 48)* « ou, le cas échéant, de l'établissement public de coopération intercommunale compétent en matière de plan local d'urbanisme » et des professions intéressées, dans des conditions fixées par décret en Conseil d'État. – *[L. n° 79-1150 du 29 déc. 1979, art. 21.]*

Art. L. 581-23 Les textes et documents relatifs aux prescriptions qui régissent l'affichage dans la commune *(L. n° 2010-788 du 12 juill. 2010, art. 49)* « ou sur le territoire de l'établissement public de coopération intercommunale compétent en matière de plan local d'urbanisme sont tenus en mairie ou, le cas échéant, au siège dudit établissement », à la disposition du public. – *[L. n° 79-1150 du 29 déc. 1979, art. 22.]*

Art. L. 581-24 Nul ne peut apposer de publicité ni installer une préenseigne sur un immeuble sans l'autorisation écrite du propriétaire. – *[L. n° 79-1150 du 29 déc. 1979, art. 23.]*

SECTION V *Contrats de louage d'emplacement*

Art. L. 581-25 Le contrat de louage d'emplacement privé aux fins d'apposer de la publicité ou d'installer une préenseigne se fait par écrit. Il est conclu pour une période qui ne peut excéder six ans à compter de sa signature. Il peut être renouvelé par tacite reconduction par périodes d'une durée maximale d'un an, sauf dénonciation par l'une des parties trois mois au moins avant son expiration.

Le preneur doit maintenir en permanence l'emplacement loué en bon état d'entretien. Faute d'exécution de cette obligation, et après mise en demeure, le bailleur peut obtenir, à l'expiration d'un délai d'un mois, du juge des référés, à son choix, soit l'exécution des travaux nécessaires, soit la résolution du contrat et la remise des lieux en bon état aux frais du preneur.

A défaut de paiement du loyer, le contrat est résilié de plein droit au bénéfice du bailleur après mise en demeure de payer restée sans effet durant un mois.

Le preneur doit remettre l'emplacement loué dans son état antérieur dans les trois mois suivant l'expiration du contrat.

Le contrat doit comporter la reproduction des quatre alinéas précédents.

Les dispositions du présent article sont d'ordre public. – *[L. n° 79-1150 du 29 déc. 1979, art. 39.]*

SECTION VI *Dispositions en matières de sanctions administratives et pénales*

(Ord. n° 2012-34 du 11 janv. 2012).

SOUS-SECTION 1 *Procédure administrative*

Art. L. 581-26 Sans préjudice des dispositions des articles L. 581-30 et L. 581-34, est punie d'une amende d'un montant de *(L. n° 2010-788 du 12 juill. 2010, art. 43)* « 1 500 € » la personne qui a apposé ou fait apposer un dispositif ou matériel visé à l'article L. 581-6, sans déclaration préalable ou non conforme à cette déclaration. Le manquement est constaté par un procès-verbal établi par un fonctionnaire ou agent mentionné à l'article L. 581-40. Une copie du procès-verbal est adressée à la personne visée. Le manquement ainsi relevé donne lieu à une amende prononcée par le préfet. L'amende est recouvrée, dans les conditions prévues par les dispositions relatives aux produits communaux, au bénéfice de la commune sur le territoire de laquelle le manquement a été constaté. La personne visée a accès au dossier et est mise à même de présenter ses observations écrites, dans un délai d'un mois, sur le projet de sanction de l'administration. La décision du préfet, qui doit être motivée, est susceptible d'un recours de pleine juridiction.

Les dispositions du présent article sont applicables en cas d'infraction aux dispositions des articles L. 581-4, L. 581-5 et L. 581-24. – *[L. n° 79-1150 du 29 déc. 1979, art. 23-1.]*

Art. L. 581-27 Dès la constatation d'une publicité, d'une enseigne ou d'une préenseigne irrégulière au regard des dispositions du présent chapitre ou des textes réglementaires pris pour son application, et nonobstant la prescription de l'infraction ou son amnistie, *(L.*

n° 2010-788 du 12 juill. 2010, art. 36) « l'autorité compétente en matière de police » prend un arrêté ordonnant, dans les *(L. n° 2019-1461 du 27 déc. 2019, art. 54)* « cinq *[ancienne rédaction : quinze]* » jours, soit la suppression, soit la mise en conformité avec ces dispositions, des publicités, enseignes ou préenseignes en cause, ainsi que, le cas échéant, la remise en état des lieux.

Cet arrêté est notifié à la personne qui a apposé, fait apposer ou maintenu après mise en demeure la publicité, l'enseigne ou la préenseigne irrégulière.

Si cette personne n'est pas connue, l'arrêté est notifié à la personne pour le compte de laquelle ces publicités, enseignes ou préenseignes ont été réalisées. – *[L. n° 79-1150 du 29 déc. 1979, art. 24.]*

Art. L. 581-28 Dans le cas où la déclaration mentionnée à l'article L. 581-6 fait apparaître que le dispositif déclaré n'est pas conforme aux dispositions législatives et réglementaires, *(L. n° 2010-788 du 12 juill. 2010, art. 36)* « l'autorité compétente en matière de police » enjoint, par arrêté, le déclarant à déposer ou à mettre en conformité le dispositif en cause dans un délai de *(L. n° 2019-1461 du 27 déc. 2019, art. 54)* « cinq *[ancienne rédaction : quinze]* » jours à compter de la date de réception dudit arrêté. A l'issue de ce délai et en cas d'inexécution, le déclarant est redevable de l'astreinte dans les conditions prévues par l'article L. 581-30. – *[L. n° 79-1150 du 29 déc. 1979, art. 24-1.]*

Art. L. 581-29 Dès constatation d'une publicité irrégulière au regard des dispositions des articles L. 581-4, L. 581-5 ou L. 581-24, *(L. n° 2010-788 du 12 juill. 2010, art. 36)* « l'autorité compétente en matière de police » peut faire procéder d'office à la suppression immédiate de cette publicité. Toutefois, si cette publicité a été apposée dans, ou sur une propriété privée, l'exécution d'office est subordonnée à la demande du propriétaire ou à son information préalable par l'autorité administrative. Les frais de l'exécution d'office sont supportés par la personne qui a apposé ou fait apposer cette publicité. Si cette personne n'est pas connue, les frais sont mis à la charge de celle pour laquelle la publicité a été réalisée.

(L. n° 2010-788 du 12 juill. 2010, art. 46) « Dès constatation d'une publicité implantée sur le domaine public et irrégulière au regard de l'article L. 581-8, l'autorité compétente en matière de police peut faire procéder d'office à la suppression immédiate de cette publicité. Toutefois, l'exécution d'office est subordonnée à l'information préalable du gestionnaire du domaine public par l'autorité administrative. Les frais de l'exécution d'office sont supportés par la personne qui a apposé ou fait apposer cette publicité. Si cette personne n'est pas connue, les frais sont mis à la charge de celle pour laquelle la publicité a été réalisée. » – *[L. n° 79-1150 du 29 déc. 1979, art. 24-2.]*

Art. L. 581-30 A l'expiration du délai de *(L. n° 2019-1461 du 27 déc. 2019, art. 54)* « cinq *[ancienne rédaction : quinze]* » jours, dont le point de départ se situe au jour de la notification de l'arrêté, la personne à qui il a été notifié est redevable d'une astreinte de *(L. n° 2010-788 du 12 juill. 2010, art. 44)* « 200 € » par jour et par publicité, enseigne ou préenseigne maintenue. Ce montant est réévalué chaque année, en fonction de l'évolution du coût de la vie, dans des conditions fixées par décret en Conseil d'État.

L'astreinte n'est pas applicable à l'affichage d'opinion ou à la publicité relative aux activités des associations, mentionnés à l'article L. 581-13, sauf lorsque cet affichage ou cette publicité ont été apposés à un emplacement publicitaire prohibé en exécution d'un contrat conclu entre l'exploitant de cet emplacement et la personne pour le compte de qui ils ont été réalisés.

L'astreinte est recouvrée, dans les conditions prévues par les dispositions relatives aux produits communaux, au bénéfice de la commune sur le territoire de laquelle ont été commis les faits constatés ; à défaut par le maire de liquider le produit de l'astreinte, de dresser l'état nécessaire à son recouvrement et de le faire parvenir au préfet dans le mois qui suit l'invitation qui lui en est faite par celui-ci, la créance est liquidée et recouvrée au profit de l'État.

(L. n° 2010-788 du 12 juill. 2010, art. 36) « L'autorité compétente en matière de police », après avis du maire, peut consentir une remise ou un reversement partiel du produit de l'astreinte lorsque les travaux prescrits par l'arrêté ont été exécutés et que le redevable établit qu'il n'a pu observer le délai imposé pour l'exécution totale de ses obligations qu'en raison de circonstances indépendantes de sa volonté. – *[L. n° 79-1150 du 29 déc. 1979, art. 25.]*

Art. L. 581-31 Sans préjudice de l'application des dispositions de l'article L. 581-30, *(L. n° 2010-788 du 12 juill. 2010, art. 36)* « l'autorité compétente en matière de police » fait, en quelque lieu que ce soit, exécuter d'office les travaux prescrits par l'arrêté visé à l'article L. 581-27, s'il n'a pas été procédé à leur exécution dans le délai fixé par cet arrêté.

(*L. nº 2003-591 du 2 juill. 2003, art. 31-20º*) « Les frais de l'exécution d'office sont supportés par la personne à qui a été notifié l'arrêté, sauf si l'exécution des dispositions de cet arrêté relatives à l'astreinte a été suspendue par le juge administratif des référés. »

L'administration est tenue de notifier, au moins huit jours à l'avance, à la personne privée propriétaire ou occupant des lieux, la date de commencement des travaux. – *[L. nº 79-1150 du 29 déc. 1979, art. 26.]*

Art. L. 581-32 Lorsque des publicités ou des préenseignes contreviennent aux dispositions du présent chapitre ou des textes réglementaires pris pour son application, (*L. nº 2010-788 du 12 juill. 2010, art. 36*) « l'autorité compétente en matière de police est tenue de faire usage des pouvoirs que lui » confère l'article L. 581-27, si les associations mentionnées à l'article L. 141-1 ou le propriétaire de l'immeuble sur lequel ont été apposées, sans son accord, les publicités ou préenseignes, en font la demande. – *[L. nº 79-1150 du 29 déc. 1979, art. 27.]*

Art. L. 581-33 (*L. nº 2010-788 du 12 juill. 2010, art. 36*) « L'autorité compétente en matière de police » adresse au procureur de la République copie de la mise en demeure prévue à l'article L. 581-27 et le tient immédiatement informé de la suite qui lui a été réservée. – *[L. nº 79-1150 du 29 déc. 1979, art. 28.]*

SOUS-SECTION 2 *Sanctions pénales*

Art. L. 581-34 I. – Est puni d'une amende de (*L. nº 2010-788 du 12 juill. 2010, art. 45*) « 7 500 € » le fait d'apposer, de faire apposer ou de maintenir après mise en demeure une publicité, une enseigne ou une préenseigne :

1º Dans des lieux, sur des emplacements ou selon des procédés interdits en application des articles L. 581-4, L. 581-7, L. 581-8, L. 581-15, L. 581-18 et L. 581-19 ;

2º Sans avoir obtenu les autorisations préalables (*L. nº 2003-591 du 2 juill. 2003, art. 31-22º*) « prévues aux sections II et III du présent chapitre » ou sans avoir observé les conditions posées par ces autorisations ou sans avoir procédé à la déclaration préalable prévue à l'article L. 581-6 ou en ayant produit une fausse déclaration ;

3º (*L. nº 2010-788 du 12 juill. 2010, art. 36*) « Sans avoir observé les dispositions particulières prévues par le règlement local de publicité établi en application de l'article L. 581-14. »

II. – Est puni des mêmes peines le fait de laisser subsister une publicité, une enseigne ou une préenseigne au-delà des délais de mise en conformité prévus à l'article L. 581-43, ainsi que le fait de s'opposer à l'exécution des travaux d'office prévus par l'article L. 581-31 (*Abrogé par Ord. nº 2012-34 du 11 janv. 2012, art. 19-2º, à compter du 1er juill. 2013*) *« ou le fait de mettre obstacle à l'accomplissement des contrôles ou à l'exercice des fonctions des agents prévus à l'article L. 581-40 »*.

III. – L'amende est appliquée autant de fois qu'il y a de publicités, d'enseignes ou de préenseignes en infraction. – *[L. nº 79-1150 du 29 déc. 1979, art. 29.]*

Art. L. 581-35 Est puni des mêmes peines que l'auteur de l'infraction, celui pour le compte duquel la publicité est réalisée, lorsque la publicité ou le dispositif publicitaire ne comporte pas les mentions visées à l'article L. 581-5 ou lorsque celles-ci sont inexactes ou incomplètes.

Dans le cas d'une publicité de caractère électoral, l'autorité administrative compétente met en demeure celui pour le compte duquel cette publicité a été réalisée de la supprimer et de procéder à la remise en état des lieux dans un délai de deux jours francs. Si cette mise en demeure est suivie d'effet, les dispositions de l'alinéa précédent ne sont pas applicables. – *[L. nº 79-1150 du 29 déc. 1979, art. 30.]*

Art. L. 581-36 En cas de condamnation, le tribunal ordonne soit la suppression, dans un délai qui ne peut excéder un mois et sous astreinte de (*L. nº 2010-788 du 12 juill. 2010, art. 45*) « 15 à 150 € » par jour de retard, des publicités, enseignes ou préenseignes qui constituent l'infraction, soit leur mise en conformité, dans le même délai et sous les mêmes conditions, avec les prescriptions auxquelles ils contreviennent ; il ordonne, le cas échéant, la remise en état des lieux. Il peut déclarer sa décision exécutoire par provision. – *[L. nº 79-1150 du 29 déc. 1979, art. 31.]*

Art. L. 581-37 L'astreinte ne peut être révisée par le tribunal que si le redevable établit qu'il n'a pu observer le délai imposé pour l'exécution totale de ses obligations qu'en raison de circonstances indépendantes de sa volonté. Elle est recouvrée dans les conditions prévues

(L. n° 2003-591 du 2 juill. 2003, art. 31-21°) « au troisième alinéa de l'article L. 581-30 ». – *[L. n° 79-1150 du 29 déc. 1979, art. 32.]*

Art. L. 581-38 La prescription de l'action publique ne court qu'à partir du jour où la publicité, l'enseigne ou la préenseigne en infraction aux dispositions du présent chapitre et des règlements pris pour son application est supprimée ou mise en conformité avec les dispositions auxquelles il est contrevenu. – *[L. n° 79-1150 du 29 déc. 1979, art. 33.]*

Art. L. 581-39 Les dispositions des articles L. 581-35, L. 581-36, L. 581-37 et L. 581-38 et les règles relatives à la complicité sont applicables aux contraventions aux dispositions réglementaires prises pour l'application du présent chapitre. – *[L. n° 79-1150 du 29 déc. 1979, art. 34.]*

Art. L. 581-40 I. – Pour l'application des articles *(L. n° 2010-788 du 12 juill. 2010, art. 36-12°)* « L. 581-14-2, » L. 581-27, L. 581-34 et L. 581-39, sont habilités à procéder à toutes constatations, outre les officiers de police judiciaire :

1° Les agents de police judiciaire mentionnés aux articles 20 et 21 du code de procédure pénale ;

2° Les fonctionnaires et agents habilités à constater les infractions *(Ord. n° 2017-651 du 27 avr. 2017, art. 15, en vigueur à une date fixée par Décr. et au plus tard le 1er janv. 2018)* « au livre VI du code du patrimoine » et au titre IV du livre III du présent code ;

3° Les fonctionnaires et agents habilités à constater les infractions aux dispositions du code de la voirie routière *[art. L. 116-1 s.]* ;

4° Les fonctionnaires et agents publics habilités à constater les infractions au code de l'urbanisme ;

(Ord. n° 2012-34 du 11 janv. 2012, art. 19, en vigueur le 1er juill. 2013) « 5° Les fonctionnaires et agents des services de l'État et de ses établissements publics, commissionnés à cet effet et assermentés ; »

6° Les agents habilités par les collectivités locales à constater les infractions au code de la route en matière d'arrêt et de stationnement des véhicules automobiles en vertu de l'article L. 24 *[art. L. 130-4]* dudit code ;

(L. n° 2010-788 du 12 juill. 2010, art. 36-12°) « 7° Les agents des collectivités territoriales assermentés et commissionnés à cet effet par l'autorité compétente en matière de police définie à l'article L. 581-14-2 » ;

(Ord. n° 2012-34 du 11 janv. 2012, art. 19-3°, en vigueur le 1er juill. 2013) « 8° Les fonctionnaires et agents mentionnés à l'article L. 341-20 du présent code, commissionnés et assermentés ;

« 9° Les agents des réserves naturelles mentionnés à l'article L. 332-20 agissant dans les conditions prévues à cet article ;

« 10° Les gardes du littoral mentionnés à l'article L. 322-10-1, agissant dans les conditions prévues à cet article. »

(Abrogé par Ord. n° 2012-34 du 11 janv. 2012) (L. n° 2010-788 du 12 juill. 2010, art. 36-13°) « *II. – Les procès-verbaux dressés par les agents et fonctionnaires habilités en application du I pour constater les infractions font foi jusqu'à preuve contraire. Ils sont transmis sans délai au procureur de la République, au maire et au préfet.* » – *[L. n° 79-1150 du 29 déc. 1979, art. 36.]*

Art. L. 581-41 Les amendes prononcées en application des articles L. 581-34 et L. 581-35 sont affectées d'une majoration de 50 % perçue au bénéfice *(L. n° 2008-776 du 4 août 2008, art. 172)* « du département. Son produit constitue l'une des ressources du département pour mettre en œuvre la politique des espaces naturels sensibles prévue à l'article *(Ord. n° 2015-1174 du 23 sept. 2015, art. 9-VI, en vigueur le 1er janv. 2016)* « L. 113-8 » du code de l'urbanisme ».

Art. L. 581-42 Les dispositions de la présente section ne s'appliquent ni à l'affichage d'opinion, ni à la publicité relative aux activités des associations, mentionnés à l'article L. 581-13, dès lors que le maire ou le préfet n'aura pas déterminé et fait aménager le ou les emplacements prévus au même article. – *[L. n° 79-1150 du 29 déc. 1979, art. 38.]*

Art. L. 581-43 Les publicités, enseignes et préenseignes, qui ont été mises en place avant l'entrée en vigueur des actes pris pour l'application des articles L. 581-4, avant-dernier alinéa, L. 581-7, L. 581-8, *(L. n° 2010-788 du 12 juill. 2010, art. 36-10°)* « L. 581-14 » et L. 581-18, deuxième et troisième alinéas et qui ne sont pas conformes à leurs prescriptions, ainsi que celles mises en place dans des lieux entrés dans le champ d'application des articles L. 581-4, L. 581-8 et L. 581-44 en vertu d'actes postérieurs à leur installation, peuvent, sous réserve de ne pas contrevenir à la réglementation antérieure, être maintenues pendant un délai *(L. n° 2012-387 du 22 mars 2012, art. 67-I-5°)* « maximal de six » ans à compter de l'entrée en vigueur des actes précités.

(L. n° 2010-788 du 12 juill. 2010, art. 36-10°) « Les publicités, enseignes et préenseignes soumises à autorisation en vertu du présent chapitre qui ne sont pas conformes à des règlements visés à l'alinéa précédent et entrés en vigueur après leur installation peuvent être maintenues, sous réserve de ne pas contrevenir à la réglementation antérieure, pendant un délai *(L. n° 2012-387 du 22 mars 2012, art. 67-I-5°)* « maximal de six » ans à compter de l'entrée en vigueur de ces règlements.

« Les publicités, enseignes et préenseignes qui ont été mises en place avant l'entrée en vigueur de la loi n° 2010-788 du 12 juillet 2010 portant engagement national pour l'environnement et des décrets en Conseil d'État pris pour l'application de l'article 36 de cette loi peuvent, sous réserve de ne pas contrevenir aux dispositions antérieurement applicables, être maintenues pendant un délai *(L. n° 2012-387 du 22 mars 2012, art. 67-I-5°)* « maximal de six » ans à compter de l'entrée en vigueur de la loi et des décrets en Conseil d'État précités. »

(L. n° 2012-387 du 22 mars 2012, art. 67-I-5°) « Pour les publicités et préenseignes, un décret peut prévoir un délai moindre, qui ne peut être inférieur à deux ans à compter de sa publication. » – *[L. n° 79-1150 du 29 déc. 1979, art. 40.]*

(L. n° 2019-1461 du 27 déc. 2019, art. 22) « A l'issue de la durée mentionnée au dernier alinéa de l'article L. 581-14-3 du présent code, les publicités, enseignes et préenseignes mises en place en application des réglementations spéciales antérieurement applicables mentionnées au même dernier alinéa peuvent être maintenues pendant un délai de deux ans, sous réserve de ne pas contrevenir à ces mêmes réglementations spéciales. »

Art. L. 581-44 Les décrets en Conseil d'État mentionnés aux articles L. 581-9 et L. 581-18 et, le cas échéant, les actes pris en application *(L. n° 2015-990 du 6 août 2015, art. 223-III)* « de l'article L. 581-7 » déterminent celles des prescriptions édictées en application du code de l'urbanisme en matière d'implantation, de hauteur et d'aspect des constructions, ainsi que de mode de clôture des propriétés foncières qui sont, au titre de la présente loi, applicables à l'installation des dispositifs mentionnés au deuxième alinéa de l'article L. 581-3, des enseignes et des préenseignes.

Ils déterminent également les conditions d'application des dispositions relatives à la publicité, aux enseignes et aux préenseignes figurant dans le règlement annexé à un plan de sauvegarde et de mise en valeur rendu public ou approuvé.

En vue d'assurer le respect des prescriptions et dispositions visées aux deux alinéas précédents, un décret en Conseil d'État définit les cas et les conditions dans lesquels le scellement au sol ou l'installation directe sur le sol des publicités, des dispositifs mentionnés au deuxième alinéa de l'article L. 581-3, des enseignes et des préenseignes, sont soumis à une autorisation préalable. – *[L. n° 79-1150 du 29 déc. 1979, art. 42-II.]*

Art. L. 581-45 Les modalités d'application du présent chapitre sont définies par décret en Conseil d'État. – *[L. n° 79-1150 du 29 déc. 1979, art. 43.]*

*V. **C. envir.**, art. R. 581-85 s.*

Loi n° 79-1150 du 29 décembre 1979,

Relative à la publicité, aux enseignes et préenseignes (D. et BLD 1980. 60).

Art. 44 Est abrogée la loi modifiée n° 217 du 12 avril 1943. Toutefois, les règles édictées par les arrêtés pris en application de ses articles 5, 6, 7 et 9 demeurent applicables jusqu'à la publication des actes pris en vertu des articles 4, avant-dernier alinéa, et 10 de la présente loi et, au plus tard, pendant trois ans à compter de l'entrée en vigueur de celle-ci, dans la mesure où ces règles sont plus restrictives que celles fixées en application des articles 8 et 17 ci-dessus.

Demeurent également applicables jusqu'à l'expiration des périodes transitoires définies à l'article 40, deuxième et troisième alinéas de la présente loi, les articles 15 et 16 de la loi du 12 avril 1943 en tant qu'ils permettent de sanctionner le maintien de publicités et de dispositifs publicitaires de tous ordres installés en violation des dispositions de ladite loi ou des décrets et arrêtés pris pour son application.

Les dispositions du chapitre IV *[C. envir., art. L. 581-26 s.]* de la présente loi sont applicables aux infractions aux règles maintenues en vigueur mentionnées au premier alinéa ci-dessus lorsque ces infractions seront commises après l'entrée en vigueur de ladite loi.

La présente loi entrera en vigueur à une date fixée par décret et au plus tard six mois après sa promulgation. Toutefois, les dispositions de l'article 39 *[C. envir., art. L. 581-25]* sont applicables trois mois après leur publication.

AGENTS D'AFFAIRES

RÉP. PÉN. v° *Professions et activités réglementées*, par ARMAOS.

I. Agents immobiliers

Loi n° 70-9 du 2 janvier 1970,

Réglementant les conditions d'exercice des activités relatives à certaines opérations portant sur les immeubles et les fonds de commerce.

Les dispositions issues de la L. n° 2014-366 du 24 mars 2014 ne s'appliquent qu'aux contrats conclus à compter de l'entrée en vigueur de ladite loi (L. préc., art. 24-VI).

TITRE PREMIER De l'exercice des activités d'entremise et de gestion des immeubles et fonds de commerce *(Ord. n° 2004-634 du 1er juill. 2004, art. 2).*

Art. 1er Les dispositions de la présente loi s'appliquent aux personnes physiques ou morales qui, d'une manière habituelle, se livrent ou prêtent leur concours, même à titre accessoire, aux opérations portant sur les biens d'autrui et relatives à :

1° *(Ord. n° 2004-634 du 1er juill. 2004)* « L'achat, la vente, *(L. n° 2014-366 du 24 mars 2014, art. 24-I-1°)* « la recherche, » l'échange, la location ou sous-location, saisonnière ou non, en nu ou en meublé d'immeubles bâtis ou non bâtis » ;

2° L'achat, la vente ou la location-gérance de fonds de commerce ;

3° La cession d'un cheptel mort ou vif ;

4° La souscription, l'achat, la vente d'actions ou de parts de sociétés immobilières *(L. n° 2014-366 du 24 mars 2014, art. 24-I-1°)* « ou de sociétés d'habitat participatif » donnant vocation à une attribution de locaux en jouissance ou en propriété ;

5° L'achat, la vente de parts sociales non négociables lorsque l'actif social comprend un immeuble ou un fonds de commerce ;

6° La gestion immobilière ;

(L. n° 94-624 du 21 juill. 1994, art. 46) « 7° A l'exclusion des publications par voie de presse, la vente de listes ou de fichiers relatifs à l'achat, la vente, la location ou sous-location en nu ou en meublé d'immeubles bâtis ou non bâtis » *(L. n° 2014-366 du 24 mars 2014, art. 24-I-1°)* « , ou à la vente de fonds de commerce » ; *— Entrée en vigueur le 1er juill. 1995.*

(L. n° 98-566 du 8 juill. 1998) « 8° La conclusion de tout contrat de jouissance d'immeuble à temps partagé régi par les articles L. 121-60 et suivants du code de la consommation » ;

(L. n° 2014-366 du 24 mars 2014, art. 24-I-1°) « 9° L'exercice des fonctions de syndic de copropriété dans le cadre de la loi n° 65-557 du 10 juillet 1965 fixant le statut de la copropriété des immeubles bâtis. »

Art. 1er-1 *(L. n° 2014-366 du 24 mars 2014, art. 24-I-2°)* « Pour l'application de la présente loi :

« 1° Est considérée comme relevant de l'activité de gestion immobilière la location ou la sous-location, saisonnière ou non, en nu ou en meublé, d'immeubles bâtis ou non bâtis lorsqu'elle constitue l'accessoire d'un mandat de gestion ;

« 2° » *(Ord. n° 2004-634 du 1er juill. 2004, art. 3-II)* « Est considérée comme une location saisonnière pour l'application de la présente loi la location d'un immeuble conclue pour une durée maximale et non renouvelable de quatre-vingt-dix jours consécutifs.

« Lorsque ces locations font intervenir un intermédiaire, leurs conditions de conclusion sont précisées par un décret en Conseil d'État. »

Art. 2 Les dispositions de la présente loi ne sont pas applicables :

Aux membres des professions dont la liste sera fixée par décret, en considération du contrôle dont leur activité professionnelle fait l'objet ainsi que des garanties financières qu'ils offrent pour l'exercice de cette activité ;

Aux personnes ou à leur conjoint qui, à titre non professionnel, se livrent ou prêtent leur concours à des opérations relatives à des biens sur lesquels elles ont des droits réels divis ou indivis ;

Aux personnes agissant pour le compte de leur conjoint, de parents en ordre successible, ou pour le compte de majeurs protégés ou de mineurs dans les conditions prévues aux titres X et XI du code civil ;

Aux représentants légaux ou statutaires de sociétés de construction régies par *(Ord. n° 2004-634 du 1er juill. 2004, art. 4)* **« les articles L. 212-1 et suivants du code de la construction et de l'habitation » pour la réalisation des premières cessions des parts ou actions.**

(L. n° 98-566 du 8 juill. 1998) **« Aux titulaires d'une licence d'agent de voyages, en vertu de la loi n° 92-645 du 13 juillet 1992 fixant les conditions d'exercice des activités relatives à l'organisation et à la vente de voyages ou de séjours, pour la conclusion de tout contrat de jouissance d'immeuble à temps partagé régi par les articles L. 121-60 et suivants du code de la consommation. »** — *La L. n° 92-645 du 13 juill. 1992 est abrogée par l'Ord. n° 2004-1391 du 20 déc. 2004, art. 5, à compter du 1er janv. 2005, ses dispositions étant reprises dans le code du tourisme.*

(Ord. n° 2013-676 du 25 juill. 2013, art. 45) **« Aux organismes de placement collectif immobilier, organismes professionnels de placement collectif immobilier, sociétés civiles de placement immobilier »** *(Ord. n° 2005-1278 du 13 oct. 2005, art. 6)* **« et à leurs sociétés de gestion »** *(L. n° 2006-1770 du 30 déc. 2006, art. 66-III)* **« , sauf lorsqu'elles gèrent des actifs immobiliers faisant l'objet de mandats de gestion spécifiques ».** — *Cet al. entre en vigueur le premier jour du mois suivant celui de la publication au Journal officiel de la République française de l'arrêté du ministre chargé de l'économie portant homologation des dispositions du règlement général de l'Autorité des marchés financiers relatives aux organismes de placement collectif immobilier (Ord. n° 2005-1278 du 13 oct. 2005, art. 7).*

(L. n° 2018-1021 du 23 nov. 2018, art. 117) **« Aux associations œuvrant à la promotion de la cohabitation intergénérationnelle solidaire définie à l'article L. 118-1 du code de l'action sociale et des familles et aux articles L. 631-17 à L. 631-19 du code de la construction et de l'habitation. »**

Art. 3 Les activités visées à l'article 1er ne peuvent être exercées que par les personnes physiques ou morales titulaires d'une carte professionnelle, délivrée *(L. n° 2014-366 du 24 mars 2014, art. 24-I-3°)* **« , pour une durée et selon des modalités fixées par décret en Conseil d'État, par le président de la chambre de commerce et d'industrie territoriale ou** *(L. n° 2019-486 du 22 mai 2019, art. 41)* **« , dans les circonscriptions où il n'existe pas de chambre de commerce et d'industrie territoriale, par le président de la chambre de commerce et d'industrie de région », précisant celles des opérations qu'elles peuvent accomplir.** *(L. n° 2014-366 du 24 mars 2014, art. 24-I-3°)* **« Lorsque le président de la chambre de commerce et d'industrie** *(L. n° 2019-486 du 22 mai 2019, art. 41)* **« concernée » exerce une activité mentionnée à l'article 1er, la carte est délivrée par le vice-président, dans des conditions fixées par décret en Conseil d'État.** — *Les dispositions issues de la L. n° 2014-366 du 24 mars 2014 entrent en vigueur à une date fixée par Décr. en Conseil d'État, et au plus tard le 1er juill. 2015 (L. préc., art. 24-VII).*

« *(Décr. n° 2015-536 du 15 mai 2015, art. 10)* **« CCI France » établit et tient à jour un fichier des personnes titulaires de la carte professionnelle, selon des modalités définies par décret »** *(Ord. n° 2018-1125 du 12 déc. 2018, art. 27, en vigueur au plus tard le 1er juin 2019)* **« et conformément à la loi n° 78-17 du 6 janvier 1978 relative à l'informatique, aux fichiers et aux libertés ».** — *V. Décr. n° 2015-703 du 19 juin 2015 relatif au fichier automatisé des personnes titulaires de la carte professionnelle délivrée pour l'exercice de transactions et d'opérations de gestion immobilière portant sur les immeubles et les fonds de commerce (JO 21 juin).*

Cette carte ne peut être délivrée qu'aux personnes physiques qui satisfont aux conditions suivantes :

1° Justifier de leur aptitude professionnelle ;

2° *(Ord. n° 2004-634 du 1er juill. 2004)* **« Justifier d'une garantie financière permettant le remboursement des fonds, effets ou valeurs déposés et spécialement affectée à ce dernier »** *(L. n° 2014-366 du 24 mars 2014, art. 24-I-3°)* **« , y compris les sommes versées au fonds de travaux mentionné à l'article 14-2 de la loi n° 65-557 du 10 juillet 1965 fixant le statut de la copropriété des immeubles bâtis »** *(L. n° 2010-853 du 23 juill. 2010, art. 38-I)* **« , à l'exception toutefois des personnes déclarant leur intention de ne détenir aucun fonds, effet ou valeur** *(L. n° 2014-366 du 24 mars 2014, art. 24-I-3°)* **« pour les activités mentionnées à l'article 1er, à l'exception de celles mentionnées aux 6° et 9° du même article », dans des conditions fixées par décret en Conseil d'État ».** *(L. n° 2014-366 du 24 mars 2014, art. 24-I-3°)* **« Seuls les garants financiers ayant mis en place des procédures de contrôle internes, au moyen d'un référentiel et de modèles de suivi des risques, sont habilités à délivrer la garantie financière. Un décret en Conseil d'État définit les procédures et les conditions dans lesquelles les garants exercent leurs missions de contrôle sur les fonds qu'ils garantissent en application du présent article ; »**

3° Contracter une assurance contre les conséquences pécuniaires de leur responsabilité civile professionnelle ;

4° Ne pas être frappées d'une des incapacités ou interdictions d'exercer définies *(L. n° 2015-990 du 6 août 2015, art. 102)* « aux titres II et II *bis* » ci-après.

(Ord. n° 2004-634 du 1er juill. 2004) « La garantie mentionnée au 2° ci-dessus résulte d'un engagement écrit fourni par une entreprise d'assurance spécialement agréée, par un établissement de crédit *(Ord. n° 2013-544 du 27 juin 2013, art. 22, en vigueur le 1er janv. 2014)* « , une société de financement » ou une institution mentionnée à l'article L. 518-1 du code monétaire et financier.

« Les modalités de détermination du montant de la garantie sont fixées par décret en Conseil d'État. »

La carte n'est délivrée aux personnes morales que si lesdites personnes satisfont aux conditions prévues aux 2° et 3° ci-dessus et que si leurs représentants légaux et statutaires satisfont aux conditions prévues aux 1° et 4° ci-dessus.

(Ord. n° 2004-634 du 1er juill. 2004) « Il doit être procédé à une déclaration préalable d'activité pour chaque établissement, succursale, agence ou bureau par la personne qui en assure la direction. Cette personne doit, en outre, satisfaire » *(L. n° 2015-990 du 6 août 2015, art. 102)* « à la condition prévue au 1° et ne pas être frappée d'une des incapacités ou interdictions d'exercer définies au titre II de la présente loi ». — *Pour les sanctions pénales, V. art. 14 et 16.*

Art. 3-1 *(L. n° 2014-366 du 24 mars 2014, art. 24-I-4°)* Les personnes mentionnées à l'article 1er *(L. n° 2015-990 du 6 août 2015, art. 102)* « et, lorsqu'il s'agit de personnes morales, leurs représentants légaux et statutaires », au dernier alinéa de l'article 3 et à l'article 4 sont, à l'exception de celles mentionnées à l'article 8-1, soumises à une obligation de formation continue. Leur carte professionnelle ne peut être renouvelée si elles ne justifient pas avoir rempli cette obligation.

Un décret détermine la nature et la durée des activités susceptibles d'être validées au titre de l'obligation de formation continue, les modalités selon lesquelles elle s'accomplit, celles de son contrôle et celles de sa justification en cas de renouvellement de la carte professionnelle.

Les dispositions issues de la L. n° 2014-366 du 24 mars 2014 ne s'appliquent qu'aux contrats conclus à compter de l'entrée en vigueur de ladite loi (L. préc., art. 24-VI).

Art. 4 Toute personne habilitée par un titulaire de la carte professionnelle à négocier, s'entremettre ou s'engager pour le compte de ce dernier justifie *(L. n° 2014-366 du 24 mars 2014, art. 24-I-5°)* « d'une compétence professionnelle, » de sa qualité et de l'étendue de ses pouvoirs dans les conditions fixées par décret en Conseil d'État. Les dispositions du titre II de la présente loi lui sont applicables.

(L. n° 2006-872 du 13 juill. 2006, art. 97) « Les dispositions du chapitre IV du titre III du livre Ier du code de commerce sont applicables aux personnes visées au premier alinéa lorsqu'elles ne sont pas salariées. *(L. n° 2014-366 du 24 mars 2014, art. 24-I-5°)* « Ces personnes doivent contracter une assurance contre les conséquences pécuniaires de leur responsabilité civile professionnelle, dans des conditions fixées par décret en Conseil d'État. » *(Abrogé par L. n° 2014-366 du 24 mars 2014, art. 24-I-5°)* « ***Toutefois, ces personnes ne peuvent recevoir ou détenir des sommes d'argent, des biens, des effets ou des valeurs ou en disposer à l'occasion des activités visées à l'article 1er de la présente loi. Elles ne peuvent donner des consultations juridiques ou rédiger des actes sous seing privé, à l'exception de mandats conclus au profit du titulaire de la carte professionnelle visée à l'article 3.*** »

(L. n° 2014-366 du 24 mars 2014, art. 24-I-5°) « Ces personnes ne peuvent pas :

« 1° Recevoir ou détenir, directement ou indirectement, des sommes d'argent, des biens, des effets ou des valeurs ou en disposer à l'occasion des activités mentionnées à l'article 1er de la présente loi ;

« 2° Donner des consultations juridiques ni rédiger des actes sous seing privé, à l'exception de mandats conclus au profit du titulaire de la carte professionnelle mentionnée à l'article 3 ;

« 3° Assurer la direction d'un établissement, d'une succursale, d'une agence ou d'un bureau.

« Les personnes qui, à la date d'entrée en vigueur *(L. n° 2018-1021 du 23 nov. 2018, art. 156)* « du décret en Conseil d'État mentionné au premier alinéa du présent article », disposent de l'habilitation mentionnée au premier alinéa sont réputées justifier de la compétence professionnelle mentionnée au présent article. »

Art. 4-1 *(L. n° 2014-366 du 24 mars 2014, art. 24-I-6°)* Lorsque les personnes mentionnées à l'article 1er proposent à leurs clients les services d'une entreprise, elles sont tenues de les informer, dans des conditions définies par décret en Conseil d'État et avant la conclusion de tout contrat avec ladite entreprise, des éventuels liens directs de nature capitalistique ou des liens de nature juridique qu'elles *(L. n° 2015-990 du 6 août 2015, art. 102)* « ou leurs représentants légaux et statutaires » ont ou que les personnes mentionnées au dernier alinéa de l'article 3 et à l'article 4, intervenant pour ces clients, ont avec cette entreprise.

Cette obligation s'applique également lorsque les personnes mentionnées au même article 1er proposent à leurs clients les services d'un établissement bancaire ou d'une société financière.

Les personnes mentionnées au dernier alinéa du même article 3 et les personnes habilitées par un titulaire de la carte professionnelle conformément au même article 4 sont tenues de l'informer des liens mentionnés aux premier et deuxième alinéas du présent article qu'elles ont avec une entreprise, un établissement bancaire ou une société financière dont le titulaire de la carte professionnelle propose les services à ses clients.

Art. 4-2 *(L. n° 2016-1888 du 28 déc. 2016, art. 48)* En vue du logement des travailleurs saisonniers et par dérogation au deuxième alinéa de l'article 4 et à l'article 6, les organismes agréés, conformément à l'article L. 365-4 du code de la construction et de l'habitation, peuvent habiliter, pour certaines missions relevant de la présente loi, des personnels d'une collectivité territoriale. Un décret en Conseil d'État précise ces missions.

Art. 4-3 *(L. n° 2017-86 du 27 janv. 2017, art. 124)* Sous réserve des dispositions leur imposant la divulgation de certaines informations, les personnes mentionnées à l'article 1er de la présente loi et, lorsqu'il s'agit de personnes morales, leurs représentants légaux et statutaires respectent la confidentialité des données dont elles ont connaissance dans l'exercice de leurs activités. Ce principe ne fait pas obstacle à la communication aux copropriétaires de tout élément nécessaire au bon fonctionnement du syndicat. Il ne fait également pas obstacle au signalement d'un habitat manifestement indigne au sens de l'article 1er-1 de la loi n° 90-449 du 31 mai 1990 visant à la mise en œuvre du droit au logement au maire de la commune concernée.

Art. 5 Les personnes visées à l'article 1er qui reçoivent, détiennent des sommes d'argent *(L. n° 2014-366 du 24 mars 2014, art. 24-I-7°)* « ne constituant ni une rémunération, ni des honoraires », des biens, des effets ou des valeurs, ou en disposent, à quelque titre et de quelque manière que ce soit, à l'occasion des opérations spécifiées audit article, doivent respecter les conditions prévues par décret en Conseil d'État, notamment les formalités de tenue des registres et de délivrance de reçus, ainsi que les autres obligations découlant du mandat.

Les dispositions issues de la L. n° 2014-366 du 24 mars 2014 entrent en vigueur le 1er jour du 4e mois suivant la promulgation de ladite loi (L. préc., art. 24-VIII).

Art. 6 *(Ord. n° 2004-634 du 1er juill. 2004)* « I. — » Les conventions conclues avec les personnes visées à l'article 1er ci-dessus et relatives aux opérations qu'il mentionne *(L. n° 94-624 du 21 juill. 1994, art. 46)* « en ses 1° à 6° », doivent être rédigées par écrit et préciser conformément aux dispositions d'un décret en Conseil d'État :

Les conditions dans lesquelles ces personnes sont autorisées à recevoir, verser ou remettre des sommes d'argent, biens, effets ou valeurs à l'occasion de l'opération dont il s'agit ;

Les modalités de la reddition de compte ;

Les conditions de détermination de la rémunération, ainsi que l'indication de la partie qui en aura la charge.

(L. n° 2014-366 du 24 mars 2014, art. 24-I-8°) « Les moyens employés par ces personnes et, le cas échéant, par le réseau auquel elles appartiennent pour diffuser auprès du public les annonces commerciales afférentes aux opérations mentionnées au 1° du même article 1er.

« En outre, lorsqu'une convention comporte une clause d'exclusivité, elle précise les actions que le mandataire s'engage à réaliser pour exécuter la prestation qui lui a été confiée ainsi que les modalités selon lesquelles il rend compte au mandant des actions effectuées pour son compte, selon une périodicité déterminée par les parties. »

Les dispositions *(Ord. n° 2016-131 du 10 févr. 2016, art. 6, en vigueur le 1er oct. 2016)* « de l'article 1375 » du code civil leur sont applicables.

Aucun bien, effet, valeur, somme d'argent, représentatif *(L. n° 2014-366 du 24 mars 2014, art. 24-I-8°)* « d'honoraires *[ancienne rédaction : de commission]* », de frais de recherche, de démarche, de publicité ou d'entremise quelconque, n'est dû aux personnes indiquées à l'article 1er ou ne peut être exigé ou accepté par elles, avant qu'une des opérations visées audit article ait été effectivement conclue et constatée dans un seul acte écrit contenant l'engagement des parties.

Toutefois, lorsqu'un mandat est assorti d'une clause d'exclusivité ou d'une clause pénale ou lorsqu'il comporte une clause aux termes de laquelle *(L. n° 2014-366 du 24 mars 2014, art. 24-I-8°)* « des honoraires sont dus *[ancienne rédaction : une commission sera due]* » par le mandant, même si l'opération est conclue sans les soins de l'intermédiaire, cette clause recevra application dans les conditions qui seront fixées par décret. *(L. n° 2014-366 du 24 mars 2014, art. 24-I-8°)* « La somme versée par le mandant en application de cette clause ne peut excéder un montant fixé par décret en Conseil d'État. »

(L. n° 2006-872 du 13 juill. 2006, art. 99) « Lorsque le mandant agit dans le cadre de ses activités professionnelles, tout ou partie des sommes d'argent visées ci-dessus qui sont à sa charge peuvent être exigées par les personnes visées à l'article 1er avant qu'une opération visée au même article n'ait été effectivement conclue et constatée. La clause prévue à cet effet est appliquée dans des conditions fixées par décret en Conseil d'État. » *– V. Décr. n° 72-678 du 20 juill. 1972, art. 78-1, infra.*

(L. n° 2014-366 du 24 mars 2014, art. 24-I-8°) « La convention conclue entre la personne qui se livre à l'activité mentionnée au 7° de l'article 1er et le propriétaire du bien inscrit sur la liste ou le fichier, ou le titulaire de droits sur ce bien, comporte une clause d'exclusivité d'une durée limitée aux termes de laquelle ce dernier s'engage, d'une part, à ne pas confier la location ou la vente de son bien à une autre personne exerçant une activité mentionnée à l'article 1er et, d'autre part, à ne pas publier d'annonce par voie de presse. »

(Ord. n° 2004-634 du 1er juill. 2004) « II. – Entre la personne qui se livre à l'activité mentionnée au 7° de l'article 1er et son client, une convention est établie par écrit. Cette convention dont, conformément à l'article 1325 du code civil, un original est remis au client précise les caractéristiques du bien recherché, *(L. n° 2014-366 du 24 mars 2014, art. 24-I-9°)* « l'ensemble des obligations professionnelles qui incombent au professionnel mentionné au présent alinéa, » la nature de la prestation promise au client et le montant de la rémunération incombant à ce dernier. *(L. n° 2014-366 du 24 mars 2014, art. 24-I-9°)* « Elle précise également les conditions de remboursement de tout ou partie de la rémunération lorsque la prestation fournie au client n'est pas conforme à la nature promise dans ladite convention.

« Les conditions et les modalités d'application de la mesure de remboursement partiel ou total prévue au premier alinéa du présent II sont définies par décret. »

« Aucune somme d'argent ou rémunération de quelque nature que ce soit n'est due à une personne qui se livre à l'activité mentionnée au 7° de l'article 1er ou ne peut être exigée par elle, préalablement à la parfaite exécution de son obligation de fournir effectivement des listes ou des fichiers, que cette exécution soit instantanée ou successive. »

Les dispositions issues de la L. n° 2014-366 du 24 mars 2014, qui ne concernent que le I de l'art. 6, entrent en vigueur le 1er jour du 4e mois suivant la promulgation de ladite loi (L. préc., art. 24-VIII).

Art. 6-1 *(L. n° 2014-366 du 24 mars 2014, art. 24-I-10°)* Toute publicité effectuée par une personne mentionnée à l'article 1er et relative aux opérations prévues au 1° de ce même article mentionne, quel que soit le support utilisé, le montant toutes taxes comprises de ses honoraires exprimé, pour ce qui concerne les opérations de vente, en pourcentage du prix, lorsqu'ils sont à la charge du locataire ou de l'acquéreur.

Art. 6-2 *(L. n° 2014-366 du 24 mars 2014, art. 24-I-10°)* Toute publicité relative à des opérations mentionnées au 1° de l'article 1er et proposées par une personne habilitée par un titulaire de la carte professionnelle à négocier, s'entremettre ou s'engager pour le compte de ce dernier, et non salariée, mentionne que cette personne exerce sous le statut d'agent commercial. Cette obligation de mentionner le statut d'agent commercial est étendue au mandat de vente ou de recherche et à tous les documents d'une transaction immobilière à laquelle la personne habilitée mentionnée au premier alinéa participe.

Art. 7 Sont nulles les promesses et les conventions de toute nature relatives aux opérations visées à l'article 1er qui ne comportent pas une limitation de leurs effets dans le temps.

(L. n° 2014-366 du 24 mars 2014, art. 24-I-11°) « Lorsque le mandant n'agit pas dans le cadre de ses activités professionnelles :

« 1° Les modalités de non-reconduction des contrats définies aux deux premiers alinéas de l'article L. 136-1 du code de la consommation sont mentionnées de manière lisible et visible dans les conventions prévues au premier alinéa du I de l'article 6 de la présente loi ;

« 2° Lorsque ces conventions portent sur des opérations mentionnées aux 1° et 4° de l'article 1er et qu'elles comportent une clause d'exclusivité, elles mentionnent en caractères très apparents les dispositions du deuxième alinéa de l'article 78 du décret n° 72-678 du 20 juillet 1972 fixant les conditions d'application de la loi n° 70-9 du 2 janvier 1970 réglementant les conditions d'exercice des activités relatives à certaines opérations portant sur les immeubles et fonds de commerce, exception faite des mandats portant sur les opérations exclues par les troisième à sixième alinéas de ce même article. »

Art. 8 *(Ord. nº 2004-634 du 1er juill. 2004, art. 7)* **Les personnes titulaires d'une autorisation administrative délivrée en application de la loi du 13 juillet 1992 susmentionnée, qui ont une activité de location saisonnière de meublés hors forfait touristique, sont dispensées de la carte professionnelle prévue à l'article 3 de la présente loi lorsque cette activité est accessoire à leur activité principale.**

Elles doivent souscrire, pour l'exercice de cette activité, une garantie financière permettant le remboursement des fonds, effets ou valeurs déposés et une assurance garantissant les conséquences pécuniaires de la responsabilité civile professionnelle qu'elles encourent en raison de cette activité.

L'exercice de ces activités est régi par les dispositions de la présente loi et des textes pris pour son application.

Art. 8-1 *(Ord. nº 2008-507 du 30 mai 2008, art. 21)* **Tout ressortissant légalement établi dans un État membre de** *(L. nº 2012-387 du 22 mars 2012, art. 105)* **« l'Union » européenne ou dans un autre État partie à l'accord sur l'Espace économique européen pour exercer** *(Ord. nº 2016-1809 du 22 déc. 2016, art. 23)* **« tout ou partie » des activités prévues à l'article 1er de la présente loi peut exercer** *(Ord. nº 2016-1809 du 22 déc. 2016, art. 23)* **« son » activité de façon temporaire et occasionnelle en France après en avoir fait la déclaration préalable auprès du** *(L. nº 2014-366 du 24 mars 2014, art. 24-I-12º)* **« président de la chambre de commerce et d'industrie territoriale ou de la chambre départementale d'Île-de-France,** *[ancienne rédaction : préfet]* **» dans des conditions fixées par décret en Conseil d'État. Toutefois, lorsque l'activité concernée ou la formation y conduisant n'est pas réglementée dans l'État d'établissement, le prestataire doit l'avoir exercée** *(Ord. nº 2016-1809 du 22 déc. 2016, art. 23)* **« dans un ou plusieurs États membres ou parties pendant au moins une année à temps plein ou une durée équivalente à temps partiel, au cours des dix années qui précèdent la prestation ».**

Art. 8-2 *(Ord. nº 2009-104 du 30 janv. 2009, art. 12)* **Les personnes exerçant les activités désignées aux 1º, 2º, 4º, 5º et 8º de l'article 1er de la présente loi** *(Abrogé par L. nº 2019-486 du 22 mai 2019, art. 206)* **«** ***, à l'exclusion de l'échange, la location ou la sous-location saisonnière ou non, en nu ou en meublé,*** **» mettent en œuvre les obligations relatives à la lutte contre le blanchiment des capitaux et le financement du terrorisme définies au chapitre Ier du titre VI du livre V du code monétaire et financier.**

L'autorité administrative *(Abrogé par L. nº 2019-486 du 22 mai 2019, art. 206)* **«** ***en charge de l'inspection*** **» mentionnée au** *(L. nº 2019-486 du 22 mai 2019, art. 206)* **« I de l'article L. 561-36-2 » du code monétaire et financier assure le contrôle du respect des obligations prévues à l'alinéa précédent, dans les conditions définies à l'article** *(Ord. nº 2016-301 du 14 mars 2016, art. 26, en vigueur le 1er juill. 2016)* **« L. 511-7 » du code de la consommation.**

Art. 8-2-1 *(L. nº 2018-1021 du 23 nov. 2018, art. 193)* **Les personnes exerçant les activités désignées aux 1º, 6º et 9º de l'article 1er de la présente loi signalent au procureur de la République les faits qui sont susceptibles de constituer une des infractions prévues aux articles 225-14 du code pénal, L. 1337-4 du code de la santé publique et** *(Ord. nº 2020-71 du 29 janv. 2020, art. 5, en vigueur au plus tard le 1er juill. 2021)* **« L. 184-1 à L. 184-9** *[ancienne rédaction : L. 123-3]* **», L. 511-6 et L. 521-4 du code de la construction et de l'habitation.**

Ce signalement est effectué sans préjudice, le cas échéant, de la déclaration prévue à l'article L. 561-15 du code monétaire et financier.

Art. 8-3 *(L. nº 2014-366 du 24 mars 2014, art. 24-I-13º)* **I. —** *(L. nº 2017-86 du 27 janv. 2017, art. 124)* **« Le Conseil national de la transaction et de la gestion immobilières mentionné à l'article 13-1 » de la présente loi transmet à l'autorité administrative chargée de la concurrence et de la consommation toute information relative à des infractions ou manquements mentionnés** *(Ord. nº 2016-301 du 14 mars 2016, art. 26, en vigueur le 1er juill. 2016)* **« aux articles L. 511-5 à L. 511-7 » du code de la consommation susceptibles d'être imputables à des personnes mentionnées à l'article 1er de la présente loi.**

II. — Les personnes mentionnées au même article 1er sont soumises à des contrôles menés par *(Ord. nº 2016-301 du 14 mars 2016, art. 26, en vigueur le 1er juill. 2016)* **« les agents mentionnés aux articles L. 511-3 et L. 511-21 du code de la consommation, dans les conditions prévues à l'article L. 511-7 du même code ».**

TITRE II **De l'incapacité d'exercer des activités d'entremise et de gestion des immeubles et fonds de commerce** *(Ord. n° 2004-634 du 1er juill. 2004, art. 2).*

Art. 9 *(Ord. n° 2004-634 du 1er juill. 2004, art. 8)* **Nul ne peut, d'une manière habituelle, se livrer ou prêter son concours, même à titre accessoire, aux opérations portant sur les biens d'autrui mentionnées à l'article 1er s'il a fait l'objet depuis moins de dix ans d'une condamnation définitive :**

I. – Pour crime.

II. – A une peine d'au moins trois mois d'emprisonnement sans sursis pour :

1° L'une des infractions prévues au titre Ier du livre III du code pénal et pour les délits prévus par des lois spéciales et punis des peines prévues pour l'escroquerie et l'abus de confiance ;

2° Recel ou l'une des infractions assimilées au recel ou voisines de celui-ci prévues à la section 2 du chapitre Ier du titre II du livre III du code pénal ;

3° Blanchiment ;

4° Corruption active ou passive, trafic d'influence, soustraction et détournement de biens ;

5° Faux, falsification de titres ou autres valeurs fiduciaires émises par l'autorité publique, falsification des marques de l'autorité ;

6° Participation à une association de malfaiteurs ;

7° Trafic de stupéfiants ;

8° Proxénétisme ou l'une des infractions prévues par les sections 2 et 2 *bis* du chapitre V du titre II du livre II du code pénal ;

9° L'une des infractions prévues à la section 3 du chapitre V du titre II du livre II du code pénal ;

10° L'une des infractions à la législation sur les sociétés commerciales prévues au titre IV du livre II du code de commerce ;

11° Banqueroute ;

12° Pratique de prêt usuraire ;

13° L'une des infractions prévues *(Ord. n° 2019-1015 du 3 oct. 2019, art. 37, en vigueur le 1er janv. 2020)* **« aux articles L. 324-1 à L. 324-4, L. 324-10 et L. 324-12 à L. 324-14 du code de la sécurité intérieure » ;**

14° Infraction à la législation et à la réglementation des relations financières avec l'étranger ;

15° Fraude fiscale ;

16° L'une des infractions prévues *(Ord. n° 2020-71 du 29 janv. 2020, art. 5, en vigueur au plus tard le 1er juill. 2021)* **« aux articles L. 241-1, L. 241-2, L. 263-1 et L. 311-6 du code de la construction et de l'habitation et à l'article L. 243-3 du code des assurances** *[ancienne rédaction : aux articles L. 111-34, L. 241-1, L. 241-2, L. 261-17 et L. 311-6 du code de la construction et de l'habitation]* **» ;**

17° L'une des infractions prévues aux articles L. 115-16 et L. 115-18, L. 115-24, L. 115-30, L. 121-6, L. 121-28, L. 122-8 à L. 122-10, L. 213-1 à L. 213-5, L. 217-1 à L. 217-3, L. 217-6 et L. 217-10 du code de la consommation ;

18° L'infraction prévue à l'article L. 353-2 du code monétaire et financier ;

19° L'une des infractions prévues aux articles L. 324-9 [L. 8221-1], L. 324-10 [L. 8221-3] et L. 362-3 [L. 8224-1 et L. 8224-2] du code du travail ; *– V. désormais C. trav., art. L. 8221-1 à L. 8221-3, L. 8221-5, L. 8224-1 et L. 8224-2. –* ***C. trav.***

20° Les atteintes aux systèmes de traitement automatisé prévues par le chapitre III du titre II du livre III du code pénal ;

(L. n° 2006-872 du 13 juill. 2006, art. 98) **« 21° L'une des infractions prévues à la section I du chapitre V du titre II du livre II du code pénal. »**

III. – A la destitution des fonctions d'officier public ou ministériel.

Art. 10 *(Ord. n° 2004-634 du 1er juill. 2004, art. 8)* **L'incapacité prévue à l'article 9 s'applique également :**

***a)* A toute personne à l'égard de laquelle a été prononcée une mesure définitive de faillite personnelle ou une autre mesure définitive d'interdiction dans les conditions prévues par le livre VI du code de commerce ;**

***b)* Aux administrateurs judiciaires et mandataires judiciaires au redressement et à la liquidation des entreprises ayant fait l'objet d'une décision de radiation de la liste prévue aux articles L. 811-12 et L. 812-9 du code de commerce ;**

***c)* Aux membres et anciens membres des professions libérales soumises à un statut législatif ou réglementaire ou dont le titre est protégé ayant fait l'objet d'une décision définitive prononçant une interdiction d'exercer d'une durée au moins égale à six mois ;**

(Ord. nº 2009-104 du 30 janv. 2009, art. 12) « *d)* A toute personne morale dont les associés ou actionnaires détenant au moins 25 % des parts ou des droits de vote ont fait l'objet d'une condamnation irrévocable depuis moins de dix ans pour les infractions visées à l'article 9. ».

Art. 11 *(Ord. nº 2004-634 du 1er juill. 2004, art. 8)* En cas de condamnation prononcée par une juridiction étrangère et passée en force de chose jugée pour une infraction constituant, selon la loi française, un crime ou l'un des délits mentionnés à l'article 9, le tribunal correctionnel du domicile du condamné, à la requête du ministère public, déclare, après constatation de la régularité et de la légalité de la condamnation et l'intéressé dûment appelé en chambre du conseil, qu'il y a lieu d'appliquer l'incapacité d'exercer.

Cette incapacité s'applique également à toute personne non réhabilitée ayant fait l'objet d'une interdiction d'exercer prononcée par une juridiction étrangère quand le jugement a été déclaré exécutoire en France. La demande d'exequatur peut être, à cette fin seulement, formée par le ministère public devant le tribunal judiciaire du domicile du condamné.

Art. 12 Les personnes auxquelles l'exercice d'une activité professionnelle est interdit par la présente loi ne peuvent ni exercer cette activité sous le couvert d'un tiers ni être employées à un titre quelconque, soit par l'établissement qu'elles exploitaient, soit par la société qu'elles dirigeaient, géraient, administraient ou dont elles avaient la signature, ni gérer, diriger, administrer une personne morale quelconque exerçant cette activité. Elles ne peuvent davantage être employées au service de l'acquéreur, du gérant ou du locataire de leur ancienne entreprise.

Art. 13 *(Ord. nº 2004-634 du 1er juill. 2004, art. 9)* Les personnes exerçant une profession ou une activité mentionnée aux articles 1er et 4 qui encourent cette incapacité doivent cesser leur profession ou activité dans le délai d'un mois à compter du jour où la décision entraînant l'incapacité est devenue définitive et leur a été notifiée. Ce délai peut être réduit ou supprimé par la juridiction qui a rendu cette décision.

Sans préjudice des dispositions du deuxième alinéa de l'article 132-21 du code pénal, la juridiction prononçant la décision qui entraîne cette incapacité peut en réduire la durée.

TITRE II *BIS* Le Conseil national de la transaction et de la gestion immobilières

(L. nº 2018-1021 du 23 nov. 2018, art. 151)

Art. 13-1 Le Conseil national de la transaction et de la gestion immobilières a pour mission de veiller au maintien et à la promotion des principes de moralité, de probité et de compétence nécessaires au bon accomplissement des activités mentionnées à l'article 1er par les personnes mentionnées au même article 1er.

Le conseil fait des propositions au ministre de la justice et aux ministres chargés de la consommation et du logement au sujet des conditions d'accès aux activités mentionnées audit article 1er et des conditions de leur exercice, s'agissant notamment :

1° De la nature de l'obligation d'aptitude professionnelle prévue au 1° de l'article 3 ;

2° De la nature de l'obligation de compétence professionnelle prévue à l'article 4 ;

3° De la nature et des modalités selon lesquelles s'accomplit la formation continue mentionnée à l'article 3-1 ;

4° Des règles constituant le code de déontologie applicable aux personnes titulaires de la carte professionnelle mentionnée à l'article 3 et, lorsqu'il s'agit de personnes morales, à leurs représentants légaux et statutaires, dont le contenu est fixé par décret.

Le conseil est consulté pour avis sur l'ensemble des projets de textes législatifs ou réglementaires relatifs aux conditions d'accès aux activités mentionnées à l'article 1er et aux conditions de leur exercice ainsi que sur l'ensemble des projets de textes législatifs et réglementaires relatifs à la copropriété.

Le conseil établit chaque année un rapport d'activité.

Art. 13-2 Le conseil comprend :

1° Sept membres représentant les personnes titulaires de la carte professionnelle mentionnée à l'article 3, choisis en veillant à assurer la représentativité de la profession, sur proposition d'un syndicat professionnel ou d'une union de syndicats professionnels représentatifs des personnes titulaires de la carte professionnelle mentionnée au même article 3 ;

2° Cinq membres représentant des consommateurs choisis parmi les associations de défense des consommateurs œuvrant dans le domaine du logement, agréées en application de l'article L. 811-1 du code de la consommation ;

3° Trois personnalités qualifiées dans le domaine de l'immobilier ou du droit des copropriétés, qui ne disposent pas de droit de vote et dont les avis sont consultatifs ;

4° Un président nommé par arrêté conjoint du garde des sceaux, ministre de la justice et des ministres chargés du logement et de la consommation et qui ne peut pas être une personne mentionnée aux 1° à 3° du présent article.

Les membres du conseil sont nommés par arrêté conjoint du ministre de la justice et des ministres chargés du logement et de la consommation.

Assistent de droit aux réunions du conseil les représentants du ministre de la justice et des ministres chargés du logement et de la consommation.

Art. 13-3 Le Conseil national de la transaction et de la gestion immobilières comprend une commission de contrôle des activités de transaction et de gestion immobilières qui instruit les cas de pratiques abusives portées à la connaissance du conseil.

La commission adresse son rapport pour avis au Conseil national de la transaction et de la gestion immobilières. Le président du Conseil national de la transaction et de la gestion immobilières propose à la délibération du conseil la transmission du rapport à l'autorité administrative chargée de la concurrence et de la consommation conformément aux dispositions de l'article 8-3.

La commission est composée de :

1° Cinq représentants des personnes titulaires de la carte professionnelle mentionnée à l'article 3, choisis en veillant à assurer la représentativité de la profession, sur proposition d'un syndicat professionnel ou d'une union de syndicats professionnels représentatifs des personnes titulaires de la carte professionnelle mentionnée au même article 3 ;

2° Cinq représentants des consommateurs choisis parmi les associations de défense des consommateurs œuvrant dans le domaine du logement, agréées en application de l'article L. 811-1 du code de la consommation.

Le président du Conseil national de la transaction et de la gestion immobilières désigne le président de la commission de contrôle parmi les personnes mentionnées au 1° du présent article.

Les membres de la commission sont nommés par arrêté conjoint du ministre de la justice et des ministres chargés du logement et de la consommation.

Art. 13-4 Un décret fixe les conditions d'application du présent titre.

TITRE III Des sanctions pénales

(Ord. n° 2004-634 du 1er juill. 2004, art. 10)

Art. 14 *(Ord. n° 2004-634 du 1er juill. 2004)* Est puni de six mois d'emprisonnement et de 7 500 € d'amende le fait :

a) De se livrer ou prêter son concours, d'une manière habituelle, même à titre accessoire, à des opérations visées à l'article 1er sans être titulaire de la carte instituée par l'article 3 ou après l'avoir restituée ou en ayant omis de la restituer après injonction de l'autorité administrative compétente ;

(L. n° 2018-1021 du 23 nov. 2018, art. 156) « *a bis A)* Pour toute personne d'utiliser la dénomination "agent immobilier", "syndic de copropriété" ou "administrateur de biens" sans être titulaire de la carte instituée par le même article 3 ; »

(L. n° 2014-366 du 24 mars 2014, art. 24-III-2°) « *a bis)* De se livrer ou de prêter son concours, d'une manière habituelle, même à titre accessoire, à des opérations mentionnées à l'article 1er en méconnaissance d'une interdiction définitive ou temporaire d'exercer, prononcée en application de l'article 13-8, et devenue définitive ; »

b) Pour toute personne qui assume la direction d'un établissement, d'une succursale, d'une agence ou d'un bureau, de n'avoir pas effectué la déclaration préalable d'activité prévue au *(L. n° 2014-366 du 24 mars 2014, art. 24-III-2°)* « onzième *[ancienne rédaction : dixième]* » alinéa de l'article 3 ;

c) Pour toute personne qui exerce les fonctions de représentant légal ou statutaire d'une personne morale, de se livrer ou de prêter son concours, même à titre accessoire, d'une manière habituelle à des opérations visées à l'article 1er sans remplir ou en ayant cessé de remplir les conditions prévues aux 1° et 4° de l'article 3 ;

(L. n° 2014-366 du 24 mars 2014, art. 24-III-2°) « *d)* Pour toute personne mentionnée à l'article 1er, de ne pas délivrer à ses clients les informations prévues à l'article 4-1. »

Est puni des mêmes peines le fait de négocier, s'entremettre ou prendre des engagements pour le compte du titulaire d'une carte professionnelle, sans y avoir été habilité dans les conditions de l'article 4 ci-dessus.

Art. 15 Est puni des peines prévues à l'article 313-1 du code pénal le fait d'exercer ou de tenter d'exercer une activité professionnelle en violation de l'incapacité résultant de l'application des articles 9 à 12.

Art. 16 Est puni de deux ans d'emprisonnement et de 30 000 € d'amende le fait :

1° De recevoir ou de détenir, à quelque titre et de quelque manière que ce soit, à l'occasion d'opérations visées à l'article 1er, des sommes d'argent, biens, effets ou valeurs quelconques :

a) Soit en violation de l'article 3 ;

b) Soit en violation des conditions prévues par l'article 5 pour la tenue des documents et la délivrance des reçus lorsque ces documents et reçus sont légalement requis ;

2° D'exiger ou d'accepter des sommes d'argent, biens, effets, ou valeurs quelconques, en infraction aux dispositions de l'article 6.

Art. 17 Est puni de six mois d'emprisonnement et de 7 500 € d'amende le fait de mettre obstacle à l'exercice de la mission des agents publics chargés du contrôle en refusant de leur communiquer les documents réclamés, notamment les documents bancaires ou comptables ainsi que les mandats écrits.

Art. 17-1 *(L. n° 2014-366 du 24 mars 2014, art. 24-III-3°)* Est sanctionné par une amende administrative, prononcée par l'autorité administrative chargée de la concurrence et de la consommation, dont le montant ne peut excéder 15 000 € pour une personne physique et 75 000 € pour une personne morale, *(Ord. n° 2016-301 du 14 mars 2016, art. 26, en vigueur le 1er juill. 2016)* « dans les conditions prévues au chapitre II du titre II du livre V » du code de la consommation, le fait, pour une personne mentionnée à l'article 1er de la présente loi et exerçant l'activité mentionnée au 1° de ce même article, de mettre en location aux fins d'habitation des locaux frappés *(L. n° 2020-1144 du 16 sept. 2021, art. 11, en vigueur le 1er janv. 2021)* « d'un arrêté de mise en sécurité ou de traitement de l'insalubrité pris en application de l'article L. 511-11 du code de la construction et de l'habitation, comportant une interdiction temporaire ou définitive d'habiter ». Le représentant de l'État dans le département ou le maire transmet à l'autorité administrative chargée de la concurrence et de la consommation, à sa demande, les mesures de police arrêtées permettant de caractériser *(Ord. n° 2016-301 du 14 mars 2016, art. 26, en vigueur le 1er juill. 2016)* « le manquement ».

Art. 17-2 *(Abrogé par L. n° 2015-990 du 6 août 2015, art. 210-IV, en vigueur le 1er juill. 2016) (L. n° 2014-366 du 24 mars 2014, art. 24-III-3°) « **Est puni de la peine d'amende prévue au 5° de l'article 131-13 du code pénal le fait, pour une personne mentionnée à l'article 1er de la présente loi, d'effectuer une publicité en violation de l'article 6-1.** »*

(L. n° 2015-990 du 6 août 2015, art. 210-IV, à compter du 1er juill. 2016) « Est puni de la peine d'amende prévue au 5° de l'article 131-13 du code pénal le fait », pour un agent commercial, d'effectuer une publicité en violation de l'article 6-2 ainsi que le fait de ne pas respecter l'obligation de mentionner le statut d'agent commercial prévue au même article.

Art. 18 Les personnes morales peuvent être déclarées responsables pénalement, dans les conditions prévues par l'article 121-2 du code pénal, des infractions définies aux articles 14, 15, 16 et 17.

Les peines encourues par les personnes morales sont les suivantes :

1° L'amende, suivant les modalités prévues par l'article 131-38 du code pénal ;

2° Les peines mentionnées à l'article 131-39 du même code.

L'interdiction mentionnée au 2° de ce dernier article a pour objet l'activité qui a donné lieu à l'infraction, que cette dernière ait été commise dans l'exercice de l'activité ou à l'occasion de cet exercice.

TITRE IV Dispositions diverses

Art. 19 *[ancien art. 20]* Les conditions d'application de la présente loi seront fixées par un décret en Conseil d'État. *— V. le décret ci-dessous.*

L'article 20 est devenu un article 19 en vertu des dispositions de l'Ord. n° 2004-634 du 1er juill. 2004 (art. 11) qui a par ailleurs abrogé l'ancien article 19.

Art. 19-1 *(Ord. n° 2007-1801 du 21 déc. 2007, art. 13-III)* Les dispositions de la présente loi entrent en vigueur à Mayotte à compter du 1er janvier 2009.

Art. 20 *(L. n° 2006-872 du 13 juill. 2006, art. 100)* Les personnes physiques et les représentants légaux ou statutaires d'une personne morale titulaires d'une carte professionnelle visée à l'article 3 et délivrée au plus tard le 31 décembre 2005 sont réputés justifier de l'aptitude professionnelle prévue au 1° de l'article 3 à compter du 1er janvier 2006.

Décret n° 72-678 du 20 juillet 1972,

Fixant les conditions d'application de la loi n° 70-9 du 2 janvier 1970 réglementant les conditions d'exercice des activités relatives à certaines opérations portant sur les immeubles et fonds de commerce.

CHAPITRE PREMIER *La carte professionnelle*

Art. 1er *(Décr. n° 2005-1315 du 21 oct. 2005, art. 2)* La carte professionnelle délivrée aux personnes établies sur le territoire national qui exercent une ou plusieurs des activités mentionnées à l'article 1er de la loi du 2 janvier 1970 susvisée porte la ou les mentions suivantes :

1° "Transactions sur immeubles et fonds de commerce", en cas d'exercice des activités mentionnées aux 1° à 5° et 8° de l'article 1er de la loi du 2 janvier 1970 ;

2° "Gestion immobilière", en cas d'exercice de l'activité mentionnée au 6° du même article ;

(Décr. n° 2015-702 du 19 juin 2015, art. 2, en vigueur le 1er juill. 2015) « 3° "Syndic de copropriété", en cas d'exercice de l'activité mentionnée au 9° du même article ;

« 4° » "Marchand de listes", en cas d'exercice de l'activité mentionnée au 7° du même article.

La mention "Marchand de listes" est exclusive des précédentes. Si le titulaire de la carte portant cette mention exerce les autres activités mentionnées à l'article 1er de la loi du 2 janvier 1970, il doit être détenteur d'une autre carte portant la ou les mentions correspondantes.

Lorsque le titulaire d'une carte entend se livrer ou prêter son concours, à titre accessoire, aux opérations mentionnées à l'article L. 211-1 du code du tourisme, cette carte porte en outre la mention "Prestations touristiques".

La carte délivrée aux personnes non établies sur le territoire national *(Décr. n° 2010-1707 du 30 déc. 2010, art. 2)* « , qui ne relèvent pas de la section III du chapitre II, » porte la mention supplémentaire "Prestations de services".

(Décr. n° 2010-1707 du 30 déc. 2010, art. 2) « La carte délivrée aux personnes ayant déposé la déclaration sur l'honneur mentionnée au 6° de l'article 3 porte en outre, pour l'activité concernée par la déclaration sur l'honneur, la mention : "Non-détention de fonds" ainsi que, le cas échéant, la mention : "Absence de garantie financière". »

Ces cartes sont conformes à un modèle établi par *(Décr. n° 2015-702 du 19 juin 2015, art. 16-5°, en vigueur le 1er juill. 2015)* « arrêté du ministre chargé de l'économie ». *— V. Arr. du 19 juin 2015 fixant les informations figurant sur la carte professionnelle, sur le récépissé de déclaration préalable d'activité et sur l'attestation prévues par le Décr. n° 72-678 du 20 juill. 1972 applicable aux agents immobiliers, syndics et gestionnaires de biens et Arr. du 19 juin 2015 fixant le modèle unique de demande, de renouvellement ou de modification de la carte professionnelle, de la déclaration préalable d'activité, de la déclaration de libre prestation de services et le modèle de demande d'attestation de personne habilitée prévus par le Décr. n° 72-678 du 20 juill. 1972 applicable aux agents immobiliers, syndics et gestionnaires de biens (JO 21 et 23 juin).*

CHAPITRE V *Obligations particulières en cas de réception, détention ou disposition de fonds, effets ou valeurs par les intermédiaires*

SECTION I *Registres-répertoires et reçus*

Art. 51 Tous les versements ou remises faits au titulaire *(Décr. n° 2005-1315 du 21 oct. 2005, art. 34)* « de la carte portant la mention "Transactions sur immeubles et fonds de commerce" ou "Marchand de listes" » doivent être immédiatement mentionnés sur un registre-répertoire dit "De la loi du 2 janvier 1970" conforme au modèle fixé par *(Décr. n° 2015-702 du 19 juin 2015, art. 16-8°, en vigueur le 1er juill. 2015)* « arrêté du ministre chargé de l'économie ».

Le registre-répertoire est, à l'avance, relié et coté sans discontinuité.

L'existence de ce registre ne dispense pas son titulaire de satisfaire, en ce qui concerne la tenue des autres livres ou registres, aux obligations auxquelles il est astreint en raison de sa qualité ou de la nature des opérations auxquelles il se livre.

Le registre-répertoire est tenu sous la responsabilité du titulaire de la carte professionnelle, ou de ses représentants légaux ou statutaires, s'il s'agit d'une personne morale.

Indépendamment du registre-répertoire tenu par le titulaire de la carte professionnelle pour l'ensemble des activités correspondant à cette carte, il est tenu un registre-répertoire pour les versements ou remises particuliers à chaque établissement, succursale, agence ou bureau, sous la responsabilité de la personne qui la dirige.

Le garant peut demander, à tout moment, communication du registre-répertoire.

Art. 52 Tous les versements ou remises doivent donner lieu à la délivrance d'un reçu. Ce reçu est conforme à un modèle fixé par *(Décr. n° 2015-702 du 19 juin 2015, art. 16-8°, en vigueur le 1er juill. 2015)* « arrêté du ministre chargé de l'économie ». Un double du reçu demeure dans un carnet de reçus.

Cet arrêté fixe également les mentions que le reçu devra contenir.

Le garant peut demander qu'un double de chaque reçu lui soit adressé.

Le titulaire du registre-répertoire peut, sous sa responsabilité et sous réserve des stipulations du contrat qui accorde la garantie, remettre des carnets de reçus à des personnes agissant pour son compte et titulaires du récépissé ou de l'attestation prévus aux articles 8 et 9 ci-dessus.

Le titulaire du registre-répertoire doit porter sur un état spécial la date de la mise en service de chaque carnet de reçus en précisant son numéro, ainsi que, le cas échéant, le nom, la qualité de son détenteur, ainsi que le numéro du récépissé ou de l'attestation.

Les versements ou remises reçus par ces personnes doivent être mentionnés sur le registre-répertoire de celui pour le compte duquel elles détiennent les carnets, dans les cinq jours francs de la délivrance du reçu.

Art. 53 *(Décr. n° 2005-1315 du 21 oct. 2005, art. 35)* Les registres et documents mentionnés aux articles 51 et 52 peuvent être établis, tenus et conservés sous forme électronique dans les conditions prescrites par les articles **1316** *[devenu art. 1365 en vertu de l'Ord. n° 2016-131 du 10 févr. 2016]* et suivants du code civil.

Ils doivent être conservés pendant dix ans quel que soit leur support.

Art. 54 La carte professionnelle *(Décr. n° 2005-1315 du 21 oct. 2005, art. 36)* « portant la mention » "transactions sur immeubles et fonds de commerce" n'autorise pas son titulaire à recevoir à ce titre, même occasionnellement, des versements ou remises énumérés à l'article 64 ci-après, à l'occasion de la location ou de la sous-location en nu ou en meublé d'immeubles bâtis ou non bâtis, ni des redevances de location-gérance d'un fonds de commerce.

SECTION II ***Obligations concernant les intermédiaires garantis par un établissement de crédit, par une société de financement ou par une entreprise d'assurance*** *(Décr. n° 95-818 du 29 juin 1995 ; Décr. n° 2014-1315 du 3 nov. 2014, art. 20-2°-d).*

Art. 55 *(Décr. n° 95-818 du 29 juin 1995)* « Lorsque la garantie est donnée par un établissement de crédit *(Décr. n° 2014-1315 du 3 nov. 2014, art. 20-2°-d)* « , par une société de financement » ou une entreprise d'assurance, le titulaire de la carte professionnelle prévue au *(Décr. n° 2010-1707 du 30 déc. 2010, art. 11)* « 1° » de l'article 1er du présent décret est tenu de faire ouvrir, à son nom, dans un établissement de crédit, un compte qui est *(Décr. n° 2005-1315 du 21 oct. 2005, art. 37)* « spécialement affecté à la réception des versements ou remises mentionnés à l'article 5 de la loi du 2 janvier 1970 susvisée, à l'exclusion des sommes représentatives des rémunérations ou » *(Décr. n° 2016-1392 du 17 oct. 2016, art. 11)* « honoraires ».

Il ne peut être ouvert qu'un seul compte de cette nature par titulaire de carte professionnelle.

Ce compte fonctionne exclusivement sous la signature du titulaire de la carte professionnelle, de son ou de ses représentants légaux ou statutaires, s'il s'agit d'une personne morale, et, le cas échéant, du gérant, mandataire ou salarié, et des préposés spécialement habilités à cet effet. *(Décr. n° 95-818 du 29 juin 1995)* « L'administrateur ou le liquidateur, en cas de redressement judiciaire ou de liquidation judiciaire, ou un mandataire de justice si le titulaire du compte est dans l'impossibilité de manifester sa volonté, peut opérer les retraits. »

Il ne peut y avoir compensation ou convention de fusion entre ce compte et tout autre compte ouvert au nom de son titulaire dans *(Décr. n° 95-818 du 29 juin 1995)* « le même établissement de crédit ».

(Décr. n° 2008-355 du 15 avr. 2008, art. 5) « Le titulaire de la carte qui a fait la déclaration prévue au 6° de l'article 3 est dispensé d'ouvrir un tel compte. »

Art. 56 *(Décr. n° 95-818 du 29 juin 1995)* « Tous les versements reçus par le titulaire de la carte professionnelle sont obligatoirement faits au moyen soit de chèques barrés à l'ordre de l'établissement de crédit où le compte est ouvert, soit par virements, soit par mandats *(Abrogé par Décr. n° 2006-1115 du 5 sept. 2006, art. 19)* « ***postaux*** » à l'ordre dudit établissement de crédit, avec indication du numéro de compte » *(Décr. n° 2005-1315 du 21 oct. 2005, art. 38)* « , soit par carte de paiement. »

Les effets, ainsi que les valeurs reçus par le titulaire du compte sont obligatoirement remis à l'établissement où est ouvert ce compte.

Les versements ou remises sont reçus dans les mêmes formes par les titulaires du récépissé de la déclaration ou de l'attestation prévus aux articles 8 et 9, au nom et pour le compte du titulaire de la carte professionnelle, et doivent également être déposés dans les conditions prévues aux alinéas précédents.

Art. 57 Les retraits du compte prévu à l'article 55 ne peuvent être faits que *(Décr. n° 95-818 du 29 juin 1995)* « par virement ou par la délivrance d'un chèque barré » ou encore, s'il s'agit de valeurs ou d'effets, par un récépissé de retrait.

Art. 58 Dès la notification de la cessation de la garantie à *(Décr. n° 95-818 du 29 juin 1995)* « l'établissement de crédit » qui tient le compte, il ne peut être procédé à des retraits qu'avec l'accord du garant.

Si le titulaire du compte refuse d'effectuer un retrait, la désignation d'un administrateur provisoire peut être demandée au président du tribunal judiciaire statuant en référé.

En cas de changement de garantie financière, les fonds provenant des opérations en cours au moment de la cessation de la garantie antérieure ne peuvent être transférés à un autre compte de même nature ou un compte spécial à rubrique prévu ci-après, suivant le cas, que s'ils sont pris en charge au titre de la nouvelle garantie.

SECTION III *Obligations concernant les intermédiaires dont la garantie résulte d'une consignation*

Art. 59 *(Décr. n° 2005-1315 du 21 oct. 2005, art. 39, 1°)* « Lorsque la garantie résulte d'une consignation, la personne qui est titulaire de la carte professionnelle portant la mention : "Transactions sur immeubles et fonds de commerce" ou "Marchand de listes" est tenue de faire ouvrir un compte spécial à rubriques qui est spécialement affecté à la réception des versements et remises mentionnés à l'article 5 de la loi du 2 janvier 1970 susvisée, à l'exclusion des sommes représentatives des rémunérations ou *(Décr. n° 2016-1392 du 17 oct. 2016, art. 11)* « honoraires ». Ce compte est ouvert dans un établissement de crédit ou à la Caisse des dépôts et consignations. Les versements et remises reçus par le titulaire de la carte à l'occasion des opérations visées aux l° à 5°, 7° et 8° de l'article 1er de la loi sont obligatoirement déposés à ce compte dans les conditions suivantes. »

Les versements sont obligatoirement faits au moyen, soit de chèques à l'ordre de l'établissement où le compte est ouvert et barrés, soit par virements de banque à banque, soit par mandats *(Abrogé par Décr. n° 2006-1115 du 5 sept. 2006, art. 19)* « ***ou virements postaux*** » à l'ordre dudit établissement *(Décr. n° 2005-1315 du 21 oct. 2005, art. 39, 2°)* « , soit par carte de paiement ».

Ces versements doivent mentionner l'opération à laquelle ils se rapportent, le nom de la personne qui y a procédé, et celui de la ou des personnes qui peuvent en être les bénéficiaires. Ils sont inscrits au compte sous une rubrique reprenant ces diverses mentions.

Les effets, ainsi que les valeurs reçus par le titulaire du compte sont obligatoirement placés au compte spécial à rubriques et leur dépôt est effectué à l'établissement dans les conditions prévues à l'alinéa précédent.

Lorsque les titulaires d'un récépissé de déclaration ou d'attestation prévus par les articles 8 et 9 agissent au nom et pour le compte de la personne qui est titulaire du compte spécial à rubriques, les versements et remises qu'ils reçoivent doivent être faits dans les formes prévues au présent article.

Art. 60 Les retraits du compte spécial à rubriques ne peuvent être faits que par virements de banque à banque *(Abrogé par Décr. n° 2006-1115 du 5 sept. 2006, art. 19)* « ***ou à un compte de chèques postaux*** », par la délivrance d'un chèque bancaire barré, ou encore, s'il s'agit de valeurs ou d'effets, par un récépissé de retrait.

Art. 61 Le titulaire du compte peut disposer sous sa seule signature des sommes ou valeurs figurant à une rubrique du compte, mais seulement au profit :

1° D'un notaire ;

2° De la personne ayant procédé au versement ou à la remise ;

3° Des personnes désignées comme bénéficiaires lors de l'inscription au compte, à l'exception de lui-même ;

4° D'un séquestre judiciaire ou de créanciers des personnes propriétaires des fonds ou valeurs ;

5° De lui-même, à la condition qu'il justifie d'une créance née de la transmission d'un droit se rapportant à des opérations spécifiées *(Décr. n° 2005-1315 du 21 oct. 2005, art. 40, 1°)* « aux 1° à 5°, 7° et 8° de l'article 1er de la loi du 2 janvier 1970 susvisée ».

(Décr. n° 2005-1315 du 21 oct. 2005, art. 40, 2°) « L'administrateur ou le mandataire judiciaire désigné après l'ouverture d'une procédure relevant du livre VI du code de commerce », ou un mandataire de justice si le titulaire du compte est dans l'impossibilité de manifester sa volonté, peut opérer les retraits à la place du titulaire.

La justification de la qualité de créancier du vendeur d'un fonds de commerce peut suffisamment résulter pour la banque du caractère conjoint de l'ordre de disposition donné par le titulaire du compte et par le vendeur lui-même.

Art. 62 Sauf instructions particulières du titulaire du compte spécial à rubriques, l'établissement détenteur des valeurs ou effets remis n'est pas tenu de surveiller les échéances de valeurs ou d'effets.

Les sommes provenant de l'encaissement de valeurs ou effets sont directement portées au crédit de la rubrique correspondant à l'opération.

L'établissement qui tient le compte est tenu de vérifier que les bénéficiaires des retraits figurent parmi les personnes énumérées à l'article 61 ci-dessus. Toute opposition ou *(Décr. n° 2012-783 du 30 mai 2012, art. 7)* « saisie *[ancienne rédaction : sasie-arrêt]* » visant des avoirs figurant à une rubrique du compte doit être obligatoirement pratiquée entre les mains du titulaire du compte.

Art. 63 Dès la notification de la cessation de la garantie à l'établissement qui tient le compte, il ne peut être procédé à des retraits que par un administrateur désigné par le président du tribunal judiciaire sur simple requête.

En cas de changement de garantie financière, les fonds provenant des opérations en cours au moment de la cessation de la garantie antérieure ne peuvent être transférés à un compte prévu par l'article 55 que s'ils sont pris en charge au titre de la nouvelle garantie.

CHAPITRE VI *Dispositions particulières à la gestion immobilière*

Art. 64 Le titulaire de la carte professionnelle *(Décr. n° 2005-1315 du 21 oct. 2005, art. 41)* « portant la mention » *(Décr. n° 2016-1392 du 17 oct. 2016, art. 13)* « "Gestion immobilière" ou "Syndic de copropriété" » peut recevoir des sommes représentant des loyers, charges, indemnités d'occupation, prestations, cautionnements, avances sur travaux, et, plus généralement, tous biens, sommes ou valeurs dont la perception est la conséquence de l'administration des biens d'autrui.

A moins que le titulaire de la carte professionnelle *(Décr. n° 2005-1315 du 21 oct. 2005, art. 41)* « portant la mention » "gestion immobilière" représente la personne morale qu'il administre, notamment un syndicat de copropriétaires, une société ou une association, il doit détenir un mandat écrit qui précise l'étendue de ses pouvoirs et qui l'autorise expressément à recevoir des biens, sommes ou valeurs, à l'occasion de la gestion dont il est chargé.

Art. 65 Le titulaire de la carte professionnelle *(Décr. n° 2005-1315 du 21 oct. 2005, art. 42-1°)* « portant la mention » *(Décr. n° 2016-1392 du 17 oct. 2016, art. 13)* « "Gestion immobilière" ou "Syndic de copropriété" », son ou ses représentants légaux ou statutaires, s'il s'agit d'une personne morale, doit tenir, sous sa responsabilité, un registre des mandats, conforme à un modèle fixé par *(Décr. n° 2015-702 du 19 juin 2015, art. 16, en vigueur le 1er juill. 2015)* « arrêté du ministre chargé de l'économie », sur lequel les mandats prévus à l'article précédent sont mentionnés par ordre chronologique.

Le numéro d'inscription sur le registre des mandats est reporté sur celui des exemplaires du mandat qui reste en la possession du mandant.

Les décisions de toute nature qui confient au titulaire du registre des mandats la gestion d'un syndicat de copropriétaires, d'une société ou d'une association doivent être mentionnées à leur date sur le registre.

Ce registre est, à l'avance, coté sans discontinuité et relié.

En cas de cessation de garantie, ce registre est communiqué au garant ou à l'administrateur désigné.

(Décr. n° 2005-1315 du 21 oct. 2005, art. 42-2°) « Le registre peut être tenu sous forme électronique dans les conditions prescrites par les articles 1316 et suivants du code civil. »

Art. 66 Le mandat précise les conditions de la reddition de comptes qui doit intervenir au moins tous les ans.

Le mandataire ne peut demander ni recevoir, directement ou indirectement, d'autres rémunérations, à l'occasion des opérations dont il est chargé, que celles dont les conditions de détermination sont précisées dans le mandat ou dans la décision de nomination, ni de personnes autres que celles qui y sont désignées.

Art. 67 Les loyers payés d'avance entre les mains d'un mandataire, sous quelque forme et pour quelque cause que ce soit, à l'occasion d'un louage de choses, ne peuvent excéder une somme correspondant au montant du loyer afférent à la période de location lorsqu'elle n'excède pas trois mois. Pour les locations d'une durée supérieure à trois mois, les sommes ainsi payées ne peuvent dépasser un montant qui excède trois mois de loyers pour les locaux d'habitation, les locaux à usage professionnel et les locaux à usage professionnel et d'habitation, et six mois de loyers pour les locaux à usage commercial, industriel ou artisanal.

Les versements ou remises faits entre les mains d'un mandataire et correspondant à un cautionnement ou à un loyer payé d'avance ne peuvent être acceptés par le mandataire plus de trois mois avant l'entrée dans les lieux ou la remise des clés.

Avis des versements ou remises afférents à des locations nouvelles doit être donné au propriétaire ou au bailleur par lettre recommandée ou par un écrit remis contre un récépissé, au plus tard dans les huit jours de la remise des fonds.

Art. 68 *(Décr. nº 2005-1315 du 21 oct. 2005, art. 43)* Les versements accompagnant une réservation de location saisonnière au sens de l'article 1er [1] de la loi du 2 janvier 1970 susvisée ne peuvent intervenir plus de six mois avant la remise des clés ni excéder 25 % du montant total du loyer. Le solde ne peut être exigé qu'un mois, au plus tôt, avant l'entrée dans les lieux.

Avis de ces versements est donné au propriétaire ou au bailleur dans les conditions stipulées au mandat.

Art. 69 La *[Le]* titulaire de la carte professionnelle *(Décr. nº 2005-1315 du 21 oct. 2005, art. 44, 1º)* « portant la mention » *(Décr. nº 2016-1392 du 17 oct. 2016, art. 13)* « "Gestion immobilière" ou "Syndic de copropriété" » peut recevoir des versements ou remises, autres que ceux mentionnés par l'article 64, et même un prix de vente, à l'occasion de l'une des opérations spécifiées *(Décr. nº 2005-1315 du 21 oct. 2005, art. 44, 2º)* « aux 1° à 5°, 7° et 8° de l'article 1er » de la loi susvisée du 2 janvier 1970, mais seulement à titre occasionnel et sous les conditions suivantes :

1° Il doit gérer depuis plus de trois ans le bien qui est l'objet du contrat ;

2° Les fonds, biens, effets ou valeurs reçus ou détenus, dans ces conditions, doivent être compris dans le montant de la garantie financière, conformément aux dispositions de l'article 29 ci-dessus ;

3° Il doit avoir reçu un mandat spécial répondant aux conditions prévues aux articles 72 et suivants, à l'effet de procéder à l'opération dont s'agit ;

4° Les conséquences pécuniaires de la responsabilité civile professionnelle qui peut être encourue à cette occasion, doivent être couvertes, soit par la police relative aux activités de gestion immobilière *(Décr. nº 2015-702 du 19 juin 2015, art. 16-11º, en vigueur le 1er juill. 2015)* « ou de syndic de copropriété », soit par une police spéciale ou complémentaire souscrite auprès *(Décr. nº 2005-1315 du 21 oct. 2005, art. 44, 3º)* « d'une entreprise d'assurance ».

Art. 70 En cas de cessation de la garantie, *(Décr. nº 2015-702 du 19 juin 2015, art. 16-12º, en vigueur le 1er juill. 2015)* « la personne visée à l'article 1er (6° ou 9°) » de la loi du 2 janvier 1970, doit verser immédiatement les fonds, biens, effets ou valeurs qu'elle détient pour les mandants à un compte ouvert dans un établissement *(Décr. nº 95-818 du 29 juin 1995)* « de crédit ».

Les retraits du compte ouvert en application de l'alinéa premier ci-dessus sont opérés, avec l'accord du garant, sous la signature du titulaire du compte ou de la personne qui est habilitée par la loi à le représenter.

En cas de refus ou d'impossibilité d'opérer le versement ou les retraits prévus aux alinéas précédents, le garant peut demander, au juge des référés la désignation d'un administrateur.

Art. 71 Lorsque la garantie résulte d'une consignation, les versements ou remises mentionnés à l'article 64 doivent être faits à un compte ouvert, par *(Décr. nº 95-818 du 29 juin 1995)* « un établissement de crédit » ou par la caisse des dépôts et consignations *(Abrogé par Décr. nº 2006-1115 du 5 sept. 2006, art. 19)* ***« ou par un centre de chèques postaux »***, au nom de chaque mandant ou de chaque indivision.

Toutes les sommes ou valeurs reçues à l'occasion des opérations de gestion immobilière *(Décr. n° 2015-702 du 19 juin 2015, art. 16-13°, en vigueur le 1er juill. 2015)* « ou de l'exercice des fonctions de syndic de copropriété » doivent être versées dans les trois jours francs à ce compte.

En cas de cessation de garantie, les retraits du compte ouvert en application de l'alinéa premier sont opérés sous la double signature du ou des mandants et du gestionnaire, ou, en cas d'impossibilité ou de refus de sa part, de la personne qui est habilitée par la loi à le représenter ou, le cas échéant, d'un administrateur désigné par ordonnance du président du tribunal judiciaire rendue sur requête.

CHAPITRE VII *Les conventions prévues par l'article 6 de la loi du 2 janvier 1970 susvisée* *(Décr. n° 95-818 du 29 juin 1995, art. 42 ; Décr. n° 2005-1315 du 21 oct. 2005, art. 45).*

SECTION I *Les conventions relatives aux opérations de l'article 1er (1° à 5°) de la loi du 2 janvier 1970 susvisée* *(Décr. n° 95-818 du 29 juin 1995).*

Art. 72 Le titulaire *(Décr. n° 2005-1315 du 21 oct. 2005, art. 46, 1°)* « de la carte professionnelle portant la mention : "Transactions sur immeubles et fonds de commerce" » ne peut négocier ou s'engager à l'occasion d'opérations spécifiées à l'article 1er (1° à 5°) de la loi susvisée du 2 janvier 1970, sans détenir un mandat écrit préalablement délivré à cet effet par l'une des parties.

Le mandat précise son objet et contient les indications prévues à l'article 73.

Lorsqu'il comporte l'autorisation de s'engager pour une opération déterminée, le mandat en fait expressément mention.

Tous les mandats sont mentionnés par ordre chronologique sur un registre des mandats conforme à un modèle fixé par *(Décr. n° 2015-702 du 19 juin 2015, art. 16-5°, en vigueur le 1er juill. 2015)* « arrêté du ministre chargé de l'économie ».

Le numéro d'inscription sur le registre des mandats est reporté sur celui des exemplaires du mandat qui reste en la possession du mandant.

Ce registre est à l'avance coté sans discontinuité et relié. *(Décr. n° 2005-1315 du 21 oct. 2005, art. 46, 2°)* « Il peut être tenu sous forme électronique dans les conditions prescrites par les articles **1316** *[devenu art. 1365 en vertu de l'Ord. n° 2016-131 du 10 févr. 2016]* et suivants du code civil. »

Les mandats et le registre sont conservés pendant dix ans.

Art. 73 Le titulaire *(Décr. n° 2005-1315 du 21 oct. 2005, art. 47, 1°)* « de la carte professionnelle portant la mention "Transactions sur immeubles et fonds de commerce" », son ou ses représentants légaux ou statutaires, s'il s'agit d'une personne morale, qui doit recevoir le mandat prévu à l'article 72, ne peut demander, ni recevoir, directement ou indirectement, d'autre rémunération ou *(Décr. n° 2016-1392 du 17 oct. 2016, art. 14)* « d'autres honoraires » à l'occasion d'une opération spécifiée à l'article 1er (1° à 5°) de la loi susvisée du 2 janvier 1970 que celle dont les conditions de détermination sont précisées dans le mandat.

Le mandat doit préciser si cette rémunération est à la charge exclusive de l'une des parties à l'opération ou si elle est partagée. Dans ce dernier cas, les conditions et modalités de ce partage sont indiquées dans le mandat et reprises dans l'engagement des parties. Le montant de la rémunération ou *(Décr. n° 2016-1392 du 17 oct. 2016, art. 14)* « des honoraires » ainsi que l'indication de la ou des parties qui en ont la charge, sont portés dans l'engagement des parties. Il en est de même, le cas échéant, des honoraires de rédaction d'actes et de séquestre.

Le titulaire de la carte ne peut demander, ni recevoir, directement ou indirectement, des *(Décr. n° 2016-1392 du 17 oct. 2016, art. 14)* « honoraires » ou des rémunérations à l'occasion de cette opération d'une personne autre que celles mentionnées comme en ayant la charge dans le mandat et dans l'engagement des parties.

(Décr. n° 2005-1315 du 21 oct. 2005, art. 47, 2°) « Le titulaire de la carte professionnelle perçoit sans délai sa rémunération ou *(Décr. n° 2016-1392 du 17 oct. 2016, art. 14)* « ses honoraires » une fois constatée par acte authentique l'opération conclue par son intermédiaire. »

Art. 74 Lorsque l'engagement des parties contient une clause de dédit ou une condition suspensive, l'opération ne peut être regardée comme effectivement conclue pour l'application *(Décr. n° 2016-1392 du 17 oct. 2016, art. 15)* « de l'avant-dernier » *(Décr. n° 2005-1315 du 21 oct. 2005, art. 48)* « alinéa du I » de l'article 6 de la loi susvisée du 2 janvier 1970, s'il y a dédit ou tant que la faculté de dédit subsiste, ou tant que la condition suspensive n'est pas réalisée.

Art. 75 Si le mandat prévoit une rémunération forfaitaire, celle-ci peut être modifiée lorsque le prix de vente ou de cession retenu par l'engagement des parties est différent du prix figurant dans le mandat.

Art. 76 Le titulaire de la carte n'est autorisé à verser pour un montant maximal, à recevoir ou à détenir des fonds, biens, effets ou valeurs, ou à en disposer, à l'occasion d'une opération spécifiée à l'article 1er (1° à 5°) de la loi susvisée du 2 janvier 1970 que dans la mesure et dans les conditions précisées par une clause expresse du mandat, compte tenu des dispositions de cette loi et du présent décret.

Le mandat d'acheter ou de prendre à bail un bien non identifié ne doit contenir aucune clause fixant à l'avance le montant des dommages-intérêts ou du dédit éventuellement dû par la partie qui ne remplirait pas ses engagements.

Art. 77 Le titulaire de la carte devra, dans le délai stipulé et, en tout cas, dans les huit jours de l'opération, informer son mandant de l'accomplissement du mandat de vendre ou d'acheter.

L'information est faite par lettre recommandée avec demande d'avis de réception ou par tout autre écrit remis contre récépissé ou émargement.

L'intermédiaire remet à son mandant, dans les mêmes conditions que celles prévues aux deux alinéas précédents, une copie de la quittance ou du reçu délivré.

Art. 78 *(Décr. nº 2015-724 du 24 juin 2015, en vigueur le 1er juill. 2015)* « Lorsqu'un mandat est assorti d'une clause d'exclusivité ou d'une clause pénale, ou lorsqu'il comporte une clause aux termes de laquelle des honoraires seront dus par le mandant même si l'opération est conclue sans les soins de l'intermédiaire, cette clause ne peut recevoir application que si elle résulte d'une stipulation expresse d'un mandat dont un exemplaire a été remis au mandant. Cette clause, mentionnée en caractères très apparents, ne peut prévoir le paiement d'une somme supérieure au montant des honoraires stipulés dans le mandat pour l'opération à réaliser. »

Passé un délai de trois mois à compter de sa signature, le mandat contenant une telle clause peut être dénoncé à tout moment par chacune des parties, à charge pour celle qui entend y mettre fin d'en aviser l'autre partie quinze jours au moins à l'avance par lettre recommandée avec demande d'avis de réception.

Toutefois, les dispositions du précédent alinéa ne s'appliquent pas lorsque le mandat est donné en vue de :

1° La vente d'immeuble par lots ;

2° La souscription ou la première cession d'actions ou de parts de société immobilière donnant vocation à une attribution de locaux en jouissance ou en propriété ;

3° La location, par fractions, de tout ou partie des locaux à usage commercial dépendant d'un même ensemble commercial.

Dans les trois cas prévus au précédent alinéa, le mandat doit néanmoins préciser les cas et conditions dans lesquels il peut être dénoncé avant sa complète exécution lorsque l'opération porte en totalité sur un immeuble déjà achevé.

Art. 78-1 *(Décr. nº 2008-355 du 15 avr. 2008, art. 6)* La clause du mandat mentionnée *(Décr. nº 2016-1392 du 17 oct. 2016, art. 16)* « à l'avant-dernier » alinéa du I de l'article 6 de la loi du 2 janvier 1970 a pour objet les frais exposés par le mandataire et *(Décr. nº 2016-1392 du 17 oct. 2016, art. 16)* « les honoraires auxquels » il peut prétendre pour ses diligences préalables à la conclusion de l'opération.

Elle décrit les modalités de calcul et de paiement des sommes dues au mandataire.

Elle est mentionnée sur le mandat en caractères très apparents.

Art. 79 Lorsque le titulaire de la carte professionnelle *(Décr. nº 2005-1315 du 21 oct. 2005, art. 49)* « portant la mention "Transactions sur immeubles et fonds de commerce" » reçoit un versement ou une remise à l'occasion d'une opération visée à l'article 1er de la loi susvisée du 2 janvier 1970, l'acte écrit contenant l'engagement des parties comporte l'indication du mode et du montant de la garantie et celle du garant ou du consignataire.

SECTION II *Les conventions relatives aux opérations de l'article 1er (7°) de la loi du 2 janvier 1970 susvisée* (Décr. nº 95-818 du 29 juin 1995).

Art. 79-1 Pour l'exercice de l'activité mentionnée au 7° de l'article 1er de la loi du 2 janvier 1970 susvisée, le titulaire de la carte *(Décr. nº 2005-1315 du 21 oct. 2005, art. 50, 1°)*

« portant la mention : "Marchand de listes" » ne peut procéder à l'inscription d'un bien immobilier dans un fichier ou sur une liste sans détenir préalablement une convention à cet effet rédigée par écrit et signée par le propriétaire du bien ou le titulaire de droits sur ce bien.

Cette convention précise son objet, sa durée, la description du bien ou des biens sur lesquels elle porte. S'il est prévu une rémunération à la charge du propriétaire ou du titulaire de droits sur le bien, elle indique le montant de cette rémunération. Elle prévoit les moyens à mettre en œuvre par l'une et l'autre des parties afin que ne figurent dans le fichier ou sur la liste que des biens disponibles au regard de son objet.

Toutes les conventions prévues au présent article sont mentionnées par ordre chronologique sur un registre spécial conforme à un modèle fixé par *(Décr. n° 2015-702 du 19 juin 2015, art. 16-5°, en vigueur le 1er juill. 2015)* « arrêté du ministre chargé de l'économie ».

Le numéro d'inscription sur ce registre spécial est reporté sur celui des exemplaires de la convention qui reste en la possession du propriétaire du bien ou du titulaire de droits sur ce bien.

(Décr. n° 2005-1315 du 21 oct. 2005, art. 50, 2°) « Ce registre peut être tenu sous forme électronique dans les conditions prescrites par les articles **1316** *[devenu art. 1365 en vertu de l'Ord. n° 2016-131 du 10 févr. 2016]* et suivants du code civil. »

Les conventions et le registre spécial sont conservés pendant dix ans.

Art. 79-2 *(Décr. n° 2015-724 du 24 juin 2015, en vigueur le 1er juill. 2015)* « La convention conclue entre le client et le titulaire de la carte portant la mention : "Marchand de listes" précise son objet, sa durée, les caractéristiques du bien recherché, le montant de la rémunération convenue ainsi que les conditions de remboursement partiel ou total de celle-ci.

« La clause relative aux conditions de remboursement est mentionnée en caractères très apparents. Elle précise que le client qui prétend au remboursement de la rémunération en informe le marchand de listes par écrit remis contre signature ou par lettre recommandée avec demande d'avis de réception.

« Le marchand de listes dispose d'un délai de quinze jours à compter de la remise de la demande ou de la première présentation de la lettre recommandée pour procéder au remboursement ou motiver son refus par écrit.

« Le remboursement intervient en une fois et ne peut donner lieu à la facturation d'aucuns frais. Le titulaire de la carte professionnelle effectue ce remboursement en utilisant le même moyen de paiement que celui auquel le client a eu recours pour verser la rémunération, sauf accord exprès de celui-ci pour l'utilisation d'un autre moyen de paiement.

« La convention rappelle également l'interdiction pour le titulaire de la carte de recevoir paiement préalablement à la parfaite exécution de son obligation de fournir effectivement les listes ou fichiers. »

Al. abrogé par Décr. n° 2005-1315 du 21 oct. 2005, art. 51,2°.

(Décr. n° 95-818 du 29 juin 1995) « Toutes les conventions prévues au présent article sont mentionnées par ordre chronologique sur un registre spécial conforme à un modèle fixé par *(Décr. n° 2015-702 du 19 juin 2015, art. 16-5°, en vigueur le 1er juill. 2015)* « arrêté du ministre chargé de l'économie ». — *V. Arr. du 16 avr. 1996 (JO 24 avr.).*

« Le numéro d'inscription sur ce registre spécial est reporté sur celui des exemplaires de la convention qui reste en la possession de l'acquéreur de listes. »

(Décr. n° 2005-1315 du 21 oct. 2005, art. 51, 3°) « Ce registre peut être tenu sous forme électronique dans les conditions prescrites par les articles **1316** *[devenu art. 1365 en vertu de l'Ord. n° 2016-131 du 10 févr. 2016]* et suivants du code civil. »

(Décr. n° 95-818 du 29 juin 1995) « Les conventions et le registre spécial sont conservés pendant dix ans. »

Art. 79-3 Le titulaire *(Décr. n° 2005-1315 du 21 oct. 2005, art. 52)* « de la carte portant la mention : "Marchand de listes" et de la carte portant la mention : "Transactions sur immeubles et fonds de commerce" » ne peut, à l'occasion d'une opération portant sur un même bien ou sur une même demande, se livrer simultanément à l'activité mentionnée à l'article 1er (7°) de la loi du 2 janvier 1970 susvisée et à une des activités mentionnées à l'article 1er (1° à 5°) de la même loi.

Si, à l'occasion d'une opération portant sur un même bien ou sur une même demande, la convention prévue à l'article 79-1 ou celle prévue à l'article 79-2 est suivie du mandat prévu à l'article 72, le titulaire de la carte doit, préalablement à l'acceptation du mandat, rembourser au mandant la rémunération que celui-ci a versée en application de l'une des conventions prévues aux articles 79-1 ou 79-2 précités.

L'obligation de remboursement, dans le cas visé à l'alinéa ci-dessus, doit figurer expressément dans les conventions prévues aux articles 79-1 et 79-2.

....

CHAPITRE X *Dispositions diverses*

Art. 92 *(Décr. n° 2005-1315 du 21 oct. 2005, art. 56)* « Outre les mentions prescrites par les articles 8, 28 et 56 du décret du 23 mars 1967 susvisé et par l'article 72 du décret du 30 mai 1984 susvisé, » les personnes visées à l'article 1er de la loi du 2 janvier 1970 doivent faire figurer sur tous documents, contrats et correspondance à usage professionnel :

Le numéro et le lieu de délivrance de la carte professionnelle ;

Le nom ou la raison sociale et l'adresse de l'entreprise ainsi que l'activité exercée ;

(Décr. n° 2010-1707 du 30 déc. 2010, art. 13) « Le cas échéant, le nom et l'adresse du garant. »

Ces indications ne doivent être accompagnées d'aucune mention de nature à faire croire, d'une quelconque manière, à une assermentation, à une inscription, à une commission, à un accréditement *(Décr. n° 95-818 du 29 juin 1995)* « ou à un agrément ».

Art. 93 Le titulaire de la carte professionnelle est tenu d'apposer, en évidence, dans tous les lieux où est reçue la clientèle, une affiche indiquant :

Le numéro de la carte professionnelle ;

(Décr. n° 2010-1707 du 30 déc. 2010, art. 14) « Le cas échéant, le montant de la garantie ; « Le cas échéant, la dénomination et l'adresse du garant. »

S'il s'agit des *(Décr. n° 2005-1315 du 21 oct. 2005, art. 57)* « titulaires de la carte portant la mention "Transactions sur immeubles et fonds de commerce" ou "Marchand de listes" », l'affiche indiquera, en outre *(Décr. n° 95-818 du 29 juin 1995)* « l'établissement de crédit » et le numéro du compte où doivent être effectués les versements et remises ainsi que les modes obligatoires de versement. Elle reproduira les dispositions du premier alinéa de l'article 52 ci-dessus.

Art. 94 *(Décr. n° 2010-1707 du 30 déc. 2010, art. 15)* Lorsque le titulaire de la carte professionnelle a souscrit la déclaration prévue au 6° de l'article 3 ou au 4° de l'article 80, les documents et affiches mentionnés aux deux précédents articles indiquent, pour l'activité concernée, que l'intéressé ne doit recevoir ni détenir d'autres fonds, effets ou valeurs que ceux représentatifs de sa rémunération ou de *(Décr. n° 2016-1392 du 17 oct. 2016, art. 19)* « ses honoraires ». Cette indication figure également dans toute publicité commerciale émanant du titulaire. Une affiche comportant cette mention est apposée, en évidence, dans la vitrine ou sur le panneau publicitaire extérieur, s'il en existe un.

L'indication mentionnée à l'alinéa précédent est portée en utilisant des caractères très apparents.

(Abrogé par Décr. n° 2015-702 du 19 juin 2015, art. 17, à compter du 1er juill. 2015) « Les conditions d'application du présent article sont définies par arrêté du ministre de la justice. »

Art. 95 *(Décr. n° 95-818 du 29 juin 1995)* « Les dispositions réglementant les conditions d'exercice des activités relatives à certaines opérations portant sur les immeubles et les fonds de commerce ne sont pas applicables, pour les opérations qu'ils sont régulièrement habilités à réaliser dans le cadre de la réglementation de leur profession, aux notaires, aux avoués, aux avocats, aux huissiers de justice, aux géomètres experts, aux administrateurs judiciaires *(Décr. n° 2009-766 du 22 juin 2009, art. 5)* « , aux experts fonciers et agricoles et aux experts forestiers ».

« Ces dispositions ne s'appliquent pas aux sociétés filiales de sociétés nationales ou d'entreprises publiques qui gèrent exclusivement les immeubles de ces sociétés ou entreprises, ni aux organismes collecteurs de la participation des employeurs à l'effort de construction, dans la mesure où ces organismes gèrent les immeubles qu'ils ont construits. Elles ne s'appliquent pas non plus aux sociétés d'économie mixte dont l'État ou une collectivité locale détient au moins 35 p. 100 du capital social, ni aux sociétés d'aménagement foncier et d'établissement rural *(Abrogé par Décr. n° 2002-642 du 29 avr. 2002) « pour les missions qui leur sont confiées par les collectivités territoriales ou les établissements publics qui leur sont rattachés »*.

(Décr. n° 2002-642 du 29 avr. 2002) « Ces dispositions ne s'appliquent pas non plus, dans les limites de leur compétence, aux sociétés anonymes coopératives d'habitation à loyer modéré de location-attribution mentionnées aux articles L. 422-13 et suivants du code de la construction et de l'habitation, ni aux organismes d'habitation à loyer modéré mentionnés à l'article L. 411-2 du code de la construction et de l'habitation pour :

« 1° La gestion et l'entremise immobilières *(Décr. n° 2016-1392 du 17 oct. 2016, art. 20)* « et l'exercice des fonctions de syndic de copropriété » relatives aux immeubles appartenant à d'autres organismes d'habitation à loyer modéré, à des collectivités publiques, à des sociétés d'économie mixte, à des organismes à but non lucratif, à des sociétés civiles coopératives de construction ;

« 2° L'exercice des fonctions de syndic de copropriété, en application de l'article L. 443-15 du code de la construction et de l'habitation.

« Pour l'exercice des activités de gestion et d'entremise immobilières *(Décr. n° 2016-1392 du 17 oct. 2016, art. 20)* « et des fonctions de syndic de copropriété » ne faisant pas l'objet des exemptions prévues ci-dessus, les personnes mentionnées à l'alinéa précédent sont dispensées des justifications prévues au chapitre II.

« Les architectes, les agréés en architecture et les sociétés d'architecture, inscrits à l'ordre, sont dispensés de la production des justifications prévues au chapitre II pour l'exercice des activités de gestion immobilière *(Décr. n° 2015-702 du 19 juin 2015, art. 16-11°, en vigueur le 1er juill. 2015)* « ou de syndic de copropriété ». »

Art. 95-1 *(Décr. n° 2015-702 du 19 juin 2015, art. 15, en vigueur le 1er juill. 2015)* Pour l'exercice des activités de location de meublés saisonniers à usage touristique, les personnes immatriculées au registre mentionné à l'article L. 141-3 du code du tourisme sont dispensées des justifications prévues au chapitre II. Elles doivent justifier avoir souscrit, dans les conditions prévues par le code du tourisme, une assurance contre les risques pécuniaires de la responsabilité civile professionnelle et la garantie financière couvrant ces activités.

Art. 95-2 *(Décr. n° 2015-724 du 24 juin 2015, en vigueur le 1er juill. 2015)* L'information prévue à l'article 4-1 de la loi du 2 janvier 1970 susvisée fait l'objet d'un écrit établi par le professionnel qui propose à son client les services d'une entreprise, d'un établissement bancaire ou d'une société financière. Cet écrit, présenté de manière lisible et compréhensible, est adressé par le professionnel à son client en même temps que la proposition de services.

La preuve de la délivrance de l'information peut être faite par tout moyen. Elle est conservée par les professionnels mentionnés à l'article 4-1.

II. Autres activités

Code du tourisme

(Ord. n° 2004-1391 du 20 déc. 2004)

LIVRE II Activités et professions du tourisme

TITRE PREMIER Des agents de voyage et autres opérateurs de la vente de voyages et de séjours

(L. n° 2009-888 du 22 juill. 2009)

CHAPITRE UNIQUE *Régime de la vente de voyages et de séjours*

SECTION I *Dispositions générales*

Art. L. 211-1 *(Ord. n° 2017-1717 du 20 déc. 2017, art. 1er et 6, en vigueur le 1er juill. 2018)* I. — Le présent chapitre s'applique aux personnes physiques ou morales qui élaborent et vendent ou offrent à la vente dans le cadre de leur activité commerciale, industrielle, artisanale ou libérale :

1° Des forfaits touristiques ;

2° Des services de voyage portant sur le transport, le logement, la location d'un véhicule ou d'autres services de voyage qu'elles ne produisent pas elles-mêmes.

Il s'applique également aux professionnels qui facilitent aux voyageurs l'achat de prestations de voyage liées au sens de l'article L. 211-2.

II. — Les organismes locaux de tourisme bénéficiant du soutien de l'État, des collectivités territoriales ou de leurs groupements peuvent se livrer ou apporter leur concours, dans l'intérêt général, à des opérations mentionnées au I, dès lors que celles-ci permettent de faciliter l'accueil ou d'améliorer les conditions de séjour des touristes dans leur zone géographique d'intervention.

III. — Le présent chapitre s'applique aux personnes physiques ou morales qui émettent des bons ou coffrets permettant d'acquitter le prix de l'une des prestations mentionnées au I. Il ne s'applique pas aux personnes physiques ou morales qui n'effectuent que la vente de ces bons ou coffrets.

IV. — Le présent chapitre n'est pas applicable aux personnes qui ne proposent des forfaits, des services de voyage ou ne facilitent la conclusion de prestations de voyage liées qu'à titre occasionnel, dans un but non lucratif et pour un groupe limité de voyageurs uniquement.

V. — Le présent chapitre ne s'applique pas aux personnes suivantes, sauf en ce qui concerne l'organisation, la vente ou l'offre à la vente de forfaits ou lorsqu'elles facilitent l'achat de prestations de voyage liées :

1° Aux personnes physiques ou morales qui n'effectuent que la délivrance de titres de transport terrestre pour le compte d'un ou de plusieurs transporteurs de voyageurs ;

2° Aux transporteurs aériens qui n'effectuent que la délivrance de titres de transport aérien ou de titres de transports consécutifs incluant un parcours de transport aérien et, à titre accessoire, un ou plusieurs parcours de transport terrestre assurés par un ou plusieurs transporteurs de voyageurs ;

3° Aux transporteurs ferroviaires qui n'effectuent que la délivrance de titres de transport ferroviaire ou de titres de transports consécutifs incluant un parcours de transport ferroviaire et, à titre accessoire, d'autres parcours de transport terrestre ou aérien assurés par un ou plusieurs transporteurs de voyageurs ;

4° Aux personnes physiques ou morales titulaires d'une carte professionnelle délivrée en application de la loi n° 70-9 du 2 janvier 1970 réglementant les conditions d'exercice des activités relatives à certaines opérations portant sur les immeubles et les fonds de commerce, lorsqu'elles ne réalisent les opérations mentionnées au 2° du I qu'à titre accessoire. Ces personnes doivent souscrire, pour la réalisation de ces opérations, une assurance garantissant les conséquences pécuniaires de la responsabilité professionnelle et une garantie financière permettant le remboursement des fonds déposés.

Art. L. 211-2 *(Ord. n° 2017-1717 du 20 déc. 2017, art. 1er et 6, en vigueur le 1er juill. 2018)*
I. — Constitue un service de voyage :

1° Le transport de passagers ;

2° L'hébergement qui ne fait pas partie intégrante du transport de passagers et qui n'a pas un objectif résidentiel ;

3° La location de voitures particulières, d'autres véhicules de catégorie M au sens de l'article R. 311-1 du code de la route ayant une vitesse maximale par construction supérieure à 25 km/h ou de motocyclettes au sens de l'article R. 311-1 du code de la route dont la conduite nécessite la possession d'un permis de conduire de catégorie A conformément aux dispositions de l'article R. 221-4 de ce même code ;

4° Tout autre service touristique qui ne fait pas partie intégrante d'un service de voyage au sens des 1°, 2° ou 3°.

II. — A. — Constitue un forfait touristique la combinaison d'au moins deux types différents de services de voyage aux fins du même voyage ou séjour de vacances, dépassant vingt-quatre heures ou incluant une nuitée, si :

1° Ces services sont combinés par un seul professionnel, y compris à la demande du voyageur ou conformément à son choix, avant qu'un contrat unique incluant tous ces services ne soit conclu ;

2° Indépendamment de l'éventuelle conclusion de contrats séparés avec des prestataires de services de voyage individuels, ces services sont :

a) Soit achetés auprès d'un seul point de vente et choisis avant que le voyageur n'accepte de payer ;

b) Soit proposés, vendus ou facturés à un prix tout compris ou à un prix total ;

c) Soit annoncés ou vendus sous la dénomination de "forfait" ou sous une dénomination similaire ;

d) Soit combinés après la conclusion d'un contrat par lequel un professionnel autorise le voyageur à choisir parmi une sélection de différents types de services de voyage ;

e) Soit achetés auprès de professionnels distincts grâce à des procédures de réservation en ligne liées, lorsque le nom du voyageur, les modalités de paiement et l'adresse électronique sont transmis par le professionnel avec lequel le premier contrat est conclu à un ou plusieurs autres *professionnels* et lorsqu'un contrat avec ce ou ces derniers est conclu au plus tard vingt-quatre heures après la confirmation de la réservation du premier service de voyage.

B. — Les combinaisons de services de voyage dans lesquelles un seul des types de service de voyage mentionnés au 1°, au 2°, ou au 3° du I est combiné à un ou plusieurs des services touristiques mentionnés au 4° du I ne constituent pas un forfait si ces derniers services :

1° Ne représentent pas une part significative de la valeur de la combinaison, ne sont pas annoncés comme étant une caractéristique essentielle de la combinaison ou ne constituent pas d'une manière ou d'une autre une telle caractéristique, ou

2° Sont choisis et achetés uniquement après que l'exécution d'un service de voyage mentionné au 1°, au 2° ou au 3° du I a commencé.

III. — Constitue une prestation de voyage liée la combinaison d'au moins deux types différents de services de voyage achetés aux fins du même voyage ou séjour de vacances, couvrant au moins vingt-quatre heures ou une nuitée, ne constituant pas un forfait et entraînant la conclusion de contrats séparés avec des prestataires de services de voyage individuels, si un professionnel facilite :

1° A l'occasion d'une seule visite à son point de vente ou d'une seule prise de contact avec celui-ci, le choix séparé et le paiement séparé de chaque service de voyage par les voyageurs ou

2° D'une manière ciblée, l'achat d'au moins un service de voyage supplémentaire auprès d'un autre professionnel lorsque le contrat avec cet autre professionnel est conclu au plus tard vingt-quatre heures après la confirmation de la réservation du premier service de voyage.

Lorsqu'il est acheté un seul des types de service de voyage mentionnés au 1°, au 2° ou au 3° du I et un ou plusieurs des services touristiques mentionnés au 4° du I, ceux-ci ne constituent pas une prestation de voyage liée si ces derniers services ne représentent pas une part significative de la valeur combinée des services et ne sont pas annoncés comme étant une caractéristique essentielle du voyage ou séjour de vacances ou ne constituent pas d'une manière ou d'une autre une telle caractéristique.

IV. — Pour l'application du présent chapitre, le voyageur est une personne cherchant à conclure un contrat relevant du champ d'application du présent chapitre ou ayant le droit de voyager sur la base d'un tel contrat déjà conclu.

Un professionnel est une personne physique ou morale, qu'elle soit publique ou privée, qui agit, y compris par l'intermédiaire d'une autre personne agissant en son nom ou pour son compte, aux fins qui entrent dans le cadre de son activité commerciale, industrielle, artisanale ou libérale en ce qui concerne des contrats relevant du présent chapitre, qu'elle agisse en qualité d'organisateur, de détaillant, de professionnel facilitant une prestation de voyage liée ou de prestataire d'un service de voyage.

Un organisateur est un professionnel qui élabore des forfaits touristiques et les vend ou les offre à la vente, directement ou par l'intermédiaire d'un autre professionnel ou encore conjointement avec un autre professionnel, ou un professionnel qui transmet les données du voyageur à un autre professionnel conformément au *e* du 2° du A du II.

Un détaillant est un professionnel autre que l'organisateur, qui vend ou offre à la vente des forfaits élaborés par un organisateur ou des services de voyage assurés par un autre professionnel.

V. — Pour l'application du présent chapitre, on entend par :

1° Point de vente : tout site commercial, qu'il soit meuble ou immeuble, ou un site internet commercial ou une structure de vente en ligne similaire, y compris lorsque des sites internet commerciaux ou des structures de vente en ligne sont présentés aux voyageurs comme une structure unique, y compris un service téléphonique ;

2° Support durable : tout instrument permettant au voyageur ou au professionnel de stocker des informations qui lui sont adressées personnellement d'une manière permettant de s'y reporter ultérieurement pendant un laps de temps adapté aux fins auxquelles les informations sont destinées et qui permet la reproduction à l'identique des informations stockées ;

3° Circonstances exceptionnelles et inévitables : une situation échappant au contrôle de la partie qui invoque cette situation et dont les conséquences n'auraient pu être évitées même si toutes les mesures raisonnables avaient été prises.

Art. L. 211-3 *(Ord. n° 2017-1717 du 20 déc. 2017, art. 1er et 6, en vigueur le 1er juill. 2018)*
I. — Avant que le voyageur ne soit lié par un contrat conduisant à l'élaboration d'une prestation de voyage liée ou d'une offre correspondante, le professionnel facilitant les prestations de voyage liées, y compris s'il n'est pas établi dans un État membre mais dirige par tout moyen ces activités vers la France, mentionne de façon claire, compréhensible et apparente que le voyageur :

1° Ne bénéficiera d'aucun des droits applicables exclusivement aux forfaits touristiques et que chaque prestataire de service sera seulement responsable de la bonne exécution contractuelle de son service ; et

2° Bénéficiera d'une protection contre l'insolvabilité conformément à l'article L. 211-18.

Afin de se conformer au présent I, le professionnel facilitant une prestation de voyage liée fournit ces informations au voyageur au moyen du formulaire fixé par voie réglementaire ou, si le type particulier de prestation de voyage liée ne correspond à aucun des formulaires, il fournit les informations qui y figurent.

II. — Lorsque le professionnel facilitant les prestations de voyage liées ne s'est pas conformé aux exigences énoncées au I du présent article et au 1° du II de l'article L. 211-18, les droits et obligations prévus aux articles L. 211-11, L. 211-14 et L. 211-16 à L. 211-17-1 s'appliquent en ce qui concerne les services de voyage compris dans la prestation de voyage liée.

III. — Lorsqu'une prestation de voyage liée résulte de la conclusion d'un contrat entre un voyageur et un professionnel qui ne facilite pas la prestation de voyage liée, ce professionnel informe le professionnel qui facilite la prestation de voyage liée de la conclusion du contrat concerné.

Art. L. 211-4 Les personnes physiques ou morales immatriculées au registre mentionné *(Ord. n° 2017-1717 du 20 déc. 2017, art. 1er et 6, en vigueur le 1er juill. 2018)* « à l'article L. 141-3 » peuvent réaliser pour le compte d'autrui des locations meublées d'immeubles bâtis, dites locations saisonnières, telles que définies à l'article 1er-1 de la loi n° 70-9 du 2 janvier 1970 précitée. Elles sont soumises, pour l'exercice de cette activité, à l'article 8 de la même loi.

Art. L. 211-5 Les personnes physiques ou morales immatriculées au registre mentionné *(Ord. n° 2017-1717 du 20 déc. 2017, art. 1er et 6, en vigueur le 1er juill. 2018)* « à l'article L. 141-3 » doivent tenir leurs livres et documents à la disposition des agents habilités à les consulter ; elles doivent également mentionner leur immatriculation au registre dans leur enseigne, dans les documents remis aux tiers et dans leur publicité.

Art. L. 211-5-1 *(Ord. n° 2017-1717 du 20 déc. 2017, art. 1er et 6, en vigueur le 1er juill. 2018)* La déclaration d'un organisateur de forfait touristique ou d'un professionnel facilitant une prestation de voyage liée mentionnant qu'il agit exclusivement en qualité de prestataire d'un service de voyage, d'intermédiaire ou en toute autre qualité, ou qu'un forfait ou une prestation de voyage liée ne constitue pas un forfait ou une prestation de voyage liée, ne libère pas ledit organisateur ou professionnel des obligations qui lui sont imposées par le présent chapitre.

Les dispositions contractuelles ou les déclarations faites par le voyageur qui, directement ou indirectement, constituent une renonciation aux droits conférés aux voyageurs ou une restriction de ces droits, ou qui visent à éviter l'application de ce chapitre ne sont pas opposables au voyageur.

Art. L. 211-6 Les conditions d'application du présent chapitre sont fixées par décret en Conseil d'État.

SECTION II *Contrat de vente de voyages et de séjours*

(Ord. n° 2017-1717 du 20 déc. 2017, art. 2 et 6, en vigueur le 1er juill. 2018)

Art. L. 211-7 I. — La présente section s'applique aux prestations mentionnées aux 1° et 2° du I de l'article L. 211-1 et à l'article L. 211-4. Toutefois, elle ne s'applique aux opérations suivantes que lorsque celles-ci entrent dans le cadre d'un forfait touristique tel que défini au II de l'article L. 211-2 :

1° La réservation et la vente de titres de transport aérien ou d'autres titres de transport sur ligne régulière ;

2° La location de meublés saisonniers, qui demeurent régis par la loi n° 70-9 du 2 janvier 1970 précitée et par les textes pris pour son application.

II. — Elle ne s'applique pas aux services de voyage et forfaits touristiques vendus dans le cadre d'une convention générale conclue pour le voyage d'affaires.

Art. L. 211-8 L'organisateur ou le détaillant informe le voyageur au moyen d'un formulaire fixé par voie réglementaire, préalablement à la conclusion du contrat, des caractéristiques principales des prestations proposées relatives au transport et au séjour, des coordonnées du détaillant et de l'organisateur, du prix et des modalités de paiement, des conditions d'annulation et de résolution du contrat, des informations sur les assurances ainsi que des conditions de franchissement des frontières. Ces informations sont présentées d'une manière claire, compréhensible et apparente. Lorsque ces informations sont présentées par écrit, elles doivent être lisibles.

Art. L. 211-9 Les informations précontractuelles communiquées au voyageur font partie intégrante du contrat et ne peuvent pas être modifiées, sauf si les parties contractantes en conviennent expressément autrement. L'organisateur ou le détaillant communique toutes les modifications relatives aux informations précontractuelles au voyageur, de façon claire, compréhensible et apparente, avant la conclusion du contrat.

Si l'organisateur ou le détaillant n'a pas satisfait aux obligations d'information concernant les frais, redevances ou autres coûts supplémentaires avant la conclusion du contrat, le voyageur n'est pas redevable desdits frais, redevances ou autres coûts.

La charge de la preuve concernant le respect des obligations d'information énoncées aux articles L. 211-8 et L. 211-10 incombe au professionnel.

Art. L. 211-10 Les contrats sont formulés en termes clairs et compréhensibles et, s'ils revêtent la forme écrite, sont lisibles. Lors de la conclusion du contrat, ou dans les meilleurs délais par la suite, l'organisateur ou le détaillant fournit au voyageur une copie ou une confirmation du contrat sur un support durable. Le voyageur est en droit de demander un exemplaire papier si le contrat a été conclu en la présence physique et simultanée des parties.

En ce qui concerne les contrats hors établissement définis à l'article L. 221-1 du code de la consommation, un exemplaire ou la confirmation du contrat est fournie au voyageur sur support papier ou, moyennant l'accord de celui-ci, sur un autre support durable.

Le contrat ou sa confirmation reprend l'ensemble du contenu de la convention, qui inclut toutes les informations mentionnées à l'article L. 211-8, et les informations complémentaires portant notamment sur les exigences particulières du voyageur que l'organisateur ou le détaillant a acceptées, les coordonnées complètes du représentant local de l'organisateur ou du détaillant et de son garant ainsi que des mentions obligatoires, fixées par voie réglementaire.

Ces informations sont présentées d'une manière claire, compréhensible et apparente.

En temps utile avant le début du voyage ou du séjour, l'organisateur ou le détaillant remet au voyageur les reçus, bons de voyage et billets nécessaires, les informations sur l'heure prévue de départ et, s'il y a lieu, l'heure limite d'enregistrement ainsi que les heures prévues des escales, des correspondances et de l'arrivée.

Art. L. 211-11 Le voyageur peut, moyennant un préavis raisonnable adressé à l'organisateur ou au détaillant sur un support durable avant le début du voyage ou du séjour, céder le contrat à une personne satisfaisant à toutes les conditions applicables à ce contrat.

Le cédant du contrat et le cessionnaire sont solidairement responsables du paiement du solde du prix ainsi que des frais, redevances ou autres coûts supplémentaires éventuels occasionnés par cette cession. L'organisateur ou le détaillant informe le cédant des coûts réels de la cession. Ces coûts ne sont pas déraisonnables et n'excèdent pas le coût effectivement supporté par l'organisateur ou par le détaillant en raison de la cession du contrat.

L'organisateur ou le détaillant apporte au cédant la preuve des frais, redevances ou autres coûts supplémentaires occasionnés par la cession du contrat.

Art. L. 211-12 Après la conclusion du contrat, les prix ne peuvent être majorés que si le contrat prévoit expressément cette possibilité et indique que le voyageur a droit à une réduction du prix. Dans ce cas, le contrat précise de quelle manière la révision du prix doit être calculée. Les majorations de prix sont possibles uniquement si elles sont la conséquence directe d'une évolution :

1° Du prix du transport de passagers résultant du coût du carburant ou d'autres sources d'énergie ;

2° Du niveau des taxes ou redevances sur les services de voyage compris dans le contrat, imposées par un tiers qui ne participe pas directement à l'exécution du contrat, y compris les taxes touristiques, les taxes d'atterrissage ou d'embarquement et de débarquement dans les ports et aéroports ; ou

3° Des taux de change en rapport avec le contrat.

Indépendamment de son importance, une majoration du prix n'est possible que si l'organisateur ou le détaillant la notifie de manière claire et compréhensible au voyageur, en assortissant ladite majoration d'une justification et d'un calcul, sur un support durable, au plus tard vingt jours avant le début du voyage ou du séjour.

Si le contrat prévoit la possibilité d'une majoration du prix, le voyageur a droit à une réduction de prix correspondant à toute baisse des coûts mentionnés aux 1°, 2° et 3°, qui intervient après la conclusion du contrat et avant le début du voyage ou du séjour.

Art. L. 211-13 L'organisateur ou le détaillant ne peut, avant le début du voyage ou du séjour, modifier unilatéralement les clauses du contrat autres que le prix conformément à l'article L. 211-12, à moins que :

1° L'organisateur ou le détaillant se soit réservé ce droit dans le contrat ;

2° La modification soit mineure ; et

3° L'organisateur ou le détaillant en informe le voyageur d'une manière claire, compréhensible et apparente sur un support durable.

Lorsque, avant le départ, le respect d'un des éléments essentiels du contrat est rendu impossible par suite d'un événement extérieur qui s'impose à l'organisateur ou au détaillant, celui-ci doit le plus rapidement possible en avertir le voyageur et informer ce dernier de la faculté dont il dispose soit de résoudre sans frais le contrat, soit d'accepter la modification proposée par l'organisateur ou le détaillant.

Art. L. 211-14 I. – Le voyageur peut résoudre le contrat à tout moment avant le début du voyage ou du séjour. Dans ce cas, le vendeur peut lui demander de payer des frais de résolution appropriés et justifiables. Le contrat peut stipuler des frais de résolution standard raisonnables, calculés en fonction de la date de résolution du contrat avant le début du voyage ou du séjour et des économies de coûts et des revenus escomptés du fait d'une remise à disposition des services de voyage concernés. En l'absence de frais de résolution standard, le montant des frais de résolution correspond au prix moins les économies de coûts et les revenus réalisés du fait d'une remise à disposition des services de voyage. A la demande du voyageur, le vendeur justifie le montant des frais de résolution.

II. – Le voyageur a le droit de résoudre le contrat avant le début du voyage ou du séjour sans payer de frais de résolution si des circonstances exceptionnelles et inévitables, survenant au lieu de destination ou à proximité immédiate de celui-ci, ont des conséquences importantes sur l'exécution du contrat ou sur le transport des passagers vers le lieu de destination. Dans ce cas, le voyageur a droit au remboursement intégral des paiements effectués mais pas à un dédommagement supplémentaire.

III. – L'organisateur ou le détaillant peut résoudre le contrat et rembourser intégralement le voyageur des paiements effectués, mais il n'est pas tenu à une indemnisation supplémentaire, si :

1° Le nombre de personnes inscrites pour le voyage ou le séjour est inférieur au nombre minimal indiqué dans le contrat et que le vendeur notifie la résolution du contrat au voyageur dans le délai fixé par le contrat, mais au plus tard :

– vingt jours avant le début du voyage ou du séjour dans le cas de voyages dont la durée dépasse six jours ;

– sept jours avant le début du voyage ou du séjour dans le cas de voyages dont la durée est de deux à six jours ;

– quarante-huit heures avant le début du voyage ou du séjour dans le cas de voyages ne durant pas plus de deux jours ;

ou

2° L'organisateur ou le détaillant est empêché d'exécuter le contrat en raison de circonstances exceptionnelles et inévitables et notifie la résolution du contrat au voyageur dans les meilleurs délais avant le début du voyage ou du séjour.

SECTION III *Responsabilité civile professionnelle*

(Ord. n° 2017-1717 du 20 déc. 2017, art. 3 et 6, en vigueur le 1er juill. 2018)

Art. L. 211-16 I. – Le professionnel qui vend un forfait touristique mentionné au 1° du I de l'article L. 211-1 est responsable de plein droit de l'exécution des services prévus par ce contrat, que ces services soient exécutés par lui-même ou par d'autres prestataires de services de voyage, sans préjudice de son droit de recours contre ceux-ci.

Le professionnel qui vend un service de voyage mentionné au 2° du I de l'article L. 211-1 est responsable de plein droit de l'exécution du service prévu par ce contrat, sans préjudice de son droit de recours contre le prestataire de service.

Toutefois*[,]* le professionnel peut s'exonérer de tout ou partie de sa responsabilité en *apportant la preuve que le dommage* est imputable soit au voyageur, soit à un tiers étranger à la fourniture des services de voyage compris dans le contrat *(Abrogé par L. n° 2019-486 du 22 mai 2019, art. 206) « et revêt un caractère imprévisible ou inévitable »*, soit à des circonstances exceptionnelles et inévitables.

Lorsqu'un organisateur ou un détaillant verse des dommages et intérêts, accorde une réduction de prix ou s'acquitte des autres obligations qui lui incombent, il peut demander réparation à tout tiers ayant contribué au fait à l'origine de l'indemnisation, de la réduction de prix ou d'autres obligations.

II. — Le voyageur informe l'organisateur ou le détaillant, dans les meilleurs délais eu égard aux circonstances de l'espèce, de toute non-conformité constatée lors de l'exécution d'un service de voyage inclus dans le contrat.

Le voyageur peut adresser des messages, des demandes ou des plaintes en rapport avec l'exécution du contrat directement au détaillant par l'intermédiaire duquel le voyage ou le séjour a été acheté. Le détaillant transmet ces messages, demandes ou plaintes à l'organisateur dans les meilleurs délais. Aux fins du respect des dates butoirs ou des délais de prescription, la date de réception, par le détaillant, des messages, demandes ou plaintes est réputée être la date de leur réception par l'organisateur.

III. — Si l'un des services de voyage n'est pas exécuté conformément au contrat, l'organisateur ou le détaillant remédie à la non-conformité, sauf si cela est impossible ou entraîne des coûts disproportionnés, compte tenu de l'importance de la non-conformité et de la valeur des services de voyage concernés.

Si l'organisateur ou le détaillant ne remédie pas à la non-conformité, conformément à l'alinéa précédent, le voyageur peut demander une réduction de prix et, en cas de dommage distinct, des dommages et intérêts en application de l'article L. 211-17.

IV. — Sans préjudice des exceptions énoncées au III, si l'organisateur ou le détaillant ne remédie pas à la non-conformité dans un délai raisonnable fixé par le voyageur, celui-ci peut y remédier lui-même et réclamer le remboursement des dépenses nécessaires. Il n'est pas nécessaire que le voyageur précise un délai si l'organisateur ou le détaillant refuse de remédier à la non-conformité ou si une solution immédiate est requise.

V. — Lorsqu'une part importante des services de voyage ne peut être fournie comme prévu dans le contrat, l'organisateur ou le détaillant propose, sans supplément de prix pour le voyageur, d'autres prestations appropriées, si possible de qualité égale ou supérieure à ceux spécifiés dans le contrat, pour la continuation du contrat, y compris lorsque le retour du voyageur à son lieu de départ n'est pas fourni comme convenu.

Lorsque les autres prestations proposées donnent lieu à un voyage ou séjour de qualité inférieure à celle spécifiée dans le contrat, l'organisateur ou le détaillant octroie au voyageur une réduction de prix appropriée.

Le voyageur ne peut refuser les autres prestations proposées que si elles ne sont pas comparables à ce qui avait été prévu dans le contrat ou si la réduction de prix octroyée n'est pas appropriée.

VI. — Lorsqu'une non-conformité perturbe considérablement l'exécution d'un voyage ou séjour et que l'organisateur ou le détaillant n'y remédie pas dans un délai raisonnable fixé par le voyageur, ce dernier peut résoudre le contrat sans payer de frais de résolution et demander, le cas échéant, conformément à l'article L. 211-17, une réduction de prix et en cas de dommage distinct des dommages et intérêts.

S'il s'avère impossible de proposer d'autres prestations ou si le voyageur refuse les autres prestations proposées conformément au troisième alinéa du V, le voyageur a droit, s'il y a lieu, à une réduction de prix et, en cas de dommage distinct, à des dommages et intérêts conformément à l'article L. 211-17, sans résolution du contrat.

Si le contrat comprend le transport de passagers, l'organisateur ou le détaillant fournit également au voyageur, dans les cas mentionnés aux deux précédents alinéas, le rapatriement par un moyen de transport équivalent, dans les meilleurs délais eu égard aux circonstances de l'espèce et sans frais supplémentaires pour le voyageur.

VII. — Lorsqu'il est impossible, en raison de circonstances exceptionnelles et inévitables, d'assurer le retour du voyageur comme prévu dans le contrat, l'organisateur ou le détaillant supporte les coûts de l'hébergement nécessaire, si possible de catégorie équivalente, pour une durée maximale de trois nuitées par voyageur. Si des durées plus longues sont prévues par la législation de l'Union européenne sur les droits des passagers applicable aux moyens de transport concernés pour le retour du voyageur, ces durées s'appliquent.

VIII. — La limitation des coûts prévue à l'alinéa précédent ne s'applique pas aux personnes à mobilité réduite, telles que définies à l'article 2, point a, du règlement (CE) n° 1107/2006, aux personnes les accompagnant, aux femmes enceintes et aux mineurs non accompagnés, ni aux personnes nécessitant une assistance médicale spécifique, à condition que l'organisateur ou le détaillant ait été prévenu de leurs besoins particuliers au moins quarante-huit heures avant le début du contrat. L'organisateur ou le détaillant ne saurait invoquer des circonstances exceptionnelles et inévitables pour limiter la responsabilité au titre du présent article si le prestataire de transport concerné ne peut se prévaloir de telles circonstances en vertu de la législation applicable de l'Union européenne.

Art. L. 211-17 I. – Le voyageur a droit à une réduction de prix appropriée pour toute période de non-conformité des services fournis dans le cadre d'un contrat, sauf si l'organisateur ou le détaillant prouve que la non-conformité est imputable au voyageur.

II. – Le voyageur a droit à des dommages et intérêts de la part de l'organisateur ou du détaillant pour tout préjudice subi en raison de la non-conformité des services fournis. L'indemnisation est effectuée dans les meilleurs délais.

III. – Le voyageur n'a droit à aucune indemnisation si l'organisateur ou le détaillant prouve que la non-conformité est imputable soit au voyageur, soit à un tiers étranger à la fourniture des services de voyage compris dans le contrat et revêt un caractère imprévisible ou inévitable, soit à des circonstances exceptionnelles et inévitables.

IV. – Dans la mesure où des conventions internationales circonscrivent les conditions dans lesquelles une indemnisation est due par un prestataire fournissant un service de voyage qui fait partie d'un voyage ou séjour ou limitent l'étendue de cette indemnisation, les mêmes limites s'appliquent à l'organisateur ou au détaillant. Dans les autres cas, le contrat peut limiter les dommages et intérêts à verser par l'organisateur ou le détaillant, pour autant que cette limitation ne s'applique pas aux préjudices corporels ni aux dommages causés intentionnellement ou par négligence et qu'elle ne représente pas moins de trois fois le prix total du voyage ou séjour.

V. – Les droits à indemnisation ou à réduction de prix prévus par le présent code ne portent pas atteinte aux droits des voyageurs au titre du règlement (CE) n° 261/2004, du règlement (CE) n° 1371/2007, du règlement (CE) n° 392/2009, du règlement (UE) n° 1177/2010, du règlement (UE) n° 181/2011 et des conventions internationales. Les voyageurs ont le droit d'introduire des réclamations au titre du présent code et desdits règlements et conventions internationales. L'indemnisation ou la réduction de prix octroyée en vertu du présent code et l'indemnisation ou la réduction de prix octroyée en vertu desdits règlements et conventions internationales sont déduites les unes des autres pour éviter toute double indemnisation.

VI. – Le délai de prescription pour l'introduction des réclamations au titre du présent article est fixé à deux ans, sous réserve du délai prévu à l'article 2226 du code civil.

Art. L. 211-17-1 L'organisateur d'un voyage ou séjour ou le détaillant apporte dans les meilleurs délais eu égard aux circonstances de l'espèce une aide appropriée au voyageur en difficulté, y compris dans les circonstances mentionnées au VII de l'article L. 211-16.

Art. L. 211-17-2 Le professionnel est responsable de toute erreur due à des défauts techniques du système de réservation qui lui est imputable et, si le professionnel a accepté d'organiser la réservation d'un voyage ou séjour, il est responsable des erreurs commises au cours de la procédure de réservation.

Un professionnel n'est pas responsable des erreurs de réservation qui sont imputables au voyageur ou qui sont causées par des circonstances exceptionnelles et inévitables.

Art. L. 211-17-3 La présente section n'est pas applicable :

1° Aux prestations qui n'entrent pas dans le cadre d'un forfait touristique et qui sont relatives soit à des titres de transport aérien, soit à d'autres titres de transport sur ligne régulière ;

2° Aux prestations vendues dans le cadre d'une convention générale conclue pour le voyage d'affaires.

SECTION IV *Obligation et conditions d'immatriculation*

Art. L. 211-18 *(Ord. n° 2017-1717 du 20 déc. 2017, art. 4 et 6, en vigueur le 1er juill. 2018)* I. – Les personnes physiques ou morales mentionnées à l'article L. 211-1 sont immatriculées au registre mentionné à l'article L. 141-3.

II. – Afin d'être immatriculées, ces personnes doivent :

1° Justifier, à l'égard des voyageurs, d'une garantie financière suffisante, spécialement affectée au remboursement des fonds reçus au titre des forfaits touristiques, des prestations de voyage liées et de ceux des services mentionnés au 2° du I de l'article L. 211-1 qui ne portent pas uniquement sur un transport, sauf lorsque les forfaits touristiques et services de voyage sont achetés en vertu d'une convention générale conclue pour l'organisation d'un voyage d'affaires. Cette garantie doit résulter de l'engagement d'un organisme de garantie collective, d'un établissement de crédit ou d'une entreprise d'assurance établis sur le territoire d'un État membre de l'Union européenne ou d'un autre État partie à l'accord sur l'Espace économique européen ou d'une société de financement. Si une prestation de transport est incluse, la garantie doit couvrir les frais de rapatriement éventuel vers le lieu de départ ou à un autre lieu décidé d'un commun accord par les parties contractantes. Le remboursement peut être remplacé, avec l'accord du voyageur, par la fourniture d'une prestation différente en remplacement de la prestation prévue. La prestation proposée par l'organisme de garantie financière ne requiert pas l'accord exprès du voyageur, dès lors que sa mise en œuvre n'entraîne qu'une modification mineure du contrat et que le voyageur en est informé de manière claire, compréhensible et apparente sur un support durable ;

2° Justifier d'une assurance garantissant les conséquences pécuniaires de la responsabilité civile professionnelle.

III. — Ne sont pas tenus de satisfaire aux conditions prévues aux I et II les associations et organismes sans but lucratif appartenant à une fédération ou une union déclarée s'en portant garantes à la condition que ces dernières satisfassent aux obligations mentionnées aux I et II.

Art. L. 211-18-1 *(Ord. n° 2017-1717 du 20 déc. 2017, art. 4 et 6, en vigueur le 1er juill. 2018)* Les professionnels qui ne sont pas établis dans un État membre de l'Union européenne ou dans un autre État partie à l'accord sur l'Espace économique européen et qui vendent ou offrent à la vente les prestations mentionnées à l'article L. 211-1 ou qui dirigent par tout moyen ces activités vers la France sont tenus de fournir la garantie contre l'insolvabilité conformément à l'article L. 211-18.

SECTION V *De la liberté d'établissement*

Art. L. 211-19 *(Ord. n° 2015-1682 du 17 déc. 2015, art. 16 et 21-I, en vigueur le 1er janv. 2016)* Pour s'établir en France, tout ressortissant d'un État membre de l'Union européenne ou d'un autre État partie à l'accord sur l'Espace économique européen est soumis aux obligations et conditions d'immatriculation fixées à la section IV du présent chapitre.

SECTION VI *De la libre prestation de services*

Art. L. 211-20 *(Ord. n° 2017-1717 du 20 déc. 2017, art. 5 et 6, en vigueur le 1er juill. 2018)* Toute personne physique ou morale légalement établie dans un État membre de l'Union européenne ou dans un autre État partie à l'accord sur l'Espace économique européen, peut exercer en France les activités mentionnées au I de l'article L. 211-1. L'ensemble des règles fixées au présent chapitre sont applicables à l'activité de ces personnes.

Art. L. 211-21 *(Ord. n° 2017-1717 du 20 déc. 2017, art. 5 et 6, en vigueur le 1er juill. 2018)* Lorsque le prestataire fournit pour la première fois des services en France, il en informe au préalable la commission d'immatriculation mentionnée à l'article L. 141-2 par une déclaration écrite, comprenant notamment les informations relatives à sa garantie financière et son assurance de responsabilité civile professionnelle. La déclaration est enregistrée au registre mentionné à l'article L. 141-3.

Cette déclaration est réitérée en cas de changement dans les éléments de la déclaration et doit être renouvelée tous les trois ans si le prestataire poursuit son activité vers la France.

SECTION VII *Sanctions et mesures conservatoires*

Art. L. 211-23 I. — Est puni *(L. n° 2014-1545 du 20 déc. 2014, art. 55)* « d'un an » d'emprisonnement et de *(L. n° 2014-1545 du 20 déc. 2014, art. 55)* « 15 000 € » d'amende le fait :

— de se livrer ou d'apporter son concours à l'une des opérations mentionnées aux articles L. 211-1 et L. 211-4 sans respecter ou en ayant cessé de remplir les conditions prévues au présent chapitre ;

— d'exercer les fonctions de représentant légal ou statutaire d'une personne morale qui se livre ou apporte son concours à l'une des opérations mentionnées aux articles L. 211-1 et L. 211-4 lorsque cette personne morale ne respecte pas ou a cessé de remplir les conditions prévues au présent chapitre ;

— pour toute personne physique ou morale immatriculée au registre mentionné au I de l'article L. 211-18, de prêter son concours à la conclusion d'un contrat de jouissance d'immeuble à temps partagé régi par les articles L. 121-60 et suivants du code de la consommation sans justifier du mandat, de l'assurance et de la garantie financière prévus à l'article L. 211-24 du présent code.

Le tribunal peut, en outre, ordonner la fermeture temporaire ou définitive de l'établissement exploité par les personnes condamnées.

II. — Lorsqu'une personne physique ou morale réalise l'une des opérations mentionnées aux articles L. 211-1 et L. 211-4 sans respecter les conditions prévues au présent chapitre, le représentant de l'État dans le département où l'infraction a été dûment constatée peut ordonner par décision motivée la fermeture à titre provisoire de l'établissement dans lequel ont été réalisées lesdites opérations, après que la personne physique ou le représentant de la personne morale a été mis en mesure de présenter ses observations. Il en avise sans délai le procureur de la République. En cas d'inexécution de la mesure de fermeture, il peut y pourvoir d'office. Toutefois, cette fermeture provisoire cesse de produire effet à l'expiration d'un délai de six mois.

La mesure de fermeture provisoire est levée de plein droit en cas de classement sans suite de l'affaire par le procureur de la République, d'ordonnance de non-lieu rendue par une juridiction d'instruction ou lors du prononcé du jugement rendu en premier ressort par la juridiction saisie.

(L. n° 2014-1545 du 20 déc. 2014, art. 55) « III. – Tout manquement à la section II du présent chapitre est passible d'une amende administrative dont le montant ne peut excéder 3 000 € pour une personne physique et 15 000 € pour une personne morale. L'amende est prononcée dans les conditions prévues *(Ord. n° 2016-301 du 14 mars 2016, art. 29, en vigueur le 1er juill. 2016)* « au chapitre II du titre II du livre V » du code de la consommation. »

(Ord. n° 2016-301 du 14 mars 2016, art. 29, en vigueur le 1er juill. 2016) « Ces manquements sont recherchés et constatés par les agents mentionnés aux articles L. 511-3 et L. 511-21 du code de la consommation, dans les conditions prévues à l'article L. 511-7 du même code. »

SECTION VIII *Contrat de jouissance d'immeuble à temps partagé*

Art. L. 211-24 Les personnes physiques ou morales immatriculées sur le registre mentionné au I de l'article L. 211-18 du présent code peuvent conclure tout contrat de jouissance d'immeuble à temps partagé régi par les articles L. 121-60 et suivants du code de la consommation.

Elles peuvent également prêter concours à la conclusion de tels contrats en vertu d'un mandat écrit.

Pour se livrer à cette dernière activité, elles justifient spécialement, dans les conditions prévues par le présent titre, d'une assurance garantissant les conséquences pécuniaires de leur responsabilité civile professionnelle et d'une garantie financière affectée au remboursement des fonds, effets ou valeurs détenus pour autrui.

Le montant de cette garantie ne peut être inférieur au montant maximal des fonds, effets ou valeurs détenus pour autrui à un moment quelconque, ni à un montant minimal fixé par décret en Conseil d'État.

Les modalités particulières de mise en œuvre et de fonctionnement de cette garantie, le contenu du contrat de mandat et les conditions de la rémunération du mandataire sont définis par décret en Conseil d'État.

Loi du 3 avril 1942,

Prohibant la conclusion de pactes sur le règlement des indemnités dues aux victimes d'accidents. — Validée par Ord. n° 45-2280 du 9 oct. 1945.

Art. 1er Sont nulles de plein droit et de nul effet les obligations contractées, pour rémunération de leurs services ou de leurs avances, envers les intermédiaires qui, moyennant émoluments convenus au préalable, se chargent d'assurer aux victimes d'accidents de droit commun ou à leurs ayants droit, le bénéfice d'accords amiables ou de décisions judiciaires.

Art. 2 *(L. n° 2011-525 du 17 mai 2011, art. 173)* Tout intermédiaire convaincu d'avoir offert les services spécifiés à l'article 1er est puni d'une amende de 4 500 €. En outre, le tribunal peut ordonner l'affichage ou la diffusion de la décision, ou d'un communiqué dans les conditions précisées à l'article 131-35 du code pénal.

Ancien art. 2 *Tout intermédiaire convaincu d'avoir offert les services spécifiés à l'article précédent sera puni d'une amende de 3 750 €* (Abrogé par L. n° 2009-526 du 12 mai 2009, art. 123-IX) *« et, en cas de récidive, d'une amende de 22 500 € ». En outre, le tribunal devra ordonner la publication d'un extrait du jugement dans un ou plusieurs journaux et son affichage à la porte du ou des bureaux de l'intermédiaire pendant un mois, le tout aux frais du condamné.*

La suppression, la dissimulation ou la lacération totale ou partielle de ces affiches, opérée volontairement par le condamné, à son instigation ou par son ordre, entraîne contre lui l'application d'une peine d'emprisonnement de quinze jours et il sera procédé de nouveau à l'exécution intégrale des dispositions relatives à l'affichage aux frais du condamné.

Loi rendue applicable aux départements d'outre-mer par L. nº 55-306 du 18 mars 1955 (D. 1955. 122 ; BLD 1955. 300).

Caractérise le délit prévu par la L. du 3 avr. 1942 la proposition de service comportant la sollicitation d'une rémunération dont le principe est convenu à l'avance, quelles qu'en puissent être les modalités. • Crim. 3 juin 1992, nº 92-80.226 P.

Code de la consommation

Art. L. 224-90 L'offre de rencontres en vue de la réalisation d'un mariage ou d'une union stable, proposée par un professionnel, fait l'objet d'un contrat écrit, rédigé en caractères lisibles, dont un exemplaire est remis au cocontractant du professionnel au moment de sa conclusion.

Le contrat mentionne le nom du professionnel, son adresse ou celle de son siège social, la nature des prestations fournies, ainsi que le montant et les modalités de paiement du prix. Est annexée au contrat l'indication des qualités de la personne recherchée par le cocontractant du professionnel.

Ces contrats sont établis pour une durée déterminée, qui ne peut être supérieure à un an ; ils ne peuvent être renouvelés par tacite reconduction. Ils prévoient une faculté de résiliation pour motif légitime au profit des deux parties.

Art. L. 224-91 Sans préjudice des dispositions de l'article L. 221-18, dans un délai de sept jours à compter de la signature du contrat, le cocontractant du professionnel mentionné à l'article L. 224-90 peut revenir sur son engagement, sans être tenu au paiement d'une indemnité.

Avant l'expiration de ce délai, il ne peut être reçu de paiement ou de dépôt sous quelque forme que ce soit.

Art. L. 224-92 Si le délai mentionné à l'article L. 224-91 expire un samedi, un dimanche ou un jour férié ou chômé, ce délai est prorogé jusqu'au premier jour ouvrable suivant.

Art. L. 224-93 Toute annonce personnalisée diffusée par l'intermédiaire d'un professionnel pour proposer des rencontres en vue de la réalisation d'un mariage ou d'une union stable comporte son nom, son adresse ou celle de son siège social, ainsi que son numéro de téléphone. Lorsque plusieurs annonces sont diffusées par le même professionnel, son adresse peut ne figurer qu'une seule fois, à condition d'être parfaitement apparente.

Chaque annonce précise le sexe, l'âge, la situation familiale, le secteur d'activité professionnelle et la région de résidence de la personne concernée, ainsi que les qualités de la personne recherchée par elle.

Le professionnel doit pouvoir justifier de l'existence d'un accord de la personne présentée par l'annonce sur le contenu et la diffusion de celle-ci.

....

Art. L. 321-1 Les dispositions du présent titre s'appliquent aux intermédiaires au sens du *(L. nº 2017-203 du 21 févr. 2017, art. 9)* « 5° » de l'article L. 311-1.

Elles ne sont pas applicables :

1° Aux membres des professions juridiques et judiciaires réglementées ;

2° Aux personnes physiques ou morales qui se livrent aux opérations mentionnées à l'article L. 322-1 du présent code dans le cadre de leur mission de conciliation instituée par les dispositions du chapitre 1er du titre I du livre VI du code de commerce relatives à la prévention des difficultés des entreprises, du mandat *ad hoc* et de la procédure de conciliation ;

(L. nº 2017-203 du 21 févr. 2017, art. 9) « 3° Aux experts nommés par le tribunal, mentionnés à l'article L. 627-3 du code de commerce, qui se livrent aux opérations mentionnées à l'article L. 322-1 du présent code ; »

4° Aux personnes physiques mentionnées au deuxième alinéa de l'article L. 811-2 du code de commerce, dans le cadre de la mission qui leur est confiée par une décision de justice.

Art. L. 321-2 Les dispositions du présent titre ne font pas obstacle aux dispositions législatives et réglementaires qui prévoient la représentation en justice.

Art. L. 322-1 Il est interdit pour un intermédiaire de se charger ou de se proposer moyennant rémunération :

1° D'examiner la situation d'un débiteur en vue de l'établissement d'un plan de remboursement ;

2° De rechercher pour le compte d'un débiteur l'obtention de délais de paiement ou d'une remise de dette ;

3° D'intervenir, pour le compte du débiteur, sous quelque forme que ce soit, pour les besoins de la procédure de surendettement.

Art. L. 322-2 Toute publicité diffusée par ou pour le compte d'une personne physique ou morale qui apporte son concours, à quelque titre que ce soit et de quelque manière que ce soit, directement ou indirectement, à l'obtention d'un ou plusieurs prêts d'argent par un particulier, à l'exception des opérations de crédit mentionnées à l'article L. 312-1, comporte, de manière apparente, la mention suivante :

"Aucun versement, de quelque nature que ce soit, ne peut être exigé d'un particulier, avant l'obtention d'un ou plusieurs prêts d'argent."

Cette publicité indique le nom et l'adresse de l'établissement de crédit, des établissements de crédit, de la société de financement ou des sociétés de financement pour le compte duquel, desquels, de laquelle ou desquelles l'intermédiaire exerce son activité.

Art. L. 322-3 Toute publicité et tout document destinés aux emprunteurs et diffusés par ou pour le compte d'un intermédiaire de crédit au sens du 3° de l'article L. 311-1 indiquent, de manière apparente, l'étendue des pouvoirs de l'intermédiaire, et notamment s'il travaille à titre exclusif avec un ou plusieurs prêteurs ou en qualité de courtier indépendant.

Art. L. 322-4 Avant la conclusion d'un contrat de crédit portant sur une des opérations mentionnées à l'article L. 312-1, l'intermédiaire de crédit et l'emprunteur conviennent par écrit ou sur un autre support durable des frais éventuels dus par l'emprunteur à l'intermédiaire de crédit pour ses services.

L'intermédiaire de crédit informe le prêteur de ces frais, aux fins du calcul du taux annuel effectif global.

....

Art. L. 342-1 Est nulle de plein droit toute convention par laquelle un intermédiaire se charge ou se propose moyennant rémunération de procéder à l'une des opérations mentionnées à l'article L. 322-1.

Art. L. 342-2 Le fait pour l'annonceur de diffuser ou de faire diffuser une publicité non conforme aux obligations prévues à l'article L. 322-2 est puni d'une amende de 150 000 euros.

Art. L. 342-3 Le non-respect des dispositions de l'article L. 322-3 est puni d'une amende de 150 000 euros.

Art. L. 342-4 Le fait pour l'intermédiaire de crédit de ne pas respecter les obligations prévues à l'article L. 322-4 est puni d'une amende de 150 000 euros.

Art. L. 342-5 Le fait pour l'intermédiaire de crédit de percevoir une somme d'argent à l'occasion d'une des opérations mentionnées à l'article L. 322-1 est puni d'un emprisonnement d'un an et d'une amende de 300 000 euros.

Le tribunal peut en outre ordonner, aux frais du condamné, la publication intégrale ou par extraits du jugement dans les journaux qu'il fixe, sans que le coût de cette publication puisse excéder le montant de l'amende encourue.

....

Art. R. 224-1 L'annexe au contrat et l'annonce personnalisée mentionnées aux articles L. 224-90 et L. 224-93 précisent la catégorie d'âge, la région de résidence, la situation familiale et professionnelle ainsi que les autres qualités, estimées essentielles par le cocontractant du professionnel, de la personne que recherche le cocontractant.

Art. R. 224-2 En cas de résiliation du contrat pour motif légitime prévue à l'article L. 224-90, le prix initialement convenu est réduit à proportion, respectivement, de la durée du contrat courue et de celle qui reste à courir.

La résiliation est demandée par lettre recommandée avec demande d'avis de réception accompagnée de la justification du motif légitime invoqué.

Les sommes versées en sus du prix déterminé comme ci-dessus sont remboursées par le *professionnel dans le* délai de deux mois à compter de la réception de la lettre recommandée prévue au deuxième alinéa.

Art. R. 224-3 La renonciation au contrat prévue par les dispositions de l'article L. 224-91 est effective dès lors que le cocontractant du professionnel a, dans le délai de sept jours mentionné par ces mêmes dispositions, manifesté de manière non équivoque sa volonté de se rétracter, notamment par l'envoi d'une lettre recommandée avec demande d'avis de réception ou par la remise au professionnel, contre récépissé, d'un écrit contenant renonciation.

....

Art. R. 242-16 Le fait pour un professionnel de ne pas mentionner dans l'annexe au contrat prévue à l'article L. 224-90 les informations prévues à l'article R. 224-1, est puni de la peine d'amende prévue pour les contraventions de la 5e classe.

Art. R. 242-17 Le fait pour un professionnel de ne pas remettre à son cocontractant, au moment de la conclusion du contrat, un exemplaire du contrat, avec son annexe, prévu par l'article L. 224-90 est puni de la peine d'amende prévue pour les contraventions de la 5e classe.

Art. R. 242-18 Le fait pour un professionnel de percevoir, avant l'expiration du délai de renonciation prévu à l'article L. 224-91, un paiement ou un dépôt sous quelque forme que ce soit est puni de la peine d'amende prévue pour les contraventions de la 5e classe.

Art. R. 242-19 Le fait pour un professionnel de diffuser une annonce personnalisée non conforme aux prescriptions de l'article L. 224-93 est puni de la peine d'amende prévue pour les contraventions de la 5e classe.

AMENDES

V. cette rubrique sur Dalloz.fr et/ou sur l'application Dalloz pour iPad.

AMNISTIE

V. cette rubrique sur Dalloz.fr et/ou sur l'application Dalloz pour iPad.

REP. v° *Amnistie*, par PY.

ARMES ET EXPLOSIFS

RÉP. PÉN. vis *Armes*, par MONTREUIL, BUISSON et LIENARD ; *Explosifs*, par CHARVIN et ROUSSEL.

V. L. n° 2011-266 du 14 mars 2011 relative à la lutte contre la prolifération des armes de destruction massive et de leurs vecteurs (JO 15 mars). — V. Décr. n° 2013-700 du 30 juill. 2013, mod. par Décr. n° 2014-1253 du 27 oct. 2014 (JO 29 oct.).

Code de la sécurité intérieure

(Ord. n° 2012-351 du 12 mars 2012)

LIVRE III **Polices administratives spéciales**

TITRE PREMIER **Armes et munitions**

CHAPITRE PREMIER ***Dispositions générales***

Art. L. 311-1 *(Abrogé par L. n° 2017-258 du 28 févr. 2017, art. 27-I-1°) L'acquisition, la détention, la conservation, le port et le transport des matériels de guerre, armes et munitions sont régis par les dispositions du présent titre.*

La fabrication et le commerce des matériels de guerre, armes et munitions sont régis par les dispositions des chapitres II et V du titre III du livre III de la deuxième partie du code de la défense. Ces dispositions sont complétées, en ce qui concerne le commerce de détail, par les dispositions du chapitre III du présent titre.

Art. L. 311-2 *(Ord. n° 2013-518 du 20 juin 2013, art. 1er et 5, en vigueur le 6 sept. 2013)* Conformément aux dispositions de l'article L. 2331-1 du code de la défense, les matériels de guerre, armes, munitions et *(Ord. n° 2019-610 du 19 juin 2019, art. 9-1°-a)* « leurs » éléments désignés par le présent titre sont classés dans les catégories suivantes :

1° Catégorie A : matériels de guerre et armes interdits à l'acquisition et à la détention, sous réserve des dispositions des articles L. 312-1 à L. 312-4-3 du présent code.

Cette catégorie comprend :

– A1 : les armes et éléments d'armes interdits à l'acquisition et à la détention ;

– A2 : les armes relevant des matériels de guerre, les matériels destinés à porter ou à utiliser au combat les armes à feu, les matériels de protection contre les gaz de combat ;

2° Catégorie B : armes soumises à autorisation pour l'acquisition et la détention ;

3° Catégorie C : armes soumises à déclaration pour l'acquisition et la détention ;

4° Catégorie D : armes *(Abrogé par L. n° 2018-133 du 26 févr. 2018, art. 16-1° et 25, à compter du 1er août 2018) « **soumises à enregistrement et armes** »* et matériels *(Ord. n° 2019-610 du 19 juin 2019, art. 9-1°-b)* « de guerre » dont l'acquisition et la détention sont libres.

Un décret en Conseil d'État détermine les matériels *(Ord. n° 2019-610 du 19 juin 2019, art. 9-1°-c)* « de guerre », armes, munitions, éléments *(Abrogé par Ord. n° 2019-610 du 19 juin 2019, art. 9-1°-c) « **essentiels** »*, accessoires et opérations industrielles compris dans chacune de ces catégories ainsi que les conditions de leur acquisition et de leur détention. Il fixe les modalités de délivrance des autorisations ainsi que celles d'établissement des déclarations *(Abrogé par L. n° 2018-133 du 26 févr. 2018, art. 16-1° et 25, à compter du 1er août 2018) « **ou des enregistrements** »*.

En vue de préserver la sécurité et l'ordre publics, le classement prévu aux 1° à 4° est fondé sur la dangerosité des matériels *(Ord. n° 2019-610 du 19 juin 2019, art. 9-1°-d)* « de guerre » et des armes. Pour les armes à feu, la dangerosité s'apprécie en particulier en fonction des modalités de répétition du tir ainsi que du nombre de coups tirés sans qu'il soit nécessaire de procéder à un réapprovisionnement de l'arme.

Par dérogation à l'alinéa précédent, les armes utilisant des munitions de certains calibres fixés par décret en Conseil d'État sont classées par la seule référence à ce calibre.

Art. L. 311-3 *(Ord. n° 2013-518 du 20 juin 2013, art. 1er et 5, en vigueur le 6 sept. 2013)* Les armes et matériels *(Ord. n° 2019-610 du 19 juin 2019, art. 9-2°-a)* « de guerre » historiques et de collection ainsi que leurs reproductions sont :

1° Sauf lorsqu'elles présentent une dangerosité avérée, les armes dont le modèle est antérieur au 1er janvier 1900 ;

2° Les armes dont le modèle est postérieur au 1er janvier 1900 et qui sont énumérées par un arrêté conjoint des ministres de l'Intérieur et de la Défense compte tenu de leur intérêt culturel, historique ou scientifique ;

3° Les armes rendues inaptes au tir de toutes munitions, quels qu'en soient le modèle et l'année de fabrication, par l'application de procédés techniques et selon des modalités qui sont définis par arrêté conjoint des ministres de l'Intérieur et de la Défense, ainsi que des ministres chargés de l'industrie et des douanes.

Les chargeurs de ces armes doivent être rendus inaptes au tir dans les conditions fixées par l'arrêté prévu au premier alinéa du présent 3° ;

4° Les reproductions d'armes historiques et de collection dont le modèle est antérieur à la date prévue au 1°, sous réserve qu'elles ne tirent pas de munitions à étui métallique ;

5° Les matériels *(Ord. n° 2019-610 du 19 juin 2019, art. 9-2°-a)* « de guerre » *(Abrogé par Ord. n° 2019-610 du 19 juin 2019, art. 9-2°-b) « **relevant de la catégorie A** »* dont le modèle est antérieur au 1er janvier 1946 et dont la neutralisation est effectivement garantie par l'application de procédés techniques et selon les modalités définis par arrêté de l'autorité ministérielle compétente ;

6° Les matériels de guerre *(Abrogé par Ord. n° 2019-610 du 19 juin 2019, art. 9-2°-b) « **relevant de la catégorie A** »* dont le modèle est postérieur au 1er janvier 1946, dont la neutralisation est garantie dans les conditions prévues au 5° et qui sont énumérés dans un arrêté du ministre de la défense compte tenu de leur intérêt culturel, historique ou scientifique.

Art. L. 311-4 *(Ord. n° 2013-518 du 20 juin 2013, art. 1er-2° et 5, en vigueur le 6 sept. 2013)* Les armes et matériels *(Ord. n° 2019-610 du 19 juin 2019, art. 9-3°)* « de guerre » historiques et de collection *(L. n° 2018-133 du 26 févr. 2018, art. 16-2° et 25, en vigueur le 1er août 2018)* « mentionnés aux 1°, 2°, 5° et 6° de l'article L. 311-3 sont classés en catégorie D ; ceux mentionnés aux 3° et 4° du même article L. 311-3 sont classés par décret en Conseil d'État. »

CHAPITRE II *Acquisition et détention*

SECTION I *Dispositions générales*

(Ord. n° 2013-518 du 20 juin 2013, art. 1er et 5, en vigueur le 6 sept. 2013)

Les dispositions introduites par l'Ord. n° 2013-518 du 20 juin 2013 sont applicables en Nouvelle-Calédonie, en Polynésie française, dans les îles Wallis-et-Futuna et dans les Terres australes et antarctiques françaises (Ord. préc., art. 6-I).

Art. L. 312-1 Nul ne peut acquérir et détenir légalement des matériels *(Ord. n° 2019-610 du 19 juin 2019, art. 10-1°)* « de guerre, armes, munitions et leurs éléments » de toute catégorie s'il n'est pas âgé de dix-huit ans révolus, sous réserve des exceptions définies par décret en Conseil d'État pour la chasse et les activités encadrées par la fédération sportive ayant reçu, au titre de l'article L. 131-14 du code du sport, délégation du ministre chargé des sports pour la pratique du tir.

Art. L. 312-2 *(Ord. n° 2013-518 du 20 juin 2013, art. 1er-3°, en vigueur le 6 sept. 2013)* L'acquisition et la détention des matériels de guerre, armes *(Ord. n° 2019-610 du 19 juin 2019, art. 10-2°)* « , munitions et de leurs éléments » relevant de la catégorie A sont interdites, sauf pour les besoins de la défense nationale et de la sécurité publique. Un décret en Conseil d'État définit les conditions dans lesquelles l'État, pour les besoins autres que ceux de la défense nationale et de la sécurité publique, les collectivités territoriales et les organismes d'intérêt général ou à vocation culturelle, historique ou scientifique *(L. n° 2018-133 du 26 févr. 2018, art. 17-1° et 25, en vigueur le 1er août 2018)* « ainsi que, pour des activités professionnelles ou sportives, des personnes peuvent être autorisés à acquérir et à détenir des matériels de guerre, armes *(Ord. n° 2019-610 du 19 juin 2019, art. 10-2°)* « , munitions et leurs éléments » de catégorie A ». Il fixe également les conditions dans lesquelles *(L. n° 2018-133 du 26 févr. 2018, art. 17-1° et 25, en vigueur le 1er août 2018)* « des personnes peuvent acquérir et détenir, à des fins de collection, des matériels de guerre. Ces dérogations sont accordées sous réserve des engagements internationaux en vigueur et des exigences de l'ordre et de la sécurité publics. »

Art. L. 312-3 *(L. n° 2016-731 du 3 juin 2016, art. 23) (Ord. n° 2019-610 du 19 juin 2019, art. 10-3°-a)* « Sont interdites d'acquisition et de détention d'armes, de munitions et de leurs éléments des catégories A, B et C : »

1° Les personnes dont le bulletin n° 2 du casier judiciaire comporte une mention de condamnation pour l'une des infractions suivantes :

– meurtre, assassinat ou empoisonnement prévus aux articles 221-1 et suivants du code pénal ;

– tortures et actes de barbarie prévus aux articles 222-1 et suivants du même code ;

– violences volontaires prévues aux articles 222-7 et suivants dudit code ;

– exploitation de la vente à la sauvette prévue à l'article 225-12-8 du même code ;

– travail forcé prévu à l'article 225-14-1 du même code ;

– réduction en servitude prévue à l'article 225-14-2 du même code ;

– administration de substances nuisibles prévue à l'article 222-15 du même code ;

– embuscade prévue à l'article 222-15-1 du même code ;

– menaces d'atteinte aux personnes prévues aux articles 222-17 à 222-18-3 du même code ;

– viol et agressions sexuelles prévus aux articles 222-22 à 222-31-2 du même code ;

– exhibition sexuelle prévue à l'article 222-32 du même code ;

– harcèlement sexuel prévu à l'article 222-33 du même code ;

– harcèlement moral prévu aux articles 222-33-2 et 222-33-2-1 du même code ;

– enregistrement et diffusion d'images de violence prévus à l'article 222-33-3 du même code ;

– trafic de stupéfiants prévu aux articles 222-34 à 222-43-1 du même code ;

– infractions relatives aux armes prévues aux articles 222-52 à 222-67 du même code ;

– enlèvement et séquestration prévus aux articles 224-1 à 224-5-2 du même code ;

– détournement d'aéronef, de navire ou de tout autre moyen de transport prévu aux articles 224-6 à 224-8-1 du même code ;

– traite des êtres humains prévue aux articles 225-4-1 à 225-4-9 du même code ;

– proxénétisme et infractions qui en résultent prévus aux articles 225-5 à 225-12 du même code ;

– recours à la prostitution des mineurs ou de personnes particulièrement vulnérables prévu aux articles 225-12-1 à 225-12-4 du même code ;

– exploitation de la mendicité prévue aux articles 225-12-5 à 225-12-7 du même code ;

– vols prévus aux articles 311-1 à 311-11 du même code ;

– extorsion prévue aux articles 312-1 à 312-9 du même code ;

– demande de fonds sous contrainte prévue à l'article 312-12-1 du même code ;

– recel de vol ou d'extorsion prévu aux articles 321-1 à 321-5 du même code ;

– destruction, dégradation et détérioration d'un bien prévues à l'article 322-1 du même code ;

– destruction, dégradation et détérioration ne présentant pas de danger pour les personnes prévues aux articles 322-1 à 322-4-1 du même code commises en état de récidive légale ;

— destruction, dégradation et détérioration dangereuses pour les personnes prévues aux articles 322-5 à 322-11-1 du même code ;
— menaces de destruction, de dégradation ou de détérioration et fausses alertes prévues aux articles 322-12 à 322-14 du même code ;
— blanchiment prévu aux articles 324-1 à 324-6-1 du même code ;
— actes de terrorisme prévus aux articles 421-1 à 421-6 du même code ;
— entrave à l'exercice des libertés d'expression, du travail, d'association, de réunion ou de manifestation prévue aux articles 431-1 et 431-2 du même code ;
— participation à un attroupement en étant porteur d'une arme ou provocation directe à un attroupement armé prévues aux articles 431-5 et 431-6 du même code ;
— participation à une manifestation ou à une réunion publique en étant porteur d'une arme prévue à l'article 431-10 du même code ;
— participation à un groupe de combat interdit prévu aux articles 431-13 à 431-21 du même code ;
— intrusion dans un établissement d'enseignement scolaire par une personne porteuse d'une arme prévue aux articles 431-24 et 431-25 du même code ;
— rébellion armée et rébellion armée en réunion prévues à l'article 433-8 du même code ;
— association de malfaiteurs prévue à l'article 450-1 du même code ;
— fabrication ou commerce de matériels de guerre *(Ord. n° 2019-610 du 19 juin 2019, art. 10-3°-b)* « , armes, munitions et de leurs éléments sans autorisation, infraction prévue » aux articles L. 2339-2, L. 2339-3 et L. 2339-4 du code de la défense ainsi qu'aux articles L. 317-1-1, L. 317-2 et L. 317-3-1 du présent code ;
(L. n° 2018-133 du 26 févr. 2018, art. 17-2° et 25, en vigueur le 1er août 2018) « — acquisition, cession ou détention sans déclaration d'armes ou *(Ord. n° 2019-610 du 19 juin 2019, art. 10-3°-c)* « d'éléments d'armes » de catégorie C ou de leurs munitions prévues à l'article L. 317-4-1 ;
« — détention d'un dépôt d'armes ou de munitions de catégorie C ou de certaines armes de catégorie D prévue à l'article L. 317-7 ; »
— acquisition ou détention d'armes *(Ord. n° 2019-610 du 19 juin 2019, art. 10-3°-d)* « , de munitions et de leurs éléments » en violation d'une interdiction prévue à l'article L. 317-5 du présent code ;
— obstacle à la saisie d'armes *(Ord. n° 2019-610 du 19 juin 2019, art. 10-3°-d)* « , de munitions et de leurs éléments » prévu à l'article L. 317-6 du présent code ;
— port, transport et expéditions d'armes *(Ord. n° 2019-610 du 19 juin 2019, art. 10-3°-e)* « , de munitions ou de leurs éléments des catégories C ou D » *(Abrogé par L. n° 2018-133 du 26 févr. 2018, art. 17-2° et 25, à compter du 1er août 2018)* *« soumises à enregistrement »* sans motif légitime prévus aux articles L. 317-8 et L. 317-9 du présent code ;
(L. n° 2018-133 du 26 févr. 2018, art. 17-2° et 25, en vigueur le 1er août 2018) « — le délit prévu à l'article L. 317-10-1 ; »
— importation sans autorisation des matériels *(Ord. n° 2019-610 du 19 juin 2019, art. 10-3°-f)* « de guerre, armes, munitions et de leurs éléments des catégories A, B, C ou d'armes, de munitions et de leurs éléments » de catégorie D énumérées par un décret en Conseil d'État prévue à la section V du chapitre IX du titre III du livre III de la deuxième partie du code de la défense ;
— fabrication, vente, exportation, sans autorisation, d'un engin ou produit explosif ou incendiaire, port ou transport d'artifices non détonants prévus aux articles L. 2353-4 à L. 2353-13 du même code ;

2° Les personnes condamnées à une peine d'interdiction de détenir ou de porter *(Ord. n° 2019-610 du 19 juin 2019, art. 10-3°-g)* « un matériel de guerre, une arme, des munitions et leurs éléments soumis » à autorisation ou condamnées à la confiscation *(Ord. n° 2019-610 du 19 juin 2019, art. 10-3°-g)* « de matériels de guerre, d'armes, de munitions et de leurs éléments » dont elles sont propriétaires ou dont elles ont la libre disposition.

Art. L. 312-3-1 *(L. n° 2016-731 du 3 juin 2016, art. 23-2°)* L'autorité administrative peut interdire l'acquisition et la détention des armes *(Ord. n° 2019-610 du 19 juin 2019, art. 10-4°)* « , munitions et de leurs éléments » des catégories *(L. n° 2018-133 du 26 févr. 2018, art. 17-3° et 25, en vigueur le 1er août 2018)* « A, B et C » aux personnes dont le comportement laisse craindre une utilisation *(Abrogé par Ord. n° 2019-610 du 19 juin 2019, art. 10-4°)* *« de ces armes »* dangereuse pour elles-mêmes ou pour autrui.

Art. L. 312-3-2 *(L. n° 2019-1480 du 28 déc. 2019, art. 6)* Sont interdites d'acquisition et de détention d'armes de toutes catégories les personnes faisant l'objet d'une interdiction de détention ou de port d'arme dans le cadre d'une ordonnance de protection en application du 2° de l'article 515-11 du code civil.

Art. L. 312-4 *(L. n° 2016-731 du 3 juin 2016, art. 23-3°)* « L'acquisition et la détention des armes, *(Ord. n° 2019-610 du 19 juin 2019, art. 10-5°-a)* « munitions et de leurs éléments de catégorie A » *(L. n° 2018-133 du 26 févr. 2018, art. 17-4° et 25, en vigueur le 1er août 2018)* « ou » B sont soumises à autorisation dans des conditions définies par un décret en Conseil d'État. Lorsque l'autorisation est délivrée pour la pratique du tir sportif, ce décret prévoit notamment la présentation de la copie d'une licence de tir en cours de validité délivrée par une fédération sportive ayant reçu délégation du ministre chargé des sports au titre de l'article L. 131-14 du code du sport. »

Nul ne peut acquérir et détenir légalement *(Ord. n° 2019-610 du 19 juin 2019, art. 10-5°-b)* « des armes, munitions et leurs éléments de catégorie A ou B » s'il ne peut produire un certificat médical datant de moins d'un mois, attestant de manière circonstanciée d'un état de santé physique et psychique compatible avec l'acquisition et la détention d'une arme et établi dans les conditions fixées à l'article L. 312-6 du présent code.

Quiconque devient propriétaire par voie successorale ou testamentaire *(Ord. n° 2019-610 du 19 juin 2019, art. 10-5°-c)* « d'une arme, d'un élément d'arme ou de munitions de catégorie A ou B », sans être autorisé à la détenir, doit s'en défaire dans un délai de trois mois à compter de la mise en possession, dans les conditions prévues à l'article L. 314-2.

Art. L. 312-4-1 L'acquisition des armes *(Ord. n° 2019-610 du 19 juin 2019, art. 10-6°-a)* « et éléments d'armes » de catégorie C nécessite l'établissement d'une déclaration par l'armurier ou par leur détenteur dans des conditions définies par décret en Conseil d'État. Pour les personnes physiques, leur acquisition est subordonnée à la production d'un certificat médical datant de moins d'un mois, attestant de manière circonstanciée d'un état de santé physique et psychique compatible avec l'acquisition et la détention d'une arme et établi dans les conditions fixées à l'article L. 312-6 *(L. n° 2016-731 du 3 juin 2016, art. 23-4°—a)* « et », dans des conditions prévues par décret en Conseil d'État, à la présentation d'une copie :

1° D'un permis de chasser revêtu de la validation de l'année en cours ou de l'année précédente ;

2° D'une licence de tir en cours de validité délivrée par une fédération sportive ayant reçu délégation du ministre chargé des sports au titre de l'article L. 131-14 du code du sport ;

3° Ou d'une carte de collectionneur d'armes délivrée en application de la section II du présent chapitre.

(L. n° 2016-731 du 3 juin 2016, art. 23-4°-b) « Ce décret peut prévoir qu'en raison de leurs caractéristiques techniques ou de leur destination, l'acquisition de certaines armes *(Ord. n° 2019-610 du 19 juin 2019, art. 10-6°-b)* « , munitions et de leurs éléments » de catégorie C est dispensée de la présentation des documents mentionnés aux 1° à 3° du présent article ou est soumise à la présentation d'autres documents. »

Art. L. 312-4-2 *(Abrogé par L. n° 2018-133 du 26 févr. 2018, art. 17-5° et 25, à compter du 1er août 2018) L'acquisition et la détention des armes de catégorie D sont libres.*

Un décret en Conseil d'État peut toutefois soumettre l'acquisition de certaines d'entre elles à des obligations particulières de nature à garantir leur traçabilité, compte tenu de leurs caractéristiques techniques, de leur valeur patrimoniale ou de leur utilisation dans le cadre de la pratique d'une activité sportive ou de loisirs.

Art. L. 312-4-3 Sont interdites :

1° L'acquisition ou la détention de plusieurs armes de la catégorie *(L. n° 2018-133 du 26 févr. 2018, art. 17-6° et 25, en vigueur le 1er août 2018)* « A ou » B par un seul individu, sauf dans les cas prévus par décret en Conseil d'État ;

2° L'acquisition ou la détention de plus de cinquante cartouches par arme de la catégorie *(L. n° 2018-133 du 26 févr. 2018, art. 17-6° et 25, en vigueur le 1er août 2018)* « A ou » B, sauf dans les cas prévus par décret en Conseil d'État.

Art. L. 312-5 Dans les ventes publiques, seules peuvent se porter acquéreurs des matériels de guerre, armes *(Ord. n° 2019-610 du 19 juin 2019, art. 10-7°-a)* « , munitions » et de leurs éléments des catégories A *(L. n° 2018-133 du 26 févr. 2018, art. 17-7° et 25, en vigueur le 1er août 2018)* « , B et C » les personnes physiques ou morales qui peuvent régulièrement *(Ord. n° 2019-610 du 19 juin 2019, art. 10-7°-a)* « les acquérir et les détenir » en application des sections I et II du présent chapitre, de l'article L. 313-3 du présent code et de l'article L. 2332-1 du code de la défense.

La vente de ces mêmes matériels *(Ord. n° 2019-610 du 19 juin 2019, art. 10-7°-b)* « de guerre, armes, munitions et de leurs éléments » par les brocanteurs est interdite.

Un décret en Conseil d'État détermine les conditions d'application du présent article.

Art. L. 312-6 Toute personne physique sollicitant la délivrance ou le renouvellement d'une autorisation d'acquisition ou de détention de matériels *(Ord. n° 2019-610 du 19 juin 2019, art. 10-8°)* « de guerre, d'armes, de munitions et de leurs éléments » des catégories A et B ou faisant une déclaration de détention d'armes *(Ord. n° 2019-610 du 19 juin 2019, art. 10-8°)* « , de munitions ou de leurs éléments » de catégorie C doit produire un certificat médical attestant que son état de santé physique et psychique n'est pas incompatible avec la détention de ces matériels, armes ou munitions.

Dans le cas où la personne mentionnée au précédent alinéa suit ou a suivi un traitement dans un service ou un secteur de psychiatrie d'un établissement de santé, l'autorité administrative lui demande de produire également un certificat médical délivré par un médecin psychiatre.

Un décret en Conseil d'État, pris après avis du Conseil national de l'ordre des médecins, définit les modalités d'application du présent article. Il prévoit notamment les conditions que doivent remplir la délivrance, le renouvellement ou la validation du permis de chasser ou de la licence de tir pour que la présentation de ces documents, au moment de la demande d'autorisation d'acquisition ou de détention, ou de son renouvellement, ou de la déclaration, supplée l'obligation prévue au premier alinéa. Il prévoit également les conditions dans lesquelles le représentant de l'État dans le département peut vérifier si la personne mentionnée au premier alinéa est ou a été dans le cas mentionné au deuxième alinéa.

SECTION II *Collectionneurs*

(Ord. n° 2013-518 du 20 juin 2013, art. 1er et 5, en vigueur le 6 sept. 2013)

Les dispositions introduites par l'Ord. n° 2013-518 du 20 juin 2013 sont applicables en Nouvelle-Calédonie, en Polynésie française, dans les îles Wallis-et-Futuna et dans les Terres australes et antarctiques françaises (Ord. préc., art. 6-I).

Art. L. 312-6-1 Peuvent obtenir une carte de collectionneur d'armes délivrée par l'autorité compétente de l'État les personnes physiques qui :

1° Exposent dans des musées ouverts au public ou contribuent, par la réalisation de collections, à la conservation, à la connaissance ou à l'étude des armes ;

2° Remplissent les conditions prévues à l'article L. 312-1 et *(L. n° 2016-731 du 3 juin 2016, art. 23-5°)* « n'entrent pas dans les cas prévus » aux 1° et 2° de l'article L. 312-3 ;

3° Produisent un certificat médical dans les conditions prévues à l'article L. 312-6 ;

4° Justifient avoir été sensibilisées aux règles de sécurité dans le domaine des armes.

Art. L. 312-6-2 Peuvent obtenir une carte de collectionneur d'armes délivrée par l'autorité compétente de l'État les personnes morales :

1° Qui exposent dans des musées ouverts au public ou dont l'objet est de contribuer, par la réalisation de collections, à la conservation, à la connaissance ou à l'étude des armes ;

2° Dont les représentants remplissent les conditions prévues à l'article L. 312-1 et *(L. n° 2016-731 du 3 juin 2016, art. 23-5°)* « n'entrent pas dans les cas prévus » aux 1° et 2° de l'article L. 312-3 ;

3° Dont les représentants produisent un certificat médical dans les conditions prévues à l'article L. 312-6 ;

4° Dont les représentants justifient avoir été sensibilisés aux règles de sécurité dans le domaine des armes.

Art. L. 312-6-3 La carte de collectionneur d'armes mentionnée aux articles L. 312-6-1 et L. 312-6-2 permet d'acquérir et de détenir des armes *(Ord. n° 2019-610 du 19 juin 2019, art. 10-9°)* « et éléments d'armes » de la catégorie C.

Art. L. 312-6-4 Un décret en Conseil d'État fixe la durée de la validité de la carte mentionnée aux articles L. 312-6-1 et L. 312-6-2 ainsi que les conditions de son renouvellement. Il détermine également les modalités d'application du 4° des mêmes articles L. 312-6-1 et L. 312-6-2 et les conditions de déclaration des armes *(Ord. n° 2019-610 du 19 juin 2019, art. 10-9°)* « et éléments d'armes ». Il précise les collections qui, en raison de leur taille et de la nature des armes *(Ord. n° 2019-610 du 19 juin 2019, art. 10-9°)* « et éléments d'armes » qu'elles comportent, doivent faire l'objet de mesures tendant à prévenir leur vol.

Art. L. 312-6-5 Dans un délai de six mois à compter du 6 septembre 2013, les personnes physiques et morales détenant des armes relevant de la catégorie C qui déposent une demande de carte de collectionneur d'armes et remplissent les conditions fixées aux articles L. 312-6-1 et L. 312-6-2 sont réputées avoir acquis et détenir ces armes dans des conditions régulières.

SECTION III *Injonctions préfectorales* *(Ord. nº 2013-518 du 20 juin 2013, art. 1er et 5, en vigueur le 6 sept. 2013).*

SOUS-SECTION 1 *Remise d'une arme à l'autorité administrative*

Art. L. 312-7 Si le comportement ou l'état de santé d'une personne détentrice d'armes *(Ord. nº 2019-610 du 19 juin 2019, art. 10-10º)* « , de munitions et de leurs éléments » présente un danger grave pour elle-même ou pour autrui, le représentant de l'État dans le département peut lui ordonner, sans formalité préalable ni procédure contradictoire, de les remettre à l'autorité administrative, quelle que soit leur catégorie. – *[C. défense, art. L. 2336-4-I.]*

Art. L. 312-8 L'arme *(Ord. nº 2019-610 du 19 juin 2019, art. 10-11º)* « , les munitions et leurs éléments » faisant l'objet de la décision prévue à l'article L. 312-7 doivent être *(Ord. nº 2019-610 du 19 juin 2019, art. 10-11º)* « remis » immédiatement par le détenteur, ou, le cas échéant, par un membre de sa famille ou par une personne susceptible d'agir dans son intérêt, aux services de police ou de gendarmerie. Le commissaire de police ou le commandant de la brigade de gendarmerie peut procéder, sur autorisation du juge des libertés et de la détention, à la saisie de l'arme *(Ord. nº 2019-610 du 19 juin 2019, art. 10-11º)* « , des munitions et de leurs éléments » entre 6 heures et *(Ord. nº 2013-518 du 20 juin 2013, art. 1er et 5, en vigueur le 6 sept. 2013)* « 21 » heures au domicile du détenteur. – *[C. défense, art. L. 2336-4-II.]*

Art. L. 312-9 La conservation de l'arme *(Ord. nº 2019-610 du 19 juin 2019, art. 10-12º-a)* « , des munitions et de leurs éléments remis ou saisis » est confiée pendant une durée maximale d'un an aux services de la police nationale ou de la gendarmerie nationale territorialement compétents.

Durant cette période, le représentant de l'État dans le département décide, après que la personne intéressée a été mise à même de présenter ses observations, soit la restitution de l'arme *(Ord. nº 2019-610 du 19 juin 2019, art. 10-12º-b)* « , des munitions et de leurs éléments, soit leur saisie définitive ».

Les armes *(Ord. nº 2019-610 du 19 juin 2019, art. 10-12º-c)* « , munitions et leurs éléments définitivement saisis » en application du précédent alinéa sont *(Ord. nº 2019-610 du 19 juin 2019, art. 10-12º-c)* « vendus » aux enchères publiques. Le produit net de la vente bénéficie aux intéressés. – *[C. défense, art. L. 2336-4-III.]*

Art. L. 312-10 Il est interdit aux personnes dont l'arme *(Ord. nº 2019-610 du 19 juin 2019, art. 10-13º-a)* « , les munitions et leurs éléments ont été saisis » en application de l'article L. 312-7 ou de l'article L. 312-9 d'acquérir ou de détenir des armes *(Ord. nº 2019-610 du 19 juin 2019, art. 10-13º-a)* « , munitions et leurs éléments », quelle que soit leur catégorie.

Le représentant de l'État dans le département peut cependant décider de limiter cette interdiction à certaines catégories ou à certains types d'armes *(Ord. nº 2019-610 du 19 juin 2019, art. 10-13º-b)* « , de munitions et de leurs éléments ».

Cette interdiction cesse de produire effet si le représentant de l'État dans le département décide la restitution de l'arme *(Ord. nº 2019-610 du 19 juin 2019, art. 10-13º-c)* « , des munitions et de leurs éléments » dans le délai mentionné au premier alinéa de l'article L. 312-9. Après la saisie définitive, elle peut être levée par le représentant de l'État dans le département en considération du comportement du demandeur ou de son état de santé depuis la décision de saisie. – *[C. défense, art. L. 2336-4-IV.]*

SOUS-SECTION 2 *Dessaisissement*

Art. L. 312-11 Sans préjudice des dispositions de la sous-section 1, le représentant de l'État dans le département peut, pour des raisons d'ordre public ou de sécurité des personnes, ordonner à tout détenteur d'une arme *(Ord. nº 2019-610 du 19 juin 2019, art. 10)* « , de munitions et de leurs éléments » *(L. nº 2018-133 du 26 févr. 2018, art. 17-8º et 25, en vigueur le 1er août 2018)* « de toute catégorie » de s'en dessaisir.

Le dessaisissement consiste soit à vendre l'arme *(Ord. nº 2019-610 du 19 juin 2019, art. 10)* « , les munitions et leurs éléments à une personne titulaire de l'autorisation », mentionnée à l'article L. 2332-1 du code de la défense, ou à un tiers remplissant les conditions légales d'acquisition et de détention, *(Abrogé par L. nº 2018-133 du 26 févr. 2018, art. 17-8º et 25, à compter du 1er août 2018)* « *soit à la neutraliser,* » soit à la remettre à l'État. Un décret en Conseil d'État détermine les modalités du dessaisissement.

Sauf urgence, la procédure est contradictoire. Le représentant de l'État dans le département fixe le délai au terme duquel le détenteur doit s'être dessaisi de son arme *(Ord. nº 2019-610 du 19 juin 2019, art. 10)* « , de ses munitions et de leurs éléments ». – *[C. défense, art. L. 2336-5, al. 1er à 3.]*

Art. L. 312-12 *(Ord. nº 2019-610 du 19 juin 2019, art. 10)* « Lorsque l'intéressé ne s'est pas dessaisi de l'arme, des munitions et de leurs éléments dans le délai fixé par le représentant de l'État dans le département, celui-ci lui ordonne de les remettre aux services de police ou de gendarmerie. »

Le commissaire de police ou le commandant de la brigade de gendarmerie peut demander au juge des libertés et de la détention l'autorisation de procéder à la saisie de l'arme *(Ord. nº 2019-610 du 19 juin 2019, art. 10)* « , des munitions et de leurs éléments », entre 6 heures et *(Ord. nº 2013-518 du 20 juin 2013, art. 1er et 5, en vigueur le 6 sept. 2013)* « 21 » heures, au domicile du détenteur. La demande d'autorisation comporte toutes les informations en leur possession de nature à justifier cette saisie afin de permettre au juge des libertés et de la détention de vérifier que cette demande est fondée.

La saisie *(Ord. nº 2019-610 du 19 juin 2019, art. 10)* « mentionnée » à l'alinéa précédent s'effectue sous l'autorité et le contrôle du juge des libertés et de la détention qui l'a autorisée ou d'un juge par lui désigné. Ce magistrat peut se rendre sur les lieux. A tout moment, il peut suspendre ou interrompre la saisie au domicile.

Celle-ci est effectuée en présence de l'occupant des lieux ou de son représentant ; en cas d'impossibilité, le commissaire de police ou le commandant de la brigade de gendarmerie requiert deux témoins choisis en dehors des personnes relevant de son autorité. Le procès-verbal de saisie est dressé sur-le-champ, il relate les modalités et le déroulement de l'intervention et comporte, s'il y a lieu, un inventaire des armes *(Ord. nº 2019-610 du 19 juin 2019, art. 10)* « , munitions et de leurs éléments saisis ». Il est signé par le commissaire de police ou par le commandant de la brigade de gendarmerie ainsi que par les personnes présentes ; en cas de refus, mention en est faite au procès-verbal. Il est transmis dans les meilleurs délais au juge des libertés et de la détention.

La remise ou la saisie des armes *(Ord. nº 2019-610 du 19 juin 2019, art. 10)* « , des munitions et de leurs éléments » ne donne lieu à aucune indemnisation. – *[C. défense, art. L. 2336-5, al. 4 à 7.]*

Art. L. 312-13 Il est interdit aux personnes ayant fait l'objet de la procédure prévue à la présente sous-section d'acquérir ou de détenir des armes *(Ord. nº 2019-610 du 19 juin 2019, art. 10)* « , munitions et leurs éléments » *(L. nº 2018-133 du 26 févr. 2018, art. 17-9º et 25, en vigueur le 1er août 2018)* « de toute catégorie ».

Le représentant de l'État dans le département peut cependant décider de limiter cette interdiction à certaines catégories ou à certains types d'armes *(Ord. nº 2019-610 du 19 juin 2019, art. 10)* « , de munitions et de leurs éléments ».

Cette interdiction est levée par le représentant de l'État dans le département s'il apparaît que l'acquisition ou la détention d'armes *(Ord. nº 2019-610 du 19 juin 2019, art. 10)* « , de munitions et de leurs éléments » par la personne concernée n'est plus de nature à porter atteinte à l'ordre public ou à la sécurité des personnes. – *[C. défense, art. L. 2336-5, al. 8 à 10.]*

Art. L. 312-14 A Paris, les pouvoirs conférés au représentant de l'État dans le département par les dispositions de la présente section sont exercés par le préfet de police. – *[C. défense, art. L. 2336-5, al. 11.]*

Art. L. 312-15 Un décret en Conseil d'État détermine les conditions d'application de la présente section. – *[C. défense, art. L. 2336-4, V.]*

SECTION IV ***Fichiers*** *(Ord. nº 2013-518 du 20 juin 2013, art. 1er-4º et 5, en vigueur le 6 sept. 2013).*

Art. L. 312-16 Un fichier national automatisé nominatif recense :

1º Les personnes interdites d'acquisition et de détention d'armes *(Ord. nº 2019-610 du 19 juin 2019, art. 10)* « , de munitions et de leurs éléments » en application des articles L. 312-10 et L. 312-13 ;

2º *(L. nº 2016-731 du 3 juin 2016, art. 23-6º)* « Les personnes interdites d'acquisition et de détention d'armes *(Ord. nº 2019-610 du 19 juin 2019, art. 10)* « , de munitions et de leurs éléments » des catégories *(L. nº 2018-133 du 26 févr. 2018, art. 17-10º et 25, en vigueur le 1er août 2018)* « A, B et C » en application de l'article L. 312-3 ;

« 3° Les personnes interdites d'acquisition et de détention d'armes *(Ord. n° 2019-610 du 19 juin 2019, art. 10)* « , de munitions et de leurs éléments » des catégories *(L. n° 2018-133 du 26 févr. 2018, art. 17-10° et 25, en vigueur le 1er août 2018)* « A, B et C » en application de l'article L. 312-3-1 » ;

(L. n° 2019-1480 du 28 déc. 2019, art. 6) « 4° Les personnes interdites d'acquisition et de détention d'arme en application de l'article L. 312-3-2. »

Les modalités d'application du présent article, y compris la nature des informations enregistrées, la durée de leur conservation ainsi que les autorités et les personnes qui y ont accès, sont déterminées par décret en Conseil d'État pris après avis de la Commission nationale de l'informatique et des libertés. – *[C. défense, art. L. 2336-6.]*

Art. L. 312-17 Les agents habilités de la police et de la gendarmerie nationales peuvent, dans la stricte mesure exigée par la protection de la sécurité des personnes ou la défense des intérêts fondamentaux de la Nation, consulter les traitements automatisés de *(Ord. n° 2018-1125 du 12 déc. 2018, art. 22 et 29, en vigueur le 1er juin 2019)* « données à caractère personnel » mentionnés à l'article 230-6 du code de procédure pénale pour les besoins de l'instruction des demandes d'autorisation ou de renouvellement d'autorisation d'acquisition ou de détention *(Ord. n° 2019-610 du 19 juin 2019, art. 10)* « de matériels de guerre, d'armes, de munitions et leurs éléments » faites en application de l'article L. 312-1.

Les agents mentionnés à l'alinéa précédent peuvent également consulter ces traitements, dans la stricte mesure exigée par la protection de l'ordre public ou la sécurité des personnes, pour l'exécution des ordres de remise d'armes *(Ord. n° 2019-610 du 19 juin 2019, art. 10)* « , de munitions et de leurs éléments » à l'autorité administrative prévus aux articles L. 312-7 et L. 312-12. – *[C. défense, art. L. 2337-2.]*

CHAPITRE III ***Fabrication et commerce*** *(L. n° 2017-258 du 28 févr. 2017, art. 27).*

Art. L. 313-1 *(Abrogé par L. n° 2017-258 du 28 févr. 2017, art. 27) L'exercice du commerce de détail des matériels de guerre, armes et munitions est soumis aux dispositions du présent chapitre, sans préjudice de l'application des dispositions du chapitre II du titre III du livre III de la deuxième partie du code de la défense.*

Art. L. 313-2 *(L. n° 2018-133 du 26 févr. 2018, art. 18-1° et 25, en vigueur le 1er août 2018)* Nul ne peut, s'il n'est titulaire d'un agrément relatif à son honorabilité et à ses compétences professionnelles délivré par l'autorité administrative, exercer l'activité qui consiste, à titre principal ou accessoire, soit en la fabrication, le commerce, l'échange, la location, la location-vente, le prêt, la modification, la réparation ou la transformation, soit en la négociation ou l'organisation d'opérations en vue de l'achat, de la vente, de la fourniture ou du transfert d'armes, de munitions ou de leurs éléments *(Abrogé par Ord. n° 2019-610 du 19 juin 2019, art. 11) « essentiels »*. – *[C. défense, art. L. 2332-1-1.]*

Art. L. 313-3 L'ouverture de tout local destiné au commerce de détail des armes *(Ord. n° 2013-518 du 20 juin 2013, art. 1er-10° et 5, en vigueur le 6 sept. 2013 ; Ord. n° 2019-610 du 19 juin 2019, art. 11)* « , munitions et de leurs éléments des catégories C ou D énumérés » par décret en Conseil d'État est soumise à autorisation. Celle-ci est délivrée par le représentant de l'État dans le département où est situé ce local, ou, à Paris, par le préfet de police, après avis du maire.

Cette autorisation est refusée si la protection de ce local contre le risque de vol ou d'intrusion est insuffisante. Elle peut, en outre, être refusée s'il apparaît que l'exploitation de ce local présente, notamment du fait de sa localisation, un risque particulier pour l'ordre et la sécurité publics.

Un établissement ayant fait l'objet d'une déclaration avant le 11 juillet 2010 n'est pas soumis à l'autorisation mentionnée au premier alinéa. Il peut être fermé par arrêté du représentant de l'État dans le département où il est situé, ou par le préfet de police à Paris, s'il apparaît que son exploitation a été à l'origine de troubles répétés à l'ordre et à la sécurité publics ou que sa protection contre le risque de vol ou d'intrusion est insuffisante : dans ce dernier cas, la fermeture ne peut être décidée qu'après une mise en demeure, adressée à l'exploitant, de faire effectuer les travaux permettant d'assurer une protection suffisante de cet établissement contre le risque de vol ou d'intrusion.

(Abrogé par L. n° 2018-133 du 26 févr. 2018, art. 18-2° et 25, à compter du 1er août 2018) « Un décret en Conseil d'État détermine les modalités d'application du présent article. » – *[C. défense, art. L. 2332-1, III, IV et V.]*

Art. L. 313-4 Le commerce de détail des *(Abrogé par Ord. n° 2019-610 du 19 juin 2019, art. 11) « matériels de guerre, »* armes, munitions ou de leurs éléments *(Abrogé par Ord.*

n° 2019-610 du 19 juin 2019, art. 11) « *essentiels* » *(Ord. n° 2013-518 du 20 juin 2013, art. 1er et 5, en vigueur le 6 sept. 2013)* « des catégories A, B, C ainsi que des armes *(Ord. n° 2019-610 du 19 juin 2019, art. 11)* « , munitions et de leurs éléments » de catégorie D » énumérées par décret en Conseil d'État ne peut se faire que dans les locaux mentionnés aux premier et troisième alinéas de l'article L. 313-3.

Les dispositions du premier alinéa ne sont pas applicables aux ventes organisées en application du code du domaine de l'État et aux ventes aux enchères publiques.

(Abrogé par L. n° 2018-133 du 26 févr. 2018, art. 18-2° et 25, à compter du 1er août 2018) « *Un décret en Conseil d'État détermine les conditions dans lesquelles, à titre exceptionnel, les personnes satisfaisant aux prescriptions de l'article L. 2332-1 du code de la défense et des articles L. 313-2 et L. 313-3 du présent code peuvent participer aux manifestations commerciales et aux salons professionnels déclarés en application des articles L. 762-1 et L. 762-2 du code de commerce.* »

Art. L. 313-5 *(L. n° 2018-133 du 26 févr. 2018, art. 18-3° et 25, en vigueur le 1er août 2018)* Les *(Abrogé par Ord. n° 2019-610 du 19 juin 2019, art. 11)* « *matériels,* » armes, munitions ou leurs éléments *(Abrogé par Ord. n° 2019-610 du 19 juin 2019, art. 11)* « *essentiels des catégories A, B et C ainsi que les armes et munitions de catégorie D* » *(Ord. n° 2019-610 du 19 juin 2019, art. 11)* « énumérés » par décret en Conseil d'État acquis, par dérogation au premier alinéa de l'article L. 313-4, entre particuliers, directement ou à distance, ne peuvent être livrés que dans les locaux mentionnés aux premier et dernier alinéas de l'article L. 313-3, aux fins de vérification de l'identité de l'acquéreur ainsi que des pièces mentionnées à l'article L. 312-4-1 ou, le cas échéant, de l'autorisation d'acquisition et de détention de l'acquéreur mentionnée à l'article L. 312-4.

La transaction est réputée parfaite à compter de la remise effective à l'acquéreur.

Si la transaction a été faite dans le cadre des activités mentionnées à l'article L. 313-2, ces *(Abrogé par Ord. n° 2019-610 du 19 juin 2019, art. 11)* « *matériels,* » armes, munitions ou éléments *(Abrogé par Ord. n° 2019-610 du 19 juin 2019, art. 11)* « *essentiels* » acquis, par dérogation au premier alinéa de l'article L. 313-4, par correspondance ou à distance, peuvent être livrés directement à l'acquéreur.

Art. L. 313-6 *(L. n° 2018-133 du 26 févr. 2018, art. 18-4° et 25, en vigueur le 1er août 2018)* Les personnes physiques ou morales autorisées à exercer les activités mentionnées à l'article L. 313-2 peuvent refuser de conclure toute transaction visant à acquérir des armes, des munitions ou leurs éléments *(Abrogé par Ord. n° 2019-610 du 19 juin 2019, art. 11)* « *essentiels* » dès lors qu'il est raisonnable de considérer que cette transaction présente un caractère suspect, en raison notamment de son échelle ou de sa nature.

Toute tentative de transaction suspecte fait l'objet d'un signalement auprès d'un service désigné par décision du ministre de l'Intérieur.

Art. L. 313-7 *(L. n° 2018-133 du 26 févr. 2018, art. 18-4° et 25, en vigueur le 1er août 2018)* Un décret en Conseil d'État précise les modalités d'application du présent chapitre.

Il détermine les conditions dans lesquelles, à titre exceptionnel, les personnes satisfaisant aux prescriptions de l'article L. 2332-1 du code de la défense et des articles L. 313-2 et L. 313-3 du présent code peuvent participer aux manifestations commerciales et aux salons professionnels déclarés en application des articles L. 762-1 et L. 762-2 du code de commerce.

CHAPITRE IV *Conservation, perte et transfert de propriété*

Art. L. 314-1 La conservation par toute personne des *(Ord. n° 2019-610 du 19 juin 2019, art. 12)* « matériels de guerre, armes, » munitions et de leurs éléments *(Abrogé par Ord. n° 2019-610 du 19 juin 2019, art. 12)* « *essentiels* » *(Ord. n° 2013-518 du 20 juin 2013, art. 1er et 5, en vigueur le 6 sept. 2013)* « des catégories A et B » est assurée selon des modalités qui en garantissent la sécurité et évitent leur usage par un tiers.

Les armes, les munitions et leurs éléments *(Abrogé par Ord. n° 2019-610 du 19 juin 2019, art. 12)* « *essentiels* » *(Ord. n° 2013-518 du 20 juin 2013, art. 1er et 5, en vigueur le 6 sept. 2013)* « des catégories C et D figurant sur une liste fixée par un décret en Conseil d'État » ***sont conservés hors d'état de fonctionner immédiatement.***

Un décret en Conseil d'État détermine les conditions d'application du présent article. – *[C. défense, art. L. 2337-1.]*

Art. L. 314-2 *(Ord. n° 2013-518 du 20 juin 2013, art. 1er et 5, en vigueur le 6 sept. 2013) (Ord. n° 2019-610 du 19 juin 2019, art. 12)* « Un matériel de guerre, une arme, des munitions ou leurs éléments de catégorie A ou B ne peuvent être cédés » par un particulier à un autre que dans le cas où le cessionnaire est autorisé à *(Ord. n° 2019-610 du 19 juin 2019, art. 12)* « les détenir » dans les conditions fixées aux articles L. 312-1 à L. 312-4-3.

Dans tous les cas, les transferts d'armes *(Ord. n° 2019-610 du 19 juin 2019, art. 12)* « , de munitions ou de leurs éléments » de la catégorie *(L. n° 2018-133 du 26 févr. 2018, art. 17-11° et 25, en vigueur le 1er août 2018)* « A ou » B sont opérés suivant des formes définies par décret en Conseil d'État.

Art. L. 314-2-1 *(Ord. n° 2013-518 du 20 juin 2013, art. 1er et 5, en vigueur le 6 sept. 2013)* Toute cession entre particuliers d'une arme *(Ord. n° 2019-610 du 19 juin 2019, art. 12)* « ou d'un élément d'arme » de catégorie C *(Abrogé par L. n° 2018-133 du 26 févr. 2018, art. 19-I et 25, à compter du 1er août 2018)* ***« ou de catégorie D soumises** [soumise] **à enregistrement »*** donne lieu à l'établissement et au dépôt d'une déclaration dans les conditions définies à l'article L. 312-4-1 *(Abrogé par L. n° 2018-133 du 26 févr. 2018, art. 19-I et 25, à compter du 1er août 2018)* ***« ou, le cas échéant, à un enregistrement, »*** dans un délai d'un mois, auprès du représentant de l'État dans le département du lieu de son domicile ou, à Paris, du préfet de police.

Art. L. 314-3 Les cessions, à quelque titre que ce soit, *(Ord. n° 2019-610 du 19 juin 2019, art. 12)* « de matériels de guerre, d'armes, de munitions et de leurs éléments » *(Ord. n° 2013-518 du 20 juin 2013, art. 1er-16° et 5, en vigueur le 6 sept. 2013)* « des catégories A et B » non *(Ord. n° 2019-610 du 19 juin 2019, art. 12)* « destinés » au commerce ne peuvent être faites qu'aux personnes munies d'une autorisation.

Les modalités de délivrance des autorisations d'achat et les indications à y porter sont définies par voie réglementaire. – *[C. défense, art. L. 2337-4.]*

Art. L. 314-4 Le ministre de l'Intérieur et, en cas d'urgence, le représentant de l'État dans le département ou, à Paris, le préfet de police sont autorisés à prescrire ou à requérir auprès de l'autorité militaire, relativement aux *(Ord. n° 2019-610 du 19 juin 2019, art. 12)* « matériels de guerre, armes, munitions et à leurs éléments » qui existent dans les magasins des fabricants ou commerçants, ou chez les personnes qui les détiennent, les mesures qu'ils estiment nécessaires dans l'intérêt de la sécurité publique. – *[C. défense, art. L. 2337-5.]*

CHAPITRE V ***Port et transport***

Art. L. 315-1 *(Ord. n° 2019-610 du 19 juin 2019, art. 13)* « Sont interdits, sans motif légitime, le port et le transport des matériels de guerre, armes, munitions et de leurs éléments des catégories A, B et C, ainsi que des armes, munitions et de leurs éléments de la catégorie D figurant sur une liste fixée par un décret en Conseil d'État. »

Les fonctionnaires et agents des administrations publiques exposés par leurs fonctions à des risques d'agression, ainsi que les personnels auxquels est confiée une mission de gardiennage et qui ont été préalablement agréés à cet effet par le représentant de l'État dans le département, ou, à Paris, par le préfet de police, peuvent être autorisés à s'armer pendant l'exercice de leurs fonctions, dans les conditions définies par décret en Conseil d'État. – *[C. défense, art. L. 2338-1.]*

Art. L. 315-2 Conformément à l'article L. 2338-2 du code de la défense, les militaires de la gendarmerie nationale peuvent porter leurs armes *(Ord. n° 2019-610 du 19 juin 2019, art. 13)* « , munitions et leurs éléments » dans les conditions définies par les règlements particuliers qui les concernent.

CHAPITRE VI ***Acquisition, détention et transferts au sein de l'Union européenne, importations et exportations*** *(L. n° 2017-258 du 28 févr. 2017, art. 27-I).*

Le présent chapitre ne comprend pas de dispositions législatives.

CHAPITRE VII ***Dispositions pénales***

(Ord. n° 2013-518 du 20 juin 2013, art. 1er-18° et 5, en vigueur le 6 sept. 2013)

Les dispositions introduites par l'Ord. n° 2013-518 du 20 juin 2013 sont applicables en Nouvelle-Calédonie, en Polynésie française, dans les îles Wallis-et-Futuna et dans les Terres australes et antarctiques françaises (Ord. préc., art. 6-I).

Art. L. 317-1 Toute infraction aux prescriptions du présent titre peut être constatée par les agents des contributions indirectes et des douanes et par les autorités de police judiciaire qui en dressent procès-verbal.

Les agents du ministère de la défense habilités dans des conditions fixées par décret en Conseil d'État peuvent également constater les infractions aux dispositions du présent titre ainsi qu'aux dispositions réglementaires prises pour leur application. *(L. nº 2019-773 du 24 juill. 2019, art. 10 et 21)* « Les inspecteurs de l'environnement mentionnés à l'article L. 172-1 du code de l'environnement, affectés à l'établissement mentionné à l'article L. 131-8 du même code et agissant dans le cadre du même code et agissant dans le cadre des articles L. 171-1 et L. 172-4 dudit code peuvent constater les infractions aux dispositions des chapitres II, IV et V du présent titre ainsi qu'aux dispositions réglementaires prises pour leur application. »

Les titulaires des autorisations et des licences définies au présent titre sont tenus de laisser pénétrer, dans toutes les parties de leurs locaux, les agents habilités de l'État.

Ils sont tenus de fournir les renseignements verbaux ou écrits et les comptes rendus demandés par ces mêmes agents.

Ils sont également tenus de n'apporter aucune entrave aux investigations nécessaires à l'exécution des missions des agents habilités. Ces investigations peuvent comporter, outre l'examen des lieux, des matériels et du système d'information, les recensements et les vérifications des comptabilités ou registres de toute espèce paraissant utiles.

Les agents habilités de l'État qui ont connaissance à titre quelconque des renseignements recueillis au sujet des entreprises en application du présent titre sont tenus au secret professionnel sous les peines définies à l'article 226-13 du code pénal.

Par dérogation à l'alinéa précédent, les agents des douanes et les agents habilités du ministère de la défense mentionnés au présent article peuvent se communiquer spontanément tous les renseignements et documents détenus ou recueillis dans le cadre de leurs missions respectives.

Les procès-verbaux des infractions constatées aux prescriptions du présent titre sont transmis au représentant de l'État dans le département ou, à Paris, au préfet de police.

En cas d'infraction aux dispositions du présent titre, les services compétents du ministère de la défense adressent au procureur de la République les procès-verbaux des constatations effectuées. Une expédition est également transmise au ministre de la défense.

Sans préjudice de l'application de l'article 36 du code de procédure pénale, l'action publique en matière d'infraction aux dispositions du chapitre III du présent titre *(Abrogé par Ord. nº 2019-610 du 19 juin 2019, art. 14)* « *relatives aux matériels de guerre et aux matériels assimilés mentionnés à l'article L. 311-2 du présent code et* » commise par une personne morale mentionnée au I de l'article L. 2332-1 du code de la défense *(Abrogé par Ord. nº 2019-610 du 19 juin 2019, art. 14)* « *ou par une personne morale fabricant de matériels assimilés* » est mise en mouvement par le procureur de la République *(Abrogé par Ord. nº 2019-610 du 19 juin 2019, art. 14)* « *territorialement compétent* ».

Il apprécie la suite à donner aux faits portés à sa connaissance, notamment par la dénonciation du ministre de la défense ou de l'autorité habilitée par lui.

A défaut de cette dénonciation, le procureur de la République informe le ministre de la défense ou l'autorité habilitée par lui.

Hormis le cas d'urgence, le ministre de la défense ou l'autorité habilitée par lui donne son avis dans le délai d'un mois, par tout moyen.

L'autorité mentionnée au neuvième alinéa du présent article est habilitée par arrêté du ministre de la défense.

Art. L. 317-1-1 Est puni de sept ans d'emprisonnement et de 100 000 € d'amende quiconque, sans respecter les obligations résultant des premier et deuxième alinéas de l'article L. 313-3, se livre à la fabrication ou au commerce *(Ord. nº 2019-610 du 19 juin 2019, art. 14)* « d'armes, de » munitions et de leurs éléments *(Ord. nº 2019-610 du 19 juin 2019, art. 14)* « des catégories C ou D énumérés par décret en Conseil d'État », ou exerce son activité en qualité d'intermédiaire ou d'agent de publicité à l'occasion de la fabrication ou du commerce *(Ord. nº 2019-610 du 19 juin 2019, art. 14)* « d'armes, de » munitions et de leurs éléments *(Abrogé par Ord. nº 2019-610 du 19 juin 2019, art. 14)* « *essentiels* ».

Les peines sont portées à dix ans d'emprisonnement et à 500 000 € d'amende lorsque l'infraction est commise en bande organisée.

La *confiscation* *(Ord. nº 2019-610 du 19 juin 2019, art. 14)* « des armes, munitions et de leurs éléments mentionnés au premier alinéa fabriqués ou à vendre, ainsi que leur » vente aux enchères publiques, est ordonnée par le même jugement.

L'autorité administrative peut prescrire ou faire effectuer la mise hors d'usage, aux frais de l'auteur de l'infraction, *(Ord. nº 2019-610 du 19 juin 2019, art. 14)* « de ces armes, munitions et de leurs éléments avant leur » mise aux enchères publiques.

Art. L. 317-1-2 Les personnes morales déclarées responsables pénalement, dans les conditions prévues par l'article 121-2 du code pénal, des infractions définies à l'article L. 317-1-1 encourent, outre l'amende suivant les modalités prévues par l'article 131-38 du code pénal, les peines prévues par les 1°, 2°, 4°, 5°, 8° et 9° de l'article 131-39 du même code.

Art. L. 317-2 Est puni de cinq ans d'emprisonnement et de 75 000 € d'amende :

1° Le fait de contrevenir aux dispositions des articles L. 312-5 et L. 317-1 ;

2° Le fait de vendre ou d'acheter des *(Abrogé par Ord. n° 2019-610 du 19 juin 2019, art. 14) « matériels de guerre, des »* armes, des munitions ou leurs éléments en méconnaissance des dispositions des articles L. 313-4 et L. 313-5 ;

3° Le fait de céder ou de vendre des matériels de guerre, des armes, des munitions ou leurs éléments constitutifs à un mineur, hors les cas où cette vente est autorisée dans les conditions fixées par décret en Conseil d'État.

Art. L. 317-2-1 Les peines sont portées à dix ans d'emprisonnement et 500 000 € d'amende si les infractions prévues à l'article L. 317-2 sont commises en bande organisée.

Art. L. 317-3 Les personnes morales déclarées responsables pénalement, dans les conditions prévues par l'article 121-2 du code pénal, des infractions définies aux articles L. 317-2 et L. 317-2-1 encourent, outre l'amende suivant les modalités prévues par l'article 131-38 du code pénal, les peines prévues par les 2°, 4°, 5°, 8° et 9° de l'article 131-39 du même code.

Art. L. 317-3-1 Est punie de trois ans d'emprisonnement et de 45 000 € d'amende la cession, à quelque titre que ce soit, par un fabricant ou commerçant, détenteur de l'une des autorisations mentionnées à l'article L. 313-3, d'une ou plusieurs armes ou munitions *(Ord. n° 2019-610 du 19 juin 2019, art. 14)* « ou de leurs éléments » des catégories A, B *(L. n° 2018-133 du 26 févr. 2018, art. 20-1° et 25, en vigueur le 1er août 2018)* « ou C », en violation des articles L. 312-1 à L. 312-4-3 ou de l'article L. 314-3.

Le tribunal ordonne, en outre, la confiscation *(Ord. n° 2019-610 du 19 juin 2019, art. 14)* « de ces armes, munitions et de leurs éléments ».

Art. L. 317-3-2 Est punie de six mois d'emprisonnement et de 7 500 € d'amende toute personne titulaire de l'une des autorisations de fabrication ou de commerce d'armes *(Ord. n° 2019-610 du 19 juin 2019, art. 14)* « , de munitions et de leurs éléments mentionnés » à l'article L. 313-3 qui :

1° Ne tient pas à jour le registre spécial dans lequel sont enregistrés, dans des conditions fixées par décret en Conseil d'État, les *(Ord. n° 2019-610 du 19 juin 2019, art. 14)* « armes, munitions et leurs éléments » mis en fabrication, en réparation, en transformation, achetés, vendus, loués ou détruits ;

2° Dans le cas d'opérations d'intermédiation, ne tient pas à jour le registre spécial dans lequel sont enregistrés, dans des conditions fixées par le même décret en Conseil d'État, le nom des entreprises mises en relation ou des autres participants à l'opération d'intermédiation ainsi que le contenu de ces opérations ;

3° En cas de cessation d'activité, ne dépose pas auprès de l'autorité administrative compétente les registres spéciaux mentionnés aux 1° et 2° ou n'en assure pas la conservation pendant un délai et dans des conditions fixés par le même décret en Conseil d'État ;

4° Cède à un autre commerçant ou fabricant autorisé *(Ord. n° 2019-610 du 19 juin 2019, art. 14)* « une arme, des munitions et leurs éléments » des catégories A, B ou C *(Abrogé par L. n° 2018-133 du 26 févr. 2018, art. 20-2° et 25, à compter du 1er août 2018) « ou une arme, un élément essentiel ou des munitions de catégorie D mentionnés au second alinéa de l'article L. 312-4-1, »* sans accomplir les formalités déterminées par le même décret en Conseil d'État ;

5° Vend par correspondance des *(Abrogé par Ord. n° 2019-610 du 19 juin 2019, art. 14) « matériels[,] »* armes, munitions et leurs éléments *(Abrogé par Ord. n° 2019-610 du 19 juin 2019, art. 14) « essentiels »* sans avoir reçu et conservé les documents nécessaires à leur inscription sur le registre spécial mentionné au 1° du présent article.

Art. L. 317-4 *(Abrogé par L. n° 2016-731 du 3 juin 2016, art. 26-III-1°) Sont punies de trois ans d'emprisonnement et de 45 000 € d'amende l'acquisition, la cession ou la détention, sans l'autorisation prévue à l'article L. 313-3, d'une ou de plusieurs armes des catégories A ou B, de munitions ou de leurs éléments essentiels en violation des articles L. 312-1 à L. 312-4-3, L. 314-2 ou L. 314-3.*

La peine d'emprisonnement est portée à cinq ans et l'interdiction de séjour peut être prononcée suivant les modalités prévues par l'article 131-31 du code pénal, si le coupable a été antérieurement condamné à l'emprisonnement ou à une peine plus grave pour crime ou délit.

Les peines sont portées à dix ans d'emprisonnement et à 500 000 € d'amende lorsque l'infraction est commise en bande organisée.

Le tribunal ordonne, en outre, la confiscation des armes ou des munitions.

Art. L. 317-4-1 Sont punies de deux ans d'emprisonnement et de 30 000 € d'amende l'acquisition, la cession ou la détention d'une ou de plusieurs armes *(Ord. n° 2019-610 du 19 juin 2019, art. 14)* « , de munitions ou de leurs éléments » de la catégorie C en l'absence de la déclaration prévue à l'article L. 312-4-1 ou à l'article L. 314-2-1.

(Abrogé par L. n° 2018-133 du 26 févr. 2018, art. 20-3° et 25, à compter du 1er août 2018) « Sont punies d'un an d'emprisonnement et de 15 000 € d'amende l'acquisition, la cession ou la détention d'une ou de plusieurs armes de catégorie D en violation des obligations particulières mentionnées au second alinéa de l'article L. 312-4-2. »

Les peines sont portées à sept ans d'emprisonnement et à 100 000 € d'amende lorsque l'infraction est commise en bande organisée.

Art. L. 317-5 Est puni de trois ans d'emprisonnement et de 45 000 € d'amende le fait d'acquérir ou de détenir des *(Ord. n° 2019-610 du 19 juin 2019, art. 14)* « armes, munitions et leurs éléments » en violation d'une interdiction prévue *(L. n° 2016-731 du 3 juin 2016, art. 26)* « aux articles L. 312-3, L. 312-10 et L. 312-13 ».

Art. L. 317-6 Est puni de trois mois d'emprisonnement et de 3 750 € d'amende le fait de mettre obstacle à la saisie prévue par les articles L. 312-8 et L. 312-12.

(Abrogé par L. n° 2018-133 du 26 févr. 2018, art. 20-4° et 25, à compter du 1er août 2018) « La tentative du délit prévu à l'alinéa précédent est punie des mêmes peines. »

Art. L. 317-7 La détention d'un dépôt d'armes ou de munitions *(L. n° 2016-731 du 3 juin 2016, art. 26-III-3°-a)* « de la catégorie C », ainsi que des armes de la catégorie D figurant sur une liste fixée par un décret en Conseil d'État, est punie de *(L. n° 2016-731 du 3 juin 2016, art. 26)* « trois » ans d'emprisonnement et de *(L. n° 2016-731 du 3 juin 2016, art. 26-III-3°-a)* « 45 000 € » d'amende.

Les peines sont portées à *(L. n° 2016-731 du 3 juin 2016, art. 26)* « sept » ans d'emprisonnement et à *(L. n° 2016-731 du 3 juin 2016, art. 26)* « 100 000 € » d'amende lorsque l'infraction est commise en bande organisée.

(L. n° 2016-731 du 3 juin 2016, art. 26) « Les peines sont portées à sept ans d'emprisonnement et à 100 000 € d'amende si l'auteur des faits a été antérieurement condamné pour une ou plusieurs infractions mentionnées aux articles 706-73 et 706-73-1 du code de procédure pénale à une peine égale ou supérieure à un an d'emprisonnement ferme. En outre, la peine complémentaire d'interdiction de séjour peut être prononcée suivant les modalités prévues à l'article 131-31 du code pénal. »

Le tribunal ordonne, en outre, la confiscation des armes ou des munitions.

Ces dispositions ne sont pas applicables, dans la mesure où ils exercent leur industrie ou leur commerce, aux fabricants et aux vendeurs régulièrement autorisés.

Art. L. 317-7-1 *(Abrogé par L. n° 2016-731 du 3 juin 2016, art. 26) Est puni de cinq ans d'emprisonnement et de 75 000 € d'amende le fait de frauduleusement supprimer, masquer, altérer ou modifier de façon quelconque les marquages, poinçons, numéros de série, emblèmes ou signes de toute nature apposés ou intégrés sur des matériels mentionnés à l'article L. 311-2, des armes ou leurs éléments essentiels afin de garantir leur identification de manière certaine suivant les modalités fixées par un décret en Conseil d'État ou de détenir, en connaissance de cause, une arme ainsi modifiée.*

Art. L. 317-7-2 *(Abrogé par L. n° 2016-731 du 3 juin 2016, art. 26) Est* [Sont] *puni* [punis] *de cinq ans d'emprisonnement et de 75 000 € d'amende l'acquisition, la vente, la livraison ou le transport de matériels, d'armes et de leurs éléments essentiels mentionnés à l'article L. 311-2 dépourvus des marquages, poinçons, numéros de série, emblèmes ou signes de toute nature apposés ou intégrés sur les matériels, les armes ou leurs éléments essentiels, nécessaires à leur identification de manière certaine suivant les modalités fixées par le décret en Conseil d'État prévu à l'article L. 317-7-1, ou dont les marquages, poinçons, numéros de série, emblèmes ou signes de toute nature auraient été supprimés, masqués, altérés ou modifiés.*

Art. L. 317-7-3 *(Abrogé par L. n° 2016-731 du 3 juin 2016, art. 26) Les peines peuvent être portées à dix ans d'emprisonnement et 150 000 € d'amende si les infractions mentionnées à l'article L. 317-7-2 sont commises en bande organisée.*

Art. L. 317-7-4 *(Abrogé par L. n° 2016-731 du 3 juin 2016, art. 26) La tentative des délits prévus aux articles L. 317-7-2 et L. 317-7-3 est punie des mêmes peines.*

Art. L. 317-8 Quiconque, hors de son domicile et sauf les exceptions résultant des articles L. 315-1 et L. 315-2, est trouvé porteur ou effectue sans motif légitime le transport *(Abrogé par L. nº 2016-731 du 3 juin 2016, art. 26-III-5º-a) « de matériels de guerre, »* *(Ord. nº 2019-610 du 19 juin 2019, art. 14)* « d'armes, de munitions ou de leurs éléments », même s'il en est régulièrement détenteur, est puni :

1º *(Abrogé par L. nº 2016-731 du 3 juin 2016, art. 26-III-5º-b) « S'il s'agit de matériels de guerre mentionnés à l'article L. 311-2, d'armes, de leurs éléments essentiels ou de munitions des catégories A ou B, de cinq ans d'emprisonnement et de 75 000 € d'amende ; »*

2º S'il s'agit d'armes, *(Ord. nº 2019-610 du 19 juin 2019, art. 14)* « de munitions ou » de leurs éléments *(Abrogé par Ord. nº 2019-610 du 19 juin 2019, art. 14) « essentiels ou de munitions »* de la catégorie C, de deux ans d'emprisonnement et de 30 000 € d'amende ;

3º S'il s'agit d'armes, de munitions ou de leurs éléments de la catégorie D *(L. nº 2013-711 du 5 août 2013, art. 20-II-1º)* « , à l'exception de ceux qui présentent une faible dangerosité et figurent sur une liste fixée par arrêté », d'un an d'emprisonnement et de 15 000 € d'amende.

Art. L. 317-9 Si le transport d'armes *(Ord. nº 2019-610 du 19 juin 2019, art. 14)* « , de munitions ou de leurs éléments » est effectué par au moins deux personnes ou si deux personnes au moins sont trouvées ensemble porteuses d'armes, *(Ord. nº 2019-610 du 19 juin 2019, art. 14)* « de munitions ou de leurs éléments » les peines prévues à l'article L. 317-8 sont portées :

1º *(Abrogé par L. nº 2016-731 du 3 juin 2016, art. 26) « S'il s'agit de matériels de guerre mentionnés à l'article L. 311-2, d'armes, de leurs éléments essentiels ou de munitions des catégories A ou B, à dix ans d'emprisonnement et 500 000 € d'amende ; »*

2º S'il s'agit d'armes, de leurs éléments *(Abrogé par Ord. nº 2019-610 du 19 juin 2019, art. 14) « essentiels »* ou de munitions de catégorie C, à cinq ans d'emprisonnement et 75 000 € d'amende ;

3º S'il s'agit d'armes, de munitions ou de leurs éléments de *(L. nº 2013-711 du 5 août 2013, art. 20)* « la catégorie D, à l'exception de ceux qui présentent une faible dangerosité et figurent sur une liste fixée par arrêté », à deux ans d'emprisonnement et 30 000 € d'amende.

Art. L. 317-9-1 La licence de tir en cours de validité délivrée par une fédération sportive ayant reçu délégation du ministre chargé des sports au titre de l'article L. 131-14 du code du sport ou la carte de collectionneur d'armes délivrée en application des articles L. 312-6-1 à L. 312-6-4 du présent code valent titre de transport légitime des armes *(Ord. nº 2019-610 du 19 juin 2019, art. 14)* « , munitions et de leurs éléments » qu'elles permettent d'acquérir régulièrement.

Le permis de chasser vaut titre de transport légitime pour les armes *(Ord. nº 2019-610 du 19 juin 2019, art. 14)* « , munitions et leurs éléments » qu'il permet de détenir.

Le permis de chasser accompagné de la validation de l'année en cours ou de l'année précédente vaut titre de port légitime des armes *(Ord. nº 2019-610 du 19 juin 2019, art. 14)* « , munitions et de leurs éléments » qu'il permet d'acquérir pour leur utilisation en action de chasse ou pour toute activité qui y est liée.

Art. L. 317-9-2 *(Abrogé par L. nº 2016-731 du 3 juin 2016, art. 26) Sont punis de cinq ans d'emprisonnement et de 75 000 € d'amende les contrefaçons d'un poinçon d'épreuve et l'usage frauduleux des poinçons contrefaits.*

Art. L. 317-10 En cas de récidive, les peines complémentaires de l'interdiction de séjour et l'interdiction des droits mentionnés à l'article 131-26 du code pénal peuvent être prononcées.

Les délits prévus et réprimés par le présent titre ainsi que ceux prévus et réprimés par le titre III du livre III de la deuxième partie du code de la défense sont considérés comme étant, du point de vue de la récidive, un même délit.

Art. L. 317-10-1 *(L. nº 2018-133 du 26 févr. 2018, art. 20-5º et 25, en vigueur le 1er août 2018)* La tentative des délits prévus aux articles L. 317-4-1, L. 317-5 et L. 317-6 est punie des mêmes peines que celles prévues pour chacun de ces délits.

Art. L. 317-11 La peine privative de liberté encourue par l'auteur ou le complice des infractions prévues à l'article L. 317-7 est réduite de moitié si, ayant averti l'autorité administrative ou judiciaire, il a permis de faire cesser les agissements incriminés et d'identifier, le cas échéant, les autres auteurs ou complices.

Art. L. 317-12 En cas de condamnation pour les infractions prévues au présent chapitre, le prononcé des peines complémentaires suivantes est obligatoire :

1° L'interdiction de détenir ou de porter, pour une durée de cinq ans au plus, *(Ord. n° 2019-610 du 19 juin 2019, art. 14)* « un matériel de guerre, une arme, des munitions et leurs éléments soumis » à autorisation ;

2° La confiscation *(Ord. n° 2019-610 du 19 juin 2019, art. 14)* « de matériels de guerre, d'armes, de munitions et de leurs éléments » dont le condamné est propriétaire ou dont il a la libre disposition ;

3° Le retrait du permis de chasser avec interdiction de solliciter la délivrance d'un nouveau permis pendant cinq ans au plus.

Toutefois, la juridiction peut, par une décision spécialement motivée, décider de ne pas prononcer ces peines, en considération des circonstances de l'infraction et de la personnalité de son auteur.

Loi n° 85-706 du 12 juillet 1985,

Relative à la publicité en faveur des armes à feu et de leurs munitions.

Art. 1er La publicité relative aux armes à feu *(L. n° 2012-304 du 6 mars 2012, art. 34-XVIII, en vigueur le 6 sept. 2013)* « des catégories A, B ainsi qu'aux armes des catégories C et D figurant sur une liste fixée par un décret en Conseil d'État *[ancienne rédaction : de la première catégorie (paragraphes 1, 2 et 3) et des quatrième, cinquième et septième catégories telles qu'elles sont définies par l'article 1er du décret n° 73-364 du 12 mars 1973 relatif à l'application du décret du 18 avril 1939 fixant le régime des matériels de guerre, armes et munitions]* », ne peut comporter que la représentation de ces seules armes et de leurs munitions et les mentions ci-après :

1° Nom et nationalité du fabricant et, le cas échéant, nom du distributeur et du vendeur ;

2° Dénomination de l'arme ou de la munition ;

3° Type, calibre, portée, mode de percussion, système de visée, système d'alimentation, longueur et caractéristiques du canon, poids et projectiles ;

4° Mode de fabrication, brevets et matériaux utilisés ;

5° Date de première mise en vente ;

6° Prix et conditions de vente ;

7° Accessoires adaptables, à l'exclusion des silencieux.

Art. 2 Toute publicité faite en faveur des armes à feu et munitions mentionnées à l'article premier doit être accompagnée de l'indication de la catégorie à laquelle appartiennent ces armes et munitions et du régime auquel leur acquisition est soumise.

Art. 3 Les armes à feu et munitions mentionnées à l'article premier, exception faite des armes de signalisation et de starter à condition qu'elles ne permettent pas de tir de cartouches à balle, ne peuvent être proposées à la vente ou faire l'objet de publicité sur des catalogues, prospectus, publications périodiques ou tout autre support de l'écrit, de la parole ou de l'image que lorsque l'objet, le titre et l'essentiel du contenu de ces supports ont trait à la chasse, à la pêche ou au tir sportif. Les modalités d'application du présent article seront définies par un décret en Conseil d'État. — *V. Décr. n° 85-1305 du 9 déc. 1985 (D. et ALD 1986. 36).*

Art. 4 Les documents publicitaires, catalogues et périodiques faisant de la publicité pour les armes à feu et munitions mentionnées à l'article premier, autres que les armes de signalisation et de starter à condition qu'elles ne permettent pas le tir de cartouches à balle, ne peuvent être distribués ou envoyés qu'aux personnes qui en ont fait la demande, ainsi qu'à celles dont l'activité professionnelle relève des dispositions de l'article L. 2332-1 du code de la défense *[ancienne rédaction : « 2 du décret du 18 avril 1939 précité »]*.

Art. 5 Les armes à feu et munitions mentionnées à l'article premier ne peuvent être mises en loterie ni être offertes en récompense de concours, à l'exception des concours dont le thème est cynégétique ou des compétitions de tir sportif.

Art. 6 Toute infraction aux dispositions des articles 1er à 5 de la présente loi est punie *d'une amende de 45 000 €.*

En cas de récidive, *(Abrogé par L. n° 2009-526 du 12 mai 2009, art. 122-XIX) « l'amende peut être portée au double. En outre, »* le tribunal peut ordonner, aux frais du condamné, la publication de sa décision, intégralement ou par extraits, dans un ou plusieurs journaux qu'il désigne, et la diffusion d'un message, dans les conditions prévues au sixième alinéa du paragraphe II de l'article 44 de la loi n° 73-1193 du 27 décembre 1973 d'orientation du commerce et de l'artisanat *[abrogé et codifié ss. C. consom., art. L. 121-4]*, informant le public de sa décision ; il peut également ordonner l'affichage de sa décision dans les conditions prévues à l'article *(L. n° 92-1336 du 16 déc. 1992)* « 131-35 » du code pénal.

Les officiers de police judiciaire peuvent, avant toute poursuite, saisir les documents publicitaires, à l'exception des publications périodiques, édités ou diffusés en infraction aux dispositions de la présente loi.

En cas de condamnation, le tribunal ordonne la destruction des exemplaires saisis.

Art. 7 Les dispositions de la présente loi ne sont pas applicables aux documents exclusivement destinés à la prospection des marchés étrangers.

Ces documents ne peuvent, sous peine des sanctions figurant à l'article 6, être distribués ou envoyés à des Français sur le territoire national, à l'exception de ceux dont l'activité professionnelle relève des dispositions de l'article L. 2332-1 du code de la défense *[ancienne rédaction : « 2 du décret du 18 avril 1939 précité »]*.

Art. 8 Les dispositions des articles 3, relatives aux publications périodiques, et 4 de la présente loi entreront en vigueur trois mois après sa publication *[13 juill.]* au *Journal officiel* de la République française. Les dispositions de l'article 3 relatives aux catalogues, prospectus ou autres supports de l'écrit, de la parole ou de l'image entreront en vigueur à une date fixée par décret, tenant compte des impératifs techniques de confection et de diffusion des documents concernés.

Art. 9 *(Ord. n° 2009-537 du 14 mai 2009, art. 4-II)* Les dispositions de la présente loi sont applicables dans les îles Wallis-et-Futuna, en Polynésie française, dans les Terres australes et antarctiques françaises et en Nouvelle-Calédonie, sous réserve des modifications suivantes :

1° A l'article 6, les mots : ", et la diffusion d'un message dans les conditions prévues au sixième alinéa du paragraphe II de l'article 44 de la loi n° 73-1193 du 27 décembre 1973 d'orientation du commerce et de l'artisanat, informant le public de sa décision ;" sont supprimés ;

2° Les montants exprimés en euros sont applicables compte tenu de leur contre-valeur en monnaie locale.

Décret n° 2010-455 du 4 mai 2010,

Relatif à la mise sur le marché et au contrôle des produits explosifs.

TITRE PREMIER Dispositions générales

Les art. 4 à 31, 33 et 36 sont abrogés à compter du 1er juill. 2015 en tant qu'ils s'appliquent aux articles pyrotechniques et à compter du 20 avr. 2016 en tant qu'ils s'appliquent aux autres produits explosifs. Les autres dispositions sont abrogées à compter du 5 juill. 2017 en tant qu'elles s'appliquent aux articles pyrotechniques autres que ceux destinés aux véhicules y compris en tant que pièces détachées. L'ensemble du décret est abrogé à compter du 5 juill. 2028 (Décr. n° 2015-799 du 1er juill. 2015, JO 3 juill.). — V. C. envir., art. R. 557-1-1 s.

Art. 1er Le présent décret s'applique, sous réserve de l'article 3, aux produits explosifs destinés à être utilisés pour les effets de leur explosion ou leurs effets pyrotechniques et qui répondent à au moins l'une des définitions suivantes :

— explosif : toute matière ou objet affecté à la classe 1 des recommandations des Nations Unies relatives au transport de matières dangereuses ;

— article pyrotechnique : tout article contenant des matières explosives ou un mélange explosif de substances conçues pour produire de la chaleur, de la lumière, des sons, des gaz, de la fumée ou une combinaison de ces effets par une réaction chimique exothermique autoentretenue.

Ces produits explosifs sont dénommés "produits" dans le présent décret.

Art. 2 Au sens du présent décret, on entend par :

— "artifice de divertissement" : un article pyrotechnique destiné au divertissement ;

— "article pyrotechnique destiné au théâtre" : un article pyrotechnique destiné à être utilisé en scène, à l'intérieur ou à l'extérieur, y compris dans des productions cinématographiques et télévisuelles, ou à une utilisation analogue ;

— "article pyrotechnique destiné aux véhicules" : des composants de dispositifs de sécurité des véhicules contenant des substances pyrotechniques servant à activer ces dispositifs ou d'autres dispositifs.

Art. 3 Le présent décret ne s'applique pas aux produits explosifs suivants :
– produits destinés à être utilisés exclusivement par les forces armées, la police nationale, la gendarmerie nationale, les services de déminage ;
– équipements entrant dans le champ d'application de la directive 96/98/CE du 20 décembre 1996 relative aux équipements marins ;
– amorces à percussion conçues spécialement pour des jouets entrant dans le champ d'application de la directive 88/378/CEE du 3 mai 1988 concernant le rapprochement des législations des États membres relatives à la sécurité des jouets ;
– munitions, c'est-à-dire projectiles, charges propulsives et munitions à blanc utilisées dans les armes à feu et dans l'artillerie ;
– articles pyrotechniques destinés à être utilisés dans l'industrie aérospatiale ;
– articles pyrotechniques destinés à être présentés et utilisés, lors d'expositions, de foires commerciales ou de démonstrations organisées pour leur commercialisation, pour autant qu'ils comportent une marque apparente et lisible répondant aux exigences définies par arrêté du ministre chargé de la sécurité industrielle ;
– les produits fabriqués à des fins de recherche, de développement et d'essais pour autant qu'ils comportent une marque apparente et lisible répondant aux exigences définies par arrêté du ministre chargé de la sécurité industrielle.

TITRE II Conformité aux exigences essentielles de sécurité

Art. 4 Les produits entrant dans le champ d'application du présent décret ne peuvent être mis sur le marché à titre onéreux ou gracieux, stockés en vue de leur mise sur le marché, utilisés, importés ou transférés que s'ils sont conformes aux exigences essentielles de sécurité fixées par arrêté du ministre chargé de la sécurité industrielle.

Cette conformité est évaluée dans les conditions définies aux articles 6 à 14. Elle est attestée par un marquage de conformité tel que prévu à l'article 22.

Art. 5 La conformité d'un produit est évaluée à chaque transformation du produit susceptible de modifier les dangers qu'il présente.

Art. 6 Est présumé conforme aux exigences essentielles de sécurité mentionnées à l'article 4 tout produit qui satisfait, aux normes le concernant dont les références sont publiées au *Journal officiel* de la République française, couvrant ces exigences et transposant les normes européennes harmonisées.

En l'absence de normes harmonisées, la conformité aux normes et spécifications techniques nationales est réputée concourir à la satisfaction des exigences essentielles de sécurité.

Est également présumé conforme aux exigences essentielles de sécurité tout produit qui satisfait, dans un autre État membre de l'Union européenne, aux procédures d'évaluation prévues par les réglementations transposant, dans le droit interne de l'État où elles ont été accomplies, les dispositions des directives 93/15/CEE du 5 avril 1993 relative à l'harmonisation des dispositions concernant la mise sur le marché et le contrôle des explosifs à usage civil et 2007/23/CE du 23 mai 2007 relative à la mise sur le marché d'articles pyrotechniques.

Art. 7 Lorsqu'un produit n'est conforme qu'à une partie des normes mentionnées à l'article 6, il n'est présumé conforme qu'à celles des exigences essentielles de sécurité qui correspondent à cette partie.

Lorsque les normes mentionnées à l'article 6 ne correspondent qu'à une partie des exigences essentielles de sécurité à respecter, un produit conforme à ces normes n'est présumé conforme qu'à celles des exigences essentielles de sécurité ainsi satisfaites.

Art. 8 S'il entend bénéficier de la présomption de conformité aux exigences essentielles de sécurité par référence aux normes mentionnées à l'article 6, un fabricant peut choisir d'utiliser toute solution technique qui répond à ces normes.

S'il ne souhaite pas bénéficier d'une telle présomption, il lui incombe d'apporter la preuve que la solution technique utilisée répond aux exigences essentielles de sécurité visées à l'article 4.

Art. 9 *Un arrêté du ministre* chargé de la sécurité industrielle définit les procédures et les modalités d'évaluation de la conformité d'un produit aux exigences essentielles de sécurité. Ces procédures sont définies par référence aux modules d'évaluation de la conformité mentionnés en annexe au présent décret.

Le fabricant choisit les procédures appliquées, qui sont alors mises en œuvre par les organismes habilités visés à l'article 15 ou par lui-même sous le contrôle de ces organismes.

Le ministre chargé de la sécurité industrielle peut, à tout moment, notamment lors de la mise sur le marché du produit, demander au fabricant la communication des documents attestant la conformité du produit et des rapports relatifs à ce produit, émis par les organismes habilités visés à l'article 15 dans le cadre de ces procédures, ainsi que de la documentation technique visée à l'article 10.

Une même demande d'évaluation de la conformité d'un produit ne peut être introduite auprès de plusieurs organismes visés au premier alinéa de l'article 15.

Art. 10 En vue de l'évaluation de la conformité d'un produit aux exigences essentielles de sécurité, le fabricant établit une documentation technique. Il tient à disposition du ministre chargé de la sécurité industrielle, pendant une durée d'au moins dix ans à compter de la dernière date de fabrication du produit, cette documentation et, le cas échéant, la documentation relative au système de contrôle de qualité mis en place. Il conserve pendant la même durée une copie des documents attestant la conformité du produit et de leurs compléments.

Les modalités d'application du présent article, notamment la liste des pièces constituant la documentation technique sont précisées par arrêté du ministre chargé de la sécurité industrielle.

Art. 11 Lorsque, lors d'un audit réalisé par l'un des organismes habilités visés à l'article 15 en application des procédures d'évaluation de la conformité, celui-ci conclut au défaut de respect par le produit des règles techniques applicables, à une mauvaise application du système de qualité ou à son obsolescence, il prend les mesures qui s'imposent en fonction des défauts constatés et informe le ministre chargé de la sécurité industrielle.

Les mesures susvisées peuvent consister notamment en une augmentation de la fréquence de prélèvement d'échantillons, des visites inopinées, le retrait de l'approbation du système de qualité ou l'annulation du document attestant la conformité du produit aux exigences essentielles de sécurité.

La décision est prise après que le titulaire de ce document a été appelé à présenter ses observations.

Dans le cas d'une décision consécutive au défaut de respect des règles techniques applicables, l'organisme habilité informe de sa décision le ministre chargé de la sécurité industrielle et les autres organismes visés au premier alinéa de l'article 15.

Art. 12 Le fabricant du produit est tenu de permettre, aux fins de contrôle, l'accès à ses installations, notamment de fabrication, d'essais et de stockage, aux agents des organismes habilités chargés du contrôle des produits.

Art. 13 Les articles pyrotechniques font l'objet de la part du fabricant d'une proposition de classement dans une catégorie selon le type d'utilisation, la destination et le niveau de risque ainsi que le niveau sonore lors de l'utilisation. Les organismes habilités mentionnés à l'article 15 confirment ce classement dans le cadre des procédures d'évaluation de la conformité prévues à l'article 9.

Les catégories sont les suivantes :

a) Artifices de divertissement :

– catégorie 1 : artifices de divertissement qui présentent un danger très faible et un niveau sonore négligeable et qui sont destinés à être utilisés dans des espaces confinés, y compris les artifices de divertissement destinés à être utilisés à l'intérieur d'immeubles d'habitation ;

– catégorie 2 : artifices de divertissement qui présentent un danger faible et un faible niveau sonore et qui sont destinés à être utilisés à l'air libre, dans des zones confinées ;

– catégorie 3 : artifices de divertissement qui présentent un danger moyen, qui sont destinés à être utilisés à l'air libre, dans de grands espaces ouverts et dont le niveau sonore n'est pas dangereux pour la santé humaine ;

– catégorie 4 : artifices de divertissement qui présentent un danger élevé et qui sont destinés à être utilisés uniquement par des personnes ayant des connaissances particulières, telles que définies à l'article 28 (normalement désignés par l'expression "artifices de divertissement à usage professionnel") et dont le niveau sonore n'est pas dangereux pour la santé humaine.

b) Articles pyrotechniques destinés au théâtre :

– catégorie T1 : articles pyrotechniques destinés à être utilisés en scène qui présentent un danger faible ;

– catégorie T2 : articles pyrotechniques destinés à être utilisés en scène, uniquement par des personnes ayant des connaissances particulières, telles que définies à l'article 28.

c) Autres articles pyrotechniques :

– catégorie P1 : articles pyrotechniques autres que les artifices de divertissement et les articles pyrotechniques destinés au théâtre, qui présentent un danger faible ;

– catégorie P2 : articles pyrotechniques autres que les artifices de divertissement et les articles pyrotechniques destinés au théâtre, qui sont destinés à être manipulés ou utilisés uniquement par des personnes ayant des connaissances particulières, telles que définies à l'article 28.

Art. 14 Si le fabricant n'est pas établi dans l'Union européenne, l'importateur du produit, son mandataire ou toute personne responsable de la mise sur le marché du produit s'assure que le fabricant a respecté les obligations qui lui incombent en application du présent décret et des textes pris pour son application, ou assume lui-même lesdites obligations. Ces personnes peuvent être tenues pour responsables en ce qui concerne lesdites obligations.

TITRE III Organismes habilités

Art. 15 L'évaluation de la conformité d'un produit aux exigences essentielles de sécurité est demandée par le fabricant à l'un des organismes figurant sur la liste établie par la Commission européenne en application de la directive 93/15/CEE du 5 avril 1993 relative à l'harmonisation des dispositions concernant la mise sur le marché et le contrôle des explosifs à usage civil ou de la directive 2007/23/CE du 23 mai 2007 relative à la mise sur le marché d'articles pyrotechniques, liste publiée au *Journal officiel de l'Union européenne* ou sur le site internet de la Commission européenne.

Ces organismes, lorsqu'ils n'ont pas été habilités dans un autre État membre de l'Union européenne, sont habilités et contrôlés par le ministre chargé de la sécurité industrielle, dans les conditions et selon les modalités et critères qu'il fixe par arrêté. Cet arrêté précise par ailleurs le contenu du dossier qui lui est adressé en vue de cette habilitation.

L'habilitation peut être délivrée pour une durée limitée.

Elle précise le champ des missions et produits pour lequel l'organisme est habilité et attribue à chacun d'eux un numéro d'identification.

Art. 16 Tout organisme habilité doit, dans un délai d'un an à compter de la date de l'habilitation mentionnée à l'article 15, être accrédité au titre des normes pertinentes dans les séries NF EN ISO 45000 et NF EN ISO 17000 par le Comité français d'accréditation (COFRAC) ou par un autre organisme d'accréditation signataire d'un accord conclu dans le cadre de la coordination européenne des organismes d'accréditation. Le défaut d'accréditation entraîne le retrait de l'habilitation.

Art. 17 Tout organisme habilité souscrit une assurance couvrant sa responsabilité civile.

Art. 18 Un arrêté du ministre chargé de la sécurité industrielle définit les documents et les informations que doivent transmettre les organismes habilités au ministre chargé de la sécurité industrielle, à la Commission européenne et aux autres organismes visés au premier alinéa de l'article 15.

Art. 19 Le personnel d'un organisme habilité est, sauf à l'égard du ministre chargé de la sécurité industrielle et des agents assermentés agissant au nom de celui-ci, astreint à une obligation de confidentialité dans le cadre de ses activités, en ce qui concerne notamment les secrets de fabrication et les procédés d'exploitation dont il pourrait avoir connaissance lors des interventions et vérifications.

Le retrait de l'habilitation ne met pas fin à cette obligation.

Art. 20 Lorsqu'un organisme habilité a recours à d'autres organismes ou laboratoires dans le cadre de la mise en œuvre des procédures d'évaluation de la conformité mentionnées à l'article 9, ces derniers laissent libre accès à leurs installations, à des fins de contrôle, aux agents du premier.

Art. 21 L'habilitation peut être suspendue ou retirée, partiellement ou totalement, par décision du ministre chargé de la sécurité industrielle, en cas de manquement constaté aux dispositions du présent décret ou des textes pris pour son application, après mise en demeure par lettre recommandée avec avis de réception demeurée sans effet après un délai de deux mois.

En cas de suspension ou de retrait d'habilitation, les documents délivrés par l'organisme attestant la conformité de produits demeurent valides sauf si l'existence d'un risque imminent et direct pour la santé ou la sécurité publiques est établi.

TITRE IV Marquage et étiquetage

Art. 22 La conformité d'un produit aux dispositions du présent décret est attestée par la présence d'un marquage "CE" de conformité apposé par le fabricant sous sa responsabilité. Ce marquage est visible, lisible et indélébile. Il est apposé sur le produit ou, si cela n'est pas possible, sur une étiquette fixée sur celui-ci ou, si aucune des deux premières méthodes n'est réalisable, sur l'emballage. L'étiquette est conçue de manière à ne pas pouvoir être réutilisée.

Les modalités d'application du présent article, notamment les caractéristiques du marquage, sont précisées par arrêté du ministre chargé de la sécurité industrielle.

Art. 23 Lorsque des produits soumis au présent décret sont également soumis à d'autres réglementations prises en application de directives européennes et imposant le marquage "CE", celui-ci ne peut être apposé que si ces produits satisfont également aux exigences de ces autres réglementations.

Toutefois, lorsque certaines de ces réglementations laissent au fabricant le choix, pendant une période transitoire, du régime à appliquer, le marquage "CE" indique la conformité des produits aux seules réglementations que le fabricant déclare avoir appliquées ; dans ce cas, les références de la publication de ces réglementations au *Journal officiel* de la République française sont indiquées sur les documents, notices ou instructions qui accompagnent ces produits.

Art. 24 L'apposition, sur un produit soumis au présent décret, de marquages ou inscriptions susceptibles, par leur signification ou leur apparence, d'induire une confusion avec le marquage de conformité est interdite. D'autres marquages peuvent y être apposés à condition qu'ils ne réduisent ni la visibilité ni la lisibilité du marquage de conformité.

Art. 25 Les fabricants munissent les articles pyrotechniques d'un étiquetage visible, lisible et indélébile, dans la langue du pays dans lequel le produit sera mis sur le marché, permettant d'identifier l'origine de l'article et portant les prescriptions particulières de sécurité à respecter lors de son stockage, de sa mise sur le marché et de son utilisation.

Un arrêté du ministre chargé de la sécurité industrielle définit le contenu et la forme de cet étiquetage. Il prévoit les dispositions particulières applicables aux articles pyrotechniques destinés aux véhicules.

Art. 26 Les produits sont accompagnés d'une notice d'emploi comportant les informations relatives à leur destination, à leur fonctionnement et les recommandations liées à leur mise en œuvre. Cette notice accompagne le produit durant toute sa durée de vie et est mise à jour en tant que de besoin en fonction des évolutions du produit. Elle est rédigée en français.

Cette notice peut constituer une partie des fiches de données de sécurité diffusées avec les produits en application de la réglementation en vigueur.

TITRE V Modalités de délivrance aux personnes

Art. 27 Les articles pyrotechniques ne peuvent être vendus ou cédés de toute autre manière à des consommateurs dont l'âge est inférieur à 18 ans et, en ce qui concerne les artifices de divertissement de catégorie 1, à 12 ans.

Les distributeurs vérifient que le produit porte le ou les marquages de conformité obligatoires et est accompagné des documents exigés au titre du présent décret correspondant au produit vendu : notice d'emploi et documents attestant la conformité du produit aux exigences essentielles de sécurité.

Art. 28 Les fabricants, importateurs et distributeurs ne peuvent vendre ou céder de toute autre manière les artifices de divertissement de la catégorie 4, les articles pyrotechniques destinés au théâtre de la catégorie T2 et les articles pyrotechniques de la catégorie P2 à une personne ne pouvant justifier que seules des personnes possédant les connaissances particulières définies ci-après en assureront la manipulation ou l'utilisation.

Sans préjudice des autres réglementations applicables concernant la formation relative à la mise en œuvre de ces produits, ne sont autorisées à manipuler ou utiliser les articles pyrotechniques des catégories 4, T2 et P2 que les personnes physiques titulaires d'un certificat de formation ou d'une habilitation délivrés par un organisme agréé par le ministre chargé de la sécurité industrielle. Cet agrément est délivré sur la base d'un dossier dont le contenu est défini par arrêté du même ministre et établi sur la base d'un cahier des charges validé par celui-ci et après une évaluation de ce dossier par l'Institut national de l'environnement industriel et des risques.

L'agrément des organismes est délivré pour une période de cinq ans renouvelable.

Les organismes transmettent annuellement au ministre chargé de la sécurité industrielle la liste des personnes ayant obtenu un certificat de formation ou une habilitation.

Les opérations de manipulation subordonnées à la détention d'un certificat de formation ou d'une habilitation, les connaissances requises, les modalités relatives au contenu des formations et à leur organisation, les conditions d'agrément des organismes ainsi que le contenu et les modalités de délivrance et de reconnaissance des certificats de formation et des habilitations ainsi que de leur durée de validité sont définis par un arrêté du ministre chargé de la sécurité industrielle.

Le ministre chargé de la sécurité industrielle fixe par arrêté la liste des organismes et des formations réputés satisfaire aux exigences du présent article.

Sont également autorisées à manipuler ou utiliser les articles pyrotechniques des catégories 4, T2 et P2 les personnes qui y ont été autorisées par un autre État membre de l'Union européenne en application d'une réglementation transposant dans cet État les dispositions de la directive 2007/23/CE du 23 mai 2007 relative à la mise sur le marché d'articles pyrotechniques.

TITRE VI Contrôles et sanctions

Art. 29 Dans le cadre des contrôles mentionnés à l'article L. 2352-1 du code de la défense, les agents mentionnés à l'article L. 2353-1 de ce code peuvent procéder ou faire procéder à des analyses de conformité et au transport des produits visés à l'article 1er auprès des fabricants ou de leurs mandataires, importateurs, exportateurs dans l'Union européenne ou distributeurs.

Les contrôles portent notamment sur la conformité des produits aux exigences essentielles de sécurité mentionnées à l'article 4.

Tous les documents attestant la conformité des produits, notamment l'attestation d'examen "CE" de type, les déclarations de conformité et les documents justifiant de la provenance et de la destination des produits sont tenus à disposition des agents mentionnés à l'article L. 2353-1 du code de la défense.

Art. 30 Le ministre chargé de la sécurité industrielle peut prendre toute décision de nature à faire mettre un produit en conformité, exiger son retrait du marché et, le cas échéant, son rappel et sa destruction, ou interdire ou restreindre sa mise sur le marché, son stockage, son utilisation, son importation ou son transfert :

– s'il est établi, par quelque moyen que ce soit, qu'un marquage de conformité a été apposé à tort, du fait d'erreurs dans le marquage ou d'une absence de conformité du produit marqué pour quelque cause que ce soit, ou si un fabricant ne s'est pas soumis aux obligations qui lui sont imposées par le présent décret et les textes pris pour son application ;

– si un produit, bien que muni d'un marquage "CE", accompagné de la déclaration de conformité et utilisé conformément à sa destination, risque de mettre en danger la santé et la sécurité des personnes.

La décision du ministre chargé de la sécurité industrielle est motivée et sa notification au fabricant ou à l'importateur indique les voies et délais de recours ouverts à son encontre. Sauf urgence, elle prévoit un délai de consultation de l'intéressé de dix jours ouvrables, durant lequel celui-ci peut présenter ses observations.

Cette décision est publiée au *Journal officiel* de la République française.

Le fabricant ou l'importateur prend toutes les dispositions pour informer les utilisateurs et distributeurs dans le cas où ceux-ci pourraient être concernés par les mesures imposées par ladite décision.

Lorsque les produits sont retirés du marché, le fabricant ou l'importateur reprend ses produits et en apporte les justificatifs sous un mois au ministre chargé de la sécurité industrielle.

Art. 31 Est puni de la peine d'amende prévue pour les contraventions de la 5e classe le fait de :

– détenir ou utiliser en connaissance de cause un produit non muni du marquage de conformité tel que prévu aux articles 4 et 5 ou non muni d'un étiquetage conforme aux dispositions prévues à l'article 25 ;

– apposer le marquage de conformité en violation des dispositions de l'article 22 ;

– présenter à un public ou utiliser un article pyrotechnique lors d'expositions, de foires commerciales ou de démonstrations organisées pour sa commercialisation, sans marque apparente et lisible répondant aux exigences définies par arrêté du ministre chargé de la sécurité industrielle ;

– utiliser un produit fabriqué à des fins de recherche, de développement et d'essais sans marque apparente et lisible répondant aux exigences définies par arrêté du ministre chargé de la sécurité industrielle ;

– introduire plusieurs demandes d'évaluation de la conformité auprès de plusieurs organismes visés au premier alinéa de l'article 15 pour un même produit ;

– procéder à des opérations de manipulation telles que définies à l'alinéa 5 de l'article 28 ou utiliser des produits des catégories 4, P2 et T2 mentionnées à l'article 13 sans le certificat de formation ou l'habilitation prévus à l'article 28.

TITRE VII Dispositions transitoires

Art. 32 Jusqu'à l'entrée en vigueur du présent décret dans les conditions fixées à l'article 47, les produits non soumis au marquage "CE" à la date de sa publication ne peuvent être mis sur le marché à titre onéreux ou gracieux, stockés en vue de leur mise sur le marché, utilisés, importés ou transférés que s'ils sont conformes à un modèle agréé dans les conditions fixées aux articles 33 à 41 ci-après.

Art. 33 La demande d'agrément d'un modèle peut être présentée au ministre chargé de la sécurité industrielle par toute personne établie dans un État membre de l'Union européenne ou partie à l'accord sur l'Espace économique européen. Elle est assortie d'un dossier dont le contenu est fixé par un arrêté de ce ministre.

Art. 34 Les artifices de divertissement pour lesquels un agrément est demandé sont, pour les besoins de celui-ci, classés dans les groupes définis ci-après :

a) Groupe K4 : artifices dont l'utilisation ne peut être effectuée que par des personnes possédant les connaissances particulières requises définies à l'article 28 ou sous le contrôle direct de ces personnes.

b) Groupe K3 : artifices dont la mise en œuvre peut être effectuée sans risque par des personnes ne possédant pas les connaissances particulières requises exigées pour les artifices du groupe K4, à la condition que soient respectées les prescriptions fixées dans un mode d'emploi.

c) Groupe K2 : artifices dont la mise en œuvre exige seulement le respect de quelques précautions simples décrites dans une notice d'emploi.

d) Groupe K1 : artifices qui ne présentent qu'un risque mineur.

Les conditions d'application du présent article sont fixées par arrêté du ministre chargé de la sécurité industrielle.

Art. 35 Le ministre chargé de la sécurité industrielle fait procéder par un organisme agréé par ses soins, sur des échantillons représentatifs du produit, aux examens et épreuves qui lui paraissent nécessaires figurant sur une liste établie par arrêté ministériel.

Toutefois, si la personne qui demande l'agrément a déjà fait procéder à des examens et épreuves dans un laboratoire agréé par le ministre pour ces examens et épreuves, leurs résultats pourront être pris en compte.

Le cas échéant, le ministre prend en compte les résultats d'examens et épreuves donnant des garanties équivalentes déjà effectués dans un État membre de l'Union européenne par des organismes ou laboratoires offrant les garanties techniques, professionnelles et d'indépendance nécessaires.

Art. 36 La décision d'agrément portant sur un produit est prise par le ministre chargé de la sécurité industrielle. L'agrément est délivré pour une durée limitée qui ne peut dépasser l'échéance du 4 juillet 2028 pour les articles pyrotechniques destinés aux véhicules et du 4 juillet 2017 pour les autres produits concernés.

La décision d'agrément précise les caractéristiques permettant d'apprécier ultérieurement la conformité des produits au modèle agréé. Elle mentionne le nom du titulaire.

La décision peut également comporter des prescriptions relatives, notamment, à la présentation matérielle du produit et aux informations qui doivent être données aux utilisateurs en ce qui concerne la péremption du produit et ses conditions d'emploi.

Le silence gardé pendant plus de six mois par le ministre chargé de la sécurité industrielle sur la demande d'agrément mentionnée à l'article 33 vaut décision de rejet.

L'agrément est refusé aux artifices présentant un risque de confusion avec des produits alimentaires ou des jouets.

Art. 37 Un même produit ne peut disposer de plusieurs agréments.

L'agrément ne peut être transféré à une autre personne sans l'accord du ministre chargé de la sécurité industrielle. Celle-ci justifie au préalable de sa capacité à garantir la conformité ultérieure des produits au modèle agréé. Aucun transfert ne peut être effectué après le 4 juillet 2010 en ce qui concerne les articles pyrotechniques appartenant aux catégories 1 à 3 définies à l'article 13 et après le 4 juillet 2013 pour les articles appartenant à d'autres catégories.

Art. 38 Lorsqu'il envisage d'apporter des modifications aux caractéristiques du modèle agréé, le titulaire de l'agrément saisit le ministre chargé de la sécurité industrielle en lui précisant la nature des modifications envisagées.

Celles-ci sont réputées acceptées si dans un délai de trois mois à compter de la saisine du ministre celui-ci n'a pas signifié au titulaire qu'il devait présenter une nouvelle demande d'agrément.

Art. 39 Le ministre chargé de la sécurité industrielle peut, par décision motivée, suspendre ou retirer le bénéfice de l'agrément :

a) Lorsque le titulaire ne justifie plus de sa capacité à garantir la conformité des produits aux modèles agréés correspondants ;

b) Lorsqu'un produit se prévalant d'un agrément n'est pas conforme au modèle ou que certaines des prescriptions particulières prévues au troisième alinéa de l'article 36 ne sont pas respectées ;

c) Pour des motifs de sécurité publique.

La décision de suspension fixe la durée de sa période d'effet qui ne peut pas être supérieure à dix-huit mois.

La décision de retrait est prise après mise en demeure non suivie d'effet.

Art. 40 Tout artifice de divertissement distribué en France à titre onéreux ou gratuit, ou destiné à l'être, comporte un marquage comprenant les éléments précisés par arrêté du ministre chargé de la sécurité industrielle.

Le marquage des artifices contenus dans un emballage est reproduit sur cet emballage. Par dérogation, le ministre chargé de la sécurité industrielle peut limiter l'obligation de marquage à l'emballage lorsque l'artifice, du fait de sa consistance ou de ses dimensions réduites, ne peut recevoir lui-même le marquage.

Art. 41 La distribution à titre onéreux ou gratuit des artifices de divertissement du groupe K4 ne peut être effectuée qu'aux personnes pouvant justifier que leur utilisation ne sera effectuée que par des personnes possédant les connaissances particulières requises mentionnées à l'article 28.

La distribution à titre onéreux ou gratuit des autres artifices de divertissement est interdite aux mineurs sauf lorsque celle-ci a été autorisée en application des dispositions du décret du 1er octobre 1990 susvisé.

Art. 42 Est puni de la peine d'amende prévue pour les contraventions de la 5e classe, le fait de :

– détenir ou utiliser en connaissance de cause un produit non muni de l'agrément exigé en application de l'article 32 ou non muni d'un étiquetage et d'un marquage conformes aux dispositions de l'article 40 ;

– disposer de plusieurs agréments pour un même produit en méconnaissance des dispositions de l'article 37 ;

– utiliser des produits de la catégorie K4 mentionnée à l'article 34 sans le certificat de formation ou l'habilitation prévus à l'article 28 ou sans être sous le contrôle direct d'une personne possédant un tel certificat ou habilitation.

Art. 43 Les produits bénéficiant d'un marquage "CE" apposé avant le 4 juillet 2010 en application du chapitre II du titre V du livre III de la partie 2 du code de la défense (partie réglementaire) sont présumés conformes aux exigences essentielles de sécurité au sens de l'article 4 du présent décret.

TITRE VIII Dispositions finales

……………………………………………………………………………………

Art. 47 I. – Les articles 1er à 3 et 29 à 46 du présent décret sont applicables à compter du 4 juillet 2010.

II. – Les articles 4, 5 et 22 à 28 du présent décret sont applicables à compter du :

– 4 juillet 2010, en ce qui concerne les artifices de divertissement des catégories 1, 2 et 3 et les produits fabriqués en unité mobile de fabrication d'explosifs ;

– 4 juillet 2013, en ce qui concerne les artifices de divertissement de la catégorie 4 et les autres articles pyrotechniques.

Toutefois, les agréments délivrés avant ces dates en application des dispositions du chapitre II du titre V du livre III de la partie 2 du code de la défense, du décret du 1er octobre 1990 susvisé ou des articles 33 à 41 du présent décret, poursuivent leurs effets jusqu'à leur terme, sans pouvoir dépasser le 4 juillet 2017 ou, pour les articles pyrotechniques destinés aux véhicules, le 4 juillet 2028.

Loi n° 2011-267 du 14 mars 2011,

D'orientation et de programmation pour la performance de la sécurité intérieure.

CHAPITRE VI *Sécurité quotidienne et prévention de la délinquance*

Art. 68 Le fait d'acheter, de détenir ou d'utiliser un appareil à laser non destiné à un usage spécifique autorisé d'une classe supérieure à 2 est puni de six mois d'emprisonnement et de 7 500 € d'amende.

Est puni des mêmes peines le fait de fabriquer, importer, mettre à disposition à titre gratuit ou onéreux, détenir en vue de la vente ou de la distribution gratuite, mettre en vente, vendre ou distribuer à titre gratuit ces mêmes matériels.

La liste des usages spécifiques autorisés pour les appareils à laser sortant d'une classe supérieure à 2 est fixée par décret.

Code de la défense

TITRE III Matériels de guerre, armes et munitions

CHAPITRE PREMIER *Dispositions générales*

Art. L. 2331-1 *(L. n° 2012-304 du 6 mars 2012, art. 1er et 33, en vigueur le 6 sept. 2013)* I. – Les matériels de guerre *(Ord. n° 2019-610 du 19 juin 2019, art. 2-1°-a)* « , armes, munitions et leurs » éléments désignés par le présent titre sont classés dans les catégories suivantes :

1° Catégorie A : matériels de guerre et armes interdits à l'acquisition et à la détention, sous réserve des dispositions *(Ord. n° 2013-518 du 20 juin 2013, art. 3 et 5, en vigueur le 6 sept. 2013)* « des articles L. 312-1 à L. 312-4-3 du code de la sécurité intérieure ».

Cette catégorie comprend :

– A1 : les armes et éléments d'armes interdits à l'acquisition et à la détention ;

– A2 : les armes relevant des matériels de guerre, les matériels destinés à porter ou à utiliser au combat les armes à feu, les matériels de protection contre les gaz de combat ;

2° Catégorie B : armes soumises à autorisation pour l'acquisition et la détention ;

3° Catégorie C : armes soumises à déclaration pour l'acquisition et la détention ;

4° Catégorie D : *(Abrogé par L. n° 2018-133 du 26 févr. 2018, art. 21-1° et 25, à compter du 1er août 2018) « armes soumises à enregistrement et »* armes et matériels *(Ord. n° 2019-610 du 19 juin 2019, art. 2-1°-b)* « de guerre » dont l'acquisition et la détention sont libres.

Un décret en Conseil d'État détermine les matériels *(Ord. n° 2019-610 du 19 juin 2019, art. 2-1°-c)* « de guerre », armes, munitions, éléments *(Abrogé par Ord. n° 2019-610 du 19 juin 2019, art. 2-1°-c) « essentiels »*, accessoires et opérations industrielles compris dans chacune de ces catégories ainsi que les conditions de leur acquisition et de leur détention. Il fixe les modalités de délivrance des autorisations ainsi que celles d'établissement des déclarations *(Abrogé par L. n° 2018-133 du 26 févr. 2018, art. 21-1° et 25, à compter du 1er août 2018) « ou des enregistrements »*.

En vue de préserver la sécurité et l'ordre publics, le classement prévu aux 1° à 4° est fondé sur la dangerosité des matériels *(Ord. n° 2019-610 du 19 juin 2019, art. 2-1°-d)* « de guerre » et des armes. Pour les armes à feu, la dangerosité s'apprécie en particulier en fonction des modalités de répétition du tir ainsi que du nombre de coups tirés sans qu'il soit nécessaire de procéder à un réapprovisionnement de l'arme.

Par dérogation à l'avant-dernier alinéa du présent I, les armes utilisant des munitions de certains calibres fixés par décret en Conseil d'État sont classées par la seule référence à ce calibre.

II. – Les matériels qui sont soumis à des restrictions ou à une procédure spéciale pour l'importation ou l'exportation hors du territoire de l'Union européenne ou pour le transfert au sein de l'Union européenne sont définis au chapitre V du présent titre.

III. – Les différents régimes d'acquisition et de détention mentionnés au présent article ne s'appliquent pas aux personnes se livrant à la fabrication *(Ord. nº 2019-610 du 19 juin 2019, art. 2-1º-e)* « , au commerce ou à l'intermédiation des matériels de guerre, armes, munitions et de leurs éléments ou qui utilisent ou exploitent, dans le cadre de services qu'elles fournissent, des matériels de guerre et matériels assimilés » conformément au chapitre II du présent titre *(L. nº 2018-133 du 26 févr. 2018, art. 21-1º et 25, en vigueur le 1er août 2018)* « ou au chapitre III du titre Ier du livre III du code de la sécurité intérieure », auxquelles s'appliquent les règles spécifiques au titre de l'autorisation de fabrication *(Ord. nº 2019-610 du 19 juin 2019, art. 2)* « ou de commerce ».

(L. nº 2018-607 du 13 juill. 2018, art. 43) « IV. – Les dispositions relatives aux importations, aux exportations et aux transferts à destination ou en provenance des États membres de l'Union européenne sont applicables à l'Islande et à la Norvège. »

Les dispositions introduites par l'Ord. nº 2013-518 du 20 juin 2013 sont applicables en Nouvelle-Calédonie, en Polynésie française, dans les îles Wallis-et-Futuna et dans les Terres australes et antarctiques françaises (Ord. préc., art. 6-I).

Les modifications introduites par l'art. 21 de la L. nº 2018-133 du 26 févr. 2018 entrent en vigueur à compter d'une date fixée par décret en Conseil d'État, et au plus tard le 14 sept. 2018 (L. préc., art. 25). Le Décr. nº 2018-542 du 29 juin 2018 a fixé cette date au 1er août 2018 (Décr. préc., art. 33).

Pour l'application du IV du présent art., dans sa rédaction résultant de la L. nº 2018-607 du 13 juill. 2018 :

1º Les autorisations d'exportation délivrées sur le fondement de l'art. L. 2335-2 à destination de l'Islande et de la Norvège antérieurement à la publication de ladite loi conservent leur validité jusqu'à leur terme ;

2º Les autorisations d'importation délivrées antérieurement à la publication de ladite loi sur le fondement de l'art. L. 2335-1 en provenance de l'Islande et de la Norvège et concernant les matériels de guerre figurant sur la liste mentionnée au second alinéa de l'art. L. 2335-2 conservent leur validité jusqu'à leur terme (L. nº 2018-607 du 13 juill. 2018, art. 43. – JO 14 juill.).

Art. L. 2331-1-1 *(Ord. nº 2013-518 du 20 juin 2013, art. 3 et 5, en vigueur le 6 sept. 2013)* La collection des matériels de guerre relevant de la catégorie A est régie par l'article L. 311-3 et par la section II du chapitre II du titre Ier du livre III du code de la sécurité intérieure.

V. note ss. art. L. 2331-1.

Art. L. 2331-2 *(Ord. nº 2019-610 du 19 juin 2019, art. 2)* Dans le présent titre, sont utilisés :

1º Les termes : "matériels de guerre, armes, munitions et leurs éléments" pour désigner l'ensemble des armes et matériels classés dans les catégories A, B, C et D en application du I de l'article L. 2331-1 ;

2º Les termes : "matériels de guerre et matériels assimilés" pour désigner l'ensemble des matériels figurant sur la liste mentionnée au second alinéa de l'article L. 2335-2 ;

3º Les termes : "produits liés à la défense" pour désigner l'ensemble des matériels figurant sur la liste mentionnée au second alinéa de l'article L. 2335-9.

CHAPITRE II *Fabrication et commerce*

SECTION I *Principes*

Art. L. 2332-1 *(L. nº 2018-607 du 13 juill. 2018, art. 43)* « I. – Les entreprises qui se livrent à la fabrication ou au commerce de matériels de guerre, armes, munitions et de leurs éléments relevant des catégories A et B mentionnées à l'article L. 2331-1 ou qui utilisent ou exploitent, dans le cadre de services qu'elles fournissent, des matériels de guerre et matériels assimilés figurant sur la liste mentionnée au second alinéa de l'article L. 2335-2 ne peuvent fonctionner et l'activité de leurs intermédiaires ou agents de publicité ne peut s'exercer qu'après autorisation de l'État et sous son contrôle. »

II. – Toute personne qui se propose de créer ou d'utiliser un établissement pour se livrer à la fabrication ou au commerce, autre que de détail, des matériels de guerre, armes, munitions ou de leurs éléments *(Ord. nº 2019-610 du 19 juin 2019, art. 3-1º)* « relevant des catégories A, B, C, ainsi que des armes, munitions et de leurs éléments relevant de la catégorie D énumérés » par décret en Conseil d'État *(L. nº 2018-607 du 13 juill. 2018, art. 43)* « ou à la fourniture de services fondés sur l'utilisation ou sur l'exploitation des matériels de guerre et

matériels assimilés mentionnés au I » est tenue d'en faire au préalable la déclaration au préfet du département où est situé l'établissement.

La cessation de l'activité, ainsi que la fermeture ou le transfert de l'établissement, doivent être déclarés dans les mêmes conditions.

(Abrogé par Ord. n° 2012-351 du 12 mars 2012, art. 19-4° et 22, à compter du 1er mai 2012) ***« III. — L'ouverture de tout local destiné au commerce de détail*** *(L. n° 2005-1550 du 12 déc. 2005, art. 8)* ***« des armes et munitions, ou de leurs éléments, des 5e et 7e catégories, ainsi que des armes de 6e catégorie énumérées par décret en Conseil d'État » est soumise à autorisation. Celle-ci est délivrée par le préfet du département où est situé ce local, après avis du maire.***

« Cette autorisation est refusée si la protection de ce local contre le risque de vol ou d'intrusion est insuffisante. Elle peut, en outre, être refusée s'il apparaît que l'exploitation de ce local présente, notamment du fait de sa localisation, un risque particulier pour l'ordre et la sécurité publics.

« IV. — Un établissement ayant fait l'objet d'une déclaration avant la date d'entrée en vigueur de la loi n° 2001-1062 du 15 novembre 2001 relative à la sécurité quotidienne n'est pas soumis à l'autorisation mentionnée au premier alinéa du III. Il peut être fermé par arrêté du préfet du département où il est situé s'il apparaît que son exploitation a été à l'origine de troubles répétés à l'ordre et à la sécurité publics ou que sa protection contre le risque de vol ou d'intrusion est insuffisante : dans ce dernier cas, la fermeture ne peut être décidée qu'après une mise en demeure, adressée à l'exploitant, de faire effectuer les travaux permettant d'assurer une protection suffisante de cet établissement contre le risque de vol ou d'intrusion. »

V. — Un décret en Conseil d'État détermine les modalités d' application du présent article.

Les autorisations mentionnées au présent art., dans sa rédaction en vigueur jusqu'au 5 sept. 2013, conservent leur validité jusqu'à leur terme. Ces dispositions sont applicables à Wallis-et-Futuna, en Polynésie française, en Nouvelle-Calédonie et dans les Terres australes et antarctiques françaises (Décr. n° 2017-909 du 9 mai 2017, art. 34-I-4° et II).

Les dispositions introduites par la L. n° 2012-304 du 6 mars 2012 sont applicables dans les îles Wallis-et-Futuna, en Polynésie française, en Nouvelle-Calédonie et dans les Terres australes et antarctiques françaises (L. préc., art. 35 ; Ord. n° 2013-518 du 20 juin 2013, art. 6-II).

Loi n° 2012-304 du 6 mars 2012,

Relative à l'établissement d'un contrôle des armes moderne, simplifié et préventif.

Art. 36 Les armes détenues par les particuliers à la date de la publication des mesures réglementaires d'application de la présente loi sont soumises aux procédures d'autorisation, de déclaration ou d'enregistrement prévues par celle-ci à compter de la survenance du premier des événements suivants :

a) Leur cession à un autre particulier ;

b) L'expiration de l'autorisation pour celles classées antérieurement dans l'une des quatre premières catégories.

Les armes dont l'acquisition et la détention n'étaient pas interdites avant la publication des mesures réglementaires d'application de la présente loi et qui font l'objet d'un classement en catégorie A doivent être remises aux services compétents de l'État dans un délai de trois mois à compter de cette publication. Un décret en Conseil d'État peut toutefois prévoir les conditions dans lesquelles les services compétents de l'État peuvent autoriser les personnes physiques et morales à conserver les armes acquises de manière régulière dans le cadre des lois et règlements antérieurs. L'autorisation a un caractère personnel et devient nulle de plein droit en cas de perte ou de remise de ces armes aux services de l'État.

Art. 37 Les charges qui pourraient résulter de l'application de la présente loi pour l'État sont compensées à due concurrence par la création d'une taxe additionnelle aux droits prévus aux articles 575 et 575 A du code général des impôts.

La présente loi sera exécutée comme loi de l'État.

Ces dispositions sont applicables dans les îles Wallis-et-Futuna, en Polynésie française et en Nouvelle-Calédonie (L. n° 2012-304 du 6 mars 2012, art. 35).

Art. L. 2332-1-1 *Abrogé par Ord. n° 2012-351 du 12 mars 2012, art. 19-4° et 22, à compter du 1er mai 2012.*

Art. L. 2332-2 *(Abrogé par L. n° 2017-258 du 28 févr. 2017, art. 27-II) (Ord. n° 2013-518 du 20 juin 2013, art. 3 et 5, en vigueur le 6 sept. 2013)* ***L'ouverture des locaux destinés au commerce***

de détail des armes, éléments d'armes et munitions des catégories C et D est régie par les dispositions de l'article L. 313-3 du code de la sécurité intérieure.

Art. L. 2332-3 *(Abrogé par Décr. n° 2017-909 du 9 mai 2017, art. 17) **Le ministre de la défense exerce, pour la réglementation et l'orientation du contrôle de l'État sur la fabrication et le commerce des matériels désignés dans les dispositions du présent titre et relatives au régime des matériels de guerre, armes et munitions, une action de centralisation et de coordination.*** – V. C. défense, art. R. 2332-1.

Art. L. 2332-4 **Le contrôle est exercé sur place et sur pièces, suivant leurs attributions respectives par les** *(L. n° 2011-702 du 22 juin 2011, art. 2-II, en vigueur le 30 juin 2012)* **« agents habilités » des ministères intéressés** *(Abrogé par Ord. n° 2014-792 du 10 juill. 2014, art. 15) **« et, notamment, en ce qui concerne le ministère de la défense, par des agents relevant du contrôle général des armées. »***

Art. L. 2332-5 **Le contrôle institué au I de l'article L. 2332-1 porte sur les opérations techniques et comptables, notamment sous le rapport de la production, des perfectionnements réalisés dans la fabrication, des bénéfices et des dépenses de publicité et de représentation et, d'une manière générale, sur l'application des obligations résultant des dispositions du présent titre relatives au régime des matériels de guerre, armes et munitions.**

Les écritures à tenir, les comptes rendus à produire et les autres obligations des assujettis sont précisés par décret, s'il y a lieu.

Art. L. 2332-6 *(Ord. n° 2015-1534 du 26 nov. 2015, art. 1er)* **Les entreprises fabriquant des matériels de guerre** *(Ord. n° 2019-610 du 19 juin 2019, art. 3)* **« , armes, munitions et leurs éléments relevant des catégories A et B, des matériels de guerre et matériels assimilés » ou des biens à double usage au sens du règlement (CE) n° 428/2009 du Conseil du 5 mai 2009 instituant un régime communautaire de contrôle des exportations, des transferts, du courtage et du transit de biens à double usage sont tenues, dans le délai de huit jours après le dépôt de toute demande de brevet** *(Abrogé par L. n° 2018-607 du 13 juill. 2018, art. 52) **« ou d'addition à un brevet »*** **concernant ces matériels et biens, faite par elles ou pour leur compte, de faire connaître à l'administration** *(Abrogé par L. n° 2018-607 du 13 juill. 2018, art. 52) **« la description de »*** **la découverte, invention ou application faisant l'objet du brevet** *(Abrogé par L. n° 2018-607 du 13 juill. 2018, art. 52) **« ou de l'addition »*** **demandé.**

L'autorité administrative définit la liste des matériels et biens soumis à l'obligation prévue au présent article.

Les modalités d'application du présent article sont précisées par décret.

Art. L. 2332-7 *Abrogé par L. n° 2011-702 du 22 juin 2011, art. 2-IV, à compter du 30 juin 2012.*

Art. L. 2332-8 *Abrogé par Ord. n° 2014-792 du 10 juill. 2014, art. 29.*

Art. L. 2332-8-1 *(L. n° 2011-702 du 22 juin 2011, art. 1er, en vigueur le 30 juin 2012)* **Les canons** *(Ord. n° 2019-610 du 19 juin 2019, art. 3)* **« des armes relevant de la catégorie A2 » fabriqués en France sont soumis à des épreuves constatées par l'application d'un poinçon.**

SECTION II *Obligations des titulaires d'autorisation*

Art. L. 2332-9 *Abrogé par L. n° 2011-702 du 22 juin 2011, art. 2-IV, à compter du 30 juin 2012.*

Art. L. 2332-10 *Abrogé par Ord. n° 2014-792 du 10 juill. 2014, art. 29.*

SECTION III *Retrait des autorisations*

Art. L. 2332-11 **L'autorité administrative peut retirer l'autorisation prévue au I de l'article L. 2332-1 à tout individu ayant commis un manquement aux dispositions du présent chapitre ou des dispositions réglementaires afférentes, ou à la législation du travail.**

La même sanction peut être prise à l'encontre de tout individu ayant encouru une condamnation pour crime ou à plus de trois mois d'emprisonnement, avec ou sans sursis, pour l'une des infractions énumérées par décret.

Dans ce cas l'intéressé dispose, pour liquider *(Ord. n° 2019-610 du 19 juin 2019, art. 3)* **« les matériels de guerre, armes, munitions et leurs éléments » faisant l'objet du retrait de licence ou d'autorisation, d'un délai qui lui est fixé lors de la notification de cette décision.**

Dans la limite de ce délai, l'assujetti peut effectuer les opérations de vente prévues par la réglementation, à l'exclusion de toute fabrication et de tout achat de matériels *(Ord. n° 2019-*

610 du 19 juin 2019, art. 3)* « de guerre, armes, munitions et de leurs éléments » concernés par le retrait ainsi que des pièces ne pouvant servir qu'à *(Ord. nº 2019-610 du 19 juin 2019, art. 3)* « leur fabrication ».

A l'expiration de ce délai, l'administration peut faire vendre aux enchères tout le matériel non encore liquidé.

CHAPITRE V *Importations et exportations. — Transferts au sein de l'Union européenne*

(L. nº 2011-702 du 22 juin 2011, art. 1er, en vigueur le 30 juin 2012)

SECTION I *Importations et exportations des matériels de guerre et matériels assimilés hors du territoire de l'Union européenne*

SOUS-SECTION 1 *Autorisation d'importation et dérogations*

Art. L. 2335-1 I. – L'importation sans autorisation préalable des matériels *(Ord. nº 2019-610 du 19 juin 2019, art. 4)* « de guerre, armes, munitions et de leurs éléments relevant des catégories A et B ainsi que des armes, munitions et de leurs éléments relevant des catégories C et D figurant sur une liste fixée par un décret en Conseil d'État, » provenant des États non membres de l'Union européenne *(Ord. nº 2014-792 du 10 juill. 2014, art. 7)* « ainsi que des territoires exclus du territoire douanier de l'Union européenne » est prohibée.

(L. nº 2013-1168 du 18 déc. 2013, art. 26) « L'autorité administrative » détermine les conditions dans lesquelles il peut être dérogé à cette prohibition et les conditions dans lesquelles une autorisation d'importation peut être délivrée.

II. – Aucun des matériels de *(Ord. nº 2019-610 du 19 juin 2019, art. 4)* « guerre, armes, munitions et de leurs éléments relevant des catégories A et B » dont l'importation en France est prohibée ne peut figurer dans une vente publique à moins d'avoir été au préalable rendu impropre à son usage normal.

III. – Aucun importateur des matériels *(Ord. nº 2019-610 du 19 juin 2019, art. 4)* « de guerre, armes, munitions et de leurs éléments relevant des catégories A et B » ne peut obtenir une autorisation d'importation s'il n'est pas déjà titulaire de l'autorisation prévue au I de l'article L. 2332-1.

Les personnes non titulaires de cette autorisation peuvent, à titre exceptionnel, demander à bénéficier d'une autorisation d'importation *(Ord. nº 2019-610 du 19 juin 2019, art. 4)* « de ces matériels de guerre, armes, munitions et de leurs éléments » dans des conditions définies par décret en Conseil d'État.

IV. – L'autorité administrative peut à tout moment, dans les conditions fixées par décret en Conseil d'État, suspendre, modifier, abroger ou retirer les autorisations d'importation qu'elle a délivrées, pour des raisons de respect des engagements internationaux de la France, de protection des intérêts essentiels de sécurité, d'ordre public ou de sécurité publique, ou pour non-respect des conditions spécifiées dans l'autorisation.

Les autorisations d'importation mentionnées au présent art. conservent leur validité jusqu'à leur terme. Ces dispositions sont applicables à Wallis-et-Futuna, en Polynésie française, en Nouvelle-Calédonie et dans les Terres australes et antarctiques françaises (Décr. nº 2017-909 du 9 mai 2017, art. 34-I-4º ; Décr. préc., art. 34-II).

Les dispositions introduites par la L. nº 2012-304 du 6 mars 2012 sont applicables dans les îles Wallis-et-Futuna, en Polynésie française, en Nouvelle-Calédonie et dans les Terres australes et antarctiques françaises (L. préc., art. 35 ; Ord. nº 2013-518 du 20 juin 2013, art. 6-II).

Loi nº 2011-702 du 22 juin 2011,

Relative au contrôle des importations et des exportations de matériels de guerre et de matériels assimilés, à la simplification des transferts des produits liés à la défense dans l'Union européenne et aux marchés de défense et de sécurité.

Art. 7 I. — Les agréments préalables délivrés antérieurement à l'entrée en vigueur de la présente loi conservent leur validité jusqu'à leur terme.

II. — Les autorisations d'exportation de matériels de guerre et matériels assimilés concernant l'exportation vers des États membres de l'Union européenne et délivrées jusqu'à la date d'entrée en vigueur mentionnée au I de l'article 8 de la présente loi sont réputées valoir licences individuelles et globales de transfert ou autorisation de transfert au sens de l'article

L. 2335-18 du code de la défense jusqu'à l'expiration de leur durée de validité s'agissant des autorisations individuelles et cinq ans après la date d'entrée en vigueur de la présente loi s'agissant des autorisations globales.

Art. 8 I. — A titre transitoire, jusqu'à une date déterminée par décret et au plus tard le 31 décembre 2014 :

1° Les opérations commerciales préalables mentionnées au III de l'article L. 2335-3 du code de la défense sont soumises au régime de l'agrément préalable dans les conditions fixées par l'article L. 2335-2 du même code dans sa rédaction antérieure à l'entrée en vigueur de la présente loi ;

2° Les opérations commerciales préalables mentionnées au III de l'article L. 2335-10 du même code sont soumises au régime de l'agrément préalable dans les conditions fixées par l'article L. 2335-2 dudit code dans sa rédaction antérieure à l'entrée en vigueur de la présente loi.

II. — Les agréments préalables délivrés dans la période définie au I conservent leur validité jusqu'à leur terme.

III. — Les modalités d'application du présent article sont déterminées par décret en Conseil d'État.

Décret nº 2011-1467 du 9 novembre 2011,

Relatif aux importations et aux exportations hors du territoire de l'Union européenne de matériels de guerre, armes et munitions et de matériels assimilés et aux transferts intracommunautaires de produits liés à la défense.

Le présent décret est abrogé depuis le 4 juin 2014 (Décr. nº 2012-901 du 20 juill. 2012, art. 5-I et 6-II, mod. par Décr. nº 2013-542 du 26 juin 2013 [JO 28 juin] puis par Décr. nº 2013-1160 du 14 déc. 2013 [JO 18 déc.]).

SOUS-SECTION 2 *Autorisations d'exportation et dérogations*

Art. L. 2335-2 L'exportation sans autorisation préalable de matériels de guerre et matériels assimilés vers des États non membres de l'Union européenne *(Ord. nº 2014-792 du 10 juill. 2014, art. 7)* « ainsi que des territoires exclus du territoure douanier de l'Union européenne » est prohibée. est prohibée.

L'autorité administrative définit la liste de ces matériels de guerre et matériels assimilés soumis à autorisation préalable ainsi que les dérogations à cette autorisation.

Art. L. 2335-3 I. – L'autorisation préalable d'exportation, dénommée licence d'exportation, est accordée par l'autorité administrative, sous l'une des formes suivantes :

1° Des arrêtés dénommés "licences générales d'exportation", comportant des listes de matériels *(Ord. nº 2019-610 du 19 juin 2019, art. 4)* « de guerre et matériels assimilés » et autorisant directement tout exportateur établi en France remplissant certaines conditions définies par l'autorité administrative à expédier ces matériels vers une ou plusieurs catégories de destinataires situés dans un État non membre de l'Union européenne *(Ord. nº 2014-792 du 10 juill. 2014, art. 7)* « ainsi que dans les territoires exclus du territoire douanier de l'Union européenne » ;

2° Des licences globales d'exportation, faisant l'objet d'une notification, autorisant, à sa demande, un exportateur établi en France à expédier des matériels de guerre et matériels assimilés spécifiques à un ou plusieurs destinataires identifiés, situés dans un État non membre de l'Union européenne *(Ord. nº 2014-792 du 10 juill. 2014, art. 7)* « ainsi que dans les territoires exclus du territoire douanier de l'Union européenne », pour une durée déterminée, sans limite de quantité ni de montant ;

3° Des licences individuelles d'exportation, faisant l'objet d'une notification, autorisant, à sa demande, un exportateur établi en France à expédier, en une ou plusieurs fois, un ou plusieurs matériels de guerre et matériels assimilés à un destinataire situé dans un État non membre de l'Union européenne *(Ord. nº 2014-792 du 10 juill. 2014, art. 7)* « ainsi que dans les territoires exclus du territoire douanier de l'Union européenne ».

Les licences d'exportation peuvent comporter des conditions ou des restrictions concernant l'utilisation finale de ces matériels.

II. – Les licences générales d'exportation autorisent tout exportateur établi en France à effectuer des exportations de matériels de guerre et matériels assimilés, y compris toutes les opérations commerciales préalables.

III. — Les licences globales et les licences individuelles d'exportation autorisent un exportateur établi en France à procéder à l'exportation de matériels de guerre et matériels assimilés, y compris toutes les opérations commerciales préalables.

IV. — Les opérations préalables mentionnées aux II et III comprennent la communication d'informations dans le cadre de la négociation d'un contrat, l'acceptation d'une commande ou la signature d'un contrat.

A la demande de l'exportateur ou lorsque l'autorité administrative l'estime nécessaire, compte tenu de l'opération d'exportation, l'autorisation peut être limitée à la communication d'informations dans le cadre de la négociation d'un contrat, à l'acceptation d'une commande ou à la signature d'un contrat.

V. — Aucun exportateur des matériels *(Ord. nº 2019-610 du 19 juin 2019, art. 4)* « de guerre, armes, munitions et de leurs éléments relevant des catégories A et B » *(L. nº 2018-607 du 13 juill. 2018, art. 43)* « ou de services fondés sur l'utilisation ou sur l'exploitation des matériels de guerre et matériels assimilés figurant sur la liste mentionnée au second alinéa de l'article L. 2335-2 » ne peut utiliser une licence générale d'exportation ou obtenir une licence globale ou individuelle d'exportation s'il n'est déjà titulaire de l'autorisation prévue au I de l'article L. 2332-1.

Les personnes non titulaires de cette autorisation peuvent, à titre exceptionnel, demander à bénéficier d'une licence générale, globale ou individuelle d'exportation *(L. nº 2018-607 du 13 juill. 2018, art. 43)* « de ces matériels » *(Ord. nº 2019-610 du 19 juin 2019, art. 4)* « de guerre, armes, munitions et de leurs éléments ou de ces services ».

VI. — Les modalités d'application du présent article sont déterminées par décret en Conseil d'État.

V. note ss. art. L. 2335-1.

Sur les modalités de demande de licences individuelles et globales d'exportation de matériels de guerre et matériels assimilés et les modalités de demande de licences individuelles et globales de transfert de produits liés à la défense, V. Arr. du 14 avr. 2014 (JO 18 mai), en vigueur à la date mentionnée au II de l'art. 6 du Décr. nº 2012-901 du 20 juill. 2012, soit le 4 juin 2014.

Art. L. 2335-4 L'autorité administrative peut à tout moment, dans les conditions fixées par un décret en Conseil d'État, suspendre, modifier, abroger ou retirer les licences d'exportation qu'elle a délivrées, pour des raisons de respect des engagements internationaux de la France, de protection des intérêts essentiels de sécurité, d'ordre public ou de sécurité publique ou pour non-respect des conditions spécifiées dans la licence.

(Ord. nº 2016-982 du 20 juill. 2016, art. 2) « Il en est de même en cas d'inexécution des mesures correctives prescrites en application de l'article L. 2339-1-2. »

SOUS-SECTION 3 *Obligations des exportateurs et des importateurs*

Art. L. 2335-5 Les exportateurs de matériels de guerre et matériels assimilés informent le ministre de la défense, dans un délai fixé par voie réglementaire, de leur intention d'utiliser une licence générale d'exportation pour la première fois.

Les exportateurs de matériels de guerre et matériels assimilés informent les destinataires des conditions dont est assortie la licence d'exportation ainsi que, le cas échéant, des restrictions dont elle fait l'objet concernant l'utilisation finale de ces matériels ou leur réexportation. Ces conditions et restrictions doivent être reproduites dans le contrat ou dans tout acte liant les parties.

Art. L. 2335-6 Les exportateurs de matériels de guerre et matériels assimilés tiennent, dans des conditions déterminées par l'autorité administrative, un registre des exportations qu'ils ont effectuées.

Le registre des exportations ainsi que l'ensemble des documents commerciaux nécessaires à leur réalisation sont conservés pendant dix ans à compter de la fin de l'année civile au cours de laquelle l'exportation a eu lieu.

Les exportateurs sont également tenus de transmettre à l'administration un compte rendu des prises de commande et des exportations effectuées. Les importateurs sont tenus de transmettre à l'administration un compte rendu des importations effectuées. L'autorité administrative définit le contenu de ce document, la périodicité de sa transmission et la liste des catégories de matériels concernées par cette obligation.

L'autorité administrative définit, en outre, les obligations spécifiques qui s'appliquent aux exportateurs sollicitant une licence globale d'exportation.

Sans préjudice des compétences du ministre chargé des douanes, le ministre de la défense exerce le contrôle du respect des obligations définies à la présente sous-section.

Les modalités d'application du présent article sont déterminées par décret en Conseil d'État.

Art. L. 2335-7 Lors du dépôt d'une demande de licence d'exportation, les exportateurs de matériels de guerre et matériels assimilés qu'ils ont reçus au titre d'une licence de transfert publiée ou notifiée par un autre État membre de l'Union européenne et faisant l'objet de restrictions à l'exportation déclarent à l'autorité administrative qu'ils ont respecté ces restrictions ou, le cas échéant, qu'ils ont obtenu l'accord de cet État membre. Les modalités de cette déclaration sont fixées par l'autorité administrative.

SECTION II *Transferts de produits liés à la défense au sein de l'Union européenne*

SOUS-SECTION 1 *Définitions*

Art. L. 2335-8 On entend par "transfert" toute transmission ou tout mouvement de produits liés à la défense d'un fournisseur situé en France vers un destinataire situé dans un autre État membre de l'Union européenne ou d'un fournisseur situé dans un autre État membre vers un destinataire situé en France.

On entend par "fournisseur" la personne physique ou morale établie en France responsable d'un transfert.

On entend par "destinataire" la personne physique ou morale établie en France ou sur le territoire d'un autre État membre de l'Union européenne et qui est responsable de la réception d'un transfert.

On entend par "licence de transfert" une autorisation publiée ou notifiée par l'autorité administrative et permettant à un fournisseur établi en France de transférer des produits liés à la défense à un destinataire situé dans un État membre de l'Union européenne.

SOUS-SECTION 2 *Autorisations de transfert et dérogations*

Art. L. 2335-9 Le transfert de produits liés à la défense effectué depuis la France vers les autres États membres de l'Union européenne est soumis à autorisation préalable mentionnée à l'article L. 2335-10.

L'autorité administrative définit la liste des produits liés à la défense soumis à autorisation préalable conformément à l'annexe à la directive 2009/43/CE du Parlement européen et du Conseil du 6 mai 2009 simplifiant les conditions des transferts de produits liés à la défense dans la Communauté.

Art. L. 2335-10 I. — L'autorisation préalable de transfert, dénommée "licence de transfert", est accordée par l'autorité administrative en tenant compte notamment de la sensibilité de l'opération ou de la catégorie d'opérations, sous l'une des formes suivantes :

1° Des arrêtés dénommés licences générales de transfert, comportant des listes de produits autorisant directement tout fournisseur établi en France à effectuer le transfert de ces produits vers une ou plusieurs catégories de destinataires situés dans un autre État membre de l'Union européenne ;

2° Des licences globales de transfert, faisant l'objet d'une notification, autorisant, à sa demande, un fournisseur établi en France à effectuer des transferts de produits liés à la défense spécifiques à un ou plusieurs destinataires identifiés, situés dans un autre État membre de l'Union européenne, pour une durée déterminée sans limite de quantité ni de montant ;

3° Des licences individuelles de transfert, faisant l'objet d'une notification, autorisant, à la demande d'un fournisseur établi en France, à transférer, en une ou plusieurs fois, un ou plusieurs produits liés à la défense à un destinataire situé dans un autre État membre de l'Union européenne.

Les licences de transfert peuvent comporter des conditions ou des restrictions concernant l'utilisation finale de ces produits ou leur exportation hors du territoire de l'Union européenne.

II. — Les licences générales de transfert autorisent tout fournisseur à effectuer des transferts de produits liés à la défense, y compris toutes les opérations commerciales préalables.

III. — Les licences globales et les licences individuelles de transfert autorisent un fournisseur à procéder au transfert de produits liés à la défense, y compris toutes les opérations commerciales préalables.

IV. — Les opérations préalables mentionnées aux II et III comprennent la communication d'informations dans le cadre de la négociation d'un contrat, l'acceptation d'une commande ou la signature d'un contrat.

A la demande du fournisseur, ou lorsque l'autorité administrative l'estime nécessaire compte tenu de la nature des informations en cause, l'autorisation peut être limitée à la communication de certaines informations dans le cadre de la négociation d'un contrat, à l'acceptation d'une commande ou à la signature d'un contrat.

V. – Les licences de transfert publiées ou notifiées par un État membre de l'Union européenne autorisent l'entrée ou le passage par le territoire national, sous réserve de l'application de dispositions nécessitées par les exigences de la protection de la sécurité publique, de l'ordre public ou de la sécurité des transports.

VI. – Aucun fournisseur des matériels *(Ord. n° 2019-610 du 19 juin 2019, art. 4)* « de guerre, armes, munitions et de leurs éléments relevant des catégories A et B » ne peut utiliser une licence générale de transfert ou obtenir une licence globale ou individuelle de transfert s'il n'est déjà titulaire de l'autorisation prévue au I de l'article L. 2332-1.

Les personnes non titulaires de cette autorisation peuvent, à titre exceptionnel, demander à bénéficier d'une licence générale, globale ou individuelle de transfert *(Ord. n° 2019-610 du 19 juin 2019, art. 4)* « de ces matériels de guerre, armes, munitions et de leurs éléments ».

VII. – Les modalités d'application du présent article sont déterminées par décret en Conseil d'État.

Les dispositions introduites par la L. n° 2012-304 du 6 mars 2012 sont applicables dans les îles Wallis-et-Futuna, en Polynésie française et en Nouvelle-Calédonie (L. préc., art. 35).

Art. L. 2335-11 L'autorité administrative peut accorder des dérogations à l'obligation d'autorisation préalable mentionnée à l'article L. 2335-10 lorsque :

1° Le fournisseur ou le destinataire est une institution publique au sens de l'article 4 de la directive 2009/43/CE du Parlement européen et du Conseil du 6 mai 2009, précitée ou fait partie des forces armées ;

2° Les livraisons sont effectuées par l'Union européenne, l'Organisation du traité de l'Atlantique nord, l'Agence internationale de l'énergie atomique ou d'autres organisations intergouvernementales aux fins d'exécution de leurs missions ;

3° Le transfert est nécessaire pour la mise en œuvre d'un programme de coopération en matière d'armements entre États membres de l'Union européenne ;

4° Le transfert est lié à l'aide humanitaire en cas de catastrophe ou réalisé en tant que don dans le contexte d'une situation d'urgence ;

5° Le transfert est nécessaire dans le cadre d'opérations de réparation, d'entretien, d'exposition ou de démonstration.

Art. L. 2335-12 L'autorité administrative peut à tout moment, dans les conditions fixées par décret en Conseil d'État, suspendre, modifier, abroger ou retirer les licences de transfert qu'elle a délivrées, pour des raisons de respect des engagements internationaux de la France, de protection des intérêts essentiels de sécurité, d'ordre public ou de sécurité publique ou pour non-respect des conditions spécifiées dans la licence.

(Ord. n° 2016-982 du 20 juill. 2016, art. 2) « Il en est de même en cas d'inexécution des mesures correctives prescrites en application de l'article L. 2339-1-2. »

SOUS-SECTION 3 *Obligations des fournisseurs et des destinataires*

Art. L. 2335-13 Les fournisseurs de produits liés à la défense informent le ministre de la défense, dans un délai fixé par voie réglementaire, de leur intention d'utiliser une licence générale de transfert pour la première fois. L'autorité administrative peut exiger des informations supplémentaires sur les produits dont le transfert est envisagé.

Les fournisseurs de produits liés à la défense informent les destinataires des conditions dont est assortie la licence de transfert ainsi que, le cas échéant, des restrictions dont elle fait l'objet concernant l'utilisation finale de ces produits ou leur exportation hors du territoire de l'Union européenne. Ces conditions et restrictions doivent être reproduites dans le contrat ou dans tout acte liant les parties.

Art. L. 2335-14 Les fournisseurs de produits liés à la défense tiennent, dans des conditions déterminées par l'autorité administrative, un registre des transferts qu'ils ont effectués.

Le registre des transferts, ainsi que l'ensemble des documents commerciaux nécessaires à leur réalisation, sont conservés pendant dix ans à compter de la fin de l'année civile au cours de laquelle le transfert a eu lieu.

Les fournisseurs et les destinataires sont également tenus de transmettre à l'administration un compte rendu des prises de commande et des transferts effectués et reçus. L'autorité administrative définit le contenu de ce document, la périodicité de sa transmission et la liste des catégories de produits *(Ord. nº 2019-610 du 19 juin 2019, art. 4)* « liés à la défense » concernées par cette obligation.

Sans préjudice des compétences du ministre chargé des douanes, le ministre de la défense exerce le contrôle du respect des obligations définies à la présente sous-section.

Les modalités d'application du présent article sont déterminées par décret en Conseil d'État. Celui-ci fixe, en particulier, les informations qui doivent figurer dans le registre mentionné au premier alinéa du présent article.

Art. L. 2335-15 Lorsque le transfert d'un produit *(Ord. nº 2019-610 du 19 juin 2019, art. 4)* « lié à la défense » en provenance d'un autre État membre de l'Union européenne est conditionné par cet État à la production d'une déclaration d'utilisation, le destinataire atteste que le produit lié à la défense qu'il acquiert doit être intégré dans ses propres produits *(Ord. nº 2019-610 du 19 juin 2019, art. 4)* « liés à la défense » et qu'il ne peut être ni transféré ni exporté en l'état à partir du territoire français, sauf dans un but d'entretien ou de réparation.

SOUS-SECTION 4 *Certification*

Art. L. 2335-16 Les entreprises souhaitant être destinataires de produits liés à la défense transférés au titre des licences générales des autres États membres de l'Union européenne sollicitent, auprès de l'autorité administrative, une certification attestant de leur fiabilité, notamment de leur capacité à appliquer les restrictions mentionnées au dernier alinéa du I de l'article L. 2335-10. Les critères de certification sont définis par décret en Conseil d'État.

SOUS-SECTION 5 *Transferts soumis à une procédure spécifique*

Art. L. 2335-17 *(Ord. nº 2019-610 du 19 juin 2019, art. 4)* « I. – Pour le contrôle de leur acquisition et de leur détention, le transfert de certaines armes, munitions et de leurs éléments ne relevant pas de la catégorie A2, figurant sur une liste fixée par décret en Conseil d'État, est soumis à une autorisation préalable spécifique.

« Des dérogations à cette autorisation préalable peuvent être établies par l'autorité administrative. »

II. – L'autorité administrative peut à tout moment suspendre, modifier, abroger ou retirer les autorisations préalables qu'elle a délivrées pour des raisons de respect des engagements internationaux de la France, de protection des intérêts essentiels de sécurité, d'ordre public ou de sécurité publique ou pour non-respect des conditions spécifiées dans l'autorisation préalable.

III. – Les conditions d'application du présent article sont déterminées par décret en Conseil d'État.

Art. L. 2335-18 I. – Est soumis à une autorisation préalable le transfert effectué depuis la France vers les autres États membres de l'Union européenne des matériels suivants :

(L. nº 2018-607 du 13 juill. 2018, art. 43) « 1° Les satellites de détection, de renseignement, de télécommunication ou d'observation, leurs sous-ensembles, leurs équipements d'observation et de prise de vue, dont les caractéristiques leur confèrent des capacités militaires ;

« 2° Les stations et moyens au sol de contrôle, d'exploitation ou d'utilisation des matériels mentionnés au 1°, conçus ou modifiés pour un usage militaire ou dont les caractéristiques leur confèrent des capacités militaires ; »

3° Les moteurs et systèmes de propulsion spécialement conçus ou modifiés pour les matériels mentionnés aux 1° et 2° ;

4° Les fusées et les lanceurs spatiaux à capacité balistique militaire, leurs équipements et composants ainsi que les moyens *(Abrogé par L. nº 2018-607 du 13 juill. 2018, art. 43)* « *spécialisés* » de production, d'essai et de lancement ;

5° Les parties, composants, accessoires *(L. nº 2018-607 du 13 juill. 2018, art. 43)* « , matériels » d'environnement, y compris les équipements de maintenance, *(L. nº 2018-607 du 13 juill. 2018, art. 43)* « et moyens d'essais spécifiques » des matériels mentionnés aux 1° à 3° ;

6° Les outillages spécialisés de fabrication des matériels mentionnés aux 1° à 4°.

(L. nº 2018-607 du 13 juill. 2018, art. 43) « 7° Les connaissances requises pour le développement, la production ou l'utilisation des matériels mentionnés aux 1° à 5°, transmises sous la forme de documentation ou d'assistance techniques. »

L'autorisation est refusée lorsque le transfert est de nature à compromettre les intérêts essentiels de la sécurité.

II. — Les articles *(L. n° 2018-607 du 13 juill. 2018, art. 43)* « L. 2335-11 » à L. 2335-15 sont applicables aux transferts régis par le I du présent article.

III. — Un décret en Conseil d'État détermine les conditions et la procédure de délivrance de cette autorisation ainsi que les éventuelles dérogations à cette obligation d'autorisation.

SOUS-SECTION 6 *Dispositions communes*

Art. L. 2335-19 *Abrogé par Ord. n° 2014-792 du 10 juill. 2014, art. 29.*

CHAPITRE VI ***Acquisition et détention***

Art. L. 2336-1 *(Abrogé par L. n° 2017-258 du 28 févr. 2017, art. 27-II) (Ord. n° 2012-351 du 12 mars 2012, art. 6-5° et 22, en vigueur le 1er mai 2012)* ***L'acquisition et la détention des matériels de guerre, des armes et des munitions par les personnes autres que celles mentionnées à l'article L. 2332-1 sont régies par les dispositions du chapitre II du titre Ier du livre III du code de la sécurité intérieure.***

Art. L. 2336-2 à L. 2336-6 *Abrogés par Ord. n° 2012-351 du 12 mars 2012, art. 19-4° et 22, à compter du 1er mai 2012.*

CHAPITRE VII ***Conservation, perte et transfert de propriété***

Art. L. 2337-1 *(Abrogé par L. n° 2017-258 du 28 févr. 2017, art. 27-II) (Ord. n° 2012-351 du 12 mars 2012, art. 6-6° et 22, en vigueur le 1er mai 2012)* ***La conservation, la perte et le transfert de propriété des matériels de guerre, des armes et des munitions sont régis par les dispositions du chapitre IV du titre Ier du livre III du code de la sécurité intérieure.***

Art. L. 2337-1-1 à L. 2337-5 *Abrogés par Ord. n° 2012-351 du 12 mars 2012, art. 19-4° et 22, à compter du 1er mai 2012.*

CHAPITRE VIII ***Port, transport et usage***

Art. L. 2338-1 *Abrogé par Ord. n° 2012-351 du 12 mars 2012, art. 19-4° et 22, à compter du 1er mai 2012.*

Art. L. 2338-2 Les militaires peuvent porter leurs armes *(Ord. n° 2019-610 du 19 juin 2019, art. 5)* « , munitions et leurs éléments » dans les conditions définies par les règlements particuliers qui les concernent.

Art. L. 2338-3 *(L. n° 2017-258 du 28 févr. 2017, art. 1er-VI)* Les militaires de la gendarmerie nationale peuvent faire usage de leurs armes dans les conditions prévues à l'article L. 435-1 du code de la sécurité intérieure. Ils peuvent également faire usage de matériels appropriés pour immobiliser les moyens de transport dans les conditions prévues à l'article L. 214-2 du même code.

Les militaires déployés sur le territoire national dans le cadre des réquisitions prévues à l'article L. 1321-1 du présent code peuvent faire usage de leurs armes et *(L. n° 2018-607 du 13 juill. 2018, art. 41)* « de moyens techniques appropriés, conformes à des normes techniques définies par arrêté du ministre de la défense, pour » immobiliser les moyens de transport dans les mêmes conditions.

Les militaires chargés de la protection des installations militaires situées sur le territoire national peuvent faire usage de leurs armes dans les conditions prévues aux 1° à 4° de l'article L. 435-1 du code de la sécurité intérieure en cas d'absolue nécessité et de manière strictement proportionnée. Ils peuvent également *(L. n° 2018-607 du 13 juill. 2018, art. 41)* « faire usage de moyens techniques appropriés, conformes à des normes techniques définies par arrêté du ministre de la défense, pour » immobiliser les moyens de transport dans les conditions prévues à l'article L. 214-2 du même code.

CHAPITRE IX ***Contrôle administratif et dispositions pénales*** *(Ord. n° 2016-982 du 20 juill. 2016, art. 1er).*

SECTION I ***Pouvoirs d'enquête et de contrôle*** *(Ord. n° 2016-982 du 20 juill. 2016, art. 1er).*

Art. L. 2339-1 Toute infraction aux prescriptions du présent titre peut être constatée par les agents des contributions indirectes et des douanes et par les autorités de police judiciaire qui en dressent procès-verbal.

(L. n° 2011-702 du 22 juin 2011, art. 2-III, en vigueur le 30 juin 2012) « Les agents du ministère de la défense habilités dans des conditions fixées par décret en Conseil d'État peuvent également constater les infractions aux dispositions du présent titre ainsi qu'aux dispositions réglementaires prises pour leur application.

« Les titulaires des autorisations et des licences définies au présent titre sont tenus de laisser pénétrer, dans toutes les parties de leurs locaux, les agents habilités de l'État.

« Ils sont tenus de fournir les renseignements verbaux ou écrits et les comptes rendus demandés par ces mêmes agents.

« Ils sont également tenus de n'apporter aucune entrave aux investigations nécessaires à l'exécution des missions des agents habilités. Ces investigations peuvent comporter, outre l'examen des lieux, des matériels et du système d'information, les recensements et les vérifications des comptabilités ou registres de toute espèce paraissant utiles.

« Les agents habilités de l'État qui ont connaissance à titre quelconque des renseignements recueillis au sujet des entreprises en application du présent titre sont tenus au secret professionnel sous les peines définies à l'article 226-13 du code pénal.

« Par dérogation à l'alinéa précédent, les agents des douanes et les agents habilités du ministère de la défense mentionnés au présent article peuvent se communiquer spontanément tous les renseignements et documents détenus ou recueillis dans le cadre de leurs missions respectives. »

(L. n° 2012-304 du 6 mars 2012, art. 21 et 33, en vigueur le 6 sept. 2013) « Les procès-verbaux des infractions constatées aux prescriptions du présent titre sont transmis au représentant de l'État dans le département ou, à Paris, au préfet de police. »

(L. n° 2011-702 du 22 juin 2011, en vigueur le 30 juin 2012) « En cas d'infraction aux dispositions du présent titre, les services compétents du ministère de la défense adressent au procureur de la République les procès-verbaux des constatations effectuées. Une expédition est également transmise au ministre de la défense.

« Sans préjudice de l'application de l'article 36 du code de procédure pénale, l'action publique en matière d'infraction aux dispositions des chapitres II à V du présent titre *(Abrogé par Ord. n° 2019-610 du 19 juin 2019, art. 6)* ***« relatives aux matériels de guerre et aux matériels assimilés visés aux I et III de l'article L. 2331-1 du présent code et »*** commise par une personne morale visée au I de l'article L. 2332-1 *(Abrogé par Ord. n° 2019-610 du 19 juin 2019, art. 6)* ***« ou par une personne morale fabricant de matériels assimilés »*** est mise en mouvement par le procureur de la République *(Abrogé par Ord. n° 2019-610 du 19 juin 2019, art. 6)* ***« territorialement compétent »***.

« Il apprécie la suite à donner aux faits portés à sa connaissance, notamment par la dénonciation du ministre de la défense ou de l'autorité habilitée par lui.

« A défaut de cette dénonciation, le procureur de la République informe le ministre de la défense ou l'autorité habilitée par lui.

« Hormis le cas d'urgence, le ministre de la défense ou l'autorité habilitée par lui donne son avis dans le délai d'un mois, par tout moyen.

« L'autorité visée au *(Ord. n° 2013-518 du 20 juin 2013, art. 3 et 5, en vigueur le 6 sept. 2013)* « neuvième » alinéa du présent article est habilitée par arrêté du ministre de la défense. »

(Abrogé par L. n° 2005-1550 du 12 déc. 2005, art. 10) ***« Les poursuites ne peuvent être engagées en ce qui concerne les infractions prévues et réprimées par les premier et deuxième alinéas du II de l'article L. 2332-1, le deuxième alinéa de l'article L. 2332-5, les articles L. 2332-6 et L. 2332-9, le premier alinéa de l'article L. 2332-10, l'article L. 2335-2, l'article L. 2339-3 à l'exception des cas prévus par l'article L. 2336-2, que sur la plainte du ministre de la défense, ou du ministre de l'économie et des finances. »***

Les dispositions introduites par la L. n° 2012-304 du 6 mars 2012 sont applicables dans les îles Wallis-et-Futuna, en Polynésie française, en Nouvelle-Calédonie et dans les Terres australes et antarctiques françaises (L. préc., art. 35 ; Ord. n° 2013-518 du 20 juin 2013, art. 6-II).

Art. L. 2339-1-1 *(Ord. n° 2016-982 du 20 juill. 2016, art. 1er)* Les investigations mentionnées au cinquième alinéa de l'article L. 2339-1 peuvent également porter sur les procédures de contrôle interne mises en œuvre par les exportateurs et les fournisseurs afin de garantir le respect des obligations définies par le présent titre dans des conditions déterminées par décret en Conseil d'État.

SECTION I *BIS* *Sanctions administratives*

(Ord. nº 2016-982 du 20 juill. 2016, art. 1er)

Art. L. 2339-1-2 En cas de carence ou de défaillance des procédures de contrôle interne ayant causé ou étant susceptible de causer un manquement aux obligations définies par le présent titre, l'autorité administrative peut mettre en demeure l'exportateur ou le fournisseur de prendre des mesures correctives. Cette mise en demeure est notifiée à l'exportateur ou au fournisseur.

En cas d'inexécution de ces mesures au terme du délai de mise en conformité fixé dans la mise en demeure, l'autorité administrative peut prononcer à l'encontre de l'exportateur ou du fournisseur les sanctions suivantes :

1° Si cette inexécution n'est pas constitutive d'une infraction pénale, une sanction pécuniaire proportionnée à la situation de l'exportateur ou du fournisseur et à l'éventuelle réitération de carences ou de défaillances constatées antérieurement. Cette sanction est motivée et déterminée individuellement pour chaque exportateur ou fournisseur sanctionné. Elle ne peut être d'un montant supérieur à 150 000 euros ;

2° La suspension, la modification ou l'abrogation d'une licence d'exportation de matériels de guerre *(Ord. nº 2019-610 du 19 juin 2019, art. 6)* « et matériels assimilés ou d'une licence de transfert de produits liés à la défense ou de matériels mentionnés au I de l'article L. 2335-18 », dans les conditions prévues aux articles L. 2335-4 et L. 2335-12.

Ces sanctions peuvent être prononcées cumulativement.

L'action de l'administration pour la sanction de l'inexécution de ces mesures correctives se prescrit par deux années révolues à compter du terme du délai de mise en conformité fixé dans la mise en demeure.

Les décisions mentionnées dans le présent article sont prises conformément aux dispositions du chapitre II du titre II du livre Ier du code des relations entre le public et l'administration.

Les modalités d'application du présent article sont fixées par décret en Conseil d'État.

SECTION II *Sanctions pénales de la fabrication et du commerce*

Art. L. 2339-2 I. — *(L. nº 2012-304 du 6 mars 2012, art. 22 et 33, en vigueur le 6 sept. 2013)* « Est puni d'un emprisonnement de sept ans et d'une amende de 100 000 € quiconque, sans respecter les obligations résultant *(Ord. nº 2013-518 du 20 juin 2013, art. 3 et 5, en vigueur le 6 sept. 2013)* « des I et II » de l'article L. 2332-1, se livre à la fabrication ou au commerce de matériels *(Ord. nº 2019-610 du 19 juin 2019, art. 6)* « de guerre », armes, munitions et de leurs éléments *(Abrogé par Ord. nº 2019-610 du 19 juin 2019, art. 6)* « essentiels » *(L. nº 2018-607 du 13 juill. 2018, art. 43)* « , utilise ou exploite, dans le cadre de services qu'il fournit, des matériels de guerre et matériels assimilés », ou exerce son activité en qualité d'intermédiaire ou d'agent de publicité à l'occasion de la fabrication ou du commerce de matériels *(Ord. nº 2019-610 du 19 juin 2019, art. 6)* « de guerre », armes, munitions et de leurs éléments *(Abrogé par Ord. nº 2019-610 du 19 juin 2019, art. 6)* « *essentiels* ». »

Les peines sont portées à dix ans d'emprisonnement et à 500 000 euros d'amende lorsque l'infraction est commise en bande organisée.

La confiscation *(Ord. nº 2019-610 du 19 juin 2019, art. 6)* « des matériels de guerre, armes, munitions et de leurs éléments fabriqués, à vendre ou détenus, ainsi que leur » vente aux enchères publiques, est ordonnée par le même jugement.

L'autorité administrative peut prescrire ou faire effectuer la mise hors d'usage, aux frais *(L. nº 2011-266 du 14 mars 2011, art. 19)* « de l'auteur de l'infraction », du matériel avant sa mise aux enchères publiques.

(L. nº 2009-526 du 12 mai 2009, art. 125) « II. — Les personnes morales déclarées responsables pénalement, dans les conditions prévues par l'article 121-2 du code pénal, des infractions définies au présent article encourent, outre l'amende suivant les modalités prévues par l'article 131-38 du code pénal, les peines prévues par les 1°, 2°, 4°, 5°, 8° et 9° de l'article 131-39 du même code. »

V. note ss. art. L. 2339-1.

Art. L. 2339-3 *(Ord. nº 2013-518 du 20 juin 2013, art. 3 et 5, en vigueur le 6 sept. 2013)* I. — Le fait de contrevenir aux dispositions de l'article L. 2332-6, du premier alinéa de l'article L. 2332-10 et de l'article L. 2339-1 est puni de cinq ans d'emprisonnement et de 75 000 € d'amende.

II. — Les peines sont portées à dix ans d'emprisonnement et 500 000 € d'amende si les infractions prévues au I sont commises en bande organisée.

III. – Les personnes morales déclarées responsables pénalement, dans les conditions prévues par l'article 121-2 du code pénal, des infractions définies au présent article encourent, outre l'amende suivant les modalités prévues par l'article 131-38 du code pénal, les peines prévues par les 2°, 4°, 5°, 8° et 9° de l'article 131-39 du même code.

Les dispositions introduites par l'Ord. n° 2013-518 du 20 juin 2013 sont applicables en Nouvelle-Calédonie, en Polynésie française, dans les îles Wallis-et-Futuna et dans les Terres australes et antarctiques françaises (Ord. préc., art. 6-I).

Art. L. 2339-3-1 *(Abrogé par L. n° 2017-258 du 28 févr. 2017, art. 27-II) (Ord. n° 2012-351 du 12 mars 2012, art. 6-8° et 22, en vigueur le 1er mai 2012) Les sanctions pénales de l'exercice illicite du commerce de détail et de la vente et de la cession illicites des matériels de guerre, des armes et des munitions sont définies par les dispositions du chapitre VII du titre Ier du livre III du code de la sécurité intérieure.*

Art. L. 2339-4 *(L. n° 2012-304 du 6 mars 2012, art. 23 et 33, en vigueur le 6 sept. 2013)* « Est punie d'un emprisonnement de trois ans et d'une amende de 45 000 € la cession, à quelque titre que ce soit, par *(Ord. n° 2019-610 du 19 juin 2019, art. 6)* « le » détenteur de *(Ord. n° 2019-610 du 19 juin 2019, art. 6)* « l'autorisation mentionnée au I de » l'article L. 2332-1 *(Ord. n° 2019-610 du 19 juin 2019, art. 6)* « , d'un ou plusieurs matériels de guerre, armes, munitions et de leurs éléments relevant » des catégories A, B *(L. n° 2018-133 du 26 févr. 2018, art. 21 et 25, en vigueur le 1er août 2018)* « ou C, en violation des articles L. 312-1 à L. 312-4-3 ou L. 314-3 du code de la sécurité intérieure ».

Le tribunal ordonne, en outre, la confiscation des *(Ord. n° 2019-610 du 19 juin 2019, art. 6)* « matériels de guerre, armes, munitions et de leurs éléments concernés ».

Les modifications introduites par l'art. 21 de la L. n° 2018-133 du 26 févr. 2018 entrent en vigueur à compter d'une date fixée par décret en Conseil d'État, et au plus tard le 14 sept. 2018 (L. préc., art. 25). Le Décr. n° 2018-542 du 29 juin 2018 a fixé cette date au 1er août 2018 (Décr. préc., art. 33).

Art. L. 2339-4-1 *(L. n° 2012-304 du 6 mars 2012, art. 24 et 33, en vigueur le 6 sept. 2013)* Est punie d'un emprisonnement de six mois et d'une amende de 7 500 € toute personne titulaire de l'une des autorisations de fabrication ou de commerce *(Abrogé par L. n° 2018-607 du 13 juill. 2018, art. 43) « d'armes et de munitions »* mentionnées à l'article L. 2332-1 qui :

1° Ne tient pas à jour le registre spécial dans lequel sont enregistrés, dans des conditions fixées par décret en Conseil d'État, les matériels *(Ord. n° 2019-610 du 19 juin 2019, art. 6)* « de guerre, armes, munitions et leurs éléments » mis en fabrication, en réparation, en transformation, achetés, vendus, loués ou détruits *(L. n° 2018-607 du 13 juill. 2018, art. 43)* « , ou les prestations de services fondés sur l'utilisation ou sur l'exploitation de matériels de guerre et matériels assimilés » ;

2° Dans le cas d'opérations d'intermédiation, ne tient pas à jour le registre spécial dans lequel sont enregistrés, dans des conditions fixées par le même décret en Conseil d'État, le nom des entreprises mises en relation ou des autres participants à l'opération d'intermédiation, ainsi que le contenu de ces opérations ;

3° En cas de cessation d'activité, ne dépose pas auprès de l'autorité administrative compétente les registres spéciaux mentionnés aux 1° et 2° ou n'en assure pas la conservation pendant un délai et dans des conditions fixés par le même décret en Conseil d'État ;

4° Cède à un autre commerçant ou fabricant autorisé un matériel *(Ord. n° 2019-610 du 19 juin 2019, art. 6)* « de guerre, une arme, des munitions et leurs éléments relevant » des catégories A, B ou C *(Abrogé par L. n° 2018-133 du 26 févr. 2018, art. 21 et 25, à compter du 1er août 2018) « ou une arme, un élément essentiel ou des munitions de catégorie D mentionnés au second alinéa* *(Ord. n° 2013-518 du 20 juin 2013, art. 3 et 5, en vigueur le 6 sept. 2013) « de l'article L. 312-4-2 du code de la sécurité intérieure » »*, sans accomplir les formalités déterminées par le même décret en Conseil d'État ;

5° Vend par correspondance des matériels *(Ord. n° 2019-610 du 19 juin 2019, art. 6)* « de guerre », armes, munitions et leurs éléments essentiels sans avoir reçu et conservé les documents nécessaires à leur inscription sur le registre spécial mentionné au 1° du présent article.

Les modifications introduites par l'art. 21 de la L. n° 2018-133 du 26 févr. 2018 entrent en vigueur à compter d'une date fixée par décret en Conseil d'État, et au plus tard le 14 sept. 2018 (L. préc., art. 25). Le Décr. n° 2018-542 du 29 juin 2018 a fixé cette date au 1er août 2018 (Décr. préc., art. 33).

Les mots « d'armes et de munitions » de l'alinéa 1 sont supprimés par l'art. 6-5° de l'Ord. n° 2019-610 du 19 juin 2019. Or, ces mots avaient déjà été supprimés par l'art. 43 de la L. n° 2018-607 du 13 juill. 2018.

SECTION III *Sanctions pénales de l'acquisition et de la détention*

Art. L. 2339-5 *(Abrogé par L. n° 2017-258 du 28 févr. 2017, art. 27-II) (Ord. n° 2012-351 du 12 mars 2012, art. 6-10° et 22, en vigueur le 1er mai 2012)* ***Les sanctions pénales de l'acquisition et de la détention illicites des matériels de guerre, des armes et des munitions sont définies par*** *(L. n° 2016-731 du 3 juin 2016, art. 26)* ***« la section VII du chapitre II du titre II du livre II du code pénal et le » chapitre VII du titre Ier du livre III du code de la sécurité intérieure.***

Art. L. 2339-5-1 *Abrogé par Ord. n° 2013-518 du 20 juin 2013, art. 4.*

Art. L. 2339-6 *à* L. 2339-8 *Abrogés par Ord. n° 2012-351 du 12 mars 2012, art. 19-4° et 22, à compter du 1er mai 2012.*

Art. L. 2339-8-1 *et* L. 2339-8-2 *Abrogés par Ord. n° 2013-518 du 20 juin 2013, art. 4.*

SECTION IV *Sanctions pénales du port, du transport et des expéditions*

Art. L. 2339-9 *(Abrogé par L. n° 2017-258 du 28 févr. 2017, art. 27-II) (Ord. n° 2012-351 du 12 mars 2012, art. 6-11° et 22, en vigueur le 1er mai 2012)* ***Les sanctions pénales du port, du transport et des expéditions illicites des matériels de guerre, des armes et des munitions sont définies par*** *(L. n° 2016-731 du 3 juin 2016, art. 26)* ***« la section VII du chapitre II du titre II du livre II du code pénal et le » chapitre VII du titre Ier du livre III du code de la sécurité intérieure.***

SECTION V *Sanctions pénales des importations, exportations et transferts* *(L. n° 2011-702 du 22 juin 2011, art. 3-II).*

Art. L. 2339-10 Est punie de cinq ans d'emprisonnement et d'une amende de *(L. n° 2016-731 du 3 juin 2016, art. 26)* « 75 000 € » l'importation, sans autorisation, des matériels *(Ord. n° 2019-610 du 19 juin 2019, art. 6)* « de guerre, armes, munitions et leurs éléments relevant des catégories A, B, C ainsi que des armes, munitions et de leurs éléments relevant de la catégorie » *(L. n° 2012-304 du 6 mars 2012, art. 33 et 34, en vigueur le 6 sept. 2013)* « D figurant sur une liste fixée par un décret en Conseil d'État ».

(L. n° 2016-731 du 3 juin 2016, art. 26) « Le fait de contrevenir au I de l'article L. 2335-17 est puni des mêmes peines. »

Les peines sont portées à dix ans d'emprisonnement et à 500 000 euros d'amende lorsque l'infraction est commise en bande organisée.

La tentative des délits prévus aux alinéas précédents est punie des mêmes peines.

Les dispositions introduites par la L. n° 2012-304 du 6 mars 2012 sont applicables dans les îles Wallis-et-Futuna, en Polynésie française, en Nouvelle-Calédonie et dans les Terres australes et antarctiques françaises (L. préc., art. 35 ; Ord. n° 2013-518 du 20 juin 2013, art. 6-I).

Art. L. 2339-11 *(L. n° 2012-304 du 6 mars 2012, art. 27-II et 33, en vigueur le 6 sept. 2013)* Est puni d'un emprisonnement de deux ans et d'une amende de 30 000 € l'usage, par une personne non qualifiée, du poinçon mentionné à l'article L. 2332-8-1.

(Abrogé par L. n° 2016-731 du 3 juin 2016, art. 26) ***« Les contrefaçons d'un poinçon d'épreuve et l'usage frauduleux des poinçons contrefaits sont punis d'un emprisonnement de cinq ans et d'une amende de 75 000 €. »***

Art. L. 2339-11-1 *(L. n° 2011-702 du 22 juin 2011, art. 3-II-3°, en vigueur le 30 juin 2012)* Est puni d'un emprisonnement de cinq ans et d'une amende de 75 000 € :

1° Sans préjudice de l'application du code des douanes, le fait de contrevenir aux articles L. 2335-2, L. 2335-3, L. 2335-9 et L. 2335-10 et au I de l'article L. 2335-18 ;

2° Le fait de ne pas tenir ou de ne pas conserver durant le délai prévu le registre des exportations mentionné à l'article L. 2335-6 et le registre des transferts mentionné à l'article L. 2335-14 ;

3° Le fait de ne pas présenter le registre des exportations ou le registre des transferts aux agents visés à l'article L. 2339-1 à leur première demande ;

4° Le fait d'omettre, de manière répétée et significative, de renseigner une ou plusieurs des informations obligatoires des registres prévus aux articles L. 2335-6 et L. 2335-14.

Art. L. 2339-11-2 *(L. n° 2011-702 du 22 juin 2011, art. 3, en vigueur le 30 juin 2012)* Est puni d'un emprisonnement de trois ans et d'une amende de 45 000 € :

1° Le fait de ne pas reproduire les mentions obligatoires prescrites au second alinéa des articles L. 2335-5 ou L. 2335-13 ;

2° Le fait pour le destinataire de transférer *(Ord. n° 2019-610 du 19 juin 2019, art. 6)* « des produits liés à la défense ou d'exporter des matériels de guerre et matériels assimilés non intégrés dans ses propres produits liés à la défense » en violation de l'engagement prévu à l'article L. 2335-15 ;

3° Le fait d'obtenir la licence d'exportation mentionnée à l'article L. 2335-7 à la suite d'une déclaration mensongère ou frauduleuse selon laquelle les restrictions à l'exportation de produits liés à la défense, reçus au titre d'une licence de transfert d'un État membre de l'Union européenne, ont été respectées ou levées par l'État membre d'origine ;

4° Le fait pour un destinataire d'omettre ou de refuser de répondre aux demandes qui lui sont adressées par les agents mentionnés à l'article L. 2339-1 concernant les utilisateurs finaux et l'utilisation finale de tous les *(Ord. n° 2019-610 du 19 juin 2019, art. 6)* « matériels de guerre et matériels assimilés exportés, ainsi que les produits liés à la défense ou les matériels mentionnés au I de l'article L. 2335-18 », transférés ou reçus par l'entreprise au titre d'une licence de transfert d'un autre État membre de l'Union européenne.

Art. L. 2339-11-3 *(L. n° 2011-702 du 22 juin 2011, art. 3, en vigueur le 30 juin 2012)* Est puni d'une amende de 15 000 € :

1° Le fait pour un fournisseur ou un exportateur de ne pas informer le ministre de la défense, dans le délai fixé, y compris par négligence, de son intention d'utiliser une licence générale d'exportation ou une licence générale de transfert pour la première fois ;

(Ord. n° 2019-610 du 19 juin 2019, art. 6) « 2° Le fait de ne pas transmettre à l'autorité administrative les registres et comptes rendus mentionnés aux articles L. 2335-6 et L. 2335-14. »

Art. L. 2339-11-4 *(L. n° 2011-702 du 22 juin 2011, art. 3-II-3°, en vigueur le 30 juin 2012)* Pour les infractions prévues aux articles L. 2339-11-1 et L. 2339-11-2, les personnes morales encourent :

1° L'amende, suivant les modalités prévues par l'article 131-38 du code pénal ;

2° Les peines mentionnées aux 2°, 4°, 5°, 8° et 9° de l'article 131-39 du même code.

SECTION VI *Sanctions pénales de la récidive*

Art. L. 2339-12 En cas de récidive les peines complémentaires de l'interdiction de séjour et l'interdiction des droits mentionnés à l'article 131-26 du code pénal peuvent être prononcées.

Les délits prévus et réprimés par le présent titre *(Ord. n° 2012-351 du 12 mars 2012, art. 6-12° et 22, en vigueur le 1er mai 2012)* « , ainsi que ceux prévus et réprimés par le titre Ier du livre III du code de la sécurité intérieure » sont considérés comme étant, du point de vue de la récidive, un même délit.

SECTION VII *Protection des personnes bénéficiant de réduction de peines pour avoir permis d'éviter la réalisation d'infractions, de faire cesser ou d'atténuer le dommage causé par une infraction, ou d'identifier les auteurs ou complices d'infractions*

Art. L. 2339-13 La peine privative de liberté encourue par l'auteur ou le complice des infractions prévues aux articles L. 2339-2 *(Abrogé par Ord. n° 2012-351 du 12 mars 2012, art. 6-13° et 22, à compter du 1er mai 2012)* « *, L. 2339-8* » et L. 2339-10 est réduite de moitié si, ayant averti l'autorité administrative ou judiciaire, il a permis de faire cesser les agissements incriminés et d'identifier, le cas échéant, les autres auteurs ou complices.

SECTION VIII *De la prolifération des vecteurs d'armes de destruction massive*

(L. n° 2011-266 du 14 mars 2011, art. 13)

Art. L. 2339-14 *(Ord. n° 2012-351 du 12 mars 2012, art. 6-14° et 22, en vigueur le 1er mai 2012)* « Les infractions définies *(L. n° 2016-731 du 3 juin 2016, art. 26)* « aux articles 222-52 à 222-54 du code pénal, » au premier alinéa du I de l'article L. 2339-2, à l'article L. 2339-4 et *(L. n° 2016-731 du 3 juin 2016, art. 26)* « aux deux premiers alinéas de l'article L. 2339-10 » du présent code, ainsi qu'au premier alinéa *(L. n° 2016-731 du 3 juin 2016, art. 26)* « de l'article L. 317-7 » du code de la sécurité intérieure, sont punies de quinze ans de réclusion criminelle et un million et demi d'euros d'amende lorsqu'elles concernent des missiles, fusées ou autres systèmes sans pilote capables de conduire à leur cible des armes nucléaires telles que définies au III de l'article L. 1333-13-4, chimiques ou biologiques et spécialement conçus à cet usage. »

(L. n° 2011-266 du 14 mars 2011, art. 13) « Ces faits sont punis de vingt ans de réclusion criminelle et de trois millions d'euros d'amende lorsqu'ils sont commis en bande organisée. »

Art. L. 2339-15 *(L. n° 2011-266 du 14 mars 2011, art. 13)* Le fait de procurer un financement en fournissant, réunissant ou gérant des fonds, des valeurs ou des biens quelconques ou en donnant des conseils à cette fin, dans l'intention de voir ces fonds, valeurs ou biens utilisés ou en sachant qu'ils sont destinés à être utilisés, en tout ou partie, en vue de commettre l'une quelconque des infractions prévues à l'article L. 2339-14, indépendamment de la commission effective d'une telle infraction, est puni des peines prévues à ce même article.

Art. L. 2339-16 *(Ord. n° 2012-351 du 12 mars 2012, art. 6-15° et 22, en vigueur le 1er mai 2012)* Le fait de se faire délivrer indûment, par quelque moyen frauduleux que ce soit, les autorisations ou agréments mentionnés au I de l'article L. 2332-1 et aux articles L. 2335-1 à L. 2335-3 du présent code, ainsi *(Ord. n° 2013-518 du 20 juin 2013, art. 3)* « qu'à l'article L. 312-2 » et à l'article L. 314-3 du code de la sécurité intérieure, est puni de dix ans d'emprisonnement et un million et demi d'euros d'amende lorsque ces autorisations ou agréments concernent des missiles, fusées ou autres systèmes sans pilote capables de conduire à leur cible des armes nucléaires telles que définies au III de l'article L. 1333-13-4 *(Ord. n° 2013-518 du 20 juin 2013, art. 3)* « du présent code », chimiques ou biologiques et spécialement conçus à cet usage.

Les dispositions introduites par l'Ord. n° 2013-518 du 20 juin 2013 sont applicables en Nouvelle-Calédonie, en Polynésie française, dans les îles Wallis-et-Futuna et dans les Terres australes et antarctiques françaises (Ord. préc., art. 6-I).

Art. L. 2339-17 *(L. n° 2011-266 du 14 mars 2011, art. 13)* Les personnes physiques coupables de l'une des infractions prévues à la présente section encourent les peines complémentaires suivantes :

1° L'interdiction, suivant les modalités prévues par l'article 131-26 du code pénal, des droits civiques, civils et de famille ;

2° L'interdiction, suivant les modalités prévues par l'article 131-27 du même code, d'exercer une fonction publique ou d'exercer l'activité professionnelle ou sociale dans l'exercice ou à l'occasion de l'exercice de laquelle l'infraction a été commise ;

3° La fermeture soit à titre définitif, soit pour une durée de cinq ans au plus des établissements ou de l'un ou de plusieurs des établissements de l'entreprise ayant servi à commettre les faits incriminés ;

4° L'exclusion des marchés publics pour une durée de cinq ans au plus ;

5° La confiscation des missiles, fusées ou autres systèmes sans pilote capables de conduire à leur cible des armes nucléaires telles que définies au III de l'article L. 1333-13-4 du présent code, chimiques ou biologiques et spécialement conçus à cet usage, ainsi que celle des équipements ayant servi à l'élaboration, à l'utilisation ou au transport de ces biens ;

6° L'affichage ou la diffusion de la décision prononcée dans les conditions prévues par l'article 131-35 du code pénal ;

7° L'interdiction de séjour, suivant les modalités prévues par l'article 131-31 du même code ;

8° L'interdiction du territoire français, lorsqu'il s'agit d'étrangers, prononcée dans les conditions prévues par l'article 131-30 du même code, soit à titre définitif, soit pour une durée de dix ans au plus.

Art. L. 2339-18 *(L. n° 2011-266 du 14 mars 2011, art. 13)* Les personnes morales coupables de l'une des infractions prévues à la présente section encourent, outre l'amende suivant les modalités prévues par l'article 131-38 du même code, les peines suivantes :

1° Dans les cas prévus par les articles L. 2339-14 et L. 2339-15 du présent code, les peines mentionnées à l'article 131-39 du code pénal ;

2° *Dans les cas prévus par* l'article L. 2339-16 du présent code, les peines mentionnées aux 2° à 11° de l'article 131-39 du code pénal.

L'interdiction mentionnée au 2° du même article 131-39 porte sur l'activité dans l'exercice ou à l'occasion de l'exercice de laquelle l'infraction a été commise.

SECTION IX *Peines complémentaires applicables aux personnes physiques*

(L. n° 2012-304 du 6 mars 2012, art. 29-I et 33, en vigueur le 6 sept. 2013)

Art. L. 2339-19 En cas de condamnation pour les infractions prévues au présent chapitre, le prononcé des peines complémentaires suivantes est obligatoire :

1° L'interdiction de détenir ou de porter, pour une durée de cinq ans au plus, *(Ord. n° 2019-610 du 19 juin 2019, art. 6)* « un matériel de guerre, une arme, des munitions et leurs éléments soumis » à autorisation ;

2° La confiscation *(Ord. n° 2019-610 du 19 juin 2019, art. 6)* « des matériels de guerre, armes, munitions et de leurs éléments » dont le condamné est propriétaire ou dont il a la libre disposition ;

3° Le retrait du permis de chasser avec interdiction de solliciter la délivrance d'un nouveau permis pendant cinq ans au plus.

Toutefois, la juridiction peut, par une décision spécialement motivée, décider de ne pas prononcer ces peines, en considération des circonstances de l'infraction et de la personnalité de son auteur.

Les dispositions introduites par la L. n° 2012-304 du 6 mars 2012 sont applicables dans les îles Wallis-et-Futuna, en Polynésie française et en Nouvelle-Calédonie (L. préc., art. 35).

....

TITRE V **Explosifs**

CHAPITRE II *Autorisations et agréments*

Art. L. 2352-1 *(L. n° 2011-702 du 22 juin 2011, art. 2-V, en vigueur le 30 juin 2012)* « La production, l'importation et l'exportation hors du territoire de l'Union européenne, le transfert entre États membres de l'Union européenne, le commerce, l'emploi, le transport *(L. n° 2013-1168 du 18 déc. 2013, art. 28)* « , la conservation et la destruction » des produits explosifs sont subordonnés à un agrément technique et aux autorisations et contrôles nécessités par les exigences de la sécurité publique et de la défense nationale.

« L'autorité administrative peut à tout moment suspendre, modifier, abroger ou retirer l'agrément technique et les autorisations d'importation et d'exportation hors du territoire de l'Union européenne ou de transfert entre États membres de l'Union européenne prévus à l'alinéa précédent qu'elle a délivrés, pour des raisons de respect des engagements internationaux de la France, de protection des intérêts essentiels de sécurité, d'ordre public ou de sécurité publique, ou pour non-respect des conditions fixées dans l'agrément technique ou spécifiées dans l'autorisation. »

(L. n° 2013-619 du 16 juill. 2013, art. 15) « Les conditions de mise à disposition sur le marché, de stockage en vue de leur mise à disposition sur le marché, d'importation, de transfert et d'utilisation des produits et des équipements mentionnés à l'article L. 557-1 du code de l'environnement sont régies par le chapitre VII du titre V du livre V du même code, sans préjudice des dispositions du présent article qui leur sont applicables en tant qu'elles ne sont pas définies par ledit code. »

(L. n° 2011-702 du 22 juin 2011, art. 2-V, en vigueur le 30 juin 2012) « Les conditions dans lesquelles l'agrément technique et les autorisations sont accordés, suspendus, modifiés, abrogés ou retirés et les opérations de contrôle effectuées sont déterminées par décret en Conseil d'État. »

Les conditions dans lesquelles l'agrément technique et les autorisations sont accordés et les opérations de contrôle effectuées sont déterminées par décret en Conseil d'État. — *La loi n° 2011-702 du 22 juin 2011 a omis d'abroger cet alinéa dont les dispositions sont reprises au 3e al.*

Art. L. 2352-2 Les autorisations ou habilitations réglementaires portent mention des dispositions des articles L. 2353-11 et L. 2353-12.

Avant de lui confier la garde des produits explosifs, l'employeur avertit, dans les conditions définies par décret en Conseil d'État, le préposé des obligations que lui crée l'article L. 2353-12, et obtient reconnaissance de cet avertissement.

CHAPITRE III *Dispositions pénales*

SECTION I *Agents habilités à constater les infractions*

Art. L. 2353-1 Peuvent constater les infractions aux prescriptions du présent titre, ainsi qu'aux dispositions réglementaires prises pour son application, outre les officiers de police judiciaire agissant conformément aux dispositions du code de procédure pénale :

1° Les ingénieurs des mines et les ingénieurs et fonctionnaires assimilés placés sous leurs ordres, les ingénieurs de l'armement et les ingénieurs des études et techniques d'armement ainsi que les officiers placés sous leurs ordres, désignés par le ministre dont ils relèvent ;

2° Les agents des douanes à l'occasion des contrôles effectués en application du code des douanes.

Les agents du ministère de la défense et du ministère chargé de l'industrie, ainsi que les agents des douanes mentionnés aux alinéas ci-dessus adressent sans délai au procureur de la République le procès-verbal de leurs constatations.

SECTION II *Sanctions pénales*

Art. L. 2353-2 *et* L. 2353-3 *Abrogés par L. n° 2005-1550 du 12 déc. 2005, art. 12.*

Art. L. 2353-4 Sont punies d'un emprisonnement de cinq ans et d'une amende de *(L. n° 2016-731 du 3 juin 2016, art. 26)* « 75 000 € » :

(L. n° 2005-1550 du 12 déc. 2005, art. 12) « 1° La fabrication, sans autorisation, d'un engin explosif ou incendiaire ou d'un produit explosif, quelle que soit sa composition ;

« 2° La fabrication de tout autre élément ou substance destinés à entrer dans la composition d'un produit explosif. »

Les peines sont portées à dix ans d'emprisonnement et à 500 000 euros d'amende lorsque l'infraction est commise en bande organisée.

La peine privative de liberté encourue par l'auteur ou le complice des infractions prévues au présent article est réduite de moitié, si ayant averti l'autorité administrative ou judiciaire, il a permis de faire cesser les agissements incriminés et d'identifier, le cas échéant, les autres auteurs ou complices.

Art. L. 2353-5 Sont punis d'un emprisonnement de cinq ans et d'une amende de 4 500 euros :

(L. n° 2011-702 du 22 juin 2011, art. 2-VI, en vigueur le 30 juin 2012) « 1° Toute violation de l'article L. 2352-1 ou des textes pris pour son application ; »

2° Le fait de refuser de se soumettre aux contrôles prévus à l'article L. 2352-1, ou d'y apporter des entraves, ou de ne pas fournir les renseignements demandés en vue de ces contrôles.

Les peines sont portées à dix ans d'emprisonnement et à 500 000 euros d'amende lorsque l'infraction est commise en bande organisée.

Art. L. 2353-6 Est punie d'un emprisonnement de deux ans et d'une amende de 3 750 euros la vente des *(L. n° 2005-1550 du 12 déc. 2005, art. 12)* « produits explosifs » non susceptibles d'un usage militaire en dehors des conditions prévues par le présent titre et les dispositions réglementaires prises pour son application.

Art. L. 2353-7 Est punie d'une amende de 3 750 euros l'exportation de *(L. n° 2005-1550 du 12 déc. 2005, art. 12)* « produits explosifs » non susceptibles d'un usage militaire, en dehors des conditions prévues par le présent titre et les textes pris pour son application.

Art. L. 2353-8 Est punie comme l'auteur des infractions prévues aux articles L. 2353-5, L. 2353-6 et L. 2353-7 la personne exerçant une activité d'intermédiaire ou d'agent de publicité à l'occasion d'opérations portant sur les produits précités.

(Abrogé par L. n° 2005-1550 du 12 déc. 2005, art. 12) « Le juge ordonne la confiscation des produits fabriqués, importés, exportés ou vendus ainsi que des moyens de fabrication. »

Art. L. 2353-9 La peine privative de liberté encourue par l'auteur ou le complice des infractions prévues aux articles L. 2353-5 à L. 2353-8 est réduite de moitié, si ayant averti l'autorité administrative ou judiciaire, il a permis de faire cesser les agissements incriminés et d'identifier, le cas échéant, les autres auteurs ou complices.

(L. n° 2005-1550 du 12 déc. 2005, art. 12) « En cas d'application des dispositions des articles L. 2353-4 à L. 2353-8, le tribunal peut ordonner en outre la confiscation des engins explosifs ou incendiaires et des produits explosifs fabriqués, vendus, exportés ou importés sans autorisation. »

Art. L. 2353-10 Le port ou le transport, sans motif légitime, d'artifices non détonants sont punis de six mois d'emprisonnement et de 7 500 euros d'amende.

Le tribunal peut ordonner la confiscation de l'objet de l'infraction.

Art. L. 2353-11 Toute personne détentrice d'une autorisation de fabriquer, d'acquérir, de transporter ou de conserver en dépôt des produits explosifs, qui n'a pas déclaré auprès des services de police ou de gendarmerie dans les vingt-quatre heures suivant le moment où elle a eu connaissance de la disparition de tout ou partie de ces produits, est punie d'un emprisonnement d'un an et d'une amende de 6 000 euros.

Lorsque la personne détentrice d'une autorisation est une personne morale, les mêmes peines sont applicables à ses dirigeants si ces derniers ont eu connaissance de cette disparition et ne l'ont pas déclarée dans le délai prévu à l'alinéa précédent.

Art. L. 2353-12 Sans préjudice de l'application des dispositions de l'article L. 2353-11, tout préposé auquel a été confiée la garde de produits explosifs est tenu, s'il constate la disparition de tout ou partie de ces derniers, d'en faire dans les vingt-quatre heures la déclaration aux services de police ou de gendarmerie. L'omission de cette déclaration est punie d'un emprisonnement de six mois et d'une amende de 3 750 euros.

Art. L. 2353-13 *(L. n° 2005-1550 du 12 déc. 2005, art. 12)* **L'acquisition, la détention, le transport ou le port illégal de produits explosifs ou d'engins explosifs sont punis selon les dispositions du chapitre IX du titre III du présent livre applicables aux armes** *(L. n° 2012-304 du 6 mars 2012, art. 34-XV et 33, en vigueur le 6 sept. 2013)* **« de la catégorie A »** *(L. n° 2016-731 du 3 juin 2016, art. 26)* **« ainsi que selon celles de la section VII du chapitre II du titre II du livre II du code pénal ».**

Les dispositions du premier alinéa ne sont pas applicables à l'acquisition, à la détention, au transport ou au port d'une quantité de 2 kilogrammes au plus de poudre noire ou de poudre à usage civil, en vue de la confection de munitions de chasse ou de tir.

Les dispositions introduites par la L. n° 2012-304 du 6 mars 2012 sont applicables dans les îles Wallis-et-Futuna, en Polynésie française, en Nouvelle-Calédonie et dans les Terres australes et antarctiques françaises (L. préc., art. 35 ; Ord. n° 2013-518 du 20 juin 2013, art. 6-II).

Art. L. 2353-14 *(L. n° 2012-304 du 6 mars 2012, art. 29-II et 33, en vigueur le 6 sept. 2013)* **En cas de condamnation pour une infraction prévue par la présente section, le prononcé de la peine complémentaire d'interdiction de détenir ou de porter, pour une durée de cinq ans au plus, une arme soumise à autorisation est obligatoire.**

Toutefois, la juridiction peut, par une décision spécialement motivée, décider de ne pas prononcer cette peine, en considération des circonstances de l'infraction et de la personnalité de son auteur.

BANQUEROUTE ET INFRACTIONS CONNEXES

RÉP. PÉN. v° *Banqueroute et infractions annexes,* par MIHMAN.

Code de commerce

(Ord. n° 2000-912 du 18 sept. 2000)

LIVRE VI **Des difficultés des entreprises**

(L. n° 2005-845 du 26 juill. 2005)

La loi n° 2005-845 du 26 juill. 2005 entre en vigueur le 1er janv. 2006, à l'exception des dispositions suivantes qui sont applicables aux procédures et situations en cours dès sa publication :

— Dans toutes les dispositions prévoyant une incapacité, une interdiction ou une déchéance résultant d'une faillite personnelle ou d'une interdiction de gérer, ces mesures doivent être comprises comme ayant une durée maximale de quinze ans à compter du jour où la décision les ayant prononcées est devenue définitive.

— Les mesures de faillite personnelle et d'interdiction de gérer ainsi que les déchéances et interdictions qui en ont résulté prennent fin à la date de publication de la présente loi lorsque, à cette date, elles ont été prononcées plus de quinze années auparavant par une décision devenue définitive.

Toutefois, les poursuites déjà engagées au jour de la publication de la loi n° 2005-845 du 26 juill. 2005, sur le fondement de l'art. L. 622-32 C. com., ne sont pas, même si le délai de quinze années est expiré, affectées par les dispositions qui précèdent et les sommes perçues par les créanciers leur restent acquises (L. n° 2005-845 du 26 juill. 2005, art. 190, JO 27 juill.).

....

TITRE V **Des responsabilités et des sanctions**

....

CHAPITRE IV ***De la banqueroute et des autres infractions***

BIBL. GÉN. ▶ BOULOC, *RSC 1985. 613.* – DERRIDA, *ibid. 1989. 658.* – JONVILLE, *JCP N 1994. Prat. 3053* (responsabilité pénale des personnes morales). – JEANDIDIER, *RJ com. nov. 2001, n° spéc., p. 131* (le droit pénal de la banqueroute ou les avatars de la pénalisation). – ROBACZEWSKI, *Gaz. Pal. 9-10 sept. 2005, p. 48.* – J.-H. ROBERT, *Dr. pénal. 2005.* Étude 15 ; Cah. dr. entr. 2006. 34. – BONFILS, *RSC 2009. Chron. légis. 422* (Ord. n° 2008-1345 du 18 déc. 2008 portant réforme du droit des entreprises en difficulté). – MASCALA, *Dr. pénal 2009. Étude 20* (la banqueroute : préserver l'entreprise contre l'entrepreneur ?). – LASSERRE CAPDEVILLE, *AJ pénal 2009. 351* (apports en droit pénal de l'ordonnance du 18 décembre 2008 portant réforme du droit des entreprises en difficulté).

SECTION I De la banqueroute

RÉP. PÉN. v° *Banqueroute et infractions annexes,* par MIHMAN.

Art. L. 654-1 Les dispositions de la présente section sont applicables :

1° A *(Ord. n° 2008-1345 du 18 déc. 2008, art. 139)* « toute personne exerçant une activité commerciale ou artisanale, à tout agriculteur » et à toute personne physique exerçant une activité professionnelle indépendante, y compris une profession libérale soumise à un statut législatif ou réglementaire ou dont le titre est protégé ;

2° A toute personne qui a, directement ou indirectement, en droit ou en fait, dirigé ou liquidé une personne morale de droit privé *(Abrogé par L. n° 2005-845 du 26 juill. 2005, art. 141) « ayant une activité économique »* ;

3° Aux personnes physiques représentants permanents de personnes morales dirigeants des personnes morales définies au 2° ci-dessus. – *[C. com., anc. art. L. 626-1.]*

BIBL. ▶ CONTE, *Mél. Jean Larguier* (la banqueroute du commerçant radié du registre du commerce et des sociétés) ; *Dr. pénal, hors-série, déc. 2000, p. 4* (la banqueroute, un exemple des ambiguïtés de la dépénalisation). – MATSOPOULOU, *LPA 18 juin 2008* (aspects d'actualisation).

1. Application aux dirigeants de fait. Les art. 196 et 197 [C. com., art. L. 654-1 et L. 654-2] sont indistinctement applicables aux dirigeants de droit ou de fait pour toutes les infractions qu'ils prévoient, y compris pour l'absence de toute comptabilité. • Crim. 7 déc. 1992, n° 92-80.627 P. – Dans le même sens, V. • Crim. 31 oct. 2007 : *RJDA 2008, n° 314 ; Rev. sociétés 2008. 165, note Matsopoulou* • 19 nov. 2008, n° 08-81.194 P : *Dr. sociétés 2009, n° 18, note R. Salomon ; APC 2009, n° 87, obs. Cerf-Hollender ; RJDA 2009, n° 462 ; Gaz. Pal. 26-28 avr. 2009, p. 50, obs. Robaczewski ; Rev. sociétés 2009. 653, note Matsopoulou* (condamnation du dirigeant de fait d'une entreprise individuelle).

2. Caractérise la gestion de fait, l'arrêt qui constate qu'un prévenu, théoriquement directeur commercial, était en réalité le seul à disposer d'une voiture de fonction, occupait le bureau directorial, prenait les décisions importantes et était le véritable patron, fixait les salaires, décidait des investissements et des prises de participation, et qu'il avait joué un rôle essentiel dans les procédés frauduleux. • Crim. 19 sept. 1994 : *BJS 1994. 1309, note J.-F. Barbièri.* ♦ Doit également être considéré comme gérant de fait le prévenu qui, après sa retraite, continue à animer la société en toute indépendance, établissant des relations avec les clients et les fournisseurs et procédant à des embauches. • Paris, 9 nov. 1998 : *Dr. sociétés 1999, n° 72, obs. Chaput.* ♦ Il en va de même du prévenu salarié dont le montant du salaire est nettement supérieur à celui perçu par la gérante de droit et qui, par ailleurs, exerce des fonctions de directeur financier, s'est porté caution solidaire pour des dettes sociales, encaisse les chèques clients sur un compte personnel et est en relation directe avec les fournisseurs de la société. • Paris, 16 févr. 1999 : *Dr. sociétés 2000, n° 4, obs. Chaput.* ♦ Pour d'autres exemples, V. • Crim. 19 déc. 1994 : *BJS 1995. 340* • 26 sept. 2001 : *Dr. sociétés 2002, n° 91, note Legros* • Paris, 12 nov. 1993 : *Dr. sociétés 1994, n° 190* • 9 juin 1995 : *Dr. sociétés 1995, n° 215, obs. Chaput.*

V. aussi notes 11 s. ss. art. L. 651-2.

3. Condamnation simultanée d'un dirigeant de fait et d'un dirigeant de droit. Sur cette possibilité, V. • Crim. 19 sept. 1994 : *préc. note 2.*

4. Représentant permanent d'une personne morale. V. • Toulouse, 31 mai 2000 : *JCP 2001. IV. 1514 ; Dr. sociétés 2001, n° 44, obs. Chaput.*

5. Société d'économie mixte. Le fait qu'une société d'économie mixte locale, personne morale de droit privé, poursuive un but d'intérêt général et que la majorité de son capital soit détenue par une collectivité locale ou un groupement de communes, n'exclut pas que ses dirigeants puissent être poursuivis pour banqueroute. • Crim. 2 juin 1999, n° 98-81.454 P : *D. 1999. IR 206 ; D. Affaires 1999. 1118 ; Rev. sociétés 1999. 653, note Bouloc ; BJS 1999. 1201, note Barbièri ; RTD com. 1999. 980, obs. Mascala ; ibid. 2000. 200, obs. Bouloc ; RSC 1999. 830, obs. Renucci ; Dr. adm. 1999, n° 281, obs. Benjamin* • Toulouse, 31 mai 2000 : *préc. note 4.*

Art. L. 654-2 En cas d'ouverture d'une procédure de redressement judiciaire ou de liquidation judiciaire, sont coupables de banqueroute les personnes mentionnées à l'article L. 654-1 contre lesquelles a été relevé l'un des faits ci-après :

1° Avoir, dans l'intention d'éviter ou de retarder l'ouverture de la procédure de redressement judiciaire *(Ord. n° 2008-1345 du 18 déc. 2008, art. 140)* « ou de liquidation judiciaire », soit fait des achats en vue d'une revente au-dessous du cours, soit employé des moyens ruineux pour se procurer des fonds ;

2° Avoir détourné ou dissimulé tout ou partie de l'actif du débiteur ;

3° Avoir frauduleusement augmenté le passif du débiteur ;

4° Avoir tenu une comptabilité fictive ou fait disparaître des documents comptables de l'entreprise ou de la personne morale ou s'être abstenu de tenir toute comptabilité *(L. n° 2005-845 du 26 juill. 2005, art. 142-I)* **« lorsque les textes applicables en font obligation » ;**

5° Avoir tenu une comptabilité manifestement incomplète ou irrégulière au regard des dispositions légales. – *[C. com., anc. art. L. 626-2.]*

BIBL. ▶ GIOANNI, *D. 1994. Chron. 53* (la cessation des paiements dans l'infraction de banqueroute). – DEKEUWER, *JCP E 1995. I. 420* (même thème).

1. Emploi de moyens ruineux. Constitue le délit de banqueroute par emploi de moyens ruineux pour se procurer des fonds l'escompte de fausses factures et de traites de complaisance dont le coût ne peut qu'aggraver la situation financière de l'entreprise. • Crim. 6 déc. 1993, n° 93-81.475 P : *D. 1994. IR 50.* – Dans le même sens : • Crim. 24 mai 2000 : *Dr. pénal 2000, n° 129, obs. J.-H. Robert.* ♦ V. aussi, pour l'utilisation de la technique de l'affacturage, • Crim. 13 mai 1991 : *RPC 1995. 354, obs. Devèze.* ♦ ... Pour l'accumulation de prêts et des opérations relevant du mécanisme dit de la « cavalerie », • Paris, 26 mai 1993 : *Gaz. Pal. 1994. 1. 69* • Crim. 19 sept. 1994 : *BJS 1994. 1309, note J.-F. Barbièri.* ♦ ... Pour la souscription de contrats de construction à un prix inférieur au prix des marchés de sous-traitance, • Rennes, 11 mai 1994 : *JCP 1996. IV. 211.* ♦ ... Pour un taux d'endettement excessif générant des frais trop importants pour l'entreprise, • Crim. 12 mars 1998, n° 96-85.739 P : *D. Affaires 1998. 962.*

2. La notion d'emploi de moyens pour se procurer des fonds suppose un ou des actes positifs permettant d'obtenir ou de faire rentrer des fonds et non pas une simple abstention de payer une dette légitimement préexistante. Le caractère ruineux des moyens suppose qu'il apparaisse dans le même temps que le recours à la technique et l'effet inéluctable de l'augmentation du passif par le recours auxdits moyens (à propos du non-paiement de dettes fiscales et sociales). • Versailles, 11 juin 1993 : *BICC 1993, n° 1272.*

3. Sur l'insuffisance du seul fait d'avoir souscrit un emprunt bancaire au profit d'une société en état de cessation des paiements depuis trois ans, manifestement incapable de le rembourser, V. • Crim. 26 sept. 1996 : *RJDA 1997, n° 135 ; BJS 1997. 112, note J.-F. Barbièri.* ♦ V. aussi, pour des emprunts successifs et sans intérêt, • Crim. 21 mars 2001 : *Dr. pénal 2001, n° 103, note J.-H. Robert.*

4. L'utilisation de fonds à un autre usage que celui auquel ils étaient destinés ne constitue pas un emploi de moyens ruineux pour se procurer des fonds. • Crim. 16 juin 1999 : *RPC 2000. 34, obs. Devèze.*

5. Le président d'une société anonyme qui a fait tout son possible pour réduire l'endettement de sa société et qui y est parvenu dans une très large mesure ne saurait se voir reprocher d'avoir recouru à des moyens ruineux dans l'intention d'éviter ou de retarder la constatation de la cessation des paiements, constitutifs de banqueroute. • Paris, 22 avr. 1992 : *Dr. sociétés 1992, n° 225, obs. Chaput ; Gaz. Pal. 1992. 2. 520, note Marchi.*

6. Le délit de banqueroute est constitué, que les faits constatés soient antérieurs ou postérieurs à la date de la cessation des paiements, dès lors que, procédant d'une même intention et tendant au même but, ils ont pour objet ou pour effet soit d'éviter ou de retarder la constatation de cet état, soit d'affecter la consistance de l'actif disponible dans des conditions de nature à placer l'intéressé dans l'impossibilité de faire face au passif exigible. • Crim. 21 sept. 1994 : *Gaz. Pal. 1994. 2. Somm. 712 ; JCP E 1995. II. 690, note A. Dekeuwer.* – Dans le même sens : • Crim. 6 févr. 1995 : *RPC 1996. 133, obs. Devèze* • 7 avr. 1998 : *RSC 1998. 773, obs. Renucci ; RTD com. 1998. 947, obs. Mascala.* – Comp. : • Crim. 18 juin 1998 : *JCP E 1999, n° 4, p. 174, note J.-H. Robert ; Rev. sociétés 1998. 817, note Bouloc.*

7. Détournement ou dissimulation d'actif. Pour la conformité à la Constitution de l'art. L. 654-2, V. • Cons. const. 29 sept. 2016, n° 2016-573 QPC : *cité note 1 ss. art. L. 654-6.* ♦ Si le délit de banqueroute par détournement d'actif suppose qu'une procédure de redressement judiciaire ait été ouverte contre le débiteur, il s'agit là d'une condition préalable à l'exercice de l'action publique, constitutive d'une règle de procédure qui ne saurait avoir effet sur les poursuites régulièrement engagées avant l'entrée en vigueur de la loi du 25 janv. 1985. • Crim. 10 mars 1986 : *D. 1986. 182, note Derrida ; D. 1986. IR 407, obs. Roujou de Boubée ; Gaz. Pal. 1986. 2. 536, note Marchi* • 12 oct. 1987 : *D. 1987. 37, note Derrida.* ♦ Ainsi les faits de détournement d'actif poursuivis, bien que commis sous l'empire des dispositions abrogées de la loi du 13 juill. 1967, entrent dans les prévisions de la loi du 25 janv. 1985 et justifient la condamnation prononcée au regard de l'une et l'autre de ces deux lois. • Crim. 10 mars 1986 : *préc.* – Dans le même sens : • Crim. 14 févr. 1994 : *RJDA 1994, n° 463 ; JCP 1994. IV. 1202.*

8. Le délit de banqueroute par détournement d'actif suppose l'existence d'une dissipation volontaire d'un élément de patrimoine d'un débiteur en état de cessation des paiements par l'une des personnes énumérées à l'art. 196 [C. com., art. L. 654-1]. • Crim. 5 juin 1989 : *D. 1989. IR 244.* • 10 mai 1993, n° 92-83.004 P : *RJDA 1993,* *n° 966.* – Rappr. : • Crim. 12 janv. 2005 : *Dr. sociétés 2005, n° 147, note R. Salomon ; JCP E 2005, n° 41, p. 1696, note J.-H. Robert.* ♦ Tout acte de disposition volontaire accompli sur le patrimoine du débiteur après la cessation des paiements, en fraude des droits des créanciers, constitue le délit de banqueroute par détournement d'actif. • Crim. 11 mai 1995, n° 94-83.515 P. ♦ Sur l'absence d'élément intentionnel, dans l'hypothèse où le débiteur aurait consigné le prix de vente du fonds de commerce pour désintéresser les créanciers, V. • Crim. 13 juin 1996 : *D. Affaires 1996. 1227 ; Rev. sociétés 1997. 369, note Bouloc ; RPC 1997. 495, obs. Devèze.*

Dès lors qu'il n'est pas démontré, ni même allégué, que les cessions d'actif réalisées par le dirigeant aient reçu une contrepartie, une cour d'appel caractérise en tous ses éléments le délit de banqueroute. • Crim. 3 oct. 1996 : *D. Affaires 1997. 55.*

9. La dissipation volontaire de l'élément du patrimoine devant avoir été accomplie personnellement par l'une des personnes énumérées à l'art. 196 [C. com., art. L. 654-1], un gérant de société en liquidation judiciaire ne peut être condamné alors que l'élément principal de l'actif vendu l'a été par le liquidateur, avec l'autorisation du juge-commissaire. • Crim. 22 févr. 1996, n° 95-82.506 P : *BJS 1996. 694, note J.-F. Barbièri.*

Il n'est pas exigé que l'élément d'actif ait définitivement disparu du patrimoine, soit par une destruction, soit par un acte de disposition ; il suffit qu'il ait été volontairement caché ou soustrait de façon à empêcher qu'il ne soit appréhendé au profit des créanciers. • Toulouse, 16 mars 2005 : *Dr. sociétés 2005, n° 186, note R. Salomon ; RJDA 2006, n° 448.* ♦ L'art. L. 626-2 [L. 654-2] (2°) C. com. ne prévoit pas que la clôture des opérations de liquidation ait dû intervenir préalablement aux faits litigieux ou à leur poursuite. • Même arrêt.

10. Pour déclarer constitué le délit de banqueroute, le juge répressif a le pouvoir de retenir, en tenant compte des éléments soumis à son appréciation, une date de cessation des paiements autre que celle déjà fixée par la juridiction consulaire. • Crim. 18 nov. 1991, n° 90-83.775 P : *JCP 1993. II. 22102, note Sordino ; D. 1992. IR 54 ; Gaz. Pal. 1992. 2. 515, note Marchi* • 21 juin 1993, n° 92-84.526 P : *BJS 1993. 1151 ; RJ com. 1994. 16, note Bernadini et Honorat.* – Comp. : • Lyon, 19 juin 1990 : *D. 1991. Somm. 117, obs. Derrida* . ♦ Également en ce sens que des détournements d'actif antérieurs à la date de cessation des paiements peuvent être constitutifs du délit de banqueroute, V. • Crim. 5 oct. 1992 : *cité note 13.* ♦ V. aussi note 6.

11. Ne constitue pas le délit de banqueroute par détournement de l'actif d'une société le fait, par le dirigeant de celle-ci, de céder à un ou à plusieurs créanciers de la personne morale tout ou partie des biens de cette dernière, dans la mesure où, égale ou supérieure à la valeur de ces biens, la créance du bénéficiaire est liquide, certaine et exigible. • Crim. 16 janv. 1989 : *D. 1989. IR 78.* ♦ Pareille dation en paiement, bien que réalisée durant la période suspecte, ne s'analyse qu'en un paiement préférentiel, lequel n'est plus pénalement punissable depuis l'abrogation par la loi du 25 janv. 1985 de l'ancien art. 131, al. 3, de la loi du 13 juill. 1967. • Même arrêt • Crim. 21 juin 1993 : *préc. note 10* • Douai, 10 janv. 1995 : *Dr. sociétés 1995, n° 123, obs. Chaput.* ♦ Comp., pour l'utilisation du produit de la vente du fonds de commerce pour rembourser des comptes courants d'associés dont le gérant et son fils étaient titulaires : • Crim. 11 mai 1995 : *préc. note 8.*

12. Le détournement de clientèle d'un fonds de commerce pris en location-gérance n'est pas constitutif du délit de banqueroute par détournement d'actif, dès lors que cet élément du fonds n'est pas la propriété de la société en cessation des paiements et ne figure pas dans ses actifs. • Crim. 22 août 1995, n° 94-83.750 P : *D. 1995. IR 243 ; D. Affaires 1995. 115 ; Rev. sociétés 1996. 339, note Ohl* . ♦ Comp. : • Crim. 14 févr. 2007 : *Dr. sociétés 2007, n° 102, note R. Salomon ; RPC 2007. 157, obs. Mascala ; Rev. sociétés 2007. 885, note Bouloc* . ♦ Comp., également, pour un délit de banqueroute par détournement d'actif résultant de la vente à un prix inférieur au prix d'acquisition de véhicules achetés avec une clause de réserve de propriété : • Crim. 20 oct. 2004, n° 03-85.238 P : *D. 2004. AJ 3223 ; RTD com. 2005. 429, obs. Bouloc* .

13. En revanche, commet le délit de banqueroute par détournement d'actif, le dirigeant : qui, titulaire d'un compte courant d'associé créditeur, a opéré, postérieurement au jugement prononçant le redressement judiciaire et au jugement arrêtant le plan de cession, des prélèvements sur le compte de la société aux fins de paiement de sa créance, dès lors que celle-ci était éteinte, faute d'avoir été déclarée, et que l'intéressé était dessaisi pour partie de ses pouvoirs de gestion. • Crim. 20 mars 1995, n° 94-82.163 P : *RJDA 1995, n° 907.* ♦ V. aussi, sur le détournement d'actif résultant de la position débitrice du compte courant d'associé, • Crim. 8 sept. 2004 : *JCP E 2005, n° 20, p. 818, obs. Muller.* ♦ ... Qui a détourné des règlements de clients et des contrats de construction, éléments du patrimoine social, ces agissements ayant provoqué la cessation des paiements de l'entreprise. • Crim. 5 oct. 1992, n° 91-86.770 P : *BJS 1993. 252, note Bouloc.* ♦ ... Qui a poursuivi l'activité de transport-déménagement de la société, avec certains salariés et un véhicule de celle-ci, et perçu personnellement les règlements des clients. • Crim. 5 août 1998 : *Rev. sociétés 1999. 170, note Bouloc* . ♦ ... Qui a cédé un élément d'actif d'une société en redressement judiciaire, pour une somme bien inférieure à sa valeur vénale, au bénéfice d'une autre société dans laquelle le dirigeant a des intérêts. • Crim. 7 déc. 1992 : *RJDA 1993, n° 67.* ♦ ... Qui a cédé des actifs de la société aux dépens de la procédure. • Paris, 17 mars 1997 : *Dr. sociétés 1997, n° 155.* ♦ ... Qui, après avoir mis en œuvre une procédure de divorce par consentement mutuel, a vendu un immeuble dépendant de la communauté et déposé le produit de la vente sur un compte bancaire ouvert au Luxembourg au nom de jeune fille de son épouse, dans l'intention de soustraire cet élément d'actif au gage des créanciers. • Crim. 29 mars 2000, n° 99-85.878 P : *D. 2000. AJ 268 ; RJDA 2000, n° 1024.* ♦ ... Qui a fait reprendre par d'autres sociétés les contrats de construction, lesquels constituaient la partie essentielle de son actif, et a organisé l'affectation des fonds payés par les clients soit au profit de la société de crédit immobilier, soit au profit d'autres sociétés. • Crim. 14 déc. 1994, n° 94-80.347 P. ♦ ... Qui, de concert avec la SCI propriétaire des murs, laisse celle-ci retrouver la disposition des locaux dans lesquels la SARL exerçait jusque-là son activité, sans réclamer une indemnité d'éviction correspondant à la perte du droit au bail. • Crim. 26 oct. 1995 : *RJDA 1996, n° 279.* ♦ ... Qui résilie le bail commercial pour le remplacer par un bail précaire, et augmente le loyer. • Paris, 30 mai 1996 : *Dr. sociétés 1997, n° 8, obs. Chaput.* ♦ ... Qui occupe un appartement loué par la société sans versement de loyers. • Paris, 30 oct. 1996 : *Dr. sociétés 1997, n° 84.* ♦ ... Qui s'est octroyé des rémunérations excessives, au regard de la situation financière de la société. • Crim. 18 juin 1998 : *JCP E 1999, n° 4, p. 174, note J.-H. Robert.* ♦ ... Qui a signé un ordre de virement en vue de rembourser à des associés, membres de sa famille, leur compte courant. • Crim. 27 nov. 1997 : *RJDA 1998, n° 323.* ♦ ... Qui a fait régler par la société en difficulté d'importantes dépenses personnelles. • Paris, 4 déc. 1996 : *Dr. sociétés 1997, n° 155.* ♦ ... Qui a émis à son ordre, sur le compte de la société, un chèque, en remboursement de sommes versées en vue d'une augmentation de capital restée à l'état de projet, sans rapporter la preuve de l'existence d'une créance certaine, liquide et exigible. • Crim. 23 oct. 1997, n° 96-84.717 P : *D. 1998. IR 39 ; D. Affaires 1998. 115, obs. V. A.-R. ; Rev. sociétés 1998. 141, note Bouloc ; JCP E 1999. 321, note J.-H. Robert.* ♦ ... Qui n'a remis ni au mandataire liquidateur, ni au repreneur de la société, les codes sources permettant d'adapter, de modifier, et de faire évoluer en fonction des besoins de la clientèle les trois logiciels qui figuraient à l'actif du bilan de la société. • Crim. 26 nov. 1998, n° 97-86.438 P : *D. Affaires 1999. 260 ; Rev. sociétés 1999. 402, note Bouloc ; Dr. pénal 1999, n° 85, obs. Robert.* ♦ ... Qui a détourné, au profit d'une société concurrente, des sites internet et les fichiers clients d'une lettre informatique, V. • Paris, 14 mars 2005 : *Dr. sociétés 2005, n° 230, note R. Salomon.*

14. Est coupable de banqueroute par détournement d'actif le dirigeant d'une association qui, en connaissance des graves difficultés financières de celle-ci, s'est sciemment approprié une partie de son actif, peu important l'accord du conseil d'administration, en continuant à se faire octroyer, après la cessation des paiements, une rémunération excessive. • Crim. 18 mars 2020, n° 18-86.492 P : *D. 2020. Pan. 1808, obs. Mascala ; Rev. sociétés 2020. 371, note Matsopoulou ; RTD com. 2020. 726, obs. Bouloc ; BJS 6/2020. 37, note Mouial-Bassilana ; APC 2020, n° 164, obs. Cerf ; Dr. sociétés 2020, n° 72, note R. Salomon ; LEDEN 6/2020. 6, obs. Cavelier ; RLDA juill. 2020. 36, obs. Gibirila ; BJE 7-8/2020. 31, note Lasserre Capdeville ; RPC 2020, n° 114, obs. Le Geut.*

15. L'intérêt de groupe ne peut constituer, en cas de poursuite pour banqueroute par détournement d'actifs, un fait justificatif. • Crim. 27 avr. 2000, n° 99-85.192 P : *D. 2000. AJ 327, obs. Lienhard ; D. 2002. Somm. 206, obs. Sortais ; APC 2000, n° 170, obs. Regnaut-Moutier ; RSC 2000. 842, obs. Renucci ; RTD com. 2000. 1030, obs. Bouloc ; LPA 9 avr. 2001, p. 13, note Sordino.* ♦ V. déjà, ayant jugé que justifie sa décision la cour d'appel qui refuse au dirigeant d'une entreprise en état de cessation des paiements, poursuivi pour avoir détourné partie de l'actif social au profit d'une autre entreprise dans laquelle il est intéressé, de se prévaloir de l'existence d'une union économique entre ces deux sociétés, en relevant que la procédure collective dont la première fait l'objet a restitué à celle-ci, dans l'intérêt des créanciers, son indépendance économique et financière, • Crim. 20 juill. 1993, n° 92-84.086 P : *Rev. sociétés 1994. 93, note Bouloc ; RJDA 1993, n° 968.* – V. aussi • Paris, 23 avr. 1997 : *Dr. sociétés 1997, n° 178, obs. Chaput.*

16. Les abandons de créances régulièrement visés aux conventions réglementées et approuvés par le commissaire aux comptes de la société peuvent être considérés comme un élément constitutif du délit de banqueroute par détournement d'actif, dès lors qu'il est établi que ces abandons constituaient des actes positifs de disposition d'un élément du patrimoine de la société, tendant à amoindrir le gage des créanciers (Rép. min. n° 1563 : *JO Sénat Q, 15 nov. 2007, p. 2091*).

17. Sur le point de départ du délai de prescription, V. note 1 ss. art. L. 654-16.

18. Infractions relatives à la comptabilité. BIBL. Eichel, Gaz. Pal. 1987. 2. Doctr. 481. – Thorin, *ibid. 1989. 1. Doctr. 193.* – Stolowy, *JCP 2003. I. 147.* ♦ La loi du 25 janv. 1985, avant sa modification par la loi du 10 juin 1994, ne contenait aucune incrimination pénale pour des faits de tenue irrégulière de la comptabilité d'une société, lesquels ne pouvaient, en raison de l'interprétation stricte des lois pénales, être assimilés à une absence de toute comptabilité. • Crim. 26 janv. 1987 : *Bull. crim. n° 38 ; D. 1987. IR 43* • 15 oct. 1998 : *Rev. sociétés 1999. 184, note Bouloc*. ♦ Comp., depuis la L. n° 94-475 du 10 juin 1994 : art. L. 626-2 [L. 654-2] (5°). ♦ Sur cette nouvelle rédaction, V. Devèze, *RPC 1996. 135.* ♦ Pour des applications de ce texte, V. • Crim. 12 sept. 2001 : *RJDA 2002, n° 185* • 8 mars 2006 : *ibid. 2006, n° 686* • Versailles, 22 juin 2006 : *JCP E 2006, n° 46, p. 1944.*

19. Si la tenue d'une comptabilité fictive est spécialement incriminée depuis le 1er janv. 1986 par l'art. 197 ci-dessus [devenu C. com., art. L. 654-2], il n'en demeure pas moins que les faits de cette nature, commis par un mandataire social, entraient antérieurement dans les prévisions de l'art. 131 de la loi du 13 juill. 1967, qui réprimait la tenue irrégulière de la comptabilité d'une société, et qu'ainsi les faits poursuivis au titre de la banqueroute sont punissables au regard de l'une et l'autre de ces deux lois. • Crim. 26 mars 1990 : *D. 1990. IR 129.* – V. aussi • Crim. 25 juill. 1989 : *D. 1990. Somm. 364, obs. Roujou de Boubée* • 4 sept. 1990 : *JCP 1990. IV. 404.*

20. Constitue le délit de banqueroute par tenue de comptabilité fictive le fait, pour le dirigeant d'une société, d'avoir donné personnellement des directives pour l'établissement de traites fictives. • Crim. 5 nov. 1998 : *JCP 1999. IV. 1326.*

21. L'existence de pièces permettant de reconstituer une comptabilité n'équivaut pas à l'existence même de cette comptabilité. • Riom, 13 mars 1991 : *Gaz. Pal. 1992. 2. Somm. 537.* ♦ Sur l'absence de comptabilité, V. aussi • Crim. 5 déc. 2001 : *Dr. sociétés 2002, n° 90, note Legros* • Paris, 7 déc. 1987 : *Gaz. Pal. 1988. 1. 362, note Marchi* • 14 déc. 1987 : *ibid.* • 20 janv. 1988 : *ibid.* • 14 juin 1988 : *ibid. 1988. 2. 694, note Marchi* • 28 juin 1988 : *ibid.*

22. En cas d'ouverture d'une procédure de redressement judiciaire, constitue le délit de banqueroute par abstention de tenue de toute comptabilité le fait, par tout commerçant ou dirigeant d'une personne morale commerçante, de s'abstenir de procéder, au mépris des dispositions de l'art. 8 [L. 123-12] C. com., à l'enregistrement chronologique des mouvements affectant le patrimoine de l'entreprise et à l'établissement de l'inventaire périodique des éléments actifs et passifs de ce patrimoine. • Crim. 6 déc. 1993 : *préc. note 1.*

23. Commet le délit de banqueroute par soustraction de comptabilité le gérant d'une société à responsabilité limitée mise en redressement judiciaire qui ne représente pas la comptabilité, pourtant régulièrement tenue au sein de l'entreprise, aux organes de la procédure collective ou aux autorités judiciaires. • Crim. 19 oct. 1992 : *RJDA 1993, n° 33.* ♦ V. aussi, pour la condamnation d'un dirigeant qui avait retardé la communication de la comptabilité au liquidateur jusqu'au moment où il avait eu connaissance de la citation le convoquant devant le tribunal correctionnel, • Crim. 19 janv. 2000, n° 99-82.749 P : *RJDA 2000, n° 708 ; Rev. sociétés 2000. 574, note Bouloc ; RSC 2000. 841, obs. Renucci*. ♦ ... D'un dirigeant qui avait invité la société d'archivage désignée par le liquidateur à venir prendre possession de la comptabilité dans un endroit particulièrement difficile d'accès, • Crim. 25 févr. 2004, n° 03-84.357 P : *Rev. sociétés 2004. 917, note Bouloc ; Dr. pénal 2004, n° 112, note J.-H. Robert ; RTD com. 2004. 610, obs. Mascala ; JCP E 2005, n° 20, p. 819, obs. Muller.*

24. L'incrimination peut concerner les exercices comptables antérieurs à la date de cessation des paiements. • Crim. 17 nov. 2004 : *Dr. pénal 2005, n° 61, note J.-H. Robert.* – Dans le même sens, V. • Crim. 26 janv. 2005 : *ibid. ; Dr. sociétés 2005, n° 146, note R. Salomon.*

25. Il résulte des art. L. 654-2, 4° et 5°, C. com. et 121-3 C. pén. que la caractérisation de l'élément intentionnel des délits de banqueroute par absence de comptabilité ou tenue d'une comptabilité manifestement irrégulière suppose la seule conscience de son auteur de se soustraire à ses obligations comptables légales ; elle n'exige pas la preuve que le prévenu a eu la volonté soit d'éviter ou de retarder la constatation de l'état de cessation des paiements, soit d'affecter la consistance de l'actif disponible dans des conditions de nature à placer l'intéressé dans l'impossibilité de faire face au passif exigible. • Crim. 25 nov. 2020, n° 19-85.205 P : *D. 2020. Actu. 2342 ; LEDEN 1/2021. 5, obs. Maraud ; APC 2021, n° 26, obs. Besse ; BJE 1-2/2021. 46, note Lasserre Capdeville.*

26. Complicité de banqueroute. **BIBL.** Kœring-Joulin, *D. 1980. Chron. 231.* – Mouly, *D. 1984. Chron. 32.* – Letartre, *Rev. dr. bancaire 1988. 192.* ♦ Ne justifie pas sa décision de relaxe du chef de complicité de banqueroute, la cour d'appel qui constate que le banquier poursuivi de ce chef a notifié à une personne morale l'interdiction d'émettre des chèques, puis a laissé le dirigeant social virer des fonds sociaux sur un compte personnel sur lequel des chèques ont ensuite été émis en méconnaissance de l'art. 65-4 du Décr. du 30 oct. 1935. • Crim. 9 oct. 1989, n° 89-80.160 P : *D. 1990. Somm. 120, obs. Cabrillac ; Rev. sociétés 1990. 279, note Bouloc*. ♦ Comp., pour l'absence de complicité, dès lors que les frais financiers étaient normaux et que la banque ignorait le caractère de complaisance d'un effet escompté : • Crim. 13 nov. 1989 : *RPC 1990. 287, obs. Devèze.*

La complicité du banquier n'est établie que si la démonstration est faite qu'il connaissait pertinemment l'état de cessation des paiements du débiteur, le caractère ruineux du crédit, ainsi que la volonté du débiteur de retarder le dépôt de bilan ; il est nécessaire que le banquier ait eu une conscience infractionnelle et qu'il ait décidé de s'associer en connaissance de cause aux manœuvres du débiteur. • Saint-Denis de La Réunion, 17 déc. 1998 : *D. 1999. 609, note D.-R. Martin*. – Dans le même sens, V. • Paris, 14 févr. 2000 : *D. 2002. Somm. 205, obs. Sortais ; RTD com. 2001. 238, obs. Mascala*.

Pour la condamnation d'un avocat qui avait prêté main forte au débiteur pour dissimuler aux créanciers le produit de la vente d'un immeuble, V. • Crim. 29 mars 2000 : *préc. note 13.*

Sur la relaxe d'un expert-comptable débutant, faute d'élément intentionnel, • Paris, 26 oct. 1994 : *Dr. sociétés 1995, n° 77, obs. Chaput.* ♦ ... D'un administrateur judiciaire, poursuivi du chef de complicité de banqueroute par détournement d'actifs, V. • Crim. 12 juin 2003 : *cité par Soinne, RPC 2003. 283 ; Gaz. Pal. 12-14 sept. 2003, p. 4.*

V. aussi • Crim. 21 mars 2001 : *APC 2001, n° 145.*

27. Le principe de l'égalité des créanciers ne s'oppose pas à leur action individuelle contre les complices du banqueroutier qui ne font pas eux-mêmes l'objet d'une procédure collective et dont le patrimoine n'est pas en conséquence le gage de l'ensemble des créanciers. • Crim. 11 oct. 1993, n° 92-81.260 P : *D. 1994. IR 18 ; RJDA 1994, n° 102.*

28. Sur la condamnation civile du complice de banqueroute, V. • Douai, 14 déc. 2004 : *D. 2005. AJ 358, obs. Lienhard*.

29. Action civile des créanciers. V. notes 3 s. ss. art. L. 654-17.

30. Recel de banqueroute. En obtenant le versement d'honoraires anormalement élevés sans rapport avec les prestations fournies à une société pour laquelle il devait mettre au point le plan de reprise d'activités par le même dirigeant, le prévenu, qui se prétend professionnel des procédures collectives, s'est rendu coupable du délit de recel de banqueroute dès lors qu'il lui appartenait, par des vérifications comptables sommaires, de vérifier que la société débitrice n'était pas en état virtuel de cessation des paiements. • Paris, 25 oct. 1993 : *Dr. sociétés 1994, n° 53, obs. Chaput.*

31. Sont coupables de recel de détournement d'actif les prévenus qui ont acheté des marchandises à une société en état de cessation des paiements, alors, qu'en tant que professionnels, ils ne pouvaient ignorer ni la situation irrémédiablement compromise de la société, ni le caractère dérisoire du prix payé. • Paris, 21 févr. 1995 : *Dr. sociétés 1995, n° 123, obs. Chaput.*

V. note 5 ss. art. L. 654-6.

32. Tentative. Aucune disposition légale ne réprime la tentative de banqueroute. • Crim. 7 avr. 1998 : *Rev. sociétés 1998. 624, note Bouloc*.

33. Jugement d'ouverture non définitif. Justifie sa décision la cour d'appel qui, pour déclarer un prévenu coupable de banqueroute par détournement ou dissimulation d'actifs, relève qu'il importe peu que les pourvois en cassation formés par celui-ci contre les arrêts ayant ouvert la procédure de redressement judiciaire et converti cette procédure en liquidation judiciaire soient pendants devant la Cour de cassation dès lors que la procédure collective était exécutoire au moment des détournements et que l'ouverture d'une procédure collective n'est qu'une condition préalable à l'exercice de l'action publique. • Crim. 24 mars 2010, n° 09-84.599 P : *D. 2010. Actu. 1204, obs. Lienhard ; D. 2011. Pan. 1865, obs. Mascala ; Rev. sociétés 2010. 407, obs. Roussel Galle ; ibid. 464, note Matsopoulou ; JCP E 2010. 1742, n° 13, obs. Pétel ; LEDEN 6/2010. 7, obs. Rubellin ; APC 2010, n° 166, obs. Cerf-Hollender ; Gaz. Pal. 2-3 juill. 2010, p. 43, obs. Robaczewski.* ♦ V. aussi note 7.

34. Rapport avec l'abus de biens sociaux. BIBL. Sordino, *Mél. Cabrillac, Dalloz-Litec, 1999. p. 698.* ♦ En ce sens que les qualifications d'abus de biens sociaux et de banqueroute sont exclusives l'une de l'autre et que seule la banqueroute doit être prononcée lorsque les faits poursuivis ont été commis après la date de cessation des paiements, V. • Crim. 27 oct. 1999 : *RJDA 2000, n° 284 ; JCP E 2000, n° 26, p. 1045, note J.-H. Robert* • 30 juin 2004 : *JCP E 2004, n° 50, p. 1978, note J.-H. Robert ; RSC 2004. 895, obs. Rebut ; Dr. sociétés 2005, n° 18, note R. Salomon (1re esp.)* • 6 juin 2007 : *Rev. sociétés 2008. 405, note Bouloc*. ♦ V. aussi note 6.

Art. L. 654-3 La banqueroute est punie de cinq ans d'emprisonnement et de 75 000 € d'amende.

(Abrogé par Ord. n° 2008-1345 du 18 déc. 2008, art. 141) ***« Encourent les mêmes peines les complices de banqueroute, même s'ils n'ont pas la qualité de commerçant, d'agriculteur ou d'artisan ou ne dirigent pas, directement ou indirectement, en droit ou en fait, une personne morale de droit privé »*** *(Abrogé par L. n° 2005-845 du 26 juill. 2005, art. 142-II)* ***« ayant une activité économique ».*** *– [C. com., anc. art. L. 626-3.]*

Complicité. V. note 26 ss. art. L. 654-2.

Art. L. 654-4 Lorsque l'auteur ou le complice de banqueroute est un dirigeant *(Ord. n° 2017-1107 du 22 juin 2017, art. 15-3°, en vigueur le 3 janv. 2018)* « d'un » prestataire de services d'investissement, les peines sont portées à sept ans d'emprisonnement et 100 000 € d'amende.

Art. L. 654-5 Les personnes physiques coupables des infractions prévues par les articles L. 654-3 et L. 654-4 encourent également les peines complémentaires suivantes :

1° L'interdiction des droits civiques, civils et de famille, suivant les modalités de l'article 131-26 du code pénal ;

2° *(L. n° 2008-776 du 4 août 2008, art. 71-I, 2°)* « L'interdiction, suivant les modalités prévues par l'article 131-27 du code pénal, soit d'exercer une fonction publique ou d'exercer l'activité professionnelle ou sociale dans l'exercice ou à l'occasion de l'exercice de laquelle l'infraction a été commise, soit d'exercer une profession commerciale ou industrielle, de diriger, d'Administrer de gérer ou de contrôler à un titre quelconque, directement ou indirectement, pour son propre compte ou pour le compte d'autrui, une entreprise commerciale ou industrielle ou une société commerciale. Ces interdictions d'exercice peuvent être prononcées cumulativement ; »

3° L'exclusion des marchés publics pour une durée de cinq ans au plus ;

4° L'interdiction, pour une durée de cinq ans au plus, d'émettre des chèques autres que ceux qui permettent le retrait de fonds par le tireur auprès du tiré ou ceux qui sont certifiés ;

5° L'affichage ou la diffusion de la décision prononcée dans les conditions prévues par l'article 131-35 du code pénal. — *[C. com., anc. art. L. 626-5.]*

Pour la conformité à la Constitution de l'art. L. 654-5, 2°, dans sa rédaction issue de la L. n° 2008-776 du 4 août 2008, V. • Cons. const. 29 sept. 2016, n° 2016-573 QPC : *cité note 1 ss. art. L. 654-6.* ♦ Le juge pénal ne peut prononcer la peine complémentaire d'interdiction de gérer en répression de faits de banqueroute commis antérieurement à l'entrée en vigueur de la L. n° 2008-776 du 4 août 2008. • Crim. 18 mars 2020, n° 18-84.214 : *Rev. sociétés 2021. 124, note Bouloc ; Dr. sociétés 2020, n° 87, note R. Salomon ; BJE 7-8/2020. 29, note Lasserre Capdeville.*

Art. L. 654-6 *(Abrogé par Cons. const. n° 2016-573 QPC du 29 sept. 2016, à compter du 1*er* oct. 2016) (L. n° 2005-845 du 26 juill. 2005, art. 143)* ***La juridiction répressive qui reconnaît l'une des personnes mentionnées à l'article L. 654-1 coupable de banqueroute peut, en outre,*** *(Ord. n° 2008-1345 du 18 déc. 2008, art. 142)* ***« dans les conditions prévues au premier alinéa de l'article L. 653-11, » prononcer soit la faillite personnelle de celle-ci, soit l'interdiction prévue à l'article L. 653-8, à moins qu'une juridiction civile ou commerciale ait déjà prononcé une telle mesure par une décision définitive*** *(Ord. n° 2008-1345 du 18 déc. 2008, art. 142)* ***« prise à l'occasion des mêmes faits ».***

Sur le relèvement des déchéances, interdictions ou incapacités prononcées en application de l'art. L. 654-6 ci-dessus, V. C. pr. pén., art. 702-1. — **C. pr. pén.**

1. Inconstitutionnalité de l'art. L. 654-6. Pour l'inconstitutionnalité de l'art. L. 654-6 dans sa rédaction issue de l'Ord. n° 2008-1345 du 18 déc. 2008, en ce qu'il méconnaît le principe d'égalité devant la loi, V. • Cons. const. 29 sept. 2016, n° 2016-573 QPC : *D. 2017. Pan. 1881, obs. Mascala ; Rev. sociétés 2016. 755, note Matsopoulou ; ibid. 770, obs. Roussel Galle ; JCP E 2016. 1632, note Cerf-Hollender ; LEDEN 11/2016. 5, obs. Lasserre Capdeville ; BJS 2016. 738, note Saintourens ; RJDA 2017, n° 40 ; Dr. sociétés 2017, n° 15, note R. Salomon ; Gaz. Pal. 10 janv. 2017, p. 80, obs. Robaczewski ; RPC 2017, n° 91, obs. Martin-Serf.* ♦ Pour un arrêt tirant les conséquences de cette déclaration d'inconstitutionnalité, V. • Crim. 22 nov. 2017, n° 16-83.549 P : *D. 2018. Pan. 1728, obs. Mascala ; Rev. sociétés 2018. 523, note Bouloc ; RSC 2018. 433, obs. Matsopoulou ; Dr. sociétés 2018, n° 15, note R. Salomon ; BJE 2018. 120, note Lasserre Capdeville ; RJDA 2018, n° 164 ; RPC 2018, n° 81, obs. Boustani.*

2. Pouvoir du juge. L'impossibilité pour la juridiction pénale de prononcer une mesure de faillite personnelle ou d'interdiction de gérer, lorsqu'une juridiction civile ou commerciale a déjà prononcé une telle mesure par une décision définitive, édictée par l'art. L. 654-6, issu de la loi du 26 juill. 2005, ne s'applique que si cette décision a été prise à l'occasion des mêmes faits. • Crim. 31 oct. 2007 : *D. 2007. AJ 3074, obs. Lienhard ; D. 2008. Pan. 1579, obs. Mascala ; Dr. pénal 2008, n° 10, obs. J.-H. Robert ; Dr. sociétés 2008, n° 18, note R. Salomon ; Gaz. Pal. 23-24 janv. 2008, p. 75, obs. Robaczewski ; BJS 2008. 332, note Chilstein ; Rev. sociétés 2008. 165, note Matsopoulou.* ♦ Jurisprudence confirmée par l'art. L. 654-6 dans sa réd. issue de l'Ord. n° 2008-1345 du 18 déc. 2008.

3. Durée de la sanction. Pour l'application de l'art. L. 653-11, limitant la durée de la faillite personnelle et de l'interdiction de gérer à quinze ans, aux mesures de faillite personnelle et d'interdiction de gérer prononcées par le juge pénal en application de l'art. L. 654-6, V. • Crim. 8 nov. 2006 (3 arrêts), n° 05-85.271 P : *D. 2007. Pan. 1630, obs. Mascala ; ibid. 10, obs. Lienhard ; Dr. sociétés 2007, n° 17, note R. Salomon ; Gaz. Pal. 19-20 janv. 2007, p. 47, obs. Robaczewski ; APC 2007, n° 31, obs. Cerf-Hollender ; JCP E 2007. 1450, n° 16, obs. Pétel ; RPC 2007. 36, obs. Roussel Galle ; Defrénois 2007. 880, obs. Gibirila*

• 19 févr. 2014 : *Dr. sociétés 2014, n° 110, note R. Salomon ; RJDA 2014, n° 660.* ♦ V. aussi, désormais, art. L. 654-6 dans sa réd. issue de l'Ord. n° 2008-1345 du 18 déc. 2008, rendant applicable l'art. L. 653-11, al. 1er. ♦ Comp., pour la jurisprudence antérieure, appliquant l'art. 131-27 C. pén. : • Crim. 8 janv. 2003, n° 02-85.555 P : *D. 2003. IR 807 ; RTD com. 2003. 379, obs. Mascala ; Dr. pénal 2003, n° 46, note Véron ; JCP E 2003, n° 24, p. 1001, note J.-H. Robert ; APC 2003, n° 94, obs. Cerf-Hollender.* – V. Couvrat, *RSC 2003. 598* • 25 janv. 2006 : *Dr. sociétés 2006, n° 96, note R. Salomon.* ♦ ... Et jugeant que l'art. L. 626-6 [ancien] n'impose nullement que la durée de l'interdiction soit limitée : • Crim. 25 févr. 2004, n° 03-84.357 P : *D. 2004. AJ 1085 ; APC 2004, n° 119, obs. Cerf-Hollender ; BJS 2004. 779, note F.-X. Lucas ; Dr. pénal 2004, n° 112, note J.-H. Robert ; Gaz. Pal. 12-14 sept. 2004, p. 7, obs. Sordino ; Rev. sociétés 2004. 917, note Bouloc.*

4. *Complicité de banqueroute.* La faillite personnelle ne peut être prononcée à l'égard d'une personne condamnée pour complicité de banqueroute qui n'était ni gérant de droit, ni gérant de fait de la société en redressement judiciaire. • Crim. 30 juin 2004 : *JCP E 2004, n° 50, p. 1978, note J.-H. Robert ; Dr. sociétés 2005, n° 18, note R. Salomon (1re esp.).*

5. *Recel de banqueroute.* La personne déclarée coupable de recel de banqueroute ne peut être condamnée à une interdiction de gérer ou administrer toute entreprise commerciale ou artisanale et toute personne morale, aucun texte ne prévoyant une telle peine pour le délit retenu. • Crim. 5 août 1998 : *JCP 1999. I. 151, n° 6, obs. J.-H. Robert ; Rev. sociétés 1999. 175, note Bouloc.*

Art. L. 654-7 *(Ord. n° 2008-1345 du 18 déc. 2008, art. 143)* **Les personnes morales déclarées responsables pénalement des infractions prévues par les articles L. 654-3 et L. 654-4 encourent les peines suivantes :**

1° L'amende, suivant les modalités prévues par l'article 131-38 du code pénal ;

2° Les peines mentionnées à l'article 131-39 du code pénal.

L'interdiction mentionnée au 2° de l'article 131-39 du code pénal porte sur l'activité dans l'exercice ou à l'occasion de l'exercice de laquelle l'infraction a été commise. – *[C. com., anc. art. L. 626-7.]*

BIBL. ▶ DUCOULOUX-FAVARD, *LPA 6 oct. 1993* (banqueroute par moyens ruineux et complicité des établissements financiers au regard du nouveau code pénal). – JONVILLE, *JCP N 1994. Prat. 3053.*

SECTION II *Des autres infractions*

Art. L. 654-8 *(L. n° 2005-845 du 26 juill. 2005, art. 144)* **Est passible d'un emprisonnement de deux ans et d'une amende de 30 000 € le fait :**

(Ord. n° 2008-1345 du 18 déc. 2008, art. 144) **« 1° Pour toute personne mentionnée à l'article L. 654-1, de passer un acte ou d'effectuer un paiement en violation des dispositions de l'article L. 622-7 » ;**

2° Pour toute personne mentionnée à l'article L. 654-1, d'effectuer un paiement en violation des modalités de règlement du passif prévues au plan de sauvegarde ou au plan de *(Ord. n° 2009-112 du 30 janv. 2009, art. 11-I)* **« redressement ou » de faire un acte de disposition sans l'autorisation prévue par l'article L. 626-14** *(Abrogé par Ord. n° 2008-1345 du 18 déc. 2008, art. 144)* ***« ou de procéder à la cession d'un bien rendu inaliénable, dans le cadre d'un plan de cession, en application de l'article L. 642-10 »*** ; – *Les dispositions de l'Ord. n° 2009-112 du 30 janv. 2009 entrent en vigueur le 15 févr. 2009 (Ord. préc., art. 12).*

3° Pour toute personne, pendant la période d'observation ou celle d'exécution du plan de sauvegarde ou du plan de redressement, en connaissance de la situation du débiteur, de passer avec celui-ci l'un des actes mentionnés aux 1° et 2° ou d'en recevoir un paiement irrégulier ; – *[C. com., anc. art. L. 626-8.]*

(Ord. n° 2008-1345 du 18 déc. 2008, art. 144) **« 4° Pour toute personne, de procéder à la cession d'un bien rendu inaliénable en application de l'article L. 642-10. »**

BIBL. ▶ E. LE CORRE, *Banque et Dr. 7-8/2004. 19* (éléments constitutifs de l'infraction de paiements interdits).

Art. L. 654-9 **Est puni des peines prévues par les articles L. 654-3 à L. 654-5 le fait :**

1° Dans l'intérêt des personnes mentionnées à l'article L. 654-1, de soustraire, receler ou dissimuler tout ou partie des biens, meubles ou immeubles de celles-ci, *(Ord. n° 2010-1512 du 9 déc. 2010, art. 6-7°)* **« ces biens étant, si la personne est un entrepreneur individuel à responsabilité limitée, ceux du patrimoine visé par la procédure, » le tout sans préjudice de l'application de l'article 121-7 du code pénal ;**

2° Pour toute personne, de déclarer frauduleusement dans la procédure *(L. n° 2005-845 du 26 juill. 2005, art. 145)* **« de sauvegarde, de redressement judiciaire » ou de liquidation judiciaire, soit en son nom, soit par interposition de personne, des créances supposées ;**

(L. n° 2005-845 du 26 juill. 2005, art. 145) « 3° Pour toute personne exerçant une activité commerciale, artisanale, agricole ou toute autre activité indépendante, sous le nom d'autrui ou sous un nom supposé, de se rendre coupable d'un des faits prévus à l'article L. 654-14. » – *[C. com., anc. art. L. 626-9.]*

Art. L. 654-10 Le fait, pour le conjoint, les descendants ou les ascendants ou les collatéraux ou les alliés des personnes mentionnées à l'article L. 654-1, de détourner, divertir ou receler des effets dépendant de l'actif du débiteur soumis à une procédure *(L. n° 2005-845 du 26 juill. 2005, art. 146-I ; Ord. n° 2008-1345 du 18 déc. 2008, art. 145)* « de redressement judiciaire ou de liquidation judiciaire », est puni des peines prévues par l'article 314-1 du code pénal. – *[C. com., anc. art. L. 626-10.]*

Art. L. 654-11 Dans les cas prévus par les articles précédents, la juridiction saisie statue, lors même qu'il y aurait relaxe :

1° D'office, sur la réintégration dans le patrimoine du débiteur de tous les biens, droits ou actions qui ont été frauduleusement soustraits ;

2° Sur les *(L. n° 2005-845 du 26 juill. 2005, art. 146-II)* « dommages et intérêts » qui seraient demandés. – *[C. com., anc. art. L. 626-11.]*

Art. L. 654-12 I. – Est puni des peines prévues par l'article 314-2 du code pénal le fait, pour tout administrateur, mandataire judiciaire, liquidateur ou commissaire à l'exécution du plan *(Ord. n° 2016-727 du 2 juin 2016, art. 7, en vigueur le 1er janv. 2017)* « , y compris toute personne désignée en application des dispositions du premier alinéa du II de l'article L. 812-2 ou du III de ce même article » :

1° De porter volontairement atteinte aux intérêts des créanciers ou du débiteur soit en utilisant à son profit des sommes perçues dans l'accomplissement de sa mission, soit en se faisant attribuer des avantages qu'il savait n'être pas dus ;

2° De faire, dans son intérêt, des pouvoirs dont il disposait, un usage qu'il savait contraire aux intérêts des créanciers ou du débiteur.

II. – Est puni des mêmes peines le fait, pour tout administrateur, mandataire judiciaire, liquidateur, commissaire à l'exécution du plan ou toute autre personne, à l'exception *(Abrogé par L. n° 2005-845 du 26 juill. 2005, art. 146-III) « des contrôleurs et »* des représentants des salariés, de se rendre acquéreur pour son compte, directement ou indirectement, de biens du débiteur ou de les utiliser à son profit, ayant participé à un titre quelconque à la procédure. La juridiction saisie prononce la nullité de l'acquisition et statue sur les *(L. n° 2005-845 du 26 juill. 2005, art. 146-III)* « dommages et intérêts » qui seraient demandés. – *[C. com., anc. art. L. 626-12.]* – *V. note ss. art. L. 654-2.*

L'Ord. n° 2016-727 du 2 juin 2016 est applicable aux procédures ouvertes après son entrée en vigueur (Ord. préc., art. 25, al. 2).

BIBL. ▶ FREYRIA, *RPC 2000. 174* (notion de malversation).

A. ÉLÉMENTS CONSTITUTIFS DU DÉLIT

1. Élément intentionnel. L'élément intentionnel du délit de malversation résulte de la seule conscience qu'a le prévenu de porter atteinte aux intérêts des créanciers ou du débiteur, afin de satisfaire son intérêt personnel. • Crim. 13 janv. 2016, n° 14-87.624 : *Dr. sociétés 2016, n° 70, note R. Salomon.*

2. L'art. 207, al. 2 [C. com., art. L. 654-12, II], ne rend nullement nécessaire que soit rapportée la preuve de la conscience qu'aurait eue le prévenu de porter atteinte aux intérêts des créanciers, l'intérêt protégé par la loi pénale n'étant pas alors l'intérêt particulier des créanciers mais l'intérêt général qui exige que les juges consulaires et les mandataires de justice ne puissent se porter acquéreurs des biens du débiteur lorsqu'ils ont participé à la procédure. • Crim. 23 mai 1995 : *RPC 1996. 240, obs. Soinne.*

3. Délit de malversation. Sont constitutifs du délit de malversation les prélèvements opérés par le syndic, alors qu'il n'avait obtenu aucune autorisation des organes compétents. • Paris, 31 mai 1990 : *D. 1991. 35, note Fortin.* ♦ En revanche, l'incrimination prévue par l'art. 207 [C. com., art. L. 654-12] ne peut être retenue contre un syndic qui a cédé un stock de marchandises dans des conditions douteuses, dès lors que l'intéressé n'a pas utilisé à son profit les sommes qu'il a perçues dans l'accomplissement de sa mission, ni fait un usage abusif des pouvoirs dont il disposait. • Même arrêt.

4. La non-consignation, par le syndic à la liquidation des biens, des fonds perçus à l'occasion de sa mission, en méconnaissance des prescriptions légales ou réglementaires, et leur utilisation à son profit, sont constitutives du délit de malversation. • Crim. 5 juill. 1993, n° 92-82.799 P : *D. 1993. IR 240.*

Doit être déclaré coupable de malversation l'administrateur qui a créé et accueilli, dans ses locaux, des sociétés « de façade » destinées à dissimuler les liens l'unissant à ses subordonnés qui en étaient les gérants de fait, et entretenu, dans l'esprit des dirigeants des entreprises en difficulté à qui il les recommandait, une confusion sur la nature de ses fonctions, en ayant conscience qu'en confiant à des tiers une partie de son mandat, il provoquait l'accroissement des charges de ces entreprises, l'intervention de ces tiers ayant eu pour but et pour effet d'alléger la charge de travail de son étude, de réduire le poids de ses frais généraux pour recevoir, nets de charge, les frais et honoraires dont il pouvait solliciter le paiement en application des barèmes légaux, auprès desdites entreprises. • Crim. 26 sept. 2001, n° 00-86.525 P : *D. 2001. AJ 3198, obs. Lienhard ; D. 2002. Somm. 208, obs. Derrida ; JCP E 2002, n° 13, p. 573, note J.-H. Robert ; RTD com. 2002. 181, obs. Bouloc ; RSC 2002. 340, obs. Renucci ; RJ com. 2003. 76, note Gil ; RPC 2003. 119, obs. Soinne.*

5. Fait un usage de ses pouvoirs contraire aux intérêts du débiteur ou des créanciers, au sens de l'art. 207, al. 1 (2°) [C. com., art. L. 654-12, I (2°)], l'administrateur qui laisse sciemment et dans son intérêt s'éteindre la créance de la société administrée sur le dirigeant social en redressement judiciaire. • Crim. 29 sept. 1999 : *Dr. sociétés 2000, n° 72, obs. Chaput.*

6. Sur la nullité d'une ordonnance qui autorise la location à titre précaire d'un immeuble d'un débiteur en redressement judiciaire au profit d'un juge-commissaire de la procédure, V. • Paris, 31 mai 1988 : *D. 1988. IR 218.*

7. Délit d'acquisition des biens du débiteur. Constituent des biens du débiteur, au sens de l'art. 207 al. 2 [C. com., art. L. 654-12, II], tous les éléments actifs et passifs du patrimoine ; par conséquent, ne peuvent en être exclues les créances sur le débiteur et les actions ou parts sociales de la société en redressement judiciaire, qui ouvrent droit à une quote-part de l'actif en cas de liquidation. • Crim. 19 juin 1997, n° 96-83.274 P : *D. Affaires 1997. 1193 ; BJS 1997. 1047, note Le Cannu ; RPC 1998. 182, obs. Soinne ; Rev. sociétés 1998. 384, note Bouloc.* – V. l'arrêt de renvoi : • Paris, 10 nov. 1998 : *D. Affaires 1999. 220.*

V. aussi note 5 ss. art. L. 642-9.

8. En ce sens que constitue une participation à la procédure, au sens de l'art. 207 [C. com., art. L. 654-12], le fait, pour un juge consulaire, de participer au jugement d'ouverture de la procédure collective, V. • Crim. 30 juin 1999, n° 97-85.764 P : *D. Affaires 1999. 1290, obs. A. L. ; APC 1999, n° 209, obs. Vallansan ; Rev. sociétés 2000. 553, note Bouloc.*

9. Pour la condamnation, sur le fondement de l'art. 207, al. 2, [C. com., art. L. 654-12, II], d'un administrateur qui avait acquis, par l'intermédiaire d'un prête-nom, 10 % des actions de la société administrée, V. • Crim. 29 sept. 1999 : *préc. note 5.*

10. L'expert comptable de la société en liquidation judiciaire, n'étant ni un organe de la procédure ni une personne mandatée pour y intervenir, ne peut être déclaré coupable de malversation sur le fondement de l'art. L. 626-12 [L. 654-12] (II) C. com. • Crim. 15 déc. 2004, n° 04-81.207 P : *D. 2005. AJ 567, obs. Lienhard ; APC 2005, n° 62, obs. Saintourens ; Dr. pénal 2005, n° 46, note J.-H. Robert ; Gaz. Pal. 29-30 avr. 2005, p. 54, obs. Robaczewski ; BJS 2005. 567, note J.-F. Barbièri ; RSC 2005. 316, obs. Rebut.*

11. Complicité. Est punissable le syndic qui se rend complice de l'acquisition d'un élément de l'actif du débiteur par une société dans laquelle son collaborateur était majoritaire. • Paris, 31 mai 1990 : *préc. note 3.* ♦ V. aussi, pour la complicité d'un administrateur pour n'avoir pas joint le K-*bis* de la société candidate à la reprise à sa requête au juge-commissaire pour qu'il autorise la cession à forfait, • Crim. 23 mai 1995 : *préc. note 2.*

Pour un arrêt ayant retenu la complicité de malversation d'un magistrat, juge-commissaire et président de la formation ayant accordé la cession des actifs de la société en redressement judiciaire, pour ne pas s'être opposé à une manœuvre dont il connaissait le caractère frauduleux, V. • Crim. 30 juin 1999 : *préc. note 8.*

B. DROIT TRANSITOIRE

12. Référence au nouveau code pénal. Il se déduit de l'art. 207 ancien, selon lequel les malversations incriminées par cet art. sont punies « des peines prévues par le 2e alinéa de l'art. 408 du code pénal », que le législateur a, quant à la répression, entendu assimiler ces malversations aux faits d'abus de confiance définis par ce second texte. Il s'ensuit que les dispositions de l'art. 408, al. 2, ayant été reprises, à compter du 1er mars 1994, à l'art. 314-2 du code pénal, les peines prévues par ce texte ont, dès cette date, été applicables au délit prévu par l'art. 207 [devenu C. com., art. L. 654-12]. • Crim. 30 juin 1998 : *D. 1998. IR 225 ; D. Affaires 1998. 1645, obs. A. L. ; Rev. sociétés 1999. 166, note Bouloc* • 30 juin 1999, n° 97-85.764 P : *D. Affaires 1999. 1290, obs. A. L. ; RPC 2000. 74, obs. Soinne ; Rev. sociétés 2000. 553, note Bouloc.*

Art. L. 654-13 **Le fait, pour le créancier, après le jugement ouvrant la procédure** *(L. n° 2005-845 du 26 juill. 2005, art. 163)* **« de sauvegarde, de redressement judiciaire » ou de liquidation judiciaire, de passer une convention comportant un avantage particulier à la charge du débiteur est puni des peines prévues par l'article 314-1 du code pénal.**

La juridiction saisie prononce la nullité de cette convention. — *[C. com., anc. art. L. 626-13.]*

Art. L. 654-14 Est puni des peines prévues aux articles L. 654-3 à L. 654-5 le fait, pour les personnes mentionnées aux 2° et 3° de l'article L. 654-1, de mauvaise foi, en vue de soustraire tout ou partie de leur patrimoine aux poursuites de la personne morale qui a fait l'objet d'un jugement d'ouverture *(L. n° 2005-845 du 26 juill. 2005, art. 163)* « de sauvegarde, de redressement judiciaire » ou de liquidation judiciaire ou à celles des associés ou des créanciers de la personne morale, de détourner ou de dissimuler, ou de tenter de détourner ou de dissimuler, tout ou partie de leurs biens, ou de se faire frauduleusement reconnaître débitrice de sommes qu'elles ne devaient pas. – *[C. com., anc. art. L. 626-14.]*

(Ord. n° 2010-1512 du 9 déc. 2010, art. 6-8°) « Est puni des mêmes peines le fait, pour l'entrepreneur individuel à responsabilité limitée qui a fait l'objet d'un jugement d'ouverture d'une procédure de sauvegarde, de redressement judiciaire ou de liquidation judiciaire à raison d'une activité à laquelle un patrimoine est affecté, de mauvaise foi, en vue de se soustraire au paiement d'une condamnation susceptible d'être prononcée ou déjà prononcée en application du deuxième alinéa de l'article L. 651-2, de détourner ou de dissimuler, ou de tenter de détourner ou de dissimuler, tout ou partie des biens de son patrimoine non affecté, ou de se faire frauduleusement reconnaître sur ce dernier débiteur de sommes qu'il ne devait pas. »

Art. L. 654-15 Le fait, pour toute personne, d'exercer une activité professionnelle ou des fonctions en violation des interdictions, déchéances ou incapacité prévues par les articles L. 653-2 et L. 653-8, est puni d'un emprisonnement de deux ans et d'une amende de 375 000 €. – *[C. com., art. L. 627-4.]*

Sur le fichier national automatisé des interdits de gérer, V. art. L. 128-1 s. et R. 128-1 s.

1. Droit transitoire. Justifie sa décision de condamner un prévenu poursuivi pour avoir, courant 2005, exercé la gestion d'une société, en violation d'une interdiction de gérer prononcée le 11 déc. 1979 par un tribunal de commerce, la cour d'appel qui relève que la commission des éléments constitutifs de l'infraction poursuivie est antérieure au 27 juill. 2005 et que les dispositions de l'art. L. 627-4 [ancien] C. com., applicable au moment des faits, incriminant le délit de violation d'une interdiction de gérer, ont été reprises, par la loi du 26 juill. 2005, à l'art. L. 654-15 C. com., et dès lors que l'art. 190 de ladite loi a mis fin, sans rétroactivité, aux peines d'interdiction de gérer prononcées plus de quinze ans avant sa date de publication. • Crim. 19 sept. 2007 : *D. 2007. AJ 2810, obs. Lienhard ; D. 2008. Pan. 1575, obs. Mascala ; JCP E 2008. 1474, note Delattre.*

2. L'art. 216 [C. com., ancien art. L. 627-4] est applicable à la violation, commise après le 1er janv. 1986, d'une interdiction de gérer prononcée antérieurement sur le fondement des art. 105 à 109 de la loi du 13 juill. 1967, dès lors que tous les éléments constitutifs de l'infraction sont postérieurs à la date d'entrée en vigueur de la loi du 25 janv. 1985. • Crim. 10 nov. 1999 : *D. 2000. AJ 85 ; APC 2000, n° 70, obs. Regnaut-Moutier ; Rev. sociétés 2000. 568, note Bouloc.*

3. Sanction civile. Les actes accomplis par un dirigeant social sous le coup d'une faillite personnelle ne sont pas affectés dans leur validité tant que les organes sociaux délibérants n'ont pas tiré les conséquences de la sanction personnelle frappant le dirigeant ou que la cessation des fonctions de ce dirigeant, sans préjudice d'une démission toujours possible, ne résulte d'une application des dispositions de l'art. 193 [C. com., art. L. 653-9]. • Paris, 9 oct. 1998 : *D. Affaires 1998. 1813, obs. A. L. ; RJ com. 1999. 170, note Pétel.*

4. Direction d'une société étrangère. Pour l'application de l'art. L. 627-4 [L. 654-15] C. com. au dirigeant français d'une société étrangère, V. • Douai, 22 sept. 2005 : *cité note 2 ss. art. L. 653-2.*

SECTION III *Des règles de procédure*

Art. L. 654-16 Pour l'application des dispositions des sections I et II du présent chapitre, la prescription de l'action publique ne court que du jour du jugement *(L. n° 2005-845 du 26 juill. 2005, art. 146-IV)* « ouvrant la procédure de sauvegarde, de redressement judiciaire ou de liquidation judiciaire » lorsque les faits incriminés sont apparus avant cette date. – *[C. com., art. L. 626-15.]*

1. Lorsque le détournement d'actif constitutif du délit de banqueroute (art. L. 654-2) a été réalisé postérieurement au jugement ouvrant une procédure de sauvegarde, de redressement ou de liquidation judiciaire, le délai de prescription court, en application de l'art. 8 C. pr. pén., dans sa rédaction antérieure à la L. n° 2017-242 du 27 févr. 2017, à compter de la date de commission des faits, sauf s'il est établi que l'infraction a été délibérément dissimulée. • Crim. 25 nov. 2020, n° 19-85.091 P : *D. 2020. Actu. 2396 ; AJ pénal 2021. 90, obs. Sordino ; Dr. sociétés 2021, n° 14, note R. Salomon ; APC 2021, n° 41, obs. Cerf-Hollender.*

2. Le point de départ de la prescription de l'action publique du délit de malversation [C. com., art. L. 654-12, I] doit être fixé au jour où l'infraction est apparue et a pu être constatée dans les conditions permettant l'exercice de l'action publique. • Crim. 9 févr. 2005, n° 03-85.508 P : *D. 2005. AJ 1152, obs. Lienhard ; Dr. pénal 2005, n° 80, note J.-H. Robert.*

3. Sur le point de départ de la prescription du délit d'acquisition des biens du débiteur visé à l'art. L. 626-12 [L. 654-12] (II) C. com., V. • Crim. 19 févr. 2003 : *Dr. pénal 2003, n° 88, note J.-H. Robert.*

Art. L. 654-17 **La juridiction répressive est saisie soit sur la poursuite du ministère public, soit sur constitution de partie civile de l'administrateur, du mandataire judiciaire, du représentant des salariés, du commissaire à l'exécution du plan** *(L. n° 2005-845 du 26 juill. 2005, art. 146-V)* **« , du liquidateur ou de la majorité des créanciers nommés contrôleurs agissant dans l'intérêt collectif des créanciers lorsque le mandataire de justice ayant qualité pour agir n'a pas agi, après une mise en demeure restée sans suite dans un délai et des conditions fixés par décret en Conseil d'État. »** – *[C. com., anc. art. L. 626-16.]* – *V. art. R. 654-1.*

1. Ordre des poursuites. L'art. L. 626-16 [L. 654-17] C. com. n'impose pas, comme condition de validité des poursuites engagées par le procureur de la République, leur antériorité à toute constitution de partie civile. • Crim. 11 avr. 2002, n° 02-80.778 P : *D. 2002. AJ 2258 ; Rev. sociétés 2002. 561, note Bouloc.*

2. Mise en mouvement de l'action publique. Seules peuvent mettre en mouvement l'action publique en matière de banqueroute les personnes limitativement énumérées par l'art. 211 [C. com., art. L. 654-17]. • Crim. 20 févr. 1997, n° 96-81.201 P : *RJDA 1997, n° 967.* ♦ Le débiteur, exclu de l'énumération limitative de l'art. L. 654-17 C. com., n'a pas qualité pour mettre en mouvement l'action publique, par voie de citation directe, du chef de malversation. • Crim. 10 mars 2010, n° 09-82.063 P : *D. 2010. 2758, note Bouloc ; Dr. sociétés 2010, n° 152, note R. Salomon ; Gaz. Pal. 2-3 juill. 2010, p. 45, obs. Robaczewski.* ♦ Toutefois, l'irrégularité résultant de l'ouverture d'une information du chef de banqueroute sur plainte avec constitution de partie civile d'une personne autre que celles désignées à cet art. est couverte par l'ordonnance de renvoi devant le tribunal correctionnel et ne peut plus être invoquée devant les juges du fond. • Crim. 5 mai 1997, n° 96-81.482 P : *Rev. sociétés 1998. 127, note Bouloc.*

3. Ouverture de l'action civile. BIBL. Matsopoulou, *JCP 1998. I. 164.* ♦ Si l'art. L. 654-17 n'interdit pas aux créanciers de se constituer partie civile par voie d'intervention, c'est à la condition que soit invoqué, par la partie intervenante, un préjudice distinct du montant de sa créance déclarée dans la procédure collective ouverte contre son débiteur et résultant directement de l'infraction. • Crim. 17 juin 2014, n° 13-83.288 P : *D. 2014. Actu. 1373 ; Rev. sociétés 2015. 195, note Bouloc ; RSC 2015. 334, obs. Matsopoulou ; JCP E 2014. 1410, n° 22, obs. R. Salomon ; LEDEN 9/2014. 7, obs. Lasserre Capdeville ; Gaz. Pal. 5-7 oct. 2014, p. 45, obs. Robaczewski ; BJE 2014. 320, note Sordino ; RJDA 2015, n° 36.* – V. déjà • Crim. 11 oct. 1993, n° 92-81.260 P : *D. 1994. IR 18 ; Rev. sociétés 1994. 303, note Bouloc.* ♦ V. not., jugeant recevable la constitution de partie civile de dirigeants de sociétés en redressement judiciaire des chefs de malversation et prise illégale d'intérêts. • Crim. 26 sept. 2001, n° 01-84.565 P : *D. 2001. AJ 3621.* ♦ Sur la notion de « préjudice particulier », • Crim. 17 nov. 2004 : *D. 2005. AJ 566, obs. Lienhard ; Dr. sociétés 2005, n° 58, note R. Salomon ; Rev. sociétés 2005. 433, note Bouloc.*

4. Le dirigeant d'une société doit répondre sur son patrimoine personnel des conséquences de ses agissements délictueux, notamment de banqueroute, dans la mesure où il n'est ni établi, ni même allégué, que la liquidation judiciaire lui ait été étendue ou qu'il ait été condamné au comblement du passif social (à propos d'un préjudice moral). • Crim. 30 mai 1994 : *BJS 1994. 1205, note Daigre ; RPC 1996. 137, obs. Mascala.* ♦ Comp., sur la compatibilité de l'action civile pour banqueroute et de l'action en comblement du passif : note 82 ss. anc. art. L. 651-2.

5. Si, en cas de poursuites pour banqueroute, le créancier ne peut obtenir devant la juridiction répressive le montant de sa créance, il conserve le droit de demander réparation du préjudice particulier résultant de l'infraction à toutes les personnes étrangères à la procédure collective. • Crim. 14 févr. 1994, n° 93-81.537 P : *RJDA 1994, n° 590.* ♦ V. aussi note 12 ss. art. L. 622-21.

6. Pour la recevabilité de la constitution de partie civile du commissaire à l'exécution du plan, V. • Crim. 17 nov. 2004 : *préc. note 3.* ♦ V. aussi note 17 ss. art. L. 626-25.

7. L'agent judiciaire du Trésor [devenu l'agent judiciaire de l'État] ne figure pas au nombre des personnes que l'art. L. 654-17 autorise seules, par dérogation à l'art. 2 C. pr. pén., à se constituer partie civile du chef de banqueroute. • Crim. 28 févr. 2006, n° 05-83.461 P : *D. 2006. 2145, note Jacopin ; ibid. AJ 1456, obs. Lienhard ; Rev. sociétés 2006. 389, note Bouloc ; Dr. sociétés 2006, n° 95, note R. Salomon ; APC 2006, n° 120, obs. Cerf-Hollender ; Gaz. Pal. 14-18 juill. 2006, p. 53, obs. Robaczewski ; BJS 2006. 1035,* note Mascala.

8. Pour l'irrecevabilité de la constitution de partie civile : de l'AGS, V. • Crim. 7 mars 2012, n° 11-83.005 P : *D. 2012. Actu. 734 ; RTD com. 2012. 855, obs. Bouloc ; Dr. sociétés 2012, n° 90, note R. Salomon ; Gaz. Pal. 27-28 avr. 2012,* *p. 46, obs. Robaczewski ; LEDEN 5/2012. 7, obs. Lasserre Capdeville ; BJE 2012. 229, note Sordino.* ♦ ... D'un syndicat de salariés, V. • Crim. 27 oct. 1999 : *RJDA 2000, n° 285.*

9. Évaluation du préjudice. Le préjudice subi par les créanciers résulte directement de la diminution de l'actif et est nécessairement égal à la valeur du bien frauduleusement soustrait. • Crim. 13 mars 1995, n° 94-81.418 P : *D. 1995. IR 147.* ♦ Aucune disposition de la loi ne permet de réduire, en raison de la négligence de la victime, le montant des réparations civiles dues par l'auteur d'une infraction intentionnelle contre les biens. • Crim. 20 mars 1995, n° 94-82.163 P.

Sur la réparation de la perte d'une chance, V. : • Crim. 4 déc. 1997 : *LPA 27 juill. 1998, p. 24, note Sordine.*

Sur le pouvoir souverain des juges du fond pour apprécier le préjudice, V. • Crim. 8 août 1995 : *Dr. sociétés 1995, n° 243.*

10. Instruction. Doit être rejetée la demande tendant à l'annulation des actes de l'instruction portant sur des faits de banqueroute par emploi de moyens ruineux en raison du fait que le juge d'instruction n'avait pas été saisi de cette infraction, le réquisitoire introductif ne visant que la banqueroute par détournement d'actif, dès lors que la qualification des faits par le réquisitoire n'est que provisoire et indicative et que les pièces jointes à ce réquisitoire, soit en particulier, la plainte des créanciers, dénoncent bien des faits d'emploi de moyens ruineux pour se procurer des fonds. • Crim. 11 avr. 2002, n° 02-80.778 P : *Rev. sociétés 2002. 561, note Bouloc ; APC 2002, n° 256, obs. Cerf-Hollender.*

11. De même, doit être rejetée la demande d'annulation du réquisitoire fondée sur la circonstance que le jugement ayant étendu la procédure de redressement judiciaire et le jugement ayant prononcé la liquidation judiciaire seraient réputés non avenus pour n'avoir pas été notifiés dans le délai prévu par l'art. 478 NCPC [C. pr. civ.] et qu'ainsi les faits de banqueroute, objet du réquisitoire, ne pourraient être constitués, dès lors qu'une telle circonstance est sans incidence sur la validité du réquisitoire et de la procédure ultérieure, l'ouverture du redressement judiciaire n'étant qu'une condition préalable à l'exercice de l'action publique. • Crim. 10 mars 2004, n° 03-87.441 P : *D. 2004. AJ 1237 ; RTD com. 2004. 608, obs. Mascala.*

12. Impartialité du juge. Le fait que le juge d'instruction ait, antérieurement à sa désignation, participé au jugement d'ouverture de la procédure de redressement judiciaire, puis à la décision étendant cette procédure et enfin au jugement de liquidation n'est pas, en soi, de nature à faire naître un doute objectivement justifié sur l'impartialité du magistrat en cause. • Crim. 10 mars 2004 : *préc. note 7.*

Art. L. 654-18 **Le ministère public peut requérir de l'administrateur ou du liquidateur la remise de tous les actes et documents détenus par ces derniers.** — *[C. com., anc. art. L. 626-17.]*

Art. L. 654-19 **Les frais de la poursuite intentée par l'administrateur, le mandataire judiciaire, le représentant des salariés, le commissaire à l'exécution du plan ou le liquidateur sont supportés par le Trésor public, en cas de relaxe.**

En cas de condamnation, le Trésor public ne peut exercer son recours contre le débiteur qu'après la clôture des opérations de liquidation judiciaire. — *[C. com., anc. art. L. 626-18.]*

Art. L. 654-20 **Les jugements et arrêts de condamnation rendus en application du présent chapitre sont publiés aux frais du condamné.** — *[C. com., anc. art. L. 626-19.]*

CHEMINS DE FER

RÉP. PÉN. v° *Chemin de fer*, par DUCOING.

Loi du 15 juillet 1845,

Sur la police des chemins de fer (DP 45. 3. 163).

TITRE PREMIER Mesures relatives à la conservation des chemins de fer

Art. 1er à 4 *Abrogés par Ord. n° 2010-1307 du 28 oct. 2010, à compter du 1er déc. 2010.* — V. désormais C. transp., art. L. 2231-2, L. 2231-3 et L. 2232-1.

Art. 5 *(al. 2)* **Cette distance sera mesurée soit de l'arête supérieure du déblai, soit de l'arête inférieure du talus du remblai, soit du bord extérieur des fossés du chemin, et, à défaut d'une ligne tracée, à un mètre cinquante centimètres à partir des rails extérieurs de la voie de fer.** — *Cet al. reste en vigueur jusqu'à publication des dispositions réglementaires du code des transports (Ord. n° 2010-1307 du 28 oct. 2010, art. 9, 6°, a).* — *Pour le reste, V. désormais C. transp., art. L. 2231-5.*

Art. 6 *Abrogé par Ord. n° 2010-1307 du 28 oct. 2010, à compter du 1er déc. 2010. — V. désormais C. transp., art. L. 2231-6.*

Art. 7 **Il est défendu d'établir, à une distance de moins de vingt mètres d'un chemin de fer desservi par des machines à feu, des couvertures en chaume, des meules de paille, de foin, et aucun autre dépôt de matières inflammables.**

Cette prohibition ne s'étend pas aux dépôts de récoltes faits seulement pour le temps de la moisson. — *Cet art. reste en vigueur jusqu'à publication des dispositions réglementaires du code des transports (Ord. n° 2010-1307 du 28 oct. 2010, art. 9, 6°, a).*

Art. 8 à 10 *Abrogés par Ord. n° 2010-1307 du 28 oct. 2010, à compter du 1er déc. 2010. — V.* désormais C. transp., art. L. 2231-5, L. 2231-7 et L. 2231-8.

Art. 11 *(al. 2)* **Elles seront punies de l'amende prévue pour les contraventions de la 5e classe, sans préjudice, s'il y a lieu, des peines portées au code pénal et au titre III de la présente loi.** — *Cet al. reste en vigueur jusqu'à publication des dispositions réglementaires du code des transports (Ord. n° 2010-1307 du 28 oct. 2010, art. 9, 6°, a). — V. C. transp., art. L. 2232-1.*

TITRE II Des contraventions de voirie commises par les concessionnaires ou fermiers de chemins de fer

Art. 12 à 15 *Abrogés par Ord. n° 2010-1307 du 28 oct. 2010, à compter du 1er déc. 2010.*

TITRE III Des mesures relatives à la sûreté de la circulation sur les chemins de fer

Art. 16 à 22 *Abrogés par Ord. n° 2010-1307 du 28 oct. 2010, à compter du 1er déc. 2010. — V.* désormais C. transp., art. L. 2242-1 à L. 2242-4 et L. 2242-8.

Art. 23 *(Al. 3)* **Au moyen du serment prêté devant le tribunal de grande instance de leur domicile, les agents de surveillance de l'administration et des concessionnaires ou fermiers pourront verbaliser sur toute la ligne du chemin de fer auquel ils seront attachés.** — *Cet al. reste en vigueur jusqu'à publication des dispositions réglementaires du code des transports (Ord. n° 2010-1307 du 28 oct. 2010, art. 9, 6°, a). — Pour le reste, V. désormais C. transp., art. L. 2232-1, L. 2241-4, L. 2241-7, L. 2242-5.*

Art. 23-1 à 28 *Abrogés par Ord. n° 2010-1307 du 28 oct. 2010, à compter du 1er déc. 2010. —* V. désormais C. transp., art. L. 2241-2, L. 2241-5, L. 2241-6, L. 2242-6 et L. 2242-7.

Décret n° 42-730 du 22 mars 1942,

Portant règlement d'administration publique sur la police, la sûreté et l'exploitation des voies ferrées d'intérêt général et local (BLD 1942. 423 ; JO 23 août).

Art. 1er *(Al. 1er) […] (Décr. n° 2000-286 du 30 mars 2000)* **«** *[Les dispositions des … articles…]* **66, 69 à 72,** *[…]* **ne sont pas applicables aux voies ferrées du réseau ferré national. »** *(Décr. n° 2003-425 du 9 mai 2003, art. 67)* **« Les dispositions des articles 2 à 5, 7 à 72, 76, 81 à 84, 87, 89, 94 et 96 ne sont pas applicables aux systèmes de transport public visés aux articles 4, 56 et 64 du décret n° 2003-425 du 9 mai 2003 relatif à la sécurité des transports publics guidés. »**

Al. abrogé par Décr. n° 2006-1229 du 6 oct. 2006, art. 6-I, 1°.

……………………………………………………………………………………

Art. 66 à 72 *Abrogés par Décr. n° 2006-1279 du 19 oct. 2006, art. 67.*

……………………………………………………………………………………

Art. 73 **Il est défendu à toute personne :**

1° De modifier ou déplacer sans autorisation et de dégrader, déranger la voie ferrée, les talus, clôtures, barrières, bâtiments et ouvrages d'art, les installations de production, de transport et de distribution d'énergie, ainsi que les appareils et le matériel de toute nature servant à l'exploitation ;

2° De rien jeter ou déposer sur les lignes de transport ou de distribution d'énergie ;

3° D'empêcher le fonctionnement des signaux ou appareils quelconques et de manœuvrer sans en avoir mission ceux qui ne sont pas à la disposition du public ;

4° De troubler ou entraver, par des signaux faits en dehors du service ou de toute autre façon, la mise en marche ou la circulation des trains ;

5° De pénétrer, circuler ou stationner, sans autorisation régulière, dans les parties de la voie ferrée ou de ses dépendances qui ne sont pas affectées à la circulation publique, d'y introduire des animaux ou d'y laisser introduire ceux dont elle est responsable, d'y faire circuler ou stationner aucun véhicule étranger au service, d'y jeter ou déposer des matériaux ou objets quelconques, d'entrer dans l'enceinte du chemin de fer ou d'en sortir par d'autres issues que celles affectées à cet usage ;

6° De laisser stationner sur les parties d'une voie publique suivie ou traversée à niveau par une voie ferrée, des voitures ou des animaux, d'y jeter ou déposer des matériaux ou objets quelconques, de faire suivre les rails de la voie ferrée par des véhicules étrangers au service ;

(Décr. n° 69-601 du 10 juin 1969) « 7° De laisser subsister, après une mise en demeure de les supprimer faite par le préfet, toutes installations lumineuses, et notamment toute publicité lumineuse au moyen d'affiches, enseignes ou panneaux lumineux ou réfléchissants, lorsqu'elles sont de nature à créer un danger pour la circulation des convois en raison de la gêne qu'elles apportent pour l'observation des signaux par les agents du chemin de fer. »

Art. 74 *(Décr. n° 79-659 du 31 juill. 1979)* « Il est interdit à toute personne : »

1° *(Décr. n° 86-1045 du 18 sept. 1986)* « De voyager dans une voiture sans être munie d'un titre de transport valable complété, s'il y a lieu, par les opérations incombant au voyageur telles que compostage, validation ou apposition de mentions manuscrites ; de pénétrer dans les parties de la voie ferrée et de ses dépendances dont l'accès est réservé aux personnes munies d'un titre de transport sans être munie d'un titre valable et complété, s'il y a lieu, comme il est dit ci-dessus » ;

2° De prendre une place déjà retenue régulièrement par un autre voyageur et d'occuper abusivement les places et filets avec des effets, colis ou autres objets, chaque voyageur ne pouvant disposer que de l'espace situé au-dessus ou au-dessous de la place à laquelle il a droit ;

3° D'occuper un emplacement non destiné aux voyageurs, de se placer indûment dans les compartiments ayant une destination spéciale, d'entraver la circulation dans les couloirs ou l'accès des compartiments ;

4° De monter dans les voitures en surnombre des places indiquées en conformité de l'article 24 du présent règlement ;

5° De mettre obstacle à la fermeture des portières immédiatement avant le départ, de les ouvrir après le signal de départ pendant la marche et avant l'arrêt complet du train ; d'entrer dans les voitures ou d'en sortir autrement que par les accès ménagés à cet effet et placés du côté où se fait le service du train ; de monter ou de descendre ailleurs que dans les gares, stations, haltes ou arrêts à ce destinés et lorsque le train n'est pas complètement arrêté ;

6° De passer d'une voiture dans une autre autrement que par les passages disposés à cet effet, de se pencher au dehors et de rester sur les marchepieds pendant la marche ;

7° *Abrogé par Décr. n° 92-478 du 29 mai 1992, à compter du 1er nov. 1992.*

8° De cracher ailleurs que dans les crachoirs disposés à cet effet ;

9° De se servir sans motif plausible du signal d'alarme ou d'arrêt mis à la disposition des voyageurs pour faire appel aux agents de la compagnie ;

10° De souiller ou de détériorer le matériel, d'enlever ou de détériorer les étiquettes, cartes, pancartes ou inscriptions intéressant le service de la voie ferrée ainsi que la publicité régulièrement apposée dans les gares et les voitures, sur les wagons ou les cadres et, d'une façon générale, dans toute dépendance du chemin de fer ;

(Décr. n° 60-274 du 25 mars 1960) « 11° De faire usage, dans les voitures, dans les salles d'attente, sur les quais ou dans les dépendances des gares accessibles aux voyageurs et aux autres usagers, d'appareils ou instruments sonores » ;

(Décr. n° 86-1045 du 18 sept. 1986) « 12° De revendre au-dessus des prix résultant des tarifs homologués des titres de transport, des bulletins de réservation de places, suppléments couchettes ou voitures-lits. »

Lorsque la perception du prix des places est effectuée dans les voitures, tout voyageur est tenu de payer le prix de la place occupée par lui aussitôt que l'agent de perception se présente et, s'il ne s'est pas présenté, avant de quitter soit la voiture, soit la gare d'arrivée, suivant les cas ; l'agent de perception est tenu de délivrer un billet à chaque voyageur.

Al. abrogé par Décr. n° 90-661 du 26 juill. 1990.

Art. 74-1 *Abrogé par Décr. n° 2006-1386 du 15 nov. 2006, art. 3.*

Art. 74-2 *(Décr. n° 94-561 du 30 juin 1994)* A bord des trains transportant des véhicules routiers et leurs passagers, il est interdit à toute personne :

– de faire fonctionner le moteur d'un véhicule en dehors des opérations de chargement et de déchargement ;

– de procéder à des actions de réparation ou d'entretien des véhicules ;

– de manipuler, lorsque son transport est autorisé, tout objet ou substance susceptible de créer des risques pour la sécurité, notamment en ce qui concerne les produits chimiques, les carburants, le gaz ;

– de manipuler le chargement des véhicules et de ne pas rejoindre les compartiments voyageurs, à bord des trains dans lesquels l'acheminement des personnes et des véhicules s'effectue séparément.

Art. 75 *(Décr. n° 2004-1022 du 22 sept. 2004)* Dans les catégories de trains désignées par arrêté du ministre chargé des transports, il est interdit à toute personne de déposer, dans l'espace situé au-dessus et au-dessous de la place à laquelle elle a droit ainsi que dans les espaces collectifs prévus à cet effet dans les voitures, un bagage ne comportant pas de manière visible la mention de ses nom et prénom.

L'accès aux trains désignés en application de l'alinéa précédent est interdit à toute personne portant avec elle des bagages ne comportant pas de manière visible la mention de ses nom et prénom.

Les dispositions ci-dessus ne s'appliquent pas aux effets ou menus objets que le voyageur conserve à sa disposition immédiate.

Art. 76 Lorsqu'une voie ferrée est établie sur une voie publique ou traverse à niveau la plateforme ou seulement la chaussée d'une voie publique, tout piéton, cavalier ou conducteur d'un véhicule doit, à l'approche d'une voiture ou d'un train appartenant au service de la voie ferrée, dégager immédiatement cette voie et s'en écarter de manière à livrer passage au matériel qui y circule.

Tout conducteur de troupeaux ou d'animaux doit les écarter de la voie ferrée à l'approche d'un train ou d'un véhicule appartenant au service de cette voie.

Pendant le franchissement d'une traversée à niveau, il est interdit à tout usager de la route de s'arrêter ou d'arrêter les véhicules ou animaux qu'il conduit.

Dans le cas d'une traversée non munie de barrières, l'usager de la route ne doit s'y engager qu'après s'être assuré qu'aucun train n'est visible ou que l'approche d'aucun train n'est annoncée.

Art. 77 L'entrée et le séjour dans l'enceinte du chemin de fer ou dans les dépendances de la voie ferrée sont interdits à toute personne en état d'ivresse.

Al. abrogés par Décr. n° 94-561 du 30 juin 1994.

Peuvent être exclues des compartiments affectés au public, les personnes atteintes visiblement ou notoirement de maladie dont la contagion serait à redouter pour les voyageurs. Les compartiments dans lesquels elles ont pris place sont, dès l'arrivée, soumis à la désinfection.

Art. 77-1 *(Décr. n° 94-561 du 30 juin 1994)* L'entrée des voitures est interdite à toute personne portant des matières qui, par leur nature, leur quantité ou l'insuffisance de leur emballage, peuvent être la source de dangers, ou des objets qui, par leur nature, leur volume ou leur odeur, pourraient gêner ou incommoder les voyageurs.

Toute personne autorisée à porter ou transporter une arme à feu ne peut accéder au train avec cette arme que si celle-ci est non chargée, démontée et maintenue dans une mallette fermée.

Toutefois, les agents de la force publique, lorsqu'ils y sont obligés par leur service, peuvent conserver avec eux des armes à feu chargées à condition de prendre place dans les compartiments réservés, sauf si cette condition est incompatible avec l'exercice de leur mission.

Art. 77-2 *(Décr. n° 94-561 du 30 juin 1994)* Toute personne qui aura refusé d'obtempérer aux injonctions adressées par les fonctionnaires et agents énumérés à l'article 23 de la loi du 15 juillet 1845 relative à la police des chemins de fer, en vue de faire respecter les dispositions du présent décret ou de faire cesser un trouble à l'ordre public, pourra se voir interdire l'accès au train par les agents de la force publique.

Art. 78 Les personnes qui veulent expédier des matières *(Décr. n° 2006-1279 du 19 oct. 2006, art. 59)* « infectes ou dangereuses » doivent les déclarer au moment où elles les apportent dans les gares du chemin de fer.

Art. 79 Aucun animal n'est admis dans les voitures servant au transport des voyageurs. Toutefois, l'administration exploitante peut placer dans des compartiments spéciaux les voyageurs qui ne voudraient pas se séparer de leurs chiens, pourvu que ces animaux soient muselés.

En outre, des exceptions peuvent être autorisées pour les animaux de petite taille convenablement enfermés.

Le transport des chiens dans les fourgons ne peut avoir lieu que si ces animaux sont muselés ou enfermés dans des caisses présentant des garanties jugées suffisantes.

Art. 80 Les cantonniers, gardes-barrières et autres agents du chemin de fer doivent faire sortir immédiatement toute personne qui se serait introduite dans l'enceinte du chemin de fer ou dans quelque partie que ce soit des dépendances de la voie ferrée où elle n'aurait pas le droit d'entrer.

En cas de résistance de la part des contrevenants, tout employé de la voie ferrée peut requérir l'assistance des agents de la force publique.

Les animaux abandonnés qui sont trouvés dans l'enceinte du chemin de fer sont saisis et mis en fourrière.

Art. 80-1 *(Décr. nº 86-1045 du 18 sept. 1986)* Sera punie de l'amende prévue pour les contraventions de la deuxième classe toute personne qui aura contrevenu aux arrêtés relatifs à la circulation, à l'arrêt et au stationnement des véhicules dans les cours de gare.

Pour l'extinction de l'action publique par le paiement d'une amende forfaitaire, V. ***C. pr. pén.****, art. 529 s. et R. 48-1 (2º).*

Art. 80-2 *(Décr. nº 90-661 du 26 juill. 1990)* Sera punie de l'amende prévue pour les contraventions de la 4e classe toute personne qui aura contrevenu aux dispositions des 2º à 12º du premier alinéa de l'article 74 *(Décr. nº 94-561 du 30 juin 1994)* « et à celles des articles 74-2, 77, 77-1, 78, 79 » et 85 (quatrième alinéa) ainsi qu'aux arrêtés pris en application de l'article 6 du présent décret, à l'exception de ceux mentionnés à l'article 80-1.

Sera puni des mêmes peines tout voyageur qui aura refusé d'obtempérer aux injonctions adressées par les agents de l'exploitant pour assurer l'observation des dispositions du présent décret.

(Décr. nº 92-478 du 29 mai 1992) « Sera puni de l'amende prévue pour les contraventions de la 3e classe quiconque aura fumé hors d'un emplacement mis à la disposition des fumeurs. » *— Al. 3 entré en vigueur le 1er nov. 1992.*

(Décr. nº 2004-1022 du 22 sept. 2004) « Sera puni de l'amende prévue pour les contraventions de la 1re classe quiconque aura contrevenu aux dispositions de l'article 75. »

Art. 80-3 *(Décr. nº 86-1045 du 18 sept. 1986)* Sera punie de l'amende prévue pour les contraventions de la 4e classe toute personne qui aura voyagé dans les voitures des services de transports de grandes lignes de la Société nationale des chemins de fer français sans titre de transport ou munie d'un titre de transport non valable ou non complété, s'il y a lieu, par les opérations incombant au voyageur.

Sera punie de l'amende prévue pour les contraventions de la 3e classe toute personne qui aura voyagé dans les voitures des services de transports autres que ceux mentionnés au premier alinéa sans titre de transport ou munie d'un titre de transport non valable ou non complété, s'il y a lieu, par les opérations incombant au voyageur.

Sera punie de l'amende prévue pour les contraventions de la 3e classe toute personne qui aura pénétré dans les parties de la voie ferrée et de ses dépendances dont l'accès est réservé aux personnes munies d'un titre de transport sans être munie d'un titre valable et complété, s'il y a lieu, par les opérations incombant au voyageur.

Les dispositions de cet art., en ce qu'elles concernent les remontées mécaniques telles que définies à l'art. L. 342-7 C. tourisme, sont abrogées (Décr. nº 2006-1229 du 6 oct. 2006, art. 6-I, 1º).

Art. 80-4 *(Décr. nº 86-1045 du 18 sept. 1986)* Le montant de l'indemnité forfaitaire prévue par l'article 529-4 du code de procédure pénale est fixé ainsi qu'il suit :

1º Pour les infractions prévues par l'article 80-2 : dix fois la valeur du billet correspondant à un trajet de 100 kilomètres en seconde classe sur le réseau de la Société nationale des chemins de fer français ;

2º Pour les infractions prévues par le premier alinéa de l'article 80-3 : huit fois la valeur du billet correspondant à un trajet de 100 kilomètres en seconde classe sur le même réseau ;

3º Pour les infractions prévues par le deuxième alinéa de l'article 80-3, à l'exception de celles commises dans les services de remontées mécaniques : vingt-quatre fois la valeur du module tarifaire défini au dernier alinéa du présent article pour les voyageurs munis d'un titre de transport non valable ou non complété, s'il y a lieu, par les opérations incombant au voyageur, et trente-six fois la valeur du même module tarifaire pour les voyageurs démunis de tout titre de transport ;

4° Pour les infractions prévues par le troisième alinéa de l'article 80-3 : trente-six fois la valeur du module tarifaire mentionné par le 3° ci-dessus ;

5° *(Abrogé par Décr. n° 2006-1229 du 6 oct. 2006, art. 6-I, 1°, pour les remontées mécaniques au sens de l'art. L. 342-7 C. tourisme)* ***« Pour les infractions prévues par le deuxième alinéa de l'article 80-3 et commises dans les services de remontées mécaniques : cinq fois la valeur du forfait journalier valable sur le service considéré, ou, à défaut, cinq fois la valeur du billet aller et retour sur ce service. »***

Les auteurs des infractions prévues par le premier alinéa de l'article 80-3 et, si elles sont commises dans les services de transports non urbains, de celles prévues par le deuxième alinéa du même article doivent s'acquitter, en outre, de la somme due au titre du transport.

Dans tous les cas prévus par le présent article, le montant de l'indemnité forfaitaire est arrondi aux 0,76 euro immédiatement supérieurs.

Le montant du module tarifaire mentionné aux 3° et 4° du premier alinéa ci-dessus correspond au prix d'un billet de seconde classe vendu par carnet au tarif normal sur le réseau de la Régie autonome des transports parisiens.

Art. 80-5 *(Décr. n° 86-1045 du 18 sept. 1986)* Lorsque le montant de la transaction prévue par l'article 529-3 du code de procédure pénale fait l'objet d'un versement immédiat, il est encaissé par ceux des agents de l'exploitant chargés du contrôle des titres de transport ou de la perception du montant de ces titres qui sont habilités à constater les infractions et assermentés dans les conditions prévues par l'article 23 de la loi du 15 juillet 1845 sur la police des chemins de fer.

Ce versement donne lieu à la délivrance immédiate d'une quittance extraite d'un carnet à souches comportant les mentions définies par arrêté du ministre chargé des transports. — *V. Arr. du 26 févr. 1988 (D. et ALD 1988. 208).*

Art. 80-6 *(Décr. n° 86-1045 du 18 sept. 1986)* Lorsque la transaction n'est pas réalisée par un versement immédiat dans les conditions prévues par l'article 80-5, l'agent habilité de l'exploitant établit un procès-verbal de constatation de l'infraction, dont le modèle est fixé par un arrêté conjoint du garde des sceaux, ministre de la justice, et du ministre chargé des transports. — *V. Arr. du 1er oct. 1986 (JO 28 oct.).*

Le procès-verbal mentionne l'objet et le montant de la transaction, le montant des frais de constitution de dossier et le délai et les modalités de versement des sommes dues. Il mentionne également le délai et les conditions dans lesquels peut être formulée la protestation prévue par l'article 529-5 du code de procédure pénale. Il comporte en outre les observations du contrevenant, auquel est remise une copie de ce document.

Art. 80-7 *(Décr. n° 86-1045 du 18 sept. 1986)* Le montant des frais de constitution de dossier prévu par le deuxième alinéa de l'article 529-4 du code de procédure pénale ne peut excéder 38,11 €.

Art. 80-8 *(Décr. n° 86-1045 du 18 sept. 1986)* Les dispositions des articles R. 49-5 à R. 49-8 du code de procédure pénale sont applicables à l'amende forfaitaire majorée prévue par le deuxième alinéa de l'article 529-5 de ce code.

Art. 80-9 *(Décr. n° 90-661 du 26 juill. 1990)* Sera punie des peines prévues pour les contraventions de la 5e classe toute personne qui aura contrevenu aux dispositions des trois premiers alinéas de l'article 85. Dans ce cas les marchandises offertes, mises en vente ou exposées en vue de la vente seront saisies et confisquées.

....

Art. 85 *(Décr. n° 2010-561 du 27 mai 2010, art. 2)* « Toute exploitation commerciale ou toute distribution d'objets quelconques, à titre professionnel, dans les cours ou bâtiments de gares ne peut être exercée ou effectuée qu'en vertu d'un titre d'occupation du domaine public ferroviaire. »

(Décr. n° 74-149 du 15 févr. 1974) « La mendicité est interdite dans les mêmes lieux. »

Décret n° 2000-1135 du 24 novembre 2000 *[ABROGÉ]*,

Adaptant les modalités d'application à la SNCF et à la RATP de la loi n° 83-629 du 12 juillet 1983.

(Abrogé par Décr. n° 2019-726 du 9 juill. 2019, art. 6)

V., désormais, C. transp., art. R. 2251-35 s.

Code des transports

PARTIE LÉGISLATIVE

(Ord. n° 2010-1307 du 28 oct. 2010, en vigueur le 1er déc. 2010)

DEUXIÈME PARTIE **Transport ferroviaire ou guidé**

TITRE III **Protection du domaine public ferroviaire**

CHAPITRE PREMIER ***Mesures relatives à la conservation***

Art. L. 2231-1 La consistance du domaine public ferroviaire est définie à l'article L. 2111-15 du code général de la propriété des personnes publiques.

Art. L. 2231-2 Tout dépôt de terre et autres objets quelconques, ainsi que le pacage des bestiaux, est interdit sur l'étendue du domaine public ferroviaire.

Art. L. 2231-3 Sont applicables aux propriétés riveraines du domaine public ferroviaire les servitudes imposées par les lois et règlements sur la grande voirie, et qui concernent :

1° L'alignement ;

2° L'écoulement des eaux ;

3° L'occupation temporaire des terrains en cas de réparation ;

4° La distance à observer pour les plantations et l'élagage des arbres plantés ;

5° Le mode d'exploitation des mines, minières, tourbières et sablières, dans la zone déterminée à cet effet.

Sont également applicables à la confection et à l'entretien des chemins de fer les lois et règlements sur l'extraction des matériaux nécessaires aux travaux publics.

Art. L. 2231-4 Les riverains des voies ferrées peuvent être contraints de respecter les règles de gestion forestière prévues par l'article L. 322-8 du code forestier.

Art. L. 2231-5 Aucune construction autre qu'un mur de clôture ne peut être établie dans une distance de deux mètres d'un chemin de fer.

Lorsque la sécurité et l'intérêt du service ferroviaire le permettent, cette distance peut être réduite en vertu d'une autorisation délivrée par l'autorité administrative.

Les constructions existantes lors de l'établissement d'un nouveau chemin de fer, qui ne respectent pas les dispositions du premier alinéa et dont l'état a été constaté dans des conditions déterminées par décret peuvent être entretenues dans cet état.

Art. L. 2231-6 Dans les localités où le chemin de fer se trouve en remblai de plus de trois mètres au-dessus du terrain naturel, il est interdit aux riverains de pratiquer, sans autorisation préalable, des excavations dans une zone de largeur égale à la hauteur verticale du remblai, mesurée à partir du pied du talus.

L'autorité administrative accorde cette autorisation après avis de l'exploitant et, pour le réseau ferré national, de *(L. n° 2014-872 du 4 août 2014, art. 24-1°, en vigueur le 1er janv. 2015)* « SNCF Réseau » ou, le cas échéant, du titulaire d'un des contrats mentionnés aux articles L. 2111-11 et L. 2111-12. — *[L. du 15 juill. 1845, art. 6.]*

Art. L. 2231-7 Dans une distance de moins de cinq mètres d'un chemin de fer, aucun dépôt de quelque matière que ce soit ne peut être établi sans autorisation préalable de l'autorité administrative.

Lorsque la sécurité et l'intérêt du service ferroviaire le permettent, cette distance peut être réduite en vertu d'une autorisation délivrée par l'autorité administrative.

Cette autorisation est révocable.

L'autorisation n'est pas nécessaire :

1° Pour former, dans les localités où le chemin de fer est en remblai, des dépôts de matières non inflammables dont la hauteur n'excède pas celle du remblai du chemin ;

2° Pour former des dépôts temporaires d'engrais et autres objets nécessaires à la culture des terres.

Art. L. 2231-8 Lors de la construction d'une nouvelle voie ferrée, si la sécurité ou l'intérêt du service ferroviaire l'exigent, l'autorité administrative peut faire supprimer les constructions, plantations, excavations ou amas de quelque matière que ce soit, existant dans les zones mentionnées aux articles L. 2231-2 à L. 2231-7, moyennant une indemnité.

L'indemnité est réglée conformément aux dispositions du code de l'expropriation pour cause d'utilité publique.

Art. L. 2231-9 Les conditions d'application du présent chapitre sont fixées par décret en Conseil d'État.

CHAPITRE II *Contraventions de grande voirie*

Art. L. 2232-1 Les infractions aux dispositions du chapitre Ier sont constatées, poursuivies et réprimées comme en matière de grande voirie.

(Ord. nº 2019-552 du 3 juin 2019, art. 10, en vigueur le 1er janv. 2020) « La société SNCF Réseau mentionnée à l'article L. 2111-9 et sa filiale mentionnée au 5° de cet article exercent concurremment avec l'État, et sous son contrôle, les pouvoirs dévolus à ce dernier pour la répression des atteintes à l'intégrité et à la conservation des biens du domaine public de l'État qui leur sont attribués. »

Les infractions aux dispositions du chapitre Ier peuvent en outre être constatées par les agents assermentés énumérés au I de l'article L. 2241-1 *(L. nº 2013-431 du 28 mai 2013, art. 6)* « et par les agents assermentés des personnes *(Abrogé par Ord. nº 2015-855 du 15 juill. 2015, art. 14) « agissant pour le compte de (L. nº 2014-872 du 4 août 2014, art. 24-1°, en vigueur le 1er janv. 2015) « SNCF Réseau » ou »* ayant conclu une convention avec *(L. nº 2014-872 du 4 août 2014, art. 24-1°, en vigueur le 1er janv. 2015)* « SNCF Réseau » en application de l'article L. 2111-9 ». — *[L. du 15 juill. 1845, art. 2, et art. 11, al. 1er, et art. 23, al. 1er, et L. nº 97-135 du 13 févr. 1997, art. 11, al. 1er.]*

Art. L. 2232-2 Les personnes qui contreviennent aux dispositions du présent chapitre sont condamnées à supprimer, dans le délai déterminé par le juge administratif, les ouvrages ou dépôts faits contrairement à ces dispositions.

La suppression a lieu d'office, et le montant de la dépense est recouvré contre eux par voie de contrainte, comme en matière de contributions publiques, s'ils ne se conforment pas à ce jugement.

TITRE IV Police du transport ferroviaire ou guidé

Art. L. 2240-1 Le présent titre s'applique à tous les transports publics ferroviaires ou guidés.

CHAPITRE PREMIER *Recherche, constatation et poursuite des infractions*

Art. L. 2241-1 I. — Sont chargés de constater par procès-verbaux les infractions aux dispositions du présent titre *(L. nº 2018-703 du 3 août 2018, art. 15)* « , les contraventions prévues à l'article 621-1 du code pénal » ainsi que les contraventions prévues par les règlements relatifs à la police ou à la sûreté du transport et à la sécurité de l'exploitation des systèmes de transport ferroviaire ou guidé, outre les officiers *(L. nº 2016-339 du 22 mars 2016, art. 6-1°)* « et les agents » de police judiciaire :

1° Les fonctionnaires ou agents de l'État assermentés missionnés à cette fin et placés sous l'autorité du ministre chargé des transports ;

2° Les agents assermentés missionnés de l'Établissement public de sécurité ferroviaire ;

3° Les agents assermentés missionnés du gestionnaire d'infrastructures de transport ferroviaire et guidé ;

4° Les agents assermentés de l'exploitant du service de transport *(L. nº 2019-1428 du 24 déc. 2019, art. 120)* « ou les agents assermentés d'une entreprise de transport agissant pour le compte de l'exploitant » ;

(L. nº 2014-872 du 4 août 2014, art. 21-I, en vigueur le 1er janv. 2015) « 5° Les agents assermentés missionnés *(L. nº 2017-258 du 28 févr. 2017, art. 34-1°)* « des services internes de sécurité de la SNCF et de la Régie autonome des transports parisiens » ; »

(L. nº 2016-339 du 22 mars 2016, art. 20-I) « 6° Les agents de police municipale » ;

(Ord. nº 2019-552 du 3 juin 2019, art. 10 et 26, en vigueur le 1er janv. 2020) « 7° Les agents assermentés de la filiale mentionnée au 5° de l'article L. 2111-9. »

II. – Les contraventions aux dispositions des arrêtés de l'autorité administrative compétente de l'État concernant la circulation, l'arrêt et le stationnement des véhicules dans les cours des gares sont constatées également par :

(Abrogé par L. n° 2016-339 du 22 mars 2016, art. 6-2°) « *1° Les agents de police judiciaire ;* »

2° Les agents de police judiciaire adjoints ;

3° Les agents chargés de la surveillance de la voie publique mentionnés au 3° de l'article L. 130-4 du code de la route ;

(L. n° 2015-990 du 6 août 2015, art. 20-II) « 4° Les agents assermentés mentionnés au 13° de l'article L. 130-4 du code de la route. » – *[L. du 15 juill. 1845, art. 23, al. 1er, phrases 1 et 2, et al. 4, 5, 8 et 9.]*

V. 1re note ss. art. L. 2141-1-1.

Art. L. 2241-1-1 *(L. n° 2014-872 du 4 août 2014, art. 21-II, en vigueur le 1er janv. 2015)* Dans l'exercice de leurs missions de sécurisation des personnes et des biens dans les transports en commun de voyageurs par voie ferrée ou guidée, les agents de la police nationale et les militaires de la gendarmerie nationale accèdent librement aux trains en circulation sur le territoire français.

(L. n° 2016-339 du 22 mars 2016, art. 21-1°) « Dans l'exercice de leurs missions de recherche de la fraude prévues par le code des douanes, les agents des douanes accèdent librement aux trains en circulation sur le territoire français. »

Les modalités d'application du présent article sont fixées par décret.

V. Décr. n° 2015-1759 du 24 déc. 2015 relatif à l'accès aux véhicules de transport ferroviaire ou guidé des agents de la police nationale et des militaires de la gendarmerie nationale dans l'exercice de leurs missions de sécurisation des personnes et des biens dans les transports en commun de voyageurs par voie ferrée ou guidée (JO 27 déc.).

V. Arr. du 24 déc. 2015 précisant les conditions du libre accès aux véhicules de transport ferroviaire ou guidé des services ou unités de la police et de la gendarmerie nationales chargés de la sécurisation des transports en commun de voyageurs (JO 27 déc.).

Art. L. 2241-2 Pour l'établissement des procès-verbaux, les agents *(Abrogé par Ord. n° 2015-855 du 15 juill. 2015, art. 15)* « *de l'exploitant* » mentionnés *(L. n° 2014-872 du 4 août 2014, art. 21-III, en vigueur le 1er janv. 2015)* « aux 3° à 5° » du I de l'article L. 2241-1 sont habilités selon les cas à recueillir ou à relever l'identité et l'adresse du contrevenant, dans les conditions prévues par l'article 529-4 du code de procédure pénale.

(L. n° 2011-267 du 14 mars 2011, art. 58) « Si le contrevenant refuse ou se déclare dans l'impossibilité de justifier de son identité, les agents mentionnés au premier alinéa du II de l'article 529-4 du code de procédure pénale en avisent sans délai et par tout moyen un officier de police judiciaire territorialement compétent.

« Pendant le temps nécessaire à l'information et à la décision de l'officier de police judiciaire, le contrevenant est tenu de demeurer à la disposition d'un agent visé au même premier alinéa. *(L. n° 2016-339 du 22 mars 2016, art. 16)* « La violation de cette obligation est punie de deux mois d'emprisonnement et de 7 500 € d'amende. »

« Sur l'ordre de l'officier de police judiciaire, les agents peuvent conduire l'auteur de l'infraction devant lui ou bien le retenir le temps nécessaire à son arrivée ou à celle d'un agent de police judiciaire agissant sous son contrôle. » *(L. n° 2019-1428 du 24 déc. 2019, art. 112)* « Le refus de l'auteur de l'infraction d'obtempérer est puni de la même peine que celle prévue au troisième alinéa du présent article. » – *[L. du 15 juill. 1845, art. 23-2.]*

Les dispositions issues de la L. n° 2011-267 du 14 mars 2011 ne sont pas applicables dans les îles Wallis-et-Futuna, en Polynésie française, en Nouvelle-Calédonie et dans les Terres australes et antarctiques françaises (L. préc., art. 125).

Art. L. 2241-2-1 *(L. n° 2016-339 du 22 mars 2016, art. 18-I)* Pour fiabiliser les données relatives à l'identité et à l'adresse du contrevenant recueillies lors de la constatation des contraventions mentionnées à l'article 529-3 du code de procédure pénale, les agents de l'exploitant du service de transport chargés du recouvrement des sommes dues au titre de la transaction mentionnée à l'article 529-4 du même code peuvent obtenir communication auprès des administrations publiques et des organismes de sécurité sociale, sans que le secret professionnel puisse leur être opposé, des renseignements, strictement limités aux nom, prénoms, date et lieu de naissance des contrevenants, ainsi qu'à l'adresse de leur domicile. Ils sont tenus au secret professionnel.

Les renseignements transmis ne peuvent être utilisés que dans le cadre de la procédure prévue aux articles 529-3 à 529-5 dudit code, en vue de permettre le recouvrement des sommes dues au titre de la transaction pénale ou de l'amende forfaitaire majorée. Ils ne peuvent être communiqués à d'autres tiers que ceux chargés de recouvrer ces sommes ou à l'autorité judiciaire qui est informée des cas d'usurpation d'identité détectés à l'occasion de ces échanges d'information.

Les demandes des exploitants et les renseignements communiqués en réponse sont transmis par l'intermédiaire d'une personne morale unique, commune aux exploitants. Les agents de cette personne morale unique susceptibles d'avoir accès à ces renseignements, dont le nombre maximal est fixé par arrêté conjoint du ministre de l'intérieur et des ministres chargés des finances et des transports, sont spécialement désignés et habilités à cet effet par la personne morale. Ils sont tenus au secret professionnel.

Les modalités d'application du présent article sont déterminées par décret en Conseil d'État pris après avis de la Commission nationale de l'informatique et des libertés.

Art. L. 2241-3 Les règles relatives à la transaction par indemnité forfaitaire applicable aux contraventions des quatre premières classes à la police des services publics de transports ferroviaires sont fixées par les articles 529-3 à 529-5 du code de procédure pénale.

Art. L. 2241-4 La procédure de l'amende forfaitaire prévue par les articles 529-7 à 529-11 du code de procédure pénale est applicable aux contraventions aux dispositions des arrêtés de l'autorité administrative compétente de l'État concernant la circulation, l'arrêt et le stationnement des véhicules dans les cours des gares.

Il est procédé comme pour les infractions commises sur les voies ouvertes à la circulation publique en matière de responsabilité pécuniaire, d'immobilisation, d'enlèvement et de mise en fourrière des véhicules.

Art. L. 2241-5 *(L. nº 2016-339 du 22 mars 2016, art. 14)* Les agents mentionnés au I de l'article L. 2241-1 peuvent constater par procès-verbal le délit prévu à l'article 446-1 du code pénal lorsqu'il est commis dans les véhicules et emprises immobilières des transports publics de voyageurs.

Les agents mentionnés au premier alinéa du présent article peuvent appréhender, en vue de leur confiscation par le tribunal, les marchandises de toute nature offertes, mises en vente ou exposées en vue de la vente dans les véhicules et emprises immobilières des transports publics de voyageurs sans l'autorisation administrative nécessaire. Ils peuvent également saisir dans les mêmes conditions les étals supportant ces marchandises.

Les marchandises saisies sont détruites lorsqu'il s'agit de denrées impropres à la consommation. Elles sont remises à des organisations caritatives ou humanitaires d'intérêt général lorsqu'il s'agit de denrées périssables.

Il est rendu compte à l'officier de police judiciaire compétent de la saisie des marchandises et de leur destruction ou de leur remise aux organisations mentionnées au troisième alinéa.

Art. L. 2241-6 *(L. nº 2011-267 du 14 mars 2011, art. 59)* « Toute personne qui contrevient aux dispositions tarifaires *(L. nº 2016-339 du 22 mars 2016, art. 11-2º)* « , à l'article L. 2241-10 » ou à des dispositions dont l'inobservation est susceptible soit de compromettre la sécurité des personnes ou la régularité des circulations, soit de troubler l'ordre public *(L. nº 2016-339 du 22 mars 2016, art. 21-2º)* « , ainsi que toute personne qui refuse de se soumettre à l'inspection visuelle ou à la fouille de ses bagages ou aux palpations de sécurité » peut se voir *(L. nº 2016-339 du 22 mars 2016, art. 21-2º)* « interdire par les agents mentionnés au I de l'article L. 2241-1 l'accès au véhicule de transport, même munie d'un titre de transport valide. Le cas échéant, elle peut se voir enjoindre par ces mêmes agents » de descendre du véhicule de transport ferroviaire ou routier au premier point d'arrêt suivant la constatation des faits ou de quitter sans délai les espaces, gares ou stations gérés par l'exploitant du réseau de transport public.

« En cas de refus d'obtempérer, les agents spécialement désignés par l'exploitant peuvent *(L. nº 2016-339 du 22 mars 2016, art. 21-2º)* « interdire à l'intéressé l'accès du véhicule ou le contraindre à en descendre » ou à quitter sans délai les espaces, gares ou stations et, en tant que de besoin, requérir l'assistance de la force publique. »

Ils informent de cette mesure, sans délai et par tout moyen, un officier de police judiciaire territorialement compétent. – *[L. du 15 juill. 1845, art. 23-2.]*

(L. nº 2019-1428 du 24 déc. 2019, art. 114) « Cette mesure est mise en œuvre de façon proportionnée en tenant compte de la vulnérabilité éventuelle de la personne, en fonction de son âge ou de son état de santé. Lorsque la personne vulnérable est sans domicile fixe, elle ne peut faire l'objet des mesures définies aux deux premiers alinéas du présent article qu'à la condition que l'autorité dont relèvent les agents mentionnés au I de l'article L. 2241-1 du présent code ait préalablement trouvé l'hébergement d'urgence décrit à l'article L. 345-2-2 du code de l'action sociale et des familles.

« Lorsque la personne vulnérable est sans domicile fixe, elle ne peut faire l'objet des mesures définies aux deux premiers alinéas du présent article lorsque des mesures de renforcement temporaire des dispositifs d'hébergement et d'accueil sont rendues nécessaires, notamment par des conditions climatiques spécifiques. »

Les dispositions issues de la L. n° 2011-267 du 14 mars 2011 ne sont pas applicables dans les îles Wallis-et-Futuna, en Polynésie française, en Nouvelle-Calédonie et dans les Terres australes et antarctiques françaises (L. préc., art. 125).

Art. L. 2241-7 Les procès-verbaux font foi jusqu'à preuve contraire.

Art. L. 2241-8 Les personnes empruntant les trains à destination du Royaume-Uni peuvent être soumis *[soumises]* aux contrôles prévus par le protocole additionnel au protocole signé le 25 novembre 1991 entre le Gouvernement de la République française et le Gouvernement du Royaume-Uni de Grande-Bretagne et d'Irlande du Nord relatif à la création de bureaux chargés du contrôle des personnes empruntant la liaison ferroviaire reliant la France et le Royaume-Uni, quelle que soit leur gare de destination. Ils *[Elles]* en sont informés *[informées]* lors de l'acquisition de leur titre de transport.

Art. L. 2241-9 *(L. n° 2014-872 du 4 août 2014, art. 22, en vigueur le 1er janv. 2015)* Les événements graves, relatifs à des faits de délinquance ou à des troubles graves à l'ordre public survenus à bord de leurs trains, sont portés par les entreprises ferroviaires à la connaissance des services du ministre de l'intérieur chargés de la sécurisation des réseaux de transport ferroviaire, dans les meilleurs délais.

Art. L. 2241-10 *(L. n° 2016-339 du 22 mars 2016, art. 11-1°)* Les passagers des transports routiers, ferroviaires ou guidés doivent être en mesure de justifier de leur identité lorsqu'ils ne disposent pas d'un titre de transport valable à bord des véhicules de transport ou dans les zones dont l'accès est réservé aux personnes munies d'un titre de transport, ou lorsqu'ils ne régularisent pas immédiatement leur situation. Ils doivent, pour cela, être porteurs d'un document attestant cette identité ; la liste des documents valables est établie par arrêté conjoint du ministre de l'intérieur et du ministre chargé des transports.

Le présent article n'est pas applicable aux mineurs accompagnés par une personne de plus de dix-huit ans qui en a la charge ou la surveillance.

Art. L. 2241-11 *(L. n° 2016-339 du 22 mars 2016, art. 11-1°)* Les entreprises de transports routiers, ferroviaires ou guidés peuvent subordonner le voyage de leurs passagers à la détention d'un titre de transport nominatif. Dans ce cadre, le passager est tenu, lorsque l'entreprise de transport le lui demande, de présenter un document attestant son identité afin que soit vérifiée la concordance entre celle-ci et l'identité mentionnée sur son titre de transport.

CHAPITRE II *Sanctions pénales*

Art. L. 2242-1 Est puni de dix ans d'emprisonnement le fait d'employer volontairement un moyen quelconque aux fins de faire dérailler les véhicules ou de provoquer leur collision.

S'il en résulte un homicide ou des blessures, le coupable est puni de la réclusion criminelle à perpétuité dans le premier cas et de vingt ans de réclusion criminelle dans le second.

Art. L. 2242-2 Est puni de cinq ans d'emprisonnement le fait de menacer, par écrit anonyme ou signé, de commettre une des infractions prévues par l'article L. 2242-1, dans le cas où la menace a été faite avec ordre de déposer une somme d'argent dans un lieu indiqué ou de remplir toute autre condition.

Si la menace n'a été accompagnée d'aucun ordre ou condition, la peine est de deux ans d'emprisonnement et de 3 750 € d'amende.

Si la menace avec ordre ou condition a été verbale, la peine est de six mois d'emprisonnement et de 3 750 € d'amende.

Art. L. 2242-3 Est puni de six mois d'emprisonnement et de 3 750 € d'amende le fait de causer involontairement, sur un chemin de fer ou dans les gares ou stations, par maladresse, imprudence, inattention, négligence ou inobservation des lois ou règlements, un accident occasionnant des blessures.

Si l'accident a occasionné la mort d'une ou de plusieurs personnes, la peine est de cinq ans d'emprisonnement et de 3 750 € d'amende.

Art. L. 2242-4 Est puni de six mois d'emprisonnement et de 3 750 € d'amende le fait pour toute personne :

1° De modifier ou déplacer sans autorisation ou de dégrader ou déranger la voie ferrée, les talus, clôtures, barrières, bâtiments et ouvrages d'art, les installations de production, de transport et de distribution d'énergie ainsi que les appareils et le matériel de toute nature servant à l'exploitation ;

2° De jeter ou déposer un matériau ou un objet quelconque sur les lignes de transport ou de distribution d'énergie ou dans les parties de la voie ferrée ou de ses dépendances qui ne sont pas affectées à la circulation publique ;

3° D'empêcher le fonctionnement des signaux ou appareils quelconques ou de manœuvrer, sans en avoir mission, ceux qui ne sont pas à la disposition du public ;

4° De troubler ou entraver, par des signaux faits en dehors du service ou de toute autre façon, la mise en marche ou la circulation des trains ;

5° De pénétrer, circuler ou stationner sans autorisation régulière dans les parties de la voie ferrée ou de ses dépendances qui ne sont pas affectées à la circulation publique, d'y introduire des animaux ou d'y laisser introduire ceux dont elle est responsable, d'y faire circuler ou stationner un véhicule étranger au service, d'y jeter ou déposer un matériau ou un objet quelconque, d'entrer dans l'enceinte du chemin de fer ou d'en sortir par d'autres issues que celles affectées à cet usage ;

6° De laisser stationner sur les parties d'une voie publique suivie ou traversée à niveau par une voie ferrée des voitures ou des animaux, d'y jeter ou déposer un matériau ou un objet quelconque, de faire suivre les rails de la voie ferrée par des véhicules étrangers au service ;

7° De laisser subsister, après une mise en demeure de les supprimer faite par l'autorité administrative compétente de l'État, toutes installations lumineuses et notamment toute publicité lumineuse au moyen d'affiches, enseignes ou panneaux lumineux ou réfléchissants, lorsqu'elles sont de nature à créer un danger pour la circulation des convois en raison de la gêne qu'elles apportent pour l'observation des signaux par les agents du chemin de fer ;

8° De faire usage du signal d'alarme ou d'arrêt mis à la disposition des voyageurs de manière illégitime et dans l'intention de troubler ou d'entraver la mise en marche ou la circulation des trains ;

(L. nº 2011-267 du 14 mars 2011, art. 57) « 9° De pénétrer sans autorisation dans les espaces affectés à la conduite des trains. »

Art. L. 2242-5 Est puni de *(L. nº 2016-339 du 22 mars 2016, art. 21-3º)* « deux mois d'emprisonnement et de » 3 750 € d'amende le fait de déclarer intentionnellement une fausse adresse ou une fausse identité auprès des agents assermentés mentionnés au I de l'article L. 2241-1. – *[L. du 15 juill. 1845, art. 23, al. 1er, phrase 3.]*

Art. L. 2242-6 Est puni de six mois d'emprisonnement et de 7 500 € d'amende le fait de voyager, de manière habituelle, dans *(L. nº 2016-339 du 22 mars 2016, art. 15-1º)* « tout moyen de transport public de personnes payant » sans être muni d'un titre de transport valable.

L'habitude est caractérisée dès lors que la personne concernée a fait l'objet, sur une période inférieure ou égale à douze mois, de plus de *(L. nº 2016-339 du 22 mars 2016, art. 15-2º)* « cinq » contraventions pour avoir voyagé sans titre de transport ou munie d'un titre de transport non valable ou non complété, qui n'ont pas donné lieu à une transaction en application de l'article 529-3 du code de procédure pénale. – *[L. du 15 juill. 1845, art. 24-1.]*

Art. L. 2242-7 Est puni de six mois d'emprisonnement et de 7 500 € d'amende, l'outrage adressé à un agent d'un exploitant de réseau de transport public de personnes *(Ord. nº 2015-855 du 15 juill. 2015, art. 16)* « ou à un agent mentionné au 3° ou au 5° du I de l'article L. 2241-1 ».

Lorsqu'il est commis en réunion, l'outrage est puni d'un an d'emprisonnement et de 15 000 € d'amende.

Art. L. 2242-8 Est puni de deux ans d'emprisonnement le fait pour l'agent chargé de la conduite d'abandonner son poste pendant la marche du convoi.

Art. L. 2242-9 *(L. nº 2014-872 du 4 août 2014, art. 21-IV, en vigueur le 1er janv. 2015)* L'obstacle aux dispositions prévues à l'article L. 2241-1-1 est passible d'une amende administrative de 15 000 €.

Art. L. 2242-10 *(L. nº 2016-339 du 22 mars 2016, art. 21-4º)* Le fait de diffuser, par quelque moyen que ce soit et quel qu'en soit le support, tout message de nature à signaler la présence de contrôleurs ou d'agents de sécurité employés ou missionnés par un exploitant de transport public de voyageurs est puni de deux mois d'emprisonnement et de 3 750 € d'amende.

CIRCULATION

I. CIRCULATION ROUTIÈRE

RÉP. PÉN. v^is *Circulation routière,* par PÉLISSIER ; *Stationnement et arrêt de véhicule,* par CÉRÉ.

Code de la route

PREMIÈRE PARTIE : ***Législative***

(Ord. n° 2000-930 du 22 sept. 2000)

LIVRE PREMIER **Dispositions générales**

TITRE PREMIER **Définitions**

Art. L. 110-1 Pour l'application du présent code, les termes, ci-après ont le sens qui leur est donné dans le présent article :

1° Le terme "véhicule à moteur" désigne tout véhicule terrestre pourvu d'un moteur de propulsion, y compris les trolleybus, et circulant sur route par ses moyens propres, à l'exception des véhicules qui se déplacent sur rails ;

2° Le terme "remorque" désigne tout véhicule destiné à être attelé à un autre véhicule.

Art. L. 110-2 La définition des voiries nationales, départementales et communales est fixée aux articles L. 121-1, L. 122-1, L. 123-1, L. 131-1, L. 141-1, L. 151-1 et L. 161-1 du code de la voirie routière ci-après reproduits :

Art. L. 121-1 Les voies du domaine public routier national sont :

1° Les autoroutes ;

2° Les routes nationales.

(L. n° 2004-809 du 13 août 2004, art. 18-II) « Le domaine public routier national est constitué d'un réseau cohérent d'autoroutes et de routes d'intérêt national ou européen. Des décrets en Conseil d'État, actualisés tous les dix ans, fixent, parmi les itinéraires, ceux qui répondent aux critères précités.

« L'État conserve dans le domaine public routier national, jusqu'à leur déclassement, les tronçons de routes nationales n'ayant pas de vocation départementale et devant rejoindre le domaine public routier communal. »

Art. L. 122-1 Les autoroutes sont des routes sans croisement, seulement accessibles en des points aménagés à cet effet et réservées aux véhicules à propulsion mécanique.

(L. n° 2019-1428 du 24 déc. 2019, art. 161-I) « Les autoroutes peuvent comporter des sections à gabarit routier dans les conditions définies par décret en Conseil d'État, tenant compte natamment de contraintes topographiques. »

Art. L. 123-1 Les voies du domaine public routier national autres que les autoroutes définies à l'article L. 122-1 sont dénommées routes nationales. — *V. Décr. n° 2006-304 du 16 mars 2006 créant et organisant les directions interdépartementales des routes (JO 17 mars).*

Le caractère de route express peut leur être conféré dans les conditions fixées aux articles L. 151-1 à L. 151-5.

Art. L. 131-1 Les voies qui font partie du domaine public routier départemental sont dénommées routes départementales.

Le caractère de route express peut leur être conféré dans les conditions fixées aux articles L. 151-1 à L. 151-5.

Art. L. 141-1 Les voies qui font partie du domaine public routier communal sont dénommées voies communales.

Le caractère de route express peut leur être conféré dans les conditions fixées aux articles L. 151-1 à L. 151-5.

Art. L. 151-1 Les routes express sont des routes ou sections de routes appartenant au domaine public de l'État, des départements ou des communes, accessibles seulement en des points aménagés à cet effet et qui peuvent être interdites à certaines catégories d'usagers et de véhicules.

Art. L. 161-1 Les chemins ruraux appartiennent au domaine privé de la commune. Ils sont affectés à la circulation publique et soumis aux dispositions du chapitre Ier du titre II du livre Ier du code rural et de la pêche maritime. — *Les dispositions de la partie législative du code de la route qui citent en les reproduisant des articles d'autres codes ou de lois non codifiées sont de plein droit modifiées par l'effet des modifications ultérieures de ces articles (Ord. n° 2000-930 du 22 sept. 2000, art. 3).*

Art. L. 110-3 *(L. n° 2004-809 du 13 août 2004, art. 22)* Les routes à grande circulation, quelle que soit leur appartenance domaniale, sont les routes qui permettent d'assurer la continuité des itinéraires principaux et, notamment, le délestage du trafic, la circulation des transports exceptionnels, des convois et des transports militaires et la desserte économique du territoire, et justifient, à ce titre, des règles particulières en matière de police de la circulation. La liste des routes à grande circulation est fixée par décret, après avis des collectivités et des groupements propriétaires des voies.

Les collectivités et groupements propriétaires des voies classées comme routes à grande circulation communiquent au représentant de l'État dans le département, avant leur mise en œuvre, les projets de modification des caractéristiques techniques de ces voies et toutes mesures susceptibles de rendre ces routes impropres à leur destination.

Un décret en Conseil d'État détermine les conditions d'application du présent article.

TITRE II Responsabilité

CHAPITRE PREMIER *Responsabilité pénale*

Art. L. 121-1 Le conducteur d'un véhicule est responsable pénalement des infractions commises par lui dans la conduite dudit véhicule.

Toutefois, lorsque le conducteur a agi en qualité de préposé, le tribunal pourra, compte tenu des circonstances de fait et des conditions de travail de l'intéressé, décider que le paiement des amendes de police prononcées en vertu du présent code sera, en totalité ou en partie, à la charge du commettant si celui-ci a été cité à l'audience.

Art. L. 121-2 Par dérogation aux dispositions de l'article L. 121-1, le titulaire du certificat d'immatriculation du véhicule est responsable pécuniairement des infractions à la réglementation sur le stationnement des véhicules *(L. n° 2003-495 du 12 juin 2003, art. 8)* « ou sur l'acquittement des péages » pour lesquelles seule une peine d'amende est encourue *(L. n° 2020-105 du 10 févr. 2020, art. 101)* « ainsi que des contraventions relatives à l'abandon d'ordures, de déchets, de matériaux ou d'autres objets », à moins qu'il n'établisse l'existence d'un événement de force majeure ou qu'il ne fournisse des renseignements permettant d'identifier l'auteur véritable de l'infraction.

Dans le cas où le véhicule était loué à un tiers, cette responsabilité pèse, avec les mêmes réserves, sur le locataire.

(L. n° 2011-1862 du 13 déc. 2011, art. 31-III) « Dans le cas où le véhicule a été cédé, cette responsabilité pèse, avec les mêmes réserves, sur l'acquéreur du véhicule. »

Lorsque le certificat d'immatriculation du véhicule est établi au nom d'une personne morale, la responsabilité pécuniaire prévue au premier alinéa incombe, sous les mêmes réserves, au représentant légal de cette personne morale.

RÉP. PÉN. v° *Stationnement et arrêt de véhicule,* par CÉRÉ.

Art. L. 121-3 Par dérogation aux dispositions de l'article L. 121-1, le titulaire du certificat d'immatriculation du véhicule est redevable pécuniairement de l'amende encourue pour des *(L. n° 2016-1547 du 18 nov. 2016, art. 34-I-1° et 34-IV-B, en vigueur le 31 déc. 2016)* « infractions dont la liste est fixée par décret en Conseil d'État », à moins qu'il n'établisse l'existence d'un vol ou de tout autre événement de force majeure ou qu'il n'apporte tous éléments permettant d'établir qu'il n'est pas l'auteur véritable de l'infraction.

La personne déclarée redevable en application des dispositions du présent article n'est pas responsable pénalement de l'infraction. Lorsque le tribunal *(Abrogé par L. n° 2019-1428 du 24 déc. 2019, art. 98-I) « de police » (Abrogé par L. n° 2011-1862 du 13 déc. 2011, art. 2-X, à compter du 1er janv. 2017) (L. n° 2005-47 du 26 janv. 2005, art. 9-XXXVII) « ou la juridiction de proximité »*, y compris par ordonnance pénale, fait application des dispositions du présent article, sa décision ne donne pas lieu à inscription au casier judiciaire, ne peut être prise en compte pour la récidive et n'entraîne pas retrait des points affectés au permis de conduire. Les règles sur la *(L. n° 2004-204 du 9 mars 2004, art. 198-V, en vigueur le 1er janv. 2005)* « contrainte judiciaire » ne sont pas applicables au paiement de l'amende.

(L. n° 2009-526 du 12 mai 2009, art. 133-V) « Lorsque le certificat d'immatriculation du véhicule est établi au nom d'une personne morale, la responsabilité pécuniaire prévue au premier alinéa incombe, sous les réserves prévues au premier alinéa de l'article L. 121-2, au représentant légal de cette personne morale. »

(L. n° 2011-525 du 17 mai 2011, art. 164-1°) « Lorsque le véhicule était loué à un tiers, la responsabilité pécuniaire prévue au premier alinéa incombe au locataire, sous les réserves prévues au premier alinéa de l'article L. 121-2. »

(L. n° 2011-1862 du 13 déc. 2011, art. 31-III) « Dans le cas où le véhicule a été cédé, la responsabilité pécuniaire prévue au premier alinéa du présent article incombe, sous les réserves prévues au premier alinéa de l'article L. 121-2, à l'acquéreur du véhicule. »

Art. L. 121-4 Sauf cas de versement immédiat d'une amende forfaitaire ou d'une amende forfaitaire minorée, lorsqu'elles sont respectivement applicables, lorsque l'auteur d'une infraction se trouve hors d'état de justifier d'un domicile ou d'un emploi sur le territoire français ou d'une caution agréée par l'administration habilitée à percevoir les amendes garantissant le paiement éventuel des condamnations pécuniaires encourues, le véhicule ayant servi à commettre l'infraction pourra être retenu jusqu'à ce qu'ait été versée *(Ord. n° 2010-420 du 27 avr. 2010, art. 116)* « au comptable public compétent » ou à un agent mentionné à l'article L. 130-4 porteur d'un carnet de quittances à souches une consignation dont le montant est fixé par arrêté. La décision imposant le paiement d'une consignation est prise par le procureur de la République, qui est tenu de statuer dans le délai maximum de vingt-quatre heures après la constatation de l'infraction.

Le véhicule peut être mis en fourrière si aucune de ces garanties n'est fournie par l'auteur de l'infraction et les frais en résultant sont mis à la charge de celui-ci.

Art. L. 121-4-1 *(L. n° 2007-297 du 5 mars 2007, art. 21)* Lorsqu'un avis d'amende forfaitaire majorée concernant une *(L. n° 2016-1547 du 18 nov. 2016, art. 34-I-2°)* « infraction » mentionnée à l'article L. 121-3 a été adressé par lettre recommandée au titulaire du certificat d'immatriculation ne pouvant justifier d'un domicile sur le territoire français et qu'il n'a pas été procédé, dans le délai de quatre mois à compter de sa date d'envoi, au paiement de l'amende ou à la réclamation prévue par l'article 530 du code de procédure pénale, le véhicule ayant servi à commettre l'infraction peut, en cas d'interception du véhicule conduit par ce titulaire, être retenu jusqu'à ce que celui-ci verse le montant de l'amende due aux agents mentionnés à l'article L. 121-4. Il en est de même si le véhicule est conduit par un préposé du titulaire du certificat d'immatriculation ou par le représentant de ce titulaire s'il s'agit d'une personne morale.

Le véhicule peut être mis en fourrière si ce versement n'est pas fait par l'intéressé et les frais en résultant sont mis à la charge de celui-ci.

La personne est informée qu'elle peut demander que le procureur de la République du lieu de l'interception soit avisé de l'application du présent article.

Pour l'application du présent article, est considérée comme le titulaire du certificat d'immatriculation la personne dont l'identité figure sur un document équivalent délivré par les autorités étrangères compétentes.

Art. L. 121-5 *(L. n° 2019-222 du 23 mars 2019, art. 58-VI)* Les règles relatives à la procédure de l'amende forfaitaire applicable à certaines infractions au présent code sont fixées aux articles 495-17 à 495-25 et 529-7 à 530-4 du code de procédure pénale.

Le recours à cette procédure, y compris en cas d'extinction de l'action publique résultant du paiement de l'amende forfaitaire, ne fait pas obstacle à la mise en œuvre et l'exécution des mesures administratives de rétention et de suspension du permis de conduire, ou d'immobilisation et de mise en fourrière du véhicule, prévues aux articles L. 224-1 à L. 224-7, L. 325-1 et L. 325-1-2 du présent code.

Ancien art. L. 121-5 (L. n° 2011-525 du 17 mai 2011, art. 164-2°) *Les règles relatives à la procédure de l'amende forfaitaire applicable à certaines infractions au présent code sont fixées aux articles 529-7 à 530-4 du code de procédure pénale.*

Art. L. 121-6 *(L. n° 2016-1547 du 18 nov. 2016, art. 34-I-3° et 34-IV-A, en vigueur le 1er janv. 2017)* Lorsqu'une infraction constatée selon les modalités prévues à l'article L. 130-9 a été commise avec un véhicule dont le titulaire du certificat d'immatriculation est une personne morale ou qui est détenu par une personne morale, le représentant légal de cette personne morale doit indiquer, par lettre recommandée avec demande d'avis de réception ou de façon dématérialisée, selon des modalités précisées par arrêté, dans un délai de quarante-cinq jours à compter de l'envoi ou de la remise de l'avis de contravention, à l'autorité mentionnée sur cet avis, l'identité et l'adresse de la personne physique qui conduisait ce véhicule, à moins qu'il n'établisse l'existence d'un vol, d'une usurpation de plaque d'immatriculation ou de tout autre événement de force majeure.

Le fait de contrevenir au présent article est puni de l'amende prévue pour les contraventions de la quatrième classe.

CHAPITRE II *Indemnisation des victimes d'accidents de la circulation*

Art. L. 122-1 Outre les dispositions du code des assurances, les règles relatives à l'indemnisation des victimes d'accidents de la circulation sont fixées par les articles 1er à 6 de la loi n° 85-677 du 5 juillet 1985 ci-après reproduits :

Art. 1er Les dispositions du présent chapitre s'appliquent, même lorsqu'elles sont transportées en vertu d'un contrat, aux victimes d'un accident de la circulation dans lequel est impliqué un véhicule terrestre à moteur ainsi que ses remorques ou semi-remorques, à l'exception des chemins de fer et des tramways circulant sur des voies qui leur sont propres.

Art. 2 Les victimes, y compris les conducteurs, ne peuvent se voir opposer la force majeure ou le fait d'un tiers par le conducteur ou le gardien d'un véhicule mentionné à l'article 1er.

Art. 3 Les victimes, hormis les conducteurs de véhicules terrestres à moteur, sont indemnisées des dommages résultant des atteintes à leur personne qu'elles ont subis, sans que puisse leur être opposée leur propre faute à l'exception de leur faute inexcusable si elle a été la cause exclusive de l'accident.

Les victimes désignées à l'alinéa précédent, lorsqu'elles sont âgées de moins de seize ans ou de plus de soixante-dix ans, ou lorsque, quel que soit leur âge, elles sont titulaires, au moment de l'accident, d'un titre leur reconnaissant un taux d'incapacité permanente ou d'invalidité au moins égal à 80 %, sont, dans tous les cas, indemnisées des dommages résultant des atteintes à leur personne qu'elles ont subis.

Toutefois, dans les cas visés aux deux alinéas précédents, la victime n'est pas indemnisée par l'auteur de l'accident des dommages résultant des atteintes à sa personne lorsqu'elle a volontairement recherché le dommage qu'elle a subi.

Art. 4 La faute commise par le conducteur du véhicule terrestre à moteur a pour effet de limiter ou d'exclure l'indemnisation des dommages qu'il a subis.

Art. 5 La faute commise par la victime a pour effet de limiter ou d'exclure l'indemnisation des dommages aux biens qu'elle a subis. Toutefois, les fournitures et appareils délivrés sur prescription médicale donnent lieu à indemnisation selon les règles applicables à la réparation des atteintes à la personne.

Lorsque le conducteur d'un véhicule terrestre n'en est pas le propriétaire, la faute de ce conducteur peut être opposée au propriétaire pour l'indemnisation des dommages causés à son véhicule. Le propriétaire dispose d'un recours contre le conducteur.

Art. 6 Le préjudice subi par un tiers du fait des dommages causés à la victime directe d'un accident de la circulation est réparé en tenant compte des limitations ou exclusions applicables à l'indemnisation de ces dommages. — *Les dispositions de la partie Législative du code de la route qui citent en les reproduisant des articles d'autres codes ou de lois non codifiées sont de plein droit modifiées par l'effet des modifications ultérieures de ces articles (Ord. n° 2000-930 du 22 sept. 2000, art. 3).*

TITRE III Recherche et constatation des infractions

Art. L. 130-1 Les fonctionnaires du corps de commandement et d'encadrement de la police nationale, autres que ceux visés au 3° de l'article 16 du code de procédure pénale affectés à une circonscription territoriale ne dépassant pas le ressort de la cour d'appel, nominativement désignés par arrêté des ministres de la justice et de l'intérieur après avis conforme de la commission prévue à l'article 16 (3°) du code de procédure pénale, ont la qualité d'officier de police judiciaire, uniquement dans les limites de cette circonscription, pour rechercher et constater les infractions au présent code et les infractions d'atteintes involontaires à la vie ou à l'intégrité d'une personne commises à l'occasion d'accidents de la circulation, à l'exclusion de celles commises en relation avec des manifestations sur la voie publique, et de toutes autres infractions.

RÉP. PÉN. v° *Garde champêtre,* par DREUILLE.

Art. L. 130-2 Les fonctionnaires mentionnés à l'article L. 130-1 ne peuvent en aucun cas décider des mesures de garde à vue ni procéder à la visite des véhicules.

Ils ne peuvent exercer effectivement les attributions attachées à leur qualité d'officier de police judiciaire que dans les conditions prévues à l'article 16 du code de procédure pénale.

Art. L. 130-3 Les fonctionnaires du corps de commandement de la police nationale mentionnés à l'article L. 130-1 qui n'ont pas obtenu la qualité d'officier de police judiciaire peuvent, dans les conditions fixées par l'article 20 du code de procédure pénale, exercer les attributions attachées à leur qualité d'agent de police judiciaire pour la recherche et la constatation des infractions prévues à l'article L. 130-1.

Les fonctionnaires du corps d'encadrement et d'application de la police nationale affectés à une circonscription territoriale ne dépassant pas le ressort de la cour d'appel peuvent, dans les limites de cette circonscription et dans les conditions fixées par l'article 20 du code de procédure pénale, exercer les attributions attachées à leur qualité d'agent de police judiciaire pour la recherche et la constatation des mêmes catégories d'infractions.

Les fonctionnaires mentionnés au présent article sont placés sous la surveillance du procureur général et sous le contrôle de la chambre de l'instruction, conformément aux articles 224 à 229 du code de procédure pénale.

Art. L. 130-4 *(L. n° 2003-495 du 12 juin 2003, art. 39)* **Sans préjudice de la compétence générale des officiers et des agents de police judiciaire, ont compétence pour constater par procès-verbal les contraventions prévues par la partie Réglementaire du présent code ou par d'autres dispositions réglementaires, dans la mesure où elles se rattachent à la sécurité et à la circulation routières :**

1° Les personnels de l'Office national des forêts ;

2° Les gardes champêtres des communes ;

3° Les agents titulaires ou contractuels de l'État et les agents des communes, titulaires ou non, chargés de la surveillance de la voie publique, agréés par le procureur de la République ;

4° Les agents, agréés par le procureur de la République, de ceux des services publics urbains de transport en commun de voyageurs qui figurent sur une liste dressée dans des conditions fixées par décret en Conseil d'État ;

5° Les officiers de port et les officiers de port adjoints ;

6° Les fonctionnaires ou agents de l'État chargés du contrôle des transports terrestres placés sous l'autorité du ministre chargé des transports ;

7° Les agents des douanes ;

8° Les agents des *(L. n° 2010-788 du 12 juill. 2010, art. 58-I)* **« exploitants » d'une autoroute ou d'un ouvrage routier ouvert à la circulation publique et soumis à péage, agréés par le préfet** *(L. n° 2019-1428 du 24 déc. 2019, art. 159-I)* **« de l'un des départements traversés par le réseau confié à l'exploitant qui les emploie » ;**

9° Les agents verbalisateurs mentionnés à l'article L. 116-2 du code de la voirie routière ;

10° Les agents des exploitants d'aérodromes, assermentés et agréés par le préfet pour les seules contraventions aux règles de stationnement dans l'emprise de l'aérodrome ;

11° Les agents de police judiciaire adjoints ;

12° Les fonctionnaires ou agents de l'État, chargés des réceptions des véhicules ou éléments de véhicules, placés sous l'autorité des ministres chargés de l'industrie et des transports ;

(L. n° 2015-990 du 6 août 2015, art. 20-I-1°) **« 13° Les agents des exploitants de parcs publics de stationnement situés sur le domaine public ferroviaire, assermentés et agréés par le représentant de l'État dans le département, pour les seules contraventions aux règles concernant la circulation, l'arrêt et le stationnement des véhicules dans l'emprise du parc public » ;**

(L. n° 2017-1754 du 25 déc. 2017, art. 2-II) **« 14° Les agents de l'établissement public Paris La Défense, dans les conditions prévues à l'article L. 328-4 du code de l'urbanisme. »**

La liste des contraventions que chaque catégorie d'agents mentionnée ci-dessus est habilitée à constater est fixée par décret en Conseil d'État.

RÉP. PÉN. v° *Garde champêtre*, par DREUILLE.

Art. L. 130-5 *(Ord. n° 2012-351 du 12 mars 2012, art. 10, en vigueur le 1er mai 2012)* **Les règles relatives à la constatation des contraventions au présent code par les agents de police municipale sont fixées par les articles L. 511-1 et L. 512-2 du code de la sécurité intérieure.**

Ancien art. L. 130-5 *Les règles relatives à la constatation des contraventions au présent code par les agents de police municipale sont fixées par l'article L. 2212-5 du code général des collectivités territoriales ci-après reproduit :*

Art. L. 2212-5 *Sans préjudice de la compétence générale de la police nationale et de la gendarmerie nationale, les agents de police municipale exécutent, dans la limite de leurs attributions et sous son autorité, les tâches relevant de la compétence du maire que celui-ci leur confie en matière de prévention et de surveillance du bon ordre, de la tranquillité, de la sécurité et de la salubrité publiques.*

Ils sont chargés d'assurer l'exécution des arrêtés de police du maire et de constater par procès-verbaux les contraventions auxdits arrêtés. Sans préjudice des compétences qui leur sont dévolues par les lois spéciales, ils constatent également par procès-verbaux les contraventions aux dispositions du code de la route dont la liste est fixée par décret en Conseil d'État (L. n° 2006-396 du 31 mars 2006, art. 50) « ainsi que les contraventions mentionnées au livre VI du code pénal dont la liste est fixée par décret en Conseil d'État, dès lors qu'elles ne nécessitent pas de leur part d'actes d'enquêtes et à l'exclusion de celles réprimant des atteintes à l'intégrité des personnes ».

(L. n° 2003-239 du 18 mars 2003, art. 62) « Ils peuvent également constater par rapport le délit prévu par l'article L. 126-3 du code de la construction et de l'habitation. »

Ils exercent leurs fonctions sur le territoire communal, dans les conditions prévues (Ord. n° 2003-1212 du 18 déc. 2003, art. 3-IV) « au 2° de l'article 21 du code de procédure pénale ».

(L. n° 2002-276 du 27 févr. 2002, art. 43) « A la demande des maires de plusieurs communes appartenant à un même établissement public de coopération intercommunale à fiscalité propre, celui-ci peut recruter, après délibération de deux tiers au moins des conseils municipaux des communes intéressées représentant plus de la moitié de la population totale de celles-ci, ou de la moitié au moins des conseils municipaux des communes représentant les deux tiers de la population, un ou plusieurs agents de police municipale, en vue de les mettre à disposition de l'ensemble de ces communes. Leur nomination en qualité de fonctionnaires stagiaires ne fait pas obstacle à leur mise à disposition. »

(L. n° 2009-526 du 12 mai 2009, art. 119) « Les agents de police municipale ainsi recrutés exercent, sur le territoire de chaque commune où ils sont affectés, les compétences mentionnées ci-dessus, sans préjudice des compétences de police judiciaire qui leur sont dévolues par le code de procédure pénale et par les lois pénales spéciales. Pendant l'exercice de leurs fonctions sur le territoire d'une commune, ils sont placés sous l'autorité du maire de cette commune. » — Les dispositions de la partie Législative du code de la route qui citent en les reproduisant des articles d'autres codes ou de lois non codifiées sont de plein droit modifiées par l'effet des modifications ultérieures de ces articles (Ord. n° 2000-930 du 22 sept. 2000, art. 3).

Art. L. 130-6 *(L. n° 2013-431 du 28 mai 2013, art. 20)* « Les infractions prévues aux articles L. 233-2, L. 317-1 à L. 317-4-1, *(L. n° 2019-1428 du 24 déc. 2019, art. 95-III)* « L. 318-3, » L. 324-2, L. 325-3-1 et L. 413-1 peuvent être constatées par les fonctionnaires ou agents de l'État chargés du contrôle des transports terrestres placés sous l'autorité du ministre chargé des transports lorsqu'elles sont commises au moyen de véhicules affectés au transport routier de voyageurs ou de marchandises. »

(L. n° 2002-3 du 3 janv. 2002) « Ces fonctionnaires ont accès à l'appareil de contrôle, dit "chronotachygraphe", et à toutes ses composantes afin d'en vérifier l'intégrité, sur les véhicules soumis à l'obligation d'en être équipés. »

(L. n° 2013-431 du 28 mai 2013, art. 20) « Ils ont également accès au poste de conduite afin d'y effectuer les vérifications prescrites par le présent code. »

Art. L. 130-7 *(L. n° 2003-495 du 12 juin 2003, art. 39)* Lorsqu'ils ne sont pas déjà assermentés, les agents qui ont compétence pour constater par procès-verbal les contraventions prévues à l'article L. 130-4 prêtent serment devant le juge du tribunal *(Ord. n° 2019-964 du 18 sept. 2019, art. 20, en vigueur le 1er janv. 2020)* « judiciaire, au siège de ce tribunal ou, le cas échéant, de l'une de ses chambres de proximité [*ancienne rédaction : d'instance*]. ».

Ce serment, dont la formule est fixée par décret en Conseil d'État, *(L. n° 2019-222 du 23 mars 2019, art. 47-XI)* « n'a pas à être renouvelé » en cas de changement de lieu d'affectation de l'intéressé. — *V. art. R. 130-9.*

(L. n° 2019-1428 du 24 déc. 2019, art. 159-I) « L'assermentation des agents de l'exploitant d'une autoroute ou d'un ouvrage routier ouvert à la circulation publique et soumis à péage est valide sur l'ensemble du réseau confié à cet exploitant. »

Art. L. 130-8 *(L. n° 2003-495 du 12 juin 2003, art. 18)* Les *(L. n° 2011-525 du 17 mai 2011, art. 94-XII-5°)* « agents de la concurrence, de la consommation et de la répression des fraudes » sont habilités à rechercher et à constater les infractions prévues aux articles L. 317-5 *(L. n° 2015-992 du 17 août 2015, art. 58-II)* « , L. 318-3 » et L. 413-2. A cet effet, ils disposent des pouvoirs prévus *(Ord. n° 2016-301 du 14 mars 2016, art. 15-1°, en vigueur le 1er juill. 2016)* « au I de l'article L. 511-22 » du code de la consommation.

Art. L. 130-9 *(L. n° 2003-495 du 12 juin 2003, art. 8)* Lorsqu'elles sont effectuées par *(L. n° 2016-1547 du 18 nov. 2016, art. 34-I-4° et 34-IV-B, en vigueur le 31 déc. 2016)* « ou à partir » des appareils de contrôle automatique ayant fait l'objet d'une homologation, les constatations relatives *(L. n° 2016-1547 du 18 nov. 2016, art. 34-I-4° et 34-IV-B, en vigueur le 31 déc. 2016)* « aux infractions dont la liste est fixée par décret en Conseil d'État » font foi jusqu'à preuve du contraire. *(L. n° 2004-204 du 9 mars 2004, art. 56-VI)* « Ces constatations peuvent faire l'objet d'un procès-verbal revêtu d'une signature manuelle numérisée. »

Lorsque ces constatations font l'objet d'un traitement automatisé *(Ord. n° 2018-1125 du 12 déc. 2018, art. 19, en vigueur le 1er juin 2019)* « de données à caractère personnel » mis en œuvre conformément aux dispositions de la loi n° 78-17 du 6 janvier 1978 relative à l'informatique, aux fichiers et aux libertés, la durée maximale de conservation de ces *(Ord.*

nº 2018-1125 du 12 déc. 2018, art. 19) « données » ne peut excéder dix ans, sans préjudice de la possibilité pour le conducteur du véhicule ayant fait l'objet du contrôle de demander au procureur de la République territorialement compétent d'ordonner l'effacement des *(Ord. nº 2018-1125 du 12 déc. 2018, art. 19, en vigueur le 1er juin 2019)* « données » le concernant lorsqu'il a récupéré le nombre de points ayant été retirés de son permis de conduire ou lorsque la procédure le concernant a donné lieu à une décision définitive de relaxe.

Pour l'application des dispositions relatives à l'amende forfaitaire, le lieu du traitement automatisé des *(Ord. nº 2018-1125 du 12 déc. 2018, art. 19, en vigueur le 1er juin 2019)* « données à caractère personnel » concernant les constatations effectuées par *(L. nº 2016-1547 du 18 nov. 2016, art. 34-I-4º et 34-IV-B, en vigueur le 31 déc. 2016)* « ou à partir des » appareils de contrôle automatisé est considéré comme le lieu de constatation de l'infraction.

(L. nº 2011-267 du 14 mars 2011, art. 87) « Lorsque l'excès de vitesse est constaté par le relevé d'une vitesse moyenne, entre deux points d'une voie de circulation, supérieure à la vitesse maximale autorisée entre ces deux points, le lieu de commission de l'infraction est celui où a été réalisée la deuxième constatation, sans préjudice des dispositions du précédent alinéa. »

(L. nº 2019-1428 du 24 déc. 2019, art. 92) « Un décret en Conseil d'État fixe la procédure pour l'expérimentation de la constatation des niveaux d'émissions sonores des véhicules par des appareils de contrôle automatique fixes et mobiles. Cette expérimentation est de deux ans. »

Art. L. 130-9-1 *(L. nº 2019-1428 du 24 déc. 2019, art. 39)* I. — Lorsque l'usage d'une voie de circulation a été réservé par l'autorité investie du pouvoir de police de la circulation aux véhicules de transport en commun, aux taxis, aux véhicules transportant un nombre minimal d'occupants, notamment dans le cadre du covoiturage au sens de l'article L. 3132-1 du code des transports, ou aux véhicules à très faibles émissions au sens de l'article L. 318-1 du présent code, des dispositifs fixes ou mobiles de contrôle automatisé des données signalétiques des véhicules peuvent être mis en œuvre par les services de police et de gendarmerie nationales, par les services de police municipale de la ou des communes sur le territoire desquelles a été instituée cette voie ou, à Paris, par le service dont relèvent les agents de surveillance de Paris, afin de faciliter la constatation des infractions au présent code résultant de la violation des règles de circulation relatives à l'usage de cette voie réservée et afin de permettre le rassemblement des preuves de ces infractions et la recherche de leurs auteurs.

Les données à caractère personnel collectées au moyen de ces dispositifs peuvent faire l'objet de traitements automatisés dans les conditions prévues par la loi nº 78-17 du 6 janvier 1978 relative à l'informatique, aux fichiers et aux libertés.

II. — A la seule fin de faciliter la constatation des infractions aux règles réservant l'usage de certaines voies aux véhicules transportant un nombre minimal d'occupants, notamment dans le cadre du covoiturage au sens de l'article L. 3132-1 du code des transports, et afin de permettre le rassemblement des preuves de ces infractions, les services mentionnés au premier alinéa du I du présent article peuvent utiliser des dispositifs permettant de constater le nombre de personnes présentes à bord des véhicules. Les données issues de ces dispositifs peuvent faire l'objet de traitements automatisés dans les conditions mentionnées au même I. Ces données ne permettent pas d'identifier directement ou indirectement les personnes.

III. — Afin de déterminer les véhicules dont la circulation est autorisée, les traitements mentionnés aux I et II peuvent comporter la consultation du fichier des véhicules pour lesquels une identification fondée sur leur contribution à la limitation de la pollution atmosphérique a été délivrée en application de l'article L. 318-1 ainsi que des fichiers des véhicules autorisés à circuler sur les voies concernées. Dans les seuls cas où ces consultations ne permettent pas de procéder à une telle vérification, ils peuvent également comporter une consultation du système d'immatriculation des véhicules prévu à l'article L. 330-1. Ces consultations, qui ont lieu immédiatement après la collecte des données signalétiques, ne portent que sur les données relatives aux caractéristiques du véhicule et à sa contribution à la limitation de la pollution atmosphérique et ne peuvent avoir pour objet d'identifier le titulaire du certificat d'immatriculation du véhicule.

Dès que la consultation de l'un de ces fichiers a permis de s'assurer du respect par un véhicule des règles de circulation mentionnées au premier alinéa du I du présent article, les données collectées relatives à ce véhicule sont détruites immédiatement.

Les données relatives aux véhicules pour lesquels il n'a pas été possible de s'assurer du respect des règles de circulation mentionnées au même premier alinéa peuvent être enregistrées et conservées pendant une durée qui ne peut excéder huit jours ouvrés à compter de leur collecte, sous réserve des besoins d'une procédure pénale.

Les données mentionnées au troisième alinéa du présent III font l'objet d'un traitement préalable destiné à empêcher de manière irréversible l'identification des personnes physiques présentes à bord du véhicule, à l'exception du conducteur.

Les données permettant l'identification du conducteur ne sont accessibles qu'au responsable du traitement. Il ne peut y avoir accès et ne peut les communiquer que sur demande du titulaire du certificat d'immatriculation ou de l'une des personnes mentionnées aux trois derniers alinéas de l'article L. 121-2 du présent code, destinataire de l'avis d'amende forfaitaire, ou de l'officier du ministère public en cas de requêtes ou de réclamations. Ces données ne sont communiquées qu'aux personnes ainsi désignées.

Seuls les agents de police municipale intervenant dans les communes sur le territoire desquelles une voie de circulation a été réservée dans les conditions mentionnées au I du présent article et, à Paris, les agents de surveillance de Paris ont accès aux données issues des traitements mis en œuvre en application du présent article par les services dont ils relèvent.

Lorsque ces dispositifs sont mis en œuvre par l'État, les agents de police municipale intervenant dans les communes concernées et, à Paris, les agents de surveillance de Paris peuvent être rendus destinataires des données caractérisant l'infraction pour les besoins du constat qu'ils ont compétence pour opérer.

IV. — La mise en place des dispositifs de contrôle mentionnés aux I et II est autorisée par arrêté du représentant de l'État dans le département et, à Paris, du préfet de police. Lorsque ces dispositifs sont mis en place par l'État à la demande d'une collectivité territoriale ou d'un établissement public de coopération intercommunale dont l'autorité investie des pouvoirs de police de circulation a réservé l'usage d'une voie de circulation à certaines catégories d'usagers ou de véhicules ou à certaines modalités de transport, une convention entre l'État et la collectivité ou l'établissement concerné définit les modalités de cette mise en place et, le cas échéant, la contribution de la collectivité ou de l'établissement à son financement.

V. — L'arrêté mentionné au IV précise les modalités d'information du public préalables à la mise en place des dispositifs de contrôle automatisé.

Art. L. 130-9-2 *(L. n° 2019-1428 du 24 déc. 2019, art. 103)* I. — Afin de faciliter la constatation des infractions aux règles du présent code relatives au poids maximum autorisé des véhicules de transport de marchandises ou de transport en commun de personnes et de permettre le rassemblement des preuves de ces infractions, des dispositifs fixes de contrôle automatisé des données signalétiques des véhicules, associés à des systèmes de pesage en marche des véhicules, peuvent être mis en œuvre par les services de police et de gendarmerie nationales ainsi que par les services et agents de l'État chargés du contrôle des transports terrestres placés sous l'autorité ou désignés par le ministre chargé des transports.

Les données à caractère personnel collectées au moyen de ces dispositifs peuvent faire l'objet de traitements automatisés dans les conditions prévues par la loi n° 78-17 du 6 janvier 1978 relative à l'informatique, aux fichiers et aux libertés.

II. — Afin de déterminer le poids maximal autorisé du véhicule, les traitements mentionnés au I peuvent comporter la consultation du système d'immatriculation des véhicules prévu à l'article L. 330-1. Ces consultations, qui ont lieu immédiatement après la collecte des données signalétiques, ne portent que sur les données relatives aux caractéristiques du véhicule et ne peuvent avoir pour objet d'identifier le titulaire du certificat d'immatriculation du véhicule.

Dès que la consultation de ce fichier a permis de s'assurer du respect par un véhicule des règles de circulation mentionnées au premier alinéa du I du présent article, les données collectées relatives à ce véhicule sont détruites.

Les données relatives aux autres véhicules peuvent être enregistrées et conservées pour une durée qui ne peut excéder huit jours ouvrés à compter de leur collecte, sous réserve des besoins d'une procédure pénale.

Lorsque la consultation du fichier mentionné au premier alinéa du présent II a permis de constater que le poids du véhicule mesuré par un appareil homologué est supérieur au poids maximal autorisé, les données recueillies sont enregistrées, conservées et traitées dans les conditions prévues à l'article L. 130-9.

Les données mentionnées au quatrième alinéa du présent II font l'objet d'un traitement préalable destiné à empêcher de manière irréversible l'identification des personnes physiques, à l'exception du conducteur.

Les données permettant l'identification du conducteur ne sont accessibles qu'au responsable du traitement. Ce dernier ne peut y avoir accès et les communiquer que sur demande du titulaire du certificat d'immatriculation ou de l'une des personnes mentionnées aux trois derniers alinéas de l'article L. 121-2, destinataire de l'avis d'amende forfaitaire, ou de l'officier du ministère public en cas de requêtes ou de réclamations. Ces données ne sont communiquées qu'aux personnes ainsi désignées.

III. — La mise en œuvre des dispositifs de contrôle mentionnés au I est autorisée par arrêté du représentant de l'État dans le département et, à Paris, du préfet de police. Cet arrêté précise les modalités d'information associées à la mise en œuvre des dispositifs de contrôle autorisés.

TITRE III *BIS* Conseil national de la sécurité routière

(L. n° 2018-699 du 3 août 2018, art. 18)

Art. L. 130-10 I. — Le Conseil national de la sécurité routière comprend parmi ses membres deux députés et deux sénateurs.

II. — Les missions, la composition, l'organisation et le fonctionnement du conseil sont précisés par décret.

TITRE III *TER* Signalement des contrôles routiers par les services électroniques d'aide à la conduite ou à la navigation

(L. n° 2019-1428 du 24 déc. 2019, art. 98-I)

Art. L. 130-11 I. — Lorsqu'est réalisé sur une voie ouverte ou non à la circulation publique un contrôle routier impliquant l'interception des véhicules et destiné soit à procéder aux opérations prévues aux articles L. 234-9 ou L. 235-2 du présent code ou aux articles 78-2-2 ou 78-2-4 du code de procédure pénale, soit à vérifier que les conducteurs ou passagers ne font pas l'objet de recherches ordonnées par les autorités judiciaires pour des crimes ou délits punis d'au moins trois ans d'emprisonnement ou ne sont pas inscrits dans le fichier mentionné à l'article 230-19 du même code à raison de la menace qu'ils constituent pour l'ordre ou la sécurité publics ou parce qu'ils font l'objet d'une décision de placement d'office en établissement psychiatrique ou se sont évadés d'un tel établissement, il peut être interdit par l'autorité administrative à tout exploitant d'un service électronique d'aide à la conduite ou à la navigation par géolocalisation de rediffuser au moyen de ce service tout message ou toute indication émis par les utilisateurs de ce service dès lors que cette rediffusion est susceptible de permettre aux autres utilisateurs de se soustraire au contrôle.

L'interdiction de rediffusion mentionnée au premier alinéa du présent I consiste, pour tout exploitant d'un service électronique d'aide à la conduite ou à la navigation par géolocalisation, à occulter, pour toutes les voies ou portions de voies qui lui sont désignées par l'autorité compétente, tous les messages et indications qu'il aurait habituellement rediffusés aux utilisateurs dans un mode de fonctionnement normal du service. La durée de cette interdiction ne peut excéder deux heures si le contrôle routier concerne une opération prévue aux articles L. 234-9 ou L. 235-2 du présent code ou douze heures s'il concerne une autre opération mentionnée au premier alinéa du présent I. Les voies ou portions de voies concernées ne peuvent s'étendre au-delà d'un rayon de dix kilomètres autour du point de contrôle routier lorsque celui-ci est situé hors agglomération et au-delà de deux kilomètres autour du point de contrôle routier lorsque celui-ci est situé en agglomération.

II. — L'interdiction mentionnée au I du présent article ne s'applique pas, sur le réseau routier national défini à l'article L. 121-1 du code de la voirie routière, aux évènements ou circonstances prévus à l'article 3 du règlement délégué (UE) n° 886/2013 de la Commission du 15 mai 2013 complétant la directive 2010/40/UE du Parlement européen et du Conseil en ce qui concerne les données et procédures pour la fourniture, dans la mesure du possible, d'informations minimales universelles sur la circulation liées à la sécurité routière gratuites pour les usagers.

III. — Les modalités de détermination des voies ou portions de voies concernées par l'interdiction mentionnée au I, les modalités de communication avec les exploitants de service électronique d'aide à la conduite ou à la navigation par géolocalisation aux fins de mise en œuvre de cette interdiction ainsi que les mesures destinées à assurer la confidentialité des informations transmises à ces exploitants sont définies par un décret en Conseil d'État.

Art. L. 130-12 Est puni de deux ans d'emprisonnement et de 30 000 € d'amende le fait pour tout exploitant d'un service électronique d'aide à la conduite ou à la navigation par géolocalisation :

1° De contrevenir à l'interdiction de diffusion mentionnée à l'article L. 130-11 dès lors qu'elle lui aura été communiquée dans les conditions prévues par le décret en Conseil d'État mentionné au III du même article L. 130-11 ;

2° De diffuser les informations qui lui auront été communiquées aux fins de mise en œuvre de cette interdiction ou de les exploiter à une autre fin que celle prévue audit article L. 130-11.

TITRE IV Dispositions relatives à l'outre-mer

CHAPITRE PREMIER *Dispositions particulières à la collectivité territoriale de Saint-Pierre-et-Miquelon*

Art. L. 141-1 Pour l'application des dispositions du présent livre dans la collectivité territoriale de Saint-Pierre-et-Miquelon, les termes énumérés ci-après sont remplacés comme suit :

1° ″Départementales″ par ″territoriales″ ;

2° ″Cour d'appel″ et ″chambre de l'instruction″ par ″tribunal supérieur d'appel″ ;

3° ″Procureur général″ par ″procureur de la République près le tribunal supérieur d'appel″ ;

(Ord. n° 2000-1255 du 21 déc. 2000 ; L. n° 2003-495 du 12 juin 2003, art. 43) « 4° ″Tribunal de police″ par ″tribunal de première instance″ ».

Art. L. 141-2 L'article L. 130-5 ne s'applique pas dans la collectivité territoriale de Saint-Pierre-et-Miquelon.

CHAPITRE II *Dispositions applicables à Mayotte* *(L. n° 2010-1487 du 7 déc. 2010, art. 36)*.

Les dispositions de la L. n° 2010-1487 du 7 déc. 2010 sont applicables à compter de la première réunion suivant le renouvellement du conseil général de Mayotte en 2011. Dans tous les lois et les règlements en vigueur, la référence à la collectivité départementale de Mayotte est remplacée par la référence au Département de Mayotte.

Art. L. 142-1 Pour l'application des dispositions du présent livre à Mayotte, les termes énumérés ci-après sont remplacés comme suit :

1° ″Cour d'appel″ et ″chambre de l'instruction″ par ″chambre d'appel de Mamoudzou″ ;

2° ″Procureur général″ par ″procureur général près la Cour d'appel″ ;

(Ord. n° 2000-1255 du 21 déc. 2000 ; L. n° 2003-495 du 12 juin 2003, art. 43) « 3° ″Préfet″ par ″représentant de l'État″ ; »

(Abrogé par Ord. n° 2019-964 du 18 sept. 2019, art. 20, à compter du 1er janv. 2020) « 4° ″Tribunal de police″ par ″tribunal de première instance″. »

Art. L. 142-2 Les dispositions législatives du présent livre sont applicables à Mayotte, à l'exception des articles L. 110-2 et L. 130-5.

Art. L. 142-3 *(Abrogé par L. n° 2013-1029 du 15 nov. 2013, art. 23) **Les règles relatives à la constatation des contraventions au présent code par les agents de police municipale sont fixées par l'article 4 de l'ordonnance n° 98-728 du 20 août 1998 portant actualisation et adaptation de certaines dispositions de droit pénal et de procédure pénale dans les territoires d'outre-mer, le Département de Mayotte et à Saint-Pierre-et-Miquelon.***

Art. L. 142-4 *(Ord. n° 2000-1255 du 21 déc. 2000 ; L. n° 2003-495 du 12 juin 2003, art. 43)* Pour l'application à Mayotte du 9° de l'article L. 130-4, les agents verbalisateurs compétents sont :

1° Sur les voies de toutes catégories :

a) Les gardes champêtres des communes et les gardes particuliers assermentés ;

b) Les agents de police municipale ;

2° Sur les voies publiques ressortissant à leurs attributions :

a) Les ingénieurs des ponts *(L. n° 2011-525 du 17 mai 2011, art. 94-VII)* « , des eaux et des forêts » et les ingénieurs des travaux publics de l'État, assermentés ;

b) Les techniciens des travaux publics de l'État, les contrôleurs principaux des travaux publics de l'État et les agents des travaux publics de l'État, quand ils sont commissionnés et assermentés à cet effet.

Art. L. 142-4-1 *(L. n° 2003-495 du 12 juin 2003, art. 43)* Pour l'application à Mayotte du présent code, il est ajouté à l'article L. 130-4 un *(L. n° 2015-990 du 6 août 2015, art. 20-I-2°)* « 14° » ainsi rédigé :

″*(L. n° 2015-990 du 6 août 2015, art. 20-I-2°)* « 14° » Les fonctionnaires de la police de Mayotte dans les conditions prévues à l'article 879-1 du code de procédure pénale ;″.

Art. L. 142-5 *(Abrogé par L. nº 2011-525 du 17 mai 2011, art. 136) (L. nº 2002-1138 du 9 sept. 2002, art. 67) Outre les agents cités à l'article L. 130-4, les agents de police de la collectivité départementale de Mayotte mis à la disposition de l'État, dans les conditions prévues à l'article 879-1 du code de procédure pénale, ont compétence pour constater par procès-verbal les contraventions prévues par la partie Réglementaire du présent code ou par d'autres dispositions réglementaires dans la mesure où elles se rattachent à la sécurité et à la circulation routières. La liste des contraventions que ces agents sont habilités à constater est fixée par décret en Conseil d'État.*

CHAPITRE III *Dispositions applicables en Nouvelle-Calédonie, en Polynésie française et dans les îles Wallis-et-Futuna* *(L. nº 2016-1547 du 18 nov. 2016, art. 34-I-5º).*

(Ord. nº 2009-537 du 14 mai 2009, art. 9-II-1º)

Art. L. 143-1 *(L. nº 2016-1547 du 18 nov. 2016, art. 34-I-6º)* « Les articles L. 121-6 et L. 130-9 sont applicables en Nouvelle-Calédonie, en Polynésie française et dans les îles Wallis-et-Futuna. Pour l'application de l'article L. 130-9, » les mots : "lorsqu'il a récupéré le nombre de points ayant été retirés de son permis de conduire ou" sont supprimés.

Art. L. 143-2 *(L. nº 2017-256 du 28 févr. 2017, art. 94)* Sans préjudice de la compétence générale des officiers et des agents de police judiciaire, les agents des communes de la Nouvelle-Calédonie chargés de la surveillance de la voie publique ont compétence pour constater par procès-verbal les contraventions prévues par la réglementation applicable localement relatives :

1º A l'arrêt pour le stationnement des véhicules, excepté l'arrêt ou le stationnement dangereux ;

2º A l'apposition du certificat d'assurance sur le véhicule.

LIVRE II **Le conducteur**

TITRE PREMIER **Enseignement de la conduite et de la sécurité routière**

CHAPITRE PREMIER *Formation à la conduite et à la sécurité routière*

Art. L. 211-1 A *(L. nº 2019-1428 du 24 déc. 2019, art. 98-I)* I. — Informé d'un dépôt de plainte pour des faits de violence ou d'outrage prévus aux articles 222-9 à 222-13 et 433-5 du code pénal commis à l'encontre d'un inspecteur du permis de conduire et de la sécurité routière ou d'un examinateur, agent public ou contractuel, dans l'exercice ou à l'occasion de l'exercice de ses fonctions, le représentant de l'État dans le département où l'infraction a été commise peut, dans les vingt-quatre heures suivant la transmission cette information, à titre provisoire, interdire à l'auteur des faits de se présenter à l'examen du permis de conduire. La durée de l'interdiction ne peut excéder deux mois pour les faits d'outrage et six mois pour les faits de violence.

II. — Quelle que soit sa durée, l'interdiction prononcée par le représentant de l'État dans le département cesse d'avoir effet lorsqu'est exécutoire une décision judiciaire prononçant une peine d'interdiction de se présenter à l'examen du permis de conduire.

L'interdiction prononcée par le représentant de l'État dans le département est considérée comme non avenue en cas d'ordonnance de non-lieu ou de jugement de relaxe ou si la juridiction ne prononce pas de peine d'interdiction de se présenter à l'examen du permis de conduire.

La durée de l'interdiction administrative s'impute, le cas échéant, sur la durée de la peine d'interdiction de se présenter à l'examen du permis de conduire prononcée par le tribunal.

Art. L. 211-1 *(L. nº 2003-495 du 12 juin 2003, art. 21)* En cas de commission des délits de violences ou d'outrage prévus par les articles 222-9 à 222-13 et 433-5 du code pénal contre un inspecteur du permis de conduire et de la sécurité routière dans l'exercice ou à l'occasion de l'exercice de ses fonctions, *(Abrogé par L. nº 2019-1428 du 24 déc. 2019, art. 98-I) « le tribunal peut prononcer »* la peine complémentaire d'interdiction de se présenter à l'examen du permis de conduire pour une durée de trois ans au plus *(L. nº 2019-1428 du 24 déc. 2019, art. 98-I)* « est obligatoirement prononcée. La juridiction peut toutefois décider, par une décision spécialement motivée, de ne pas prononcer cette peine, en considération des circonstances de l'infraction et de la personnalité de son auteur. »

Cette condamnation est portée à la connaissance du préfet du département concerné.

Art. L. 211-2 *(L. nº 2015-990 du 6 août 2015, art. 28-II)* L'apprentissage de la conduite des véhicules à moteur en vue de l'obtention du permis de conduire se déroule selon des modalités fixées par le décret prévu à l'article L. 211-7.

Pour chaque catégorie de formation, à l'exception de celle mentionnée à l'article L. 211-6, le ministre chargé de la sécurité routière définit les compétences à atteindre.

Les établissements d'enseignement de la conduite et de la sécurité routière et les associations agréés au titre des articles L. 213-1 ou L. 213-7 proposent à chaque élève, lors de son inscription, un des modes d'apprentissage de conduite accompagnée définis aux articles L. 211-3 et L. 211-4.

(L. nº 2019-1428 du 24 déc. 2019, art. 98-I) « Les établissements ou associations mentionnés aux articles L. 213-1 et L. 213-7 font renseigner par les enseignants de la conduite et de la sécurité routière un livret d'apprentissage numérique retraçant le parcours de formation de leurs élèves. Les candidats aux examens du permis de conduire ayant choisi l'apprentissage défini à l'article L. 211-6 renseignent ce même livret. Le livret d'apprentissage numérique comprend pour chaque élève ou candidat les informations portant notamment sur l'établissement ou l'association mentionnés aux articles L. 213-1 et L. 213-7, sur les enseignants de la conduite et de la sécurité routière ou, le cas échéant, l'accompagnateur, sur les heures de conduite effectuées et sur la formation dispensée. Une base de données centralise, sous la responsabilité du ministre chargé de la sécurité routière, les informations contenues dans les livrets d'apprentissage numériques. »

Art. L. 211-3 *(L. nº 2015-990 du 6 août 2015, art. 28-II)* L'apprentissage anticipé de la conduite est un apprentissage particulier dispensé aux élèves âgés d'au moins quinze ans en vue de l'obtention du permis de conduire des véhicules légers. Cet apprentissage ouvre droit à une réduction du délai probatoire suivant l'obtention du permis de conduire.

Il comprend, d'une part, une période de formation initiale dans un établissement ou une association agréés au titre des articles L. 213-1 ou L. 213-7 et, d'autre part, une période d'apprentissage en conduite accompagnée, sous la surveillance constante et directe d'un accompagnateur remplissant des conditions fixées par le décret mentionné à l'article L. 211-7, pendant laquelle l'élève doit parcourir une distance minimale pendant une durée minimale. Ces conditions de distance et de durée minimales sont précisées par arrêté du ministre chargé de la sécurité routière.

Art. L. 211-4 *(L. nº 2019-1428 du 24 déc. 2019, art. 99)* Toute personne âgée d'au moins dix-huit ans peut suivre un apprentissage en conduite supervisée des véhicules légers, sous la surveillance constante et directe d'un accompagnateur, après validation soit de sa formation initiale, soit de compétences minimales lors de l'épreuve pratique du permis de conduire définies par arrêté du ministre chargé de la sécurité routière.

Art. L. 211-5 *(L. nº 2015-990 du 6 août 2015, art. 28-II)* Les personnes suivant une formation professionnelle en vue de l'obtention d'un diplôme de l'éducation nationale *(L. nº 2019-1428 du 24 déc. 2019, art. 99)* « ou d'un titre professionnel délivré par le ministre chargé de l'emploi » permettant la délivrance du permis de conduire peuvent pratiquer la conduite encadrée, sur un véhicule léger *(L. nº 2019-1428 du 24 déc. 2019, art. 99)* « ou un véhicule du groupe lourd », sous la surveillance constante et directe d'un accompagnateur remplissant des conditions fixées par le décret mentionné à l'article L. 211-7.

La conduite encadrée est accessible à partir de l'âge de seize ans aux élèves ayant validé la formation préalable à l'obtention du permis de conduire des véhicules légers *(L. nº 2019-1428 du 24 déc. 2019, art. 99)* « ou des véhicules du groupe lourd ».

Art. L. 211-6 *(L. nº 2015-990 du 6 août 2015, art. 28-II)* Sauf dans les périodes de conduite accompagnée définies aux articles L. 211-3 à L. 211-5, l'apprentissage de la conduite des véhicules légers sur la voie publique peut être effectué sur un véhicule répondant à des prescriptions particulières, avec un accompagnateur justifiant d'une condition d'ancienneté du permis de conduire précisée par le décret mentionné à l'article L. 211-7.

Art. L. 211-7 *(L. nº 2015-990 du 6 août 2015, art. 28-II)* Un décret en Conseil d'État définit les conditions d'application du présent chapitre.

CHAPITRE II *Enseignement à titre onéreux et animation de stages de sensibilisation à la sécurité routière* (L. nº 2007-297 du 5 mars 2007, art. 23, en vigueur le 7 mars 2009).

Art. L. 212-1 *(Ord. nº 2008-507 du 30 mai 2008, art. 9)* I. — L'enseignement, à titre onéreux, de la conduite des véhicules à moteur d'une catégorie donnée et de la sécurité routière ainsi que l'animation de stages de sensibilisation à la sécurité routière mentionnés à l'article L. 223-6 sont subordonnés à la délivrance d'une autorisation administrative.

(Ord. n° 2015-1682 du 17 déc. 2015, art. 5-1°, en vigueur le 1er janv. 2016) « II. – Tout ressortissant d'un État membre de l'Union européenne ou d'un autre État partie à l'accord sur l'Espace économique européen y exerçant les activités mentionnées au I est réputé détenir l'autorisation administrative pour exercer en France ces activités de façon temporaire et occasionnelle, sous réserve d'être légalement établi dans l'un de ces États et, lorsque ni ces activités ni la formation y conduisant n'y sont réglementées, de les avoir exercées dans un ou plusieurs États membres pendant une année ou à temps partiel pendant une durée équivalente au cours des dix années qui précèdent la prestation.

« Lorsque le professionnel fournit pour la première fois une prestation en France, il en informe au préalable l'autorité administrative par une déclaration écrite dont le contenu et la procédure de dépôt sont précisés par décret. Cette déclaration donne lieu à une vérification des qualifications professionnelles du prestataire afin de permettre à l'autorité de s'assurer que la prestation ne portera pas atteinte à la sécurité ou à la santé du bénéficiaire du service du fait du manque de qualification professionnelle du prestataire.

« III. – Un accès partiel à la profession au sens de la directive 2005/36/CE du Parlement européen et du Conseil du 7 septembre 2005 relative à la reconnaissance des qualifications professionnelles peut être accordé au cas par cas aux ressortissants de l'Union européenne ou d'un autre État partie à l'accord sur l'Espace économique européen lorsque les trois conditions suivantes sont remplies :

« 1° Le professionnel est pleinement qualifié pour exercer, dans l'État d'origine membre de l'Union ou partie à l'accord sur l'Espace économique européen, l'activité professionnelle pour laquelle l'accès partiel est sollicité ;

« 2° Les différences entre l'activité professionnelle légalement exercée dans l'État d'origine membre de l'Union ou partie à l'accord sur l'Espace économique européen et la profession réglementée correspondante en France sont si importantes que l'application de mesures de compensation reviendrait à imposer au demandeur de suivre le programme complet d'enseignement et de formation requis en France pour avoir pleinement accès à la profession réglementée ;

« 3° L'activité professionnelle est distincte de la ou des autres activités relevant de la profession réglementée, notamment dans la mesure où elle est exercée de manière autonome dans l'État d'origine.

« L'accès partiel peut être refusé pour des raisons impérieuses d'intérêt général, si ce refus est proportionné à la protection de cet intérêt.

« Les demandes aux fins d'accès partiel sont examinées, selon le cas, comme des demandes à fin d'établissement ou de libre prestation de services temporaire et occasionnelle. »

Art. L. 212-2 I. – Nul ne peut être autorisé à enseigner, à titre onéreux, la conduite des véhicules à moteur d'une catégorie donnée et la sécurité routière, s'il ne satisfait aux conditions suivantes :

1° Ne pas avoir fait l'objet d'une condamnation :

a) Soit à une peine criminelle ;

b) Soit à une peine correctionnelle prononcée pour une infraction figurant sur une liste fixée par décret en Conseil d'État ;

2° Être titulaire du permis de conduire, en cours de validité, valable pour la ou les catégories de véhicules considérés ;

(L. n° 2015-177 du 16 févr. 2015, art. 16-1°) « 3° Être titulaire d'un titre ou diplôme d'enseignant de la conduite et de la sécurité routière ou, dans des conditions déterminées par décret en Conseil d'État, être en cours de formation pour la préparation à l'un de ces titres ou diplômes ; »

4° Remplir les conditions d'âge, d'ancienneté du permis de conduire et d'aptitude physique fixées par décret en Conseil d'État.

(L. n° 2007-297 du 5 mars 2007, art. 23, en vigueur le 7 mars 2009) « II. – Nul ne peut être autorisé à animer des stages de sensibilisation à la sécurité routière s'il ne satisfait aux conditions suivantes :

« 1° Ne pas avoir fait l'objet d'une condamnation :

« *a)* Soit à une peine criminelle ;

« *b)* Soit à une peine correctionnelle prononcée pour une infraction figurant sur une liste fixée par décret en Conseil d'État ;

« 2° Remplir des conditions précisées par décret en Conseil d'État, relatives à la détention d'un permis de conduire, à l'âge, à l'aptitude physique et aux formations suivies. »

Art. L. 212-3 Dans l'hypothèse où les conditions prévues à l'article L. 212-2 cessent d'être remplies, il est mis fin à l'autorisation prévue à l'article L. 212-1. En cas d'urgence justifiée par des faits passibles d'une des condamnations visées à l'article L. 212-2, l'autorité administrative peut, après avoir mis l'intéressé en mesure de présenter ses observations, suspendre, pour une durée maximale de six mois, une autorisation délivrée en application de l'article L. 212-1.

Lorsque sont établis des procès-verbaux d'infractions correspondant à des faits mentionnés à l'alinéa précédent commises par des bénéficiaires d'autorisations délivrées en application de l'article L. 212-1, copie en est transmise par le procureur de la République à l'autorité administrative.

La mesure de suspension provisoire cesse de plein droit dès que l'autorité judiciaire s'est prononcée.

Art. L. 212-4 I. — Le fait d'enseigner, à titre onéreux, la conduite des véhicules à moteur d'une catégorie donnée et la sécurité routière *(L. n° 2015-990 du 6 août 2015, art. 22-1°)* « ou d'animer un stage de sensibilisation à la sécurité routière » sans être titulaire de l'autorisation prévue à l'article L. 212-1 ou en violation d'une mesure de suspension provisoire de celle-ci est puni d'un an d'emprisonnement et de 15 000 € d'amende. *(Ord. n° 2008-507 du 30 mai 2008, art. 9)* « Est puni de la même peine l'exercice temporaire et occasionnel de l'enseignement de la conduite et de la sécurité routière *(L. n° 2015-990 du 6 août 2015, art. 22-1°)* « ou de l'animation d'un stage de sensibilisation à la sécurité routière » sans respecter les conditions fixées au II de l'article L. 212-1. »

II. — Les personnes physiques coupables de l'infraction prévue à l'alinéa précédent encourent également les peines complémentaires suivantes :

1° L'interdiction d'exercer l'activité professionnelle dans l'exercice ou à l'occasion de l'exercice de laquelle l'infraction a été commise, suivant les modalités prévues par l'article 131-27 du code pénal ;

2° L'affichage ou la diffusion de la décision prononcée, dans les conditions prévues par l'article 131-35 du code pénal ;

3° La confiscation de la chose qui a servi ou était destinée à commettre l'infraction ou de la chose qui en est le produit.

Art. L. 212-5 Un décret en Conseil d'État détermine les conditions d'application du présent chapitre.

CHAPITRE III ***Établissement d'enseignement et d'animation de stages de sensibilisation à la sécurité routière*** *(L. n° 2007-297 du 5 mars 2007, art. 23, en vigueur le 7 mars 2009).*

Art. L. 213-1 L'enseignement, à titre onéreux, de la conduite des véhicules à moteur d'une catégorie donnée et de la sécurité routière *(L. n° 2007-297 du 5 mars 2007, art. 23, en vigueur le 7 mars 2009)* « ainsi que l'animation des stages de sensibilisation à la sécurité routière mentionnés à l'article L. 223-6 ne peuvent être organisés » que dans le cadre d'un établissement *(Abrogé par L. n° 2007-297 du 5 mars 2007, art. 23, à compter du 7 mars 2009)* « *d'enseignement* » dont l'exploitation est subordonnée à un agrément délivré par l'autorité administrative *(Abrogé par L. n° 2015-990 du 6 août 2015, art. 23-1°)* « *, après avis d'une commission* ».

(L. n° 2015-177 du 16 févr. 2015, art. 16-2°) « L'enseignement, à titre onéreux, de la conduite des véhicules à moteur d'une catégorie donnée et de la sécurité routière est dispensé, au sein des établissements mentionnés au premier alinéa du présent article, par les titulaires d'une autorisation d'enseigner mentionnée à l'article L. 212-1. La proportion maximale des personnes en cours de formation mentionnées au 3° du I de l'article L. 212-2 est déterminée, au regard de l'effectif total des enseignants de la conduite et de la sécurité routière de l'entreprise, selon des modalités fixées par décret en Conseil d'État. »

La formation, à titre onéreux, des candidats à l'un des titres ou diplômes exigés pour l'exercice de la profession d'enseignant de la conduite des véhicules à moteur d'une catégorie donnée et de la sécurité routière ne peut être dispensée que dans le cadre d'un établissement dont l'exploitation est subordonnée à un agrément délivré par l'autorité administrative *(Abrogé par L. n° 2015-990 du 6 août 2015, art. 23-1°)* « *, après avis d'une commission* ».

Art. L. 213-1-1 *(Ord. n° 2015-1682 du 17 déc. 2015, art. 6, en vigueur le 1er janv. 2016)* Un accès partiel, au sens de la directive 2005/36/CE du Parlement européen et du Conseil du 7 septembre 2005 relative à la reconnaissance des qualifications professionnelles, à la profession mentionnée à l'article L. 213-1 peut être accordé au cas par cas aux ressortissants de l'Union européenne ou d'un autre État partie à l'accord sur l'Espace économique européen lorsque les trois conditions suivantes sont remplies :

1° Le professionnel est pleinement qualifié pour exercer, dans l'État d'origine membre de l'Union ou partie à l'accord sur l'Espace économique européen, l'activité professionnelle pour laquelle l'accès partiel est sollicité ;

2° Les différences entre l'activité professionnelle légalement exercée dans l'État d'origine membre de l'Union ou partie à l'accord sur l'Espace économique européen et la profession réglementée correspondante en France sont si importantes que l'application de mesures de compensation reviendrait à imposer au demandeur de suivre le programme complet d'enseignement et de formation requis en France pour avoir pleinement accès à la profession réglementée ;

3° L'activité professionnelle est distincte de la ou des autres activités relevant de la profession réglementée, notamment dans la mesure où elle est exercée de manière autonome dans l'État d'origine.

L'accès partiel peut être refusé pour des raisons impérieuses d'intérêt général, si ce refus est proportionné à la protection de cet intérêt.

Les demandes aux fins d'accès partiel sont examinées comme des demandes à fin d'établissement.

Art. L. 213-2 Les conditions et les modalités de l'enseignement, à titre onéreux, de la conduite des véhicules à moteur d'une catégorie donnée et de la sécurité routière font l'objet d'un contrat écrit *(L. n° 2015-990 du 6 août 2015, art. 24-1°)* « , qui peut être conclu dans l'établissement ou à distance, dans le respect de la section II du chapitre Ier du titre II du livre Ier du code de la consommation, » entre le candidat et l'établissement. *(L. n° 2015-990 du 6 août 2015, art. 24-2°)* « Ce contrat est conclu après une évaluation préalable du candidat *(Abrogé par L. n° 2020-1525 du 7 déc. 2020, art. 107) « dans le véhicule ou dans les locaux de l'établissement »*. » *(L. n° 2019-1428 du 24 déc. 2019, art. 98-I)* « Il est conforme au contrat type de l'enseignement de la conduite, qui est défini par décret en Conseil d'État. » *(Abrogé par L. n° 2019-1428 du 24 déc. 2019, art. 98-I) (L. n° 2014-344 du 17 mars 2014, art. 136) « La restitution du dossier au candidat qui en fait la demande ne donne lieu à l'application d'aucuns frais. »*

(L. n° 2019-1428 du 24 déc. 2019, art. 98-I) « La restitution du dossier au candidat qui en fait la demande ne donne lieu à l'application d'aucuns frais. »

(L. n° 2014-344 du 17 mars 2014, art. 136) « Le transfert du dossier du candidat vers un autre établissement ne donne lieu à l'application d'aucuns frais. Les conditions d'application du présent alinéa sont définies par décret. »

(L. n° 2015-990 du 6 août 2015, art. 29-II-1°) « La présentation du candidat aux épreuves du permis de conduire ne peut donner lieu à l'application d'aucuns frais. Les frais facturés au titre de l'accompagnement du candidat à l'épreuve sont réglementés dans les conditions prévues au deuxième alinéa de l'article L. 410-2 du code de commerce. »

Les conditions et les modalités de la formation à titre onéreux des candidats à l'un des titres ou diplômes exigés pour l'exercice de la profession d'enseignant de la conduite des véhicules à moteur et de la sécurité routière font l'objet d'un contrat écrit entre le candidat et l'établissement.

Art. L. 213-2-1 *(L. n° 2015-990 du 6 août 2015, art. 29-II-2°)* Sont passibles d'une amende administrative, dont le montant ne peut excéder 3 000 € pour une personne physique et 15 000 € pour une personne morale, les manquements aux *(L. n° 2019-1428 du 24 déc. 2019, art. 98-I)* « quatre » premiers alinéas de l'article L. 213-2 du présent code. *(Ord. n° 2016-301 du 14 mars 2016, art. 15-2°, en vigueur le 1er juill. 2016)* « Ces manquements sont recherchés et constatés par les agents mentionnés aux articles L. 511-3 et L. 511-21 du code de la consommation, dans les conditions prévues à l'article L. 511-7 du même code. »

L'autorité administrative chargée de la concurrence et de la consommation est l'autorité compétente pour prononcer, dans les conditions prévues *(Ord. n° 2016-301 du 14 mars 2016, art. 15-2°, en vigueur le 1er juill. 2016)* « au chapitre II du titre II du livre V » du code de la consommation, ces amendes administratives.

Art. L. 213-3 Nul ne peut exploiter, à titre individuel, ou être dirigeant ou gérant de droit ou de fait d'un des établissements mentionnés à l'article L. 213-1, s'il ne satisfait aux conditions suivantes :

1° Ne pas avoir fait l'objet d'une condamnation :

a) Soit à une peine criminelle ;

b) Soit à une peine correctionnelle prononcée pour une infraction figurant sur une liste fixée par décret en Conseil d'État ;

c) Soit à une peine prévue par les articles 186 et 192 de la loi n° 85-98 du 25 janvier 1985 relative au redressement et à la liquidation judiciaires des entreprises *[C. com., art. L. 625-2 et L. 625-8]*, pendant la durée de cette peine.

2° Justifier de la capacité à la gestion d'un établissement d'enseignement de la conduite ;

3° Remplir les conditions d'âge *(Abrogé par L. n° 2015-990 du 6 août 2015, art. 25)* « *, d'ancienneté du permis de conduire* » *(Abrogé par L. n° 2011-12 du 5 janv. 2011, art. 6)* « *, d'expérience professionnelle* » et de réactualisation des connaissances fixées par décret en Conseil d'État.

Art. L. 213-4 L'enseignement dispensé dans les établissements mentionnés à l'article L. 213-1 doit être conforme au programme de formation défini par l'autorité administrative qui en contrôle l'application.

Art. L. 213-4-1 *(Abrogé par L. n° 2020-1525 du 7 déc. 2020, art. 106) (L. n° 2015-990 du 6 août 2015, art. 30)* ***La répartition des places d'examen au permis de conduire attribuées aux établissements d'enseignement de la conduite et de la sécurité routière est assurée dans des conditions objectives, transparentes et non discriminatoires, ne portant pas atteinte à la concurrence entre ces établissements. Ces places sont attribuées aux établissements d'enseignement de la conduite et de la sécurité routière en fonction notamment du nombre d'enseignants à la conduite dont ils disposent, et de manière à garantir l'accès des candidats libres à une place d'examen.***

La méthode nationale de répartition ainsi que les pièces nécessaires à l'inscription à une session d'examen du permis de conduire sont définies par arrêté du ministre chargé de la sécurité routière. — V. Arr. du 22 oct. 2014, App., v° Permis de conduire.

Art. L. 213-5 Dans l'hypothèse où les conditions prévues aux articles L. 213-3 et L. 213-4 cessent d'être remplies ou en cas de cessation définitive d'activité de l'établissement, il est mis fin aux agréments prévus à l'article L. 213-1.

En cas d'urgence justifiée par des faits passibles d'une des condamnations visées à l'article L. 213-3, l'autorité administrative, après avoir mis l'intéressé en mesure de présenter ses observations *(Abrogé par L. n° 2015-990 du 6 août 2015, art. 23-2°)* « *et recueilli l'avis de la commission mentionnée à l'article L. 213-1* », peut suspendre, pour une durée maximale de six mois, l'agrément délivré en application de l'article L. 213-1.

Lorsque sont établis des procès-verbaux d'infractions correspondant à des faits mentionnés à l'alinéa précédent commises par des bénéficiaires d'autorisations délivrées en application de l'article L. 213-1, copie en est transmise par le procureur de la République à l'autorité administrative.

La mesure de suspension provisoire cesse de plein droit dès que l'autorité judiciaire s'est prononcée.

Après que l'intéressé a été mis en mesure de présenter ses observations, une mesure de suspension provisoire pour une durée n'excédant pas six mois peut également être prononcée par l'autorité administrative, en cas de refus de se soumettre au contrôle prévu à l'article L. 213-4, de non-respect du programme de formation défini par l'autorité administrative ou pour méconnaissance des dispositions de l'article L. 213-2.

Art. L. 213-6 I. — Le fait d'exploiter un établissement d'enseignement de la conduite des véhicules à moteur d'une catégorie donnée et de la sécurité routière ou de formation des candidats pour l'exercice de la profession d'enseignant *(L. n° 2015-990 du 6 août 2015, art. 22-2°)* « ou d'exploiter un établissement organisant des stages de sensibilisation à la sécurité routière » sans avoir obtenu l'agrément prévu à l'article L. 213-1 ou en violation d'une mesure de suspension provisoire de celui-ci est puni d'un an d'emprisonnement et de 15 000 € d'amende.

Est puni des mêmes peines le fait d'employer un enseignant *(L. n° 2015-990 du 6 août 2015, art. 22-2°)* « ou un animateur » qui n'est pas titulaire de l'autorisation prévue à l'article L. 212-1.

II. — Les personnes physiques coupables de l'une des infractions prévues au I du présent article encourent également les peines complémentaires suivantes :

1° La fermeture définitive ou pour une durée de cinq ans au plus de l'un, de plusieurs ou de l'ensemble des établissements de l'entreprise appartenant à la personne condamnée ;

2° L'interdiction d'exercer l'activité professionnelle ou sociale dans l'exercice ou à l'occasion de l'exercice de laquelle l'infraction a été commise, suivant les modalités prévues par l'article 131-27 du code pénal ;

3° L'affichage ou la diffusion de la décision prononcée, dans les conditions prévues par l'article 131-35 du code pénal ;

4° La confiscation de la chose qui a servi ou était destinée à commettre l'infraction ou de la chose qui en est le produit.

III. — *(L. n° 2009-526 du 12 mai 2009, art. 125-XIX)* « Les personnes morales déclarées responsables pénalement, dans les conditions prévues par l'article 121-2 du code pénal, des infractions définies au I du présent article encourent, outre l'amende suivant les modalités prévues par l'article 131-38 du code pénal : »

2° *[1°]* La fermeture définitive ou pour une durée de cinq ans au plus de l'un, de plusieurs ou de l'ensemble des établissements de l'entreprise appartenant à la personne morale condamnée ;

3° *[2°]* L'interdiction d'exercer l'activité professionnelle ou sociale dans l'exercice ou à l'occasion de l'exercice de laquelle l'infraction a été commise, suivant les modalités prévues par l'article 131-39 du code pénal ;

4° *[3°]* L'affichage ou la diffusion de la décision prononcée, dans les conditions prévues par l'article 131-35 du code pénal ;

5° *[4°]* La confiscation de la chose qui a servi ou était destinée à commettre l'infraction ou de la chose qui en est le produit.

Art. L. 213-7 L'enseignement de la conduite des véhicules à moteur d'une catégorie donnée et de la sécurité routière par les associations régies par la loi du 1er juillet 1901 relative au contrat d'association qui exercent leur activité dans le champ de l'insertion ou de la réinsertion sociale et professionnelle est subordonné à la délivrance d'un agrément par l'autorité administrative qui vérifie que les conditions prévues à l'article L. 212-2, au 1° de l'article L. 213-3 et à l'article L. 213-4 sont remplies.

Art. L. 213-8 Les modalités d'application des articles L. 213-1 à L. 213-7 sont fixées par décret en Conseil d'État.

Art. L. 213-9 *(L. n° 2015-990 du 6 août 2015, art. 28-IV)* Les établissements et associations agréés au titre des articles L. 213-1 ou L. 213-7 s'engagent dans des démarches d'amélioration de la qualité des prestations de formation qu'ils délivrent. La labellisation ou la certification par un organisme accrédité peuvent faire accéder ces établissements à des droits ou des dispositifs particuliers.

Ces établissements sont tenus de transmettre chaque année à l'autorité administrative les informations et statistiques relatives à leur activité de formation aux examens théoriques et pratiques du permis de conduire et aux résultats de leurs élèves, à charge pour l'autorité administrative de les analyser selon un cahier des charges fixé par arrêté pour permettre au Conseil supérieur de l'éducation routière d'établir un rapport public annuel sur la base de ces informations.

Les modalités d'application du présent article sont fixées par arrêté du ministre chargé de la sécurité routière.

TITRE II Permis de conduire

RÉP. PÉN. v° *Permis de conduire*, par CÉRÉ.

CHAPITRE PREMIER *Vérification d'aptitude, délivrance et catégories* *(L. n° 2015-990 du 6 août 2015, art. 28-I-1°).*

Dispositions réglementaires : R. 221-1 s.

Art. L. 221-1 A *(L. n° 2015-990 du 6 août 2015, art. 28-I-2°)* L'accès aux épreuves théoriques et pratiques du permis de conduire est un service universel. Tout candidat se présentant librement ou par l'intermédiaire d'un établissement ou d'une association agréé au titre des articles L. 213-1 ou L. 213-7, et ayant déposé une demande de permis de conduire se voit proposer une place d'examen, sous réserve d'avoir atteint le niveau requis.

Art. L. 221-1 Pour l'application du présent titre, sont assimilés au permis de conduire les titres qui, lorsque le permis de conduire n'est pas exigé, sont prévus par les règlements pour la conduite des véhicules à moteur.

Toutefois, les dispositions du présent titre ne sont pas applicables au brevet de sécurité routière *(Abrogé par L. n° 2015-177 du 16 févr. 2015, art. 17)* « *, lorsqu'il est exigé pour la conduite d'un cyclomoteur* ».

Art. L. 221-2 *(L. n° 2004-204 du 9 mars 2004, art. 57)* « I. — Le fait de conduire un véhicule sans être titulaire du permis de conduire correspondant à la catégorie du véhicule considéré est puni d'un an d'emprisonnement et de 15 000 € d'amende. »

(L. n° 2012-387 du 22 mars 2012, art. 87) « Toutefois, les conducteurs des véhicules et appareils agricoles ou forestiers attachés à une exploitation agricole ou forestière, à une

entreprise de travaux agricoles ou à une coopérative d'utilisation de matériel agricole sont autorisés à conduire ces véhicules ou appareils pendant la durée de leur activité agricole ou forestière sans être titulaires du permis de conduire correspondant à la catégorie du véhicule considéré dès lors qu'ils sont âgés d'au moins seize ans, sauf exceptions prévues par décret en Conseil d'État. »

(L. n° 2015-990 du 6 août 2015, art. 27) « Les personnes titulaires du permis de conduire prévu pour les véhicules ayant un poids total autorisé en charge inférieur à 3,5 tonnes affectés au transport de personnes et comportant, outre le siège du conducteur, huit places assises au maximum ou affectés au transport de marchandises, peuvent conduire tous les véhicules et appareils agricoles ou forestiers dont la vitesse n'excède pas 40 kilomètres par heure, ainsi que les véhicules qui peuvent y être assimilés. »

(L. n° 2012-387 du 22 mars 2012, art. 87) « Le fait de conduire un véhicule ou un ensemble de véhicules mentionnés au deuxième alinéa sans respecter les conditions d'âge prévues au même alinéa est puni de l'amende prévue pour les contraventions de la quatrième classe. »

II. — Toute personne coupable de l'infraction prévue au présent article encourt également les peines complémentaires suivantes :

(L. n° 2016-1547 du 18 nov. 2016, art. 36-I-1°) « 1° La confiscation du véhicule dont le condamné s'est servi pour commettre l'infraction, s'il en est le propriétaire ; »

2° La peine de travail d'intérêt général selon des modalités prévues à l'article 131-8 du code pénal et selon les conditions prévues aux articles 131-22 à 131-24 du même code et *(Ord. n° 2019-950 du 11 sept. 2019, art. 5-VI et 9, en vigueur le 30 sept. 2021)* « à l'article L. 122-1 du code de la justice pénale des mineurs *[ancienne rédaction : à l'article 20-5 de l'ordonnance n° 45-174 du 2 février 1945 relative à l'enfance délinquante]* » ;

3° La peine de jours-amende dans les conditions fixées aux articles 131-5 et 131-25 du code pénal ;

(L. n° 2003-495 du 12 juin 2003, art. 6) « 4° L'interdiction de conduire certains véhicules terrestres à moteur, y compris ceux pour la conduite desquels le permis de conduire n'est pas exigé, pour une durée de cinq ans au plus ;

« 5° L'obligation d'accomplir, à ses frais, un stage de sensibilisation à la sécurité routière. »

— Les 1°, 2° et 6° ont été renumérotés 2°, 3° et 1° en vertu des dispositions de la L. n° 2011-267 du 14 mars 2011, art. 70-1°-a.

III. — L'immobilisation peut être prescrite, dans les conditions prévues aux articles L. 325-1 à L. 325-3.

(L. n° 2016-1547 du 18 nov. 2016, art. 36-I-1°) « IV. — Dans les conditions prévues aux articles 495-17 et suivants du code de procédure pénale, l'action publique peut être éteinte par le versement d'une amende forfaitaire d'un montant de 800 €. Le montant de l'amende forfaitaire minorée est de 640 € et le montant de l'amende forfaitaire majorée de 1 600 €. »

Art. L. 221-2-1 *(L. n° 2016-1547 du 18 nov. 2016, art. 34-I-7°)* I. — Le fait de conduire un véhicule sans être titulaire du permis de conduire correspondant à la catégorie du véhicule considéré tout en faisant usage d'un permis de conduire faux ou falsifié est puni de cinq ans d'emprisonnement et de 75 000 € d'amende.

II. — Toute personne coupable de l'infraction prévue au présent article encourt également, à titre de peine complémentaire :

1° La confiscation obligatoire du véhicule dont elle s'est servie pour commettre l'infraction, si elle en est le propriétaire. La juridiction peut toutefois ne pas prononcer cette peine, par une décision spécialement motivée ;

2° La peine de travail d'intérêt général, selon des modalités prévues à l'article 131-8 du code pénal et dans les conditions prévues aux articles 131-22 à 131-24 du même code et *(Ord. n° 2019-950 du 11 sept. 2019, art. 5-VI et 9, en vigueur le 30 sept. 2021)* « à l'article L. 122-1 du code de la justice pénale des mineurs *[ancienne rédaction : à l'article 20-5 de l'ordonnance n° 45-174 du 2 février 1945 relative à l'enfance délinquante]* » ;

3° La peine de jours-amende, dans les conditions prévues aux articles 131-5 et 131-25 du code pénal ;

4° L'interdiction de conduire certains véhicules terrestres à moteur, y compris ceux pour la conduite desquels le permis de conduire n'est pas exigé, pour une durée de cinq ans au *plus* ;

5° L'obligation d'accomplir, à ses frais, un stage de sensibilisation à la sécurité routière.

Sont également encourues les peines complémentaires prévues en matière de faux aux articles 441-10 et 441-11 du code pénal.

III. — L'immobilisation du véhicule peut être prescrite, dans les conditions prévues aux articles L. 325-1 à L. 325-3 du présent code.

Art. L. 221-3 *(L. nº 2015-294 du 17 mars 2015, art. 1er)* Les candidats à l'examen du permis de conduire sont formés aux notions élémentaires de premiers secours.

Cette formation fait l'objet d'une évaluation à l'occasion de l'examen du permis de conduire.

Le contenu de cette formation et les modalités de vérification de son assimilation par les candidats sont fixés par voie réglementaire.

Art. L. 221-4 *(L. nº 2015-990 du 6 août 2015, art. 28-I-3º)* L'organisation des épreuves suivantes est assurée par l'autorité administrative ou par des personnes agréées par elle à cette fin :

1º Toute épreuve théorique du permis de conduire ;

2º Toute épreuve pratique des diplômes et titres professionnels du permis de conduire d'une catégorie de véhicule du groupe lourd.

Les frais pouvant être perçus par les organisateurs agréés auprès des candidats sont réglementés par décret, pris après avis de l'Autorité de la concurrence.

Art. L. 221-5 *(L. nº 2015-990 du 6 août 2015, art. 28-I-3º)* Dans l'ensemble des départements où le délai *(L. nº 2019-1428 du 24 déc. 2019, art. 105)* « médian » entre deux présentations d'un même candidat à l'épreuve pratique du permis de conduire des véhicules du groupe léger est supérieur à quarante-cinq jours, l'autorité administrative recourt à des agents publics ou contractuels comme examinateurs autorisés à faire passer des épreuves de conduite en nombre suffisant pour garantir que le délai n'excède pas cette durée.

La commission des délits de violences ou d'outrage prévus par les articles 222-9 à 222-13 et 433-5 du code pénal contre l'un de ces agents dans l'exercice ou à l'occasion de l'exercice de sa fonction d'examinateur, est sanctionnée dans les conditions prévues à l'article L. 211-1 du présent code.

Les conditions de formation, d'impartialité et d'incompatibilité de fonctions que remplissent ces agents, ainsi que la durée pour laquelle cette habilitation est délivrée, sont définies par décret.

Art. L. 221-6 *(L. nº 2015-990 du 6 août 2015, art. 28-I-3º)* L'organisateur agréé d'une épreuve du permis de conduire présente des garanties d'honorabilité, de capacité à organiser l'épreuve, d'impartialité et d'indépendance à l'égard des personnes délivrant ou commercialisant des prestations d'enseignement de la conduite.

Il s'assure que les examinateurs auxquels il recourt présentent les garanties mentionnées à l'article L. 221-8.

Art. L. 221-7 *(L. nº 2015-990 du 6 août 2015, art. 28-I-3º)* L'organisation des épreuves du permis de conduire répond au cahier des charges défini par l'autorité administrative, qui en contrôle l'application. L'autorité administrative a accès aux locaux où sont organisées les épreuves.

Art. L. 221-8 *(L. nº 2015-990 du 6 août 2015, art. 28-I-3º)* Les épreuves du permis de conduire sont supervisées par un examinateur présentant des garanties d'honorabilité, de compétence, d'impartialité et d'indépendance à l'égard des personnes délivrant ou commercialisant des prestations d'enseignement de la conduite.

Art. L. 221-9 *(L. nº 2015-990 du 6 août 2015, art. 28-I-3º)* I. — En cas de méconnaissance de l'une des obligations mentionnées aux articles L. 221-6 à L. 221-8, l'autorité administrative, après avoir mis l'intéressé en mesure de présenter ses observations, peut suspendre, pour une durée maximale de six mois, l'agrément mentionné à l'article L. 221-4.

II. — En cas de méconnaissance grave ou répétée de l'une des obligations mentionnées aux articles L. 221-6 à L. 221-8, l'autorité administrative, après avoir mis l'intéressé en mesure de présenter ses observations, peut mettre fin à l'agrément mentionné à l'article L. 221-4.

III. — En cas de cessation définitive de l'activité d'organisation d'une épreuve du permis de conduire, il est mis fin à l'agrément mentionné à l'article L. 221-4.

Art. L. 221-10 *(L. nº 2015-990 du 6 août 2015, art. 28-I-3º)* Les modalités d'application des articles L. 221-4 à L. 221-9 sont fixées par décret en Conseil d'État.

CHAPITRE II *Reconnaissance et équivalence*

Le présent chapitre ne comprend pas de dispositions législatives.

CHAPITRE III *Permis à points*

Art. L. 223-1 Le permis de conduire est affecté d'un nombre de points. Celui-ci est réduit de plein droit si le titulaire du permis a commis une infraction pour laquelle cette réduction est prévue.

(L. n° 2007-297 du 5 mars 2007, art. 23, en vigueur le 31 déc. 2007) « A la date d'obtention du permis de conduire, celui-ci est affecté de la moitié du nombre maximal de points. Il est fixé un délai probatoire de trois ans. Au terme de chaque année de ce délai probatoire, le permis est majoré d'un sixième du nombre maximal de points si aucune infraction ayant donné lieu à un retrait de points n'a été commise depuis le début de la période probatoire. Lorsque le titulaire du permis de conduire a suivi *(L. n° 2015-990 du 6 août 2015, art. 28-III)* « l'apprentissage anticipé de la conduite défini à l'article L. 211-3 », ce délai probatoire est réduit à deux ans et cette majoration est portée au quart du nombre maximal de points. » *(Ord. n° 2018-207 du 28 mars 2018)* « Le délai probatoire est en outre réduit pour le titulaire d'un premier permis de conduire qui se soumet à une formation complémentaire et ne commet durant ce délai aucune infraction ayant donné lieu à retrait de points ou ayant entraîné une mesure de restriction ou de suspension du droit de conduire. »

Lorsque le nombre de points est nul, le permis perd sa validité.

La réalité d'une infraction entraînant retrait de points est établie par le paiement d'une amende forfaitaire *(L. n° 2003-495 du 12 juin 2003, art. 14)* « ou l'émission du titre exécutoire de l'amende forfaitaire majorée », l'exécution d'une composition pénale ou par une condamnation définitive.

(L. n° 2011-267 du 14 mars 2011, art. 75-I) « Le premier alinéa de l'article L. 223-6 n'est pas applicable pendant le délai probatoire mentionné au deuxième alinéa du présent article. »

RÉP. PÉN. v° *Permis de conduire*, par CÉRÉ.

Art. L. 223-2 I. – Pour les délits, le retrait de points est égal à la moitié *(L. n° 2003-495 du 12 juin 2003, art. 11)* « du nombre maximal de points ».

II. – Pour les contraventions, le retrait de points est, au plus, égal *(L. n° 2003-495 du 12 juin 2003, art. 11)* « à la moitié du nombre maximal de points ».

III. – *(L. n° 2003-495 du 12 juin 2003, art. 11)* « Dans le cas où plusieurs infractions entraînant retrait de points sont commises simultanément, les retraits de points se cumulent dans la limite des deux tiers du nombre maximal de points. »

Art. L. 223-3 *(L. n° 2003-495 du 12 juin 2003, art. 14)* « Lorsque l'intéressé est avisé qu'une des infractions entraînant retrait de points a été relevée à son encontre, il est informé des dispositions de l'article L. 223-2, de l'existence d'un traitement automatisé de ces points et de la possibilité pour lui d'exercer le droit d'accès conformément aux articles L. 225-1 à L. 225-9.

« Lorsqu'il est fait application de la procédure de l'amende forfaitaire ou de la procédure de composition pénale, l'auteur de l'infraction est informé que le paiement de l'amende ou l'exécution de la composition pénale entraîne le retrait du nombre de points correspondant à l'infraction reprochée, dont la qualification est dûment portée à sa connaissance ; il est également informé de l'existence d'un traitement automatisé de ces points et de la possibilité pour lui d'exercer le droit d'accès. »

(Ord. n° 2015-1241 du 7 oct. 2015) « Quand il est effectif, le retrait de points est porté à la connaissance de l'intéressé par lettre simple ou, sur sa demande, par voie électronique. Un décret en Conseil d'État précise les conditions d'application du présent alinéa. »

Art. L. 223-4 Les dispositions des articles 702-1 du code de procédure pénale et 133-16 du code pénal ne sont pas applicables au retrait de points affectant le permis de conduire.

Art. L. 223-5 I. – En cas de retrait de la totalité des points, l'intéressé reçoit de l'autorité administrative l'injonction de remettre son permis de conduire au préfet de son département de résidence et perd le droit de conduire un véhicule.

II. – Il ne peut *(L. n° 2007-297 du 5 mars 2007, art. 23)* « obtenir » un nouveau permis de conduire avant l'expiration d'un délai de six mois à compter de la date de remise de son permis au préfet et sous réserve d'être reconnu apte après *(L. n° 2003-495 du 12 juin 2003, art. 13)* « un examen ou une analyse médical, clinique, biologique » et psychotechnique effectué à ses frais. *(L. n° 2003-495 du 12 juin 2003, art. 12)* « Ce délai est porté à un an lorsqu'un nouveau retrait de la totalité des points intervient dans un délai de cinq ans suivant le précédent. »

III. – Le fait de refuser de se soumettre à l'injonction prévue au premier alinéa du présent article est puni de deux ans d'emprisonnement et de 4 500 € d'amende.

IV. — Toute personne coupable de ce délit encourt également les peines complémentaires suivantes :

1° La suspension, pour une durée de trois ans au plus, du permis de conduire, cette suspension pouvant être limitée à la conduite en dehors de l'activité professionnelle ;

2° La peine de travail d'intérêt général selon des modalités prévues à l'article 131-8 du code pénal et selon les conditions prévues aux articles 131-22 à 131-24 du même code et *(Ord. n° 2019-950 du 11 sept. 2019, art. 5-VI et 9, en vigueur le 30 sept. 2021)* « à l'article L. 122-1 du code de la justice pénale des mineurs *[ancienne rédaction : à l'article 20-5 de l'ordonnance n° 45-174 du 2 février 1945 relative à l'enfance délinquante]* » ;

3° La peine de jours-amende dans les conditions fixées aux articles 131-5 et 131-25 du code pénal ;

(L. n° 2003-495 du 12 juin 2003, art. 6) « 4° L'interdiction de conduire certains véhicules terrestres à moteur, y compris ceux pour la conduite desquels le permis de conduire n'est pas exigé, pour une durée de cinq ans au plus ;

« 5° L'obligation d'accomplir, à ses frais, un stage de sensibilisation à la sécurité routière ;

« 6° La confiscation du véhicule dont le condamné s'est servi pour commettre l'infraction, s'il en est le propriétaire. »

(L. n° 2003-495 du 12 juin 2003, art. 15) « V. — Le fait pour toute personne de conduire un véhicule à moteur pour la conduite duquel le permis est nécessaire, malgré l'injonction qui lui a été faite de remettre son permis de conduire conformément au I, est puni des peines prévues aux III et IV. »

Art. L. 223-6 Si le titulaire du permis de conduire n'a pas commis, dans le délai de *(L. n° 2011-267 du 14 mars 2011, art. 76-1°)* « deux » ans *(L. n° 2003-495 du 12 juin 2003, art. 14)* « à compter de la date du paiement de la dernière amende forfaitaire, de l'émission du titre exécutoire de la dernière amende forfaitaire majorée, de l'exécution de la dernière composition pénale ou de la dernière condamnation définitive », une nouvelle infraction *(L. n° 2003-495 du 12 juin 2003, art. 11)* « ayant donné lieu au retrait de points, son permis est affecté du nombre maximal de points. »

(L. n° 2011-267 du 14 mars 2011, art. 76-2°) « Le délai de deux ans mentionné au premier alinéa est porté à trois ans si l'une des infractions ayant entraîné un retrait de points est un délit ou une contravention de la quatrième ou de la cinquième classe. »

(L. n° 2007-297 du 5 mars 2007, art. 23) « Toutefois, en cas de commission d'une infraction ayant entraîné le retrait d'un point, ce point est réattribué au terme du délai *(L. n° 2011-267 du 14 mars 2011, art. 76-3°)* « de six mois » à compter de la date mentionnée *(L. n° 2011-267 du 14 mars 2011, art. 75-II-1°)* « au premier alinéa », si le titulaire du permis de conduire n'a pas commis, dans cet intervalle, une infraction ayant donné lieu à un nouveau retrait de points. »

(L. n° 2003-495 du 12 juin 2003, art. 11) « Le titulaire du permis de conduire qui a commis une infraction ayant donné lieu à retrait de points peut obtenir une récupération de points s'il suit un stage de sensibilisation à la sécurité routière *(L. n° 2011-267 du 14 mars 2011, art. 76-4°)* « qui peut être effectué dans la limite d'une fois par an ». Lorsque le titulaire du permis de conduire a commis une infraction ayant donné lieu à un retrait de points égal ou supérieur au quart du nombre maximal de points et qu'il se trouve dans la période du délai probatoire défini à l'article L. 223-1, il doit se soumettre à cette formation spécifique qui se substitue à l'amende sanctionnant l'infraction. »

Sans préjudice de l'application des *(L. n° 2011-267 du 14 mars 2011, art. 75-II-2°)* « alinéas précédents » du présent article, les points retirés du fait de contraventions *(L. n° 2007-297 du 5 mars 2007, art. 23)* « des quatre premières classes au présent code » sont réattribués au titulaire du permis de conduire à l'expiration d'un délai de dix ans à compter de la date à laquelle la condamnation est devenue définitive ou du paiement de l'amende forfaitaire correspondante.

Art. L. 223-7 Les informations relatives au nombre de points détenus par le titulaire d'un permis de conduire ne peuvent être collectées que par les autorités administratives et judiciaires qui doivent en connaître, à l'exclusion des employeurs, assureurs et toutes autres personnes physiques ou morales.

Toute infraction aux dispositions de l'alinéa précédent est punie des peines prévues à l'article 226-21 du code pénal.

La divulgation des mêmes informations à des tiers non autorisés est punie des peines prévues à l'article 226-22 du code pénal.

Art. L. 223-8 Un décret en Conseil d'État précise les modalités d'application des articles L. 223-1 à L. 223-7. Il fixe notamment :

1° *(L. n° 2003-495 du 12 juin 2003, art. 11)* « Le nombre maximal de points du permis de conduire, le nombre de points affecté lors de l'obtention du permis de conduire et les modalités d'acquisition du nombre maximal de points ; »

2° Les contraventions à la police de la circulation routière susceptibles de mettre en danger la sécurité des personnes et entraînant retrait de points ;

3° Le barème de points affecté à ces contraventions ;

4° Les modalités de l'information prévue à l'article L. 223-3 ;

5° Les modalités du retrait de points et de la formation spécifique prévue à l'article L. 223-6.

Art. L. 223-9 *(L. n° 2011-267 du 14 mars 2011, art. 77)* I. — Est puni de six mois d'emprisonnement et 15 000 € d'amende le fait, par l'auteur d'une contravention entraînant retrait de point du permis de conduire, de proposer ou de donner une rémunération à une personne pour qu'elle accepte d'être désignée comme conducteur du véhicule dans la requête en exonération ou la réclamation présentée dans les conditions prévues au *b* du 1° de l'article 529-10 du code de procédure pénale.

II. — Est puni des mêmes peines le fait, par toute personne, de proposer ou d'accepter contre rémunération d'être désignée, par l'auteur d'une contravention entraînant retrait de point, comme conducteur du véhicule dans la requête en exonération ou la réclamation présentée dans les conditions prévues au même *b*.

III. — Lorsque les faits prévus au II sont commis de façon habituelle ou par la diffusion, par tout moyen, d'un message à destination du public, la peine est portée à un an d'emprisonnement et 30 000 € d'amende.

IV. — La personne coupable des délits prévus par le présent article encourt également les peines complémentaires suivantes :

1° La suspension, pour une durée de trois ans au plus, du permis de conduire, cette suspension ne pouvant pas être limitée à la conduite en dehors de l'activité professionnelle ;

2° La peine de travail d'intérêt général selon des modalités prévues à l'article 131-8 du code pénal et selon les conditions prévues aux articles 131-22 à 131-24 du même code et *(Ord. n° 2019-950 du 11 sept. 2019, art. 5-VI et 9, en vigueur le 30 sept. 2021)* « à l'article L. 122-1 du code de la justice pénale des mineurs *[ancienne rédaction : à l'article 20-5 de l'ordonnance n° 45-174 du 2 février 1945 relative à l'enfance délinquante]* » ;

3° La peine de jours-amendes dans les conditions fixées aux articles 131-5 et 131-25 du code pénal ;

4° L'interdiction de conduire certains véhicules terrestres à moteur, y compris ceux pour la conduite desquels le permis de conduire n'est pas exigé, pour une durée de cinq ans au plus ;

5° L'obligation d'accomplir, à ses frais, un stage de sensibilisation à la sécurité routière.

CHAPITRE III *BIS* *Points affectés au conducteur titulaire d'un permis de conduire délivré par une autorité étrangère*

(L. n° 2016-1547 du 18 nov. 2016, art. 37-I-1° et II, en vigueur au plus tard le 18 nov. 2017)

Art. L. 223-10 I. — Tout conducteur titulaire d'un permis de conduire délivré par une autorité étrangère circulant sur le territoire national se voit affecter un nombre de points. Ce nombre de points est réduit de plein droit si ce conducteur a commis sur le territoire national une infraction pour laquelle cette réduction est prévue.

II. — La réalité d'une infraction entraînant un retrait de points, conformément au I du présent article, est établie dans les conditions prévues à l'avant-dernier alinéa de l'article L. 223-1.

Le retrait de points est réalisé dans les conditions prévues à l'article L. 223-2 et aux deux premiers alinéas de l'article L. 223-3. Il est porté à la connaissance de l'intéressé dans les conditions prévues au dernier alinéa du même article L. 223-3.

En cas de retrait de la totalité des points affectés au conducteur mentionné au I du présent article, l'intéressé se voit notifier par l'autorité administrative l'interdiction de circuler sur le territoire national pendant une durée d'un an. Au terme de cette durée, l'intéressé se voit affecter un nombre de points dans les conditions prévues au même I.

III. — Le fait de conduire un véhicule sur le territoire national malgré la notification de l'interdiction prévue au dernier alinéa du II du présent article est puni des peines prévues aux III et IV de l'article L. 223-5.

L'immobilisation du véhicule peut être prescrite dans les conditions prévues aux articles L. 325-1 à L. 325-3.

IV. — Le conducteur mentionné au I du présent article peut se voir affecter le nombre maximal de points ou réattribuer des points dans les conditions prévues aux premier à troisième et dernier alinéas de l'article L. 223-6.

Il peut obtenir une récupération de points s'il suit un stage de sensibilisation à la sécurité routière dans les conditions prévues à la première phrase de l'avant-dernier alinéa de l'article L. 223-6.

V. — Les informations relatives au nombre de points dont dispose le conducteur mentionné au I du présent article ne peuvent être collectées que dans les conditions prévues à l'article L. 223-7.

VI. — Un décret en Conseil d'État fixe les modalités d'application du présent article.

Art. L. 223-11 Sans préjudice du deuxième alinéa de l'article L. 223-1, le permis de conduire national délivré par l'autorité administrative à un conducteur mentionné au I de l'article L. 223-10 ayant sa résidence normale en France est affecté d'un nombre de points équivalent à celui dont dispose ce conducteur à la date d'obtention du permis de conduire.

CHAPITRE IV *Interdiction de délivrance, rétention, suspension et annulation*

Art. L. 224-1 *(L. nº 2019-1428 du 24 déc. 2019, art. 98-I)* I. — Les officiers et agents de police judiciaire retiennent à titre conservatoire le permis de conduire du conducteur :

1º Lorsque les épreuves de dépistage de l'imprégnation alcoolique et le comportement du conducteur permettent de présumer que celui-ci conduisait sous l'empire de l'état alcoolique défini à l'article L. 234-1 ou lorsque les mesures faites au moyen de l'appareil homologué mentionné à l'article L. 234-4 ont établi cet état ;

2º En cas de conduite en état d'ivresse manifeste ou lorsque le conducteur refuse de se soumettre aux épreuves et mesures prévues au 1º du présent I. Le procès-verbal fait état des raisons pour lesquelles il n'a pu être procédé aux épreuves de dépistage prévues au même 1º. En cas de conduite en état d'ivresse manifeste, les épreuves doivent être effectuées dans les plus brefs délais ;

3º Lorsqu'il est fait application des dispositions de l'article L. 235-2, si les épreuves de dépistage se révèlent positives ;

4º S'il existe une ou plusieurs raisons plausibles de soupçonner que le conducteur a fait usage de stupéfiants ou lorsqu'il refuse de se soumettre aux épreuves de vérification prévues au même article L. 235-2 ;

5º Lorsque le véhicule est intercepté, lorsque le dépassement de 40 km/h ou plus de la vitesse maximale autorisée est établi au moyen d'un appareil homologué ;

6º En cas d'accident de la circulation ayant entraîné la mort d'une personne ou ayant occasionné un dommage corporel, lorsqu'il existe une ou plusieurs raisons plausibles de soupçonner que le conducteur a commis une infraction en matière d'usage du téléphone tenu en main, de respect des vitesses maximales autorisées ou des règles de croisement, de dépassement, d'intersection et de priorités de passage ;

7º Lorsque le véhicule est intercepté, lorsqu'une infraction en matière d'usage du téléphone tenu en main est établie simultanément avec une des infractions en matière de respect des règles de conduite des véhicules, de vitesse, de croisement, de dépassement, d'intersection et de priorités de passage dont la liste est fixée par décret en Conseil d'État. — *Infractions concernées, V. art. R. 224-19-1.*

II. — Les dispositions du I du présent article, hors les cas prévus aux 5º, 6º et 7º du même I, sont applicables à l'accompagnateur de l'élève conducteur.

III. — Les agents de police judiciaire adjoints mentionnés à l'article 21 du code de procédure pénale sont habilités à retenir à titre conservatoire le permis de conduire du conducteur dans les cas prévus aux 5º et 7º du I du présent article.

Art. L. 224-2 *(L. nº 2019-1428 du 24 déc. 2019, art. 98-I)* I. — Le représentant de l'État dans le département peut, dans les soixante-douze heures de la rétention du permis prévue à l'article L. 224-1, ou dans les cent vingt heures pour les infractions pour lesquelles les vérifications prévues aux articles L. 234-4 à L. 234-6 et L. 235-2 ont été effectuées, prononcer la suspension du permis de conduire lorsque :

1º L'état alcoolique est établi au moyen d'un appareil homologué, conformément au 1º du I de l'article L. 224-1, ou lorsque les vérifications mentionnées aux articles L. 234-4 et L. 234-5 apportent la preuve de cet état ou si le conducteur ou l'accompagnateur de l'élève conducteur a refusé de se soumettre aux épreuves et vérifications destinées à établir la preuve de l'état alcoolique ;

2° Il est fait application des dispositions de l'article L. 235-2 si les analyses ou examens médicaux, cliniques et biologiques établissent que le conducteur conduisait après avoir fait usage de substances ou plantes classées comme stupéfiants ou si le conducteur ou l'accompagnateur de l'élève conducteur a refusé de se soumettre aux épreuves de vérification prévues au même article L. 235-2 ;

3° Le véhicule est intercepté, lorsque le dépassement de 40 km/h ou plus de la vitesse maximale autorisée est établi au moyen d'un appareil homologué ;

4° Le permis a été retenu à la suite d'un accident de la circulation ayant entraîné la mort d'une personne ou ayant occasionné un dommage corporel, en application du 6° du I de l'article L. 224-1, en cas de procès-verbal constatant que le conducteur a commis une infraction en matière d'usage du téléphone tenu en main, de respect des vitesses maximales autorisées ou des règles de croisement, de dépassement, d'intersection et de priorités de passage ;

5° Le permis a été retenu à la suite d'une infraction en matière d'usage du téléphone tenu en main commise simultanément avec une des infractions en matière de respect des règles de conduite des véhicules, de vitesse, de croisement, de dépassement, d'intersection et de priorités de passage dont la liste est fixée par décret en Conseil d'État. — *Infractions concernées, V. art. R. 224-19-1.*

II. — La durée de la suspension du permis de conduire ne peut excéder six mois. Cette durée peut être portée à un an en cas d'accident de la circulation ayant entraîné la mort d'une personne ou ayant occasionné un dommage corporel, en cas de conduite sous l'empire d'un état alcoolique, de conduite après usage de substances ou plantes classées comme stupéfiants et de refus de se soumettre aux épreuves de vérification prévues aux articles L. 234-4 à L. 234-6 et L. 235-2.

III. — A défaut de décision de suspension dans le délai prévu au premier alinéa du I du présent article, le permis de conduire est remis à la disposition de l'intéressé, sans préjudice de l'application ultérieure des articles L. 224-7 à L. 224-9.

Art. L. 224-3 Dans *(L. nº 2001-1062 du 15 nov. 2001, art. 20)* « les cas prévus » *(L. nº 2019-1428 du 24 déc. 2019, art. 98-I)* « au I » de l'article L. 224-2, le représentant de l'État dans le département, s'il s'agit d'un brevet militaire de conduite délivré par l'autorité militaire, transmet directement ce titre à ladite autorité, à qui il appartient de prendre les mesures nécessaires.

Art. L. 224-4 Pendant la durée de la rétention du permis de conduire ainsi que dans le cas où le conducteur n'est pas titulaire de ce titre, il peut être procédé d'office à l'immobilisation du véhicule. L'immobilisation est cependant levée dès qu'un conducteur qualifié, proposé par le conducteur ou l'accompagnateur de l'élève conducteur ou éventuellement par le propriétaire du véhicule, peut en assurer la conduite. A défaut, les fonctionnaires et agents habilités à prescrire l'immobilisation peuvent prendre toute mesure destinée à placer le véhicule en stationnement régulier.

Art. L. 224-5 *Abrogé par L. nº 2006-10 du 5 janv. 2006, art. 12, et dispositions reprises à l'art. L. 325-3-1.*

Art. L. 224-6 Dans le cas où la rétention du permis de conduire ne peut être effectuée faute pour le conducteur ou l'accompagnateur de l'élève conducteur titulaire de ce titre d'être en mesure de le présenter, les dispositions des articles L. 224-1 à L. 224-4 s'appliquent. Il lui est fait obligation de mettre à disposition de l'autorité requérante son permis de conduire dans le délai de vingt-quatre heures.

Art. L. 224-7 Saisi d'un procès-verbal constatant une infraction punie par le présent code de la peine complémentaire de suspension du permis de conduire, le représentant de l'État dans le département où cette infraction a été commise peut, s'il n'estime pas devoir procéder au classement, prononcer à titre provisoire soit un avertissement, soit la suspension du permis de conduire ou l'interdiction de sa délivrance lorsque le conducteur n'en est pas titulaire. Il peut également prononcer à titre provisoire soit un avertissement, soit la suspension du permis de conduire à l'encontre de l'accompagnateur d'un élève conducteur lorsqu'il y a infraction aux dispositions des articles L. 234-1 *(L. nº 2003-495 du 12 juin 2003, art. 32)* « et L. 234-8 » *(L. nº 2019-1428 du 24 déc. 2019, art. 98-I)* « et aux dispositions des articles L. 235-1 et L. 235-3 ».

Art. L. 224-8 La durée de la suspension ou de l'interdiction prévue à l'article L. 224-7 ne peut excéder six mois. Cette durée est portée à un an en cas d'infraction d'atteinte involontaire à la vie ou d'atteinte involontaire à l'intégrité de la personne susceptible d'entraîner une incapacité totale de travail personnel, de conduite en état d'ivresse *(L. n° 2019-1428 du 24 déc. 2019, art. 98-I)* « manifeste ou sous l'empire d'un état alcoolique, de conduite après usage de substances ou plantes classées comme stupéfiants, de refus de se soumettre aux épreuves de vérification prévues aux articles L. 234-4 à L. 234-6 et L. 235-2 ou de délit de fuite. » Le représentant de l'État dans le département peut également prononcer une telle mesure à l'encontre de l'accompagnateur d'un élève conducteur lorsqu'il y a infraction aux dispositions des articles L. 234-1 *(L. n° 2003-495 du 12 juin 2003, art. 32)* « et L. 234-8 » *(L. n° 2019-1428 du 24 déc. 2019, art. 98-I)* « et aux dispositions des articles L. 235-1 et L. 235-3 ».

Art. L. 224-9 Quelle que soit sa durée, la suspension du permis de conduire ou l'interdiction de sa délivrance ordonnée par le représentant de l'État dans le département en application des articles L. 224-2 et L. 224-7 cesse d'avoir effet lorsque est exécutoire une décision judiciaire prononçant une mesure restrictive du droit de conduire prévue au présent titre.

Les mesures administratives prévues aux articles L. 224-1 à L. 224-3 et L. 224-7 sont considérées comme non avenues en cas d'ordonnance de non-lieu ou de jugement de relaxe ou si la juridiction ne prononce pas effectivement de mesure restrictive du droit de conduire.

Les modalités d'application des deux alinéas précédents sont fixées par décret en Conseil d'État. La durée des mesures administratives s'impute, le cas échéant, sur celle des mesures du même ordre prononcées par le tribunal.

Art. L. 224-10 Les dispositions des articles L. 224-7 à L. 224-9 ne sont pas applicables aux conducteurs de véhicules militaires, lorsqu'ils sont titulaires des brevets délivrés à cet effet par l'autorité militaire.

Art. L. 224-11 Le règlement qui réprime une contravention au présent code peut prévoir, dans les conditions prévues à l'article L. 224-12, lorsque le coupable est une personne physique, la peine complémentaire d'interdiction de délivrance du permis de conduire.

Art. L. 224-12 Lorsqu'un conducteur a fait l'objet d'une condamnation susceptible de motiver le prononcé des peines complémentaires de suspension ou d'annulation du permis de conduire et qu'il n'est pas titulaire de celui-ci, ces peines sont remplacées à son égard, pour la même durée, par la peine d'interdiction d'obtenir la délivrance du permis de conduire.

Art. L. 224-13 Les peines complémentaires de suspension, d'annulation ou d'interdiction de délivrance du permis de conduire *(L. n° 2019-1428 du 24 déc. 2019, art. 98-I)* « ainsi que d'interdiction de se présenter à l'examen du permis de conduire » peuvent être déclarées exécutoires par provision, à titre de mesure de protection.

Art. L. 224-14 *(L. n° 2003-495 du 12 juin 2003, art. 13)* En cas d'annulation du permis de conduire prononcée en application du présent code ou pour les délits prévus par les articles 221-6-1, 222-19-1 et 222-20-1 du code pénal ou en cas de suspension du permis de conduire dont la durée est fixée par décret en Conseil d'État, l'intéressé ne peut solliciter un nouveau permis ou la restitution de son permis sans avoir été reconnu apte après un examen ou une analyse médicale, clinique, biologique et psychotechnique effectué à ses frais.

Art. L. 224-15 *Abrogé par L. n° 2003-495 du 12 juin 2003, art. 6.*

Art. L. 224-16 I. – Le fait pour toute personne, malgré la notification qui lui aura été faite d'une décision prononçant à son encontre la suspension, la rétention, l'annulation ou l'interdiction d'obtenir la délivrance du permis de conduire, de conduire un véhicule à moteur pour la conduite duquel une telle pièce est nécessaire est puni de deux ans d'emprisonnement et de 4 500 € d'amende.

II. – Toute personne coupable du délit prévu au présent article encourt également les peines complémentaires suivantes :

1° La confiscation *(L. n° 2011-267 du 14 mars 2011, art. 70-2°-b)* « obligatoire » du véhicule dont le condamné s'est servi pour commettre l'infraction, s'il en est le propriétaire. *(L. n° 2011-267 du 14 mars 2011, art. 70-2°-b)* « La juridiction peut toutefois ne pas prononcer cette peine, par une décision spécialement motivée. La confiscation n'est pas obligatoire lorsque le délit a été commis à la suite d'une des mesures administratives prévues aux articles L. 224-1, L. 224-2 et L. 224-7. »

2° La suspension, pour une durée de trois ans au plus, du permis de conduire, *(L. n° 2003-495 du 12 juin 2003, art. 5)* « cette suspension ne pouvant pas être limitée à la conduite en dehors de l'activité professionnelle » ;

3° La peine de travail d'intérêt général selon des modalités prévues à l'article 131-8 du code pénal et selon les conditions prévues aux articles 131-22 à 131-24 du même code et *(Ord. n° 2019-950 du 11 sept. 2019, art. 5-VI et 9, en vigueur le 30 sept. 2021)* « à l'article L. 122-1 du code de la justice pénale des mineurs *[ancienne rédaction : à l'article 20-5 de l'ordonnance n° 45-174 du 2 février 1945 relative à l'enfance délinquante]* » ;

4° La peine de jours-amende dans les conditions fixées aux articles 131-5 et 131-25 du code pénal ;

(L. n° 2003-495 du 12 juin 2003, art. 6) « 5° L'interdiction de conduire certains véhicules terrestres à moteur, y compris ceux pour la conduite desquels le permis de conduire n'est pas exigé, pour une durée de cinq ans au plus ;

« 6° L'obligation d'accomplir, à ses frais, un stage de sensibilisation à la sécurité routière. » *— Les 1°, 2°, 3°, 4°, 5°, et 6° ont été renumérotés 2°, 3°, 4°, 5°, 6° et 1° en vertu des dispositions de la L. n° 2011-267 du 14 mars 2011, art. 70-2°-a.*

III. — Toute personne coupable du délit prévu au présent article, dans les cas où il a été commis à la suite d'une décision de suspension ou de rétention du permis de conduire, encourt également la peine complémentaire d'annulation de ce permis, avec interdiction de solliciter la délivrance d'un nouveau permis pendant trois ans au plus.

IV. — L'immobilisation peut être prescrite dans les conditions prévues aux articles L. 325-1 à L. 325-3.

V. — Le délit prévu au présent article, dans le cas où il a été commis à la suite d'une décision de suspension ou de rétention du permis de conduire, donne lieu de plein droit à la réduction de la moitié *(L. n° 2003-495 du 12 juin 2003, art. 11)* « du nombre maximal de points » du permis de conduire.

Art. L. 224-17 I. — Le fait, pour toute personne ayant reçu la notification d'une décision prononçant à son encontre la suspension ou l'annulation du permis de conduire, de refuser de restituer le permis suspendu ou annulé à l'agent de l'autorité chargé de l'exécution de cette décision est puni de deux ans d'emprisonnement et de 4 500 € d'amende.

II. — Le fait pour toute personne, pendant la période pour laquelle une décision de rétention du permis de conduire lui a été notifiée en application de l'article L. 224-1, de refuser de restituer le permis de conduire est puni de deux ans d'emprisonnement et de 4 500 € d'amende.

III. — Toute personne coupable de l'un des délits prévus au présent article encourt également les peines complémentaires suivantes :

1° La peine de travail d'intérêt général selon des modalités prévues à l'article 131-8 du code pénal et selon les conditions prévues aux articles 131-22 à 131-24 du même code et *(Ord. n° 2019-950 du 11 sept. 2019, art. 5-VI et 9, en vigueur le 30 sept. 2021)* « à l'article L. 122-1 du code de la justice pénale des mineurs *[ancienne rédaction : à l'article 20-5 de l'ordonnance n° 45-174 du 2 février 1945 relative à l'enfance délinquante]* » ;

2° La peine de jours-amende dans les conditions fixées aux articles 131-5 et 131-25 du code pénal.

IV. — Toute personne coupable de l'un des délits prévus au présent article, dans les cas où il a été commis à la suite d'une décision de suspension ou de rétention du permis de conduire, encourt également les peines complémentaires suivantes :

1° La suspension, pour une durée de trois ans, du permis de conduire, cette suspension pouvant être limitée à la conduite en dehors de l'activité professionnelle ;

2° L'annulation du permis, avec interdiction de solliciter la délivrance d'un nouveau permis pendant trois ans au plus.

V. — Les délits prévus au présent article, dans les cas où ils ont été commis à la suite d'une décision de suspension ou de rétention du permis de conduire, donnent lieu de plein droit à la réduction de la moitié *(L. n° 2003-495 du 12 juin 2003, art. 11)* « du nombre maximal de points » du permis de conduire.

Art. L. 224-18 I. — Le fait pour toute personne, par une fausse déclaration, d'obtenir ou de tenter d'obtenir le permis de conduire est puni de deux ans d'emprisonnement et de 4 500 € d'amende.

II. — Toute personne coupable de ce délit encourt également les peines complémentaires suivantes :

1° La suspension, pour une durée de trois ans au plus, du permis de conduire, cette suspension pouvant être limitée à la conduite en dehors de l'activité professionnelle ;

2° La peine de travail d'intérêt général selon des modalités prévues à l'article 131-8 du code pénal et selon les conditions prévues aux articles 131-22 à 131-24 du même code et *(Ord. n° 2019-950 du 11 sept. 2019, art. 5-VI et 9, en vigueur le 30 sept. 2021)* « à l'article

L. 122-1 du code de la justice pénale des mineurs *[ancienne rédaction : à l'article 20-5 de l'ordonnance n° 45-174 du 2 février 1945 relative à l'enfance délinquante]* » ;

3° La peine de jours-amende dans les conditions fixées aux articles 131-5 et 131-25 du code pénal.

III. — Ce délit donne lieu de plein droit à la réduction de la moitié *(L. n° 2003-495 du 12 juin 2003, art. 11)* « du nombre maximal de points » du permis de conduire.

CHAPITRE V *Enregistrement et communication des informations relatives au permis de conduire*

Art. L. 225-1 I. — Il est procédé, dans les services de l'État et sous l'autorité et le contrôle du ministre de l'intérieur, à l'enregistrement :

1° De toutes informations relatives aux permis de conduire dont la délivrance est sollicitée ou qui sont délivrés en application du présent code, ainsi qu'aux permis de conduire délivrés par les autorités étrangères et reconnus valables sur le territoire national ;

2° De toutes décisions administratives dûment notifiées portant restriction de validité, retrait, suspension, annulation et restriction de délivrance du permis de conduire *(L. n° 2019-1428 du 24 déc. 2019, art. 98-I)* « ou interdiction de se présenter à l'examen du permis de conduire », ainsi que des avertissements prévus par le présent code ;

3° De toutes mesures de retrait du droit de faire usage du permis de conduire qui seraient communiquées par les autorités compétentes des territoires et collectivités territoriales d'outre-mer ;

4° De toutes mesures de retrait du droit de faire usage du permis de conduire prises par une autorité étrangère et communiquées aux autorités françaises conformément aux accords internationaux en vigueur ;

5° Des procès-verbaux des infractions entraînant retrait de points et ayant donné lieu au paiement d'une amende forfaitaire ou à l'émission d'un titre exécutoire de l'amende forfaitaire majorée ;

6° De toutes décisions judiciaires à caractère définitif en tant qu'elles portent restriction de validité, suspension, annulation et interdiction de délivrance du permis de conduire *(L. n° 2019-1428 du 24 déc. 2019, art. 98-I)* « ou interdiction de se présenter à l'examen du permis de conduire », ou qu'elles emportent réduction du nombre de points du permis de conduire ainsi que de l'exécution d'une composition pénale ;

7° De toute modification du nombre de points affectant un permis de conduire dans les conditions définies aux articles L. 223-1 à L. 223-8 ;

(L. n° 2016-1547 du 18 nov. 2016, art. 37-I-2° et II, en vigueur au plus tard le 18 nov. 2017) « 8° Du nombre de points affectés au conducteur mentionné au I de l'article L. 223-10 lorsque ce conducteur a commis une infraction entraînant un retrait de points, de toute modification de ce nombre et des décisions administratives dûment notifiées portant interdiction de conduire sur le territoire national. »

II. — Ces informations peuvent faire l'objet de traitements automatisés, soumis aux dispositions de la loi n° 78-17 du 6 janvier 1978 relative à l'informatique, aux fichiers et aux libertés.

Art. L. 225-2 I. — Sans préjudice de l'application des lois d'amnistie, les informations relatives aux condamnations judiciaires, aux compositions pénales, aux amendes forfaitaires et aux mesures administratives affectant le permis de conduire doivent être effacées lorsque s'est écoulé un délai de *(L. n° 2003-495 du 12 juin 2003, art. 32)* « dix ans » sans que soit à nouveau intervenue une décision judiciaire, une mesure administrative mentionnée au 2° du I de l'article L. 225-1 ou une mesure établissant la réalité d'une infraction dans les conditions prévues à l'article L. 223-1.

II. — Le délai prévu au I du présent article court :

1° Pour les condamnations judiciaires, à compter du jour où la dernière condamnation est devenue définitive ; pour les compositions pénales, à compter du jour où la mesure est exécutée ;

2° Pour les amendes forfaitaires, à compter du jour du paiement de la dernière amende ou de l'émission du titre exécutoire de cette amende ;

3° Pour les mesures administratives, à compter du jour de la dernière décision.

III. — Au cas où une mesure administrative est annulée, l'effacement des informations relatives à cette mesure est effectué au jour de la décision judiciaire ou administrative prononçant cette annulation.

IV. — *(L. n° 2003-495 du 12 juin 2003, art. 32)* « En cas d'interdiction définitive de solliciter un nouveau permis de conduire, les informations mentionnées au I sont effacées lorsque la personne atteint sa quatre-vingtième année. »

V. – Le délai est réduit à trois ans à compter du jour où la dernière condamnation est devenue définitive, du jour du paiement de la dernière amende ou de l'émission du titre exécutoire de cette amende pour les informations mentionnées au 7° du I de l'article L. 225-1.

VI. – Le délai est réduit à deux ans à compter du jour de l'enregistrement pour les informations relatives aux permis de conduire dont la délivrance est sollicitée.

Art. L. 225-3 Le titulaire du permis de conduire *(L. n° 2016-1547 du 18 nov. 2016, art. 37-I-3° et II, en vigueur au plus tard le 18 nov. 2017)* « et le conducteur mentionné au I de l'article L. 223-10 ont » droit à la communication du relevé intégral des mentions le concernant. *(Ord. n° 2005-650 du 6 juin 2005, art. 11-I)* « Cette communication s'exerce dans les conditions prévues par *(Ord. n° 2015-1341 du 23 oct. 2015, art. 3 et 6, en vigueur le 1er janv. 2016)* « les articles L. 300-1 et suivants du code des relations entre le public et l'administration ». »

Art. L. 225-4 *(L. n° 2008-644 du 1er juill. 2008, art. 10)* Les autorités judiciaires, *(L. n° 2011-267 du 14 mars 2011, art. 79)* « les magistrats de l'ordre administratif dans le cadre des recours formulés contre les décisions de retrait de point du permis de conduire, » les officiers de police judiciaire chargés de l'exécution d'une ordonnance juridictionnelle ou agissant dans le cadre d'une enquête de flagrance, le représentant de l'État dans le département dans l'exercice de ses compétences en matière de permis de conduire, les militaires de la gendarmerie et les fonctionnaires de la police nationale habilités à effectuer des contrôles routiers en application du présent code *(L. n° 2016-1547 du 18 nov. 2016, art. 37-I-4° et II, en vigueur à une date fixée par Décr. en Conseil d'État, et au plus tard le 18 nov. 2017)* « , les agents spécialement habilités des observatoires et des établissements publics chargés de réaliser des études statistiques sur les accidents de la route pour le compte du ministre chargé de la sécurité routière » *(Ord. n° 2016-460 du 14 avr. 2016)* « ainsi que les fonctionnaires ou agents de l'État chargés du contrôle des transports terrestres placés sous l'autorité du ministre chargé des transports pour l'exercice des compétences en matière de contrôle du transport routier prévues au présent code, » sont autorisés à accéder *(Abrogé par L. n° 2016-339 du 22 mars 2016, art. 7) « directement »* aux informations enregistrées en application de l'article L. 225-1.

Art. L. 225-5 Les informations relatives à l'existence, la catégorie et la validité du permis de conduire sont communiquées *(Abrogé par L. n° 2016-339 du 22 mars 2016, art. 7-2°) « sur leur demande »* :

1° Au titulaire du permis *(L. n° 2016-1547 du 18 nov. 2016, art. 37-I-5° et II, en vigueur à une date fixée par Décr. en Conseil d'État, et au plus tard le 18 nov. 2017)* « ou au conducteur mentionné au I de l'article L. 223-10 », à son avocat ou à son mandataire ;

2° Aux autorités compétentes des territoires et collectivités territoriales d'outre-mer, aux fins d'authentification du permis de conduire ;

3° Aux autorités étrangères compétentes, aux fins d'authentification du permis de conduire, conformément aux accords internationaux en vigueur ;

4° Aux officiers ou agents de police judiciaire agissant dans le cadre d'une enquête préliminaire ;

5° Aux militaires de la gendarmerie ou aux fonctionnaires de la police nationale habilités à effectuer des contrôles routiers en application des dispositions du présent code ;

(L. n° 2003-239 du 18 mars 2003, art. 86) « 5° *bis* Aux agents de police judiciaire adjoints et aux gardes champêtres, aux seules fins d'identifier les auteurs des infractions au présent code qu'ils sont habilités à constater ; »

6° Aux autorités administratives civiles ou militaires pour les personnes employées ou susceptibles d'être employées comme conducteur de véhicule à moteur ;

7° Aux entreprises d'assurances pour les personnes dont elles garantissent ou sont appelées à garantir la responsabilité encourue du fait des dommages causés par les véhicules à moteur ;

(L. n° 2003-495 du 12 juin 2003, art. 24) « 8° A l'organisme chargé de la délivrance et de la gestion des cartes de conducteur associées au chronotachygraphe électronique utilisé pour le contrôle des transports routiers ; »

(L. n° 2009-1503 du 8 déc. 2009, art. 41) « 9° A l'organisme chargé de la délivrance et de la gestion des cartes de qualification de conducteur destinées à prouver la qualification initiale et la formation continue des conducteurs de certains véhicules routiers affectés aux transports de marchandises ou de voyageurs ; »

(L. n° 2013-431 du 28 mai 2013, art. 20) « 10° Aux fonctionnaires ou agents de l'État chargés du contrôle des transports terrestres placés sous l'autorité du ministre chargé des

transports pour l'exercice des compétences en matière de contrôle du transport routier prévues au présent code » ;

(L. n° 2016-339 du 22 mars 2016, art. 7-2°) **« 11° Aux entreprises exerçant une activité de transport public routier de voyageurs ou de marchandises, pour les personnes qu'elles emploient comme conducteur de véhicule à moteur. »**

(L. n° 2016-1547 du 18 nov. 2016, art. 37-I-5° et II, en vigueur à une date fixée par Décr. en Conseil d'État, et au plus tard le 18 nov. 2017) **« Pour le conducteur mentionné au I de l'article L. 223-10, les informations mentionnées au premier alinéa du présent article comprennent celles relatives aux décisions dûment notifiées portant interdiction de conduire sur le territoire national enregistrées en application du 8° du I de l'article L. 225-1. »**

Art. L. 225-6 **Aucune** *(Ord. n° 2018-1125 du 12 déc. 2018, art. 19, en vigueur le 1er juin 2019)* **« donnée à caractère personnel » relative au permis de conduire ne peut être divulguée en dehors des cas expressément prévus aux articles L. 225-3 à L. 225-5.**

Art. L. 225-7 **Le fait de prendre le nom d'une personne dans des circonstances qui ont déterminé ou auraient pu déterminer, en application de l'article L. 225-1, l'enregistrement au nom de cette personne d'une condamnation judiciaire ou d'une décision administrative est puni des peines prévues par l'article 434-23 du code pénal.**

Art. L. 225-8 **Le fait, en prenant un faux nom ou une fausse qualité, de se faire communiquer le relevé des mentions enregistrées en application de l'article L. 225-1 et concernant un tiers est puni de la peine prévue par l'article 781 du code de procédure pénale.**

Est puni de la même peine le fait d'obtenir soit directement, soit indirectement, communication *(Ord. n° 2018-1125 du 12 déc. 2018, art. 19, en vigueur le 1er juin 2019)* **« de données à caractère personnel » dont la divulgation n'est pas expressément prévue par le présent code.**

Art. L. 225-9 **Des décrets en Conseil d'État fixent les conditions d'application des dispositions des articles L. 225-1 à L. 225-8 et notamment les modalités de la communication des décisions de justice par les autorités judiciaires.**

TITRE III **Comportement du conducteur**

CHAPITRE PREMIER *Comportement en cas d'accident*

Art. L. 231-1 **Les dispositions relatives au délit de fuite commis par le conducteur d'un véhicule sont fixées par les articles 434-10 et 434-45 du code pénal ci-après reproduits :**

Art. 434-10 Le fait, pour tout conducteur d'un véhicule ou engin terrestre, fluvial ou maritime, sachant qu'il vient de causer ou d'occasionner un accident, de ne pas s'arrêter et de tenter ainsi d'échapper à la responsabilité pénale ou civile qu'il peut avoir encourue est puni de *(L. n° 2011-267 du 14 mars 2011, art. 82)* « trois ans d'emprisonnement et de 75 000 € d'amende ».

Lorsqu'il y a lieu à l'application des articles 221-6 et 222-19, les peines prévues par ces articles sont portées au double *(L. n° 2003-495 du 12 juin 2003, art. 3)* « hors les cas prévus par les articles 221-6-1, 222-19-1 et 222-20-1 ».

Art. 434-45 Les personnes physiques coupables du délit prévu par l'article 434-10 encourent également la suspension, pour une durée de cinq ans au plus, du permis de conduire, *(L. n° 2003-495 du 12 juin 2003, art. 5)* « cette suspension ne pouvant pas être limitée à la conduite en dehors de l'activité professionnelle ».

RÉP. PÉN. v° *Délit de fuite*, par REDON.

Art. L. 231-2 **Les personnes physiques coupables du délit prévu à l'article 434-10 du code pénal commis à l'occasion de la conduite d'un véhicule encourent également les peines complémentaires suivantes :**

1° L'annulation du permis de conduire avec interdiction de solliciter la délivrance d'un nouveau permis pendant trois ans au plus ;

2° La peine de travail d'intérêt général selon des modalités prévues à l'article 131-8 du code pénal et selon les conditions prévues aux articles 131-22 à 131-24 du même code et *(Ord. n° 2019-950 du 11 sept. 2019, art. 5-VI et 9, en vigueur le 30 sept. 2021)* **« à l'article L. 122-1 du code de la justice pénale des mineurs** *[ancienne rédaction : à l'article 20-5 de l'ordonnance n° 45-174 du 2 février 1945 relative à l'enfance délinquante]* **» ;**

3° La peine de jours-amende dans les conditions fixées aux articles 131-5 et 131-25 du code pénal ; — *[Anc. art. L. 1er-1, al. 2, L. 1er-2, et L. 15, I.]*

(L. n° 2003-495 du 12 juin 2003, art. 6) « 4° L'interdiction de conduire certains véhicules terrestres à moteur, y compris ceux pour la conduite desquels le permis de conduire n'est pas exigé, pour une durée de cinq ans au plus ;

« 5° L'obligation d'accomplir, à leurs frais, un stage de sensibilisation à la sécurité routière ;

« 6° La confiscation du véhicule dont le condamné s'est servi pour commettre l'infraction, s'il en est le propriétaire. »

Art. L. 231-3 Le délit rappelé à l'article L. 231-1 donne lieu de plein droit à la réduction de la moitié *(L. n° 2003-495 du 12 juin 2003, art. 11)* « du nombre maximal de points *[ancienne rédaction : du nombre de points initial]* » du permis de conduire. – *[Anc. art. L. 11-1, al. 1er et 2, et L. 11-2, al. 1er.]*

RÉP. PÉN. v° *Délit de fuite*, par REDON.

CHAPITRE II *Atteintes involontaires aux personnes*

Art. L. 232-1 *(L. n° 2003-495 du 12 juin 2003, art. 30)* Les dispositions relatives à l'homicide involontaire commis à l'occasion de la conduite d'un véhicule terrestre à moteur sont fixées par les articles 221-6-1 et 221-8 du code pénal ci-après reproduits :

Art. 221-6-1 Lorsque la maladresse, l'imprudence, l'inattention, la négligence ou le manquement à une obligation législative ou réglementaire *(L. n° 2011-525 du 17 mai 2011, art. 185)* « de prudence ou de sécurité » prévu par l'article 221-6 est commis par le conducteur d'un véhicule terrestre à moteur, l'homicide involontaire est puni de cinq ans d'emprisonnement et de 75 000 € d'amende.

Les peines sont portées à sept ans d'emprisonnement et à 100 000 € d'amende lorsque :

1° Le conducteur a commis une violation manifestement délibérée d'une obligation particulière *(L. n° 2011-525 du 17 mai 2011, art. 185)* « de prudence ou de sécurité » prévue par la loi ou le règlement autre que celles mentionnées ci-après ;

2° Le conducteur se trouvait en état d'ivresse manifeste ou était sous l'empire d'un état alcoolique caractérisé par une concentration d'alcool dans le sang ou dans l'air expiré égale ou supérieure aux taux fixés par les dispositions législatives ou réglementaires du code de la route, ou a refusé de se soumettre aux vérifications prévues par ce code et destinées à établir l'existence d'un état alcoolique ;

3° Il résulte d'une analyse sanguine *(L. n° 2016-41 du 26 janv. 2016, art. 45)* « ou salivaire » que le conducteur avait fait usage de substances ou de plantes classées comme stupéfiants, ou a refusé de se soumettre aux vérifications prévues par le code de la route destinées à établir s'il conduisait en ayant fait usage de stupéfiants ;

4° Le conducteur n'était pas titulaire du permis de conduire exigé par la loi ou le règlement ou son permis avait été annulé, invalidé, suspendu ou retenu ;

5° Le conducteur a commis un dépassement de la vitesse maximale autorisée égal ou supérieur à 50 km/h ;

6° Le conducteur, sachant qu'il vient de causer ou d'occasionner un accident, ne s'est pas arrêté et a tenté ainsi d'échapper à la responsabilité pénale ou civile qu'il peut encourir.

Les peines sont portées à dix ans d'emprisonnement et 150 000 € d'amende lorsque l'homicide involontaire a été commis avec deux ou plus des circonstances mentionnées aux 1° et suivants du présent article.

Art. 221-8 *(L. n° 2012-304 du 6 mars 2012, art. 20)* « I. — » Les personnes physiques coupables des infractions prévues au présent chapitre encourent également les peines complémentaires suivantes :

1° *(L. n° 2008-776 du 4 août 2008, art. 70)* « L'interdiction, suivant les modalités prévues par l'article 131-27, soit d'exercer une fonction publique ou d'exercer l'activité professionnelle ou sociale dans l'exercice ou à l'occasion de l'exercice de laquelle l'infraction a été commise, soit, pour les crimes prévus par les articles 221-1, 221-2, 221-3, 221-4 et 221-5, d'exercer une profession commerciale ou industrielle, de diriger, d'Administrer de gérer ou de contrôler à un titre quelconque, directement ou indirectement, pour son propre compte ou pour le compte d'autrui, une entreprise commerciale ou industrielle ou une société commerciale. Ces interdictions d'exercice peuvent être prononcées cumulativement ; »

2° L'interdiction de détenir ou de porter, pour une durée de cinq ans au plus, une arme soumise à autorisation ;

3° La suspension, pour une durée de cinq ans au plus, du permis de conduire, cette suspension pouvant être limitée à la conduite en dehors de l'activité professionnelle *(L. n° 2003-495 du 12 juin 2003, art. 5)* « ; dans les cas prévus par l'article 221-6-1, la suspension ne peut pas être assortie du sursis, même partiellement, et ne peut pas être limitée à la conduite en dehors de l'activité professionnelle ; dans les cas prévus par les 1° à 6° et le dernier alinéa de l'article 221-6-1, la durée de cette suspension est de dix ans au plus » ;

4° L'annulation du permis de conduire avec interdiction de solliciter la délivrance d'un nouveau permis pendant cinq ans au plus ;

(L. n° 2007-297 du 5 mars 2007, art. 53) « 4° *bis* L'obligation d'accomplir un stage de sensibilisation aux dangers de l'usage de produits stupéfiants, selon les modalités fixées à l'article 131-35-1 ; »

5° La confiscation d'une ou de plusieurs armes dont le condamné est propriétaire ou dont il a la libre disposition ;

6° Le retrait du permis de chasser avec interdiction de solliciter la délivrance d'un nouveau permis pendant cinq ans au plus ;

(L. n° 2003-495 du 12 juin 2003, art. 6) « 7° Dans les cas prévus par l'article 221-6-1, l'interdiction de conduire certains véhicules terrestres à moteur, y compris ceux pour la conduite desquels le permis de conduire n'est pas exigé, pour une durée de cinq ans au plus ;

« 8° Dans les cas prévus par l'article 221-6-1, l'obligation d'accomplir, à ses frais, un stage de sensibilisation à la sécurité routière ;

« 9° Dans les cas prévus par l'article 221-6-1, l'immobilisation, pendant une durée d'un an au plus, du véhicule dont le condamné s'est servi pour commettre l'infraction, s'il en est le propriétaire ;

« 10° Dans les cas prévus par l'article 221-6-1, la confiscation du véhicule dont le condamné s'est servi pour commettre l'infraction, s'il en est le propriétaire. »

(L. n° 2011-267 du 14 mars 2011, art. 73-I) « La confiscation du véhicule est obligatoire dans les cas prévus par les 4° et dernier alinéa de l'article 221-6-1 ainsi que, dans les cas prévus par les 2°, 3° et 5° du même article, en cas de récidive ou si la personne a déjà été définitivement condamnée pour un des délits prévus par les articles L. 221-2, L. 224-16, L. 234-1, L. 234-8, L. 235-1, L. 235-3 ou L. 413-1 du code de la route ou pour la contravention mentionnée à ce même article L. 413-1. La juridiction peut toutefois ne pas prononcer cette peine, par une décision spécialement motivée.

« 11° Dans les cas prévus par les 2° et dernier alinéa de l'article 221-6-1, l'interdiction, pendant une durée de cinq ans au plus, de conduire un véhicule qui ne soit pas équipé par un professionnel agréé ou par construction d'un dispositif d'anti-démarrage par éthylotest électronique, homologué dans les conditions prévues à l'article L. 234-17 du code de la route. Lorsque cette interdiction est prononcée en même temps que la peine d'annulation ou de suspension du permis de conduire, elle s'applique, pour la durée fixée par la juridiction, à l'issue de l'exécution de cette peine. »

(L. n° 2003-495 du 12 juin 2003, art. 6) « Toute condamnation pour les délits prévus par les 1° à 6° et le dernier alinéa de l'article 221-6-1 donne lieu de plein droit à l'annulation du permis de conduire avec interdiction de solliciter un nouveau permis pendant dix ans au plus. En cas de récidive, la durée de l'interdiction est portée de plein droit à dix ans et le tribunal peut, par décision spécialement motivée, prévoir que cette interdiction est définitive. »

(L. n° 2012-304 du 6 mars 2012, art. 7) « II. — En cas de condamnation pour les infractions prévues à la section Ire du présent chapitre, le prononcé des peines complémentaires prévues aux 2°, 5° et 6° du I est obligatoire. La durée des peines prévues aux 2° et 6° du I est portée à quinze ans au plus.

« Toutefois, la juridiction peut, par une décision spécialement motivée lorsque la condamnation est prononcée par une juridiction correctionnelle, décider de ne pas prononcer ces peines, en considération des circonstances de l'infraction et de la personnalité de son auteur. »

Art. L. 232-2 *(L. n° 2003-495 du 12 juin 2003, art. 30)* **Les dispositions relatives aux atteintes involontaires à l'intégrité de la personne commises par le conducteur d'un véhicule terrestre à moteur sont fixées par les articles 222-19-1, 222-20-1 et 222-44 du code pénal ci-après reproduits :**

Art. 222-19-1 Lorsque la maladresse, l'imprudence, l'inattention, la négligence ou le manquement à une obligation législative ou réglementaire *(L. n° 2011-525 du 17 mai 2011, art. 185)* « de prudence ou de sécurité » prévu par l'article 222-19 est commis par le conducteur d'un véhicule terrestre à moteur, l'atteinte involontaire à l'intégrité de la personne ayant entraîné une incapacité totale de travail pendant plus de trois mois est punie de trois ans d'emprisonnement et de 45 000 € d'amende.

Les peines sont portées à cinq ans d'emprisonnement et à 75 000 € d'amende lorsque :

1° Le conducteur a commis une violation manifestement délibérée d'une obligation particulière de prudence ou de sécurité prévue par la loi ou le règlement autre que celles mentionnées ci-après ;

2° Le conducteur se trouvait en état d'ivresse manifeste ou était sous l'empire d'un état alcoolique caractérisé par une concentration d'alcool dans le sang ou dans l'air expiré égale ou supérieure aux taux fixés par les dispositions législatives ou réglementaires du code de la route, ou a refusé de se soumettre aux vérifications prévues par ce code et destinées à établir l'existence d'un état alcoolique ;

3° Il résulte d'une analyse sanguine *(L. n° 2016-41 du 26 janv. 2016, art. 45)* « ou salivaire » que le conducteur avait fait usage de substances ou de plantes classées comme stupéfiants, ou a refusé de se soumettre aux vérifications prévues par le code de la route destinées à établir s'il conduisait en ayant fait usage de stupéfiants ;

4° Le conducteur n'était pas titulaire du permis de conduire exigé par la loi ou le règlement ou son permis avait été annulé, invalidé, suspendu ou retenu ;

5° Le conducteur a commis un dépassement de la vitesse maximale autorisée égal ou supérieur à 50 km/h ;

6° Le conducteur, sachant qu'il vient de causer ou d'occasionner un accident, ne s'est pas arrêté et a tenté ainsi d'échapper à la responsabilité pénale, ou civile qu'il peut encourir.

Les peines sont portées à sept ans d'emprisonnement et à 100 000 € d'amende lorsque l'atteinte involontaire à l'intégrité de la personne a été commise avec deux ou plus des circonstances mentionnées aux 1° et suivants du présent article.

Art. 222-20-1 Lorsque la maladresse, l'imprudence, l'inattention, la négligence ou le manquement à une obligation législative ou réglementaire *(L. n° 2011-525 du 17 mai 2011, art. 185)* « de prudence ou de sécurité » prévu par l'article 222-19 est commis par le conducteur d'un véhicule terrestre à moteur, l'atteinte involontaire à l'intégrité de la personne ayant entraîné une incapacité totale de travail d'une durée inférieure ou égale à trois mois est punie de deux ans d'emprisonnement et de 30 000 € d'amende.

Les peines sont portées à trois ans d'emprisonnement et à 45 000 € d'amende lorsque :

1° Le conducteur a commis une violation manifestement délibérée d'une obligation particulière de prudence ou de sécurité prévue par la loi ou le règlement autre que celles mentionnées ci-après ;

2° Le conducteur se trouvait en état d'ivresse manifeste ou était sous l'empire d'un état alcoolique caractérisé par une concentration d'alcool dans le sang ou dans l'air expiré égale ou supérieure aux taux fixés par les dispositions législatives ou réglementaires du code de la route, ou a refusé de se soumettre aux vérifications prévues par ce code et destinées à établir l'existence d'un état alcoolique ;

3° Il résulte d'une analyse sanguine *(L. n° 2016-41 du 26 janv. 2016, art. 45)* « ou salivaire » que le conducteur avait fait usage de substances ou de plantes classées comme stupéfiants, ou a refusé de se soumettre aux vérifications prévues par le code de la route destinées à établir s'il conduisait en ayant fait usage de stupéfiants ;

4° Le conducteur n'était pas titulaire du permis de conduire exigé par la loi ou le règlement ou son permis avait été annulé, invalidé, suspendu ou retenu ;

5° Le conducteur a commis un dépassement de la vitesse maximale autorisée égal ou supérieur à 50 km/h ;

6° Le conducteur, sachant qu'il vient de causer ou d'occasionner un accident, ne s'est pas arrêté et a tenté ainsi d'échapper à la responsabilité pénale ou civile qu'il peut encourir.

Les peines sont portées à cinq ans d'emprisonnement et à 75 000 € d'amende lorsque l'atteinte involontaire à l'intégrité de la personne a été commise avec deux ou plus des circonstances mentionnées aux 1° et suivants du présent article.

Art. 222-44 *(L. n° 2012-304 du 6 mars 2012, art. 20)* « I. — » Les personnes physiques coupables des infractions prévues au présent chapitre encourent également les peines complémentaires suivantes :

1° *(L. n° 2008-776 du 4 août 2008, art. 70)* « L'interdiction, suivant les modalités prévues par l'article 131-27, soit d'exercer une fonction publique ou d'exercer l'activité professionnelle ou sociale dans l'exercice ou à l'occasion de l'exercice de laquelle l'infraction a été commise, soit, pour les infractions prévues par les articles 222-1 à 222-6, 222-7, 222-8, 222-10, les 1° et 2° de l'article 222-14, les 1° à 3° de l'article 222-14-1, les articles 222-15, 222-23 à 222-26, 222-34, 222-35, 222-36, 222-37, 222-38 et 222-39, d'exercer une profession commerciale ou industrielle, de diriger, d'Administrer de gérer ou de contrôler à un titre quelconque, directement ou indirectement, pour son propre compte ou pour le compte d'autrui, une entreprise commerciale ou industrielle ou une société commerciale. Ces interdictions d'exercice peuvent être prononcées cumulativement ; »

2° L'interdiction de détenir ou de porter, pour une durée de cinq ans au plus, une arme soumise à autorisation ;

3° La suspension, pour une durée de cinq ans au plus, du permis de conduire, cette suspension pouvant être limitée à la conduite en dehors de l'activité professionnelle *(L. n° 2003-495 du 12 juin 2003, art. 5)* « ; dans les cas prévus par les articles 222-19-1 et 222-20-1, la suspension ne peut pas être assortie du sursis, même partiellement, et ne peut pas être limitée à la conduite en dehors de l'activité professionnelle ; dans les cas prévus par les 1° à 6° et le dernier alinéa des articles 222-19-1 et 222-20-1, la durée de cette suspension est de dix ans au plus » ;

4° L'annulation du permis de conduire avec interdiction de solliciter la délivrance d'un nouveau permis pendant cinq ans au plus ;

5° La confiscation d'un ou plusieurs véhicules appartenant au condamné ;

6° La confiscation d'une ou plusieurs armes dont le condamné est propriétaire ou dont il a la libre disposition ;

7° La confiscation de la chose qui a servi ou était destinée à commettre l'infraction ou de la chose qui en est le produit ; — *Pén. 131-21.*

(L. n° 2003-495 du 12 juin 2003, art. 6) « 8° Dans les cas prévus par les articles 222-19-1 et 222-20-1, l'interdiction de conduire certains véhicules terrestres à moteur, y compris ceux pour la conduite desquels le permis de conduire n'est pas exigé, pour une durée de cinq ans au plus ;

« 9° Dans les cas prévus par les articles 222-19-1 et 222-20-1, l'obligation d'accomplir, à leurs frais, un stage de sensibilisation à la sécurité routière ; »

(L. n° 2007-297 du 5 mars 2007, art. 53) « 9° *bis* L'obligation d'accomplir un stage de sensibilisation aux dangers de l'usage de produits stupéfiants, selon les modalités fixées à l'article 131-35-1 ; »

(L. n° 2003-495 du 12 juin 2003, art. 6) « 10° Dans les cas prévus par les articles 222-19-1 et 222-20-1, l'immobilisation, pendant une durée d'un an au plus, du véhicule dont le condamné s'est servi pour commettre l'infraction, s'il en est le propriétaire ; »

(L. n° 2007-297 du 5 mars 2007, art. 25) « 11° La confiscation de l'animal ayant été utilisé pour commettre l'infraction ;

« 12° L'interdiction, à titre définitif ou temporaire, de détenir un animal. »

(L. n° 2011-267 du 14 mars 2011, art. 73-II) « 13° Dans les cas prévus par les articles 222-19-1 et 222-20-1, la confiscation du véhicule dont le condamné s'est servi pour commettre l'infraction, s'il en est le propriétaire. La confiscation du véhicule est obligatoire dans les cas prévus par les 4° et dernier alinéa de ces articles ainsi que, dans les cas prévus par les 2°, 3° et 5° des mêmes articles, en cas de récidive ou si la personne a déjà été définitivement condamnée pour un des délits prévus par les articles L. 221-2, L. 224-16, L. 234-1, L. 234-8, L. 235-1, L. 235-3 ou L. 413-1 du code de la route ou pour la contravention mentionnée à ce même article L. 413-1. La juridiction peut toutefois ne pas prononcer cette peine, par une décision spécialement motivée ;

« 14° Dans les cas prévus par les 2° et dernier alinéa des articles 222-19-1 et 222-20-1 du présent code, l'interdiction, pendant une durée de cinq ans au plus, de conduire un véhicule qui ne soit pas équipé par un professionnel agréé ou par construction d'un dispositif d'anti-démarrage par éthylotest électronique, homologué dans les conditions prévues à l'article L. 234-17 du code de la route. Lorsque cette interdiction est prononcée en même temps que la peine d'annulation ou de suspension du permis de conduire, elle s'applique, pour la durée fixée par la juridiction, à l'issue de l'exécution de cette peine ; »

(L. n° 2014-873 du 4 août 2014, art. 50-IV) « 15° La réalisation, à leurs frais, d'un stage de responsabilisation pour la prévention et la lutte contre les violences au sein du couple et sexistes. »

(L. n° 2003-495 du 12 juin 2003, art. 6) « Toute condamnation pour les délits prévus par les 1° à 6° et le dernier alinéa de l'article 222-19-1 donne lieu de plein droit à l'annulation du permis de conduire avec interdiction de solliciter un nouveau permis pendant dix ans au plus. »

(L. n° 2012-304 du 6 mars 2012, art. 8) « II. — En cas de condamnation pour les crimes ou pour les délits commis avec une arme prévus aux sections I, II, III *ter* et IV du présent chapitre, le prononcé des peines complémentaires prévues aux 2° et 6° du I est obligatoire. La durée de la peine prévue au 2° du I est portée à quinze ans au plus.

« Toutefois, la juridiction peut, par une décision spécialement motivée lorsque la condamnation est prononcée par une juridiction correctionnelle, décider de ne pas prononcer ces peines, en considération des circonstances de l'infraction et de la personnalité de son auteur. »

Art. L. 232-3 *(L. n° 2003-495 du 12 juin 2003, art. 30)* **Les infractions d'atteintes involontaires à la vie ou à l'intégrité de la personne commises à l'occasion de la conduite d'un véhicule à moteur prévues par les articles 221-6-1, 222-19-1 et 222-20-1 du code pénal donnent lieu de plein droit au retrait de la moitié du nombre maximal de points du permis de conduire.**

CHAPITRE III *Comportement en cas de contrôle routier*

Art. L. 233-1 I. — **Le fait pour tout conducteur d'omettre d'obtempérer à une sommation de s'arrêter émanant d'un fonctionnaire ou agent chargé de constater les infractions et muni des insignes extérieurs et apparents de sa qualité est puni** *(L. n° 2017-258 du 28 févr. 2017, art. 26-1°)* **« d'un an d'emprisonnement et de 7 500 » € d'amende.**

II. — Toute personne coupable de ce délit encourt également les peines complémentaires suivantes :

1° La suspension, pour une durée de trois ans au plus, du permis de conduire, cette suspension pouvant être limitée à la conduite en dehors de l'activité professionnelle ;

2° La peine de travail d'intérêt général selon des modalités prévues à l'article 131-8 du code pénal et selon les conditions prévues aux articles 131-22 à 131-24 du même code et *(Ord. n° 2019-950 du 11 sept. 2019, art. 5-VI et 9, en vigueur le 30 sept. 2021)* **« à l'article**

L. 122-1 du code de la justice pénale des mineurs *[ancienne rédaction : à l'article 20-5 de l'ordonnance nº 45-174 du 2 février 1945 relative à l'enfance délinquante]* » ;

3° La peine de jours-amende dans les conditions fixées aux articles 131-5 et 131-25 du code pénal ;

(L. nº 2017-258 du 28 févr. 2017, art. 26-1º) « 4° L'annulation du permis de conduire avec interdiction de solliciter la délivrance d'un nouveau permis pendant trois ans au plus ;

« 5° La confiscation d'un ou de plusieurs véhicules appartenant au condamné ;

« 6° L'obligation d'accomplir, à ses frais, un stage de sensibilisation à la sécurité routière. »

III. – Ce délit donne lieu de plein droit à la réduction de la moitié *(L. nº 2003-495 du 12 juin 2003, art. 11)* « du nombre maximal de points » du permis de conduire. – *[Anc. art. L. 1er-1, al. 2, L. 1er-2, L. 4, L. 11-1, al. 1er et 2, L. 11-2, al. 1er, et L. 14, al. 1er et 2.]*

Art. L. 233-1-1 *(L. nº 2004-204 du 9 mars 2004, art. 58)* I. – Lorsque les faits prévus à l'article L. 233-1 ont été commis dans des circonstances exposant directement autrui à un risque de mort ou de blessures de nature à entraîner une mutilation ou une infirmité permanente, ils sont punis de cinq ans d'emprisonnement et de 75 000 € d'amende.

II. – Les personnes coupables du délit prévu au présent article encourent également les peines complémentaires suivantes, outre celles prévues par les 2° *(L. nº 2017-258 du 28 févr. 2017, art. 26-2º)* « , 3°, 5° et 6° » du II de l'article L. 233-1 :

1° La suspension, pour une durée de cinq ans au plus, du permis de conduire ; cette suspension ne peut être assortie du sursis ni être limitée à la conduite en dehors de l'activité professionnelle ;

2° L'annulation du permis de conduire avec interdiction de solliciter la délivrance d'un nouveau permis pendant cinq ans au plus ;

(Abrogé par L. nº 2017-258 du 28 févr. 2017, art. 26-2º) « 3º La confiscation d'un ou de plusieurs véhicules appartenant au condamné ; »

4° L'interdiction de détenir ou de porter, pour une durée de cinq ans au plus, une arme soumise à autorisation ;

5° La confiscation d'une ou plusieurs armes dont le condamné est propriétaire ou dont il a la libre disposition.

III. – Ce délit donne lieu de plein droit à la réduction de la moitié du nombre de points initial du permis de conduire.

Art. L. 233-1-2 *(L. nº 2017-258 du 28 févr. 2017, art. 26-3º)* Toute personne coupable, en état de récidive au sens de l'article 132-10 du code pénal, de l'infraction prévue à l'article L. 233-1 du présent code encourt également la peine complémentaire d'annulation du permis de conduire avec interdiction de solliciter la délivrance d'un nouveau permis pendant cinq ans au plus.

Art. L. 233-2 I. – Le fait pour tout conducteur de refuser de se soumettre à toutes vérifications prescrites concernant son véhicule ou sa personne est puni de trois mois d'emprisonnement et de 3 750 € d'amende.

II. – Toute personne coupable de ce délit encourt également les peines complémentaires suivantes :

1° La suspension, pour une durée de trois ans au plus, du permis de conduire, cette suspension pouvant être limitée à la conduite en dehors de l'activité professionnelle ;

2° La peine de travail d'intérêt général selon les modalités prévues à l'article 131-8 du code pénal et selon les conditions prévues aux articles 131-22 à 131-24 du même code et *(Ord. nº 2019-950 du 11 sept. 2019, art. 5-VI et 9, en vigueur le 30 sept. 2021)* « à l'article L. 122-1 du code de la justice pénale des mineurs *[ancienne rédaction : à l'article 20-5 de l'ordonnance nº 45-174 du 2 février 1945 relative à l'enfance délinquante]* » ;

3° La peine de jours-amende, dans les conditions fixées aux articles 131-5 et 131-25 du code pénal.

III. – Ce délit donne lieu de plein droit à la réduction de la moitié *(L. nº 2003-495 du 12 juin 2003, art. 11)* « du nombre maximal de points » du permis de conduire. – *[Anc. art. L. 1er-1, al. 2, L. 1er-2, L. 4, L. 11-1, al. 1er et 2, et L. 14, al. 1er et 2.]*

CHAPITRE IV *Conduite sous l'influence de l'alcool*

RÉP. PÉN. vº *Conduite sous influence : alcool et stupéfiant*, par CÉRÉ.

Art. L. 234-1 I. – Même en l'absence de tout signe d'ivresse manifeste, le fait de conduire un véhicule sous l'empire d'un état alcoolique caractérisé par une concentration d'alcool dans le sang égale ou supérieure à 0,80 gramme par litre ou par une concentration d'alcool dans l'air expiré égale ou supérieure à 0, 40 milligramme par litre est puni de deux ans d'emprisonnement et de 4 500 € d'amende.

II. — Le fait de conduire un véhicule en état d'ivresse manifeste est puni des mêmes peines.

III. — Dans les cas prévus au I et II du présent article, l'immobilisation peut être prescrite dans les conditions prévues aux articles L. 325-1 à L. 325-3.

IV. — Ces délits donnent lieu de plein droit à la réduction de la moitié *(L. nº 2003-495 du 12 juin 2003, art. 11)* « du nombre maximal de points » du permis de conduire.

V. — Les dispositions du présent article sont applicables à l'accompagnateur d'un élève conducteur.

Art. L. 234-2 I. — Toute personne coupable de l'un des délits prévus à l'article L. 234-1 encourt également les peines complémentaires suivantes :

1° La suspension, pour une durée de trois ans au plus, du permis de conduire, *(L. nº 2003-495 du 12 juin 2003, art. 5)* « cette suspension ne pouvant pas être limitée à la conduite en dehors de l'activité professionnelle » ;

2° L'annulation du permis de conduire avec interdiction de solliciter la délivrance d'un nouveau permis pendant trois ans au plus ;

3° La peine de travail d'intérêt général selon des modalités prévues à l'article 131-8 du code pénal et selon les conditions prévues aux articles 131-22 à 131-24 du même code et *(Ord. nº 2019-950 du 11 sept. 2019, art. 5-VI et 9, en vigueur le 30 sept. 2021)* « à l'article L. 122-1 du code de la justice pénale des mineurs *[ancienne rédaction : à l'article 20-5 de l'ordonnance nº 45-174 du 2 février 1945 relative à l'enfance délinquante]* » ;

4° La peine de jours-amende dans les conditions fixées aux articles 131-5 et 131-25 du code pénal ;

(L. nº 2003-495 du 12 juin 2003, art. 6) « 5° L'interdiction de conduire certains véhicules terrestres à moteur, y compris ceux pour la conduite desquels le permis de conduire n'est pas exigé, pour une durée de cinq ans au plus ;

« 6° L'obligation d'accomplir, à ses frais, un stage de sensibilisation à la sécurité routière » ;

(L. nº 2011-267 du 14 mars 2011, art. 71-1º) « 7° L'interdiction, pendant une durée de cinq ans au plus, de conduire un véhicule qui ne soit pas équipé par un professionnel agréé ou par construction d'un dispositif homologué d'anti-démarrage par éthylotest électronique. Lorsque cette interdiction est prononcée en même temps que la peine d'annulation ou de suspension du permis de conduire, elle s'applique, pour la durée fixée par la juridiction, à l'issue de l'exécution de cette peine » ;

(L. nº 2019-1428 du 24 déc. 2019, art. 98-I) « 8° La confiscation du véhicule dont le condamné s'est servi pour commettre l'infraction, s'il en est le propriétaire. »

II. — La suspension du permis de conduire prévue au présent article ne peut être assortie du sursis, même partiellement.

Art. L. 234-3 Les officiers ou agents de police judiciaire *(L. nº 2011-267 du 14 mars 2011, art. 93-1º)* « de la gendarmerie ou de la police nationales territorialement compétents et, sur l'ordre et sous la responsabilité desdits officiers de police judiciaire, les agents de police judiciaire adjoints » soumettent à des épreuves de dépistage de l'imprégnation alcoolique par l'air expiré l'auteur présumé d'une infraction punie par le présent code de la peine complémentaire de suspension du permis de conduire ou le conducteur ou l'accompagnateur de l'élève conducteur impliqué dans un accident de la circulation ayant occasionné un dommage corporel.

Ils peuvent soumettre aux mêmes épreuves tout conducteur ou tout accompagnateur d'élève conducteur impliqué dans un accident quelconque de la circulation ou auteur présumé de l'une des infractions aux prescriptions du présent code *(L. nº 2016-41 du 26 janv. 2016, art. 45-II-1º)* « autres que celles mentionnées au premier alinéa ».

Art. L. 234-4 Lorsque les épreuves de dépistage permettent de présumer l'existence d'un état alcoolique ou lorsque le conducteur ou l'accompagnateur de l'élève conducteur refuse de les subir, les officiers ou agents de police judiciaire font procéder aux vérifications destinées à établir la preuve de l'état alcoolique.

Lorsque la constatation est faite par un agent de police judiciaire *(L. nº 2001-1062 du 15 nov. 2001, art. 13)* « mentionné aux 1° *bis*, 1° *ter*, 1° *quater* ou 2° de l'article 21 » du code de procédure pénale, il rend compte immédiatement de la présomption de l'existence d'un état alcoolique ou du refus du conducteur ou de l'accompagnateur de l'élève conducteur de subir les épreuves de dépistage à tout officier de police judiciaire de la police nationale ou de la gendarmerie nationale territorialement compétent, qui peut alors lui ordonner sans délai de lui présenter sur-le-champ la personne concernée.

Les vérifications destinées à établir la preuve de l'état alcoolique sont faites soit au moyen d'analyses *(L. nº 2019-222 du 23 mars 2019, art. 51-IV)* « ou » examens médicaux, cliniques *(L. nº 2019-222 du 23 mars 2019, art. 51-IV)* « ou » biologiques, soit au moyen d'un appareil permettant de déterminer la concentration d'alcool par l'analyse de l'air expiré à la condition que cet appareil soit conforme à un type homologué. *(L. nº 2019-222 du 23 mars 2019, art. 51-IV)* « A cette fin, l'officier ou l'agent de police judiciaire peut requérir un médecin, un interne en médecine, un étudiant en médecine autorisé à exercer la médecine à titre de remplaçant ou un infirmier pour effectuer une prise de sang. » – *[Anc. art. L. 1er, I, al. 3.]*

Art. L. 234-5 Lorsque les vérifications sont faites au moyen d'analyses *(L. nº 2019-222 du 23 mars 2019, art. 51-IV)* « ou » examens médicaux, cliniques *(L. nº 2019-222 du 23 mars 2019, art. 51-IV)* « ou » biologiques, un échantillon est conservé.

Lorsqu'elles sont faites au moyen d'un appareil permettant de déterminer la concentration d'alcool par l'analyse de l'air expiré, un second contrôle peut être immédiatement effectué, après vérification du bon fonctionnement de l'appareil ; ce contrôle est de droit lorsqu'il est demandé par l'intéressé. – *[Anc. art. L. 1er, I, al. 4.]*

Art. L. 234-6 L'auteur présumé de conduite en état d'ivresse manifeste ou d'accompagnement, en état d'ivresse manifeste, d'un élève conducteur peut être soumis directement aux vérifications destinées à établir l'état alcoolique. – *[Anc. art. L. 1er, II, al. 2.]*

Art. L. 234-7 Un décret en Conseil d'État détermine les conditions dans lesquelles sont effectuées les opérations de dépistage et les vérifications prévues aux articles L. 234-3 à L. 234-6. – *[Anc. art. L. 1er, IV.]*

Art. L. 234-8 I. – Le fait de refuser de se soumettre aux vérifications prévues par les articles L. 234-4 à L. 234-6 *(L. nº 2003-495 du 12 juin 2003, art. 32)* « ou aux vérifications prévues par l'article L. 234-9 » est puni de deux ans d'emprisonnement et de 4 500 € d'amende.

II. – Toute personne coupable de ce délit encourt également les peines complémentaires suivantes :

1º La suspension, pour une durée de trois ans au plus, du permis de conduire, *(L. nº 2003-495 du 12 juin 2003, art. 5)* « cette suspension ne pouvant pas être limitée à la conduite en dehors de l'activité professionnelle » ;

2º L'annulation du permis de conduire avec interdiction de solliciter la délivrance d'un nouveau permis pendant trois ans au plus ;

3º La peine de travail d'intérêt général selon des modalités prévues à l'article 131-8 du code pénal et selon les conditions prévues aux articles 131-22 à 131-24 du même code et *(Ord. nº 2019-950 du 11 sept. 2019, art. 5-VI et 9, en vigueur le 30 sept. 2021)* « à l'article L. 122-1 du code de la justice pénale des mineurs *[ancienne rédaction : à l'article 20-5 de l'ordonnance nº 45-174 du 2 février 1945 relative à l'enfance délinquante]* » ;

4º La peine de jours-amende dans les conditions fixées aux articles 131-5 et 131-25 du code pénal ;

(L. nº 2003-495 du 12 juin 2003, art. 6) « 5º L'interdiction de conduire certains véhicules terrestres à moteur, y compris ceux pour la conduite desquels le permis de conduire n'est pas exigé, pour une durée de cinq ans au plus ;

« 6º L'obligation d'accomplir, à ses frais, un stage de sensibilisation à la sécurité routière » ;

(L. nº 2019-1428 du 24 déc. 2019, art. 98-I) « 7º La confiscation du véhicule dont le condamné s'est servi pour commettre l'infraction, s'il en est le propriétaire ;

« 8º L'interdiction, pendant une durée de cinq ans au plus, de conduire un véhicule qui ne soit pas équipé par un professionnel agréé ou par construction d'un dispositif homologué d'anti-démarrage par éthylotest électronique. Lorsque cette interdiction est prononcée en même temps que la peine d'annulation ou de suspension du permis de conduire, elle s'applique, pour la durée fixée par la juridiction, à l'issue de l'exécution de cette peine. »

III. – Ce délit donne lieu de plein droit à la réduction de la moitié *(L. nº 2003-495 du 12 juin 2003, art. 11)* « du nombre maximal de points » du permis de conduire.

IV. – La suspension du permis de conduire prévue au présent article ne peut être assortie du sursis, même partiellement. – *[Anc. art. L. 1er, I, al. 5, L. 1er-1, al. 1er, L. 1er-2, L. 11-1, al. 1er et 2, L. 11-2, al. 1er, L. 14, al. 1er, 2, 4, 6 et 8, et L. 15, I.]*

Art. L. 234-9 *(L. nº 2011-267 du 14 mars 2011, art. 93-2º-a)* « Les officiers *(L. nº 2019-222 du 23 mars 2019, art. 51-IV)* « ou agents » de police judiciaire de la gendarmerie ou de la police nationales territorialement compétents soit sur l'instruction du procureur de la République, soit à leur initiative et, sur l'ordre et sous la responsabilité *(L. nº 2019-222 du 23 mars 2019, art. 51-IV)* « des officiers de police judiciaire, » les agents de police judiciaire adjoints peuvent », même en l'absence d'infraction préalable ou d'accident, soumettre toute personne qui conduit un véhicule ou qui accompagne un élève conducteur à des épreuves de dépistage de l'imprégnation alcoolique par l'air expiré.

Lorsque les épreuves de dépistage permettent de présumer l'existence d'un état alcoolique, les officiers ou agents de police judiciaire font procéder aux vérifications destinées à établir la preuve de l'état alcoolique au moyen de l'appareil permettant de déterminer la concentration d'alcool par l'analyse de l'air expiré, mentionné aux articles L. 234-4 et L. 234-5 et dans les conditions prévues par ces mêmes articles.

En cas d'impossibilité de subir ces épreuves résultant d'une incapacité physique attestée par le médecin requis, les officiers ou agents de police judiciaire font procéder aux vérifications destinées à établir la preuve de l'état alcoolique au moyen d'analyses *(L. n° 2019-222 du 23 mars 2019, art. 51-IV)* « ou » examens médicaux, cliniques *(L. n° 2019-222 du 23 mars 2019, art. 51-IV)* « ou » biologiques, dans les conditions prévues par les articles L. 234-4 et L. 234-5.

(L. n° 2011-267 du 14 mars 2011, art. 93-2°-b) « Lorsque la constatation est faite par un agent de police judiciaire adjoint mentionné aux 1° *bis*, 1° *ter*, 1° *quater* ou 2° de l'article 21 du code de procédure pénale, il rend compte immédiatement de la présomption de l'existence d'un état alcoolique ou du refus du conducteur ou de l'accompagnateur de l'élève conducteur de subir les épreuves de dépistage dans les conditions prévues à l'article L. 234-4 du présent code. »

Art. L. 234-10 *(Abrogé par L. n° 2003-495 du 12 juin 2003, art. 32) Le fait de refuser de se soumettre aux vérifications prévues par l'article L. 234-9 est puni de deux ans d'emprisonnement et de 4 500 € d'amende.*

Toute personne coupable de ce délit encourt également la peine complémentaire de suspension, pour une durée de trois ans au plus, du permis de conduire, cette suspension pouvant être limitée à la conduite en dehors de l'activité professionnelle.

Ce délit donne lieu de plein droit à la réduction de la moitié du nombre de points initial du permis de conduire. — [Anc. art. L. 3, al. 4, L. 11-1, al. 1er et 2, L. 11-2, al. 1er, et L. 14, al. 1er, 2, 4, 6 et 8.]

Art. L. 234-11 *(Abrogé par L. n° 2003-495 du 12 juin 2003, art. 3) Les peines prévues aux articles 221-6 et 222-19 du code pénal sont portées au double en cas de commission simultanée d'une des infractions prévues aux articles L. 234-1 et L. 234-8.*

Les peines prévues à l'article 222-19 du code pénal sont applicables si l'atteinte à l'intégrité physique ou psychique de la personne n'a pas entraîné une incapacité totale de travail pendant plus de trois mois en cas de commission simultanée d'une des infractions prévues aux articles L. 234-1 et L. 234-8. — [Anc. art. L. 1er, III.]

Art. L. 234-12 I. — Toute personne coupable, en état de récidive au sens de l'article 132-10 du code pénal, de l'une des infractions prévues aux articles L. 234-1 et L. 234-8 encourt également les peines complémentaires suivantes :

1° La confiscation *(L. n° 2011-267 du 14 mars 2011, art. 74-1°-a)* « obligatoire » du véhicule dont le prévenu s'est servi pour commettre l'infraction, s'il en est propriétaire *(Abrogé par L. n° 2011-267 du 14 mars 2011, art. 81-II) «, les dispositions de l'article L. 325-9 étant alors applicables, le cas échéant, au créancier gagiste». (L. n° 2011-267 du 14 mars 2011, art. 74-1°-b)* « La juridiction peut toutefois ne pas prononcer cette peine, par une décision spécialement motivée » ;

2° L'immobilisation, pendant une durée d'un an au plus, du véhicule dont le prévenu s'est servi pour commettre l'infraction, s'il en est propriétaire.

II. — Abrogé par L. n° 2003-495 du 12 juin 2003, art. 3.

III. *[II]* — Le fait de détruire, détourner ou tenter de détruire ou de détourner un véhicule confisqué en application des dispositions du présent article est puni des peines prévues par l'article 434-41 du code pénal.

Art. L. 234-13 Toute condamnation pour l'une des infractions prévues aux articles L. 234-1 et L. 234-8, commise en état de récidive au sens de l'article 132-10 du code pénal, donne lieu de plein droit à l'annulation du permis de conduire avec interdiction de *(L. n° 2019-1428 du 24 déc. 2019, art. 98-I)* « conduire un véhicule qui ne soit pas équipé par un professionnel agréé ou par construction d'un dispositif homologué d'anti-démarrage par éthylotest électronique pendant une durée de trois ans au plus, applicable à compter de la date d'obtention d'un nouveau permis de conduire ; cette interdiction ne s'applique cependant pas si ce nouveau permis a été obtenu plus de trois ans après l'annulation du précédent. À l'issue de cette période d'interdiction, l'intéressé est soumis à un contrôle médical de l'aptitude à la conduite. »

(Abrogé par L. nº 2003-495 du 12 juin 2003, art. 3) ***« Toute condamnation pour l'une des infractions prévues aux articles 221-6 et 222-19 du code pénal commise simultanément avec l'une des infractions prévues aux articles L. 234-1 et L. 234-8 donne lieu de plein droit à l'annulation du permis de conduire avec interdiction de solliciter un nouveau permis pendant cinq ans au plus. »*** — Dispositions applicables aux infractions commises avant l'entrée en vigueur de la L. nº 2003-495 du 12 juin 2003.

Art. L. 234-14 *(Abrogé par L. nº 2019-1428 du 24 déc. 2019, art. 98-I)* ***A compter d'une date et dans les conditions fixées par décret en Conseil d'État, tout conducteur d'un véhicule automobile devra justifier de la possession d'un éthylotest.*** — [L. nº 70-597 du 9 juill. 1970, art. 6.]

Art. L. 234-15 *(L. nº 2009-1503 du 8 déc. 2009, art. 42)* **Les éthylotests anti-démarrage dont sont équipés, à titre préventif, les véhicules des entreprises de transport permettent le traitement automatisé de données relatives à leur fonctionnement, au taux d'alcoolémie des conducteurs et au démarrage des véhicules.**

Les données relatives au taux d'alcoolémie des conducteurs ne doivent être ni consultées, ni communiquées, ni utilisées. Les autres données ne peuvent être consultées que par des personnes nommément désignées par le chef d'entreprise.

Art. L. 234-16 *(L. nº 2011-267 du 14 mars 2011, art. 71-2º)* **I. — Le fait de contrevenir à l'interdiction prononcée sur le fondement du 7º de l'article L. 234-2** *(L. nº 2019-1428 du 24 déc. 2019, art. 98-I)* **« , du 8º du II de l'article L. 234-8 ou de l'article L. 234-13 » est puni de deux ans d'emprisonnement et de 4 500 € d'amende.**

II. — Toute personne coupable de l'infraction prévue au I encourt également les peines complémentaires suivantes :

1º L'interdiction de conduire certains véhicules terrestres à moteur, y compris ceux pour la conduite desquels le permis de conduire n'est pas exigé, pendant une durée de cinq ans au plus ;

2º L'annulation du permis de conduire avec interdiction de solliciter la délivrance d'un nouveau permis pendant trois ans au plus ;

3º La peine de travail d'intérêt général selon les modalités prévues à l'article 131-8 du code pénal et selon les conditions prévues aux articles 131-22 à 131-24 du même code et *(Ord. nº 2019-950 du 11 sept. 2019, art. 5-VI et 9, en vigueur le 30 sept. 2021)* **« à l'article L. 122-1 du code de la justice pénale des mineurs** *[ancienne rédaction : à l'article 20-5 de l'ordonnance nº 45-174 du 2 février 1945 relative à l'enfance délinquante]* **».**

III. — Toute personne coupable, en état de récidive au sens de l'article 132-10 du code pénal, de l'infraction prévue au I du présent article encourt également la confiscation obligatoire du véhicule dont elle s'est servie pour commettre l'infraction, si elle en est le propriétaire. La juridiction peut toutefois ne pas prononcer cette peine, par une décision spécialement motivée.

Art. L. 234-17 *(L. nº 2011-267 du 14 mars 2011, art. 71-2º)* **Les conditions d'homologation des dispositifs d'anti-démarrage par éthylotest électronique ainsi que les modalités d'agrément des professionnels chargés de les installer sont fixées par voie réglementaire.**

Art. L. 234-18 *(L. nº 2011-392 du 14 avr. 2011, art. 15, en vigueur le 1er juin 2011)* **Lorsqu'il a été procédé aux épreuves de dépistage et aux vérifications prévues par les articles L. 234-3 et L. 234-5, le placement en garde à vue de la personne, si les conditions de cette mesure prévues par le code de procédure pénale sont réunies, n'est pas obligatoire dès lors qu'elle n'est pas tenue sous la contrainte de demeurer à la disposition des enquêteurs et qu'elle a été informée** *(L. nº 2016-731 du 3 juin 2016, art. 83-VII)* **« des droits mentionnés à l'article 61-1 du code de procédure pénale ».**

CHAPITRE V ***Conduite après usage de substances ou plantes classées comme stupéfiants*** *(L. nº 2011-525 du 17 mai 2011, art. 164-3º).*

RÉP. PÉN. vº *Conduite sous influence : alcool et stupéfiant*, par CÉRÉ.

Art. L. 235-1 *(L. nº 2003-87 du 3 févr. 2003)* **I. — Toute personne qui conduit un véhicule ou qui accompagne un élève conducteur alors qu'il résulte d'une analyse sanguine** *(L. nº 2016-41 du 26 janv. 2016, art. 45-II-2º)* **« ou salivaire » qu'elle a fait usage de substances ou plantes classées comme stupéfiants est punie de deux ans d'emprisonnement et de 4 500 € d'amende.**

Si la personne se trouvait également sous l'empire d'un état alcoolique caractérisé par une concentration d'alcool dans le sang ou dans l'air expiré égale ou supérieure aux taux fixés

par les dispositions législatives ou réglementaires du présent code, les peines sont portées à trois ans d'emprisonnement et 9 000 € d'amende.

II. — Toute personne coupable des délits prévus par le présent article encourt également les peines complémentaires suivantes :

1° La suspension pour une durée de trois ans au plus du permis de conduire ; *(L. n° 2003-495 du 12 juin 2003, art. 5)* « cette suspension ne peut pas être limitée à la conduite en dehors de l'activité professionnelle » ; elle ne peut être assortie du sursis, même partiellement ;

2° L'annulation du permis de conduire avec interdiction de solliciter la délivrance d'un nouveau permis pendant trois ans au plus ;

3° La peine de travail d'intérêt général selon les modalités prévues à l'article 131-8 du code pénal et selon les conditions prévues aux articles 131-22 à 131-24 du même code et *(Ord. n° 2019-950 du 11 sept. 2019, art. 5-VI et 9, en vigueur le 30 sept. 2021)* « à l'article L. 122-1 du code de la justice pénale des mineurs *[ancienne rédaction : à l'article 20-5 de l'ordonnance n° 45-174 du 2 février 1945 relative à l'enfance délinquante]* » ;

4° La peine de jours-amende dans les conditions fixées aux articles 131-5 et 131-25 du code pénal ;

(L. n° 2003-495 du 12 juin 2003, art. 6) « 5° L'interdiction de conduire certains véhicules terrestres à moteur, y compris ceux pour la conduite desquels le permis de conduire n'est pas exigé, pour une durée de cinq ans au plus ;

« 6° L'obligation d'accomplir, à ses frais, un stage de sensibilisation à la sécurité routière ; »

(L. n° 2007-297 du 5 mars 2007, art. 48) « 7° L'obligation d'accomplir, à ses frais, un stage de sensibilisation aux dangers de l'usage de produits stupéfiants » ;

(L. n° 2019-1428 du 24 déc. 2019, art. 98-I) « 8° La confiscation du véhicule dont le condamné s'est servi pour commettre l'infraction, s'il en est le propriétaire. »

III. — L'immobilisation du véhicule peut être prescrite dans les conditions prévues aux articles L. 325-1 à L. 325-3.

IV. — Les délits prévus par le présent article donnent lieu de plein droit à la réduction de la moitié *(L. n° 2003-495 du 12 juin 2003, art. 11)* « du nombre maximal de points » du permis de conduire.

Art. L. 235-2 *(L. n° 2003-87 du 3 févr. 2003) (L. n° 2011-267 du 14 mars 2011, art. 83-1°)* « Les officiers ou agents de police judiciaire de la gendarmerie ou la police nationales territorialement compétents et, sur l'ordre et sous la responsabilité des officiers de police judiciaire, les agents de police judiciaire adjoints font procéder, sur le conducteur ou l'accompagnateur de l'élève conducteur impliqué dans un accident mortel ou corporel de la circulation, à des épreuves de dépistage en vue d'établir si cette personne conduisait en ayant fait usage de substances ou plantes classées comme stupéfiants.

« Les officiers ou agents de police judiciaire de la gendarmerie ou la police nationales territorialement compétents et, sur l'ordre et sous la responsabilité des officiers de police judiciaire, les agents de police judiciaire adjoints peuvent également faire procéder à ces mêmes épreuves sur tout conducteur ou tout accompagnateur d'élève conducteur qui est impliqué dans un accident matériel de la circulation ou est l'auteur présumé de l'une des infractions au présent code ou à l'encontre duquel il existe une ou plusieurs raisons plausibles de soupçonner qu'il a fait usage de stupéfiants.

« Les officiers ou agents de police judiciaire de la gendarmerie ou la police nationales territorialement compétents, agissant sur réquisitions du procureur de la République précisant les lieux et dates des opérations et, sur l'ordre et sous la responsabilité de ces officiers de police judiciaire, les agents de police judiciaire adjoints peuvent également, même en l'absence d'accident de la circulation, d'infraction ou de raisons plausibles de soupçonner un usage de stupéfiants, procéder ou faire procéder, sur tout conducteur ou tout accompagnateur d'élève conducteur, à des épreuves de dépistage en vue d'établir si cette personne conduisait en ayant fait usage de substances ou plantes classées comme stupéfiants. Les réquisitions prévues au présent alinéa peuvent être adressées par tout moyen. Si elles sont adressées oralement, il en est fait mention dans le procès-verbal dressé par l'officier ou l'agent de police judiciaire. »

(L. n° 2016-41 du 26 janv. 2016, art. 45-II-3°) « Les officiers *(L. n° 2019-222 du 23 mars 2019, art. 51-IV)* « ou agents de police judiciaire de la gendarmerie ou de la police nationales territorialement compétents à leur initiative et, sur l'ordre et sous la responsabilité des officiers de police judiciaire, les agents de police judiciaire adjoints » peuvent également, même en l'absence d'accident de la circulation, d'infraction ou de raisons plausibles de soupçonner un usage de stupéfiants, procéder ou faire procéder, sur tout conducteur ou tout accompagnateur d'élève conducteur, à des épreuves de dépistage en vue d'établir si cette

personne conduisait en ayant fait usage de substances ou plantes classées comme stupéfiants. »

Si *(L. n° 2011-267 du 14 mars 2011, art. 83-2°)* « les épreuves » de dépistage se révèlent positives ou lorsque le conducteur refuse ou est dans l'impossibilité de les subir, les officiers ou agents de police judiciaire font procéder à des vérifications consistant en des analyses ou examens médicaux, cliniques et biologiques, en vue d'établir si la personne conduisait *(L. n° 2003-495 du 12 juin 2003, art. 35)* « en ayant fait usage de substances ou plantes classées comme stupéfiants ». *(L. n° 2019-222 du 23 mars 2019, art. 51-IV)* « A cette fin, l'officier ou l'agent de police judiciaire peut requérir un médecin, un interne en médecine, un étudiant en médecine autorisé à exercer la médecine à titre de remplaçant ou un infirmier pour effectuer une prise de sang. »

(L. n° 2011-267 du 14 mars 2011, art. 83-3°) « Lorsque la constatation est faite par un agent de police judiciaire adjoint mentionné aux 1° *bis*, 1° *ter*, 1° *quater* ou 2° de l'article 21 du code de procédure pénale, il rend compte immédiatement de la présomption de l'existence d'un usage de substances ou plantes classées comme stupéfiants ou du refus du conducteur ou de l'accompagnateur de l'élève conducteur de subir les épreuves de dépistage à tout officier de police judiciaire de la police nationale ou de la gendarmerie nationale territorialement compétent, qui peut alors lui ordonner sans délai de lui présenter sur-le-champ la personne concernée. »

Un décret en Conseil d'État détermine les conditions d'application du présent article.

Art. L. 235-3 *(L. n° 2003-87 du 3 févr. 2003)* I. — Le fait de refuser de se soumettre aux vérifications prévues par l'article L. 235-2 est puni de deux ans d'emprisonnement et de 4 500 € d'amende.

II. — Toute personne coupable de ce délit encourt également les peines complémentaires suivantes :

1° La suspension pour une durée de trois ans au plus du permis de conduire ; *(L. n° 2003-495 du 12 juin 2003, art. 5)* « cette suspension ne peut pas être limitée à la conduite en dehors de l'activité professionnelle » ; elle ne peut être assortie du sursis, même partiellement ;

2° L'annulation du permis de conduire avec interdiction de solliciter la délivrance d'un nouveau permis pendant trois ans au plus ;

3° La peine de travail d'intérêt général selon les modalités prévues à l'article 131-8 du code pénal et selon les conditions prévues aux articles 131-22 à 131-24 du même code et *(Ord. n° 2019-950 du 11 sept. 2019, art. 5-VI et 9, en vigueur le 30 sept. 2021)* « à l'article L. 122-1 du code de la justice pénale des mineurs *[ancienne rédaction : à l'article 20-5 de l'ordonnance n° 45-174 du 2 février 1945 relative à l'enfance délinquante]* » ;

4° La peine de jours-amende dans les conditions fixées aux articles 131-5 et 131-25 du code pénal ;

(L. n° 2003-495 du 12 juin 2003, art. 6) « 5° L'interdiction de conduire certains véhicules terrestres à moteur, y compris ceux pour la conduite desquels le permis de conduire n'est pas exigé, pour une durée de cinq ans au plus ;

« 6° L'obligation d'accomplir, à ses frais, un stage de sensibilisation à la sécurité routière ; »

(L. n° 2007-297 du 5 mars 2007, art. 48) « 7° L'obligation d'accomplir, à ses frais, un stage de sensibilisation aux dangers de l'usage de produits stupéfiants » ;

(L. n° 2019-1428 du 24 déc. 2019, art. 98-I) « 8° La confiscation du véhicule dont le condamné s'est servi pour commettre l'infraction, s'il en est le propriétaire. »

III. — Ce délit donne lieu de plein droit à la réduction de la moitié *(L. n° 2003-495 du 12 juin 2003, art. 11)* « du nombre maximal de points » du permis de conduire.

Art. L. 235-4 *(L. n° 2003-87 du 3 févr. 2003)* I. — Toute personne coupable, en état de récidive au sens de l'article 132-10 du code pénal, de l'une des infractions prévues aux articles L. 235-1 et L. 235-3 du présent code encourt également les peines complémentaires suivantes :

1° La confiscation *(L. n° 2011-267 du 14 mars 2011, art. 74-2°-a)* « obligatoire » du véhicule dont le prévenu s'est servi pour commettre l'infraction, s'il en est propriétaire *(Abrogé par L. n° 2011-267 du 14 mars 2011, art. 81-II)* «***, les dispositions de l'article L. 325-9 étant alors applicables, le cas échéant, au créancier gagiste***». *(L. n° 2011-267 du 14 mars 2011, art. 74-2°-b)* « La juridiction peut toutefois ne pas prononcer cette peine, par une décision spécialement motivée » ;

2° L'immobilisation, pendant une durée d'un an au plus, du véhicule dont le prévenu s'est servi pour commettre l'infraction, s'il en est propriétaire.

Le fait de détruire, détourner ou tenter de détruire ou de détourner un véhicule confisqué ou immobilisé en application des 1° et 2° est puni des peines prévues à l'article 434-41 du code pénal.

II. — Toute condamnation pour les délits prévus aux articles L. 235-1 et L. 235-3 commis en état de récidive au sens de l'article 132-10 du code pénal donne lieu de plein droit à l'annulation du permis de conduire avec interdiction de solliciter la délivrance d'un nouveau permis pendant trois ans au plus.

Art. L. 235-5 *(L. n° 2011-392 du 14 avr. 2011, art. 15, en vigueur le 1er juin 2011)* Lorsqu'il a été procédé aux épreuves de dépistage et aux vérifications prévues par l'article L. 235-2, le placement en garde à vue de la personne, si les conditions de cette mesure prévues par le code de procédure pénale sont réunies, n'est pas obligatoire dès lors qu'elle n'est pas tenue sous la contrainte de demeurer à la disposition des enquêteurs et qu'elle a été informée *(L. n° 2016-731 du 3 juin 2016, art. 83-VII)* « des droits mentionnés à l'article 61-1 du code de procédure pénale ».

CHAPITRE VI *Comportements compromettant délibérément la sécurité ou la tranquillité des usagers de la route*

(L. n° 2018-701 du 3 août 2018)

Art. L. 236-1 I. — Le fait d'adopter, au moyen d'un véhicule terrestre à moteur, une conduite répétant de façon intentionnelle des manœuvres constituant des violations d'obligations particulières de sécurité ou de prudence prévues par les dispositions législatives et réglementaires du présent code dans des conditions qui compromettent la sécurité des usagers de la route ou qui troublent la tranquillité publique est puni d'un an d'emprisonnement et de 15 000 € d'amende.

II. — Les peines sont portées à deux ans d'emprisonnement et à 30 000 € d'amende lorsque les faits sont commis en réunion.

III. — Les peines sont portées à trois ans d'emprisonnement et 45 000 € d'amende :

1° Lorsqu'il résulte d'une analyse sanguine ou salivaire que la personne a fait usage de substances ou plantes classées comme stupéfiants ou lorsque cette personne a refusé de se soumettre aux vérifications prévues par le présent code destinées à établir s'il conduisait en ayant fait usage de stupéfiants ;

2° Lorsque la personne se trouvait sous l'empire d'un état alcoolique caractérisé par une concentration d'alcool dans le sang ou dans l'air expiré égale ou supérieure aux taux fixés par les dispositions législatives ou réglementaires du présent code ou lorsque cette personne a refusé de se soumettre aux vérifications prévues par le présent code et destinées à établir l'existence d'un état alcoolique ;

3° Lorsque le conducteur n'était pas titulaire du permis de conduire exigé par la loi ou le règlement ou que son permis avait été annulé, invalidé, suspendu ou retenu.

IV. — Les peines sont portées à cinq ans d'emprisonnement et 75 000 € d'amende en cas de cumul d'au moins deux des circonstances prévues aux 1°, 2° et 3° du III.

Art. L. 236-2 Est puni de deux ans d'emprisonnement et de 30 000 € d'amende le fait :

1° D'inciter directement autrui à commettre les faits mentionnés à l'article L. 236-1 ;

2° D'organiser un rassemblement destiné à permettre la commission des faits mentionnés au II du même article L. 236-1 ;

3° De faire, par tout moyen, la promotion des faits mentionnés audit article L. 236-1 ou du rassemblement mentionné au 2° du présent article.

Art. L. 236-3 Toute personne coupable des délits prévus aux articles L. 236-1 et L. 236-2 encourt également, à titre de peine complémentaire :

1° La confiscation obligatoire du véhicule ayant servi à commettre l'infraction si la personne en est le propriétaire ou, sous réserve des droits du propriétaire de bonne foi, si elle en a la libre disposition. La juridiction peut toutefois ne pas prononcer cette peine par une décision spécialement motivée ;

2° La suspension pour une durée de trois ans au plus du permis de conduire ;

3° L'annulation du permis de conduire avec interdiction de solliciter la délivrance d'un nouveau permis pendant trois ans au plus ;

4° La peine de travail d'intérêt général selon les modalités prévues à l'article 131-8 du code pénal et selon les conditions prévues aux articles 131-22 à 131-24 du même code et *(Ord. n° 2019-950 du 11 sept. 2019, art. 5-VI et 9, en vigueur le 30 sept. 2021)* « à l'article L. 122-1 du code de la justice pénale des mineurs *[ancienne rédaction : à l'article 20-5 de l'ordonnance n° 45-174 du 2 février 1945 relative à l'enfance délinquante]* » ;

5° La peine de jours-amende dans les conditions fixées aux articles 131-5 et 131-25 du code pénal ;

6° L'interdiction de conduire certains véhicules terrestres à moteur, y compris ceux pour la conduite desquels le permis de conduire n'est pas exigé, pour une durée de cinq ans au plus ;

7° L'obligation d'accomplir, à ses frais, un stage de sensibilisation à la sécurité routière.

L'immobilisation du véhicule peut être prescrite dans les conditions prévues aux articles L. 325-1 à L. 325-3 du présent code.

TITRE IV Dispositions relatives à l'outre-mer

CHAPITRE PREMIER *Dispositions particulières à la collectivité territoriale de Saint-Pierre-et-Miquelon*

Art. L. 241-1 Pour l'application du présent livre dans la collectivité territoriale de Saint-Pierre-et-Miquelon, le terme "département" est remplacé par "collectivité territoriale".

CHAPITRE II *Dispositions applicables à Mayotte* *(L. n° 2010-1487 du 7 déc. 2010, art. 36).*

Les dispositions de la L. n° 2010-1487 du 7 déc. 2010 sont applicables à compter du 31 mars 2011. Dans tous les règlements et lois en vigueur, la référence à la collectivité départementale de Mayotte est remplacée par le référence au Département de Mayotte.

Art. L. 242-1 Les dispositions législatives du présent livre sont applicables à Mayotte. — *[Ord. n° 92-256 du 4 mars 1992, art. 1er.]*

Art. L. 242-2 Pour l'application des dispositions du présent livre à Mayotte, les termes énumérés ci-après sont remplacés comme suit :

1° "Préfet" par "représentant de l'État" ;

2° "Département" par "collectivité départementale". — *[Ord. n° 92-256 du 4 mars 1992, art. 3.]*

CHAPITRE III *Dispositions applicables à la Nouvelle-Calédonie*

Art. L. 243-1 *(L. n° 2008-644 du 1er juill. 2008, art. 13)* « Pour l'application de l'article L. 225-4 en Nouvelle-Calédonie, les mots : "dans le département" sont remplacés par les mots : "dans la collectivité". »

(Ord. n° 2004-567 du 17 juin 2004, art. 5 ; L. n° 2003-495 du 12 juin 2003, art. 46-1) « Les articles L. 234-1 à L. 234-9 » sont applicables à la Nouvelle-Calédonie dans la rédaction suivante :

Art. L. 234-1 I. — Même en l'absence de tout signe d'ivresse manifeste, le fait de conduire un véhicule sous l'empire d'un état alcoolique caractérisé par une concentration d'alcool dans le sang égale ou supérieure à 0,80 gramme par litre ou par une concentration d'alcool dans l'air expiré égale ou supérieure à 0, 40 milligramme par litre est puni de deux ans d'emprisonnement et de 4 500 € d'amende.

II. — Le fait de conduire un véhicule en état d'ivresse manifeste est puni des mêmes peines.

Art. L. 234-2 Toute personne coupable de l'un des délits prévus à l'article L. 234-1 encourt également les peines complémentaires suivantes :

1° La peine de travail d'intérêt général selon des modalités prévues à l'article 131-8 du code pénal et selon les conditions prévues aux articles 131-22 à 131-24 du même code et *(Ord. n° 2019-950 du 11 sept. 2019, art. 5-VI et 9, en vigueur le 30 sept. 2021)* « à l'article L. 122-1 du code de la justice pénale des mineurs *[ancienne rédaction : à l'article 20-5 de l'ordonnance n° 45-174 du 2 février 1945 relative à l'enfance délinquante]* » ;

2° La peine de jours-amende dans les conditions fixées aux articles 131-5 et 131-25 du code pénal ;

(L. n° 2011-267 du 14 mars 2011, art. 137-1°) « 3° L'interdiction, pendant une durée de cinq ans au plus, de conduire un véhicule qui ne soit pas équipé, par un professionnel agréé ou par construction, d'un dispositif homologué d'anti-démarrage par éthylotest électronique. Lorsque cette interdiction est prononcée en même temps que la peine d'annulation ou de suspension du permis de conduire, elle s'applique, pour la durée fixée par la juridiction, à l'issue de l'exécution de cette peine. »

Art. L. 234-3 Les officiers ou agents de police judiciaire *(L. n° 2017-256 du 28 févr. 2017, art. 95-1°)* « et, sur l'ordre et sous la responsabilité des officiers de police judiciaire, les agents de police judiciaire adjoints » soumettent à des épreuves de dépistage de l'imprégnation alcoolique par l'air expiré l'auteur présumé de l'une des infractions prévues par les dispositions applicables localement susceptibles d'entraîner une suspension du permis de conduire, ou le conducteur impliqué dans un accident de la circulation ayant occasionné un dommage corporel.

Ils peuvent soumettre aux mêmes épreuves tout conducteur impliqué dans un quelconque accident de la circulation ou l'auteur présumé de l'une des infractions aux prescriptions applicables localement *(Ord. nº 2017-496 du 6 avr. 2017, art. 1er-I)* « autres que celles mentionnées au premier alinéa ».

Art. L. 234-4 Lorsque les épreuves de dépistage permettent de présumer l'existence d'un état alcoolique ou lorsque le conducteur refuse de les subir, les officiers ou agents de police judiciaire font procéder aux vérifications destinées à établir la preuve de l'état alcoolique.

(L. nº 2017-256 du 28 févr. 2017, art. 95-2º et 3º) « Lorsque la constatation est faite par un agent de police judiciaire adjoint mentionné au 2º de l'article 21 du code de procédure pénale, il rend compte immédiatement de la présomption de l'existence d'un état alcoolique ou du refus du conducteur ou de l'accompagnateur de l'élève conducteur de subir les épreuves de dépistage à tout officier de police judiciaire, qui peut alors lui ordonner sans délai de lui présenter sur-le-champ la personne concernée.

« Les vérifications prévues au premier alinéa » sont faites soit au moyen d'analyses *(L. nº 2019-222 du 23 mars 2019, art. 110-V)* « ou examens médicaux, cliniques ou » biologiques, soit au moyen d'un appareil permettant de déterminer la concentration d'alcool par l'analyse de l'air expiré, à la condition que cet appareil soit conforme à un type homologué. *(L. nº 2019-222 du 23 mars 2019, art. 110-V)* « A cette fin, l'officier ou l'agent de police judiciaire peut requérir un médecin, un interne en médecine, un étudiant en médecine autorisé à exercer la médecine à titre de remplaçant ou un infirmier pour effectuer une prise de sang. »

Art. L. 234-5 Lorsque les vérifications sont faites au moyen d'analyses *(L. nº 2019-222 du 23 mars 2019, art. 110-V)* « ou examens médicaux, cliniques ou » biologiques, un échantillon est conservé.

Lorsqu'elles sont faites au moyen d'un appareil permettant de déterminer la concentration d'alcool par l'analyse de l'air expiré, un second contrôle peut être immédiatement effectué, après vérification du bon fonctionnement de l'appareil ; ce contrôle est de droit lorsqu'il est demandé par l'intéressé.

Art. L. 234-6 L'auteur présumé de conduite en état d'ivresse manifeste peut être soumis directement aux vérifications destinées à établir l'état alcoolique.

Art. L. 234-7 Un décret en Conseil d'État détermine les conditions dans lesquelles sont effectuées les opérations de dépistage et les vérifications prévues aux articles L. 234-3 à L. 234-6.

Art. L. 234-8 I. — Le fait de refuser de se soumettre aux vérifications prévues par les articles L. 234-4 à L. 234-6 *(Ord. nº 2004-567 du 17 juin 2004, art. 5 ; L. nº 2003-495 du 12 juin 2003, art. 46-1)* « ou aux vérifications prévues par l'article L. 234-9 » est puni de deux ans d'emprisonnement et de 4 500 € d'amende.

II. — Toute personne coupable de ce délit encourt également les peines complémentaires suivantes :

1º La peine de travail d'intérêt général selon des modalités prévues à l'article 131-8 du code pénal et selon les conditions prévues aux articles 131-22 à 131-24 du même code et à l'article 20-5 de l'ordonnance nº 45-174 du 2 février 1945 relative à l'enfance délinquante ;

2º La peine de jours-amende dans les conditions fixées aux articles 131-5 et 131-25 du code pénal.

Art. L. 234-9 *(L. nº 2019-222 du 23 mars 2019, art. 110-V)* « Les officiers ou les agents de police judiciaire soit sur instruction du procureur de la République, soit à leur initiative et, sur l'ordre et sous la responsabilité de ceux-ci, les agents de police judiciaire adjoints peuvent, même en l'absence d'infraction préalable ou d'accident, soumettre toute personne qui conduit un véhicule à des épreuves de dépistage de l'imprégnation alcoolique par l'air expiré. »

Lorsque les épreuves de dépistage permettent de présumer l'existence d'un état alcoolique, les officiers ou agents de police judiciaire font procéder aux vérifications destinées à établir la preuve de l'état alcoolique au moyen de l'appareil permettant de déterminer la concentration d'alcool par l'analyse de l'air expiré, mentionné aux articles L. 234-4 et L. 234-5 et dans les conditions prévues par ces mêmes articles.

En cas d'impossibilité de subir ces épreuves résultant d'une incapacité physique attestée par le médecin requis, les officiers ou agents de police judiciaire font procéder aux vérifications destinées à établir la preuve de l'état alcoolique au moyen d'analyses *(L. nº 2019-222 du 23 mars 2019, art. 110-V)* « ou examens médicaux, cliniques ou » biologiques, dans les conditions prévues par les articles L. 234-4 et L. 234-5.

Art. L. 243-2 *(Ord. nº 2004-567 du 17 juin 2004, art. 1er)* *(L. nº 2011-267 du 14 mars 2011, art. 137-2º)* « Les *(L. nº 2017-258 du 28 févr. 2017, art. 40-III-A)* « 2º, 3º et 6º de l'article L. 231-2, le I et les 2º, 3º et 5º du II de l'article L. 233-1, le I et les 4º et 5º du II de l'article L. 233-1-1, le I et les 2° et 3° du II de l'article L. 233-2, les » articles L. 234-16 et L. 234-17, » le I, les 3° et 4° du II et le III de l'article L. 235-1, l'article L. 235-2, le I, les 3° et 4° du II de l'article L. 235-3 et le I de l'article L. 235-4 sont applicables en Nouvelle-Calédonie.

(Ord. n° 2019-950 du 11 sept. 2019, art. 8-V et 9, en vigueur le 30 sept. 2021) « Les articles L. 231-2, L. 233-1, L. 233-2, L. 234-16, L. 235-1, L. 235-3 sont applicables en Nouvelle-Calédonie dans leur rédaction résultant de l'ordonnance n° 2019-950 du 11 septembre 2019 portant partie législative du code de la justice pénale des mineurs. »

Art. L. 243-3 *(L. n° 2018-701 du 3 août 2018)* Les articles L. 236-1 à L. 236-3 sont applicables en Nouvelle-Calédonie. Pour l'application du I de l'article L. 236-1, les mots : "législatives et réglementaires du présent code" sont remplacés par les mots : "applicables localement en matière de circulation routière".

(Ord. n° 2019-950 du 11 sept. 2019, art. 8-V et 9, en vigueur le 30 sept. 2021) « L'article L. 236-3 est applicable en Nouvelle-Calédonie dans sa rédaction résultant de l'ordonnance n° 2019-950 du 11 septembre 2019 portant partie législative du code de la justice pénale des mineurs. »

CHAPITRE IV *Dispositions applicables à la Polynésie française*

Art. L. 244-1 *(L. n° 2008-644 du 1er juill. 2008, art. 13)* « Pour l'application de l'article L. 225-4 en Polynésie française, les mots : "dans le département" sont remplacés par les mots : "dans la collectivité". »

(Ord. n° 2004-567 du 17 juin 2004, art. 5 ; L. n° 2003-495 du 12 juin 2003, art. 46-1) « Les articles L. 234-1 à L. 234-9 » sont applicables à la Polynésie française, dans la rédaction suivante :

Art. L. 234-1 I. — Même en l'absence de tout signe d'ivresse manifeste, le fait de conduire un véhicule sous l'empire d'un état alcoolique caractérisé par une concentration d'alcool dans le sang égale ou supérieure à 0,80 gramme par litre ou par une concentration d'alcool dans l'air expiré égale ou supérieure à 0, 40 milligramme par litre est puni de deux ans d'emprisonnement et de 4 500 € d'amende.

II. — Le fait de conduire un véhicule en état d'ivresse manifeste est puni des mêmes peines.

Art. L. 234-2 Toute personne coupable de l'un des délits prévus à l'article L. 234-1 encourt également les peines complémentaires suivantes :

1° La peine de travail d'intérêt général selon des modalités prévues à l'article 131-8 du code pénal et selon les conditions prévues aux articles 131-22 à 131-24 du même code et *(Ord. n° 2019-950 du 11 sept. 2019, art. 5-VI et 9, en vigueur le 30 sept. 2021)* « à l'article L. 122-1 du code de la justice pénale des mineurs *[ancienne rédaction : à l'article 20-5 de l'ordonnance n° 45-174 du 2 février 1945 relative à l'enfance délinquante]* » ;

2° La peine de jours-amende dans les conditions fixées aux articles 131-5 et 131-25 du code pénal ;

(L. n° 2011-267 du 14 mars 2011, art. 137-1°) « 3° L'interdiction, pendant une durée de cinq ans au plus, de conduire un véhicule qui ne soit pas équipé, par un professionnel agréé ou par construction, d'un dispositif homologué d'anti-démarrage par éthylotest électronique. Lorsque cette interdiction est prononcée en même temps que la peine d'annulation ou de suspension du permis de conduire, elle s'applique, pour la durée fixée par la juridiction, à l'issue de l'exécution de cette peine. »

Art. L. 234-3 Les officiers ou agents de police judiciaire soumettent à des épreuves de dépistage de l'imprégnation alcoolique par l'air expiré l'auteur présumé de l'une des infractions prévues par les dispositions applicables localement susceptibles d'entraîner une suspension du permis de conduire, ou le conducteur impliqué dans un accident de la circulation ayant occasionné un dommage corporel.

Ils peuvent soumettre aux mêmes épreuves tout conducteur impliqué dans un quelconque accident de la circulation ou l'auteur présumé de l'une des infractions aux prescriptions applicables localement *(Ord. n° 2017-496 du 6 avr. 2017, art. 1er-I)* « autres que celles mentionnées au premier alinéa ».

Art. L. 234-4 Lorsque les épreuves de dépistage permettent de présumer l'existence d'un état alcoolique ou lorsque le conducteur refuse de les subir, les officiers ou agents de police judiciaire font procéder aux vérifications destinées à établir la preuve de l'état alcoolique.

Ces vérifications sont faites soit au moyen d'analyses *(L. n° 2019-222 du 23 mars 2019, art. 110-V)* « ou examens médicaux, cliniques ou » biologiques, soit au moyen d'un appareil permettant de déterminer la concentration d'alcool par l'analyse de l'air expiré à la condition que cet appareil soit conforme à un type homologué. *(L. n° 2019-222 du 23 mars 2019, art. 110-V)* « A cette fin, l'officier ou l'agent de police judiciaire peut requérir un médecin, un interne en médecine, un étudiant en médecine autorisé à exercer la médecine à titre de remplaçant ou un infirmier pour effectuer une prise de sang. »

Art. L. 234-5 Lorsque les vérifications sont faites au moyen d'analyses *(L. n° 2019-222 du 23 mars 2019, art. 110-V)* « ou examens médicaux, cliniques ou » biologiques, un échantillon est conservé.

Lorsqu'elles sont faites au moyen d'un appareil permettant de déterminer la concentration d'alcool par l'analyse de l'air expiré, un second contrôle peut être immédiatement effectué, après vérification du bon fonctionnement de l'appareil ; ce contrôle est de droit lorsqu'il est demandé par l'intéressé.

Art. L. 234-6 L'auteur présumé de conduite en état d'ivresse manifeste peut être soumis directement aux vérifications destinées à établir l'état alcoolique.

Art. L. 234-7 Un décret en Conseil d'État détermine les conditions dans lesquelles sont effectuées les opérations de dépistage et les vérifications prévues aux articles L. 234-3 à L. 234-6.

Art. L. 234-8 I. — Le fait de refuser de se soumettre aux vérifications prévues par les articles L. 234-4 à L. 234-6 *(Ord. n° 2004-567 du 17 juin 2004, art. 5 ; L. n° 2003-495 du 12 juin 2003, art. 46-1)* « ou aux vérifications prévues par l'article L. 234-9 » est puni de deux ans d'emprisonnement et de 4 500 € d'amende.

II. — Toute personne coupable de ce délit encourt également les peines complémentaires suivantes :

1° La peine de travail d'intérêt général selon des modalités prévues à l'article 131-8 du code pénal et selon les conditions prévues aux articles 131-22 à 131-24 du même code et à l'article 20-5 de l'ordonnance n° 45-174 du 2 février 1945 relative à l'enfance délinquante ;

2° La peine de jours-amende dans les conditions fixées aux articles 131-5 et 131-25 du code pénal.

Art. L. 234-9 *(L. n° 2019-222 du 23 mars 2019, art. 110-V)* « Les officiers ou les agents de police judiciaire soit sur instruction du procureur de la République, soit à leur initiative et, sur l'ordre et sous la responsabilité de ceux-ci, les agents de police judiciaire adjoints peuvent, même en l'absence d'infraction préalable ou d'accident, soumettre toute personne qui conduit un véhicule à des épreuves de dépistage de l'imprégnation alcoolique par l'air expiré. »

Lorsque les épreuves de dépistage permettent de présumer l'existence d'un état alcoolique, les officiers ou agents de police judiciaire font procéder aux vérifications destinées à établir la preuve de l'état alcoolique au moyen de l'appareil permettant de déterminer la concentration d'alcool par l'analyse de l'air expiré, mentionné aux articles L. 234-4 et L. 234-5 et dans les conditions prévues par ces mêmes articles.

En cas d'impossibilité de subir ces épreuves résultant d'une incapacité physique attestée par le médecin requis, les officiers ou agents de police judiciaire font procéder aux vérifications destinées à établir la preuve de l'état alcoolique au moyen d'analyses *(L. n° 2019-222 du 23 mars 2019, art. 110-V)* « ou examens médicaux, cliniques ou » biologiques, dans les conditions prévues par les articles L. 234-4 et L. 234-5.

Art. L. 244-2 *(L. n° 2003-495 du 12 juin 2003, art. 45) (L. n° 2011-267 du 14 mars 2011, art. 137-2°)* « Les *(L. n° 2017-258 du 28 févr. 2017, art. 40-III-A)* « 2°, 3° et 6° de l'article L. 231-2, le I et les 2°, 3° et 5° du II de l'article L. 233-1, le I et les 4° et 5° du II de l'article L. 233-1-1, le I et les 2° et 3° du II de l'article L. 233-2, les » articles L. 234-16 et L. 234-17, » le I, les 3° et 4° du II et le III de l'article L. 235-1, l'article L. 235-2, le I, les 3° et 4° du II de l'article L. 235-3 et le I de l'article L. 235-4 sont applicables en Polynésie française.

(Ord. n° 2019-950 du 11 sept. 2019, art. 8-V et 9, en vigueur le 30 sept. 2021) « Les articles L. 231-2, L. 233-1, L. 233-2, L. 234-16, L. 235-1, L. 235-3 sont applicables en Polynésie française dans leur rédaction résultant de l'ordonnance n° 2019-950 du 11 septembre 2019 portant partie législative du code de la justice pénale des mineurs. »

Art. L. 244-3 *(L. n° 2018-701 du 3 août 2018)* Les articles L. 236-1 à L. 236-3 sont applicables en Polynésie française. Pour l'application du I de l'article L. 236-1, les mots : "législatives et réglementaires du présent code" sont remplacés par les mots : "applicables localement en matière de circulation routière".

(Ord. n° 2019-950 du 11 sept. 2019, art. 8-V et 9, en vigueur le 30 sept. 2021) « L'article L. 236-3 est applicable en Polynésie française dans sa rédaction résultant de l'ordonnance n° 2019-950 du 11 septembre 2019 portant partie législative du code de la justice pénale des mineurs. »

CHAPITRE V *Dispositions applicables au territoire des îles Wallis-et-Futuna*

Art. L. 245-1 *(L. n° 2008-644 du 1er juill. 2008, art. 13)* « Pour l'application de l'article L. 225-4 dans les îles Wallis-et-Futuna, les mots : "dans le département" sont remplacés par les mots : "dans la collectivité". »

(Ord. n° 2004-567 du 17 juin 2004, art. 5 ; L. n° 2003-495 du 12 juin 2003, art. 46-1) « Les **articles L. 234-1 à L. 234-9 » sont applicables au territoire des îles Wallis-et-Futuna, dans la rédaction suivante :**

Art. L. 234-1 I. — Même en l'absence de tout signe d'ivresse manifeste, le fait de conduire un véhicule sous l'empire d'un état alcoolique caractérisé par une concentration d'alcool dans le sang égale ou supérieure à 0,80 gramme par litre ou par une concentration d'alcool dans l'air expiré égale ou supérieure à 0, 40 milligramme par litre est puni de deux ans d'emprisonnement et de 4 500 € d'amende.

II. — Le fait de conduire un véhicule en état d'ivresse manifeste est puni des mêmes peines.

Art. L. 234-2 Toute personne coupable de l'un des délits prévus à l'article L. 234-1 encourt également les peines complémentaires suivantes :

1° La peine de travail d'intérêt général selon des modalités prévues à l'article 131-8 du code pénal et selon les conditions prévues aux articles 131-22 à 131-24 du même code et *(Ord. n° 2019-950 du 11 sept. 2019, art. 5-VI et 9, en vigueur le 30 sept. 2021)* « à l'article L. 122-1 du code de la justice pénale des mineurs *[ancienne rédaction : à l'article 20-5 de l'ordonnance n° 45-174 du 2 février 1945 relative à l'enfance délinquante]* » ;

2° La peine de jours-amende dans les conditions fixées aux articles 131-5 et 131-25 du code pénal ;

(L. n° 2011-267 du 14 mars 2011, art. 137-1°) « 3° L'interdiction, pendant une durée de cinq ans au plus, de conduire un véhicule qui ne soit pas équipé, par un professionnel agréé ou par construction, d'un dispositif homologué d'anti-démarrage par éthylotest électronique. Lorsque cette interdiction est prononcée en même temps que la peine d'annulation ou de suspension du permis de conduire, elle s'applique, pour la durée fixée par la juridiction, à l'issue de l'exécution de cette peine. »

Art. L. 234-3 Les officiers ou agents de police judiciaire soumettent à des épreuves de dépistage de l'imprégnation alcoolique par l'air expiré l'auteur présumé de l'une des infractions prévues aux dispositions applicables localement susceptibles d'entraîner une suspension du permis de conduire, ou le conducteur impliqué dans un accident de la circulation ayant occasionné un dommage corporel.

Ils peuvent soumettre aux mêmes épreuves tout conducteur impliqué dans un quelconque accident de la circulation ou l'auteur présumé de l'une des infractions aux prescriptions applicables localement *(Ord. n° 2017-496 du 6 avr. 2017, art. 1er-I)* « autres que celles mentionnées au premier alinéa ».

Art. L. 234-4 Lorsque les épreuves de dépistage permettent de présumer l'existence d'un état alcoolique ou lorsque le conducteur refuse de les subir, les officiers ou agents de police judiciaire font procéder aux vérifications destinées à établir la preuve de l'état alcoolique.

Ces vérifications sont faites soit au moyen d'analyses *(L. n° 2019-222 du 23 mars 2019, art. 110-V)* « ou examens médicaux, cliniques ou » biologiques, soit au moyen d'un appareil permettant de déterminer la concentration d'alcool par l'analyse de l'air expiré à la condition que cet appareil soit conforme à un type homologué. *(L. n° 2019-222 du 23 mars 2019, art. 110-V)* « A cette fin, l'officier ou l'agent de police judiciaire peut requérir un médecin, un interne en médecine, un étudiant en médecine autorisé à exercer la médecine à titre de remplaçant ou un infirmier pour effectuer une prise de sang. »

Art. L. 234-5 Lorsque les vérifications sont faites au moyen d'analyses *(L. n° 2019-222 du 23 mars 2019, art. 110-V)* « ou examens médicaux, cliniques ou » biologiques, un échantillon est conservé.

Lorsqu'elles sont faites au moyen d'un appareil permettant de déterminer la concentration d'alcool par l'analyse de l'air expiré, un second contrôle peut être immédiatement effectué, après vérification du bon fonctionnement de l'appareil ; ce contrôle est de droit lorsqu'il est demandé par l'intéressé.

Art. L. 234-6 L'auteur présumé de conduite en état d'ivresse manifeste peut être soumis directement aux vérifications destinées à établir l'état alcoolique.

Art. L. 234-7 Un décret en Conseil d'État détermine les conditions dans lesquelles sont effectuées les opérations de dépistage et les vérifications prévues aux articles L. 234-3 à L. 234-6.

Art. L. 234-8 I. — Le fait de refuser de se soumettre aux vérifications prévues par les articles L. 234-4 à L. 234-6 *(Ord. n° 2004-567 du 17 juin 2004, art. 5 ; L. n° 2003-495 du 12 juin 2003, art. 46-1)* « ou aux vérifications prévues par l'article L. 234-9 » est puni de deux ans d'emprisonnement et de 4 500 € d'amende.

II. — Toute personne coupable de ce délit encourt également les peines complémentaires suivantes :

1° La peine de travail d'intérêt général selon des modalités prévues à l'article 131-8 du code pénal et selon les conditions prévues aux articles 131-22 à 131-24 du même code et à l'article 20-5 de l'ordonnance n° 45-174 du 2 février 1945 relative à l'enfance délinquante ;

2° La peine de jours-amende dans les conditions fixées aux articles 131-5 et 131-25 du code pénal.

Art. L. 234-9 *(L. n° 2019-222 du 23 mars 2019, art. 110-V)* « Les officiers ou les agents de police judiciaire soit sur instruction du procureur de la République, soit à leur initiative et, sur l'ordre et sous la responsabilité de ceux-ci, les agents de police judiciaire adjoints peuvent, même en l'absence d'infraction préalable ou d'accident, soumettre toute personne qui conduit un véhicule à des épreuves de dépistage de l'imprégnation alcoolique par l'air expiré. »

Lorsque les épreuves de dépistage permettent de présumer l'existence d'un état alcoolique, les officiers ou agents de police judiciaire font procéder aux vérifications destinées à établir la preuve de l'état alcoolique au moyen de l'appareil permettant de déterminer la concentration d'alcool par l'analyse de l'air expiré, mentionné aux articles L. 234-4 à L. 234-6 et dans les conditions prévues par ces mêmes articles.

En cas d'impossibilité de subir ces épreuves résultant d'une incapacité physique attestée par le médecin requis, les officiers ou agents de police judiciaire font procéder aux vérifications destinées à établir la preuve de l'état alcoolique au moyen d'analyses *(L. n° 2019-222 du 23 mars 2019, art. 110-V)* « ou examens médicaux, cliniques ou » biologiques, dans les conditions prévues par les articles L. 234-4 à L. 234-6.

Art. L. 245-2 *(Ord. n° 2004-567 du 17 juin 2004, art. 2) (L. n° 2011-267 du 14 mars 2011, art. 137-2°)* « Les *(L. n° 2017-258 du 28 févr. 2017, art. 40-III-A)* « 2°, 3° et 6° de l'article L. 231-2, le I et les 2°, 3° et 5° du II de l'article L. 233-1, le I et les 4° et 5° du II de l'article L. 233-1-1, le I et les 2° et 3° du II de l'article L. 233-2, les » articles L. 234-16 et L. 234-17, » le I, les 3° et 4° du II et le III de l'article L. 235-1, l'article L. 235-2, le I, les 3° et 4° du II de l'article L. 235-3 et le I de l'article L. 235-4 sont applicables dans les îles Wallis-et-Futuna.

(Ord. n° 2019-950 du 11 sept. 2019, art. 8-V et 9, en vigueur le 30 sept. 2021) « Les articles L. 231-2, L. 233-1, L. 233-2, L. 234-16, L. 235-1, L. 235-3 sont applicables dans les îles Wallis-et-Futuna dans leur rédaction résultant de l'ordonnance n° 2019-950 du 11 septembre 2019 portant partie législative du code de la justice pénale des mineurs. »

Art. L. 245-3 *(L. n° 2018-701 du 3 août 2018)* Les articles L. 236-1 à L. 236-3 sont applicables dans les îles Wallis-et-Futuna. Pour l'application du I de l'article L. 236-1, les mots : "législatives et réglementaires du présent code" sont remplacés par les mots : "applicables localement en matière de circulation routière".

(Ord. n° 2019-950 du 11 sept. 2019, art. 8-V et 9, en vigueur le 30 sept. 2021) « L'article L. 236-3 est applicable dans les îles Wallis-et-Futuna dans sa rédaction résultant de l'ordonnance n° 2019-950 du 11 septembre 2019 portant partie législative du code de la justice pénale des mineurs. »

LIVRE III **Le véhicule**

TITRE PREMIER **Dispositions techniques**

CHAPITRE PREMIER ***Dispositions générales et définitions***

Art. L. 311-1 Les véhicules doivent être construits, commercialisés, exploités, utilisés, entretenus et, le cas échéant, réparés de façon à assurer la sécurité de tous les usagers de la route.

Des décrets en Conseil d'État déterminent les conditions d'application du présent article. – *[Anc. art. L. 8-A, al. 1er (partie) et 4.]*

Art. L. 311-2 *(L. n° 2016-1547 du 18 nov. 2016, art. 37-I-6°)* A l'occasion des contrôles des véhicules et de leurs conducteurs effectués dans les conditions prévues au code de procédure pénale ou au présent code, les agents compétents pour effectuer ces contrôles, dont la liste *est fixée par voie réglementaire*, sont autorisés à procéder aux opérations leur permettant d'accéder aux informations et aux données physiques et numériques embarquées relatives à l'identification et à la conformité du véhicule et de ses composants, afin de vérifier le respect des prescriptions fixées au présent livre III et de vérifier si ce véhicule ou tout ou partie de ses équipements n'ont pas été volés ou recelés.

Les informations et données embarquées du véhicule autres que celles mentionnées au premier alinéa ne peuvent être utilisées comme preuve de la commission d'autres infractions prévues par le présent code.

CHAPITRE II ***Poids et dimension***

Art. L. 312-1 *(L. n° 2012-387 du 22 mars 2012, art. 92)* Sauf exceptions prévues par voie réglementaire, la norme maximale en termes de poids total autorisé en charge d'un véhicule articulé, d'un train double ou d'un ensemble composé d'un véhicule à moteur et d'une remorque est fixée à 44 tonnes pour cinq essieux.

CHAPITRE III *Éclairage et signalisations*

Art. L. 313-1 *(L. nº 2019-1428 du 24 déc. 2019, art. 55, en vigueur le 1er janv. 2021)* Les véhicules de plus de 3,5 tonnes sont équipés d'une signalisation matérialisant la position des angles morts apposée sur le véhicule. Cette signalisation est apposée selon des modalités adaptées pour une visibilité la plus grande possible, en particulier pour les cyclistes, les piétons et les utilisateurs d'engins de déplacement personnels.

Le non-respect de cette obligation est puni d'une amende dont le montant est fixé par décret en Conseil d'État.

Les modalités de mise en œuvre de cette obligation sont définies par décret en Conseil d'État.

CHAPITRE IV *Pneumatiques*

Art. L. 314-1 *(L. nº 2016-1888 du 28 déc. 2016, art. 27)* Dans les massifs mentionnés à l'article 5 de la loi nº 85-30 du 9 janvier 1985 relative au développement et à la protection de la montagne, le représentant de l'État détermine, après avis du comité de massif, les obligations d'équipement des véhicules en période hivernale.

Un décret pris après avis du Conseil national de la montagne fixe les modalités d'application du présent article, et notamment les dispositifs inamovibles et amovibles antidérapants requis, dans le respect du règlement (CE) nº 661/2009 du Parlement européen et du Conseil du 13 juillet 2009 concernant les prescriptions pour l'homologation relatives à la sécurité générale des véhicules à moteur, de leurs remorques et des systèmes, composants et entités techniques distinctes qui leur sont destinés.

CHAPITRE V *Freinage*

Le présent chapitre ne comprend pas de dispositions législatives.

CHAPITRE VI *Organe de manœuvre, de direction et de visibilité*

Le présent chapitre ne comprend pas de dispositions législatives.

CHAPITRE VII *Dispositifs et aménagements particuliers*

Art. L. 317-1 Le fait, pour le responsable de l'exploitation d'un véhicule de transport routier *(L. nº 2019-1428 du 24 déc. 2019, art. 42)* « , d'un engin de déplacement personnel à moteur ou d'un cycle à pédalage assisté » soumis à une obligation de limitation de vitesse par construction, de ne pas respecter cette obligation, de modifier, ou, en tant que commettant, de faire ou de laisser modifier le dispositif de limitation de vitesse par construction afin de permettre au véhicule *(L. nº 2019-1428 du 24 déc. 2019, art. 42)* « , à l'engin ou au cycle » de dépasser sa vitesse maximale autorisée, est puni d'un an d'emprisonnement et de 30 000 € d'amende.

Le préposé est passible des mêmes peines lorsque l'infraction résulte de son fait personnel.

Toute personne coupable de ce délit encourt également la peine complémentaire de suspension, pour une durée de trois ans au plus, du permis de conduire, cette suspension pouvant être limitée à la conduite en dehors de l'activité professionnelle.

Le véhicule *(L. nº 2019-1428 du 24 déc. 2019, art. 42)* « , l'engin ou le cycle » sur lequel l'infraction a été commise est immobilisé et retiré de la circulation jusqu'à ce qu'il ait été mis en conformité ou réparé. Un décret en Conseil d'État fixe les conditions d'application du présent alinéa. – *[Anc. art. L. 9-1 et L. 14, al. 1er et 2.]*

Art. L. 317-2 I. – Le fait de faire usage d'une plaque ou d'une inscription, exigée par les règlements en vigueur et apposée sur un véhicule à moteur ou une remorque, portant un numéro, un nom ou un domicile faux ou supposé est puni de cinq ans d'emprisonnement et de 3 750 € d'amende.

II. – Toute personne coupable de cette infraction encourt également les peines complémentaires suivantes :

1º La suspension, pour une durée de trois ans au plus, du permis de conduire, cette suspension pouvant être limitée à la conduite en dehors de l'activité professionnelle ;

2° La confiscation du véhicule.

III. – Ce délit donne lieu de plein droit à la réduction de la moitié *(L. n° 2003-495 du 12 juin 2003, art. 11)* « du nombre maximal de points » du permis de conduire. – *[Anc. art. L. 9, al. 1er, 2 et 5, L. 11-1, al. 1er, 2, 5 et 6, L. 11-2, al. 1er, et L. 14, al. 1er et 2.]*

Art. L. 317-3 I. – Le fait de faire circuler, sur les voies ouvertes à la circulation publique un véhicule à moteur ou une remorque sans que ce véhicule soit muni des plaques ou inscriptions exigées par les règlements et, en outre, de déclarer un numéro, un nom ou un domicile autre que le sien ou que celui du propriétaire est puni de cinq ans d'emprisonnement et de 3 750 € d'amende.

II. – Toute personne coupable de cette infraction encourt également les peines complémentaires suivantes :

1° La suspension, pour une durée de trois ans au plus, du permis de conduire, cette suspension pouvant être limitée à la conduite en dehors de l'activité professionnelle ;

2° La confiscation du véhicule.

III. – Ce délit donne lieu de plein droit à la réduction de la moitié *(L. n° 2003-495 du 12 juin 2003, art. 11)* « du nombre maximal de points » du permis de conduire. – *[Anc. art. L. 9, al. 1er, 3 et 5, L. 11-1, al. 1er et 2, L. 11-2, al. 1er, et L. 14, al. 1er et 2.]*

Art. L. 317-4 I. – Le fait de mettre en circulation un véhicule à moteur ou une remorque muni d'une plaque ou d'une inscription ne correspondant pas à la qualité de ce véhicule ou à celle de l'utilisateur est puni de cinq ans d'emprisonnement et de 3 750 € d'amende.

II. – Toute personne coupable de cette infraction encourt également les peines complémentaires suivantes :

1° La suspension, pour une durée de trois ans au plus, du permis de conduire, cette suspension pouvant être limitée à la conduite en dehors de l'activité professionnelle ;

2° La confiscation du véhicule.

III. – Ce délit donne lieu de plein droit à la réduction de la moitié *(L. n° 2003-495 du 12 juin 2003, art. 11)* « du nombre maximal de points » du permis de conduire. – *[Anc. art. L. 9, al. 1er, 4 et 5, L. 11-1, al. 1er et 2, L. 11-2, al. 1er, et L. 14, al. 1er et 2.]*

Art. L. 317-4-1 *(L. n° 2004-204 du 9 mars 2004, art. 61-I)* I. – Le fait de mettre en circulation ou de faire circuler un véhicule à moteur ou une remorque muni d'une plaque portant un numéro d'immatriculation attribué à un autre véhicule dans des circonstances qui ont déterminé ou auraient pu déterminer des poursuites pénales contre un tiers est puni de sept ans d'emprisonnement et de 30 000 € d'amende.

II. – Toute personne coupable de cette infraction encourt également les peines complémentaires suivantes :

1° La suspension, pour une durée de trois ans au plus, du permis de conduire, cette suspension ne pouvant être limitée à la conduite en dehors de l'activité professionnelle ;

2° L'annulation du permis de conduire avec interdiction de solliciter la délivrance d'un nouveau permis pendant trois ans au plus ;

3° La confiscation du véhicule.

III. – Ce délit donne lieu de plein droit à la réduction de la moitié du nombre maximal de points du permis de conduire.

Art. L. 317-5 *(L. n° 2006-10 du 5 janv. 2006, art. 11)* « I. – Le fait pour un professionnel de fabriquer, d'importer, d'exporter, d'exposer, d'offrir, de mettre en vente, de vendre, de proposer à la location ou d'inciter à acheter ou à utiliser un dispositif ayant pour objet de dépasser les limites réglementaires fixées en matière de vitesse, de cylindrée ou de puissance maximale du moteur d'un cyclomoteur, d'une motocyclette *(L. n° 2019-1428 du 24 déc. 2019, art. 42)* « , d'un engin de déplacement personnel à moteur, d'un cycle à pédalage assisté » ou d'un quadricycle à moteur est puni de deux ans d'emprisonnement et de 30 000 € d'amende.

« II. – Le fait pour un professionnel de réaliser, sur un cyclomoteur, une motocyclette *(L. n° 2019-1428 du 24 déc. 2019, art. 42)* « , un engin de déplacement personnel à moteur, un cycle à pédalage assisté » ou un quadricycle à moteur, des transformations ayant pour effet de dépasser les limites réglementaires fixées en matière de vitesse, de cylindrée ou de puissance maximale du moteur est puni des mêmes peines. »

(L. n° 2003-495 du 12 juin 2003, art. 18) « III. – Le dispositif prévu au I est saisi. Lorsque le dispositif est placé, adapté ou appliqué sur un véhicule, *(L. n° 2019-1428 du 24 déc. 2019, art. 42)* « , un engin de déplacement personnel à moteur ou un cycle à pédalage assisté, ce véhicule, cycle ou engin » peut également être saisi. »

Art. L. 317-6 *(L. n° 2003-495 du 12 juin 2003, art. 18)* La tentative des délits prévus par l'article L. 317-5 est punie des mêmes peines.

Art. L. 317-7 *(L. n° 2003-495 du 12 juin 2003, art. 18)* Les personnes physiques coupables des infractions prévues par l'article L. 317-5 encourent également les peines complémentaires suivantes :

1° La suspension, pour une durée de trois ans au plus, du permis de conduire ;

2° La confiscation du véhicule, lorsque le dispositif qui a servi ou était destiné à commettre l'infraction est placé, adapté ou appliqué sur un véhicule ;

(L. n° 2006-10 du 5 janv. 2006, art. 11) « 3° L'interdiction, suivant les modalités prévues par l'article 131-27 du code pénal, d'exercer l'activité professionnelle ou sociale dans l'exercice ou à l'occasion de l'exercice de laquelle l'infraction a été commise, pour une durée de cinq ans au plus. »

Toute condamnation pour le délit prévu à l'article L. 317-5 donne lieu de plein droit à la confiscation du dispositif qui a servi ou était destiné à commettre l'infraction.

Art. L. 317-8 *(L. n° 2009-526 du 12 mai 2009, art. 125-XIX)* Les personnes morales déclarées responsables pénalement, dans les conditions prévues par l'article 121-2 du code pénal, des infractions définies à l'article L. 317-5 encourent, outre l'amende suivant les modalités prévues par l'article 131-38 du code pénal, les peines prévues par les 4° à 6°, 8° et 9° de l'article 131-39 du même code.

Art. L. 317-9 *(L. n° 2015-990 du 6 août 2015, art. 3)* Sous réserve des dérogations prévues par voie réglementaire, tout autocar est équipé de dispositifs permettant d'en prévenir la conduite sous l'empire d'un état alcoolique. Les modalités d'application du présent article sont définies par décret en Conseil d'État.

CHAPITRE VIII *Énergie, émissions polluantes et nuisances*

Art. L. 318-1 Les véhicules doivent être construits, commercialisés, exploités, utilisés, entretenus et, le cas échéant, réparés de façon à minimiser la consommation d'énergie, la création de déchets non valorisables, les émissions de substances polluantes, notamment de dioxyde de carbone, visées à l'article 2 de la loi n° 96-1236 du 30 décembre 1996 sur l'air et l'utilisation rationnelle de l'énergie *[C. envir., art. L. 220-2]* ainsi que les autres nuisances susceptibles de compromettre la santé publique.

La consommation énergétique des véhicules et ses méthodes de mesure *(L. n° 2019-1428 du 24 déc. 2019, art. 84)* « ainsi que leur classification au titre de leur contribution à la limitation de la pollution atmosphérique, telle que définie au troisième alinéa du présent article, » doivent être affichées sur le lieu de leur vente ou de leur location.

Les véhicules à moteur font l'objet d'une identification fondée sur leur contribution à la limitation de la pollution atmosphérique *(L. n° 2015-992 du 17 août 2015, art. 37-VIII)* « et sur leur sobriété énergétique. Dans des conditions fixées par l'autorité chargée de la police de la circulation et du stationnement, les véhicules à très faibles émissions, en référence à des critères déterminés par décret, peuvent notamment bénéficier de conditions de circulation et de stationnement privilégiées.

« Cette identification est renouvelée lors du contrôle technique mentionné à l'article L. 323-1 du présent code. »

Des décrets en Conseil d'État déterminent les conditions d'application du présent article. – *[Anc. art. L. 8-A.]*

Art. L. 318-2 *Abrogé par L. n° 2015-992 du 17 août 2015, art. 37-VIII.*

Art. L. 318-3 *(L. n° 2015-992 du 17 août 2015, art. 58-I)* I. – Est puni d'une amende de 7 500 € le fait de réaliser *(L. n° 2019-1428 du 24 déc. 2019, art. 95-IV)* « ou de faire réaliser » sur un véhicule des transformations ayant pour effet de supprimer un dispositif de maîtrise de la pollution, d'en dégrader la performance ou de masquer son éventuel dysfonctionnement, ou de se livrer à la propagande ou à la publicité, quel qu'en soit le mode, en faveur de ces transformations.

II. – Les personnes physiques coupables du délit mentionné au I du présent article encourent également la peine complémentaire d'interdiction, suivant les modalités prévues à l'article 131-27 du code pénal, d'exercer l'activité professionnelle ou sociale dans l'exercice ou à l'occasion de l'exercice de laquelle le délit a été commis, pour une durée maximale d'un an.

III. – Les personnes morales déclarées pénalement responsables, dans les conditions prévues à l'article 121-2 du code pénal, du délit défini au I du présent article encourent, outre l'amende suivant les modalités prévues à l'article 131-38 du code pénal, les peines prévues aux 4°, 5°, 8° et 9° de l'article 131-39 du même code.

Art. L. 318-4 Les mesures prévues aux articles L. 121-4, L. 325-1 à L. 325-3 et L. 325-6 à L. 325-9 sont applicables aux véhicules en infraction aux dispositions des articles L. 311-1 *(L. n° 2015-992 du 17 août 2015, art. 58-II)* « , L. 318-1 et L. 318-3 » ou aux textes pris pour leur application. – *[L. n° 96-1236 du 30 déc. 1996, art. 37.]*

TITRE II Dispositions administratives

CHAPITRE PREMIER *Réception et homologation*

(L. n° 2006-10 du 5 janv. 2006, art. 11)

Art. L. 321-1 *(L. n° 2007-297 du 5 mars 2007, art. 21)* « Le fait d'importer, d'exposer, d'offrir, de mettre en vente, de vendre, de proposer à la location ou d'inciter à acheter ou à utiliser un cyclomoteur, une motocyclette *(L. n° 2008-491 du 26 mai 2008, art. 1er)* « , un tricycle à moteur ou un quadricycle à moteur soumis à réception et non réceptionné ou qui n'est plus conforme à celle-ci » est puni de six mois d'emprisonnement et de 7 500 € d'amende. Lorsque cette infraction est commise par un professionnel, elle est punie de deux ans d'emprisonnement et de 30 000 € d'amende. Le véhicule peut être saisi. »

Un décret détermine les conditions dans lesquelles il peut être dérogé aux dispositions du présent article pour tout véhicule destiné à participer à une course ou épreuve sportive.

Art. L. 321-1-1 *(L. n° 2008-491 du 26 mai 2008)* Le fait de circuler sur les voies ouvertes à la circulation publique ou les lieux ouverts à la circulation publique ou au public avec un cyclomoteur, une motocyclette, un tricycle à moteur ou un quadricycle à moteur non soumis à réception est puni d'une contravention de la cinquième classe.

Les véhicules mentionnés au premier alinéa dont la vitesse peut excéder, par construction, vingt-cinq kilomètres par heure sont vendus, cédés ou loués par des professionnels dans des conditions définies par décret. – *V., ci-dessous, Décr. n° 2009-911 du 27 juill. 2009 et Décr. n° 2010-44 du 12 janv. 2010.*

Les véhicules mentionnés au deuxième alinéa ne peuvent pas être vendus, cédés ou faire l'objet d'une location-vente à un mineur. Ils ne peuvent pas être loués à un mineur de quatorze ans ou mis à sa disposition. Toutefois, la mise à disposition de ces véhicules aux mineurs de quatorze ans dans le cadre d'une association sportive agréée est autorisée.

Le fait de vendre, céder, louer ou mettre à disposition un de ces véhicules en violation de ces dispositions est puni d'une contravention de la cinquième classe.

Les véhicules mentionnés au deuxième alinéa ne peuvent être utilisés que sur des terrains adaptés à leur pratique dans des conditions définies par décret. Toutefois, un décret détermine les conditions dans lesquelles ces véhicules peuvent être utilisés sur des terrains privés à des fins professionnelles. Les mineurs de quatorze ans ne peuvent les utiliser sur des terrains adaptés que dans le cadre d'une association sportive agréée. – *V., ci-dessous, Décr. n° 2009-719 du 17 juin 2009 et Décr. n° 2009-804 du 26 juin 2009.*

Est puni d'une contravention de la cinquième classe le fait d'utiliser ou de favoriser l'utilisation de ces véhicules en violation de ces dispositions.

La confiscation, l'immobilisation ou la mise en fourrière peuvent être prescrites dans les conditions prévues aux articles L. 325-1 à L. 325-9.

La récidive des contraventions prévues aux alinéas précédents est punie conformément aux articles 132-11 et 132-15 du code pénal. La confiscation du véhicule utilisé pour commettre l'infraction est de plein droit, sauf décision spécialement motivée de la juridiction.

Art. L. 321-1-2 *(L. n° 2008-491 du 26 mai 2008)* Tout propriétaire d'un véhicule mentionné au deuxième alinéa de l'article L. 321-1-1 doit déclarer ce véhicule auprès de l'autorité administrative. Un numéro d'identification lui est délivré, qui doit être gravé sur une partie inamovible du véhicule.

Chacun de ces véhicules doit être muni d'une plaque fixée en évidence et portant le numéro d'identification délivré. Cette plaque peut être retirée dans le cadre d'une pratique sportive.

Un décret en Conseil d'État détermine les conditions d'application du présent article.

Les informations fournies lors de la déclaration peuvent faire l'objet d'un traitement automatisé dans les conditions prévues par la loi n° 78-17 du 6 janvier 1978 relative à l'informatique, aux fichiers et aux libertés.

Art. L. 321-2 La tentative des délits prévus par l'article L. 321-1 est punie des mêmes peines.

Art. L. 321-3 Les personnes physiques coupables des infractions prévues par l'article L. 321-1 encourent également les peines complémentaires suivantes :

1° La suspension, pour une durée de trois ans au plus, du permis de conduire ;

2° La confiscation de la chose qui a servi ou était destinée à commettre l'infraction, ou de la chose qui en est le produit ;

3° L'interdiction, suivant les modalités prévues par l'article 131-27 du code pénal, d'exercer l'activité professionnelle ou sociale dans l'exercice ou à l'occasion de l'exercice de laquelle l'infraction a été commise, pour une durée de cinq ans au plus.

Art. L. 321-4 *(L. n° 2009-526 du 12 mai 2009, art. 125-XIX)* Les personnes morales déclarées responsables pénalement, dans les conditions prévues par l'article 121-2 du code pénal, des infractions définies à l'article L. 321-1 encourent, outre l'amende suivant les modalités prévues par l'article 131-38 du code pénal, les peines prévues par les 4° à 6°, 8° et 9° de l'article 131-39 du même code.

Art. L. 321-5 *(L. n° 2008-491 du 26 mai 2008)* Les personnes physiques coupables des contraventions définies à l'article L. 321-1-1 encourent également la peine complémentaire de confiscation du véhicule qui a servi ou était destiné à commettre l'infraction.

Art. L. 321-6 *(L. n° 2008-491 du 26 mai 2008)* Les personnes morales coupables des contraventions définies à l'article L. 321-1-1 encourent également la peine complémentaire mentionnée au 5° de l'article 131-16 du code pénal.

CHAPITRE II *Immatriculation*

Art. L. 322-1 *(L. n° 2014-58 du 27 janv. 2014, art. 63-III, en vigueur le 1er janv. 2018)* « I. — » Lorsqu'une amende forfaitaire majorée a été émise *(L. n° 2008-644 du 1er juill. 2008, art. 9)* « , le comptable » *(Ord. 2010-420 du 27 avr. 2010, art. 116)* « public compétent » *(L. n° 2019-1428 du 24 déc. 2019, art. 159-I)* « a la possibilité et, dans le cas prévu au second alinéa du III de l'article 529-6 du code de procédure pénale, l'obligation de » *(Abrogé par L. n° 2003-495 du 12 juin 2003, art. 8)* « *demander au procureur de la République de* » faire opposition *(Décr. n° 2009-136 du 9 févr. 2009, en vigueur le 15 avr. 2009)* « auprès de l'autorité administrative compétente » à tout transfert du certificat d'immatriculation. *(L. n° 2003-495 du 12 juin 2003, art. 8)* « Il en informe alors le procureur de la République. »

Cette opposition suspend la prescription de la peine.

Elle est levée par le paiement de l'amende forfaitaire majorée. En outre, lorsque l'intéressé a formé une réclamation, *(L. n° 2003-495 du 12 juin 2003, art. 8)* « selon les modalités et dans les délais prévus par les articles 529-10 et 530 du code de procédure pénale à peine d'irrecevabilité », et qu'il justifie avoir déclaré sa nouvelle adresse *(Décr. n° 2009-136 du 9 févr. 2009, en vigueur le 15 avr. 2009)* « à l'autorité administrative compétente », le procureur de la République lève l'opposition. — *[Anc. art. L. 27-4.]*

(Ord. n° 2015-401 du 9 avr. 2015, art. 6-1°, en vigueur le 1er janv. 2018) « II. — L'opposition au transfert du certificat d'immatriculation prévue par le premier alinéa du I est également applicable en cas d'émission du titre exécutoire prévu à l'article L. 2333-87 du code général des collectivités territoriales, dans les conditions prévues par arrêté du ministre chargé du budget. Cette opposition suspend la prescription de l'action en recouvrement. Elle est levée par paiement du titre exécutoire. » — *V. Arr. du 1er sept. 2016 relatif aux modalités d'inscription et de mainlevée de l'opposition au transfert du certificat d'immatriculation en cas de défaut de paiement du forfait de post-stationnement prévu par l'art. L. 2333-87 CGCT (JO 13 oct.).*

Art. L. 322-1-1 *(L. n° 2016-1547 du 18 nov. 2016, art. 37-I-7°)* Lorsque qu'une *[Lorsqu'une]* personne physique propriétaire d'un véhicule effectue une demande de certificat d'immatriculation, ce certificat est établi à son nom si cette personne est titulaire d'un permis de conduire correspondant à la catégorie du véhicule considéré.

Si la personne physique propriétaire du véhicule n'est pas titulaire d'un permis de conduire correspondant à la catégorie du véhicule considéré, le certificat d'immatriculation est établi au nom d'une personne titulaire du permis de conduire requis, désignée par le propriétaire ou, si celui-ci est mineur, par son représentant légal. Dans ce cas, la personne désignée est inscrite en tant que titulaire du certificat d'immatriculation au sens des articles L. 121-2 et L. 121-3. Le propriétaire est également inscrit sur le certificat d'immatriculation.

Les conditions d'application du présent article sont fixées par décret en Conseil d'État.

Art. L. 322-2 Préalablement à la vente d'un véhicule d'occasion, le propriétaire est tenu de remettre à l'acquéreur un certificat établi depuis moins de *(Décr. n° 2009-136 du 9 févr. 2009, en vigueur le 15 avr. 2009)* « quinze jours » par *(Décr. n° 2009-136 du 9 févr. 2009, en vigueur le 15 avr. 2009)* « l'autorité administrative compétente » et attestant qu'il n'a pas été fait opposition au transfert du certificat d'immatriculation dudit véhicule en application des dispositions législatives en vigueur. – *[Anc. art. L. 28.]*

Art. L. 322-3 *(L. n° 2011-1862 du 13 déc. 2011, art. 31-III)* Est puni de deux ans d'emprisonnement et de 30 000 € d'amende tout propriétaire qui fait une déclaration mensongère certifiant la cession de son véhicule.

La personne coupable du délit prévu au présent article encourt également la peine complémentaire de confiscation de son véhicule.

CHAPITRE III *Contrôle technique*

Art. L. 323-1 *(Ord. n° 2008-507 du 30 mai 2008, art. 11)* I. – Lorsqu'en application du présent code, des véhicules sont astreints à un contrôle technique, celui-ci est effectué par les services de l'État ou par des contrôleurs agréés par l'État.

Cet agrément peut être délivré soit à des contrôleurs indépendants, soit à des contrôleurs organisés en réseaux d'importance nationale, sous réserve qu'ils n'aient fait l'objet d'aucune condamnation inscrite au bulletin n° 2 de leur casier judiciaire.

Les fonctions de contrôleur ainsi que les autres fonctions exercées dans ces réseaux sont exclusives de toute autre activité exercée dans la réparation ou le commerce automobile.

Les frais de contrôle sont à la charge du propriétaire du véhicule.

Un décret en Conseil d'État fixe les modalités de fonctionnement du système de contrôle et en particulier les conditions d'agrément des contrôleurs, des installations nécessaires au contrôle et des réseaux mentionnés au deuxième alinéa. – *V. art. R. 323-6 s.*

II. – Par dérogation au I, tout ressortissant d'un État membre de *(Ord. n° 2016-1809 du 22 déc. 2016, art. 14)* « l'Union » européenne ou d'un autre État partie à l'Espace économique européen, légalement établi, pour l'exercice de la profession de contrôleur technique de véhicules, dans un de ces États, peut exercer cette activité de façon temporaire et occasionnelle en France.

Toutefois, lorsque cette activité ou la formation y conduisant n'est pas réglementée dans l'État d'établissement, le prestataire doit avoir exercé cette activité *(Ord. n° 2016-1809 du 22 déc. 2016, art. 14)* « dans un ou plusieurs États membres pendant une année, à temps plein ou à temps partiel pendant une durée totale équivalente, » au cours des dix années qui précèdent la prestation.

Lorsque le prestataire fournit pour la première *(L. n° 2009-179 du 17 févr. 2009, art. 38)* « fois » des services en France, il en informe au préalable l'autorité compétente par une déclaration écrite, dans les conditions fixées par décret en Conseil d'État.

Nouvel art. L. 323-1 (Ord. n° 2008-507 du 30 mai 2008, art. 11) *I. – Lorsqu'en application du présent code, des véhicules sont astreints à un contrôle technique, celui-ci est effectué par les services de l'État ou par des contrôleurs agréés par l'État* (L. n° 2019-1428 du 24 déc. 2019, art. 96-I, en vigueur le 26 déc. 2021) *« dans des installations agréées.*

« Ces agréments peuvent être délivrés soit à des contrôleurs et installations indépendants, soit à des contrôleurs et installations organisés en » réseaux d'importance nationale, sous réserve (L. n° 2019-1428 du 24 déc. 2019, art. 96-I, en vigueur le 26 déc. 2021) *« que les contrôleurs et les personnes physiques assurant l'exploitation de l'installation » n'aient fait l'objet d'aucune condamnation inscrite au bulletin n° 2 de leur casier judiciaire.*

Les fonctions de contrôleur ainsi que les autres fonctions exercées dans ces réseaux (L. n° 2019-1428 du 24 déc. 2019, art. 96-I, en vigueur le 26 déc. 2021) *« et installations » sont exclusives de toute autre activité exercée dans la réparation ou le commerce automobile.*

Les frais de contrôle sont à la charge du propriétaire du véhicule.

Un décret en Conseil d'État fixe les modalités de fonctionnement du système de contrôle et en particulier les conditions d'agrément des contrôleurs, des installations nécessaires au contrôle et des réseaux mentionnés au deuxième alinéa. – V. art. R. 323-6 s.

II. – Par dérogation au I, tout ressortissant d'un État membre de (Ord. n° 2016-1809 du 22 déc. 2016, art. 14) *« l'Union » européenne ou d'un autre État partie à l'Espace économique européen, légalement établi, pour l'exercice de la profession de contrôleur technique de véhicules, dans un de ces États, peut exercer cette activité de façon temporaire et occasionnelle en France.*

Toutefois, lorsque cette activité ou la formation y conduisant n'est pas réglementée dans l'État d'établissement, le prestataire doit avoir exercé cette activité (Ord. n° 2016-1809 du 22 déc.

2016, art. 14) *« dans un ou plusieurs États membres pendant une année, à temps plein ou à temps partiel pendant une durée totale équivalente, »* **au cours des dix années qui précèdent la prestation.**

Lorsque le prestataire fournit pour la première (L. n° 2009-179 du 17 févr. 2009, art. 38) ***« fois » des services en France, il en informe au préalable l'autorité compétente par une déclaration écrite, dans les conditions fixées par décret en Conseil d'État.***

CHAPITRE IV *Assurance*

Art. L. 324-1 Les règles relatives à l'obligation de s'assurer pour faire circuler un véhicule à moteur ou une remorque sont fixées par les articles L. 211-1 et L. 211-2 du code des assurances ci-après reproduits :

Art. L. 211-1 Toute personne physique ou toute personne morale autre que l'État, dont la responsabilité civile peut être engagée *(L. n° 85-677 du 5 juill. 1985)* « en raison de dommages subis par des tiers résultant d'atteintes aux personnes ou aux biens dans la réalisation desquels un véhicule *(Abrogé par L. n° 2007-1774 du 17 déc. 2007, art. 1er-II-1°) « terrestre à moteur, ainsi que ses remorques ou semi-remorques, »* est impliqué, » doit, pour faire circuler *(L. n° 2007-1774 du 17 déc. 2007, art. 1er-II-1°)* « celui-ci », être couverte par une assurance garantissant cette responsabilité, *(L. n° 89-1014 du 31 déc. 1989)* « dans les conditions fixées par décret en Conseil d'État ». *(L. n° 2007-1774 du 17 déc. 2007, art. 1er-II-2°)* « Pour l'application du présent article, on entend par "véhicule" tout véhicule terrestre à moteur, c'est-à-dire tout véhicule automoteur destiné à circuler sur le sol et qui peut être actionné par une force mécanique sans être lié à une voie ferrée, ainsi que toute remorque, même non attelée. »

(L. n° 85-677 du 5 juill. 1985) « Les contrats d'assurance couvrant la responsabilité mentionnée au premier alinéa du présent article doivent également couvrir la responsabilité civile de toute personne ayant la garde ou la conduite, même non autorisée, du véhicule, à l'exception des professionnels de la réparation, de la vente et du contrôle de l'automobile, ainsi que la responsabilité civile des passagers du véhicule objet de l'assurance. *(L. n° 93-1444 du 31 déc. 1993)* « Toutefois, en cas de vol d'un véhicule, ces contrats ne couvrent pas la réparation des dommages subis par les auteurs, coauteurs ou complices du vol. »

« L'assureur est subrogé dans les droits que possède le créancier de l'indemnité contre la personne responsable de l'accident lorsque la garde ou la conduite du véhicule a été obtenue contre le gré du propriétaire.

« Ces contrats doivent être souscrits auprès d'une entreprise d'assurance agréée pour pratiquer les opérations d'assurance contre les accidents résultant de l'emploi de véhicules automobiles. »

(L. n° 99-505 du 18 juin 1999) « Les membres de la famille du conducteur ou de l'assuré, ainsi que les élèves d'un établissement d'enseignement de la conduite des véhicules terrestres à moteur agréé, en cours de formation ou d'examen, sont considérés comme des tiers au sens du premier alinéa du présent article. » — ***C. assur.****, art. L. 421-9, R. 211-45.*

Art. L. 211-2 Les dispositions de l'article L. 211-1 ne sont pas applicables aux dommages causés par les chemins de fer et les tramways. — ***C. assur.****, art. L. 214-3. — Les dispositions de la partie législative du code de la route qui citent en les reproduisant des articles d'autres codes ou de lois non codifiées sont de plein droit modifiées par l'effet des modifications ultérieures de ces articles (Ord. n° 2000-930 du 22 sept. 2000, art. 3).*

Art. L. 324-2 *(L. n° 2004-204 du 9 mars 2004, art. 59-1)* **I. — Le fait, y compris par négligence, de mettre ou de maintenir en circulation un véhicule terrestre à moteur ainsi que ses remorques ou semi-remorques sans être couvert par une assurance garantissant sa responsabilité civile conformément aux dispositions de l'article L. 211-1 du code des assurances est puni de 3 750 € d'amende.**

II. — Toute personne coupable de l'infraction prévue au présent article encourt également les peines complémentaires suivantes :

1° La peine de travail d'intérêt général, selon les modalités prévues à l'article 131-8 du code pénal et selon les conditions prévues aux articles 131-22 à 131-24 du même code ;

2° La peine de jours-amende dans les conditions fixées aux articles 131-5 et 131-25 du code pénal ;

3° La suspension, pour une durée de trois ans au plus, du permis de conduire, cette suspension ne pouvant pas être limitée à la conduite en dehors de l'activité professionnelle ;

4° L'annulation du permis de conduire avec interdiction de solliciter la délivrance d'un nouveau permis pendant trois ans au plus ;

5° L'interdiction de conduire certains véhicules terrestres à moteur, y compris ceux pour la conduite desquels le permis de conduire n'est pas exigé, pour une durée de cinq ans au plus ;

6° L'obligation d'accomplir, à ses frais, un stage de sensibilisation à la sécurité routière ;

7° La confiscation du véhicule dont le condamné s'est servi pour commettre l'infraction, s'il en est le propriétaire.

III. — L'immobilisation peut être prescrite dans les conditions prévues aux articles L. 325-1 à L. 325-3.

(L. n° 2016-1547 du 18 nov. 2016, art. 36-I-2°) « IV. — Dans les conditions prévues aux articles 495-17 et suivants du code de procédure pénale, l'action publique peut être éteinte par le versement d'une amende forfaitaire d'un montant de 500 €. Le montant de l'amende forfaitaire minorée est de 400 € et le montant de l'amende forfaitaire majorée de 1 000 €. »

CHAPITRE V *Immobilisation et mise en fourrière*

Art. L. 325-1 Les véhicules dont la circulation ou le stationnement en infraction aux dispositions du présent code ou aux règlements de police ou à la réglementation relative à l'assurance obligatoire des véhicules à moteur *(L. n° 2003-495 du 12 juin 2003, art. 24)* « ou à la réglementation du transport des marchandises dangereuses par route » compromettent la sécurité ou le droit à réparation des usagers de la route, la tranquillité ou l'hygiène publique, l'esthétique des sites et des paysages classés, la conservation ou l'utilisation normale des voies ouvertes à la circulation publique et de leurs dépendances, notamment par les véhicules de transport en commun *(Abrogé par L. n° 2016-1917 du 29 déc. 2016, art. 84-II-1°)* « , *(L. n° 2011-1978 du 28 déc. 2011, art. 53)* ***« ainsi que les véhicules en infraction aux dispositions des articles 269 à 283 ter** (Abrogé par L. n° 2013-431 du 28 mai 2013, art. 12)* ***« et 285 septies » du code des douanes »,*** » peuvent, *(L. n° 2003-239 du 18 mars 2003, art. 87)* « à la demande et sous la responsabilité du maire ou de l'officier de police judiciaire territorialement compétent, même sans l'accord du propriétaire du véhicule » dans les cas et conditions précisés par le décret prévu aux articles L. 325-3 et L. 325-11, être immobilisés, mis en fourrière, retirés de la circulation et, le cas échéant, aliénés ou livrés à la destruction. — *[Anc. art. L. 25, al. 1er.]*

(L. n° 2001-1062 du 15 nov. 2001, art. 17) « Peuvent également *(L. n° 2003-239 du 18 mars 2003, art. 87)* « à la demande et sous la responsabilité du maire ou de l'officier de police judiciaire territorialement compétent, même sans l'accord du propriétaire du véhicule » être immobilisés, mis en fourrière, retirés de la circulation et, le cas échéant, aliénés ou livrés à la destruction les véhicules qui, se trouvant sur les voies ouvertes à la circulation publique ou sur leurs dépendances, sont privés d'éléments indispensables à leur utilisation normale et insusceptibles de réparation immédiate à la suite de dégradations ou de vols ».

(L. n° 2007-297 du 5 mars 2007, art. 24) « L'immobilisation des véhicules se trouvant dans l'une des situations prévues aux deux alinéas précédents peut également être décidée, dans la limite de leur champ de compétence, par les agents habilités à constater les infractions au présent code susceptibles d'entraîner une telle mesure. »

Art. L. 325-1-1 *(L. n° 2004-204 du 9 mars 2004, art. 60-I)* En cas de constatation d'un délit *(L. n° 2006-10 du 5 janv. 2006, art. 12)* « ou d'une contravention de la cinquième classe » prévu par le présent code ou le code pénal pour lequel la peine de confiscation du véhicule est encourue, l'officier ou l'agent de police judiciaire peut, avec l'autorisation préalable du procureur de la République donnée par tout moyen, faire procéder à l'immobilisation et à la mise en fourrière du véhicule.

Si la juridiction ne prononce pas la peine de confiscation du véhicule, celui-ci est restitué à son propriétaire, sous réserve des dispositions du troisième alinéa. Si la confiscation est ordonnée, le véhicule est remis *(L. n° 2012-409 du 27 mars 2012, art. 20)* « au service des domaines *[ancienne rédaction : à l'Agence de gestion et de recouvrement des avoirs saisis et confisqués]* » en vue de sa destruction ou de son aliénation. Les frais d'enlèvement et de garde en fourrière sont à la charge de l'acquéreur. *(L. n° 2011-267 du 14 mars 2011, art. 81-I-2°)* « Le produit de la vente est tenu, le cas échéant, à la disposition du créancier gagiste pouvant justifier de ses droits, pendant un délai de deux ans. A l'expiration de ce délai, ce produit est acquis à l'État. »

Si la juridiction prononce la peine d'immobilisation du véhicule, celui-ci n'est restitué au condamné qu'à l'issue de la durée de l'immobilisation fixée par la juridiction contre paiement des frais d'enlèvement et de garde en fourrière, qui sont à la charge de ce dernier.

(L. n° 2011-1862 du 13 déc. 2011, art. 31-III) « En cas de relaxe, le propriétaire dont le véhicule a été mis en fourrière sur autorisation du procureur de la République peut, selon des modalités précisées par arrêté du ministre de la justice, demander à l'État le remboursement, au titre des frais de justice, des frais d'enlèvement et de garde en fourrière qu'il a dû acquitter pour récupérer son véhicule. » — *Sur le remboursement des frais d'enlèvement et de garde en fourrière, V. C. pr. pén., art. A. 43-15, App., v° Fourrière.*

Art. L. 325-1-2 *(L. n° 2019-1428 du 24 déc. 2019, art. 98-I)* « I. – Les officiers ou agents de police judiciaire peuvent, avec l'autorisation préalable donnée par tout moyen du représentant de l'État dans le département où l'infraction a été commise, faire procéder à titre provisoire à l'immobilisation et à la mise en fourrière du véhicule dont l'auteur s'est servi pour commettre l'infraction :

« 1° Lorsqu'est constatée une infraction pour laquelle une peine de confiscation obligatoire du véhicule est encourue ;

« 2° En cas de conduite d'un véhicule sans être titulaire du permis de conduire correspondant à la catégorie du véhicule considéré ;

« 3° En cas de conduite d'un véhicule en état d'ivresse manifeste ou lorsque l'état alcoolique défini à l'article L. 234-1 est établi au moyen d'un appareil homologué mentionné à l'article L. 234-4 ;

« 4° Lorsqu'il est fait application des dispositions de l'article L. 235-2, si les épreuves de dépistage se révèlent positives ;

« 5° En cas de refus de se soumettre aux épreuves de vérification prévues aux articles L. 234-4 à L. 234-6 et L. 235-2 ;

« 6° Lorsqu'est constaté le dépassement de 50 km/h ou plus de la vitesse maximale autorisée ;

« 7° Lorsque le véhicule a été utilisé :

« *a)* Pour déposer, abandonner, jeter ou déverser, dans un lieu public ou privé, à l'exception des emplacements désignés à cet effet par l'autorité administrative compétente, soit une épave de véhicule, soit des ordures, déchets, déjections, matériaux, liquides insalubres ou tout autre objet de quelque nature qu'il soit si ces faits ne sont pas accomplis par la personne ayant la jouissance du lieu ou avec son autorisation ;

« *b)* Ou pour déposer ou laisser sans nécessité sur la voie publique des matériaux ou objets quelconques qui entravent ou diminuent la liberté ou la sûreté de passage.

« Ils en informent immédiatement, par tout moyen, le procureur de la République, sauf s'il a été fait recours à la procédure de l'amende forfaitaire.

« Si les vérifications prévues à l'article L. 235-2 ne permettent pas d'établir que la personne conduisait en ayant fait usage de substances ou plantes classées comme stupéfiants, l'immobilisation et la mise en fourrière sont immédiatement levées.

« II. – » *(L. n° 2011-267 du 14 mars 2011, art. 84-1°)* Lorsque l'immobilisation ou la mise en fourrière prévue à l'article L. 325-1-1 n'est pas autorisée par le procureur de la République dans un délai de sept jours suivant la décision *(L. n° 2019-1428 du 24 déc. 2019, art. 98-I)* « prise en application du I du présent article », le véhicule est restitué à son propriétaire. En cas de mesures successives, le délai n'est pas prorogé.

Lorsqu'une peine d'immobilisation ou de confiscation du véhicule est prononcée par la juridiction, les règles relatives aux frais d'enlèvement et de garde en fourrière prévues à l'article L. 325-1-1 s'appliquent.

Lorsque l'auteur de l'infraction visée au *(L. n° 2019-1428 du 24 déc. 2019, art. 98-I)* « I » du présent article n'est pas le propriétaire du véhicule, l'immobilisation ou la mise en fourrière est levée *(L. n° 2019-1428 du 24 déc. 2019, art. 98-I)* « à l'issue du délai prévu au présent II ». Les frais d'enlèvement et de garde en fourrière sont à la charge du propriétaire. *(L. n° 2019-1428 du 24 déc. 2019, art. 98-I)* « Toutefois, en cas de vol du véhicule ayant servi à commettre l'infraction ou lorsque le véhicule était loué à titre onéreux à un tiers, l'immobilisation ou la mise en fourrière est levée dès qu'un conducteur qualifié proposé par le titulaire du certificat d'immatriculation du véhicule peut en assurer la conduite. »

Les frais d'enlèvement et de garde du véhicule immobilisé et mis en fourrière pendant une durée maximale de sept jours en application du présent article ne constituent pas des frais de justice relevant de l'article 800 du code de procédure pénale.

Art. L. 325-2 Pour l'application *(L. n° 2006-10 du 5 janv. 2006, art. 12 ; L. n° 2011-267 du 14 mars 2011, art. 84-2°)* « des articles L. 325-1, L. 325-1-1 et L. 325-1-2 » et sur prescription de l'officier de police judiciaire territorialement compétent, les fonctionnaires de police en tenue et les militaires de la gendarmerie habilités à constater par procès-verbaux les contraventions à la police de la circulation routière peuvent, en cas de besoin, ouvrir ou faire ouvrir les portes du véhicule, manœuvrer ou faire manœuvrer tous appareils. Ils peuvent conduire le véhicule ou le faire conduire, en leur présence, vers le lieu de mise en fourrière en utilisant, le cas échéant, les moyens autonomes de propulsion dont le véhicule est muni.

(L. n° 2003-239 du 18 mars 2003, art. 89) « La mise en fourrière peut également être prescrite par l'agent de police judiciaire adjoint, chef de la police municipale ou qui occupe ces fonctions, territorialement compétent *(L. n° 2017-257 du 28 févr. 2017, art. 27-1°)* « et, à

Paris, par les agents de police judiciaire adjoints appartenant au corps des contrôleurs relevant du statut des administrations parisiennes exerçant leurs fonctions dans la spécialité voie publique ». Pour l'application de cette disposition et sur prescription de l'agent de police judiciaire adjoint, chef de la police municipale ou qui occupe ces fonctions, les agents de police municipale *(L. n° 2017-257 du 28 févr. 2017, art. 27-1°)* **« et, à Paris, les agents de surveillance de Paris, » habilités à constater par procès-verbal les contraventions à la police de la circulation routière peuvent, en cas de besoin, ouvrir ou faire ouvrir les portes du véhicule, manœuvrer ou faire manœuvrer tous appareils. Ils peuvent conduire le véhicule ou le faire conduire, en leur présence, vers le lieu de mise en fourrière en utilisant, le cas échéant, les moyens autonomes de propulsion dont le véhicule est muni.**

« Dans les cas prévus aux alinéas précédents », l'assureur du propriétaire du véhicule est tenu de garantir dans les limites du contrat la réparation du dommage causé au tiers, sauf recours, s'il y a lieu, contre la collectivité publique qui, par son fait, a causé le dommage ayant donné lieu à la responsabilité de l'assureur et sans qu'une majoration de prime puisse en résulter pour le propriétaire. Il est statué sur ce recours ainsi que sur toute action en responsabilité en cas de non-assurance du véhicule dans les conditions prévues par l'article 1er de la loi n° 57-1424 du 31 décembre 1957 attribuant aux tribunaux judiciaires compétence pour statuer sur les actions en responsabilité des dommages causés par tout véhicule et dirigées contre une personne morale de droit public.

Art. L. 325-3 **Un décret en Conseil d'État détermine les conditions d'application des articles** *(L. n° 2006-10 du 5 janv. 2006, art. 12)* **« L. 325-1 à L. 325-2 ».**

Il détermine notamment les clauses devant obligatoirement figurer dans le contrat type susceptible d'être passé entre les collectivités publiques intéressées et les entreprises aptes à effectuer la démolition des véhicules à moteur. — *[Anc. art. L. 25-7.]*

Art. L. 325-3-1 *(L. n° 2006-10 du 5 janv. 2006, art. 12)* **I. — Le fait, pour tout conducteur d'un véhicule, de faire obstacle à l'immobilisation de celui-ci ou à un ordre d'envoi en fourrière est puni de trois mois d'emprisonnement et de 3 750 € d'amende.**

II. — Toute personne physique coupable de ce délit encourt également les peines complémentaires suivantes :

1° La suspension, pour une durée de trois ans au plus, du permis de conduire, cette suspension pouvant être limitée à la conduite en dehors de l'activité professionnelle ;

2° La peine de travail d'intérêt général selon les modalités prévues aux articles 131-22 à 131-24 du même code et *(Ord. n° 2019-950 du 11 sept. 2019, art. 5-V et 9, en vigueur le 30 sept. 2021)* **« à l'article L. 122-1 du code de la justice pénale des mineurs** *[ancienne rédaction : à l'article 20-5 de l'ordonnance n° 45-174 du 2 février 1945 relative à l'enfance délinquante]* **» ;**

3° La peine de jours-amende dans les conditions fixées aux articles 131-5 et 131-25 du code pénal.

III. — Ce délit donne lieu de plein droit à la réduction de la moitié du nombre maximal de points du permis de conduire.

Art. L. 325-4 *(Abrogé par Ord. n° 2010-1307 du 28 oct. 2010, art. 7, à compter du 1er déc. 2010)* ***L'absence à bord du véhicule du document prévu par l'article 26 de la loi n° 95-96 du 1er février 1995 concernant les clauses abusives et la présentation des contrats et régissant diverses activités d'ordre économique et commercial*** [document rempli au fur et à mesure de l'opération de transport, et mentionnant les dates et heures d'arrivée et de départ du véhicule, **C. com.**] ***ou, pour les transports qui ne sont pas soumis aux dispositions de cet article, de la lettre de voiture prévue par la convention de Genève du 19 mai 1956 relative au contrat de transport international de marchandises par route*** [V. **C. com.**], ***dûment rempli et signé par le remettant ou son représentant, entraîne l'immobilisation immédiate du véhicule ou de l'ensemble routier et de son chargement, prévue à l'article L. 325-1 dans les cas suivants :***

1° Soit le dépassement de plus de 20 km/h de la vitesse maximale autorisée sur les voies ouvertes à la circulation publique ou de la vitesse maximale autorisée par construction pour son véhicule ;

2° Soit le dépassement de plus de 20 p. 100 de la durée maximale de conduite journalière ;

3° Soit la réduction à moins de six heures de la durée de repos journalier. — [Anc. art. L. 9-2.]

Art. L. 325-5 *(Abrogé par Ord. n° 2010-1307 du 28 oct. 2010, art. 7, à compter du 1er déc. 2010)* ***En cas de délit ou de contravention concernant les conditions de travail dans les transports routiers, constaté sur le territoire national, le dépassement des temps de conduite et la réduction du temps de repos sont calculés, pour la période de temps considérée, en incluant les périodes de temps de conduite et de repos effectuées à l'étranger.*** — [Anc. art. L. 9-3.] — V. C. transp., art. L. 3315-3, App., v° Transports routiers.

Art. L. 325-6 *(Abrogé par Ord. nº 2020-773 du 24 juin 2020, art. 1er, au plus tard le 1er avr. 2021)* ***Les véhicules dont l'état ne permet pas la circulation dans les conditions normales de sécurité*** *(L. nº 2006-10 du 5 janv. 2006, art. 11)* ***« ou qui ne sont plus conformes à leur réception » ne peuvent être retirés de la fourrière que par des réparateurs chargés par les propriétaires d'effectuer les travaux reconnus indispensables*** *(L. nº 2006-10 du 5 janv. 2006, art. 11)* ***« à leur remise en état ou en conformité ».***

Ils ne peuvent ensuite être restitués à leurs propriétaires qu'après vérification de la bonne exécution des travaux.

En cas de désaccord sur l'état du véhicule, un expert est désigné dans des conditions fixées par décret en Conseil d'État. S'il constate que le véhicule n'est pas en état de circuler dans des conditions normales de sécurité *(L. nº 2006-10 du 5 janv. 2006, art. 11)* ***« ou qu'il nécessite une mise en conformité à la réception », il détermine les travaux à effectuer avant sa remise au propriétaire.*** — [Anc. art. L. 25-2.]

Art. L. 325-7 Sont réputés abandonnés les véhicules laissés en fourrière à l'expiration d'un délai de *(L. nº 2019-1428 du 24 déc. 2019, art. 98-VI)* « quinze » jours à compter de la mise en demeure faite au propriétaire d'avoir à retirer son véhicule.

La notification est valablement faite à l'adresse indiquée *(Décr. nº 2009-136 du 9 févr. 2009, en vigueur le 15 avr. 2009)* « par le traitement automatisé mis en œuvre pour l'immatriculation des véhicules *[ancienne rédaction : au fichier national des immatriculations]* ». Dans le cas où le véhicule fait l'objet d'un gage régulièrement inscrit, cette notification est également faite au créancier gagiste.

Si le propriétaire ne peut être identifié, le délai précité court du jour où cette impossibilité a été constatée.

Le délai prévu au premier alinéa est réduit à dix jours en ce qui concerne les véhicules *(Ord. nº 2020-773 du 24 juin 2020, art. 1er, en vigueur au plus tard le 1er avr. 2021)* « estimés d'une valeur marchande insuffisante, compte tenu de leurs caractéristiques techniques, de leur date de première mise en circulation et, le cas échéant, des motifs de leur mise en fourrière s'il s'agit de ceux mentionnés au deuxième alinéa de l'article L. 325-1 et au troisième alinéa de l'article L. 325-12, dans les conditions fixées par arrêté conjoint du ministre chargé de la sécurité routière et du ministre chargé du domaine *[ancienne rédaction : qu'un expert désigné par l'administration aura estimés d'une valeur marchande inférieure à un montant fixé par arrêté interministériel et déclarés hors d'état de circuler dans des conditions normales de sécurité]* ».

Les véhicules visés à l'alinéa précédent sont, à l'expiration du délai de dix jours, livrés à la destruction. — *[Anc. art. L. 25-3.]*

Art. L. 325-8 *(L. nº 2007-297 du 5 mars 2007, art. 21)* I. — L'autorité dont relève la fourrière remet au service chargé du domaine les véhicules gardés en fourrière dont elle a constaté l'abandon à l'issue du délai prévu au premier alinéa de l'article L. 325-7 en vue de leur mise en vente. Ceux d'entre eux que le service chargé du domaine estime invendables et ceux qui ont fait l'objet d'une tentative de vente infructueuse sont livrés, sans délai, par l'autorité dont relève la fourrière, à la destruction.

(L. nº 2019-1428 du 24 déc. 2019, art. 98-VI) « Les véhicules remis au service du domaine peuvent être récupérés par leur propriétaire avant leur vente, dans des conditions fixées par décret. »

II. — La propriété d'un véhicule abandonné en fourrière est transférée, selon le cas, soit au jour de son aliénation par le service chargé du domaine, soit à celui de sa remise à la personne chargée de la destruction.

Art. L. 325-9 Les frais d'enlèvement, de garde en fourrière *(Abrogé par Ord. nº 2020-773 du 24 juin 2020, art. 1er, au plus tard le 1er avr. 2021)* *« , d'expertise »* et *(L. nº 2019-1428 du 24 déc. 2019, art. 98-VI)* « de mise en vente » ou de destruction du véhicule sont à la charge du propriétaire.

Le produit de la vente, sous déduction des frais énumérés à l'alinéa précédent, est tenu à la disposition du propriétaire ou de ses ayants droit ou, le cas échéant, du créancier gagiste pouvant justifier de ses droits, pendant un délai de deux ans. A l'expiration de ce délai, ce produit est acquis à l'État.

Lorsque le produit de la vente est inférieur au montant des frais visés ci-dessus, le propriétaire ou ses ayants droit restent débiteurs de la différence. Celle-ci est recouvrée dans les conditions fixées par décret. — *[Anc. art. L. 25-5.]*

(L. nº 2003-495 du 12 juin 2003, art. 37) « Le montant des redevances pour frais de fourrière est fixé par arrêté et tient compte des difficultés de mise en œuvre des opérations d'enlèvement et de garde liées à l'importance des communes dans lesquelles ces opérations

sont effectuées et à l'existence des problèmes de circulation et de stationnement que connaissent ces communes. »

Art. L. 325-10 *(Abrogé par L. n° 2007-297 du 5 mars 2007, art. 21) La collectivité publique intéressée n'est pas responsable des dommages subis par les véhicules visés à l'alinéa 4 de l'article L. 325-7, placés dans une fourrière non clôturée et non gardée.* — [Anc. art. L. 25-6.]

Art. L. 325-11 Un décret en Conseil d'État détermine les conditions d'application des articles *(Ord. n° 2020-773 du 24 juin 2020, art. 1er, en vigueur au plus tard le 1er avr. 2021)* « L. 325-7 à L. 325-9 *[ancienne rédaction : L. 325-6 à L. 325-9]* ».

Art. L. 325-12 Peuvent, à la demande du maître des lieux et sous sa responsabilité, être mis en fourrière, aliénés et éventuellement livrés à la destruction les véhicules laissés, sans droit, dans les lieux publics ou privés où ne s'applique pas le code de la route.

Un décret en Conseil d'État fixe les conditions d'application du présent article.

(L. n° 2003-239 du 18 mars 2003, art. 87) « Peuvent également, même sans l'accord du propriétaire du véhicule, à la demande du maire ou de l'officier de police judiciaire territorialement compétent, agissant sur initiative et sous la responsabilité du maître des lieux publics ou privés où ne s'applique pas le présent code, être mis en fourrière et, le cas échéant, aliénés ou livrés à la destruction les véhicules privés d'éléments indispensables à leur utilisation normale et insusceptibles de réparation immédiate, à la suite de dégradations ou de vols. »

Art. L. 325-13 *(L. n° 2003-239 du 18 mars 2003, art. 88)* Le maire, le président d'un établissement public de coopération intercommunale *(L. n° 2017-257 du 28 févr. 2017, art. 27-2°)* « , le président du conseil départemental et, à Paris, le maire de Paris » ont chacun la faculté d'instituer un ou plusieurs services publics de fourrières pour automobiles relevant de leur autorité respective.

Art. L. 325-14 *(L. n° 2020-105 du 10 févr. 2020, art. 92)* Dans les collectivités régies par l'article 73 de la Constitution, à défaut d'institution d'un service public local de fourrière, et si aucun gardien n'a pu être agréé ou si le nombre de gardiens agréés est insuffisant, il est possible, sur proposition du représentant de l'État dans le département et pour une durée définie, d'agréer comme gardien de fourrière une personne morale qui exerce également une activité de destruction ou de retraitement de véhicules usagés.

Les conditions d'application du présent article sont précisées par décret.

CHAPITRE VI ***Organisation de la profession d'expert en automobile*** *(L. n° 2003-495 du 12 juin 2003, art. 20).*

Art. L. 326-1 *(Ord. n° 2008-507 du 30 mai 2008, art. 10)* Ont la qualité d'experts en automobile les ressortissants d'un État membre de la Communauté européenne ou d'un autre État partie à l'accord sur l'Espace économique européen qui remplissent les conditions de qualification professionnelle déterminées par décret en Conseil d'État.

Art. L. 326-2 Nul ne peut avoir la qualité d'expert en automobile s'il a fait l'objet d'une condamnation pour vol, escroquerie, recel, abus de confiance, agressions sexuelles, soustraction commise par un dépositaire de l'autorité publique, faux témoignage, corruption ou trafic d'influence, faux ou pour un délit puni des peines du vol, de l'escroquerie ou de l'abus de confiance. — *[L. n° 72-1097 du 11 déc. 1972, art. 1er, al. 1er.]*

Art. L. 326-3 *(L. n° 2011-12 du 5 janv. 2011, art. 7-I-1°, en vigueur le 1er mai 2011)* « Nul ne peut exercer la profession d'expert en automobile s'il ne figure sur une liste fixée par l'autorité administrative. »

L'inscription sur cette liste est de droit pour les personnes remplissant les conditions fixées par le présent chapitre. — *[L. n° 72-1097 du 11 déc. 1972, art. 1er, al. 7 et 8.]*

Art. L. 326-4 *(Ord. n° 2008-507 du 30 mai 2008, art. 10)* I. — Seuls les ressortissants mentionnés à l'article L. 326-1 inscrits sur la liste nationale des experts en automobile peuvent exercer les activités suivantes :

1° Rédaction à titre habituel de rapports destinés à être produits à des tiers et relatifs à tous dommages causés aux véhicules à moteur ainsi qu'aux cycles et à leurs dérivés, notamment toutes opérations et études nécessaires à la détermination de l'origine, de la consistance, de la valeur de ces dommages et à leur réparation ;

2° Détermination de la valeur des véhicules mentionnés au 1° du I du présent article.

(Ord. n° 2015-1682 du 17 déc. 2015, art. 7-1°, en vigueur le 1er janv. 2016) « II. — Tout professionnel ressortissant d'un État membre de l'Union européenne ou d'un autre État partie à l'Espace économique européen y exerçant l'activité d'expert en automobile est réputé détenir la qualification professionnelle pour exercer en France tout ou partie de cette activité de façon temporaire et occasionnelle, sous réserve d'être légalement établi dans l'un de ces États et, lorsque ni cette activité ni la formation y conduisant n'y sont réglementées, de l'avoir exercée dans un ou plusieurs États membres pendant une année ou à temps partiel pendant une durée équivalente au cours des dix années qui précèdent la prestation. Il est inscrit à titre temporaire sur la liste nationale des experts en automobile.

« Lorsque le professionnel fournit pour la première fois une prestation en France, il en informe au préalable l'autorité administrative par une déclaration écrite dont le contenu et la procédure de dépôt sont précisées par décret. Cette déclaration donne lieu à une vérification des qualifications professionnelles du prestataire afin de permettre à l'autorité de s'assurer que la prestation ne portera pas atteinte à la sécurité ou à la santé du bénéficiaire du service du fait du manque de qualification professionnelle du prestataire.

« II *bis*. — Un accès partiel à la profession au sens de la directive 2005/36/CE du Parlement européen et du Conseil du 7 septembre 2005 relative à la reconnaissance des qualifications professionnelles peut être accordé au cas par cas aux ressortissants de l'Union européenne ou d'un autre État partie à l'accord sur l'Espace économique européen lorsque les trois conditions suivantes sont remplies :

« 1° Le professionnel est pleinement qualifié pour exercer, dans l'État d'origine membre de l'Union ou partie à l'accord sur l'Espace économique européen, l'activité professionnelle pour laquelle l'accès partiel est sollicité ;

« 2° Les différences entre l'activité professionnelle légalement exercée dans l'État d'origine membre de l'Union ou partie à l'accord sur l'Espace économique européen et la profession réglementée correspondante en France sont si importantes que l'application de mesures de compensation reviendrait à imposer au demandeur de suivre le programme complet d'enseignement et de formation requis en France pour avoir pleinement accès à la profession réglementée ;

« 3° L'activité professionnelle est distincte de la ou des autres activités relevant de la profession réglementée, notamment dans la mesure où elle est exercée de manière autonome dans l'État d'origine.

« L'accès partiel peut être refusé pour des raisons impérieuses d'intérêt général, si ce refus est proportionné à la protection de cet intérêt.

« Les demandes aux fins d'accès partiel sont examinées, selon le cas, comme des demandes à fin d'établissement ou de libre prestation de services temporaire et occasionnelle. »

III. — Par dérogation aux I et II ci-dessus, les activités exercées dans le cadre d'une procédure judiciaire ou intéressant la sécurité de l'État ou la défense nationale relèvent des seules dispositions particulières qui les réglementent.

IV. — Les conditions d'application du présent article sont fixées par décret en Conseil d'État.

Art. L. 326-5 *(L. n° 2011-12 du 5 janv. 2011, art. 7-I-2°, en vigueur le 1er mai 2011)* Les conditions d'application des articles L. 326-1 à L. 326-4, et notamment le régime disciplinaire auquel sont soumis les experts en automobile, sont fixées par un décret en Conseil d'État.

Une commission nationale composée de représentants de l'État, de représentants des professions concernées par l'expertise et l'assurance et de représentants d'associations d'usagers est consultée pour avis par l'autorité administrative qui rend les décisions disciplinaires, selon des modalités prévues par décret.

Art. L. 326-6 I. — Est incompatible avec l'exercice de la profession d'expert en automobile :

1° La détention d'une charge d'officier public ou ministériel ;

2° L'exercice d'activités touchant à la production, la vente, la location, la réparation et la représentation de véhicules à moteur et des pièces accessoires ;

3° L'exercice de la profession d'assureur ;

(L. n° 2011-12 du 5 janv. 2011, art. 7-I-3°, en vigueur le 1er mai 2011) « I *bis*. — Les conditions dans lesquelles un expert en automobile exerce sa profession ne doivent pas porter atteinte à son indépendance. »

(Ord. n° 2008-507 du 30 mai 2008, art. 10) « II. » — Un décret en Conseil d'État fixe les conditions d'application du présent article et notamment les règles professionnelles que doivent respecter les experts en automobile. — *[L. n° 72-1097 du 11 déc. 1972, art. 5.] — Le III de l'art. L. 326-6 est devenu II (Ord. n° 2008-507 du 30 mai 2008, art. 10).*

Art. L. 326-7 Tout expert en automobile doit être couvert par un contrat d'assurance garantissant la responsabilité civile qu'il peut encourir en raison des activités mentionnées à l'article L. 326-4.

Un arrêté du ministre de la justice et du ministre chargé de l'économie et des finances fixe les limites, conditions et garanties minimales de cette assurance. – *[L. n° 72-1097 du 11 déc. 1972, art. 2.]*

Art. L. 326-8 *(Ord. n° 2008-507 du 30 mai 2008, art. 10)* L'usage, sans droit, de la qualité d'expert en automobile ou le fait de s'en réclamer ainsi que l'exercice temporaire et occasionnel *(Ord. n° 2015-1682 du 17 déc. 2015, art. 7-2°, en vigueur le 1er janv. 2016)* « , même partiel, » de cette activité sans respecter les conditions fixées *(Ord. n° 2015-1682 du 17 déc. 2015, art. 7-2°, en vigueur le 1er janv. 2016)* « au II et au II *bis* » de l'article L. 326-4 sont punis des peines prévues aux articles 433-17 et 433-22 du code pénal.

Art. L. 326-9 En cas de condamnation d'un expert en automobile pour des faits constituant un manquement à l'honneur ou à la probité, le tribunal peut, à titre de peine complémentaire, lui interdire, temporairement ou définitivement, l'exercice des activités mentionnées à l'article L. 326-4. – *[L. n° 72-1097 du 11 déc. 1972, art. 4.]*

CHAPITRE VII ***Véhicules endommagés*** *(L. n° 2003-495 du 12 juin 2003, art. 20).*

Les art. L. 326-10 à L. 326-12 ont été renumérotés L. 327-1 à L. 327-3 en application des dispositions de la L. n° 2003-495 du 12 juin 2003.

V. Arr. du 26 juill. 2011 relatif à l'obtention et au maintien de la qualification pour le contrôle des véhicules endommagés pour les experts en automobile (JO 31 juill.), mod. par Arr. du 15 juin 2017 (JO 29 juin) ; Arr. du 7 oct. 2020 relatif à la prolongation de la qualification pour le contrôle des véhicules endommagés pour les experts en automobile au titre de l'année 2020 (JO 21 oct.).

Art. L. 327-1 Les entreprises d'assurances tenues à un titre quelconque à indemniser les dommages à un véhicule dont un rapport d'expertise fait apparaître que le montant des réparations est supérieur à la valeur de la chose assurée au moment du sinistre doivent dans les quinze jours suivant la remise du rapport d'expertise proposer une indemnisation en perte totale avec cession du véhicule à l'assureur. Le propriétaire du véhicule dispose de trente jours pour donner sa réponse. – *[Anc. art. L. 27, 1°.]*

Art. L. 327-2 En cas d'accord du propriétaire de céder le véhicule à l'assureur, celui-ci transmet le certificat d'immatriculation du véhicule *(Décr. n° 2009-397 du 10 avr. 2009)* « à l'autorité administrative compétente ».

L'assureur doit vendre le véhicule à un acheteur professionnel pour destruction, réparation ou récupération des pièces en vue de leur revente ou reconstruction. *(L. n° 2015-992 du 17 août 2015, art. 77-II)* « Lorsqu'il s'agit d'une voiture particulière ou d'une camionnette destinée à la destruction ou à la récupération des pièces en vue de leur revente ou reconstruction, l'assureur remet le véhicule à un centre de véhicules hors d'usage agréé. »

En cas de réparation du véhicule, celui-ci ne peut être remis en circulation et faire l'objet d'une réimmatriculation qu'au vu du rapport d'expertise certifiant que ledit véhicule a fait l'objet des réparations touchant à la sécurité prévues par le premier rapport d'expertise et qu'il est en état de circuler dans des conditions normales de sécurité. – *[Anc. art. L. 27, 2° et 3°.]*

Art. L. 327-3 En cas de refus du propriétaire de céder le véhicule à l'assureur ou de silence dans le délai fixé à l'article *(L. n° 2003-495 du 12 juin 2003, art. 20)* « L. 327-1 », l'assureur doit en informer *(Décr. n° 2009-397 du 10 avr. 2009)* « l'autorité administrative compétente. « Celle-ci procède alors, pendant la durée nécessaire et jusqu'à ce que le propriétaire l'ait informée que le véhicule a été réparé, à l'inscription d'une opposition à tout transfert du certificat d'immatriculation. Elle » en informe le propriétaire par lettre simple.

Pour obtenir la levée de cette opposition, le propriétaire doit présenter un second rapport d'expertise certifiant que ledit véhicule a fait l'objet des réparations touchant à la sécurité prévues par le premier rapport d'expertise et que le véhicule est en état de circuler dans des conditions normales de sécurité.

Un arrêté interministériel fixe la valeur de la chose assurée au moment du sinistre à partir de laquelle les dispositions prévues au présent article sont applicables. – *[Anc. art. L. 27-1.]*

Art. L. 327-4 *(L. n° 2003-495 du 12 juin 2003, art. 20)* Lorsqu'en *[Lorsque, en]* raison de la gravité des dommages qu'il a subis, un véhicule a été immobilisé en application des articles L. 325-1 à L. 325-3, l'officier ou l'agent de police judiciaire qui procède aux constatations retire à titre conservatoire le certificat d'immatriculation. *(Ord. n° 2020-773 du 24 juin 2020, art. 1er, en vigueur au plus tard le 1er avr. 2021)* « Lorsqu'en raison de la gravité des dommages qu'il a subis un véhicule a été mis en fourrière en application des articles L. 325-1 à L. 325-3 ou L. 325-12, l'officier ou l'agent mentionné à l'article L. 325-2 qui procède aux constatations retire à titre conservatoire le certificat d'immatriculation. »

En l'absence de remise du certificat d'immatriculation, *(Décr. n° 2009-397 du 10 avr. 2009)* « l'autorité administrative compétente » avise le propriétaire de l'interdiction de circulation de son véhicule et procède à l'inscription d'une opposition au transfert du certificat d'immatriculation jusqu'à la remise de ce document.

Le véhicule n'est remis en circulation qu'au vu du rapport d'un expert en automobile certifiant que ledit véhicule est en état de circuler dans des conditions normales de sécurité.

Art. L. 327-5 *(L. n° 2003-495 du 12 juin 2003, art. 20)* Lorsqu'un expert en automobile constate qu'en raison de son état un véhicule ne peut circuler dans des conditions normales de sécurité, il en informe *(Décr. n° 2009-397 du 10 avr. 2009)* « l'autorité administrative compétente », sans que puissent y faire obstacle les règles relatives au secret professionnel. *(Décr. n° 2009-397 du 10 avr. 2009)* « L'autorité administrative compétente » avise le propriétaire de l'interdiction de circulation de son véhicule et procède à l'inscription d'une opposition au transfert du certificat d'immatriculation jusqu'à la remise de ce document.

Le véhicule n'est remis en circulation qu'au vu d'un rapport d'un expert en automobile certifiant que le dit véhicule est en état de circuler dans des conditions normales de sécurité.

Art. L. 327-6 *(L. n° 2003-495 du 12 juin 2003, art. 20)* Un décret en Conseil d'État fixe, en tant que de besoin, les conditions d'application du présent chapitre.

CHAPITRE VIII *Messages promotionnels*

(L. n° 2019-1428 du 24 déc. 2019, art. 75)

Art. L. 328-1 Toute publicité en faveur de véhicules terrestres à moteur est obligatoirement accompagnée d'un message promotionnel encourageant l'usage des mobilités actives, telles que définies à l'article L. 1271-1 du code des transports, ou partagées, ou des transports en commun.

Un décret fixe les conditions d'application du présent article.

CHAPITRE IX *Surveillance du marché des véhicules à moteur*

(Ord. n° 2020-701 du 10 juin 2020)

SECTION I *Dispositions générales*

Art. L. 329-1 Les dispositions du présent chapitre définissent les conditions dans lesquelles s'exercent les contrôles de la conformité, ainsi que la recherche et les sanctions des non-conformités :

1° Des véhicules à moteur et de leurs remorques, des véhicules agricoles et forestiers et de leurs remorques, des véhicules à deux ou trois roues et quadricycles, des systèmes, des composants ainsi que des entités techniques distinctes, mis à disposition sur le territoire national, à la réglementation applicable en matière de réception des véhicules régis par les titres Ier et II du présent livre ainsi qu'à la réglementation européenne, à l'exception de l'article 18 du règlement (UE) n° 167/2013 du Parlement européen et du Conseil du 5 février 2013 relatif à la réception et à la surveillance du marché des véhicules agricoles et forestiers ;

2° Des pièces détachées et des équipements destinés à ces véhicules ainsi que de l'étiquetage des pneumatiques aux textes pris pour l'application des titres Ier et II du présent livre ainsi qu'à la réglementation européenne ;

3° Des feux spéciaux d'avertissement de certains véhicules à la réglementation du présent code relative aux dispositifs spéciaux d'éclairage et de signalisation des véhicules.

Art. L. 329-2 Les dispositions du présent chapitre sont applicables aux opérateurs économiques définis :

1° Par l'article 3 du règlement (CE) n° 1222/2009 du Parlement européen et du Conseil du 25 novembre 2009 sur l'étiquetage des pneumatiques en relation avec l'efficacité en carburant et d'autres paramètres essentiels, en ce qui concerne le marché des pneumatiques ;

2° Par l'article 3 du règlement (UE) n° 167/2013 du Parlement européen et du Conseil du 15 janvier 2013 relatif à la réception et à la surveillance du marché des véhicules agricoles et forestiers, en ce qui concerne le marché des véhicules agricoles et forestiers ;

3° Par l'article 3 du règlement (UE) n° 168/2013 du Parlement européen et du Conseil du 5 février 2013 relatif à la réception et à la surveillance du marché des véhicules à deux ou trois roues et des quadricycles, en ce qui concerne le marché des véhicules à deux ou trois roues et des quadricycles ;

4° Par l'article 3 du règlement (UE) 2018/858 du Parlement européen et du Conseil du 30 mai 2018 relatif à la réception et à la surveillance du marché des véhicules à moteur et de leurs remorques, ainsi que des systèmes, composants et entités techniques distinctes destinés à ces véhicules, modifiant les règlements (CE) n° 715/2007 et (CE) n° 595/2009 et abrogeant la directive 2007/46/CE, en ce qui concerne le marché des véhicules à moteur et de leurs remorques ainsi que des systèmes, composants et entités techniques distinctes destinés à ces véhicules ;

5° Par l'article 3 du règlement (UE) 2019/1020 du Parlement européen et du Conseil du 20 juin 2019 sur la surveillance du marché et la conformité des produits, et modifiant la directive 2004/42/CE et les règlements (CE) n° 765/2008 et (UE) n° 305/2011, en ce qui concerne le marché des pièces détachées et des équipements.

Elles sont également applicables aux prestataires de services de la société de l'information au sens de l'article 3 du règlement (UE) 2019/1020 du 20 juin 2019.

Art. L. 329-3 L'autorité chargée de la surveillance du marché des véhicules et des moteurs est une autorité administrative de l'État désignée par décret en Conseil d'État.

Elle assure cette surveillance par des contrôles appropriés, impose aux opérateurs économiques les mesures correctives nécessaires au respect de la réglementation applicable et, faute pour ces opérateurs de les mettre en œuvre, prend les mesures et sanctions qui s'imposent.

Art. L. 329-4 Les opérateurs économiques coopèrent avec l'autorité chargée de la surveillance du marché des véhicules et des moteurs en vue de l'adoption de mesures susceptibles d'éliminer ou de réduire les risques que représentent des produits mis à disposition sur le marché par ces opérateurs.

Les prestataires de services de la société de l'information coopèrent avec cette autorité et à sa demande, dans les cas particuliers, en vue de faciliter toute mesure prise en vue d'éliminer ou, si cela n'est pas possible, d'atténuer les risques posés par un produit qui est ou a été proposé à la vente par l'intermédiaire de leur service.

SECTION II *Habilitations*

Art. L. 329-5 Les agents de l'autorité chargée de la surveillance du marché des véhicules et des moteurs, commissionnés et assermentés à cet effet, sont habilités à rechercher et constater les manquements ou les infractions aux réglementations relatives à la conformité des produits mentionnées à l'article L. 329-1 ainsi qu'aux textes pris pour leur application. Ils ont une compétence nationale.

Ces agents peuvent également rechercher et constater les infractions de faux prévues aux articles 441-1 à 441-3 et 441-5 à 441-12 du code pénal, les infractions d'escroqueries prévues aux articles 313-1 à 313-3 du code pénal et les infractions de tromperie prévues aux articles L. 441-1, L. 454-1 à L. 454-5 du code de la consommation.

Art. L. 329-6 Pour l'accomplissement de leurs missions, les agents habilités de l'autorité chargée de la surveillance du marché des véhicules et des moteurs peuvent recourir à toute personne qualifiée, dans les conditions prévues à l'article L. 512-17 du code de la consommation.

Art. L. 329-7 L'autorité chargée de la surveillance du marché des véhicules et des moteurs peut confier le prélèvement et l'acheminement des échantillons destinés au contrôle prévus par les articles L. 329-20 et L. 329-21 :

1° A des agents habilités à cet effet par le ministre chargé des transports, appartenant à des organismes de droit public ou de droit privé ;

2° A des organismes de droit privé agissant par voie d'huissier de justice.

Art. L. 329-8 Lorsque la législation de l'Union européenne prévoit une coopération entre les États membres ou avec la Commission européenne, les personnes désignées par les autorités compétentes d'un autre État membre ou de la Commission européenne peuvent assister les agents habilités de l'autorité chargée de la surveillance du marché des véhicules et des moteurs dans les opérations de contrôle prévues par le présent chapitre.

SECTION III *Pouvoirs d'enquête pour le contrôle de la conformité des produits*

SOUS-SECTION 1 *Dispositions communes*

Art. L. 329-9 Les manquements ou les infractions sont constatés par des procès-verbaux, qui font foi jusqu'à preuve contraire.

Art. L. 329-10 Le secret professionnel ne peut être opposé aux agents habilités agissant dans le cadre des pouvoirs qui leur sont conférés par le présent chapitre.

Art. L. 329-11 Il est interdit de faire obstacle à l'exercice des fonctions des agents habilités.

Art. L. 329-12 Les contrôles de conformité, qu'ils résultent de contrôles documentaires, de tests, d'analyses, de contrôles physiques, d'essais en laboratoire ou d'essais sur route, sont réalisés de façon contradictoire.

SOUS-SECTION 2 *Recueil de renseignements et de documents*

Art. L. 329-13 Lorsque l'autorité chargée de la surveillance du marché des véhicules et des moteurs sollicite des documents ou des explications, l'opérateur économique les lui transmet dans le délai raisonnable qu'elle fixe et qui ne peut excéder deux mois.

Art. L. 329-14 Le recueil de renseignements et de documents par les agents habilités s'exerce dans les conditions prévues aux articles L. 512-8 à L. 512-10 et L. 512-12 à L. 512-14 du code de la consommation.

Il comporte le droit d'accéder aux données issues d'un système informatique ou d'un traitement de données nominatives, sans que puisse être opposée l'obligation au secret professionnel.

Art. L. 329-15 Lorsque les documents sont sous une forme informatisée, les agents habilités de l'autorité chargée de la surveillance du marché des véhicules et des moteurs ont accès aux logiciels, aux données stockées et aux algorithmes et peuvent solliciter l'assistance de l'opérateur économique afin d'être en mesure de les exploiter. Ils peuvent demander la transcription de ces données par tout traitement approprié dans des documents directement utilisables pour les besoins du contrôle. Un format déterminé pour ces données peut être fixé par arrêté du ministre chargé des transports.

Art. L. 329-16 Les agents habilités de l'autorité chargée de la surveillance du marché des véhicules et des moteurs peuvent exiger des opérateurs économiques qu'ils fournissent des informations, pour autant que ces informations soient pertinentes au regard du respect des exigences applicables et des contrôles en cours, d'une part, aux fins de l'identification du propriétaire d'un site internet et, d'autre part, sur :

1° La chaîne d'approvisionnement ;

2° Le détail des réseaux de distribution ;

3° Les quantités de produits sur le marché ;

4° D'autres modèles de produits dotés des mêmes caractéristiques techniques que le produit contrôlé.

Art. L. 329-17 Le secret des affaires n'est pas opposable aux agents chargés du recueil de renseignements et de documents en application des articles L. 329-13 et L. 329-14. La protection du secret des affaires s'exerce dans les conditions prévues au titre V du livre Ier du code de commerce.

Art. L. 329-18 Lorsqu'un opérateur économique n'a pas donné accès, communiqué ou transmis les documents, informations ou explications demandés sur le fondement des dispositions de la présente sous-section dans le délai imparti, l'autorité chargée de la surveillance du marché des véhicules et des moteurs peut lui ordonner de le faire, sous astreinte journalière, dont le montant ne peut excéder 10 000 euros.

SOUS-SECTION 3 *Analyses, tests et essais*

Art. L. 329-19 Dans le cadre de leurs missions de surveillance du marché, les agents habilités de l'autorité chargée de la surveillance du marché des véhicules et des moteurs prélèvent des échantillons des produits contrôlés afin de réaliser des analyses, des tests, des essais en laboratoire et des essais sur route.

Ces prélèvements sont réalisés dans les conditions fixées par le décret prévu à l'article L. 329-51.

Art. L. 329-20 Les échantillons de véhicules ou de remorques, neufs ou d'occasion, permettant d'effectuer les contrôles peuvent :

1° Être acquis par l'autorité chargée de la surveillance du marché des véhicules et des moteurs et, à l'issue des contrôles, être détruits ou cédés à des tiers selon leur état ;

2° Être loués auprès de professionnels ;

3° Être mis à disposition par les opérateurs économiques mentionnés à l'article L. 329-2 ;

4° Être mis à disposition par le titulaire du certificat d'immatriculation du véhicule ou de la remorque.

Dans le cas prévu au 4°, une indemnité peut être versée durant le temps de l'immobilisation, dont le montant est déterminé par arrêté du ministre chargé des transports. Si le bien vient à être endommagé et ne peut être restitué en l'état, une indemnisation est due, dont le montant est déterminé selon des modalités précisées par arrêté du ministre chargé des transports, ou, le cas échéant pour tenir compte de situations particulières, par accord amiable avec le titulaire du certificat d'immatriculation.

Art. L. 329-21 Les échantillons de systèmes, de composants, d'entités techniques distinctes et de pièces détachées et équipements destinés aux véhicules peuvent être :

1° Prélevés chez des opérateurs économiques par les agents habilités, à leur demande et dans les limites strictement nécessaires à la réalisation du contrôle. Les échantillons dont la non-conformité à la réglementation n'a pas été établie sont remboursés à leur valeur, toutes taxes comprises, du jour où ils ont été remis aux agents ou remis à la disposition des opérateurs économiques avec leur accord ;

2° Acquis par l'autorité chargée de la surveillance du marché des véhicules et des moteurs, dans la mesure nécessaire aux vérifications à opérer.

Art. L. 329-22 Les résultats des contrôles documentaires, des tests, des analyses, des contrôles physiques, des essais en laboratoire et des essais sur route et les constatations opérées en application des dispositions du présent chapitre sont immédiatement transmis aux agents habilités de l'autorité chargée de la surveillance du marché des véhicules et des moteurs.

SOUS-SECTION 4 *Accès aux locaux, visites et saisies, consignation*

Art. L. 329-23 L'accès aux locaux et aux moyens de transport à usage professionnel s'exerce dans les conditions prévues aux articles L. 512-5 à L. 512-7 du code de la consommation.

Art. L. 329-24 I. – Les agents habilités mentionnés à l'article L. 329-5 peuvent procéder aux visites et saisies dans les lieux à usage professionnel ou dans les lieux d'exécution d'une prestation de service ainsi que dans les moyens de transport à usage professionnel sur autorisation donnée par ordonnance du juge des libertés et de la détention du tribunal judiciaire dans le ressort duquel sont situés les lieux à visiter. Lorsque ces lieux sont situés dans le ressort de plusieurs juridictions et qu'une action simultanée doit être menée dans chacun d'eux, une ordonnance unique peut être délivrée par l'un des juges des libertés et de la détention compétente.

Le juge vérifie que la demande d'autorisation qui lui est soumise est fondée. Cette demande doit comporter tous les éléments d'information en possession du demandeur de nature à justifier la visite.

L'ordonnance comporte l'adresse des lieux à visiter, le nom et la qualité du ou des agents habilités à procéder aux opérations de visite ainsi que les heures auxquelles ils sont autorisés à se présenter.

II. – L'ordonnance est notifiée sur place par les agents habilités mentionnés à l'article L. 329-5 au moment de la visite à l'occupant des lieux ou à son représentant, qui en reçoit copie intégrale contre récépissé ou émargement au procès-verbal de visite. En l'absence de l'occupant des lieux ou de son représentant, l'ordonnance est notifiée, après la visite, par lettre recommandée avec demande d'avis de réception. Il en va de même lorsqu'il n'est pas procédé à la visite dans un des lieux visés par l'ordonnance. La notification est réputée faite à la date de réception figurant sur l'avis. A défaut de réception, il est procédé à la signification de l'ordonnance par acte d'huissier de justice.

L'acte de notification comporte mention des voies et délais de recours contre l'ordonnance ayant autorisé la visite et contre le déroulement des opérations de visite. Il mentionne également que le juge ayant autorisé la visite peut être saisi d'une demande de suspension ou d'arrêt de cette visite.

III. – La visite s'effectue sous l'autorité et le contrôle du juge des libertés et de la détention qui l'a autorisée. Le juge des libertés et de la détention peut, s'il l'estime utile, se rendre dans les locaux pendant l'intervention. Lorsque la visite a lieu en dehors du ressort de son tribunal judiciaire, il délivre une commission rogatoire pour exercer ce contrôle au juge des libertés et de la détention dans le ressort duquel s'effectue la visite. À tout moment, il peut décider la suspension ou l'arrêt de la visite. La saisine du juge des libertés et de la détention aux fins de suspension ou d'arrêt des opérations de visite n'a pas d'effet suspensif.

IV. – La visite est effectuée en présence de l'occupant des lieux ou de son représentant, qui peut se faire assister d'un conseil de son choix. En l'absence de l'occupant des lieux, les agents chargés de la visite ne peuvent procéder à celle-ci qu'en présence de deux témoins qui ne sont pas placés sous leur autorité.

Un procès-verbal relatant les modalités et le déroulement de l'opération et consignant les constatations effectuées est dressé sur-le-champ par les agents qui ont procédé à la visite. Le procès-verbal est signé par ces agents et par l'occupant des lieux ou, le cas échéant, son représentant et les témoins. En cas de refus de signer, mention en est faite au procès-verbal.

L'original du procès-verbal est, dès qu'il a été établi, adressé au juge qui a autorisé la visite. Une copie de ce même document est remise ou adressée par lettre recommandée avec demande d'avis de réception à l'occupant des lieux ou à son représentant.

Le procès-verbal mentionne le délai et les voies de recours.

V. – L'ordonnance autorisant la visite est susceptible d'appel devant le président de la chambre de l'instruction dans les dix jours à compter de sa notification, par déclaration au greffe de la chambre de l'instruction. Les parties ne sont pas tenues de constituer avocat.

L'ordonnance du président de la chambre de l'instruction est susceptible d'un pourvoi en cassation selon les règles prévues par le code de procédure pénale.

Art. L. 329-25 Les opérations de consignations et de saisie des produits mentionnés aux 3° de l'article L. 512-26 et 4° de l'article L. 512-29 du code de la consommation s'effectuent dans les cas et conditions prévues par les articles L. 512-27 à L. 512-33 ou L. 512-34 à L. 512-38 du même code.

SOUS-SECTION 5 *Contrôle de la vente des biens en ligne*

Art. L. 329-26 Lorsque les biens sont vendus sur internet, les agents habilités de l'autorité chargée de la surveillance du marché des véhicules et des moteurs peuvent, pour effectuer les contrôles de la conformité prévus par l'article L. 329-1, faire usage d'une identité d'emprunt.

Les conditions dans lesquelles ils procèdent à leurs constatations sont précisées par le décret prévu par l'article L. 329-51.

SOUS-SECTION 6 *Échange et diffusion d'informations*

Art. L. 329-27 Les dispositions de l'article 11 du code de procédure pénale ou celles relatives au secret professionnel ne font pas obstacle à la communication, aux autorités compétentes des États membres de l'Union européenne et à la Commission européenne, d'informations ou de documents détenus et recueillis par l'autorité administrative chargée de la surveillance du marché des véhicules et des moteurs dans l'exercice de ses missions de recherche et de constatation des manquements ou des infractions aux dispositions entrant dans le champ d'application de la réglementation européenne.

Cette communication s'effectue selon les conditions et modalités définies par la réglementation européenne.

Art. L. 329-28 Les informations et documents recueillis dans le cadre des contrôles prévus par le présent chapitre peuvent être communiqués, pour l'exercice de leurs missions respectives en matière de conformité ou de sécurité des produits :

1° Aux agents des douanes ;

2° Aux agents de la concurrence, de la consommation et de la répression des fraudes ;

3° Aux agents du ministère de l'agriculture chargés de la surveillance du marché des véhicules agricoles et forestiers pour l'application de l'article 18 du règlement (UE) n° 167/2013 ;

4° Aux agents de contrôle de l'inspection du travail mentionnés à l'article L. 8112-1 du code du travail ;

5° Aux agents de l'Agence nationale des fréquences mentionnés à l'article L. 40 du code des postes et des communications électroniques ;

6° A la Commission européenne ou aux autorités de surveillance des autres États membres de l'Union européenne compétentes pour contrôler la conformité des produits à l'obligation générale de sécurité ou l'application de la réglementation applicable aux véhicules à moteur.

Il en va de même des informations et documents recueillis dans le cadre de la surveillance de l'étiquetage des pneumatiques.

Art. L. 329-29 Les dispositions de l'article 11 du code de procédure pénale ou celles relatives au secret professionnel ne font pas obstacle à la divulgation d'informations par les agents habilités de l'autorité chargée de la surveillance du marché des véhicules et des moteurs, en vue de prévenir un danger grave ou immédiat pour la santé ou la sécurité des personnes.

SECTION IV *Procédure, mesures et sanctions consécutives aux contrôles de conformité*

SOUS-SECTION 1 *Notification de la non-conformité par l'autorité chargée de la surveillance du marché*

Art. L. 329-30 Le caractère probant de constatations établies par l'autorité de surveillance du marché d'un autre État membre dans le cadre d'enquêtes visant à vérifier la conformité d'un même produit n'est subordonnée à aucune exigence formelle supplémentaire.

Art. L. 329-31 Lorsque l'autorité chargée de la surveillance du marché des véhicules et des moteurs constate une non-conformité sur le fondement des contrôles réalisés, elle transmet le rapport à l'opérateur économique et l'invite à présenter ses observations accompagnées de tout élément explicatif dans un délai raisonnable qu'elle fixe.

A l'issue du délai, si la non-conformité est avérée, l'autorité chargée de la surveillance du marché des véhicules et des moteurs en dresse procès-verbal.

Art. L. 329-32 I. – Le procès-verbal prévu à l'article L. 329-31 accompagné des pièces justificatives est transmis à l'opérateur économique qui dispose d'un délai de cinq jours francs à compter de sa notification pour indiquer s'il demande la mise en œuvre d'une expertise complémentaire.

II. – Lorsque l'opérateur économique ne demande pas d'expertise complémentaire, l'autorité administrative chargée de la surveillance du marché des véhicules et des moteurs dresse un procès-verbal définitif et met en œuvre les mesures prévues aux articles L. 329-35 à L. 329-42.

III. – Lorsque l'expertise complémentaire est demandée, deux experts sont choisis parmi les personnes physiques et morales figurant sur une liste établie par le ministre chargé des transports, l'un par l'autorité chargée de la surveillance du marché des véhicules et des moteurs, l'autre par l'opérateur économique, s'il le souhaite et dans un délai imparti par cette autorité.

Si l'opérateur renonce explicitement à choisir un expert ou ne le désigne pas dans le délai imparti, cet expert est nommé par l'autorité chargée de la surveillance du marché des véhicules et des moteurs.

L'autorité chargée de la surveillance du marché des véhicules et des moteurs met en demeure le détenteur de fournir le ou les échantillons prélevés, intacts, aux experts sous huitaine. Si les échantillons ne sont pas présentés dans ce délai, l'expertise complémentaire ne peut être réalisée et l'autorité chargée de la surveillance du marché des véhicules et des moteurs dresse un procès-verbal définitif et met en œuvre les mesures et sanctions prévues aux articles L. 329-35 à L. 329-45.

L'expert désigné par l'opérateur ou nommé d'office par l'autorité en l'absence de désignation par l'opérateur économique procède à une première expertise.

Si à l'issue de cette expertise, le résultat confirme les constatations portées sur le procès-verbal de non-conformité prévu à l'article L. 329-31, l'autorité chargée de la surveillance du marché des véhicules et des moteurs dresse un procès-verbal définitif et met en œuvre les mesures et sanctions prévues aux articles L. 329-35 à L. 329-45.

Si à l'issue de cette expertise, le résultat de l'expertise infirme les constatations portées sur le procès-verbal de non-conformité prévu à l'article L. 329-31, une contre-expertise est menée par l'expert désigné par l'autorité chargée de la surveillance du marché des véhicules et des moteurs.

A l'issue de cette contre-expertise, l'autorité chargée de la surveillance du marché des véhicules et des moteurs dresse un procès-verbal définitif et en cas de non-conformité met en œuvre les mesures et sanctions prévues aux articles L. 329-35 à L. 329-45.

L'expertise complémentaire s'effectue aux frais de l'opérateur économique. Toutefois, si aucune non-conformité n'est établie à l'issue de celle-ci, l'autorité chargée de la surveillance du marché des véhicules et des moteurs rembourse à l'opérateur les coûts liés à l'expertise complémentaire.

IV. — Lorsqu'un essai destructif doit être réalisé sur un véhicule, l'autorité chargée de la surveillance du marché des véhicules et des moteurs informe l'opérateur économique lors du prélèvement de la possibilité de demander une expertise et lui communique la liste des experts mentionnée au III.

L'opérateur économique dispose d'un délai de cinq jours francs pour indiquer s'il demande la mise en œuvre d'une expertise.

Lorsque l'expertise est demandée, l'essai ne peut être réalisé qu'une fois les experts désignés dans les conditions prévues par le III.

Lorsqu'il n'a été possible de disposer que d'un seul échantillon pour cette expertise portant sur un essai destructif, les experts procèdent en commun à l'analyse de l'échantillon.

Les frais liés à la participation à l'essai de l'expert désigné par l'opérateur économique sont supportés par l'opérateur économique. Si aucune non-conformité n'est constatée à l'issue de l'essai, ces frais sont remboursés à l'opérateur économique.

V. — Lorsque le procès-verbal définitif établi conformément au II ou au III du présent article constate une infraction de tromperie prévue aux articles L. 441-1, L. 454-1 à L. 454-5 du code de la consommation, sur le fondement d'essais ou d'analyses, l'auteur présumé de l'infraction est informé par l'autorité chargée de la surveillance du marché des véhicules et des moteurs de la possibilité qui lui est offerte de demander une expertise qui s'effectue dans les conditions fixées par les articles L. 512-40 à L. 512-48 du code de la consommation.

SOUS-SECTION 2 *Mesures et sanctions administratives*

Art. L. 329-33 Les mesures et sanctions prévues à l'article L. 329-35 sont décidées par l'autorité chargée de la surveillance du marché des véhicules et des moteurs en cas de manquement :

1° Aux dispositions techniques et aux dispositions administratives relatives à la réception des véhicules édictées en vertu des titres Ier et II du livre III du code de la route et de la réglementation européenne ;

2° Aux articles L. 441-1 et L. 454-1 à L. 454-5 du code de la consommation relatifs à la tromperie ;

3° Aux obligations relatives à l'étiquetage des pneumatiques résultant de la réglementation européenne ;

4° Aux obligations prévues par la réglementation du présent code relative aux dispositifs spéciaux d'éclairage et de signalisation des véhicules.

Art. L. 329-34 Les mesures et sanctions prévues par la présente sous-section sont motivées et notifiées à l'opérateur en cause.

Art. L. 329-35 I. — L'autorité chargée de la surveillance du marché des véhicules et des moteurs peut, à l'issue d'une procédure contradictoire dont les modalités sont fixées par le décret prévu à l'article L. 329-51, prononcer une ou plusieurs des mesures suivantes :

1° L'avertissement ;

2° La mise en conformité ;

3° Le rappel ;

4° La suspension de mise sur le marché ;

5° Le retrait du produit ;

6° L'interdiction de mise à disposition sur le marché ;

7° La destruction des produits présentant un risque grave.

II. — Tout manquement à la réglementation de mise à disposition sur le marché des véhicules, remorques, systèmes, composants, entités techniques distinctes ainsi que des pièces détachées et équipements destinés aux véhicules est passible d'une amende administrative infligée par l'autorité chargée de la surveillance du marché des véhicules et des moteurs, dont le montant ne peut excéder un million d'euros par produit concerné.

III. — Lorsqu'elle prend des mesures ou inflige une sanction, l'autorité chargée de la surveillance du marché des véhicules et des moteurs en informe sans délai l'autorité administrative chargée de la réception des véhicules, la Commission européenne et les autorités de surveillance des autres États membres.

Art. L. 329-36 Lorsque des mesures de retrait ou de rappel sont mises en œuvre, les opérateurs économiques établissent et maintiennent à jour un état chiffré des produits retirés ou rappelés, qu'ils tiennent à la disposition des agents habilités de l'autorité chargée de la surveillance du marché des véhicules et des moteurs.

Sans préjudice des mesures d'information des personnes et des autorités administratives compétentes prévues par la réglementation en vigueur, les opérateurs économiques qui procèdent au rappel ou au retrait en font la déclaration par voie dématérialisée, selon des modalités fixées par décret.

Art. L. 329-37 Lorsqu'est constatée une non-conformité telle que le produit présente un danger grave ou immédiat pour la santé, la sécurité ou l'environnement, l'autorité chargée de la surveillance du marché des véhicules et des moteurs peut prononcer, à titre conservatoire, une suspension provisoire de mise sur le marché, un rappel ou un retrait des produits non conformes, aux frais de l'opérateur économique.

La durée de ces mesures conservatoires ne peut excéder quinze jours, renouvelables une fois.

La procédure contradictoire préalable au prononcé d'une mesure prévue à l'article L. 329-35 est engagée dès la notification de la mesure conservatoire.

Art. L. 329-38 Lorsqu'il n'existe pas de moyen efficace pour éliminer un risque grave, l'autorité chargée de la surveillance du marché des véhicules et des moteurs peut exiger le retrait du contenu d'une interface en ligne qui mentionne les produits concernés ou exiger l'affichage d'une mise en garde explicite des utilisateurs finaux lorsque ceux-ci accèdent à une interface en ligne.

Art. L. 329-39 Lorsqu'un opérateur économique fait l'objet d'une des mesures prévues par le I de l'article L. 329-35 en raison d'un manquement à la réglementation applicable mais s'avère dans l'incapacité manifeste de l'exécuter dans un délai raisonnable, l'autorité chargée de la surveillance du marché des véhicules et des moteurs peut lui enjoindre, pour une durée de deux mois susceptible d'être renouvelée par périodes de deux mois, d'informer les consommateurs de la mesure dont il a fait l'objet et de mentionner le véhicule, la remorque, le système, le composant, l'entité technique distincte ainsi que les pièces et équipements destinés aux véhicules, visés par cette mesure, selon les modalités fixées par cette injonction.

Les modalités d'application du présent article sont fixées par le décret prévu à l'article L. 329-51.

Art. L. 329-40 Lorsque l'opérateur économique n'a pas exécuté dans le délai qui lui a été imparti la ou les mesures qui ont été prononcées en application du I de l'article L. 329-35, l'autorité chargée de la surveillance du marché des véhicules et des moteurs peut :

1° Lui infliger une amende d'un montant maximal de 100 000 €, qui peut être assortie d'une astreinte journalière d'un montant maximal de 10 000 € ;

2° S'il y a lieu exiger du prestataire de services de la société de l'information qu'il restreigne l'accès à l'interface en ligne concernée, y compris en demandant à des tiers concernés d'appliquer de telles mesures.

Art. L. 329-41 A défaut pour l'opérateur économique d'effectuer le retrait, le rappel ou la destruction des véhicules, remorques, systèmes, composants, entités techniques distinctes, pièces détachées et équipements destinés à ces véhicules non conformes qui lui a été imposé sur le fondement du I de l'article L. 329-35, l'autorité chargée de la surveillance du marché des véhicules et des moteurs peut, après une nouvelle injonction sans résultat, y procéder d'office aux frais de l'opérateur.

Art. L. 329-42 L'autorité chargée de la surveillance du marché des véhicules et des moteurs peut décider la publication des mesures et sanctions prononcées sur le fondement des dispositions de la présente sous-section sur son site internet mais également par voie de presse ou sur tout autre support approprié.

L'opérateur économique est informé, préalablement à la publication envisagée, de la nature et des modalités de celle-ci qui est effectuée à ses frais.

Art. L. 329-43 Les amendes et astreintes prévues par les articles L. 329-35 et L. 329-40 ne peuvent porter sur des faits remontant à plus de dix ans s'il n'a été accompli dans ce délai aucun acte tendant à leur recherche, leur constatation ou leur sanction.

Art. L. 329-44 Les amendes et les astreintes prévues par le présent chapitre bénéficient d'un privilège de même rang que celui prévu à l'article 1920 du code général des impôts. Il est procédé à leur recouvrement comme en matière de créances de l'État étrangères à l'impôt et au domaine.

L'opposition à l'état exécutoire pris en application d'une mesure de consignation ordonnée par l'autorité chargée de la surveillance du marché des véhicules et des moteurs devant le juge administratif n'a pas de caractère suspensif.

Art. L. 329-45 Sans préjudice des autres sanctions encourues, lorsque la non-conformité à la réglementation d'un produit a été établie par des contrôles réalisés en application du présent chapitre, le responsable de la mise sur le marché du produit ou, le cas échéant, toute autre personne responsable de la non-conformité supporte la totalité des frais directement exposés par l'autorité chargée de la surveillance du marché des véhicules et des moteurs pour réaliser les opérations de contrôle en cause.

SOUS-SECTION 3 *Transaction*

Art. L. 329-46 L'autorité chargée de la surveillance du marché des véhicules et des moteurs peut, tant que l'action publique n'a pas été mise en mouvement, transiger, après accord du procureur de la République, selon les modalités fixées par le décret prévu à l'article L. 329-51, pour les infractions prévues aux titres Ier et II du livre III punies d'une peine d'emprisonnement inférieur à trois ans.

La transaction s'effectue selon les modalités prévues aux articles L. 523-2 à L. 523-4 du code de la consommation.

SOUS-SECTION 4 *Sanctions pénales*

Art. L. 329-47 Le fait de faire obstacle aux fonctions des agents habilités en violation de l'article L. 329-11 est puni de six mois d'emprisonnement et de 100 000 euros d'amende.

Art. L. 329-48 Le fait de dissimuler des données ou des spécifications techniques établissant un manquement visé par l'article L. 329-33, à l'exclusion de son 2°, est puni de six mois d'emprisonnement et de 15 000 euros d'amende.

Art. L. 329-49 Le fait d'importer, de mettre sur le marché ou de maintenir sur le marché des véhicules, remorques, systèmes, composants, entités techniques distinctes, pièces et équipements destinés aux véhicules est puni de trois ans d'emprisonnement et d'un million d'euros d'amende lorsqu'ils ne sont pas conformes aux prescriptions techniques suivantes :

1° Prescriptions applicables à la réception des véhicules, des systèmes, composants et entités techniques distinctes prévues par l'annexe II du règlement (UE) 2018/858, les annexes II et VI du règlement (UE) n° 168/2013, l'annexe I du règlement (UE) n° 167/2013 et les annexes IV et XI de la directive 2007/46/CE ;

2° Prescriptions résultant de la réglementation du présent code relative aux dispositifs spéciaux d'éclairage et de signalisation des véhicules.

Le montant de l'amende peut être porté, de manière proportionnée aux avantages tirés de la non-conformité, à 10 % du chiffre d'affaires moyen annuel, calculé sur les trois derniers chiffres d'affaires annuels connus à la date des faits, lorsque les produits concernés ont constitué un danger pour la santé, la sécurité ou l'environnement.

Art. L. 329-50 I. – Les personnes physiques coupables des délits prévus à la présente sous-section encourent également les peines complémentaires suivantes :

1° L'interdiction, suivant les modalités prévues par l'article 131-27 du code pénal, soit d'exercer une fonction publique ou d'exercer l'activité professionnelle ou sociale dans l'exercice ou à l'occasion de l'exercice de laquelle l'infraction a été commise, soit d'exercer une profession commerciale ou industrielle, de diriger, d'Administrer de gérer ou de contrôler à un titre quelconque, directement ou indirectement, pour son propre compte ou pour le compte d'autrui, une entreprise commerciale ou industrielle ou une société commerciale. Ces interdictions d'exercice peuvent être prononcées cumulativement ;

2° L'exclusion des marchés publics ;

3° La confiscation de la chose qui a servi ou était destinée à commettre l'infraction ou de la chose qui en est le produit, à l'exception des objets susceptibles de restitution.

II. – Les personnes morales déclarées responsables pénalement, dans les conditions prévues par l'article 121-2 du code pénal encourent, outre l'amende suivant les modalités prévues par l'article 131-38 du même code, les peines complémentaires prévues à l'article 131-39 de ce code.

SECTION V *Modalités d'application*

Art. L. 329-51 Sauf dispositions contraires, les modalités d'application du présent chapitre sont prises par décret en Conseil d'État.

TITRE III Enregistrement et communication des informations relatives à la circulation des véhicules

Art. L. 330-1 Il est procédé, dans les services de l'État et sous l'autorité et le contrôle du ministre de l'intérieur, à l'enregistrement de toutes informations concernant les pièces administratives exigées pour la circulation des véhicules ou affectant la disponibilité de ceux-ci.

Ces informations peuvent faire l'objet de traitements automatisés, soumis aux dispositions de la loi n° 78-17 du 6 janvier 1978 relative à l'informatique, aux fichiers et aux libertés. – *[Anc. art. L. 30, al. 1er et 3, et L. 31.]*

Art. L. 330-2 I. – Ces informations, à l'exception de celles relatives aux gages constitués sur les véhicules à moteur et aux oppositions au transfert du certificat d'immatriculation, sont communiquées *(Abrogé par L. n° 2016-339 du 22 mars 2016, art. 7-3°)* « *sur leur demande* » :

1° A la personne physique ou morale titulaire des pièces administratives, à son avocat ou à son mandataire ;

2° Aux autorités judiciaires ;

3° Aux officiers ou agents de police judiciaire, dans l'exercice des missions définies à l'article 14 du code de procédure pénale ;

4° Aux militaires de la gendarmerie ou aux fonctionnaires de la police nationale habilités à effectuer des contrôles routiers en application des dispositions du présent code ;

(L. n° 2003-239 du 18 mars 2003, art. 86) « 4° *bis* Aux agents de police judiciaire adjoints et aux gardes champêtres, aux seules fins d'identifier les auteurs des infractions au présent code *(L. n° 2020-105 du 10 févr. 2020, art. 99)* « et aux infractions liées à l'abandon ou au dépôt illégal de déchets » qu'ils sont habilités à constater ; »

5° Aux fonctionnaires habilités à constater des infractions au présent code, aux seules fins d'identifier les auteurs de ces infractions ;

(L. n° 2014-58 du 27 janv. 2014, art. 63-III, en vigueur le 1er janv. 2018 ; Ord. n° 2015-401 du 9 avr. 2015, art. 6-2°) « 5° *bis* Aux agents habilités de l'établissement public de l'État chargé de participer aux opérations nécessaires à la délivrance par voie postale de l'avis de paiement mentionné à l'article L. 2333-87 du code général des collectivités territoriales ou à l'émission du titre exécutoire prévu au même article ; »

(L. n° 2019-773 du 24 juill. 2019, art. 4-VII) « 5° *ter* Aux fonctionnaires et agents mentionnés à l'article L. 172-4 du code de l'environnement, aux seules fins d'identifier les auteurs des infractions qu'ils sont habilités à rechercher ; »

6° Aux préfets, pour l'exercice de leurs compétences en matière de circulation des véhicules ;

(L. n° 2001-1062 du 15 nov. 2001, art. 18) « 7° Aux services du ministre de l'intérieur, du ministre de la défense *(L. n° 2015-992 du 17 août 2015, art. 37-VIII)* « , du ministre chargé de l'écologie », du ministre chargé de l'industrie et du ministre chargé des transports pour l'exercice de leurs compétences ; »

(L. n° 2017-1775 du 28 déc. 2017, art. 65-II) « 7° *bis* Aux agents de l'administration des finances publiques pour l'exercice de leurs compétences ; »

8° Aux entreprises d'assurances garantissant les dommages subis par des tiers résultant d'atteintes aux personnes ou aux biens dans la réalisation desquels un véhicule à moteur, ainsi que ses remorques, est impliqué et aux organismes assimilés à ces entreprises dès lors que ces informations ont pour seul but d'identifier les biens et les personnes impliqués dans un accident de la circulation à condition qu'au moins un des véhicules soit assuré par le demandeur ou que ce dernier ait en charge l'indemnisation d'une des victimes ;

(L. n° 2016-1547 du 18 nov. 2016, art. 35-III et V, en vigueur à une date fixée par Décr. en Conseil d'État, et au plus tard le 31 déc. 2018) « 8° *bis* Aux personnels habilités du fonds de garantie des assurances obligatoires de dommages mentionné à l'article L. 421-1 du code des assurances en vue de mener les missions fixées au V du même article ; »

(L. n° 2006-10 du 5 janv. 2006, art. 13) « 9° Aux autorités étrangères *(Abrogé par L. n° 2007-297 du 5 mars 2007, art. 21)* « *extérieures à l'Union européenne et à l'Espace économique européen* » avec lesquelles existe un accord d'échange d'informations relatives à l'identification du titulaire du certificat d'immatriculation ;

(L. n° 2013-619 du 16 juill. 2013, art. 35) « 9° *bis* Aux services compétents des États membres, pour l'application » *(L. n° 2015-992 du 17 août 2015, art. 37-VIII ; L. n° 2015-993 du 17 août 2015, art. 35, en vigueur le 1er oct. 2015)* « des instruments de l'Union européenne destinés à faciliter l'échange transfrontalier d'informations concernant les infractions en matière de sécurité routière ; »

« 10° Aux services compétents en matière d'immatriculation des États membres de l'Union européenne et aux autres États parties à l'accord sur l'Espace économique européen, dans le cadre des dispositions prévoyant un échange d'informations relatives à l'immatriculation d'un véhicule précédemment immatriculé dans un autre de ces États, ou au titre de la répression de la criminalité visant les véhicules et ayant des incidences transfrontalières ; »

(Abrogé par L. n° 2016-1917 du 29 déc. 2016, art. 84-II-2°) (L. n° 2008-1425 du 27 déc. 2008, art. 153-IV) « 11° Aux fonctionnaires de la police nationale et du contrôle des transports terrestres ainsi qu'aux militaires de la gendarmerie nationale, aux seules fins de vérifier la régularité de la situation des redevables au regard (L. n° 2013-431 du 28 mai 2013, art. 12) « de la taxe sur les poids lourds prévue au chapitre II du titre X » du code des douanes et d'identifier les auteurs des manquements au regard de (L. n° 2013-431 du 28 mai 2013, art. 12) « cette taxe » ;

« 12° Aux personnels agréés du prestataire autorisé par l'État à exploiter les appareils de contrôle automatique et à procéder à la constatation des manquements au regard (L. n° 2013-431 du 28 mai 2013, art. 12) « de la taxe sur les poids lourds prévue au chapitre II du titre X » du code des douanes, aux seules fins de vérifier la régularité de la situation des redevables au regard de (L. n° 2013-431 du 28 mai 2013, art. 12) « cette taxe » et d'identifier les auteurs des manquements au regard de (L. n° 2013-431 du 28 mai 2013, art. 12) « cette taxe » ; »

(L. n° 2009-431 du 20 avr. 2009, art. 29-I) « 13° Aux constructeurs de véhicules ou à leurs mandataires pour les besoins des rappels de sécurité et des rappels de mise au point des véhicules ; »

(L. n° 2010-788 du 12 juill. 2010, art. 58-I) « 14° Aux agents des exploitants d'une autoroute ou d'un ouvrage routier ouvert à la circulation publique et soumis à péage, assermentés dans les conditions prévues à l'article L. 130-7, aux seules fins d'identifier les auteurs des contraventions au présent code qu'ils sont habilités à constater conformément au 8° de l'article L. 130-4 ; »

(L. n° 2013-431 du 28 mai 2013, art. 20) « 15° Aux agents mentionnés aux articles L. 2132-21 et L. 2132-23 du code général de la propriété des personnes publiques ainsi qu'aux articles L. 2241-1, L. 4321-3, L. 4272-1, L. 5243-1 et L. 5337-2 du code des transports habilités à dresser procès-verbal de contravention de grande voirie en application de ces mêmes codes et aux personnels de Voies navigables de France mentionnés à l'article L. 4272-2 du code des transports habilités à constater les infractions définies par les règlements de police de la navigation intérieure, aux seules fins d'identifier le titulaire du certificat d'immatriculation ; »

(L. n° 2015-992 du 17 août 2015, art. 37-VIII et 77-II) « 16° Au maire dans le cadre des attributions prévues aux articles L. 541-21-3 et L. 541-21-4 du code de l'environnement, aux seules fins d'identifier le titulaire du certificat d'immatriculation ;

« 17° Aux personnels habilités du prestataire autorisé par l'État aux seules fins d'établir et de délivrer le dispositif d'identification des véhicules prévu à l'article L. 318-1 du présent code » ;

(L. n° 2019-1428 du 24 déc. 2019, art. 98-I) « 18° Aux agents de la concurrence, de la consommation et de la répression des fraudes pour l'exercice de leurs missions en application du présent code et du code de la consommation ;

« 19° Aux personnels habilités de l'organisme chargé par l'État de participer au traitement des appels d'urgence à seule fin d'identifier un véhicule conformément aux dispositions du règlement délégué (UE) n° 305/2013 de la Commission du 26 novembre 2012 complétant la directive 2010/40/UE du Parlement européen et du Conseil en ce qui concerne la mise à disposition harmonisée d'un service d'appel d'urgence (eCall) interopérable dans toute l'Union européenne. Toutefois, la communication d'informations est limitée aux données techniques liées à la marque, au modèle, à la couleur, à l'immatriculation et au type d'énergie utilisé. »

II. — Les entreprises d'assurances doivent fournir à l'appui de leur demande tous éléments utiles permettant de vérifier la réalité du sinistre.

(L. n° 2010-788 du 12 juill. 2010, art. 58-I) « III. — Les exploitants d'une autoroute ou d'un ouvrage routier ouvert à la circulation publique et soumis à péage doivent produire à l'appui de leur demande tous éléments utiles permettant de vérifier la réalité de la contravention pour non-paiement du péage. »

Art. L. 330-3 I. — Les informations relatives, d'une part, aux gages constitués sur les véhicules à moteur et, d'autre part, aux oppositions au transfert du certificat d'immatriculation sont communiquées *(Abrogé par L. n° 2016-339 du 22 mars 2016, art. 7-3°) « sur leur demande »* :

1° A la personne physique ou morale titulaire des pièces administratives exigées pour la circulation du véhicule, à son avocat ou à son mandataire ;

2° Aux autorités judiciaires ;

3° Aux officiers ou agents de police judiciaire, dans l'exercice des missions définies à l'article 14 du code de procédure pénale ;

4° Aux préfets, pour l'exercice de leurs compétences en matière de circulation des véhicules ;

5° Aux autorités compétentes des territoires et collectivités territoriales d'outre-mer pour l'exercice de leurs attributions en matière de circulation des véhicules.

II. — L'absence de déclaration de gage ou d'opposition faite au transfert du certificat d'immatriculation d'un véhicule défini par son seul numéro d'immatriculation peut, à l'exclusion de toute autre information, être portée à la connaissance de toute personne qui en fait la demande. — *[Anc. art. L. 37.]*

Art. L. 330-4 Les informations relatives à l'état civil du titulaire du certificat d'immatriculation, au numéro d'immatriculation et aux caractéristiques du véhicule ainsi qu'aux gages constitués et aux oppositions, sont, à l'exclusion de tout autre renseignement, communiquées *(Abrogé par L. nº 2016-339 du 22 mars 2016, art. 7-3º) « sur leur demande, »* pour l'exercice de leur mission :

1° Aux agents chargés de l'exécution d'un titre exécutoire ;

2° Aux administrateurs judiciaires ou mandataires liquidateurs désignés dans le cadre des procédures de sauvegarde ou de redressement judiciaire ou de liquidation de biens prévues par le code de commerce *[codifiée ss.* ***C. com.****, art. L. 620-1 s.]* ;

3° Aux syndics désignés dans le cadre d'une procédure de règlement judiciaire ou de liquidation de biens prévue par la loi n° 67-563 du 13 juillet 1967 sur le règlement judiciaire, la liquidation des biens, la faillite personnelle et les banqueroutes. — *[Anc. art. L. 38.]*

Art. L. 330-5 *(L. nº 2009-431 du 20 avr. 2009, art. 29-II)* Sous réserve des dispositions des alinéas suivants, les *(Ord. nº 2018-1125 du 12 déc. 2018, art. 19, en vigueur au plus tard le 1er juin 2019)* « données à caractère personnel *[ancienne rédaction : informations nominatives]* » figurant dans les pièces administratives exigées pour la circulation des véhicules ne peuvent être communiquées qu'aux destinataires mentionnés aux articles L. 330-2 à L. 330-4.

Ces *(Ord. nº 2018-1125 du 12 déc. 2018, art. 19, en vigueur au plus tard le 1er juin 2019)* « données à caractère personnel *[ancienne rédaction : informations nominatives]* » sont également communicables à des tiers préalablement agréés par l'autorité administrative afin d'être réutilisées dans les conditions prévues au chapitre II du titre Ier de la loi n° 78-753 du 17 juillet 1978 *[CRPA, art. L. 321-1 à L. 327-1]* portant diverses mesures d'amélioration des relations entre l'administration et le public et diverses dispositions d'ordre administratif, social et fiscal :

— à des fins statistiques, ou à des fins de recherche scientifique ou historique, sans qu'il soit nécessaire de recueillir l'accord préalable des personnes concernées mais sous réserve que les études réalisées ne fassent apparaître aucune *(Ord. nº 2018-1125 du 12 déc. 2018, art. 19, en vigueur au plus tard le 1er juin 2019)* « donnée à caractère personnel *[ancienne rédaction : information nominative]* » ;

— à des fins d'enquêtes et de prospections commerciales, sauf opposition des personnes concernées selon les modalités prévues *(Ord. nº 2018-1125 du 12 déc. 2018, art. 19, en vigueur au plus tard le 1er juin 2019)* « à l'article 21 du règlement (UE) 2016/679 du Parlement européen et du Conseil du 27 avril 2016 relatif à la protection des personnes physiques à l'égard du traitement des données à caractère personnel et à la libre circulation de ces données, et abrogeant la directive 95/46/CE *[ancienne rédaction : au deuxième alinéa de l'article 38]* » de la loi n° 78-17 du 6 janvier 1978 relative à l'informatique, aux fichiers et aux libertés ;

(L. nº 2014-1654 du 29 déc. 2014, art. 1er-II-3º et 47, en vigueur le 1er janv. 2015) « — à des fins de sécurisation des activités économiques qui nécessitent une utilisation de caractéristiques techniques des véhicules fiables, sans communication des nom, prénom et adresse des personnes concernées. »

(L. nº 2011-267 du 14 mars 2011, art. 80) « La décision d'agrément mentionnée au deuxième alinéa peut être précédée d'une enquête administrative, dans les conditions prévues par l'article 17-1 de la loi n° 95-73 du 21 janvier 1995 d'orientation et de programmation relative à la sécurité, pour des motifs d'intérêt général liés à la protection des personnes et des biens. »

Art. L. 330-6 Le fait de prendre le nom d'une personne dans des circonstances qui ont déterminé ou auraient pu déterminer, en application de l'article L. 330-1, l'enregistrement au nom de cette personne d'une condamnation judiciaire ou d'une décision administrative est puni des peines prévues par l'article 434-23 du code pénal. — *[Anc. art. L. 40.]*

Art. L. 330-7 Le fait, en prenant un faux nom ou une fausse qualité, de se faire communiquer le relevé des mentions enregistrées en application de l'article L. 330-1 et concernant un tiers est puni de la peine prévue par l'article 781 du code de procédure pénale.

Est puni de la même peine le fait d'obtenir soit directement, soit indirectement, communication *(Ord. nº 2018-1125 du 12 déc. 2018, art. 19, en vigueur le 1er juin 2019)* « de données à caractère personnel » dont la divulgation n'est pas expressément prévue par le présent code. – *[Anc. art. L. 41.]*

Art. L. 330-8 *(L. nº 2009-431 du 20 avr. 2009, art. 29-III)* Des décrets en Conseil d'État fixent les conditions d'application du premier alinéa de l'article L. 330-1 et des articles L. 330-2 à L. 330-7. – *[Anc. art. L. 42.]*

TITRE IV Dispositions relatives à l'outre-mer

CHAPITRE PREMIER *Dispositions particulières à la collectivité territoriale de Saint-Pierre-et-Miquelon*

Art. L. 341-1 Pour l'application des dispositions du présent livre dans la collectivité territoriale de Saint-Pierre-et-Miquelon, le terme "département" est remplacé par "collectivité territoriale".

CHAPITRE II *Dispositions applicables à Mayotte* (*L. nº 2010-1487 du 7 déc. 2010, art. 36*).

Les dispositions de la L. nº 2010-1487 du 7 déc. 2010 sont applicables à compter de la première réunion suivant le renouvellement du conseil général de Mayotte en 2011. Dans tous les lois et règlement en vigueur, la référence à la collectivité départementale de Mayotte est remplacée par la référence au Département de Mayotte.

Art. L. 342-1 Pour l'application des dispositions du présent livre à Mayotte, les termes énumérés ci-après sont remplacés comme suit :

1º "Préfecture" par "représentation de l'État" ;

2º "Département" par "collectivité départementale" ;

3º "Préfet" par "représentant de l'État". – *[Ord. nº 92-256 du 4 mars 1992, art. 3.]*

Art. L. 342-2 Les dispositions législatives du présent livre sont applicables à Mayotte, à l'exception des articles *(L. nº 2015-992 du 17 août 2015, art. 37-VIII)* « L. 318-1 et L. 318-3 ». – *[Ord. nº 92-256 du 4 mars 1992, art. 1er.]*

Art. L. 342-3 Les règles relatives à l'application du titre Ier du livre II du code des assurances à Mayotte sont fixées par l'article L. 214-3 du code des assurances, ci-après reproduit :

Art. L. 214-3 Abrogé par L. nº 2005-1564 du 15 déc. 2005.

CHAPITRE III *Dispositions applicables à la Polynésie française*

Art. L. 343-1 Les articles L. 325-1, L. 325-2, L. 325-6 à L. 325-11 sont applicables à la Polynésie française, dans la rédaction suivante :

Art. L. 325-1 Les véhicules dont la circulation ou le stationnement, en infraction aux dispositions applicables localement, aux règlements de police ou à la réglementation relative à l'assurance obligatoire des véhicules à moteur, compromettent la sécurité ou le droit à réparation des usagers de la route, la tranquillité ou l'hygiène publique, l'esthétique des sites et paysages classés, la conservation ou l'utilisation normale des voies ouvertes à la circulation publique et de leurs dépendances, notamment par les véhicules de transport en commun, peuvent *(L. nº 2003-239 du 18 mars 2003, art. 138)* « à la demande et sous la responsabilité du maire ou de l'officier de police judiciaire territorialement compétent, même sans l'accord du propriétaire du véhicule », dans les cas et conditions précisés par le décret prévu à l'article L. 325-11, être immobilisés, mis en fourrière, retirés de la circulation et, le cas échéant, aliénés ou livrés à la destruction.

(L. nº 2001-1062 du 15 nov. 2001) « Peuvent également *(L. nº 2003-239 du 18 mars 2003, art. 138)* « , à la demande et sous la responsabilité du maire ou de l'officier de police judiciaire territorialement compétent, même sans l'accord du propriétaire du véhicule, » être immobilisés, mis en fourrière, retirés de la circulation et, le cas échéant, aliénés ou livrés à la destruction les véhicules qui, se trouvant sur les voies ouvertes à la circulation publique ou sur leurs dépendances, sont privés d'éléments indispensables à leur utilisation normale et insusceptibles de réparation immédiate à la suite de dégradations ou de vols. »

Art. L. 325-2 Pour l'application de l'article L. 325-1 et sur prescription de l'officier de police judiciaire territorialement compétent, les fonctionnaires de police en tenue et les militaires de la gendarmerie habilités à constater par procès-verbaux les contraventions à la police de la circulation routière peuvent, en cas de besoin, ouvrir ou faire ouvrir les portes du véhicule, manœuvrer ou faire manœuvrer tous appareils. Ils peuvent conduire le véhicule ou le faire conduire, en leur présence, vers le lieu de mise en fourrière en utilisant, le cas échéant, les moyens autonomes de propulsion dont le véhicule est muni.

(L. n° 2003-239 du 18 mars 2003, art. 139) « La mise en fourrière peut également être prescrite par un chef de police municipale territorialement compétent ou l'agent de police judiciaire adjoint qui occupe les fonctions de chef de chef de la police municipale. Pour l'application de cette disposition et sur prescription du chef de service de police municipale territorialement compétent ou de l'agent de police judiciaire adjoint qui occupe les fonctions de chef de la police municipale, les agents de police municipale habilités à constater par procès-verbal les contraventions à la police de la circulation routière peuvent, en cas de besoin, ouvrir ou faire ouvrir les portes du véhicule, manœuvrer ou faire manœuvrer tous appareils. Ils peuvent conduire le véhicule ou le faire conduire, en leur présence, vers le lieu de mise en fourrière en utilisant, le cas échéant, les moyens autonomes de propulsion dont le véhicule est muni.

« Dans les cas prévus aux alinéas précédents », l'assureur du propriétaire du véhicule est tenu de garantir, dans les limites du contrat, la réparation du dommage causé au tiers sauf recours, s'il y a lieu, contre la collectivité publique qui, par son fait, a causé le dommage ayant donné lieu à la responsabilité de l'assureur et sans qu'une majoration de prime puisse en résulter pour le propriétaire.

Art. L. 325-6 Les véhicules dont l'état ne permet pas la circulation dans des conditions normales de sécurité ne peuvent être retirés de la fourrière que par des réparateurs chargés par les propriétaires d'effectuer les travaux reconnus indispensables.

Ils ne peuvent ensuite être restitués à leurs propriétaires qu'après vérification de la bonne exécution des travaux.

En cas de désaccord sur l'état du véhicule, un expert est désigné dans des conditions fixées par délibération de l'assemblée de la Polynésie française. S'il constate que le véhicule n'est pas en état de circuler dans des conditions normales de sécurité, il détermine les travaux à effectuer avant sa remise au propriétaire.

Art. L. 325-7 Sont réputés abandonnés les véhicules laissés en fourrière à l'expiration d'un délai de quarante-cinq jours à compter de la mise en demeure faite au propriétaire d'avoir à retirer son véhicule.

La notification est valablement faite à l'adresse indiquée au répertoire des immatriculations. Dans le cas où le véhicule fait l'objet d'un gage régulièrement inscrit, cette notification est également faite au créancier gagiste.

Si le propriétaire ne peut être identifié, le délai précité court du jour où cette impossibilité a été constatée.

Le délai prévu au premier alinéa est réduit à dix jours en ce qui concerne les véhicules qu'un expert désigné dans des conditions fixées par délibération de l'assemblée de la Polynésie française aura estimés d'une valeur marchande inférieure à un montant fixé par le gouvernement de la Polynésie française et déclarés hors d'état de circuler dans des conditions normales de sécurité.

Les véhicules visés à l'alinéa précédent sont, à l'expiration du délai de dix jours, livrés à la destruction.

Art. L. 325-8 Les véhicules abandonnés dans les conditions prévues au premier alinéa de l'article L. 325-7 sont remis au service des domaines en vue de leur aliénation dans les formes prévues pour les ventes du mobilier de la Polynésie française. Les véhicules qui n'ont pas trouvé preneur, à l'expiration d'un délai fixé par le président du gouvernement de la Polynésie française, sont livrés à la destruction sur l'initiative de l'autorité administrative investie des pouvoirs de police en matière de circulation.

Art. L. 325-9 Les frais d'enlèvement, de garde en fourrière, d'expertise et de vente ou de destruction du véhicule sont à la charge du propriétaire.

Le produit de la vente, sous déduction des frais énumérés à l'alinéa précédent, est tenu à la disposition du propriétaire ou de ses ayants droit ou, le cas échéant, du créancier gagiste pouvant justifier de ses droits, pendant un délai de deux ans. A l'expiration de ce délai, ce produit est acquis à la Polynésie française.

Lorsque le produit de la vente est inférieur au montant des frais visés ci-dessus, le propriétaire ou ses ayants droit restent débiteurs de la différence. Celle-ci est recouvrée dans les conditions fixées par délibération de l'assemblée de la Polynésie française.

(L. n° 2011-267 du 14 mars 2011, art. 137-3°) « Le présent article est applicable au créancier gagiste en cas de confiscation du véhicule qui a servi pour commettre une infraction. »

Art. L. 325-10 La collectivité publique intéressée n'est pas responsable des dommages subis par les véhicules visés au quatrième alinéa de l'article L. 325-7, placés dans une fourrière non clôturée et non gardée.

Art. L. 325-11 Un décret en Conseil d'État détermine les conditions d'application des articles L. 325-1, L. 325-2, L. 325-6 à L. 325-9.

Une délibération de l'assemblée de la Polynésie française détermine les clauses devant obligatoirement figurer dans le contrat type susceptible d'être passé entre les collectivités publiques intéressées et les entreprises aptes à effectuer la démolition des véhicules à moteur. — *[L. nº 96-609 du 5 juill. 1996, art. 40.]*

CHAPITRE IV *Dispositions applicables en Nouvelle-Calédonie*

(Ord. nº 2004-567 du 17 juin 2004, art. 3)

Art. L. 344-1 *(L. nº 2011-884 du 27 juill. 2011, art. 19-II-1º)* **« I. — » Les articles L. 325-1, L. 325-1-1, L. 325-2 et L. 325-6 à L. 325-11 sont applicables en Nouvelle-Calédonie, dans la rédaction suivante :**

Art. L. 325-1 Les véhicules dont la circulation ou le stationnement, en infraction aux dispositions applicables localement, aux règlements de police ou à la réglementation relative à l'assurance obligatoire des véhicules à moteur, compromettent la sécurité ou le droit à réparation des usagers de la route, la tranquillité ou l'hygiène publique, l'esthétique des sites et paysages classés, la conservation ou l'utilisation normale des voies ouvertes à la circulation publique et de leurs dépendances, notamment par les véhicules de transport en commun, peuvent, à la demande et sous la responsabilité du maire ou de l'officier de police judiciaire territorialement compétent, même sans l'accord du propriétaire du véhicule dans les cas et conditions précisés par le décret prévu à l'article L. 325-11, être immobilisés, mis en fourrière, retirés de la circulation et, le cas échéant, aliénés ou livrés à la destruction.

Peuvent également, à la demande et sous la responsabilité du maire ou de l'officier de police judiciaire territorialement compétent, même sans l'accord du propriétaire du véhicule, être immobilisés, mis en fourrière, retirés de la circulation et, le cas échéant, aliénés ou livrés à la destruction les véhicules qui, se trouvant sur les voies ouvertes à la circulation publique ou sur leurs dépendances, sont privés d'éléments indispensables à leur utilisation normale et insusceptibles de réparation immédiate à la suite de dégradations ou de vols.

Art. L. 325-1-1 *(L. nº 2006-10 du 5 janv. 2006, art. 12)* « En cas de constatation d'un délit ou d'une contravention de la cinquième classe prévu par le présent code ou le code pénal pour lequel » la peine de confiscation du véhicule est encourue, l'officier ou l'agent de police judiciaire peut, avec l'autorisation préalable du procureur de la République donnée par tout moyen, faire procéder à l'immobilisation et à la mise en fourrière du véhicule.

Si la juridiction ne prononce pas la peine de confiscation du véhicule, celui-ci est restitué à son propriétaire, sous réserve des dispositions du troisième alinéa. Si la confiscation est ordonnée, le véhicule est remis au service des domaines en vue de sa destruction ou de son aliénation. Les frais d'enlèvement et de garde en fourrière sont à la charge de l'acquéreur.

Si la juridiction prononce la peine d'immobilisation du véhicule, celui-ci n'est restitué au condamné qu'à l'issue de la durée d'immobilisation fixée par la juridiction contre paiement des frais d'enlèvement et de garde en fourrière, qui sont à la charge de ce dernier.

(L. nº 2011-1862 du 13 déc. 2011, art. 31-III) « En cas de relaxe, le propriétaire dont le véhicule a été mis en fourrière sur autorisation du procureur de la République peut, selon des modalités précisées par arrêté du ministre de la justice, demander à l'État le remboursement, au titre des frais de justice, des frais d'enlèvement et de garde en fourrière qu'il a dû acquitter pour récupérer son véhicule. »

Art. L. 325-2 Pour l'application *(L. nº 2006-10 du 5 janv. 2006, art. 12)* « des articles L. 325-1 et L. 325-1-1 » et sur prescription de l'officier de police judiciaire territorialement compétent, les fonctionnaires de police en tenue et les militaires de la gendarmerie habilités à constater par procès-verbaux les contraventions à la police de la circulation routière peuvent, en cas de besoin, ouvrir ou faire ouvrir les portes du véhicule, manœuvrer ou faire manœuvrer tous appareils. Ils peuvent conduire le véhicule ou le faire conduire, en leur présence, vers le lieu de mise en fourrière en utilisant, le cas échéant, les moyens autonomes de propulsion dont le véhicule est muni.

La mise en fourrière peut également être prescrite par un chef de service de police municipale territorialement compétent ou l'agent de police judiciaire adjoint qui occupe les fonctions de chef de la police municipale. Pour l'application de cette disposition et sur prescription du chef de service de police municipale territorialement compétent ou de l'agent de police judiciaire adjoint qui occupe les fonctions de chef de la police municipale, les agents de police municipale habilités à constater par procès-verbal les contraventions à la police de la circulation routière peuvent, en cas de besoin, ouvrir ou faire ouvrir les portes du véhicule, manœuvrer ou faire manœuvrer tous appareils. Ils peuvent conduire le véhicule ou le faire conduire, en leur présence, vers le lieu de mise en fourrière en utilisant, le cas échéant, les moyens autonomes de propulsion dont le véhicule est muni.

Dans les cas prévus aux alinéas précédents, l'assureur du propriétaire du véhicule est tenu de garantir, dans les limites du contrat, la réparation du dommage causé au tiers sauf recours, s'il y a lieu, contre la collectivité publique qui, par son fait, a causé le dommage ayant donné lieu à la responsabilité de l'assureur et sans qu'une majoration de prime puisse en résulter pour le propriétaire.

Art. L. 325-6 Les véhicules dont l'état ne permet pas la circulation dans des conditions normales de sécurité ne peuvent être retirés de la fourrière que par des réparateurs chargés par les propriétaires d'effectuer les travaux reconnus indispensables.

Ils ne peuvent ensuite être restitués à leurs propriétaires qu'après vérification de la bonne exécution des travaux.

En cas de désaccord sur l'état du véhicule, un expert est désigné dans des conditions fixées par délibération du congrès de la Nouvelle-Calédonie. S'il constate que le véhicule n'est pas en état de circuler dans des conditions normales de sécurité, il détermine les travaux à effectuer avant sa remise au propriétaire.

Art. L. 325-7 Sont réputés abandonnés les véhicules laissés en fourrière à l'expiration d'un délai de quarante-cinq jours à compter de la mise en demeure faite au propriétaire d'avoir à retirer son véhicule.

La notification est valablement faite à l'adresse indiquée au répertoire des immatriculations. Dans le cas où le véhicule fait l'objet d'un gage régulièrement inscrit, cette notification est également faite au créancier gagiste.

Si le propriétaire ne peut être identifié, le délai précité court du jour où cette impossibilité a été constatée.

Le délai prévu au premier alinéa est réduit à dix jours en ce qui concerne les véhicules qu'un expert désigné dans des conditions fixées par délibération du congrès de la Nouvelle-Calédonie aura estimés d'une valeur marchande inférieure à un montant fixé par le gouvernement de la Nouvelle-Calédonie et déclarés hors d'état de circuler dans des conditions normales de sécurité.

Les véhicules visés à l'alinéa précédent sont, à l'expiration du délai de dix jours, livrés à la destruction.

Art. L. 325-8 Les véhicules abandonnés dans les conditions prévues au premier alinéa de l'article L. 325-7 sont remis au service compétent de la Nouvelle-Calédonie en vue de leur aliénation dans les formes prévues pour les ventes du mobilier de la Nouvelle-Calédonie. Les véhicules qui n'ont pas trouvé preneur, à l'expiration d'un délai fixé par les autorités locales compétentes, sont livrés à la destruction sur l'initiative de l'autorité administrative investie des pouvoirs de police en matière de circulation.

Art. L. 325-9 Les frais d'enlèvement, de garde en fourrière, d'expertise et de vente ou de destruction du véhicule sont à la charge du propriétaire.

Le produit de la vente, sous déduction des frais énumérés à l'alinéa précédent, est tenu à la disposition du propriétaire ou de ses ayants droit ou, le cas échéant, du créancier gagiste pouvant justifier de ses droits, pendant un délai de deux ans. A l'expiration de ce délai, ce produit est acquis à la Nouvelle-Calédonie.

Lorsque le produit de la vente est inférieur au montant des frais visés ci-dessus, le propriétaire ou ses ayants droit restent débiteurs de la différence. Celle-ci est recouvrée dans les conditions fixées par délibération du congrès de la Nouvelle-Calédonie.

(L. n° 2011-267 du 14 mars 2011, art. 137-3°) « Le présent article est applicable au créancier gagiste en cas de confiscation du véhicule qui a servi pour commettre une infraction. »

Art. L. 325-10 La collectivité publique intéressée n'est pas responsable des dommages subis par les véhicules visés au quatrième alinéa de l'article L. 325-7, placés dans une fourrière non clôturée et non gardée.

Art. L. 325-11 Un décret en Conseil d'État détermine les conditions d'application des articles L. 325-1, L. 325-1-1, L. 325-2 et L. 325-6 à L. 325-9.

Les autorités de la Nouvelle-Calédonie déterminent les clauses obligatoires des contrats susceptibles d'être passés entre les collectivités publiques intéressées et les entreprises aptes à procéder à la démolition des véhicules à moteur.

(L. n° 2011-884 du 27 juill. 2011, art. 19-II-2°) **II. — L'article L. 330-2 est applicable en Nouvelle-Calédonie dans la rédaction suivante :**

Art. L. 330-2 Sans préjudice de la compétence générale de la police nationale et de la gendarmerie nationale, les informations concernant les pièces administratives exigées pour la circulation des véhicules ou affectant la disponibilité de ceux-ci sont, à l'exception de celles relatives aux gages constitués sur les véhicules à moteur et aux oppositions au transfert du certificat d'immatriculation, communiquées sur leur demande aux agents de police judiciaire adjoints mentionnés au 2° de l'article 21 du code de procédure pénale, aux seules fins d'identifier les auteurs des infractions au code de la route applicable en Nouvelle-Calédonie qu'ils sont habilités à constater.

Art. L. 344-1-1 *(L. n° 2019-1428 du 24 déc. 2019, art. 98-I)* Sont applicables en Nouvelle-Calédonie les dispositions des articles mentionnés dans la colonne de gauche du tableau ci-après, dans leur rédaction indiquée dans la colonne de droite du même tableau :

Dispositions applicables	Dans leur rédaction
Art. L. 325-1-2	Résultant de la loi n° 2019-1428 du 24 décembre 2019 d'orientation des mobilités

Art. L. 344-2 *(Ord. n° 2009-537 du 14 mai 2009, art. 9-II-2°)* Lorsqu'une amende forfaitaire majorée a été émise et que le comptable *(Ord. n° 2010-420 du 27 avr. 2010, art. 116)* « public compétent » constate que le contrevenant n'habite plus à l'adresse enregistrée au fichier territorial des immatriculations, il peut faire opposition au service d'immatriculation territorialement compétent à tout transfert du certificat d'immatriculation. Il en informe le procureur de la République.

Cette opposition suspend la prescription de la peine.

Elle est levée par le paiement de l'amende forfaitaire majorée. En outre, lorsque l'intéressé a formé une réclamation, selon les modalités et dans les délais prévus par les articles 529-10 et 530 du code de procédure pénale à peine d'irrecevabilité et qu'il justifie avoir déclaré sa nouvelle adresse au service d'immatriculation des véhicules de la Nouvelle-Calédonie, le procureur de la République lève l'opposition.

LIVRE IV L'usage des voies

TITRE PREMIER Dispositions générales

CHAPITRE PREMIER *Pouvoirs de police de la circulation*

Art. L. 411-1 Les règles relatives aux pouvoirs de police de la circulation routière dévolus au maire dans la commune, à l'exception pour les communes des départements de la Moselle, du Bas-Rhin et du Haut-Rhin de celles visées à l'article L. 2213-6, sont fixées par les articles L. 2213-1 à L. 2213-6 du code général des collectivités territoriales *(Abrogé par L. n° 2014-58 du 27 janv. 2014, art. 63-III, mod. par L. n° 2015-1785 du 29 déc. 2015, art. 45-IV, à compter du 1er janv. 2018) « ci-après reproduits :*

Art. L. 2213-1 Le maire exerce la police de la circulation sur les routes nationales, les routes départementales et *(L. n° 2019-1461 du 27 déc. 2019, art. 50)* « l'ensemble des voies publiques ou privées ouvertes à la circulation publique » à l'intérieur des agglomérations, sous réserve des pouvoirs dévolus au représentant de l'État dans le département sur les routes à grande circulation. *(L. n° 2014-58 du 27 janv. 2014, art. 62-I)* « A l'extérieur des agglomérations, le maire exerce également la police de la circulation sur les voies du domaine public routier communal et du domaine public routier intercommunal, sous réserve des pouvoirs dévolus au représentant de l'État dans le département sur les routes à grande circulation. »

Les conditions dans lesquelles le maire exerce la police de la circulation sur les routes à grande circulation sont fixées par décret en Conseil d'État.

Par dérogation aux dispositions des deux alinéas précédents et à celles des articles L. 2213-2 et L. 2213-3, des décrets peuvent transférer, dans les attributions du représentant de l'État dans le département, la police de la circulation sur certaines sections des routes à grande circulation.

Art. L. 2213-1-1 *(L. n° 2015-992 du 17 août 2015, art. 47)* Sans préjudice de l'article L. 2213-1, le maire peut, par arrêté motivé, fixer pour tout ou partie des voies de l'agglomération ouvertes à la circulation publique une vitesse maximale autorisée inférieure à celle prévue par le code de la route, eu égard à une nécessité de sécurité et de circulation routières, de mobilité ou de protection de l'environnement.

Art. L. 2213-2 Le maire peut, par arrêté motivé, eu égard aux nécessités de la circulation et de la protection de l'environnement :

1° Interdire à certaines heures l'accès de certaines voies de l'agglomération ou de certaines portions de voie ou réserver cet accès, à certaines heures, à diverses catégories d'usagers ou de véhicules ;

2° Réglementer l'arrêt et le stationnement des véhicules ou de certaines catégories d'entre eux, ainsi que la desserte des immeubles riverains ;

(L. nº 2014-58 du 27 janv. 2014, art. 51) « 3° Réserver sur la voie publique ou dans tout autre lieu de stationnement ouvert au public des emplacements de stationnement aménagés aux véhicules utilisés par les personnes titulaires de la *(L. nº 2016-1321 du 7 oct. 2016, art. 107-III, en vigueur le 1er janv. 2017)* « carte "mobilité inclusion" portant la mention "stationnement pour personnes handicapées" mentionnée à l'article L. 241-3 » du code de l'action sociale et des familles et aux véhicules bénéficiant du label "autopartage". »

(Abrogé par L. nº 2004-809 du 13 août 2004, art. 27) « Un décret en Conseil d'État fixe les conditions d'application du présent article. »

Art. L. 2213-3 Le maire peut, par arrêté motivé :

1° Instituer, à titre permanent ou provisoire, pour les véhicules affectés à un service public et pour les besoins exclusifs de ce service *(L. nº 2000-646 du 10 juill. 2000)* « et, dans le cadre de leurs missions, pour les véhicules de transport de fonds, de bijoux et de métaux précieux, » des stationnements réservés sur les voies publiques de l'agglomération ;

2° Réserver des emplacements sur ces mêmes voies pour faciliter la circulation et le stationnement des transports publics de voyageurs et des taxis *(L. nº 2000-646 du 10 juill. 2000)* « ainsi que des véhicules de transport de fonds, de bijoux ou de métaux précieux, dans le cadre de leurs missions » *(L. nº 2000-1208 du 13 déc. 2000, art. 107)* « et l'arrêt des véhicules effectuant un chargement ou un déchargement de marchandises ».

Art. L. 2213-3-1 *(L. nº 2010-788 du 12 juill. 2010, art. 51-1°)* Lorsqu'une commune est membre *(L. nº 2010-1563 du 16 déc. 2010, art. 17-XI)* « d'une métropole, » d'une communauté urbaine ou d'une communauté d'agglomération compétente en matière de voirie dont le territoire est couvert par un plan de déplacements urbains, ou d'une communauté de communes compétente en matière de voirie dont le territoire est couvert par un plan de déplacements urbains, le stationnement des véhicules à moteur est soit interdit, soit réservé à des catégories particulières de véhicules, ou limité dans le temps, ou soumis à paiement, sur les voies publiques supportant la circulation de véhicules assurant un service régulier de transport public et sur les trottoirs adjacents à ces voies lorsque ces mesures sont nécessaires pour faciliter la circulation de ces véhicules ou l'accès des usagers au service.

Art. L. 2213-4 Le maire peut, par arrêté motivé, interdire l'accès de certaines voies ou de certaines portions de voies ou de certains secteurs de la commune aux véhicules dont la circulation sur ces voies ou dans ces secteurs est de nature à compromettre soit la tranquillité publique, soit la qualité de l'air, soit la protection des espèces animales ou végétales, soit la protection des espaces naturels, des paysages ou des sites ou leur mise en valeur à des fins esthétiques, écologiques, agricoles, forestières ou touristiques.

Dans ces secteurs, le maire peut, en outre, par arrêté motivé, soumettre à des prescriptions particulières relatives aux conditions d'horaires et d'accès à certains lieux et aux niveaux sonores admissibles les activités s'exerçant sur la voie publique, à l'exception de celles qui relèvent d'une mission de service public.

Ces dispositions ne s'appliquent pas aux véhicules utilisés pour assurer une mission de service public et ne peuvent s'appliquer d'une façon permanente aux véhicules utilisés à des fins professionnelles de recherche, d'exploitation ou d'entretien des espaces naturels.

Art. L. 2213-4-1 *(L. nº 2015-992 du 17 août 2015, art. 48-I)* I. — Pour lutter contre la pollution atmosphérique, des zones à circulation restreinte peuvent être créées dans les agglomérations et les zones pour lesquelles un plan de protection de l'atmosphère est adopté, en cours d'élaboration ou en cours de révision en application de l'article L. 222-4 du code de l'environnement, par le maire ou par le président d'un établissement public de coopération intercommunale à fiscalité propre lorsque celui-ci dispose du pouvoir de police de la circulation, sur tout ou partie du territoire de la commune ou de l'établissement public de coopération intercommunale.

II. — Les zones à circulation restreinte sont délimitées par un arrêté qui fixe les mesures de restriction de circulation applicables et détermine les catégories de véhicules concernés. L'inclusion de voies du domaine public routier national ou de voies du domaine public routier départemental situées hors agglomération dans les zones à circulation restreinte est subordonnée à l'accord, respectivement, du représentant de l'État dans le département et du président du conseil départemental sur les mesures de restriction qu'il est prévu d'y appliquer. Les véhicules circulant dans une zone à circulation restreinte font l'objet de l'identification fondée sur leur contribution à la limitation de la pollution atmosphérique prévue à l'article L. 318-1 du code de la route.

L'arrêté précise la durée pour laquelle les zones à circulation restreinte sont créées.

Les mesures de restriction fixées par l'arrêté sont cohérentes avec les objectifs de diminution des émissions fixés par le plan de protection de l'atmosphère défini à l'article L. 222-4 du code de l'environnement.

III. — Le projet d'arrêté, accompagné d'une étude présentant l'objet des mesures de restriction, justifiant leur nécessité et exposant les bénéfices environnementaux et sanitaires attendus de leur mise en œuvre, notamment en termes d'amélioration de la qualité de l'air et de diminution de l'exposition de la population à la pollution atmosphérique, est soumis pour avis, par l'autorité compétente, aux autorités organisatrices de la mobilité dans les zones et dans leurs abords, aux conseils municipaux des communes limitrophes, aux gestionnaires de voirie, ainsi qu'aux chambres consulaires concernées. A l'expiration d'un délai fixé par le décret prévu au V du présent article, cet avis est réputé favorable.

Le projet d'arrêté, l'étude et les avis recueillis en application du premier alinéa du présent III sont mis à la disposition du public, dans les conditions prévues à l'article L. 122-8 du même code.

IV. — L'autorité compétente pour prendre l'arrêté en évalue de façon régulière, au moins tous les trois ans, l'efficacité au regard des bénéfices attendus et peut le modifier en suivant la procédure prévue au III du présent article.

V. — Après consultation des représentants des catégories professionnelles concernées, un décret en Conseil d'État précise les modalités d'application du présent article, notamment les catégories de véhicules, y compris de transport collectif de personnes, dont la circulation dans une zone à circulation restreinte ne peut être interdite, ainsi que les modalités selon lesquelles des dérogations individuelles aux mesures de restriction peuvent être accordées.

Art. L. 2213-5 Le maire peut, par arrêté motivé, interdire l'accès de certaines voies ou de certaines portions de voies aux véhicules de transport de matières dangereuses visées par la directive 82/501 du Conseil du 24 juin 1982 concernant les risques d'accidents majeurs de certaines activités industrielles et de nature à compromettre la sécurité publique.

Art. L. 2213-6 Le maire peut, moyennant le paiement de droits fixés par un tarif dûment établi, donner des permis de stationnement ou de dépôt temporaire sur la voie publique *(Abrogé par L. n° 2006-1772 du 30 déc. 2006, art. 72-1°) « , sur les rivières, ports et quais fluviaux »* et autres lieux publics, sous réserve que cette autorisation n'entraîne aucune gêne pour la circulation *(Abrogé par L. n° 2006-1772 du 30 déc. 2006, art. 72-1°) « , la navigation »* et la liberté du commerce. *(L. n° 2014-58 du 27 janv. 2014, art. 63-I, en vigueur le 1er janv. 2018)* « Les modalités de la tarification et la gestion matérielle du stationnement des véhicules sur la voie publique sont régies par l'article L. 2333-87 ». » — *Les dispositions de la partie Législative du code de la route qui citent en les reproduisant des articles d'autres codes ou de lois non codifiées sont de plein droit modifiées par l'effet des modifications ultérieures de ces articles (Ord. n° 2000-930 du 22 sept. 2000, art. 3).*

Art. L. 411-2 *(L. n° 2017-257 du 28 févr. 2017, art. 27-3°)* **Les règles relatives aux pouvoirs de police de la circulation routière à Paris sont fixées à l'article L. 2512-14 du code général des collectivités territoriales.**

Art. L. 411-3 Les règles relatives aux pouvoirs de police de la circulation routière dévolus au président du conseil général dans le département sont fixées par les articles L. 3221-4 et L. 3221-5 du code général des collectivités territoriales ci-après reproduits :

Art. L. 3221-4 Le président du conseil départemental gère le domaine du département. A ce titre, il exerce les pouvoirs de police afférents à cette gestion, notamment en ce qui concerne la circulation sur ce domaine, sous réserve des attributions dévolues aux maires par le présent code et au représentant de l'État dans le département, ainsi que du pouvoir de substitution du représentant de l'État dans le département prévu à l'article L. 3221-5.

Art. L. 3221-5 Le représentant de l'État dans le département peut, dans le cas où il n'y aurait pas été pourvu par le président du conseil départemental, et après une mise en demeure restée sans résultat, exercer les attributions dévolues au président du conseil départemental en matière de police en vertu des dispositions de l'article L. 3221-4. — *Les dispositions de la partie Législative du code de la route qui citent en les reproduisant des articles d'autres codes ou de lois non codifiées sont de plein droit modifiées par l'effet des modifications ultérieures de ces articles (Ord. n° 2000-930 du 22 sept. 2000, art. 3). Sur le transfert des pouvoirs de police de la circulation routière dévolus au président du conseil départemental par l'art. L. 3221-4 CGCT pendant les jeux Olympiques et Paralympiques de 2024, V. Ord. n° 2019-207 du 20 mars 2019 (JO 21 mars).*

Art. L. 411-3-1 *(Ord. n° 2014-1543 du 19 déc. 2014, art. 10-1°, en vigueur le 1er janv. 2015)* **Dans la métropole de Lyon, les règles relatives aux pouvoirs de police de la circulation routière du président du conseil de la métropole et aux pouvoirs de police du stationnement des maires sont fixées au 5° du I de l'article L. 3642-2 du code général des collectivités territoriales.**

Art. L. 411-4 Les règles relatives aux pouvoirs de police de la circulation routière dévolus au président du conseil exécutif dans la collectivité territoriale de Corse sont fixées par les articles L. 4424-4 et L. 4424-30 du code général des collectivités territoriales *[devenus respectivement les art. L. 4422-25 et L. 4424-21 en vertu de la L. n° 2002-92 du 22 janv. 2002, art. 3]* **ci-après reproduits :**

Art. L. 4422-25 Le président du conseil exécutif prépare et exécute les délibérations de l'Assemblée.

Il est l'ordonnateur des dépenses et prescrit l'exécution des recettes de la collectivité territoriale de Corse, sous réserve des dispositions particulières du code général des impôts relatives au recouvrement des recettes fiscales des collectivités locales.

Il est le chef des services de la collectivité territoriale de Corse. Il gère les personnels de la collectivité dans les conditions prévues par l'article 16-3 de la loi n° 72-619 du 5 juillet 1972 portant création et organisation des régions et la loi n° 84-53 du 26 janvier 1984 portant dispositions statutaires relatives à la fonction publique territoriale. Il peut, sous sa surveillance et sa responsabilité, donner une délégation de signature aux responsables desdits services.

Il gère le patrimoine de la collectivité territoriale de Corse. A ce titre, il exerce les pouvoirs de police afférents à cette gestion.

Il délègue par arrêté, sous sa surveillance et sa responsabilité, l'exercice d'une partie de ses attributions aux conseillers exécutifs. Ces délégations subsistent tant qu'elles n'ont pas été rapportées.

(L. n° 2002-92 du 22 janv. 2002, art. 57) « En cas d'empêchement pour quelque cause que ce soit, le président du conseil exécutif de Corse est provisoirement remplacé par un conseiller exécutif dans l'ordre de la liste élue. »

Art. L. 4424-21 La collectivité territoriale de Corse assure la construction, l'aménagement, l'entretien et la gestion de la voirie classée en route nationale. Par convention, la collectivité territoriale peut en déléguer la mise en œuvre aux départements.

La voirie classée en route nationale est transférée dans le patrimoine de la collectivité territoriale.

(L. n° 2002-92 du 22 janv. 2002, art. 14) « Sur le territoire de la Corse, par dérogation à l'article L. 110-3 du code de la route, la liste des routes à grande circulation est fixée par délibération de l'Assemblée de Corse ». — *Les dispositions de la partie Législative du code de la route qui citent en les reproduisant des articles d'autres codes ou de lois non codifiées sont de plein droit modifiées par l'effet des modifications ultérieures de ces articles (Ord. n° 2000-930 du 22 sept. 2000, art. 3).*

Art. L. 411-5 **Les règles relatives aux pouvoirs de police de la voie publique sur les routes à grande circulation dans les départements des Hauts-de-Seine, de la Seine-Saint-Denis et du Val-de-Marne sont fixées par l'article L. 2521-1 du code général des collectivités territoriales ci-après reproduit :**

Art. L. 2521-1 Dans les départements des Hauts-de-Seine, de la Seine-Saint-Denis et du Val-de-Marne, le représentant de l'État dans le département a la charge de la police de la voie publique sur les routes à grande circulation y compris en ce qui concerne la liberté et la sûreté, en plus des attributions de police exercées dans les communes où la police est étatisée conformément aux articles L. 2214-3 et L. 2214-4. — *Les dispositions de la partie Législative du code de la route qui citent en les reproduisant des articles d'autres codes ou de lois non codifiées sont de plein droit modifiées par l'effet des modifications ultérieures de ces articles (Ord. n° 2000-930 du 22 sept. 2000, art. 3).*

Art. L. 411-5-1 *(L. n° 2003-660 du 21 juill. 2003, art. 51)* **Dans les régions d'outre-mer où la voirie nationale a été transférée à la région, les règles relatives aux pouvoirs de police de la circulation routière dévolus au président du conseil régional sont fixées par les articles L. 4433-24-1-1 et L. 4433-24-1-2 du code général des collectivités territoriales ci-après reproduits :**

Art. L. 4433-24-1-1 A compter du transfert de la voirie nationale à une région d'outre-mer, le président du conseil régional gère le domaine transféré. A ce titre, il exerce les pouvoirs de police afférents à cette gestion, notamment en ce qui concerne la circulation sur ce domaine sous réserve des attributions dévolues par le présent code au maire et au préfet.

Art. L. 4433-24-1-2 Le préfet peut, dans le cas où il n'y aurait pas été pourvu par le président du conseil régional et après une mise en demeure restée sans résultat, exercer les attributions dévolues au président du conseil régional en matière de police en vertu de l'article L. 4433-24-1-1.

Art. L. 411-6 **Le droit de placer en vue du public, par tous les moyens appropriés, des indications ou signaux concernant, à un titre quelconque, la circulation n'appartient qu'aux autorités chargées des services de la voirie.**

Art. L. 411-7 **Sur les voies ouvertes à la circulation publique, l'organisation de courses de véhicules à moteur est soumise à autorisation de l'autorité investie du pouvoir de police.**

(Ord. n° 2014-1543 du 19 déc. 2014, art. 10-2°, en vigueur le 1er janv. 2015) **« Pour l'application de l'alinéa précédent sur le territoire de la métropole de Lyon, l'autorité à laquelle il est fait référence est celle investie du pouvoir de police de la circulation. »**

Le fait d'organiser une course de véhicules à moteur sans avoir obtenu l'autorisation prévue par le présent article est puni de six mois d'emprisonnement et de 18 000 € d'amende. — *[Anc. art. L. 5.]*

Art. L. 411-8 *(L. nº 2019-1428 du 24 déc. 2019, art. 35-VII)* L'autorité investie du pouvoir de police de la circulation peut, eu égard aux nécessités de la circulation ou de la protection de l'environnement, réglementer, de façon temporaire, notamment à certaines heures, ou de façon permanente, la circulation sur la voie publique du réseau routier national ou du réseau routier départemental hors agglomération.

Elle peut notamment réserver une partie de la voie publique pour en faire une voie de circulation destinée à faciliter la circulation des véhicules de transport en commun, des taxis, des véhicules transportant un nombre minimal d'occupants notamment dans le cadre du covoiturage au sens de l'article L. 3132-1 du code des transports ou des véhicules à très faibles émissions au sens de l'article L. 318-1 du présent code.

Pour des raisons liées aux conditions de circulation et à la sécurité routière, elle peut ne pas autoriser la circulation sur ces emplacements réservés des véhicules de transport de marchandises de plus de 3,5 tonnes même s'ils répondent aux conditions du deuxième alinéa du présent article.

CHAPITRE II *Conduite des véhicules et circulation des piétons*

Art. L. 412-1 Le fait, en vue d'entraver ou de gêner la circulation, de placer ou de tenter de placer, sur une voie ouverte à la circulation publique, un objet faisant obstacle au passage des véhicules ou d'employer, ou de tenter d'employer un moyen quelconque pour y mettre obstacle, est puni de deux ans d'emprisonnement et de 4 500 € d'amende.

Toute personne coupable de l'une des infractions prévues au présent article encourt également la peine complémentaire de suspension, pour une durée de trois ans au plus, du permis de conduire, cette suspension pouvant être limitée à la conduite en dehors de l'activité professionnelle.

Lorsqu'un délit prévu au présent article est commis à l'aide d'un véhicule, l'immobilisation et la mise en fourrière peuvent être prescrites dans les conditions prévues aux articles L. 325-1 à L. 325-3.

Les délits prévus au présent article donnent lieu de plein droit à la réduction de la moitié *(L. nº 2003-495 du 12 juin 2003, art. 11)* « du nombre maximal de points » du permis de conduire. — *[Anc. art. L. 7, L. 11-1, al. 1er et 2, L. 11-2, al. 1er, L. 14, al. 1er et 2, R. 278, 8º, et R. 285-2, 3º.]*

Art. L. 412-2 *(L. nº 2002-3 du 3 janv. 2002)* Est puni de six mois d'emprisonnement et de 3 750 € d'amende tout conducteur d'un véhicule à moteur qui, dans un tunnel, ne respecte pas la distance de sécurité suffisante entre deux véhicules ou la distance de 50 mètres pour les véhicules de plus de 3,5 tonnes, et qui commet la même infraction dans un délai d'un an à compter de la date à laquelle cette condamnation est devenue définitive.

Tout conducteur coupable de ce délit encourt également la peine complémentaire de suspension, pour une durée de trois ans au plus, du permis de conduire, cette suspension pouvant être limitée à la conduite en dehors de l'activité professionnelle.

L'immobilisation et la mise en fourrière peuvent être prescrites dans les conditions prévues aux articles L. 325-1 à L. 325-3.

Ce délit donne lieu de plein droit à la réduction de la moitié du nombre de points initial du permis de conduire.

CHAPITRE III *Vitesse*

Art. L. 413-1 *(L. nº 2011-267 du 14 mars 2011, art. 74-3º-a)* « I. — » Est puni de trois mois d'emprisonnement et de 3 750 € d'amende tout conducteur d'un véhicule à moteur qui, déjà condamné définitivement pour un dépassement de la vitesse maximale autorisée égal ou supérieur à 50 km/h, commet la même infraction *(L. nº 2003-495 du 12 juin 2003, art. 4)* « en état de récidive dans les conditions prévues par le deuxième alinéa de l'article 132-11 du code pénal ».

(L. nº 2011-267 du 14 mars 2011, art. 74-3º-a et b) « II. — Tout conducteur coupable de ce délit encourt également les peines complémentaires suivantes :

« 1º La confiscation obligatoire du véhicule dont il s'est servi pour commettre l'infraction, s'il en est le propriétaire. La juridiction peut toutefois ne pas prononcer cette peine, par une décision spécialement motivée ;

« 2° La suspension, pour une durée de trois ans au plus, du permis de conduire, cette suspension ne pouvant pas être limitée à la conduite en dehors de l'activité professionnelle ;

« 3° L'interdiction de conduire certains véhicules terrestres à moteur, pour une durée de cinq ans au plus ;

« 4° L'obligation d'accomplir, à ses frais, un stage de sensibilisation à la sécurité routière.

« III. — » Ce délit donne lieu de plein droit à la réduction de la moitié *(L. n° 2003-495 du 12 juin 2003, art. 11)* « du nombre maximal de points » du permis de conduire.

Art. L. 413-2 *(L. n° 2003-495 du 12 juin 2003, art. 18)* I. — Le fait de fabriquer, d'importer, d'exporter, d'exposer, d'offrir, de mettre en vente, de vendre, de proposer à la location ou d'inciter à acheter ou à utiliser un appareil, dispositif ou produit de nature ou présenté comme étant de nature à déceler la présence ou perturber le fonctionnement d'appareils, instruments ou systèmes servant à la constatation des infractions à la législation ou la réglementation de la circulation routière ou de permettre de se soustraire à la constatation desdites infractions est puni de deux ans d'emprisonnement et de 30 000 € d'amende.

II. — Cet appareil, ce dispositif ou ce produit est saisi. Lorsque l'appareil, le dispositif ou le produit est placé, adapté ou appliqué sur un véhicule, ce véhicule peut également être saisi.

Art. L. 413-3 *(L. n° 2003-495 du 12 juin 2003, art. 18)* La tentative des délits prévus par l'article L. 413-2 est punie des mêmes peines.

Art. L. 413-4 *(L. n° 2003-495 du 12 juin 2003, art. 18)* Les personnes physiques coupables des infractions prévues par l'article L. 413-2 encourent également les peines complémentaires suivantes :

1° La suspension, pour une durée de trois ans au plus, du permis de conduire ;

2° La confiscation du véhicule, lorsque le dispositif qui a servi ou était destiné à commettre l'infraction est placé, adapté ou appliqué sur un véhicule.

Toute condamnation pour le délit prévu à l'article L. 413-2 donne lieu de plein droit à la confiscation du dispositif qui a servi ou était destiné à commettre l'infraction.

Art. L. 413-5 *(L. n° 2009-526 du 12 mai 2009, art. 125-XIX)* Les personnes morales déclarées responsables pénalement, dans les conditions prévues par l'article 121-2 du code pénal, des infractions définies à l'article L. 413-2 encourent, outre l'amende suivant les modalités prévues par l'article 131-38 du code pénal, les peines prévues par les 4° à 6°, 8° et 9° de l'article 131-39 du même code.

CHAPITRE IV *Croisement et dépassement*

Le présent chapitre ne comprend pas de dispositions législatives.

CHAPITRE V *Intersections et priorité de passage*

Le présent chapitre ne comprend pas de dispositions législatives.

CHAPITRE VI *Usage des dispositifs d'éclairage et de signalisation*

Le présent chapitre ne comprend pas de dispositions législatives.

CHAPITRE VII *Arrêt et stationnement*

Art. L. 417-1 Les véhicules laissés en stationnement en un même point de la voie publique ou de ses dépendances pendant une durée excédant sept jours consécutifs peuvent être mis en fourrière. — *[Anc. art. L. 25, al. 2.]*

CHAPITRE VIII *Publicité et préenseignes*

Le présent chapitre ne comprend pas de dispositions législatives.

CHAPITRE IX *Péages*

(L. n° 2019-1428 du 24 déc. 2019, art. 159-I)

Art. L. 419-1 I. — Le fait pour tout conducteur d'éluder de manière habituelle le paiement du péage sur une autoroute ou un ouvrage routier ouvert à la circulation publique est puni de 7 500 € d'amende.

II. – Au sens et pour l'application du I, le conducteur qui élude de manière habituelle le paiement du péage est celui qui a fait l'objet, sur une période inférieure ou égale à douze mois, de plus de cinq contraventions pour avoir circulé sur une autoroute ou un ouvrage routier sans s'acquitter de l'intégralité du montant du péage.

Pour l'application du premier alinéa du présent II, une contravention ayant donné lieu à une transaction en application de l'article 529-6 du code de procédure pénale n'est pas prise en compte dans le calcul du nombre de contraventions.

TITRE II Dispositions complémentaires applicables sur certaines voies

Le présent titre ne comprend pas de dispositions législatives.

TITRE III Dispositions complémentaires applicables à la circulation de certains véhicules

CHAPITRE PREMIER *Motocyclettes, tricycles et quadricycles à moteur, cyclomoteurs et cycles*

Art. L. 431-1 Le véhicule à deux roues à moteur dont le conducteur circule sans être coiffé d'un casque ou muni des équipements obligatoires destinés à garantir sa propre sécurité peut être immobilisé.

Lorsque le conducteur du véhicule n'a pas justifié de la cessation de l'infraction dans un délai de quarante-huit heures, l'officier de police judiciaire peut transformer l'immobilisation en une mise en fourrière.

Les dispositions du présent article sont mises en application dans les conditions prévues par les articles L. 325-2, L. 325-3, L. 325-7 à L. 325-11. – *[Anc. art. L. 8.]*

CHAPITRE II *Véhicules d'intérêt général*

Le présent chapitre ne comprend pas de dispositions législatives.

CHAPITRE III *Transports exceptionnels et ensembles de véhicules comportant plus d'une remorque*

Art. L. 433-1 *(L. n° 2009-1503 du 8 déc. 2009, art. 43)* L'accompagnement des transports exceptionnels est effectué par des conducteurs soumis à une obligation de formation professionnelle.

Sont dispensés de cette obligation les fonctionnaires des services actifs de la police nationale et les militaires de la gendarmerie nationale, en activité ou ayant cessé leur activité.

Un décret en Conseil d'État détermine les conditions d'application du présent article et notamment les conditions dans lesquelles les agents mentionnés à l'alinéa précédent sont dispensés de cette obligation lorsqu'ils ont cessé leur activité.

CHAPITRE IV *Convois et véhicules à traction animale*

Le présent chapitre ne comprend pas de dispositions législatives.

TITRE IV Dispositions relatives à l'outre-mer

CHAPITRE PREMIER *Dispositions particulières à la collectivité territoriale de Saint-Pierre-et-Miquelon*

Art. L. 441-1 Les articles L. 411-1 à L. 411-5 ne s'appliquent pas dans la collectivité territoriale de Saint-Pierre-et-Miquelon.

Art. L. 441-2 Les règles relatives aux pouvoirs de police de la circulation routière sont fixées par les articles L. 131-3, L. 131-4, à l'exclusion du 5e alinéa, L. 131-4-1, L. 131-4-2 et L. 131-5, 1er alinéa, du code des communes applicable dans la collectivité territoriale de Saint-Pierre-et-Miquelon et par les articles 25, 5e alinéa, et 34, III, 2e alinéa, de la loi n° *82-213 du 2 mars 1982* relative aux droits et libertés des communes, des départements et des régions.

CHAPITRE II *Dispositions applicables à Mayotte* *(L. n° 2010-1487 du 7 déc. 2010, art. 36).*

Les dispositions de la L. n° 2010-1487 du 7 déc. 2010 sont applicables depuis le 31 mars 2011.

Art. L. 442-1 Les dispositions législatives du présent livre sont applicables à Mayotte, à l'exception des articles L. 411-1 à L. 411-5. – *[Ord. n° 92-256 du 4 mars 1992, art. 1er.]*

Art. L. 442-2 Les règles relatives aux pouvoirs de police de la circulation routière sont fixées par les articles L. 131-3, L. 131-4, à l'exclusion du 5e alinéa, L. 131-4-1, L. 131-4-2 et L. 131-5, 1er alinéa, du code des communes applicable à Mayotte et par l'article 5, 2e alinéa, de la loi n° 76-1212 du 24 décembre 1976 relative à l'organisation de Mayotte.

CHAPITRE III *Dispositions applicables à la Polynésie française*

Art. L. 443-1 L'article L. 417-1 est applicable à la Polynésie française. – *[L. n° 96-609 du 5 juill. 1996, art. 40.]*

CHAPITRE IV *Dispositions applicables en Nouvelle-Calédonie*

(Ord. n° 2004-567 du 17 juin 2004, art. 4)

Art. L. 444-1 L'article L. 417-1 est applicable en Nouvelle-Calédonie.

DEUXIÈME PARTIE : *Réglementaire*

(Décr. nos 2001-250 et 2001-251 du 22 mars 2001)

LIVRE PREMIER **Dispositions générales**

TITRE PREMIER **Définitions**

Art. R. 110-1 L'usage des voies ouvertes à la circulation publique est régi par les dispositions du présent code. Il en est de même de l'usage des voies non ouvertes à la circulation publique, lorsqu'une disposition du présent code le prévoit. – *[Anc. art. R. 1er, al. 1er.]*

Art. R. 110-2 Pour l'application du présent code, les termes ci-après ont le sens qui leur est donné dans le présent article :

– "agglomération" : espace sur lequel sont groupés des immeubles bâtis rapprochés et dont l'entrée et la sortie sont signalées par des panneaux placés à cet effet le long de la route qui le traverse ou qui le borde ;

(Décr. n° 2008-754 du 30 juill. 2008) « [–] "aire piétonne" : section ou ensemble de sections de voies en agglomération, hors routes à grande circulation, constituant une zone affectée à la circulation des piétons de façon temporaire ou permanente. Dans cette zone, sous réserve des dispositions *(Décr. n° 2019-1082 du 23 oct. 2019, art. 2)* « des articles R. 412-43-1 et R. 431-9, » seuls les véhicules nécessaires à la desserte interne de la zone sont autorisés à circuler à l'allure du pas et les piétons sont prioritaires sur ceux-ci. Les entrées et sorties de cette zone sont annoncées par une signalisation ; »

– "arrêt" : immobilisation momentanée d'un véhicule sur une route durant le temps nécessaire pour permettre la montée ou la descente de personnes, le chargement ou le déchargement du véhicule, le conducteur restant aux commandes de celui-ci ou à proximité pour pouvoir, le cas échéant, le déplacer ;

– "bande cyclable" : voie exclusivement réservée aux cycles à deux ou trois roues *(Décr. n° 2019-1082 du 23 oct. 2019, art. 2)* « et aux engins de déplacement personnel motorisés » sur une chaussée à plusieurs voies ;

– "bande d'arrêt d'urgence" : partie d'un accotement située en bordure de la chaussée et spécialement réalisée pour permettre, en cas de nécessité absolue, l'arrêt ou le stationnement des véhicules ;

– "bretelle de raccordement autoroutière" : route reliant les autoroutes au reste du réseau routier ;

– "carrefour à sens giratoire" : place ou carrefour comportant un terre-plein central matériellement infranchissable, ceinturé par une chaussée mise à sens unique par la droite sur laquelle débouchent différentes routes et annoncé par une signalisation spécifique. Toutefois, *(Abrogé par Décr. n° 2010-1390 du 12 nov. 2010, art. 2)* « *en agglomération exclusivement* » les carrefours à sens giratoire peuvent comporter un terre-plein central matériellement franchissable, qui peut être chevauché par les conducteurs lorsque l'encombrement de leur véhicule rend cette manœuvre indispensable ;

– "chaussée" : partie(s) de la route normalement utilisée(s) pour la circulation des véhicules ;

– "intersection" : lieu de jonction ou de croisement à niveau de deux ou plusieurs chaussées, quels que soient le ou les angles des axes de ces chaussées ;

– "piste cyclable" : chaussée exclusivement réservée aux cycles à deux ou trois roues *(Décr. n° 2019-1082 du 23 oct. 2019, art. 2)* « et aux engins de déplacement personnel motorisés » ;

– "stationnement" : immobilisation d'un véhicule sur la route hors les circonstances caractérisant l'arrêt ;

– "voie de circulation" : subdivision de la chaussée ayant une largeur suffisante pour permettre la circulation d'une file de véhicules ;

(Décr. n° 2004-998 du 16 sept. 2004) « – "voie verte" : route exclusivement réservée à la circulation des véhicules non motorisés *(Décr. n° 2019-1082 du 23 oct. 2019, art. 2)* « à l'exception des engins de déplacement personnel motorisés », des piétons et des cavaliers ; »

(Décr. n° 2008-754 du 30 juill. 2008) « – "zone de rencontre" : section ou ensemble de sections de voies en agglomération constituant une zone affectée à la circulation de tous les usagers. Dans cette zone, les piétons sont autorisés à circuler sur la chaussée sans y stationner et bénéficient de la priorité sur les véhicules. La vitesse des véhicules y est limitée à 20 km/h. Toutes les chaussées sont à double sens pour les cyclistes *(Décr. n° 2019-1082 du 23 oct. 2019, art. 2)* « et les conducteurs d'engins de déplacement personnel motorisés, » sauf dispositions différentes prises par l'autorité investie du pouvoir de police. Les entrées et sorties de cette zone sont annoncées par une signalisation et l'ensemble de la zone est aménagé de façon cohérente avec la limitation de vitesse applicable.

« – "zone 30" : section ou ensemble de sections de voies constituant une zone affectée à la circulation de tous les usagers. Dans cette zone, la vitesse des véhicules est limitée à 30 km/h. Toutes les chaussées sont à double sens pour les cyclistes *(Décr. n° 2019-1082 du 23 oct. 2019, art. 2)* « et les conducteurs d'engins de déplacement personnel motorisés, » sauf dispositions différentes prises par l'autorité investie du pouvoir de police. Les entrées et sorties de cette zone sont annoncées par une signalisation et l'ensemble de la zone est aménagé de façon cohérente avec la limitation de vitesse applicable. »

Art. R. 110-3 *(Décr. n° 2003-425 du 9 mai 2003, art. 68)* « Le présent code ne s'applique pas aux véhicules de transport public assujettis à suivre, de façon permanente, une trajectoire déterminée par un ou des rails matériels et empruntant l'assiette des routes. »

Toutefois, les conducteurs de ces véhicules sont tenus de respecter les signaux comportant des prescriptions absolues ainsi que les indications données par les agents réglant la circulation routière. – *[Anc. art. R. 228, al. 1er à 3 et 5.]*

TITRE II **Responsabilité**

CHAPITRE PREMIER ***Responsabilité pénale***

Art. R. 121-1 Le fait pour tout employeur, hormis l'employeur des conducteurs de véhicules d'intérêt général dans les cas nécessités par l'urgence de leur mission, de donner, directement ou indirectement, à un de ses salariés chargé de la conduite d'un véhicule de transport routier de personnes ou de marchandises des instructions incompatibles avec le respect des vitesses maximales autorisées par le présent code est puni de l'amende prévue pour les contraventions de la cinquième classe. – *[Décr. n° 92-699 du 23 juill. 1992, art. 1er.]*

Art. R. 121-2 Le fait, pour tout employeur auquel s'applique la réglementation relative au transport routier de personnes ou de marchandises, de donner, directement ou indirectement, à un de ses salariés chargé de la conduite d'un véhicule de transport routier de personnes ou de marchandises des instructions incompatibles avec le respect des dispositions :

1° *(Décr. n° 2008-269 du 18 mars 2008)* « De l'article 6 du règlement (CE) n° 561/2006 du Parlement européen et du Conseil du 15 mars 2006, » relatives aux durées maximales de conduite ;

2° *(Décr. n° 2008-269 du 18 mars 2008)* « De l'article 8 du règlement (CE) n° 561/2006 du Parlement européen et du Conseil du 15 mars 2006, » relatives à la durée minimale du repos journalier ainsi qu'à la durée minimale du repos hebdomadaire ;

3° *(Décr. n° 2016-1550 du 17 nov. 2016, art. 3, en vigueur le 1er janv. 2017)* « Des articles R. 3312-51 à R. 3312-64 du code des transports *[ancienne rédaction : De l'article 7 du décret n° 83-40 du 26 janvier 1983]* », relatives à la durée quotidienne du travail dans les entreprises de transport routier ;

4° *(Décr. n° 2016-1551 du 18 nov. 2016, art. 6-VI, en vigueur le 1er janv. 2017)* « Des articles L. 3121-20 à L. 3121-26 *[ancienne rédaction : De l'article L. 212-7]* » du code du travail relatives à la durée hebdomadaire du travail, est puni de l'amende prévue pour les contraventions de la cinquième classe. – *[Décr. n° 92-699 du 23 juill. 1992, art. 2.]*

Art. R. 121-3 Le fait, pour tout employeur, de donner, directement ou indirectement, à un salarié des instructions incompatibles avec le respect des dispositions des articles R. 312-2, R. 312-3 et R. 312-4 relatives aux limites de poids des véhicules de transport routier de personnes ou de marchandises, est puni de l'amende prévue pour les contraventions de la cinquième classe. – *[Décr. n° 92-699 du 23 juill. 1992, art. 3.]*

Art. R. 121-4 Le fait, pour tout expéditeur, commissionnaire, affréteur, mandataire, destinataire ou tout autre donneur d'ordres à un transporteur routier de marchandises, directement ou par l'intermédiaire d'un mandataire ou d'un préposé, de provoquer, par une fausse déclaration du poids d'un chargement placé à bord d'un véhicule, un dépassement des limites de poids fixées par les articles R. 312-2, R. 312-4 et R. 312-6, est puni de l'amende prévue pour les contraventions de la cinquième classe. – *[Décr. n° 92-699 du 23 juill. 1992, art. 4.]*

Art. R. 121-5 Le fait, pour tout expéditeur, commissionnaire, affréteur, mandataire, destinataire ou tout autre donneur d'ordres, en connaissance de cause, de donner à tout transporteur routier de marchandises, ou à tout préposé de celui-ci, des instructions incompatibles avec le respect des dispositions :

1° *(Décr. n° 2008-269 du 18 mars 2008)* « De l'article 6 du règlement (CE) n° 561/2006 du Parlement européen et du Conseil du 15 mars 2006, » relatives aux durées maximales de conduite journalière ;

2° *(Décr. n° 2016-1550 du 17 nov. 2016, art. 3, en vigueur le 1er janv. 2017)* « De l'article R. 3312-51 du code des transports *[ancienne rédaction : Du second paragraphe de l'article 7 du décret n° 83-40 du 26 janvier 1983 relatif à la durée du travail dans les entreprises de transport routier]* » ;

3° Relatives aux vitesses maximales autorisées par le présent code ;

4° Des articles R. 312-2, R. 312-3 et R. 312-4, relatives aux limites de poids des véhicules ;

5° Des articles R. 433-1 à R. 433-3 relatives aux transports exceptionnels de marchandises, d'engins ou de véhicules concernant le poids du véhicule et les dimensions du chargement, est puni de l'amende prévue pour les contraventions de la cinquième classe. – *[Décr. n° 92-699 du 23 juill. 1992, art. 5.]*

Art. R. 121-6 *(Décr. n° 2016-1955 du 28 déc. 2016, art. 1er)* Le titulaire du certificat d'immatriculation du véhicule est, en application de l'article L. 121-3, redevable pécuniairement de l'amende encourue pour des infractions aux règles sur :

1° Le port d'une ceinture de sécurité homologuée dès lors que le siège qu'il occupe en est équipé prévu à l'article R. 412-1 ;

2° L'usage du téléphone tenu en main *(Décr. n° 2018-795 du 17 sept. 2018, art. 2)* « ou le port à l'oreille de tout dispositif susceptible d'émettre du son prévus à » l'article R. 412-6-1 ;

3° L'usage de voies et chaussées réservées à certaines catégories de véhicules *(Décr. n° 2018-795 du 17 sept. 2018, art. 2)* « , de voies vertes et d'aires piétonnes prévu au II » de l'article R. 412-7 ;

4° L'arrêt, le stationnement ou la circulation sur les bandes d'arrêt d'urgence prévus à l'article R. 412-8, au 9° du II de l'article R. 417-10 et à l'article R. 421-7 ;

5° Le respect des distances de sécurité entre les véhicules prévu à l'article R. 412-12 ;

6° Le franchissement et le chevauchement des lignes continues prévus aux articles R. 412-19 et R. 412-22 ;

(Décr. n° 2018-795 du 17 sept. 2018, art. 2) « 6° *bis* Le sens de la circulation ou les manœuvres interdites prévus aux articles R. 412-28 et R. 421-6 » ;

7° Les signalisations imposant l'arrêt des véhicules prévues aux articles R. 412-30, R. 412-31 et R. 415-6 ;

8° Les vitesses maximales autorisées prévues aux articles R. 413-14, R. 413-14-1 et R. 413-17 ;

9° Le dépassement prévu aux articles R. 414-4, R. 414-6 et R. 414-16 ;

10° L'engagement *(Décr. n° 2018-795 du 17 sept. 2018, art. 2)* « dans une intersection ou » dans l'espace compris entre les deux lignes d'arrêt prévu *(Décr. n° 2018-795 du 17 sept. 2018, art. 2)* « à » l'article R. 415-2 ;

(Décr. n° 2018-795 du 17 sept. 2018, art. 2) « 10° *bis* La priorité de passage à l'égard du piéton prévue à l'article R. 415-11 » ;

11° L'obligation du port d'un casque homologué d'une motocyclette, d'un tricycle à moteur, d'un quadricycle à moteur ou d'un cyclomoteur prévue à l'article R. 431-1 ;

12° L'obligation, pour faire circuler un véhicule terrestre à moteur, d'être couvert par une assurance garantissant la responsabilité civile, prévue aux articles L. 211-1 et L. 211-2 du code des assurances et à l'article L. 324-2. — *Les dispositions du 12° de l'art. R. 121-6 entrent en vigueur par un Décr. pris en Conseil d'État ou au plus tard le 31 déc. 2018 comme mentionné à l'art. 35-V de la L. n° 2016-1547 du 18 nov. 2016 (Décr. n° 2016-1955 du 28 déc. 2016, art. 2-2°) ;*

(Décr. n° 2018-795 du 17 sept. 2018, art. 2) « 13° Le port de plaques d'immatriculation dans les conditions prévues à l'article R. 317-8. »

CHAPITRE II *Indemnisation des victimes d'accidents de la circulation*

Le présent chapitre ne comprend pas de dispositions réglementaires codifiées.

TITRE III Recherche et constatation des infractions

V. art. L. 130-1 s. et C. pr. pén., art. 16 s.

RÉP. PÉN. v° *Garde champêtre*, par DREUILLE.

Art. R. 130-1 Les personnels assermentés de l'office national des forêts peuvent constater, lorsqu'elles sont commises sur les chemins forestiers ouverts à la circulation publique, les contraventions prévues par :

1° Le présent code ;

2° Les articles R. 644-2 et R. 653-1 du code pénal, lorsqu'il s'agit de contraventions se rapportant à la circulation routière ;

3° *(Décr. n° 2005-320 du 30 mars 2005, art. 1er)* « L'article R. 625-3 du code pénal, lorsqu'il s'agit de contraventions commises à l'occasion de la conduite d'un véhicule ; »

4° L'article R. 211-21-5 du code des assurances relatif à l'affichage sur les véhicules d'un certificat d'assurance.

Art. R. 130-1-1 *(Décr. n° 2002-1256 du 15 oct. 2002)* Les agents de police judiciaire adjoints mentionnés aux 1°, 1 *bis* et 1 *ter* de l'article 21 du code de procédure pénale peuvent constater par procès-verbal les contraventions aux dispositions du présent code, à l'exception de celles prévues aux articles R. 121-1 à R. 121-5, R. 221-18, R. 234-1, R. 314-2, *(Abrogé par Décr. n° 2005-320 du 30 mars 2005, art. 1er)* « *R. 317-29,* » R. 321-4 (alinéas 1 à 4) et R. 413-15 *(Abrogé par Décr. n° 2005-320 du 30 mars 2005, art. 1er)* « *pour ce qui concerne la mise en vente ou la vente* ».

Art. R. 130-1-2 *(Décr. n° 2002-1256 du 15 oct. 2002)* Les agents de police judiciaire adjoints mentionnés au 1° *quater* de l'article 21 du code de procédure pénale peuvent constater par procès-verbal, lorsqu'elles sont commises à l'intérieur du territoire de la ville de Paris, les contraventions aux dispositions du présent code, à l'exception de celles prévues aux articles R. 121-1 à R. 121-5, R. 221-18, R. 222-2, *(Abrogé par Décr. n° 2017-1523 du 3 nov. 2017, art. 2-I)* « *R. 222-3* », R. 234-1, R. 314-2, *(Abrogé par Décr. n° 2005-320 du 30 mars 2005, art. 1er)* « *R. 317-29,* » R. 321-4 (alinéas 1 à 4), R. 411-32, *(Décr. n° 2020-1494 du 30 nov. 2020, art. 1er)* « R. 419-1 », R. 412-51, R. 412-52 et R. 413-15.

Art. R. 130-2 Les agents de police judiciaire adjoints mentionnés au 2° de l'article 21 du code de procédure pénale peuvent constater par procès-verbal, lorsqu'elles sont commises à l'intérieur du territoire communal sur les voies autres que les autoroutes, les contraventions aux articles R. 644-2 et R. 653-1 du code pénal commises à l'occasion de la conduite d'un véhicule, les contraventions aux dispositions du présent code à l'exception de *(Abrogé par Décr. n° 2002-1256 du 15 oct. 2002)* « *celles commises par les piétons et* » celles prévues aux articles *(Décr. n° 2002-1256 du 15 oct. 2002)* « R. 121-1 à R. 121-5, » *(Décr. n° 2001-751 du 27 août 2001)* « R. 221-18 », R. 222-2, *(Abrogé par Décr. n° 2017-1523 du 3 nov. 2017, art. 2-I)* « *R. 222-3* », R. 234-1, R. 314-2, R. 411-32, *(Décr. n° 2020-1494 du 30 nov. 2020, art. 1er)* « R. 419-1 », R. 412-51, R. 412-52, *(Décr. n° 2001-751 du 27 août 2001)* « R. 413-15 ». — *[Anc. art. R. 249-1.]*

Art. R. 130-3 *(Décr. n° 2002-1256 du 15 oct. 2002)* Les gardes champêtres peuvent constater par procès-verbal si elles sont commises à l'intérieur du territoire communal et sur des voies autres que les autoroutes :

a) Les contraventions de police prévues aux articles R. 644-2 et R. 653-1 du code pénal lorsqu'il s'agit de contraventions se rapportant à la circulation routière ;

(Décr. n° 2017-1523 du 3 nov. 2017, art. 2-II) « *b)* Les contraventions aux dispositions du présent code à l'exception de celles prévues aux articles R. 121-1 à R. 121-5, R. 221-18, R. 222-2, R. 234-1, R. 314-2, R. 411-32, *(Décr. n° 2020-1494 du 30 nov. 2020, art. 1er)* « R. 419-1 », R. 412-51 et R. 412-52 ; »

(Abrogé par Décr. n° 2017-1523 du 3 nov. 2017, art. 2-II) « *c) Les contraventions au présent code mentionnées à l'article R. 413-15 en ce qui concerne la détention, l'usage ou le transport ;*

« d) Les contraventions prévues par l'article R. 211-21-5 du code des assurances. »

Art. R. 130-4 Les agents mentionnés aux 3° et 4° de l'article L. 130-4 peuvent constater les contraventions aux dispositions concernant l'arrêt ou le stationnement des véhicules autres que celles prévues à l'article R. 417-9.

(Décr. n° 2003-536 du 20 juin 2003, art. 1er) « Les agents mentionnés au 5° et au 10° de l'article L. 130-4 peuvent constater les mêmes contraventions lorsqu'elles sont commises respectivement dans les enceintes portuaires ou dans l'emprise des aérodromes. » – *Dispositions applicables à Mayotte.*

Les agents mentionnés *(Décr. n° 2002-1256 du 15 oct. 2002)* « au 3° » de l'article L. 130-4 peuvent également constater les contraventions prévues par l'article R. 211-21-5 du code des assurances.

La liste des services publics urbains de transport en commun de voyageurs prévue au 4° de l'article L. 130-4 est fixée par *(Décr. n° 2003-536 du 20 juin 2003, art. 1er)* « arrêté préfectoral ». – *[Anc. art. R. 250-1.]*

(Décr. n° 2004-568 du 11 juin 2004, art. 3) « Les agents mentionnés au 12° de l'article L. 130-4 peuvent constater les contraventions prévues par les articles R. 321-4, R. 323-16 et R. 323-19. »

Art. R. 130-5 Les agents mentionnés à l'article L. 116-2 du code de la voirie routière peuvent constater par procès-verbal les contraventions prévues par :

1° Les 1° et 2° de l'article R. 130-1 :

a) Lorsqu'elles sont connexes à des infractions à la police de la conservation du domaine public routier ;

b) Lorsqu'elles sont commises au droit ou aux abords de chantiers situés sur la voie publique et qu'elles ont ou peuvent avoir pour effet de porter atteinte à l'exploitation normale desdits chantiers ou à la sauvegarde du personnel employé sur ceux-ci ;

2° L'article R. 418-9. – *[Anc. art. R. 251, al. 1er à 3, et Décr. n° 76-148 du 11 févr. 1976, art. 13.]*

Art. R. 130-6 *(Décr. n° 2003-536 du 20 juin 2003, art. 2)* « Les fonctionnaires ou agents de l'État chargés du contrôle des transports terrestres placés sous l'autorité du ministre chargé des transports peuvent constater par procès-verbal : »

(Décr. n° 2014-784 du 8 juill. 2014, art. 7-1°) « 1° Les contraventions aux dispositions des articles R. 121-1 à R. 121-5, *(Décr. n° 2017-198 du 16 févr. 2017, art. 1er-1°)* « R. 221-1-1 », R. 221-20, R. 233-1, R. 233-2, R. 234-6, R. 311-3, R. 312-2 à R. 312-6, R. 312-10 à R. 312-14, R. 312-19 à R. 312-23, R. 313-1 à R. 313-7, R. 313-9, R. 313-10, R. 313-12, R. 313-14, R. 313-17 à R. 313-20, R. 313-21, R. 313-24, R. 313-25, R. 313-26, *(Décr. n° 2020-1396 du 17 nov. 2020, art. 2, en vigueur le 1er janv. 2021)* « R. 313-32-1, » R. 313-33, R. 314-1, R. 314-3, R. 315-1, R. 315-2, R. 316-1, R. 316-3, R. 316-4, R. 316-6, R. 316-7, R. 316-8, R. 317-1, R. 317-3, R. 317-4, R. 317-5, R. 317-8 à R. 317-14, R. 317-18, R. 317-20, R. 317-23, R. 317-24, R. 317-24-1, R. 317-26, R. 317-28, R. 318-1, R. 318-3, R. 318-4, R. 322-1, R. 323-1, R. 323-2, R. 323-6, R. 323-22, R. 323-23 à R. 323-26, R. 325-2, R. 325-8, R. 411-17, R. 411-18, *(Décr. n° 2015-1693 du 17 déc. 2015, art. 6, en vigueur le 1er janv. 2016)* « R. 411-19, » *(Décr. n° 2020-1088 du 24 août 2020, art. 3)* « R. 411-19-1, » R. 411-21, R. 411-21-1, R. 411-23, R. 411-23-1, R. 411-23-2, R. 412-1, R. 412-13, R. 412-16, R. 433-1 à R. 433-8, R. 433-11, R. 433-12, R. 433-14 à R. 433-16, R. 433-20, R. 435-1 et *(Décr. n° 2017-15 du 6 janv. 2017, art. 1er)* « R. 435-3 » ainsi que, lorsqu'elles sont commises par le conducteur d'un véhicule qui doit être équipé d'un appareil de contrôle dit chronotachygraphe, les contraventions aux dispositions relatives aux vitesses maximales autorisées par le présent code ; »

(Décr. n° 2011-368 du 4 avr. 2011) « 2° Toutes les autres contraventions prévues aux 1° et 2° de l'article R. 130-1 lorsqu'elles sont connexes à des infractions aux dispositions législatives relatives à l'accès aux professions du transport ferroviaire ou guidé et du transport routier et à leurs conditions d'exercice prévues au livre IV de la première partie et à la troisième partie du code des transports ainsi qu'aux dispositions réglementaires prises pour leur application ; » – *Le 2° est entré en vigueur le 1er déc. 2010 (Décr. n° 2011-368 du 4 avr. 2011, art. 1er-II).*

(Décr. n° 2014-784 du 8 juill. 2014, art. 7-1°) « 3° Les contraventions prévues à l'article R. 211-14 du code des assurances. »

Art. R. 130-7 Les agents des douanes peuvent constater par procès-verbal les contraventions aux dispositions des articles R. 312-2 à R. 312-6, R. 411-18, R. 412-16, R. 433-1 à R. 433-7, ainsi que les infractions prévues aux articles R. 211-14, R. 211-17, R. 211-21-1 et R. 211-21-2 du code des assurances. – *[Anc. art. R. 251, al. 7.]*

Art. R. 130-8 Après avoir été agréés par le préfet et assermentés conformément à l'article L. 130-7, les agents *(Décr. n° 2013-10 du 3 janv. 2013)* « de l'exploitant » d'une autoroute ou d'un ouvrage routier ouvert à la circulation publique et régulièrement soumis à péage peuvent constater par procès-verbal les contraventions aux dispositions *(Décr. n° 2020-1494 du 30 nov. 2020, art. 1er)* « des articles R. 419-1 et R. 419-2 ». — *[Anc. art. R. 251, al. 8.]*

(Décr. n° 2013-10 du 3 janv. 2013) « Ces contraventions peuvent être constatées au moyen d'un système de vidéoprotection dans les conditions prévues aux articles L. 251-1 à L. 252-7 du code de la sécurité intérieure. »

Art. R. 130-9 La formule du serment, prévu par l'article L. 130-7, est la suivante :

"Je jure de bien et fidèlement remplir mes fonctions et de ne rien révéler ou utiliser de ce qui sera porté à ma connaissance à l'occasion de leur exercice." — *[Anc. art. R. 252.]*

Art. R. 130-10 I. — Sans préjudice des pouvoirs conférés à d'autres agents par des lois spéciales, peuvent régler la circulation :

1° *(Décr. n° 2006-46 du 13 janv. 2006)* « Les réservistes de la gendarmerie, les élèves gendarmes et » les gendarmes auxiliaires placés sous le commandement de militaires de la gendarmerie et les volontaires servant en qualité de militaires dans la gendarmerie ;

2° *(Décr. n° 2006-46 du 13 janv. 2006)* « Les réservistes de la police, les élèves policiers et » les policiers auxiliaires et les adjoints de sécurité placés sous le commandement de fonctionnaires de la police nationale ;

3° Certains personnels militaires des unités de circulation de l'arme du train pour assurer l'acheminement des véhicules militaires ;

(Décr. n° 2002-1256 du 15 oct. 2002) « 4° Les agents de police municipale, les agents de surveillance de Paris et les gardes champêtres à l'intérieur du territoire communal, sur les voies autres que les autoroutes. »

II. — Pour l'application du 3° du I ci-dessus, les modalités de l'habilitation et la définition des catégories de personnels habilités font l'objet d'un arrêté conjoint du ministre de l'intérieur, du ministre de la justice, du ministre de la défense et du ministre chargé des transports. — *[Anc. art. R. 229-1.] — V. Arr. du 4 janv. 1978 (JONC 19 janv.).*

Art. R. 130-11 *(Décr. n° 2016-1955 du 28 déc. 2016, art. 1er)* Font foi jusqu'à preuve du contraire les constatations, effectuées par ou à partir des appareils de contrôle automatique ayant fait l'objet d'une homologation, relatives aux infractions sur :

1° Le port d'une ceinture de sécurité homologuée dès lors que le siège qu'il occupe en est équipé prévu à l'article R. 412-1 ;

2° L'usage du téléphone tenu en main prévu aux premier, quatrième et cinquième alinéas de l'article R. 412-6-1 ;

3° L'usage de voies et chaussées réservées à certaines catégories de véhicules prévu aux II et III de l'article R. 412-7 ;

4° La circulation sur les bandes d'arrêt d'urgence prévue à l'article R. 412-8 ;

5° Le respect des distances de sécurité entre les véhicules prévu à l'article R. 412-12 ;

6° Le franchissement et le chevauchement des lignes continues prévus à l'article R. 412-19 ;

(Décr. n° 2018-795 du 17 sept. 2018, art. 3) « 6° *bis* Le sens de la circulation prévu aux articles R. 412-28 et R. 421-6 » ;

7° Les signalisations imposant l'arrêt des véhicules prévues aux articles R. 412-30 et R. 415-6 ;

8° Les vitesses maximales autorisées prévues aux articles R. 413-14 et R. 413-14-1 ;

9° Le dépassement prévu aux II et IV de l'article R. 414-4 et aux articles R. 414-6 et R. 414-16 ;

10° L'engagement *(Décr. n° 2018-795 du 17 sept. 2018, art. 3)* « dans une intersection ou » dans l'espace compris entre les deux lignes d'arrêt prévu *(Décr. n° 2018-795 du 17 sept. 2018, art. 3)* « à » l'article R. 415-2 ;

11° L'obligation du port d'un casque homologué d'une motocyclette, d'un tricycle à moteur, d'un quadricycle à moteur ou d'un cyclomoteur prévue à l'article R. 431-1 ;

12° L'obligation, pour faire circuler un véhicule terrestre à moteur, d'être couvert par une assurance garantissant la responsabilité civile, prévue aux articles L. 211-1 et L. 211-2 du code des assurances et à l'article L. 324-2. — *Les dispositions du 12° de l'art. R. 121-6 entrent en vigueur par un Décr. pris en Conseil d'État ou au plus tard le 31 déc. 2018 comme mentionné à l'art. 35-V de la L. n° 2016-1547 du 18 nov. 2016 (Décr. n° 2016-1955 du 28 déc. 2016, art. 2-2°).*

TITRE IV Dispositions relatives à l'outre-mer

CHAPITRE PREMIER *Dispositions particulières à la collectivité territoriale de Saint-Pierre-et-Miquelon*

Art. R. 141-1 Les 1° et 2° de l'article R. 121-2 et le 1° de l'article R. 121-5 ne sont pas applicables dans la collectivité territoriale de Saint-Pierre-et-Miquelon.

CHAPITRE II ***Dispositions applicables à Mayotte*** *(L. n° 2010-1487 du 7 déc. 2010, art. 36).*

Les dispositions de la L. n° 2010-1487 du 7 déc. 2010 sont applicables depuis le 31 mars 2011.

Art. R. 142-1 Pour l'application du présent livre à Mayotte, le terme "préfet" est remplacé par "représentant de l'État". – *[Décr. n° 93-301 du 8 mars 1993, art. 16.]*

Art. R. 142-2 Les dispositions réglementaires du présent livre sont applicables à Mayotte. – *[Décr. n° 93-301 du 8 mars 1993, art. 1er.]*

Art. R. 142-3 *(Abrogé par Décr. n° 2018-953 du 31 oct. 2018, art. 20)* ***Pour son application à Mayotte, l'article R. 121-2 est rédigé comme suit :***

Art. R. 121-2 Le fait, pour tout employeur auquel s'applique la réglementation relative au transport routier de personnes ou de marchandises, de donner, directement ou indirectement, à un de ses salariés chargé de la conduite d'un véhicule de transport routier de personnes ou de marchandises des instructions incompatibles avec le respect des dispositions du code du travail, applicable localement, relatives au temps de travail, est puni de l'amende prévue pour les contraventions de la cinquième classe. – [Décr. n° 93-301 du 8 mars 1993, art. 3.]

Art. R. 142-4 *(Abrogé par Décr. n° 2018-953 du 31 oct. 2018, art. 20)* ***Pour son application à Mayotte, l'article R. 121-5 est rédigé comme suit :***

Art. R. 121-5 *Le fait, pour tout expéditeur, commissionnaire, affréteur, mandataire, destinataire ou tout autre donneur d'ordres, en connaissance de cause, de donner à tout transporteur routier de marchandises, ou à tout préposé de celui-ci, des instructions incompatibles avec le respect des dispositions :*

1° Du code du travail applicable localement, relatives au temps de travail ;

2° Relatives aux vitesses maximales autorisées par le présent code ;

3° Relatives aux limites de poids des véhicules prévues aux articles R. 312-2 et R. 312-3,

est puni de l'amende prévue pour les contraventions de la cinquième classe.

Art. R. 142-5 Pour l'application de l'article R. 130-5, les mots "à l'article L. 116-2 du code de la voirie routière" sont remplacés par les mots "à l'article L. 142-4".

Art. R. 142-6 *(Décr. n° 2002-1256 du 15 oct. 2002)* Pour l'application de l'article R. 130-10 :

a) Le 4° est ainsi rédigé :

"4° Les agents de police municipale à l'intérieur du territoire communal"

b) Le ministre chargé de l'outre-mer signe l'arrêté prévu au II de cet article.

CHAPITRE III ***Dispositions applicables en nouvelle-calédonie, en Polynésie française et dans les îles Wallis-et-Futuna***

(Décr. n° 2016-1955 du 28 déc. 2016, art. 1er)

Art. R. 143-1 Sont applicables en Nouvelle-Calédonie, en Polynésie française et dans les îles Wallis-et-Futuna, les dispositions des articles mentionnés dans la colonne de gauche du tableau ci-après, dans leur rédaction indiquée dans la colonne de droite du même tableau :
Tableau mod. par Décr. n° 2018-795 du 17 sept. 2018, art. 4.

DISPOSITIONS APPLICABLES	DANS LEUR RÉDACTION
R. 130-11	Résultant du décret n° 2016-1955 du 28 décembre 2016.

LIVRE II Le conducteur

TITRE PREMIER Enseignement de la conduite et de la sécurité routière

CHAPITRE PREMIER *Formation à la conduite et à la sécurité routière*

SECTION I *Attestations et brevet de sécurité routière*

(Décr. n° 2002-675 du 30 avr. 2002)

Art. R. 211-1 *(Décr. n° 2006-1712 du 23 déc. 2006)* « I. – Des attestations scolaires de sécurité routière de premier et de second niveaux sont délivrées aux élèves qui ont subi avec succès un contrôle des connaissances théoriques des règles de sécurité routière. Ce contrôle est organisé pour les élèves soumis à l'obligation scolaire définie à l'article L. 131-1 du code de l'éducation ainsi que pour les élèves âgés de plus de seize ans inscrits dans un établissement scolaire.

« II. – Une attestation de sécurité routière est délivrée aux personnes qui ont subi avec succès un contrôle des connaissances théoriques des règles de sécurité routière. Ce contrôle est ouvert aux personnes qui, pour quelque raison que ce soit, ne peuvent bénéficier des dispositions du I. Les titulaires d'un contrat d'apprentissage relèvent, quel que soit leur âge, des dispositions du présent alinéa. »

(Décr. n° 2012-688 du 7 mai 2012, art. 2) « Un arrêté conjoint du ministre chargé de la sécurité routière, du ministre de l'intérieur, du ministre chargé de l'emploi, du ministre chargé de l'éducation nationale, du ministre de la justice, du ministre chargé de la mer, du ministre chargé de la santé et du ministre chargé de l'agriculture fixe les modalités d'application du I et du II. »

(Décr. n° 2011-1475 du 9 nov. 2011, en vigueur le 19 janv. 2013) « III. – Le brevet de sécurité routière prévu au second alinéa de l'article L. 221-1 est délivré aux personnes âgées de quatorze ans révolus :

« 1° Ayant réussi un contrôle des connaissances théoriques des règles de sécurité routière sanctionnée *[sanctionné]* par la délivrance de l'attestation scolaire de sécurité routière de premier ou de second niveau ou de l'attestation de sécurité routière ;

« 2° Et ayant suivi une formation dispensée par un établissement ou une association agréés au titre de l'article L. 213-1 ou L. 213-7.

« La durée de validité du titre attestant de la qualité de titulaire du brevet de sécurité routière est de quinze ans à compter de sa délivrance.

« La date limite de validité est inscrite sur le titre de conduite.

« Le brevet de sécurité routière correspond à la catégorie AM du permis de conduire au sens de la directive 2006/126/CE du Parlement européen et du Conseil du 20 décembre 2006 relative au permis de conduire.

« Un arrêté du ministre chargé de la sécurité routière fixe les modalités d'application du présent article. »

Art. R. 211-2 I. – *(Décr. n° 2011-1475 du 9 nov. 2011, en vigueur le 19 janv. 2013)* « Tout conducteur de cyclomoteur *(Décr. n° 2014-1295 du 31 oct. 2014, art. 2-1°)* « ou de quadricycle léger à moteur » doit être âgé d'au moins quatorze ans. *(Abrogé par Décr. n° 2014-1295 du 31 oct. 2014, art. 2-2°)* *« Tout conducteur de quadricycle léger à moteur doit être âgé d'au moins seize ans. »*

« II. – Tout conducteur de cyclomoteur ou de quadricycle léger à moteur né après le 31 décembre 1987 doit être titulaire soit du permis de conduire, soit du brevet de sécurité routière ou d'un titre reconnu équivalent délivré par un État membre de l'Union européenne ou un autre État partie à l'accord sur l'Espace économique européen dont la liste est fixée par arrêté du *(Décr. n° 2012-688 du 7 mai 2012)* « ministre chargé de la sécurité routière ». »

III. – Le fait de contrevenir aux dispositions des deux alinéas précédents est puni de l'amende prévue pour les contraventions de la 2ᵉ classe.

IV. – L'immobilisation du véhicule peut être prescrite dans les conditions prévues aux articles L. 325-1 à L. 325-3.

SECTION II *Apprentissage de la conduite*

Art. R. 211-3 *(Décr. n° 2009-1590 du 18 déc. 2009)* Pour apprendre à conduire un véhicule à moteur sur une voie ouverte à la circulation publique, en vue de l'obtention du permis de conduire, il faut :

1° Être âgé de seize ans minimum *(Décr. n° 2014-1295 du 31 oct. 2014, art. 3)* « , ou de quinze ans dans le cadre de l'apprentissage dit anticipé de la conduite mentionné à l'article R. 211-5 » ;

2° Être détenteur d'un livret d'apprentissage établi dans les conditions fixées par arrêté du *(Décr. n° 2012-688 du 7 mai 2012)* « ministre chargé de la sécurité routière », et précisant les objectifs et la progressivité de la formation ;

3° Être détenteur du formulaire de la demande de permis de conduire validée par le préfet du département dans lequel cette demande a été déposée, ou d'un récépissé du dépôt de la demande pour la catégorie B du permis de conduire délivré par le préfet pour une durée maximale de deux mois, dans les conditions fixées par arrêté du *(Décr. n° 2012-688 du 7 mai 2012)* « ministre chargé de la sécurité routière » ;

4° Être, durant l'apprentissage, sous la surveillance constante et directe d'un enseignant, titulaire de l'autorisation d'enseigner la conduite des véhicules à moteur mentionnée aux articles L. 212-1 et R. 212-1 correspondant à la catégorie du véhicule utilisé *(Décr. n° 2016-381 du 30 mars 2016, art. 2)* « , d'une personne en cours de formation titulaire de l'autorisation temporaire et restrictive d'exercer mentionnée au I *bis* de l'article R. 212-1, » ou d'un accompagnateur titulaire, depuis au moins cinq ans sans interruption, du permis de conduire correspondant à la catégorie du véhicule utilisée. *(Abrogé par Décr. n° 2015-1537 du 25 nov. 2015, art. 2)* « *L'accompagnateur doit avoir suivi, dans les conditions définies par arrêté du* *(Décr. n° 2012-688 du 7 mai 2012)* « *ministre chargé de la sécurité routière », une formation spécifique le préparant à assurer cette fonction et à utiliser, dans de bonnes conditions, les dispositifs de double commande dont doit être équipé le véhicule conformément aux dispositions mentionnées à l'article R. 317-25. Toutefois, cette obligation de formation spécifique ne s'applique pas à l'accompagnateur exerçant cette fonction pendant les périodes dites d'apprentissage anticipé de la conduite, de conduite supervisée ou de conduite encadrée, mentionnées aux articles R. 211-5, R. 211-5-1 et R. 211-5-2 ;* »

5° Utiliser, durant l'apprentissage, un véhicule conforme aux dispositions de l'article R. 317-25.

Art. R. 211-4 Pour chaque catégorie de permis de conduire, un arrêté du *(Décr. n° 2012-688 du 7 mai 2012)* « ministre chargé de la sécurité routière » définit le contenu, la progressivité ainsi que la durée minimale de la formation. S'agissant des véhicules dont le poids total autorisé en charge n'excède pas 3,5 tonnes, la durée minimale de la formation est identique à celle prévue dans le cadre de l'apprentissage anticipé de la conduite. — *[Anc. art. R. 123-2, al. 7.]*

Art. R. 211-5 *(Décr. n° 2009-1590 du 18 déc. 2009)* I. — L'apprentissage dit anticipé de la conduite est un apprentissage particulier dispensé en vue de l'obtention de la catégorie B du permis de conduire. Cet apprentissage ne peut être effectué après annulation ou invalidation du permis de conduire.

II. — Il comprend deux périodes :

1° Une période de formation initiale dans un établissement ou une association agréés au titre de l'article L. 213-1 ou L. 213-7.

Cette formation initiale est validée si l'élève conducteur a réussi l'épreuve théorique générale de l'examen du permis de conduire ou détient une catégorie du permis de conduire obtenue depuis cinq ans au plus, et s'il réussit l'évaluation réalisée par l'enseignant de la conduite à la fin de cette période ;

2° Une période d'apprentissage en conduite accompagnée sous la surveillance constante et directe d'un accompagnateur titulaire depuis au moins cinq ans sans interruption du permis de conduire de la catégorie B.

Cette période commence par un rendez-vous pédagogique préalable entre l'enseignant de la conduite, l'accompagnateur et l'élève conducteur. Deux autres rendez-vous pédagogiques doivent avoir lieu au cours de cette période, pendant laquelle l'élève conducteur doit parcourir une distance minimale pendant une durée minimale, précisées par arrêté du *(Décr. n° 2012-688 du 7 mai 2012)* « ministre chargé de la sécurité routière ».

III. — Les conditions dans lesquelles les établissements d'enseignement de la conduite peuvent proposer et encadrer un apprentissage anticipé de la conduite sont fixées par arrêté du *(Décr. n° 2012-688 du 7 mai 2012)* « ministre chargé de la sécurité routière ».

Art. R. 211-5-1 *(Décr. n° 2009-1590 du 18 déc. 2009)* *(Décr. n° 2020-605 du 18 mai 2020, art. 2)* « La période d'apprentissage en conduite dite supervisée, prévue à l'article L. 211-4, par un accompagnateur titulaire depuis au moins cinq ans sans interruption de la catégorie B du permis de conduire est accessible, à partir de l'âge de dix-huit ans :

« 1° A tout élève conducteur, inscrit dans un établissement ou une association agréés au titre de l'article L. 213-1 ou L. 213-7 pour suivre une formation à la conduite des véhicules de la catégorie B après la validation de la formation initiale. »

La formation initiale est validée si l'élève conducteur a réussi l'épreuve théorique générale de l'examen du permis de conduire ou est titulaire d'une catégorie du permis de conduire obtenue depuis cinq ans au plus, et s'il a réussi l'évaluation réalisée par l'enseignant de la conduite *(Décr. nº 2020-605 du 18 mai 2020, art. 2)* « et de la sécurité routière » à la fin de cette période.

La période d'apprentissage en conduite supervisée *(Abrogé par Décr. nº 2020-605 du 18 mai 2020, art. 2) « est accessible à partir de l'âge de dix-huit ans. Elle »* commence par un rendez-vous pédagogique préalable entre l'enseignant de la conduite, l'accompagnateur et l'élève conducteur.

(Abrogé par Décr. nº 2015-1537 du 25 nov. 2015, art. 3-1°) « Au cours de cette période, l'élève doit participer à au moins un autre rendez-vous pédagogique et parcourir une distance minimale pendant une durée minimale, précisées par arrêté du (Décr. nº 2012-688 du 7 mai 2012) « ministre chargé de la sécurité routière ». »

Les conditions dans lesquelles les établissements d'enseignement de la conduite *(Décr. nº 2015-1537 du 25 nov. 2015, art. 3-2°)* « proposent et encadrent » une phase de conduite supervisée sont fixées par arrêté du *(Décr. nº 2012-688 du 7 mai 2012)* « ministre chargé de la sécurité routière ». — *V. 2e Arr. du 22 déc. 2009.*

(Décr. nº 2020-605 du 18 mai 2020, art. 2) « 2° Après validation, lors de l'épreuve pratique de l'examen du permis de conduire, des compétences minimales prévues par l'arrêté mentionné à l'article L. 211-4 par un inspecteur du permis de conduire et de la sécurité routière, par un agent public mentionné au quatrième alinéa de l'article D. 221-3 ou par l'un des agents publics ou contractuels mentionnés à l'article L. 221-5. »

Art. R. 211-5-2 *(Décr. nº 2009-1590 du 18 déc. 2009)* Les personnes suivant une formation professionnelle en vue de l'obtention d'un diplôme de l'éducation nationale permettant la délivrance du permis de conduire peuvent pratiquer la conduite dite encadrée, sur un véhicule de la catégorie B, avec un accompagnateur titulaire depuis au moins cinq ans sans interruption du permis de conduire de cette catégorie.

La période de conduite encadrée est accessible à partir de l'âge de seize ans aux élèves ayant validé les compétences théoriques et pratiques préalables à l'obtention du permis de conduire de la catégorie B dans le cadre de la préparation d'un diplôme de l'éducation nationale, et ayant participé à un rendez-vous pédagogique préalable avec l'enseignant chargé de l'enseignement de la conduite dans le cadre de la formation professionnelle et avec l'accompagnateur. Au moins un autre rendez-vous pédagogique doit avoir lieu au cours de cette période.

Un arrêté conjoint du *(Décr. nº 2012-688 du 7 mai 2012)* « ministre chargé de la sécurité routière » et du ministre chargé de l'éducation nationale fixe les conditions d'application du présent article.

Art. R. 211-5-3 *(Décr. nº 2009-1590 du 18 déc. 2009)* Lorsqu'une interdiction temporaire de délivrance du permis de conduire est prononcée par le préfet ou l'autorité judiciaire en application du présent code, la validité du formulaire de demande du permis de conduire ou du récépissé est suspendue jusqu'à l'expiration de cette interdiction.

Le préfet notifie à l'élève conducteur cette interdiction et l'obligation de restituer à la préfecture, dans un délai de dix jours francs à compter de la notification, son formulaire de demande de permis validée ou son récépissé.

L'élève conducteur qui ne défère pas à cette obligation est passible de l'amende prévue pour les contraventions de la cinquième classe.

Art. R. 211-6 *(Décr. nº 2009-1590 du 18 déc. 2009)* Les leçons de conduite des véhicules à moteur sont autorisées sur les autoroutes, dans les conditions fixées par arrêté conjoint du *(Décr. nº 2012-688 du 7 mai 2012)* « ministre chargé de la sécurité routière » et du ministre chargé de l'intérieur.

Le fait, pour toute personne enseignant la conduite des véhicules à moteur, de contrevenir aux dispositions fixées par l'arrêté susmentionné est puni de l'amende prévue pour les contraventions de la deuxième classe.

Art. R. 211-7 *(Décr. nº 2020-605 du 18 mai 2020, art. 3)* Lorsqu'une mesure d'interdiction de se présenter à l'examen du permis de conduire a été prise en application de l'article L. 211-1 A, elle est notifiée à l'intéressé par lettre recommandée avec demande d'avis de réception.

L'arrêté du préfet portant interdiction de se présenter à l'examen du permis de conduire est transmis sans délai au procureur de la République dans le ressort duquel l'infraction a été commise.

Le procureur de la République communique sans délai au préfet du lieu de l'infraction toute décision judiciaire exécutoire ou définitive prononcée pour une infraction punie par le présent code de la peine complémentaire d'interdiction de se présenter à l'examen du permis de conduire.

CHAPITRE II *Enseignement à titre onéreux et animation de stages de sensibilisation à la sécurité routière* (Décr. nº 2009-1678 du 29 déc. 2009, art. 2).

Les personnes titulaires d'un certificat d'aptitude à l'animation des stages de sensibilisation à la sécurité routière doivent, pour poursuivre leur activité, être titulaires d'une autorisation d'animer ces stages dans les conditions prévues au chapitre II du titre Ier du livre II C. route avant le 1er janv. 2013.

Toutefois, pour les personnes déjà titulaires d'un tel certificat avant la date de la publication de l'arrêté fixant les conditions d'exploitation des établissements chargés d'animer les stages de sensibilisation à la sécurité routière prévu au dern. al. de l'art. R. 213-2 C. route [Arr. du 26 juin 2012, JO 30 juin] et de l'arrêté relatif à l'autorisation d'animer les stages de sensibilisation à la sécurité routière prévu au III de l'art. R. 212-2 de ce code [Arr. du 26 juin 2012, JO 30 juin], les conditions fixées au II de ce dernier art. relatives à l'âge et, pour les titulaires du diplôme permettant de faire usage du titre de psychologue, au permis de conduire ne sont pas applicables pour l'obtention de cette autorisation et jusqu'à son premier renouvellement (Décr. nº 2009-1678 du 29 déc. 2009, art. 24-1º, tel que modifié par Décr. nº 2012-688 du 7 mai 2012, art. 1er).

Art. R. 212-1 *(Décr. nº 2009-1678 du 29 déc. 2009, art. 3)* **« I. — » L'autorisation d'enseigner la conduite des véhicules à moteur d'une catégorie donnée et la sécurité routière** *(Décr. nº 2009-1678 du 29 déc. 2009, art. 3)* **« ainsi que l'autorisation d'animer les stages de sensibilisation à la sécurité routière mentionnés aux articles L. 223-6 et R. 223-5 sont délivrées », pour une durée de cinq ans, par le préfet du lieu de résidence du demandeur ou, pour un non-résident en France, par le préfet du département où il envisage d'exercer la profession d'enseignant** *(Décr. nº 2009-1678 du 29 déc. 2009, art. 3)* **« ou d'animateur », dans les conditions fixées par arrêté du** *(Décr. nº 2012-688 du 7 mai 2012)* **« ministre chargé de la sécurité routière ».**

(Décr. nº 2016-381 du 30 mars 2016, art. 3) **« I *bis*. — L'autorisation temporaire et restrictive d'exercer est délivrée pour une durée de douze mois non renouvelable, dans les conditions fixées par le I *bis* de l'article R. 212-2, par le préfet du département où se trouve le siège de l'établissement d'enseignement de la conduite et de la sécurité routière avec lequel le demandeur, en cours de formation pour l'accès au titre professionnel, envisage d'exercer.**

« Cette autorisation permet à son titulaire l'exercice des seules compétences composant le certificat de compétences professionnelles qu'il a obtenu.

« La proportion maximale par entreprise des personnes en cours de formation, mentionnées au 3º du I de l'article L. 212-2, représente 20 % par excès de l'effectif total, calculé en équivalent temps plein, des enseignants de la conduite et de la sécurité routière, salariés ou exploitants, titulaires d'une autorisation d'enseigner en cours de validité.

« I *ter*. — Les autorisations mentionnées aux I et I *bis* sont valables sur l'ensemble du territoire national. Ces autorisations, ainsi que toutes les mesures affectant leur validité, sont inscrites dans un registre national qui est élaboré et tenu à jour dans les conditions prévues par la loi nº 78-17 du 6 janvier 1978 relative à l'informatique, aux fichiers et aux libertés. »

(Décr. nº 2009-1678 du 29 déc. 2009, art. 3) **« II. — La déclaration mentionnée au II de l'article L. 212-1 est adressée au préfet du département dans lequel le prestataire envisage d'exercer l'activité d'enseignement de la conduite ou d'animation de stages de sensibilisation à la sécurité routière, ou les deux, pour la première fois sur le territoire national, accompagnée des documents suivants :**

« 1º Une preuve de la nationalité du professionnel ;

« 2º Une attestation certifiant qu'il est légalement établi dans un autre État membre de *(Décr. nº 2016-613 du 17 mai 2016, art. 1er-2º)* **« l'Union » européenne ou dans un autre État partie à l'accord sur l'Espace économique européen pour y exercer, selon le cas, soit l'activité d'enseignement de la conduite, soit l'activité d'animation de stages de sensibilisation à la sécurité routière, soit les deux, et qu'il n'encourt,** *(Décr. nº 2016-613 du 17 mai 2016, art. 1er-1º)* **« au moment de la délivrance de l'attestation, aucune interdiction temporaire ou définitive d'exercer la profession, ni aucune condamnation pénale prévue à l'article R. 212-4 du code de la route » ;**

« 3° Une preuve de ses qualifications professionnelles ;

« 4° » *(Décr. nº 2016-613 du 17 mai 2016, art. 1er-1°)* « Le cas échéant, la preuve par tout moyen qu'il a exercé l'activité mentionnée au premier alinéa ci-dessus pendant la durée prévue au premier alinéa du II de l'article L. 212-1 dans un ou plusieurs États membres, lorsque l'activité ou la formation y conduisant n'est pas réglementée dans l'État du lieu d'établissement.

« La déclaration et les documents joints peuvent être transmis par tout moyen, accompagnés, le cas échéant, de leur traduction en langue française.

« III. – Au vu de la déclaration mentionnée au deuxième alinéa du II de l'article L. 212-1, le préfet procède à la vérification des qualifications professionnelles du prestataire prévue à cet article.

« Dans un délai maximal d'un mois à compter de la réception de la déclaration et des documents prévus au II, le préfet informe le prestataire de sa décision consistant soit à autoriser la prestation de service sans vérification des qualifications professionnelles, soit après vérification, d'autoriser la prestation de service ou d'imposer à l'intéressé une épreuve d'aptitude dans les conditions prévues ci-après.

« La prestation de service consiste en l'exercice de tout ou partie des activités autorisées.

« En cas de demande d'informations complémentaires ou de difficulté susceptible de provoquer un retard dans sa décision, le préfet informe le prestataire dans ce même délai des causes de ce retard. La difficulté est résolue dans le mois qui suit cette information. La décision du préfet est prise dans les deux mois qui suivent la levée des difficultés ou de la réponse à la demande d'information.

« En cas de différence substantielle existant entre les qualifications professionnelles du prestataire et la formation exigée en France pour l'enseignement de la conduite ou l'animation de stages de sensibilisation à la sécurité routière, qui ne peut être considérée comme étant compensée par l'expérience professionnelle du prestataire ou par les connaissances, aptitudes et compétences acquises et qui est de nature à nuire à la sécurité des bénéficiaires du service, le prestataire se voit offrir la possibilité de démontrer qu'il a acquis les connaissances et compétences manquantes en passant une épreuve d'aptitude. Cette épreuve d'aptitude est organisée et les résultats lui en sont communiqués dans un délai maximal de trente jours à compter de la décision mentionnée au deuxième alinéa ci-dessus. »

(Décr. nº 2009-1678 du 29 déc. 2009, art. 3) « En l'absence de décision du préfet, ou, le cas échéant, de l'organisation de l'épreuve d'aptitude, dans les délais prévus ci-dessus, la prestation de services peut être effectuée.

« Un arrêté du *(Décr. nº 2012-688 du 7 mai 2012)* « ministre chargé de la sécurité routière » fixe les conditions d'application du présent article. »

Art. R. 212-2 *(Décr. nº 2009-1678 du 29 déc. 2009, art. 4)* « I. – » L'autorisation d'enseigner *(Décr. nº 2009-1678 du 29 déc. 2009, art. 4)* « la conduite et la sécurité routière » est délivrée aux personnes remplissant les conditions suivantes :

(Décr. nº 2009-1678 du 29 déc. 2009, art. 4) « 1° » Être titulaire d'un des titres ou diplômes mentionnés à l'article R. 212-3 ;

(Décr. nº 2009-1678 du 29 déc. 2009, art. 4) « 2° » Être âgé d'au moins vingt ans ;

(Décr. nº 2009-1678 du 29 déc. 2009, art. 4) « 3° Être titulaire du permis de conduire de la catégorie B dont le délai probatoire fixé à l'article L. 223-1 est expiré ; »

(Décr. nº 2012-886 du 17 juill. 2012, art. 3, en vigueur le 1er sept. 2012) « 4° Remplir les conditions d'aptitude physique, cognitive et sensorielle requises pour l'obtention du permis de conduire des catégories *(Décr. nº 2016-381 du 30 mars 2016, art. 4-1°)* « C1, C, D1, D, C1E, CE, D1E et DE » dont les modalités sont fixées par arrêté du ministre chargé de la sécurité routière.

« Le maintien de cette aptitude est subordonné à l'avis émis par un médecin agréé consultant hors commission médicale ou par la commission médicale, dans les conditions fixées au 2° du I de l'article R. 221-11.

« La validité de l'autorisation d'enseigner est limitée à l'enseignement théorique lorsqu'une décision d'inaptitude à l'enseignement pratique de la conduite ou à la conduite elle-même a été prise par le préfet après avis du médecin précité ou de la commission médicale. »

(Décr. nº 2016-381 du 30 mars 2016, art. 4-2°) « I *bis*. – L'autorisation temporaire et restrictive d'exercer est délivrée aux personnes remplissant les conditions mentionnées aux 2°, 3° et 4° du I, ainsi que les conditions suivantes :

« 1° Être titulaire d'un des certificats de compétences professionnelles composant le titre professionnel délivré par le ministre chargé de l'emploi, mentionné au I de l'article R. 212-3 ;

« 2° Avoir souscrit un contrat de travail avec un établissement agréé d'enseignement de la conduite et de la sécurité routière ;

« 3° Être inscrit à une session d'examen permettant de compléter la validation des compétences nécessaire à l'obtention du titre professionnel d'enseignant de la conduite et de la sécurité routière. »

(Décr. nº 2009-1678 du 29 déc. 2009, art. 4) « II. — L'autorisation d'animer les stages de sensibilisation à la sécurité routière est délivrée aux personnes remplissant les conditions suivantes :

« — soit être titulaire de l'autorisation d'enseigner mentionnée au I du présent article et d'un diplôme complémentaire dans le domaine de la formation à la sécurité routière figurant sur une liste fixée par arrêté du *(Décr. nº 2012-688 du 7 mai 2012)* « ministre chargé de la sécurité routière » ;

« — soit être titulaire d'un diplôme permettant de faire usage du titre de psychologue et du permis de conduire dont le délai probatoire fixé à l'article L. 223-1 est expiré ;

« — et, dans les deux cas, être âgé d'au moins vingt-cinq ans et être titulaire d'une attestation de suivi de formation initiale à l'animation de stages de sensibilisation à la sécurité routière délivrée dans les conditions fixées par arrêté du *(Décr. nº 2012-688 du 7 mai 2012)* « ministre chargé de la sécurité routière ».

« III. — Un arrêté du *(Décr. nº 2012-688 du 7 mai 2012)* « ministre chargé de la sécurité routière » définit les conditions d'application du présent article. »

Art. R. 212-3 *(Décr. nº 2014-1295 du 31 oct. 2014, art. 4)* Les titres ou diplômes prévus au 1° du I de l'article R. 212-2 sont :

(Décr. nº 2016-381 du 30 mars 2016, art. 5-1º et 2º) « I. — Le titre professionnel d'enseignant de la conduite automobile et de la sécurité routière et les certificats de spécialisation de ce titre délivrés par le ministre chargé de l'emploi en application des articles R. 338-1 et suivants du code de l'éducation.

« II. — Le brevet pour l'exercice de la profession d'enseignant de la conduite automobile et de la sécurité routière (BEPECASER) obtenu avant le 31 décembre 2016 et les mentions "deux roues" et "groupe lourd" de ce même diplôme obtenues avant le 31 décembre 2019, dans des conditions fixées par un arrêté du ministre chargé de la sécurité routière. Ces mentions correspondent respectivement aux catégories AM, A1, A2 et A et aux catégories C1, C, D1, D, C1E, CE, D1E et DE du permis de conduire. »

III. — L'un des titres ou diplômes énumérés ci-après :

1° Pour l'enseignement de la conduite des véhicules terrestres à moteur relevant de la catégorie B, B1 et BE du permis de conduire :

a) Le certificat d'aptitude professionnelle à l'enseignement de la conduite des véhicules terrestres à moteur (CAPEC) ;

b) La carte professionnelle et le certificat d'aptitude professionnelle et pédagogique (CAPP) ;

c) Les titres ou diplômes militaires définis par arrêté conjoint du ministre chargé de la sécurité routière et du ministre de la défense ;

d) Les diplômes d'enseignement de la conduite délivrés par les collectivités d'outre-mer et la Nouvelle-Calédonie ;

2° Pour l'enseignement de la conduite des véhicules correspondant aux mentions précisées au I :

a) Le certificat d'aptitude professionnelle à l'enseignement de la conduite des véhicules terrestres à moteur (CAPEC), pour les personnes ayant subi avec succès la ou les épreuves correspondantes auxdites mentions ;

b) Les titres ou diplômes mentionnés aux *b, c* et *d* du 1° du II à la condition que les titulaires aient été en possession, le 1er janvier 1982, des catégories de permis de conduire correspondantes.

IV. — Une qualification professionnelle satisfaisant aux conditions prévues à l'article R. 212-3-1.

V. — Un diplôme d'enseignement de la conduite délivré par un État qui n'est ni membre de l'Union européenne ni partie à l'accord sur l'Espace économique européen et reconnu pour l'exercice de la profession d'enseignant de la conduite automobile et de la sécurité routière par décision du ministre chargé de la sécurité routière.

Art. R. 212-3-1 *(Décr. nº 2009-1678 du 29 déc. 2009, art. 6)* Les personnes ayant acquis leurs qualifications dans un autre État membre de *(Décr. nº 2016-613 du 17 mai 2016, art. 1er-2º)* « l'Union » européenne ou dans un autre État partie à l'accord sur l'Espace économique européen sont réputées satisfaire aux conditions de qualification professionnelle énoncées au 1° du I ou au II de l'article R. 212-2 dans les conditions suivantes :

1° Conditions générales de la reconnaissance :

a) Lorsque l'État dans lequel ont été acquises les qualifications réglemente la profession, le demandeur doit posséder l'attestation de compétences ou le titre de formation prescrit pour exercer la profession dans cet État ;

b) Lorsque l'État dans lequel ont été acquises les qualifications ne réglemente pas la profession, le demandeur doit avoir exercé la profession au cours des dix années précédentes *(Décr. n° 2016-613 du 17 mai 2016, art. 1er-4°)* « dans un ou plusieurs États membres, un an, consécutif ou non, à temps plein ou pendant une durée totale équivalente, à temps partiel », et posséder au moins une attestation de compétences ou un titre de formation attestant la préparation à l'exercice de cette profession. *(Abrogé par Décr. n° 2016-613 du 17 mai 2016, art. 1er-3°)* *« La condition relative à l'expérience professionnelle n'est toutefois pas exigée quand le candidat possède un titre sanctionnant une formation réglementée, spécifiquement orientée sur l'exercice de la profession, correspondant au minimum à un cycle d'études secondaires »* ;

2° Conditions de validité des titres :

Les attestations de compétences ou les titres de formation mentionnés aux *a* et *b* du 1° doivent avoir été délivrés par une autorité compétente de l'État dans lequel ont été acquises les qualifications.

Est assimilé au titre de formation mentionné aux *a* et *b* du 1° tout titre de formation ou ensemble de titres de formation qui :

— a été délivré par une autorité compétente d'un autre État membre de *(Décr. n° 2016-613 du 17 mai 2016, art. 1er-2°)* « l'Union » européenne ou d'un autre État partie à l'accord sur l'Espace économique européen ;

— sanctionne une formation acquise dans *(Décr. n° 2016-613 du 17 mai 2016, art. 1er-2°)* « l'Union » européenne ou dans l'Espace économique européen et reconnue par l'État de délivrance du titre comme étant de niveau équivalent ;

— et confère les mêmes droits d'accès ou d'exercice de la profession, ou prépare à l'exercice de cette profession.

Est également assimilée à un tel titre de formation toute qualification professionnelle qui, sans répondre aux exigences prévues par les dispositions législatives, réglementaires ou administratives de l'État dans lequel ont été acquises les qualifications pour l'accès à la profession ou son exercice, confère à son titulaire des droits acquis en vertu de ces dispositions.

Peuvent également justifier de leur capacité à exercer la profession les personnes qui possèdent un titre permettant son exercice, acquis dans un pays tiers et admis en équivalence dans un État membre de *(Décr. n° 2016-613 du 17 mai 2016, art. 1er-2°)* « l'Union » européenne ou dans un État partie à l'accord sur l'Espace économique européen si cet État réglemente l'exercice de la profession. Elles doivent en outre justifier avoir exercé la profession pendant trois ans dans l'État qui a admis l'équivalence de leur titre ;

3° Mesures de compensation :

Il peut être exigé de la personne qui remplit les conditions fixées aux alinéas précédents qu'elle accomplisse, selon son choix, un stage d'adaptation d'une durée maximum d'un an ou qu'elle se soumette à une épreuve d'aptitude dans l'un des cas suivants :

a) Lorsque la formation qu'elle a reçue porte sur des matières substantiellement différentes de celles que comporte la formation exigée des personnes ayant acquis leurs qualifications en France ;

b) Lorsqu'une ou plusieurs des activités réglementées constitutives de la formation exigée en France n'existent pas dans la profession correspondante dans l'État ayant délivré l'attestation de compétences ou le titre de formation dont elle fait état, et que cette différence est caractérisée par une formation spécifique qui est requise en France et qui porte sur des matières substantiellement différentes de celles couvertes par l'attestation de compétences ou le titre de formation.

Le contenu du stage d'adaptation ou de l'épreuve d'aptitude tient compte des connaissances acquises par le candidat au cours de son expérience professionnelle *(Décr. n° 2016-613 du 17 mai 2016, art. 1er-4°)* « ou lors de son apprentissage tout au long de la vie.

« Par dérogation au deuxième alinéa ci-dessus, le préfet de département peut imposer au demandeur, par une décision motivée, soit le stage d'adaptation soit l'épreuve d'aptitude mentionnés ci-dessus, lesquels doivent intervenir dans les six mois à compter de cette décision.

« Le préfet prend sa décision après avoir vérifié les connaissances, les aptitudes et les compétences que le demandeur a acquises au cours de son expérience professionnelle à temps plein ou à temps partiel ou par la voie de l'apprentissage tout au long de la vie, et ayant fait l'objet à cette fin d'une validation en bonne et due forme par un organisme compétent, dans un État membre ou dans un pays tiers.

« Les conditions dans lesquelles cette décision du préfet peut intervenir sont précisées par un arrêté du ministre chargé de la sécurité routière. »

Le candidat est dispensé du stage d'adaptation ou de l'épreuve d'aptitude si les connaissances qu'il a acquises au cours de son expérience professionnelle couvrent l'intégralité de la différence substantielle constatée entre la formation qu'il a reçue et la formation dispensée sur le territoire français et requise pour l'enseignement de la conduite ou l'animation de stages de sensibilisation à la sécurité routière.

Les dispositions fixées au présent article sont précisées par arrêté du *(Décr. n° 2012-688 du 7 mai 2012)* « ministre chargé de la sécurité routière ».

(Décr. n° 2016-613 du 17 mai 2016, art. 1er-3°) « 4° Peuvent s'établir en France, pour y exercer tout ou partie des activités placées sous le régime du III de l'article L. 212-1, les personnes, ressortissant d'un État membre de l'Union européenne ou d'un État partie à l'Espace économique européen :

« *a)* Lorsqu'elles sont titulaires d'une attestation de compétences ou d'un titre de formation requis par l'autorité compétente d'un de ces États pour accéder à ces activités sur son territoire ou les y exercer ;

« *b)* Ou, dans le cas où l'État dont elles sont le ressortissant ne réglemente pas l'exercice des activités en cause, lorsqu'elles peuvent justifier de l'exercice de ces activités à temps plein pendant une durée d'un an ou à temps partiel pendant une durée totale équivalente au cours des dix années précédentes. »

Art. R. 212-3-2 *(Décr. n° 2009-1678 du 29 déc. 2009, art. 6)* Les personnes ayant obtenu la reconnaissance de leurs qualifications professionnelles acquises dans d'autres États ou souhaitant exercer une prestation temporaire et occasionnelle dans les conditions du II de l'article L. 212-1 doivent avoir *(Décr. n° 2016-613 du 17 mai 2016, art. 1er-5°)* « un niveau de connaissance du français suffisant pour » l'exercice de l'activité d'enseignant de la conduite ou d'animateur de stages de sensibilisation à la sécurité routière en France.

(Décr. n° 2016-613 du 17 mai 2016, art. 1er-5°) « Le préfet peut contrôler le respect par les professionnels de cette obligation lorsqu'il existe un doute sérieux et concret sur leur niveau de connaissance du français au regard des activités qu'ils entendent exercer.

« Ce contrôle est limité à la connaissance du français et est réalisé après la reconnaissance de la qualification professionnelle de l'intéressé. »

Art. R. 212-4 *(Décr. n° 2016-381 du 30 mars 2016, art. 6)* « Les autorisations mentionnées à l'article R. 212-2 ne peuvent être délivrées » aux personnes qui ont fait l'objet d'une condamnation prononcée par une juridiction française ou par une juridiction étrangère, à une peine criminelle, ou à une peine correctionnelle pour l'une des infractions suivantes :

I. — Délits d'atteinte à la personne humaine prévus par le code pénal :

— atteinte involontaire à la vie *(Décr. n° 2003-642 du 11 juill. 2003, art. 5-I)* « (art. 221-6-1) » ;

— atteinte à l'intégrité physique ou psychique de la personne (art. 222-9 à 222-13, 222-14 [3° et 4°], *(Décr. n° 2003-642 du 11 juill. 2003, art. 5-I)* « 222-19-1 et 222-20-1 », 222-27 à 222-33) ;

— mise en danger de la vie d'autrui (art. 223-1) ;

— trafic de stupéfiants (art. 222-36 [1er alinéa], 222-37 à 222-40) ;

— entrave aux mesures d'assistance et omission de porter secours (art. 223-5 à 223-7) ;

— proxénétisme (art. 225-5 à 225-7, art. 225-10 et 225-11) ;

(Décr. n° 2014-1295 du 31 oct. 2014, art. 5-1°) « — provocation de mineur à l'usage illicite de stupéfiants (art. 227-18) ;

« — provocation de mineur au trafic de stupéfiants (art. 227-18-1) ;

« — provocation de mineur à la consommation habituelle et excessive de boissons alcooliques (art. 227-19) ;

« — provocation de mineur à la commission d'un crime ou d'un délit (art. 227-21) ;

« — corruption de mineur (art. 227-22) ;

« — propositions sexuelles à un mineur de quinze ans en utilisant un moyen de communication électronique (art. 227-22-1) ;

« — fixation, enregistrement ou transmission d'images de mineur à caractère pornographique, offre, diffusion, importation, exportation, acquisition ou détention de ces images, consultation d'un service de communication au public en ligne mettant à disposition ces images (art. 227-23) ;

« — fabrication, transport, diffusion ou commerce d'un message violent, pornographique ou incitant à se livrer à des jeux dangereux susceptible d'être vu ou perçu par un mineur (art. 227-24) ;

« – incitation à la soumission ou à la commission d'une mutilation sexuelle d'un mineur (art. 227-24-1) ;

« – atteinte sexuelle sur mineur de quinze ans (art. 227-25 et 227-26) ;

« – atteinte sexuelle sur mineur de plus de quinze ans par ascendant ou personne ayant autorité (art. 227-27) ;

« – atteinte sexuelle sur mineur de plus de quinze ans par personne abusant de l'autorité que lui confèrent ses fonctions (art. 227-27) ;

« – provocation à la commission à l'encontre d'un mineur de l'un des crimes ou délits visés aux articles 222-22 à 222-31, 225-5 à 225-11, 227-22, 227-23 et 227-25 à 227-28 (art. 227-28-3). »

II. – Délits d'atteinte aux biens prévus par le code pénal :

– vol et tentative (art. 311-3 à 311-6 et 311-13) ;

– extorsion et tentative (art. 312-1, 312-2 et 312-9) ;

– escroquerie et tentative (art. 313-1 à 313-4) ;

– abus de confiance (art. 314-1) ;

– détournement de gage ou d'objet saisi (art. 314-5 et 314-6) ;

– organisation frauduleuse de l'insolvabilité (art. 314-7) ;

– recel (art. 321-1 et 321-2) ;

– détérioration de biens et tentative (art. 322-1 à 322-4).

III. – Délits d'atteinte à l'autorité de l'État et à la confiance publique prévus par le code pénal :

– corruption active et trafic d'influence (art. 433-1 et 433-2) ;

– outrage et rébellion envers une personne dépositaire de l'autorité publique *(Décr. n° 2018-795 du 17 sept. 2018, art. 14)* « ou chargée d'une mission de service public telle que définie aux articles R. 213-4 et D. 221-3, dans l'exercice ou à l'occasion de l'exercice de sa mission » (art. 433-5, 433-7 et 433-8) ;

– témoignage mensonger et subornation de témoin (art. 434-13 à 434-15) ;

– violation, par le condamné, des obligations ou interdictions résultant des peines de suspension ou d'annulation du permis de conduire ou refus de restituer celui-ci *(Décr. n° 2009-1678 du 29 déc. 2009, art. 7)* « ou destruction ou détournement d'un véhicule immobilisé (art. 434-41) ; »

– faux, usage de faux en écriture et détention de faux documents administratifs (art. 441-1 à 441-3) ;

– établissement d'attestation, ou de certificat inexact, après avoir sollicité des offres, dons ou avantages (art. 441-8).

IV. – Délit prévu par la loi du 23 décembre 1901 modifiée réprimant les fraudes dans les examens et concours publics.

V. – Délits prévus par le code du travail :

– atteinte à l'égalité professionnelle entre les hommes et les femmes *(Décr. n° 2009-1678 du 29 déc. 2009, art. 7)* « (art. L. 1142-1 et L. 1146-1) ; »

– fourniture illégale de main d'œuvre *(Décr. n° 2009-1678 du 29 déc. 2009, art. 7)* « (art. L. 8231-1 et L. 8234-1) ; »

– prêt de main-d'œuvre *(Décr. n° 2009-1678 du 29 déc. 2009, art. 7)* « (art. L. 8241-1 et L. 8243-1) ; »

– travail dissimulé *(Décr. n° 2009-1678 du 29 déc. 2009, art. 7)* « (art. L. 8221-1, L. 8221-3 à L. 8221-5, L. 8224-1) ; »

– emploi d'étranger en situation irrégulière *(Décr. n° 2009-1678 du 29 déc. 2009, art. 7)* « (art. L. 8251-1, L. 8256-1, L. 8256-2). »

VI. – Délits prévus par le code de la route :

(Décr. n° 2009-1678 du 29 déc. 2009, art. 7) « – délit de fuite, refus d'obtempérer à une sommation d'arrêt, refus d'obtempérer aggravé par la mise en danger d'autrui, refus de se soumettre aux vérifications concernant son véhicule ou sa personne, conduite ou accompagnement sous l'empire d'un état alcoolique ou en état d'ivresse, refus de se soumettre aux vérifications destinées à établir la preuve de l'état alcoolique, conduite ou accompagnement sous l'influence de substances ou plantes classées comme stupéfiants, refus de se soumettre aux vérifications destinées à établir la preuve de la conduite sous l'influence de substances ou plantes classées comme stupéfiants (art. L. 231-1, L. 233-1, L. 233-1-1, L. 233-2, L. 234-1, L. 234-8, L. 235-1 et L. 235-3) ; »

– entrave *(Décr. n° 2009-1678 du 29 déc. 2009, art. 7)* « volontaire » à la circulation (art. L. 412-1) ;

– *(Décr. n° 2009-1678 du 29 déc. 2009, art. 7)* « usage d'une fausse plaque d'immatriculation, circulation sans plaque d'immatriculation, mise en circulation d'un véhicule muni de plaques inexactes, usurpation de plaques », modification du dispositif de limitation de vitesse par construction des véhicules de transports routiers, absence à bord du véhicule du transport routier de certains documents, destruction ou détournement d'un véhicule confisqué (art. L. 234-12 (III), L. 317-1 à L. 317-4, *(Décr. nº 2009-1678 du 29 déc. 2009, art. 7)* « L. 317-4-1 et L. 325-4 *[C. transp., art. L. 3242-1]* ») ; *— L'art. L. 325-4 C. route a été abrogé par l'Ord. nº 2010-1307 du 28 oct. 2010, art. 7. — V. désormais C. transp., art. L. 3242-1, App., vº Transports routiers.*

— conduite *(Abrogé par Décr. nº 2009-1678 du 29 déc. 2009, art. 7) « en récidive »* d'un véhicule sans être titulaire du permis de conduire correspondant à la catégorie du véhicule considéré, conduite d'un véhicule malgré la rétention, *(Décr. nº 2003-642 du 11 juill. 2003, art. 5-I)* « l'invalidation, » la suspension ou l'annulation du permis de conduire (art. L. 221-2, *(Décr. nº 2003-642 du 11 juill. 2003, art. 5-I)* « L. 223-5 » et L. 224-16) ;

— enseignement de la conduite des véhicules terrestres à moteur *(Décr. nº 2015-1537 du 25 nov. 2015, art. 4-1º)* « ou animation d'un stage de sensibilisation à la sécurité routière » sans autorisation ou en violation d'une mesure de suspension (art. L. 212-4) ;

(Décr. nº 2014-1295 du 31 oct. 2014, art. 5-2º) « — exploitation d'un établissement d'enseignement de la conduite des véhicules terrestres à moteur et de la sécurité routière ou de formation des candidats pour l'exercice de la profession d'enseignant *(Décr. nº 2015-1537 du 25 nov. 2015, art. 4-2º)* « ou d'un établissement organisant des stages de sensibilisation à la sécurité routière » sans l'agrément ou en violation d'une mesure provisoire de suspension (art. L. 213-6) ;

« — emploi d'un enseignant *(Décr. nº 2015-1537 du 25 nov. 2015, art. 4-3º)* « ou d'un animateur non titulaire de l'autorisation prévue à l'article L. 212-1 » (art. L. 213-6) ; »

— usage du nom d'une personne pour enregistrement, au nom de cette personne, d'une condamnation judiciaire ou d'une décision administrative (art. L. 225-7 et L. 330-6) ;

— usage d'un faux nom ou d'une fausse qualité pour obtenir des renseignements sur un conducteur (art. L. 225-8 et L. 330-7).

(Décr. nº 2003-642 du 11 juill. 2003, art. 5-I) « — délits liés à *(Décr. nº 2009-1678 du 29 déc. 2009, art. 7)* « l'offre ou à la commercialisation » de dispositifs ayant pour objet d'augmenter la puissance du moteur *(Décr. nº 2009-1678 du 29 déc. 2009, art. 7)* « d'un cyclomoteur, d'une motocyclette ou d'un quadricycle à moteur » (art. L. 317-5 à *(Décr. nº 2009-1678 du 29 déc. 2009, art. 7)* « L. 317-7 ») ;

(Décr. nº 2009-1678 du 29 déc. 2009, art. 7) « — délits liés à l'offre ou à la commercialisation par un professionnel d'un cyclomoteur, d'une motocyclette, d'un tricycle ou d'un quadricycle à moteur soumis à réception et non réceptionné ou qui n'est plus conforme à celle-ci (art. L. 321-1 et L. 321-2) ; »

« — défaut d'assurance (art. L. 324-2) ;

« — obstacle à une mesure d'immobilisation ou à un ordre d'envoi en fourrière (art. L. 325-3-1) ;

« — organisation de courses de véhicules à moteur sans autorisation (art. L. 411-7) ;

« — récidive de non-respect des distances de sécurité entre deux véhicules dans un tunnel (art. L. 412-2) ;

« — grand excès de vitesse en récidive (art. L. 413-1) ; »

(Décr. nº 2003-642 du 11 juill. 2003, art. 5-I) « — délits liés à *(Décr. nº 2009-1678 du 29 déc. 2009, art. 7)* « l'offre ou à la commercialisation » de dispositifs destinés à déceler la présence ou à perturber le fonctionnement des systèmes de constatation des infractions à la circulation routière (art. L. 413-2 à L. 413-5). »

VII. — Délit prévu par le code de la santé publique :

— usage de manière illicite de l'une des substances ou plantes classées comme stupéfiants *(Décr. nº 2009-1678 du 29 déc. 2009, art. 7)* « (art. L. 3421-1) ». — *[Anc. art. R. 243-2.]*

Art. R. 212-4-1 *(Décr. nº 2009-1678 du 29 déc. 2009, art. 8)* I. — Pour obtenir le renouvellement quinquennal de l'autorisation d'enseigner la conduite des véhicules à moteur d'une catégorie donnée et la sécurité routière, l'enseignant doit remplir les conditions fixées au I de l'article R. 212-2 et à l'article R. 212-4.

II. — Pour obtenir le renouvellement quinquennal de l'autorisation d'animer les stages de sensibilisation à la sécurité routière, l'animateur doit :

1º Remplir les conditions fixées au II de l'article R. 212-2 et à l'article R. 212-4 ;

2º Justifier d'une attestation de formation continue à l'animation des stages de sensibilisation à la sécurité routière délivrée par le *(Décr. nº 2012-688 du 7 mai 2012)* « ministre chargé de la sécurité routière ».

Un arrêté du *(Décr. nº 2012-688 du 7 mai 2012)* « ministre chargé de la sécurité routière » précise les conditions d'application du présent article.

Art. R. 212-5 En application de l'article L. 212-3, le retrait de l'autorisation d'enseigner la conduite des véhicules terrestres à moteur d'une catégorie donnée et la sécurité routière *(Décr. n° 2009-1678 du 29 déc. 2009, art. 9)* « ou d'animer un stage de sensibilisation à la sécurité routière » est prononcé après que l'intéressé a été mis à même de présenter ses observations, par arrêté du préfet du lieu de résidence du titulaire de l'autorisation ou, pour un non-résident, par le préfet du département où il exerce son activité lorsqu'une des conditions prévues pour sa délivrance cesse d'être remplie. La suspension de l'autorisation est prononcée dans les conditions prévues à l'article L. 212-3 par l'autorité préfectorale précitée.

Le procureur de la République transmet copie du procès-verbal visé à l'article L. 212-3 à l'autorité préfectorale susmentionnée. – *[Anc. art. R. 243-3.]*

(Décr. n° 2009-1678 du 29 déc. 2009, art. 9) « Un arrêté du *(Décr. n° 2012-688 du 7 mai 2012)* « ministre chargé de la sécurité routière » précise les conditions d'application du présent article. »

Art. R. 212-5-1 *(Décr. n° 2009-1678 du 29 déc. 2009, art. 10)* A la demande d'une autorité compétente d'un autre État membre de *(Décr. n° 2016-613 du 17 mai 2016, art. 1er-2°)* « l'Union » européenne ou partie à l'accord sur l'Espace économique européen sur le territoire duquel un enseignant de la conduite ou un animateur de stages de sensibilisation à la sécurité routière exécute ou déclare vouloir exécuter une prestation de services, le préfet du département du lieu de résidence de l'enseignant ou de l'animateur communique à cette autorité toutes les informations pertinentes sur la légalité de l'établissement en France du professionnel concerné. Si le professionnel est, à la date de la communication, sous le coup d'une suspension ou d'un retrait d'autorisation, mention en est faite.

Art. R. 212-6 Le brevet d'animateur pour la formation des conducteurs responsables d'infractions (BAFCRI) est délivré par le *(Décr. n° 2012-688 du 7 mai 2012)* « ministre chargé de la sécurité routière » aux personnes ayant subi avec succès les épreuves d'un examen.

Seuls peuvent se présenter à cet examen, en vue de l'obtention de ce brevet, les titulaires du brevet pour l'exercice de la profession d'enseignant de la conduite automobile et de la sécurité routière (BEPECASER) ou d'un titre ou diplôme reconnu équivalent en application de l'article R. 212-3.

L'examen est composé de deux épreuves écrites d'admissibilité et d'une épreuve orale d'admission.

Les épreuves écrites d'admissibilité portent l'une sur la réglementation de la sécurité routière et l'autre sur des éléments d'accidentologie, de pédagogie et de psychologie.

L'épreuve orale d'admission consiste en un entretien destiné à évaluer l'aptitude du candidat à animer un groupe de stagiaires.

Un arrêté du *(Décr. n° 2012-688 du 7 mai 2012)* « ministre chargé de la sécurité routière » précise le contenu détaillé des épreuves et les modalités de l'examen. – *[Anc. art. R. 244.]*

CHAPITRE III *Établissements d'enseignement et d'animation des stages de sensibilisation à la sécurité routière* (Décr. n° 2009-1678 du 29 déc. 2009, art. 11).

SECTION I *Établissements d'enseignement à titre onéreux et d'animation des stages de sensibilisation à la sécurité routière* (Décr. n° 2009-1678 du 29 déc. 2009, art. 11).

Les agréments spécifiques pour l'organisation des stages de sensibilisation à la sécurité routière prévus à l'art. L. 223-6 C. route, délivrés avant la date de publication [de l'Arr. fixant les conditions d'exploitation des établissements chargés d'animer les stages de sensibilisation à la sécurité routière prévu au dern. al. de l'art. R. 213-2 C. route (Arr. du 26 juin 2012, JO 30 juin) et de l'Arr. relatif à l'autorisation d'animer les stages de sensibilisation à la sécurité routière prévu au III de l'art. R. 212-2 de ce code (Arr. du 26 juin 2012, JO 30 juin)], demeurent valides jusqu'au 31 déc. 2012. Leurs titulaires doivent, avant cette date, en demander le renouvellement dans les conditions prévues par le 1° de l'art. R. 213-6 de ce code. Pour les agréments spécifiques pour l'organisation des stages de sensibilisation à la sécurité routière prévus à l'art. R. 213-1L. 223-6 C. route, délivrés à compter de la date de publication des arrêtés [préc.], les conditions prévues au II de l'art. R. 213-2 de ce même code doivent être remplies pour la demande d'agrément, à l'exception de celle relative à la formation initiale à la gestion technique et administrative, qui peut être remplie au plus tard le 31 déc. 2012 (Décr. n° 2009-1678 du 29 déc. 2009, art. 24-2° et 3°, tels que modifiés par Décr. n° 2012-688 du 7 mai 2012, art. 1er).

Art. R. 213-1 Les agréments visés à l'article L. 213-1 sont délivrés pour une durée de cinq ans par le préfet du lieu d'implantation de l'établissement *(Abrogé par Décr. n° 2015-1537 du 25 nov. 2015, art. 5)* « ***, après avis de la commission départementale de la sécurité routière*** ».

Les agréments, ainsi que toutes les mesures affectant leur validité, sont inscrits dans un registre national qui est élaboré et tenu à jour dans les conditions prévues par la loi n° 78-17 du 6 janvier 1978 relative à l'informatique, aux fichiers et aux libertés.

Lorsqu'un exploitant décède ou est *(Décr. n° 2009-1678 du 29 déc. 2009, art. 12)* « dans l'incapacité d'exploiter l'établissement, suite à une incapacité physique ou une mise sous tutelle ou curatelle », le préfet qui a délivré l'agrément peut maintenir ce dernier, sans qu'il soit justifié de la qualification d'une autre personne, pendant une période maximale d'un an à compter du jour du décès ou de l'incapacité. — *[Anc. art. R. 245.]*

Art. R. 213-2 *(Décr. n° 2009-1678 du 29 déc. 2009, art. 13)* I. — Pour les exploitants des établissements d'enseignement, à titre onéreux, de la conduite des véhicules à moteur d'une catégorie donnée et de la sécurité routière et pour les exploitants des établissements de formation des candidats à l'un des titres ou diplômes exigés pour l'exercice de la profession d'enseignant de la conduite, l'agrément prévu à l'article L. 213-1 est délivré aux personnes remplissant les conditions suivantes :

1° Ne pas avoir fait l'objet d'une condamnation prononcée par une juridiction française ou par une juridiction étrangère à une peine criminelle ou à une peine correctionnelle pour l'une des infractions prévues à l'article R. 212-4 ;

(Décr. n° 2015-1537 du 25 nov. 2015, art. 6, en vigueur le 1er juill. 2016) « 2° Justifier de la capacité à gérer un tel établissement en étant titulaire :

« — soit d'un diplôme d'État ou d'un titre ou diplôme visé ou homologué de l'enseignement supérieur ou technologique d'un niveau égal ou supérieur au niveau III sanctionnant une formation juridique, économique, comptable ou commerciale ou d'un diplôme étranger d'un niveau comparable ;

« — soit du certificat de qualification professionnelle de la branche professionnelle des services de l'automobile reconnu par arrêté du ministre chargé de la sécurité routière ;

« — soit d'une qualification professionnelle satisfaisant aux conditions définies à l'article R. 213-2-1 ; »

3° Être âgé d'au moins vingt-trois ans ;

(Décr. n° 2017-1518 du 31 oct. 2017) « 4° Ne pas avoir fait l'objet dans les trois années précédentes d'un retrait de l'agrément prévu aux articles L. 213-1 et R. 213-1 en raison d'un manquement aux règles régissant l'exercice de l'activité d'exploitant d'un établissement mentionné à l'article L. 213-1. Cette condition s'applique à toute demande présentée sur le territoire national. A cette fin, ce retrait est inscrit dans le registre national mentionné à l'article R. 213-1. Il n'a pas pour effet de mettre fin aux autres agréments dont l'intéressé serait titulaire à la date de ce retrait ; »

5° Justifier de garanties minimales concernant les moyens de formation de l'établissement. Ces garanties concernent les locaux, les véhicules, les moyens matériels et les modalités d'organisation de la formation ;

6° Justifier de la qualification des personnels enseignants :

— pour les établissements d'enseignement de la conduite, les enseignants doivent être titulaires de l'autorisation d'enseigner mentionnée à l'article L. 212-1 pour assurer les prestations d'enseignement théorique et pratique ;

— pour les établissements de formation des candidats à l'un des titres ou diplômes exigés pour l'exercice de la profession d'enseignant de la conduite des véhicules à moteur et de la sécurité routière, les personnels enseignants doivent satisfaire à des conditions particulières fixées par un arrêté du *(Décr. n° 2012-688 du 7 mai 2012)* « ministre chargé de la sécurité routière ». Dans chacun de ces établissements un directeur pédagogique est désigné. Il organise et encadre effectivement la formation. Ce directeur doit être titulaire du brevet d'aptitude à la formation des moniteurs (BAFM). Nul ne peut être directeur pédagogique dans plus d'un établissement.

II. — Pour les personnes assurant l'exploitation effective d'au moins un établissement organisant des stages de sensibilisation à la sécurité routière mentionnés aux articles L. 223-6 et R. 223-5 et, le cas échéant, pour les personnes qu'elles désignent nommément pour l'encadrement administratif des stages, à l'exclusion des 5° et 6° pour ces dernières, l'agrément prévu à l'article L. 213-1 est délivré si celles-ci remplissent les conditions suivantes :

1° Ne pas avoir fait l'objet d'une condamnation prononcée par une juridiction française ou par une juridiction étrangère à une peine criminelle ou à une peine correctionnelle pour l'une des infractions prévues à l'article R. 212-4 ;

2° Justifier d'une formation initiale à la gestion technique et administrative d'un établissement agréé pour l'animation des stages de sensibilisation à la sécurité routière ;

3° Être âgé d'au moins vingt-cinq ans ;

(Décr. n° 2017-1518 du 31 oct. 2017) « 4° Ne pas avoir fait l'objet dans les trois années précédentes d'un retrait de l'agrément prévu aux articles L. 213-1 et R. 213-1 en raison d'un manquement aux règles régissant l'exercice de l'activité d'exploitant d'un établissement mentionné à l'article L. 213-1. Cette condition s'applique à toute demande présentée sur le territoire national. A cette fin, ce retrait est inscrit dans le registre national mentionné à l'article R. 213-1. Il n'a pas pour effet de mettre fin aux autres agréments dont l'intéressé serait titulaire à la date de ce retrait ; »

5° Justifier des garanties minimales concernant les moyens de formation de l'établissement. Ces garanties concernent les locaux, les moyens matériels, les modalités d'organisation de la formation et, le cas échéant, les véhicules ;

6° Justifier de la qualification des personnels animateurs qui doivent être titulaires de l'autorisation mentionnée au II de l'article R. 212-2.

Les conditions fixées au présent article sont précisées par arrêté du *(Décr. n° 2012-688 du 7 mai 2012)* « ministre chargé de la sécurité routière ».

Art. R. 213-2-1 *(Décr. n° 2009-1678 du 29 déc. 2009, art. 14)* Pour satisfaire aux conditions de qualifications professionnelles énoncées *(Décr. n° 2011-759 du 28 juin 2011, art. 2-2°)* « au 2° du I et au 2° du II » de l'article R. 213-2, les personnes ayant acquis leurs qualifications dans un autre État membre de *(Décr. n° 2016-613 du 17 mai 2016, art. 1er-2°)* « l'Union » européenne ou dans un autre État partie à l'accord sur l'Espace économique européen doivent satisfaire aux conditions suivantes :

1° Conditions générales de la reconnaissance :

a) Lorsque l'État dans lequel ont été acquises les qualifications réglemente la profession, le demandeur doit posséder l'attestation de compétences ou le titre de formation prescrit pour exercer la profession dans cet État ;

b) Lorsque l'État dans lequel ont été acquises les qualifications ne réglemente pas la profession, le demandeur doit avoir exercé la profession au cours des dix années précédentes *(Décr. n° 2016-613 du 17 mai 2016, art. 1er-4°)* « dans un ou plusieurs États membres, un an, consécutif ou non, à temps plein ou pendant une durée totale équivalente, à temps partiel », et posséder au moins une attestation de compétences ou un titre de formation attestant la préparation à l'exercice de cette profession. La condition relative à l'expérience professionnelle n'est toutefois pas exigée quand le candidat possède un titre sanctionnant une formation réglementée, spécifiquement orientée sur l'exercice de la profession, correspondant au minimum à un cycle d'études secondaires.

2° Conditions de validité des titres :

Les attestations de compétences ou les titres de formation mentionnés aux *a* et *b* du 1° doivent avoir été délivrés par une autorité compétente de l'État dans lequel ont été acquises les qualifications.

Est assimilé au titre de formation mentionné aux *a* et *b* du 1° tout titre de formation ou ensemble de titres de formation qui :

— a été délivré par une autorité compétente d'un autre État membre de *(Décr. n° 2016-613 du 17 mai 2016, art. 1er-2°)* « l'Union » européenne ou d'un autre État partie à l'accord sur l'Espace économique européen ;

— sanctionne une formation acquise dans *(Décr. n° 2016-613 du 17 mai 2016, art. 1er-2°)* « l'Union » européenne ou dans l'Espace économique européen et reconnue par l'État de délivrance du titre comme étant de niveau équivalent ;

— et confère les mêmes droits d'accès ou d'exercice de la profession, ou prépare à l'exercice de cette profession.

Est également assimilée à un tel titre de formation toute qualification professionnelle qui, sans répondre aux exigences prévues par les dispositions législatives, réglementaires ou administratives de l'État dans lequel ont été acquises les qualifications pour l'accès à la profession ou son exercice, confère à son titulaire des droits acquis en vertu de ces dispositions.

Peuvent également justifier de leur capacité à exercer la profession les personnes qui possèdent un titre permettant son exercice, acquis dans un pays tiers et admis en équivalence dans un État membre de *(Décr. n° 2016-613 du 17 mai 2016, art. 1er-2°)* « l'Union » européenne ou dans un État partie à l'accord sur l'Espace économique européen si cet État réglemente l'exercice de la profession. Elles doivent en outre justifier avoir exercé la profession pendant trois ans dans l'État qui a admis l'équivalence de leur titre ;

3° Mesures de compensation :

Il peut être exigé de la personne qui remplit les conditions fixées aux alinéas précédents qu'elle accomplisse, selon son choix, un stage d'adaptation d'une durée maximum d'un an ou qu'elle se soumette à une épreuve d'aptitude dans l'un des cas suivants :

a) Lorsque la formation qu'elle a reçue porte sur des matières substantiellement différentes de celles que comporte la formation exigée des personnes ayant acquis leurs qualifications en France ;

b) Lorsqu'une ou plusieurs des activités réglementées constitutives de la formation exigée en France n'existent pas dans la profession correspondante dans l'État ayant délivré l'attestation de compétences ou le titre de formation dont elle fait état, et que cette différence est caractérisée par une formation spécifique qui est requise en France et qui porte sur des matières substantiellement différentes de celles couvertes par l'attestation de compétences ou le titre de formation.

Le contenu du stage d'adaptation ou de l'épreuve d'aptitude tient compte des connaissances acquises par le candidat au cours de son expérience professionnelle *(Décr. n° 2016-613 du 17 mai 2016, art. 1er-4°)* « ou lors de son apprentissage tout au long de la vie.

« Par dérogation au deuxième alinéa ci-dessus, le préfet de département peut imposer au demandeur, par une décision motivée, soit le stage d'adaptation soit l'épreuve d'aptitude mentionnés ci-dessus, lesquels doivent intervenir dans les six mois à compter de cette décision.

« Le préfet prend sa décision après avoir vérifié les connaissances, les aptitudes et les compétences que le demandeur a acquises au cours de son expérience professionnelle à temps plein ou à temps partiel ou par la voie de l'apprentissage tout au long de la vie, et ayant fait l'objet à cette fin d'une validation en bonne et due forme par un organisme compétent, dans un État membre ou dans un pays tiers.

« Les conditions dans lesquelles cette décision du préfet peut intervenir sont précisées par un arrêté du ministre chargé de la sécurité routière. »

Le candidat est dispensé du stage d'adaptation ou de l'épreuve d'aptitude si les connaissances qu'il a acquises au cours de son expérience professionnelle couvrent l'intégralité de la différence substantielle constatée entre la formation qu'il a reçue et la formation dispensée sur le territoire français et requise pour l'enseignement de la conduite ou l'animation de stages de sensibilisation à la sécurité routière.

Les dispositions fixées au présent article sont précisées par arrêté du *(Décr. n° 2012-688 du 7 mai 2012)* « ministre chargé de la sécurité routière ».

(Décr. n° 2016-613 du 17 mai 2016, art. 1er-6°) « 4° Peuvent s'établir en France, pour y exercer tout ou partie des activités placées sous le régime de l'article L. 213-1-1, les personnes, ressortissant d'un État membre de l'Union européenne ou d'un État partie à l'Espace économique européen :

« *a)* Lorsqu'elles sont titulaires d'une attestation de compétences ou d'un titre de formation requis par l'autorité compétente d'un de ces États pour accéder à ces activités sur son territoire ou les y exercer ;

« *b)* Ou, dans le cas où l'État dont elles sont le ressortissant ne réglemente pas l'exercice des activités en cause, lorsqu'elles peuvent justifier de l'exercice de ces activités à temps plein pendant une durée d'un an ou à temps partiel pendant une durée totale équivalente au cours des dix années précédentes. »

Art. R. 213-2-2 *(Décr. n° 2016-613 du 17 mai 2016, art. 1er-7°)* Les personnes ayant obtenu la reconnaissance de leurs qualifications professionnelles acquises dans un autre État membre de l'Union européenne ou dans un État partie à l'Espace économique européen doivent avoir un niveau de connaissance du français suffisant pour l'exercice de l'activité mentionnée au présent chapitre.

Le préfet peut contrôler le respect par les intéressés de cette obligation lorsqu'il existe un doute sérieux et concret sur leur niveau de connaissance du français au regard des activités qu'ils entendent exercer.

Ce contrôle est limité à la connaissance du français et est réalisé après la reconnaissance de la qualification professionnelle de l'intéressé.

Art. R. 213-3 *(Décr. n° 2020-142 du 20 févr. 2020)* « I. – Le contrat passé entre le candidat et l'établissement d'enseignement de la conduite, mentionné au premier alinéa de l'article L. 213-2, est conforme au contrat type annexé au décret n° 2020-142 du 20 février 2020 définissant le contrat type d'enseignement de la conduite prévu à l'article L. 213-2 du code de la route. – *V. Annexe Contrat type de l'enseignement de la conduite (JO 21 févr.).*

« Pour chaque catégorie de permis de conduire, un modèle de contrat type est arrêté par le ministre chargé de l'économie, après consultation du conseil national de la consommation. » — *V. Arr. du 29 mai 2020 définissant le modèle de contrat type pour l'enseignement de la conduite pour la catégorie B du permis de conduire (JO 6 juin).*

(Décr. n° 2016-381 du 30 mars 2016, art. 7-2°) « II. — Le contrat passé entre le candidat et l'établissement, mentionné au quatrième alinéa de l'article L. 213-2, peut prendre la forme d'une convention simplifiée de formation professionnelle ou d'un contrat de formation professionnelle. »

Art. R. 213-3-1 *(Décr. n° 2015-578 du 27 mai 2015, en vigueur le 1er juill. 2015)* Constituent *(Décr. n° 2015-1571 du 1er déc. 2015)* « les frais » de transfert interdits, en application de l'article L. 213-2, tous frais, quelles que soient leurs dénominations, *(Décr. n° 2015-1571 du 1er déc. 2015)* « ou toutes majorations de prix, appliqués » spécifiquement par un établissement d'enseignement de la conduite et de la sécurité routière à un candidat précédemment inscrit dans un autre de ces établissements.

Art. R. 213-3-2 *(Décr. n° 2015-1571 du 1er déc. 2015)* Constituent les frais de présentation interdits en application de l'article L. 213-2 tous frais, quelles que soient leurs dénominations, ou toutes majorations de prix, appliqués spécifiquement par un établissement d'enseignement de la conduite et de la sécurité routière à un candidat au titre de sa présentation à l'une des épreuves du permis de conduire ou dont le paiement est une condition à cette présentation.

Ne constituent des frais de présentation au titre du présent article ni les montants exigés pour la conclusion du contrat prévu à l'article L. 213-2, ni le coût de la formation initiale prévue aux articles L. 211-3 et L. 211-4.

Art. R. 213-3-3 *(Décr. n° 2015-1571 du 1er déc. 2015)* I. — Constituent les frais d'accompagnement au sens de l'article L. 213-2 tous frais, quelles que soient leurs dénominations, ou toute majoration de prix, appliqués spécifiquement par un établissement d'enseignement de la conduite et de la sécurité routière aux candidats au titre de la présence d'un membre de son personnel lors de l'épreuve ou du transport du candidat sur le site de celle-ci.

II. — Les frais appliqués au titre de l'accompagnement du candidat à l'épreuve sont déterminés préalablement à cette prestation.

Pour la partie pratique, ils couvrent forfaitairement l'ensemble de la charge de l'accompagnement, tant à l'épreuve en circulation que, le cas échéant, à celle hors circulation. Ils ne peuvent excéder les prix appliqués par l'établissement pour les durées de formation suivantes :

— pour le permis des catégories A1, A2, A et BE : une heure et demie ;
— pour le permis des catégories B1 et B : une heure ;
— pour les permis des catégories C1, C, D1 et D : deux heures ;
— pour les permis des catégories C1E, CE, D1E et DE : deux heures et demie.

Ces prix sont calculés en référence au tarif horaire de la formation pratique correspondante.

Art. R. 213-4 Les programmes de formation prévus à l'article L. 213-4 sont définis par arrêtés du *(Décr. n° 2012-688 du 7 mai 2012)* « ministre chargé de la sécurité routière ». *(Décr. n° 2014-1295 du 31 oct. 2014, art. 7)* « Ils incluent notamment une sensibilisation aux comportements à adopter en cas d'accident, aux premiers secours à apporter aux victimes et aux risques encourus par les usagers vulnérables ainsi qu'à l'impact écologique et économique des déplacements. » Les délégués et inspecteurs du permis de conduire et de la sécurité routière ou les agents publics qualifiés et spécialement habilités par un arrêté du *(Décr. n° 2012-688 du 7 mai 2012)* « ministre chargé de la sécurité routière » procèdent au contrôle de l'application des programmes de formation *(Décr. n° 2009-1678 du 29 déc. 2009, art. 15)* « et du respect des obligations mises à la charge du titulaire de l'agrément par le présent code. — *[Anc. art. R. 245-3.]*

« Les agents des services de l'État chargés des procédures d'agrément de ces établissements peuvent également procéder à des contrôles administratifs.

« Indépendamment de ces contrôles, des audits pédagogiques des établissements agréés pour l'organisation des stages de sensibilisation à la sécurité routière peuvent être opérés par tout expert autorisé par le *(Décr. n° 2012-688 du 7 mai 2012)* « ministre chargé de la sécurité routière ». »

Art. R. 213-5 Le retrait des agréments *(Décr. n° 2009-1678 du 29 déc. 2009, art. 16)* « mentionnés à l'article L. 213-l » est prononcé par le préfet du lieu d'implantation de l'établissement lorsqu'une des conditions prévues pour leur délivrance cesse d'être remplie *(Décr. n° 2009-1678 du 29 déc. 2009, art. 16)* « ou en cas de cessation d'activité ». Le retrait est prononcé après que l'intéressé a été mis à même de présenter ses observations. La suspension des agréments est prononcée, dans les conditions prévues par l'article L. 213-5, par l'autorité préfectorale précitée.

Le procureur de la République transmet copie du procès-verbal visé à l'article L. 213-5 au préfet du lieu d'implantation de l'établissement. – *[Anc. art. R. 245-4.]*

Art. R. 213-6 *(Décr. nº 2009-1678 du 29 déc. 2009, art. 17)* Lors du renouvellement quinquennal de l'agrément mentionné à l'article L. 213-1, l'exploitant doit :

1º Remplir les conditions fixées aux 1º, *(Décr. nº 2017-1518 du 31 oct. 2017)* « 4º, » 5º et 6º du I ou du II de l'article R. 213-2, selon l'activité exercée ;

2º Justifier d'une formation attestant de la réactualisation de ses connaissances professionnelles dans le domaine spécifique de l'activité exercée ;

3º Justifier, en outre, pour les personnes désignées nommément par l'exploitant pour l'encadrement administratif des stages de sensibilisation à la sécurité routière, d'une attestation de réactualisation de leurs connaissances professionnelles dans ce domaine spécifique.

Les conditions fixées au présent article sont précisées par arrêté du *(Décr. nº 2012-688 du 7 mai 2012)* « ministre chargé de la sécurité routière ».

SECTION II *Enseignement de la conduite et de la sécurité routière par les associations d'insertion ou de réinsertion sociale ou professionnelle*

Art. R. 213-7 Les associations d'insertion ou de réinsertion sociale ou professionnelle mentionnées à l'article L. 213-7 ont pour objet de faciliter l'insertion ou la réinsertion des personnes citées au 3º de l'article R. 213-8 en s'appuyant notamment sur la formation à la conduite et à la sécurité routière. Ces associations mettent en œuvre des modalités spécifiques d'accueil, d'accompagnement et de suivi social et professionnel. – *[Anc. art. R. 246.]*

Art. R. 213-8 La délivrance de l'agrément aux associations mentionnées à l'article L. 213-7 est subordonnée à l'ensemble des conditions suivantes :

1º Être déclarée conformément à l'article 5 de la loi du 1er juillet 1901 susvisée relative au contrat d'association et soit être partie à une convention signée avec l'État, une collectivité locale, un établissement public ou une association chargée d'une mission de service public, soit être bénéficiaire d'une aide attribuée par une des personnes morales précitées, pour des actions parmi lesquelles l'apprentissage de la conduite et de la sécurité routière constitue un des moyens de l'insertion ou de la réinsertion sociale ou professionnelle ;

2º S'adresser exclusivement à des personnes qui relèvent soit des dispositifs d'insertion, soit de situation de marginalité ou de grande difficulté sociale, soit d'une prise en charge au titre de l'aide sociale ;

3º Ne recourir pour les prestations d'enseignement de la conduite théorique et pratique qu'à des titulaires de l'autorisation d'enseigner qui remplissent les conditions prévues par l'article R. 212-2 ;

4º Dispenser un enseignement conforme au programme de formation de l'enseignement de la conduite et de la sécurité routière visé à l'article R. 213-4 ;

5º Justifier de garanties minimales concernant les moyens de l'établissement. Ces garanties concernent les locaux, les véhicules, les moyens matériels. Ces garanties sont fixées par un arrêté du *(Décr. nº 2012-688 du 7 mai 2012)* « ministre chargé de la sécurité routière » ;

6º Remplir les conditions prévues à l'article R. 213-2 (1º). Ces conditions sont exigées du président et de toute personne qu'il a, le cas échéant, dûment mandatée pour encadrer l'activité réglementée au présent chapitre. – *[Anc. art. R. 246-1.]*

Art. R. 213-9 L'agrément est délivré, retiré ou suspendu dans les conditions fixées aux articles R. 213-1 et R. 213-5.

En outre, l'association agréée est tenue de présenter annuellement au préfet du département dans lequel elle dispense la formation mentionnée à l'article R. 213-7 un rapport d'activité. Ce rapport doit porter sur les activités de l'association pour l'insertion ou la réinsertion sociale ou professionnelle et préciser en particulier les actions entreprises pour la formation à la conduite et à la sécurité routière des publics concernés. Un arrêté du *(Décr. nº 2012-688 du 7 mai 2012)* « ministre chargé de la sécurité routière » précise les conditions d'application du présent alinéa. – *[Anc. art. R. 246-2.]*

CHAPITRE IV *Conseil supérieur de l'éducation routière (CSER)*

(Décr. nº 2009-1182 du 5 oct. 2009)

Art. D. 214-1 Le Conseil supérieur de l'éducation routière est placé auprès du *(Décr. nº 2011-570 du 24 mai 2011)* « ministre chargé de la sécurité routière », qui peut le saisir de toute question relative à l'éducation routière, notamment l'apprentissage de la conduite, le permis de conduire et l'organisation des professions.

(Décr. n° 2016-815 du 17 juin 2016, art. 2) « Le Conseil supérieur de l'éducation routière assure le suivi, l'observation et l'évaluation statistique des conditions d'accès au permis de conduire sur l'ensemble du territoire national. Il élabore un rapport public annuel. »

Le Conseil supérieur de l'éducation routière peut présenter toutes propositions *(Abrogé par Décr. n° 2011-570 du 24 mai 2011) « au ministre chargé des transports »* dans le domaine de l'éducation routière.

Art. D. 214-2 *(Décr. n° 2016-815 du 17 juin 2016, art. 3)* Le Conseil supérieur de l'éducation routière comprend :

1° Deux parlementaires :

— un sénateur et un député désignés par leurs assemblées respectives ;

2° Cinq représentants de l'État :

— le délégué à la sécurité et à la circulation routières ou son représentant. Il préside ce conseil ;

— le vice-président du Conseil général de l'environnement et du développement durable ou son représentant ;

— le directeur général de l'enseignement scolaire ou son représentant ;

— le directeur général de la concurrence, de la consommation et de la répression des fraudes ou son représentant ;

— le directeur général du travail ou son représentant ;

3° Un représentant de chacune des organisations syndicales d'employeurs et de salariés du secteur de l'enseignement de la conduite et de la sécurité routière, représentatives au niveau de la branche professionnelle au sens des articles L. 2122-5 et L. 2152-1 du code du travail ; *— Jusqu'au 31 déc. 2017, les représentants des professionnels mentionnés au 3° de l'art. D. 214-2 sont désignés à titre transitoire par le ministre chargé de la sécurité routière en prenant en compte les résultats des élections organisées par l'Arr. du 31 mai 2010 relatif aux élections pour la désignation des représentants de la profession de l'enseignement de la conduite et de la sécurité routière au Conseil supérieur de l'éducation routière (Décr. n° 2016-815 du 17 juin 2016, art. 5).*

4° Un représentant de chacune des organisations syndicales représentatives des inspecteurs du permis de conduire et de la sécurité routière et des délégués au permis de conduire et à la sécurité routière ;

5° Deux représentants des consommateurs désignés sur proposition des organisations de consommateurs et après avis du ministre chargé de la consommation ;

6° Un représentant des jeunes désigné sur proposition du ministre chargé de la jeunesse ;

7° Un représentant des associations œuvrant pour la sécurité routière désigné par le ministre chargé de la sécurité routière ;

8° Un représentant des assureurs désigné sur proposition du ministre chargé de l'économie ;

9° Un représentant des éditeurs pédagogiques spécialisés dans l'éducation routière désigné par le ministre chargé de la sécurité routière ;

10° Un représentant des concepteurs de simulateurs de conduite désigné par le ministre chargé de la sécurité routière ;

11° Quatre personnalités qualifiées choisies en raison de leurs activités professionnelles ou de leurs travaux en matière d'éducation routière désignées par le ministre chargé de la sécurité routière.

Les membres du Conseil supérieur mentionnés aux 3°, 4°, 5°, 6°, 7°, 8°, 9°, 10° et 11° sont nommés par arrêté du ministre chargé de la sécurité routière pour une durée de cinq ans.

Art. D. 214-3 *(Abrogé par Décr. n° 2016-815 du 17 juin 2016, art. 4) **Le président du Conseil supérieur de l'éducation routière est nommé par arrêté du** (Décr. n° 2011-570 du 24 mai 2011) **« ministre chargé de la sécurité routière », parmi les membres du conseil.***

Art. D. 214-4 Le Conseil supérieur de l'éducation routière siège au moins deux fois par an. Il peut être convoqué à tout moment par le président du conseil ou à la demande de la moitié au moins de ses membres.

Le Conseil supérieur de l'éducation routière établit son règlement intérieur, qui est approuvé par arrêté du *(Décr. n° 2011-570 du 24 mai 2011)* « ministre chargé de la sécurité routière ».

Art. D. 214-5 Le secrétariat du Conseil supérieur de l'éducation routière est assuré par la délégation à la sécurité routière.

TITRE II **Permis de conduire**

A compter du 19 janv. 2013, dans l'ensemble des dispositions du code de la route, les mentions des art. R. 221-3 et R. 222-8 seront respectivement remplacées par celles des art. D. 221-3 et D. 222-8 (Décr. n° 2011-1475 du 9 nov. 2011, art. 17-II).

RÉP. PÉN. v° *Permis de conduire,* par CÉRÉ.

CHAPITRE PREMIER ***Vérification d'aptitude, délivrance et catégories*** *(Décr. n° 2016-516 du 26 avr. 2016, art. 1er-1°).*

A compter du 19 janv. 2013, dans l'ensemble des dispositions du code de la route, les mentions des art. R. 221-3 et R. 222-8 seront respectivement remplacées par celles des art. D. 221-3 et D. 222-8 (Décr. n° 2011-1475 du 9 nov. 2011, art. 17-II).

SECTION I ***Dispositions générales***

(Décr. n° 2016-516 du 26 avr. 2016, art. 1er-2°)

Art. R. 221-1 *(Décr. n° 2016-347 du 22 mars 2016, art. 2-I, en vigueur le 1er juill. 2016)* **I. — Le permis de conduire un véhicule terrestre à moteur s'obtient soit après réussite à l'examen du permis de conduire, soit après conversion d'un brevet militaire de conduite français, soit après échange d'un permis de conduire étranger, soit après réussite à une formation dispensée à cette fin ou validation d'un diplôme ou d'un titre professionnel délivrés à cette fin en France.**

Les titres mentionnés à l'article L. 221-1 qui sont assimilés au permis de conduire lorsque celui-ci n'est pas exigé pour la conduite d'un véhicule à moteur, comprennent notamment le certificat d'examen du permis de conduire, l'attestation de suivi de la formation requise pour la conduite des véhicules de types L5e et L6e pour les personnes nées après le 31 décembre 1987 et le récépissé de déclaration de perte ou de vol d'un permis de conduire.

II. — Toute personne sollicitant un permis de conduire, national ou international, doit justifier de sa résidence normale ainsi que, le cas échéant, de son droit au séjour en France ou, pour les élèves et étudiants étrangers titulaires d'un titre de séjour ou d'un visa long séjour valant titre de séjour validé par l'Office français de l'immigration et de l'intégration correspondant à leur statut, de la poursuite de leurs études en France depuis au moins six mois en France à la date de leur demande de permis de conduire.

III. — On entend par résidence normale le lieu où une personne demeure habituellement, c'est-à-dire pendant au moins 185 jours par année civile, en raison d'attaches personnelles et professionnelles, ou, dans le cas d'une personne sans attaches professionnelles, en raison d'attaches personnelles révélant des liens étroits entre elle-même et l'endroit où elle demeure.

Toutefois, la résidence normale d'une personne dont les attaches personnelles sont situées en France mais qui est établie à l'étranger pour y poursuivre ses études, une formation, un stage ou pour l'exécution d'une mission d'une durée déterminée, se situe en France.

Art. R. 221-1-1 *(Décr. n° 2016-347 du 22 mars 2016, art. 2-II, en vigueur le 1er juill. 2016) (Décr. n° 2005-320 du 30 mars 2005, art. 2)* **I. — Nul ne peut conduire un véhicule ou un ensemble de véhicules, pour la conduite duquel le permis de conduire est exigé par le présent code, s'il n'est titulaire de la catégorie correspondante du permis de conduire en état de validité et s'il ne respecte les restrictions d'usage mentionnées sur ce titre.**

Par dérogation à l'article R. 110-1, ces dispositions sont également applicables à la conduite sur les voies non ouvertes à la circulation publique, sauf dans le cas prévu à l'article R. 221-16.

(Décr. n° 2011-1475 du 9 nov. 2011, en vigueur le 19 janv. 2013) **« I *bis*. — La durée de validité des titres attestant de la qualité de titulaire du permis de conduire est limitée ainsi qu'il suit :**

« 1° Les permis de conduire comportant les catégories A1, A2, A, B, B1 et BE du permis de conduire ont une durée de validité de quinze ans à compter de leur délivrance, sous réserve des dispositions de l'article R. 221-10 ;

« 2° Sous la même réserve, les permis de conduire comportant les catégories C, CE, C1, C1E, D, DE, D1 et D1E ont une durée de validité de cinq ans.

« La date limite de validité est inscrite sur le titre de conduite.

« Les conditions de renouvellement des titres attestant de la qualité de titulaire du permis de conduire sont fixées par arrêté du ministre chargé de la sécurité routière. »

II. – Le permis de conduire est délivré à tout candidat qui a satisfait aux épreuves d'examen prévues au présent chapitre par le préfet du département de sa résidence ou par le préfet du département dans lequel ces épreuves ont été subies.

III. – Le fait de conduire un véhicule sans respecter les conditions de validité ou les restrictions d'usage du permis de conduire est puni de l'amende prévue pour les contraventions de la quatrième classe.

IV. – L'immobilisation du véhicule peut être prescrite dans les conditions prévues aux articles L. 325-1 à L. 325-3.

V. – Toute personne coupable de l'une des infractions prévues au présent article encourt également les peines complémentaires suivantes :

1° La suspension, pour une durée de trois ans au plus, du permis de conduire, cette suspension pouvant être limitée à la conduite en dehors de l'activité professionnelle ;

2° L'interdiction de conduire certains véhicules terrestres à moteur, y compris ceux pour la conduite desquels le permis de conduire n'est pas exigé, pour une durée de trois ans au plus ;

3° L'obligation d'accomplir, à ses frais, un stage de sensibilisation à la sécurité routière.

VI. – La contravention prévue au III donne lieu de plein droit à la réduction de trois points du permis de conduire. – *[Anc. art. R. 221-1.]*

Art. R. 221-2 Le préfet peut autoriser un sous-préfet d'arrondissement à délivrer un permis de conduire à une personne non domiciliée dans cet arrondissement, lorsque cette dérogation est de nature à améliorer sensiblement le service rendu à l'usager. – *[Anc. art. R. 123, al. 6.]*

Art. D. 221-3 Les examens du permis de conduire susvisés comportent une épreuve théorique et une épreuve pratique qui se déroulent dans les conditions et selon les modalités fixées par arrêté du ministre *(Décr. n° 2011-1475 du 9 nov. 2011, en vigueur le 19 janv. 2013)* « chargé de la sécurité routière.

« Par exception aux dispositions de ce premier alinéa : l'épreuve pratique de la catégorie A *(Décr. n° 2016-723 du 31 mai 2016, art. 1er-1°)* « est » remplacée par le suivi d'une formation dispensée par un établissement ou une association agréés au titre de l'article L. 213-1 ou L. 213-7 pour les titulaires de la catégorie A2 depuis deux ans au moins. »

Les examens organisés en vue de l'obtention du permis de conduire comprennent notamment une interrogation sur les effets de l'absorption de l'alcool ou d'autres substances modificatives du comportement des conducteurs.

Le permis de conduire *(Décr. n° 2011-1475 du 9 nov. 2011, en vigueur le 19 janv. 2013)* « *[,]* à l'exception de la catégorie A obtenue dans les conditions définies au deuxième alinéa du présent article, » est délivré sur l'avis favorable soit d'un inspecteur du permis de conduire et de la sécurité routière, soit d'un agent public appartenant à une des catégories fixées par arrêté *(Abrogé par Décr. n° 2011-1475 du 9 nov. 2011, à compter du 19 janv. 2013)* « *du ministre chargé de la sécurité routière* ». – *V. Arr. du 30 juin 2014 (JO 3 juill.).*

Il n'est valable pour les catégories autres que celles qu'il vise expressément que dans les conditions définies aux articles R. 221-7 à R. 221-9. – *[Anc. art. R. 123, al. 2 à 4 et L. n° 70-597 du 9 juill. 1970, art. 4.]*

(Décr. n° 2011-1475 du 9 nov. 2011, en vigueur le 19 janv. 2013) « Le ministre chargé de la sécurité routière fixe par arrêtés les conditions et modalités d'application du présent article. »

SECTION II *Organisation des épreuves par l'autorité administrative*

(Décr. n° 2016-516 du 26 avr. 2016, art. 1er-4°)

Art. R. 221-3-1 L'autorité administrative organise directement les épreuves du permis de conduire suivantes :

1° L'épreuve théorique générale, en cas de carence de l'offre proposée dans les conditions prévues à la section III par les organismes agréés en application de l'article L. 221-4 ;

2° Les sessions spécialisées pour l'épreuve théorique générale mentionnées à l'article R. 221-3-2 ;

3° Toute autre épreuve du permis de conduire.

Art. R. 221-3-2 Des sessions spécialisées sont organisées par l'autorité administrative pour des publics particuliers ne pouvant pas se présenter aux épreuves théorique et pratique de l'examen du permis de conduire dans les mêmes conditions que les autres candidats.

Les modalités d'organisation de ces sessions sont fixées par arrêté du ministre chargé de la sécurité routière.

La fréquence de ces sessions est décidée par le préfet dans le respect des seuils minimaux fixés par l'arrêté mentionné au précédent alinéa.

Si l'organisation d'une session spécialisée implique le recours à une traduction, la durée totale de l'épreuve théorique est fixée à une heure trente pour permettre la bonne compréhension des candidats, dont le nombre ne peut excéder dix.

Art. R. 221-3-3 *(Décr. n° 2016-516 du 26 avr. 2016, art. 1er-4° et 3°, en vigueur le 1er juin 2016)* Le passage de l'épreuve théorique générale organisée par l'autorité administrative donne lieu à la perception d'une redevance pour service rendu dont le montant est fixé par arrêté conjoint des ministres chargés des finances, de l'économie et de la sécurité routière. Cette redevance couvre, au plus, toutes les prestations nécessaires à un unique passage de cette épreuve, y compris l'inscription et la remise de l'attestation de résultat.

Cette redevance est acquittée préalablement à l'inscription à l'examen, par paiement dématérialisé, selon des modalités fixées par l'arrêté mentionné au premier alinéa.

Cet arrêté prévoit également les cas de dispense de paiement de cette redevance par les usagers dont l'insertion sociale est conditionnée par l'obtention du permis de conduire.

Sous réserve des dispositions du précédent alinéa, l'inscription à l'examen est subordonnée au paiement de cette redevance.

SECTION III ***Organisation des épreuves par les organismes agréés***

(Décr. n° 2016-516 du 26 avr. 2016, art. 1er-5°)

Art. R. 221-3-4 I. — Les personnes pouvant organiser l'épreuve théorique générale du permis de conduire mentionnées au 1° de l'article L. 221-4 sont agréées par le ministre chargé de la sécurité routière pour une durée de dix ans renouvelable.

II. — La demande d'agrément mentionne l'identité du demandeur et son statut juridique. Elle justifie de sa capacité à respecter les conditions définies aux articles R. 221-3-6 à R. 221-3-9 et dans le cahier des charges prévu à l'article L. 221-7.

Le silence gardé pendant quatre mois sur une demande vaut décision d'acceptation.

III. — Si la personne agréée souhaite cesser son activité, elle notifie cette intention au ministre chargé de la sécurité routière quatre mois au moins avant l'arrêt de l'exploitation.

Art. R. 221-3-5 I. — L'ouverture de chaque site d'examen est subordonnée à une déclaration préalable, renouvelable tous les cinq ans, auprès du préfet du département où est situé le site. A Paris, cette déclaration est adressée au préfet de police.

II. — La déclaration par l'organisateur comprend :

1° Une copie de la décision d'agrément ou, le cas échéant, de la demande ayant donné naissance à une décision d'acceptation implicite conformément à l'article L. 231-1 du code des relations entre le public et l'administration ;

2° La localisation du site, les heures d'ouverture et le nombre de places d'examen qui y seront proposées ;

3° Lorsque l'exploitation du site est confiée par l'organisateur agréé à une entité juridique différente, son identité et son statut juridique.

III. — L'arrêt d'exploitation d'un site ou la réduction du nombre de places offertes sont soumis à déclaration dans les mêmes conditions que l'ouverture d'un site. L'arrêt d'exploitation peut être refusé s'il conduit à la méconnaissance par l'organisateur agréé des obligations d'accès prévues par l'article R. 221-3-8 ou des textes pris pour son application.

Art. D. 221-3-6 L'organisateur agréé organise le passage de l'examen à un prix identique toutes taxes comprises pour tous les candidats, quel que soit le site, sans imposer d'autres conditions que celles requises pour l'inscription. Ce prix couvre toutes les prestations nécessaires à un unique passage de l'épreuve théorique générale, y compris l'inscription et la remise de l'attestation de résultat, à l'exclusion de tout autre produit ou service.

Ce prix est arrêté conjointement par le ministre chargé de l'économie et par le ministre chargé de la sécurité routière en fonction des coûts supportés par les organisateurs, du nombre total de candidats et des obligations d'accès prévues à l'article R. 221-3-8.

L'achat de ces prestations ne peut être conditionné à celui d'autres produits ou services, ni être la condition de l'octroi d'un avantage commercial pour d'autres produits ou services.

Art. R. 221-3-7 L'organisateur agréé assure l'égal accès des candidats aux épreuves qu'il organise, indépendamment des conditions dans lesquelles ceux-ci ont été formés et des établissements qui leur ont délivré cette formation.

Art. R. 221-3-8 L'organisateur agréé assure, dans les conditions prévues au présent article, l'accès des candidats à des sites d'examen sur le territoire de chaque département métropolitain et de chacune des collectivités suivantes : Guadeloupe, Guyane, Martinique, La Réunion, Mayotte et Saint-Pierre-et-Miquelon.

Cet accès est assuré à des dates et horaires qu'il détermine et qui sont proposés aux candidats à la réservation en ligne.

Une session ne peut être annulée que si aucun candidat ne s'est inscrit sept jours avant la date programmée.

L'arrêté prévu à l'article D. 221-3-6 peut, pour chacun des territoires mentionnés au premier alinéa et en fonction du nombre d'examens qui y sont passés, de sa population et de sa superficie, préciser le nombre minimal de places à proposer et imposer la présence de sites dans certaines zones qui, sans cela, risqueraient de ne pas être desservies. Pour les territoires où la demande est faible, cet arrêté peut prévoir que les obligations de couverture peuvent être remplies conjointement par plusieurs des organisateurs agréés.

Dans un délai d'un an à compter de la date de son agrément, l'organisateur agréé est tenu d'assurer l'accès aux prestations précisées à l'article D. 221-3-6, dans les conditions prévues au présent article et par l'arrêté mentionné au quatrième alinéa. En cas de modification des obligations d'accès prévues par cet arrêté, ce dernier fixe un délai, qui ne peut pas être inférieur à six mois, pour leur prise en compte par les organisateurs déjà agréés. Cet arrêté peut fixer des obligations de couverture intermédiaires pendant ces périodes transitoires.

Art. R. 221-3-9 I. — La personne qui assure la direction permanente et effective de l'activité pour le compte de l'organisateur agréé ne doit pas avoir fait l'objet d'une condamnation prononcée par une juridiction française ou par une juridiction étrangère à une peine criminelle ou à une peine correctionnelle pour l'une des infractions prévues à l'article R. 212-4 ou avoir assuré la direction de l'activité pour le compte d'un organisateur dont l'agrément a été retiré en application de l'article L. 221-9 dans les cinq années qui précèdent.

II. — L'organisateur agréé n'est lié, au sens du II de l'article 19 de l'ordonnance n° 2015-899 du 23 juillet 2015 relative aux marchés publics, à aucun établissement d'enseignement de la conduite et de la sécurité routière et à aucune entreprise commercialisant des produits pédagogiques dans le domaine de l'enseignement de la conduite et de la sécurité routière.

III. — L'activité d'un site d'examen s'exerce dans des locaux n'abritant aucune activité en lien avec l'enseignement de la conduite et ne communiquant avec aucun local abritant une telle activité.

Art. R. 221-3-10 I. — Pour l'application du présent article, le qualificatif "examinateur" désigne toute personne du site d'examen intervenant pour le passage de l'épreuve.

II. — L'examinateur ne doit pas avoir fait l'objet d'une condamnation prononcée par une juridiction française ou par une juridiction étrangère à une peine criminelle ou à une peine correctionnelle pour l'une des infractions prévues à l'article R. 212-4.

III. — L'examinateur dispose des compétences nécessaires au bon déroulement de l'épreuve, y compris la gestion des incidents.

IV. — L'examinateur ne peut pas superviser les personnes suivantes :

1° Son conjoint ou son partenaire d'un pacte civil de solidarité ;

2° Ses ascendants et ses descendants au premier degré ;

3° Ses collatéraux au deuxième degré.

V. — L'examinateur n'exerce pas et n'a pas exercé, depuis trois ans, d'activité dans un établissement d'enseignement de la conduite et de la sécurité routière ou dans une entreprise commercialisant des produits pédagogiques dans le domaine de l'enseignement de la conduite et de la sécurité routière.

Art. R. 221-3-11 Les organisateurs agréés :

1° Publient sur leur site internet la liste des sites d'examen déclarés et pour chacun d'entre eux le nombre de places proposées ;

2° Recueillent les données transmises par le ministre chargé de la sécurité routière pour l'organisation de l'épreuve, notamment les questionnaires soumis aux candidats ;

3° Vérifient auprès du ministre chargé de la sécurité routière l'éligibilité du candidat à passer l'épreuve ;

4° Transmettent au ministre chargé de la sécurité routière les réponses des candidats ;

5° Communiquent aux candidats le résultat transmis par le ministre chargé de la sécurité routière ;

6° S'assurent du respect par les examinateurs des garanties mentionnées à l'article R. 221-3-10 et du respect, pour chaque site, du cahier des charges prévu à l'article L. 221-7 ;

7° Transmettent annuellement au ministre chargé de la sécurité routière et au ministre chargé de l'économie un rapport d'exploitation qui comprend, pour chaque site, le nombre de places proposées et celui des examens effectivement organisés ;

8° Communiquent au ministre chargé de la sécurité routière ou au ministre chargé de l'économie, sur sa demande, toute autre information statistique relative à l'exploitation des sites d'examen.

Art. R. 221-3-12 Le ministre chargé de la sécurité routière :

1° Approuve par arrêté le cahier des charges prévu à l'article L. 221-7, lequel énonce :

a) Les moyens matériels et techniques nécessaires à la réalisation des examens de l'épreuve théorique générale du permis de conduire ;

b) Les conditions dans lesquelles l'organisateur agréé s'assure du respect par les examinateurs des garanties mentionnées à l'article L. 221-8 ;

c) Les conditions dans lesquelles l'organisateur agréé s'assure du respect du cahier des charges pour chaque site d'examen ;

2° Est chargé du contrôle de l'application de ce cahier des charges ;

3° Élabore les questionnaires soumis aux candidats et les communique aux organisateurs agréés ;

4° Recueille et corrige les réponses des candidats et transmet le résultat aux organisateurs agréés.

Art. R. 221-3-13 Pour l'application de l'article L. 221-7, les locaux auxquels l'autorité administrative a accès comprennent :

1° Les sites d'examen ;

2° Tout autre lieu où est entreposé le matériel nécessaire à l'organisation de l'examen à l'exception des locaux d'habitation des examinateurs.

Art. R. 221-3-14 I. — Les données personnelles collectées par l'organisateur agréé pour l'inscription du candidat sont celles qui sont strictement nécessaires à l'organisation de l'examen.

II. — Le numéro d'enregistrement préfectoral harmonisé et le résultat de l'épreuve ne peuvent être conservés par l'organisateur agréé au-delà du délai nécessaire au contrôle de l'application du cahier des charges prévu à l'article L. 221-7. Ils ne donnent lieu à aucune utilisation ou diffusion à des tiers autres que l'autorité administrative.

Art. R. 221-3-15 Les déclarations de sites d'examen ainsi que toutes les mesures affectant leur validité sont inscrites dans un registre national, élaboré et tenu à jour dans les conditions prévues par la loi n° 78-17 du 6 janvier 1978 relative à l'informatique, aux fichiers et aux libertés.

Art. R. 221-3-16 I. — En cas de méconnaissance, pour un site d'examen déclaré, de l'une des obligations prévues à l'article R. 221-3-7, au III de l'article R. 221-3-9, à l'article R. 221-3-10 ou par le cahier des charges prévu à l'article L. 221-7, le préfet, après avoir mis l'organisateur agréé en mesure de présenter ses observations, peut suspendre, pour une durée maximale de six mois, l'exploitation de ce site.

II. — En cas de méconnaissance grave ou répétée, pour un site d'examen déclaré, de l'une des obligations prévues à l'article R. 221-3-7, au III de l'article R. 221-3-9, à l'article R. 221-3-10 ou par le cahier des charges prévu à l'article L. 221-7, le préfet, après avoir mis l'organisateur agréé en mesure de présenter ses observations, peut mettre fin à l'exploitation du site.

III. — En cas de non-respect des obligations de couverture prévues par l'article R. 221-3-8 ou par ses textes d'application, le ministre chargé de la sécurité routière, après avoir mis l'organisateur agréé en mesure de présenter ses observations, peut suspendre pour une durée maximale de six mois l'exploitation d'un ou plusieurs de ses sites d'examen. Cette mesure de suspension porte sur des sites situés dans des territoires autres que ceux où la défaillance a été constatée. Elle respecte les conditions suivantes :

1° Le nombre de places d'examen proposées par les sites dont l'exploitation est suspendue ne peut excéder le double du déficit de places dans les territoires où les obligations de couverture ne sont pas remplies ;

2° La suspension ne place pas l'organisateur agréé en situation de manquement à ses obligations de couverture dans le territoire concerné.

IV. — Les compétences prévues par le présent article sont exercées à Paris par le préfet de police.

Art. R. 221-3-17 Est puni de l'amende prévue pour les contraventions de la 5e classe le fait :

1° D'organiser un examen de l'épreuve théorique générale sans disposer de l'agrément prévu à l'article L. 221-4 ou lorsque ce dernier a été suspendu ;

2° D'organiser un examen de l'épreuve théorique générale dans un site dont l'exploitation n'a pas été déclarée conformément à l'article R. 221-3-5 ou dont l'exploitation a été suspendue ;

3° Pour un examinateur, de superviser un examen de l'épreuve théorique générale en infraction à l'article R. 221-3-10 ;

4° De contrevenir aux dispositions de l'article R. 221-3-14.

SECTION IV *Catégories de permis*

(Décr. n° 2016-516 du 26 avr. 2016, art. 1er-6°)

Art. R. 221-4 *(Décr. n° 2011-1475 du 9 nov. 2011, en vigueur le 19 janv. 2013)* I. — Les différentes catégories du permis de conduire énoncées ci-dessous autorisent la conduite des véhicules suivants :

Catégorie A1 :

Motocyclettes avec ou sans side-car, d'une cylindrée maximale de 125 cm^3, d'une puissance n'excédant pas 11 kilowatts et dont le rapport puissance/poids ne dépasse pas 0,1 kilowatt par kilogramme ;

Tricycles à moteur d'une puissance maximale de 15 kilowatts.

Catégorie A2 :

Motocyclettes avec ou sans side-car d'une puissance n'excédant pas 35 kilowatts et dont le rapport puissance/poids n'excède pas 0,2 kilowatt par kilogramme. La puissance ne peut résulter du bridage d'un véhicule développant plus *(Décr. n° 2014-1295 du 31 oct. 2014, art. 8-1°)* « de 70 kW ».

Catégorie A :

Motocyclettes avec ou sans side-car ;

Tricycles à moteur d'une puissance supérieure à 15 kilowatts.

Catégorie B1 :

Véhicules de la catégorie L7e.

Catégorie B :

Véhicules automobiles ayant un poids total autorisé en charge (PTAC) qui n'excède pas 3,5 tonnes, affectés au transport de personnes *(Décr. n° 2014-1295 du 31 oct. 2014, art. 8-2°)* « ou de marchandises, conçus et construits pour le transport de huit passagers au maximum non compris le conducteur » ainsi que les véhicules qui peuvent être assimilés aux véhicules précédents et dont la liste est fixée par arrêté du ministre chargé de la sécurité routière.

Véhicules mentionnés à l'alinéa précédent attelés d'une remorque lorsque le poids total autorisé en charge (PTAC) de la remorque est inférieur ou égal à 750 kilogrammes.

(Décr. n° 2013-58 du 17 janv. 2013) « Mêmes véhicules attelés d'une remorque lorsque le poids total autorisé en charge (PTAC) de la remorque est supérieur à 750 kilogrammes, sous réserve que la somme des poids totaux autorisés en charge (PTAC) du véhicule tracteur et de la remorque de l'ensemble n'excède pas 4 250 kilogrammes. »

Catégorie C1 :

Véhicules automobiles autres que ceux de la catégorie D et D1 dont le poids total autorisé en charge (PTAC) est supérieur à 3 500 kilogrammes sans excéder 7 500 kilogrammes et qui sont conçus et construits pour le transport de huit passagers au plus outre le conducteur.

Aux véhicules de cette catégorie peut être attelée une remorque dont le poids total autorisé en charge (PTAC) n'excède pas 750 kilogrammes.

Catégorie C :

Véhicules automobiles autres que ceux des catégories D et D1, dont le poids total autorisé en charge (PTAC) excède 3,5 tonnes et qui sont conçus et construits pour le transport de huit passagers au plus outre le conducteur.

Aux véhicules de cette catégorie peut être attelée une remorque dont le poids total autorisé en charge (PTAC) n'excède pas 750 kilogrammes.

Catégorie D1 :

Véhicules automobiles conçus et construits pour le transport de *(Décr. n° 2014-1295 du 31 oct. 2014, art. 8-3°)* « seize passagers au maximum non compris le » conducteur, *(Abrogé par Décr. n° 2014-1295 du 31 oct. 2014, art. 8-3°) « seize places assises maximum »* et d'une longueur n'excédant pas huit mètres.

Aux véhicules de cette catégorie peut être attelée une remorque dont le poids total autorisé en charge (PTAC) n'excède pas 750 kilogrammes.

Catégorie D :

Véhicules automobiles conçus et construits pour le transport de *(Abrogé par Décr. n° 2014-1295 du 31 oct. 2014, art. 8-4°) « personnes comportant plus de huit places assises outre le siège du conducteur ou transportant* » plus de huit *(Décr. n° 2014-1295 du 31 oct. 2014, art. 8-4°)* « passagers », non compris le conducteur.

Aux véhicules de cette catégorie peut être attelée une remorque dont le poids total autorisé en charge (PTAC) n'excède pas 750 kilogrammes.

Catégorie BE :

Véhicules relevant de la catégorie B auxquels est attelée une remorque ou une semi-remorque qui a un poids total autorisé en charge (PTAC) n'excédant pas 3 500 kilogrammes *(Décr. n° 2013-58 du 17 janv. 2013)* « lorsque l'ensemble formé par le véhicule tracteur et la remorque ne relève pas de la catégorie B ».

Catégorie C1E :

Véhicules relevant de la catégorie C1 attelés d'une remorque ou d'une semi-remorque dont le poids total autorisé en charge (PTAC) excède 750 kilogrammes ;

Véhicules relevant de la catégorie B attelés d'une remorque ou d'une semi-remorque dont le poids total autorisé en charge excède 3 500 kilogrammes.

Le poids total roulant autorisé des ensembles de véhicules relevant de la catégorie C1E ne peut excéder 12 000 kilogrammes.

Catégorie CE :

Véhicules relevant de la catégorie C attelés d'une remorque ou d'une semi-remorque dont le poids total autorisé en charge (PTAC) excède 750 kilogrammes.

Catégorie D1E :

Véhicules relevant de la catégorie D1 attelés d'une remorque dont le poids total autorisé en charge (PTAC) excède 750 kilogrammes.

Catégorie DE :

Véhicules relevant de la catégorie D attelés d'une remorque dont le poids total autorisé en charge excède 750 kilogrammes.

II. — Le permis de conduire peut être délivré, dans des conditions fixées par le ministre chargé de la sécurité routière, aux personnes atteintes d'un handicap physique nécessitant l'aménagement du véhicule.

III. — *(Décr. n° 2013-58 du 17 janv. 2013)* « Il sera substitué au plus tard avant le 19 janvier 2033, dans les conditions fixées par un arrêté du ministre chargé de la sécurité routière, aux permis de conduire délivrés avant le 19 janvier 2013 un nouveau modèle de permis de conduire défini par arrêté du ministre chargé de la sécurité routière. »

Art. R. 221-4-1 *(Décr. n° 2019-1260 du 29 nov. 2019)* Lorsqu'ils sont utilisés par les sapeurs-pompiers professionnels et volontaires des services d'incendie et de secours, les personnels de l'État et les militaires des unités investis à titre permanent de missions de sécurité civile ou les membres des associations agréées de sécurité civile au sens de l'article L. 725-1 du code de la sécurité intérieure, les véhicules de transport de personnes ou de marchandises, conçus et construits pour le transport de huit passagers au maximum non compris le conducteur, affectés aux missions de sécurité civile, et dont le poids total autorisé en charge (PTAC) est supérieur à 3 500 kilogrammes sans excéder 4 500 kilogrammes, peuvent être conduits par le titulaire d'un permis de conduire de la catégorie B en cours de validité à la double condition que :

— le délai probatoire fixé à l'article L. 223-1 du présent code soit expiré ;

— le titulaire du permis ait suivi et validé une formation dont les modalités sont définies par arrêtés du ministre chargé de la sécurité routière.

Art. R. 221-5 *(Décr. n° 2011-1475 du 9 nov. 2011, en vigueur le 19 janv. 2013)* Les conditions minimales requises pour l'obtention du permis de conduire sont les suivantes :

1° Être âgé(e) :

— de seize ans révolus pour les catégories A1 et B1 ;

— de dix-huit ans révolus pour les catégories A2, B, C1, BE et C1E ;

(Abrogé par Décr. n° 2016-723 du 31 mai 2016, art. 1er-2°)« — de vingt-quatre ans révolus pour la catégorie A, sauf pour les titulaires du permis A2 depuis au moins deux ans ; »

— de vingt et un ans révolus pour le conducteur d'un tricycle à moteur d'une puissance supérieure à 15 kilowatts ;

— de vingt et un ans révolus pour les catégories C, CE, D1 et D1E, sans préjudice des dispositions relatives à l'âge autorisant la conduite de ces véhicules figurant aux articles R. 3314-4 et R. 3314-6 du code des transports.

— de vingt-quatre ans révolus pour les catégories D et DE, sans préjudice des dispositions relatives à l'âge autorisant la conduite de ces véhicules figurant aux articles R. 3314-4 et R. 3314-6 précités.

La reconnaissance des permis de conduire prévue aux articles R. 222-1 à D. 222-8 est également subordonnée au respect de ces conditions d'âge ;

2° Être titulaire :

a) Pour la première obtention du permis de conduire, s'agissant des personnes *(Décr. n° 2018-795 du 17 sept. 2018, art. 15)* « âgées de moins de 21 ans », de l'attestation scolaire de sécurité routière de second niveau ou de l'attestation de sécurité routière ;

b) En outre :

(Décr. n° 2016-723 du 31 mai 2016, art. 1er-2°) « – pour l'obtention de la catégorie A, de la catégorie A2 du permis de conduire depuis deux ans au moins *(Décr. n° 2017-1578 du 16 nov. 2017, en vigueur le 1er déc. 2017)* « sauf, s'ils sont âgés de vingt-quatre ans révolus, pour les militaires de la gendarmerie nationale, titulaires du brevet militaire de conduite motocycliste lorsqu'ils en sollicitent la conversion en permis de conduire ainsi que pour les fonctionnaires de la police nationale lorsque le permis de conduire leur est délivré après réussite à l'épreuve théorique et à l'épreuve pratique dans le cadre de leur formation professionnelle » ; »

– pour l'obtention des catégories C1, C, D1, D, BE, de la catégorie B du permis de conduire ;

– pour l'obtention de la catégorie C1E, de la catégorie C1 du permis de conduire ;

– pour l'obtention de la catégorie CE, de la catégorie C du permis de conduire ;

– pour l'obtention de la catégorie D1E, de la catégorie D1 du permis de conduire ;

– pour l'obtention de la catégorie DE, de la catégorie D du permis de conduire.

Art. R. 221-6 *(Décr. n° 2016-723 du 31 mai 2016, art. 1er-3°)* Les modalités de la formation prévues au deuxième alinéa de l'article D. 221-3 sont fixées par arrêté du ministre chargé de la sécurité routière.

Art. R. 221-7 *(Décr. n° 2011-1475 du 9 nov. 2011, en vigueur le 19 janv. 2013) (Décr. n° 2013-58 du 17 janv. 2013)* « La catégorie A du permis de conduire autorise la conduite des véhicules relevant des catégories A2 et A1.

« La catégorie A2 du permis de conduire autorise la conduite des véhicules relevant de la catégorie A1. »

La catégorie B du permis de conduire autorise la conduite des quadricycles à moteur (véhicules des catégories L6e et L7e).

Les catégories C1E, CE, D1E et DE du permis de conduire autorisent la conduite des véhicules relevant de la catégorie BE.

La catégorie CE du permis de conduire autorise la conduite des véhicules relevant de la catégorie DE sous réserve que son titulaire soit en possession de la catégorie D du permis de conduire.

La catégorie C1E du permis de conduire autorise la conduite des véhicules relevant de la catégorie D1E sous réserve que son titulaire soit en possession de la catégorie D1 du permis de conduire.

Art. R. 221-8 *(Décr. n° 2005-320 du 30 mars 2005, art. 3)* « I. – » La catégorie A du permis de conduire, obtenue avant le 1er mars 1980, ou les catégories A2 ou A3, obtenues entre le 1er mars 1980 et le 31 décembre 1984, autorisent la conduite de toutes les motocyclettes.

Une licence de circulation, délivrée avant le 1er avril 1958, une catégorie quelconque du permis obtenue avant le 1er mars 1980, ou la catégorie A1 du permis obtenue entre le 1er mars 1980 et le 31 décembre 1984, autorise la conduite des motocyclettes dont la cylindrée n'excède pas 125 cm^3, mises en circulation pour la première fois avant le 31 décembre 1984, et celle des motocyclettes légères.

(Décr. n° 2011-1475 du 9 nov. 2011, en vigueur le 19 janv. 2013) (Décr. n° 2013-58 du 17 janv. 2013) « La catégorie A du permis de conduire, obtenue avant le 19 janvier 2013, n'autorise à compter de sa date d'obtention et pendant une période de deux ans que la conduite des motocyclettes dont la puissance n'excède pas 35 kilowatts, avec un rapport puissance/poids en ordre de marche ne dépassant pas 0,2 kilowatt par kilogramme. Cette restriction d'usage est levée si le conducteur était âgé d'au moins 21 ans à la date d'obtention de la catégorie A.

« La catégorie A du permis de conduire, obtenue avant le 19 janvier 2013, autorise la conduite des tricycles à moteur d'une puissance supérieure à 15 kW quel que soit l'âge du conducteur.

« Les catégories A et A1 du permis de conduire obtenues avant le 19 janvier 2013 autorisent la conduite des quadricycles à moteur (véhicules des catégories L6e et L7e).

« Les catégories B et B1 du permis de conduire obtenues avant le 19 janvier 2013 autorisent la conduite des tricycles à moteur dont la puissance n'excède pas 15 kilowatts et dont le poids à vide n'excède pas 550 kilogrammes ainsi que les quadricycles à moteur (véhicules des catégories L6[e] et L7[e]). »

(Décr. n° 2010-1390 du 12 nov. 2010, art. 4 et 20, en vigueur le 1er janv. 2011) « II. – La catégorie B du permis de conduire autorise la conduite, sur le territoire national, d'une motocyclette légère à la double condition que le conducteur soit titulaire de cette catégorie de permis depuis au moins deux ans et qu'il ait suivi une formation pratique dispensée par un établissement ou une association agréés au titre de l'article L. 213-1 ou L. 213-7.

« Toutefois, la condition relative à la formation pratique n'est pas exigée des conducteurs qui justifient d'une pratique de la conduite d'une motocyclette légère *(Décr. n° 2012-3 du 3 janv. 2012, art. 3)* « ou d'un véhicule de la catégorie L5[e] » au cours des cinq années précédant le 1er janvier 2011. La preuve de cette pratique est apportée par la production d'un document délivré par l'assureur et attestant la souscription d'une assurance *(Décr. n° 2012-3 du 3 janv. 2012, art. 3)* « couvrant l'usage de l'un ou l'autre de ces véhicules » au cours de la période considérée. »

(Décr. n° 2011-1475 du 9 nov. 2011, en vigueur le 19 janv. 2013) « III. – La catégorie B du permis de conduire autorise la conduite, sur le territoire national, d'un véhicule de la catégorie L5[e] à la triple condition que le conducteur soit âgé de 21 ans, soit titulaire de cette catégorie de permis depuis au moins deux ans et qu'il ait suivi une formation pratique dispensée par un établissement ou une association agréés au titre de l'article L. 213-1 ou L. 213-7.

« Toutefois, ces deux dernières conditions ne sont pas exigées des conducteurs qui justifient d'une pratique de la conduite d'un véhicule de la catégorie L5[e] *(Décr. n° 2012-3 du 3 janv. 2012, art. 3)* « ou d'une motocyclette légère » au cours des cinq années précédant le 1er janvier 2011. La preuve de cette pratique est apportée par la production d'un document délivré par l'assureur et attestant la souscription d'une assurance *(Décr. n° 2012-3 du 3 janv. 2012, art. 3)* « couvrant l'usage de l'un ou l'autre de ces véhicules » au cours de la période considérée.

(Décr. n° 2011-1475 du 9 nov. 2011, en vigueur le 19 janv. 2013, mod. par Décr. n° 2013-58 du 17 janv. 2013) « III *bis*. – La catégorie B du permis de conduire autorise la conduite des véhicules de la catégorie B attelés d'une remorque lorsque le poids total autorisé en charge (PTAC) de la remorque excède 750 kilogrammes et lorsque la somme des poids totaux autorisés en charge (PTAC) du véhicule tracteur et de la remorque est supérieure à 3 500 kilogrammes mais ne dépasse pas 4 250 kilogrammes sous réserve que le titulaire du permis ait suivi une formation dont les modalités sont définies par arrêté du ministre chargé de la sécurité routière. »

(Décr. n° 2010-1390 du 12 nov. 2010, art. 4 et 20, en vigueur le 1er janv. 2011) « IV. – Un arrêté conjoint du *(Décr. n° 2011-1475 du 9 nov. 2011, en vigueur le 19 janv. 2013)* « ministre chargé de la sécurité routière » et du ministre chargé des assurances fixe les modalités d'application des II et III. »

SECTION V *Vérification d'aptitude*

(Décr. n° 2016-516 du 26 avr. 2016, art. 1er-7°)

Art. R. 221-9 *(Décr. n° 2011-1475 du 9 nov. 2011, art. 11, en vigueur le 19 janv. 2013)* « I. – La catégorie C du permis de conduire, obtenue avant le 20 janvier 1975, ou la catégorie C1 du permis de conduire obtenue entre le 20 janvier 1975 et le 31 décembre 1984 ou la catégorie C du permis de conduire obtenue entre le 1er janvier 1985 et le 1er juillet 1990 autorise la conduite de tous les véhicules affectés au transport de marchandises ainsi que celle des véhicules affectés au transport en commun sur des parcours de ligne dépassant 50 kilomètres sous réserve, pour ces derniers, des conditions relatives à l'expérience de conduite ou à la formation du conducteur fixées par arrêté du ministre chargé des transports. »

II. – La catégorie C du permis de conduire, obtenue entre le 20 janvier 1975 et le 31 décembre 1984, ou la catégorie C limitée, obtenue entre le 1er janvier 1985 et le 1er juillet 1990, autorise la conduite des véhicules affectés au transport de marchandises suivants :

1° Véhicules isolés dont le poids total autorisé en charge (PTAC) excède 3,5 tonnes ;

2° Véhicules dont le poids total roulant autorisé (PTRA) n'excède pas 12,5 tonnes, lorsqu'il s'agit du véhicule tracteur d'un ensemble de véhicules ou du véhicule tracteur d'un véhicule articulé.

(Décr. n° 2011-1475 du 9 nov. 2011, art. 11, en vigueur le 19 janv. 2013) « II *bis*. – La catégorie C du permis de conduire obtenue avant le 19 janvier 2013 autorise la conduite de véhicules automobiles isolés autres que ceux de la catégorie D et dont le poids total autorisé en charge (PTAC) excède 3,5 tonnes.

« III. – La catégorie D du permis de conduire, obtenue avant le 20 janvier 1975, lorsque l'examen a été subi sur un véhicule d'un poids total autorisé en charge (PTAC) de plus de 3,5 tonnes, autorise la conduite de tous les véhicules affectés au transport de marchandises ainsi que celle des véhicules affectés au transport en commun sur des parcours de ligne dépassant 50 km sous réserve, pour ces derniers, des conditions relatives à l'expérience de conduite ou à la formation du conducteur fixées par arrêté du ministre chargé des transports. »

IV. – La catégorie D du permis de conduire, obtenue soit avant le 1er juin 1979, lorsque l'examen a été subi sur un véhicule d'un poids total autorisé en charge (PTAC) inférieur ou égal à 3,5 tonnes, soit entre le 1er juin 1979 et le 1er juillet 1990, lorsque l'examen a été subi sur un véhicule d'un poids total autorisé en charge (PTAC) inférieur à 7 tonnes, autorise la conduite des véhicules relevant de la catégorie B.

V. – La catégorie D du permis de conduire obtenue soit entre le 20 janvier 1975 et le 1er juin 1979, lorsque l'examen a été subi sur un véhicule d'un poids total autorisé en charge (PTAC) de plus de 3,5 tonnes, soit entre le 1er juin 1979 et le 1er juillet 1990, lorsque l'examen a été subi sur un véhicule d'un poids total autorisé en charge (PTAC) égal ou supérieur à 7 tonnes, autorise la conduite des véhicules affectés au transport de marchandises suivants :

1° Véhicules isolés dont le poids total autorisé en charge (PTAC) excède 3,5 tonnes ;

2° Véhicules dont le poids total roulant autorisé (PTRA) n'excède pas 12,5 tonnes, lorsqu'il s'agit du véhicule tracteur d'un ensemble de véhicules ou du véhicule tracteur d'un véhicule articulé.

(Décr. no 2011-1475 du 9 nov. 2011, art. 11, en vigueur le 19 janv. 2013) « VI. – La catégorie D du permis de conduire obtenue avant le 19 janvier 2013 autorise la conduite de véhicules automobiles affectés au transport de personnes comportant plus de huit places assises outre le siège du conducteur ou transportant plus de huit personnes, non compris le conducteur.

« Aux véhicules de cette catégorie peut être attelée une remorque dont le poids total autorisé en charge (PTAC) n'excède pas 750 kilogrammes. »

Art. R. 221-10 I. – Les *(Décr. no 2011-1475 du 9 nov. 2011, en vigueur le 19 janv. 2013)* « catégories A1, A2, A, B1 » *(Décr. no 2016-723 du 31 mai 2016, art. 1er-4o)* « , B et BE » du permis de conduire sont délivrées sans visite médicale préalable sauf dans les cas où cette visite est rendue obligatoire par arrêté du ministre *(Décr. no 2011-1475 du 9 nov. 2011, en vigueur le 19 janv. 2013 ; Décr. no 2012-886 du 17 juill. 2012, art. 3, en vigueur le 1er sept. 2012)* « chargé de la sécurité routière » pris en application de l'article *(Décr. no 2012-886 du 17 juill. 2012, art. 3, en vigueur le 1er sept. 2012)* « R. 226-1 ».

II. – Les *(Décr. no 2011-1475 du 9 nov. 2011, en vigueur le 19 janv. 2013)* « catégories A1, A2, A, B1 » et B délivrées pour la conduite des véhicules spécialement aménagés pour tenir compte du handicap du conducteur et les *(Décr. no 2011-1475 du 9 nov. 2011, en vigueur le 19 janv. 2013)* « catégories C1, C1E, C, CE, D1, D1E, D » *(Décr. no 2016-723 du 31 mai 2016, art. 1er-4o)* « et DE » ne peuvent être obtenues ou renouvelées qu'à la suite *(Décr. no 2011-1475 du 9 nov. 2011, en vigueur le 19 janv. 2013)* « d'un avis médical favorable ».

III. – La catégorie B du permis de conduire ne permet la conduite :

(Décr. no 2014-1725 du 30 déc. 2014, art. 4-IV-1o) « 1° Des taxis et des voitures de transport avec chauffeur ; »

2° Des ambulances ;

3° Des véhicules affectés au ramassage scolaire ;

4° Des véhicules affectés au transport public de personnes,

que si le conducteur est en possession d'une attestation délivrée par le préfet après vérification médicale de l'aptitude physique.

(Décr. no 2010-1223 du 11 oct. 2010, art. 2-I, en vigueur le 1er avr. 2011) « IV. – La catégorie A du permis de conduire ne permet la conduite des véhicules motorisés à deux ou trois roues utilisés pour le transport à titre onéreux de personnes que si le conducteur est en possession d'une attestation délivrée par le préfet après vérification médicale de l'aptitude physique. »

Art. R. 221-11 I. – Lorsqu'une visite médicale est obligatoire en vue de la délivrance ou du renouvellement du permis de conduire, celui-ci peut être :

1° Dans les cas prévus au I de l'article R. 221-10, accordé sans limitation de durée ou délivré ou prorogé selon la périodicité maximale définie ci-dessous ;

2° *(Décr. no 2010-1223 du 11 oct. 2010, en vigueur le 1er avr. 2011)* « Dans les cas prévus aux II, III et IV de l'article R. 221-10 », délivré ou prorogé selon la périodicité maximale suivante : cinq ans pour les conducteurs de moins de soixante ans, deux ans à partir de l'âge

de soixante ans et un an à partir de l'âge de soixante-seize ans. *(Décr. n° 2006-46 du 13 janv. 2006)* **« Toutefois, pour les conducteurs titulaires** *(Décr. n° 2011-1475 du 9 nov. 2011, en vigueur le 19 janv. 2013)* **« des catégories D1, D, D1E ou DE » du permis de conduire, la périodicité maximale est d'un an à partir de l'âge de soixante ans. »** — *La validité de la catégorie D des permis de conduire délivrés ou renouvelés avant la date de publication du Décr. n° 2006-46 du 13 janv. 2006 (JO 15 janv.) est prorogée jusqu'à la date d'échéance inscrite sur le titre de conduite.*

(Décr. n° 2012-886 du 17 juill. 2012, art. 3, en vigueur le 1er sept. 2012) **« II. — La validité du permis ainsi délivré ne peut être prorogée qu'après l'avis médical établi par un médecin agréé consultant hors commission médicale ou par la commission médicale. »**

III. — La demande de prorogation doit être adressée au préfet du département du domicile du pétitionnaire. *(Décr. n° 2014-1295 du 31 oct. 2014, art. 9)* **« Lorsque l'avis médical est émis avant l'expiration de la durée de validité des catégories concernées, et tant que le préfet n'a pas statué sur la demande de prorogation dans les conditions fixées par arrêté du ministre chargé de la sécurité routière, le permis reste provisoirement valide. Cette disposition s'applique pour les avis médicaux concluant à l'aptitude, l'aptitude temporaire ou l'aptitude avec restriction d'utilisation du permis, dès lors que le conducteur justifie du respect de ces restrictions. »**

IV. — Les *(Décr. n° 2011-1475 du 9 nov. 2011, en vigueur le 19 janv. 2013)* **« catégories A1, A2, A, B1 » et B du permis de conduire délivrées pour la conduite des véhicules spécialement aménagés pour tenir compte du handicap du conducteur sont toutefois délivrées sans limitation de durée si** *(Décr. n° 2012-886 du 17 juill. 2012, art. 3, en vigueur le 1er sept. 2012)* **« l'avis » médical favorable à l'attribution de ces catégories établit que l'intéressé est atteint d'une invalidité ou d'une infirmité incurable, définitive ou stabilisée.**

(Abrogé par Décr. n° 2005-320 du 30 mars 2005, art. 3) « V. — Le fait de conduire un véhicule sans avoir déposé une demande de prorogation de validité de la catégorie du permis de conduire prévue par le présent article ou sans avoir obtenu cette prorogation est puni de l'amende prévue pour les contraventions de la troisième classe. »

Art. R. 221-12 **La validité d'une ou plusieurs catégories du permis peut être limitée dans sa durée, si lors de la délivrance ou de son renouvellement, il est constaté que le candidat est atteint d'une affection compatible avec l'obtention du permis de conduire mais susceptible de s'aggraver.** — *[Anc. art. R. 128, al. 1er.] — V. Arr. du 31 juill. 2012 relatif à l'organisation du contrôle médical de l'aptitude à la conduite, App., v° Permis de conduire.*

Art. R. 221-13 *(Décr. n° 2017-1523 du 3 nov. 2017, art. 3-I)* **Le préfet soumet au contrôle médical de l'aptitude à la conduite :**

1° Tout conducteur ou accompagnateur d'un élève conducteur auquel est imputable l'une des infractions prévues par les articles L. 234-1, L. 234-8, L. 235-1 et L. 235-3 ;

2° Tout conducteur qui a fait l'objet d'une mesure portant restriction du droit de conduire ;

3° Tout conducteur qui fait l'objet d'une mesure portant suspension du droit de conduire d'une durée supérieure à un mois pour l'une des infractions prévues au présent code, autres que celles mentionnées au 1° ci-dessus.

SECTION VI *Dérogations à l'obligation d'être titulaire du permis de conduire et conditions de délivrance*

(Décr. n° 2016-516 du 26 avr. 2016, art. 1er-8°)

Art. R. 221-14 **I. —** *(Décr. n° 2012-886 du 17 juill. 2012, art. 3, en vigueur le 1er sept. 2012)* **« Postérieurement à la délivrance du permis, le préfet peut enjoindre à un conducteur de se soumettre à un contrôle médical** *(Décr. n° 2017-1523 du 3 nov. 2017, art. 3-II)* **« de l'aptitude à la conduite »***[:]* **»**

1° Dans le cas où les informations en sa possession lui permettent d'estimer que l'état *(Décr. n° 2017-1523 du 3 nov. 2017, art. 3-II)* **« de santé » du titulaire du permis peut être incompatible avec le maintien de ce permis de conduire. Cet examen médical** *(Décr. n° 2012-886 du 17 juill. 2012, art. 3, en vigueur le 1er sept. 2012)* **« est réalisé par un médecin agréé consultant hors commission médicale » ; au vu** *(Décr. n° 2012-886 du 17 juill. 2012, art. 3, en vigueur le 1er sept. 2012)* **« de l'avis médical émis », le préfet prononce, s'il y a lieu, soit la restriction de validité, la suspension ou l'annulation du permis de conduire, soit le changement de catégorie de ce titre ;**

2° A tout conducteur impliqué dans un accident corporel de la circulation routière ;

3° Avant la restitution de son permis, à tout conducteur ou accompagnateur d'un élève conducteur à l'encontre duquel il a prononcé une mesure restrictive ou suspensive du droit

de conduire pour l'une des infractions prévues par les *(Décr. n° 2017-1523 du 3 nov. 2017, art. 3-II)* « articles L. 234-1, L. 234-8, L. 235-1 et L. 235-3 », afin de déterminer si l'intéressé dispose *(Décr. n° 2017-1523 du 3 nov. 2017, art. 3-II)* « de l'aptitude médicale » à la conduite du véhicule. Cette mesure est prononcée, selon le cas, par le préfet du département de résidence du conducteur ou de l'accompagnateur de l'élève conducteur.

(Abrogé par Décr. n° 2017-1523 du 3 nov. 2017, art. 3-II) (Décr. n° 2012-886 du 17 juill. 2012, art. 3, en vigueur le 1er sept. 2012) « ***II. — Lorsque le titulaire du permis de conduire néglige ou refuse de se soumettre, dans les délais qui lui sont prescrits, au contrôle médical dans les conditions du présent article, le préfet peut prononcer ou maintenir la suspension du permis de conduire jusqu'à ce qu'un avis médical soit émis par le médecin agréé consultant hors commission médicale, ou par la commission médicale.*** »

Art. R. 221-14-1 *(Décr. n° 2017-1523 du 3 nov. 2017, art. 4)* La mesure portant suspension du droit de conduire est maintenue lorsque le titulaire du permis de conduire néglige ou refuse de se soumettre, avant la fin de la durée de cette suspension, au contrôle médical de l'aptitude à la conduite qu'il doit effectuer en application des articles R. 221-13 et R. 221-14.

Le permis de conduire est suspendu lorsque son titulaire, qui ne fait pas l'objet d'une mesure portant suspension du droit de conduire, néglige ou refuse de se soumettre au contrôle médical de l'aptitude à la conduite, en application des articles R. 221-13 et R. 221-14, à l'issue du délai prescrit par le préfet.

Dans les cas prévus aux alinéas précédents, la suspension du permis de conduire prend fin lorsqu'une décision d'aptitude est rendue par le préfet, après avis médical émis, à la demande de l'intéressé, par le médecin agréé consultant hors commission médicale, ou par la commission médicale.

Art. R. 221-15 Ne sont pas soumis à l'obligation d'être titulaires du permis de conduire les conducteurs de véhicules à moteur électrique d'une puissance au plus égale à 1 kilowatt.

Un arrêté du ministre chargé des transports fixe le mode de détermination de la puissance pour l'application du présent article. – *[Anc. art. R. 126, al. 1er.]*

Art. R. 221-16 Ne sont pas soumis à l'obligation d'être titulaires du permis de conduire les conducteurs de véhicules participant à des entraînements, des manifestations sportives, des compétitions se déroulant entièrement dans les lieux non ouverts à la circulation publique, lorsque les conditions suivantes sont réunies :

1° Les lieux où se déroulent ces activités ont été homologués en application de la réglementation des épreuves ou manifestations organisées dans les lieux non ouverts à la circulation publique et comportant la participation de véhicules à moteur ;

2° L'organisation est assurée par une fédération sportive bénéficiant d'une délégation du ministre chargé des sports pour la discipline concernée ou par un organisme affilié à cette fédération ;

3° Tous les participants sont titulaires d'une licence délivrée par la fédération sportive intéressée et attestant qu'ils répondent aux conditions fixées à l'article R. 221-17. – *[Décr. n° 88-294 du 28 mars 1988, art. 1er.]*

Art. R. 221-17 Les intéressés doivent, pour pouvoir prendre part à ces entraînements, manifestations sportives et compétitions, satisfaire à un test concluant une formation à la maîtrise du véhicule et aux comportements et règles de sécurité routière et sportive.

Un arrêté du ministre de l'intérieur, du ministre chargé des transports et du ministre chargé des sports fixe les conditions d'âge des participants pour chaque type de véhicule, l'âge minimal déterminé en fonction des catégories d'activité sportive et le contenu de la formation visée à l'alinéa précédent. – *[Décr. n° 88-294 du 28 mars 1988, art. 2 et 3.]*

Art. R. 221-18 Le fait d'organiser des entraînements, compétitions ou manifestations sportives en violation de l'une des prescriptions de l'article R. 221-16 est puni de l'amende prévue pour les contraventions de la cinquième classe.

Le fait pour tout dirigeant de droit ou de fait de fédération sportive de délivrer une licence à une personne ne satisfaisant pas aux dispositions de l'article R. 221-17 et de celles prises pour son application est puni de l'amende prévue pour les contraventions de la cinquième classe. – *[Décr. n° 88-294 du 28 mars 1988, art. 5.]*

Art. R. 221-19 Le ministre *(Décr. n° 2012-886 du 17 juill. 2012, art. 3, en vigueur le 1er sept. 2012)* « chargé de la sécurité routière » détermine les conditions dans lesquelles doit être demandé, établi et délivré le permis de conduire et sont prononcées les extensions, prorogations et restrictions de validité des catégories de ce permis.

*(Abrogé par Décr. n° 2012-886 du 17 juill. 2012, art. 3, à compter du 1er sept. 2012) « **Il fixe la liste des incapacités physiques incompatibles avec l'obtention du permis de conduire ainsi que la liste des incapacités susceptibles de donner lieu à l'application des articles R. 221-12 à R. 221-14.** » – [Anc. art. R. 129.]*

Art. R. 221-20 *(Décr. n° 2005-320 du 30 mars 2005, art. 3)* « I. – » Les dispositions du présent chapitre ne sont pas applicables aux conducteurs des véhicules et appareils agricoles ou forestiers, attachés à une exploitation agricole ou forestière, à une entreprise de travaux agricoles ou à une coopérative d'utilisation de matériel agricole.

(Décr. n° 2005-320 du 30 mars 2005, art. 3) « II. – » Tout conducteur d'un véhicule ou appareil agricole appartenant à une exploitation agricole, à une entreprise de travaux agricoles ou à une coopérative d'utilisation de matériel agricole doit être âgé d'au moins seize ans.

(Décr. n° 2005-320 du 30 mars 2005, art. 3) « III. – » Tout conducteur de machine agricole automotrice ou d'ensemble comprenant un matériel remorqué, lorsque la largeur de ceux-ci excède 2,50 mètres, d'ensemble comprenant un véhicule tracteur et plusieurs remorques ou matériels remorqués, d'ensemble comprenant une remorque transportant du personnel et appartenant à une exploitation agricole, à une entreprise de travaux agricoles ou à une coopérative d'utilisation de matériel agricole, doit être âgé d'au moins dix-huit ans.

(Décr. n° 2005-320 du 30 mars 2005, art. 3) « IV. – » Les conditions d'application aux départements d'outre-mer du présent article sont déterminées par arrêté du ministre chargé de l'outre-mer, pris sur avis du ministre chargé des transports et du ministre chargé de l'agriculture.

(Décr. n° 2005-320 du 30 mars 2005, art. 3) « V. – Le fait de conduire un véhicule ou un ensemble de véhicules mentionnés au présent article sans respecter les conditions d'âge prévues aux II et III est puni de l'amende prévue pour les contraventions de la quatrième classe.

« VI. – L'immobilisation peut être prescrite dans les conditions prévues aux articles L. 325-1 à L. 325-3. »

Art. R. 221-21 Les dispositions du présent chapitre ne sont pas applicables, lorsqu'ils sont titulaires des brevets correspondants délivrés par l'autorité militaire, aux conducteurs :

1° Des véhicules militaires et des véhicules d'instruction et d'intervention de la sécurité civile ;

2° Des véhicules des formations de la sécurité civile mises sur pied dans le cadre des dispositions de l'ordonnance n° 59-147 du 7 janvier 1959 portant organisation générale de la défense. – *[Anc. art. R. 229, al. 1er et 5 et R. 229-2.]*

CHAPITRE II *Reconnaissance et équivalences*

Art. R. 222-1 *(Décr. n° 2016-347 du 22 mars 2016, art. 3-1°, en vigueur le 1er juill. 2016)* « Tout permis de conduire national régulièrement délivré par un État membre de l'Union européenne ou partie à l'accord sur l'Espace économique européen, est reconnu en France sous réserve d'être en cours de validité. »

Dans le cas où ce permis a été délivré en échange d'un permis de conduire d'un État n'appartenant pas à *(Décr. n° 2016-347 du 22 mars 2016, art. 3-2°, en vigueur le 1er juill. 2016)* « l'Union européenne » ou à l'Espace économique européen et avec lequel la France n'a pas conclu d'accord de réciprocité en ce domaine, il n'est reconnu que pendant un délai d'un an après l'acquisition de la résidence normale en France de son titulaire.

Tout titulaire d'un des permis de conduire considérés aux deux alinéas précédents, qui établit sa résidence normale en France, peut le faire enregistrer par le préfet du département de sa résidence selon les modalités définies par *(Décr. n° 2017-1523 du 3 nov. 2017, art. 5)* « arrêté du ministre chargé de la sécurité routière, après avis du ministre chargé des affaires étrangères ».

*(Abrogé par Décr. n° 2016-347 du 22 mars 2016, art. 3-3°, à compter du 1er juill. 2016) « **On entend par "résidence normale" le lieu où une personne demeure habituellement, c'est-à-dire pendant au moins 185 jours par année civile, en raison d'attaches personnelles ou d'attaches professionnelles.** » – [Anc. art. R. 123-1, al. 1er à 4.]*

Art. R. 222-2 Toute personne ayant sa résidence normale en France, titulaire d'un permis de conduire national délivré par un État membre *(Décr. n° 2017-1523 du 3 nov. 2017, art. 6)* « de l'Union européenne » ou d'un autre État partie à l'accord sur l'Espace économique européen, en cours de validité dans cet État, peut, sans qu'elle soit tenue de subir les examens prévus au premier alinéa de l'article D. 221-3, l'échanger contre le permis de conduire français selon les modalités définies par *(Décr. nº 2017-1523 du 3 nov. 2017, art. 6)* « arrêté du ministre chargé de la sécurité routière, après avis du ministre de la justice et du ministre chargé des affaires étrangères ».

L'échange d'un tel permis de conduire contre le permis français est obligatoire lorsque son titulaire a commis, sur le territoire français, une infraction au présent code ayant entraîné une mesure de restriction, de suspension, de retrait du droit de conduire ou de retrait de points. Cet échange doit être effectué selon les modalités définies par l'arrêté prévu à l'alinéa précédent, aux fins d'appliquer les mesures précitées.

Le fait de ne pas effectuer l'échange de son permis de conduire dans le cas prévu à l'alinéa précédent est puni de l'amende prévue pour les contraventions de la quatrième classe. – *[Anc. art. R. 123-1, al. 5 et 6, et R. 241-5, al. 2.]*

Art. R. 222-3 Tout permis de conduire national, en cours de validité, délivré par un État ni membre *(Décr. nº 2017-1523 du 3 nov. 2017, art. 7)* « de l'Union européenne », ni partie à l'accord sur l'Espace économique européen, peut être reconnu en France jusqu'à l'expiration d'un délai d'un an après l'acquisition de la résidence normale de son titulaire. Pendant ce délai, il peut être échangé contre le permis français, sans que son titulaire soit tenu de subir les examens prévus au premier alinéa de l'article D. 221-3. Les conditions de cette reconnaissance et de cet échange sont définies par *(Décr. nº 2017-1523 du 3 nov. 2017, art. 7)* « arrêté du ministre chargé de la sécurité routière, après avis du ministre de la justice et du ministre chargé des affaires étrangères ». *(Décr. nº 2005-320 du 30 mars 2005, art. 3)* « Au terme de ce délai, ce permis n'est plus reconnu et son titulaire perd tout droit de conduire un véhicule pour la conduite duquel le permis de conduire est exigé. »

(Abrogé par Décr. nº 2005-320 du 30 mars 2005, art. 3) ***« Le fait de conduire un véhicule, dans le cas prévu au présent article, après l'expiration du délai d'un an sans avoir sollicité l'échange de son permis de conduire est puni de l'amende prévue pour les contraventions de la quatrième classe. »***

Art. R. 222-4 Les titulaires du permis de conduire en cours de validité délivré dans les conditions prévues aux articles *(Décr. nº 2017-198 du 16 févr. 2017, art. 1er-1º)* « R. 221-1-1 », D. 221-3, R. 222-1 à R. 222-3, R. 222-7 ou D. 222-8 sont habilités, pour la catégorie définie à l'article R. 221-4 au titre de laquelle le permis leur a été délivré, à conduire les véhicules du ministère de la défense ou des établissements publics qui en dépendent.

Pour les véhicules du ministère de la défense ne relevant d'aucune de ces catégories ou pour certains types de conduite nécessaires aux besoins des armées, un arrêté du ministre de la défense fixe les conditions dans lesquelles un brevet militaire de conduite peut leur être attribué. – *[Décr. nº 97-479 du 9 mai 1997, art. 1er.]*

Art. R. 222-5 Le personnel militaire non détenteur de l'une des catégories du permis de conduire visées au premier alinéa de l'article R. 222-4 ne peut être habilité à conduire les véhicules des catégories correspondantes du ministère chargé des armées ou des établissements publics qui en dépendent que s'il est titulaire du brevet militaire de conduite. – *[Décr. nº 97-479 du 9 mai 1997, art. 2.]*

Art. R. 222-6 Le brevet militaire de conduite est délivré au personnel militaire qui a satisfait à un examen comportant, outre celles exigées par le présent code, des épreuves définies par arrêté du ministre de la défense. – *[Décr. nº 97-479 du 9 mai 1997, art. 3.]*

Art. R. 222-7 Tout titulaire d'un brevet militaire de conduite, validé par l'autorité militaire, peut, sans être tenu de subir les examens prévus au premier alinéa de l'article D. 221-3 obtenir la délivrance de la ou des catégories du permis de conduire correspondantes selon les modalités définies *(Décr. nº 2018-795 du 17 sept. 2018, art. 16)* « par arrêté du ministre chargé de la sécurité routière, après avis du ministre de la défense ». – *[Anc. art. R. 123-1, al. 8, et Décr. nº 97-479 du 9 mai 1997, art. 4.]*

Art. D. 222-8 *(Décr. nº 2011-1475 du 9 nov. 2011, art. 14, en vigueur le 19 janv. 2013)* Le ministre chargé de la sécurité routière fixe, par arrêté pris après avis du ministre chargé de l'éducation nationale et du ministre chargé de la formation professionnelle, les modalités et *la liste des diplômes délivrés* par le ministre chargé de l'éducation nationale ainsi que des titres professionnels de conduite routière délivrés par le ministre chargé de la formation professionnelle permettant, compte tenu de la nature et du contenu des épreuves conduisant à leur obtention, d'obtenir la délivrance du permis de conduire, sans subir les épreuves prévues à l'article R. 221-3 *[D. 221-3]*. – *Le Décr. nº 2011-1475 du 9 nov. 2011 a transformé l'art. R. 221-3 en art. D. 221-3.*

CHAPITRE III *Permis à points*

SECTION I *Principes généraux* *(Décr. n° 2003-642 du 11 juill. 2003).*

Art. R. 223-1 *(Décr. n° 2003-642 du 11 juill. 2003, art. 4-IV, en vigueur le 1er mars 2004)* I. — Le permis de conduire est affecté d'un nombre maximal de douze points.

II. — A la date d'obtention du permis de conduire, celui-ci est affecté d'un nombre initial de six points.

(Décr. n° 2007-753 du 9 mai 2007) « Au terme de chaque année du délai probatoire défini à l'article L. 223-1, si aucune infraction ayant donné lieu à retrait de points n'a été commise depuis le début de la période probatoire, ce permis de conduire est majoré de deux points. Cette majoration est portée à trois points si le titulaire du permis a suivi un apprentissage anticipé de la conduite. »

(Décr. n° 2018-715 du 3 août 2018, en vigueur le 1er janv. 2019) « Si le titulaire d'un premier permis de conduire a suivi la formation complémentaire prévue à l'article L. 223-1, le délai probatoire est réduit d'une année et le permis de conduire est majoré de deux points au terme de la première année du délai probatoire.

« Si le titulaire du permis de conduire a bénéficié de l'apprentissage anticipé de la conduite défini à l'article L. 211-3 et a suivi la formation complémentaire, le délai probatoire de deux ans est réduit de six mois et le permis de conduire est majoré de trois points au terme de la première année du délai probatoire ainsi réduit.

« Au terme du délai probatoire réduit, le nombre de points affectés au permis est égal au nombre maximal de points prévu au I. »

(Décr. n° 2007-753 du 9 mai 2007) « III. — Pendant le délai probatoire, le permis de conduire ne peut être affecté d'un nombre de points supérieur à six. Ce nombre est augmenté de la majoration résultant de l'application du II du présent article. »

IV. — A l'issue de ce délai probatoire, si aucune infraction ayant donné lieu à retrait de points n'a été commise, le permis de conduire est affecté du nombre maximal de douze points.

En cas de commission d'infraction ayant donné lieu à retrait de points au cours du délai probatoire, l'affectation du nombre maximal de points intervient dans les conditions définies à l'article L. 223-6.

V. — Le délai probatoire de trois ans court à compter de la date d'obtention du permis de conduire, quelle qu'en soit la catégorie. Ce délai est réduit à deux ans ou, s'il n'est pas achevé alors que la durée de deux ans est dépassée, prend fin lors de l'obtention de la catégorie B du permis de conduire dans le cadre de l'apprentissage anticipé de la conduite.

Art. R. 223-2 *(Décr. n° 2003-642 du 11 juill. 2003, art. 4-IV)* Dans le cas où plusieurs infractions entraînant retrait de points sont commises simultanément, les retraits de points se cumulent dans la limite de huit points.

Ancien art. R. 223-2 *Dans le cas où plusieurs contraventions sont commises simultanément, le retrait de points qu'elles entraînent se cumule dans la limite de six points.*

Dans le cas où plusieurs infractions dont au moins un délit sont commises simultanément le retrait de points qu'elles entraînent se cumule dans la limite de huit points. — [Anc. art. R. 257.]

Art. R. 223-3 *(Décr. n° 2003-642 du 11 juill. 2003, art. 4-IV)* I. — Lors de la constatation d'une infraction entraînant retrait de points, l'auteur de celle-ci est informé qu'il encourt un retrait de points si la réalité de l'infraction est établie dans les conditions définies à l'article L. 223-1.

II. — Il est informé également de l'existence d'un traitement automatisé des retraits et reconstitutions de points et de la possibilité pour lui d'accéder aux informations le concernant. Ces mentions figurent sur le document qui lui est remis ou adressé par le service verbalisateur. Le droit d'accès aux informations ci-dessus mentionnées s'exerce dans les conditions fixées par les articles L. 225-1 à L. 225-9.

III. — *(Décr. n° 2007-753 du 9 mai 2007, en vigueur le 1er janv. 2008)* « Lorsque le ministre de l'intérieur constate que la réalité d'une infraction entraînant retrait de points est établie dans les conditions prévues par le quatrième alinéa de l'article L. 223-1, il réduit en conséquence le nombre de points affecté au permis de conduire de l'auteur de cette infraction.

« Si le retrait de points lié à cette infraction n'aboutit pas à un nombre nul de points affectés au permis de conduire de l'auteur de l'infraction, celui-ci est informé par le ministre de l'intérieur par lettre simple du nombre de points retirés. Le ministre de l'intérieur constate et notifie à l'intéressé, dans les mêmes conditions, les reconstitutions de points obtenues en application *(Décr. n° 2015-1892 du 29 déc. 2015, art. 2, en vigueur le 31 oct. 2016)* « des premier, deuxième, troisième et cinquième alinéas de l'article L. 223-6 ».

« Si le retrait de points aboutit à un nombre nul de points affectés au permis de conduire, l'auteur de l'infraction est informé par le ministre de l'intérieur par lettre recommandée avec demande d'avis de réception du nombre de points retirés. Cette lettre récapitule les précédents retraits ayant concouru au solde nul, prononce l'invalidation du permis de conduire et enjoint à l'intéressé de restituer celui-ci au préfet du département ou de la collectivité d'outre-mer de son lieu de résidence dans un délai de dix jours francs à compter de sa réception. »

(Décr. n° 2011-1048 du 5 sept. 2011, art. 3) « S'il avait été remis à la personne un certificat en échange de son permis de conduire, en application des articles R. 131-2, R. 131-4 *(Décr. n° 2017-198 du 16 févr. 2017, art. 1er-2°)* « , R. 131-4-1 ou R. 132-45-1 du code pénal ou des articles R. 15-33-53, R. 15-33-53-1 ou R. 17-4-1 du code de procédure pénale », cette personne est tenue de remettre ce certificat au préfet. Le permis de conduire détenu par le greffe du tribunal judiciaire en application des mêmes dispositions est remis par le greffe au préfet. »

Art. R. 223-3-1 *(Décr. n° 2015-1892 du 29 déc. 2015, art. 1er, en vigueur le 31 oct. 2016)* I. — Le titulaire du permis de conduire peut demander sur un site internet dédié et sécurisé que les informations relatives aux retraits et reconstitutions de points mentionnés au deuxième alinéa du III de l'article R. 223-3 ne lui soient plus communiquées par courrier simple, mais mises à sa disposition sous une forme dématérialisée sur un compte personnel accessible à partir de ce site.

Ce compte personnel lui est attribué sous réserve qu'il ait :

1° Communiqué une adresse électronique, qu'il lui revient de tenir à jour ;

2° Souscrit aux conditions générales de fonctionnement du site informatique ;

3° Attesté avoir pris connaissance des modalités de computation du délai de recours contre les décisions dématérialisées.

A tout moment, le titulaire du permis de conduire peut, dans les mêmes formes que celles de son ouverture, obtenir la fermeture de son compte qui ne prend effet qu'au terme du délai fixé par l'arrêté mentionné au IV. Celle-ci met fin à l'ensemble des prestations qui lui étaient proposées, ses éventuels retraits et reconstitutions de points postérieurs à la fermeture du compte lui étant communiqués selon les modalités prévues au deuxième alinéa du III de l'article R. 223-3.

II. — Lorsqu'une décision dématérialisée de retrait ou de reconstitution de points est déposée sur son compte personnel, l'intéressé en est alerté par un courrier électronique envoyé à l'adresse qu'il a déclarée au moment de l'enregistrement de sa demande et le cas échéant mise à jour.

III. — Les retraits et les reconstitutions de points dématérialisés sont réputés avoir été portés à la connaissance du titulaire du permis de conduire à la date à laquelle il les a consultés pour la première fois sur le compte personnel prévu au I, ou à défaut de consultation dans un délai de quinze jours à compter de la date de leur mise à disposition sur celui-ci, à l'issue de ce délai.

La date de notification de ces décisions dématérialisées est certifiée par le dispositif d'horodatage du site.

IV. — Un arrêté du ministre de l'intérieur précise les modalités selon lesquelles le titulaire du permis de conduire demande à bénéficier de cette procédure d'information dématérialisée et peut clôturer son compte personnel. Il fixe les caractéristiques et exigences techniques devant être respectées par les utilisateurs de l'application, ainsi que les modalités de la certification par horodatage et la durée de conservation des décisions dématérialisées sur le site.

Art. R. 223-4 *(Décr. n° 2003-642 du 11 juill. 2003, art. 4-IV, en vigueur le 1er mars 2004)* I. — Lorsque le conducteur titulaire du permis de conduire a commis, pendant le délai probatoire défini à l'article L. 223-1, une infraction ayant donné lieu au retrait d'au moins trois points, la notification du retrait de points lui est adressée par lettre recommandée avec demande d'avis de réception. Cette lettre l'informe de l'obligation de se soumettre à la formation spécifique mentionnée *(Décr. n° 2008-754 du 30 juill. 2008)* « au *(Décr. n° 2015-1892 du 29 déc. 2015, art. 3, en vigueur le 31 oct. 2016)* « quatrième » alinéa de l'article L. 223-6 » dans un délai de quatre mois.

II. — Le fait de ne pas se soumettre à la formation spécifique mentionnée au I dans le délai de quatre mois est puni de l'amende prévue pour les contraventions de la 4e classe.

III. — Toute personne coupable de cette infraction encourt également la peine complémentaire de suspension, pour une durée de trois ans au plus, du permis de conduire, cette suspension pouvant être limitée à la conduite en dehors de l'activité professionnelle.

Art. R. 223-4-1 *(Décr. n° 2018-715 du 3 août 2018, en vigueur le 1er janv. 2019)* I. — La formation complémentaire prévue au II de l'article L. 223-1 a pour objectif de renforcer les compétences acquises par les conducteurs depuis le début de leur apprentissage de la conduite.

II. — Cette formation est d'une durée d'un jour. Elle a lieu entre le sixième et le douzième mois après l'obtention du permis de conduire et comprend :

1° Un module général qui précise les enjeux de cette formation complémentaire ;

2° Un ou plusieurs modules spécialisés afin de permettre aux conducteurs ayant une faible expérience de conduite de davantage percevoir les risques et mieux connaître les dangers spécifiques auxquels ils sont exposés.

III. — Cette formation est dispensée par un enseignant de la conduite et de la sécurité routière titulaire de l'autorisation d'enseigner, en cours de validité, mentionnée au I de l'article L. 212-2.

L'enseignant doit avoir suivi préalablement une formation spécifique.

IV. — Cette formation est dispensée dans :

1° Les établissements d'enseignement, à titre onéreux, de la conduite et de la sécurité routière agréés en application de l'article L. 213-1 ;

2° Les associations exerçant leur activité dans le champ de l'insertion ou de la réinsertion sociale ou professionnelle agréées en application de l'article L. 213-7.

Ces établissements et associations doivent disposer d'un label de qualité prévu par arrêté du ministre chargé de la sécurité routière au titre de l'article L. 213-9 ou d'une équivalence reconnue par ce même arrêté.

Les exploitants de ces établissements et associations délivrent une attestation de suivi de cette formation complémentaire. Ils transmettent un exemplaire de cette attestation au préfet du département du lieu de la formation, dans un délai de quinze jours à compter de la fin de celle-ci. Cette procédure peut être dématérialisée.

V. — Le contenu et l'organisation de la formation complémentaire et de la formation spécifique des enseignants, ainsi que les modalités de délivrance et de transmission de l'attestation de suivi des bénéficiaires sont fixés par arrêtés du ministre chargé de la sécurité routière.

SECTION II *Des stages de sensibilisation à la sécurité routière* *(Décr. n° 2003-642 du 11 juill. 2003, art. 4 ; Décr. n° 2009-1678 du 29 déc. 2009, art. 18)*.

Art. R. 223-5 *(Décr. n° 2009-1678 du 29 déc. 2009, art. 19)* Le stage de sensibilisation à la sécurité routière prévu à l'article L. 223-6 est destiné à éviter la réitération des comportements dangereux. Il est d'une durée de deux jours consécutifs. Il est organisé dans les conditions fixées par arrêté du *(Décr. n° 2012-688 du 7 mai 2012)* « ministre chargé de la sécurité routière ».

Art. R. 223-6 *(Décr. n° 2009-1678 du 29 déc. 2009, art. 20)* Le stage doit comprendre :

1° Un premier module ayant pour objet de poser le cadre et les enjeux du stage de sensibilisation à la sécurité routière ;

2° Un ou plusieurs modules spécialisés dont l'objet est d'impulser un processus de changement d'attitudes et de comportements chez le conducteur.

Le cadre de référence, le programme et les méthodes d'intervention sont fixés par arrêté du *(Décr. n° 2012-688 du 7 mai 2012)* « ministre chargé de la sécurité routière ».

Ce programme d'éducation peut inclure un entretien avec un psychologue et une séquence de conduite.

Art. R. 223-7 *(Décr. n° 2009-1678 du 29 déc. 2009, art. 21)* L'animation des stages de sensibilisation à la sécurité routière est assurée conjointement par un enseignant de la conduite et de la sécurité routière et un psychologue, titulaires de l'autorisation d'animer, en cours de validité, mentionnée au II de l'article R. 212-2.

Art. R. 223-8 *(Décr. n° 2003-642 du 11 juill. 2003, art. 4-VII, en vigueur le 1er mars 2004)* « I. — » *(Décr. n° 2009-1678 du 29 déc. 2009, art. 22)* « Le titulaire de l'agrément prévu au II de l'article R. 213-2 délivre une attestation de stage à toute personne qui a suivi un stage de sensibilisation à la sécurité routière dans le respect de conditions d'assiduité et de participation fixées par arrêté du *(Décr. n° 2012-688 du 7 mai 2012)* « ministre chargé de la sécurité routière ». Il transmet un exemplaire de cette attestation au préfet du département du lieu du stage, dans un délai de quinze jours à compter de la fin de celui-ci. »

II. — *(Décr. n° 2005-320 du 30 mars 2005, art. 6)* « L'attestation délivrée à l'issue du stage effectué *(Décr. n° 2008-754 du 30 juill. 2008)* « en application des dispositions du *(Décr.*

nº 2014-1295 du 31 oct. 2014, art. 10-1º) « quatrième alinéa » de l'article L. 223-6 » donne droit à la récupération de quatre points dans la limite du plafond affecté au permis de conduire de son titulaire. » *(Abrogé par Décr. nº 2014-1295 du 31 oct. 2014, art. 10-2º) « Une nouvelle reconstitution de points, après une formation spécifique effectuée en application des mêmes dispositions, n'est possible qu'au terme d'un délai de deux ans. »*

III. – *(Décr. nº 2009-1678 du 29 déc. 2009, art. 22)* « Le préfet mentionné » au I ci-dessus procède à la reconstitution du nombre de points dans un délai d'un mois à compter de la réception de l'attestation et notifie cette reconstitution à l'intéressé par lettre simple. La reconstitution prend effet le lendemain de la dernière journée de stage.

IV. – Dans le cas prévu à l'article R. 223-4, sont transmises au *(Décr. nº 2014-551 du 27 mai 2014, art. 25-1º)* « comptable de la direction générale des finances publiques » du lieu de commission de l'infraction, dans le délai de quinze jours mentionné au I ci-dessus, l'attestation de suivi de stage ainsi que, si l'amende a été acquittée, les pièces nécessaires à son remboursement.

L'attestation de suivi de stage et les pièces nécessaires au remboursement de l'amende payée sont définies par arrêté conjoint du ministre de l'intérieur, du ministre chargé du budget et du *(Décr. nº 2012-688 du 7 mai 2012)* « ministre chargé de la sécurité routière ». – *[Anc. art. R. 262.]*

Art. R. 223-9 *et* R. 223-10 *Abrogés par Décr. nº 2009-1678 du 29 déc. 2009, art. 23.*

Art. R. 223-11 *et* R. 223-12 *Abrogés par Décr. nº 2006-665 du 7 juin 2006, art. 31.*

Art. R. 223-13 Le brevet d'animateur pour la formation des conducteurs responsables d'infractions (BAFCRI) est délivré par le *(Décr. nº 2012-688 du 7 mai 2012)* « ministre chargé de la sécurité routière » aux personnes ayant subi avec succès les épreuves d'un examen.

Seuls peuvent se présenter à l'examen, en vue de l'obtention de ce brevet, les titulaires du brevet pour l'exercice de la profession d'enseignant de la conduite automobile et de la sécurité routière (BEPECASER).

L'examen est composé de deux épreuves écrites d'admissibilité et d'une épreuve orale d'admission.

Les épreuves écrites d'admissibilité portent l'une sur la réglementation de la sécurité routière et l'autre sur des éléments d'accidentologie, de pédagogie et de psychologie.

L'épreuve orale d'admission consiste en un entretien destiné à évaluer l'aptitude du candidat à animer un groupe de stagiaires.

Un arrêté du *(Décr. nº 2012-688 du 7 mai 2012)* « ministre chargé de la sécurité routière » précise le contenu détaillé des épreuves et les modalités de l'examen. – *[Anc. art. R. 244.]*

Art. R. 223-14 *(Abrogé par Décr. nº 2003-642 du 11 juill. 2003, art. 4-VIII) Tout conducteur dont le permis de conduire a perdu sa validité en application de l'article L. 223-1 et qui sollicite un nouveau permis doit subir à nouveau les épreuves prévues à l'article R. 221-3.*

Toutefois, pour les conducteurs titulaires du permis de conduire depuis au moins trois ans à la date de la perte de validité du permis, l'épreuve pratique est supprimée sous réserve qu'ils sollicitent un nouveau permis moins de trois mois après la date à laquelle ils sont autorisés à le faire. – [Anc. art. R. 130.]

CHAPITRE IV *Interdiction de délivrance, rétention, suspension, annulation, invalidation* (*Décr. nº 2003-642 du 11 juill. 2003, art. 4*).

SECTION I *Rétention et suspension administratives après constatation d'une infraction*

Art. R. 224-1 Dans les cas prévus à l'article L. 224-1, la décision de rétention du permis de conduire, qu'elle soit ou non accompagnée de la remise matérielle de ce titre, donne lieu à l'établissement d'un avis de rétention dont un exemplaire est immédiatement remis au conducteur ou à l'accompagnateur de l'élève conducteur. – *[Anc. art. R. 267.]*

Art. R. 224-2 L'avis de rétention indique notamment au conducteur ou à l'accompagnateur de l'élève conducteur à quel service il devra s'adresser pour se voir restituer son permis de conduire. – *[Anc. art. R. 267-1.]*

Art. R. 224-3 Pendant les douze heures qui suivent la fin de la période de rétention, le permis de conduire est tenu à la disposition du conducteur ou de l'accompagnateur de l'élève conducteur dans les bureaux du service désigné dans l'avis de rétention.

Toutefois, si la période de rétention expire entre dix-huit et vingt-deux heures, le délai de mise à disposition est prorogé jusqu'à midi le jour suivant. – *[Anc. art. R. 267-2.]*

Art. R. 224-4 A l'issue du délai de mise à disposition mentionné à l'article R. 224-3, ou dès la fin de la période de rétention si l'intéressé en fait la demande, le permis de conduire lui est restitué par lettre recommandée avec accusé de réception si aucune mesure de suspension n'a été décidée.

Lorsqu'une mesure de suspension a été prise en application de l'article L. 224-2, elle est notifiée à l'intéressé soit directement s'il se présente au service indiqué dans l'avis de rétention, soit par lettre recommandée avec accusé de réception. – *[Anc. art. R. 267-3.]*

Art. R. 224-5 Si, après vérification, l'état alcoolique du conducteur ou de l'accompagnateur de l'élève conducteur n'est pas établi, son permis de conduire est remis sans délai à sa disposition. – *[Anc. art. R. 267-4.]*

Art. R. 224-6 *(Décr. nº 2018-795 du 17 sept. 2018, art. 5)* I. – Dans les cas prévus aux articles L. 224-2 et L. 224-7, le préfet peut restreindre le droit de conduire d'un conducteur ayant commis l'une des infractions prévues par les articles L. 234-1, L. 234-8 et R. 234-1, par arrêté, pour une durée qui ne peut excéder *(Décr. nº 2020-605 du 18 mai 2020, art. 4)* « un an », aux seuls véhicules équipés d'un dispositif homologué d'anti-démarrage par éthylotest électronique, installé par un professionnel agréé ou par construction, conformément aux dispositions de l'article L. 234-17, en état de fonctionnement et après avoir utilisé lui-même ce dispositif sans en avoir altéré le fonctionnement.

Pendant cette durée, le permis de conduire de l'intéressé est conservé par l'administration et l'arrêté du préfet vaut permis de conduire au sens des articles R. 221-1-1 à D. 221-3 et titre justifiant de son autorisation de conduire au sens du I de l'article R. 233-1.

L'arrêté du préfet est notifié à l'intéressé soit directement s'il se présente au service indiqué dans l'avis de rétention du permis de conduire, soit par lettre recommandée avec demande d'avis de réception.

(Décr. nº 2020-605 du 18 mai 2020, art. 4) « L'arrêté du préfet portant restriction du droit de conduire en application du premier alinéa du présent I est transmis sans délai au procureur de la République dans le ressort duquel l'infraction a été commise.

« Le procureur de la République communique sans délai au préfet du lieu de l'infraction toute décision judiciaire exécutoire ou définitive prononcée pour une infraction punie de la peine complémentaire d'interdiction de conduire un véhicule qui n'est pas équipé d'un dispositif homologué d'anti-démarrage par éthylotest électronique, installé par un professionnel agréé ou par construction. »

II. – Est puni de l'amende prévue pour les contraventions de la cinquième classe le fait pour une personne ayant fait l'objet de l'arrêté mentionné au I :

1° De conduire un véhicule non équipé du dispositif mentionné au I ;

2° De conduire un véhicule équipé d'un tel dispositif soit après que celui-ci a été utilisé par un tiers pour permettre le démarrage, soit après l'avoir neutralisé ou détérioré ou l'avoir utilisé dans des conditions empêchant la mesure exacte de son état d'imprégnation alcoolique.

III. – Le fait, par toute personne, de faciliter sciemment, par aide ou assistance, la préparation ou la consommation de la contravention prévue au II est puni de la même peine.

IV. – Les personnes coupables des contraventions prévues au présent article encourent également les peines complémentaires suivantes :

1° La suspension du permis de conduire pour une durée de trois ans au plus, cette suspension ne pouvant pas être limitée à la conduite en dehors de l'activité professionnelle, ni être assortie du sursis, même partiellement ;

2° L'interdiction de conduire certains véhicules terrestres à moteur, y compris ceux pour la conduite desquels le permis de conduire n'est pas exigé, pour une durée de trois ans au plus ;

3° L'obligation d'accomplir, à ses frais, un stage de sensibilisation à la sécurité routière ;

4° La confiscation du véhicule dont le prévenu s'est servi pour commettre l'infraction, s'il en est propriétaire.

V. – La récidive des contraventions prévues au présent article est réprimée conformément à l'article 132-11 du code pénal.

VI. – Ces contraventions donnent lieu de plein droit à la réduction de six points du permis de conduire.

VII. – L'immobilisation du véhicule peut être prescrite dans les conditions prévues aux articles L. 325-1 à L. 325-3.

Art. R. 224-7 à R. 224-11 *Abrogés par Décr. n° 2006-665 du 7 juin 2006, art. 31.*

Art. R. 224-12 *(Décr. n° 2006-665 du 7 juin 2006, art. 31)* « L'examen médical prévu *(Décr. n° 2017-1523 du 3 nov. 2017, art. 8)* « à » l'article R. 221-13 est effectué avant l'expiration de la décision administrative de suspension du permis de conduire. »

Dans le cas où, à la suite d'un examen médical, le préfet est appelé à prononcer la restriction de la validité, la suspension ou l'annulation du permis de conduire ou le changement de catégorie du titre, cette mesure est prononcée en application des articles R. 221-12 à R. 221-14 indépendamment de la décision judiciaire qui a pu ou pourra intervenir. Dans le cas où la décision judiciaire n'est pas encore intervenue, l'arrêté du préfet est communiqué sans délai au parquet. — *[Anc. art. R. 268-6.]*

Art. R. 224-13 *Abrogé par Décr. n° 2006-665 du 7 juin 2006, art. 31.*

Art. R. 224-14 Le permis de conduire suspendu est conservé par l'administration pendant la durée prévue par l'arrêté du préfet.

La suspension et le retrait du permis de conduire s'appliquent à toutes les catégories dont le conducteur ou l'accompagnateur de l'élève conducteur est titulaire. — *[Anc. art. R. 270.]*

Art. R. 224-15 *(Décr. n° 2006-665 du 7 juin 2006, art. 31)* Lorsque l'intéressé n'a pas de domicile connu ou qu'il l'a quitté, la notification de la décision est valablement adressée au maire du lieu de l'infraction en vue de son affichage à la mairie.

Art. R. 224-16 En vue de l'application *(Décr. n° 2020-605 du 18 mai 2020, art. 5)* « du troisième alinéa » de l'article L. 224-9, tout arrêté du préfet portant suspension du permis de conduire est transmis sans délai en copie au procureur de la République dans le ressort duquel l'infraction a été commise. — *[Anc. art. R. 272.]*

Art. R. 224-17 Le procureur de la République communique sans délai au préfet du lieu de l'infraction toute décision judiciaire exécutoire ou définitive prononcée pour une infraction punie par le présent code de la peine complémentaire de suspension du permis de conduire ou pour l'une des infractions d'atteinte involontaire à la vie ou à l'intégrité physique ou psychique de la personne commise à l'occasion de la conduite d'un véhicule. — *[Anc. art. R. 273.]*

Art. R. 224-18 Les articles *(Décr. n° 2006-665 du 7 juin 2006, art. 31)* « R. 224-12 et R. 224-14 » à R. 224-17 sont applicables à la mesure d'interdiction de délivrance du permis de conduire prévue à l'article L. 224-7. — *[Anc. art. R. 274.]*

Art. R. 224-19 Si le préfet n'ordonne pas une suspension du permis de conduire, il peut adresser un avertissement à l'auteur de toute contravention punie par le présent code de la peine complémentaire de suspension du permis de conduire. — *[Anc. art. R. 274-1.]*

Art. R. 224-19-1 *(Décr. n° 2020-605 du 18 mai 2020, art. 6)* Les dispositions du 7° du I de l'article L. 224-1 et du 5° du I de l'article L. 224-2 sont applicables aux infractions aux règles sur :

1° La conduite des véhicules prévues aux articles R. 412-9 et R. 412-10 ;

2° Les distances de sécurité entre les véhicules prévues à l'article R. 412-12 ;

3° Le franchissement et le chevauchement des lignes continues prévues aux articles R. 412-19 et R. 412-22 ;

4° Les feux de signalisation lumineux prévues aux articles R. 412-30 et R. 412-31 ;

5° Les vitesses prévues aux articles R. 413-14, R. 413-14-1 et R. 413-17 ;

6° Le dépassement prévues aux articles R. 414-4, R. 414-6, R. 414-7, R. 414-11 et R. 414-16 ;

7° Les signalisations imposant l'arrêt des véhicules ou de céder le passage aux véhicules prévues aux articles R. 415-6 et R. 415-7 ;

8° La priorité de passage à l'égard du piéton prévue à l'article R. 415-11.

SECTION II *Interdiction de délivrance, suspension et annulation judiciaires, invalidation* *(Décr. n° 2003-642 du 11 juill. 2003, art. 4).*

Art. R. 224-20 *(Décr. n° 2003-642 du 11 juill. 2003, art. 4-XI)* Tout conducteur dont le permis de conduire a perdu sa validité en application de l'article L. 223-1 ou a été annulé à la suite d'une condamnation pour une infraction prévue par le présent code ou par les articles 221-6-1, 222-19-1 ou 222-20-1 du code pénal, et qui sollicite un nouveau permis doit *(Décr. n° 2011-1475 du 9 nov. 2011, en vigueur le 19 janv. 2013)* « répondre à nouveau aux conditions fixées » à l'article D. 221-3.

Toutefois, pour les conducteurs titulaires du permis de conduire depuis trois ans ou plus à la date de la perte de validité du permis ou à la date de son annulation, et auxquels il est interdit de solliciter un nouveau permis pendant une durée inférieure à un an, l'épreuve pratique *(Décr. nº 2011-1475 du 9 nov. 2011, en vigueur le 19 janv. 2013)* « ou la formation prévue à l'article R. 221-3 » est supprimée sous réserve qu'ils sollicitent un nouveau permis moins de *(Décr. nº 2007-753 du 9 mai 2007)* « neuf mois » après la date à laquelle ils sont autorisés à le faire.

Art. R. 224-21 *(Décr. nº 2016-39 du 22 janv. 2016, art. 2)* Tout conducteur dont le permis de conduire a été annulé, invalidé ou suspendu pour une durée égale ou supérieure à six mois doit, pour être admis à se présenter aux épreuves exigées pour la délivrance d'un nouveau permis ou solliciter la restitution de son permis suspendu, produire à l'appui de sa demande un avis médical délivré par un médecin agréé consultant hors commission médicale ou par la commission médicale attestant qu'il n'est atteint d'aucune affection médicale incompatible avec la délivrance du permis de conduire ou sa restitution.

L'avis médical ne peut être émis qu'après que l'intéressé a satisfait à un examen psychotechnique.

Art. R. 224-22 *(Décr. nº 2012-886 du 17 juill. 2012, art. 3, en vigueur le 1er sept. 2012)* En vue d'établir *(Décr. nº 2016-39 du 22 janv. 2016, art. 3-1º)* « l'avis » mentionné à l'article R. 224-21, le médecin agréé consultant hors commission médicale ou la commission médicale procède à l'examen médical du candidat pour s'assurer que celui-ci est indemne de toute affection incompatible avec la délivrance du permis de conduire.

Dans l'affirmative, le candidat est soumis à un examen psychotechnique, qui porte sur les tests prescrits par le médecin agréé consultant hors commission médicale ou la commission médicale.

Les résultats de cet examen *(Abrogé par Décr. nº 2016-39 du 22 janv. 2016, art. 3-2º, à compter du 1er juill. 2016)* « ***, qui se déroule dans un centre agréé par le préfet,*** » sont communiqués au médecin agréé ou à la commission susmentionnée *(Décr. nº 2018-795 du 17 sept. 2018, art. 17)* « qui en prend connaissance avant de rendre son avis ».

Art. R. 224-23 *(Abrogé par Décr. nº 2018-795 du 17 sept. 2018, art. 17)* ***Si le résultat de l'examen médical et de l'examen psychotechnique est favorable,*** *(Décr. nº 2012-886 du 17 juill. 2012, art. 3, en vigueur le 1er sept. 2012)* ***« le médecin agréé consultant hors commission médicale ou la commission médicale » délivre le certificat prévu à l'article R. 224-21.***

Si le résultat est défavorable, *(Décr. nº 2012-886 du 17 juill. 2012, art. 3, en vigueur le 1er sept. 2012)* ***« le médecin agréé consultant hors commission médicale ou la commission médicale » établit un certificat concluant à l'inaptitude du candidat.*** — [Décr. nº 60-848 du 6 août 1960, art. 3.]

Art. R. 224-24 Après une mesure de suspension, la licence de circulation, délivrée antérieurement au 1er avril 1958, n'est pas restituée. Elle est remplacée par le permis de conduire mentionnant la catégorie correspondante. — *[Anc. art. R. 186, al. 3.]*

CHAPITRE V ***Enregistrement et communication des informations relatives au permis de conduire***

Art. R. 225-1 Le ministre de l'intérieur fait procéder à l'enregistrement :

1º Des mesures individuelles relatives au droit de faire usage du permis de conduire prises dans l'exercice de son pouvoir hiérarchique ;

2º Des mesures de retrait du droit de faire usage du permis de conduire prises par des autorités étrangères et communiquées aux autorités françaises conformément aux accords internationaux en vigueur ;

3º Des informations relatives aux échanges de titres français par les États appartenant à l'Union européenne ou à l'Espace économique européen ;

4º Des retraits de points du permis de conduire en application des articles L. 223-1 *(Décr. nº 2018-387 du 24 mai 2018, art. 1er)* « , L. 223-2 et L. 223-10 » ;

(Décr. nº 2018-387 du 24 mai 2018, art. 1er) « 4º *bis* Des décisions administratives dûment notifiées portant interdiction de conduire sur le territoire national, en application du troisième alinéa du II de l'article L. 223-10 ; »

5º Des décisions de création, de rectification et de radiation de dossiers à la suite d'enquêtes administratives ;

6º Des mises à jour consécutives notamment aux mesures de grâce, aux lois d'amnistie ainsi qu'aux transferts des informations relatives aux conducteurs décédés. — *[Anc. art. R. 247-1.]*

Art. R. 225-2 *(Décr. n° 2016-347 du 22 mars 2016, art. 4-1°, en vigueur le 1er juill. 2016)* « I. — Le préfet de département *[ancienne rédaction : Le préfet du département]* » dans lequel est domicilié le demandeur ou le titulaire du permis de conduire fait procéder à l'enregistrement :

1° Des demandes de permis de conduire, d'extension de permis de conduire et de duplicata de titres de conduite ;

2° Des décisions portant délivrance, extension et prorogation de catégories du permis de conduire ;

3° Des informations relatives à la délivrance et la gestion des titres de conduite ;

4° Des informations relatives aux permis de conduire délivrés par les autorités étrangères et reconnus valables sur le territoire national et aux échanges de titres français dans les États membres de la Communauté européenne dans les cas où ces titres seraient adressés directement aux autorités préfectorales émettrices par les autorités étrangères qui ont procédé aux échanges ;

5° Des décisions dûment notifiées portant retrait total ou partiel de titres ou de permis de conduire obtenus irrégulièrement ou frauduleusement ;

6° Des décisions dûment notifiées prises sur avis *(Décr. n° 2012-886 du 17 juill. 2012, art. 3, en vigueur le 1er sept. 2012)* « des médecins agréés consultant hors commission médicale ou des commissions médicales en application du présent code *[ancienne rédaction : des commissions médicales en application des articles R. 221-10 à R. 221-14]*, » portant inaptitude à la conduite des véhicules d'une ou plusieurs catégories, ou portant prorogation, limitation de la durée de validité, suspension, annulation, rétablissement ou changement de catégories du permis de conduire ;

7° Des mesures administratives dûment notifiées portant restriction du droit de faire usage du permis de conduire prises conformément aux articles L. 224-1, L. 224-2, L. 224-7, L. 224-8 et R. 224-6 à R. 224-19 à l'encontre de titulaires de permis français ou étrangers ainsi que des renseignements relatifs à la notification et à l'exécution de ces mesures ;

8° Des mesures de retrait du droit de faire usage du permis de conduire communiquées par les autorités compétentes des territoires et collectivités territoriales d'outre-mer ;

9° Des mesures de retrait du droit de faire usage du permis de conduire prises par une autorité étrangère et communiquées aux autorités françaises conformément aux accords internationaux en vigueur ;

(Décr. n° 2020-605 du 18 mai 2020, art. 7) « 10° Des mesures administratives dûment notifiées portant interdiction de se présenter à l'examen du permis de conduire ; »

11° Des décisions rapportant les mesures précédentes. — *[Anc. art. R. 247-2.]*

(Décr. n° 2016-347 du 22 mars 2016, art. 4-2°, en vigueur le 1er juill. 2016) « II. — Les préfets font procéder à l'enregistrement des demandes de renouvellement ou de duplicata des permis de conduire perdus, volés ou détériorés ainsi qu'aux décisions de délivrance correspondantes formulées par les personnes établies à l'étranger définies au deuxième alinéa du III de l'article R. 221-1, avec le concours de l'autorité diplomatique ou consulaire territorialement compétente.

« Le cas échéant, ils assurent l'enregistrement des demandes de rétablissement de leurs droits à conduire et les décisions correspondantes lorsque le permis perdu, volé ou détérioré est un permis de conduire étranger obtenu en échange d'un permis de conduire français.

« Les conditions et modalités de mise en œuvre des dispositions figurant aux deux alinéas précédents, sont fixées par un arrêté du ministre chargé de la sécurité routière pris après avis du ministre des affaires étrangères. »

(Décr. n° 2018-715 du 3 août 2018, en vigueur le 1er janv. 2019) « III. — Le préfet du département du lieu de la formation complémentaire définie au deuxième alinéa de l'article L. 223-1 procède à l'enregistrement des attestations de suivi de la formation complémentaire prévues au IV de l'article R. 223-4-1 et réduit le délai probatoire du II de l'article L. 223-1 si aucune infraction donnant lieu à un retrait de points ou entraînant une mesure de restriction ou de suspension du droit de conduire n'a été commise.

« IV. — Le préfet du lieu du stage de sensibilisation à la sécurité routière défini au quatrième alinéa de l'article L. 223-6 procède à l'enregistrement des décisions portant reconstitution partielle du nombre de points du permis de conduire en application du I de l'article R. 223-8.

« V. — Les procédures du III et du IV peuvent être dématérialisées. »

Art. R. 225-3 Le ministère public communique sans délai pour enregistrement au ministre de l'intérieur les informations relatives aux mesures et décisions énumérées aux 3°, 4°, 5° et 6° de l'article L. 225-1.

Les supports techniques de cette communication sont fixés par arrêté conjoint des ministres de la justice et de l'intérieur. – *[Anc. art. R. 247-3.]*

Art. R. 225-4 *(Décr. n° 2018-387 du 24 mai 2018, art. 2)* I. – Sont autorisés à accéder directement aux informations mentionnées à l'article L. 225-1, à raison de leurs attributions et dans la limite du besoin d'en connaître :

1° Les agents habilités des services centraux placés sous l'autorité du ministre de l'intérieur chargés de l'application des dispositions de l'article L. 225-1 et les membres de l'inspection générale de l'administration chargés du contrôle de leur mise en œuvre ;

2° Pour l'application de l'article L. 225-4 :

a) Les autorités judiciaires ;

b) Les magistrats de l'ordre administratif dans le cadre des recours formulés contre les décisions de retrait de points du permis de conduire ;

c) Les officiers de police judiciaire des services de police ou des unités de la gendarmerie nationales chargés de l'exécution d'une ordonnance juridictionnelle ou agissant dans le cadre d'une enquête de flagrance ;

d) Le préfet dans l'exercice de ses compétences en matière de permis de conduire, ainsi que les agents des directions départementales interministérielles, placés sous son autorité et chargés de l'inscription au permis de conduire et les agents des préfectures et des sous-préfectures chargés de l'application de la réglementation relative aux permis de conduire ;

e) Les militaires de la gendarmerie nationale et les fonctionnaires de la police nationale habilités à effectuer des contrôles routiers en application du présent code ;

f) Les agents spécialement habilités des observatoires et des établissements publics chargés de réaliser des études statistiques sur les accidents de la route pour le compte du ministre chargé de la sécurité routière ;

g) Les fonctionnaires et agents de l'État chargés du contrôle des transports terrestres placés sous l'autorité du ministre chargé des transports pour l'exercice des compétences en matière de contrôle du transport routier prévues au présent code ;

3° Dans les conditions prévues par l'acte créant le traitement des données énumérées à l'article L. 225-1, les personnels de l'Agence nationale des titres sécurisés individuellement désignés et spécialement habilités.

II. – Sont également autorisés à accéder directement aux informations mentionnées à l'article L. 225-1, dans les conditions fixées à l'article L. 222-1 du code de la sécurité intérieure :

1° Les agents des services de la police nationale et les militaires des unités de la gendarmerie nationale chargés des missions de prévention et de répression des atteintes aux intérêts fondamentaux de la Nation et des actes de terrorisme ;

2° Les agents des services spécialisés du renseignement mentionnés à l'article R. 222-1 du code de la sécurité intérieure, pour les seuls besoins de la prévention des atteintes aux intérêts fondamentaux de la Nation et des actes de terrorisme.

III. – Les modalités techniques et financières de l'accès à ces données et informations sont définies :

1° Par un arrêté conjoint du ministre de l'intérieur et du ministre de la justice pour les autorités judiciaires et les juridictions administratives mentionnées au I du présent article ;

2° Par un arrêté conjoint du ministre de l'intérieur et du ministre chargé des transports pour les agents de l'État chargés du contrôle des transports terrestres pour l'exercice de leurs compétences en matière de contrôle du transport routier prévues au présent code.

Art. R. 225-5 *(Décr. n° 2018-387 du 24 mai 2018, art. 2)* I. – Parmi les autorités et personnes énumérées à l'article L. 225-5, reçoivent communication des informations mentionnées à cet article, à raison de leurs attributions et dans la limite du besoin d'en connaître, au moyen d'un accès direct :

1° Les officiers ou agents de police judiciaire, des services de police ou des unités de la gendarmerie nationales agissant dans le cadre d'une enquête préliminaire ;

2° Les agents de police judiciaire adjoints et les gardes champêtres, individuellement désignés et habilités par le préfet, sur proposition du maire de la commune, aux seules fins d'identifier les auteurs des infractions au présent code qu'ils sont habilités à constater ;

3° Les agents individuellement désignés et habilités des organismes chargés de la délivrance et de la gestion des cartes de conducteur associées au chronotachygraphe électronique pour le contrôle des transports routiers, ou des cartes de qualification de conducteur destinées à prouver la qualification initiale et la formation continue des conducteurs de certains véhicules routiers affectés aux transports de marchandises ou de voyageurs ;

4° Les personnels individuellement désignés et habilités des entreprises exerçant une activité de transport public routier de voyageurs ou de marchandises pour les personnes qu'elles emploient comme conducteur de véhicule à moteur ;

5° Les autorités des États membres de l'Union Européenne, aux fins d'authentification du permis de conduire, conformément aux accords internationaux en vigueur.

II. — Reçoivent, à leur demande, communication des données et informations mentionnées à l'article L. 225-5, à raison de leurs attributions et dans la limite du besoin d'en connaître, les autres personnes et autorités énumérées par cet article :

1° Par l'intermédiaire du responsable du traitement :

a) Les autorités compétentes de Saint-Barthélemy, de Saint-Martin, de Wallis-et-Futuna, de la Nouvelle-Calédonie et de la Polynésie française, aux fins d'authentification du permis de conduire ;

b) Les autorités étrangères compétentes, aux fins d'authentification du permis de conduire, conformément aux accords internationaux en vigueur ;

2° Par l'intermédiaire du préfet :

a) Les autorités administratives civiles ou militaires pour les personnes employées ou susceptibles d'être employées comme conducteur de véhicule à moteur ;

b) Les entreprises d'assurances pour les personnes dont elles garantissent ou sont appelées à garantir la responsabilité encourue du fait des dommages causés par des véhicules à moteur ;

3° Par l'intermédiaire des services de la police ou de la gendarmerie nationales territorialement compétents :

a) Les militaires de la gendarmerie nationale et les fonctionnaires de la police nationale habilités à effectuer des contrôles routiers en application du présent code, autres que ceux bénéficiant d'un accès direct en application du *e* du 2° du I de l'article R. 225-4 ;

b) Les fonctionnaires et agents de l'État chargés du contrôle des transports terrestres placés sous l'autorité du ministre chargé des transports pour l'exercice des compétences en matière de contrôle du transport routier prévues au présent code, autres que ceux bénéficiant d'un accès direct en application du *g* du 2° du I de l'article R. 225-4 ;

c) Les agents de police judiciaire adjoints et les gardes champêtres autres que ceux mentionnés au 2° du I du présent article, aux seules fins d'identifier les auteurs des infractions au présent code qu'ils sont habilités à constater.

III. — Les modalités d'application du présent article sont fixées par arrêté du ministre de l'intérieur.

Art. R. 225-5-1 *(Décr. n° 2018-795 du 17 sept. 2018, art. 8, en vigueur au plus tard le 1er janv. 2020)* Afin d'accéder aux informations mentionnées à l'article L. 225-5, les entreprises exerçant une activité de transport public routier de voyageurs ou de marchandises déclarent les personnes qu'elles emploient comme conducteur de véhicule à moteur.

Lorsque les personnels mentionnés au 4° du I de l'article R. 225-5 accèdent à ces informations, ils reçoivent une attestation sécurisée et datée, délivrée par voie électronique par le ministère de l'intérieur, comportant ces informations.

Un arrêté du ministre de l'intérieur et du ministre chargé des transports précise la liste des activités concernées et détermine les conditions de déclaration des personnes employées et les modalités de délivrance et les caractéristiques de l'attestation sécurisée.

Les dispositions issues du Décr. n° 2018-795 du 17 sept. 2018 entrent en vigueur à une date fixée par arrêté du ministre de l'intérieur, au plus tard le 1er janv. 2020 (Décr. préc., art. 8-II).

Art. R. 225-6 *(Décr. n° 2018-387 du 24 mai 2018, art. 2)* I. — La communication au titulaire du permis de conduire, ou au conducteur mentionné au I de l'article L. 223-10, du relevé intégral des mentions le concernant mentionné à l'article L. 225-3 est assurée par le préfet du département dans lequel il a établi son domicile, ou s'il réside à l'étranger, par l'agent diplomatique ou le consul compétent.

II. — Le titulaire du permis de conduire ou le conducteur mentionné au I de l'article L. 223-10, son avocat ou son mandataire reçoit, à sa demande, communication des informations mentionnées à l'article L. 225-5 par l'intermédiaire du préfet.

Le titulaire du permis de conduire, s'il réside à l'étranger, peut demander au préfet ayant *délivré son titre de conduite* qu'il communique les informations le concernant à l'autorité étrangère auprès de laquelle il a sollicité l'échange de son permis de conduire français. Le préfet assure cette communication par voie dématérialisée et en informe l'auteur de la demande.

L'autorité étrangère peut également demander par voie dématérialisée la communication de ces informations auprès du préfet ayant délivré le titre présenté à l'appui de la demande d'échange. S'il a été directement saisi par l'autorité étrangère, il lui communique ces informations par voie dématérialisée.

Les modalités d'application du présent II sont fixées par arrêté conjoint du ministre de l'intérieur et du ministre des affaires étrangères.

III. – Nonobstant les dispositions du I et du II, le titulaire du permis de conduire peut consulter directement le solde des points affectés à son permis de conduire au moyen d'un site internet dédié et sécurisé.

Les modalités d'application du présent III sont fixées par arrêté du ministre de l'intérieur.

CHAPITRE VI *Organisation du contrôle médical de l'aptitude à la conduite*

(Décr. n° 2012-886 du 17 juill. 2012, art. 2, en vigueur le 1er sept. 2012)

Art. R. 226-1 Le contrôle médical de l'aptitude à la conduite consiste en une évaluation de l'aptitude physique, cognitive et sensorielle du candidat au permis de conduire ou du titulaire du permis :

1° Dans les cas prévus aux articles L. 223-5 et L. 224-14 ;

2° Atteint d'une affection médicale incompatible avec l'obtention ou le maintien du permis de conduire ou pouvant donner lieu à la délivrance de permis de conduire de durée de validité limitée, figurant sur une liste fixée par arrêté conjoint des ministres chargés de la sécurité routière et de la santé ;

3° Soumis à un contrôle médical, périodique ou occasionnel, dans les cas figurant sur une liste fixée par arrêté du ministre chargé de la sécurité routière.

Art. R. 226-2 Ce contrôle est effectué par un médecin agréé par le préfet, consultant hors commission médicale, ou des médecins siégeant dans une commission médicale primaire départementale ou interdépartementale, mentionnés à l'article R. 221-11.

Une commission médicale d'appel, composée de médecins généralistes et de spécialistes agréés, est créée dans chaque département. A défaut de praticiens en nombre suffisant, elle peut être interdépartementale.

Un médecin agréé ne peut effectuer le contrôle médical d'une personne dont il est le médecin traitant.

Si le contrôle médical de l'aptitude à la conduite intervient à la suite d'une invalidation, annulation ou suspension du permis *(Décr. n° 2016-39 du 22 janv. 2016, art. 4-1°)* « d'une durée de six mois ou plus », il est complété par un examen psychotechnique réalisé dans les conditions prévues à l'article R. 224-22.

Lors de ce contrôle médical, le médecin agréé ou la commission médicale peut prescrire tout examen complémentaire. Il peut également solliciter, dans le respect du secret médical, l'avis de professionnels de santé qualifiés dans des domaines particuliers.

S'il l'estime médicalement nécessaire, le médecin agréé peut demander au préfet de convoquer la personne examinée devant la commission médicale primaire dont la compétence est alors substituée à la sienne.

Le médecin agréé consultant hors commission médicale ou la commission médicale émet un avis médical sur l'aptitude, l'aptitude temporaire, l'aptitude avec restrictions d'utilisation du permis ou sur l'inaptitude à la conduite de la personne examinée. *(Décr. n° 2018-795 du 17 sept. 2018, art. 18)* « Lorsque cet avis est rendu par la commission médicale, il est transmis au préfet par ses soins. »

Le contrôle médical de l'aptitude à la conduite n'est pas pris en charge par l'assurance maladie.

Les modalités d'organisation de ce contrôle médical *(Décr. n° 2016-39 du 22 janv. 2016, art. 4-2°, en vigueur le 1er juill. 2016)* « et des tests psychotechniques » sont fixées par arrêté conjoint des ministres chargés de la sécurité routière et de la santé.

Art. R. 226-3 La commission médicale primaire réalise les contrôles médicaux :

1° A la suite d'une annulation ou suspension consécutive à une infraction pour conduite sous l'influence de l'alcool ou après usage de substances ou plantes classées comme stupéfiants ;

2° A la suite d'une invalidation résultant de sanctions dont l'une au moins est imputable à une infraction pour conduite sous l'influence de l'alcool ou après usage de substances ou plantes classées comme stupéfiants ;

3° Après sa saisine par un médecin agréé dans les conditions mentionnées à l'article R. 226-2 ;

4° Dans les autres cas définis par décret.

Art. D. 226-3-1 *(Décr. n° 2018-1143 du 13 déc. 2018)* La commission médicale primaire réalise les contrôles médicaux à la suite d'une mesure de restriction du droit de conduire aux seuls véhicules équipés d'un dispositif homologué d'anti-démarrage par éthylotest électronique prise en application de l'article R. 224-6.

Art. R. 226-4 La commission médicale d'appel peut être saisie par la personne qui a fait l'objet d'un contrôle médical lorsque, à la suite de l'avis qui lui a été transmis, le préfet a rendu à son encontre une décision d'aptitude temporaire, d'aptitude avec restrictions d'utilisation du permis ou d'inaptitude.

Cet appel ne suspend pas l'application de la décision préfectorale.

La commission médicale d'appel, après avoir examiné la personne et entendu, si elle le juge nécessaire, le ou les médecins agréés qui ont réalisé son contrôle médical en première instance, transmet au préfet son avis motivé.

La personne ayant fait l'objet d'une décision d'inaptitude, d'aptitude temporaire ou d'aptitude assortie de restrictions du préfet prise après avis de la commission d'appel, peut demander un nouveau contrôle médical par un médecin agréé consultant hors commission médicale ou par la commission médicale à l'expiration d'un délai de six mois suivant cette décision.

TITRE III Comportement du conducteur

CHAPITRE PREMIER *Comportement en cas d'accident*

Art. R. 231-1 Tout conducteur ou tout usager de la route impliqué dans un accident de la circulation doit :

1° S'arrêter aussitôt que cela lui est possible, sans créer un danger pour la circulation ;

2° Lorsque l'accident n'a provoqué que des dégâts matériels, communiquer son identité et son adresse à toute personne impliquée dans l'accident ;

3° Si une ou plusieurs personnes ont été blessées ou tuées dans l'accident :

a) Avertir ou faire avertir les services de police ou de gendarmerie ;

b) Communiquer à ceux-ci ou à toute personne impliquée dans l'accident son identité et son adresse ;

c) Éviter, dans toute la mesure compatible avec la sécurité de la circulation, la modification de l'état des lieux et la disparition des traces susceptibles d'être utilisées pour établir les responsabilités.

RÉP. PÉN. v° *Délit de fuite,* par REDON.

CHAPITRE II *Atteintes involontaires aux personnes*

Art. R. 232-1 *(Abrogé par Décr. n° 2005-320 du 30 mars 2005, art. 1er) La contravention d'atteinte involontaire à l'intégrité d'une personne prévue à l'article R. 625-2 du code pénal commise à l'occasion de la conduite d'un véhicule à moteur donne lieu de plein droit à la réduction de quatre points du permis de conduire.* — [Anc. art. R. 256, al. 5 à 12.]

CHAPITRE III *Comportement en cas de contrôle routier*

Art. R. 233-1 I. — *(Décr. n° 2012-284 du 28 févr. 2012, en vigueur le 1er juill. 2012)* « Lorsque les dispositions du présent code l'exigent, tout conducteur *(Décr. n° 2014-1295 du 31 oct. 2014, art. 11-1°)* « ou, le cas échéant, tout accompagnateur d'un apprenti conducteur, » est tenu de présenter à toute réquisition des agents de l'autorité compétente : »

1° Tout titre justifiant de son autorisation de conduire ;

2° *(Décr. n° 2009-136 du 9 févr. 2009, en vigueur le 15 avr. 2009)* « Le certificat d'immatriculation » du véhicule et, le cas échéant, *(Décr. n° 2009-136 du 9 févr. 2009, en vigueur le 15 avr. 2009)* « celui » de la remorque si le poids total autorisé en charge (PTAC) de cette dernière excède 500 kilogrammes, ou de la semi-remorque s'il s'agit d'un véhicule articulé, ou les récépissés provisoires, ou les photocopies *(Abrogé par Décr. n° 2003-536 du 20 juin 2003, art. 4) « certifiées conformes »* *(Décr. n° 2009-136 du 9 févr. 2009, en vigueur le 15 avr. 2009)* « des certificats d'immatriculation » dans les cas et dans les conditions prévues par un arrêté du ministre de la justice et du ministre de l'intérieur ;

(Décr. n° 2015-1537 du 25 nov. 2015, art. 7) « 3° Pour l'accompagnateur d'un apprenti conducteur, le permis de conduire exigé pour la conduite du véhicule obtenu depuis au moins cinq ans ou l'autorisation d'enseigner la conduite des véhicules à moteur mentionnée aux articles L. 212-1 et R. 212-1 correspondant à la catégorie du véhicule utilisé ; »

(Décr. n° 2010-1390 du 12 nov. 2010, art. 5) **« 4° Dans les cas mentionnés aux II et III de l'article R. 221-8, une attestation de la formation pratique ou le document attestant d'une expérience de la conduite conforme aux conditions prévues par ces dispositions » ;**

(Décr. n° 2011-1048 du 5 sept. 2011, art. 4) **« 5° Les documents attestant de l'équipement du véhicule d'un dispositif homologué d'antidémarrage par éthylotest électronique et de la vérification de son fonctionnement, lorsque le conducteur :**

« *a)* A été condamné à une peine d'interdiction de conduire un véhicule qui ne soit pas équipé par un professionnel agréé ou par construction d'un tel dispositif ; ou »

(Décr. n° 2017-198 du 16 févr. 2017, art. 1er-3°) **« *b)* Est soumis à l'obligation prévue au 7° de l'article 132-45 du code pénal, au 4° *bis* de l'article 41-2 ou au 8° de l'article 138 du code de procédure pénale ; »**

(Décr. n° 2016-1289 du 30 sept. 2016, art. 1er-1°, en vigueur le 1er déc. 2016) **« *c)* Fait l'objet d'une décision de restriction d'usage du permis de conduire par l'autorité administrative compétente en application des articles R. 221-1-1 et R. 226-1 ; »**

(Décr. n° 2018-795 du 17 sept. 2018, art. 6) **« *d)* Fait l'objet d'une décision du préfet restreignant le droit de conduire, pendant une durée déterminée, aux seuls véhicules équipés par un professionnel agréé ou par construction, conformément aux dispositions de l'article L. 234-17, d'un dispositif homologué d'anti-démarrage par éthylotest électronique ; »**

(Abrogé par Décr. n° 2020-605 du 18 mai 2020, art. 8) (Décr. n° 2012-284 du 28 févr. 2012, mod. par Décr. n° 2012-1197 du 29 oct. 2012, en vigueur le 1er mars 2013) « 6° Un éthylotest dans les conditions prévues à l'article R. 234-7. »

(Décr. n° 2014-784 du 8 juill. 2014, art. 7-2°) **« 7° Le procès-verbal de contrôle technique périodique pour les véhicules mentionnés aux articles R. 323-23 et R. 323-25. »**

(Décr. n° 2015-514 du 7 mai 2015, art. 1er-1°, en vigueur le 1er janv. 2016) **« 8° Le triangle de présignalisation prévu au I de l'article R. 416-19 ;**

« 9° Le gilet de haute visibilité prévu au II de l'article R. 416-19. »

II. — En cas de perte ou de vol du *(Décr. n° 2002-675 du 30 avr. 2002)* **« titre justifiant de l'autorisation de conduire » le récépissé de déclaration de perte ou de vol tient lieu de** *(Décr. n° 2002-675 du 30 avr. 2002)* **« titre » pendant un délai de deux mois au plus.**

III. — *(Décr. n° 2020-605 du 18 mai 2020, art. 8)* **« Le » fait de ne pas présenter immédiatement aux agents de l'autorité compétente** *(Décr. n° 2012-284 du 28 févr. 2012, en vigueur le 1er juill. 2012)* **« les éléments exigés » par le présent article est puni de l'amende prévue pour les contraventions de la première classe.**

IV. — Le fait, pour toute personne invitée à justifier dans un délai de cinq jours de la possession de son brevet de sécurité routière, de ne pas présenter ce document avant l'expiration de ce délai est puni de l'amende prévue pour les contraventions de la deuxième classe. *— Dispositions applicables seulement aux personnes qui ont atteint l'âge de 14 ans après le 5 juill. 1996 (Décr. n° 96-601 du 4 juill. 1996, art. 6).*

V. — *(Décr. n° 2012-284 du 28 févr. 2012, mod. par Décr. n° 2012-1197 du 29 oct. 2012, en vigueur le 1er mars 2013 ; Décr. n° 2015-514 du 7 mai 2015, art. 1er-2°, en vigueur le 1er janv. 2016)* **« Hors les cas prévus aux** *(Abrogé par Décr. n° 2020-605 du 18 mai 2020, art. 8) « 6°, »* **8° et 9° du I, le fait, pour toute personne invitée à justifier dans un délai de cinq jours de la possession des autorisations et pièces exigées par le présent article, de ne pas présenter ces documents avant l'expiration de ce délai est puni de l'amende prévue pour les contraventions de la quatrième classe. »**

Art. R. 233-2 **Lorsque le conducteur d'un véhicule de transport en commun ne peut présenter** *(Décr. n° 2005-1434 du 18 nov. 2005)* **« l'attestation d'aménagement prévue à l'article R. 323-23 », l'immobilisation peut être prescrite dans les conditions prévues aux articles L. 325-1 à L. 325-3.** — *[Anc. art. R. 278, al. 1er et 10.]*

Art. R. 233-3 **Les règles pénales relatives à l'obligation de présentation de l'attestation d'assurance et d'apposition sur le véhicule du certificat d'assurance sont fixées par les articles R. 211-14, R. 211-21-1 et R. 211-21-5 du code des assurances ci-après reproduits :**

Art. R. 211-14 *(Décr. n° 85-879 du 22 août 1985 ; Décr. n° 97-635 du 31 mai 1997)* « Tout conducteur d'un véhicule mentionné à l'article L. 211-1 doit, dans les conditions prévues aux articles de la présente section, être en mesure de présenter un document faisant présumer que l'obligation d'assurance a été satisfaite. »

Cette présomption résulte de la production, aux fonctionnaires ou agents chargés de constater les infractions à la police de la circulation, d'un des documents dont les conditions d'établissement et de validité sont fixées par le règlement d'administration publique prévu à l'article L. 211-1.

A défaut d'un de ces documents, la justification est fournie aux autorités judiciaires par tous moyens.

(Décr. nº 97-635 du 31 mai 1997) « Sera puni de la peine d'amende prévue pour les contraventions de 2e classe tout conducteur d'un véhicule mentionné à l'article L. 211-1 et non soumis à l'obligation prévue à l'article R. 211-21-1 qui ne sera pas en mesure de présenter un des documents justificatifs prévus aux articles R. 211-15 et R. 211-17. » *(Décr. nº 89-111 du 21 févr. 1989)* « Toutefois, ces dispositions ne sont pas applicables lorsque ce conducteur est passible de la sanction prévue à l'alinéa suivant. »

(Décr. nº 86-1043 du 18 sept. 1986) « Sera punie de la peine d'amende prévue pour les contraventions de la 4e classe toute personne qui, invitée à justifier dans un délai de cinq jours de la possession d'un des documents mentionnés à l'alinéa précédent, n'aura pas présenté ce document avant l'expiration de ce délai. » — *Entrée en vigueur le 1er oct. 1986.*

Les documents justificatifs prévus au présent article n'impliquent pas une obligation de garantie à la charge de l'assureur.

Art. R. 211-21-1 *(Décr. nº 89-111 du 21 févr. 1989)* Tout souscripteur d'un contrat d'assurance prévu par l'article L. 211-1 doit apposer sur le véhicule automoteur assuré, dans les conditions fixées par un arrêté du ministre chargé de l'économie, le certificat d'assurance décrit aux articles R. 211-21-2 et R. 211-21-3, alinéa 2.

(Décr. nº 2001-251 du 22 mars 2001) « Les dispositions de l'alinéa 1er sont applicables aux véhicules à moteur dont le poids total autorisé en charge est inférieur ou égal à 3,5 tonnes, à l'exception des véhicules et matériels agricoles ou de travaux publics, des engins spéciaux et des véhicules circulant avec un certificat d'immatriculation spécial W. »

Art. R. 211-21-5 Sera puni de la peine d'amende prévue pour les contraventions de deuxième classe tout souscripteur d'un contrat d'assurance relatif à un véhicule mentionné à l'article R. 211-21-1 qui aura omis d'apposer sur le véhicule concerné le certificat prévu aux articles R. 211-21-2 et R. 211-21-3 ou aura apposé un certificat non valide. — *Entrée en vigueur le 1er juill. 1986.*

CHAPITRE IV *Conduite sous l'influence de l'alcool*

Art. R. 234-1 *(Décr. nº 2004-1138 du 25 oct. 2004)* « I. — Même en l'absence de tout signe d'ivresse manifeste, est puni de l'amende prévue pour les contraventions de la quatrième classe le fait de conduire un véhicule sous l'empire d'un état alcoolique caractérisé par :

« 1° Une concentration d'alcool dans le sang égale ou supérieure à 0,20 gramme par litre ou par une concentration d'alcool dans l'air expiré égale ou supérieure à 0,10 milligramme par litre et inférieure aux seuils fixés à l'article L. 234-1, *(Décr. nº 2015-743 du 24 juin 2015, art. 1er-1°)* « chez le conducteur d'un véhicule de transport en commun, *(Décr. nº 2019-871 du 21 août 2019, en vigueur le 1er oct. 2019)* « chez le conducteur dont le droit de conduire est limité aux seuls véhicules équipés d'un dispositif homologué d'anti-démarrage par éthylotest électronique, installé par un professionnel agréé ou par construction, conformément aux dispositions de l'article L. 234-17, » ainsi que chez le conducteur titulaire d'un permis de conduire soumis au délai probatoire défini à l'article L. 223-1 ou en situation d'apprentissage définie à l'article R. 211-3 ».

« 2° Une concentration d'alcool dans le sang égale ou supérieure à 0,50 gramme par litre ou par une concentration d'alcool dans l'air expiré égale ou supérieure à 0,25 milligramme par litre et inférieure aux seuils fixés à l'article L. 234-1, *(Décr. nº 2015-743 du 24 juin 2015, art. 1er-1°)* « chez les autres conducteurs ». »

(Décr. nº 2003-642 du 11 juill. 2003, art. 6-I) « II. — » L'immobilisation peut être prescrite dans les conditions prévues aux articles L. 325-1 à L. 325-3.

(Décr. nº 2018-795 du 17 sept. 2018, art. 7) « III. — Toute personne coupable de l'une des infractions mentionnées au I encourt également les peines complémentaires suivantes :

« 1° La suspension du permis de conduire pour une durée de trois ans au plus, cette suspension pouvant être limitée à la conduite en dehors de l'activité professionnelle ;

« 2° L'interdiction, pendant une durée de trois ans au plus, de conduire un véhicule qui ne soit pas équipé d'un dispositif homologué d'anti-démarrage par éthylotest électronique par un professionnel agréé ou par construction, conformément aux dispositions de l'article L. 234-17, en état de fonctionnement et après avoir utilisé elle-même ce dispositif sans en avoir altéré le fonctionnement. »

(Décr. nº 2003-642 du 11 juill. 2003, art. 6-I) « IV. — » Cette contravention donne lieu de plein droit à la réduction de *(Décr. nº 2003-642 du 11 juill. 2003, art. 6-I)* « six » points du permis de conduire.

(Décr. nº 2003-642 du 11 juill. 2003, art. 6-I) « V. — » Les dispositions du présent article sont applicables à l'accompagnateur d'un élève conducteur. — *[Anc. art. R. 233-5, R. 256, al. 13 à 23, et R. 278, al. 1er et 2.]*

Art. R. 234-2 *(Décr. nº 2015-774 du 29 juin 2015, art. 1er)* Les opérations de dépistage de l'imprégnation alcoolique par l'air expiré, prévues par les articles L. 234-3 à L. 234-5 et

L. 234-9, sont effectuées au moyen d'un éthylotest électronique ou chimique qui répond, selon sa nature, aux exigences fixées par le décret n° 2008-883 du 1er septembre 2008 relatif aux éthylotests électroniques ou par le décret n° 2015-775 du 29 juin 2015 fixant les exigences de fiabilité et de sécurité relatives aux éthylotests chimiques destinés à un usage préalable à la conduite routière.

Art. R. 234-3 Les vérifications médicales, cliniques et biologiques opérées en application des articles L. 234-4, L. 234-5 et L. 234-9 et destinées à établir la preuve de l'état alcoolique sont effectuées dans les conditions prévues au chapitre IV du titre V du livre III de la troisième partie du code de la santé publique. — *[Anc. art. R. 296.]*

Art. R. 234-4 Lorsque, pour procéder aux vérifications prévues par les articles L. 234-4, L. 234-5, L. 234-9 et L. 3354-1 du code de la santé publique, l'officier ou l'agent de police judiciaire fait usage d'un appareil homologué permettant de déterminer le taux d'alcool par l'analyse de l'air expiré, la vérification est faite selon les modalités ci-après :

1° Le délai séparant l'heure, selon le cas, de l'infraction ou de l'accident ou d'un dépistage positif effectué dans le cadre d'un contrôle ordonné par le procureur de la République ou effectué sur initiative de l'officier ou de l'agent de police judiciaire et l'heure de la vérification doit être le plus court possible ;

2° L'officier ou l'agent de police judiciaire, après avoir procédé à la mesure du taux d'alcool, en notifie immédiatement le résultat à la personne faisant l'objet de cette vérification. Il l'avise qu'il peut demander un second contrôle. Le procureur de la République, le juge d'instruction ou l'officier ou l'agent de police judiciaire ayant procédé à la vérification peuvent également décider qu'il sera procédé à un second contrôle. Celui-ci est alors effectué immédiatement, après vérification du bon fonctionnement de l'appareil ; le résultat en est immédiatement porté à la connaissance de l'intéressé. — *[Anc. art. R. 297.]*

Art. R. 234-5 *(Décr. n° 2011-1048 du 5 sept. 2011, art. 5)* I. — Est puni de l'amende prévue pour les contraventions de la cinquième classe le fait pour une personne ayant été condamnée à la peine d'interdiction de conduire un véhicule qui ne soit pas équipé par un professionnel agréé ou par construction d'un dispositif homologué d'antidémarrage par éthylotest électronique de conduire un véhicule équipé d'un tel dispositif soit après que celui-ci a été utilisé par un tiers pour permettre le démarrage, soit après l'avoir neutralisé ou détérioré ou l'avoir utilisé dans des conditions empêchant la mesure exacte de son état d'imprégnation alcoolique.

(Décr. n° 2017-198 du 16 févr. 2017, art. 1er-4°) « Les dispositions du précédent alinéa sont également applicables lorsque les faits ont été commis :

« — par une personne ayant accepté d'exécuter à titre de composition pénale la mesure prévue au 4° *bis* de l'article 41-2 du code de procédure pénale, dès lors que la composition pénale a été validée dans les conditions prévues par cet article ;

« — par une personne soumise à une interdiction de conduire un véhicule qui ne soit pas équipé, par un professionnel agréé ou par construction, d'un dispositif homologué d'antidémarrage par éthylotest électronique prononcée en application du 8° de l'article 138 du code de procédure pénale dans le cadre d'un contrôle judiciaire ou d'une assignation à résidence sous surveillance électronique ;

« — par une personne soumise à une interdiction de conduire un véhicule qui ne soit pas équipé, par un professionnel agréé ou par construction, d'un dispositif homologué d'antidémarrage par éthylotest électronique prononcée en application du 7° de l'article 132-45 du code pénal, dans le cadre d'une contrainte pénale, d'un suivi socio-judiciaire, d'un sursis avec mise à l'épreuve ou assorti de l'obligation d'accomplir un travail d'intérêt général, d'un des aménagements de peine prévus aux articles 720-1-1, 721-2, 723-4 ou 723-10 du code de procédure pénale, d'une libération conditionnelle, ou d'une surveillance judiciaire ou de sûreté. »

II. — Le fait, par toute personne, de faciliter sciemment, par aide ou assistance, la préparation ou la consommation de la contravention prévue au I est puni de la même peine.

III. — Les personnes coupables des contraventions prévues au présent article encourent également les peines complémentaires suivantes :

1° La suspension du permis de conduire pour une durée de trois ans au plus, cette suspension ne pouvant pas être limitée à la conduite en dehors de l'activité professionnelle, ni être assortie du sursis, même partiellement ;

2° L'interdiction de conduire certains véhicules terrestres à moteur, y compris ceux pour la conduite desquels le permis de conduire n'est pas exigé, pour une durée de trois ans au plus ;

3° L'obligation d'accomplir, à ses frais, un stage de sensibilisation à la sécurité routière ;

4° La confiscation du véhicule dont le prévenu s'est servi pour commettre l'infraction, s'il en est propriétaire.

IV. — La récidive des contraventions prévues au présent article est réprimée conformément à l'article 132-11 du code pénal.

V. — Ces contraventions donnent lieu de plein droit à la réduction de six points du permis de conduire.

VI. — L'immobilisation du véhicule peut être prescrite dans les conditions prévues aux articles L. 325-1 à L. 325-3.

Art. R. 234-6 *(Décr. n° 2012-3 du 3 janv. 2012, art. 4)* Tout conducteur d'un véhicule obligatoirement équipé d'un éthylotest antidémarrage doit utiliser ce dispositif préalablement au démarrage du véhicule.

Le fait pour le conducteur de conduire un véhicule équipé d'un tel dispositif soit après que celui-ci a été utilisé par un tiers pour permettre le démarrage, soit après l'avoir neutralisé ou détérioré ou l'avoir utilisé dans des conditions empêchant la mesure exacte de son état d'imprégnation alcoolique est puni de l'amende prévue pour les contraventions de la quatrième classe.

Le fait, par toute personne, de faciliter sciemment, par aide ou assistance, la préparation ou la consommation de la contravention prévue à l'alinéa précédent est puni de la même peine.

Art. R. 234-7 *(Décr. n° 2020-605 du 18 mai 2020, art. 9)* Le fait de contrevenir aux dispositions de l'article L. 3341-4 du code de la santé publique et de ses textes d'application est puni de l'amende prévue pour les contraventions de la quatrième classe.

CHAPITRE V ***Conduite après usage de substances ou plantes classées comme stupéfiants*** *(Décr. n° 2003-293 du 31 mars 2003, art. 5).*

(Décr. n° 2001-751 du 27 août 2001)

Les dispositions de ce chapitre entrent en vigueur le 1er oct. 2001 ; elles sont applicables à Mayotte (Décr. n° 2001-751 du 27 août 2001, art. 7 et 8).

SECTION I ***Dispositions générales***

Art. R. 235-1 *(Décr. n° 2003-293 du 31 mars 2003, art. 5)* En vue de procéder aux épreuves de dépistage et, le cas échéant, *(Décr. n° 2016-1152 du 24 août 2016, art. 1er-1°)* « aux analyses ou examens médicaux », cliniques et biologiques prévus par l'article L. 235-2, le délai séparant, d'une part, l'heure de l'accident et, d'autre part, l'heure de l'épreuve de dépistage et le cas échéant *(Décr. n° 2016-1152 du 24 août 2016, art. 1er-1°)* « des analyses ou examens précités » doit être le plus court possible.

Art. R. 235-2 *(Décr. n° 2003-293 du 31 mars 2003, art. 5)* Pour l'application de l'article L. 235-2, doit être regardé comme étant un accident mortel de la circulation celui qui a des conséquences immédiatement mortelles.

SECTION II ***Épreuves de dépistage***

Art. R. 235-3 Les épreuves de dépistage prévues par *(Décr. n° 2003-293 du 31 mars 2003, art. 5)* « l'article L. 235-2 » sont effectuées par un médecin, un biologiste, ou un étudiant en médecine autorisé à exercer à titre de remplaçant, dans les conditions fixées à l'article L. 4131-2 du code de la santé publique, requis à cet effet par un officier ou agent de police judiciaire *(Décr. n° 2012-3 du 3 janv. 2012, art. 6)* « ou par un agent de police judiciaire adjoint, sur l'ordre et sous la responsabilité d'un officier de police judiciaire, » qui leur fournit les matériels nécessaires au dépistage *(Décr. n° 2008-754 du 30 juill. 2008, art. 14)* « lorsqu'il s'agit d'un recueil urinaire.

« Ces épreuves sont effectuées par un officier ou agent de police judiciaire *(Décr. n° 2012-3 du 3 janv. 2012, art. 6)* « ou par un agent de police judiciaire adjoint dans les conditions prévues à l'alinéa précédent, » lorsqu'il s'agit d'un recueil salivaire. »

Art. R. 235-4 *(Décr. n° 2016-1152 du 24 août 2016, art. 1er-2°)* Les épreuves de dépistage réalisées à la suite d'un recueil de liquide biologique sont effectuées conformément aux méthodes et dans les conditions prescrites par un arrêté des ministres de la justice et de l'intérieur ainsi que du ministre chargé de la santé, après avis du directeur général de l'Agence nationale de sécurité du médicament et des produits de santé.

SECTION III *Analyses et examens médicaux, cliniques et biologiques*

Art. R. 235-5 *(Décr. nº 2016-1152 du 24 août 2016, art. 1er-2º)* Les vérifications mentionnées au cinquième alinéa de l'article L. 235-2 comportent une ou plusieurs des opérations suivantes :

– examen clinique en cas de prélèvement sanguin ;

– analyse biologique du prélèvement salivaire ou sanguin.

Art. R. 235-6 *(Décr. nº 2016-1152 du 24 août 2016, art. 1er-2º)* I. – Le prélèvement salivaire est effectué par un officier ou agent de police judiciaire de la gendarmerie ou de la police nationales territorialement compétent à l'aide d'un nécessaire, en se conformant aux méthodes et conditions prescrites par l'arrêté prévu à l'article R. 235-4.

A la suite de ce prélèvement, l'officier ou l'agent de police judiciaire demande au conducteur s'il souhaite se réserver la possibilité de demander l'examen technique ou l'expertise prévus par l'article R. 235-11 ou la recherche de l'usage des médicaments psychoactifs prévus au même article.

Si la réponse est positive, il est procédé dans le plus court délai possible à un prélèvement sanguin dans les conditions fixées au II.

II. – Le prélèvement sanguin est effectué par un médecin ou un étudiant en médecine autorisé à exercer à titre de remplaçant, dans les conditions fixées à l'article L. 4131-2 du code de la santé publique, requis à cet effet par un officier ou un agent de police judiciaire. Le prélèvement sanguin peut également être effectué par un biologiste requis dans les mêmes conditions.

Ce praticien effectue le prélèvement sanguin à l'aide d'un nécessaire mis à sa disposition par un officier ou un agent de police judiciaire, en se conformant aux méthodes prescrites par un arrêté pris dans les conditions prévues à l'article R. 235-4.

Un officier ou un agent de police judiciaire assiste au prélèvement sanguin.

III. – L'examen clinique, en cas de prélèvement sanguin, est effectué par un médecin ou un étudiant en médecine autorisé à exercer à titre de remplaçant, dans les conditions fixées à l'article L. 4131-2 du code de la santé publique, requis à cet effet par un officier ou un agent de police judiciaire.

Art. R. 235-7 *(Décr. nº 2016-1152 du 24 août 2016, art. 1er-2º)* Le prélèvement sanguin mentionné au troisième alinéa du I de l'article R. 235-6 est conservé dans un tube étiqueté et scellé par un officier ou agent de police judiciaire.

Le prélèvement sanguin prévu au II de l'article R. 235-6 est réparti entre deux tubes étiquetés et scellés par un officier ou agent de police judiciaire.

Art. R. 235-8 *(Décr. nº 2016-1152 du 24 août 2016, art. 1er-2º)* En cas de décès du ou des conducteurs impliqués, le prélèvement des échantillons sanguins est effectué dans les conditions fixées par l'article R. 235-5 et par le II de l'article R. 235-6.

Les méthodes de prélèvement et de conservation des échantillons sanguins applicables en cas de décès du ou des conducteurs impliqués sont fixées par l'arrêté prévu à l'article R. 235-4.

Le cas échéant, sur réquisition ou ordonnance de commission d'expert, il est procédé à un examen de corps ou à une autopsie.

Art. R. 235-9 *(Décr. nº 2016-1152 du 24 août 2016, art. 1er-2º)* L'officier ou l'agent de police judiciaire adresse l'échantillon salivaire prélevé, et le cas échéant l'échantillon sanguin prélevé, ou les deux échantillons sanguins prélevés, accompagnés des résultats des épreuves de dépistage, à un laboratoire de biologie médicale ou à un laboratoire de police scientifique, ou à un expert inscrit en toxicologie sur l'une des listes instituées en application de l'article 2 de la loi nº 71-498 du 29 juin 1971 relative aux experts judiciaires et de l'article 157 du code de procédure pénale, dans les conditions prévues par l'article R. 3354-20 du code de la santé publique.

Le laboratoire ou l'expert conserve le tube prévu au premier alinéa de l'article R. 235-7 ou un des deux tubes mentionnés au second alinéa du même article en vue d'une demande éventuelle d'un examen technique ou d'une expertise. L'arrêté prévu à l'article R. 235-4 précise les conditions de réalisation des examens de biologie médicale et de conservation des échantillons.

Art. R. 235-10 *(Décr. nº 2016-1152 du 24 août 2016, art. 1er-2º)* Les analyses des prélèvements salivaires et sanguins sont conduites en vue d'établir si la personne conduisait en ayant fait usage de substances ou plantes classées comme stupéfiants. Elles le sont dans les conditions définies par l'arrêté prévu à l'article R. 235-4.

Art. R. 235-11 *(Décr. nº 2016-1152 du 24 août 2016, art. 1er-2º)* Dans un délai de cinq jours suivant la notification des résultats de l'analyse de son prélèvement salivaire ou sanguin, à condition, dans le premier cas, qu'il se soit réservé la possibilité prévue au deuxième alinéa du I de l'article R. 235-6, le conducteur peut demander au procureur de la République, au juge d'instruction ou à la juridiction de jugement qu'il soit procédé à partir du tube prévu au second alinéa de l'article R. 235-9 à un examen technique ou à une expertise en application des articles 60, 77-1 et 156 du code de procédure pénale.

De même, le conducteur peut demander qu'il soit procédé, dans les mêmes délais et conditions, à la recherche de l'usage de médicaments psychoactifs pouvant avoir des effets sur la capacité de conduire le véhicule *(Abrogé par Décr. nº 2019-1284 du 2 déc. 2019) « tels que mentionnés au p de l'article R. 5128-2 du code de la santé publique ».*

En cas d'examen technique ou d'expertise, ceux-ci sont confiés à un autre laboratoire ou à un autre expert répondant aux conditions fixées par l'article R. 235-9. Celui-ci pratique l'expertise de contrôle en se conformant aux méthodes prescrites en application de l'article R. 235-10.

SECTION IV *Dispositions matérielles*

Art. R. 235-12 *(Décr. nº 2016-1152 du 24 août 2016, art. 1er-2º)* Les honoraires et indemnités de déplacement afférents aux épreuves de dépistage, aux prélèvements et aux examens biologiques prévus aux articles R. 235-4 et R. 235-6 sont calculés par référence aux articles R. 110, R. 111 et R. 117 *(Abrogé par Décr. nº 2017-248 du 27 févr. 2017, art. 6-1º et 9-II, à compter du 30 mars 2017 au plus tard) « (1º, c et e) »* du code de procédure pénale. — *Les dispositions issues du Décr. nº 2017-248 du 27 févr. 2017 entrent en vigueur à une date fixée par l'Arr. auquel renvoient les 2º et 7º de l'art. 2 et l'art. 3 dudit Décr. et au plus tard le 30 mars 2017, et s'appliquent aux actes prescrits à compter de cette date (Décr. préc., art. 9-II).*

Lorsqu'il est procédé à un examen clinique et à un prélèvement biologique, tant en application des dispositions de l'article R. 235-6 que des dispositions des articles R. 3354-7 à R. 3354-11 du code de la santé publique, il n'est dû qu'une seule indemnité de déplacement et des honoraires que pour un seul acte.

Les frais afférents aux examens de laboratoire mentionnés aux articles R. 235-10 et R. 235-11 relatifs à la recherche de produits stupéfiants et, le cas échéant, les frais afférents à la recherche de médicaments psychoactifs sont fixés *(Décr. nº 2017-248 du 27 févr. 2017, art. 6-2º et 9-I, en vigueur au plus tard le 30 sept. 2017)* « conformément aux dispositions *[ancienne rédaction : par référence aux 10º et 11º]* » de l'article R. 118 du code de procédure pénale. — *Les dispositions issues du Décr. nº 2017-248 du 27 févr. 2017 entrent en vigueur à une date fixée par l'Arr. auquel renvoie le 4º de l'art. 2 dudit Décr., et au plus tard le 30 sept. 2017, et s'appliquent aux actes prescrits à compter de cette date (Décr. préc., art. 9-I).*

Les frais afférents à l'acquisition des matériels de recueil et de dépistage prévus par l'article R. 235-3 sont fixés par arrêté conjoint du ministre de la justice et du ministre chargé du budget.

Art. R. 235-13 Les dépenses visées à l'article précédent constituent des frais de justice criminelle, correctionnelle et de police.

Le paiement de ces frais a lieu conformément aux dispositions du titre X du livre V du code de procédure pénale.

TITRE IV Dispositions relatives à l'outre-mer

CHAPITRE PREMIER *Dispositions particulières à la collectivité territoriale de Saint-Pierre-et-Miquelon*

Art. R. 241-1 Pour l'application des dispositions du présent livre dans la collectivité territoriale de Saint-Pierre-et-Miquelon, les termes énumérés ci-après sont remplacés comme suit :

1º "département" par "collectivité territoriale" ;
2º "départemental" par "territorial" ;
3º "départementale" par "territoriale" ;
4º "directeur départemental de la sécurité publique" par "directeur de la sécurité publique" ;
5º "directeur départemental de l'équipement" par "directeur de l'équipement" ;
6º "direction départementale de l'équipement" et "direction régionale de l'industrie, de la recherche et de l'environnement" par "direction de l'équipement" ;
(Décr. nº 2016-516 du 26 avr. 2016, art. 1er-9º) « 7º "préfet du département" par "préfet territorialement compétent". »

Art. R. 241-2 La commission médicale prévue à l'*(Décr. n° 2012-886 du 17 juill. 2012, art. 3, en vigueur le 1er sept. 2012)* « article R. 226-1 » est constituée, pour l'application de cet article dans la collectivité territoriale de Saint-Pierre-et-Miquelon, dans les conditions fixées par arrêté du préfet. – *[Décr. n° 79-982 du 20 nov. 1979, art. 3.]*

Art. R. 241-3 *Abrogé par Décr. n° 2006-665 du 7 juin 2006, art. 31.*

CHAPITRE II ***Dispositions applicables à Mayotte*** *(L. n° 2010-1487 du 7 déc. 2010, art. 36).*

Les dispositions de la L. n° 2010-1487 du 7 déc. 2010 sont applicables depuis le 31 mars 2011.

Art. R. 242-1 Pour l'application du présent livre à Mayotte, les termes énumérés ci-après sont remplacés comme suit :

1° "préfet" par "représentant de l'État" ;

2° "département" par "collectivité départementale" ;

3° "départemental" par "territorial" ;

4° "départementale" par "territoriale" ;

5° "directeur départemental de la sécurité publique" par "directeur de la sécurité publique" ;

6° "directeur départemental de l'équipement" par "directeur de l'équipement" ;

7° "direction départementale de l'équipement" par "direction de l'équipement" ;

8° "direction régionale de l'industrie, de la recherche et de l'environnement" par "service chargé de la réception des véhicules" ;

9° "préfecture" par "représentation de l'État". – *[Décr. n° 93-301 du 8 mars 1993, art. 5.]*

Art. R. 242-2 Les dispositions réglementaires du présent livre sont applicables à Mayotte à l'exception de l'article R. 221-2 et du 2° de l'article R. 221-21. – *[Décr. n° 93-301 du 8 mars 1993, art. 1er.]*

Art. R. 242-3 Pour l'application du présent livre à Mayotte :

1° Au I de l'article R. 212-3 et dans les articles R. 212-6, R. 213-2, R. 213-4 et R. 213-9, le terme "ministre chargé des transports" est remplacé par "représentant de l'État" ;

2° Le ministre chargé de l'outre-mer signe les arrêtés ministériels prévus par les articles R. 221-4, R. 221-10 et R. 233-1 ;

3° Les arrêtés ministériels prévus par les articles R. 222-1 à R. 222-3, R. 222-7, D. 222-8 et R. 234-2 sont pris après avis du ministre chargé de l'outre-mer ;

4° Au quatrième alinéa de l'article R. 221-20, après les mots : "départements d'outre-mer", il est ajouté les mots : "et à Mayotte". – *[Décr. n° 93-301 du 8 mars 1993, art. 3, 4 et 9.]*

Art. R. 242-4 *(Abrogé par Décr. n° 2018-953 du 31 oct. 2018, art. 20)* ***Pour leur application à Mayotte, les V et VII de l'article R. 212-4 sont ainsi rédigés :***

"V. – Délits prévus par le code du travail applicable à Mayotte :

"– atteinte à l'égalité professionnelle entre les hommes et les femmes (art. L. 123-1) ;

"– fourniture illégale de main-d'œuvre (art. L. 124-1) ;

"– prêt de main-d'œuvre (art. L. 124-3) ;

"– travail dissimulé (art. L. 312-1, L. 312-2, L. 341-1, L. 342-1 et L. 342-2) ;

"– emploi d'étranger en situation irrégulière (art. L. 330-1 et L. 330-2).

"VII. – Délit prévu par le code de la santé publique :

"– usage de manière illicite de l'une des substances ou plantes classées comme stupéfiants (art. L. 3815-1)."

Art. R. 242-5 *Abrogé par Décr. n° 2006-665 du 7 juin 2006, art. 31.*

Art. R. 242-6 Pour l'application à Mayotte de l'article R. 234-4, les mots "L. 3354-1" sont remplacés par "L. 3819-16".

Art. R. 242-7 *(Décr. n° 2001-751 du 27 août 2001) (Abrogé par Décr. n° 2019-1284 du 2 déc. 2019)* ***« I. – Pour l'application de l'article R. 235-5 à Mayotte, les mots : "tels que mentionnés au p de l'article R. 5128-2 du code de la santé publique" sont supprimés. »***

II. – Pour l'application de l'article R. 235-12 à Mayotte, le représentant de l'État fixe par arrêté :

– les honoraires et indemnités de déplacement afférents aux épreuves de dépistage *(Décr. n° 2019-1284 du 2 déc. 2019)* « , aux prélèvements » et aux examens *(Abrogé par Décr. n° 2019-1284 du 2 déc. 2019)* ***« cliniques, médicaux et »*** biologiques prévus aux articles R. 235-4 et R. 235-6 ;

— les frais afférents aux examens de laboratoire prévus par les articles R. 235-10 et R. 235-11 relatifs à la recherche *(Abrogé par Décr. nº 2019-1284 du 2 déc. 2019)* « *et au dosage* » des produits stupéfiants et, le cas échéant, les frais afférents à la recherche des médicaments psychoactifs.

III. — Pour son application à Mayotte, le deuxième alinéa de l'article R. 235-13 est ainsi rédigé :

"Le paiement de ces frais a lieu conformément à la réglementation en vigueur à Mayotte."

CHAPITRE III *Dispositions applicables à la Nouvelle-Calédonie*

Art. R. 243-1 Les articles R. 234-1, R. 234-2 *(Décr. nº 2011-1048 du 5 sept. 2011, art. 6)* « , R. 234-4 et R. 234-5 » sont applicables en Nouvelle-Calédonie dans la rédaction suivante :

Art. R. 234-1 *(Décr. nº 2007-1626 du 16 nov. 2007)* I. — Même en l'absence de tout signe d'ivresse manifeste, est puni de l'amende prévue pour les contraventions de la quatrième classe le fait de conduire un véhicule sous l'empire d'un état alcoolique caractérisé par :

1° Une concentration d'alcool dans le sang égale ou supérieure à 0,20 gramme par litre ou par une concentration d'alcool dans l'air expiré égale ou supérieure à 0,10 milligramme par litre et inférieure aux seuils fixés à l'article L. 234-1, *(Décr. nº 2015-743 du 24 juin 2015, art. 1er-2°)* « chez le conducteur d'un véhicule de transport en commun, *(Décr. nº 2019-871 du 21 août 2019, en vigueur le 1er oct. 2019)* « chez le conducteur dont le droit de conduire est limité aux seuls véhicules équipés d'un dispositif homologué d'anti-démarrage par éthylotest électronique, installé par un professionnel agréé ou par construction, conformément aux dispositions de l'article L. 234-17, » ainsi que chez le conducteur titulaire d'un permis de conduire soumis au délai probatoire défini à l'article L. 223-1 ou en situation d'apprentissage définie à l'article R. 211-3 » ;

2° Une concentration d'alcool dans le sang égale ou supérieure à 0,50 gramme par litre ou par une concentration d'alcool dans l'air expiré égale ou supérieure à 0,25 milligramme par litre et inférieure aux seuils fixés à l'article L. 234-1, *(Décr. nº 2015-743 du 24 juin 2015, art. 1er-2°)* « chez les autres conducteurs ».

II. — L'immobilisation peut être prescrite dans les conditions prévues aux articles L. 325-1 à L. 325-3.

III. — Toute personne coupable de l'une des infractions mentionnées au I encourt également la peine complémentaire de suspension du permis de conduire pour une durée de trois ans au plus, cette suspension pouvant être limitée à la conduite en dehors de l'activité professionnelle.

Art. R. 234-2 Les opérations de dépistage de l'imprégnation alcoolique par l'air expiré, prévues par les articles L. 234-3 à L. 234-5 et L. 234-9 sont effectuées au moyen d'un appareil conforme à un type homologué selon des modalités définies par arrêté du ministre chargé de la santé publique, après avis du ministre chargé des transports, du ministre de l'intérieur et du ministre de la défense.

Art. R. 234-4 Lorsque, pour procéder aux vérifications prévues par les articles L. 234-4, L. 234-5 et L. 234-9, l'officier ou l'agent de police judiciaire fait usage d'un appareil homologué permettant de déterminer le taux d'alcool par l'analyse de l'air expiré, la vérification est faite selon les modalités ci-après :

1° Le délai séparant l'heure, selon le cas, de l'infraction ou de l'accident ou d'un dépistage positif effectué dans le cadre d'un contrôle ordonné par le procureur de la République ou effectué sur initiative de l'officier ou de l'agent de police judiciaire et l'heure de la vérification doit être le plus court possible ;

2° L'officier ou l'agent de police judiciaire, après avoir procédé à la mesure du taux d'alcool, en notifie immédiatement le résultat à la personne faisant l'objet de cette vérification. Il l'avise qu'il peut demander un second contrôle. Le procureur de la République, le juge d'instruction ou l'officier ou l'agent de police judiciaire ayant procédé à la vérification peuvent également décider qu'il sera procédé à un second contrôle. Celui-ci est alors effectué immédiatement, après vérification du bon fonctionnement de l'appareil ; le résultat en est immédiatement porté à la connaissance de l'intéressé.

Art. R. 234-5 *(Décr. nº 2011-1048 du 5 sept. 2011, art. 6)* I. — Est puni de l'amende prévue pour les contraventions de la cinquième classe le fait pour une personne ayant été condamnée à la peine d'interdiction de conduire un véhicule qui ne soit pas équipé par un professionnel agréé ou par construction d'un dispositif homologué d'antidémarrage par éthylotest électronique de conduire un véhicule équipé d'un tel dispositif soit après que celui-ci a été utilisé par un tiers pour permettre le démarrage, soit après l'avoir neutralisé ou détérioré ou l'avoir utilisé dans des conditions empêchant la mesure exacte de son état d'imprégnation alcoolique.

(Décr. nº 2017-198 du 16 févr. 2017, art. 1er-5°) « Les dispositions du précédent alinéa sont également applicables lorsque les faits ont été commis :

« — par une personne ayant accepté d'exécuter à titre de composition pénale la mesure prévue au 4° *bis* de l'article 41-2 du code de procédure pénale, dès lors que la composition pénale a été validée dans les conditions prévues par cet article ;

« — par une personne soumise à une interdiction de conduire un véhicule qui ne soit pas équipé, par un professionnel agréé ou par construction, d'un dispositif homologué d'antidémarrage par éthylotest électronique prononcée en application du 8° de l'article 138 du code de procédure pénale, dans le cadre d'un contrôle judiciaire ou d'une assignation à résidence sous surveillance électronique. »

II. — Le fait, par toute personne, de faciliter sciemment, par aide ou assistance, la préparation ou la consommation de la contravention prévue au I est puni de la même peine.

III. — Les personnes coupables des contraventions prévues au présent article encourent également les peines complémentaires suivantes :

1° La suspension du permis de conduire pour une durée de trois ans au plus, cette suspension ne pouvant pas être limitée à la conduite en dehors de l'activité professionnelle, ni être assortie du sursis, même partiellement ;

2° L'interdiction de conduire certains véhicules terrestres à moteur, y compris ceux pour la conduite desquels le permis de conduire n'est pas exigé, pour une durée de trois ans au plus ;

3° L'obligation d'accomplir, à ses frais, un stage de sensibilisation à la sécurité routière ;

4° La confiscation du véhicule dont le prévenu s'est servi pour commettre l'infraction, s'il en est propriétaire.

IV. — La récidive des contraventions prévues au présent article est réprimée conformément à l'article 132-11 du code pénal.

V. — L'immobilisation du véhicule peut être prescrite dans les conditions prévues aux articles L. 325-1 à L. 325-3.

Art. R. 243-2 *(Décr. n° 2019-1284 du 2 déc. 2019)* **Sont également applicables en Nouvelle-Calédonie, sous réserve des adaptations prévues au présent chapitre, les dispositions du présent titre mentionnées dans la colonne de gauche du tableau ci-après, dans leur rédaction indiquée dans la colonne de droite du même tableau :**

DISPOSITIONS APPLICABLES	DANS LEUR RÉDACTION
R. 235-1	résultant du décret n° 2016-1152 du 24 août 2016
R. 235-2	résultant du décret n° 2003-293 du 31 mars 2003
R. 235-3	résultant du décret n° 2012-3 du 3 janvier 2012
R. 235-4	résultant du décret n° 2016-1152 du 24 août 2016
R. 235-5	résultant du décret n° 2016-1152 du 24 août 2016
R. 235-6	résultant du décret n° 2016-1152 du 24 août 2016
R. 235-7	résultant du décret n° 2016-1152 du 24 août 2016
R. 235-8	résultant du décret n° 2016-1152 du 24 août 2016
R. 235-9	résultant du décret n° 2016-1152 du 24 août 2016
R. 235-10	résultant du décret n° 2016-1152 du 24 août 2016
R. 235-11	résultant du décret n° 2019-1284 du 2 décembre 2019
R. 235-12	résultant du décret n° 2017-248 du 27 février 2017
R. 235-13	résultant du décret n° 2003-293 du 31 mars 2003

Art. R. 243-3 *(Décr. n° 2019-1284 du 2 déc. 2019)* **Pour l'application en Nouvelle-Calédonie du présent titre :**

1° Au premier alinéa de l'article R. 235-3, les mots : "un médecin, un biologiste, ou un étudiant en médecine autorisé à exercer à titre de remplaçant, dans les conditions fixées à l'article L. 4131-2 du code de la santé publique" sont remplacés par les mots : "un médecin ou un biologiste" ;

2° A l'article R. 235-4, les mots : "un arrêté des ministres de la justice et de l'intérieur ainsi que du ministre chargé de la santé" sont remplacés par les mots : "un arrêté, tenant compte des particularités locales, des ministres de la justice et de l'intérieur ainsi que des ministres chargés de l'outre-mer et de la santé" ;

3° Au II et au III de l'article R. 235-6, les mots : "ou un étudiant en médecine autorisé à exercer à titre de remplaçant, dans les conditions fixées à l'article L. 4131-2 du code de la santé publique" sont supprimés ;

4° Le premier alinéa de l'article R. 235-9 est ainsi rédigé :

"L'officier ou l'agent de police judiciaire adresse l'échantillon salivaire prélevé et, le cas échéant, l'échantillon sanguin prélevé, ou les deux échantillons sanguins prélevés, accompagnés des résultats des épreuves de dépistage, à un expert inscrit, sous une rubrique spéciale en toxicologie, sur la liste de la cour d'appel ou à un laboratoire de police technique et scientifique" ;

5° Au deuxième alinéa de l'article R. 235-12, les mots : "tant" et "que des dispositions des articles R. 3354-7 à R. 3354-11 du code de la santé publique" sont supprimés.

CHAPITRE IV *Dispositions applicables à la Polynésie française*

Art. R. 244-1 Les articles R. 234-1, R. 234-2 *(Décr. n° 2011-1048 du 5 sept. 2011, art. 6)* « , R. 234-4 et R. 234-5 » sont applicables en Polynésie française dans la rédaction suivante :

Art. R. 234-1 *(Décr. n° 2007-1626 du 16 nov. 2007)* I. — Même en l'absence de tout signe d'ivresse manifeste, est puni de l'amende prévue pour les contraventions de la quatrième classe le fait de conduire un véhicule sous l'empire d'un état alcoolique caractérisé par :

1° Une concentration d'alcool dans le sang égale ou supérieure à 0,20 gramme par litre ou par une concentration d'alcool dans l'air expiré égale ou supérieure à 0,10 milligramme par litre et inférieure aux seuils fixés à l'article L. 234-1, *(Décr. n° 2015-743 du 24 juin 2015, art. 1er-2°)* « chez le conducteur d'un véhicule de transport en commun, *(Décr. n° 2019-871 du 21 août 2019, en vigueur le 1er oct. 2019)* « chez le conducteur dont le droit de conduire est limité aux seuls véhicules équipés d'un dispositif homologué d'anti-démarrage par éthylotest électronique, installé par un professionnel agréé ou par construction, conformément aux dispositions de l'article L. 234-17, » ainsi que chez le conducteur titulaire d'un permis de conduire soumis au délai probatoire défini à l'article L. 223-1 ou en situation d'apprentissage définie à l'article R. 211-3 » ;

2° Une concentration d'alcool dans le sang égale ou supérieure à 0,50 gramme par litre ou par une concentration d'alcool dans l'air expiré égale ou supérieure à 0,25 milligramme par litre et inférieure aux seuils fixés à l'article L. 234-1, *(Décr. n° 2015-743 du 24 juin 2015, art. 1er-2°)* « chez les autres conducteurs ».

II. — L'immobilisation peut être prescrite dans les conditions prévues aux articles L. 325-1 à L. 325-3.

III. — Toute personne coupable de l'une des infractions mentionnées au I encourt également la peine complémentaire de suspension du permis de conduire pour une durée de trois ans au plus, cette suspension pouvant être limitée à la conduite en dehors de l'activité professionnelle.

Art. R. 234-2 Les opérations de dépistage de l'imprégnation alcoolique par l'air expiré, prévues par les articles L. 234-3 à L. 234-5 et L. 234-9 sont effectuées au moyen d'un appareil conforme à un type homologué selon des modalités définies par arrêté du ministre chargé de la santé publique, après avis du ministre chargé des transports, du ministre de l'intérieur et du ministre de la défense.

Art. R. 234-4 Lorsque, pour procéder aux vérifications prévues par les articles L. 234-4, L. 234-5 et L. 234-9, l'officier ou l'agent de police judiciaire fait usage d'un appareil homologué permettant de déterminer le taux d'alcool par l'analyse de l'air expiré, la vérification est faite selon les modalités ci-après :

1° Le délai séparant l'heure, selon le cas, de l'infraction ou de l'accident ou d'un dépistage positif effectué dans le cadre d'un contrôle ordonné par le procureur de la République ou effectué sur initiative de l'officier ou de l'agent de police judiciaire et l'heure de la vérification doit être le plus court possible ;

2° L'officier ou l'agent de police judiciaire, après avoir procédé à la mesure du taux d'alcool, en notifie immédiatement le résultat à la personne faisant l'objet de cette vérification. Il l'avise qu'il peut demander un second contrôle. Le procureur de la République, le juge d'instruction ou l'officier ou l'agent de police judiciaire ayant procédé à la vérification peuvent également décider qu'il sera procédé à un second contrôle. Celui-ci est alors effectué immédiatement, après vérification du bon fonctionnement de l'appareil ; le résultat en est immédiatement porté à la connaissance de l'intéressé.

Art. R. 234-5 *(Décr. n° 2011-1048 du 5 sept. 2011, art. 6)* I. — Est puni de l'amende prévue pour les contraventions de la cinquième classe le fait pour une personne ayant été condamnée à la peine d'interdiction de conduire un véhicule qui ne soit pas équipé par un professionnel agréé ou par construction d'un dispositif homologué d'antidémarrage par éthylotest électronique de conduire un véhicule équipé d'un tel dispositif soit après que celui-ci a été utilisé par un tiers pour permettre le démarrage, soit après l'avoir neutralisé ou détérioré ou l'avoir utilisé dans des conditions empêchant la mesure exacte de son état d'imprégnation alcoolique.

(*Décr. n° 2017-198 du 16 févr. 2017, art. 1er-5°*) « Les dispositions du précédent alinéa sont également applicables lorsque les faits ont été commis :

« — par une personne ayant accepté d'exécuter à titre de composition pénale la mesure prévue au 4° *bis* de l'article 41-2 du code de procédure pénale, dès lors que la composition pénale a été validée dans les conditions prévues par cet article ;

« — par une personne soumise à une interdiction de conduire un véhicule qui ne soit pas équipé, par un professionnel agréé ou par construction, d'un dispositif homologué d'antidémarrage par éthylotest électronique prononcée en application du 8° de l'article 138 du code de procédure pénale, dans le cadre d'un contrôle judiciaire ou d'une assignation à résidence sous surveillance électronique. »

II. — Le fait, par toute personne, de faciliter sciemment, par aide ou assistance, la préparation ou la consommation de la contravention prévue au I est puni de la même peine.

III. — Les personnes coupables des contraventions prévues au présent article encourent également les peines complémentaires suivantes :

1° La suspension du permis de conduire pour une durée de trois ans au plus, cette suspension ne pouvant pas être limitée à la conduite en dehors de l'activité professionnelle, ni être assortie du sursis, même partiellement ;

2° L'interdiction de conduire certains véhicules terrestres à moteur, y compris ceux pour la conduite desquels le permis de conduire n'est pas exigé, pour une durée de trois ans au plus ;

3° L'obligation d'accomplir, à ses frais, un stage de sensibilisation à la sécurité routière ;

4° La confiscation du véhicule dont le prévenu s'est servi pour commettre l'infraction, s'il en est propriétaire.

IV. — La récidive des contraventions prévues au présent article est réprimée conformément à l'article 132-11 du code pénal.

V. — L'immobilisation du véhicule peut être prescrite dans les conditions prévues aux articles L. 325-1 à L. 325-3.

Art. R. 244-2 (*Décr. n° 2019-1284 du 2 déc. 2019*) **Sont également applicables en Polynésie française, sous réserve des adaptations prévues au présent chapitre, les dispositions du présent titre mentionnées dans la colonne de gauche du tableau ci-après, dans leur rédaction indiquée dans la colonne de droite du même tableau :**

DISPOSITIONS APPLICABLES	DANS LEUR RÉDACTION
R. 235-1	résultant du décret n° 2016-1152 du 24 août 2016
R. 235-2	résultant du décret n° 2003-293 du 31 mars 2003
R. 235-3	résultant du décret n° 2012-3 du 3 janvier 2012
R. 235-4	résultant du décret n° 2016-1152 du 24 août 2016
R. 235-5	résultant du décret n° 2016-1152 du 24 août 2016
R. 235-6	résultant du décret n° 2016-1152 du 24 août 2016
R. 235-7	résultant du décret n° 2016-1152 du 24 août 2016
R. 235-8	résultant du décret n° 2016-1152 du 24 août 2016
R. 235-9	résultant du décret n° 2016-1152 du 24 août 2016
R. 235-10	résultant du décret n° 2016-1152 du 24 août 2016
R. 235-11	résultant du décret n° 2019-1284 du 2 décembre 2019
R. 235-12	résultant du décret n° 2017-248 du 27 février 2017
R. 235-13	résultant du décret n° 2003-293 du 31 mars 2003

Art. R. 244-3 *(Décr. nº 2019-1284 du 2 déc. 2019)* Pour l'application en Polynésie française du présent titre :

1° A l'article R. 235-3, les mots : "un médecin, un biologiste, ou un étudiant en médecine autorisé à exercer à titre de remplaçant, dans les conditions fixées à l'article L. 4131-2 du code de la santé publique" sont remplacés par les mots : "un médecin ou un biologiste" et les mots : "ou par un agent de police judiciaire adjoint" sont supprimés ;

2° A l'article R. 235-4, les mots : "un arrêté des ministres de la justice et de l'intérieur ainsi que du ministre chargé de la santé" sont remplacés par les mots : "un arrêté, tenant compte des particularités locales, des ministres de la justice et de l'intérieur ainsi que des ministres chargés de l'outre-mer et de la santé" ;

3° Au II et au III de l'article R. 235-6, les mots : "ou un étudiant en médecine autorisé à exercer à titre de remplaçant, dans les conditions fixées à l'article L. 4131-2 du code de la santé publique" sont supprimés ;

4° Le premier alinéa de l'article R. 235-9 est ainsi rédigé :

"L'officier ou l'agent de police judiciaire adresse l'échantillon salivaire prélevé et, le cas échéant, l'échantillon sanguin prélevé, ou les deux échantillons sanguins prélevés, accompagnés des résultats des épreuves de dépistage, à un expert inscrit, sous une rubrique spéciale en toxicologie, sur la liste de la cour d'appel ou à un laboratoire de police technique et scientifique" ;

5° Au deuxième alinéa de l'article R. 235-12, les mots : "tant" et "que des dispositions des articles R. 3354-7 à R. 3354-11 du code de la santé publique" sont supprimés.

CHAPITRE V *Dispositions applicables au territoire des îles Wallis-et-Futuna*

Art. R. 245-1 Les articles R. 234-1, R. 234-2 *(Décr. nº 2011-1048 du 5 sept. 2011, art. 6)* « , R. 234-4 et R. 234-5 » sont applicables au territoire des Iles Wallis-et-Futuna dans la rédaction suivante :

Art. R. 234-1 *(Décr. nº 2007-1626 du 16 nov. 2007)* I. — Même en l'absence de tout signe d'ivresse manifeste, est puni de l'amende prévue pour les contraventions de la quatrième classe le fait de conduire un véhicule sous l'empire d'un état alcoolique caractérisé par :

1° Une concentration d'alcool dans le sang égale ou supérieure à 0,20 gramme par litre ou par une concentration d'alcool dans l'air expiré égale ou supérieure à 0,10 milligramme par litre et inférieure aux seuils fixés à l'article L. 234-1, *(Décr. nº 2015-743 du 24 juin 2015, art. 1er-2°)* « chez le conducteur d'un véhicule de transport en commun, *(Décr. nº 2019-871 du 21 août 2019, en vigueur le 1er oct. 2019)* « chez le conducteur dont le droit de conduire est limité aux seuls véhicules équipés d'un dispositif homologué d'anti-démarrage par éthylotest électronique, installé par un professionnel agréé ou par construction, conformément aux dispositions de l'article L. 234-17, » ainsi que chez le conducteur titulaire d'un permis de conduire soumis au délai probatoire défini à l'article L. 223-1 ou en situation d'apprentissage définie à l'article R. 211-3 » ;

2° Une concentration d'alcool dans le sang égale ou supérieure à 0,50 gramme par litre ou par une concentration d'alcool dans l'air expiré égale ou supérieure à 0,25 milligramme par litre et inférieure aux seuils fixés à l'article L. 234-1, *(Décr. nº 2015-743 du 24 juin 2015, art. 1er-2°)* « chez les autres conducteurs ».

II. — L'immobilisation peut être prescrite dans les conditions prévues aux articles L. 325-1 à L. 325-3.

III. — Toute personne coupable de l'une des infractions mentionnées au I encourt également la peine complémentaire de suspension du permis de conduire pour une durée de trois ans au plus, cette suspension pouvant être limitée à la conduite en dehors de l'activité professionnelle.

Art. R. 234-2 Les opérations de dépistage de l'imprégnation alcoolique par l'air expiré, prévues par les articles L. 234-3 à L. 234-5 et L. 234-9 sont effectuées au moyen d'un appareil conforme à un type homologué selon des modalités définies par arrêté du ministre chargé de la santé publique, après avis du ministre chargé des transports, du ministre de l'intérieur et du ministre de la défense.

Art. R. 234-4 Lorsque, pour procéder aux vérifications prévues par les articles L. 234-4, L. 234-5 et L. 234-9, l'officier ou l'agent de police judiciaire fait usage d'un appareil homologué permettant de déterminer le taux d'alcool par l'analyse de l'air expiré, la vérification est faite selon les modalités ci-après :

1° Le délai séparant l'heure, selon le cas, de l'infraction ou de l'accident ou d'un dépistage *positif effectué dans le cadre* d'un contrôle ordonné par le procureur de la République ou effectué sur initiative de l'officier ou de l'agent de police judiciaire et l'heure de la vérification doit être le plus court possible ;

2° L'officier ou l'agent de police judiciaire, après avoir procédé à la mesure du taux d'alcool, en notifie immédiatement le résultat à la personne faisant l'objet de cette vérification. Il l'avise qu'il peut demander un second contrôle. Le procureur de la République, le juge d'instruction ou l'officier ou l'agent de police judiciaire ayant procédé à la vérification peuvent également décider qu'il sera procédé à un second contrôle. Celui-ci est alors effectué immédiatement, après vérification du bon fonctionnement de l'appareil ; le résultat en est immédiatement porté à la connaissance de l'intéressé.

Art. R. 234-5 *(Décr. n° 2011-1048 du 5 sept. 2011, art. 6)* I. — Est puni de l'amende prévue pour les contraventions de la cinquième classe le fait pour une personne ayant été condamnée à la peine d'interdiction de conduire un véhicule qui ne soit pas équipé par un professionnel agréé ou par construction d'un dispositif homologué d'antidémarrage par éthylotest électronique de conduire un véhicule équipé d'un tel dispositif soit après que celui-ci a été utilisé par un tiers pour permettre le démarrage, soit après l'avoir neutralisé ou détérioré ou l'avoir utilisé dans des conditions empêchant la mesure exacte de son état d'imprégnation alcoolique.

(Décr. n° 2017-198 du 16 févr. 2017, art. 1er-5°) « Les dispositions du précédent alinéa sont également applicables lorsque les faits ont été commis :

« — par une personne ayant accepté d'exécuter à titre de composition pénale la mesure prévue au 4° *bis* de l'article 41-2 du code de procédure pénale, dès lors que la composition pénale a été validée dans les conditions prévues par cet article ;

« — par une personne soumise à une interdiction de conduire un véhicule qui ne soit pas équipé, par un professionnel agréé ou par construction, d'un dispositif homologué d'antidémarrage par éthylotest électronique prononcée en application du 8° de l'article 138 du code de procédure pénale, dans le cadre d'un contrôle judiciaire ou d'une assignation à résidence sous surveillance électronique. »

II. — Le fait, par toute personne, de faciliter sciemment, par aide ou assistance, la préparation ou la consommation de la contravention prévue au I est puni de la même peine.

III. — Les personnes coupables des contraventions prévues au présent article encourent également les peines complémentaires suivantes :

1° La suspension du permis de conduire pour une durée de trois ans au plus, cette suspension ne pouvant pas être limitée à la conduite en dehors de l'activité professionnelle, ni être assortie du sursis, même partiellement ;

2° L'interdiction de conduire certains véhicules terrestres à moteur, y compris ceux pour la conduite desquels le permis de conduire n'est pas exigé, pour une durée de trois ans au plus ;

3° L'obligation d'accomplir, à ses frais, un stage de sensibilisation à la sécurité routière ;

4° La confiscation du véhicule dont le prévenu s'est servi pour commettre l'infraction, s'il en est propriétaire.

IV. — La récidive des contraventions prévues au présent article est réprimée conformément à l'article 132-11 du code pénal.

V. — L'immobilisation du véhicule peut être prescrite dans les conditions prévues aux articles L. 325-1 à L. 325-3.

Art. R. 245-2 *(Décr. n° 2019-1284 du 2 déc. 2019)* **Sont également applicables dans les îles Wallis-et-Futuna, sous réserve des adaptations prévues au présent chapitre, les dispositions du présent titre mentionnées dans la colonne de gauche du tableau ci-après, dans leur rédaction indiquée dans la colonne de droite du même tableau :**

DISPOSITIONS APPLICABLES	DANS LEUR RÉDACTION
R. 235-1	résultant du décret n° 2016-1152 du 24 août 2016
R. 235-2	résultant du décret n° 2003-293 du 31 mars 2003
R. 235-3	résultant du décret n° 2012-3 du 3 janvier 2012
R. 235-4	résultant du décret n° 2016-1152 du 24 août 2016
R. 235-5	résultant du décret n° 2016-1152 du 24 août 2016
R. 235-6	résultant du décret n° 2016-1152 du 24 août 2016
R. 235-7	résultant du décret n° 2016-1152 du 24 août 2016
R. 235-8	résultant du décret n° 2016-1152 du 24 août 2016
R. 235-9	résultant du décret n° 2016-1152 du 24 août 2016

DISPOSITIONS APPLICABLES	DANS LEUR RÉDACTION
R. 235-10	résultant du décret n° 2016-1152 du 24 août 2016
R. 235-11	résultant du décret n° 2019-1284 du 2 décembre 2019
R. 235-12	résultant du décret n° 2017-248 du 27 février 2017
R. 235-13	résultant du décret n° 2003-293 du 31 mars 2003

Art. R. 245-3 *(Décr. n° 2019-1284 du 2 déc. 2019)* Pour l'application dans les îles Wallis-et-Futuna du présent titre :

1° Au premier alinéa de l'article R. 235-3, les mots : "un médecin, un biologiste, ou un étudiant en médecine autorisé à exercer à titre de remplaçant, dans les conditions fixées à l'article L. 4131-2 du code de la santé publique" sont remplacés par les mots : "un médecin ou un biologiste" ;

2° A l'article R. 235-4, les mots : "un arrêté des ministres de la justice et de l'intérieur ainsi que du ministre chargé de la santé" sont remplacés par les mots : "un arrêté, tenant compte des particularités locales, des ministres de la justice et de l'intérieur ainsi que des ministres chargés de l'outre-mer et de la santé" ;

3° Au II et au III de l'article R. 235-6, les mots : "ou un étudiant en médecine autorisé à exercer à titre de remplaçant, dans les conditions fixées à l'article L. 4131-2 du code de la santé publique" sont supprimés ;

4° Le premier alinéa de l'article R. 235-9 est ainsi rédigé :

"L'officier ou l'agent de police judiciaire adresse l'échantillon salivaire prélevé et, le cas échéant, l'échantillon sanguin prélevé, ou les deux échantillons sanguins prélevés, accompagnés des résultats des épreuves de dépistage, à un expert inscrit, sous une rubrique spéciale en toxicologie, sur la liste de la cour d'appel ou à un laboratoire de police technique et scientifique" ;

5° Au deuxième alinéa de l'article R. 235-12, les mots : "tant" et "que des dispositions des articles R. 3354-7 à R. 3354-11 du code de la santé publique" sont supprimés.

LIVRE III Le véhicule

TITRE PREMIER Dispositions techniques

CHAPITRE PREMIER *Dispositions générales et définitions*

Art. R. 311-1 *(Décr. n° 2009-497 du 30 avr. 2009)* Pour l'application du présent code, les termes ci-après ont le sens qui leur est donné dans le présent article :

1. Véhicules de catégorie M : véhicules à moteur conçus et construits pour le transport de personnes et ayant au moins quatre roues :

1.1. Véhicule de catégorie M1 : véhicule conçu et construit pour le transport de personnes et comportant, outre le siège du conducteur, huit places assises au maximum ;

1.2. Véhicule de catégorie M2 : véhicule conçu et construit pour le transport de personnes, comportant, outre le siège du conducteur, plus de huit places assises et ayant un poids maximal inférieur ou égal à 5 tonnes ;

1.3. Véhicule de catégorie M3 : véhicule conçu et construit pour le transport de personnes, comportant, outre le siège du conducteur, plus de huit places assises et ayant un poids maximal supérieur à 5 tonnes ;

1.4. Voiture particulière : véhicule de catégorie M1 ne répondant pas à la définition du véhicule de la catégorie L6^{e} ou L7^{e} et ayant un poids total autorisé en charge inférieur ou égal à 3,5 tonnes ;

1.5. Véhicule de transport en commun : véhicule de catégorie M2 ou M3 ;

1.6. Autobus : véhicule de transport en commun qui, par sa construction et son aménagement, est affecté au transport en commun de personnes et de leurs bagages ;

1.7. Autocar : autobus, répondant à des caractéristiques définies par arrêté du ministre chargé des transports, affecté au transport de personnes sur de longues distances et permettant le transport des occupants du véhicule principalement en places assises ;

1.8. Autobus articulé ou autocar articulé : autobus ou autocar composé d'au moins deux tronçons rigides reliés entre eux par des sections articulées, lesquelles permettent la libre circulation des voyageurs ; les sections rigides sont reliées de façon permanente et ne peuvent être disjointes que par une opération nécessitant des installations spécifiques ;
(Décr. nº 2014-784 du 8 juill. 2014, art. 7-3º) « 1.9. Véhicule de transport en commun d'enfants : véhicule de catégorie M2 ou M3 affecté à titre principal au transport de personnes de moins de dix-huit ans, quel que soit le motif du déplacement ;
« 1.10. Véhicule affecté au transport d'enfants : véhicule comportant, outre le siège du conducteur, huit places assises au maximum défini aux points 1.4 et 6.7 du présent article assurant un transport organisé à titre principal pour des personnes de moins de dix-huit ans, quel que soit le motif du déplacement. »
2. Véhicules de catégorie N : véhicules à moteur conçus et construits pour le transport de marchandises et ayant au moins quatre roues :
2.1. Véhicule de catégorie N1 : véhicule conçu et construit pour le transport de marchandises ayant un poids maximal inférieur ou égal à 3,5 tonnes ;
2.2. Véhicule de catégorie N2 : véhicule conçu et construit pour le transport de marchandises ayant un poids maximal supérieur à 3,5 tonnes et inférieur ou égal à 12 tonnes ;
2.3. Véhicule de catégorie N3 : véhicule conçu et construit pour le transport de marchandises ayant un poids maximal supérieur à 12 tonnes ;
2.4. Camionnette : véhicule de catégorie N1 ne répondant pas à la définition du véhicule de catégorie L6e ou L7e.
(Décr. nº 2016-448 du 13 avr. 2016, art. 2-1º) « 3. Véhicules de catégorie O : véhicules remorqués conçus et construits pour le transport de marchandises ou de personnes ainsi que l'hébergement de personnes. »
3.1. Véhicule de catégorie O1 : véhicule remorqué ayant un poids maximal inférieur ou égal à 0,75 tonne ;
3.2. Véhicule de catégorie O2 : véhicule remorqué ayant un poids maximal supérieur à 0,75 tonne et inférieur ou égal à 3,5 tonnes ;
3.3. Véhicule de catégorie O3 : véhicule remorqué ayant un poids maximal supérieur à 3,5 tonnes et inférieur ou égal à 10 tonnes ;
3.4. Véhicule de catégorie O4 : véhicule remorqué ayant un poids maximal supérieur à 10 tonnes ;
3.5. Remorque : véhicule non automoteur sur roues, destiné à être tracté par un autre véhicule ;
3.6. Semi-remorque : remorque dont une partie appréciable de son poids et du poids de son chargement est supportée par le véhicule tracteur.
4. Véhicules de catégorie L : véhicules à moteur à deux ou trois roues et quadricycles à moteur :
(Décr. nº 2016-448 du 13 avr. 2016, art. 2) « 4.1. Véhicule de catégorie L1e : véhicule à deux roues dont la vitesse maximale par construction est égale ou supérieure à 6 km/h et ne dépasse pas 45 km/h et équipé d'un moteur d'une cylindrée ne dépassant pas 50 cm³ s'il est à combustion interne à allumage commandé et d'une puissance maximale nette n'excédant pas 4 kilowatts ;
« 4.1.1. Véhicule de sous-catégorie L1e-A : véhicule de la catégorie L1e muni de pédales dont le mode de propulsion auxiliaire d'aide au pédalage d'une puissance maximale est inférieure à 1 kW et s'interrompt dès que le véhicule atteint une vitesse égale ou supérieure à 25 km/h. Ce véhicule peut être équipé de trois ou quatre roues ;
« 4.1.2. Véhicule de la sous-catégorie L1e-B : véhicule de la catégorie L1e autre que L1e-A ;
« 4.2. Véhicule de catégorie L2e : véhicule à trois roues (L2e) dont la vitesse maximale par construction est égale ou supérieure à 6 km/h et ne dépasse pas 45 km/h et équipé d'un moteur d'une cylindrée ne dépassant pas 50 cm³ s'il est à combustion interne à allumage commandé ou d'une cylindrée ne dépassant pas 500 cm³ s'il est à combustion interne à allumage par compression et d'une puissance maximale nette n'excédant pas 4 kilowatts ;
« 4.2.1. Véhicule de sous-catégorie L2e-P : véhicule de la catégorie L2e destiné au transport de personnes ;
« 4.2.2. Véhicule de sous-catégorie L2e-U : véhicule de la catégorie L2e conçu à des fins utilitaires ;
« 4.3. Véhicule de catégorie L3e : véhicule à deux roues sans side-car autre que L1 ;
« 4.3.1. Véhicule de la sous-catégorie L3e-A1 : véhicule de la catégorie L3e équipé d'un moteur d'une cylindrée ne dépassant pas 125 cm³ et d'une puissance maximale ne dépassant pas 11 kW et d'un ratio puissance/poids à vide ne dépassant pas 0,1 kW/kg ;
« 4.3.2. Véhicule de la sous-catégorie L3e-A2 : véhicule de la catégorie L3e, autre que L3e-A1, équipé d'un moteur d'une puissance maximale ne dépassant pas 35 kW et d'un ratio

puissance/ poids à vide ne dépassant pas 0,2 kW/kg et non dérivé d'un véhicule équipé d'un moteur de plus du double de sa puissance ;

« 4.3.3. Véhicule de la sous-catégorie L3e-A3 : véhicule de la catégorie L3e, autre que L3e-A1 et L3e-A2 ;

« 4.3.4. Véhicule des sous-sous-catégories L3e-A1E, L3e-A2E, L3e-A3E : motocyclette d'enduro ;

« 4.3.5. Véhicule des sous-sous-catégories L3e-A1T, L3e-A2T, L3e-A3T : motocyclette de trial ;

« 4.4. Véhicule de catégorie L4e : véhicule de la catégorie et sous-catégorie L3e équipé d'un side-car pouvant transporter au plus quatre personnes y compris le conducteur dont deux au plus dans le side-car ;

« 4.5. Véhicule de catégorie L5e : véhicule à trois roues autre que L2e et dont la masse en ordre de marche ne dépasse pas 1 000 kg ;

« 4.5.1. Véhicule de la sous-catégorie L5e-A : véhicule de la catégorie L5e destiné au transport de personnes dans la limite de cinq places assises y compris le conducteur ;

« 4.5.2. Véhicule de la sous-catégorie L5e-B : véhicule de la catégorie L5e conçu à des fins utilitaires et comportant au plus deux places assises y compris le conducteur ;

« 4.6. Véhicule de catégorie L6e : véhicule à moteur à quatre roues dont le poids à vide n'excède pas 425 kilogrammes, la vitesse maximale par construction est égale ou supérieure à 6 km/h et ne dépasse pas 45 km/h et la cylindrée n'excède pas 50 cm^3 pour les moteurs à combustion interne à allumage commandé, 500 cm^3 pour les moteurs à combustion interne à allumage par compression et conçu pour transporter au plus deux personnes y compris le conducteur ;

« 4.6.1. Véhicule de la sous-catégorie L6e-A : véhicule de la catégorie L6e autre que L6e-B et équipé d'un moteur d'une puissance maximale ne dépassant pas 4 kW ;

« 4.6.2. Véhicule de la sous-catégorie L6e-B : véhicule de la catégorie L6e muni d'un habitacle fermé accessible par trois côtés au maximum et équipé d'un moteur d'une puissance maximale ne dépassant pas 6 kW ;

« 4.6.2.1. Véhicule de la sous-sous-catégorie L6e-BP : véhicule de la sous-catégorie L6e-B destiné au transport de personnes ;

« 4.6.2.2. Véhicule de la sous-sous-catégorie L6e-BU : véhicule de la sous-catégorie L6e-B conçu pour le transport de marchandises ;

« 4.7. Véhicule de catégorie L7e : véhicule à moteur à quatre roues n'appartenant pas à la catégorie L6e dont le poids à vide n'excède pas 600 kilogrammes pour les quadricycles affectés au transport de marchandises et 450 kilogrammes pour les quadricycles destinés au transport de personnes ;

« 4.7.1. Véhicule de la sous-catégorie L7e-A : véhicule de la catégorie L7e n'appartenant pas aux sous-catégories L7e-B et L7e-C, conçu uniquement pour le transport de personnes et équipé d'un moteur d'une puissance maximale n'excédant pas 15 kW ;

« 4.7.1.1. Véhicule de la sous-sous-catégorie L7e-A1 : véhicule de la sous-catégorie L7e-A équipé d'un guidon de direction et pouvant transporter au plus deux personnes assises à califourchon ;

« 4.7.1.2. Véhicule de la sous-sous-catégorie L7e-A2 : véhicule de la sous-catégorie L7e-A n'appartenant pas à la sous-sous-catégorie L7e-A1 et pouvant transporter au plus deux personnes assises ;

« 4.7.2. Véhicule de la sous-catégorie L7e-B : véhicule de la catégorie L7e n'appartenant pas à la sous-catégorie L7e-C conçu pour le hors route ;

« 4.7.2.1. Véhicule de la sous-sous-catégorie L7e-B1 : véhicule de la sous-catégorie L7e-B équipé d'un guidon de direction et pouvant transporter au plus deux personnes assises à califourchon à une vitesse maximale de 90 km/h ;

« 4.7.2.2. Véhicule de la sous-sous-catégorie L7e-B2 : véhicule de la sous-catégorie L7e-B, n'appartenant pas à la sous-sous-catégorie L7e-B1, pouvant transporter trois personnes assises dont deux sont côte à côte et équipé d'un moteur d'une puissance maximale n'excédant pas 15 kW ;

« 4.7.3. Véhicule de la sous-catégorie L7e-C : véhicule de la catégorie L7e n'appartenant pas à la sous-catégorie L7e-B, muni d'un habitacle fermé accessible par trois côtés au maximum, équipé d'un moteur d'une puissance maximale ne dépassant pas 15 kW et dont la *vitesse maximale* ne dépasse pas 90 km/h ;

« 4.7.3.1. Véhicule de la sous-sous-catégorie L7e-CP : véhicule de la sous-catégorie L7e-C conçu pour le transport d'au plus quatre personnes assises y compris le conducteur ;

« 4.7.3.2. Véhicule de la sous-sous-catégorie L7e-CU : véhicule de la sous-catégorie L7e-C conçu pour le transport de marchandises et comportant au plus deux places assises y compris le conducteur ; »

4.8. Cyclomoteur : véhicule de catégorie L1^e ou L2^e ;
(Décr. nº 2016-448 du 13 avr. 2016, art. 2) « 4.9. Motocyclette : véhicule de catégorie L3^e ou L4^e ; l'adjonction d'un side-car à une motocyclette ne modifie pas le classement de celle-ci ;

« 4.9.1. Motocyclette légère : véhicule de la sous-catégorie L3^e-A1 ; les motocyclettes qui, avant le 5 juillet 1996, étaient considérées comme motocyclettes légères ou qui avaient été réceptionnées comme telles restent classées dans ces catégories après cette date, à l'exception des véhicules à deux roues à moteur dont la cylindrée n'excède pas 50 cm^3 et dont la vitesse n'excède pas 45 km/h munis d'un embrayage ou d'une boîte de vitesses non automatique qui sont des cyclomoteurs ; les véhicules à deux roues à moteur d'une cylindrée n'excédant pas 125 cm^3 mis en circulation sous le genre "vélomoteur" avant le 1er mars 1980 sont considérés comme des motocyclettes légères ; l'adjonction d'un side-car à une motocyclette légère ne modifie pas le classement de celle-ci ;

« 4.9.2. Motocyclette d'enduro : véhicule de la sous-sous-catégorie L3^e-A1E ou L3^e-A2E ou L3^e-A3E ;

« 4.9.3. Motocyclette de trial : véhicule de la sous-sous-catégorie L3^e-A1T ou L3^e-A2T ou L3^e-A3T ;

« 4.10. Tricycle à moteur : véhicule de catégorie L5^e dont le poids à vide n'excède pas 1 000 kilogrammes et la charge utile n'excède pas 1 000 kilogrammes pour les tricycles destinés au transport de marchandises ou la valeur du poids à vide du véhicule pour les tricycles destinés au transport de personnes ;

« 4.11. Quadricycle léger à moteur : véhicule de la sous-catégorie L6eB dont la charge utile n'excède pas 250 kilogrammes s'il est destiné au transport de personnes et 300 kilogrammes s'il est conçu pour le transport de marchandises ;

« 4.12. Quadricycle lourd à moteur : véhicule de catégorie L7^e dont la charge utile n'excède pas 1 000 kilogrammes s'il est destiné au transport de marchandises ou la valeur du poids à vide du véhicule s'il est destiné au transport de personnes ;

« 4.13. Quad routier léger à moteur : quadricycle léger de la sous-catégorie L6^e-A ;

« 4.14. Quad routier lourd à moteur : quadricycle lourd de la sous-catégorie L7^e-A ;

« 4.15. Quad tout terrain lourd à moteur : quadricycle lourd de la sous-catégorie L7^e-B ;*[.]* »

5. Véhicules agricoles ou forestiers : un véhicule destiné à l'exploitation forestière est assimilé à la catégorie correspondante du véhicule agricole ;
(Décr. nº 2016-448 du 13 avr. 2016, art. 2) « 5.1. Véhicules de catégorie T (à roues) ou C (à chenilles) : véhicules agricoles à moteur conçus pour une vitesse n'excédant pas 40 km/h (indice "a") ou excédant 40 km/h (indice "b") ;

« 5.1.1. Tracteur agricole : véhicule à moteur, à roues ou à chenilles, ayant au moins deux essieux et une vitesse maximale par construction égale ou supérieure à 6 km/h, dont la fonction réside essentiellement dans sa puissance de traction et qui est spécialement conçu pour tirer, pousser, porter ou actionner certains équipements interchangeables destinés à des usages agricoles ou tracter des véhicules remorqués agricoles ; il peut être aménagé pour transporter une charge dans un contexte agricole ou forestier et/ou peut être équipé d'un ou de plusieurs sièges passagers ;

« 5.1.2. Véhicule de catégorie T1 ou C1, a ou b : tracteur agricole dont la voie minimale de l'essieu le plus proche du conducteur est égale ou supérieure à 1 150 mm, la masse à vide en ordre de marche supérieure à 600 kilogrammes et la garde au sol inférieure ou égale à 1 000 mm ;

« 5.1.3. Véhicule de catégorie T2 ou C2, a ou b : tracteur agricole dont la voie minimale est inférieure à 1 150 mm, la masse à vide en ordre de marche supérieure à 600 kilogrammes et la garde au sol inférieure ou égale à 600 mm et dont la vitesse maximale par construction est limitée à 30 km/h si la hauteur du centre de gravité du tracteur (mesurée par rapport au sol), divisée par la moyenne des voies minimales de chaque essieu est supérieure à 0,90 ;

« 5.1.4. Véhicule de catégorie T3 ou C3, a ou b : tracteur agricole d'une masse à vide en ordre de marche inférieure ou égale à 600 kilogrammes ;

« 5.1.5. Véhicule de catégorie T4 ou C4, a ou b : tracteur agricole spécial ;

« 5.1.5.1. Véhicule de "catégorie T4. 1" (tracteur enjambeur) : tracteur conçu pour les cultures hautes en ligne, telles que la vigne. Il est caractérisé par un châssis entièrement ou partiellement surélevé de telle sorte qu'il peut circuler parallèlement aux lignes de culture avec les roues droites et gauches de part et d'autre d'une ou plusieurs lignes. Il est conçu pour porter ou actionner des outils qui peuvent être fixés à l'avant, entre les essieux, à l'arrière ou sur une plate-forme. Lorsque le tracteur est en position de travail, la garde au sol mesurée dans le plan vertical des lignes de cultures est supérieure à 1 000 mm. Lorsque la hauteur du centre de gravité du tracteur mesurée par rapport au sol et en utilisant des pneumatiques de monte normale, divisée par la moyenne des voies minimales de l'ensemble des essieux, est supérieure à 0,90, la vitesse maximale par construction ne doit pas dépasser 30 km/h ;

« 5.1.5.2. Véhicule de la "catégorie T4. 2" (tracteur de grande largeur) : tracteur se caractérisant par ses dimensions importantes plus spécialement destiné aux grandes surfaces agricoles ;

« 5.1.5.3. Véhicule de la "catégorie T4. 3" (tracteur à basse garde au sol) : tracteur à quatre roues motrices, dont les engins interchangeables sont destinés à l'usage agricole ou forestier, se caractérisant par un châssis porteur équipé d'une ou plusieurs prises de force et dont la masse techniquement admissible n'est pas supérieure à 10 tonnes, le rapport entre cette masse et la masse maximale à vide en ordre de marche est inférieur à 2,5 et le centre de gravité mesuré par rapport au sol en utilisant des pneumatiques de monte normale est inférieur à 850 mm ; »

(Abrogé par Décr. nº 2016-448 du 13 avr. 2016, art. 2) ***« 5.1.6. Véhicule de catégorie T5 ou C5 : tracteur agricole à vitesse maximale par construction supérieure à 40 km/h ; »***

5.2. Véhicules de catégorie R : véhicules agricoles remorqués :

(Décr. nº 2016-448 du 13 avr. 2016, art. 2) « 5.2.1. Remorque agricole : tout véhicule essentiellement conçu pour être tiré par un tracteur ou une machine agricole automotrice et principalement destiné au transport de charges ou au traitement de matières et dont le rapport entre la masse maximale en charge techniquement admissible et la masse à vide est égal ou supérieur à 3 ; »

5.2.2. Semi-remorque agricole : remorque agricole dont une partie de son poids et du poids de son chargement repose en partie sur le véhicule tracteur ; — *V. Arr. du 2 juill. 2014 relatif à la réception des semi-remorques agricoles (JO 10 juill.).*

(Abrogé par Décr. nº 2016-448 du 13 avr. 2016, art. 2) ***« 5.2.3. Est assimilé à un véhicule agricole remorqué tout véhicule remorqué comportant un outil à demeure si le rapport entre le poids total en charge et le poids à vide du véhicule est supérieur ou égal à la valeur 3 et si le véhicule n'est pas conçu pour le traitement de matières ; »***

5.2.4. Véhicule de catégorie R1a : remorque ou semi-remorque agricole ayant un poids maximal sur l'ensemble de ses essieux inférieur ou égal à 1 500 kilogrammes et conçue pour une vitesse inférieure ou égale à 40 km/h ;

5.2.5. Véhicule de catégorie R1b : remorque ou semi-remorque agricole ayant un poids maximal sur l'ensemble de ses essieux inférieur ou égal à 1 500 kilogrammes et conçue pour une vitesse supérieure à 40 km/h ;

5.2.6. Véhicule de catégorie R2a : remorque ou semi-remorque agricole ayant un poids maximal sur l'ensemble de ses essieux supérieur à 1 500 kilogrammes et inférieur ou égal à 3 500 kilogrammes et conçue pour une vitesse inférieure ou égale à 40 km/h ;

5.2.7. Véhicule de catégorie R2b : remorque ou semi-remorque agricole ayant un poids maximal sur l'ensemble de ses essieux supérieur à 1 500 kilogrammes et inférieur ou égal à 3 500 kilogrammes et conçue pour une vitesse supérieure à 40 km/h ;

5.2.8. Véhicule de catégorie R3a : remorque ou semi-remorque agricole ayant un poids maximal sur l'ensemble de ses essieux supérieur à 3 500 kilogrammes et inférieur ou égal à 21 000 kilogrammes et conçue pour une vitesse inférieure ou égale à 40 km/h ;

5.2.9. Véhicule de catégorie R3b : remorque ou semi-remorque agricole ayant un poids maximal sur l'ensemble de ses essieux supérieur à 3 500 kilogrammes et inférieur ou égal à 21 000 kilogrammes et conçue pour une vitesse supérieure à 40 km/h ;

5.2.10. Véhicule de catégorie R4a : remorque ou semi-remorque agricole ayant un poids maximal sur l'ensemble de ses essieux supérieur à 21 000 kilogrammes et conçue pour une vitesse inférieure ou égale à 40 km/h ;

5.2.11. Véhicule de catégorie R4b : remorque ou semi-remorque agricole ayant un poids maximal sur l'ensemble de ses essieux supérieur à 21 000 kilogrammes et conçue pour une vitesse supérieure à 40 km/h ;

5.3. Véhicules de catégorie S : machines ou instruments agricoles remorqués :

(Décr. nº 2016-448 du 13 avr. 2016, art. 2) « 5.3.1. Machine ou instrument agricole remorqué : tout véhicule conçu pour être tiré par un tracteur ou par une machine agricole *automotrice et qui modifie* la *fonction* de ce dernier ou lui apporte une fonction nouvelle, qui comporte un outil à demeure ou est conçu pour le traitement de matières, qui peut comporter un plateau de chargement conçu et réalisé pour recevoir les outils et dispositifs nécessaires pour l'exécution des tâches et le stockage temporaire des matières produites ou nécessaires pendant le travail, si le rapport entre la masse maximale en charge techniquement admissible et la masse à vide de ce véhicule est inférieur à 3 ; »

(Abrogé par Décr. nº 2016-448 du 13 avr. 2016, art. 2) « ***5.3.2. Est assimilé à une machine ou instrument agricole remorqué tout véhicule comportant un outil à demeure ou conçu pour le traitement des matières, si le rapport entre le poids total en charge et le poids à vide du véhicule est inférieur à la valeur 3.*** »

5.3.3. Véhicule de catégorie S1a : machine ou instrument agricole remorqué ayant un poids maximal sur l'ensemble de ses essieux inférieur ou égal à 3,5 tonnes et conçu pour une vitesse inférieure ou égale à 40 km/h ;

5.3.4. Véhicule de catégorie S1b : machine ou instrument agricole remorqué ayant un poids maximal sur l'ensemble de ses essieux inférieur ou égal à 3,5 tonnes et conçu pour une vitesse supérieure à 40 km/h ;

5.3.5. Véhicule de catégorie S2a : machine ou instrument agricole remorqué ayant un poids maximal sur l'ensemble de ses essieux supérieur à 3,5 tonnes et conçu pour une vitesse inférieure ou égale à 40 km/h ;

5.3.6. Véhicule de catégorie S2b : machine ou instrument agricole remorqué ayant un poids maximal sur l'ensemble de ses essieux supérieur à 3,5 tonnes et conçu pour une vitesse supérieure à 40 km/h ;

5.4. Machine agricole automotrice : appareil pouvant évoluer par ses propres moyens, normalement destiné à l'exploitation agricole et dont la vitesse de marche par construction ne peut excéder 25 km/h en palier ; cette vitesse est portée à 40 km/h pour les appareils dont la largeur est inférieure ou égale à 2,55 mètres et dont les limites de cylindrée ou de puissance sont supérieures à celles de la catégorie L6ᵉ. Des dispositions spéciales définies par arrêté du ministre chargé des transports, prises après consultation du ministre chargé de l'agriculture, sont applicables aux machines agricoles automotrices à un seul essieu.

6. Autres véhicules :

6.1. Engin de service hivernal : véhicule à moteur *(Décr. nº 2019-260 du 21 juin 2019)* **« ou véhicule remorqué » de transport de marchandises, d'un poids total autorisé en charge supérieur à 3,5 tonnes, ou tracteur agricole appartenant aux collectivités gestionnaires des voies publiques ou aux personnes agissant pour leur compte, lorsqu'ils sont équipés d'outils spécifiques destinés à lutter contre le verglas ou la neige sur les voies ouvertes à la circulation publique ; un arrêté du ministre chargé des transports définit les caractéristiques de ces outils ;** *– V. Arr. du 18 nov. 1996, App., vº Engins spéciaux.*

6.2. Engin spécial : engin automoteur ou remorqué servant à l'élévation, au gerbage ou au transport de produits de toute nature, à l'exclusion du transport de personnes autres que le conducteur et éventuellement un convoyeur, et dont la vitesse ne peut excéder par construction 25 km/h ;

(Décr. nº 2017-208 du 20 févr. 2017, art. 1ᵉʳ) **« 6.3. Véhicule présentant un intérêt historique (véhicule dit de collection) : véhicule qui remplit l'ensemble des conditions suivantes :**

« – il a été construit ou immatriculé pour la première fois il y a au moins trente ans ;

« – son type particulier, tel que défini par la législation pertinente de l'Union européenne ou nationale, n'est plus produit ;

« – il est préservé sur le plan historique et maintenu dans son état d'origine, et aucune modification essentielle n'a été apportée aux caractéristiques techniques de ses composants principaux ; »

6.4. Véhicule d'intérêt général : véhicule d'intérêt général prioritaire ou bénéficiant de facilités de passage ;

6.5. Véhicule d'intérêt général prioritaire : véhicule des services de police, de gendarmerie, des douanes, *(Décr. nº 2019-1328 du 9 déc. 2019, art. 2)* **« des services d'incendie et de secours et des unités militaires investies à titre permanent des missions de sécurité civile »,** *(Décr. nº 2016-697 du 27 mai 2016)* **« d'intervention des services de déminage de l'État », d'intervention des unités mobiles hospitalières ou, à la demande du service d'aide médicale urgente, affecté exclusivement à l'intervention de ces unités et du ministère de la justice affecté au transport des détenus ou au rétablissement de l'ordre dans les établissements pénitentiaires ;**

6.6. Véhicule d'intérêt général bénéficiant de facilités de passage : ambulance de transport sanitaire, *(Décr. nº 2019-1328 du 9 déc. 2019, art. 2)* **« véhicule de premiers secours à personnes des associations agréées de sécurité civile, » véhicule d'intervention** *(Décr. nº 2016-448 du 13 avr. 2016, art. 2)* **« de sécurité des sociétés gestionnaires d'infrastructures électriques et gazières », du service de la surveillance de la Société nationale des chemins de fer français,** *(Décr. nº 2016-697 du 27 mai 2016)* **« du service de la surveillance de la Régie autonome des transports parisiens », de transports de fonds de la Banque de France, des associations médicales concourant à la permanence des soins, des médecins lorsqu'ils participent à la garde départementale, de transports de produits sanguins et d'organes humains,**

engin de service hivernal et, sur autoroutes ou routes à deux chaussées séparées, véhicule d'intervention des services gestionnaires de ces voies ;

6.7. Véhicule spécialisé : véhicule de catégorie M, N, O, T ou C prévu pour une fonction qui requiert un aménagement ou un équipement spécifique ;

6.8. Véhicule spécialisé dans les opérations de remorquage : véhicule spécialisé dont l'aménagement comporte un engin de levage installé à demeure permettant le remorquage d'un véhicule en panne ou accidenté avec ou sans soulèvement du train avant ou du train arrière de ce dernier ;

6.9. Matériel de travaux publics : matériel spécialement conçu pour les travaux publics, ne servant pas normalement sur route au transport de marchandises ou de personnes autres que deux convoyeurs et dont la liste est établie par le ministre chargé des transports ; *— V. Arr. 7 avr. 1955 (D. 1955. 186 ; Rect. 211 ; BLD 1955. 446 ; Rect. 495), mod. par Arr. du 10 févr. 1977 (D. et BLD 1977. 125).*

6.10. Cycle : véhicule ayant au moins deux-roues et propulsé exclusivement par l'énergie musculaire des personnes se trouvant sur ce véhicule, notamment à l'aide de pédales ou de manivelles ;

6.11. Cycle à pédalage assisté : cycle équipé d'un moteur auxiliaire électrique d'une puissance nominale continue maximale de 0,25 kilowatt, dont l'alimentation est réduite progressivement et finalement interrompue lorsque le véhicule atteint une vitesse de 25 km/h, ou plus tôt si le cycliste arrête de pédaler ;

(Décr. n° 2017-15 du 6 janv. 2017, art. 1er-2°, en vigueur le 1er mars 2017) « 6.12. Bateau amphibie : bateau normalement destiné à des activités de loisirs ou de sauvetage, équipé de roues ou de chenilles, à caractère routier non prédominant, pouvant transporter au plus trois personnes autres que le conducteur et dont la vitesse maximale par construction ne peut excéder 25 km/h ; »

(Décr. n° 2018-1045 du 28 nov. 2018) « 6.13. Navette urbaine : véhicule à moteur conçu et construit pour le transport de personnes en agglomération, ne répondant pas aux définitions des catégories internationales M1, M2 ou M3 et ayant la capacité de transporter, outre le conducteur, neuf passagers au moins et seize passagers au plus, dont quatre ou cinq peuvent être assis ; » *— V. Arr. du 6 mai 2019 définissant les conditions d'homologation, d'exploitation et de circulation des navettes urbaines (JO 13 juin), mod. par Arr. du 24 avr. 2020 (JO 13 mai).*

(Décr. n° 2019-1082 du 23 oct. 2019, art. 3) « 6.14. Engin de déplacement personnel : engin de déplacement personnel motorisé ou non motorisé ;

« 6.15. Engin de déplacement personnel motorisé : véhicule sans place assise, conçu et construit pour le déplacement d'une seule personne et dépourvu de tout aménagement destiné au transport de marchandises, équipé d'un moteur non thermique ou d'une assistance non thermique et dont la vitesse maximale par construction est supérieure à 6 km/h et ne dépasse pas 25 km/h. Il peut comporter des accessoires, comme un panier ou une sacoche de petite taille. Un gyropode, tel que défini au paragraphe 71 de l'article 3 du règlement (UE) n° 168/2013 du Parlement européen et du Conseil du 15 janvier 2013 relatif à la réception et à la surveillance du marché des véhicules à deux ou trois roues et des quadricycles, peut être équipé d'une selle. Les engins exclusivement destinés aux personnes à mobilité réduite sont exclus de cette catégorie ; *— V. Arr. du 21 juill. 2020 relatif au freinage des engins de déplacement personnel motorisés (JO 26 juill.) et Arr. du 22 juill. 2020 relatif à l'avertisseur sonore des engins de déplacement personnel motorisés (26 juill.).*

« 6.16. Engin de déplacement personnel non motorisé : véhicule de petite dimension sans moteur. »

7. Ensembles de véhicules :

7.1. Train double : ensemble composé d'un véhicule articulé et d'une semi-remorque dont l'avant repose soit sur un avant-train, soit sur le train roulant arrière coulissant de la première semi-remorque qui tient alors lieu d'avant-train ;

7.2. Train routier : ensemble constitué d'un véhicule à moteur auquel est attelée une remorque ou une semi-remorque dont l'avant repose sur un avant-train ;

7.3. Véhicule articulé : ensemble composé d'un véhicule tracteur et d'une semi-remorque ;

(Décr. n° 2018-1045 du 28 nov. 2018) « 7.4. Train urbain : ensemble routier, conçu et construit pour le transport de personnes en agglomération, composé d'un véhicule automoteur destiné au transport de personnes tractant au plus trois véhicules non automoteurs. » *— V. Arr. du 24 avr. 2020 définissant les conditions d'homologation des trains urbains (JO 14 mai).*

Art. R. 311-2 La masse des batteries de propulsion des motocyclettes, des quadricycles et tricycles à moteur et des cyclomoteurs électriques n'est pas prise en compte pour la détermination des poids visés au présent titre. *— [Anc. art. R. 169-3, al. 1er et R. 188-2.]*

Art. R. 311-3 En cas d'infraction aux dispositions du présent titre, si le mauvais état du véhicule crée un danger important pour les autres usagers ou constitue une menace pour l'intégrité de la chaussée, l'immobilisation peut être prescrite dans les conditions prévues aux articles L. 325-1 à L. 325-3. – *[Anc. art. R. 278, al. 1er et 4.]*

Art. D. 311-4 *(Décr. no 2017-589 du 20 avr. 2017)* A l'occasion des contrôles des véhicules et de leurs conducteurs, sont seuls compétents pour procéder, en application de l'article L. 311-2, aux opérations permettant d'accéder aux informations et aux données numériques embarquées relatives à l'identification et à la conformité du véhicule et de ses composants les officiers ou agents de police judiciaire de la gendarmerie ou de la police nationales territorialement compétents ainsi que les fonctionnaires ou agents de l'État chargés du contrôle des transports terrestres placés sous l'autorité du ministre chargé des transports et détenteurs d'un dispositif technique permettant la lecture de ces informations et données.

Lorsqu'elles sont de nature physique, les informations et données relatives à l'identification et à la conformité du véhicule et de ses composants peuvent être relevées par l'ensemble des agents habilités à procéder à ces contrôles conformément aux dispositions du code de procédure pénale ou du présent code.

CHAPITRE II *Poids et dimensions*

SECTION I *Poids*

Art. R. 312-1 Le poids à vide d'un véhicule s'entend du poids du véhicule en ordre de marche comprenant le châssis avec les accumulateurs et le réservoir d'eau rempli, les réservoirs à carburant ou les gazogènes remplis, la carrosserie, les équipements normaux, les roues et les pneus de rechange et l'outillage courant normalement livrés avec le véhicule.

Le poids total d'un véhicule articulé, d'un ensemble de véhicules ou d'un train double est appelé poids "total roulant" du véhicule articulé, de l'ensemble de véhicules ou du train double.

Le ministre chargé des transports fixe par arrêté la définition du poids à vide et de la charge utile des motocyclettes, des tricycles et des quadricycles à moteur et des cyclomoteurs.

Art. R. 312-2 Il est interdit de faire circuler un véhicule ou un élément de véhicule dont le poids réel excède le poids total autorisé en charge fixé par *(Décr. no 2016-448 du 13 avr. 2016, art. 3)* « le service en charge des réceptions désigné par arrêté par le ministre chargé des transports » ou par l'autorité compétente d'un État membre de la Communauté européenne et inscrit sur le certificat d'immatriculation de chaque véhicule ou élément de véhicule.

Il est interdit de faire circuler un véhicule ou un élément de véhicule dont un essieu supporte une charge réelle qui excède le poids maximal autorisé pour cet essieu.

Il est interdit de faire circuler un ensemble de véhicules, un véhicule articulé ou un train double dont le poids total roulant réel dépasse le poids total roulant autorisé fixé par *(Décr. no 2016-448 du 13 avr. 2016, art. 3)* « le service en charge des réceptions désigné par arrêté par le ministre chargé des transports » ou par l'autorité compétente d'un État membre de la Communauté européenne et inscrit sur le certificat d'immatriculation du véhicule tracteur.

Les conditions de circulation du véhicule tracteur d'un véhicule articulé même non attelé d'une semi-remorque sont déterminées par son poids total roulant autorisé.

Le ministre chargé des transports détermine par arrêté les modalités d'application du présent article et les conditions dans lesquelles des dérogations peuvent être accordées à certains ensembles de véhicules circulant à vitesse réduite et aux matériels de travaux publics.
– Concernant les dérogations, V. Arr. du 5 févr. 1969, App., vo Transports routiers.

(Décr. no 2011-368 du 4 avr. 2011) « Toute infraction aux dispositions du présent article ou à celles prises pour son application est punie :

« *a)* Pour un véhicule ou un élément de véhicule d'un poids total autorisé en charge inférieur ou égal à 3,5 tonnes : de l'amende prévue pour les contraventions de la quatrième classe pour le dépassement jusqu'à 0,5 tonne du poids autorisé et, pour un dépassement supérieur, de la même amende prononcée autant de fois qu'il y a de tranches de dépassement de 0,5 tonne ;

« *b)* Pour un ensemble de véhicules d'un poids total roulant autorisé inférieur ou égal à 3,5 tonnes : de l'amende prévue pour les contraventions de la quatrième classe pour le dépassement jusqu'à 0,5 tonne du poids autorisé et, pour un dépassement supérieur, de la même amende prononcée autant de fois qu'il y a de tranches de dépassement de 0,5 tonne ;

« *c)* Pour un véhicule ou un élément de véhicule d'un poids total autorisé en charge supérieur à 3,5 tonnes : de l'amende prévue pour les contraventions de la quatrième classe pour le dépassement jusqu'à une tonne du poids autorisé et, pour un dépassement supérieur, de la même amende prononcée autant de fois qu'il y a de tranches de dépassement d'une tonne ;

« *d)* Pour un ensemble de véhicules d'un poids total roulant autorisé supérieur à 3,5 tonnes : de l'amende prévue pour les contraventions de la quatrième classe pour le dépassement jusqu'à une tonne du poids autorisé et, pour un dépassement supérieur, de la même amende prononcée autant de fois qu'il y a de tranches de dépassement d'une tonne ;

« *e)* Pour chaque essieu, de l'amende prévue pour les contraventions de la quatrième classe pour le dépassement jusqu'à 0,3 tonne du poids maximal autorisé pour cet essieu et, pour un dépassement supérieur, de la même amende prononcée autant de fois qu'il y a de tranches de dépassement de 0,3 tonne.

« Toutefois, lorsqu'il est constaté une infraction aux dispositions du présent article en ce qui concerne le poids total autorisé en charge ou le poids total roulant autorisé, et qu'il est constaté concomitamment une infraction aux dispositions de l'article R. 312-4 similaire, seule l'infraction la plus grave est retenue et réprimée.

« Lorsqu'il est constaté une infraction aux dispositions du présent article en ce qui concerne la charge à l'essieu, et qu'il est constaté concomitamment pour le même essieu une infraction aux dispositions des articles R. 312-5 ou R. 312-6, seule l'infraction la plus grave est retenue et réprimée. »

En cas de dépassement du poids autorisé excédant 5 %, l'immobilisation peut être prescrite dans les conditions prévues aux articles L. 325-1 à L. 325-3.

Art. R. 312-3 Le poids réel de la remorque ou des remorques attelées derrière un véhicule tracteur ne peut excéder 1,3 fois le poids réel de celui-ci.

Toutefois dans le cas où le poids total roulant réel d'un ensemble constitué d'un véhicule tracteur et d'une remorque est supérieur à 32 tonnes, le coefficient 1,3 ci-dessus est majoré d'une valeur égale à 80 p. 100 du rapport entre la partie du poids total roulant réel excédant 32 tonnes et 32 tonnes, sans pouvoir être supérieur à 1,5.

Le poids total en charge des remorques des motocyclettes, des tricycles et des quadricycles à moteur, des cyclomoteurs ne peut dépasser 50 p. 100 du poids à vide du véhicule tracteur.

Les dispositions du présent article ne sont pas applicables aux remorques des cycles et aux véhicules à traction animale.

Le ministre chargé des transports détermine par arrêté les modalités d'application du présent article et les conditions dans lesquelles des dérogations peuvent être accordées à certains ensembles de véhicules circulant à vitesse réduite et aux matériels de travaux publics et aux véhicules agricoles. *— V. Arr. du 2 juin 1970 (JO 20 juin) ; Arr. du 26 juill. 1983 (JONC 25 août).*

(Décr. n° 2011-368 du 4 avr. 2011) « Toute infraction aux dispositions du présent article ou à celles prises pour son application est punie de l'amende prévue pour les contraventions de la quatrième classe pour le dépassement jusqu'à 0,1 du coefficient autorisé et, pour un dépassement supérieur, de la même amende prononcée autant de fois qu'il y a de tranches de dépassement de 0,1 du coefficient autorisé. »

En cas de dépassement du poids autorisé excédant 5 %, l'immobilisation peut être prescrite dans les conditions prévues aux articles L. 325-1 à L. 325-3.

Art. R. 312-4 I. — Le poids total autorisé en charge d'un véhicule ne doit pas dépasser les limites suivantes :

1° Véhicule à moteur à deux essieux, ou remorque à deux essieux : 19 tonnes ;

2° Véhicule à moteur à trois essieux, ou véhicule remorqué à trois essieux ou plus : 26 tonnes ;

3° Véhicule à moteur à quatre essieux ou plus : 32 tonnes ;

4° Autobus articulé comportant une seule section articulée : 32 tonnes ;

5° Autobus articulé comportant au moins deux sections articulées : 38 tonnes ;

6° Autocar articulé : 28 tonnes.

(Décr. n° 2014-784 du 8 juill. 2014, art. 7-4°) « II. — Le poids total roulant autorisé d'un véhicule articulé, d'un train double ou d'un ensemble composé d'un véhicule à moteur et d'une remorque ne doit pas dépasser : »

1° 38 *tonnes, si l'ensemble* considéré ne comporte pas plus de quatre essieux ;

(Décr. n° 2011-64 du 17 janv. 2011, art. 2, en vigueur le 31 déc. 2011) « 2° » *(Décr. n° 2012-1359 du 4 déc. 2012, en vigueur le 1er janv. 2013)* « 44 tonnes, si l'ensemble considéré comporte plus de quatre essieux ». *— V. Arr. du 4 déc. 2012 relatif au poids total roulant autorisé des véhicules terrestres à moteur (JO 8 déc.).*

(Décr. n° 2011-64 du 17 janv. 2011, art. 2, en vigueur à la date d'entrée en vigueur des art. 269

à 283 quinquies du code des douanes et jusqu'au 31 déc. 2018) III. – Lorsque les exigences de sécurité routière ou de préservation du bon état de la voirie le justifient, un arrêté du représentant de l'État dans le département ou un arrêté conjoint des représentants de l'État dans les départements intéressés fixe la liste des itinéraires autorisés à la circulation des véhicules mentionnés au 2° du II du présent article et circulant à plus de 40 tonnes, après avis des autorités gestionnaires des voies empruntées. Cet arrêté précise, le cas échéant, les restrictions à la circulation destinées à répondre à ces exigences. – *Les III bis, III ter et III quater de l'art. R. 312-4 sont abrogés et remplacés par ce III pendant cette même période, jusqu'au 31 déc. 2018.*

IV. – Les véhicules à gazogène, gaz comprimé et accumulateurs électriques *(Décr. n° 2016-448 du 13 avr. 2016, art. 4)* « ou systèmes de propulsion alternatifs » bénéficient, dans la limite maximale d'une tonne, de dérogations correspondant au poids en ordre de marche soit du gazogène et de ses accessoires, soit des accumulateurs et de leurs accessoires *(Décr. n° 2016-448 du 13 avr. 2016, art. 4)* « , soit des stockages d'énergie mécaniques et de leurs accessoires ». *(Décr. n° 2011-64 du 17 janv. 2011, en vigueur le 31 déc. 2011)* « Il en est de même, dans la limite maximale d'une tonne, pour les ensembles routiers comportant au moins six essieux, et dans la limite maximale de 0,5 tonne, pour les poids des ralentisseurs des véhicules qui en sont munis. »

V. – Le poids à vide des cyclomoteurs à trois roues ne peut excéder 270 kilogrammes et leur charge utile ne peut excéder 300 kilogrammes.

VI. – Le ministre chargé des transports détermine par arrêté les modalités d'application du présent article et fixe le poids total autorisé en charge des engins de service hivernal.

(Décr. n° 2011-368 du 4 avr. 2011) « VII. – Toute infraction aux dispositions du I au IV ou à celles prises pour leur application est punie de l'amende prévue pour les contraventions de la quatrième classe pour le dépassement jusqu'à une tonne du poids autorisé et, pour un dépassement supérieur, de la même amende prononcée autant de fois qu'il y a de tranches de dépassement d'une tonne du poids total autorisé.

« VIII. – Toute infraction aux dispositions du V ou à celles prises pour leur application est punie de l'amende prévue pour les contraventions de la quatrième classe.

« IX. – Toutefois, lorsque les dépassements excèdent de plus de 20 % les limites réglementaires prévues au V, l'amende encourue est celle prévue pour les contraventions de la cinquième classe.

« X. – En cas de dépassement excédant 5 % des poids autorisés au présent article, l'immobilisation peut être prescrite dans les conditions prévues aux articles L. 325-1 à L. 325-3. »

Art. R. 312-5 *(Décr. n° 2014-784 du 8 juill. 2014, art. 7-5°)* « L'essieu le plus chargé d'un véhicule ou d'un élément de véhicule ne doit pas supporter une charge supérieure à 13 tonnes, cette limite étant fixée à 12 tonnes pour un véhicule articulé, un train double ou un ensemble composé d'un véhicule à moteur et d'une remorque, circulant entre 40 et 44 tonnes. »

Le ministre chargé des transports détermine par arrêté les conditions dérogatoires applicables à certains matériels de travaux publics. – *V. Arr. du 2 juin 1970 (JO 20 juin) ; Arr. du 26 juill. 1983 (JONC 25 août).*

(Décr. n° 2011-368 du 4 avr. 2011) « Toute infraction aux dispositions du présent article ou à celles prises pour son application est punie de l'amende prévue pour les contraventions de la quatrième classe pour le dépassement jusqu'à 0,3 tonne de la charge autorisée et, pour un dépassement supérieur, de la même amende prononcée autant de fois qu'il y a de tranches de dépassement de 0,3 tonne de la charge autorisée. »

En cas de dépassement de la charge par essieu excédant 5 p. 100, l'immobilisation peut être prescrite dans les conditions prévues aux articles L. 325-1 à L. 325-3.

Art. R. 312-6 I. – Sur les véhicules ou éléments de véhicules comportant plus de deux essieux, la charge de l'essieu le plus chargé appartenant à un groupe d'essieux ne doit pas, en fonction de la distance séparant deux essieux consécutifs de ce groupe, dépasser les valeurs suivantes :

a) Pour une distance entre deux essieux consécutifs inférieure à 0,90 mètre : 7,350 tonnes ;

b) Pour une distance entre deux essieux consécutifs supérieure ou égale à 0,90 mètre et inférieure à 1,35 mètre : 7,350 tonnes majorées de 0,35 tonne par tranche de 5 centimètres de la distance entre les deux essieux diminuée de 0,90 mètre ;

c) Pour une distance entre deux essieux consécutifs supérieure ou égale à 1,35 mètre et inférieure à 1,80 mètre : 10,5 tonnes.

II. – Toutefois, la charge maximale de l'essieu moteur appartenant à un groupe de deux essieux d'un véhicule à moteur peut être portée à 11,5 tonnes, à condition que la charge totale du groupe ne dépasse pas, en fonction de la distance séparant les deux essieux, les valeurs suivantes :

1° Pour une distance entre les deux essieux inférieure à 0,90 mètre : 13,15 tonnes ;

2° Pour une distance entre les deux essieux supérieure ou égale à 0,90 mètre et inférieure à 1 mètre : 13,15 tonnes majorées de 0,65 tonne par tranche de 5 centimètres de la distance entre les deux essieux diminuée de 0,90 mètre ;

3° Pour une distance entre les deux essieux supérieure ou égale à 1 mètre et inférieure à 1,35 mètre, la plus grande des deux valeurs suivantes :

a) 13,15 tonnes majorées de 0,65 tonne par tranche de 5 centimètres de la distance entre les deux essieux diminuée de 0,90 mètre ;

b) 16 tonnes ;

4° Pour une distance entre les deux essieux supérieure ou égale à 1,35 mètre et inférieure à 1,80 mètre : 19 tonnes.

(Décr. n° 2014-784 du 8 juill. 2014, art. 7-6°) « II *bis.* — Lorsqu'un véhicule articulé, un train double ou un ensemble composé d'un véhicule à moteur et d'une remorque circulent entre 40 et 44 tonnes et comportent un groupe de trois essieux, la charge totale supportée par ce groupe ne doit pas dépasser 27 tonnes. »

III. — Le ministre chargé des transports détermine par arrêté les conditions dérogatoires applicables à certains matériels de travaux publics. — *V. Arr. du 2 juin 1970 (JO 20 juin) ; Arr. du 26 juill. 1983 (JO 25 août NC).*

(Décr. n° 2011-368 du 4 avr. 2011) « IV. — Toute infraction aux dispositions du présent article ou à celles prises pour son application est punie de l'amende prévue pour les contraventions de la quatrième classe pour le dépassement jusqu'à 0,3 tonne de la charge autorisée et, pour un dépassement supérieur, de la même amende prononcée autant de fois qu'il y a de tranches de dépassement de 0,3 tonne de la charge autorisée. »

(Abrogé par Décr. n° 2011-368 du 4 avr. 2011) *« V. — Toutefois, lorsque les dépassements excèdent les limites réglementaires de plus de 20 %, l'amende encourue est celle prévue pour les contraventions de la cinquième classe.*

« VI. — Dans ce dernier cas, la récidive de cette contravention est réprimée conformément à l'article 132-11 du code pénal. »

V. — En cas de dépassement des charges par essieu excédant 5 p. 100, l'immobilisation peut être prescrite dans les conditions prévues aux articles L. 325-1 à L. 325-3. — *Le VII est devenu le V en vertu des dispositions du Décr. n° 2011-368 du 4 avr. 2011.*

Art. R. 312-7 Pour les véhicules et matériels agricoles et les véhicules à traction animale non munis de pneumatiques, la charge supportée par le sol ne doit à aucun moment pouvoir excéder 150 kilogrammes par centimètre de largeur du bandage.

Toute infraction aux dispositions du présent article est punie de l'amende prévue pour les contraventions de la quatrième classe.

En cas de dépassement du poids autorisé excédant 5 p. 100, l'immobilisation peut être prescrite dans les conditions prévues aux articles L. 325-1 à L. 325-3.

Art. R. 312-8 Le ministre chargé des transports détermine par arrêté les règles relatives aux poids des engins spéciaux dont la vitesse ne peut excéder par construction 25 km/h.

(Décr. n° 2011-368 du 4 avr. 2011) « Toute infraction aux dispositions du présent article ou à celles prises pour son application est punie de l'amende prévue pour les contraventions de la quatrième classe pour le dépassement jusqu'à une tonne du poids autorisé et, pour un dépassement supérieur, de la même amende prononcée autant de fois qu'il y a de tranches de dépassement d'une tonne du poids autorisé. »

En cas de dépassement du poids autorisé excédant 5 p. 100, l'immobilisation peut être prescrite dans les conditions prévues aux articles L. 325-1 à L. 325-3.

Art. R. 312-9 Les dispositions de la présente section ne sont applicables aux véhicules et aux matériels spéciaux des armées que si elles sont compatibles avec leurs caractéristiques techniques de fabrication et d'emploi.

SECTION II *Dimensions des véhicules*

Art. R. 312-10 I. — Sauf pour les machines agricoles automotrices et les machines et instruments agricoles remorqués, la largeur totale des véhicules ou parties de véhicules, y compris les superstructures amovibles et les pièces de cargaison normalisées telles que les conteneurs et caisses mobiles, mesurée toutes saillies comprises dans une section transversale quelconque, ne doit pas dépasser les valeurs suivantes, sauf dans les cas et conditions où des saillies excédant ce gabarit sont explicitement autorisées par arrêté du ministre chargé des transports :

1° 2,60 mètres pour les superstructures à parois épaisses conçues pour le transport de marchandises sous température dirigée ;

2° 2,55 mètres pour les autres véhicules ou parties de véhicules ;

3° 2,95 mètres pour les véhicules à traction animale dont la carrosserie ou les garde-boue ne surplombent pas les roues ;

(Décr. nº 2016-448 du 13 avr. 2016, art. 5-1°) « 4° 2 mètres pour les motocyclettes, les tricycles, les cyclomoteurs à trois roues et quadricycles à moteur autres que les quadricycles légers de la sous-catégorie L6e-B et les quadricycles lourds de la sous-catégorie L7e-C ; »

5° 1 mètre pour les cyclomoteurs à deux-roues ;

(Décr. nº 2016-448 du 13 avr. 2016, art. 5-2°) « 6° 1,5 mètre pour les quadricycles légers de la sous-catégorie L6e-B et les quadricycles lourds de la sous-catégorie L7e-C ; »

(Décr. nº 2019-1082 du 23 oct. 2019, art. 4, en vigueur le 1er juill. 2020) « 7° 0,90 mètres *[mètre]* pour les engins de déplacement personnel motorisés. »

II. — Le ministre chargé des transports détermine par arrêté les modalités d'application du présent article, les conditions dérogatoires applicables à certains matériels de travaux publics, et fixe la largeur maximale des engins de service hivernal.

III. — Le fait de contrevenir aux dispositions du présent article ou à celles prises pour son application est puni de l'amende prévue pour les contraventions de la quatrième classe.

IV. — Toutefois, lorsque les dépassements excèdent les limites réglementaires de plus de 20 %, l'amende encourue est celle prévue pour les contraventions de la cinquième classe.

V. — Dans ce cas, la récidive de cette contravention est réprimée conformément à l'article 132-11 du code pénal.

VI. — *(Abrogé par Décr. nº 2017-16 du 6 janv. 2017, art. 2 et 16, à compter du 1er mars 2017)* *« En l'absence d'autorisation ou de réglementation préfectorale de transport exceptionnel, »* L'immobilisation peut être prescrite dans les conditions prévues aux articles L. 325-1 à L. 325-3.

Art. R. 312-11 I. — La longueur des véhicules et ensembles de véhicules mesurée en comprenant les superstructures amovibles et les pièces de cargaison normalisées telles que les conteneurs et caisses mobiles, et toutes saillies comprises dans une section longitudinale quelconque, ne doit pas dépasser les valeurs suivantes, sauf dans les cas et conditions où des saillies excédant ce gabarit sont explicitement autorisées par arrêté du ministre chargé des transports :

(Décr. nº 2016-448 du 13 avr. 2016, art. 6°) « 1° Cyclomoteur, motocyclette, tricycle à moteur et quadricycle à moteur autre que le quadricycle léger de la sous-catégorie L6e-B et le quadricycle lourd de la sous-catégorie L7e-C : 4 mètres ;

« 1° *bis* Quadricycle léger de la sous-catégorie L6e-B : 3 mètres ;

« 1° *ter* Quadricycle lourd de la sous-catégorie L7e-C : 3,7 mètres ; »

2° Véhicule à moteur, *(Abrogé par Décr. nº 2003-468 du 28 mai 2003, art. 1er)* *« non compris les perches et dispositifs enrouleurs de cordes s'il s'agit d'un trolleybus »* : 12 mètres. *(Décr. nº 2003-468 du 28 mai 2003, art. 1er)* « Toutefois, la longueur des autobus ou autocars à deux essieux peut atteindre 13,50 mètres et celle des autobus ou autocars à plus de deux essieux peut atteindre 15 mètres ; »

3° Remorque, non compris le dispositif d'attelage : 12 mètres ;

4° Semi-remorque, 12 mètres entre le pivot d'attelage et l'arrière de la semi-remorque, et 2,04 mètres entre l'axe du pivot d'attelage et un point quelconque de l'avant de la semi-remorque ;

5° Véhicule articulé : 16,5 mètres ;

6° Autobus ou autocar articulé, *(Abrogé par Décr. nº 2003-468 du 28 mai 2003, art. 1er)* *« non compris les perches et dispositifs enrouleurs de cordes s'il s'agit d'un trolleybus »* : *(Décr. nº 2003-468 du 28 mai 2003, art. 1er)* « 18,75 » mètres ;

7° Autobus articulé comportant plus d'une section articulée : 24,5 mètres ;

8° Train routier *(Décr. nº 2018-1045 du 28 nov. 2018)* « , train urbain » et train double : 18,75 mètres ;

9° Véhicule ou matériel de travaux publics : 15 mètres ;

10° Ensembles de véhicules ou de matériels de travaux publics : 22 mètres ;

11° *(Décr. nº 2003-468 du 28 mai 2003, art. 1er)* « Autres ensembles de véhicules : 18 mètres ; toutefois, la longueur d'un ensemble formé par un autobus ou un autocar et sa remorque peut atteindre 18,75 mètres ; »

(Décr. nº 2019-1082 du 23 oct. 2019, art. 5, en vigueur le 1er juill. 2020) « 12° Engins de déplacement personnel motorisés : 1,35 mètre. »

II. — Les dispositions du présent article ne sont pas applicables aux véhicules à traction animale.

III. – Le ministre chargé des transports détermine par arrêté les modalités d'application du présent article et fixe la longueur maximale des engins de service hivernal.

IV. – Le fait de ne pas respecter les longueurs fixées au présent article ou dans les dispositions prises pour son application est puni de l'amende prévue pour les contraventions de la quatrième classe.

V. – Toutefois, lorsque les dépassements excèdent les limites réglementaires de plus de 20 %, l'amende encourue est celle prévue pour les contraventions de la cinquième classe.

VI. – Dans ce cas, la récidive de cette contravention est réprimée conformément à l'article 132-11 du code pénal.

VII. – *(Abrogé par Décr. n° 2017-16 du 6 janv. 2017, art. 2 et 16, à compter du 1er mars 2017) « En l'absence d'autorisation ou de réglementation préfectorale de transport exceptionnel, »* L'immobilisation peut être prescrite dans les conditions prévues aux articles L. 325-1 à L. 325-3.

(Décr. n° 2003-468 du 28 mai 2003, art. 1er) « Pour l'application du présent article, la longueur d'un autobus ou d'un autocar ou d'un autobus ou d'un autocar articulé ou d'un ensemble formé d'un autobus ou d'un autocar et de sa remorque est mesurée non compris les perches et dispositifs enrouleurs de cordes s'il s'agit d'un trolleybus et en incluant tout accessoire démontable tel qu'un coffre à skis. »

Art. R. 312-12 I. – Sauf dans les cas et conditions où des saillies excédant le gabarit sont explicitement autorisées par arrêté du ministre chargé des transports, les trains routiers doivent satisfaire aux conditions suivantes :

1° La distance mesurée parallèlement à l'axe longitudinal du train routier entre les points extérieurs situés le plus à l'avant de la zone de chargement derrière la cabine et le plus à l'arrière de la remorque de l'ensemble, diminuée de la distance comprise entre l'arrière du véhicule à moteur et l'avant de la remorque ne doit pas excéder 15,65 mètres ;

2° La distance mesurée parallèlement à l'axe longitudinal du train routier entre les points extérieurs situés le plus à l'avant de la zone de chargement derrière la cabine et le plus à l'arrière de la remorque de l'ensemble ne doit pas excéder 16,40 mètres.

II. – Les distances fixées au présent article sont mesurées, toutes saillies comprises dans une section longitudinale quelconque, en comprenant les superstructures amovibles et les pièces de cargaison normalisées telles que les conteneurs et caisses mobiles.

III. – Le ministre chargé des transports fixe par arrêté les modalités d'application du présent article.

IV. – Le fait de contrevenir aux dispositions du présent article ou à celles prises pour son application est puni de l'amende prévue pour les contraventions de la quatrième classe.

V. – Toutefois, lorsque les dépassements excèdent les limites réglementaires de plus de 20 %, l'amende encourue est celle prévue pour les contraventions de la cinquième classe.

VI. – Dans ce cas, la récidive de cette contravention est réprimée conformément à l'article 132-11 du code pénal.

Art. R. 312-13 I. – Sauf dans les cas et conditions où des saillies excédant le gabarit sont explicitement autorisées par arrêté du ministre chargé des transports, les trains doubles doivent satisfaire aux conditions suivantes :

1° La distance mesurée parallèlement à l'axe longitudinal du train double entre les points extérieurs situés le plus à l'avant de la zone de chargement derrière la cabine et le plus à l'arrière de la semi-remorque attelée au véhicule articulé, diminuée de la distance comprise entre l'arrière du véhicule articulé et l'avant de la semi-remorque, ne doit pas excéder 15,65 mètres ;

2° La distance mesurée parallèlement à l'axe longitudinal du train double entre les points extérieurs situés le plus à l'avant de la zone de chargement derrière la cabine et le plus à l'arrière de la semi-remorque attelée au véhicule articulé ne doit pas excéder 16,40 mètres.

II. – Les distances fixées au présent article sont mesurées, toutes saillies comprises dans une section longitudinale quelconque, en comprenant les superstructures amovibles et les pièces de cargaison normalisées telles que les conteneurs et caisses mobiles.

III. – Le ministre chargé des transports fixe par arrêté les modalités d'application du présent article.

IV. – Le fait de contrevenir aux dispositions du présent article ou à celles prises pour son application est puni de l'amende prévue pour les contraventions de la quatrième classe.

V. – Toutefois, lorsque les dépassements excèdent les limites réglementaires de plus de 20 %, l'amende encourue est celle prévue pour les contraventions de la cinquième classe.

VI. – Dans ce cas, la récidive de cette contravention est réprimée conformément à l'article 132-11 du code pénal.

Art. R. 312-14 La longueur des ensembles formés par un véhicule remorqueur et un véhicule en panne ou accidenté ne peut excéder *(Décr. n° 2003-468 du 28 mai 2003, art. 2)* « 30 » mètres.

La longueur des ensembles formés par un véhicule remorqueur et un autobus en panne ou accidenté comportant plus d'une section articulée ne peut excéder *(Décr. n° 2003-468 du 28 mai 2003, art. 2)* « 36 » mètres.

La longueur des véhicules articulés transportant un véhicule en panne ou accidenté d'un poids total autorisé en charge supérieur à 3,5 tonnes peut, lorsqu'ils sont en charge, dépasser 16,5 mètres sans excéder 20 mètres, ce dernier chiffre comprenant l'éventuel dépassement du chargement vers l'arrière, qui ne doit pas être supérieur à 3 mètres.

En outre, la largeur de ces ensembles de véhicules et véhicules articulés peut dépasser 2,55 mètres, sans excéder 3,20 mètres en cas notamment de déformation du véhicule accidenté consécutive au choc reçu.

Le fait, pour tout conducteur, de contrevenir aux dispositions du présent article est puni de l'amende prévue pour les contraventions de la quatrième classe.

Toutefois, lorsque les dépassements excèdent les limites réglementaires de plus de 20 %, l'amende encourue est celle prévue pour les contraventions de la cinquième classe.

Dans ce cas, la récidive de cette contravention est réprimée conformément à l'article 132-11 du code pénal.

Art. R. 312-15 Les parties mobiles ou aisément démontables des véhicules et des matériels agricoles ou de travaux publics et des engins spéciaux doivent être repliées lors des trajets sur route.

Le fait, pour tout conducteur, de contrevenir aux dispositions du présent article est puni de l'amende prévue pour les contraventions de la quatrième classe.

Art. R. 312-16 La hauteur des motocyclettes, des tricycles et quadricycles à moteur et des cyclomoteurs ne peut excéder 2,50 mètres.

Le fait de contrevenir aux dispositions du présent article est puni de l'amende prévue pour les contraventions de la quatrième classe.

Toutefois, lorsque les dépassements excèdent les limites réglementaires de plus de 20 %, l'amende encourue est celle prévue pour les contraventions de la cinquième classe.

Dans ce cas, la récidive de cette contravention est réprimée conformément à l'article 132-11 du code pénal.

Art. R. 312-17 Le ministre chargé des transports fixe par arrêté les règles relatives aux dimensions des engins spéciaux dont la vitesse ne peut excéder par construction 25 km/h.

Le fait, pour tout conducteur d'un engin spécial, de contrevenir aux dispositions prises en application du présent article est puni de l'amende prévue pour les contraventions de la quatrième classe.

Toutefois, lorsque les dépassements excèdent les limites réglementaires de plus de 20 %, l'amende encourue est celle prévue pour les contraventions de la cinquième classe.

Dans ce cas, la récidive de cette contravention est réprimée conformément à l'article 132-11 du code pénal. — *V. Arr. du 20 nov. 1969, App., v° Engins spéciaux.*

Art. R. 312-18 Les dispositions de la présente section ne sont applicables aux véhicules et aux matériels spéciaux des armées que si elles sont compatibles avec leurs caractéristiques techniques de fabrication et d'emploi.

SECTION III *Dimensions et conditions du chargement*

Art. R. 312-19 I. — Toutes précautions utiles doivent être prises pour que le chargement d'un véhicule ne puisse être une cause de dommage ou de danger.

II. — Tout chargement débordant ou pouvant déborder le contour extérieur du véhicule du fait des oscillations du transport doit être solidement amarré. Les pièces de grande longueur doivent être solidement amarrées entre elles et au véhicule, de manière à ne pas déborder dans leurs oscillations le contour latéral extérieur de celui-ci.

III. — Les chaînes, bâches et autres accessoires, mobiles ou flottants, doivent être fixés au véhicule de manière à ne sortir à aucun moment du contour extérieur du chargement et à ne pas traîner sur le sol.

IV. — Le fait, pour tout conducteur, de contrevenir aux dispositions du II ou du III ci-dessus est puni de l'amende prévue pour les contraventions de la troisième classe. — *[Anc. art. R. 65, R. 146, R. 171, R. 212 et R. 238, al. 4.]*

(Décr. n° 2020-1088 du 24 août 2020, art. 4-1°) « V. — L'immobilisation des véhicules qui contreviennent aux dispositions du présent article peut être prescrite dans les conditions prévues aux articles L. 325-1, L. 325-2 et L. 325-3. »

Art. R. 312-20 La largeur du chargement d'un véhicule, mesurée toutes saillies comprises dans une section transversale quelconque, ne doit nulle part dépasser 2,55 mètres. Toutefois, le chargement des matériels de travaux publics peut excéder 2,55 mètres sous réserve de n'excéder en aucun cas la largeur du véhicule tracteur.

Les dispositions du présent article ne sont pas applicables aux récoltes, à la paille ou au fourrage transportés sur les véhicules agricoles à traction animale, sur le parcours des champs à la ferme et des champs ou de la ferme au marché ou lieu de livraison situé dans un rayon de 25 kilomètres.

Le fait, pour tout conducteur, de contrevenir aux dispositions du présent article est puni de l'amende prévue pour les contraventions de la quatrième classe.

Toutefois, lorsque les dépassements excèdent les limites réglementaires de plus de 20 %, l'amende encourue est celle prévue pour les contraventions de la cinquième classe.

Dans ce cas, la récidive de cette contravention est réprimée conformément à l'article 132-11 du code pénal. – *[Anc. art. R. 66, R. 146, R. 171, R. 212 et R. 238, al. 4.]*

Art. R. 312-21 A l'arrière, le chargement d'un véhicule ou d'une remorque ne doit pas dépasser de plus de 3 mètres l'extrémité dudit véhicule ou de sa remorque.

La longueur des ensembles spécialisés dans le transport des véhicules peut, lorsqu'ils sont en charge, être augmentée par l'emploi d'un support de charge autorisé pour ces transports. L'ensemble, y compris son chargement, ne doit en aucun cas excéder une longueur totale de 20,35 mètres s'il s'agit d'un train routier ou de 16,5 mètres s'il s'agit d'un véhicule articulé.

Le fait, pour tout conducteur, de contrevenir aux dispositions du présent article est puni de l'amende prévue pour les contraventions de la quatrième classe.

Toutefois, lorsque les dépassements excèdent les limites réglementaires de plus de 20 %, l'amende encourue est celle prévue pour les contraventions de la cinquième classe.

Dans ce cas, la récidive de cette contravention est réprimée conformément à l'article 132-11 du code pénal. – *[Anc. art. R. 67, R. 146, R. 212 et R. 238, al. 4.]*

Art. R. 312-22 A l'avant, le chargement ne doit, en aucun cas, dépasser l'aplomb antérieur du véhicule et, s'il s'agit d'un ensemble de véhicules, du véhicule tracteur. A l'arrière, il ne doit pas traîner sur le sol. Le support de charge des ensembles spécialisés dans le transport des véhicules ne doit pas faire saillie à l'arrière du chargement.

Le fait, pour tout conducteur, de contrevenir aux dispositions du présent article est puni de l'amende prévue pour les contraventions de la troisième classe. – *[Anc. art. R. 68, R. 146, R. 212 et R. 239.]*

Art. R. 312-22-1 *(Décr. nº 2010-1390 du 12 nov. 2010)* Par dérogation au premier alinéa de l'article R. 312-22, les véhicules d'exploitation des routes peuvent être équipés, pour l'exercice de leur mission, d'un outillage en dépassement de leur aplomb.

Un arrêté du ministre chargé des transports fixe les conditions d'application du présent article ainsi que les conditions de circulation des véhicules ainsi équipés.

Art. R. 312-23 Sans préjudice de la réglementation relative au transport des matières dangereuses, les véhicules-citernes doivent satisfaire à des conditions de construction relatives à la capacité des citernes et de leurs compartiments ainsi qu'à leur stabilité transversale et à des règles de remplissage assurant un comportement dynamique satisfaisant dans les conditions de circulation normales.

Le ministre chargé des transports fixe par arrêté les règles de stabilité de route.

Toute infraction aux dispositions du présent article est punie de l'amende prévue pour les contraventions de la troisième classe. – *[Anc. art. R. 68-1 et R. 239.]*

Art. R. 312-24 Le ministre chargé des transports fixe par arrêté les règles relatives au chargement des engins spéciaux dont la vitesse ne peut excéder par construction 25 km/h.

Le fait, pour tout conducteur d'un engin spécial, de contrevenir aux dispositions *(Décr. nº 2001-751 du 27 août 2001, art. 6)* « relatives aux conditions du chargement » est puni de l'amende prévue pour les contraventions de la troisième classe. – *[Anc. art. R. 168 et R. 238, al. 4.]*

(Décr. nº 2001-751 du 27 août 2001, art. 6) « Le fait, pour tout conducteur d'un engin spécial, de contrevenir aux dimensions du chargement ou au gabarit du véhicule est puni de l'amende prévue par les contraventions de la quatrième classe. Toutefois, lorsque les dépassements excèdent les limites réglementaires de plus de 20 %, l'amende encourue est celle prévue pour les contraventions de la cinquième classe.

« Dans ce dernier cas, la récidive de cette contravention est réprimée conformément à l'article 132-11 du code pénal. »

Art. R. 312-25 Les dispositions de la présente section ne sont applicables aux véhicules et aux matériels spéciaux des armées et des services de secours et de lutte contre l'incendie que si elles sont compatibles avec leurs caractéristiques techniques de fabrication et d'emploi. – *[Anc. art. R. 229, al. 1er et 3 et R. 231.]*

CHAPITRE III *Éclairage et signalisations*

SECTION I *Éclairage et signalisation des véhicules*

Art. R. 313-1 Tout véhicule ne peut être pourvu que des dispositifs d'éclairage ou de signalisation prévus au présent code. Ceux-ci doivent être installés conformément aux prescriptions du présent chapitre.

Ces dispositions ne concernent pas l'éclairage intérieur des véhicules sous réserve qu'il ne soit pas gênant pour les autres conducteurs.

Le fait, pour tout conducteur d'un véhicule à moteur ou à traction animale, de contrevenir aux dispositions du présent article est puni de l'amende prévue pour les contraventions de la troisième classe.

Le fait, pour tout conducteur d'un *(Décr. nº 2019-1082 du 23 oct. 2019, art. 6)* « engin de déplacement personnel motorisé ou d'un » cycle, de contrevenir aux dispositions du présent article est puni de l'amende prévue pour les contraventions de la première classe. – *[Anc. art. R. 42, al. 1er et 2 et R. 239.]*

(Décr. nº 2019-1082 du 23 oct. 2019, art. 6) « Les dispositions des articles R. 313-2, R. 313-3, R. 313-3-1 à R. 313-3-4, R. 313-4-1, R. 313-6 à R. 313-17 et R. 313-17-1 ne sont pas applicables aux engins de déplacement personnel motorisés. »

(Décr. nº 2020-1088 du 24 août 2020, art. 4-2º) « L'immobilisation des véhicules qui contreviennent aux dispositions du présent article peut être prescrite dans les conditions prévues aux articles L. 325-1, L. 325-2 et L. 325-3. »

Art. R. 313-2 Feux de route.

I. – Sauf dispositions différentes prévues au présent article, tout véhicule à moteur doit être muni à l'avant de deux ou de quatre feux de route émettant vers l'avant une lumière jaune ou blanche permettant d'éclairer efficacement la route la nuit, par temps clair, sur une distance minimale de 100 mètres.

(Décr. nº 2008-1095 du 28 oct. 2008) « Sous réserve de l'observation des prescriptions précédentes, le véhicule peut être équipé d'un système d'éclairage avant adaptatif tel que défini à l'article R. 313-3-2 du présent code. »

II. – Toute motocyclette, tout tricycle à moteur, tout quadricycle lourd à moteur doit être muni à l'avant d'un ou de deux feux de route.

III. – Tout tricycle à moteur ou quadricycle lourd à moteur, dont la largeur dépasse 1,30 mètre, doit être muni à l'avant de deux feux de route.

IV. – Les dispositions du I ci-dessus ne sont *(Abrogé par Décr. nº 2003-536 du 20 juin 2003, art. 5)* « *pas* » applicables ni aux cyclomoteurs ni aux quadricycles légers à moteur qui, toutefois, peuvent être munis d'un ou de deux feux de route.

V. – Lorsqu'un cyclomoteur à trois roues ou un quadricycle léger à moteur, dont la largeur dépasse 1,30 mètre, est muni de feux de route, ceux-ci doivent être au nombre de deux.

VI. – Les dispositions du I ci-dessus ne sont pas applicables aux véhicules et matériels agricoles ou de travaux publics, automoteurs, qui, toutefois, peuvent être munis de deux ou de quatre feux de route.

VII. – Le fait de contrevenir aux dispositions du présent article est puni de l'amende prévue pour les contraventions de la troisième classe.

VIII. – La nuit, ou le jour lorsque la visibilité est insuffisante, en cas d'absence, de non-conformité ou de défectuosité des feux de route, l'immobilisation peut être prescrite dans les conditions prévues *(Décr. nº 2020-1088 du 24 août 2020, art. 4-10º)* « aux articles L. 325-1, L. 325-2 et L. 325-3 ». – *[Anc. art. R. 83, R. 150, al. 7, R. 175, al. 1er et 2, R. 177, al. 1er et 2, R. 196-1, al. 1er et 3, R. 239 et R. 278, al. 1er et 4.]*

Art. R. 313-3 Feux de croisement.

I. – Sauf dispositions différentes prévues au présent article, tout véhicule à moteur doit être muni à l'avant de deux feux de croisement, émettant vers l'avant une lumière jaune ou blanche permettant d'éclairer efficacement la route la nuit, par temps clair, sur une distance minimale de 30 mètres sans éblouir les autres conducteurs.

(Décr. nº 2008-1095 du 28 oct. 2008) « Sous réserve de l'observation des prescriptions précédentes, le véhicule peut être équipé d'un système d'éclairage avant adaptatif tel que défini à l'article R. 313-3-2. »

II. — Toute motocyclette, tout tricycle à moteur, tout quadricycle à moteur, tout cyclomoteur doit être muni à l'avant d'un ou de deux feux de croisement.

III. — Tout tricycle à moteur, tout quadricycle à moteur, tout cyclomoteur à trois roues, dont la largeur dépasse 1,30 mètre, doit être muni à l'avant de deux feux de croisement.

IV. — Tout véhicule et matériel agricole ou de travaux publics, automoteur, peut être muni de deux feux de croisement supplémentaires.

V. — Le fait, pour tout conducteur, de contrevenir aux dispositions du présent article est puni de l'amende prévue pour les contraventions de la troisième classe.

VI. — La nuit, ou le jour lorsque la visibilité est insuffisante, en cas d'absence, de non-conformité ou de défectuosité des feux de croisement, l'immobilisation peut être prescrite dans les conditions prévues *(Décr. n° 2020-1088 du 24 août 2020, art. 4-10°)* « aux articles L. 325-1, L. 325-2 et L. 325-3 ». — *[Anc. art. R. 84, al. 1er, R. 150, al. 1er, 3 et 7, R. 175, al. 1er et 2, R. 177, al. 1er et 2, R. 195, al. 2, R. 239 et R. 278, al. 1er et 4.]*

Art. R. 313-3-1 *(Décr. n° 2016-448 du 13 avr. 2016, art. 7)* Feux d'angle.

Tout véhicule à moteur, peut être muni à l'avant de deux feux d'angle émettant latéralement une lumière blanche afin de compléter l'éclairage de la route située du côté vers lequel le véhicule va tourner.

Les véhicules agricoles à moteur peuvent être munis de deux feux supplémentaires.

Art. R. 313-3-2 *(Décr. n° 2008-1095 du 28 oct. 2008)* Système d'éclairage avant adaptatif.

Tout véhicule à moteur peut être muni d'un système d'éclairage avant adaptatif destiné à s'adapter aux conditions ambiantes et aux paramètres d'utilisation du véhicule.

Le système d'éclairage avant adaptatif est un dispositif d'éclairage émettant des faisceaux fixes ou orientables et possédant des caractéristiques différenciées pour une adaptation automatique à des conditions variables d'utilisation des feux de croisement et, le cas échéant, des feux de route. Son fonctionnement est automatique sans intervention du conducteur du véhicule.

Le système d'éclairage avant adaptatif est constitué du fonctionnement simultané ou non, symétrique ou non, des feux définis aux articles R. 313-2, R. 313-3, *(Décr. n° 2016-448 du 13 avr. 2016, art. 8)* « R. 313-3-1, » R. 313-4 et R. 313-8.

Si le système d'éclairage avant adaptatif est neutralisé, les feux visés aux articles R. 313-2, R. 313-3, *(Décr. n° 2016-448 du 13 avr. 2016, art. 8)* « R. 313-3-1, » R. 313-4 et R. 313-8 doivent remplir chacun leur fonction de base.

Art. R. 313-3-3 *(Décr. n° 2016-448 du 13 avr. 2016, art. 9)* Feux de courtoisie extérieurs.

Tout véhicule à moteur peut être muni de feux servant à fournir un éclairage supplémentaire pour aider le conducteur et les passagers à monter dans le véhicule, à en descendre ou à faciliter les opérations de chargement.

Art. R. 313-3-4 *(Décr. n° 2016-448 du 13 avr. 2016, art. 9)* Feux de manœuvre.

Tout véhicule à moteur peut être muni de feux fournissant un éclairage supplémentaire sur le côté du véhicule pour faciliter les manœuvres à vitesse réduite.

Art. R. 313-4 Feux de position avant.

I. — Sauf dispositions différentes prévues au présent article, tout véhicule à moteur doit être muni à l'avant de deux feux de position émettant vers l'avant une lumière blanche *(Décr. n° 2016-448 du 13 avr. 2016, art. 10-1°)* « , orange » ou jaune, visible la nuit, par temps clair, à une distance de 150 mètres, sans être éblouissante pour les autres conducteurs.

(Décr. n° 2008-1095 du 28 oct. 2008) « Lorsque le véhicule est équipé d'un système d'éclairage avant adaptatif tel que défini à l'article R. 313-3-2, en mode d'éclairage en virage, le feu de position avant peut être orienté en même temps que le feu auquel il est incorporé. »

II. — Toute motocyclette, tout tricycle à moteur, tout quadricycle à moteur, tout cyclomoteur à trois roues doit être muni à l'avant d'un ou de deux feux de position.

III. — Lorsque la largeur d'un tricycle à moteur, d'un quadricycle à moteur ou d'un cyclomoteur à trois roues dépasse 1,30 mètre, il doit être muni à l'avant de deux feux de position.

IV. — Tout side-car équipant une motocyclette doit être muni d'un feu de position avant.

V. — Les dispositions du I ci-dessus ne sont pas applicables aux cyclomoteurs à deux-roues qui, toutefois, peuvent être munis *(Décr. n° 2001-1362 du 28 déc. 2001, art. 1er)* « d'un ou de deux feux de position avant. »

VI. — Tout véhicule et matériel agricole ou de travaux publics, automoteur *(Décr. n° 2016-448 du 13 avr. 2016, art. 10-2°)* « , tout véhicule, machine ou instrument agricole remorqué », peut être muni de deux feux de position avant supplémentaires.

VII. – Toute remorque peut être munie à l'avant de deux feux de position émettant vers l'avant une lumière blanche non éblouissante.

VIII. – La présence des feux de position visés au VII ci-dessus est obligatoire lorsque la largeur hors tout de la remorque dépasse 1,60 mètre *(Abrogé par Décr. n° 2009-497 du 30 avr. 2009)* ***« ou dépasse de plus de 0,20 mètre la largeur du véhicule tracteur ».***

IX. – Les dispositions du I ci-dessus ne sont pas applicables aux véhicules *(Abrogé par Décr. n° 2016-448 du 13 avr. 2016, art. 10-3°)* ***« et appareils agricoles ou »*** de travaux publics remorqués.

X. – La nuit, ou le jour lorsque la visibilité est insuffisante, tout *(Décr. n° 2019-1082 du 23 oct. 2019, art. 7, en vigueur le 1er juill. 2020)* « engin de déplacement personnel motorisé ou » cycle doit être muni d'un feu de position émettant vers l'avant une lumière non éblouissante, jaune ou blanche.

XI. – Le fait, pour tout conducteur d'un véhicule à moteur, de contrevenir aux dispositions du présent article est puni de l'amende prévue pour les contraventions de la troisième classe.

XII. – La nuit, ou le jour lorsque la visibilité est insuffisante, en cas d'absence, de non-conformité ou de défectuosité des feux de position avant, l'immobilisation peut être prescrite dans les conditions prévues *(Décr. n° 2020-1088 du 24 août 2020, art. 4-10°)* « aux articles L. 325-1, L. 325-2 et L. 325-3 ».

XIII. – Le fait pour tout conducteur d'un *(Décr. n° 2019-1082 du 23 oct. 2019, art. 8, en vigueur le 1er juill. 2020)* « engin de déplacement personnel motorisé ou d'un » cycle de contrevenir aux dispositions du présent article est puni de l'amende prévue pour les contraventions de la première classe. – *[Anc. art. R. 82, al. 1er à 4, R. 150, al. 1er, 2 et 7, R. 175, al. 1er, 2 et 7, R. 177, al. 1er, 2 et 3, R. 195, al. 1er et 2, R. 239 et R. 278, al. 1er et 4.]*

Art. R. 313-4-1 *(Décr. n° 2016-448 du 13 avr. 2016, art. 11)* Feux de circulation diurne.

Tout véhicule à moteur peut être muni à l'avant de deux feux de circulation diurne émettant vers l'avant une lumière blanche permettant de rendre le véhicule plus visible de jour.

Tout side-car équipant une motocyclette peut être muni à l'avant d'un feu de circulation diurne.

Art. R. 313-5 Feux de position arrière.

I. – Sauf dispositions différentes prévues au présent article, tout véhicule à moteur ou toute remorque doit être muni à l'arrière de deux feux de position émettant vers l'arrière une lumière rouge non éblouissante, visible la nuit, par temps clair, à une distance de 150 mètres.

II. – Toute motocyclette, tout tricycle à moteur, tout quadricycle à moteur, tout cyclomoteur doit être muni d'un ou de deux feux de position arrière.

III. – Lorsque la largeur d'un tricycle à moteur, d'un quadricycle à moteur ou d'un cyclomoteur à trois roues dépasse 1,30 mètre, il doit être muni de deux feux de position arrière.

IV. – Tout side-car équipant une motocyclette doit être muni d'un feu de position arrière.

V. – La nuit, ou le jour lorsque la visibilité est insuffisante, tout *(Décr. n° 2019-1082 du 23 oct. 2019, art. 7, en vigueur le 1er juill. 2020)* « engin de déplacement personnel motorisé ou » cycle doit être muni d'un feu de position arrière. Ce feu doit être nettement visible de l'arrière lorsque le véhicule est monté.

VI. – Lorsque la remorque d'une motocyclette, d'un tricycle à moteur, d'un quadricycle à moteur, d'un cyclomoteur ou d'un cycle, ou son chargement, sont susceptibles de masquer les feux de position arrière du véhicule tracteur, la remorque doit être munie du ou des dispositifs correspondants, dont le nombre est fixé à deux obligatoirement si la largeur de la remorque dépasse 1,30 mètre.

VII. – Tout véhicule et matériel agricole ou de travaux publics doit être muni de deux feux de position arrière. Ces feux ne sont pas obligatoires pour les véhicules ou appareils remorqués qui ne masquent pas ceux du véhicule tracteur. Pour ces derniers véhicules ou appareils, ces feux peuvent en outre être fixés sur un support amovible.

VIII. – Les dispositions du présent article ne sont applicables aux véhicules et matériels spéciaux des services de secours et de lutte contre l'incendie que si elles sont compatibles avec leurs caractéristiques techniques de fabrication ou d'emploi.

IX. – Le fait, pour tout conducteur d'un véhicule à moteur, de contrevenir aux dispositions du présent article est puni de l'amende prévue pour les contraventions de la troisième classe.

X. – La nuit, ou le jour lorsque la visibilité est insuffisante, en cas d'absence, de non-conformité ou de défectuosité des feux de position arrière, l'immobilisation peut être prescrite dans les conditions prévues *(Décr. n° 2020-1088 du 24 août 2020, art. 4-10°)* « aux articles L. 325-1, L. 325-2 et L. 325-3 ».

XI. — Le fait, pour tout conducteur d'un *(Décr. n° 2019-1082 du 23 oct. 2019, art. 8, en vigueur le 1er juill. 2020)* « engin de déplacement personnel motorisé ou d'un » cycle, de contrevenir aux dispositions du présent article est puni de l'amende prévue pour les contraventions de la première classe. — *[Anc. art. R. 85, al. 1er et 2, R. 150, al. 1er et 4, R. 151, al. 1er, 2 et 5, R. 175, al. 1er, 3, 7 et 10, R. 177, al. 1er, 2 et 3, R. 195, R. 231, R. 239 et R. 278, al. 1er et 4.]*

Art. R. 313-6 Feux de position latéraux.

I. — Tout véhicule à moteur ou toute remorque, dont la longueur est supérieure à 6 mètres, à l'exception des châssis-cabines et des véhicules agricoles ou forestiers, doit être muni de feux de position latéraux.

(Décr. n° 2016-448 du 13 avr. 2016, art. 12) « II. — Tout véhicule à moteur ou toute remorque, d'une longueur inférieure ou égale à 6 mètres, tout véhicule agricole ou forestier peut être muni de ces feux. »

III. — Le fait, pour tout conducteur, de contrevenir aux dispositions du I ci-dessus est puni de l'amende prévue pour les contraventions de la troisième classe.

(Décr. n° 2020-1088 du 24 août 2020, art. 4-3°) « IV. — L'immobilisation des véhicules qui contreviennent aux dispositions du présent article peut être prescrite dans les conditions prévues aux articles L. 325-1, L. 325-2 et L. 325-3. »

Art. R. 313-7 Feux stop.

I. — Sauf dispositions différentes prévues au présent article, tout véhicule à moteur ou toute remorque dont le poids total autorisé en charge est supérieur à 0,5 tonne doit être muni à l'arrière de deux ou de trois feux stop émettant vers l'arrière une lumière rouge non éblouissante.

II. — Les feux stop doivent s'allumer lors de l'entrée en action du dispositif de freinage principal.

(Décr. n° 2008-1095 du 28 oct. 2008) « Ces feux peuvent également s'activer dans les conditions de la signalisation de freinage d'urgence telles que définies à l'article R. 313-17-1. »

III. — Leur intensité lumineuse doit être notablement supérieure à celle des feux de position arrière tout en demeurant non éblouissante.

(Décr. n° 2016-448 du 13 avr. 2016, art. 13-1°) « IV. — Toute motocyclette, tout tricycle à moteur, tout quadricycle à moteur, tout cyclomoteur doit être muni à l'arrière d'un, deux ou trois feux stop. »

V. — Tout side-car équipant une motocyclette doit être muni à l'arrière d'un feu stop.

VI. — Lorsque la largeur d'un tricycle à moteur, d'un quadricycle à moteur ou d'un cyclomoteur à trois roues dépasse 1,30 mètre, il doit être muni à l'arrière de deux feux stop.

VII. — Les dispositions du I ci-dessus ne sont pas applicables aux véhicules et matériels agricoles ou de travaux publics qui, toutefois, peuvent être munis à l'arrière de deux *(Décr. n° 2016-448 du 13 avr. 2016, art. 13-2°)* « ou trois » feux stop répondant aux caractéristiques prévues par le présent article.

VIII. — Lorsqu'une remorque d'un poids total autorisé en charge inférieur ou égal à 0,5 tonne ou son chargement masque le ou les feux stop du véhicule tracteur, la remorque doit être munie du ou des dispositifs correspondants, dont le nombre est fixé à deux obligatoirement si la largeur de la remorque dépasse 1,30 mètre.

IX. — Le fait, pour tout conducteur, de contrevenir aux dispositions du présent article est puni de l'amende prévue pour les contraventions de la troisième classe.

X. — La nuit, ou le jour lorsque la visibilité est insuffisante, en cas d'absence, de non-conformité ou de défectuosité des feux stop, l'immobilisation peut être prescrite dans les conditions prévues *(Décr. n° 2020-1088 du 24 août 2020, art. 4-10°)* « aux articles L. 325-1, L. 325-2 et L. 325-3 ». — *[Anc. art. R. 88, R. 150, al. 7, R. 175, al. 1er, 3, 7 et 10, R. 177, al. 1er, 2 et 3, R. 196-1, al. 1er, R. 239 et R. 278, al. 1er et 4.]*

Art. R. 313-8 Feux de brouillard avant.

I. — Tout véhicule à moteur peut être muni à l'avant de deux feux de brouillard émettant *de la lumière jaune ou blanche.*

(Décr. n° 2008-1095 du 28 oct. 2008) « Le véhicule peut être équipé d'un système d'éclairage avant adaptatif tel que défini à l'article R. 313-3-2.

« Lorsque les feux de brouillard sont inclus dans un système d'éclairage avant adaptatif dans lequel ils exercent également une autre fonction d'éclairage, leur axe peut être automatiquement orienté vers l'un ou l'autre côté. »

II. – Toute motocyclette, tout tricycle à moteur, *(Décr. n° 2001-1362 du 28 déc. 2001, art. 2)* « tout quadricycle à moteur, tout cyclomoteur à trois roues » peut être muni d'un ou de deux feux de brouillard avant.

III. – *(Décr. n° 2001-1362 du 28 déc. 2001, art. 2)* « Les dispositions du présent article ne sont pas applicables aux cyclomoteurs à deux-roues. » – *[Anc. art. R. 92, al. 1er et 2, R. 150, al. 7, R. 176, al. 1er, 3 et 4 et R. 178.]*

Art. R. 313-9 Feux de brouillard arrière.

I. – Tout véhicule à moteur ou toute remorque doit être muni d'un ou de deux feux de brouillard arrière émettant de la lumière rouge. Cette disposition ne s'applique qu'aux véhicules mis pour la première fois en circulation à compter du 1er octobre 1990.

II. – Les dispositions du I ci-dessus ne sont applicables ni aux motocyclettes, ni aux tricycles à moteur, *(Décr. n° 2001-1362 du 28 déc. 2001, art. 3)* « ni aux quadricycles à moteur, ni aux cyclomoteurs à trois roues », ni aux véhicules et matériels agricoles ou de travaux publics, automoteurs, qui, toutefois, peuvent être munis d'un ou de deux feux de brouillard arrière émettant de la lumière rouge.

III. – Les dispositions du I ci-dessus ne sont applicables *(Décr. n° 2001-1362 du 28 déc. 2001, art. 3)* « ni aux cyclomoteurs à deux-roues, » ni aux véhicules et appareils agricoles ou de travaux publics remorqués.

IV. – Le fait, pour tout conducteur, de contrevenir aux dispositions du I ci-dessus est puni de l'amende prévue pour les contraventions de la troisième classe. – *[Anc. art. R. 92, al. 3, R. 150, al. 7, R. 176, al. 1er, 3 et 5, R. 178 et R. 239.]*

Art. R. 313-10 Feux d'encombrement.

I. – Tout véhicule à moteur ou toute remorque, dont la largeur, chargement compris, excède 2,10 mètres doit être muni de deux feux visibles de l'avant et de deux feux visibles de l'arrière situés le plus près possible de l'extrémité de la largeur hors tout. Ces feux doivent émettre une lumière non éblouissante de couleur blanche vers l'avant et rouge vers l'arrière. *(Décr. n° 2016-448 du 13 avr. 2016, art. 14-1°)* « Deux feux supplémentaires visibles de l'avant et deux feux supplémentaires visibles de l'arrière peuvent être installés. »

II. – Les feux d'encombrement arrière sont facultatifs sur les châssis-cabines.

III. – Tout véhicule à moteur ou toute remorque dont la largeur est comprise entre 1,80 et 2,10 mètres peut être muni de ces feux d'encombrement.

IV. – L'obligation prévue au I ci-dessus n'est pas applicable aux véhicules et appareils agricoles ou de travaux publics, automoteurs, qui, toutefois, peuvent être munis des feux qu'il prévoit.

V. – Les dispositions du I ci-dessus ne sont pas applicables aux véhicules et matériels agricoles ou de travaux publics remorqués *(Décr. n° 2016-448 du 13 avr. 2016, art. 14-2°)* « à l'exception des véhicules, machines ou instruments agricoles remorqués d'une largeur supérieure à 1,8 m qui peuvent être munis des feux qu'il prévoit ».

VI. – Le fait, pour tout conducteur, de contrevenir aux dispositions *(Décr. n° 2016-448 du 13 avr. 2016, art. 14-3°)* « du I » ci-dessus est puni de l'amende prévue pour les contraventions de la troisième classe.

VII. – La nuit, ou le jour lorsque la visibilité est insuffisante, en cas d'absence, de non-conformité ou de défectuosité des feux d'encombrement, l'immobilisation peut être prescrite dans les conditions prévues *(Décr. n° 2020-1088 du 24 août 2020, art. 4-10°)* « aux articles L. 325-1, L. 325-2 et L. 325-3 ». – *[Anc. art. R. 86, R. 150, al. 7, R. 239 et R. 278, al. 1er et 4.]*

Art. R. 313-11 Feux de stationnement.

Tout véhicule à moteur, à l'exception des véhicules à deux ou trois roues et des véhicules *(Abrogé par Décr. n° 2016-448 du 13 avr. 2016, art. 15) « ou appareils agricoles ou »* de travaux publics, peut être muni de feux de stationnement. Ces feux, situés sur les côtés du véhicule, doivent émettre soit vers l'avant et vers l'arrière une lumière orangée, soit vers l'avant la même lumière que les feux de position et vers l'arrière une lumière rouge. – *[Anc. art. R. 90 et R. 150, al. 7.]*

Art. R. 313-12 Dispositif d'éclairage de la plaque d'immatriculation arrière ou de la plaque d'exploitation.

I. – Tout véhicule à moteur ou toute remorque doit être muni d'un dispositif lumineux capable de rendre lisible, à une distance minimale de 20 mètres, la nuit, par temps clair, le numéro inscrit sur sa plaque d'immatriculation arrière ou sur sa plaque d'exploitation.

II. – Pour les véhicules agricoles remorqués, ce dispositif peut être fixé sur un support amovible.

(Abrogé par Décr. nº 2016-448 du 13 avr. 2016, art. 16) « III. — Les dispositions du I ci-dessus ne sont applicables ni aux cyclomoteurs (Abrogé par Décr. nº 2001-1362 du 28 déc. 2001, art. 4) « à trois roues » ni aux quadricycles légers à moteur, qui, toutefois, peuvent être munis d'un dispositif d'éclairage de la plaque d'immatriculation. »

IV. — Les dispositions du présent article ne sont applicables aux véhicules et matériels spéciaux des services de secours et de lutte contre l'incendie que si elles sont compatibles avec leurs caractéristiques techniques de fabrication ou d'emploi.

V. — Le fait, pour tout conducteur, de contrevenir aux dispositions du présent article est puni de l'amende prévue pour les contraventions de la troisième classe. — *[Anc. art. R. 87, al. 1er et 2, R. 150, al. 8, R. 151, al. 5 et 6, R. 175, al. 1er, 3 et 5, R. 177, al. 1er et 3, R. 196-1, al. 2, R. 231 et R. 239.]*

Art. R. 313-13 Lorsque la largeur d'une machine agricole automotrice ou d'un matériel de travaux publics automoteur dépasse 2,55 mètres, ce véhicule doit porter à l'avant et à sa partie supérieure un panneau carré éclairé la nuit, visible de l'avant et de l'arrière du véhicule à une distance de 150 mètres par temps clair, sans être éblouissant et faisant apparaître en blanc sur fond noir une lettre "D" d'une hauteur égale ou supérieure à 0,20 mètre.

Lorsque la largeur d'une machine, d'un instrument ou d'un matériel agricole ou de travaux publics, remorqué, dépasse 2,55 mètres, le véhicule tracteur doit être muni du panneau prévu à l'alinéa précédent.

Si ce panneau n'est pas visible de l'arrière de l'ensemble, le dernier véhicule remorqué doit porter à l'arrière un ensemble de dispositifs réfléchissants dessinant en blanc sur fond noir une lettre "D" de même dimension que ci-dessus.

Les dispositions du présent article ne sont pas applicables aux véhicules tracteurs équipés des feux spéciaux prévus pour les véhicules à progression lente ou encombrants.

Le fait, pour tout conducteur, de contrevenir aux dispositions relatives à l'installation du panneau "D" et des dispositifs réfléchissants mentionnés au présent article est puni de l'amende prévue pour les contraventions de la troisième classe.

La nuit, ou le jour lorsque la visibilité est insuffisante, en cas d'absence, de non-conformité ou de défectuosité du feu d'éclairage du panneau "D", l'immobilisation peut être prescrite dans les conditions prévues *(Décr. nº 2020-1088 du 24 août 2020, art. 4-10º)* « aux articles L. 325-1, L. 325-2 et L. 325-3 ».

Le fait pour tout conducteur, dans les conditions visées au présent article, de circuler sans faire usage du dispositif d'éclairage du panneau "D" est puni de l'amende prévue pour les contraventions de la quatrième classe. — *[Anc. art. R. 152, R. 232, al. 1er et 8, R. 239 et R. 278, al. 1er et 4.]*

Art. R. 313-14 Feux indicateurs de direction.

I. — Tout véhicule à moteur ou toute remorque dont le poids total autorisé en charge est supérieur à 0,5 tonne doit être pourvu de feux indicateurs de direction à position fixe et à lumière clignotante. Ces dispositifs doivent émettre une lumière non éblouissante orangée vers l'avant et vers l'arrière.

(Décr. nº 2008-1095 du 28 oct. 2008) « Ces feux peuvent également s'activer dans les conditions du signal de détresse ou du freinage d'urgence telles que définies aux articles R. 313-17 et R. 313-17-1. »

(Décr. nº 2016-448 du 13 avr. 2016, art. 17) « II. — Les dispositions du I ci-dessus ne sont pas applicables aux cyclomoteurs qui, toutefois, peuvent être munis de feux indicateurs de direction. »

III. — Lorsqu'une remorque d'un poids total autorisé en charge inférieur ou égal à 0,5 tonne ou un appareil agricole ou de travaux publics remorqué, ou son chargement masque les feux indicateurs de direction du véhicule tracteur, la remorque ou l'appareil doit être muni des dispositifs correspondants.

IV. — Pour tout véhicule ou matériel agricole ou de travaux publics remorqué, les feux indicateurs de direction peuvent être fixés sur un support amovible.

V. — Le fait, pour tout conducteur, de contrevenir aux dispositions du présent article est puni de l'amende prévue pour les contraventions de la troisième classe.

VI. — La nuit, ou le jour lorsque la visibilité est insuffisante, en cas d'absence, de non-conformité ou de défectuosité des feux indicateurs de direction, l'immobilisation peut être prescrite dans les conditions prévues (Décr. nº 2020-1088 du 24 août 2020, art. 4-10º) « aux articles L. 325-1, L. 325-2 et L. 325-3 ». — *[Anc. art. R. 89, R. 150, al. 1er et 5, R. 151, al. 1er, 3 et 6, R. 175, al. 1er, 4 et 10, R. 177, al. 1er et 3, R. 196-1, al. 1er, R. 197, R. 239 et R. 278, al. 1er et 4.]*

Art. R. 313-15 Feux de marche arrière.

Tout véhicule à moteur, toute remorque, à l'exception des motocyclettes et des cyclomoteurs *(Décr. n° 2001-1362 du 28 déc. 2001, art. 5)* « à deux-roues », peut être muni d'un ou de deux feux de marche arrière, émettant une lumière blanche. — *[Anc. art. R. 92, al. 5, R. 150, al. 1er et 7 et R. 178.]*

Art. R. 313-16 Feux orientables.

I. — Tout véhicule à moteur peut, dans les conditions prévues par le ministre chargé des transports, être muni de feux orientables, émettant une lumière *(Décr. n° 2016-448 du 13 avr. 2016, art. 18)* « blanche, » jaune sélective ou orangée.

II. — Les dispositions du I ci-dessus ne sont applicables ni aux motocyclettes, ni aux tricycles et quadricycles à moteur, ni aux cyclomoteurs. — *[Anc. art. R. 92, al. 4 et 5, et R. 150, al. 7.]*

Art. R. 313-17 Signal de détresse.

I. — Tout véhicule à moteur ou toute remorque doit être muni d'un signal de détresse constitué par le fonctionnement simultané des indicateurs de direction.

(Décr. n° 2008-1095 du 28 oct. 2008) « Le signal de détresse se déclenche automatiquement en cas de collision si le véhicule est équipé d'un dispositif le permettant. »

II. — Les dispositions du I ci-dessus ne sont applicables ni aux motocyclettes *(Décr. n° 2001-1362 du 28 déc. 2001, art. 6)* « ni aux cyclomoteurs à *(Décr. n° 2016-448 du 13 avr. 2016, art. 19-1°)* « deux ou » trois roues, ni aux quadricycles légers à moteur », ni aux *(Abrogé par Décr. n° 2016-448 du 13 avr. 2016, art. 19-1°)* *« véhicules et »* appareils agricoles ou de travaux publics automoteurs qui, toutefois, peuvent être munis d'un signal de détresse.

III. — Les dispositions du I ci-dessus ne sont pas applicables *(Abrogé par Décr. n° 2016-448 du 13 avr. 2016, art. 19-2°)* *(Décr. n° 2001-1362 du 28 déc. 2001, art. 6)* *« aux cyclomoteurs à deux-roues, »* aux véhicules et matériels de travaux publics remorqués.

IV. — Le fait, pour tout conducteur, de contrevenir aux dispositions du I ci-dessus est puni de l'amende prévue pour les contraventions de la troisième classe. — *[Anc. art. R. 92, al. 15, R. 150, al. 7, R. 176, al. 1er, 3 et 6, R. 177, al. 1er et 3, et R. 239.]*

Art. R. 313-17-1 *(Décr. n° 2008-1095 du 28 oct. 2008)* Signalisation de freinage d'urgence.

Tout véhicule à moteur ou toute remorque peut être muni d'une signalisation de freinage d'urgence destinée à indiquer aux usagers de la route qui se trouvent en arrière du véhicule que celui-ci subit une puissante force de ralentissement.

La signalisation de freinage d'urgence est obtenue, sans intervention du conducteur du véhicule, par le fonctionnement synchrone de tous les feux stop ou de tous les feux indicateurs de direction, définis aux articles R. 313-7 et R. 313-14.

Art. R. 313-18 Catadioptres arrière.

I. — Sauf dispositions différentes prévues au présent article, tout véhicule à moteur ou toute remorque doit être muni de deux catadioptres arrière rouges, de forme non triangulaire pour les véhicules à moteur et de forme triangulaire pour les remorques.

(Décr. n° 2009-497 du 30 avr. 2009) « Toutefois, les remorques peuvent également être munies de deux catadioptres arrière rouges, de forme non triangulaire, à condition qu'ils soient groupés avec les dispositifs arrière de signalisation lumineuse. »

II. — Toute motocyclette, tout cyclomoteur à deux-roues *(Décr. n° 2016-448 du 13 avr. 2016, art. 20-1°)* « , tout side-car équipant une motocyclette » doit être muni à l'arrière d'un catadioptre.

III. — Tout tricycle à moteur, tout quadricycle à moteur, tout cyclomoteur à trois roues doit être muni d'un ou de deux catadioptres arrière.

IV. — Tout cyclomoteur à trois roues *(Décr. n° 2016-448 du 13 avr. 2016, art. 20-2°)* « ou tricycle » ou quadricycle à moteur dont la largeur dépasse 1 mètre doit être muni de deux catadioptres arrière.

V. — Tout *(Décr. n° 2019-1082 du 23 oct. 2019, art. 7, en vigueur le 1er juill. 2020)* « engin de déplacement personnel motorisé ou » cycle doit être muni d'un ou plusieurs catadioptres arrière.

VI. — Lorsque la remorque d'une motocyclette, d'un quadricycle à moteur, d'un tricycle à moteur, d'un cyclomoteur ou d'un cycle, ou son chargement, masque le ou les catadioptres du véhicule tracteur, la remorque doit être munie du ou des dispositifs correspondants, dont le nombre est fixé à deux obligatoirement si la largeur de la remorque dépasse 1,30 mètre.

VII. — La nuit, ou le jour lorsque la visibilité est insuffisante, tout véhicule à traction animale doit être muni à l'arrière de deux catadioptres arrière. Lorsque, chargement compris, la longueur du véhicule dépasse 6 mètres ou sa largeur 2 mètres, ces dispositifs doivent être situés à la limite du gabarit du véhicule. Ces dispositifs doivent être placés de telle sorte qu'aucune partie du véhicule ou de son chargement n'en détruise l'efficacité en les cachant d'une façon totale ou partielle.

VIII. – La nuit, ou le jour lorsque la visibilité est insuffisante, les voitures à bras doivent être munies à l'arrière d'un catadioptre arrière, placé à gauche, à moins de 0, 40 mètre de la largeur hors tout du véhicule. Ce dispositif doit être placé de telle sorte qu'aucune partie du véhicule ou de son chargement n'en détruise l'efficacité en le cachant d'une façon totale ou partielle.

IX. – Pour tout véhicule ou appareil agricole remorqué ou tout matériel de travaux publics remorqué, les catadioptres peuvent être fixés sur un support amovible.

X. – Le fait, pour tout conducteur d'un véhicule à moteur ou à traction animale, de contrevenir aux dispositions du présent article est puni de l'amende prévue pour les contraventions de la troisième classe.

XI. – Le fait, pour tout conducteur d'un *(Décr. n° 2019-1082 du 23 oct. 2019, art. 8, en vigueur le 1er juill. 2020)* « engin de déplacement personnel motorisé ou d'un » cycle, de contrevenir aux dispositions du présent article est puni de l'amende prévue pour les contraventions de la première classe. – *[Anc. art. R. 91, al. 1er et 2, R. 150, al. 1er et 6, R. 151, al. 1er à 4, R. 175, al. 1er, 3 et 10, R. 177, al. 1er, 2 et 3, R. 196, al. 1er et 2, R. 197, R. 215, al. 1er à 3, R. 216, al. 1er, et R. 239.]*

Art. R. 313-19 Catadioptres latéraux.

(Décr. n° 2016-448 du 13 avr. 2016, art. 21) « I. – Tout véhicule à moteur dont la longueur dépasse 6 mètres, toute remorque, tout cyclomoteur à deux roues ou trois roues, tout tricycle, tout quadricycle doit être muni d'au moins un ou de deux catadioptres latéraux, non triangulaires, de couleur orangée.

« I *bis*. – Les catadioptres latéraux placés dans la partie arrière des véhicules de la catégorie L1e peuvent être de couleur rouge. »

II. – Tout autre véhicule à moteur peut être muni d'un ou de deux catadioptres latéraux, non triangulaires, de couleur orangée.

III. – Tout *(Décr. n° 2019-1082 du 23 oct. 2019, art. 7, en vigueur le 1er juill. 2020)* « engin de déplacement personnel motorisé ou » cycle doit être muni de catadioptres orange visibles latéralement.

IV. – Le fait, pour tout conducteur d'un véhicule à moteur, de contrevenir aux dispositions du présent article est puni de l'amende prévue pour les contraventions de la troisième classe.

V. – Le fait, pour tout conducteur d'un *(Décr. n° 2019-1082 du 23 oct. 2019, art. 8, en vigueur le 1er juill. 2020)* « engin de déplacement personnel motorisé ou d'un » cycle, de contrevenir aux dispositions du présent article est puni de l'amende prévue pour les contraventions de la première classe. – *[Anc. art. R. 91, al. 1er et 4, R. 150, al. 1er et 6, R. 151, al. 1er à 4 et 6, R. 176, al. 1er, 3 et 6, R. 196, al. 1er et 3, et R. 239.]*

Art. R. 313-20 Autres catadioptres.

I. – Toute remorque d'un véhicule à moteur à quatre roues, à l'exception de celle des quadricycles à moteur et des véhicules et appareils agricoles ou de travaux publics, doit être munie à l'avant de deux catadioptres non triangulaires de couleur blanche.

II. – Tout véhicule à moteur, à l'exception des véhicules *(Abrogé par Décr. n° 2016-448 du 13 avr. 2016, art. 22-1°)* « *et appareils agricoles ou* » de travaux publics automoteurs, peut être muni à l'avant de tels catadioptres.

III. – Les pédales de tout cycle, cyclomoteur ou quadricycle léger à moteur doivent comporter des catadioptres *(Décr. n° 2016-448 du 13 avr. 2016, art. 22-2°)* « de couleur orangée », sauf dans le cas des *(Décr. n° 2008-1095 du 28 oct. 2008)* « cyclomoteurs *[ancienne rédaction : cycles]* » à deux-roues à pédales rétractables.

IV. – Tout *(Décr. n° 2019-1082 du 23 oct. 2019, art. 7, en vigueur le 1er juill. 2020)* « engin de déplacement personnel motorisé ou » cycle doit être muni d'un catadioptre blanc visible de l'avant.

V. – Tout cycle peut comporter à l'arrière et à gauche un dispositif "écarteur de danger".

VI. – La nuit, ou le jour lorsque la visibilité est insuffisante, tout véhicule à traction animale, dont, chargement compris, la longueur dépasse 6 mètres ou la largeur 2 mètres, doit être muni à l'avant, à la limite du gabarit, de deux catadioptres avant, réfléchissant une lumière blanche.

VII. – Le fait, pour tout conducteur d'un véhicule à moteur ou à traction animale, de contrevenir aux dispositions du présent article est puni de l'amende prévue pour les contraventions de la troisième classe.

VIII. – Le fait, pour tout conducteur d'un *(Décr. n° 2019-1082 du 23 oct. 2019, art. 8, en vigueur le 1er juill. 2020)* « engin de déplacement personnel motorisé ou d'un » cycle, de contrevenir aux dispositions du présent article est puni de l'amende prévue pour les contraventions de la première classe. – *[Anc. art. R. 91, al. 1er et 3, R. 151, al. 1er et 4, R. 175, al. 1er et 10, R. 177, al. 1er et 3, R. 196, al. 1er et 4, R. 197, R. 215, al. 2, R. 239 et Arr. du 16 juill. 1954, art. 45 c, al. 1er.]*

Art. R. 313-21 Si la largeur hors tout d'un chargement dépasse de plus de 0, 40 mètre le point de la plage éclairante le plus éloigné du plan longitudinal médian du véhicule, le chargement doit être signalé la nuit, ou le jour lorsque la visibilité est insuffisante, par un feu ou un dispositif réfléchissant blanc vers l'avant et par un feu ou un dispositif réfléchissant rouge vers l'arrière, disposés de telle façon que le point de la plage éclairante ou réfléchissante de ces feux ou de ces dispositifs le plus éloigné du plan longitudinal médian du véhicule soit à moins de 0, 40 mètre de l'extrémité de la largeur hors tout du chargement.

Le fait, pour tout conducteur, de contrevenir aux dispositions du présent article est puni de l'amende prévue pour les contraventions de la troisième classe.

La nuit, ou le jour lorsque la visibilité est insuffisante, en cas d'absence, de non-conformité ou de défectuosité des feux ou dispositifs exigés par le présent article, l'immobilisation peut être prescrite dans les conditions prévues *(Décr. n° 2020-1088 du 24 août 2020, art. 4-10°)* « aux articles L. 325-1, L. 325-2 et L. 325-3 ». – *[Anc. art. R. 92, al. 7 et 8, R. 239 et R. 278, al. 1er et 4.]*

Art. R. 313-22 Tout véhicule ou matériel agricole ou de travaux publics peut être muni, pour le travail de nuit, d'un ou plusieurs projecteurs de travail.

Le fait pour tout conducteur de faire usage de ces appareils sur les voies ouvertes à la circulation publique dans des conditions autres que le travail de nuit est puni de l'amende prévue pour les contraventions de la quatrième classe. – *[Anc. art. R. 153 et R. 232, al. 1er et 8.]*

Art. R. 313-23 I. – La nuit, ou le jour lorsque la visibilité est insuffisante, tout véhicule à traction animale doit être muni des dispositifs suivants :

1° A l'avant, un ou deux feux émettant vers l'avant une lumière blanche ou jaune ;

2° A l'arrière, un ou deux feux émettant vers l'arrière une lumière rouge.

II. – Ces lumières doivent être visibles la nuit par temps clair à une distance de 150 mètres sans être éblouissantes pour les autres conducteurs.

III. – S'il y a deux feux à lumière blanche ou jaune ou deux feux à lumière rouge, ils doivent être placés symétriquement. S'il n'y a qu'un seul feu à lumière blanche ou jaune ou un seul feu à lumière rouge, chacun d'eux doit être placé à la gauche du véhicule si ce dernier est en mouvement et du côté opposé au trottoir ou à l'accotement s'il est en stationnement.

IV. – Toutefois, peuvent n'être signalés que par un feu unique, placé du côté opposé à l'accotement ou au trottoir, émettant vers l'avant une lumière blanche ou jaune et vers l'arrière une lumière rouge :

1° Les véhicules à traction animale à un seul essieu ;

2° Les véhicules à traction animale à usage agricole ; le feu doit alors être fixé au véhicule ou porté à la main par un convoyeur se trouvant immédiatement à côté et à gauche du véhicule ;

3° Les autres véhicules à traction animale en stationnement, à la condition que leur longueur ne dépasse pas 6 mètres.

V. – Quand plusieurs véhicules à traction animale circulent en convoi, le premier véhicule de chaque groupe de deux ou trois véhicules se suivant sans intervalle doit être muni du ou des feux émettant une lumière blanche ou jaune et le dernier véhicule du ou des feux émettant une lumière rouge prévus ci-dessus. Le véhicule intermédiaire, s'il existe, est dispensé de tout éclairage.

VI. – Toutefois, pour les véhicules à l'arrêt ou en stationnement en agglomération, l'emploi des feux prévus au présent article n'est pas requis lorsque l'éclairage de la chaussée permet aux autres usagers de voir distinctement le véhicule à une distance suffisante.

VII. – La nuit, ou le jour lorsque la visibilité est insuffisante, toute voiture à bras doit être munie des dispositifs lumineux exigés pour les véhicules à traction animale à un seul essieu. Dans les mêmes circonstances, tout conducteur d'une voiture à bras, en circulation, à l'arrêt ou en stationnement sur une route, doit faire usage de ces dispositifs.

VIII. – Les feux visés au présent article doivent être placés de telle sorte qu'aucune partie du véhicule ou de son chargement n'en détruise l'efficacité en les cachant d'une façon totale ou partielle.

IX. — Le fait pour tout conducteur de contrevenir aux dispositions du présent article relatives à l'équipement des véhicules est puni de l'amende prévue pour les contraventions de la troisième classe.

X. — Le fait, pour tout conducteur de ne pas faire usage, la nuit ou le jour lorsque la visibilité est insuffisante, des feux prévus au présent article est puni de l'amende prévue pour les contraventions de la quatrième classe. — *[Anc. art. R. 40-1, al. 1er, 3 et 4, R. 41-1, al. 1er et 4, R. 214, R. 216, al. 1er, R. 232, al. 1er et 8, et R. 239.]*

Art. R. 313-24 *(Décr. no 2016-448 du 13 avr. 2016, art. 23-1o)* « I. — Le ministre chargé des transports fixe par arrêté les conditions dans lesquelles sont assurées les connexions électriques des véhicules à moteur et de leurs remorques permettant le fonctionnement des dispositifs d'éclairage et de signalisation. »

(Abrogé par Décr. no 2016-448 du 13 avr. 2016, art. 23-2o) « II. — Les connexions électriques des véhicules à moteur à deux ou trois roues doivent être telles que le feu de position avant ou, en l'absence d'un feu de position avant, le feu de croisement, le feu de position arrière et le dispositif d'éclairage de la plaque d'immatriculation arrière ne puissent être allumés et éteints que simultanément.

« Pour ces mêmes véhicules, les connexions électriques doivent être telles que le feu de route, le feu de croisement et le feu de brouillard ne puissent être allumés que si le feu de position avant ou, en l'absence d'un feu de position avant, le feu de croisement, le feu de position arrière et le dispositif d'éclairage de la plaque d'immatriculation le sont également. Cependant, cette condition n'est pas imposée pour le feu de route ou le feu de croisement lorsqu'ils sont utilisés pour des signaux lumineux produits par allumage intermittent à court intervalle du feu de croisement ou par allumage intermittent du feu de route ou par allumage alterné à court intervalle du feu de croisement et du feu de route.

« III. — Les connexions électriques des tracteurs agricoles et forestiers doivent être telles que les feux de position avant, les feux d'encombrement, lorsqu'ils existent, et le dispositif d'éclairage de la plaque d'immatriculation arrière ne puissent être allumés que simultanément.

« Pour ces mêmes véhicules, les connexions électriques doivent être telles que les feux de route, les feux de croisement et les feux de brouillard avant et arrière ne puissent être allumés que si les feux de position avant, les feux d'encombrement lorsqu'ils existent et le dispositif d'éclairage de la plaque d'immatriculation arrière le sont également. Cependant, cette condition n'est pas imposée pour les feux de route ou les feux de croisement lorsque leurs avertissements lumineux consistent en l'allumage intermittent à de courts intervalles des feux de croisement ou en l'allumage intermittent des feux de route ou en l'allumage alterné à de courts intervalles des feux de croisement et des feux de route. »

IV. — Le fait de contrevenir aux dispositions *(Décr. no 2016-448 du 13 avr. 2016, art. 23-3o)* « prises en application du I » du présent article est puni de l'amende prévue pour les contraventions de la troisième classe.

V. — La nuit, ou le jour lorsque la visibilité est insuffisante, en cas de non-conformité ou de défectuosité des équipements exigés par le présent article, l'immobilisation peut être prescrite dans les conditions prévues *(Décr. no 2020-1088 du 24 août 2020, art. 4-10o)* « aux articles L. 325-1, L. 325-2 et L. 325-3 ». — *[Anc. art. R. 82, al. 1er et 3, R. 84, al. 2 et 3, R. 85, al. 1er et 3, R. 87, al. 1er et 3, R. 150, al. 9, R. 151, al. 5, R. 175, al. 1er, 5 et 6, R. 177, al. 1er, R. 196-1, al. 3, R. 239 et R. 278, al. 1er et 4.]*

Art. R. 313-25 Sauf dispositions contraires prises par arrêté du ministre chargé des transports, deux feux ou dispositifs de même signification et susceptibles d'être employés en même temps doivent être placés symétriquement par rapport au plan longitudinal de symétrie du véhicule ; ils doivent émettre ou réfléchir des faisceaux lumineux de même couleur et de même intensité.

Les feux et signaux ne peuvent être à intensité variable, sauf ceux des indicateurs de direction *(Décr. no 2016-448 du 13 avr. 2016, art. 24)* « , des feux de position arrière, des feux stop, des feux de brouillard arrière » et du signal de détresse.

Le fait, pour tout conducteur, de contrevenir aux dispositions du présent article est puni de l'amende prévue pour les contraventions de la troisième classe. — *[Anc. art. R. 93, al. 1er à 3, R. 179 et R. 239.]*

Art. R. 313-26 *(Décr. no 2009-497 du 30 avr. 2009)* « Le doublement des feux rouges, des feux stop et des feux indicateurs de direction arrière est autorisé sur les véhicules à moteur dont le poids total autorisé en charge excède 3,5 tonnes et les véhicules remorqués dont le poids total autorisé en charge excède 0,75 tonne, dans les conditions fixées par arrêté du ministre chargé des transports. »

Le fait de contrevenir aux dispositions du présent article est puni de l'amende prévue pour les contraventions de la troisième classe. – *[Anc. art. R. 239 et Arr. du 18 juill. 1985, art. 18 bis, al. 1er.]*

Art. R. 313-27 Feux spéciaux des véhicules d'intérêt général.

I. – Tout véhicule d'intérêt général prioritaire peut être muni de feux spéciaux tournants ou d'une rampe spéciale de signalisation.

II. – Tout véhicule d'intérêt général bénéficiant de facilités de passage peut être muni, sur autorisation préfectorale, de feux spéciaux à éclats.

III. – Tout véhicule d'intérêt général peut être muni de dispositifs complémentaires de signalisation par éléments fluorescents ou rétroréfléchissants. – *[Anc. art. R. 92, al. 9 à 11, et R. 175, al. 9.]*

Art. R. 313-28 Tout véhicule à progression lente ou encombrant dont la liste est fixée par le ministre chargé des transports peut être muni de feux spéciaux et de dispositifs complémentaires de signalisation par éléments fluorescents ou rétroréfléchissants. – *[Anc. art. R. 92, al. 13, 16 et 17.]*

Art. R. 313-29 Le fait de détenir, d'utiliser, d'adapter, de placer, d'appliquer ou de transporter à un titre quelconque les feux réservés aux véhicules d'intérêt général est puni de l'amende prévue pour les contraventions de la quatrième classe.

Ces feux peuvent être saisis et confisqués.

L'immobilisation peut être prescrite dans les conditions prévues *(Décr. no 2020-1088 du 24 août 2020, art. 4-10o)* « aux articles L. 325-1, L. 325-2 et L. 325-3 ». – *[Anc. art. R. 240, al. 2, et R. 278, al. 1er et 16.]*

Art. R. 313-30 Les règles techniques prévues à la présente section ne sont applicables aux véhicules et matériels spéciaux des armées que si elles sont compatibles avec leurs caractéristiques techniques de fabrication et d'emploi. – *[Anc. art. R. 229, al. 1er et 3.]*

Art. R. 313-31 I. – Le ministre chargé des transports fixe par arrêté :

1° Les conditions d'application de la présente section et les conditions d'homologation et d'installation des dispositifs d'éclairage et de signalisation qu'elle prévoit ;

2° Les caractéristiques des feux spéciaux des véhicules d'intérêt général et des véhicules à progression lente ou encombrants ;

3° Les caractéristiques des dispositifs complémentaires de signalisation par éléments fluorescents ou rétroréfléchissants pouvant équiper à l'avant, à l'arrière ou latéralement les véhicules d'intérêt général et les véhicules à progression lente ;

4° Les catégories de véhicules devant comporter à l'arrière une signalisation complémentaire par des dispositifs fluorescents et rétroréfléchissants ainsi que les caractéristiques de ces dispositifs ;

5° Les catégories de véhicules pouvant comporter une signalisation complémentaire par des dispositifs fluorescents ou rétroréfléchissants ainsi que les caractéristiques de ces dispositifs ;

6° Les catégories de véhicules devant comporter, en fonction de leur longueur, des catadioptres latéraux supplémentaires ainsi que les caractéristiques et les conditions d'installation de ces dispositifs.

II. – Pour les véhicules et appareils agricoles et forestiers, le ministre chargé de l'agriculture doit être consulté.

III. – Le ministre chargé des transports peut interdire l'usage de dispositifs d'éclairage ou de signalisation non conformes à des types ayant reçu son agrément. – *[Anc. art. R. 92, al. 4, 9 à 14, 16 et 17, R. 93, al. 4 et 5, R. 154, R. 175, al. 8, R. 176, al. 7, R. 177, al. 4, R. 179, R. 195, al. 1er et 3, R. 196, al. 5, et R. 196-1, al. 4.] – V. Arr. du 20 janv. 1987 (JO 12 févr.).*

Art. R. 313-32 Le ministre chargé des transports fixe par arrêté :

1° Les conditions spéciales d'éclairage et de signalisation des véhicules effectuant des transports de bois en grume ou de pièces de grande longueur débordant l'arrière des véhicules ;

2° Les règles relatives à la signalisation lumineuse des engins de service hivernal ;

3° Les règles relatives à l'éclairage et à la signalisation de certains engins spéciaux dont la vitesse ne peut excéder par construction 25 km/h. – *[Anc. art. R. 92, al. 6, R. 168, R. 231-1, al. 5, et R. 216, al. 2.]*

Art. R. 313-32-1 *(Décr. no 2020-1396 du 17 nov. 2020, art. 1er, en vigueur le 1er janv. 2021)* A l'exception des véhicules agricoles et forestiers, d'une part, et des engins de service hivernal et des véhicules d'intervention des services gestionnaires des autoroutes ou routes à deux chaussées séparées tels que définis respectivement aux points 5, 6.1 et 6.6 de l'article R. 311-1 du présent code, d'autre part, les véhicules dont le poids total autorisé en charge excède 3,5 tonnes doivent porter, visible sur les côtés ainsi qu'à l'arrière du véhicule, une signalisation matérialisant la position des angles morts.

Le modèle de la signalisation et ses modalités d'apposition sont fixés par arrêté conjoint du ministre chargé des transports et du ministre chargé de la sécurité routière.

Le fait, pour tout conducteur, de contrevenir à l'obligation de signalisation imposée par le présent article et aux dispositions prises pour son application est puni de l'amende prévue pour les contraventions de la quatrième classe.

SECTION II *Signaux d'avertissement*

Art. R. 313-33 Sauf dispositions différentes prévues au présent article, tout véhicule à moteur doit être muni d'un avertisseur sonore de route. Il peut être muni d'un avertisseur sonore pour l'usage urbain.

Les dispositifs sonores sont conformes à des types homologués répondant à des spécifications déterminées par le ministre chargé des transports. *— V. Arr. du 14 janv. 1958 (JO 22 janv.), mod. par Arr. du 4 mai 2009 (JO 6 mai).*

Tout *(Décr. nº 2019-1082 du 23 oct. 2019, art. 7, en vigueur le 1er juill. 2020)* « engin de déplacement personnel motorisé ou » cycle doit être muni d'un appareil avertisseur constitué par un timbre ou un grelot dont le son peut être entendu à 50 mètres au moins. L'emploi de tout autre signal sonore est interdit.

Le fait, pour tout conducteur d'un véhicule à moteur, de contrevenir aux dispositions du présent article est puni de l'amende prévue pour les contraventions de la troisième classe.

Le fait, pour tout conducteur d'un *(Décr. nº 2019-1082 du 23 oct. 2019, art. 8, en vigueur le 1er juill. 2020)* « engin de déplacement personnel motorisé ou d'un » cycle, de contrevenir aux dispositions du présent article est puni de l'amende prévue pour les contraventions de la première classe. *— [Anc. art. R. 94, R. 155, R. 180, R. 198 et R. 239.]*

Art. R. 313-34 Les véhicules d'intérêt général prioritaires peuvent être équipés d'avertisseurs spéciaux en plus des avertisseurs exigés pour tout véhicule à moteur.

Les véhicules d'intérêt général bénéficiant de facilités de passage, à l'exception des engins de service hivernal, peuvent être équipés de timbres spéciaux en plus des avertisseurs exigés pour tout véhicule à moteur.

Un arrêté du ministre chargé des transports définit les caractéristiques de ces avertisseurs et timbres spéciaux. *— [Anc. art. R. 95, R. 96, R. 181 et Arr. du 30 oct. 1987, art. 1er, II, 4º.]*

Art. R. 313-35 Le fait de détenir, d'utiliser, d'adapter, de placer, d'appliquer ou de transporter à un titre quelconque les timbres ou avertisseurs *(Décr. nº 2003-536 du 20 juin 2003, art. 6)* « sonores » spéciaux réservés aux véhicules d'intérêt général est puni de l'amende prévue pour les contraventions de la quatrième classe.

Ces dispositifs peuvent être saisis et confisqués. *— [Anc. art. R. 240, al. 2.]*

CHAPITRE IV *Pneumatiques*

Art. R. 314-1 Les roues de tout véhicule à moteur et de toute remorque, à l'exception des véhicules et appareils agricoles *(Décr. nº 2019-1082 du 23 oct. 2019, art. 9)* « et des engins de déplacement personnel motorisés », doivent être munies de pneumatiques.

Les pneumatiques, à l'exception de ceux des matériels de travaux publics, doivent présenter sur toute leur surface de roulement des sculptures apparentes.

Aucune toile ne doit apparaître ni en surface ni à fond de sculpture des pneumatiques.

En outre, ceux-ci ne doivent comporter sur leurs flancs aucune déchirure profonde.

Lorsque les véhicules et appareils agricoles *(Décr. nº 2019-1082 du 23 oct. 2019, art. 9)* « et les engins de déplacement personnel motorisés » sont munis de pneumatiques, ceux-ci ne doivent comporter sur leurs flancs aucune déchirure profonde et aucune toile ne doit apparaître ni en surface ni en fond de sculpture.

La nature, la forme, l'état et les conditions d'utilisation des pneumatiques et autres dispositifs prévus par le présent article sont déterminés par arrêté du ministre chargé des transports. *— V. Arr. du 18 juill. 2019, App., vº Pneumatiques.*

Le ministre chargé des transports peut accorder des dérogations aux obligations prévues au présent article pour les matériels de travaux publics.

Le fait de contrevenir aux dispositions du présent article relatives à la nature, la forme, l'état et les conditions d'utilisation des pneumatiques est puni de l'amende prévue pour les contraventions de la quatrième classe.

L'immobilisation du véhicule peut être prescrite dans les conditions prévues *(Décr. n° 2020-1088 du 24 août 2020, art. 4-10°)* « aux articles L. 325-1, L. 325-2 et L. 325-3 ». – *[Anc. art. R. 59, R. 139, R. 142, R. 170, R. 188-2, R. 238, al. 1er et 2, et R. 278, al. 1er et 4.]*

Art. R. 314-2 Le fait de mettre en vente ou de vendre, sauf pour être mis au rebut, un pneumatique ne présentant pas les caractéristiques d'utilisation prévues à l'article R. 314-1 ou détérioré par un retaillage trop profond est puni de l'amende prévue pour les contraventions de la quatrième classe. – *[Anc. art. R. 242-2.]*

Art. R. 314-3 Il est interdit d'introduire dans les surfaces de roulement des pneumatiques des éléments métalliques susceptibles de faire saillie. Le ministre chargé des transports fixe par arrêté les conditions dans lesquelles il peut être dérogé à cette interdiction ou fait usage de tout autre dispositif antidérapant.

L'usage des chaînes n'est autorisé que sur les routes enneigées.

Les dispositions du présent article ne sont applicables ni aux cyclomoteurs, ni aux quadricycles légers à moteur.

Le ministre chargé des transports, après avis du ministre chargé de l'agriculture, fixe par arrêté les caractéristiques auxquelles doivent répondre les chaînes d'adhérence employées sur les pneumatiques des véhicules ou appareils agricoles automoteurs.

Le fait de contrevenir aux dispositions du présent article ou à celles prises pour son application est puni de l'amende prévue pour les contraventions de la quatrième classe.

L'immobilisation du véhicule peut être prescrite dans les conditions prévues *(Décr. n° 2020-1088 du 24 août 2020, art. 4-10°)* « aux articles L. 325-1, L. 325-2 et L. 325-3 ». – *[Anc. art. R. 141, R. 142, R. 170, R. 210, R. 238, al. 1er et 2, et R. 278, al. 1er et 4.]*

Art. R. 314-4 Le ministre chargé des transports, après avis du ministre chargé de l'agriculture, fixe par arrêté les caractéristiques auxquelles doivent répondre les bandages métalliques des véhicules ou matériels agricoles. – *V. Arr. du 25 août 1959 (D. 1959. 578 ; BLD 1959. 1118), mod. par Arr. du 18 janv. 1960 (D. 1960. 85 ; BLD 1960. 174).*

Le fait pour tout conducteur de contrevenir aux dispositions prises en application du présent article est puni de l'amende prévue pour les contraventions de la troisième classe.

L'immobilisation du véhicule peut être prescrite dans les conditions prévues *(Décr. n° 2020-1088 du 24 août 2020, art. 4-10°)* « aux articles L. 325-1, L. 325-2 et L. 325-3 ». – *[Anc. art. R. 141, R. 239 et R. 278, al. 1er et 4.]*

Art. R. 314-5 Les bandages métalliques des véhicules à traction animale ne doivent présenter aucune saillie sur leurs surfaces prenant contact avec le sol.

Le fait de contrevenir aux dispositions du présent article est puni de l'amende prévue pour les contraventions de la troisième classe. – *[Anc. art. R. 210 et R. 239.]*

Art. R. 314-6 Les dispositions du présent chapitre ne sont applicables aux véhicules et matériels spéciaux des armées que si elles sont compatibles avec leurs caractéristiques techniques de fabrication et d'emploi. – *[Anc. art. R. 229, al. 1er et 3.]*

Art. R. 314-7 Le ministre chargé des transports fixe par arrêté les règles relatives aux pneumatiques des engins spéciaux dont la vitesse ne peut excéder par construction 25 km/h.

Le fait, pour tout conducteur d'un engin spécial, muni de pneumatiques, de contrevenir aux dispositions prises en application du présent article est puni de l'amende prévue pour les contraventions de la quatrième classe.

Le fait, pour tout conducteur d'un engin spécial, muni de bandages métalliques, de contrevenir aux dispositions prises en application du présent article est puni de l'amende prévue pour les contraventions de la troisième classe. – *[Anc. art. R. 168, R. 238, al. 1er et 2, et R. 239.]*

Art. D. 314-8 *(Décr. n° 2020-1264 du 16 oct. 2020, art. 1er et 3, en vigueur le 1er nov. 2021)* I. – Dans les massifs mentionnés à l'article 5 de la loi n° 85-30 du 9 janvier 1985 relative au développement et à la protection de la montagne, le préfet de département détermine, par arrêté pris après avis du comité de massif, la liste des communes sur lesquelles des obligations d'équipement des véhicules en circulation s'appliquent en période hivernale. Des dérogations aux obligations d'équipements peuvent être définies par arrêté du préfet de département sur certaines sections de routes et certains itinéraires de délestage.

II. – Les obligations d'équipement en période hivernale sont les suivantes :

1° Pour les véhicules de catégorie M1 et N1 : la détention de dispositifs antidérapants amovibles permettant d'équiper au moins deux roues motrices ou le port, sur au moins deux roues de chaque essieu, de pneumatiques "hiver" ;

2° Pour les véhicules de catégorie M2 et M3 : la détention de dispositifs antidérapants amovibles permettant d'équiper au moins deux roues motrices ou le port, sur au moins deux roues directrices du système de direction principal et au moins deux roues motrices, de pneumatiques "hiver" ;

3° Pour les véhicules de catégorie N2 et N3, sans remorque ni semi-remorque : la détention de dispositifs antidérapants amovibles permettant d'équiper au moins deux roues motrices ou le port, sur au moins deux roues directrices du système de direction principal et au moins deux roues motrices, de pneumatiques "hiver" ;

4° Pour les véhicules de catégorie N2 et N3, avec remorque ou semi-remorque : la détention de dispositifs antidérapants amovibles permettant d'équiper au moins deux roues motrices.

III. — Les dispositions des 1° à 4° du II ne sont pas applicables aux véhicules portant des dispositifs antidérapants inamovibles définis par arrêté du ministre chargé des transports.

IV. — La période hivernale débute le 1er novembre et se termine le 31 mars de l'année suivante.

V. — Pour l'application du présent article, les pneumatiques "hiver" sont identifiés par l'un des marquages "M+S", "M.S" ou "M&S" ou par la présence conjointe du marquage du "symbole alpin" et de l'un des marquages "M+S", "M.S" ou "M&S".

VI. — Le présent article s'applique sans préjudice des interdictions, restrictions et conditions de circulation prises par le préfet de département ou par l'autorité détentrice du pouvoir de police de la circulation au titre des articles R. 411-17 à R. 411-21-1.

Nouvel art. D. 314-8 (Décr. n° 2020-1264 du 16 oct. 2020, art. 2 et 4, en vigueur le 1er nov. 2024) *V. — Pour l'application du présent article, les pneumatiques "hiver" sont identifiés par la présence conjointe du marquage du "symbole alpin" et de l'un des marquages "M+S", "M.S" ou "M&S".*

CHAPITRE V *Freinage*

Art. R. 315-1 I. — Tout véhicule à moteur et toute remorque, à l'exception des véhicules et matériels agricoles ou de travaux publics *(Décr. n° 2019-1082 du 23 oct. 2019, art. 10)* « et des engins de déplacement personnel motorisés », doit être pourvu de deux dispositifs de freinage dont les commandes sont entièrement indépendantes. L'installation de freinage doit être à action rapide et suffisamment puissante pour arrêter et maintenir à l'arrêt le véhicule. Sa mise en œuvre ne doit pas affecter la direction du véhicule circulant en ligne droite.

II. — L'un au moins des dispositifs de freinage doit agir sur des surfaces freinées fixées aux roues rigidement ou par l'intermédiaire de pièces donnant une sécurité suffisante.

III. — Les dispositions du présent article ne sont pas applicables :

1° Aux remorques, dont le poids total autorisé en charge n'excède pas 80 kilogrammes, attelées à un cyclomoteur, une motocyclette, un tricycle ou un quadricycle à moteur ;

2° Aux remorques uniques, attelées à tout autre véhicule, sous la double condition que leur poids total autorisé en charge ne dépasse pas 750 kilogrammes ni la moitié du poids à vide du véhicule tracteur.

IV. — Le ministre chargé des transports, qui peut soumettre à homologation tout dispositif de freinage et interdire l'usage de dispositifs non conformes à des types ayant reçu son agrément, fixe les conditions dans lesquelles doivent être réalisées l'indépendance et l'efficacité du freinage des véhicules, quel qu'en soit le poids.

V. — Le fait de contrevenir aux dispositions du présent article ou à celles prises pour son application, lorsqu'elles s'appliquent à des véhicules de transport en commun ou aux véhicules dont le poids total en charge excède 3,5 tonnes, est puni de l'amende prévue pour les contraventions de la quatrième classe.

VI. — Toute autre infraction aux dispositions du présent article ou à celles prises pour son application est punie de l'amende prévue pour les contraventions de la troisième classe.

VII. — Dans tous les cas, l'immobilisation du véhicule peut être prescrite dans les conditions prévues *(Décr. n° 2020-1088 du 24 août 2020, art. 4-10°)* « aux articles L. 325-1, L. 325-2 et L. 325-3 ». — *[Anc. art. R. 79, R. 80, R. 81, R. 174, R. 194, al. 1er, R. 238, al. 1er et 3, R. 239 et R. 278, al. 1er et 4.]*

Art. R. 315-2 *I. — Le ministre* chargé des transports fixe les conditions dans lesquelles doit être assuré le freinage des véhicules et matériels agricoles et de travaux publics.

II. — Le fait de contrevenir aux dispositions prises en application du premier alinéa du présent article, lorsqu'elles s'appliquent aux véhicules dont le poids total autorisé en charge excède 3,5 tonnes, est puni de l'amende prévue pour les contraventions de la quatrième classe.

III. — Le fait de contrevenir aux dispositions prises en application du I ci-dessus, lorsqu'elles s'appliquent aux autres véhicules et matériels agricoles ou de travaux publics, est puni de l'amende prévue pour les contraventions de la troisième classe.

IV. — Dans tous les cas, l'immobilisation du véhicule peut être prescrite dans les conditions prévues *(Décr. n° 2020-1088 du 24 août 2020, art. 4-10°)* « aux articles L. 325-1, L. 325-2 et L. 325-3 ». — *[Anc. art. R. 149, R. 238, al. 1er et 3, R. 239 et R. 278, al. 1er et 4.]*

Art. R. 315-3 Tout cycle doit être muni de deux dispositifs de freinage efficaces.

Le fait de contrevenir aux dispositions du présent article est puni de l'amende prévue pour les contraventions de la première classe. — *[Anc. art. R. 194, al. 2, et R. 239.]*

Art. R. 315-4 Si le relief l'exige, les véhicules à traction animale doivent être munis d'un frein ou d'un dispositif d'enrayage.

Le fait de contrevenir aux dispositions du présent article est puni de l'amende prévue pour les contraventions de la troisième classe. — *[Anc. art. R. 213 et R. 239.]*

Art. R. 315-5 Les dispositions du présent chapitre ne sont applicables aux véhicules et matériels spéciaux des armées que si elles sont compatibles avec leurs caractéristiques techniques de fabrication et d'emploi. — *[Anc. art. R. 229, al. 1er et 3.]*

Art. R. 315-6 Le ministre chargé des transports fixe par arrêté les règles relatives aux dispositifs de freinage des engins spéciaux dont la vitesse ne peut excéder par construction 25 km/h.

Le fait, pour tout conducteur d'un engin spécial d'un poids total autorisé en charge supérieur à 3,5 tonnes, de contrevenir aux dispositions prises en application du présent article est puni de l'amende prévue pour les contraventions de la quatrième classe.

Le fait, pour tout conducteur d'un engin spécial d'un poids total autorisé en charge égal ou inférieur à 3,5 tonnes, de contrevenir aux dispositions prises en application du présent article est puni de l'amende prévue pour les contraventions de la troisième classe. — *[Anc. art. R. 168, R. 238, al. 1er et 3, et R. 239.]*

Art. R. 315-7 *(Décr. n° 2019-1082 du 23 oct. 2019, art. 11, en vigueur le 1er juill. 2020)* I. — Tout engin de déplacement personnel motorisé doit être muni d'un dispositif de freinage efficace, dont les caractéristiques sont fixées par un arrêté du ministre chargé de la sécurité routière et du ministre chargé des transports.

II. — Le fait de contrevenir aux dispositions du présent article ou à celles prises pour son application est puni de l'amende prévue pour les contraventions de la première classe.

CHAPITRE VI *Organes de manœuvre, de direction et de visibilité*

Art. R. 316-1 Tout véhicule à moteur, à l'exception des véhicules et matériels agricoles *(Décr. n° 2016-448 du 13 avr. 2016, art. 25)* « dont la vitesse maximale n'excède pas 40 km/h » ou de travaux publics, doit être construit ou équipé de telle manière que le champ de visibilité du conducteur, vers l'avant, vers la droite et vers la gauche soit suffisant pour que celui-ci puisse conduire avec sûreté.

Le ministre chargé des transports fixe par arrêté les modalités d'application du présent article.

Le fait de contrevenir aux dispositions du présent article ou à celles prises pour son application est puni de l'amende prévue pour les contraventions de la troisième classe. — *[Anc. art. R. 72, R. 148, al. 1er, R. 173, al. 1er et 3, R. 188-2 et R. 239.]*

Art. R. 316-2 Si le champ de visibilité du conducteur d'un véhicule ou matériel agricole *(Décr. n° 2016-448 du 13 avr. 2016, art. 26)* « dont la vitesse maximale n'excède pas 40 km/h » ou de travaux publics n'est pas suffisant en toutes directions pour que le conducteur puisse conduire avec sûreté, celui-ci doit être guidé par un convoyeur précédant le véhicule.

Le fait de contrevenir aux dispositions du présent article est puni de l'amende prévue pour les contraventions de la troisième classe. — *[Anc. art. R. 148, al. 1er, et R. 239.]*

Art. R. 316-3 Toutes les vitres doivent être en substance transparente telle que le danger d'accidents corporels soit, en cas de bris, réduit dans toute la mesure du possible. Elles doivent être suffisamment résistantes aux incidents prévisibles d'une circulation normale et aux facteurs atmosphériques et thermiques, aux agents chimiques et à l'abrasion. Elles doivent également présenter une faible vitesse de combustion. — *[Anc. art. R. 73, R. 148, al. 2, R. 173, al. 1er et 3, R. 188-2 et R. 239.]*

(Décr. n° 2016-448 du 13 avr. 2016, art. 27, en vigueur le 1er janv. 2017) « Les vitres du pare-brise et les vitres latérales avant côté conducteur et côté passager doivent en outre

avoir une transparence suffisante, tant de l'intérieur que de l'extérieur du véhicule, et ne provoquer aucune déformation notable des objets vus par transparence ni aucune modification notable de leurs couleurs. La transparence de ces vitres est considérée comme suffisante si le facteur de transmission régulière de la lumière est d'au moins 70 %. En cas de bris, elles doivent permettre au conducteur de continuer à voir distinctement la route.

« Toute opération susceptible de réduire les caractéristiques de sécurité ou les conditions de transparence des vitres prévues aux alinéas précédents est interdite.

« Le ministre chargé des transports fixe par arrêté les modalités d'application du présent article. Il détermine notamment les conditions d'homologation, y compris de transparence, des différentes catégories de vitres équipant les véhicules et, le cas échéant, les dérogations que justifieraient des raisons médicales ou des conditions d'aménagement de véhicules blindés.

« Le fait de contrevenir aux dispositions du présent article ou à celles prises pour son application, à l'exception de celles relatives aux conditions de transparence, est puni de l'amende prévue pour les contraventions de la troisième classe. »

Art. R. 316-3-1 *(Décr. n° 2016-448 du 13 avr. 2016, art. 28, en vigueur le 1er janv. 2017)* Le fait, pour tout conducteur, de circuler avec un véhicule ne respectant pas les dispositions de l'article R. 316-3 relatives aux conditions de transparence des vitres fixées à cet article ou à celles prises pour son application est puni de l'amende prévue pour les contraventions de la quatrième classe. Cette contravention donne lieu de plein droit à la réduction de trois points du permis de conduire.

L'immobilisation peut être prescrite dans les conditions prévues *(Décr. n° 2020-1088 du 24 août 2020, art. 4-10°)* « aux articles L. 325-1, L. 325-2 et L. 325-3 ».

Art. R. 316-4 Le pare-brise des véhicules à moteur, à l'exception des cyclomoteurs à deux-roues, des cyclomoteurs à trois roues non carrossés, des quadricycles légers à moteur *(Décr. n° 2019-1082 du 23 oct. 2019, art. 12)* « et des engins de déplacement personnel motorisés » non carrossés, des motocyclettes, doit être muni d'au moins un essuie-glace ayant une surface d'action, une puissance et une fréquence suffisantes pour que le conducteur puisse, de son siège, voir distinctement la route.

Le pare-brise doit également être équipé d'un dispositif lave-glace.

Le ministre chargé des transports fixe par arrêté les conditions d'application du présent article.

Le fait de contrevenir aux dispositions du présent article ou à celles prises pour son application est puni de l'amende prévue pour les contraventions de la troisième classe. – *[Anc. art. R. 74, R. 148, al. 5, R. 173, al. 2, R. 188-2 et R. 239.]*

(Décr. n° 2020-1088 du 24 août 2020, art. 4-4°) « L'immobilisation des véhicules qui contreviennent aux dispositions du présent article ou à celles prises pour son application peut être prescrite dans les conditions prévues aux articles L. 325-1, L. 325-2 et L. 325-3. »

Art. R. 316-5 *(Décr. n° 2016-448 du 13 avr. 2016, art. 29)* A l'exception des quadricycles non équipés de carrosserie, des véhicules à deux ou trois roues *(Décr. n° 2019-1082 du 23 oct. 2019, art. 12)* « et des engins de déplacement personnel motorisés » non équipés de carrosserie et des véhicules ou matériels agricoles ou de travaux publics autres que les tracteurs agricoles, tout véhicule à moteur dont le poids à vide excède 350 kilogrammes doit être muni de dispositifs de marche arrière. Le fait de contrevenir aux dispositions du présent article est puni de l'amende prévue pour les contraventions de la troisième classe.

Art. R. 316-6 Tout véhicule à moteur, à l'exception des véhicules et appareils agricoles *(Décr. n° 2019-1082 du 23 oct. 2019, art. 12)* « et des engins de déplacement personnel motorisés » n'ayant pas de cabine fermée, doit être muni d'un ou de plusieurs *(Décr. n° 2016-448 du 13 avr. 2016, art. 30)* « systèmes de vision indirecte », disposés de façon à permettre au conducteur de surveiller de son siège la route vers l'arrière du véhicule quel que soit le chargement normal de celui-ci et dont le champ de visibilité ne comporte pas d'angle mort notable susceptible de masquer un véhicule s'apprêtant à dépasser.

(Abrogé par Décr. n° 2009-1590 du 18 déc. 2009) ***« Tout véhicule utilisé pour l'apprentissage de la conduite des véhicules à moteur, à l'exception des motocyclettes, doit être muni de deux rétroviseurs intérieurs et deux rétroviseurs latéraux réglés pour l'élève conducteur et l'accompagnateur.***

« Pour l'apprentissage anticipé de la conduite, les véhicules utilisés pendant la période de conduite accompagnée ne sont pas soumis à l'obligation d'être munis de deux rétroviseurs intérieurs. »

Le ministre chargé des transports fixe les conditions d'application du présent article.

Le fait de contrevenir aux dispositions *(Décr. n° 2009-1590 du 18 déc. 2009)* « du présent article » ou à celles prises pour *(Décr. n° 2009-1590 du 18 déc. 2009)* « son » application est puni de l'amende prévue pour les contraventions de la troisième classe. – *[Anc. art. R. 76, R. 123-2, al. 8 et 10, R. 123-3, al. 5, R. 148, al. 2 et 3, R. 173, al. 1er et 3, R. 188-2 et R. 239.]*

Art. R. 316-7 *(Décr. nº 2003-536 du 20 juin 2003, art. 7)* I. – Les organes de direction doivent présenter des garanties suffisantes de solidité.

II. – Dans le cas où le fonctionnement des organes de direction fait appel *(Décr. nº 2009-497 du 30 avr. 2009)* « à un système hydraulique ou électrique, ceux-ci doivent être conçus de telle sorte que le conducteur puisse garder le contrôle de son véhicule en cas de défaillance du système ». Les véhicules et matériels agricoles *(Décr. nº 2016-448 du 13 avr. 2016, art. 31)* « dont la vitesse maximale n'excède pas 40 km/h » et de travaux publics ne sont pas soumis à cette obligation.

III. – Le fait de contrevenir aux dispositions du présent article est puni de l'amende prévue pour les contraventions de la troisième classe.

Art. R. 316-8 Les commandes des divers organes du véhicule susceptibles d'être utilisés pendant la marche doivent être facilement accessibles par le conducteur en position normale de conduite.

Le fait de contrevenir aux dispositions du présent article est puni de l'amende prévue pour les contraventions de la troisième classe. – *[Anc. art. R. 78-2 et R. 239.]*

Art. R. 316-9 Les dispositions du présent chapitre ne sont applicables aux véhicules et matériels spéciaux des armées que si elles sont compatibles avec leurs caractéristiques techniques de fabrication et d'emploi. – *[Anc. art. R. 229, al. 1er et 3.]*

Art. R. 316-10 Le ministre chargé des transports fixe par arrêté les règles relatives aux organes de manœuvre, de direction et de visibilité des engins spéciaux dont la vitesse ne peut excéder par construction 25 km/h.

Le fait de contrevenir aux dispositions prises en application du présent article est puni de l'amende prévue pour les contraventions de la troisième classe. – *[Anc. art. R. 168 et R. 239.]*

CHAPITRE VII *Dispositifs et aménagements particuliers*

SECTION I *Appareils de contrôle et de limitation de la vitesse*

Art. R. 317-1 Indicateur de vitesse.

(Décr. nº 2016-448 du 13 avr. 2016, art. 32) « I. – Tout véhicule à moteur, à l'exception des véhicules agricoles, hors les tracteurs enjambeurs dont la vitesse maximale par construction n'excède pas 30 km/h et matériels agricoles ou de travaux publics, des cyclomoteurs, tricycles ou quadricycles *(Décr. nº 2019-1082 du 23 oct. 2019, art. 12)* « et des engins de déplacement personnel motorisés » dont la vitesse maximale par construction n'excède pas 25 km/h, doit être muni d'un indicateur de vitesse placé bien en vue du conducteur et maintenu constamment en bon état de fonctionnement. »

II. – Le ministre chargé des transports détermine les spécifications auxquelles doivent répondre les indicateurs de vitesse ainsi que les conditions de leur mise en place et de leur contrôle.

III. – Les dispositions du présent article ne sont applicables aux véhicules et aux matériels spéciaux des armées que si elles sont compatibles avec leurs caractéristiques techniques de fabrication et d'emploi.

IV. – Le fait de contrevenir aux dispositions du présent article et à celles prises pour son application est puni de l'amende prévue pour les contraventions de la troisième classe. – *[Anc. art. R. 78, al. 1er à 3, R. 173, al. 1er et 3, R. 188-2, R. 229, al. 1er et 3, et R. 239.]*

(Décr. nº 2020-1088 du 24 août 2020, art. 4-5º) « V. – L'immobilisation des véhicules qui contreviennent aux dispositions du présent article ou à celles prises pour son application peut être prescrite dans les conditions prévues aux articles L. 325-1, L. 325-2 et L. 325-3. »

Art. R. 317-2 Appareil de contrôle.

I. – Le ministre chargé des transports définit les véhicules qui doivent être équipés d'un appareil de contrôle permettant l'enregistrement de la vitesse du véhicule. Le ministre chargé de la métrologie légale définit, en accord avec le ministre chargé des transports, les exigences réglementaires applicables à cet appareil ainsi que les conditions de son installation, de sa réparation et de sa vérification. Le ministre chargé des transports définit les délais d'application du présent alinéa.

II. – Le conducteur d'un véhicule est tenu de présenter ou de remettre, à toutes réquisitions des agents ayant qualité pour constater les délits ou les contraventions en matière de circulation routière, les feuilles d'enregistrement de l'appareil de contrôle. Ces feuilles doivent être conservées pendant un an au moins et tenues à la disposition des agents de constatation.

III. – Pour l'application de la réglementation concernant les conditions de travail dans les transports routiers publics et privés, l'appareil de contrôle prévu ci-dessus devra permettre également l'enregistrement de tout ou partie des éléments suivants :

– distance parcourue par le véhicule ;

– temps de conduite ou autre temps de travail effectif en dehors de la conduite ;

– autre temps de présence au travail ;

– interruption de travail et temps de repos journaliers ;

– ouverture du boîtier contenant la feuille d'enregistrement. – *[Anc. art. R. 78, al. 4, 5 et 7 à 13.]*

Art. R. 317-3 *(Décr. nº 2014-784 du 8 juill. 2014, art. 7-7º)* L'appareil de contrôle, dénommé chronotachygraphe, doit être constamment maintenu en bon état de fonctionnement.

Le chronotachygraphe est astreint à un contrôle en service renouvelé tous les deux ans, sur l'initiative et aux frais du détenteur de l'appareil, par l'un des centres de contrôle agréés à cet effet par les préfets des départements où ces centres sont situés.

Les véhicules mentionnés à l'article R. 317-2 doivent être munis d'une plaquette d'installation périodique certifiant la conformité de l'appareil de contrôle aux prescriptions réglementaires et mentionnant la date limite avant laquelle le contrôle en service suivant devra être effectué.

Le fait de contrevenir aux dispositions du présent article est puni de l'amende prévue pour les contraventions de la quatrième classe.

Art. R. 317-4 L'immobilisation des véhicules devant être équipés d'un appareil de contrôle permettant l'enregistrement de la vitesse peut être prescrite dans les conditions prévues *(Décr. nº 2020-1088 du 24 août 2020, art. 4-10º)* « aux articles L. 325-1, L. 325-2 et L. 325-3 » :

1º Lorsque le conducteur est en infraction aux règles relatives aux conditions de travail dans les transports routiers, publics ou privés ;

2º Lorsque le conducteur ne peut présenter les documents dûment renseignés concernant les conditions de travail dans les transports publics et privés ;

3º *(Décr. nº 2003-536 du 20 juin 2003, art. 8)* « En l'absence d'appareil de contrôle permettant l'enregistrement de la vitesse ou lorsque celui-ci a fait l'objet d'une modification ou d'une détérioration affectant son fonctionnement normal ; » – *[Anc. art. R. 278, al. 1er, 11 et 17.]*

(Décr. nº 2014-784 du 8 juill. 2014, art. 7-8º) « 4º Lorsque le chronotachygraphe n'a pas fait l'objet du contrôle en service. »

Art. R. 317-5 Compteur kilométrique.

I. – Tout véhicule à moteur, à l'exception des véhicules et matériels agricoles ou de travaux publics, *(Décr. nº 2016-448 du 13 avr. 2016, art. 33)* « des cyclomoteurs, tricycles, ou quadricycles *(Décr. nº 2019-1082 du 23 oct. 2019, art. 12)* « et des engins de déplacement personnel motorisés » dont la vitesse maximale par construction n'excède pas 25 km/h » doit être muni d'un dispositif qui enregistre de façon cumulative la distance parcourue.

II. – Le ministre chargé des transports fixe par arrêté les spécifications auxquelles doit répondre ce dispositif et les conditions d'application du présent article aux cyclomoteurs.

III. – Les dispositions du présent article ne sont applicables aux véhicules et aux matériels spéciaux des armées que si elles sont compatibles avec leurs caractéristiques techniques de fabrication et d'emploi.

IV. – Le fait de contrevenir aux dispositions du présent article ou à celles prises pour son application est puni de l'amende prévue pour les contraventions de la troisième classe. – *[Anc. art. R. 78, al. 14 et 15, R. 173, al. 1er et 3, R. 188-2, R. 229, al. 1er et 3, et R, 239.]*

Art. R. 317-6 *(Décr. nº 2005-186 du 25 févr. 2005)* Les véhicules de transport en commun de personnes d'un poids total autorisé en charge supérieur à 10 tonnes mis en circulation pour la première fois à partir du 1er janvier 1985 doivent être construits ou équipés de telle *manière que leur vitesse maximale* ne puisse pas dépasser 100 km/h.

Les autres véhicules d'un poids total autorisé en charge supérieur à 12 tonnes mis en circulation pour la première fois à partir du 1er octobre 1984 et les véhicules de transport de matières dangereuses mis en circulation pour la première fois à partir du 1er mai 1980 doivent être construits ou équipés de telle manière que leur vitesse maximale ne puisse pas dépasser 90 km/h.

Un arrêté du ministre chargé des transports fixe les modalités d'application de ces dispositions.

Art. R. 317-6-1 *(Décr. n° 2005-186 du 25 févr. 2005)* I. – Les véhicules de transport en commun de personnes d'un poids total autorisé en charge inférieur ou égal à 10 tonnes et les autres véhicules d'un poids total autorisé en charge supérieur à 3,5 tonnes et inférieur ou égal à 12 tonnes, conformes aux valeurs limites d'émissions polluantes définies par arrêté du ministre chargé des transports et mis en circulation pour la première fois à compter du 1er octobre 2001, doivent, au plus tard le 1er janvier 2007, être construits ou équipés de telle manière que leur vitesse maximale ne puisse pas dépasser respectivement 100 km/h et 90 km/h.

II. – Un arrêté du ministre chargé des transports fixe les modalités d'application de ces dispositions.

Art. R. 317-7 Les dispositions de la présente section ne sont applicables aux véhicules et aux matériels spéciaux des armées que si elles sont compatibles avec leurs caractéristiques techniques de fabrication et d'emploi. – *[Anc. art. R. 229, al. 1er et 3.]*

SECTION II *Plaques et inscriptions*

Art. R. 317-8 *(Décr. n° 2003-1186 du 11 déc. 2003)* « I. – Tout véhicule à moteur, à l'exception » des matériels de travaux publics *(Abrogé par Décr. n° 2009-136 du 9 févr. 2009, à compter du 15 avr. 2009)* *« et des véhicules et matériels agricoles ou forestiers attachés à une exploitation agricole ou forestière, à une entreprise de travaux agricoles ou à une coopérative d'utilisation de matériel agricole, »* doit être muni de deux plaques d'immatriculation, portant le numéro assigné au véhicule et fixées en évidence d'une manière inamovible à l'avant et à l'arrière du véhicule.

(Décr. n° 2003-1186 du 11 déc. 2003) « Toutefois, toute motocyclette, tout tricycle ou quadricycle à moteur, tout cyclomoteur » *(Décr. n° 2009-136 du 9 févr. 2009, en vigueur le 15 avr. 2009)* « , tout véhicule agricole ou forestier à moteur attaché à une exploitation agricole ou forestière, à une entreprise de travaux agricoles ou à une coopérative d'utilisation de matériel agricole » peut ne porter qu'une plaque d'immatriculation, fixée en évidence d'une manière inamovible à l'arrière du véhicule.

(Décr. n° 2003-1186 du 11 déc. 2003) « II. – » *(Décr. n° 2009-136 du 9 févr. 2009, en vigueur le 15 avr. 2009)* « Tout véhicule ou appareil agricole remorqué » dont le poids total autorisé en charge est supérieur à 1,5 tonne, toute autre remorque dont le poids total autorisé en charge est supérieur à 500 kilogrammes, toute autre semi-remorque doit être munie d'une plaque d'immatriculation portant son numéro d'immatriculation et fixée en évidence, d'une manière inamovible, à l'arrière du véhicule.

(Décr. n° 2009-136 du 9 févr. 2009, en vigueur le 15 avr. 2009) « Tout véhicule ou appareil agricole remorqué attaché à une exploitation agricole ou forestière, à une entreprise de travaux agricoles ou à une coopérative d'utilisation de matériel agricole, lorsqu'il n'est pas soumis à cette obligation, doit être muni à l'arrière de la plaque d'identité prévue à l'article R. 317-12.

« Tout véhicule ou appareil agricole remorqué non attaché à une exploitation agricole ou forestière, à une entreprise de travaux agricoles ou à une coopérative d'utilisation de matériel agricole, toute autre remorque, toute autre semi-remorque, lorsqu'il n'est pas soumis à cette obligation, doit être muni à l'arrière d'une plaque d'immatriculation reproduisant la plaque arrière du véhicule tracteur. La plaque d'immatriculation peut, dans ce cas, être amovible. »

Toutefois, toute remorque attelée à une motocyclette *(Décr. n° 2003-1186 du 11 déc. 2003)* « , à un cyclomoteur, à un quadricycle léger à moteur » ou à un tricycle à moteur ne doit porter à l'arrière une plaque d'immatriculation reproduisant le numéro d'immatriculation du véhicule tracteur que si les dimensions de la remorque ou du chargement sont telles que la plaque d'immatriculation du véhicule tracteur n'est pas visible pour un observateur placé à l'arrière.

(Décr. n° 2003-1186 du 11 déc. 2003) « III. – » *(Décr. n° 2003-536 du 20 juin 2003, art. 9)* « Chaque plaque doit être maintenue dans un état d'entretien permettant la lecture des inscriptions qu'elle comporte. »

(Décr. n° 2003-1186 du 11 déc. 2003) « IV. – » Le ministre chargé des transports et le ministre de l'intérieur fixent par arrêté les caractéristiques et le mode de pose des plaques d'immatriculation.

(Décr. n° 2003-1186 du 11 déc. 2003) « V. – » Le fait de faire circuler un véhicule à moteur ou une remorque sans qu'il soit muni des plaques ou inscriptions exigées par le présent article est puni de l'amende prévue pour les contraventions de la quatrième classe.

(*Décr. nº 2003-1186 du 11 déc. 2003*) « VI. – » (*Décr. nº 2003-536 du 20 juin 2003, art. 9*) « Le fait de contrevenir aux dispositions du présent article relatives à l'entretien, aux caractéristiques ou au mode de pose des plaques d'immatriculation est puni de l'amende prévue pour les contraventions de la (*Décr. nº 2012-3 du 3 janv. 2012, art. 9*) « quatrième » classe.

(*Décr. nº 2003-1186 du 11 déc. 2003*) « VII. – » (*Décr. nº 2003-42 du 8 janv. 2003*) « L'immobilisation du véhicule peut être prescrite dans les conditions prévues (*Décr. nº 2020-1088 du 24 août 2020, art. 4-10º*) « aux articles L. 325-1, L. 325-2 et L. 325-3 ». »

(*Décr. nº 2006-46 du 13 janv. 2006*) « VIII. – Le fait d'exposer, d'offrir, de mettre en vente, de vendre, de proposer ou d'inciter à acheter ou à utiliser une plaque d'immatriculation non conforme aux caractéristiques visées au IV est puni de l'amende prévue pour les contraventions de la quatrième classe. La plaque est saisie et confisquée. »

Art. R. 317-9 I. – Sauf dispositions différentes prévues au présent article, tout véhicule à moteur, toute semi-remorque agricole, toute remorque, à l'exception des véhicules ou matériels agricoles remorqués montés sur bandages non pneumatiques ou dont le poids total autorisé en charge est inférieur ou égal à 1,5 tonne, doit être muni d'une plaque du constructeur portant de manière apparente le nom de celui-ci ou sa marque ou le symbole qui l'identifie, le type, le numéro d'identification, ou, pour les véhicules ou matériels agricoles, le numéro d'ordre dans la série du type et les caractéristiques de poids du véhicule.

II. – La plaque du constructeur (*Abrogé par Décr. nº 2016-448 du 13 avr. 2016, art. 34*) *« de tout véhicule ou matériel agricole monté sur pneumatiques et dont le poids total autorisé en charge est supérieur à 1,5 tonne et »* de tout matériel de travaux publics doit en outre comporter l'adresse du constructeur.

III. – La plaque du constructeur de toute motocyclette, tout tricycle, tout quadricycle à moteur ou tout cyclomoteur doit comporter le nom du constructeur, la marque de réception, le numéro d'identification, le niveau sonore à l'arrêt et le régime moteur correspondant.

IV. – Sur tout véhicule à moteur de transport de marchandises d'un poids total autorisé en charge supérieur à 12 tonnes et sur toute remorque d'un poids total autorisé en charge supérieur à 10 tonnes, dont la date de première mise en circulation est postérieure au 1er octobre 1990, à l'exception de tout véhicule ou matériel agricole ou de tout matériel de travaux publics, doit être fixée une plaque dite plaque relative aux dimensions portant le nom du constructeur ou sa marque, ou le symbole qui l'identifie, le type, le numéro d'identification et les caractéristiques de dimension du véhicule.

V. – Dans tous les cas,

1º Les indications mentionnées sur la plaque du constructeur et sur la plaque relative aux dimensions peuvent être réunies sur une plaque unique ;

2º L'indication du type et le numéro d'ordre dans la série du type ou le numéro d'identification du véhicule doivent être frappés à froid, dans la moitié droite du véhicule, de façon à être facilement lisibles à un endroit accessible sur le châssis ou sur un élément essentiel et indémontable du véhicule. Pour toute motocyclette, tout tricycle, tout quadricycle à moteur ou tout cyclomoteur, le numéro d'identification doit être frappé à froid de façon à être facilement lisible à un endroit accessible du châssis ou du cadre, sur la partie droite du véhicule.

Pour les véhicules ou matériels agricoles, ces diverses inscriptions sont faites sous la responsabilité du constructeur. – *V. Arr. du 20 nov. 1969, art. 3 (JO 19 déc.) relatif au délai d'application des prescriptions concernant l'indication du poids total roulant autorisé.*

VI. – Le ministre chargé des transports fixe par arrêté les modalités d'application du présent article. – *V. Arr. du 24 nov. 1978 (JONC 27 déc.) relatif aux plaques et inscriptions réglementaires des véhicules à moteur et de leurs remorques ; Arr. du 7 oct. 1982 (JONC 21 nov.). – V. aussi, Arr. du 4 déc. 1984 (JO 29 déc. NC).*

VII. – Le fait de contrevenir aux dispositions du présent article ou à celles prises pour son application est puni de l'amende prévue pour les contraventions de la quatrième classe. – *[Anc. art. R. 97, R. 156, al. 1er, 2, 3 et 5, R. 182, R. 199 et R. 240, al. 1er.]*

Art. R. 317-10 (*Décr. nº 2016-448 du 13 avr. 2016, art. 35*) « Tout véhicule ou matériel agricole, à l'exception de celui disposant d'une réception au titre de l'article R. 321-6 du *présent code, ou de travaux publics* soumis à réception doit porter, sur une plaque spéciale, l'indication du lieu et de la date de sa réception par le service en charge des réceptions désigné par le ministre chargé des transports. »

Ces diverses inscriptions sont faites sous la responsabilité du constructeur.

Le fait de contrevenir aux dispositions du présent article est puni de l'amende prévue pour les contraventions de la quatrième classe.

Art. R. 317-11 I. – Sauf dispositions différentes prévues au présent article, tout véhicule à moteur ou toute remorque, dont le poids total autorisé en charge excède 3,5 tonnes, *(Abrogé par Décr. n° 2016-448 du 13 avr. 2016, art. 36)* *« ainsi que tout véhicule destiné à transporter des marchandises, »* à l'exception des véhicules ou matériels agricoles automoteurs, des véhicules ou matériels de travaux publics, des motocyclettes, des tricycles ou quadricycles à moteur et des cyclomoteurs, doivent porter, en évidence, pour un observateur placé à droite, l'indication :

1° De son poids à vide, de son poids total autorisé en charge et de son poids total roulant autorisé ;

2° De sa longueur, de sa largeur et de sa surface maximales.

II. – Les remorques agricoles ne doivent porter que l'indication du poids à vide et du poids total autorisé en charge.

III. – Le ministre chargé des transports fixe par arrêté les conditions d'application du présent article.

IV. – Le fait de contrevenir aux dispositions du présent article ou à celles prises pour son application est puni de l'amende prévue pour les contraventions de la quatrième classe. – *[Anc. art. R. 98, al. 1er, 2 et 4, R. 157 et R. 240, al. 1er.]*

Art. R. 317-12 Tout véhicule ou matériel agricole ou forestier, attaché à une exploitation agricole, à une entreprise de travaux agricoles, à une coopérative d'utilisation de matériel agricole ou à une exploitation forestière, *(Décr. n° 2009-136 du 9 févr. 2009, en vigueur le 15 avr. 2009)* « peut » être muni *(Décr. n° 2009-136 du 9 févr. 2009, en vigueur le 15 avr. 2009)* « , en complément d'une plaque d'immatriculation visée à l'article R. 317-8, » d'une plaque d'identité portant un numéro d'ordre et fixée en évidence à l'arrière du véhicule.

Le ministre chargé des transports détermine, après avis du ministre chargé de l'agriculture, le modèle et le mode de pose de ces plaques dites plaques d'exploitation.

(Abrogé par Décr. n° 2009-136 du 9 févr. 2009, à compter du 15 avr. 2009) *« Le fait de faire circuler un véhicule non muni de la plaque exigée par le présent article est puni de l'amende prévue pour les contraventions de la quatrième classe. »* – *[Anc. art. R. 158 et R. 240, al. 1er.]*

Art. R. 317-13 Le ministre chargé des transports détermine les conditions d'application de la présente section aux matériels de travaux publics. – *[Anc. art. R. 160.]*

Art. R. 317-14 Le ministre chargé des transports fixe par arrêté les règles applicables aux plaques et inscriptions des engins spéciaux dont la vitesse ne peut excéder par construction 25 km/h.

Le fait, pour tout conducteur d'un engin spécial, de contrevenir aux dispositions prises en application du présent article est puni de l'amende prévue pour les contraventions de la troisième classe. – *[Anc. art. R. 168 et R. 239.]*

Art. R. 317-14-1 *(Décr. n° 2019-1082 du 23 oct. 2019, art. 13)* Les dispositions des articles R. 317-8 et R. 317-9 ne s'appliquent pas aux engins de déplacement personnel motorisés.

SECTION III *Dispositif antivol*

Art. R. 317-15 Tout véhicule à moteur, à l'exception *(Abrogé par Décr. n° 2016-448 du 13 avr. 2016, art. 37)* *« des cyclomoteurs, des quadricycles légers à moteur, »* des véhicules et matériels agricoles ou de travaux publics, doit être muni d'un dispositif antivol.

Un arrêté du ministre de l'intérieur et du ministre chargé des transports détermine les conditions d'application du présent article.

Le fait de contrevenir aux dispositions du présent article ou à celles prises pour son application est puni de l'amende prévue pour les contraventions de la troisième classe. – *[Anc. art. R. 77, R. 173, al. 1er et 3, R. 188-2 et R. 239.]*

Art. R. 317-16 Les dispositions de la présente section ne sont applicables aux véhicules et aux matériels spéciaux des armées que si elles sont compatibles avec leurs caractéristiques techniques de fabrication et d'emploi. – *[Anc. art. R. 229, al. 1er et 3.]*

(Décr. n° 2019-1082 du 23 oct. 2019, art. 14) « Elles ne sont pas applicables aux engins de déplacement personnel motorisés. »

Art. R. 317-17 Le ministre chargé des transports fixe par arrêté les règles relatives aux dispositifs antivol des engins spéciaux dont la vitesse ne peut excéder par construction 25 km/h.

Le fait, pour tout conducteur d'un engin spécial, de contrevenir aux dispositions prises en application du présent article est puni de l'amende prévue pour les contraventions de la troisième classe. – *[Anc. art. R. 168 et R. 239.]*

SECTION IV *Attelage des remorques*

Art. R. 317-18 I. – Toute remorque, dont le poids total autorisé en charge excède :

1° Soit 1,5 tonne pour les remorques agricoles ou de travaux publics ;

2° Soit 750 kilogrammes pour toute autre remorque ;

3° Soit la moitié du poids à vide du véhicule tracteur,

doit être équipée d'un dispositif de freinage permettant son arrêt automatique en cas de rupture de l'attelage pendant la marche.

II. – A l'exception des remorques sans timon utilisées pour le transport des bois en grume ou des pièces de grande longueur et des semi-remorques, le dispositif de freinage prévu au I ci-dessus n'est pas obligatoire sur les remorques à un essieu dont le poids total autorisé en charge ne dépasse pas 1,5 tonne, si elles sont munies, en plus du dispositif d'attelage, d'une attache secondaire qui, en cas de rupture du dispositif d'attelage, empêche le timon de toucher le sol et assure un guidage résiduel de la remorque.

III. – L'attache secondaire ne peut être utilisée, après rupture de l'attache principale, qu'à titre de dépannage et à condition qu'une allure très modérée soit observée. Il en est de même pour l'utilisation d'attelages de fortune au moyen de cordes ou de tout autre dispositif.

IV. – Les attaches secondaires ou de fortune doivent être parfaitement visibles de jour comme de nuit.

V. – Lorsqu'un même tracteur remorque plusieurs véhicules, il ne peut être employé de moyen de fortune que pour un seul attelage.

VI. – Les dispositions du présent article ne sont pas applicables aux remorques des motocyclettes, des tricycles et quadricycles à moteur et des cyclomoteurs.

VII. – Le fait de contrevenir aux dispositions du présent article est puni de l'amende prévue pour les contraventions de la troisième classe. – *[Anc. art. R. 103, R. 161 et R. 239.]*

Art. R. 317-19 Les dispositions de la présente section ne sont applicables aux véhicules et aux matériels spéciaux des armées que si elles sont compatibles avec leurs caractéristiques techniques de fabrication et d'emploi. – *[Anc. art. R. 229, al. 1er et 3.]*

Art. R. 317-20 Le ministre chargé des transports fixe par arrêté les règles relatives aux dispositifs d'attelage des engins spéciaux dont la vitesse ne peut excéder par construction 25 km/h.

Le fait, pour tout conducteur d'un engin spécial, de contrevenir aux dispositions prises en application du présent article est puni de l'amende prévue pour les contraventions de la troisième classe. – *[Anc. art. R. 168 et R. 239.]*

SECTION V *Remorquage des véhicules en panne ou accidentés*

Art. R. 317-21 Le ministre chargé des transports fixe par arrêté les conditions dans lesquelles les véhicules en panne ou accidentés peuvent être remorqués par un autre véhicule.

Il fixe également par arrêté les caractéristiques techniques auxquelles doivent répondre les véhicules spécialisés dans les opérations de remorquage ainsi que leurs conditions de circulation.

Le fait de contrevenir aux dispositions prises en application du présent article est puni de l'amende prévue pour les contraventions de la troisième classe. – *[Anc. art. R. 105-1 et R. 239.]*

Art. R. 317-22 Les dispositions de la présente section ne sont applicables aux véhicules et aux matériels spéciaux des armées que si elles sont compatibles avec leurs caractéristiques techniques de fabrication et d'emploi. – *[Anc. art. R. 229, al. 1er et 3.]*

SECTION VI *Autres aménagements*

Art. R. 317-23 Tout véhicule à moteur, toute remorque, à l'exception des *(Abrogé par Décr. nº 2016-448 du 13 avr. 2016, art. 38) « véhicules ou »* matériels agricoles ou de travaux publics, doit être aménagé de manière à réduire autant que possible, en cas de collision, les risques d'accidents corporels, aussi bien pour les occupants du véhicule que pour les autres usagers de la route.

Le ministre chargé des transports fixe les règles auxquelles sont soumis la construction et l'équipement des véhicules mentionnés au présent article. – *V. Arr. du 19 déc. 1958 (D. 1959. 19 ; BLD 1959. 11), mod. par Arr. du 29 déc. 1962 (D. 1963. 46 ; BLD 1963. 41), Arr. du 9 juin 1964 (D. 1964. 210 ; BLD 1964. 338), Arr. du 1er août 1968 (JO 8 août), Arr. du 5 févr. 1969, art. 6 (D. et BLD 1969. 103), Arr. du 24 mai 1972, art. 10 (D. et BLD 1972. 286), Arr. du 21 déc. 1977 (D. et BLD 1978. 135), Arr. du 26 juin 1979 (D. et BLD 1979. 291), Arr. du 15 janv. 1980 (D. et*

BLD 1980. 125), Arr. du 20 août 1980 (D. et BLD 1980. 413), Arr. du 1er mars 1982 (D. et BLD 1982. 163), Arr. du 31 août 1983 (D. et ALD 1983. 473), Arr. du 22 févr. 1993 (JO 18 mars), Arr. du 27 mai 1993 (JO 11 juin), Arr. du 3 sept. 1997, art. 11 (JO 26 sept.), Arr. du 24 janv. 2001 (JO 16 févr.), Arr. du 25 juin 2002 (JO 12 juill.), Arr. du 25 sept. 2002 (JO 10 oct.), Arr. du 17 juill. 2003 (JO 5 août), Arr. du 23 août 2004 (JO 10 sept.), Arr. du 15 janv. 2007 (JO 30 janv.), Arr. du 2 avr. 2007 (JO 5 mai), Arr. du 4 mai 2009 (JO 6 mai), Arr. du 28 avr. 2015 (JO 13 mai).

Le fait de contrevenir aux dispositions du présent article ou à celles prises pour son application est puni de l'amende prévue pour les contraventions de la troisième classe. – *[Anc. art. R. 104 et R. 171-1, al. 2 et R. 188-2 et R. 239.]*

(Décr. nº 2020-1088 du 24 août 2020, art. 4-6º) « L'immobilisation des véhicules qui contreviennent aux dispositions du présent article ou à celles prises pour son application peut être prescrite dans les conditions prévues aux articles L. 325-1, L. 325-2 et L. 325-3. »

Art. R. 317-23-1 *(Décr. nº 2010-1390 du 12 nov. 2010)* Le fait d'utiliser un cyclomoteur *(Décr. nº 2019-1082 du 23 oct. 2019, art. 15)* « ou un engin de déplacement personnel motorisé » muni d'un dispositif ayant pour effet de permettre à celui-ci de dépasser les limites réglementaires fixées à l'article R. 311-1 en matière de vitesse, de cylindrée ou de puissance maximale du moteur ou ayant fait l'objet d'une transformation à cette fin est puni de l'amende prévue pour les contraventions de la quatrième classe.

L'immobilisation et la mise en fourrière peuvent être prescrites dans les conditions prévues *(Décr. nº 2020-1088 du 24 août 2020, art. 4-10º)* « aux articles L. 325-1, L. 325-2 et L. 325-3 ».

La confiscation du véhicule peut être prononcée à titre de peine complémentaire.

Art. R. 317-24 Tout véhicule destiné normalement ou employé exceptionnellement au transport de personnes doit être aménagé de manière à assurer la sécurité et la commodité des voyageurs.

Le ministre chargé des transports détermine les conditions particulières auxquelles doivent répondre, en plus de celles qui sont déjà prescrites par le présent chapitre, les différentes catégories de véhicules affectés au transport de personnes. — *V. Arr. du 2 juill. 1982 relatif au transport en commun de personnes (JONC 5 sept.), mod. en dernier lieu par Arr. du 8 juill. 2019 (JO 31 juill.).*

Le fait de contrevenir aux dispositions du présent article ou à celles prises pour son application relatives à la solidité des véhicules, à leur poids, à leur mode de chargement, au nombre et à la sûreté des voyageurs, à l'indication, à l'intérieur des voitures, des places qu'elles contiennent et du prix des places, à l'indication, à l'extérieur, du nom du propriétaire est puni *(Abrogé par Décr. nº 2014-784 du 8 juill. 2014, art. 7-9º)* *« de l'amende prévue pour les contraventions de la deuxième classe et, s'il s'agit de transport en commun de personnes, »* *(Décr. nº 2011-368 du 4 avr. 2011)* « de l'amende prévue pour les contraventions de la quatrième classe.

« L'immobilisation du véhicule de transport en commun de personnes peut être prescrite dans les conditions prévues *(Décr. nº 2020-1088 du 24 août 2020, art. 4-10º)* « aux articles L. 325-1, L. 325-2 et L. 325-3 ». »

Art. R. 317-24-1 *(Décr. nº 2014-784 du 8 juill. 2014, art. 7-10º)* A partir d'une date définie par arrêté du ministre chargé des transports, tout transport effectué par un autocar est réalisé au moyen d'un véhicule équipé de ceintures de sécurité.

Cette disposition n'est pas applicable aux véhicules dont le certificat d'immatriculation porte la mention d'usage "véhicule de collection".

Le fait de contrevenir aux dispositions du présent article ou à celles prises pour son application est puni de l'amende prévue pour les contraventions de la quatrième classe.

L'immobilisation du véhicule de transport en commun de personnes peut être prescrite dans les conditions prévues *(Décr. nº 2020-1088 du 24 août 2020, art. 4-10º)* « aux articles L. 325-1, L. 325-2 et L. 325-3 ».

Art. R. 317-25 *(Décr. nº 2009-1590 du 18 déc. 2009)* Tout véhicule utilisé pour l'apprentissage de la conduite des véhicules à moteur, à l'exception des cyclomoteurs, des tricycles et quadricycles à moteur et des motocyclettes, doit être muni :

— à l'usage de l'élève, d'un rétroviseur intérieur, d'un rétroviseur latéral extérieur gauche et d'un rétroviseur latéral extérieur droit ;

— à l'usage de l'enseignant de la conduite ou de l'accompagnateur, d'un rétroviseur intérieur et d'un rétroviseur ou dispositif de rétrovision équivalent latéral extérieur droit ;

— à l'usage de l'enseignant ou de l'accompagnateur, de dispositifs de double commande dont la liste est définie par arrêté du ministre chargé des transports.

Les véhicules non munis réglementairement d'un rétroviseur intérieur destiné au conducteur ne sont pas soumis à l'obligation de rétroviseur intérieur complémentaire.

En outre, tout véhicule utilisé pour l'apprentissage de la conduite des véhicules à moteur, autre que les cyclomoteurs, les tricycles à moteur et les motocyclettes, doit être muni d'un panneau placé sur le toit du véhicule ou d'inscriptions visibles de l'avant et de l'arrière signalant aux usagers qu'il s'agit d'un véhicule d'apprentissage.

Pour l'apprentissage de la conduite des cyclomoteurs, des tricycles à moteur et des motocyclettes, les inscriptions signalant la situation d'apprentissage doivent figurer sur un gilet de haute visibilité, conforme aux dispositions du code du travail relatives aux équipements de protection individuelle, porté par l'élève conducteur et par l'enseignant ou l'accompagnateur lorsque celui-ci est assis à l'arrière du véhicule. Lorsque l'enseignant ou l'accompagnateur est à bord d'un véhicule suiveur à quatre roues à moteur, celui-ci doit être muni d'un panneau de toit. L'enseignant ou l'accompagnateur, à bord d'un véhicule suiveur à deux ou trois roues à moteur, doit être équipé d'un gilet de haute visibilité comportant les inscriptions signalant la situation d'apprentissage.

Les véhicules utilisés pendant les périodes d'apprentissage anticipé, de conduite supervisée ou de conduite encadrée, mentionnées aux articles R. 211-5, R. 211-5-1 et R. 211-5-2 ne sont pas soumis aux obligations définies au présent article.

Un arrêté du ministre chargé des transports fixe les conditions d'application du présent article.

Le fait de contrevenir aux dispositions du présent article est puni de l'amende prévue pour les contraventions de la troisième classe.

Art. R. 317-26 *(Décr. n° 2016-448 du 13 avr. 2016, art. 39)* « Tout véhicule des catégories N et O doit être équipé de dispositifs antiprojections homologués. »

Un arrêté du ministre chargé des transports fixe les conditions d'application du présent article. — *V. Arr. du 18 sept. 1992 (JO 7 oct.).*

Le fait de contrevenir aux dispositions du présent article ou à celles prises pour son application est puni de l'amende prévue pour les contraventions de la troisième classe. — *[Anc. art. R. 104-1 et R. 239.]*

Art. R. 317-26-1 *(Décr. n° 2005-173 du 24 févr. 2005)* Les *(Abrogé par Décr. n° 2016-448 du 13 avr. 2016, art. 40) « tracteurs agricoles et »* machines agricoles automotrices peuvent être équipés de sièges de convoyeurs. Ils peuvent également être aménagés pour transporter une charge à des fins agricoles ou forestières.

Un arrêté du ministre des transports, pris après avis du ministre de l'agriculture, fixe les modalités d'application du présent article.

Art. R. 317-27 Les dispositions de la présente section ne sont applicables aux véhicules et matériels spéciaux des armées que si elles sont compatibles avec leurs caractéristiques techniques de fabrication et d'emploi. — *[Anc. art. R. 229, al. 1er, 3 et 5.]*

Art. R. 317-28 Le ministre chargé des transports fixe par arrêté les règles relatives aux aménagements, prévus à la présente section, des engins spéciaux dont la vitesse ne peut excéder par construction 25 km/h.

Le fait pour tout conducteur d'un engin spécial de contrevenir aux dispositions prises en application du présent article est puni de l'amende prévue pour les contraventions de la troisième classe. — *[Anc. art. R. 168 et R. 239.]*

Art. R. 317-29 *(Abrogé par Décr. n° 2003-642 du 11 juill. 2003, art. 5-III) La fabrication, l'importation, la détention en vue de la vente, la vente, la distribution à titre gratuit des dispositifs ayant pour objet d'augmenter la puissance du moteur des cyclomoteurs sont interdites.*

Toute transformation par des professionnels des moteurs de cyclomoteurs en vue d'en augmenter la puissance est également interdite.

Au sens du présent article, on entend par importation l'entrée sur le territoire douanier de marchandises non communautaires.

Le fait de contrevenir aux dispositions du présent article est puni de l'amende prévue pour les contraventions de la cinquième classe.

La récidive de cette contravention est réprimée conformément à l'article 132-11 du code pénal. — [Décr. n° 92-987 du 10 sept. 1992, art. 1er à 3.]

CHAPITRE VIII *Énergie, émissions polluantes et nuisances*

Art. R. 318-1 Les véhicules à moteur ne doivent pas émettre de fumées, de gaz toxiques, corrosifs ou odorants, dans des conditions susceptibles d'incommoder la population ou de compromettre la santé et la sécurité publiques.

Le ministre chargé des transports, le ministre chargé de la santé et le ministre chargé de l'environnement fixent par arrêté les conditions d'application du présent article.

Le fait de contrevenir aux dispositions du présent article ou à celles prises pour son application est puni de l'amende prévue pour les contraventions de la *(Décr. n° 2011-368 du 4 avr. 2011)* « quatrième classe ».

L'immobilisation peut être prescrite dans les conditions prévues aux articles L. 325-1 à L. 325-3.

Art. R. 318-2 *(Décr. n° 2016-858 du 29 juin 2016)* I. — Les véhicules à moteur des catégories M, N et L définies à l'article R. 311-1 *(Décr. n° 2017-782 du 5 mai 2017, art. 3, en vigueur le 1er juill. 2017)* « sont identifiés *[ancienne rédaction : peuvent]* », lorsque les conditions de leur utilisation le nécessitent, *(Abrogé par Décr. n° 2017-782 du 5 mai 2017, art. 3, à compter du 1er juill. 2017)* « *être identifiés* » au moyen d'une vignette sécurisée appelée "certificat qualité de l'air".

Le certificat qualité de l'air atteste de la conformité des véhicules à différentes classes établies en tenant compte du niveau d'émission de polluants atmosphériques et de leur sobriété énergétique. Le classement des véhicules tient compte notamment de leur catégorie au sens de l'article R. 311-1, de leur motorisation, des normes techniques applicables à la date de réception des véhicules ou de leur date de première immatriculation ainsi que des éventuels dispositifs de traitement des émissions polluantes installés postérieurement à la première mise en circulation des véhicules.

L'organisme chargé de la délivrance des certificats peut percevoir à titre de rémunération une redevance versée par les demandeurs, destinée à couvrir les coûts de développement, de maintenance et d'exploitation du service, ainsi que les coûts d'élaboration, de fabrication, d'acheminement et de suivi des demandes de certificats. Un arrêté du ministre chargé de l'environnement fixe le montant de cette redevance.

II. — Un arrêté des ministres chargés de l'environnement, des transports et de l'intérieur précise les critères de classement des véhicules et fixe les modalités d'application du présent article.

III. — Le fait, pour tout propriétaire ou locataire dans le cadre d'un contrat d'une durée supérieure ou égale à deux ans ou dans le cadre d'un crédit-bail, d'apposer sur son véhicule un certificat qualité de l'air ne correspondant pas aux caractéristiques de ce véhicule est puni de l'amende prévue pour les contraventions de la 4e classe.

Art. R. 318-3 Les véhicules à moteur ne doivent pas émettre de bruits susceptibles de causer une gêne aux usagers de la route ou aux riverains.

Le moteur doit être muni d'un dispositif d'échappement silencieux en bon état de fonctionnement sans possibilité d'interruption par le conducteur.

Toute opération tendant à supprimer ou à réduire l'efficacité du dispositif d'échappement silencieux est interdite.

Le ministre chargé des transports, le ministre chargé de la santé et le ministre chargé de l'environnement fixent par arrêté les conditions d'application du présent article.

Le fait de contrevenir aux dispositions du présent article ou à celles prises pour son application est puni de l'amende prévue pour les contraventions de la *(Décr. n° 2011-368 du 4 avr. 2011)* « quatrième classe ».

L'immobilisation peut être prescrite dans les conditions prévues aux articles L. 325-1 à L. 325-3.

Art. R. 318-4 Tout véhicule à moteur doit être muni de dispositifs antiparasites radioélectriques.

Le ministre chargé des transports fixe par arrêté les conditions d'application du présent article.

Le fait de contrevenir aux dispositions du présent article ou à celles prises pour son application est puni de l'amende prévue pour les contraventions de la *(Décr. n° 2011-368 du 4 avr. 2011)* « quatrième classe ».

Art. R. 318-5 Le ministre chargé des transports fixe par arrêté les règles relatives aux émissions polluantes et aux nuisances sonores des engins spéciaux dont la vitesse ne peut excéder par construction 25 km/h.

Le fait de contrevenir aux dispositions prises en application du présent article est puni de l'amende prévue pour les contraventions de la *(Décr. n° 2011-368 du 4 avr. 2011)* « quatrième classe ».

L'immobilisation peut être prescrite dans les conditions prévues aux articles L. 325-1 à L. 325-3.

Art. R. 318-6 Les dispositions du présent chapitre ne sont applicables aux véhicules et aux matériels des armées que si elles sont compatibles avec leurs caractéristiques techniques de fabrication et d'emploi.

Art. R. 318-7 *(Abrogé par Décr. nº 2017-21 du 11 janv. 2017, art. 2) I. — Le parc automobile mentionné à l'article L. 318-2 est constitué des voitures particulières, ainsi que des véhicules de transport de personnes et des véhicules de transport de marchandises ou assimilés dont le poids total autorisé en charge (PTAC) n'excède pas 3,5 tonnes, qui ont été acquis ou loués par des contrats d'une durée cumulée supérieure à un an et pour lesquels il existe sur le marché européen des modèles concurrents de même usage fonctionnant à l'énergie électrique, au gaz de pétrole liquéfié ou au gaz naturel.*

II. — Pour les services de l'État, le parc automobile est apprécié dans le cadre de chaque :

1º Direction gestionnaire de moyens pour les administrations centrales ;

2º Service déconcentré gestionnaire de crédits permettant l'acquisition de véhicules ;

3º Service à compétence nationale ;

4º Autorité administrative indépendante. — [Anc. art. R. 137-1.]

Art. R. 318-8 *(Abrogé par Décr. nº 2017-21 du 11 janv. 2017, art. 2) Des dérogations aux obligations instituées par l'article L. 318-2 peuvent être accordées par le préfet si les contraintes liées aux nécessités du service le justifient, notamment lorsque les conditions d'approvisionnement en carburant, les exigences de sécurité liées à l'utilisation des véhicules fonctionnant à l'énergie électrique, au gaz de pétrole liquéfié ou au gaz naturel, ou les performances de ces véhicules sont incompatibles avec les missions de service.* — [Anc. art. R. 137-2.]

Art. R. 318-10 *(Décr. nº 2011-153 du 4 févr. 2011, art. 3)* « I. — Les voitures particulières et les camionnettes doivent être construites de façon à limiter l'utilisation de substances dangereuses afin de prévenir le rejet de ces substances dans l'environnement, de faciliter le recyclage des composants et matériaux des véhicules et d'éviter d'avoir à éliminer des déchets dangereux au sens des articles R. 541-7 à R. 541-11 du code de l'environnement.

« Les substances dangereuses visées à l'alinéa précédent répondent aux critères des classes ou catégories de danger suivantes, visées à l'annexe I du règlement (CE) nº 1272/2008 du Parlement européen et du Conseil du 16 décembre 2008 relatif à la classification, à l'étiquetage et à l'emballage des substances et des mélanges :

« *a)* Les classes de danger 2.1 à 2.4, 2.6 et 2.7, 2.8 types A et B, 2.9, 2.10, 2.12, 2.13 catégories 1 et 2, 2.14 catégories 1 et 2, 2.15 types A à F ;

« *b)* Les classes de danger 3.1 à 3.6, 3.7 effets néfastes sur la fonction sexuelle et la fertilité ou sur le développement, 3.8 effets autres que des effets narcotiques, 3.9 et 3.10 ;

« *c)* La classe de danger 4.1 ;

« *d)* La classe de danger 5.1.

« Un arrêté conjoint des ministres chargés des transports, de l'environnement et de l'industrie fixe les conditions d'utilisation du plomb, du mercure, du cadmium et du chrome hexavalent dans les composants et matériaux des véhicules. » — *V. Arr. du 9 mars 2012 (JO 17 mars), mod. par Arr. du 16 août 2013 (JO 21 août), mod. par Arr. du 28 mai 2018 (JO 20 juin).*

II. — Les voitures particulières et les camionnettes doivent être construites de façon à faciliter leur démontage et leur dépollution lors de leur destruction ultérieure ainsi que le réemploi ou la valorisation, en particulier le recyclage, de leurs composants et matériaux.

Les composants et matériaux de ces véhicules font l'objet d'une codification afin de faciliter l'identification de ceux qui peuvent être réemployés et valorisés.

Un arrêté conjoint des ministres chargés des transports, de l'environnement et de l'industrie fixe les modalités d'application du présent II.

III. — Le respect des dispositions des I et II ci-dessus est vérifié lors de la réception communautaire prévue par les articles R. 321-6 à R. 321-14 du présent code.

TITRE II Dispositions administratives

CHAPITRE PREMIER *Réception et homologation*

SECTION I *Dispositions générales*

Art. R. 321-1 Pour l'application du présent chapitre, les termes ci-après ont le sens qui leur est donné dans le présent article :

— "constructeur" : personne ou organisme qui, quelle que soit sa place dans le processus de production ou de commercialisation, fait la demande de réception et se propose d'être responsable de tous les aspects du processus de la réception et de la conformité de la production ;

— "système" : ensemble de dispositifs techniques destinés à assurer une fonction du véhicule telle que le freinage ou la lutte contre la pollution. — *[Anc. art. R. 109-3, al. 2, et R. 109-4, al. 1er.]*

Art. R. 321-2 Les dispositions du présent chapitre ne sont pas applicables aux véhicules et aux matériels spéciaux des armées dont la réception est assurée par les services techniques de la défense nationale. — *[Anc. art. R. 229, al. 1er et 4.]*

Art. R. 321-3 Le ministre chargé des transports fixe par arrêté les règles relatives à la réception et à l'homologation pour les engins spéciaux dont la vitesse ne peut excéder par construction 25 km/h. — *[Anc. art. R. 168.]*

Art. R. 321-4 Le fait de mettre en vente ou de vendre un véhicule ou un élément de véhicule sans qu'il ait fait l'objet d'une réception est puni de l'amende prévue pour les contraventions de la cinquième classe, sans préjudice des mesures administratives qui peuvent être prises par le ministre chargé des transports.

La récidive de cette contravention est réprimée conformément à l'article 132-11 du code pénal.

Le fait de mettre ou maintenir en circulation un véhicule à moteur ou une remorque sans qu'il ait fait l'objet d'une réception est puni de l'amende prévue pour les contraventions de la quatrième classe.

Le fait de mettre en vente ou de vendre un dispositif ou un équipement non conforme à un type homologué ou à un type ayant fait l'objet d'une réception, lorsque l'agrément de ce dispositif ou équipement est imposé par le présent code ou par les textes réglementaires pris pour son application, est puni de l'amende prévue pour les contraventions de la quatrième classe.

Le fait de faire usage d'un dispositif ou d'un équipement non conforme à un type homologué ou à un type ayant fait l'objet d'une réception, lorsque l'agrément de ce dispositif ou équipement est imposé par le présent code ou par les textes réglementaires pris pour son application, est puni de l'amende prévue pour les contraventions de la première classe. — *[Anc. art. R. 241, al. 1er et 2, R. 242-1 et R. 242-3.]*

Art. R. 321-4-1 *(Décr. no 2009-497 du 30 avr. 2009)* La vente, l'offre de vente ou la mise en service des pièces ou équipements susceptibles de présenter un risque important pour le bon fonctionnement de systèmes essentiels pour la sécurité ou la performance environnementale d'un véhicule *(Décr. no 2016-448 du 13 avr. 2016, art. 41)* « de catégorie M, N, O, L, T, C, R ou S » n'est permise que si lesdites pièces ou équipements sont autorisés par l'autorité compétente en matière de réception.

Chaque pièce ou partie d'équipement autorisée en vertu du présent article doit recevoir un marquage approprié.

Le ministre chargé des transports fixe par arrêté les modalités d'application du présent article et, en particulier, la liste des pièces et équipements concernés.

Art. R. 321-4-2 *(Décr. no 2019-1082 du 23 oct. 2019, art. 16)* Le fait de circuler sur la voie publique avec un engin de déplacement personnel motorisé dont la vitesse maximale par construction est supérieure à celle définie au 6.15 de l'article R. 311-1 est puni de l'amende prévue pour les contraventions de la cinquième classe.

La confiscation, l'immobilisation ou la mise en fourrière peuvent être prescrites dans les conditions prévues aux articles L. 325-1 à L. 325-9.

Art. R. 321-5 Le ministre chargé des transports fixe par arrêté les dispositions nécessaires à la vérification de la puissance et de la vitesse maximale des motocyclettes, des tricycles et quadricycles à moteur et des cyclomoteurs. — *[Anc. art. R. 169-3, al. 2, et R. 188-2.]*

Art. D. 321-5-1 *(Décr. no 2007-405 du 22 mars 2007)* Dans le cadre de la dérogation prévue au second alinéa de l'article L. 321-1, l'offre, la mise en vente, la vente et la proposition à la location d'un cyclomoteur, d'une motocyclette ou d'un quadricycle à moteur immatriculé, non conforme à sa réception et destiné à participer à une course ou une épreuve sportive, sont subordonnées à la déclaration préalable du retrait de la circulation du véhicule à l'autorité administrative compétente, selon les modalités de l'article R. 322-6.

Art. D. 321-5-2 *(Décr. no 2007-405 du 22 mars 2007)* La personne qui offre, met en vente, vend ou propose à la location les véhicules mentionnés à l'article D. 321-5-1 conserve une copie de la déclaration de retrait de la circulation et, en cas de vente, du document attestant de cette vente pendant une durée minimale de cinq ans.

Ces pièces sont présentées sur simple demande à tout agent habilité à constater les infractions aux dispositions de l'article L. 321-1.

Art. R. 321-5-3 *(Décr. nº 2009-497 du 30 avr. 2009)* Le ministre chargé des transports fixe par arrêté les conditions et la durée de validité des réceptions.

SECTION II *Réception communautaire ou réception CE*

Art. R. 321-6 La réception communautaire, dite réception CE, est destinée à constater qu'un *(Décr. nº 2009-497 du 30 avr. 2009)* « véhicule ou un » type de véhicule, de système ou d'équipement satisfait aux prescriptions techniques exigées pour sa mise en circulation.

Les règles techniques élaborées en application des *(Décr. nº 2009-497 du 30 avr. 2009)* « actes réglementaires communautaires relatifs » à la réception des véhicules, des systèmes ou des équipements sont fixées par arrêté du ministre chargé des transports.

(Décr. nº 2009-497 du 30 avr. 2009) « Pour l'application de la présente section, les termes ci-après ont le sens qui leur est donné dans le présent article :

« – "réception CE par type" : l'acte par lequel un État membre de la CE certifie qu'un type de véhicule, de système, de composant ou d'entité technique satisfait aux dispositions administratives et aux exigences techniques communautaires ;

« – "réception individuelle" : l'acte par lequel un État membre de la CE certifie qu'un véhicule donné, qu'il soit unique ou non, satisfait aux dispositions administratives et aux exigences techniques applicables ;

« – "mandataire du constructeur" : toute personne physique ou morale établie dans la Communauté européenne, dûment mandatée par le constructeur pour le représenter auprès de l'autorité compétente en matière de réception et agir pour son compte pour les questions relevant de la présente section, toute référence au terme "constructeur" devant être comprise comme visant le constructeur ou son mandataire. »

Art. R. 321-7 Le ministre chargé des transports est l'autorité compétente pour l'application des règles prévues en matière de réception CE. – *[Anc. art. R. 109-3, al. 3.]*

Art. R. 321-8 *(Décr. nº 2016-448 du 13 avr. 2016, art. 42)* Les réceptions CE sont prononcées par délégation du ministre chargé des transports par le service en charge des réceptions désigné par arrêté par le même ministre.

Art. R. 321-9 Le constructeur adresse la demande de réception CE d'un type de véhicule, de système, ou d'équipement au ministre chargé des transports.

La demande est accompagnée d'un dossier constructeur qui comporte toutes les précisions nécessaires au contrôle de la conformité du type de véhicule, de système ou d'équipement aux prescriptions techniques exigées pour sa mise en circulation. La demande de réception d'un type de véhicule est également accompagnée de toutes les fiches de réception CE qui ont été accordées à des systèmes ou des équipements du type de véhicule concerné.

Le ministre chargé des transports vérifie, le cas échéant en coopération avec les autorités compétentes en matière de réception des autres États, que les mesures nécessaires ont été prises pour garantir la conformité des véhicules ou équipements produits au type réceptionné.

Lorsque le ministre chargé des transports constate que le type de véhicule, de système ou d'équipement satisfait aux exigences requises par la législation communautaire, il délivre une fiche de réception CE.

Néanmoins, si le ministre chargé des transports estime qu'un type de véhicule, de système ou d'équipement, quoique conforme aux exigences requises par la législation communautaire, compromet gravement la sécurité routière *(Décr. nº 2009-497 du 30 avr. 2009)* « ou nuit gravement à l'environnement ou à la santé publique », il peut refuser de délivrer la fiche de réception CE. Cette décision doit être motivée et notifiée au constructeur intéressé *(Décr. nº 2009-497 du 30 avr. 2009)* « avec indication des voies et délais de recours », aux autorités compétentes en matière de réception des autres États et à la Commission européenne.

Le constructeur donne à chacun des véhicules conformes à un type ayant fait l'objet d'une *réception CE un numéro d'identification.* Il remet à l'acheteur du véhicule *(Abrogé par Décr. nº 2009-497 du 30 avr. 2009) « une copie de la fiche de réception CE du type de véhicule ainsi qu'* » un certificat de conformité attestant que le véhicule livré est entièrement conforme au type réceptionné.

Le constructeur, détenteur d'une fiche de réception CE d'un type d'équipement, appose sur chaque équipement fabriqué conformément au type réceptionné sa marque *(Décr. nº 2019-*

1316 du 9 déc. 2019, art. 14-V) « de produits ou de services », l'indication du type ou, si la directive communautaire applicable à l'équipement en cause le prévoit, le numéro ou la marque de réception.

Le ministre chargé des transports fixe par arrêté les modalités de l'examen des demandes de réception CE et le modèle type auquel doivent être conformes le dossier constructeur, la fiche de réception et le certificat de conformité. – *[Anc. art. R. 109-4, al. 2 et 9.]*

Art. R. 321-10 Lorsque le ministre chargé des transports a accordé une réception CE à un type de véhicule, de système ou d'équipement, il peut à tout moment faire vérifier par ses services les méthodes de contrôle de conformité appliquées dans les établissements de production du type réceptionné. Si une vérification met en lumière des résultats non satisfaisants, le ministre chargé des transports veille, le cas échéant en coopération avec les autorités compétentes en matière de réception d'autres États, à ce que les mesures nécessaires soient prises pour rétablir la conformité de la production dans les plus brefs délais.

Si le ministre chargé des transports constate que des véhicules, systèmes ou équipements accompagnés d'un certificat de conformité ou comportant la marque adéquate ne sont pas conformes au type auquel il a délivré la réception CE, il prend les mesures nécessaires pour faire en sorte que les véhicules, systèmes ou équipements redeviennent conformes au type réceptionné. Les mesures prises, qui peuvent aller jusqu'au retrait de la réception, sont portées à la connaissance des autorités compétentes en matière de réception des autres États.

Toute décision portant retrait d'une réception doit être précédée d'une demande d'explications adressée au constructeur sur les griefs qui lui sont reprochés. La décision est motivée et notifiée au constructeur avec indication des voies et délais de recours.

Si la non-conformité d'un véhicule découle exclusivement de la non-conformité d'un système ou d'un équipement, le ministre chargé des transports demande à l'autorité compétente de l'État ayant octroyé la réception du système ou de l'équipement de prendre les mesures nécessaires pour que les véhicules produits redeviennent conformes au type réceptionné.

Il en est de même si la non-conformité découle exclusivement de la non-conformité d'une version incomplète du véhicule, à laquelle un autre État membre a octroyé la réception CE. – *[Anc. art. R. 109-5.]*

Art. R. 321-11 Tout véhicule dont le type a fait l'objet d'une réception CE et qui est muni d'un certificat de conformité valide peut être librement commercialisé et mis en circulation.

Un arrêté du ministre chargé des transports définit les types de véhicules incomplets qui, bien que munis d'un certificat de conformité valide, ne peuvent être immatriculés qu'après une nouvelle réception du véhicule complété.

Le certificat de conformité nécessaire pour l'obtention de l'immatriculation d'un véhicule dont le type a fait l'objet d'une réception CE doit être rédigé en français.

Le ministre chargé des transports peut préciser par arrêté les ajouts à lui apporter de façon à faire apparaître les données nécessaires à l'immatriculation des véhicules. – *[Anc. art. R. 109-6.]*

Art. R. 321-12 Tout équipement ou système dont le type a fait l'objet d'une réception CE *(Décr. n° 2009-497 du 30 avr. 2009)* « valide » ou équivalente et comportant la marque adéquate peut être commercialisé librement. – *[Anc. art. R. 109-7.]*

Art. R. 321-13 S'il est établi que des véhicules, systèmes ou équipements accompagnés d'un certificat de conformité ou portant la marque adéquate ne sont pas conformes au type réceptionné, le ministre chargé des transports demande aux autorités compétentes en matière de réception de l'État ayant procédé à la réception CE de vérifier si les véhicules, systèmes *ou équipements* produits sont conformes au type réceptionné. – *[Anc. art. R. 109-8.]*

Art. R. 321-14 S'il est établi que des véhicules, systèmes ou équipements d'un type ayant fait l'objet d'une réception CE compromettent gravement la sécurité routière *(Décr. n° 2009-497 du 30 avr. 2009)* « ou nuisent gravement à l'environnement ou à la santé publique » alors qu'ils sont accompagnés d'un certificat de conformité en cours de validité ou qu'ils portent une marque de réception valide, le ministre chargé des transports peut, pour une durée de six mois au maximum, refuser d'immatriculer ces véhicules ou interdire la vente ou la mise en service de ces véhicules, systèmes ou équipements. Il en informe immédiatement *(Décr. n° 2009-497 du 30 avr. 2009)* « le constructeur et » les autorités compétentes en matière de réception des autres États et la Commission européenne en motivant sa décision. La décision doit également être notifiée au constructeur intéressé et indiquer les voies et délais de recours. – *[Anc. art. R. 109-9.]*

Art. R. 321-14-1 *(Décr. n° 2009-497 du 30 avr. 2009)* Un constructeur auquel a été octroyée une réception CE par type de véhicule *(Décr. n° 2016-448 du 13 avr. 2016, art. 41)* « de catégorie M, N, O, L, T, C, R ou S » doit rappeler les véhicules déjà vendus, immatriculés ou mis en service lorsqu'un ou plusieurs systèmes, composants ou entités techniques installés sur ces véhicules, qu'ils aient ou non été dûment réceptionnés, risquent de compromettre gravement la sécurité routière, la santé publique ou la protection de l'environnement. Il en informe immédiatement le ministre chargé des transports pour les réceptions CE par type de véhicule que ce dernier a accordées et lui propose un ensemble de solutions appropriées en vue de neutraliser le risque. Le ministre chargé des transports communique aux autorités compétentes en matière de réception des autres États membres les mesures proposées par le constructeur. Il veille à la mise en œuvre efficace de ces mesures sur le territoire national.

Si le ministre chargé des transports juge insuffisantes les mesures communiquées par une autorité compétente en matière de réception ou si ces mesures n'ont pas été mises en œuvre dans un délai assez court, il en informe l'autorité compétente en matière de réception qui a accordé la réception CE par type de véhicule.

Lorsque le ministre chargé des transports est informé par une autorité compétente en matière de réception d'un autre État membre que les mesures communiquées sont insuffisantes ou n'ont pas été mises en œuvre dans un délai assez court, il en informe le constructeur et, s'il n'est pas satisfait des mesures de ce dernier, prend toutes les mesures de protection qui s'imposent, y compris le retrait de la réception CE par type de véhicule lorsque le constructeur s'abstient de proposer et de mettre en œuvre des mesures de correction efficaces. En cas de retrait de la réception CE par type de véhicule, le ministre chargé des transports informe le constructeur, les autorités compétentes en matière de réception des autres États membres ainsi que la Commission européenne.

Le ministre chargé des transports fixe par arrêté les modalités d'application des dispositions du présent article.

SECTION III *Réception nationale par type ou à titre isolé et homologation*

Art. R. 321-15 Avant sa mise en circulation et en l'absence de réception CE, tout véhicule à moteur, toute remorque ou tout élément de véhicule *(Abrogé par Décr. n° 2016-448 du 13 avr. 2016, art. 43) « dont le poids total autorisé en charge est supérieur à 500 kilogrammes »*, toute semi-remorque doit faire l'objet d'une réception nationale effectuée soit par type à la demande du constructeur, soit à titre isolé à la demande du propriétaire ou de son représentant.

Toutefois, en ce qui concerne les véhicules ou éléments de véhicules qui ne sont pas fabriqués ou assemblés sur le territoire d'un État membre de l'Union européenne, la réception par type n'est admise que si le constructeur possède en France un représentant spécialement accrédité auprès du ministre chargé des transports. Dans ce cas, elle a lieu sur demande dudit représentant.

Le ministre chargé des transports détermine par arrêté les éléments de véhicule soumis à réception ainsi que les conditions particulières auxquelles sont soumis les différents éléments de véhicule pour assurer la conformité des véhicules formés à partir d'éléments avec les dispositions du présent code. — *V. Arr. du 19 juill. 1954 (D. 1954. 292 ; BLD 1954. 651 ; JO 21 juill.) relatif à la réception des véhicules automobiles, mod. par Arr. du 14 févr. 1958 (D. 1958. 115 ; BLD 1958. 204), Arr. du 5 août 1980 (D. et BLD 1980. 352), Arr. du 10 août 1981 (D. et BLD 1981. 317), Arr. du 29 juin 1983 (D. et ALD 1983. 445 ; JO 28 août NC), Arr. du 12 avr. 1984 (D. et ALD 1984. 316), Arr. du 8 juill. 1985 (D. et ALD 1985. 398), Arr. du 16 déc. 1985 (JO 18 janv. 1986), Arr. du 17 févr. 1988 (D. et ALD 1988. 219 ; JO 27 mars), Arr. du 26 juin 1989 (JO 25 juill.), Arr. du 23 janv. 1990 (JO 7 févr.), Arr. du 3 avr. 1995, art. 3 (JO 3 mai), Arr. du 12 mars 1996 (JO 14 mai), Arr. du 3 mai 2004 (JO 13 mai), Arr. du 5 nov. 2007 (JO 16 nov.), Arr. du 16 mars 2011 (JO 31 mars), Arr. du 22 juin 2016 (JO 24 juin), Arr. du 15 avr. 2020 (JO 13 mai).*

(Décr. n° 2014-357 du 19 mars 2014) « Toutefois, tout véhicule carrossé individuellement peut être mis en circulation après un contrôle de conformité initial effectué par un opérateur qualifié. Les catégories de véhicules soumis à ce contrôle, les modalités de ce contrôle et les conditions de désignation des opérateurs qualifiés sont fixées par arrêté du ministre chargé des transports. » — *V. Arr. du 18 nov. 2005 (JO 20 nov.), mod. par Arr. du 14 mai 2014 (JO 28 mai), mod. par Arr. du 26 nov. 2014 (JO 5 déc.), mod. par Arr. du 22 juin 2016 (JO 25 juin).*

Le ministre chargé des transports fixe la liste des matériels de travaux publics, appelés à être employés normalement sur les routes, qui doivent faire l'objet d'une réception.

Les remorques ou appareils agricoles destinés à être attelés à un tracteur ou à une machine agricole automotrice, s'ils sont montés sur bandages pleins ou si, étant équipés de bandages pneumatiques, leur poids total autorisé en charge (PTAC) est inférieur à 1,5 tonne, ne sont pas soumis à l'obligation de réception.

Les dispositions du présent article ne sont pas applicables aux véhicules de collection *(Décr. nº 2019-1082 du 23 oct. 2019, art. 17)* « [,] aux engins de déplacement personnel motorisés » *(Décr. nº 2009-136 du 9 févr. 2009, en vigueur le 15 avr. 2009)* « et aux véhicules appartenant à des personnes de statut diplomatique ou assimilé ».

Art. R. 321-16 Tout véhicule isolé ou élément de véhicule ayant subi des transformations notables est obligatoirement soumis à une nouvelle réception. Le propriétaire du véhicule ou de l'élément de véhicule doit demander cette nouvelle réception au préfet.

Le ministre chargé des transports définit *(Décr. nº 2003-536 du 20 juin 2003, art. 11)* « par arrêté » les transformations notables rendant nécessaires une nouvelle réception. – *[Anc. art. R. 106, al. 8.]*

Art. R. 321-17 Tout véhicule à moteur ou toute remorque, dont les dimensions ou les poids excèdent les limites réglementaires et dont le déplacement est subordonné à l'autorisation *(Décr. nº 2017-16 du 6 janv. 2017, art. 3 et 16, en vigueur le 1er mars 2017)* « ou à la déclaration préalable exigée » pour les transports exceptionnels de marchandises, d'engins ou de véhicules, doit, avant sa mise en circulation, faire l'objet d'une réception par *(Décr. nº 2016-448 du 13 avr. 2016, art. 3)* « le service en charge des réceptions désigné par arrêté par le ministre chargé des transports », sous l'autorité du ministre chargé des transports qui fixe, par arrêté, les conditions d'application du présent article.

Tout matériel de travaux publics dont les dimensions ou les poids excèdent les limites réglementaires, appelé à circuler occasionnellement sur les routes et dont le déplacement est subordonné à l'autorisation *(Décr. nº 2017-16 du 6 janv. 2017, art. 3 et 16, en vigueur le 1er mars 2017)* « ou à la déclaration préalable exigée » pour les transports exceptionnels, doit répondre aux prescriptions fixées par arrêté du ministre chargé des transports.

Art. R. 321-18 Le ministre chargé des transports détermine les catégories de véhicules qui, lorsque leur carrosserie est montée sur un châssis déjà réceptionné, ne peuvent être mis en circulation qu'après une nouvelle réception faite par *(Décr. nº 2016-448 du 13 avr. 2016, art. 3)* « le service en charge des réceptions désigné par arrêté par le ministre chargé des transports ». – *[Anc. art. R. 106, al. 6.]*

Art. R. 321-19 La demande de réception doit être accompagnée d'une notice descriptive dans les conditions fixées par le ministre chargé des transports et donnant les caractéristiques du véhicule ou de l'élément de véhicule ou du type de véhicule ou de l'élément de véhicule nécessaires aux vérifications *(Décr. nº 2016-448 du 13 avr. 2016, art. 3)* « du service en charge des réceptions désigné par arrêté par le ministre chargé des transports ». – *[Anc. art. R. 106, al. 5.]*

Art. R. 321-20 Au moment de la réception d'un véhicule ou d'un élément de véhicule, le constructeur doit déclarer le poids maximal admissible pour lequel le véhicule est construit ainsi que le poids maximal admissible sur chaque essieu. Il doit également déclarer, s'il s'agit d'un véhicule à moteur, le poids total roulant admissible de l'ensemble de véhicules ou du véhicule articulé que l'on peut former à partir de ce véhicule à moteur.

Le poids maximal autorisé d'un véhicule ou d'un élément de véhicule et le poids maximal autorisé pour chaque essieu sont fixés par *(Décr. nº 2016-448 du 13 avr. 2016, art. 3)* « le service en charge des réceptions désigné par arrêté par le ministre chargé des transports » lors de la réception de ce véhicule, dans la limite des poids maximaux admissibles déclarés par le constructeur. Un ou plusieurs poids totaux autorisés en charge sont alors fixés par *(Décr. nº 2016-448 du 13 avr. 2016, art. 3)* « le service en charge des réceptions désigné par arrêté par le ministre chargé des transports » dans la limite du poids maximal autorisé.

Le poids maximal roulant autorisé des ensembles de véhicules ou des véhicules articulés que l'on peut former à partir d'un véhicule à moteur est fixé par *(Décr. nº 2016-448 du 13 avr. 2016, art. 3)* « le service en charge des réceptions désigné par arrêté par le ministre chargé des transports » lors de la réception de ce véhicule dans la limite du poids total roulant admissible déclaré par le constructeur. Un ou plusieurs poids totaux roulants autorisés sont alors fixés pour ce véhicule par *(Décr. nº 2016-448 du 13 avr. 2016, art. 3)* « le service en charge des réceptions désigné par arrêté par le ministre chargé des transports », dans la limite du poids maximal roulant autorisé.

Le ministre chargé des transports fixe par arrêté les modalités d'application du présent article. – *[Anc. art. R. 54, al. 10 à 13, et R. 139.]*

Art. R. 321-21 Lorsque le véhicule présenté satisfait aux prescriptions réglementaires, *(Décr. nº 2016-448 du 13 avr. 2016, art. 3)* « le service en charge des réceptions désigné par arrêté par le ministre chargé des transports » dresse de ces opérations un procès-verbal de réception dont une expédition est remise au demandeur. Le modèle de ce procès-verbal est fixé par le ministre chargé des transports. – *[Anc. art. R. 107.]*

Art. R. 321-22 Le constructeur donne à chacun des véhicules, conforme à un type ayant fait l'objet d'un procès-verbal de réception, un numéro d'ordre dans la série du type auquel le véhicule appartient et il remet à l'acheteur une copie du procès-verbal de réception ainsi qu'un certificat attestant que le véhicule livré est entièrement conforme à la notice descriptive du type.

Le modèle de ce certificat, dit certificat de conformité, est fixé par le ministre chargé des transports.

Pour les véhicules qui ne sont pas fabriqués ou assemblés sur le territoire d'un État membre de l'Union européenne, le certificat de conformité doit être signé, pour le constructeur, par son représentant accrédité en France. – *[Anc. art. R. 108.]*

Art. R. 321-23 Les fonctionnaires *(Décr. n° 2016-448 du 13 avr. 2016, art. 3)* « du service en charge des réceptions désigné par arrêté par le ministre chargé des transports » peuvent prélever gratuitement des véhicules ou éléments de véhicules, dont le type a fait l'objet d'une réception, chez les constructeurs, importateurs ou revendeurs en vue de contrôler la conformité de ces véhicules aux notices descriptives des prototypes réceptionnés.

Après contrôle, les véhicules sont restitués. S'il apparaît que les véhicules contrôlés ne sont pas conformes à la notice descriptive du prototype réceptionné, le procès-verbal de réception peut être annulé par décision du ministre chargé des transports. – *[Anc. art. R. 109-1.]*

Art. R. 321-24 Le bénéfice de l'homologation d'un dispositif d'équipement de véhicule à moteur appartient à celui qui en a fait la demande et qui garde la responsabilité de la fabrication, c'est-à-dire soit au fabricant, soit à toute autre personne faisant fabriquer pour son compte par un façonnier. En cas de cession, le cédant et le concessionnaire doivent en aviser sans délai le ministre chargé des transports. Les noms du façonnier ou des façonniers successifs, s'il y a lieu, doivent être communiqués au ministre chargé des transports ; celui-ci peut faire effectuer tout contrôle et décider, le cas échéant, le retrait de l'agrément sur proposition de la commission de réception des projecteurs et des dispositifs d'équipement pour véhicules routiers.

Si le fabricant n'est pas établi dans un État de l'Union européenne, l'agrément ne peut être accordé qu'à son représentant en France, dûment accrédité auprès du ministre chargé des transports.

Les fonctionnaires et agents dûment habilités par le ministre chargé des transports peuvent procéder à des prélèvements gratuits de dispositifs homologués en vue d'en contrôler la conformité au type homologué.

Après essai, les dispositifs prélevés sont restitués si les essais et contrôles effectués ne les ont pas détruits. Ils sont conservés par la commission de réception des projecteurs et dispositifs d'équipement pour véhicules routiers dans le cas contraire.

Lorsque les dispositifs prélevés ne sont pas conformes au type agréé en ce qui concerne les matériaux, la forme et les dimensions ou si leurs caractéristiques sont hors des limites fixées par le cahier des charges auquel les dispositifs doivent être conformes, l'agrément du type peut être retiré par décision du ministre chargé des transports, sur proposition de la commission de réception des projecteurs et dispositifs d'équipement pour véhicules routiers.

Le retrait de l'agrément d'un type entraîne la suspension de la vente et de la livraison des dispositifs portant le numéro d'homologation de ce type dans les délais fixés par la décision de retrait. – *[Anc. art. R. 109-2.]*

Art. R. 321-25 *(Décr. n° 2009-497 du 30 avr. 2009)* Un constructeur auquel a été octroyée une réception nationale par type de véhicule *(Décr. n° 2016-448 du 13 avr. 2016, art. 41)* « de catégorie M, N, O, L, T, C, R ou S » doit rappeler les véhicules déjà vendus, immatriculés ou mis en service lorsqu'un ou plusieurs systèmes, composants ou entités techniques installés sur ces véhicules, qu'ils aient ou non été dûment réceptionnés, risquent de compromettre gravement la sécurité routière, la santé publique ou la protection de l'environnement. Il en informe immédiatement le ministre chargé des transports et lui propose un ensemble de solutions appropriées en vue de neutraliser le risque. Le ministre chargé des transports veille à la mise en œuvre efficace de ces mesures.

Si le ministre chargé des transports juge insuffisantes les mesures communiquées par le constructeur ou si ces mesures n'ont pas été mises en œuvre dans un délai assez court, il en informe le constructeur et prend toutes les mesures de protection qui s'imposent, y compris le retrait de la réception par type lorsque le constructeur s'abstient de proposer et de mettre en œuvre des mesures de correction efficaces.

En cas de retrait de la réception par type, le ministre chargé des transports informe le constructeur.

Le ministre chargé des transports fixe par arrêté les modalités d'application des dispositions du présent article.

CHAPITRE II *Immatriculation*

SECTION I *Délivrance du certificat d'immatriculation*

Art. R. 322-1 *(Décr. nº 2017-1278 du 9 août 2017, art. 2-1º)* « I. — Tout propriétaire d'un véhicule à moteur, d'une remorque dont le poids total autorisé en charge est supérieur à 500 kilogrammes ou d'une semi-remorque et qui souhaite le mettre en circulation pour la première fois doit faire une demande de certificat d'immatriculation en justifiant de son identité. Le propriétaire doit également pouvoir justifier, à la demande du ministre de l'intérieur :

« 1º De la souscription, pour le véhicule considéré, d'une assurance conforme aux dispositions de l'article L. 211-1 du code des assurances ;

« 2º Lorsque le propriétaire est une personne physique, d'un permis de conduire, le cas échéant celui de la personne physique désignée pour être titulaire du certificat d'immatriculation, correspondant à la catégorie du véhicule considéré conformément aux dispositions de l'article L. 322-1-1 ;

« 3º De son domicile, siège social ou établissement d'affectation ou de mise à disposition du véhicule ;

« 4º Sauf pour les véhicules définis au 6.3 de l'article R. 311-1, soit de la conformité de son véhicule à un type CE réceptionné ou à un type national réceptionné, soit que son véhicule a fait l'objet d'une réception à titre isolé ou d'une réception individuelle au sens des articles R. 321-6 et R. 321-15.

« Cette demande de certificat d'immatriculation est adressée au ministre de l'intérieur par le propriétaire, soit directement par voie électronique, soit par l'intermédiaire d'un professionnel de l'automobile habilité par le ministre de l'intérieur. »

(Décr. nº 2009-136 du 9 févr. 2009, en vigueur le 15 avr. 2009) « II. — Lorsque le propriétaire est une personne morale ou une entreprise individuelle, celui-ci *(Décr. nº 2017-1278 du 9 août 2017, art. 2-2º)* « doit pouvoir justifier, à la demande du ministre de l'intérieur, » de son identité et de l'adresse de son siège social ou de celle de l'établissement d'affectation du véhicule.

« III. — Pour un véhicule de location, le propriétaire *(Décr. nº 2017-1278 du 9 août 2017, art. 2-2º)* « doit pouvoir justifier, à la demande du ministre de l'intérieur, » de son identité et de l'adresse de son siège social ou de celle de l'établissement de mise à disposition du véhicule.

« IV. — Pour un véhicule faisant l'objet soit d'un contrat de crédit-bail, soit d'un contrat de location de deux ans ou plus, le propriétaire *(Décr. nº 2017-1278 du 9 août 2017, art. 2-2º)* « doit pouvoir justifier, à la demande du ministre de l'intérieur, » de son identité et de l'adresse du domicile du locataire.

« V. — Les dispositions du présent article ne sont pas applicables *(Décr. nº 2019-1082 du 23 oct. 2019, art. 18)* « aux engins de déplacement personnel motorisés et » aux véhicules ou appareils agricoles remorqués dont le poids total en charge est inférieur à 1, 5 tonne.

« VI. — » Un arrêté du ministre chargé des transports, pris après avis du ministre de l'intérieur, fixe les conditions d'application du présent article.

(Décr. nº 2009-136 du 9 févr. 2009, en vigueur le 15 avr. 2009) « VII. — » Le fait, pour tout propriétaire, de mettre en circulation un véhicule sans avoir obtenu un certificat d'immatriculation est puni de l'amende prévue pour les contraventions de la quatrième classe.

Art. R. 322-2 *(Décr. nº 2009-136 du 9 févr. 2009, en vigueur le 15 avr. 2009)* « I. — Le certificat d'immatriculation est établi dans les conditions fixées par le ministre chargé des transports, après avis du ministre de l'intérieur, et expédié à l'adresse du demandeur. Ce certificat comporte un numéro d'immatriculation attribué à titre définitif au véhicule par un système informatique centralisé. Le certificat d'immatriculation peut comporter un coupon détachable.

« II. — » Dans le cas de véhicules de transport exceptionnel dont les dimensions ou le poids excèdent les limites réglementaires, *(Décr. nº 2009-136 du 9 févr. 2009, en vigueur le 15 avr. 2009)* « le certificat d'immatriculation » doit porter *(Décr. nº 2002-505 du 8 avr. 2002)* « un signe distinctif ou une mention spéciale » pour indiquer que le véhicule a fait l'objet d'une réception spéciale par *(Décr. nº 2016-448 du 13 avr. 2016, art. 3)* « le service en charge des réceptions désigné par arrêté par le ministre chargé des transports » et qu'il ne peut circuler que sous couvert d'une autorisation du préfet. Toutefois, pour les véhicules dont seul le poids total autorisé en charge ou le poids total roulant autorisé excède les limites réglementaires, *(Décr. nº 2002-505 du 8 avr. 2002 ; Décr. nº 2009-136 du 9 févr. 2009, en vigueur le 15 avr. 2009)* « le certificat d'immatriculation » peut porter une mention spéciale complémentaire » permettant, sans autorisation du préfet, la circulation du véhicule, dans les limites de poids fixées au présent livre.

(Décr. nº 2009-136 du 9 févr. 2009, en vigueur le 15 avr. 2009) « III. – » *(Décr. nº 2002-505 du 8 avr. 2002)* « Le signe distinctif, la mention spéciale et la mention spéciale complémentaire prévus ci-dessus sont fixés par arrêté du ministre de l'intérieur et du ministre chargé des transports. »

(Décr. nº 2009-136 du 9 févr. 2009, en vigueur le 15 avr. 2009) « IV. – Des mentions relatives à des usages ou à des caractéristiques techniques particulières du véhicule peuvent être indiquées sur le certificat d'immatriculation dans des conditions fixées par arrêté du ministre chargé des transports après avis du ministre de l'intérieur.

« V. – Dans le cas de véhicules appartenant à des personnes de statut diplomatique ou assimilé, le numéro d'immatriculation est complété par un numéro d'immatriculation spécifique lié à ce statut ». – *[Anc. art. R. 111, R. 114-1, R. 159, R. 165, R. 166, R. 185, R. 200-2, R. 241, al. 1er et 4, et L. nº 98-546 du 2 juill. 1998, art. 63, I, II et VII.]*

VI. – Un arrêté du ministre chargé des transports, pris après avis du ministre de l'intérieur, fixe les conditions d'application du présent article.

Art. R. 322-3 *(Décr. nº 2009-136 du 9 févr. 2009, en vigueur le 15 avr. 2009)* I. – Par dérogation aux dispositions des articles R. 322-1 et R. 322-2, la circulation d'un véhicule est autorisée sous couvert d'un certificat provisoire d'immatriculation, d'un coupon détachable dûment rempli, d'un certificat W garage *(Décr. nº 2018-211 du 28 mars 2018, art. 8)* « , d'un certificat provisoire d'immatriculation permettant la circulation à titre expérimental d'un véhicule à délégation partielle ou totale de conduite, dit certificat WW DPTC, » ou d'un certificat de transit ou d'un document équivalent délivré par les autorités compétentes d'un État membre de *(Décr. nº 2018-211 du 28 mars 2018, art. 8)* « l'Union européenne ».

II. – Les conditions d'attribution et de durée d'utilisation *(Décr. nº 2018-211 du 28 mars 2018, art. 8)* « du certificat provisoire d'immatriculation, du coupon détachable dûment rempli, du certificat W garage ou d'un certificat de transit ou d'un document équivalent délivré par les autorités compétentes d'un État membre de l'Union européenne » sont définies par arrêté du ministre chargé des transports pris après avis du ministre de l'intérieur.

(Décr. nº 2018-211 du 28 mars 2018, art. 8) « Les conditions d'attribution et de durée d'utilisation du certificat WW DPTC sont définies par arrêté conjoint du ministre chargé des transports et du ministre de l'intérieur. »

III. – Le fait pour toute personne d'utiliser l'un de ces titres provisoires de circulation sans respecter les dispositions du présent article ou celles prises pour son application est puni de l'amende prévue pour les contraventions de la quatrième classe.

L'immobilisation du véhicule peut être prescrite dans les conditions prévues aux articles L. 325-1 à L. 325-3.

Art. R. 322-4 *(Décr. nº 2009-136 du 9 févr. 2009, en vigueur le 15 avr. 2009)* « I. – En cas de changement de propriétaire d'un véhicule soumis à immatriculation et déjà immatriculé, l'ancien propriétaire doit effectuer, dans les quinze jours suivant la cession, *(Décr. nº 2017-1278 du 9 août 2017, art. 3)* « une déclaration au ministre de l'intérieur l'informant de cette cession » et indiquant l'identité et le domicile déclarés par le nouveau propriétaire. Avant de remettre le certificat d'immatriculation à ce dernier, *(Décr. nº 2017-1278 du 9 août 2017, art. 3)* « l'ancien propriétaire doit le barrer et y porter d'une manière très lisible » et inaltérable la mention : "vendu le . / . /." ou "cédé le . / . /." (date de la cession), suivie de sa signature, et *(Décr. nº 2017-1278 du 9 août 2017, art. 3)* « , sauf en cas de vente ou de cession à un professionnel de l'automobile, remplir le coupon » ou, à défaut, découper la partie supérieure droite de ce document lorsqu'il comporte l'indication du coin à découper.

(Décr. nº 2017-1278 du 9 août 2017, art. 3) « II. – L'ancien propriétaire effectue la déclaration mentionnée au I soit directement par voie électronique, soit par l'intermédiaire d'un professionnel de l'automobile habilité par le ministre de l'intérieur.

« III. – En cas de cession à un professionnel de l'automobile, ce dernier effectue une déclaration d'achat dans les quinze jours suivant la transaction, soit directement par voie électronique, soit par l'intermédiaire d'un professionnel de l'automobile habilité par le ministre de l'intérieur.

« IV. – Lorsqu'un professionnel de l'automobile propriétaire d'un véhicule déjà immatriculé le revend à un non*[-]*professionnel de l'automobile, il remet à l'acquéreur le certificat d'immatriculation sur lequel sont portées les mentions prévues au I, accompagné du récépissé de la déclaration d'achat en sa possession et remplit, s'il existe, le coupon de ce certificat d'immatriculation. »

(Décr. n° 2009-136 du 9 févr. 2009, en vigueur le 15 avr. 2009) « V. – Dans chacun des cas définis aux alinéas précédents, la remise du certificat d'immatriculation doit être accompagnée d'un certificat, établi depuis moins de quinze jours par le ministre de l'intérieur, attestant à sa date d'édition de *(Décr. n° 2017-1278 du 9 août 2017, art. 3)* « la situation administrative du véhicule. Celle-ci précise l'existence ou non d'un gage ainsi que toute opposition au transfert du certificat d'immatriculation du véhicule ou au transfert de la propriété du véhicule ».

« VI. – » Le ministre chargé des transports définit par arrêté pris après avis du ministre de l'intérieur les conditions d'application du présent article, notamment en ce qui concerne *(Décr. n° 2017-1278 du 9 août 2017, art. 3)* « la situation administrative du véhicule, » les véhicules tombés dans une succession, vendus aux enchères publiques ou à la suite d'une décision judiciaire, et les véhicules de location.

(Décr. n° 2009-136 du 9 févr. 2009, en vigueur le 15 avr. 2009) « VII. – » Le fait de ne pas effectuer les déclarations ou de ne pas respecter les délais prévus au présent article est puni de l'amende prévue pour les contraventions de la quatrième classe. – *[Anc. art. R. 112, R. 159, R. 165, R. 185, R. 200-2 et R. 241, al. 1er et 4.]*

Art. R. 322-5 *(Décr. n° 2017-1278 du 9 août 2017, art. 4-1°)* « I. – Le nouveau propriétaire d'un véhicule déjà immatriculé doit, s'il veut le maintenir en circulation, faire établir, dans un délai d'un mois à compter de la date de la cession, un certificat d'immatriculation à son nom dans les conditions prévues à l'article R. 322-1.

« Cette demande est adressée au ministre de l'intérieur soit directement par voie électronique, soit par l'intermédiaire d'un professionnel de l'automobile habilité par le ministre de l'intérieur.

« Le nouveau propriétaire doit pouvoir justifier, à la demande du ministre de l'intérieur :

« 1° De la souscription, pour le véhicule considéré, d'une assurance conforme aux dispositions de l'article L. 211-1 du code des assurances ;

« 2° De la déclaration certifiant la cession et indiquant que le véhicule n'a pas subi de transformation susceptible de modifier les indications du précédent certificat d'immatriculation ;

« 3° Lorsque le nouveau propriétaire est une personne physique, d'un permis de conduire, le cas échéant celui de la personne physique désignée pour être titulaire du certificat d'immatriculation, correspondant à la catégorie du véhicule considéré conformément aux dispositions de l'article L. 322-1-1 ;

« 4° De son domicile, siège social ou établissement d'affectation ou de mise à disposition du véhicule ;

« 5° D'être en possession de l'ancien certificat d'immatriculation du véhicule barré et signé, portant la mention "vendu le ...... / ...... / ......" ou "cédé le ...... / ...... / ......" ;

« 6° Pour tout véhicule soumis à visite technique, que celui-ci répond aux conditions requises pour être maintenu en circulation conformément aux dispositions du chapitre III du présent titre. »

II. – *(Décr. n° 2009-136 du 9 févr. 2009, en vigueur le 15 avr. 2009)* « Le nouveau propriétaire peut circuler à titre provisoire et pendant une période d'un mois à compter de la date de la cession sous couvert soit du coupon *(Décr. n° 2017-1278 du 9 août 2017, art. 4-2°)* « rempli du certificat d'immatriculation s'il existe », soit d'un certificat provisoire d'immatriculation. »

III. – Le ministre chargé des transports définit par arrêté pris après avis du ministre de l'intérieur les conditions d'application du présent article, notamment en ce qui concerne les véhicules vendus par les domaines, aux enchères publiques ou à la suite d'une décision judiciaire, les véhicules de collection et ceux démunis de *(Décr. n° 2009-136 du 9 févr. 2009, en vigueur le 15 avr. 2009)* « certificat d'immatriculation ».

IV. – Le fait, pour tout propriétaire, de maintenir en circulation un véhicule sans avoir obtenu un certificat d'immatriculation dans les conditions fixées au présent article est puni de l'amende prévue pour les contraventions de la quatrième classe. – *[Anc. art. R. 113, R. 113-2, R. 114-1, R. 159, R. 165, R. 185, R. 200-2, R. 241, al. 1er et 2, et Arr. 5 nov. 1984, art. 10, § 5.]*

(Décr. n° 2003-42 du 8 janv. 2003, art. 3) « L'immobilisation du véhicule peut être prescrite dans les conditions prévues aux articles L. 325-1 à L. 325-3. »

Art. R. 322-6 *(Décr. n° 2009-136 du 9 févr. 2009, en vigueur le 15 avr. 2009)* « I. – Si le propriétaire d'un véhicule déjà immatriculé ne désire pas le maintenir en circulation, il doit adresser au *(Décr. n° 2017-1278 du 9 août 2017, art. 5)* « ministre de l'intérieur par voie électronique » le certificat d'immatriculation accompagné d'une déclaration l'informant de son retrait de la circulation.

« Si cette déclaration fait suite à une cession du véhicule, elle doit être adressée par le nouvel acquéreur au *(Décr. n° 2017-1278 du 9 août 2017, art. 5)* « ministre de l'intérieur par voie électronique » dans un délai d'un mois à compter de la date de la cession portée sur le certificat d'immatriculation du véhicule.

« Le propriétaire n'est plus autorisé à circuler avec ce véhicule sur les voies ouvertes à la circulation publique et la validité du certificat d'immatriculation du véhicule est alors suspendue par le ministre de l'intérieur.

« II. — Lorsque le propriétaire du véhicule souhaite le remettre en circulation, il en fait la déclaration au *(Décr. n° 2017-1278 du 9 août 2017, art. 5)* « ministre de l'intérieur par voie électronique », la suspension de l'autorisation de circuler est alors levée et un nouveau certificat d'immatriculation est délivré au propriétaire du véhicule. Dans l'attente de ce nouveau certificat d'immatriculation, le propriétaire peut circuler pendant un mois sous couvert d'un certificat provisoire d'immatriculation.

« III. — » Le ministre chargé des transports détermine, par arrêté pris après avis du ministre de l'intérieur, les conditions d'application du présent article.

(Décr. n° 2009-136 du 9 févr. 2009, en vigueur le 15 avr. 2009) « IV. — » Le fait, pour tout propriétaire, de ne pas effectuer la déclaration ou de ne pas observer les délais prévus au présent article est puni de l'amende prévue pour les contraventions de la quatrième classe. — *[Anc. art. R. 113-1, R. 159, R. 165, R. 185, R. 200-2, R. 241, al. 1er et 4.]*

Art. R. 322-7 *(Décr. n° 2017-1278 du 9 août 2017, art. 6-1°)* « I. — Tout propriétaire d'un véhicule soumis à immatriculation doit, dans le mois qui suit le changement de domicile, de siège social ou d'établissement d'affectation ou de mise à disposition du véhicule, adresser par voie électronique une déclaration au ministre de l'intérieur l'informant de ce changement. Le propriétaire doit pouvoir justifier, à la demande du ministre de l'intérieur, de son nouveau domicile, siège social ou établissement d'affectation ou de mise à disposition du véhicule. »

(Décr. n° 2009-136 du 9 févr. 2009, en vigueur le 15 avr. 2009) « II. — » Lorsqu'il s'agit d'un véhicule faisant l'objet soit d'un crédit-bail, soit d'un contrat de location de deux ans ou plus, *(Décr. n° 2017-1278 du 9 août 2017, art. 6-2°)* « le locataire du véhicule déclare, dans un délai maximum d'un mois, tout changement mentionné au I au propriétaire qui le déclare par voie électronique au ministre de l'intérieur dans un délai maximum de dix jours à compter de la réception de la déclaration du locataire ».

(Abrogé par Décr. n° 2017-1278 du 9 août 2017, art. 6-3°) « *III. — Le propriétaire peut également adresser directement sa déclaration de changement de domicile au ministre de l'intérieur par voie électronique.*

« *IV. — » (Décr. n° 2004-1408 du 23 déc. 2004) « Pour l'accomplissement des formalités prévues au présent article, le propriétaire doit justifier de son identité et, » (Décr. n° 2009-136 du 9 févr. 2009, en vigueur le 15 avr. 2009) « de son domicile, de l'adresse de son siège social ou de l'établissement d'affectation ou de mise à disposition du véhicule ou de celle du locataire.* »

(Décr. n° 2009-136 du 9 févr. 2009, en vigueur le 15 avr. 2009) « V. — Lorsque le ministre de l'intérieur est informé de la réimmatriculation du véhicule dans un pays de *(Décr. n° 2017-1278 du 9 août 2017, art. 6-4°)* « l'Union » européenne ou de l'Espace économique européen, la validité du certificat d'immatriculation est suspendue en France.

« VI. — Lorsque ce véhicule est remis en circulation en France, son propriétaire en fait la déclaration au *(Décr. n° 2017-1278 du 9 août 2017, art. 6-5°)* « ministre de l'intérieur par voie électronique ». La suspension de l'autorisation de circuler du véhicule est levée par le ministre de l'intérieur et un nouveau certificat d'immatriculation est délivré au propriétaire du véhicule. Dans l'attente de ce nouveau certificat d'immatriculation, le propriétaire peut circuler pendant un mois sous couvert d'un certificat provisoire d'immatriculation.

« VII. — Un arrêté du ministre chargé des transports, pris après avis du ministre de l'intérieur, fixe les conditions d'application du présent article.

(Décr. n° 2017-1278 du 9 août 2017, art. 6-6°) « VIII. — Le fait, pour tout propriétaire d'un véhicule ou pour tout locataire d'un véhicule faisant l'objet soit d'un crédit-bail, soit d'un contrat de location de deux ans ou plus, de ne pas effectuer les déclarations ou de ne pas respecter les délais prévus au présent article, est puni de l'amende prévue pour les contraventions de la quatrième classe. »

Art. R. 322-8 *(Décr. n° 2017-1278 du 9 août 2017, art. 7)* « I. — Toute transformation apportée à un véhicule soumis à immatriculation et déjà immatriculé, qu'il s'agisse d'une transformation notable ou de toute autre transformation susceptible de modifier les caractéristiques indiquées sur le certificat d'immatriculation, nécessite la modification de celui-ci. Pour maintenir la validité du certificat d'immatriculation, le propriétaire doit adresser au ministre de l'intérieur par voie électronique une déclaration dans le mois qui suit la transformation du véhicule. Le propriétaire peut circuler à titre provisoire, pendant une période d'un mois à compter de la date de la déclaration, sous couvert d'un certificat provisoire d'immatriculation. »

(Décr. nº 2009-136 du 9 févr. 2009, en vigueur le 15 avr. 2009) « II. — Un arrêté du ministre chargé des transports, pris après avis du ministre de l'intérieur, fixe les conditions d'application du présent article.

« III. — » Le fait, pour tout propriétaire, de ne pas effectuer la déclaration ou de ne pas observer le délai, prévus au présent article, est puni de l'amende prévue pour les contraventions de la quatrième classe. — *[Anc. art. R. 115, R. 159, R. 165, R. 185, R. 200-2 et R. 241, al. 1er et 4.]*

Art. R. 322-9 *(Décr. nº 2009-136 du 9 févr. 2009, en vigueur le 15 avr. 2009)* I. — Tout propriétaire d'une voiture particulière, d'une camionnette ou d'un cyclomoteur à trois roues qui le cède pour destruction remet le certificat d'immatriculation à un *(Décr. nº 2011-153 du 4 févr. 2011, art. 2-1º, en vigueur le 31 mars 2011)* « centre VHU agréé, au sens des dispositions du 3º de l'article R. 543-155 du code de l'environnement, » en application de l'article R. 543-162 du code de l'environnement. A cet effet, il appose sur le certificat d'immatriculation, d'une manière très lisible et inaltérable, la mention "vendu le . /. /." ou "cédé le .. /.. /.." (date de la cession) "pour destruction", suivie de sa signature *(Abrogé par Décr. nº 2017-1278 du 9 août 2017, art. 8-1º)* « *, et découpe la partie supérieure droite de ce document* ». *(Décr. nº 2017-1278 du 9 août 2017, art. 8-1º)* « Lorsque ce document comporte un coupon, il le complète, le découpe et le conserve dans les conditions fixées à l'article R. 353. Lorsqu'il comporte, dans la partie supérieure droite, l'indication du coin à découper, il le découpe et le détruit. »

(Décr. nº 2017-675 du 28 avr. 2017, art. 2-1º) « Si le propriétaire du véhicule ne dispose pas du certificat d'immatriculation, il remet au centre de véhicules hors d'usage agréé soit un document officiel prouvant que le certificat d'immatriculation ne peut être fourni, soit la justification de propriété du véhicule. »

(Décr. nº 2011-153 du 4 févr. 2011, art. 2-2º, en vigueur le 31 mars 2011) « II. — Au moment de l'achat pour destruction du véhicule hors d'usage, le centre VHU agréé délivre un certificat de destruction au propriétaire du véhicule. Concomitamment, le centre VHU agréé adresse au *(Décr. nº 2017-1278 du 9 août 2017, art. 8-2º)* « ministre de l'intérieur par voie électronique » une déclaration l'informant de l'achat pour destruction du véhicule. Cette déclaration s'effectue dans les conditions prévues à l'article R. 322-4. *(Abrogé par Décr. nº 2017-1278 du 9 août 2017, art. 8-2º)* « *Si le centre VHU agréé est habilité par le ministre de l'intérieur, il peut également effectuer ces démarches par voie électronique.* » Le ministre de l'intérieur procède alors à l'annulation de l'immatriculation du véhicule.

« III. — Le centre VHU agréé qui a déclaré l'achat d'un véhicule et qui souhaite ultérieurement le faire détruire émet à ce moment un certificat de destruction du véhicule. Concomitamment, le centre VHU agréé adresse au *(Décr. nº 2017-1278 du 9 août 2017, art. 8-3º)* « ministre de l'intérieur par voie électronique » une déclaration l'informant de son intention de détruire ce véhicule. *(Abrogé par Décr. nº 2017-1278 du 9 août 2017, art. 8-3º)* « *S'il est habilité par le ministre de l'intérieur, il peut également effectuer ces démarches par voie électronique.* » Le ministre de l'intérieur procède alors à l'annulation de l'immatriculation du véhicule.

« IV. — Les dispositions du présent article s'appliquent également à la destruction des véhicules autres que ceux visés au I. Leur propriétaire n'est toutefois pas tenu de s'adresser à un centre VHU agréé.

« V. — Le fait, pour tout propriétaire, de ne pas effectuer les déclarations ou de ne pas observer le délai prévu au I est puni de l'amende prévue pour les contraventions de la quatrième classe.

« VI. — Le fait, pour tout centre VHU agréé, de ne pas délivrer un certificat de destruction au moment du transfert du véhicule hors d'usage *(Abrogé par Décr. nº 2017-1278 du 9 août 2017, art. 8-4º)* « *, de ne pas adresser au préfet du département de son choix le double du certificat de destruction* » ou de ne pas effectuer les déclarations prévues aux II et III est puni de l'amende prévue pour les contraventions de la quatrième classe.

« VII. — Un arrêté conjoint des ministres chargés des transports, de l'intérieur, de l'industrie et de l'écologie fixe les conditions d'application du présent article. »

Art. R. 322-10 En cas de perte, de vol ou de détérioration *(Décr. nº 2009-136 du 9 févr. 2009, en vigueur le 15 avr. 2009)* « d'un certificat d'immatriculation », *(Décr. nº 2017-911 du*

9 mai 2017, art. 1ᵉʳ-1°) **« le propriétaire du véhicule » peut en obtenir un duplicata en adressant une demande** *(Décr. n° 2017-911 du 9 mai 2017, art. 1ᵉʳ-1°)* **« au ministre de l'intérieur par voie électronique ».**

(Abrogé par Décr. n° 2017-1278 du 9 août 2017, art. 9-1°) ***« L'accomplissement des formalités prévues au présent article est subordonné à la justification, par le propriétaire, de son identité*** *(Décr. n° 2017-911 du 9 mai 2017, art. 1ᵉʳ-2° et 3°)* ***« dans les conditions fixées par l'article R. 112-9-1 du code des relations entre le public et l'administration.***

« A défaut de pouvoir faire lui-même sa demande de duplicata par voie électronique, le propriétaire peut bénéficier d'un accès à un dispositif connecté au site de demande de duplicata et d'une assistance numérique, mis en place par l'administration. »

Pour tout véhicule soumis à contrôle technique, la délivrance du duplicata est subordonnée à la preuve que ce véhicule répond aux conditions requises pour être maintenu en circulation conformément aux dispositions du chapitre III du présent titre.

Un arrêté du ministre chargé des transports, pris après avis du ministre de l'intérieur, fixe les conditions d'application des *(Décr. n° 2017-1278 du 9 août 2017, art. 9-2°)* **« deux » précédents alinéas.**

La déclaration de perte ou de vol permet la circulation du véhicule pendant un délai d'un mois à compter de la date de ladite déclaration.

Art. R. 322-11 *(Abrogé par Décr. n° 2009-136 du 9 févr. 2009, à compter du 15 avr. 2009)* ***Le ministre chargé des transports et le ministre de l'intérieur peuvent, par arrêté interministériel, déroger dans des ressorts déterminés aux règles de compétence territoriale fixées à la présente section et désigner un préfet compétent autre que celui du domicile du demandeur ou du titulaire du certificat d'immatriculation lorsque cette dérogation est de nature à améliorer sensiblement le service rendu à l'usager.*** — [Anc. art. R. 110-1, al. 1ᵉʳ, R. 159, R. 165, R. 185 et R. 200-2.]

Art. R.* 322-12 *(Abrogé par Décr. n° 2009-136 du 9 févr. 2009, à compter du 15 avr. 2009)* ***Le préfet peut autoriser un sous-préfet d'arrondissement à délivrer un certificat d'immatriculation à une personne non domiciliée dans cet arrondissement, lorsque cette dérogation est de nature à améliorer sensiblement le service rendu à l'usager.*** — [Anc. art. R. 110-1, al. 2.]

Art. R.* 322-12-1 *(Abrogé par Décr. n° 2009-136 du 9 févr. 2009, à compter du 15 avr. 2009) (Décr. n° 2003-1186 du 11 déc. 2003, art. 3)* ***Le certificat d'immatriculation des cyclomoteurs à deux-roues est délivré par le ministre de l'intérieur.*** — Dispositions applicables à Mayotte.

Art. R.* 322-12-2 *(Abrogé par Décr. n° 2009-136 du 9 févr. 2009, à compter du 15 avr. 2009) (Décr. n° 2003-1186 du 11 déc. 2003, art. 3)* ***I. — Les dispositions de la présente section sont applicables aux cyclomoteurs à deux-roues sous réserve des dérogations suivantes :***

1° A l'exception des certificats d'immatriculation spéciaux visés au I de l'article R. 322-3, toute demande d'immatriculation est adressée au ministre de l'intérieur ;

2° La demande d'immatriculation d'un véhicule en vue de sa première mise en circulation est présentée par le vendeur professionnel de celui-ci dans un délai de dix jours à compter de la date de la vente ; cette demande peut être adressée par voie électronique ;

3° Les autres demandes d'immatriculation sont présentées par le propriétaire du véhicule ou, si celui-ci souhaite adresser sa demande par voie électronique, par un vendeur professionnel ;

4° Les vendeurs professionnels visés aux 2° et 3° ne peuvent adresser une demande d'immatriculation par voie électronique qu'après avoir passé une convention à cette fin avec l'État ;

5° Le récépissé d'une demande d'immatriculation adressée par voie électronique permet de circuler, dans l'attente de la délivrance du titre demandé, pendant un délai d'un mois. — Jusqu'au 31 mars 2006, lorsque la demande d'immatriculation d'un cyclomoteur à deux-roues en vue de sa première mise en circulation n'est pas adressée par voie électronique, une attestation du vendeur professionnel mentionnant notamment la date d'envoi de la demande d'immatriculation tient lieu de récépissé, prévu au 5° du I de l'article R. 322-12-2 du code de la route (Décr. n° 2003-1186 du 11 déc. 2003, art. 15, et Décr. n° 2005-946 du 2 août 2005).

Un arrêté conjoint du ministre de l'intérieur et du ministre chargé des transports précise les conditions d'application du présent I, et notamment le contenu des conventions relatives à la transmission par voie électronique des demandes d'immatriculation et les modalités de contrôle des vendeurs professionnels conventionnés. — V. Arr. du 11 déc. 2003 (JO 1ᵉʳ janv. 2004).

II. — Le fait de ne pas respecter les dispositions du 2° du I du présent article est puni de l'amende prévue pour les contraventions de la 4ᵉ classe.

III. — Les personnes morales peuvent être déclarées responsables pénalement, dans les conditions prévues par l'article 121-2 du code pénal, de l'infraction définie au II du présent article. La peine encourue par les personnes morales est l'amende suivant les modalités prévues par l'article 131-41 du code pénal. — Dispositions applicables à Mayotte.

Art. R. 322-13 Le ministre chargé des transports fixe par arrêté les règles relatives à l'immatriculation des engins spéciaux dont la vitesse ne peut excéder par construction 25 km/h et des matériels de travaux publics. – *[Anc. art. R. 167 et R. 168.] – V. Arr. du 7 avr. 1955 (D. 1955. 186 ; Rect. 211 ; BLD 1955. 446 ; Rect. 495), mod. par Arr. du 10 févr. 1977 (D. et BLD 1977. 125).*

Art. R. 322-14 Les dispositions de la présente section ne sont pas applicables *(Abrogé par Décr. n° 2009-136 du 9 févr. 2009, à compter du 15 avr. 2009)* « *aux véhicules et* » aux matériels civils et militaires de l'État qui font l'objet d'immatriculations spéciales. – *[Anc. art. R. 229, al. 1er et 4, et R. 230.]*

SECTION II *Opposition au transfert du certificat d'immatriculation*

Art. R. 322-15 *(Décr. n° 2009-136 du 9 févr. 2009, en vigueur le 15 avr. 2009)* « Le ministre de l'intérieur » délivre, à la demande du titulaire du certificat d'immatriculation du véhicule, le certificat mentionné à l'article L. 322-2 attestant *(Décr. n° 2009-136 du 9 févr. 2009, en vigueur le 15 avr. 2009)* « de » l'absence d'une opposition au transfert du certificat d'immatriculation. *(Décr. n° 2009-136 du 9 févr. 2009, en vigueur le 15 avr. 2009)* « Le titulaire du certificat d'immatriculation du véhicule doit adresser sa demande au *(Décr. n° 2017-1278 du 9 août 2017, art. 10)* « ministre de l'intérieur » par voie électronique. » – *[Anc. art. R. 298.]*

Art. R. 322-16 *(Décr. n° 2009-383 du 6 avr. 2009)* L'opposition au transfert du certificat d'immatriculation prévue par l'article L. 322-1 en cas d'émission d'une amende forfaitaire majorée peut être effectuée par le *(Décr. n° 2014-551 du 27 mai 2014, art. 25-1°)* « comptable de la direction générale des finances publiques » dans l'un des deux cas suivants :

1° Le contrevenant n'habite plus à l'adresse enregistrée au fichier national des immatriculations ;

2° Le contrevenant n'a pas payé le montant de cette amende dans un délai de quatre mois à compter de l'envoi à son domicile de l'avis prévu par l'article R. 49-6 du code de procédure pénale.

Art. R. 322-17 *(Décr. n° 2009-136 du 9 févr. 2009, en vigueur le 15 avr. 2009)* Le *(Décr. n° 2012-1247 du 7 nov. 2012)* « comptable de la direction générale des finances publiques » adresse sa demande d'opposition au transfert du certificat d'immatriculation au ministre de l'intérieur, soit par l'intermédiaire du préfet d'un département, soit par voie électronique.

Le *(Décr. n° 2012-1247 du 7 nov. 2012)* « comptable de la direction générale des finances publiques » remet, sur sa demande, au titulaire du certificat d'immatriculation un avis récapitulatif détaillant les amendes qui ont entraîné l'opposition.

Par dérogation à l'*(Décr. n° 2012-1247 du 7 nov. 2012)* « article 25 du décret n° 2012-1246 du 7 novembre 2012 relatif à la gestion budgétaire et comptable publique », le règlement des amendes pour lesquelles il a été fait opposition s'effectue exclusivement par versement d'espèces, par carte de paiement ou remise à un *(Décr. n° 2012-1247 du 7 nov. 2012)* « comptable de la direction générale des finances publiques » d'un chèque certifié. *(Décr. n° 2009-383 du 6 avr. 2009, art. 2-2°)* « Toutefois, il peut également intervenir par télépaiement automatisé ou par timbre dématérialisé conformément aux dispositions des articles R. 49-3 et R. 49-3-1 du code de procédure pénale. » – *[Anc. art. R. 300.]*

Art. R. 322-18 La levée de l'opposition intervient, soit à la suite du règlement au *(Décr. n° 2014-551 du 27 mai 2014, art. 25-1°)* « comptable de la direction générale des finances publiques » des amendes pour lesquelles il a été fait opposition, soit lorsque l'intéressé a formé une réclamation *(Décr. n° 2003-642 du 11 juill. 2003, art. 5-V)* « selon les modalités et dans les délais prévus par les articles 529-10 et 530 du code de procédure pénale à peine d'irrecevabilité », *(Décr. n° 2009-383 du 6 avr. 2009)* « et, s'il n'habitait plus à l'adresse enregistrée dans le fichier, qu'il justifie » avoir adressé la déclaration mentionnée à l'article R. 322-7.

(Abrogé par Décr. n° 2009-136 du 9 févr. 2009, à compter du 15 avr. 2009) « ***Dès lors qu'il a été informé de la levée de l'opposition, le préfet délivre le certificat de non-opposition.*** » – *[Anc. art. R. 301.]*

CHAPITRE III *Contrôle technique*

SECTION I *Dispositions générales*

Art. R. 323-1 Tout propriétaire d'un véhicule mentionné au présent chapitre n'est autorisé à le mettre ou le maintenir en circulation qu'après un contrôle technique ayant vérifié qu'il est en bon état de marche et en état satisfaisant d'entretien.

Ce contrôle est effectué à l'initiative du propriétaire, dans les délais prescrits et à ses frais.
Le fait pour tout propriétaire de mettre ou maintenir en circulation un véhicule sans avoir satisfait aux obligations de contrôle technique fixées par le présent chapitre est puni de l'amende prévue pour les contraventions de la quatrième classe.
L'immobilisation peut être prescrite dans les conditions prévues aux articles L. 325-1 à L. 325-3.
A défaut de présentation aux contrôles techniques obligatoires ou dans le cas où les réparations ou aménagements prescrits par l'expert chargé des contrôles techniques ne sont pas exécutés, la mise en fourrière peut également être prescrite. – *[Anc. art. R. 117-1, al. 1er, R. 121, R. 241, al. 1er et 2, R. 278, al. 1er et 13, et R. 285-2, al. 1er et 6.]*

Art. R. 323-2 *(Décr. no 2004-568 du 11 juin 2004, art. 1er)* Le ministre chargé des transports fixe par arrêté les conditions d'application du présent chapitre et, notamment, les catégories de contrôles techniques, le contenu de ces contrôles et les conditions dans lesquelles ils sont matérialisés sur le certificat d'immatriculation et, le cas échéant, sur le véhicule lui-même.

Art. R. 323-3 Les dispositions du présent chapitre ne sont pas applicables :
1° Aux véhicules et matériels spéciaux des armées ;
2° Aux véhicules immatriculés dans les séries diplomatiques ou assimilées et dans la série spéciale FFECSA ;
(Décr. no 2017-208 du 20 févr. 2017, art. 2) « 3° Aux véhicules de collection dont le poids total autorisé en charge est inférieur ou égal à 3,5 tonnes et dont la mise en circulation est antérieure au 1er janvier 1960 ;
« 4° Aux véhicules de collection dont le poids total autorisé en charge est supérieur à 3,5 tonnes. »

Art. R. 323-4 Un arrêté du ministre chargé des transports fixe les conditions d'application du présent chapitre aux matériels de travaux publics et, après avis du ministre de l'agriculture, aux véhicules et matériels agricoles. – *[Anc. art. R. 164.]*

Art. R. 323-5 Le ministre chargé des transports fixe par arrêté les règles relatives aux contrôles techniques applicables à certains engins spéciaux dont la vitesse ne peut excéder par construction 25 km/h. – *[Anc. art. R. 168.]*

SECTION II *Agrément des contrôleurs, des installations et des réseaux*
(Décr. no 2004-568 du 11 juin 2004)

Les dispositions du Décr. no 2004-568 du 11 juin 2004 sont applicables à Mayotte.

Art. R. 323-6 I. – Les contrôles techniques prévus au présent chapitre sont effectués par les services de l'État ou par un contrôleur agréé par l'État *(Décr. no 2010-163 du 22 févr. 2010)* « ou un prestataire visé au II de l'article L. 323-1 » exerçant ses fonctions, dans les conditions prévues par la présente section, dans des installations de contrôle agréées rattachées, le cas échéant, à un réseau de contrôle agréé.
(Décr. no 2017-208 du 20 févr. 2017, art. 3) « II. – Pour l'application du présent chapitre, sont considérés comme :
« 1° Véhicules légers, les véhicules dont le poids total autorisé en charge est inférieur ou égal à 3,5 tonnes, de catégorie M1 ou N1, à l'exception des véhicules tracteurs composant les ensembles de véhicules mentionnés au 7.3 de l'article R. 311-1 et des véhicules utilisés pour le transport de marchandises dangereuses ;
« 2° Véhicules lourds :
« *a)* Les véhicules de catégorie M2, M3, N2, N3, O3, O4 ;
« *b)* Les véhicules tracteurs composant les ensembles de véhicules mentionnés au 7.3 de l'article R. 311-1, quel que soit leur poids total autorisé en charge, et les véhicules utilisés pour le transport de marchandises dangereuses ;
« *c)* Les véhicules de catégorie M1 dont le poids total autorisé en charge est supérieur à 3,5 tonnes. Pour ces véhicules, les périodicités de contrôle technique sont celles fixées à l'article R. 323-22 ; »
(Décr. no 2018-1045 du 28 nov. 2018) « *d)* Les navettes urbaines mentionnées au 6.13. de l'article R. 311-1 et les remorques de catégorie O2 affectées au transport de personnes. »

Art. R. 323-7 I. – Le ministre chargé des transports désigne un organisme technique, dénommé organisme technique central, chargé pour son compte et selon ses instructions :

1° De recueillir et d'analyser les résultats des contrôles afin de surveiller le fonctionnement des installations, de s'assurer de l'homogénéité des contrôles et de collecter des informations sur l'état du parc automobile national ;

2° De tenir à jour les éléments permettant d'adapter au progrès technique les équipements et les méthodes de contrôle, ainsi que l'information et la formation des contrôleurs ;

3° De fournir une assistance technique pour la vérification de la qualité des prestations fournies par les installations de contrôle.

II. — Cet organisme remplit ces missions dans le cadre d'une convention avec l'État approuvée par décret.

Art. R. 323-8 Les réseaux de contrôle sont les personnes morales de droit privé soumises à l'agrément du ministre chargé des transports.

Pour être agréé, un réseau doit comporter des centres de contrôle de véhicules légers répartis dans au moins quatre-vingt-dix départements. *(Décr. n° 2015-1794 du 28 déc. 2015, en vigueur le 1er janv. 2016)* « Un réseau ne peut être agréé pour le contrôle technique des véhicules lourds que s'il exploite lui-même les centres de contrôle qui lui sont rattachés et s'il en compte au moins trente situés dans au moins treize collectivités parmi les régions de métropole, la Corse, la Guadeloupe, la Guyane, la Martinique et La Réunion. »

Un réseau de contrôle ne peut exercer aucune autre activité que celle de contrôle technique.

Art. R. 323-9 La demande d'agrément d'un réseau de contrôle indique l'identité du demandeur, son statut juridique et les catégories de contrôles techniques qui seront couvertes par l'agrément. Elle comporte la liste des centres de contrôle *(Abrogé par Décr. n° 2017-208 du 20 févr. 2017, art. 4)* *« et des installations auxiliaires »*.

Elle est accompagnée d'un document par lequel le réseau s'engage à respecter les prescriptions d'un cahier des charges et précise les moyens qu'il compte mettre en œuvre pour respecter cet engagement. Ce document expose en particulier l'organisation envisagée et le règlement intérieur du réseau, décrit les moyens matériels centralisés dont il dispose et prévoit les procédures qui s'imposeront aux contrôleurs et aux responsables des installations de contrôle. Le demandeur doit également s'engager à établir tous les moyens se rapportant à son activité prescrits par le ministre chargé des transports et à faciliter la mission des agents désignés par lui pour surveiller le bon fonctionnement des centres de contrôle.

L'agrément d'un réseau de contrôle est délivré pour une durée de dix ans renouvelable. L'engagement prévu à l'alinéa précédent est joint à la décision d'agrément.

Art. R. 323-10 Le réseau de contrôle s'assure en permanence de la bonne exécution des contrôles techniques conformément aux dispositions de la présente section. Il transmet à l'organisme technique central les données relatives aux contrôles techniques transmises par les installations de contrôle qui lui sont rattachées.

Art. R. 323-11 Le réseau de contrôle doit respecter les modalités d'organisation fixées par arrêté du ministre chargé des transports destinées à assurer la disponibilité et la qualité des prestations et veiller à ce que les contrôleurs et toute personne physique ou morale exerçant des fonctions au sein du réseau n'aient pas d'activité dans la réparation ou le commerce automobile et ne soient pas salariés d'une entreprise ayant un lien avec une telle activité.

Art. R. 323-12 L'agrément d'un réseau de contrôle peut être retiré ou suspendu pour tout ou partie des catégories de contrôles techniques qu'il concerne si les conditions d'organisation et de fonctionnement du réseau de contrôle ne répondent plus aux prescriptions du cahier des charges et de la réglementation en vigueur. Cette décision de retrait n'intervient qu'après que le représentant du réseau intéressé a pu être entendu et mis à même de présenter des observations écrites ou orales.

En cas d'urgence, l'agrément d'un réseau de contrôle peut être suspendu immédiatement pour une durée maximale de deux mois.

Art. R. 323-13 I. — Les installations de contrôle doivent comporter les moyens matériels nécessaires aux catégories de contrôles techniques réalisés et les moyens techniques permettant de recueillir les données relatives à ces contrôles et de transmettre ces données dans le délai fixé par arrêté du ministre chargé des transports soit à la direction du réseau de contrôle auquel elles sont rattachées, soit à l'organisme technique central, selon qu'il s'agit d'installations rattachées ou non à un réseau. L'ensemble de ces équipements est défini par arrêté du ministre chargé des transports.

II. — L'activité d'un centre de contrôle doit s'exercer dans des locaux n'abritant aucune activité de réparation ou de commerce automobile et ne communiquant avec aucun local abritant une telle activité.

*(Abrogé par Décr. nº 2012-1145 du 10 oct. 2012) « **Toutefois, afin d'assurer une meilleure couverture géographique, de répondre aux besoins des usagers ou, s'agissant des véhicules lourds, de réduire les déplacements, un réseau de contrôle agréé peut utiliser des installations auxiliaires situées dans des locaux abritant des activités de réparation ou de commerce automobile. Il doit pour cela obtenir un agrément particulier.***

« Une convention de mise à disposition à titre onéreux est passée entre le réseau et l'exploitant de ces installations.

« Lorsqu'un véhicule est contrôlé dans une installation auxiliaire, il ne doit faire l'objet d'aucune réparation pendant la durée de ce contrôle.

***« Les installations auxiliaires font l'objet d'une surveillance spéciale de la part des fonctionnaires ou agents de l'État cités au I de l'article R. 323-21. »** — Les agréments délivrés aux installations auxiliaires en vertu du II de l'art. R. 323-13, dans sa rédaction antérieure à la publication du Décr. nº 2012-1145 du 10 oct. 2012 (JO 12 oct.), peuvent être maintenus dans l'intérêt de la sécurité routière pour une durée d'au plus quatre ans à partir de cette date de publication si les circonstances locales le justifient (Décr. préc., art. 2-I).*

III. — Sur la demande du ministre chargé des transports, le titulaire de l'agrément des installations d'un centre de contrôle met l'une ou plusieurs de ces installations à la disposition des fonctionnaires ou agents de l'État chargés des réceptions des véhicules ou éléments de véhicules, placés sous l'autorité des ministres chargés de l'industrie et des transports. Une convention à titre onéreux est passée entre l'exploitant et l'administration.

Art. R. 323-13-1 *(Décr. nº 2019-1127 du 4 nov. 2019)* Toute personne physique ou morale exploitant une installation agréée en application de l'article R. 323-14 transmet au ministre chargé de l'économie ou à l'organisme que celui-ci désigne le prix de ses prestations relatives aux véhicules légers au sens du 1° du II de l'article R. 323-6.

Lorsqu'une installation agréée propose pour la première fois de telles prestations, elle communique ses prix dans un délai de quarante-huit heures après leur entrée en vigueur.

Les personnes concernées communiquent également toute intention de modification de prix, avec la date et l'heure d'entrée en vigueur de celle-ci.

Par dérogation aux dispositions du II de l'article R. 323-21, les conditions d'application des précédents alinéas sont fixées par arrêté du ministre chargé de l'économie, après consultation du Conseil national de la consommation.

Art. R. 323-13-2 *(Décr. nº 2019-1127 du 4 nov. 2019)* Tout manquement aux dispositions des trois premiers alinéas de l'article R. 323-13-1 est passible d'une amende administrative dont le montant ne peut excéder 1 500 euros. Ce montant peut être porté à 3 000 euros en cas de réitération.

Les agents de la concurrence, de la consommation et de la répression des fraudes sont habilités à rechercher et constater ces manquements. L'autorité administrative chargée de la concurrence et de la consommation est compétente pour prononcer les amendes administratives sanctionnant les manquements constatés.

Le délai de prescription de l'action de l'administration pour la sanction du manquement est d'une année révolue à compter du jour où le manquement a été commis si, dans ce délai, il n'a été fait aucun acte tendant à la recherche, à la constatation ou à la sanction de ce manquement.

Une copie du procès-verbal constatant les manquements est transmise à la personne mise en cause.

Avant toute décision, l'autorité administrative chargée de la concurrence et de la consommation informe par écrit la personne mise en cause de la sanction envisagée à son encontre, en lui indiquant qu'elle peut se faire assister par le conseil de son choix et en l'invitant à présenter, dans un délai d'un mois, ses observations écrites et, le cas échéant, ses observations orales. Passé ce délai, elle peut, par décision motivée, prononcer l'amende.

L'amende est recouvrée comme en matière de créances étrangères à l'impôt et au domaine.

Art. R. 323-13-3 *(Décr. nº 2019-1127 du 4 nov. 2019)* Le ministre chargé de l'économie ou, le cas échéant, l'organisme qu'il désigne, rend librement accessible au public, sous forme électronique, les prix qui lui ont été communiqués en application des dispositions de l'article R. 323-13-1, dès leur entrée en vigueur ou, le cas échéant, à bref délai après leur réception.

Il peut également rendre publiques, sous la même forme, des données relatives aux prix en vigueur ou antérieurement communiqués, selon les modalités fixées par arrêté conjoint du ministre chargé de l'économie et du ministre chargé des transports.

Art. R. 323-14 I. — L'agrément des installations d'un centre de contrôle est délivré par le préfet du département où est implanté le centre.

La demande d'agrément est adressée au préfet par la personne physique ou la personne morale qui exploite les installations du centre. Elle indique l'identité du demandeur, son statut juridique et les catégories de contrôles techniques qui seront effectués dans le centre et précise si celui-ci est rattaché ou non à un réseau de contrôle agréé. Elle est accompagnée d'un document par lequel l'exploitant s'engage à respecter les prescriptions d'un cahier des charges et précise les conditions dans lesquelles il sera satisfait à cet engagement.

L'engagement mentionné ci-dessus décrit notamment l'organisation et les moyens techniques mis en œuvre par le centre pour assurer en permanence la qualité et l'objectivité des contrôles techniques effectués et éviter que les installations soient utilisées par des personnes non agréées ou ayant une activité dans la réparation ou le commerce automobile. Le demandeur doit s'engager à établir tous les documents se rapportant à son activité prescrits par le ministre chargé des transports et à faciliter la mission des agents désignés par lui pour surveiller le bon fonctionnement des installations de contrôle.

Le dossier de demande comporte, en outre, l'avis du réseau de contrôle agréé lorsque le centre de contrôle est rattaché à un réseau, ou l'avis de l'organisme technique central dans le cas contraire.

(*Abrogé par Décr. n° 2012-1145 du 10 oct. 2012*) *« II. — L'agrément particulier des installations auxiliaires est délivré au réseau qui les utilise par le préfet du département où sont implantées les installations après avis favorable de l'organisme technique central.*

« La demande d'agrément indique l'identité du demandeur, son statut juridique et les catégories de contrôles techniques qui seront effectuées dans les installations. Elle est accompagnée d'un document par lequel le réseau s'engage à respecter les prescriptions d'un cahier des charges. Cet engagement décrit notamment l'organisation et les moyens techniques mis en œuvre pour assurer en permanence la qualité et l'objectivité des contrôles techniques effectués. Le demandeur doit s'engager à établir tous les documents se rapportant à son activité prescrits par le ministre chargé des transports et à faciliter la mission des agents désignés par lui pour surveiller le bon fonctionnement des installations de contrôle.

« Pour le contrôle technique des véhicules lourds, l'agrément des installations auxiliaires est délivré pour une durée de quatre ans renouvelable. »

III. — Les agréments des installations de contrôle, ainsi que toutes les mesures affectant leur validité, sont inscrits dans un registre national qui est élaboré et tenu à jour dans les conditions prévues par la loi n° 78-17 du 6 janvier 1978 relative à l'informatique, aux fichiers et aux libertés.

IV. — L'agrément des installations de contrôle peut être suspendu ou retiré pour tout ou partie des catégories de contrôles techniques qu'il concerne si les conditions de bon fonctionnement des installations ou si les prescriptions qui leur sont imposées par la présente section ne sont plus respectées, et après que la personne bénéficiaire de l'agrément et le représentant du réseau de contrôle auquel les installations sont éventuellement rattachées ont pu être entendus et mis à même de présenter des observations écrites ou orales.

En cas d'urgence, l'agrément des installations de contrôle peut être suspendu immédiatement pour une durée maximale de deux mois.

Art. R. 323-15 I. — Lorsqu'un centre de contrôle agréé est rattaché à un réseau agréé, il ne peut dépendre que d'un seul réseau de contrôle.

(*Abrogé par Décr. n° 2012-1145 du 10 oct. 2012*) *« De même, une installation auxiliaire ne peut être rattachée qu'à un seul réseau. Elle ne doit être utilisée, dans le cadre du contrôle technique, que par des contrôleurs relevant de ce réseau. »*

II. — Les contrôles techniques effectués sur des véhicules lourds appartenant à une même personne physique ou morale ne doivent pas représenter, chaque année, plus de 10 % de l'activité de contrôle technique des véhicules lourds d'un centre de contrôle non rattaché à un réseau ou de l'ensemble des installations de contrôles exploitées par le même réseau. Toutefois, le préfet de département peut accorder des dérogations à ces dispositions lorsque leur application constitue un obstacle manifeste à la bonne couverture géographique du territoire, sans que cette proportion puisse dépasser 35 %.

III. — Les réseaux de contrôle et les centres de contrôle non rattachés à un réseau perçoivent, pour chaque contrôle technique effectué et en sus du prix de celui-ci, une somme qui ne peut excéder 2 % du prix du contrôle qu'ils reversent à l'organisme technique central pour financer les prestations de celui-ci.

Le montant et les modalités de versement de cette somme sont fixés par arrêté conjoint du ministre chargé de l'économie et des finances et du ministre chargé des transports.

Art. R. 323-16 I. — Le fait, pour le titulaire de l'agrément des installations d'un centre de contrôle, de faire réaliser un contrôle technique dans des locaux abritant une activité de réparation ou de commerce automobile ou communiquant avec un lieu abritant une telle activité est puni de l'amende prévue pour les contraventions de la cinquième classe.

II. — Le fait, pour le titulaire de l'agrément des installations de contrôle, de ne pas transmettre les données relatives à un contrôle technique effectué dans ces installations dans le délai fixé par l'arrêté prévu au I de l'article R. 323-13 est puni de l'amende prévue pour les contraventions de la cinquième classe.

III. — Le fait, pour le titulaire de l'agrément des installations de contrôle, de faire réaliser un contrôle technique dans des installations ou au moyen d'équipements non conformes à l'agrément délivré ou aux dispositions définies par l'arrêté visé au I de l'article R. 323-13 est puni de l'amende prévue pour les contraventions de la cinquième classe.

IV. — Le fait, pour le titulaire de l'agrément des installations de contrôle, de faire réaliser un contrôle technique par un contrôleur agréé *(Décr. n° 2010-163 du 22 févr. 2010)* « ou un prestataire visé au II de l'article L. 323-1 » ne possédant pas la qualification requise pour ce contrôle est puni de l'amende prévue pour les contraventions de la cinquième classe.

(Abrogé par Décr. n° 2010-671 du 18 juin 2010) « V. — Les personnes morales peuvent être déclarées responsables pénalement, dans les conditions prévues à l'article 121-2 du code pénal, des infractions définies au présent article. La peine encourue par les personnes morales est l'amende, selon les modalités prévues par l'article 131-41 du code pénal. »

Art. R. 323-17 I. — Les contrôleurs agréés doivent posséder une qualification dont les caractéristiques sont définies par arrêté du ministre chargé des transports pour chaque catégorie de contrôle technique.

II. — Un contrôleur agréé ne peut exercer aucune activité dans la réparation ou le commerce automobile, que ce soit à titre indépendant ou en qualité de salarié.

(Abrogé par Décr. n° 2012-1145 du 10 oct. 2012) « III. — Un contrôleur agréé ne doit pas effectuer, par trimestre, plus de 35 % du nombre de ses contrôles techniques dans des installations auxiliaires. De plus, un contrôleur ne doit pas effectuer, par trimestre, plus de 35 % des contrôles techniques de véhicules lourds réalisés dans une même installation auxiliaire. » — *Les dispositions du III de l'art. R. 323-17 demeurent applicables, dans leur rédaction antérieure à la publication du Décr. n° 2012-1145 du 10 oct. 2012 (JO 12 oct.), aux contrôleurs agréés en vertu de l'art. R. 323-17 qui exercent dans les installations auxiliaires mentionnées au I (Décr. préc., art. 2-II).*

(Décr. n° 2010-163 du 22 févr. 2010) « IV. — Lorsqu'il est réalisé par un prestataire visé au II de l'article *L. 323-1*, le contrôle technique prévu par le présent chapitre ne peut être réputé avoir été réalisé que si, pour la prestation considérée, ce prestataire n'a aucun lien de nature à porter atteinte à son indépendance avec des personnes, organismes, sociétés ou entreprises qui exercent une activité de réparation ou de commerce dans le secteur automobile. »

Art. R. 323-18 I. — L'agrément d'un contrôleur est délivré par le préfet de département où est implanté le centre de contrôle auquel il est rattaché.

Cet agrément permet d'exercer sur tout le territoire.

Un même contrôleur peut être titulaire d'un agrément pour le contrôle technique des véhicules légers et d'un agrément pour le contrôle technique des véhicules lourds.

II. — La demande d'agrément précise à quel centre de contrôle le contrôleur est rattaché et les catégories de contrôles techniques qu'il pourra effectuer.

Elle est accompagnée de l'avis du réseau de contrôle agréé lorsque le centre de contrôle est rattaché à un réseau ou de l'avis de l'organisme technique central dans le cas contraire.

III. — Les agréments des contrôleurs, ainsi que toutes les mesures affectant leur validité, sont inscrits dans un registre national qui est élaboré et tenu à jour dans les conditions prévues par la loi n° 78-17 du 6 janvier 1978 relative à l'informatique, aux fichiers et aux libertés.

IV. — L'agrément d'un contrôleur peut être suspendu ou retiré pour tout ou partie des catégories de contrôles techniques qu'il concerne si les conditions posées lors de sa délivrance ne sont plus respectées ou s'il est constaté un manquement aux règles fixant l'exercice de l'activité du contrôleur.

La décision de suspension ou de retrait n'intervient qu'après que la personne intéressée a été entendue et mise à même de présenter des observations écrites ou orales.

En cas d'urgence, l'agrément d'un contrôleur peut être suspendu immédiatement pour une durée maximale de deux mois.

Un contrôleur ayant fait l'objet d'un retrait d'agrément ne peut demander un nouvel agrément pendant une durée de cinq ans à compter du retrait.

Art. R. 323-18-1 *(Décr. nº 2010-163 du 22 févr. 2010)* La déclaration mentionnée au II de l'article L. 323-1 est adressée au préfet du département dans lequel le prestataire envisage d'exercer l'activité de contrôleur technique.

Elle doit être accompagnée des documents suivants lorsqu'elle est souscrite pour la première fois ou en cas de changement de situation :

1° Une preuve de la nationalité du prestataire ;

2° Une attestation certifiant que le prestataire est légalement établi dans un autre État membre de l'Union européenne ou dans un autre État partie à l'accord sur l'Espace économique européen pour y exercer la profession de contrôleur technique, et qu'il n'encourt, à la date de l'attestation, aucune interdiction, même temporaire, d'exercer ;

3° Une preuve de ses qualifications professionnelles ;

4° Lorsque la profession de contrôleur technique *(Décr. nº 2011-2046 du 29 déc. 2011, art. 2)* « ou la formation y conduisant » n'est pas réglementée dans l'État d'établissement, la preuve par tout moyen que le prestataire a exercé cette profession pendant *(Décr. nº 2017-127 du 2 févr. 2017)* « la durée mentionnée au deuxième alinéa du II de l'article L. 323-1 » ;

5° Une copie du contrat de travail ou une lettre d'engagement du centre de contrôle employeur.

La déclaration et les documents joints peuvent être transmis par tout moyen. Les documents en langue étrangère sont accompagnés de leur traduction en langue française.

Art. R. 323-18-2 *(Décr. nº 2010-163 du 22 févr. 2010)* La prestation est effectuée sous le titre professionnel porté dans l'État d'établissement ou, si le titre professionnel n'existe pas dans l'État d'établissement, sous le titre de formation du prestataire.

Le titre professionnel ou le titre de formation est indiqué dans la langue officielle ou dans l'une des langues officielles de l'État d'établissement. Le titre de formation est suivi des noms et lieux de l'établissement ou du jury qui l'a délivré.

Art. R. 323-18-3 *(Décr. nº 2010-163 du 22 févr. 2010)* A la demande d'une autorité compétente d'un État membre de l'Union européenne ou partie à l'accord sur l'Espace économique européen sur le territoire duquel un contrôleur technique exécute ou déclare vouloir exécuter une prestation de services, le préfet du département du lieu de résidence de celui-ci communique à cette autorité toutes informations pertinentes sur la légalité de l'établissement en France du professionnel concerné. Si le professionnel est, à la date de la communication, sous le coup d'une suspension ou d'un retrait d'agrément, mention en est faite.

Art. R. 323-19 Le fait, pour tout contrôleur agréé *(Décr. nº 2010-163 du 22 févr. 2010)* « ou prestataire visé au II de l'article L. 323-1 », d'effectuer un contrôle technique dont le contenu, les modalités ou le résultat ne satisfont pas aux dispositions du présent chapitre et des dispositions prises pour son application ou de ne pas tirer de ce contrôle les conclusions qui s'imposent est puni de l'amende prévue pour les contraventions de la quatrième classe.

Art. R. 323-20 Toute utilisation des résultats du contrôle d'un véhicule à des fins autres que celles prévues par la réglementation est interdite. Les résultats du contrôle ne peuvent être communiqués à un tiers autre que l'organisme technique central, la direction du réseau de contrôle, les agents de l'administration chargés de la surveillance des installations et tout organisme désigné à cette fin par le ministre chargé des transports.

(Décr. nº 2020-1638 du 21 déc. 2020, art. 1er) « L'organisme technique central peut également communiquer les résultats du contrôle au ministre de l'intérieur à la seule fin de transmettre au propriétaire d'un véhicule qui le demande un historique des résultats détaillés des contrôles techniques successifs, y compris le kilométrage relevé à chacun de ces contrôles, dont ce même véhicule a fait l'objet. »

Art. R. 323-21 I. — La surveillance administrative des réseaux de contrôle, des installations de contrôle et des contrôleurs agréés est exercée par les fonctionnaires ou agents de l'État chargés de la réception des véhicules ou éléments de véhicules, placés sous l'autorité des ministres chargés de l'industrie et des transports.

II. — Le ministre chargé des transports fixe par arrêté les conditions d'application de la présente section.

SECTION III ***Dispositions applicables aux véhicules légers*** *(Décr. nº 2017-208 du 20 févr. 2017, art. 5).*

Art. R. 323-22 I. — Les *(Décr. nº 2017-208 du 20 févr. 2017, art. 6-1°)* « véhicules légers définis au II de l'article R. 323-6 » doivent faire l'objet :

1° D'un contrôle technique dans les six mois précédant l'expiration d'un délai de quatre ans à compter de la date de leur première mise en circulation ;

2° Postérieurement à ce contrôle, d'un contrôle technique périodique, renouvelé tous les deux ans ;

3° Avant toute mutation intervenant au-delà du délai de quatre ans prévu au 1° ci-dessus, d'un contrôle technique, dont sont toutefois dispensés les véhicules ayant subi un contrôle technique dans les six mois précédant la date de demande d'établissement du nouveau certificat d'immatriculation ;

(Décr. nº 2011-2046 du 29 déc. 2011, art. 3) « 4° Pour les véhicules de collection, le délai entre deux contrôles techniques est porté à cinq ans à l'exception des cas de mutation. »

II. — En outre, les *(Décr. nº 2017-208 du 20 févr. 2017, art. 6-2°)* « véhicules légers de catégorie N1 » doivent faire l'objet, dans les deux mois précédant l'expiration d'un délai d'un an après chaque contrôle technique *(Abrogé par Décr. nº 2017-208 du 20 févr. 2017, art. 6-2°) « réalisé à partir du 1er janvier 1999 »*, d'un contrôle technique complémentaire portant sur le contrôle des émissions polluantes. *(Décr. nº 2011-2046 du 29 déc. 2011, art. 3)* « Cette disposition n'est pas applicable aux camionnettes de collection. »

III. — Ne sont pas soumis à ces obligations les véhicules devant subir un contrôle technique en application d'une réglementation spécifique, notamment les véhicules de moins de dix places, conducteur compris, affectés au transport public *(Décr. nº 2014-1725 du 30 déc. 2014, art. 4-IV-2°)* « , collectif ou particulier, » de personnes, les véhicules utilisés pour les transports sanitaires terrestres, les véhicules utilisés pour l'enseignement de la conduite des véhicules à moteur *(Abrogé par Décr. nº 2014-1725 du 30 déc. 2014, art. 4-IV-2°) « [,] les véhicules utilisés dans le cadre de l'exploitation des entreprises de remise et de tourisme, ainsi que les taxis et les voitures de remise ».* — *[Anc. art. R. 119-1, al. 1er, et R. 120.]*

(Abrogé par Décr. nº 2011-2046 du 29 déc. 2011, art. 3) (Décr. nº 2001-449 du 25 mai 2001, art. 19) « IV. — Au titre des mesures prises sur le fondement de l'article 15 du décret nº 2001-449 du 25 mai 2001 et en application d'un plan de protection de l'atmosphère, le préfet peut étendre par arrêté l'obligation de visite complémentaire visée au II, pour les voitures particulières autres que celles mentionnées au III ci-dessus et au I de l'article R. 318-2, immatriculées dans le département. Il en informe les ministres chargés des transports et de l'environnement. »

SECTION IV *Dispositions applicables aux autres véhicules*

Art. R. 323-23 Tout véhicule destiné normalement ou employé exceptionnellement au transport en commun de personnes et ayant fait l'objet d'une demande de certificat d'immatriculation ne peut être effectivement mis en circulation *(Décr. nº 2005-1434 du 18 nov. 2005)* « qu'après obtention d'une attestation d'aménagement délivrée soit par le constructeur si le véhicule a fait l'objet d'une réception par type, soit par les services de l'État chargés de la réception des véhicules ».

Ces véhicules sont ensuite soumis à des contrôles techniques périodiques renouvelés tous les six mois. — *[Anc. art. R. 118.]*

(Décr. nº 2018-1045 du 28 nov. 2018) « Ces dispositions s'appliquent également aux navettes urbaines et aux remorques affectées au transport de personnes. »

Art. R. 323-24 Tout véhicule de moins de dix places, conducteur compris, affecté au transport public de personnes est soumis à un contrôle technique, au plus tard un an après la date de sa première mise en circulation, ou préalablement à son utilisation au transport public lorsque celui-ci a lieu plus d'un an après la date de sa première mise en circulation.

Ce contrôle technique doit ensuite être renouvelé tous les ans. — *[Anc. art. R. 118-1.] — Pour les véhicules de moins de neuf places, V. Arr. du 29 nov. 1994 (JO 14 déc.).*

Art. R. 323-25 *(Décr. nº 2014-357 du 19 mars 2014)* « Tout véhicule dont le poids total autorisé en charge est supérieur à 3,5 tonnes, à l'exception des véhicules mentionnés aux articles R. 323-23, R. 323-24 et R. 323-26, est soumis à un contrôle technique au plus tard un an après la date de sa première immatriculation. »

(Décr. nº 2017-208 du 20 févr. 2017, art. 7-1°) « Quel que soit leur poids total autorisé en charge, les véhicules tracteurs mentionnés au 7.3 de l'article R. 311-1 et les véhicules utilisés dans le transport de marchandises dangereuses sont soumis à un contrôle technique au plus tard un an après la date de leur première immatriculation. »

Les véhicules mentionnés au présent article sont ensuite soumis à des contrôles techniques périodiques renouvelés tous les ans. — *[Anc. art. R. 119.]*

(Abrogé par Décr. nº 2017-208 du 20 févr. 2017, art. 7-2°) (Décr. nº 2011-2046 du 29 déc. 2011, art. 4) « Pour les véhicules de collection, cette périodicité est portée à cinq ans. »

Art. R. 323-26 Tout autre véhicule à moteur, prévu pour une fonction spécifique nécessitant des adaptations de la carrosserie ou des équipements spéciaux, notamment les véhicules visés à l'article R. 323-24, les véhicules utilisés pour les transports sanitaires terrestres, les véhicules utilisés pour l'enseignement de la conduite des véhicules à moteur, *(Décr. n° 2014-1725 du 30 déc. 2014, art. 4-IV-3°)* « les véhicules de transport public particulier de personnes », est soumis à un contrôle technique selon des modalités et dans des conditions fixées par arrêté du ministre chargé des transports. – *[Anc. art. R. 119-1, al. 2.]*

CHAPITRE IV *Assurance*

Art. R. 324-1 *(Abrogé par Décr. n° 2005-320 du 30 mars 2005, art. 4)* ***Les règles pénales relatives à l'obligation d'assurance sont fixées à l'article R. 211-45 du code des assurances ci-après reproduit :***

Art. R. 211-45 Sera punie des peines d'emprisonnement et d'amende prévues pour les contraventions de la 5e classe toute personne qui, contrevenant aux dispositions de l'article L. 211-1 du présent code, aura mis ou maintenu en circulation un véhicule terrestre à moteur ainsi que ses remorques ou semi-remorques sans être couverte par une assurance garantissant sa responsabilité civile.

En cas de récidive, les peines d'amende prévues pour la récidive des contraventions de la 5e classe seront applicables.

Art. R. 324-2 *(Abrogé par Décr. n° 2005-320 du 30 mars 2005, art. 4)* ***Toute personne coupable de l'infraction prévue à l'article R. 211-45 du code des assurances encourt également la peine complémentaire de suspension, pour une durée de trois ans au plus, du permis de conduire, cette suspension pouvant être limitée à la conduite en dehors de l'activité professionnelle*** *(Décr. n° 2003-642 du 11 juill. 2003, art. 2)* ***« et celle de travail d'intérêt général pour une durée de vingt à cent vingt heures ».***

L'immobilisation peut être prescrite dans les conditions prévues aux articles L. 325-1 à L. 325-3.

CHAPITRE V *Immobilisation et mise en fourrière*

SECTION I *Dispositions générales*

Art. R. 325-1 L'immobilisation, la mise en fourrière, le retrait de la circulation et la destruction prévus à l'article L. 325-1 peuvent être décidés dans les cas et les conditions définis au présent code.

(Décr. n° 2005-320 du 30 mars 2005, art. 5) « L'immobilisation et la mise en fourrière peuvent également être ordonnées conformément aux dispositions *(Décr. n° 2012-3 du 3 janv. 2012, art. 10)* « des articles L. 325-1-1 et L. 325-1-2. »

Ces mesures ne font pas obstacle aux saisies ordonnées par l'autorité judiciaire.

Elles ne s'appliquent pas aux véhicules participant à des opérations de maintien de l'ordre. – *[Anc. art. R. 275, al. 1er à 3.]*

Art. R. 325-1-1 *(Décr. n° 2005-320 du 30 mars 2005, art. 5)* Lorsque la juridiction prononce la confiscation d'un véhicule immobilisé et mis en fourrière en application *(Décr. n° 2012-3 du 3 janv. 2012, art. 11)* « des articles L. 325-1-1 ou L. 325-1-2 », *(Décr. n° 2014-551 du 27 mai 2014, art. 25-2°)* « l'administration chargée des domaines chargée » de son aliénation informe préalablement le candidat acquéreur que le montant des frais d'enlèvement et de garde en fourrière seront à sa charge.

SECTION II *Immobilisation*

Art. R. 325-2 L'immobilisation est l'obligation faite au conducteur ou au propriétaire d'un véhicule, dans les cas prévus au présent code, de maintenir ce véhicule sur place ou à proximité du lieu de constatation de l'infraction en se conformant aux règles relatives au stationnement.

En cas d'absence du conducteur ou lorsque celui-ci refuse de déplacer son véhicule, l'immobilisation de ce véhicule peut être assurée par un moyen mécanique.

Pendant tout le temps de l'immobilisation, le véhicule demeure sous la garde juridique de son propriétaire ou de son conducteur.

Le fait pour tout conducteur ou propriétaire d'un véhicule de transport de marchandises d'un poids total autorisé en charge excédant 3,5 tonnes ou d'un véhicule de transport en commun de contrevenir à l'obligation prévue au premier alinéa est puni de l'amende prévue pour les contraventions de la cinquième classe.

Le fait pour tout conducteur ou propriétaire d'un autre véhicule de contrevenir à l'obligation prévue au premier alinéa est puni de l'amende prévue pour les contraventions de la quatrième classe. – *[Anc. art. R. 242 et R. 276.]*

Art. R. 325-3 L'immobilisation peut être prescrite par les officiers et les agents de police judiciaire ainsi que *(Décr. n° 2002-1256 du 15 oct. 2002)* « les agents de police judiciaire adjoints mentionnés à l'article 21 du code de procédure pénale et les gardes champêtres » lorsqu'ils constatent la nécessité de faire cesser sans délai une des infractions pour lesquelles cette mesure est prévue par le présent code.

Elle peut être prescrite par les agents mentionnés au 2° de l'article L. 116-2 du code de la voirie routière lorsque l'infraction qui la motive est constatée dans les conditions prévues à l'article R. 130-5.

Elle peut également être prescrite, dans le champ de leur compétence, par les inspecteurs des transports, les *(Décr. n° 2003-536 du 20 juin 2003, art. 14)* « fonctionnaires ou agents de l'État chargés du contrôle des transports terrestres placés sous l'autorité du ministre chargé des transports » mentionnés à l'article 25 de la loi n° 52-401 du 14 avril 1952, modifié par le décret n° 65-714 du 21 août 1965, les agents des douanes et les *(Décr. n° 2021-143 du 10 févr. 2021, art. 5)* « agents de contrôle de l'inspection du travail mentionnés à l'article L. 8112-1 du code du travail » lorsqu'il y a nécessité de faire cesser sans délai une infraction pour laquelle cette mesure est prévue par le présent code.

Elle peut être en outre prescrite par les agents verbalisateurs mentionnés à l'article L. 362-5 du code de l'environnement. — *[Anc. art. R. 277.] — V. ce texte, App., v° Environnement.*

(Décr. n° 2013-652 du 18 juill. 2013, en vigueur à compter de la date fixée par l'Arr. prévu à la 2e phr. du 1 du C du II de l'art. 153 de la L. n° 2008-1425 du 27 déc. 2008) « L'immobilisation prévue à l'article 283 *bis* du code des douanes peut être prescrite par les agents des douanes, de la police nationale, de la gendarmerie nationale ou du contrôle des transports terrestres. »

Art. R. 325-4 I. — Lorsque la décision d'immobilisation résulte de l'une des situations suivantes :

1° Le conducteur ou l'accompagnateur de l'élève conducteur est présumé en état d'ivresse ou sous l'empire d'un état alcoolique ;

2° Le conducteur n'est pas titulaire de la catégorie du permis exigée pour la conduite du véhicule considéré ;

3° Le conducteur est en infraction aux règles relatives aux conditions de travail dans les transports routiers, publics ou privés, ou ne peut présenter les documents dûment renseignés permettant de contrôler le respect de ces règles, le véhicule peut poursuivre sa route dès qu'un conducteur qualifié proposé par le conducteur ou, éventuellement, par l'accompagnateur de l'élève conducteur ou par le propriétaire du véhicule peut assurer la conduite de celui-ci.

II. — A défaut, les fonctionnaires et agents habilités à prescrire l'immobilisation peuvent prendre toute mesure destinée à placer le véhicule en stationnement régulier, au lieu qu'ils désignent, en faisant notamment appel à un conducteur qualifié. — *[Anc. art. R. 279.]*

Art. R. 325-5 Lorsque la décision d'immobilisation résulte d'une infraction aux règles concernant l'état ou l'équipement du véhicule, elle peut n'être rendue effective que dans un lieu où le conducteur du véhicule sera susceptible de trouver les moyens de faire cesser l'infraction.

Il ne peut être fait usage de cette faculté que dans la mesure où l'accompagnement du véhicule jusqu'à ce lieu peut être assuré dans des conditions de sécurité satisfaisantes.

Le conducteur peut également être autorisé à faire appel à un professionnel qualifié pour la prise en remorque de son véhicule en vue de sa réparation. L'immobilisation devient alors effective au lieu de réparation. — *[Anc. art. R. 280.]*

Art. R. 325-5-1 *(Décr. n° 2016-448 du 13 avr. 2016, art. 44, en vigueur le 1er janv. 2017)* Lorsque le véhicule circule en infraction aux prescriptions de l'article R. 316-3 relatives aux conditions de transparence des vitres ou à celles prises pour son application, la décision d'immobilisation doit prescrire la mise en conformité du véhicule.

Dans ce cas, une fiche de circulation provisoire, dont la durée de validité ne peut excéder sept jours, peut être établie conformément aux prescriptions du II de l'article R. 325-9 et à celles de l'article R. 325-36.

Art. R. 325-6 Lorsque le véhicule circule en infraction aux règles relatives aux contrôles techniques, la décision d'immobilisation doit prescrire la présentation du véhicule à un contrôle technique dans une installation de contrôle du choix du conducteur.

Dans ce cas, une fiche de circulation provisoire, valable sept jours, est établie par les autorités selon la procédure mentionnée à l'article R. 325-9. La ou les pièces administratives nécessaires à la circulation du véhicule sont restituées au vu d'un document attestant le résultat satisfaisant du contrôle technique. — *[Anc. art. R. 280-1.]*

Art. R. 325-7 *(Décr. n° 2005-947 du 2 août 2005)* I. — Lorsque le véhicule est dépourvu d'appareil de contrôle permettant l'enregistrement de la vitesse ou lorsque cet appareil a fait l'objet d'une modification ou d'une détérioration affectant son fonctionnement normal, la décision d'immobilisation prescrit de faire procéder soit à son installation par un installateur agréé, soit aux réparations et mises en conformité nécessaires.

Un arrêté conjoint du ministre chargé de l'industrie et du ministre chargé des transports fixe les conditions d'application de ces dispositions.

II. — Lorsque le dispositif de limitation de vitesse par construction a fait l'objet d'une modification ou d'une détérioration affectant son fonctionnement normal, la décision d'immobilisation prescrit de faire procéder aux réparations et mises en conformité nécessaires par le constructeur du véhicule ou son représentant autorisé.

Un arrêté du ministre chargé des transports fixe les conditions d'application de ces dispositions.

III. — Lorsque l'immobilisation est prescrite en application des I et II, une fiche de circulation provisoire, dont la durée de validité ne peut excéder sept jours, est établie par les autorités selon la procédure mentionnée à l'article R. 325-9. Les pièces administratives nécessaires à la circulation du véhicule sont restituées au vu de documents attestant la mise en conformité ou, le cas échéant, l'installation du dispositif requis.

Art. R. 325-8 Lorsqu'un véhicule lui paraît en état de surcharge, le fonctionnaire ou agent habilité à prononcer l'immobilisation peut prescrire au conducteur de présenter son véhicule à une bascule proche autorisée pour un usage légal, en vue de sa pesée et, le cas échéant, de son immobilisation.

Lorsqu'un véhicule paraît exagérément bruyant, le fonctionnaire ou agent peut prescrire de le présenter à un service de contrôle du niveau sonore en vue de sa vérification.

Lorsqu'un véhicule paraît ne pas satisfaire aux prescriptions de l'article R. 318-1 et à celles prises pour son application, le fonctionnaire ou agent peut prescrire de le présenter à un service de contrôle.

(Décr. n° 2010-1390 du 12 nov. 2010, art. 8) « Lorsqu'un cyclomoteur paraît avoir été équipé d'un dispositif ayant pour effet de permettre de dépasser les limites réglementaires fixées à l'article R. 311-1 en matière de vitesse, de cylindrée ou de puissance maximale du moteur ou avoir fait l'objet d'une transformation à cette fin, l'agent peut prescrire de le présenter à un service de contrôle en vue de vérifier la conformité du véhicule aux dispositions de l'article R. 311-1. Un arrêté du ministre chargé des transports fixe les conditions d'application de ces dispositions ».

Dans les cas prévus aux *(Décr. n° 2010-1390 du 12 nov. 2010, art. 8)* « trois précédents alinéas », le conducteur peut être autorisé par le fonctionnaire ou agent verbalisateur à conduire le véhicule dans un établissement de son choix pour y faire procéder aux réparations nécessaires ; en pareil cas, une fiche de circulation provisoire est établie conformément aux prescriptions du II de l'article R. 325-9 et à celles de l'article R. 325-36.

En cas d'infraction, les frais de ces opérations sont à la charge du propriétaire du véhicule.

Le fait pour tout conducteur ou propriétaire d'un véhicule de transport de marchandises d'un poids total autorisé en charge excédant 3,5 tonnes ou un véhicule de transport en commun de contrevenir aux injonctions prévues au présent article est puni de l'amende prévue pour les contraventions de la cinquième classe.

Le fait pour tout conducteur ou propriétaire d'un autre véhicule de contrevenir aux injonctions prévues au présent article est puni de l'amende prévue pour les contraventions de la quatrième classe. — *[Anc. art. R. 242 et R. 281.]*

Art. R. 325-8-1 *(Décr. n° 2020-1088 du 24 août 2020, art. 4-7°)* Lorsqu'un véhicule des catégories M2, M3, N2, N3, O3, O4 et T5 définies à l'article R. 311-1 paraît présenter une défaillance majeure ou critique affectant son état ou son équipement, une décision d'immobilisation peut être prescrite et être assortie de l'obligation de soumettre le véhicule à un contrôle technique routier approfondi. Un arrêté du ministre chargé des transports définit les défaillances majeures ou critiques affectant l'état ou l'équipement du véhicule et les modalités du contrôle technique routier approfondi.

Une fiche de circulation provisoire, dont la durée de validité ne peut excéder sept jours, peut être établie selon la procédure mentionnée au II de l'article R. 325-9.

Le conducteur peut également être autorisé à faire appel à un professionnel qualifié pour la prise en remorque de son véhicule en vue de le soumettre au contrôle technique routier approfondi. L'immobilisation devient alors effective au lieu du contrôle.

Les pièces administratives nécessaires à la circulation du véhicule sont restituées au vu du rapport de contrôle technique et, le cas échéant, de la justification par tout moyen de la remise en état du véhicule lui permettant de reprendre la circulation sur la voie publique.

Art. R. 325-9 I. – Lorsque l'infraction qui a motivé l'immobilisation n'a pas cessé au moment où l'agent quitte le lieu où le véhicule est immobilisé, l'agent *(Décr. nº 2020-1088 du 24 août 2020, art. 4-8º)* « peut saisir » l'officier de police judiciaire *(Décr. nº 2005-1148 du 6 sept. 2005, art. 1er)* « ou l'agent de police judiciaire adjoint, chef de la police municipale ou occupant ces fonctions, » territorialement compétent en lui remettant soit *(Décr. nº 2009-136 du 9 févr. 2009, en vigueur le 15 avr. 2009)* « le certificat d'immatriculation » du véhicule s'il s'agit d'un véhicule dont le poids total autorisé en charge n'excède pas 3,5 tonnes et une fiche d'immobilisation, soit les pièces administratives nécessaires à la circulation du véhicule s'il s'agit d'un véhicule de transport de marchandises d'un poids total autorisé en charge excédant 3,5 tonnes ou de transport en commun et la fiche d'immobilisation. Un double de cette fiche est remis au contrevenant.

II. – La fiche d'immobilisation énonce les date, heure et lieu de l'immobilisation, l'infraction qui l'a motivée, les éléments d'identification du véhicule et *(Décr. nº 2009-136 du 9 févr. 2009, en vigueur le 15 avr. 2009)* « du certificat d'immatriculation », les nom et adresse du contrevenant, les noms, qualités et affectations des agents qui la rédigent et précise la résidence *(Décr. nº 2020-1088 du 24 août 2020, art. 4-8º)* « de l'autorité qualifiée » pour lever la mesure.

(Décr. nº 2003-1186 du 11 déc. 2003, art. 4) « III ». – Par dérogation aux dispositions du I ci-dessus, si la mesure a été motivée par le franchissement d'une barrière de dégel, l'autorité saisie est l'ingénieur des ponts, des eaux et des forêts ou, s'il s'agit d'une voie communale, le maire. – *[Anc. art. R. 282.]*

Art. R. 325-10 Le procès-verbal de l'infraction qui a motivé l'immobilisation d'un véhicule est transmis dans les plus brefs délais au procureur de la République et au préfet. Il relate de façon sommaire les circonstances et les conditions dans lesquelles la mesure a été prise. – *[Anc. art. R. 283.]*

Art. R. 325-11 I. – L'immobilisation ne peut être maintenue après que la circonstance qui l'a motivée a cessé.

II. – Elle est levée :

1º Par l'agent qui l'a prescrite *(Abrogé par Décr. nº 2020-1088 du 24 août 2020, art. 4-9º)* *« s'il est encore présent lors de la cessation de l'infraction »* ;

2º Par l'officier de police judiciaire *(Décr. nº 2005-1148 du 6 sept. 2005, art. 2)* « ou l'agent de police judiciaire adjoint, chef de la police municipale ou occupant ces fonctions, » saisi dans les conditions prévues à l'article R. 325-9, dès que le conducteur ou l'accompagnateur de l'élève conducteur justifie de la cessation de l'infraction. L'officier de police judiciaire *(Décr. nº 2005-1148 du 6 sept. 2005, art. 2)* « ou l'agent de police judiciaire adjoint, chef de la police municipale ou occupant ces fonctions, » restitue alors *(Décr. nº 2009-136 du 9 févr. 2009, en vigueur le 15 avr. 2009)* « le certificat d'immatriculation » au conducteur ou à l'accompagnateur de l'élève conducteur et transmet aux autorités destinataires du procès-verbal mentionné à l'article R. 325-10 un exemplaire de la fiche d'immobilisation ou une copie conforme de cette fiche, comportant la mention de la levée de la mesure. Lorsque le conducteur ou l'accompagnateur de l'élève conducteur n'a pas justifié de la cessation de l'infraction dans un délai de quarante-huit heures, l'officier de police judiciaire *(Décr. nº 2005-1148 du 6 sept. 2005, art. 2)* « ou l'agent de police judiciaire adjoint, chef de la police municipale ou occupant ces fonctions, » peut transformer l'immobilisation en une mise en fourrière ; il joint alors à chacun des exemplaires de la procédure de mise en fourrière qu'il adresse aux autorités mentionnées à l'article R. 325-10 un exemplaire ou une copie conforme de la fiche d'immobilisation ;

3º Par la décision de l'ingénieur des ponts des eaux et des forêts ou du maire supprimant les barrières de dégel, lorsque la mesure a été motivée par leur franchissement. L'ingénieur des ponts des eaux et des forêts ou le maire peut, avant la suppression des barrières de dégel, autoriser l'enlèvement du véhicule dans des conditions qu'il détermine. Il délivre alors au contrevenant une autorisation écrite valant justification à l'égard des services de police.

III. – Dans tous les cas, dès la cessation de l'infraction qui a motivé l'immobilisation, le véhicule peut circuler entre le lieu d'immobilisation et la résidence de l'autorité désignée pour lever la mesure, sous couvert du double de la fiche d'immobilisation remise au conducteur. – *[Anc. art. R. 284.]*

SECTION III *Fourrière*

SOUS-SECTION 1 *Dispositions générales*

Art. R. 325-12 I. – La mise en fourrière est le transfert d'un véhicule en un lieu désigné par l'autorité administrative ou judiciaire en vue d'y être retenu jusqu'à décision de celle-ci, aux frais du propriétaire de ce véhicule.

II. — L'immobilisation matérielle visée à l'article R. 325-2 peut constituer l'une des opérations préalables au commencement d'exécution de la mise en fourrière.

III. — La mise en fourrière est réputée avoir reçu un commencement d'exécution :

1° A partir du moment où deux-roues au moins du véhicule ont quitté le sol, lorsque le transfert du véhicule vers la fourrière est réalisé au moyen d'un véhicule d'enlèvement ;

2° A partir du commencement du déplacement du véhicule vers la fourrière, quel que soit le procédé utilisé à cet effet. — *[Anc. art. R. 285.]*

Art. R. 325-12-1 *(Décr. nº 2020-775 du 24 juin 2020, art. 2)* Il est institué, sous l'autorité et le contrôle du ministre chargé de la sécurité routière, un système d'information permettant l'enregistrement, la gestion et le suivi par les autorités compétentes des procédures relatives aux véhicules mis en fourrière. Les collectivités territoriales ou leurs groupements qui ont mis en place un ou plusieurs services publics de fourrière pour automobiles en application de l'article L. 325-13 peuvent avoir recours à ce système d'information.

Celui-ci centralise notamment les données enregistrées par les gardiens de fourrière en application de l'article R. 325-25. Il permet l'échange d'informations entre les différentes autorités concernées par la procédure de mise en fourrière des véhicules et leur gestion et les gardiens de fourrière.

Art. R. 325-13 Toute prescription de mise en fourrière est précédée d'une vérification tendant à déterminer s'il s'agit d'un véhicule volé.

Lorsque le résultat de cette vérification est positif, le propriétaire et son assureur sont immédiatement informés de la découverte du véhicule. Le véhicule est alors confié au gardien de fourrière à titre conservatoire en attendant que le propriétaire ou l'assureur se manifeste. — *[Anc. art. R. 285-1.]*

Art. R. 325-14 *(Décr. nº 2005-1148 du 6 sept. 2005, art. 3)* I. — Dans les cas prévus au présent code ou à la suite d'une immobilisation du véhicule, la mise en fourrière est prescrite dans les conditions prévues à l'article R. 325-9 et au 2° de l'article R. 325-11 :

— soit par un officier de police judiciaire territorialement compétent, de la police nationale ou de la gendarmerie nationale ;

— soit par un agent de police judiciaire adjoint, chef de la police municipale ou occupant ces fonctions, territorialement compétent *(Décr. nº 2020-775 du 24 juin 2020, art. 3, en vigueur au plus tard le 1er avr. 2021)* « et, à Paris, par un agent de police judiciaire adjoint appartenant au corps des contrôleurs relevant du statut des administrations parisiennes et exerçant ses fonctions dans la spécialité voie publique », de sa propre initiative ou sur proposition de l'agent qui a verbalisé à la suite d'une infraction justificative de mise en fourrière.

II. — Lorsque le véhicule a été volé, que son propriétaire n'a pu être identifié ou lorsqu'il est muni de fausses plaques d'immatriculation, sa mise en fourrière ne peut être prescrite que par un officier de police judiciaire de la police nationale ou de la gendarmerie nationale territorialement compétent, ou avec son accord préalable exprès.

Art. R. 325-15 En cas d'infraction aux règlements édictés pour la sauvegarde de l'esthétique des sites et des paysages classés, la mise en fourrière peut être également prescrite par le maire ou, à Paris, par le préfet de police.

Un officier de police judiciaire *(Décr. nº 2005-1148 du 6 sept. 2005, art. 4)* « ou l'agent de police judiciaire adjoint, chef de la police municipale ou occupant ces fonctions, » territorialement compétent peut être chargé d'exécuter, ou de faire exécuter, la mesure prévue à l'alinéa précédent.

Les dispositions *(Abrogé par Décr. nº 2020-775 du 24 juin 2020, art. 4, au plus tard à compter du 1er avr. 2021) « du II »* de l'article R. 325-16 sont appliquées. — *[Anc. art. R. 285-3.]*

Art. R. 325-16 *(Abrogé par Décr. nº 2005-1148 du 6 sept. 2005, art. 5) « I. — Dans les cas où la mise en fourrière est prévue par le présent code, l'agent verbalisateur qui a constaté l'infraction justifiant la mise en fourrière saisit l'officier de police judiciaire territorialement compétent.*

« II. — » (Décr. nº 2020-775 du 24 juin 2020, art. 5, en vigueur au plus tard le 1er avr. 2021) « L'officier de police judiciaire ou l'agent de police judiciaire adjoint, chef de la police municipale ou occupant ces fonctions, territorialement compétent et, à Paris, l'agent de police judiciaire adjoint appartenant au corps des contrôleurs relevant du statut des administrations parisiennes et exerçant ses fonctions dans la spécialité voie publique ou l'agent placé sous leur autorité : »

1° Désigne la fourrière dans laquelle sera transféré le véhicule, cette désignation étant matérialisée par la pose d'un signe distinctif sur celui-ci ;

2° Dresse, si possible contradictoirement en présence du propriétaire ou du conducteur du véhicule et du préposé à l'enlèvement, un état sommaire, extérieur et intérieur, du véhicule, sans l'ouvrir, au moyen d'une fiche descriptive dont le modèle est fixé par arrêté du ministre de l'intérieur *(Abrogé par Décr. nº 2010-773 du 8 juill. 2010)* *« et du ministre de la défense »*, avant que la mise en fourrière reçoive un commencement d'exécution ;

(Décr. nº 2020-775 du 24 juin 2020, art. 5, en vigueur au plus tard le 1er avr. 2021) « 3° Remet, le cas échéant, à ce propriétaire ou ce conducteur, s'il est présent, la fiche de circulation provisoire prévue à l'article R. 325-6. La fiche mentionnée au 2° relative à l'état du véhicule est transmise au conducteur ou au propriétaire, à sa demande, par tout moyen ; »

4° Relate sur le procès-verbal de *(Décr. nº 2005-1148 du 6 sept. 2005, art. 5)* « constatation ou le rapport » les motifs de la mise en fourrière ; il y fait mention du retrait provisoire du certificat d'immatriculation et de l'heure d'appel du véhicule d'enlèvement. — *[Anc. art. R. 285-4.]*

Art. R. 325-17 Lorsque la mise en fourrière a reçu un commencement d'exécution, le véhicule est restitué à son propriétaire ou son conducteur dans les conditions prévues à l'article R. 325-38.

Toutefois, si le propriétaire ou le conducteur du véhicule règle les frais d'opérations préalables prévus à l'article R. 325-29 ou s'il s'engage par écrit à les régler, et s'il s'engage à rendre immédiatement son usage normal à la voie publique, il peut être autorisé à reprendre aussitôt son véhicule. — *[Anc. art. R. 285-5.]*

Art. R. 325-18 *(Décr. nº 2005-1148 du 6 sept. 2005, art. 6)* L'auteur d'une prescription de mise en fourrière informe l'autorité dont relève la fourrière dans les plus brefs délais.

Art. R. 325-19 Chaque fourrière relève d'une autorité publique unique.

Cette autorité publique est l'une de celles qui sont prévues aux articles R. 325-20 et R. 325-21.

Cette autorité publique désigne le gardien de la fourrière sur la liste des gardiens de fourrière agréés par le préfet conformément aux dispositions de l'article R. 325-24. — *[Anc. art. R. 286.]*

Art. R. 325-20 Si la mise en fourrière est effectuée dans un lieu public ou relevant d'une autorité publique, la fourrière relève de l'autorité respectivement du préfet, du président du conseil départemental, du président du conseil exécutif de Corse, du président de l'organisme de coopération intercommunale ou du maire, selon que l'État, le département, la collectivité de Corse, l'organisme de coopération intercommunale ou la commune est propriétaire, ou dispose de l'immeuble où se trouve la fourrière. — *[Anc. art. R. 286-1.]*

Art. R. 325-21 *(Décr. nº 2005-1148 du 6 sept. 2005, art. 7)* A défaut d'institution d'un service public local de fourrière pour véhicules par l'une des autorités précitées, ou en cas de refus de leur part d'enlever, faire enlever, garder ou faire garder un véhicule faisant l'objet d'une prescription de mise en fourrière, l'État est substitué à ces autorités.

L'auteur de la prescription de la mise en fourrière signale au préfet du département le refus opposé à l'enlèvement ou à la garde du véhicule.

La fourrière peut être située dans un lieu privé avec l'assentiment du propriétaire ou du locataire de cet immeuble s'il accepte d'assurer la garde de cette fourrière.

Art. R. 325-22 I. — Lorsque le propriétaire du véhicule faisant l'objet de la mise en fourrière est domicilié ou réside dans le ressort de l'officier de police judiciaire *(Décr. nº 2005-1148 du 6 sept. 2005, art. 8)* « ou de l'agent de police judiciaire adjoint, chef de la police municipale ou occupant ces fonctions » *(Décr. nº 2020-775 du 24 juin 2020, art. 6, en vigueur au plus tard le 1er avr. 2021)* « ou, à Paris, de l'agent de police judiciaire adjoint appartenant au corps des contrôleurs relevant du statut des administrations parisiennes exerçant ses fonctions dans la spécialité voie publique » qui *(Décr. nº 2005-1148 du 6 sept. 2005, art. 8)* « prescrit » cette mesure, celui-ci peut faire garder le véhicule par son propriétaire, à condition que le certificat d'immatriculation soit immédiatement retiré *(Abrogé par Décr. nº 2003-1186 du 11 déc. 2003)* *« sauf lorsqu'il s'agit d'un cyclomoteur à deux-roues »*. Ce document reçoit la destination prévue à l'article R. 325-34.

II. — Dans cette hypothèse, l'autorité dont relève la fourrière est :

1° Soit le maire, lorsque la mise en fourrière a été décidée par lui ou par un de ses adjoints agissant en qualité d'officier de police judiciaire *(Décr. nº 2005-1148 du 6 sept. 2005, art. 8)* « ou par l'agent de police judiciaire adjoint, chef de la police municipale ou occupant ces fonctions » ;

2° Soit le préfet, dans les autres cas. — *[Anc. art. R. 286-3.]*

(Décr. nº 2012-3 du 3 janv. 2012, art. 12) « III. — Les dispositions du présent article sont applicables à la mise en fourrière prévue à l'article L. 325-1-2 lorsque le propriétaire du véhicule réside dans le département du représentant de l'État qui a prescrit cette mesure. »

Art. R. 325-23 Le véhicule est placé sous la garde juridique du gardien de la fourrière jusqu'à la date d'effet de la mainlevée *(Abrogé par Décr. nº 2020-775 du 24 juin 2020, art. 7)* ***« , sauf au cours de la sortie provisoire prévue à l'article R. 325-36 »***. — *[Anc. art. R. 286-4.]*

Art. R. 325-24 Le préfet agrée les gardiens de fourrière et les installations de celle-ci, après consultation de la commission départementale de sécurité routière. Il peut, dans les mêmes conditions, procéder au retrait de l'agrément. La décision de retrait n'intervient qu'après que la personne intéressée a été mise à même de présenter des observations écrites et, le cas échéant, sur sa demande, des observations orales.

Nul ne peut être agréé comme gardien de fourrière s'il exerce également une activité de destruction ou de retraitement de véhicules usagés.

La fourrière doit être clôturée. Ses installations doivent notamment satisfaire aux dispositions législatives et réglementaires relatives à la protection de l'environnement.

(Décr. nº 2005-1148 du 6 sept. 2005, art. 9) « Les dispositions qui précèdent ne sont applicables ni à la personne occasionnellement requise comme gardien de fourrière ni au propriétaire qui garde son véhicule dans les conditions prévues à l'article R. 325-22. »

(Abrogé par Décr. nº 2020-775 du 24 juin 2020, art. 8) ***« Le préfet établit un rapport annuel sur les activités et le fonctionnement des fourrières de son département. »*** — *[Anc. art. R. 286-5.]*

Art. R. 325-25 Le gardien de fourrière enregistre, au fur et à mesure de leurs arrivées, les entrées des véhicules mis en fourrière, leurs sorties *(Abrogé par Décr. nº 2020-775 du 24 juin 2020, art. 9)* ***« provisoires et définitives »***, les décisions de mainlevée de la mise en fourrière et, le cas échéant, les décisions de remise *(Décr. nº 2014-551 du 27 mai 2014, art. 25-3º)* « à l'administration chargée des domaines » ou à une entreprise de destruction. — *[Anc. art. R. 286-6.]*

(Décr. nº 2020-775 du 24 juin 2020, art. 9) « L'autorité dont relève la fourrière peut prescrire au gardien de fourrière d'enregistrer dans le système d'information prévu à l'article R. 325-12-1, outre les données mentionnées à l'alinéa précédent, celles relatives à l'enlèvement, la garde, la vente ou la destruction des véhicules. Ces données sont précisées par arrêté du ministre chargé de la sécurité routière. » — *V. art. A. 325-13.*

Art. R. 325-26 *(Décr. nº 2005-1148 du 6 sept. 2005, art. 10)* « Les circonstances et les conditions dans lesquelles la mesure de mise en fourrière a été prise sont relatées :

« — soit dans un procès-verbal de mise en fourrière, consécutivement à la commission d'une infraction. Ce procès-verbal est transmis au procureur de la République et au préfet ;

« — soit dans un rapport de mise en fourrière, dans les autres cas. Ce rapport est transmis au préfet.

« Une copie de ce document est transmise sans délai à l'autorité ayant compétence pour prononcer la mainlevée. »

En cas d'absence du propriétaire ou du conducteur au moment de l'enlèvement du véhicule en fourrière, un double de la fiche descriptive remplie par l'*(Décr. nº 2005-1148 du 6 sept. 2005, art. 10)* « agent de constatation » est adressé sans délai au responsable de la notification de mise en fourrière.

Un autre double de cette fiche descriptive est remis *(Décr. nº 2020-775 du 24 juin 2020, art. 10)* « par tout moyen » au gardien de fourrière.

Art. R. 325-27 *(Décr. nº 2005-1148 du 6 sept. 2005, art. 11)* Les intéressés peuvent contester la décision de mise en fourrière :

— auprès du procureur de la République du lieu de l'enlèvement du véhicule, lorsque la procédure est consécutive à la commission d'une infraction *(Décr. nº 2012-3 du 3 janv. 2012, art. 13)* « , à l'exclusion des cas où elle est mise en œuvre par le préfet, dans le cadre des dispositions prévues à l'article L. 325-1-2 » ;

— auprès du préfet du lieu de l'enlèvement du véhicule, dans les autres cas.

Dans le délai de cinq jours ouvrables, l'autorité compétente confirme la mesure ou, si elle estime la décision infondée, en ordonne la mainlevée. Elle en informe sans délai l'auteur de la prescription.

Art. R. 325-28 *(Décr. nº 2005-1148 du 6 sept. 2005, art. 12)* Peuvent procéder au transfert d'un véhicule du lieu de son stationnement à celui de sa garde en fourrière :

1º Les personnels habilités mentionnés aux premier et deuxième alinéas de l'article L. 325-2 ;

2° Le professionnel agréé, ou son préposé, désigné pour l'enlèvement du véhicule dont la mise en fourrière a été prescrite ;

3° Un tiers en vertu d'une réquisition ;

4° Le propriétaire ou le conducteur du véhicule en vertu d'une réquisition.

Art. R. 325-29 I. — Le propriétaire du véhicule est tenu de rembourser :

1° Lorsque la prescription de mise en fourrière a reçu le commencement d'exécution défini à l'article R. 325-12, les frais d'enlèvement ainsi que, le cas échéant, les frais de garde en fourrière *(Abrogé par Décr. n° 2020-775 du 24 juin 2020, art. 11)* ***«, d'expertise sous réserve de l'application du IV de l'article R. 325-30 et de l'alinéa 3 de l'article R. 325-35, »*** et de vente ou de destruction du véhicule ;

(Décr. n° 2020-775 du 24 juin 2020, art. 11) « 2° Lorsque le véhicule qui a été remis à l'administration chargée des domaines a été récupéré par son propriétaire avant son aliénation, les frais de mise en vente dans les conditions prévues à l'article R. 325-41 ;

« 3° » Lorsque la prescription de mise en fourrière n'a pas reçu de commencement d'exécution, les frais afférents aux opérations préalables à la mise en fourrière, à condition que le véhicule d'enlèvement se soit rendu sur les lieux.

(Décr. n° 2020-775 du 24 juin 2020, art. 11) « II. — Le propriétaire du véhicule rembourse sur présentation d'une facture détaillée :

« 1° Les frais mentionnés au 1° et au 3° du I au gardien de la fourrière ;

« 2° Les frais mentionnés au 2° du I à l'administration chargée des domaines. »

III. — Ces remboursements constituent des recettes budgétaires dans le cas de fourrières publiques.

IV. — Les taux maximaux des frais d'opérations préalables à la mise en fourrière, des frais d'enlèvement, de garde en fourrière, *(Décr. n° 2020-775 du 24 juin 2020, art. 11)* « de mise en vente » et de destruction des véhicules sont fixés par arrêté conjoint du ministre de l'intérieur et du ministre chargé de l'économie et des finances, compte tenu des catégories de véhicules.

V. — Les frais de vente par *(Décr. n° 2014-551 du 27 mai 2014, art. 25-4°)* « l'administration chargée des domaines » sont fixés conformément aux dispositions de l'article A. 114 du code du domaine de l'État.

(Décr. n° 2005-1148 du 6 sept. 2005, art. 13) « VI. — Les professionnels auxquels l'autorité dont relève la fourrière fait appel dans le cadre de la mise en fourrière sont rémunérés par cette autorité.

« A défaut de stipulations contractuelles, cette autorité indemnise les frais énumérés au IV dans les cas suivants :

« 1° Le propriétaire du véhicule mis en fourrière s'avère inconnu, introuvable ou insolvable ;

« 2° La procédure ou la prescription de mise en fourrière est annulée. »

Art. R. 325-30 *(Décr. n° 2020-775 du 24 juin 2020, art. 12)* I. — L'autorité dont relève la fourrière classe le véhicule dans l'une des deux catégories suivantes :

1° Véhicule à remettre à l'administration chargée des domaines en vue de son aliénation, à l'expiration du délai d'abandon prévu au premier alinéa de l'article L. 325-7 ;

2° Véhicule à livrer à la destruction, à l'expiration du délai d'abandon prévu au quatrième alinéa de l'article L. 325-7.

II. — Les véhicules réclamés par leurs propriétaires ou leurs conducteurs dans le délai de trois jours suivant la mise en fourrière peuvent être restitués sans avoir été classés.

Art. R. 325-31 *(Décr. n° 2005-1148 du 6 sept. 2005, art. 14)* La mise en fourrière est notifiée par l'auteur de la mesure *(Décr. n° 2020-775 du 24 juin 2020, art. 13)* « ou, pour son compte, par le ministre chargé de la sécurité routière lorsque les données sont enregistrées dans le système d'information prévu à l'article R. 325-12-1 » à l'adresse relevée, soit sur *(Décr. n° 2009-136 du 9 févr. 2009, en vigueur le 15 avr. 2009)* « le traitement automatisé mis en œuvre pour l'immatriculation des véhicules », soit sur le procès-verbal d'infraction ou le rapport de mise en fourrière.

Lorsque le véhicule n'est pas identifiable, il n'est pas procédé à cette formalité. Mention en est faite dans le procès-verbal ou dans le rapport de mise en fourrière.

Art. R. 325-32 I. — Cette notification s'effectue par lettre recommandée avec demande d'accusé de réception, dans le délai maximal de cinq jours ouvrables suivant la mise en fourrière du véhicule.

(Abrogé par Décr. n° 2020-775 du 24 juin 2020, art. 14) ***« Il y est joint un double de la fiche descriptive de l'état du véhicule mis en fourrière en cas d'absence du propriétaire ou du conducteur au moment de l'enlèvement pour mise en fourrière. »***

II. — Cette notification comporte les mentions obligatoires suivantes :

(Décr. n° 2005-1148 du 6 sept. 2005, art. 15) « 1° Indication de l'auteur de la prescription, du motif de la prescription, de la fourrière désignée et de l'autorité dont relève cette fourrière ; »

2° Décision de classement prise en application de l'article R. 325-30 *(Abrogé par Décr. n° 2020-775 du 24 juin 2020, art. 14)* *« et indication de la faculté de faire procéder à une contre-expertise conformément aux articles R. 325-35 et R. 325-36 »* ;

3° Autorité qualifiée pour donner mainlevée de la mise en fourrière ;

(Décr. n° 2016-1289 du 30 sept. 2016, art. 1er-2°) « 3° *bis* Présentation par le propriétaire ou le conducteur, afin d'obtenir la décision de mainlevée, de l'attestation d'assurance prévue à l'article R. 211-14 du code des assurances couvrant le véhicule et du permis de conduire en cours de validité correspondant à la catégorie du véhicule concerné ; »

4° Injonction au propriétaire du véhicule, s'il est soumis à immatriculation, de remettre immédiatement sous peine d'encourir l'amende prévue pour les contraventions de la quatrième classe, le certificat d'immatriculation à l'autorité qualifiée pour donner mainlevée de la mise en fourrière ;

5° Mise en demeure au propriétaire de retirer son véhicule avant l'expiration d'un délai :

(Décr. n° 2020-775 du 24 juin 2020, art. 14) « *a)* De dix jours à compter de la date de notification pour un véhicule à livrer à la destruction ;

« *b)* De quinze jours à compter de la date de notification pour un véhicule à remettre à l'administration chargée des domaines en vue de son aliénation ; »

6° Avertissement au propriétaire que son absence de réponse dans les délais impartis vaudra abandon de son véhicule et que ledit véhicule sera, dans les conditions prévues par décret, soit remis *(Décr. n° 2014-551 du 27 mai 2014, art. 25-3°)* « à l'administration chargée des domaines » en vue de son aliénation, soit livré à la destruction ;

7° Nature et montant des frais qu'il sera tenu de rembourser ;

(Décr. n° 2020-775 du 24 juin 2020, art. 14) « 8° Faculté de demander une copie de la fiche descriptive à l'autorité prescriptrice ;

« 9° » Énoncé des voies de recours.

III. — Si *(Décr. n° 2009-136 du 9 févr. 2009, en vigueur le 15 avr. 2009)* « le traitement automatisé mis en œuvre pour l'immatriculation des véhicules » révèle l'inscription d'un gage, copie de la notification de mise en fourrière est adressée *(Décr. n° 2005-1148 du 6 sept. 2005, art. 15)* « par l'auteur de la prescription de mise en fourrière » *(Décr. n° 2020-775 du 24 juin 2020, art. 14)* « ou, pour son compte, par le ministre chargé de la sécurité routière lorsque les données sont enregistrées dans le système d'information prévu à l'article R. 325-12-1 » au créancier-gagiste, par lettre recommandée avec demande d'accusé de réception, qui fait référence au décret n° 72-823 du 6 septembre 1972 (art. 5, 6 et 7) fixant les conditions de remise *(Décr. n° 2014-551 du 27 mai 2014, art. 25-3°)* « à l'administration chargée des domaines » des véhicules non retirés de fourrière par leurs propriétaires. — *[Anc. art. R. 291-1.]*

Art. R. 325-33 Le fait, pour le propriétaire d'un véhicule, de ne pas restituer le certificat d'immatriculation immédiatement après la notification qui lui a été faite en application de l'article R. 325-32 (II, 4°) est puni de l'amende prévue pour les contraventions de la quatrième classe. — *[Anc. art. R. 241, al. 1er et 6.]*

Art. R. 325-34 Toute personne se trouvant destinataire du certificat d'immatriculation d'un véhicule mis en fourrière est tenue de le transmettre sans délai à l'autorité ayant compétence pour prononcer la mainlevée.

L'autorité ayant compétence pour prononcer la mainlevée informe sans délai le préfet du département ou, à Paris, le préfet de police, de la réception du certificat d'immatriculation. — *[Anc. art. R. 291-2.]*

Art. R. 325-35 *(Abrogé par Décr. n° 2020-775 du 24 juin 2020, art. 15)* ***En cas de désaccord sur l'état du véhicule ou sur la décision de classement visée à l'article R. 325-30, le propriétaire a la faculté de faire procéder à une contre-expertise.***

La contre-expertise est faite par un expert choisi sur la liste visée à l'article R. 325-30.

Dans le cas où la contre-expertise confirme l'expertise initiale, les frais d'expertise et de contre-expertise sont à la charge du propriétaire. Dans le cas contraire, ces frais incombent à l'autorité dont relève la fourrière. — [Anc. art. R. 292.]

Art. R. 325-36 *(Abrogé par Décr. n° 2020-775 du 24 juin 2020, art. 15)* ***L'autorité dont relève la fourrière ne peut s'opposer à la demande d'autorisation provisoire de sortie de fourrière présentée par le propriétaire du véhicule en vue exclusivement de faire procéder aux travaux reconnus indis-***

pensables par l'expert. Il en est de même lorsque le propriétaire du véhicule fait procéder à une contre-expertise, aux réparations remettant le véhicule en état de circuler dans des conditions normales de sécurité ainsi qu'au contrôle technique du véhicule dans un centre agréé.

Cette autorisation provisoire de sortie de fourrière, dont le modèle est fixé par arrêté du ministre de l'intérieur (Abrogé par Décr. n° 2010-773 du 8 juill. 2010) *« et du ministre de la défense », qui tient lieu de pièce de circulation et qui est limitée au temps des parcours nécessaires et des opérations précitées, peut prescrire un itinéraire et des conditions de sécurité.*

Le réparateur doit remettre au propriétaire du véhicule une facture détaillée certifiant l'exécution des travaux prescrits en application du 2° du I de l'article R. 325-30. – [Anc. art. R. 292-1.]

Art. R. 325-37 (Abrogé par Décr. n° 2020-775 du 24 juin 2020, art. 15) *L'autorité dont relève la fourrière informe l'autorité qualifiée pour prononcer la mainlevée de la délivrance de l'autorisation provisoire de sortie de fourrière et de la durée de sa validité.*

En ce qui concerne les véhicules volés retrouvés en fourrière, l'autorité dont relève la fourrière est tenue d'informer au préalable les services de police ou de gendarmerie compétents de son intention de délivrer une autorisation provisoire de sortie de fourrière. – [Anc. art. R. 292-2.]

Art. R. 325-38 I. – Chaque prescription de mise en fourrière prend fin par une décision de mainlevée.

(Décr. n° 2020-775 du 24 juin 2020, art. 16) « II. – En cas de restitution du véhicule, cette décision émane de l'autorité qui a prescrit la mise en fourrière ou de l'officier de police judiciaire chargé d'exécuter cette mesure. Elle est réputée donnée par la même autorité à l'issue du délai d'abandon prévu à l'article L. 325-7 pour les véhicules à détruire ou remis à l'administration chargée des domaines pour aliénation. »

(Décr. n° 2016-1289 du 30 sept. 2016, art. 1er-3°, en vigueur le 1er déc. 2016) « II *bis*. – La décision de mainlevée ne peut être prononcée qu'après la présentation par le propriétaire ou le conducteur de l'attestation d'assurance prévue par l'article R. 211-14 du code des assurances couvrant le véhicule et du permis de conduire en cours de validité correspondant à la catégorie du véhicule concerné.

« Lorsque le propriétaire décide de faire appel à un professionnel qualifié pour la prise en remorque de son véhicule vers un lieu de son choix, la décision de mainlevée est prononcée après la présentation de la seule attestation d'assurance. Cette décision mentionne que l'enlèvement est effectué par un professionnel qualifié. »

III. – Lorsque l'autorité qualifiée pour prononcer la mainlevée est saisie en ce sens par le procureur de la République *(Décr. n° 2005-1148 du 6 sept. 2005, art. 16)* « ou le préfet », comme il est prévu à l'article R. 325-27, elle est tenue de donner immédiatement mainlevée *(Décr. n° 2016-1289 du 30 sept. 2016, art. 1er-3°, en vigueur le 1er déc. 2016)* « , sous réserve des dispositions du II *bis* ».

(Décr. n° 2020-775 du 24 juin 2020, art. 16) « IV. – Sous réserve des dispositions du II *bis*, l'autorité qualifiée pour prononcer la mainlevée est tenue d'y procéder, de restituer le certificat d'immatriculation du véhicule s'il a été retiré et de délivrer une autorisation définitive de sortie de fourrière sur demande du propriétaire ou du conducteur. »

V. – Les dispositions du IV ci-dessus ne s'appliquent pas aux véhicules volés retrouvés en fourrière ainsi qu'aux véhicules dont le propriétaire et l'assureur demeurent inconnus ou introuvables malgré les recherches effectuées, pour lesquels la mainlevée ne peut être prononcée qu'après accord préalable exprès des services de police ou de gendarmerie compétents. – *[Anc. art. R. 293 et R. 293-1.]*

Art. R. 325-39 L'autorité qualifiée qui a prononcé la mainlevée *(Décr. n° 2016-1289 du 30 sept. 2016, art. 1er-4°, en vigueur le 1er déc. 2016)* « ou qui a refusé de la prononcer pour défaut de présentation des documents mentionnés au II *bis* de l'article R. 325-38 » en informe sans délai le préfet du département ou, à Paris, le préfet de police, en précisant la date d'effet de cette mesure. – *[Anc. art. R. 293-2.]*

Art. R. 325-40 La mainlevée prend effet au jour de la délivrance de l'autorisation définitive de sortie du véhicule dans les cas prévus au IV de l'article R. 325-38. *(Décr. n° 2016-1289 du 30 sept. 2016, art. 1er-5°, en vigueur le 1er déc. 2016)* « L'autorisation définitive de sortie du véhicule mentionne la décision de procéder à l'enlèvement du véhicule par un professionnel qualifié dans le cas prévu au deuxième alinéa du II *bis* de l'article R. 325-38. »

La mainlevée prend effet à compter de la remise du véhicule *(Décr. n° 2014-551 du 27 mai 2014, art. 25-3°)* « à l'administration chargée des domaines » s'il est destiné à être aliéné, ou de sa remise à l'entreprise spécialisée s'il est destiné à être détruit. – *[Anc. art. R. 293-3.]*

Art. R. 325-41 Le gardien de la fourrière restitue le véhicule à son propriétaire ou à son conducteur dès que ce dernier produit l'autorisation définitive de sortie de fourrière et s'est acquitté des frais de mise en fourrière, d'enlèvement *(Décr. n° 2020-775 du 24 juin 2020, art. 17)* « et de garde », dans le cas où ces derniers sont à la charge du propriétaire. Ces frais sont arrêtés à la date de reprise du véhicule. – *[Anc. art. R. 293-4.]*

(Décr. n° 2016-1289 du 30 sept. 2016, art. 1er-6°, en vigueur le 1er déc. 2016) « Dans le cas prévu au deuxième alinéa du II *bis* de l'article R. 325-38, le véhicule n'est restitué qu'après présentation d'un document justifiant l'intervention du professionnel qualifié figurant sur l'autorisation définitive de sortie du véhicule. »

(Décr. n° 2020-775 du 24 juin 2020, art. 17) « Si un propriétaire souhaite récupérer son véhicule alors que celui-ci fait l'objet d'une procédure de mise en vente, il doit, au préalable, s'acquitter des frais de mise en vente mentionnés à l'article R. 325-29 auprès de l'administration chargée des domaines et demander une mainlevée en application de l'article R. 325-38. »

Art. R. 325-42 Aucun véhicule mis en fourrière ne peut être remis *(Décr. n° 2014-551 du 27 mai 2014, art. 25-3°)* « à l'administration chargée des domaines » en vue de son aliénation ou à une entreprise de démolition en vue de sa destruction sans que la mainlevée de cette mesure ait été préalablement prononcée à l'une ou l'autre de ces fins. – *[Anc. art. R. 293-5.]*

Art. R. 325-43 En application des dispositions des articles L. 325-7 et L. 325-8 relatives aux véhicules abandonnés, l'autorité dont relève la fourrière décide de la remise du véhicule *(Décr. n° 2014-551 du 27 mai 2014, art. 25-3°)* « à l'administration chargée des domaines » en vue de son aliénation ; *(Décr. n° 2012-3 du 3 janv. 2012, art. 15)* « elle décide également » de la destruction des véhicules mentionnés au quatrième alinéa de l'article L. 325-7 ainsi que des véhicules qui ont été remis *(Décr. n° 2014-551 du 27 mai 2014, art. 25-3°)* « à l'administration chargée des domaines » pour aliénation et qui n'ont pas trouvé preneur.

L'autorité dont relève la fourrière informe de ces décisions l'autorité qualifiée pour prononcer la mainlevée, détentrice du certificat d'immatriculation, ainsi que le préfet du département ou, à Paris, le préfet de police.

Dans ce cas, en se référant aux décisions susvisées, l'autorité qualifiée précitée envoie le certificat d'immatriculation, dûment barré, au préfet du département ou, à Paris, au préfet de police aux fins d'annulation de ce document. Si l'envoi du certificat d'immatriculation est impossible, elle en précise le motif. – *[Anc. art. R. 293-6.]*

Art. R. 325-44 *(Décr. n° 2020-775 du 24 juin 2020, art. 18)* L'administration chargée des domaines informe l'autorité dont relève la fourrière de l'aliénation du véhicule ou de la nécessité de le détruire s'il n'a pas trouvé preneur. La destruction d'un véhicule ne peut être réalisée que dans des installations exploitées conformément aux dispositions du titre Ier du livre V du code de l'environnement ou, lorsqu'il s'agit de véhicules soumis aux dispositions de l'article R. 543-154 du même code, que dans des centres de traitement de véhicules hors d'usage agréés conformément au 3° de l'article R. 543-155 de ce code.

Art. R. 325-45 I. – Le responsable de l'entreprise chargée de la destruction d'un véhicule prend en charge celui-ci en remettant au gardien de la fourrière un bon d'enlèvement délivré par l'autorité dont relève la fourrière. Il rend compte de la destruction dudit véhicule à l'autorité dont relève la fourrière, à l'autorité qui a prononcé la mainlevée de mise en fourrière, ainsi qu'au préfet du département ou, à Paris, au préfet de police.

(Décr. n° 2020-775 du 24 juin 2020, art. 19) « II. – L'autorité dont relève la fourrière peut transmettre au gardien de fourrière le bon de destruction afin que celui-ci puisse remettre le véhicule au responsable de l'entreprise chargée de la destruction. Le gardien de fourrière transmet à l'autorité dont il relève les informations relatives à cette entreprise et notamment sa raison sociale, son numéro SIREN, son adresse et, le cas échéant, son numéro d'agrément en tant que centre VHU.

« III. – » *(Décr. n° 2003-727 du 1er août 2003, art. 19)* « Les autorités dont relèvent les fourrières, définies aux articles R. 325-20 et R. 325-21, » peuvent passer contrat avec des entreprises appelées à effectuer la destruction des véhicules.

(Décr. n° 2020-775 du 24 juin 2020, art. 19) « IV. – » Ce contrat doit comporter obligatoirement les clauses suivantes :

1° Obligations de l'entreprise contractante :

"L'entreprise s'engage sur le territoire de (...) :

(Décr. n° 2003-727 du 1er août 2003, art. 19) « *a)* A retirer et détruire les véhicules mis en fourrière et désignés par l'autorité dont relève cette fourrière ;

« *b)* A retirer de fourrière les véhicules ainsi désignés dans le délai maximal de quinze jours à compter de la demande de retrait » ;

c) A adresser au service de police ou de gendarmerie, dès la destruction complète du véhicule et dans le délai maximal de trois mois à compter de la date de la demande, le certificat d'immatriculation revêtu de la mention "Détruit" (suivie du cachet de l'entreprise et de la signature de son représentant) ou, si elle n'a pu entrer en possession de ce titre, une attestation certifiant cette impossibilité »" ;

2° Obligations de l'*(Décr. n° 2003-727 du 1er août 2003, art. 19)* « autorité cocontractante dont relève la fourrière » :

"L'autorité publique s'engage :

a) A désigner et réserver à la seule entreprise contractante toutes opérations d'enlèvement ou de destruction de véhicules auxquelles elle entendra faire procéder dans les conditions prévues par les articles L. 325-1 et suivants à moins que le propriétaire du véhicule n'ait demandé à le faire retirer de la fourrière par un réparateur de son choix conformément aux dispositions de l'article L. 325-6" ;

b) et *c)* *Abrogés par Décr. n° 2003-727 du 1er août 2003, art. 19.*

3° Droits de l'entreprise contractante :

"En contrepartie de ses obligations, l'entreprise a le droit :

a) De réclamer aux propriétaires des véhicules mis, sur la demande de l'autorité publique, *(Abrogé par Décr. n° 2012-3 du 3 janv. 2012, art. 16)* *« en fourrière »* sur son chantier le paiement, conformément au tarif approuvé par l'autorité publique, des frais de transfert et de garde *(Abrogé par Décr. n° 2012-3 du 3 janv. 2012, art. 16)* *« en fourrière »* à la condition que son chantier soit clôturé ou soit gardé jour et nuit. *(Décr. n° 2020-775 du 24 juin 2020, art. 19)* « Toutefois, en ce qui concerne les véhicules hors d'usage mentionnés à l'article R. 543-154 du code de l'environnement, seuls les frais de transfert peuvent éventuellement donner lieu à facturation sous réserve des dispositions de l'article R. 543-157 du même code ; »

b) En cas de démolition du véhicule, de récupérer tout accessoire et toute pièce détachée en vue de sa revente après, en cas de besoin, remise en état ;

c) Après démolition et si l'entreprise effectue elle-même la destruction complète du véhicule, de disposer librement des matières ayant une valeur marchande (fer, cuivre, etc.)." – *[Anc. art. R. 293-8 et Décr. n° 72-822 du 6 sept. 1972, Annexe.]*

Art. R. 325-46 Les dispositions concernant la mise en fourrière ne sont pas applicables aux véhicules militaires. – *[Anc. art. R. 275, al. 4.]*

SOUS-SECTION 2 *Véhicules laissés sans droit dans des lieux non ouverts à la circulation publique*

Art. R. 325-47 Le maître de lieux publics ou privés où ne s'applique pas le code de la route qui veut faire procéder à l'enlèvement d'un véhicule laissé sans droit dans ces lieux en adresse la demande à l'officier de police judiciaire territorialement compétent. – *[Décr. n° 72-824 du 6 sept. 1972, art. 1er.]*

Art. R. 325-48 Lorsque le maître des lieux connaît l'identité et l'adresse du propriétaire du véhicule, il joint à sa requête la justification qu'il l'a mis en demeure, avec demande d'avis de réception, d'avoir à retirer son véhicule dans un délai de huit jours à compter de la date de réception.

L'officier de police judiciaire vérifie, avant de prescrire la mise en fourrière, l'identité du propriétaire du véhicule. – *[Décr. n° 72-824 du 6 sept. 1972, art. 2.]*

Art. R. 325-49 *(Décr. n° 2005-1148 du 6 sept. 2005, art. 17)* Lorsque le maître des lieux ignore l'identité et l'adresse du propriétaire du véhicule, il joint à sa requête une demande d'identification. Si les recherches menées par l'officier de police judiciaire, de la police nationale ou de la gendarmerie nationale, territorialement compétent, permettent d'obtenir ces renseignements, l'officier de police judiciaire procède à l'expédition de la mise en demeure prévue à l'article R. 325-48. Les frais d'expédition sont à la charge du requérant.

Art. R. 325-50 Dans tous les cas où le propriétaire a pu être identifié, l'officier de police judiciaire, après avoir prescrit la mise en fourrière, lui notifie cette mesure dans les conditions prévues à l'article R. 325-32. – *[Décr. n° 72-824 du 6 sept. 1972, art. 4.]*

Art. R. 325-51 Lorsque le propriétaire n'a pu être identifié, l'officier de police judiciaire prescrit la mise en fourrière après avoir vérifié que le véhicule n'a pas été signalé comme ayant été volé. – *[Décr. n° 72-824 du 6 sept. 1972, art. 5.]*

Art. R. 325-52 En ce qui concerne les véhicules abandonnés dans les forêts soumises au régime forestier, les ingénieurs et agents assermentés de l'office national des forêts peuvent demander, concurremment avec le maître des lieux ou en son nom, la mise en fourrière de ces véhicules, conformément à la procédure prévue aux articles R. 325-47 à R. 325-51. – *[Décr. n° 72-824 du 6 sept. 1972, art. 6.]*

CHAPITRE VI *Organisation de la profession d'expert en automobile*

(Décr. n° 2006-1808 du 23 déc. 2006)

SECTION I *Règles générales*

Art. R. 326-1 L'expert en automobile doit indiquer à la personne qui envisage de faire appel à lui le prix de sa prestation.

L'expert ne peut se substituer au propriétaire du véhicule que s'il en a reçu mandat écrit.

Art. R. 326-2 L'expert est tenu de donner ses conclusions dans la limite de sa mission. Toutefois, il doit informer sans délai le propriétaire et consigner dans son rapport les déficiences du véhicule ainsi que les défauts de conformité du véhicule ou d'homologation d'accessoires qu'il a découverts au cours de l'accomplissement de sa mission et qui sont susceptibles de mettre en danger la vie du conducteur ou celle d'autres personnes.

Art. R. 326-3 I. – Le rapport d'expertise comporte :

– le nom de l'expert qui a procédé à l'expertise ;

– le rappel des opérations d'expertise effectuées, en précisant si elles l'ont été avant, pendant ou après les réparations ;

– l'indication du nom et de la qualité des personnes présentes lors de l'examen du véhicule ;

– les documents communiqués par le propriétaire ;

– les conclusions de l'expert.

II. – L'expert adresse une copie de son rapport et de tout rapport complémentaire au propriétaire du véhicule.

Art. R. 326-4 Dès qu'il a connaissance d'une contestation portant sur les conclusions techniques ou sur le coût des dommages ou des réparations, l'expert doit en informer, par tous moyens à sa convenance, les parties intéressées, notamment le propriétaire et le professionnel dépositaire du véhicule.

SECTION II *Conditions à remplir pour l'exercice de la profession d'expert en automobile et procédure disciplinaire*

(Décr. n° 2011-760 du 28 juin 2011)

Art. R. 326-5 Toute personne souhaitant être inscrite sur la liste des experts en automobile, à l'exception de celles mentionnées au II de l'article L. 326-4, doit en faire la demande au ministre chargé des transports. Cette demande est accompagnée des pièces justificatives suivantes :

1° Un document établissant l'état civil de l'intéressé ;

2° La copie, suivant le cas :

– soit du brevet professionnel d'expert en automobile ou de la reconnaissance de la qualité d'expert en automobile prévus par le décret n° 74-472 du 17 mai 1974 relatif aux experts en automobile ou du diplôme d'expert en automobile prévu par le décret n° 95-493 du 25 avril 1995 portant création et règlement général du diplôme d'expert en automobile, ou du relevé de notes du diplôme d'expert en automobile délivré par le recteur d'académie ;

– soit d'un titre délivré par un autre État membre de l'Union européenne ou un autre État partie à l'accord sur l'Espace économique européen ou d'un titre reconnu par l'un de ces États, équivalents aux titres mentionnés à l'alinéa précédent ;

– soit de toute pièce de nature à établir l'expérience professionnelle acquise par l'intéressé en matière d'expertise automobile dans l'un des États mentionnés à l'alinéa précédent dans les conditions fixées par arrêté du ministre chargé des transports ;

3° Une déclaration sur l'honneur du demandeur attestant qu'il ne détient pas de charge d'officier public ou ministériel et n'exerce pas une activité incompatible avec la qualité d'expert en automobile, conformément aux dispositions de l'article L. 326-6.

Le ministre chargé des transports peut, en outre, demander à l'intéressé de fournir tout autre document ou renseignement utile, notamment son contrat de travail s'il s'agit d'un expert salarié, afin de lui permettre de vérifier que la condition d'indépendance est remplie ;

4° Un document justificatif de l'assurance obligatoire prévue par l'article L. 326-7 ;

5° Un extrait du bulletin n° 3 du casier judiciaire ou, pour les ressortissants étrangers, un document équivalent, accompagné d'une déclaration sur l'honneur de l'intéressé selon laquelle il n'a fait l'objet d'aucune des condamnations pénales prévues à l'article L. 326-2 et n'est pas sous le coup d'un jugement rendu en application de l'article L. 326-9 lui interdisant d'exercer l'activité d'expert en automobile ;

6° Un justificatif démontrant que, lorsqu'il sollicite la reconnaissance de sa qualification pour le contrôle des véhicules endommagés prévue par les articles L. 327-1 à L. 327-6, le demandeur répond aux conditions prévues à l'article R. 326-11 ;

Les pièces définies aux 4° et 5° ne peuvent dater de plus de trois mois au moment de leur production.

Les documents en langue étrangère mentionnés au présent article sont accompagnés de leur traduction en langue française.

Le ministre chargé des transports accuse réception du dossier du demandeur dans un délai d'un mois à compter de sa réception et l'informe, le cas échéant, de tout document manquant. Il statue sur la demande d'inscription par une décision motivée qui doit intervenir dans un délai de trois mois à compter de la date de réception du dossier complet présenté par l'intéressé.

Art. R. 326-6 La déclaration mentionnée au II de l'article L. 326-4 tient lieu de demande de première inscription à titre temporaire sur la liste des experts en automobile.

Elle est adressée au ministre chargé des transports et doit être accompagnée des documents suivants lorsqu'elle est souscrite pour la première fois ou en cas de changement matériel relatif à la situation établie par eux :

1° Une preuve de l'identité et de la nationalité du prestataire ;

2° Une attestation certifiant que le prestataire est légalement établi dans un autre État membre de l'Union européenne ou dans un autre État partie à l'accord sur l'Espace économique européen pour y exercer la profession d'expert en automobile, et qu'il n'encourt, lorsque l'attestation est délivrée, aucune interdiction même temporaire d'exercer ;

3° Une preuve de ses qualifications professionnelles ;

4° Lorsque la profession d'expert en automobile ou la formation y conduisant n'est pas réglementée dans l'État d'établissement, la preuve par tout moyen que le prestataire a exercé cette profession pendant *(Décr. n° 2016-613 du 17 mai 2016, art. 1er-8°)* « au moins une année à temps plein ou à temps partiel pendant une durée équivalente au cours des dix années qui précèdent » ;

5° Une preuve que le prestataire est couvert par un contrat d'assurance garantissant la responsabilité civile qu'il peut encourir en raison des activités mentionnées à l'article L. 326-4 ;

La déclaration et les documents joints peuvent être transmis par tout moyen. Les documents en langue étrangère sont accompagnés de leur traduction en langue française.

Art. R. 326-7 *(Décr. n° 2016-613 du 17 mai 2016, art. 1er-9°)* Le ministre chargé des transports peut demander, le cas échéant, au prestataire de justifier qu'il possède un niveau de connaissance du français suffisant pour l'exercice des fonctions d'expert en automobile en France.

Un contrôle de ces connaissances peut être imposé par le même ministre s'il existe un doute sérieux et concret sur le niveau de connaissance du français du prestataire. Ce contrôle ne peut être réalisé qu'après la reconnaissance de la qualification professionnelle de l'intéressé.

Art. R. 326-8 Le ministre chargé des transports procède à la vérification des qualifications professionnelles de l'expert relevant du II de l'article L. 326-4 au vu des pièces prévues à l'article R. 326-6, dans un délai d'un mois à compter de leur réception ainsi que de la déclaration qu'elles accompagnent et inscrit le prestataire sur la liste pour une durée d'un an.

A l'issue du délai mentionné à l'alinéa précédent, en l'absence de demande de complément d'information ou de notification du résultat de la vérification des qualifications, l'expert est réputé être inscrit sur la liste.

Un arrêté du ministre chargé des transports fixe les modalités d'application du présent article, et notamment les conditions dans lesquelles le prestataire peut être soumis à *(Décr. n° 2016-613 du 17 mai 2016, art. 1er-10°)* « une épreuve d'aptitude », si l'examen des documents prévus à l'article R. 326-6 fait apparaître une différence substantielle entre les qualifications professionnelles du prestataire et celles requises pour exercer l'activité en France, et dans la mesure où cette différence est de nature à nuire à la sécurité des personnes.

Si, à l'issue de la première année, le prestataire souhaite à nouveau exercer son activité de manière temporaire et occasionnelle, il adresse au ministre chargé des transports une demande de renouvellement de son inscription sur la liste pour une durée d'un an. Cette demande de renouvellement est accompagnée du document prévu au 5° de l'article 326-6.

Art. R. 326-8-1 *(Décr. nº 2016-613 du 17 mai 2016, art. 1er-11°)* Un arrêté du ministre des transports précise :

1° Les conditions dans lesquelles il peut être exigé d'un ressortissant d'un État membre de l'Union européenne ou partie à l'accord sur l'Espace économique européen qui remplit les conditions fixées par l'article R. 326-5 que, selon son choix, il accomplisse un stage d'adaptation ou qu'il se soumette à une épreuve d'aptitude ;

2° Les modalités de reconnaissance des stages professionnels effectués dans un autre État membre de l'Union européenne ou de l'Espace économique européen.

Art. R. 326-9 A la demande d'une autorité compétente d'un État membre de l'Union européenne ou partie à l'accord sur l'Espace économique européen sur le territoire duquel un expert en automobile exécute ou déclare vouloir exécuter une prestation de services, le ministre chargé des transports communique à cette autorité :

— toute information pertinente sur la légalité de l'établissement en France de l'expert concerné. Si l'expert est, à la date de la communication, sous le coup d'une décision rendue en application de l'article R. 326-12, mention en est faite ;

— les sanctions disciplinaires prononcées, le cas échéant, par le ministre chargé des transports à l'encontre de cet expert ;

Cette communication ne porte pas atteinte au caractère confidentiel des renseignements fournis.

Art. R. 326-10 Les experts inscrits sur la liste signalent au ministre chargé des transports, dans les trente jours, tous les événements pouvant avoir des conséquences sur leur inscription, notamment les changements de lieu d'exercice professionnel, les cessations temporaires ou définitives d'activité ainsi que toute circonstance ou activité nouvelle incompatible avec l'activité d'expert en automobile.

Art. R. 326-11 La qualification des experts en automobile pour le contrôle des véhicules endommagés prévue par les articles L. 327-1 à L. 327-5 est acquise après une formation dispensée dans les conditions définies par arrêté du ministre chargé des transports.

Elle est également accordée, dans des conditions fixées par arrêté du ministre chargé des transports, aux experts ayant bénéficié d'une formation dispensée dans un autre État membre de l'Union européenne ou un autre État partie à l'accord sur l'Espace économique européen ou établissant avoir une expérience professionnelle en matière de contrôle des véhicules endommagés acquise dans l'un de ces États, dès lors que cette formation ou cette expérience professionnelle permettent de justifier que les objectifs de la formation mentionnée à l'alinéa précédent sont acquis.

La liste des experts en automobile mentionne pour chaque expert concerné cette qualification.

Art. R. 326-12 Le ministre chargé des transports vérifie chaque année que l'expert inscrit remplit les conditions requises par l'article R. 326-5 sauf si celui-ci a été inscrit à titre temporaire en application du II de l'article L. 326-4.

Le ministre chargé des transports constatant qu'un expert ne remplit plus les conditions exigées par la réglementation pour l'exercice de sa profession peut à tout moment lui demander, par courrier, de régulariser sa situation.

En l'absence de régularisation, dans le délai d'un mois, le ministre chargé des transports peut décider de la suspension de l'expert jusqu'à régularisation effective.

Art. R. 326-13 *[I. —]* La liste des experts en automobile est consultable sur le site internet de la sécurité routière.

La mise à jour de la liste des experts en automobile sur le site internet de la sécurité routière intervient à tout moment suite à un changement de situation ou de condition d'exercice professionnel nécessitant une mise à jour de cette liste ou encore suite à une décision de suspension ou de radiation d'un expert.

II. — Les décisions de suspension ou de radiation sont consultables sur le site mentionné au I pendant la durée de leur effet.

Art. R. 326-14 I. — La procédure disciplinaire peut être engagée à l'encontre d'un expert en automobile, en cas de faute ou de manquement aux conditions d'exercice de son activité professionnelle, par le ministre chargé des transports, de sa propre initiative ou s'il est saisi d'une demande en ce sens.

II. – Le ministre notifie à l'expert mis en cause les griefs formulés à son encontre par lettre recommandée avec avis de réception ou par remise contre récépissé. Il en informe, le cas échéant, le demandeur. Il désigne pour chaque affaire un rapporteur n'appartenant pas à la Commission nationale des experts en automobile mentionnée à l'article L. 326-5.

Lorsque les griefs formulés à son encontre lui sont notifiés, l'expert mis en cause est informé qu'il peut prendre connaissance et copie, en personne ou par mandataire, des pièces du dossier qui sera soumis aux membres de la commission, notamment du rapport établi par le rapporteur et des éventuelles restitutions écrites de ses auditions. Il est également informé de la possibilité de se faire assister d'un défenseur et du délai dont il dispose, qui ne peut être inférieur à un mois, pour présenter ses observations écrites.

Le rapporteur désigné peut se faire assister de toute personne nécessaire à l'exercice de sa mission. Il entend l'expert si celui-ci le demande ou s'il le juge utile ainsi que toute personne nécessaire à l'instruction ou dont la demande est à l'origine de la procédure engagée. Il consigne le résultat de ses auditions par écrit. Il établit un rapport, au vu de l'ensemble des éléments du dossier.

III. – Au vu du rapport du rapporteur et après avoir, le cas échéant, entendu l'expert mis en cause, la Commission nationale des experts en automobile émet un avis motivé sur la sanction susceptible d'être prononcée par le ministre chargé des transports à l'encontre de l'intéressé parmi les sanctions suivantes : l'avertissement, le blâme, l'interdiction de l'exercice de son activité professionnelle pour une durée n'excédant pas trois ans ou la radiation de la liste des experts en automobile avec interdiction de solliciter une nouvelle inscription pendant cinq ans. La radiation peut être limitée à la qualification mentionnée à l'article R. 326-11. Les sanctions peuvent être assorties d'un sursis total ou partiel.

Au vu de l'avis de la commission, le ministre chargé des transports notifie à l'expert mis en cause la sanction envisagée. Celui-ci dispose d'un délai d'un mois pour présenter ses observations. A l'issue de ce délai, compte tenu, le cas échéant, des observations formulées par l'expert mis en cause, le ministre chargé des transports prend une décision, qu'il notifie à l'intéressé. La notification mentionne que la décision peut faire l'objet d'un recours de pleine juridiction devant la juridiction administrative compétente.

Art. D. 326-15 La commission nationale des experts en automobile comprend :

1° Un président désigné par le ministre chargé des transports ;

2° Quatre représentants de l'État désignés par le ministre chargé des transports ;

3° Quatre experts en automobile désignés par le ministre chargé des transports, sur proposition des organisations professionnelles ;

4° Deux représentants d'associations d'usagers de la route désignés par le ministre chargé des transports ;

5° Deux représentants des entreprises d'assurances désignés par le ministre chargé des assurances.

Les représentants des associations d'usagers de la route ne peuvent appartenir aux catégories mentionnées aux 3° et 5° du présent article.

Un suppléant de chaque membre titulaire de la commission est désigné dans les mêmes conditions.

Les membres titulaires et suppléants de la commission sont nommés pour trois ans par arrêté du ministre chargé des transports.

CHAPITRE VII *Véhicules endommagés*

(Décr. n° 2009-397 du 10 avr. 2009)

V. Arr. du 26 juill. 2011 relatif à l'obtention et au maintien de la qualification pour le contrôle des véhicules endommagés pour les experts en automobile (JO 31 juill.), mod. par Arr. du 15 juin 2017 (JO 29 juin) ; Arr. du 7 oct. 2020 relatif à la prolongation de la qualification pour le contrôle des véhicules endommagés pour les experts en automobile au titre de l'année 2020 (JO 21 oct.).

Art. R. 327-1 I. – Dans le cas prévu à l'article L. 327-2 où le propriétaire a donné son accord pour céder son véhicule à l'assureur, celui-ci *(Abrogé par Décr. n° 2017-1278 du 9 août 2017, art. 11-1°)* *« transmet le certificat d'immatriculation au préfet du département de son choix et il »* déclare l'achat au ministre de l'intérieur dans les conditions fixées à l'article R. 322-4.

II. – Dans le cas prévu à l'article L. 327-3 où le propriétaire a refusé de céder son véhicule à l'assureur, ce dernier en informe le ministre de l'intérieur *(Décr. n° 2017-1278 du 9 août 2017, art. 11-2°)* « par voie électronique » dans un délai de quinze jours à compter du refus (*Abrogé par Décr. nº 2017-1278 du 9 août 2017, art. 11-2º*) ***« soit par l'intermédiaire du préfet du département de son choix, soit par voie électronique s'il est habilité par le ministre de l'intérieur »***. Le ministre de l'intérieur procède à l'inscription d'une opposition au transfert du certificat d'immatriculation.

III. — Les rapports d'expertise mentionnés aux articles L. 327-1 à L. 327-3 sont établis par un expert en automobile justifiant de la qualification prévue à l'article R. 326-17.

Le rapport visé à l'article L. 327-1 comporte la liste des réparations à effectuer si le véhicule est techniquement réparable.

Les rapports visés aux *[articles]* L. 327-2 et L. 327-3 sont adressés au ministre de l'intérieur (*Abrogé par Décr. nº 2017-1278 du 9 août 2017, art. 11-3º*) ***« soit par l'intermédiaire du préfet du département de son choix, soit »*** par voie électronique (*Abrogé par Décr. nº 2017-1278 du 9 août 2017, art. 11-3º*) ***« si l'expert en automobile est habilité par le ministre de l'intérieur »***.

Ils attestent également que le véhicule n'a pas subi de transformation notable au sens de l'article R. 321-16, ni de transformation susceptible de modifier les caractéristiques indiquées sur le certificat d'immatriculation.

Art. R. 327-1-1 (*Décr. nº 2017-675 du 28 avr. 2017, art. 2-2º*) Pour l'application du deuxième alinéa de l'article L. 327-2, l'assureur ne doit vendre un véhicule à un acheteur professionnel pour réparation que si ce véhicule est techniquement réparable. L'assureur est tenu de présenter, en cas de contrôle par les agents mentionnés à l'article L. 541-44 du code de l'environnement, le rapport d'expertise prévu à l'article L. 327-1 attestant du caractère réparable de ce véhicule.

Art. R. 327-2 I. — Lorsqu'un véhicule a été (*Décr. nº 2020-775 du 24 juin 2020, art. 20*) « immobilisé ou mis en fourrière en application des articles L. 325-1 à L. 325-3 ou L. 325-12 » en raison de la gravité des dommages qu'il a subis, l'officier ou l'agent (*Décr. nº 2020-775 du 24 juin 2020, art. 20*) « mentionné au premier alinéa de l'article L. 327-4 » qui procède aux constatations en informe le ministre de l'intérieur (*Abrogé par Décr. nº 2017-1278 du 9 août 2017, art. 12-1º*) ***« soit par l'intermédiaire du préfet du département de son choix, soit »*** par voie électronique. Le ministre de l'intérieur informe le titulaire que son véhicule n'est plus autorisé à circuler sur les voies ouvertes à la circulation publique.

Lorsque le titulaire du certificat d'immatriculation ne remet pas son titre à l'officier ou l'agent de police judiciaire qui a procédé aux constatations en application de l'article L. 327-4, le ministre de l'intérieur informe le titulaire que son véhicule n'est plus autorisé à circuler sur les voies ouvertes à la circulation publique et procède à l'inscription d'une opposition au transfert du certificat d'immatriculation.

II. — Lorsque le véhicule est examiné par un expert en automobile justifiant de la qualification prévue à l'article (*Décr. nº 2020-775 du 24 juin 2020, art. 20*) « R. 326-11 », afin de confirmer ou d'infirmer la présomption de dangerosité du véhicule, celui-ci établit un rapport qu'il adresse au ministre de l'intérieur (*Abrogé par Décr. nº 2017-1278 du 9 août 2017, art. 12-2º*) ***« soit par l'intermédiaire du préfet du département de son choix, soit »*** par voie électronique (*Abrogé par Décr. nº 2017-1278 du 9 août 2017, art. 12-2º*) ***« s'il y est habilité par le ministre de l'intérieur »***.

III. — Dans le cas où l'expert infirme la présomption de dangerosité, le certificat d'immatriculation est restitué à son titulaire et l'interdiction de circuler et l'opposition au transfert du certificat d'immatriculation sont levées.

Dans le cas où l'expert confirme la présomption de dangerosité, son rapport comporte la liste des réparations à effectuer si le véhicule est techniquement réparable.

IV. — Lorsque l'expert justifiant de la qualification prévue à l'article (*Décr. nº 2020-775 du 24 juin 2020, art. 20*) « R. 326-11 », missionné par le propriétaire, atteste que les réparations touchant à la sécurité prévues par le premier rapport ont été effectuées et que le véhicule est en état de circuler dans des conditions normales de sécurité, il adresse un rapport au ministre de l'intérieur (*Abrogé par Décr. nº 2017-1278 du 9 août 2017, art. 12-3º*) ***« soit par l'intermédiaire du préfet du département de son choix, soit »*** par voie électronique (*Abrogé par Décr. nº 2017-1278 du 9 août 2017, art. 12-3º*) ***« s'il est habilité par le ministre de l'intérieur »***.

Ce rapport d'expertise mentionné au troisième alinéa de l'article L. 327-4 atteste également que le véhicule n'a pas subi de transformation notable au sens de l'article R. 321-16, ni de transformation susceptible de modifier les caractéristiques indiquées sur le certificat d'immatriculation.

Le certificat d'immatriculation est restitué à son titulaire et l'interdiction de circuler et l'opposition au transfert du certificat d'immatriculation sont levées.

Art. R. 327-3 I. – L'information prévue par l'article L. 327-5 est adressée au ministre de l'intérieur *(Abrogé par Décr. n° 2017-1278 du 9 août 2017, art. 13-1°)* ***« soit par l'intermédiaire du préfet du département de son choix, soit »*** par voie électronique *(Abrogé par Décr. n° 2017-1278 du 9 août 2017, art. 13-1°)* ***« si l'expert est habilité par le ministre de l'intérieur ».***

Le ministre de l'intérieur informe le titulaire que son véhicule n'est plus autorisé à circuler sur les voies ouvertes à la circulation publique et procède à l'inscription d'une opposition au transfert du certificat d'immatriculation.

II. – Si le véhicule est techniquement réparable, l'expert précise la liste des réparations à effectuer.

III. – Lorsque l'expert justifiant de la qualification prévue à l'article R. 326-17, missionné par le propriétaire, atteste que les réparations touchant à la sécurité prévues par le premier rapport ont été effectuées et que le véhicule est en état de circuler dans des conditions normales de sécurité, il adresse un rapport au ministre de l'intérieur *(Abrogé par Décr. n° 2017-1278 du 9 août 2017, art. 13-2°)* ***« soit par l'intermédiaire du préfet du département de son choix, soit »*** par voie électronique *(Abrogé par Décr. n° 2017-1278 du 9 août 2017, art. 13-2°)* ***« s'il est habilité par le ministre de l'intérieur ».***

Ce rapport d'expertise mentionné au deuxième alinéa de l'article L. 327-5 atteste également que le véhicule n'a pas subi de transformation notable au sens de l'article R. 321-16, ni de transformation susceptible de modifier les caractéristiques indiquées sur le certificat d'immatriculation.

IV. – Au vu du rapport visé au III du présent article, l'interdiction de circuler du véhicule et l'opposition au transfert du certificat d'immatriculation sont levées.

Art. R. 327-4 Dans le cadre des dispositions des articles L. 327-1 à L. 327-5, un professionnel ayant acquis un véhicule endommagé doit, dans les quinze jours, adresser une déclaration d'achat au ministre de l'intérieur *(Abrogé par Décr. n° 2017-1278 du 9 août 2017, art. 14)* ***« soit par l'intermédiaire du préfet du département de son choix, soit »*** par voie électronique *(Abrogé par Décr. n° 2017-1278 du 9 août 2017, art. 14)* ***« s'il est habilité par le ministre de l'intérieur ».***

Art. R. 327-5 Est puni de l'amende prévue pour les contraventions de la quatrième classe :

1° Le fait pour tout propriétaire de maintenir en circulation un véhicule dont le certificat d'immatriculation a été retiré ou qui a fait l'objet d'une interdiction de circuler ;

2° Le fait pour l'assureur qui propose une indemnisation à l'assuré avec cession du véhicule de ne pas déclarer cet achat au ministre de l'intérieur conformément aux dispositions prévues par l'article R. 327-1 ;

3° Le fait pour un professionnel ayant acquis un véhicule endommagé de ne pas déclarer cet achat au ministre de l'intérieur conformément aux dispositions prévues par l'article R. 327-4.

Art. R. 327-6 Des arrêtés du ministre des transports, pris après avis du ministre de l'intérieur, fixent pour chaque catégorie de véhicules les modalités d'application du présent chapitre.

CHAPITRE VIII *Messages promotionnels*

(Décr. n° 2020-703 du 10 juin 2020)

Le présent chapitre ne contient aucune disposition réglementaire.

CHAPITRE IX *Surveillance du marché des véhicules à moteur*

(Décr. n° 2020-703 du 10 juin 2020)

Sur les dispositions prévues dans le présent chapitre, créé par le Décr. n° 2020-703 du 10 juin 2020, V. comm. introductif aux art. L. 329-1 s.

SECTION I *Dispositions générales*

Autorité chargée de la surveillance.

Art. R. 329-1 L'autorité chargée de la surveillance du marché des véhicules et des moteurs mentionnée à l'article L. 329-3 est le ministre chargé des transports.

SECTION II *Habilitations*

Art. R. 329-2 Les agents de l'autorité chargée de la surveillance du marché des véhicules et des moteurs mentionnés à l'article L. 329-5 sont commissionnés par le ministre chargé des transports. Ils prêtent serment devant le tribunal judiciaire de leur résidence administrative selon les modalités prévues par l'article R. 130-9.

Le ministre chargé des transports délivre à ces agents une carte de commissionnement portant mention de leurs attributions et attestant leur assermentation.

Art. R. 329-3 Les agents d'organismes publics ou privés, mentionnés au 1° de l'article L. 329-7, sont habilités par arrêté du ministre chargé des transports.

Art. R. 329-4 Le commissionnement des agents mentionnés à l'article L. 329-5 et l'habilitation des agents mentionnés au 1° de l'article L. 329-7 peuvent être retirés par le ministre chargé des transports, sur proposition de l'autorité chargée de la surveillance du marché des véhicules et des moteurs, compte tenu des nécessités du service ou du comportement de l'agent dans l'exercice de ses fonctions après que l'intéressé a été mis à même de présenter ses observations, sauf urgence.

SECTION III *Organismes admis à procéder aux contrôles de conformité*

Art. R. 329-5 Les contrôles documentaires, les tests, les analyses, les contrôles physiques, les essais en laboratoire et les essais sur route sont réalisés par des organismes publics ou privés.

La désignation des organismes admis à procéder à ces contrôles documentaires, ces tests, ces analyses, ces contrôles physiques, ces essais en laboratoire et ces essais sur route, s'effectue dans le cadre du respect des règles de la commande publique.

Les organismes publics et privés apportent la preuve de leur aptitude à effectuer les contrôles documentaires, les tests, les analyses, les contrôles physiques, les essais en laboratoire et les essais sur route conformément aux normes en vigueur. Ils présentent des garanties de confidentialité, d'impartialité et d'indépendance envers toute entreprise ou groupe d'entreprises exerçant une activité de production, d'importation ou de commercialisation de produits dans le domaine analytique pour lequel ils sont susceptibles d'intervenir.

Les organismes désignés par le ministre chargé des transports sont soumis, à tout moment, au contrôle du respect des conditions de désignation par l'autorité chargée de la surveillance du marché des véhicules et des moteurs.

Art. R. 329-6 Lorsque ces organismes ne peuvent effectuer les contrôles documentaires, les tests, les analyses, les contrôles physiques, les essais en laboratoire et les essais sur route en raison de leur caractère de spécialisation exceptionnel ou en cas d'urgence, l'autorité chargée de la surveillance du marché des véhicules et des moteurs recourt à un organisme en mesure d'assurer les prestations requises, ou se fait assister d'un expert de son choix.

Art. R. 329-7 Les organismes publics ou privés exerçant leurs activités dans un autre État membre de l'Union européenne ou partie à l'accord sur l'Espace économique européen sont admis à procéder aux contrôles documentaires, aux tests, aux analyses, aux contrôles physiques, aux essais en laboratoire et aux essais sur route, des échantillons prélevés.

SECTION IV *Pouvoirs d'enquête pour le contrôle de la conformité des produits*

SOUS-SECTION 1 *Dispositions communes*

Art. R. 329-8 Les procès-verbaux constatant un manquement ou une infraction établis par les agents habilités de l'autorité chargée de la surveillance du marché des véhicules et des moteurs énoncent la nature, la date et le lieu des constatations ou contrôles effectués ainsi que la qualification des faits constatés.

Ils sont signés par l'agent ayant procédé aux constatations et contrôles.

Art. R. 329-9 Les agents habilités peuvent requérir, en cas de nécessité, l'assistance des agents de la force publique pour les constatations, les prélèvements ou les saisies.

SOUS-SECTION 2 *Modalités de prélèvement des échantillons*

Art. R. 329-10 Le nombre d'échantillons à contrôler est fixé par l'autorité chargée de la surveillance du marché des véhicules et des moteurs et est au moins égal à trois, sauf si la valeur du produit contrôlé, sa nature, son poids, son volume ou les quantités disponibles y fait obstacle.

L'un au moins des échantillons est laissé au propriétaire ou au détenteur du produit, lequel ne doit en aucun cas modifier l'état des échantillons qui lui sont confiés.

Toutefois, si le propriétaire ou le détenteur ne dispose pas des moyens de conserver le ou les échantillons dans des conditions de nature à permettre l'expertise, ces échantillons sont conservés dans un endroit désigné par l'agent habilité. Mention en est faite au procès-verbal.

Art. R. 329-11 Lorsqu'un échantillon du produit à contrôler est prélevé, un procès-verbal est rédigé immédiatement, qui, outre un numéro d'ordre et l'indication de la date, de l'heure et du lieu, comporte les mentions suivantes :

1° Les nom, prénoms, qualité et résidence administrative de l'agent habilité ;

2° Les nom, prénoms, raison sociale, adresse et profession de la personne chez laquelle le prélèvement a été opéré ;

3° Une description des produits, des marques et étiquettes apposées ainsi qu'un exposé succinct des modalités d'obtention et de transport envisagées, l'importance du lot de produits échantillonnés, ainsi que toutes les indications jugées utiles pour établir l'authenticité des échantillons prélevés ;

4° L'identité du produit et la dénomination exacte sous laquelle ce dernier était détenu en vue de la vente, mis en vente ou vendu ;

5° Le numéro d'ordre du prélèvement ;

6° La signature de l'agent habilité.

Le propriétaire ou le détenteur du produit peut en outre faire insérer au procès-verbal toutes les déclarations qu'il juge utiles. Il est invité à signer le procès-verbal. En cas de refus, mention en est faite par l'agent habilité.

Si le propriétaire déclare renoncer au remboursement prévu à l'article L. 329-21, il en est fait mention dans le procès-verbal.

Art. R. 329-12 Le détenteur du produit communique aux agents habilités toute information sur les risques éventuels liés aux prélèvements d'échantillons et les mesures qu'il convient de mettre en œuvre pour les réaliser en toute sécurité.

Le détenteur met à disposition des agents habilités le matériel nécessaire et les équipements de protection individuelle adéquats.

Art. R. 329-13 Tout échantillon prélevé est mis sous scellés.

Ces scellés comportent une étiquette d'identification qui, outre un numéro d'ordre et l'indication de la date, de l'heure et du lieu du prélèvement, comporte les mentions prévues par l'article R. 329-11, à l'exception de son 3°.

Art. R. 329-14 Lors du prélèvement, un récépissé est remis au propriétaire ou détenteur de la marchandise.

Il fait mention de la nature et des quantités d'échantillons prélevés.

Art. R. 329-15 Les agents habilités de l'autorité chargée de la surveillance du marché des véhicules et des moteurs ou les agents habilités mentionnés au 1° de l'article L. 329-7 adressent les prélèvements qu'ils ont réalisés, accompagnés du procès-verbal prévu par l'article R. 329-11, à l'organisme public ou privé chargé de réaliser les tests, analyses, contrôles physiques, essais en laboratoire et essais sur route.

La copie de tout procès-verbal de prélèvement est adressée à l'autorité chargée de la surveillance du marché des véhicules et des moteurs qui enregistre le prélèvement.

SOUS-SECTION 3 *Contrôle de la vente des biens en ligne*

Art. R. 329-16 Le constat de manquements ou d'infractions à l'obligation de conformité de biens vendus en ligne donne lieu à l'établissement par les agents habilités de l'autorité chargée de la surveillance du marché des véhicules et des moteurs qui y procèdent d'un procès-verbal dans lequel sont mentionnées les modalités de consultation et d'utilisation du site internet, et notamment :

1° Les noms, qualité et résidence administrative de l'agent habilité en vertu de l'article L. 329-5 ;

2° Le cas échéant, l'identité d'emprunt sous laquelle l'agent habilité a conduit le contrôle ;

3° La date et l'heure du contrôle ;

4° *Les modalités de connexion* au site et de recueil des informations.

SECTION V *Procédure, mesures et sanctions consécutives aux contrôles de conformité*

Art. R. 329-17 Les organismes publics ou privés mentionnés aux articles R. 329-5 et R. 329-7 dressent, dès l'achèvement de leurs travaux, un rapport où sont consignés et interprétés les résultats des contrôles documentaires, des tests, des analyses, des contrôles physiques, des essais en laboratoire et des essais sur route effectués sur l'échantillon.

Le rapport est adressé à l'autorité chargée de la surveillance du marché des véhicules et des moteurs.

Art. R. 329-18 Si aucune non-conformité à la réglementation n'est constatée et qu'il n'existe aucun indice d'une présomption de non-conformité, l'autorité chargée de la surveillance du marché des véhicules et des moteurs en avise sans délai l'opérateur économique. Il est procédé d'office au paiement de la valeur des échantillons prélevés en application de l'article L. 329-21, sauf si le propriétaire a renoncé au remboursement dans les conditions définies à l'article R. 329-11.

Art. R. 329-19 Lorsque des non-conformités ont été constatées et qu'une des mesures ou sanctions prévues par les articles L. 329-35 à L. 329-45 est envisagée, l'autorité chargée de la surveillance du marché des véhicules et des moteurs en informe l'opérateur économique concerné en joignant tous les éléments utiles et l'invite à présenter ses observations dans un délai qu'elle fixe en tenant compte de la technicité des irrégularités et de l'urgence à y remédier. Ce délai ne peut être inférieur à dix jours ouvrables.

Art. R. 329-20 Les mesures ou sanctions prévues par les articles L. 329-35 à L. 329-45 ne peuvent intervenir qu'après que l'opérateur économique a été informé des griefs formulés, des décisions envisagées à son encontre ainsi que de leur fondement.

L'opérateur peut demander la communication de son dossier et en obtenir une copie auprès de l'autorité chargée de la surveillance du marché des véhicules et des moteurs, présenter des observations écrites ou orales et se faire assister par un conseil ou se faire représenter par un mandataire de son choix.

Les mesures et sanctions prévues à l'article L. 329-35 peuvent faire l'objet d'un recours de pleine juridiction devant la juridiction administrative.

Art. R. 329-21 Les publications prévues à l'article L. 329-42 peuvent être effectuées par voie de presse, par voie électronique ou par affichage. La diffusion et l'affichage, en lieux publics ou privés et ouverts au public peuvent être ordonnés cumulativement.

La publication peut porter sur tout ou partie des mesures prononcées et prendre la forme d'un communiqué informant le public des motifs et du dispositif des mesures.

Les modalités de la publication sont précisées par la mesure prise par l'autorité chargée de la surveillance du marché des véhicules à moteur.

Art. R. 329-22 Les coûts qui, en application de l'article L. 329-45, peuvent être mis à la charge du responsable de la mise sur le marché du produit ou, le cas échéant, de toute autre personne responsable de la non-conformité lorsque la non-conformité à la réglementation d'un produit a été établie comprennent les frais de prélèvement, de mise sous-scellés, de conditionnement, de transport, de contrôle documentaire, de test, d'analyse, de contrôle physique, d'essai en laboratoire et d'essais sur route, le coût de stockage ainsi que le coût des expertises et des contre-expertises que cette autorité a exposé.

Art. R. 329-23 Le recouvrement est effectué à l'appui d'un titre de perception recouvré par le comptable public compétent, en application des dispositions des articles 23 à 28 et 112 à 124 du décret n° 2012-1246 du 7 novembre 2012 relatif à la gestion budgétaire et comptable publique.

SECTION VI *Transaction*

Art. R. 329-24 L'autorité mentionnée à l'article R. 329-1 met en œuvre la procédure de transaction dans les conditions prévues par les articles R. 523-2 à R. 523-4 du code de la consommation.

SECTION VII *Sanctions pénales*

Art. R. 329-25 Sont punis de la peine prévue pour les contraventions de la cinquième classe :

1° Le fait pour un détenteur de marchandises de ne pas avoir conservé un échantillon laissé à sa garde en application du deuxième alinéa de l'article R. 329-10 ou d'en avoir modifié l'état ;

2° Le fait, en méconnaissance des dispositions d'une décision de suspension de mise sur le marché, de retrait du produit ou d'interdiction de mise à disposition sur le marché prise en application du I de l'article L. 329-35 ou d'une mesure prise en application du premier alinéa de l'article L. 329-37 :

a) D'importer, de mettre sur le marché ou de maintenir sur le marché des véhicules, remorques, systèmes, composants, entités techniques distinctes, pièces et équipements ayant fait l'objet d'une mesure de suspension ou d'interdiction de mise sur le marché ;

b) De ne pas procéder au retrait, au rappel ou à la destruction d'un véhicule, d'une remorque, d'un système, d'un composant, d'une entité technique distincte, d'une pièce ou d'un équipement ;

3° Le fait de ne pas établir et maintenir à jour un état chiffré des produits retirés ou rappelés en application des articles L. 329-35 ou L. 329-37 ou de ne pas en faire la déclaration dématérialisée conformément aux dispositions de l'article L. 329-36.

La récidive est réprimée conformément aux articles 132-11 et 132-15 du code pénal.

TITRE III Enregistrement et communication des informations relatives à la circulation des véhicules

Art. R. 330-1 *(Décr. n° 2017-1278 du 9 août 2017, art. 15)* « Le ministre de l'intérieur » fait procéder à l'enregistrement des informations prévues à l'article L. 330-1. — *[Anc. art. R. 247-6.]*

Art. R. 330-2 *(Décr. n° 2018-387 du 24 mai 2018, art. 3)* I. — Parmi les autorités et personnes énumérées à l'article L. 330-2, reçoivent communication, à raison de leurs attributions et dans la limite du besoin d'en connaître, des informations mentionnées à cet article, au moyen d'un accès direct :

1° Les autorités judiciaires ;

2° Les officiers ou agents de police judiciaire des services de police ou des unités de la gendarmerie nationales, dans l'exercice des missions définies à l'article 14 du code de procédure pénale ;

3° Les militaires de la gendarmerie nationale et les fonctionnaires de la police nationale habilités à effectuer des contrôles routiers en application des dispositions du présent code ;

4° Les agents de police judiciaire adjoints et les gardes champêtres individuellement désignés et habilités par le préfet, sur proposition du maire de la commune, aux seules fins d'identifier les auteurs des infractions au présent code *(Décr. n° 2021-285 du 16 mars 2021)* « et des infractions relatives à l'abandon ou au dépôt illégal de déchets » qu'ils sont habilités à constater ;

5° Parmi les fonctionnaires de l'État mentionnés au 5° du I de l'article L. 330-2, et aux seules fins d'identifier les auteurs d'infractions au présent code, les fonctionnaires habilités à constater ces infractions en vertu des 7° et 12° de l'article L. 130-4 ou des articles L. 130-6 et L. 130-8 ;

6° Les personnels de l'Agence nationale de traitement automatisé des infractions, chargés des opérations nécessaires à la délivrance par voie postale de l'avis de paiement mentionné à l'article L. 2333-87 du code général des collectivités territoriales ou à l'émission du titre exécutoire prévu au même article ;

7° Les préfets pour l'exercice de leur compétence en matière de circulation des véhicules, ainsi que les agents des préfectures et des sous-préfectures chargés de la délivrance du certificat d'immatriculation et les agents des observatoires départementaux et régionaux de la sécurité routière chargés de réaliser des études statistiques sur les accidents de la route ;

8° Parmi les agents des services mentionnés au 7° du I de l'article L. 330-2 :

a) Les agents de l'observatoire national interministériel de la sécurité routière chargés de réaliser des études statistiques sur les accidents de la route ;

b) Les agents des services centraux du ministère de l'intérieur chargés de l'application de la réglementation relative à la délivrance du certificat d'immatriculation du véhicule *(Décr. n° 2020-1638 du 21 déc. 2020, art. 2)* « ou chargés des procédures relatives à la mise en fourrière d'un véhicule » ainsi que les membres de l'inspection générale de l'administration du ministère de l'intérieur chargés de leur contrôle ;

c) Les agents des services centraux des ministres chargés de l'écologie et des transports, chargés du contrôle technique de l'immatriculation et de la sécurité des véhicules ;

9° Les agents habilités de l'administration des finances publiques pour l'exercice de leurs compétences ;

10° Le maire dans le cadre des attributions prévues aux articles L. 541-21-3 et L. 541-21-4 du code de l'environnement, aux seules fins d'identifier le titulaire du certificat d'immatriculation ;

11° Les personnels habilités du fonds de garantie des assurances obligatoires de dommages mentionné à l'article L. 421-1 du code des assurances en vue de mener les missions fixées au V du même article ; — *Le 11° entre en vigueur à une date fixée par Décr. en Conseil d'État, et au plus tard le 31 déc. 2018.*

12° Les agents habilités du prestataire autorisé par l'État aux seules fins d'établir et de délivrer le dispositif d'identification des véhicules prévu à l'article L. 318-1 ;

13° Dans les conditions prévues par l'acte créant le traitement des données énumérées à l'article L. 330-2, les personnels de l'Agence nationale des titres sécurisés individuellement désignés et spécialement habilités ;

(Décr. n° 2020-1638 du 21 déc. 2020, art. 2) « 14° Les agents de la concurrence, de la consommation et de la répression des fraudes pour l'exercice de leurs missions ; »

(Décr. n° 2021-285 du 16 mars 2021) « 15° Les fonctionnaires et agents mentionnés à l'article L. 172-4 du code de l'environnement, aux seules fins d'identifier les auteurs des infractions qu'ils sont habilités à constater. »

II. — Sont également autorisés à accéder directement aux informations mentionnées à l'article L. 330-2, dans les conditions fixées par l'article L. 222-1 du code de la sécurité intérieure :

1° Les agents des services de la police nationale et les militaires des unités de la gendarmerie nationale chargés des missions de prévention et de répression des atteintes aux intérêts fondamentaux de la Nation et des actes de terrorisme ;

2° Les agents des services spécialisés du renseignement mentionnés à l'article R. 222-1 du code de la sécurité intérieure, pour les seuls besoins de la prévention des atteintes aux intérêts fondamentaux de la Nation et des actes de terrorisme.

III. — Les modalités d'application du présent article sont fixées par arrêté du ministre de l'intérieur.

Art. R. 330-3 *(Décr. n° 2018-387 du 24 mai 2018, art. 3)* I. — Parmi les autorités et personnes énumérées à l'article L. 330-2, reçoivent, à leur demande, à raison de leurs attributions et dans la limite du besoin d'en connaître, communication des informations mentionnées à cet article :

1° Par l'intermédiaire des services de la police ou de la gendarmerie nationales territorialement compétents :

a) Les agents de police judiciaire adjoints et les gardes champêtres autres que ceux mentionnés au 4° du I de l'article R. 330-2, aux seules fins d'identifier les auteurs des infractions au présent code *(Décr. n° 2021-285 du 16 mars 2021)* « et des infractions relatives à l'abandon ou au dépôt illégal de déchets » qu'ils sont habilités à constater ;

b) Aux seules fins d'identifier les auteurs des infractions au présent code, les fonctionnaires habilités à constater ces infractions en application des 1°, 3°, 4°, 5° et 9° de l'article L. 130-4 ;

2° Par l'intermédiaire du ministre de l'intérieur, par voie électronique :

a) La personne physique ou morale titulaire des pièces administratives, son avocat ou son mandataire ;

b) Les entreprises d'assurances garantissant les dommages subis par des tiers résultant d'atteintes aux personnes ou aux biens dans la réalisation desquels un véhicule à moteur, ainsi que ses remorques, est impliqué et les organismes assimilés à ces entreprises, dès lors que ces informations ont pour seul but d'identifier les biens et les personnes impliqués dans un accident de la circulation, à condition qu'au moins un des véhicules soit assuré par le demandeur ou que ce dernier ait en charge l'indemnisation d'une des victimes ; ces entreprises d'assurances ou organismes assimilés doivent notamment fournir à l'appui de leur demande le numéro et la date de la police d'assurance ainsi que le numéro d'inscription de la déclaration du sinistre ;

c) Les autorités étrangères avec lesquelles existe un accord d'échange d'informations relatives à l'identification du titulaire du certificat d'immatriculation ;

d) Les services compétents des États membres, pour l'application des instruments de l'Union européenne destinés à faciliter l'échange transfrontalier d'informations concernant les infractions en matière de sécurité routière ;

e) Les services compétents en matière d'immatriculation des États membres de l'Union européenne et des autres États parties à l'accord sur l'Espace économique européen, dans le cadre des dispositions prévoyant un échange d'informations relatives à l'immatriculation d'un véhicule précédemment immatriculé dans un autre de ces États, ou au titre de la répression de la criminalité visant les véhicules et ayant des incidences transfrontalières ;

f) Les agents mentionnés aux articles L. 2132-21 et L. 2132-23 du code général de la propriété des personnes publiques ainsi qu'aux articles L. 2241-1, L. 4321-3, L. 4272-1, L. 5243-1 et L. 5337-2 du code des transports habilités à dresser procès-verbal de contravention de grande voirie en application de ces mêmes codes et les personnels de Voies navigables de France mentionnés à l'article L. 4272-2 du code des transports habilités à constater les infractions définies par les règlements de police de la navigation intérieure, aux seules fins d'identifier le titulaire du certificat d'immatriculation ;

(Décr. n° 2020-1638 du 21 déc. 2020, art. 3) « *g)* Les personnels habilités de l'organisme chargé par l'État de participer au traitement des appels d'urgence en ce qui concerne la mise à disposition harmonisée d'un service d'appel d'urgence, dans les limites fixées par le 19° du I de l'article L. 330-2. »

3° Par l'intermédiaire des services de la police ou de la gendarmerie nationales territorialement compétents, ou du ministre de l'intérieur par voie électronique :

a) Les agents habilités des services mentionnés au 7° du I de l'article L. 330-2, autres que ceux bénéficiant d'un accès direct en application du 8° du I de l'article R. 330-2 ;

b) Les agents des exploitants d'une autoroute ou d'un ouvrage routier ouvert à la circulation publique et soumis à péage, assermentés dans les conditions prévues à l'article L. 130-7, aux seules fins d'identifier les auteurs des contraventions au présent code qu'ils sont habilités à constater conformément au 8° de l'article L. 130-4, sous réserve qu'ils produisent, à l'appui de leur demande de communication, la date et l'heure de la contravention de non-paiement du péage, le numéro d'immatriculation du véhicule ainsi que le numéro identifiant de la demande de l'agent assermenté.

II. — La communication aux constructeurs de véhicules ou à leurs mandataires mentionnés au 13° du I de l'article L. 330-2 des informations mentionnées à cet article est effectuée à titre gratuit par le ministre de l'intérieur, selon des modalités fixées par voie conventionnelle.

Pour l'application de ces dispositions :

1° Les rappels de sécurité s'entendent des rappels de véhicules effectués auprès des titulaires des certificats d'immatriculation en application des dispositions de l'article R. 321-14-1 ;

2° Les rappels de mise au point s'entendent des rappels de véhicules effectués auprès des titulaires des certificats d'immatriculation pour prévenir ou corriger, à titre gratuit et à des fins non commerciales, des défauts techniques qui ne sont pas de nature à compromettre gravement la sécurité routière, la santé publique ou la protection de l'environnement.

III. — Les modalités d'application du I du présent article sont fixées par arrêté du ministre de l'intérieur.

Art. R. 330-4 *(Décr. n° 2018-387 du 24 mai 2018, art. 3)* I. — Parmi les autorités et personnes mentionnées à l'article L. 330-3, bénéficient de la communication des informations mentionnées à cet article, à raison de leurs attributions et dans la limite du besoin d'en connaître, au moyen d'un accès direct :

1° Les autorités judiciaires ;

2° Les officiers ou agents de police judiciaire des services de police ou des unités de la gendarmerie nationales, dans l'exercice des missions définies à l'article 14 du code de procédure pénale ;

3° Les préfets pour l'exercice de leur compétence en matière de circulation des véhicules, ainsi que les agents des préfectures et sous-préfectures chargés de la délivrance du certificat d'immatriculation.

II. — Reçoivent, à leur demande, communication des informations mentionnées à l'article L. 330-3, par l'intermédiaire du ministre de l'intérieur par voie électronique ou des services de la police ou de la gendarmerie nationales territorialement compétents :

1° La personne physique ou morale titulaire des pièces administratives exigées pour la circulation routière, son avocat ou son mandataire ;

2° Les autorités compétentes de Saint-Barthélemy, de Saint-Martin, de Wallis-et-Futuna, de la Nouvelle-Calédonie et de la Polynésie française, pour l'exercice de leurs attributions en matière de circulation des véhicules.

Art. R. 330-5 *(Décr. n° 2018-387 du 24 mai 2018, art. 3)* Les personnes énumérées à l'article L. 330-4 reçoivent, à leur demande, communication des informations mentionnées à cet article par l'intermédiaire du ministre de l'intérieur par voie électronique ou des services de la police ou de la gendarmerie nationales territorialement compétents.

Art. R. 330-6 La communication des informations prévues aux articles L. 330-2 à L. 330-4 *aux demandeurs qui disposent* d'un droit d'accès en vertu d'une disposition législative particulière est assurée par le *(Décr. n° 2017-1278 du 9 août 2017, art. 17)* « ministre de l'intérieur par voie électronique » ou par les services de la police nationale ou de la gendarmerie territorialement compétents. — *[Anc. art. R. 330-5].*

Art. R. 330-7 *(Décr. n° 2010-682 du 22 juin 2010)* Les personnes souhaitant bénéficier des dispositions des *(Décr. n° 2017-1278 du 9 août 2017, art. 18-1°)* « cinq » derniers alinéas de l'article L. 330-5 demandent au ministre de l'intérieur la délivrance d'une licence dans les conditions prévues à l'article 16 de la loi n° 78-753 du 17 juillet 1978 *[CRPA, art. L. 323-1 et L. 323-2]* portant diverses mesures d'amélioration des relations entre l'administration et le public et diverses dispositions d'ordre administratif, social et fiscal. La licence vaut agrément au sens de l'article L. 330-5.

La licence est dite statistique si elle est demandée aux fins prévues au troisième alinéa de l'article L. 330-5. Elle est dite commerciale si elle est demandée aux fins prévues à son quatrième alinéa. *(Décr. n° 2017-1278 du 9 août 2017, art. 18-2°)* « Elle est dite technique si elle est demandée aux fins prévues à son cinquième alinéa. »

Art. R. 330-8 *(Décr. n° 2010-682 du 22 juin 2010)* La demande de licence de réutilisation est présentée et instruite conformément *(Décr. n° 2016-308 du 17 mars 2016, art. 3-III)* « aux articles R. 323-4 à R. 323-7 du code des relations entre le public et l'administration ».

Art. R. 330-9 *(Décr. n° 2010-682 du 22 juin 2010)* La licence de réutilisation est délivrée pour une durée maximale de cinq ans.

Elle est renouvelable.

Art. R. 330-10 *(Décr. n° 2010-682 du 22 juin 2010)* I. — La licence de réutilisation comprend des clauses conformes aux articles 38 et 41 du décret susmentionné du 30 décembre 2005.

II. — Elle précise que son titulaire ne peut transférer les données personnelles issues du "système d'immatriculation des véhicules" à d'autres personnes que celles :

1° Qui agissent sous sa responsabilité dans le cadre d'un contrat de prestation de services comportant un engagement de confidentialité ;

2° Ou qui sont énumérées à l'article L. 330-2, aux fins prévues au même article ;

3° Ou qui sont mentionnées à l'article L. 330-5, aux fins prévues par leurs licences.

III. — Les licences commerciales prévoient que leurs titulaires avisent ou font aviser les personnes faisant l'objet d'enquêtes ou de prospections du droit d'opposition mentionné au II de l'article R. 330-11.

IV. — La licence prévoit qu'elle peut être suspendue ou retirée, après que son titulaire a été mis en mesure de présenter ses observations, lorsque les conditions de sa délivrance cessent d'être remplies ou pour un motif d'intérêt général.

Art. R. 330-11 *(Décr. n° 2010-682 du 22 juin 2010)* I. — Lors de l'enregistrement des informations mentionnées à l'article L. 330-1, toute personne physique est informée des droits qu'elle tient de *(Décr. n° 2020-1638 du 21 déc. 2020, art. 4)* « l'article 21 du règlement (UE) 2016/679 du 27 avril 2016 relatif à la protection des personnes physiques à l'égard du traitement des données à caractère personnel et à la libre circulation de ces données, et abrogeant la directive 95/46/CE et de l'article 56 de la loi n° 78-17 du 6 janvier 1978 relative à l'informatique, aux fichiers et aux libertés », et mise en mesure de les exercer.

II. — Lorsque les informations mentionnées à l'article L. 330-1 sont déjà enregistrées, toute personne physique peut s'opposer, auprès du *(Décr. n° 2017-1278 du 9 août 2017, art. 19)* « ministre de l'intérieur par voie électronique », à la communication à des tiers des données à caractère personnel la concernant, en vue de leur réutilisation à des fins d'enquêtes et de prospections commerciales. Cette opposition est notifiée sans délai aux détenteurs d'une licence commerciale.

TITRE IV Dispositions relatives à l'outre-mer

CHAPITRE PREMIER *Dispositions particulières à la collectivité territoriale de Saint-Pierre-et-Miquelon*

Art. R. 341-1 Pour l'application des dispositions du présent livre dans la collectivité territoriale de Saint-Pierre-et-Miquelon, les termes énumérés ci-après sont remplacés comme suit :

1° "direction régionale de l'industrie, de la recherche et de l'environnement" par "direction de l'équipement" ;

2° "département" par "collectivité territoriale" ;

3° "tribunal judiciaire" par "tribunal de première instance" ;

4° "départementale" par "territoriale".

CHAPITRE II *Dispositions applicables à Mayotte* *(L. n° 2010-1487 du 7 déc. 2010, art. 36).*

Les dispositions de la L. n° 2010-1487 du 7 déc. 2010 sont applicables à compter du 31 mars 2011.

Art. R. 342-1 **Pour l'application des dispositions réglementaires du présent livre à Mayotte, les termes énumérés ci-après sont remplacés comme suit :**

1° "direction régionale de l'industrie, de la recherche et de l'environnement" par "service chargé de la réception des véhicules" ;

2° "préfet" par "représentant de l'État" ;

3° "département" par "collectivité départementale" ;

4° "préfecture" par "représentation de l'État" ;

(Abrogé par Décr. n° 2019-913 du 30 août 2019, art. 23, à compter du 1er janv. 2020) *« 5° "tribunal de grande instance" par "tribunal de première instance" ; »*

6° "départementale" par "territoriale *[V. note ss. chap. II]***".** — *[Décr. n° 93-301 du 8 mars 1993, art. 16.]*

Art. R. 342-2 **Les dispositions réglementaires du présent livre sont applicables à Mayotte, à l'exception des articles R. 314-3, R. 318-2, R. 318-7, R. 318-8, R.* 322-12 et du deuxième alinéa de l'article R. 325-24.** — *[Décr. n° 93-301 du 8 mars 1993, art. 1er.]*

Art. R. 342-3 **Pour l'application des articles R. 312-8, R. 312-17, R. 312-24, R. 313-33, R. 314-3, R. 314-4, R. 314-7, R. 315-1, R. 315-6, R. 316-10, R. 317-8, R. 317-12, R. 317-17, R. 317-20, R. 317-23, R. 317-28, R. 318-1, R. 318-5, R. 321-3, R. 321-21, R. 322-1, R. 322-3, R. 322-13 et R. 323-5, le ministre chargé de l'outre-mer signe les arrêtés ministériels prévus par ces articles.**

Les arrêtés ministériels prévus par les articles R. 322-1, R. 322-5, R. 322-7, R. 322-10, et R. 326-5 sont pris après avis du ministre chargé de l'outre-mer. — *[Décr. n° 93-301 du 8 mars 1993, art. 3.]*

Art. R. 342-4 **Pour son application à Mayotte, l'article R. 325-3 est rédigé comme suit :**

Art. R. 325-3 L'immobilisation peut être prescrite par les officiers de police judiciaire, les gendarmes qui n'ont pas la qualité d'officier de police judiciaire *(Décr. n° 2002-1256 du 15 oct. 2002)* « , les adjoints de sécurité, les volontaires servant en qualité de militaires dans la gendarmerie » et les agents du cadre de police mahoraise agréés par le représentant de l'État et ayant prêté serment devant le procureur de la République, lorsqu'ils constatent la nécessité de faire cesser sans délai une des infractions pour lesquelles l'immobilisation peut être prévue.

Elle peut être prescrite par les fonctionnaires des ponts et chaussées, y compris les conducteurs de chantiers ou agents de travaux assermentés à cet effet.

Elle peut également être prescrite dans le cadre de leur compétence par les inspecteurs des transports, les *(Décr. n° 2003-536 du 20 juin 2003, art. 14)* « fonctionnaires ou agents de l'État chargés du contrôle des transports terrestres placés sous l'autorité du ministre chargé des transports », les agents de douanes et les *(Décr. n° 2021-143 du 10 févr. 2021, art. 5)* « agents de contrôle de l'inspection du travail mentionnés à l'article L. 8112-1 du code du travail » lorsqu'il y a nécessité de faire cesser sans délai une infraction pour laquelle elle est prévue.

Elle peut en outre être prescrite par les ingénieurs, chefs de district et agents techniques des eaux et forêts. — *[Décr. n° 93-301 du 8 mars 1993, art. 14.]*

Art. R. 342-5 **Pour son application à Mayotte, l'article** *(Décr. n° 2006-1808 du 23 déc. 2006)* **« R. 326-17 » est rédigé comme suit :**

Art. R. 326-17 Le représentant de l'État détermine les conditions que doivent remplir les experts pour être inscrits sur les listes d'aptitude prévues au premier alinéa de l'article R. 326-2. — *[Décr. n° 93-301 du 8 mars 1993, art. 15.]*

CHAPITRE III *Dispositions applicables à la Polynésie française*

SECTION I *Dispositions générales*

Art. R. 343-1 *(Décr. n° 2007-1626 du 16 nov. 2007)* **« Les articles R. 325-1 et R. 325-1-1 sont applicables à la Polynésie française dans la rédaction suivante » :**

Art. R. 325-1 L'immobilisation, la mise en fourrière, le retrait de la circulation et la destruction prévus à l'article L. 343-1 peuvent être décidés dans les cas et les conditions définis aux articles R. 343-2 à R. 343-4.

Ces mesures ne font pas obstacle aux saisies ordonnées par l'autorité judiciaire.

Elles ne s'appliquent pas aux véhicules participant à des opérations de maintien de l'ordre.

Les dispositions concernant la mise en fourrière ne s'appliquent pas aux véhicules militaires. – *[Décr. n° 97-1222 du 26 déc. 1997, art. 1er.]*

Art. R. 325-1-1 *(Décr. n° 2007-1626 du 16 nov. 2007)* Lorsque la juridiction prononce la confiscation d'un véhicule immobilisé et mis en fourrière en application de l'article L. 325-1-1, dans sa rédaction applicable à la Polynésie française, le service chargé de son aliénation dans les formes prévues pour les ventes de son mobilier informe préalablement le candidat acquéreur que le montant des frais d'enlèvement et de garde en fourrière seront à sa charge.

Art. R. 343-1-1 *(Décr. n° 2009-1644 du 23 déc. 2009)* **Les articles R. 317-2, R. 317-3 et R. 317-4 sont applicables à la Polynésie française dans la rédaction suivante :**

Art. R. 317-2 Dans les cas où la réglementation en vigueur en Polynésie française prévoit que des véhicules doivent être équipés d'un appareil de contrôle permettant l'enregistrement de la vitesse du véhicule, l'État définit les exigences réglementaires applicables à cet appareil ainsi que les conditions de son installation, de sa réparation et de sa vérification.

Le conducteur d'un véhicule équipé d'un appareil de contrôle permettant l'enregistrement de la vitesse du véhicule est tenu de présenter ou de remettre, à toutes réquisitions des agents ayant qualité pour constater les délits ou les contraventions en matière de circulation routière, les feuilles d'enregistrement de l'appareil de contrôle. Ces feuilles doivent être conservées pendant un an au moins et tenues à la disposition des agents de constatation.

Art. R. 317-3 L'appareil de contrôle doit être constamment maintenu en bon état de fonctionnement.

Le fait de contrevenir aux dispositions du présent article est puni de l'amende prévue pour les contraventions de la quatrième classe.

Art. R. 317-4 L'immobilisation des véhicules devant être équipés d'un appareil de contrôle permettant l'enregistrement de la vitesse peut être prescrite dans les conditions prévues à l'article L. 343-1 :

1° Lorsque le conducteur est en infraction aux règles relatives aux conditions de travail dans les transports routiers, publics ou privés, en vigueur en Polynésie française ;

2° Lorsque le conducteur ne peut présenter les documents dûment renseignés concernant les conditions de travail dans les transports routiers, publics et privés, en vigueur en Polynésie française ;

3° En l'absence d'appareil de contrôle permettant l'enregistrement de la vitesse ou lorsque celui-ci a fait l'objet d'une modification ou d'une détérioration affectant son fonctionnement normal.

SECTION II *Immobilisation*

Art. R. 343-2 Les articles R. 325-2 à R. 325-6 et R. 325-9 à R. 325-11 sont applicables à la Polynésie française dans la rédaction suivante :

Art. R. 325-2 *(Décr. n° 2007-1626 du 16 nov. 2007)* L'immobilisation est l'obligation faite au conducteur ou au propriétaire d'un véhicule, en cas d'infraction prévue à l'article R. 343-3, de maintenir ce véhicule sur place ou à proximité du lieu de constatation de l'infraction en se conformant aux règles relatives au stationnement.

En cas d'absence du conducteur ou lorsque celui-ci refuse de déplacer son véhicule, l'immobilisation de ce véhicule peut être assurée par un moyen mécanique.

Pendant tout le temps de l'immobilisation, le véhicule demeure sous la garde juridique de son conducteur ou propriétaire.

Le fait pour tout conducteur ou propriétaire d'un véhicule de transport de marchandises d'un poids total autorisé en charge excédant 3,5 tonnes ou d'un véhicule de transport en commun de contrevenir à l'obligation prévue au premier alinéa est puni de l'amende prévue pour les contraventions de la cinquième classe.

Le fait pour tout conducteur ou propriétaire d'un autre véhicule de contrevenir à l'obligation prévue au premier alinéa est puni de l'amende prévue pour les contraventions de la quatrième classe.

Art. R. 325-3 L'immobilisation peut être prescrite par les officiers ou agents de police judiciaire habilités à constater les contraventions de police de la circulation routière lorsqu'ils constatent la nécessité de faire cesser sans délai une des infractions prévues à l'article R. 343-3.

(Décr. n° 2002-1256 du 15 oct. 2002) « L'immobilisation peut également être prescrite dans les conditions définies à l'alinéa précédent par les adjoints de sécurité ainsi que par les volontaires servant en qualité de militaires dans la gendarmerie. »

Art. R. 325-4 Lorsque la décision d'immobilisation résulte de l'une des situations visées aux 1°, 2° et 10° de l'article R. 343-3, le véhicule peut poursuivre sa route dès qu'un conducteur qualifié, proposé par le conducteur ou éventuellement par le propriétaire du véhicule, peut assurer la conduite de celui-ci.

A défaut, les fonctionnaires et agents habilités à prescrire l'immobilisation peuvent prendre toute mesure destinée à placer le véhicule en stationnement régulier, au lieu qu'ils désignent, en faisant notamment appel à un conducteur qualifié.

Art. R. 325-5 Lorsque la décision d'immobilisation résulte d'une infraction aux règles concernant l'état ou l'équipement du véhicule, elle peut n'être rendue effective que dans un lieu où le conducteur du véhicule sera susceptible de trouver les moyens de faire cesser l'infraction.

Il ne peut être fait usage de cette faculté que dans la mesure où l'accompagnement du véhicule jusqu'à ce lieu peut être assuré dans des conditions de sécurité satisfaisantes.

Le conducteur peut également être autorisé à faire appel à un professionnel qualifié pour la prise en remorque de son véhicule en vue de sa réparation. L'immobilisation devient alors effective au lieu de réparation.

Art. R. 325-6 La décision d'immobilisation prise en vertu du 13° de l'article R. 343-3 doit prescrire la présentation du véhicule à une visite technique dans les conditions fixées par *(Décr. n° 2007-1626 du 16 nov. 2007)* « une décision du conseil des ministres de Polynésie française ».

Art. R. 325-9 *(Décr. n° 2007-1626 du 16 nov. 2007)* Lorsque l'infraction qui a motivé l'immobilisation n'a pas cessé au moment où l'agent quitte le lieu où le véhicule est immobilisé, l'agent saisit l'officier de police judiciaire territorialement compétent en lui remettant soit la *[le]* certificat d'immatriculation du véhicule s'il s'agit d'un véhicule dont le poids total autorisé en charge n'excède pas 3,5 tonnes et une fiche d'immobilisation, soit les pièces administratives nécessaires à la circulation du véhicule s'il s'agit d'un véhicule de transport de marchandises d'un poids total autorisé en charge excédant 3,5 tonnes ou de transport en commun et la fiche d'immobilisation.

Un double de cette fiche est remis au contrevenant.

La fiche d'immobilisation énonce les date, heure et lieu de l'immobilisation, l'infraction qui l'a motivée, les éléments d'identification du véhicule et de la *[du]* certificat d'immatriculation, les nom et adresse du contrevenant, les noms, qualités et affectations des agents qui la rédigent, et précise la résidence de l'officier de police judiciaire qualifié pour lever la mesure.

Art. R. 325-10 Le procès-verbal de l'infraction qui a motivé l'immobilisation d'un véhicule est transmis dans les plus brefs délais au procureur de la République. Il relate de façon sommaire les circonstances et les conditions dans lesquelles la mesure a été prise.

Art. R. 325-11 I. — L'immobilisation ne peut être maintenue après que la circonstance qui l'a motivée a cessé.

II. — Elle est levée :

1° Par l'agent qui l'a prescrite s'il est encore présent lors de la cessation de l'infraction ;

2° Par l'officier de police judiciaire saisi dans les conditions prévues à l'article R. 325-9, dès que le conducteur justifie de la cessation de l'infraction. L'officier de police judiciaire restitue alors au conducteur la *[le]* certificat d'immatriculation ou les pièces mentionnées au même article et transmet au procureur de la République un exemplaire de la fiche d'immobilisation ou une copie conforme de cette fiche, comportant mention de la levée de la mesure.

III. — Lorsque le conducteur du véhicule n'a pas justifié de la cessation de l'infraction dans un délai de quarante huit heures, l'officier de police judiciaire peut transformer l'immobilisation en une mise en fourrière ; il joint alors à chacun des exemplaires de la procédure de mise en fourrière un exemplaire ou une copie conforme de la fiche d'immobilisation. L'officier de police judiciaire adresse ces documents au procureur de la République.

IV. — Dans tous les cas, dès la cessation de l'infraction qui a motivé l'immobilisation, le véhicule peut circuler entre le lieu d'immobilisation et la résidence de l'autorité désignée pour lever la mesure, sous couvert du double de la fiche d'immobilisation remise au conducteur. — *[Décr. n° 97-1222 du 26 déc. 1997, art. 2, 3, 5 à 9 et 10.]*

Art. R. 343-3 **L'immobilisation peut être prescrite :**

1° Lorsque le conducteur est présumé en état d'ivresse ou sous l'empire d'un état alcoolique ;

2° Lorsque le conducteur n'est pas titulaire du permis exigé pour la conduite du véhicule ;

3° Lorsque le mauvais état du véhicule, son poids, sa charge par essieu, la forme, la nature, l'état et les conditions d'utilisation des bandages, la pression sur le sol, l'absence, la non-conformité et la défectuosité de son équipement réglementaire en ce qui concerne les freins ou l'éclairage, ou son chargement, créent un danger important pour les autres usagers ou constituent une menace pour l'intégrité de la chaussée. Toutefois, peuvent seuls être retenus les dépassements du poids total autorisé ou des charges par essieu prévues par la réglementation en vigueur dans le territoire excédant 5 p. 100 ;

(Décr. n° 2017-16 du 6 janv. 2017, art. 4 et 16, en vigueur le 1er mars 2017) **« 4° Lorsque le conducteur d'un transport exceptionnel ne peut présenter le document prévu par la réglementation en vigueur dans le territoire permettant la circulation de ce transport ;** *[ancienne*

rédaction : 4° Lorsque le conducteur ne peut présenter une autorisation pour un transport exceptionnel prévu par la réglementation en vigueur dans le territoire ;] »

5° Lorsque le véhicule ou son chargement provoque des détériorations à la route ou à ses dépendances ;

6° Lorsque le véhicule circule en infraction aux règlements en vigueur dans le territoire relatifs aux transports de matières dangereuses ou à ceux portant restrictions de circulation ;

7° Lorsque le véhicule circule en infraction aux dispositions en vigueur dans le territoire relatives aux organes moteurs ;

8° Lorsque le conducteur du véhicule est en infraction aux dispositions en vigueur dans le territoire et relatives à l'exécution commode et sans délai de toutes les manœuvres qui lui incombent, notamment lorsque ses possibilités de mouvement, son champ de vision et d'audition sont réduits par le nombre ou la position des passagers, par les objets transportés, par l'apposition d'objets non transparents sur les vitres ;

9° Lorsque le conducteur d'un véhicule de transport circule en infraction à la réglementation territoriale relative à l'autorisation de mise en circulation ;

10° Lorsque le conducteur d'un véhicule est en infraction à la réglementation territoriale relative aux conditions de travail, dans les transports routiers, ou ne peut présenter les documents dûment renseignés permettant de contrôler le respect de ces règles ;

11° Lorsque le conducteur est en infraction aux dispositions territoriales relatives à l'obligation d'assurance ;

12° Lorsque le conducteur circule sans satisfaire aux règles territoriales relatives à la circulation routière spéciale aux conducteurs de cyclomoteurs et aux motocyclistes, notamment au port du casque ;

13° Lorsque le conducteur circule en infraction aux règles en vigueur sur le territoire relatives aux visites techniques ;

14° Lorsque le conducteur d'un véhicule est en infraction avec les règles en vigueur dans le territoire et relatives à l'arrêt et au stationnement et à l'usage des voies à circulation spécialisée et refuse de faire cesser l'arrêt ou le stationnement irrégulier malgré l'injonction des agents. — *[Décr. n° 97-1222 du 26 déc. 1997, art. 4.]*

SECTION III ***Fourrière***

Art. R. 343-4 Les articles R. 325-12, *(Décr. n° 2007-1626 du 16 nov. 2007)* **« R. 325-13 », R. 325-14 à R. 325-17,** *(Décr. n° 2007-1626 du 16 nov. 2007)* **« R. 325-18 », R. 325-19 à R. 325-32,** *(Décr. n° 2007-1626 du 16 nov. 2007)* **« R. 325-33 », R. 325-34 à R. 325-38, R. 325-40 à R. 325-43 et R. 325-45 sont applicables à la Polynésie française dans la rédaction suivante :**

Art. R. 325-12 La mise en fourrière est le transfert d'un véhicule en un lieu désigné par l'autorité administrative ou par l'autorité judiciaire en vue d'y être retenu jusqu'à décision de celle-ci, aux frais du propriétaire du véhicule, afin de faire cesser une ou plusieurs des infractions prévues et réprimées par l'article R. 325-14.

L'immobilisation matérielle prévue à l'article R. 325-2 peut constituer l'une des opérations préalables au commencement d'exécution de la mise en fourrière.

La mise en fourrière est réputée avoir reçu un commencement d'exécution :

1° A partir du moment où deux-roues au moins du véhicule ont quitté le sol, lorsque le transfert du véhicule vers la fourrière est réalisé au moyen d'un véhicule d'enlèvement ;

2° A partir du commencement du déplacement du véhicule vers la fourrière, quel que soit le procédé utilisé à cet effet.

Art. R. 325-13 *(Décr. n° 2007-1626 du 16 nov. 2007)* Toute prescription de mise en fourrière est précédée d'une vérification tendant à déterminer s'il s'agit d'un véhicule volé.

Lorsque le résultat de cette vérification est positif, le propriétaire et son assureur sont immédiatement informés de la découverte du véhicule. Le véhicule est alors confié au gardien de fourrière à titre conservatoire en attendant que le propriétaire ou l'assureur se manifeste.

Art. R. 325-14 *(Décr. n° 2007-1626 du 16 nov. 2007)* I. — La mise en fourrière est prescrite par un officier de police judiciaire territorialement compétent dans les cas suivants :

1° A la suite d'une immobilisation du véhicule, dans les conditions prévues à l'article R. 325-9 et au 2° du II de l'article R. 325-11 ;

2° En cas de stationnement de nature à créer une entrave ou une gêne à la circulation, lorsque le conducteur est absent ou refuse de faire cesser le stationnement irrégulier ;

3° En cas de stationnement de nature à créer un danger pour les usagers, quand le conducteur est absent ou refuse de faire cesser le stationnement irrégulier ;

4° En cas de stationnement en infraction à un règlement de police d'un véhicule dont la présence compromet l'utilisation normale de la chaussée ou de ses dépendances ou entrave l'accès des immeubles riverains, si le conducteur est absent ou refuse de faire cesser le stationnement irrégulier ;

5° En cas de stationnement en un même point de la voie publique ou de ses dépendances pendant une durée excédant sept jours consécutifs ;

6° En cas d'infraction aux règlements en vigueur dans le territoire pour la sauvegarde de l'esthétique des sites et des paysages ;

7° En cas de défaut de présentation à une visite technique obligatoire ou de non-exécution de réparations ou aménagements prescrits par l'expert chargé des visites techniques ;

8° En cas de circulation d'un véhicule de transport en infraction à la réglementation territoriale relative à l'autorisation de mise en circulation.

II. — Lorsque le véhicule a été volé, que son propriétaire n'a pu être identifié ou lorsqu'il est muni de fausses plaques d'immatriculation, sa mise en fourrière ne peut être prescrite que par un officier de police judiciaire de la police nationale ou de la gendarmerie nationale territorialement compétent, ou avec son accord préalable exprès.

Art. R. 325-15 La mise en fourrière peut également être prescrite par l'autorité administrative ou par le maire dans le cas prévu au 6° de l'article R. 325-14.

Un officier de police judiciaire territorialement compétent peut être chargé d'exécuter ou de faire exécuter la mesure prévue à l'alinéa précédent.

Les dispositions du II de l'article R. 325-16 sont appliquées.

Art. R. 325-16 I. — Dans les cas prévus à l'article R. 325-14, l'agent verbalisateur qui a constaté l'infraction justifiant la mise en fourrière saisit l'officier de police judiciaire territorialement compétent.

II. — L'officier de police judiciaire territorialement compétent ou l'agent verbalisateur spécialement mandaté par lui :

1° Désigne la fourrière dans laquelle sera transféré le véhicule, cette désignation étant matérialisée par la pose d'un signe distinctif sur celui-ci ;

2° Dresse, si possible contradictoirement en présence du propriétaire ou du conducteur du véhicule et du préposé à l'enlèvement, un état sommaire, extérieur et intérieur, du véhicule, sans l'ouvrir, au moyen d'une fiche descriptive dont le modèle est fixé par *(Décr. n° 2007-1626 du 16 nov. 2007)* « une décision du conseil des ministres de Polynésie française », avant que la mise en fourrière reçoive un commencement d'exécution ;

3° Remet à ce propriétaire ou ce conducteur un double de la fiche relative à l'état du véhicule et, le cas échéant, une fiche de circulation provisoire ;

4° Relate sur le procès-verbal de l'infraction les motifs de la mise en fourrière ; il y fait mention du retrait provisoire de la *[du]* certificat d'immatriculation et de l'heure d'appel du véhicule d'enlèvement.

Art. R. 325-17 Lorsque la mise en fourrière a reçu un commencement d'exécution, le véhicule est restitué à son propriétaire ou à son conducteur dans les conditions prévues à l'article R. 325-38.

Toutefois, si, avant le transfert ou le déplacement effectif du véhicule, le propriétaire ou le conducteur du véhicule règle les frais d'opérations préalables prévus à l'article R. 325-29, ou s'il s'engage par écrit à régler, et s'il s'engage à rendre immédiatement son usage normal à la voie publique, il peut être autorisé à reprendre aussitôt son véhicule.

Art. R. 325-18 *(Décr. n° 2007-1626 du 16 nov. 2007)* L'auteur d'une prescription de mise en fourrière informe l'autorité dont relève la fourrière dans les plus brefs délais.

Art. R. 325-19 Chaque fourrière relève d'une autorité publique unique.

Cette autorité publique est l'une de celles qui sont prévues aux articles R. 325-20 et R. 325-21.

Cette autorité publique désigne le gardien de la fourrière sur la liste des gardiens de fourrière agréés conformément aux dispositions de l'article R. 325-24.

Art. R. 325-20 Lorsque la mise en fourrière est effectuée dans un lieu public ou relevant d'une autorité publique, l'autorité dont relève la fourrière est :

1° L'autorité compétente du territoire si le local ou le terrain appartient au territoire ou si celui-ci en a la disposition ;

2° Le maire si le local ou le terrain appartient à la commune ou si celle-ci en a la disposition.

Art. R. 325-21 La fourrière peut être située dans un lieu privé avec l'assentiment du propriétaire ou du locataire de cet immeuble, s'il accepte d'assurer la garde de cette fourrière.

Dans cette hypothèse, l'autorité dont relève la fourrière est l'autorité désignée par l'assemblée de la Polynésie française.

Art. R. 325-22 I. — Lorsque le propriétaire du véhicule faisant l'objet de la mise en fourrière est domicilié ou réside dans le ressort de l'officier de police judiciaire qui exécute cette mesure, celui-ci peut faire garder le véhicule par son propriétaire, à condition que la *[le]* certificat d'immatriculation soit immédiatement retirée*[retiré]*. Ce document reçoit la destination prévue à l'article R. 325-32.

II. — Dans cette hypothèse, l'autorité dont relève la fourrière est :

1° Soit le maire, lorsque la mise en fourrière a été décidée par lui ou par un de ses adjoints agissant en qualité d'officier de police judiciaire ;

2° Soit l'autorité compétente du territoire.

Art. R. 325-23 Le véhicule est placé sous la garde juridique du gardien de la fourrière jusqu'à la date d'effet de la mainlevée, sauf au cours de la sortie provisoire prévue à l'article R. 325-36.

Art. R. 325-24 Des délibérations de l'assemblée de la Polynésie française fixent les conditions dans lesquelles sont agréés les gardiens de fourrière et les installations de celle-ci ; l'autorité compétente pour procéder au retrait de l'agrément est désignée par *(Décr. nº 2007-1626 du 16 nov. 2007)* « une décision du conseil des ministres de Polynésie française ».

Art. R. 325-25 Le gardien de fourrière enregistre, au fur et à mesure de leurs arrivées, les entrées des véhicules mis en fourrière, leurs sorties provisoires et définitives, les décisions de mainlevée de la mise en fourrière et, le cas échéant, les décisions de remise au service des domaines du territoire ou à une entreprise de destruction.

Art. R. 325-26 Le procès-verbal de la mise en fourrière relate les circonstances et les conditions dans lesquelles cette mesure a été prise ; il est transmis dans les plus brefs délais au procureur de la République.

Un double de ce document est transmis dans les plus brefs délais à l'autorité ayant compétence pour prononcer la mainlevée.

En cas d'absence du propriétaire ou du conducteur au moment de l'enlèvement du véhicule en fourrière, le double de la fiche descriptive remplie par l'agent verbalisateur est adressé sans délai au responsable de la notification de mise en fourrière mentionné à l'article R. 325-31.

Un autre double de cette fiche descriptive est remis au gardien de fourrière.

Art. R. 325-27 Les intéressés peuvent contester auprès du procureur de la République du lieu de l'infraction la décision de mise en fourrière. Ce magistrat confirme la mesure ou en ordonne la mainlevée dans le délai maximal de cinq jours ouvrables.

Si, à l'examen de la procédure, le procureur de la République estime qu'il n'a pas été commis d'infraction, il ordonne que soit donnée mainlevée de la mise en fourrière et en informe immédiatement l'autorité qui l'a prescrite.

Art. R. 325-28 *(Décr. nº 2007-1626 du 16 nov. 2007)* Peuvent procéder au transfert d'un véhicule du lieu de son stationnement à celui de sa garde en fourrière :

1° Les personnels habilités mentionnés aux premier et deuxième alinéas de l'article L. 325-2, dans sa rédaction applicable à la Polynésie française ;

2° Le professionnel agréé, ou son préposé, désigné pour l'enlèvement du véhicule dont la mise en fourrière a été prescrite ;

3° Un tiers en vertu d'une réquisition ;

4° Le propriétaire ou le conducteur du véhicule en vertu d'une réquisition.

Art. R. 325-29 I. — Le propriétaire du véhicule est tenu de rembourser :

1° Lorsque la prescription de mise en fourrière a reçu le commencement d'exécution défini à l'article R. 325-12, les frais d'enlèvement ainsi que, le cas échéant, les frais de garde en fourrière, d'expertise, sous réserve de l'application du II de l'article R. 325-30 et du III de l'article R. 325-35, et de vente ou de destruction du véhicule ;

2° Lorsque la prescription de mise en fourrière n'a pas reçu de commencement d'exécution, les frais afférents aux opérations préalables à la mise en fourrière, à condition que le véhicule d'enlèvement se soit rendu sur les lieux.

II. — Le propriétaire du véhicule rembourse les frais précités au gardien de la fourrière sur présentation d'une facture détaillée.

III. — Les taux maximaux des frais d'opérations préalables à la mise en fourrière, des frais d'enlèvement, de garde en fourrière, d'expertise et de destruction des véhicules sont fixés par délibération de l'assemblée de la Polynésie française.

IV. — Les frais de vente par le service territorial chargé des domaines sont fixés par *(Décr. nº 2007-1626 du 16 nov. 2007)* « une décision du conseil des ministres de Polynésie française ».

V. — Il appartient à l'autorité dont relève la fourrière d'assurer la rémunération, forfaitaire le cas échéant, des professionnels du secteur privé auxquels cette autorité fait appel dans le cadre de la procédure de mise en fourrière. Cette autorité peut conclure avec des professionnels une convention tarifaire, respectant les taux maximaux fixés par délibération de l'assemblée de la Polynésie française.

Art. R. 325-30 I. — L'autorité dont relève la fourrière classe le véhicule dans l'une des trois catégories suivantes :

1° Véhicules pouvant être restitués en l'état à son propriétaire ou son conducteur ;

2° Véhicules ne pouvant être restitués à son propriétaire ou son conducteur qu'après exécution des travaux reconnus indispensables ;

3° Véhicules hors d'état de circuler dans des conditions normales de sécurité et dont la valeur marchande est inférieure à un montant fixé par délibération de l'assemblée de la Polynésie française, devant être livrés à la destruction à l'expiration du délai d'abandon prévu à l'alinéa 4 de l'article L. 325-7 dans sa rédaction applicable en Polynésie française.

II. — Le classement dans les deuxième et troisième catégories prévues au I ci-dessus est décidé après avis d'un expert désigné dans des conditions fixées par *(Décr. n° 2007-1626 du 16 nov. 2007)* « une décision du conseil des ministres de Polynésie française ».

III. — L'expert se prononce sur la capacité du véhicule à circuler dans des conditions normales de sécurité, définit dans le cas contraire les réparations indispensables propres à lui redonner cette capacité et fournit une évaluation de la valeur marchande du véhicule.

IV. — Les véhicules réclamés par leurs propriétaires ou leurs conducteurs dans le délai de trois jours suivant la mise en fourrière peuvent être restitués sans avoir été expertisés ni classés.

Art. R. 325-31 *(Décr. n° 2007-1626 du 16 nov. 2007)* La mise en fourrière est notifiée par l'officier de police judiciaire qui l'a prescrite ou qui a été chargé de l'exécuter, ou par l'autorité dont relève la fourrière, à l'adresse relevée sur le procès-verbal de l'infraction ayant motivé la mise en fourrière si le propriétaire ou le conducteur du véhicule était présent, ou à l'adresse indiquée au fichier des immatriculations.

Lorsque le véhicule n'est pas identifiable, il n'est pas procédé à cette formalité. Mention en est faite dans le procès-verbal ou dans le rapport de mise en fourrière.

Art. R. 325-32 I. — Cette notification s'effectue par lettre recommandée avec demande d'accusé de réception, dans le délai maximum de cinq jours ouvrables suivant la mise en fourrière du véhicule.

II. — Il y est joint un double de la fiche descriptive de l'état du véhicule mis en fourrière, en cas d'absence du propriétaire ou du conducteur au moment de l'enlèvement pour mise en fourrière.

III. — Cette notification comporte les mentions obligatoires suivantes :

1° Indication de l'autorité qui a prescrit la mise en fourrière, de la fourrière désignée et de l'autorité dont relève cette fourrière ;

2° Décision de classement prise en application de l'article R. 325-30 et indication de la faculté de faire procéder à une contre-expertise conformément aux articles R. 325-35 et R. 325-36 ;

3° Autorité qualifiée pour donner mainlevée de la mise en fourrière ;

4° Injonction au propriétaire du véhicule de remettre immédiatement, sous peine de sanctions édictées par l'assemblée de la Polynésie française, la *[le]* certificat d'immatriculation à l'autorité visée au 3° ci-dessus, à moins que le véhicule ne soit pas soumis à l'obligation d'immatriculation ;

5° Mise en demeure au propriétaire de retirer son véhicule avant l'expiration d'un délai :

a) De dix jours, dans les cas prévus aux quatrième et cinquième alinéas de l'article L. 325-7 dans sa rédaction applicable en Polynésie française ;

b) De quarante-cinq jours, dans les autres cas,

ces délais commençant à courir un jour franc après la date de notification ;

6° Avertissement au propriétaire que son absence de réponse dans les délais impartis vaudra abandon de son véhicule et que ledit véhicule sera, dans les conditions prévues par décret, soit remis au service des domaines du territoire en vue de son aliénation, soit livré à la destruction ;

7° Nature et montant des frais qu'il sera tenu de rembourser ;

8° Énoncé des voies de recours.

IV. — Si le fichier des immatriculations révèle l'inscription d'un gage, copie de la notification de mise en fourrière est adressée au créancier-gagiste, par lettre recommandée avec demande d'accusé de réception.

Art. R. 325-33 *(Décr. n° 2007-1626 du 16 nov. 2007)* Le fait, pour le propriétaire d'un véhicule, de ne pas restituer le certificat d'immatriculation immédiatement après la notification qui lui a été faite en application de l'article R. 325-32 (II, 4°) est puni de l'amende prévue pour les contraventions de la quatrième classe.

Art. R. 325-34 Toute personne se trouvant destinataire de la *[du]* certificat d'immatriculation d'un véhicule mis en fourrière est tenue de la *[le]* transmettre sans délai à l'autorité ayant compétence pour prononcer la mainlevée.

Art. R. 325-35 I. — En cas de désaccord sur l'état du véhicule ou sur la décision de classement visée à l'article R. 325-30, le propriétaire a la faculté de faire procéder à une contre-expertise, aux réparations remettant le véhicule en état de circuler dans des conditions normales de sécurité, ainsi qu'au contrôle technique du véhicule.

II. — La contre-expertise prévue ci-dessus est faite par un expert désigné conformément à *l'article L. 325-6, dans sa rédaction* applicable en Polynésie française.

III. — Les frais d'expertise et de contre-expertise sont à la charge du propriétaire dans le cas où la contre-expertise confirme l'expertise initiale. Dans le cas contraire, ces frais incombent à l'autorité dont relève la fourrière.

Art. R. 325-36 L'autorité dont relève la fourrière ne peut s'opposer à la demande d'autorisation provisoire de sortie de fourrière présentée par le propriétaire du véhicule en vue exclusivement de faire procéder aux réparations visées au 2° du I de l'article R. 325-30, ainsi qu'à la contre-expertise, aux réparations et au contrôle technique visés au I de l'article R. 325-35.

Cette autorisation provisoire de sortie de fourrière, dont le modèle est fixé par *(Décr. nº 2007-1626 du 16 nov. 2007)* « une décision du conseil des ministres de Polynésie française », qui tient lieu de pièce de circulation et qui est limitée au temps des parcours nécessaires et des opérations précitées, peut prescrire un itinéraire et des conditions de sécurité.

Le réparateur doit remettre au propriétaire du véhicule une facture détaillée certifiant l'exécution des travaux prescrits en application du 2° du I de l'article R. 325-30.

Art. R. 325-37 L'autorité dont relève la fourrière informe l'autorité qualifiée pour prononcer la mainlevée de la délivrance de l'autorisation provisoire de sortie de fourrière et de la durée de sa validité.

En ce qui concerne les véhicules volés retrouvés en fourrière, l'autorité dont relève la fourrière est tenue d'informer au préalable les services de police ou de gendarmerie compétents de son intention de délivrer une autorisation provisoire de sortie de fourrière.

Art. R. 325-38 I. — Chaque prescription de mise en fourrière prend fin par une décision de mainlevée.

II. — Cette décision émane de l'autorité qui a prescrit la mise en fourrière ou de l'officier de police judiciaire chargé d'exécuter cette mesure. Elle émane du procureur de la République dans le cas prévu à l'article R. 325-27.

III. — Sous réserve des dispositions de cet article, l'autorité qualifiée pour prononcer la mainlevée est tenue de le faire, de restituer la *[le]* certificat d'immatriculation du véhicule si elle *[il]* a été retirée *[retiré]* et de délivrer une autorisation définitive de sortie de fourrière :

1° Sur simple demande du propriétaire ou du conducteur si elle concerne un véhicule classé dans la 1re catégorie visée à l'article R. 325-30 ;

2° S'il s'agit d'un véhicule classé dans la 2e ou la 3e catégorie visée à l'article R. 325-30, sur demande du propriétaire ou du conducteur, accompagnée, selon le cas :

a) De la facture mentionnée au troisième alinéa de l'article R. 325-36 ;

b) Du récépissé délivré par le service chargé des contrôles techniques en Polynésie française, postérieur à la date de mise en fourrière.

IV. — Les dispositions du II ci-dessus ne s'appliquent ni aux véhicules volés retrouvés en fourrière ni à ceux dont le propriétaire et l'assureur demeurent inconnus ou introuvables malgré les recherches effectuées, pour lesquels la mainlevée ne peut être prononcée qu'après l'accord préalable exprès des services de police ou de gendarmerie compétents.

Art. R. 325-40 La mainlevée prend effet au jour de la délivrance de l'autorisation définitive de sortie du véhicule dans les cas prévus du *[au]* III de l'article R. 325-38.

La mainlevée prend effet à compter de la remise du véhicule au service des domaines du territoire de Polynésie française s'il est destiné à être aliéné, ou de sa remise à l'entreprise spécialisée s'il est destiné à être détruit.

Art. R. 325-41 Le gardien de la fourrière restitue le véhicule à son propriétaire ou à son conducteur dès que ce dernier produit l'autorisation définitive de sortie de fourrière et s'est acquitté des frais de mise en fourrière, d'enlèvement, de garde et d'expertise dans le cas où ces derniers sont à la charge du propriétaire. Ces frais sont arrêtés à la date de reprise du véhicule.

Art. R. 325-42 Aucun véhicule mis en fourrière ne peut être remis au service des domaines du territoire de Polynésie française en vue de son aliénation ou à une entreprise de démolition en vue de sa destruction sans que la mainlevée de cette mesure ait été préalablement prononcée à l'une ou l'autre de ces fins.

Art. R. 325-43 En application des dispositions des articles L. 325-7 et L. 325-8, l'autorité dont relève la fourrière décide de la remise du véhicule au service des domaines du territoire en vue de son aliénation ; l'autorité administrative investie des pouvoirs de police en matière de circulation décide de la destruction des véhicules mentionnés au cinquième alinéa de l'article L. 325-7 ainsi que des véhicules qui ont été remis au service des domaines du territoire de Polynésie *française pour aliénation* et qui n'ont pas trouvé preneur.

L'autorité dont relève la fourrière informe de ces décisions l'autorité qualifiée pour prononcer la mainlevée, détentrice de la *[du]* certificat d'immatriculation.

Celle-ci envoie la *[le]* certificat d'immatriculation dûment barrée *[barré]* au chef de service des transports aux fins d'annulation de ce document.

Art. R. 325-45 Le responsable de l'entreprise chargée de la destruction d'un véhicule prend en charge celui-ci en remettant au gardien de la fourrière un bon d'enlèvement délivré par l'autorité dont relève la fourrière. Il rend compte de la destruction dudit véhicule à l'autorité dont relève la fourrière, et à l'autorité qui a prononcé la mainlevée de mise en fourrière.

Les collectivités concernées peuvent passer avec les entreprises appelées à effectuer la destruction des véhicules des contrats dont les clauses sont déterminées conformément à *(Décr. nº 2007-1626 du 16 nov. 2007)* « une décision du conseil des ministres de Polynésie française ». — *[Décr. nº 97-1222 du 26 déc. 1997, art. 11 à 41.]*

CHAPITRE IV *Dispositions applicables à la Nouvelle-Calédonie*

(Décr. n° 2007-1626 du 16 nov. 2007)

SECTION I *Dispositions générales*

Art. R. 344-1 Les articles R. 325-1 et R. 325-1-1 sont applicables en Nouvelle-Calédonie dans la rédaction suivante :

Art. R. 325-1 L'immobilisation, la mise en fourrière, le retrait de la circulation et la destruction prévus à l'article L. 325-1, dans sa rédaction applicable à la Nouvelle-Calédonie, peuvent être décidés dans les cas et les conditions définis au présent code.

L'immobilisation et la mise en fourrière peuvent également être ordonnées conformément aux dispositions de l'article L. 325-1-1, dans sa rédaction applicable à la Nouvelle-Calédonie.

Ces mesures ne font pas obstacle aux saisies ordonnées par l'autorité judiciaire.

Elles ne s'appliquent pas aux véhicules participant à des opérations de maintien de l'ordre.

Art. R. 325-1-1 Lorsque la juridiction prononce la confiscation d'un véhicule immobilisé et mis en fourrière en application de l'article L. 325-1-1, dans sa rédaction applicable à la Nouvelle-Calédonie, le service chargé de son aliénation dans les formes prévues pour les ventes de son mobilier, informe préalablement le candidat acquéreur que le montant des frais d'enlèvement et de garde en fourrière seront à sa charge.

Art. R. 344-1-1 *(Décr. n° 2009-1644 du 23 déc. 2009)* Les articles R. 317-2, R. 317-3 et R. 317-4 sont applicables en Nouvelle-Calédonie dans la rédaction suivante :

Art. R. 317-2 Dans les cas où la réglementation en vigueur en Nouvelle-Calédonie prévoit que des véhicules doivent être équipés d'un appareil de contrôle permettant l'enregistrement de la vitesse du véhicule, l'État définit les exigences réglementaires applicables à cet appareil ainsi que les conditions de son installation, de sa réparation et de sa vérification.

Le conducteur d'un véhicule équipé d'un appareil de contrôle permettant l'enregistrement de la vitesse du véhicule est tenu de présenter ou de remettre, à toutes réquisitions des agents ayant qualité pour constater les délits ou les contraventions en matière de circulation routière, les feuilles d'enregistrement de l'appareil de contrôle. Ces feuilles doivent être conservées pendant un an au moins et tenues à la disposition des agents de constatation.

Art. R. 317-3 L'appareil de contrôle doit être constamment maintenu en bon état de fonctionnement.

Le fait de contrevenir aux dispositions du présent article est puni de l'amende prévue pour les contraventions de la quatrième classe.

Art. R. 317-4 L'immobilisation des véhicules devant être équipés d'un appareil de contrôle permettant l'enregistrement de la vitesse peut être prescrite dans les conditions prévues à l'article L. 344-1 :

1° Lorsque le conducteur est en infraction aux règles relatives aux conditions de travail dans les transports routiers, publics ou privés, en vigueur en Nouvelle-Calédonie ;

2° Lorsque le conducteur ne peut présenter les documents dûment renseignés concernant les conditions de travail dans les transports routiers, publics et privés, en vigueur en Nouvelle-Calédonie ;

3° En l'absence d'appareil de contrôle permettant l'enregistrement de la vitesse ou lorsque celui-ci a fait l'objet d'une modification ou d'une détérioration affectant son fonctionnement normal.

SECTION II *Immobilisation*

Art. R. 344-2 Les articles R. 325-2 à R. 325-6 et R. 325-9 à R. 325-11 sont applicables à la Nouvelle-Calédonie dans la rédaction suivante :

Art. R. 325-2 L'immobilisation est l'obligation faite au conducteur ou au propriétaire d'un véhicule, dans les cas prévus au présent code, de maintenir ce véhicule sur place ou à proximité du lieu de constatation de l'infraction en se conformant aux règles relatives au stationnement.

En cas d'absence du conducteur ou lorsque celui-ci refuse de déplacer son véhicule, l'immobilisation de ce véhicule peut être assurée par un moyen mécanique.

Pendant tout le temps de l'immobilisation, le véhicule demeure sous la garde juridique de son propriétaire ou de son conducteur.

Le fait pour tout conducteur ou propriétaire d'un véhicule de transport de marchandises d'un poids total autorisé en charge excédant 3,5 tonnes ou d'un véhicule de transport en commun de contrevenir à l'obligation prévue au premier alinéa est puni de l'amende prévue pour les contraventions de la cinquième classe.

Le fait pour tout conducteur ou propriétaire d'un autre véhicule de contrevenir à l'obligation prévue au premier alinéa est puni de l'amende prévue pour les contraventions de la quatrième classe.

Art. R. 325-3 L'immobilisation peut être prescrite par les officiers et les agents de police judiciaire ainsi que les agents de police judiciaire adjoints mentionnés à l'article 21 du code de procédure pénale lorsqu'ils constatent la nécessité de faire cesser sans délai une des infractions prévues à l'article R. 344-3.

Art. R. 325-4 I. — Lorsque la décision d'immobilisation résulte de l'une des situations suivantes :

1° Le conducteur ou l'accompagnateur de l'élève conducteur est présumé en état d'ivresse ou sous l'empire d'un état alcoolique ;

2° Le conducteur n'est pas titulaire de la catégorie du permis exigée pour la conduite du véhicule considéré ;

3° Le conducteur est en infraction aux règles relatives aux conditions de travail dans les transports routiers, publics ou privés, ou ne peut présenter les documents dûment renseignés permettant de contrôler le respect de ces règles.

Le véhicule peut poursuivre sa route dès qu'un conducteur qualifié proposé par le conducteur ou, éventuellement, par l'accompagnateur de l'élève conducteur ou par le propriétaire du véhicule peut assurer la conduite de celui-ci.

II. — A défaut, les fonctionnaires et agents habilités à prescrire l'immobilisation peuvent prendre toute mesure destinée à placer le véhicule en stationnement régulier, au lieu qu'ils désignent, en faisant notamment appel à un conducteur qualifié.

Art. R. 325-5 Lorsque la décision d'immobilisation résulte d'une infraction aux règles concernant l'état ou l'équipement du véhicule, elle peut n'être rendue effective que dans un lieu où le conducteur du véhicule sera susceptible de trouver les moyens de faire cesser l'infraction.

Il ne peut être fait usage de cette faculté que dans la mesure où l'accompagnement du véhicule jusqu'à ce lieu peut être assuré dans des conditions de sécurité satisfaisantes.

Le conducteur peut également être autorisé à faire appel à un professionnel qualifié pour la prise en remorque de son véhicule en vue de sa réparation. L'immobilisation devient alors effective au lieu de réparation.

Art. R. 325-6 Lorsque le véhicule circule en infraction aux règles relatives aux contrôles techniques, la décision d'immobilisation doit prescrire la présentation du véhicule à un contrôle technique, dont les conditions sont fixées par une délibération du congrès de la Nouvelle-Calédonie.

Dans ce cas, une fiche de circulation provisoire, valable sept jours, est établie par les autorités compétentes localement selon la procédure mentionnée à l'article R. 325-9. La ou les pièces administratives nécessaires à la circulation du véhicule sont restituées au vu d'un document attestant le résultat satisfaisant du contrôle technique.

Art. R. 325-9 I. — Lorsque l'infraction qui a motivé l'immobilisation n'a pas cessé au moment où l'agent quitte le lieu où le véhicule est immobilisé, l'agent saisit l'officier de police judiciaire ou l'agent de police judiciaire adjoint, chef de la police municipale ou occupant ces fonctions, territorialement compétent en lui remettant soit la *[le]* certificat d'immatriculation du véhicule s'il s'agit d'un véhicule dont le poids total autorisé en charge n'excède pas 3,5 tonnes et une fiche d'immobilisation, soit les pièces administratives nécessaires à la circulation du véhicule s'il s'agit d'un véhicule de transport de marchandises d'un poids total autorisé en charge excédant 3,5 tonnes ou de transport en commun et la fiche d'immobilisation. Un double de cette fiche est remis au contrevenant.

II. — La fiche d'immobilisation énonce les date, heure et lieu de l'immobilisation, l'infraction qui l'a motivée, les éléments d'identification du véhicule et de la *[du]* certificat d'immatriculation, les nom et adresse du contrevenant, les noms, qualités et affectations des agents qui la rédigent et précise la résidence de l'officier de police judiciaire ou l'agent de police judiciaire adjoint, chef de la police municipale ou occupant ces fonctions, qualifié pour lever la mesure.

Art. R. 325-10 Le procès-verbal de l'infraction qui a motivé l'immobilisation d'un véhicule est transmis dans les plus brefs délais au procureur de la République. Il relate de façon sommaire les circonstances et les conditions dans lesquelles la mesure a été prise.

Art. R. 325-11 I. — L'immobilisation ne peut être maintenue après que la circonstance qui l'a motivée a cessé.

II. — Elle est levée :

1° Par l'agent qui l'a prescrite s'il est encore présent lors de la cessation de l'infraction ;

2° Par l'officier de police judiciaire ou l'agent de police judiciaire adjoint, chef de la police municipale ou occupant ces fonctions, saisi dans les conditions prévues à l'article R. 325-9, dès que le conducteur ou l'accompagnateur de l'élève conducteur justifie de la cessation de l'infraction. L'officier de police judiciaire ou l'agent de police judiciaire adjoint, chef de la police municipale ou occupant ces fonctions, restitue alors la *[le]* certificat d'immatriculation au conducteur ou à l'accompagnateur de l'élève conducteur et transmet au procureur de la République le procès-verbal mentionné à l'article R. 325-10 et un exemplaire de la fiche d'immobilisation ou une copie conforme de cette fiche, comportant la mention de la levée de la mesure. Lorsque le conducteur ou l'accompagnateur de l'élève conducteur n'a pas justifié de la cessation de l'infraction dans un délai de quarante-huit heures, l'officier de police judiciaire ou l'agent de police judiciaire adjoint, chef de la police municipale ou occupant ces fonctions, peut transformer l'immobilisation en une mise en fourrière ; il joint alors à chacun des exemplaires de la procédure de mise en fourrière qu'il adresse au procureur de la République un exemplaire ou une copie conforme de la fiche d'immobilisation.

III. — Dans tous les cas, dès la cessation de l'infraction qui a motivé l'immobilisation, le véhicule peut circuler entre le lieu d'immobilisation et la résidence de l'autorité désignée pour lever la mesure, sous couvert du double de la fiche d'immobilisation remise au conducteur.

Art. R. 344-3 L'immobilisation peut être prescrite :

1° Lorsque le conducteur est présumé en état d'ivresse ou sous l'empire d'un état alcoolique ;

2° Lorsque le conducteur n'est pas titulaire du permis exigé pour la conduite du véhicule ;

3° Lorsque le mauvais état du véhicule, son poids, sa charge par essieu, la forme, la nature, l'état et les conditions d'utilisation des bandages, la pression sur le sol, l'absence, la non-conformité et la défectuosité de son équipement réglementaire en ce qui concerne les freins ou l'éclairage, ou son chargement, créent un danger important pour les autres usagers ou constituent une menace pour l'intégrité de la chaussée. Toutefois, peuvent seuls être retenus les dépassements du poids total autorisé ou des charges par essieu prévues par la réglementation en vigueur sur le territoire excédant 5 % ;

(Décr. n° 2017-16 du 6 janv. 2017, art. 4 et 16, en vigueur le 1er mars 2017) « 4° Lorsque le conducteur d'un transport exceptionnel ne peut présenter le document prévu par la réglementation en vigueur dans le territoire permettant la circulation de ce transport ; *[ancienne rédaction : 4° Lorsque le conducteur ne peut présenter une autorisation pour un transport exceptionnel prévu par la réglementation en vigueur sur le territoire ;]* »

5° Lorsque le véhicule ou son chargement provoque des détériorations à la route ou à ses dépendances ;

6° Lorsque le véhicule circule en infraction aux règlements en vigueur sur le territoire relatifs aux transports de matières dangereuses ou à ceux portant restrictions de circulation ;

7° Lorsque le véhicule circule en infraction aux dispositions en vigueur sur le territoire relatives aux organes moteurs ;

8° Lorsque le conducteur du véhicule est en infraction aux dispositions en vigueur sur le territoire et relatives à l'exécution commode et sans délai de toutes les manœuvres qui lui incombent, notamment lorsque ses possibilités de mouvement, son champ de vision et d'audition sont réduits par le nombre ou la position des passagers, par les objets transportés, par l'apposition d'objets non transparents sur les vitres ;

9° Lorsque le conducteur d'un véhicule de transport circule en infraction à la réglementation territoriale relative à l'autorisation de mise en circulation ;

10° Lorsque le conducteur d'un véhicule est en infraction à la réglementation territoriale relative aux conditions de travail, dans les transports routiers, ou ne peut présenter les documents dûment renseignés permettant de contrôler le respect de ces règles ;

11° Lorsque le conducteur est en infraction aux dispositions territoriales relatives à l'obligation d'assurance ;

12° Lorsque le conducteur circule sans satisfaire aux règles territoriales relatives à la circulation routière spéciale aux conducteurs de cyclomoteurs et aux motocyclistes, notamment au port du casque ;

13° Lorsque le conducteur circule en infraction aux règles en vigueur sur le territoire relatives aux visites techniques ;

14° Lorsque le conducteur d'un véhicule est en infraction avec les règles en vigueur sur le territoire et relatives à l'arrêt et au stationnement et à l'usage des voies à circulation spécialisée et refuse de faire cesser l'arrêt ou le stationnement irrégulier malgré l'injonction des agents.

SECTION III *Fourrière*

Art. R. 344-4 Les articles R. 325-12 à R. 325-38, R. 325-40 à R. 325-43 et R. 325-45 à *[et]* R. 325-46 sont applicables en Nouvelle-Calédonie dans la rédaction suivante :

Art. R. 325-12 I. — La mise en fourrière est le transfert d'un véhicule en un lieu désigné par l'autorité administrative ou judiciaire en vue d'y être retenu jusqu'à décision de celle-ci, aux frais du propriétaire de ce véhicule.

II. — L'immobilisation matérielle visée à l'article R. 325-2 peut constituer l'une des opérations préalables au commencement d'exécution de la mise en fourrière.

III. — La mise en fourrière est réputée avoir reçu un commencement d'exécution :

1° A partir du moment où deux-roues au moins du véhicule ont quitté le sol, lorsque le transfert du véhicule vers la fourrière est réalisé au moyen d'un véhicule d'enlèvement ;

2° A partir du commencement du déplacement du véhicule vers la fourrière, quel que soit le procédé utilisé à cet effet.

Art. R. 325-13 Toute prescription de mise en fourrière est précédée d'une vérification tendant à déterminer s'il s'agit d'un véhicule volé.

Lorsque le résultat de cette vérification est positif, le propriétaire et son assureur sont immédiatement informés de la découverte du véhicule. Le véhicule est alors confié au gardien de fourrière à titre conservatoire en attendant que le propriétaire ou l'assureur se manifeste.

Art. R. 325-14 I. — Dans les cas prévus au présent code ou à la suite d'une immobilisation du véhicule, la mise en fourrière est prescrite dans les conditions prévues à l'article R. 325-9 et au 2° de l'article R. 325-11 :

soit par un officier de police judiciaire territorialement compétent, de la police nationale ou de la gendarmerie nationale ;

soit par un agent de police judiciaire adjoint, chef de la police municipale ou occupant ces fonctions, territorialement compétent, de sa propre initiative ou sur proposition de l'agent qui a verbalisé à la suite d'une infraction justificative de mise en fourrière.

II. — Lorsque le véhicule a été volé, que son propriétaire n'a pu être identifié ou lorsqu'il est muni de fausses plaques d'immatriculation, sa mise en fourrière ne peut être prescrite que par un officier de police judiciaire de la police nationale ou de la gendarmerie nationale territorialement compétent, ou avec son accord préalable exprès.

Art. R. 325-15 En cas d'infraction aux règlements en vigueur sur le territoire pour la sauvegarde de l'esthétique des sites et des paysages, la mise en fourrière peut également être prescrite par l'autorité administrative compétente en Nouvelle-Calédonie.

Un officier de police judiciaire ou l'agent de police judiciaire adjoint, chef de la police municipale ou occupant ces fonctions, territorialement compétent peut être chargé d'exécuter, ou de faire exécuter, la mesure prévue à l'alinéa précédent.

Les dispositions du II de l'article R. 325-16 sont appliquées.

Art. R. 325-16 L'officier de police judiciaire ou l'agent de police judiciaire adjoint, chef de la police municipale ou occupant ces fonctions, territorialement compétent, ou l'agent placé sous leur autorité :

1° Désigne la fourrière dans laquelle sera transféré le véhicule, cette désignation étant matérialisée par la pose d'un signe distinctif sur celui-ci ;

2° Dresse, si possible contradictoirement en présence du propriétaire ou du conducteur du véhicule et du préposé à l'enlèvement, un état sommaire, extérieur et intérieur, du véhicule, sans l'ouvrir, au moyen d'une fiche descriptive dont le modèle est fixé par une délibération du congrès de la Nouvelle-Calédonie, avant que la mise en fourrière reçoive un commencement d'exécution ;

3° Remet à ce propriétaire ou ce conducteur, s'il est présent, un double de la fiche relative à l'état du véhicule et, le cas échéant, la fiche de circulation provisoire prévue à l'article R. 325-6 ;

4° Relate sur le procès-verbal de constatation ou le rapport les motifs de la mise en fourrière ; il y fait mention du retrait provisoire du certificat d'immatriculation et de l'heure d'appel du véhicule d'enlèvement.

Art. R. 325-17 Lorsque la mise en fourrière a reçu un commencement d'exécution, le véhicule est restitué à son propriétaire ou son conducteur dans les conditions prévues à l'article R. 325-38.

Toutefois, si le propriétaire ou le conducteur du véhicule règle les frais d'opérations préalables prévus à l'article R. 325-29 ou s'il s'engage par écrit à les régler, et s'il s'engage à rendre immédiatement son usage normal à la voie publique, il peut être autorisé à reprendre aussitôt son véhicule.

Art. R. 325-18 L'auteur d'une prescription de mise en fourrière informe l'autorité dont relève la fourrière dans les plus brefs délais.

Art. R. 325-19 Chaque fourrière relève d'une autorité publique unique.

Cette autorité publique est l'une de celles qui sont prévues aux articles R. 325-20 et R. 325-21.

Cette autorité publique désigne le gardien de la fourrière sur la liste des gardiens de fourrière agréés par la Nouvelle-Calédonie conformément aux dispositions de l'article R. 325-24.

Art. R. 325-20 Lorsque la mise en fourrière est effectuée dans un lieu public ou relevant d'une autorité publique, l'autorité dont relève la fourrière est déterminée par une délibération du congrès de la Nouvelle-Calédonie.

Art. R. 325-21 La fourrière peut être située dans un lieu privé avec l'assentiment du propriétaire ou du locataire de cet immeuble s'il accepte d'assurer la garde de cette fourrière. Dans cette hypothèse, l'autorité dont relève la fourrière est désignée par les dispositions applicables localement.

Art. R. 325-22 I. — Lorsque le propriétaire du véhicule faisant l'objet de la mise en fourrière est domicilié ou réside dans le ressort de l'officier de police judiciaire ou de l'agent de police judiciaire adjoint, chef de la police municipale ou occupant ces fonctions, qui prescrit cette mesure, celui-ci peut faire garder le véhicule par son propriétaire, à condition que le certificat d'immatriculation soit immédiatement retiré. Ce document reçoit la destination prévue à l'article R. 325-34.

II. — Dans cette hypothèse, l'autorité dont relève la fourrière est :

1° Soit le maire, lorsque la mise en fourrière a été décidée par lui ou par un de ses adjoints agissant en qualité d'officier de police judiciaire ou par l'agent de police judiciaire adjoint, chef de la police municipale ou occupant ces fonctions ;

2° Soit l'autorité compétente du territoire en matière de circulation routière, dans les autres cas.

Art. R. 325-23 Le véhicule est placé sous la garde juridique du gardien de la fourrière jusqu'à la date d'effet de la mainlevée, sauf au cours de la sortie provisoire prévue à l'article R. 325-36.

Art. R. 325-24 Les conditions dans lesquelles sont agréés les gardiens de fourrière, la réglementation concernant leurs installations et l'autorité compétente pour procéder au retrait de l'agrément sont fixées par des dispositions applicables localement.

Art. R. 325-25 Le gardien de fourrière enregistre, au fur et à mesure de leurs arrivées, les entrées des véhicules mis en fourrière, leurs sorties provisoires et définitives, les décisions de mainlevée de la mise en fourrière et, le cas échéant, les décisions de remise au service compétent de la Nouvelle-Calédonie chargé de son aliénation dans les formes prévues pour les ventes de son mobilier ou à une entreprise de destruction.

Art. R. 325-26 Le procès-verbal de la mise en fourrière relate les circonstances et les conditions dans lesquelles cette mesure a été prise ; il est transmis dans les plus brefs délais au procureur de la République.

Un double de ce document est transmis dans les plus brefs délais à l'autorité ayant compétence pour prononcer la mainlevée.

En cas d'absence du propriétaire ou du conducteur au moment de l'enlèvement du véhicule en fourrière, un double de la fiche descriptive remplie par l'agent de constatation est adressé sans délai au responsable de la notification de mise en fourrière.

Un autre double de cette fiche descriptive est remis au gardien de fourrière.

Art. R. 325-27 Les intéressés peuvent contester auprès du procureur de la République du lieu de l'infraction la décision de mise en fourrière. Ce magistrat confirme la mesure ou en ordonne la mainlevée dans le délai maximal de cinq jours ouvrables.

Si, à l'examen de la procédure, le procureur de la République estime qu'il n'a pas été commis d'infraction, il ordonne que soit donnée mainlevée de la mise en fourrière et en informe immédiatement l'autorité qui l'a prescrite.

Art. R. 325-28 Peuvent procéder au transfert d'un véhicule du lieu de son stationnement à celui de sa garde en fourrière :

1° Les personnels habilités mentionnés aux premier et deuxième alinéas de l'article L. 325-2, dans sa rédaction applicable à la Nouvelle-Calédonie ;

2° Le professionnel agréé, ou son préposé, désigné pour l'enlèvement du véhicule dont la mise en fourrière a été prescrite ;

3° Un tiers en vertu d'une réquisition ;

4° Le propriétaire ou le conducteur du véhicule en vertu d'une réquisition.

Art. R. 325-29 I. — Le propriétaire du véhicule est tenu de rembourser :

1° Lorsque la prescription de mise en fourrière a reçu le commencement d'exécution défini à l'article R. 325-12, les frais d'enlèvement ainsi que, le cas échéant, les frais de garde en fourrière, d'expertise sous réserve de l'application du IV de l'article R. 325-30 et de l'alinéa 3 de l'article R. 325-35, et de vente ou de destruction du véhicule ;

2° Lorsque la prescription de mise en fourrière n'a pas reçu de commencement d'exécution, les frais afférents aux opérations préalables à la mise en fourrière, à condition que le véhicule d'enlèvement se soit rendu sur les lieux.

II. — Le propriétaire du véhicule rembourse les frais précités au gardien de la fourrière sur présentation d'une facture détaillée.

III. — Les taux maximaux des frais d'opérations préalables à la mise en fourrière, des frais d'enlèvement, de garde en fourrière, d'expertise, de vente et de destruction des véhicules sont fixés par des dispositions applicables localement, compte tenu des catégories de véhicules.

IV. — Les professionnels auxquels l'autorité dont relève la fourrière fait appel dans le cadre de la mise en fourrière sont rémunérés par cette autorité.

A défaut de stipulations contractuelles, cette autorité indemnise les frais énumérés au III dans les cas suivants :

1° Le propriétaire du véhicule mis en fourrière s'avère inconnu, introuvable ou insolvable ;

2° La procédure ou la prescription de mise en fourrière est annulée.

Art. R. 325-30 I. — L'autorité dont relève la fourrière classe le véhicule dans l'une des trois catégories suivantes :

1° Véhicule pouvant être restitué en l'état à son propriétaire ou son conducteur ;

2° Véhicule ne pouvant être restitué à son propriétaire ou son conducteur qu'après l'exécution des travaux reconnus indispensables, ou après avoir satisfait aux obligations de contrôles techniques, dont les modalités pratiques sont fixées par une délibération du congrès de la Nouvelle-Calédonie ;

3° Véhicule hors d'état de circuler dans des conditions normales de sécurité et dont la valeur marchande est inférieure à un montant fixé par le gouvernement de la Nouvelle-Calédonie, devant être livré à la destruction à l'expiration du délai d'abandon prévu au quatrième alinéa de l'article L. 325-7.

II. — Le classement dans les deuxième et troisième catégories prévues au I ci-dessus est décidé après avis d'un expert en automobile désigné dans des conditions fixées par délibération du congrès de la Nouvelle-Calédonie.

III. — L'expert se prononce sur la capacité du véhicule à circuler dans des conditions normales de sécurité. Si le véhicule ne remplit pas ces conditions, l'expert définit les réparations indispensables propres à lui redonner cette capacité et fournit une évaluation de la valeur marchande du véhicule.

IV. — Les véhicules réclamés par leurs propriétaires ou leurs conducteurs dans le délai de trois jours suivant la mise en fourrière peuvent être restitués sans avoir été expertisés ni classés.

Art. R. 325-31 La mise en fourrière est notifiée par l'officier de police judiciaire qui l'a prescrite ou qui a été chargé de l'exécuter, ou par l'autorité dont relève la fourrière, à l'adresse relevée sur le procès-verbal de l'infraction ayant motivé la mise en fourrière si le propriétaire ou le conducteur du véhicule était présent, ou à l'adresse indiquée au fichier des immatriculations.

Lorsque le véhicule n'est pas identifiable, il n'est pas procédé à cette formalité. Mention en est faite dans le procès-verbal ou dans le rapport de mise en fourrière.

Art. R. 325-32 I. — Cette notification s'effectue par lettre recommandée avec demande d'accusé de réception, dans le délai maximal de cinq jours ouvrables suivant la mise en fourrière du véhicule.

Il y est joint un double de la fiche descriptive de l'état du véhicule mis en fourrière en cas d'absence du propriétaire ou du conducteur au moment de l'enlèvement pour mise en fourrière.

II. — Cette notification comporte les mentions obligatoires suivantes :

1° Indication de l'auteur de la prescription, du motif de la prescription, de la fourrière désignée et de l'autorité dont relève cette fourrière ;

2° Décision de classement prise en application de l'article R. 325-30 et indication de la faculté de faire procéder à une contre-expertise conformément aux articles R. 325-35 et R. 325-36 ;

3° Autorité qualifiée pour donner mainlevée de la mise en fourrière ;

4° Injonction au propriétaire du véhicule, s'il est soumis à immatriculation, de remettre immédiatement, sous peine d'encourir l'amende prévue pour les contraventions de la quatrième classe, le certificat d'immatriculation à l'autorité qualifiée pour donner mainlevée de la mise en fourrière ;

5° Mise en demeure au propriétaire de retirer son véhicule avant l'expiration d'un délai :

a) De dix jours pour un véhicule qu'un expert aura estimé d'une valeur marchande inférieure à un montant fixé par le gouvernement de la Nouvelle-Calédonie et déclaré hors d'état de circuler dans des conditions normales de sécurité ;

b) De quarante-cinq jours dans les autres cas,

ces délais commençant à courir un jour franc après la date de notification ;

6° Avertissement au propriétaire que son absence de réponse dans les délais impartis vaudra *abandon de son véhicule et que ledit véhicule sera*, dans les conditions prévues par décret, soit remis au service compétent de la Nouvelle-Calédonie chargé de son aliénation dans les formes prévues pour les ventes de son mobilier en vue de son aliénation, soit livré à la destruction ;

7° Nature et montant des frais qu'il sera tenu de rembourser ;

8° Énoncé des voies de recours.

III. — Si le fichier des immatriculations révèle l'inscription d'un gage, copie de la notification de mise en fourrière est adressée par l'auteur de la prescription de mise en fourrière au créancier-gagiste, par lettre recommandée avec demande d'accusé de réception, qui fait référence aux articles 5, 6 et 7 du décret n° 72-823 du 6 septembre 1972 fixant les conditions de remise au service des domaines des véhicules non retirés de fourrière par leurs propriétaires.

Art. R. 325-33 Le fait, pour le propriétaire d'un véhicule, de ne pas restituer le certificat d'immatriculation immédiatement après la notification qui lui a été faite en application de l'article R. 325-32 (II, 4°) est puni de l'amende prévue pour les contraventions de la quatrième classe.

Art. R. 325-34 Toute personne se trouvant destinataire du certificat d'immatriculation d'un véhicule mis en fourrière est tenue de le transmettre sans délai à l'autorité ayant compétence pour prononcer la mainlevée.

Art. R. 325-35 En cas de désaccord sur l'état du véhicule ou sur la décision de classement visée à l'article R. 325-30, le propriétaire a la faculté de faire procéder à une contre-expertise.

La contre-expertise est faite par un expert choisi sur la liste visée à l'article R. 325-30.

Dans le cas où la contre-expertise confirme l'expertise initiale, les frais d'expertise et de contre-expertise sont à la charge du propriétaire. Dans le cas contraire, ces frais incombent à l'autorité dont relève la fourrière.

Art. R. 325-36 L'autorité dont relève la fourrière ne peut s'opposer à la demande d'autorisation provisoire de sortie de fourrière présentée par le propriétaire du véhicule en vue exclusivement de faire procéder aux travaux reconnus indispensables par l'expert. Il en est de même lorsque le propriétaire du véhicule fait procéder à une contre-expertise, aux réparations remettant le véhicule en état de circuler dans des conditions normales de sécurité ainsi qu'au contrôle technique du véhicule.

Cette autorisation provisoire de sortie de fourrière, dont le modèle est fixé par délibération du congrès de la Nouvelle-Calédonie, qui tient lieu de pièce de circulation et qui est limitée au temps des parcours nécessaires et des opérations précitées, peut prescrire un itinéraire et des conditions de sécurité.

Le réparateur doit remettre au propriétaire du véhicule une facture détaillée certifiant l'exécution des travaux prescrits en application du 2° du I de l'article R. 325-30.

Art. R. 325-37 L'autorité dont relève la fourrière informe l'autorité qualifiée pour prononcer la mainlevée de la délivrance de l'autorisation provisoire de sortie de fourrière et de la durée de sa validité.

En ce qui concerne les véhicules volés retrouvés en fourrière, l'autorité dont relève la fourrière est tenue d'informer au préalable les services de police ou de gendarmerie compétents de son intention de délivrer une autorisation provisoire de sortie de fourrière.

Art. R. 325-38 I. — Chaque prescription de mise en fourrière prend fin par une décision de mainlevée.

II. — Cette décision émane de l'autorité qui a prescrit la mise en fourrière ou de l'officier de police judiciaire chargé d'exécuter cette mesure.

III. — Lorsque l'autorité qualifiée pour prononcer la mainlevée est saisie en ce sens par le procureur de la République, comme il est prévu à l'article R. 325-27, elle est tenue de donner immédiatement mainlevée.

IV. — L'autorité qualifiée pour prononcer la mainlevée est tenue de le faire, de restituer le certificat d'immatriculation du véhicule s'il a été retiré et de délivrer une autorisation définitive de sortie de fourrière :

1° Sur simple demande du propriétaire ou du conducteur si elle concerne un véhicule classé dans la première catégorie visée à l'article R. 325-30 ;

2° S'il s'agit d'un véhicule classé dans la deuxième ou la troisième catégorie, sur demande du propriétaire ou du conducteur, accompagnée selon le cas :

a) De la facture détaillée du réparateur certifiant l'exécution des travaux reconnus indispensables par l'expert ;

b) Ou du récépissé délivré par un centre de contrôle technique désigné selon les dispositions localement applicables, postérieur à la date de mise en fourrière.

V. — Les dispositions du IV ci-dessus ne s'appliquent pas aux véhicules volés retrouvés en fourrière ainsi qu'aux véhicules dont le propriétaire et l'assureur demeurent inconnus ou introuvables malgré les recherches effectuées, pour lesquels la mainlevée ne peut être prononcée qu'après accord préalable exprès des services de police ou de gendarmerie compétents.

Art. R. 325-40 La mainlevée prend effet au jour de la délivrance de l'autorisation définitive de sortie du véhicule dans les cas prévus au IV de l'article R. 325-38.

La mainlevée prend effet à compter de la remise du véhicule au service compétent chargé de son aliénation dans les formes prévues pour les ventes de son mobilier s'il est destiné à être aliéné, ou de sa remise à l'entreprise spécialisée s'il est destiné à être détruit.

Art. R. 325-41 Le gardien de la fourrière restitue le véhicule à son propriétaire ou à son conducteur dès que ce dernier produit l'autorisation définitive de sortie de fourrière et s'est acquitté des frais de mise en fourrière, d'enlèvement, de garde et d'expertise, dans le cas où ces derniers sont à la charge du propriétaire. Ces frais sont arrêtés à la date de reprise du véhicule.

Art. R. 325-42 Aucun véhicule mis en fourrière ne peut être remis au service compétent chargé de son aliénation dans les formes prévues pour les ventes de son mobilier en vue de son aliénation ou à une entreprise de démolition en vue de sa destruction sans que la mainlevée de cette mesure ait été préalablement prononcée à l'une ou l'autre de ces fins.

Art. R. 325-43 En application des dispositions des articles L. 325-7 et L. 325-8 relatives aux véhicules abandonnés, dans leur rédaction applicable à la Nouvelle-Calédonie, l'autorité dont relève la fourrière décide de la remise du véhicule au service compétent chargé de son aliénation dans les formes prévues pour les ventes de son mobilier en vue de son aliénation ; l'autorité administrative investie du pouvoir de police en matière de circulation décide de la destruction des véhicules mentionnés au quatrième alinéa de l'article L. 325-7 ainsi que des véhicules qui ont été remis au service compétent chargé de son aliénation dans les formes prévues pour les ventes de son mobilier pour aliénation et qui n'ont pas trouvé preneur.

L'autorité dont relève la fourrière informe de ces décisions l'autorité qualifiée pour prononcer la mainlevée, détentrice du certificat d'immatriculation.

Dans ce cas, en se référant aux décisions susvisées, l'autorité qualifiée précitée envoie le certificat d'immatriculation, dûment barré, à l'autorité compétente territorialement, aux fins d'annulation de ce document. Si l'envoi du certificat d'immatriculation est impossible, elle en précise le motif.

Art. R. 325-45 I. — Le responsable de l'entreprise chargée de la destruction d'un véhicule prend en charge celui-ci en remettant au gardien de la fourrière un bon d'enlèvement délivré par l'autorité dont relève la fourrière. Il rend compte de la destruction dudit véhicule à l'autorité dont relève la fourrière, à l'autorité qui a prononcé la mainlevée de mise en fourrière.

II. — Les autorités dont relèvent les fourrières, définies aux articles R. 325-20 et R. 325-21, peuvent passer contrat avec des entreprises appelées à effectuer la destruction des véhicules, selon les modalités fixées par les autorités compétentes de la Nouvelle-Calédonie.

Art. R. 325-46 Les dispositions concernant la mise en fourrière ne sont pas applicables aux véhicules militaires.

TITRE V **Dispositions relatives aux démarches effectuées par voie électronique**

(Décr. nº 2017-1278 du 9 août 2017, art. 20)

Art. R. 350-1 L'accomplissement des démarches par voie électronique prévues aux chapitres II et VII du titre II ainsi qu'au titre III est subordonné à la justification, par l'usager, de son identité dans les conditions fixées par l'article R. 112-9-1 du code des relations entre le public et l'administration.

Art. R. 350-2 A défaut de pouvoir faire lui-même une démarche par voie électronique, l'usager peut bénéficier d'un accès à un dispositif connecté au site de la démarche considérée et d'une assistance numérique, mis en place par l'administration.

Art. R. 350-3 A l'occasion des démarches par voie électronique prévues au I de l'article R. 322-5, au I de l'article R. 322-6, au I de l'article R. 322-8 et au I de l'article R. 327-1, le certificat d'immatriculation du véhicule et, s'il existe, le coupon, sont conservés pendant cinq ans par le propriétaire qui les tient à la disposition du ministre de l'intérieur. Le fait, pendant la période de cinq ans, de ne pas être en mesure de présenter au ministre de l'intérieur le certificat d'immatriculation du véhicule, et, s'il existe, le coupon, est puni de l'amende prévue pour les contraventions de la quatrième classe.

A l'issue de la période de cinq ans, le certificat d'immatriculation du véhicule, et, s'il existe, le coupon, sont détruits par le propriétaire.

LIVRE IV **L'usage des voies**

TITRE PREMIER **Dispositions générales**

CHAPITRE PREMIER ***Pouvoirs de police de la circulation***

SECTION I ***Pouvoirs généraux de police***

Art. R. 411-1 Les règles relatives aux modalités d'application de l'article L. 411-1 concernant les routes à grande circulation sont fixées par l'article R. 2213-1 du code général des collectivités territoriales ci-après reproduit :

Art. R. 2213-1 Les pouvoirs dévolus au préfet sur les routes à grande circulation ne font pas obstacle à la mise en application immédiate des mesures de police que le maire juge nécessaire de prendre dans le cas d'urgence résultant notamment de sinistres ou périls imminents.

Art. R. 411-2 Les limites des agglomérations sont fixées par arrêté du maire. — *[Anc. art. R. 44, al. 2.]*

Art. R. 411-3 *(Décr. nº 2008-754 du 30 juill. 2008)* L'autorité détentrice du pouvoir de police de la circulation détermine le périmètre des aires piétonnes et fixe les règles de circulation à l'intérieur de ce périmètre.

Art. R. 411-3-1 *(Décr. nº 2008-754 du 30 juill. 2008)* Le périmètre des zones de rencontre et leur aménagement sont fixés par arrêté pris par l'autorité détentrice du pouvoir de police de la circulation après consultation des autorités gestionnaires de la voirie concernée et, s'il s'agit d'une section de route à grande circulation, après avis conforme du préfet.

Les règles de circulation définies à l'article R. 110-2 sont rendues applicables par arrêté de l'autorité détentrice du pouvoir de police constatant l'aménagement cohérent des zones et la mise en place de la signalisation correspondante.

Art. R. 411-4 *(Décr. nº 2008-754 du 30 juill. 2008)* Le périmètre des zones 30 et leur aménagement sont fixés par arrêté pris par l'autorité détentrice du pouvoir de police de la circulation après consultation des autorités gestionnaires de la voirie concernée et, s'il s'agit d'une section de route à grande circulation, après avis conforme du préfet.

Les règles de circulation définies à l'article R. 110-2 sont rendues applicables par arrêté de l'autorité détentrice du pouvoir de police constatant l'aménagement cohérent des zones et la mise en place de la signalisation correspondante.

Art. R. 411-5 Pour l'application des dispositions du présent code, les compétences de police attribuées par la loi au président du conseil départemental, au maire, au président du conseil exécutif en Corse en matière de circulation routière s'exercent sous réserve des pouvoirs propres du préfet en sa qualité d'autorité de police générale dans le département, lorsqu'il prend des mesures relatives au bon ordre et à la sécurité publique dont le champ d'application excède le territoire d'une commune.

Le préfet se substitue au président du conseil départemental par application de l'article L. 3221-5 du code général des collectivités territoriales, au maire par application de l'article L. 2215-1 du même code, ou conjointement aux deux autorités lorsque celles-ci n'ont pas exercé leurs attributions de police respectives ou conjointes après qu'il les a mises en demeure. – *[Anc. art. R. 225-1.]*

Art. R. 411-6 Les pouvoirs conférés par le présent code au préfet sont exercés à Paris par le préfet de police. – *[Anc. art. R. 225-2.]*

Art. R. 411-7 *(Décr. nº 2006-253 du 27 févr. 2006)* « I. – » Les intersections dans lesquelles le passage des véhicules est organisé par une signalisation spéciale ou par des feux de signalisation lumineux, sont désignées :

1º Hors agglomération :

a) (Décr. nº 2010-1390 du 12 nov. 2010, art. 9) « Par arrêté du préfet pour les intersections de routes appartenant à la voirie nationale ; »

b) Par arrêté du président du conseil exécutif de Corse, pour les intersections de routes prévues à l'article L. 4424-30 du code général des collectivités territoriales ;

c) Par arrêté du président du conseil départemental pour les intersections de routes départementales ;

d) Par arrêté du maire pour les intersections de routes appartenant à la voirie communale ;

(Décr. nº 2010-1390 du 12 nov. 2010, art. 9) « e) Par arrêté conjoint du préfet et du président du conseil départemental ou du maire lorsque l'intersection est formée par une route nationale ou une route à grande circulation et une route classée ou non à grande circulation relevant de la voirie départementale ou communale ;

« f) Par arrêté conjoint du président du conseil départemental et du maire lorsque l'intersection est formée par une route départementale non classée à grande circulation et une route appartenant à la voirie communale non classée à grande circulation ;

« g) Dans les départements des Hauts-de-Seine, de la Seine-Saint-Denis et du Val-de-Marne, par arrêté du préfet, après consultation du président du conseil départemental ou du maire, lorsque l'intersection est formée par une route à grande circulation et une route classée ou non à grande circulation relevant de la voirie départementale ou communale ;

« 2º En agglomération, par arrêté du maire ou, pour les routes à grande circulation, par arrêté conjoint du préfet et du maire et, dans les départements des Hauts-de-Seine, de la Seine-Saint-Denis et du Val-de-Marne, par arrêté du préfet, après consultation du maire. »

*(Abrogé par Décr. nº 2010-1390 du 12 nov. 2010, art. 9) (Décr. nº 2006-253 du 27 févr. 2006) **« II. – Lorsqu'il porte sur une route classée à grande circulation, l'arrêté du préfet prévu au a du 1º et au 2º du I ci-dessus comporte, en outre, le plan de gestion des feux de signalisation lumineux de l'ensemble de l'itinéraire ou, s'agissant d'un carrefour isolé, la synchronisation des feux de signalisation lumineux. »***

Art. R. 411-8 Les dispositions du présent code ne font pas obstacle au droit conféré par les lois et règlements aux préfets, au président du Conseil exécutif de Corse, aux présidents de conseil départemental et aux maires de prescrire, dans la limite de leurs pouvoirs, des mesures plus rigoureuses dès lors que la sécurité de la circulation routière l'exige. Pour ce qui les concerne, les préfets et les maires peuvent également fonder leurs décisions sur l'intérêt de l'ordre public.

Lorsqu'ils intéressent la police de la circulation sur les voies classées à grande circulation, les arrêtés du président du conseil départemental ou du maire fondés sur le premier alinéa sont pris après avis du préfet. — *[Anc. art. R. 225, al. 1er et 2.]*

Art. R. 411-8-1 *(Décr. n° 2006-253 du 27 févr. 2006)* Les projets qui, en vertu du second alinéa de l'article L. 110-3, doivent être, avant leur mise en œuvre, communiqués au représentant de l'État dans le département, sont les projets ou les mesures techniques de nature à modifier les caractéristiques géométriques ou mécaniques de la route classée à grande circulation ou de l'une de ses voies, en particulier, en affectant les profils en travers, les rayons en plan ou le gabarit ou en prévoyant la mise en place de dispositifs empiétant sur la chaussée.

Art. R. 411-9 Le préfet exerce la police de la circulation sur les autoroutes, sous réserve des compétences conférées à d'autres autorités administratives en vertu du présent code. — *[Anc. art. R. 43-3.]*

SECTION II *Commission départementale de la sécurité routière*

Art. R. 411-10 *(Décr. n° 2006-665 du 7 juin 2006, art. 31)* I. — La commission départementale de la sécurité routière est consultée préalablement à toute décision prise en matière :

(Abrogé par Décr. n° 2015-1537 du 25 nov. 2015, art. 8) « 1° D'agrément d'exploitation d'un établissement d'enseignement de la conduite des véhicules à moteur ;

« 2° D'agrément d'exploitation d'un établissement destiné à la formation de moniteurs d'enseignement de la conduite des véhicules à moteur ; »

(Décr. n° 2012-312 du 5 mars 2012, art. 5) « 3° D'autorisation d'organisation de manifestations sportives, dans les conditions prévues *(Décr. n° 2017-1279 du 9 août 2017, art. 27-1°)* « à l'article R. 331-26 » du code du sport ; »

4° D'agrément des gardiens et des installations de fourrière.

(Abrogé par Décr. n° 2015-1537 du 25 nov. 2015, art. 8) « 5° D'agrément des personnes et des organismes dispensant aux conducteurs responsables d'infractions la formation spécifique à la sécurité routière. »

(Décr. n° 2012-537 du 20 avr. 2012) « II. — La commission peut également être consultée sur tout autre sujet relatif à la sécurité routière, tel que :

« — la mise en place d'itinéraires de déviation pour les poids lourds ;

« — l'harmonisation des limitations de vitesse des véhicules sur les voies ouvertes à la circulation publique ; »

(Décr. n° 2017-1279 du 9 août 2017, art. 27-2°) « — les déclarations d'épreuves, courses ou manifestations sportives devant se disputer en totalité ou en partie sur les voies ouvertes à la circulation publique. »

Art. R. 411-11 *(Décr. n° 2006-665 du 7 juin 2006, art. 31)* La commission départementale de la sécurité routière est présidée par le préfet. Elle comprend :

1° Des représentants des services de l'État ;

2° Des élus départementaux désignés par le conseil départemental *(Décr. n° 2015-694 du 18 juin 2015, art. 1er, en vigueur le 1er juill. 2015)* « et des élus désignés par le conseil de la métropole de Lyon » ;

3° Des élus communaux désignés par l'association des maires du département ou, à défaut, par le préfet ;

4° *Des représentants* des organisations professionnelles et des fédérations sportives ;

5° Des représentants des associations d'usagers.

A Paris, les élus visés aux 2° et 3° sont désignés par le conseil de Paris.

(Décr. n° 2017-1777 du 27 déc. 2017, art. 6, en vigueur le 1er janv. 2018) « En Corse, les élus mentionnés au 2° sont désignés par l'Assemblée de Corse. »

Art. R. 411-12 *(Décr. n° 2006-665 du 7 juin 2006, art. 31)* Des formations spécialisées peuvent être constituées par le président de la commission départementale de la sécurité routière au sein de cette commission pour exercer chacune des attributions qui lui sont dévolues par le I de l'article R. 411-10.

Elles comprennent au moins un représentant des catégories visées aux 1°, 2°, 3° et 5° de l'article R. 411-11 et au moins trois représentants de la catégorie visée au 4° du même article. *(Décr. n° 2017-1279 du 9 août 2017, art. 28)* « Lorsque l'avis de la commission porte sur une autorisation de manifestation sportive motorisée ou sur une homologation de circuit, dans les conditions prévues respectivement aux articles R. 331-26 et R. 331-37 du code du sport, la formation spécialisée comprend au moins un représentant de la fédération sportive délégataire concernée. »

(Décr. n° 2012-537 du 20 avr. 2012) « Pour l'exercice des compétences consultatives mentionnées au II de l'article R. 411-10, le président de la commission peut associer à ses travaux des représentants des gestionnaires des voies concernées. »

Art. R. 411-13 à R. 411-16 *Abrogés par Décr. n° 2006-665 du 7 juin 2006, art. 31.*

SECTION III *Interdictions et restrictions de circulation*

Art. R. 411-17 *(Décr. n° 2011-368 du 4 avr. 2011)* Le fait, pour tout conducteur, de ne pas respecter l'interdiction permanente d'accès de certaines routes à certaines catégories de véhicules, prise par l'autorité investie du pouvoir de police en application des articles L. 411-1 à L. 411-5-1 pour prévenir un danger pour les usagers de la voie, est puni de l'amende prévue pour les contraventions de la quatrième classe.

(Décr. n° 2014-784 du 8 juill. 2014, art. 7-11°) « Lorsque, en outre, cette interdiction concerne une route ou une portion de route ne permettant pas d'éviter une descente dangereuse ou un tunnel, l'infraction est punie de l'amende prévue pour les contraventions de la cinquième classe. Tout conducteur coupable de cette infraction encourt également la peine complémentaire de suspension du permis de conduire pour une durée de trois ans au plus, cette suspension ne pouvant ni être limitée à la conduite en dehors de l'activité professionnelle ni être assortie du sursis, même partiellement. Cette contravention donne lieu de plein droit à la réduction de trois points du permis de conduire. »

L'immobilisation du véhicule peut être prescrite dans les conditions prévues aux articles L. 325-1 à L. 325-3.

Art. R. 411-18 Le préfet peut interdire temporairement la circulation d'une ou plusieurs catégories de véhicules sur certaines portions du réseau routier.

Des arrêtés du ministre de l'intérieur et du ministre chargé des transports peuvent interdire la circulation d'une ou plusieurs catégories de véhicules durant certaines périodes, certains jours ou certaines heures sur tout ou partie du réseau routier.

Des arrêtés pris dans les mêmes conditions peuvent interdire ou réglementer la circulation des véhicules transportant des matières dangereuses.

Les dispositions prises en application du présent article ne sont applicables ni aux convois et transports militaires ni aux véhicules des unités d'instruction et d'intervention de la sécurité civile, qui font l'objet de règles particulières. – *V. Arr. du 13 avr. 1961 (D. 1961. 148 ; BLD 1961. 279).*

Le fait, pour tout conducteur, de contrevenir aux interdictions ou restrictions de circulation temporaires mentionnées au présent article est puni de l'amende prévue pour les contraventions de la quatrième classe.

L'immobilisation du véhicule peut être prescrite dans les conditions prévues aux articles L. 325-1 à L. 325-3.

Art. R. 411-19 Pour les mesures propres à limiter l'ampleur et les effets des pointes de pollution sur la population, le préfet définit le périmètre des zones concernées, les mesures de suspension ou de restriction de la circulation *(Décr. n° 2017-782 du 5 mai 2017, art. 4-1°, en vigueur le 1er juill. 2017)* « , notamment par la réduction des vitesses maximales autorisées, » qu'il est susceptible de prendre et les modalités de publicité et d'information préalables des usagers en cas de mise en œuvre de ces mesures. Ces modalités comportent au minimum l'information des maires intéressés et *(Décr. n° 2017-782 du 5 mai 2017, art. 4-2°, en vigueur le 1er juill. 2017)* « , sauf en cas de réduction des vitesses maximales autorisées ou de déviation de circulation faisant l'objet d'une signalisation routière conforme à l'article R. 411-25, » la transmission d'un communiqué d'information à deux journaux quotidiens et à deux stations de radio ou de télévision, au plus tard à dix-neuf heures la veille de la mise en œuvre de ces mesures, afin de permettre sa diffusion dans les meilleurs délais.

Les mesures mentionnées à l'alinéa précédent peuvent comporter l'interdiction de circulation des véhicules certains jours en fonction de leur numéro d'immatriculation *(Décr. n° 2017-782 du 5 mai 2017, art. 4-3° et 4°, en vigueur le 1er juill. 2017)* « ou de leur identification prévue à l'article L. 318-1 ».

« Le fait, pour tout conducteur, de contrevenir aux mesures de suspension ou de restriction de la circulation mentionnées au présent article, ou de circuler dans le périmètre des restrictions de circulation instaurées sans que le véhicule soit identifié conformément aux

dispositions de l'article L. 318-1 et des textes pris pour son application, est puni de l'amende prévue pour les contraventions :

« 1° De la quatrième classe, lorsque le véhicule relève des catégories M2, M3, N2 ou N3 définies à l'article R. 311-1 ;

« 2° De la troisième classe, lorsque le véhicule relève des catégories M1, N1 ou L *[ancienne rédaction : Le fait, pour tout conducteur, de contrevenir aux mesures de suspension ou de restriction de la circulation mentionnées au présent article est puni de l'amende prévue pour les contraventions de la deuxième classe]*. **»**

L'immobilisation du véhicule peut être prescrite dans les conditions prévues aux articles L. 325-1 à L. 325-3. – *[Anc. art. R. 53-2-1, R. 233-3, al. 2, R. 278, al. 1er et 20.]*

Art. R. 411-19-1 *(Décr. n° 2016-847 du 28 juin 2016, art. 2)* **Le fait, pour un conducteur, de circuler** *(Décr. n° 2017-782 du 5 mai 2017, art. 5-1°, en vigueur le 1er juill. 2017)* **« dans le périmètre d'une zone à circulation restreinte** *[ancienne rédaction : en violation des restrictions d'une zone à circulation restreinte,]* **» instituée en application de l'article L. 2213-4-1 du code général des collectivités territoriales,** *(Décr. n° 2017-782 du 5 mai 2017, art. 5-1°, en vigueur le 1er juill. 2017)* **« en violation des restrictions édictées ou lorsque le véhicule n'est pas identifié conformément aux dispositions de l'article L. 318-1 et des textes pris pour son application, » est puni de l'amende prévue pour les contraventions :**

1° De la quatrième classe, lorsque le véhicule relève des catégories M2, M3, N2 ou N3 définies à l'article R. 311-1 ;

2° De la troisième classe, lorsque le véhicule relève des catégories M1, N1 ou L.

Sans préjudice de l'article L. 121-2, est puni de l'amende prévue pour les contraventions de la quatrième classe, pour les véhicules des catégories M2, M3, N2 ou N3, ou de l'amende prévue pour les contraventions de troisième classe, pour les véhicules des catégories M1, N1 ou L, le fait de stationner dans le périmètre de la zone à circulation restreinte instituée en application de l'article L. 2213-4-1 du code général des collectivités territoriales :

1° Lorsque le véhicule n'est pas identifié conformément aux dispositions de l'article L. 318-1 et des textes pris pour son application ; ou

2° Lorsque l'accès de ce véhicule à la zone de circulation restreinte est interdit en permanence.

Les infractions prévues au présent article peuvent entraîner l'immobilisation du véhicule dans les conditions prévues à l'article L. 325-1.

(Décr. n° 2017-782 du 5 mai 2017, art. 5-2°, en vigueur le 1er juill. 2017) **« Le présent article n'est pas applicable lorsque le véhicule fait partie des véhicules dont l'accès à la zone à circulation restreinte ne peut être interdit en application des articles L. 2213-4-1 et R. 2213-1-0-1 du code général des collectivités territoriales. »**

Art. R. 411-20 **Le préfet pour les routes nationales, le président du conseil départemental pour les routes départementales y compris les routes classées à grande circulation, le président du conseil exécutif de Corse, pour les routes prévues à l'article L. 4424-30 du code général des collectivités territoriales, le maire pour les autres routes peut ordonner l'établissement de barrières de dégel. Ces autorités fixent les conditions de circulation sur les routes ou sections de routes soumises aux barrières de dégel.**

L'établissement de barrières de dégel sur les routes forestières relève de la compétence du préfet, du président du conseil départemental ou du maire selon que la route appartient au domaine forestier national, départemental ou communal.

Les pouvoirs conférés par le présent article au préfet s'exercent sans préjudice des compétences qu'il tient de l'article R. 411-5. – *[Anc. art. R. 45.]*

Art. R. 411-21 **Le fait, pour tout conducteur, de contrevenir aux dispositions portant établissement de barrières de dégel est puni de l'amende prévue pour les contraventions de la cinquième classe.**

La récidive de cette contravention est réprimée conformément à l'article 132-11 du code pénal.

Tout conducteur coupable de l'infraction prévue au présent article encourt également la peine complémentaire de suspension, pour une durée de trois ans au plus, du permis de conduire, cette suspension pouvant être limitée à la conduite en dehors de l'activité professionnelle.

L'immobilisation du véhicule peut être prescrite dans les conditions prévues aux articles L. 325-1 à L. 325-3. – *[Anc. art. R. 233-4, R. 266, al. 1er et 11, et R. 278, al. 1er et 7.]*

Art. R. 411-21-1 *(Décr. n° 2014-784 du 8 juill. 2014, art. 7-12°)* **Pour prévenir un danger pour les usagers de la voie ou en raison de l'établissement d'un chantier, l'autorité investie**

du pouvoir de police peut ordonner la fermeture temporaire d'une route ou l'interdiction temporaire de circulation sur tout ou partie de la chaussée, matérialisée par une signalisation routière adaptée.

Le fait pour tout conducteur de ne pas respecter les interdictions de circuler prescrites en application du premier alinéa du présent article est puni de l'amende prévue pour les contraventions de la quatrième classe.

Lorsque, en outre, cette interdiction concerne une route ou une section de route ne permettant pas d'éviter une descente dangereuse ou un tunnel, l'infraction est punie de l'amende prévue pour les contraventions de la cinquième classe.

Toute personne coupable de ces infractions encourt également la peine complémentaire de suspension, pour une durée de trois ans au plus, du permis de conduire, cette suspension pouvant être limitée à la conduite en dehors de l'activité professionnelle.

Ces contraventions donnent lieu de plein droit à la réduction de trois points du permis de conduire.

Art. R. 411-22 L'autorisation de circulation des autobus articulés comportant plus d'une section articulée *(Abrogé par Décr. n° 2003-468 du 28 mai 2003, art. 3) « et des ensembles formés par un autobus et sa remorque ou un trolleybus et sa remorque »* est délivrée par le préfet. Celui-ci fixe, par arrêté, leurs conditions de circulation, leur zone d'utilisation et leur itinéraire.

Le fait, pour tout conducteur d'un véhicule visé au présent article, de circuler sans autorisation préfectorale ou de ne pas respecter les prescriptions de l'arrêté préfectoral est puni de l'amende prévue pour les contraventions de la quatrième classe. – *[Anc. art. R. 62, al. 5 et R. 241, al. 1er et 2.]*

Art. R. 411-23 La circulation des autobus articulés en dehors de leur zone d'utilisation n'est permise qu'à vide et est subordonnée à une autorisation délivrée dans les conditions prévues par les dispositions relatives aux transports exceptionnels de marchandises, d'engins ou de véhicules.

Le fait, pour tout conducteur d'un autobus articulé, de circuler en dehors de sa zone d'utilisation en transportant des passagers ou sans autorisation préfectorale ou sans respecter les prescriptions de l'autorisation préfectorale, est puni de l'amende prévue pour les contraventions de la quatrième classe. – *[Anc. art. R. 62, al. 6, et R. 241, al. 1er et 2.]*

Art. R. 411-23-1 *(Décr. n° 2015-1693 du 17 déc. 2015, art. 6, en vigueur le 1er janv. 2016)* I. – Sans préjudice des dispositions de l'article R. 411-23-2, les autobus *(Décr. n° 2018-1045 du 28 nov. 2018)* « , les autocars, les navettes urbaines et les trains urbains » dont l'aménagement le prévoit peuvent circuler avec des passagers debout à l'intérieur des agglomérations.

Toutefois les véhicules effectuant des services occasionnels de transport public ou les services privés peuvent être soumis à des conditions d'aménagement fixées par arrêté du ministre chargé des transports.

II. – Lorsque ces véhicules sont affectés à des services publics de transport, ils sont également autorisés à circuler dans les limites du ressort territorial d'une autorité organisatrice de la mobilité définie à l'article L. 1231-1 du code des transports ou Île-de-France Mobilités.

En dehors des agglomérations, l'autorité organisatrice de transports compétente définit les itinéraires empruntés sans préjudice du pouvoir de l'autorité de police compétente. Les conditions relatives au prolongement de ces itinéraires au-delà des agglomérations ou du ressort territorial d'une autorité organisatrice sont fixées par arrêté du ministre chargé des transports.

III. – En dehors des agglomérations, dans les limites du ressort territorial d'une autorité organisatrice de la mobilité définie à l'article L. 1231-1 du code des transports ou d'Île-de-France Mobilités, le préfet peut à titre dérogatoire autoriser pour une durée déterminée des services privés à circuler avec des passagers debout au moyen des véhicules mentionnés au I, sur une distance maximale de 5 kilomètres. Cette autorisation fixe les conditions et limites de circulation, notamment l'itinéraire emprunté et la vitesse maximale à laquelle les véhicules sont autorisés à circuler. La demande d'autorisation adressée au préfet comporte tous les éléments nécessaires à son instruction.

IV. – En cas d'urgence, le préfet peut autoriser de façon limitée tout service ayant recours à tout véhicule destiné au transport de personnes.

V. – Le fait de contrevenir aux dispositions du présent article ou à celles prises pour son application est puni de l'amende prévue pour les contraventions de la quatrième classe.

VI. – L'immobilisation du véhicule de transport en commun de personnes peut être prescrite dans les conditions prévues aux articles L. 325-1 à L. 325-3.

Art. R. 411-23-2 *(Décr. n° 2014-784 du 8 juill. 2014, art. 7-13°)* Dans les véhicules de transport en commun d'enfants, les enfants sont transportés assis.

Dans une situation imprévue, de façon limitée et à titre exceptionnel, les enfants peuvent, sur décision de l'autorité organisatrice de transports concernée, être transportés debout aux conditions définies à l'article R. 411-23-1 dans les véhicules affectés à des services de transports scolaires, sans préjudice du pouvoir de l'autorité de police compétente.

Le fait de contrevenir aux dispositions du présent article ou à celles prises pour son application est puni de l'amende prévue pour les contraventions de la quatrième classe.

L'immobilisation du véhicule de transport en commun de personnes peut être prescrite dans les conditions prévues aux articles L. 325-1 à L. 325-3.

Art. R. 411-24 Lorsqu'un conducteur est en infraction aux dispositions des articles L. 362-1 et L. 362-3 du code de l'environnement ou aux mesures édictées en application des articles L. 2213-4 et L. 2215-3 du code général des collectivités territoriales, l'immobilisation et la mise en fourrière peuvent être prescrites dans les conditions prévues aux articles L. 325-1 à L. 325-3. — *[Anc. art. R. 278, al. 1er et 14, et R. 285-2, al. 1er et 7.]*

SECTION IV *Signalisation routière*

Sur la signalisation du stationnement payant, V. jurispr. ss. l'art. R. 417-6 ; ... les feux de signalisation, V. jurispr. ss. l'art. R. 412-30.

Art. R. 411-25 Le ministre chargé de la voirie nationale et le ministre de l'intérieur fixent par arrêté conjoint publié au *Journal officiel* de la République française les conditions dans lesquelles est établie la signalisation routière pour signifier une prescription de l'autorité investie du pouvoir de police ou donner une information aux usagers.

Les dispositions réglementaires prises par les autorités compétentes en vue de compléter celles du présent code et qui, aux termes de l'arrêté prévu au premier alinéa, doivent faire l'objet de mesures de signalisation, ne sont opposables aux usagers que si lesdites mesures ont été prises.

Les usagers doivent respecter en toutes circonstances les indications résultant de la signalisation établie conformément au premier alinéa.

Les indications des feux de signalisation lumineux prévalent sur celles qui sont données par les signaux routiers réglementant la priorité. — *[Anc. art. R. 44, al. 1er et 3 à 5.]*

Art. R. 411-26 Sauf dispositions différentes prévues au présent code, le fait, pour tout conducteur, de ne pas respecter les indications résultant de la signalisation routière est puni de l'amende prévue pour les contraventions de la deuxième classe. — *[Anc. art. R. 44, al. 4, et R. 233, al. 1er et 2.]*

Art. R. 411-27 I. — Peuvent toutefois ne pas donner lieu à la signalisation prévue à l'article R. 411-25 les dispositions réglementaires énumérées ci-après, qui ont été prises par les autorités compétentes en vue d'assurer la sécurité ou la commodité de la circulation et qui ont été régulièrement publiées au *Journal officiel* :

1° Les mesures temporaires applicables sur tout le territoire ;

2° Les mesures concernant certaines catégories de véhicules ou ensembles de véhicules. — *[Anc. art. R. 44-1.]*

(Décr. n° 2017-782 du 5 mai 2017, art. 6, en vigueur le 1er juill. 2017) « II. — Peuvent également ne pas donner lieu à la signalisation prévue à l'article R. 411-25 les mesures prises en application de l'article R. 411-19. »

Art. R. 411-28 Les indications données par les agents réglant la circulation prévalent sur toutes signalisations, feux de signalisation ou règles de circulation.

Le fait, pour tout conducteur, de ne pas respecter ces indications est puni de l'amende prévue pour les contraventions de la quatrième classe. — *[Anc. art. R. 44, al. 6, et R. 232, al. 1er à 7 et 9.]*

SECTION V *Courses et épreuves sportives*

Art. R. 411-29 *(Décr. n° 2017-1279 du 9 août 2017, art. 29-1°)* « L'organisation des épreuves, courses ou compétitions sportives devant se disputer en totalité ou en partie sur les voies ouvertes à la circulation publique est soumise aux dispositions prévues à la section 4 du chapitre Ier du titre III du livre III du code du sport. »

(Décr. n° 2012-312 du 5 mars 2012, art. 5) « Par dérogation aux dispositions de l'article R. 322-1, la circulation sur la voie publique ou ouverte à la circulation publique d'un véhicule à moteur destiné à participer à une manifestation sportive entrant dans le cadre *(Décr.*

n° 2017-1279 du 9 août 2017, art. 29-2°) « des articles R. 331-18 et R. 331-20 » du code du sport, non réceptionné ou qui n'est plus conforme à sa réception d'origine telle que prévue aux articles R. 321-1 et suivants, est autorisée sur un parcours de liaison tel que défini *(Décr. n° 2018-795 du 17 sept. 2018, art. 19)* « au 10° de l'article R. 331-18 » du code du sport.

« Cette autorisation est valide sous réserve d'une inscription à une manifestation sportive organisée conformément à l'article R. 331-26 du code du sport.

« Cette dérogation est strictement limitée à la date et à l'itinéraire prévus dans l'arrêté d'autorisation de la manifestation sportive.

« Les modalités d'application relatives à l'identification des conducteurs sont fixées par arrêté conjoint du ministre de l'intérieur et du ministre chargé des sports.

« Un arrêté du ministre chargé des transports fixe, pour chaque type de véhicule, les dispositifs techniques et de sécurité minimaux dont ils doivent disposer pour l'application de cet article. »

Art. R. 411-30 L'autorité administrative compétente pour exercer le pouvoir de police en matière de circulation routière peut réglementer la circulation, l'interdire temporairement en cas de nécessité et prévoir que l'épreuve, la course ou la compétition sportive bénéficie d'une priorité de passage *(Décr. n° 2017-1279 du 9 août 2017, art. 30)* « ou d'un usage exclusif temporaire de la chaussée » portée à la connaissance des usagers par une signalisation appropriée, définie par arrêté du ministre de l'intérieur *(Abrogé par Décr. n° 2010-773 du 8 juill. 2010)* « *, du ministre de la défense* », du ministre chargé des transports et du ministre chargé des sports.

Le fait de contrevenir aux restrictions de circulation édictées en vertu du présent article à l'occasion des épreuves, courses ou compétitions sportives est puni de l'amende prévue pour les contraventions de la quatrième classe. – *[Anc. art. R. 53, al. 2 et R. 232, al. 1er et 13.]*

Art. R. 411-31 *(Décr. n° 2017-1279 du 9 août 2017, art. 31)* « L'autorité administrative peut agréer des représentants de la fédération ou de la personne physique ou morale qui organise l'épreuve, la course ou la compétition sportive. » Les représentants qui doivent être majeurs et titulaires du permis de conduire sont chargés, sur l'itinéraire emprunté, de signaler l'épreuve, la course ou la compétition sportive aux usagers de la route. *(Décr. n° 2012-312 du 5 mars 2012, art. 5)* « Ils portent des signes vestimentaires permettant de les identifier. » Dans l'accomplissement de leur mission, ils sont tenus de se conformer aux instructions des membres des forces de police ou de gendarmerie *(Décr. n° 2012-312 du 5 mars 2012, art. 5)* « territorialement compétents ». Ils leur rendent compte des incidents qui peuvent survenir. – *[Anc. art. R. 53, al. 3.]*

(Décr. n° 2012-312 du 5 mars 2012, art. 5) « Le fait pour tout usager de contrevenir aux indications des représentants mentionnés à l'alinéa précédent et mettant en œuvre les mesures de circulation édictées en vertu de l'article R. 411-30 à l'occasion des épreuves, courses ou compétitions sportives est puni de l'amende prévue pour les contraventions de la quatrième classe. »

Art. R. 411-32 Le fait, pour tout organisateur, hors le cas du défaut d'autorisation des courses de véhicules à moteur, de contrevenir aux dispositions réglementant les courses de toute nature, ainsi que les épreuves ou compétitions sportives, est puni de l'amende prévue pour les contraventions de la quatrième classe. – *[Anc. art. R. 234.]*

CHAPITRE II *Conduite des véhicules et circulation des piétons*

SECTION I *Équipements des utilisateurs de véhicules*

Art. R. 412-1 I. – *(Décr. n° 2003-440 du 14 mai 2003)* « En circulation, tout conducteur ou passager d'un véhicule à moteur *(Abrogé par Décr. n° 2003-637 du 9 juill. 2003)* « ***, à l'exception des autobus et autocars dont le poids total autorisé en charge excède 3,5 tonnes,*** » doit porter une ceinture de sécurité homologuée dès lors que le siège qu'il occupe en est équipé en application des dispositions du livre III. »

(Abrogé par Décr. n° 2018-795 du 17 sept. 2018, art. 9) (Décr. n° 2006-1496 du 29 nov. 2006, art. 1er, en vigueur le 1er janv. 2008) « ***Chaque siège équipé d'une ceinture de sécurité ne peut être occupé que par une seule personne.*** »

II. – Toutefois, le port de la ceinture de sécurité n'est pas obligatoire :

1° Pour toute personne dont la morphologie est manifestement inadaptée au port de celle-ci ;

2° Pour toute personne munie d'un certificat médical d'exemption, délivré par *(Décr. n° 2012-886 du 17 juill. 2012, art. 3, en vigueur le 1er sept. 2012)* « un médecin agréé consultant hors commission médicale chargé » d'apprécier l'aptitude physique des candidats au permis de conduire et des conducteurs ou par les autorités compétentes d'un État membre de la Communauté européenne ou de l'Espace économique européen. Ce certificat médical doit mentionner sa durée de validité et comporter le symbole prévu à l'article 5 de la directive 91/671/CEE du Conseil du 16 décembre 1991 :

3° En intervention d'urgence, pour tout conducteur ou passager d'un véhicule d'intérêt général prioritaire ou d'une ambulance ;

4° Pour tout conducteur de taxi en service ;

5° En agglomération, pour tout conducteur ou passager d'un véhicule des services publics contraint par nécessité de service de s'arrêter fréquemment ;

6° En agglomération, pour tout conducteur ou passager d'un véhicule effectuant des livraisons de porte à porte.

III. — Le fait, pour tout conducteur ou passager, de contrevenir aux dispositions du présent article est puni de l'amende prévue pour les contraventions de la *(Décr. n° 2003-293 du 31 mars 2003, art. 3)* « quatrième classe. »

IV. — Lorsque cette contravention est commise par le conducteur, elle donne lieu de plein droit à la réduction *(Décr. n° 2003-293 du 31 mars 2003, art. 3)* « de trois points » du permis de conduire. — *[Anc. art. R. 53-1, R. 233, al. 6 et R. 256, al. 28 à 32.]*

Art. R. 412-1-1 *(Décr. n° 2018-795 du 17 sept. 2018, art. 9)* Sauf dispositions contraires, les passagers d'un véhicule à moteur sont transportés sur des sièges dans la limite du nombre de places assises mentionné sur le certificat d'immatriculation du véhicule. Chaque siège ne peut être occupé que par une seule personne.

Le fait, pour tout conducteur ou passager, de contrevenir aux dispositions du présent article est puni de l'amende prévue pour les contraventions de la quatrième classe.

Lorsque cette contravention est commise par le conducteur, elle donne lieu de plein droit à la réduction de trois points du permis de conduire.

Art. R. 412-2 I. — *(Décr. n° 2003-440 du 14 mai 2003)* « En circulation, tout conducteur d'un véhicule à moteur dont les sièges sont équipés de ceintures *(Décr. n° 2006-1496 du 29 nov. 2006)* « de sécurité » en application des dispositions du livre III, *(Décr. n° 2003-637 du 9 juill. 2003)* « et dont le nombre de places assises, y compris celle du conducteur, n'excède pas neuf » doit s'assurer que *(Décr. n° 2006-1496 du 29 nov. 2006)* « tout passager âgé » de moins de *(Décr. n° 2005-277 du 25 mars 2005)* « dix-huit » ans qu'il transporte *(Décr. n° 2006-1496 du 29 nov. 2006)* « est maintenu » soit par un système homologué de retenue pour enfant, soit par une ceinture de sécurité. »

(Décr. n° 2006-1496 du 29 nov. 2006) « Dans les véhicules de même capacité, lorsqu'un siège n'est pas équipé de ceinture de sécurité, il est interdit d'y transporter un enfant de moins de trois ans. »

II. — De même, *(Décr. n° 2006-1498 du 29 nov. 2006)* « le conducteur » doit s'assurer que tout enfant de moins de dix ans est retenu par un système homologué de retenue pour enfant adapté à sa morphologie et à son poids. — *V. Arr. du 26 janv. 1995 relatif à l'utilisation des systèmes de retenue pour enfants transportés à bord des véhicules à moteur, mod. par Arr. du 14 mai 2014 (JO 25 mai).*

III. — Toutefois, l'utilisation d'un système homologué de retenue pour enfant n'est pas obligatoire :

1° Pour tout enfant dont la morphologie est adaptée au port de la ceinture de sécurité ;

2° Pour tout enfant muni d'un certificat médical d'exemption qui mentionne sa durée de validité et comporte le symbole prévu au 2° du II de l'article R. 412-1 ;

3° *(Décr. n° 2006-1496 du 29 nov. 2006)* « Pour tout enfant transporté dans un taxi ou dans un véhicule de transport en commun ».

IV. – Le fait, pour tout conducteur, de contrevenir aux dispositions du présent article est puni de l'amende prévue pour les contraventions de la *(Décr. nº 2003-293 du 31 mars 2003, art. 3)* « quatrième classe. » – *[Anc. art. R. 53-1-2 et R. 233, al. 6.]*

Art. R. 412-3 I. – Le transport d'un enfant de moins de dix ans sur un siège avant d'un véhicule à moteur est interdit, sauf dans l'un des cas suivants :

1° Lorsque l'enfant est transporté, face à l'arrière, dans un système homologué de retenue spécialement conçu pour être installé à l'avant des véhicules *(Décr. nº 2006-1496 du 29 nov. 2006, art. 3)* « et que le coussin de sécurité frontal est désactivé » ;

2° Lorsque le véhicule ne comporte pas de siège arrière *(Décr. nº 2006-1496 du 29 nov. 2006, art. 3)* « ou si le siège arrière n'est pas équipé de ceinture de sécurité » ;

3° Lorsque les sièges arrière du véhicule sont momentanément inutilisables ou occupés par des enfants de moins de dix ans, à condition que chacun des enfants transportés soit retenu par un système prévu au II de l'article R. 412-2.

II. – Le fait, pour tout conducteur, de contrevenir aux dispositions du présent article est puni de l'amende prévue pour les contraventions de la *(Décr. nº 2003-293 du 31 mars 2003, art. 3)* « quatrième classe. » – *[Anc. art. R. 53-1-3 et R. 233, al. 6.]*

Art. R. 412-4 Des arrêtés du ministre chargé des transports et du ministre de l'intérieur fixent les conditions d'application des articles R. 412-1 à R. 412-3.

Des arrêtés du ministre chargé des transports fixent les conditions d'homologation des ceintures de sécurité et des systèmes de retenue pour enfants. – *[Anc. art. R. 53-1-4.]*

Art. R. 412-5 Les dispositions des articles R. 412-1 à R. 412-4 ne sont applicables ni aux convois et transports militaires ni aux véhicules des unités d'instruction et d'intervention de la sécurité civile, qui font l'objet de règles particulières. – *[Anc. art. R. 229, al. 1er et 2 et R. 229-2.]*

SECTION II *Principes généraux de circulation*

Art. R. 412-6 I. – Tout véhicule en mouvement ou tout ensemble de véhicules en mouvement doit avoir un conducteur. *(Décr. nº 2008-754 du 30 juill. 2008, art. 15)* « Celui-ci doit, à tout moment, adopter un comportement prudent et respectueux envers les autres usagers des voies ouvertes à la circulation. Il doit notamment faire preuve d'une prudence accrue à l'égard des usagers les plus vulnérables. »

II. – Tout conducteur doit se tenir constamment en état et en position d'exécuter commodément et sans délai toutes les manœuvres qui lui incombent. Ses possibilités de mouvement et son champ de vision ne doivent pas être réduits par le nombre ou la position des passagers, par les objets transportés ou par l'apposition d'objets non transparents sur les vitres.

III. – Le fait, pour tout conducteur, de contrevenir aux dispositions du II ci-dessus est puni de l'amende prévue pour les contraventions de la deuxième classe.

IV. – En cas d'infraction aux dispositions du II ci-dessus, l'immobilisation du véhicule peut être prescrite dans les conditions prévues aux articles L. 325-1 à L. 325-3. – *[Anc. art. R. 2, R. 3-1, R. 233, al. 1er et 2, et R. 278, al. 1er et 9.]*

Art. R. 412-6-1 *(Décr. nº 2003-293 du 31 mars 2003, art. 4)* L'usage d'un téléphone tenu en main par le conducteur d'un véhicule en circulation est interdit.

(Décr. nº 2015-743 du 24 juin 2015, art. 1er-3º) « Est également interdit le port à l'oreille, par le conducteur d'un véhicule en circulation, de tout dispositif susceptible d'émettre du son, à l'exception des appareils électroniques correcteurs de surdité.

« Les dispositions du deuxième alinéa ne sont pas applicables aux conducteurs des véhicules d'intérêt général prioritaire prévus à l'article R. 311-1, ni dans le cadre de l'enseignement de la conduite des cyclomoteurs, motocyclettes, tricycles et quadricycles à moteur ou de l'examen du permis de conduire ces véhicules. »

Le fait, pour tout conducteur, de contrevenir aux dispositions du présent article est puni de l'amende prévue pour les contraventions de la *(Décr. nº 2012-3 du 3 janv. 2012, art. 18)* « quatrième » classe.

(Décr. nº 2020-605 du 18 mai 2020, art. 10) « Tout conducteur coupable de cette infraction encourt également la peine complémentaire de suspension, pour une durée de trois ans au plus, du permis de conduire, cette suspension pouvant être limitée à la conduite en dehors de l'activité professionnelle. »

Cette contravention donne lieu de plein droit à la réduction de *(Décr. nº 2012-3 du 3 janv. 2012, art. 18)* « trois » points du permis de conduire.

Art. R. 412-6-2 *(Décr. n° 2008-754 du 30 juill. 2008)* Le fait de placer dans le champ de vision du conducteur d'un véhicule en circulation un appareil en fonctionnement doté d'un écran et ne constituant pas une aide à la conduite ou à la navigation est interdit.

Le fait, pour tout conducteur, de contrevenir aux dispositions du présent article est puni de l'amende prévue pour les contraventions de la *(Décr. n° 2012-3 du 3 janv. 2012, art. 19)* « cinquième » classe.

(Décr. n° 2012-3 du 3 janv. 2012, art. 19) « L'appareil mentionné au premier alinéa est saisi.

« Toute condamnation donne lieu de plein droit à la confiscation de l'appareil qui a servi ou était destiné à commettre l'infraction. »

Est également encourue la peine de confiscation de l'appareil mentionné au premier alinéa.

Cette contravention donne lieu de plein droit à la réduction de *(Décr. n° 2012-3 du 3 janv. 2012, art. 19)* « trois » points du permis de conduire.

Art. R. 412-7 *(Décr. n° 2003-642 du 11 juill. 2003, art. 6-II)* « I ». – *(Décr. n° 2010-1390 du 12 nov. 2010, art. 10)* « Les véhicules doivent, sauf en cas de nécessité absolue, circuler sur la chaussée.

« Toutefois, ils peuvent franchir un trottoir, à partir de l'accès le plus proche, pour rejoindre ou quitter les accès carrossables des immeubles riverains ou des accès non ouverts à la circulation publique.

« Ils peuvent également le franchir pour rejoindre une autre chaussée s'il existe un aménagement à cet effet.

« Les engins d'entretien du trottoir peuvent y circuler dans l'exercice de leur mission, sauf dispositions contraires prises par l'autorité investie du pouvoir de police. »

(Décr. n° 2015-808 du 2 juill. 2015, art. 2-1°) « Dans l'exercice de leur mission, les véhicules d'entretien des voies du domaine public routier peuvent circuler et s'arrêter sur les bandes cyclables, les pistes cyclables et les voies vertes.

« Les véhicules de collecte des ordures ménagères peuvent circuler et s'arrêter sur les bandes cyclables dans leur sens de circulation pour la réalisation des opérations de collecte de la section de rue concernée. »

(Décr. n° 2003-642 du 11 juill. 2003, art. 6-II) « II. – Lorsque, sur la chaussée, une voie de circulation réservée à certaines catégories de véhicules est matérialisée, les conducteurs d'autres catégories de véhicules ne doivent pas circuler sur cette voie. » *(Décr. n° 2004-998 du 16 sept. 2004)* « Les conducteurs de véhicules motorisés ne doivent pas circuler sur une voie verte » *(Décr. n° 2008-754 du 30 juill. 2008, art. 5)* « , ni dans une aire piétonne à l'exception des cas prévus par les règles de circulation mentionnées à l'article R. 411-3.

« III. – *(Décr. n° 2010-1390 du 12 nov. 2010, art. 10)* « Sous réserve de l'application des dispositions *(Décr. n° 2015-808 du 2 juill. 2015, art. 2-2°)* « des deuxième à sixième » alinéas du I, » *(Décr. n° 2008-754 du 30 juill. 2008, art. 5)* « le fait, pour tout conducteur, de contrevenir aux dispositions du présent article est puni de l'amende prévue pour les contraventions de la 4e classe. »

Art. R. 412-8 La circulation sur les bandes d'arrêt d'urgence est interdite.

Le fait de contrevenir aux dispositions du présent article est puni de l'amende prévue pour les contraventions de la *(Décr. n° 2012-3 du 3 janv. 2012, art. 20)* « quatrième » classe.

(Décr. n° 2003-293 du 31 mars 2003, art. 2-II) « Tout conducteur coupable de cette infraction encourt également la peine complémentaire de suspension du permis de conduire pour une durée de trois ans au plus, cette suspension pouvant être limitée à la conduite en dehors de l'activité professionnelle. » – *Dispositions applicables à Mayotte.*

Cette contravention commise à l'occasion de la conduite d'un véhicule donne lieu de plein droit à la réduction de trois points du permis de conduire. – *[Anc. art. R. 43-6, al. 5, R. 233, al. 1er et 2 et R. 256, al. 13 à 23.]*

Art. R. 412-9 En marche normale, tout conducteur doit maintenir son véhicule près du bord droit de la chaussée, autant que le lui permet l'état ou le profil de celle-ci.

Toutefois, un conducteur qui pénètre sur un carrefour à sens giratoire comportant plusieurs voies de circulation en vue d'emprunter une sortie située sur sa gauche par rapport à son axe d'entrée peut serrer à gauche.

Chaque manœuvre de changement de voie à l'intérieur du carrefour à sens giratoire reste soumise aux règles de la priorité et doit être signalée aux autres conducteurs.

(Décr. n° 2015-808 du 2 juill. 2015, art. 3-1° et 2°) « Un conducteur *(Décr. n° 2019-1082 du 23 oct. 2019, art. 19)* « d'engin de déplacement personnel motorisé ou » de cycle peut s'éloigner du bord droit de la chaussée lorsqu'une trajectoire matérialisée pour les cycles, signalisée en application des dispositions de l'article R. 411-25, le permet.

« Sur les voies où la vitesse maximale autorisée n'excède pas 50 km/h, un conducteur *(Décr. n° 2019-1082 du 23 oct. 2019, art. 19)* « d'engin de déplacement personnel motorisé ou » de cycle peut s'écarter des véhicules en stationnement sur le bord droit de la chaussée, d'une distance nécessaire à sa sécurité.

« Sous réserve des dispositions des quatrième et cinquième alinéas du présent article, » le fait, pour tout conducteur, de ne pas maintenir, en marche normale, son véhicule près du bord droit de la chaussée est puni de l'amende prévue pour les contraventions de la deuxième classe.

Le fait, pour tout conducteur, de circuler, en marche normale, sur la partie gauche d'une chaussée à double sens de circulation est puni de l'amende prévue pour les contraventions de la quatrième classe.

(Décr. n° 2003-293 du 31 mars 2003, art. 2-II) « Tout conducteur coupable de cette dernière infraction encourt également la peine complémentaire de suspension du permis de conduire pour une durée de trois ans au plus, cette suspension pouvant être limitée à la conduite en dehors de l'activité professionnelle. » — *Dispositions applicables à Mayotte.*

Cette dernière contravention donne lieu de plein droit à la réduction de trois points du permis de conduire. — *[Anc. art. R. 4, R. 28-2, R. 232, al. 1er et 2, R. 233, al. 1er et 2 et R. 256, al. 13 à 23.]*

(Décr. n° 2017-1279 du 9 août 2017, art. 32) « Les dispositions du présent article ne s'appliquent pas aux représentants mentionnés à l'article R. 411-31 dans les cas prévus à l'article R. 414-3-1 *(Décr. n° 2018-795 du 17 sept. 2018, art. 10)* « et aux conducteurs dans les cas prévus à l'article R. 412-11-1 ». »

Art. R. 412-10 Tout conducteur qui s'apprête à apporter un changement dans la direction de son véhicule ou à en ralentir l'allure doit avertir de son intention les autres usagers, notamment lorsqu'il va se porter à gauche, traverser la chaussée, ou lorsque, après un arrêt ou stationnement, il veut reprendre sa place dans le courant de la circulation.

Le fait, pour tout conducteur, de contrevenir aux dispositions du présent article relatives au changement de direction est puni de l'amende prévue pour les contraventions de la deuxième classe.

(Décr. n° 2003-293 du 31 mars 2003, art. 2-II) « Tout conducteur coupable de cette dernière infraction encourt également la peine complémentaire de suspension du permis de conduire pour une durée de trois ans au plus, cette suspension pouvant être limitée à la conduite en dehors de l'activité professionnelle. » — *Dispositions applicables à Mayotte.*

Cette contravention donne lieu de plein droit à la réduction de trois points du permis de conduire. — *[Anc. art. R. 6, R. 233, al. 1er et 2 et R. 256, al. 13 à 23.]*

Art. R. 412-11 En agglomération, tout conducteur doit ralentir si nécessaire et au besoin s'arrêter pour laisser les véhicules de transport en commun quitter les arrêts signalés comme tels.

Le fait, pour tout conducteur, de contrevenir, aux dispositions du présent article est puni de l'amende prévue pour les contraventions de la deuxième classe. — *[Anc. art. R. 6-1 et R. 233, al. 1er et 2.]*

Art. R. 412-11-1 *(Décr. n° 2018-795 du 17 sept. 2018, art. 11)* Lorsqu'un véhicule équipé des feux spéciaux mentionnés aux articles R. 313-27 et R. 313-28 ou tout autre véhicule dont le conducteur fait usage de ses feux de détresse dans les conditions prévues au premier alinéa de l'article R. 416-18 est immobilisé ou circule à faible allure sur un accotement ou une bande d'arrêt d'urgence, tout conducteur circulant sur le bord droit de la chaussée doit à son approche réduire sa vitesse conformément à l'article R. 413-17 et changer de voie de circulation après s'être assuré qu'il peut le faire sans danger. Si le changement de voie n'est pas réalisable, le conducteur doit s'éloigner le plus possible du véhicule en demeurant dans sa voie.

Lorsque ce même véhicule est immobilisé ou circule à faible allure sur une chaussée, tout conducteur circulant sur la même voie de circulation doit à son approche réduire sa vitesse conformément à l'article R. 413-17, au besoin s'arrêter, et dépasser le véhicule en exécutant les manœuvres prévues à l'article R. 414-4.

Lorsque ce même véhicule est immobilisé ou circule à faible allure sur une voie de circulation adjacente, tout conducteur doit à son approche réduire sa vitesse conformément à l'article R. 413-17 et s'en éloigner le plus possible en demeurant dans la même voie.

Les manœuvres prévues au présent article se réalisent dans le respect de la signalisation routière ou, le cas échéant, des indications données par l'un des agents mentionnés à l'article R. 411-28.

Le fait, pour tout conducteur, de contrevenir aux dispositions du présent article est puni de l'amende prévue pour les contraventions de la quatrième classe.

Art. R. 412-12 *(Décr. n° 2001-1127 du 23 nov. 2001, art. 1er)* I. — Lorsque deux véhicules se suivent, le conducteur du second doit maintenir une distance de sécurité suffisante pour pouvoir éviter une collision en cas de ralentissement brusque ou d'arrêt subit du véhicule qui le précède. Cette distance est d'autant plus grande que la vitesse est plus élevée. Elle correspond à la distance parcourue par le véhicule pendant un délai d'au moins deux secondes.

II. — Hors agglomération, lorsque des véhicules ou des ensembles de véhicules, dont le poids total autorisé en charge dépasse 3,5 tonnes ou dont la longueur dépasse 7 mètres, se suivent à la même vitesse, la distance de sécurité mentionnée au I est d'au moins 50 mètres.

III. — Les dispositions du II ne sont applicables ni aux convois et aux transports militaires et des unités de la police nationale ni aux véhicules des unités d'instruction et d'intervention de la sécurité civile, qui font l'objet de règles particulières.

IV. — Pour les ouvrages routiers dont l'exploitation ou l'utilisation présente des risques particuliers, l'autorité investie du pouvoir de police peut imposer des distances de sécurité plus grandes entre les véhicules.

V. — Le fait, pour tout conducteur, de contrevenir aux dispositions du présent article est puni de l'amende prévue pour les contraventions de la quatrième classe.

VI. — Tout conducteur qui a contrevenu aux règles de distance prises en application du *(Décr. n° 2003-293 du 31 mars 2003, art. 2-III)* « présent article » encourt également la peine complémentaire de suspension, pour une durée de trois ans au plus, du permis de conduire, cette suspension pouvant être limitée à la conduite en dehors de l'activité professionnelle.

VII. — La contravention prévue au V donne lieu de plein droit à la réduction de 3 points du permis de conduire.

Art. R. 412-13 Lorsqu'un véhicule ou son chargement provoque des détériorations à la route ou à ses dépendances, l'immobilisation peut être prescrite dans les conditions prévues aux articles L. 325-1 à L. 325-3. — *[Anc. art. R. 278, al. 1er et 6.]*

Art. R. 412-14 En cas d'infraction aux règlements édictés pour la sauvegarde de l'esthétique des sites et des paysages classés, la mise en fourrière peut être prescrite dans les conditions prévues aux articles L. 325-1 à L. 325-3. — *[Anc. art. R. 285-2, al. 1er et 5.]*

Art. R. 412-15 Il est interdit de couper les éléments de colonnes militaires, de forces de police ou de cortèges en marche.

Le fait, pour tout conducteur, de contrevenir aux dispositions du présent article est puni de l'amende prévue pour les contraventions de la deuxième classe. — *[Anc. art. R. 8 et R. 233, al. 1er et 2.]*

Art. R. 412-16 *(Décr. n° 2009-136 du 9 févr. 2009, en vigueur le 15 avr. 2009)* « Les véhicules de collection sont autorisés à circuler sur l'ensemble du territoire national dans les conditions fixées par un arrêté du ministre chargé des transports pris après avis du ministre de l'intérieur. »

Le fait, pour tout conducteur, de contrevenir aux dispositions du présent article ou à celles prises pour son application est puni de l'amende prévue pour les contraventions de la quatrième classe.

L'immobilisation du véhicule peut être prescrite dans les conditions prévues aux articles L. 325-1 à L. 325-3. — *[Anc. art. R. 53-2, al. 4, R. 232, al. 1er et 10 et R. 278, al. 1er et 7.]*

Art. R. 412-17 *(Abrogé par Décr. n° 2020-1494 du 30 nov. 2020, art. 1er)* ***Tout usager d'un ouvrage routier ouvert à la circulation publique et régulièrement soumis à péage doit, s'il n'est muni d'une autorisation spéciale, acquitter le montant du péage autorisé correspondant au parcours et à la catégorie du véhicule qu'il utilise.***

Le fait, pour tout conducteur, de refuser d'acquitter le montant du péage ou de se soustraire d'une manière quelconque à ce paiement est puni de l'amende prévue pour les contraventions de la deuxième classe. — [Anc. art. R. 43-9 et R. 235-1.]

SECTION III *Matérialisation des voies de circulation*

Art. R. 412-18 Lorsque des lignes longitudinales discontinues sont apposées sur la surface de la chaussée, elles autorisent leur franchissement ou leur chevauchement. Elles sont destinées notamment à délimiter les voies en vue de guider la circulation.

Art. R. 412-19 Lorsque des lignes longitudinales continues axiales ou séparatives de voies de circulation sont apposées sur la chaussée, elles interdisent aux conducteurs leur franchissement ou leur chevauchement.

(*Décr. n° 2015-808 du 2 juill. 2015, art. 4-1°*) « Toutefois, leur chevauchement est autorisé pour le dépassement d'un (*Décr. n° 2019-1082 du 23 oct. 2019, art. 20*) « engin de déplacement personnel motorisé ou d'un » cycle dans les conditions prévues par l'article R. 414-4. »

Le fait, pour tout conducteur, de contrevenir aux dispositions du présent article est puni de l'amende prévue pour les contraventions de la quatrième classe.

(*Décr. n° 2003-293 du 31 mars 2003, art. 2-II*) « Tout conducteur coupable de l'une des infractions prévues au présent article encourt également la peine complémentaire de suspension du permis de conduire pour une durée de trois ans au plus, cette suspension pouvant être limitée à la conduite en dehors de l'activité professionnelle. » – *Dispositions applicables à Mayotte.*

Le franchissement d'une ligne continue axiale ou séparative de voies de circulation donne lieu de plein droit à la réduction de trois points du permis de conduire.

(*Décr. n° 2015-808 du 2 juill. 2015, art. 4-2°*) « Sous réserve des dispositions du deuxième alinéa du présent article, » le chevauchement d'une ligne continue axiale ou séparative de voies de circulation donne lieu de plein droit à la réduction d'un point du permis de conduire. – [*Anc. art. R. 5, al. 1er et 2, R. 232, al. 1er et 2, R. 256, al. 13 à 23, et 28 à 32.*]

Art. R. 412-20 Lorsqu'une ligne longitudinale discontinue est accolée à la ligne longitudinale continue, tout conducteur peut franchir ou chevaucher cette dernière si la ligne discontinue se trouve la plus proche de son véhicule au début de la manœuvre et à condition que cette manœuvre soit terminée avant la fin de la ligne discontinue. – [*Anc. art. R. 5, al. 3.*]

Art. R. 412-21 Les lignes longitudinales délimitant, pour les rendre plus visibles, les bords de la chaussée sont continues ou discontinues. – [*Anc. art. R. 5-2, al. 1er et R. 227-1.*]

Art. R. 412-22 Les lignes longitudinales délimitant les bandes d'arrêt d'urgence sont continues ou discontinues. Elles ne peuvent être (*Décr. n° 2012-3 du 3 janv. 2012, art. 21*) « chevauchées ou » franchies qu'en cas de nécessité absolue. – [*Anc. art. R. 5-2, al. 2 et R. 227-1.*]

(*Décr. n° 2012-3 du 3 janv. 2012, art. 21*) « Le fait, pour tout conducteur, de contrevenir aux dispositions du présent article est puni de l'amende prévue pour les contraventions de la quatrième classe.

« Tout conducteur coupable de cette infraction encourt également la peine complémentaire de suspension du permis de conduire pour une durée de trois ans au plus.

« Cette contravention donne lieu de plein droit à la réduction d'un point du permis de conduire. »

Art. R. 412-23 I. – Lorsque la chaussée comporte des lignes longitudinales discontinues délimitant les voies de circulation :

1° S'il s'agit de voies de circulation générale non spécialisées, tout conducteur doit en marche normale emprunter celle de ces voies qui est le plus à droite et ne franchir ces lignes qu'en cas de dépassement, dans les conditions fixées au chapitre IV du présent titre, ou lorsqu'il est nécessaire de traverser la chaussée ;

2° S'il s'agit d'une voie de circulation réservée à certaines catégories d'usagers, les autres usagers ne peuvent franchir ou chevaucher la ligne que pour quitter la chaussée ou l'aborder.

II. – Le fait, pour tout conducteur, de contrevenir aux dispositions du présent article est puni de l'amende prévue pour les contraventions de la deuxième classe. – [*Anc. art. R. 5-1 et R. 233-3, al. 1er.*]

Art. R. 412-24 Lorsque, sur les routes à sens unique et sur les routes à plus de deux voies, la circulation, en raison de sa densité, s'établit en file ininterrompue sur toutes les voies, les conducteurs doivent rester dans leur file.

Toutefois, les changements de voies de circulation sont possibles pour préparer un changement de direction et doivent être effectués en entravant le moins possible la marche normale des autres véhicules.

Le fait, pour tout conducteur, de contrevenir aux dispositions du présent article est puni de l'amende prévue pour les contraventions de la deuxième classe. – [*Anc. art. R. 4-1, al. 1er et 3 et R. 233, al. 1er et 2.*]

Art. R. 412-25 Lorsqu'une route comporte trois voies ou plus, affectées à un même sens de circulation, il est interdit aux conducteurs des véhicules dont le poids total autorisé en charge excède 3,5 tonnes ou d'ensemble de véhicules dont la longueur excède 7 mètres d'emprunter d'autres voies que les deux voies situées le plus près du bord droit de la chaussée, sauf, en entravant le moins possible la marche normale des autres véhicules, pour préparer un changement de direction.

Le fait, pour tout conducteur, de contrevenir aux dispositions du présent article est puni de l'amende prévue pour les contraventions de la deuxième classe. – *[Anc. art. R. 4-1, al. 2 et 3 et R. 233, al. 1er et 2.]*

(Décr. nº 2002-530 du 11 avr. 2002, art. 2) « Toutefois, ce fait est puni de l'amende prévue pour les contraventions de la cinquième classe lorsque, sur la chaussée, une voie de circulation au moins est couverte de neige ou de verglas sur tout ou partie de sa surface. Dans ce cas, toute personne coupable de l'infraction encourt également la peine complémentaire de suspension, pour une durée de trois ans au plus, du permis de conduire, cette suspension pouvant être limitée à la conduite en dehors de l'activité professionnelle. »

SECTION IV *Sens de circulation*

Art. R. 412-26 Le fait pour tout conducteur de ne pas respecter une signalisation lui imposant une direction est puni de l'amende prévue pour les contraventions de la deuxième classe. – *[Anc. art. R. 5-3 et R. 233, al. 1er et 2.]*

Art. R. 412-27 Sauf dispositions différentes prises par l'autorité investie du pouvoir de police, tout ouvrage, borne, terre-plein ou monument, établi sur une chaussée, une place ou à un carrefour et formant obstacle à la progression directe d'un véhicule, doit être contourné par la droite.

Le fait, pour tout conducteur, de contrevenir aux dispositions du présent article est puni de l'amende prévue pour les contraventions de la quatrième classe. – *[Anc. art. R. 9 et R. 232, al. 1er et 2.]*

Art. R. 412-28 Le fait, pour tout conducteur, de circuler en sens interdit est puni de l'amende prévue pour les contraventions de la quatrième classe.

Tout conducteur coupable de cette infraction encourt également la peine complémentaire de suspension, pour une durée de trois ans au plus, du permis de conduire, cette suspension pouvant être limitée à la conduite en dehors de l'activité professionnelle.

Cette contravention donne lieu de plein droit à la réduction de quatre points du permis de conduire. – *[Anc. art. R. 232, al. 1er et 2, R. 256, al. 5 à 12, et R. 266, al. 1er et 7.]*

Art. R. 412-28-1 *(Décr. nº 2015-808 du 2 juill. 2015, art. 5, en vigueur le 1er janv. 2016)* Lorsque la vitesse maximale autorisée est inférieure ou égale à 30 km/h, les chaussées sont à double sens pour les *(Décr. nº 2019-1082 du 23 oct. 2019, art. 21)* « conducteurs d'engins de déplacement personnel motorisés et les » cyclistes sauf décision contraire de l'autorité investie du pouvoir de police.

SECTION V *Feux de signalisation lumineux*

Art. R. 412-29 Les feux de signalisation lumineux réglant la circulation des véhicules sont verts, jaunes ou rouges. Les feux de signalisation jaunes et rouges peuvent être clignotants.

Art. R. 412-30 Tout conducteur doit marquer l'arrêt absolu devant un feu de signalisation rouge, fixe ou clignotant.

(Décr. nº 2019-1328 du 9 déc. 2019, art. 2) « L'arrêt se fait :

« 1º Lorsqu'une ligne d'arrêt est matérialisée, en respectant la limite de cette ligne ;

« 2º Lorsqu'une ligne d'arrêt n'est pas matérialisée, en respectant la limite d'une ligne située avant le passage pour piétons s'il précède le feu et, dans les autres cas, à l'aplomb du feu de signalisation. »

(Décr. nº 2017-16 du 6 janv. 2017, art. 10 et 16, en vigueur le 1er mars 2017) « Sous réserve des articles R. 415-11 et R. 422-3, les dispositions du premier alinéa ne s'appliquent pas aux transports exceptionnels mentionnés à l'article R. 433-1 et à leurs véhicules d'accompagnement mentionnés à l'article R. 433-17 régulièrement engagés dans une intersection équipée de feux de signalisation affichant la couleur verte au moment du franchissement de ces feux par le premier véhicule d'accompagnement. »

(Décr. nº 2003-283 du 27 mars 2003) « Lorsqu'une piste cyclable *(Décr. nº 2015-808 du 2 juill. 2015, art. 6-1º)* « ou une trajectoire matérialisée pour les cycles, signalisée en application des dispositions de l'article R. 411-25, » traversant la chaussée est parallèle et contiguë à un passage réservé aux piétons dont le franchissement est réglé par des feux de signalisation lumineux, tout conducteur empruntant cette piste *(Décr. nº 2015-808 du 2 juill. 2015, art. 6-2º)* « ou cette trajectoire matérialisée » est tenu, à défaut de signalisation spécifique, de respecter les feux de signalisation réglant la traversée de la chaussée par les piétons. »

Le fait, pour tout conducteur, de contrevenir aux dispositions du présent article est puni de l'amende prévue pour les contraventions de la quatrième classe.

Toute personne coupable de cette infraction encourt également la peine complémentaire de suspension, pour une durée de trois ans au plus, du permis de conduire, cette suspension pouvant être limitée à la conduite en dehors de l'activité professionnelle.

Cette contravention donne lieu de plein droit à la réduction de quatre points du permis de conduire. – *[Anc. art. R. 9-1, R. 232, al. 1er et 9, R. 256, al. 5 à 12, et R. 266, al. 1er et 3.]*

Art. R. 412-31 Tout conducteur doit marquer l'arrêt devant un feu de signalisation jaune fixe, sauf dans le cas où, lors de l'allumage dudit feu, le conducteur ne peut plus arrêter son véhicule dans des conditions de sécurité suffisantes.

Le fait, pour tout conducteur, de contrevenir aux dispositions du présent article est puni de l'amende prévue pour les contraventions de la deuxième classe. – *[Anc. art. R. 233, al. 1er et 2 et Arr. du 24 nov. 1967, art. 7, al. 7.]*

Art. R. 412-32 Les feux de signalisation jaunes clignotants ont pour objet d'attirer l'attention de tout conducteur sur un danger particulier.

Ils autorisent le passage des véhicules sous réserve, le cas échéant, du respect des dispositions relatives aux règles de priorité établies par le présent code ou prescrites par une signalisation particulière. – *[Arr. du 24 nov. 1967, art. 7, al. 8.]*

Art. R. 412-33 Les feux de signalisation verts autorisent le passage des véhicules, sous réserve, dans les intersections, que le conducteur ne s'engage que si son véhicule ne risque pas d'être immobilisé et d'empêcher le passage des autres véhicules circulant sur les voies transversales *(Décr. no 2017-16 du 6 janv. 2017, art. 11 et 16, en vigueur le 1er mars 2017)* « et qu'un transport exceptionnel mentionné à l'article R. 433-1 ou un de ses véhicules d'accompagnement mentionnés à l'article R. 433-17 ne soit pas engagé sur ces voies. Dans ce dernier cas, la priorité de passage appartient au transport exceptionnel et à ses véhicules d'accompagnement ». – *[Arr. du 24 nov. 1967, art. 7, al. 5.]*

SECTION VI *Circulation des piétons*

Art. R. 412-34 I. – Lorsqu'une chaussée est bordée d'emplacements réservés aux piétons ou normalement praticables par eux, tels que trottoirs ou accotements, les piétons sont tenus de les utiliser, à l'exclusion de la chaussée. *(Décr. no 2010-1390 du 12 nov. 2010, art. 11)* « Ces dispositions ne s'appliquent pas aux aires piétonnes et aux zones de rencontre.

« I *bis*. – Les enfants de moins de huit ans qui conduisent un cycle peuvent utiliser les trottoirs ou accotements, sauf dispositions contraires prises par l'autorité investie du pouvoir de police, à la condition de conserver l'allure du pas et de ne pas occasionner de gêne aux piétons. »

II. – Sont assimilés aux piétons :

1° Les personnes qui conduisent une voiture d'enfant, de malade ou d'infirme, ou tout autre véhicule de petite dimension sans moteur ;

2° Les personnes qui conduisent à la main un *(Décr. no 2019-1082 du 23 oct. 2019, art. 22)* « engin de déplacement personnel motorisé, un » cycle ou un cyclomoteur ;

3° Les infirmes qui se déplacent dans une chaise roulante mue par eux-mêmes ou circulant à l'allure du pas.

III. – La circulation de tous véhicules à deux-roues conduits à la main est tolérée sur la chaussée. Dans ce cas, les conducteurs sont tenus d'observer les règles imposées aux piétons. – *[Anc. art. R. 191 et R. 195, al. 4, et R. 217.]*

Art. R. 412-35 Lorsqu'il ne leur est pas possible d'utiliser les emplacements qui leur sont réservés ou en l'absence de ceux-ci, les piétons peuvent emprunter les autres parties de la route en prenant les précautions nécessaires.

Les piétons qui se déplacent avec des objets encombrants peuvent également emprunter la chaussée si leur circulation sur le trottoir ou l'accotement risque de causer une gêne importante aux autres piétons.

Les infirmes qui se déplacent dans une chaise roulante peuvent dans tous les cas circuler sur la chaussée. – *[Anc. art. R. 218.]*

(Décr. no 2008-754 du 30 juill. 2008, art. 6) « Dans une zone de rencontre, les piétons peuvent circuler sur la chaussée mais ne doivent pas gêner la circulation des véhicules en y stationnant. »

Art. R. 412-36 Lorsqu'ils empruntent la chaussée, les piétons doivent circuler près de l'un de ses bords.

Hors agglomération et sauf si cela est de nature à compromettre leur sécurité ou sauf circonstances particulières, ils doivent se tenir près du bord gauche de la chaussée dans le sens de leur marche.

Toutefois, les infirmes se déplaçant dans une chaise roulante et les personnes poussant à la main un cycle, un cyclomoteur ou une motocyclette doivent circuler près du bord droit de la chaussée dans le sens de leur marche. – *[Anc. art. R. 218-1.]*

Art. R. 412-37 Les piétons doivent traverser la chaussée en tenant compte de la visibilité ainsi que de la distance et de la vitesse des véhicules.

Ils sont tenus d'utiliser, lorsqu'il en existe à moins de 50 mètres, les passages prévus à leur intention.

Aux intersections à proximité desquelles n'existe pas de passage prévu à leur intention, les piétons doivent emprunter la partie de la chaussée en prolongement du trottoir. – *[Anc. art. R. 219.]*

(Décr. nº 2010-1390 du 12 nov. 2010) « Les dispositions du présent article ne s'appliquent pas aux aires piétonnes et aux zones de rencontre. »

Art. R. 412-38 Les feux de signalisation lumineux réglant la traversée des chaussées par les piétons sont verts ou rouges et comportent un pictogramme. *(Décr. nº 2015-808 du 2 juill. 2015, art. 7)* « Ils peuvent comporter un signal lumineux jaune indiquant leur mise en service. »

Lorsque la traversée d'une chaussée est réglée par ces feux, les piétons ne doivent s'engager qu'au feu vert.

Lorsque la traversée d'une chaussée est réglée par un agent chargé de la circulation, les piétons ne doivent traverser qu'à son signal. – *[Anc. art. R. 219-1, al. 1er et Arr. du 24 nov. 1967, art. 7, al. 4.]*

Art. R. 412-39 Hors des intersections, les piétons sont tenus de traverser la chaussée perpendiculairement à son axe.

Il est interdit aux piétons de circuler sur la chaussée d'une place ou d'une intersection à moins qu'il n'existe un passage prévu à leur intention leur permettant la traversée directe.

Ils doivent contourner la place ou l'intersection en traversant autant de chaussées qu'il est nécessaire. – *[Anc. art. R. 219-2.]*

(Décr. nº 2010-1390 du 12 nov. 2010, art. 13) « Les dispositions du présent article ne s'appliquent pas aux aires piétonnes et aux zones de rencontre. »

Art. R. 412-40 Lorsque la chaussée est divisée en plusieurs parties par un ou plusieurs refuges ou terre-pleins, les piétons parvenus à l'un de ceux-ci ne doivent s'engager sur la partie suivante de la chaussée qu'en respectant les règles prévues par les articles qui précèdent. – *[Anc. art. R. 219-3.]*

Art. R. 412-41 Lorsque la traversée d'une voie ferrée est réglée par un feu rouge clignotant, il est interdit aux piétons de traverser cette voie ferrée pendant toute la durée de fonctionnement de ce feu. – *[Anc. art. R. 219-1, al. 2.]*

Art. R. 412-42 I. – Les prescriptions de la présente section relatives aux piétons ne sont pas applicables aux cortèges, convois ou processions qui doivent se tenir sur la droite de la chaussée dans le sens de leur marche, de manière à en laisser libre au moins toute la moitié gauche.

II. – Elles ne sont pas non plus applicables aux troupes militaires, aux forces de police en formation de marche et aux groupements organisés de piétons. Toutefois, lorsqu'ils marchent en colonne par un, ils doivent, hors agglomération, se tenir sur le bord gauche de la chaussée dans le sens de leur marche, sauf si cela est de nature à compromettre leur sécurité ou sauf circonstances particulières.

III. – Les formations ou groupements visés au II ci-dessus sont astreints, sauf lorsqu'ils marchent en colonne par un, à ne pas comporter d'éléments de colonne supérieurs à 20 mètres. Ces éléments doivent être distants les uns des autres d'au moins 50 mètres.

IV. – La nuit, ou le jour lorsque la visibilité est insuffisante, chaque colonne ou élément de colonne empruntant la chaussée doit être signalé :

1° A l'avant par au moins un feu blanc ou jaune allumé ;

2° A l'arrière par au moins un feu rouge allumé, visibles à au moins 150 mètres par temps clair et placés du côté opposé au bord de la chaussée qu'il longe.

V. – Cette signalisation peut être complétée par un ou plusieurs feux latéraux émettant une lumière orangée.

VI. — Toutefois, pour les colonnes ou éléments de colonne à l'arrêt ou en stationnement en agglomération, l'emploi des feux prévus au présent article n'est pas requis lorsque l'éclairage de la chaussée permet aux autres usagers de voir distinctement les colonnes ou éléments de colonne à une distance suffisante. — *[Anc. art. R. 40-1, al. 1er et 5, R. 41-1, al. 4 et R. 219-4.]*

Art. R. 412-43 Le fait, pour tout piéton, de contrevenir aux dispositions de la présente section est puni de l'amende prévue pour les contraventions de la première classe. — *[Anc. art. R. 237.]*

SECTION VI *BIS* *Circulation des engins de déplacement personnel motorisés*

(Décr. n° 2019-1082 du 23 oct. 2019, art. 23)

Art. R. 412-43-1 I. — En agglomération, les conducteurs d'engins de déplacement personnel motorisés doivent circuler sur les bandes ou pistes cyclables. Lorsque la chaussée est bordée de chaque côté par une piste cyclable, ils doivent emprunter celle ouverte à droite de la route, dans le sens de la circulation.

En l'absence de bandes ou pistes cyclables, ils peuvent également circuler :

1° Sur les routes dont la vitesse maximale autorisée est inférieure ou égale à 50 km/h. Les conducteurs d'engins de déplacement personnel motorisés ne doivent jamais rouler de front sur la chaussée ;

2° Sur les aires piétonnes dans les conditions définies au quatrième alinéa de l'article R. 431-9 ;

3° Sur les accotements équipés d'un revêtement routier.

II. — Hors agglomération, la circulation des engins de déplacement personnel motorisés est interdite, sauf sur les voies vertes et les pistes cyclables.

III. — Par dérogation aux dispositions des I et II, l'autorité investie du pouvoir de police de la circulation peut, par décision motivée :

1° Interdire la circulation des engins sur certaines sections des voies mentionnées aux I et II, eu égard aux nécessités de sécurité et de circulation routières, de fluidité et de commodité de passage ;

2° Autoriser la circulation des engins sur le trottoir, à condition qu'ils respectent l'allure du pas et n'occasionnent pas de gêne pour les piétons ;

3° Autoriser la circulation sur les routes dont la vitesse maximale autorisée est inférieure ou égale à 80 km/ h, sous réserve que l'état et le profil de la chaussée ainsi que les conditions de trafic le permettent.

IV. — Dans le cas où il est fait application des dispositions du 3° du III :

1° Tout conducteur d'engin de déplacement personnel motorisé doit :

a) Être coiffé d'un casque conforme à la réglementation relative aux équipements de protection individuelle, qui doit être attaché ;

b) Porter, soit un gilet de haute visibilité conforme à la réglementation, soit un équipement rétro-réfléchissant dont les caractéristiques sont fixées par arrêté du ministre chargé de la sécurité routière ;

c) Porter sur lui un dispositif d'éclairage complémentaire non éblouissant et non clignotant dont les caractéristiques sont fixées par arrêté du ministre chargé de la sécurité routière ;

d) Circuler, de jour comme de nuit, avec les feux de position de son engin allumés ;

2° La personne âgée d'au moins dix-huit ans qui accompagne un conducteur d'engin de déplacement personnel motorisé âgé de moins de dix-huit ans doit s'assurer, lorsqu'elle exerce une autorité de droit ou de fait sur ce ou ces conducteurs, que chacun est coiffé d'un casque dans les conditions prévues au *a* du 1° ci-dessus.

V. — Le fait, pour tout conducteur, de contrevenir aux dispositions du I et II ou aux restrictions de circulation édictées en vertu du 1° du III est puni de l'amende prévue pour les contraventions de la deuxième classe.

Dans le cas où trouvent application les dispositions du 2° du III, le fait pour tout conducteur d'engin de déplacement personnel motorisé de circuler sur le trottoir sans conserver l'allure du pas ou d'occasionner une gêne pour les piétons est puni de l'amende prévue pour les contraventions de la deuxième classe.

Dans le cas où trouvent application les dispositions du 3° du III, le fait pour tout conducteur d'engin de méconnaître les dispositions du *b*, du *c* et du *d* du 1° du IV est puni de l'amende prévue pour les contraventions de la deuxième classe.

Dans le cas où trouvent application les dispositions du 3° du III, le fait de ne pas respecter les règles relatives au casque fixées au *a* du 1° et au 2° du IV est puni de l'amende prévue pour les contraventions de la quatrième classe.

Art. R. 412-43-2 Il est interdit aux conducteurs d'engins de déplacement personnel motorisés de pousser ou tracter une charge ou un véhicule.

Il est interdit aux conducteurs d'engins de déplacement personnel de se faire remorquer par un véhicule.

Le fait de contrevenir aux dispositions du présent article est puni de l'amende prévue pour les contraventions de la deuxième classe.

Art. R. 412-43-3 I. – Tout conducteur d'engin de déplacement personnel motorisé doit être âgé d'au moins douze ans.

II. – Sans préjudice de l'application, le cas échéant, des dispositions du IV de l'article R. 412-43-1, lorsqu'il circule la nuit, ou le jour lorsque la visibilité est insuffisante, tout conducteur d'un engin de déplacement personnel motorisé doit porter, soit un gilet de haute visibilité conforme à la réglementation, soit un équipement rétro-réfléchissant dont les caractéristiques sont fixées par arrêté du ministre chargé de la sécurité routière. Le conducteur peut porter un dispositif d'éclairage complémentaire non éblouissant et non clignotant.

III. – Les engins de déplacement personnel motorisés ne peuvent transporter qu'un conducteur.

IV. – Le fait de contrevenir aux dispositions du II est puni de l'amende prévue pour les contraventions de la deuxième classe.

Le fait de circuler sur un engin de déplacement personnel motorisé en ne respectant pas les dispositions du III est puni de l'amende prévue pour les contraventions de la deuxième classe.

La personne âgée d'au moins dix-huit ans accompagnant un conducteur d'engin de déplacement personnel motorisé âgé de moins de douze ans, lorsqu'elle exerce une autorité de droit ou de fait sur ce conducteur, est punie de l'amende prévue pour les contraventions de la quatrième classe.

SECTION VII *Circulation des animaux isolés ou en groupe*

Art. R. 412-44 Tout animal isolé ou en groupe doit avoir un conducteur.

Le fait de contrevenir aux dispositions du présent article est puni de l'amende prévue pour les contraventions de la deuxième classe. – *[Anc. art. R. 3, R. 224 et R. 233, al. 1er et 2.]*

Art. R. 412-45 En marche normale, tout conducteur doit maintenir ses animaux près du bord droit de la chaussée, autant que le lui permet l'état ou le profil de celle-ci.

Le fait de contrevenir aux dispositions du présent article est puni de l'amende prévue pour les contraventions de la deuxième classe. – *[Anc. art. R. 4 et R. 233, al. 1er et 2.]*

Art. R. 412-46 La conduite d'animaux isolés ou en groupe circulant sur une route doit être assurée de telle manière que ceux-ci ne constituent pas une entrave pour la circulation publique et que leur croisement ou dépassement puisse s'effectuer dans des conditions satisfaisantes.

Le fait de contrevenir aux dispositions du présent article est puni de l'amende prévue pour les contraventions de la deuxième classe. – *[Anc. art. R. 221 et R. 233, al. 1er et 2.]*

Art. R. 412-47 Tout conducteur qui s'apprête à apporter un changement dans la direction de ses animaux, ou à en ralentir l'allure, doit avertir de son intention les autres usagers, notamment lorsqu'il va se porter à gauche, traverser la chaussée, ou lorsque, après un arrêt ou stationnement, il veut reprendre sa place dans le courant de la circulation.

Le fait, pour tout conducteur, de contrevenir aux dispositions du présent article relatives au changement de direction est puni de l'amende prévue pour les contraventions de la deuxième classe. – *[Anc. art. R. 6 et R. 233, al. 1er et 2.]*

Art. R. 412-48 Tout conducteur d'animaux isolés ou en groupe doit, dès la chute du jour, hors agglomération, porter de façon très visible, en particulier de l'arrière, une lanterne allumée. Cette prescription ne s'applique pas aux cavaliers.

Pour les animaux isolés ou en groupe à l'arrêt ou en stationnement en agglomération, l'emploi du feu prévu au présent article n'est pas requis lorsque l'éclairage de la chaussée permet aux autres usagers de voir distinctement le ou les animaux à une distance suffisante.

Le fait, pour tout conducteur, de contrevenir aux dispositions du présent article est puni de l'amende prévue pour les contraventions de la quatrième classe. – *[Anc. art. R. 40-1, al. 1er et 6, R. 41-1, al. 4, R. 222 et R. 232, al. 1er et 8.]*

Art. R. 412-49 Tout arrêt ou stationnement, gênant, dangereux ou contraire à toute disposition prise par l'autorité investie du pouvoir de police, d'un animal isolé ou en groupe est puni de l'amende prévue pour les contraventions de la première classe.

Est puni de la même sanction, le fait pour tout conducteur de s'éloigner du lieu de stationnement de son animal sans avoir pris les précautions utiles pour prévenir tout risque d'accident du fait de son absence. — *[Anc. art. R. 36, R. 37-1, al. 1er (partie) et 13, R. 37-2, R. 38, R. 224 et R. 233-1, al. 7.]*

Art. R. 412-50 Le préfet détermine chaque année les conditions particulières à observer pour les troupeaux transhumants, afin de gêner le moins possible la circulation publique, et les itinéraires que doivent suivre ces troupeaux.

Le fait, pour tout conducteur de troupeaux transhumants, de ne pas respecter ces conditions est puni de l'amende prévue pour les contraventions de la deuxième classe. — *[Anc. art. R. 223 et R. 233, al. 1er et 2.]*

SECTION VIII *Troubles à la circulation*

Art. R. 412-51 Le fait, pour toute personne ayant placé sur une voie ouverte à la circulation publique ou à ses abords immédiats un objet ou un dispositif de nature à apporter un trouble à la circulation, de ne pas obtempérer aux injonctions adressées, en vue de l'enlèvement dudit objet ou dispositif, par un des agents habilités à constater les contraventions en matière de circulation routière, est puni de l'amende prévue pour les contraventions de la quatrième classe.

Lorsque la contravention prévue au présent article est commise à l'aide d'un véhicule, la mise en fourrière peut être prescrite dans les conditions prévues aux articles L. 325-1 à L. 325-3. — *[Anc. art. R. 236 et R. 285-2, al. 1er et 4.]*

Art. R. 412-52 Le fait de distribuer ou faire distribuer des prospectus, tracts, écrits, images, photographies ou objets quelconques aux conducteurs ou occupants de véhicules circulant sur une voie ouverte à la circulation publique est puni de l'amende prévue pour les contraventions de la quatrième classe. — *[Anc. art. R. 235.]*

CHAPITRE III *Vitesse*

Sur les cinémomètres de contrôle routier, V. Arr. du 4 juin 2009, App., v° Vitesse.

RÉP. PÉN. v° *Vitesse*, par CÉRÉ.

SECTION I *Vitesses maximales autorisées*

Art. R. 413-1 Lorsqu'elles sont plus restrictives, les vitesses maximales édictées par l'autorité investie du pouvoir de police prévalent sur celles autorisées par le présent code.

Art. R. 413-2 I. — Hors agglomération, la vitesse des véhicules est limitée à :

1° 130 km/h sur les autoroutes. *(Décr. n° 2020-1061 du 14 août 2020)* « Toutefois, lorsqu'une voirie appartenant au réseau routier national a fait l'objet d'un classement dans la catégorie des autoroutes en application du sixième alinéa de l'article R. 122-1 du code de la voirie routière, la vitesse maximale autorisée demeure celle fixée antérieurement à ce classement ; »

2° 110 km/h sur les routes à deux chaussées séparées par un terre-plein central ;

(Décr. n° 2018-487 du 15 juin 2018, en vigueur le 1er juill. 2018) « 3° 80 km/h sur les autres routes. Toutefois, sur les sections de ces routes comportant au moins deux voies affectées à un même sens de circulation, la vitesse maximale est relevée à 90 km/h sur ces seules voies. Ces sections font l'objet d'une signalisation routière dans les conditions prévues par l'article R. 411-25. »

II. — En cas de pluie ou d'autres précipitations, ces vitesses maximales sont abaissées à :

1° 110 km/h sur les sections d'autoroutes où la limite normale est de 130 km/h ;

2° 100 km/h sur les sections d'autoroutes où cette limite est plus basse ainsi que sur les routes à deux chaussées séparées par un terre-plein central ;

(Décr. n° 2018-487 du 15 juin 2018, en vigueur le 1er juill. 2018) « 3° 80 km/h sur les sections des autres routes mentionnées au 3° du I.

« III. — Les autorités détentrices du pouvoir de police de la circulation compétentes communiquent au ministre chargé de la sécurité routière la liste des sections de routes relevant de leur compétence qui comportent au moins deux voies affectées à un même sens de circulation et sur lesquelles la vitesse maximale est relevée à 90 km/h en application du 3° du I. »

Art. R. 413-3 En agglomération, la vitesse des véhicules est limitée à 50 km/h.

Toutefois, cette limite peut être relevée à 70 km/h sur les sections de route où les accès des riverains et les traversées des piétons sont en nombre limité et sont protégés par des dispositifs appropriés. *(Décr. n° 2008-754 du 30 juill. 2008, art. 7)* « La décision est prise par arrêté de l'autorité détentrice du pouvoir de police de la circulation, après consultation des autorités gestionnaires de la voie et, s'il s'agit d'une route à grande circulation, après avis conforme du préfet. »

Sur le boulevard périphérique de Paris, cette limite est fixée à *(Décr. n° 2014-3 du 3 janv. 2014, en vigueur le 10 janv. 2014)* « 70 km/h *[ancienne rédaction : 80 km/h]* ». — *[Anc. art. R. 10, al. 6 et 7.]*

Art. R. 413-4 En cas de visibilité inférieure à 50 mètres, les vitesses maximales sont abaissées à 50 km/h sur l'ensemble des réseaux routier et autoroutier. — *[Anc. art. R. 10, al. 12.]*

Art. R. 413-5 I. — *(Décr. n° 2003-642 du 11 juill. 2003, art. 4-XII)* « Tout élève conducteur et, pendant le délai probatoire défini à l'article L. 223-1, tout conducteur titulaire du permis de conduire est tenu » de ne pas dépasser les vitesses maximales suivantes :

1° 110 km/h sur les sections d'autoroutes où la limite normale est de 130 km/h ;

2° 100 km/h sur les sections d'autoroutes où cette limite est plus basse, ainsi que sur les routes à deux chaussées séparées par un terre-plein central ;

3° 80 km/h sur les autres routes.

(Décr. n° 2003-642 du 11 juill. 2003, art. 4-XII) « II ». — Tout conducteur mentionné au présent article doit, en circulation, apposer de façon visible, à l'arrière de son véhicule, un signe distinctif dont les conditions d'utilisation et le modèle sont fixés par arrêté *(Décr. n° 2003-642 du 11 juill. 2003, art. 4-XII)* « conjoint » du ministre de l'intérieur et du ministre chargé des transports. — *V. Arr. du 5 mai 1994, App., v° Vitesse.*

(Décr. n° 2003-642 du 11 juill. 2003, art. 4-XII) « III ». — Le fait, pour tout conducteur, de ne pas respecter l'obligation de signalisation imposée par le présent article et les dispositions prises pour son application est puni de l'amende prévue pour les contraventions de la deuxième classe. — *[Anc. art. R. 10-6, al. 1er à 5, R. 123-2, al. 5 et R. 241-1.]*

Art. R. 413-6 Les dispositions de l'article R. 413-5 ne sont pas applicables :

1° Aux conducteurs qui ont obtenu, après annulation ou perte de validité, un nouveau permis de conduire sans subir l'épreuve pratique ;

2° Aux conducteurs des véhicules militaires ;

3° Aux conducteurs des véhicules des unités d'instruction et d'intervention de la sécurité civile ;

4° Aux conducteurs des véhicules des formations de la sécurité civile mises sur pied dans le cadre des dispositions de l'ordonnance n° 59-147 du 7 janvier 1959 portant organisation générale de la défense. — *[Anc. art. R. 10-6, al. 6, R. 229, al. 1er et 5 et R. 229-2.]*

Art. R. 413-7 La vitesse des véhicules d'un poids total autorisé en charge inférieur ou égal à 3,5 tonnes et des véhicules de transport en commun, équipés de pneumatiques comportant des crampons antidérapants faisant saillie, est limitée à 90 km/h.

En circulation, les conducteurs de ces véhicules doivent apposer, de façon visible, à l'arrière de leur véhicule, sur la partie inférieure gauche, un disque dont les conditions d'utilisation et le modèle sont fixés par arrêté du ministre chargé des transports.

Le fait, pour tout conducteur, de ne pas respecter l'obligation de signalisation imposée par le présent article et les dispositions prises pour son application est puni de l'amende prévue pour les contraventions de la deuxième classe.

Le ministre chargé des transports fixe par arrêté les conditions d'utilisation des crampons antidérapants des autres véhicules. — *[Arr. du 18 juill. 1985, art. 6.]*

Art. R. 413-8 La vitesse des véhicules *(Décr. n° 2003-536 du 20 juin 2003, art. 17)* « dont le poids total autorisé en charge est supérieur à 3,5 tonnes ou des ensembles de véhicules dont le poids total roulant autorisé est supérieur à 3,5 tonnes *[ancienne rédaction : dont le poids total autorisé en charge ou le poids total roulant autorisé est supérieur à 3,5 tonnes]* », à l'exception des véhicules de transport en commun, est limitée à :

(Décr. n° 2006-1812 du 23 déc. 2006) « 1° 90 km/h sur les autoroutes ; »

2° 80 km/h sur les routes à caractère prioritaire et signalées comme telles. Toutefois, cette vitesse maximale est relevée à *(Décr. n° 2006-1812 du 23 déc. 2006)* « 90 km/h *[ancienne rédaction : 100 km/h]* » pour les véhicules dont le poids total est inférieur ou égal à 12 tonnes sur les routes à deux chaussées séparées par un terre-plein central ;

3° 80 km/h sur les autres routes. Toutefois, cette vitesse maximale est abaissée à 60 km/h pour les véhicules articulés ou avec remorque dont le poids total est supérieur à 12 tonnes ;

4° 50 km/h en agglomération. Toutefois, cette vitesse maximale est relevée à *(Décr. n° 2014-3 du 3 janv. 2014, en vigueur le 10 janv. 2014)* « 70 km/h *[ancienne rédaction : 80 km/h]* » sur le boulevard périphérique de Paris. — *[Anc. art. R. 10-1.]*

Ancien art. R. 413-8, 1° *1° 110 km/h pour les véhicules dont le poids total est inférieur ou égal à 12 tonnes et à 90 km/h pour ceux dont le poids total est supérieur à 12 tonnes, sur les autoroutes.*

Art. R. 413-8-1 *(Décr. n° 2006-1812 du 23 déc. 2006)* Toutefois, la vitesse des véhicules visés à l'article R. 413-8 qui sont destinés au transport de personnes et dont le poids total autorisé en charge est supérieur à 3,5 tonnes et inférieur ou égal à 12 tonnes *(Abrogé par Décr. n° 2008-754 du 30 juill. 2008, art. 17)* « *, ou des ensembles de véhicules visés au même article dont le poids total autorisé en charge du véhicule tracteur est inférieur ou égal à 3,5 tonnes et le poids total roulant autorisé supérieur à 3,5 tonnes et inférieur ou égal à 12 tonnes,* » est limitée à :

1° 110 km/h sur les autoroutes ;

2° 100 km/h sur les routes à deux chaussées séparées par un terre-plein central lorsqu'elles sont à caractère prioritaire et signalées comme telles ;

3° 80 km/h sur les autres routes.

Art. R. 413-9 La vitesse des véhicules transportant des matières dangereuses, dont le poids total autorisé en charge ou le poids total roulant autorisé est supérieur à 12 tonnes, ainsi que celle des *(Décr. n° 2017-16 du 6 janv. 2017, art. 5 et 16, en vigueur le 1er mars 2017)* « transports exceptionnels mentionnés à l'article R. 433-1 *[ancienne rédaction : véhicules circulant sous couvert d'une autorisation de transport exceptionnel]* », est limitée à :

1° 80 km/h sur les autoroutes ;

2° 60 km/h sur les autres routes. Toutefois, cette vitesse maximale est relevée à 70 km/h sur les routes à caractère prioritaire et signalées comme telles, pour les véhicules possédant des caractéristiques particulières définies par arrêté du ministre chargé des transports ; — *V. 2e Arr. du 23 nov. 1992 relatif à ces caractéristiques particulières, App., v° Vitesse.*

3° 50 km/h en agglomération. Toutefois cette vitesse maximale est relevée à *(Décr. n° 2014-3 du 3 janv. 2014, en vigueur le 10 janv. 2014)* « 70 km/h *[ancienne rédaction : 80 km/h]* » sur le boulevard périphérique de Paris. — *[Anc. art. R. 10-2.]*

Art. R. 413-10 *(Décr. n° 2008-754 du 30 juill. 2008)* I. — Hors agglomération, *(Décr. n° 2018-487 du 15 juin 2018, en vigueur le 1er juill. 2018)* « et à l'exception des voies sur lesquelles la vitesse des véhicules est limitée à 80 km/h en application du 3° du I de l'article R. 413-2, » la vitesse des véhicules de transport en commun est limitée à 90 km/h.

II. — Toutefois, cette vitesse maximale est relevée à 100 km/h :

1° Sur les autoroutes pour les véhicules dont le poids total est supérieur à 10 tonnes et possédant des caractéristiques techniques particulières définies par arrêté du ministre chargé des transports ;

2° Sur les autoroutes et les routes à chaussées séparées par un terre-plein central pour les véhicules dont le poids est inférieur ou égal à 10 tonnes.

III. — En exploitation, ces vitesses maximales sont abaissées à 70 km/h pour les autobus et les autocars avec passagers debout.

Art. R. 413-11 Lorsque le poids et les dimensions d'un engin de service hivernal excèdent les limites fixées au chapitre II du titre Ier du livre III, sa vitesse est limitée à 50 km/h. — *[Anc. art. R. 231-1, al. 6.]*

Art. R. 413-12 La vitesse des véhicules et matériels de travaux publics est limitée sur route à 25 km/h. Il en est de même de la vitesse des véhicules remorquant *(Abrogé par Décr. n° 2005-173 du 24 févr. 2005)* « *un véhicule agricole ou* » un matériel de travaux publics.

Toutefois, pour les matériels de travaux publics affectés à des opérations de déneigement des chaussées, la vitesse limite est portée à 50 km/h. — *[Anc. art. R. 162.]*

Art. R. 413-12-1 *(Décr. n° 2005-173 du 24 févr. 2005)* La vitesse des ensembles agricoles constitués d'un véhicule à moteur et d'un véhicule remorqué est limitée sur route à 25 km/h.

Toutefois, pour ces ensembles agricoles, la vitesse limite est portée à 40 km/h si chaque véhicule constituant l'ensemble a été réceptionné pour cette vitesse et si leur largeur hors tout est inférieure ou égale à 2,55 mètres.

Art. R. 413-13 Les véhicules dont la vitesse est réglementée en raison de leur poids *(Décr. n° 2008-754 du 30 juill. 2008, art. 18)* « ou de leur mode d'exploitation » doivent porter, visible à l'arrière, l'indication de la ou des vitesses maximales qu'ils sont tenus de ne pas dépasser. — *V. Arr. du 23 nov. 1992 (JO 24 nov.).*

Le *(Décr. nº 2018-487 du 15 juin 2018, en vigueur le 1er juill. 2018)* « ministre chargé de la sécurité routière » fixe par arrêté les conditions d'application du présent article. *– V. Arr. du 5 févr. 1969 (D. et BLD 1969. 101), mod. par Arr. du 14 sept. 1990 (D. et ALD 1990. 405).*

Le fait, pour tout conducteur, de ne pas respecter l'obligation de signalisation imposée par le présent article et les dispositions prises pour son application est puni de l'amende prévue pour les contraventions de la deuxième classe. *– [Anc. art. R. 98, al. 3 et 4.]*

Art. R. 413-14 I. – *(Décr. nº 2004-1330 du 6 déc. 2004)* « Le fait, pour tout conducteur d'un véhicule à moteur, de dépasser de moins de 50 km/h la vitesse maximale autorisée fixée par le présent code ou édictée par l'autorité investie du pouvoir de police est puni de l'amende prévue pour les contraventions de la quatrième classe.

« Toutefois, lorsque le dépassement est inférieur à 20 km/h et que la vitesse maximale autorisée est supérieure à 50 km/h, l'amende encourue est celle prévue pour les contraventions de la troisième classe. »

II. – *(Décr. nº 2003-642 du 11 juill. 2003, art. 2)* « Toute personne coupable de l'infraction de dépassement de la vitesse maximale autorisée de 30 km/h ou plus encourt également les peines complémentaires suivantes :

« 1° La suspension, pour une durée de trois ans au plus, du permis de conduire, cette suspension pouvant être limitée à la conduite en dehors de l'activité professionnelle ;

« 2° L'interdiction de conduire certains véhicules terrestres à moteur, y compris ceux pour la conduite desquels le permis de conduire n'est pas exigé, pour une durée de trois ans au plus ;

« 3° L'obligation d'accomplir, à ses frais, un stage de sensibilisation à la sécurité routière. »

III. – *(Décr. nº 2003-642 du 11 juill. 2003, art. 4)* « Toute contravention prévue au présent article donne lieu de plein droit à une réduction du nombre de points du permis de conduire dans les conditions suivantes :

« 1° En cas de dépassement de la vitesse maximale autorisée *(Décr. nº 2004-1330 du 6 déc. 2004)* « compris entre 40 km/h et moins de 50 km/h », réduction de quatre points ;

« 2° En cas de dépassement de la vitesse maximale autorisée compris entre 30 km/h et moins de 40 km/h, réduction de trois points ;

« 3° En cas de dépassement de la vitesse maximale autorisée compris entre 20 km/h et moins de 30 km/h, réduction de deux points ;

« 4° En cas de dépassement de la vitesse maximale autorisée de moins de 20 km/h, réduction d'un point. »

Art. R. 413-14-1 *(Décr. nº 2004-1330 du 6 déc. 2004)* I. – Le fait, pour tout conducteur d'un véhicule à moteur, de dépasser de 50 km/h ou plus la vitesse maximale autorisée fixée par le présent code ou édictée par l'autorité investie du pouvoir de police est puni de l'amende prévue pour les contraventions de la cinquième classe.

II. – Toute personne coupable de cette infraction encourt également les peines complémentaires suivantes :

1° La suspension du permis de conduire pour une durée de trois ans au plus, cette suspension ne pouvant pas être limitée à la conduite en dehors de l'activité professionnelle, ni être assortie du sursis, même partiellement ;

2° L'interdiction de conduire certains véhicules terrestres à moteur, y compris ceux pour la conduite desquels le permis de conduire n'est pas exigé, pour une durée de trois ans au plus ;

3° L'obligation d'accomplir, à ses frais, un stage de sensibilisation à la sécurité routière ;

4° La confiscation du véhicule dont le prévenu s'est servi pour commettre l'infraction, s'il en est propriétaire.

III. – Cette contravention donne lieu de plein droit à la réduction de six points du permis de conduire.

Art. R. 413-15 *(Décr. nº 2003-642 du 11 juill. 2003, art. 5-VI)* I. – Le fait de détenir ou de transporter un appareil, dispositif ou produit de nature ou présenté comme étant de nature à déceler la présence ou perturber le fonctionnement d'appareils, instruments ou systèmes servant à la constatation des infractions à la législation ou à la réglementation de la circulation routière ou de permettre de se soustraire à la constatation desdites infractions est puni de l'amende prévue pour les contraventions de la cinquième classe.

Le fait de faire usage d'un appareil, dispositif ou produit de même nature est puni des mêmes peines.

II. – Cet appareil, ce dispositif ou ce produit est saisi. Lorsque l'appareil, le dispositif ou le produit est placé, adapté ou appliqué sur un véhicule, ce véhicule peut également être saisi.

III. – Toute personne coupable de l'infraction prévue au présent article encourt également les peines complémentaires suivantes :

1° La peine complémentaire de suspension, pour une durée de trois ans au plus, du permis de conduire, cette suspension pouvant être limitée à la conduite en dehors de l'activité professionnelle ;

2° La confiscation du véhicule, lorsque le dispositif qui a servi ou était destiné à commettre l'infraction est placé, adapté ou appliqué sur un véhicule.

Toute condamnation donne lieu de plein droit à la confiscation du dispositif qui a servi ou était destiné à commettre l'infraction.

IV. – Cette contravention donne lieu de plein droit à la réduction de *(Décr. n° 2012-3 du 3 janv. 2012, art. 22)* « six » points du permis de conduire.

(Décr. n° 2012-3 du 3 janv. 2012, art. 22) « V. – Les dispositions du présent article sont également applicables aux dispositifs ou produits visant à avertir ou informer de la localisation d'appareils, instruments ou systèmes servant à la constatation des infractions à la législation ou à la réglementation de la circulation routière. »

Art. R. 413-16 Le fait pour tout conducteur d'un véhicule autre qu'un véhicule à moteur de contrevenir aux dispositions du présent code relatives à la vitesse maximale autorisée est puni de l'amende prévue pour les contraventions de la deuxième classe. – *[Anc. art. R. 233, al. 1er et 3.]*

SECTION II *Maîtrise de la vitesse*

Art. R. 413-17 I. – Les vitesses maximales autorisées par les dispositions du présent code, ainsi que celles plus réduites éventuellement prescrites par les autorités investies du pouvoir de police de la circulation, ne s'entendent que dans des conditions optimales de circulation : bonnes conditions atmosphériques, trafic fluide, véhicule en bon état.

II. – Elles ne dispensent en aucun cas le conducteur de rester constamment maître de sa vitesse et de régler cette dernière en fonction de l'état de la chaussée, des difficultés de la circulation et des obstacles prévisibles.

III. – Sa vitesse doit être réduite :

1° Lors du croisement ou du dépassement de piétons *(Décr. n° 2018-795 du 17 sept. 2018, art. 12)* « y compris ceux ayant quitté un véhicule » ou de cyclistes isolés ou en groupe ;

(Décr. n° 2018-795 du 17 sept. 2018, art. 12) « 1° *bis* Lors du croisement ou du dépassement de tout véhicule, immobilisé ou circulant à faible allure sur un accotement, une bande d'arrêt d'urgence ou une chaussée, équipé des feux spéciaux mentionnés aux articles R. 313-27 et R. 313-28 ou dont le conducteur fait usage de ses feux de détresse dans les conditions prévues au premier alinéa de l'article R. 416-18 ; »

2° Lors du dépassement de convois à l'arrêt ;

3° Lors du croisement ou du dépassement de véhicules de transport en commun ou de véhicules affectés au transport d'enfants et faisant l'objet d'une signalisation spéciale, au moment de la descente et de la montée des voyageurs ;

4° Dans tous les cas où la route ne lui apparaît pas entièrement dégagée, ou risque d'être glissante ;

5° Lorsque les conditions de visibilité sont insuffisantes (temps de pluie et autres précipitations, brouillard...) ;

6° Dans les virages ;

7° Dans les descentes rapides ;

8° Dans les sections de routes étroites ou encombrées ou bordées d'habitations ;

9° A l'approche des sommets de côtes et des intersections où la visibilité n'est pas assurée ;

10° Lorsqu'il fait usage de dispositifs spéciaux d'éclairage et en particulier de ses feux de croisement ;

11° Lors du croisement ou du dépassement d'animaux.

IV. – Le fait, pour tout conducteur, de ne pas rester maître de sa vitesse ou de ne pas la réduire dans les cas prévus au présent article est puni de l'amende prévue pour les contraventions de la quatrième classe. – *[Anc. art. R. 11-1 et R. 232, al. 1er et 3 à 5.]*

Art. R. 413-18 *(Décr. n° 2010-1390 du 12 nov. 2010)* « Le conducteur d'un véhicule ou d'un engin qui circule dans un parc de stationnement aménagé sur un terre-plein ou qui franchit un trottoir ou y circule dans les conditions prévues à l'article R. 412-7 ne doit y rouler qu'à l'allure du pas et en prenant toute précaution afin de ne pas constituer un danger pour les piétons. »

Le fait, pour tout conducteur, de contrevenir aux dispositions du présent article est puni de l'amende prévue pour les contraventions de la quatrième classe. – *[Anc. art. R. 220-3 et R. 232, al. 1er, 3 et 4.]*

Art. R. 413-19 Aucun conducteur ne doit gêner la marche normale des autres véhicules en circulant sans raison valable à une vitesse anormalement réduite. En particulier sur autoroute, lorsque la circulation est fluide et que les conditions atmosphériques permettent une visibilité et une adhérence suffisantes, les conducteurs utilisant la voie la plus à gauche ne peuvent circuler à une vitesse inférieure à 80 km/h.

Le fait, pour tout conducteur, de contrevenir aux dispositions du présent article est puni de l'amende prévue pour les contraventions de la deuxième classe. — *[Anc. art. R. 11, al. 1er et R. 233, al. 6.]*

CHAPITRE IV *Croisement et dépassement*

SECTION I *Croisement*

Art. R. 414-1 Les croisements s'effectuent à droite.

En cas de croisement de véhicules, chaque conducteur doit serrer sur sa droite autant que le lui permet la présence d'autres usagers.

Toutefois, certaines intersections peuvent être aménagées de façon telle que le conducteur doive, en fonction de la signalisation, serrer sur sa gauche pour permettre le croisement.

Le fait, pour tout conducteur, de contrevenir aux dispositions du présent article est puni de l'amende prévue pour les contraventions de la quatrième classe. — *[Anc. art. R. 12, R. 13 et R. 232, al. 1er et 6.]*

Art. R. 414-2 Dans tous les cas où l'insuffisance de la largeur libre de la chaussée, son profil ou son état ne permettent pas le croisement avec facilité et en toute sécurité, les conducteurs de véhicules dont le gabarit ou dont le chargement dépasse 2 mètres de largeur ou 7 mètres de longueur, remorque comprise, à l'exception des véhicules de transport en commun en agglomération, doivent réduire leur vitesse et, au besoin, s'arrêter ou se garer pour laisser le passage aux véhicules de dimensions inférieures.

Dans les mêmes cas, tous les usagers doivent réduire leur vitesse et, au besoin, s'arrêter ou se garer pour faciliter le passage d'un véhicule d'intérêt général faisant usage des avertisseurs spéciaux autorisés pour sa catégorie *(Décr. no 2017-16 du 6 janv. 2017, art. 12 et 16, en vigueur le 1er mars 2017)* « ou d'un transport exceptionnel mentionné à l'article R. 433-1 et de ses véhicules d'accompagnement mentionnés à l'article R. 433-17.

« Dans les cas prévus au premier alinéa, le transport exceptionnel et ses véhicules d'accompagnement doivent réduire leur vitesse et, au besoin, s'arrêter ou se garer pour laisser le passage à un véhicule d'intérêt général faisant usage des avertisseurs spéciaux autorisés pour sa catégorie. »

Le fait, pour tout conducteur, de contrevenir aux dispositions du présent article est puni de l'amende prévue pour les contraventions de la quatrième classe. — *[Anc. art. R. 21 et R. 232, al. 1er et 6.]*

Art. R. 414-3 I. — Lorsque sur les routes de montagne et sur les routes à forte déclivité le croisement se révèle difficile, le véhicule descendant doit s'arrêter à temps le premier.

II. — S'il est impossible de croiser sans que l'un des deux véhicules soit contraint de faire marche arrière, cette obligation s'impose :

1o A un véhicule unique par rapport à un ensemble de véhicules ;

2o Au véhicule le plus léger des deux ;

3o A un véhicule de transports de marchandises d'un poids total autorisé en charge supérieur à 3,5 tonnes par rapport à un véhicule de transport en commun.

III. — Lorsqu'il s'agit de véhicules de la même catégorie, c'est le conducteur du véhicule descendant qui doit faire marche arrière, sauf si cela est manifestement plus facile pour le conducteur du véhicule montant, notamment si celui-ci se trouve près d'une place d'évitement.

IV. — Le fait, pour tout conducteur, de contrevenir aux dispositions du présent article est puni de l'amende prévue pour les contraventions de la quatrième classe. — *[Anc. art. R. 22 et R. 232, al. 1er et 6.]*

Art. R. 414-3-1 *(Décr. no 2017-1279 du 9 août 2017, art. 33)* Lorsqu'une épreuve, une course ou une compétition sportive bénéficie de l'usage exclusif temporaire de la chaussée, prévu au premier alinéa de l'article R. 411-30, tout conducteur d'un véhicule ou d'un engin qui circule sur la chaussée doit laisser le passage, s'arrêter ou se garer.

La personne physique ou morale qui organise l'épreuve, la course ou la compétition sportive doit signaler, par un dispositif approprié et adapté au déroulement de l'épreuve, le passage de la manifestation sportive aux autres usagers de la chaussée, par l'intermédiaire des représentants mentionnés à l'article R. 411-31.

Les conducteurs visés au premier alinéa ne peuvent reprendre leur marche qu'au signalement des représentants mentionnés au deuxième alinéa ou après le passage du véhicule signalant la fin de la manifestation.

Le fait, pour tout conducteur, de contrevenir aux dispositions du présent article est puni de l'amende prévue pour les contraventions de la 4e classe.

SECTION II *Dépassement*

Art. R. 414-4 I. – Avant de dépasser, tout conducteur doit s'assurer qu'il peut le faire sans danger.

II. – Il ne peut entreprendre le dépassement d'un véhicule que si :

1° Il a la possibilité de reprendre sa place dans le courant normal de la circulation sans gêner celle-ci ;

2° La vitesse relative des deux véhicules permettra d'effectuer le dépassement dans un temps suffisamment bref ;

3° Il n'est pas lui-même sur le point d'être dépassé.

III. – Il doit, en outre, *(Abrogé par Décr. n° 2003-536 du 20 juin 2003, art. 18)* « *en cas de nécessité,* » avertir de son intention l'usager qu'il veut dépasser.

IV. – Pour effectuer le dépassement, il doit se déporter suffisamment pour ne pas risquer de heurter l'usager qu'il veut dépasser. Il ne doit pas en tout cas s'en approcher latéralement à moins d'un mètre en agglomération et d'un mètre et demi hors agglomération s'il s'agit d'un véhicule à traction animale, d'un engin à deux ou à trois roues, d'un piéton, d'un cavalier ou d'un animal.

V. – Le fait, pour tout conducteur, de contrevenir aux dispositions des II à IV ci-dessus est puni de l'amende prévue pour les contraventions de la quatrième classe.

(Décr. n° 2003-293 du 31 mars 2003, art. 2-V) « VI. – Tout conducteur qui contrevient aux dispositions des II à IV ci-dessus encourt également la peine complémentaire de suspension du permis de conduire pour une durée de trois ans au plus, cette suspension pouvant être limitée à la conduite en dehors de l'activité professionnelle.

« VII ». – Cette contravention donne lieu de plein droit à la réduction de trois points du permis de conduire. – *[Anc. art. R. 14, al. 1er à 5, R. 232, al. 1er et 6 et R. 256, al. 13 à 23.]*

Art. R. 414-5 A l'approche des passages prévus à l'intention des piétons, les conducteurs ne doivent effectuer de dépassement qu'après s'être assurés qu'aucun piéton n'est engagé sur le passage.

Le fait, pour tout conducteur, de contrevenir aux dispositions du présent article est puni de l'amende prévue pour les contraventions de la quatrième classe. – *[Anc. art. R. 220-1 et R. 232, al. 1er et 6.]*

Art. R. 414-6 I. – Les dépassements s'effectuent à gauche.

II. – Par exception à cette règle, tout conducteur doit dépasser par la droite :

1° Un véhicule dont le conducteur a signalé qu'il se disposait à changer de direction vers la gauche ;

2° Un véhicule qui circule sur une voie ferrée empruntant la chaussée lorsque l'intervalle existant entre ce véhicule et le bord de la chaussée est suffisant ; toutefois, dans ce dernier cas, le dépassement peut s'effectuer à gauche sur les routes où la circulation est à sens unique ou sur les autres routes lorsque le dépassement laisse libre toute la moitié gauche de la chaussée.

III. – Le fait, pour tout conducteur, de contrevenir aux dispositions du présent article est puni de l'amende prévue pour les contraventions de la quatrième classe. – *[Anc. art. R. 12, R. 15, al. 1er et 3 à 5, R. 232, al. 1er et 6 et R. 256, al. 13 à 23.]*

(Décr. n° 2003-293 du 31 mars 2003, art. 2-VI) « IV. – Tout conducteur coupable de l'infraction prévue au présent article encourt également la peine complémentaire de suspension du permis de conduire, pour une durée de trois ans au plus, cette suspension pouvant être limitée à la conduite en dehors de l'activité professionnelle.

« V. – Le fait de contrevenir aux dispositions du présent article donne lieu de plein droit à la réduction de trois points du permis de conduire. »

Art. R. 414-7 Tout conducteur qui effectue un dépassement par la gauche ne peut emprunter la moitié gauche de la chaussée que s'il ne gêne pas la circulation en sens inverse.

Le fait, pour tout conducteur, de contrevenir aux dispositions du présent article est puni de l'amende prévue pour les contraventions de la quatrième classe.

(Décr. n° 2003-293 du 31 mars 2003, art. 2-II) « Tout conducteur coupable de cette infraction encourt également la peine complémentaire de suspension du permis de conduire pour

une durée de trois ans au plus, cette suspension pouvant être limitée à la conduite en dehors de l'activité professionnelle. » — *Dispositions applicables à Mayotte.*

Cette contravention donne lieu de plein droit à la réduction de trois points du permis de conduire. — *[Anc. art. R. 14, al. 6, R. 232, al. 1er et 6 et R. 256, al. 13 à 23.]*

Art. R. 414-8 Lorsqu'une chaussée à double sens de circulation comporte plus de deux voies, matérialisées ou non, les conducteurs effectuant un dépassement ne doivent pas emprunter la voie située pour eux le plus à gauche.

Le fait, pour tout conducteur, de contrevenir aux dispositions du présent article est puni de l'amende prévue pour les contraventions de la quatrième classe.

(Décr. n° 2003-293 du 31 mars 2003, art. 2-II) « Tout conducteur coupable de cette infraction encourt également la peine complémentaire de suspension du permis de conduire pour une durée de trois ans au plus, cette suspension pouvant être limitée à la conduite en dehors de l'activité professionnelle. » — *Dispositions applicables à Mayotte.*

Cette contravention donne lieu de plein droit à la réduction de trois points du permis de conduire. — *[Anc. art. R. 18, R. 232, al. 1er et 6 et R. 256, al. 13 à 23.]*

Art. R. 414-9 Dans tous les cas où l'insuffisance de la largeur libre de la chaussée, son profil ou son état ne permettent pas le dépassement avec facilité et en toute sécurité, tout conducteur de véhicules dont le gabarit ou dont le chargement dépasse 2 mètres de largeur ou 7 mètres de longueur, remorque comprise, à l'exception des véhicules de transport en commun en agglomération, doit réduire sa vitesse et, au besoin, s'arrêter ou se garer pour laisser le passage aux véhicules de dimensions inférieures.

Dans les mêmes cas, tout usager doit réduire sa vitesse et, au besoin, s'arrêter ou se garer pour faciliter le passage d'un véhicule d'intérêt général faisant usage des avertisseurs spéciaux autorisés pour sa catégorie.

Le fait, pour tout conducteur, de contrevenir aux dispositions du présent article est puni de l'amende prévue pour les contraventions de la quatrième classe. — *[Anc. art. R. 21 et R. 232, al. 1er et 6.]*

Art. R. 414-10 Tout conducteur qui vient d'effectuer un dépassement par la gauche doit revenir sur sa droite sans provoquer le ralentissement du véhicule dépassé.

Le fait, pour tout conducteur, de contrevenir aux dispositions du présent article est puni de l'amende prévue pour les contraventions de la quatrième classe.

(Décr. n° 2003-293 du 31 mars 2003, art. 2-II) « Tout conducteur coupable de cette infraction encourt également la peine complémentaire de suspension du permis de conduire pour une durée de trois ans au plus, cette suspension pouvant être limitée à la conduite en dehors de l'activité professionnelle. » — *Dispositions applicables à Mayotte.*

Cette contravention donne lieu de plein droit à la réduction de trois points du permis de conduire. — *[Anc. art. R. 19, R. 232, al. 1er et 6 et R. 256, al. 13 à 23.]*

Art. R. 414-11 Tout dépassement est interdit sur les chaussées à double sens de circulation, lorsque la visibilité vers l'avant n'est pas suffisante, ce qui peut être notamment le cas dans un virage ou au sommet d'une côte, sauf si cette manœuvre laisse libre la partie de la chaussée située à gauche d'une ligne continue ou si, s'agissant de dépasser un véhicule à deux-roues, cette manœuvre laisse libre la moitié gauche de la chaussée.

Tout dépassement autre que celui des véhicules à deux-roues est interdit aux intersections de routes, sauf pour les conducteurs abordant une intersection où les conducteurs circulant sur les autres routes doivent leur laisser le passage en application des articles R. 415-6, R. 415-7 et R. 415-8, ou lorsqu'ils abordent une intersection dont le franchissement est réglé par des feux de signalisation ou par un agent de la circulation.

Le fait, pour tout conducteur, de contrevenir aux dispositions du présent article est puni de l'amende prévue pour les contraventions de la quatrième classe.

(Décr. n° 2003-293 du 31 mars 2003, art. 2-II) « Tout conducteur coupable de l'une des infractions prévues au présent article encourt également la peine complémentaire de suspension du permis de conduire pour une durée de trois ans au plus, cette suspension pouvant être limitée à la conduite en dehors de l'activité professionnelle. » — *Dispositions applicables à Mayotte.*

Cette contravention donne lieu de plein droit à la réduction de trois points du permis de conduire. — *[Anc. art. R. 17, al. 1er et 2, R. 232, al. 1er et 6 et R. 256, al. 13 à 23.]*

Art. R. 414-12 Tout dépassement est interdit aux traversées de voies ferrées non munies de barrières ou de demi-barrières.

Le fait, pour tout conducteur, de contrevenir aux dispositions du présent article est puni de l'amende prévue pour les contraventions de la quatrième classe. — *[Anc. art. R. 17, al. 3 et R. 232, al. 1er et 6.]*

Art. R. 414-13 Il est interdit à tout conducteur de dépasser un train ou un *(Décr. no 2003-425 du 9 mai 2003, art. 68)* « véhicule de transport public assujetti à suivre, de façon permanente, une trajectoire déterminée par un ou des rails matériels et empruntant l'assiette des routes » à l'arrêt pendant la montée ou la descente des voyageurs du côté où elle s'effectue.

Le fait, pour tout conducteur, de contrevenir aux dispositions du présent article est puni de l'amende prévue pour les contraventions de la quatrième classe. — *[Anc. art. R. 16 et R. 232, al. 1er et 6.]*

Art. R. 414-14 Le fait pour tout conducteur d'effectuer un dépassement interdit par décision de l'autorité investie du pouvoir de police est puni de l'amende prévue pour les contraventions de la quatrième classe. — *[Anc. art. R. 44, al. 4 et R. 232, al. 1er et 6.]*

Art. R. 414-15 Lorsque, sur les routes à sens unique et sur les routes à plus de deux voies, la circulation s'est, en raison de sa densité, établie en file ininterrompue sur toutes les voies, le fait que les véhicules d'une file circulent plus vite que les véhicules d'une autre file n'est pas considéré comme un dépassement. — *[Anc. art. R. 15, al. 2.]*

Art. R. 414-16 Lorsqu'ils sont sur le point d'être dépassés, les conducteurs doivent serrer immédiatement sur leur droite sans accélérer l'allure.

Le fait, pour tout conducteur, de contrevenir aux dispositions du présent article est puni de l'amende prévue pour les contraventions de la quatrième classe.

(Décr. no 2003-293 du 31 mars 2003, art. 2-VII) « Tout conducteur qui accélère l'allure alors qu'il est sur le point d'être dépassé encourt également la peine complémentaire de suspension du permis de conduire pour une durée de trois ans au plus, cette suspension pouvant être limitée à la conduite en dehors de l'activité professionnelle.

« Dans ce dernier cas, la contravention donne lieu de plein droit à la réduction de deux points du permis de conduire. » — *Dispositions applicables à Mayotte.*

Art. R. 414-17 *(Décr. no 2002-530 du 11 avr. 2002, art. 1er)* Lorsque, sur la chaussée, une voie de circulation au moins est couverte de neige ou de verglas sur tout ou partie de sa surface :

I. — 1o Le dépassement ou le changement de file est interdit à tout conducteur d'un véhicule dont le poids total autorisé en charge excède 3,5 tonnes ou à tout conducteur d'un ensemble de véhicules dont la longueur excède 7 mètres ;

2o Le dépassement des engins de service hivernal en action sur la chaussée est interdit à tout véhicule.

II. — Le fait de contrevenir au I du présent article est puni de l'amende prévue pour les contraventions de la quatrième classe.

III. — Toute personne coupable de cette infraction encourt également la peine complémentaire de suspension, pour une durée de trois ans au plus, du permis de conduire, cette suspension pouvant être limitée à la conduite en dehors de l'activité professionnelle.

CHAPITRE V *Intersections et priorité de passage*

Art. R. 415-1 Tout conducteur s'approchant d'une intersection de routes doit vérifier que la chaussée qu'il va croiser est libre, circuler à allure d'autant plus modérée que les conditions de visibilité sont moins bonnes et, en cas de nécessité, annoncer son approche.

Le fait, pour tout conducteur, de contrevenir aux dispositions du présent article est puni de l'amende prévue pour les contraventions de la quatrième classe. — *[Anc. art. R. 23 et R. 232, al. 1er et 7.]*

Art. R. 415-2 Tout conducteur ne doit s'engager dans une intersection que si son véhicule ne risque pas d'y être immobilisé et d'empêcher le passage des véhicules circulant sur les autres voies. *(Décr. no 2017-16 du 6 janv. 2017, art. 13 et 16, en vigueur le 1er mars 2017)* « En particulier, un conducteur ne doit pas s'engager dans une intersection de routes en cas de signalement, par le conducteur d'un des véhicules d'accompagnement mentionnés à l'article R. 433-17, du franchissement imminent de cette intersection par un transport exceptionnel mentionné à l'article R. 433-1. »

Le conducteur d'un véhicule autre qu'un *(Décr. no 2019-1082 du 23 oct. 2019, art. 24)* « engin de déplacement personnel motorisé ou un » cycle *(Abrogé par Décr. no 2015-808 du*

2 juill. 2015, art. 8-1°, à compter du 1er janv. 2016) « *ou un cyclomoteur* » ne doit pas s'engager dans l'espace compris entre les deux lignes d'arrêt définies à l'article R. 415-15 lorsque son véhicule risque d'y être immobilisé.

(Décr. n° 2015-808 du 2 juill. 2015, art. 8-2°, en vigueur le 1er janv. 2016) « L'autorité investie du pouvoir de police de la circulation peut autoriser les conducteurs de cyclomoteurs à s'engager dans l'espace et dans les conditions prévues à l'alinéa précédent. »

Le fait, pour tout conducteur, de contrevenir aux dispositions du premier alinéa est puni de l'amende prévue pour les contraventions de la quatrième classe.

Le fait, pour tout conducteur d'un véhicule autre qu'un *(Décr. n° 2019-1082 du 23 oct. 2019, art. 24)* « engin de déplacement personnel motorisé ou un » cycle *(Décr. n° 2015-808 du 2 juill. 2015, art. 8-3°, en vigueur le 1er janv. 2016)* « ou, en cas de bénéfice des dispositions du troisième alinéa, un cyclomoteur *[ancienne rédaction : ou un cyclomoteur]* », de contrevenir aux dispositions du second alinéa est puni de l'amende prévue pour les contraventions de la deuxième classe. – *[Anc. art. R. 4-2, R. 232, al. 1er et 7, et R. 233, al. 1er et 2.]*

Art. R. 415-3 *(Décr. n° 2008-754 du 30 juill. 2008, art. 8)* « I. – » Tout conducteur s'apprêtant à quitter une route sur sa droite doit serrer le bord droit de la chaussée.

(Décr. n° 2008-754 du 30 juill. 2008, art. 8) « II. – » Il peut toutefois emprunter la partie gauche de la chaussée lorsque le tracé du virage et les dimensions du véhicule ou de son chargement le mettent dans l'impossibilité de tenir sa droite ; il ne doit ainsi manœuvrer qu'à allure modérée, et après s'être assuré qu'il peut le faire sans danger pour autrui.

(Décr. n° 2008-754 du 30 juill. 2008, art. 8) « III. – Il doit céder le passage aux *(Décr. n° 2019-1082 du 23 oct. 2019, art. 25)* « engins de déplacement personnel motorisés, aux » cycles et cyclomoteurs circulant dans les deux sens sur les pistes cyclables qui traversent la chaussée sur laquelle il va s'engager.

« IV. – » Le fait, pour tout conducteur, de contrevenir aux dispositions du présent article est puni de l'amende prévue pour les contraventions de la quatrième classe. – *[Anc. art. R. 24, al. 1er et 2 et R. 232, al. 1er et 7.]*

Art. R. 415-4 I. – Tout conducteur s'apprêtant à quitter une route sur sa gauche doit serrer à gauche.

II. – Lorsque la chaussée est à double sens de circulation il ne doit pas en dépasser l'axe médian. Néanmoins, lorsque cette chaussée comporte un nombre impair de voies matérialisées, il doit, sauf dispositions différentes prises par l'autorité investie du pouvoir de police, emprunter la voie médiane.

III. – Il doit céder le passage aux véhicules venant en sens inverse sur la chaussée qu'il s'apprête à quitter ainsi qu'aux *(Décr. n° 2019-1082 du 23 oct. 2019, art. 25)* « engins de déplacement personnel motorisés, aux » cycles et cyclomoteurs circulant *(Décr. n° 2008-754 du 30 juill. 2008, art. 9)* « dans les deux sens » sur les pistes cyclables qui traversent la chaussée sur laquelle il va s'engager.

(Décr. n° 2003-283 du 27 mars 2003) « IV. – Par exception à la règle fixée au I, tout conducteur *(Décr. n° 2019-1082 du 23 oct. 2019, art. 27)* « d'engin de déplacement personnel motorisé ou » de cycle, s'apprêtant *(Abrogé par Décr. n° 2008-754 du 30 juill. 2008, art. 9)* « *, hors agglomération,* » à quitter une route sur sa gauche, peut serrer le bord droit de la chaussée avant de s'engager sur sa gauche. »

V. – Le fait, pour tout conducteur, de contrevenir aux dispositions des I et II ci-dessus est puni de l'amende prévue pour les contraventions de la deuxième classe.

VI. – Le fait, pour tout conducteur, de ne pas respecter les règles de priorité fixées au III ci-dessus est puni de l'amende prévue pour les contraventions de la quatrième classe.

VII. – Toute personne coupable de cette infraction aux règles de priorité encourt également la peine complémentaire de suspension, pour une durée de trois ans au plus, du permis de conduire, cette suspension pouvant être limitée à la conduite en dehors de l'activité professionnelle.

VIII. – Cette contravention aux règles de priorité donne lieu de plein droit à la réduction de quatre points du permis de conduire. – *[Anc. art. R. 24, al. 3 et 4, R. 232, al. 1er et 7, R. 233, al. 1er et 2, R. 256, al. 5 à 12, et R. 266, al. 1er et 2.]*

Art. R. 415-5 Lorsque deux conducteurs abordent une intersection par des routes différentes, le conducteur venant par la gauche est tenu de céder le passage à l'autre conducteur, sauf dispositions différentes prévues au présent livre.

Le fait, pour tout conducteur, de ne pas respecter les règles de priorité fixées au présent article est puni de l'amende prévue pour les contraventions de la quatrième classe.

Tout conducteur coupable de cette infraction encourt également la peine complémentaire de suspension, pour une durée de trois ans au plus, du permis de conduire, cette suspension pouvant être limitée à la conduite en dehors de l'activité professionnelle.

Cette contravention donne lieu de plein droit à la réduction de quatre points du permis de conduire. — *[Anc. art. R. 25, R. 232, al. 1er et 7, R. 256, al. 5 à 12, et R. 266, al. 1er et 2.]*

Art. R. 415-6 A certaines intersections indiquées par une signalisation dite "stop", tout conducteur doit marquer un temps d'arrêt à la limite de la chaussée abordée. Il doit ensuite céder le passage aux véhicules circulant sur l'autre ou les autres routes et ne s'y engager qu'après s'être assuré qu'il peut le faire sans danger.

Le fait, pour tout conducteur, de contrevenir aux dispositions du présent article est puni de l'amende prévue pour les contraventions de la quatrième classe.

Tout conducteur coupable de l'une des infractions prévues au présent article encourt également la peine complémentaire de suspension, pour une durée de trois ans au plus, du permis de conduire, cette suspension pouvant être limitée à la conduite en dehors de l'activité professionnelle.

Ces contraventions donnent lieu de plein droit à la réduction de quatre points du permis de conduire. — *[Anc. art. R. 27, al. 1er, R. 232, al. 1er, 7 et 9, R. 256, al. 5 à 12, et R. 266, al. 1er à 3.]*

Art. R. 415-7 A certaines intersections indiquées par une signalisation dite "cédez-le-passage", tout conducteur doit céder le passage aux véhicules circulant sur l'autre ou les autres routes et ne s'y engager qu'après s'être assuré qu'il peut le faire sans danger.

Le fait, pour tout conducteur, de contrevenir aux dispositions du présent article est puni de l'amende prévue pour les contraventions de la quatrième classe.

Tout conducteur coupable de cette infraction encourt également la peine complémentaire de suspension, pour une durée de trois ans au plus, du permis de conduire, cette suspension pouvant être limitée à la conduite en dehors de l'activité professionnelle.

Cette contravention donne lieu de plein droit à la réduction de quatre points du permis de conduire. — *[Anc. art. R. 26-1, al. 1er, R. 232, al. 1er et 7, R. 256, al. 5 à 12, et R. 266, al. 1er et 2.]*

Art. R. 415-8 Hors agglomération, tout conducteur abordant une route à grande circulation et ne se trouvant pas lui-même sur une route de cette catégorie est tenu de céder le passage aux véhicules qui circulent sur la route à grande circulation. *(Décr. n° 2010-1390 du 12 nov. 2010)* « Toutefois l'autorité investie du pouvoir de police peut, lorsque les circonstances locales le justifient et après avis conforme du préfet, prendre un arrêté modifiant cette règle de priorité dans les conditions qu'il *[elle]* définit. »

En agglomération, tout conducteur abordant une route à grande circulation et ne se trouvant pas lui-même sur une route de cette catégorie peut également, *(Décr. n° 2008-754 du 30 juill. 2008, art. 10)* « par arrêté du maire pris après avis conforme du préfet », être tenu de céder le passage aux véhicules qui circulent sur la route à grande circulation.

Le maire peut, par arrêté pris après avis du préfet, reporter l'obligation prévue à l'alinéa précédent sur les conducteurs qui abordent d'autres routes qu'une route classée à grande circulation si ces routes assurent la continuité de l'itinéraire à grande circulation ou imposer à ces conducteurs la même obligation.

La signalisation de ces routes est la même que celle des routes à grande circulation.

Le fait, pour tout conducteur, de ne pas respecter les règles de priorité fixées au présent article est puni de l'amende prévue pour les contraventions de la quatrième classe.

Tout conducteur coupable de cette infraction encourt également la peine complémentaire de suspension, pour une durée de trois ans au plus, du permis de conduire, cette suspension pouvant être limitée à la conduite en dehors de l'activité professionnelle.

Cette contravention donne lieu de plein droit à la réduction de quatre points du permis de conduire. — *[Anc. art. R. 26, al. 1er à 4, R. 232, al. 1er et 7, R. 256, al. 5 à 12, et R. 266, al. 1er et 2.]*

Art. R. 415-9 I. — *(Décr. n° 2010-1390 du 12 nov. 2010, art. 16)* « Tout conducteur qui débouche sur une route en franchissant un trottoir ou à partir d'un accès non ouvert à la circulation publique, d'un chemin de terre ou d'une aire de stationnement ne doit s'engager sur la route qu'après s'être assuré qu'il peut le faire sans danger et qu'à une vitesse suffisamment réduite pour lui permettre un arrêt sur place. »

II. — Il doit céder le passage à tout autre véhicule.

III. — Le fait, pour tout conducteur, de contrevenir aux dispositions du II ci-dessus est puni de l'amende prévue pour les contraventions de la quatrième classe.

IV. — Tout conducteur coupable de cette infraction encourt également la peine complémentaire de suspension, pour une durée de trois ans au plus, du permis de conduire, cette suspension pouvant être limitée à la conduite en dehors de l'activité professionnelle.

V. — Cette contravention donne lieu de plein droit à la réduction de quatre points du permis de conduire. — *[Anc. art. R. 7, R. 232, al. 1er et 7, R. 256, al. 5 à 12, et R. 266, al. 1er et 2.]*

Art. R. 415-10 Tout conducteur abordant un carrefour à sens giratoire est tenu, quel que soit le classement de la route qu'il s'apprête à quitter, de céder le passage aux usagers circulant sur la chaussée qui ceinture le carrefour à sens giratoire.

Le fait, pour tout conducteur, de ne pas respecter les règles de priorité fixées au présent article est puni de l'amende prévue pour les contraventions de la quatrième classe.

Tout conducteur coupable de cette infraction encourt également la peine complémentaire de suspension, pour une durée de trois ans au plus, du permis de conduire, cette suspension pouvant être limitée à la conduite en dehors de l'activité professionnelle.

Cette contravention donne lieu de plein droit à la réduction de quatre points du permis de conduire. — *[Anc. art. R. 26, al. 6, R. 232, al. 1er et 7, R. 256, al. 5 à 12, et R. 266, al. 1er et 2.]*

Art. R. 415-11 *(Décr. nº 2010-1390 du 12 nov. 2010, art. 17)* « Tout conducteur est tenu de céder le passage, au besoin en s'arrêtant, au piéton s'engageant régulièrement dans la traversée d'une chaussée ou manifestant clairement l'intention de le faire ou circulant dans une aire piétonne ou une zone de rencontre. »

Le fait, pour tout conducteur, de ne pas respecter les règles de priorité fixées au présent article est puni de l'amende prévue pour les contraventions de la quatrième classe.

Tout conducteur coupable de cette infraction encourt également la peine complémentaire de suspension, pour une durée de trois ans au plus, du permis de conduire, cette suspension pouvant être limitée à la conduite en dehors de l'activité professionnelle.

Cette contravention donne lieu de plein droit à la réduction de *(Décr. nº 2018-795 du 17 sept. 2018, art. 13)* « six points » du permis de conduire. — *[Anc. art. R. 24, al. 4, R. 220, R. 232, al. 1er et 7, R. 256, al. 5 à 12, et R. 266, al. 1er et 2.]*

Art. R. 415-12 En toutes circonstances, tout conducteur est tenu de céder le passage aux véhicules d'intérêt général prioritaires annonçant leur approche par l'emploi des avertisseurs spéciaux prévus pour leur catégorie.

Le fait, pour tout conducteur, de ne pas respecter les règles de priorité fixées au présent article est puni de l'amende prévue pour les contraventions de la quatrième classe.

Tout conducteur coupable de cette infraction encourt également la peine complémentaire de suspension, pour une durée de trois ans au plus, du permis de conduire, cette suspension pouvant être limitée à la conduite en dehors de l'activité professionnelle.

Cette contravention donne lieu de plein droit à la réduction de quatre points du permis de conduire. — *[Anc. art. R. 28, R. 232, al. 1er et 7, R. 256, al. 5 à 12, et R. 266, al. 1er et 2.]*

Art. R. 415-13 Aux intersections, lorsqu'une chaussée à plusieurs voies comporte une ou plusieurs voies ou bandes réservées à la circulation de certaines catégories de véhicules, les règles de priorité prévues au présent livre s'imposent à tous les conducteurs circulant sur cette chaussée ou l'abordant. — *[Anc. art. R. 28-1, al. 1er.]*

Art. R. 415-14 Pour l'application de toutes les règles de priorité, une piste cyclable est considérée comme une voie de la chaussée principale qu'elle longe, sauf dispositions différentes prises par l'autorité investie du pouvoir de police. — *[Anc. art. R. 28-1, al. 2.]*

Art. R. 415-15 *(Décr. nº 2010-1390 du 12 nov. 2010, art. 18) (Abrogé par Décr. nº 2015-808 du 2 juill. 2015, art. 9-1º) « Aux intersections, »* L'autorité investie du pouvoir de police peut décider de :

1º Mettre en place sur les voies équipées de feux de signalisation une signalisation distincte destinée à une ou plusieurs catégories de véhicules ou indiquant une ou plusieurs directions ou remplissant ces deux fonctions de manière concomitante ;

2º Mettre en place sur les voies équipées de feux de signalisation communs à toutes les catégories d'usagers deux lignes d'arrêt distinctes, l'une pour les *(Décr. nº 2019-1082 du 23 oct. 2019, art. 26)* « engins de déplacement personnel motorisés et les » cycles *(Abrogé par Décr. nº 2015-808 du 2 juill. 2015, art. 8-2º) « et cyclomoteurs »*, l'autre pour les autres catégories de véhicules *(Décr. nº 2015-808 du 2 juill. 2015, art. 9-2º)* « . La ligne d'arrêt pour les *(Décr. nº 2019-1082 du 23 oct. 2019, art. 27)* « engins de déplacement personnel motorisés et les » cycles peut être autorisée pour les cyclomoteurs. »

(Abrogé par Décr. nº 2015-808 du 2 juill. 2015, art. 9-3º) « 3º Réserver une voie que les conducteurs de cycles et de cyclomoteurs sont tenus d'emprunter pour contourner l'intersection par la droite. »

CHAPITRE VI *Usage des dispositifs d'éclairage et de signalisation*

SECTION I *Emploi des avertisseurs*

Art. R. 416-1 Hors agglomération, l'usage des avertisseurs sonores n'est autorisé que pour donner les avertissements nécessaires aux autres usagers de la route.

En agglomération, l'usage de l'avertisseur sonore n'est autorisé qu'en cas de danger immédiat.

Les signaux émis ne doivent pas se prolonger plus qu'il n'est nécessaire.

Le fait, pour tout conducteur, de contrevenir aux dispositions du présent article est puni de l'amende prévue pour les contraventions de la deuxième classe. – *[Anc. art. R. 31, R. 34 et R. 233, al. 1er et 4.]*

Art. R. 416-2 De nuit, les avertissements doivent être donnés par l'allumage intermittent soit des feux de croisement, soit des feux de route, les signaux sonores ne devant être utilisés qu'en cas d'absolue nécessité.

Le fait, pour tout conducteur, de contrevenir aux dispositions du présent article est puni de l'amende prévue pour les contraventions de la deuxième classe. – *[Anc. art. R. 33 et R. 233, al. 1er et 4.]*

Art. R. 416-3 L'usage des trompes à sons multiples, des sirènes et des sifflets est interdit.

Le fait, pour tout conducteur, de contrevenir aux dispositions du présent article est puni de l'amende prévue pour les contraventions de la deuxième classe. – *[Anc. art. R. 32 et R. 233, al. 1er et 4.]*

SECTION II *Éclairage et signalisation de nuit, ou de jour par visibilité insuffisante*

Art. R. 416-4 La nuit, ou le jour lorsque la visibilité est insuffisante, tout conducteur d'un véhicule doit, dans les conditions définies à la présente section, faire usage des feux dont le véhicule doit être équipé en application des dispositions du livre III. – *[Anc. art. R. 40, al. 1er.]*

Art. R. 416-5 Feux de route.

Sauf dispositions différentes prévues au présent code, les véhicules à moteur doivent circuler avec le ou leurs feux de route allumés.

A l'arrêt ou en stationnement, l'usage des feux de route est interdit.

Le fait, pour tout conducteur, de contrevenir aux dispositions du présent article est puni de l'amende prévue pour les contraventions de la quatrième classe. – *[Anc. art. R. 40, al. 2 et 3, et R. 232, al. 1er et 8.]*

Art. R. 416-6 Feux de croisement.

I. – Les cyclomoteurs et les quadricycles légers à moteur doivent circuler avec le ou leurs feux de croisement allumés.

II. – Les autres véhicules à moteur doivent circuler avec le ou leurs feux de croisement allumés, à l'exclusion des feux de route :

1° Quand le véhicule risque d'éblouir d'autres usagers :

a) Au moment où il s'apprête à croiser un autre véhicule ;

b) Lorsqu'il suit un autre véhicule à faible distance, sauf lors d'une manœuvre de dépassement ;

2° Quand le véhicule circule en agglomération sur une route suffisamment éclairée et hors agglomération sur une route éclairée en continu dès lors que cet éclairage est tel qu'il permet au conducteur de voir distinctement à une distance suffisante ;

3° Quand la visibilité est réduite en raison des circonstances atmosphériques. Toutefois, en agglomération, même par temps de pluie, cette disposition ne s'applique pas aux véhicules à moteur autres que les motocyclettes qui circulent avec au moins leurs feux de position allumés, lorsque la chaussée est suffisamment éclairée et que cet éclairage permet au conducteur de voir distinctement à une distance suffisante.

III. – La substitution des feux de croisement aux feux de route doit se faire suffisamment à l'avance pour ne pas gêner la progression des autres usagers.

IV. – Lorsqu'il est fait usage des feux de route, les feux de croisement peuvent être utilisés simultanément.

V. – Le fait, pour tout conducteur, de contrevenir aux dispositions du présent article est puni de l'amende prévue pour les contraventions de la quatrième classe. – *[Anc. art. R. 40, al. 4 à 13, et R. 232, al. 1er et 8.]*

Art. R. 416-7 Feux de brouillard.

I. — En cas de brouillard, de chute de neige ou de forte pluie, les feux avant de brouillard peuvent remplacer ou compléter les feux de croisement. Ils peuvent compléter les feux de route en dehors des agglomérations, sur les routes étroites et sinueuses, hormis les cas où, pour ne pas éblouir les autres usagers, les feux de croisement doivent remplacer les feux de route.

II. — Le ou les feux arrière de brouillard ne peuvent être utilisés qu'en cas de brouillard ou de chute de neige.

III. — Le fait, pour tout conducteur, de contrevenir aux dispositions du présent article est puni de l'amende prévue pour les contraventions de la quatrième classe. — *[Anc. art. R. 40, al. 27 et 28, et R. 232, al. 1er et 8.]*

Art. R. 416-8 Feux de position.

I. — Les feux de position peuvent être allumés en même temps que les feux de route ou les feux de croisement.

II. — Ils doivent être allumés :

1° En même temps que les feux de croisement si aucun point de la plage éclairante de ceux-ci ne se trouve à moins de 400 mm de l'extrémité de la largeur hors tout du véhicule ;

2° Dans tous les cas, en même temps que les feux de brouillard.

III. — *(Abrogé par Décr. nº 2003-536 du 20 juin 2003, art. 19)* ***« La circulation des motocyclettes avec à l'avant le ou leurs seuls feux de position allumés est interdite. »***

IV. — Le fait, pour tout conducteur, de contrevenir aux dispositions du présent article est puni de l'amende prévue pour les contraventions de la quatrième classe. — *[Anc. art. R. 40, al. 14, 15, 17 à 20, et R. 232, al. 1er et 8.]*

Art. R. 416-9 I. — Les véhicules à moteur et les ensembles de véhicules doivent circuler avec :

1° Les feux rouges arrière allumés ;

2° Le ou les feux d'éclairage de la plaque d'immatriculation arrière allumés ;

3° Les feux d'encombrement allumés ;

4° Les feux de position des remorques allumés.

II. — Le fait, pour tout conducteur, de contrevenir aux dispositions du présent article est puni de l'amende prévue pour les contraventions de la quatrième classe. — *[Anc. art. R. 40, al. 22 à 26, et R. 232, al. 1er et 8.]*

Art. R. 416-10 Les cycles ainsi que leur remorque doivent circuler avec le feu de position et le feu rouge arrière allumés.

Le fait, pour tout conducteur, de contrevenir aux dispositions du présent article est puni de l'amende prévue pour les contraventions de la première classe. — *[Anc. art. R. 40-1, al. 1er et 2 et R. 239.]*

Art. R. 416-11 Le fait, pour tout conducteur d'un véhicule à moteur, de circuler la nuit, ou le jour lorsque la visibilité est insuffisante, sans éclairage ni signalisation en un lieu dépourvu d'éclairage public, est puni de l'amende prévue pour les contraventions de la quatrième classe.

Tout conducteur coupable de cette infraction encourt également la peine complémentaire de suspension, pour une durée de trois ans au plus, du permis de conduire, cette suspension pouvant être limitée à la conduite en dehors de l'activité professionnelle.

Cette contravention donne lieu de plein droit à la réduction de quatre points du permis de conduire. — *[Anc. art. R. 232, al. 1er et 8, R. 256, al. 5 à 12, et R. 266, al. 1er et 5.]*

Art. R. 416-12 I. — Sur une chaussée pourvue ou non d'éclairage public, les véhicules à moteur et les ensembles de véhicules doivent être placés à l'arrêt ou en stationnement avec :

1° A l'avant, le ou leurs feux de position allumés ;

2° A l'arrière, le ou leurs feux rouges et le ou leurs feux d'éclairage de la plaque d'immatriculation arrière allumés.

II. — Le fait, pour tout conducteur, de contrevenir aux dispositions du présent article est puni de l'amende prévue pour les contraventions de la quatrième classe. — *[Anc. art. R. 41, al. 1er à 3, R. 232, al. 1er et 8 et R. 256, al. 13 à 23.]*

(Décr. nº 2003-293 du 31 mars 2003, art. 2-VIII) « III. — La nuit, ou le jour lorsque la visibilité est insuffisante, en cas d'arrêt ou de stationnement d'un véhicule à moteur sur la chaussée sans éclairage ni signalisation, en un lieu dépourvu d'éclairage public, le conducteur encourt également la peine complémentaire de suspension du permis de conduire pour une durée de trois ans au plus, cette suspension pouvant être limitée à la conduite en dehors de l'activité professionnelle.

« IV. – Dans le cas prévu au III, la contravention donne lieu de plein droit à la réduction de trois points du permis de conduire. » – *Dispositions applicables à Mayotte.*

Art. R. 416-13 En agglomération, les véhicules à moteur, non attelés d'une remorque, dont la longueur n'excède pas 6 mètres et la largeur, 2 mètres doivent être arrêtés ou stationnés avec au moins un feu de stationnement allumé blanc, jaune ou orangé vers l'avant et rouge, jaune ou orangé vers l'arrière, placé du côté du véhicule opposé au bord de la chaussée le long duquel celui-ci est garé.

Le fait, pour tout conducteur, de contrevenir aux dispositions du présent article est puni de l'amende prévue pour les contraventions de la quatrième classe. – *[Anc. art. R. 41, al. 4 à 6, et R. 232, al. 1er et 8.]*

Art. R. 416-14 Les remorques non accouplées à l'arrêt ou en stationnement sur la chaussée doivent être signalées soit par les feux prévus à l'article R. 416-12 soit par un feu blanc à l'avant et un feu rouge à l'arrière placés l'un et l'autre sur le côté du véhicule opposé au bord de la chaussée le long duquel cette remorque est garée.

Si la longueur de la remorque ne dépasse pas 6 mètres, les deux feux peuvent être réunis en un appareil unique.

Le fait, pour tout conducteur, de contrevenir aux dispositions du présent article est puni de l'amende prévue pour les contraventions de la quatrième classe. – *[Anc. art. R. 41-1, al. 2 et 3 et R. 232, al. 1er et 8.]*

Art. R. 416-15 A l'arrêt ou en stationnement, les motocyclettes à deux-roues sans side-car non munies de batterie, les cyclomoteurs à deux-roues et les cycles à deux-roues peuvent ne pas être signalés s'ils ne sont pas attelés d'une remorque mais ils doivent être garés au bord de la chaussée. – *[Anc. art. R. 41-1, al. 1er, R. 176, al. 1er et 2 et R. 195, al. 4.]*

Art. R. 416-16 En agglomération, tout véhicule à l'arrêt ou en stationnement peut ne pas être signalé lorsque l'éclairage de la chaussée permet aux autres usagers de voir distinctement celui-ci à une distance suffisante. – *[Anc. art. R. 41, al. 7 et R. 41-1, al. 4.]*

SECTION III *Autres dispositions*

Art. R. 416-17 De jour, les motocyclettes *(Décr. nº 2007-271 du 27 févr. 2007)* « et les cyclomoteurs » doivent circuler avec le ou leurs feux de croisement *(Décr. nº 2016-448 du 13 avr. 2016, art. 45)* « ou de circulation diurne » allumés.

Le ministre chargé des transports fixe les conditions d'application du présent article et peut prévoir des dérogations *(Décr. nº 2007-271 du 27 févr. 2007)* « pour les véhicules dont les caractéristiques interdisent l'utilisation permanente des feux de croisement ».

Le fait, pour tout conducteur, de contrevenir aux dispositions du présent article ou à celles prises pour son application est puni de l'amende prévue pour les contraventions de la deuxième classe. – *[Anc. art. R. 40-2 et R. 233, al. 6.]*

Art. R. 416-18 Tout conducteur contraint de circuler momentanément à allure fortement réduite est tenu d'avertir, en faisant usage de ses feux de détresse, les autres usagers qu'il risque de surprendre.

Lorsque la circulation est établie en file ininterrompue, l'obligation prévue à l'alinéa précédent ne s'applique qu'au conducteur du dernier véhicule de la file.

Le fait, pour tout conducteur, de contrevenir aux dispositions du présent article est puni de l'amende prévue pour les contraventions de la deuxième classe. – *[Anc. art. R. 11, al. 2 et 3 et R. 233, al. 6.]*

Art. R. 416-19 *(Décr. nº 2008-754 du 30 juill. 2008, en vigueur le 1er oct. 2008)* I. – Lorsqu'un véhicule immobilisé sur la chaussée constitue un danger pour la circulation, notamment à proximité des intersections de routes, des virages, des sommets de côtes, des passages à niveau et en cas de visibilité insuffisante, ou lorsque tout ou partie de son chargement tombe sur la chaussée sans pouvoir être immédiatement relevé, le conducteur doit assurer la présignalisation de l'obstacle en faisant usage de ses feux de détresse et d'un triangle de présignalisation.

En circulation, le conducteur doit disposer de ce triangle.

II. – Le conducteur doit revêtir un gilet de haute visibilité conforme à la réglementation lorsqu'il est amené à *(Décr. nº 2015-514 du 7 mai 2015, art. 1er-3º, en vigueur le 1er janv. 2016)* « quitter un véhicule *[ancienne rédaction : sortir d'un véhicule]* » immobilisé sur la chaussée ou ses abords à la suite d'un arrêt d'urgence.

En circulation, le conducteur doit disposer de ce gilet à portée de main. *(Décr. nº 2015-514 du 7 mai 2015, art. 1er-3º, en vigueur le 1er janv. 2016)* « Lorsqu'il conduit un véhicule à deux

ou trois roues à moteur ou un quadricycle à moteur non carrossé, il doit disposer de ce gilet sur lui ou dans un rangement du véhicule. »

III. – *(Décr. n° 2015-514 du 7 mai 2015, art. 1er-3°, en vigueur le 1er janv. 2016)* **« Les dispositions du I du présent article ne s'appliquent pas aux conducteurs de véhicules à deux ou trois roues à moteur et quadricycles à moteur non carrossés** *[ancienne rédaction : Les dispositions des I et II du présent article ne s'appliquent pas aux conducteurs de véhicules à deux ou trois roues et quadricycles à moteur non carrossés]*. **»**

Les dispositions du I ne s'appliquent pas aux conducteurs de véhicules d'intérêt général prioritaires faisant usage de leurs avertisseurs spéciaux.

Les dispositions du II ne s'appliquent pas aux conducteurs de véhicules agricoles, ni aux conducteurs des véhicules d'intérêt général prioritaires, dès lors que les conducteurs de ces derniers disposent d'une tenue de haute visibilité conforme aux dispositions du code du travail relatives aux équipements de protection individuelle.

IV. – Un arrêté du ministre chargé *(Décr. n° 2015-514 du 7 mai 2015, art. 1er-3°, en vigueur le 1er janv. 2016)* **« de la sécurité routière** *[ancienne rédaction : des transports]* **» fixe les caractéristiques de ces dispositifs et les conditions d'application des I et II du présent article.** – *V. Arr. du 29 sept. 2008 et 30 sept. 2008 ci-dessous.*

(Décr. n° 2015-514 du 7 mai 2015, art. 1er-3°, en vigueur le 1er janv. 2016) **« V. – Le fait, pour tout conducteur, de contrevenir aux dispositions du premier alinéa du I et du premier alinéa du II ou à celles prises pour leur application est puni de l'amende prévue pour les contraventions de la 4e classe.**

« Le fait, pour tout conducteur, de contrevenir aux dispositions du deuxième alinéa du II ou à celles prises pour leur application est puni de l'amende prévue pour les contraventions de la 1re classe *[ancienne rédaction : V. – Le fait, pour tout conducteur, de contrevenir à une ou plusieurs des dispositions du présent article ou à celles prises pour son application est puni de l'amende prévue pour les contraventions de la 4e classe]*. **»**

Art. R. 416-20 **Le ou les feux de marche arrière ne peuvent être allumés que pour l'exécution d'une marche arrière.**

Le fait, pour tout conducteur, de contrevenir aux dispositions du présent article est puni de l'amende prévue pour les contraventions de la quatrième classe. – *[Anc. art. R. 40, al. 29, et R. 232, al. 1er et 8.]*

CHAPITRE VII *Arrêt et stationnement*

Définitions : R. 110-1 et R. 110-2. – Mise en fourrière : L. 325-1, L. 417-1 et R. 325-12. – Constatation des contraventions : R. 130-1 s. – Responsabilité pécuniaire du titulaire du certificat d'immatriculation : L. 121-2. – Pouvoirs de police : R. 411-3 et R. 411-4.

Sur la procédure de l'amende forfaitaire, V. art. L. 121-5, renvoyant aux art. 529-7 à 530-4 C. pr. pén., et C. pr. pén., art. 529 à 529-2, R. 49 s. et A. 37 s., App., v° Infractions.

En ce qui concerne le pouvoir de police du maire, V. art. L. 411-1, renvoyant not. aux art. L. 2213-2 et L. 2213-3 CGCT.

SECTION I *Dispositions générales*

Art. R. 417-1 **I. – En agglomération, tout véhicule à l'arrêt ou en stationnement doit être placé par rapport au sens de la circulation selon les règles suivantes :**

1° Sur l'accotement, lorsqu'il n'est pas affecté à la circulation de catégories particulières d'usagers et si l'état du sol s'y prête ;

2° Pour les chaussées à double sens, sur le côté droit de celles-ci, sauf dispositions différentes prises par l'autorité investie du pouvoir de police ;

3° Pour les chaussées à sens unique, sur le côté droit ou gauche, sauf dispositions différentes prises par l'autorité investie du pouvoir de police.

II. – Tout arrêt ou stationnement contraire aux dispositions du présent article est puni de l'amende prévue pour les contraventions de la *(Décr. n° 2015-808 du 2 juill. 2015, art. 10, en vigueur le 1er janv. 2018)* **« deuxième classe** *[ancienne rédaction : première classe]* **».** – *[Anc. art. R. 36, al. 1er à 6, et R. 233-1, al. 7.] – Les dispositions issues de l'art. 10 du Décr. n° 2015-808 du 2 juill. 2015 entrent en vigueur à la date prévue au V de l'art. 63 de la L. n° 2014-58 du 27 oct. 2014, soit le 1er janv. 2018, la L. n° 2015-991 du 7 août 2015 (art. 77) ayant repoussé l'entrée en vigueur des nouvelles dispositions au 1er oct. 2016 (au lieu du 1er janv. 2016 initialement prévu), puis la L. n° 2015-1785 du 29 déc. 2015 au 1er janv. 2018.*

Art. R. 417-2 **I. – Lorsque le maire décide d'instituer à titre permanent, pour tout ou partie de l'année, sur une ou plusieurs voies de circulation de l'agglomération, le stationnement unilatéral alterné des véhicules, la périodicité de celui-ci doit être semi-mensuelle.**

II. – Ce stationnement s'effectue alors dans les conditions suivantes :

1° Du 1er au 15 de chaque mois, le stationnement est autorisé du côté des numéros impairs des immeubles bordant la rue ;

2° Du 16 au dernier jour du mois, le stationnement est autorisé du côté des numéros pairs.

III. – Sauf dispositions différentes prises par l'autorité investie du pouvoir de police, le changement de côté s'opère le dernier jour de chacune de ces deux périodes entre 20 h 30 et 21 heures.

IV. – Tout stationnement contraire aux dispositions du présent article est puni de l'amende prévue pour les contraventions de la *(Décr. n° 2015-808 du 2 juill. 2015, art. 10, en vigueur le 1er janv. 2018)* « deuxième classe *[ancienne rédaction : première classe]* ». – *[Anc. art. R. 37-3 et R. 233-1, al. 7.]*

Art. R. 417-3 I. – Lorsque l'autorité municipale décide, par voie d'arrêté, de limiter la durée du stationnement à l'intérieur de tout ou partie de l'agglomération, en prévoyant également l'obligation pour les conducteurs de véhicules d'apposer sur ceux-ci un dispositif destiné à faciliter le contrôle de cette limitation, ce dispositif doit être conforme à un modèle type.

II. – Les indications du modèle type relatives aux heures d'arrivée *(Abrogé par Décr. n° 2007-1503 du 19 oct. 2007) « et aux heures limites de stationnement »* doivent figurer parmi les mentions dont la stricte reproduction est obligatoire.

III. – *(Décr. n° 2007-1503 du 19 oct. 2007)* « Le ministre de l'intérieur fixe par arrêté le modèle type de ce dispositif ;

« IV. – Le dispositif de contrôle doit être placé à l'avant du véhicule en stationnement, et sur la face interne ou à proximité immédiate du pare-brise, si celui-ci en est muni, de manière à pouvoir être, dans tous les cas, facilement consulté, sans que le personnel affecté à la surveillance de la voie publique ait à s'engager sur la chaussée.

« V. – Tout stationnement contraire aux dispositions du présent article est puni de l'amende prévue pour les contraventions de la *(Décr. n° 2015-808 du 2 juill. 2015, art. 10, en vigueur le 1er janv. 2018)* « deuxième classe *[ancienne rédaction : première classe]* ». » – *[Anc. art. R. 233-1, al. 7, et Décr. n° 60-226 du 29 févr. 1960, art. 1er à 6, al. 1er.]*

Art. R. 417-3-1 *(Décr. n° 2015-557 du 20 mai 2015, art. 4-2°, en vigueur le 1er janv. 2018)* Lorsque le stationnement sur la voie publique est soumis au paiement d'une redevance en application de l'article L. 2333-87 du code général des collectivités territoriales, le justificatif du paiement est :

1° Soit placé à l'avant du véhicule, bien lisible de l'extérieur ;

2° Soit transmis par voie dématérialisée selon les modalités fixées par l'autorité compétente.

Art. R. 417-4 I. – Hors agglomération, tout véhicule à l'arrêt ou en stationnement doit être placé autant que possible hors de la chaussée.

II. – Lorsqu'il ne peut être placé que sur la chaussée, il doit l'être par rapport au sens de la circulation selon les règles suivantes :

1° Pour les chaussées à double sens, sur le côté droit de celles-ci, sauf dispositions différentes prises par l'autorité investie du pouvoir de police ;

2° Pour les chaussées à sens unique, sur le côté droit ou gauche, sauf dispositions différentes prises par l'autorité investie du pouvoir de police.

III. – Tout stationnement contraire aux dispositions du présent article est puni de l'amende prévue pour les contraventions de la *(Décr. n° 2015-808 du 2 juill. 2015, art. 10, en vigueur le 1er janv. 2018)* « deuxième classe *[ancienne rédaction : première classe]* ». – *[Anc. art. R. 36, al. 7 et 8, et R. 233-1, al. 7.]*

Art. R. 417-5 L'arrêt ou le stationnement d'un véhicule empiétant sur un passage prévu à l'intention des piétons est interdit.

Le fait de contrevenir aux dispositions du présent article est puni de l'amende prévue pour les contraventions de la *(Décr. n° 2015-808 du 2 juill. 2015, art. 10, en vigueur le 1er janv. 2018)* « deuxième classe *[ancienne rédaction : première classe]* ». – *[Anc. art. R. 220-2 et R. 233-1, al. 7.]*

Art. R. 417-6 Tout arrêt ou stationnement gratuit contraire à une disposition réglementaire autre que celles prévues au présent chapitre est puni de l'amende prévue pour les contraventions de la *(Décr. n° 2015-808 du 2 juill. 2015, art. 10, en vigueur le 1er janv. 2018)* « deuxième classe ».

Art. R. 417-7 Il est interdit à tout occupant d'un véhicule à l'arrêt ou en stationnement d'ouvrir une portière lorsque cette manœuvre constitue un danger pour lui-même ou les autres usagers.

Le fait de contrevenir aux dispositions du présent article est puni de l'amende prévue pour les contraventions de la première classe. — *[Anc. art. R. 39 et R. 233-1, al. 7.]*

Art. R. 417-8 Tout conducteur ne doit s'éloigner du lieu de stationnement de son véhicule qu'après avoir pris les précautions utiles pour prévenir tout risque d'accident du fait de son absence.

Le fait, pour tout conducteur, de contrevenir aux dispositions du présent article est puni de l'amende prévue pour les contraventions de la première classe. — *[Anc. art. R. 38 et R. 233-1, al. 7.]*

SECTION II *Arrêt ou stationnement dangereux, gênant ou abusif*

Art. R. 417-9 Tout véhicule à l'arrêt ou en stationnement doit être placé de manière à ne pas constituer un danger pour les usagers.

Sont notamment considérés comme dangereux, lorsque la visibilité est insuffisante, l'arrêt et le stationnement à proximité des intersections de routes, des virages, des sommets de côte et des passages à niveau.

Tout arrêt ou stationnement dangereux est puni de l'amende prévue pour les contraventions de la quatrième classe.

Lorsque le conducteur ou le titulaire du certificat d'immatriculation est absent ou refuse, malgré l'injonction des agents, de faire cesser le stationnement dangereux, l'immobilisation et la mise en fourrière peuvent être prescrites dans les conditions prévues aux articles L. 325-1 à L. 325-3.

(Décr. n° 2003-293 du 31 mars 2003, art. 2-II) « Tout conducteur coupable de l'une des infractions prévues au présent article encourt également la peine complémentaire de suspension du permis de conduire pour une durée de trois ans au plus, cette suspension pouvant être limitée à la conduite en dehors de l'activité professionnelle. »

Toute contravention au présent article donne lieu de plein droit à la réduction de trois points du permis de conduire. — *[Anc. art. R. 37-2, R. 233-1, al. 1er, R. 256, al. 13 à 23, R. 278, al. 1er et 19, et R. 285-2, al. 1er et 3.]*

Art. R. 417-10 I. — Tout véhicule à l'arrêt ou en stationnement doit être placé de manière à gêner le moins possible la circulation.

II. — Est considéré comme gênant la circulation publique, l'arrêt ou le stationnement d'un véhicule :

(Décr. n° 2015-808 du 2 juill. 2015, art. 11-1°) « 1° Sur les trottoirs lorsqu'il s'agit d'une motocyclette, d'un tricycle à moteur ou d'un cyclomoteur ; »

(Abrogé par Décr. n° 2015-808 du 2 juill. 2015, art. 11-2°) (Décr. n° 2003-536 du 20 juin 2003, art. 20) « 1° bis Sur (Décr. n° 2004-998 du 16 sept. 2004) « les voies vertes, » les bandes et pistes cyclables ainsi qu'en bordure des bandes cyclables ; »

2° Sur les emplacements réservés à l'arrêt ou au stationnement des véhicules de transport public de voyageurs, des taxis *(Décr. n° 2012-280 du 28 févr. 2012, en vigueur le 1er août 2012)* « , des véhicules titulaires du label "autopartage" prévu par le décret n° 2012-280 du 28 février 2012 relatif au label "autopartage" » ou des véhicules affectés à un service public *(Décr. n° 2010-1581 du 16 déc. 2010, art. 1er-1°)* « l'autorité investie du pouvoir de police peut toutefois définir par arrêté les horaires pendant lesquels le stationnement est autorisé » ;

3° Entre le bord de la chaussée et une ligne continue lorsque la largeur de la voie restant libre entre cette ligne et le véhicule ne permet pas à un autre véhicule de circuler sans franchir ou chevaucher la ligne ;

(Abrogé par Décr. n° 2015-808 du 2 juill. 2015, art. 11-2°) « 4° A proximité des signaux lumineux de circulation ou des panneaux de signalisation, à des emplacements tels que ceux-ci peuvent être masqués à la vue des usagers ; »

5° Sur les emplacements où le véhicule empêche soit l'accès à un autre véhicule à l'arrêt ou en stationnement, soit le dégagement de ce dernier ;

6° Sur les ponts, dans les passages souterrains, tunnels et sous les passages supérieurs *(Décr. n° 2010-1581 du 16 déc. 2010, art. 1er-2°)* « , sauf dispositions différentes prises par l'autorité investie du pouvoir de police » ;

(Abrogé par Décr. n° 2015-808 du 2 juill. 2015, art. 11-2°) « 7° Au droit des bouches d'incendie et des accès à des installations souterraines ; »

8° *Abrogé par Décr. n° 2003-642 du 11 juill. 2003, art. 6-III.*

9° Sur les bandes d'arrêt d'urgence, sauf cas de nécessité absolue ;

10° Sur une voie publique spécialement désignée par arrêté de l'autorité investie du pouvoir de police municipale.

III. — Est également considéré comme gênant la circulation publique, le stationnement d'un véhicule :

1° Devant les entrées carrossables des immeubles riverains ;

2° En double file, sauf en ce qui concerne les *(Décr. n° 2019-1082 du 23 oct. 2019, art. 28)* « engins de déplacement personnel, les » cycles à deux-roues, les cyclomoteurs à deux-roues et les motocyclettes sans side-car ;

3° Devant les dispositifs destinés à la recharge en énergie des véhicules électriques ;

4° Sur les emplacements réservés à l'arrêt ou au stationnement des véhicules de livraison *(Décr. n° 2010-1581 du 16 déc. 2010, art. 1er-3°)* « l'autorité investie du pouvoir de police peut toutefois définir par arrêté les horaires pendant lesquels le stationnement est autorisé » ;

(Décr. n° 2008-754 du 30 juill. 2008, art. 12) « 5° Dans les zones de rencontre, en dehors des emplacements aménagés à cet effet ;

« 6° Dans les aires piétonnes *(Décr. n° 2010-1581 du 16 déc. 2010, art. 1er-4°)*« , à l'exception des *(Décr. n° 2019-1082 du 23 oct. 2019, art. 28)* « engins de déplacement personnel et des » cycles sur les emplacements aménagés à cet effet » ;

(Décr. n° 2015-808 du 2 juill. 2015, art. 11-3°) « 7° Au-dessus des accès signalés à des installations souterraines. »

IV. — Tout arrêt ou stationnement gênant prévu par le présent article est puni de l'amende prévue pour les contraventions de la deuxième classe.

V. — Lorsque le conducteur ou le propriétaire du véhicule est absent ou refuse, malgré l'injonction des agents, de faire cesser le stationnement gênant, l'immobilisation et la mise en fourrière peuvent être prescrites dans les conditions prévues aux articles L. 325-1 à L. 325-3. — *[CGCT, art. L. 2213-2, 3°.]*

Art. R. 417-11 *(Décr. n° 2015-808 du 2 juill. 2015, art. 12-1°)* « I. — Est considéré comme très gênant pour la circulation publique l'arrêt ou le stationnement :

« 1° D'un véhicule sur les chaussées et voies réservées à la circulation des véhicules de transport public de voyageurs, des taxis ou des véhicules d'intérêt général prioritaires ;

« 2° D'un véhicule ou d'un ensemble de véhicules de plus de 20 mètres carrés de surface maximale dans les zones touristiques délimitée *[délimitées]* par l'autorité investie du pouvoir de police ;

« 3° D'un véhicule sur les emplacements réservés aux véhicules portant une *(Décr. n° 2016-1849 du 23 déc. 2016, art. 4, en vigueur le 1er janv. 2017)* « carte mobilité inclusion comportant la mention "stationnement pour personnes handicapées" prévue à l'article L. 241-3 du code de l'action sociale et des familles ou une carte de stationnement pour personnes handicapées prévues à l'article L. 241-3 du même code dans sa rédaction antérieure au 1er janvier 2017 *[ancienne rédaction : carte de stationnement pour personnes handicapées prévue à l'article L. 241-3-2 du code de l'action sociale et des familles]* » ;

« 4° D'un véhicule sur les emplacements réservés aux véhicules de transport de fonds ou de métaux précieux ;

« 5° D'un véhicule sur les passages réservés à la circulation des piétons en traversée de chaussée ;

« 6° D'un véhicule au droit des bandes d'éveil de vigilance à l'exception de celles qui signalent le quai d'un arrêt de transport public ;

« 7° D'un véhicule à proximité des signaux lumineux de circulation ou des panneaux de signalisation lorsque son gabarit est susceptible de masquer cette signalisation à la vue des usagers de la voie ;

« 8° D'un véhicule motorisé à l'exception des *(Décr. n° 2019-1082 du 23 oct. 2019, art. 29)* « engins de déplacement personnel motorisés et des » cycles à pédalage assisté :

« *a)* Sur les trottoirs, à l'exception des motocyclettes, tricycles à moteur et cyclomoteurs ;

« *b)* Sur les voies vertes, les bandes et pistes cyclables ;

« *c)* Sur une distance de cinq mètres en amont des passages piétons dans le sens de la circulation, en dehors des emplacements matérialisés à cet effet *(Abrogé par Décr. n° 2020-605 du 18 mai 2020, art. 11)* « *, à l'exception des motocyclettes, tricycles et cyclomoteurs* » ; — *Les mots « , en dehors des emplacements matérialisés à cet effet » seront abrogés à compter du 1er janv. 2027 (Décr. n° 2020-605 du 18 mai 2020, art. 11 et 14-I).*

« *d)* Au droit des bouches d'incendie. »

(Décr. n° 2003-642 du 11 juill. 2003, art. 6-IV) « II ». — Tout arrêt ou stationnement *(Décr. n° 2015-808 du 2 juill. 2015, art. 12-2°)* « très gênant pour la circulation publique » prévu par le présent article est puni de l'amende prévue pour les contraventions de la quatrième classe.

(Décr. n° 2003-642 du 11 juill. 2003, art. 6-IV) « III ». — Lorsque le conducteur ou le titulaire du certificat d'immatriculation est absent ou refuse, malgré l'injonction des agents, de faire cesser le stationnement *(Décr. n° 2015-808 du 2 juill. 2015, art. 12-2°)* « très gênant pour la circulation publique », l'immobilisation et la mise en fourrière peuvent être prescrites dans les conditions prévues aux articles L. 325-1 à L. 325-3. — *[Anc. art. R. 233-1, al. 2 et 3, R. 278, al. 1er et 19, et R. 285-2, al. 1er et 3.]*

Art. R. 417-12 Il est interdit de laisser abusivement un véhicule en stationnement sur une route.

Est considéré comme abusif le stationnement ininterrompu d'un véhicule en un même point de la voie publique ou de ses dépendances, pendant une durée excédant sept jours ou pendant une durée inférieure mais excédant celle qui est fixée par arrêté de l'autorité investie du pouvoir de police.

Tout stationnement abusif est puni de l'amende prévue pour les contraventions de la deuxième classe.

Lorsque le conducteur ou le titulaire du certificat d'immatriculation est absent ou refuse, malgré l'injonction des agents, de faire cesser le stationnement abusif, l'immobilisation et la mise en fourrière peuvent être prescrites dans les conditions prévues aux articles L. 325-1 à L. 325-3. — *[Anc. art. R. 37, al. 1er et 2, R. 233-1, al. 4 et 5, R. 278, al. 1er et 19, et R. 285-2, al. 1er et 3.]*

Art. R. 417-13 Dans les zones touristiques délimitées par l'autorité investie du pouvoir de police, le stationnement gênant d'un véhicule ou d'un ensemble de véhicules de plus de 20 mètres carrés de surface maximale est considéré comme abusif lorsqu'il s'est poursuivi pendant plus de deux heures après l'établissement du procès-verbal constatant l'infraction pour stationnement gênant.

Le stationnement abusif mentionné au présent article est puni de l'amende prévue pour les contraventions de la quatrième classe.

Lorsque le conducteur ou le titulaire du certificat d'immatriculation est absent ou refuse, malgré l'injonction des agents, de faire cesser le stationnement abusif, l'immobilisation et la mise en fourrière peuvent être prescrites dans les conditions prévues aux articles L. 325-1 à L. 325-3. — *[Anc. art. R. 37, al. 3, R. 233-1, al. 2, R. 278, al. 1er et 19, et R. 285-2, al. 1er et 3.]*

CHAPITRE VIII *Publicité, enseignes et préenseignes*

Art. R. 418-1 Toute publicité lumineuse ou par appareil réfléchissant est interdite sur les véhicules.

Le fait de contrevenir, à l'aide d'un véhicule à moteur, aux dispositions du présent article est puni de l'amende prévue pour les contraventions de la troisième classe.

Le fait de contrevenir, à l'aide d'un cycle, aux dispositions du présent article est puni de l'amende prévue pour les contraventions de la première classe. — *[Anc. art. R. 42, al. 3 et R. 239.]*

Art. R. 418-2 I. — Dans l'intérêt de la sécurité routière, sur les voies ouvertes à la circulation publique et en bordure de celles-ci, sont interdites, lorsqu'elles en sont visibles, la publicité et les enseignes, enseignes publicitaires et préenseignes :

1° Comportant une indication de localité, complétée soit par une flèche, soit par une distance kilométrique ;

2° Comportant la reproduction d'un signal routier réglementaire ou d'un schéma de présignalisation.

II. — Dans les mêmes conditions, sont interdites la publicité et les enseignes, enseignes publicitaires et préenseignes qui, par leur forme, leurs couleurs, leur texte, leurs symboles, leurs dimensions ou leur emplacement peuvent être confondues avec les signaux réglementaires.

III. — Sont interdits les dispositifs et dessins publicitaires :

1° Triangulaires à fond blanc ou jaune ;

2° Circulaires à fond rouge, bleu ou blanc ;

3° Octogonaux à fond rouge ;

4° Carrés à fond blanc ou jaune, s'ils sont disposés sur pointe.

IV. – Ces dispositions s'appliquent à tout dispositif, dessin, inscription ou marquage, quels que soient la nature des indications qu'il comporte, son objet commercial ou non, le procédé utilisé pour sa réalisation et la qualité de son auteur. – *[Décr. nº 76-148 du 11 févr. 1976, art. 2 à 4.]*

Art. R. 418-3 Il est interdit d'apposer des placards, papillons, affiches ou marquages sur les signaux réglementaires et leurs supports ainsi que sur tous autres équipements intéressant la circulation routière. Cette interdiction s'applique également sur les plantations, les trottoirs, les chaussées et d'une manière générale, sur tous les ouvrages situés dans les emprises du domaine routier ou surplombant celui-ci.

Toutefois, lorsque l'autorité investie du pouvoir de police autorise une association ou un organisme sans but lucratif à implanter des signaux d'indication, le préfet peut permettre que le nom ou l'emblème du donateur figure sur le signal ou sur son support si la compréhension du signal n'en est pas rendue moins aisée. Il peut en être de même pour les installations annexes autorisées. – *[Décr. nº 76-148 du 11 févr. 1976, art. 5.]*

Art. R. 418-4 Sont interdites la publicité et les enseignes, enseignes publicitaires et préenseignes qui sont de nature, soit à réduire la visibilité ou l'efficacité des signaux réglementaires, soit à éblouir les usagers des voies publiques, soit à solliciter leur attention dans des conditions dangereuses pour la sécurité routière. Les conditions et normes que doivent respecter les dispositifs lumineux ou rétroréfléchissants visibles des voies publiques sont fixées par un arrêté conjoint du ministre chargé de l'équipement et du ministre de l'intérieur. – *[Décr. nº 76-148 du 11 févr. 1976, art. 6.]*

Art. R. 418-5 I. – La publicité et les enseignes publicitaires et préenseignes sont interdites sur l'emprise des voies ouvertes à la circulation publique, à l'exception de la publicité peinte ou fixée sur des véhicules circulant ou stationnant régulièrement sur les voies ouvertes à la circulation publique.

II. – Toutefois, des dérogations peuvent être accordées par l'autorité investie du pouvoir de police :

1º En agglomération, pour les enseignes publicitaires ;

2º Sur les aires de stationnement et les aires de services des routes ou autoroutes pour la publicité, les enseignes publicitaires et préenseignes non visibles de la route. – *[Décr. nº 76-148 du 11 févr. 1976, art. 7.]*

Art. R. 418-6 Hors agglomération, la publicité et les enseignes publicitaires et préenseignes visibles des routes nationales, des chemins départementaux et des voies communales sont interdites de part et d'autre de celles-ci sur une largeur de 20 mètres mesurée à partir des bords extérieurs de la chaussée.

Toutefois, cette interdiction ne s'applique pas aux enseignes publicitaires et préenseignes qui, ne gênant pas la perception de la signalisation routière et ne présentant aucun danger pour la sécurité de la circulation, satisfont aux conditions de surface et d'implantation fixées par arrêté conjoint du ministre de l'intérieur et du ministre chargé de l'équipement. – *[Décr. nº 76-148 du 11 févr. 1976, art. 8.]*

Art. R. 418-7 En agglomération, la publicité et les enseignes publicitaires et préenseignes visibles d'une autoroute ou d'une route express sont interdites, de part et d'autre de celle-ci, sur une largeur de 40 mètres mesurée à partir du bord extérieur de chaque chaussée. Toutefois, l'autorité investie du pouvoir de police peut les autoriser dans les limites et aux conditions qu'elle prescrit.

Hors agglomération, la publicité et les enseignes publicitaires et préenseignes visibles d'une autoroute ou d'une route express sont interdites de part et d'autre de celle-ci, sur une largeur de 200 mètres mesurée à partir du bord extérieur de chaque chaussée.

Les dispositions du présent article ne font pas obstacle à l'installation de panneaux ayant pour objet de signaler, dans les conditions déterminées par les règlements sur la signalisation routière, la présence d'établissements répondant aux besoins des usagers. – *[Décr. nº 76-148 du 11 févr. 1976, art. 9 et 10.]*

Art. R. 418-8 Lorsque, par suite de modification concernant la voirie, une publicité, enseigne, enseigne publicitaire ou préenseigne cesse de satisfaire à la réglementation en vigueur, elle doit être supprimée dans un délai de deux ans à compter de la date d'ouverture au trafic de la voie avec ses nouvelles caractéristiques. – *[Décr. nº 76-148 du 11 févr. 1976, art. 14.]*

Art. R. 418-9 I. – Le fait de contrevenir aux dispositions des articles R. 418-2 à R. 418-7 est puni de l'amende prévue pour les contraventions de la cinquième classe.

La récidive de cette contravention est réprimée conformément à l'article 132-11 du code pénal.

II. — En cas d'urgence, l'autorité investie du pouvoir de police peut :

1° Dès la constatation de l'infraction, ordonner soit la suppression des dispositifs non conformes à la réglementation, soit leur mise en conformité et, le cas échéant, la remise en état des lieux ;

2° Faute pour les intéressés de déférer à cette injonction dans le délai qui leur est imparti, faire procéder d'office, à leurs frais, dans l'intérêt de la sécurité, à la suppression du dispositif et à la remise en état des lieux. Par intéressés, il faut, suivant le cas, entendre soit les responsables de la mise en place du dispositif, soit le propriétaire de celui-ci ou de l'emplacement où il se trouve, soit ceux pour le compte de qui la publicité a été réalisée ;

3° Faire masquer tout dispositif publicitaire, enseigne, enseigne publicitaire ou préenseigne non conforme aux dispositions des articles R. 418-2 à R. 418-8 et des arrêtés pris pour leur application et s'il s'agit de publicité lumineuse, faire procéder à l'extinction totale ou partielle du dispositif litigieux. — *[Décr. n° 76-148 du 11 févr. 1976, art. 11 et 12.]*

CHAPITRE IX *Péages*

(Décr. n° 2020-1494 du 30 nov. 2020, art. 1er)

La notice du Décr. n° 2020-1494 du 30 nov. 2020 prévoit que ce texte entre en vigueur six mois après sa publication (JO 2 déc.). Cependant, cette indication n'est pas reprise dans les dispositions réglementaires.

Art. R. 419-1 Tout usager d'un ouvrage routier ouvert à la circulation publique régulièrement soumis à péage doit, s'il n'est muni d'une autorisation spéciale, acquitter le montant du péage autorisé correspondant à son trajet et à la catégorie du véhicule qu'il utilise.

Le fait, pour tout conducteur, de refuser d'acquitter le montant de ce péage ou de se soustraire d'une manière quelconque à ce paiement est puni de l'amende prévue pour les contraventions de la quatrième classe.

Pour l'application des dispositions du présent article aux contraventions constatées à la suite de l'usage d'un dispositif de péage permettant l'identification des véhicules et la perception du montant du péage sans recours à une barrière physique, un trajet est défini comme l'utilisation en continu d'un ouvrage routier, dans un même sens et par un même véhicule.

Art. R. 419-2 Tout usager d'une autoroute régulièrement soumise à péage doit, s'il n'est muni d'une autorisation spéciale, acquitter le montant du péage autorisé correspondant à son trajet et à la catégorie du véhicule qu'il utilise.

Le fait, pour tout conducteur, de refuser d'acquitter le montant de ce péage ou de se soustraire d'une manière quelconque à ce paiement est puni de l'amende prévue pour les contraventions de la quatrième classe.

Pour l'application des dispositions du présent article aux contraventions constatées à la suite de l'usage d'un dispositif de péage permettant l'identification des véhicules et la perception du montant du péage sans recours à une barrière physique, un trajet est défini comme l'utilisation en continu, sur une période de vingt-quatre heures au plus, de sections d'autoroute soumises à péage gérées par un même exploitant, dans un même sens et par un même véhicule.

TITRE II **Dispositions complémentaires applicables sur certaines voies**

CHAPITRE PREMIER *Autoroutes*

Art. R. 421-1 Les dispositions relatives à la circulation sur les autoroutes sont également applicables aux bretelles de raccordement autoroutières. — *[Anc. art. R. 43-1, al. 2.]*

Art. R. 421-2 I. — L'accès des autoroutes est interdit à la circulation :

1° Des animaux ;

2° Des piétons ;

3° Des véhicules sans moteur ;

4° Des véhicules à moteur non soumis à immatriculation ;

5° Des cyclomoteurs ;

6° Des tricycles à moteur dont la puissance n'excède pas 15 kilowatts et dont le poids à vide n'excède pas 550 kilogrammes ;

7° Des quadricycles à moteur ;

8° Des tracteurs et matériels agricoles et des matériels de travaux publics. Toutefois, sur les autoroutes, la circulation des matériels de travaux publics peut être admise sur autorisation du préfet ou, par délégation, du directeur départemental de l'équipement ;

9° Des ensembles de véhicules comprenant plusieurs remorques et des ensembles de véhicules composés d'un véhicule articulé et d'une remorque dont la circulation est soumise à autorisation du préfet en application de l'article R. 433-8.

II. – Le fait pour tout piéton de circuler sur une autoroute est puni de l'amende prévue pour les contraventions de la première classe.

III. – Le fait, pour tout conducteur, de contrevenir aux dispositions du présent article est puni de l'amende prévue pour les contraventions de la deuxième classe. – *[Anc. art. R. 43-2, al. 1er à 8, 10 à 13, R. 43-4, al. 4, R. 233, al. 1er et 2 et R. 237.]*

Art. R. 421-3 Tout conducteur qui emprunte une bretelle de raccordement autoroutière doit céder le passage aux véhicules qui circulent sur l'autoroute.

Le fait, pour tout conducteur, de ne pas respecter les règles de priorité fixées au présent article est puni de l'amende prévue pour les contraventions de la quatrième classe.

Tout conducteur coupable de cette infraction encourt également la peine complémentaire de suspension, pour une durée de trois ans au plus, du permis de conduire, cette suspension pouvant être limitée à la conduite en dehors de l'activité professionnelle.

Cette contravention donne lieu de plein droit à une réduction de quatre points du permis de conduire. – *[Anc. art. R. 26, al. 5, R. 232, al. 1er et 7, R. 256, al. 5 à 12, et R. 266, al. 1er et 2.]*

Art. R. 421-4 I. – Aussitôt que, sur autoroute, une bretelle de sortie ou une bifurcation est annoncée, tout conducteur doit selon le cas :

1° Gagner la voie de circulation de droite ou de gauche s'il désire emprunter la bretelle de sortie ;

2° Gagner la voie ou l'une des voies de circulation correspondant à la branche d'autoroute dans laquelle il désire s'engager à la bifurcation.

II. – L'une et l'autre de ces manœuvres doivent être achevées au plus tard au moment où le conducteur atteint les signaux placés au début de la bretelle ou de la bifurcation.

III. – Le fait, pour tout conducteur, de contrevenir aux dispositions du présent article est puni de l'amende prévue pour les contraventions de la deuxième classe. – *[Anc. art. R. 43-7 et R. 233, al. 1er et 2.]*

Art. R. 421-5 Les conducteurs ne doivent en aucun cas circuler, s'arrêter ou stationner sur la bande centrale séparative des chaussées.

Le fait, pour tout conducteur, de contrevenir aux dispositions du présent article est puni de l'amende prévue pour les contraventions de la quatrième classe.

(Décr. no 2003-293 du 31 mars 2003, art. 2-II) « Tout conducteur coupable de cette infraction encourt également la peine complémentaire de suspension du permis de conduire pour une durée de trois ans au plus, cette suspension pouvant être limitée à la conduite en dehors de l'activité professionnelle. »

Cette contravention donne lieu de plein droit à une réduction de deux points du permis de conduire.

Lorsque le conducteur ou le titulaire du certificat d'immatriculation est absent ou refuse, malgré l'injonction des agents, de faire cesser le stationnement irrégulier, l'immobilisation et la mise en fourrière peuvent être prescrites dans les conditions prévues aux articles L. 325-1 à L. 325-3. – *[Anc. art. R. 43-6, al. 1er, R. 232, al. 1er et 11, R. 256, al. 24 à 27, R. 278, al. 1er et 19, et R. 285-2, al. 1er et 3.]*

Art. R. 421-6 Les conducteurs ne doivent en aucun cas faire demi-tour sur une autoroute, même en traversant la bande centrale séparative des chaussées ou en empruntant une interruption de celle-ci. De même, ils ne doivent pas faire de marche arrière.

Le fait, pour tout conducteur, de contrevenir aux dispositions du présent article est puni de l'amende prévue pour les contraventions de la quatrième classe.

Tout conducteur coupable de l'une de ces infractions encourt également la peine complémentaire de suspension, pour une durée de trois ans au plus, du permis de conduire, cette suspension pouvant être limitée à la conduite en dehors de l'activité professionnelle.

Ces contraventions donnent lieu de plein droit à la réduction de quatre points du permis de conduire. – *[Anc. art. R. 43-6, al. 2, R. 232, al. 1er et 11, R. 256, al. 5 à 12, et R. 266, al. 1er et 6.]*

Art. R. 421-7 Sauf en cas de nécessité absolue, les conducteurs ne doivent pas arrêter ou stationner leur véhicule sur les chaussées et les accotements, y compris sur les bandes d'arrêt d'urgence des autoroutes.

Tout conducteur se trouvant dans la nécessité absolue d'immobiliser son véhicule doit le faire en dehors des voies réservées à la circulation et dans tous les cas assurer la présignalisation de ce véhicule. S'il n'est pas en mesure de le remettre en marche par ses propres moyens, il doit faire le nécessaire pour assurer d'urgence le dégagement de l'autoroute.

Le fait, pour tout conducteur, de contrevenir aux dispositions du présent article est puni de l'amende prévue pour les contraventions de la deuxième classe.

Lorsque le conducteur ou le titulaire du certificat d'immatriculation est absent ou refuse, malgré l'injonction des agents, de faire cesser le stationnement irrégulier, l'immobilisation et la mise en fourrière peuvent être prescrites dans les conditions prévues aux articles L. 325-1 à L. 325-3. — *[Anc. art. R. 43-6, al. 3 et 4, R. 233-1, al. 4 et 6, R. 278, al. 1er et 19, et R. 285-2, al. 1er et 3.]*

Art. R. 421-8 Les essais de véhicules à moteur ou de châssis, les courses, épreuves ou compétitions sportives sont interdits sur les autoroutes.

Le fait, pour tout conducteur, de contrevenir aux dispositions du présent article est puni de l'amende prévue pour les contraventions de la deuxième classe. — *[Anc. art. R. 43-5, al. 1er et R. 233, al. 1er et 2.]*

Art. R. 421-9 *(Abrogé par Décr. nº 2020-1494 du 30 nov. 2020, art. 1er) Tout usager d'une autoroute régulièrement soumise à péage doit, s'il n'est muni d'une autorisation spéciale, acquitter le montant du péage autorisé correspondant au parcours et à la catégorie du véhicule qu'il utilise.*

Le fait, pour tout conducteur, de refuser d'acquitter le montant du péage ou de se soustraire d'une manière quelconque à ce paiement est puni de l'amende prévue pour les contraventions de la deuxième classe. — [Anc. art. R. 43-9 et R. 235-1.]

Art. R. 421-10 *(Décr. nº 2012-953 du 1er août 2012, en vigueur le 1er sept. 2012)* Le fait d'exercer l'activité de dépannage sur une autoroute concédée, ses dépendances domaniales ou ses installations annexes sans être titulaire d'un agrément délivré à cette fin par le préfet dans les conditions prévues par le contrat de concession est puni de l'amende prévue pour les contraventions de la 4e classe.

CHAPITRE II *Voies à circulation spécialisée et ouvrages d'art*

Art. R. 422-1 Lorsqu'ils circulent sur une voie de circulation exclusivement réservée à leur usage, les conducteurs de véhicules lents peuvent emprunter temporairement la voie située immédiatement à leur gauche pour effectuer le dépassement d'un véhicule, sauf dispositions différentes prises par l'autorité investie du pouvoir de police.

Au sens du présent article, le terme véhicules lents désigne les véhicules ne pouvant circuler à une vitesse supérieure à 60 km/h dans la section de route en cause. — *[Anc. art. R. 43, al. 2.]*

Art. R. 422-2 A l'extrémité des voies de circulation réservées aux véhicules lents, les conducteurs de ces véhicules doivent céder le passage aux usagers des voies affectées à la circulation générale.

Le fait, pour tout conducteur, de ne pas respecter les règles de priorité fixées au présent article est puni de l'amende prévue pour les contraventions de la quatrième classe. — *[Anc. art. R. 43, al. 3 et R. 232, al. 1er et 7.]*

Art. R. 422-3 I. — Lorsqu'une voie ferrée est établie sur une route ou la traverse à niveau, la priorité de passage appartient aux matériels circulant normalement sur cette voie ferrée, à l'exception des *(Décr. nº 2003-425 du 9 mai 2003, art. 68)* « véhicules de transport public assujettis à suivre, de façon permanente, une trajectoire déterminée par un ou des rails matériels et empruntant l'assiette des routes » dont les conducteurs doivent respecter les signalisations comportant des prescriptions absolues et les indications données par les agents réglant la circulation.

II. — Aucun conducteur ne doit s'engager sur un passage à niveau si son véhicule risque, du fait de ses caractéristiques techniques ou des conditions de circulation, d'y être immobilisé. Lorsqu'un passage à niveau est muni de barrières ou de demi-barrières, aucun usager de la route ne doit s'y engager lorsque ces barrières sont soit fermées, soit en cours de fermeture ou d'ouverture. Lorsqu'un passage à niveau n'est muni ni de barrières, ni de demi-barrières, ni de signal lumineux, aucun usager ne doit s'y engager sans s'être assuré qu'aucun train n'approche. Lorsqu'une traversée est gardée, l'usager de la route doit obéir aux injonctions du garde et ne pas entraver, le cas échéant, la fermeture des barrières.

III. – Tout *(Décr. nº 2003-536 du 20 juin 2003, art. 21)* « conducteur » doit, à l'approche d'un train, dégager immédiatement la voie ferrée de manière à lui livrer passage.

IV. – Les conducteurs de troupeaux doivent notamment prendre toute mesure leur permettant d'interrompre très rapidement le franchissement par leurs animaux du passage à niveau.

V. – En cas d'immobilisation forcée d'un véhicule ou d'un troupeau, son conducteur doit prendre toutes les mesures en son pouvoir pour faire cesser le plus rapidement possible l'obstruction de la voie ferrée ou, à défaut d'y parvenir, pour que les agents responsables du chemin de fer soient prévenus sans délai de l'existence du danger.

VI. – Le fait, pour tout conducteur, de contrevenir aux dispositions du présent article est puni de l'amende prévue pour les contraventions de la quatrième classe.

VII. – *(Décr. nº 2003-536 du 20 juin 2003, art. 21)* « Tout conducteur coupable d'infraction aux dispositions du présent article encourt également la peine complémentaire de suspension, pour une durée de trois ans au plus, du permis de conduire, cette suspension pouvant être limitée à la conduite en dehors de l'activité professionnelle. Cette contravention donne lieu de plein droit à la réduction de quatre points du permis de conduire. » – *[Anc. art. R. 29, R. 232, al. 1er et 12 et R. 237.]*

Ancien art. R. 422-3 *VII. – Le fait, pour tout piéton, de contrevenir aux dispositions des I ou III du présent article est puni de l'amende prévue pour les contraventions de la première classe.*

Art. R. 422-4 Sur les ponts qui n'offriraient pas toutes les garanties nécessaires à la sécurité des passages, le préfet pour la voirie nationale ainsi que pour les routes classées à grande circulation, le président du conseil exécutif pour les routes nationales en Corse, le président du conseil départemental pour les routes départementales ou le maire pour la voirie communale peut prendre toutes dispositions de nature à assurer cette sécurité. Le maximum de la charge autorisée et les mesures prescrites pour la protection et l'emprunt de ces ponts sont, dans tous les cas, placardés à leur entrée et à leur sortie de manière à être parfaitement visibles des conducteurs.

En cas d'urgence ou de péril imminent, le maire peut prendre les mesures provisoires que lui paraît commander la sécurité publique, sauf à en informer le préfet et, si le réseau routier départemental est concerné par ces mesures, le président du conseil départemental.

Les dispositions prises en application du présent article ne sont applicables ni aux convois et transports militaires ni aux véhicules des unités d'instruction et d'intervention de la sécurité civile, qui font l'objet de règles particulières.

Le fait, pour tout conducteur, de contrevenir aux dispositions concernant le passage des ponts est puni de l'amende prévue pour les contraventions de la cinquième classe.

La récidive de cette contravention est réprimée conformément à l'article 132-11 du code pénal.

Tout conducteur coupable de cette infraction encourt également la peine complémentaire de suspension, pour une durée de trois ans au plus, du permis de conduire, cette suspension pouvant être limitée à la conduite en dehors de l'activité professionnelle.

L'immobilisation peut être prescrite dans les conditions prévues aux articles L. 325-1 à L. 325-3. – *[Anc. art. R. 46, R. 229, al. 1er et 2, R. 229-2, R. 233-4, R. 266, al. 1er et 11, et R. 278, al. 1er et 7.]*

Art. R. 422-5 *(Décr. nº 2012-953 du 1er août 2012, en vigueur le 1er sept. 2012)* Le fait d'exercer l'activité de dépannage sur un ouvrage d'art concédé du réseau routier national, ses dépendances domaniales ou ses installations annexes sans être titulaire d'un agrément délivré à cette fin par le préfet dans les conditions prévues par le contrat de concession est puni de l'amende prévue pour les contraventions de la 4e classe.

TITRE III Dispositions complémentaires applicables à la circulation de certains véhicules

CHAPITRE PREMIER *Motocyclettes, tricycles et quadricycles à moteur, cyclomoteurs et cycles*

Art. R. 431-1 En circulation, tout conducteur ou passager d'une motocyclette, d'un tricycle à moteur, d'un quadricycle à moteur ou d'un cyclomoteur doit *(Décr. nº 2006-46 du 13 janv. 2006)* « être coiffé d'un casque » de type homologué. *(Décr. nº 2006-46 du 13 janv. 2006)* « Ce casque doit être attaché. »

Le fait, pour tout conducteur ou passager, de contrevenir aux dispositions du présent article est puni de l'amende prévue pour les contraventions de la quatrième classe.

Conformément à l'article L. 431-1, le véhicule à deux-roues à moteur dont le conducteur circule sans être coiffé d'un casque *(Décr. nº 2006-46 du 13 janv. 2006)* « de type homologué ou sans que ce casque soit attaché » peut être immobilisé dans les conditions prévues aux articles L. 325-1 à L. 325-3.

Lorsque cette contravention est commise par le conducteur, elle donne lieu de plein droit à la réduction *(Décr. nº 2003-293 du 31 mars 2003, art. 3)* « de trois points » du permis de conduire. — *[Anc. art. R. 53-1-1, al. 1er, R. 233, al. 7, R. 256, al. 28 à 32, et R. 278, al. 1er et 15.]*

(Décr. nº 2003-293 du 31 mars 2003, art. 3) « Les dispositions du présent article ne sont pas applicables aux conducteurs ou passagers portant la ceinture de sécurité lorsque le véhicule a été réceptionné avec ce dispositif. »

Art. R. 431-1-1 *(Décr. nº 2008-754 du 30 juill. 2008, en vigueur le 1er oct. 2008)* Lorsqu'ils circulent la nuit, ou le jour lorsque la visibilité est insuffisante, tout conducteur et passager d'un cycle doivent porter hors agglomération un gilet de haute visibilité conforme à la réglementation *(Abrogé par Décr. nº 2016-1232 du 19 sept. 2016, art. 2-1º)* ***« et dont les caractéristiques sont prévues par un arrêté du ministre chargé des transports »***. — *V. Arr. du 29 sept. 2008 ss. art. R. 416-19.*

Le fait pour tout conducteur ou passager d'un cycle de contrevenir aux dispositions du présent article est puni de l'amende prévue pour les contraventions de la 2e classe.

Art. R. 431-1-2 *(Décr. nº 2016-1232 du 19 sept. 2016, art. 1er, en vigueur le 20 nov. 2016)* En circulation, tout conducteur ou passager d'une motocyclette, d'un tricycle à moteur, d'un quadricycle à moteur ou d'un cyclomoteur doit porter des gants conformes à la réglementation relative aux équipements de protection individuelle.

Le fait, pour tout conducteur ou passager, de contrevenir aux dispositions du présent article est puni de l'amende prévue pour les contraventions de la troisième classe.

Lorsque cette contravention est commise par un conducteur tenu de détenir un permis de conduire à points pour conduire ce véhicule, elle donne lieu de plein droit à la réduction d'un point du permis de conduire.

Les dispositions du présent article ne sont pas applicables aux conducteurs ou passagers des motocyclettes, des tricycles à moteur, des quadricycles à moteur ou des cyclomoteurs, équipés de portières et portant la ceinture de sécurité lorsque le véhicule a été réceptionné avec ce dispositif.

Art. R. 431-1-3 *(Décr. nº 2016-1800 du 21 déc. 2016)* I. — En circulation, le conducteur et le passager d'un cycle, s'ils sont âgés de moins de douze ans, doivent être coiffés d'un casque conforme à la réglementation relative aux équipements de protection individuelle. Ce casque doit être attaché.

II. — S'il est âgé d'au moins dix-huit ans, le conducteur de cycle qui transporte un passager âgé de moins de douze ans doit s'assurer que ce passager est coiffé d'un casque dans les conditions prévues au I.

De même, la personne âgée d'au moins dix-huit ans qui accompagne au moins un conducteur de cycle âgé de moins de douze ans doit s'assurer, lorsqu'elle exerce une autorité de droit ou de fait sur ce ou ces conducteurs, que chacun est coiffé d'un casque dans les conditions prévues au I.

III. — Le fait de contrevenir aux dispositions du II est puni de l'amende prévue pour les contraventions de la quatrième classe.

IV. — Un arrêté du ministre chargé de la sécurité routière fixe les caractéristiques du casque mentionné au I. — *Les dispositions du présent art. entreront en vigueur trois mois après la publication dudit Arr.*

Art. R. 431-2 *(Abrogé par Décr. nº 2003-293 du 31 mars 2003, art. 3-V) Conformément à l'article R. 412-1, en circulation, tout conducteur ou passager d'un véhicule mentionné à l'article R. 431-1 doit porter sa ceinture de sécurité lorsque le véhicule a été réceptionné avec ce dispositif.*

Le fait, pour tout conducteur ou passager, de contrevenir aux dispositions du présent article est puni de l'amende prévue pour les contraventions de la deuxième classe.

Lorsque cette contravention est commise par le conducteur, elle donne lieu de plein droit à la réduction d'un point du permis de conduire.

Les dispositions du présent article ne sont pas applicables aux conducteurs ou passagers portant un casque homologué. — [Anc. art. R. 53-1-1, al. 2, R. 233, al. 7, et R. 256, al. 28 à 32.]

Art. R. 431-3 *(Décr. n° 2016-1232 du 19 sept. 2016, art. 2-2°)* Des arrêtés des ministres chargés des transports et de la sécurité routière fixent les conditions d'application des articles R. 431-1, R. 431-1-1 et R. 431-1-2.

Art. R. 431-4 *(Abrogé par Décr. n° 2011-1475 du 9 nov. 2011, art. 18-II, à compter du 1er janv. 2013) (Décr. n° 2002-675 du 30 avr. 2002)* ***I. — Tout conducteur de quadricycle léger à moteur doit être âgé d'au moins seize ans.***

II. — (Décr. n° 2004-795 du 29 juill. 2004) ***« Tout conducteur de quadricycle léger à moteur doit être titulaire soit du brevet de sécurité routière ou d'un titre reconnu équivalent délivré par un État membre de l'Union européenne ou un autre État partie à l'accord sur l'Espace économique européen dont la liste est fixée par arrêté du ministre chargé des transports, soit du permis de conduire. »***

III. — Le fait de contrevenir aux dispositions des deux alinéas précédents est puni de l'amende prévue pour les contraventions de la 2e classe.

(Décr. n° 2004-795 du 29 juill. 2004) ***« IV. — L'immobilisation du véhicule peut être prescrite dans les conditions prévues aux articles L. 325-1 à L. 325-3.***

« V ». — Les dispositions du II ne sont applicables qu'aux personnes qui atteindront l'âge de seize ans à compter du 1er janvier 2004.

Art. R. 431-5 Sur les motocyclettes, tricycles et quadricycles à moteur, cyclomoteurs et cycles, le transport de passagers n'est autorisé que sur un siège fixé au véhicule, différent de celui du conducteur.

Pour l'application du présent article, la selle double ou la banquette est assimilée à deux sièges.

Le fait pour tout conducteur de transporter des personnes sans respecter les dispositions du présent article est puni de l'amende prévue pour les contraventions de la deuxième classe. — *[Anc. art. R. 171-1, al. 1er, R. 188-2, R. 193 et R. 233, al. 1er et 2.]*

Art. R. 431-6 Les conducteurs de cyclomoteurs, de cycles à plus de deux-roues, de cycles attelés d'une remorque ou d'un side-car ne doivent jamais rouler de front sur la chaussée.

Le fait, pour tout conducteur, de contrevenir aux dispositions du présent article est puni de l'amende prévue pour les contraventions de la deuxième classe. — *[Anc. art. R. 189, al. 1er et 2, et R. 233, al. 1er et 2.]*

Art. R. 431-7 Les conducteurs de cycles à deux-roues sans remorque ni side-car ne doivent jamais rouler à plus de deux de front sur la chaussée.

Ils doivent se mettre en file simple dès la chute du jour et dans tous les cas où les conditions de la circulation l'exigent, notamment lorsqu'un véhicule voulant les dépasser annonce son approche.

Le fait, pour tout conducteur, de contrevenir aux dispositions du présent article est puni de l'amende prévue pour les contraventions de la deuxième classe. — *[Anc. art. R. 189, al. 1er et R. 233, al. 1er et 2.]*

Art. R. 431-8 Il est interdit aux conducteurs de cycles et de cyclomoteurs de se faire remorquer par un véhicule.

Le fait, pour tout conducteur de cyclomoteur ou de cycle, de contrevenir aux dispositions du présent article est puni de l'amende prévue pour les contraventions de la deuxième classe. — *[Anc. art. R. 189, al. 1er et R. 233, al. 1er et 2.]*

Art. R. 431-9 Pour les conducteurs de cycles à deux ou trois roues, l'obligation d'emprunter les bandes ou pistes cyclables est instituée par l'autorité investie du pouvoir de police après avis du préfet.

Par dérogation aux dispositions de l'article R. 110-2, les conducteurs de cyclomoteurs à deux-roues, sans side-car ni remorque peuvent être autorisés à emprunter les bandes et pistes cyclables par décision de l'autorité investie du pouvoir de police.

Lorsque la chaussée est bordée de chaque côté par une piste cyclable, les utilisateurs de cette piste doivent emprunter celle ouverte à droite de la route, dans le sens de la circulation.

Les conducteurs de cycles peuvent circuler sur les aires piétonnes, *(Décr. n° 2015-808 du 2 juill. 2015, art. 13-1°, en vigueur le 1er janv. 2016)* « dans les deux sens, » sauf dispositions différentes prises par l'autorité investie du pouvoir de police, à la condition de conserver l'allure du pas et de ne pas occasionner de gêne aux piétons.

(Décr. n° 2003-283 du 27 mars 2003 ; Décr. n° 2015-808 du 2 juill. 2015, art. 13-2°) « Les conducteurs de cycles peuvent circuler sur les accotements équipés d'un revêtement routier. »

Le fait, pour tout conducteur, de contrevenir aux dispositions du présent article ou à celles prises pour son application est puni de l'amende prévue pour les contraventions de la deuxième classe. – *[Anc. art. R. 190 et R. 233, al. 1er et 2.]*

Art. R. 431-10 Hors agglomération, le long des routes pavées ou des routes en état de réfection, la circulation des cycles et cyclomoteurs à deux-roues sans remorque ni side-car, est autorisée sur les trottoirs et contre-allées affectées aux piétons.

Dans ce cas, les conducteurs sont tenus de circuler à l'allure du pas à la rencontre des piétons et de réduire leur vitesse au droit des habitations.

Le fait, pour tout conducteur d'un cycle, de contrevenir aux dispositions de l'alinéa précédent, est puni de l'amende prévue pour les contraventions de la deuxième classe.

Le fait, pour tout conducteur d'un cyclomoteur, de contrevenir aux dispositions du même alinéa, est puni de l'amende prévue pour les contraventions de la quatrième classe. – *[Anc. art. R. 192, R. 232, al. 1er, 3, 4 et 5 et R. 233, al. 1er et 2.]*

Art. R. 431-11 Sur les véhicules à deux-roues sauf les cycles dits « tandems », le siège du passager doit être muni soit d'une courroie d'attache, soit d'au moins une poignée et de deux repose-pied.

Sur tous les véhicules à deux-roues, pour les enfants âgés de moins de cinq ans, l'utilisation d'un siège conçu à cet effet et muni d'un système de retenue est obligatoire.

Le conducteur doit s'assurer que les pieds des enfants ne peuvent être entraînés entre les parties fixes et les parties mobiles du véhicule.

Le fait, pour tout conducteur, de contrevenir aux dispositions du présent article est puni de l'amende prévue pour les contraventions de la deuxième classe. – *[Anc. art. R. 233, al. 1er et 2 et Arr. du 24 sept. 1980, art. 2.]*

CHAPITRE II *Véhicules d'intérêt général*

SECTION I *Véhicules d'intérêt général prioritaires*

Art. R. 432-1 Les dispositions du présent livre relatives aux règles de circulation des véhicules ne sont pas applicables aux conducteurs des véhicules d'intérêt général prioritaires lorsqu'ils font usage de leurs avertisseurs spéciaux dans les cas justifiés par l'urgence de leur mission et sous réserve de ne pas mettre en danger les autres usagers de la route. – *[Anc. art. R. 5-2, al. 3, R. 10-5, R. 35 et R. 43-6, al. 6.]*

SECTION II *Véhicules d'intérêt général bénéficiant de facilités de passage*

Art. R. 432-2 Les dispositions du présent livre relatives aux vitesses maximales autorisées *(Décr. nº 2007-786 du 10 mai 2007)* « à la circulation dans des voies réservées à certaines catégories de véhicules » et à l'emploi des avertisseurs la nuit ou en agglomération ne sont pas applicables aux conducteurs des véhicules d'intérêt général bénéficiant de facilités de passage lorsqu'ils font usage de leurs avertisseurs spéciaux dans les cas nécessités par l'urgence de leur mission et sous réserve de ne pas mettre en danger les autres usagers. – *[Anc. art. R. 10-5 et R. 35.]*

Art. R. 432-3 Sur autoroute et route express, les dispositions relatives :

1° A la circulation, à l'arrêt et au stationnement sur la bande centrale séparative des chaussées et les accotements notamment sur les bandes d'arrêt d'urgence ;

2° Au demi-tour ;

3° A la marche arrière ;

4° Au franchissement des lignes longitudinales délimitant les bandes d'arrêt d'urgence ;

5° A l'arrêt et au stationnement sur les chaussées,

ne sont pas applicables aux conducteurs des véhicules bénéficiant de facilités de passage lorsqu'ils font usage de leurs avertisseurs spéciaux dans les cas nécessités par l'exercice de leur mission et sous réserve de ne pas mettre en danger les autres usagers. – *[Anc. art. R. 5-2, al. 3, R. 43-6, al. 6 et Arr. du 24 nov. 1967, art. 5, mod. par Arr. du 12 mai 2011.]*

Art. R. 432-4 Les dispositions relatives aux règles :

1° De circulation sur le bord droit de la chaussée ;

2° De circulation sur les routes à sens unique ou à plus de deux voies ;

3° De circulation à une vitesse anormalement réduite ;

4° Imposant un sens de circulation ;

5° De franchissement et de chevauchement des lignes continues ou discontinues ;

6° D'engagement d'un véhicule dans une intersection, ne sont pas applicables aux conducteurs des engins de service hivernal en action de déneigement, de sablage ou de salage lorsqu'ils font usage de leurs avertisseurs spéciaux et sous réserve de ne pas mettre en danger les autres usagers. – *[Anc. art. R. 231-1, al. 4.]*

SECTION III *Autres véhicules d'intérêt général*

Art. R. 432-5 Sur autoroute et route express, les dispositions relatives :

1° A la circulation, à l'arrêt et au stationnement sur la bande centrale séparative des chaussées et les accotements notamment sur les bandes d'arrêt d'urgence ;

2° Au demi-tour ;

3° A la marche arrière ;

4° Au franchissement des lignes longitudinales délimitant les bandes d'arrêt d'urgence ;

5° A l'arrêt et au stationnement sur les chaussées *[;]*

(Décr. n° 2010-1390 du 12 nov. 2010, art. 19) « 6° A la vitesse minimale de 80 km/h sur la voie la plus à gauche », ne sont pas applicables aux conducteurs des véhicules d'exploitation des routes lorsqu'ils font usage de leurs avertisseurs spéciaux dans les cas nécessités par l'exercice de leur mission et sous réserve de ne pas mettre en danger les autres usagers. – *[Anc. art. R. 5-2, al. 3, R. 43-6, al. 6 et Arr. du 24 nov. 1967, art. 5, mod. par Arr. du 12 mai 2011.]*

Art. R. 432-6 Sur autoroute, la circulation des véhicules militaires se déplaçant en colonnes ou dont les caractéristiques ne sont pas conformes à celles des véhicules civils autorisés à circuler sur ces voies est admise dans les conditions fixées par arrêté du ministre chargé des transports et du ministre de la défense. – *[Anc. art. R. 43-8.]*

Art. R. 432-7 I. – Les dispositions relatives aux règles d'interdiction d'accès des autoroutes et des routes express à certains véhicules et usagers ne sont pas applicables :

1° Au matériel non immatriculé ou non motorisé des forces de police ou de gendarmerie, des services de lutte contre l'incendie, des services de sécurité, des administrations publiques et des entreprises appelées à travailler sur l'autoroute ou la route express ;

2° Lorsqu'il circule à pied, à bicyclette ou à cyclomoteur, au personnel de ces administrations, services ou entreprises ainsi qu'à celui des autres administrations publiques dont la présence serait nécessaire sur l'autoroute ou la route express et à celui des concessionnaires ou permissionnaires autorisés à occuper le domaine public de l'autoroute ou de la route express.

II. – A l'exception du matériel appartenant aux forces de police ou de gendarmerie et aux services de lutte contre l'incendie et du personnel de ces services, ces véhicules ou ce personnel doivent être munis d'une autorisation spéciale délivrée, pour les autoroutes, par le préfet ou, sur délégation de celui-ci, par le directeur départemental de l'équipement. – *[Anc. art. R. 43-4, al. 1er à 3, et Arr. du 24 nov. 1967, art. 5, mod. par Arr. du 12 mai 2011.]*

CHAPITRE III *Transports exceptionnels et ensembles de véhicules comportant plus d'une remorque*

SECTION I *Transports exceptionnels de marchandises, d'engins ou de véhicules*

Art. R. 433-1 I. – Le transport ou la circulation de marchandises, engins ou véhicules présentant un caractère exceptionnel en raison de leurs dimensions ou de leur masse *(Décr. n° 2005-1655 du 26 déc. 2005)* « excédant les limites réglementaires », doit faire l'objet d'une autorisation préalable. Ces dispositions s'appliquent aux catégories de véhicules suivantes :

1° Véhicule à moteur ou remorque transportant ou destiné au transport de charges indivisibles ;

(Décr. n° 2005-1655 du 26 déc. 2005) « 2° Véhicule, matériel agricole ou forestier ou leur ensemble, machine agricole automotrice, machine ou instrument agricole remorqué dont les dimensions, y compris les outillages portés amovibles, dépassent une longueur de 25 mètres ou une largeur de 4,50 mètres ;

« 3° Véhicule à moteur ou remorque à usage forain ;

« 4° Ensemble forain dont la longueur est supérieure à 30 mètres ;

« *5° Véhicule ou engin spécial* ;

« 6° Véhicule ou matériel de travaux publics ; » – *V. Arr. du 4 mai 2006 (JO 12 mai), mod. par Arr. du 4 sept. 2007 (JO 19 oct.).*

(Décr. n° 2016-1521 du 10 nov. 2016, art. 3) « 7° Véhicules qui dépassent les limites fixées aux articles R. 435-2, *(Décr. n° 2017-15 du 6 janv. 2017, art. 1er-3°, en vigueur le 1er mars 2017)* « R. 435-4 et R. 435-5 ». »

(Décr. n° 2017-16 du 6 janv. 2017, art. 6-1° et 16, en vigueur le 1er mars 2017) « I *bis*. — Par dérogation aux dispositions du I, la circulation de certains véhicules à moteur ou remorques fait l'objet d'une déclaration préalable. Un récépissé attestant de son dépôt est délivré par l'autorité compétente mentionnée au II de l'article R. 433-2. L'arrêté prévu à l'article R. 433-5 précise les conditions et modalités d'application du présent I *bis*, notamment les caractéristiques des véhicules ou remorques concernés. »

II. — Au sens du présent article on entend par charge indivisible une charge qui ne peut, aux fins de transport par route, être divisée en plusieurs chargements sans frais ou risque de dommages importants et qui ne peut, du fait de ses dimensions ou masse, être transportée par un véhicule dont les dimensions ou la masse respectent elles-mêmes les limites réglementaires.

(Décr. n° 2011-368 du 4 avr. 2011) « III. — *(Décr. n° 2017-16 du 6 janv. 2017, art. 6-2° et 16, en vigueur le 1er mars 2017)* « Le fait de faire circuler un véhicule mentionné au I sans autorisation préfectorale ou un véhicule mentionné au I *bis* sans avoir procédé à une déclaration préalable *[ancienne rédaction : Le fait de faire circuler un véhicule visé au présent article sans autorisation préfectorale]* » est puni de l'amende prévue pour les contraventions de la cinquième classe.

« *(Décr. n° 2017-16 du 6 janv. 2017, art. 6-2° et 16, en vigueur le 1er mars 2017)* « Le fait de faire circuler un véhicule mentionné au I sans respecter les prescriptions de l'autorisation préfectorale ou un véhicule mentionné au I *bis* sans respecter les dispositions de l'arrêté prévu à l'article R. 433-5 mentionnées au 8° de cet article *[ancienne rédaction : Le fait de faire circuler un véhicule visé au présent article sans respecter les prescriptions de l'autorisation préfectorale]* » est puni conformément aux dispositions suivantes :

« 1° Pour le dépassement du poids du véhicule : il est fait application des dispositions du VII de l'article R. 312-4 prévoyant une ou plusieurs contraventions de la quatrième classe ;

« 2° Pour le dépassement de la charge maximale par essieu : il est fait application des dispositions du IV de l'article R. 312-6 prévoyant une ou plusieurs contraventions de la quatrième classe ;

« 3° Pour le non-respect de l'itinéraire autorisé : l'infraction est punie de l'amende prévue pour les contraventions de la cinquième classe ;

« 4° Pour le non-respect d'une prescription liée à la traversée d'un passage à niveau : l'infraction est punie de l'amende prévue pour les contraventions de la cinquième classe ;

« 5° Pour le non-respect d'une autre prescription *(Abrogé par Décr. n° 2017-16 du 6 janv. 2017, art. 6-2° et 16, à compter du 1er mars 2017) « de l'autorisation préfectorale »* : l'infraction est punie de l'amende prévue pour les contraventions de la quatrième classe.

« Toutefois, pour les dimensions du chargement, l'infraction est punie de l'amende prévue pour les contraventions de la cinquième classe lorsque le dépassement excède les limites de l'autorisation de plus de 20 %. »

(Abrogé par Décr. n° 2011-368 du 4 avr. 2011) « IV. — Toutefois, lorsque les prescriptions concernent le poids du véhicule, sa charge maximale par essieu ou les dimensions de son chargement et que le dépassement de ces prescriptions excède les limites de l'autorisation de plus de 20 %, l'amende encourue est celle prévue pour les contraventions de la cinquième classe. »

V. *[IV.]* — La récidive de la contravention prévue *(Décr. n° 2011-368 du 4 avr. 2011)* « aux 3° et 4° du III » est réprimée conformément à l'article 132-11 du code pénal.

VI. *[V.]* — Lorsque le conducteur ne peut présenter *(Décr. n° 2017-16 du 6 janv. 2017, art. 6-3° et 16, en vigueur le 1er mars 2017)* « l'arrêté d'autorisation préfectorale *[ancienne rédaction : l'autorisation préfectorale]* » ou n'en respecte pas les dispositions, l'immobilisation du véhicule peut être prescrite dans les conditions prévues aux articles L. 325-1 à L. 325-3.

(Décr. n° 2017-16 du 6 janv. 2017, art. 6-3° et 16, en vigueur le 1er mars 2017) « Il en est de même lorsque le conducteur ne peut présenter le récépissé attestant du dépôt d'une déclaration préalable ou ne respecte pas les dispositions de l'arrêté prévu à l'article R. 433-5 mentionnées au 8° de cet article. »

Art. R. 433-2 *(Décr. n° 2017-16 du 6 janv. 2017, art. 7-1° et 16, en vigueur le 1er mars 2017)* « I. — L'autorisation prévue au I de l'article R. 433-1 est délivrée par arrêté du préfet du département du lieu de départ. Elle est valable sur des itinéraires précis ou sur l'ensemble des itinéraires situés sur un réseau routier, départemental ou national, défini dans les conditions prévues à l'article R. 433-2-1.

« Pour les transports exceptionnels en provenance de l'étranger, l'autorisation est délivrée par le préfet du département d'entrée en France.

« Lorsque le trajet couvre plusieurs départements, l'autorisation est délivrée après accord des préfets des départements traversés. Toutefois, lorsque l'autorisation est délivrée sur un réseau routier défini dans les conditions prévues à l'article R. 433-2-1, l'accord des préfets des départements traversés est présumé donné. »

Le préfet peut délivrer des autorisations valables pour plusieurs voyages. Il peut également délivrer des autorisations individuelles permanentes valables pour une durée déterminée qui ne peut excéder *(Décr. n° 2017-16 du 6 janv. 2017, art. 7-2° et 16, en vigueur le 1er mars 2017)* « trois » ans.

L'arrêté du préfet portant autorisation de transport exceptionnel mentionne les mesures à prendre pour faciliter la circulation publique, préserver la sécurité et empêcher tout dommage aux routes, aux ouvrages d'art et aux dépendances du domaine public et, le cas échéant, l'itinéraire à suivre. S'il y a lieu, il est communiqué par le préfet du lieu de départ aux préfets des départements traversés afin de permettre à ces derniers de prendre toutes mesures de police nécessaires.

(Décr. n° 2017-16 du 6 janv. 2017, art. 7-3° et 16, en vigueur le 1er mars 2017) « II. — La déclaration préalable prévue au I *bis* de l'article R. 433-1 est effectuée auprès du préfet du département du lieu de départ. Elle est valable sur l'ensemble des itinéraires situés sur un réseau routier, départemental ou national, défini dans les conditions prévues à l'article R. 433-2-1 ainsi que sur d'éventuels raccordements à ce réseau n'excédant pas vingt kilomètres.

« Pour les transports exceptionnels en provenance de l'étranger, la déclaration est effectuée auprès du préfet du département d'entrée en France.

« La déclaration permet de circuler pendant une durée qui ne peut excéder trois ans. »

(Décr. n° 2011-335 du 28 mars 2011 ; Décr. n° 2017-16 du 6 janv. 2017, art. 7-4° et 16, en vigueur le 1er mars 2017) « III. — Le fait pour tout usager de contrevenir aux indications des conducteurs de véhicules de guidage mentionnés à l'article R. 433-17 et mettant en œuvre les mesures de circulation précisées par l'arrêté du préfet autorisant le transport exceptionnel est puni de l'amende prévue pour les contraventions de la quatrième classe. »

Art. R. 433-2-1 *(Décr. n° 2017-16 du 6 janv. 2017, art. 8 et 16, en vigueur le 1er mars 2017)* Les réseaux routiers départementaux sont définis par arrêté des préfets de département concernés, après avis des autorités gestionnaires des voies empruntées. Cet arrêté précise les éventuelles restrictions à la circulation.

Les réseaux routiers nationaux sont définis par arrêté du ministre chargé de la sécurité routière et du ministre chargé des transports en agrégeant les réseaux routiers départementaux définis à l'alinéa précédent.

Art. R. 433-2-2 *(Décr. n° 2017-16 du 6 janv. 2017, art. 8 et 16, en vigueur le 1er mars 2017)* La circulation des transports exceptionnels est préalablement signalée aux autorités chargées des services des voiries concernées selon les modalités définies par l'arrêté prévu à l'article R. 433-5.

Le conducteur d'un transport exceptionnel doit justifier avoir procédé au signalement de son passage prévu au premier alinéa en cas de réquisition des agents de l'autorité compétente.

Le fait de contrevenir aux dispositions du deuxième alinéa est puni de l'amende prévue pour les contraventions de la quatrième classe.

L'immobilisation du véhicule peut être prescrite dans les conditions prévues aux articles L. 325-1 à L. 325-3.

Art. R. 433-3 I. — Lorsque des besoins locaux permanents le justifient, le transport de marchandises ou la circulation de véhicules présentant un caractère exceptionnel en raison de leurs dimensions ou de leur masse, lesquelles ne respectent pas les limites réglementaires, peut être réglementé par arrêté du préfet du département dans lequel est effectué le déplacement. Ces dispositions s'appliquent exclusivement aux catégories de véhicules ou de marchandises suivantes :

1° Pièce indivisible de grande longueur ;

2° Bois en grume ;

3° Matériel et engin de travaux publics ;

4° *Conteneur.*

II. — Le cas échéant, pour les besoins de l'exploitation, ce déplacement peut s'effectuer au-delà du département, mais seulement dans les départements limitrophes et sous réserve que des mesures similaires aient été arrêtées dans ces départements.

III. — L'arrêté du préfet est établi conformément à l'un des arrêtés types prévu au 7° de l'article R. 433-5.

(Décr. n° 2011-368 du 4 avr. 2011 ; Décr. n° 2012-516 du 18 avr. 2012) « IV. — Le fait de faire circuler un véhicule visé au présent article sans respecter les prescriptions de l'arrêté préfectoral est puni conformément aux dispositions des III, V et VI de l'article R. 433-1. »

(Abrogé par Décr. n° 2011-368 du 4 avr. 2011) « V. — Toutefois, lorsque les prescriptions concernent le poids du véhicule, sa charge maximale par essieu ou les dimensions de son chargement et que le dépassement de ces prescriptions excède de plus de 20 % les limites fixées par l'arrêté du préfet, l'amende encourue est celle prévue pour les contraventions de la cinquième classe.

« VI. — La récidive de la contravention prévue au V est réprimée conformément à l'article 132-11 du code pénal.

« VII. — Lorsque le conducteur ne peut présenter l'arrêté préfectoral ou n'en respecte pas les dispositions, l'immobilisation du véhicule peut être prescrite dans les conditions prévues aux articles L. 325-1 à L. 325-3. »

Art. R. 433-4 I. — La circulation des véhicules effectuant des transports exceptionnels est interdite :

(Abrogé par Décr. n° 2012-516 du 18 avr. 2012) « 1° Sur autoroute ; toutefois, le préfet qui a délivré l'autorisation de transport exceptionnel, peut accorder des dérogations à cette interdiction dans les conditions déterminées par l'arrêté conjoint prévu à l'article R. 433-5 ; »

1° Sur l'ensemble du réseau routier et autoroutier du samedi ou veille de fête douze heures au lundi ou lendemain de fête six heures ; toutefois, le préfet qui a délivré l'autorisation de transport exceptionnel, peut, en cas de nécessité absolue et en tenant compte des circonstances locales, après avis le cas échéant des préfets des départements traversés, accorder des dérogations à cette interdiction ;

2° Pendant les périodes et sur les itinéraires d'interdiction de circulation des véhicules de transport de marchandises et de transport de matières dangereuses, définis chaque année par arrêté du ministre de l'intérieur et du ministre chargé des transports ;

3° Pendant la fermeture des barrières de dégel, sur les itinéraires qu'elles concernent ;

4° Par temps de neige ou de verglas ou lorsque la visibilité est insuffisante. — *Les 2°, 3°, 4° et 5° sont devenus respectivement les 1°, 2°, 3° et 4° en application des dispositions du Décr. n° 2012-516 du 18 avr. 2012.*

II. — Le fait, pour tout conducteur, de ne pas respecter les interdictions de circulation mentionnées au présent article est puni de l'amende prévue pour les contraventions de la quatrième classe.

III. — L'immobilisation du véhicule peut être prescrite dans les conditions prévues aux articles L. 325-1 à L. 325-3.

Art. R. 433-5 Un arrêté conjoint des ministres chargés de *(Décr. n° 2017-16 du 6 janv. 2017, art. 9-1° et 16, en vigueur le 1er mars 2017)* « la sécurité routière *[ancienne rédaction : l'intérieur, de l'équipement]* » *(Décr. n° 2012-516 du 18 avr. 2012)* « et des transports » fixe les conditions d'application de la présente section, et notamment :

1° Les règles particulières de circulation des convois exceptionnels ;

2° Les périodes et les itinéraires d'interdiction de circulation ;

3° Les conditions dans lesquelles les accords des préfets des départements traversés sont recueillis ;

4° Les dispositifs spécifiques de signalisation des convois exceptionnels ainsi que les conditions dans lesquelles le préfet peut les compléter ;

5° Les conditions d'accompagnement des convois ;

6° Les dispositifs de signalisation et d'équipement des véhicules d'accompagnement ;

7° Les arrêtés types préfectoraux mentionnés à l'article R. 433-3 ;

(Décr. n° 2017-16 du 6 janv. 2017, art. 9-2° et 16, en vigueur le 1er mars 2017) « 8° Les dimensions et les masses maximales des transports exceptionnels soumis à la déclaration préalable ainsi que les modalités de la procédure de déclaration préalable ;

« 9° Les conditions et les modalités du signalement préalable du passage d'un transport exceptionnel aux autorités chargées des services des voiries concernées ;

« 10° Les modalités de définition des réseaux routiers départementaux et nationaux mentionnés à l'article R. 433-2-1. »

Art. R. 433-6 Les dispositions de la présente section ne sont applicables ni aux convois et aux transports militaires ni aux véhicules des unités d'instruction et d'intervention de la sécurité civile, qui font l'objet de règles particulières.

SECTION II *Transports exceptionnels de personnes*

Art. R. 433-7 I. — Lorsque des besoins locaux spécifiques de transport de personnes le justifient, notamment du fait de l'affluence du public et des caractéristiques géographiques du lieu, le préfet du département autorise par arrêté la circulation de véhicules et d'ensembles de véhicules présentant un caractère exceptionnel en raison de leurs dimensions ou de leur masse, ne respectant pas les limites réglementaires, à condition que ces véhicules garantissent la sécurité des personnes et la protection de l'environnement.

II. – L'arrêté du préfet précise les conditions d'utilisation de ces véhicules et les itinéraires empruntés.

(Décr. nº 2011-368 du 4 avr. 2011) « III. – Le fait de faire circuler un véhicule visé au présent article sans autorisation préfectorale est puni de l'amende prévue pour les contraventions de la cinquième classe.

« Le fait de faire circuler un véhicule visé au présent article sans respecter les prescriptions de l'autorisation préfectorale est puni conformément aux dispositions suivantes :

« 1° Pour le dépassement du poids du véhicule : il est fait application des dispositions du VII de l'article R. 312-4 prévoyant une ou plusieurs contraventions de la quatrième classe ;

« 2° Pour le dépassement de la charge maximale par essieu : il est fait application des dispositions du IV de l'article R. 312-6 prévoyant une ou plusieurs contraventions de la quatrième classe ;

« 3° Pour le non-respect de l'itinéraire autorisé : l'infraction est punie de l'amende prévue pour les contraventions de la cinquième classe ;

« 4° Pour le non-respect d'une prescription liée à la traversée d'un passage à niveau : l'infraction est punie de l'amende prévue pour les contraventions de la cinquième classe ;

« 5° Pour le non-respect d'une autre prescription de l'autorisation préfectorale : l'infraction est punie de l'amende prévue pour les contraventions de la quatrième classe.

« Toutefois, pour les dimensions du chargement ou le nombre de personnes transportées, l'infraction est punie de l'amende prévue pour les contraventions de la cinquième classe lorsque le dépassement excède les limites de l'autorisation de plus de 20 %. »

(Abrogé par Décr. nº 2011-368 du 4 avr. 2011) « IV. – Toutefois, lorsque les prescriptions concernent le poids du véhicule, sa charge maximale par essieu, les dimensions de son chargement ou le nombre de personnes transportées et que le dépassement de ces prescriptions excède les limites de l'autorisation de plus de 20 %, l'amende encourue est celle prévue pour les contraventions de la cinquième classe. »

V. *[IV.]* – La récidive de la contravention prévue *(Décr. nº 2011-368 du 4 avr. 2011)* « aux 3° et 4° du III » est réprimée conformément à l'article 132-11 du code pénal.

VI. *[V.]* – Lorsque le conducteur ne peut présenter l'autorisation préfectorale ou n'en respecte pas les dispositions, l'immobilisation du véhicule peut être prescrite dans les conditions prévues aux articles L. 325-1 à L. 325-3.

SECTION III *Ensembles de véhicules comportant plus d'une remorque*

Art. R. 433-8 La circulation des ensembles de véhicules comprenant plus d'une remorque est interdite.

Toutefois, est autorisée la circulation des ensembles comprenant deux remorques, dans des conditions fixées par arrêté du ministre chargé des transports, et des trains doubles. – *V. Arr. du 13 avr. 1995, App., vº Transports routiers.*

Par ailleurs, la circulation des autres ensembles comprenant plusieurs remorques ou des ensembles composés d'un véhicule articulé et d'une remorque est autorisée sous réserve d'avoir obtenu une autorisation du préfet délivrée dans les conditions prévues pour les transports exceptionnels de marchandises, d'engins ou de véhicules.

Le fait, pour tout conducteur, de faire circuler un ensemble de véhicules sans respecter les conditions fixées par le présent article ou sans l'autorisation préfectorale exigée ou sans en respecter les prescriptions est puni de l'amende prévue pour les contraventions de la *(Décr. nº 2011-368 du 4 avr. 2011)* « quatrième classe ».

L'immobilisation du véhicule peut être prescrite dans les conditions prévues aux articles L. 325-1 à L. 325-3.

SECTION IV *Transports de bois ronds*

(Décr. nº 2009-780 du 23 juin 2009)

Art. R. 433-9 *Les transports de bois ronds présentant un caractère exceptionnel en raison* de leur poids, excédant la limite réglementaire de 40 tonnes de poids total roulant autorisé pour les ensembles de véhicules de plus de quatre essieux, sont autorisés dans les conditions prévues à la présente section.

Constitue un bois rond toute portion de tronc ou de branche d'arbre obtenue par tronçonnage.

Art. R. 433-10 A l'intérieur d'un département, les itinéraires sur lesquels la circulation des véhicules transportant des bois ronds est autorisée dans les conditions prévues à la présente section, sont définis par un arrêté du préfet, pris après consultation des gestionnaires du domaine routier pour ce qui concerne les voies relevant de leur compétence. Ils disposent d'un délai de deux mois pour émettre leur avis.

Le préfet fixe par le même arrêté les conditions de circulation des véhicules concernés.

Les itinéraires sont déterminés afin de permettre la desserte des massifs forestiers et des industries de la première transformation du bois en veillant à la continuité entre départements.

Art. R. 433-11 L'existence d'une alternative économiquement viable au transport routier s'apprécie pour chaque liaison au regard des critères de coût, de délais d'acheminement et de qualité de service.

Les entreprises réceptionnaires de bois ronds remettent aux transporteurs une attestation sur l'honneur faisant état d'une absence d'alternative économiquement viable au transport routier. Une copie de cette attestation est en permanence à bord de chaque véhicule concerné.

Les entreprises réceptionnaires de bois ronds dont le chiffre d'affaires est supérieur à cinq millions d'euros établissent annuellement un plan de transport qu'elles communiquent au préfet de région à sa demande. L'entreprise dispose d'un délai d'un mois après la demande du préfet de région pour adresser son plan de transport. Ce plan présente les flux de transport de bois ronds approvisionnant l'entreprise, et précise les modes et les itinéraires utilisés à partir d'une analyse des alternatives économiquement viables au transport routier. Il précise les modalités prises par l'entreprise pour s'assurer du respect des charges autorisées fixées à l'article R. 433-12.

Lorsqu'il estime que le plan de transport établi par l'entreprise ne permet pas de justifier d'une absence d'alternative économiquement viable au transport routier, le préfet en informe l'entreprise et l'invite à faire valoir ses observations dans un délai de deux mois. Si le préfet confirme son appréciation, il met en demeure l'entreprise qui dispose d'un délai de deux mois pour procéder aux modifications nécessaires et adapter ses choix modaux.

Le préfet de région peut également demander que lui soit communiqué un bilan d'exécution du plan de transport de l'entreprise réceptionnaire selon une périodicité annuelle. L'entreprise précise les modifications intervenues ou envisagées.

Le fait, pour l'entreprise réceptionnaire des bois ronds, de ne pas communiquer au préfet de région le plan de transport ou le bilan de son exécution conformément aux dispositions des troisième et cinquième alinéas du présent article est puni de l'amende prévue pour les contraventions de la quatrième classe.

Le fait, pour l'entreprise réceptionnaire des bois ronds, après mise en demeure par le préfet de région demeurée sans effet, de ne pas recourir à un mode de transport non routier constituant une alternative économiquement viable au transport routier est puni de l'amende prévue pour les contraventions de la cinquième classe.

L'entreprise de transport s'assure de la présence de l'attestation prévue au deuxième alinéa à bord des véhicules. L'absence de ces documents à bord est punie de l'amende prévue par les contraventions de la quatrième classe.

Un arrêté du ministre chargé des transports fixe les modalités d'application du présent article.

Art. R. 433-12 Le poids total roulant autorisé d'un véhicule articulé, d'un ensemble composé d'un véhicule à moteur et d'une remorque ou d'un train double ne peut excéder :

48 tonnes pour les véhicules articulés ou les trains routiers à 5 essieux ;

57 tonnes pour les véhicules articulés et les trains routiers à 6 essieux et plus ;

57 tonnes pour les ensembles composés d'un train double à 7 essieux et plus.

Un arrêté du ministre chargé des transports fixe les conditions d'application des limites des poids totaux roulants autorisés précités.

En outre, les véhicules et ensembles de véhicules concernés sont soumis aux dispositions de l'article R. 321-17.

(Décr. n° 2011-368 du 4 avr. 2011) « Toute infraction aux dispositions du présent article ou à celles prises pour son application est punie conformément aux dispositions du VII de l'article R. 312-4. »

En cas de dépassement excédant 5 % du poids autorisé, l'immobilisation du véhicule peut être prescrite dans les conditions prévues aux articles L. 325-1 à L. 325-3 du présent code.

Art. R. 433-13 Les dispositions réglementaires relatives aux charges maximales à l'essieu pour les ensembles de véhicules effectuant un transport de bois ronds sont celles prévues aux articles R. 312-5 et R. 312-6.

Art. R. 433-14 Tout ensemble de véhicules de plus de 44 tonnes de poids total roulant autorisé qui effectue un transport de bois ronds doit disposer d'un équipement ou de documents se trouvant à bord permettant au conducteur de connaître le poids total roulant réel de l'ensemble.

Le non-respect de cette disposition est puni de l'amende prévue pour les contraventions de la quatrième classe.

Art. R. 433-15 La longueur totale des ensembles de véhicules composés d'un tracteur équipé d'une grue et d'un arrière-train forestier ne peut excéder 18,75 mètres.

En cas de non-respect de ces dispositions, il est fait application des IV, V, VI et VII de l'article R. 312-11.

Art. R. 433-16 I. — La circulation des véhicules transportant des bois ronds est interdite :

a) Sur autoroute pour les ensembles de véhicules qui ne pourraient pas atteindre une vitesse en palier de 50 km/h ;

b) Sur l'ensemble du réseau routier et autoroutier du samedi ou veille de fête à 12 heures au lundi et lendemain de fête à 6 heures. Toutefois, le préfet peut, en cas de nécessité absolue et en tenant compte des circonstances locales, accorder des dérogations à cette interdiction ;

c) Par temps de neige ou de verglas ou lorsque la visibilité est insuffisante.

II. — Le fait, pour tout conducteur, de ne pas respecter les interdictions de circulation mentionnées au présent article est puni de l'amende prévue pour les contraventions de la quatrième classe.

III. — L'immobilisation du véhicule peut être prescrite dans les conditions prévues aux articles L. 325-1 à L. 325-3.

SECTION V *Accompagnement des transports exceptionnels*

(Décr. nº 2011-335 du 28 mars 2011)

Art. R. 433-17 L'accompagnement des transports exceptionnels est constitué par des véhicules de protection et des véhicules de guidage.

Au sens de la présente section, on entend par :

— véhicules de protection : le véhicule pilote placé devant le convoi ou le train de convois et le véhicule de protection arrière qui suit le convoi ou le train de convois ;

— véhicules de guidage : le ou les véhicules destinés à guider le convoi ou le train de convois.

Un arrêté conjoint des ministres chargés des transports et de l'intérieur fixe les caractéristiques applicables à ces véhicules.

Art. R. 433-18 I. — Tout conducteur de véhicule de protection ou de véhicule de guidage destiné à l'accompagnement des transports exceptionnels doit avoir, préalablement à l'exercice de son activité de conduite, satisfait à une obligation de formation professionnelle initiale comportant la fréquentation de cours et sanctionnée par un examen.

La formation destinée aux conducteurs de véhicules de protection est accessible aux personnes titulaires du permis de conduire de la catégorie B, dont le délai probatoire défini à l'article L. 223-1 est expiré.

La formation destinée aux conducteurs de véhicules de guidage est accessible aux personnes âgées de vingt et un ans au moins et titulaires des permis de conduire des catégories A et B dont le délai probatoire défini à l'article L. 223-1 est expiré, ainsi que de l'attestation de formation aux premiers secours ou de prévention et secours civiques de niveau 1.

II. — Pour s'établir en France, est considéré comme qualifié pour exercer les activités mentionnées au I tout ressortissant d'un État membre de l'Union européenne ou d'un État partie à l'accord sur l'Espace économique européen, dès lors qu'il produit les pièces justificatives émanant de l'autorité compétente d'un de ces États prouvant qu'il possède la qualification conforme aux conditions fixées par le présent code pour y exercer ces activités.

III. — Par dérogation au I, tout ressortissant d'un État membre de l'Union européenne ou d'un État partie à l'accord sur l'Espace économique européen, légalement établi, pour l'exercice des activités mentionnées au I, dans un de ces États, peut exercer ces activités de façon temporaire et occasionnelle en France.

Toutefois, lorsque ces activités ou la formation y conduisant ne sont pas réglementées dans l'État d'établissement, le prestataire doit avoir exercé ces activités dans cet État pendant au moins deux ans au cours des dix années qui précèdent la prestation.

Lorsque le prestataire fournit pour la première fois une prestation en France, il en informe au préalable l'autorité compétente par une déclaration écrite qui donne lieu à une vérification de ses qualifications professionnelles. Les conditions d'application du présent alinéa sont fixées par arrêté du ministre chargé des transports.

IV. – Les fonctionnaires des services actifs de la police nationale et les militaires de la gendarmerie nationale ayant cessé leur activité sont dispensés de l'obligation de formation professionnelle initiale mentionnée au I s'ils ont exercé une activité d'escorte des transports exceptionnels durant les cinq années qui précèdent leur reprise d'activité en qualité de conducteur de véhicule d'accompagnement.

Cette situation est justifiée par une attestation d'exercice de l'activité de conducteur de véhicule d'escorte de transports exceptionnels délivrée, selon le cas, par l'autorité civile ou militaire dont dépendait le conducteur lorsqu'il était en activité. Le contenu de cette attestation est fixé par arrêté du ministre chargé des transports.

V. – Tout conducteur de véhicule de protection ou de véhicule de guidage doit effectuer un stage de formation continue tous les cinq ans.

Les conducteurs mentionnés au I doivent effectuer leur premier stage de formation professionnelle continue cinq ans après l'obtention de l'attestation de formation professionnelle initiale.

Les conducteurs mentionnés au IV doivent effectuer leur premier stage de formation continue dans un délai de deux ans après leur reprise d'activité en qualité de conducteur de véhicule d'accompagnement des transports exceptionnels.

Art. R. 433-19 I. – Le programme, la durée et les modalités de mise en œuvre des formations prévues à l'article R. 433-18 sont fixés par arrêté du ministre chargé des transports.

II. – Les formations mentionnées à l'article R. 433-18 sont dispensées dans le cadre des établissements agréés mentionnés aux articles R. 3314-19 à R. 3314-24 du code des transports.

III. – L'organisme de formation délivre au conducteur ayant satisfait aux obligations de formation initiale ou continue mentionnées à l'article R. 433-18 une attestation dont le contenu est défini par arrêté du ministre chargé des transports.

Art. R. 433-20 Tout conducteur de véhicule de protection ou de guidage doit être en mesure de justifier de la régularité de sa situation au regard des obligations de formation professionnelle initiale et continue par la présentation, sur leur demande, aux agents de l'autorité compétente, selon le cas, de l'attestation en cours de validité mentionnée au II de l'article R. 433-18 ou de l'attestation de formation en cours de validité mentionnée au III de l'article R. 433-19.

Le fait, pour tout conducteur de véhicule de protection ou de guidage, de ne pas présenter immédiatement l'attestation en cours de validité prévue au premier alinéa est puni de l'amende prévue pour les contraventions de la quatrième classe.

L'immobilisation du convoi peut être également prescrite dans les conditions prévues aux articles L. 325-1 à L. 325-3.

CHAPITRE IV *Convois et véhicules à traction animale*

Art. R. 434-1 I. – Sauf dans le cas d'un transport exceptionnel ou d'un convoi de véhicules, il ne peut être attelé :

1° Aux véhicules servant au transport des marchandises, plus de cinq chevaux ou bêtes de trait s'il s'agit de véhicules à deux-roues, plus de six bœufs ou de huit chevaux ou autres bêtes de trait s'il s'agit de véhicules à quatre roues sans que, dans ce dernier cas, il puisse y avoir plus de cinq animaux en enfilade ;

2° Aux véhicules servant au transport de personnes, plus de trois chevaux s'il s'agit de *véhicules à deux-roues*, plus de six s'il s'agit de véhicules à quatre roues.

II. – Toutefois, cette limitation du nombre des animaux d'attelage n'est pas applicable sur les sections de route offrant des rampes d'une déclivité ou d'une longueur exceptionnelles.

III. – Le fait de contrevenir aux dispositions du présent article est puni de l'amende prévue pour les contraventions de la deuxième classe. – *[Anc. art. R. 201, R. 203 et R. 233, al. 1er et 5.]*

Art. R. 434-2 Pour un convoi de deux véhicules, le nombre d'animaux attelés ne peut dépasser quatre pour le premier et deux, attelés de front, pour le deuxième.

Pour un convoi de trois véhicules, seul le premier peut avoir deux animaux attelés, les deuxième et troisième ne devant en comporter qu'un seul.

Les animaux attelés au deuxième véhicule et, éventuellement, au troisième doivent être attachés à l'arrière du véhicule qui les précède et de manière que chacun de ces véhicules ne puisse s'écarter sensiblement de la voie suivie par le précédent.

Le fait de contrevenir aux dispositions du présent article est puni de l'amende prévue pour les contraventions de la deuxième classe. – *[Anc. art. R. 206, R. 207, R. 208, R. 233, al. 1er et 2 et R. 233, al. 1er et 5.]*

Art. R. 434-3 Par dérogation à l'article R. 412-6, un convoi de véhicules à traction animale peut ne comporter qu'un seul conducteur sous réserve que le convoi ne comprenne pas plus de trois véhicules.

Ce conducteur, s'il n'est pas à pied, doit se trouver sur le premier véhicule.

Le fait de contrevenir aux dispositions du présent article est puni de l'amende prévue pour les contraventions de la deuxième classe. – *[Anc. art. R. 2, R. 204, R. 205 et R. 233, al. 1er et 2.]*

Art. R. 434-4 Quand le nombre de bêtes de trait d'un attelage est supérieur à six ou excède cinq en enfilade, il doit être adjoint un aide au conducteur.

Le fait de contrevenir aux dispositions du présent article est puni de l'amende prévue pour les contraventions de la deuxième classe. – *[Anc. art. R. 202 et R. 233, al. 1er et 2.]*

CHAPITRE V *Autres véhicules*

(Décr. n° 2005-1655 du 26 déc. 2005)

Les art. R. 436-1, R. 437-1 et R. 437-2 deviennent les art. R. 435-3, R. 435-4 et R. 435-5 (Décr. n° 2017-15 du 6 janv. 2017, art. 1er-4°, en vigueur le 1er mars 2017).

SECTION I *Véhicules et matériels agricoles ou forestiers*

Art. R. 435-1 I. – La circulation des véhicules et matériels agricoles ou forestiers et de leurs ensembles dont les dimensions, y compris les outillages portés amovibles, dépassent les limites réglementaires définies au chapitre II du livre III du présent code, et celle des machines agricoles automotrices et des machines et instruments agricoles remorqués d'une largeur supérieure à 2,55 mètres, est soumise, lorsque leur longueur n'excède pas 25 mètres et leur largeur 4,50 mètres, à des règles particulières fixées par arrêté conjoint *(Décr. n° 2010-774 du 8 juill. 2010)* « du ministre chargé des transports et du ministre de l'intérieur ».

Cet arrêté précise notamment :

1° Les périodes et les itinéraires d'interdiction de circulation ;

2° Les dispositifs spécifiques de signalisation ;

3° Les conditions et les modalités d'accompagnement.

II. – Le fait de contrevenir aux dispositions du présent article et à celles prises pour son application est puni de l'amende prévue pour les contraventions de la quatrième classe.

III. – L'immobilisation du véhicule peut être prescrite dans les conditions prévues aux articles L. 325-1 à L. 325-3.

Art. R. 435-2 *(Décr. n° 2016-1521 du 10 nov. 2016, art. 1er)* I. – La circulation des machines agricoles ou forestières automotrices définies au 5.4 de l'article R. 311-1 à deux essieux, ainsi que des machines et instruments agricoles ou forestiers remorqués définis au 5.3 de l'article R. 311-1 à deux essieux, et dont les poids dépassent les limites réglementaires définies au chapitre II du livre III du présent code sans excéder ni un poids total autorisé en charge de 26 tonnes, ni une charge à l'essieu de 14 tonnes, est soumise à des règles particulières fixées par arrêté conjoint du ministre chargé des transports et du ministre de l'intérieur.

Cet arrêté précise notamment :

1° Les périodes et les itinéraires d'interdiction de circulation ;

2° Les dispositifs spécifiques de signalisation ;

3° Les conditions et modalités d'accompagnement ;

4° Les équipements spécifiques liés aux conditions de leur exploitation.

II. – Le fait de contrevenir aux dispositions du présent article et à celles prises pour son application est puni de l'amende prévue pour les contraventions de la quatrième classe.

III. – L'immobilisation du véhicule peut être prescrite dans les conditions prévues aux articles L. 325-1 à L. 325-3.

SECTION II *Ensembles forains*

Art. R. 435-3 *I. – La circulation* des ensembles forains transportant des équipements ou animaux destinés à la présentation d'une attraction foraine, dont la longueur dépasse les limites réglementaires définies au chapitre II du livre III du présent code sans excéder 30 mètres, est soumise à des règles particulières fixées par un arrêté conjoint *(Décr. n° 2010-774 du 8 juill. 2010)* « du ministre chargé des transports et du ministre de l'intérieur ». Chacun des éléments composant cet ensemble doit respecter les limites réglementaires précitées.

Cet arrêté précise notamment :
1° Les périodes et les itinéraires d'interdiction de circulation ;
2° Les dispositifs spécifiques de signalisation ;
3° Les conditions et les modalités d'accompagnement.
II. – Le fait de contrevenir aux dispositions du présent article et à celles prises pour son application est puni de l'amende prévue pour les contraventions de la quatrième classe.
III. – L'immobilisation du véhicule peut être prescrite dans les conditions prévues aux articles L. 325-1 à L. 325-3. – *[Anc. art. R. 436-1]*.

SECTION III *Véhicules automoteurs spéciaux*

(Décr. n° 2016-1521 du 10 nov. 2016, art. 2)

Art. R. 435-4 I. – La circulation des dépanneuses définies au 6.8 de l'article R. 311-1 à quatre essieux et dont les poids dépassent les limites réglementaires définies au chapitre II du livre III du présent code sans excéder ni une charge à l'essieu de 14 tonnes, ni un poids total autorisé en charge de 48 tonnes, ni un poids total roulant autorisé de 60 tonnes, est soumise à des règles particulières fixées par arrêté conjoint du ministre chargé des transports et du ministre de l'intérieur.
Cet arrêté précise notamment :
1° Les périodes et les itinéraires d'interdiction de circulation ;
2° Les dispositifs spécifiques de signalisation ;
3° Les équipements spécifiques liés aux conditions de leur exploitation.
II. – Le fait de contrevenir aux dispositions du présent article et à celles prises pour son application est puni de l'amende prévue pour les contraventions de la quatrième classe.
III. – L'immobilisation du véhicule peut être prescrite dans les conditions prévues aux articles L. 325-1 à L. 325-3. – *[Anc. art. R. 437-1]*.

Art. R. 435-5 I. – La circulation, dans le cadre de leur mission, des véhicules d'intérêt général prioritaire de lutte contre l'incendie définis au 6.5 de l'article R. 311-1 à trois ou quatre essieux et dont les poids et dimensions dépassent les limites réglementaires définies au chapitre II du livre III du présent code, sans excéder ni une charge à l'essieu de 14 tonnes, ni un poids total autorisé en charge de 42 tonnes pour les véhicules à trois essieux ou de 56 tonnes pour les véhicules à quatre essieux, ni une largeur de 3 mètres, est soumise à des règles particulières fixées par arrêté conjoint du ministre chargé des transports et du ministre de l'intérieur.
Cet arrêté précise notamment :
1° Les dispositifs spécifiques de signalisation ;
2° Les équipements spécifiques liés aux conditions de leur exploitation.
II. – Le fait de contrevenir aux dispositions du présent article et à celles prises pour son application est puni de l'amende prévue pour les contraventions de la quatrième classe.
III. – L'immobilisation du véhicule peut être prescrite dans les conditions prévues aux articles L. 325-1 à L. 325-3. – *[Anc. art. R. 437-2]*.

Art. R. 435-6 *(Décr. n° 2017-15 du 6 janv. 2017, art. 1er-5°, en vigueur le 1er mars 2017)* I. – La circulation d'un bateau amphibie défini au 6.12 de l'article R. 311-1 est soumise à une déclaration préalable auprès du préfet de département du point d'entrée sur le domaine public routier.
Un arrêté conjoint du ministre chargé des transports et du ministre chargé de la sécurité routière fixe les conditions d'application du présent I, notamment :
1° Le contenu et les modalités de la déclaration préalable et de délivrance du récépissé de déclaration ;
2° Les règles particulières de circulation des bateaux amphibies ;
3° Les dispositifs de signalisation et d'équipement de ces bateaux.
II. – Le fait de faire circuler un bateau amphibie sans avoir procédé à la déclaration préalable et obtenu un récépissé de déclaration est puni de l'amende prévue pour les contraventions de la cinquième classe.
Le fait de faire circuler un bateau amphibie sans respecter les prescriptions du récépissé de déclaration préalable ou les dispositions de l'arrêté prévu au deuxième alinéa du I est puni de l'amende prévue pour les contraventions de la quatrième classe.
Le fait de ne pas présenter le récépissé de déclaration préalable immédiatement aux agents de l'autorité compétente est puni de l'amende prévue pour les contraventions de la première classe.
III. – L'immobilisation du véhicule peut être prescrite dans les conditions prévues aux articles L. 325-1 à L. 325-3.

TITRE IV Dispositions relatives à l'outre-mer

CHAPITRE PREMIER *Dispositions particulières à la collectivité territoriale de Saint-Pierre-et-Miquelon*

Art. R. 441-1 Pour l'application des dispositions du présent livre dans la collectivité territoriale de Saint-Pierre-et-Miquelon, les termes énumérés ci-après sont remplacés comme suit :

1° "départementales" par "territoriales" ;

2° "départementale" par "territoriale" ;

3° "département" par "collectivité territoriale" ;

4° "service départemental de la jeunesse et des sports" par "direction territoriale de la jeunesse et des sports" ;

5° "départements" par "collectivité territoriale" ;

6° "départementaux" par "territoriaux" ;

7° "directeur départemental de l'équipement" par "directeur de l'équipement" ;

8° "départemental" par "territorial".

Art. R. 441-2 L'article R. 411-1 n'est pas applicable dans la collectivité territoriale de Saint-Pierre-et-Miquelon.

Art. R. 441-3 Les règles relatives aux modalités d'application de l'article L. 131-3 du code des communes applicable dans la collectivité territoriale de Saint-Pierre-et-Miquelon concernant les routes à grande circulation sont fixées par l'article R. 131-3 du même code.

Art. R. 441-4 Pour l'application de l'article R. 411-5 dans la collectivité territoriale de Saint-Pierre-et-Miquelon, les références aux articles L. 2215-1 et L. 3221-5 du code général des collectivités territoriales sont remplacées par les références à l'article L. 131-13 du code des communes applicable dans cette collectivité et au deuxième alinéa du III de l'article 34 de la loi n° 82-213 du 2 mars 1982 relative aux droits et libertés des communes, des départements et des régions.

Art. R. 441-5 Pour l'application de l'article R. 411-24 dans la collectivité territoriale de Saint-Pierre-et-Miquelon, les références aux articles L. 2213-4 et L. 2215-3 du code général des collectivités territoriales sont remplacées par les références aux articles L. 131-4-1 et L. 131-14-1 du code des communes applicable dans cette collectivité.

CHAPITRE II *Dispositions applicables à Mayotte* (*L. n° 2010-1487 du 7 déc. 2010, art. 36*).

Les dispositions de la L. n° 2010-1487 du 7 déc. 2010 sont applicables à compter du 31 mars 2011.

Art. R. 442-1 Pour l'application des dispositions du présent livre à Mayotte, les termes énumérés ci-après sont remplacés comme suit :

1° "départementales" par "territoriales" ;

2° "préfet" par "représentant de l'État" ;

3° "départementale" par "territoriale" ;

4° "département" par "collectivité départementale" ;

5° "service départemental de la jeunesse et des sports" par "service de la jeunesse et des sports" ;

6° "départements" par "collectivité départementale" ;

7° "départementaux" par "territoriaux" ;

8° "directeur départemental de l'équipement" par "directeur de l'équipement" ;

9° "départemental" par "territorial". – *[Décr. n° 93-301 du 8 mars 1993, art. 16.]*

Art. R. 442-2 Les dispositions réglementaires du présent livre sont applicables à Mayotte, à l'exception des articles R. 411-1, (*Décr. n° 2006-253 du 27 févr. 2006*) « R. 411-8-1, » R. 411-20, R. 411-21 (*Décr. n° 2002-530 du 11 avr. 2002, art. 3*) « , R. 414-17. » – *[Décr. n° 93-301 du 8 mars 1993, art. 1er.]*

Art. R. 442-3 Les règles relatives aux modalités d'application de l'article L. 131-3 du code *des communes applicable* à Mayotte concernant les routes à grande circulation sont fixées par l'article R. 131-3 du même code.

Art. R. 442-4 Les pouvoirs attribués au président du conseil départemental par les articles R. 411-5, R. 411-7 et R. 422-4 sont exercés par le représentant de l'État. – *[Décr. n° 93-301 du 8 mars 1993, art. 6.]*

Art. R. 442-5 Pour l'application de l'article R. 411-5 à Mayotte, la référence à l'article L. 2215-1 du code général des collectivités territoriales est remplacée par la référence à l'article L. 131-13 du code des communes applicable dans cette collectivité.

Art. R. 442-6 Pour l'application de l'article R. 411-24 à Mayotte, les références aux articles L. 2213-4 et L. 2215-3 du code général des collectivités territoriales sont remplacées par les références aux articles L. 131-4-1 et L. 131-14-1 du code des communes applicable dans cette collectivité.

Art. R. 442-7 Le représentant de l'État prend les arrêtés prévus par les articles R. 411-18, R. 412-16 et R. 433-5.

Le ministre chargé de l'outre-mer signe les arrêtés prévus par les articles R. 411-25, R. 433-1, R. 433-2 et R. 433-4.

TROISIÈME PARTIE : *Arrêtés*

(Arr. du 15 déc. 2016, en vigueur le 1er janv. 2017)

LIVRE PREMIER **Dispositions générales**

(Arr. du 15 déc. 2016, en vigueur le 1er janv. 2017)

TITRE PREMIER **Définitions**

(Arr. du 15 déc. 2016, en vigueur le 1er janv. 2017)

Néant.

TITRE II **Responsabilité**

(Arr. du 15 déc. 2016, en vigueur le 1er janv. 2017)

CHAPITRE PREMIER *Responsabilité pénale*

Art. A. 121-1 Les informations que le représentant légal d'une personne morale propriétaire ou détentrice d'un véhicule, pour lequel une infraction a été constatée selon les modalités prévues à l'article L. 130-9, est tenu d'adresser, en application de l'article L. 121-6, dans un délai de quarante-cinq jours à compter de l'envoi ou de la remise de l'avis de contravention, doivent préciser :

1° Soit l'identité et l'adresse de la personne physique qui conduisait ce véhicule ;

2° Soit les éléments permettant d'établir l'existence d'un vol, d'une usurpation de plaque d'immatriculation ou de tout autre évènement de force majeure.

Art. A. 121-2 Lorsque ces informations sont adressées par lettre recommandée avec demande d'avis de réception, il est utilisé le formulaire prévu à cette fin qui est joint à l'avis de contravention adressée au représentant légal de la personne morale.

Ce formulaire mentionne que toute fausse déclaration expose le représentant de la personne morale ainsi que la personne morale à des poursuites pénales.

Dans le cas prévu au 1° de l'article A. 121-1, le représentant de la personne morale doit également préciser la référence du permis de conduire de la personne qui était présumée conduire le véhicule lorsque l'infraction a été constatée.

Dans le cas prévu au 2° de l'article A. 121-1, il doit joindre à l'envoi, selon les cas, la copie du récépissé du dépôt de plainte pour vol ou destruction du véhicule ou pour le délit d'usurpation de plaque d'immatriculation prévu par l'article L. 317-4-1, la copie de la déclaration de destruction de véhicule établie conformément aux dispositions du présent code, ou les copies de la déclaration de cession du véhicule et de son accusé d'enregistrement dans le système d'immatriculation des véhicules, ou une déclaration motivée expliquant tout autre évènement de force majeure, accompagné le cas échéant de documents justificatifs.

Art. A. 121-3 Lorsque ces informations sont adressées de façon dématérialisée, l'envoi est fait sur le site "www.antai.fr", en utilisant les informations figurant sur l'avis de contravention, à l'aide du formulaire en ligne figurant sur ce site.

Cet envoi produit les mêmes effets que l'envoi de la lettre recommandée avec demande d'avis de réception prévu par l'article L. 121-6.

Dans le cas prévu au 1° de l'article A. 121-1, le représentant de la personne morale doit également préciser la référence du permis de conduire de la personne qui était présumée conduire le véhicule lorsque l'infraction a été constatée ; il est informé que toute fausse déclaration l'expose à des poursuites pénales.

Dans le cas prévu au 2° de l'article A. 121-1, le représentant de la personne morale :

– soit transmet de façon numérisée, selon les formats indiqués sur le site "www.antai.fr" la copie du récépissé du dépôt de plainte pour vol ou de destruction du véhicule ou pour le délit d'usurpation de plaque d'immatriculation prévu par l'article L. 317-4-1, la copie de la déclaration de destruction de véhicule établie conformément aux dispositions du présent code, ou les copies de la déclaration de cession du véhicule et de son accusé d'enregistrement dans le système d'immatriculation des véhicules ;

– soit mentionne dans le formulaire en ligne les éléments justifiant la survenance de tout autre évènement de force majeure ; ces informations peuvent également figurer sur un document numérisé, selon les formats indiqués sur le site "www.antai.fr", le cas échéant avec les documents justificatifs également numérisés.

Dans tous les cas, un accusé d'enregistrement de la transmission est présenté automatiquement à la personne lorsque celle-ci a validé et envoyé les informations demandées. Ce document peut être téléchargé ou imprimé par la personne.

CHAPITRE II *Indemnisation des victimes d'accidents de la circulation*

Néant.

TITRE III Recherche et constatation des infractions

(Arr. du 15 déc. 2016, en vigueur le 1er janv. 2017)

Néant.

TITRE IV Dispositions relatives à l'outre-mer

(Arr. du 15 déc. 2016, en vigueur le 1er janv. 2017)

CHAPITRE PREMIER *Dispositions particulières à la collectivité territoriale de Saint-Pierre-et-Miquelon*

Néant.

CHAPITRE II *Dispositions applicables à Mayotte*

Néant.

CHAPITRE III *Dispositions applicables en Nouvelle-Calédonie, en Polynésie française et dans les îles Wallis-et-Futuna*

Art. A. 143-1 Sont applicables en Nouvelle-Calédonie, en Polynésie française et dans les îles Wallis-et-Futuna, les dispositions des articles mentionnés dans la colonne de gauche du tableau ci-après, dans leur rédaction indiquée dans la colonne de droite du même tableau :

DISPOSITIONS APPLICABLES	DANS LEUR RÉDACTION
A. 121-1	Résultant de l'arrêté du 15 décembre 2016
A. 121-2	Résultant de l'arrêté du 15 décembre 2016
A. 121-3	Résultant de l'arrêté du 15 décembre 2016

LIVRE II Le conducteur

(Arr. du 4 nov. 2020, en vigueur au plus tard le 1er avr. 2021)

Néant.

LIVRE III Le véhicule

(Arr. du 4 nov. 2020, en vigueur au plus tard le 1er avr. 2021)

TITRE PREMIER Dispositions techniques

Néant.

TITRE II Dispositions administratives

CHAPITRE PREMIER *Réception et homologation*

Néant.

CHAPITRE II *Immatriculation*

Néant.

CHAPITRE III *Contrôle technique*

Néant.

CHAPITRE IV *Assurance*

Néant.

CHAPITRE V *Immobilisation et mise en fourrière*

SECTION I *Dispositions générales*

Néant.

SOUS-SECTION 2 *Immobilisation*

Néant.

SECTION III *Fourrière* [SECTION II]

SOUS-SECTION 1 *Dispositions générales*

Art. A. 325-12 Le modèle de fiche descriptive de l'état du véhicule à enlever en fourrière prévu à l'article R. 325-16 comporte au minimum les mentions suivantes :
– le timbre de l'autorité dont relève la fourrière ;
– la date de constatation de l'infraction ;
– la motivation de mise en fourrière du véhicule ;
– l'auteur de la fiche *(Arr. du 15 mars 2021, art. 1er)* « ou son numéro de matricule » ;
– le nom ou le numéro de matricule de l'agent verbalisateur ;
– son service ;
– les circonstances de sa rédaction : nuit, pluie ou neige ;
– le lieu d'enlèvement du véhicule (public ou privé) ;
– le genre, la marque, le modèle et la couleur du véhicule à enlever ;
– son numéro d'immatriculation ou, le cas échéant, le numéro d'identification du véhicule ;
– l'état du véhicule *(Arr. du 15 mars 2021, art. 1er)* « à partir d'une inspection visuelle » :
– bon état ;
– dégradé *(Arr. du 15 mars 2021, art. 1er)* « et, le cas échéant, les mentions facultatives » : défaut de contrôle technique, dégradations réparables et réversibles ;
– dommages graves *(Arr. du 15 mars 2021, art. 1er, en vigueur au plus tard le 1er avr. 2021)* « et, le cas échéant, les mentions facultatives » : défauts techniques irréversibles et non remplaçables, ensemble moteur-boîte et coque ou châssis à échanger, coque ou châssis ni réparable ni remplaçable, organes de commande ni réparables ni remplaçables, pneumatiques ou roues ni réparables ni remplaçables, véhicule complètement brûlé, véhicule définitivement non identifiable, véhicule immergé au-dessus du tableau de bord ;
– le nom et les coordonnées de la fourrière *(Arr. du 15 mars 2021, art. 1er, en vigueur au plus tard le 1er avr. 2021)* « le cas échéant » ;
– le verrouillage :

– des portes ;
– du coffre ;
– deux dessins du véhicule, faisant apparaître :
– l'avant et le profil droit ;
– l'arrière et le profil gauche ;
– les symboles des dommages apparents subis par le véhicule à enlever :
– ^ ^ ^ ^ ^ ^ pour les rayures ;
– O pour les enfoncements ;
– X pour les bris ;
– l'équipement du véhicule :
– antenne radio ;
– autoradio ;
– téléphone ;
– les objets laissés dans le véhicule et visibles de l'extérieur ;
– et les observations diverses de l'agent verbalisateur.

Des photographies peuvent être jointes à la fiche descriptive en lieu et place des dessins du véhicule.

La fiche précitée comportera un espace pour la signature de l'agent verbalisateur auteur de la fiche et la mention des date et heure d'établissement de ce document.

Art. A. 325-13 Les données relatives à l'enlèvement, à la garde, à la vente ou à la destruction des véhicules prévues à l'article R. 325-25 sont :
– le nom et les coordonnées, les jours et heures d'ouverture de la fourrière ;
– l'identification du gardien de fourrière : nom, prénom, numéro d'agrément ;
– le nom de l'autorité dont relève la fourrière ;
– la date de constatation de l'infraction ;
– la motivation de la mise en fourrière du véhicule ;
– l'auteur de la fiche descriptive de l'état du véhicule : nom ou numéro de matricule de l'agent verbalisateur, service ;
– le cas échéant, les circonstances de sa rédaction : nuit, pluie ou neige ;
– le lieu d'enlèvement du véhicule (public ou privé) ;
– le genre, la marque, le modèle et la couleur du véhicule ;
– le numéro d'immatriculation du véhicule ou, le cas échéant, le numéro d'identification du véhicule ;
– l'état du véhicule :
– bon état ;
– dégradé *(Arr. du 15 mars 2021, art. 1er, en vigueur au plus tard le 1er avr. 2021)* « et, le cas échéant, les mentions facultatives » : défaut de contrôle technique, dégradations réparables et réversibles ;
– dommages graves *(Arr. du 15 mars 2021, art. 1er, en vigueur au plus tard le 1er avr. 2021)* « et, le cas échéant, les mentions facultatives » : défauts techniques irréversibles et non remplaçables, ensemble moteur-boîte et coque ou châssis à échanger, coque ou châssis ni réparable ni remplaçable, organes de commande ni réparables ni remplaçables, pneumatiques ou roues ni réparables ni remplaçables, véhicule complètement brûlé, véhicule définitivement non identifiable, véhicule immergé au-dessus du tableau de bord ;
– le nom et les coordonnées de la fourrière ;
– les observations de l'agent verbalisateur sur l'état du véhicule ;
– la date et l'heure de l'entrée sur le parc ;
– la date et l'heure de sortie du parc ;
– le nom et les coordonnées de l'entreprise chargée de la destruction du véhicule.

Art. A. 325-14 Le délai prévu au quatrième alinéa de l'article L. 325-7 est réduit à dix jours pour :

1° Tout véhicule à moteur ayant été déclaré dangereux et non réparable ;

2° Tout véhicule dont l'état comporte des dommages graves, à l'exception des véhicules dont seuls les pneumatiques, roues ou organes de commande ne sont ni réparables ni remplaçables ;

3° *Tout véhicule de genre VP*, à l'exception des véhicules de marque premium ou de carrosserie cabriolet ou dont les deux essieux sont des essieux moteurs (dits "4×4"), âgé de plus de 13 ans et de moins de 30 ans ;

4° Tout véhicule de genre MTL, CYCL ou CL de certaines marques particulières ou âgé de plus de 5 ans ;

5° Tout véhicule de genre MTT1 ou MTT2 de certaines marques particulières ;

6° Tout véhicule de genre TM ou QM âgé de plus de 10 ans ;
7° Tout véhicule de genre CTTE âgé de plus de 12 ans ;
8° Tout véhicule de genre TCP, TRR, CAM, SRAT, SREM, REM, SRTC, RETC ou VASP âgé de plus de 15 ans ;
9° Tout véhicule de genre SRSP et RESP âgé de plus de 15 ans ;
10° Tout véhicule à moteur, à l'exception des genres TRA, REA, SREA, MIAR, MAGA, n'entrant pas dans les 1° à 9° et âgé de plus 10 ans, ainsi que tout engin motorisé mentionné à l'article L. 321-1-1 du code de la route.

SOUS-SECTION 2 *Véhicules laissés sans droit dans des lieux non ouverts à la circulation publique*

Néant.

....

II CIRCULATION FERROVIAIRE

V. v° Chemins de fer.

III CIRCULATIONS AÉRIENNE, MARITIME ET FLUVIALE

Décret du 25 juillet 1929,

Portant création d'un service de police aérienne (BLD 1929. 326 ; JO 26 juill.).

V. aussi Arr. du 6 juin 1969 (JO 14 juin).

Code des transports

PARTIE LÉGISLATIVE

(Ord. n° 2010-1307 du 28 oct. 2010, en vigueur le 1er déc. 2010)

V. ***C. transp.****, art. L. 6142-1 à L. 6142-9, L. 6232-1 à L. 6232-11, L. 6372-1 à L. 6372-10, L. 6433-1 et L. 6433-2, et L. 6531-1.*

....

CHAPITRE III **Contraventions de grande voirie**

Art. L. 4273-1 Est punie de 150 € à 12 000 € d'amende toute personne participant à la conduite, à la traction ou au remorquage d'un bateau qui, par des manœuvres, des déplacements ou des stationnements, a volontairement créé un obstacle à la circulation normale sur une voie de navigation. — *V. Anc. art. L. 214 C. dom. publ. fluv.*

Code de l'aviation civile

(Décr. nos 67-333 et 67-334 du 30 mars 1967)

Art. L. 131-1 et L. 150-16 *(Circulation des aéronefs et dispositions pénales). — Abrogation partielle de ces dispositions par Ord. n° 2010-1307 du 28 oct. 2010, art. 9, à compter de la publication des dispositions réglementaires du code des transports. — V.* ***C. transp.****, art. L. 6192-1 à L. 6192-9, L. 6232-1 à L. 6232-11, L 6372-1 à L. 6372-10, L. 6933-1 et L. 6933-2, et L. 6531-1.*

Loi n° 94-589 du 15 juillet 1994,

Relative à l'exercice par l'État de ses pouvoirs de police en mer pour la lutte contre certaines infractions relevant de conventions internationales (Ord. n° 2019-414 du 7 mai 2019).

BIBL. ▶ Recio, *Dr. pénal 2011. Étude 5* (la France à l'abordage de la piraterie : la loi n° 2011-13 du 5 janvier 2011 relative à la lutte contre la piraterie et à l'exercice des pouvoirs de police de l'État en mer ou le renforcement de l'arsenal répressif).

Art. 1er *(Ord. n° 2019-414 du 7 mai 2019)* **Les infractions dont la présente loi fixe les modalités de prévention, de recherche et de constatation sont :**

1° Lorsqu'elles constituent des actes de piraterie au sens de la convention des Nations unies sur le droit de la mer signée à Montego Bay le 10 décembre 1982 commis en haute mer, dans un lieu ne relevant de la juridiction d'aucun État ou, lorsque le droit international l'autorise, dans la mer territoriale d'un État :

a) Les infractions définies aux articles 224-6 à 224-7 du code pénal et impliquant au moins un navire ou un aéronef dirigé contre un navire ou un aéronef ;

b) Les infractions définies aux articles 224-1 à 224-5-2 ainsi qu'à l'article 224-8 du même code lorsqu'elles précèdent, accompagnent ou suivent les infractions mentionnées au *a* ;

c) L'infraction définie à l'article 450-1 du même code lorsqu'elle est commise en vue de préparer les infractions mentionnées aux *a* et *b* ;

2° Les infractions constitutives de trafic de stupéfiants et de substances psychotropes définies à la section IV du chapitre II du titre II du livre II du même code ainsi que le délit de participation à une association de malfaiteurs prévu par l'article 450-1 de ce code lorsqu'il a pour objet de préparer l'une de ces infractions ;

3° Les infractions définies à l'article L. 622-1 du code de l'entrée et du séjour des étrangers et du droit d'asile, au I de l'article 28 de l'ordonnance n° 2000-371 du 26 avril 2000 relative aux conditions d'entrée et de séjour des étrangers dans les îles Wallis-et-Futuna, au I de l'article 30 de l'ordonnance n° 2000-372 du 26 avril 2000 relative aux conditions d'entrée et de séjour des étrangers en Polynésie française, au I de l'article 30 de l'ordonnance n° 2002-388 du 20 mars 2002 relative aux conditions d'entrée et de séjour des étrangers en Nouvelle-Calédonie et au I de l'article 13 de la loi n° 71-569 du 15 juillet 1971 relative au territoire des Terres australes et antarctiques françaises ;

4° Les infractions relatives à la sécurité de la navigation maritime mentionnées à l'article 689-5 du code de procédure pénale.

Art. 2 *(Ord. n° 2019-414 du 7 mai 2019)* La présente loi s'applique aux navires mentionnés à l'article L. 1521-1 du code de la défense et aux navires situés dans les espaces maritimes sous souveraineté d'un État étranger lorsque le droit international l'autorise.

En mer territoriale ou dans les eaux intérieures françaises, le représentant de l'État en mer peut demander aux agents désignés au 1° de l'article 3 d'intervenir dans les conditions et limites prévues par la présente loi pour prévenir, rechercher et constater les infractions mentionnées aux 2° à 4° de l'article 1er lorsque ne sont pas en mesure d'y intervenir :

1° Les officiers et agents de police judiciaire en application du code de procédure pénale ;

2° Les agents des douanes en application du code des douanes.

Art. 3 *(Ord. n° 2019-414 du 7 mai 2019)* Sans préjudice des compétences des officiers et agents de police judiciaire agissant conformément aux dispositions du code de procédure pénale, les agents chargés de la constatation des infractions ainsi que de la recherche de leurs auteurs sont :

1° Lorsqu'ils sont spécialement habilités à cet effet dans des conditions fixées par décret en Conseil d'État, les commandants de bâtiments de l'État, les officiers de la marine nationale et les commissaires des armées embarqués sur ces bâtiments, ainsi que les commandants de bord des aéronefs de l'État pour les infractions mentionnées à l'article 1er ;

2° Les agents des douanes pour les infractions mentionnées aux 2° à 4° du même article.

Art. 4 *(Ord. n° 2019-414 du 7 mai 2019)* Lorsqu'il existe des motifs raisonnables de penser qu'une ou plusieurs des infractions mentionnées à l'article 1er sont susceptibles d'être commises à bord ou à l'encontre de l'un des navires mentionnés à l'article 2, les commandants des bâtiments de l'État et les commandants de bord des aéronefs de l'État exécutent ou font exécuter, en accord avec l'État du pavillon quand le droit international l'exige, les mesures de contrôle et de coercition prévues par la présente loi et le titre II du livre V de la première partie du code de la défense sous l'autorité du représentant de l'État en mer. Celui-ci en informe le procureur de la République.

Lorsque les infractions susceptibles d'être commises sont celles mentionnées au 1° de l'article 1er, les commandants des bâtiments de l'État et les commandants de bord des aéronefs de l'État peuvent également exécuter ou faire exécuter les mesures de contrôle et de coercition prévues par la présente loi et le titre II du livre V de la première partie du code de la défense sous l'autorité d'un commandement civil ou militaire désigné dans un cadre international.

Art. 5 *(Ord. n° 2019-414 du 7 mai 2019)* Lorsqu'une infraction est constatée, l'exécution des mesures de contrôle et de coercition prévues par la présente loi est placée sous l'autorité du procureur de la République.

Les auteurs ou complices des infractions mentionnées au 1° de l'article 1er commises hors du territoire de la République peuvent être poursuivis et jugés par les juridictions françaises.

Lorsque l'une des infractions mentionnées aux 2°, 3° et 4° de l'article 1er, commise au-delà de la mer territoriale française, est constatée, une demande, transmise par la voie diplomatique, est adressée à l'État du pavillon, tendant à ce que celui-ci fasse savoir s'il consent à ce que les auteurs ou complices de l'infraction soient poursuivis et jugés par les juridictions françaises.

Une copie de la réponse de l'État du pavillon est transmise dans les plus brefs délais au procureur de la République.

Les auteurs ou complices des infractions mentionnées aux 2°, 3° et 4° de l'article 1er commises au-delà de la mer territoriale française peuvent être poursuivis et jugés par les juridictions françaises lorsque des accords bilatéraux ou multilatéraux le prévoient ou avec l'assentiment de l'État du pavillon, ainsi que dans le cas où ces infractions sont commises à bord d'un navire n'arborant aucun pavillon ou sans nationalité.

Lorsqu'aucune suite judiciaire n'est donnée par les juridictions françaises, le compte rendu d'exécution des mesures prises en application de la présente loi est adressé à l'État exerçant, le cas échéant, sa compétence juridictionnelle. Les objets, produits ou documents placés sous scellés peuvent lui être remis.

Les commandants des bâtiments de l'État et les commandants de bord des aéronefs de l'État sont alors habilités à exercer et à faire exercer au nom de cet État les mesures de contrôle et de coercition prévues par la présente loi et fixées en accord avec lui.

Art. 6 *(Ord. nº 2019-414 du 7 mai 2019)* Au titre des mesures de contrôle et de coercition prévues aux articles 4 et 5, les commandants des bâtiments de l'État et les commandants de bord des aéronefs de l'État peuvent faire procéder, à toute heure, à la visite du navire.

Cette visite se déroule en présence du capitaine du navire ou de son représentant.

Lorsque la visite concerne des locaux affectés à un usage privé ou d'habitation, elle se déroule en présence de l'occupant des lieux ou, à défaut, du capitaine du navire ou de son représentant.

Chaque visite fait l'objet d'un procès-verbal relatant le déroulement des opérations de contrôle, dont une copie est remise sans délai au capitaine du navire ou à son représentant et aux occupants des locaux affectés à un usage privé ou d'habitation visités.

L'occupant des locaux affectés à un usage privé ou d'habitation visités dispose d'un recours tendant à l'annulation des opérations de visite devant le juge des libertés et de la détention du siège du représentant de l'État en mer ou du tribunal judiciaire de Paris s'agissant des visites conduites sous l'autorité du commandant de la zone maritime océan Indien.

Le procès-verbal rédigé à l'issue des opérations de visite mentionne le délai et la voie de recours.

Ce recours est exclusivement formé par déclaration remise ou adressée par pli recommandé au greffe de la juridiction dans un délai d'un mois à compter de la remise du procès-verbal. Les parties ne sont pas tenues de constituer avocat. Ce recours n'est pas suspensif.

Le juge statue par une ordonnance motivée après avoir recueilli les observations écrites du procureur de la République, du requérant et, le cas échéant, de son avocat. L'ordonnance est susceptible d'appel, dans les dix jours à compter de sa notification, devant le président de la chambre de l'instruction.

L'ordonnance du président de la chambre de l'instruction est susceptible d'un pourvoi en cassation selon les règles prévues par le code de procédure pénale.

Art. 7 *(Ord. nº 2019-414 du 7 mai 2019)* Les mesures de coercition prises à l'encontre des personnes sont régies par la section 3 du chapitre unique du titre II du livre V de la première partie du code de la défense.

Art. 8 *(Ord. nº 2019-414 du 7 mai 2019)* Les commandants des bâtiments de l'État et les commandants de bord des aéronefs de l'État peuvent ordonner le déroutement du navire vers une position ou un port appropriés pour procéder à des investigations ne pouvant être menées dans la zone de l'interception ou pour remettre aux autorités compétentes le navire, les personnes appréhendées ou les objets, produits ou documents saisis.

Art. 9 *(Ord. nº 2019-414 du 7 mai 2019)* Les infractions sont constatées par des procès-verbaux qui font foi jusqu'à preuve du contraire. Ces procès-verbaux sont transmis au procureur de la République dans les plus brefs délais et copie en est remise aux personnes intéressées.

Art. 10 *(Ord. nº 2019-414 du 7 mai 2019)* Les agents mentionnés à l'article 3 peuvent procéder à bord du navire, à toute heure, à la saisie des objets, produits ou documents qui paraissent provenir de la commission des infractions mentionnées à l'article 1er ou qui paraissent servir à les commettre.

Les objets, produits ou documents saisis sont placés immédiatement sous scellés.

Art. 11 *(Ord. n° 2019-414 du 7 mai 2019)* Lorsque l'une des infractions mentionnées au 2° de l'article 1er a été constatée, le procureur de la République peut, dans les conditions prévues par les dispositions de l'article 41-5 du code de procédure pénale, autoriser la destruction des produits stupéfiants saisis.

Lorsqu'une information judiciaire a été ouverte, le juge d'instruction peut ordonner cette même destruction, dans les conditions prévues par les dispositions de l'article 99-2 du même code.

En cas d'urgence ou lorsque l'éloignement d'un port, les contraintes matérielles ou opérationnelles ou les quantités de produits stupéfiants saisis ne permettent pas leur conservation dans des conditions de sécurité ou d'hygiène satisfaisantes à bord du bâtiment de l'État ayant procédé aux opérations de contrôle, le représentant de l'État en mer peut décider, après en avoir informé le magistrat saisi des faits et sauf opposition de sa part, la destruction des produits stupéfiants saisis. Cette décision peut être exécutée d'office.

Lorsque la saisie de produits stupéfiants a lieu à bord d'un navire battant pavillon d'un État étranger se trouvant en dehors de la mer territoriale française, la destruction n'est possible que si l'État du pavillon y consent ou a préalablement consenti à la poursuite et au jugement des auteurs ou complices de l'infraction par les juridictions françaises.

La destruction, mise en œuvre dans le respect des traités et accords internationaux en vigueur, est constatée par procès-verbal après prélèvement d'échantillons. Lorsque la destruction est réalisée sur le territoire d'un État étranger qui y a préalablement consenti, les commandants des bâtiments de l'État procèdent, après prélèvement d'échantillons, à la remise des stupéfiants aux autorités désignées par cet État, dans les conditions définies en accord avec lui et qui leur sont notifiées par le représentant de l'État en mer. La remise est constatée par procès-verbal.

Art. 12 *(Ord. n° 2019-414 du 7 mai 2019)* Lorsque l'une des infractions mentionnées au 2° de l'article 1erLorsque les contraintes matérielles ne permettent pas la saisie des embarcations dépourvues de pavillon qui ont servi à commettre les infractions mentionnées à l'article 1er et qu'il n'existe pas d'autre moyen de prévenir le renouvellement de ces infractions, le procureur de la République peut demander au juge des libertés et de la détention d'ordonner la destruction de ces embarcations. Le propriétaire de l'embarcation ou, à défaut, son capitaine est avisé de cette demande. Il peut adresser par tout moyen toute observation au juge des libertés et de la détention.

Le juge statue par ordonnance écrite et motivée dans le délai le plus bref, qui ne peut excéder douze heures à compter de sa saisine. L'ordonnance mentionne si possible les noms de l'embarcation et de son propriétaire, le service et la qualité des agents habilités à procéder à la destruction.

L'ordonnance est exécutoire au seul vu de la minute. Elle est notifiée par tout moyen au propriétaire de l'embarcation sans pavillon ou, à défaut, à son capitaine.

L'ordonnance autorisant la destruction de l'embarcation dépourvue de pavillon peut faire l'objet d'un appel devant le président de la chambre de l'instruction. Les parties ne sont pas tenues de constituer avocat.

Cet appel est formé par déclaration remise ou adressée par pli recommandé au greffe de la cour dans un délai d'un mois à compter de la notification de l'ordonnance. Cet appel n'est pas suspensif.

L'ordonnance du président de la chambre de l'instruction est susceptible d'un pourvoi en cassation selon les règles prévues par le code de procédure pénale.

Les dispositions du présent article ne sont pas applicables en mer territoriale et dans les eaux intérieures maritimes françaises.

Art. 13 *(Ord. n° 2019-414 du 7 mai 2019)* Pour la poursuite, l'instruction et le jugement des infractions mentionnées à l'article 1er commises à bord de navires se trouvant au-delà de la mer territoriale ainsi que des infractions connexes, la juridiction et le procureur de la République compétents sont :

1° Ceux dans le ressort desquels se trouve le siège du représentant de l'État en mer et, s'agissant des infractions commises en zone maritime océan Indien, ceux du tribunal judiciaire de Paris ;

2° Ceux dans le ressort duquel se trouve le port vers lequel le navire a été dérouté.

Ces dispositions s'appliquent sans préjudice des règles de compétence territoriale prévues par le code de procédure pénale.

Art. 14 *(Ord. n° 2019-414 du 7 mai 2019)* La présente loi est applicable sur l'ensemble du territoire de la République dans sa rédaction résultant de l'ordonnance n° 2019-414 du

7 mai 2019 modifiant la loi n° 94-589 du 15 juillet 1994 relative à la lutte contre la piraterie et aux modalités de l'exercice par l'État de ses pouvoirs de police en mer.

Décret n° 2019-415 du 7 mai 2019,

Pris pour l'application de la loi n° 94-589 du 15 juillet 1994 relative à l'exercice par l'État de ses pouvoirs de police en mer pour la lutte contre certaines infractions relevant de conventions internationales.

Art. 1er Au titre du 1° de l'article 3 de la loi du 15 juillet 1994 susvisée, peuvent être spécialement habilités à constater les infractions mentionnées à l'article 1er de cette même loi et à en rechercher les auteurs :

1° Les commandants et commandants en second d'un élément naval mentionné à l'article R. 3223-6 du code de la défense ainsi que, lorsqu'ils commandent un autre bâtiment de l'État, les administrateurs des affaires maritimes et les inspecteurs des affaires maritimes ;

2° Lorsqu'ils sont embarqués sur un élément naval ou un autre bâtiment de l'État, les officiers de la marine nationale exerçant auprès du commandant les fonctions relatives aux opérations, à la sûreté et à la protection, ainsi que les commissaires des armées ;

3° Les commandants de bord des aéronefs de l'État.

Art. 2 L'habilitation individuelle est délivrée par le préfet maritime ou, pour l'outre-mer, par le délégué du Gouvernement pour l'action de l'État en mer dans le ressort duquel est située la résidence administrative de l'intéressé.

Ce document est, sur demande, présenté à toute personne contrôlée.

Copie en est jointe aux procès-verbaux adressés au procureur de la République.

Art. 3 Le décret n° 97-545 du 28 mai 1997 pris pour l'application de l'article 16 de la loi n° 94-589 du 15 juillet 1994 modifiée relative aux modalités de l'exercice par l'État de ses pouvoirs de contrôle en mer, le décret n° 2007-536 du 10 avril 2007 pris pour l'application de l'article 23 de la loi n° 94-589 du 15 juillet 1994 relative aux modalités de l'exercice par l'État de ses pouvoirs de police en mer et le décret n° 2011-1213 du 29 septembre 2011 pris pour l'application de l'article 4 de la loi n° 94-589 du 15 juillet 1994 relative à la lutte contre la piraterie et aux modalités de l'exercice par l'État de ses pouvoirs de police en mer sont abrogés.

Toute référence à l'un de ces décrets figurant dans un texte réglementaire est remplacée par une référence au présent décret.

Les habilitations délivrées en application de ces décrets, en cours de validité à la date d'entrée en vigueur du présent décret, demeurent valables pour la constatation des infractions auxquelles elles se rapportent.

....

Code de la défense

PARTIE LÉGISLATIVE

PREMIÈRE PARTIE **Principes généraux de la défense**

(Ord. n° 2004-1374 du 20 déc. 2004)

LIVRE V **Action de l'État en mer**

TITRE II **Opérations en mer**

CHAPITRE UNIQUE ***Exercice par l'État de ses pouvoirs de police en mer*** (L. n° 2005-371 du 22 avr. 2005, art. 1er).

BIBL. ▶ Recio, *Dr. pénal 2011. Étude 5* (la France à l'abordage de la piraterie : la loi n° 2011-13 du 5 janvier 2011 relative à la lutte contre la piraterie et à l'exercice des pouvoirs de police de l'État en mer ou le renforcement de l'arsenal répressif).

SECTION I ***Police en mer*** *(L. n° 2005-371 du 22 avr. 2005, art. 1er).*

Art. L. 1521-1 Les dispositions prévues au présent chapitre s'appliquent :

1° Aux navires français dans tous les espaces maritimes, sous réserve des compétences reconnues aux États par le droit international ;

2° Aux navires étrangers *(L. n° 2011-13 du 5 janv. 2011)* « et aux navires n'arborant aucun pavillon ou sans nationalité, » dans les espaces maritimes relevant de la souveraineté ou de la juridiction de la République française ainsi qu'en haute mer conformément au droit international.

(L. n° 2005-371 du 22 avr. 2005) « 3° Aux navires situés dans les espaces maritimes sous souveraineté d'un État étranger, en accord avec celui-ci. »

(L. n° 2011-13 du 5 janv. 2011) « 4° Aux navires battant pavillon d'un État qui a sollicité l'intervention de la France ou agréé sa demande d'intervention. »

Elles ne s'appliquent ni aux navires de guerre étrangers ni aux autres navires d'État étrangers utilisés à des fins non commerciales.

BIBL. ▸ PORTOLANO, *RSC 2011. Chron. 437* (loi relative à la lutte contre la piraterie et à l'exercice des pouvoirs de l'État (L. n° 2011-13 du 5 janv. 2011)).

Art. L. 1521-2 Les commandants des bâtiments de l'État et les commandants de bord des aéronefs de l'État, chargés de la surveillance en mer, sont habilités, pour assurer le respect des dispositions qui s'appliquent en mer en vertu du droit international ainsi que des lois et règlements de la République, à exercer et à faire exécuter les mesures de contrôle et de coercition prévues par le droit international, la législation et la réglementation française.

(L. n° 2005-371 du 22 avr. 2005, art. 2) « Ils sont notamment habilités à exercer et à faire exercer au nom de l'État du pavillon ou de l'État côtier les mesures de contrôle et de coercition fixées en accord avec cet État. »

Art. L. 1521-3 Pour l'exécution de la mission définie à l'article L. 1521-2, le commandant ou le commandant de bord peut procéder à la reconnaissance du navire, en invitant son capitaine à en faire connaître l'identité et la nationalité.

Art. L. 1521-4 Le commandant ou le commandant de bord peut ordonner la visite du navire. Celle-ci comporte l'envoi d'une équipe pour contrôler les documents de bord et procéder aux vérifications prévues par le droit international ou par les lois et règlements de la République.

Art. L. 1521-5 Lorsque l'accès à bord a été refusé ou s'est trouvé matériellement impossible, le commandant ou le commandant de bord peut ordonner le déroutement du navire vers la position ou le port appropriés.

Le commandant ou le commandant de bord peut également ordonner le déroutement du navire vers une position ou un port appropriés dans les cas suivants :

1° Soit en application du droit international ;

2° Soit en vertu de dispositions législatives ou réglementaires particulières ;

3° Soit pour l'exécution d'une décision de justice ;

4° Soit à la demande d'une autorité qualifiée en matière de police judiciaire.

Le commandant ou le commandant de bord désigne la position ou le port de déroutement en accord avec l'autorité de contrôle des opérations.

(L. n° 2005-371 du 22 avr. 2005, art. 4) « Pendant le transit consécutif à la décision de déroutement, les agents mentionnés à l'article L. 1521-2 peuvent prendre les mesures de coercition nécessaires et adaptées en vue d'assurer la préservation du navire et de sa cargaison et la sécurité des personnes se trouvant à bord. »

Art. L. 1521-6 Le commandant ou le commandant de bord peut exercer le droit de poursuite du navire étranger dans les conditions prévues par le droit international.

Art. L. 1521-7 Si le capitaine refuse de faire connaître l'identité et la nationalité du navire, d'en admettre la visite ou de le dérouter, le commandant ou le commandant de bord peut, après sommations, recourir à l'encontre de ce navire à des mesures de coercition comprenant, si nécessaire, l'emploi de la force.

Les modalités de recours à la coercition et de l'emploi de la force en mer sont définies par décret en Conseil d'État.

Art. L. 1521-8 Les mesures prises à l'encontre des navires étrangers en application des dispositions prévues au présent chapitre sont notifiées à l'État du pavillon par la voie diplomatique.

SECTION II *Sanctions pénales*

Art. L. 1521-9 Est puni *(Ord. n° 2016-1687 du 8 déc. 2016, art. 60)* « d'un an d'emprisonnement et » de 150 000 € d'amende, le refus d'obtempérer aux injonctions faites en vertu des articles L. 1521-3, L. 1521-4 et L. 1521-5.

Outre les officiers et les agents de police judiciaire agissant conformément au code de procédure pénale, les commandants, les commandants en second et les officiers en second des bâtiments de l'État ainsi que les commandants de bord des aéronefs de l'État sont habilités à constater l'infraction mentionnée au présent article.

La juridiction compétente pour connaître de ce délit est celle du port ou de la position où le navire a été dérouté ou, à défaut, celle de la résidence administrative de l'agent qui a constaté l'infraction mentionnée au présent article.

Le procès-verbal est transmis dans les quinze jours au procureur de la République de la juridiction compétente.

(Ord. n° 2016-1687 du 8 déc. 2016, art. 60) « Les personnes coupables de la présente infraction encourent également, à titre de peine complémentaire, la confiscation du navire, embarcation, engin nautique, chose ou installation ayant servi à l'infraction, dans les conditions prévues à l'article 131-21 du code pénal. »

Art. L. 1521-10 Est puni de 150 000 € d'amende, le propriétaire, ou l'exploitant du navire à l'origine de la décision de refus d'obtempérer aux injonctions mentionnées à l'article L. 1521-9.

SECTION III *Mesures prises à l'encontre des personnes à bord des navires*

(L. n° 2011-13 du 5 janv. 2011)

Art. L. 1521-11 A compter de l'embarquement de l'équipe de visite prévue à l'article L. 1521-4 sur le navire contrôlé, les agents mentionnés à l'article L. 1521-2 peuvent prendre les mesures de coercition nécessaires et adaptées à l'encontre des personnes à bord en vue d'assurer leur maintien à disposition, la préservation du navire et de sa cargaison ainsi que la sécurité des personnes.

Art. L. 1521-12 Lorsque des mesures de restriction ou de privation de liberté doivent être mises en œuvre, les agents mentionnés à l'article L. 1521-2 en avisent le préfet maritime ou, outre-mer, le délégué du Gouvernement pour l'action de l'État en mer, qui en informe dans les plus brefs délais le procureur de la République territorialement compétent.

Art. L. 1521-13 Chaque personne à bord faisant l'objet d'une mesure de restriction ou de privation de liberté bénéficie d'un examen de santé par une personne qualifiée dans un délai de vingt-quatre heures à compter de la mise en œuvre de celle-ci. Un examen médical intervient au plus tard à l'expiration d'un délai de dix jours à compter du premier examen de santé effectué.

Un compte rendu de l'exécution de ces examens se prononçant, notamment, sur l'aptitude au maintien de la mesure de restriction ou de privation de liberté est transmis dans les plus brefs délais au procureur de la République.

Art. L. 1521-14 Avant l'expiration du délai de quarante-huit heures à compter de la mise en œuvre des mesures de restriction ou de privation de liberté mentionnées à l'article L. 1521-12 et à la demande des agents mentionnés à l'article L. 1521-2, le juge des libertés et de la détention saisi par le procureur de la République statue sur leur prolongation éventuelle pour une durée maximale de cent vingt heures à compter de l'expiration du délai précédent.

Ces mesures sont renouvelables dans les mêmes conditions de fond et de forme durant le temps nécessaire pour que les personnes en faisant l'objet soient remises à l'autorité compétente.

Art. L. 1521-15 Pour l'application de l'article L. 1521-14, le juge des libertés et de la détention peut solliciter du procureur de la République tous éléments de nature à apprécier la situation matérielle et l'état de santé de la personne qui fait l'objet d'une mesure de restriction ou de privation de liberté.

Il peut ordonner un nouvel examen de santé.

Sauf impossibilité technique, le juge des libertés et de la détention communique, s'il le juge utile, avec la personne faisant l'objet des mesures de restriction ou de privation de liberté.

Art. L. 1521-16 Le juge des libertés et de la détention statue par ordonnance motivée insusceptible de recours. Copie de cette ordonnance est transmise dans les plus brefs délais par le procureur de la République au préfet maritime ou, outre-mer, au délégué du Gouvernement pour l'action de l'État en mer, à charge pour celui-ci de la faire porter à la connaissance de la personne intéressée dans une langue qu'elle comprend.

Art. L. 1521-17 Les mesures prises à l'encontre des personnes à bord des navires peuvent être poursuivies, le temps strictement nécessaire, au sol ou à bord d'un aéronef, sous l'autorité des agents de l'État chargés du transfert, sous le contrôle de l'autorité judiciaire tel que défini par la présente section.

Art. L. 1521-18 Dès leur arrivée sur le sol français, les personnes faisant l'objet de mesures de coercition sont mises à la disposition de l'autorité judiciaire.

(L. n° 2016-731 du 3 juin 2016, art. 60) « Si ces personnes font l'objet d'une mesure de garde à vue à leur arrivée sur le sol français, elles sont présentées dans les plus brefs délais soit, à la requête du procureur de la République, au juge des libertés et de la détention, soit au juge d'instruction, qui peuvent ordonner leur remise en liberté. A défaut d'une telle décision, la garde à vue se poursuit.

« La personne peut demander, dans les conditions prévues à l'article 63-3-1 du code de procédure pénale, à être assistée par un avocat lors de cette présentation. »

COMMISSAIRES AUX COMPTES

Code de commerce

(Ord. n° 2000-912 du 18 sept. 2000)

LIVRE VIII **De quelques professions réglementées**

…………………………………………………………

TITRE II **Des commissaires aux comptes**

(L. n° 2001-420 du 15 mai 2001)

Les commissaires aux comptes et les personnes morales doivent se mettre en conformité avec les dispositions des art. L. 820-1 s. dans un délai de dix-huit mois à compter de la publication de la L. n° 2001-420 du 15 mai 2001 [JO 16 mai] (L. préc., art. 113-II).

CHAPITRE PRÉLIMINAIRE ***Dispositions générales*** *(L. n° 2003-706 du 1er août 2003, art. 99).*

Art. L. 820-1 *(Ord. n° 2016-315 du 17 mars 2016, art. 2, en vigueur le 17 juin 2016)* I. — Nonobstant toute disposition contraire, les dispositions du présent titre sont applicables aux commissaires aux comptes *(L. n° 2019-486 du 22 mai 2019, art. 23)* « dans l'exercice de leur activité professionnelle, quelle que soit la nature des missions ou des prestations qu'ils fournissent ». Elles sont également applicables à ces personnes et entités, sous réserve des règles propres à celles-ci, quel que soit leur statut juridique.

II. — Pour l'application du présent titre, le terme : "entité" désigne notamment les fonds mentionnés aux articles L. 214-8, L. 214-24-34 et L. 214-169 du code monétaire et financier.

III. — Pour l'application du présent titre*[,]* les termes : "entité d'intérêt public" désignent :

1° Les établissements de crédit mentionnés au I de l'article L. 511-1 du code monétaire et financier ayant leur siège social en France ;

2° Les entreprises d'assurance et de réassurance mentionnées aux articles L. 310-1 et L. 310-1-1 du code des assurances, à l'exception des sociétés d'assurance mutuelles dispensées d'agrément administratif en application de l'article R. 322-117-1 du code des assurances ;

3° Les institutions de prévoyance et leurs unions régies par le titre III du livre IX du code de la sécurité sociale, à l'exception de celles mentionnées au 3° de l'article L. 931-6-1 du code de la sécurité sociale ;

4° Les mutuelles et unions de mutuelles régies par le livre II du code de la mutualité, à l'exception de celles mentionnées au 3° de l'article L. 211-11 du code de la mutualité ;

5° Les personnes et entités dont les titres financiers sont admis aux négociations sur un marché réglementé ;

6° Lorsque le total de leur bilan consolidé ou combiné excède un seuil fixé par décret :

a) Les compagnies financières holdings au sens de l'article L. 517-1 du code monétaire et financier dont l'une des filiales est un établissement de crédit ;

b) Les compagnies financières holdings mixtes au sens de l'article L. 517-4 du code monétaire et financier dont l'une des filiales est une entité d'intérêt public au sens du présent article ;

c) Les sociétés de groupe d'assurance au sens de l'article L. 322-1-2 du code des assurances ;

d) Les sociétés de groupe d'assurance mutuelle au sens de l'article L. 322-1-3 du code des assurances ;

e) Les unions mutualistes de groupe au sens de l'article L. 111-4-2 du code de la mutualité ;

f) Les sociétés de groupe assurantiel de protection sociale au sens de l'article L. 931-2-2 du code de la sécurité sociale ; *— Les dispositions du 6° du III de l'art. L. 820-1 entrent en vigueur à compter du premier exercice ouvert postérieurement au 31 déc. 2017 (Ord. n° 2016-315 du 17 mars 2016, art. 53-1°). — V. art. D. 820-1.*

(Ord. n° 2017-484 du 6 avr. 2017, art. 17-I-3°) « 7° Les fonds de retraite professionnelle supplémentaire mentionnés à l'article L. 381-1 du code des assurances ;

« 8° Les mutuelles ou unions de retraite professionnelle supplémentaire mentionnées à l'article L. 214-1 du code de la mutualité ;

« 9° Les institutions de retraite professionnelle supplémentaire mentionnées à l'article L. 942-1 du code de la sécurité sociale. »

Art. L. 820-2 Nul ne peut se prévaloir du titre de commissaire aux comptes s'il ne remplit pas les conditions visées *(Abrogé par Ord. n° 2005-1126 du 8 sept. 2005, art. 4) « aux articles L. 225-227 à L. 225-242 et » (L. n° 2003-706 du 1er août 2003)* « aux dispositions du présent titre ».

Art. L. 820-3 *(Ord. n° 2016-315 du 17 mars 2016, art. 3, en vigueur le 17 juin 2016)* I. — En vue de sa désignation, le commissaire aux comptes informe par écrit la personne ou l'entité dont il se propose de certifier les comptes de son affiliation à un réseau, national ou international, qui n'a pas pour activité exclusive le contrôle légal des comptes et dont les membres ont un intérêt économique commun. Le cas échéant, il l'informe également du montant global des honoraires perçus par ce réseau au titre des services autres que la certification des comptes ainsi que de la nature de ces services fournis par ce réseau à la personne ou à l'entité dont ledit commissaire aux comptes se propose de certifier les comptes, aux personnes ou entités qui la contrôlent ou qui sont contrôlées par *(L. n° 2016-1691 du 9 déc. 2016, art. 140-III-1°)* « elle », au sens des I et II de l'article L. 233-3. Les informations relatives au montant global des honoraires perçus sont intégrées aux documents mis à la disposition des actionnaires en application de l'article L. 225-108. Actualisées chaque année par le commissaire aux comptes, elles sont mises à la disposition, au siège de la personne dont il certifie les comptes, des associés et actionnaires et, pour les associations, des adhérents et donateurs.

L'information sur le montant des honoraires versés à chacun des commissaires aux comptes est mise, au siège de la personne ou de l'entité contrôlée, à la disposition des associés et actionnaires et, pour les associations, des adhérents et donateurs.

Pour les entités d'intérêt public, le détail des prestations fournies au titre des services autres que la certification des comptes peut être communiqué, à sa demande, au comité spécialisé mentionné à l'article L. 823-19 ou, selon le cas, à l'organe chargé de l'administration ou à l'organe de surveillance.

II. — Avant d'accepter le mandat ou son renouvellement, le commissaire aux comptes vérifie et consigne :

1° Les éléments relatifs au respect des conditions de son indépendance prévues par l'article L. 822-11-3 et par le code de déontologie mentionné à l'article L. 822-16, et, le cas échéant, les mesures de sauvegarde nécessaires pour atténuer les risques pesant sur son indépendance ;

2° Les éléments établissant qu'il dispose des ressources humaines et matérielles nécessaires à la bonne exécution de la mission de certification des comptes.

III. — Lorsque le commissaire aux comptes certifie les comptes d'une entité d'intérêt public, il se conforme aux dispositions de l'article 6 du règlement (UE) n° 537/2014 du Parlement européen et du Conseil du 16 avril 2014 relatif aux exigences spécifiques applicables au contrôle légal des comptes des entités d'intérêt public et abrogeant la décision 2005/909/CE de la Commission.

Art. L. 820-3-1 *(Ord. n° 2005-1126 du 8 sept. 2005, art. 6)* Les délibérations de l'organe mentionné au premier alinéa *(Ord. n° 2016-315 du 17 mars 2016, art. 4, en vigueur le 17 juin 2016)* « du I » de l'article L. 823-1 prises à défaut de désignation régulière de commissaires aux comptes ou sur le rapport de commissaires aux comptes nommés ou demeurés en fonctions contrairement aux dispositions du présent titre ou à d'autres dispositions applicables à la personne ou à l'entité en cause sont nulles.

L'action en nullité est éteinte si ces délibérations sont expressément confirmées par l'organe compétent sur le rapport de commissaires aux comptes régulièrement désignés.

Art. L. 820-4 Nonobstant toute disposition contraire :

1° Est puni d'un emprisonnement de deux ans et d'une amende de 30 000 € le fait, pour tout dirigeant de personne *(Ord. n° 2005-1126 du 8 sept. 2005, art. 7)* « ou de l'entité » tenue d'avoir un commissaire aux comptes, de ne pas en provoquer la désignation. *(L. n° 2011-525 du 17 mai 2011, art. 159-3°)* « Est puni des mêmes peines le fait pour tout dirigeant d'une personne ou entité ayant un commissaire aux comptes de ne pas le convoquer à toute assemblée générale » ;

2° Est puni d'un emprisonnement de cinq ans et d'une amende de 75 000 € le fait, pour les dirigeants d'une personne morale ou toute personne *(Ord. n° 2005-1126 du 8 sept. 2005, art. 7)* « ou entité au service d'une personne ou entité » *(L. n° 2011-525 du 17 mai 2011, art. 159-3°)* « ayant » un commissaire aux comptes, de mettre obstacle aux vérifications ou contrôles des commissaires aux comptes ou des experts nommés en exécution des articles L. 223-37 et L. 225-231, ou de leur refuser la communication sur place de toutes les pièces utiles à l'exercice de leur mission et, notamment, de tous contrats, livres, documents comptables et registres de procès-verbaux.

Art. L. 820-5 Est puni d'un an d'emprisonnement et de 15 000 € d'amende le fait, pour toute personne :

1° De faire usage du titre de commissaire aux comptes ou de titres quelconques tendant à créer une similitude ou une confusion avec celui-ci, sans être régulièrement inscrite sur la liste prévue au I de l'article L. 225-219 et avoir prêté serment dans les conditions prévues à l'article L. 225-223 ;

2° D'exercer illégalement la profession de commissaire aux comptes, en violation des dispositions du I de l'article L. 225-219 et de l'article L. 225-223 ou d'une mesure d'interdiction ou de suspension temporaire ;

Les articles 226-13 et 226-14 du code pénal relatifs au secret professionnel sont applicables aux commissaires aux comptes.

Dans tous les textes législatifs et réglementaires, les références aux art. L. 225-219, L. 225-220, L. 225-222, L. 225-223, L. 225-225, L. 225-226 et au dernier al. de l'art. L. 225-240 sont remplacées respectivement par des références aux art. L. 822-1, L. 822-2, L. 822-3 [L. 822-10], L. 822-10 [L. 822-3], L. 822-12, L. 822-13 et L. 822-15. Les références à l'art. L. 225-221 sont remplacées par des références aux art. L. 822-6 et L. 822-7 (L. n° 2003-706 du 1er août 2003, art. 116).

Art. L. 820-6 Est puni d'un emprisonnement de six mois et d'une amende de 7 500 € le fait, pour toute personne d'accepter, d'exercer ou de conserver les fonctions de commissaire aux comptes, nonobstant les incompatibilités légales, soit en son nom personnel, soit au titre d'associé dans une société de commissaires aux comptes.

Art. L. 820-7 Est puni d'un emprisonnement de cinq ans et d'une amende de 75 000 € le fait, pour toute personne *(L. n° 2011-525 du 17 mai 2011, art. 159-4°)* « exerçant les fonctions de commissaire aux comptes », de donner ou confirmer *(Abrogé par L. n° 2011-525 du 17 mai 2011, art. 159-4°)* *« soit en son nom personnel, soit au titre d'associé dans une société de commissaires aux comptes »* des informations mensongères sur la situation de la personne morale ou de ne pas révéler au procureur de la République les faits délictueux dont *(L. n° 2011-525 du 17 mai 2011, art. 159-4°)* « elle » a eu connaissance.

Les commissaires aux comptes et les personnes morales doivent se mettre en conformité avec les dispositions des art. L. 820-1 à L. 820-7 dans un délai de dix-huit mois à compter de la publication de la L. n° 2001-420 du 15 mai 2001 (L. préc., art. 113-II, JO 16 mai).

CULTES

Code de l'éducation

(Ord. n° 2000-549 du 15 juin 2000)

Art. L. 141-4 L'enseignement religieux ne peut être donné aux enfants inscrits dans les écoles publiques qu'en dehors des heures de classe. – *[L. du 9 déc. 1905, art. 30.]*

Loi du 9 décembre 1905,

Concernant la séparation des Églises et de l'État (DP 1906. 4. 1).

Art. 1er à 24 *V. Code des associations et fondations Dalloz, annoté et commenté, v° Partie II, Association cultuelle et congrégation.*

TITRE V **Police des cultes**

Art. 25 Les réunions pour la célébration d'un culte tenues dans les locaux appartenant à une association cultuelle ou mis à sa disposition sont publiques. Elles sont dispensées des formalités de l'article 8 de la loi du 30 juin 1881, mais restent placées sous la surveillance des autorités dans l'intérêt de l'ordre public. Elles ne peuvent avoir lieu qu'après une déclaration faite dans les formes de l'article 2 de la même loi et indiquant le local dans lequel elles seront tenues.

Une seule déclaration suffit pour l'ensemble des réunions permanentes, périodiques ou accidentelles qui auront lieu dans l'année. — *V. L. 28 mars 1907 ss. art. 431-12.*

Art. 26 Il est interdit de tenir des réunions politiques dans les locaux servant habituellement à l'exercice d'un culte.

Art. 27 Les cérémonies, processions et autres manifestations extérieures d'un culte continueront à être réglées en conformité des articles 95 et 97 de la loi municipale du 5 avril 1884 *[code des communes, art. L. 122-28 et L. 131-2]*.

Les sonneries de cloches seront réglées par arrêté municipal et, en cas de désaccord entre le maire et le président ou directeur de l'association cultuelle, par arrêté préfectoral.

Le règlement d'administration publique *[décret en Conseil d'État]* prévu par l'article 43 de la présente loi déterminera les conditions et les cas dans lesquels les sonneries civiles pourront avoir lieu.

Art. 28 Il est interdit, à l'avenir, d'élever ou d'apposer aucun signe ou emblème religieux sur les monuments publics ou en quelque emplacement public que ce soit, à l'exception des édifices servant au culte, des terrains de sépulture dans les cimetières, des monuments funéraires, ainsi que des musées ou expositions.

Art. 29 Les contraventions aux articles précédents sont punies des peines de simple police.

Sont passibles de ces peines, dans le cas des articles 25, 26 et 27, ceux qui ont organisé la réunion ou manifestation, ceux qui y ont participé en qualité de ministres du culte et, dans le cas des articles 25 et 26, ceux qui ont fourni le local.

Art. 30 *Abrogé par Ord. nº 2000-549 du 15 juin 2000 et codifié ss. C. éduc., art. L. 141-4.*

Art. 31 Sont punis de l'amende prévue pour les contraventions de la 5ᵉ classe *et d'un emprisonnement de dix jours à un mois ou de l'une de ces deux peines seulement*, ceux qui, soit par voies de fait, violences ou menaces contre un individu, soit en lui faisant craindre de perdre son emploi ou d'exposer à un dommage sa personne, sa famille ou sa fortune, l'auront déterminé à exercer ou à s'abstenir d'exercer un culte, à faire partie ou à cesser de faire partie d'une association cultuelle, à contribuer ou à s'abstenir de contribuer aux frais d'un culte.

Art. 32 Seront punis des mêmes peines, ceux qui auront empêché, retardé ou interrompu les exercices d'un culte par des troubles ou désordres causés dans le local servant à ces exercices.

Art. 33 Les dispositions des deux articles précédents ne s'appliquent qu'aux troubles, outrages ou voies de fait, dont la nature ou les circonstances ne donneront pas lieu à de plus fortes peines d'après les dispositions du code pénal.

Art. 34 Tout ministre d'un culte qui, dans les lieux où s'exerce ce culte, aura publiquement par des discours prononcés, des lectures faites, des écrits distribués ou des affiches apposées, outragé ou diffamé un citoyen chargé d'un service public sera puni d'une amende de 3 750 € et d'un emprisonnement d'un an, ou de l'une de ces deux peines seulement.

La vérité du fait diffamatoire, mais seulement s'il est relatif aux fonctions, pourra être établie devant le tribunal correctionnel dans les formes prévues par l'article 52 *[art. 35 nouveau]* de la loi du 29 juillet 1881. Les prescriptions édictées par l'article 65 de la même loi s'appliquent aux délits du présent article et de l'article qui suit.

Art. 35 Si un discours prononcé ou un écrit affiché ou distribué publiquement dans les lieux où s'exerce le culte, contient une provocation directe à résister à l'exécution des lois ou aux actes légaux de l'autorité publique, ou s'il tend à soulever ou à armer une partie des citoyens contre les autres, le ministre du culte qui s'en sera rendu coupable sera puni d'un emprisonnement de deux ans, sans préjudice des peines de la complicité, dans le cas où la provocation aurait été suivie d'une sédition, révolte ou guerre civile.

Art. 36 Dans le cas de condamnation par les tribunaux de simple police ou de police correctionnelle en application des articles 25 et 26, 34 et 35, l'association constituée pour l'exercice du culte dans l'immeuble où l'infraction a été commise sera civilement responsable.

Sur le régime spécial aux départements du Haut-Rhin, du Bas-Rhin et de la Moselle, V. ***Rép. pén.****, v° Alsace et Lorraine, par Spach.*

DÉBITS DE BOISSONS

RÉP. PÉN. v° *Alcool*, par ROYER.

Code de la santé publique

PREMIÈRE PARTIE : ***LÉGISLATIVE***

(Ord. n° 2000-548 du 15 juin 2000)

TROISIÈME PARTIE

LIVRE III Lutte contre l'alcoolisme

TITRE PREMIER Prévention de l'alcoolisme

CHAPITRE UNIQUE

Art. L. 3311-1 L'État organise et coordonne la prévention et le traitement de l'alcoolisme *(Abrogé par L. n° 2016-41 du 26 janv. 2016, art. 69)* « *, sans préjudice du dispositif prévu à l'article L. 3221-1* ».

Les dépenses entraînées par l'application du présent article sont à la charge de l'État, sans préjudice de la participation des régimes d'assurance maladie aux dépenses de soins de ville et d'hospitalisation, et aux dépenses médico-sociales des centres mentionnés à l'article L. 3311-2. — *[Anc. art. L. 355-1.]*

Art. L. 3311-2 Les centres de *(L. n° 2006-1640 du 21 déc. 2006, art. 92-II)* « soins, d'accompagnement et de prévention en addictologie » mentionnés à l'article L. 312-1 du code de l'action sociale et des familles assurent *(L. n° 2006-1640 du 21 déc. 2006, art. 92-II)* « notamment » des soins ambulatoires et des actions d'accompagnement social et de réinsertion en faveur des personnes présentant une consommation d'alcool à risque ou atteintes de dépendance alcoolique ainsi qu'en faveur de leur famille. — *[Anc. art. L. 355-1-1.]*

Art. L. 3311-3 Les campagnes d'information menées dans le cadre de la lutte antialcoolique doivent comporter des messages de prévention et d'éducation. Ces messages ne doivent pas présenter de caractères discriminatoires entre les différents produits. — *[C. déb. boiss., art. L. 97-1.]*

(L. n° 2004-806 du 9 août 2004, art. 45) « Ces campagnes doivent également porter sur la prévention du syndrome d'alcoolisation fœtale et inciter en particulier les femmes enceintes à ne pas consommer d'alcool. »

(L. n° 2016-41 du 26 janv. 2016, art. 12) « Ces campagnes doivent aussi porter sur la prévention de l'alcoolisme des jeunes afin de lutter contre leur consommation excessive d'alcool. »

Art. L. 3311-4 Les modalités d'application des dispositions du présent chapitre sont déterminées par décret en Conseil d'État. — *[Anc. art. L. 355-12.]*

TITRE II Boissons

CHAPITRE PREMIER *Classification des boissons*

Art. L. 3321-1 Les boissons sont, en vue de la réglementation de leur fabrication, de leur mise en vente et de leur consommation, réparties en *(Ord. n° 2015-1682 du 17 déc. 2015, art. 12-1°, en vigueur le 1er janv. 2016)* « quatre » groupes :

1° Boissons sans alcool : eaux minérales ou gazéifiées, jus de fruits ou de légumes non fermentés ou ne comportant pas, à la suite d'un début de fermentation, de traces d'alcool supérieures à 1,2 degré, limonades, sirops, infusions, lait, café, thé, chocolat ;

(Abrogé par Ord. n° 2015-1682 du 17 déc. 2015, art. 12-1°, à compter du 1er janv. 2016) « 2° Boissons fermentées non distillées : vin, bière, cidre, poiré, hydromel, auxquelles sont joints les vins doux naturels bénéficiant du régime fiscal des vins, ainsi que les crèmes de cassis et les jus de fruits ou de légumes fermentés comportant de 1, 2 à 3 degrés d'alcool ; »

(Ord. n° 2015-1682 du 17 déc. 2015, art. 12-1°, en vigueur le 1er janv. 2016) « 3° Boissons fermentées non distillées et vins doux naturels : vin, bière, cidre, poiré, hydromel, auxquelles sont joints les vins doux naturels, ainsi que les crèmes de cassis et les jus de fruits ou de légumes fermentés comportant de 1,2 à 3 degrés d'alcool, vins de liqueur, apéritifs à base de vin et liqueurs de fraises, framboises, cassis ou cerises, ne titrant pas plus de 18 degrés d'alcool pur ; »

4° Rhums, tafias, alcools provenant de la distillation des vins, cidres, poirés ou fruits, et ne supportant aucune addition d'essence ainsi que liqueurs édulcorées au moyen de sucre, de glucose ou de miel à raison de 400 grammes minimum par litre pour les liqueurs anisées et de 200 grammes minimum par litre pour les autres liqueurs et ne contenant pas plus d'un demi-gramme d'essence par litre ;

5° Toutes les autres boissons alcooliques. – *[C. déb. boiss., art. L. 1].*

CHAPITRE II *Fabrication et commerce des boissons*

Art. L. 3322-1 Une personne ou une entreprise, se livrant à la fabrication ou à l'importation d'une boisson alcoolique du troisième, du quatrième ou du cinquième groupe doit, préalablement à la mise en vente ou à l'offre à titre gratuit de cette boisson, effectuer en double exemplaire, à l'administration des contributions indirectes, une déclaration indiquant, avec son nom et son adresse, le nom de la boisson, sa composition et l'usage, apéritif ou digestif, auquel elle est destinée. L'un des exemplaires de cette déclaration est transmis par l'administration des contributions indirectes au ministre chargé de la santé.

Aucune modification ne peut être apportée à la composition d'une boisson déclarée ou à son mode de fabrication si elle n'a fait préalablement l'objet d'une déclaration dans les mêmes formes.

La même boisson ne peut être déclarée à la fois comme apéritif et comme digestif. – *[C. déb. boiss., art. L. 2.]*

Art. L. 3322-2 Aucune des boissons mentionnées à l'article L. 3322-1 ne peut, en France, et sur tous les territoires relevant de l'autorité française, être livrée par le fabricant ou l'importateur, détenue, transportée, mise en vente, vendue ou offerte à titre gratuit, si elle ne porte sur l'étiquette avec sa dénomination, le nom et l'adresse du fabricant ou de l'importateur, ainsi que le qualificatif de digestif ou celui d'apéritif.

Ce qualificatif doit être reproduit sur les factures et circulaires, sur les tableaux apposés dans les débits pour annoncer le prix des consommations et sur les affiches intérieures.

Il est interdit d'y joindre aucune qualification ni aucun commentaire tendant à présenter la boisson comme possédant une valeur hygiénique ou médicale. – *[C. déb. boiss., art. L. 3.]*

(L. n° 2005-102 du 11 févr. 2005, art. 5) « Toutes les unités de conditionnement des boissons alcoolisées portent, dans les conditions fixées par arrêté du ministre chargé de la santé, un message à caractère sanitaire préconisant l'absence de consommation d'alcool par les femmes enceintes. »

Art. L. 3322-3 Sont interdites en France, sauf en vue de l'exportation à l'étranger, la fabrication, la détention et la circulation en vue de la vente, la mise en vente, la vente et l'offre à titre gratuit :

1° Des boissons apéritives à base de vin titrant plus de 18 degrés d'alcool acquis ;

2° Des spiritueux anisés titrant plus de 45 degrés d'alcool ;

3° Des bitters, amers, goudrons, gentianes et tous produits similaires d'une teneur en sucre inférieure à 200 grammes par litre et titrant plus de 30 degrés d'alcool. – *[C. déb. boiss., art. L. 5.]*

Art. L. 3322-4 Comme il est dit à l'article 347 du code général des impôts, ci-après reproduit :

Art. 347 Sont prohibées la fabrication, la circulation, la détention en vue de la vente et la vente de l'absinthe et des liqueurs similaires dont les caractères sont déterminés par décret. – *[C. déb. boiss., art. L. 9.]*

Art. L. 3322-5 Il est interdit à un producteur ou fabricant d'essences pouvant servir à la fabrication des boissons alcooliques, telles que les essences d'anis, de badiane, de fenouil, d'hysope, ainsi qu'aux producteurs ou fabricants d'anéthol, de procéder à la vente ou à l'offre, à titre gratuit desdits produits à toutes personnes autres que les fabricants de boissons ayant qualité d'entrepositaires vis-à-vis de l'administration des contributions indirectes, les pharmaciens, les parfumeurs, les fabricants de produits alimentaires ou industriels et les négociants exportateurs directs.

La revente de ces produits en nature sur le marché intérieur est interdite à toutes ces catégories à l'exception des pharmaciens qui ne peuvent les délivrer que sur ordonnance médicale et doivent inscrire les prescriptions qui les concernent sur leur registre d'ordonnances.

Sans préjudice des interdictions mentionnées au 2° de l'article 1812 du code général des impôts, sont fixées par décret pris en conseil des ministres les conditions dans lesquelles les essences mentionnées à l'alinéa premier du présent article ainsi que les essences d'absinthe et produits assimilés ou susceptibles de les suppléer, peuvent, sous quelque forme que ce soit, être importées, fabriquées, mises en circulation, détenues ou vendues. — *[Anc. art. L. 64-1, al. 1, 2 et 3 (partie), et C. déb. boiss., art. L. 9.]*

V. CGI, art. 1812, 1816, 1817.

Art. L. 3322-6 Il est interdit aux marchands ambulants de vendre au détail, soit pour consommer sur place, soit pour emporter, des boissons des quatrième et cinquième groupes. — *[C. déb. boiss., art. L. 10.]*

Art. L. 3322-7 *(Abrogé par Ord. n° 2010-177 du 23 févr. 2010, art. 26-25°) « Sans préjudice des dispositions de l'article L. 232-2 du code du travail, »* Les coopératives fonctionnant sur les lieux de travail ne peuvent vendre ni à crédit, ni à un prix inférieur à celui du commerce local, les boissons comprises dans les troisième, quatrième et cinquième groupes définis par l'article L. 3321-1.

Ces coopératives ne peuvent être assorties d'une licence de débits de boissons à consommer sur place de *(Abrogé par Ord. n° 2015-1682 du 17 déc. 2015, art. 12-2°, à compter du 1er janv. 2016) « deuxième, »* troisième ou quatrième catégorie.

Toute infraction dûment constatée aux dispositions du premier alinéa du présent article est sanctionnée par le retrait immédiat de la licence à emporter accordée à la coopérative en cause. — *[C. déb. boiss., art. L. 12].*

Art. L. 3322-8 La délivrance de boissons alcooliques au moyen de distributeurs automatiques est interdite. — *[C. déb. boiss., art. L. 13.]*

Art. L. 3322-9 Il est interdit de vendre au détail à crédit, soit au verre, soit en bouteilles, des boissons des troisième, quatrième et cinquième groupes à consommer sur place ou à emporter.

(Abrogé par Ord. n° 2015-1682 du 17 déc. 2015, art. 12-3°, à compter du 1er janv. 2016) « Il est interdit de vendre au détail à crédit, soit au verre, soit en bouteilles, des boissons du deuxième groupe à consommer sur place. »

(L. n° 2009-879 du 21 juill. 2009, art. 94-I) « Sauf dans le cadre de fêtes et foires traditionnelles déclarées, ou de celles, nouvelles, autorisées par le représentant de l'État dans le département dans des conditions définies par décret en Conseil d'État, ou lorsqu'il s'agit de dégustations en vue de la vente au sens de l'article 1587 du code civil, il est interdit d'offrir gratuitement à volonté des boissons alcooliques dans un but commercial ou de les vendre à titre principal contre une somme forfaitaire. — *Dispositions applicable dans les îles Wallis-et-Futuna (L. n° 2009-879 du 21 juill. 2009, art. 94-VIII).*

« Il est interdit de vendre des boissons alcooliques à emporter, entre 18 heures et 8 heures, dans les points de vente de carburant.

« Il est interdit de vendre des boissons alcooliques réfrigérées dans les points de vente de carburant. »

L'action en paiement de boissons vendues en infraction des dispositions du présent article n'est pas recevable. — *[C. déb. boiss., art. L. 68].*

Art. L. 3322-10 Un décret détermine les conditions dans lesquelles sont réglementées les modalités de la mise en vente des spiritueux titrant plus de 30 degrés d'alcool. — *[C. déb. boiss., art. L. 6.]*

Art. L. 3322-11 Sont déterminées par décrets en Conseil d'État, après avis *(Ord. n° 2010-18 du 7 janv. 2010)* « de l'Agence nationale chargée de la sécurité sanitaire de l'alimentation, de l'environnement et du travail » et de l'Académie nationale de médecine :

1° Les modalités de fabrication, de détention en vue de la vente, de mise en vente et de vente de toute boisson mentionnée à l'article L. 3321-1, dans la préparation de laquelle interviennent des plantes, parties de plantes, extraits végétaux ou un autre produit d'origine végétale ;

2° La liste des substances mentionnées au 1°, les conditions de leur emploi et leur teneur maximum en produits actifs.

Il ne peut être en rien dérogé par ces textes aux dispositions établies par les décrets en Conseil d'État pris en application des articles L. 214-1, L. 215-1 et L. 215-4 du code de la consommation. – *[anc. art. L. 141 et L. 142.]*

A une date fixée par Décr. et au plus tard le 1er juill. 2010, les mots « Agence française de sécurité sanitaire des aliments » seront remplacés par les mots « Agence nationale chargée de la sécurité sanitaire de l'alimentation, de l'environnement et du travail » (Ord. n° 2010-18 du 7 janv. 2010, art. 3-II et 5).

CHAPITRE III *Publicité des boissons*

Art. L. 3323-1 Dans tous les débits de boissons, un étalage des boissons non alcooliques mises en vente dans l'établissement est obligatoire.

L'étalage doit comprendre au moins dix bouteilles ou récipients et présenter, dans la mesure où le débit est approvisionné, un échantillon au moins de chaque catégorie des boissons suivantes :

a) Jus de fruits, jus de légumes ;

b) Boissons au jus de fruits gazéifiées ;

c) Sodas ;

d) Limonades ;

e) Sirops ;

f) Eaux ordinaires gazéifiées artificiellement ou non ;

g) Eaux minérales gazeuses ou non.

Cet étalage, séparé de celui des autres boissons, doit être installé en évidence dans les lieux où sont servis les consommateurs. – *[C. déb. boiss., art. L. 14 à L. 16.]*

(L. n° 2009-879 du 21 juill. 2009, art. 96) « Si le débitant propose des boissons alcooliques à prix réduits pendant une période restreinte, il doit également proposer à prix réduit les boissons non alcooliques susmentionnées. »

Art. L. 3323-2 La propagande ou la publicité, directe ou indirecte, en faveur des boissons alcooliques dont la fabrication et la vente ne sont pas interdites sont autorisées exclusivement :

1° Dans la presse écrite à l'exclusion des publications destinées à la jeunesse, définies au premier alinéa de l'article 1er de la loi n° 49-956 du 16 juillet 1949 sur les publications destinées à la jeunesse ; – *V. ce texte, App.,* v° *Presse et communication.*

2° Par voie de radiodiffusion sonore pour les catégories de radios et dans les tranches horaires déterminées par décret en Conseil d'État ;

3° Sous forme d'affiches et d'enseignes *(L. n° 2017-256 du 28 févr. 2017, art. 53-1°)* « , sous réserve de l'article L. 3323-5-1 » ; sous forme d'affichettes et d'objets à l'intérieur des lieux de vente à caractère spécialisé, dans des conditions définies par décret en Conseil d'État ; – *V. CSP, art. R. 3323-2 à R. 3323-4.*

4° Sous forme d'envoi par les producteurs, les fabricants, les importateurs, les négociants, les concessionnaires ou les entrepositaires, de messages, de circulaires commerciales, de catalogues et de brochures, dès lors que ces documents ne comportent que les mentions prévues à l'article L. 3323-4 et les conditions de vente des produits qu'ils proposent ;

5° Par inscription sur les véhicules utilisés pour les opérations normales de livraison des boissons, dès lors que cette inscription ne comporte que la désignation des produits ainsi que le nom et l'adresse du fabricant, des agents ou dépositaires, à l'exclusion de toute autre indication ;

6° En faveur des fêtes et foires traditionnelles consacrées à des boissons alcooliques locales et à l'intérieur de celles-ci, dans des conditions définies par décret ;

7° En faveur des musées, universités, confréries ou stages d'initiation œnologique à caractère traditionnel ainsi qu'en faveur de présentations et de dégustations, dans des conditions définies par décret ;

8° Sous forme d'offre, à titre gratuit ou onéreux, d'objets strictement réservés à la consommation de boissons contenant de l'alcool, marqués à leurs noms, par les producteurs et les fabricants de ces boissons, à l'occasion de la vente directe de leurs produits aux

consommateurs et aux distributeurs ou à l'occasion de la visite touristique des lieux de fabrication ;

(L. n° 2009-879 du 21 juill. 2009, art. 97) **« 9° Sur les services de communications en ligne à l'exclusion de ceux qui, par leur caractère, leur présentation ou leur objet, apparaissent comme principalement destinés à la jeunesse, ainsi que ceux édités par des associations, sociétés et fédérations sportives ou des ligues professionnelles au sens du code du sport, sous réserve que la propagande ou la publicité ne soit ni intrusive ni interstitielle. »**

Toute opération de parrainage est interdite lorsqu'elle a pour objet ou pour effet la propagande ou la publicité, directe ou indirecte, en faveur des boissons alcooliques. – *[C. déb. boiss., art. L. 17.]*

BIBL. ▶ DECOCQ, *JCP 1991. I. 3501.* – J.-H. ROBERT, *Dr. pénal 1991. Chron. 1.* – VERDUN et AVOCAT, *Rapport de la Cour de cassation 1996, Documentation française, p. 217.* – LAMBERT, *RJ com. 1998. 253.*

1. Émissions télévisées. L'apparition à la télévision, au cours de retransmissions de match de football, de bandeaux publicitaires apposés sur le pourtour du terrain ne constitue pas un message publicitaire condamnable en vertu des art. L. 17 s. C. déb. boiss. [CSP, art. L. 3323-2 s.]. • TGI Paris, 27 févr. 1991 : *CCC 1992, n° 88, obs. Raymond.*

2. N'a pas le caractère d'une décision faisant grief susceptible de faire l'objet d'un recours pour excès de pouvoir par les organisations professionnelles de producteurs de boissons alcoolisées requérantes, la lettre du président du Conseil supérieur de l'audiovisuel au président d'une société audiovisuelle lui demandant de ne plus diffuser des émissions sportives se déroulant à l'étranger, lorsqu'elles sont accompagnées de pratiques publicitaires concernant des boissons alcoolisées, en méconnaissance de l'art. L. 17 C. déb. boiss. [CSP, art. L. 3323-2]. • CE 4 oct. 1996 : *D. 1997. Somm. 195, obs. Lachaume.*

3. L'art. L. 17 C. déb. boiss. [CSP, art. L. 3323-2] régit la diffusion des messages publicitaires reçus sur un écran de télévision en France à l'occasion de manifestations sportives, peu important que l'apposition des panneaux filmés soit effectuée sur un stade étranger. Un code de bonne conduite, établi à l'initiative du ministre de la Jeunesse et des Sports, distingue deux régimes selon qu'il s'agit de manifestations multinationales, auquel cas aucune obligation particulière n'est instituée à la charge des diffuseurs français, ou d'autres manifestations se déroulant à l'étranger, auquel cas, le public français étant spécialement visé, le diffuseur doit prévenir l'apparition à l'écran de marques commerciales de boissons alcooliques. Ainsi, la réglementation française, qui n'opère aucune distinction selon l'origine nationale des publicités, s'applique aux rencontres du deuxième tour de coupe d'Europe, qui n'entrent pas dans la catégorie des manifestations multinationales. • Paris, 23 sept. 1997 : *D. 1998. Somm. 125, note Hassler et Lapp.*

4. Droit communautaire. Même si elle constitue une mesure d'effet équivalent au sens de l'art. 30 du traité CEE, une limitation de publicité pour les boissons alcooliques peut être justifiée, au titre de l'art. 36 du traité, par des raisons de protection de la santé publique. • CJCE 25 juill. 1991 : *D. 1991. IR 211.* ♦ V. note 4 ss. art. L. 3323-4.

5. Lieux de vente à caractère spécialisé. La publicité sous forme d'affichettes et d'objets, à l'intérieur des lieux de vente à caractère spécialisé tels que les débits de boissons temporaires, n'est permise par l'art. L. 3323-2 CSP qu'en faveur des boissons que ces établissements sont autorisés à offrir au public. • Crim. 19 déc. 2006, n° 06-80.726 P : *D. 2007. AJ 303 ; RSC 2007. 557, obs. Francillon ; AJ pénal 2007. 87.*

6. Internet. Un jeu-concours en ligne ayant pour lot une bouteille de whisky, considérée comme prestigieuse par ses caractéristiques, sa rareté et son prix, renforce la suggestion d'élitisme attachée à la consommation de whisky de cette marque et dépasse ainsi les limites de la publicité autorisée par le code de la santé publique. • Civ. 1re, 20 oct. 2011 : *D. actu. 7 nov. 2011, obs. Fleuriot.* ♦ Comp., antérieurement à l'entrée en vigueur de la L. n° 2009-879 du 21 juill. 2009 : • TGI Paris, réf., 8 janv. 2008 : *Dr. pénal 2008. Comm. 31, obs. J.-H. Robert.* ♦ Conf. par : • Paris, 14e ch., sect. A, 13 févr. 2008 : *Dr. pénal 2008. Comm. 49, obs. J.-H. Robert* (est interdite par l'art. L. 3323-2 CSP la publicité en faveur de l'alcool diffusée sur internet).

Art. L. 3323-3 **Est considérée comme propagande ou publicité indirecte la propagande ou publicité en faveur d'un organisme, d'un service, d'une activité, d'un produit ou d'un article autre qu'une boisson alcoolique qui, par son graphisme, sa présentation, l'utilisation d'une dénomination, d'une marque, d'un emblème publicitaire ou d'un autre signe distinctif, rappelle une boisson alcoolique.**

Toutefois, ces dispositions ne sont pas applicables à la propagande ou à la publicité en faveur d'un produit autre qu'une boisson alcoolique qui a été mis sur le marché avant le 1er janvier 1990 par une entreprise juridiquement ou financièrement distincte de toute

entreprise qui fabrique, importe ou commercialise une boisson alcoolique. – *[C. déb. boiss., art. L. 17-1.]*

Art. L. 3323-3-1 *(L. n° 2016-41 du 26 janv. 2016, art. 13)* **Ne sont pas considérés comme une publicité ou une propagande, au sens du présent chapitre, les contenus, images, représentations, descriptions, commentaires ou références relatifs à une région de production, à une toponymie, à une référence ou à une indication géographique, à un terroir, à un itinéraire, à une zone de production, au savoir-faire, à l'histoire ou au patrimoine culturel, gastronomique ou paysager liés à une boisson alcoolique disposant d'une identification de la qualité ou de l'origine, ou protégée au titre de l'article L. 665-6 du code rural et de la pêche maritime.**

Art. L. 3323-4 **La publicité autorisée pour les boissons alcooliques est limitée à l'indication du degré volumique d'alcool, de l'origine, de la dénomination, de la composition du produit, du nom et de l'adresse du fabricant, des agents et des dépositaires ainsi que du mode d'élaboration, des modalités de vente et du mode de consommation du produit.**

(L. n° 2005-157 du 23 févr. 2005, art. 21) **« Cette publicité peut comporter des références relatives aux terroirs de production, aux distinctions obtenues, aux appellations d'origine telles que définies à l'article L. 115-1 du code de la consommation ou aux indications géographiques telles que définies dans les conventions et traités internationaux régulièrement ratifiés. Elle peut également comporter des références objectives relatives à la couleur et aux caractéristiques olfactives et gustatives du produit. »**

Le conditionnement ne peut être reproduit que s'il est conforme aux dispositions précédentes.

Toute publicité en faveur de boissons alcooliques, à l'exception des circulaires commerciales destinées aux personnes agissant à titre professionnel ou faisant l'objet d'envois nominatifs ainsi que les affichettes, tarifs, menus ou objets à l'intérieur des lieux de vente à caractère spécialisé, doit être assortie d'un message de caractère sanitaire précisant que l'abus d'alcool est dangereux pour la santé. – *[C. déb. boiss., art. L. 18.]*

1. Illustrations. Whisky : • Civ. 2e, 28 juin 1995 : *D. 1995. IR 182 ; CCC 1995, n° 196, note Raymond* • Civ. 2e, 25 juin 1998, n° 96-10.397 P : *Gaz. Pal. 25-26 nov. 1998, p. 21, note Veyssière.* ♦ Rejet du pourvoi contre : • Paris, 10 nov. 1995 : *D. Affaires 1996. 71.* ♦ Bière : • Crim. 31 mai 1995, n° 94-82.989 P : *D. 1995. IR 229* • Civ. 2e, 18 déc. 1996, n° 95-11.378 P : *D. Affaires 1997. 218 ; CCC 1997, n° 7, note Raymond ; RJDA 1997, n° 726* • Paris, 27 févr. 1998 : *Gaz. Pal. 1998. 1. Somm. 361.* ♦ V. aussi : • Paris, 7 avr. 1995 : *D. 1995. IR 161.*

2. La publicité autorisée pour les boissons alcooliques est limitée à l'indication du degré volumique d'alcool, de l'origine, de la dénomination, de la composition du produit, du nom et de l'adresse du fabricant, des agents et dépositaires ainsi que du mode d'élaboration, des modalités de vente et du mode de consommation du produit ; ainsi, ne peut être autorisée l'affiche publicitaire montrant des éléments destinés à donner de la boisson concernée une image liée à la séduction exercée par les établissements de nuit où elle peut être consommée. • Crim. 29 nov. 2005, n° 05-80.701 P : *AJ pénal 2006. 123, obs. Saas ; Dr. pénal 2006. Comm. 40, obs. J.-H. Robert ; JCP 2006. I. 159, obs. J.-H. Robert.* ♦ ... Ni une image séduisante liée à l'Irlande et ses traditions, associée au thème du voyage et à l'ancienneté de ses méthodes de fabrication, éléments étrangers à la stricte indication de l'origine du produit, de sa composition et de son mode d'élaboration. • Crim. 19 déc. 2006, n° 05-87.268 P : *D. 2007. AJ 303 ; RSC 2007. 557, obs. Francillon ; AJ pénal 2007. 135 ; Dr. pénal 2007. Comm. 40, obs. J.-H. Robert.*

3. Une publicité pour des boissons alcooliques qui comporte « des références visuelles étrangères aux seules indications énumérées par l'article L. 3323-4 du code de la santé publique » et qui vise à promouvoir « une image de convivialité associée » à ces boissons « de nature à inciter le consommateur à absorber les produits vantés » est contraire à l'art. L. 3323-4 CSP. • Civ. 1re, 23 févr. 2012 : *D. actu. 19 mars 2012, obs. Fleuriot.*

4. Est contraire aux dispositions de l'art. L. 3323-4, al. 2, CSP tel qu'issu de la L. du 25 févr. 2005 le message publicitaire qui, en matière de boissons alcooliques, ne se borne pas en la reprise des caractéristiques objectives et techniques du produit mais renvoie au comportement humain selon une technique justement qualifiée par le premier juge de « manipulation des affects » et constitue d'évidence une incitation à la consommation de cette boisson alcoolique caractérisant l'existence d'un trouble manifestement illicite. • Civ. 1re, 22 mai 2008, n° 07-14.984 P : *Dr. pénal 2008. Comm. 128, obs. J.-H. Robert.*

5. Justifie sa décision la cour d'appel qui, pour dire les éléments constitutifs du délit de publicité illicite en faveur de boissons alcooliques réunis, retient notamment que les éléments décoratifs d'affiches publicitaires qui associent une marque de vodka et le nom ou les références visuelles des établissements de nuit où celle-ci peut être consommée, ont été combinés dans une création esthétique destinée à donner de cet alcool une image liée à la séduction exercée par lesdits établissements, et que ces éléments sont étrangers aux strictes mentions autorisées par l'art. L. 3323-4 CSP. • Crim. 14 mai 2008, n° 07-86.055 P : *D. 2008. AJ 1688, obs. Rondey ; AJ pénal 2008. 374, obs. Rondey ; Dr. pénal 2008. Comm. 128, obs. Véron.*

6. Faits justificatifs. L'enregistrement d'une marque à l'Institut national de la propriété industrielle n'autorise pas par lui-même son utilisation publicitaire. • Crim. 31 mai 1995, n° 94-82.989 P.

7. Référé. Il n'appartient pas au juge des référés d'apprécier la portée du message sanitaire contenu dans une publicité pour une boisson alcoolique « Sachez apprécier et consommer avec modération » au regard de l'art. L. 18 C. déb. boiss. [CSP, art. L. 3323-4] ; il s'agit là d'une contestation sérieuse échappant à la compétence du juge des référés. • TGI Paris, réf., 15 févr. 1991 : *JCP E 1991. Pan. 670.*

8. Droit communautaire. Les restrictions apportées par l'art. L. 18 C. déb. boiss. [CSP, art. L. 3323-4] à la publicité en faveur des boissons alcooliques, frappant aussi bien les produits nationaux que les produits importés, sans aucune distinction d'origine, ne sont pas contraires aux dispositions du traité CEE, car elles répondent à des préoccupations de santé publique, telles que visées à l'art. 36 dudit traité. • Crim. 18 mai 1994, n° 92-86.386 P : *D. 1994. IR 184 ; JCP E 1994. Pan. 987.* ♦ V. note 2 ss. art. L. 3323-2.

Art. L. 3323-5 Il est interdit de remettre, distribuer ou envoyer à des mineurs des prospectus, buvards, protège-cahiers ou objets quelconques nommant une boisson alcoolique, ou en vantant les mérites ou portant la marque ou le nom du fabricant d'une telle boisson. – *[C. déb. boiss., art. L. 20.]*

1. Définition de la remise. La seule remise à un mineur d'un support publicitaire nommant une boisson alcoolique caractérise le délit de l'art. L. 20 [CSP, art. L. 3323-5], la dépossession définitive de ce support au profit du mineur n'étant pas nécessaire. • Crim. 28 nov. 1973 : *Bull. crim. n° 441 ; D. 1974. 170 ; Gaz. Pal. 1974. 1. 236, note Rabinovitch.*

2. Mauvaise foi. La mauvaise foi n'est pas un élément constitutif du délit prévu par l'art. L. 20 C. déb. boiss. [CSP, art. L. 3323-5]. • Crim. 16 mars 1972 : *Bull. crim. n° 110.*

3. Fait justificatif. L'ignorance alléguée du caractère punissable de la remise ne saurait être une cause de justification. • Crim. 16 mars 1972 : *Bull. crim. n° 110.*

Art. L. 3323-5-1 *(L. n° 2017-256 du 28 févr. 2017, art. 53-2°)* Dans les collectivités mentionnées à l'article L. 751-1 du code de la sécurité sociale, le représentant de l'État détermine, dans les conditions prévues au *(L. n° 2019-1461 du 27 déc. 2019, art. 47)* « cinquième *[ancienne rédaction : dixième]* » alinéa de l'article L. 3335-1 du présent code, le périmètre autour des établissements mentionnés au 4° du même article L. 3335-1 dans lequel la publicité ou la propagande, directe ou indirecte, en faveur d'une boisson alcoolique est interdite.

Art. L. 3323-6 *(L. n° 2003-709 du 1er août 2003, art. 23)* Le ou les initiateurs d'une opération de mécénat peuvent faire connaître leur participation par la voie exclusive de mentions écrites dans les documents diffusés à l'occasion de cette opération ou libellées sur des supports disposés à titre commémoratif à l'occasion d'opérations d'enrichissement ou de restauration du patrimoine naturel ou culturel. – *[C. déb. boiss., art. L. 19.]*

TITRE III Débits de boissons

CHAPITRE PREMIER *Limitation du nombre des débits de boissons*

Art. L. 3331-1 Les débits de boissons à consommer sur place sont répartis en *(Ord. n° 2015-1682 du 17 déc. 2015, art. 12-4°, en vigueur le 1er janv. 2016)* « deux » catégories selon l'étendue de la licence dont ils sont assortis :

(Abrogé par L. n° 2011-302 du 22 mars 2011, art. 1er-I) « ***1° La licence de 1re catégorie, dite "licence de boissons sans alcool", ne comporte l'autorisation de vente à consommer sur place que pour les boissons du premier groupe ;*** »

(Abrogé par Ord. n° 2015-1682 du 17 déc. 2015, art. 12-4°, à compter du 1er janv. 2016) « ***2° La licence de 2e catégorie, dite "licence de boissons fermentées", comporte l'autorisation de vendre pour consommer sur place les boissons des deux premiers groupes ;*** »

3° La licence de 3e catégorie, dite "licence restreinte", comporte l'autorisation de vendre pour consommer sur place les boissons *(Ord. n° 2015-1682 du 17 déc. 2015, art. 12-4°, en vigueur le 1er janv. 2016)* « des groupes un et trois » ;

4° La licence de 4e catégorie dite "grande licence" ou "licence de plein exercice", comporte l'autorisation de vendre pour consommer sur place toutes les boissons dont la consommation à l'intérieur demeure autorisée, y compris celles du quatrième et du cinquième groupe. – *[C. déb. boiss., art. L. 22].*

Art. L. 3331-1-1 *(Abrogé par L. n° 2011-302 du 22 mars 2011, art. 1er, à compter du 1er juin 2011) (L. n° 2009-888 du 22 juill. 2009, art. 25)* ***Par dérogation à l'article L. 3331-1, la licence de première catégorie n'est pas exigée lorsque la fourniture des boissons visées au premier groupe de l'article L. 3321-1 est l'accessoire d'une prestation d'hébergement.***

Art. L. 3331-2 Les restaurants qui ne sont pas titulaires d'une licence de débit de boissons à consommer sur place doivent *(L. n° 2011-302 du 22 mars 2011, art. 1er-I)* « , pour vendre des boissons alcooliques, » être pourvus de l'une des deux catégories de licence ci-après :

1° La "petite licence restaurant" qui permet de vendre les boissons *(L. n° 2011-302 du 22 mars 2011, art. 1er-I)* « du *(Ord. n° 2015-1682 du 17 déc. 2015, art. 12-5°, en vigueur le 1er janv. 2016)* « troisième » groupe » pour les consommer sur place, mais seulement à l'occasion des principaux repas et comme accessoires de la nourriture ;

2° La "licence restaurant" proprement dite qui permet de vendre pour consommer sur place toutes les boissons dont la consommation est autorisée, mais seulement à l'occasion des principaux repas et comme accessoires de la nourriture.

Les établissements dont il s'agit ne sont soumis ni aux interdictions mentionnées aux articles L. 3332-1 et L. 3332-2, ni à la réglementation établie en application des articles L. 3335-1, L. 3335-2 *(Ord. n° 2010-177 du 23 févr. 2010, art. 7-41°)* « et L. 3335-8 ». – *[C. déb. boiss., art. L. 23].*

Art. L. 3331-3 Les établissements titulaires d'une licence à consommer sur place ou d'une licence de restaurant peuvent vendre pour emporter les boissons correspondant à la catégorie de leur licence.

Les autres débits de boissons à emporter *(L. n° 2011-302 du 22 mars 2011, art. 1er-I)* « doivent, pour vendre des boissons alcooliques, être pourvus de l'une des deux catégories de licences ci-après : »

1° La "petite licence à emporter" comporte l'autorisation de vendre pour emporter les boissons *(L. n° 2011-302 du 22 mars 2011, art. 1er-I)* « du *(Ord. n° 2015-1682 du 17 déc. 2015, art. 12-5°, en vigueur le 1er janv. 2016)* « troisième » groupe » ;

2° La "licence à emporter" proprement dite comporte l'autorisation de vendre pour emporter toutes les boissons dont la vente est autorisée. – *[C. déb. boiss., art. L. 24].*

Art. L. 3331-4 La distribution de boissons par le moyen d'appareils automatiques permettant la consommation immédiate est considérée comme une vente à consommer sur place. – *[C. déb. boiss., art. L. 25.]*

(L. n° 2009-879 du 21 juill. 2009, art. 94-II) « Dans tous les commerces autres que les débits de boissons à consommer sur place, toute personne qui veut vendre des boissons alcooliques entre 22 heures et 8 heures doit au préalable suivre la formation prévue à l'article L. 3332-1-1.

« La vente à distance est considérée comme une vente à emporter. »

Art. L. 3331-5 *(Abrogé par L. n° 2011-302 du 22 mars 2011, art. 1er, à compter du 1er juin 2011)* ***Le nombre des débits de boissons de 1re catégorie n'est soumis à aucune limitation.*** – [C. déb. boiss., art. L. 26.]

Art. L. 3331-6 Le propriétaire d'un local donné à bail ne peut, nonobstant toute convention contraire, même antérieurement conclue, s'opposer à la transformation, réalisée par le locataire ou le cessionnaire du droit au bail, d'un débit de boissons de 3e ou 4e catégorie *(Abrogé par Ord. n° 2015-1682 du 17 déc. 2015, art. 12-6°, en vigueur le 1er janv. 2016)* « ***, soit en un débit*** *(Abrogé par L. n° 2011-302 du 22 mars 2011, art. 1er-I)* « ***de 1re ou*** » ***de 2e catégorie, soit*** » en un autre commerce, à la condition toutefois qu'il ne puisse en résulter, pour l'immeuble, ses habitants ou le voisinage, des inconvénients supérieurs à ceux découlant de l'exploitation du fonds supprimé.

L'occupant doit, avant de procéder aux modifications envisagées, informer le propriétaire, par lettre recommandée, avec demande d'avis de réception.

L'adaptation du contrat de bail aux conditions d'exploitation nouvelles est, à défaut d'accord entre les parties, effectuée dans les conditions prévues pour les baux de locaux à usage commercial. – *[C. déb. boiss., art. L. 26-1].*

Art. L. 3331-7 *(L. n° 2019-1461 du 27 déc. 2019, art. 45)* Il est créé dans chaque commune dans laquelle le maire exerce, par délégation du représentant de l'État dans le département, les prérogatives mentionnées au premier alinéa du 2 de l'article L. 3332-15 une commission municipale de débits de boissons, composée de représentants des services communaux désignés par le maire, de représentants des services de l'État désignés par le représentant de l'État dans le département et de représentants des organisations professionnelles représentatives des cafetiers.

Cette commission peut être consultée par le maire sur tout projet d'acte règlementaire ou de décision individuelle concernant les débits de boissons sur le territoire de la commune.

Les modalités d'application du présent article sont fixées par décret en Conseil d'État.

CHAPITRE II *Ouvertures, mutations et transferts*

Art. L. 3332-1 Un débit de boissons à consommer sur place *(Abrogé par Ord. nº 2015-1682 du 17 déc. 2015, art. 12-7º, en vigueur le 1er janv. 2016) « de 2e ou »* de 3e catégorie ne peut être ouvert dans les communes où le total des établissements de cette nature et des établissements de 4e catégorie atteint ou dépasse la proportion d'un débit pour 450 habitants, ou fraction de ce nombre. La population prise pour base de cette estimation est la population municipale totale, non comprise la population comptée à part, telle qu'elle résulte du dernier recensement. *(Ord. nº 2015-1682 du 17 déc. 2015, art. 12-7º, en vigueur le 1er janv. 2016)* « Pour les communes touristiques au sens de l'article L. 133-11 du code du tourisme, les modalités de détermination de la population prise pour base de cette estimation sont déterminées par décret en Conseil d'État. » — *Les dispositions du présent al. issues de l'Ord. nº 2015-1682 du 17 déc. 2015 ne sont pas applicables à Saint-Pierre-et-Miquelon (Ord. préc., art. 20-II).*

Toutefois, cette interdiction ne s'applique pas aux établissements dont l'ouverture intervient à la suite d'un transfert réalisé dans les conditions fixées par l'article L. 3332-11. — *[C. déb. boiss., art. L. 27].* — **CSP**.

Art. L. 3332-1-1 *(L. nº 2006-396 du 31 mars 2006, art. 23-I ; L. nº 2010-853 du 23 juill. 2010, art. 36)* Toute personne déclarant l'ouverture, la mutation, la translation ou le transfert d'un débit de boissons à consommer sur place de *(Abrogé par Ord. nº 2015-1682 du 17 déc. 2015, art. 12-8º, à compter du 1er janv. 2016) « deuxième, »* troisième et quatrième catégories ou toute personne déclarant un établissement pourvu de la "petite licence restaurant" ou de la "licence restaurant" doit suivre une formation spécifique sur les droits et obligations attachés à l'exploitation d'un débit de boissons ou d'un établissement pourvu de la "petite licence restaurant" ou de la "licence restaurant".

Toute personne visée à l'article L. 3331-4 doit suivre une formation spécifique sur les droits et obligations attachés à la vente à emporter de boissons alcooliques entre 22 heures et 8 heures.

A l'issue de cette formation, les personnes visées à l'alinéa précédent doivent avoir une connaissance notamment des dispositions du présent code relatives à la prévention et la lutte contre l'alcoolisme, la protection des mineurs et la répression de l'ivresse publique mais aussi de la législation sur les stupéfiants, la revente de tabac, la lutte contre le bruit, les faits susceptibles d'entraîner une fermeture administrative, les principes généraux de la responsabilité civile et pénale des personnes physiques et des personnes morales et la lutte contre la discrimination.

(L. nº 2012-387 du 22 mars 2012, art. 97) « Toutefois, pour les personnes mentionnées à l'article L. 324-4 du code du tourisme, la formation prévue au présent article est adaptée aux conditions spécifiques de l'activité de ces personnes. »

Tout organisme de formation établi sur le territoire national qui dispense les formations visées aux alinéas précédents doit être agréé par *(Décr. nº 2020-54 du 28 janv. 2020, art. 1er)* « arrêté de l'autorité administrative ».

Les organismes de formation légalement établis dans un autre État membre de la Communauté européenne ou dans un autre État partie à l'accord sur l'Espace économique européen souhaitant dispenser ces formations à titre temporaire et occasionnel sur le territoire national sont présumés détenir cet agrément dès lors que le programme de la formation qu'ils dispensent est conforme au présent article.

Cette formation est obligatoire.

Elle donne lieu à la délivrance d'un permis d'exploitation valable dix années. A l'issue de cette période, la participation à une formation de mise à jour des connaissances permet de prolonger la validité du permis d'exploitation pour une nouvelle période de dix années.

Les modalités d'application du présent article sont fixées par décret en Conseil d'État. — *V. art. R. 3332-4 s.*

Art. L. 3332-2 L'ouverture d'un nouvel établissement de 4e catégorie est interdite en dehors des cas prévus par l'article L. 3334-1. — *[C. déb. boiss., art. L. 28.]*

Constitue le délit d'ouverture illicite d'un débit de boissons le fait de diviser un fonds en deux établissements constituant le dédoublement du fonds initial. • Paris, 9 oct. 1974 : *D. 1975. 198, note Bihl.*

Art. L. 3332-3 Une personne qui veut ouvrir un café, un cabaret, un débit de boissons à consommer sur place *(L. n° 2011-302 du 22 mars 2011, art. 1er, en vigueur le 1er juin 2011)* « et y vendre de l'alcool » est tenue de faire, quinze jours au moins à l'avance et par écrit, une déclaration indiquant :

1° Ses nom, prénoms, lieu de naissance, profession et domicile ;

2° La situation du débit ;

3° A quel titre elle doit gérer le débit et les nom, prénoms, profession et domicile du propriétaire s'il y a lieu ;

4° La catégorie du débit qu'elle se propose d'ouvrir ;

(L. n° 2006-396 du 31 mars 2006, art. 23) « 5° Le permis d'exploitation attestant de sa participation à la formation visée à l'article L. 3332-1-1. »

La déclaration est faite à Paris à la préfecture de police et, dans les autres communes, à la mairie ; il en est donné immédiatement récépissé.

(Abrogé par L. n° 2017-86 du 27 janv. 2017, art. 196) « Le déclarant doit justifier qu'il est français ou ressortissant d'un autre État de (Ord. n° 2010-177 du 23 févr. 2010, art. 26-10°) *« l'Union européenne » ou d'un autre État partie à l'accord sur l'Espace économique européen, les personnes d'une autre nationalité ne pouvant, en aucun cas, exercer la profession de débitant de boissons. »*

Dans les trois jours de la déclaration, le maire de la commune où elle a été faite en transmet copie intégrale au *(Abrogé par L. n° 2019-222 du 23 mars 2019, art. 19) « procureur de la République ainsi qu'au »* représentant de l'État dans le département.

(Abrogé par L. n° 2011-302 du 22 mars 2011, à compter du 1er juin 2011) « La délivrance du récépissé est passible d'une taxe dont le taux est fixé par l'article 960 du code général des impôts. » — *[C. déb. boiss., art. L. 31.]*

1. Infraction successive. Le délit d'ouverture de débit de boissons sans déclaration préalable présente le caractère d'une infraction successive aussi longtemps que dure l'exploitation illicite. • Crim. 23 janv. 1979 : *Bull. crim. n° 30.*

2. Établissements distincts. Constitue le délit d'ouverture illicite d'un débit de boissons le fait par un prévenu d'installer, dans un immeuble où il exploitait déjà une licence, une nouvelle salle distincte du fonds primitif sans communication intérieure de l'une à l'autre et destinée en fait à une clientèle différente. • Crim. 27 mars 1974 : *Bull. crim. n° 132.*

3. Si le fait d'agrandir un débit de boissons préexistant en aménageant une nouvelle salle communiquant avec l'ancienne ne peut en soi être considéré comme l'ouverture d'un nouveau débit, il n'en va pas de même si l'agrandissement comporte l'aménagement de nouvelles voies d'accès situées dans une zone protégée n'incluant pas les ouvertures anciennes et pour lesquelles aucun droit acquis ne peut être invoqué. • Crim. 19 mars 1969 : *Bull. crim. n° 124.*

4. L'ouverture illicite d'un débit de boissons est caractérisée lorsque le prévenu, loin d'avoir seulement aménagé le fonds initial, a au contraire créé un établissement nouveau qui, bien que communiquant avec le premier, s'en distingue par un certain nombre de particularités (en l'espèce les enseignes, la décoration, les horaires, les tarifs de consommations, les clientèles et les modes d'exploitation). • Crim. 22 janv. 1976 : *Bull. crim. n° 27.*

5. Nonobstant l'arrêté du 23 déc. 1959 définissant le casino comme un établissement indivisible, commet le délit des art. L. 31 et L. 42 C. déb. boiss. [CSP, art. L. 3332-3 et L. 3352-2] le directeur d'un casino qui a créé un cabaret présentant, par rapport au bar déjà exploité dans le même bâtiment, le caractère d'un débit distinct. • Crim. 4 avr. 1978 : *Bull. crim. n° 124.*

6. Lieux distincts. Sont coupables du délit d'ouverture illicite de débits de boissons les organisateurs de raves-parties qui ont installé des débits de boissons au cours de chacune de leurs soirées, dans des lieux différents et au seul profit de personnes privées. En effet, ils n'ont pas respecté l'obligation de déclaration qui résulte de l'art. L. 31 C. déb. boiss. [CSP, art. L. 3332-3]. En outre, la procédure particulière et d'application restrictive de l'art. L. 48 du même code [CSP, art. L. 3334-2], prévue pour les fêtes publiques, n'était, en l'occurrence, pas applicable. • Toulouse, 16 mars 2000 : *JCP 2001. IV. 1134.*

7. Autorisation municipale. L'existence d'une autorisation de l'autorité municipale ne saurait exonérer de sa responsabilité pénale l'auteur d'une infraction à l'art. L. 31 C. déb. boiss. [CSP, art. L. 3332-3], dès lors que le fait matériel constitutif du délit a été constaté. • Crim. 24 oct. 1983 : *Bull. crim. n° 260.*

8. Cessation d'existence. Si tout débit qui a cessé d'exister depuis plus d'un an (trois ans) est considéré comme supprimé, en vertu de l'art. L. 44 C. déb. boiss. [CSP, art. L. 3333-1], il n'en est pas ainsi si le débit a été ouvert et a fonctionné même temporairement pendant ce délai. L'exploitant n'est dès lors pas tenu de faire la déclaration prévue par l'art. L. 31 du même code [CSP, art. L. 3332-3]. • Crim. 13 oct. 1970 : *Bull. crim. n° 262.*

9. Étrangers. Caractérise le délit prévu et réprimé par les art. L. 31 et L. 43 C. déb. boiss. [CSP, art. L. 3332-3 et L. 3352-3] le fait pour un étranger, non ressortissant d'un État membre de la CEE, de vendre des boissons sans avoir effectué la déclaration préalable prescrite par l'art. L. 31 préc. [CSP, art. L. 3332-3], peu important que cette activité s'exerce dans un établissement nouvellement créé ou dans un établissement déjà existant. • Crim. 25 sept. 1987 : *Bull. crim. n° 315.*

Art. L. 3332-4 **Une mutation dans la personne du propriétaire ou du gérant d'un café ou débit de boissons vendant** *(L. n° 2011-302 du 22 mars 2011, art. 1er, en vigueur le 1er juin 2011)* **« de l'alcool » à consommer sur place doit faire, quinze jours au moins à l'avance et par écrit, l'objet d'une déclaration identique à celle qui est requise pour l'ouverture d'un débit nouveau. Toutefois, dans le cas de mutation par décès, la déclaration est valablement souscrite dans le délai d'un mois à compter du décès.**

Cette déclaration est reçue et transmise dans les mêmes conditions.

Une translation d'un lieu à un autre doit être déclarée *(L. n° 2011-302 du 22 mars 2011, art. 1er, en vigueur le 1er juin 2011)* **« quinze jours au moins à l'avance, dans les mêmes conditions ».** — *[C. déb. boiss., art. L. 32.]*

V. Décr. n° 55-954 du 5 juill. 1955 relatif aux déclarations d'ouverture, de mutation et de translation des débits de boissons (BLD 1955. 776 ; JO 20 juill.).

1. Définition de la mutation. Les dispositions de l'art. L. 32 C. déb. boiss. [CSP, art. L. 3332-4] prescrivant l'obligation de déclaration préalable à la préfecture de police ou à la mairie s'appliquent au nouveau propriétaire ou gérant, que le titre en vertu duquel il exploite l'établissement résulte d'un nouveau contrat ou de la résiliation du précédent. • Crim. 17 déc. 1990, n° 89-85.476 P : *D. 1991. IR 83.*

2. Auteur de la déclaration. Il résulte des dispositions combinées des art. L. 31 et L. 32 C. déb. boiss. [CSP, art. L. 3332-3 et L. 3332-4] que la déclaration prescrite en cas de mutation dans la personne du gérant d'un débit de boissons doit être faite, non par l'ancien gérant, mais par celui qui doit gérer le débit. • Crim. 25 mai 1988 : *Bull. crim. n° 222.* ♦ ... A savoir soit le propriétaire, soit le gérant de l'établissement, suivant la qualité de la personne en qui la mutation a été opérée. • Crim. 22 mai 1968 : *Bull. crim. n° 167.* ♦ ... A savoir celui qui, sous couvert d'une procuration générale, exploite personnellement le débit. • Crim. 13 mai 1958 : *Bull. crim. n° 376.* ♦ ... A savoir le propriétaire qui décide de se substituer au gérant du fonds et d'exploiter directement celui-ci. • Crim. 17 juill. 1958 : *Bull. crim. n° 553.* ♦ ... A savoir, si le propriétaire du débit est une société, la personne physique qui doit gérer le débit. • Crim. 11 févr. 1958 : *Bull. crim. n° 143.*

3. Prescription de l'action publique. Il résulte de l'art. L. 32 C. déb. boiss. [CSP, art. L. 3332-4] que le défaut de déclaration de mutation constitue un délit instantané et que le délai de prescription de l'action publique court, à l'égard de ce délit, à compter du jour où ses éléments constitutifs sont réunis. • Crim. 14 mars 1974 : *Bull. crim. n° 113* • 4 févr. 1981 : *Bull. crim. n° 46.*

Art. L. 3332-4-1 *(L. n° 2011-302 du 22 mars 2011, art. 1er, en vigueur le 1er juin 2011)* **Une personne qui veut ouvrir un débit de boissons mentionné aux articles L. 3331-2 ou L. 3331-3 est tenue de faire, dans les conditions prévues aux premier à septième alinéas de l'article L. 3332-3, une déclaration qui est transmise au** *(Abrogé par L. n° 2019-222 du 23 mars 2019, art. 19) « procureur de la République ainsi qu'au »* **représentant de l'État dans le département conformément au dernier alinéa du même article. Les services de la préfecture de police ou de la mairie lui en délivrent immédiatement un récépissé qui justifie de la possession de la licence de la catégorie sollicitée.**

Le permis d'exploitation mentionné au 5° de l'article L. 3332-3 n'est pas exigé lorsque la déclaration est faite par une personne qui veut ouvrir un débit de boissons mentionné à l'article L. 3331-3 sans vendre des boissons alcooliques entre 22 heures et 8 heures au sens de l'article L. 3331-4.

Une mutation dans la personne du propriétaire ou du gérant ou une modification de la situation du débit de boissons doit faire l'objet d'une déclaration identique, qui est reçue et transmise dans les mêmes conditions. Toutefois, en cas de mutation par décès, la déclaration est valablement souscrite dans le délai d'un mois à compter du décès.

Art. L. 3332-5 **Les articles L. 3332-3** *(L. n° 2011-302 du 22 mars 2011, art. 1er, en vigueur le 1er juin 2011)* **« à L. 3332-4-1 » ne sont pas applicables dans les départements du Haut-Rhin, du Bas-Rhin et de la Moselle.**

Dans ces départements, l'article 33 du code local des professions du 26 juillet 1900 reste en vigueur :

a) Pour les débits de boissons dont l'ouverture n'est pas interdite par les articles L. 3332-1 et L. 3332-2, pour les hôtelleries et pour le commerce de détail des eaux-de-vie et spiritueux ;

b) Pour le transfert ou le retrait d'autorisation des débits de boissons dont l'ouverture est interdite.

Les autorisations délivrées en vertu de l'article 33 ne peuvent l'être qu'à des personnes justifiant qu'elles sont françaises ou ressortissantes d'un État de *(Ord. nº 2010-177 du 23 févr. 2010, art. 26-10º)* « l'Union européenne » ou partie à l'accord sur l'Espace économique européen. – *[C. déb. boiss., art. L. 98.]*

Art. L. 3332-6 Est considéré comme ouverture d'un nouveau débit de boissons, le fait de vendre des boissons *(L. nº 2011-302 du 22 mars 2011, art. 1er, en vigueur le 1er juin 2011)* « alcooliques » sans avoir effectué la déclaration prescrite par *(L. nº 2011-302 du 22 mars 2011, art. 1er, en vigueur le 1er juin 2011)* « les articles L. 3332-3 ou L. 3332-4-1 », ou la détention ou la vente des boissons d'un groupe ne correspondant pas à la catégorie de débit pour laquelle la déclaration a été faite. – *[C. déb. boiss., art. L. 33.]*

Art. L. 3332-7 N'est pas considérée comme ouverture d'un nouveau débit la translation sur le territoire d'une commune d'un débit déjà existant :

1º Si elle est effectuée par le propriétaire du fonds de commerce ou ses ayants droit et si elle n'augmente pas le nombre des débits existant dans ladite commune ;

2º Si elle n'est pas opérée dans une zone établie par application des articles L. 3335-1, L. 3335-2, L. 3335-8. – *[C. déb. boiss., art. L. 34.]*

Le transfert d'un débit de boissons dépourvu d'accès direct sur une voie ouverte à la circulation publique à l'intérieur d'une galerie marchande, considérée comme un même immeuble, ne peut être assimilé à l'ouverture prohibée d'un nouveau débit dans une zone protégée, au sens de l'art. L. 34 (2º) C. déb. boiss. [CSP, art. L. 3332-7 (2º)]. • Crim. 15 oct. 1996, nº 94-82.600 P : *D. 1997. IR 12* ; *Gaz. Pal. 1998. 1. 321.*

Art. L. 3332-8 Lorsqu'un immeuble où est installé un débit de boissons a été supprimé ou affecté à une destination nouvelle, à la suite d'une expropriation pour cause d'utilité publique, ou lorsque cet immeuble a été démoli par le propriétaire, il peut être transféré sur n'importe quel point du territoire de la même commune, sous réserve des zones protégées, à savoir :

1º Dans un immeuble déjà existant, au plus tard dans les douze mois de la fermeture qui doit être spécialement déclarée à la mairie de la commune dans les départements et à la préfecture de police à Paris ;

2º Dans un immeuble nouveau, dans les trois mois de la reconstruction de cet immeuble, et au plus tard dans les deux ans de la fermeture déclarée comme il vient d'être dit. – *[C. déb. boiss., art. L. 35.]*

Art. L. 3332-9 *et* L. 3332-10 *Abrogés par L. nº 2007-1787 du 20 déc. 2007, art. 24.*

Art. L. 3332-11 *(L. nº 2019-1461 du 27 déc. 2019, art. 47)* Un débit de boissons à consommer sur place exploité peut être transféré dans le département où il se situe. Les demandes d'autorisation de transfert sont soumises au représentant de l'État dans le département. Le maire de la commune où est installé le débit de boissons et le maire de la commune où celui-ci est transféré sont obligatoirement consultés. Lorsqu'une commune ne compte qu'un débit de boissons de 4e catégorie, ce débit ne peut faire l'objet d'un transfert qu'avec l'avis favorable du maire de la commune.

Par dérogation au premier alinéa, un débit de boissons à consommer sur place peut être transféré dans un département limitrophe de celui dans lequel il se situe, dans les conditions prévues au premier alinéa. Les demandes d'autorisation de transfert sont soumises au représentant de l'État dans le département où doit être transféré le débit de boissons. Un débit de boissons transféré en application de la première phrase du présent alinéa ne peut faire l'objet d'un transfert vers un nouveau département qu'à l'issue d'une période de huit ans.

Par dérogation au premier alinéa du présent article et à l'article L. 3335-1, les débits de boissons à consommer sur place peuvent être transférés au-delà des limites du département où ils se situent au profit d'établissements, notamment touristiques, répondant à des critères fixés par décret.

Art. L. 3332-12 Nonobstant les dispositions de l'article L. 3332-1 et sous réserve des zones protégées, *(Ord. nº 2015-1682 du 17 déc. 2015, art. 13, en vigueur le 1er janv. 2016)* « le représentant de l'État dans le département où se situe l'aérodrome peut » autoriser le transfert, sur les aérodromes civils dépourvus de débit de boissons à consommer sur place, d'un débit existant dans un rayon de 100 kilomètres, quelle que soit sa catégorie.

Il peut, dans les mêmes conditions, autoriser un transfert ayant pour objet l'exploitation d'un débit de catégorie supérieure au lieu du débit déjà exploité sur l'aérodrome.

Les débits mentionnés au présent article ne peuvent faire l'objet d'un nouveau transfert hors de l'aérodrome. – *[C. déb. boiss., art. L. 40].*

Art. L. 3332-13 *(L. n° 2019-1461 du 27 déc. 2019, art. 45)* Sans préjudice de son pouvoir de police générale, le maire peut fixer par arrêté une plage horaire, qui ne peut débuter avant 20 heures et qui ne peut s'achever après 8 heures, durant laquelle la vente à emporter de boissons alcooliques sur le territoire de la commune est interdite.

Art. L. 3332-14 *Abrogé par L. n° 2007-1787 du 20 déc. 2007, art. 24.*

Art. L. 3332-15 *(L. n° 2003-239 du 18 mars 2003, art. 114) [1.]* La fermeture des débits de boissons et des restaurants peut être ordonnée par le représentant de l'État dans le département pour une durée n'excédant pas six mois, à la suite d'infractions aux lois et règlements relatifs à ces établissements.

Cette fermeture doit être précédée d'un avertissement qui peut, le cas échéant, s'y substituer, lorsque les faits susceptibles de justifier cette fermeture résultent d'une défaillance exceptionnelle de l'exploitant ou à laquelle il lui est aisé de remédier.

2. En cas d'atteinte à l'ordre public, à la santé, à la tranquillité ou à la moralité publiques, la fermeture peut être ordonnée par le représentant de l'État dans le département pour une durée n'excédant pas deux mois. *(L. n° 2006-396 du 31 mars 2006, art. 23)* « Le représentant de l'État dans le département peut réduire la durée de cette fermeture lorsque l'exploitant s'engage à suivre la formation donnant lieu à la délivrance d'un permis d'exploitation visé à l'article L. 3332-1-1. »

(L. n° 2019-1461 du 27 déc. 2019, art. 45) « Au vu des circonstances locales, le représentant de l'État dans le département peut déléguer par arrêté à un maire qui en fait la demande l'exercice, sur le territoire de la commune, des prérogatives mentionnées au premier alinéa du présent 2. Le représentant de l'État dans le département peut mettre fin à cette délégation, dans les mêmes conditions, à la demande du maire ou à son initiative.

« Les prérogatives déléguées au maire en application du deuxième alinéa du présent 2 sont exercées au nom et pour le compte de l'État. Le maire transmet au représentant de l'État dans le département, dans un délai de trois jours à compter de leur signature, les arrêtés de fermeture qu'il prend au titre de ces prérogatives. Le représentant de l'État dans le département peut ordonner la fermeture administrative d'un établissement, après une mise en demeure du maire restée sans résultat.

« 2 *bis*. L'arrêté ordonnant la fermeture sur le fondement des 1 ou 2 du présent article est exécutoire quarante-huit heures après sa notification lorsque les faits le motivant sont antérieurs de plus de quarante-cinq jours à la date de sa signature. »

3. Lorsque la fermeture est motivée par des actes criminels ou délictueux prévus par les dispositions pénales en vigueur, à l'exception des infractions visées au 1, la fermeture peut être prononcée *(L. n° 2019-1461 du 27 déc. 2019, art. 45)* « par le représentant de l'État dans le département » pour six mois. *(L. n° 2006-396 du 31 mars 2006, art. 23)* « Dans ce cas, la fermeture entraîne l'annulation du permis d'exploitation visé à l'article L. 3332-1-1. »

4. Les crimes et délits ou les atteintes à l'ordre public pouvant justifier les fermetures prévues au 2 et au 3 doivent être en relation avec la fréquentation de l'établissement ou ses conditions d'exploitation.

5. *(L. n° 2019-1461 du 27 déc. 2019, art. 45)* « A l'exception de l'avertissement prévu au 1, » les mesures prises en application du présent article sont soumises aux dispositions du code des relations entre le public et l'administration.

6. A Paris, les compétences dévolues au représentant de l'État dans le département par le présent article sont exercées par le préfet de police.

1. Mesure de police. La fermeture administrative est une mesure de police, exécutoire dès sa notification, *qui n'est pas subordonnée à l'existence d'une infraction consacrée par une décision pénale.* • Crim. 17 mai 1993, n° 92-84.172 P.

2. Mesure à caractère réel. La fermeture administrative, qui a pour objet de prévenir la continuation ou le retour de désordres liés à la fréquentation même du débit de boissons, concerne donc l'établissement et non la personne de l'exploitant. N'a dès lors pas excédé ses pouvoirs le préfet qui a estimé qu'un trafic de drogue occasionnel opéré par un employé justifiait la fermeture provisoire de l'établissement. Que le fait délictueux ait été commis à l'insu de l'exploitant est sans influence sur la légalité de sa décision. • CE 28 févr. 1996 : *D. 1996. IR 132.*

3. Autorité compétente. Émane d'une autorité incompétente un arrêté ordonnant la fermeture d'un débit de boissons pour une durée de vingt et un jours pris, par délégation de signature du préfet, par le secrétaire général de la préfecture dès lors que, à cette même date, le nouveau préfet, nommé peu avant, ayant donné délégation de signature au secrétaire général, la délégation antérieurement consentie à celui-ci par le précédent préfet était devenue caduque du fait de la nomination du nouveau préfet. Cependant, cette faute est atténuée par celle du propriétaire du débit de boissons dont, s'il n'est pas établi que son établissement était habituellement fréquenté par des toxicomanes, il résulte de l'instruction qu'il a servi des boissons alcoolisées à une personne dont l'état d'ébriété était apparent et a ainsi méconnu la législation sur les débits de boissons l'exposant à une sanction administrative. • CE 1er oct. 1993 : *D. 1994. Somm. 360, obs. Bon et Terneyre.*

Art. L. 3332-16 *(L. nº 2003-239 du 18 mars 2003, art. 114)* **Le ministre de l'intérieur peut, dans les cas prévus au 1 et au 3 de l'article L. 3332-15, prononcer la fermeture de ces établissements pour une durée allant de trois mois à un an.**

Le cas échéant, la durée de la fermeture prononcée par le représentant de l'État dans le département s'impute sur celle de la fermeture prononcée par le ministre.

Art. L. 3332-17 **Les pouvoirs dévolus au ministre de l'intérieur par l'article L. 3332-16 sont exercés par le ministre chargé de l'outre-mer dans la collectivité territoriale de Saint-Pierre-et-Miquelon.** – *[L. nº 96-609 du 5 juill. 1996, art. 58.]*

CHAPITRE III *Péremption des licences*

Art. L. 3333-1 **Un débit de boissons** *(Abrogé par Ord. nº 2015-1682 du 17 déc. 2015, art. 14-1º, à compter du 1er janv. 2016)* **« de 2e, » de 3e et de 4e catégories qui a cessé d'exister depuis plus de** *(Ord. nº 2015-1682 du 17 déc. 2015, art. 14-2º, en vigueur le 1er janv. 2016)* **« cinq ans » est considéré comme supprimé et ne peut plus être transmis.**

Toutefois, en cas de liquidation judiciaire, le délai de *(Ord. nº 2015-1682 du 17 déc. 2015, art. 14-2º, en vigueur le 1er janv. 2016)* **« cinq ans » est étendu, s'il y a lieu, jusqu'à clôture des opérations.**

De même le délai de *(Ord. nº 2015-1682 du 17 déc. 2015, art. 14-2º, en vigueur le 1er janv. 2016)* **« cinq ans » est suspendu pendant la durée d'une fermeture provisoire prononcée par l'autorité judiciaire ou administrative.**

Lorsqu'une décision de justice a prononcé la fermeture définitive d'un débit de boissons, la licence de l'établissement est annulée. – *[C. déb. boiss., art. L. 44].*

Art. L. 3333-2 **Un établissement ayant cessé d'être exploité par suite :**

1º De l'appel ou de la mobilisation de son propriétaire dans les armées françaises ou alliées, de son départ à destination d'un pays allié ;

2º De sa réquisition ;

3º D'une impossibilité absolue d'exploiter résultant des mesures générales d'interdiction ou d'évacuation,

peut être rouvert dans le délai d'un an à compter de la cessation de l'état de droit ou de fait ayant entraîné la suspension de l'exploitation. – *[C. déb. boiss., art. L. 45.]*

Art. L. 3333-3 **Les débits de boissons détruits par les événements de guerre peuvent, à l'intérieur de la même commune et sous réserve des zones protégées, être rouverts ou transférés sur un emplacement autre que celui de l'immeuble primitif ou de substitution, dans les six mois qui suivent la réédification définitive de l'immeuble primitif quel que soit son emplacement.**

Les mêmes débits de boissons réinstallés provisoirement, notamment dans des immeubles susceptibles d'être soumis aux obligations du remembrement ou de la reconstruction, peuvent être déplacés à l'intérieur de la même commune tant que l'immeuble dans lequel doit s'effectuer le transfert n'est pas édifié. – *[C. déb. boiss., art. L. 46.]*

CHAPITRE IV *Débits temporaires*

Art. L. 3334-1 **Par dérogation aux dispositions des articles L. 3332-2 et L. 3332-3, l'ouverture, par des personnes ou sociétés de nationalité française ou étrangère, de débits de boissons de toute nature à consommer sur place est autorisée dans l'enceinte des expositions ou des foires organisées par l'État, les collectivités publiques ou les associations reconnues comme établissements d'utilité publique, pendant la durée des manifestations.**

Chaque ouverture est subordonnée à l'avis conforme du commissaire général de l'exposition ou de la foire ou de toute personne ayant même qualité. L'avis est annexé à la déclaration souscrite à la mairie ou à la préfecture de police à Paris, et à la recette buraliste des contributions indirectes. — *[C. déb. boiss., art. L. 47.]*

Dans l'enceinte des expositions ou manifestations visées à l'art. L. 47 C. déb. boiss. [CSP, art. L. 3334-1], chaque ouverture d'établissement est soumise à la double déclaration. Sont des établissements distincts astreints à une déclaration particulière les différents points de vente de boissons ne possédant aucune communication particulière entre eux, peu important qu'ils soient situés dans une enceinte où le public n'est admis qu'après avoir acquitté un seul droit d'entrée. • Crim. 6 juill. 1976 : *Bull. crim. n° 250.*

Art. L. 3334-2 *(L. n° 2000-1352 du 30 déc. 2000, art. 18)* Les personnes qui, à l'occasion d'une foire, d'une vente ou d'une fête publique, établissent des cafés ou débits de boissons, ne sont pas tenues à la déclaration prescrite par l'article L. 3332-3, mais doivent obtenir l'autorisation de l'autorité municipale.

Les associations qui établissent des cafés ou débits de boissons pour la durée des manifestations publiques qu'elles organisent ne sont pas tenues à la déclaration prescrite par l'article L. 3332-3 mais doivent obtenir l'autorisation de l'autorité municipale dans la limite de cinq autorisations annuelles pour chaque association.

Dans les débits et cafés ouverts dans de telles conditions, il ne peut être vendu ou offert, sous quelque forme que ce soit, que des boissons des *(Ord. n° 2015-1682 du 17 déc. 2015, art. 12-10°, en vigueur le 1er janv. 2016)* « groupes un et trois » définis à l'article L. 3321-1.

Dans les départements de la Guadeloupe, de la Guyane et de la Martinique, le représentant de l'État dans le département peut autoriser, par voie d'arrêté, la vente des boissons de quatrième groupe, dont la consommation y est traditionnelle dans la limite maximum de quatre jours par an. — *[C. déb. boiss., art. L. 48, al. 1er et 2].*

CHAPITRE V *Zones protégées*

Art. L. 3335-1 *(L. n° 2019-1461 du 27 déc. 2019, art. 47)* « Le représentant de l'État dans le département arrête, sans préjudice des droits acquis, après information des maires des communes concernées, les distances en-deçà desquelles les débits de boissons à consommer sur place ne peuvent être établis autour des établissements suivants, dont l'énumération est limitative :

« 1° Établissements de santé, centres de soins, d'accompagnement et de prévention en addictologie et centres d'accueil et d'accompagnement à la réduction des risques pour usagers de drogues ;

« 2° Établissements d'enseignement, de formation, d'hébergement collectif ou de loisirs de la jeunesse ;

« 3° Stades, piscines, terrains de sport publics ou privés. »

Ces distances sont calculées *(L. n° 2007-1787 du 20 déc. 2007, art. 24)* « selon la ligne droite au sol reliant les accès les plus rapprochés de l'établissement protégé et du débit de boissons ». Dans ce calcul, la dénivellation en dessus et au-dessous du sol, selon que le débit est installé dans un édifice en hauteur ou dans une infrastructure en sous-sol, doit être prise en ligne de compte.

L'intérieur des édifices et établissements en cause est compris dans les zones de protection ainsi déterminées.

(Abrogé par L. n° 2019-1461 du 27 déc. 2019, art. 47) ***« Les arrêtés du représentant de l'État dans le département prévus par le présent article interviennent obligatoirement pour les édifices visés aux 3° et 5°. »*** — *[C. déb. boiss., art. L. 49.]*

(L. n° 2007-1787 du 20 déc. 2007, art. 24) « L'existence de débits de boissons à consommer sur place régulièrement installés ne peut être remise en cause pour des motifs tirés du présent article.

« Dans les communes où il existe au plus un débit de boissons à consommer sur place, le représentant de l'État dans le département peut autoriser, après avis du maire, l'installation d'un débit de boissons à consommer sur place dans les zones faisant l'objet des dispositions du présent article lorsque les nécessités touristiques ou d'animation locale le justifient. »

1. Établissements protégés. ... Gare SNCF. • Crim. 25 juill. 1972 : *Bull. crim. n° 255* • 19 mars 1975 : *ibid. n° 83.* ♦ ... Station de chemin de fer métropolitain. • Crim. 8 janv. 1976 : *Bull. crim. n° 6* • 18 avr. 1989 : *ibid. n° 158* • 15 déc. 1993, n° 92-86.266 P • 15 oct. 1996 : *D. 1997. IR 12* . ♦ ... Gare routière. • Crim. 24 oct. 1967 : *Bull. crim. n° 261.* ♦ ... Piscine. • Crim. 17 oct. 1989 : *Bull. crim. n° 364.* ♦ ... Cours de danse classique habituellement fréquenté par des mineurs. • Crim. 13 janv. 1981 : *Bull. crim. n° 17.* ♦ ... Église. • Crim. 8 janv. 1976 : *Bull. crim. n° 6.* ♦ ... Hôpital. • Crim. 4 mars 1969 : *Bull. crim. n° 106* • 5 janv. 1977 : *ibid. n° 7.* ♦ ... Faculté de médecine. • Crim. 4 nov. 1971 : *Bull. crim. n° 299.* ♦ ... Établissement d'enseignement technique. • Crim. 30 oct. 1962 : *Bull. crim. n° 295.* ♦ ... Établissement de culture physique même s'il est ouvert indifféremment à des mineurs et à des adultes. • Crim. 20 juin 1973 : *Bull. crim. n° 288.* ♦ ... Tous bâtiments occupés, sans distinction, par le personnel des armées de terre, de mer et de l'air. • Crim. 27 févr. 1968 : *Bull. crim. n° 64.*

2. Délimitation des zones protégées. La distance entre l'établissement protégé et le débit de boissons doit être calculée en suivant l'axe des voies ouvertes à la circulation publique entre et à l'aplomb des portes d'accès et de sortie les plus rapprochées de l'établissement protégé d'une part, et du débit de boissons d'autre part, sans qu'il soit tenu compte de la distance entre l'axe et les portes. • Crim. 19 mars 1975 : *Bull. crim. n° 83* • 17 oct. 1989 : *ibid. n° 364.* ♦ ... Ce calcul incluant, s'il y a lieu, la dénivellation au-dessus et au-dessous du sol. • Crim. 15 déc. 1993, n° 92-86.266 P : *D. 1994. IR 59.* ♦ ... Et sans faire aucune distinction selon la fréquence ou le mode d'utilisation de ces voies d'entrée ou d'issue. • Crim. 24 oct. 1967 : *Bull. crim. n° 261* • 5 janv. 1977 : *ibid. n° 7.* ♦ ... Notamment sans égard au règlement intérieur de l'établissement protégé prescrivant l'usage exclusif d'une porte située hors du périmètre de protection. • Crim. 4 mars 1969 : *Bull. crim. n° 106.*

3. Les portes à partir desquelles est calculée la distance réglementaire de protection sont uniquement celles donnant sur une voie ouverte à la circulation publique. • Crim. 15 déc. 1993, n° 92-86.266 P : *préc. note 2.* ♦ Ne constituent pas de telles voies les allées de circulation piétonnière desservant un centre commercial. • Même arrêt. ♦ La distance entre la porte d'un ensemble immobilier ouvrant sur la voie publique et l'emplacement d'un débit de boissons ne saurait entrer en ligne de compte. • Crim. 19 mars 1975 : *Bull. crim. n° 83.*

4. La distance à laquelle un débit de boissons à consommer sur place ne peut être établi autour d'une station souterraine du métro se calcule à partir du sommet de l'escalier de cette station donnant sur la voie publique. • Crim. 18 avr. 1989 : *Bull. crim. n° 158.*

Art. L. 3335-2 et L. 3335-3 *Abrogés par L. n° 2007-1787 du 20 déc. 2007, art. 24.*

Art. L. 3335-4 La vente et la distribution de boissons des groupes *(Ord. n° 2015-1682 du 17 déc. 2015, art. 12-11°, en vigueur le 1er janv. 2016)* **« 3 » à 5 définis à l'article L. 3321-1 est interdite dans les stades, dans les salles d'éducation physique, les gymnases et d'une manière générale, dans tous les établissements d'activités physiques et sportives.**

Des dérogations peuvent être accordées par *(Décr. n° 2019-1383 du 18 déc. 2019, art. 1er)* **« l'autorité administrative compétente » pour des installations qui sont situées dans des établissements classés hôtels** *(L. n° 2009-888 du 22 juill. 2009, art. 21-III)* **« de tourisme ou dans des restaurants ».** — *[C. déb. boiss., art. L. 49-1-2]. — V. art. D. 3335-16 à D. 3335-18 sur les dérogations temporaires.* — **CSP.**

(L. n° 2000-1352 du 30 déc. 2000, art. 18 ; L. n° 2009-888 du 22 juill. 2009, art. 26) **« Sous réserve des décisions de justice passées en force de chose jugée, le maire peut, par arrêté, et dans les conditions fixées par décret, accorder des autorisations dérogatoires temporaires, d'une durée de quarante-huit heures au plus, à l'interdiction de vente à consommer sur place ou à emporter et de distribution des boissons** *(Ord. n° 2015-1682 du 17 déc. 2015, art. 12-11°, en vigueur le 1er janv. 2016)* **« du troisième groupe » sur les stades, dans les salles d'éducation physique, les gymnases et les établissements d'activités physiques et sportives définies par la loi n° 84-610 du 16 juillet 1984 relative à l'organisation et à la promotion des activités physiques et sportives, en faveur :**

« *a*) Des *(Ord. n° 2006-596 du 23 mai 2006, art. 5-2°)* **« associations sportives agréées conformément à l'article L. 121-4 du code du sport et dans la limite des dix autorisations annuelles pour chacune desdites associations » qui en fait la demande ;**

« *b*) Des organisateurs de manifestations à caractère agricole dans la limite de deux autorisations annuelles par commune ;

« *c*) Des organisateurs de manifestations à caractère touristique dans la limite de quatre autorisations annuelles, au bénéfice des stations classées et des communes touristiques relevant de la section II du chapitre III du titre III du livre Ier du code du tourisme. »

Art. L. 3335-5 à L. 3335-7 *Abrogés par L. n° 2007-1787 du 20 déc. 2007, art. 24.*

Art. L. 3335-8 *Abrogé par L. n° 2019-1461 du 27 déc. 2019, art. 47.*

Art. L. 3335-9 *Abrogé par Ord. n° 2010-177 du 23 févr. 2010, art. 7-28° et 29, à compter du 25 févr. 2010.*

Art. L. 3335-10 *Abrogé par L. n° 2011-302 du 22 mars 2011, art. 1er, à compter du 1er juin 2011.*

Art. L. 3335-11 Les personnes qui, sous le couvert d'associations, vendent des boissons à consommer sur place, sont soumises à la réglementation administrative des débits de boissons dans les conditions fixées par l'article 1655 du code général des impôts. – *[C. déb. boiss., art. L. 53.]*

Commet un excès de pouvoir le préfet qui ordonne une mesure de fermeture prévue par l'art. L. 62 C. déb. boiss. [CSP, art. L. 3332-15] de la buvette d'une association, dès lors que ce cercle, dont l'exploitation ne revêt pas un caractère commercial, n'est pas soumis à la réglementation administrative des débits de boissons, alors surtout qu'il n'est pas prouvé que des personnes autres que les adhérents de l'association auraient été admises à y consommer. • CE 10 févr. 1992 : *D. 1992. IR 91.*

CHAPITRE VI *Exploitation*

Art. L. 3336-1 Les mineurs non émancipés et les majeurs sous tutelle ne peuvent exercer par eux-mêmes la profession de débitant de boissons. – *[C. déb. boiss., art. L. 54.]*

Art. L. 3336-2 Ne peuvent exploiter des débits de boissons à consommer sur place :

1° Les personnes condamnées pour crime de droit commun ou l'un des délits prévus aux articles 225-5, 225-6, 225-7 et 225-10 du code pénal ;

2° Ceux *[celles]* **qui ont été condamnés** *[condamnées]* **à un mois au moins d'emprisonnement pour vol, escroquerie, abus de confiance, recel, filouterie, recel de malfaiteurs, outrage public à la pudeur, tenue d'une maison de jeux, prise de paris clandestins sur les courses de chevaux, vente de marchandises falsifiées ou nuisibles à la santé, infraction aux dispositions législatives ou réglementaires en matière de stupéfiants ou pour récidive de coups et blessures et d'ivresse publique.**

L'incapacité est perpétuelle à l'égard de toutes les personnes mentionnées au 1°. Elle cesse cinq ans après leur condamnation à l'égard de ceux mentionnés *[celles mentionnées]* **au 2°, si pendant ces cinq années elles n'ont encouru aucune condamnation correctionnelle à l'emprisonnement. L'incapacité cesse en cas de réhabilitation.**

L'incapacité prévue au présent article peut être prononcée contre les personnes condamnées pour le délit prévu à l'article 227-22 du code pénal. – *[C. déb. boiss., art. L. 55.]*

1. QPC. Les art. L. 3336-2 et L. 3336-3 CSP instituant une incapacité et une interdiction professionnelles d'exploiter un débit de boissons ont pour objet d'empêcher que l'exploitation d'un débit de boissons soit confiée à des personnes qui ne présentent pas les garanties de moralité requises pour exercer cette profession ; à ce titre, ils n'instituent pas de sanctions ayant le caractère d'une punition. Le Conseil constitutionnel relève, par ailleurs, que, eu égard aux objectifs qu'il s'est assigné, le législateur a adopté des mesures propres à assurer une conciliation qui n'est pas manifestement déséquilibrée entre le principe de la liberté d'entreprendre et l'objectif de valeur constitutionnelle de sauvegarde de l'ordre public. Partant, les dispositions contestées ne contreviennent pas au principe de proportionnalité et sont conformes à la Constitution. • Cons. const. QPC, 20 mai 2011 : *D. actu. 27 mai 2011, obs. Delpech ; D. 2011. Actu. 1487 ; ibid. Pan. 2826, obs. Roujou de Boubée ; Dr. pénal 2011, n° 94, obs. J.-H. Robert.*

2. Condamnation définitive. L'infraction que constitue le fait, pour un individu qui a encouru l'une des condamnations visées par les art. L. 55 et L. 56 C. déb. boiss. [CSP, art. L. 3336-2 et L. 3336-3], d'exploiter ou de continuer à exploiter un débit de boissons à consommer sur place, exige comme condition de son existence légale que cette condamnation ait préalablement acquis le caractère définitif. • Crim. 1er févr. 1961 : *Bull. crim. n° 67.* ♦ Fait une exacte application des art. L. 56 et L. 57 C. déb. boiss. [CSP, art. L. 3336-3 et L. 3552-8 à L. 3552-10] l'arrêt qui, pour déclarer un prévenu coupable de tenue illicite d'un débit de boissons à consommer sur place, constate qu'il a encouru une condamnation pour proxénétisme et que, propriétaire de cet établissement, il en a continué l'exploitation après que cette condamnation est devenue définitive. • Crim. 6 juill. 1965 : *Bull. crim. n° 171.* ♦ ... Ou une condamnation à dix-huit mois d'emprisonnement pour vol, et qu'il a donné la gérance libre du débit à sa femme et a continué avec elle l'exploitation après que cette condamnation est devenue définitive. • Crim. 2 févr. 1956 : *Bull. crim. n° 124.*

3. Il appartient toutefois au prévenu, condamné par un jugement qui fait état de la condamnation antérieure sans en préciser le caractère définitif, de contester celui-ci devant la cour d'appel, faute de quoi ce moyen ne pourra être invoqué pour la première fois devant la Cour de cassation. • Crim. 7 juin 1968 : *Bull. crim. n° 185.*

4. Condamnation avec sursis. L'art. 55 C.

déb. boiss. [CSP, art. L. 3336-2] ne fait aucune distinction selon que la condamnation a été prononcée avec ou sans sursis. • Crim. 26 nov. 1964 : *Bull. crim. n° 313* • 2 mars 1992, n° 90-86.713 P : *D. 1992. IR 201.*

5. Incapacité de cinq ans. En ce qui concerne les condamnés à l'emprisonnement pour les délits visés à l'art. L. 55 C. déb. boiss. [CSP, art. L. 3336-2], la durée de l'incapacité d'exploiter un débit de boissons est de cinq ans à dater de l'expiration de la peine, la survenance d'une nouvelle condamnation correctionnelle à l'emprisonnement au cours de ce délai ayant pour seul effet de faire courir, à dater de la nouvelle peine prononcée, un nouveau délai de cinq ans. • Crim. 28 nov. 1957 : *Bull. crim. n° 781.*

Art. L. 3336-3 **Les mêmes condamnations, lorsqu'elles sont prononcées contre un débitant de boissons à consommer sur place, entraînent de plein droit contre lui et pendant le même délai, l'interdiction d'exploiter un débit, à partir du jour où lesdites condamnations sont devenues définitives. Ce débitant ne peut être employé, à quelque titre que ce soit, dans l'établissement qu'il exploitait, comme au service de celui auquel il a vendu ou loué, ou par qui il fait gérer ledit établissement, ni dans l'établissement qui est exploité par son conjoint même séparé.** – *[C. déb. boiss., art. L. 56.]*

QPC. V. jurispr. ss. art. L. 3336-2 CSP.

Art. L. 3336-4 **Il est interdit d'employer ou** *(L. n° 2018-771 du 5 sept. 2018, art. 15)* **« d'affecter des mineurs en stage au service du bar » dans les débits de boissons à consommer sur place, à l'exception du conjoint du débitant et de ses parents ou alliés jusqu'au quatrième degré inclusivement.**

Dans les débits de boissons ayant fait l'objet d'un agrément, cette interdiction ne s'applique pas aux mineurs de plus de seize ans bénéficiaires d'une formation comportant une ou plusieurs périodes accomplies en entreprise leur permettant d'acquérir une qualification professionnelle sanctionnée par un diplôme ou un titre *(L. n° 2018-771 du 5 sept. 2018, art. 45)* **« à finalité professionnelle obtenu dans les conditions prévues à l'article L. 335-5 du code de l'éducation et enregistré conformément à l'article L. 6113-5 du code du travail ».**

L'agrément est accordé, refusé, non renouvelé ou retiré dans des conditions fixées par décret en Conseil d'État. – *[C. déb. boiss., art. L. 58.]*

TITRE IV Répression de l'ivresse publique et protection des mineurs

CHAPITRE PREMIER *Répression de l'ivresse publique*

Art. L. 3341-1 *(L. n° 2011-392 du 14 avr. 2011, art. 20, en vigueur le 1er juin 2011)* **Une personne trouvée en état d'ivresse dans les lieux publics est, par mesure de police, conduite à ses frais dans le local de police ou de gendarmerie le plus voisin ou dans une chambre de sûreté, pour y être retenue jusqu'à ce qu'elle ait recouvré la raison.**

Lorsqu'il n'est pas nécessaire de procéder à l'audition de la personne mentionnée au premier alinéa immédiatement après qu'elle a recouvré la raison, elle peut, par dérogation au même premier alinéa, être placée par un officier ou un agent de police judiciaire sous la responsabilité d'une personne qui se porte garante d'elle.

1. QPC. Les dispositions de l'art. L. 3341-1 CSP ne méconnaissent pas l'exigence selon laquelle toute privation de liberté doit être nécessaire, adaptée et proportionnée aux objectifs de préservation de l'ordre public et de protection de la santé qu'elles poursuivent. Eu égard à la brièveté de cette privation de liberté organisée à des fins de police administrative par les dispositions contestées, l'absence d'intervention de l'autorité judiciaire ne méconnaît pas les exigences de l'art. 66 Const. Toutefois, lorsque la personne est placée en garde à vue après avoir fait l'objet d'une mesure de privation de liberté en application de l'art. L. 3341-1, al. 1er, CSP, la protection constitutionnelle de la liberté individuelle par l'autorité judiciaire exige que la durée du placement en chambre de sûreté, qui doit être consignée dans tous les cas par les agents de la police ou de la gendarmerie nationales, soit prise en compte dans la durée de la garde à vue. Sous cette réserve l'art. L. 3341-1 CSP ne méconnaît ni l'art. 66 Const. ni aucun autre droit ou liberté que la Constitution garantit. • Cons. const. 8 juin 2012 : *D. actu. 20 juin 2012, obs. Léna ; Dr. pénal 2012. Chron. 7, obs. Lesclous ; ibid., n° 121, obs. J.-H. Robert.*

2. L'art. L. 76 C. déb. boiss. [CSP, art. L. 3341-1] ne distingue pas selon que l'individu circule à pied ou à l'aide d'un véhicule. • Crim. 28 juin 1995 : *Dr. pénal 1996. Chron. 21, par Lesclous et Marsat.*

3. Chambre de sûreté. Les individus retenus en chambre de sûreté en application de l'art. L. 76 C. déb. boiss. [CSP, art. L. 3341-1] ne disposent pas des droits accordés par les art. 63 s. C. pr. pén. aux personnes placées en garde à vue.

• Crim. 9 sept. 1998, n° 98-80.662 P : *D. 1998. IR 239 ; Dr. pénal 1999. Comm. 16, note Maron.*

4. Le refus d'une juridiction de proximité d'accéder à la demande d'un avocat de la défense, tendant à faire verser aux débats le certificat médical de son client, réalisé avant son placement en cellule de dégrisement, porte atteinte au droit à un procès équitable. • Crim. 8 janv. 2013 : *D. actu. 25 janv. 2013, obs. Le Drevo ; D. 2013. AJ 178 ; Dr. pénal 2013, n° 43, obs. J.-H. Robert.*

5. Le fait de retenir au commissariat, pendant plusieurs heures, un automobiliste interpellé alors qu'il circulait au volant de son véhicule sous l'emprise d'un état alcoolique, sans qu'il soit placé en garde à vue, n'est pas justifié, dès lors qu'il n'a pas été constaté qu'il se trouvait en état d'ivresse publique et manifeste rendant applicables les dispositions de l'art. L. 76 C. déb. boiss. [CSP, art. L. 3341-1], et que le cadre juridique susceptible de justifier sa retenue n'a pas été précisé. • Crim. 11 janv. 2001, n° 00-82.024 P.

6. Lorsque l'autorité administrative décide de requérir un médecin aux fins d'examiner l'intéressé, l'intervention du praticien se rattache à la mission de préservation de l'ordre public. Le paiement du médecin incombe donc à l'administration, et non à l'intéressé : • CE 25 oct. 2002, *Conseil nat. de l'ordre des médecins : Lebon 360 ; AJDA 2002. 1153, obs. Aubert.*

Art. L. 3341-2 *(L. n° 2011-392 du 14 avr. 2011, art. 15-II, en vigueur le 1er juin 2011)* **Lorsqu'il est mis fin à la rétention en chambre de sûreté de la personne, son placement en garde à vue, si les conditions de cette mesure prévues par le code de procédure pénale sont réunies, n'est pas obligatoire dès lors qu'elle n'est pas tenue sous la contrainte de demeurer à la disposition des enquêteurs et qu'elle a été informée** *(L. n° 2016-731 du 3 juin 2016, art. 83)* **« des droits mentionnés à l'article 61-1 du code de procédure pénale ».**

Art. L. 3341-3 Les affiches sont revêtues d'une marque extérieure et mises à la disposition des débitants de boissons. – *[C. déb. boiss., art. L. 78.]*

Art. L. 3341-4 *(L. n° 2011-267 du 14 mars 2011, art. 85)* **Dans les débits de boissons à consommer sur place dont la fermeture intervient entre 2 heures et 7 heures, un ou plusieurs dispositifs permettant le dépistage de l'imprégnation alcoolique doivent être mis à la disposition du public.**

(L. n° 2019-1428 du 24 déc. 2019, art. 100, en vigueur le 24 juin 2020) **« Dans les débits de boissons à emporter, ces dispositifs sont proposés à la vente à proximité des étalages des boissons alcooliques. »**

Les modalités d'application du présent article en ce qui concerne notamment le délai de mise à disposition, le nombre des dispositifs et leurs caractéristiques techniques sont fixées par arrêté conjoint des ministres chargés des transports, de l'intérieur et de la santé. – *V. Arr. du 24 août 2011 relatif aux conditions de mise à disposition de dispositifs certifiés permettant le dépistage de l'imprégnation alcoolique dans les débits de boissons en application de l'art. L. 3341-4 CSP (JO 1er oct.).*

CHAPITRE II *Protection des mineurs*

Art. L. 3342-1 *(L. n° 2009-879 du 21 juill. 2009, art. 93)* **La vente des boissons alcooliques à des mineurs est interdite. L'offre de ces boissons à titre gratuit à des mineurs est également interdite dans les débits de boissons et tous commerces ou lieux publics. La personne qui délivre la boisson** *(L. n° 2016-41 du 26 janv. 2016, art. 12)* **« exige** *[ancienne rédaction : peut exiger]* **» du client qu'il établisse la preuve de sa majorité.** – *[C. déb. boiss., art. L. 80.]*

(L. n° 2016-41 du 26 janv. 2016, art. 12) **« L'offre, à titre gratuit ou onéreux, à un mineur de tout objet incitant directement à la consommation excessive d'alcool est également interdite. Un décret en Conseil d'État fixe les types et les caractéristiques de ces objets. »**

Art. L. 3342-2 *Abrogé par L. n° 2009-879 du 21 juill. 2009, art. 93.*

Art. L. 3342-3 Il est interdit de recevoir dans les débits de boissons des mineurs de moins de seize ans qui ne sont pas accompagnés de leur père, mère, tuteur ou toute autre personne de plus de dix-huit ans en ayant la charge ou la surveillance.

Toutefois, les mineurs de plus de treize ans, même non accompagnés, peuvent être reçus dans les débits de boissons assortis d'une licence de 1re catégorie. – *[C. déb. boiss., art. L. 85.]*

Art. L. 3342-4 *(L. n° 2009-879 du 21 juill. 2009, art. 93)* **Une affiche rappelant les dispositions du présent titre est apposée dans les débits de boissons à consommer sur place. Un modèle spécifique doit être apposé dans les débits de boissons à emporter. Les modèles et les lieux d'apposition de ces affiches sont déterminés par arrêté du ministre chargé de la santé.** – *V. Arr. du 27 janv. 2010 fixant les modèles et lieux d'apposition des affiches prévues par l'art. L. 3342-4 CSP (JO 31 janv.).*

TITRE V Dispositions pénales

CHAPITRE PREMIER *Boissons*

Art. L. 3351-1 La mise en circulation ou la vente, pour un fabricant ou importateur de boissons alcooliques, en France ou sur un territoire soumis à l'autorité française, des boissons de troisième, quatrième ou cinquième groupe sans avoir fait la déclaration prévue à l'article L. 3322-1, est punie de 6 000 € d'amende.

La même peine est applicable aux importateurs et fabricants qui livrent lesdites boissons à la circulation ou à la vente sous des conditionnements non revêtus des indications imposées par l'article L. 3322-2 ou qui font figurer sur ces conditionnements les qualifications interdites par ledit article. – *[C. déb. boiss., art. L. 4, al. 1er et 2.]*

Art. L. 3351-2 L'importation ou la fabrication, l'achat, la détention ou la mise en circulation en vue de la vente, la mise en vente, la vente ou l'offre à titre gratuit des boissons interdites par l'article L. 3322-3 (1° et 3°) est punie de 9 000 € d'amende.

Toutefois, la vente ou l'offre au détail n'est punie que de 3 750 €.

Dans tous les cas, la confiscation des produits interdits ou illicites est prononcée.

Les dispositions des alinéas précédents ne s'appliquent pas aux opérations mentionnées, lorsqu'elles sont effectuées en vue de l'exportation. – *[C. déb. boiss., art. L. 5-1.]*

Art. L. 3351-3 L'offre à titre gratuit ou la vente par un producteur ou un fabricant, à toute autre personne que celles autorisées par l'article L. 3322-5, d'anéthol ou d'essences pouvant servir à la fabrication de boissons alcooliques, est punie de 3 750 € d'amende.

Le fait pour toute personne autorisée par l'article L. 3322-5 à acheter ces produits, de les revendre sur le marché intérieur, contrairement aux dispositions de cet article, est puni de 3 750 € d'amende.

Le fait pour un pharmacien de délivrer ces produits sans ordonnance médicale, est puni de 3 750 € d'amende. – *[Anc. art. L. 642, al. 1er à 4.]*

Art. L. 3351-4 *(Abrogé par Ord. n° 2005-1512 du 7 déc. 2005, art. 24-VI) « Sans préjudice des interdictions mentionnées à l'article 1768 du code général des impôts, »* Le fait de passer outre les interdictions énoncées à l'article L. 3322-5 est puni de six mois d'emprisonnement et de 3 750 € d'amende.

En outre, le tribunal prononce la confiscation des marchandises et des moyens de transport et la fermeture définitive de l'établissement.

Les infractions sont poursuivies et constatées comme en matière de contributions indirectes. – *[Anc. art. L. 642-1.]*

Art. L. 3351-5 La vente au détail par un marchand ambulant de boissons des quatrième et cinquième groupes est punie de 3 750 € d'amende. – *[C. déb. boiss., art. L. 10 et L. 11.]*

Art. L. 3351-6 La mise à disposition du public d'un appareil automatique distribuant des boissons alcooliques est punie de 3 750 € d'amende.

L'appareil ayant servi à commettre l'infraction est saisi et le tribunal en prononce la confiscation.

(L. n° 2009-526 du 12 mai 2009, art. 123-V-3°) « En cas de récidive, un emprisonnement de six mois peut en outre être prononcé. » – *[C. déb. boiss., art. L. 13 et L. 13-1.]*

(L. n° 2009-879 du 21 juill. 2009, art. 94) « Le fait de vendre des boissons alcooliques entre 22 heures et 8 heures sans avoir suivi la formation prévue à l'article L. 3332-1-1 est puni de 3 750 € d'amende. »

Art. L. 3351-6-1 *(L. n° 2009-879 du 21 juill. 2009, art. 94)* Le fait de vendre des boissons alcooliques dans un point de vente de carburant en dehors des horaires prévus au quatrième alinéa de l'article L. 3322-9 ou d'y vendre des boissons alcooliques réfrigérées est puni de 7 500 € d'amende. La récidive est punie d'un an d'emprisonnement et de 15 000 € d'amende.

Les personnes morales coupables de l'infraction mentionnée au premier alinéa du présent article encourent les peines complémentaires prévues aux 2°, 4°, 8° et 9° de l'article 131-39 du code pénal.

Art. L. 3351-6-2 *(L. n° 2009-879 du 21 juill. 2009, art. 94)* Sauf lorsqu'elles sont déclarées ou autorisées dans les conditions prévues à l'article L. 3322-9, ou lorsqu'il s'agit de dégustations en vue de la vente au sens de l'article 1587 du code civil, l'offre à titre gratuit à volonté, dans un but commercial, de boissons alcooliques ainsi que leur vente à titre principal contre une somme forfaitaire sont punies de 7 500 € d'amende. La récidive est punie d'un an d'emprisonnement et de 15 000 € d'amende.

Les personnes physiques coupables de l'infraction mentionnée au premier alinéa du présent article encourent également la peine complémentaire d'interdiction à titre temporaire d'exercer les droits attachés à une licence de débit de boissons à consommer sur place ou à emporter pour une durée d'un an au plus.

Les personnes morales coupables de l'infraction mentionnée au premier alinéa du présent article encourent les peines complémentaires prévues aux 2°, 4°, 8° et 9° de l'article 131-39 du code pénal.

Art. L. 3351-7 Les infractions aux dispositions des articles L. 3323-2, L. 3323-4 à L. 3323-6, relatifs à la publicité des boissons alcooliques, sont punies de 75 000 € d'amende. Le maximum de l'amende peut être porté à 50 % du montant des dépenses consacrées à l'opération illégale.

En cas de récidive, les personnes physiques reconnues coupables de l'infraction mentionnée à l'alinéa précédent peuvent encourir la peine complémentaire d'interdiction, pendant une durée de cinq ans, de vente de la boisson alcoolique qui a fait l'objet de l'opération illégale.

Le tribunal peut, compte tenu des circonstances de fait, décider que les personnes morales sont en totalité ou en partie solidairement responsables du paiement des amendes mises à la charge de leurs dirigeants ou de leurs préposés.

Le tribunal ordonne, s'il y a lieu, la suppression, l'enlèvement ou la confiscation de la publicité interdite aux frais des délinquants.

La cessation de la publicité peut être ordonnée soit sur réquisition du ministère public, soit d'office par le juge d'instruction ou le tribunal saisi des poursuites. La mesure ainsi prise est exécutoire nonobstant toutes voies de recours. Mainlevée peut en être donnée par la juridiction qui l'a ordonnée ou qui est saisie du dossier. La mesure cesse d'avoir effet en cas de décision de non-lieu ou de relaxe.

Les décisions statuant sur les demandes de mainlevée peuvent faire l'objet d'un recours devant la chambre de l'instruction ou devant la cour d'appel selon qu'elles ont été prononcées par un juge d'instruction ou par le tribunal saisi des poursuites.

La chambre de l'instruction ou la cour d'appel statue dans un délai de dix jours à compter de la réception des pièces. — *[C. déb. boiss., art. L. 21.]*

1. Participation à la réalisation de la publicité. Le délit de l'art. L. 21 [CSP, art. L. 3351-7] n'exige pas nécessairement une participation à l'élaboration de la publicité illicite, mais seulement une participation intentionnelle à sa réalisation. • Crim. 15 janv. 1980 : *Bull. crim. n° 23 ; D. 1980. IR 337, obs. Puech.*

2. Participation à une campagne publicitaire. A personnellement commis le délit de publicité illicite l'entrepreneur d'affichages qui a participé à une campagne publicitaire en louant les emplacements sur lesquels ont été apposées des affiches non conformes aux exigences de la législation sur la publicité des boissons alcooliques. • Crim. 23 juin 1983 : *Bull. crim. n° 196.*

3. Sanction de la publicité indirecte. Constitue une telle publicité la photographie d'un célèbre pilote de course automobile laissant apparaître le nom et le logo d'une marque de bière. • Crim. 3 nov. 2004 : *JCP 2005. IV. 1052.*

Art. L. 3351-8 *(L. n° 2007-1774 du 17 déc. 2007, art. 13)* Les agents habilités de la *(L. n° 2011-525 du 17 mai 2011, art. 94 XIII-3°)* « concurrence », de la consommation et de la répression des fraudes veillent au respect *(L. n° 2009-879 du 21 juill. 2009, art. 94)* « des articles L. 3322-2, L. 3323-2, L. 3323-4 et L. 3323-6 ainsi que des règlements pris pour leur application ». Ils procèdent à la recherche et à la constatation des infractions ou manquements prévus par ces textes dans les conditions *(Ord. n° 2016-301 du 14 mars 2016, art. 17, en vigueur le 1er juill. 2016)* « prévues à l'article L. 511-5 » du code de la consommation.

CHAPITRE II *Débits de boissons*

Art. L. 3352-1 Est puni de 3 750 € d'amende le fait d'ouvrir :

1° *Sous réserve des dispositions prévues à l'article L. 3335-11*, un débit de boissons à consommer sur place *(Abrogé par Ord. n° 2015-1682 du 17 déc. 2015, art. 12-12°, à compter du 1er janv. 2016)* « *de 2e ou* » de 3e catégorie dans les communes où le total des établissements de cette nature et des établissements de 4e catégorie atteint ou dépasse la proportion d'un débit pour 450 habitants, ou fraction de ce nombre, selon les modalités de calcul prévues à l'article L. 3332-1.

Toutefois, ceci ne s'applique pas aux établissements dont l'ouverture intervient à la suite d'un transfert réalisé dans les conditions fixées par l'article L. 3332-11 ;

2° Un nouvel établissement de 4e catégorie, en dehors des cas prévus par l'article L. 3334-1. — *V. art. R. 3352-1 à R. 3352-3. — **CSP**.*

Art. L. 3352-2 L'ouverture d'un débit de boissons à consommer sur place de 3e ou de 4e catégorie, en dehors des conditions prévues par le présent titre, est punie de 3 750 € d'amende.

La fermeture du débit est prononcée par le jugement. — *[C. déb. boiss., art. L. 42.]*

1. Domaine d'application. Le délit que sanctionne l'art. L. 42 C. déb. boiss. [CSP, art. L. 3352-2] ne consiste pas uniquement dans le fait matériel de l'ouverture ou de la réouverture, mais peut aussi être caractérisé par le maintien en activité, en connaissance de cause, d'un débit qui a été illégalement ouvert ou réouvert. • Crim. 2 nov. 1960 : *Bull. crim. n° 495.*

2. Chose jugée. L'exception de chose jugée, fondée sur une décision définitive de relaxe du chef d'ouverture illicite d'un débit de boissons de la 4e catégorie dans une zone de protection, ne saurait être invoquée dans des poursuites ultérieures pour exploitation illicite dudit débit, infraction distincte entrant également dans les prévisions de l'art. L. 42 C. déb. boiss. [CSP, art. L. 3352-2], dès lors que le caractère illicite de l'ouverture de l'établissement a été consacré par un autre arrêt intervenu dans la première procédure, après renvoi de cassation sur les intérêts civils. • Crim. 5 oct. 1972 : *Bull. crim. n° 270.*

3. Relèvement. Le relèvement prévu par l'art. 55 C. pén. (nouv. C. pén., art. 132-21, et C. pr. pén., art. 702-1) ne s'applique pas aux mesures de caractère réel comme la fermeture obligatoire d'un débit de boissons. • Crim. 16 oct. 1973 : *Bull. crim. n° 357.*

Art. L. 3352-3 Est punie de 3 750 € d'amende l'ouverture d'un café, d'un cabaret, d'un débit de boissons à consommer sur place *(L. n° 2011-302 du 22 mars 2011, art. 1er, en vigueur le 1er juin 2011)* « , vendant de l'alcool » :

1° Sans faire quinze jours au moins à l'avance et par écrit la déclaration prévue à l'article L. 3332-3 ;

2° Sans justifier de la nationalité française ou de celle d'un autre État membre de *(Ord. n° 2010-177 du 23 févr. 2010, art. 26-10°)* « l'Union européenne » ou d'un autre État partie à l'accord sur l'Espace économique européen. — *[C. déb. boiss., art. L. 31 et L. 43.]*

Art. L. 3352-4 Est puni de 3 750 € d'amende le fait :

1° De procéder à une mutation dans la personne du propriétaire ou du gérant d'un café ou d'un débit de boissons vendant à consommer sur place *(L. n° 2011-302 du 22 mars 2011, art. 1er, en vigueur le 1er juin 2011)* « , mentionné à l'article L. 3332-1, » sans que celle-ci ne soit, quinze jours au moins à l'avance et par écrit, l'objet d'une déclaration identique à celle requise pour l'ouverture d'un débit nouveau selon les dispositions de l'article L. 3332-4 ;

2° De ne pas déclarer *(L. n° 2011-302 du 22 mars 2011, art. 1er, en vigueur le 1er juin 2011)* « quinze jours au moins à l'avance, dans les mêmes conditions qu'au 1°, » toute translation. — *[C. déb. boiss., art. L. 32 et L. 43.]*

Art. L. 3352-4-1 *(L. n° 2011-302 du 22 mars 2011, art. 1er, en vigueur le 1er juin 2011)* Est punie de 3 750 € d'amende :

1° L'ouverture d'un débit de boissons mentionné aux articles L. 3331-2 ou L. 3331-3 sans faire quinze jours au moins à l'avance et par écrit la déclaration prévue au premier alinéa de l'article L. 3332-4-1 ;

2° La mutation dans la personne du propriétaire ou du gérant ou la modification de la situation du débit de boissons mentionné aux articles L. 3331-2 ou L. 3331-3 sans faire dans le délai prévu et par écrit la déclaration prévue au dernier alinéa de l'article L. 3332-4-1.

Art. L. 3352-5 L'offre ou la vente, sous quelque forme que ce soit, dans les débits et cafés ouverts à l'occasion d'une foire, d'une vente ou d'une fête publique et autorisée par l'autorité municipale, de boissons autres que celles des *(Ord. n° 2015-1682 du 17 déc. 2015, art. 12-13°, en vigueur le 1er janv. 2016)* « groupes 1 et 3 » définis à l'article L. 3321-1, est punie de 3 750 € d'amende. — *[C. déb. boiss., art. L. 48, al. 3 (partie)].*

(L. n° 2019-222 du 23 mars 2019, art. 58-I) « L'action publique peut être éteinte, y compris en cas de récidive, dans les conditions prévues aux articles 495-17 à 495-25 du code de procédure pénale, par le versement d'une amende forfaitaire d'un montant de 200 €. Le montant de l'amende forfaitaire minorée est de 150 € et le montant de l'amende forfaitaire majorée est de 450 €. »

Art. L. 3352-6 Le fait de ne pas se conformer à une mesure de fermeture d'établissement ordonnée ou prononcée en application des articles L. 3332-15 ou L. 3332-16 est puni de deux mois d'emprisonnement et de 3 750 € d'amende. – *[C. déb. boiss., art. L. 64.]*

Art. L. 3352-7 Le fait d'établir dans les zones faisant l'objet des dispositions de l'article L. 3335-2, un débit de boissons à emporter est puni de 3 750 € d'amende. – *[C. déb. boiss., art. L. 49-4, al. 2.]*

Art. L. 3352-8 L'exercice de la profession de débitant de boissons par un mineur non émancipé ou par un majeur sous tutelle est puni de 3 750 € d'amende.

En outre, le tribunal peut prononcer la fermeture de l'établissement pour une durée de cinq ans au plus. – *[C. déb. boiss., art. L. 54 et L. 57.]*

Art. L. 3352-9 Est puni de 3 750 € d'amende le fait pour une personne frappée d'une ou plusieurs incapacités prévues à l'article L. 3336-2 :

1° D'exploiter un débit de boissons ;

2° D'être employé dans un établissement dans les conditions prévues à l'article L. 3336-3.

En outre, le tribunal prononce la fermeture définitive de l'établissement. – *[C. déb. boiss., art. L. 55, L. 56 et L. 57.]*

Art. L. 3352-10 La récidive des infractions prévues aux articles L. 3352-3, L. 3352-4, L. 3352-8 et L. 3352-9 est punie de six mois d'emprisonnement et de 7 500 € d'amende.

En cas de récidive de l'infraction prévue à l'article L. 3352-8, le tribunal prononce la fermeture définitive de l'établissement. – *[C. déb. boiss., art. L. 55, L. 56, récidive et L. 57.]*

1. Peine complémentaire obligatoire ou facultative. La fermeture d'un débit de boissons, peine complémentaire, s'impose aux juges en vertu de l'art. L. 57 C. déb. boiss. lorsque cet établissement est exploité en infraction aux dispositions des art. L. 55 ou L. 56 dudit code et n'est, au contraire, que facultative et temporaire, sauf en cas de récidive, si l'infraction est celle prévue par l'art. L. 54. • Crim. 27 juin 1967 : *Bull. crim. n° 191* • 3 févr. 1982 : *Bull. crim. n° 39.*

2. Caractère réel de la fermeture définitive. Les dispositions de l'art. L. 57 C. déb. boiss., qui ordonnent la fermeture définitive du débit irrégulièrement exploité, trouvent application par le seul fait que l'infraction a été commise. Cette mesure présente un caractère réel qui atteint l'entreprise trouvée en défaut, en quelques mains qu'elle soit, alors même que la situation irrégulière aurait effectivement cessé. • Crim. 6 juill. 1976 : *Bull. crim. n° 251.*

3. Changement de gérant. Le propriétaire du débit de boissons ne saurait se prévaloir d'un changement de gérant survenu postérieurement à l'infraction. • Crim. 7 oct. 2003 : *JCP I. 157, chron. Maron, Robert et Véron.*

CHAPITRE III *Répression de l'ivresse publique et protection des mineurs*

Art. L. 3353-1 Les officiers de police judiciaire et les agents de la force publique sont chargés de rechercher et de constater, chacun sur le territoire dans lequel il exerce des fonctions, les infractions prévues à l'article L. 3336-4 et au présent chapitre ; ils dressent des procès-verbaux pour établir ces infractions. – *[C. déb. boiss., art. L. 79.]*

Art. L. 3353-2 Les procès-verbaux constatant les infractions prévues à l'article L. 3336-4 et au présent chapitre sont transmis au procureur de la République dans les trois jours au plus tard, y compris celui où a été reconnu le fait sur lequel ils sont dressés. – *[C. déb. boiss., art. L. 75.]*

Art. L. 3353-3 *(L. n° 2009-879 du 21 juill. 2009, art. 93)* La vente à des mineurs de boissons alcooliques est punie de 7 500 € d'amende. L'offre de ces boissons à titre gratuit à des mineurs, dans les débits de boissons et tous commerces ou lieux publics, *(L. n° 2016-41 du 26 janv. 2016, art. 12)* « ou l'offre, à titre gratuit ou onéreux, à un mineur de tout objet incitant directement à la consommation excessive d'alcool dans les conditions fixées à l'article L. 3342-1 sont punies de la même peine ».

Le fait de se rendre coupable de l'une des infractions prévues au présent article en ayant été condamné depuis moins de cinq ans pour un délit prévu au présent chapitre *(L. n° 2016-41 du 26 janv. 2016, art. 12)* « porte au double le maximum des peines encourues ».

Les personnes physiques coupables de l'une des infractions mentionnées au premier alinéa encourent également la peine complémentaire d'interdiction à titre temporaire d'exercer les droits attachés à une licence de débit de boissons à consommer sur place ou à emporter pour une durée d'un an au plus *(Abrogé par L. n° 2019-222 du 23 mars 2019, art. 71-XV et 109-XIX, à compter du 24 mars 2020) « , et celle de l'obligation d'accomplir un stage de responsabilité parentale, selon les modalités fixées à l'article 131-35-1 du code pénal ».*

Les personnes morales coupables de l'une des infractions mentionnées au premier alinéa encourent les peines complémentaires prévues aux 2°, 4°, 8° et 9° de l'article 131-39 du code pénal.

(L. n° 2019-222 du 23 mars 2019, art. 58-I) « Pour le délit prévu au premier alinéa du présent article, y compris en cas de récidive, l'action publique peut être éteinte, dans les conditions prévues aux articles 495-17 à 495-25 du code de procédure pénale, par le versement d'une amende forfaitaire d'un montant de 300 €. Le montant de l'amende forfaitaire minorée est de 250 € et le montant de l'amende forfaitaire majorée est de 600 €. »

Responsabilité pénale. C'est celui qui exploite personnellement un débit de boissons qui est chargé d'assurer, dans son établissement, le respect des dispositions du code des débits de boissons et qui est pénalement responsable des infractions qui y sont constatées. • Crim. 30 mai 1996, n° 95-83.685 P : *RSC 1997. 101, obs. Bouloc ; Dr. pénal 1996. 221, note J.-H. Robert.*

Art. L. 3353-4 *(L. n° 2016-41 du 26 janv. 2016, art. 12)* **Le fait de provoquer directement un mineur à la consommation excessive d'alcool et le fait de provoquer directement un mineur à la consommation habituelle d'alcool sont réprimés par l'article 227-19 du code pénal.**

Art. L. 3353-5 **Dans les cas prévus au présent chapitre, le prévenu peut prouver qu'il a été induit en erreur sur l'âge du mineur, sur la qualité ou l'âge de la personne l'accompagnant ou encore sur l'état du malade. S'il fait cette preuve, aucune peine ne lui sera applicable de ce chef.** — *[C. déb. boiss., art. L. 87.]*

Art. L. 3353-6 **En cas de condamnation aux infractions prévues dans le présent chapitre, le tribunal correctionnel peut ordonner que son jugement soit affiché à tel nombre d'exemplaires et dans les lieux qu'il indique.** — *[C. déb. boiss., art. L. 73.]*

CHAPITRE IV *Mesures conservatoires*

Art. L. 3354-1 **Les officiers ou agents de la police judiciaire doivent, lors de la constatation d'un crime, d'un délit ou d'un accident de la circulation, faire procéder, sur la personne de l'auteur présumé, aux vérifications prévues au I de l'article L. 234-1 du code de la route** *(Ord. n° 2021-409 du 8 avr. 2021, art. 8)* **« et à l'article L. 4274-14 du code des transports » destinées à établir la preuve de la présence d'alcool dans son organisme lorsqu'il semble que le crime, le délit ou l'accident a été commis ou causé sous l'empire d'un état alcoolique. Ces vérifications sont obligatoires dans tous les cas de crimes, délits ou accidents suivis de mort. Dans tous les cas où elles peuvent être utiles, elles sont également effectuées sur la victime.** — *[C. déb. boiss., art. L. 88.]*

La réquisition délivrée, en application des art. L. 3354-1 et R. 3354-5 CSP, à un médecin par un officier de police judiciaire qui constate un accident de la circulation qui semble avoir été causé sous l'empire d'un état alcoolique n'est pas soumise à l'autorisation préalable du procureur de la République. • Crim. 15 déc. 2009, n° 09-83.878 P : *D. 2010. Actu. 269 ; AJ pénal 2010. 83, obs. Royer ; Dr. pénal 2010, n° 35, obs. J.-H. Robert.*

Art. L. 3354-2 **Le refus de se soumettre aux vérifications prescrites par l'article L. 3354-1 est puni d'un an d'emprisonnement et de 3 750 € d'amende.** — *[C. déb. boiss., art. L. 89.]*

1. Dépistage préalable par l'air expiré. Il n'est pas nécessaire que les vérifications médicales, cliniques et biologiques de l'état alcoolique soient précédées de l'épreuve de dépistage par l'air expiré. • Crim. 8 nov. 1988 : *Bull. crim. n° 380.*

2. Nécessité d'un état alcoolique. Les dispositions exceptionnelles de l'art. 88 [CSP, art. L. 3354-1] sont d'interprétation stricte ; il ne peut être procédé aux vérifications qu'il prévoit qu'à la condition que, lors de la constatation, le crime, le délit ou l'accident de la circulation semble avoir été commis ou causé sous l'empire d'un état alcoolique. • Crim. 29 juin 1961 : *Bull. crim. n° 314 ; D. 1961. 537.*

Il résulte de la lettre même du texte que ces vérifications ne sont pas autorisées à l'encontre d'un conducteur, quel que soit son comportement, au seul effet de rechercher si ce comportement n'est pas dû à l'influence d'un état alcoolique et d'établir ainsi à son encontre la preuve d'une infraction à l'art. L. 1er C. route. • Même arrêt. ♦ V. aussi, en faveur d'une interprétation stricte : • Paris, 31 mai 1960 : *D. 1960. 660, note Lecourtier* • Douai, 2 déc. 1961 : *D. 1962. 537, note Larguier* • TGI Grasse, 26 juin 1974 : *D. 1975. 735, note Chambon.*

3. Les art. 88 et 89 [CSP, art. L. 3354-1 et L. 3354-2] n'abandonnent pas aux officiers ou agents de la force publique le soin de déterminer si est ou non utile une mesure qui porte atteinte à l'intégrité de la personne ; il appartient aux juges, au cas où la victime a refusé de se soumettre au prélèvement, de vérifier si cette injonction était justement faite eu égard aux circonstances de la cause et répondait à un caractère d'utilité certain. • Crim. 31 oct. 1961 : *D. 1962. 161, note Savatier.*

4. *Refus de se soumettre aux vérifications.* L'art. L. 88 [CSP, art. L. 3354-1] ne fait pas de distinction entre l'auteur présumé et la victime, laquelle ne peut refuser de se soumettre aux vérifications biologiques. • Paris, 23 déc. 1960 : *D. 1961. 315.* ♦ ... Si du moins elles peuvent être utiles. • Crim. 31 oct. 1961 : *Bull. crim. n° 433 ; D. 1962. 161, note Savatier.*

5. Dès lors que l'accident de la circulation a été causé sous l'empire d'un état alcoolique, il n'importe que ses conséquences se soient limitées à des dégâts matériels ; le conducteur qui refuse de se soumettre au prélèvement est à bon droit condamné. • Crim. 28 mars 1962 : *D. 1962. 646.*

6. Encourt la cassation l'arrêt qui décide qu'il n'y a infraction que si le refus est opposé au technicien qui est chargé d'effectuer le prélèvement sanguin. • Crim. 24 nov. 1970 : *Bull. crim. n° 307.*

7. *Preuve.* Les juges peuvent recourir à tout autre moyen de preuve pour décider, d'après leur intime conviction, si le prévenu était en état d'ivresse. • Crim. 25 févr. 1960 : *Bull. crim. n° 117 ; D. 1960. 561* • 23 janv. 1962 : *D. 1962. Somm. 99.* ♦ ... En particulier aux constatations des témoins. • Crim. 23 janv. 1962 : *préc.* ♦ ... Aux énonciations d'un procès-verbal de gendarmerie. • Crim. 28 mai 1962 : *D. 1962. 506.* ♦ ... A un ensemble de circonstances. • Crim. 19 juill. 1961 : *D. 1962. Somm. 35.* ♦ ... A la fiche de comportement et aux résultats de l'analyse de sang, même si l'examen clinique médical, pratiqué six heures après les faits, n'a pas confirmé la présence d'alcool dans l'organisme. • Crim. 1er avr. 1963 : *Bull. crim. n° 141.*

Art. L. 3354-3 Lorsque le fait qui a motivé des poursuites en matière pénale peut être attribué à un état alcoolique, la juridiction répressive saisie de la poursuite peut interdire, à titre temporaire, à l'individu condamné, l'exercice des emplois des services publics ou concédés, où la sécurité est directement en cause, ainsi que l'obtention ou la détention du permis de chasser.

En cas de récidive, l'interdiction peut être prononcée à titre définitif. – *[C. déb. boiss., art. L. 90.]*

Art. L. 3354-4 Le fait de ne pas se conformer aux interdictions prévues à l'article L. 3354-3 est puni en cas de récidive d'un an d'emprisonnement et de 3 750 € d'amende. – *[C. déb. boiss., art. L. 91.]*

BIBL. ▶ LARGUIER, *D. 1959. Chron. 31 ; D. 1962. Chron. 9.* – MEURISSE, *Gaz. Pal. 1961. 2. Doctr. 55.*

Art. L. 3354-5 Un décret en Conseil d'État détermine les mesures qui doivent être prises pour faciliter la pratique des examens prévus à l'article L. 3354-1 en vue d'établir les diagnostics concernant l'alcoolisme. – *[C. déb. boiss., art. L. 89-1.]*

CHAPITRE V *Dispositions communes*

Art. L. 3355-1 Les associations dont l'objet statutaire comporte la lutte contre l'alcoolisme, régulièrement déclarées depuis au moins cinq ans à la date des faits, peuvent exercer les droits reconnus à la partie civile pour les infractions prévues au présent titre. – *[C. déb. boiss., art. L. 96.]*

(L. n° 2004-806 du 9 août 2004, art. 43) **« Peuvent exercer les mêmes droits les associations de consommateurs mentionnées à l'article L. 421-1 du code de la consommation pour les infractions prévues au chapitre Ier du présent titre ainsi que les associations familiales mentionnées aux articles L. 211-1 et L. 211-2 du code de l'action sociale et des familles pour les infractions prévues aux chapitres Ier et III du présent titre. »**

Préjudice. Le fait que l'organisation d'une campagne publicitaire illicite pour une boisson alcoolique aux vertus prétendument apéritives a contrarié l'action du comité de défense contre l'alcoolisme qui tend à mettre en garde le public contre les abus de l'alcool et lui a ainsi causé un *préjudice distinct* du préjudice social dont le ministère public poursuit la réparation justifie l'allocation de dommages-intérêts à ce comité constitué partie civile. • Crim. 23 juin 1983 : *Bull. crim. n° 195.* ♦ V. déjà : • Crim. 2 mars 1960 : *Bull. crim. n° 128.* ♦ Il en va de même pour une ligue antialcoolique en cas d'ouverture illicite d'un débit de boissons. • Crim. 19 mars 1975 : *Bull. crim. n° 83.* ♦ Toutefois, les demandes tendant à la réparation du préjudice causé par ces infractions à ces associations ne sauraient être accueillies que lorsqu'il est justifié d'un préjudice direct. • Crim. 8 janv. 1976 : *Bull. crim. n° 6.* ♦ ... Et si les juges précisent la nature du dommage qui leur est causé. • Crim. 23 juin 1983 : *Bull. crim. n° 196.* ♦ En raison de la spécificité de son but et l'objet de sa mission, une association de lutte contre l'alcoolisme, qui tient de l'art. L. 96 C. déb. boiss. [CSP, art. L. 3355-1] le pouvoir d'exercer les droits reconnus à la partie civile, peut exercer son action devant la juridiction civile, dès lors qu'elle subit, du seul fait d'une publicité illicite en faveur de l'alcool, un préjudice direct et personnel. Ainsi en est-il d'une association ayant pour but la prévention de l'alcoolisation, l'amélioration et l'application de la législation en la matière pour un préjudice occasionné par un affichage publicitaire contrevenant, selon elle, aux dispositions du code des débits de boissons et contraire à son objet statutaire. • Civ. 2e, 25 juin 1998, n° 96-10.397 P : *D. 1998. IR 181* ; *D. Affaires 1998. 1479, obs. V. A.-R.* ; *JCP 1998. II. 10204, note Boré* ; *Gaz. Pal. 25 nov. 1998, p. 21, obs. de la Vayssière* ; *RDSS 1999. 1. 33, obs. Cayla.*

Art. L. 3355-2 Les droits prévus à l'article L. 3355-1 sont également reconnus aux syndicats formés conformément à la loi du 31 mars 1884 pour la défense des intérêts généraux du commerce des boissons. – *[C. déb. boiss., art. L. 97.]*

Art. L. 3355-3 Les personnes reconnues coupables de l'une des infractions prévues aux articles L. 3351-1, L. 3351-3, L. 3352-1, L. 3352-5 et au premier alinéa de l'article L. 3353-3 encourent la peine complémentaire d'interdiction des droits civiques, civils et de famille mentionnés à l'article 131-26 du code pénal pour une durée d'un an au moins et de cinq ans au plus. – *[Anc. art. L. 642, al. 5, et C. déb. boiss., art. L. 4, al. 3, L. 48, al. 3 (partie), et L. 81, al. 2.]*

Art. L. 3355-4 Les personnes physiques coupables d'une infraction prévue au présent titre encourent également la fermeture temporaire ou définitive de l'établissement. – *[C. déb. boiss., art. L. 59 (partie), L. 72.]*

Art. L. 3355-5 En cas de poursuites pour une infraction pouvant entraîner la fermeture temporaire ou définitive d'un débit de boissons, le ministère public effectue les diligences prévues au dernier alinéa de l'article 706-37 du code de procédure pénale.

Lorsque la personne titulaire de la licence ou propriétaire du débit de boissons n'est pas poursuivie, les mesures de fermeture temporaire ou définitive ne peuvent être prononcées que s'il est établi que cette personne a été citée à la diligence du ministère public avec indication de la nature des poursuites exercées et de la possibilité pour le tribunal de prononcer lesdites mesures.

La personne mentionnée à l'alinéa précédent peut présenter ou faire présenter par un avocat ses observations à l'audience. Si elle use de cette faculté, elle peut interjeter appel de la décision prononçant la fermeture temporaire ou définitive du débit de boissons. – *[C. déb. boiss., art. L. 59-1.]*

1. Qualité de partie au procès. N'est pas fondée à se prévaloir de la méconnaissance de l'obligation de citer le titulaire de la licence ou le propriétaire non pénalement poursuivi, la personne qui, n'ayant pas souscrit préalablement la déclaration prévue par l'art. L. 32 C. déb. boiss. [CSP, art. L. 3332-4], n'acquiert la qualité de propriétaire de l'établissement que postérieurement à l'engagement des poursuites. • Crim. 17 déc. 1990, n° 89-85.476 P.

2. Les prévenus ne sauraient se prévaloir d'un défaut de citation du nouveau titulaire de la licence ou propriétaire du débit de boissons lorsque la cession du fonds de commerce, qu'ils allèguent, est postérieure à la constatation de l'infraction. • Crim. 2 mars 1992, n° 90-86.713 P.

3. Est dépourvue de qualité pour intervenir dans les poursuites la personne bénéficiaire d'un nouveau bail conclu avec les propriétaires des murs et qui a obtenu une licence de nature différente pour exploiter dans les lieux. • Crim. 13 avr. 1992, n° 91-84.891 P.

4. Double degré de juridiction. Le propriétaire du débit, cité en vertu de l'art. L. 59-1, al. 2, C. déb. boiss. [CSP, art. L. 3355-5, al. 2] a le droit de contester, tant devant le tribunal correctionnel qu'en cause d'appel s'il a usé de cette voie de recours conformément à l'al. 3 du même article, et même si le prévenu n'a pas lui-même fait appel, la réalité de l'infraction de nature à entraîner la fermeture de l'établissement. • Crim. 19 mai 1987 (arrêt n° 1) : *Bull. crim. n° 201.*

5. Le propriétaire cité en vertu de l'art. L. 59-1 C. déb. boiss. [CSP, art. L. 3355-5] qui n'a pas lui-même interjeté appel du jugement ayant condamné l'auteur de l'infraction et ordonné la fermeture de l'établissement, est sans qualité pour critiquer par la voie de l'opposition cette décision devant la cour d'appel. • Crim. 19 mai 1987 (arrêt n° 2) : *Bull. crim. n° 201.*

6. Doit être cassé l'arrêt qui prononce une fermeture de débit de boissons alors que le titulaire de la licence n'a pas été cité devant le tribunal correctionnel, et que, au surplus, son intervention volontaire en appel a été, à tort, déclarée irrecevable. • Crim. 7 avr. 1993, n° 92-82.531 P. ♦ ... Ou alors que le propriétaire du fonds, non cité devant le tribunal correctionnel, n'a été mis en cause que devant la juridiction du second degré. • Crim. 19 déc. 1983 : *Bull. crim. n° 345.*

Art. L. 3355-6 Les personnes physiques coupables d'une infraction prévue au présent titre encourent la peine complémentaire d'interdiction d'exercice de la profession de débitant à titre temporaire ou définitif.

En cas d'interdiction d'exercice de la profession prévue à l'alinéa précédent *(L. n° 2011-525 du 17 mai 2011, art. 165)* « ou en cas de fermeture d'établissement prévue par l'article L. 3355-4 », la durée pendant laquelle les personnes condamnées doivent continuer à payer à leur personnel les salaires, indemnités et rémunération de toute nature auxquels il avait droit jusqu'alors, est fixée par le tribunal.

Pour le personnel rémunéré en tout ou partie par des pourboires, le tribunal évalue le montant des pourboires en se référant notamment aux règles fixées pour le calcul des cotisations d'assurances sociales. — *[C. déb. boiss., art. L. 59 (partie).]*

Art. L. 3355-7 L'infraction aux dispositions d'un jugement ou de la loi portant interdiction d'exercer la profession de débitant de boissons est punie de deux ans d'emprisonnement et de 4 500 € d'amende.

Pendant la durée de cette interdiction, la personne condamnée ne peut, sous les mêmes peines, être employée à quelque titre que ce soit dans l'établissement qu'elle exploitait, même si elle l'a vendu ou mis en gérance. Elle ne peut non plus être employée dans l'établissement qui serait exploité par son conjoint même séparé. — *[C. déb. boiss., art. L. 60.]*

Art. L. 3355-8 Lorsque l'interdiction d'exercer la profession de débitant de boissons est d'une durée supérieure à deux ans, le tribunal ordonne la vente du fonds aux enchères publiques si le fonds est la propriété de la personne interdite.

Si celle-ci l'exploitait pour le compte du propriétaire, le tribunal en autorise la reprise par ce dernier, nonobstant toutes conventions contraires et quelle que soit la durée de l'interdiction prononcée.

Lorsqu'il ordonne la vente, le tribunal nomme un administrateur provisoire du fonds et désigne le notaire chargé de procéder à la vente suivant les règles ordinaires en matière de vente de fonds de commerce.

En cas de difficultés, il est statué par le juge des référés. — *[C. déb. boiss., art. L. 61.]*

Pour l'application des mesures de lutte contre l'alcoolisme à Mayotte, dans les îles Wallis-et-Futuna et les Terres australes et antarctiques françaises, en Nouvelle-Calédonie et en Polynésie française, V. CSP, art. L. 3813-1 à L. 3813-52.

DEUXIÈME PARTIE : *DÉCRETS EN CONSEIL D'ÉTAT*

(Décr. n° 2003-462 du 21 mai 2003)

LIVRE III Lutte contre l'alcoolisme

La plupart des dispositions contenues dans ce livre du code de la santé publique étaient auparavant codifiées dans le code des débits de boissons qui a été abrogé par le Décr. n° 2003-462 du 21 mai 2003 ; les articles identifiés par un « R » correspondent aux dispositions relevant d'un décret en Conseil d'État, ceux identifiés par un « D » correspondent aux dispositions relevant d'un décret simple.

TITRE PREMIER Prévention de l'alcoolisme

....

TITRE II Boissons

CHAPITRE PREMIER *Classification des boissons*

Néant.

CHAPITRE II *Fabrication et commerce des boissons*

Néant.

CHAPITRE III *Publicité des boissons*

SECTION I *Publicité par voie de radiodiffusion sonore*

Art. R. 3323-1 La propagande et la publicité directe ou indirecte par voie de radiodiffusion sonore en faveur de boissons dont le degré volumique d'alcool est supérieur à 1,2 % ne sont autorisées que :

– le mercredi, entre 0 heure et 7 heures ;
– les autres jours, entre 0 heure et 17 heures.

SECTION II *Publicité à l'intérieur des lieux de vente à caractère spécialisé*

Art. R. 3323-2 Les lieux de vente à caractère spécialisé mentionnés au 3° de l'article L. 3323-2 sont :

1° Les lieux de vente dont l'exploitant détient une licence l'autorisant à vendre des boissons alcooliques dans les conditions prévues aux articles L. 3331-1 à L. 3331-3, à l'exception des stations services ;

2° Les débits temporaires prévus aux articles L. 3334-1 et L. 3334-2 ;

3° Les installations permanentes de vente directe de boissons alcooliques par les exploitants agricoles. – *[Anc. Décr. n° 93-768 du 29 mars 1993.]*

Art. R. 3323-3 A l'intérieur des lieux de vente définis à l'article R. 3323-2, la dimension d'une affichette publicitaire en faveur d'une boisson alcoolique ne peut excéder 0,35 mètre carré.

Dans les salles des débits de boissons, des restaurants et des hôtels, des chevalets évoquant une boisson alcoolique peuvent être disposés sur un comptoir ou sur une table.

Ces affichettes et chevalets doivent être conformes aux prescriptions de l'article L. 3323-4. – *[Anc. Décr. n° 93-768 du 29 mars 1993.]*

Art. R. 3323-4 Dans les débits de boissons, restaurants et hôtels, les matériels, la vaisselle et les objets de toute nature strictement réservés au fonctionnement de l'établissement, à l'usage du personnel pendant ses activités professionnelles et à celui de la clientèle lors de son passage ou de son séjour dans l'établissement, peuvent évoquer le nom d'une boisson alcoolique. Dans ce cas, ils ne peuvent être ni vendus, ni remis à titre gratuit au public.

Les terrasses des débits de boissons implantées sur le domaine public sont considérées comme une extension de l'établissement.

La publicité figurant sur les parasols ne peut comporter que le nom d'un producteur ou d'un distributeur de boisson alcoolique, ou la marque d'une telle boisson, à l'exclusion de tout slogan, au moyen d'une inscription n'excédant pas le tiers de la surface du parasol. – *[Anc. Décr. n° 93-768 du 29 mars 1993.]*

TITRE III Débits de boissons

CHAPITRE PREMIER *Limitation du nombre des débits de boissons*

Néant.

CHAPITRE II *Ouvertures, mutations et transferts*

SECTION I *Dispositions générales*

(Décr. n° 2017-933 du 10 mai 2017, art. 2)

Art. R. 3332-1 La population prise en compte dans les communes touristiques pour l'application de l'article L. 3332-1 correspond au cumul, d'une part, de la population municipale totale, non comprise la population comptée à part, telle qu'elle résulte du dernier recensement, et, d'autre part, du nombre de touristes pouvant être hébergés déterminé par la somme :

1° Du nombre de chambres en hôtellerie classée et non classée multiplié par deux ;

2° Du nombre de lits en résidence de tourisme ;

3° Du nombre de logements meublés de tourisme multiplié par quatre ;

4° Du nombre d'emplacements situés en terrain de camping multiplié par trois ;

5° Du nombre de lits en village de vacances et maisons familiales de vacances.

Le présent article n'est pas applicable à Saint-Pierre-et-Miquelon.

SECTION II **Débits exploités par les entreprises de transports aériens, maritimes, fluviaux ou ferroviaires**

La section I est devenue section II (Décr. nº 2017-933 du 10 mai 2017, art. 2).

Art. R. 3332-1-1 Les débits installés à bord des aéronefs, navires, bateaux ou véhicules ferroviaires ne peuvent être exploités que pour le service des personnes transportées. – *[Anc. art. R. 1-6 C. déb. boiss..]*

L'art. R. 3332-1 est devenu l'art. R. 3332-1-1 (Décr. nº 2017-933 du 10 mai 2017, art. 2).

Art. R. 3332-2 S'agissant des débits exploités dans les aéronefs et véhicules ferroviaires, la déclaration prévue à l'article L. 3332-3 est faite au lieu où l'entreprise a son siège ou son principal établissement, ou, si le siège et le principal établissement sont à l'étranger, son principal établissement en France.

S'agissant de débits exploités à bord des navires et bateaux, la déclaration est faite au lieu de l'immatriculation. – *[Anc. art. R. 1-7 C. déb. boiss..]*

Art. R. 3332-3 Sont regardés comme dépourvus de débits de boissons à consommer sur place au sens de l'article L. 3332-12, les aérodromes civils qui, pour chacune de leurs aérogares, ne comportent pas un débit de boissons. – *[Anc. art. R. 1-8 C. déb. boiss..]*

SECTION III **Permis d'exploitation**

(Décr. nº 2007-911 du 15 mai 2007)

La section II est devenue section III (Décr. nº 2017-933 du 10 mai 2017, art. 2).

Art. R. 3332-4 *(Décr. nº 2011-869 du 22 juill. 2011)* Les organismes de formation mentionnés au *(Décr. nº 2013-191 du 4 mars 2013, art. 1er, en vigueur le 1er juin 2013)* « cinquième » alinéa de l'article L. 3332-1-1 doivent obtenir un agrément, délivré pour une durée de cinq ans *(Décr. nº 2020-54 du 28 janv. 2020, art. 2)* « par le représentant de l'État dans le département dans lequel se situe leur siège social, et à Paris, par le préfet de police », dans les conditions et selon les modalités fixées aux articles R. 3332-5 à R. 3332-7.

(Décr. nº 2020-54 du 28 janv. 2020, art. 2) « L'agrément est valable sur l'ensemble du territoire national. »

Art. R. 3332-4-1 *(Décr. nº 2011-869 du 22 juill. 2011)* A l'issue de la formation mentionnée au premier alinéa de l'article L. 3332-1-1, l'organisme agréé délivre aux personnes l'ayant suivie une attestation, dite "permis d'exploitation", conforme à un modèle normalisé. *(Décr. nº 2013-191 du 4 mars 2013, art. 2, en vigueur le 1er juin 2013)* « Cette attestation vaut permis d'exploitation dans le cadre mentionné au premier alinéa de l'article L. 3332-1-1 et dans le cadre de l'activité de loueur de chambres d'hôtes au sens de l'article L. 324-3 du code du tourisme.

« Pour les personnes mentionnées à l'article L. 324-4 du code du tourisme ayant suivi la formation adaptée aux conditions spécifiques de leur activité mentionnée au deuxième alinéa de l'article R. 3332-7, l'organisme agréé délivre l'attestation précitée revêtue de la mention : "loueur de chambres d'hôtes". Cette attestation vaut permis d'exploitation dans le seul cadre de l'activité de loueur de chambres d'hôtes au sens de l'article L. 324-3 du code du tourisme. »

A l'issue de la formation mentionnée au deuxième alinéa de l'article L. 3332-1-1, l'organisme agréé délivre aux personnes l'ayant suivie une attestation, dite "permis de vente de boissons alcooliques la nuit", conforme à un modèle normalisé.

Les attestations mentionnées aux alinéas précédents comportent les informations suivantes :

1° Les nom, prénoms, adresse et date de naissance de la personne ayant suivi la formation ;

2° Le numéro d'enregistrement du permis et sa date d'expiration ;

3° Les dates et le lieu de la formation au titre de laquelle le permis est délivré ;

4° Le nom, le statut juridique et l'adresse de l'organisme agréé délivrant le permis ;

5° La signature et le cachet de l'organisme précité ;

6° La référence de l'arrêté portant agrément de l'organisme.

L'organisme de formation agréé transmet à fin de conservation, le cas échéant par voie *électronique, un second exemplaire* de l'une ou l'autre de ces attestations au préfet du département dans lequel le titulaire de l'attestation réside.

Si celui-ci exerce son activité dans un département distinct de celui de sa résidence, l'organisme de formation transmet dans les mêmes conditions un troisième exemplaire de l'attestation au préfet du département dans lequel exerce le titulaire. – *V. Arr. du 22 juill. 2011 (JO 24 juill.).*

La délivrance avant la date de publication du Décr. n° 2011-869 du 22 juill. 2011 aux personnes qui vendent des boissons alcooliques entre 22 heures et 8 heures du permis d'exploitation mentionné au 1er al. de l'art. L. 3332-1-1 les dispense du suivi de la formation spécifique prévue au 2e al. de cet art. (Décr. préc., art. 8).

Art. R. 3332-5 L'agrément est accordé au vu de la vérification :

– de la conformité du programme de formation proposé par l'organisme aux dispositions des articles L. 3332-1-1 et R. 3332-7 ; *(Décr. n° 2011-869 du 22 juill. 2011, art. 4-1°)* « le programme de formation est actualisé à chaque évolution de la législation et de la réglementation. Ce programme inclut une explication de la réglementation préfectorale ou municipale applicable au plan local en matière d'horaires d'ouverture des débits de boissons ou d'interdiction de vente de boissons alcooliques ; »

– de la teneur des moyens matériels et humains mis en œuvre en vue d'assurer la formation dans les conditions prévues par l'article R. 3332-7 ; *(Décr. n° 2011-869 du 22 juill. 2011, art. 4-2°)* « l'organisme comprend une équipe pédagogique spécialisée permanente qui inclut au moins un formateur titulaire d'un diplôme de droit du niveau master II ou, s'agissant de diplômes délivrés dans un autre État membre de l'Union européenne ou partie à l'accord sur l'Espace économique européen ou dans la Confédération suisse, titulaire d'un diplôme de droit du niveau master II ou du niveau immédiatement inférieur et un formateur justifiant d'une expérience professionnelle d'au moins cinq ans en relation directe avec la clientèle dans le secteur des cafés, hôtels, restaurants ou discothèques pour la formation mentionnée au premier alinéa de l'article L. 3332-1-1, ou dans le secteur du commerce de l'épicerie ou caviste pour la formation mentionnée au deuxième alinéa du même article ; »

– *(Abrogé par CE n° 307542 du 2 déc. 2009) « de l'existence du lien entre l'organisme de formation et le syndicat professionnel national qui le met en place, notamment la convention passée entre l'organisme et le syndicat ou la place du syndicat dans les instances dirigeantes de l'organisme de formation ; »*

– de la présence des éléments du dossier de demande énumérés à l'article R. 3332-6 et, pour ce qui concerne l'extrait de casier judiciaire prévu par cet article, de sa teneur.

Art. R. 3332-6 Les demandes d'agrément comportent :

– le nom, le statut juridique et l'adresse de l'organisme ;

– l'extrait n° 3 du casier judiciaire du responsable de l'organisme, datant de moins de trois mois à la date de la demande ;

(Décr. n° 2011-869 du 22 juill. 2011, art. 5-1°) « – un formulaire par lequel l'organisme atteste de son indépendance économique avec tout établissement relevant du secteur des cafés, hôtels, restaurants et discothèques ainsi qu'avec toute entreprise ou organisme exerçant dans les secteurs de l'alcool ou du tabac ; »

– l'identité de chaque formateur ainsi que le titre justifiant de sa qualité ;

– le programme de formation prévu par l'organisme ;

– l'effectif prévu pour chaque session de formation ;

(Décr. n° 2011-869 du 22 juill. 2011, art. 5-2°) « – le module détaillé de la formation ;

« – les outils pédagogiques ;

« – les supports remis aux participants ; » — *V. note ss. art. R. 3332-4.*

– le prix demandé à chaque participant ;

– le nombre, la date et le lieu des sessions prévues sur un an *(Décr. n° 2020-54 du 28 janv. 2020, art. 3)* « , sur le territoire national » ;

– *(Abrogé par CE n° 307542 du 2 déc. 2009) « la convention avec le syndicat professionnel national qui met en place la formation ou les éléments permettant de contrôler l'existence d'un lien avec lui. »*

La demande de renouvellement d'agrément comporte en outre le calendrier des sessions réalisées et les effectifs accueillis.

Art. R. 3332-7 *(Décr. n° 2011-869 du 22 juill. 2011, art. 6)* I. — Le programme de la formation mentionnée au premier alinéa de l'article L. 3332-1-1 pour la délivrance d'un permis d'exploitation est constitué d'enseignements d'une durée minimale de vingt heures réparties sur au moins trois jours. Ces enseignements ne comportent aucune forme de propagande, de publicité, ni de promotion directe ou indirecte en faveur de boissons alcooliques ou de produits du tabac.

Par dérogation au premier alinéa, si l'intéressé justifie, à la date de l'ouverture, de la mutation, de la translation ou du transfert d'une expérience professionnelle de dix ans en qualité d'exploitant, la formation est d'une durée minimale de six heures.

(Décr. n° 2013-191 du 4 mars 2013, art. 3-1°, en vigueur le 1er juin 2013) « La formation, mentionnée au quatrième alinéa de l'article L. 3332-1-1, adaptée aux conditions spécifiques

de l'activité des personnes qui offrent à la location une ou plusieurs chambres d'hôtes, est constituée d'enseignements d'une durée de sept heures effectuée en une journée. »

La formation dispensée pour la mise à jour des connaissances prévue au *(Décr. nº 2013-191 du 4 mars 2013, art. 3-2º, en vigueur le 1er juin 2013)* « huitième » alinéa de l'article L. 3332-1-1 en vue du renouvellement du permis d'exploitation est d'une durée minimale de six heures.

Ces formations comportent une partie théorique, relative à la connaissance de la législation et de la réglementation applicables aux débits de boissons à consommer sur place et aux restaurants, aux obligations en matière de santé publique et d'ordre public, ainsi qu'une partie pratique comprenant des mises en situation et une évaluation des connaissances acquises.

Le programme et l'organisation de ces formations sont précisés par arrêté conjoint des ministres chargés de la santé et de l'intérieur.

II. — Le programme des formations initiales et de mise à jour des connaissances mentionnées aux deuxième et *(Décr. nº 2013-191 du 4 mars 2013, art. 3-2º, en vigueur le 1er juin 2013)* « huitième » alinéas de l'article L. 3332-1-1 est constitué d'enseignements d'une durée de sept heures effectuée en une journée. Ces enseignements ne doivent comporter aucune forme de propagande, de publicité, ni de promotion directe ou indirecte en faveur des boissons alcooliques et des produits du tabac.

Ce programme comporte une partie théorique, relative à la connaissance de la législation et de la réglementation applicables au commerce de détail, à la vente à emporter et à la vente à distance, aux obligations en matière de santé publique et d'ordre public, ainsi qu'une partie pratique comprenant des mises en situation et une évaluation des connaissances acquises.

Le programme et l'organisation des formations sont précisés par arrêté conjoint des ministres chargés de la santé et de l'intérieur.

Art. R. 3332-8 *(Décr. nº 2013-191 du 4 mars 2013, art. 4, en vigueur le 1er juin 2013)* L'organisme de formation agréé transmet *(Décr. nº 2020-54 du 28 janv. 2020, art. 4)* « à l'autorité mentionnée à l'article R. 3332-4 », au terme de chaque année de validité de l'agrément, un rapport comprenant notamment les éléments suivants :

1º La liste par département des *(Décr. nº 2020-54 du 28 janv. 2020, art. 4)* « lieux » de formation ;

2º Le nombre de sessions organisées ;

3º Le nombre de candidats formés et le nombre d'attestations, au sens de l'article R. 3332-4-1, délivrées au niveau national et départemental ;

4º Une analyse des difficultés rencontrées au cours des formations.

Art. R. 3332-9 *(Décr. nº 2007-911 du 15 mai 2007)* Afin de permettre le contrôle du fonctionnement de l'organisme agréé, *(Décr. nº 2013-191 du 4 mars 2013, art. 5-1º, en vigueur le 1er juin 2013)* « le ministre de l'intérieur et » le représentant de l'État dans le département *(Décr. nº 2013-191 du 4 mars 2013, art. 5-1º, en vigueur le 1er juin 2013)* « ont accès » aux locaux affectés au déroulement des formations et aux documents afférents à ces formations.

(Décr. nº 2013-191 du 4 mars 2013, art. 5-2º, en vigueur le 1er juin 2013) « Lorsque les conditions de délivrance de l'agrément mentionnées à l'article R. 3332-5, le critère d'indépendance économique mentionné à l'article R. 3332-6 ou les obligations fixées à l'article R. 3332-7 ou à l'article R. 3332-8 ne sont pas respectées par l'organisme, l'agrément peut lui être retiré par arrêté *(Décr. nº 2020-54 du 28 janv. 2020, art. 5)* « de l'autorité mentionnée à l'article R. 3332-4 » après que *(Décr. nº 2020-54 du 28 janv. 2020, art. 5)* « celle-ci » l'a mis en mesure de présenter ses observations. »

SECTION IV ***Transfert de débits de boissons*** *(Décr. nº 2007-794 du 10 mai 2007).*

La section III est devenue section IV (Décr. nº 2017-933 du 10 mai 2017, art. 2).

Art. D. 3332-10 *(Décr. nº 2009-1650 du 23 déc. 2009, art. 13)* Un débit de boissons à consommer sur place assorti d'une licence de deuxième, troisième ou quatrième catégorie *peut être transféré* sans limitation de distance au sein d'un hôtel classé au sens du chapitre Ier, titre Ier, livre III du code du tourisme ou d'un terrain de camping et caravanage classé au sens du chapitre II, titre III, livre III du code du tourisme, sous réserve que les locaux dans lesquels le débit sera exploité n'ouvrent pas directement sur la voie publique et qu'aucune publicité locale, relative audit débit, sous quelle que forme que ce soit, ne le signale.

CHAPITRE III *Péremption des licences*

Néant.

CHAPITRE IV *Débits temporaires*

Néant.

CHAPITRE V *Zones protégées*

SECTION I *Détermination des zones de protection*

Art. D. 3335-1 Pour l'application de l'article L. 3335-2, le préfet établit des zones de protection dans les conditions fixées à la présente section.

Ces zones peuvent être différentes de celles qu'il détermine en application du dernier alinéa de l'article L. 3335-1. – *[Anc. art. 1er, Décr. n° 61-607 du 14 juin 1961.]*

Art. D. 3335-2 L'étendue des zones prévues autour des établissements mentionnés au 3° de l'article L. 3335-1 à protéger en vertu des dispositions de l'article L. 3335-2 peut varier selon la nature des établissements à protéger et selon l'importance de la commune où ils sont installés. – *[Anc. art. 3, Décr. n° 61-607 du 14 juin 1961.]*

Art. D. 3335-3 Pour tenir compte des situations particulières à certaines communes, résultant notamment du nombre des établissements mentionnés au 3° de l'article L. 3335-1 à protéger en vertu des dispositions de l'article L. 3335-2, des dérogations aux arrêtés préfectoraux intervenus en application de l'article L. 3335-2 peuvent être accordées par arrêté du ministre chargé de la santé en ce qui concerne l'étendue des zones de protection. – *[Anc. art. 4, Décr. n° 61-607 du 14 juin 1961.]*

SECTION II *Ouvertures, mutations et transferts* *(Décr. n° 2017-933 du 10 mai 2017, art. 2).*

Art. R. 3335-4 à R. 3335-14 *Abrogés par Décr. n° 2017-933 du 10 mai 2017, art. 2.*

Art. R. 3335-15 *(Abrogé par Décr. n° 2017-933 du 10 mai 2017, art. 2) « Sur avis de la commission mentionnée au deuxième alinéa de l'article L. 3332-11, »* Le préfet peut déterminer par arrêté, dans certaines communes et sans préjudice des droits acquis, les distances en deçà desquelles des débits de boissons à consommer sur place *(Décr. n° 2017-933 du 10 mai 2017, art. 2)* « des 3e » et 4e catégories ne peuvent être établis à proximité de débits des mêmes catégories déjà existants. – *[Anc. art. R. 2-12 C. déb. boiss.]*

SECTION III *Dérogations* *(Décr. n° 2019-1383 du 18 déc. 2019, art. 1er).*

Art. D. 3335-15-1 *(Décr. n° 2019-1383 du 18 déc. 2019, art. 1er)* Les dérogations mentionnées au deuxième alinéa de l'article L. 3335-4 sont accordées par le préfet de département.

Art. D. 3335-16 Les dérogations mentionnées à l'article L. 3335-4 font l'objet d'arrêtés annuels du maire de la commune dans laquelle sera situé le débit de boissons dont l'ouverture temporaire est sollicitée.

Les demandes de dérogation ne sont recevables que si les fédérations sportives ou les groupements pouvant y prétendre les adressent au plus tard trois mois avant la date de la manifestation prévue. Ces demandes précisent la date et la nature des événements pour lesquels une dérogation est sollicitée.

Toutefois, en cas de manifestation exceptionnelle, le maire peut accorder une dérogation au vu de la demande adressée au moins quinze jours avant la date prévue de cette manifestation.

Art. D. 3335-17 Pour chaque dérogation sollicitée, la demande doit préciser les conditions de fonctionnement du débit de boissons et les horaires d'ouverture souhaités ainsi que les catégories de boissons concernées.

Il est statué sur ces points dans l'arrêté municipal d'autorisation.

Art. D. 3335-18 Tout établissement mentionné à l'article D. 3335-16 qui ouvre un débit de boissons sans l'autorisation du maire ou sans respecter les conditions fixées par la dérogation temporaire est soumis aux procédures énoncées aux articles 4 et 5 du décret n° 93-1101 du 3 septembre 1993 *[devenus art. R. 322-9 et R. 322-10 C. sport, en application du Décr.*

nº 2007-1133 du 24 juill. 2007, art. 2 et 7] concernant la déclaration des établissements dans lesquels sont pratiquées des activités physiques et sportives et la sécurité de ces activités.

L'exploitation de ces débits de boissons temporaires, autorisés à titre dérogatoire, s'opère dans le cadre des obligations prévues par les articles 42-4 et 42-5 de la loi nº 84-610 du 16 juillet 1984 relative à l'organisation et à la promotion des activités physiques et sportives *[C. sport, art. L. 332-2 à L. 332-5]*.

CHAPITRE VI *Exploitation*

Néant.

TITRE IV Répression de l'ivresse publique et protection des mineurs

CHAPITRE PREMIER *Répression de l'ivresse publique*

Néant.

CHAPITRE II *Protection des mineurs*

Art. R. 3342-1 *(Décr. nº 2016-1329 du 6 oct. 2016, art. 1er)* Les objets visés par l'article L. 3342-1 sont les jeux, vêtements, accessoires de mode, éléments décoratifs, ustensiles et accessoires pour appareils électroniques dont la présentation, le logo, la dénomination ou le slogan incite directement à la consommation excessive d'alcool par un mineur.

TITRE V Dispositions pénales

CHAPITRE PREMIER *Boissons*

SECTION UNIQUE

Art. R. 3351-1 Le fait pour les entrepositaires non fabricants ou importateurs et les détaillants de mettre en vente ou d'offrir, à titre gratuit, des boissons alcooliques dont l'étiquette ne porte pas les indications requises ou porte des indications interdites par le livre III de la présente partie est puni de l'amende prévue pour les contraventions de la 2e classe. – *[Anc. art. R. 1er C. déb. boiss..]*

Art. R. 3351-2 Le fait pour un débitant de boissons à consommer sur place de ne pas avoir installé un étalage de boissons non alcooliques mises en vente dans son établissement dans les conditions prévues à l'article L. 3323-1 est puni de l'amende prévue pour les contraventions de la 4e classe. – *[Anc. art. R. 1-2 C. déb. boiss.]*

(Décr. nº 2010-465 du 6 mai 2010) « Le fait pour un débitant de boissons de ne pas proposer à prix réduit, dans des conditions équivalentes, les boissons non alcooliques énumérées au deuxième alinéa de l'article L. 3323-1, pendant la période restreinte prévue au dernier alinéa du même article durant laquelle il propose des boissons alcooliques à prix réduit, est puni de la même peine.

« Le fait pour ce débitant de ne pas annoncer la réduction de prix portant sur l'offre de boissons non alcooliques dans des conditions équivalentes à celles proposées pour les boissons alcooliques est puni de la même peine. »

CHAPITRE II *Débits de boissons*

SECTION UNIQUE

Art. R. 3352-1 Le fait à l'occasion d'une foire, d'une vente ou d'une fête ouvertes au public, d'établir un débit de boissons, sans avoir obtenu l'autorisation de l'autorité municipale, est puni de l'amende prévue pour les contraventions de la 4e classe. – *[Anc. art. R. 2 C. déb. boiss.]*

Art. R. 3352-2 *Le fait d'établir* un débit de boissons à consommer sur place (Décr. nº 2017-933 du 10 mai 2017, art. 2) « des 3e » et 4e catégories sans respecter les distances déterminées par arrêté préfectoral avec les débits des mêmes catégories déjà existants est puni de l'amende prévue pour les contraventions de la 5e classe.

La récidive de la contravention prévue au présent article est réprimée conformément à l'article 132-11 du code pénal.

Art. R. 3352-3 Comme il est dit à l'article R. 4743-7 du code du travail ci-après reproduit :

Art. R. 4743-7 Le fait, pour un exploitant d'un débit de boissons à consommer sur place, sans avoir obtenu l'agrément prévu à l'article R. 4153-8, d'employer ou de recevoir en stage des mineurs, à l'exception du conjoint du débitant ou de ses parents ou alliés jusqu'au quatrième degré inclusivement, est puni de l'amende prévue pour les contraventions de la cinquième classe.

La récidive est réprimée conformément aux articles 132-11 et 132-15 du code pénal. – *[Anc. art. R. 261-1-1.]*

CHAPITRE III *Répression de l'ivresse publique et protection des mineurs*

SECTION I *Répression de l'ivresse publique*

Art. R. 3353-1 Le fait de se trouver en état d'ivresse manifeste dans les lieux mentionnés à l'article L. 3341-1 est puni de l'amende prévue pour les contraventions de la 2e classe. – *[Anc. art. R. 4 C. déb. boiss.]*

Constatations du procès-verbal. L'ivresse manifeste est un fait matériel qui peut être constaté à l'aide du témoignage des sens sans qu'il soit nécessaire que le rapport, qui l'atteste, relate à l'appui des signes particuliers. • Crim. 24 avr. 1990, n° 89-81.515 P.

Art. R. 3353-2 Le fait pour les débitants de boissons de donner à boire à des gens manifestement ivres ou de les recevoir dans leurs établissements est puni de l'amende prévue pour les contraventions de la 4e classe.

Art. R. 3353-3 *(Décr. nº 2020-605 du 18 mai 2020, art. 13)* Le non-respect des dispositions de l'article L. 3341-4 et de ses textes d'application est sanctionné dans les conditions prévues à l'article R. 234-7 du code de la route.

Art. R. 3353-3 *(Abrogé par Décr. nº 2010-465 du 6 mai 2010) Est puni de l'amende prévue pour les contraventions de la 1re classe, le fait pour un débitant de boissons :*

1º De ne pas placer à l'endroit indiqué l'affiche prévue à l'article L. 3341-2 ;

2º D'apposer, sans autorisation, des affiches d'un autre modèle que celui déterminé dans les conditions de l'article L. 3341-2. – [Anc. art. R. 8, al. 1er à 3, C. déb. boiss.]

Art. R. 3353-4 *(Abrogé par Décr. nº 2010-465 du 6 mai 2010) Le fait de détruire ou de lacérer l'affiche prévue à l'article L. 3341-2 est puni de l'amende prévue pour les contraventions de la 1re classe.* – [Anc. art. R. 8, al. 4, C. déb. boiss.]

Art. R. 3353-5 Le fait pour un débitant de boissons à consommer sur place ou à emporter de vendre au détail, à crédit, soit au verre, soit en bouteilles, des boissons des troisième, quatrième et cinquième groupes est puni de l'amende prévue pour les contraventions de la 4e classe.

(Abrogé par Décr. nº 2017-933 du 10 mai 2017, art. 2) « Est puni des mêmes peines le fait pour un débitant de boissons à consommer sur place, de vendre au détail à crédit, soit au verre, soit en bouteilles, des boissons du deuxième groupe. » – [Anc. art. R. 8-1 C. déb. boiss.]

Art. R. 3353-5-1 *(Décr. nº 2007-794 du 10 mai 2007)* Est puni de l'amende prévue pour les contraventions de la quatrième classe le fait de vendre des boissons alcoolisées à consommer sur place ou à emporter en violation des interdictions ou obligations édictées par arrêté.

Art. R. 3353-6 *(Abrogé par Décr. nº 2010-465 du 6 mai 2010) Le fait de vendre des boissons alcooliques à emporter, entre vingt-deux heures et six heures, dans un point de vente de carburant est puni de l'amende prévue pour les contraventions de la 5e classe.*

(Abrogé à nouveau par Décr. nº 2010-671 du 18 juin 2010) « Les personnes morales peuvent être déclarées responsables pénalement, dans les conditions prévues à l'article 121-2 du code pénal, de l'infraction définie au présent article.

« La peine encourue par les personnes morales est l'amende, suivant les modalités prévues à l'article 131-41 du code pénal. »

La récidive de la contravention prévue au présent article est réprimée conformément aux dispositions des articles 132-11 et 132-15 du code pénal. – [Anc. art. R. 8-2 C. déb. boiss.]

SECTION II *Protection des mineurs*

Art. R. 3353-7 *(Décr. nº 2010-465 du 6 mai 2010)* I. – Est puni de l'amende prévue pour les contraventions de la deuxième classe le fait, pour un débitant de boissons :

1º De ne pas placer à l'endroit indiqué l'affiche prévue à l'article L. 3342-4 ;

2º D'apposer des affiches d'un autre modèle que celui défini au même article.

II. – Est puni de la même peine le fait de détruire, de lacérer ou d'altérer l'affiche mentionnée au 1° du I.

Art. R. 3353-8 Le fait pour un débitant de boissons de recevoir dans son établissement des mineurs de moins de seize ans non accompagnés de leur père, mère, tuteur ou de toute personne de plus de dix-huit ans en ayant la charge ou la surveillance, est puni de l'amende prévue pour les contraventions de la 4e classe. – *[Anc. art. R. 11 C. déb. boiss.]*

Art. R. 3353-9 Dans les cas prévus à la présente section, le prévenu peut prouver qu'il a été induit en erreur sur l'âge du mineur ou sur la qualité ou l'âge de la personne l'accompagnant. S'il rapporte cette preuve, aucune peine ne lui est applicable. – *[Anc. art. R. 13 C. déb. boiss.]*

CHAPITRE IV *Mesures conservatoires*

SECTION UNIQUE

Art. R. 3354-1 Les vérifications médicales, cliniques et biologiques prévues à l'article L. 3354-1 et à l'article L. 234-5 du code de la route sont faites dans les conditions prévues au présent chapitre, sans préjudice de l'application de l'article 3 de la loi n° 70-597 du 9 juillet 1970 instituant un taux légal d'alcoolémie et généralisant le dépistage par l'air expiré.

Lorsque les vérifications sont faites au moyen d'un appareil permettant de déterminer le taux d'alcool par l'analyse de l'air expiré, ces vérifications sont effectuées dans les conditions prévues à l'article R. 234-4 du code de la route. – *[Anc. art. R. 14 C. déb. boiss.]*

Preuve de l'état alcoolique. Les juges peuvent retenir à la charge du prévenu, au vu des preuves qui leur sont apportées au cours des débats et contradictoirement débattues devant eux, le taux d'alcoolémie du sang qui lui est le plus favorable, à la suite de prélèvements et d'analyses effectués dans les conditions prévues par les art. R. 14 s. C. déb. boiss. [R. 3354-1 CSP]. • Crim. 6 févr. 1992, ☎ n° 91-81.527 P.

Art. R. 3354-2 Les vérifications sont pratiquées sur la personne du ou des auteurs présumés de l'infraction ou de l'accident ainsi que, si cela est utile, sur la ou les victimes.

S'il n'y est pas procédé d'office, les mêmes vérifications peuvent être faites à la demande du ou des auteurs présumés ou de la ou des victimes, sur leur propre personne. – *[Anc. art. R. 15 C. déb. boiss.]*

Art. R. 3354-3 Les vérifications comportent les opérations suivantes :

1° Examen clinique médical avec prise de sang ;

2° Analyse du sang ;

3° Interprétation médicale des résultats recueillis.

Elles sont précédées de l'examen de comportement prévu à l'article R. 3354-4. – *[Anc. art. R. 16 C. déb. boiss.]*

Examen de comportement. Les dispositions de l'art. R. 16, dernier al., C. déb. boiss. [R. 3354-3 CSP] relatives au moment de réalisation de l'examen de comportement, ne sont pas prescrites à peine de nullité. • Crim. 27 mars 1996 : ☎ *Jurispr. auto 1996. 447.*

Art. R. 3354-4 L'officier ou agent de la police judiciaire appelé à constater l'infraction ou l'accident de la circulation procède sans délai sur les personnes mentionnées à l'article R. 3354-2 à un examen de comportement, dont le résultat est consigné sur une fiche d'examen de comportement dite fiche A et dont il conserve copie.

En cas de mort ou en cas de blessures graves empêchant de procéder à l'examen de comportement, cette fiche se borne à indiquer les circonstances de l'infraction ou de l'accident. – *[Anc. art. R. 17 C. déb. boiss.]*

Fiches de comportement. Même en présence de fiches de comportement insuffisamment probantes et en l'absence de témoignages, une cour d'appel peut condamner un prévenu pour blessures involontaires commises sous l'empire d'un état alcoolique, en relevant que cet état est démontré par la présence dans le sang d'un taux d'alcool pur égal à 1,01 pour mille, révélé par l'analyse de contrôle. • Crim. 23 mars 1994, ☎ n° 93-80.024 P.

Art. R. 3354-5 L'examen clinique médical et la prise de sang sont effectués par un médecin ou, à défaut, par un interne ou par un étudiant en médecine autorisé à exercer la médecine à titre de remplaçant, dans les conditions fixées à l'article L. 4131-2, requis à cet effet par l'officier ou agent de la police judiciaire. – *[Anc. art. R. 18 C. déb. boiss.]*

Qualité de l'auteur du prélèvement sanguin. Cassation de l'arrêt qui écarte les conclusions d'un prévenu qui soutenait que le prélèvement sanguin n'avait pas été effectué par un médecin, sans préciser si cette prise de sang avait été pratiquée par l'une des personnes énumérées par l'art. R. 18 C. déb. boiss. [R. 3354-5 CSP]. • Crim. 7 juin 1977 : *Bull. crim. n° 205.* ♦ Il résulte des art. L. 3354-1 et R. 3354-5 CSP que les officiers ou agents de police judiciaire doivent, lors de la constatation d'un crime, d'un délit ou d'un accident de la circulation, requérir un médecin pour faire procéder aux vérifications destinées à établir la preuve de la présence d'alcool dans l'organisme de l'auteur présumé lorsqu'il semble que le crime, le délit ou l'accident a été commis ou causé sous l'empire d'un état alcoolique. La réquisition délivrée à un médecin par un officier ou un agent de police judiciaire qui constate un accident de la circulation qui semble avoir été causé sous l'empire d'un état alcoolique n'est pas soumise à l'autorisation préalable du procureur de la République. • Crim. 15 déc. 2009, n° 09-83.878 P : *D. 2010. AJ 269*.

Art. R. 3354-6 L'examen clinique médical et la prise de sang sont effectués dans le plus court délai possible après l'infraction ou l'accident. Sauf le cas prévu à l'article R. 3354-10, ce délai ne dépasse pas six heures.

S'il ne peut y être procédé en temps utile, mention de cette circonstance est portée au procès-verbal. – *[Anc. art. R. 19 C. déb. boiss.]*

Art. R. 3354-7 Le médecin effectue la prise de sang en se conformant aux méthodes prescrites par arrêté du ministre chargé de la santé, à l'aide d'un nécessaire pour prélèvement remis par l'officier ou l'agent de la police judiciaire qui assiste au prélèvement sanguin. – *[Anc. art. R. 20 C. déb. boiss.]*

V. Arr. du 27 sept. 1972 (D. et BLD 1972. 582).

Art. R. 3354-8 Le sang prélevé est réparti également entre deux échantillons étiquetés et scellés par l'officier ou l'agent de la police judiciaire. – *[Anc. art. R. 21 C. déb. boiss.]*

Art. R. 3354-9 Les résultats de l'examen clinique médical sont consignés sur une fiche d'examen clinique médical dite fiche B, que le médecin remet à l'officier ou à l'agent de la police judiciaire. – *[Anc. art. R. 22 C. déb. boiss.]*

Art. R. 3354-10 En cas de mort, le prélèvement de sang et l'examen du corps sont effectués soit dans les conditions prévues à l'article R. 3354-5, au deuxième alinéa de l'article R. 3354-7, aux articles R. 3354-8 et R. 3354-9, soit par un médecin légiste, au cours de l'autopsie judiciaire.

Les méthodes particulières de prélèvement et de conservation du sang applicable en cas de mort sont fixées par arrêté du ministre chargé de la santé. – *[Anc. art. R. 23 C. déb. boiss.]*

V. Arr. du 27 sept. 1972 (D. et BLD 1972. 583).

Art. R. 3354-11 Si les vérifications sont effectuées à la suite de la constatation d'un crime ou d'un délit mentionné à l'article L. 3354-1, l'officier ou l'agent de la police judiciaire adresse :

1° Le premier échantillon du sang prélevé accompagné de quatre exemplaires des fiches A et B à un biologiste expert inscrit sur la liste prévue à l'article R. 3354-20 ;

2° Le deuxième échantillon accompagné d'un exemplaire des fiches A et B à un autre biologiste expert inscrit sur la même liste et chargé de procéder éventuellement à l'analyse de contrôle.

Le biologiste expert chargé de l'analyse en consigne les résultats sur une fiche d'analyse de sang dite fiche C et adresse un exemplaire des fiches A, B et C directement sous pli fermé et timbre confidentiel, à l'intéressé, au procureur de la République *(Abrogé par Décr. n° 2010-344 du 31 mars 2010)* ***« et au médecin inspecteur départemental de santé publique »*** du lieu du crime ou du délit. La fiche C est communiquée à l'officier ou agent de police judiciaire. – *[Anc. art. R. 24 C. déb. boiss.]*

Art. R. 3354-12 Si les vérifications sont faites à la suite d'un accident de la circulation survenu dans les conditions prévues à l'article L. 3354-1, l'officier ou l'agent de police judiciaire adresse :

1° Le premier échantillon de sang prélevé accompagné de quatre exemplaires des fiches A et B au laboratoire d'un établissement *(Décr. n° 2016-1645 du 1er déc. 2016, art. 3)* « de santé » ou à un biologiste expert inscrit sur la liste prévue à l'article R. 3354-20 ;

2° Le deuxième échantillon accompagné d'un exemplaire des fiches A et B à un autre biologiste expert inscrit sur la même liste et chargé de procéder éventuellement à l'analyse de contrôle.

Le laboratoire ou le biologiste expert qui a procédé à l'analyse en consigne les résultats sur la fiche C et adresse un exemplaire des fiches A, B et C directement sous pli fermé et timbre confidentiel à l'intéressé, au *(Décr. n° 2010-344 du 31 mars 2010)* « préfet et au procureur de la République » du lieu de l'accident. La fiche C est communiquée à l'officier ou agent de police judiciaire. — *[Anc. art. R. 24-1 C. déb. boiss.]*

Art. R. 3354-13 La recherche et le dosage d'alcool dans le sang sont pratiqués suivant les techniques prescrites par un arrêté du ministre chargé de la santé. — *[Anc. art. R. 25 C. déb. boiss.]*

V. Arr. du 27 sept. 1972 (D. et BLD 1972. 583) ; Arr. du 6 mars 1986 (D. et ALD 1986. 320).

Preuve. Aucune disposition de la loi n'édicte que les résultats des analyses effectuées suivant les méthodes prévues par l'art. R. 25 C. déb. boiss. [R. 3354-13 CSP] s'imposent aux juges, lesquels conservent, aux termes de l'art. 427 C. pr. pén., le droit de se décider d'après leur intime conviction en fondant leur décision sur les preuves qui leur sont apportées au cours des débats et contradictoirement discutées devant eux. • Crim. 7 juin 1988 : *Bull. crim. n° 259.*

Art. R. 3354-14 Le procureur de la République, le juge d'instruction et la juridiction de jugement, ainsi que l'intéressé dans un délai de cinq jours suivant la notification des résultats de son analyse de sang ordonnée par l'une des autorités précitées, peuvent demander que soit pratiquée une analyse de contrôle.

Cette analyse est confiée au second biologiste expert mentionné au 2° des articles R. 3354-11 et R. 3354-12. Celui-ci pratique l'analyse de contrôle en se conformant aux méthodes prescrites par arrêté du ministre chargé de la santé et en communique les résultats à l'intéressé, au procureur de la République du lieu de l'infraction ou de l'accident, ainsi qu'à l'autorité qui l'a saisi. Il conserve l'échantillon de sang pendant neuf mois si l'analyse de contrôle ne lui est pas demandée. — *V. Arr. du 27 sept. 1972 (D. et BLD 1972. 583).*

Le procureur de la République transmet le résultat de l'analyse de contrôle, pour nouvel avis, au médecin expert inscrit sur la liste prévue à l'article R. 3354-20 et désigné par l'autorité judiciaire. — *[Anc. art. R. 26 C. déb. boiss.]*

1. Analyse de contrôle. Le prévenu n'est pas admis à contester devant les juges du fond la régularité des vérifications biologiques auxquelles il a été soumis dès lors que, dans le délai de 5 jours de la notification du taux d'alcoolémie par lui présenté, il n'a pas réclamé l'analyse de contrôle prévue par l'art. R. 26 C. déb. boiss. [R. 3354-14 CSP]. • Crim. 19 déc. 1991, n° 88-85.149 P : *D. 1992. Somm. 319, obs. Pradel* . ♦ C'est à bon droit que les juges déduisent que le prévenu n'est pas admis, devant les juges du fond, à contester la régularité des vérifications biologiques auxquelles il a été soumis, dès lors que ce dernier a expressément renoncé à l'analyse de contrôle prévue par l'art. R. 3354-14 CSP. • Crim. 12 nov. 2008, n° 08-84.006 P : *D. 2009. AJ 23 ; AJ pénal 2009. 73, obs. Céré* .

2. Le prévenu est sans intérêt à se prévaloir d'une impossibilité de faire procéder à sa requête à une analyse du second échantillon de sang prélevé sur sa personne dès lors que celui-ci a déjà été analysé conformément à l'art. R. 26 C. déb. boiss. [R. 3354-14 CSP]. • Crim. 6 févr. 1992, n° 91-81.527 P.

3. Délai de 9 mois. Le délai de 9 mois prescrit par l'art. R. 26 C. déb. boiss. [R. 3354-14 CSP] n'est imposé au second biologiste expert mentionné à l'art. R. 24-1 (2°) [R. 3354-12 CSP] du même code que pour la seule conservation du second échantillon de sang dans le cas où l'analyse de contrôle ne lui est pas demandée. • Crim. 3 avr. 1990, n° 88-87.407 P : *D. 1990. IR 141.*

Art. R. 3354-15 Un médecin expert est chargé de donner son avis aux autorités judiciaires, près desquelles il exerce ses fonctions, sur l'imprégnation alcoolique des personnes qui ont subi les vérifications précédentes.

Après avoir pris connaissance des fiches A, B et C, il établit pour chaque affaire un rapport d'expertise où il expose son avis circonstancié et ses conclusions. — *[Anc. art. R. 27 C. déb. boiss.]*

Art. R. 3354-16 Le médecin expert adresse le rapport, ainsi que les trois fiches A, B et C, au procureur de la République compétent, sous pli fermé et sous timbre confidentiel.

Il adresse également copie dans les mêmes conditions du rapport d'expertise au médecin inspecteur de santé publique du département du lieu de l'infraction ou de l'accident.

L'intéressé peut, sur demande adressée au procureur de la République, obtenir communication du rapport d'expertise. Les frais exigés par cette communication sont à la charge de l'intéressé. — *[Anc. art. R. 28 C. déb. boiss.]*

Art. R. 3354-17 Les honoraires et indemnités de déplacement des médecins requis en application des dispositions des articles R. 3354-5 et R. 3354-10 sont calculés conformément aux articles R. 110, R. 111 et *(Décr. nº 2017-248 du 27 févr. 2017)* « R. 117 » du code de procédure pénale.

Les frais afférents aux examens de laboratoire prévus aux articles R. 3354-11 à R. 3354-14 sont fixés conformément *(Décr. nº 2017-248 du 27 févr. 2017)* « à l'article R. 118 » du code de procédure pénale.

Les honoraires alloués aux médecins experts mentionnés à l'article R. 3354-15 sont calculés *(Décr. nº 2017-248 du 27 févr. 2017)* « conformément à » l'article R. 117 du code de procédure pénale. – *[Anc. art. R. 29 C. déb. boiss.]*

Art. R. 3354-18 Les dépenses mentionnées à l'article R. 3354-17 sont des frais de justice criminelle, correctionnelle et de police.

Le paiement de ces frais a lieu conformément aux dispositions du titre X du livre V du code de procédure pénale. – *[Anc. art. R. 30 C. déb. boiss.]*

Art. R. 3354-19 Le ministre chargé de la santé fixe par arrêté les modèles des fiches A, B et C. – *[Anc. art. R. 31 C. déb. boiss.]*

V. Arr. du 27 sept. 1972 (JO 30 nov.), mod. par Arr. du 14 juin 1979 (JONC 5 juill.).

Art. R. 3354-20 Sont inscrits, sous une rubrique spéciale, sur la liste d'experts dressée par chaque cour d'appel en application des dispositions de l'article 157 du code de procédure pénale, au moins deux biologistes experts chargés d'effectuer les analyses prévues aux articles R. 3354-13 et R. 3354-14 ainsi qu'un ou plusieurs médecins experts dont les attributions sont prévues à l'article R. 3354-15.

L'inscription des biologistes et médecins experts sur cette liste, ainsi que, le cas échéant, leur non-réinscription ou leur radiation en cours d'année, s'opèrent selon les modalités et dans les conditions prévues par le décret nº *(Décr. nº 2010-344 du 31 mars 2010)* « 2004-1463 du 23 décembre 2004 » relatif aux experts judiciaires.

(Abrogé par Décr. nº 2010-344 du 31 mars 2010) « Les propositions présentées par le procureur général à l'assemblée générale de la cour d'appel en vue de l'inscription des biologistes et médecins experts sur ladite liste sont établies en accord avec le médecin inspecteur régional de santé publique. »

Lorsqu'un militaire a commis une infraction mentionnée à l'article L. 3354-1 dans le service ainsi que dans les enceintes militaires, sans qu'une personne civile puisse être mise en cause, les opérations définies aux articles R. 3354-11 à R. 3354-16 peuvent être effectuées par des biologistes et des médecins-experts militaires, désignés par arrêté du ministre de la défense. Il est nommé dans le ressort *(Décr. nº 2015-211 du 25 févr. 2015, art. 27)* « de chaque zone terre ou de chaque arrondissement maritime » un biologiste et un médecin expert ainsi qu'un suppléant pour chacun d'eux.

Les dispositions de l'article R. 3354-17 ne sont pas applicables dans ce cas. – *[Anc. art. R. 32 C. déb. boiss.]*

Art. R. 3354-21 Un arrêté des ministres de la justice, de la défense, de l'intérieur et du ministre chargé de la santé fixe les conditions de répartition et d'entretien du matériel servant aux prélèvements prévus à l'article R. 3354-7. – *[Anc. art. R. 33 al. 1er C. déb. boiss.]*

V. Arr. du 27 sept. 1972 (JO 30 nov.).

Art. R. 3354-22 Le non-respect des interdictions prévues à l'article L. 3354-3 est puni de l'amende prévue pour les contraventions de la 5e classe.

CHAPITRE V *Dispositions communes*

SECTION UNIQUE

Art. R. 3355-1 Les diligences mises à la charge du ministère public par le premier alinéa de l'article L. 3355-5 sont effectuées selon les modalités définies aux articles R. 51 et R. 51-1 du code de procédure pénale. – *[Anc. art. R. 3-1 C. déb. boiss.]*

Code général des impôts

Pour les interdictions temporaires d'exercer une profession industrielle, commerciale ou libérale à titre de peine complémentaire de sanction d'un délit fiscal, V. **CGI**, *art. 1750.*

Art. 1812 – 1. Les infractions à la loi du 16 mars 1915, modifiée par celle du 17 juillet 1922 relative à l'interdiction de la fabrication, de la vente en gros et en détail ainsi que de la circulation de l'absinthe et des liqueurs similaires, et aux décrets rendus pour son application, sont punies, à la requête du ministère public, d'une amende de 18 000 €. – *V. cette loi infra.*

Pour les personnes se livrant à la vente au détail, l'amende encourue est de 3 750 €.

Quiconque met les agents habilités à constater lesdites infractions dans l'impossibilité d'accomplir leurs fonctions soit en leur refusant l'entrée de ses locaux de fabrication, de dépôt ou de vente, soit de toute autre manière, est puni, indépendamment des peines prévues à l'article 1798, alinéa 2, des peines prévues *(L. nº 93-949 du 26 juill. 1993)* « à l'article L. 217-10 du code de la consommation ».

Les infractions sont recherchées et constatées à la diligence du ministère public, comme en matière de fraudes et de falsifications.

2. Le non-respect des interdictions mentionnées à l'article L. 3322-5 du code de la santé publique est sanctionné conformément à l'article L. 3351-4 du code précité.

Les dispositions du CGI, art. 1801, concernant le sursis, ne sont pas applicables aux infractions à la réglementation prohibant l'absinthe et les liqueurs similaires (CGI, art. 1802 ; L. nº 77-1453 du 29 déc. 1977, art. 9).

....

Art. 1816 *(L. nº 2011-525 du 17 mai 2011, art. 161-II-11º)* En cas de condamnation d'un débitant de boissons pour rébellion ou violences contre les agents, le tribunal peut, indépendamment des autres pénalités encourues, ordonner la fermeture du débit pour une durée de six mois au plus.

En cas d'infraction à la réglementation concernant les capsules, empreintes ou vignettes représentatives des droits indirects sur l'alcool, le vin et le cidre, le tribunal peut ordonner la fermeture, définitive ou pour une durée d'un an au plus, de l'établissement.

*(Abrogé par L. nº 2019-1479 du 28 déc. 2019, art. 188-2º) « **En cas de récidive des infractions aux dispositions visées à l'article 514 bis, le tribunal peut ordonner la fermeture définitive de l'établissement.** »*

*(Abrogé par Décr. nº 2016-775 du 10 juin 2016, art. 1er) « **En cas de récidive des infractions prévues à l'article 505, le tribunal peut prononcer la suppression de la licence attachée à l'établissement.** »*

Art. 1817 Les dispositions de l'article 1750 sont applicables aux infractions prévues aux articles 1810 *(L. nº 2014-1655 du 29 déc. 2014, art. 93-I-4º)* « , 1811 » et 1812. – *[L. nº 77-1453 du 29 déc. 1977, art. 13]. – V. l'art. 1750,* **CGI**. *– Dispositions applicables même pour les délits commis avant l'entrée en vigueur de la loi nº 77-1453 du 29 déc. 1977 (L. préc., art. 13).*

Code de la sécurité intérieure

(Ord. nº 2012-351 du 12 mars 2012)

LIVRE III Polices administratives spéciales

TITRE III Fermeture administrative de certains établissements

CHAPITRE PREMIER *Débits de boissons et restaurants*

Art. L. 331-1 Les conditions dans lesquelles le représentant de l'État dans le département, le préfet de police à Paris et le ministre de l'Intérieur peuvent ordonner la fermeture d'un débit de boissons ou d'un restaurant, notamment en cas d'atteinte à l'ordre public, à la santé, à la tranquillité ou à la moralité publiques, sont définies aux articles L. 3332-15 et L. 3332-16 du code de la santé publique.

CHAPITRE II *Établissements de vente à emporter de boissons alcoolisées ou d'aliments préparés sur place*

Art. L. 332-1 *Les établissements* fixes ou mobiles de vente à emporter de boissons alcoolisées ou d'aliments assemblés et préparés sur place, destinés à une remise immédiate au consommateur, dont l'activité cause un trouble à l'ordre, la sécurité ou la tranquillité publics peuvent faire l'objet d'un arrêté de fermeture administrative d'une durée n'excédant pas trois mois pris par le représentant de l'État dans le département ou, à Paris, par le préfet de police. – *[CGCT, art. L. 2215-6, al. 1er, et L. 2512-14-1, al. 1er.]*

(*L. nº 2019-1461 du 27 déc. 2019, art. 45*) « Au vu des circonstances locales, le représentant de l'État dans le département peut déléguer par arrêté à un maire qui en fait la demande l'exercice, sur le territoire de sa commune, des prérogatives mentionnées au premier alinéa. Le représentant de l'État dans le département peut mettre fin à cette délégation, dans les mêmes conditions, à la demande du maire ou à son initiative.

« Les prérogatives déléguées au maire en application du deuxième alinéa sont exercées au nom et pour le compte de l'État. Le maire transmet au représentant de l'État dans le département, dans un délai de trois jours à compter de leur signature, les arrêtés de fermeture qu'il prend au titre de ces prérogatives. Le représentant de l'État dans le département peut ordonner la fermeture administrative d'un établissement, après une mise en demeure du maire restée sans résultat. »

CHAPITRE III *Établissements diffusant de la musique*

Art. L. 333-1 Les établissements diffusant de la musique, dont l'activité cause un trouble à l'ordre, la sécurité ou la tranquillité publics, peuvent faire l'objet d'un arrêté de fermeture administrative d'une durée n'excédant pas trois mois par le représentant de l'État dans le département ou, à Paris, par le préfet de police. – *[CGCT, art. L. 2215-7, al. 1er, et L. 2512-14-2, al. 1er.]*

(*L. nº 2019-1461 du 27 déc. 2019, art. 45*) « Au vu des circonstances locales, le représentant de l'État dans le département peut déléguer par arrêté à un maire qui en fait la demande l'exercice, sur le territoire de sa commune, des prérogatives mentionnées au premier alinéa. Le représentant de l'État dans le département peut mettre fin à cette délégation, dans les mêmes conditions, à la demande du maire ou à son initiative.

« Les prérogatives déléguées au maire en application du deuxième alinéa sont exercées au nom et pour le compte de l'État. Le maire transmet au représentant de l'État dans le département, dans un délai de trois jours à compter de leur signature, les arrêtés de fermeture qu'il prend au titre de ces prérogatives. Le représentant de l'État dans le département peut ordonner la fermeture administrative d'un établissement, après une mise en demeure du maire restée sans résultat. »

CHAPITRE IV *Dispositions pénales*

Art. L. 334-1 Le fait, pour le propriétaire ou l'exploitant, malgré une mise en demeure du représentant de l'État dans le département, ou, à Paris, du préfet de police, d'avoir à se conformer à l'arrêté pris en application de l'article L. 332-1, de ne pas procéder à la fermeture de l'établissement est puni de 3 750 euros d'amende. – *[CGCT, art. L. 2215-6, al. 2, et L. 2512-14-1, al. 2.]*

Art. L. 334-2 Le fait, pour le propriétaire ou l'exploitant, malgré une mise en demeure du représentant de l'État dans le département, ou, à Paris, du préfet de police, d'avoir à se conformer à l'arrêté pris en application de l'article L. 333-1, de ne pas procéder à la fermeture de l'établissement est puni de 3 750 euros d'amende. – *[CGCT, art. L. 2215-7, al. 2, et L. 2512-14-2, al. 2.]*

Loi du 16 mars 1915,

Relative à l'interdiction de la fabrication, de la vente en gros et au détail, ainsi que de la circulation de l'absinthe et des liqueurs similaires (DP 1916. 4. 2).

Art. 1er (*L. du 17 juill. 1922*) Sont interdites la fabrication, la vente en gros et en détail, ainsi que la circulation de l'absinthe et des liqueurs similaires visées par l'article 15 de la loi du 30 janvier 1907 et l'article 17 de la loi du 26 décembre 1908. – *Pour la répression des infractions, V. CGI, art. 1812 s.*

Un décret fixera les caractères auxquels on reconnaîtra qu'un spiritueux doit être considéré comme liqueur similaire au sens de la présente loi. – *V. Décr. nº 88-1024 du 2 nov. 1988.*

Art. 2 La présente loi est applicable (*L. nº 2007-224 du 21 févr. 2007, art. 21-II*) « aux collectivités d'outre-mer régies par l'article 74 de la Constitution et à la Nouvelle-Calédonie ».

Décret nº 88-1024 du 2 novembre 1988,

Portant application de la loi du 16 mars 1915 relative à l'interdiction de l'absinthe et des liqueurs similaires, fixant les caractères des liqueurs similaires de l'absinthe.

Art. 1er (*Décr. nº 2010-256 du 11 mars 2010, en vigueur le 20 janv. 2011*) Sont considérées comme liqueurs similaires à l'absinthe, au sens de la loi du 16 mars 1915 susvisée, de l'article 347 du code général des impôts et de l'article L. 3322-4 du code de la santé publique, les boissons alcoolisées produites à partir des espèces d'Artemisia présentant une quantité de thuyone supérieure à 35 mg/kg.

Art. 2 Le décret du 24 octobre 1922 modifié portant application de la loi du 16 mars 1915 susvisée fixant les caractères des liqueurs similaires de l'absinthe est abrogé.

DIVORCE

Loi du 13 avril 1932,

Réprimant la fraude en matière de divorce et de séparation de corps (DP 1932. 4. 175).

Art. unique Quiconque aura, par des manœuvres dolosives ou de fausses allégations, tenu ou tenté de tenir son conjoint dans l'ignorance d'une procédure de divorce ou de séparation de corps dirigée contre lui, sera puni d'un emprisonnement de deux ans et d'une amende de 9 000 € ou de l'une de ces deux peines seulement.

En cas de récidive, la peine d'emprisonnement sera toujours prononcée.

1. Prescription. Le point de départ de la prescription du délit de fraude en matière de divorce réprimé par l'art. unique de la L. du 13 avr. 1932 est fixé au jour où cesse l'ignorance des procédés frauduleux dans laquelle a été tenue la partie lésée. • Crim. 5 juin 1996, n° 94-84.642 P : *RSC 1997. 150, obs. Dintilhac ; JCP 1997. I. 4031, chron. Véron ; Dr. pénal 1997. Comm. 1.*

2. Qualification. Sur la requalification de manœuvres frauduleuses en faux en écriture privée et usage : • Crim. 25 mai 1992, n° 91-82.934 P.

Loi du 23 décembre 1942,

Tendant à protéger la dignité du foyer loin duquel l'époux est retenu par suite des circonstances de guerre.

Art. 1er Quiconque vivra en concubinage notoire avec l'épouse de celui qui est retenu loin de son pays par circonstances de guerre sera puni d'un emprisonnement de trois ans et d'une amende de 25 000 F.

Les poursuites ne pourront être exercées du chef de complicité contre l'épouse que sur plainte du conjoint.

DOUANES ET CHANGES

RÉP. PÉN. v° *Douanes*, par BERR.

BIBL. ▶ *Dossier* : Spécificités de l'investigation douanière, *AJ pénal 2009. 201 s.*

▶ BERR, *D. 2012. Point de vue 449* (les pouvoirs de l'administration douanière à nouveau sous le scalpel du Conseil constitutionnel).

Code des douanes

V. C. douanes, sur Dalloz.fr.

Loi n° 92-1477 du 31 décembre 1992,

Relative aux produits soumis à certaines restrictions de circulation et à la complémentarité entre les services de police, de gendarmerie et de douane (JO 5 janv. 1993).

TITRE PREMIER Dispositions relatives aux armes, munitions, matériels de guerre et biens à double usage civil et militaire

Art. 1er *V. C. douanes, art. 2 ter.*

Art. 2 I. – Les transferts à destination d'un autre État membre de la Communauté européenne de certains produits et technologies à double usage, c'est-à-dire susceptibles d'avoir une utilisation tant civile que militaire, relevant d'une des catégories fixées par décret et ayant un statut de marchandises communautaires, sont soumis à autorisation préalable délivrée par l'autorité administrative, dans des conditions fixées par le même décret. Cette autorisation peut revêtir une forme simplifiée.

Les produits et technologies visés au premier alinéa sont présentés au service des douanes lorsque leur transfert à destination d'un autre État membre de la Communauté européenne ne bénéficie pas d'une autorisation simplifiée.

Les agents des douanes sont chargés de contrôler lesdits produits et technologies ainsi que les documents auxquels leur transfert est subordonné.

Les modalités de la présentation en douane sont fixées par décret.

II. – A titre transitoire, et jusqu'à l'intervention du décret mentionné au premier alinéa, les transferts visés au même alinéa sont ceux qui concernent les produits et technologies à double usage cités dans les listes publiées par les avis aux importateurs et aux exportateurs pris en application du décret du 30 novembre 1944 fixant les conditions d'importation en France et dans les territoires français d'outre-mer des marchandises étrangères, ainsi que les conditions d'exportation et de réexportation des marchandises hors de France et des territoires d'outre-mer à destination de l'étranger et établissant certaines formalités au point de vue des échanges entre la France et les territoires français d'outre-mer, et de l'arrêté du 30 janvier 1967 du ministre de l'économie et des finances relatif aux importations de marchandises en provenance de l'étranger et aux exportations de marchandises à destination de l'étranger. Les conditions dans lesquelles les autorisations sont délivrées sont celles qui figurent dans les textes d'application dudit décret.

Les produits et technologies visés à l'alinéa ci-dessus sont présentés au service des douanes, dans des conditions fixées par décret, lorsque leur transfert à destination d'un autre État membre de la Communauté européenne ne bénéficie pas d'une autorisation simplifiée.

Les agents des douanes sont chargés de contrôler lesdits produits et technologies ainsi que les documents auxquels leur transfert est subordonné.

V. Décr. n° 2001-1192 du 13 déc. 2001 relatif au contrôle à l'exportation, à l'importation et au transfert de biens et technologies à double usage (JO 15 déc.).

Art. 3 I. – Les dispositions du titre V de la présente loi sont applicables aux armes de la *(L. n° 2012-304 du 6 mars 2012, art. 34-XIX, en vigueur le 6 sept. 2013)* « catégorie A figurant sur une liste fixée par décret acquises à titre personnel, aux armes des catégories A, B, C et D mentionnées à l'article L. 2331-1 du code de la défense *[ancienne rédaction : première catégorie figurant sur une liste fixée par décret acquises à titre personnel, aux armes et munitions non considérées comme matériels de guerre, mentionnées à l'article 1er du décret-loi du 18 avril 1939 fixant le régime des matériels de guerre]* » et aux textes pris pour son application ainsi qu'aux poudres et substances explosives destinées à un usage civil dont l'exportation et l'importation sont prohibées par l'article L. 2352-1 du code de la défense *[ancienne rédaction : 2 de la loi n° 70-575 du*

3 juillet 1970 portant réforme du régime des poudres et substances explosives] lorsqu'elles ont le statut de marchandises communautaires et font l'objet d'un transfert entre la France et un autre État membre de la Communauté européenne ou entre États membres de la Communauté européenne avec emprunt du territoire national. — *V. Décr. n° 93-17 du 6 janv. 1993, art. 22 (JO 7 janv.).*

II. — Un arrêté du ministre chargé des douanes détermine les cas dans lesquels ces armes, munitions, poudres et substances explosives sont présentées au service des douanes lorsqu'elles sont, selon le cas, à destination ou en provenance d'un autre État membre de la Communauté européenne ainsi que les modalités de cette présentation. Les agents des douanes sont chargés de contrôler lesdites armes, munitions, poudres et substances explosives ainsi que les documents auxquels leur transfert est subordonné.

TITRE II Dispositions relatives aux biens culturels

Art. 4 à 14 *V. C. patr., art. L. 111-1 à L. 111-7, L. 114-1 et L. 121-1 à L. 121-4.*

Art. 15 *Mod. C. ind. cin., art. 19. — **C. communic.***

TITRE III Dispositions relatives à l'exportation et à l'importation de médicaments, substances ou préparations classés comme stupéfiants ou comme psychotropes et à l'importation de certaines catégories de médicaments à usage humain

Art. 16 à 18 *Abrogés et recodifiés ss. CSP, art. L. 1235-1, L. 1244-8, L. 1245-4, L. 5121-20, L. 5124-13 et L. 5132-9, par Ord. n° 2000-548 du 15 juin 2000. — V. ces textes.*

TITRE IV Dispositions relatives aux marchandises faisant l'objet, en France, de mesures de protection prévues par l'article 115 du traité de Rome

Art. 19 Les marchandises faisant l'objet, en France, de mesures de protection dans les conditions prévues par l'article 115 du traité de Rome du 25 mars 1957 instituant la Communauté européenne doivent être présentées au service des douanes.

Les agents des douanes sont chargés de contrôler lesdites marchandises et les documents auxquels l'importation est subordonnée.

Les modalités de la présentation en douane sont fixées par arrêté du ministre chargé des douanes.

TITRE V Dispositions de contrôle communes aux articles 2 et 3 du titre Ier et aux titres II à IV

Art. 20 à 25 *V. C. douanes, art. 38, 65 C, 215 bis, 322 bis, 419 et 426.*

Art. 26 ....

TITRE VI Mesures de protection contre l'introduction et la propagation d'organismes nuisibles aux végétaux et produits végétaux

Art. 27 à 34 *V. C. rur., art. L. 251-4 s. — **C. rur.***

TITRE VII Dispositions relatives à la complémentarité entre les services de police, de gendarmerie et de douane

Art. 35 *V. C. douanes, art. 67 ter.*

Art. 36 Aux fins de mise à disposition en vue d'un contrôle relevant de la compétence des agents des douanes, sur demande d'un fonctionnaire des douanes ayant au moins le grade de contrôleur et sous réserve que la personne concernée ne doive pas immédiatement être placée en garde à vue ou présentée au procureur de la République, les officiers de police judiciaire et, sous l'autorité et le contrôle de ceux-ci, les agents de police judiciaire procèdent à la rétention provisoire des personnes qu'ils contrôlent lorsque celles-ci font l'objet d'un signalement par application des articles 3, 4 et 5 de la convention entre les États de la Communauté européenne sur l'emploi de l'informatique dans le domaine des douanes, lorsque cette convention sera entrée en vigueur. — *V. Décr. n° 2000-1332 du 21 déc. 2000 (JO*

30 déc.) portant publication de la Convention de Bruxelles en date du 26 juillet 1995 sur l'emploi de l'informatique dans le domaine des douanes.

Les officiers de police judiciaire et, sous l'autorité et le contrôle de ceux-ci, les agents de police judiciaire informent sans délai le procureur de la République de la rétention provisoire. Au cours de la rétention provisoire, la personne est conduite devant l'agent des douanes compétent ou maintenue à sa disposition. La durée de la rétention provisoire est limitée au temps strictement nécessaire à l'accomplissement de ces diligences, sans pouvoir excéder trois heures à compter de la demande de l'agent des douanes. A l'expiration de ce délai, la personne est laissée libre si elle n'a pu être remise à l'agent des douanes compétent.

Lorsque la personne fait l'objet d'une retenue douanière à l'issue de la rétention provisoire, la durée de celle-ci s'impute sur la durée de la retenue douanière.

Les officiers de police judiciaire et, sous l'autorité et le contrôle de ceux-ci, les agents de police judiciaire mentionnent, par procès-verbal de constat, dont un double est remis à l'agent des douanes, le jour et l'heure du début et de la fin de la rétention provisoire ; ces mentions figurent également sur le registre mentionné à l'article 64 du code de procédure pénale.

Code de la santé publique

PREMIÈRE PARTIE : ***LÉGISLATIVE***

(Ord. n° 2000-548 du 15 juin 2000)

PREMIÈRE PARTIE **Protection générale de la santé**

LIVRE II **Don et utilisation des éléments et produits du corps humain**

TITRE III **Organes**

CHAPITRE V ***Dispositions communes***

Art. L. 1235-1 *(L. n° 2004-800 du 6 août 2004, art. 9-B-VI)* Seuls les établissements de santé autorisés à prélever des organes en application de l'article L. 1233-1 peuvent les exporter à des fins thérapeutiques.

Seuls les établissements de santé autorisés à greffer des organes en application des dispositions de l'article L. 1234-2 peuvent les importer à des fins thérapeutiques.

Seuls peuvent importer ou exporter des organes à des fins scientifiques les organismes autorisés par le ministre chargé de la recherche après avis de l'Agence de la biomédecine.

....

TITRE IV **Tissus, cellules et produits**

CHAPITRE V ***Dispositions communes***

....

Art. L. 1245-5 *(L. n° 2017-220 du 23 févr. 2017, art. 3)* I. – Les établissements ou les organismes autorisés par l'Agence nationale de sécurité du médicament et des produits de santé, en application de l'article L. 1243-2, peuvent se procurer, à des fins thérapeutiques, des tissus, leurs dérivés et des cellules issus du corps humain, quel que soit leur niveau de préparation, ainsi que des préparations de thérapie cellulaire, préparés et conservés dans un État membre de l'Union européenne ou partie à l'accord sur l'Espace économique européen.

Tout élément ou produit du corps humain mentionné au premier alinéa du présent I qui a été préparé et conservé dans un État membre de l'Union européenne ou partie à l'accord sur l'Espace économique européen et qui n'a pas fait l'objet de l'autorisation de procédé de préparation prévue au 2 de l'article 6 de la directive 2004/23/CE du Parlement européen et du Conseil du 31 mars 2004 relative à l'établissement de normes de qualité et de sécurité pour le don, l'obtention, le contrôle, la transformation, la conservation, le stockage et la distribution des tissus et cellules humains fait l'objet, préalablement à son entrée sur le territoire douanier, de l'autorisation du procédé de préparation ainsi que de l'évaluation de ses indications thérapeutiques prévues à l'article L. 1243-2. Cette autorisation est délivrée par l'Agence nationale de sécurité du médicament et des produits de santé, après avis de l'Agence de la biomédecine, aux établissements ou aux organismes mentionnés au premier alinéa du présent I.

Peuvent fournir, à des fins thérapeutiques, à un établissement agréé dans un État membre de l'Union européenne ou partie à l'accord sur l'Espace économique européen les éléments et produits du corps humain mentionnés au premier alinéa du présent I, les établissements ou les organismes autorisés par l'Agence nationale de sécurité du médicament et des produits de santé en application de l'article L. 1243-2 qui disposent pour ces éléments ou produits de l'autorisation de procédé de préparation et de conservation prévue au même article L. 1243-2.

Lorsque ces établissements ou ces organismes ne disposent pas de cette autorisation de procédé, ils communiquent à l'Agence nationale de sécurité du médicament et des produits de santé les motifs pour lesquels cette autorisation ne leur a pas été délivrée ainsi que, le cas échéant, les informations relatives à ce procédé. L'agence communique, sur leur demande, aux autorités de santé compétentes du pays destinataire les motifs pour lesquels un établissement ou un organisme ne dispose pas de l'autorisation de procédé.

Lorsque l'agence a refusé de délivrer l'autorisation de procédé mentionnée audit article L. 1243-2 ou lorsqu'elle estime, au vu des informations transmises, qu'il y a un risque lié à la qualité ou à la sécurité du produit ou que les données transmises sont insuffisantes, elle peut interdire aux établissements ou aux organismes de fournir ces produits.

II. — Seuls les établissements ou les organismes mentionnés au premier alinéa du I du présent article, les établissements de santé effectuant les activités mentionnées au premier alinéa de l'article L. 1243-6 ainsi que les médecins et les chirurgiens-dentistes mentionnés au deuxième alinéa du même article L. 1243-6 peuvent importer, à des fins thérapeutiques, en provenance d'un État non membre de l'Union européenne ou n'étant pas partie à l'accord sur l'Espace économique européen, les éléments et produits du corps humain mentionnés au premier alinéa du I du présent article. Ces établissements, organismes ou personnes physiques sont soumis à une autorisation d'importation délivrée par l'Agence nationale de sécurité du médicament et des produits de santé, après avis de l'Agence de la biomédecine.

Seuls les établissements ou les organismes autorisés par l'Agence nationale de sécurité du médicament et des produits de santé en application de l'article L. 1243-2 peuvent, à titre exceptionnel, être autorisés par cette agence à importer les éléments ou produits mentionnés au premier alinéa du I du présent article, à l'usage personnel d'un ou de plusieurs receveurs connus de ces établissements ou de ces organismes et du fournisseur établi dans un État non membre de l'Union européenne ou n'étant pas partie à l'accord sur l'Espace économique européen. Ce type d'importation ne peut avoir lieu qu'une fois pour un même receveur.

Seuls les établissements ou les organismes autorisés par l'Agence nationale de sécurité du médicament et des produits de santé en application de l'article L. 1243-2 peuvent exporter, à des fins thérapeutiques, les éléments ou produits mentionnés au premier alinéa du I du présent article, vers un État non membre de l'Union européenne ou n'étant pas partie à l'accord sur l'Espace économique européen. Ces établissements ou ces organismes sont soumis à une autorisation d'exportation délivrée par l'Agence nationale de sécurité du médicament et des produits de santé, après avis de l'Agence de la biomédecine.

Les autorisations mentionnées aux premier et avant-dernier alinéas du présent II précisent notamment l'activité des établissements, organismes ou personnes physiques mentionnés au premier alinéa du présent II et la catégorie des tissus et de leurs dérivés ou des préparations de thérapie cellulaire importés ou exportés ainsi que, le cas échéant, les indications thérapeutiques reconnues. L'Agence de la biomédecine est informée des autorisations délivrées.

III. — Par dérogation aux premier et avant-dernier alinéas du II, des établissements ou des organismes ne bénéficiant pas de l'autorisation d'exercer les activités d'importation ou d'exportation peuvent, dans des situations d'urgence, être autorisés par l'Agence nationale de sécurité du médicament et des produits de santé, après avis de l'Agence de la biomédecine, à importer ou à exporter, à des fins thérapeutiques, des tissus, leurs dérivés et des préparations de thérapie cellulaire destinés à un patient. L'Agence de la biomédecine est informée des autorisations délivrées en application du présent III.

Art. L. 1245-5-1 *(L. n° 2017-220 du 23 févr. 2017, art. 3)* I. — Les établissements pharmaceutiques et les établissements autorisés en application des articles L. 4211-9-1 et L. 4211-9-2 peuvent se procurer des tissus, leurs dérivés ou des cellules issus du corps humain auprès d'un État membre de l'Union européenne ou partie à l'accord sur l'Espace économique européen lorsque ces éléments ou produits sont destinés à la fabrication de spécialités pharmaceutiques, de médicaments fabriqués industriellement ou de médicaments de thérapie innovante définis au 17° de l'article L. 5121-1, y compris lorsque ces éléments ou produits sont destinés à être utilisés dans le cadre de recherches mentionnées à l'article L. 1121-1. Ces mêmes établissements peuvent, aux mêmes fins, fournir des tissus, leurs dérivés ou des cellules issus du corps humain à un établissement agréé dans un État membre de l'Union européenne ou partie à l'accord sur l'Espace économique européen.

Les fabricants de dispositifs médicaux de diagnostic *in vitro* peuvent se procurer des tissus, leurs dérivés ou des cellules issus du corps humain auprès d'un État membre de l'Union européenne ou partie à l'accord sur l'Espace économique européen, destinés à la fabrication de ces dispositifs. Ils peuvent, aux mêmes fins, fournir ces tissus, leurs dérivés ou cellules issus du corps humain à un établissement agréé dans un État membre de l'Union européenne ou partie à l'accord sur l'Espace économique européen.

Seules peuvent se procurer des échantillons biologiques auprès d'un État membre de l'Union européenne ou partie à l'accord sur l'Espace économique européen les personnes dont l'activité comporte des examens de biologie médicale, des examens d'anatomo-cytopathologie, des expertises judiciaires ou des contrôles de qualité ou d'évaluation, notamment de dispositifs médicaux de diagnostic *in vitro*. De même, seules ces personnes peuvent fournir ces échantillons à un établissement agréé dans un État membre de l'Union européenne ou partie à l'accord sur l'Espace économique européen.

Seuls les organismes autorisés par le ministre chargé de la recherche peuvent se procurer auprès d'un État membre de l'Union européenne ou partie à l'accord sur l'Espace économique européen à des fins scientifiques, des tissus ou des cellules. De même, seuls ces organismes peuvent fournir, aux mêmes fins, ces tissus ou cellules à un État membre de l'Union européenne ou partie à l'accord sur l'Espace économique européen.

II. – Les établissements pharmaceutiques et les établissements autorisés en application des articles L. 4211-9-1 et L. 4211-9-2 qui importent des tissus, leurs dérivés ou des cellules issus du corps humain, en provenance d'un État non membre de l'Union européenne ou n'étant pas partie à l'accord sur l'Espace économique européen, destinés à la fabrication de spécialités pharmaceutiques, de médicaments fabriqués industriellement ou de médicaments de thérapie innovante définis au 17° de l'article L. 5121-1, y compris lorsque ces éléments ou produits sont destinés à être utilisés dans le cadre de recherches mentionnées à l'article L. 1121-1, sont soumis à une autorisation d'importation délivrée par l'Agence nationale de sécurité du médicament et des produits de santé. Ces mêmes établissements peuvent, aux mêmes fins, exporter ces tissus, leurs dérivés ou cellules issus du corps humain vers un État non membre de l'Union européenne ou n'étant pas partie à l'accord sur l'Espace économique européen.

Les fabricants de dispositifs médicaux de diagnostic *in vitro* peuvent importer d'un État non membre de l'Union européenne ou n'étant pas partie à l'accord sur l'Espace économique européen des tissus, leurs dérivés ou des cellules issus du corps humain destinés à la fabrication de dispositifs médicaux de diagnostic *in vitro*. Ces mêmes fabricants peuvent, aux mêmes fins, exporter ces tissus, leurs dérivés ou cellules issus du corps humain vers un État non membre de l'Union européenne ou n'étant pas partie à l'accord sur l'Espace économique européen.

Seules peuvent importer des échantillons biologiques d'un État non membre de l'Union européenne ou n'étant pas partie à l'accord sur l'Espace économique européen les personnes dont l'activité comporte des examens de biologie médicale, des examens d'anatomo-cytopathologie, des expertises judiciaires ou des contrôles de qualité ou d'évaluation, notamment de dispositifs médicaux de diagnostic *in vitro*. De même, seules ces personnes peuvent exporter ces échantillons vers un État non membre de l'Union européenne ou n'étant pas partie à l'accord sur l'Espace économique européen.

Seuls peuvent importer des tissus et cellules, à des fins scientifiques, d'un État non membre de l'Union européenne ou n'étant pas partie à l'accord sur l'Espace économique européen les organismes autorisés par le ministre chargé de la recherche. De même, seuls ces organismes peuvent, aux mêmes fins, exporter ces tissus, leurs dérivés ou cellules vers un État non membre de l'Union européenne ou n'étant pas partie à l'accord sur l'Espace économique européen.

....

DEUXIÈME PARTIE Santé sexuelle et reproductive, droits de la femme et protection de la santé de l'enfant *(L. n° 2014-873 du 4 août 2014, art. 23 ; L. n° 2016-41 du 26 janv. 2016, art. 10).*

LIVRE PREMIER Protection et promotion de la santé maternelle et infantile

TITRE IV Assistance médicale à la procréation

CHAPITRE PREMIER *Dispositions générales*

……………………………………………………………………………………………

Art. L. 2141-11-1 *(Ord. n° 2008-480 du 22 mai 2008, art. 3)* L'importation et l'exportation de gamètes ou de tissus germinaux issus du corps humain sont soumises à une autorisation délivrée par l'Agence de la biomédecine.

Seul un établissement, un organisme *(Ord. n° 2017-28 du 12 janv. 2017, art. 2)* « , un groupement de coopération sanitaire » ou un laboratoire titulaire de l'autorisation prévue à l'article L. 2142-1 pour exercer une activité biologique d'assistance médicale à la procréation peut obtenir l'autorisation prévue au présent article.

Seuls les gamètes et les tissus germinaux recueillis et destinés à être utilisés conformément aux normes de qualité et de sécurité en vigueur, ainsi qu'aux principes mentionnés aux articles L. 1244-3, L. 1244-4, L. 2141-2, L. 2141-3, L. 2141-7 et L. 2141-11 du présent code et aux articles 16 à 16-8 du code civil, peuvent faire l'objet d'une autorisation d'importation ou d'exportation.

Toute violation des prescriptions fixées par l'autorisation d'importation ou d'exportation de gamètes ou de tissus germinaux entraîne la suspension ou le retrait de cette autorisation par l'Agence de la biomédecine.

……………………………………………………………………………………………

LIVRE II Don et utilisation des éléments et produits du corps humain

CINQUIÈME PARTIE Produits de santé

LIVRE PREMIER Produits pharmaceutiques

TITRE II Médicaments à usage humain

CHAPITRE PREMIER *Dispositions générales*

……………………………………………………………………………………………

Art. L. 5121-20 Les modalités d'application du présent chapitre sont déterminées par décret en Conseil d'État, et notamment :

1° ……………………………………………………………………………………

(L. n° 2007-248 du 26 févr. 2007, art. 15, 2°) « 2° Les conditions dans lesquelles des autorisations de mise sur le marché peuvent être considérées comme faisant partie d'une autorisation de mise sur le marché globale ; »

3° ……………………………………………………………………………………

4° *(L. n° 2007-248 du 26 févr. 2007, art. 15, 4°)* « Les modalités de présentation des demandes tendant à obtenir l'autorisation de mise sur le marché prévue à l'article L. 5121-8, le contenu du dossier présenté à l'appui de ces demandes, les conditions dans lesquelles le demandeur peut être dispensé de produire certains éléments du dossier et celles dans lesquelles *interviennent les décisions* accordant, modifiant, renouvelant, suspendant ou supprimant ces autorisations ainsi que, après la délivrance de l'autorisation, les modalités de son actualisation ; »

5° ……………………………………………………………………………………

6° *(L. n° 2007-248 du 26 févr. 2007, art. 15, 5°)* « Les modalités de présentation des demandes tendant à obtenir l'enregistrement des médicaments homéopathiques prévu à l'article L. 5121-13, le contenu du dossier présenté à l'appui de ces demandes, ainsi que les conditions dans lesquelles interviennent les décisions accordant, modifiant, renouvelant, suspendant ou supprimant ces enregistrements ; »

7° à 14° ....

(L. nº 2019-1446 du 24 déc. 2019, art. 65) « 15° Les modalités de prescription et les conditions d'identification des médicaments pour lesquels il peut être recouru à l'ordonnance de dispensation conditionnelle mentionnée à l'article L. 5121-12-1-1 ; »

16° ....

(L. nº 2004-800 du 6 août 2004, art. 19-III) « 17° Les conditions dans lesquelles *(L. nº 2011-2012 du 29 déc. 2011, art. 28)* « l'Agence nationale de sécurité médicament et des produits de santé » délivre, modifie, suspend ou retire les autorisations mentionnées au 12° et au 13° de l'article L. 5121-1 relatives aux préparations de thérapie génique et aux préparations de thérapie cellulaire xénogénique ; »

(L. nº 2011-302 du 22 mars 2011) « 18° Les conditions dans lesquelles l'Agence française de sécurité sanitaire des produits de santé délivre, modifie, suspend ou retire les autorisations relatives aux médicaments de thérapie innovante mentionnées au 17° de l'article L. 5121-1 ; »

(L. nº 2013-1203 du 23 déc. 2013, art. 47) « 19° La procédure d'inscription à la liste de référence des groupes biologiques similaires mentionnée au *b* du 15° de l'article L. 5121-1 et à l'article L. 5121-10-2 ainsi que le contenu de cette liste, précisant notamment le nom des médicaments biologiques concernés, leur dosage, leur posologie et leur indication thérapeutique. »

....

CHAPITRE IV *Fabrication et distribution en gros*

....

Art. L. 5124-13 *(L. nº 2004-800 du 6 août 2004, art. 19-III-B)* L'importation sur le territoire douanier des médicaments à usage humain et l'importation et l'exportation des préparations de thérapie génique ou des préparations de thérapie cellulaire xénogénique mentionnées au 12° et au 13° de l'article L. 5121-1 sont soumises à une autorisation préalable délivrée par *(L. nº 2011-2012 du 29 déc. 2011, art. 5-IV)* « l'Agence nationale de sécurité du médicament et des produits de santé ».

(Ord. nº 2007-613 du 26 avr. 2007, art. 50) « L'autorisation de mise sur le marché prévue à l'article L. 5121-8 *(L. nº 2011-2012 du 29 déc. 2011, art. 13-II)* « et à l'article L. 5121-9-1 », les enregistrements prévus aux articles L. 5121-13 et L. 5121-14-1, *(L. nº 2020-1576 du 14 déc. 2020, art. 78, en vigueur à une date fixée par décret, et au plus tard le 1er juill. 2021)* « les autorisations ou cadres de prescription compassionnelle prévus aux articles L. 5121-12 et L. 5121-12-1 » ou l'autorisation prévue au 12° et au 13° de l'article L. 5121-1 valent autorisation au sens de l'alinéa précédent. L'autorisation prévue à l'article L. 1123-8 vaut autorisation d'importation pour tout médicament nécessaire à la réalisation de la recherche impliquant la personne humaine autorisée. » — *A compter de l'entrée en vigueur de la L. nº 2012-300 du 5 mars 2012 (V. note ss. art. L. 1121-1), dans l'ensemble des dispositions législatives du CSP, les mots « recherche biomédicale » sont remplacés par les mots « recherche impliquant la personne humaine » (L. préc., art. 1er-X).*

(L. nº 2006-1640 du 21 déc. 2006, art. 58-IV) « Une telle autorisation n'est pas requise pour le particulier qui transporte personnellement un médicament » *(L. nº 2016-41 du 26 janv. 2016, art. 168)* « ainsi que pour le médecin d'une équipe sportive *(Ord. nº 2018-20 du 17 janv. 2018, art. 20)* « , ou pour le professionnel de santé militaire accompagnant des ressortissants étrangers dans les conditions prévues à l'article L. 4061-6, » qui transporte personnellement un médicament ou qui procède à l'importation d'un médicament par une autre voie.

« Lorsqu'un particulier procède à l'importation d'un médicament par une autre voie que le transport personnel, il n'est pas non plus soumis à l'obligation d'une autorisation préalable si le médicament satisfait à l'une des conditions suivantes :

« 1° Il fait l'objet d'une autorisation de mise sur le marché au sens de l'article 6 de la directive 2001/83/CE du Parlement européen et du Conseil du 6 novembre 2001 instituant un code communautaire relatif aux médicaments à usage humain ou d'un enregistrement au sens des articles 14 et 16 *bis* de la même directive dans un État partie à l'accord sur l'Espace économique européen ;

« 2° Il est autorisé dans le pays tiers de provenance et le particulier présente au service des douanes une copie de l'ordonnance attestant que le médicament est destiné à un traitement prescrit par un médecin établi dans le pays de provenance. »

Art. L. 5124-13-1 *(L. n° 2004-800 du 6 août 2004, art. 19-III)* Dans le cas de recherches impliquant la personne humaine portant sur les préparations de thérapie génique et de thérapie cellulaire xénogénique mentionnées au 12° et au 13° de l'article L. 5121-1, l'autorisation de mener la recherche vaut également autorisation pour cette recherche des lieux de conservation et de préparation mentionnés aux articles L. 4211-8 et L. 4211-9, et elle vaut autorisation d'importation et d'exportation mentionnée à l'article L. 5124-13.

....

TITRE III Autres produits et substances pharmaceutiques réglementés

CHAPITRE II *Substances et préparations vénéneuses*

....

Art. L. 5132-9 Lorsqu'ils ont le statut de marchandises communautaires et sont en provenance ou à destination des autres États membres de *(Ord. n° 2010-177 du 23 févr. 2010, art. 26-10°)* « l'Union européenne », les médicaments, substances ou préparations classés comme stupéfiants ou auxquels la réglementation des stupéfiants est appliquée en tout ou partie en vertu du présent code, ainsi que les médicaments, substances ou préparations classés comme psychotropes doivent être présentés au service des douanes, munis des documents qui les accompagnent.

Les agents des douanes sont chargés :

1° D'endosser, après contrôle des marchandises, l'autorisation d'importation ou d'exportation prévue par le présent code pour les médicaments, substances ou préparations classés comme stupéfiants ou auxquels la réglementation des stupéfiants est appliquée en tout ou partie ;

2° D'endosser, après contrôle des marchandises, l'autorisation d'importation ou d'exportation ou la déclaration d'exportation prévues par la convention de Vienne sur les substances psychotropes du 21 février 1971. Les modalités de la présentation en douane sont fixées par arrêté du ministre chargé des douanes. — *[L. n° 92-1477 du 31 déc. 1992, art. 16.]*

Art. L. 5132-10 *(L. n° 2016-41 du 26 janv. 2016, art. 146)* Pour des raisons de santé publique, notamment pour prévenir l'apparition de résistances aux médicaments appartenant à la classe des antibiotiques et qui contiennent l'une des substances mentionnées au présent chapitre, des mesures adaptées à la lutte contre les résistances auxdits médicaments sont prises par voie réglementaire.

Code monétaire et financier

PREMIÈRE PARTIE : *LÉGISLATIVE*

LIVRE PREMIER La monnaie

TITRE V Les relations financières avec l'étranger

CHAPITRE PREMIER *Dispositions générales*

Art. L. 151-1 Les relations financières entre la France et l'étranger sont libres.

Cette liberté s'exerce selon les modalités prévues par le présent chapitre, dans le respect des engagements internationaux souscrits par la France. — *[L. n° 66-1008 du 28 déc. 1966, art. 1er.]*

V. aussi Décr. n° 2019-206 du 20 mars 2019 relatif à la gouvernance de la politique de sécurité économique. — **C. com.**

1. Liberté des relations financières. BIBL. Juillard, *D. 1993. Chron. 281* ✐. – De Guardia, *Gaz. Pal. 1992. 2. Doctr. 766.* – Andrieu et Teitgen, *JCP E 1993. I. 257.* ♦ Cessent d'être applicables aux poursuites en cours les dispositions des lois ou règlements, même non expressément abrogées, dans la mesure où elles sont inconciliables avec celles d'une loi nouvelle. • Crim. 21 mai 1992, n° 91-82.427 P : *D. 1993. Somm. 77, obs. Pannier* ✐ ; *JCP E 1992. II. 354, note Berr* ; *Gaz. Pal. 1993. 1. 1*, note Bayet • 22 juin 1992, n° 89-86.952 P : *ibid. 1994. 1. Somm. 34.* ♦ Il résulte des dispositions combinées des art. 98 de la L. n° 89-935 du 29 déc. 1989 [C. mon. fin., art. L. 152-1 s.] et 23 de la L. n° 90-614 du 12 juill. 1990 [C. mon. fin., art. L. 152-4], prises en conformité de la directive CEE du 24 juin 1988, qu'en soumettant désormais à une simple déclaration les transferts de sommes, titres ou valeurs vers l'étranger ou en provenance de l'étranger, la législation a rétabli la liberté des relations financières dont le principe est affirmé à l'art. 1er de la L. n° 66-1008 du 28 déc. 1966 [C. mon. fin., art. L. 151-1] demeurée en vigueur. • Mêmes arrêts. ♦ Par voie de conséquence sont devenues incompatibles avec ce principe toutes dispositions antérieures ayant édicté des restrictions, tels les décrets pris sur le fondement de l'art. 3 de ladite loi de 1966, ainsi que l'art. 24-II de la L. n° 87-502 du 8 juill. 1987 [abrogée]. • Mêmes arrêts. • Crim. 6 juin 1994, n° 93-80.115 P. – Comp. : • Crim. 13 juin 1994, n° 93-82.629 P. – V. aussi • Crim. 12 juin 1995, n° 94-81.241 P. – *Contra* : • Crim. 7 juin 1990, n° 89-83.815 P : *D. 1990. 584, note Pannier*. ♦ Sur la survie dudit art. 3, compte tenu de cette jurisprudence, V. Rép. min. n° 5298, *JO Sénat Q, 13 oct. 1994, p. 2477.*

2. Transfert d'effets de commerce à l'étranger. Aucune disposition légale n'ayant prévu la déchéance des lettres de change transférées à l'étranger en violation de la réglementation des changes [à propos du régime antérieur aux textes de 1989 rétablissant la liberté des relations financières], sauf intention de fraude, le non-respect des formalités administratives à l'époque nécessaires avant le transfert des effets de commerce à l'étranger n'est pas de nature à affecter la validité et l'exigibilité des engagements y souscrits, ni la régularité des transferts de fonds suivant leur exécution. • Com. 17 oct. 1995, n° 93-18.023 P : *D. 1995. IR 232 ; RTD com. 1996. 92, obs. Cabrillac*.

Art. L. 151-2 Le Gouvernement peut, pour assurer la défense des intérêts nationaux et par décret pris sur le rapport du ministre chargé de l'économie :

1. Soumettre à déclaration, autorisation préalable ou contrôle :

a) Les opérations de change, les mouvements de capitaux et les règlements de toute nature entre la France et l'étranger ;

b) La constitution, le changement de consistance et la liquidation des avoirs français à l'étranger ;

c) La constitution et la liquidation des investissements étrangers en France ;

d) L'importation et l'exportation de l'or ainsi que tous autres mouvements matériels de valeurs entre la France et l'étranger ;

2. Prescrire le rapatriement des créances sur l'étranger hors *(Ord. n° 2014-158 du 20 févr. 2014, art. 1er)* « Union européenne » nées de l'exportation de marchandises, de la rémunération de services et, d'une manière générale, de tous revenus ou produits à l'étranger ;

3. Habiliter des intermédiaires pour réaliser les opérations mentionnées aux 1, a et d ci-dessus. — *[L. n° 66-1008 du 28 déc. 1966, art. 3.] — V. art. R. 151-1 s. — Sur la sanction des obligations prévues par l'art. L. 151-2, V. art. L. 165-1.*

En application du 4° de l'art. L. 231-4 CRPA, le silence gardé pendant deux mois vaut décision de rejet pour les demandes d'autorisation données par le ministre chargé de l'économie en application des décrets pris pour la défense des intérêts nationaux (Décr. n° 2014-1282 du 23 oct. 2014, art. 1er).

Défense des intérêts nationaux. Le Conseil de sécurité des Nations unies ayant décidé que tous les États doivent prendre des mesures, notamment financières, à l'égard d'Oussama ben Laden, d'Al-Qaïda et de tous groupes, entreprises et entités associés figurant sur une liste qu'il a établie, le ministre de l'Économie n'a, dans ces circonstances, pas commis d'erreur d'appréciation en estimant qu'en application de l'art. L. 151-2 la défense des intérêts nationaux justifiait que les opérations de change, les mouvements de capitaux et les règlements financiers de toute nature avec l'étranger de l'association requérante, inscrite sur la liste susvisée, devaient être soumis à autorisation préalable. • CE 3 nov. 2004, n° 262626 : *D. 2005. 824, note Clamour*.

Art. L. 151-3 *(L. n° 2004-1343 du 9 déc. 2004, art. 30)* I. — Sont soumis à autorisation préalable du ministre chargé de l'économie les investissements étrangers dans une activité en France qui, même à titre occasionnel, participe à l'exercice de l'autorité publique ou relève de l'un des domaines suivants :

a) Activités de nature à porter atteinte à l'ordre public, à la sécurité publique ou aux intérêts de la défense nationale ;

b) Activités de recherche, de production ou de commercialisation d'armes, de munitions, de poudres et substances explosives.

Un décret en Conseil d'État définit la nature des activités ci-dessus *(L. n° 2019-486 du 22 mai 2019, art. 152)* « et des investissements soumis à autorisation ». — *V. art. R. 151-2 s.*

II. — L'autorisation donnée peut être assortie le cas échéant de conditions visant à assurer que l'investissement projeté ne portera pas atteinte aux intérêts nationaux visés au I.

Le décret mentionné au I précise la nature *(L. nº 2019-486 du 22 mai 2019, art. 152)* **« et les modalités de révision » des conditions dont peut être assortie l'autorisation.**

III. — *Abrogé par L. nº 2019-486 du 22 mai 2019, art. 152. — V. art. L. 151-3-1 et L. 151-3-2.*

Jusqu'au 31 déc. 2021, constitue un investissement, au sens de l'art. L. 151-3, le fait, pour un investisseur mentionné au I de l'art. R. 151-1, de franchir, directement ou indirectement, seul ou de concert, le seuil de 10 % de détention des droits de vote d'une société de droit français dont les actions sont admises aux négociations sur un marché réglementé. Cette disposition n'est applicable ni à une personne physique possédant la nationalité d'un État membre de l'Union européenne ou d'un État partie à l'accord sur l'EEE ayant conclu une convention d'assistance administrative avec la France en vue de lutter contre la fraude et l'évasion fiscale et domiciliée dans l'un de ces États, ni à une entité dont l'ensemble des membres de la chaîne de contrôle, au sens du II de l'art. R. 151-1, relèvent du droit de l'un de ces mêmes États ou en possèdent la nationalité et y sont domiciliés (Décr. nº 2020-892 du 22 juill. 2020, art. 1er, mod. par Décr. nº 2020-1729 du 28 déc. 2020, art. 1er). Ces dispositions ne s'appliquent pas aux investissements réalisés dans les dix jours ouvrés suivant la publication (JO 23 juill.) du Décr. nº 2020-892 du 22 juill. 2020 (Décr. préc., art. 5).

BIBL. ► Loi nº 96-109 du 14 févr. 1996 : BOULANGER, *JCP E 1996. I. 551.* – JACOMET et PINAULT, *BJS 1996. 267.* – CARREAU et HURSTEL, *D. 1996. Chron. 239.* – BROUSSY, *D. Affaires 1996. 888.* – LEPOUTRE, *Dr. et patr. 11/1996. 24.* ► Loi nº 2004-1343 du 9 déc. 2004 : CHVIKA, *D. 2006. 218* (aménagement du contrôle des investissements étrangers dans les secteurs stratégiques en France). – BIARD, *RDBF 2008, nº 124* (rapport Demarolle sur les fonds souverains). – AUDIT, *D. 2008. 1424* (les fonds souverains sont-ils des investisseurs étrangers comme les autres ?). – BEJOT, *RTDF 2011, nº 4, p. 143* (contrôle des investissements étrangers en France : réflexions sur une réglementation inachevée). – PAILLERET, BRYDEN et HILDEBRAND, *JCP E 2015, nº 1331* (investissements étrangers dans le secteur de la défense : encadrement en France, au Royaume-Uni et en Allemagne).

1. Atteinte à l'ordre public (législation antérieure à la L. du 14 févr. 1996). Le ministre de l'économie peut, dans son appréciation du risque que comporte un projet d'investissement étranger pour l'ordre public, tenir compte du comportement de la personne au profit de laquelle l'investissement est réalisé et de l'origine des fonds servant à financer le projet. • CE 15 avr. 1996, nº 160550 : *RJDA 1996, nº 1368.*

2. Recours. En jugeant que, pour une opération réalisée par un fonds d'investissement, il incombe au demandeur d'indiquer l'identité du gestionnaire du fonds et, lorsque ce gestionnaire est lui-même une personne morale, l'identité des personnes physiques ou des collectivités publiques qui la contrôlent, et en relevant qu'aucune disposition n'impose que soit précisée l'identité de tous les investisseurs participant à ce fonds, la cour n'a pas commis d'erreur de droit. • CE 3 avr. 2020, nº 422580 : *RJDA 2020, nº 528 ; BJB 5-6/2020. 49, note Storck.* ♦ En jugeant, après avoir relevé que le fonds d'investissement est une société, agréée par la *Financial Conduct Authority* (FCA), spécialisée dans les investissements en crédit et en capital ainsi que dans les opérations de rachat et capital-développement, que ses responsables ont une expérience de onze ans dans le domaine de l'industrie et ont obtenu des résultats dans le redressement d'entreprises en difficulté et qu'elle a pris des engagements de nature à pérenniser la société dont il ne ressortait pas des pièces du dossier qui lui était soumis qu'ils ne seraient pas respectés, que la décision litigieuse n'était entachée d'aucune erreur d'appréciation au regard de la nécessité de préserver les intérêts protégés par l'art. L. 151-3, la cour a exactement qualifié les faits qui lui étaient soumis. • Même décision.

....

Art. L. 151-4 Est nul tout engagement, convention ou clause contractuelle qui réalise directement ou indirectement un investissement étranger dans l'un des domaines mentionnés au I de l'article L. 151-3 lorsque cet investissement n'a pas fait l'objet de l'autorisation *(Abrogé par L. nº 2019-486 du 22 mai 2019, art. 152)* ***« préalable »*** **exigée sur le fondement** *(L. nº 2019-486 du 22 mai 2019, art. 152)* **« de l'article L. 151-3 ».** — *[L. nº 66-1008 du 28 déc. 1966, art. 5-1-II.]*

CHAPITRE II *Obligations de déclaration*

....

Art. L. 152-1 *(L. nº 2020-1508 du 3 déc. 2020, art. 13, en vigueur le 3 juin 2021)* **Les porteurs** *transportant de l'argent liquide*, **au sens du règlement (UE) 2018/1672 du Parlement européen et du Conseil du 23 octobre 2018 relatif aux contrôles de l'argent liquide entrant dans l'Union ou sortant de l'Union et abrogeant le règlement (CE) nº 1889/2005, d'un montant égal ou supérieur à 10 000 €, vers un État membre de l'Union européenne ou en provenance d'un tel État doivent en faire la déclaration auprès de l'administration des douanes. Ils mettent cet argent à la disposition de l'administration des douanes en cas de contrôle lors de ce transport.**

Est considérée comme porteur toute personne physique qui, pour elle-même ou pour le compte d'un tiers, transporte de l'argent liquide sur elle, dans ses bagages ou dans ses moyens de transport.

Un décret en Conseil d'État fixe les conditions d'application du présent article.

Art. L. 152-2 Les personnes physiques, les associations, les sociétés n'ayant pas la forme commerciale, domiciliées ou établies en France, sont soumises aux dispositions du deuxième alinéa de l'article 1649 A du code général des impôts. — *[L. nº 89-935 du 29 déc. 1989, art. 98-2.]*

1. Déclaration des comptes étrangers. Le dispositif, de nature purement déclarative, ne subordonne pas les transferts de fonds vers un compte ouvert à l'étranger ou en provenance de ce compte à une autorisation préalable de l'administration. • CE 17 déc. 2010, nº 330666 : *JCP E 2011, nº 1025 ; LPA 17 mars 2011, note Perrotin.*

2. Compte Paypal. Bien qu'un compte Paypal ait simplement pour objet la fourniture de monnaie électronique et de services associés à cette mission, il permet à son titulaire de procéder à des achats en ligne au moyen des fonds disponibles sur ce compte et doit donc, dans ces conditions, faire l'objet de la déclaration prévue à l'art. 1649 A CGI. • TA Pau, 25 avr. 2013 : *LPA 14 nov. 2013, note Perrotin, et obs. Taurand ; Banque et Dr. 11-12/2013. 50, obs. Lasserre Capdeville.* ♦ Sur la position contraire de l'Administration, V. Perrotin, *LPA 25 nov. 2013* (comptes ouverts à l'étranger : les précisions de Bercy).

3. Compte utilisé. Il résulte des travaux préparatoires de la loi de finances pour 1990 dont sont issues les dispositions de l'art. 1649 A du CGI que le législateur, en mettant en place une obligation de déclarer les comptes bancaires utilisés à l'étranger, a entendu instaurer une procédure de déclaration des mouvements de fonds sur de tels comptes afin de lutter contre la fraude et l'évasion fiscales, s'agissant de contribuables qui ne sont pas astreints à la tenue d'une comptabilité et d'opérations bancaires pour lesquelles l'administration ne peut se faire communiquer les relevés en exerçant le droit de communication qui lui est ouvert par l'art. L. 83 LPF. Eu égard à l'objet des dispositions en cause, un compte bancaire ne peut être regardé comme ayant été utilisé par un contribuable pour une année donnée que si ce dernier a, au cours de cette année, effectué au moins une opération de crédit ou de débit sur le compte. Ne constituent pas de telles opérations, d'une part, des opérations de crédit qui se bornent à inscrire sur le compte les intérêts produits par les sommes déjà déposées au titre des années précédentes, et, d'autre part, des opérations de débit correspondant au paiement des frais de gestion pour la tenue du compte. • CE 4 mars 2019, nº 410492 : *LPA 25 oct. 2019, note Pando.*

Art. L. 152-3 Les établissements de crédit, *(L. nº 2013-100 du 28 janv. 2013, art. 4-II)* « les établissements de monnaie électronique, » *(Ord. nº 2009-866 du 15 juill. 2009, art. 2-III, en vigueur le 1er nov. 2009)* « les établissements de paiement » ainsi que les organismes et services mentionnés à l'article L. 518-1 doivent communiquer aux administrations fiscales et douanières, sur leur demande, la date et le montant des sommes transférées à l'étranger par les personnes visées à l'article L. 152-2, l'identification de l'auteur du transfert et du bénéficiaire ainsi que les références des comptes concernés en France et à l'étranger. Ces dispositions s'appliquent également aux opérations effectuées pour le compte de ces personnes sur des comptes de non-résidents.

Les organismes mentionnés au premier alinéa sont tenus de conserver, dans les conditions prévues à l'article L. 102 B du Livre des procédures fiscales, tout document, information, donnée ou traitement relatif aux opérations de transfert mentionnées aux alinéas précédents.

Un décret en Conseil d'État peut fixer, après avis de la commission nationale de l'informatique et des libertés, les règles particulières relatives à la conservation et à la communication des informations détenues par les organismes mentionnés au premier alinéa. — *[L. nº 89-935 du 29 déc. 1989, art. 98-3.]* — *V. art. R. 152-10.*

Art. L. 152-4 *(L. nº 2004-204 du 9 mars 2004, art. 33-V, en vigueur le 1er oct. 2004)* **I. — La méconnaissance des obligations déclaratives énoncées** *(L. nº 2020-1508 du 3 déc. 2020, art. 13, en vigueur le 3 juin 2021)* **« aux articles L. 152-1 à L. 152-1-2 »** *(L. nº 2006-1771 du 30 déc. 2006, art. 26-II, en vigueur le 15 juin 2007)* **« et dans le règlement »** *(L. nº 2020-1508 du 3 déc. 2020, art. 13, en vigueur le 3 juin 2021)* **« (UE) 2018/1672 du Parlement européen et du Conseil du 23 octobre 2018 relatif aux contrôles de l'argent liquide entrant dans l'Union ou sortant de l'Union et abrogeant le règlement nº 1889/2005 » est punie d'une amende égale** *(L. nº 2016-731 du 3 juin 2016, art. 41)* **« à 50 %** *[ancienne rédaction : au quart]* **»** *(L. nº 2020-1508 du 3 déc. 2020, art. 13, en vigueur le 3 juin 2021)* **« du montant de l'argent liquide sur lequel » a porté l'infraction ou la tentative d'infraction.** — *V. Règl. préc. au* ***C. douanes.***

(L. nº 2020-1508 du 3 déc. 2020, art. 13, en vigueur le 3 juin 2021) « II. — En cas de constatation de l'infraction mentionnée au I du présent article par les agents des douanes, ceux-ci peuvent prononcer la retenue temporaire de la totalité de l'argent liquide sur lequel a porté l'infraction ou la tentative d'infraction, pendant une durée ne pouvant être supérieure à trente jours, renouvelable jusqu'à un maximum de quatre-vingt-dix jours. Les motifs de la retenue temporaire sont notifiés à l'auteur de l'infraction mentionnée au même I.

« Au terme de la durée de quatre-vingt-dix jours, si les nécessités de l'enquête l'exigent, les agents des douanes peuvent consigner l'argent liquide, sur autorisation du procureur de la République du lieu de la direction des douanes dont dépend le service chargé de la procédure, dans la limite de douze mois décomptés à partir du premier jour de la retenue temporaire.

« Les agents des douanes peuvent retenir, pour les besoins de l'enquête, les documents se rapportant à l'argent liquide retenu temporairement ou en prendre copie.

« III. — L'argent liquide est saisi par les agents des douanes » et sa confiscation peut être prononcée par la juridiction compétente si, pendant la durée *(L. nº 2020-1508 du 3 déc. 2020, art. 13, en vigueur le 3 juin 2021)* « de la retenue temporaire ou » de la consignation, il est établi que l'auteur de l'infraction mentionnée au I est ou a été en possession d'objets laissant présumer qu'il est ou a été l'auteur d'une ou plusieurs infractions prévues et réprimées par le code des douanes ou qu'il participe ou a participé à la commission de telles infractions ou s'il y a des raisons plausibles de penser que l'auteur de l'infraction visée au I a commis une infraction ou plusieurs infractions prévues et réprimées par le code des douanes ou qu'il a participé à la commission de telles infractions.

(L. nº 2020-1508 du 3 déc. 2020, art. 13, en vigueur le 3 juin 2021) « Lorsque l'argent liquide n'est pas disponible pour la saisie mentionnée au premier alinéa du présent III, la juridiction compétente prononce, pour tenir lieu de confiscation, la condamnation au paiement d'une somme équivalant à son montant. »

La décision de non-lieu ou de relaxe emporte de plein droit, aux frais du Trésor, mainlevée des mesures *(Abrogé par L. nº 2020-1508 du 3 déc. 2020, art. 13, à compter du 3 juin 2021) « de consignation et saisie »* ordonnées. Il en est de même en cas d'extinction de l'action pour l'application des sanctions fiscales. *(Abrogé par L. nº 2020-1508 du 3 déc. 2020, art. 13, en vigueur le 3 juin 2021) « Les agents des douanes procèdent à la retenue, pour les besoins de l'enquête, des documents se rapportant aux sommes consignées ou en prennent copie. »*

(L. nº 2020-1508 du 3 déc. 2020, art. 13, en vigueur le 3 juin 2021) « IV. — » La recherche, la constatation et la poursuite des infractions mentionnées au I *(L. nº 2020-1508 du 3 déc. 2020, art. 13, en vigueur le 3 juin 2021)* « et les investigations nécessaires à la mise en œuvre du III » sont effectuées dans les conditions fixées par le code des douanes.

Dans le cas où l'amende prévue au I est infligée, la majoration de 40 % mentionnée au premier alinéa de l'article *(Ord. nº 2005-1512 du 7 déc. 2005, art. 24-III)* « 758 » du code général des impôts n'est pas appliquée.

Art. L. 152-4-1 *(L. nº 2020-1508 du 3 déc. 2020, art. 13, en vigueur le 3 juin 2021)* I. — Lorsqu'il existe des indices que de l'argent liquide, au sens du règlement (UE) 2018/1672 du Parlement européen et du Conseil du 23 octobre 2018 relatif aux contrôles de l'argent liquide entrant dans l'Union ou sortant de l'Union et abrogeant le règlement (CE) nº 1889/2005, d'un montant inférieur à 10 000 €, transporté par porteur ou faisant partie d'un envoi sans l'intervention d'un porteur, en provenance d'un État non-membre de l'Union européenne ou d'un État membre, ou à destination de tels États, est lié à l'une des activités énumérées au 4 de l'article 3 de la directive (UE) 2015/849 du Parlement européen et du Conseil du 20 mai 2015 relative à la prévention de l'utilisation du système financier aux fins du blanchiment de capitaux ou du financement du terrorisme, modifiant le règlement (UE) nº 648/2012 du Parlement européen et du Conseil et abrogeant la directive 2005/60/CE du Parlement européen et du Conseil et la directive 2006/70/CE de la Commission, les agents des douanes peuvent le retenir temporairement selon les modalités prévues au II de l'article L. 152-4 du présent code.

Les motifs de la retenue temporaire sont notifiés au porteur, à l'expéditeur ou destinataire de l'argent liquide, ou à leur représentant, selon le cas. Ces derniers sont tenus de fournir à l'administration des douanes des informations dont la liste est fixée par décret en Conseil d'État.

II. — Les dispositions du I du présent article sont applicables dans le cas où cet argent liquide fait l'objet d'une déclaration en application du présent chapitre ou des articles 3 et 4 du règlement (UE) 2018/1672 du Parlement européen et du Conseil du 23 octobre 2018 relatif aux contrôles de l'argent liquide entrant dans l'Union ou sortant de l'Union et abrogeant le règlement (CE) nº 1889/2005.

III. — Pour l'application du présent article, les agents des douanes exercent les pouvoirs qui leur sont conférés par le code des douanes.

Art. L. 152-5 *(L. n° 2020-1508 du 3 déc. 2020, art. 13, en vigueur le 3 juin 2021)* La décision de retenue temporaire mentionnée au II de l'article L. 152-4 et à l'article L. 152-4-1 peut faire l'objet d'un recours, exercé par la personne à laquelle la décision de retenue temporaire est notifiée, devant le président de la chambre de l'instruction de la cour d'appel du lieu de la direction des douanes dont dépend le service chargé de la procédure. La décision de retenue temporaire mentionne les voies et délais de recours.

Ce recours doit être exclusivement formé par déclaration remise ou adressée, par pli recommandé ou par voie électronique, au greffe de la cour dans un délai de quinze jours qui court à compter de la notification de la décision de retenue temporaire. Ce recours n'est pas suspensif.

L'ordonnance du président de la chambre de l'instruction est susceptible d'un pourvoi en cassation, selon les règles prévues par le code de procédure pénale.

Art. L. 152-6 Les organismes qui ne se conforment pas aux obligations prévues à l'article L. 152-3 sont passibles d'une amende égale à 50 % du montant des sommes non communiquées.

Lorsque le contribuable apporte la preuve que le Trésor n'a subi aucun préjudice, le taux de l'amende est ramené à 5 % et son montant plafonné à 750 € en cas de première infraction.

L'infraction est constatée et l'amende recouvrée, garantie et contestée dans les conditions prévues pour les contraventions aux dispositions relatives au droit de communication *(L. n° 2013-1117 du 6 déc. 2013, art. 56)* « des administrations fiscales et douanières » mentionnées à l'article L. 152-3. — *[L. n° 89-935 du 29 déc. 1989, art. 98 (5).]*

LIVRE V Les prestataires de services

TITRE II Les prestataires de services de paiement, les changeurs manuels et les émetteurs de monnaie électronique *(L. n° 2013-100 du 28 janv. 2013, art. 10-I).*

CHAPITRE IV *Les changeurs manuels*

(Ord. n° 2009-866 du 15 juill. 2009, art. 10, en vigueur le 1er nov. 2009)

Les art. L. 524-1 à L. 524-7 correspondent respectivement aux anciens art. L. 520-1 à L. 520-7 (Ord. n° 2009-866 du 15 juill. 2009, art. 10, en vigueur le 1er nov. 2009).

Art. L. 524-1 *(Ord. n° 2009-104 du 30 janv. 2009, art. 1er)* I. — Constitue une opération de change manuel l'échange immédiat de billets ou monnaies libellés en devises différentes. Constitue également une opération de change manuel le fait d'accepter, en échange des espèces délivrées à un client, un règlement par un autre moyen de paiement, sous réserve que celui-ci soit libellé dans une devise différente.

II. — Les changeurs manuels sont des personnes physiques ou morales, autres que les établissements de crédit, *(Ord. n° 2013-544 du 27 juin 2013, art. 4, en vigueur le 1er janv. 2014)* « les sociétés de financement, » *(L. n° 2013-100 du 28 janv. 2013, art. 10-X)* « les établissements de monnaie électronique, » *(Ord. n° 2009-866 du 15 juill. 2009, art. 10-III, en vigueur le 1er nov. 2009)* « les établissements de paiement » et les institutions et services mentionnés à l'article L. 518-1, qui effectuent à titre de profession habituelle des opérations de change manuel.

Toutefois, ne constitue pas l'exercice de la profession de changeur manuel le fait de réaliser, à titre occasionnel ou pour des montants limités, des opérations de change manuel dans des conditions définies par décret. — *[Anc. art. L. 520-1.]*

Blanchiment des capitaux. L'activité des changeurs manuels, consistant à échanger immédiatement des billets ou monnaies libellés en devises différentes ou à accepter, en échange d'espèces délivrées à un client, un règlement dans une devise différente par un autre moyen de paiement ou à remettre des euros en espèces, en contrepartie de chèques de voyage libellés en euros, est particulièrement exposée au risque de participation à des opérations de blanchiment. Lorsque leur intervention est sollicitée pour des montants inhabituellement élevés, notamment, ils doivent donc systématiquement en rechercher les motifs, l'absence d'assurance raisonnable alors obtenue sur la licéité de l'origine ou de la destination des fonds constitue « une bonne raison de soupçonner », au sens de l'art. L. 561-15, que s'applique l'obligation de saisir Tracfin. • Décis. ACPR n° 2014-06 du 22 déc. 2014.

Art. L. 524-2 *(Ord. n° 2009-104 du 30 janv. 2009, art. 1er)* **I. — Par dérogation à l'interdiction édictée à l'article L. 511-5, les changeurs manuels peuvent remettre des euros en espèces en contrepartie de chèques de voyage libellés en euros.**

II. — Les personnes exerçant l'activité de change manuel à titre occasionnel ou pour des montants limités dans les conditions prévues au dernier alinéa de l'article L. 524-1 sont tenues d'adresser à l'Autorité de contrôle prudentiel et de résolution une déclaration par laquelle elles certifient qu'elles respectent ces conditions. Les modalités et la périodicité de cette déclaration sont fixées par un arrêté du ministre chargé de l'économie. — *[Anc. art. L. 520-2.] — V. Arr. du 10 sept. 2009, art. 9, ss. art. D. 524-2 et Instr. n° 2010-03 du 1er févr. 2010 de la Commission bancaire, ci-dessous.*

Art. L. 524-3 *(Ord. n° 2009-104 du 30 janv. 2009, art. 1er)* **I. — Avant d'exercer leur activité, les changeurs manuels obtiennent une autorisation délivrée par l'Autorité de contrôle prudentiel et de résolution qui vérifie si l'entreprise satisfait aux obligations suivantes :**

***a)* Elle est inscrite au registre du commerce et des sociétés ;**

***b)* Elle justifie soit d'un capital libéré, soit d'une caution d'un établissement de crédit** *(Ord. n° 2013-544 du 27 juin 2013, art. 4, en vigueur le 1er janv. 2014)* **« , d'une société de financement » ou d'une entreprise d'assurances, d'un montant au moins égal à une somme fixée par un arrêté du ministre chargé de l'économie ;** — *V. Arr. du 10 sept. 2009, art. 2, ss. art. D. 524-2.*

***c)* Ses dirigeants et ses bénéficiaires effectifs justifient qu'ils possèdent l'honorabilité et la compétence nécessaires, dans des conditions définies par décret et selon des modalités fixées par un arrêté du ministre chargé de l'économie.**

II. — Toute modification affectant le respect par un changeur manuel des obligations prévues au I doit faire l'objet, selon le cas, d'une autorisation préalable de l'Autorité de contrôle prudentiel et de résolution, d'une déclaration ou d'une notification, dans les conditions fixées par un arrêté du ministre chargé de l'économie. — *V. Arr. du 10 sept. 2009, art. 3, ss. art. D. 524-2.*

III. — L'Autorité de contrôle prudentiel et de résolution peut retirer l'autorisation dont est titulaire un changeur manuel, soit à la demande de l'établissement, soit d'office, lorsque le changeur manuel n'a pas fait usage de cette autorisation dans un délai de douze mois ou n'exerce plus son activité depuis au moins six mois.

IV. — L'Autorité de contrôle prudentiel et de résolution publie la liste des changeurs manuels selon des modalités définies par arrêté du ministre chargé de l'économie. — *[Anc. art. L. 520-3] — V. art. D. 524-1, D. 524-2, et Arr. du 10 sept. 2009 ss. les art. préc.*

En application de l'art. L. 231-6 CRPA, et par exception à l'application du délai de deux mois prévu à l'art. L. 231-1 du même code, le délai à l'expiration duquel le silence gardé par l'administration vaut décision d'acceptation est fixé à trois mois pour une demande d'autorisation d'exercer l'activité de changeurs manuels (Décr. n° 2014-1281 du 23 oct. 2014, art. 1er).

Art. L. 524-4 *(Ord. n° 2009-104 du 30 janv. 2009, art. 1er)* **L'exercice de la profession de changeur manuel est interdit à toute personne n'ayant pas reçu une autorisation préalable de l'Autorité de contrôle prudentiel et de résolution.**

L'exercice de l'activité de change manuel ou la direction de droit ou de fait d'une entreprise exerçant une telle activité est interdit à toute personne qui a fait l'objet de la sanction prévue au *(Ord. n° 2020-115 du 12 févr. 2020, art. 1er)* **« V de l'article L. 561-36-1 ».** — *[Anc. art. L. 520-4.]*

(L. n° 2009-888 du 22 juill. 2009, art. 9-II) **« Les personnes exerçant ces activités sont soumises aux incapacités énoncées à l'article L. 500-1. »**

Art. L. 524-5 *(Ord. n° 2009-104 du 30 janv. 2009, art. 1er)* **Il est interdit à toute entreprise qui n'a pas la qualité de changeur manuel d'utiliser une dénomination, une raison sociale, une publicité ou tout autre procédé laissant croire qu'elle est autorisée en cette qualité ou de créer une confusion à cet égard.** — *[Anc. art. L. 520-5.]*

Art. L. 524-6 *(Ord. n° 2009-104 du 30 janv. 2009, art. 1er)* **I. — Les changeurs manuels sont tenus à tout moment de justifier du respect des conditions mentionnées à l'article** *(Ord. n° 2009-866 du 15 juill. 2009, art. 10-II, en vigueur le 1er nov. 2009)* **« L. 524-3 » ainsi que du respect de l'ensemble des dispositions auxquelles ils sont assujettis, notamment de celles des dispositions du titre VI qui leur sont applicables.**

Les changeurs manuels tiennent un registre de leurs transactions.

Le ministre chargé de l'économie peut, par arrêté, les soumettre à des règles et conditions particulières relatives à leurs obligations prévues par le titre VI et par le présent titre, ainsi qu'à des règles d'exécution des opérations de change manuel, d'organisation et de contrôle interne propres à en assurer le respect. — *V. Arr. du 10 sept. 2009, art. 4, ss. art. D. 524-2.*

II. — L'Autorité de contrôle prudentiel et de résolution exerce le pouvoir disciplinaire sur les changeurs manuels dans les conditions prévues au *(L. n° 2019-486 du 22 mai 2019, art. 206-VII-B)* « V de l'article **L. 561-36-1** ». — *Sur les sanctions, V. art. L. 613-21-1.*

L'Autorité de contrôle prudentiel et de résolution exerce le contrôle, notamment sur place, des changeurs manuels dans les conditions prévues *(Ord. n° 2010-76 du 21 janv. 2010, art. 5)* « aux articles **L. 612-17** et **L. 612-23** à **L. 612-27** ». Les agents chargés du contrôle sur place peuvent procéder au contrôle de caisse.

Les agents des douanes ayant au moins le grade de contrôleur peuvent également exercer, pour le compte de l'Autorité de contrôle prudentiel et de résolution, le contrôle sur place des changeurs manuels dans les conditions prévues à l'article *(Ord. n° 2009-866 du 15 juill. 2009, art. 10-II, en vigueur le 1er nov. 2009)* « **L. 524-7** ».

(Abrogé par Ord. n° 2020-115 du 12 févr. 2020, art. 1er) « ***Nonobstant toute disposition législative contraire, l'Autorité de contrôle prudentiel et de résolution et l'administration des douanes peuvent, pour l'application des dispositions du présent titre et du titre VI du présent livre, se communiquer les informations nécessaires.*** » — *[Anc. art. L. 520-6.]* — *V. Arr. du 10 sept. 2009 ss. art. D. 524-2.*

BIBL. ▶ NDLR, *Rev. ACP juill.-août 2011. 8* (contrôle des changeurs manuels).

Sanctions. Il résulte des termes des art. L. 520-2 et L. 520-3 C. mon. fin. [dans leur rédaction antérieure à l'Ord. n° 2009-104 du 30 janv. 2009 ; ces art. sont aujourd'hui les art. L. 524-2 et L. 524-3] que les sanctions prononcées par la Commission bancaire *[devenue Autorité de contrôle prudentiel]* à l'encontre des changeurs manuels sur le fondement de ces dispositions ont le caractère de décisions juridictionnelles. • CE 30 juill. 2003 : *JCP E 2003, n° 39, p. 1508.* ♦ Les sanctions prononcées par la Commission bancaire *[devenue Autorité de contrôle prudentiel]* sur le fondement de l'art. 25 de la L. n° 90-614 du 12 juill. 1990 [C. mon. fin., art. L. 520-3 ancien] doivent respecter le principe de publicité des audiences posé par l'art. 6 § 1 de la Conv. EDH, lequel implique que le jugement soit rendu publiquement. • CE 29 nov. 1999 : *D. 2000. AJ 52, obs. V. A.-R* ; *RTD com. 2000. 155, obs. Cabrillac* ; *RDBF 2000, n° 35, obs. Frison-Roche, Germain, Marin et Pénichon.*

Art. L. 524-7 *(Ord. n° 2009-104 du 30 janv. 2009, art. 1er)* I. — Les agents des douanes ayant au moins le grade de contrôleur sont habilités à rechercher et constater les manquements aux règles applicables aux changeurs manuels, prévues par le présent titre et par le titre VI ou les textes réglementaires pris pour leur application.

II. — A cette fin, les agents des douanes mentionnés au I ont accès, durant les heures d'activité professionnelle des changeurs manuels, aux locaux à usage professionnel à l'exclusion des parties de ces locaux affectées au domicile privé.

Ils peuvent se faire communiquer les registres et les documents professionnels que les changeurs manuels sont tenus d'établir en application du présent titre et *(L. n° 2009-888 du 22 juill. 2009, art. 9-II)* « de l'article **L. 561-12** ».

Ils peuvent se faire délivrer copie des documents susmentionnés.

Ils peuvent procéder au contrôle de caisse.

Ils peuvent recueillir sur place ou sur convocation des renseignements et justifications. Les auditions des changeurs manuels, auxquelles l'application des dispositions qui précèdent peut donner lieu, font l'objet de comptes rendus écrits.

III. — Lorsqu'il est fait application des dispositions du II en vue de rechercher et constater les infractions pénales prévues à l'article **L. 572-1**, le procureur de la République est préalablement informé des opérations envisagées. Il peut s'y opposer dans un délai fixé par voie réglementaire.

IV. — A l'issue des contrôles, les agents des douanes établissent un procès-verbal.

La liste des documents dont une copie a été délivrée lui est annexée.

Le procès-verbal est signé par les agents des douanes ayant procédé au contrôle ainsi que par le changeur manuel ou, s'il s'agit d'une personne morale, son représentant. La personne intéressée peut faire valoir ses observations dans un délai de trente jours. Celles-ci sont jointes au dossier. En cas de refus de signer, mention en est faite au procès-verbal. Copie de celui-ci est remise à l'intéressé.

V. — Le procès-verbal ainsi que le ou les comptes rendus d'audition et les observations du changeur manuel sont transmis dans les meilleurs délais à l'Autorité de contrôle prudentiel et de résolution. — *[Anc. art. L. 520-7.]*

TITRE VII Dispositions pénales

CHAPITRE II *Prestataires de services de paiement, changeurs manuels et émetteurs de monnaie électronique* *(L. n° 2013-100 du 28 janv. 2013, art. 14).*

SECTION I *Changeurs manuels*

(Ord. n° 2009-866 du 15 juill. 2009, art. 14, 7°, en vigueur le 1er nov. 2009)

Art. L. 572-1 *(Ord. n° 2009-104 du 30 janv. 2009, art. 4)* Est puni de deux ans d'emprisonnement et de 30 000 € d'amende le fait, pour toute personne, agissant soit pour son propre compte, soit pour le compte d'une personne morale, de méconnaître l'une des interdictions prévues *(L. n° 2009-888 du 22 juill. 2009, art. 9-II)* « à » l'article *(Ord. n° 2009-866 du 15 juill. 2009, art. 10-II, en vigueur le 1er nov. 2009)* « L. 524-4 ».

Est puni de la même peine le fait, pour toute personne, de méconnaître l'interdiction prescrite par l'article *(Ord. n° 2009-866 du 15 juill. 2009, art. 10-II, en vigueur le 1er nov. 2009)* « L. 524-5 ».

Est puni d'un an d'emprisonnement et de 15 000 € d'amende le fait, pour toute personne soumise à l'obligation de déclaration mentionnée au II de l'article *(Ord. n° 2009-866 du 15 juill. 2009, art. 10-II, en vigueur le 1er nov. 2009)* « L. 524-2 », de ne pas la souscrire ou de communiquer des renseignements inexacts à l'Autorité de contrôle prudentiel et de résolution. – *[L. n° 90-614 du 12 juill. 1990, art. 25-IV, al. 1er.]*

Art. L. 572-2 Est puni des peines prévues à l'article L. 571-4, le fait, pour toute personne, agissant soit pour son propre compte, soit pour le compte d'une personne morale et faisant profession habituelle d'effectuer des opérations de change manuel, de ne pas répondre, après mise en demeure, aux demandes d'informations de l'Autorité de contrôle prudentiel et de résolution, de mettre obstacle de quelque manière que ce soit à l'exercice de sa mission de contrôle ou de lui communiquer des renseignements inexacts. – *[L. n° 90-614 du 12 juill. 1990, art. 25 (IV), al. 2.]*

Art. L. 572-3 Les dispositions de l'article L. 571-2 sont applicables aux procédures relatives aux infractions prévues aux articles L. 572-1 et L. 572-2. – *[L. n° 90-614 du 12 juill. 1990, art. 25 (IV), al. 3.]*

Art. L. 572-4 Est puni d'un emprisonnement de six mois et d'une amende de 7 500 €, le fait, pour toute personne, de s'opposer à l'exercice par les agents des douanes des pouvoirs qu'ils tiennent de l'article *(L. n° 2009-888 du 22 juill. 2009, art. 9-II)* « L. 524-7 ». – *[L. n° 90-614 du 12 juill. 1990, art. 25 bis-V (en partie).]*

Code du patrimoine

(Ord. n° 2004-178 du 20 févr. 2004, ratifiée par L. n° 2004-1343 du 9 déc. 2004, art. 78-XIV)

LIVRE PREMIER Dispositions communes à l'ensemble du patrimoine culturel

TITRE PREMIER Protection des biens culturels

CHAPITRE PREMIER *Régime de circulation des biens culturels*

Art. L. 111-1 *(L. n° 2015-195 du 20 févr. 2015, art. 6)* Sont des trésors nationaux :

1° Les biens appartenant aux collections des musées de France ;

(L. n° 2020-1525 du 7 déc. 2020, art. 147) « 2° Les archives publiques issues de la sélection prévue aux articles L. 212-2 et L. 212-3, ainsi que les biens classés comme archives historiques en application du livre II ; »

3° Les biens classés au titre des monuments historiques en application du livre VI ;

4° Les autres biens faisant partie du domaine public mobilier, au sens de l'article L. 2112-1 du code général de la propriété des personnes publiques *(L. n° 2020-1525 du 7 déc. 2020, art. 147)* « , à l'exception de celles des archives publiques mentionnées au 2° du même article L. 2112-1 qui ne sont pas issues de la sélection prévue aux articles L. 212-2 et L. 212-3 du présent code » ;

5° Les autres biens présentant un intérêt majeur pour le patrimoine national au point de vue de l'histoire, de l'art ou de l'archéologie. – *[Ancien art. 4 L. n° 92-1477 du 31 déc. 1992.]*

Art. L. 111-2 L'exportation temporaire ou définitive hors du territoire douanier des biens culturels, autres que les trésors nationaux, qui présentent un intérêt historique, artistique ou archéologique et entrent dans l'une des catégories définies par décret en Conseil d'État est subordonnée à l'obtention d'un certificat délivré par l'autorité administrative.

Ce certificat atteste à titre permanent que le bien n'a pas le caractère de trésor national. Toutefois, pour les biens dont l'ancienneté n'excède pas cent ans, le certificat est délivré pour une durée de vingt ans renouvelable.

L'exportation des biens culturels qui ont été importés à titre temporaire dans le territoire douanier n'est pas subordonnée à l'obtention du certificat prévu au premier alinéa.

A titre dérogatoire et sous condition de retour obligatoire des biens culturels sur le territoire douanier, le certificat peut ne pas être demandé lorsque l'exportation temporaire des biens culturels a pour objet une restauration, une expertise ou la participation à une exposition.

Dans ce cas, l'exportation temporaire est subordonnée à la délivrance par l'autorité administrative d'une autorisation de sortie temporaire délivrée dans les conditions prévues à l'article L. 111-7. – *[Ancien art. 5 L. n° 92-1477 du 31 déc. 1992.]*

Art. L. 111-3 A l'occasion de la sortie du territoire douanier d'un bien culturel mentionné à l'article L. 111-2, le certificat ou l'autorisation de sortie temporaire doit être présenté à toute réquisition des agents des douanes. – *[Ancien art. 6 L. n° 92-1477 du 31 déc. 1992.]*

Art. L. 111-3-1 *(Ord. n° 2017-1134 du 5 juill. 2017, art. 2)* L'instruction de la demande de certificat peut être suspendue s'il existe des présomptions graves et concordantes que le bien appartient au domaine public, a été illicitement importé, constitue une contrefaçon ou provient d'un autre crime ou délit. L'autorité administrative informe le demandeur, par une décision motivée, de la suspension de l'instruction et lui demande de justifier du déclassement du domaine public, de l'authenticité du bien ou de la licéité de sa provenance ou de son importation.

Si la preuve n'est pas rapportée par le demandeur dans les conditions et délais fixés par décret en Conseil d'État, la demande est déclarée irrecevable.

La demande ne peut être déclarée irrecevable lorsque le demandeur apporte la preuve qu'il a exercé la diligence requise, au sens du troisième alinéa de l'article L. 112-8, au moment de l'acquisition et que le délai dont dispose le propriétaire d'origine ou toute autre personne fondée à agir en revendication du bien ou en nullité de l'acte de cession du bien est expiré.

Art. L. 111-4 Le certificat ne peut être refusé qu'aux biens culturels présentant le caractère de trésor national. Aucune indemnité n'est due du fait du refus de délivrance du certificat.

Il est accordé aux biens culturels licitement importés dans le territoire douanier depuis moins de cinquante ans.

*(Abrogé par Ord. n° 2017-1134 du 5 juill. 2017, art. 2) « **S'il existe des présomptions graves et concordantes d'importation illicite, l'autorité administrative peut exiger la preuve de la licéité de l'importation du bien et, en l'absence de preuve, refuser la délivrance du certificat.** »*

Le refus de délivrance du certificat ne peut intervenir qu'après avis motivé d'une commission composée à parité de représentants de l'État et de personnalités qualifiées et présidée par un membre du Conseil d'État. Un décret en Conseil d'État fixe les modalités de désignation de ses membres et les conditions de publication de ses avis. – *A compter du prochain renouvellement de chaque commission, à la fin de la 1re phrase du 3e al. de l'art. L. 111-4 C. patr., les mots : « du Conseil d'État » sont remplacés par les mots : « de la juridiction administrative » (L. n° 2019-222 du 23 mars 2019, art. 102-VIII et 109-XXIV).*

La décision de refus de délivrance du certificat est motivée. Elle comporte, par écrit, l'énoncé des considérations de droit et de fait qui en constituent le fondement. Elle est communiquée à la commission mentionnée au précédent alinéa et publiée dans des conditions fixées par décret en Conseil d'État. – *[Ancien art. 7 L. n° 92-1477 du 31 déc. 1992.]*

Art. L. 111-5 Les conditions d'instruction de la demande et de délivrance du certificat sont fixées par décret en Conseil d'État.

L'instruction de la demande de certificat peut comprendre l'obligation de présenter matériellement le bien aux autorités compétentes. – *[Ancien art. 8 L. n° 92-1477 du 31 déc. 1992.]*

Art. L. 111-6 En cas de refus du certificat, toute demande nouvelle pour le même bien est irrecevable pendant une durée de trente mois à compter de la date du refus.

Après ce délai, le refus de délivrance du certificat ne peut être renouvelé que dans le cas prévu pour la procédure d'offre d'achat au sixième alinéa de l'article L. 121-1, sans préjudice de la possibilité de classement du bien en application des dispositions relatives aux monuments historiques ou aux archives, ou de sa revendication par l'État en application des dispositions relatives aux fouilles archéologiques ou aux biens culturels maritimes.

Les demandes de certificat sont également irrecevables en cas d'offre d'achat du bien par l'État dans les conditions prévues à l'article L. 121-1, jusqu'à l'expiration des délais prévus aux cinquième, sixième et septième alinéas du même article. – *[Ancien art. 9 L. nº 92-1477 du 31 déc. 1992.]*

Art. L. 111-7 L'exportation des trésors nationaux hors du territoire douanier peut être autorisée, à titre temporaire, par l'autorité administrative, aux fins de restauration, d'expertise, de participation à une manifestation culturelle ou de dépôt dans une collection publique.

Cette autorisation est délivrée pour une durée proportionnée à l'objet de la demande.

A l'occasion de la sortie du territoire douanier d'un trésor national mentionné à l'article L. 111-1, l'autorisation de sortie temporaire doit être présentée à toute réquisition des agents des douanes.

Dès l'expiration de l'autorisation, le propriétaire ou le détenteur du bien est tenu de le présenter sur requête des agents habilités par l'État.

(Abrogé par L. nº 2016-925 du 7 juill. 2016, art. 56) « Un décret en Conseil d'État fixe les modalités d'application du présent article. » – *[Ancien art. 10 L. nº 92-1477 du 31 déc. 1992.]*

Art. L. 111-7-1 *(Ord. nº 2017-1134 du 5 juill. 2017, art. 2)* Dès réception de la notification de la décision de refus de délivrance du certificat, les propriétaires de trésors nationaux ou leurs mandataires déclarent à l'autorité administrative le lieu de conservation des biens concernés. Pendant la durée d'effet de ce refus, tout changement de lieu de conservation est déclaré auprès de l'autorité administrative et les propriétaires ou détenteurs de trésors nationaux les présentent aux agents, habilités à cette fin, qui en font la demande.

Art. L. 111-7-2 *(Ord. nº 2017-1134 du 5 juill. 2017, art. 2)* Pendant la durée d'effet du refus de délivrance du certificat, les trésors nationaux ne peuvent être modifiés ou restaurés sans autorisation de l'autorité administrative.

Les travaux autorisés en application du premier alinéa s'exécutent sous le contrôle scientifique et technique des services de l'État chargés de la culture.

Art. L. 111-7-3 *(Ord. nº 2017-1134 du 5 juill. 2017, art. 2)* Quand la décision de refus de délivrance du certificat porte sur un fonds d'archives, une collection ou un ensemble, identifié par le demandeur ou reconnu comme tel par l'autorité administrative pendant l'instruction de la demande, les biens le composant ne peuvent être aliénés par lot ou pièce pendant la durée d'effet du refus de délivrance du certificat.

Art. L. 111-8 *(L. nº 2016-925 du 7 juill. 2016, art. 56)* L'importation de biens culturels appartenant à l'une des catégories prévues à l'article 1er de la Convention concernant les mesures à prendre pour interdire et empêcher l'importation, l'exportation et le transfert de propriété illicites des biens culturels, faite à Paris le 17 novembre 1970, en provenance directe d'un État non membre de l'Union européenne et partie à cette convention est subordonnée à la production d'un certificat ou de tout autre document équivalent autorisant l'exportation du bien établi par l'État d'exportation lorsque la législation de cet État le prévoit. A défaut de présentation dudit document, l'importation est interdite.

Art. L. 111-9 *(L. nº 2016-925 du 7 juill. 2016, art. 56)* Sous réserve de l'article L. 111-11, il est interdit d'importer, d'exporter, de faire transiter, de transporter, de détenir, de vendre, d'acquérir et d'échanger des biens culturels présentant un intérêt archéologique, artistique, historique ou scientifique lorsqu'ils ont quitté illicitement le territoire d'un État dans les conditions fixées par une résolution du Conseil de sécurité de l'Organisation des Nations unies adoptée en ce sens.

Art. L. 111-10 *(L. nº 2016-925 du 7 juill. 2016, art. 56)* Les biens culturels saisis en douane en raison de leur sortie illicite d'un État non membre de l'Union européenne peuvent être déposés dans un musée de France en vue de leur conservation et de leur présentation au public pour le temps de la recherche, par les autorités compétentes, de leur propriétaire légitime.

Art. L. 111-11 *(L. nº 2016-925 du 7 juill. 2016, art. 56)* Dans le cas où les biens culturels se trouvent dans une situation d'urgence et de grave danger en raison d'un conflit armé ou d'une catastrophe sur le territoire de l'État qui les possède ou les détient, l'État peut, à la demande de l'État propriétaire ou détenteur ou lorsqu'une résolution du Conseil de sécurité des Nations Unies a été prise en ce sens, mettre provisoirement à disposition des locaux sécurisés pour les recevoir en dépôt et en informe l'Organisation des Nations unies pour l'éducation, la science et la culture.

L'État rend les biens culturels à l'État propriétaire ou détenteur après cessation de la situation ayant occasionné leur mise à l'abri ou à tout moment, à la demande de ce dernier.

Les biens culturels accueillis dans les conditions prévues au présent article sont insaisissables pendant la durée de leur séjour sur le territoire national.

Pendant leur mise en dépôt sur le territoire national, des prêts peuvent être consentis, après accord de l'État qui les a confiés, pour faire circuler ces biens culturels dans le cadre de l'organisation d'expositions nationales ou internationales destinées à faire connaître ce patrimoine en danger. En cas de sortie du territoire national, l'État qui accueille l'exposition garantit l'insaisissabilité des biens concernés pendant la durée de l'exposition.

Art. L. 111-12 *(L. n° 2016-925 du 7 juill. 2016, art. 56)* Les modalités d'application du présent chapitre sont fixées par décret en Conseil d'État.

CHAPITRE IV *Dispositions pénales*

Art. L. 114-1 *(L. n° 2016-925 du 7 juill. 2016, art. 56)* « I. — » Est puni de deux années d'emprisonnement et d'une amende de 450 000 € le fait, pour toute personne, d'exporter ou de tenter d'exporter :

a) Définitivement, un bien culturel mentionné à l'article L. 111-1 ;

b) Temporairement, un bien culturel mentionné à l'article L. 111-1 sans avoir obtenu l'autorisation prévue à l'article L. 111-7 ou sans respecter les conditions fixées par celle-ci ;

c) Définitivement, un bien culturel mentionné à l'article L. 111-2 sans avoir obtenu le certificat prévu au même article ;

d) Temporairement, un bien culturel mentionné à l'article L. 111-2 sans avoir obtenu soit le certificat, soit l'autorisation de sortie temporaire prévus au même article.

(L. n° 2016-925 du 7 juill. 2016, art. 56) « II. — Est puni des mêmes peines le fait, pour toute personne, d'importer un bien culturel en infraction à l'article L. 111-8.

« III. — Est puni des mêmes peines le fait, pour toute personne, d'importer, d'exporter, de faire transiter, de vendre, d'acquérir ou d'échanger un bien culturel en infraction à l'article L. 111-9.

« Les auteurs des infractions aux interdictions définies au même article L. 111-9 encourent, en outre, la confiscation des biens en cause. »

Art. L. 114-2-1 *(Ord. n° 2017-1134 du 5 juill. 2017, art. 2)* Est puni d'un an d'emprisonnement et 15 000 € d'amende le fait, pour une personne détentrice sans droit ni titre d'archives publiques ou d'un autre bien culturel appartenant au domaine public, de ne pas les restituer sans délai au propriétaire ou à l'autorité qui en fait la demande en application des dispositions des articles L. 112-22 et L. 212-1.

TITRE II Acquisition de biens culturels

CHAPITRE PREMIER *Acquisition de biens culturels présentant le caractère de trésor national et faisant l'objet d'un refus de certificat d'exportation*

Art. L. 121-1 Dans le délai de trente mois prévu à l'article L. 111-6, l'autorité administrative peut, dans l'intérêt des collections publiques, présenter une offre d'achat. Cette offre tient compte des prix pratiqués sur le marché international.

Si le propriétaire du bien n'accepte pas l'offre d'achat dans un délai de trois mois, l'autorité administrative peut faire procéder à une expertise pour fixer le prix du bien dans les conditions fixées aux troisième et quatrième alinéas.

L'autorité administrative et le propriétaire du bien désignent, chacun à leur frais, un expert. En cas de carence, le président du *(Ord. n° 2019-738 du 17 juill. 2019, art. 8)* « tribunal judiciaire statuant en référé » procède à la désignation. Ces experts rendent un rapport conjoint dans un délai de trois mois à compter de leur désignation.

En cas de divergences entre ces experts, le prix du bien est fixé par un expert désigné conjointement par l'autorité administrative et le propriétaire du bien ou, à défaut d'accord, par le président du *(Ord. n° 2019-738 du 17 juill. 2019, art. 8)* « tribunal judiciaire statuant en référé ». Cet expert, dont la rémunération est supportée pour moitié par chacune des parties, rend son rapport dans un délai de trois mois à compter de sa désignation.

L'autorité administrative dispose d'un délai de deux mois à compter de la remise du rapport d'expertise fixant le prix du bien pour adresser au propriétaire une offre d'achat à la valeur d'expertise. A l'issue de ce délai, en l'absence d'offre d'achat présentée par l'État, le certificat mentionné à l'article L. 111-2 ne peut plus être refusé.

Si, dans un délai de deux mois à compter de l'offre d'achat, le propriétaire la refuse ou n'a pas fait savoir qu'il l'acceptait, le refus de délivrance du certificat est renouvelé. Aucune indemnité n'est due à ce titre.

Si le propriétaire du bien accepte l'offre d'achat, le paiement doit intervenir dans un délai de six mois à compter de l'accord du propriétaire à peine de résolution de la vente.

En cas de renouvellement du refus de délivrance du certificat, la procédure d'offre d'achat et d'expertise demeure applicable.

L'autorité administrative peut également présenter une offre d'achat dans les conditions prévues au premier alinéa pour le compte de toute personne publique.

Un décret en Conseil d'État fixe les conditions d'application du présent article. – *[Ancien art. 9-1 L. n° 92-1477 du 31 déc. 1992.]*

Les dispositions de l'Ord. n° 2019-738 du 17 juill. 2019, s'appliquent aux demandes introduites à compter du 1er janv. 2020 (Ord. préc., art. 30).

Art. L. 121-2 L'acquéreur, le donataire, le copartageant, l'héritier ou le légataire d'un bien culturel reconnu trésor national et non classé en application des dispositions relatives aux monuments historiques et aux archives doit, dans le délai de trois mois suivant la date constatant la mutation, le partage ou la déclaration de succession, aviser l'État qu'il en est devenu propriétaire. – *[Ancien art. 9-2 L. n° 92-1477 du 31 déc. 1992.]*

Art. L. 121-3 Tout propriétaire qui aliène un bien culturel mentionné à l'article L. 121-2 est tenu, à peine de nullité de la vente, de faire connaître à l'acquéreur l'existence du refus de délivrance du certificat, mentionné à l'article L. 111-4 et, le cas échéant, les offres d'achat adressées dans les conditions prévues à l'article L. 121-1. – *[Ancien art. 9-3 L. n° 92-1477 du 31 déc. 1992.]*

Art. L. 121-4 Est nulle toute aliénation du bien consentie par le propriétaire ou ses ayants cause après avoir accepté une offre d'achat adressée par l'autorité administrative dans les conditions prévues à l'article L. 121-1.

L'action en nullité se prescrit par six mois à compter du jour où l'autorité administrative a eu connaissance de la vente. Elle ne peut être exercée que par l'autorité administrative. – *[Ancien art. 9-4 L. n° 92-1477 du 31 déc. 1992.]*

ENFANCE — ENFANCE DÉLINQUANTE

RÉP. PÉN. vis *Enfance,* par Gouttenoire et Guérin ; *Enfance délinquante,* par Touret de Coucy.

BIBL. ▶ Archer, *Dr. pénal 2011. Étude 24* (réforme du droit des mineurs délinquants). – Baratta, *Rev. pénit. 2012. 755* (les adolescents auteurs de violences sexuelles : état des connaissances en 2012). – Bonfils, *D. 2007. Chron. 1027* (dispositions relatives au droit pénal des mineurs dans la loi prévention de la délinquance) ; *AJ pénal 2007. 363* (réforme de l'ordonnance de 1945 par la loi du 10 août 2007) ; *Dr. pénal 2007. Étude 25* (libres propos sur la situation du mineur délinquant devenu majeur) ; *D. 2009. Pan. 1918* (projet de réforme de l'ordonnance du 2 février 1945, Rapport Varinard remis le 3 décembre 2008) ; *D. 2011. Chron. 2286* (réforme du droit pénal des mineurs par la loi du 10 août 2011) ; *Dr. pénal 2018. Étude 20* (la nouvelle primauté de l'éducation sur la répression). – Conte, *Dr. pénal 2007. Étude 7* (loi de prévention de la délinquance). – Chavent-Leclère, *Procédures 2011. Étude 11* (commentaire de la loi n° 2011-939 du 10 août 2011 sur la participation des citoyens au fonctionnement de la justice pénale et le jugement des mineurs). – Claverie-Rousset, *RSC 2012. Étude 8* (impartialité de la justice des mineurs). – de Lamy, *RSC 2008. Chron. 133* (droit pénal des mineurs : une singularité limitée). – Desprez, *D. 2007. Point de vue. 2679* (de la garde à vue du mineur de seize ans dans le cadre de l'enquête pour criminalité organisée). – Gallardo, *RSC 2017. 713 s.* (les incohérences du droit pénal des mineurs contemporain). – Gouttenoire, *D. 2007. Chron. 1090* (loi du 5 mars 2007 réformant la protection de l'enfance). – Jacopin, *RSC 2020. 27* *(présomption(s) et minorité en droit pénal)*. – Jaspart, *RSC* 2010. 482 (l'enfermement des mineurs poursuivis par la justice. Ethnographie de trois institutions en Belgique). – Lazerges, *RSC 2008. Chron. 200* (mutation du modèle protectionniste de justice des mineurs) ; *ibid. 2011. 728* (démolition méthodique de la justice des mineurs devant le Conseil constitutionnel). – *ibid. 2020. 175* (cohérence et incohérences dans l'ordonnance n° 2019-950 du 11 septembre 2019 portant partie législative du code de la justice pénale des mineurs).

– Perrier, *Dr. pénal 2016. Étude 10* (l'information de l'Administration par l'autorité judiciaire et la protection des mineurs. Loi n° 2016-457 du 14 avril 2016). – Pradel, *JCP G 2011. 1587* (encore des aménagements à la procédure pénale applicable aux mineurs. A propos de la loi du 10 août 2011). – Ribeyre, *RSC 2008. Chron. 857* (limitation du principe d'atténuation de la responsabilité pénale des mineurs de plus de seize ans). – Rosenczveig, *D. 2007. Entretien 640* *; ibid. 2008. Entretien 1536* (la refondation de l'ordonnance sur la jeunesse délinquante). – Varinard, *RPDP 2012. 241* (Chronique législative. Droit pénal des mineurs. Loi n° 2010-939 du 10 août 2011 sur la justice pénale et le jugement des mineurs. Loi n° 2011-1940 du 26 décembre 2011 visant à restaurer un service citoyen pour les mineurs délinquants). – Verges, *RSC 2020. 129* (le nouveau parcours pénal des mineurs). – Dubois et Bouchet, *D. 2018. 1268* (réflexion sur les seuils d'âge en droit pénal de fond). – Bonfils, *D. 2019. 984*. *Entretien* (réforme de la justice pénale des mineurs). – Lagoutte, *Dr. pénal 2019. Étude 18* (l'arbre qui cache la forêt. Commentaire de la loi du 10 juillet 2019 relative à l'interdiction des violences éducatives ordinaires). – Ronge, *Dr. pénal 2019. Étude 27* (enfance délinquante : de l'ordonnance de 1945 à l'ordonnance de 2019). – Rosenczveig, *Dr. pénal 2019. Entretien. 6* (juge des enfants, juge partial ?).

► Dossier « La justice des mineurs », *AJ pénal 2012. 311* *s.*

► Dossier « Réforme de la justice des mineurs », *Dr. pénal 2008, n°s 5, 6 et 7.*

► Dossier « La loi n° 2007-297 du 5 mars 2007 relative à la prévention de la délinquance », *AJ pénal 2007. 205*.

► Dossier « Les mineurs délinquants », *AJ pénal 2005. 45*.

► Dossier « Dix ans d'évolution de la justice pénale des mineurs : bilan et perspectives », *Dr. pénal 2012. Études 17 à 22* (Étude 17 : Les sources du droit pénal des mineurs, par les étudiants du master II « droit pénal et sciences criminelles » de l'université Toulouse I ; Étude 18 : la primauté de l'éducation sur la répression, par Philippe Bonfils ; Étude 19 : l'atténuation de la responsabilité pénale des mineurs, par Clément Margaine ; Étude 20 : la spécialisation des juridictions et des procédures dans les affaires de mineurs, par Élise Letouzey ; Étude 21 : le juge des enfants : pièce maîtresse ou simple juge spécialisé de la justice pénale des mineurs ?, par Marie-Cécile Guérin ; Étude 22 : La progressivité de la réponse pénale à la délinquance des mineurs au stade sententiel, par les étudiants du master II de droit pénal de Bordeaux).

► Dossier « La protection pénale de l'enfant », *AJ pénal 2014. 9 s.* – Bonfils, *AJ pénal 2014. 10* (l'évolution de la protection pénale des mineurs victimes). – Zarlowski, *AJ pénal 2014. 13* (l'audition du mineur victime). – Nastorg, *AJ pénal 2014. 16* (l'administrateur *ad hoc* et la parole de l'enfant dans la procédure pénale : pratique d'un administrateur *ad hoc*). – Morel, *AJ pénal 2014. 20* (l'enfant victime : la voix de l'enfant dans la procédure pénale).

► Dossier « Ordonnance n° 2019-950 du 11 septembre 2019 portant partie législative du code de la justice pénale des mineurs », *AJ pénal 475 s.* – Bonfils, *AJ pénal 2019. 476* (première approche du code de la justice pénale des mineurs). – Bigot, *AJ pénal 2019. 479* (le mineur en conflit avec la loi reste-t-il un enfant à protéger ?). – Beddiar, *AJ pénal 2019. 483* (la césure du procès pénal des mineurs). – Donnette, *AJ pénal 2019. 486* (les rapports PJJ/parquet). – Delanoë-Daoud, Duverney Pret et Roth, *AJ pénal 2019. 491* (une justice des mineurs plus réactive pour une réponse éducative plus efficace).

Code de la sécurité intérieure

(Ord. n° 2012-351 du 12 mars 2012)

LIVRE PREMIER **Principes généraux et organisation de la sécurité intérieure**

TITRE III **Compétences respectives de l'État et des collectivités territoriales en matière de sécurité publique**

CHAPITRE II ***Prévention de la délinquance***

SECTION II ***Rôle du représentant de l'État et du procureur de la République dans le département*** *(L. n° 2014-896 du 15 août 2014, art. 36, en vigueur le 1er oct. 2014).*

Art. L. 132-8 Le représentant de l'État dans le département ou, à Paris, le préfet de police peut décider, dans leur intérêt, une mesure tendant à restreindre la liberté d'aller et de venir des mineurs de treize ans lorsque le fait, pour ceux-ci, de circuler ou de stationner sur la voie publique entre vingt-trois heures et six heures sans être accompagnés de l'un de leurs parents ou du titulaire de l'autorité parentale les expose à un risque manifeste pour leur santé, leur sécurité, leur éducation ou leur moralité. La décision énonce la durée, limitée dans le temps, de la mesure, les circonstances précises de fait et de lieu qui la motivent ainsi que le territoire sur lequel elle s'applique. – *[L. n° 2011-267 du 14 mars 2011, art. 43.]*

Art. L. 132-9 Les décisions mentionnées à l'article L. 132-8 *(Ord. n° 2019-950 du 11 sept. 2019, art. 5-VI et 9, en vigueur le 31 mars 2021)* « et au 7° de l'article L. 112-2 du code de la justice pénale des mineurs *[ancienne rédaction : et au 11° de l'article 15-1 de l'ordonnance n° 45-174 du 2 février 1945 relative à l'enfance délinquante]* » prévoient les modalités de prise en charge du mineur et sa remise immédiate à ses parents ou à son représentant légal. Le procureur de la République est avisé sans délai de cette remise.

Sans préjudice des dispositions de l'article L. 223-2 du code de l'action sociale et des familles, en cas d'urgence et lorsque le représentant légal du mineur n'a pu être contacté ou a refusé d'accueillir l'enfant à son domicile, celui-ci est remis au service de l'aide sociale à l'enfance qui le recueille provisoirement, par décision du représentant de l'État dans le département ou, à Paris, du préfet de police, qui en avise immédiatement le procureur de la République. – *[L. n° 2011-267 du 14 mars 2011, art. 43.]*

Art. L. 132-10 Sous réserve des dispositions du code de procédure pénale relatives à l'exercice de la mission de police judiciaire, le représentant de l'État dans le département associe le maire à la définition des actions de lutte contre l'insécurité et l'informe régulièrement des résultats obtenus. Les modalités de l'association et de l'information du maire peuvent être définies par des conventions que le maire signe avec l'État. – *[CGCT, art. L. 2215-2, al. 1er.]*

Art. L. 132-10-1 *(L. n° 2014-896 du 15 août 2014, art. 36-2° et 54-I, en vigueur le 1er oct. 2014)* I. – Au sein du conseil départemental de prévention de la délinquance et, le cas échéant, de la zone de sécurité prioritaire, l'état-major de sécurité et la cellule de coordination opérationnelle des forces de sécurité intérieure sont chargés d'animer et de coordonner, sur leur territoire, les actions conduites par l'administration pénitentiaire, les autres services de l'État, les collectivités territoriales, les associations et les autres personnes publiques ou privées, en vue de favoriser l'exécution des peines et prévenir la récidive.

Dans le cadre de leurs attributions, l'état-major de sécurité et la cellule de coordination opérationnelle des forces de sécurité intérieure :

1° Sont informés par le procureur de la République, au moins une fois par an, de la politique pénale mise en œuvre sur leur territoire ;

2° Examinent et donnent leur avis sur les conditions de mise en œuvre des mesures prévues à l'article 41-1 du code de procédure pénale ;

3° Organisent les modalités du suivi et du contrôle en milieu ouvert, par les services et personnes publiques ou privées mentionnés au premier alinéa du présent I, des personnes condamnées sortant de détention, désignées par l'autorité judiciaire compte tenu de leur personnalité, de leur situation matérielle, familiale et sociale ainsi que des circonstances de la commission des faits ;

4° Informent régulièrement les juridictions de l'application des peines ainsi que le service pénitentiaire d'insertion et de probation des conditions de mise en œuvre, dans le ressort, du suivi et du contrôle des personnes désignées en application du 3° du présent I *(Abrogé par Cons. const. n° 2016-569 QPC du 23 sept. 2016, art. 1er, à compter du 25 sept. 2016) « et peuvent se voir transmettre par ces mêmes juridictions et ce même service toute information que ceux-ci jugent utile au bon déroulement du suivi et du contrôle de ces personnes ». (L. n° 2017-258 du 28 févr. 2017, art. 6-1°)* « A cet effet, ils peuvent se voir transmettre par ces mêmes juridictions et ce même service toute information à caractère personnel liée au comportement de ces personnes en détention et aux modalités d'exécution de leur peine qu'ils jugent utiles au bon déroulement du suivi et du contrôle de celles de ces personnes dont le comportement est susceptible de constituer une menace pour la sécurité et l'ordre publics. »

II. – Les informations confidentielles échangées en application du I du présent article ne peuvent être communiquées à des tiers. *(L. n° 2017-258 du 28 févr. 2017, art. 6-2°)* « Toute personne destinataire d'une telle information est tenue au secret professionnel, dans les conditions et sous les peines prévues aux articles 226-13 et 226-14 du code pénal. »

L'échange d'informations est réalisé selon les modalités prévues par un règlement intérieur établi par le conseil départemental de prévention de la délinquance sur la proposition des membres des groupes de travail mentionnés au premier alinéa *(L. n° 2017-258 du 28 févr. 2017, art. 6-2°)* « du I du présent article ».

III. – Les modalités d'application du présent article sont fixées par décret en Conseil d'État.

Code de la justice pénale des mineurs

L'Ord. n° 45-174 du 2 févr. 1945 est abrogée à compter du 30 sept. 2021 (Ord. n° 2019-950 du 11 sept. 2020, art. 7 et 9, mod. par L. n° 2020-734 du 17 juin 2020, art. 25, et L. n° 2021-218 du 26 févr. 2021, art. 2). Les dispositions du code de la justice pénale des mineurs, relatives à la procédure pénale, sont applicables aux poursuites engagées à compter de son entrée en vigueur. Les poursuites engagées avant cette date se poursuivent jusqu'à leur terme conformément aux dispositions du code de procédure pénale et de l'ordonnance n° 45-174 du 2 févr. 1945 relative à l'enfance délinquante dans leur version applicable avant cette date. Toutefois, les dispositions du code de la justice pénale des mineurs relatives aux mesures éducatives et aux mesures de sûreté, lorsqu'elles sont plus favorables aux mineurs à l'encontre desquels ces poursuites sont engagées, s'appliquent immédiatement lorsqu'elles sont plus favorables aux mineurs à l'encontre desquels ces poursuites sont engagées (Ord. préc., art. 10 et L. n° 2021-218 du 26 févr. 2021, art. 18).

L'Ord. n° 2019-950 du 11 sept. 2019 a été ratifiée par la L. n° 2021-218 du 26 févr. 2021, qui a également reporté son entrée en vigueur du 31 mars au 30 sept. 2021. La L. n° 2021-218 du 26 févr. 2021 a encore ajouté à l'Ord. n° 2019-950 du 11 sept. 2019 un art. 8-2 aux termes duquel « Deux ans après l'entrée en vigueur de la présente ordonnance, le Gouvernement remet au Parlement un rapport sur l'application du code de la justice pénale des mineurs, précisant notamment les éventuelles avancées et difficultés rencontrées et préconisant, le cas échéant, des mesures complémentaires ou correctives » (L. préc., art. 18).

S'agissant des dispositions d'urgence mises en place pour faire face à l'épidémie de covid-19, V. App., v° État d'urgence sanitaire.

PREMIÈRE PARTIE : *LÉGISLATIVE*

(Ord. n° 2019-950 du 11 sept. 2019)

L'Ord. n° 45-174 du 2 févr. 1945 est abrogée à compter du 1er oct. 2020 (Ord. n° 2019-950 du 11 sept. 2020, art. 7 et 9). Les dispositions du code de la justice pénale des mineurs, relatives à la procédure pénale, sont applicables aux poursuites engagées à compter de son entrée en vigueur. Les poursuites engagées avant cette date se poursuivent jusqu'à leur terme conformément aux dispositions du code de procédure pénale et de l'ordonnance n° 45-174 du 2 févr. 1945 relative à l'enfance délinquante dans leur version applicable avant cette date. Toutefois, les dispositions du code de la justice pénale des mineurs relatives aux mesures de sûreté s'appliquent immédiatement lorsqu'elles sont plus favorables aux mineurs à l'encontre desquels ces poursuites sont engagées (Ord. préc., art. 10).

RÉP. PÉN. v^is *Enfance*, par GOUTTENOIRE et GUÉRIN ; *Enfance délinquante*, par BONFILS et BOURGEOIS-ITIER.

Art. préliminaire **Le présent code régit les conditions dans lesquelles la responsabilité pénale des mineurs est mise en œuvre, en prenant en compte** *(L. n° 2021-218 du 26 févr. 2021, art. 3)* **« , dans leur intérêt supérieur, » l'atténuation de cette responsabilité en fonction de leur âge et la nécessité de rechercher leur relèvement éducatif et moral par des mesures adaptées à leur âge et leur personnalité, prononcées par une juridiction spécialisée ou selon des procédures appropriées.**

TITRE PRÉLIMINAIRE Des principes généraux de la justice pénale des mineurs

CHAPITRE PREMIER *Des principes généraux du droit pénal applicable aux mineurs*

Art. L. 11-1 **Lorsqu'ils sont capables de discernement, les mineurs, au sens de l'article 388 du code civil, sont pénalement responsables des crimes, délits ou contraventions dont ils sont reconnus coupables.**

Les mineurs de moins de treize ans sont présumés ne pas être capables de discernement. Les mineurs âgés d'au moins treize ans sont présumés être capables de discernement.

(L. n° 2021-218 du 26 févr. 2021, art. 4) **« Est capable de discernement le mineur qui a compris et voulu son acte et qui est apte à comprendre le sens de la procédure pénale dont il fait l'objet. »**

Art. L. 11-2 **Les décisions prises à l'égard des mineurs tendent à leur relèvement éducatif et moral ainsi qu'à la prévention de la récidive et à la protection de l'intérêt des victimes.**

Art. L. 11-3 Les mineurs déclarés coupables d'une infraction pénale peuvent faire l'objet de mesures éducatives et, si les circonstances et leur personnalité l'exigent, de peines.

Art. L. 11-4 Aucune peine ne peut être prononcée à l'encontre d'un mineur de moins de treize ans.

Art. L. 11-5 Les peines encourues par les mineurs sont diminuées conformément aux dispositions du présent code.

CHAPITRE II *Des principes généraux de la procédure pénale applicable aux mineurs*

Art. L. 12-1 Les crimes, délits et contraventions de la cinquième classe reprochés à un mineur sont instruits et jugés par des juridictions et chambres spécialisées ou spécialement désignées ou composées, devant lesquelles les procédures sont adaptées.

Ces juridictions et chambres sont :

1° Le juge des enfants ;

2° Le tribunal pour enfants ;

3° Le juge d'instruction chargé spécialement des affaires concernant les mineurs ;

(L. n° 2021-218 du 26 févr. 2021, art. 5) « 3° *bis* Le juge des libertés et de la détention chargé spécialement des affaires concernant les mineurs ; »

4° La cour d'assises des mineurs ;

5° La chambre spéciale des mineurs de la cour d'appel ;

6° La chambre de l'instruction spécialement composée en matière d'affaires concernant les mineurs.

Le conseiller de la cour d'appel délégué à la protection de l'enfance fait partie des chambres mentionnées aux 5° et 6°.

Art. L. 12-2 L'action publique relative à des crimes, délits ou contraventions de la cinquième classe reprochés à un mineur est exercée par des magistrats désignés chargés spécialement des affaires concernant les mineurs.

Les fonctions du ministère public sont remplies par le procureur général ou un magistrat du ministère public spécialement chargé des affaires concernant les mineurs.

Art. L. 12-3 La publicité des audiences des juridictions statuant à l'égard des mineurs est restreinte dans les conditions déterminées par le présent code.

Art. L. 12-4 Le mineur poursuivi ou condamné est assisté d'un avocat.

Le mineur participe au choix de son avocat ou *(L. n° 2021-218 du 26 févr. 2021, art. 6)* « effectue ce choix » dans les conditions prévues par le présent code.

Lorsqu'un avocat a été désigné d'office, dans la mesure du possible, le mineur est assisté par le même avocat à chaque étape de la procédure.

Art. L. 12-5 Dans les conditions fixées par le présent code, les responsables légaux reçoivent les mêmes informations que celles qui doivent être communiquées au mineur au cours de la procédure. Le mineur en est informé.

Le mineur suspecté ou poursuivi a le droit d'être accompagné par ses représentants légaux conformément aux dispositions du présent code.

Art. L. 12-6 Le droit d'opposition, d'appel ou de recours en cassation est exercé soit par le mineur, soit par son représentant légal.

CHAPITRE III *Dispositions communes*

Art. L. 13-1 Les dispositions législatives et réglementaires *(L. n° 2021-218 du 26 févr. 2021, art. 6)* « en matière » de droit pénal et de procédure pénale, notamment celles du code pénal et du code de procédure pénale, sont applicables aux mineurs, sauf lorsqu'il en est disposé autrement par les dispositions du présent code.

Pour l'application aux mineurs des dispositions du code pénal et du code de procédure pénale, les références aux juridictions compétentes à l'égard des majeurs s'entendent comme des références aux juridictions compétentes à l'égard des mineurs, telles qu'elles sont définies par le présent code.

Art. L. 13-2 A moins que le présent code n'en dispose autrement, la juridiction compétente, la procédure applicable ainsi que les mesures et peines encourues sont déterminées selon l'âge du mineur à la date des faits.

Art. L. 13-3 En aucune circonstance, l'identité ou l'image d'un mineur mis en cause dans une procédure pénale ne peuvent être, directement ou indirectement, rendues publiques.

Art. L. 13-4 Il peut être proposé à la victime et à l'auteur de l'infraction de recourir à la justice restaurative, conformément à l'article 10-1 du code de procédure pénale, à l'occasion de toute procédure concernant un mineur et à tous les stades de celle-ci, y compris lors de l'exécution de la peine, sous réserve que les faits aient été reconnus.

La justice restaurative ne peut être mise en œuvre que si le degré de maturité et la capacité de discernement du mineur le permettent, et après avoir recueilli le consentement des représentants légaux.

LIVRE PREMIER Des mesures éducatives et des peines

TITRE PREMIER Des mesures éducatives

CHAPITRE PREMIER *Dispositions communes*

Art. L. 111-1 Les mesures éducatives encourues par un *(L. n° 2021-218 du 26 févr. 2021, art. 7)* « enfant ou adolescent » à titre de sanction sont :

1° L'avertissement judiciaire ;

2° La mesure éducative judiciaire.

Art. L. 111-2 Le juge des enfants, le tribunal pour enfants et la cour d'assises des mineurs peuvent prononcer un avertissement judiciaire et une mesure éducative judiciaire. Un avertissement judiciaire peut être prononcé cumulativement avec une mesure éducative judiciaire qui ne peut comporter que le module de réparation. Si un avertissement judiciaire a déjà été prononcé à l'égard du mineur pour une infraction identique ou assimilée au regard des règles de la récidive commise moins d'un an avant la commission de la nouvelle infraction, il ne peut être prononcé seul.

Le tribunal de police peut prononcer un avertissement judiciaire.

Art. L. 111-3 Pour les contraventions de la cinquième classe, les délits et les crimes, une mesure éducative peut être prononcée cumulativeme avec une *(L. n° 2021-218 du 26 févr. 2021, art. 7)* « peine. »

Art. L. 111-4 Les décisions prononçant une mesure éducative sont exécutoires par provision.

Art. L. 111-5 Les mesures éducatives prononcées à l'égard d'un mineur ne peuvent constituer le premier terme de récidive.

Art. L. 111-6 En matière contraventionnelle ou correctionnelle, une dispense de mesure éducative peut être accordée lorsqu'il apparaît que le reclassement du mineur est acquis, que le dommage causé est réparé et que le trouble résultant de l'infraction a cessé.

Le juge des enfants ou le tribunal pour enfants peut prononcer une déclaration de réussite éducative à l'égard du mineur qui, dans le cadre d'une mise à l'épreuve éducative, a pleinement respecté les obligations qui lui étaient alors imposées.

Ces décisions ne peuvent constituer le premier terme d'une récidive.

La juridiction qui prononce une dispense de mesure éducative ou une déclaration de réussite éducative peut décider que sa décision ne sera pas mentionnée au casier judiciaire.

CHAPITRE II *De la mesure éducative judiciaire*

SECTION I *Dispositions générales*

Art. L. 112-1 La mesure éducative judiciaire vise la protection du mineur, son assistance, son éducation, son insertion et son accès aux soins.

Art. L. 112-2 La mesure éducative judiciaire consiste en un accompagnement individualisé du mineur construit à partir d'une évaluation de sa situation personnelle, familiale, sanitaire et sociale. La juridiction peut également prononcer *(Abrogé par L. n° 2021-218 du 26 févr. 2021, art. 7)* « *l'* » un ou plusieurs des modules, interdictions ou obligations suivants :

1° Un module d'insertion ;

2° Un module de réparation ;

3° Un module de santé ;

4° Un module de placement ;

5° Une interdiction de paraître pour une durée qui ne saurait excéder un an, dans le ou les lieux dans lesquels l'infraction a été commise et qui sont désignés par la juridiction, à l'exception des lieux dans lesquels le mineur réside habituellement ;

6° Une interdiction d'entrer en contact avec la victime ou les coauteurs ou complices, désignés par la juridiction, pour une durée d'un an maximum ;

7° Une interdiction d'aller et venir sur la voie publique entre *(L. nº 2021-218 du 26 févr. 2021, art. 7)* « 22 » heures et *(L. nº 2021-218 du 26 févr. 2021, art. 7)* « 6 » heures sans être accompagné de l'un de ses représentants légaux, pour une durée de six mois maximum ;

8° L'obligation de remettre un objet détenu ou appartenant au mineur et ayant servi à la commission de l'infraction ou qui en est le produit ;

9° L'obligation de suivre un stage de formation civique, d'une durée qui ne peut excéder un mois, ayant pour objet de rappeler au mineur les obligations résultant de la loi.

Art. L. 112-3 Les modules mentionnés aux 1° à 4° de l'article L. 112-2 *(L. nº 2021-218 du 26 févr. 2021, art. 7)* « et les obligations et interdictions mentionnées aux 5° à 9° du même article L. 112-2 » peuvent être prononcés alternativement ou cumulativement. *(Abrogé par L. nº 2021-218 du 26 févr. 2021, art. 7) « Toutefois, lorsqu'il consiste en un accueil de jour, le module d'insertion ne peut être prononcé cumulativement avec le module de placement.*

« Les obligations et interdictions mentionnées au 5° à 9° de l'article L. 112-2 peuvent être prononcées, alternativement ou cumulativement, entre elles et avec les modules mentionnés aux 1°, 2° et 4° de l'article L. 112-2. »

Toutefois, seuls les mineurs de plus de dix ans encourent une mesure éducative judiciaire comportant l'une ou plusieurs des interdictions et obligations mentionnées aux 5° à 9° de l'article L. 112-2.

Art. L. 112-4 La mesure éducative judiciaire est prononcée pour une durée n'excédant pas cinq années, sans préjudice de l'application des dispositions des articles L. 112-6, deuxième alinéa, L. 112-9 et L. 112-15, troisième et quatrième alinéas.

Elle peut être prononcée même si l'intéressé est devenu majeur au jour de la décision mais prend fin au plus tard lorsqu'il atteint vingt-et-un ans, sans préjudice de l'application des dispositions des articles L. 112-6, deuxième alinéa, et L. 112-15, dernier alinéa.

SECTION II *Des modules de la mesure éducative judiciaire*

SOUS-SECTION 1 *Du module d'insertion*

Art. L. 112-5 Le module d'insertion consiste en une orientation du mineur vers une prise en charge scolaire ou visant à son insertion sociale, scolaire ou professionnelle, adaptée à ses besoins. Il peut également consister en :

1° Un accueil de jour ;

2° Un placement dans un internat scolaire ;

3° Un placement dans une institution ou un établissement public ou privé d'enseignement ou de formation professionnelle, habilité.

Art. L. 112-6 L'accueil de jour du mineur consiste en une prise en charge continue en journée aux fins d'insertion sociale, professionnelle ou scolaire. Il est mis en œuvre par un établissement ou service du secteur public de la protection judiciaire de la jeunesse ou une structure habilitée.

La décision fixe la durée de la mesure, qui ne peut excéder un an, ainsi que ses modalités d'exercice. Cette mesure ne peut être prononcée, poursuivie ou renouvelée après la majorité de l'intéressé qu'avec son accord.

A l'échéance fixée, la personne ou le service auquel la mesure d'accueil de jour a été confiée informe par écrit la juridiction compétente et le service de la protection judiciaire de la jeunesse de l'exécution de la prise en charge.

Art. L. 112-7 Les dispositions prévues à l'article L. 112-15 sont applicables au prononcé des placements mentionnés aux 2° et 3° de l'article L. 112-5.

SOUS-SECTION 2 *Du module de réparation*

Art. L. 112-8 Le module de réparation peut consister en :

1° Une activité d'aide ou de réparation à l'égard de la victime ou dans l'intérêt de la collectivité ;

2° Une médiation entre le mineur et la victime.

Art. L. 112-9 La juridiction recueille les observations du mineur et, dans la mesure du possible, de ses représentants légaux avant de prononcer un module de réparation. Elle fixe, dans sa décision, la durée de ce module qui ne peut excéder un an.

Art. L. 112-10 La mise en œuvre du module de réparation peut être confiée à la protection judiciaire de la jeunesse ou à un service ou une personne habilité dans des conditions fixées par décret en *(L. nº 2021-218 du 26 févr. 2021, art. 7)* « Conseil » d'État.

L'activité d'aide ou de réparation ne peut être mise en œuvre à l'égard de la victime qu'avec l'accord de celle-ci.

La médiation est mise en œuvre à la demande ou avec l'accord de la victime.

Au terme du délai fixé par la décision, le service ou la personne chargé de sa mise en œuvre informe par écrit la juridiction de l'exécution du module.

SOUS-SECTION 3 *Du module de santé*

Art. L. 112-11 Le module de santé peut consister en :

1º Une orientation du mineur vers une prise en charge sanitaire adaptée à ses besoins ;

2º Un placement dans un établissement de santé, à l'exclusion des services de psychiatrie ;

3º Un placement dans un établissement médico-social.

Art. L. 112-12 Le placement dans un établissement de santé mentionné au 2º de l'article L. 112-11 est prononcé dans les conditions prévues à l'article L. 112-15 au vu d'un avis médical circonstancié d'un médecin extérieur à cet établissement. Lorsque le médecin de l'établissement d'accueil certifie que l'hospitalisation n'est plus nécessaire, le juge des enfants statue sans délai sur la mesure de placement.

Art. L. 112-13 Le placement dans un établissement médico-social mentionné au 3º de l'article L. 112-11 est prononcé dans les conditions prévues à l'article L. 112-15 au vu d'une décision d'orientation de la commission des droits et de l'autonomie des personnes handicapées prise dans les conditions prévues à l'article L. 241-6 du code de l'action sociale et des familles.

SOUS-SECTION 4 *Du module de placement*

Art. L. 112-14 Au titre du module de placement, le mineur peut être confié :

1º A un membre de sa famille ou une personne digne de confiance *(Abrogé par L. nº 2021-218 du 26 févr. 2021, art. 7) « ainsi qu'au service de l'aide sociale à l'enfance »* ;

2º A un établissement du secteur public de la protection judiciaire de la jeunesse, à l'exclusion des établissements mentionnés à l'article L. 113-7 ;

3º A une institution ou un établissement éducatif privé habilité, à l'exclusion des établissements mentionnés à l'article L. 113-7.

Art. L. 112-15 La décision de placement est prise par la juridiction après avoir procédé à l'audition du mineur et de ses représentants légaux lors d'une audience.

Toutefois, en cas d'urgence, le juge des enfants peut prononcer un placement sans avoir procédé à l'audition des parties. Dans ce cas, il les convoque à une date qui ne peut être fixée au-delà d'un délai de quinze jours à compter de la décision.

Le placement est prononcé par une ordonnance qui détermine le lieu de placement *(L. nº 2021-218 du 26 févr. 2021, art. 7)* « et » en fixe la durée *(L. nº 2021-218 du 26 févr. 2021, art. 7)* « , » qui ne peut excéder un an *(L. nº 2021-218 du 26 févr. 2021, art. 7)* « , ainsi que » les modalités du droit de visite et d'hébergement des parents.

Ce placement peut être renouvelé selon les modalités prévues au présent article.

Lorsqu'il a été prononcé à l'égard d'un mineur, le placement ne peut se poursuivre après la majorité de l'intéressé qu'avec son accord.

CHAPITRE III *Du régime du placement*

SECTION I *Dispositions générales*

Art. L. 113-1 Les père et mère du mineur bénéficiant d'une mesure de placement au titre du présent code continuent à exercer tous les attributs de l'autorité parentale qui ne sont pas inconciliables avec cette mesure. Toutefois, la personne, le service ou l'établissement auquel l'enfant est confié accomplit tous les actes usuels relatifs à sa surveillance et à son éducation.

Sans préjudice de l'alinéa précédent, le juge compétent pour statuer sur le placement peut exceptionnellement, dans tous les cas où l'intérêt de l'enfant le justifie, autoriser la personne, le service ou l'établissement auquel est confié le mineur à exercer un acte relevant de l'autorité parentale en cas de refus abusif ou injustifié ou en cas de négligence des détenteurs de l'autorité parentale, à charge pour le demandeur de rapporter la preuve de la nécessité de cette mesure.

Art. L. 113-2 Lorsque le mineur est remis à une personne autre que les titulaires de l'autorité parentale ou la personne *(L. n° 2021-218 du 26 févr. 2021, art. 7)* « à qui il était confié », la décision détermine la part des frais d'entretien et de placement restant à leur charge.

Ces frais sont recouvrés comme frais de justice criminelle au profit du Trésor public. Les allocations familiales, majorations et allocations d'assistance auxquelles le mineur ouvre droit seront versées directement par l'organisme débiteur à la personne ou à l'établissement qui accueille le mineur le temps du placement. Toutefois, le juge des enfants peut maintenir le versement des allocations familiales à la famille lorsque celle-ci participe à la prise en charge morale ou matérielle de l'enfant, ou en vue de faciliter le retour de l'enfant dans son foyer.

Lorsque le mineur est confié à l'aide sociale à l'enfance, la part des frais d'entretien et de placement qui n'incombe pas à la famille est mise à la charge du Trésor *(L. n° 2021-218 du 26 févr. 2021, art. 7)* « public ».

Art. L. 113-3 Le magistrat du parquet spécialement désigné et le juge des enfants visitent au moins une fois par an les établissements publics ou privés accueillant des mineurs délinquants situés sur le ressort de la juridiction pour mineurs.

Art. L. 113-4 Les députés et les sénateurs ainsi que les représentants au Parlement européen élus en France sont autorisés à visiter, à tout moment, les établissements publics ou privés accueillant des mineurs en application des dispositions du présent code.

Art. L. 113-5 Les magistrats ou juridictions qui ordonnent ou assurent le suivi du placement d'un mineur en application du présent code ou les magistrats qui sont chargés de l'exécution de cette décision peuvent requérir directement la force publique pour faire exécuter cette décision, durant la minorité de l'intéressé.

Art. L. 113-6 Toute personne souhaitant, à titre habituel, accueillir des mineurs en application du présent code doit solliciter au préalable une habilitation spéciale auprès du représentant de l'État dans le département, selon des modalités fixées par décret en Conseil d'État.

SECTION II *Des centres éducatifs fermés*

Art. L. 113-7 Les centres éducatifs fermés sont des établissements publics ou des établissements privés habilités dans des conditions prévues par décret en Conseil d'État, dans lesquels les mineurs sont placés en application d'un contrôle judiciaire, d'un sursis probatoire, d'un placement à l'extérieur ou à la suite d'une libération conditionnelle. Au sein de ces centres, les mineurs font l'objet des mesures de surveillance et de contrôle permettant d'assurer un suivi éducatif et pédagogique renforcé et adapté à leur personnalité.

Le magistrat ou la juridiction peut, durant le temps et selon les modalités qu'il détermine, autoriser l'établissement à organiser un accueil temporaire du mineur dans d'autres lieux afin de préparer la fin du placement ou de prévenir un incident grave.

La violation des obligations auxquelles le mineur est astreint en vertu des mesures qui ont entraîné son placement dans le centre, y compris en cas d'accueil temporaire dans un autre lieu, peut entraîner le placement en détention provisoire ou l'emprisonnement du mineur.

L'habilitation prévue au premier alinéa ne peut être délivrée qu'aux établissements offrant une éducation et une sécurité adaptées à la mission des centres ainsi que la continuité du service.

Le juge des enfants prend toute mesure permettant d'assurer la continuité de la prise en charge éducative du mineur en vue de sa réinsertion durable dans la société, à l'issue du placement en centre éducatif fermé ou en cas de révocation du contrôle judiciaire ou du sursis probatoire.

(L. n° 2021-218 du 26 févr. 2021, art. 8) « Lorsque la place occupée par un mineur suite à une décision de placement reste vacante pendant une durée excédant sept jours, l'établissement accueillant le mineur concerné saisit d'une demande de mainlevée spécialement motivée le magistrat chargé de l'exécution de cette décision, qui statue sans délai.

« Des activités culturelles et socioculturelles sont organisées dans les établissements mentionnés au premier alinéa. Elles ont notamment pour objet de développer les moyens d'expression, les connaissances et les aptitudes des mineurs placés dans des centres éducatifs fermés. Les modalités d'application du présent alinéa sont définies par décret. »

Art. L. 113-8 *(L. n° 2021-218 du 26 févr. 2021, art. 7)* A chaque entrée d'un mineur dans un établissement relevant du secteur public ou habilité de la protection judiciaire de la jeunesse, le directeur de l'établissement ou les membres du personnel de l'établissement spécialement désignés par lui peuvent procéder au contrôle visuel des effets personnels du mineur, aux fins de prévenir l'introduction au sein de l'établissement d'objets ou de substances interdits ou constituant une menace pour la sécurité des personnes ou des biens. Au sein de ces établissements, ces mêmes personnels peuvent, aux mêmes fins, procéder à l'inspection des chambres où séjournent ces mineurs. Cette inspection se fait en présence du mineur sauf impossibilité pour celui-ci de se trouver dans l'établissement. Le déroulé de cette inspection doit être consigné dans un registre tenu par l'établissement à cet effet. Ces mesures s'effectuent dans le respect de la dignité des personnes et selon les principes de nécessité et de proportionnalité.

TITRE II Des peines

CHAPITRE PREMIER *Des peines encourues*

Art. L. 121-1 Les peines suivantes ne sont pas applicables aux mineurs :

1° La peine d'interdiction du territoire français ;

2° La peine de *(L. n° 2021-218 du 26 févr. 2021, art. 9)* « jours-amende » ;

3° Les peines d'interdiction des droits civiques, civils et de famille, d'interdiction d'exercer une fonction publique ou une activité professionnelle ou sociale, d'interdiction de séjour, de fermeture d'établissement, d'exclusion des marchés publics ;

4° Les peines d'affichage ou de diffusion de la condamnation.

Aucune interdiction, déchéance ou incapacité ne peut résulter de plein droit d'une condamnation pénale prononcée à l'encontre d'un mineur.

Art. L. 121-2 Les articles 132-60 à 132-70-3 du code pénal ne sont pas applicables aux mineurs, à l'exception, pour les articles 132-60 à *(L. n° 2021-218 du 26 févr. 2021, art. 9)* « 132-62 » du même code, des procédures jugées devant le tribunal de police.

Art. L. 121-3 Le tribunal de police qui constate que la contravention imputée à un mineur âgé d'au moins treize ans est établie peut prononcer à son encontre soit :

1° Une dispense de peine ;

2° Une peine d'amende, en faisant application des règles d'atténuation mentionnées à l'article L. 121-6 ;

(L. n° 2021-218 du 26 févr. 2021, art. 9) « 3° Une des peines complémentaires énumérées à l'article 131-16 du code pénal. »

(Abrogé par L. n° 2021-218 du 26 févr. 2021, art. 9) « Les dispositions de l'article 131-16 du code pénal ne sont pas applicables. »

Art. L. 121-4 Le juge des enfants, statuant en chambre du conseil, peut, sur réquisitions du procureur de la République, si les circonstances et la personnalité du mineur le justifient, condamner un mineur âgé d'au moins treize ans aux peines :

1° De confiscation de l'objet ayant servi à commettre l'infraction ;

2° De stage ;

3° De travail d'intérêt général, si le mineur est âgé d'au moins seize ans au moment du prononcé de la peine.

Art. L. 121-5 Le tribunal pour enfants et la cour d'assises des mineurs ne peuvent prononcer une peine privative de liberté supérieure à la moitié de la peine encourue.

La diminution de moitié de la peine encourue s'applique également aux peines minimales prévues par l'article 132-18 du code pénal.

Si la peine encourue est la réclusion criminelle ou la détention criminelle à perpétuité, elle ne peut être supérieure à vingt ans de réclusion criminelle ou de détention criminelle.

Les dispositions de l'article 132-23 du code pénal relatives à la période de sûreté ne sont pas applicables aux mineurs.

Art. L. 121-6 Il ne peut être prononcé à l'encontre d'un mineur une peine d'amende supérieure à la moitié de la peine encourue ni une peine d'amende excédant 7 500 euros.

Art. L. 121-7 Si le mineur est âgé de plus de seize ans, le tribunal de police, le tribunal pour enfants et la cour d'assises des mineurs peuvent, à titre exceptionnel et compte tenu des circonstances de l'espèce et de la personnalité du mineur ainsi que de sa situation, décider qu'il n'y a pas lieu de faire application des règles d'atténuation des peines mentionnées aux articles L. 121-5 et L. 121-6. Cette décision ne peut être prise que par une disposition spécialement motivée.

Lorsqu'il est décidé de faire application du premier alinéa et que la peine encourue est la réclusion ou la détention criminelle à perpétuité, la peine maximale pouvant être prononcée est la peine de trente ans de réclusion criminelle ou de détention criminelle.

CHAPITRE II *Du contenu et des modalités d'application de certaines peines*

Art. L. 122-1 Les dispositions du code pénal relatives au travail d'intérêt général et au sursis probatoire comportant l'obligation d'effectuer un travail d'intérêt général sont applicables aux mineurs âgés *(L. nº 2021-218 du 26 févr. 2021, art. 9)* « d'au moins seize » ans au moment de la décision, lorsqu'ils étaient âgés d'au moins treize ans à la date de commission de l'infraction.

Lorsque cette peine est prononcée par le juge des enfants, il ne peut être fait application des dispositions du *(L. nº 2021-218 du 26 févr. 2021, art. 9)* « dernier » alinéa de l'article 131-8 du code pénal relatif au consentement différé ni des dispositions du deuxième alinéa de l'article 131-9 du même code permettant de fixer la durée maximum de l'emprisonnement ou le montant maximum de l'amende encourus en cas d'inexécution par le condamné.

Pour l'application *(L. nº 2021-218 du 26 févr. 2021, art. 9)* « du présent article », les travaux d'intérêt général doivent être adaptés aux mineurs et présenter un caractère formateur ou être de nature à favoriser l'insertion sociale des jeunes condamnés.

Art. L. 122-2 En cas de condamnation du mineur à une peine d'emprisonnement assortie d'un sursis probatoire, outre les mesures de contrôle et les obligations prévues aux articles 132-44 et 132-45 du code pénal, la juridiction de jugement peut imposer au condamné l'observation de l'une ou plusieurs des obligations suivantes :

1° Se soumettre aux mesures de protection, d'assistance, de surveillance et d'éducation confiées à un service de la protection judiciaire de la jeunesse ou à un service habilité, mandaté à cette fin par le magistrat ;

2° Respecter les conditions d'un placement éducatif prévu aux articles L. 112-14 et L. 112-15 du présent code ; ce placement peut être modifié pendant toute la durée de l'exécution de la peine par le juge des enfants ;

3° Respecter *(L. nº 2021-218 du 26 févr. 2021, art. 9)* « , » jusqu'à sa majorité, les conditions d'un placement en centre éducatif fermé ; ce placement peut être modifié pendant toute la durée de l'exécution de la peine et jusqu'à la majorité du condamné par le juge des enfants ;

4° Suivre de façon régulière une scolarité ou une formation professionnelle jusqu'à sa majorité ;

5° Accomplir un contrat de service en établissement public d'insertion de la défense mentionné aux articles L. 130-1 à L. 130-5 du code du service national, lorsque le mineur est âgé d'au moins seize ans. Cette obligation ne peut être prononcée contre le prévenu qui la refuse ou qui n'est pas présent à l'audience. Le président du tribunal, avant le prononcé du jugement, vérifie que le prévenu a reçu l'ensemble des informations utiles à la manifestation de son engagement, l'informe de son droit de refuser l'accomplissement d'un contrat de service en établissement public d'insertion de la défense et reçoit sa réponse.

Toutefois, l'obligation prévue au 3° *(L. nº 2021-218 du 26 févr. 2021, art. 9)* « du présent article » ne peut être ordonnée que pour une durée de six mois et ne peut être renouvelée par ordonnance motivée qu'une seule fois pour une durée au plus égale à six mois. *(Abrogé par L. nº 2021-218 du 26 févr. 2021, art. 9) « Lorsque »* L'obligation de placement prévue au 2° *(Abrogé par L. nº 2021-218 du 26 févr. 2021, art. 9) « a été prononcée à l'égard d'un mineur, ce placement »* ne peut se poursuivre après la majorité de l'intéressé qu'avec son accord.

Art. L. 122-3 En cas de condamnation à un suivi socio-judiciaire, outre les mesures de contrôle et les obligations prévues aux articles 132-44 et 132-45 du code pénal, le mineur peut être soumis aux obligations prévues à l'article L. 122-2 du présent code *(L. nº 2021-218 du 26 févr. 2021, art. 9)* « à l'exception du 3° ».

Le placement sous surveillance électronique mobile à titre de mesure de sûreté n'est pas applicable aux mineurs.

Art. L. 122-4 Lorsqu'une peine de confiscation est prononcée par le juge des enfants, il ne peut être fait application des dispositions du deuxième alinéa de l'article 131-9 du code pénal permettant de fixer la durée maximum de l'emprisonnement ou le montant maximum de l'amende encourus en cas d'inexécution par le condamné.

Art. L. 122-5 Lorsqu'il est fait application d'une peine de stage aux mineurs, le contenu du stage est adapté à l'âge du mineur et la juridiction ne peut ordonner que ce stage soit effectué aux frais du condamné.

Lorsque cette peine est prononcée par le juge des enfants, il ne peut être fait application des dispositions du deuxième alinéa de l'article 131-9 du code pénal permettant de fixer la durée maximum de l'emprisonnement ou le montant maximum de l'amende encourus en cas d'inexécution par le condamné.

Art. L. 122-6 Lorsqu'il est fait application d'une peine de détention à domicile sous surveillance électronique prévue à l'article 131-4-1 du code pénal aux mineurs, le tribunal pour enfants et la cour d'assises des mineurs ne peuvent prononcer à son encontre une peine de détention à domicile sous surveillance électronique supérieure à la moitié de la peine d'emprisonnement encourue, sous réserve de l'application de l'article L. 121-7 du présent code.

Cette peine ne peut être prononcée sans l'accord des représentants légaux *(L. nº 2021-218 du 26 févr. 2021, art. 9)* « chez lesquels le mineur réside », sauf carence de ces derniers ou impossibilité de donner leur consentement.

Cette peine doit être assortie d'une mesure éducative confiée à la protection judiciaire de la jeunesse.

CHAPITRE III *Du prononcé des peines*

Art. L. 123-1 Une peine d'emprisonnement avec ou sans sursis ne peut être prononcée par le tribunal pour enfants et la cour d'assises des mineurs qu'à la condition que cette peine soit spécialement motivée.

Art. L. 123-2 Le juge des enfants et le tribunal pour enfants peuvent ordonner l'exécution provisoire de leur décision prononçant une peine autre qu'une peine d'emprisonnement ferme ou assortie d'un sursis partiel et qui ne *(L. nº 2021-218 du 26 févr. 2021, art. 9)* « fait » pas l'objet d'une des mesures d'aménagement prévues aux articles 132-25 à 132-28 du code pénal.

Lorsque le tribunal pour enfants prononce une peine d'emprisonnement ferme ou assortie d'un sursis partiel, il peut décerner mandat de dépôt ou d'arrêt contre le mineur prévenu dans les conditions prévues à l'article 465 ou à l'article 465-1 du code de procédure pénale.

Le tribunal pour enfants peut également maintenir le mineur en détention dans les conditions prévues à l'article 464-1 du même code.

Lorsque le tribunal pour enfants statue dans les conditions *(L. nº 2021-218 du 26 févr. 2021, art. 9)* « prévues au troisième alinéa de l'article L. 423-4 » du présent code et qu'il prononce une peine d'emprisonnement sans sursis à l'égard d'un mineur de moins de seize ans placé sous contrôle judiciaire avec obligation de respecter un placement dans un centre éducatif fermé ou d'un mineur âgé d'au moins seize ans placé sous contrôle judiciaire ou sous assignation à résidence avec surveillance électronique, il peut par décision spécialement motivée, après avoir constaté la violation de la mesure de sûreté, décerner mandat de dépôt ou d'arrêt contre le mineur, quelle que soit la durée de la peine prononcée.

CHAPITRE IV *Du régime d'incarcération*

Art. L. 124-1 Les mineurs sont détenus, dans les conditions définies par décret en Conseil d'État, soit au sein du quartier pour mineurs d'un établissement pénitentiaire ou d'une unité spéciale pour *(L. nº 2021-218 du 26 févr. 2021, art. 9)* « mineures » au sein d'une maison d'arrêt, soit dans un établissement pénitentiaire spécialisé pour mineurs, garantissant l'intervention continue d'un service de la protection judiciaire de la jeunesse.

Art. L. 124-2 Les établissements ou quartiers mentionnés à l'article L. 124-1 garantissent une stricte séparation des détenus mineurs et majeurs.

A titre exceptionnel, un mineur détenu qui atteint la majorité en détention peut être maintenu dans ces établissements jusqu'à ses dix-huit ans et six mois. Il ne doit avoir aucun contact avec les détenus âgés de moins de seize ans.

LIVRE II De la spécialisation des acteurs

TITRE PREMIER Du ministère public

CHAPITRE UNIQUE

Art. L. 211-1 Par dérogation à l'article L. 12-2, en cas d'urgence ou d'empêchement, les magistrats du ministère public spécialement désignés peuvent être substitués dans leurs attributions par tout magistrat du parquet au sein duquel ils exercent leurs fonctions.

Art. L. 211-2 Le procureur de la République près le tribunal judiciaire dans le ressort duquel un tribunal pour enfants a son siège est compétent pour la poursuite des infractions commises par les mineurs, sous réserve des dispositions des articles 628-1, 704 à 705-1, 706-2, 706-17, 706-72-1 et 706-168 du code de procédure pénale.

Toutefois, le procureur de la République compétent en application de l'article 43 du code de procédure pénale peut procéder à tous actes urgents d'enquête et de poursuite, à charge pour lui d'en donner immédiatement avis au procureur de la République mentionné au premier alinéa et de se dessaisir de la procédure dans le plus bref délai.

Lorsqu'un mineur est mis en cause dans une procédure avec un ou plusieurs majeurs, le procureur de la République compétent en application de l'article 43 du code de procédure pénale procède, conformément aux dispositions de l'alinéa précédent, aux actes urgents d'enquête et de poursuite, y compris l'ouverture d'une information judiciaire. Si ce procureur de la République poursuit des majeurs selon les procédures prévues aux articles 393 à 397-1-1 du code de procédure pénale ou par voie de citation directe, il constitue un dossier spécial concernant le mineur et le transmet au procureur de la République près le tribunal du siège du tribunal pour enfants.

Art. L. 211-3 Dans le cas d'infractions pénales dont la poursuite est réservée par la loi à l'administration, le procureur de la République a seul qualité pour exercer la poursuite contre le mineur sur plainte préalable de l'administration intéressée.

TITRE II Du juge d'instruction

CHAPITRE UNIQUE

Art. L. 221-1 *(L. nº 2021-218 du 26 févr. 2021, art. 10)* « Lorsque, » en application des deuxième et troisième alinéas de l'article L. 211-2, le procureur de la République compétent en vertu de l'article 43 du code de procédure pénale ouvre une information judiciaire dans un tribunal judiciaire qui n'est pas le siège d'un tribunal pour enfants, le juge d'instruction peut procéder à tout acte urgent d'information, à charge pour lui de se dessaisir dans le plus bref délai au profit du juge d'instruction du siège du tribunal pour enfants, tant à l'égard du mineur que des majeurs à l'encontre desquels l'information a été ouverte.

Art. L. 221-2 Lorsqu'une information judiciaire est ouverte dans un tribunal judiciaire autre que celui du lieu de résidence du mineur, le juge d'instruction peut également, après avoir recueilli l'avis du procureur de la République, se dessaisir au profit du juge d'instruction du siège du tribunal pour enfants dans le ressort duquel le mineur a sa résidence.

Art. L. 221-3 Le conseiller délégué à la protection de l'enfance mentionné à l'article L. 312-6 du code de l'organisation judiciaire siège comme membre de la chambre de l'instruction dans les affaires impliquant un mineur.

TITRE III Des juridictions de jugement

CHAPITRE UNIQUE

Art. L. 231-1 Sous réserve des dispositions des articles 628-1, 706-17, 706-27, 706-72-1 *et 706-168 du code de procédure pénale*, sont compétentes les juridictions de jugement pour mineurs :

1° De la résidence du mineur ou de celle de ses *(Abrogé par L. nº 2021-218 du 26 févr. 2021, art. 10) « parents ou »* représentants légaux ;

2° Du lieu où *(L. nº 2021-218 du 26 févr. 2021, art. 10)* « le mineur » a été placé à titre provisoire ou définitif ;

3° Du lieu de l'infraction ;
4° Du lieu où le mineur a été trouvé.

Art. L. 231-2 Le juge des enfants connaît :
1° Des contraventions de la cinquième classe et des délits commis par les mineurs ;
2° Des contraventions des quatre premières classes commises par les mineurs, lorsqu'elles sont connexes aux infractions mentionnées au 1°.

Art. L. 231-3 Le tribunal pour enfants connaît :
1° Des contraventions de la cinquième classe et des délits commis par les mineurs âgés d'au moins treize ans ;
2° Des crimes commis par les mineurs de moins de seize ans ;
3° Des contraventions des quatre premières classes commises par les mineurs, lorsqu'elles sont connexes aux infractions mentionnées aux 1° et 2°.

Art. L. 231-4 Lorsqu'il siège, le tribunal pour enfants est composé d'un juge des enfants, président, et de deux assesseurs choisis conformément aux dispositions de l'article L. 251-4 du code de l'organisation judiciaire.

Toutefois, il peut leur être adjoint un ou plusieurs assesseurs supplémentaires, si la durée ou l'importance d'un procès le rend nécessaire. Les assesseurs supplémentaires siègent aux audiences. Les assesseurs supplémentaires ne prennent part au délibéré qu'en cas d'empêchement d'un assesseur constaté par le président du tribunal pour enfants.

Art. L. 231-5 Le nombre et le jour des audiences du tribunal pour enfants, ainsi que la composition prévisionnelle de ces audiences *[,]* sont fixés conformément aux dispositions de l'article 399 du code de procédure pénale.

Art. L. 231-6 La chambre spéciale des mineurs de la cour d'appel mentionnée à l'article L. 312-6 du code de l'organisation judiciaire connaît des appels formés contre :
1° Les décisions du juge des enfants et du tribunal pour enfants ;
2° Les jugements du tribunal de police rendus à l'égard des mineurs ;
(L. nº 2021-218 du 26 févr. 2021, art. 11) « 3° Les décisions du juge des libertés et de la détention rendues à l'égard des mineurs en matière de détention provisoire, sauf dans le cadre d'une information judiciaire. »

Art. L. 231-7 Les dispositions du code de procédure pénale relatives à la cour d'assises sont applicables à la cour d'assises des mineurs, sous réserve des dispositions du présent code.

Art. L. 231-8 La cour d'assises des mineurs se réunit au siège de la cour d'assises et au cours de la session de celle-ci.

Dans le cas où tous les accusés de la session auront été renvoyés devant la cour d'assises des mineurs, il sera procédé par cette juridiction *(Abrogé par L. nº 2021-218 du 26 févr. 2021, art. 10)* « , » conformément aux dispositions des articles 288 à 292 du code de procédure pénale.

Dans le cas contraire, le jury de la cour d'assises des mineurs sera formé de jurés pris sur la liste arrêtée par la cour d'assises.

Sous réserve des dispositions de l'alinéa qui précède, le président de la cour d'assises des mineurs et la cour d'assises des mineurs exerceront respectivement les attributions dévolues par les dispositions du code de procédure pénale au président de la cour d'assises et à la cour *(L. nº 2021-218 du 26 févr. 2021, art. 10)* « d'assises ».

Les fonctions du ministère public sont remplies par le procureur général ou un magistrat *du ministère public spé*cialement chargé des affaires de mineurs.

Art. L. 231-9 La cour d'assises des mineurs connaît des crimes commis par les mineurs âgés *(L. nº 2021-218 du 26 févr. 2021, art. 10)* « de » seize ans.

Elle connaît également, lorsqu'ils sont connexes ou forment un ensemble indivisible avec des crimes commis par des mineurs âgés d'au moins seize ans :
1° Des crimes et délits commis par les intéressés avant qu'ils n'aient atteint l'âge d'au moins seize ans ;
2° Des crimes et délits commis par les intéressés à compter de leur majorité ;
3° Des crimes et délits commis par leurs coauteurs ou complices majeurs.

Art. L. 231-10 Les deux assesseurs de la cour d'assises des mineurs sont pris, sauf impossibilité, parmi les juges des enfants du ressort de la cour d'appel.

TITRE IV De la protection judiciaire de la jeunesse

CHAPITRE UNIQUE

Art. L. 241-1 La mise en œuvre des décisions prises en application du présent code est confiée, sauf s'il en est disposé autrement, aux services et établissements de la protection judiciaire de la jeunesse.

Les personnels des services et établissements de la protection judiciaire de la jeunesse et du secteur associatif habilité sont, dans l'exercice des missions prévues par le présent code, soumis au secret professionnel.

Art. L. 241-2 Les personnels des services et établissements de la protection judiciaire de la jeunesse et du secteur associatif habilité saisis concomitamment ou successivement au titre du présent code de mesures concernant un même mineur, peuvent échanger entre eux toutes informations relatives à ce mineur, à condition que ces informations soient strictement nécessaires à sa prise en charge, à son suivi judiciaire ou à la continuité de son parcours. Ils peuvent également échanger dans les mêmes conditions des informations avec les services intervenant au titre de la protection de l'enfance à l'égard des mêmes mineurs.

Ces personnels peuvent également transmettre à toute personne auprès de laquelle le mineur est placé ou scolarisé des éléments dont la connaissance est indispensable pour assurer la sécurité du mineur ou des personnes avec lesquelles il est en contact.

LIVRE III Dispositions communes aux différentes phases de la procédure pénale

TITRE PREMIER Du droit du mineur à l'accompagnement et à l'information

CHAPITRE UNIQUE

Art. L. 311-1 Les représentants légaux sont informés par le ministère public ou, selon le cas, la juridiction d'instruction ou de jugement, des décisions prises à l'égard du mineur.

Cette information se fait par tout moyen sauf lorsqu'il en est disposé autrement.

Le mineur a le droit d'être accompagné par ses représentants légaux :

1° A chaque audience au cours de la procédure ;

2° Lors de ses auditions ou interrogatoires si l'autorité qui procède à cet acte estime qu'il est dans l'intérêt supérieur de l'enfant d'être accompagné et que la présence de ces personnes ne portera pas préjudice à la procédure ; au cours de l'enquête l'audition ou l'interrogatoire du mineur peut débuter en leur absence à l'issue d'un délai de deux heures à compter du moment où celles-ci ont été avisées.

Les représentants légaux du mineur sont convoqués à toutes les audiences des juridictions pour mineurs et, si nécessaire, lors de ses auditions et interrogatoires.

Lorsque l'information des représentants légaux ou l'accompagnement du mineur par ces derniers n'est pas possible ou n'est pas souhaitable, les informations mentionnées aux alinéas précédents sont communiquées à un adulte approprié et le mineur est accompagné par cet adulte, dans les cas et selon les modalités prévues par le présent code.

Art. L. 311-2 L'information des droits dont le mineur bénéficie n'est pas délivrée aux titulaires de l'autorité parentale et le mineur n'est pas accompagné par ceux-ci lorsque cela :

1° Serait contraire à l'intérêt supérieur du mineur ;

2° N'est pas possible, parce que, après que des efforts raisonnables ont été déployés, aucun des titulaires de l'autorité parentale ne peut être joint ou que leur identité est inconnue ;

3° Pourrait, sur la base d'éléments objectifs et factuels, compromettre de manière significative la procédure pénale.

Dans les cas visés aux alinéas précédents, le mineur peut désigner un adulte approprié, qui doit être accepté en tant que tel par l'autorité compétente, pour recevoir ces informations et pour l'accompagner au cours de la procédure. Lorsque le mineur n'a désigné aucun adulte ou que l'adulte désigné n'est pas acceptable pour l'autorité compétente, le procureur de la *République, le juge des enfants ou le juge* d'instruction désigne, en tenant compte de l'intérêt supérieur de l'enfant, une autre personne pour recevoir ces informations et accompagner le mineur.

Cette personne peut également être un représentant d'une autorité ou d'une institution compétente en matière de protection de l'enfance, notamment un représentant *ad hoc* figurant sur la liste dressée en application de l'article 706-51 du code de procédure pénale.

Art. L. 311-3 L'adulte approprié a pour rôle de :

1° Recevoir l'information relative aux différentes mesures prononcées à l'égard du mineur et des droits qui lui sont notifiés ;

2° L'accompagner lors des audiences et le cas échéant, lors de ses auditions ou interrogatoires si l'autorité qui procède à cet acte estime qu'il est dans l'intérêt supérieur de l'enfant d'être accompagné et que la présence de ces personnes ne portera pas préjudice à la procédure. Au cours de l'enquête, l'audition ou l'interrogatoire peut débuter en l'absence de ces personnes à l'issue d'un délai de deux heures à compter du moment où celles-ci ont été avisées.

L'adulte désigné peut demander un examen médical du mineur gardé à vue. Si cet adulte n'a pas pu être joint dès le début de la garde à vue, l'examen médical du mineur est obligatoire.

Art. L. 311-4 Si les conditions visées à l'article L. 311-2 ne sont plus réunies, pour la suite de la procédure, les informations sont données aux titulaires de l'autorité parentale et ceux-ci accompagnent le mineur.

Art. L. 311-5 Lorsque les représentants légaux du mineur poursuivi ne défèrent pas à la convocation à comparaître devant un magistrat ou une juridiction pour mineurs, ce magistrat ou cette juridiction peut, d'office ou sur réquisition du ministère public, ordonner qu'ils soient immédiatement amenés par la force publique devant lui ou devant elle pour être entendus.

Dans tous les cas, les représentants légaux qui ne défèrent pas *(L. n° 2021-218 du 26 févr. 2021, art. 12)* « à la convocation » peuvent, sur réquisitions du ministère public, être condamnés par le magistrat ou la juridiction *(L. n° 2021-218 du 26 févr. 2021, art. 12)* « saisi » à une amende dont le montant ne peut excéder 3 750 euros *(L. n° 2021-218 du 26 févr. 2021, art. 13)* « et » à un stage de responsabilité parentale.

Cette amende peut être rapportée par le magistrat ou la juridiction qui l'a prononcée *(L. n° 2021-218 du 26 févr. 2021, art. 12)* « si les représentants légaux » défèrent aux convocations ultérieures.

Les personnes condamnées en application du premier alinéa peuvent former opposition de la décision devant le tribunal correctionnel statuant à juge unique dans le ressort duquel la juridiction qui l'a prononcée a son siège, dans les dix jours à compter de sa notification.

TITRE II Des investigations et de la mesure éducative judiciaire provisoire

CHAPITRE PREMIER *Dispositions générales*

Art. L. 321-1 La mesure judiciaire d'investigation éducative et la mesure éducative judiciaire provisoire prévues par le présent titre peuvent être prononcées cumulativement entre elles et avec les différentes mesures de sûreté applicables aux mineurs.

La mesure judiciaire d'investigation éducative et la mesure éducative judiciaire provisoire déjà prononcées se poursuivent lorsqu'une mesure de sûreté est prononcée à l'encontre d'un mineur.

CHAPITRE II *Des informations relatives à la personnalité du mineur*

SECTION I *Des investigations sur la personnalité et la situation du mineur*

Art. L. 322-1 Avant toute décision prononçant une mesure éducative ou une peine à l'égard d'un mineur déclaré coupable d'un crime, d'un délit ou d'une contravention de la cinquième classe, des investigations sont réalisées pour acquérir une connaissance suffisante de sa personnalité, de sa situation sociale et familiale et pour assurer la cohérence des décisions dont il fait l'objet.

Art. L. 322-2 Outre l'expertise et les autres mesures d'investigation prévues par le code de procédure pénale, les mesures suivantes peuvent être ordonnées en vue de recueillir des éléments sur la personnalité et la situation du mineur :

1° Le recueil de renseignements socio-éducatifs ;

2° La mesure judiciaire d'investigation éducative.

Art. L. 322-3 Le recueil de renseignements socio-éducatifs est une évaluation synthétique des éléments relatifs à la personnalité et à la situation du mineur. Il donne lieu à un rapport contenant tous renseignements utiles sur sa situation ainsi qu'une proposition éducative ou une proposition de mesures propres à favoriser son insertion sociale.

Il est ordonné par le procureur de la République, le juge d'instruction et les juridictions de jugement spécialisées.

Art. L. 322-4 Lorsque le procureur de la République saisit le juge des enfants, le juge d'instruction ou le tribunal pour enfants, il ordonne un recueil de renseignements socio-éducatifs.

Le recueil de renseignements socio-éducatifs est joint à la procédure.

Art. L. 322-5 Le recueil de renseignements socio-éducatifs est obligatoire avant toute réquisition ou décision de placement en détention provisoire ou de prolongation de la détention provisoire d'un mineur mis en examen ou convoqué devant une juridiction de jugement.

Art. L. 322-6 Les dispositions des articles L. 322-4 et L. 322-5 s'appliquent même lorsque l'intéressé est devenu majeur le jour où les poursuites sont exercées dès lors qu'il n'a pas atteint ses vingt-et-un ans.

Art. L. 322-7 La mesure judiciaire d'investigation éducative consiste en une évaluation approfondie et interdisciplinaire de la personnalité et de la situation du mineur, y compris, le cas échéant, sur le plan médical.

Elle peut être ordonnée par le juge des enfants, le juge d'instruction et les juridictions de jugement pour mineurs à tous les stades de la procédure pénale.

Elle peut être mise en œuvre par les services et établissements de la protection judiciaire de la jeunesse ou du secteur associatif habilité.

Elle donne lieu à un rapport contenant tous renseignements utiles sur sa situation ainsi qu'une proposition éducative ou une proposition de mesures propres à favoriser son insertion sociale.

SECTION II *Du dossier unique de personnalité*

Art. L. 322-8 Un dossier unique de personnalité est constitué par le juge des enfants qui connaît habituellement le mineur, *(L. n° 2021-218 du 26 févr. 2021, art. 12)* « lorsque, à » l'occasion de poursuites pénales, ce dernier fait l'objet d'une mesure de sûreté, d'une mesure éducative ou d'une mesure d'investigation autre qu'un recueil de renseignements socio-éducatifs.

Il est également ouvert, par le juge des enfants, lorsque *(L. n° 2021-218 du 26 févr. 2021, art. 12)* « celui-ci » est saisi de l'application d'une peine ou d'une mesure éducative prononcée par une juridiction de jugement pour mineur.

Le juge d'instruction saisi d'une procédure concernant un mineur transmet au juge des enfants les pièces devant être versées au dossier unique de personnalité.

Ce dossier ne peut être utilisé que dans les procédures pénales suivies devant les juridictions pour mineurs.

(L. n° 2021-218 du 26 févr. 2021, art. 12) « Il est disponible sous format numérique. »

Les conditions dans lesquelles le dossier unique de personnalité est conservé après la majorité du mineur sont précisées par décret en Conseil d'État.

Art. L. 322-9 Le juge des enfants verse au dossier unique de personnalité :

1° Les copies des pièces relatives à la personnalité du mineur recueillies dans les procédures pénales dont *(L. n° 2021-218 du 26 févr. 2021, art. 12)* « ce dernier » fait ou a fait l'objet, y compris dans le ressort de juridictions différentes ;

2° Le cas échéant, les copies des pièces utiles relatives à sa personnalité et à son environnement social et familial émanant des procédures d'assistance éducative dont il fait ou a fait l'objet.

Art. L. 322-10 Outre les magistrats et les juridictions ayant à connaître de la procédure et de la situation du mineur concerné, ont accès au dossier unique de personnalité :

1° Les avocats du mineur et de ses représentants légaux ;

2° Les avocats de la partie civile *(L. n° 2021-218 du 26 févr. 2021, art. 12)* « ; » toutefois, le juge des enfants peut s'opposer à la communication d'informations recueillies lors des procédures d'assistance éducative dont le mineur a fait l'objet lorsqu'il estime cette communication contraire à l'intérêt du mineur ;

3° *Le mineur, devenu majeur*, au jour de l'audience d'une juridiction pour mineur statuant en matière d'application des mesures éducatives et des peines, à moins qu'il ne soit assisté par un avocat ;

4° Les personnels des établissements et services de la protection judiciaire de la jeunesse *(L. n° 2021-218 du 26 févr. 2021, art. 12)* « et du secteur associatif habilité saisi d'une mesure judiciaire concernant le mineur » ;

5° Sur autorisation du juge des enfants, le psychologue ou le psychiatre désigné en qualité d'expert *(Abrogé par L. n° 2021-218 du 26 févr. 2021, art. 12) « ainsi que les personnels du service ou de l'établissement du secteur associatif habilité saisi d'une mesure judiciaire concernant le mineur ».*

Il ne peut être délivré copie de tout ou partie des pièces du dossier qu'aux avocats. Ceux-ci ne peuvent transmettre les copies ainsi obtenues ou la reproduction de ces pièces à leur client.

Les informations contenues dans le dossier unique de personnalité sont confidentielles. Le fait, pour une partie à la procédure, de faire état auprès d'un tiers des informations contenues dans le dossier unique de personnalité est puni d'une amende de 3 750 euros.

CHAPITRE III *De la mesure éducative judiciaire provisoire*

Art. L. 323-1 La mesure éducative judiciaire prévue aux articles L. 112-1 à L. 112-15 peut être prononcée à titre provisoire à tous les stades de la procédure avant le prononcé de la sanction.

Elle ne peut alors comporter que les modules et interdictions prévus aux 1° à 7° de l'article L. 112-2 qui peuvent être prononcés alternativement ou cumulativement.

Dans le cadre de cette mesure, le placement du mineur peut également être ordonné auprès d'un service de l'aide sociale à l'enfance *(L. n° 2021-218 du 26 févr. 2021, art. 12)* « jusqu'à sa majorité ».

Art. L. 323-2 Les modalités et le contenu de la mesure éducative judiciaire provisoire sont prononcés après audition du mineur assisté d'un avocat et de ses représentants légaux.

Si le mineur ou ses représentants légaux régulièrement convoqués à la dernière adresse indiquée ne comparaissent pas, les modalités ou le contenu de la mesure éducative judiciaire provisoire peuvent néanmoins être ordonnés ou modifiés.

Les décisions ordonnant la mesure éducative judiciaire provisoire et les mesures de ses modules sont exécutoires par provision et susceptibles d'appel.

A tout moment, les modalités ou le contenu de la mesure éducative judiciaire provisoire peuvent être modifiées et le juge peut en ordonner la *(L. n° 2021-218 du 26 févr. 2021, art. 12)* « mainlevée ».

Art. L. 323-3 La mesure éducative judiciaire provisoire peut être ordonnée alors même que l'intéressé est devenu majeur au jour où elle est prononcée. Son exécution ne peut toutefois se poursuivre au-delà de l'âge de vingt-et-un ans.

TITRE III Des mesures de sûreté

CHAPITRE PREMIER *Du contrôle judiciaire*

Art. L. 331-1 Le mineur d'au moins treize ans peut être placé sous contrôle judiciaire par ordonnance motivée dans les conditions prévues par le code de procédure pénale, sous réserve des dispositions du présent chapitre.

Le mineur de moins de seize ans peut être placé sous contrôle judiciaire lorsqu'il encourt une peine criminelle. Il ne peut être placé sous contrôle judiciaire en matière correctionnelle, que dans l'un des cas suivants :

1° Si la peine d'emprisonnement encourue est supérieure ou égale à sept ans ;

2° Si la peine d'emprisonnement encourue est supérieure ou égale à cinq ans et si le mineur a déjà fait l'objet d'une mesure éducative, d'une mesure judiciaire d'investigation éducative, d'une mesure de sûreté, d'une déclaration de culpabilité ou d'une peine prononcée dans le cadre d'une autre procédure et ayant donné lieu à un rapport datant de moins d'un an ;

3° Si la peine d'emprisonnement encourue est supérieure ou égale à cinq ans pour un délit de violences volontaires, d'agression sexuelle ou un délit commis avec la circonstance aggravante de violences.

Le mineur d'au moins seize ans peut être placé sous contrôle judiciaire lorsqu'il encourt une peine criminelle ou, en matière correctionnelle, une peine d'emprisonnement conformément aux dispositions du premier alinéa de l'article 138 du code de procédure pénale.

Art. L. 331-2 Le contrôle judiciaire astreint le mineur à se soumettre, selon la décision du juge des enfants, du tribunal pour enfants, du juge d'instruction ou du juge des libertés et de la détention, aux obligations suivantes :

1° Ne pas sortir des limites territoriales déterminées par le juge des enfants, le tribunal pour enfants, le juge d'instruction ou par le juge des libertés et de la détention ;

2° Ne s'absenter de son domicile ou de la résidence fixée par le juge des enfants, le tribunal pour enfants, le juge d'instruction ou par le juge des libertés et de la détention qu'aux conditions et pour les motifs déterminés par ce magistrat ;

3° Ne pas se rendre en certains lieux ou ne se rendre que dans les lieux déterminés par le juge des enfants, le tribunal pour enfants, le juge d'instruction ou par le juge des libertés et de la détention ;

4° Ne pas participer à des manifestations sur la voie publique dans des lieux déterminés par le juge des enfants, le tribunal pour enfants, le juge d'instruction ou le juge des libertés et de la détention ;

5° Informer le juge des enfants ou le juge d'instruction de tout déplacement au-delà de limites déterminées ;

6° Se présenter périodiquement aux services, associations habilitées ou autorités désignés par le juge des enfants, le tribunal pour enfants, le juge d'instruction ou le juge des libertés et de la détention qui sont tenus d'observer la plus stricte discrétion sur les faits reprochés au mineur ;

7° Remettre soit au greffe, soit à un service de police ou à une brigade de gendarmerie tous documents justificatifs de l'identité, et notamment le passeport, en échange d'un récépissé valant justification de l'identité ;

8° S'abstenir de conduire tous les véhicules, certains véhicules ou un véhicule qui ne soit pas équipé, par un professionnel agréé ou par construction, d'un dispositif homologué d'anti-démarrage par éthylotest électronique, et, le cas échéant, remettre au greffe son permis de conduire contre récépissé ;

9° S'abstenir de recevoir ou de rencontrer certaines personnes spécialement désignées par le juge des enfants, le tribunal pour enfants, le juge d'instruction ou le juge des libertés et de la détention, ainsi que d'entrer en relation avec elles, de quelque façon que ce soit. Lorsque la personne désignée est la victime ou la partie civile, le juge procède conformément aux dispositions de l'article 138-1 du code de procédure pénale ;

10° Se soumettre à des mesures d'examen, de traitement ou de soins, même sous le régime de l'hospitalisation, notamment aux fins de désintoxication. Une copie de l'ordonnance de placement sous contrôle judiciaire est adressée par le juge des enfants, le tribunal pour enfants ou le juge d'instruction au médecin ou au psychologue qui doit suivre le mineur. Les rapports des expertises réalisées pendant l'enquête, l'instruction ou la mise à l'épreuve éducative sont adressés au médecin ou au psychologue, à leur demande ou à l'initiative du juge des enfants ou du juge d'instruction. Celui-ci peut également leur adresser toute autre pièce utile du dossier ;

11° Ne pas exercer une activité impliquant un contact habituel avec des mineurs lorsqu'il est à redouter qu'une nouvelle infraction soit commise ;

12° Ne pas détenir ou porter une arme et, le cas échéant, remettre au greffe contre récépissé les armes dont il est détenteur ;

13° En cas d'infraction commise soit contre son conjoint ou son concubin, soit contre ses enfants ou ceux de son conjoint ou concubin, résider hors du domicile ou de la résidence du couple et, le cas échéant, s'abstenir de paraître dans ce domicile ou cette résidence ou aux abords immédiats de celui-ci, ainsi que, si nécessaire, faire l'objet d'une prise en charge sanitaire, sociale ou psychologique ; les dispositions du présent alinéa sont également applicables lorsque l'infraction est commise par l'ancien conjoint ou concubin de la victime, le domicile concerné étant alors celui de la victime. Pour l'application du présent alinéa, le juge des enfants, le tribunal pour enfants ou le juge d'instruction recueille ou fait recueillir, dans les meilleurs délais et par tous moyens, l'avis de la victime sur l'opportunité d'astreindre l'auteur des faits à résider hors du logement du couple. Sauf circonstances particulières, cette mesure est prise lorsque sont en cause des faits de violences susceptibles d'être renouvelés et que la victime la sollicite ;

14° Respecter les conditions d'une prise en charge sanitaire, sociale, éducative ou psychologique, destinée à permettre sa réinsertion et l'acquisition des valeurs de la citoyenneté ; cette prise en charge peut, le cas échéant, intervenir au sein d'un établissement d'accueil adapté dans lequel la personne est tenu*[e]* de résider.

La décision peut également imposer spécialement au mineur de respecter jusqu'à sa majorité, les conditions d'un placement éducatif prévu à l'article L. 112-14 ou d'un placement en centre éducatif fermé. La mesure de placement ne peut être ordonnée que pour une durée de six mois, renouvelable une seule fois par ordonnance motivée et pour une durée au plus égale à six mois.

Les manquements du mineur aux obligations qui lui ont été imposées sont signalés sans délai au magistrat mandant par le service chargé de la mise en œuvre de la mesure. Copie de ce rapport est adressée au procureur de la République par le juge.

Art. L. 331-3 Le juge des enfants, le tribunal pour enfants, le juge d'instruction ou le juge des libertés et de la détention notifie oralement au mineur les obligations qui lui sont imposées, en présence de son avocat et de ses représentants légaux, ou ceux-ci dûment convoqués, et l'informe qu'en cas de non-respect de ces obligations, il pourra être placé en détention provisoire. Mention de cette formalité est portée au procès-verbal qui est signé par le magistrat et le mineur, ou, le cas échéant, aux notes d'audience.

Lorsque la décision de placement sous contrôle judiciaire accompagne une mise en liberté, l'avocat du mineur est convoqué par tout moyen et sans délai.

Art. L. 331-4 En matière correctionnelle, le mineur de moins de seize ans ne peut être placé sous contrôle judiciaire qu'après la tenue d'un débat contradictoire au cours duquel le ministère public développe ses réquisitions, et la juridiction entend les observations du mineur ainsi que celles de son avocat. Le juge peut recueillir les observations des représentants légaux et du service qui suit le mineur.

Par dérogation aux dispositions de l'article L. 331-3, le juge notifie oralement au mineur les obligations qui lui sont imposées, en présence de son avocat et de ses représentants légaux ou ceux-ci dûment convoqués, et l'informe :

1° Qu'en cas de non-respect des obligations mentionnées aux 1° à 14° de l'article L. 331-2 ou de l'obligation de respecter les conditions d'un placement éducatif, le contrôle judiciaire pourra être modifié pour prévoir son placement dans un centre éducatif fermé ;

2° Qu'en cas de non-respect de l'obligation de respecter un placement dans un centre éducatif fermé, il pourra être placé en détention provisoire conformément aux dispositions du 2° de l'article L. 334-4.

Mention de ces formalités est portée au procès-verbal qui est signé par le magistrat et le mineur.

(L. n° 2021-218 du 26 févr. 2021, art. 12) « En matière correctionnelle, lorsque la juridiction envisage de placer un mineur de plus de seize ans sous contrôle judiciaire, elle sollicite les réquisitions du ministère public. »

Art. L. 331-5 Le juge des enfants ou le juge d'instruction peut ordonner la modification ou la *(L. n° 2021-218 du 26 févr. 2021, art. 12)* « mainlevée » du contrôle judiciaire, soit d'office, soit à la demande du mineur, de ses représentants légaux ou de la personne qui en a la garde, soit du procureur de la République.

Art. L. 331-6 Les dispositions de l'article 138-2 du code de procédure pénale relatives au partage d'informations en matière d'infractions sexuelles sont applicables au contrôle judiciaire ordonné à l'égard d'un mineur par le juge d'instruction, le juge des libertés et de la détention, le juge des enfants ou le tribunal pour enfants.

Art. L. 331-7 Le mineur peut être placé en rétention dans les conditions prévues à l'article 141-4 du code de procédure pénale, lorsqu'il existe une ou plusieurs raisons plausibles de soupçonner qu'il a manqué aux obligations qui lui incombent au titre des 1°, 2°, 3°, 8°, 9°, 12° et 13° de l'article L. 331-2 *(L. n° 2021-218 du 26 févr. 2021, art. 12)* « du présent code » ou à l'obligation de respecter les conditions d'un placement en centre éducatif fermé prévue au même article.

Le mineur retenu bénéficie des droits prévus à l'article L. 332-1.

CHAPITRE II *De l'exécution des mandats des juridictions pour mineurs*

Art. L. 332-1 Lorsqu'un mineur est retenu dans le cadre d'un mandat de comparution, d'amener ou d'arrêt en application de l'article 133-1 du code de procédure pénale ou qu'il est appréhendé en exécution d'un mandat d'arrêt européen en application des articles 695-26 et suivants du même code, l'officier de police judiciaire doit, dès le début de cette rétention, en informer ses représentants légaux, la personne ou le service auquel le mineur est confié ou, dans les cas prévus dans le présent code, un autre adulte approprié.

Les dispositions des articles L. 413-1 à L. 413-15 du présent code, relatives à l'assistance par un avocat, à l'examen médical et à l'enregistrement audiovisuel des auditions sont applicables.

Art. L. 332-2 L'audience tenue devant la chambre de l'instruction relative à l'exécution d'un mandat d'arrêt européen en application de l'article 695-30 du code de procédure pénale n'est pas publique.

Lors de cette audience, le mineur est assisté d'un avocat. A défaut de choix d'un avocat par le mineur ou les titulaires de l'autorité parentale, le juge des enfants ou le tribunal pour enfants fait désigner par le bâtonnier un avocat commis d'office.

CHAPITRE III *De l'assignation à résidence avec surveillance électronique*

Art. L. 333-1 Le mineur âgé d'au moins seize ans peut être assigné à résidence avec surveillance électronique par le juge des enfants, le tribunal pour enfants, le juge d'instruction ou le juge des libertés et *[de]* la détention, dans les conditions et selon les modalités prévues aux articles 137 et 142-5 à 142-13 du code de procédure pénale, lorsqu'il encourt une peine d'emprisonnement égale ou supérieure à trois ans. Ces juridictions statuent après avis du service de la protection judiciaire de la jeunesse ou du service pénitentiaire d'insertion et de probation si l'intéressé est majeur au moment de la décision.

Il peut en outre être astreint aux obligations prévues aux 1° à 14° de l'article L. 331-2 *(L. n° 2021-218 du 26 févr. 2021, art. 12)* « du présent code ».

Les dispositions relatives au placement sous surveillance électronique mobile ne sont pas applicables.

Art. L. 333-2 En cas d'assignation à résidence avec surveillance électronique au domicile des représentants légaux du mineur, l'accord écrit de ces derniers doit être préalablement recueilli par le juge ou la juridiction.

CHAPITRE IV *De la détention provisoire*

Art. L. 334-1 Le mineur de moins de treize ans ne peut être placé en détention provisoire.

Art. L. 334-2 La détention provisoire d'un mineur ne peut être ordonnée ou prolongée par le juge des enfants, le tribunal pour enfants ou le juge des libertés et de la détention, dans les cas et conditions prévus par le présent chapitre que si cette mesure est indispensable et s'il est démontré, au regard des éléments précis et circonstanciés résultant de la procédure et des éléments de personnalité préalablement recueillis, qu'elle constitue l'unique moyen de parvenir à l'un des objectifs mentionnés à l'article 144 du code de procédure pénale et que ces objectifs ne sauraient être atteints en cas de placement sous contrôle judiciaire ou en cas d'assignation à résidence avec surveillance électronique.

Art. L. 334-3 Lorsque le mineur est placé en détention provisoire, le juge des enfants, le tribunal pour enfants ou le juge des libertés et de la détention *(L. n° 2021-218 du 26 févr. 2021, art. 12)* « prononce » une mesure éducative judiciaire provisoire.

(Abrogé par L. n° 2021-218 du 26 févr. 2021, art. 12) « Lorsque le mineur ayant fait l'objet d'un placement en détention provisoire est remis en liberté au cours de la procédure, il fait l'objet, en vue de sa libération, d'une mesure éducative judiciaire provisoire. »

Art. L. 334-4 La détention provisoire du mineur de moins de seize ans ne peut être ordonnée que dans l'un des cas suivants :

1° S'il encourt une peine criminelle ;

2° Lorsqu'il encourt une peine correctionnelle, s'il s'est volontairement soustrait à l'obligation de respecter les conditions d'un placement dans un centre éducatif fermé prononcée dans le cadre d'un contrôle judiciaire. La détention provisoire ne peut être ordonnée qu'en cas de violation répétée ou d'une particulière gravité de cette obligation ou si cette dernière s'accompagne de la violation d'une autre obligation du contrôle judiciaire, et lorsque le rappel ou l'aggravation de ces obligations n'est pas suffisant pour atteindre les objectifs prévus à l'article 144 du code de procédure pénale.

Art. L. 334-5 La détention provisoire du mineur âgé d'au moins seize ans ne peut être ordonnée que dans l'un des cas suivants :

1° S'il encourt une peine criminelle ;

2° S'il encourt une peine d'emprisonnement d'une durée égale ou supérieure à trois ans ;

3° S'il s'est volontairement soustrait aux obligations d'un contrôle judiciaire ou d'une assignation à résidence avec surveillance électronique. La détention provisoire ne peut être ordonnée qu'en cas de violation répétée ou d'une particulière gravité des obligations du contrôle judiciaire ou de l'assignation à résidence avec surveillance électronique et lorsque le rappel ou l'aggravation de ces obligations ne peut suffire pour atteindre les objectifs prévus à l'article 144 du code de procédure pénale.

Art. L. 334-6 *(L. n° 2021-218 du 26 févr. 2021, art. 12)* Par dérogation à l'article 706-71 du code de procédure pénale, il ne peut pas être recouru à un moyen de télécommunication audiovisuelle pour statuer sur le placement en détention provisoire ou la prolongation de la détention provisoire d'un mineur, sauf si son transport paraît devoir être évité en raison de risques graves de trouble à l'ordre public ou d'évasion.

LIVRE IV De la procédure préalable au jugement

TITRE PREMIER De l'audition du mineur suspect

CHAPITRE PREMIER *Dispositions générales*

Art. L. 411-1 Pour l'application des dispositions du présent titre, l'âge pris en compte est l'âge du mineur au jour de la mesure dont il fait l'objet.

CHAPITRE II *De l'audition libre*

Art. L. 412-1 Lorsqu'un mineur est entendu librement en application de l'article 61-1 du code de procédure pénale et lorsqu'il est procédé aux opérations prévues à l'article 61-3 du même code, l'officier ou l'agent de police judiciaire en informe par tout moyen ses représentants légaux, la personne ou le service auquel le mineur est confié.

Art. L. 412-2 Lorsque l'enquête concerne un crime ou un délit puni d'une peine d'emprisonnement et que le mineur n'a pas sollicité l'assistance d'un avocat en application des articles 61-1 et 61-3 du code de procédure pénale, cette demande peut également être faite par ses représentants légaux, qui sont alors avisés de ce droit lorsqu'ils sont informés en application de l'article L. 412-1. Lorsque le mineur ou ses représentants légaux n'ont pas sollicité la désignation d'un avocat, le procureur de la République, le juge des enfants, le juge d'instruction ou l'officier ou l'agent de police judiciaire en informe par tout moyen et sans délai le bâtonnier afin qu'il en commette un d'office *(Abrogé par L. nº 2021-218 du 26 févr. 2021, art. 14)* *« , sauf si le magistrat compétent estime que l'assistance d'un avocat n'apparaît pas proportionnée au regard des circonstances de l'espèce, de la gravité de l'infraction, de la complexité de l'affaire et des mesures susceptibles d'être adoptées en rapport avec celle-ci, étant entendu que l'intérêt supérieur de l'enfant demeure toujours une considération primordiale ».*

La notification des informations données en application du présent chapitre est mentionnée au procès-verbal.

CHAPITRE III *De la retenue et de la garde à vue*

SECTION I *De la retenue*

Art. L. 413-1 A titre exceptionnel, le mineur âgé de dix à treize ans à l'encontre duquel il existe une ou plusieurs raisons plausibles de soupçonner qu'il a commis ou tenté de commettre un crime ou un délit puni d'au moins cinq ans d'emprisonnement peut, si cette mesure est l'unique moyen de parvenir à l'un au moins des objectifs mentionnés à l'article 62-2 du code de procédure pénale, être retenu à la disposition d'un officier de police judiciaire, avec l'accord préalable et sous le contrôle du procureur de la République ou du juge d'instruction, pour une durée que ce magistrat détermine et qui ne peut excéder douze heures.

La retenue est strictement limitée au temps nécessaire à la déposition du mineur et à sa présentation devant le magistrat compétent ou à sa remise à ses représentants légaux ou à la personne ou au service auquel il est confié.

Les dispositions de l'article 803-6 du code de procédure pénale sont applicables.

Art. L. 413-2 A titre exceptionnel, la retenue mentionnée à l'article L. 413-1 peut être prolongée par décision motivée du procureur de la République ou du juge d'instruction pour une durée qui ne peut excéder douze heures, après présentation devant lui du mineur, sauf si les circonstances rendent cette présentation impossible.

Art. L. 413-3 L'officier de police judiciaire informe par tout moyen les représentants légaux du mineur ainsi que la personne ou le service auquel il est confié de la mesure de retenue dont il fait l'objet.

Il ne peut être dérogé aux dispositions de l'alinéa précédent que pour permettre le recueil ou la conservation des preuves ou pour prévenir une atteinte grave à la vie, à la liberté ou à l'intégrité physique d'une personne, sur décision du procureur de la République ou du juge chargé de l'information prise au regard des circonstances de l'espèce, et pour la durée que le magistrat détermine et qui ne peut excéder douze heures.

Les représentants légaux sont informés que le mineur doit être assisté par un avocat et qu'ils peuvent désigner un avocat ou demander qu'un avocat soit commis d'office.

Art. L. 413-4 Dès le début de la retenue, le procureur de la République ou le juge d'instruction désigne un médecin qui examine le mineur dans les conditions prévues à l'article 63-3 du code de procédure pénale.

Art. L. 413-5 Le mineur retenu est assisté d'un avocat dans les conditions prévues aux articles 63-3-1 à 63-4-4 du code de procédure pénale.

Lorsque le mineur ou ses représentants légaux n'ont pas désigné d'avocat, le procureur de la République, le juge d'instruction ou l'officier de police judiciaire demande au bâtonnier par tout moyen, dès le début de la retenue, qu'il lui en soit commis un d'office.

SECTION II *De la garde à vue*

Art. L. 413-6 Le mineur âgé d'au moins treize ans peut être placé en garde à vue dans les cas et conditions prévus aux articles 62 à 66 du code de procédure pénale sous réserve des dispositions de la présente section.

Art. L. 413-7 Après avoir avisé le procureur de la République ou le juge d'instruction du placement en garde à vue du mineur, l'officier de police judiciaire en informe les représentants légaux et la personne ou le service auquel le mineur est confié.

Il ne peut être dérogé aux dispositions de l'alinéa précédent que pour permettre le recueil ou la conservation des preuves ou pour prévenir une atteinte grave à la vie, à la liberté ou à l'intégrité physique d'une personne, sur décision du procureur de la République ou du juge d'instruction prise au regard des circonstances de l'espèce, et pour la durée que le magistrat détermine et qui ne peut excéder vingt-quatre heures ou, lorsque la garde à vue ne peut faire l'objet d'une prolongation, douze heures.

Les représentants légaux sont informés du droit du mineur à être assisté par un avocat.

Art. L. 413-8 Dès le début de la garde à vue d'un mineur de moins de seize ans, le procureur de la République ou le juge d'instruction désigne un médecin qui examine le mineur dans les conditions prévues par l'article 63-3 du code de procédure pénale.

Lorsqu'un mineur d'au moins seize ans est placé en garde à vue, il est informé de son droit de demander un examen médical conformément aux dispositions de l'article 63-3 du code de procédure pénale. Ses représentants légaux sont avisés de leur droit de demander un examen médical lorsqu'ils sont informés de la garde à vue. L'avocat du mineur peut également demander que celui-ci fasse l'objet d'un examen médical.

Art. L. 413-9 Dès le début de la garde à vue, le mineur doit être assisté par un avocat, dans les conditions prévues aux articles 63-3-1 à 63-4-3 du code de procédure pénale. Il doit être immédiatement informé de ce droit. Lorsque le mineur n'a pas sollicité l'assistance d'un avocat, cette demande peut également être faite par ses représentants légaux qui sont alors avisés de ce droit lorsqu'ils sont informés de la garde à vue en application de l'article L. 413-7. Lorsque le mineur ou ses représentants légaux n'ont pas désigné d'avocat, le procureur de la République, le juge d'instruction ou l'officier de police judiciaire doit, dès le début de la garde à vue, informer par tout moyen et sans délai le bâtonnier afin qu'il en commette un d'office.

Art. L. 413-10 La garde à vue d'un mineur de moins de seize ans ne peut être prolongée que si l'infraction qu'il est soupçonné d'avoir commise ou tenté de commettre est un crime ou un délit puni d'une peine égale ou supérieure à cinq ans d'emprisonnement.

Aucune mesure de garde à vue ne peut être prolongée sans présentation préalable du mineur au procureur de la République ou au juge d'instruction compétent en application de l'article 63-9 et de l'article 154 du code de procédure pénale.

Cette présentation peut être réalisée par l'utilisation d'un moyen de télécommunication audiovisuelle conformément aux dispositions de l'article 706-71 du code de procédure pénale.

Art. L. 413-11 L'article 706-88 du code de procédure pénale, à l'exception de ses sixième à huitième alinéas, est applicable au mineur de plus de seize ans lorsqu'il existe une ou plusieurs raisons plausibles de soupçonner qu'une ou plusieurs personnes majeures ont participé, comme auteurs ou complices, à la commission de l'infraction.

SECTION III *De l'enregistrement audiovisuel des auditions*

Art. L. 413-12 Les interrogatoires des mineurs placés en garde à vue ou en retenue font l'objet d'un enregistrement audiovisuel.

Lorsque l'enregistrement ne peut être effectué en raison d'une impossibilité technique, il en est fait mention dans le procès-verbal d'interrogatoire qui précise la nature de cette impossibilité. Le procureur de la République ou le juge d'instruction en est immédiatement avisé. En l'absence d'enregistrement, que cette absence ait fait ou non l'objet d'une mention dans le procès-verbal et d'un avis au magistrat compétent, aucune condamnation ne peut être prononcée sur le seul fondement des déclarations du mineur si celles-ci sont contestées.

Art. L. 413-13 L'enregistrement mentionné à l'article L. 413-12 ne peut être consulté, au cours de l'instruction ou devant la juridiction de jugement, qu'en cas de contestation du contenu du procès-verbal d'interrogatoire, sur décision du juge d'instruction ou de la juridiction de jugement, d'office ou à la demande du procureur de la République ou d'une des parties. Aucune copie de l'enregistrement ne peut être délivrée aux parties ou à leur avocat.

Art. L. 413-14 Le fait, pour toute personne, de diffuser l'enregistrement audiovisuel réalisé en application de l'article L. 413-12 ou sa copie est puni d'un an d'emprisonnement et de 15 000 euros d'amende.

Art. L. 413-15 A l'expiration d'un délai de cinq ans à compter de la date de l'extinction de l'action publique, l'enregistrement audiovisuel et sa copie sont détruits dans le délai d'un mois.

TITRE II De l'action publique

CHAPITRE PREMIER *Dispositions générales*

Art. L. 421-1 A l'égard d'un mineur, le procureur de la République apprécie les suites à donner conformément aux dispositions de l'article 40-1 du code de procédure pénale, en tenant compte de la personnalité du mineur et de ses conditions de vie et d'éducation.

Quelle que soit l'orientation qu'il retient sur l'action publique, le procureur de la République apprécie s'il y a lieu de saisir les autorités compétentes en matière de protection administrative ou judiciaire de l'enfance, cette saisine pouvant être considérée comme une réponse suffisante.

CHAPITRE II *Des alternatives aux poursuites et de la composition pénale*

SECTION I *Des alternatives aux poursuites*

Art. L. 422-1 Lorsque le procureur de la République fait application de l'article 41-1 du code de procédure pénale relatif aux alternatives aux poursuites à l'égard d'un mineur, la mesure prévue au 2° de cet article peut également consister en l'accomplissement d'un stage de formation civique ou en une consultation auprès d'un psychiatre ou d'un psychologue.

Le procureur de la République peut également recourir aux mesures suivantes spécifiques aux mineurs :

1° Demander au mineur *(L. n° 2021-218 du 26 févr. 2021, art. 14)* « et à ses représentants légaux » de justifier de son assiduité à un enseignement ou une formation professionnelle ;

2° Proposer au mineur une mesure de réparation à l'égard de la victime ou dans l'intérêt de la collectivité. Avant d'ordonner la mesure, le procureur de la République recueille ou fait recueillir l'accord du mineur et de ses représentants légaux. Le procès-verbal constatant cet accord est joint à la procédure. La mesure ne peut être mise en œuvre à l'égard de la victime qu'avec l'accord de celle-ci.

Art. L. 422-2 Lorsque le procureur de la République fait application *(L. n° 2021-218 du 26 févr. 2021, art. 14)* « , à l'égard d'un mineur, de l'article 41-1 du code de procédure pénale relatif aux alternatives aux poursuites », *(L. n° 2021-218 du 26 févr. 2021, art. 14)* « les représentants légaux du mineur » doivent être convoqués.

Les représentants légaux du mineur qui ne répondent pas à cette convocation sont passibles des sanctions prévues à l'article L. 311-5.

Les mesures prévues aux 2° à 5° de l'article 41-1 du code de procédure pénale requièrent l'accord des représentants légaux du mineur.

Le procureur de la République fixe, le cas échéant, le montant des frais de stage pouvant être mis à la charge des représentants légaux du mineur.

La mise en œuvre des mesures alternatives aux poursuites peut être confiée à un service de la protection judiciaire de la jeunesse ou à une personne habilitée.

SECTION II *De la composition pénale*

Art. L. 422-3 La procédure de composition pénale prévue par les articles 41-2 et 41-3 du code de procédure pénale peut être appliquée aux mineurs âgés d'au moins treize ans lorsqu'elle apparaît adaptée à la personnalité de l'intéressé, dans les conditions prévues à la présente section.

L'accomplissement du travail non rémunéré prévu au 6° de l'article 41-2 du code de procédure pénale ne peut être proposé qu'au mineur âgé d'au moins seize ans.

Outre les mesures de l'article 41-2 précité, le procureur de la République peut également proposer les mesures suivantes spécifiques aux mineurs :

1° Accomplissement d'un stage de formation civique ;

2° Suivi de façon régulière d'une scolarité ou d'une formation professionnelle ;

3° Respect d'une décision, antérieurement prononcée par le juge, de placement dans une institution ou un établissement public ou privé d'éducation ou de formation professionnelle habilité ;

4° Consultation d'un psychiatre ou d'un psychologue ;

5° Accomplissement, lorsque le mineur est âgé d'au moins seize ans, d'un contrat de service en établissement public d'insertion de la défense mentionné aux articles L. 130-1 à L. 130-5 du code du service national.

Art. L. 422-4 Avant toute proposition du procureur de la République en application de l'article L. 422-3, le service de la protection judiciaire de la jeunesse compétent *(L. n° 2021-218 du 26 févr. 2021, art. 14)* « est » saisi en vue d'établir un recueil de renseignements socio-éducatifs, joint à la procédure.

La proposition du procureur de la République *(L. n° 2021-218 du 26 févr. 2021, art. 14)* « est » également faite aux représentants légaux du mineur et *(L. n° 2021-218 du 26 févr. 2021, art. 14)* « doit recueillir » l'accord de ces derniers.

L'accord du mineur et de ses représentants légaux *(L. n° 2021-218 du 26 févr. 2021, art. 14)* « est » recueilli en présence d'un avocat désigné conformément à l'article L. 12-4.

(L. n° 2021-401 du 8 avr. 2021, art. 3) « Pour l'exécution des mesures de stages prévues à l'article 41-2 du code de procédure pénale, le procureur de la République fixe, le cas échéant, le montant des frais pouvant être mis à la charge des représentants légaux du mineur. »

La composition pénale proposée à un mineur doit être validée par le juge des enfants ou, pour les contraventions des quatre premières classes, par le juge compétent du tribunal de police. Les dispositions du *(L. n° 2021-401 du 8 avr. 2021, art. 3)* « vingt-huitième » alinéa de l'article 41-2 du code de procédure pénale qui permettent, dans certains cas, qu'une proposition de composition pénale ne soit pas validée par le président du tribunal ne sont pas applicables aux mineurs.

Avant de valider la composition pénale, le juge peut procéder à l'audition du mineur ou de ses représentants légaux, soit d'office, soit à leur demande. Dans ce dernier cas, l'audition est de droit.

La décision est notifiée à l'auteur des faits et à ses représentants légaux et, le cas échéant, à la victime.

La durée d'exécution des mesures proposées aux mineurs ne peut excéder six mois.

Leur exécution peut être confiée à un service de la protection judiciaire de la jeunesse ou à *(L. n° 2021-218 du 26 févr. 2021, art. 14)* « une » personne habilitée.

CHAPITRE III *De la mise en mouvement de l'action publique*

SECTION I *Des décisions sur les poursuites*

Art. L. 423-1 Sous réserve des dispositions relatives à la procédure simplifiée prévue aux articles 524 à 530-1 du code de procédure pénale, les contraventions de police des quatre premières classes commises par les mineurs sont jugées par le tribunal de police.

Art. L. 423-2 Lorsqu'un délit ou une contravention de la cinquième classe est imputé à un mineur, le procureur de la République peut :

1° Soit requérir l'ouverture d'une information judiciaire en application de l'article 80 du code de procédure pénale ;

2° Soit saisir une juridiction pour mineurs.

Art. L. 423-3 Aucune poursuite ne pourra être exercée *(L. n° 2021-218 du 26 févr. 2021, art. 14)* « contre les mineurs en matière de crime » sans information préalable.

Art. L. 423-4 Lorsque le procureur de la République poursuit un délit ou une contravention de la cinquième classe imputé à un mineur devant la juridiction de jugement spécialisée, il saisit le juge des enfants aux fins de jugement selon la procédure de mise à l'épreuve éducative prévue par les articles L. 521-1 et L. 521-7 à L. 521-25.

Toutefois, si le mineur est âgé d'au moins treize ans et qu'il encourt une peine d'emprisonnement supérieure ou égale à trois ans, le procureur de la République peut également, lorsque sa personnalité, ou la gravité, ou la complexité des faits le justifie, saisir le tribunal pour enfants aux fins de jugement selon cette même procédure.

Lorsqu'un mineur est déféré, le procureur de la République peut, à titre exceptionnel, le poursuivre devant le tribunal pour enfants aux fins de jugement en audience unique selon la procédure prévue par les articles L. 521-26 et L. 521-27, si les conditions suivantes sont réunies :

1° Si la peine encourue est supérieure ou égale à cinq ans d'emprisonnement pour le mineur de moins de seize ans, ou si la peine encourue est supérieure ou égale à trois ans d'emprisonnement pour le mineur d'au moins seize ans.

2° Si le mineur :

a) A déjà fait l'objet d'une mesure éducative, d'une mesure judiciaire d'investigation éducative, d'une mesure de sûreté, d'une déclaration de culpabilité ou d'une peine prononcée dans le cadre d'une autre procédure et ayant donné lieu à un rapport datant de moins d'un an ; si ce rapport n'a pas déjà été déposé, il peut être requis par le procureur de la République à l'occasion du déferement. Ce rapport doit être versé au dossier de la procédure par le procureur de la République.

b) Ou est également poursuivi pour le délit prévu par le dernier alinéa de l'article 55-1 du code de procédure pénale. Dans ce cas, le procureur de la République verse au dossier le recueil de renseignements socio-éducatifs établi à l'occasion du déferement.

Art. L. 423-5 En aucun cas un mineur ne peut être poursuivi par voie de citation directe ou selon les procédures prévues aux articles 393 à 397-7, 495-7 à 495-17 du code de procédure pénale ou, pour les contraventions de cinquième classe, selon la procédure simplifiée prévue par les articles 524 à 530-1 du code de procédure pénale.

Art. L. 423-6 Lorsque le procureur de la République ordonne la présentation d'un mineur devant lui, il :

1° Avise par tout moyen les représentants légaux du mineur, ainsi que la personne ou le service auquel il est confié ;

2° Requiert l'établissement d'un recueil de renseignements socio-éducatifs ;

3° Sollicite du bâtonnier la désignation d'un avocat commis d'office dans le cas où le mineur ou ses représentants légaux n'ont pas désigné d'avocat. L'avocat désigné peut consulter le dossier de la procédure sur le champ et communiquer librement avec le mineur.

Lorsque le procureur de la République se fait présenter un mineur, il l'informe de son droit d'être assisté par un interprète, il constate son identité et lui notifie les faits qui lui sont reprochés et leur qualification juridique en présence de son avocat.

Le procureur de la République avertit alors le mineur de son droit de faire des déclarations, de répondre aux questions qui lui sont posées ou de se taire. Après avoir, le cas échéant, recueilli les observations du mineur ou procédé à son interrogatoire, le procureur de la République entend, s'il y a lieu, les observations de l'avocat, portant notamment sur la régularité de la procédure, sur la qualification retenue, sur le caractère éventuellement insuffisant de l'enquête, sur la nécessité de procéder à de nouveaux actes qu'il estime nécessaires à la manifestation de la vérité et sur les modalités d'engagement éventuel des poursuites.

Au vu de ces observations, le procureur de la République peut saisir une juridiction de jugement, requérir l'ouverture d'une information, ordonner la poursuite de l'enquête ou prendre toute autre décision sur l'action publique.

A peine de nullité, mention des formalités prévues *(L. n° 2021-218 du 26 févr. 2021, art. 14)* « au 3° et aux cinquième et sixième alinéas » du présent article est faite au procès-verbal. Si le procureur de la République saisit la juridiction de jugement, la copie de ce procès-verbal est remise au mineur.

SECTION II *De la saisine de la juridiction de jugement*

SOUS-SECTION 1 *Des modes de saisine*

Art. L. 423-7 Le juge des enfants ou le tribunal pour enfants est saisi soit :

1° Par convocation délivrée sur instructions du procureur de la République soit par un greffier, un officier ou agent de police judiciaire, un huissier, un délégué ou un médiateur du procureur de la République, soit, si le prévenu est détenu, par le chef de l'établissement pénitentiaire, soit, si le mineur est placé, par le directeur de l'établissement auquel il est confié ;

2° Par procès-verbal du procureur de la République établi lors d'un déferement. Dans ce cas, le procureur de la République procède conformément aux dispositions de l'article L. 423-6 et informe le mineur, en présence de son avocat, qu'il est convoqué devant le juge des enfants ou tribunal pour enfants pour y être jugé, à une audience fixée dans un délai qui ne peut être inférieur à dix jours ni supérieur à trois mois. Il lui notifie les faits qui lui sont reprochés ainsi que le lieu, la date et l'heure de l'audience. Ces formalités sont mentionnées au procès-verbal, dont copie est remise au mineur, à peine de nullité de la procédure.

Art. L. 423-8 La convocation devant le juge des enfants ou le tribunal pour enfants et le procès-verbal établi par le procureur de la République lors du déferement mentionnent :

1° La date, le lieu et l'heure de l'audience, laquelle se tient dans un délai qui ne peut être inférieur à dix jours ni supérieur à trois mois à compter de la notification de la convocation ;

2° Le fait poursuivi ainsi que le texte de loi qui le réprime ;

3° Les dispositions de l'article L. 12-4.

Sont rappelées les dispositions des articles L. 12-5, L. 311-1 et L. 311-2.

Sont également rappelées les dispositions des articles L. 521-1 et L. 521-2, sauf lorsque le tribunal pour enfants est saisi aux fins d'audience unique en application *(L. nº 2021-218 du 26 févr. 2021, art. 14)* « du troisième alinéa » de l'article L. 423-4.

La convocation est notifiée dans les meilleurs délais aux représentants légaux et à la personne ou au service auquel le mineur est confié.

Ces mentions sont formalisées par procès-verbal signé par le mineur et, si elles sont présentes, les personnes visées à l'alinéa précédent, qui en recevront copie. Cette convocation vaut citation à personne et entraîne l'application des délais prévus à l'article 552 du code de procédure pénale.

Le juge des enfants ou le tribunal pour enfants en est avisé sans délai.

SOUS-SECTION 2 *Des mesures prononcées avant la comparution du mineur devant la juridiction de jugement*

Art. L. 423-9 Aussitôt après avoir procédé aux formalités de l'article L. 423-6, le procureur de la République fait comparaître le mineur [.] *(Abrogé par L. nº 2021-218 du 26 févr. 2021, art. 14) « devant le juge des enfants afin qu'il soit statué sur ses réquisitions tendant : »*

(L. nº 2021-218 du 26 févr. 2021, art. 14) « 1° Le juge des enfants afin qu'il soit statué sur ses réquisitions tendant :

« a) » Soit, quel que soit l'âge du mineur, au prononcé d'une mesure éducative judiciaire provisoire jusqu'à l'audience d'examen de la culpabilité ;

(L. nº 2021-218 du 26 févr. 2021, art. 14) « b) » Soit, pour le mineur âgé d'au moins treize ans, au placement sous contrôle judiciaire, dans les conditions prévues par l'article L. 331-1, jusqu'à l'audience d'examen de la culpabilité ;

(L. nº 2021-218 du 26 févr. 2021, art. 14) « c) » Soit, pour le mineur âgé d'au moins seize ans, au placement sous assignation à résidence avec surveillance électronique, dans les conditions prévues par l'article L. 333-1, jusqu'à l'audience d'examen de la culpabilité ;

(L. nº 2021-218 du 26 févr. 2021, art. 14) « 2° Le juge des libertés et de la détention, pour le mineur âgé d'au moins seize ans et lorsque le tribunal pour enfants est saisi aux fins d'audience unique en application du troisième alinéa de l'article L. 423-4, afin qu'il soit statué sur ses réquisitions tendant au placement en détention provisoire du mineur jusqu'à l'audience, dans les conditions prévues aux articles L. 334-1 à L. 334-5 *[ancienne rédaction : Soit, pour le mineur âgé d'au moins seize ans et lorsque le tribunal pour enfants est saisi aux fins d'audience unique en application de l'alinéa 3 de l'article L. 423-4, à son placement en détention provisoire dans les conditions prévues par les articles L. 334-1 à L. 334-5 jusqu'à l'audience]*. » Dans ce cas, l'audience de jugement doit avoir lieu dans un délai ne pouvant excéder un mois, à défaut de quoi le mineur est remis en liberté d'office.

(L. nº 2021-218 du 26 févr. 2021, art. 14) « Le procureur de la République avise sans délai le juge des enfants afin qu'il puisse communiquer au juge des libertés et de la détention tout élément utile sur la personnalité du mineur et, le cas échéant, accomplir les diligences prévues à l'article L. 423-10. »

Le juge des enfants *(L. nº 2021-218 du 26 févr. 2021, art. 14)* « ou le juge des libertés et de la détention » statue par ordonnance motivée qui doit comporter l'énoncé des considérations de droit et de fait qui constituent le fondement de la décision. Il statue en audience de cabinet, après un débat contradictoire au cours duquel il entend les réquisitions du procureur de la République, puis les observations du mineur et celles de son avocat. Le juge des enfants *(L. n° 2021-218 du 26 févr. 2021, art. 14)* « ou le juge des libertés et de la détention » entend le cas échéant au cours de ce débat les *(L. n° 2021-218 du 26 févr. 2021, art. 14)* « représentants légaux du mineur » et le représentant du service auquel le mineur est confié ou mandaté dans le cadre d'une précédente mesure.

La présence du procureur de la République est facultative dans les cas prévus aux *(L. n° 2021-218 du 26 févr. 2021, art. 14)* « a) et b) du 1° » s'agissant du placement sous contrôle judiciaire des mineurs d'au moins seize ans.

Les représentants légaux du mineur sont avisés par tout moyen de la décision du juge des enfants *(L. n° 2021-218 du 26 févr. 2021, art. 14)* « et du juge des libertés et de la détention ».

Art. L. 423-10 Lorsqu'un mineur est poursuivi dans le cadre de la procédure prévue au troisième alinéa de l'article L. 423-4, le juge des enfants saisi aux fins de prononcer des mesures prévues à l'article L. 423-9 *(L. n° 2021-218 du 26 févr. 2021, art. 14)* « ou avisé de la saisine du juge des libertés et de la détention aux mêmes fins », qui constate qu'une mise à l'épreuve éducative est en cours, peut, d'office ou sur réquisitions du procureur de la République, faire remettre au mineur et à ses représentants légaux une convocation à comparaître devant le tribunal pour enfants à la date d'audience notifiée par le procureur de la République, pour voir statuer sur l'ensemble des procédures ayant donné lieu à une déclaration de culpabilité au cours de la période de mise à l'épreuve éducative.

Art. L. 423-11 Le juge des enfants est compétent, jusqu'à la comparution du mineur devant la juridiction, pour statuer sur la *(L. n° 2021-218 du 26 févr. 2021, art. 14)* « mainlevée », *(L. n° 2021-218 du 26 févr. 2021, art. 14)* « ou la modification » des mesures d'investigation, éducative judiciaire provisoire et de sûreté, d'office, à la demande du mineur ou de son avocat, ou sur réquisitions du procureur de la République conformément aux dispositions des titres II et III du livre III. *(Abrogé par L. n° 2021-218 du 26 févr. 2021, art. 14)* ***« Le mineur placé en détention provisoire ou son avocat peut, à tout moment, demander sa mise en liberté. La demande est adressée au juge des enfants, qui communique immédiatement le dossier au procureur de la République aux fins de réquisitions. Le juge des enfants statue, dans les cinq jours suivant la communication au procureur de la République, en exerçant les attributions confiées au juge des libertés et de la détention par les troisième et quatrième alinéas de l'article 148 du code de procédure pénale. »***

(L. n° 2021-218 du 26 févr. 2021, art. 14) « Lorsqu'il constate que le mineur n'a pas respecté les obligations du contrôle judiciaire ou de l'assignation à résidence avec surveillance électronique, le juge des enfants peut, si les conditions prévues aux articles L. 334-4 ou L. 334-5 sont réunies, communiquer le dossier au procureur de la République aux fins de réquisitions et saisir le juge des libertés et de la détention aux fins de révocation de la mesure de contrôle judiciaire ou d'assignation à résidence avec surveillance électronique et de placement du mineur en détention provisoire.

« Le mineur placé en détention provisoire, ou son avocat, peut, à tout moment, demander sa mise en liberté. La demande est adressée au juge des libertés et de la détention, qui communique immédiatement le dossier au procureur de la République aux fins de réquisitions et demande au juge des enfants tout élément utile sur la personnalité et l'évolution de la situation du mineur. Le juge des libertés et de la détention statue dans les cinq jours suivant la communication au procureur de la République dans les conditions prévues aux troisième et avant-dernier alinéas de l'article 148 du code de procédure pénale. »

Art. L. 423-12 En cas de révocation du contrôle judiciaire ou de l'assignation à résidence avec surveillance électronique et de placement en détention provisoire du mineur, l'audience de jugement *(L. n° 2021-218 du 26 févr. 2021, art. 14)* « a » lieu devant le tribunal pour enfants dans un délai ne pouvant excéder un mois, à défaut de quoi le mineur est remis en liberté d'office.

SOUS-SECTION 3 *Des voies de recours contre les décisions relatives aux mesures prononcées avant la comparution du mineur devant la juridiction de jugement*

Art. L. 423-13 La mesure éducative judiciaire provisoire et les mesures de sûreté ordonnées par le juge des enfants *(L. n° 2021-218 du 26 févr. 2021, art. 14)* « ou le juge des libertés et de la détention » en application des dispositions de la sous-section 2 peuvent faire l'objet d'un appel par le mineur dans un délai de dix jours.

L'appel de l'ordonnance prescrivant une mesure éducative judiciaire provisoire, un contrôle judicaire ou une assignation à résidence avec surveillance électronique est porté devant le président de la chambre spéciale des mineurs qui statue dans le délai d'un mois.

L'appel de l'ordonnance de placement en détention provisoire est examiné par la chambre spéciale des mineurs dans les délais et selon les modalités prévues devant la chambre de l'instruction par les articles 194 et 199 du code de procédure pénale.

TITRE III De l'information judiciaire

CHAPITRE PREMIER *De l'information et de la convocation des représentants légaux*

Art. L. 431-1 Le juge d'instruction avise les représentants légaux du mineur et la personne ou le service auquel le mineur est confié des poursuites dont celui-ci fait l'objet.

L'avis mentionné à l'alinéa précédent est fait verbalement avec émargement au dossier ou par lettre recommandée. Il mentionne les faits reprochés au mineur et leur qualification juridique.

Il précise également qu'à défaut de choix d'un avocat par le mineur ou ses représentants légaux, le juge d'instruction fera désigner un avocat d'office par le bâtonnier.

Art. L. 431-2 Quel que soit l'objet de la convocation du mineur par le juge d'instruction, ses représentants légaux sont convoqués *(L. nº 2021-218 du 26 févr. 2021, art. 14)* « par tout moyen » dans les conditions prévues à l'article L. 311-1, ainsi que la personne ou le service auquel il est confié, pour être entendus par le juge.

Art. L. 431-3 Les représentants légaux et les personnes civilement responsables doivent déclarer au greffe du juge d'instruction leur adresse selon les modalités prévues par les deux derniers alinéas de l'article 116 du code de procédure pénale.

CHAPITRE II *De la mesure judiciaire d'investigation éducative et de la mesure éducative judiciaire provisoire*

Art. L. 432-1 Lorsqu'une information judiciaire est ouverte à l'encontre d'un mineur, le juge d'instruction ordonne une mesure judiciaire d'investigation éducative.

Toutefois, cette mesure est facultative lorsqu'une copie du dossier unique de personnalité du mineur, contenant un rapport d'une mesure judiciaire d'investigation éducative de moins d'un an, est versée au dossier de l'information judiciaire.

Art. L. 432-2 Au cours de l'information judiciaire, le juge d'instruction ou le juge des libertés et de la détention saisi en application du *(L. nº 2021-218 du 26 févr. 2021, art. 14)* « dernier » alinéa de l'article 137-1 ou du *(L. nº 2021-218 du 26 févr. 2021, art. 14)* « second » alinéa de l'article 137-4 du code de procédure pénale peut ordonner une mesure éducative judiciaire provisoire à l'égard du mineur mis en examen, dans les conditions prévues par les articles L. 323-1 à L. 323-3 du présent code. Le juge d'instruction peut la modifier ou en donner mainlevée à tout moment dans les mêmes conditions.

La mesure est prononcée pour une durée d'un an renouvelable.

CHAPITRE III *Des mesures de sûreté*

Art. L. 433-1 Au cours de l'information judiciaire, les dispositions relatives au contrôle judiciaire, à l'assignation à résidence avec surveillance électronique et à la détention provisoire, prévues au titre III du livre III sont applicables, sous réserve des dispositions du présent chapitre.

Art. L. 433-2 En matière correctionnelle, la détention provisoire ordonnée à l'égard d'un mineur de moins de seize ans, dans les conditions prévues par l'article L. 334-4, ne peut excéder :

1º Une durée de quinze jours, renouvelable une fois par ordonnance motivée, lorsque le mineur encourt une peine inférieure à dix ans d'emprisonnement ;

2º Une durée d'un mois, renouvelable une fois par ordonnance motivée, lorsque le mineur encourt une peine de dix ans d'emprisonnement.

Art. L. 433-3 En matière correctionnelle, la détention provisoire ordonnée à l'égard d'un mineur âgé d'au moins seize ans, dans les conditions prévues par l'article L. 334-5, ne peut excéder :

1º Un mois, lorsque la peine d'emprisonnement encourue est inférieure ou égale à sept ans. Toutefois, à l'expiration de ce délai, la détention peut être prolongée par le juge des libertés et de la détention, à titre exceptionnel, pour une durée n'excédant pas un mois, par une ordonnance motivée conformément aux dispositions de l'article 137-3 du code de procédure pénale et rendue après un débat contradictoire organisé conformément aux dispositions du sixième alinéa de l'article 145 du même code. La prolongation ne peut être ordonnée qu'une seule fois ;

2° Quatre mois, lorsque la peine d'emprisonnement encourue est supérieure à sept ans. Toutefois, à l'expiration de ce délai, la détention peut être prolongée par le juge des libertés et de la détention, à titre exceptionnel, pour une durée n'excédant pas quatre mois, par une ordonnance motivée conformément aux dispositions de l'article 137-3 *(L. n° 2021-218 du 26 févr. 2021, art. 14)* « du code de procédure pénale » et rendue après un débat contradictoire organisé conformément aux dispositions du sixième alinéa de l'article 145 *(L. n° 2021-218 du 26 févr. 2021, art. 14)* « du même code ». Cette décision peut être renouvelée selon la même procédure, la durée totale de la détention ne pouvant excéder un an.

Art. L. 433-4 En matière criminelle, la détention provisoire ne peut excéder six mois pour le mineur de moins de seize ans. Toutefois, à l'expiration de ce délai, la détention peut être prolongée par le juge des libertés et de la détention, à titre exceptionnel, pour une durée n'excédant pas six mois, par une ordonnance motivée conformément aux dispositions de l'article 137-3 du code de procédure pénale, par référence aux 1° à 6° de l'article 144 du même code, et rendue après un débat contradictoire organisé conformément aux dispositions du sixième alinéa de l'article 145 du même code. La prolongation ne peut être ordonnée qu'une seule fois.

Art. L. 433-5 En matière criminelle, la détention provisoire ne peut excéder un an pour le mineur âgé d'au moins seize ans. Toutefois, le juge des libertés et de la détention peut, à l'expiration de ce délai, prolonger la détention pour une durée qui ne peut être supérieure à six mois par une ordonnance motivée conformément aux dispositions de l'article 137-3 du code de procédure pénale et rendue après un débat contradictoire organisé conformément aux dispositions du sixième alinéa de l'article 145 du même code. Cette décision peut être renouvelée selon la même procédure, la durée totale de la détention provisoire ne pouvant excéder deux ans.

Art. L. 433-6 La durée totale de détention provisoire mentionnée au 2° de l'article L. 433-3 du présent code est portée à deux ans pour l'instruction du délit mentionné à l'article 421-2-1 du code pénal.

La durée totale de détention provisoire mentionnée à l'article L. 433-5 du présent code est portée à trois ans pour l'instruction des crimes prévus au 1° de l'article 421-1 et aux articles 421-5 et 421-6 du code pénal.

Art. L. 433-7 Lorsque la détention provisoire est ordonnée à la suite d'une révocation du contrôle judiciaire ou de l'assignation à résidence avec surveillance électronique à l'encontre d'un mineur antérieurement placé en détention provisoire pour les mêmes faits, la durée cumulée des détentions ne peut excéder de plus d'un mois la durée maximale de la détention prévue au présent chapitre.

Art. L. 433-8 Lorsqu'interviennent plusieurs révocations du contrôle judiciaire d'un mineur de moins de seize ans, la durée cumulée de la détention provisoire ne peut excéder une durée totale d'un mois dans le cas mentionné au 1° de l'article L. 433-2 et de deux mois dans le cas mentionné au 2° du même article.

CHAPITRE IV *Du règlement de l'information judiciaire*

SECTION I *Des ordonnances de règlement*

Art. L. 434-1 Lorsque l'information est terminée, après avoir procédé conformément à l'article 175 du code de procédure pénale, le juge d'instruction rend l'une des ordonnances de règlement suivantes :

1° Soit une ordonnance de non-lieu dans les cas et conditions prévus à l'article 177 du code de procédure pénale ;

2° Soit, s'il estime que le fait constitue une contravention des quatre premières classes, une ordonnance de renvoi devant le tribunal de police ;

3° Soit, s'il estime que le fait constitue un délit ou une contravention de la cinquième classe, une ordonnance de renvoi devant le tribunal pour enfants, ou devant le juge des enfants si le mineur est âgé de moins de treize ans ;

4° Soit, s'il estime que les faits constituent un crime, une ordonnance de mise en accusation devant la cour d'assises des mineurs s'il s'agit d'un mineur âgé d'au moins seize ans dans les cas et conditions prévus à l'article 181 du code de procédure pénale ou une ordonnance de renvoi devant le tribunal pour enfants s'il s'agit d'un mineur de moins de seize ans.

Art. L. 434-2 Par dérogation aux dispositions du 4° de l'article L. 434-1, lorsque les faits forment un ensemble connexe et indivisible avec un crime commis par un mineur âgé d'au moins seize ans, le juge d'instruction peut, dans l'intérêt d'une bonne administration de la justice, par décision motivée prise après réquisitions du procureur de la République et observations des parties, mettre ce mineur en accusation devant la cour d'assises des mineurs :

1° Pour un crime commis avant qu'il n'ait atteint l'âge de seize ans ;

2° Pour un crime commis à compter de sa majorité.

Art. L. 434-3 Si le mineur a des coauteurs ou complices majeurs, la procédure, en matière correctionnelle et pour les contraventions de la cinquième classe, est disjointe et ces derniers sont renvoyés devant la juridiction compétente suivant le droit commun.

Si, en matière criminelle, le mineur a des coauteurs ou complices majeurs, le juge d'instruction peut :

1° Soit renvoyer tous les accusés âgés d'au moins seize ans devant la cour d'assises des mineurs ;

2° Soit disjoindre les poursuites et ordonner la mise en accusation des coauteurs ou complices majeurs devant la cour d'assises de droit commun.

Art. L. 434-4 Lorsqu'il ordonne le renvoi d'un mineur devant le juge des enfants ou le tribunal pour enfants en application de l'article L. 434-1, le juge d'instruction peut, en prenant en considération les intérêts de la victime ou de la partie civile, saisir la juridiction compétente en raison de la résidence du mineur ou de celle de ses *(Abrogé par L. nº 2021-218 du 26 févr. 2021, art. 14)* « parents ou » représentants légaux.

SECTION II *Du maintien de la mesure éducative et des mesures de sûreté*

Art. L. 434-5 Lorsqu'une mesure éducative judiciaire provisoire a été ordonnée à l'égard du mineur au cours de l'information, le juge d'instruction statue expressément, lors du règlement de l'information, sur le maintien de la mesure jusqu'au jugement.

Art. L. 434-6 Par dérogation à l'article 179 du code de procédure pénale, lorsque le juge d'instruction ordonne le renvoi devant le tribunal pour enfants d'un mineur de moins de seize ans en matière correctionnelle, ce dernier peut être maintenu en détention provisoire jusqu'à sa comparution devant la juridiction de jugement pour une durée de deux mois, renouvelable une seule fois pour une durée d'un mois.

Art. L. 434-7 Par dérogation à l'article 179 du code de procédure pénale, lorsque le juge d'instruction ordonne le renvoi devant le tribunal pour enfants d'un mineur âgé d'au moins seize ans en matière correctionnelle, ce dernier peut être maintenu en détention provisoire jusqu'à sa comparution devant la juridiction de jugement pour une durée de deux mois renouvelable une fois.

Art. L. 434-8 Lorsque le juge d'instruction a ordonné le renvoi devant le tribunal pour enfants d'un mineur de moins de seize ans en matière criminelle, ce dernier peut être maintenu en détention provisoire jusqu'à sa comparution devant la juridiction de jugement pour une durée de deux mois renouvelable deux fois dans les conditions prévues par le cinquième alinéa de l'article 179 du code de procédure pénale.

Art. L. 434-9 Lorsque le juge d'instruction a ordonné la mise en accusation d'un mineur âgé d'au moins seize ans devant la cour d'assises des mineurs, il est fait application des dispositions de l'article 181 du code de procédure pénale.

SECTION III *De la mesure éducative judiciaire provisoire et des mesures de sûreté après le règlement de l'information judiciaire*

Art. L. 434-10 Lorsque le tribunal pour enfants a été saisi par ordonnance de renvoi du juge d'instruction et jusqu'à la comparution du mineur devant lui, le juge des enfants est compétent pour décider, d'office ou à la demande du procureur de la République ou des parties, le maintien ou la modification de la mesure éducative judiciaire provisoire ordonnée à l'égard du mineur ou pour en donner mainlevée.

Lorsque la cour d'assises des mineurs a été saisie par ordonnance de mise en accusation, la demande de maintien, de modification ou de mainlevée de la mesure éducative judiciaire provisoire est portée :

1° Devant cette cour, lorsque la demande est formée durant la session au cours de laquelle elle doit juger l'accusé ;

2° Dans les autres cas devant la chambre de l'instruction de cette même cour.

Art. L. 434-11 Lorsque le tribunal pour enfants a été saisi par ordonnance de renvoi du juge d'instruction et jusqu'à la comparution du mineur devant lui, le juge des enfants est compétent pour décider, d'office ou à la demande du procureur de la République ou des parties, de la modification ou de la suppression des obligations du contrôle judiciaire ou de l'assignation à résidence avec surveillance électronique auquel le mineur est astreint, d'imposer au mineur une ou plusieurs obligations nouvelles, d'accorder une dispense occasionnelle ou temporaire d'observer certaines d'entre elles ou d'en donner mainlevée.

CHAPITRE V *De l'appel des ordonnances rendues au cours de l'instruction et à l'issue de celle-ci*

Art. L. 435-1 Sans préjudice des dispositions de l'article 186 du code de procédure pénale relatives à l'appel des décisions rendues au cours de l'information, le mineur mis en examen *(L. n° 2021-218 du 26 févr. 2021, art. 14)* « ou l'un de ses représentants légaux » peut faire appel devant la chambre de l'instruction, selon les modalités prévues par cet article, des ordonnances du juge d'instruction ou du juge des libertés et de la détention relatives à la mesure éducative judiciaire provisoire.

Art. L. 435-2 Sans préjudice des dispositions de l'article 496 du code de procédure pénale relatives à l'appel des jugements en matière correctionnelle, le mineur *(L. n° 2021-218 du 26 févr. 2021, art. 14)* « ou l'un de ses représentants légaux » peut faire appel devant la chambre spéciale des mineurs de la cour d'appel des décisions du juge des enfants relatives à la mesure éducative judiciaire provisoire rendues en application de l'article L. 434-10 du présent code.

LIVRE V **Du jugement**

TITRE PREMIER **Dispositions générales**

CHAPITRE PREMIER *Des débats*

Art. L. 511-1 Le juge des enfants ou le tribunal pour enfants entend :

1° Le mineur ;

2° Les témoins ;

3° Les représentants légaux et les personnes civilement responsables du mineur ;

4° La personne ou le service auquel le mineur est confié ou qui le suit ;

5° La victime ou la partie civile ;

6° Le procureur de la République. Toutefois, lorsque les débats ont lieu en chambre du conseil, sa présence n'est pas obligatoire. S'il n'est pas présent et entend requérir une des peines mentionnées à l'article L. 121-4, il adresse des réquisitions écrites au juge des enfants qui en donne lecture à l'audience.

7° L'avocat du mineur.

Le mineur ou son avocat a toujours la parole en dernier.

Art. L. 511-2 Le juge des enfants, le président du tribunal pour enfants et le président du tribunal de police peuvent ordonner, à tout moment, que le mineur se retire pendant tout ou partie de la suite des débats.

(L. n° 2021-218 du 26 févr. 2021, art. 15) « Ils peuvent également ordonner aux autres parties de se retirer au moment de l'examen de la situation personnelle du mineur, leurs avocats restant présents. »

Art. L. 511-3 Le juge des enfants ou le président du tribunal pour enfants peut, si l'intérêt du mineur l'exige, dispenser ce dernier de comparaître à l'audience. Dans ce cas, le mineur est représenté par un avocat ou son représentant légal. La décision est réputée contradictoire.

Art. L. 511-4 Le juge des enfants et le tribunal pour enfants peuvent entendre, à titre de simple renseignement, les coauteurs ou complices majeurs.

Art. L. 511-5 Le déroulement des débats devant le tribunal pour enfants en matière criminelle obéit aux mêmes règles qu'en matière correctionnelle.

CHAPITRE II *De l'action civile*

Art. L. 512-1 A l'audience, la déclaration de partie civile doit, à peine d'irrecevabilité, être faite avant les réquisitions du ministère public sur le fond ou, si le juge des enfants ou le tribunal pour enfants statue selon la procédure de mise à l'épreuve éducative, avant les réquisitions du ministère public sur la sanction.

Les victimes sont avisées et les parties civiles sont citées selon les modalités prévues par les articles 391 et 420 du code de procédure pénale. Toutefois, lorsqu'il a été statué sur l'action civile lors de l'audience d'examen de la culpabilité, la partie civile est avisée par tout moyen de la date de l'audience de prononcé de la sanction.

Art. L. 512-2 Lorsqu'un mineur est impliqué dans la même cause qu'un ou plusieurs majeurs, le tribunal correctionnel ou la cour d'assises compétente à l'égard des majeurs peut statuer sur l'action civile contre tous les responsables, sur saisine de la victime ou sur renvoi du juge des enfants ou du tribunal pour enfants, d'office ou à la demande de la partie civile.

Dans le cas prévu à l'alinéa qui précède, le mineur ne comparaît pas à l'audience, mais seulement ses représentants légaux. A défaut de choix d'un avocat par le mineur ou ses représentants légaux, il en est désigné un d'office. Les dispositions des articles L. 513-2 à L. 513-4 sont applicables. S'il n'a pas encore été statué sur la culpabilité du mineur, le tribunal correctionnel ou la cour d'assises peut surseoir à statuer sur l'action civile.

Art. L. 512-3 Après avoir déclaré le mineur coupable des faits qui lui sont reprochés et statué, le cas échéant, sur la sanction, le juge des enfants ou le tribunal pour enfants peut, d'office ou à la demande du procureur de la République ou des parties, renvoyer l'affaire à une date ultérieure pour statuer sur l'action civile, même s'il n'ordonne pas de mesure d'instruction, afin de permettre à la partie civile d'apporter les justificatifs de ses demandes. Ce renvoi est de droit lorsqu'il est demandé par la partie civile. La juridiction doit alors fixer la date de l'audience à laquelle il sera statué sur l'action civile. La présence du ministère public à cette audience n'est pas obligatoire.

L'audience mentionnée au premier alinéa a lieu soit devant le juge des enfants statuant en chambre du conseil, soit, au regard de la gravité du préjudice susceptible d'être invoqué par la partie civile et de la complexité de son évaluation et de sa liquidation, devant le tribunal correctionnel composé conformément aux dispositions du quatrième alinéa de l'article 464 du code de procédure pénale lorsqu'une ou plusieurs chambres de la juridiction, en application de l'article L. 121-3 du code de l'organisation judiciaire, connaissent spécifiquement des actions sur intérêts civils.

Lorsque l'affaire est renvoyée devant le tribunal correctionnel, le mineur ne comparaît pas à l'audience, mais seulement ses représentants légaux. A défaut de choix d'un avocat par le mineur ou ses représentants légaux, il en est désigné un d'office. Les dispositions des articles L. 513-2 à L. 513-4 *(L. nº 2021-218 du 26 févr. 2021, art. 15)* « du présent code » sont applicables.

Art. L. 512-4 Les personnes civilement responsables du mineur régulièrement citées à personne sont jugées par jugement contradictoire à signifier, en application de l'article 410 du code de procédure pénale, lorsqu'elles n'ont pas comparu.

CHAPITRE III *De la publicité des audiences*

Art. L. 513-1 Devant le juge des enfants, l'affaire est instruite et jugée en chambre du conseil.

Art. L. 513-2 Devant le tribunal de police, le tribunal pour enfants et la cour d'assises des mineurs, seuls sont admis à assister aux débats la victime, qu'elle soit ou non constituée partie civile, les témoins de l'affaire, les représentants légaux, les personnes civilement responsables, l'adulte approprié mentionné à l'article L. 311-1 et les proches parents du mineur, la personne ou le service auquel celui-ci est confié, les membres du barreau ainsi que les personnels des services désignés pour suivre le mineur.

Le président du tribunal de police ou du tribunal pour enfants peut, à tout moment, ordonner aux témoins de se retirer après leur audition.

Le jugement ou l'arrêt est rendu en audience publique, en présence du mineur.

Art. L. 513-3 Par dérogation aux dispositions de l'article L. 513-2, le prévenu mineur au moment des faits, devenu majeur au jour de l'ouverture des débats devant le tribunal de police ou le tribunal pour enfants, peut demander à ce que l'audience soit publique, sauf s'il existe un autre prévenu qui est toujours mineur ou qui, mineur au moment des faits et devenu majeur au jour de l'audience, s'oppose à cette demande. S'il est fait droit à cette demande, les dispositions de l'article 400 du code de procédure pénale sont applicables devant le tribunal.

Par dérogation aux dispositions de l'article L. 513-2, la cour d'assises des mineurs peut décider que les dispositions de l'article 306 du code de procédure pénale sont applicables devant elle si la personne poursuivie, mineure au moment des faits, est devenue majeure au jour de l'ouverture des débats et que cette dernière, le ministère public ou un autre accusé en fait la demande. Elle ne fait pas droit à cette demande lorsqu'il existe un autre accusé toujours mineur ou que la personnalité de l'accusé qui était mineur au moment des faits rend indispensable que, dans son intérêt, les débats ne soient pas publics. Dans les autres cas, la cour statue en prenant en considération les intérêts de la société, de l'accusé et de la partie civile, après avoir entendu le ministère public et les avocats des parties, par une décision spéciale et motivée qui n'est pas susceptible de recours.

Art. L. 513-4 La publication, par tout moyen, du compte rendu des débats devant les juridictions de jugement compétentes à l'égard des mineurs est interdite.

Toutefois, lorsque l'audience est publique en application des dispositions de l'article L. 513-3, le *(L. n° 2021-218 du 26 févr. 2021, art. 15)* « compte rendu » des débats peut faire l'objet d'une publication mais sans que les nom et prénom du mineur ne soient indiqués, même par une initiale, sauf si l'intéressé donne son accord à cette mention.

La publication, par tout moyen, de tout texte ou de toute illustration concernant l'identité et la personnalité des mineurs délinquants est également interdite.

Le jugement ou l'arrêt rendu en audience publique à l'encontre du mineur peut être publié, mais sans que les nom et prénom du mineur *(Abrogé par L. n° 2021-218 du 26 févr. 2021, art. 15) « ne »* soient indiqués, même par une initiale.

Toute infraction aux dispositions des quatre alinéas précédents est punie d'une amende de 15 000 euros.

Lorsque les infractions prévues par les dispositions du présent article sont commises par la voie de la presse, les directeurs des publications ou éditeurs sont, du seul fait de la publication, passibles comme auteurs principaux de la peine mentionnée au *(L. n° 2021-218 du 26 févr. 2021, art. 15)* « cinquième » alinéa. A leur défaut, l'auteur et, à défaut de l'auteur, les imprimeurs, distributeurs et afficheurs sont poursuivis comme auteurs principaux. Lorsque l'auteur n'est pas poursuivi comme auteur principal, il est poursuivi comme complice.

Pourront être poursuivies comme complices, et dans tous les cas, toutes personnes auxquelles les articles 121-6 et 121-7 du code pénal pourraient s'appliquer.

TITRE II De la procédure de jugement

CHAPITRE PREMIER *Du jugement devant le juge des enfants et le tribunal pour enfants*

SECTION I *Dispositions générales*

Art. L. 521-1 Sauf lorsqu'il est saisi en application du troisième alinéa de l'article L. 423-4 ou par ordonnance de renvoi du juge d'instruction, le juge des enfants ou le tribunal pour enfants statue selon la procédure de mise à l'épreuve éducative. Cette procédure comporte :

1° Une audience d'examen de la culpabilité ;

2° Une période de mise à l'épreuve éducative ;

3° Une audience de prononcé de la sanction.

Art. L. 521-2 Par dérogation aux dispositions de l'article L. 521-1, la juridiction peut, après avoir recueilli les observations des parties présentes à l'audience et par décision motivée, statuer lors d'une audience unique sur la culpabilité du mineur et la sanction si elle se considère suffisamment informée sur sa personnalité et n'estime pas nécessaire d'ouvrir une période de mise à l'épreuve éducative au vu des faits commis par le mineur et de sa personnalité.

La juridiction statuant selon les modalités prévues au premier alinéa ne peut prononcer une peine que si le mineur a déjà fait l'objet d'une mesure éducative, d'une mesure judiciaire d'investigation éducative, d'une mesure de sûreté, d'une déclaration de culpabilité ou d'une peine prononcée dans le cadre d'une autre procédure et ayant donné lieu à un rapport datant de moins d'un an versé au dossier de la procédure.

Art. L. 521-3 Si elle estime que l'affaire n'est pas en état d'être jugée, la juridiction peut d'office, ou à la demande d'une partie, renvoyer l'examen de l'affaire à une prochaine audience dans un délai qui ne peut excéder trois mois, en décidant, le cas échéant, de commettre le juge des enfants pour procéder à un supplément d'information. Les dispositions de l'article 463 du code de procédure pénale sont applicables.

Lorsqu'elle ordonne le renvoi de l'affaire, la juridiction statue au préalable, par décision spécialement motivée, sur le prononcé, le maintien ou la modification d'une mesure éducative judiciaire provisoire et d'une mesure de sûreté.

Lorsque le mineur est en détention provisoire pour la cause, le jugement sur la culpabilité et, le cas échéant, sur la sanction, est rendu dans un délai d'un mois suivant le jour de sa première comparution devant la juridiction à défaut de quoi le mineur est remis en liberté d'office.

Art. L. 521-4 Si le fait déféré sous la qualification de délit est de nature à entraîner une peine criminelle, la juridiction renvoie le ministère public à se pourvoir ainsi qu'il avisera.

Si le mineur est placé sous contrôle judiciaire, sous assignation à résidence avec surveillance électronique ou s'il bénéficie d'une mesure éducative judiciaire provisoire, la juridiction peut ordonner la prolongation de cette mesure pour une durée d'un mois. Elle demeure compétente pour assurer le suivi et le contrôle de la mesure éducative judiciaire provisoire et des mesures de sûreté jusqu'à l'ouverture de l'information judiciaire. A défaut de saisine du juge d'instruction dans un délai de sept jours, les mesures sont caduques.

Lorsqu'il est saisi en application du troisième alinéa de l'article L. 423-4, le tribunal pour enfants peut maintenir le mineur en détention ou décerner un mandat de dépôt ou un mandat d'arrêt dans les conditions prévues à l'article 469 du code de procédure pénale.

Art. L. 521-5 La juridiction peut, si elle estime que la complexité de l'affaire nécessite des investigations supplémentaires approfondies, renvoyer le dossier au procureur de la République.

Si le mineur est placé sous contrôle judiciaire, sous assignation à résidence avec surveillance électronique ou s'il bénéficie d'une mesure éducative judiciaire provisoire, la juridiction peut ordonner la prolongation de cette mesure pour une durée d'un mois. Elle demeure compétente pour assurer le suivi et le contrôle de la mesure éducative judiciaire provisoire et des mesures de sûreté jusqu'à l'ouverture de l'information judiciaire. A défaut de saisine du juge d'instruction dans un délai de sept jours, les mesures sont caduques.

Si le mineur est détenu, la juridiction statue au préalable sur son maintien en détention jusqu'à sa comparution devant le juge d'instruction suivant les conditions du troisième alinéa de l'article 397-2 du code de procédure pénale.

Art. L. 521-6 Le jugement est prononcé au plus tard dans un délai d'un mois après l'audience, sauf dans les affaires présentant une particulière complexité.

SECTION II *De la procédure de mise à l'épreuve éducative*

SOUS-SECTION 1 *De l'audience d'examen de la culpabilité*

Art. L. 521-7 A l'audience d'examen de la culpabilité, la juridiction statue sur la culpabilité du mineur et, le cas échéant, sur l'action civile.

Art. L. 521-8 Le juge des enfants peut ordonner, d'office ou à la demande du procureur de la République ou du mineur, le renvoi de l'affaire à une audience d'examen de la culpabilité devant le tribunal pour enfants si la personnalité du mineur, ou la gravité, ou la complexité des faits le justifie.

Cette décision de renvoi constitue une mesure d'administration judiciaire qui n'est pas susceptible de recours.

Lorsqu'il ordonne le renvoi de l'affaire, le juge des enfants statue au préalable, par décision spécialement motivée, sur le prononcé, le maintien ou la modification d'une mesure éducative judiciaire provisoire ou d'un placement sous contrôle judiciaire ou sous assignation à résidence avec surveillance électronique.

Une convocation à une audience du tribunal pour enfants dans un délai compris entre dix jours et deux mois est notifiée par le greffier aux parties présentes et vaut citation à personne. Les parties absentes ou non représentées sont citées conformément aux dispositions des articles 550 à 566 du code de procédure pénale et les victimes en sont avisées.

Art. L. 521-9 Lorsqu'elle déclare un mineur coupable des faits qui lui sont reprochés, la juridiction ordonne l'ouverture d'une période de mise à l'épreuve éducative, statue sur les mesures mentionnées à l'article L. 521-14 auxquelles le mineur est soumis durant cette période et renvoie le prononcé de la sanction à une audience ultérieure. La période de mise à l'épreuve éducative court jusqu'à l'audience de prononcé de la sanction.

Sauf s'il est fait application des dispositions de l'article L. 521-12, la juridiction fixe, dans son jugement, la date de l'audience de prononcé de la sanction qui a lieu, dans un délai compris entre six et neuf mois après la déclaration de culpabilité, devant le juge des enfants ou, si la personnalité du mineur, ou la gravité, ou la complexité des faits le justifie, devant le tribunal pour enfants de son ressort. Les parties absentes ou non représentées sont citées pour cette audience conformément aux dispositions des articles 550 à 566 du code de procédure pénale et les victimes en sont avisées.

(L. n° 2021-218 du 26 févr. 2021, art. 15) « Une date de mise en place des mesures éducatives est communiquée à l'intéressé à l'issue de l'audience. »

Art. L. 521-10 Lorsque la juridiction constate, lors de l'audience d'examen de la culpabilité, que le mineur n'a pas respecté les obligations du contrôle judiciaire *(L. n° 2021-218 du 26 févr. 2021, art. 15)* « ou de l'assignation à résidence avec surveillance électronique prononcés » dans la cause, elle peut, si les conditions des articles L. 334-4 ou L. 334-5 sont réunies, ordonner le placement du mineur en détention provisoire pour une durée n'excédant pas un mois.

Art. L. 521-11 Par dérogation aux dispositions de l'article L. 521-9, lorsque la juridiction constate, à la date à laquelle elle statue, qu'une période de mise à l'épreuve éducative est en cours pour des faits antérieurs, elle n'ouvre pas, sauf décision contraire motivée, une période de mise à l'épreuve éducative pour les nouveaux faits pour lesquels le mineur est déclaré coupable. La mise à l'épreuve en cours s'étend à ces faits.

La juridiction peut modifier, d'office ou à la demande du procureur de la République ou du mineur, les mesures dont celui-ci fait l'objet afin de les adapter à son évolution.

La juridiction renvoie le mineur pour le prononcé de la sanction à l'audience déjà fixée pour le prononcé de la sanction des faits antérieurs, sous réserve que celle-ci intervienne dans un délai d'au moins dix jours.

Art. L. 521-12 La juridiction qui déclare un mineur coupable des faits qui lui sont reprochés et ordonne l'ouverture d'une période de mise à l'épreuve éducative, peut ordonner son dessaisissement au profit du juge des enfants compétent à raison de la résidence du mineur ou de celle de ses parents ou représentants légaux.

Dans une même affaire, lorsque la juridiction qui se dessaisit demeure compétente pour l'un des mineurs concernés ou lorsqu'elle se dessaisit au profit de plusieurs juges des enfants, le dossier est disjoint.

La décision de dessaisissement constitue une mesure d'administration judiciaire qui n'est pas susceptible de recours.

SOUS-SECTION 2 *De la période de mise à l'épreuve éducative*

Art. L. 521-13 Le suivi du mineur au cours de la période de mise à l'épreuve éducative est placé sous le contrôle du juge des enfants.

Art. L. 521-14 Dans le cadre de la période de la mise à l'épreuve éducative, les mesures suivantes peuvent être ordonnées :

1° Une expertise médicale ou psychologique ;

2° Une mesure judiciaire d'investigation éducative ;

3° Une mesure éducative judiciaire provisoire dans les conditions et selon les modalités prévues au chapitre III du titre II du livre III ;

4° Un contrôle judiciaire ou une assignation à résidence avec surveillance électronique dans les conditions et selon les modalités prévues au titre III du livre III.

Sauf à ce qu'il en soit donné mainlevée avant, ces mesures provisoires expirent à la date fixée par la décision et en tout état de cause lors du prononcé du jugement sur la sanction.

Les décisions prises en application du présent article sont exécutoires par provision et susceptibles d'appel.

Art. L. 521-15 A tout moment au cours de la mise à l'épreuve éducative, y compris lorsqu'elle s'étend à des faits nouveaux, le juge des enfants peut prescrire, modifier ou lever la mesure éducative judiciaire provisoire ou les mesures de sûreté mentionnées à l'article L. 521-14, d'office, à la demande du mineur ou de son avocat ou sur réquisitions du procureur de la République.

Art. L. 521-16 Le juge des enfants peut, en cas d'incident durant la période de mise à l'épreuve éducative, délivrer à l'encontre d'un mineur un mandat de comparution.

Lorsque le mineur se soustrait aux obligations et interdictions d'un contrôle judiciaire *(L. n° 2021-218 du 26 févr. 2021, art. 15)* « ou d'une assignation à résidence avec surveillance électronique » durant la période de mise à l'épreuve éducative, le juge des enfants peut également ordonner à l'encontre du mineur un mandat d'amener ou, si le mineur est en fuite ou réside à l'étranger, un mandat d'arrêt. Il est alors procédé conformément aux dispositions des articles 123 à 134 du code de procédure pénale.

Le mineur retenu en exécution d'un mandat bénéficie des droits prévus à l'article L. 332-1.

Art. L. 521-17 Le juge des enfants chargé du suivi du mineur dans le cadre de la mise à l'épreuve éducative peut se dessaisir au profit du juge des enfants compétent à raison de la résidence du mineur ou de celle de ses *(Abrogé par L. n° 2021-218 du 26 févr. 2021, art. 15)* *« parents ou »* représentants légaux.

Dans une même affaire, lorsque le juge des enfants qui se dessaisit demeure compétent pour l'un des mineurs concernés ou lorsqu'il se dessaisit au profit de plusieurs juges des enfants, le dossier est disjoint.

L'ordonnance de dessaisissement constitue une mesure d'administration judiciaire qui n'est pas susceptible de recours.

Art. L. 521-18 Le juge des enfants au profit duquel un dessaisissement a eu lieu en application des dispositions des articles L. 521-12 et L. 521-17 est compétent pour contrôler le suivi du mineur au cours de la période de mise à l'épreuve éducative.

Il convoque le mineur, après avis du procureur de la République, à une audience de prononcé de la sanction qui a lieu dans les conditions prévues au *(L. n° 2021-218 du 26 févr. 2021, art. 15)* « deuxième » alinéa de l'article L. 521-9. Les parties sont citées pour cette audience conformément aux dispositions des articles 550 à 566 du code de procédure pénale et les victimes en sont avisées.

Art. L. 521-19 Si l'évolution de la situation du mineur pendant la période de mise à l'épreuve éducative le justifie, le juge des enfants peut, dans les conditions prévues au *(L. n° 2021-218 du 26 févr. 2021, art. 15)* « deuxième » alinéa de l'article L. 521-9, modifier la date de l'audience de prononcé de la sanction ou la juridiction de renvoi précédemment fixée, sous réserve que la nouvelle audience intervienne dans un délai d'au moins dix jours. Toutefois, lorsque le tribunal pour enfants a, lors de l'audience d'examen de la culpabilité, renvoyé le prononcé de la sanction à l'une de ses audiences, le juge des enfants ne peut pas modifier la désignation de la juridiction de renvoi.

Les parties en sont alors avisées, et elles sont citées à la nouvelle audience conformément aux dispositions des articles 550 à 566 du code de procédure pénale.

La décision de modification de la date de l'audience ou d'orientation de la procédure, constitue une mesure d'administration judiciaire qui n'est pas susceptible de recours.

Art. L. 521-20 Lorsque le mineur ne respecte pas le contrôle judiciaire ou l'assignation à résidence avec surveillance électronique auquel il est astreint, le juge des enfants peut décider, d'office ou sur réquisitions du procureur de la République, de le convoquer devant le tribunal pour enfants à une audience de prononcé de la sanction avant le terme de la période de mise à l'épreuve éducative dans un délai qui ne peut être inférieur à dix jours, pour l'ensemble des infractions comprises dans la procédure de mise à l'épreuve éducative en cours.

Les parties sont citées conformément aux dispositions des articles 550 à 566 du code de procédure pénale et les victimes en sont avisées.

Le cas échéant, la date d'audience initialement fixée en vue du prononcé de la sanction est annulée.

Art. L. 521-21 Lorsque le juge des enfants décide, d'office ou sur réquisitions du procureur de la République, de convoquer le mineur à un débat contradictoire en vue de la révocation du contrôle judiciaire *(L. n° 2021-218 du 26 févr. 2021, art. 15)* « ou de l'assignation à résidence avec surveillance électronique » et du placement en détention provisoire en application des dispositions des articles L. 334-4 et L. 334-5, il convoque également l'avocat du mineur, ses représentants légaux et le service auquel la mesure de contrôle judiciaire *(L. n° 2021-218 du 26 févr. 2021, art. 15)* « ou d'assignation à résidence avec surveillance électronique » est confiée et en avise le procureur de la République.

Le mineur est informé que la décision ne pourra intervenir qu'à l'issue d'un débat contradictoire et qu'il a le droit de demander un délai pour préparer sa défense.

Si le mineur ou son avocat sollicite un délai pour préparer sa défense, le juge des enfants, après avoir recueilli les observations du procureur de la République, du mineur, de son avocat et, le cas échéant, de ses représentants légaux, ordonne le renvoi à une prochaine audience qui doit avoir lieu dans un délai qui ne peut excéder quatre jours et à laquelle les représentants légaux sont convoqués s'ils n'étaient pas présents lors de l'audience à l'issue de laquelle le renvoi a été décidé. Dans l'attente, le juge des enfants peut, par ordonnance motivée et non susceptible d'appel, prescrire l'incarcération du mineur dans l'établissement pénitentiaire spécialisé pour mineurs ou l'établissement pénitentiaire doté d'un quartier des mineurs le plus proche, pour une durée déterminée, qui ne peut en aucun cas excéder quatre jours ouvrables. A défaut de débat contradictoire dans le délai de quatre jours suivant l'incarcération du mineur, celui-ci est remis en liberté s'il n'est pas détenu pour une autre cause.

Au cours du débat contradictoire et du débat différé, le juge des enfants statue sur le placement en détention provisoire du mineur après avoir recueilli l'avis du service de la protection judiciaire de la jeunesse et entendu les réquisitions du procureur de la République et les observations du mineur et de son avocat ainsi que celles de ses représentants légaux dûment convoqués. Sa décision est exécutoire par provision et susceptible d'appel.

La durée de l'incarcération provisoire prononcée dans l'attente du débat contradictoire s'impute sur la durée totale de la détention provisoire.

Art. L. 521-22 Au cours de la mise à l'épreuve éducative, le juge des enfants qui prononce la révocation du contrôle judiciaire *(L. n° 2021-218 du 26 févr. 2021, art. 15)* « ou de l'assignation à résidence avec surveillance électronique » dans les conditions prévues à l'article L. 521-21 ordonne le placement en détention provisoire du mineur pour une durée qui n'excède pas un mois.

Le mineur ne peut faire l'objet de plus de deux révocations de contrôle judiciaire *(L. n° 2021-218 du 26 févr. 2021, art. 15)* « ou d'assignation à résidence avec surveillance électronique » dans le cadre des procédures relatives à une même période de mise à l'épreuve éducative.

En cas de second placement en détention provisoire au cours de la même période de mise à l'épreuve éducative, le mineur peut être convoqué devant le tribunal pour enfants en vue d'une audience de prononcé de la sanction pour l'ensemble des procédures relatives à la même période de mise à l'épreuve éducative, dans un délai qui ne peut être inférieur à dix jours à compter du débat contradictoire, quelle que soit la date d'audience de prononcé de la sanction initialement prévue, celle-ci étant alors annulée. Si l'audience de prononcé de la sanction devant le tribunal pour enfants n'a pas lieu dans un délai d'un mois suivant son incarcération, l'intéressé est remis en liberté d'office s'il n'est pas détenu pour autre cause.

Les parties sont citées pour l'audience mentionnée au troisième alinéa conformément aux dispositions des articles 550 à 566 du code de procédure pénale et les victimes en sont avisées.

La durée de la détention provisoire prononcée durant la période de mise à l'épreuve éducative s'impute sur la durée de la peine d'emprisonnement éventuellement prononcée par le tribunal pour enfants à l'audience de prononcé de la sanction.

Art. L. 521-23 Le mineur placé en détention provisoire au cours de la période de mise à l'épreuve éducative ou son avocat peut, à tout moment, demander sa mise en liberté. La demande est adressée au juge des enfants, qui communique immédiatement le dossier au procureur de la République aux fins de *(L. n° 2021-218 du 26 févr. 2021, art. 15)* « réquisitions ». Le juge des enfants statue, dans les cinq jours suivant la communication au procureur de la République, en exerçant les attributions confiées au juge des libertés et de la détention par les troisième et quatrième alinéas de l'article 148 du code de procédure pénale.

Faute *(L. n° 2021-218 du 26 févr. 2021, art. 15)* « pour » le juge des enfants d'avoir statué dans le délai fixé par le premier alinéa, le mineur peut saisir la chambre spéciale des mineurs de la cour d'appel qui, sur les réquisitions écrites et motivées du procureur général, se prononce dans les cinq jours de sa saisine faute de quoi le mineur est mis d'office en liberté sauf si des vérifications concernant sa demande ont été ordonnées. Le droit de saisir dans les mêmes conditions la chambre spéciale des mineurs de la cour d'appel appartient également au procureur de la République.

SOUS-SECTION 3 *De l'audience de prononcé de la sanction*

Art. L. 521-24 A l'audience de prononcé de la sanction, la juridiction statue sur la sanction et, le cas échéant, sur l'action civile.

Art. L. 521-25 Lorsqu'elle est saisie de plusieurs procédures engagées à l'encontre d'un même mineur, la juridiction peut en ordonner la jonction à l'audience de prononcé de la sanction, d'office ou sur demande du procureur de la République ou des parties.

SECTION III *De la procédure de jugement en audience unique*

Art. L. 521-26 Lorsqu'elle est saisie en application du troisième alinéa de l'article L. 423-4 ou par ordonnance de renvoi du juge d'instruction, la juridiction statue lors d'une audience unique sur la culpabilité et la sanction.

Art. L. 521-27 La juridiction saisie dans les conditions mentionnées à l'article L. 521-26 peut, après avoir recueilli les observations des parties présentes à l'audience et par décision motivée au regard de la personnalité et des perspectives d'évolution du mineur, statuer selon la procédure de mise à l'épreuve éducative. La décision mentionne les objectifs de la période de mise à l'épreuve éducative.

Si le mineur comparait détenu, il est remis en liberté.

CHAPITRE II *Du jugement devant la cour d'assises des mineurs*

Art. L. 522-1 Après l'interrogatoire des accusés, le président de la cour d'assises des mineurs peut, à tout moment, ordonner que l'accusé mineur se retire pendant tout ou partie de la suite des débats.

Concernant l'accusé mineur, le président pose, à peine de nullité, les deux questions suivantes :

1° Y a-t-il lieu d'appliquer à l'accusé une condamnation pénale ?

2° Y a-t-il lieu d'exclure l'accusé du bénéfice de l'atténuation de peine prévue aux articles L. 121-5 et L. 121-6 ?

TITRE III Des voies de recours

CHAPITRE PREMIER *De l'appel*

SECTION I *Dispositions générales*

Art. L. 531-1 L'appel des jugements du tribunal de police prononcés à l'égard d'un mineur, du juge des enfants et du tribunal pour enfants est porté devant la chambre spéciale des mineurs de la cour d'appel.

Art. L. 531-2 Il est fait application des dispositions du code de procédure pénale pour les appels portés contre les arrêts de la cour d'assises des mineurs statuant en premier ressort.

SECTION II *De l'appel de la décision sur la culpabilité et sur la sanction*

Art. L. 531-3 Il peut être interjeté appel de la décision sur la culpabilité et de la décision sur la sanction dans les délais et selon les modalités prévus par le code de procédure pénale.

En cas d'appel portant sur une décision déclarant le mineur coupable, si la cour d'appel n'a pas statué sur l'appel de la décision sur la culpabilité avant la décision sur la sanction, l'appel est alors considéré comme portant à la fois sur la décision sur la culpabilité et sur la décision sur la sanction, sauf désistement de l'appelant.

En cas d'appel portant sur une décision de relaxe, si la cour d'appel déclare le mineur coupable des faits qui lui sont reprochés et ouvre une période de mise à l'épreuve éducative conformément aux dispositions de l'article L. 521-9 ou constate que la période de mise à l'épreuve éducative en cours s'étend à ces nouveaux faits conformément aux dispositions de l'article L. 521-11, elle statue s'il y a lieu sur les mesures provisoires et renvoie le dossier au juge des enfants compétent pour le suivi des mesures et pour la fixation de l'audience sur la sanction dans les conditions prévues aux articles L. 521-13 à L. 521-23. Toutefois, la cour d'appel statue en audience unique lorsqu' *(L. n° 2021-218 du 26 févr. 2021, art. 15)* « elle » fait application des dispositions de l'article L. 521-2 ou lorsque le jugement attaqué a été rendu selon les modalités prévues à l'article L. 521-26 *(L. n° 2021-218 du 26 févr. 2021, art. 15)* « , sauf si elle décide de faire application des dispositions de l'article L. 521-27 ».

SECTION III *De l'appel des mesures de sûreté*

Art. L. 531-4 L'appel des décisions de placement sous contrôle judiciaire, sous assignation à résidence avec surveillance électronique et de placement en détention provisoire prononcées à l'audience d'examen de la culpabilité ou au cours de la période de mise à l'épreuve éducative est examiné par la chambre spéciale des mineurs dans les délais et selon les modalités prévus devant la chambre de l'instruction par les articles 194 et 199 du code de procédure pénale.

CHAPITRE II *De l'opposition*

Art. L. 532-1 Les règles relatives à l'opposition mentionnées à l'article 545 du code de procédure pénale sont applicables aux jugements du tribunal de police prononcés à l'égard d'un mineur. Celles mentionnées aux articles 489 à 493 du même code sont applicables aux jugements du juge des enfants et du tribunal pour enfants.

Dans le cas d'une opposition formée à une décision prononcée par le juge des enfants ou le tribunal pour enfants à l'audience d'examen de la culpabilité, la juridiction de jugement statue de nouveau dans les deux mois de l'opposition.

LIVRE VI L'application et l'exécution des mesures éducatives et des peines

TITRE PREMIER De l'application des mesures éducatives et des peines

CHAPITRE PREMIER *Des juridictions de l'application des mesures éducatives et des peines*

SECTION I *De la compétence des juridictions pour mineurs en matière d'application des mesures éducatives et des peines*

Art. L. 611-1 Lorsqu'une mesure éducative judiciaire est prononcée, son déroulement est placé sous le contrôle du juge des enfants. Il peut, à tout moment, modifier les modalités et le contenu de la mesure ou en ordonner la *(L. nº 2021-218 du 26 févr. 2021, art. 16)* « mainlevée », après l'audition du mineur, assisté de son avocat, ainsi que celle de ses représentants légaux.

Au besoin, il peut décerner un mandat de comparution contre le mineur.

Si le mineur ou ses représentants légaux régulièrement convoqués à la dernière adresse indiquée ne comparaissent pas, le juge des enfants peut néanmoins se prononcer sur les modalités ou le contenu de la mesure.

Art. L. 611-2 Lorsqu'une condamnation a été prononcée à l'encontre d'un mineur, le juge des enfants exerce, à l'égard des mineurs condamnés, les fonctions dévolues au juge de l'application des peines dans les conditions prévues par les dispositions du présent titre et selon les règles du code pénal et du code de procédure pénale jusqu'à ce que la personne condamnée ait atteint l'âge de vingt-et-un ans.

Le juge des enfants préside notamment la commission de l'application des peines lorsque celle-ci examine la situation d'un condamné relevant de la compétence de ce magistrat.

Art. L. 611-3 Le tribunal pour enfants exerce, à l'égard des mineurs condamnés, les attributions dévolues au tribunal de l'application des peines dans les conditions prévues par le code pénal et le code de procédure pénale.

Art. L. 611-4 L'appel des décisions rendues par le juge des enfants ou le tribunal pour enfants est porté devant la chambre spéciale des mineurs de la cour d'appel ou son président, qui exerce les compétences respectivement confiées à la chambre de l'application des peines de la cour d'appel et à son président.

Art. L. 611-5 Le juge des enfants peut se dessaisir au profit du juge de l'application des peines lorsque le condamné a atteint l'âge de dix-huit ans, en raison de la personnalité du mineur ou de la durée de la peine prononcée.

L'ordonnance par laquelle le juge des enfants se dessaisit au profit du juge de l'application des peines constitue une mesure d'administration judiciaire non susceptible de recours.

Art. L. 611-6 Lorsque le condamné a atteint l'âge de dix-huit ans au jour de son jugement, le juge de l'application des peines est compétent pour le suivi de la condamnation, sauf si la juridiction spécialisée décide par décision spéciale que le juge des enfants reste compétent.

Cette décision constitue une mesure d'administration judiciaire non susceptible de recours.

SECTION II *De l'articulation des compétences entre plusieurs juges des enfants chargés du suivi du mineur*

Art. L. 611-7 Pour l'application des dispositions de la présente section, est considéré comme le juge des enfants qui connaît habituellement de la situation du mineur le juge du lieu de la résidence habituelle du mineur ou de ses parents qui est ou a été saisi d'une procédure *(L. n° 2021-218 du 26 févr. 2021, art. 16)* « d'assistance » éducative ou d'une procédure pénale concernant le mineur.

Art. L. 611-8 Lorsque le juge des enfants chargé de l'application des peines territorialement compétent n'est pas le juge des enfants qui connaît habituellement la situation du mineur, il transmet à ce dernier une demande d'avis préalablement à toute décision prise en application des dispositions de l'article 712-6 du code de procédure pénale. Il en est de même pour les décisions prises par le tribunal pour enfants en application des dispositions de l'article 712-7 du même code.

Le juge des enfants territorialement compétent peut aussi consulter le juge des enfants qui connaît habituellement la situation du mineur pour toute autre décision.

Art. L. 611-9 Le juge des enfants chargé de l'application des peines initialement saisi peut se dessaisir au profit du juge des enfants qui connaît habituellement la situation du mineur, après avoir obtenu l'accord préalable de ce magistrat. La saisine de ce juge emporte également saisine du tribunal pour enfants correspondant.

Ce dessaisissement constitue une mesure d'administration judiciaire non susceptible de recours.

CHAPITRE II *Des audiences d'application des peines*

Art. L. 612-1 Le mineur condamné doit être assisté d'un avocat au cours des débats contradictoires prévus par les articles 712-6 et 712-7 du code de procédure pénale.

Il en est de même lorsque, en acceptant un aménagement de l'exécution de sa peine, le mineur est susceptible de renoncer à la tenue de ce débat conformément aux dispositions du deuxième alinéa de l'article 712-6 du même code.

Le mineur ne peut renoncer à l'assistance d'un avocat.

A défaut de choix d'un avocat par le mineur ou ses représentants légaux, le juge des enfants ou le tribunal pour enfants fait désigner par le bâtonnier un avocat commis d'office.

Art. L. 612-2 Les représentants légaux sont convoqués *(L. n° 2021-218 du 26 févr. 2021, art. 16)* « par tout moyen » pour être entendus par ces juridictions avant qu'elles ne statuent dans les conditions prévues par les articles 712-6 et 712-7 du code de procédure pénale.

Art. L. 612-3 Lorsque le condamné est mineur, les ordonnances et jugements du juge des enfants et du tribunal pour enfants sont notifiés aux représentants légaux.

Art. L. 612-4 Les dispositions du présent chapitre ne sont pas applicables au condamné devenu majeur au jour du débat contradictoire.

CHAPITRE III *Du régime de la rétention*

Art. L. 613-1 Le mineur retenu en application des dispositions des articles 709-1-1 et 716-5 du code de procédure pénale bénéficie des droits prévus à l'article L. 332-1 du présent code.

TITRE II De l'aménagement des peines

CHAPITRE UNIQUE

Art. L. 621-1 Les dispositions du code de procédure pénale permettant la conversion d'une peine en travail d'intérêt général ou en sursis probatoire comportant l'obligation d'effectuer un travail d'intérêt général sont applicables au mineur âgé *(L. n° 2021-218 du 26 févr. 2021, art. 16)* « d'au moins seize » ans au moment de la décision, lorsqu'il était âgé d'au moins treize ans à la date de commission de l'infraction.

Art. L. 621-2 Pour l'exécution des peines prononcées à l'étranger et lorsque le condamné était mineur à la date des faits, le tribunal pour enfants exerce les attributions du tribunal correctionnel pour l'application des articles 728-4 à 728-7 du code de procédure pénale et le juge des enfants exerce les attributions du président du tribunal *(L. n° 2021-218 du 26 févr. 2021, art. 16)* « judiciaire » et du juge des libertés et de la détention pour l'application des articles 728-46, 728-47 et 728-67 à 728-69 du même code.

Le juge des enfants exerce les attributions du juge de l'application des peines mentionnées aux articles 764-21 à 764-43 du code de procédure pénale en matière de reconnaissance et de mise à exécution des condamnations et des décisions de probation prononcées par une juridiction d'un autre État membre de l'Union européenne à l'égard des personnes mineures à la date des faits.

Art. L. 621-3 *(L. n° 2021-218 du 26 févr. 2021, art. 16)* Lorsqu'il s'agit d'un aménagement de peine pour lequel le juge d'application des peines peut imposer au condamné une ou plusieurs des obligations prévues en matière de sursis probatoire, le juge des enfants peut également imposer au condamné une des mesures mentionnées à l'article L. 122-2. L'obligation de respecter les conditions d'un placement en centre éducatif fermé ne peut toutefois être prononcée que dans le cadre du placement extérieur et de la libération conditionnelle.

TITRE III Du casier judiciaire et des autres fichiers

CHAPITRE PREMIER *Du casier judiciaire*

Art. L. 631-1 Sans préjudice des dispositions du dernier alinéa de l'article L. 111-6, les condamnations, les déclarations de culpabilité assorties d'une dispense de peine, d'une dispense de mesure éducative ou d'une déclaration de réussite éducative, les décisions prononçant des mesures éducatives rendues à l'égard d'un mineur, lors du prononcé de la sanction, ainsi que les compositions pénales sont inscrites au casier judiciaire selon les modalités prévues par le code de procédure pénale rappelées par le présent code.

Art. L. 631-2 Les décisions mentionnées à l'article L. 631-1 figurent au bulletin n° 1 du casier judiciaire. Elles ne figurent pas aux bulletins n° 2 et n° 3 du casier judiciaire.

Art. L. 631-3 Les *(L. n° 2021-218 du 26 févr. 2021, art. 16)* « décisions » relatives aux mesures éducatives, aux dispenses de mesure éducative et aux déclarations de réussite éducative prononcées à l'encontre d'un mineur sont retirées à l'expiration d'un délai de trois ans à compter du jour où la mesure *(L. n° 2021-218 du 26 févr. 2021, art. 16)* « est devenue définitive ».

Les *(L. n° 2021-218 du 26 févr. 2021, art. 16)* « décisions » relatives aux condamnations prononcées à l'encontre d'un mineur sont retirées dans les conditions prévues par le code de procédure pénale.

Art. L. 631-4 Lorsque, à la suite *(L. n° 2021-218 du 26 févr. 2021, art. 16)* « de la condamnation prononcée à l'encontre d'un mineur à une peine criminelle ou correctionnelle devenue définitive, le relèvement éducatif » de ce mineur apparaît comme *(L. n° 2021-218 du 26 févr. 2021, art. 16)* « acquis », le tribunal pour enfants peut, après l'expiration d'un délai de trois ans à compter de ladite décision et même si le mineur a atteint sa majorité, décider, à sa requête, à celle du ministère public ou d'office, le retrait du casier judiciaire de la décision dont il s'agit.

Le tribunal pour enfants statue en dernier ressort. Lorsque le retrait du casier judiciaire de la décision a été prononcé, la mention de cette décision ne doit plus figurer au bulletin n° 1 du casier judiciaire du mineur.

Le tribunal de la poursuite initiale, celui du lieu du domicile actuel du mineur et celui du lieu de sa naissance sont compétents pour connaître de la requête.

CHAPITRE II *Du fichier judiciaire national automatisé des auteurs d'infractions sexuelles ou violentes*

SECTION I *De l'inscription des décisions*

Art. L. 632-1 Les décisions concernant les mineurs de moins de treize ans ne sont pas inscrites dans le fichier judiciaire national automatisé des auteurs d'infractions sexuelles ou violentes.

Art. L. 632-2 Les décisions rendues lors du prononcé de la sanction concernant les mineurs âgés d'au moins treize ans relatives à un délit relevant de l'article 706-47 du code de procédure pénale ne sont pas inscrites dans le fichier judiciaire national automatisé des auteurs d'infractions sexuelles ou violentes, sauf si cette inscription est ordonnée par décision expresse de la juridiction, ou dans les cas prévus aux 3° et 4° de l'article 706-53-2 du même code, par le procureur de la République.

Art. L. 632-3 Les décisions concernant les mineurs âgés d'au moins treize ans relatives à un crime relevant de l'article 706-47 du code de procédure pénale sont inscrites de plein droit dans le fichier judiciaire national automatisé des auteurs d'infractions sexuelles ou violentes *(L. n° 2021-218 du 26 févr. 2021, art. 16)* « , sauf décision contraire spécialement motivée de la juridiction de jugement ».

SECTION II *De l'effacement des décisions*

Art. L. 632-4 Les informations mentionnées à l'article 706-53-2 du code de procédure pénale sont retirées du fichier au décès de l'intéressé ou à l'expiration d'un délai de dix ans à compter du prononcé de la décision ou à compter de sa libération lorsque la personne exécute une peine privative de liberté sans sursis en application de la condamnation entraînant l'inscription.

Toutefois le mineur peut solliciter la rectification ou l'effacement des informations contenues dans le fichier dans les conditions prévues à l'article 706-53-10 du même code.

SECTION III *Du suivi des mineurs inscrits*

Art. L. 632-5 Le régime de justification semestrielle prévu par le cinquième alinéa de l'article 706-53-5 du code de procédure pénale n'est applicable qu'aux mineurs âgés *(L. n° 2021-218 du 26 févr. 2021, art. 16)* « d'au moins treize » ans condamnés pour un crime puni d'au moins vingt ans de réclusion.

CHAPITRE III *Du fichier judiciaire national automatisé des auteurs d'infractions terroristes*

SECTION I *De l'inscription des décisions*

Art. L. 633-1 Les décisions concernant les mineurs de moins de treize ans ne sont pas inscrites dans le fichier judiciaire national automatisé des auteurs d'infractions terroristes.

Art. L. 633-2 Les décisions rendues lors du prononcé de la sanction concernant les mineurs âgés d'au moins treize ans ne sont pas inscrites dans le fichier, sauf si cette inscription est ordonnée par décision expresse de la juridiction ou, dans les cas prévus aux 3° et 4° de l'article 706-25-4 du code de procédure pénale, par le procureur de la République.

SECTION II *De l'effacement des décisions*

Art. L. 633-3 Les informations mentionnées à l'article 706-25-4 du code de procédure pénale sont retirées du fichier au décès de l'intéressé ou à l'expiration, à compter du prononcé de la décision ou à compter de sa libération lorsque la personne exécute une peine privative de liberté sans sursis en application de la condamnation entraînant l'inscription, d'un délai de dix ans ou, lorsqu'elles concernent une infraction mentionnée aux articles L. 224-1 ou L. 225-7 du code de la sécurité intérieure, d'un délai de trois ans.

Toutefois le mineur peut solliciter la rectification ou l'effacement des informations contenues dans le fichier dans les conditions prévues à l'article 706-25-12 du code de procédure pénale.

SECTION III *Du suivi des mineurs inscrits*

Art. L. 633-4 Les mineurs sont astreints aux obligations de justification et de présentation prévues par le code de procédure pénale à compter du prononcé de la décision, pendant un délai de cinq ans, ou, s'il s'agit d'une infraction mentionnée à l'article L. 224-1 du code de la sécurité intérieure, pendant un délai de trois ans.

CHAPITRE IV *Des fichiers d'antécédents*

Art. L. 634-1 Conformément aux articles 230-6 à 230-11 du code de procédure pénale, les infractions commises par les mineurs font l'objet d'une inscription dans les fichiers d'antécédents judiciaires qui peuvent être consultés dans le cadre des procédures pénales ainsi que dans le cadre des enquêtes administratives prévues aux articles L. 114-1 et L. 234-1 à L. 234-3 du code de la sécurité intérieure et à l'article 17-1 de la loi n° 95-73 du 21 janvier 1995 d'orientation et de programmation relative à la sécurité.

Les mineurs peuvent demander, auprès du procureur de la République territorialement compétent ou du magistrat désigné à l'article 230-9 du code de procédure pénale, que les données personnelles concernant ces infractions soient effacées, complétées ou rectifiées, notamment en cas de requalification judiciaire, ou qu'elles fassent l'objet d'une mention interdisant qu'elles fassent l'objet d'une consultation dans le cadre des enquêtes administratives mentionnées au premier alinéa.

Conformément à l'article 230-8 du code de procédure pénale, ces demandes peuvent être formées à tout moment, sauf si, à la suite d'infractions commises pendant la majorité de l'intéressé, celui-ci a fait l'objet de condamnations qui sont toujours inscrites au bulletin n° 2 de son casier judiciaire. Il est statué sur ces demandes pour des raisons liées à la finalité du fichier au regard de la nature ou des circonstances de commission de l'infraction ou de la personnalité de l'intéressé.

LIVRE VII Dispositions relatives à l'outre-mer

TITRE PREMIER Dispositions particulières à la Guadeloupe, à la Guyane, à la Martinique, à Mayotte, à la Réunion, à Saint-Barthélemy, à Saint-Martin et à Saint-Pierre-et-Miquelon

CHAPITRE PREMIER *Dispositions particulières à Mayotte*

Art. L. 711-1 Pour l'application des dispositions du présent code à Mayotte les mots : "cour d'appel" et les mots : "chambre spéciale des mineurs de la cour d'appel" sont remplacés par les mots : "chambre d'appel de Mamoudzou".

Art. L. 711-2 Pour son application à Mayotte, l'article L. 231-10 est ainsi rédigé :

Art. L. 231-10 Un des assesseurs de la cour d'assises des mineurs est remplacé, sauf impossibilité, par le magistrat du siège du tribunal judiciaire exerçant les fonctions de juge des enfants.

Art. L. 711-3 A Mayotte, les articles L. 412-2, L. 413-5 et L. 413-9 s'appliquent dans les conditions suivantes :

1° Lorsque le déplacement d'un avocat ou d'une personne agréée en application de l'article 879 du code de procédure pénale paraît matériellement impossible, les attributions dévolues à l'avocat par les articles 61-1, 63-4 à 63-4-3 du code de procédure pénale peuvent être exercées par une personne majeure, choisie par les représentants légaux du mineur ou à défaut par le mineur lui-même, qui n'est pas mise en cause pour les mêmes faits ou pour des faits connexes et qui n'a fait l'objet d'aucune condamnation, incapacité ou déchéance mentionnée au bulletin n° 2 du casier judiciaire ;

2° Les dispositions de l'article 63-4-4 *(L. n° 2021-218 du 26 févr. 2021, art. 17)* « du même code » sont applicables à la personne choisie, qui en est informée par l'officier de police judiciaire.

CHAPITRE II *Dispositions particulières à Saint-Pierre-et-Miquelon*

Art. L. 712-1 Pour l'application du présent code à Saint-Pierre-et-Miquelon, la commission des droits et de l'autonomie des personnes handicapées est remplacée par la commission localement compétente en matière de reconnaissance du handicap.

TITRE II Dispositions applicables en Nouvelle-Calédonie, en Polynésie française et à Wallis-et-Futuna

(L. n° 2021-218 du 26 févr. 2021, art. 17)

CHAPITRE PREMIER *Dispositions applicables en Nouvelle-Calédonie*

Art. L. 721-1 Les dispositions du présent code, à l'exception des articles L. 113-2 et L. 113-6 sont applicables en Nouvelle-Calédonie dans *(L. n° 2021-218 du 26 févr. 2021, art. 17)* « leur rédaction résultant de la loi n° 2021-218 du 26 février 2021 ratifiant l'ordonnance n° 2019-950 du 11 septembre 2019 portant partie législative du code de la justice pénale des mineurs », sous réserve des adaptations prévues par le présent chapitre.

Art. L. 721-2 Pour l'application des dispositions du présent code en Nouvelle-Calédonie :

1° Les mots : "protection judiciaire de la jeunesse" sont remplacés par les mots : "protection judiciaire de l'enfance et de la jeunesse" ;

2° La mise en œuvre des procédures alternatives aux poursuites et de l'accueil de jour en Nouvelle-Calédonie est déterminée selon la règlementation applicable localement ;

3° Les références du code de l'action sociale et des familles sont remplacées par les références *(L. n° 2021-218 du 26 févr. 2021, art. 17)* « aux dispositions » équivalentes applicables localement ;

4° La commission des droits et de l'autonomie des personnes handicapées est remplacée par la commission localement compétente en matière de reconnaissance du handicap.

Art. L. 721-3 En Nouvelle-Calédonie, le juge des enfants, le président du tribunal pour enfants ou le président de la cour d'assises peut autoriser, d'office ou à la demande du ministère public ou d'une partie, et avec l'accord du mineur, de ses représentants légaux et, s'ils sont présents, de la victime ou de son représentant et du ministère public, toute personne représentant des institutions de droit coutumier dont la liste est fixée par voie réglementaire à assister aux débats et à prendre la parole aux audiences avec son autorisation, si sa présence apparaît utile pour la bonne compréhension de la situation du mineur ou pour sa prise en charge éducative et sociale.

Art. L. 721-4 En Nouvelle-Calédonie, avant d'ordonner une mesure de réparation ou un module *(L. n° 2021-218 du 26 févr. 2021, art. 17)* « de » réparation, le procureur de la République ou la juridiction pour mineurs peut consulter toute personne représentant des institutions de droit coutumier dont la liste est fixée par voie réglementaire.

Art. L. 721-5 En Nouvelle-Calédonie, les articles L. 412-2, L. 413-5 et L. 413-9 s'appliquent dans les conditions suivantes :

1° Lorsque l'audition libre, la retenue ou la garde à vue du mineur se déroule en dehors des communes de Nouméa, Mont-Dore, Dumbéa et Païta et que le déplacement d'un avocat paraît matériellement impossible, les attributions dévolues à l'avocat par les articles 61-1, 63-4 à 63-4-3 du code de procédure pénale peuvent être exercées par une personne majeure, choisie par les représentants légaux du mineur ou à défaut par le mineur lui-même, qui n'est pas mise en cause pour les mêmes faits ou pour des faits connexes et qui n'a fait l'objet d'aucune condamnation, incapacité ou déchéance mentionnée au bulletin n° 2 du casier judiciaire ;

2° Les dispositions de l'article 63-4-4 *(L. n° 2021-218 du 26 févr. 2021, art. 17)* « du même code » sont applicables à la personne choisie, qui en est informée par l'officier de police judiciaire.

CHAPITRE II *Dispositions applicables en Polynésie française*

Art. L. 722-1 Les dispositions du présent code, à l'exception des articles L. 113-2 et L. 113-6 sont applicables en Polynésie française dans *(L. n° 2021-218 du 26 févr. 2021, art. 17)* « leur rédaction résultant de la loi n° 2021-218 du 26 février 2021 ratifiant l'ordonnance n° 2019-950 du 11 septembre 2019 portant partie législative du code de la justice pénale des mineurs », sous réserve des adaptations prévues par le présent chapitre.

Art. L. 722-2 Pour l'application du présent code en Polynésie française :

1°*(L. n° 2021-218 du 26 févr. 2021, art. 17)* « aux dispositions »

2° La commission des droits et de l'autonomie des personnes handicapées est remplacée par la commission localement compétente en matière de reconnaissance du handicap.

Art. L. 722-3 En Polynésie française, les articles L. 412-2, L. 413-5 et L. 413-9 s'appliquent dans les conditions suivantes :

1° En l'absence d'avocat dans l'île où se déroule l'audition libre, la retenue ou la garde à vue du mineur et lorsque le déplacement d'un avocat paraît matériellement impossible, les attributions dévolues à l'avocat par les articles 61-1, 63-4 à 63-4-3 du code de procédure pénale peuvent être exercées par une personne majeure, choisie par les représentants légaux du mineur ou à défaut par le mineur lui-même, qui n'est pas mise en cause pour les mêmes faits ou pour des faits connexes et qui n'a fait l'objet d'aucune condamnation, incapacité ou déchéance mentionnée au bulletin n° 2 du casier judiciaire ;

2° Les dispositions de l'article 63-4-4 *(L. n° 2021-218 du 26 févr. 2021, art. 17)* « du même code » sont applicables à la personne choisie, qui en est informée par l'officier de police judiciaire.

CHAPITRE III *Dispositions applicables à Wallis-et-Futuna*

Art. L. 723-1 Les dispositions du présent code, à l'exception des articles L. 113-2 et L. 113-6 sont applicables dans les îles Wallis-et-Futuna dans *(L. n° 2021-218 du 26 févr. 2021, art. 17)* « leur rédaction résultant de la loi n° 2021-218 du 26 février 2021 ratifiant l'ordonnance n° 2019-950 du 11 septembre 2019 portant partie législative du code de la justice pénale des mineurs », sous réserve des adaptations prévues par le présent chapitre.

Art. L. 723-2 Pour l'application du présent code à Wallis-et-Futuna :

1° Les références du code de l'action sociale et des familles sont remplacées par les références *(L. n° 2021-218 du 26 févr. 2021, art. 17)* « aux dispositions » équivalentes applicables localement ;

2° La commission des droits et de l'autonomie des personnes handicapées est remplacée par la commission localement compétente en matière de reconnaissance du handicap.

Art. L. 723-3 A Wallis-et-Futuna, les articles L. 412-2, L. 413-5 et L. 413-9 s'appliquent dans les conditions suivantes : les attributions dévolues à l'avocat par les articles 61-1, 63-4 à 63-4-3 du code de procédure pénale peuvent être exercées par une personne agréée par le président du tribunal de première instance.

Ordonnance n° 45-174 du 2 février 1945,

Relative à l'enfance délinquante (D. 1945. L. 169, commentaire Donnedieu de Vabres).

L'Ord. n° 45-174 du 2 févr. 1945 relative à l'enfance délinquante est abrogée à compter du 30 sept. 2021 (Ord. n° 2019-950 du 11 sept. 2019, art. 7 et 9, mod. par L. n° 2020-734 du 17 juin 2020, art. 25, et L. n° 2021-218 du 26 févr. 2021, art. 2). V. désormais l'Ord. n° 2019-950 du 11 sept. 2019 portant partie législative du code de la justice pénale des mineurs, supra, p. 2783.

Dans toutes les dispositions de l'Ord. du 2 févr. 1945, les mots « mineurs » et « majeurs » sont respectivement substitués aux expressions « mineurs de dix-huit ans » et « majeurs de dix-huit ans » (L. n° 74-631 du 5 juill. 1974, art. 14).

V. Circ. CRIM. n° 2002-15 E8 du 7 nov. 2002 présentant les dispositions réformant le droit pénal des mineurs issues de la L. n° 2002-1138 du 9 sept. 2002 (BOMJ 2002, n° 88, p. 115 s.) et Circ. CRIM. n° 2002-17 relative à la politique pénale en matière de délinquance des mineurs (BOMJ 2002, n° 88, p. 247 s.).

V. Dir. n° 2016/800/UE du 11 mai 2016 relative à la mise en place de garanties procédurales en faveur des enfants qui sont des suspects ou des personnes poursuivies dans le cadre des procédures pénales, JOUE 21 mars 2016, L. 132/1 (T. Cassuto, Dernières directives relatives aux droits procéduraux, AJ pénal 2016. 314).

S'agissant des dispositions d'urgence mises en place pour faire face à l'épidémie de covid-19, V. App., v° État d'urgence sanitaire.

CHAPITRE PREMIER *Dispositions générales*

Art. 1er Les mineurs auxquels est imputée une infraction qualifiée crime ou délit ne seront pas déférés aux juridictions pénales de droit commun et ne seront justiciables que des tribunaux pour enfants *(Abrogé par L. n° 2016-1547 du 18 nov. 2016, art. 29, à compter du 1er janv. 2017)* « *, des tribunaux correctionnels pour mineurs* » *(L. n° 51-687 du 24 mai 1951)* « ou des cours d'assises des mineurs ».

(Ord. n° 58-1300 du 23 déc. 1958) « Ceux auxquels est imputée une contravention de police de 5e classe sont déférés aux juridictions pour enfants dans les conditions prévues à l'article 20-1. » — *Pour les autres contraventions de police, V. art. 21.*

Art. 2 *(L. n° 51-687 du 24 mai 1951)* Le tribunal pour enfants *(Abrogé par L. n° 2016-1547 du 18 nov. 2016, art. 29, à compter du 1er janv. 2017) (L. n° 2011-939 du 10 août 2011, art. 25-1°* « *, le tribunal correctionnel pour mineurs* » et la cour d'assises des mineurs prononceront, suivant les cas, les mesures de protection, d'assistance, de surveillance et d'éducation qui sembleront appropriées.

(L. n° 2002-1138 du 9 sept. 2002, art. 12) « Ils pourront cependant, lorsque les circonstances et la personnalité des mineurs l'exigent, soit prononcer une sanction éducative à l'encontre des mineurs de dix à dix-huit ans, conformément aux dispositions de l'article 15-1, soit prononcer une peine à l'encontre des mineurs de treize à dix-huit ans en

tenant compte de l'atténuation de leur responsabilité pénale, conformément aux dispositions des articles 20-2 à 20-9. » *(L. n° 2011-939 du 10 août 2011, art. 25-2°)* « Dans ce second cas, s'il est prononcé une peine d'amende, de travail d'intérêt général ou d'emprisonnement avec sursis, ils pourront également prononcer une sanction éducative. »

(L. n° 92-1336 du 16 déc. 1992) « Le tribunal pour enfants *(L. n° 2016-1547 du 18 nov. 2016, art. 29, en vigueur le 1er janv. 2017)* « ne peut » prononcer une peine d'emprisonnement, avec ou sans sursis, qu'après avoir spécialement motivé le choix de cette peine. »

(L. n° 2016-1547 du 18 nov. 2016, art. 30) « Lorsqu'il prononce une condamnation pénale, le tribunal pour enfants peut, en outre, si la personnalité du mineur le justifie, prononcer l'une des mesures éducatives mentionnées aux articles 12-1, 16, 16 *bis* et 16 *ter* et au chapitre IV en conformité avec les modalités d'application définies aux mêmes articles ; dans les mêmes conditions, la cour d'assises des mineurs peut prononcer une condamnation pénale et des mesures éducatives selon les modalités prévues au dernier alinéa de l'article 20.

« Dans tous les cas, lorsqu'une juridiction spécialisée pour mineurs prononce l'une des mesures mentionnées aux articles 15, 16 et 28, elle peut, en outre, placer le mineur, jusqu'à un âge qui ne peut excéder celui de la majorité, sous le régime de la liberté surveillée. »

Art. 3 *(L. n° 51-687 du 24 mai 1951)* Sont compétents le tribunal pour enfants *(Abrogé par L. n° 2016-1547 du 18 nov. 2016, art. 29, à compter du 1er janv. 2017) (L. n° 2011-939 du 10 août 2011, art. 25-1°)* « *, le tribunal correctionnel pour mineurs* » ou la cour d'assises des mineurs du lieu de l'infraction, de la résidence du mineur ou de ses parents ou tuteur, du lieu où le mineur aura été trouvé ou du lieu où il a été placé soit à titre provisoire, soit à titre définitif.

Art. 3-1 *(L. n° 2019-222 du 23 mars 2019, art. 94, en vigueur le 1er juin 2019)* Lorsqu'un mineur est entendu librement en application de l'article 61-1 du code de procédure pénale, l'officier ou l'agent de police judiciaire doit en informer par tout moyen les parents, le tuteur, la personne ou le service auquel le mineur est confié.

Il en est de même lorsqu'il est procédé aux opérations prévues à l'article 61-3 du même code.

Lorsque l'enquête concerne un crime ou un délit puni d'une peine d'emprisonnement et que le mineur n'a pas sollicité l'assistance d'un avocat en application des mêmes articles 61-1 et 61-3, cette demande peut également être faite par ses représentants légaux, qui sont alors avisés de ce droit lorsqu'ils sont informés en application des deux premiers alinéas du présent article. Lorsque le mineur ou ses représentants légaux n'ont pas sollicité la désignation d'un avocat, le procureur de la République, le juge des enfants, le juge d'instruction ou l'officier ou l'agent de police judiciaire doit informer par tout moyen et sans délai le bâtonnier afin qu'il en commette un d'office, sauf si le magistrat compétent estime que l'assistance d'un avocat n'apparaît pas proportionnée au regard des circonstances de l'espèce, de la gravité de l'infraction, de la complexité de l'affaire et des mesures susceptibles d'être adoptées en rapport avec celle-ci, étant entendu que l'intérêt supérieur de l'enfant demeure toujours une considération primordiale.

Art. 4 *(L. n° 94-89 du 1er févr. 1994)* « I. — Le mineur de treize ans ne peut être placé en garde à vue. Toutefois, à titre exceptionnel, le mineur de dix à treize ans contre lequel il existe *(L. n° 2002-1138 du 9 sept. 2002, art. 16)* « des indices graves ou concordants » laissant présumer qu'il a commis ou tenté de commettre un crime ou *(L. n° 2002-1138 du 9 sept. 2002, art. 16)* « un délit puni d'au moins cinq ans d'emprisonnement » peut, *(L. n° 2011-392 du 14 avr. 2011)* « pour l'un des motifs prévus par l'article 62-2 du code de procédure pénale [*ancienne rédaction : pour les nécessités de l'enquête*] », être retenu à la disposition d'un officier de police judiciaire avec l'accord préalable et sous le contrôle d'un magistrat du ministère public ou d'un juge d'instruction spécialisés dans la protection de l'enfance ou d'un juge des enfants, pour une durée que ce magistrat détermine et *(L. n° 2002-1138 du 9 sept. 2002, art. 16)* « qui ne saurait excéder douze heures ». Cette retenue peut toutefois être prolongée à titre exceptionnel par décision motivée de ce magistrat *(L. n° 2002-1138 du 9 sept. 2002, art. 16)* « pour une durée qui ne saurait non plus excéder douze heures », après présentation devant lui du mineur, sauf si les circonstances rendent cette présentation impossible. Elle doit être strictement limitée au temps nécessaire à la déposition du mineur et à sa présentation devant le magistrat compétent ou à sa remise à l'une des personnes visées au II du présent article.

« Les dispositions des II, III *(L. n° 2019-222 du 23 mars 2019, art. 94, en vigueur le 1er juin 2019)* « , IV et VI » du présent article *(L. n° 2014-535 du 27 mai 2014, art. 5, en vigueur le 2 juin 2014)* « et de l'article 803-6 du code de procédure pénale » sont applicables. *(Abrogé par L. n° 2016-1547 du 18 nov. 2016, art. 31, à compter du 1er janv. 2017)* « *Lorsque le mineur ou ses représentants légaux n'ont pas désigné d'avocat, le procureur de la République, le juge chargé de l'instruction ou l'officier de police judiciaire doit, dès le début de la retenue, informer par tout moyen et sans délai le bâtonnier afin qu'il commette un avocat d'office ».* »

(L. n° 93-1013 du 24 août 1993) « II. – Lorsqu'un mineur est placé en garde à vue, l'officier de police judiciaire *(L. n° 2011-392 du 14 avr. 2011)* « doit, dès que le procureur de la République ou le juge chargé de l'information a été avisé de cette mesure, en informer » les parents, le tuteur, la personne ou le service auquel est confié le mineur. *– V. C. pr. pén., art. D. 15-6-1.*

« Il ne peut être dérogé aux dispositions de l'alinéa précédent que *(L. n° 2016-731 du 3 juin 2016, art. 63, en vigueur le 15 nov. 2016)* « pour permettre le recueil ou la conservation des preuves ou pour prévenir une atteinte grave à la vie, à la liberté ou à l'intégrité physique d'une personne, sur décision du procureur de la République ou du juge chargé de l'information prise au regard des circonstances de l'espèce, » et pour la durée que le magistrat détermine et qui ne peut excéder vingt-quatre heures ou, lorsque la garde à vue ne peut faire l'objet d'une prolongation, douze heures.

« III. – Dès le début de la garde à vue d'un mineur de seize ans, le procureur de la République ou le juge chargé de l'information doit désigner un médecin qui examine le mineur dans les conditions prévues par *(L. n° 2011-392 du 14 avr. 2011)* « l'article **63-3** » du code de procédure pénale.

(L. n° 2011-392 du 14 avr. 2011) « Lorsqu'un mineur de plus de seize ans est placé en garde à vue, ses représentants légaux sont avisés de leur droit de demander un examen médical lorsqu'ils sont informés de la garde à vue en application du II du présent article. » *(L. n° 2019-222 du 23 mars 2019, art. 94, en vigueur le 1er juin 2019)* « L'avocat du mineur peut également demander que celui-ci fasse l'objet d'un examen médical. »

« IV. – *(L. n° 2011-392 du 14 avr. 2011)* « Dès le début de la garde à vue, le mineur *(L. n° 2016-1547 du 18 nov. 2016, art. 31, en vigueur le 1er janv. 2017)* « doit » être assisté par un avocat, *(L. n° 2016-1547 du 18 nov. 2016, art. 31, en vigueur le 1er janv. 2017)* « dans les conditions prévues » aux articles **63-3-1** à **63-4-3** du code de procédure pénale. » Il doit être immédiatement informé de ce droit. Lorsque le mineur n'a pas sollicité l'assistance d'un avocat, cette demande peut également être faite par ses représentants légaux, qui sont alors avisés de ce droit lorsqu'ils sont informés de la garde à vue en application du II du présent article *[Dispositions déclarées non conformes à la Constitution par décision du Conseil constitutionnel n° 93-326 DC du 11 août 1993]*. *(L. n° 2016-1547 du 18 nov. 2016, art. 31, en vigueur le 1er janv. 2017)* « Lorsque le mineur ou ses représentants légaux n'ont pas désigné d'avocat, le procureur de la République, le juge chargé de l'instruction ou l'officier de police judiciaire doit, dès le début de la garde à vue, informer par tout moyen et sans délai le bâtonnier afin qu'il en commette un d'office. »

« V. – *(L. n° 94-89 du 1er févr. 1994)* « En cas de délit puni d'une peine inférieure à cinq ans d'emprisonnement, la garde à vue » d'un mineur âgé de treize à seize ans ne peut être prolongée.

« Aucune mesure de garde à vue ne peut être prolongée sans présentation préalable du mineur *(Abrogé par L. n° 94-89 du 1er févr. 1994)* « *de plus de treize ans* » au procureur de la République ou au juge » *(L. n° 2004-204 du 9 mars 2004, art. 14-VI)* « d'instruction du lieu d'exécution de la mesure ». *(Abrogé par L. n° 2004-204 du 9 mars 2004, art. 14-VI)* « ***En cas d'urgence, il peut être fait application des dispositions du deuxième alinéa de l'article 7.*** »

(L. n° 2000-516 du 15 juin 2000, art. 14, en vigueur le 16 juin 2001 ; L. n° 2007-291 du 5 mars 2007, art. 29, en vigueur le 1er juill. 2007) « VI. – Les interrogatoires des mineurs placés en garde à vue visés à l'article **64** du code de procédure pénale font l'objet d'un enregistrement audiovisuel.

« L'enregistrement ne peut être consulté, au cours de l'instruction ou devant la juridiction de jugement, qu'en cas de contestation du contenu du procès-verbal d'interrogatoire, sur décision du juge d'instruction, du juge des enfants ou de la juridiction de jugement, à la demande du ministère public ou d'une des parties. Les huit derniers alinéas de l'article **114** ne sont pas applicables. Lorsqu'une partie demande la consultation de l'enregistrement, cette demande est formée et le juge d'instruction statue conformément aux deux premiers alinéas de l'article **82-1** du code de procédure pénale.

« Le fait, pour toute personne, de diffuser un enregistrement original ou une copie réalisée en application du présent article est puni d'un an d'emprisonnement et de 15 000 € d'amende.

« Lorsque l'enregistrement ne peut être effectué en raison d'une impossibilité technique, il en est fait mention dans le procès-verbal d'interrogatoire qui précise la nature de cette impossibilité. Le procureur de la République ou le juge d'instruction en est immédiatement avisé. *(L. n° 2019-222 du 23 mars 2019, art. 94, en vigueur le 1er juin 2019)* « En l'absence d'enregistrement, que cette absence ait fait ou non l'objet d'une mention dans le procès-verbal et d'un avis au magistrat compétent, aucune condamnation ne peut être prononcée sur le seul fondement des déclarations du mineur si celles-ci sont contestées. »

« A l'expiration d'un délai de cinq ans à compter de la date de l'extinction de l'action publique, l'enregistrement original et sa copie sont détruits dans le délai d'un mois.

« Un décret précise en tant que de besoin les modalités d'application du présent VI. »

(L. nº 2004-204 du 9 mars 2004, art. 14-VI) « VII. — *(L. nº 2011-392 du 14 avr. 2011)* « L'article 706-88 du code de procédure pénale, à l'exception de ses *(L. nº 2014-535 du 27 mai 2014, art. 4, en vigueur le 2 juin 2014)* « sixième à *(L. nº 2014-790 du 10 juill. 2014, art. 13)* « huitième » alinéas, est applicable » au mineur de plus de seize ans lorsqu'il existe une ou plusieurs raisons plausibles de soupçonner qu'une ou plusieurs personnes majeures ont participé, comme auteurs ou complices, à la commission de l'infraction. »

Art. 4-1 *(L. nº 93-2 du 4 janv. 1993)* Le mineur poursuivi doit être assisté d'un avocat.

A défaut de choix d'un avocat par le mineur ou ses représentants légaux, le procureur de la République, le juge des enfants ou le juge d'instruction fait désigner par le bâtonnier un avocat d'office. — *Entrée en vigueur le 1er mars 1993.*

Art. 5 Aucune poursuite ne pourra être exercée en matière de crime contre les mineurs sans information préalable.

(L. nº 67-555 du 12 juill. 1967) « En cas de délit *(L. nº 2016-1547 du 18 nov. 2016, art. 31)* « ou de contravention de la cinquième classe », le procureur de la République en saisira, soit le juge d'instruction, soit par voie de requête le juge des enfants et, à Paris, le président du tribunal pour enfants. » *(L. nº 2016-1547 du 18 nov. 2016, art. 31)* « En cas de délit, » *(L. nº 2002-1138 du 9 sept. 2002, art. 19)* « il pourra également saisir le tribunal pour enfants conformément à la procédure de *(L. nº 2007-297 du 5 mars 2007, art. 55)* « présentation immédiate devant la juridiction pour mineurs » prévue par l'article 14-2 » *(L. nº 2011-939 du 10 août 2011, art. 27-1º)* « ou par la procédure de convocation en justice prévue à l'article 8-3 ».

(L. nº 96-585 du 1er juill. 1996) « Le procureur de la République pourra également donner instruction à un officier ou un agent de police judiciaire de notifier au mineur contre lequel il existe des charges suffisantes d'avoir commis un délit *(L. nº 2016-1547 du 18 nov. 2016, art. 31)* « ou une contravention de la cinquième classe » une convocation à comparaître devant le juge des enfants » *(L. nº 2016-1547 du 18 nov. 2016, art. 31)* « qui en sera immédiatement avisé aux fins d'application de l'article 8-1. Cette convocation » *(L. nº 2011-939 du 10 août 2011, art. 27-2º)* « vaut citation à personne et entraîne l'application des délais prévus à l'article 552 du code de procédure pénale ».

(L. nº 95-125 du 8 févr. 1995) « La convocation énoncera les faits reprochés, visera le texte de loi qui les réprime et indiquera le nom du juge saisi ainsi que la date et le lieu de *(L. nº 96-585 du 1er juill. 1996)* « l'audience ». Elle mentionnera, en outre, les dispositions de l'article 4-1.

« La convocation sera également notifiée dans les meilleurs délais aux parents, au tuteur, à la personne ou au service auquel le mineur est confié.

« Elle sera constatée par procès-verbal signé par le mineur et la personne visée à l'alinéa précédent, qui en recevront copie. »

En aucun cas, il ne pourra être suivi contre le mineur *(L. nº 93-2 du 4 janv. 1993)* « par les procédures prévues aux articles 393 à 396 du code de procédure pénale » ou par voie de citation directe.

(L. nº 2016-1547 du 18 nov. 2016, art. 31) « La victime est avisée par tout moyen de la date de comparution du mineur devant le juge des enfants.

« La convocation mentionnée aux troisième à sixième alinéas peut également être délivrée en vue de la mise en examen du mineur. »

Art. 5-1 *(L. nº 2011-939 du 10 août 2011, art. 28)* Avant toute décision prononçant des mesures de surveillance et d'éducation ou, le cas échéant, une sanction éducative ou une peine à l'encontre d'un mineur pénalement responsable d'un crime ou d'un délit, doivent être réalisées les investigations nécessaires pour avoir une connaissance suffisante de sa personnalité et de sa situation sociale et familiale et assurer la cohérence des décisions pénales dont il fait l'objet.

Art. 5-2 *(L. nº 2011-939 du 10 août 2011, art. 28)* L'ensemble des éléments relatifs à la personnalité d'un mineur recueillis au cours des enquêtes dont il fait l'objet, y compris dans le ressort de juridictions différentes, est versé au dossier unique de personnalité placé sous le contrôle du procureur de la République et du juge des enfants qui connaissent habituellement de la situation de ce mineur.

Ce dossier comprend également, le cas échéant, les investigations relatives à sa personnalité et à son environnement social et familial accomplies lors des procédures d'assistance éducative dont il a pu faire l'objet.

Il est ouvert dès qu'une mesure d'investigation sur la personnalité est ordonnée ou si le mineur fait l'objet d'une liberté surveillée préjudicielle, d'un placement sous contrôle judiciaire, d'une assignation à résidence avec surveillance électronique ou d'un placement en détention provisoire.

Il est actualisé par les investigations menées dans la procédure pénale en cours et par les éléments de procédures d'assistance éducative et pénales postérieures.

Il est versé au dossier de chacune de ces procédures.

Il est accessible aux avocats du mineur, de ses père et mère, tuteur ou représentant légal, et de la partie civile, aux professionnels de la protection judiciaire de la jeunesse et aux magistrats saisis de la procédure. Toutefois, les avocats de la partie civile ne peuvent avoir accès aux informations issues d'investigations accomplies lors des procédures d'assistance éducative dont le mineur a fait l'objet.

Le juge des enfants peut également autoriser sa consultation par les personnels du service ou de l'établissement du secteur associatif habilité saisi d'une mesure judiciaire concernant le mineur. Tout personnel du secteur associatif habilité ayant pris connaissance du dossier unique de personnalité est tenu au secret professionnel sous les peines et dans les conditions prévues aux articles 226-13 et 226-14 du code pénal.

Les informations contenues dans le dossier unique de personnalité sont confidentielles. Il ne peut être délivré de copie de tout ou partie des pièces qu'il comprend qu'aux seuls avocats, pour leur usage exclusif. Les avocats peuvent transmettre une reproduction des copies ainsi obtenues exclusivement au mineur poursuivi s'il est capable de discernement, à ses père et mère, tuteur ou représentant légal, qui doit attester au préalable, par écrit, avoir pris connaissance des dispositions du neuvième alinéa du présent article. L'avocat doit, avant cette transmission, aviser le magistrat saisi de la procédure qui peut, par décision motivée, s'opposer à la remise de tout ou partie de ces reproductions lorsque cette remise ferait courir un danger physique ou moral grave au mineur, à une partie ou à un tiers.

Le fait, pour une partie à la procédure, de faire état auprès d'un tiers des informations contenues dans le dossier unique de personnalité est puni de 3 750 € d'amende.

Ce dossier ne peut être utilisé que dans les procédures suivies devant les juridictions pour mineurs.

Un décret en Conseil d'État pris après avis de la Commission nationale de l'informatique et des libertés fixe les conditions dans lesquelles il est conservé après la majorité du mineur.

Art. 6 *(L. n° 51-687 du 24 mai 1951)* L'action civile pourra être portée devant le juge des enfants, devant le juge d'instruction, devant le tribunal pour enfants *(Abrogé par L. n° 2016-1547 du 18 nov. 2016, art. 29, à compter du 1er janv. 2017) (L. n° 2011-939 du 10 août 2011, art. 26)* « ***, le tribunal correctionnel pour mineurs*** » et devant la cour d'assises des mineurs.

(L. n° 2011-939 du 10 août 2011, art. 29) « La victime est avisée, par tout moyen, de la date de l'audience de jugement devant le juge des enfants *(L. n° 2016-1547 du 18 nov. 2016, art. 29, en vigueur le 1er janv. 2017)* « ou le tribunal pour enfants », afin de pouvoir se constituer partie civile selon les modalités prévues par le code de procédure pénale. »

Lorsqu'un ou plusieurs mineurs sont impliqués dans la même cause qu'un ou plusieurs majeurs, l'action civile contre tous les responsables peut être portée devant le tribunal correctionnel ou devant la cour d'assises compétente à l'égard des majeurs. En ce cas, les mineurs ne comparaissent pas à l'audience, mais seulement leurs représentants légaux. A défaut de choix d'un défenseur par le mineur ou par son représentant légal, il en sera désigné un d'office.

(Ord. n° 58-1300 du 23 déc. 1958) « Dans le cas prévu à l'alinéa qui précède, s'il n'a pas encore été statué sur la culpabilité des mineurs, le tribunal correctionnel ou la cour d'assises peut surseoir à statuer sur l'action civile. »

Art. 6-1 *(L. n° 2011-939 du 10 août 2011, art. 30)* Les parents et les représentants légaux du mineur poursuivi sont informés, par tout moyen, des décisions de l'autorité judiciaire prises en application de la présente ordonnance et condamnant le mineur ou le soumettant à des obligations ou à des interdictions.

Art. 6-2 *(L. n° 2019-222 du 23 mars 2019, art. 94, en vigueur le 1er juin 2019)* I. — Le mineur suspecté ou poursuivi en application des dispositions de la présente ordonnance a le droit :

1° Que les titulaires de l'autorité parentale reçoivent les mêmes informations que celles qui doivent être communiquées au mineur au cours de la procédure ;

2° D'être accompagné par les titulaires de l'autorité parentale :

a) A chaque audience au cours de la procédure ;

b) Lors de ses auditions ou interrogatoires si l'autorité qui procède à cet acte estime qu'il est dans l'intérêt supérieur de l'enfant d'être accompagné et que la présence de ces personnes ne porte pas préjudice à la procédure ; au cours de l'enquête, l'audition ou l'interrogatoire peut débuter en l'absence de ces personnes à l'issue d'un délai de deux heures à compter du moment où celles-ci ont été avisées.

II. — L'information n'est toutefois pas délivrée aux titulaires de l'autorité parentale et le mineur n'est pas accompagné par ceux-ci lorsque cette délivrance ou cet accompagnement :

1° Serait contraire à l'intérêt supérieur du mineur ;

2° N'est pas possible, parce que, après que des efforts raisonnables ont été déployés, aucun des titulaires de l'autorité parentale ne peut être joint ou que leur identité est inconnue ;

3° Pourrait, sur la base d'éléments objectifs et factuels, compromettre de manière significative la procédure pénale.

III. — Dans les cas prévus au II, le mineur peut désigner un adulte approprié, qui doit être accepté en tant que tel par l'autorité compétente, pour recevoir ces informations et pour l'accompagner au cours de la procédure. Lorsque le mineur n'a désigné aucun adulte ou que l'adulte désigné n'est pas acceptable pour l'autorité compétente, le procureur de la République, le juge des enfants ou le juge d'instruction désigne, en tenant compte de l'intérêt supérieur de l'enfant, une autre personne pour recevoir ces informations et accompagner le mineur.

Cette personne peut également être un représentant d'une autorité ou d'une institution compétente en matière de protection de l'enfance, notamment un représentant *ad hoc* figurant sur la liste dressée en application de l'article 706-51 du code de procédure pénale.

L'adulte désigné en application du présent III peut demander un examen médical du mineur gardé à vue. Si cet adulte n'a pas pu être joint dès le début de la garde à vue, l'examen médical du mineur est obligatoire.

IV. — Si les conditions mentionnées au II du présent article ne sont plus réunies, pour la suite de la procédure, les informations sont données aux titulaires de l'autorité parentale et ceux-ci accompagnent le mineur.

V. — Les modalités d'application du présent article sont fixées par décret. Celui-ci fixe notamment les modalités de désignation des personnes mentionnées au deuxième alinéa du III du présent article. Il précise également, sans préjudice de la notification des droits effectuée en application de la présente ordonnance et des articles 61-1, 63-1, 116 ou 803-6 du code de procédure pénale, les autres droits dont doivent être informés au cours de la procédure le mineur suspecté, poursuivi ou placé en détention, les titulaires de l'autorité parentale ou l'adulte désigné en application du III du présent article. — *V. C. pr. pén., art. D. 594-16 s.*

CHAPITRE II *Procédure*

Art. 7 *(L. nº 51-687 du 24 mai 1951)* Le procureur de la République près le tribunal dans le ressort duquel le tribunal pour enfants a son siège est chargé de la poursuite des crimes et délits commis par des mineurs.

(Ord. nº 58-1300 du 23 déc. 1958) « Toutefois, le procureur de la République, compétent en vertu *(L. nº 2004-204 du 9 mars 2004, art. 111-V)* « de l'article 43 *[ancienne rédaction : des articles 43 et 696]* » du code de procédure pénale, et le juge d'instruction par lui requis ou agissant d'office conformément aux dispositions de l'article 72 du même code, procéderont à tous actes urgents de poursuite et d'information, à charge par eux d'en donner immédiatement avis au procureur de la République près le tribunal dans le ressort duquel le tribunal pour enfants a son siège et de se dessaisir de la poursuite dans le plus bref délai. »

Lorsque le mineur est impliqué dans la même cause qu'un ou plusieurs majeurs, il sera procédé conformément aux dispositions de l'alinéa qui précède aux actes urgents de poursuite et d'information. Si le procureur de la République poursuit des majeurs *(L. nº 93-2 du 4 janv. 1993)* « selon les procédures prévues aux articles 393 à 396 du code de procédure pénale » ou par voie de citation directe, il constituera un dossier spécial concernant le mineur et le transmettra au procureur de la République près le tribunal dans le ressort duquel le tribunal pour enfants a son siège. Si une information a été ouverte, le juge d'instruction se dessaisira dans le plus bref délai à l'égard tant du mineur que des *(L. nº 93-2 du 4 janv. 1993)* « majeurs » au profit du juge d'instruction du siège du tribunal pour enfants.

Dernier al. abrogé par L. nº 93-1013 du 24 août 1993.

Art. 7-1 *(L. nº 2007-297 du 5 mars 2007, art. 55)* Lorsque le procureur de la République fait application de l'article 41-1 du code de procédure pénale à l'égard d'un mineur, les représentants légaux de celui-ci doivent être convoqués. *(L. nº 2011-939 du 10 août 2011, art. 31)* « Les représentants légaux du mineur qui ne répondraient pas à cette convocation sont passibles des sanctions prévues au deuxième alinéa de l'article 10-1. »

Les mesures prévues aux 2° à 5° de l'article 41-1 du code de procédure pénale requièrent l'accord des représentants légaux du mineur. La mesure prévue au 2° peut également consister en l'accomplissement d'un stage de formation civique ou en une consultation auprès d'un psychiatre ou d'un psychologue. Le procureur de la République fixe, le cas échéant, le montant des frais de stage pouvant être mis à la charge des représentants légaux du mineur.

Art. 7-2 *(L. nº 2007-297 du 5 mars 2007, art. 55)* La procédure de composition pénale prévue par les articles 41-2 et 41-3 du code de procédure pénale peut être appliquée aux mineurs âgés d'au moins treize ans lorsqu'elle apparaît adaptée à la personnalité de l'intéressé, dans les conditions prévues par le présent article.

La proposition du procureur de la République doit être également faite aux représentants légaux du mineur et obtenir l'accord de ces derniers.

L'accord du mineur et de ses représentants légaux doit être recueilli en présence d'un avocat désigné conformément au second alinéa de l'article 4-1.

Avant de valider la composition pénale, le juge des enfants peut, soit d'office, soit à leur demande, procéder à l'audition du mineur ou de ses représentants légaux. Dans ce cas, l'audition est de droit. La décision du juge des enfants est notifiée à l'auteur des faits et à ses représentants légaux et, le cas échéant, à la victime.

Les mesures suivantes peuvent également être proposées au mineur, par le procureur de la République, au titre de la composition pénale :

1° Accomplissement d'un stage de formation civique ;

2° Suivi de façon régulière d'une scolarité ou d'une formation professionnelle ;

3° Respect d'une décision, antérieurement prononcée par le juge, de placement dans une institution ou un établissement public ou privé d'éducation ou de formation professionnelle habilité ;

4° Consultation d'un psychiatre ou d'un psychologue ;

5° Exécution d'une mesure d'activité de jour ;

(L. nº 2011-1940 du 26 déc. 2011, art. 1er, en vigueur le 1er janv. 2012) « 6° Accomplissement, lorsque le mineur est âgé de plus de seize ans, d'un contrat de service en établissement public d'insertion de la défense mentionné aux articles L. 130-1 à L. 130-5 du code du service national. »

La durée d'exécution des mesures proposées aux mineurs ne peut excéder un an.

Art. 8 *(L. nº 51-687 du 24 mai 1951)* Le juge des enfants effectuera toutes diligences et investigations utiles pour parvenir à la manifestation de la vérité et à la connaissance de la personnalité du mineur ainsi que des moyens appropriés à sa rééducation.

(Ord. nº 58-1300 du 23 déc. 1958) « A cet effet, il procédera à une enquête, soit par voie officieuse, soit dans les formes prévues par le chapitre Ier du titre III du livre Ier du code de procédure pénale. » *(L. nº 93-2 du 4 janv. 1993)* « Dans ce dernier cas, et si l'urgence l'exige, le juge des enfants pourra entendre le mineur sur sa situation familiale ou personnelle sans être tenu d'observer les dispositions du deuxième alinéa de l'article 114 du code de procédure pénale. »

(L. nº 70-643 du 17 juill. 1970, art. 19) « Il pourra décerner tous mandats utiles ou prescrire le contrôle judiciaire en se conformant aux règles du droit commun, sous réserve des dispositions » *(L. nº 2002-1138 du 9 sept. 2002, art. 17)* « des articles 10-2 *(L. nº 2019-222 du 23 mars 2019, art. 94, en vigueur le 1er juin 2019)* « , 11 et 11-3 ».

Il recueillera, *(L. nº 2012-409 du 27 mars 2012, art. 4-III)* « par toute mesure d'investigation, des renseignements relatifs à la personnalité et à l'environnement social et familial du mineur. » *— Sur l'enquête sociale, V. Arr. du 25 août 1992 (JO 3 sept.). — Sur la mesure judiciaire d'investigation éducative, V. Arr. du 2 févr. 2011 (JO 25 févr.).*

Le juge des enfants ordonnera un examen médical et, s'il y a lieu, un examen médico-psychologique. Il décidera, le cas échéant, le placement du mineur dans un centre d'accueil ou dans un centre d'observation *(L. nº 2007-297 du 5 mars 2007, art. 56)* « ou prescrira une mesure d'activité de jour dans les conditions définies à l'article 16 *ter* ».

Toutefois, il pourra, dans l'intérêt du mineur, n'ordonner aucune de ces mesures ou ne prescrire que l'une d'entre elles. Dans ce cas, il rendra une ordonnance motivée.

Ces diligences faites, le juge des enfants pourra soit d'office, soit à la requête du ministère public, communiquer le dossier à ce dernier.

(L. nº 95-125 du 8 févr. 1995) « Il pourra, avant de se prononcer au fond, ordonner à l'égard du mineur mis en examen une mesure de liberté surveillée à titre provisoire en vue de statuer après une ou plusieurs périodes d'épreuve dont il fixera la durée.

« Il pourra ensuite, par ordonnance, soit déclarer n'y avoir lieu à suivre et procéder comme il est dit à l'article 177 du code de procédure pénale, soit renvoyer le mineur devant le tribunal pour enfants *(Abrogé par L. n° 2016-1547 du 18 nov. 2016, art. 29, à compter du 1er janv. 2017) (L. n° 2011-939 du 10 août 2011, art. 26)* ***« , le tribunal correctionnel pour mineurs »*** ou, s'il y a lieu, devant le juge d'instruction.

« Il pourra également, par jugement rendu en chambre du conseil :

« 1° Soit relaxer le mineur s'il estime que l'infraction n'est pas établie ;

« 2° Soit, après avoir déclaré le mineur coupable, le dispenser de toute autre mesure s'il apparaît que son reclassement est acquis, que le dommage causé est réparé et que le trouble résultant de l'infraction a cessé, et en prescrivant, le cas échéant, que cette décision ne sera pas mentionnée au casier judiciaire ;

« 3° Soit l'admonester ;

« 4° Soit le remettre à ses parents, à son tuteur, à la personne, qui en avait la garde ou à une personne digne de confiance ;

« 5° Soit prononcer, à titre principal, sa mise sous protection judiciaire pour une durée n'excédant pas cinq années dans les conditions définies à l'article 16 *bis* ;

« 6° Soit le placer dans l'un des établissements visés aux articles 15 et 16, et selon la distinction établie par ces articles ;

(L. n° 2007-297 du 5 mars 2007, art. 56) « 7° Soit prescrire une mesure d'activité de jour dans les conditions définies à l'article 16 *ter*.

« Les mesures prévues aux 3° et 4° ne peuvent être seules ordonnées si elles ont déjà été prononcées à l'égard du mineur pour une infraction identique ou assimilée au regard des règles de la récidive commise moins d'un an avant la commission de la nouvelle infraction. »

« Dans tous les cas, il pourra, le cas échéant, prescrire que le mineur sera placé jusqu'à un âge qui n'excèdera pas celui de sa majorité sous le régime de la liberté surveillée. »

(L. n° 2002-1138 du 9 sept. 2002, art. 31) « Lorsque la peine encourue est supérieure ou égale à sept ans et que le mineur est âgé de seize ans révolus, il ne pourra rendre de jugement en chambre du conseil. »

(Abrogé par L. n° 2016-1547 du 18 nov. 2016, art. 29, à compter du 1er janv. 2017) (L. n° 2011-939 du 10 août 2011, art. 32) ***« Lorsque le délit est puni d'une peine égale ou supérieure à trois ans d'emprisonnement et qu'il a été commis en état de récidive légale par un mineur âgé de plus de seize ans, il ne pourra rendre de jugement en chambre du conseil et sera tenu de renvoyer le mineur devant le tribunal correctionnel pour mineurs. »***

Art. 8-1 *(L. n° 2016-1547 du 18 nov. 2016, art. 31)* I. — Lorsqu'il est saisi dans les conditions définies aux troisième à sixième alinéas de l'article 5, le juge des enfants constate l'identité du mineur et s'assure qu'il est assisté d'un avocat.

II. — Si les faits ne nécessitent aucune investigation supplémentaire, le juge des enfants statue sur la prévention par jugement en chambre du conseil et, s'il y a lieu, sur l'action civile.

Lorsqu'il estime que l'infraction est établie, le juge des enfants peut :

1° S'il constate que des investigations suffisantes sur la personnalité du mineur ont déjà été effectuées, prononcer immédiatement l'une des mesures prévues aux 2° à 6° de l'article 8 ou, encore, ordonner une mesure ou une activité d'aide ou de réparation dans les conditions prévues à l'article 12-1, sans préjudice de la possibilité de faire application des articles 24-5 et 24-6 ;

2° S'il constate que les investigations sur la personnalité du mineur ne sont pas suffisantes, renvoyer l'affaire à une prochaine audience de la chambre du conseil et faire application du 2° de l'article 24-5 et de l'article 24-6.

III. — Si les faits nécessitent des investigations supplémentaires, le juge des enfants peut faire application des articles 8 et 10 dans le cadre d'un supplément d'information.

Art. 8-2 *(L. n° 2002-1138 du 9 sept. 2002, art. 19)* En matière correctionnelle, le procureur de la République pourra, à tout moment de la procédure, s'il estime que des investigations suffisantes sur la personnalité du mineur ont été effectuées, le cas échéant à l'occasion d'une précédente procédure, et que des investigations sur les faits ne sont pas ou ne sont plus nécessaires, requérir du juge des enfants qu'il ordonne la comparution de mineurs soit devant le tribunal pour enfants, *(Abrogé par L. n° 2016-1547 du 18 nov. 2016, art. 29, à compter du 1er janv. 2017) (L. n° 2011-939 du 10 août 2011, art. 33-II)* ***« soit devant le tribunal correctionnel pour mineurs, »*** soit devant la chambre du conseil, dans un délai compris entre un et trois mois. *(Abrogé par L. n° 2016-1547 du 18 nov. 2016, art. 29, à compter du 1er janv. 2017) (L. n° 2011-1940 du 26 déc. 2011, art. 5, en vigueur le 1er janv. 2012)* ***« Dans le cas prévu à l'article 24-1 de la présente ordonnance, ce délai peut être compris entre dix jours et un***

mois. » Les dispositions des deux derniers alinéas de l'article 82 et des deux premiers alinéas de l'article 185 du code de procédure pénale sont alors applicables, l'appel ou le recours du parquet étant porté devant le président de la chambre spéciale des mineurs de la cour d'appel ou son remplaçant, qui statuera dans les quinze jours de sa saisine. L'appel ou le recours du procureur de la République sera porté à la connaissance du mineur, de ses représentants légaux et de son avocat, qui pourront présenter par écrit toutes observations utiles. — *L'art. 8-2 dans sa rédaction postérieure à la L. n° 2011-1940 du 26 déc. 2011 visant à instaurer un service citoyen pour les mineurs délinquants a été déclaré conforme à la Constitution par le Conseil constitutionnel saisi sur QPC (Cons. const. 21 sept. 2012, n° 2012-272 QPC).*

Art. 8-3 *(L. n° 2011-939 du 10 août 2011, art. 33-III)* Le procureur de la République peut poursuivre devant le tribunal pour enfants dans les formes de l'article 390-1 du code de procédure pénale soit un mineur âgé d'au moins treize ans lorsqu'il lui est reproché d'avoir commis un délit puni d'au moins cinq ans d'emprisonnement, soit un mineur d'au moins seize ans lorsqu'il lui est reproché d'avoir commis un délit puni d'au moins trois ans d'emprisonnement.

La procédure prévue au premier alinéa ne peut être mise en œuvre que si le mineur fait l'objet ou a déjà fait l'objet d'une ou plusieurs procédures en application de la présente ordonnance.

La convocation en justice ne peut être délivrée que si des investigations sur les faits ne sont pas nécessaires et si des investigations sur la personnalité du mineur ont été accomplies au cours des douze mois précédents sur le fondement de l'article 8 ; toutefois, lorsque, en raison de l'absence du mineur au cours des mesures d'investigation précédentes, des éléments plus approfondis n'ont pu être recueillis sur sa personnalité à l'occasion d'une procédure antérieure en application du même article 8, peuvent être prises en compte des investigations réalisées en application de l'article 12.

La convocation précise que le mineur doit être assisté d'un avocat et que, à défaut de choix d'un avocat par le mineur ou ses représentants légaux, le procureur de la République ou le juge des enfants font désigner par le bâtonnier un avocat d'office.

La convocation est également notifiée dans les meilleurs délais aux parents, au tuteur, à la personne ou au service auquel le mineur est confié.

Elle est constatée par procès-verbal signé par le mineur et la personne à laquelle elle a été notifiée, qui en reçoivent copie.

L'audience doit se tenir dans un délai qui ne peut être inférieur à dix jours et supérieur à deux mois. — *Cet art. avait été abrogé par la L. n° 2002-1138 du 9 sept. 2002, art. 19.*

Art. 9 *(L. n° 51-687 du 24 mai 1951)* Le juge d'instruction procédera à l'égard du mineur *(Ord. n° 58-1300 du 23 déc. 1958)* « dans les formes du chapitre Ier du titre III du livre Ier du code de procédure pénale » et ordonnera les mesures prévues aux alinéas 4, 5 et 6 de l'article 8 de la présente ordonnance.

(Ord. n° 58-1300 du 23 déc. 1958) « Lorsque l'instruction sera achevée, le juge d'instruction, sur réquisitions du procureur de la République, rendra l'une des ordonnances de règlement suivantes :

« 1° Soit une ordonnance de non-lieu ;

« 2° Soit, s'il estime que le fait constitue une contravention, une ordonnance de renvoi devant le tribunal de police, ou, s'il s'agit d'une contravention de 5e classe, devant le juge des enfants ou devant le tribunal pour enfants ;

« 3° Soit, s'il estime que les faits constituent un délit, une ordonnance de renvoi devant le juge des enfants ou devant le tribunal pour enfants *(L. n° 2002-1138 du 9 sept. 2002, art. 31)* « ; toutefois, lorsque la peine encourue est supérieure ou égale à sept ans et que le mineur est âgé de seize ans révolus, le renvoi devant le tribunal pour enfants est obligatoire ». *(Abrogé par L. n° 2016-1547 du 18 nov. 2016, art. 29, à compter du 1er janv. 2017) (L. n° 2011-939 du 10 août 2011, art. 34-1°) « Lorsque le délit est puni d'une peine d'emprisonnement égale ou supérieure à trois ans, qu'il a été commis en état de récidive légale et que le mineur est âgé de plus de seize ans, le renvoi devant le tribunal correctionnel pour mineurs est obligatoire ; »*

« 4° En cas de crime, soit une ordonnance de renvoi devant le tribunal pour enfants s'il s'agit d'un mineur de seize ans, soit, dans le cas visé à l'article 20, *(L. n° 2000-516 du 15 juin 2000, art. 86, en vigueur le 1er janv. 2001)* « une ordonnance de mise en accusation devant la cour d'assises des mineurs ».

« Si le mineur a des coauteurs ou complices *(L. n° 74-631 du 5 juill. 1974)* « majeurs », ces derniers seront, en cas de poursuites correctionnelles, renvoyés devant la juridiction compétente suivant le droit commun ; la cause concernant le mineur sera disjointe pour être jugée conformément aux dispositions de la présente ordonnance. En cas de poursuites pour infraction qualifiée crime, il sera procédé à l'égard de *(L. n° 93-2 du 4 janv. 1993)* « toutes les personnes mises en examen » conformément aux dispositions de l'article 181 du code de procédure pénale ; *(L. n° 2000-516 du 15 juin 2000, art. 86, en vigueur le 1er janv. 2001)* « le juge d'instruction » pourra, soit renvoyer tous les accusés âgés de seize ans au moins devant la cour d'assises des mineurs, soit disjoindre les poursuites concernant les majeurs et renvoyer ceux-ci devant la cour d'assises de droit commun ; les mineurs âgés de moins de seize ans seront renvoyés devant le tribunal pour enfants *(L. n° 2011-939 du 10 août 2011, art. 34-2°)* « , sauf s'ils sont également accusés d'un crime commis après seize ans formant avec les faits commis avant seize ans un ensemble connexe ou indivisible et que le juge d'instruction décide, dans l'intérêt d'une bonne administration de la justice, de les renvoyer devant la cour d'assises des mineurs ».

(L. n° 2000-1354 du 30 déc. 2000, art. 30 et 37) « L'ordonnance sera rédigée » dans les formes du droit commun. »

(Abrogé par L. n° 2004-204 du 9 mars 2004, art. 100-VIII, à compter du 1er oct. 2004) ***« Au cas de renvoi devant la cour d'assises des mineurs,*** *(L. n° 2000-516 du 15 juin 2000, art. 86, en vigueur le 1er janv. 2001)* ***« le juge d'instruction » pourra décerner une ordonnance de prise de corps contre les accusés mineurs. »*** — Les ordonnances de prise de corps décernées avant le 1er oct. 2004 valent mandat de dépôt lorsque l'accusé est détenu en vertu de ce titre (L. n° 2004-204 du 9 mars 2004, art. 208).

Art. 10 *(L. n° 93-1013 du 24 août 1993)* « Le juge d'instruction ou le juge des enfants avise les parents du mineur, son tuteur, ou la personne ou le service auquel il est confié des poursuites dont le mineur fait l'objet. Cet avis est fait verbalement avec émargement au dossier ou par lettre recommandée. Il mentionne les faits reprochés au mineur et leur qualification juridique. Il précise également qu'à défaut de choix d'un défenseur par le mineur ou ses représentants légaux le juge d'instruction ou le juge des enfants fera désigner par le bâtonnier un avocat d'office. »

(L. n° 96-585 du 1er juill. 1996) « Quelles que soient les procédures de comparution, le mineur et les parents, le tuteur, la personne qui en a la garde ou son représentant, sont simultanément convoqués pour être entendus par le juge. Ils sont tenus informés de l'évolution de la procédure. »

(L. n° 93-2 du 4 janv. 1993) « Lors de la première comparution, lorsque le mineur ou ses représentants légaux n'ont pas fait le choix d'un avocat ni demandé qu'il en soit désigné un d'office, le juge des enfants ou le juge d'instruction saisi fait désigner sur-le-champ par le bâtonnier un avocat d'office.

« Le juge des enfants et le juge d'instruction pourront charger » *(L. n° 2012-409 du 27 mars 2012, art. 4-III)* « les services du secteur public de la protection judiciaire de la jeunesse et du secteur associatif habilité des mesures d'investigation relatives à la personnalité et à l'environnement social et familial du mineur *[ancienne rédaction : de l'enquête sociale les services sociaux ou les personnes titulaires d'un diplôme de service social, habilités à cet effet.]* ».

(L. n° 93-2 du 4 janv. 1993) « Ils pourront confier provisoirement le mineur mis en examen » : — *Les dispositions ci-dessus de la loi n° 93-2 du 4 janv. 1993 sont entrées en vigueur le 1er mars 1993.*

(L. n° 51-687 du 24 mai 1951) « 1° A ses parents, à son tuteur ou à la personne qui en avait la garde, ainsi qu'à une personne digne de confiance ;

« 2° A un centre d'accueil ;

« 3° A une section d'accueil d'une institution publique ou privée habilitée à cet effet ;

« 4° Au service de l'assistance à l'enfance ou à un établissement hospitalier ;

« 5° A un établissement ou à une institution d'éducation, de formation professionnelle ou de soins, de l'État ou d'une administration publique habilité.

« S'ils estiment que l'état physique ou psychique du mineur justifie une observation approfondie, ils pourront ordonner son placement provisoire dans un centre d'observation institué ou agréé par le ministre de la justice.

« La garde provisoire pourra, le cas échéant, être exercée sous le régime de la liberté surveillée. »

(L. n° 95-125 du 8 févr. 1995) « Le juge des enfants saisi de la procédure est compétent pour modifier ou révoquer la mesure de garde jusqu'à la comparution du mineur devant le tribunal pour enfants » *(Abrogé par L. n° 2016-1547 du 18 nov. 2016, art. 29, à compter du 1er janv. 2017) (L. n° 2011-939 du 10 août 2011, art. 35)* ***« ou devant le tribunal correctionnel pour mineurs ».***

Art. 10-1 *(L. n° 2011-939 du 10 août 2011, art. 36-1°)* « Lorsque les parents et représentants légaux du mineur poursuivi ne déferent pas à la convocation à comparaître devant un magistrat ou une juridiction pour mineurs, ce magistrat ou cette juridiction peut, d'office ou sur réquisition du ministère public, ordonner qu'ils soient immédiatement amenés par la force publique devant lui ou devant elle pour être entendus. »

(L. n° 2002-1138 du 9 sept. 2002, art. 29) (L. n° 2011-939 du 10 août 2011, art. 36-2°) « Dans tous les cas, les parents et représentants légaux qui ne défèrent pas » peuvent, sur réquisitions du ministère public, être condamnés par le magistrat ou la juridiction saisie à une amende dont le montant ne peut excéder 3 750 € *(L. n° 2011-939 du 10 août 2011, art. 36-2°)* « ou à un stage de responsabilité parentale ».

Cette amende peut être rapportée par le magistrat ou la juridiction qui l'a prononcée s'ils défèrent ultérieurement à cette convocation.

Les personnes condamnées *(Abrogé par L. n° 2011-939 du 10 août 2011, art. 36-3°) « à l'amende »* en application du premier alinéa peuvent former opposition de la condamnation devant le tribunal correctionnel dans les dix jours à compter de sa notification.

Art. 10-2 *(L. n° 2002-1138 du 9 sept. 2002, art. 17)* I. — Les mineurs âgés de treize à dix-huit ans peuvent être placés sous contrôle judiciaire dans les conditions prévues par le code de procédure pénale, sous réserve des dispositions du présent article.

II. — Le contrôle judiciaire est décidé par ordonnance motivée, prise, selon les cas, par le juge des enfants, le juge d'instruction ou le juge des libertés et de la détention. Ce magistrat doit notifier oralement au mineur les obligations qui lui sont imposées, en présence de son avocat et de ses représentants légaux ou ceux-ci dûment convoqués ; ce magistrat informe également le mineur qu'en cas de non-respect de ces obligations, il pourra être placé en détention provisoire ; ces formalités sont mentionnées par procès-verbal, qui est signé par le magistrat et le mineur. Lorsque cette décision accompagne une mise en liberté, l'avocat du mineur est convoqué par tout moyen et sans délai et les dispositions du deuxième alinéa de l'article 114 du code de procédure pénale ne sont pas applicables.

Le contrôle judiciaire dont fait l'objet un mineur peut également comprendre une ou plusieurs des obligations suivantes :

1° Se soumettre aux mesures de protection, d'assistance, de surveillance et d'éducation confiées à un service de la protection judiciaire de la jeunesse ou à un service habilité, mandaté à cette fin par le magistrat ;

2° Respecter les conditions d'un placement dans un centre éducatif de la protection judiciaire de la jeunesse ou relevant d'un service habilité auquel le mineur a été confié par le magistrat en application des dispositions de l'article 10 et notamment dans un centre éducatif fermé prévu à l'article 33 *(L. n° 2007-297 du 5 mars 2007, art. 57)* « ou respecter les conditions d'un placement dans un établissement permettant la mise en œuvre de programmes à caractère éducatif et civique. »

Toutefois, les obligations prévues au 2° ne peuvent être ordonnées que pour une durée de six mois et ne peuvent être renouvelées par ordonnance motivée qu'une seule fois pour une durée au plus égale à six mois.

(L. n° 2007-297 du 5 mars 2007, art. 57) « 3° Accomplir un stage de formation civique ;

« 4° Suivre de façon régulière une scolarité ou une formation professionnelle jusqu'à sa majorité. »

Le responsable du service ou centre désigné en application des 1° et 2° doit faire rapport au juge des enfants ou au juge d'instruction en cas de non-respect par le mineur des obligations qui lui ont été imposées ; copie de ce rapport est adressée au procureur de la République par ce magistrat.

III. — *(L. n° 2007-297 du 5 mars 2007, art. 57)* « En matière correctionnelle, les mineurs âgés de moins de seize ans ne peuvent être placés sous contrôle judiciaire que dans l'un des cas suivants :

« 1° Si la peine d'emprisonnement encourue est supérieure ou égale à cinq ans et si le mineur a déjà fait l'objet d'une ou plusieurs mesures éducatives prononcées en application des articles 8, 10, 15, 16 et 16 *bis* ou d'une condamnation à une sanction éducative ou à une peine ;

« 2° Si la peine d'emprisonnement encourue est supérieure ou égale à sept ans.

« Si le contrôle judiciaire comporte l'obligation de respecter les conditions d'un placement conformément au 2° du II, dans un centre éducatif fermé prévu à l'article 33, le non-respect de cette obligation pourra entraîner le placement du mineur en détention provisoire conformément *(L. n° 2019-222 du 23 mars 2019, art. 94)* « aux articles 11 et » 11-2 ;

« *(L. n° 2011-939 du 10 août 2011, art. 37)* « 3° Si la peine d'emprisonnement encourue est supérieure ou égale à cinq ans pour un délit de violences volontaires, d'agression sexuelle ou un délit commis avec la circonstance aggravante de violences. »

« Dans les autres cas, le mineur est informé qu'en cas de non-respect des obligations lui ayant été imposées, le contrôle judiciaire pourra être modifié pour prévoir son placement dans un centre éducatif fermé, placement dont le non-respect pourra entraîner sa mise en détention provisoire. »

Le juge des enfants, le juge d'instruction ou le juge des libertés et de la détention statue sur le placement sous contrôle judiciaire en audience de cabinet, après un débat contradictoire au cours duquel ce magistrat entend le ministère public qui développe ses réquisitions prises conformément aux dispositions de l'article 137-2 du code de procédure pénale, puis les observations du mineur ainsi que celles de son avocat. Le magistrat peut, le cas échéant, recueillir au cours de ce débat les déclarations du représentant du service qui suit le mineur.

Art. 10-3 *(L. nº 2011-939 du 10 août 2011, art. 38-I)* Les mineurs âgés de seize à dix-huit ans peuvent être placés sous assignation à résidence avec surveillance électronique dans les conditions et selon les modalités prévues aux articles 142-5 à 142-13 du code de procédure pénale lorsqu'ils encourent une peine d'emprisonnement d'au moins deux ans *[Dispositions déclarées non conformes à la Constitution par Décis. Cons. const. nº 2011-635 DC du 4 août 2011]*. En cas d'assignation à résidence avec surveillance électronique au domicile des représentants légaux du mineur, leur accord écrit doit être préalablement recueilli par le magistrat compétent pour ordonner la mesure. Les dispositions relatives au placement sous surveillance électronique mobile ne sont toutefois pas applicables aux mineurs.

Art. 11 *(L. nº 2002-1138 du 9 sept. 2002, art. 18)* « Les mineurs de treize à dix-huit ans mis en examen par le juge d'instruction ou le juge des enfants ne peuvent être placés en détention provisoire par le juge des libertés et de la détention saisi soit par le juge d'instruction, soit par le juge des enfants, conformément aux dispositions des articles 137 à 137-4, 144 et 145 du code de procédure pénale, que dans les cas prévus par le présent article, à la condition que cette mesure soit indispensable ou qu'il soit impossible de prendre toute autre disposition et à la condition que les obligations du contrôle judiciaire prévues par l'article 10-2 *(L. nº 2011-939 du 10 août 2011, art. 38-II)* « et les obligations de l'assignation à résidence avec surveillance électronique » soient insuffisantes.

« Les mineurs âgés de seize ans révolus ne peuvent être placés en détention provisoire que dans l'un des cas suivants :

« 1° S'ils encourent une peine criminelle ;

« 2° S'ils encourent une peine correctionnelle d'une durée égale ou supérieure à trois ans ;

« 3° S'ils se sont volontairement soustraits aux obligations d'un contrôle judiciaire prononcé conformément aux dispositions de l'article 10-2 *(L. nº 2010-242 du 10 mars 2010, art. 21-II)* « ou à celles d'une assignation à résidence avec surveillance électronique ».

« Les mineurs âgés de treize ans révolus et de moins de seize ans ne peuvent être placés en détention provisoire que dans l'un des cas suivants :

« 1° S'ils encourent une peine criminelle ;

« 2° S'ils se sont volontairement soustraits aux obligations d'un contrôle judiciaire prononcé conformément aux dispositions du III de l'article 10-2 *(L. nº 2010-242 du 10 mars 2010, art. 21-II)* « ou à celles d'une assignation à résidence avec surveillance électronique ». *(L. nº 2019-222 du 23 mars 2019, art. 94)* « La détention provisoire ne peut cependant être ordonnée qu'en cas de violations répétées ou de violation d'une particulière gravité des obligations imposées au mineur et lorsque le rappel ou l'aggravation de ces obligations ne peut suffire pour atteindre les objectifs prévus à l'article 144 du code de procédure pénale. »

« La détention provisoire est effectuée soit dans un quartier spécial de la maison d'arrêt, soit dans un établissement pénitentiaire spécialisé pour mineurs ; les mineurs détenus sont, autant qu'il est possible, soumis à l'isolement de nuit. Les mineurs âgés de treize à seize ans ne peuvent être placés en détention que dans les seuls établissements garantissant un isolement complet d'avec les détenus majeurs ainsi que la présence en détention d'éducateurs dans des conditions définies par décret en Conseil d'État.

« Lorsque les mineurs ayant fait l'objet d'un placement en détention provisoire sont remis en liberté au cours de la procédure, ils font l'objet, dès leur libération, des mesures éducatives ou de liberté surveillée justifiées par leur situation et déterminées par le juge des enfants, le juge d'instruction ou le juge des libertés et de la détention. Lorsque le magistrat estime qu'aucune de ces mesures n'est nécessaire, il statue par décision motivée. »

(L. nº 89-461 du 6 juill. 1989) « En matière correctionnelle, lorsque la peine encourue n'est pas supérieure à sept ans d'emprisonnement, la détention provisoire des mineurs âgés d'au moins seize ans ne peut excéder un mois. Toutefois, à l'expiration de ce délai, la détention peut être prolongée, à titre exceptionnel, *(L. nº 2000-516 du 15 juin 2000, art. 137-III, en vigueur le 1er janv. 2001)* « par une ordonnance motivée conformément aux dispositions de l'article 137-3 du code de procédure pénale et rendue après un débat contradictoire organisé conformément aux dispositions du sixième alinéa de l'article 145 du même code »,

pour une durée n'excédant pas un mois ; la prolongation ne peut être ordonnée qu'une seule fois.

« Dans les autres cas, les dispositions du premier alinéa de l'article 145-1 du code de procédure pénale sont applicables, en matière correctionnelle, aux mineurs âgés d'au moins seize ans ; *(L. n° 93-1013 du 24 août 1993)* « toutefois, la prolongation doit être ordonnée conformément » *(L. n° 2000-516 du 15 juin 2000, art. 137-IV, en vigueur le 1er janv. 2001)* « aux dispositions du sixième alinéa de l'article 145 du code de procédure pénale », et elle ne peut être prolongée au-delà d'un an.

« En matière criminelle, la détention provisoire des mineurs âgés de plus de treize ans et de moins de seize ans ne peut excéder six mois. Toutefois, à l'expiration de ce délai, la détention peut être prolongée, à titre exceptionnel, pour une durée n'excédant pas six mois, *(L. n° 2000-516 du 15 juin 2000, art. 137-V, en vigueur le 1er janv. 2001)* « par une ordonnance rendue conformément aux dispositions du sixième alinéa de l'article 145 du code de procédure pénale » et comportant, par référence aux 1° et 2° de l'article 144 du même code, l'énoncé des considérations de droit et de fait qui constituent le fondement de la décision ; la prolongation ne peut être ordonnée qu'une seule fois.

« Les dispositions de l'article 145-2 du code de procédure pénale sont applicables aux mineurs âgés d'au moins seize ans ; toutefois, la détention provisoire ne peut être prolongée au-delà de deux ans.

« Les dispositions *(L. n° 2002-1138 du 9 sept. 2002, art. 18)* « des treizième et quatorzième alinéas » du présent article sont applicables jusqu'à l'ordonnance de règlement. »

(L. n° 2000-1354 du 30 déc. 2000, art. 31, en vigueur le 1er janvier 2001) « Lorsque le juge des libertés et de la détention est saisi par le juge d'instruction ou le juge des enfants en application du quatrième alinéa de l'article 137-1 du code de procédure pénale, il peut prononcer une mesure de liberté surveillée à titre provisoire, prévue par le huitième alinéa de l'article 8, ou une mesure de garde provisoire prévue par l'article 10. »

Art. 11-1 *(L. n° 2000-516 du 15 juin 2000, art. 63, en vigueur le 1er janv. 2001)* Lorsque la détention provisoire est ordonnée à la suite d'une révocation du contrôle judiciaire à l'encontre d'un mineur antérieurement placé en détention provisoire pour les mêmes faits, la durée cumulée des détentions ne peut excéder de plus d'un mois la durée maximale de la détention prévue à l'article 11.

Art. 11-2 *(L. n° 2002-1138 du 9 sept. 2002, art. 18)* Lorsqu'à l'égard d'un mineur de treize à seize ans, la détention provisoire est ordonnée à la suite de la révocation d'un contrôle judiciaire prononcé conformément aux dispositions du *(L. n° 2011-939 du 10 août 2011, art. 39)* « cinquième » alinéa du III de l'article 10-2, la durée de la détention provisoire ne peut excéder quinze jours, renouvelable une fois.

S'il s'agit d'un délit puni de dix ans d'emprisonnement, la durée de la détention provisoire ne peut excéder un mois, renouvelable une fois.

Lorsque interviennent plusieurs révocations du contrôle judiciaire, la durée cumulée de la détention ne peut excéder une durée totale d'un mois dans le cas visé au premier alinéa et de deux mois dans le cas visé au deuxième alinéa.

(L. n° 2019-222 du 23 mars 2019, art. 94) « Par dérogation à l'article 179 du code de procédure pénale, après l'ordonnance de renvoi devant le tribunal pour enfants en matière correctionnelle, le mineur de treize à seize ans peut être maintenu en détention jusqu'à sa comparution devant le tribunal, pour une durée de deux mois, renouvelable une seule fois pour une durée d'un mois. »

Art. 11-3 *(L. n° 2019-222 du 23 mars 2019, art. 94, en vigueur le 1er juin 2019)* Lorsqu'un mineur est retenu dans le cadre d'un mandat de comparution, d'amener ou d'arrêt en application de l'article 133-1 du code de procédure pénale ou qu'il est appréhendé en exécution d'un mandat d'arrêt européen en application des articles 695-26 et suivants du même code, l'officier de police judiciaire doit, dès le début de cette rétention, en informer les parents, le tuteur, la personne ou le service auquel le mineur est confié. Les III et IV de l'article 4 de la présente ordonnance sont alors applicables.

L'audience tenue devant la chambre de l'instruction en application de l'article 695-30 du code de procédure pénale n'est pas publique.

Art. 12 *(L. n° 85-1407 du 30 déc. 1985)* Le service de *(L. n° 96-585 du 1er juill. 1996)* « la protection judiciaire de la jeunesse » compétent établit, à la demande du procureur de la République, du juge des enfants ou de la juridiction d'instruction, un rapport écrit contenant tous renseignements utiles sur la situation du mineur ainsi qu'une proposition éducative.

Lorsqu'il est fait application de l'article 5, ce service est obligatoirement consulté avant toute réquisition ou décision de placement en détention provisoire du mineur *(L. n° 93-1013 du 24 août 1993)* « ou de prolongation de la détention provisoire ».

(L. n° 96-585 du 1er juill. 1996) « Ce service doit également être consulté avant toute décision *(L. n° 2016-1547 du 18 nov. 2016, art. 31)* « du juge des enfants au titre de l'article 8-1 ou » du *(L. n° 2011-939 du 10 août 2011, art. 40)* « tribunal pour enfants *(Abrogé par L. n° 2016-1547 du 18 nov. 2016, art. 29, à compter du 1er janv. 2017) « ou du tribunal correctionnel pour mineurs »* au titre de l'article 8-3 » et toute réquisition » *(L. n° 2007-297 du 5 mars 2007, art. 57)* « ou proposition du procureur de la République au titre des articles 7-2, 8-2 et 14-2 » *(L. n° 2010-242 du 10 mars 2010, art. 21-II)* « ainsi qu'avant toute décision du juge d'instruction, du juge des libertés et de la détention ou du juge des enfants et toute réquisition du procureur de la République au titre de l'article 142-5 du code de procédure pénale. »

Le rapport prévu au premier alinéa est joint à la procédure.

Art. 12-1 *(L. n° 93-2 du 4 janv. 1993)* Le procureur de la République, la juridiction chargée de l'instruction de l'affaire ou la juridiction de jugement ont la faculté de proposer au mineur une mesure ou une activité d'aide ou de réparation à l'égard de la victime ou dans l'intérêt de la collectivité. Toute mesure ou activité d'aide ou de réparation à l'égard de la victime ne peut être ordonnée qu'avec l'accord de celle-ci.

Lorsque cette mesure ou cette activité est proposée avant l'engagement des poursuites, le procureur de la République recueille l'accord préalable du mineur et des titulaires de l'exercice de l'autorité parentale. Le procès-verbal constatant cet accord est joint à la procédure.

La juridiction chargée de l'instruction procède selon les mêmes modalités.

Lorsque la mesure ou l'activité d'aide ou de réparation est prononcée par jugement, la juridiction recueille les observations préalables du mineur et des titulaires de l'exercice de l'autorité parentale.

La mise en œuvre de la mesure ou de l'activité peut être confiée au secteur public de la protection judiciaire de la jeunesse ou à une personne physique, à un établissement ou service dépendant d'une personne morale habilités à cet effet dans des conditions fixées par décret. A l'issue du délai fixé par la décision, le service ou la personne chargé de cette mise en œuvre adresse un rapport au magistrat qui a ordonné la mesure ou l'activité d'aide ou de réparation.

Art. 12-2 *(L. n° 2011-939 du 10 août 2011, art. 41)* Les représentants légaux du mineur cités comme civilement responsables sont jugés par jugement contradictoire à signifier, en application de l'article 410 du code de procédure pénale, lorsque, étant non comparants et non excusés, ils ont été régulièrement cités à personne.

Art. 12-3 *(L. n° 2012-409 du 27 mars 2012, art. 12-I, en vigueur le 1er janv. 2014)* En cas de prononcé d'une décision exécutoire ordonnant une mesure ou une sanction éducatives prévues aux articles 8, 10-2, 10-3, 12-1, 15, 15-1, 16 *bis*, 16 *ter* et 19, à l'exception des décisions de placement, ou prononçant une peine autre qu'une peine ferme privative de liberté, il est remis au mineur et à ses représentants légaux présents, à l'issue de leur audition ou de l'audience, un avis de convocation à comparaître, dans un délai maximal de cinq jours ouvrables, devant le service de la protection judiciaire de la jeunesse désigné pour la mise en œuvre de la décision. Ce service se trouve ainsi saisi de la mise en œuvre de la mesure.

Si le mineur ne se présente pas à la date fixée, le juge des enfants ou le juge d'instruction le convoque devant lui s'il le juge utile ou, dans un délai maximal de dix jours, devant le service de la protection judiciaire de la jeunesse.

CHAPITRE III *Le tribunal pour enfants et la cour d'assises des mineurs* *(L. n° 2011-939 du 10 août 2011, art. 42)*.

Art. 13 *(L. n° 51-687 du 24 mai 1951)* Le tribunal pour enfants statuera après avoir entendu l'enfant, les témoins, les parents, le tuteur ou le gardien, le ministère public et le défenseur. Il pourra entendre, à titre de simple renseignement, les coauteurs ou complices majeurs.

(Ord. n° 58-1300 du 23 déc. 1958) « Le président du tribunal pour enfants pourra », si l'intérêt du mineur l'exige, dispenser ce dernier de comparaître à l'audience. Dans ce cas, le mineur sera représenté par un avocat ou par son père, sa mère ou son tuteur. La décision sera réputée contradictoire.

(Abrogé par L. n° 2016-1547 du 18 nov. 2016, art. 29, à compter du 1er janv. 2017) (L. n° 2011-1940 du 26 déc. 2011, art. 5-III, en vigueur le 1er janv. 2012) « S'il constate que les

faits qui lui sont déférés relèvent de la compétence du tribunal correctionnel pour mineurs, le tribunal pour enfants devra ordonner le renvoi de l'affaire devant cette juridiction. Si le mineur est placé en détention provisoire, sous assignation à résidence avec surveillance électronique ou sous contrôle judiciaire, le tribunal pour enfants pourra, par décision motivée par référence aux articles 10-2,10-3 et 11, ordonner le maintien de la mesure jusqu'à l'audience devant le tribunal correctionnel pour mineurs. Cette audience devra se tenir au plus tard dans un délai d'un mois, à défaut de quoi il sera mis fin à la détention, l'assignation ou le contrôle judiciaire. »

Le tribunal pour enfants restera saisi à l'égard du mineur âgé de moins de seize ans lorsqu'il décidera d'appliquer une qualification criminelle aux faits dont il avait été saisi sous une qualification correctionnelle. Il ordonnera, en ce cas, un supplément d'information et déléguera le juge d'instruction à cette fin, si l'ordonnance de renvoi émane du juge des enfants.

Art. 13-1 *(L. nº 2007-297 du 5 mars 2007, art. 58)* L'article 399 du code de procédure pénale est applicable aux audiences du tribunal pour enfants.

Art. 14 *(L. nº 51-687 du 24 mai 1951)* Chaque affaire sera jugée séparément en l'absence de tous autres prévenus.

Seuls seront admis à assister aux débats *(L. nº 2002-1138 du 9 sept. 2002, art. 30)* « la victime, qu'elle soit ou non constituée partie civile, » les témoins de l'affaire, les proches parents, le tuteur ou le représentant légal du mineur, les membres du barreau, les représentants des sociétés de patronage et des services ou institutions s'occupant des enfants, les délégués à la liberté surveillée.

Le président pourra, à tout moment, ordonner que le mineur se retire pendant tout ou partie de la suite des débats. *(Ord. nº 58-1300 du 23 déc. 1958)* « Il pourra de même ordonner aux témoins de se retirer après leur audition. »

La publication du compte rendu des débats des tribunaux pour enfants dans le livre, la presse, la radiophonie, le cinématographe ou de quelque manière que ce soit est interdite. La publication, par les mêmes procédés, de tout texte ou de toute illustration concernant l'identité et la personnalité des mineurs délinquants est également interdite. *(L. nº 2011-939 du 10 août 2011, art. 43-1º)* « Les infractions à ces dispositions sont punies d'une amende de 15 000 €. »

Le jugement sera rendu en audience publique, en la présence du mineur. Il pourra être publié, mais sans que le nom du mineur puisse être indiqué, même par une initiale, *(L. nº 2011-939 du 10 août 2011, art. 43-2º et 3º)* « sous peine d'une amende de 15 000 €.

« Sauf dans les affaires présentant une complexité particulière liée au nombre des mineurs poursuivis ou aux infractions reprochées, lorsque le mineur n'a pas encore fait l'objet d'une condamnation, le jugement est prononcé au plus tard dans un délai d'un mois après l'audience. »

Art. 14-1 *(L. nº 65-511 du 1er juill. 1965)* Quand les infractions aux dispositions des alinéas 4 et 5 de l'article précédent seront commises par la voie de la presse, les directeurs des publications ou éditeurs seront, pour le fait seul de la publication, passibles comme auteurs principaux des peines prévues à ces alinéas.

A leur défaut, l'auteur et, à défaut de l'auteur, les imprimeurs, distributeurs et afficheurs seront poursuivis comme auteurs principaux.

Lorsque l'auteur n'est pas poursuivi comme auteur principal, il sera poursuivi comme complice.

Pourront être poursuivies comme complices, et dans tous les cas, toutes personnes auxquelles *(L. nº 92-1336 du 16 déc. 1992)* « les articles 121-6 et 121-7 » du code pénal pourraient s'appliquer.

Art. 14-2 *(L. nº 2002-1138 du 9 sept. 2002, art. 19)* I. — Les mineurs de seize à dix-huit ans qui ont été déférés devant le procureur de la République peuvent être poursuivis devant le tribunal pour enfants selon la procédure de *(L. nº 2007-297 du 5 mars 2007, art. 58)* « présentation immédiate devant la juridiction pour mineurs » dans les cas et selon les modalités prévues par le présent article.

II. — La procédure de *(L. nº 2007-297 du 5 mars 2007, art. 58)* « présentation immédiate devant la juridiction pour mineurs » est applicable aux mineurs qui encourent une peine d'emprisonnement supérieure ou égale à *(L. nº 2007-297 du 5 mars 2007, art. 58)* « un an » en cas de flagrance, ou supérieure ou égale à *(L. nº 2007-297 du 5 mars 2007, art. 58)* « trois ans » dans les autres cas. *(L. nº 2011-939 du 10 août 2011, art. 44-1º)* « Elle ne peut être engagée que si le mineur fait l'objet ou a déjà fait l'objet d'une ou plusieurs procédures en application de la présente ordonnance, que si des investigations sur les faits ne sont pas nécessaires et que si des investigations sur la personnalité ont été accomplies au cours des douze mois précédents sur le fondement de l'article 8 ; toutefois, lorsqu'en raison de l'absence du mineur les investigations sur la personnalité n'ont pu être accomplies à l'occasion d'une procédure antérieure en application du même article 8, peuvent être prises en compte des investigations réalisées en application de l'article 12. »

III. — Après avoir versé au dossier de la procédure les éléments de personnalité résultant des investigations mentionnées au II, le procureur de la République vérifie l'identité du mineur qui lui est déféré et lui notifie les faits qui lui sont reprochés en présence de l'avocat de son choix ou d'un avocat désigné par le bâtonnier à la demande du procureur de la République si le mineur ou ses représentants légaux n'ont pas fait le choix d'un avocat. Dès sa désignation, l'avocat peut consulter le dossier et communiquer librement avec le mineur.

Après avoir recueilli ses observations éventuelles et celles de son avocat, le procureur de la République informe le mineur qu'il est traduit devant le tribunal pour enfants pour y être jugé, à une audience dont il lui notifie la date et l'heure et qui doit avoir lieu dans un délai qui ne peut être inférieur à dix jours ni supérieur à un mois.

(L. nº 2007-297 du 5 mars 2007, art. 58) « Toutefois, il est procédé au jugement du mineur à la première audience du tribunal pour enfants qui suit sa présentation, sans que le délai de dix jours soit applicable, lorsque le mineur et son avocat y consentent expressément, sauf si les représentants légaux du mineur, dûment convoqués, font connaître leur opposition. »

A peine de nullité de la procédure, les formalités mentionnées aux *(L. nº 2007-297 du 5 mars 2007, art. 58)* « trois » alinéas précédents font l'objet d'un procès-verbal dont copie est remise au mineur et qui saisit le tribunal pour enfants.

IV. — Aussitôt après avoir procédé aux formalités prévues au III, le procureur de la République fait comparaître le mineur devant le juge des enfants afin qu'il soit statué sur ses réquisitions tendant soit au placement sous contrôle judiciaire, *(L. nº 2011-939 du 10 août 2011, art. 44-2º-a)* « soit au placement sous assignation à résidence avec surveillance électronique, » soit au placement en détention provisoire du mineur jusqu'à l'audience de jugement.

Le juge des enfants statue par ordonnance motivée qui doit comporter l'énoncé des considérations de droit et de fait qui constituent le fondement de la décision, par référence, selon les cas, aux dispositions des articles 137 ou 144 du code de procédure pénale. Il statue en audience de cabinet, après un débat contradictoire au cours duquel il entend le procureur de la République, qui développe ses réquisitions, puis les observations du mineur et celles de son avocat. Le juge des enfants peut, le cas échéant, entendre au cours de ce débat les déclarations du représentant du service auquel le mineur a été confié.

Les représentants légaux du mineur sont avisés de la décision du juge des enfants par tout moyen. L'ordonnance peut faire l'objet d'un appel devant la chambre de l'instruction ; les dispositions des articles 187-1 et 187-2 du code de procédure pénale sont alors applicables.

Dans tous les cas, lorsque le juge des enfants ne fait pas droit aux réquisitions du procureur de la République, il peut ordonner les mesures prévues aux articles 8 et 10, le cas échéant, jusqu'à la comparution du mineur.

(L. nº 2011-939 du 10 août 2011, art. 44-2º-b) « Lorsque le mineur se soustrait aux obligations du contrôle judiciaire ou de l'assignation à résidence avec surveillance électronique, le second alinéa de l'article 141-2 et l'article 141-4 du code de procédure pénale sont applicables. Les attributions confiées au juge des libertés et de la détention sont alors exercées par le juge des enfants et celles confiées au juge d'instruction sont exercées par le procureur de la République.

« Le mineur placé en détention provisoire ou son avocat peut, à tout moment, demander sa mise en liberté. La demande est adressée au juge des enfants qui communique immédiatement le dossier au procureur de la République aux fins de réquisition. Le juge des enfants statue, dans les cinq jours suivant la communication au procureur de la République, en exerçant les attributions confiées au juge des libertés et de la détention par les troisième et quatrième alinéas de l'article 148 du code de procédure pénale. »

V. — Le tribunal pour enfants saisi en application du présent article statue conformément aux dispositions de l'article 13, premier alinéa, et de l'article 14.

Il peut toutefois, d'office ou à la demande des parties, s'il estime que l'affaire n'est pas en état d'être jugée, renvoyer à une prochaine audience dans un délai qui ne peut être supérieur à un mois, en décidant, le cas échéant, de commettre le juge des enfants pour procéder à un supplément d'information ou d'ordonner une des mesures prévues aux articles 8 et 10. Si le mineur est en détention provisoire ou sous contrôle judiciaire, le tribunal statue alors par décision spécialement motivée sur le maintien de la mesure. Lorsque le mineur est en détention provisoire, le jugement au fond doit être rendu dans un délai d'un mois suivant le jour de sa première comparution devant le tribunal. Faute de décision au fond à l'expiration de ce délai, il est mis fin à la détention provisoire.

Le tribunal pour enfants peut également, s'il estime que des investigations supplémentaires sont nécessaires compte tenu de la gravité ou de la complexité de l'affaire, renvoyer le dossier au procureur de la République. Lorsque le mineur est en détention provisoire, le tribunal pour enfants statue au préalable sur le maintien du mineur en détention provisoire jusqu'à sa comparution devant le juge des enfants ou le juge d'instruction. Cette comparution doit avoir lieu le jour même, à défaut de quoi le prévenu est remis en liberté d'office.

VI. – Les dispositions du présent article sont également applicables aux mineurs de treize à seize ans, à condition que la peine encourue soit d'au moins cinq ans d'emprisonnement, sans qu'elle puisse excéder sept ans. Le procureur de la République ne peut alors requérir que le placement sous contrôle judiciaire du mineur jusqu'à sa comparution devant le tribunal pour enfants, conformément aux dispositions du III de l'article 10-2, à une audience qui doit se tenir dans un délai de dix jours à deux mois.

Art. 15 *(L. n° 51-687 du 24 mai 1951)* Si la prévention est établie à l'égard du mineur de treize ans, le tribunal pour enfants prononcera, par décision motivée, l'une des mesures suivantes :

1° Remise à ses parents, à son tuteur, à la personne qui en avait la garde ou à une personne digne de confiance ;

2° Placement dans une institution ou un établissement public ou privé, d'éducation ou de formation professionnelle, habilité ;

3° Placement dans un établissement médical ou médico-pédagogique habilité ;

4° Remise au service de l'assistance à l'enfance ;

5° Placement dans un internat approprié aux mineurs délinquants d'âge scolaire ; – *V. note ss. art. 10.*

(L. n° 2007-297 du 5 mars 2007, art. 59) « 6° Mesure d'activité de jour, dans les conditions définies à l'article 16 *ter.* »

Art. 15-1 *(L. n° 2002-1138 du 9 sept. 2002, art. 13)* Si la prévention est établie à l'égard d'un mineur âgé d'au moins dix ans, le tribunal pour enfants pourra prononcer par décision motivée une ou plusieurs des sanctions éducatives suivantes :

1° Confiscation d'un objet détenu ou appartenant au mineur et ayant servi à la commission de l'infraction ou qui en est le produit ;

2° Interdiction de paraître, pour une durée qui ne saurait excéder un an, dans le ou les lieux dans lesquels l'infraction a été commise et qui sont désignés par la juridiction, à l'exception des lieux dans lesquels le mineur réside habituellement ;

3° Interdiction, pour une durée qui ne saurait excéder un an, de rencontrer ou de recevoir la ou les victimes de l'infraction désignées par la juridiction ou d'entrer en relation avec elles ;

4° Interdiction, pour une durée qui ne saurait excéder un an, de rencontrer ou de recevoir le ou les coauteurs ou complices éventuels désignés par la juridiction ou d'entrer en relation avec eux ;

5° Mesure d'aide ou de réparation mentionnée à l'article 12-1 ;

6° Obligation de suivre un stage de formation civique, d'une durée qui ne peut excéder un mois, ayant pour objet de rappeler au mineur les obligations résultant de la loi et dont les modalités d'application sont fixées par décret en Conseil d'État ; – *V. Décr. n° 2004-31 du 5 janv. 2004.*

(L. n° 2007-297 du 5 mars 2007, art. 59) « 7° Mesure de placement pour une durée de trois mois maximum, renouvelable une fois, sans excéder un mois pour les mineurs de dix à treize ans, dans une institution ou un établissement public ou privé d'éducation habilité permettant la mise en œuvre d'un travail psychologique, éducatif et social portant sur les faits commis et situé en dehors du lieu de résidence habituel ;

« 8° Exécution de travaux scolaires ;

« 9° Avertissement solennel ;

« 10° Placement dans un établissement scolaire doté d'un internat pour une durée correspondant à une année scolaire avec autorisation pour le mineur de rentrer dans sa famille lors des fins de semaine et des vacances scolaires » ;

(L. n° 2011-267 du 14 mars 2011, art. 43-II) « 11° Interdiction pour le mineur d'aller et venir sur la voie publique entre vingt-trois heures et six heures sans être accompagné de l'un de ses parents ou du titulaire de l'autorité parentale, pour une durée de trois mois maximum, renouvelable une fois. »

Le tribunal pour enfants désignera le service de la protection judiciaire de la jeunesse ou le service habilité chargé de veiller à la bonne exécution de la sanction. Ce service fera rapport au juge des enfants de l'exécution de la sanction éducative.

(L. n° 2010-201 du 2 mars 2010, art. 8) « Les sanctions éducatives prononcées en application du présent article sont exécutées dans un délai ne pouvant excéder trois mois à compter du jugement. »

En cas de non-respect par le mineur des sanctions éducatives prévues au présent article, le tribunal pour enfants pourra prononcer à son égard une mesure de placement dans l'un des établissements visés à l'article 15.

Art. 16 *(L. n° 51-687 du 24 mai 1951)* Si la prévention est établie à l'égard d'un mineur âgé de plus de treize ans, le tribunal pour enfants prononcera par décision motivée l'une des mesures suivantes :

1° Remise à ses parents, à son tuteur, à la personne qui en avait la garde ou à une personne digne de confiance ;

2° Placement dans une institution ou un établissement, public ou privé, d'éducation ou de formation professionnelle habilité ;

3° Placement dans un établissement médical ou médico-pédagogique habilité ;

4° Placement dans une institution publique d'éducation surveillée *[de la protection judiciaire de la jeunesse]* ou d'éducation corrective ;

(L. n° 2007-297 du 5 mars 2007, art. 59) « 5° Avertissement solennel ;

« 6° Mesure d'activité de jour, dans les conditions définies à l'article 16 *ter*. »

Art. 16 *bis* *(L. n° 75-624 du 11 juill. 1975)* Si la prévention est établie à l'égard d'un mineur *(Abrogé par L. n° 96-585 du 1er juill. 1996)* « *âgé de seize ans* », le tribunal pour enfants et la cour d'assises des mineurs pourront aussi prononcer, à titre principal et par décision motivée, la mise sous protection judiciaire pour une durée n'excédant pas cinq années.

Les diverses mesures de protection, d'assistance, de surveillance et d'éducation auxquelles le mineur sera soumis seront déterminées par un décret en Conseil d'État. — *V. Décr. n° 76-1073 du 22 nov. 1976 relatif à la mise sous protection judiciaire.*

Le juge des enfants pourra, à tout moment jusqu'à l'expiration du délai de mise sous protection judiciaire, prescrire une ou plusieurs mesures mentionnées à l'alinéa précédent. Il pourra en outre, dans les mêmes conditions, soit supprimer une ou plusieurs des mesures auxquelles le mineur aura été soumis, soit mettre fin à la mise sous protection judiciaire.

Lorsque, pour l'accomplissement de la mise sous protection judiciaire, le placement d'un mineur de plus de seize ans dans un des établissements désignés à l'article précédent aura été décidé, ce placement ne se poursuivra après la majorité de l'intéressé que si celui-ci en fait la demande.

Art. 16 *ter* *(L. n° 2007-297 du 5 mars 2007, art. 59)* La mesure d'activité de jour consiste dans la participation du mineur à des activités d'insertion professionnelle ou scolaire soit auprès d'une personne morale de droit public, soit auprès d'une personne morale de droit privé exerçant une mission de service public ou d'une association habilitées à organiser de telles activités, soit au sein du service de la protection judiciaire de la jeunesse auquel il est confié.

Cette mesure peut être ordonnée par le juge des enfants ou par le tribunal pour enfants à l'égard d'un mineur en matière correctionnelle.

Lorsqu'il prononce une mesure d'activité de jour, le juge des enfants ou le tribunal pour enfants en fixe la durée, qui ne peut excéder douze mois, et ses modalités d'exercice. Il désigne la personne morale de droit public ou de droit privé, l'association ou le service auquel le mineur est confié.

Un décret en Conseil d'État détermine les modalités d'application de la mesure d'activité de jour. — *V. Décr. n° 2007-1853 du 26 déc. 2007.*

Il détermine, notamment, les conditions dans lesquelles :

1° Le juge des enfants établit, après avis du ministère public et consultation de tout organisme public compétent en matière de prévention de la délinquance des mineurs, la liste des activités dont la découverte ou auxquelles l'initiation sont susceptibles d'être proposées dans son ressort ;

2° La mesure d'activité de jour doit se concilier avec les obligations scolaires ;

3° Sont habilitées les personnes morales et les associations mentionnées au premier alinéa.

Art. 17 Dans tous les cas prévus par les articles 15 et 16 ci-dessus, les mesures seront prononcées pour le nombre d'années que la décision déterminera et qui ne pourra excéder l'époque où le mineur aura atteint *(L. n° 74-631 du 5 juill. 1974)* « sa majorité ».

(L. n° 51-687 du 24 mai 1951) La remise d'un mineur à l'Assistance ne sera possible, si l'enfant est âgé de plus de treize ans, qu'en vue d'un traitement médical ou encore dans le

cas d'un orphelin ou d'un enfant dont les parents ont été déchus de l'autorité parentale. – *V. note ss. art. 10.*

Art. 18 Si la prévention est établie à l'égard d'un mineur âgé de plus de treize ans, celui-ci pourra faire l'objet d'une condamnation pénale conformément à l'article 2.

Art. 19 *(L. nº 51-687 du 24 mai 1951) (Abrogé par L. nº 2016-1547 du 18 nov. 2016, art. 30) « Lorsqu'une des mesures prévues aux articles 15, 16 et 28 ou une condamnation pénale sera décidée, le mineur pourra, en outre, être placé jusqu'à un âge qui ne pourra excéder (L. nº 74-631 du 5 juill. 1974) « celui de la majorité », sous le régime de la liberté surveillée. »*

Le tribunal pour enfants pourra, avant de prononcer au fond, ordonner la mise en liberté surveillée à titre provisoire en vue de statuer après une ou plusieurs périodes d'épreuve dont il fixera la durée.

Art. 20 *(L. nº 51-687 du 24 mai 1951)* Le mineur âgé de seize ans au moins, accusé de crime, sera jugé par la cour d'assises des mineurs, composée d'un président, de deux assesseurs, et complétée par le jury criminel. *(L. nº 2011-939 du 10 août 2011, art. 45)* « La cour d'assises des mineurs peut également connaître des crimes et délits commis par le mineur avant d'avoir atteint l'âge de seize ans révolus lorsqu'ils forment avec le crime principalement poursuivi un ensemble connexe ou indivisible. »

(Ord. nº 58-1300 du 23 déc. 1958) « La cour d'assises des mineurs se réunira au siège de la cour d'assises et au cours de la session de celle-ci. Son président sera désigné et remplacé, s'il y a lieu, dans les conditions prévues pour le président de la cour d'assises par les articles 244 à 247 du code de procédure pénale. Les deux assesseurs seront pris, sauf impossibilité, parmi les juges des enfants du ressort de la cour d'appel et désignés dans les formes des articles 248 à 252 du code de procédure pénale. »

Les fonctions du ministère public auprès de la cour d'assises des mineurs seront remplies par le procureur général ou un magistrat du ministère public spécialement chargé des affaires de mineurs.

Le greffier de la cour d'assises exercera les fonctions de greffier à la cour d'assises des mineurs.

Dans le cas où tous les accusés de la session auront été renvoyés devant la cour d'assises des mineurs, il sera procédé par cette juridiction, conformément aux dispositions des *(Ord. nº 58-1300 du 23 déc. 1958)* « articles 288 à 292 du code de procédure pénale ».

Dans le cas contraire, le jury de la cour d'assises des mineurs sera formé de jurés pris sur la liste arrêtée par la cour d'assises.

Sous réserve des dispositions de l'alinéa qui précède, le président de la cour d'assises des mineurs et la cour d'assises des mineurs exerceront respectivement les attributions dévolues par les dispositions du *(Ord. nº 58-1300 du 23 déc. 1958)* « code de procédure pénale » au président de la cour d'assises et à la cour.

Les dispositions des alinéas 1er, 2, 4 et 5 de l'article 14 s'appliqueront à la cour d'assises des mineurs.

Après l'interrogatoire des accusés, le président de la cour d'assises des mineurs pourra, à tout moment, ordonner que l'accusé mineur se retire pendant tout ou partie de la suite des débats.

Sous réserve des dispositions de la présente ordonnance, il sera procédé, en ce qui concerne les mineurs âgés de seize ans au moins, accusés de crime, conformément aux dispositions des *(Ord. nº 58-1300 du 23 déc. 1958)* « articles 191 à 218 et 231 à *(L. nº 2004-204 du 9 mars 2004, art. 156-II, en vigueur le 1er oct. 2004)* « 379-1 » du code de procédure pénale ».

(Ord. nº 58-1300 du 23 déc. 1958) « Si l'accusé a moins de dix-huit ans, le président posera, à peine de nullité, les deux questions suivantes :

« 1° Y a-t-il lieu d'appliquer à l'accusé une condamnation pénale ?

« 2° Y a-t-il lieu d'exclure l'accusé du bénéfice » *(L. nº 92-1336 du 16 déc. 1992)* « de la diminution de peine prévue à l'article 20-2 ? »

(Abrogé par L. nº 2014-896 du 15 août 2014, art. 7, à compter du 1er oct. 2014) (L. nº 2007-1198 du 10 août 2007) « S'il est reproché à l'accusé une des infractions prévues aux 2º et 3º de l'article 20-2 commise une nouvelle fois en état de récidive légale, la deuxième question est ainsi rédigée :

« "2º Y a-t-il lieu d'appliquer à l'accusé le bénéfice de la diminution de peine prévue à l'article 20-2 ?" »

(L. nº 2016-1547 du 18 nov. 2016, art. 30) « S'il est décidé que l'accusé mineur déclaré coupable ne doit pas faire l'objet d'une condamnation pénale, les mesures éducatives ou les

sanctions éducatives sur lesquelles la cour et le jury sont appelés à statuer sont celles prévues à l'article 15-1, aux 1° à 4° de l'article 16, à l'article 16 *bis* et au chapitre IV.

« Cependant, lorsqu'une condamnation pénale est décidée, la cour et le jury peuvent, en outre, statuer sur le prononcé de l'une des mesures éducatives mentionnées aux 1° à 4° de l'article 16, à l'article 16 *bis* et au chapitre IV. »

Art. 20-1 *(L. n° 92-1336 du 16 déc. 1992)* « Les contraventions de la 5e classe » *(Ord. n° 58-1300 du 23 déc. 1958)* commises par des mineurs, sont instruites et jugées dans les conditions prévues aux articles 8 à 19 de la présente ordonnance.

Art. 20-2 *(L. n° 92-1336 du 16 déc. 1992)* Le tribunal pour enfants et la cour d'assises des mineurs ne peuvent prononcer à l'encontre des mineurs âgés de plus de treize ans une peine privative de liberté supérieure à la moitié de la peine encourue. *(L. n° 2016-1547 du 18 nov. 2016, art. 30)* « Si la peine encourue est la réclusion ou la détention criminelle à perpétuité, ils ne peuvent prononcer une peine supérieure à vingt ans de réclusion ou de détention criminelle. » *(Abrogé par L. n° 2014-896 du 15 août 2014, art. 7, à compter du 1er oct. 2014) (L. n° 2007-1198 du 10 août 2007) « La diminution de moitié de la peine encourue s'applique également aux peines minimales prévues par les articles 132-18, 132-18-1 et 132-19-1 du code pénal. »*

(L. n° 2014-896 du 15 août 2014, art. 7, en vigueur le 1er oct. 2014) « Toutefois, si le mineur est âgé de plus de seize ans, le tribunal pour enfants et la cour d'assises des mineurs peuvent, à titre exceptionnel et compte tenu des circonstances de l'espèce et de la personnalité du mineur ainsi que de sa situation, décider qu'il n'y a pas lieu de faire application du premier alinéa. Cette décision ne peut être prise par le tribunal pour enfants que par une disposition spécialement motivée. » *(L. n° 2016-1547 du 18 nov. 2016, art. 30)* « Lorsqu'il est décidé de ne pas faire application du premier alinéa et que la peine encourue est la réclusion ou la détention criminelle à perpétuité, la peine maximale pouvant être prononcée est la peine de trente ans de réclusion ou de détention criminelle. »

(Abrogé par L. n° 2014-896 du 15 août 2014, art. 7, à compter du 1er oct. 2014) « Pour l'application des articles 132-8 à 132-11, 132-18-1 et 132-19-1 du code pénal et des deux alinéas précédents, » (L. n° 2007-1198 du 10 août 2007) « Les mesures ou sanctions éducatives prononcées contre un mineur ne peuvent constituer le premier terme de l'état de récidive. »

Les dispositions de l'article 132-23 du code pénal relatives à la période de sûreté ne sont pas applicables aux mineurs.

L'emprisonnement est subi par les mineurs *(L. n° 2002-1138 du 9 sept. 2002, art. 21)* « soit dans un quartier spécial d'un établissement pénitentiaire, soit dans un établissement pénitentiaire spécialisé pour mineurs » dans les conditions définies par décret en Conseil d'État.

Art. 20-2-1 *(L. n° 2019-222 du 23 mars 2019, art. 71-XII et 109-XIX, en vigueur le 24 mars 2020)* La peine de détention à domicile sous surveillance électronique prévue à l'article 131-4-1 du code pénal est applicable aux mineurs de plus de treize ans.

Sous réserve de l'application du deuxième alinéa de l'article 20-2 de la présente ordonnance, le tribunal pour enfants et la cour d'assises des mineurs ne peuvent prononcer à leur encontre une peine de détention à domicile sous surveillance électronique supérieure à la moitié de la peine encourue.

Cette peine ne peut être prononcée sans l'accord des titulaires de l'autorité parentale, sauf carence de ces derniers ou impossibilité de donner leur consentement.

Cette peine doit être assortie d'une mesure éducative confiée à la protection judiciaire de la jeunesse.

Les articles 132-25 et 132-26 du code pénal et les articles 723-7 à 723-13 du code de procédure pénale relatifs à la détention à domicile sous surveillance électronique sont applicables aux mineurs.

Art. 20-3 *(L. n° 92-1336 du 16 déc. 1992)* Sous réserve de l'application des dispositions *(L. n° 2014-896 du 15 août 2014, art. 7, en vigueur le 1er oct. 2014)* « du deuxième alinéa *[ancienne rédaction : des deuxième à cinquième alinéas]* » de l'article 20-2, le tribunal pour enfants et la cour d'assises des mineurs ne peuvent prononcer à l'encontre d'un mineur âgé de plus de treize ans une peine d'amende d'un montant supérieur à la moitié de l'amende encourue ou excédant 7 500 €.

Art. 20-4 *(L. n° 92-1336 du 16 déc. 1992) (Abrogé par L. n° 2019-222 du 23 mars 2019, art. 80 et 109-XIX, à compter du 24 mars 2020) « La contrainte pénale, »* La peine d'interdiction du territoire français *(L. n° 98-468 du 17 juin 1998)* « et les peines de jour-amende, d'interdiction des droits civiques, civils et de famille, d'interdiction d'exercer une fonction publique ou une activité professionnelle ou sociale, d'interdiction de séjour, de fermeture d'établissement, d'exclusion des marchés publics et d'affichage ou de diffusion de la condamnation » ne peuvent être prononcées à l'encontre d'un mineur.

Art. 20-4-1 *(L. n° 2004-204 du 9 mars 2004, art. 44-XVII, en vigueur le 1er oct. 2004)* Les dispositions de l'article 131-5-1 du code pénal relatives à la peine de stage *(Abrogé par L. n° 2019-222 du 23 mars 2019, art. 71 et 109-XIX, à compter du 24 mars 2020) « de citoyenneté »* sont applicables aux mineurs de treize à dix-huit ans. Le contenu du stage est alors adapté à l'âge du condamné. La juridiction ne peut ordonner que ce stage soit effectué aux frais du mineur.

Art. 20-5 *(L. n° 2019-222 du 23 mars 2019, art. 71)* Sont applicables aux mineurs âgés de seize à dix-huit ans au moment de la décision, lorsqu'ils étaient âgés d'au moins treize ans à la date de commission de l'infraction :

1° Les dispositions du code pénal relatives au travail d'intérêt général et au sursis *(L. n° 2019-222 du 23 mars 2019, art. 109-XXI, en vigueur le 24 mars 2020)* « probatoire » comportant l'obligation d'effectuer un travail d'intérêt général ;

2° Les dispositions du code de procédure pénale permettant la conversion d'une peine d'emprisonnement en travail d'intérêt général.

Pour l'application de ces dispositions, les travaux d'intérêt général doivent être adaptés aux mineurs et présenter un caractère formateur ou être de nature à favoriser l'insertion sociale des jeunes condamnés.

Art. 20-6 *(L. n° 92-1336 du 16 déc. 1992)* Aucune interdiction, déchéance ou incapacité ne peut résulter de plein droit d'une condamnation pénale prononcée à l'encontre d'un mineur.

Art. 20-7 *Abrogé par L. n° 2011-939 du 10 août 2011, art. 47.*

Art. 20-8 *(L. n° 97-1159 du 19 déc. 1997)* Les dispositions des articles 723-7 à 723-13 du code de procédure pénale relatives au placement sous surveillance électronique sont applicables aux mineurs.

Art. 20-9 *(L. n° 2004-204 du 9 mars 2004, art. 165, en vigueur le 1er janv. 2005)* En cas de condamnation prononcée par une juridiction spécialisée pour mineurs, le juge des enfants exerce les fonctions dévolues au juge de l'application des peines par le code pénal et le code de procédure pénale, jusqu'à ce que la personne condamnée ait atteint l'âge de vingt et un ans. Le tribunal pour enfants exerce les attributions dévolues au tribunal de l'application des peines et la chambre spéciale des mineurs les attributions dévolues à la chambre de l'application des peines.

Toutefois, lorsque le condamné a atteint l'âge de dix-huit ans au jour du jugement, le juge des enfants n'est compétent que si la juridiction spécialisée le décide par décision spéciale.

En raison de la personnalité du mineur ou de la durée de la peine prononcée, le juge des enfants peut se dessaisir au profit du juge de l'application des peines lorsque le condamné a atteint l'âge de dix-huit ans.

Pour la préparation de l'exécution, la mise en œuvre et le suivi des condamnations mentionnées au premier alinéa, le juge des enfants désigne s'il y a lieu un service du secteur public de la protection judiciaire de la jeunesse. Ce service veille au respect des obligations imposées au condamné. Le juge des enfants peut également désigner à cette fin le service pénitentiaire d'insertion et de probation lorsque le condamné a atteint l'âge de dix-huit ans.

Un décret fixe, en tant que de besoin, les conditions d'application du présent article. – *V. C. pr. pén., art. D. 49-45 s.*

Art. 20-10 *(Abrogé par L. n° 2016-1547 du 18 nov. 2016, art. 30) (L. n° 2004-204 du 9 mars 2004, art. 166, en vigueur le 1er janv. 2005) « En cas de condamnation prononcée par une juridiction spécialisée pour mineurs à une peine d'emprisonnement assortie d'un sursis avec mise à l'épreuve ou d'un sursis assorti de l'obligation d'accomplir un travail d'intérêt général, la juridiction de jugement peut, si la personnalité du mineur le justifie, assortir cette peine de l'une des mesures définies aux articles 16 et 19, ces mesures pouvant être modifiées pendant toute la durée de l'exécution de la peine par le juge des enfants. Elle peut notamment décider de placer le mineur dans un centre éducatif fermé prévu par l'article 33. »*

La juridiction de jugement peut astreindre le condamné, dans les conditions prévues à l'article 132-43 du code pénal, à l'obligation de respecter les conditions d'exécution des mesures *(L. n° 2016-1547 du 18 nov. 2016, art. 30)* « définies à l'article 16, y compris le placement dans un centre éducatif fermé prévu à l'article 33, et au chapitre IV, ces mesures pouvant être modifiées pendant toute la durée de l'exécution de la peine par le juge des enfants » ; le non-respect de cette obligation peut entraîner la révocation du sursis avec mise à l'épreuve et la mise à exécution de la peine d'emprisonnement.

(L. n° 2011-1940 du 26 déc. 2011, art. 3, en vigueur le 1er janv. 2012) « La juridiction de jugement peut également astreindre le condamné âgé de plus de seize ans, dans les conditions prévues au même article 132-43, à l'obligation d'accomplir un contrat de service en établissement public d'insertion de la défense mentionné aux articles L. 130-1 à L. 130-5 du code du service national ; le non-respect de cette obligation peut entraîner la révocation du sursis avec mise à l'épreuve et la mise à exécution de la peine d'emprisonnement. Cette obligation ne peut être prononcée contre le prévenu qui la refuse ou qui n'est pas présent à l'audience. Le président du tribunal, avant le prononcé du jugement, vérifie que le prévenu a reçu l'ensemble des informations utiles à la manifestation de son engagement, l'informe de son droit de refuser l'accomplissement d'un contrat de service en établissement public d'insertion de la défense et reçoit sa réponse. »

Dans tous les cas prévus par l'article 20-9 de la présente ordonnance, lorsqu'il s'agit d'une peine ou d'un aménagement de peine pour lequel le juge de l'application des peines peut imposer au condamné une ou plusieurs des obligations prévues en matière de sursis avec mise à l'épreuve, le juge des enfants peut également imposer au condamné de respecter une des mesures mentionnées aux articles 16 et 19, ces mesures pouvant être modifiées pendant l'exécution de la peine. *(L. n° 2011-939 du 10 août 2011, art. 48)* « Il peut également décider de placer le mineur dans un centre éducatif fermé prévu à l'article 33 lorsque le non-respect des obligations prévues en matière de sursis avec mise à l'épreuve peut entraîner la révocation du sursis et la mise à exécution de la peine d'emprisonnement. »

Le responsable du service qui veille à la bonne exécution de la peine doit faire rapport au procureur de la République ainsi qu'au juge des enfants en cas de non-respect par le mineur des obligations qui lui ont été imposées.

Art. 20-11 *(L. n° 2013-711 du 5 août 2013, art. 25)* Lorsque la personne concernée était mineure à la date des faits, le tribunal pour enfants exerce les attributions du tribunal correctionnel pour l'application des articles 728-4 à 728-7 du code de procédure pénale et le juge des enfants exerce les attributions du président du tribunal judiciaire et du juge des libertés et de la détention pour l'application des articles 728-46 et 728-67 du même code.

Art. 20-12 *(L. n° 2015-993 du 17 août 2015, art. 5, en vigueur le 1er oct. 2015)* Le juge pour enfants exerce les attributions du juge de l'application des peines mentionnées aux articles 764-21 à 764-43 du code de procédure pénale en matière de reconnaissance et de mise à exécution des condamnations et des décisions de probation prononcées par une juridiction d'un autre État membre de l'Union européenne à l'égard des personnes mineures à la date des faits.

Art. 21 *(L. n° 72-5 du 3 janv. 1972)* « Sous réserve de l'application des articles 524 à 530-1 du code de procédure pénale, *(L. n° 92-1336 du 16 déc. 1992)* « les contraventions de police des quatre premières classes », commises par les mineurs, sont déférées au tribunal de police siégeant dans les conditions de publicité prescrites à l'article 14 pour le tribunal pour enfants. »

(L. n° 48-1310 du 25 août 1948 ; Ord. n° 58-1300 du 23 déc. 1958) Si la contravention est établie, le tribunal pourra soit simplement admonester le mineur, soit prononcer la peine d'amende prévue par la loi. Toutefois, les mineurs de treize ans ne pourront faire l'objet que d'une admonestation.

En outre, si le tribunal de police estime utile, dans l'intérêt du mineur, l'adoption d'une mesure de surveillance, il pourra, après le prononcé du jugement, transmettre le dossier au juge des enfants, qui aura la faculté de placer le mineur sous le régime de la liberté surveillée.

L'appel des décisions des tribunaux de police est porté devant la cour d'appel dans les conditions prévues à l'article 7 de l'ordonnance n° 58-1274 du 22 décembre 1958 relative à l'organisation des juridictions pour enfants *[COJ, art. L. 223-1]*.

(Abrogé par L. n° 2011-1862 du 13 déc. 2011, art. 2-XVI et 70, mod. par L. n° 2016-1547 du 18 nov. 2016, art. 15-IV, à compter du 1er juill. 2017) (L. n° 2002-1138 du 9 sept. 2002, art. 20) « Pour les contraventions de police des quatre premières classes relevant (L. n° 2005-47 du 26 janv. 2005, art. 9-XXXV, en vigueur le 1er avr. 2005) « du deuxième alinéa de l'article 521 » du code de procédure pénale, le juge de proximité exerce les attributions du tribunal de police dans les conditions prévues au présent article. »

Art. 22 *(L. n° 2017-258 du 28 févr. 2017, art. 33)* Le juge des enfants et le tribunal pour enfants peuvent ordonner l'exécution provisoire de leur décision prononçant une mesure éducative, une sanction éducative et, le cas échéant, une peine autre qu'une peine d'emprisonnement ferme ou assortie d'un sursis partiel et qui ne font pas l'objet d'une des mesures d'aménagement prévues aux articles 132-25 à 132-28 du code pénal.

Lorsque le tribunal pour enfants prononce une peine d'emprisonnement ferme ou assortie d'un sursis partiel, il peut décerner mandat de dépôt ou d'arrêt contre le mineur prévenu dans les conditions prévues à l'article 465 du code de procédure pénale ou *(L. nº 2019-222 du 23 mars 2019, art. 74 et 109-XIX, en vigueur le 24 mars 2020)* « à » l'article 465-1 du même code. *(Abrogé par L. nº 2019-222 du 23 mars 2019, art. 74 et 109-XIX, à compter du 24 mars 2020) « Le second alinéa du même article 465-1 n'est pas applicable aux mineurs. »*

Le tribunal pour enfants peut également maintenir le mineur en détention dans les conditions prévues à l'article 464-1 dudit code.

Lorsque le tribunal pour enfants statue dans les conditions prévues à l'article 14-2 de la présente ordonnance et qu'il constate, à l'égard d'un mineur de moins de seize ans placé sous contrôle judiciaire avec obligation de respecter un placement dans un centre éducatif fermé ou à l'égard d'un mineur de seize ans révolus placé sous contrôle judiciaire ou sous assignation à résidence avec surveillance électronique, que ce mineur n'a pas respecté les obligations de son contrôle judiciaire ou de son assignation à résidence avec surveillance électronique, il peut, par décision spécialement motivée, après avoir constaté la violation de la mesure de sûreté, décerner mandat de dépôt ou d'arrêt contre le mineur, quelle que soit la durée de la peine prononcée.

Ancien art. 22 *Le juge des enfants et le tribunal pour enfants pourront, dans tous les cas, ordonner l'exécution provisoire de leur décision, nonobstant opposition ou appel.*

Les décisions prévues à l'article 15 ci-dessus et prononcées par défaut à l'égard d'un mineur de treize ans, lorsque l'exécution provisoire en aura été ordonnée, seront ramenées à exécution à la diligence du procureur de la République, conformément aux dispositions de (Ord. n° 58-1300 du 23 déc. 1958) *« l'article 707 du code de procédure pénale ».* (L. n° 51-687 du 24 mai 1951) *« Le mineur sera conduit et retenu dans un centre d'accueil ou dans une section d'accueil d'une institution visée à l'article 10 ou dans un dépôt de l'assistance ou dans un centre d'observation. »*

Art. 23 *(Ord. nº 58-1274 du 22 déc. 1958, art. 8 ; Ord. nº 58-1300 du 23 déc. 1958)* Le délégué à la protection de l'enfance exercera à la chambre spéciale de la cour d'appel les fonctions visées à l'article 6 de l'ordonnance susvisée n° 58-1274 du 22 décembre 1958 *[COJ, art. L. 223-2]*. Il siégera comme membre de la *(L. nº 2000-516 du 15 juin 2000, art. 83, en vigueur le 1er janv. 2001)* « chambre de l'instruction » lorsque celle-ci connaîtra d'une affaire dans laquelle un mineur sera impliqué, soit seul, soit avec des coauteurs ou complices majeurs. Il disposera en cause d'appel des pouvoirs attribués au juge des enfants par l'article 29 (alinéa 1er).

Art. 24 *(L. nº 51-687 du 24 mai 1951 ; Ord. nº 58-1300 du 23 déc. 1958)* Les règles sur le défaut et l'opposition résultant des articles 487 et suivants du code de procédure pénale seront applicables aux jugements du juge des enfants et du tribunal pour enfants.

Les dispositions des articles 185 à 187 du code de procédure pénale seront applicables aux ordonnances du juge des enfants et du juge d'instruction spécialement chargé des affaires de mineurs. Toutefois, par dérogation à l'article 186 dudit code les ordonnances du juge des enfants et du juge d'instruction concernant les mesures provisoires prévues à l'article 10 seront susceptibles d'appel. Cet appel sera formé dans les délais de l'article 498 du code de procédure pénale et porté devant la chambre spéciale de la cour d'appel.

(L. nº 2000-516 du 15 juin 2000, art. 86, en vigueur le 1er janv. 2001) « Les règles sur l'appel résultant des dispositions du code de procédure pénale sont applicables aux jugements du juge des enfants et du tribunal pour enfants et aux arrêts de la cour d'assises des mineurs rendus en premier ressort. »

Al. 4 et 5 abrogés par Ord. nº 58-1274 du 22 déc. 1958, art. 8.

Le droit d'opposition, d'appel ou de recours en cassation pourra être exercé soit par le mineur, soit par son représentant légal.

Le recours en cassation n'a pas d'effet suspensif, sauf si une condamnation pénale est intervenue.

Les jugements du juge des enfants seront exempts des formalités de timbre et d'enregistrement.

CHAPITRE III *BIS [ABROGÉ]* ***Du tribunal correctionnel pour mineurs***

(Abrogé par L. n° 2016-1547 du 18 nov. 2016, art. 29, à compter du 1er janv. 2017)

(L. n° 2011-939 du 10 août 2011, art. 49 et 54-I, en vigueur le 1er janv. 2012)

Les dispositions relatives à la suppression des tribunaux correctionnels pour mineurs entrent en vigueur le 1er janv. 2017. Tous les mineurs renvoyés à cette date devant le tribunal correctionnel pour mineurs sont de plein droit renvoyés devant le tribunal pour enfants et tous les majeurs renvoyés à cette date devant le tribunal correctionnel pour mineurs sont de plein droit renvoyés devant le tribunal correctionnel, sans qu'il y ait lieu de renouveler les actes, formalités et jugements régulièrement intervenus avant cette date, à l'exception des convocations et citations données aux parties et aux témoins qui n'ont pas été suivies d'une comparution devant la juridiction supprimée. Lorsque le renvoi est décidé par une juridiction de jugement ou d'instruction au jour de la publication de la présente loi ou postérieurement, les mineurs relevant de la compétence du tribunal correctionnel pour mineurs en application de l'Ord. n° 45-174 du 2 févr. 1945 relative à l'enfance délinquante, dans sa rédaction antérieure à la présente loi, relèvent de la compétence du tribunal pour enfants et doivent être renvoyés devant ce dernier (L. n° 2016-1547 du 18 nov. 2016, art. 29).

Art. 24-1 *Les mineurs âgés de plus de seize ans sont jugés par le tribunal correctionnel pour mineurs lorsqu'ils sont poursuivis pour un ou plusieurs délits punis d'une peine d'emprisonnement égale ou supérieure à trois ans et commis en état de récidive légale.*

(L. n° 2011-1940 du 26 déc. 2011, art. 5-IV, en vigueur le 1er janv. 2012) *« Le tribunal correctionnel pour mineurs est composé selon les modalités prévues à l'article 398 du code de procédure pénale, à l'exception des troisième et cinquième alinéas. Il est présidé par un juge des enfants. »*

(L. n° 2011-1940 du 26 déc. 2011, art. 5-IV, en vigueur le 1er janv. 2013) *« Le juge des enfants qui a renvoyé l'affaire devant le tribunal correctionnel pour mineurs ne peut présider cette juridiction.*

« Lorsque l'incompatibilité prévue au troisième alinéa et le nombre de juges des enfants dans le tribunal judiciaire le justifient, la présidence du tribunal correctionnel pour mineurs peut être assurée par un juge des enfants d'un tribunal pour enfants sis dans le ressort de la cour d'appel et désigné par ordonnance du premier président. »

Les dispositions du chapitre III de la présente ordonnance relatives au tribunal pour enfants s'appliquent au tribunal correctionnel pour mineurs. Toutefois, en ce qui concerne l'article 14, la personne poursuivie, mineure au moment des faits et devenue majeure au jour de l'ouverture des débats, peut demander la publicité des débats dans les conditions prévues au dernier alinéa de l'article 400 du code de procédure pénale.

Le tribunal correctionnel pour mineurs est également compétent pour le jugement des délits et contraventions connexes aux délits reprochés aux mineurs, notamment pour le jugement des coauteurs ou complices majeurs de ceux-ci.

Ancien art. 24-1 *Les mineurs âgés de plus de seize ans sont jugés par le tribunal correctionnel pour mineurs lorsqu'ils sont poursuivis pour un ou plusieurs délits punis d'une peine d'emprisonnement égale ou supérieure à trois ans et commis en état de récidive légale.*

Le tribunal correctionnel pour mineurs est composé selon les modalités prévues à l'article 398 du code de procédure pénale, à l'exception des troisième à cinquième alinéas. Il est présidé par un juge des enfants. — Cet al. a été déclaré non conforme à la Constitution par Décis. du Cons. const. n° 2011-635 DC du 4 août 2011, il sera abrogé à compter du 1er janv. 2013.

Les dispositions du chapitre III de la présente ordonnance relatives au tribunal pour enfants s'appliquent au tribunal correctionnel pour mineurs. Toutefois, en ce qui concerne l'article 14, la personne poursuivie, mineure au moment des faits et devenue majeure au jour de l'ouverture des débats, peut demander la publicité des débats dans les conditions prévues au dernier alinéa de l'article 400 du code de procédure pénale.

Le tribunal correctionnel pour mineurs est également compétent pour le jugement des délits et contraventions connexes aux délits reprochés aux mineurs, notamment pour le jugement des coauteurs ou complices majeurs de ceux-ci.

Art. 24-2 *Le tribunal correctionnel pour mineurs peut être saisi :*

1° Par ordonnance de renvoi du juge des enfants ou du juge d'instruction en application des articles 8 et 9 ;

2° [Dispositions déclarées non conformes à la Constitution par Décis. du Cons. const. n° 2011-635 DC du 4 août 2011].

3° [Dispositions déclarées non conformes à la Constitution par Décis. du Cons. const. n° 2011-635 DC du 4 août 2011].

Art. 24-3 *Si la prévention est établie à l'égard d'un mineur âgé de plus de seize ans, le tribunal correctionnel pour mineurs peut prononcer les mesures et sanctions éducatives prévues aux articles 15-1 à 17 et 19.*

Il peut également prononcer une peine dans les conditions prévues aux articles 20-2 à 20-8.

CHAPITRE III *TER* De la césure du procès pénal des mineurs

(L. n° 2011-939 du 10 août 2011, art. 50)

Art. 24-5 Les articles 132-58 à 132-65 du code pénal relatifs à la dispense de peine et à l'ajournement sont applicables aux mineurs. La dispense et l'ajournement peuvent également être ordonnés pour le prononcé des mesures éducatives et des sanctions éducatives.

Toutefois, l'ajournement du prononcé de la mesure éducative, de la sanction éducative ou de la peine peut être également ordonné lorsque le juge des enfants statuant en chambre du conseil *(L. n° 2016-1547 du 18 nov. 2016, art. 29, en vigueur le 1er janv. 2017)* « ou le tribunal pour enfants » considère :

1° Soit que les perspectives d'évolution de la personnalité du mineur le justifient ;

2° Soit que des investigations supplémentaires sur la personnalité du mineur sont nécessaires.

L'affaire est alors renvoyée à une audience qui doit avoir lieu au plus tard dans les six mois. *(L. n° 2016-1547 du 18 nov. 2016, art. 32)* « Des renvois ultérieurs sont possibles mais, dans tous les cas, la décision sur la mesure éducative, la sanction éducative ou la peine intervient au plus tard un an après la première décision d'ajournement. »

Art. 24-6 Le juge des enfants statuant en chambre du conseil *(L. n° 2016-1547 du 18 nov. 2016, art. 29, en vigueur le 1er janv. 2017)* « ou le tribunal pour enfants » qui ajourne le prononcé de la mesure éducative, de la sanction éducative ou de la peine peut ordonner à l'égard du mineur, à titre provisoire, son placement dans un établissement public ou habilité à cet effet, une mesure de liberté surveillée préjudicielle, une mesure ou une activité d'aide ou de réparation dans les conditions prévues à l'article 12-1 ou une mesure d'activité de jour dans les conditions définies à l'article 16 *ter* *(L. n° 2011-1940 du 26 déc. 2011, art. 2, en vigueur le 1er janv. 2012)* « , le cas échéant, pour les mineurs âgés de plus de seize ans, par l'accomplissement d'un contrat de service en établissement public d'insertion de la défense mentionné aux articles L. 130-1 à L. 130-5 du code du service national ».

Dans le cas mentionné au 2° de l'article 24-5, il ordonne une des mesures d'investigation prévues à l'article 8.

Lorsque l'ajournement est prononcé par le juge des enfants statuant en chambre du conseil, celui-ci peut renvoyer l'affaire devant le tribunal pour enfants.

Art. 24-7 Par dérogation au troisième alinéa de l'article 8-3 et au II de l'article 14-2, le procureur de la République peut faire application des procédures prévues aux mêmes articles à l'encontre d'un mineur pour lequel aucune investigation n'a été ordonnée en application de l'article 8 et alors qu'il n'existe pas dans le dossier d'éléments suffisants sur sa personnalité pour permettre au tribunal de se prononcer, dès lors qu'il requiert dans la saisine du tribunal qu'il soit fait application du présent chapitre.

Le tribunal pour enfants *(Abrogé par L. n° 2016-1547 du 18 nov. 2016, art. 29, à compter du 1er janv. 2017) « ou le tribunal correctionnel pour mineurs »* est alors tenu, après s'être prononcé sur la culpabilité du mineur et, le cas échéant, sur l'action civile, d'ajourner le prononcé de la mesure éducative, de la sanction éducative ou de la peine conformément aux articles 24-5 et 24-6.

Art. 24-8 Les articles 132-66 à 132-70 du code pénal ne sont pas applicables aux mineurs.

CHAPITRE IV La liberté surveillée

Art. 25 *(Ord. n° 58-1300 du 23 déc. 1958)* « La rééducation des mineurs en liberté surveillée est assurée, sous l'autorité du juge des enfants, par des délégués permanents et par des délégués bénévoles à la liberté surveillée.

« Les délégués permanents, agents de l'État nommés par le ministre de la justice, ont pour mission de diriger et de coordonner l'action des délégués ; ils assument en outre la rééducation des mineurs que le juge leur a confiée personnellement.

« Les délégués bénévoles sont choisis parmi les personnes de l'un ou de l'autre sexe, majeures ; ils sont nommés par le juge des enfants. »

(L. nº 51-687 du 24 mai 1951) Dans chaque affaire, le délégué est désigné soit immédiatement par le jugement, soit ultérieurement par ordonnance du juge des enfants, notamment dans le cas de délégation de compétence prévu à l'article 31.

(Ord. nº 58-889 du 24 sept. 1958) « Les frais de transports exposés par les délégués permanents et les délégués à la liberté surveillée pour la surveillance des mineurs ainsi que les frais de déplacements engagés par les délégués permanents dans le cadre de leur mission de direction et coordination de l'action des délégués sont remboursés dans les conditions prévues par la réglementation générale concernant le remboursement des frais engagés par les personnels civils de l'État à l'occasion de leurs déplacements.

« Un arrêté du garde des sceaux, ministre de la justice, et du ministre des finances et des affaires économiques déterminera les modalités selon lesquelles il sera dérogé à cette réglementation pour tenir compte des conditions particulières dans lesquelles des délégués permanents et les délégués à la liberté surveillée sont appelés à réaliser certains de leurs déplacements. »

Art. 26 Dans tous les cas où le régime de la liberté surveillée sera décidé, le mineur, ses parents, son tuteur, la personne qui en a la garde, seront avertis du caractère et de l'objet de cette mesure et des obligations qu'elle comporte.

(Ord. nº 58-1300 du 23 déc. 1958) « Le délégué à la liberté surveillée fera rapport au juge des enfants en cas de mauvaise conduite, de péril moral du mineur, d'entraves systématiques à l'exercice de la surveillance, ainsi que dans le cas où une modification de placement ou de garde lui paraîtra utile. »

En cas de décès, de maladie grave, de changement de résidence ou d'absence non autorisée du mineur, les parents, tuteur, gardien ou patron devront sans retard en informer le délégué.

(L. nº 51-687 du 24 mai 1951) « Si un incident à la liberté surveillée révèle un défaut de surveillance caractérisé de la part des parents ou du tuteur ou gardien, ou des entraves systématiques à l'exercice de la mission du délégué, le juge des enfants ou le tribunal pour enfants, quelle que soit la décision prise à l'égard du mineur, pourra condamner les parents ou le tuteur ou gardien à une amende civile de 1,5 € à 75 €. »

Art. 27 Les mesures de protection, d'assistance, de surveillance, d'éducation ou de réforme ordonnées à l'égard d'un mineur peuvent être révisées à tout moment, sous réserve des dispositions ci-après :

Lorsqu'une année au moins se sera écoulée, depuis l'exécution d'une décision plaçant le mineur hors de sa famille, les parents ou le tuteur ou le mineur lui-même, pourront former une demande de remise ou de restitution de garde en justifiant de leur aptitude à élever l'enfant et d'un amendement suffisant de ce dernier. En cas de rejet, la même demande ne pourra être renouvelée qu'après l'expiration du délai d'un an.

Art. 28 *(L. nº 51-687 du 24 mai 1951 ; Ord. nº 58-1300 du 23 déc. 1958)* Le juge des enfants pourra, soit d'office, soit à la requête du ministère public, du mineur, de ses parents, de son tuteur ou de la personne qui en a la garde, soit sur le rapport du délégué à la liberté surveillée, statuer sur tous les incidents, instances en modification de placement ou de garde, demandes de remise de garde. Il pourra ordonner toutes mesures de protection ou de surveillance utiles, rapporter ou modifier les mesures prises. Le tribunal pour enfants est, le cas échéant, investi du même droit.

Toutefois, le tribunal pour enfants sera seul compétent lorsqu'il y aura lieu de prendre à l'égard d'un mineur qui avait été laissé à la garde de ses parents, de son tuteur ou laissé ou remis à une personne digne de confiance, une des autres mesures prévues aux articles 15 et 16.

Al. 3 abrogé par L. nº 89-461 du 6 juill. 1989, art. 18.

Art. 29 et 30 *Abrogés par L. nº 89-461 du 6 juill. 1989, art. 18.*

Art. 31 Sont compétents pour statuer sur tous incidents, instances modificatives de placement ou de garde, demandes de remise de garde :

1° Le juge des enfants ou le tribunal pour enfants ayant primitivement statué. Dans le cas où *il* s'agit d'une juridiction n'ayant pas un caractère permanent ou lorsque la décision initiale émane d'une cour d'appel, la compétence appartiendra au juge des enfants ou au tribunal pour enfants du domicile des parents ou de la résidence actuelle du mineur ;

2° Sur délégation de compétence accordée par le juge des enfants ou par le tribunal pour enfants ayant primitivement statué, le juge des enfants ou le tribunal pour enfants du domicile des parents, de la personne, de l'œuvre, de l'établissement ou de l'institution à qui le mineur a été confié par décision de justice ainsi que le juge des enfants ou le tribunal pour enfants *(L. nº 51-687 du 24 mai 1951)* « du lieu où le mineur se trouvera, en fait, placé ou arrêté ».

Si l'affaire requiert célérité, toutes mesures provisoires pourront être ordonnées par le juge des enfants *(L. nº 51-687 du 24 mai 1951)* « du lieu où le mineur se trouvera, en fait, placé ou arrêté ».

Art. 32 Les dispositions des articles 22, 23 et 24 sont applicables aux décisions rendues sur incident à la liberté surveillée, instances modificatives de placement ou de garde, demandes de remise de garde.

CHAPITRE V *Dispositions diverses*

Art. 33 *(L. nº 2002-1138 du 9 sept. 2002, art. 22)* Les centres éducatifs fermés sont des établissements publics ou des établissements privés habilités dans des conditions prévues par décret en Conseil d'État, dans lesquels les mineurs sont placés en application d'un contrôle judiciaire ou d'un sursis avec mise à l'épreuve *(L. nº 2007-297 du 5 mars 2007, art. 62)* « ou d'un placement à l'extérieur » *(L. nº 2004-204 du 9 mars 2004, art. 195)* « ou à la suite d'une libération conditionnelle ». Au sein de ces centres, les mineurs font l'objet des mesures de surveillance et de contrôle permettant d'assurer un suivi éducatif et pédagogique renforcé et adapté à leur personnalité. *(Abrogé par L. nº 2019-222 du 23 mars 2019, art. 94) « La violation des obligations auxquelles le mineur est astreint en vertu des mesures qui ont entraîné son placement dans le centre peut entraîner, selon le cas, le placement en détention provisoire ou l'emprisonnement du mineur. »*

(L. nº 2019-222 du 23 mars 2019, art. 94) « Dans le cadre du placement en centre éducatif fermé, le magistrat ou la juridiction peut, durant le temps et selon les modalités qu'il détermine, autoriser l'établissement à organiser un accueil temporaire du mineur dans d'autres lieux afin de préparer la fin du placement ou de prévenir un incident grave.

« La violation des obligations auxquelles le mineur est astreint en vertu des mesures qui ont entraîné son placement dans le centre, y compris en cas d'accueil dans un autre lieu, peut entraîner, selon le cas, le placement en détention provisoire ou l'emprisonnement du mineur. »

L'habilitation prévue *(L. nº 2019-222 du 23 mars 2019, art. 94)* « au premier alinéa » ne peut être délivrée qu'aux établissements offrant une éducation et une sécurité adaptées à la mission des centres ainsi que la continuité du service.

A l'issue du placement en centre éducatif fermé ou, en cas de révocation du contrôle judiciaire ou du sursis avec mise à l'épreuve, à la fin de la mise en détention, le juge des enfants prend toute mesure permettant d'assurer la continuité de la prise en charge éducative du mineur en vue de sa réinsertion durable dans la société.

Art. 34 *(L. nº 2002-1138 du 9 sept. 2002, art. 23)* Lorsque le mineur est placé dans l'un des centres prévus à l'article 33, les allocations familiales sont suspendues. Toutefois, le juge des enfants peut les maintenir lorsque la famille participe à la prise en charge morale ou matérielle de l'enfant ou en vue de faciliter le retour de l'enfant dans son foyer.

Les allocations familiales suspendues concernent la seule part représentée par l'enfant délinquant dans le calcul des attributions d'allocations familiales.

Art. 35 *(L. nº 2002-1138 du 9 sept. 2002, art. 32)* Les députés et les sénateurs sont autorisés à visiter à tout moment les établissements publics ou privés accueillant des mineurs délinquants de leur département.

Art. 36 *Abrogé par Ord. nº 58-1296 du 23 déc. 1958, art. 9.*

Art. 37 Dans le cas d'infractions dont la poursuite est réservée d'après les lois en vigueur aux administrations publiques, le procureur de la République aura seul qualité pour exercer la poursuite sur la plainte préalable de l'administration intéressée.

Art. 38 Dans chaque tribunal, le greffier tiendra un registre spécial, non public, dont le modèle sera fixé par arrêté ministériel et sur lequel seront mentionnées toutes les décisions concernant les mineurs, y compris celles intervenues sur incident à la liberté surveillée, instances modificatives de placement ou de garde et remises de garde.

Art. 39 Toute personne, toute œuvre ou toute institution, même reconnue d'utilité publique, s'offrant à recueillir d'une façon habituelle des mineurs en application de la présente ordonnance, devra obtenir du préfet une habilitation spéciale dans des conditions qui seront fixées par décret. Cette disposition est également applicable aux personnes, aux œuvres et aux institutions exerçant actuellement leur activité au titre de la loi du 22 juillet 1912. — *V. Décr. n° 46-734 du 16 avr. 1946.*

Art. 40 Dans tous les cas où le mineur est remis à titre provisoire ou à titre définitif à une personne autre que son père, mère, tuteur ou à une personne autre que celle qui en avait la garde, la décision devra *(L. n° 2019-222 du 23 mars 2019, art. 94)* « fixer les modalités du droit de visite et d'hébergement des parents et » déterminer la part des frais d'entretien et de placement qui est mise à la charge de la famille.

Ces frais sont recouvrés comme frais de justice criminelle au profit du Trésor public.

Les allocations familiales, majorations et allocations d'assistance auxquelles le mineur ouvre droit seront, en tout état de cause, versées directement par l'organisme débiteur à la personne ou à l'institution qui a la charge du mineur pendant la durée du placement.

(L. n° 51-687 du 24 mai 1951) « Lorsque le mineur est remis à l'assistance à l'enfance, la part des frais d'entretien et de placement qui n'incombe pas à la famille est mise à la charge du Trésor. »

(L. n° 2019-222 du 23 mars 2019, art. 94) « Les père et mère du mineur bénéficiant d'une mesure de placement au titre de la présente ordonnance continuent à exercer tous les attributs de l'autorité parentale qui ne sont pas inconciliables avec cette mesure. Toutefois, la personne, le service ou l'établissement auquel l'enfant est confié accomplit tous les actes usuels relatifs à sa surveillance et à son éducation.

« Sans préjudice du cinquième alinéa du présent article, le juge compétent pour statuer sur le placement peut exceptionnellement, dans tous les cas où l'intérêt de l'enfant le justifie, autoriser la personne, le service ou l'établissement auquel est confié le mineur à exercer un acte relevant de l'autorité parentale en cas de refus abusif ou injustifié ou en cas de négligence des détenteurs de l'autorité parentale, à charge pour le demandeur de rapporter la preuve de la nécessité de cette mesure. »

Art. 41 *(L. n° 51-687 du 24 mai 1951)* Des décrets détermineront les mesures d'application de la présente ordonnance, et notamment les conditions de remboursement des frais d'entretien, de rééducation et de surveillance des mineurs confiés à des personnes, institutions ou services, par application de la présente ordonnance. — *V. Décr. n° 46-734 du 16 avr. 1946 et Décr. n° 88-949 du 6 oct. 1988.*

Art. 42 *(L. n° 51-687 du 24 mai 1951)* Sont abrogés la loi du 22 juillet 1912 et les textes qui l'ont complétée et modifiée ainsi que la loi du 5 août 1850 sur l'éducation et le patronage des jeunes détenus.

La présente ordonnance sera applicable aux départements d'outre-mer. — *L'ordonnance modifiée du 2 févr. 1945 est étendue au département [à la collectivité territoriale] de Saint-Pierre-et-Miquelon à compter du 1er oct. 1978 (Ord. n° 77-1100 du 26 sept. 1977, art. 26 et 27 ; JO 30 sept.). — Pour son application à Mayotte, V. Ord. n° 91-245 du 25 févr. 1991, art. 23 (JO 6 mars), ratifiée par L. n° 91-1379 du 28 déc. 1991 (JO 1er janv. 1992).*

Art. 43 *(L. n° 2016-1547 du 18 nov. 2016, art. 33)* Les magistrats ou juridictions qui ordonnent ou assurent le suivi du placement d'un mineur en application de la présente ordonnance ou les magistrats qui sont chargés de l'exécution de cette décision peuvent requérir directement la force publique pour faire exécuter cette décision, durant la minorité de l'intéressé.

CHAPITRE VI ***Dispositions applicables dans les territoires d'outre-mer et dans le Département de Mayotte*** *(Ord. n° 2011-337 du 29 mars 2011, en vigueur le 1er avr. 2011).*

(Ord. n° 96-268 du 28 mars 1996, ratifiée par L. n° 96-1240 du 30 déc. 1996)

Art. 44 *(L. n° 2019-222 du 23 mars 2019, art. 110)* « Sous réserve des adaptations prévues aux articles 45 et 46, les dispositions de la présente ordonnance, à l'exception du deuxième alinéa de l'article 16 *bis*, des articles 25, 26 et 39 à 41, sont applicables, dans leur rédaction résultant de la loi n° 2019-222 du 23 mars 2019 de programmation 2018-2022 et de réforme pour la justice, en Nouvelle-Calédonie, en Polynésie française et dans les îles Wallis-et-Futuna. »

Les dispositions du code de procédure pénale auxquelles il est fait référence dans la présente ordonnance sont applicables sous réserve des adaptations prévues au titre Ier du livre VI de ce même code.

Art. 45 Dans les territoires d'outre-mer et en Nouvelle-Calédonie le IV de l'article 4 s'applique dans les conditions suivantes :

I. – En Polynésie française :

En l'absence d'avocat dans l'île où se déroule la garde à vue et lorsque le déplacement d'un avocat paraît matériellement impossible, l'entretien peut avoir lieu avec une personne qui n'a fait l'objet d'aucune condamnation, incapacité ou déchéance mentionnée au bulletin n° 2 du casier judiciaire et qui n'est pas mise en cause pour les mêmes faits ou pour des faits connexes.

II. – En Nouvelle-Calédonie :

Lorsque la garde à vue se déroule en dehors des communes de Nouméa, Mont-Dore, Dumbea et Païta et que le déplacement de l'avocat paraît matériellement impossible, l'entretien peut avoir lieu avec une personne qui n'a fait l'objet d'aucune condamnation, incapacité ou déchéance mentionnée au bulletin n° 2 du casier judiciaire et qui n'est pas mise en cause pour les mêmes faits ou pour des faits connexes.

III. – A Wallis-et-Futuna :

Il peut être fait appel à une personne agréée par le président du tribunal de première instance.

Art. 46 Les articles 10 et 16 *bis* sont modifiés comme suit :

I. – *(L. n° 96-1240 du 30 déc. 1996)* « Pour son application dans les territoires de la Nouvelle-Calédonie, de la Polynésie française et des îles Wallis-et-Futuna, au onzième alinéa de l'article 10, les mots : "par le ministre de la justice" sont remplacés par les mots : "dans les conditions fixées par la réglementation applicable localement". »

II. – Pour l'application du troisième alinéa de l'article 16 *bis*, le juge des enfants pourra prescrire une ou plusieurs mesures de protection, d'assistance, de surveillance et d'éducation, soit en milieu ouvert, soit sous forme de placement.

Art. 47 Sous réserve des adaptations prévues aux articles 48 et 49, les dispositions de la présente ordonnance sont applicables *(Ord. n° 2011-337 du 29 mars 2011, en vigueur le 1er avr. 2011)* « dans le Département de Mayotte ».

Les dispositions du code de procédure pénale auxquelles il est fait référence dans la présente ordonnance sont applicables sous réserve des adaptations prévues au titre II du livre VI de ce même code.

Art. 48 Pour son application *(Ord. n° 2011-337 du 29 mars 2011)* « dans le Département de Mayotte », l'article 20 est rédigé comme suit :

Art. 20 Le mineur âgé de seize ans au moins, accusé de crime, sera jugé par la "cour d'assises des mineurs" composée de la même façon que la "cour d'assises". Toutefois, un des assesseurs sera remplacé, sauf impossibilité, par le magistrat du siège du "tribunal judiciaire" exerçant les fonctions de juge des enfants.

La "cour d'assises des mineurs" se réunit au siège de la "cour d'assises" sur convocation du président "de la chambre d'appel de Mamoudzou". Son président sera désigné et remplacé, s'il y a lieu, dans les conditions prévues par les dispositions de la procédure pénale applicables *(Ord. n° 2011-337 du 29 mars 2011)* « dans le Département de Mayotte » en matière criminelle.

Le président de la "cour d'assises des mineurs" et la "cour d'assises des mineurs" exercent respectivement les attributions dévolues par les dispositions de procédure pénale applicables *(Ord. n° 2011-337 du 29 mars 2011)* « dans le Département de Mayotte » au président de la "cour d'assises" et à cette cour.

Les fonctions du ministère public auprès de la "cour d'assises des mineurs" sont remplies par le "procureur général près la cour d'appel de Saint-Denis de La Réunion", celles de greffier par un greffier "de la chambre d'appel de Mamoudzou".

Les dispositions des premier, deuxième, quatrième et cinquième alinéas de l'article 14 s'appliqueront à la "cour d'assises des mineurs".

Après l'interrogatoire des accusés, le président de la "cour d'assises des mineurs" pourra, à tout moment, ordonner que l'accusé mineur se retire pendant tout ou partie de la suite des débats.

Il sera procédé en ce qui concerne les mineurs âgés de seize ans au moins, accusés de crime, conformément aux dispositions de procédure pénale applicables *(Ord. n° 2011-337 du 29 mars 2011)* « dans le Département de Mayotte ».

Si l'accusé a moins de dix-huit ans, le président posera, à peine de nullité, les deux questions suivantes :

1° Y a-t-il lieu d'appliquer à l'accusé une condamnation pénale ?

2° Y a-t-il lieu d'exclure l'accusé du bénéfice de la diminution de peine prévue à l'article 20-2 ?

(Abrogé par L. n° 2014-896 du 15 août 2014, art. 7, à compter du 1er oct. 2014) (L. n° 2007-1198 du 10 août 2007) « S'il est reproché à l'accusé une des infractions prévues aux 2° et 3° de l'article 20-2 commise une nouvelle fois en état de récidive légale, la deuxième question est ainsi rédigée :

« "2° Y a-t-il lieu d'appliquer à l'accusé le bénéfice de la diminution de peine prévue à l'article 20-2 ?" »

(L. n° 2016-1547 du 18 nov. 2016, art. 30) « S'il est décidé que l'accusé mineur déclaré coupable ne doit pas faire l'objet d'une condamnation pénale, les mesures éducatives ou les sanctions éducatives sur lesquelles la cour et le jury sont appelés à statuer sont celles prévues à l'article 15-1, aux 1° à 4° de l'article 16, à l'article 16 *bis* et au chapitre IV.

« Cependant, lorsqu'une condamnation pénale est décidée, la cour et le jury peuvent, en outre, statuer sur le prononcé des mesures éducatives mentionnées aux 1° à 4° de l'article 16, à l'article 16 *bis* et au chapitre IV. »

Art. 49 *(Ord. n° 2011-337 du 29 mars 2011, en vigueur le 1er avr. 2011)* **Pour l'application de la présente ordonnance dans le Département de Mayotte, les mots : "chambre spéciale de la cour d'appel" sont remplacés par les mots : "chambre d'appel de Mamoudzou".**

Les attributions dévolues par la présente ordonnance aux avocats peuvent être exercées par des personnes agréées par le président de la chambre d'appel de Mamoudzou.

Décret n° 46-734 du 16 avril 1946,

Relatif aux personnes, institutions ou services recevant des mineurs délinquants.

TITRE PREMIER Des institutions privées

SECTION I *Dispositions générales*

Art. 1er à 5 *Abrogés par Décr. n° 88-949 du 6 oct. 1988, art. 15. — V. ce décret.*

Art. 6 Les personnes ou institutions recevant des mineurs en internat doivent assurer leur relèvement par un régime comportant l'éducation morale, la formation du caractère, l'éducation physique, un complément d'instruction générale et l'apprentissage d'un métier. Elles doivent, en outre, se conformer aux prescriptions légales concernant l'obligation scolaire.

Un règlement intérieur, établi par chaque institution, précise la manière dont il sera satisfait à ces obligations.

Ce document fixe également les règles relatives à la constitution et à la gestion du fonds de pécules, aux taux et aux modalités des versements, à la répartition du fonds entre les mineurs.

Le règlement intérieur est soumis à l'agrément du ministre de la justice.

Il appartient au garde des sceaux d'accorder à certaines institutions une dispense portant sur celles des obligations susvisées qui seraient incompatibles avec leur caractère particulier.

Art. 7 Un extrait de la décision confiant un mineur à une personne ou à une institution privée est notifié au ministre de la justice ainsi qu'à la personne ou à l'institution par le juge des enfants, ou, à Paris, par le président du tribunal pour enfants qui prend toutes mesures nécessaires pour la remise du mineur.

Une notice individuelle, dont la forme sera prévue par circulaire ministérielle, est également adressée au ministre de la justice.

Art. 8 Dès l'arrivée du mineur chez la personne ou dans l'institution à laquelle il a été confié, un dossier est ouvert à son nom sur lequel mention est faite de tout renseignement concernant sa conduite, sa santé, son instruction et son éducation professionnelle, ses rapports avec sa famille, son salaire, les dépenses faites à son intention ainsi que la somme versée à son *(Décr. n° 2008-1266 du 4 déc. 2008, art. 2-V)* **« livret A ».**

Art. 9 Tous les six mois (1er mars, 1er septembre) et toutes les fois qu'elle y est invitée, la personne ou l'institution fait parvenir, en double exemplaire, à la juridiction pour enfants qui a été appelée à statuer, des renseignements sur chaque mineur qui lui a été confié. Ces renseignements portent notamment sur l'amendement du mineur, sur sa santé et sur les progrès accomplis dans les disciplines scolaires et professionnelles.

Chaque année, avant le 1er mars, elle est tenue de fournir le relevé du compte du mineur au ministre de la justice ainsi qu'au préfet, qui le soumettra au conseil départemental de l'assistance publique et privée.

Art. 10 Après examen des documents visés aux articles 9 et 13, le juge des enfants ou, à Paris, le président du tribunal pour enfants procède, s'il le juge utile, à un nouvel examen

de la situation du mineur et peut faire application des articles 27 et 28 de l'ordonnance du 2 février 1945.

Art. 11 Les mineurs ayant donné entière satisfaction peuvent bénéficier de permissions et d'une mise en liberté d'épreuve ou être autorisés à souscrire un engagement militaire dans des conditions qui seront fixées par arrêté du garde des sceaux.

Art. 12 La personne ou l'institution à qui la garde du mineur a été confiée ne peut, sous réserve de toute mesure d'urgence dont il sera immédiatement rendu compte au juge des enfants et, à Paris, au président du tribunal pour enfants, se décharger de cette garde qu'après avoir obtenu une décision de la juridiction compétente pour statuer sur la modification du placement.

Art. 13 La personne ou l'institution ayant la garde du mineur doit faire connaître immédiatement au ministre de la justice, au préfet et au juge des enfants, ou, à Paris, au président du tribunal pour enfants, tous les événements modifiant la situation de l'enfant (placement, modification de placement, évasion, maladie, entrée à l'hôpital, sortie de l'hôpital, décès) et, un mois à l'avance, la date de sa libération, à l'expiration de la mesure de placement.

Art. 14 Les frais d'hospitalisation d'un mineur confié à une institution privée, par application de l'ordonnance du 2 février 1945, sont imputés au budget du ministère de la justice pendant six mois ; passé ce délai, si l'état du pupille exige son maintien à l'hôpital, les frais sont à la charge de la famille ou de la collectivité administrative du domicile de secours, conformément aux prescriptions des lois d'assistance.

Lorsque la durée du séjour d'un mineur dans un hôpital dépasse six mois, l'œuvre en avise le juge des enfants ou, à Paris, le président du tribunal pour enfants, à l'effet d'examiner s'il n'y a pas lieu de modifier la mesure primitive.

Art. 15 Les personnes ou institutions habilitées à recevoir des mineurs délinquants doivent tenir une comptabilité annuelle où sont décrites toutes les opérations effectuées tant en recettes qu'en dépenses. Les modalités de cette comptabilité seront déterminées par un arrêté interministériel.

Art. 16 Un relevé des sommes inscrites à son compte d'épargne et des sommes prélevées sur son salaire est remis annuellement au mineur.

Le solde porté à l'actif de ce compte doit obligatoirement être versé tous les six mois au livret de caisse d'épargne ouvert au nom du mineur.

Ce livret est conservé jusqu'à sa libération, sa majorité ou son mariage, par la personne ou l'institution à laquelle la garde de l'enfant a été confiée, les fonds figurant audit livret ne pouvant être retirés sauf autorisation spéciale du juge des enfants ou, à Paris, du président du tribunal pour enfants.

Art. 17 La personne ou le représentant de l'institution adresse chaque année au juge des enfants ou, à Paris, au président du tribunal pour enfants avant le 31 janvier, en double exemplaire, un rapport sur le fonctionnement général de l'institution, au point de vue moral et financier.

Le juge des enfants transmet dans la quinzaine un exemplaire de ce document au ministre de la justice, assorti, s'il y a lieu, de ses observations.

SECTION II *Dispositions spéciales aux mineurs placés*

Art. 18 Les institutions pratiquant le placement sont soumises aux obligations suivantes :

1° Tenue à jour, au siège social de l'œuvre, des listes de placement et des dossiers individuels ;

2° Organisation d'un contrôle médical ;

3° Exercice de la surveillance des placements et conduite des mineurs ;

4° Tenue pour chaque mineur placé d'un compte sur registre coté indiquant avec la date des opérations :

a) Le salaire gagné et les gratifications reçues par le pupille ;

b) Les dépenses de vêture et connexes faites au profit du pupille ;

c) Les sommes remises au pupille comme argent de poche ;

d) Les versements effectués au livret de caisse d'épargne ;

e) Le montant et la cause des retraits opérés sur le livret.

En aucun cas, le compte du mineur ne doit être débité des frais occasionnés par sa conduite du siège social de l'institution jusqu'à son lieu de placement et, en cas de libération, du lieu de placement à son domicile.

Art. 19 Les contrats de placement sont rédigés en triple exemplaire sur papier libre et sans frais dont l'un reste à l'institution, l'autre est remis à l'employeur et le troisième adressé au juge des enfants ou, à Paris, au président du tribunal pour enfants.

Le juge des enfants, après avoir visé cet exemplaire, le transmet au ministère de la justice, assorti de ses observations, s'il y a lieu. Ces contrats déterminent notamment le salaire et le décomposent ainsi qu'il suit :

1° Part affectée à la vêture et aux menus frais de son entretien ;

2° Sommes remises toutes les semaines comme argent de poche ;

3° Solde à verser par l'institution tous les six mois à la caisse d'épargne sur le produit du travail.

Art. 20 L'institution doit remettre à l'employeur un carnet individuel pour chaque mineur. Les visites médicales, les visites du représentant de l'institution y sont inscrites avec leurs dates. Mention est également faite sur le carnet des versements des gages revenant au mineur, de sa conduite, de sa santé et de son travail.

Art. 21 Le préfet, avisé du placement conformément aux articles 9 et 13 du présent décret, fait procéder au contrôle sur place des mineurs par les inspecteurs sociaux de la population.

Art. 22 Ce contrôle est assuré au moins semestriellement. L'inspecteur social de la population consigne sur le carnet visé à l'article 20 le détail de ses visites ainsi que les remarques auxquelles elles auront donné lieu. Il adresse, en outre, un rapport d'inspection au ministre de la justice et au juge des enfants ou, à Paris, au président du tribunal pour enfants. Les frais résultant de ces déplacements sont compris dans les dépenses de contrôle sur place des lois d'assistance et remboursés aux fonctionnaires de l'inspection sociale de la population par le ministère de la justice dans les conditions prévues par les textes en vigueur.

Art. 23 Lorsqu'il s'agit d'un pupille de la nation, les renseignements fournis par application des articles 9 et 13 du présent décret sont également adressés par la personne ou l'institution chargée de la garde du mineur, au président de l'office départemental du lieu de la juridiction qui a statué. Un exemplaire supplémentaire du contrat de placement mentionné à l'article 19 du présent décret est, de même, adressé, lorsqu'il s'agit d'un pupille de la nation, au président de l'office départemental, du domicile légal du pupille.

Art. 24 Le contrôle prévu par les articles 21 et 22 du présent décret à l'égard des mineurs placés est exercé, en ce qui concerne les pupilles de la nation, par des délégués choisis par le président de l'office départemental du lieu de placement.

Un exemplaire du rapport prévu à l'article 22 est adressé par le délégué au président de l'office départemental du domicile légal du pupille.

SECTION III *Taux et conditions d'allocation des indemnités*

Art. 25 Les personnes et les institutions habilitées à recevoir des mineurs délinquants peuvent bénéficier des allocations journalières forfaitaires versées par l'État.

Les taux de ces allocations sont calculés pour chaque personne ou œuvre dans les conditions suivantes :

1° Mineurs placés en internat : remboursement effectué sur la base d'un prix de journée fixé suivant la réglementation en matière de prix de journée des établissements hospitaliers ;

2° Mineurs placés dans les familles ; lorsqu'ils sont soumis à l'obligation scolaire, ou bénéficient d'un contrat d'apprentissage, remboursement effectué sur la base :

a) De la pension fixée pour les mineurs du même âge en application des lois sur l'assistance à l'enfance ;

b) D'une indemnité supplémentaire représentant une participation aux frais d'entretien et de surveillance, dont le taux sera fixé par le préfet du siège social de l'institution au vu des ressources de celle-ci ;

3° Mineurs placés à gages : indemnité représentant une participation aux frais de surveillance et, éventuellement, aux frais d'entretien des mineurs dont le taux sera fixé par le préfet du siège social de l'institution au vu des ressources de celle-ci.

Art. 25-1 *(Décr. n° 93-1309 du 13 déc. 1993)* Les personnes physiques et les établissements ou services dépendant d'une personne morale habilités à mettre en œuvre la mesure ou l'activité d'aide ou de réparation visée à l'article 12-1 de l'ordonnance du 2 février 1945 susvisée peuvent bénéficier d'une rémunération versée par l'État dans les conditions suivantes :

1° Mineurs suivis par un service : remboursement sur la base d'un prix du cas fixé, chaque année, pour chaque service, par le préfet du lieu d'implantation du service, sur rapport du directeur interrégional de la protection judiciaire de la jeunesse.

Le prix du cas est calculé en divisant le prix de revient prévisionnel du service par le nombre de mesures de réparation prévu au titre de l'année considérée.

Le prix de revient prévisionnel du service est égal à la totalité des dépenses d'exploitation reconnues justifiées et non excessives, déduction faite des recettes en atténuation. Il est majoré ou diminué, le cas échéant, du déficit ou de l'excédent d'exploitation de la pénultième année approuvé par l'administration après contrôle des sommes figurant aux comptes de charges et de produits.

Le prix du cas peut être révisé en cours d'année à l'initiative de l'administration ou à la demande de l'organisme gestionnaire du service habilité. La demande doit être justifiée par une variation sensible de l'activité ou des coûts de fonctionnement dont l'origine n'est pas imputable au service.

Le service est tenu de présenter à l'administration le bilan et le compte d'exploitation relatifs à chaque exercice clos avant le 1er juillet qui suit cet exercice et de mettre à la disposition de l'administration toutes les pièces justificatives permettant leur contrôle.

2° Mineurs confiés à un établissement : remboursement sur la base de l'indemnité prévue à l'article R. 121 du code de procédure pénale pour une mission de médiation ou une mission tendant à favoriser la réparation du dommage lorsque la durée de la mission est supérieure à un mois et inférieure ou égale à trois mois, majorée, le cas échéant, des frais de déplacement calculés dans les conditions fixées pour les déplacements des fonctionnaires.

3° Mineurs suivis par une personne physique : remboursement sur la base de l'indemnité prévue à l'article R. 121-3° du code de procédure pénale pour une mission de médiation ou une mission tendant à favoriser la réparation du dommage, majorée, le cas échéant, des frais de déplacement calculés dans les conditions fixées pour les déplacements des fonctionnaires.

La mesure ou l'activité d'aide ou de réparation mentionnée au premier alinéa ne peut faire l'objet que d'une seule rémunération quel que soit le nombre de décisions judiciaires ordonnées à l'égard du mineur au cours de la même phase procédurale.

Art. 26 Lorsque les prix de journée et les indemnités variables excéderont les taux de référence fixés annuellement par décision conjointe du garde des sceaux et du ministre des finances, ils seront soumis au contrôle du ministre des finances qui pourra en provoquer la révision.

Art. 27 Les personnes ou les institutions établissent tous les trois mois des états détaillés, en double exemplaire, contenant les indications suivantes :

a) Nom, prénom, date de naissance des mineurs ;
b) Tribunal qui a prononcé la décision et date du jugement ;
c) Date d'entrée effective et date de sortie fixée au jugement ;
d) Nom et adresse de l'employeur et lieu de séjour pendant le trimestre ;
e) Taux de l'indemnité allouée et total de l'allocation.

Ces deux états sont adressés au ministère de la justice avec le mémoire sur timbre, au plus tard le 10 du mois qui suit le trimestre écoulé.

Art. 28 Les frais de conduite des mineurs jusqu'au siège social de l'institution et du siège social au lieu du premier placement sont remboursés par l'État dans les conditions et d'après un tarif fixés par un arrêté signé du ministre de la justice et du ministre des finances.

Les frais de conduite entraînés par les modifications de placement entrent en ligne de compte dans le calcul de l'allocation prévue par l'article 25. Il en est de même en cas de *remise de l'enfant* à sa famille.

SECTION IV *Contrôle des institutions privées*

Art. 29 Les personnes et les institutions qui reçoivent des mineurs délinquants sont soumises aux contrôles sur place de l'autorité judiciaire et des représentants du ministère de la justice.

Les contrôles ont principalement pour but :

1° De vérifier l'application des prescriptions du présent décret, et notamment de son article 6 ;

2° De constater que l'enfant est placé dans de bonnes conditions d'hygiène et de moralité, que l'organisation médicale est satisfaisante ;

3° D'apprécier la valeur morale et professionnelle du personnel éducatif ;

4° De vérifier si les statuts de l'institution sont appliqués, notamment si le conseil d'administration s'acquitte réellement de sa tâche et si l'assemblée générale, régulièrement composée, contrôle la gestion de l'œuvre ;

5° D'examiner la comptabilité de l'institution afin de s'assurer de l'emploi intégral de ses ressources dans l'intérêt des mineurs et de la stricte application du règlement du pécule.

Les représentants des institutions sont tenus de laisser procéder à toutes vérifications de caisse, de comptabilité et de magasin.

Les personnes chargées du contrôle entendront les mineurs hors la présence des représentants de l'institution.

Tous les registres et dossiers, et généralement tous documents relatifs au fonctionnement administratif et financier, doivent être communiqués.

Art. 30 Le contrôle judiciaire est exercé par le juge des enfants ou, à Paris, le président du tribunal pour enfants et par le premier président de la cour d'appel, le procureur général, le procureur de la République et les magistrats délégués par ces autorités.

Le juge des enfants ou, à Paris, le président du tribunal pour enfants, doit au moins une fois par an, dans les limites de son ressort, visiter tous les locaux ou établissements dans lesquels sont placés provisoirement ou définitivement des mineurs délinquants et en vérifier le fonctionnement. Il adresse au ministre de la justice un compte rendu de ses visites. Il lui appartient de signaler, le cas échéant, au garde des sceaux, l'opportunité de procéder à une inspection administrative.

Art. 31 Le contrôle administratif est exercé par les représentants qualifiés du ministre de la justice, les inspecteurs de la protection judiciaire de la jeunesse et par les membres de l'inspection générale des services administratifs. Ces fonctionnaires rendent compte de leur mission au garde des sceaux.

Art. 32 Concurremment à ces contrôles, l'inspecteur social de la population exerce, dans les conditions prévues à l'article 22, une surveillance des mineurs en internat. Ses visites doivent avoir lieu au moins une fois par an et font l'objet d'un rapport adressé au ministre de la justice.

TITRE II Du placement des mineurs dans une institution ou un service relevant exclusivement d'un autre département que le ministère de la justice

Art. 33 à 35 *Abrogés par Décr. n° 88-949 du 6 oct. 1988, art. 15.* — V. ce décret.

Art. 36 Lorsqu'un mineur, confié pour la durée des soins à une institution relevant du ministère de la santé publique et de la population sera guéri, l'institution devra en informer aussitôt le juge des enfants compétent afin qu'il soit statué à nouveau.

Art. 37 Les institutions visées au présent titre sont soumises aux contrôles prévus par les articles 29, 30 et 31 du présent décret.

Art. 38 Lorsque l'état d'un mineur confié à l'une des institutions susvisées nécessite son admission dans un établissement hospitalier non habilité, les frais d'hospitalisation sont imputés comme il est dit à l'article 14.

Dans le cas où le mineur est remis, par application des articles 10, 15 et 16 de l'ordonnance du 2 février 1945, à un établissement hospitalier, le remboursement des dépenses avancées par ces établissements est opéré par le ministre de la justice, selon le prix de journée arrêté par le préfet, conformément aux textes en vigueur.

Art. 39 Dans le cas où le mineur est remis, par application des mêmes textes, à une institution ou à un service relevant exclusivement d'un autre département que le ministère de la justice, le remboursement des dépenses avancées est opéré par le ministre de la justice, selon un taux déterminé pour chaque institution par le garde des sceaux après accord avec le ministre intéressé.

Décret n° 52-403 du 12 avril 1952, *portant règlement d'administration publique pour l'application de l'article 2 de l'ordonnance du 2 février 1945 relative à l'enfance délinquante, modifiée par la loi du 24 mai 1951.* **Art. 1er** Les mineurs délinquants condamnés à l'emprisonnement, par application de l'alinéa 2 de l'article 2 de l'ordonnance du 2 février 1945 *et des articles 67 et 69 [art. 66 et 67] du code pénal,* exécutent leur peine dans les conditions fixées par le présent décret.

Art. 2 S'ils sont âgés de moins de vingt ans révolus à la date où la condamnation devient définitive, les mineurs visés à l'article 1er sont détenus :

Dans une institution spéciale relevant de l'administration de la protection judiciaire de la jeunesse, lorsque le reliquat de la peine à subir à la date susindiquée est d'une durée d'au moins douze mois ;

Dans le quartier spécial d'une maison d'arrêt ou de correction figurant sur une liste établie par arrêté du garde des sceaux, ministre de la justice, lorsque ce reliquat est d'une durée inférieure à douze mois.

S'ils sont âgés de vingt ans révolus à la même date, ils suivent la destination pénitentiaire des majeurs condamnés à l'emprisonnement.

Art. 3 Les jeunes condamnés placés à l'institution spéciale de protection judiciaire de la jeunesse y sont maintenus jusqu'à leur libération, et au plus tard jusqu'à l'âge de vingt-huit ans. Leur vingt-huitième année révolue, ils sont transférés dans un établissement pénitentiaire pour y subir le reste de leur peine.

Ils peuvent, toutefois, à tout moment, dès lors qu'ils sont âgés de plus de dix-sept ans, faire l'objet d'un tel transfert lorsque leur comportement est reconnu dangereux ou incompatible avec le régime de l'institution spéciale.

Art. 4 Le régime pénitentiaire des condamnés visés par le présent décret a pour but leur amendement et leur reclassement.

Un arrêté ministériel établira le règlement des différents types d'institutions spéciales de protection judiciaire de la jeunesse, notamment de celles qui recevront les mineurs visés à l'article 28 de l'ordonnance du 2 février 1945.

Un arrêté ministériel fixera le régime de la détention dans les quartiers spéciaux des maisons d'arrêt ou de correction des condamnés visés à l'avant-dernier alinéa de l'article 2. Ces condamnés seront séparés des détenus adultes.

Art. 5 Lorsque la condamnation est devenue définitive, le garde des sceaux désigne l'institution spéciale ou l'établissement pénitentiaire où sera subie la peine, au vu d'un dossier contenant un extrait de l'arrêt ou du jugement, les antécédents judiciaires du mineur et les documents se rapportant à sa personnalité (rapports d'observation, examens médicaux et psychologiques, enquête sociale, etc.). Ce dossier comprend les avis du président de la juridiction ayant prononcé la condamnation, du ministère public près cette juridiction et du juge des enfants.

Le garde des sceaux prononce la modification du lieu de détention, qu'il s'agisse du transfert d'une institution spéciale dans une autre, ou d'un des transferts prévus à l'article 3, au vu d'un dossier comportant tous renseignements sur la situation du jeune condamné (état de santé, conduite et comportement, travail et apprentissage, etc.), les motifs de la mesure envisagée, les avis du directeur de l'établissement et du juge des enfants assumant les fonctions prévues aux articles 6 et 8.

Dans le cas prévu au 2e alinéa de l'article 3 le dossier comporte en outre l'avis du directeur de l'administration pénitentiaire et du directeur de la protection judiciaire de la jeunesse.

Art. 6 Le juge des enfants suit l'exécution des peines par les jeunes condamnés détenus en application du présent décret dans les institutions spéciales de protection judiciaire de la jeunesse ou dans les quartiers spéciaux de maisons d'arrêt ou de correction situées dans son ressort. Il est membre de droit de la commission de surveillance de la prison.

Il visite au moins une fois par mois chaque institution spéciale ou quartier spécial de maison d'arrêt ou de correction visée par le présent décret. Il fait visiter les jeunes condamnés par les délégués permanents et délégués à la liberté surveillée, notamment lorsqu'il a été fait application des dispositions du 1er alinéa de l'article 19 de l'ordonnance du 2 février 1945.

Un arrêté du garde des sceaux fixe les conditions dans lesquelles les délégués à la liberté surveillée, et d'autres personnes accréditées, pourront avoir accès dans les établissements visés à l'alinéa 1, ainsi qu'éventuellement dans les autres établissements pénitentiaires pour y visiter des mineurs condamnés.

Art. 7 Les jeunes détenus des institutions spéciales et des quartiers spéciaux des maisons d'arrêt ou de correction sont visités :

Au moins une fois par trimestre, par le procureur de la République près le tribunal dans le ressort duquel le tribunal pour enfants a son siège et dans le ressort duquel est situé l'établissement ou par un magistrat du parquet de ce tribunal chargé spécialement des affaires concernant les mineurs.

Au moins une fois par an, par le procureur général ou le magistrat spécialement chargé, au parquet de la cour d'appel, des affaires des mineurs, ainsi que par le conseiller délégué à la protection de l'enfance.

Art. 8 Le juge des enfants visé à l'article 6 a qualité pour proposer à l'administration pénitentiaire ou à l'administration de la protection judiciaire de la jeunesse toutes mesures que lui paraît commander la rééducation du jeune condamné.

Il suit la situation matérielle et morale de la famille, il veille à la protection des droits du mineur.

Son avis est recueilli à l'occasion de toute mesure propre à modifier la situation pénitentiaire ou pénale de celui-ci telle que transfert dans un autre établissement, octroi ou révocation d'une libération conditionnelle, octroi d'une grâce.

Il coopère avec l'administration au reclassement social du jeune détenu.

Ordonnance n° 59-28 du 5 janvier 1959,

Réglementant l'accès des mineurs à certains établissements.

Art. 1er Sans préjudice de l'application des lois et règlements en vigueur, le préfet peut, par arrêté, interdire l'accès des mineurs de dix-huit ans à tout établissement offrant, quelles qu'en soient les conditions d'accès, des distractions ou spectacles, lorsque ces distractions ou spectacles ou la fréquentation de cet établissement se révèlent de nature à exercer une influence nocive sur la santé ou la moralité de la jeunesse.

Cet arrêté est pris après consultation du maire et avis "du conseil départemental de la protection de l'enfance". La consultation du maire n'est toutefois pas nécessaire lorsque l'arrêté doit recevoir application sur le territoire de plusieurs communes.

La composition et le fonctionnement de cette commission, les conditions dans lesquelles est effectuée la publicité donnée à l'arrêté préfectoral, ainsi que les autres modalités d'application du présent article sont fixés par arrêté conjoint des ministres intéressés. — *La commission départementale prévue par l'ordonnance n° 59-28 du 5 janv. 1959 a été supprimée par le décret n° 65-1048 du 2 déc. 1965, art. 4 (D. 1966. 1 ; BLD 1965. 691) et ses attributions ont été transférées au conseil départemental de la protection de l'enfance.*

Art. 2 En cas de violation de l'arrêté d'interdiction prévu à l'article 1er, le préfet peut, afin de préserver l'ordre, la santé ou la moralité publics, ordonner après nouvel avis "du conseil départemental" visé à l'article 1er, la fermeture de l'établissement pour une durée n'excédant pas six mois.

La violation de l'arrêté de fermeture sera punie d'un emprisonnement d'un an et d'une amende de 4 500 € ou de l'une de ces deux peines seulement. — *V. Décr. n° 60-59 du 15 janv. 1960.*

Décret n° 60-59 du 15 janvier 1960,

Réprimant les contraventions aux dispositions prises en application de l'article 1er de l'ordonnance n° 59-28 du 5 janvier 1959 réglementant l'accès des mineurs à certains établissements.

Art. 1er Est punie *d'un emprisonnement de dix jours à un mois et* de l'amende prévue pour les contraventions de la 5e classe *ou de l'une de ces deux peines seulement* toute personne qui, dirigeant en fait un établissement interdit aux mineurs de dix-huit ans en application de l'article 1er de l'ordonnance susvisée du 5 janvier 1959, n'a pas assuré la publicité de l'interdiction dans les conditions prescrites.

Art. 2 Est punie *d'un emprisonnement de dix jours à un mois et* de l'amende prévue pour les contraventions de la 5e classe *ou de l'une de ces deux peines seulement* toute personne qui, dirigeant en fait un établissement interdit aux mineurs de dix-huit ans en application de l'article 1er de l'ordonnance susvisée du 5 janvier 1959, laisse pénétrer un mineur de dix-huit ans dans cet établissement.

En cas de récidive, *la peine d'emprisonnement pourra être portée à deux mois et* l'amende sera celle prévue pour les contraventions de la 5e classe en récidive.

Art. 3 Les dispositions de l'article qui précède sont, en outre, applicables à toute personne qui, chargée de contrôler l'accès d'un établissement interdit aux mineurs de dix-huit ans en application de l'article 1er de l'ordonnance susvisée du 5 janvier 1959, laisse pénétrer un mineur de dix-huit ans dans cet établissement.

Loi n° 74-631 du 5 juillet 1974,

Fixant à dix-huit ans l'âge de la majorité.

Art. 26 Les mesures de protection, d'assistance, de surveillance et d'éducation prononcées en application des dispositions de l'ordonnance du 2 février 1945 relative à l'enfance délinquante, antérieurement à la date d'entrée en vigueur de la présente loi, se poursuivent à l'égard des personnes qui en font l'objet jusqu'au terme fixé par la décision. Lorsque la décision se réfère à la majorité, sans autre précision, les mesures se poursuivront jusqu'à l'âge de vingt et un ans.

V. Décr. n° 75-96 du 18 févr. 1975 (D. et BLD 1975. 80) fixant les modalités de mise en œuvre d'une action de protection judiciaire en faveur de jeunes majeurs. — **C. civ.**

Décret n° 76-1073 du 22 novembre 1976,

Relatif à la mise sous protection judiciaire et au travail d'intérêt général prononcés par les juridictions des mineurs (Décr. n° 93-726 du 29 mars 1993).

TITRE PREMIER De la mise sous protection judiciaire

(Décr. n° 93-726 du 29 mars 1993)

Art. 1er Les mesures qui peuvent être ordonnées au titre de la mise sous protection judiciaire instituée à l'article 16 *bis* de l'ordonnance du 2 février 1945 sont les suivantes :

Placement dans une institution ou établissement mentionné à l'article 16 (2°, 3° et 4°) de l'ordonnance du 2 février 1945 ;

Mesure de protection en milieu ouvert, dont l'exécution est confiée à un service ou établissement public de la protection judiciaire de la jeunesse.

Art. 2 L'institution, l'établissement ou le service assurant l'exécution de la mise sous protection judiciaire adresse trimestriellement au juge des enfants du ressort de la juridiction qui a statué un rapport sur le comportement de la personne protégée. Il informe en outre ce magistrat de tout événement de nature à entraîner une modification ou une cessation des mesures en cours.

Art. 3 La demande prévue au quatrième alinéa de l'article 16 *bis* de l'ordonnance du 2 février 1945 est reçue par le juge des enfants compétent en vertu des dispositions de l'article précédent.

Art. 4 Sans préjudice des dispositions de l'article 40 de l'ordonnance du 2 février 1945, les dépenses de toute nature qui résultent de la mise sous protection judiciaire sont imputées sur le budget du ministère de la justice. La charge en incombe cependant à la personne protégée lorsque celle-ci est majeure et bénéficie, sur sa demande, de l'une des mesures de placement prévues à l'article 1er ci-dessus. Le juge des enfants peut toutefois l'en dispenser en tout ou en partie. La contribution due par le majeur est recouvrée par l'organisme qui exécute la mise sous protection judiciaire.

TITRE II Du travail d'intérêt général

(Décr. n° 93-726 du 29 mars 1993)

Art. 5 *(Abrogé par Décr. n° 2011-1310 du 17 oct. 2011) « Lorsque la condamnation à un travail d'intérêt général ou à une peine d'emprisonnement avec sursis assorti de l'obligation d'accomplir un travail d'intérêt général est prononcée par une juridiction pour mineurs, les attributions du juge de l'application des peines sont dévolues au juge des enfants. » (Décr. n° 2011-1310 du 17 oct. 2011)* « En cas de condamnation à une peine de travail d'intérêt général prononcée par une juridiction pour mineurs, » les dispositions des articles R. 131-12 à R. 131-34 du code pénal sont applicables sous réserve des dispositions particulières édictées par les articles 6 à 10 du présent décret.

Art. 6 *(Décr. n° 2011-1310 du 17 oct. 2011)* Pour l'habilitation des personnes morales de droit privé chargées d'une mission de service public ou des associations désirant mettre en œuvre des travaux d'intérêt général spécifiquement adaptés aux mineurs dans les conditions prévues par les articles R. 131-12 à R. 131-16 du code pénal, le juge des enfants, avant de communiquer la demande au procureur de la République, saisit le directeur territorial de la protection judiciaire de la jeunesse. Celui-ci fait connaître par écrit son avis sur les garanties offertes par la personne morale de droit privé chargée d'une mission de service public ou l'association.

Le directeur territorial de la protection judiciaire de la jeunesse peut également recueillir toute demande d'habilitation, qu'il transmet au juge des enfants, assortie de l'avis prévu à l'alinéa précédent.

Le juge des enfants communique sa décision d'habilitation au directeur territorial de la protection judiciaire de la jeunesse.

Art. 7 Pour l'inscription sur la liste prévue par l'article 131-36 du code pénal des travaux d'intérêt général applicables aux mineurs, le juge des enfants recueille l'avis du directeur départemental de la protection judiciaire de la jeunesse et prend sa décision en tenant compte du caractère formateur du travail proposé ou de son apport à l'insertion sociale des jeunes condamnés.

Art. 8 La décision du juge des enfants fixant les modalités d'exécution du travail d'intérêt général est notifiée au condamné mineur et à ses parents ou tuteurs ou aux personnes ou service auxquels il a été confié ; avis en est donné au procureur de la République.

Art. 9 Le jeune condamné au travail d'intérêt général doit se soumettre aux mesures de contrôle suivantes :

1° Répondre aux convocations du juge des enfants et de l'éducateur ou du service désigné conformément à l'article 10 ;

2° Se soumettre à l'examen médical prévu par l'article R. 131-28 du code pénal ;

3° Informer le juge des enfants de tout changement d'emploi ou de résidence ou de tout déplacement qui ferait obstacle à l'exécution de travaux d'intérêt général selon les modalités fixées.

Art. 10 Le juge des enfants s'assure de l'exécution du travail d'intérêt général soit par lui-même, soit par l'intermédiaire d'un éducateur ou d'un service de la protection judiciaire de la jeunesse qu'il désigne, qui rend compte au juge des enfants du déroulement de la mesure en vérifiant, notamment, si le travail effectué conserve un caractère formateur ou de nature à permettre l'insertion sociale du jeune condamné et s'il demeure adapté à la personnalité de celui-ci.

Les dispositions du Décr. n° 93-726 du 29 mars 1993 sont entrées en vigueur le 1er mars 1994 (Décr. préc., art. 10).

Art. 10-1 *(Décr. n° 2011-1310 du 17 oct. 2011)* Les dispositions du titre II du présent décret sont applicables sur l'ensemble du territoire de la République.

En l'absence de directeur territorial de la protection judiciaire de la jeunesse, le directeur interrégional de la protection judiciaire de la jeunesse compétent exerce les attributions qui lui sont dévolues par le présent décret.

Code de l'organisation judiciaire

PREMIÈRE PARTIE : *LÉGISLATIVE*

(Ord. n° 2006-673 du 8 juin 2006)

TITRE V (DU LIVRE II) Les juridictions des mineurs

CHAPITRE PREMIER *Le tribunal pour enfants*

SECTION I *Institution et compétence*

Art. L. 251-1 Le tribunal pour enfants connaît, dans les conditions définies par l'ordonnance n° 45-174 du 2 février 1945 relative à l'enfance délinquante, des contraventions et des délits commis par les mineurs et des crimes commis par les mineurs de seize ans. – *[Comp., art. L. 521-2 ancien COJ].*

Art. L. 251-2 Il y a au moins un tribunal pour enfants dans le ressort de chaque cour d'appel. – *[Comp., art. L. 521-1 ancien COJ].*

SECTION II *Organisation et fonctionnement*

Art. L. 251-3 *(L. n° 2011-1940 du 26 déc. 2011, en vigueur le 1er janv. 2013)* **Le tribunal pour enfants est composé d'un juge des enfants, président, et de plusieurs assesseurs.**

(Abrogé par Cons. const., n° 2021-893 QPC du 26 mars 2021, à compter du 31 déc. 2022) « ***Le juge des enfants qui a renvoyé l'affaire devant le tribunal pour enfants ne peut présider cette juridiction.*** »

Lorsque l'incompatibilité prévue au deuxième alinéa et le nombre de juges des enfants dans le tribunal *(L. n° 2019-222 du 23 mars 2019, art. 95-I et 109-XXIII, en vigueur le 1er janv. 2020)* « **judiciaire** *[ancienne rédaction : de grande instance]* » **le justifient, la présidence du tribunal pour enfants peut être assurée par un juge des enfants d'un tribunal pour enfants sis dans le ressort de la cour d'appel et désigné par ordonnance du premier président.**

Ancien art. L. 251-3 (Abrogé par Cons. const. n° 2011-147-QPC du 8 juill. 2011) ***Le tribunal pour enfants est composé d'un juge des enfants, président, et de plusieurs assesseurs.*** — [Comp., art. L. 522-2 ancien COJ].

QPC. Le Conseil constitutionnel relève qu'aucune disposition de l'Ord. du 2 févr. 1945 ou du code de procédure pénale ne fait obstacle à ce que le juge des enfants participe au jugement des affaires pénales qu'il a instruites, le principe d'impartialité des juridictions ne s'opposant pas à ce que le juge des enfants qui a instruit la procédure puisse, à l'issue de cette instruction, prononcer des mesures d'assistance, de surveillance ou d'éducation. Mais en permettant au juge des enfants qui a été chargé d'accomplir les diligences utiles pour parvenir à la manifestation de la vérité et qui a renvoyé le mineur devant le tribunal pour enfants de présider cette juridiction de jugement habilitée à prononcer des peines les dispositions contestées portent au principe d'impartialité des juridictions une atteinte contraire à la Constitution. Il y a lieu toutefois de reporter la date d'abrogation de l'art. L. 251-3 COJ au 1er janv. 2013. • Cons. const. 8 juill. 2011, n° 2011-147-QPC : *D. actu. 13 juill. 2011, obs. Lavric ; RSC 2012. 227, obs. de Lamy.*

Art. L. 251-4 Les assesseurs titulaires et suppléants sont choisis parmi les personnes âgées de plus de trente ans, de nationalité française et qui se sont signalées par l'intérêt qu'elles portent aux questions de l'enfance et par leurs compétences.

Les assesseurs sont nommés pour quatre ans par le garde des sceaux, ministre de la justice. Leur renouvellement s'opère par moitié. Toutefois, en cas de création d'un tribunal pour enfants, d'augmentation ou de réduction du nombre des assesseurs dans ces juridictions, ou de remplacement d'un ou de plusieurs de ces assesseurs à une date autre que celle qui est prévue pour leur renouvellement, la désignation des intéressés peut intervenir pour une période inférieure à quatre années dans la limite de la durée requise pour permettre leur renouvellement par moitié. — *[Comp., art. L. 522-3 ancien COJ].*

Art. L. 251-5 Avant d'entrer en fonctions, les assesseurs titulaires et suppléants prêtent serment devant le tribunal *(L. n° 2019-222 du 23 mars 2019, art. 95-I et 109-XXIII, en vigueur le 1er janv. 2020)* « **judiciaire** *[ancienne rédaction : de grande instance]* » **de bien et fidèlement remplir leurs fonctions et de garder** *(Abrogé par L. n° 2016-1547 du 18 nov. 2016, art. 19)* « ***religieusement*** » **le secret des délibérations.**

Art. L. 251-6 Les assesseurs titulaires ou suppléants qui, sans motif légitime, se sont abstenus de déférer à plusieurs convocations successives peuvent, à la demande du juge des enfants ou du ministère public, être déclarés démissionnaires, par décision de la cour d'appel.

En cas de faute grave entachant l'honneur ou la probité, leur déchéance est prononcée dans les mêmes formes. — *[Comp., art. L. 522-5 ancien COJ].*

CHAPITRE PREMIER *BIS [ABROGÉ]* *Le tribunal correctionnel pour mineurs*

(Abrogé par L. n° 2016-1547 du 18 nov. 2016, art. 29, à compter du 1er janv. 2017)
(L. n° 2011-939 du 10 août 2011, art. 51 et 54-I, en vigueur le 1er janv. 2012)

Art. L. 251-7 et L. 251-8 *Abrogés par L. n° 2016-1547 du 18 nov. 2016, art. 29, à compter du 1er janv. 2017.*

CHAPITRE II *Le juge des enfants*

Art. L. 252-1 Il y a au moins un juge des enfants au siège de chaque tribunal pour enfants. — *[Comp., art. L. 531-1 ancien COJ].*

(L. n° 2011-525 du 17 mai 2011, art. 85) « Le juge des enfants peut être suppléé, en cas d'absence ou d'empêchement, ou remplacé provisoirement par un magistrat du siège désigné par le président du tribunal *(L. n° 2019-222 du 23 mars 2019, art. 95-I et 109-XXIII, en vigueur le 1er janv. 2020)* « judiciaire *[ancienne rédaction : de grande instance]* ». »

La compétence territoriale du juge des enfants est la même que celle du tribunal pour enfants auprès duquel il exerce ses fonctions (COJ, art. R. 252-2).

Art. L. 252-2 Le juge des enfants est compétent en matière d'assistance éducative. – *[Comp., art. L. 531-3 ancien COJ].*

Art. L. 252-3 Le juge des enfants est compétent en matière d'organisation ou de prolongation d'une action de protection judiciaire à l'égard des mineurs émancipés ou des majeurs âgés de vingt et un ans ou moins.

Art. L. 252-4 *(L. n° 2007-308 du 5 mars 2007, art. 29, en vigueur le 1er janv. 2009)* Le juge des enfants connaît de la *(L. n° 2009-526 du 12 mai 2009, art. 116-I)* « mesure judiciaire d'aide à la gestion du budget familial ».

Art. L. 252-5 En matière pénale, le juge des enfants connaît, dans les conditions définies par l'ordonnance n° 45-174 du 2 février 1945 relative à l'enfance délinquante, des délits et des contraventions de cinquième classe commis par les mineurs. – *[Comp., art. L. 531-2 ancien COJ].*

V. Ord. n° 45-174 du 2 févr. 1945, art. 8 s., supra.

CHAPITRE III *Dispositions communes au tribunal pour enfants et au juge des enfants*

Ce chapitre ne comprend pas de dispositions législatives.

CHAPITRE IV *La cour d'assises des mineurs*

Art. L. 254-1 Les règles concernant la compétence, l'organisation et le fonctionnement de la cour d'assises des mineurs sont fixées par l'ordonnance n° 45-174 du 2 février 1945 relative à l'enfance délinquante et, en matière de terrorisme, par l'article 706-17 du code de procédure pénale. – *V. Ord. n° 45-174 du 2 févr. 1945, art. 20.* – ***C. pr. pén.***

TITRE PREMIER (DU LIVRE III) La cour d'appel

....

SOUS-SECTION 2 (DE LA SECTION I DU CHAPITRE II) *Dispositions particulières à certaines formations*

....

Art. L. 312-6 Un magistrat qui prend le nom de délégué à la protection de l'enfance est désigné au sein de chaque cour d'appel.

Ce magistrat préside la chambre spéciale des mineurs ou y exerce les fonctions de rapporteur.

Il siège comme membre de la chambre de l'instruction dans les cas mentionnés à l'article *(Ord. n° 2019-950 du 11 sept. 2019, art. 5 et 9, en vigueur le 1er oct. 2020)* « L. 221-3 du code de la justice pénale des mineurs *[ancienne rédaction : 23 de l'ordonnance n° 45-174 du 2 février 1945]* ».

Il siège également dans la formation de la cour d'appel qui statue sur les recours formés contre les décisions rendues en première instance sur le fondement des dispositions des instruments internationaux et communautaires relatives au déplacement illicite international d'enfants. – *[Comp., art. L. 223-2, al. 1er, et L. 223-3 ancien COJ].*

Décret n° 88-949 du 6 octobre 1988,

Relatif à l'habilitation des personnes physiques, établissements, services ou organismes publics ou privés auxquels l'autorité judiciaire confie habituellement des mineurs ou l'exécution de mesures les concernant.

TITRE PREMIER Procédure d'habilitation

Art. 1er *(Décr. nº 2003-180 du 5 mars 2003)* « Les habilitations prévues par l'article L. 313-10 du code de l'action sociale et des familles et les articles 15-1 et 33 de l'ordonnance du 2 février 1945 doivent » faire l'objet d'une demande adressée au préfet du département où se trouve le domicile de la personne physique ou le siège de l'établissement, du service ou de l'organisme public ou privé auquel l'autorité judiciaire confie habituellement des mineurs ou l'exécution de mesures d'investigation, *(Décr. nº 2003-180 du 5 mars 2003)* « de placement, d'éducation en milieu ouvert, ou de sanctions éducatives ». — *Les dispositions du Décr. nº 2003-180 sont applicables aux demandes déposées à compter du 6 mars 2003.*

Cette demande est présentée par la personne physique ou par la personne morale gestionnaire de l'établissement, service ou organisme pour lequel l'habilitation est demandée. Elle indique si elle est faite au titre de l'ordonnance du 2 février 1945 relative à l'enfance délinquante, au titre des articles 375 à 375-8 du code civil relatifs à l'assistance éducative ou à ces deux titres à la fois.

Art. 2 La demande prévue à l'article 1er du présent décret est adressée par lettre recommandée avec demande d'avis de réception et en triple exemplaire.

Elle mentionne :

1º Les nom, date et lieu de naissance, nationalité, profession et domicile de la personne physique qui la présente ou des membres des organes de direction de la personne morale au nom de laquelle elle est présentée ;

2º La nature de l'activité pour laquelle l'habilitation est sollicitée.

A la demande sont annexés en triple exemplaire :

1º Si le demandeur est une personne physique gérant ou non un établissement ou un service, le *curriculum vitae* et les copies des titres universitaires et diplômes scolaires et professionnels possédés ;

2º Si le demandeur est une personne morale de droit privé, le *curriculum vitae* des dirigeants ainsi que les statuts et la justification des formalités légales ou réglementaires de déclaration ou d'inscription.

3º Dans tous les cas :

a) Le *(Décr. nº 2003-180 du 5 mars 2003)* « règlement de fonctionnement *[ancienne rédaction : le règlement intérieur]* » de l'établissement, du service ou de l'organisme ; — *Les dispositions du Décr. nº 2003-180 sont applicables aux demandes déposées à compter du 6 mars 2003.*

b) La liste des différentes catégories de personnel, le *curriculum vitae* et la copie des titres universitaires et diplômes professionnels de chacun des membres de ce personnel ;

c) Le budget prévisionnel ;

d) Les plans des locaux avec l'indication des conditions juridiques de leur occupation ;

e) Un procès-verbal de visite de la commission de sécurité datant de moins d'un an et le cas échéant la justification des démarches entreprises pour assurer la mise en conformité des locaux ;

f) Une note indiquant les conditions de fonctionnement pédagogique, administratif et financier de l'établissement, du service ou de l'organisme et mentionnant l'effectif maximum des mineurs et des jeunes majeurs pouvant être pris en charge ;

g) Si la personne physique, l'établissement, le service ou l'organisme dispense sur place un enseignement général ou professionnel et dans tous les cas où il reçoit des mineurs d'âge scolaire, une note relative à l'organisation de l'enseignement dispensé ou précisant les conditions dans lesquelles les mineurs sont scolarisés.

Art. 3 Le préfet, après avoir informé de la demande le président du conseil général, fait procéder à l'instruction du dossier par le directeur interrégional de la protection judiciaire de la jeunesse.

L'instruction comporte obligatoirement l'avis *(Décr. nº 2003-180 du 5 mars 2003)* « du juge des enfants et du procureur de la République. Ces avis sont émis », notamment, au vu du bulletin nº 2 du casier judiciaire de la personne physique ou des membres des organes de direction de la personne morale ou de l'organisme qui sollicite l'habilitation ainsi que de celui des personnels employés par la personne physique ou morale ou l'organisme demandeur. Ce bulletin n'est pas joint au dossier.

(Décr. nº 2003-180 du 5 mars 2003) « Lorsque la demande concerne un centre éducatif fermé, le directeur interrégional de la protection judiciaire de la jeunesse prend en compte les conditions d'éducation et de sécurité du centre ainsi que les modalités permettant d'assurer la continuité du service. » — *Les dispositions du Décr. nº 2003-180 sont applicables aux demandes déposées à compter du 6 mars 2003.*

L'avis de l'autorité académique est également recueilli lorsque la personne physique, l'établissement, le service ou l'organisme dispense sur place un enseignement général ou professionnel et dans tous les cas où il reçoit des mineurs d'âge scolaire.

Art. 4 Les autorités consultées au cours de la procédure disposent d'un délai de deux mois pour donner leur avis.

A l'expiration de ce délai, le directeur interrégional de la protection judiciaire de la jeunesse remet le dossier, en l'état, au préfet, accompagné d'un projet de décision.

Le préfet recueille l'avis du président du conseil général en lui transmettant une copie de l'ensemble du dossier.

Art. 4-1 *(Décr. n° 2003-180 du 5 mars 2003)* S'il n'a pas été statué par le préfet dans le délai de quatre mois suivant le dépôt de la demande d'habilitation, celle-ci est considérée comme rejetée. — *Les dispositions du Décr. n° 2003-180 sont applicables aux demandes déposées à compter du 6 mars 2003.*

Art. 5 L'habilitation est accordée par arrêté du préfet pour une période de cinq ans prenant effet à la date de notification de l'arrêté. Elle est renouvelable pour des périodes d'égale durée, dans les conditions fixées par le titre II du présent décret.

L'arrêté précise les conditions de l'habilitation, et notamment le nombre, l'âge, le sexe et les catégories juridiques des jeunes reçus ainsi que les conditions d'éducation et de séjour.

Il précise également les obligations particulières que le demandeur accepte de remplir dans le cadre du concours qu'il apporte à la protection judiciaire de la jeunesse.

L'habilitation ainsi délivrée vaut pour l'application des dispositions du décret n° 75-96 du 18 février 1975 fixant les modalités de mise en œuvre d'une action de protection judiciaire en faveur des jeunes majeurs.

(Décr. n° 2003-180 du 5 mars 2003) « Par dérogation aux articles R. 15-35 à R. 15-40 et R. 16 du code de procédure pénale, l'habilitation ainsi délivrée vaut pour l'exercice du contrôle des obligations particulières prévues au II de l'article 10-2 de l'ordonnance du 2 février 1945. Elle vaut également habilitation pour l'exercice du contrôle des obligations particulières prévues aux troisième et quatrième alinéas de l'article 20-9 de ladite ordonnance. » — *Les dispositions du Décr. n° 2003-180 sont applicables aux demandes déposées à compter du 6 mars 2003.*

TITRE II Conditions de renouvellement et de retrait de l'habilitation

Art. 6 La personne physique ou la personne morale gestionnaire de l'établissement, du service ou de l'organisme habilité doit faire connaître au directeur interrégional de la protection judiciaire de la jeunesse tout projet modifiant la capacité, le régime de fonctionnement de l'établissement, du service ou de l'organisme, les lieux où ils sont implantés, les conditions d'éducation et de séjour des mineurs confiés et, d'une manière générale, tout changement pouvant avoir une incidence sur la nature ou le champ d'application de l'habilitation accordée.

Art. 7 Toute modification dans la composition des organes de direction de la personne morale gestionnaire de l'établissement, du service ou de l'organisme habilité doit être portée à la connaissance du directeur interrégional de la protection judiciaire de la jeunesse par le représentant de la personne morale.

Doit être également notifié dans les mêmes conditions tout recrutement de personnel affecté dans les établissements, services ou organismes habilités, ou employé par la personne physique habilitée.

Art. 8 Le directeur interrégional de la protection judiciaire de la jeunesse informe le préfet des modifications et changements qui ont été portés à sa connaissance, conformément aux dispositions des articles 6 et 7 du présent décret.

Le préfet prend le cas échéant, après avis du juge des enfants *(Décr. n° 2003-180 du 5 mars 2003)* « , du procureur de la République » et du président du conseil départemental, un arrêté modificatif de l'habilitation accordée ou un arrêté mettant fin à celle-ci.

Avant de donner *(Décr. n° 2003-180 du 5 mars 2003)* « leur avis, le juge des enfants et le procureur de la République demandent » le bulletin n° 2 du casier judiciaire des personnes concernées par les modifications ou recrutements mentionnés à l'article 7. Ce bulletin n'est pas joint au dossier. — *Les dispositions du Décr. n° 2003-180 sont applicables aux demandes déposées à compter du 6 mars 2003.*

Art. 9 Au plus tard six mois avant la date d'expiration de l'habilitation, la demande de renouvellement est adressée au préfet.

Art. 10 La demande prévue à l'article 9 est présentée et instruite conformément aux dispositions des articles 1er à 4 et la nouvelle habilitation est, le cas échéant, délivrée dans les conditions prévues à l'article 5 du présent décret.

Art. 11 L'arrêté accordant ou refusant le renouvellement prend effet à la date de sa notification. L'habilitation précédemment accordée continue de produire ses effets jusqu'à cette date, dans les conditions définies par l'arrêté qui l'avait délivrée.

Art. 12 Le préfet peut à tout moment retirer l'habilitation lorsque sont constatés des faits de nature à compromettre la mise en œuvre des mesures éducatives ou à porter atteinte aux intérêts des mineurs confiés.

La décision est prise par arrêté du préfet conformément aux dispositions des articles 3 et 4 du présent décret.

TITRE III Dispositions diverses et transitoires

Art. 13 Il est ajouté à l'article R. 79 du code de procédure pénale un 23° ainsi rédigé : – *V. C. pr. pén.*

Art. 14 Les dispositions du présent décret sont immédiatement applicables aux demandes d'habilitation en cours d'instruction à sa date de publication au *Journal officiel [8 oct.]*. Les habilitations délivrées avant cette date restent valables pour une période de trois ans à compter de cette date. Toutefois les dispositions du titre II du présent décret leur sont applicables.

Art. 15 Sont abrogés les articles 1er à 5 et 33 à 35 du décret n° 46-734 du 16 avril 1946, les articles 8 et 9 du décret n° 59-1095 du 21 septembre 1959 et les articles 1er à 8 et 12 à 14 de l'arrêté interministériel du 13 juillet 1960.

V. Circ. 16 juin 1989 (BOMJ n° 34, p. 135).

Convention de New York du 26 janvier 1990,

Relative aux droits de l'enfant.

Cette convention est entrée en vigueur le 6 sept. 1990 et a été publiée par Décr. n° 90-917 du 8 oct. 1990 (D. et ALD 1990. 424 ; JO 12 oct.).

Préambule

Les États parties à la présente Convention,

Considérant que, conformément aux principes proclamés dans la Charte des Nations unies, la reconnaissance de la dignité inhérente à tous les membres de la famille humaine ainsi que l'égalité et le caractère inaliénable de leurs droits sont le fondement de la liberté, de la justice et de la paix dans le monde ;

Ayant présent à l'esprit le fait que les peuples des Nations unies ont, dans la Charte, proclamé à nouveau leur foi dans les droits fondamentaux de l'homme et dans la dignité et la valeur de la personne humaine, et qu'ils ont résolu de favoriser le progrès social et d'instaurer de meilleures conditions de vie dans une liberté plus grande ;

Reconnaissant que les Nations unies, dans la Déclaration universelle des droits de l'homme et dans les Pactes internationaux relatifs aux droits de l'homme, ont proclamé et sont convenues que chacun peut se prévaloir de tous les droits et de toutes les libertés qui y sont énoncés, sans distinction aucune, notamment de race, de couleur, de sexe, de langue, de religion, d'opinion politique ou de toute autre opinion, d'origine nationale ou sociale, de fortune, de naissance ou de toute autre situation ;

Rappelant que, dans la Déclaration universelle des droits de l'homme, les Nations unies ont proclamé que l'enfant a droit à une aide et à une assistance spéciales ;

Convaincus que la famille, unité fondamentale de la société et milieu naturel pour la croissance et le bien-être de tous ses membres, et en particulier des enfants, doit recevoir la protection et l'assistance dont elle a besoin pour pouvoir jouer pleinement son rôle dans la communauté,

Reconnaissant que l'enfant, pour l'épanouissement harmonieux de sa personnalité, doit grandir dans le milieu familial, dans un climat de bonheur, d'amour et de compréhension ;

Considérant qu'il importe de préparer pleinement l'enfant à avoir une vie individuelle dans la société et de l'élever dans l'esprit des idéaux proclamés dans la Charte des Nations Unies, et en particulier dans un esprit de paix, de dignité, de tolérance, de liberté, d'égalité et de solidarité ;

Ayant présent à l'esprit que la nécessité d'accorder une protection spéciale à l'enfant a été énoncée dans la Déclaration de Genève de 1924 sur les droits de l'enfant et dans la Déclaration des droits de l'enfant adoptée par l'Assemblée générale le 20 novembre 1959, et qu'elle a été reconnue dans la Déclaration universelle des droits de l'homme, dans le Pacte international relatif aux droits civils et politiques (en particulier aux articles 23 et 24), dans le Pacte international relatif aux droits économiques, sociaux et culturels (en particulier à l'article 10) et dans les statuts et instruments pertinents des institutions spécialisées et des organisations internationales qui se préoccupent du bien-être de l'enfant ;

Ayant présent à l'esprit que, comme indiqué dans la Déclaration des droits de l'enfant, « l'enfant, en raison de son manque de maturité physique et intellectuelle, a besoin d'une protection spéciale et de soins spéciaux, notamment d'une protection juridique appropriée, avant comme après la naissance » ;

Rappelant les dispositions de la Déclaration sur les principes sociaux et juridiques applicables à la protection et au bien-être des enfants, envisagés surtout sous l'angle des pratiques en matière d'adoption et de placement familial sur les plans national et international, de l'ensemble des règles minima des Nations unies concernant l'administration de la justice pour mineurs (Règles de Beijing) et de la Déclaration sur la protection des femmes et des enfants en période d'urgence et de conflit armé ;

Reconnaissant qu'il y a dans tous les pays du monde des enfants qui vivent dans des conditions particulièrement difficiles, et qu'il est nécessaire d'accorder à ces enfants une attention particulière ;

Tenant dûment compte de l'importance des traditions et valeurs culturelles de chaque peuple dans la protection et le développement harmonieux de l'enfant ;

Reconnaissant l'importance de la coopération internationale pour l'amélioration des conditions de vie des enfants dans tous les pays, et en particulier dans les pays en développement,

sont convenus de ce qui suit :

PREMIÈRE PARTIE

Art. 1er **Au sens de la présente Convention, un enfant s'entend de tout être humain âgé de moins de dix-huit ans, sauf si la majorité est atteinte plus tôt en vertu de la législation qui lui est applicable.**

Art. 2 **1. Les États parties s'engagent à respecter les droits qui sont énoncés dans la présente Convention et à les garantir à tout enfant relevant de leur juridiction, sans distinction aucune, indépendamment de toute considération de race, de couleur, de sexe, de langue, de religion, d'opinion politique ou autre de l'enfant ou de ses parents ou représentants légaux, de leur origine nationale, ethnique ou sociale, de leur situation de fortune, de leur incapacité, de leur naissance ou de toute autre situation.**

2. Les États parties prennent toutes les mesures appropriées pour que l'enfant soit effectivement protégé contre toutes formes de discrimination ou de sanction motivées par la situation juridique, les activités, les opinions déclarées ou les convictions de ses parents, de ses représentants légaux ou des membres de sa famille.

Art. 3 **1. Dans toutes les décisions qui concernent les enfants, qu'elles soient le fait des institutions publiques ou privées de protection sociale, des tribunaux, des autorités administratives ou des organes législatifs, l'intérêt supérieur de l'enfant doit être une considération primordiale.**

2. Les États parties s'engagent à assurer à l'enfant la protection et les soins nécessaires à son bien-être, compte tenu des droits et des devoirs de ses parents, de ses tuteurs ou des autres personnes légalement responsables de lui, et ils prennent à cette fin toutes les mesures législatives et administratives appropriées.

3. Les États parties veillent à ce que le fonctionnement des institutions, services et établissements qui ont la charge des enfants et assurent leur protection soit conforme aux normes fixées par les autorités compétentes, particulièrement dans le domaine de la sécurité et de la santé et en ce qui concerne le nombre et la compétence de leur personnel ainsi que l'existence d'un contrôle approprié.

Art. 4 Les États parties s'engagent à prendre toutes les mesures législatives, administratives et autres qui sont nécessaires pour mettre en œuvre les droits reconnus dans la présente Convention. Dans le cas des droits économiques, sociaux et culturels, ils prennent ces mesures dans toutes les limites des ressources dont ils disposent et, s'il y a lieu, dans le cadre de la coopération internationale.

Art. 5 Les États parties respectent la responsabilité, le droit et le devoir qu'ont les parents ou, le cas échéant, les membres de la famille élargie ou de la communauté, comme prévu par la coutume locale, les tuteurs ou autres personnes légalement responsables de l'enfant, de donner à celui-ci, d'une manière qui corresponde au développement de ses capacités, l'orientation et les conseils appropriés à l'exercice des droits que lui reconnaît la présente Convention.

Art. 6 1. Les États parties reconnaissent que tout enfant a un droit inhérent à la vie.

2. Les États parties assurent dans toute la mesure possible la survie et le développement de l'enfant.

Art. 7 1. L'enfant est enregistré aussitôt sa naissance et a dès celle-ci le droit à un nom, le droit d'acquérir une nationalité et, dans la mesure du possible, le droit de connaître ses parents et d'être élevé par eux.

2. Les États parties veillent à mettre ces droits en œuvre conformément à leur législation nationale et aux obligations que leur imposent les instruments internationaux applicables en la matière, en particulier dans les cas où faute de cela l'enfant se trouverait apatride.

Art. 8 1. Les États parties s'engagent à respecter le droit de l'enfant de préserver son identité, y compris sa nationalité, son nom et ses relations familiales, tels qu'ils sont reconnus par la loi, sans ingérence illégale.

2. Si un enfant est illégalement privé des éléments constitutifs de son identité ou de certains d'entre eux, les États parties doivent lui accorder une assistance et une protection appropriées, pour que son identité soit rétablie aussi rapidement que possible.

Art. 9 1. Les États parties veillent à ce que l'enfant ne soit pas séparé de ses parents contre leur gré, à moins que les autorités compétentes ne décident, sous réserve de révision judiciaire et conformément aux lois et procédures applicables, que cette séparation est nécessaire dans l'intérêt supérieur de l'enfant. Une décision en ce sens peut être nécessaire dans certains cas particuliers, par exemple lorsque les parents maltraitent ou négligent l'enfant, ou lorsqu'ils vivent séparément et qu'une décision doit être prise au sujet du lieu de résidence de l'enfant.

2. Dans tous les cas prévus au paragraphe 1 du présent article, toutes les parties intéressées doivent avoir la possibilité de participer aux délibérations et de faire connaître leurs vues.

3. Les États parties respectent le droit de l'enfant séparé de ses deux parents ou de l'un d'eux d'entretenir régulièrement des relations personnelles et des contacts directs avec ses deux parents, sauf si cela est contraire à l'intérêt supérieur de l'enfant.

4. Lorsque la séparation résulte de mesures prises par un État partie, telles que la détention, l'emprisonnement, l'exil, l'expulsion ou la mort (y compris la mort, quelle qu'en soit la cause, survenue en cours de détention) des deux parents ou de l'un d'eux, ou de l'enfant, l'État partie donne sur demande aux parents, à l'enfant ou, s'il y a lieu, à un autre membre de la famille les renseignements essentiels sur le lieu où se trouvent le membre ou les membres de la famille, à moins que la divulgation de ces renseignements ne soit préjudiciable au bien-être de l'enfant. Les États parties veillent en outre à ce que la présentation d'une telle demande n'entraîne pas en elle-même de conséquences fâcheuses pour la personne ou les personnes intéressées.

Art. 10 1. Conformément à l'obligation incombant aux États parties en vertu du paragraphe 1 de l'article 9, toute demande faite par un enfant ou ses parents en vue d'entrer dans un État partie ou de le quitter aux fins de réunification familiale est considérée par les États parties dans un esprit positif, avec humanité et diligence. Les États parties veillent en outre à ce que la présentation d'une telle demande n'entraîne pas de conséquences fâcheuses pour les auteurs de la demande et les membres de leur famille.

2. Un enfant dont les parents résident dans des États différents a le droit d'entretenir, sauf circonstances exceptionnelles, des relations personnelles et des contacts directs réguliers avec ses deux parents.

A cette fin, et conformément à l'obligation incombant aux États parties en vertu du paragraphe 2 de l'article 9, les États parties respectent le droit qu'ont l'enfant et ses parents de quitter tout pays, y compris le leur, et de revenir dans leur propre pays. Le droit de quitter tout pays ne peut faire l'objet que des restrictions prescrites par la loi qui sont nécessaires pour protéger la sécurité nationale, l'ordre public, la santé ou la moralité publiques, ou les droits et libertés d'autrui, et qui sont compatibles avec les autres droits reconnus dans la présente Convention.

Art. 11 1. Les États parties prennent des mesures pour lutter contre les déplacements et les non-retours illicites d'enfants à l'étranger.

2. A cette fin, les États parties favorisent la conclusion d'accords bilatéraux ou multilatéraux ou l'adhésion aux accords existants.

Art. 12 1. Les États parties garantissent à l'enfant qui est capable de discernement le droit d'exprimer librement son opinion sur toute question l'intéressant, les opinions de l'enfant étant dûment prises en considération eu égard à son âge et à son degré de maturité.

2. A cette fin, on donnera notamment à l'enfant la possibilité d'être entendu dans toute procédure judiciaire ou administrative l'intéressant, soit directement, soit par l'intermédiaire d'un représentant ou d'un organisme approprié, de façon compatible avec les règles de procédure de la législation nationale.

Art. 13 1. L'enfant a droit à la liberté d'expression. Ce droit comprend la liberté de rechercher, de recevoir et de répandre des informations et des idées de toute espèce, sans considération de frontières, sous une forme orale, écrite, imprimée ou artistique, ou par tout autre moyen du choix de l'enfant.

2. L'exercice de ce droit ne peut faire l'objet que des seules restrictions qui sont prescrites par la loi et qui sont nécessaires :

a) Au respect des droits ou de la réputation d'autrui, ou

b) A la sauvegarde de la sécurité nationale, de l'ordre public, de la santé ou de la moralité publiques.

Art. 14 1. Les États parties respectent le droit de l'enfant à la liberté de pensée, de conscience et de religion.

2. Les États parties respectent le droit et le devoir des parents ou, le cas échéant, des représentants légaux de l'enfant, de guider celui-ci dans l'exercice du droit susmentionné d'une manière qui corresponde au développement de ses capacités.

3. La liberté de manifester sa religion ou ses convictions ne peut être soumise qu'aux seules restrictions qui sont prescrites par la loi et qui sont nécessaires pour préserver la sûreté publique, l'ordre public, la santé et la moralité publiques, ou les libertés et droits fondamentaux d'autrui.

Art. 15 1. Les États parties reconnaissent les droits de l'enfant à la liberté d'association et à la liberté de réunion pacifique.

2. L'exercice de ces droits ne peut faire l'objet que des seules restrictions qui sont prescrites par la loi et qui sont nécessaires dans une société démocratique, dans l'intérêt de la sécurité nationale, de la sûreté publique ou de l'ordre public, ou pour protéger la santé ou la moralité publiques, ou les droits et libertés d'autrui.

Art. 16 1. Nul enfant ne fera l'objet d'immixtions arbitraires ou illégales dans sa vie privée, sa famille, son domicile ou sa correspondance, ni d'atteintes illégales à son honneur et à sa réputation.

2. L'enfant a droit à la protection de la loi contre de telles immixtions ou de telles atteintes.

Art. 17 Les États parties reconnaissent l'importance de la fonction remplie par les médias et veillent à ce que l'enfant ait accès à une information et à des matériels provenant de sources nationales et internationales diverses, notamment ceux qui visent à promouvoir son bien-être social, spirituel et moral ainsi que sa santé physique et mentale. A cette fin, les États parties :

a) Encouragent les médias à diffuser une information et des matériels qui présentent une utilité sociale et culturelle pour l'enfant et répondent à l'esprit de l'article 29 ;

b) Encouragent la coopération internationale en vue de produire, d'échanger et de diffuser une information et des matériels de ce type provenant de différentes sources culturelles, nationales et internationales ;

c) Encouragent la production et la diffusion de livres pour enfants ;

d) Encouragent les médias à tenir particulièrement compte des besoins linguistiques des enfants autochtones ou appartenant à un groupe minoritaire ;

e) Favorisent l'élaboration de principes directeurs appropriés destinés à protéger l'enfant contre l'information et les matériels qui nuisent à son bien-être, compte tenu des dispositions des articles 13 et 18.

Art. 18 1. Les États parties s'emploient de leur mieux à assurer la reconnaissance du principe selon lequel les deux parents ont une responsabilité commune pour ce qui est d'élever l'enfant et d'assurer son développement. La responsabilité d'élever l'enfant et d'assurer son développement incombe au premier chef aux parents ou, le cas échéant, à ses représentants légaux. Ceux-ci doivent être guidés avant tout par l'intérêt supérieur de l'enfant.

2. Pour garantir et promouvoir les droits énoncés dans la présente Convention, les États parties accordent l'aide appropriée aux parents et aux représentants légaux de l'enfant dans l'exercice de la responsabilité qui leur incombe d'élever l'enfant et assurent la mise en place d'institutions, d'établissements et de services chargés de veiller au bien-être des enfants.

3. Les États parties prennent toutes les mesures appropriées pour assurer aux enfants dont les parents travaillent le droit de bénéficier des services et établissements de garde d'enfants pour lesquels ils remplissent les conditions requises.

Art. 19 1. Les États parties prennent toutes les mesures législatives, administratives, sociales et éducatives appropriées pour protéger l'enfant contre toute forme de violence, d'atteinte ou de brutalités physiques ou mentales, d'abandon ou de négligence, de mauvais traitements ou d'exploitation, y compris la violence sexuelle, pendant qu'il est sous la garde de ses parents ou de l'un d'eux, de son ou ses représentants légaux ou de toute autre personne à qui il est confié.

2. Ces mesures de protection comprendront, selon qu'il conviendra, des procédures efficaces pour l'établissement de programmes sociaux visant à fournir l'appui nécessaire à l'enfant et à ceux à qui il est confié, ainsi que pour d'autres formes de prévention, et aux fins d'identification, de rapport, de renvoi, d'enquête, de traitement et de suivi pour les cas de mauvais traitements de l'enfant décrits ci-dessus, et comprendre également, selon qu'il conviendra, des procédures d'intervention judiciaire.

Art. 20 1. Tout enfant qui est temporairement ou définitivement privé de son milieu familial, ou qui, dans son propre intérêt, ne peut être laissé dans ce milieu, a droit à une protection et une aide spéciales de l'État.

2. Les États parties prévoient pour cet enfant une protection de remplacement conforme à leur législation nationale.

3. Cette protection de remplacement peut notamment avoir la forme du placement dans une famille, de la Kafalah de droit islamique, de l'adoption ou, en cas de nécessité, du placement dans un établissement pour enfants approprié. Dans le choix entre ces solutions, il est dûment tenu compte de la nécessité d'une certaine continuité dans l'éducation de l'enfant, ainsi que de son origine ethnique, religieuse, culturelle et linguistique.

Art. 21 Les États parties qui admettent et/ou autorisent l'adoption s'assurent que l'intérêt supérieur de l'enfant est la considération primordiale en la matière, et :

a) Veillent à ce que l'adoption d'un enfant ne soit autorisée que par les autorités compétentes, qui vérifient, conformément à la loi et aux procédures applicables et sur la base de tous les renseignements fiables relatifs au cas considéré, que l'adoption peut avoir lieu eu égard à la situation de l'enfant par rapport à ses père et mère, parents et représentants légaux et que, le cas échéant, les personnes intéressées ont donné leur consentement à l'adoption en connaissance de cause, après s'être entourées des avis nécessaires ;

b) Reconnaissent que l'adoption à l'étranger peut être envisagée comme un autre moyen d'assurer les soins nécessaires à l'enfant, si celui-ci ne peut, dans son pays d'origine, être placé dans une famille nourricière ou adoptive ou être convenablement élevé ;

c) Veillent, en cas d'adoption à l'étranger, à ce que l'enfant ait le bénéfice de garanties et de normes équivalant à celles existant en cas d'adoption nationale ;

d) Prennent toutes les mesures appropriées pour veiller à ce que, en cas d'adoption à l'étranger, le placement de l'enfant ne se traduise pas par un profit matériel indu pour les personnes qui en sont responsables ;

e) Poursuivent les objectifs du présent article en concluant des arrangements ou des accords bilatéraux ou multilatéraux, selon les cas, et s'efforcent dans ce cadre de veiller à ce que les placements d'enfants à l'étranger soient effectués par des autorités ou des organes compétents.

Art. 22 1. Les États parties prennent les mesures appropriées pour qu'un enfant qui cherche à obtenir le statut de réfugié ou qui est considéré comme réfugié en vertu des règles et procédures du droit international ou national applicable, qu'il soit seul ou accompagné de ses père et mère ou de toute personne, bénéficie de la protection et de l'assistance humanitaire voulues pour lui permettre de jouir des droits que lui reconnaissent la présente Convention et les autres instruments internationaux relatifs aux droits de l'homme ou de caractère humanitaire auxquels lesdits États sont parties.

2. A cette fin, les États parties collaborent, selon qu'ils le jugent nécessaire, à tous les efforts faits par l'Organisation des Nations Unies et les autres organisations intergouvernementales ou non gouvernementales compétentes collaborant avec l'Organisation des Nations unies pour protéger et aider les enfants qui se trouvent en pareille situation et pour rechercher les père et mère ou autres membres de la famille de tout enfant réfugié en vue d'obtenir les renseignements nécessaires pour le réunir à sa famille. Lorsque ni le père, ni la mère, ni aucun autre membre de la famille ne peut être retrouvé, l'enfant se voit accorder, selon les principes énoncés dans la présente Convention, la même protection que tout autre enfant définitivement ou temporairement privé de son milieu familial pour quelque raison que ce soit.

Art. 23 1. Les États parties reconnaissent que les enfants mentalement ou physiquement handicapés doivent mener une vie pleine et décente, dans des conditions qui garantissent leur dignité, favorisent leur autonomie et facilitent leur participation active à la vie de la collectivité.

2. Les États parties reconnaissent le droit des enfants handicapés de bénéficier de soins spéciaux et encouragent et assurent, dans la mesure des ressources disponibles, l'octroi, sur demande, aux enfants handicapés remplissant les conditions requises et à ceux qui en ont la charge, d'une aide adaptée à l'état de l'enfant et à la situation de ses parents ou de ceux à qui il est confié.

3. Eu égard aux besoins particuliers des enfants handicapés, l'aide fournie conformément au paragraphe 2 du présent article est gratuite chaque fois qu'il est possible, compte tenu des ressources financières de leurs parents ou de ceux à qui l'enfant est confié, et elle est conçue de telle sorte que les enfants handicapés aient effectivement accès à l'éducation, à la formation, aux soins de santé, à la rééducation, à la préparation à l'emploi et aux activités récréatives, et bénéficient de ces services de façon propre à assurer une intégration sociale aussi complète que possible et leur épanouissement personnel, y compris dans le domaine culturel et spirituel.

4. Dans un esprit de coopération internationale, les États parties favorisent l'échange d'informations pertinentes dans le domaine des soins de santé préventifs et du traitement médical, psychologique et fonctionnel des enfants handicapés, y compris par la diffusion d'informations concernant les méthodes de rééducation et les services de formation professionnelle, ainsi que l'accès à ces données, en vue de permettre aux États parties d'améliorer leurs capacités et leurs compétences et d'élargir leur expérience dans ces domaines. A cet égard, il est tenu particulièrement compte des besoins des pays en développement.

Art. 24 1. Les États parties reconnaissent le droit de l'enfant de jouir du meilleur état de santé possible et de bénéficier de services médicaux et de rééducation. Ils s'efforcent de garantir qu'aucun enfant ne soit privé du droit d'avoir accès à ces services.

2. Les États parties s'efforcent d'assurer la réalisation intégrale du droit susmentionné et, en particulier, prennent les mesures appropriées pour :

a) Réduire la mortalité parmi les nourrissons et les enfants ;

b) Assurer à tous les enfants l'assistance médicale et les soins de santé nécessaires, l'accent étant mis sur le développement des soins de santé primaires ;

c) Lutter contre la maladie et la malnutrition, y compris dans le cadre des soins de santé primaires, grâce notamment à l'utilisation de techniques aisément disponibles et à la fourniture d'aliments nutritifs et d'eau potable, compte tenu des dangers et des risques de pollution du milieu naturel ;

d) Assurer aux mères des soins prénatals et postnatals appropriés ;

e) Faire en sorte que tous les groupes de la société, en particulier les parents et les enfants, reçoivent une information sur la santé et la nutrition de l'enfant, les avantages de l'allaitement au sein, l'hygiène et la salubrité de l'environnement et la prévention des accidents, et bénéficient d'une aide leur permettant de mettre à profit cette information ;

f) Développer les soins de santé préventifs, les conseils aux parents et l'éducation et les services en matière de planification familiale.

3. Les États parties prennent toutes les mesures efficaces appropriées en vue d'abolir les pratiques traditionnelles préjudiciables à la santé des enfants.

4. Les États parties s'engagent à favoriser et à encourager la coopération internationale en vue d'assurer progressivement la pleine réalisation du droit reconnu dans le présent article. A cet égard, il est tenu particulièrement compte des besoins des pays en développement.

Art. 25 Les États parties reconnaissent à l'enfant qui a été placé par les autorités compétentes pour recevoir des soins, une protection ou un traitement physique ou mental, le droit à un examen périodique dudit traitement et de toute autre circonstance relative à son placement.

Art. 26 1. Les États parties reconnaissent à tout enfant le droit de bénéficier de la sécurité sociale, y compris les assurances sociales, et prennent les mesures nécessaires pour assurer la pleine réalisation de ce droit en conformité avec leur législation nationale.

2. Les prestations doivent, lorsqu'il y a lieu, être accordées compte tenu des ressources et de la situation de l'enfant et des personnes responsables de son entretien, ainsi que de toute autre considération applicable à la demande de prestation faite par l'enfant ou en son nom.

Art. 27 1. Les États parties reconnaissent le droit de tout enfant à un niveau de vie suffisant pour permettre son développement physique, mental, spirituel, moral ou social.

2. C'est aux parents ou autres personnes ayant la charge de l'enfant qu'incombe au premier chef la responsabilité d'assurer, dans les limites de leurs possibilités et de leurs moyens financiers, les conditions de vie nécessaires au développement de l'enfant.

3. Les États parties adoptent les mesures appropriées, compte tenu des conditions nationales et dans la mesure de leurs moyens, pour aider les parents et autres personnes ayant la charge de l'enfant à mettre en œuvre ce droit et offrent, en cas de besoin, une assistance matérielle et des programmes d'appui, notamment en ce qui concerne l'alimentation, le vêtement et le logement.

4. Les États parties prennent toutes les mesures appropriées en vue d'assurer le recouvrement de la pension alimentaire de l'enfant auprès de ses parents ou des autres personnes ayant une responsabilité financière à son égard, que ce soit sur leur territoire ou à l'étranger. En particulier, pour tenir compte des cas où la personne qui a une responsabilité financière à l'égard de l'enfant vit dans un État autre que celui de l'enfant, les États parties favorisent l'adhésion à des accords internationaux ou la conclusion de tels accords ainsi que l'adoption de tous autres arrangements appropriés.

Art. 28 1. Les États parties reconnaissent le droit de l'enfant à l'éducation, et en particulier, en vue d'assurer l'exercice de ce droit progressivement et sur la base de l'égalité des chances :

a) Ils rendent l'enseignement primaire obligatoire et gratuit pour tous ;

b) Ils encouragent l'organisation de différentes formes d'enseignement secondaire, tant général que professionnel, les rendent ouvertes et accessibles à tout enfant, et prennent des mesures appropriées, telles que l'instauration de la gratuité de l'enseignement et l'offre d'une aide financière en cas de besoin ;

c) Ils assurent à tous l'accès à l'enseignement supérieur, en fonction des capacités de chacun, par tous les moyens appropriés ;

d) Ils rendent ouvertes et accessibles à tout enfant l'information et l'orientation scolaires et professionnelles ;

e) Ils prennent des mesures pour encourager la régularité de la fréquentation scolaire et la réduction des taux d'abandon scolaire.

2. Les États parties prennent toutes les mesures appropriées pour veiller à ce que la discipline scolaire soit appliquée d'une manière compatible avec la dignité de l'enfant en tant qu'être humain et conformément à la présente Convention.

3. Les États parties favorisent et encouragent la coopération internationale dans le domaine de l'éducation, en vue notamment de contribuer à éliminer l'ignorance et l'analphabétisme dans le monde et de faciliter l'accès aux connaissances scientifiques et techniques et aux méthodes d'enseignement modernes. A cet égard, il est tenu particulièrement compte des besoins des pays en développement.

Art. 29 1. Les États parties conviennent que l'éducation de l'enfant doit viser à :

a) Favoriser l'épanouissement de la personnalité de l'enfant et le développement de ses dons et de ses aptitudes mentales et physiques, dans toute la mesure de leurs potentialités ;

b) Inculquer à l'enfant le respect des droits de l'homme et des libertés fondamentales, et des principes consacrés dans la Charte des Nations Unies ;

c) Inculquer à l'enfant le respect de ses parents, de son identité, de sa langue et de ses valeurs culturelles, ainsi que le respect des valeurs nationales du pays dans lequel il vit, du pays duquel il peut être originaire et des civilisations différentes de la sienne ;

d) Préparer l'enfant à assumer les responsabilités de la vie dans une société libre, dans un esprit de compréhension, de paix, de tolérance, d'égalité entre les sexes et d'amitié entre tous les peuples et groupes ethniques, nationaux et religieux, et avec les personnes d'origine autochtone ;

e) Inculquer à l'enfant le respect du milieu naturel.

2. Aucune disposition du présent article ou de l'article 28 ne sera interprétée d'une manière qui porte atteinte à la liberté des personnes physiques ou morales de créer et de diriger des établissements d'enseignement, à condition que les principes énoncés au paragraphe 1 du présent article soient respectés et que l'éducation dispensée dans ces établissements soit conforme aux normes minimales que l'État aura prescrites.

Art. 30 Dans les États où il existe des minorités ethniques, religieuses ou linguistiques ou des personnes d'origine autochtone, un enfant autochtone ou appartenant à une de ces minorités ne peut être privé du droit d'avoir sa propre vie culturelle, de professer et de pratiquer sa propre religion ou d'employer sa propre langue en commun avec les autres membres de son groupe.

Art. 31 1. Les États parties reconnaissent à l'enfant le droit au repos et aux loisirs, de se livrer au jeu et à des activités récréatives propres à son âge, et de participer librement à la vie culturelle et artistique.

2. Les États parties respectent et favorisent le droit de l'enfant de participer pleinement à la vie culturelle et artistique, et encouragent l'organisation à son intention de moyens appropriés de loisirs et d'activités récréatives, artistiques et culturelles, dans des conditions d'égalité.

Art. 32 1. Les États parties reconnaissent le droit de l'enfant d'être protégé contre l'exploitation économique et de n'être astreint à aucun travail comportant des risques ou susceptible de compromettre son éducation ou de nuire à sa santé ou à son développement physique, mental, spirituel, moral ou social.

2. Les États parties prennent des mesures législatives, administratives, sociales et éducatives pour assurer l'application du présent article. A cette fin, et compte tenu des dispositions pertinentes des autres instruments internationaux, les États parties, en particulier :

a) Fixent un âge minimum ou des âges minimum d'admission à l'emploi ;

b) Prévoient une réglementation appropriée des horaires de travail et des conditions d'emploi ;

c) Prévoient des peines ou autres sanctions appropriées pour assurer l'application effective du présent article.

Art. 33 Les États parties prennent toutes les mesures appropriées, y compris des mesures législatives, administratives, sociales et éducatives, pour protéger les enfants contre l'usage illicite de stupéfiants et de substances psychotropes, tels que les définissent les conventions internationales pertinentes, et pour empêcher que des enfants ne soient utilisés pour la production et le trafic illicites de ces substances.

Art. 34 Les États parties s'engagent à protéger l'enfant contre toutes les formes d'exploitation sexuelle et de violence sexuelle. A cette fin, les États prennent en particulier toutes les mesures appropriées sur les plans national, bilatéral et multilatéral pour empêcher :

a) Que des enfants ne soient incités ou contraints à se livrer à une activité sexuelle illégale ;

b) Que des enfants ne soient exploités à des fins de prostitution ou autres pratiques sexuelles illégales ;

c) Que des enfants ne soient exploités aux fins de la production de spectacles ou de matériel de caractère pornographique.

Art. 35 Les États parties prennent toutes les mesures appropriées sur les plans national, bilatéral et multilatéral pour empêcher l'enlèvement, la vente ou la traite d'enfants à quelque fin que ce soit et sous quelque forme que ce soit.

Art. 36 Les États parties protègent l'enfant contre toutes autres formes d'exploitation préjudiciables à tout aspect de son bien-être.

Art. 37 Les États parties veillent à ce que :

a) Nul enfant ne soit soumis à la torture ni à des peines ou traitements cruels, inhumains *ou dégradants. Ni la peine capitale ni l'emprisonnement à vie sans possibilité de libération* ne doivent être prononcés pour les infractions commises par des personnes âgées de moins de dix-huit ans ;

b) Nul enfant ne soit privé de liberté de façon illégale ou arbitraire. L'arrestation, la détention ou l'emprisonnement d'un enfant doit être en conformité avec la loi, n'être qu'une mesure de dernier ressort, et être d'une durée aussi brève que possible ;

c) Tout enfant privé de liberté soit traité avec humanité et avec le respect dû à la dignité de la personne humaine, et d'une manière tenant compte des besoins des personnes de son âge. En particulier, tout enfant privé de liberté sera séparé des adultes, à moins que l'on n'estime préférable de ne pas le faire dans l'intérêt supérieur de l'enfant, et il a le droit de rester en contact avec sa famille par la correspondance et par des visites, sauf circonstances exceptionnelles ;

d) Les enfants privés de liberté aient le droit d'avoir rapidement accès à l'assistance juridique ou à toute autre assistance appropriée, ainsi que le droit de contester la légalité de leur privation de liberté devant un tribunal ou une autre autorité compétente, indépendante et impartiale, et à ce qu'une décision rapide soit prise en la matière.

Art. 38 1. Les États parties s'engagent à respecter et à faire respecter les règles du droit humanitaire international qui leur sont applicables en cas de conflit armé et dont la protection s'étend aux enfants.

2. Les États parties prennent toutes les mesures possibles dans la pratique pour veiller à ce que les personnes n'ayant pas atteint l'âge de quinze ans ne participent pas directement aux hostilités.

3. Les États parties s'abstiennent d'enrôler dans leurs forces armées toute personne n'ayant pas atteint l'âge de quinze ans. Lorsqu'ils incorporent des personnes de plus de quinze ans mais de moins de dix-huit ans, les États parties s'efforcent d'enrôler en priorité les plus âgées.

4. Conformément à l'obligation qui leur incombe en vertu du droit humanitaire international de protéger la population civile en cas de conflit armé, les États parties prennent toutes les mesures possibles dans la pratique pour que les enfants qui sont touchés par un conflit armé bénéficient d'une protection et de soins.

Art. 39 Les États parties prennent toutes les mesures appropriées pour faciliter la réadaptation physique et psychologique et la réinsertion sociale de tout enfant victime de toute forme de négligence, d'exploitation ou de sévices, de torture ou de toute autre forme de peines ou traitements cruels, inhumains ou dégradants, ou de conflit armé. Cette réadaptation et cette réinsertion se déroulent dans des conditions qui favorisent la santé, le respect de soi et la dignité de l'enfant.

Art. 40 1. Les États parties reconnaissent à tout enfant suspecté, accusé ou convaincu d'infraction à la loi pénale le droit à un traitement qui soit de nature à favoriser son sens de la dignité et de la valeur personnelle, qui renforce son respect pour les droits de l'homme et les libertés fondamentales d'autrui, et qui tienne compte de son âge ainsi que de la nécessité de faciliter sa réintégration dans la société et de lui faire assumer un rôle constructif au sein de celle-ci.

2. A cette fin, et compte tenu des dispositions pertinentes des instruments internationaux, les États parties veillent en particulier :

a) A ce qu'aucun enfant ne soit suspecté, accusé ou convaincu d'infraction à la loi pénale en raison d'actions ou d'omissions qui n'étaient pas interdites par le droit national ou international au moment où elles ont été commises ;

b) A ce que tout enfant suspecté ou accusé d'infraction à la loi pénale ait au moins le droit aux garanties suivantes :

i) Être présumé innocent jusqu'à ce que sa culpabilité ait été légalement établie ;

ii) Être informé dans le plus court délai et directement des accusations portées contre lui, ou, le cas échéant, par l'intermédiaire de ses parents ou représentants légaux, et bénéficier d'une assistance juridique ou de toute autre assistance appropriée pour la préparation et la présentation de sa défense ;

iii) Que sa cause soit entendue sans retard par une autorité ou une instance judiciaire compétentes, indépendantes et impartiales, selon une procédure équitable aux termes de la loi, en présence de son conseil juridique ou autre et, à moins que cela ne soit jugé contraire à l'intérêt supérieur de l'enfant en raison notamment de son âge ou de sa situation, en présence de ses parents ou représentants légaux ;

iv) Ne pas être contraint de témoigner ou de s'avouer coupable ; interroger ou faire interroger les témoins à charge, et obtenir la comparution et l'interrogatoire des témoins à décharge dans des conditions d'égalité ;

v) S'il est reconnu avoir enfreint la loi pénale, faire appel de cette décision et de toute mesure arrêtée en conséquence devant une autorité ou une instance judiciaire supérieure compétentes, indépendantes et impartiales, conformément à la loi ;

vi) Se faire assister gratuitement d'un interprète s'il ne comprend ou ne parle pas la langue utilisée ;

vii) Que sa vie privée soit pleinement respectée à tous les stades de la procédure.

3. Les États parties s'efforcent de promouvoir l'adoption de lois, de procédures, la mise en place d'autorités et d'institutions spécialement conçues pour les enfants suspectés, accusés ou convaincus d'infraction à la loi pénale, et en particulier :

a) D'établir un âge minimum au-dessous duquel les enfants seront présumés n'avoir pas la capacité d'enfreindre la loi pénale ;

b) De prendre des mesures, chaque fois que cela est possible et souhaitable, pour traiter ces enfants sans recourir à la procédure judiciaire, étant cependant entendu que les droits de l'homme et les garanties légales doivent être pleinement respectés.

4. Toute une gamme de dispositions, relatives notamment aux soins, à l'orientation et à la supervision, aux conseils, à la probation, au placement familial, aux programmes d'éducation générale et professionnelle et aux solutions autres qu'institutionnelles seront prévues en vue d'assurer aux enfants un traitement conforme à leur bien-être et proportionné à leur situation et à l'infraction.

Art. 41 Aucune des dispositions de la présente Convention ne porte atteinte aux dispositions plus propices à la réalisation des droits de l'enfant qui peuvent figurer :

a) Dans la législation d'un État partie ; ou

b) Dans le droit international en vigueur pour cet État.

DEUXIÈME PARTIE

Art. 42 Les États parties s'engagent à faire largement connaître les principes et les dispositions de la présente Convention, par des moyens actifs et appropriés, aux adultes comme aux enfants.

Art. 43 1. Aux fins d'examiner les progrès accomplis par les États parties dans l'exécution des obligations contractées par eux en vertu de la présente Convention, il est institué un Comité des droits de l'enfant qui s'acquitte des fonctions définies ci-après.

2. Le comité se compose de *(Décr. nº 2007-1035 du 15 juin 2007, en vigueur le 18 nov. 2002)* « dix-huit *[ancienne rédaction : dix]* » experts de haute moralité et possédant une compétence reconnue dans le domaine visé par la présente Convention. Ses membres sont élus par les États parties parmi leurs ressortissants et siègent à titre personnel, compte tenu de la nécessité d'assurer une répartition géographique équitable et eu égard aux principaux systèmes juridiques.

3. Les membres du comité sont élus au scrutin secret sur une liste de personnes désignées par les États parties. Chaque État partie peut désigner un candidat parmi ses ressortissants.

4. La première élection aura lieu dans les six mois suivant la date d'entrée en vigueur de la présente Convention. Les élections auront lieu ensuite tous les deux ans. Quatre mois au moins avant la date de chaque élection, le secrétaire général de l'Organisation des Nations unies invitera par écrit les États parties à proposer leurs candidats dans un délai de deux mois. Le secrétaire général dressera ensuite la liste alphabétique des candidats ainsi désignés, en indiquant les États parties qui les ont désignés, et la communiquera aux États parties à la présente Convention.

5. Les élections ont lieu lors des réunions des États parties, convoquées par le secrétaire général au siège de l'Organisation des Nations unies. A ces réunions, pour lesquelles le quorum est constitué par les deux tiers des États parties, les candidats élus au comité sont ceux qui obtiennent le plus grand nombre de voix et la majorité absolue des voix des représentants des États parties et votants.

6. Les membres du comité sont élus pour quatre ans. Ils sont rééligibles si leur candidature est présentée à nouveau. Le mandat de cinq des membres élus lors de la première élection prend fin au bout de deux ans. Les noms de ces cinq membres seront tirés au sort par le président de la réunion immédiatement après la première élection.

7. En cas de décès ou de démission d'un membre du comité, ou si, pour toute autre raison, un membre déclare ne plus pouvoir exercer ses fonctions au sein du comité, l'État partie qui avait présenté sa candidature nomme un autre expert parmi ses ressortissants pour pourvoir le poste ainsi vacant jusqu'à l'expiration du mandat correspondant, sous réserve de *l'approbation du comité.*

8. Le comité adopte son règlement intérieur.

9. Le comité élit son bureau pour une période de deux ans.

10. Les réunions du comité se tiennent normalement au Siège de l'Organisation des Nations unies, ou en tout autre lieu approprié déterminé par le comité. Le comité se réunit normalement chaque année. La durée de ses sessions est déterminée et modifiée, si néces-

saire, par une réunion des États parties à la présente Convention, sous réserve de l'approbation de l'assemblée générale.

11. Le secrétaire général de l'Organisation des Nations unies met à la disposition du comité le personnel et les installations qui lui sont nécessaires pour s'acquitter efficacement des fonctions qui lui sont confiées en vertu de la présente Convention.

12. Les membres du comité institué en vertu de la présente Convention reçoivent, avec l'approbation de l'assemblée générale, des émoluments prélevés sur les ressources de l'Organisation des Nations unies dans les conditions et selon les modalités fixées par l'assemblée générale.

Art. 44 1. Les États parties s'engagent à soumettre au comité, par l'entremise du secrétaire général de l'Organisation des Nations unies, des rapports sur les mesures qu'ils auront adoptées pour donner effet aux droits reconnus dans la présente Convention et sur les progrès réalisés dans la jouissance de ces droits :

a) Dans les deux ans à compter de la date de l'entrée en vigueur de la présente Convention pour les États parties intéressés ;

b) Par la suite, tous les cinq ans.

2. Les rapports établis en application du présent article doivent, le cas échéant, indiquer les facteurs et les difficultés empêchant les États parties de s'acquitter pleinement des obligations prévues dans la présente Convention. Ils doivent également contenir des renseignements suffisants pour donner au Comité une idée précise de l'application de la Convention dans le pays considéré.

3. Les États parties ayant présenté au comité un rapport initial complet n'ont pas, dans les rapports qu'ils lui présentent ensuite conformément à l'alinéa *b* du paragraphe 1 du présent article, à répéter les renseignements de base antérieurement communiqués.

4. Le comité peut demander aux États parties tous renseignements complémentaires relatifs à l'application de la Convention.

5. Le comité soumet tous les deux ans à l'assemblée générale, par l'entremise du conseil économique et social, un rapport sur ses activités.

6. Les États parties assurent à leurs rapports une large diffusion dans leur propre pays.

Art. 45 Pour promouvoir l'application effective de la Convention et encourager la coopération internationale dans le domaine visé par la Convention :

a) Les institutions spécialisées, le Fonds des Nations Unies pour l'enfance et d'autres organes des Nations Unies ont le droit de se faire représenter lors de l'examen de l'application des dispositions de la présente Convention qui relèvent de leur mandat. Le Comité peut inviter les institutions spécialisées, le Fonds des Nations Unies pour l'enfance et tous autres organismes compétents qu'il jugera appropriés à donner des avis spécialisés sur l'application de la Convention dans les domaines qui relèvent de leurs mandats respectifs. Il peut inviter les institutions spécialisées, le Fonds des Nations Unies pour l'enfance et d'autres organes des Nations Unies à lui présenter des rapports sur l'application de la Convention dans les secteurs qui relèvent de leur domaine d'activité ;

b) Le Comité transmet, s'il le juge nécessaire, aux institutions spécialisées, au Fonds des Nations Unies pour l'enfance et aux autres organismes compétents tout rapport des États parties contenant une demande ou indiquant un besoin de conseils ou d'assistance techniques, accompagné, le cas échéant, des observations et suggestions du Comité touchant ladite demande ou indication ;

c) Le Comité peut recommander à l'Assemblée générale de prier le Secrétaire général de procéder pour le Comité à des études sur des questions spécifiques touchant les droits de l'enfant ;

d) Le Comité peut faire des suggestions et des recommandations d'ordre général fondées sur les renseignements reçus en application des articles 44 et 45 de la présente Convention. Ces suggestions et recommandations d'ordre général sont transmises à tout État partie intéressé et portées à l'attention de l'Assemblée générale, accompagnées, le cas échéant, des observations des États parties.

TROISIÈME PARTIE

....

DÉCLARATIONS ET RÉSERVE DE LA RÉPUBLIQUE FRANÇAISE

1. Le Gouvernement de la République déclare que la présente Convention, notamment l'article 6, ne saurait être interprétée comme faisant obstacle à l'application des dispositions de la législation française relative à l'interruption volontaire de la grossesse.

2. Le Gouvernement de la République déclare, compte tenu de l'article 2 de la Constitution de la République française, que l'article 30 n'a pas lieu de s'appliquer en ce qui concerne la République.

3. Le Gouvernement de la République interprète l'article 40, paragraphe 2, *b*, v, comme posant un principe général auquel la loi peut apporter des exceptions limitées. Il en est ainsi, notamment, pour certaines infractions relevant en premier et dernier ressort du tribunal de police ainsi que pour les infractions de nature criminelle. Au demeurant les décisions rendues en dernier ressort peuvent faire l'objet d'un recours devant la cour de cassation qui statue sur la légalité de la décision intervenue.

V. également, le Protocole facultatif à la convention relative aux droits de l'enfant concernant la vente d'enfants, la prostitution des enfants et la pornographie mettant en scène des enfants et le Protocole facultatif à la convention relative aux droits de l'enfant concernant l'implication d'enfants dans les conflits armés faits à New York le 25 mai 2000 et publiés par Décr. n° 2003-372 et n° 2003-373 du 15 avr. 2003 (JO 24 avr.).

Loi n° 98-468 du 17 juin 1998,

Relative à la prévention et à la répression des infractions sexuelles ainsi qu'à la protection des mineurs.

TITRE II Dispositions ayant pour objet de prévenir et de réprimer les infractions sexuelles, les atteintes à la dignité de la personne humaine et de protéger les mineurs victimes

CHAPITRE III *Dispositions relatives à l'interdiction de mise à disposition de certains documents aux mineurs*

Art. 32 *(L. n° 2007-297 du 5 mars 2007, art. 35, en vigueur le 7 sept. 2007)* **Lorsqu'un document fixé par un procédé déchiffrable par voie électronique en mode analogique ou en mode numérique présente un danger pour la jeunesse en raison de son caractère pornographique, le support et chaque unité de son conditionnement doivent comporter de façon visible, lisible et inaltérable la mention "mise à disposition des mineurs interdite (article 227-24 du code pénal)". Cette mention emporte interdiction de proposer, donner, louer ou vendre le produit en cause aux mineurs.**

Lorsqu'un document fixé par un procédé identique peut présenter un risque pour la jeunesse en raison de la place faite au crime, à la violence, à l'incitation à l'usage, à la détention ou au trafic de stupéfiants, à l'incitation à la consommation excessive d'alcool ainsi qu'à la discrimination ou à la haine contre une personne déterminée ou un groupe de personnes, le support et chaque unité de son conditionnement doivent faire l'objet d'une signalétique *(L. n° 2015-177 du 16 févr. 2015, art. 22)* **« destinée à en limiter la mise à disposition à certaines catégories de mineurs, en fonction de leur âge. Lorsque le document contient un logiciel de loisir, au sens du II de l'article 220 *terdecies* du code général des impôts, chaque unité de son conditionnement doit faire l'objet d'une signalétique précisant le risque contenu dans le document. Les caractéristiques de la signalétique apposée sur ces documents sont homologuées par l'autorité administrative. »** — *V. Décr. n° 2015-1251 du 7 oct. 2015 portant définition des caractéristiques de la signalétique prévue par le 2e al. de l'art. 32 de la L. n° 98-468 du 17 juin 1998 modifiée relative à la prévention et à la répression des infractions sexuelles ainsi qu'à la protection des mineurs et portant désignation de l'autorité administrative compétente pour prendre les mesures prévues aux art. 32 et 33 de la même loi (JO 9 oct.).*

La mise en œuvre de l'obligation fixée aux deux alinéas précédents incombe à l'éditeur ou, à défaut, au distributeur chargé de la diffusion en France du document.

Art. 33 *(L. n° 2007-297 du 5 mars 2007, art. 35)* **L'autorité administrative peut en outre interdire :**

1° De proposer, de donner, de louer ou de vendre à des mineurs les documents mentionnés à l'article 32 ;

2° D'exposer les documents mentionnés à l'article 32 à la vue du public en quelque lieu que ce soit. Toutefois, l'exposition demeure possible dans les lieux dont l'accès est interdit aux mineurs ;

3° De faire, en faveur de ces documents, de la publicité par quelque moyen que ce soit. Toutefois, la publicité demeure possible dans les lieux dont l'accès est interdit aux mineurs.

L'autorité administrative compétente pour prononcer les interdictions est le ministre de l'intérieur (Décr. n° 2008-601 du 24 juin 2008, art. 3).

Art. 34 *(L. n° 2007-297 du 5 mars 2007, art. 35)* Le fait de ne pas se conformer aux obligations et interdictions fixées au premier alinéa de l'article 32 et à l'article 33 est puni d'un an d'emprisonnement et d'une amende de 15 000 €.

Le fait, par des changements de titres ou de supports, par des artifices de présentation ou de publicité ou par tout autre moyen, d'éluder ou de tenter d'éluder l'application du premier alinéa de l'article 32 et de l'article 33 est puni de deux ans d'emprisonnement et d'une amende de 30 000 €.

Les personnes physiques coupables des infractions prévues aux deux premiers alinéas encourent également la peine complémentaire de confiscation de la chose qui a servi à commettre l'infraction ou était destinée à la commettre ou de la chose qui en est le produit.

Les personnes morales déclarées pénalement responsables des infractions prévues aux deux premiers alinéas encourent les peines suivantes :

– l'amende, dans les conditions fixées par l'article 131-38 du code pénal ;

– la confiscation prévue par le 8° de l'article 131-39 du même code.

Art. 35 *(L. n° 2007-297 du 5 mars 2007, art. 35)* Les dispositions du présent chapitre ne s'appliquent pas aux documents qui constituent la reproduction intégrale d'une œuvre cinématographique ayant obtenu le visa prévu à l'article L. 211-1 du code du cinéma et de l'image animée *[Ancien art. 19 du code de l'industrie cinématographique, abrogé par Ord. n° 2009-901 du 24 juill. 2009 relative à la partie législative du code du cinéma et de l'image animée]*.

Toutefois, les documents reproduisant des œuvres cinématographiques auxquelles s'appliquent les articles 11 et 12 de la loi de finances pour 1976 (n° 75-1278 du 30 décembre 1975) sont soumis de plein droit à l'interdiction prévue au premier alinéa de l'article 32 de la présente loi.

Art. 36 *à* 39 *Abrogés par L. n° 2007-297 du 5 mars 2007, art. 35.*

TITRE III Dispositions diverses et de coordination

Art. 47 *Abrogé par Ord. n° 2000-549 du 15 juin 2000 et codifié ss. C. éduc., art. L. 472-1, ci-dessous.*

....

Art. 51 *Abrogé par Ord. n° 2000-548 du 15 juin 2000 et codifié ss. CSP, art. L. 3818-1 et L. 3825-1.*

Décret n° 99-771 du 7 septembre 1999,

Portant application du chapitre III du titre II de la loi n° 98-468 du 17 juin 1998 relative à la prévention et à la répression des infractions sexuelles ainsi qu'à la protection des mineurs (JO 9 sept.).

Art. 1er Les mesures prévues à l'article 32 et aux deuxième et troisième alinéas de l'article 34 de la loi du 17 juin 1998 susvisée sont prises par arrêté motivé du ministre de l'intérieur, après avis de la commission administrative prévue par l'article 33 de la même loi et instituée auprès de lui. *[...]*

Art. 2 *à* 5 *(Nomination et fonctionnement de la commission).*

Art. 6 Les arrêtés du ministre de l'intérieur pris en application de l'article 32 et des deuxième et troisième alinéas de l'article 34 de la loi du 17 juin 1998 précitée sont publiés au *Journal officiel* de la République française.

Art. 7 Les unités de conditionnement des exemplaires produits, édités et diffusés de documents ayant fait l'objet d'une des mesures d'interdiction prévues aux articles 32 et 34 de la loi du 17 juin 1998 précitée doivent comporter la mention "mise à disposition des mineurs interdite" ou "mise à disposition des mineurs et publicité interdites", accompagnée de la mention de la date de l'arrêté, de façon lisible, visible et inaltérable.

Il doit être satisfait à cette obligation :

– pour les interdictions prévues à l'article 32 et au deuxième alinéa de l'article 34 précités, dans un délai de quinze jours suivant la publication de la mesure d'interdiction ;

– pour l'interdiction prévue au premier alinéa de l'article 34 de la même loi, à compter de la publication de l'arrêté du ministre de la culture pris en application des articles 11 et 12 de la loi *[n° 75-1278]* du 30 décembre 1975 susvisée.

Art. 8 I. – Est puni de l'amende prévue pour les contraventions de la 5e classe le fait de proposer, de donner, de louer ou de mettre en vente des documents ayant fait l'objet d'une interdiction en vertu des articles 32 ou 34 de la loi du 17 juin 1998 précitée et ne faisant pas apparaître, dans les conditions prévues à l'article 7, la mention de cette interdiction.

Les personnes coupables de la contravention prévue au présent article encourent également la peine complémentaire de la confiscation de la chose qui a servi ou était destinée à commettre l'infraction ou de la chose qui en est le produit.

II. — Les personnes morales peuvent être déclarées responsables pénalement, dans les conditions prévues par l'article 121-2 du code pénal, de l'infraction définie au présent article.

Les peines prévues pour les personnes morales sont :

1° L'amende, suivant les modalités prévues par l'article 131-41 du code pénal ;

2° La confiscation de la chose qui a servi ou était destinée à commettre l'infraction ou de la chose qui en est le produit.

III. — La récidive de la contravention prévue aux I et II du présent article est réprimée conformément aux articles 132-11 et 132-15 du code pénal.

Art. 9 Le présent décret est applicable en Nouvelle-Calédonie, dans les territoires d'outre-mer et dans le département de Mayotte.

Loi n° 2000-196 du 6 mars 2000,

Instituant un Défenseur des enfants.

*Loi abrogée par L. n° 2011-334 du 29 mars 2011 relative au Défenseur des droits, à compter du 1er mai 2011. — V. **C. pr. pén.**, ss. art. préliminaire.*

BIBL. ▶ GRANET, *D. 2000. Chron. 343*. – GUÉDON, *AJDA 2000. 424*.

Décret n° 2007-1853 du 26 décembre 2007,

Pris pour l'application de l'article 16 ter de l'ordonnance n° 45-174 du 2 février 1945 et relatif à la mesure d'activité de jour.

CHAPITRE PREMIER *Objet et mise en œuvre de la mesure d'activité de jour*

Art. 1er La nature de l'activité de jour mentionnée à l'article 16 *ter* de l'ordonnance du 2 février 1945 susvisée est fixée en tenant compte non seulement de l'infraction commise, de l'âge et de la personnalité du mineur mais aussi de ses obligations scolaires.

Sa durée hebdomadaire ne peut excéder la durée hebdomadaire légale de travail.

Art. 2 Si le mineur suit une scolarité, la mesure d'activité de jour ne doit pas être mise en œuvre pendant le temps consacré aux enseignements et aux travaux scolaires.

Lorsqu'elle s'applique à un mineur de seize ans en voie de déscolarisation ou en attente d'inscription dans un établissement scolaire, l'inspecteur d'académie, le directeur des services départementaux de l'éducation nationale, le directeur territorial de la protection judiciaire de la jeunesse et la personne morale ou l'association désignée pour exécuter la mesure d'activité de jour précisent, par voie de convention individuelle, le contenu et l'organisation de l'action éducative dont bénéficiera le mineur soumis à obligation scolaire.

Art. 3 Le juge des enfants s'assure de la bonne exécution de la mesure et vérifie si elle demeure adaptée à la personnalité du mineur. A cette fin, la personne morale, l'association ou le service ou l'établissement de la protection judiciaire de la jeunesse qu'il a désignés pour exécuter la mesure lui adresse des comptes rendus selon une périodicité qu'il fixe.

Art. 4 Lorsque la mesure d'activité de jour est prononcée au titre de la composition pénale prévue à l'article 7-2 de l'ordonnance susvisée du 2 février 1945, le procureur de la République exerce les attributions dévolues au juge des enfants mentionnées à l'article 3.

Art. 5 Le juge des enfants désigne un service ou établissement de la protection judiciaire de la jeunesse pour suivre le déroulement des mesures confiées à l'une des personnes morales ou associations mentionnées à l'article 16 *ter* de l'ordonnance du 2 février 1945 susvisée.

Ce service ou établissement reçoit le mineur accompagné de ses représentants légaux, lui expose les objectifs de la mesure et lui explique les conséquences du non-respect des obligations.

Il vérifie que les responsables légaux du mineur ont souscrit une assurance garantissant leur responsabilité civile du fait des agissements de leur enfant mineur. A défaut, il souscrit une assurance au nom du mineur garantissant cette responsabilité.

Il adresse au juge des enfants, en cours de mesure, un rapport intermédiaire sur le déroulement de celle-ci et l'informe sans délai de tout événement de nature à justifier une modification ou une cessation de la mesure.

Il reçoit le mineur et ses représentants légaux lorsque la mesure a été accomplie afin d'établir un bilan de son déroulement et de vérifier que les objectifs ont été atteints.

Dans le délai d'un mois suivant la fin de la mesure, un rapport est transmis au juge des enfants et, s'il a proposé la mesure au titre de la composition pénale, au procureur de la République.

CHAPITRE II *La liste des mesures d'activité de jour*

Art. 6 L'habilitation des personnes morales de droit public ou de droit privé exerçant une mission de service public et des associations qui désirent organiser des activités de jour est accordée, renouvelée et retirée selon les modalités prévues par le décret du 6 octobre 1988 susvisé.

Art. 7 Les services ou établissements de la protection judiciaire de la jeunesse, les personnes morales de droit public ou de droit privé exerçant une mission de service public et les associations désirant faire inscrire des mesures d'activité de jour sur la liste prévue par l'article 16 *ter* de l'ordonnance susvisée du 2 février 1945 en font la demande au juge des enfants dans le ressort duquel elles envisagent de faire exécuter ces mesures.

Cette demande est jointe, le cas échéant, à la demande d'habilitation. Pour les personnes morales déjà habilitées, elle comporte mention de la date de cette habilitation.

Une notice annexée à la demande indique la nature et les modalités d'exécution des activités proposées, les nom, prénoms, date et lieu de naissance des personnes chargées de l'encadrement technique et éducatif ainsi que le nombre de postes d'activités susceptibles d'être offerts.

Art. 8 Le juge des enfants établit la liste des activités après avis du procureur de la République. Il consulte le conseil départemental de prévention de la délinquance *(Abrogé par Décr. n° 2018-329 du 3 mai 2018, art. 10)* « *, d'aide aux victimes* » et de lutte contre la drogue, les dérives sectaires et les violences faites aux femmes et tout organisme public compétent en la matière qu'il juge utile. Les organismes consultés disposent d'un délai de deux mois pour donner leur avis.

Cette liste est portée à la connaissance du président du tribunal judiciaire, du procureur de la République et du directeur territorial de la protection judiciaire de la jeunesse.

Art. 9 Le juge des enfants ou le procureur de la République choisit une activité parmi celles inscrites sur la liste de son ressort.

Art. 10 La liste des activités est révisée au moins une fois par an. Le conseil départemental de prévention de la délinquance *(Abrogé par Décr. n° 2018-329 du 3 mai 2018, art. 10)* « *, d'aide aux victimes* » et de lutte contre la drogue, les dérives sectaires et les violences faites aux femmes est consulté chaque année sur cette liste.

En cas d'urgence le juge des enfants peut procéder à la radiation d'une activité inscrite sur la liste, après avis du procureur de la République.

CHAPITRE III *Dispositions applicables outre-mer*

Art. 11 Le présent décret est applicable en Nouvelle-Calédonie, en Polynésie française et dans les îles Wallis-et-Futuna.

En l'absence de service ou établissement de la protection judiciaire de la jeunesse ou exerçant ses missions, le procureur de la République ou le juge des enfants assure lui-même le contrôle du déroulement de la mesure.

Code de la santé publique

PREMIÈRE PARTIE : ***LÉGISLATIVE***

(Ord. n° 2000-548 du 15 juin 2000)

DEUXIÈME PARTIE **Santé sexuelle et reproductive, droits de la femme et protection de la santé de l'enfant** *(L. n° 2014-873 du 4 août 2014, art. 23 ; L. n° 2016-41 du 26 janv. 2016, art. 10).*

TITRE II (du livre III) **Autres établissements et services**

CHAPITRE IV *Établissements d'accueil des enfants de moins de six ans*

Art. L. 2324-1 Si elles ne sont pas soumises à un régime d'autorisation en vertu d'une autre disposition législative, la création, l'extension et la transformation des établissements et services gérés par une personne physique ou morale de droit privé accueillant des enfants de moins de six ans sont subordonnées à une autorisation délivrée par le président du conseil général, après avis du maire de la commune d'implantation.

Sous la même réserve, la création, l'extension et la transformation des établissements et services publics accueillant des enfants de moins de six ans sont décidées par la collectivité publique intéressée, après avis du président du conseil général.

(Ord. n° 2005-1092 du 1er sept. 2005, art. 10) « L'organisation d'un accueil collectif à caractère éducatif hors du domicile parental, à l'occasion des vacances scolaires des congés professionnels ou des loisirs, public ou privé, ouvert à des enfants scolarisés de moins de 6 ans » est subordonnée à une autorisation délivrée par le représentant de l'État dans le département, après avis du médecin responsable du service départemental de protection maternelle et infantile.

Les *(L. n° 2010-625 du 9 juin 2010, art. 7-I)* « seules conditions exigibles » de qualification ou d'expérience professionnelle, de moralité et d'aptitude physique requises des personnes exerçant leur activité dans les établissements ou services mentionnés aux alinéas précédents ainsi que les *(L. n° 2010-625 du 9 juin 2010, art. 7-I)* « seules conditions exigibles » d'installation et de fonctionnement de ces établissements ou services sont fixées *(L. n° 2010-625 du 9 juin 2010, art. 7-I)* « par décret ». – *[Anc. art. L. 180.]*

(Ord. n° 2005-1477 du 1er déc. 2005, art. 15-V) « les dispositions de l'article L. 133-6 du code de l'action sociale et des familles s'appliquent aux établissements, services et lieux de vie et d'accueil mentionnés au présent chapitre. »

....

Art. L. 2324-3 Lorsqu'il estime que la santé physique ou mentale ou l'éducation des enfants sont compromises ou menacées :

1° Le représentant de l'État dans le département ou le président du conseil général peut adresser des injonctions aux établissements et services mentionnés au premier alinéa de l'article L. 2324-1 ;

2° Le représentant de l'État dans le département peut adresser des injonctions aux établissements et services mentionnés aux alinéas 2 et 3 de l'article L. 2324-1.

Dans le cas où il n'a pas été satisfait aux injonctions, le représentant de l'État dans le département peut prononcer la fermeture totale ou partielle, provisoire ou définitive, des établissements ou services mentionnés à l'article L. 2324-1, après avis du président du conseil général en ce qui concerne les établissements et services mentionnés aux deux premiers alinéas de cet article.

La fermeture définitive vaut retrait des autorisations instituées aux alinéas 1 et 3 de l'article L. 2324-1.

En cas d'urgence, le représentant de l'État dans le département peut prononcer, par arrêté motivé, la fermeture immédiate, à titre provisoire, des établissements mentionnés à l'article L. 2324-1. Il en informe le président du conseil général. – *[Anc. art. L. 182.]*

CHAPITRE VI *Dispositions pénales*

....

Art. L. 2326-4 La création, l'extension ou la transformation des établissements et services privés mentionnés à l'article L. 2324-1 sans l'autorisation mentionnée aux alinéas premier et troisième de l'article L. 2324-1 est punie de trois mois d'emprisonnement et de 3 750 € d'amende.

Les personnes physiques coupables de l'infraction mentionnée à l'alinéa précédent encourent également les peines complémentaires suivantes :

1° L'interdiction, temporaire ou définitive, de diriger tout établissement ou service mentionnés à l'article L. 2324-1 ;

2° La fermeture, temporaire ou définitive, des établissements ou services. – *[Anc. art. L. 183.]*

....

TROISIÈME PARTIE **Lutte contre les maladies et dépendances**

TITRE PREMIER **Lutte contre le tabagisme**

CHAPITRE II *Produits du tabac*

SECTION II *Modalités de vente*

Art. L. 3512-10 *(Ord. nº 2016-623 du 19 mai 2016, art. 1er)* ....

Par dérogation à l'article L. 3335-1 et sans préjudice des droits acquis, un débit de tabac ne peut être établi autour d'un établissement d'instruction publique, d'un établissement scolaire privé ou d'un établissement de formation ou de loisirs de la jeunesse à une distance inférieure à un seuil fixé par arrêté du représentant de l'État dans le département.

....

Art. L. 3512-12 *(Ord. nº 2016-623 du 19 mai 2016, art. 1er)* Il est interdit de vendre ou d'offrir gratuitement, dans les débits de tabac et tous commerces ou lieux publics, à des mineurs de moins de dix-huit ans des produits du tabac définis à l'article L. 3512-1 ou des ingrédients définis à l'article L. 3512-2.

La personne qui délivre l'un de ces produits exige du client qu'il établisse la preuve de sa majorité.

CHAPITRE III *Produits du vapotage*

SECTION 1 *Dispositions communes*

Art. L. 3515-5 *(Ord. nº 2016-623 du 19 mai 2016, art. 1er)* Est puni de 45 000 € d'amende le fait pour les fabricants, les importateurs et les distributeurs de produits du tabac, ainsi que les entreprises, les organisations professionnelles ou les associations les représentant de ne pas adresser au ministre chargé de la santé le rapport annuel prévu à l'article L. 3512-7 ou d'omettre sciemment de rendre publiques les dépenses qui doivent y être incluses en application du même article.

Code de l'éducation

PREMIÈRE PARTIE : ***LÉGISLATIVE***

(Ord. nº 2000-549 du 15 juin 2000)

LIVRE IV (DE LA DEUXIÈME PARTIE) **Les établissements d'enseignement scolaire**

TITRE VII **Dispositions communes**

CHAPITRE II *Dispositions pénales*

Art. L. 472-1 Lorsqu'un crime ou un délit a été commis à l'intérieur de l'enceinte d'un établissement scolaire ou lorsqu'il a concerné, aux abords immédiats de cet établissement, *un élève de celui-ci* ou un membre de son personnel, le ministère public avise le chef de l'établissement concerné de la date et de l'objet de l'audience de jugement par lettre recommandée adressée dix jours au moins avant la date de l'audience. Lorsqu'il est fait application des articles 395 à 397-5 du code de procédure pénale, cet avis est adressé dans les meilleurs délais et par tout moyen. – *[L. nº 98-468 du 17 juin 1998, art. 47.]*

Code de l'action sociale et des familles

*(Ord. nº 2000-1249 du 21 déc. 2000. – **CASF**)*

Art. L. 121-2, L. 221-1, L. 222-1 *à* L. 222-6, L. 223-1 *à* L. 223-6, L. 224-1 *à* L. 224-9, L. 224-11 *et* L. 224-12, L. 225-1 *à* L. 225-9 *et* L. 225-18 *(Aide sociale à l'enfance).*

Art. L. 226-1 *à* L. 226-11 *et* L. 523-2 *(Protection des mineurs maltraités).*

Art. L. 421-1 *à* L. 421-18 *et* L. 422-1 *à* L. 422-7 *(Assistants maternels). — V. Décr. n° 92-1051 du 29 sept. 1992 (JO 30 sept.).*

Loi n° 2001-504 du 12 juin 2001,

Tendant à renforcer la prévention et la répression des mouvements sectaires portant atteinte aux droits de l'homme et aux libertés fondamentales.

Art. 19 Est puni de 7 500 € d'amende le fait de diffuser, par quelque moyen que ce soit, des messages destinés à la jeunesse et faisant la promotion d'une personne morale, quelle qu'en soit la forme juridique ou l'objet, qui poursuit des activités ayant pour but ou pour effet de créer, de maintenir ou d'exploiter la sujétion psychologique ou physique des personnes qui participent à ces activités *(L. n° 2007-293 du 5 mars 2007, art. 38)* « lorsque a été prononcée au moins une fois, contre la personne morale elle-même ou ses dirigeants de droit ou de fait, une condamnation pénale définitive pour l'une ou l'autre des infractions mentionnées ci-après : »

1° Infractions d'atteintes volontaires ou involontaires à la vie ou à l'intégrité physique ou psychique de la personne, de mise en danger de la personne, d'atteinte aux libertés de la personne, d'atteinte à la dignité de la personne, d'atteinte à la personnalité, de mise en péril des mineurs ou d'atteintes aux biens prévues par les articles 221-1 à 221-6, 222-1 à 222-40, 223-1 à 223-15, 223-15-2, 224-1 à 224-4, 225-5 à 225-15, 225-17 *(Abrogé par L. n° 2017-86 du 27 janv. 2017, art. 171) « et 225-18 »*, 226-1 à 226-23, 227-1 à 227-27, 311-1 à 311-13, 312-1 à 312-12, 313-1 à 313-3, 314-1 à 314-3 et 324-1 à 324-6 du code pénal ;

2° Infractions d'exercice illégal de la médecine ou de la pharmacie prévues par les articles L. 4161-5 et L. 4223-1 du code de la santé publique ;

3° Infractions de publicité mensongère, de fraudes ou de falsifications prévues par les articles L. 121-6 et L. 213-1 à L. 213-4 du code de la consommation.

Les mêmes peines sont applicables lorsque les messages visés au premier alinéa du présent article invitent à rejoindre une telle personne morale.

Les personnes morales peuvent être déclarées pénalement responsables dans les conditions prévues par l'article 121-2 du code pénal des infractions définies au présent article. La peine encourue par les personnes morales est l'amende, suivant les modalités prévues par l'article 131-38 du code pénal.

Décret n° 2004-31 du 5 janvier 2004,

Pris pour l'application de l'article 15-1 de l'ordonnance n° 45-174 du 2 février 1945 et relatif à la sanction éducative de stage de formation civique.

§ 1er *Objet et durée du stage*

Art. 1er Le stage de formation civique prévu au 6° de l'article 15-1 de l'ordonnance du 2 février 1945 susvisée s'applique aux mineurs de 10 à 18 ans. Il a pour objet de leur faire prendre conscience de leur responsabilité pénale et civile, ainsi que des devoirs qu'implique la vie en société. Il vise également à favoriser leur insertion sociale.

Art. 2 La durée du stage de formation civique est fixée par le tribunal pour enfants ou la cour d'assises, en tenant compte des obligations scolaires du mineur et de sa situation familiale. Elle ne peut excéder un mois.

La durée journalière de formation effective ne peut excéder six heures. Elle doit être adaptée en fonction de l'âge et de la personnalité du mineur.

§ 2 *Organisation du stage*

Art. 3 Le stage de formation civique est organisé en sessions collectives, continues ou discontinues, composées de différents modules de formation adaptés à l'âge et à la personnalité des stagiaires.

Art. 4 *Le contenu du stage de formation* civique fait l'objet d'un projet élaboré par un service concourant à la protection judiciaire de la jeunesse, relevant du ministère de la justice ou habilité à l'exercice de cette mission en application du décret du 6 octobre 1988 susvisé.

Le projet est transmis par le responsable du service au directeur territorial de la protection judiciaire de la jeunesse. Le directeur peut en autoriser la mise en œuvre après avoir recueilli l'avis du juge des enfants du lieu où se déroulera habituellement le stage.

Art. 5 Le service peut élaborer des modules de stage avec le concours des collectivités et établissements publics et, le cas échéant, de personnes morales de droit privé ou de personnes physiques participant à des missions d'intérêt général ou d'accès au droit.

Lorsqu'un module de formation est élaboré en concertation avec l'une des personnes publiques ou privées mentionnées à l'alinéa précédent, il fait l'objet d'une convention entre le service et cette personne. Cette convention précise le contenu, la durée de ce module, les objectifs particuliers qui lui sont assignés, les modalités de la prestation assurée par la personne privée ou publique ainsi que les modalités de financement des frais engagés.

Art. 6 Le directeur territorial de la protection judiciaire de la jeunesse informe les juges des enfants et les procureurs de la République de l'identité des services mettant en œuvre des stages de formation civique dans le département et du contenu de ces stages.

§ 3 *Déroulement*

Art. 7 Préalablement à la mise en œuvre du stage, le service qui en a la charge reçoit le mineur et les parents, le tuteur, le responsable de l'établissement ou la personne à qui le mineur est confié.

Il leur expose les objectifs éducatifs de la sanction.

Il leur rappelle qu'en cas de non-respect de la sanction, le procureur de la République peut saisir le tribunal pour enfants aux fins de placement du mineur dans les conditions fixées au dernier alinéa de l'article 15-1 de l'ordonnance du 2 février 1945 susvisée.

Art. 8 Le stage se déroule sous le contrôle et en présence permanente d'un personnel éducatif du service chargé de sa mise en œuvre.

Art. 9 En cas de difficulté d'exécution du stage liée notamment au comportement du mineur, le représentant du service chargé de sa mise en œuvre peut en suspendre l'exécution. Il en informe sans délai le juge des enfants et le procureur de la République et leur adresse un rapport.

§ 4 *Contrôle de l'accomplissement*

Art. 10 Lorsque le stage de formation civique a été accompli, le service en charge de la mesure reçoit le mineur et les parents, le tuteur, le responsable de l'établissement ou la personne à qui le mineur est confié afin d'établir un bilan sur le déroulement du stage et de vérifier que les objectifs éducatifs du stage ont été atteints.

Dans le délai d'un mois suivant la fin du stage, un rapport de synthèse est transmis au juge des enfants et au procureur de la République.

ÉTAT DE SIÈGE

RÉP. PÉN. v° *État de siège, par* ZAVOLI.

Constitution de la République française du 4 octobre 1958,

Art. 36 L'état de siège est décrété en conseil des ministres.

Sa prorogation au-delà de douze jours ne peut être autorisée que par le Parlement.

ÉTRANGERS

Sur la peine d'interdiction du territoire français, V. Circ. CRIM. n° 2004-01 E3 du 9 janv. 2004 (BOMJ 2004, n° 93). — Sur la coordination entre les établissements pénitentiaires et les services du ministère de l'intérieur pour la mise en œuvre des mesures d'éloignement des étrangers du territoire français, V. Circ. AP n° 2004-02 EMS du 21 janv. 2004 (BOMJ 2004, n° 93).

BIBL. ▸ GUERRIVE, *D. 2002. Chron. 829* (« double peine » et police des étrangers). - Dossier, *AJ pénal 2004. 93* (la nouvelle loi « immigration »). - PONCELA, *RSC 2004. 434* (étrangers et droit des sanctions pénales). - GUIMEZANES, *JCP 2006. I. 167* (la loi du 24 juill. 2006 relative à l'immigration et à l'intégration). - MUZNY, *D. 2007. 771* (protection des mineurs étrangers isolés). - TURPIN, *D. 2008. Chron. 930* (loi relative à la maîtrise de l'immigration, à l'intégration et à l'asile : précisions techniques et symboles républicains) ; *ibid. Chron. 1638* (décision n° 557 DC du Conseil constitutionnel sur la loi relative à l'immigration et à l'asile : le moustique et le chameau). - PIRONON, *D. 2009. Chron. 388* (droits des étrangers et droits de l'homme : l'apport de la Cour de cassation).

▸ DOSSIER, *AJ pénal 2008. 9* (droit des étrangers : entre impératif de sécurité et droit à la liberté) ; *ibid. 2011. 491 s.* (évolutions récentes du droit des étrangers) ; *ibid. 2016. 9s.* (l'étranger et le droit pénal).

Code de l'entrée et du séjour des étrangers et du droit d'asile

PREMIÈRE PARTIE : ***LÉGISLATIVE***

(Ord. n° 2020-1733 du 16 déc. 2020, en vigueur le 1er mai 2021)

LIVRE VI **Décisions d'éloignement**

TITRE PREMIER **Obligation de quitter le territoire français**

Art. L. 610-1 **Conformément à l'article L. 253-1, les dispositions de l'article L. 611-3, du second alinéa de l'article L. 613-3, de la première phrase de l'article L. 613-6 et du chapitre IV du présent titre, à l'exception des dispositions de l'article L. 614-5, sont applicables à l'étranger dont la situation est régie par le livre II.**

CHAPITRE PREMIER ***Décision portant obligation de quitter le territoire français***

Art. L. 611-1 **L'autorité administrative peut obliger un étranger à quitter le territoire français lorsqu'il se trouve dans les cas suivants :**

1° L'étranger, ne pouvant justifier être entré régulièrement sur le territoire français, s'y est maintenu sans être titulaire d'un titre de séjour en cours de validité ;

2° L'étranger, entré sur le territoire français sous couvert d'un visa désormais expiré ou, n'étant pas soumis à l'obligation du visa, entré en France plus de trois mois auparavant, s'est maintenu sur le territoire français sans être titulaire d'un titre de séjour ou, le cas échéant, sans demander le renouvellement du titre de séjour temporaire ou pluriannuel qui lui a été délivré ;

3° L'étranger s'est vu refuser la délivrance d'un titre de séjour, le renouvellement du titre de séjour, du document provisoire délivré à l'occasion d'une demande de titre de séjour ou de l'autorisation provisoire de séjour qui lui avait été délivré ou s'est vu retirer un de ces documents ;

4° La reconnaissance de la qualité de réfugié ou le bénéfice de la protection subsidiaire a été définitivement refusé à l'étranger ou il ne bénéficie plus du droit de se maintenir sur le territoire français en application des articles L. 542-1 et L. 542-2, à moins qu'il ne soit titulaire de l'un des documents mentionnés au 3° ;

5° Le comportement de l'étranger qui ne réside pas régulièrement en France depuis plus de trois mois constitue une menace pour l'ordre public ;

6° L'étranger qui ne réside pas régulièrement en France depuis plus de trois mois a méconnu les dispositions de l'article L. 5221-5 du code du travail.

Lorsque, dans le cas prévu à l'article L. 431-2, un refus de séjour a été opposé à l'étranger, la décision portant obligation de quitter le territoire français peut être prise sur le fondement du seul 4°.

Art. L. 611-2 L'étranger en provenance directe du territoire d'un des États parties à la convention signée à Schengen le 19 juin 1990 peut se voir appliquer les 1° et 2° de l'article L. 611-1 lorsqu'il ne peut justifier être entré ou s'être maintenu sur le territoire métropolitain en se conformant aux stipulations des paragraphes 1 et 2 de l'article 19, du paragraphe 1 de l'article 20 et des paragraphes 1 et 2 de l'article 21 de cette même convention.

Art. L. 611-3 Ne peuvent faire l'objet d'une décision portant obligation de quitter le territoire français :

1° L'étranger mineur de dix-huit ans ;

2° L'étranger qui justifie par tous moyens résider habituellement en France depuis qu'il a atteint au plus l'âge de treize ans ;

3° L'étranger qui réside régulièrement en France depuis plus de dix ans, sauf s'il a été, pendant toute cette période, titulaire d'une carte de séjour temporaire ou pluriannuelle portant la mention "étudiant" ;

4° L'étranger qui réside régulièrement en France depuis plus de vingt ans ;

5° L'étranger ne vivant pas en état de polygamie qui est père ou mère d'un enfant français mineur résidant en France, à condition qu'il établisse contribuer effectivement à l'entretien et à l'éducation de l'enfant dans les conditions prévues par l'article 371-2 du code civil depuis la naissance de celui-ci ou depuis au moins deux ans ;

6° L'étranger marié depuis au moins trois ans avec un conjoint de nationalité française, à condition que la communauté de vie n'ait pas cessé depuis le mariage et que le conjoint ait conservé la nationalité française ;

7° L'étranger qui réside régulièrement en France depuis plus de dix ans et qui, ne vivant pas en état de polygamie, est marié depuis au moins trois ans avec un ressortissant étranger relevant du 2°, à condition que la communauté de vie n'ait pas cessée *[cessé]* depuis le mariage ;

8° L'étranger titulaire d'une rente d'accident du travail ou de maladie professionnelle servie par un organisme français et dont le taux d'incapacité permanente est égal ou supérieur à 20 % ;

9° L'étranger résidant habituellement en France si son état de santé nécessite une prise en charge médicale dont le défaut pourrait avoir pour lui des conséquences d'une exceptionnelle gravité et si, eu égard à l'offre de soins et aux caractéristiques du système de santé du pays de renvoi, il ne pourrait pas y bénéficier effectivement d'un traitement approprié.

CHAPITRE II *Décision pouvant assortir la décision portant obligation de quitter le territoire français*

SECTION I *Délai de départ volontaire*

Art. L. 612-1 L'étranger faisant l'objet d'une décision portant obligation de quitter le territoire français dispose d'un délai de départ volontaire de trente jours à compter de la notification de cette décision.

L'autorité administrative peut accorder, à titre exceptionnel, un délai de départ volontaire supérieur à trente jours s'il apparaît nécessaire de tenir compte de circonstances propres à chaque cas.

Elle peut prolonger le délai accordé pour une durée appropriée s'il apparaît nécessaire de tenir compte de circonstances propres à chaque cas. L'étranger est informé par écrit de cette prolongation.

Art. L. 612-2 Par dérogation à l'article L. 612-1, l'autorité administrative peut refuser d'accorder un délai de départ volontaire dans les cas suivants :

1° Le comportement de l'étranger constitue une menace pour l'ordre public ;

2° L'étranger s'est vu refuser la délivrance ou le renouvellement de son titre de séjour, du document provisoire délivré à l'occasion d'une demande de titre de séjour ou de son autorisation provisoire de séjour au motif que sa demande était manifestement infondée ou frauduleuse ;

3° Il existe un risque que l'étranger se soustraie à la décision portant obligation de quitter le territoire français dont il fait l'objet.

Art. L. 612-3 Le risque mentionné au 3° de l'article L. 612-2 peut être regardé comme établi, sauf circonstance particulière, dans les cas suivants :

1° L'étranger, qui ne peut justifier être entré régulièrement sur le territoire français, n'a pas sollicité la délivrance d'un titre de séjour ;

2° L'étranger s'est maintenu sur le territoire français au-delà de la durée de validité de son visa ou, s'il n'est pas soumis à l'obligation du visa, à l'expiration d'un délai de trois mois à compter de son entrée en France, sans avoir sollicité la délivrance d'un titre de séjour ;

3° L'étranger s'est maintenu sur le territoire français plus d'un mois après l'expiration de son titre de séjour, du document provisoire délivré à l'occasion d'une demande de titre de séjour ou de son autorisation provisoire de séjour, sans en avoir demandé le renouvellement ;

4° L'étranger a explicitement déclaré son intention de ne pas se conformer à son obligation de quitter le territoire français ;

5° L'étranger s'est soustrait à l'exécution d'une précédente mesure d'éloignement ;

6° L'étranger, entré irrégulièrement sur le territoire de l'un des États avec lesquels s'applique l'acquis de Schengen, fait l'objet d'une décision d'éloignement exécutoire prise par l'un des États ou s'est maintenu sur le territoire d'un de ces États sans justifier d'un droit de séjour ;

7° L'étranger a contrefait, falsifié ou établi sous un autre nom que le sien un titre de séjour ou un document d'identité ou de voyage ou a fait usage d'un tel titre ou document ;

8° L'étranger ne présente pas de garanties de représentation suffisantes, notamment parce qu'il ne peut présenter des documents d'identité ou de voyage en cours de validité, qu'il a refusé de communiquer les renseignements permettant d'établir son identité ou sa situation au regard du droit de circulation et de séjour ou a communiqué des renseignements inexacts, qu'il a refusé de se soumettre aux opérations de relevé d'empreintes digitales ou de prise de photographie prévues au 3° de l'article L. 142-1, qu'il ne justifie pas d'une résidence effective et permanente dans un local affecté à son habitation principale ou qu'il s'est précédemment soustrait aux obligations prévues aux articles L. 721-6 à L. 721-8, L. 731-1, L. 731-3, L. 733-1 à L. 733-4, L. 733-6, L. 743-13 à L. 743-15 et L. 751-5.

Art. L. 612-4 L'étranger en provenance directe du territoire d'un des États parties à la convention signée à Schengen le 19 juin 1990 peut se voir appliquer les 1° et 2° de l'article L. 612-3 lorsqu'il ne peut justifier être entré ou s'être maintenu sur le territoire métropolitain en se conformant aux stipulations des paragraphes 1 et 2 de l'article 19, du paragraphe 1 de l'article 20 et des paragraphes 1 et 2 de l'article 21 de cette même convention.

Art. L. 612-5 L'autorité administrative peut mettre fin au délai de départ volontaire accordé en application de l'article L. 612-1 si un motif de refus de ce délai apparaît postérieurement à la notification de la décision relative à ce délai.

SECTION II *Interdiction de retour sur le territoire français*

Art. L. 612-6 Lorsqu'aucun délai de départ volontaire n'a été accordé à l'étranger, l'autorité administrative assortit la décision portant obligation de quitter le territoire français d'une interdiction de retour sur le territoire français. Des circonstances humanitaires peuvent toutefois justifier que l'autorité administrative n'édicte pas d'interdiction de retour.

Les effets de cette interdiction cessent à l'expiration d'une durée, fixée par l'autorité administrative, qui ne peut excéder trois ans à compter de l'exécution de l'obligation de quitter le territoire français.

Art. L. 612-7 Lorsque l'étranger s'est maintenu irrégulièrement sur le territoire au-delà du délai de départ volontaire, l'autorité administrative édicte une interdiction de retour. Des circonstances humanitaires peuvent toutefois justifier que l'autorité administrative n'édicte pas d'interdiction de retour.

Les effets de cette interdiction cessent à l'expiration d'une durée, fixée par l'autorité administrative, qui ne peut excéder deux ans à compter de l'exécution de l'obligation de quitter le territoire français.

Art. L. 612-8 Lorsque l'étranger n'est pas dans une situation mentionnée aux articles L. 612-6 et L. 612-7, l'autorité administrative peut assortir la décision portant obligation de quitter le territoire français d'une interdiction de retour sur le territoire français.

Les effets de cette interdiction cessent à l'expiration d'une durée, fixée par l'autorité administrative, qui ne peut excéder deux ans à compter de l'exécution de l'obligation de quitter le territoire français.

Art. L. 612-9 Sauf s'il n'a pas satisfait à une précédente décision portant obligation de quitter le territoire français ou si son comportement constitue une menace pour l'ordre public, les articles L. 612-6, L. 612-7 et L. 612-8 ne sont pas applicables à l'étranger obligé de quitter le territoire français au motif que le titre de séjour qui lui avait été délivré en application des articles L. 425-1 ou L. 425-3 n'a pas été renouvelé ou a été retiré ou que, titulaire d'un titre de séjour délivré sur le même fondement dans un autre État membre de l'Union européenne, il n'a pas rejoint le territoire de cet État à l'expiration de son droit de circulation sur le territoire français dans le délai qui lui a, le cas échéant, été imparti.

Art. L. 612-10 Pour fixer la durée des interdictions de retour mentionnées aux articles L. 612-6 et L. 612-7, l'autorité administrative tient compte de la durée de présence de l'étranger sur le territoire français, de la nature et de l'ancienneté de ses liens avec la France, de la circonstance qu'il a déjà fait l'objet ou non d'une mesure d'éloignement et de la menace pour l'ordre public que représente sa présence sur le territoire français.

Il en est de même pour l'édiction et la durée de l'interdiction de retour mentionnée à l'article L. 612-8 ainsi que pour la prolongation de l'interdiction de retour prévue à l'article L. 612-11.

Art. L. 612-11 L'autorité administrative peut prolonger l'interdiction de retour pour une durée maximale de deux ans dans les cas suivants :

1° L'étranger s'est maintenu irrégulièrement sur le territoire français alors qu'il était obligé de le quitter sans délai ;

2° L'étranger s'est maintenu irrégulièrement sur le territoire français au-delà du délai de départ volontaire qui lui avait été accordé ;

3° L'étranger est revenu sur le territoire français après avoir déféré à l'obligation de quitter le territoire français, alors que l'interdiction de retour poursuivait ses effets.

Compte tenu des prolongations éventuellement décidées, la durée totale de l'interdiction de retour ne peut excéder cinq ans à compter de l'exécution de l'obligation de quitter le territoire français, sauf menace grave pour l'ordre public.

SECTION III *Pays de renvoi*

Art. L. 612-12 La décision portant obligation de quitter le territoire français mentionne le pays, fixé en application de l'article L. 721-3, à destination duquel l'étranger est renvoyé en cas d'exécution d'office.

CHAPITRE III *Procédure administrative*

SECTION I *Édiction des décisions*

Art. L. 613-1 La décision portant obligation de quitter le territoire français est motivée.

Dans le cas prévu au 3° de l'article L. 611-1, la décision portant obligation de quitter le territoire français n'a pas à faire l'objet d'une motivation distincte de celle de la décision relative au séjour. Toutefois, les motifs des décisions relatives au délai de départ volontaire et à l'interdiction de retour édictées le cas échéant sont indiqués.

Art. L. 613-2 Les décisions relatives au refus et à la fin du délai de départ volontaire prévues aux articles L. 612-2 et L. 612-5 et les décisions d'interdiction de retour et de prolongation d'interdiction de retour prévues aux articles L. 612-6, L. 612-7, L. 612-8 et L. 612-11 sont distinctes de la décision portant obligation de quitter le territoire français. Elles sont motivées.

SECTION II *Information de l'étranger*

Art. L. 613-3 L'étranger auquel est notifiée une décision portant obligation de quitter le territoire français est informé, par cette notification écrite, des conditions, prévues aux articles L. 722-3 et L. 722-7, dans lesquelles cette décision peut être exécutée d'office.

Lorsque le délai de départ volontaire n'a pas été accordé, l'étranger est mis en mesure, dans les meilleurs délais, d'avertir un conseil, son consulat ou une personne de son choix.

Art. L. 613-4 L'étranger auquel est notifiée une décision portant obligation de quitter le territoire français est également informé qu'il peut recevoir communication des principaux éléments, traduits dans une langue qu'il comprend ou dont il est raisonnable de supposer qu'il la comprend, des décisions qui lui sont notifiées en application des chapitres I et II.

Art. L. 613-5 L'étranger auquel est notifiée une interdiction de retour sur le territoire français est informé qu'il fait l'objet d'un signalement aux fins de non-admission dans le système d'information Schengen, conformément à l'article 24 du règlement (UE) n° 2018/1861 du Parlement européen et du Conseil du 28 novembre 2018 sur l'établissement, le fonctionnement et l'utilisation du système d'information Schengen (SIS) dans le domaine des vérifications aux frontières, modifiant la convention d'application de l'accord de Schengen et modifiant et abrogeant le règlement (CE) n° 1987/2006.

Les modalités de suppression du signalement de l'étranger en cas d'annulation ou d'abrogation de l'interdiction de retour sont fixées par voie réglementaire.

SECTION III *Abrogation de la décision portant obligation de quitter le territoire français en cas de reconnaissance de la qualité de réfugié ou d'apatride ou d'octroi de la protection subsidiaire*

Art. L. 613-6 Lorsque la qualité de réfugié ou d'apatride est reconnue ou le bénéfice de la protection subsidiaire accordé à un étranger ayant antérieurement fait l'objet d'une décision portant obligation de quitter le territoire français, l'autorité administrative abroge cette décision. Elle délivre au réfugié la carte de résident prévue à l'article L. 424-1, au bénéficiaire de la protection subsidiaire la carte de séjour pluriannuelle prévue à l'article L. 424-9 et à l'étranger qui a obtenu le statut d'apatride la carte de séjour pluriannuelle prévue à l'article L. 424-18.

SECTION IV *Abrogation de l'interdiction de retour*

Art. L. 613-7 L'autorité administrative peut à tout moment abroger l'interdiction de retour.

Lorsque l'étranger sollicite l'abrogation de l'interdiction de retour, sa demande n'est recevable que s'il justifie résider hors de France. Cette condition ne s'applique pas :

1° Pendant le temps où l'étranger purge en France une peine d'emprisonnement ferme ;

2° Lorsque l'étranger fait l'objet d'une mesure d'assignation à résidence prise en application des articles L. 731-1 ou L. 731-3.

Art. L. 613-8 Lorsqu'un étranger faisant l'objet d'une interdiction de retour édictée en application de l'article L. 612-8 justifie, au plus tard deux mois suivant l'expiration du délai de départ volontaire dont il a bénéficié, avoir satisfait à son obligation de quitter le territoire français dans le délai imparti, l'interdiction de retour est abrogée.

Toutefois, par décision motivée, l'autorité administrative peut refuser cette abrogation au regard de circonstances particulières tenant à la situation et au comportement de l'intéressé.

Les modalités de constat de la date d'exécution de l'obligation de quitter le territoire français de l'étranger faisant l'objet d'une interdiction de retour sont déterminées par voie réglementaire.

CHAPITRE IV *Procédure contentieuse*

SECTION I *Dispositions générales*

Art. L. 614-1 L'étranger qui fait l'objet d'une décision portant obligation de quitter le territoire français peut, dans les conditions et délais prévus au présent chapitre, demander au tribunal administratif l'annulation de cette décision, ainsi que l'annulation de la décision relative au séjour, de la décision relative au délai de départ volontaire et de la décision d'interdiction de retour sur le territoire français qui l'accompagnent le cas échéant.

Les dispositions du présent chapitre sont applicables au jugement de la décision fixant le pays de renvoi contestée en application de l'article L. 721-5 et de la décision d'assignation à résidence contestée en application de l'article L. 732-8.

SECTION II *Procédure applicable en l'absence d'assignation à résidence ou de placement en rétention de l'étranger*

SOUS-SECTION 1 *Dispositions générales*

Art. L. 614-2 Les dispositions de la présente section sont applicables lorsque l'étranger ne fait pas l'objet d'une assignation à résidence en application de l'article L. 731-1 ou d'un placement en rétention en application de l'article L. 741-1.

Art. L. 614-3 Si en cours d'instance l'étranger est assigné à résidence en application de l'article L. 731-1 ou placé en rétention en application de l'article L. 741-1, il est fait application des articles L. 614-7 à L. 614-13.

SOUS-SECTION 2 *En cas de délai de départ volontaire*

Art. L. 614-4 Lorsque la décision portant obligation de quitter le territoire français prise en application des 3°, 5° ou 6° de l'article L. 611-1 est assortie d'un délai de départ volontaire, le tribunal administratif est saisi dans le délai de trente jours suivant la notification de la décision.

L'étranger peut demander le bénéfice de l'aide juridictionnelle au plus tard lors de l'introduction de sa requête en annulation.

Le tribunal administratif statue dans un délai de trois mois à compter de sa saisine.

Art. L. 614-5 Lorsque la décision portant obligation de quitter le territoire français prise en application des 1°, 2° ou 4° de l'article L. 611-1 est assortie d'un délai de départ volontaire, le président du tribunal administratif peut être saisi dans le délai de quinze jours suivant la notification de la décision.

L'interdiction de retour prévue à l'article L. 612-7, notifiée postérieurement à la décision portant obligation de quitter le territoire français, peut être contestée dans les mêmes conditions.

Le président du tribunal administratif ou le magistrat qu'il désigne à cette fin parmi les membres de sa juridiction ou parmi les magistrats honoraires inscrits sur la liste mentionnée à l'article L. 222-2-1 du code de justice administrative statue dans un délai de six semaines à compter de sa saisine.

L'étranger peut demander au président du tribunal administratif ou au magistrat désigné à cette fin le concours d'un interprète et la communication du dossier contenant les pièces sur la base desquelles la décision contestée a été prise.

L'audience est publique. Elle se déroule sans conclusions du rapporteur public, en présence de l'intéressé, sauf si celui-ci, dûment convoqué, ne se présente pas. L'étranger est assisté de son conseil s'il en a un. Il peut demander au président du tribunal administratif ou au magistrat désigné à cette fin qu'il lui en soit désigné un d'office.

Lorsque l'étranger conteste une décision portant obligation de quitter le territoire fondée sur le 4° de l'article L. 611-1 et une décision relative au séjour intervenue concomitamment, le président du tribunal administratif ou le magistrat désigné à cette fin statue par une seule décision sur les deux contestations.

SOUS-SECTION 3 *En l'absence de délai de départ volontaire*

Art. L. 614-6 Lorsque la décision portant obligation de quitter le territoire français n'est pas assortie d'un délai de départ volontaire, le président du tribunal administratif peut être saisi dans le délai de quarante-huit heures suivant la notification de la mesure.

Il est statué sur ce recours selon la procédure et dans les délais prévus, selon le fondement de la décision portant obligation de quitter le territoire français, aux articles L. 614-4 ou L. 614-5.

SECTION III *Procédure applicable en cas d'assignation à résidence ou de placement en rétention de l'étranger*

Art. L. 614-7 Les dispositions de la présente section sont applicables lorsque l'étranger fait l'objet d'une d'assignation *[assignation]* à résidence en application de l'article L. 731-1 ou d'un placement en rétention en application de l'article L. 741-1, y compris lorsque ces décisions interviennent en cours d'instance.

Art. L. 614-8 Lorsque la décision portant obligation de quitter le territoire français est notifiée avec une décision d'assignation à résidence prise en application de l'article L. 731-1 ou une décision de placement en rétention prise en application de l'article L. 741-1, le président du tribunal administratif peut être saisi dans le délai de quarante-huit heures suivant la notification de ces mesures.

Art. L. 614-9 Le président du tribunal administratif, ou le magistrat qu'il désigne à cette fin parmi les membres de sa juridiction, ou les magistrats honoraires inscrits sur la liste mentionnée à l'article L. 222-2-1 du code de justice administrative, statue au plus tard quatre-vingt-seize heures à compter de l'expiration du délai de recours.

Dans le cas où la décision d'assignation à résidence ou de placement en rétention intervient en cours d'instance, le président du tribunal administratif ou le magistrat désigné à cette fin statue dans un délai de cent quarante-quatre heures à compter de la notification de cette décision par l'autorité administrative au tribunal.

Art. L. 614-10 L'étranger peut demander au président du tribunal administratif ou au magistrat désigné à cette fin le concours d'un interprète et la communication du dossier contenant les pièces sur la base desquelles la décision contestée a été prise.

Art. L. 614-11 Le président du tribunal administratif ou le magistrat désigné à cette fin peut se transporter au siège de la juridiction judiciaire la plus proche du lieu où se trouve l'étranger si celui-ci est placé ou maintenu en rétention.

Si une salle d'audience attribuée au ministère de la justice lui permettant de statuer publiquement a été spécialement aménagée à proximité immédiate de ce lieu de rétention, il peut statuer dans cette salle. Lorsque l'audience se tient dans cette salle, le juge peut également siéger au tribunal dont il est membre, les salles d'audience étant reliées en direct par un moyen de communication audiovisuelle garantissant la confidentialité de la transmission. La salle d'audience située à proximité du lieu de rétention et celle du tribunal administratif sont ouvertes au public.

L'audience est publique. Elle se déroule sans conclusions du rapporteur public, en présence de l'intéressé, sauf si celui-ci, dûment convoqué, ne se présente pas. L'étranger est assisté de son conseil s'il en a un. Il peut demander au président du tribunal administratif ou au magistrat désigné à cette fin qu'il lui en soit désigné un d'office.

Art. L. 614-12 La décision d'assignation à résidence prise en application de l'article L. 731-1 peut être contestée dans les conditions prévues à l'article L. 732-8.

Art. L. 614-13 La décision de placement en rétention ne peut être contestée que devant le juge des libertés et de la détention, conformément aux dispositions de l'article L. 741-10.

Dans ce cas, le juge des libertés et de la détention informe sans délai le tribunal administratif territorialement compétent, par tout moyen, du sens de sa décision. La méconnaissance des dispositions du présent alinéa est sans conséquence sur la régularité et le bien-fondé des procédures ultérieures d'exécution de la décision d'éloignement.

SECTION IV *Procédure applicable en cas de détention de l'étranger*

Art. L. 614-14 En cas de détention de l'étranger, celui-ci est informé dans une langue qu'il comprend, dès la notification de la décision portant obligation de quitter le territoire français, qu'il peut, avant même l'introduction de sa requête, demander au président du tribunal administratif l'assistance d'un interprète ainsi que d'un conseil.

Art. L. 614-15 Les dispositions des articles L. 614-4 à L. 614-6 sont applicables à l'étranger détenu.

Toutefois, lorsqu'il apparaît, en cours d'instance, que l'étranger détenu est susceptible d'être libéré avant que le juge statue, l'autorité administrative en informe le président du tribunal administratif ou le magistrat désigné. Il est alors statué sur le recours dirigé contre la décision portant obligation de quitter le territoire français selon la procédure prévue aux articles L. 614-9 à L. 614-11 et dans un délai de huit jours à compter de l'information du tribunal par l'autorité administrative.

SECTION V *Exécution des décisions de la juridiction administrative*

Art. L. 614-16 Si la décision portant obligation de quitter le territoire français est annulée, il est immédiatement mis fin aux mesures de surveillance prévues aux articles L. 721-6, L. 721-7, L. 731-1, L. 731-3, L. 741-1 et L. 743-13, et l'étranger est muni d'une autorisation provisoire de séjour jusqu'à ce que l'autorité administrative ait à nouveau statué sur son cas.

Art. L. 614-17 Si la décision de ne pas accorder de délai de départ volontaire est annulée, il est immédiatement mis fin aux mesures de surveillance prévues aux articles L. 731-1, L. 731-3, L. 741-1 et L. 743-13, et le président du tribunal administratif ou le magistrat désigné à cette fin rappelle à l'étranger son obligation de quitter le territoire français dans le délai qui lui sera fixé par l'autorité administrative en application des articles L. 612-1 ou L. 612-2. Ce délai court à compter de sa notification.

Art. L. 614-18 Si la décision d'assignation à résidence prévue à l'article L. 731-1 est annulée, il est immédiatement mis fin à cette mesure et le président du tribunal administratif ou le magistrat désigné à cette fin rappelle à l'étranger son obligation de quitter le territoire français.

Art. L. 614-19 L'annulation de la décision relative au séjour emporte abrogation de la décision portant obligation de quitter le territoire français et de la décision d'interdiction de retour qui l'accompagne le cas échéant, y compris lorsque le recours dirigé contre celles-ci a été rejeté selon la procédure prévue aux articles L. 614-7 à L. 614-13.

CHAPITRE V *Cas de l'étranger obligé de quitter le territoire d'un autre État membre de l'Union européenne ou d'un État avec lequel s'applique l'acquis de Schengen*

SECTION I *Décision de mise en œuvre d'une décision prise par un autre État membre de l'Union européenne ou par un État avec lequel s'applique l'acquis de Schengen*

Art. L. 615-1 L'autorité administrative peut décider de mettre en œuvre une décision obligeant un étranger à quitter le territoire d'un autre État dans les cas suivants :

1° L'étranger a fait l'objet d'un signalement aux fins de non-admission en vertu d'une décision de refus d'entrée ou d'éloignement exécutoire prise par l'un des autres États parties à la convention signée à Schengen le 19 juin 1990 et se trouve irrégulièrement sur le territoire métropolitain ;

2° L'étranger a fait l'objet, alors qu'il se trouvait en France, d'une décision d'éloignement exécutoire prise par l'un des autres États membres de l'Union européenne, la République d'Islande, la Principauté du Liechtenstein, le Royaume de Norvège ou la Confédération suisse.

Les conditions d'application du 2° sont fixées par décret en Conseil d'État.

SECTION II *Procédure contentieuse*

Art. L. 615-2 Les articles L. 614-7 à L. 614-13 sont applicables à la contestation de la décision prévue à l'article L. 615-1 lorsque l'étranger qui en fait l'objet est assigné à résidence en application de l'article L. 731-1 ou placé ou maintenu en rétention en application du titre IV du livre VII.

TITRE II Remise aux autorités d'un autre État membre de l'Union européenne

CHAPITRE PREMIER *Cas dans lesquels un étranger peut faire l'objet d'une décision de remise*

SECTION I *Dispositions générales*

Art. L. 621-1 Par dérogation au refus d'entrée à la frontière prévu à l'article L. 332-1, à la décision portant obligation de quitter le territoire français prévue à l'article L. 611-1 et à la mise en œuvre des décisions prises par un autre État prévue à l'article L. 615-1, l'étranger peut être remis, en application des conventions internationales ou du droit de l'Union européenne, aux autorités compétentes d'un autre État, lorsqu'il se trouve dans l'un des cas prévus aux articles L. 621-2 à L. 621-7.

L'étranger est informé de cette remise par décision écrite et motivée prise par une autorité administrative définie par décret en Conseil d'État. Il est mis en mesure de présenter des observations et d'avertir ou de faire avertir son consulat, un conseil ou toute personne de son choix.

SECTION II *Remise en application des conventions internationales ou du droit de l'Union européenne*

Art. L. 621-2 Peut faire l'objet d'une décision de remise aux autorités compétentes d'un État membre de l'Union européenne, de la République d'Islande, de la Principauté du Liechtenstein, du Royaume de Norvège ou de la Confédération suisse l'étranger qui, admis à entrer ou à séjourner sur le territoire de cet État, a pénétré ou séjourné en France sans se conformer aux dispositions des articles L. 311-1, L. 311-2 et L. 411-1, en application des dispositions des conventions internationales conclues à cet effet avec cet État, en vigueur au 13 janvier 2009.

Art. L. 621-3 L'étranger en provenance directe du territoire d'un État partie à la convention signée à Schengen le 19 juin 1990 peut se voir appliquer les dispositions de l'article *L. 621-2 lorsqu'il* est entré ou a séjourné sur le territoire français sans se conformer aux stipulations des paragraphes 1 et 2 de l'article 19, du paragraphe 1 de l'article 20, et des paragraphes 1 et 2 de l'article 21, de cette convention, relatifs aux conditions de circulation des étrangers sur les territoires des parties contractantes, ou sans souscrire, au moment de l'entrée sur ce territoire, la déclaration obligatoire prévue par l'article 22 de la même convention, alors qu'il était astreint à cette formalité.

SECTION III *Dispositions spécifiques à la remise d'un étranger qui, ayant exercé un droit de mobilité, ne remplit pas les conditions de séjour sur le territoire français*

Art. L. 621-4 Peut faire l'objet d'une décision de remise aux autorités compétentes d'un État membre de l'Union européenne l'étranger, détenteur d'un titre de résident de longue durée – UE en cours de validité accordé par cet État, en séjour irrégulier sur le territoire français.

Les conditions d'application du présent article sont déterminées par décret en Conseil d'État.

Art. L. 621-5 Peut faire l'objet d'une décision de remise aux autorités compétentes d'un État membre de l'Union européenne l'étranger détenteur d'une carte de séjour portant la mention "carte bleue européenne" en cours de validité accordée par cet État, lorsque lui est refusée la délivrance de la carte de séjour prévue à l'article L. 421-11 ou bien lorsque la carte de séjour portant la mention "carte bleue européenne" dont il bénéficie expire ou lui est retirée durant l'examen de sa demande.

Les membres de la famille de l'étranger mentionné au premier alinéa peuvent également faire l'objet d'une décision de remise.

Les conditions d'application du présent article sont déterminées par décret en Conseil d'État.

Art. L. 621-6 Peuvent faire l'objet d'une décision de remise aux autorités compétentes d'un État membre de l'Union européenne l'étranger et les membres de sa famille, admis à séjourner sur le territoire de cet État et effectuant un détachement temporaire intragroupe conformément à la directive 2014/66/UE du Parlement européen et du Conseil du 15 mai 2014 établissant les conditions d'entrée et de séjour des ressortissants de pays tiers dans le cadre d'un transfert temporaire intragroupe, lorsque cet étranger se trouve dans l'une des situations suivantes :

1° Le titre de séjour a expiré ou a été retiré par l'État qui l'a délivré, au cours de la période de mobilité ;

2° L'autorité administrative n'a pas reçu la notification de l'intention de cet étranger de travailler dans l'un des établissements de son groupe d'entreprises d'origine implanté sur le territoire français ;

3° L'autorité administrative a fait objection à la mobilité d'une durée inférieure ou égale à quatre-vingt-dix jours de cet étranger ;

4° L'autorité administrative a rejeté une demande de mobilité d'une durée supérieure à quatre-vingt-dix jours de cet étranger ;

5° Les conditions de délivrance du titre de séjour n'ont pas été respectées ;

6° Les conditions auxquelles la mobilité de cet étranger entre deux États mentionnés à l'article L. 621-1 a été autorisée ne sont plus réunies.

Art. L. 621-7 Peuvent faire l'objet d'une décision de remise aux autorités compétentes d'un État membre de l'Union européenne l'étranger étudiant et l'étranger chercheur ainsi que les membres de la famille de ce dernier, admis au séjour sur le territoire de cet État et bénéficiant d'une mobilité en France conformément à la directive (UE) 2016/801 du Parlement européen et du Conseil du 11 mai 2016 relative aux conditions d'entrée et de séjour des ressortissants de pays tiers à des fins de recherche, d'études, de formation, de volontariat et de programmes d'échange d'élèves ou de projets éducatifs et de travail au pair, lorsque cet étranger se trouve dans l'une des situations suivantes :

1° Le titre de séjour a expiré ou a été retiré par l'État qui l'a délivré, au cours de la période de mobilité ;

2° L'étranger ne remplit pas ou plus les conditions de la mobilité ;

3° L'autorité administrative n'a pas reçu la notification de l'intention de cet étranger d'effectuer une mobilité sur le territoire français ;

4° L'autorité administrative a fait objection à la mobilité de cet étranger.

CHAPITRE II *Interdiction de circulation sur le territoire français assortissant une décision de remise*

Art. L. 622-1 Sous réserve des dispositions de l'article L. 622-2, l'autorité administrative peut, par décision motivée, assortir la décision de remise prise en application de l'article L. 621-1 à l'encontre d'un étranger titulaire d'un titre de séjour dans l'État aux autorités duquel il doit être remis, d'une interdiction de circulation sur le territoire français d'une durée maximale de trois ans.

Art. L. 622-2 L'interdiction de circulation sur le territoire français ne peut assortir la décision de remise prise dans les cas prévus aux articles L. 621-4, L. 621-5, L. 621-6 et L. 621-7 que lorsque le séjour en France de l'étranger constitue un abus de droit ou si le comportement personnel de l'étranger représente, au regard de l'ordre public ou de la sécurité publique, une menace réelle, actuelle et suffisamment grave à l'encontre d'un intérêt fondamental de la société.

Art. L. 622-3 L'édiction et la durée de l'interdiction de circulation prévue à l'article L. 622-1 sont décidées par l'autorité administrative en tenant compte de la durée de présence de l'étranger sur le territoire français, de la nature et de l'ancienneté de ses liens avec la France, de la circonstance qu'il a déjà fait l'objet ou non d'une mesure d'éloignement et de la menace pour l'ordre public que représente sa présence sur le territoire français.

Art. L. 622-4 L'autorité administrative peut à tout moment abroger l'interdiction de circulation prévue à l'article L. 622-1.

Lorsque l'étranger sollicite l'abrogation de l'interdiction de circulation, sa demande n'est recevable que s'il justifie résider hors de France depuis au moins un an. Cette condition ne s'applique pas :

1° Pendant le temps où l'étranger purge en France une peine d'emprisonnement ferme ;

2° Lorsque l'étranger fait l'objet d'une mesure d'assignation à résidence prise en application des articles L. 731-1 ou L. 731-3.

CHAPITRE III *Procédure contentieuse*

Art. L. 623-1 Les dispositions des articles L. 614-7 à L. 614-13 sont applicables à la contestation de la décision de remise et de l'interdiction de circulation sur le territoire français qui l'assortit le cas échéant lorsque l'étranger qui en fait l'objet est assigné à résidence en application de l'article L. 731-1 ou placé ou maintenu en rétention administrative en application du titre IV du livre VII.

TITRE III Expulsion

Art. L. 630-1 Conformément à l'article L. 253-1, les dispositions des articles L. 631-1 à L. 631-4 et L. 632-1 à L. 632-7, sont applicables à l'étranger dont la situation est régie par le livre II.

CHAPITRE PREMIER *Cas dans lesquels un étranger peut faire l'objet d'une décision d'expulsion*

Art. L. 631-1 L'autorité administrative peut décider d'expulser un étranger lorsque sa présence en France constitue une menace grave pour l'ordre public, sous réserve des conditions propres aux étrangers mentionnés aux articles L. 631-2 et L. 631-3.

Art. L. 631-2 Ne peut faire l'objet d'une décision d'expulsion que si elle constitue une nécessité impérieuse pour la sûreté de l'État ou la sécurité publique et sous réserve que l'article L. 631-3 n'y fasse pas obstacle :

1° L'étranger, ne vivant pas en état de polygamie, qui est père ou mère d'un enfant français mineur résidant en France, à condition qu'il établisse contribuer effectivement à l'entretien et à l'éducation de l'enfant dans les conditions prévues par l'article 371-2 du code civil depuis la naissance de celui-ci ou depuis au moins un an ;

2° L'étranger marié depuis au moins trois ans avec un conjoint de nationalité française, à condition que la communauté de vie n'ait pas cessé depuis le mariage et que le conjoint ait conservé la nationalité française ;

3° L'étranger qui réside régulièrement en France depuis plus de dix ans, sauf s'il a été pendant toute cette période titulaire d'une carte de séjour temporaire ou pluriannuelle portant la mention "étudiant" ;

4° L'étranger titulaire d'une rente d'accident du travail ou de maladie professionnelle servie par un organisme français et dont le taux d'incapacité permanente est égal ou supérieur à 20 %.

Par dérogation au présent article, l'étranger mentionné aux 1° à 4° peut faire l'objet d'une décision d'expulsion en application de l'article L. 631-1 s'il a été condamné définitivement à une peine d'emprisonnement ferme au moins égale à cinq ans.

Art. L. 631-3 Ne peut faire l'objet d'une décision d'expulsion qu'en cas de comportements de nature à porter atteinte aux intérêts fondamentaux de l'État, ou liés à des activités à caractère terroriste, ou constituant des actes de provocation explicite et délibérée à la discrimination, à la haine ou à la violence contre une personne déterminée ou un groupe de personnes :

1° L'étranger qui justifie par tous moyens résider habituellement en France depuis qu'il a atteint au plus l'âge de treize ans ;

2° L'étranger qui réside régulièrement en France depuis plus de vingt ans ;

3° L'étranger qui réside régulièrement en France depuis plus de dix ans et qui, ne vivant pas en état de polygamie, est marié depuis au moins quatre ans soit avec un ressortissant français ayant conservé la nationalité française, soit avec un ressortissant étranger relevant du 1°, à condition que la communauté de vie n'ait pas cessée *[cessé]* depuis le mariage ;

4° L'étranger qui réside régulièrement en France depuis plus de dix ans et qui, ne vivant pas en état de polygamie, est père ou mère d'un enfant français mineur résidant en France, à condition qu'il établisse contribuer effectivement à l'entretien et à l'éducation de l'enfant dans les conditions prévues par l'article 371-2 du code civil depuis la naissance de celui-ci ou depuis au moins un an ;

5° L'étranger résidant habituellement en France si son état de santé nécessite une prise en charge médicale dont le défaut pourrait avoir pour lui des conséquences d'une exceptionnelle gravité et si, eu égard à l'offre de soins et aux caractéristiques du système de santé du pays de renvoi, il ne pourrait pas y bénéficier effectivement d'un traitement approprié.

Par dérogation au présent article, l'étranger mentionné aux 3° et 4° peut faire l'objet d'une décision d'expulsion en application des articles L. 631-1 ou L. 631-2 lorsque les faits à l'origine de la décision d'expulsion ont été commis à l'encontre de son conjoint ou de ses enfants ou de tout enfant sur lequel il exerce l'autorité parentale.

La circonstance qu'un étranger mentionné aux 1° à 5° a été condamné définitivement à une peine d'emprisonnement ferme au moins égale à cinq ans ne fait pas obstacle à ce qu'il bénéficie des dispositions du présent article.

Art. L. 631-4 L'étranger mineur de dix-huit ans ne peut faire l'objet d'une décision d'expulsion.

CHAPITRE II *Procédure administrative*

SECTION I *Commission d'expulsion*

Art. L. 632-1 L'expulsion ne peut être édictée que dans les conditions suivantes :

1° L'étranger est préalablement avisé dans des conditions fixées par décret en Conseil d'État ;

2° L'étranger est convoqué pour être entendu par une commission qui se réunit à la demande de l'autorité administrative et qui est composée :

a) du président du tribunal judiciaire du chef-lieu du département, ou d'un juge délégué par lui, président ;

b) d'un magistrat désigné par l'assemblée générale du tribunal judiciaire du chef-lieu du département ;

c) d'un conseiller de tribunal administratif.

Le présent article ne s'applique pas en cas d'urgence absolue.

Art. L. 632-2 La convocation mentionnée au 2° de l'article L. 632-1 est remise à l'étranger quinze jours au moins avant la réunion de la commission. Elle précise que l'intéressé a le droit d'être assisté d'un conseil ou de toute personne de son choix et d'être entendu avec un interprète.

L'étranger peut demander le bénéfice de l'aide juridictionnelle dans les conditions prévues par la loi n° 91-647 du 10 juillet 1991 relative à l'aide juridique. Cette faculté est indiquée dans la convocation. L'admission provisoire à l'aide juridictionnelle peut être prononcée par le président de la commission.

Les débats de la commission sont publics. Le président veille à l'ordre de la séance. Tout ce qu'il ordonne pour l'assurer est immédiatement exécuté. Devant la commission, l'étranger peut faire valoir toutes les raisons qui militent contre son expulsion. Un procès-verbal enregistrant les explications de l'étranger est transmis, avec l'avis motivé de la commission, à l'autorité administrative compétente pour statuer. L'avis de la commission est également communiqué à l'intéressé.

La commission rend son avis dans le délai d'un mois à compter de la remise à l'étranger de la convocation mentionnée au premier alinéa. Toutefois, lorsque l'étranger demande le renvoi pour un motif légitime, la commission prolonge ce délai, dans la limite d'un mois maximum à compter de la décision accordant ce renvoi. A l'issue du délai d'un mois ou, si la commission l'a prolongé, du délai supplémentaire qu'elle a fixé, les formalités de consultation de la commission sont réputées remplies.

SECTION II *Abrogation des décisions d'expulsion*

Art. L. 632-3 La décision d'expulsion peut à tout moment être abrogée.

Art. L. 632-4 Lorsque la demande d'abrogation est présentée à l'expiration d'un délai de cinq ans à compter de l'exécution effective de la décision d'expulsion, elle ne peut être rejetée qu'après avis de la commission mentionnée à l'article L. 632-1, devant laquelle l'intéressé peut se faire représenter.

Art. L. 632-5 Il ne peut être fait droit à une demande d'abrogation d'une décision d'expulsion présentée plus de deux mois après la notification de cette décision que si le ressortissant étranger réside hors de France. Cette condition ne s'applique pas :

1° Pour la mise en œuvre de l'article L. 632-6 ;

2° Pendant le temps où le ressortissant étranger subit en France une peine d'emprisonnement ferme ;

3° Lorsque l'étranger fait l'objet d'une décision d'assignation à résidence prise en application des articles L. 731-3, L. 731-4 ou L. 731-5.

Art. L. 632-6 Sans préjudice des dispositions des articles L. 632-3 et L. 632-4, les motifs de la décision d'expulsion donnent lieu à un réexamen tous les cinq ans à compter de sa date d'édiction. L'autorité compétente tient compte de l'évolution de la menace pour l'ordre public que constitue la présence de l'intéressé en France, des changements intervenus dans sa situation personnelle et familiale et des garanties de réinsertion professionnelle ou sociale qu'il présente, en vue de prononcer éventuellement l'abrogation de cette décision. L'étranger peut présenter des observations écrites.

A défaut de notification à l'intéressé d'une décision explicite d'abrogation dans un délai de deux mois, ce réexamen est réputé avoir conduit à une décision implicite de ne pas abroger. Cette décision est susceptible de recours. Le réexamen ne donne pas lieu à consultation de la commission mentionnée à l'article L. 632-1.

Art. L. 632-7 Sauf en cas de menace pour l'ordre public, dûment motivée, les étrangers qui résident hors de France et qui ont obtenu l'abrogation de la décision d'expulsion dont ils faisaient l'objet bénéficient d'un visa pour rentrer en France, lorsque, à la date de la décision d'expulsion, ils relevaient, sous les réserves prévues par ces articles, des catégories mentionnées aux 1°, 2°, 3° et 4° de l'article L. 631-3 et qu'ils entrent dans le champ d'application des articles L. 423-1 ou L. 423-7 ou dans celui du chapitre IV du titre III du livre IV.

Lorsqu'ils ont été condamnés en France pour violences ou menaces à l'encontre d'un ascendant, d'un conjoint ou d'un enfant, le droit au visa est subordonné à l'accord des ascendants, du conjoint et des enfants vivant en France.

Le présent article n'est applicable qu'aux étrangers ayant fait l'objet d'une mesure d'expulsion avant l'entrée en vigueur de la loi n° 2003-1119 du 26 novembre 2003 relative à la maîtrise de l'immigration, au séjour des étrangers en France et à la nationalité.

TITRE IV Peine d'interdiction du territoire français

Art. L. 640-1 Conformément à l'article L. 253-1, les dispositions du présent titre sont applicables à l'étranger dont la situation est régie par le livre II.

CHAPITRE UNIQUE

Art. L. 641-1 La peine d'interdiction du territoire français susceptible d'être prononcée contre un étranger coupable d'un crime ou d'un délit est régie par les dispositions des articles 131-30, 131-30-1 et 131-30-2 du code pénal.

Art. L. 641-2 Il ne peut être fait droit à une demande de relèvement d'une interdiction du *territoire que si le ressortissant* étranger réside hors de France. Cette condition ne s'applique pas :

1° Pendant le temps où le ressortissant étranger subit en France une peine d'emprisonnement ferme ;

2° Lorsque l'étranger fait l'objet d'une décision d'assignation à résidence prise en application des articles L. 731-3, L. 731-4 ou L. 731-5.

Art. L. 641-3 Sauf en cas de menace pour l'ordre public, dûment motivée, les étrangers qui résident hors de France et qui ont été relevés de leurs peines d'interdiction du territoire français ou encore dont les peines d'interdiction du territoire français ont été entièrement exécutées ou ont acquis un caractère non avenu bénéficient d'un visa pour rentrer en France, lorsque, à la date du prononcé de la peine, ils relevaient, sous les réserves mentionnées par cet article, des catégories mentionnées aux 1° à 4° de l'article 131-30-2 du code pénal, et qu'ils entrent dans le champ d'application des articles L. 423-1 ou L. 423-7 ou dans celui du chapitre IV du titre III du livre IV.

Lorsqu'ils ont été condamnés en France pour violences ou menaces à l'encontre d'un ascendant, d'un conjoint ou d'un enfant, le droit au visa est subordonné à l'accord des ascendants, du conjoint et des enfants vivant en France.

Les dispositions du présent article ne sont applicables qu'aux étrangers ayant fait l'objet d'une interdiction du territoire français devenue définitive avant l'entrée en vigueur de la loi n° 2003-1119 du 26 novembre 2003 relative à la maîtrise de l'immigration, au séjour des étrangers en France et à la nationalité.

TITRE V Dispositions relatives à l'outre-mer

CHAPITRE PREMIER *Dispositions particulières aux collectivités régies par l'article 73 de la Constitution et à Saint-Pierre-et-Miquelon*

SECTION I *Dispositions communes*

Art. L. 651-1 Les dispositions du présent livre sont applicables de plein droit en Guadeloupe, en Guyane, en Martinique, à La Réunion, à Mayotte et à Saint-Pierre-et-Miquelon, sous réserve des adaptations prévues au présent chapitre.

Art. L. 651-2 Pour l'application des dispositions du présent livre en Guadeloupe, en Guyane, en Martinique, à La Réunion, à Mayotte et à Saint-Pierre-et-Miquelon :

1° Les dispositions des articles L. 611-2 et L. 612-4 ne sont pas applicables ;

2° Les dispositions du 1° de l'article L. 615-1 ne sont pas applicables ;

3° Sauf à Saint-Pierre-et-Miquelon, à l'article L. 632-1, les mots : "tribunal judiciaire du chef-lieu du département" sont remplacés par les mots : "tribunal judiciaire territorialement compétent".

SECTION II *Dispositions particulières à la Guadeloupe*

Art. L. 651-3 L'étranger qui demande au tribunal administratif l'annulation de la décision portant obligation de quitter le territoire français dont il fait l'objet peut assortir son recours d'une demande de suspension de son exécution, sans préjudice des dispositions du 1° de l'article L. 761-3.

En conséquence, les articles L. 614-1 à L. 614-18, à l'exception de l'article L. 614-13, ne sont pas applicables en Guadeloupe. Toutefois, les dispositions des deux premiers alinéas de l'article L. 614-11 sont applicables à la tenue de l'audience mentionnée au deuxième alinéa de l'article L. 522-1 du code de justice administrative lorsque l'étranger a saisi le tribunal administratif d'une demande de suspension sur le fondement de l'article L. 521-2 du même code.

SECTION III *Dispositions particulières à la Guyane*

Art. L. 651-4 L'étranger qui demande au tribunal administratif l'annulation de la décision portant obligation de quitter le territoire français dont il fait l'objet peut assortir son recours d'une demande de suspension de son exécution, sans préjudice des dispositions du 1° de l'article L. 761-5.

En conséquence, les articles L. 614-1 à L. 614-18, à l'exception de l'article L. 614-13, ne sont pas applicables en Guyane. Toutefois, les dispositions des deux premiers alinéas de l'article L. 614-11 sont applicables à la tenue de l'audience mentionnée au deuxième alinéa de l'article L. 522-1 du code de justice administrative lorsque l'étranger a saisi le tribunal administratif d'une demande de suspension sur le fondement de l'article L. 521-2 du même code.

Art. L. 651-5 En Guyane, lorsque l'équipage d'un navire se livrant à des activités de pêche illicite est contraint par l'autorité administrative de se rendre à terre, ses membres peuvent être éloignés d'office, avec leur accord et aux frais de l'État, à destination du Venezuela, du

Brésil, du Surinam ou de la Guyana selon qu'ils ont la nationalité de l'un de ces États. L'autorité administrative prend toutes mesures à cette fin dans un délai qui ne peut excéder quarante-huit heures.

SECTION IV *Dispositions particulières à Mayotte*

Art. L. 651-6 L'étranger qui demande au tribunal administratif l'annulation de la décision portant obligation de quitter le territoire français dont il fait l'objet peut assortir son recours d'une demande de suspension de son exécution, sans préjudice des dispositions du 1° de l'article L. 761-9.

En conséquence, les articles L. 614-1 à L. 614-18, à l'exception de l'article L. 614-13, ne sont pas applicables à Mayotte. Toutefois, les dispositions des deux premiers alinéas de l'article L. 614-11 sont applicables à la tenue de l'audience mentionnée au deuxième alinéa de l'article L. 522-1 du code de justice administrative lorsque l'étranger a saisi le tribunal administratif d'une demande de suspension sur le fondement de l'article L. 521-2 du même code.

Art. L. 651-7 Lorsque la présence simultanée à Mayotte des magistrats membres de la commission prévue à l'article L. 632-1, ou de leurs remplaçants, n'est pas matériellement possible, le ou les magistrats empêchés peuvent assister à l'audition de l'étranger depuis un autre point du territoire de la République, ce dernier se trouvant relié, en direct, par un moyen de communication audiovisuelle, à la salle dans laquelle siège la commission, où doit être présent au moins un magistrat.

Les modalités d'application du présent article sont déterminées par décret en Conseil d'État.

SECTION V *Dispositions particulières à Saint-Pierre-et-Miquelon*

Art. L. 651-8 Pour l'application du présent livre à Saint-Pierre-et-Miquelon, à l'article L. 632-1, les mots : "tribunal judiciaire du chef-lieu du département" sont remplacés par les mots : "tribunal de première instance".

CHAPITRE II *Dispositions applicables à Saint-Barthélemy*

Art. L. 652-1 Sous réserve des adaptations prévues par le présent chapitre, les dispositions suivantes sont applicables à Saint-Barthélemy dans leur rédaction résultant de l'ordonnance n° 2020-1733 du 16 décembre 2020, sauf mention contraire ou mention de leur application de plein droit dans le tableau ci-dessous.

Articles applicables	Dans leur rédaction résultant de
Au titre I	
L. 610-1	
L. 611-1	
L. 611-3	
L. 612-1 à L. 612-3	
L. 612-5 à L. 612-12	
L. 613-1 à L. 613-8	
L. 614-1 à L. 614-15	Application de plein droit
L. 614-16 à L. 614-19	
L. 615-1	
L. 615-2	Application de plein droit
Au titre II	
L. 621-1 à L. 622-4	

Articles applicables	Dans leur rédaction résultant de
L. 623-1	Application de plein droit
Au titre III	
L. 630-1	
L. 631-1 à L. 631-4	
L. 632-1 à L. 632-7	
Au titre IV	
L. 640-1	
L. 641-1 à L. 641-3	

Art. L. 652-2 Pour l'application du présent livre à Saint-Barthélemy :

1° Les dispositions du premier alinéa de l'article L. 614-11 ne sont pas applicables ;

2° Les dispositions du 1° de l'article L. 615-1 ne sont pas applicables ;

3° A l'article L. 632-1, les mots : "tribunal judiciaire du chef-lieu du département" sont remplacés par les mots : "tribunal judiciaire territorialement compétent".

Art. L. 652-3 L'étranger qui demande au tribunal administratif l'annulation de la décision portant obligation de quitter le territoire français dont il fait l'objet peut assortir son recours d'une demande de suspension de son exécution, sans préjudice des dispositions du 1° de l'article L. 762-3.

En conséquence, les articles L. 614-1 à L. 614-18, à l'exception de l'article L. 614-13, ne sont pas applicables à Saint-Barthélemy. Toutefois, les dispositions des deux premiers alinéas de l'article L. 614-11 sont applicables à la tenue de l'audience mentionnée au deuxième alinéa de l'article L. 522-1 du code de justice administrative lorsque l'étranger a saisi le tribunal administratif d'une demande de suspension sur le fondement de l'article L. 521-2 du même code.

CHAPITRE III *Dispositions applicables à Saint-Martin*

Art. L. 653-1 Sous réserve des adaptations prévues par le présent chapitre, les dispositions suivantes sont applicables à Saint-Martin dans leur rédaction résultant de l'ordonnance n° 2020-1733 du 16 décembre 2020, sauf mention contraire ou mention de leur application de plein droit dans le tableau ci-dessous.

Articles applicables	Dans leur rédaction résultant de
Au titre I	
L. 610-1	
L. 611-1	
L. 611-3	
L. 612-1 à L. 612-3	
L. 612-5 à L. 612-12	
L. 613-1 à L. 613-8	
L. 614-1 à L. 614-15	Application de plein droit
L. 614-16 à L. 614-19	

Articles applicables	Dans leur rédaction résultant de
L. 615-1	
L. 615-2	Application de plein droit
Au titre II	
L. 621-1 à L. 622-4	
L. 623-1	Application de plein droit
Au titre III	
L. 630-1	
L. 631-1 à L. 631-4	
L. 632-1 à L. 632-7	
Au titre IV	
L. 640-1	
L. 641-1 à L. 641-3	

Art. L. 653-2 Pour l'application du présent livre à Saint-Martin :

1° Les dispositions du premier alinéa de l'article L. 614-11 ne sont pas applicables ;

2° A l'article L. 615-1, les dispositions du 1° ne sont pas applicables ;

3° A l'article L. 632-1, les mots : "tribunal judiciaire du chef-lieu du département" sont remplacés par les mots : "tribunal judiciaire territorialement compétent".

Art. L. 653-3 L'étranger qui demande au tribunal administratif l'annulation de la décision portant obligation de quitter le territoire français dont il fait l'objet peut assortir son recours d'une demande de suspension de son exécution, sans préjudice des dispositions du 1° de l'article L. 763-3.

En conséquence, les articles L. 614-1 à L. 614-18, à l'exception de l'article L. 614-13, ne sont pas applicables à Saint-Martin. Toutefois, les dispositions des deux premiers alinéas de l'article L. 614-11 sont applicables à la tenue de l'audience mentionnée au deuxième alinéa de l'article L. 522-1 du code de justice administrative lorsque l'étranger a saisi le tribunal administratif d'une demande de suspension sur le fondement de l'article L. 521-2 du même code.

CHAPITRE IV *Dispositions applicables dans les Îles Wallis-et-Futuna*

Art. L. 654-1 Sous réserve des adaptations prévues par le présent chapitre, les dispositions suivantes sont applicables dans les îles Wallis-et-Futuna dans leur rédaction résultant de l'ordonnance n° 2020-1733 du 16 décembre 2020, sauf mention contraire dans le tableau ci-dessous.

Articles applicables	Dans leur rédaction résultant de
Au titre I	
L. 610-1	
L. 611-1	
L. 611-3	
L. 612-1 à L. 612-3	

Articles applicables	Dans leur rédaction résultant de
L. 612-5 à L. 612-12	
L. 613-1 à L. 613-4 L. 613-6 à L. 613-8 L. 614-1 à L. 614-19	
L. 615-1 et L. 615-2	
Au titre II	
L. 621-1 à L. 621-3	
L. 622-1 à L. 622-4	
L. 623-1	
Au titre III	
L. 630-1	
L. 631-1 à L. 631-4	
L. 632-1 à L. 632-7	
Au titre IV	
L. 640-1	
L. 641-1 à L. 641-3	

Art. L. 654-2 Pour l'application du présent livre dans les îles Wallis-et-Futuna :

1° Les références au tribunal judiciaire du chef-lieu du département sont remplacées par les références au tribunal de première instance ;

2° Les références à la République d'Islande, à la Principauté du Liechtenstein, au Royaume de Norvège et à la Confédération suisse sont supprimées ;

3° A l'article L. 611-1 :

a) Au 6°, les mots : "a méconnu l'article L. 5221-5 du code du travail" sont remplacés par les mots : "a méconnu les dispositions applicables localement relatives à l'emploi de la main*[-]*d'œuvre étrangère" ;

b) Après le 6°, sont ajoutés un 7° et un 8° ainsi rédigés :

"7° L'étranger a fait l'objet d'une condamnation définitive pour contrefaçon, falsification, établissement sous un autre nom que le sien ou défaut de titre de séjour ;

"8° L'étranger ne peut justifier être entré régulièrement dans les îles Wallis-et-Futuna ou s'y est maintenu au-delà de la durée de validité de son visa ou de la durée de séjour autorisée sans visa, à moins qu'il ne soit titulaire d'un titre de séjour en cours de validité pour les îles Wallis-et-Futuna."

c) Après le dernier alinéa, il est inséré un alinéa ainsi rédigé :

"Lorsque l'étranger est admis à séjourner dans une autre partie du territoire français, la décision mentionnée au premier alinéa ne porte que sur le territoire des îles Wallis-et-Futuna."

4° Les dispositions du premier alinéa de l'article L. 614-11 ne sont pas applicables ;

5° A l'article L. 615-1, les dispositions du 1° ne sont pas applicables ;

6° Le sixième alinéa de l'article L. 632-1 est remplacé par deux alinéas ainsi rédigés :

"*c)* D'un conseiller du tribunal administratif territorialement compétent ;

"*d)* D'une personnalité désignée d'un commun accord par le président du tribunal de première instance et par le président du tribunal administratif mentionné au *c*."

7° A l'article L. 632-2, les mots : "la loi n° 91-647 du 10 juillet 1991 relative à l'aide juridique" sont remplacés par les mots : "l'ordonnance n° 92-1147 du 12 octobre 1992 relative à l'aide juridictionnelle en matière pénale en Nouvelle-Calédonie et dans les îles Wallis-et-Futuna".

CHAPITRE V *Dispositions applicables en Polynésie française*

Art. L. 655-1 Sous réserve des adaptations prévues par le présent chapitre, les dispositions suivantes sont applicables en Polynésie française dans leur rédaction résultant de l'ordonnance n° 2020-1733 du 16 décembre 2020, sauf mention contraire ou mention de leur applicabilité de plein droit dans le tableau ci-dessous.

Articles applicables	Dans leur rédaction résultant de
Au titre I	
L. 610-1	
L. 611-1	
L. 611-3	
L. 612-1 à L. 612-3	
L. 612-5 à L. 612-12	
L. 613-1 à L. 613-4	
L. 613-6 à L. 613-8	
L. 614-1 à L. 614-15	Application de plein droit
L. 614-16 à L. 614-19	
L. 615-1	
L. 615-2	Application de plein droit
Au titre II	
L. 621-1 à L. 621-3	
L. 622-1 à L. 622-4	
L. 623-1	Application de plein droit
Au titre III	
L. 630-1	
L. 631-1 à L. 631-4	
L. 632-1 à L. 632-7	
Au titre IV	
L. 640-1	
L. 641-1 à L. 641-3	

Art. L. 655-2 Pour l'application du présent livre en Polynésie française :

1° Les références au tribunal judiciaire du chef-lieu du département sont remplacées par les références au tribunal de première instance ;

2° Les références à la République d'Islande, à la Principauté du Liechtenstein, au Royaume de Norvège et à la Confédération suisse sont supprimées ;

3° A l'article L. 611-1 :

a) Au 6°, les mots : "a méconnu l'article L. 5221-5 du code du travail" sont remplacés par les mots : "a méconnu les dispositions applicables localement relatives à l'emploi de la main*[-]*d'œuvre étrangère" ;

b) Après le 6°, sont ajoutés un 7° et un 8° ainsi rédigés :

"7° L'étranger a fait l'objet d'une condamnation définitive pour contrefaçon, falsification, établissement sous un autre nom que le sien ou défaut de titre de séjour ;

"8° L'étranger ne peut justifier être entré régulièrement en Polynésie française ou s'y est maintenu au-delà de la durée de validité de son visa ou de la durée de séjour autorisée sans visa, à moins qu'il ne soit titulaire d'un titre de séjour en cours de validité pour la Polynésie française."

c) Après le dernier alinéa, il est inséré un alinéa ainsi rédigé :

"Lorsque l'étranger est admis à séjourner dans autre partie du territoire français, la décision mentionnée au premier alinéa ne porte que sur le territoire de la Polynésie française."

4° Les dispositions du premier alinéa de l'article L. 614-11 ne sont pas applicables ;

5° A l'article L. 615-1, les dispositions du 1° ne sont pas applicables.

CHAPITRE VI *Dispositions applicables en Nouvelle-Calédonie*

Art. L. 656-1 Sous réserve des adaptations prévues par le présent chapitre, les dispositions suivantes sont applicables en Polynésie française *[Nouvelle-Calédonie]* dans leur rédaction résultant de l'ordonnance n° 2020-1733 du 16 décembre 2020, sauf mention contraire ou mention de leur application de plein droit dans le tableau ci-dessous.

Articles applicables	Dans leur rédaction résultant de
Au titre I	
L. 610-1	
L. 611-1	
L. 611-3	
L. 612-1 à L. 612-3	
L. 612-5 à L. 612-12	
L. 613-1 à L. 613-4	
L. 613-6 à L. 613-8	
L. 614-1 à L. 614-15	Application de plein droit
L. 614-16 à L. 614-19	
L. 615-1	
L. 615-2	Application de plein droit
Au titre II	
L. 621-1 à L. 621-3	
L. 622-1 à L. 622-4	
L. 623-1	Application de plein droit
Au titre III	
L. 630-1	
L. 631-1 à L. 631-4	

Articles applicables	Dans leur rédaction résultant de
L. 632-1 à L. 632-7	
Au titre IV	
L. 640-1	
L. 641-1 à L. 641-3	

Art. L. 656-2 Pour l'application du présent livre en Nouvelle-Calédonie :

1° Les références au tribunal judiciaire du chef-lieu du département sont remplacées par les références au tribunal de première instance ;

2° Les références à la République d'Islande, à la Principauté du Liechtenstein, au Royaume de Norvège et à la Confédération suisse sont supprimées ;

3° A l'article L. 611-1 :

a) Au 6°, les mots : "a méconnu l'article L. 5221-5 du code du travail" sont remplacés par les mots : "a méconnu les dispositions applicables localement relatives à l'emploi de la main[-]d'œuvre étrangère" ;

b) Après le 6°, sont ajoutés un 7° et un 8° ainsi rédigés :

"7° L'étranger a fait l'objet d'une condamnation définitive pour contrefaçon, falsification, établissement sous un autre nom que le sien ou défaut de titre de séjour ;

"8° L'étranger ne peut justifier être entré régulièrement en Nouvelle-Calédonie ou s'y est maintenu au-delà de la durée de validité de son visa ou de la durée de séjour autorisée sans visa, à moins qu'il ne soit titulaire d'un titre de séjour en cours de validité pour la Nouvelle-Calédonie."

c) Après le dernier alinéa, il est inséré un alinéa ainsi rédigé :

"Lorsque l'étranger est admis à séjourner dans une autre partie du territoire français, la décision mentionnée au premier alinéa ne porte que sur le territoire de la Nouvelle-Calédonie."

4° Les dispositions du premier alinéa de l'article L. 614-11 ne sont pas applicables ;

5° A l'article L. 615-1, les dispositions du 1° ne sont pas applicables ;

6° A l'article L. 632-2, les mots : "la loi n° 91-647 du 10 juillet 1991 relative à l'aide juridique" sont remplacés par les mots : "l'ordonnance n° 92-1147 du 12 octobre 1992 relative à l'aide juridictionnelle en matière pénale en Nouvelle-Calédonie et dans les îles Wallis-et-Futuna".

CHAPITRE VII *Dispositions applicables dans les terres australes et antarctiques françaises*

Le présent chapitre ne comporte pas de dispositions législatives.

LIVRE VII **Exécution des décisions d'éloignement**

Art. L. 700-1 Le présent livre détermine les règles d'exécution :

1° Des décisions portant obligation de quitter le territoire français ;

2° Des interdictions de retour sur le territoire français ;

3° Des décisions de mise en œuvre d'une décision prise par un autre État ;

4° Des remises aux autorités d'un autre État ;

5° Des interdictions de circulation sur le territoire français ;

6° Des décisions d'expulsion ;

7° Des peines d'interdiction du territoire français ;

8° Des décisions d'interdiction administrative du territoire lorsque l'étranger est présent sur le territoire français.

Art. L. 700-2 Le chapitre I du titre V du présent livre détermine également les règles applicables à l'exécution des décisions de transfert prises en application de l'article L. 572-1 ou des requêtes aux fins de prise en charge ou de reprise en charge en application du règlement (UE) n° 604/2013 du Parlement européen et du Conseil du 26 juin 2013 établissant les critères et mécanismes de détermination de l'État membre responsable de l'examen d'une demande de protection internationale introduite dans l'un des États membres par un ressortissant de pays tiers ou un apatride.

TITRE PREMIER Exécution par l'étranger

Art. L. 710-1 Conformément à l'article L. 264-1, les dispositions de l'article L. 711-1 et du troisième alinéa de l'article L. 711-2 sont applicables à l'étranger dont la situation est régie par le livre II.

CHAPITRE UNIQUE

Art. L. 711-1 L'étranger exécute la décision d'éloignement dont il fait l'objet sans délai ou, lorsqu'il bénéficie d'un délai de départ volontaire pour satisfaire à une décision portant obligation de quitter le territoire français, avant l'expiration de ce délai.

Art. L. 711-2 Pour satisfaire à l'exécution d'une décision mentionnée aux 1° et 2° de l'article L. 700-1, l'étranger rejoint le pays dont il a la nationalité ou tout pays, autre qu'un État membre de l'Union européenne, la République d'Islande, la Principauté du Liechtenstein, le Royaume de Norvège ou la Confédération suisse, dans lequel il est légalement admissible.

Toutefois, si l'étranger est accompagné d'un enfant mineur ressortissant d'un État membre de l'Union européenne ou d'un des États énumérés au premier alinéa et dont il assure seul la garde effective, il est seulement tenu de rejoindre un de ces États.

L'étranger qui fait l'objet d'une décision portant obligation de quitter le territoire français peut solliciter un dispositif d'aide au retour dans son pays d'origine.

TITRE II Exécution par l'autorité administrative

Art. L. 720-1 Conformément à l'article L. 264-1, les dispositions des articles L. 721-2 à L. 721-5, L. 722-1 à L. 722-8 et L. 722-11 sont applicables à l'étranger dont la situation est régie par le livre II.

CHAPITRE PREMIER *Préparation de l'exécution d'office*

Art. L. 721-1 Les dispositions du présent chapitre sont applicables à l'étranger faisant l'objet d'une décision d'éloignement dès son édiction puis à tout moment de la procédure jusqu'à ce qu'il soit procédé à son éloignement effectif.

SECTION I *Décisions pouvant être prises à tout moment de la procédure*

SOUS-SECTION 1 *Transmission d'informations en vue de la mise en œuvre d'une décision d'éloignement*

Art. L. 721-2 A la demande de l'autorité administrative, le directeur général de l'Office français de protection des réfugiés et apatrides communique à des agents habilités des documents d'état civil ou de voyage permettant d'établir la nationalité de la personne dont la demande d'asile a été rejetée ou, à défaut, une copie de ces documents, à condition que cette communication s'avère nécessaire à la mise en œuvre d'une décision d'éloignement et qu'elle ne porte pas atteinte à la sécurité de cette personne ou de ses proches.

Les modalités de désignation et d'habilitation de ces agents sont fixées par décret en Conseil d'État.

SOUS-SECTION 2 *Désignation du pays de renvoi*

Art. L. 721-3 L'autorité administrative fixe, par une décision distincte de la décision d'éloignement, le pays à destination duquel l'étranger peut être renvoyé en cas d'exécution d'office d'une décision portant obligation de quitter le territoire français, d'une interdiction de retour sur le territoire français, d'une décision de mise en œuvre d'une décision prise par un autre État, d'une interdiction de circulation sur le territoire français, d'une décision d'expulsion, d'une peine d'interdiction du territoire français ou d'une interdiction administrative du territoire français.

Art. L. 721-4 L'autorité administrative peut désigner comme pays de renvoi :

1° Le pays dont l'étranger a la nationalité, sauf si l'Office français de protection des réfugiés et apatrides ou la Cour nationale du droit d'asile lui a reconnu la qualité de réfugié ou lui a accordé le bénéfice de la protection subsidiaire ou s'il n'a pas encore été statué sur sa demande d'asile ;

2° Un autre pays pour lequel un document de voyage en cours de validité a été délivré en application d'un accord ou arrangement de réadmission européen ou bilatéral ;

3° Ou, avec l'accord de l'étranger, tout autre pays dans lequel il est légalement admissible.

Un étranger ne peut être éloigné à destination d'un pays s'il établit que sa vie ou sa liberté y sont menacées ou qu'il y est exposé à des traitements contraires aux stipulations de l'article 3 de la Convention européenne de sauvegarde des droits de l'homme et des libertés fondamentales du 4 novembre 1950.

Art. L. 721-5 Les dispositions du chapitre IV du titre I du livre VI sont applicables à la contestation et au jugement de la décision fixant le pays de renvoi qui vise à exécuter une décision portant obligation de quitter le territoire français ou une interdiction de retour sur le territoire français.

Les dispositions des articles L. 614-7 à L. 614-13 sont applicables à la contestation et au jugement de la décision fixant le pays de renvoi qui vise à exécuter une décision de mise en œuvre d'une décision prise par un autre État, une interdiction de circulation sur le territoire français ou une peine d'interdiction du territoire français, lorsque l'étranger qui en fait l'objet est assigné à résidence en application de l'article L. 731-1 ou placé ou maintenu en rétention en application du titre IV du présent livre.

La décision fixant le pays de renvoi peut être contestée dans le même recours que la décision administrative d'éloignement qu'elle vise à exécuter. Lorsqu'elle a été notifiée postérieurement à la décision d'éloignement, la décision fixant le pays de renvoi peut être contestée alors même que la légalité de la décision d'éloignement a déjà été confirmée par le juge administratif ou ne peut plus être contestée.

SECTION II *Décisions pouvant être prises pendant le délai de départ volontaire*

Art. L. 721-6 L'étranger auquel un délai de départ volontaire a été accordé peut, dès la notification de la décision portant obligation de quitter le territoire français, être contraint de résider dans le lieu qui lui est désigné par l'autorité administrative. Cette décision est prise pour une durée qui ne peut se poursuivre au-delà de l'expiration du délai de départ volontaire.

Art. L. 721-7 L'étranger auquel un délai de départ volontaire a été accordé peut, dès la notification de la décision portant obligation de quitter le territoire français, être astreint à se présenter à l'autorité administrative ou aux services de police ou aux unités de gendarmerie pour y indiquer ses diligences dans la préparation de son départ. Cette décision est prise pour une durée qui ne peut se poursuivre au-delà de l'expiration du délai de départ volontaire.

Art. L. 721-8 L'autorité administrative peut prescrire à l'étranger auquel un délai de départ a été accordé la remise de son passeport ou de tout document justificatif de son identité, dans les conditions prévues à l'article L. 814-1.

Art. L. 721-9 Les modalités d'application de la présente section sont prévues par décret en Conseil d'État.

CHAPITRE II *Exécution d'office*

SECTION I *Engagement de la procédure d'exécution d'office*

Art. L. 722-1 Lorsque l'étranger n'a pas satisfait à son obligation d'exécuter la décision d'éloignement dont il fait l'objet, l'autorité administrative peut prendre les décisions prévues aux titres III et IV, nécessaires à l'exécution d'office des décisions d'éloignement, sous réserve de ne procéder à l'éloignement effectif que dans les conditions prévues aux articles L. 722-7 à L. 722-10.

Art. L. 722-2 Lorsque l'étranger fait l'objet d'une décision d'expulsion, d'une peine d'interdiction du territoire français ou d'une interdiction administrative du territoire français, la procédure prévue à l'article L. 733-8 peut lui être appliquée sans que la condition d'assignation à résidence ou la condition d'impossibilité d'exécution d'office de la décision d'éloignement résultant de l'obstruction volontaire de l'étranger soit requise.

Les modalités d'application du présent article sont fixées par décret en Conseil d'État.

SOUS-SECTION 1 *Décisions administratives d'éloignement*

Art. L. 722-3 L'autorité administrative peut engager la procédure d'exécution d'office de la décision portant obligation de quitter le territoire français dès l'expiration du délai de départ volontaire ou, si aucun délai n'a été accordé, dès la notification de l'obligation de quitter le territoire français ou, s'il a été mis fin au délai accordé, dès la notification de la décision d'interruption du délai.

Art. L. 722-4 L'autorité administrative peut engager la procédure d'exécution d'office des décisions d'éloignement autres que celle portant obligation de quitter le territoire français dès leur notification.

Lorsqu'une décision de remise aux autorités d'un autre État ou portant obligation de quitter le territoire français assortie d'une interdiction de retour ou de circulation a déjà été exécutée ou que l'étranger qui en fait l'objet est revenu en France, cette interdiction, si elle poursuit ses effets, peut être exécutée d'office.

Art. L. 722-5 L'autorité administrative ne peut procéder à l'exécution d'office d'une interdiction administrative du territoire français lorsque l'étranger est mineur.

SOUS-SECTION 2 *Peine d'interdiction du territoire français*

Art. L. 722-6 La peine d'interdiction du territoire français prononcée à l'encontre d'un étranger coupable d'un crime ou d'un délit en application des articles 131-30 à 131-30-2 du code pénal est exécutoire dans les conditions prévues aux deuxième à quatrième alinéas de l'article 131-30 du même code.

SECTION II *Conditions dans lesquelles il peut être procédé à l'éloignement effectif*

SOUS-SECTION 1 *Étranger faisant l'objet d'une décision portant obligation de quitter le territoire français ou d'une interdiction de retour sur le territoire françaiS*

Art. L. 722-7 L'éloignement effectif de l'étranger faisant l'objet d'une décision portant obligation de quitter le territoire français ne peut intervenir avant l'expiration du délai ouvert pour contester, devant le tribunal administratif, cette décision et la décision fixant le pays de renvoi qui l'accompagne, ni avant que ce même tribunal n'ait statué sur ces décisions s'il a été saisi.

Lorsque la décision fixant le pays de renvoi est notifiée postérieurement à la décision portant obligation de quitter le territoire français, l'éloignement effectif ne peut non plus intervenir avant l'expiration du délai ouvert pour contester cette décision, ni avant que le tribunal administratif n'ait statué sur ce recours s'il a été saisi.

Les dispositions du présent article s'appliquent sans préjudice des possibilités d'assignation à résidence et de placement en rétention prévues au présent livre.

Art. L. 722-8 Lorsque l'étranger ne peut être éloigné en exécution d'une décision portant obligation de quitter le territoire français, l'autorité administrative ne peut pas procéder à l'exécution d'office de l'interdiction de retour assortissant cette obligation de quitter le territoire français.

SOUS-SECTION 2 *Étranger devant être éloigné pour la mise en œuvre d'une décision prise par un État membre de l'Union européenne*

Art. L. 722-9 L'éloignement effectif de l'étranger faisant l'objet de la décision prévue à l'article L. 615-1 ne peut intervenir avant que l'étranger ait été mis en mesure de présenter des observations et d'avertir ou de faire avertir son consulat, un conseil ou toute personne de son choix.

SOUS-SECTION 3 *Étranger devant être remis aux autorités d'un État membre de l'Union européenne ou faisant l'objet d'une interdiction de circulation sur le territoire français*

Art. L. 722-10 La remise effective de l'étranger, prévue au titre II du livre VI, ne peut intervenir avant que celui-ci ait été mis en mesure de présenter des observations et d'avertir ou de faire avertir son consulat, un conseil ou toute personne de son choix.

SECTION III *Libération conditionnelle de l'étranger condamné à une peine privative de liberté et faisant l'objet d'une décision d'éloignement*

Art. L. 722-11 Le juge d'application des peines ou le tribunal de l'application des peines peut décider de la libération conditionnelle de l'étranger condamné à une peine privative de liberté et faisant l'objet d'une décision mentionnée à l'article L. 700-1, à l'exception de son 4°, ou d'une mesure d'extradition ou de remise sur le fondement d'un mandat d'arrêt européen dans les conditions prévues à l'article 729-2 du code de procédure pénale.

SECTION IV *Escorte en cas de transit d'un étranger par un aéroport français*

Art. L. 722-12 En cas de transit d'un étranger par un aéroport français en vue de son acheminement vers le pays de destination en exécution d'une décision d'éloignement prise par un État membre de l'Union européenne, la République d'Islande, la Principauté du Liechtenstein, le Royaume de Norvège ou la Confédération suisse, l'escorte est placée sous l'autorité du ministre de l'intérieur.

Dans ce cadre, les prérogatives des membres de l'escorte sont limitées à la légitime défense et, dans le but de porter assistance aux autorités françaises, à un usage raisonnable et proportionné de la force. Ils ne disposent en aucun cas du pouvoir d'interpellation.

TITRE III Assignation à résidence

Art. L. 730-1 L'autorité administrative peut, dans les conditions prévues au présent titre, assigner à résidence l'étranger faisant l'objet d'une décision d'éloignement sans délai de départ volontaire ou pour laquelle le délai de départ volontaire imparti a expiré et qui ne peut quitter immédiatement le territoire français.

Art. L. 730-2 Conformément à l'article L. 264-1, les dispositions des 6°, 7° et 8° et du dernier alinéa de l'article L. 731-1, de l'article L. 731-2, des 6°, 7° et 8° de l'article L. 731-3, des articles L. 731-4, L. 731-5, L. 732-1 à L. 732-9 et L. 733-1 à L. 733-17 sont applicables à l'étranger dont la situation est régie par le livre II.

CHAPITRE PREMIER *Cas dans lesquels l'étranger peut être assigné à résidence*

SECTION I *Assignation à résidence aux fins d'exécution de la décision d'éloignement*

Art. L. 731-1 L'autorité administrative peut assigner à résidence l'étranger qui ne peut quitter immédiatement le territoire français mais dont l'éloignement demeure une perspective raisonnable, dans les cas suivants :

1° L'étranger fait l'objet d'une décision portant obligation de quitter le territoire français, prise moins d'un an auparavant, pour laquelle le délai de départ volontaire est expiré ou n'a pas été accordé ;

2° L'étranger doit être éloigné en exécution d'une interdiction de retour sur le territoire français prise en application des articles L. 612-6, L. 612-7 et L. 612-8 ;

3° L'étranger doit être éloigné pour la mise en œuvre d'une décision prise par un autre État, en application de l'article L. 615-1 ;

4° L'étranger doit être remis aux autorités d'un autre État en application de l'article L. 621-1 ;

5° L'étranger doit être éloigné en exécution d'une interdiction de circulation sur le territoire français prise en application de l'article L. 622-1 ;

6° L'étranger fait l'objet d'une décision d'expulsion ;

7° L'étranger doit être éloigné en exécution d'une peine d'interdiction judiciaire du territoire prononcée en application du deuxième alinéa de l'article 131-30 du code pénal ;

8° L'étranger doit être éloigné en exécution d'une interdiction administrative du territoire français.

L'étranger qui, ayant été assigné à résidence en application du présent article, ou placé en rétention administrative en application des articles L. 741-1 ou L. 741-2, n'a pas déféré à la décision dont il fait l'objet ou, y ayant déféré, est revenu en France alors que cette décision est toujours exécutoire, peut être assigné à résidence sur le fondement du présent article.

Art. L. 731-2 L'étranger assigné à résidence en application de l'article L. 731-1 peut être placé en rétention en application de l'article L. 741-1, lorsqu'il ne présente plus de garanties de représentation effectives propres à prévenir un risque de soustraction à l'exécution de la décision d'éloignement apprécié selon les mêmes critères que ceux prévus à l'article L. 612-3.

Les modalités d'application de la présente section sont fixées par décret en Conseil d'État.

SECTION II *Assignation à résidence en cas de report de l'éloignement*

Art. L. 731-3 L'autorité administrative peut autoriser l'étranger qui justifie être dans l'impossibilité de quitter le territoire français ou ne pouvoir ni regagner son pays d'origine ni se rendre dans aucun autre pays, à se maintenir provisoirement sur le territoire en l'assignant à résidence jusqu'à ce qu'existe une perspective raisonnable d'exécution de son obligation, dans les cas suivants :

1° L'étranger fait l'objet d'une décision portant obligation de quitter le territoire français pour laquelle le délai de départ volontaire est expiré ou n'a pas été accordé ;

2° L'étranger doit être éloigné en exécution d'une interdiction de retour sur le territoire français en application des articles L. 612-6, L. 612-7 et L. 612-8 ;

3° L'étranger doit être éloigné pour la mise en œuvre d'une décision prise par un autre État, en application de l'article L. 615-1 ;

4° L'étranger doit être remis aux autorités d'un autre État en application de l'article L. 621-1 ;

5° L'étranger doit être éloigné en exécution d'une interdiction de circulation sur le territoire français en application de l'article L. 622-1 ;

6° L'étranger fait l'objet d'une décision d'expulsion ;

7° L'étranger doit être éloigné en exécution d'une peine d'interdiction judiciaire du territoire prononcée en application du deuxième alinéa de l'article 131-30 du code pénal ;

8° L'étranger doit être éloigné en exécution d'une interdiction administrative du territoire français.

Les modalités d'application du présent article sont fixées par décret en Conseil d'État.

Art. L. 731-4 L'autorité administrative peut assigner à résidence l'étranger faisant l'objet d'une décision d'expulsion non exécutée lorsque son état de santé nécessite une prise en charge médicale dont le défaut pourrait avoir pour lui des conséquences d'une exceptionnelle gravité et si, eu égard à l'offre de soins et aux caractéristiques du système de santé du pays de renvoi, il ne pourrait pas y bénéficier effectivement d'un traitement approprié.

Art. L. 731-5 L'autorité administrative peut, à titre probatoire et exceptionnel, assigner à résidence l'étranger faisant l'objet d'une décision d'expulsion édictée en application de l'article L. 631-2.

L'autorité administrative peut abroger sa décision à tout moment en cas de manquement aux obligations et prescriptions liées à l'assignation à résidence prévues aux articles L. 733-1 et L. 824-4 à L. 824-7, ainsi qu'en cas de faits nouveaux constitutifs d'un comportement préjudiciable à l'ordre public.

CHAPITRE II *Régime des assignations à résidence*

SECTION I *Dispositions générales*

Art. L. 732-1 Les décisions d'assignation à résidence, y compris de renouvellement, sont motivées.

Art. L. 732-2 L'étranger qui fait l'objet d'une décision d'expulsion, d'une peine d'interdiction du territoire français ou d'une interdiction administrative du territoire prononcée en tout point du territoire de la République peut, quel que soit l'endroit où il se trouve, être assigné à résidence dans des lieux choisis par l'autorité administrative sur l'ensemble du territoire de la République.

Art. L. 732-3 L'assignation à résidence prévue à l'article L. 731-1 ne peut excéder une durée de quarante-cinq jours.

Elle est renouvelable une fois dans la même limite de durée.

Art. L. 732-4 Lorsque l'assignation à résidence a été édictée en application des 1°, 2°, 3°, *4° ou 5° de l'article* L. 731-3, elle ne peut excéder une durée de six mois.

Elle peut être renouvelée une fois, dans la même limite de durée. Toutefois, dans les cas prévus aux 2° et 5° du même article, elle ne peut être renouvelée que tant que l'interdiction de retour ou l'interdiction de circulation sur le territoire français demeure exécutoire.

Art. L. 732-5 Lorsque l'assignation à résidence a été édictée en application des 6°, 7° ou 8° de l'article L. 731-3 ou des articles L. 731-4 ou L. 731-5, la durée maximale de six mois prévue à l'article L. 732-4 ne s'applique pas.

Dans le cas prévu au 7° de l'article L. 731-3, le maintien sous assignation à résidence au-delà de cinq ans fait l'objet d'une décision spécialement motivée faisant état des circonstances particulières justifiant cette prolongation au regard, notamment, de l'absence de garanties suffisantes de représentation de l'étranger ou si sa présence constitue une menace grave pour l'ordre public.

Art. L. 732-6 Les modalités d'application de la présente section sont fixées par décret en Conseil d'État.

SECTION II *Dispositions particulières à l'assignation à résidence aux fins d'exécution de la décision d'éloignement*

SOUS-SECTION 1 *Information de l'étranger*

Art. L. 732-7 Il est remis aux étrangers assignés à résidence en application de l'article L. 731-1 une information sur les modalités d'exercice de leurs droits, les obligations qui leur incombent et, le cas échéant, la possibilité de bénéficier d'une aide au retour.

Les modalités d'application du présent article sont fixées par décret en Conseil d'État.

SOUS-SECTION 2 *Procédure contentieuse spécifique*

Art. L. 732-8 La décision d'assignation à résidence prise en application des 1°, 2°, 3°, 4° ou 5° de l'article L. 731-1 peut être contestée devant le président du tribunal administratif dans le délai de quarante-huit heures suivant sa notification. Elle peut être contestée dans le même recours que la décision d'éloignement qu'elle accompagne.

Le délai de quarante-huit heures prévu au premier alinéa est également applicable à la contestation de la décision d'assignation à résidence notifiée postérieurement à la décision d'éloignement, alors même que la légalité de cette dernière a été confirmée par le juge administratif ou ne peut plus être contestée.

Les dispositions des articles L. 614-7 à L. 614-13 sont applicables au jugement de la décision d'assignation à résidence contestée en application du présent article.

SECTION III *Dispositions particulières à l'assignation à résidence en cas de report de l'éloignement*

Art. L. 732-9 Les décisions d'assignation à résidence prévues aux articles L. 731-4 et L. 731-5 sont assorties d'une autorisation de travail.

CHAPITRE III *Mesures applicables aux étrangers assignés à résidence*

SECTION I *Dispositions générales*

Art. L. 733-1 L'étranger assigné à résidence en application du présent titre se présente périodiquement aux services de police ou aux unités de gendarmerie.

Il se présente également, lorsque l'autorité administrative le lui demande, aux autorités consulaires, en vue de la délivrance d'un document de voyage.

Art. L. 733-2 L'autorité administrative peut, aux fins de préparation du départ de l'étranger, lui désigner, en tenant compte des impératifs de la vie privée et familiale, une plage horaire pendant laquelle il demeure dans les locaux où il réside, dans la limite de trois heures consécutives par période de vingt-quatre heures.

Lorsque l'étranger assigné à résidence fait l'objet d'une décision d'expulsion, d'une peine d'interdiction du territoire français ou d'une décision d'interdiction administrative du territoire français, ou si son comportement constitue une menace pour l'ordre public, la durée de cette plage horaire peut être portée à dix heures consécutives par période de vingt-quatre heures.

Art. L. 733-3 Si l'étranger présente une menace d'une particulière gravité pour l'ordre public, l'autorité administrative peut le faire conduire par les services de police ou les unités de gendarmerie jusqu'aux lieux d'assignation.

Art. L. 733-4 L'autorité administrative peut prescrire à l'étranger assigné à résidence la remise de son passeport ou de tout document justificatif de son identité, dans les conditions prévues à l'article L. 814-1.

Art. L. 733-5 Les modalités d'application des articles L. 733-1 à L. 733-4 sont fixées par décret en Conseil d'État.

SECTION II *Dispositions applicables en cas d'obstruction de l'étranger*

SOUS-SECTION 1 *En vue de la présentation de l'étranger aux autorités consulaires*

Art. L. 733-6 Si l'étranger assigné à résidence en application des articles L. 731-1, L. 731-3, L. 731-4 ou L. 731-5 n'a pas déféré, sans motif légitime, à une demande de présentation aux autorités consulaires du pays dont il est raisonnable de penser qu'il a la nationalité, en vue de la délivrance d'un document de voyage, l'autorité administrative peut le faire conduire auprès de ces autorités par les services de police ou les unités de gendarmerie en vue de cette démarche, dans les conditions et pour le temps strictement nécessaires à celle-ci.

Art. L. 733-7 Lorsque l'obstruction volontaire de l'étranger mentionné à l'article L. 733-6 fait obstacle à ce qu'il soit conduit auprès des autorités consulaires, l'autorité administrative peut, après avoir dûment constaté cette obstruction, demander au juge des libertés et de la détention de l'autoriser à requérir les services de police ou les unités de gendarmerie pour qu'ils visitent le domicile de l'étranger. Cette visite a pour but de s'assurer de la présence de l'étranger, de le conduire auprès des autorités consulaires et, si les conditions en sont remplies, de lui notifier une décision de placement en rétention.

Pour l'application du premier alinéa, le juge des libertés et de la détention s'assure de l'obstruction volontaire de l'étranger à la demande de présentation aux autorités consulaires. Cette obstruction résulte de la non-présentation, sans motif légitime, aux autorités consulaires en vue de préparer l'exécution de la décision d'éloignement. Il est alors procédé comme il est dit aux articles L. 733-9 à L. 733-12.

SOUS-SECTION 2 *En vue de l'exécution d'office de la décision d'éloignement*

Art. L. 733-8 Lorsque l'obstruction volontaire de l'étranger assigné à résidence en application des articles L. 731-1, L. 731-3, L. 731-4 ou L. 731-5 fait obstacle à l'exécution d'office de la décision d'éloignement, l'autorité administrative peut, après avoir dûment constatée *[constaté]* cette obstruction, demander au juge des libertés et de la détention de l'autoriser à requérir les services de police ou les unités de gendarmerie pour qu'ils visitent le domicile de l'étranger. Cette visite a pour but de s'assurer de la présence de l'étranger, de permettre de procéder à son éloignement effectif ou, si le départ n'est pas possible immédiatement, de lui notifier une décision de placement en rétention.

Pour l'application du premier alinéa, le juge des libertés et de la détention s'assure du caractère exécutoire de la décision d'éloignement que la requête vise à exécuter et de l'obstruction volontaire de l'étranger à ladite exécution. Cette obstruction résulte notamment de l'absence de réponse de l'étranger à sa demande de présentation pour les nécessités de l'exécution de la décision d'éloignement. Il est alors procédé comme il est dit aux articles L. 733-9 à L. 733-12.

SOUS-SECTION 3 *Procédure relative à la visite du domicile d'un étranger*

Art. L. 733-9 Le juge des libertés et de la détention, saisi par requête en application des articles L. 733-7 ou L. 733-8, statue dans un délai de vingt-quatre heures.

A peine de nullité, sa décision est motivée. Elle mentionne l'adresse des lieux dans lesquels les opérations de visite peuvent être effectuées.

Art. L. 733-10 L'ordonnance du juge des libertés et de la détention autorisant la visite du domicile de l'étranger est exécutoire pendant quatre-vingt-seize heures au seul vu de la minute.

Elle est notifiée sur place à l'étranger dans une langue qu'il comprend ou, à défaut, à l'occupant des lieux, qui en reçoit copie intégrale contre récépissé. L'acte de notification comporte mention des voies de recours.

Art. L. 733-11 Les opérations de visite sont effectuées sous le contrôle du magistrat qui les a autorisées, qui peut se déplacer sur les lieux pour veiller au respect des dispositions légales. Ces opérations ne peuvent être commencées avant 6 heures ni après 21 heures. Elles ne peuvent, à peine de nullité, avoir un autre objet que l'exécution de la décision d'éloignement visée dans la décision du juge des libertés et de la détention.

Il est dressé un procès-verbal mentionnant les dates et heures de début et de fin des opérations et les conditions de leur déroulement. Ce procès-verbal est présenté à la signature de l'étranger ou, à défaut, de l'occupant des lieux ; en cas de refus, mention est faite de ce refus et de ses motifs déclarés. Le procès-verbal est transmis au juge des libertés et de la détention, copie en ayant été remise à l'étranger ou, à défaut, à l'occupant des lieux.

Art. L. 733-12 L'ordonnance mentionnée à l'article L. 733-10 est susceptible d'appel devant le premier président de la cour d'appel ou son délégué, qui est saisi sans forme et statue dans un délai de quarante-huit heures à compter de sa saisine.

L'appel n'est pas suspensif.

Le premier président de la cour d'appel ou son délégué peut, par ordonnance motivée et sans avoir préalablement convoqué les parties, rejeter les déclarations d'appel manifestement irrecevables.

Art. L. 733-13 Les modalités d'application des articles L. 733-6 à L. 733-12 sont fixées par décret en Conseil d'État.

SECTION III *Dispositions spécifiques à l'étranger dont le comportement est lié à des activités à caractère terroriste*

Art. L. 733-14 L'étranger condamné à une peine d'interdiction du territoire français pour des actes de terrorisme prévus par le titre II du livre IV du code pénal, ou faisant l'objet d'une décision d'expulsion prononcée pour un comportement lié à des activités à caractère terroriste, et qui est assigné à résidence en application des 6° ou 7° de l'article L. 731-3 ou de l'article L. 731-4 peut être placé sous surveillance électronique mobile.

Ce placement est prononcé par l'autorité administrative, après accord de l'étranger, pour une durée de trois mois. Cette durée initiale peut être prolongée pour une même durée sans que la durée totale du placement dépasse deux ans. A défaut de prolongation, il est mis fin au placement sous surveillance électronique mobile.

Pendant toute la durée du placement, l'étranger est astreint au port d'un dispositif intégrant un émetteur permettant à tout moment de déterminer à distance sa localisation sur l'ensemble du territoire national.

La mise en œuvre du dispositif technique permettant le contrôle à distance peut être confiée à une personne de droit privé habilitée dans des conditions fixées par décret en Conseil d'État.

Pendant la durée du placement, l'autorité administrative peut, d'office ou à la demande de l'étranger, modifier ou compléter les obligations résultant dudit placement.

Art. L. 733-15 Lorsque la préservation de la sécurité publique l'exige, l'autorité administrative peut interdire à l'étranger, assigné à résidence en application des 6° ou 7° de l'article L. 731-3 ou de l'article L. 731-4, qui a été condamné à une peine d'interdiction du territoire pour des actes de terrorisme prévus au titre II du livre IV du code pénal ou qui fait l'objet d'une décision d'expulsion édictée pour un comportement lié à des activités à caractère terroriste de se trouver en relation, directement ou indirectement, avec certaines personnes nommément désignées dont le comportement est lié à des activités à caractère terroriste.

La décision est écrite et motivée. Elle peut être prise pour une durée maximale de six mois et renouvelée, dans la même limite de durée, par une décision également motivée. Cette interdiction est levée dès que les conditions ne sont plus satisfaites ou en cas de levée de l'assignation à résidence.

SECTION IV *Dispositions spécifiques à l'étranger faisant l'objet d'une peine d'interdiction du territoire français lorsqu'il n'est plus assigné à résidence*

Art. L. 733-16 Lorsqu'il n'est plus assigné à résidence en application du 7° de l'article L. 731-3, l'étranger faisant l'objet d'une peine d'interdiction du territoire français peut être astreint à déclarer l'adresse des locaux où il réside à l'autorité administrative, aux services de police ou aux unités de gendarmerie et à se présenter, sur convocation, à ces mêmes services en vue des démarches nécessaires aux fins d'exécution de l'interdiction du territoire.

Il se présente également, lorsque l'autorité administrative le lui demande, aux autorités consulaires, en vue de la délivrance d'un document de voyage. Dans ce cas, les dispositions des articles L. 733-6 et L. 733-7 sont applicables.

SECTION V *Manquement aux prescriptions liées à l'assignation à résidence*

Art. L. 733-17 *Le manquement* aux prescriptions liées à l'assignation à résidence, au placement sous surveillance électronique mobile et à l'interdiction de se trouver en relation avec certaines personnes nommément désignées dont le comportement est lié à des activités à caractère terroriste est sanctionné dans les conditions prévues aux articles L. 824-4 à L. 824-7.

Les modalités d'application du présent article sont fixées par décret en Conseil d'État.

TITRE IV Rétention administrative

Art. L. 740-1 L'autorité administrative peut, dans les conditions prévues au présent titre, placer en rétention un étranger pour l'exécution de la décision d'éloignement dont il fait l'objet.

Art. L. 740-2 Conformément à l'article L. 264-1, les dispositions du présent titre sont applicables à l'étranger dont la situation est régie par le livre II.

CHAPITRE PREMIER *Placement en rétention par l'autorité administrative*

SECTION I *Décision de placement en rétention*

Art. L. 741-1 L'autorité administrative peut placer en rétention, pour une durée de quarante-huit heures, l'étranger qui se trouve dans l'un des cas prévus à l'article L. 731-1 lorsqu'il ne présente pas de garanties de représentation effectives propres à prévenir un risque de soustraction à l'exécution de la décision d'éloignement et qu'aucune autre mesure n'apparaît suffisante à garantir efficacement l'exécution effective de cette décision.

Le risque mentionné au premier alinéa est apprécié selon les mêmes critères que ceux prévus à l'article L. 612-3.

Art. L. 741-2 La peine d'interdiction du territoire français prononcée à titre de peine principale et assortie de l'exécution provisoire entraîne de plein droit le placement en rétention de l'étranger, pour une durée de quarante-huit heures. Les dispositions des articles L. 741-8 et L. 741-9 ainsi que celles des chapitres II à IV sont alors applicables.

Prononcée à titre de peine complémentaire, l'interdiction du territoire peut donner lieu au placement en rétention de l'étranger, le cas échéant à l'expiration de sa peine d'emprisonnement, en application de l'article L. 741-1.

Art. L. 741-3 Un étranger ne peut être placé ou maintenu en rétention que pour le temps strictement nécessaire à son départ. L'administration exerce toute diligence à cet effet.

Art. L. 741-4 La décision de placement en rétention prend en compte l'état de vulnérabilité et tout handicap de l'étranger.

Le handicap moteur, cognitif ou psychique et les besoins d'accompagnement de l'étranger sont pris en compte pour déterminer les conditions de son placement en rétention.

Art. L. 741-5 L'étranger mineur de dix-huit ans ne peut faire l'objet d'une décision de placement en rétention. Il ne peut être retenu que s'il accompagne un étranger placé en rétention dans les conditions prévues au présent article.

L'étranger accompagné d'un mineur ne peut être placé en rétention que dans les cas suivants :

1° L'étranger n'a pas respecté l'une des prescriptions d'une précédente mesure d'assignation à résidence ;

2° A l'occasion de la mise en œuvre de la décision d'éloignement, l'étranger a pris la fuite ou opposé un refus ;

3° En considération de l'intérêt du mineur, le placement en rétention de l'étranger dans les quarante-huit heures précédant le départ programmé préserve l'intéressé et le mineur qui l'accompagne des contraintes liées aux nécessités de transfert.

La durée de rétention d'un étranger accompagné d'un mineur est la plus brève possible, eu égard au temps strictement nécessaire à l'organisation du départ. Dans tous les cas, le placement en rétention d'un étranger accompagné d'un mineur n'est possible que dans un lieu de rétention administrative bénéficiant de chambres isolées et adaptées, spécifiquement destinées à l'accueil des familles.

L'intérêt supérieur de l'enfant est une considération primordiale pour l'application de la présente section.

SECTION II *Procédure administrative*

Art. L. 741-6 La décision de placement en rétention est prise par l'autorité administrative, après l'interpellation de l'étranger ou, le cas échéant, lors de sa retenue aux fins de vérification de son droit de circulation ou de séjour, à l'expiration de sa garde à vue, ou à l'issue de sa période d'incarcération en cas de détention. Elle est écrite et motivée.

Elle prend effet à compter de sa notification.

Art. L. 741-7 La décision de placement en rétention ne peut être prise avant l'expiration d'un délai de sept jours à compter du terme d'un précédent placement prononcé en vue de l'exécution de la même mesure. Toutefois, si ce précédent placement a pris fin en raison de la soustraction de l'étranger aux mesures de surveillance dont il faisait l'objet, l'autorité administrative peut décider d'un nouveau placement en rétention avant l'expiration de ce délai.

Art. L. 741-8 Le procureur de la République est informé immédiatement de tout placement en rétention.

Art. L. 741-9 L'étranger placé en rétention est informé de ses droits dans les conditions prévues à l'article L. 744-4.

SECTION III *Contestation de la décision de placement en rétention*

Art. L. 741-10 L'étranger qui fait l'objet d'une décision de placement en rétention peut la contester devant le juge des libertés et de la détention, dans un délai de quarante-huit heures à compter de sa notification.

Il est statué suivant la procédure prévue aux articles L. 743-3 à L. 743-18.

CHAPITRE II *Maintien en rétention par le juge des libertés et de la détention*

SECTION I *Première prolongation*

Art. L. 742-1 Le maintien en rétention au-delà de quarante-huit heures à compter de la notification de la décision de placement initiale peut être autorisé, dans les conditions prévues au présent titre, par le juge des libertés et de la détention saisie à cette fin par l'autorité administrative.

Art. L. 742-2 L'étranger est maintenu à disposition de la justice, dans des conditions fixées par le procureur de la République, pendant le temps strictement nécessaire à la tenue de l'audience et au prononcé de l'ordonnance.

Art. L. 742-3 Si le juge ordonne la prolongation de la rétention, celle-ci court pour une période de vingt-huit jours à compter de l'expiration du délai de quarante-huit heures mentionné à l'article L. 741-1.

SECTION II *Nouvelles prolongations*

SOUS-SECTION 1 *Dispositions générales*

Art. L. 742-4 Le juge des libertés et de la détention peut, dans les mêmes conditions qu'à l'article L. 742-1, être à nouveau saisi aux fins de prolongation du maintien en rétention au-delà de trente jours, dans les cas suivants :

1° En cas d'urgence absolue ou de menace d'une particulière gravité pour l'ordre public ;

2° Lorsque l'impossibilité d'exécuter la décision d'éloignement résulte de la perte ou de la destruction des documents de voyage de l'intéressé, de la dissimulation par celui-ci de son identité ou de l'obstruction volontaire faite à son éloignement ;

3° Lorsque la décision d'éloignement n'a pu être exécutée en raison :

a) du défaut de délivrance des documents de voyage par le consulat dont relève l'intéressé ou lorsque la délivrance des documents de voyage est intervenue trop tardivement pour procéder à l'exécution de la décision d'éloignement ;

b) de l'absence de moyens de transport.

L'étranger peut être maintenu à disposition de la justice dans les conditions prévues à l'article L. 742-2.

Si le juge ordonne la prolongation de la rétention, celle-ci court à compter de l'expiration de la précédente période de rétention et pour une nouvelle période d'une durée maximale de trente jours. La durée maximale de la rétention n'excède alors pas soixante jours.

Art. L. 742-5 A titre exceptionnel, le juge des libertés et de la détention peut à nouveau être saisi aux fins de prolongation du maintien en rétention au-delà de la durée maximale de rétention prévue à l'article L. 742-4, lorsqu'une des situations suivantes *(Ord. n° 2020-1733 du 16 déc. 2020, rect. JO 27 févr. 2021)* « apparaît » dans les quinze derniers jours :

1° L'étranger a fait obstruction à l'exécution d'office de la décision d'éloignement ;

2° L'étranger a présenté, dans le seul but de faire échec à la décision d'éloignement :

a) une demande de protection contre l'éloignement au titre du 9° de l'article L. 611-3 ou du 5° de l'article L. 631-3 ;

b) ou une demande d'asile dans les conditions prévues aux articles L. 754-1 et L. 754-3 ;

3° La décision d'éloignement n'a pu être exécutée en raison du défaut de délivrance des documents de voyage par le consulat dont relève l'intéressé et qu'il est établi par l'autorité administrative compétente que cette délivrance doit intervenir à bref délai.

L'étranger est maintenu en rétention jusqu'à ce que le juge ait statué.

Si le juge ordonne la prolongation de la rétention, celle-ci court à compter de l'expiration de la dernière période de rétention pour une nouvelle période d'une durée maximale de quinze jours.

Si l'une des circonstances mentionnées aux 1°, 2° ou 3° survient au cours de la prolongation exceptionnelle ordonnée en application du huitième alinéa, elle peut être renouvelée une fois, dans les mêmes conditions. La durée maximale de la rétention n'excède alors pas quatre-vingt-dix jours.

SOUS-SECTION 2 *Dispositions spécifiques à l'étranger dont le comportement est lié à des activités à caractère terroriste pénalement constatées*

Art. L. 742-6 Par dérogation à l'article L. 742-4, le juge des libertés et de la détention peut également être à nouveau saisi aux fins de prolongation du maintien en rétention au-delà de trente jours si l'étranger a été condamné à une peine d'interdiction du territoire pour des actes de terrorisme prévus par le titre II du livre IV du code pénal ou s'il fait l'objet d'une décision d'expulsion édictée pour un comportement lié à des activités à caractère terroriste pénalement constatées, dès lors que son éloignement demeure une perspective raisonnable et qu'aucune décision d'assignation à résidence ne permettrait un contrôle suffisant de cet étranger.

L'étranger peut être maintenu à disposition de la justice dans les conditions prévues à l'article L. 742-2.

Si le juge ordonne la prolongation de la rétention, celle-ci court pour une nouvelle période d'une durée maximale de trente jours qui peut être renouvelée. La durée maximale de la rétention n'excède alors pas cent quatre-vingts jours.

Art. L. 742-7 A titre exceptionnel, le juge des libertés et de la détention peut à nouveau être saisi aux fins de prolongation du maintien au-delà de la durée maximale de rétention prévue à l'article L. 742-6, dans les conditions prévues à l'article L. 742-5. La durée maximale de la rétention n'excède alors pas deux cent dix jours.

SECTION III *Demande de mise en liberté par l'étranger*

Art. L. 742-8 Hors des audiences de prolongation de la rétention prévues au présent chapitre, l'étranger peut demander qu'il soit mis fin à sa rétention en saisissant le juge des libertés et de la détention. La décision de maintien en rétention d'un demandeur d'asile prévue à l'article L. 754-3 ne peut toutefois être contestée que devant le juge administratif.

Il est statué suivant la procédure prévue aux articles L. 743-3, L. 743-4, L. 743-6 à L. 743-12, L. 743-18 à L. 743-20, L. 743-24 et L. 743-25.

SECTION IV *Fin de la rétention*

Art. L. 742-9 *Si la décision* d'éloignement est annulée par le juge administratif, il est immédiatement mis fin au maintien de l'étranger en rétention. Une autorisation provisoire de séjour lui est fournie jusqu'à ce que l'autorité administrative ait à nouveau statué sur son cas.

Art. L. 742-10 Lorsqu'il est mis fin à la rétention pour une raison autre que l'annulation, l'abrogation ou le retrait de la décision d'éloignement, d'interdiction administrative du territoire ou de transfert, un rappel de l'obligation de déférer à cette décision est adressé à l'étranger par le juge des libertés et de la détention ou par l'autorité administrative.

L'étranger peut alors être assigné à résidence en application de l'article L. 731-1.

La méconnaissance des dispositions du premier alinéa est sans conséquence sur la régularité et le bien-fondé de procédures ultérieures d'éloignement et de rétention.

CHAPITRE III *Contrôle de la rétention par l'autorité judiciaire*

SECTION I *Intervention de l'autorité judiciaire de sa propre initiative*

Art. L. 743-1 Pendant toute la durée de la rétention de l'étranger, le procureur de la République ou le juge des libertés et de la détention peut se transporter sur les lieux, vérifier les conditions du maintien et se faire communiquer le registre prévu à l'article L. 744-2.

Le procureur de la République visite les lieux de rétention chaque fois qu'il l'estime nécessaire et au moins une fois par an.

Art. L. 743-2 A tout moment, le juge des libertés et de la détention peut, après avoir mis l'autorité administrative en mesure de présenter ses observations, de sa propre initiative ou à la demande du ministère public, décider la mise en liberté de l'étranger maintenu en rétention lorsque les circonstances de droit ou de fait le justifient, sous réserve de la compétence exclusive du juge administratif sur la décision de maintien en rétention d'un demandeur d'asile.

SECTION II *Jugement des requêtes de l'étranger et de l'autorité administrative*

Art. L. 743-3 Les dispositions de la présente section sont applicables au jugement des requêtes formées par l'étranger aux fins de contestation de la décision de placement en rétention en application de l'article L. 741-10 et par l'autorité administrative aux fins de prolongation de la rétention en application de l'article L. 742-1 ou des articles L. 742-4 à L. 742-7.

Elles s'appliquent également au jugement de la requête formée par l'étranger, aux fins de remise en liberté hors des audiences de prolongation, en application de l'article L. 742-8.

SOUS-SECTION 1 *Dispositions communes*

Art. L. 743-4 Le juge des libertés et de la détention statue, par ordonnance, dans les quarante-huit heures suivant sa saisine.

Art. L. 743-5 Lorsque le juge des libertés et de la détention est saisi par l'étranger aux fins de contestation de la décision de placement en rétention en application de l'article L. 741-10 et par l'autorité administrative aux fins de prolongation de la rétention en application de l'article L. 742-1, l'audience est commune aux deux procédures, sur lesquelles il est statué par ordonnance unique.

Art. L. 743-6 Le juge des libertés et de la détention statue après audition du représentant de l'administration, si celui-ci, dûment convoqué, est présent, et de l'intéressé ou de son conseil, s'il en a un.

Art. L. 743-7 Le juge des libertés et de la détention statue au siège du tribunal judiciaire dans le ressort duquel se situe le lieu de rétention de l'étranger, sauf exception prévue par voie réglementaire. Si une salle d'audience attribuée au ministère de la justice lui permettant de statuer publiquement a été spécialement aménagée à proximité immédiate de ce lieu de rétention, il statue dans cette salle.

Art. L. 743-8 Le juge des libertés et de la détention peut décider, sur proposition de l'autorité administrative, que les audiences prévues à la présente section se déroulent avec l'utilisation de moyens de télécommunication audiovisuelle garantissant la confidentialité de la transmission. Il est alors dressé, dans chacune des deux salles d'audience ouvertes au public, un procès-verbal des opérations effectuées.

SOUS-SECTION 2 *Dispositions spécifiques au jugement de la requête aux fins de prolongation de la rétention*

§ 1er *Contrôle de l'exercice des droits en rétention et de la proportionnalité de la mesure*

Art. L. 743-9 Le juge des libertés et de la détention, saisi aux fins de prolongation de la rétention, rappelle à l'étranger les droits qui lui sont reconnus et s'assure, d'après les mentions figurant au registre prévu à l'article L. 744-2 émargé par l'intéressé, que celui-ci a été, dans les meilleurs délais suivant la notification de la décision de placement en rétention, pleinement informé de ses droits et placé en état de les faire valoir à compter de son arrivée au lieu de rétention.

Le juge tient compte des circonstances particulières liées notamment au placement en rétention simultané d'un nombre important d'étrangers pour l'appréciation des délais relatifs à la notification de la décision, à l'information des droits et à leur prise d'effet.

Art. L. 743-10 La circonstance que l'étranger a sollicité l'aide au retour prévue à l'article L. 711-2 alors qu'il est placé en rétention n'est pas à elle seule susceptible de justifier le refus de prolongation du maintien en rétention.

Art. L. 743-11 A peine d'irrecevabilité, prononcée d'office, aucune irrégularité antérieure à une audience à l'issue de laquelle le juge des libertés et de la détention a prolongé la mesure ne peut être soulevée lors d'une audience ultérieure.

Art. L. 743-12 En cas de violation des formes prescrites par la loi à peine de nullité ou d'inobservation des formalités substantielles, le juge des libertés et de la détention saisi d'une demande sur ce motif ou qui relève d'office une telle irrégularité ne peut prononcer la mainlevée du placement ou du maintien en rétention que lorsque celle-ci a eu pour effet de porter atteinte aux droits de l'étranger.

§ 2 *Assignation à résidence alternative à la rétention*

Art. L. 743-13 Le juge des libertés et de la détention peut ordonner l'assignation à résidence de l'étranger lorsque celui-ci dispose de garanties de représentation effectives.

L'assignation à résidence ne peut être ordonnée par le juge qu'après remise à un service de police ou à une unité de gendarmerie de l'original du passeport et de tout document justificatif de son identité, en échange d'un récépissé valant justification de l'identité et sur lequel est portée la mention de la décision d'éloignement en instance d'exécution.

Lorsque l'étranger s'est préalablement soustrait à l'exécution d'une décision mentionnée à l'article L. 700-1, à l'exception de son 4°, l'assignation à résidence fait l'objet d'une motivation spéciale.

Art. L. 743-14 Le juge des libertés et de la détention fixe les lieux dans lesquels l'étranger est assigné à résidence. A la demande du juge, l'étranger justifie que le local affecté à son habitation principale proposé pour l'assignation satisfait aux exigences de garanties de représentation effectives.

Art. L. 743-15 L'étranger assigné à résidence en application de l'article L. 743-13 se présente quotidiennement aux services de police ou aux unités de gendarmerie territorialement compétents au regard du lieu d'assignation, en vue de l'exécution de la décision d'éloignement.

Art. L. 743-16 En cas d'assignation à résidence en application de l'article L. 743-13, les dispositions des articles L. 732-7 et L. 733-6 à L. 733-12 sont applicables.

Les modalités d'application du présent article sont fixées par décret en Conseil d'État.

Art. L. 743-17 Le manquement aux prescriptions liées à l'assignation à résidence est sanctionné dans les conditions prévues à l'article L. 824-4. Le procureur de la République est alors saisi dans les meilleurs délais.

SOUS-SECTION 3 *Dispositions spécifiques au jugement de la requête formée par l'étranger aux fins de mise en liberté hors des audiences de prolongation de la rétention*

Art. L. 743-18 Le juge des libertés et de la détention, saisi par l'étranger aux fins de mise en liberté hors des audiences de prolongation de la rétention en application de l'article L. 742-8, peut rejeter la requête sans avoir préalablement convoqué les parties s'il apparaît qu'aucune circonstance nouvelle de fait ou de droit n'est intervenue depuis le placement en rétention ou sa prolongation, ou que les éléments fournis à l'appui de la demande ne permettent manifestement pas de justifier qu'il soit mis fin à la rétention.

SECTION III *Information du procureur de la république et du tribunal administratif*

Art. L. 743-19 Lorsqu'une ordonnance du juge des libertés et de la détention met fin à la rétention d'un étranger ou l'assigne à résidence, elle est immédiatement notifiée au procureur de la République. L'étranger est maintenu à la disposition de la justice pendant un délai de dix heures à compter de cette notification, à moins que le procureur de la République n'en dispose autrement.

Art. L. 743-20 Le juge des libertés et de la détention informe sans délai et par tous moyens du sens de sa décision le tribunal administratif saisi, le cas échéant, par l'étranger d'un recours dirigé contre la décision d'éloignement qui le vise.

La méconnaissance des dispositions du premier alinéa est sans conséquence sur la régularité et le bien-fondé des procédures ultérieures d'exécution de la décision d'éloignement.

SECTION IV *Voies de recours*

Art. L. 743-21 Les ordonnances mentionnées au présent chapitre sont susceptibles d'appel devant le premier président de la cour d'appel ou son délégué.

L'appel peut être formé par l'étranger, le ministère public et l'autorité administrative.

Le premier président de la cour d'appel ou son délégué est saisi sans forme et doit statuer dans les quarante-huit heures de sa saisine.

Sous réserve des dispositions du troisième alinéa, les dispositions du présent chapitre relatives aux attributions et à la procédure suivie devant le juge des libertés et de la détention sont applicables devant la cour d'appel.

Art. L. 743-22 L'appel n'est pas suspensif.

Toutefois, le ministère public peut demander au premier président de la cour d'appel ou à son délégué de déclarer son recours suspensif lorsqu'il lui apparaît que l'intéressé ne dispose pas de garanties de représentation effectives ou en cas de menace grave pour l'ordre public. Dans ce cas, l'appel, accompagné de la demande qui se réfère à l'absence de garanties de représentation effectives ou à la menace grave pour l'ordre public, est formé dans un délai de dix heures à compter de la notification de l'ordonnance au procureur de la République et transmis au premier président de la cour d'appel ou à son délégué. Celui-ci décide, sans délai, s'il y a lieu de donner à cet appel un effet suspensif, en fonction des garanties de représentation dont dispose l'étranger ou de la menace grave pour l'ordre public, par une ordonnance motivée rendue contradictoirement et qui n'est pas susceptible de recours.

L'intéressé est maintenu à la disposition de la justice jusqu'à ce que cette ordonnance soit rendue et, si elle donne un effet suspensif à l'appel du ministère public, jusqu'à ce qu'il soit statué sur le fond.

Art. L. 743-23 Le premier président de la cour d'appel ou son délégué peut, par ordonnance motivée et sans avoir préalablement convoqué les parties, rejeter les déclarations d'appel manifestement irrecevables.

Lorsqu'il est saisi d'un appel contre une décision rendue par le juge des libertés et de la détention dans les cas prévus aux articles L. 741-10 et L. 742-8, il peut également rejeter la déclaration d'appel sans avoir préalablement convoqué les parties s'il apparaît qu'aucune circonstance nouvelle de fait ou de droit n'est intervenue depuis le placement en rétention administrative ou son renouvellement, ou que les éléments fournis à l'appui de la demande ne permettent manifestement pas de justifier qu'il soit mis fin à la rétention.

SECTION V *Droits garantis à l'étranger au cours de la procédure juridictionnelle*

Art. L. 743-24 L'étranger peut demander au juge des libertés et de la détention qu'il lui soit désigné un conseil d'office. Il peut bénéficier de l'aide juridictionnelle.

Le juge informe l'étranger des possibilités et des délais de recours contre toutes les décisions le concernant.

Art. L. 743-25 Durant la période pendant laquelle il est maintenu à la disposition de la justice, dans les conditions prévues à l'article L. 742-2, l'étranger est mis en mesure, s'il le souhaite, de contacter son avocat et un tiers, de rencontrer un médecin et de s'alimenter.

CHAPITRE IV *Régime de la rétention*

SECTION I *Organisation des lieux de rétention*

Art. L. 744-1 Lorsqu'il est fait application du présent titre, l'étranger est placé en rétention dans des locaux ne relevant pas de l'administration pénitentiaire.

Art. L. 744-2 Il est tenu, dans tous les lieux de rétention, un registre mentionnant l'état civil des personnes retenues, ainsi que les conditions de leur placement ou de leur maintien en rétention. Le registre mentionne également l'état civil des enfants mineurs accompagnant ces personnes ainsi que les conditions de leur accueil.

L'autorité administrative tient à la disposition des personnes qui en font la demande les éléments d'information concernant les date et heure du début du placement de chaque étranger en rétention, le lieu exact de celle-ci ainsi que les date et heure des décisions de prolongation.

Art. L. 744-3 Les conditions d'accessibilité adaptées aux lieux de rétention sont précisées par décret en Conseil d'État.

SECTION II *Droits des étrangers en rétention*

SOUS-SECTION 1 *Droit de communiquer*

Art. L. 744-4 L'étranger placé en rétention est informé dans les meilleurs délais qu'il bénéficie, dans le lieu de rétention, du droit de demander l'assistance d'un interprète, d'un conseil et d'un médecin, et qu'il peut communiquer avec son consulat et toute personne de son choix. Ces informations lui sont communiquées dans une langue qu'il comprend.

En cas de placement simultané en rétention d'un nombre important d'étrangers, la notification des droits mentionnés au premier alinéa s'effectue dans les meilleurs délais.

Les modalités selon lesquelles s'exerce l'assistance de ces intervenants sont précisées, en tant que de besoin, par décret en Conseil d'État.

Art. L. 744-5 Dans chaque lieu de rétention, l'étranger retenu peut s'entretenir confidentiellement avec son avocat dans un local prévu à cette fin. Ce local est accessible en toutes circonstances sur demande de l'avocat, sauf en cas de force majeure.

Les modalités d'application du présent article sont précisées, en tant que de besoin, par décret en Conseil d'État.

SOUS-SECTION 2 *Accueil, information et soutien de l'étranger*

Art. L. 744-6 A son arrivée au centre de rétention, l'étranger reçoit notification des droits qu'il est susceptible d'exercer en matière de demande d'asile.

A cette fin, il peut bénéficier d'une assistance juridique et linguistique. Lui sont notamment indiquées les conditions de recevabilité d'une demande d'asile formée en rétention prévues à l'article L. 754-1.

Art. L. 744-7 Sauf en cas de menace pour l'ordre public à l'intérieur ou à l'extérieur du lieu de rétention, ou si la personne ne paraît pas psychologiquement à même de recevoir ces informations, l'étranger est informé par le responsable du lieu de rétention de toutes les prévisions de déplacement le concernant, liées aux audiences, à la présentation au consulat et aux conditions du départ.

La méconnaissance des dispositions du présent article est sans conséquence sur la régularité et le bien-fondé des procédures d'éloignement et de rétention.

Art. L. 744-8 Dans chaque lieu de rétention, un document rédigé dans les langues les plus couramment utilisées, et décrivant les droits de l'étranger au cours de la procédure d'éloignement et de rétention, ainsi que leurs conditions d'exercice, est mis à disposition des personnes retenues.

La méconnaissance des dispositions du présent article est sans conséquence sur la régularité et le bien-fondé des procédures d'éloignement et de rétention.

Art. L. 744-9 L'étranger maintenu en rétention bénéficie d'actions d'accueil, d'information et de soutien, pour permettre l'exercice effectif de ses droits et préparer son départ, selon des modalités définies par décret en Conseil d'État.

SOUS-SECTION 3 *Exercice des droits en lien avec une procédure pénale*

Art. L. 744-10 L'appel d'une décision prononcée par la juridiction pénale peut être interjeté par l'étranger placé ou maintenu en rétention au moyen d'une déclaration auprès du responsable du lieu de rétention. Il en est de même du pourvoi en cassation.

Cette déclaration est constatée, datée et signée par le responsable du lieu de rétention. Elle est également signée par l'étranger. Si celui-ci ne peut signer, il en est fait mention par le responsable. Ce document est adressé sans délai, en original ou en copie, au greffe de la juridiction qui a rendu la décision attaquée. Il est transcrit sur le registre prévu par, selon le cas, le troisième alinéa de l'article 380-12, le quatrième alinéa de l'article 502 ou le troisième alinéa de l'article 576 du code de procédure pénale et annexé à l'acte dressé par le greffier.

Art. L. 744-11 Lorsqu'un étranger est condamné en première instance à une peine d'interdiction du territoire français à titre de peine principale assortie de l'exécution provisoire et que l'éloignement du territoire a lieu avant la date de l'audience d'appel, son avocat est entendu lors de cette audience d'appel s'il en fait la demande. Il en est de même de l'avocat commis d'office lorsque l'étranger a demandé le bénéfice d'un conseil dans sa requête d'appel.

SECTION III *Accès aux lieux de rétention*

Art. L. 744-12 Les députés et les sénateurs ainsi que les représentants au Parlement européen élus en France sont autorisés à visiter à tout moment les lieux de rétention administrative.

Ils peuvent être accompagnés par un ou plusieurs journalistes titulaires de la carte d'identité professionnelle mentionnée à l'article L. 7111-6 du code du travail.

Art. L. 744-13 Le délégué du Haut-Commissariat des Nations unies pour les réfugiés et ses représentants peuvent être autorisés à visiter les lieux de rétention administrative.

Art. L. 744-14 Les représentants des associations humanitaires peuvent être autorisés à visiter les lieux de rétention administrative.

Art. L. 744-15 Sous réserve de ne pas porter atteinte à la dignité des personnes et aux exigences de sécurité et de bon fonctionnement du lieu de rétention administrative, les journalistes titulaires de la carte d'identité professionnelle mentionnée à l'article L. 7111-6 du code du travail peuvent être autorisés à accéder aux lieux de rétention administrative.

Les prises d'images et de son des étrangers, des personnels et des intervenants dans les lieux de rétention administrative, de même que leur diffusion, ne sont autorisées qu'avec leur accord préalable. Elles se déroulent dans le respect de l'anonymat patronymique et physique des mineurs et, sauf accord contraire exprès, des majeurs.

Art. L. 744-16 Les conditions d'accès du délégué du Haut-Commissariat des Nations unies pour les réfugiés et ses représentants, des représentants des associations humanitaires et des journalistes titulaires de la carte d'identité professionnelle mentionnée à l'article L. 7111-6 du code du travail, aux lieux de rétention sont fixées par décret en Conseil d'État.

SECTION IV *Transfert de l'étranger vers un autre lieu de rétention*

Art. L. 744-17 En cas de nécessité, l'autorité administrative peut, pendant toute la durée de la rétention, décider de déplacer un étranger d'un lieu de rétention vers un autre, sous réserve d'en informer les procureurs de la République compétents du lieu de départ et du lieu d'arrivée, ainsi que, après la première ordonnance de prolongation, les juges des libertés et de la détention compétente.

TITRE V **Mesures applicables en cas de demande d'asile**

Art. L. 750-1 Conformément à l'article L. 264-1, les dispositions des articles L. 752-1 à L. 752-12, L. 753-1 à L. 753-12, L. 754-1 et L. 754-3 à L. 754-8 sont applicables à l'étranger dont la situation est régie par le livre II.

CHAPITRE PREMIER *Mesures applicables en vue de l'exécution d'une décision de transfert*

Art. L. 751-1 Le présent chapitre détermine les mesures applicables aux étrangers faisant l'objet d'une requête aux fins de prise en charge ou de reprise en charge, en application du règlement (UE) n° 604/2013 du Parlement européen et du Conseil du 26 juin 2013, ou d'une décision de transfert en application de l'article L. 572-1.

SECTION I *Assignation à résidence*

SOUS-SECTION 1 *Pendant la détermination de l'état responsable de l'examen de la demande d'asile et aux fins d'exécution de la décision de transfert*

Art. L. 751-2 L'étranger qui fait l'objet d'une requête aux fins de prise en charge ou de reprise en charge peut être assigné à résidence par l'autorité administrative pour le temps strictement nécessaire à la détermination de l'État responsable de l'examen de sa demande d'asile.

Lorsqu'un État requis a refusé de prendre en charge ou de reprendre en charge l'étranger, il est immédiatement mis fin à l'assignation à résidence édictée en application du présent article, sauf si une demande de réexamen est adressée à cet État dans les plus brefs délais ou si un autre État peut être requis.

En cas de notification d'une décision de transfert, l'assignation à résidence peut se poursuivre si l'étranger ne peut quitter immédiatement le territoire français mais que l'exécution de la décision de transfert demeure une perspective raisonnable.

L'étranger faisant l'objet d'une décision de transfert peut également être assigné à résidence en application du présent article, même s'il n'était pas assigné à résidence lorsque la décision de transfert lui a été notifiée.

L'étranger qui, ayant été assigné à résidence en application du présent article ou placé en rétention administrative, n'a pas déféré à la décision de transfert dont il fait l'objet ou, y ayant déféré, est revenu en France alors que cette décision est toujours exécutoire peut être à nouveau assigné à résidence en application du présent article.

Art. L. 751-3 L'étranger assigné à résidence en application de l'article L. 751-2 peut être placé en rétention en application de l'article L. 751-9 s'il présente un risque non négligeable de fuite tel que défini à l'article L. 751-10.

Art. L. 751-4 En cas d'assignation à résidence en application de l'article L. 751-2, les dispositions des articles L. 572-7, L. 732-1, L. 732-3, L. 732-7, L. 733-1 à L. 733-4 et L. 733-8 à L. 733-12 sont applicables.

Toutefois, pour l'application du second alinéa de l'article L. 732-3, l'assignation à résidence est renouvelable trois fois.

Le manquement aux prescriptions liées à l'assignation à résidence est sanctionné dans les conditions prévues aux articles L. 824-4 et L. 824-5.

Art. L. 751-5 L'étranger assigné à résidence en application de l'article L. 751-2 se présente aux convocations de l'autorité administrative, répondre *[répond]* aux demandes d'information et se rendre *[rend]* aux entretiens prévus dans le cadre de la procédure de détermination de l'État responsable de l'examen de sa demande d'asile ou de l'exécution de la décision de transfert. L'autorité administrative peut prescrire à l'étranger la remise de son passeport ou de tout document justificatif de son identité, dans les conditions prévues à l'article L. 814-1.

Si l'étranger n'a pas déféré, sans motif légitime, aux convocations de l'autorité administrative et aux entretiens prévus dans le cadre de la procédure de détermination de l'État responsable de la demande d'asile ou de l'exécution de la décision de transfert, l'autorité administrative peut le faire conduire par les services de police ou les unités de gendarmerie en vue d'effectuer ces démarches, dans les conditions et pour le temps strictement nécessaires à celles-ci.

Lorsque l'obstruction volontaire de l'étranger fait obstacle à sa conduite en vue des présentations nécessaires, l'autorité administrative peut, après avoir dûment constaté cette obstruction, demander au juge des libertés et de la détention de l'autoriser à requérir les services de police ou les unités de gendarmerie afin qu'ils visitent le domicile de l'étranger. Cette visite a pour but de s'assurer de la présence de l'étranger, de le conduire pour assurer les présentations nécessaires et, si les conditions en sont remplies, de lui notifier une décision de transfert à destination de l'État responsable de sa demande ainsi que, le cas échéant, une décision de placement en rétention.

Pour l'application du troisième alinéa, le juge s'assure de l'obstruction volontaire de l'étranger aux demandes de présentation à la demande de présentation. Il est alors procédé comme il est dit aux articles L. 733-9 à L. 733-12.

Les opérations de visite ne peuvent, à peine de nullité, avoir d'autres finalités que celles énumérées au troisième alinéa.

SOUS-SECTION 2 *En cas de report du transfert*

Art. L. 751-6 L'étranger faisant l'objet d'une décision de transfert et qui justifie être dans l'impossibilité de quitter le territoire ou ne pouvoir ni regagner son pays d'origine ni se rendre dans aucun autre pays peut être autorisé à se maintenir sur le territoire français par l'autorité administrative qui l'assigne à résidence jusqu'à ce qu'existe une perspective raisonnable d'exécution du transfert.

Art. L. 751-7 En cas d'assignation à résidence en application de l'article L. 751-6, les dispositions des articles L. 732-1, L. 732-4, L. 733-1 à L. 733-4 et L. 733-8 à L. 733-12 sont applicables.

Le manquement aux prescriptions liées à l'assignation à résidence est sanctionné dans les conditions prévues aux articles L. 824-4 et L. 824-5.

Art. L. 751-8 Les modalités d'application des articles L. 751-2, L. 751-3, L. 751-4 et L. 751-6 sont fixées par décret en Conseil d'État.

SECTION II *Rétention administrative*

Art. L. 751-9 L'autorité administrative peut placer en rétention, pour une durée de quarante-huit heures, l'étranger faisant l'objet d'une requête aux fins de prise en charge ou de reprise en charge pour prévenir un risque non négligeable de fuite tel que défini à l'article L. 751-10, dans la mesure où le placement en rétention est proportionné et si les dispositions de l'article L. 751-2 ne peuvent être effectivement appliquées.

L'étranger faisant l'objet d'une requête aux fins de prise en charge ou de reprise en charge ne peut être placé et maintenu en rétention que pour le temps strictement nécessaire à la détermination de l'État responsable de l'examen de sa demande d'asile.

Lorsqu'un État requis a refusé de prendre en charge ou de reprendre en charge l'étranger, il est immédiatement mis fin à la rétention de ce dernier, sauf si une demande de réexamen est adressée à cet État dans les plus brefs délais ou si un autre État peut être requis.

En cas d'accord d'un État requis, la décision de transfert est notifiée à l'étranger dans les plus brefs délais et la rétention peut se poursuivre, dans les mêmes conditions et selon les mêmes modalités, pour le temps strictement nécessaire à l'exécution du transfert, si l'étranger ne peut quitter immédiatement le territoire français mais que l'exécution de la décision de transfert demeure une perspective raisonnable.

L'étranger faisant l'objet d'une décision de transfert peut également être placé en rétention en application du présent article, même s'il n'était pas retenu lorsque la décision de transfert lui a été notifiée.

Art. L. 751-10 Le risque non négligeable de fuite mentionné à l'article L. 751-9 peut, sauf circonstance particulière, être regardé comme établi dans les cas suivants :

1° L'étranger s'est précédemment soustrait, dans un autre État membre, à la détermination de l'État responsable de l'examen de sa demande d'asile ou à l'exécution d'une décision de transfert ;

2° L'étranger a été débouté de sa demande d'asile dans l'État membre responsable ;

3° L'étranger est de nouveau présent sur le territoire français après l'exécution effective d'une décision de transfert ;

4° L'étranger s'est soustrait à l'exécution d'une précédente décision d'éloignement ;

5° L'étranger, aux fins de se maintenir sur le territoire français, a contrefait, falsifié ou établi sous un autre nom que le sien un titre de séjour ou un document d'identité ou de voyage ;

6° L'étranger a dissimulé des éléments de son identité ; la circonstance tirée de ce qu'il ne peut justifier de la possession de documents d'identité ou de voyage en cours de validité ne peut toutefois suffire, à elle seule, à établir une telle dissimulation ;

7° L'étranger qui ne bénéficie pas des conditions matérielles d'accueil prévues au titre V du livre V ne peut justifier du lieu de sa résidence effective ou permanente ;

8° L'étranger qui a refusé le lieu d'hébergement proposé en application de l'article L. 552-8 ne peut justifier du lieu de sa résidence effective ou permanente ou si l'étranger qui a accepté le lieu d'hébergement proposé a abandonné ce dernier sans motif légitime ;

9° L'étranger ne se présente pas aux convocations de l'autorité administrative, ne répond pas aux demandes d'information et ne se rend pas aux entretiens prévus dans le cadre de la procédure de détermination de l'État responsable de l'examen de sa demande d'asile ou de l'exécution de la décision de transfert sans motif légitime ;

10° L'étranger s'est précédemment soustrait aux obligations prévues aux articles L. 721-6 à L. 721-8, L. 731-1, L. 731-3, L. 733-1 à L. 733-4, L. 733-6, L. 743-13 à L. 743-15 et L. 751-5 ;

11° L'étranger a explicitement déclaré son intention de ne pas se conformer à la procédure de détermination de l'État responsable de l'examen de sa demande d'asile ou à la procédure de transfert.

Art. L. 751-11 En cas de placement en rétention en application de l'article L. 751-9, les dispositions des articles L. 741-4 à L. 741-10, ainsi que les dispositions des chapitres II, III et IV du titre IV, sont applicables.

Art. L. 751-12 Les modalités de prise en compte, en rétention, de la vulnérabilité et, le cas échéant, des besoins particuliers des demandeurs d'asile et des étrangers faisant l'objet d'une requête aux fins de prise en charge ou de reprise en charge ou d'une décision de transfert sont précisées par décret en Conseil d'État.

SECTION III *Conditions d'exécution de la décision de transfert par l'autorité administrative*

Art. L. 751-13 Les dispositions de l'article L. 711-1 relatives à l'exécution de la décision d'éloignement par l'étranger sont applicables à l'exécution des décisions de transfert.

L'autorité administrative peut prendre les mesures pour l'exécution de la décision de transfert dans les conditions prévues à l'article L. 722-4, sous réserve que le transfert effectif de l'étranger n'intervienne pas avant l'expiration du délai ouvert pour contester la décision de transfert devant le tribunal administratif, ni avant que le tribunal administratif n'ait statué sur ce recours s'il a été saisi, sans préjudice des possibilités d'assignation à résidence et de placement en rétention prévues au présent chapitre.

CHAPITRE II *Mesures applicables en vue de l'exécution de la décision portant obligation de quitter le territoire français du demandeur d'asile dont le droit au maintien a pris fin* (*Ord. n° 2020-1733 du 16 déc. 2020, rect. 27 févr. 2021*).

SECTION I *Cas spécifiques d'assignation à résidence et de rétention administrative*

SOUS-SECTION 1 *Cas dans lesquels l'étranger peut être assigné à résidence ou placé en rétention*

Art. L. 752-1 L'autorité administrative peut assigner à résidence, aux fins du traitement rapide et du suivi efficace de sa demande d'asile, l'étranger dont le droit au maintien a pris fin en application des *b* ou *d* du 1° de l'article L. 542-2 et qui fait l'objet d'une décision portant obligation de quitter le territoire français.

Art. L. 752-2 L'autorité administrative peut placer en rétention l'étranger mentionné à l'article L. 752-1, à condition que le placement soit nécessaire pour déterminer les éléments sur lesquels se fonde sa demande d'asile, notamment pour prévenir un risque de soustraction à l'exécution de la décision d'éloignement apprécié selon les mêmes critères que ceux prévus à l'article L. 612-3 ou lorsque la protection de la sécurité nationale ou de l'ordre public l'exige.

SOUS-SECTION 2 *Conditions et modalités de l'assignation à résidence et du placement en rétention*

Art. L. 752-3 En cas d'assignation à résidence en application de l'article L. 752-1, les dispositions des articles L. 732-1, L. 732-3, L. 732-7, L. 733-1, L. 733-2 et L. 733-3 sont applicables.

Le manquement aux prescriptions liées à l'assignation à résidence est sanctionné dans les conditions prévues aux articles L. 824-4 et L. 824-5.

Art. L. 752-4 En cas de placement en rétention en application de l'article L. 752-2 les dispositions des articles L. 741-3 à L. 741-10, ainsi que les dispositions des chapitres II, III et IV du titre IV, sont applicables.

SECTION II *Demande de suspension de l'éloignement jusqu'à l'expiration du délai de recours ou en cas de recours devant la cour nationale du droit d'asile*

SOUS-SECTION 1 *Dispositions générales*

Art. L. 752-5 L'étranger dont le droit au maintien sur le territoire a pris fin en application des *b* ou *d* du 1° de l'article L. 542-2 et qui fait l'objet d'une décision portant obligation de quitter le territoire français peut, dans les conditions prévues à la présente section, demander au tribunal administratif la suspension de l'exécution de cette décision jusqu'à l'expiration du délai de recours devant la Cour nationale du droit d'asile ou, si celle-ci est saisie, soit jusqu'à la date de la lecture en audience publique de la décision de la cour, soit, s'il est statué par ordonnance, jusqu'à la date de la notification de celle-ci.

SOUS-SECTION 2 *Demande de suspension de la décision portant obligation de quitter le territoire français en cours d'instance*

Art. L. 752-6 Lorsque le juge n'a pas encore statué sur le recours en annulation formé contre la décision portant obligation de quitter le territoire français en application de l'article L. 614-1, l'étranger peut demander au juge déjà saisi de suspendre l'exécution de cette décision.

SOUS-SECTION 3 *Demande de suspension de la décision portant obligation de quitter le territoire français devenue définitive*

Art. L. 752-7 Lorsque la décision portant obligation de quitter le territoire français, notifiée antérieurement à la décision de l'Office français de protection des réfugiés et apatrides, est devenue définitive, l'étranger qui fait l'objet, postérieurement à la décision de l'office, d'une assignation à résidence, ou d'un placement en rétention administrative dans les conditions prévues aux titres III et IV en vue de l'exécution de cette décision portant obligation de quitter le territoire français, peut, dans un délai de quarante-huit heures suivant la notification de la décision d'assignation à résidence ou de placement en rétention, demander au président du tribunal administratif de suspendre l'exécution de la décision portant obligation de quitter le territoire français.

Art. L. 752-8 L'éloignement effectif de l'étranger ne peut intervenir pendant le délai de quarante-huit heures mentionné à l'article L. 752-7 ou, en cas de saisine du président du tribunal administratif, avant que ce dernier ou le magistrat désigné ait statué.

Art. L. 752-9 Le président du tribunal administratif ou le magistrat qu'il désigne à cette fin parmi les membres de sa juridiction ou les magistrats honoraires inscrits sur la liste mentionnée à l'article L. 222-2-1 du code de justice administrative statue dans les conditions prévues aux articles L. 614-7 à L. 614-13.

Art. L. 752-10 Les modalités d'application des articles L. 752-7 à L. 752-9, et notamment les modalités de prise en compte de la vulnérabilité du demandeur d'asile et, le cas échéant, de ses besoins particuliers, sont fixées par décret en Conseil d'État.

SOUS-SECTION 4 *Suspension de la décision portant obligation de quitter le territoire français par le juge*

Art. L. 752-11 Le président du tribunal administratif ou le magistrat désigné, saisi en application des articles L. 752-6 ou L. 752-7, fait droit à la demande de l'étranger lorsque celui-ci présente des éléments sérieux de nature à justifier, au titre de sa demande d'asile, son maintien sur le territoire durant l'examen de son recours par la Cour nationale du droit d'asile.

Art. L. 752-12 La décision du juge administratif de suspendre l'exécution de la décision portant obligation de quitter le territoire français met fin à l'assignation à résidence ou à la rétention administrative de l'étranger, sauf lorsque l'Office français de protection des réfugiés et apatrides a pris une décision de rejet et que la présence en France du demandeur d'asile constitue une menace grave pour l'ordre public, la sécurité publique ou la sûreté de l'État, comme mentionné au 5° de l'article L. 531-27.

CHAPITRE III *Mesures applicables en vue de l'exécution d'une décision d'expulsion, d'une peine d'interdiction du territoire français ou d'une interdiction administrative du territoire français en cas de demande d'asile*

SECTION I *Assignation à résidence ou rétention administrative*

SOUS-SECTION 1 *Cas dans lesquels l'étranger demandeur d'asile peut être assigné à résidence ou placé en rétention*

Art. L. 753-1 L'autorité administrative peut assigner à résidence ou placer en rétention l'étranger demandeur d'asile qui fait l'objet d'une décision d'expulsion, d'une peine d'interdiction du territoire français en application de l'article 131-30 du code pénal ou d'une interdiction administrative du territoire français pour le temps strictement nécessaire à l'examen par l'Office français de protection des réfugiés et apatrides de sa demande d'asile, que celle-ci ait été présentée antérieurement ou postérieurement à la notification de la décision d'éloignement dont il fait l'objet.

En cas de décision de rejet ou d'irrecevabilité de la demande d'asile, l'assignation à résidence ou la rétention peuvent se poursuivre dans l'attente du départ de l'étranger.

Art. L. 753-2 La décision de placement en rétention ne peut être édictée que pour des raisons impérieuses de protection de l'ordre public ou de la sécurité nationale établies à partir d'une évaluation individuelle du demandeur, si d'autres mesures moins coercitives ne peuvent être efficacement appliquées. Elle prend en compte la vulnérabilité du demandeur.

SOUS-SECTION 2 *Conditions et modalités de l'assignation à résidence et de la rétention*

Art. L. 753-3 En cas d'assignation à résidence en application de l'article L. 753-1, les dispositions des articles L. 732-1, L. 732-2, L. 732-3, L. 732-7, L. 733-1, L. 733-2 et L. 733-3 sont applicables.

Le manquement aux prescriptions liées à l'assignation à résidence est sanctionné dans les conditions prévues aux articles L. 824-4 et L. 824-5.

Art. L. 753-4 En cas de placement en rétention en application de l'article L. 753-1, les dispositions des articles L. 741-3 à L. 741-10, ainsi que les dispositions des chapitres II, III et IV du titre IV, sont applicables.

SECTION II *Modalités d'examen de la demande d'asile par l'office français de protection des réfugiés et apatrides en cas d'assignation à résidence ou de placement en rétention*

Art. L. 753-5 A la demande de l'autorité administrative, et sans préjudice des cas prévus aux *c* et *d* du 2° de l'article L. 542-2, l'Office français de protection des réfugiés et apatrides statue sur la demande d'asile de l'étranger assigné à résidence ou placé en rétention en application de l'article L. 753-1 selon les modalités et dans le délai prévu à l'article L. 531-29.

Art. L. 753-6 Sans préjudice d'autres mesures de surveillance décidées par l'autorité administrative ou l'autorité judiciaire, il est mis fin à la rétention si l'Office français de protection des réfugiés et apatrides reconnaît à l'étranger la qualité de réfugié ou lui accorde le bénéfice de la protection subsidiaire.

SECTION III *Demande de suspension de l'éloignement jusqu'à l'expiration du délai de recours ou en cas de recours devant la cour nationale du droit d'asile*

Art. L. 753-7 En cas de décision de rejet ou d'irrecevabilité par l'Office français de protection des réfugiés et apatrides, l'étranger peut, dans les quarante-huit heures suivant la notification de cette décision, demander au président du tribunal administratif de suspendre l'exécution de éloignement jusqu'à l'expiration du délai de recours devant la Cour nationale du droit d'asile ou, si celle-ci est saisie, soit jusqu'à la date de la lecture en audience publique de la décision de la cour, soit, s'il est statué par ordonnance, jusqu'à la date de la notification de celle-ci.

Art. L. 753-8 L'éloignement effectif de l'étranger ne peut intervenir pendant le délai de quarante-huit heures mentionné à l'article L. 753-7 ou, en cas de saisine du président du tribunal administratif, avant que ce dernier ou le magistrat désigné ait statué.

Art. L. 753-9 Le président du tribunal administratif, ou le magistrat qu'il désigne à cette fin parmi les membres de sa juridiction, ou les magistrats honoraires inscrits sur la liste mentionnée à l'article L. 222-2-1 du code de justice administrative, statue dans les conditions prévues aux articles L. 614-7 à L. 614-13.

Art. L. 753-10 Le président du tribunal administratif ou le magistrat désigné fait droit à la demande de l'étranger lorsque celui-ci présente des éléments sérieux de nature à justifier, au titre de sa demande d'asile, son maintien sur le territoire durant l'examen de son recours par la cour.

Art. L. 753-11 La suspension de l'éloignement ne met pas fin à l'assignation à résidence ou à la rétention de l'étranger, qui se poursuit dans les conditions et limites prévues au présent livre.

SECTION IV *Dispositions communes*

Art. L. 753-12 Les modalités d'application du présent chapitre, et notamment les modalités de prise en compte de la vulnérabilité du demandeur d'asile et, le cas échéant, de ses besoins particuliers, sont précisées par décret en Conseil d'État.

CHAPITRE IV *Demande d'asile présentée en rétention*

Art. L. 754-1 La demande d'asile d'un étranger placé ou maintenu en rétention n'est pas recevable si elle est formulée plus de cinq jours après qu'il s'est vu notifier ses droits en matière d'asile dans les conditions prévues à l'article L. 744-6. Toutefois, cette irrecevabilité n'est pas opposable à l'étranger qui invoque, au soutien de sa demande, des faits survenus après l'expiration de ce délai.

L'irrecevabilité de la demande d'asile peut être opposée par l'autorité administrative lorsque cette demande a été présentée par un étranger, en provenance d'un pays considéré comme un pays d'origine sûr en application de l'article L. 531-25, au-delà des cinq premiers jours de rétention dans le seul but de faire échec à l'exécution effective et imminente de la décision d'éloignement.

Art. L. 754-2 Lorsqu'un étranger placé ou maintenu en rétention présente une demande d'asile, l'autorité administrative peut procéder, pendant la rétention, à la détermination de l'État responsable de l'examen de cette demande conformément à l'article L. 571-1 et, le cas échéant, à l'exécution d'office du transfert dans les conditions prévues à l'article L. 751-13.

Art. L. 754-3 Si la France est l'État responsable de l'examen de la demande d'asile et si l'autorité administrative estime, sur le fondement de critères objectifs, que cette demande est présentée dans le seul but de faire échec à l'exécution de la décision d'éloignement, elle peut prendre une décision de maintien en rétention de l'étranger pendant le temps strictement nécessaire à l'examen de sa demande d'asile par l'Office français de protection des réfugiés et apatrides et, en cas de décision de rejet ou d'irrecevabilité de celle-ci, dans l'attente de son départ.

Cette décision de maintien en rétention n'affecte ni le contrôle ni la compétence du juge des libertés et de la détention exercé sur le placement et le maintien en rétention en application du chapitre III du titre IV. La décision de maintien en rétention est écrite et motivée.

A défaut d'une telle décision, il est immédiatement mis fin à la rétention et l'autorité administrative compétente délivre à l'intéressé l'attestation mentionnée à l'article L. 521-7.

Art. L. 754-4 L'étranger peut demander au président du tribunal administratif l'annulation de la décision de maintien en rétention prévue à l'article L. 754-3 dans les quarante-huit heures suivant sa notification afin de contester les motifs retenus par l'autorité administrative pour estimer que sa demande d'asile a été présentée dans le seul but de faire échec à l'exécution de la décision d'éloignement.

Le président du tribunal administratif, ou le magistrat qu'il désigne à cette fin parmi les membres de sa juridiction, ou les magistrats honoraires inscrits sur la liste mentionnée à l'article L. 222-2-1 du code de justice administrative, statue après la notification de la décision de l'Office français de protection des réfugiés et apatrides relative au demandeur, dans un délai qui ne peut excéder quatre-vingt-seize heures à compter de l'expiration du délai de recours, dans les conditions prévues aux articles L. 614-7 à L. 614-13.

Si l'étranger a formé un recours contre la décision portant obligation de quitter le territoire français en application de l'article L. 614-8 et que le président du tribunal administratif ou le magistrat qu'il désigne à cette fin n'a pas encore statué sur ce premier recours, il statue sur les deux requêtes par une seule décision.

En cas d'annulation de la décision de maintien en rétention, il est immédiatement mis fin à la rétention et l'autorité administrative compétente délivre à l'intéressé l'attestation mentionnée à l'article L. 521-7. Dans ce cas l'étranger peut être assigné à résidence en application de l'article L. 731-3.

Art. L. 754-5 A l'exception des cas mentionnés aux *b* et *c* du 2° de l'article L. 542-2, la décision d'éloignement ne peut être mise à exécution avant que l'Office français de protection des réfugiés et apatrides ait rendu sa décision ou, en cas de saisine du président du tribunal administratif, avant que ce dernier ou le magistrat désigné à cette fin ait statué.

Art. L. 754-6 La demande d'asile présentée en application du présent chapitre est examinée par l'Office français de protection des réfugiés et apatrides selon la procédure accélérée, conformément au 3° de l'article L. 531-24.

Art. L. 754-7 Il est mis fin à la rétention si l'Office français de protection des réfugiés et apatrides considère qu'il ne peut examiner la demande selon la procédure accélérée mentionnée à *l'article L. 754-6* ou s'il reconnaît à l'étranger la qualité de réfugié ou lui accorde le bénéfice de la protection subsidiaire.

Art. L. 754-8 A l'exception de l'article L. 754-1, les modalités d'application du présent chapitre, et notamment les modalités de prise en compte de la vulnérabilité du demandeur d'asile et, le cas échéant, de ses besoins particuliers, sont fixées par décret en Conseil d'État.

TITRE VI Dispositions relatives à l'outre-mer

CHAPITRE PREMIER *Dispositions particulières aux collectivités régies par l'article 73 de la Constitution et à Saint-Pierre-et-Miquelon*

Art. L. 761-1 Les dispositions du présent livre sont applicables de plein droit en Guadeloupe, en Guyane, en Martinique, à La Réunion, à Mayotte et à Saint-Pierre-et-Miquelon, sous réserve des adaptations prévues au présent chapitre.

Art. L. 761-2 Les articles L. 700-2, L. 722-7, L. 722-12, L. 732-8, L. 743-20, L. 751-1 à L. 751-13, L. 754-2, L. 754-4 et L. 754-5 ne sont pas applicables en Guadeloupe.

Art. L. 761-3 L'éloignement effectif de l'étranger faisant l'objet d'une décision portant obligation de quitter le territoire français ne peut intervenir en Guadeloupe :

1° Si l'autorité consulaire le demande, avant l'expiration du délai d'un jour franc à compter de la notification de cette décision ;

2° Si l'étranger a saisi le tribunal administratif d'une demande sur le fondement de l'article L. 521-2 du code de justice administrative, avant que le juge des référés ait informé les parties de la tenue ou non d'une audience publique en application du deuxième alinéa de l'article L. 522-1 du même code, ni, si les parties ont été informées d'une telle audience, avant que le juge ait statué sur la demande.

Art. L. 761-4 Les articles L. 700-2, L. 722-7, L. 722-12, L. 732-8, L. 743-20, L. 751-1 à L. 751-13, L. 754-2, L. 754-4 et L. 754-5 ne sont pas applicables en Guyane.

Art. L. 761-5 L'éloignement effectif de l'étranger faisant l'objet d'une décision portant obligation de quitter le territoire français ne peut intervenir en Guyane :

1° Si l'autorité consulaire le demande, avant l'expiration du délai d'un jour franc à compter de la notification de cette décision ;

2° Si l'étranger a saisi le tribunal administratif d'une demande sur le fondement de l'article L. 521-2 du code de justice administrative, avant que le juge des référés ait informé les parties de la tenue ou non d'une audience publique en application du deuxième alinéa de l'article L. 522-1 du même code, ni, si les parties ont été informées d'une telle audience, avant que le juge ait statué sur la demande.

Art. L. 761-6 Les articles L. 700-2, L. 722-12, L. 751-1 à L. 751-13 et L. 754-2 ne sont pas applicables en Martinique.

Art. L. 761-7 Les articles L. 700-2, L. 722-12, L. 751-1 à L. 751-13 et L. 754-2 ne sont pas applicables à La Réunion.

Art. L. 761-8 Pour l'application du présent livre à Mayotte :

1° Les articles L. 700-2, L. 722-7, L. 722-12, L. 732-8, L. 743-20, L. 751-1 à L. 751-13, L. 754-2, L. 754-4 et L. 754-5 ne sont pas applicables ;

2° Les références à la cour d'appel sont remplacées par la référence à la chambre d'appel de la cour d'appel de Saint-Denis de La Réunion à Mamoudzou ;

3° L'article L. 711-2 est complété par un alinéa ainsi rédigé :

"A Mayotte, l'étranger ne peut bénéficier d'une aide au retour mais, dans des circonstances exceptionnelles et sous réserve de l'existence d'un projet économique viable, d'une aide à la réinsertion économique, ou, s'il est accompagné d'un ou plusieurs enfants mineurs, de mesures d'accompagnement, dans des conditions définies par arrêté du ministre de l'intérieur et du ministre chargé des outre-mer."

4° A l'article L. 732-7, les mots : "et, le cas échéant, sur la possibilité de bénéficier d'une aide au retour" sont supprimés ;

5° Aux articles L. 741-1, L. 741-2, L. 741-10 et L. 742-1, les mots : "quarante-huit heures" sont remplacés par les mots : "cinq jours" ;

6° A l'article L. 742-3, les mots : "vingt-huit jours" et les mots : "quarante-huit heures" sont respectivement remplacés par les mots : "vingt-cinq jours" et "cinq jours" ;

7° L'article L. 743-4 est ainsi rédigé :

Art. L. 743-4 Quand un délai de cinq jours s'est écoulé depuis la décision de placement en rétention, le juge des libertés et de la détention est saisi aux fins de prolongation de la rétention.

Le juge des libertés et de la détention statue, par ordonnance, dans les vingt-quatre heures suivant sa saisine.

8° A l'article L. 743-16, les mots : "et, le cas échéant, sur la possibilité de bénéficier d'une aide au retour" sont supprimés.

Art. L. 761-9 L'éloignement effectif de l'étranger faisant l'objet d'une décision portant obligation de quitter le territoire français ne peut intervenir à Mayotte :

1° Si l'autorité consulaire le demande, avant l'expiration du délai d'un jour franc à compter de la notification de cette décision ;

2° Si l'étranger a saisi le tribunal administratif d'une demande sur le fondement de l'article L. 521-2 du code de justice administrative, avant que le juge des référés ait informé les parties de la tenue ou non d'une audience publique en application du deuxième alinéa de l'article L. 522-1 du même code, ni, si les parties ont été informées d'une telle audience, avant que le juge ait statué sur la demande.

Art. L. 761-10 Pour l'application du présent livre à Saint-Pierre-et-Miquelon :

1° Les articles L. 700-2, L. 722-12, L. 751-1 à L. 751-13 et L. 754-2 ne sont pas applicables ;

2° Les références au premier président de la cour d'appel et au tribunal judiciaire sont remplacées respectivement par la référence au premier président du tribunal supérieur d'appel et au tribunal de première instance.

CHAPITRE II *Dispositions applicables à Saint-Barthélemy*

Art. L. 762-1 Sous réserve des adaptations prévues par le présent chapitre, les dispositions suivantes sont applicables à Saint-Barthélemy dans leur rédaction résultant de l'ordonnance n° 2020-1733 du 16 décembre 2020, sauf mention contraire ou mention de leur application de plein droit dans le tableau ci-dessous.

Articles applicables	Dans leur rédaction résultant de
L. 700-1	
Au titre I	
L. 710-1	
L. 711-1 et L. 711-2	
Au titre II	
L. 720-1	
L. 721-1 à L. 721-4	
L. 721-5	Application de plein droit
L. 721-6 à L. 722-6	
L. 722-8 à L. 722-11	
Au titre III	
L. 730-1 à L. 732-7	
L. 732-9 à L. 733-17	
Au titre IV	
L. 740-1 à L. 743-19	
L. 743-21 à L. 744-17	
Au titre V	
L. 750-1	
L. 752-1 à L. 752-4	
L. 752-5 à L. 752-12	Application de plein droit

Articles applicables	Dans leur rédaction résultant de
L. 753-1 à L. 753-6	
L. 753-7 à L. 753-11	Application de plein droit
L. 753-12 et L. 754-1	
L. 754-3	
L. 754-6 à L. 754-8	

Art. L. 762-2 Pour l'application du présent livre à Saint-Barthélemy :

1° A l'article L. 720-1, la référence à l'article L. 722-7 est supprimée ;

2° A l'article L. 730-1, la référence à l'article L. 732-8 est supprimée ;

3° A l'article L. 732-9, après les mots : "autorisation de travail" sont ajoutés les mots : "selon la réglementation applicable localement" ;

4° A l'article L. 740-1, la référence à l'article L. 743-20 est supprimée ;

5° A l'article L. 750-1, les références aux articles L. 754-2, L. 754-4 et L. 754-5 sont supprimées.

Art. L. 762-3 L'éloignement effectif de l'étranger faisant l'objet d'une décision portant obligation de quitter le territoire français ne peut intervenir à Saint-Barthélemy :

1° Si l'autorité consulaire le demande, avant l'expiration du délai d'un jour franc à compter de la notification de cette décision ;

2° Si l'étranger a saisi le tribunal administratif d'une demande sur le fondement de l'article L. 521-2 du code de justice administrative, avant que le juge des référés ait informé les parties de la tenue ou non d'une audience publique en application du deuxième alinéa de l'article L. 522-1 du même code, ni, si les parties ont été informées d'une telle audience, avant que le juge ait statué sur la demande.

CHAPITRE III *Dispositions applicables à Saint-Martin*

Art. L. 763-1 Sous réserve des adaptations prévues par le présent chapitre, les dispositions suivantes sont applicables à Saint-Martin dans leur rédaction résultant de l'ordonnance n° 2020-1733 du 16 décembre 2020, sauf mention contraire ou mention de leur application de plein droit dans le tableau ci-dessous.

Articles applicables	Dans leur rédaction résultant de
L. 700-1	
Au titre I	
L. 710-1	
L. 711-1 et L. 711-2	
Au titre II	
L. 720-1	
L. 721-1 à L. 721-4	
L. 721-5	Application de plein droit
L. 721-6 à L. 722-6	
L. 722-8 à L. 722-11	
Au titre III	
L. 730-1 à L. 732-7	
L. 732-9 à L. 733-17	

Articles applicables	Dans leur rédaction résultant de
Au titre IV	
L. 740-1 à L. 743-19	
L. 743-21 à L. 744-17	
Au titre V	
L. 750-1	
L. 752-1 à L. 752-4	
L. 752-5 à L. 752-12	Application de plein droit
L. 753-1 à L. 753-6	
L. 753-7 à L. 753-11	Application de plein droit
L. 753-12 et L. 754-1	
L. 754-3	
L. 754-6 à L. 754-8	

Art. L. 763-2 Pour l'application du présent livre à Saint-Martin :

1° A l'article L. 720-1, la référence à l'article L. 722-7 est supprimée ;

2° A l'article L. 730-1, la référence à l'article L. 732-8 est supprimée ;

3° A l'article L. 732-9, après les mots : "autorisation de travail" sont ajoutés les mots : "selon la réglementation applicable localement" ;

4° A l'article L. 740-1, la référence à l'article L. 743-20 est supprimée ;

5° A l'article L. 750-1, les références aux articles L. 754-2, L. 754-4 et L. 754-5 sont supprimées.

Art. L. 763-3 L'éloignement effectif de l'étranger faisant l'objet d'une décision portant obligation de quitter le territoire français ne peut intervenir à Saint-Martin :

1° Si l'autorité consulaire le demande, avant l'expiration du délai d'un jour franc à compter de la notification de cette décision ;

2° Si l'étranger a saisi le tribunal administratif d'une demande sur le fondement de l'article L. 521-2 du code de justice administrative, avant que le juge des référés ait informé les parties de la tenue ou non d'une audience publique en application du deuxième alinéa de l'article L. 522-1 du même code, ni, si les parties ont été informées d'une telle audience, avant que le juge ait statué sur la demande.

CHAPITRE IV *Dispositions applicables dans les Îles Wallis-et-Futuna*

Art. L. 764-1 Sous réserve des adaptations prévues par le présent chapitre, les dispositions suivantes sont applicables dans les îles Wallis-et-Futuna dans leur rédaction résultant de l'ordonnance n° 2020-1733 du 16 décembre 2020, sauf mention contraire dans le tableau ci-dessous.

Articles applicables	Dans leur rédaction résultant de
L. 700-1	
Au titre I	
L. 710-1	
L. 711-1 et L. 711-2	
Au titre II	
L. 720-1	

Articles applicables	Dans leur rédaction résultant de
L. 721-1 à L. 722-11	
Au titre III	
L. 730-1 à L. 733-17	
Au titre IV	
L. 740-1 à L. 743-9	
L. 743-11 à L. 744-17	
Au titre V	
L. 750-1	
L. 752-1 à L. 754-1	
L. 754-3 à L. 754-8	

Art. L. 764-2 Pour l'application du présent livre dans les îles Wallis-et-Futuna :

1° Les mots : ", la République d'Islande, la Principauté du Liechtenstein, le Royaume de Norvège ou la Confédération suisse," sont supprimés ;

2° A l'article L. 711-2, les mots : "ou d'un des États énumérés au premier alinéa et dont il assure seul la garde effective" sont supprimés et le troisième alinéa est supprimé ;

3° A l'article L. 732-7, les mots : "et, le cas échéant, sur la possibilité de bénéficier d'une aide au retour" sont supprimés ;

4° A l'article L. 732-9, après les mots : "autorisation de travail" sont ajoutés les mots : "selon la législation et la réglementation applicables localement" ;

5° A l'article L. 733-15, il est ajouté l'alinéa suivant :

"Les étrangers qui n'ont pas respecté les interdictions qui leur sont prescrites en application du premier alinéa sont passibles d'une peine d'emprisonnement d'un an."

6° A l'article L. 740-2, la référence à l'article L. 743-10 est supprimée ;

7° Aux articles L. 741-1, L. 741-2, L. 741-10 et L. 742-1 les mots : "quarante-huit heures" sont remplacés par les mots : "cinq jours" ;

8° A l'article L. 742-3, les mots : "vingt-huit jours" et les mots : "quarante-huit heures" sont respectivement remplacés par les mots : "vingt-cinq jours" et "cinq jours" ;

9° A l'article L. 743-4, les mots : "quarante-huit heures" sont remplacés par les mots : "cinq jours" ;

10° A l'article L. 743-7, les mots : "tribunal judiciaire" sont remplacés par les mots : "tribunal de première instance" ;

11° Aux articles L. 744-12 et L. 744-15, les mots : "titulaires de la carte d'identité professionnelle mentionnée à l'article L. 7111-6 du code du travail" sont remplacés par les mots : "soit titulaires de la carte d'identité professionnelle définie par le code du travail, soit reconnus comme journalistes en application des dispositions ayant le même objet dans les îles Wallis-et-Futuna" ;

12° A l'article L. 744-17, les mots : "les procureurs de la République compétents du lieu de départ et du lieu d'arrivée" sont remplacés par les mots : "le procureur de la République" ;

13° A l'article L. 750-1, les références à l'article L. 754-2 sont supprimées.

Art. L. 764-3 Les peines d'interdiction du territoire prononcées par toute juridiction siégeant dans les îles Wallis-et-Futuna sont applicables sur tout le territoire de la République.

Il en est de même des décisions d'expulsion prononcées par le représentant de l'État dans les îles Wallis-et-Futuna.

CHAPITRE V *Dispositions applicables en Polynésie française*

Art. L. 765-1 Sous réserve des adaptations prévues par le présent chapitre, les dispositions suivantes sont applicables en Polynésie française dans leur rédaction résultant de l'ordonnance n° 2020-1733 du 16 décembre 2020, sauf mention contraire ou mention de leur application de plein droit dans le tableau ci-dessous.

Articles applicables	Dans leur rédaction résultant de
L. 700-1	
Au titre I	
L. 710-1	
L. 711-1 et L. 711-2	
Au titre II	
L. 720-1	
L. 721-1 à L. 721-4	
L. 721-5	Application de plein droit
L. 721-6 à L. 722-11	
Au titre III	
L. 730-1 à L. 733-17	
Au titre IV	
L. 740-1 à L. 743-9	
L. 743-11 à L. 744-17	
Au titre V	
L. 750-1	
L. 752-1 à L. 752-4	
L. 752-5 à L. 752-12	Application de plein droit
L. 753-1 à L. 753-6	
L. 753-7 à L. 753-11	Application de plein droit
L. 753-12 et L. 754-1	
L. 754-3	
L. 754-4	Application de plein droit
L. 754-5 à L. 754-8	

Art. L. 765-2 Pour l'application du présent livre en Polynésie française :

1° Les mots : ", la République d'Islande, la Principauté du Liechtenstein, le Royaume de Norvège ou la Confédération suisse," sont supprimés ;

2° A l'article L. 711-2, les mots : "ou d'un des États énumérés au premier alinéa et dont il assure seul la garde effective" sont supprimés et le troisième alinéa est supprimé ;

3° A l'article L. 732-7, les mots : "et, le cas échéant, sur la possibilité de bénéficier d'une aide au retour" sont supprimés ;

4° A l'article L. 732-9, après les mots : "autorisation de travail" sont ajoutés les mots : "selon la réglementation applicable localement" ;

5° A l'article L. 733-15, il est ajouté l'alinéa suivant :

"Les étrangers qui n'ont pas respecté les interdictions qui leur sont prescrites en application du premier alinéa sont passibles d'une peine d'emprisonnement d'un an."

6° A l'article L. 740-2, la référence à l'article L. 743-10 est supprimée ;

7° Aux articles L. 741-1 et L. 741-2, après les mots : "quarante-huit heures", sont ajoutés les mots : "ou trois jours dans les îles du Vent et dans les îles Sous-le-Vent, à l'exception de l'île de Tahiti, et à cinq jours dans les îles Australes, les îles Tuamotu, les îles Gambier et les îles Marquises" ;

8° A l'article L. 741-10, il est ajouté à la fin du premier alinéa la phrase suivante :

"Ce délai est porté à trois jours dans les îles du Vent et dans les îles Sous-le-Vent, à l'exception de l'île de Tahiti, ou cinq jours dans les îles Australes, les îles Tuamotu, les îles Gambier et les îles Marquises" ;

9° A l'article L. 742-1, après les mots : "quarante-huit heures" sont ajoutés les mots : "ou de trois jours dans les îles du Vent et dans les îles Sous-le-Vent, à l'exception de l'île de Tahiti, ou de cinq jours dans les îles Australes, les îles Tuamotu, les îles Gambier et les îles Marquises" ;

10° A l'article L. 742-3, après les mots : "vingt-huit jours" et les mots : "quarante-huit heures", sont respectivement ajoutés les mots : "ou de vingt-sept jours dans les îles du Vent et dans les îles Sous-le-Vent, à l'exception de l'île de Tahiti, ou de vingt-cinq jours dans les îles Australes, les îles Tuamotu, les îles Gambier et les îles Marquises" et les mots : "ou de trois jours dans les îles du Vent et dans les îles Sous-le-Vent, à l'exception de l'île de Tahiti, ou de cinq jours dans les îles Australes, les îles Tuamotu, les îles Gambier et les îles Marquises" ;

11° A l'article L. 743-4, il est ajouté la phrase suivante :

"Ce délai est porté à trois jours dans les îles du Vent et dans les îles Sous-le-Vent, à l'exception de l'île de Tahiti, et à cinq jours dans les îles Australes, les îles Tuamotu, les îles Gambier et les îles Marquises" ;

12° A l'article L. 743-7, les mots : "tribunal judiciaire" sont remplacés par les mots : "tribunal de première instance" ;

13° Aux articles L. 744-12 et L. 744-15, les mots : "titulaires de la carte d'identité professionnelle mentionnée à l'article L. 7111-6 du code du travail" sont remplacés par les mots : "soit titulaires de la carte d'identité professionnelle définie par le code du travail, soit reconnus comme journalistes en application des dispositions ayant le même objet en Polynésie française" ;

14° A l'article L. 744-17, les mots : "les procureurs de la République compétents du lieu de départ et du lieu d'arrivée" sont remplacés par les mots : "le procureur de la République" ;

15° A l'article L. 750-1, les références à l'article L. 754-2 sont supprimées.

Art. L. 765-3 Les peines d'interdiction du territoire prononcées par toute juridiction siégeant en Polynésie française sont applicables sur tout le territoire de la République.

Il en est de même des décisions d'expulsion prononcées par le représentant de l'État en Polynésie française.

CHAPITRE VI *Dispositions applicables en Nouvelle-Calédonie*

Art. L. 766-1 Sous réserve des adaptations prévues par le présent chapitre, les dispositions suivantes sont applicables en Nouvelle-Calédonie dans leur rédaction résultant de l'ordonnance n° 2020-1733 du 16 décembre 2020, sauf mention contraire ou mention de leur application de plein droit dans le tableau ci-dessous.

Articles applicables	Dans leur rédaction résultant de
L. 700-1	
Au titre I	
L. 710-1	
L. 711-1 et L. 711-2	
Au titre II	
L. 720-1	
L. 721-1 à L. 721-4	

Articles applicables	Dans leur rédaction résultant de
L. 721-5	Application de plein droit
L. 721-6 à L. 722-11	
Au titre III	
L. 730-1 à L. 733-17	
Au titre IV	
L. 740-1 à L. 743-9	
L. 743-11 à L. 744-17	
Au titre V	
L. 750-1	
L. 752-1 à L. 752-4	
L. 752-5 à L. 752-12	Application de plein droit
L. 753-1 à L. 753-6	
L. 753-7 à L. 753-11	Application de plein droit
L. 753-12 et L. 754-1	
L. 754-3	
L. 754-4	Application de plein droit
L. 754-5 à L. 754-8	

Art. L. 766-2 Pour l'application du présent livre en Nouvelle-Calédonie :

1° Les mots : ", la République d'Islande, la Principauté du Liechtenstein, le Royaume de Norvège ou la Confédération suisse," sont supprimés ;

2° A l'article L. 711-2, les mots : "ou d'un des États énumérés au premier alinéa et dont il assure seul la garde effective et dont il assure seul la garde effective" sont supprimés et le troisième alinéa est supprimé ;

3° A l'article L. 732-7, les mots : "et, le cas échéant, sur la possibilité de bénéficier d'une aide au retour" sont supprimés ;

4° A l'article L. 732-9, après les mots : "autorisation de travail" sont ajoutés les mots : "selon la réglementation applicable localement" ;

5° A l'article L. 733-15, il est ajouté l'alinéa suivant :

"Les étrangers qui n'ont pas respecté les interdictions qui leur sont prescrites en application du premier alinéa sont passibles d'une peine d'emprisonnement d'un an."

6° A l'article L. 740-2, la référence à l'article L. 743-10 est supprimée ;

7° Aux articles L. 741-1 et L. 741-2, après les mots : "quarante-huit heures", sont ajoutés les mots : "ou trois jours hors des limites de la Grande-Terre" ;

8° A l'article L. 741-10, il est ajouté à la fin du premier alinéa la phrase suivante :

"Ce délai est porté à trois jours hors des limites de la Grande-Terre."

9° A l'article L. 742-1, après les mots : "quarante-huit heures" sont ajoutés les mots : "ou de trois jours hors des limites de la Grande-Terre."

10° A l'article L. 742-3, après les mots : "vingt-huit jours" et les mots : "quarante-huit heures", sont respectivement ajoutés les mots : "ou de vingt-sept jours hors des limites de la Grande-Terre" et les mots : "ou de trois jours hors des limites de la Grande-Terre" ;

11° A l'article L. 743-4, il est ajouté la phrase suivante :

"Ce délai est porté à trois jours hors des limites de la Grande-Terre."

12° A l'article L. 743-7, les mots : "tribunal judiciaire" sont remplacés par les mots : "tribunal de première instance" ;

13° Aux articles L. 744-12 et L. 744-15, les mots : "titulaires de la carte d'identité professionnelle mentionnée à l'article L. 7111-6 du code du travail" sont remplacés par les mots : "soit titulaires de la carte d'identité professionnelle définie par le code du travail, soit reconnus comme journalistes en application des dispositions ayant le même objet dans ces collectivités" ;

14° A l'article L. 744-17, les mots : "les procureurs de la République compétents du lieu de départ et du lieu d'arrivée" sont remplacés par les mots : "le procureur de la République" ;

15° A l'article L. 750-1, les références à l'article L. 754-2 sont supprimées.

Art. L. 766-3 Les peines d'interdiction du territoire prononcées par toute juridiction siégeant en Nouvelle-Calédonie sont applicables sur tout le territoire de la République.

Il en est de même des décisions d'expulsion prononcées par le représentant de l'État en Nouvelle-Calédonie.

CHAPITRE VII *Dispositions applicables dans les Terres australes et antarctiques françaises*

Art. L. 767-1 Pour l'exécution d'office d'une décision d'éloignement prise conformément à l'article 3 de la loi n° 71-569 du 15 juillet 1971 relative au territoire des Terres australes et antarctiques française, la personne qui a acheminé l'étranger est tenue de le ramener, à la requête de l'administrateur supérieur, sans délai et aux frais de l'État, au point où il a commencé à utiliser le moyen de transport de cette personne, ou, en cas d'impossibilité, dans l'État qui a délivré le document de voyage avec lequel il a voyagé, ou en tout autre lieu où il peut être admis. Cependant, le transport de l'intéressé reste à la charge de la personne qui l'a acheminé, s'il ne possédait pas les documents et visas mentionnés et l'autorisation définie au livre III.

LIVRE VIII **Contrôles et sanctions**

TITRE PREMIER **Contrôles**

Art. L. 810-1 Conformément à l'article L. 270-1, les dispositions du présent titre sont applicables à l'étranger dont la situation est régie par le livre II.

CHAPITRE PREMIER *Vérifications préalables à la délivrance ou au retrait des titres de séjour*

SECTION I *Enquêtes administratives*

Art. L. 811-1 Dans les cas prévus au V de l'article L. 114-1 du code de la sécurité intérieure, il peut être procédé à des enquêtes administratives avant la délivrance, le renouvellement ou le retrait du titre de séjour ou de l'autorisation de séjour.

SECTION II *Vérification d'acte d'état civil étranger*

Art. L. 811-2 La vérification de tout acte d'état civil étranger est effectuée dans les conditions définies à l'article 47 du code civil.

SECTION III *Droit de communication*

Art. L. 811-3 Sans que s'y oppose un secret professionnel autre que le secret médical, les autorités ainsi que les personnes privées mentionnées aux 1° à 8° de l'article L. 811-4 transmettent à l'autorité administrative compétente, agissant dans le cadre de l'instruction d'une première demande de titre ou d'une demande de renouvellement de titre ou dans le cadre des contrôles prévus aux articles L. 432-2, L. 432-5 et L. 433-1, les documents et les informations nécessaires au contrôle de la sincérité et de l'exactitude des déclarations souscrites ou au contrôle de l'authenticité des pièces produites en vue de l'attribution d'un droit au séjour ou de sa vérification.

Art. L. 811-4 Le droit de communication prévu à l'article L. 811-3 s'exerce sur demande de l'autorité administrative compétente, de manière ponctuelle et à titre gratuit, quel que soit le support utilisé pour la conservation des documents, auprès :

1° Des autorités dépositaires des actes d'état civil ;

2° Des administrations chargées du travail et de l'emploi ;

3° Des organismes de sécurité sociale et de l'institution mentionnée à l'article L. 5312-1 du code du travail ;

4° Des établissements scolaires et des établissements d'enseignement supérieur ;

5° Des fournisseurs d'énergie et des services de communications électroniques ;

6° Des établissements de santé publics et privés ;

7° Des établissements bancaires et des organismes financiers ;

8° Des greffes des tribunaux de commerce.

Pour l'application du 5°, le droit de communication ne peut porter sur les données techniques définies à l'article L. 34-1 du code des postes et des communications électroniques.

Art. L. 811-5 L'autorité administrative compétente est tenue d'informer la personne dont elle s'apprête à retirer la carte de séjour sur le fondement d'informations ou de documents recueillis auprès des autorités ou des personnes privées mentionnées aux 1° à 8° de l'article L. 811-4 de la teneur et de l'origine des informations et documents ainsi obtenus. Elle communique une copie des documents susmentionnés à l'intéressé s'il en fait la demande.

La conservation des données à caractère personnel concernant l'étranger ne peut excéder la durée cumulée du titre de séjour dont il est titulaire et, le cas échéant, de la procédure de renouvellement dudit titre. La durée de conservation est prolongée jusqu'à l'épuisement des voies et délais de recours contre les décisions administratives édictées sur le fondement d'informations transmises en application de l'article L. 811-3 et, si un recours a été déposé, jusqu'à ce que la juridiction compétente ait statué.

A la demande de l'étranger, les données à caractère personnel le concernant sont, selon le cas, rectifiées, complétées, mises à jour ou effacées si elles sont inexactes, incomplètes ou périmées ou si leur collecte, leur utilisation, leur communication ou leur conservation n'est pas compatible avec les finalités déterminées à l'article L. 811-3.

Art. L. 811-6 Les modalités d'application de la présente section sont déterminées par décret en Conseil d'État, pris après avis de la Commission nationale de l'informatique et des libertés. Ce décret définit notamment la nature des documents et des informations susceptibles d'être communiqués à l'autorité administrative compétente par chacune des autorités ou des personnes privées mentionnées aux 1° à 8° de l'article L. 811-4.

CHAPITRE II *Contrôle de la détention des titres*

SECTION I *Contrôle des obligations de détention, de port et de présentation des pièces et documents autorisant à circuler ou séjourner en France*

Art. L. 812-1 Tout étranger doit être en mesure de présenter les pièces ou documents sous le couvert desquels il est autorisé à circuler ou à séjourner en France à toute réquisition d'un officier de police judiciaire de la police nationale ou de la gendarmerie nationale et, sur l'ordre et sous la responsabilité de celui-ci, des agents de police judiciaire et agents de police judiciaire adjoints mentionnés à l'article 20 et au 1° de l'article 21 du code de procédure pénale, dans les conditions prévues à la présente section.

Art. L. 812-2 Les contrôles des obligations de détention, de port et de présentation des pièces et documents prévus à l'article L. 812-1 peuvent être effectués dans les situations suivantes :

1° En dehors de tout contrôle d'identité, si des éléments objectifs déduits de circonstances extérieures à la personne même de l'intéressé sont de nature à faire apparaître sa qualité d'étranger ; ces contrôles ne peuvent être pratiqués que pour une durée n'excédant pas six heures consécutives dans un même lieu et ne peuvent consister en un contrôle systématique des personnes présentes ou circulant dans ce lieu ;

2° A la suite d'un contrôle d'identité effectué en application des articles 78-1 à 78-2-2 du code de procédure pénale, selon les modalités prévues à ces articles, si des éléments objectifs déduits de circonstances extérieures à la personne même de l'intéressé sont de nature à faire apparaître sa qualité d'étranger ;

3° En application de l'article 67 *quater* du code des douanes, selon les modalités prévues à cet article.

SECTION II *Visite sommaire des véhicules dans les zones frontalières*

Art. L. 812-3 En vue de vérifier le respect des obligations de détention, de port et de présentation des pièces ou documents prévus à l'article L. 812-1 ou de rechercher et constater les infractions relatives à l'entrée et au séjour des étrangers en France, les officiers de police judiciaire de la police nationale ou de la gendarmerie nationale peuvent procéder à la visite sommaire des véhicules circulant sur la voie publique, à l'exclusion des voitures particulières :

1° Dans une zone comprise entre la frontière terrestre de la France avec les États parties à la convention signée à Schengen le 19 juin 1990 et une ligne tracée à vingt kilomètres en deçà ;

2° Sur les aires de stationnement des sections autoroutières commençant dans la zone mentionnée au 1° jusqu'au premier péage lorsqu'il se situe au-delà des limites de cette zone, ainsi que sur le lieu de ce péage et les aires de stationnement attenantes.

L'officier de police judiciaire peut être assisté des agents de police judiciaire et des agents de police judiciaire adjoints mentionnés à l'article 20 et au 1° de l'article 21 du code de procédure pénale.

Art. L. 812-4 Il ne peut être procédé à la visite sommaire du véhicule prévue à l'article L. 812-3 qu'avec l'accord du conducteur ou, à défaut, sur instructions du procureur de la République. Dans l'attente des instructions du procureur de la République, le véhicule peut être immobilisé pour une durée qui ne peut excéder quatre heures.

La visite, dont la durée est limitée au temps strictement nécessaire, se déroule en présence du conducteur et donne lieu à l'établissement d'un procès-verbal mentionnant les dates et heures du début et de la fin des opérations. Un exemplaire de ce procès-verbal est remis au conducteur et un autre transmis sans délai au procureur de la République.

CHAPITRE III *Vérification du droit de circulation et de séjour*

SECTION I *Placement en retenue*

Art. L. 813-1 Si, à l'occasion d'un contrôle mentionné à l'article L. 812-2, il apparaît qu'un étranger n'est pas en mesure de justifier de son droit de circuler ou de séjourner en France, il peut être retenu aux fins de vérification de son droit de circulation ou de séjour sur le territoire français. Dans ce cadre, l'étranger peut être conduit dans un local de police ou de gendarmerie et y être retenu par un officier de police judiciaire de la police nationale ou de la gendarmerie nationale.

Art. L. 813-2 Lorsqu'un étranger retenu aux fins de vérification de son identité en application de l'article 78-3 du code de procédure pénale n'est pas en mesure de justifier de son droit de circuler ou de séjourner en France, les dispositions de l'article L. 813-1 sont applicables.

Art. L. 813-3 L'étranger ne peut être retenu que pour le temps strictement exigé par l'examen de son droit de circulation ou de séjour et, le cas échéant, le prononcé et la notification des décisions administratives applicables. La retenue ne peut excéder vingt-quatre heures à compter du début du contrôle mentionné à l'article L. 812-2.

Dans le cas prévu à l'article L. 813-2, la durée de la retenue effectuée aux fins de vérification d'identité en application de l'article 78-3 du code de procédure pénale s'impute sur celle de la retenue pour vérification du droit de circulation ou de séjour.

Art. L. 813-4 Le procureur de la République est informé dès le début de la retenue et peut y mettre fin à tout moment.

SECTION II *Droits garantis à l'étranger retenu*

Art. L. 813-5 L'étranger auquel est notifié un placement en retenue en application de l'article L. 813-1 est aussitôt informé, dans une langue qu'il comprend ou dont il est raisonnable de supposer qu'il la comprend, des motifs de son placement en retenue, de la durée maximale de la mesure et du fait qu'il bénéficie des droits suivants :

1° Être assisté par un interprète ;

2° Être assisté, dans les conditions prévues à l'article L. 813-6, par un avocat désigné par lui ou commis d'office par le bâtonnier, qui est alors informé de cette demande par tous moyens et sans délai ;

3° Être examiné par un médecin désigné par l'officier de police judiciaire ; le médecin se prononce sur l'aptitude au maintien de la personne en retenue et procède à toutes constatations utiles ;

4° Prévenir à tout moment sa famille et toute personne de son choix et de prendre tout contact utile afin d'assurer l'information et, le cas échéant, la prise en charge des enfants dont il assure normalement la garde, qu'ils l'aient ou non accompagné lors de son placement en retenue, dans les conditions prévues à l'article L. 813-7 ;

5° Avertir ou de faire avertir les autorités consulaires de son pays.

Lorsque l'étranger ne parle pas le français, il est fait application des dispositions de l'article L. 141-2.

Art. L. 813-6 L'avocat de l'étranger retenu peut, dès son arrivée au lieu de retenue, communiquer avec lui pendant trente minutes, dans des conditions qui garantissent la confidentialité de l'entretien.

L'étranger peut demander que l'avocat assiste à ses auditions. Dans ce cas, la première audition, sauf si elle porte uniquement sur les éléments d'identité, ne peut débuter sans la présence de l'avocat avant l'expiration d'un délai d'une heure suivant l'information adressée à celui-ci. Toutefois, les opérations de vérification ne nécessitant pas la présence de l'étranger peuvent être effectuées dès le début de la retenue. Au cours des auditions, l'avocat peut prendre des notes.

A la fin de la retenue, l'avocat peut, à sa demande, consulter le procès-verbal établi en application du premier alinéa de l'article L. 813-13 ainsi que le certificat médical y étant, le cas échéant, annexé. Il peut formuler des observations écrites qui sont annexées au procès-verbal.

Art. L. 813-7 Si des circonstances particulières l'exigent, l'officier de police judiciaire prévient lui-même la famille de l'étranger et la personne choisie par ce dernier de son placement en retenue.

En tant que de besoin, il informe le procureur de la République aux fins d'instruction dans l'intérêt des enfants.

SECTION III *Déroulement de la procédure*

Art. L. 813-8 L'officier de police judiciaire ou, sous le contrôle de celui-ci, un agent de police judiciaire, procède aux auditions de l'étranger retenu.

Sous le contrôle de l'officier de police judiciaire, l'étranger est mis en mesure de fournir par tout moyen les pièces et documents requis. Il est procédé, s'il y a lieu, aux opérations de vérification nécessaires.

Art. L. 813-9 Pour les seules nécessités de la vérification du droit de circulation et de séjour, il peut être procédé, sous le contrôle de l'officier de police judiciaire et en présence de l'étranger, avec l'accord de ce dernier ou, à défaut, après avoir informé par tout moyen le procureur de la République, à l'inspection des bagages et effets personnels de l'étranger et à leur fouille.

En cas de découverte d'une infraction, il est établi un procès-verbal distinct de celui prévu au premier alinéa de l'article L. 813-13, qui mentionne le lieu et les dates et heures de début et de fin de ces opérations et dont un exemplaire est transmis sans délai au procureur de la République.

Art. L. 813-10 Si l'étranger ne fournit pas d'éléments permettant d'apprécier son droit de circulation ou de séjour, les opérations de vérification peuvent donner lieu, après information du procureur de la République, à la prise d'empreintes digitales ou de photographies pour établir la situation de cette personne. Les empreintes digitales et photographies sont collectées en vue de l'établissement du droit de circuler ou de séjourner de l'étranger et ne peuvent être mémorisées et faire l'objet d'un traitement automatisé en application du 3° de l'article L. 142-1 que s'il apparaît, à l'issue de la retenue, que l'étranger ne dispose pas d'un droit de circulation ou de séjour.

Art. L. 813-11 Durant la retenue, lorsque sa participation aux opérations de vérification n'est pas nécessaire, l'étranger ne peut être placé dans une pièce occupée simultanément par une ou plusieurs personnes gardées à vue.

Art. L. 813-12 Les mesures de contrainte exercées sur l'étranger retenu en application de l'article L. 813-1 sont strictement proportionnées à la nécessité des opérations de vérification et de son maintien à la disposition de l'officier de police judiciaire.

L'étranger ne peut être soumis au port des menottes ou des entraves que s'il est considéré soit comme dangereux pour autrui ou pour lui-même, soit comme susceptible de tenter de prendre la fuite.

SECTION IV *Fin de la procédure*

Art. L. 813-13 L'officier de police judiciaire ou, sous le contrôle de celui-ci, un agent de police judiciaire mentionne, dans un procès-verbal, les motifs qui ont justifié le contrôle, ainsi que la vérification du droit de circulation ou de séjour et les conditions dans lesquelles la personne a été présentée devant lui, informée de ses droits et mise en mesure de les exercer. Il précise le jour et l'heure du début et de la fin de la retenue et la durée de celle-ci et, le cas échéant, la prise d'empreintes digitales ou de photographies ainsi que l'inspection visuelle ou la fouille des bagages et effets personnels et les dates et heures de début et de fin de ces opérations. Il y annexe le certificat médical établi à l'issue de l'examen éventuellement pratiqué.

Ce procès-verbal est présenté à la signature de l'étranger intéressé qui est informé de la possibilité de ne pas le signer. S'il refuse de le signer, mention est faite du refus et des motifs de celui-ci.

Le procès-verbal est transmis au procureur de la République, copie en ayant été remise à la personne intéressée. Les mentions de chaque procès-verbal concernant l'identité de la personne, le jour et l'heure du début et de la fin de la retenue et la durée de celle-ci figurent également sur un registre spécial, tenu à cet effet dans le local de police ou de gendarmerie. Ce registre peut être tenu sous forme dématérialisée.

Art. L. 813-14 Si elle n'est suivie à l'égard de l'étranger qui a été retenu d'aucune procédure d'enquête ou d'exécution adressée à l'autorité judiciaire ou n'a donné lieu à aucune décision administrative, la vérification du droit de circulation ou de séjour ne peut donner lieu à aucune mise en mémoire sur fichiers. Le procès-verbal et toutes les pièces se rapportant à la vérification sont détruits dans un délai de six mois à compter de la fin de la retenue, sous le contrôle du procureur de la République.

Art. L. 813-15 S'il apparaît, au cours de la retenue de l'étranger, que celui-ci doit faire l'objet d'un placement en garde à vue conformément aux articles 62 et suivants du code de procédure pénale, la durée de la retenue s'impute sur celle de la garde à vue.

SECTION V *Dispositions communes*

Art. L. 813-16 Les prescriptions énumérées au présent chapitre sont imposées à peine de nullité, sous réserve des dispositions de l'article L. 743-12.

CHAPITRE IV *Mesures de suivi des étrangers*

SECTION UNIQUE *Retenue du passeport ou du document de voyage de l'étranger en situation irrégulière*

Art. L. 814-1 L'autorité administrative compétente, les services de police et les unités de gendarmerie sont habilités à retenir le passeport ou le document de voyage des personnes de nationalité étrangère en situation irrégulière.

Ils leur remettent en échange un récépissé valant justification de leur identité et sur lequel sont mentionnées la date de retenue et les modalités de restitution du document retenu.

TITRE II Sanctions

Art. L. 820-1 Conformément à l'article L. 270-1, les dispositions des articles L. 821-3 à L. 821-5, L. 822-1 à L. 822-6, L. 823-1 à L. 823-10, L. 823-11 à L. 823-17, L. 824-1 à L. 824-9 et L. 824-11 sont applicables à l'étranger dont la situation est régie par le livre II.

CHAPITRE PREMIER *Méconnaissance des obligations relatives à l'entrée en France*

SECTION I *Manquements aux conditions d'entrée*

Art. L. 821-1 Est puni d'un an d'emprisonnement et de 3 750 euros d'amende le fait, pour un étranger, de pénétrer sur le territoire métropolitain :

1° Sans remplir les conditions mentionnées aux points *a*, *b* ou *c* du paragraphe 1 de l'article 6 du règlement (UE) n° 2016/399 du Parlement européen et du Conseil du 9 mars 2016 concernant un code de l'Union relatif au régime de franchissement des frontières par les personnes (code frontières Schengen) et sans avoir été admis sur le territoire en application des points *a* et *c* du paragraphe 5 de l'article 6 de ce même règlement ;

2° Alors qu'il faisait l'objet d'un signalement aux fins de non-admission en application d'une décision exécutoire prise par l'un des autres États parties à la convention signée à Schengen le 19 juin 1990.

L'étranger condamné en application du présent article encourt la peine complémentaire de trois ans d'interdiction du territoire français.

Pour l'application du présent article, l'action publique ne peut être mise en mouvement que lorsque les faits ont été constatés dans les circonstances prévues à l'article 53 du code de procédure pénale.

SECTION II *Refus de se soumettre aux opérations de relevé d'empreintes digitales et de prise de photographie*

Art. L. 821-2 Est puni d'un an d'emprisonnement, de 3 750 euros d'amende et de trois ans d'interdiction du territoire français le fait, pour un étranger ayant été contrôlé à l'occasion du franchissement de la frontière en provenance d'un pays tiers aux États parties à la convention signée à Schengen le 19 juin 1990 sans remplir les conditions d'entrée prévues à l'article 6 du règlement (UE) 2016/399 du Parlement européen et du Conseil du 9 mars 2016 concernant un code de l'Union relatif au régime de franchissement des frontières par les personnes (code frontières Schengen) ou à l'article L. 311-1, de refuser de se soumettre aux opérations de relevé des empreintes digitales et de prise de photographie dans le cas prévu au 3° de l'article L. 142-1.

SECTION III *Méconnaissance d'une décision de refus d'entrée*

Art. L. 821-3 Est puni de trois ans d'emprisonnement le fait, pour un étranger, de ne pas présenter à l'autorité administrative compétente les documents de voyage permettant l'exécution d'une décision de refus d'entrée en France ou, à défaut de ceux-ci, de ne pas communiquer les renseignements permettant cette exécution ou de communiquer des renseignements inexacts sur son identité.

L'étranger condamné en application du présent article encourt la peine complémentaire de dix ans d'interdiction du territoire français.

Art. L. 821-4 Est puni de trois ans d'emprisonnement le fait, pour un étranger placé ou maintenu en zone d'attente, de se soustraire ou de tenter de se soustraire à cette mesure de surveillance.

Cette peine d'emprisonnement est portée à cinq ans lorsque les faits sont commis par violence, effraction ou corruption, et à sept ans lorsque les faits sont commis en réunion ou sous la menace d'une arme ou d'une substance explosive, incendiaire ou toxique.

Est puni des mêmes peines le fait, pour toute personne, de faciliter sciemment, par aide ou par assistance, la préparation ou la commission des infractions prévues au présent article.

L'étranger condamné en application du présent article encourt la peine complémentaire de dix ans d'interdiction du territoire français.

Art. L. 821-5 Est puni de trois ans d'emprisonnement le fait, pour un étranger, de se soustraire ou de tenter de se soustraire à l'exécution d'une décision de refus d'entrée en France.

Ces peines sont également applicables en cas de refus, par un étranger, de se soumettre aux modalités de transport qui lui sont désignées pour l'exécution d'office de la décision de refus d'entrée.

L'étranger condamné en application du présent article encourt la peine complémentaire de dix ans d'interdiction du territoire français.

SECTION IV *Amendes aux entreprises de transport ayant méconnu la réglementation sur l'entrée*

SOUS-SECTION 1 *Amendes aux entreprises ayant débarqué un étranger dépourvu des documents requis*

Art. L. 821-6 Est passible d'une amende administrative de 10 000 euros l'entreprise de transport aérien, maritime ou routier qui débarque sur le territoire français, en provenance d'un État qui n'est pas partie à la convention signée à Schengen le 19 juin 1990, un étranger non ressortissant d'un État membre de l'Union européenne, de la République d'Islande, de la Principauté du Liechtenstein, du Royaume de Norvège ou de la Confédération suisse démuni du document de voyage et, le cas échéant, du visa requis par la loi ou l'accord international qui lui est applicable en raison de sa nationalité.

Est passible de la même amende l'entreprise de transport aérien, maritime ou routier qui débarque, dans le cadre du transit, un étranger non ressortissant d'un État membre de l'Union européenne, de la République d'Islande, de la Principauté du Liechtenstein, du Royaume de Norvège ou de la Confédération suisse démuni du document de voyage ou du visa requis par la loi ou l'accord international qui lui est applicable compte tenu de sa nationalité et de sa destination.

Art. L. 821-7 Les entreprises de transport routier mentionnées à l'article L. 821-6 sont celles exploitant des liaisons internationales en provenance d'un État qui n'est pas partie à la convention signée à Schengen le 19 juin 1990 sous la forme de lignes régulières, de services occasionnels ou de navette, à l'exclusion des trafics frontaliers.

Si une telle entreprise n'a pu procéder à la vérification du document de voyage et, le cas échéant, du visa des passagers empruntant ses services, elle est exonérée de l'amende prévue à l'article L. 821-6, à condition d'avoir justifié d'un contrôle à l'entrée sur le territoire d'un des États parties à ladite convention ou, à défaut d'un tel contrôle, à condition d'y avoir fait procéder à l'entrée en France par les services compétents.

Art. L. 821-8 L'amende prévue à l'article L. 821-6 peut être prononcée autant de fois qu'il y a de passagers concernés.

Elle n'est pas infligée :

1° Lorsque l'étranger a été admis sur le territoire français au titre d'une demande d'asile qui n'était pas manifestement infondée ;

2° Lorsque l'entreprise de transport établit que les documents requis lui ont été présentés au moment de l'embarquement et qu'ils ne comportaient pas d'élément d'irrégularité manifeste.

Elle ne peut être infligée pour des faits remontant à plus d'un an.

Art. L. 821-9 Lorsque l'étranger débarqué en France est un mineur sans représentant légal, la somme de 10 000 euros doit être immédiatement consignée auprès de l'agent, mentionné au premier alinéa de l'article L. 821-12, ayant établi le procès-verbal constatant le manquement de l'entreprise de transport à ses obligations. Tout ou partie de cette somme est restituée à l'entreprise selon le montant de l'amende prononcée ultérieurement par l'autorité administrative.

Si l'entreprise ne consigne pas la somme, le montant de l'amende est porté à 20 000 euros.

Les conditions de cette consignation et de son éventuelle restitution, en particulier le délai maximal dans lequel cette restitution doit intervenir, sont fixées par décret en Conseil d'État.

SOUS-SECTION 2 *Amendes aux entreprises n'ayant pas respecté leurs obligations de réacheminement et de prise en charge d'un étranger*

Art. L. 821-10 Est passible d'une amende administrative de 30 000 euros l'entreprise de transport aérien, maritime, routier ou ferroviaire qui ne respecte pas les obligations de réacheminement et de prise en charge d'un étranger qui lui sont fixées aux articles L. 333-3, L. 333-4 et L. 333-5.

Art. L. 821-11 L'amende prévue à l'article L. 821-10 ne peut être infligée à raison d'un manquement aux obligations de réacheminement pour des faits remontant à plus de quatre ans.

SOUS-SECTION 3 *Dispositions communes*

Art. L. 821-12 Le manquement aux obligations de l'entreprise de transport est constaté par un procès-verbal établi par un agent relevant d'une catégorie fixée par décret en Conseil d'État.

L'entreprise de transport se voit remettre copie du procès-verbal et a accès au dossier. Elle est mise à même de présenter, dans un délai d'un mois, ses observations écrites sur le projet de sanction de l'autorité administrative.

Art. L. 821-13 Le montant de l'amende est versé au Trésor public par l'entreprise de transport.

CHAPITRE II *Méconnaissance des obligations relatives au séjour en France*

SECTION I *Refus de se soumettre aux opérations de relevé d'empreintes digitales et de prise de photographie*

Art. L. 822-1 Est puni d'un an d'emprisonnement, de 3 750 euros d'amende et de trois ans d'interdiction du territoire français le fait, pour un étranger en situation irrégulière en France, de refuser de se soumettre aux opérations de relevé des empreintes digitales et de prise de photographie dans le cas prévu au 3° de l'article L. 142-1.

SECTION II *Contribution forfaitaire de l'employeur ayant occupé un étranger en situation irrégulière*

Art. L. 822-2 Sans préjudice des poursuites judiciaires qui peuvent être engagées à son encontre et de la contribution spéciale prévue à l'article L. 8253-1 du code du travail, l'employeur qui a occupé un travailleur étranger en situation de séjour irrégulier acquitte une contribution forfaitaire représentative des frais d'éloignement du territoire français de cet étranger.

Art. L. 822-3 Le montant total des sanctions pécuniaires prévues, pour l'emploi d'un étranger non autorisé à travailler, à l'article L. 822-2 du présent code et à l'article L. 8253-1 du code du travail ne peut excéder le montant des sanctions pénales prévues aux articles L. 8256-2, L. 8256-7 et L. 8256-8 du même code ou, si l'employeur entre dans le champ d'application de ces articles, le montant des sanctions pénales prévues aux articles L. 823-1 à L. 823-10 du présent code.

Art. L. 822-4 L'Office français de l'immigration et de l'intégration est chargé de constater et de fixer le montant de la contribution prévue à l'article L. 822-2.

A cet effet, il peut avoir accès aux traitements automatisés des titres de séjour des étrangers dans les conditions définies par la loi n° 78-17 du 6 janvier 1978 relative à l'informatique, aux fichiers et aux libertés.

Art. L. 822-5 L'État est ordonnateur de la contribution forfaitaire. A ce titre, il liquide et émet le titre de perception.

Sont applicables à la contribution forfaitaire prévue à l'article L. 822-2 du présent code les dispositions des articles L. 8253-1 à L. 8253-5 du code du travail en matière de recouvrement et de privilège applicables à la contribution spéciale.

Art. L. 822-6 Les modalités d'application de la présente section sont fixées par décret en Conseil d'État.

CHAPITRE III *Facilitation de l'entrée, de la circulation et du séjour irréguliers*

SECTION I *Aide à l'entrée, à la circulation et au séjour irréguliers*

SOUS-SECTION 1 *Peines principales*

Art. L. 823-1 Sous réserve des exemptions prévues à l'article L. 823-9, est puni de cinq ans d'emprisonnement et de 30 000 euros d'amende le fait, pour toute personne, de faciliter ou de tenter de faciliter, par aide directe ou indirecte, l'entrée, la circulation ou le séjour irréguliers d'un étranger en France.

Les dispositions du présent article sont applicables y compris lorsque les faits sont commis par une personne se trouvant sur le territoire d'un autre État partie à la convention signée à Schengen le 19 juin 1990.

Art. L. 823-2 Sous réserve des exemptions prévues à l'article L. 823-9, est puni de cinq ans d'emprisonnement et de 30 000 euros d'amende le fait, pour toute personne, de faciliter ou de tenter de faciliter l'entrée, la circulation ou le séjour irréguliers d'un étranger :

1° Sur le territoire d'un autre État partie à la convention signée à Schengen le 19 juin 1990 ;

2° Sur le territoire d'un autre État partie au protocole contre le trafic illicite de migrants par terre, air et mer, additionnel à la convention des Nations unies contre la criminalité transnationale organisée, signée à Palerme le 12 décembre 2000.

Les dispositions du 2° sont applicables à compter de la date de publication de ce protocole au *Journal officiel* de la République française.

Art. L. 823-3 Sont punies de dix ans d'emprisonnement et de 750 000 euros d'amende les infractions définies aux articles L. 823-1 et L. 823-2 lorsque les faits :

1° Sont commis en bande organisée ;

2° Sont commis dans des circonstances qui exposent directement les étrangers à un risque immédiat de mort ou de blessures de nature à entraîner une mutilation ou une infirmité permanente ;

3° Ont pour effet de soumettre les étrangers à des conditions de vie, de transport, de travail ou d'hébergement incompatibles avec la dignité de la personne humaine ;

4° Sont commis au moyen d'une habilitation ou d'un titre de circulation en zone réservée d'un aérodrome ou d'un port ;

5° Ont pour effet d'éloigner des mineurs étrangers de leur milieu familial ou de leur environnement traditionnel.

SOUS-SECTION 2 *Peines complémentaires*

§ 1er *Peines complémentaires applicables aux personnes physiques*

Art. L. 823-4 Les personnes physiques condamnées en application des articles L. 823-1, L. 823-2 ou L. 823-3 encourent les peines complémentaires suivantes :

1° L'interdiction de séjour pour une durée de cinq ans au plus ;

2° La suspension, pour une durée de cinq ans au plus, du permis de conduire ; cette durée peut être doublée en cas de récidive ;

3° Le retrait temporaire ou définitif de l'autorisation administrative d'exploiter soit des services occasionnels à la place ou collectifs, soit un service régulier, ou un service de navettes de transports internationaux ;

4° La confiscation de la chose qui a servi ou était destinée à commettre l'infraction, notamment tout moyen de transport ou équipement terrestre, fluvial, maritime ou aérien, ou de la chose qui est le produit de cette infraction ; les frais résultant des mesures nécessaires à l'exécution de la confiscation sont à la charge du condamné et sont recouvrés comme frais de justice ;

5° L'interdiction, pour une durée de cinq ans au plus, d'exercer l'activité professionnelle ou sociale à l'occasion de laquelle l'infraction a été commise, sous les réserves mentionnées à l'article 131-27 du code pénal ; toute violation de cette interdiction est punie de deux ans d'emprisonnement et de 30 000 euros d'amende.

Art. L. 823-5 Outre les peines complémentaires prévues à l'article L. 823-4, les personnes physiques condamnées en application de l'article L. 823-3 encourent la peine complémentaire de confiscation de tout ou partie de leurs biens, quelle qu'en soit la nature, meubles ou immeubles, divis ou indivis.

Art. L. 823-6 Les étrangers condamnés en application des articles L. 823-1, L. 823-2 ou L. 823-3 encourent l'interdiction du territoire français :

1° Pour une durée de dix ans au plus, en cas de condamnation en application des articles L. 823-1 ou L. 823-2 ;

2° A titre définitif, en cas de condamnation en application de l'article L. 823-3.

§ 2 *Peines complémentaires applicables aux personnes morales*

Art. L. 823-7 Les personnes morales déclarées responsables pénalement, dans les conditions prévues à l'article 121-2 du code pénal, des infractions définies aux articles L. 823-1, L. 823-2 et L. 823-3 du présent code encourent, outre l'amende suivant les modalités prévues à l'article 131-38 du code pénal, les peines prévues aux 1° à 5°, 8° et 9° de l'article 131-39 du même code.

L'interdiction visée au 2° de l'article 131-39 du code pénal porte sur l'activité dans l'exercice ou à l'occasion de l'exercice de laquelle l'infraction a été commise.

Art. L. 823-8 Les personnes morales condamnées en application de l'article L. 823-3 encourent la peine complémentaire de confiscation de tout ou partie de leurs biens, quelle qu'en soit la nature, meubles ou immeubles, divis ou indivis.

SOUS-SECTION 3 *Conditions d'exercice des poursuites pénales*

Art. L. 823-9 L'aide à la circulation ou au séjour irréguliers d'un étranger ne peut donner lieu à des poursuites pénales sur le fondement des articles L. 823-1 ou L. 823-2 lorsqu'elle est le fait :

1° Des ascendants ou descendants de l'étranger, de leur conjoint, des frères et sœurs de l'étranger ou de leur conjoint ;

2° Du conjoint de l'étranger, de la personne qui vit notoirement en situation maritale avec lui, ou des ascendants, descendants, frères et sœurs du conjoint de l'étranger ou de la personne qui vit notoirement en situation maritale avec lui ;

3° De toute personne physique ou morale lorsque l'acte reproché n'a donné lieu à aucune contrepartie directe ou indirecte et a consisté à fournir des conseils ou accompagnements juridiques, linguistiques ou sociaux, ou toute autre aide apportée dans un but exclusivement humanitaire.

Les exemptions prévues aux 1° et 2° ne s'appliquent pas lorsque l'étranger bénéficiaire de l'aide à la circulation ou au séjour irréguliers vit en état de polygamie ou lorsque cet étranger est le conjoint d'une personne polygame résidant en France avec le premier conjoint.

Les dispositions du présent article s'appliquent sans préjudice des articles L. 821-1 et L. 823-11 à L. 823-17.

Art. L. 823-10 Pour l'application du second alinéa de l'article L. 823-1 et de l'article L. 823-2, la situation irrégulière de l'étranger est appréciée au regard de la législation de l'État partie intéressé. En outre, les poursuites ne peuvent être exercées à l'encontre de l'auteur de l'infraction que sur une dénonciation officielle ou sur une attestation des autorités compétentes de l'État partie intéressé.

Aucune poursuite ne peut être exercée contre une personne justifiant qu'elle a été jugée définitivement à l'étranger pour les mêmes faits et, en cas de condamnation, que la peine a été subie ou prescrite.

SECTION II *Mariage contracté ou enfant reconnu à seule fin d'obtenir ou de faire obtenir à un étranger un titre de séjour ou la nationalité française*

SOUS-SECTION 1 *Peines principales*

Art. L. 823-11 Est puni de cinq ans d'emprisonnement et de 15 000 euros d'amende le fait, pour toute personne, de contracter un mariage ou de reconnaître un enfant aux seules fins d'obtenir, ou de faire obtenir, un titre de séjour ou le bénéfice d'une protection contre l'éloignement, ou aux seules fins d'acquérir, ou de faire acquérir, la nationalité française. Ces peines sont également encourues lorsque l'étranger qui a contracté mariage a dissimulé ses intentions à son conjoint.

Ces mêmes peines sont applicables en cas d'organisation ou de tentative d'organisation d'un mariage ou d'une reconnaissance d'enfant aux mêmes fins.

Art. L. 823-12 Est punie de dix ans d'emprisonnement et de 750 000 euros d'amende toute personne qui commet le délit défini à l'article L. 823-11 lorsque les faits sont commis en bande organisée.

SOUS-SECTION 2 *Peines complémentaires*

§ 1er *Peines complémentaires applicables aux personnes physiques*

Art. L. 823-13 Les personnes physiques condamnées en application des articles L. 823-11 ou L. 823-12 encourent les peines complémentaires suivantes :

1° L'interdiction de séjour pour une durée de cinq ans au plus ;

2° L'interdiction, pour une durée de cinq ans au plus, d'exercer l'activité professionnelle ou sociale à l'occasion de laquelle l'infraction a été commise, sous les réserves mentionnées à l'article 131-27 du code pénal.

Art. L. 823-14 Outre les peines complémentaires prévues à l'article L. 823-13, les personnes physiques condamnées en application des articles L. 823-11 ou L. 823-12 encourent la peine complémentaire de confiscation de tout ou partie de leurs biens, quelle qu'en soit la nature, meubles ou immeubles, divis ou indivis.

Art. L. 823-15 Les étrangers condamnés en application des articles L. 823-11 ou L. 823-12 encourent l'interdiction du territoire français :

1° Pour une durée de dix ans au plus, en cas de condamnation en application de l'article L. 823-11 ;

2° A titre définitif, en cas de condamnation en application de l'article L. 823-12.

§ 2 *Peines complémentaires et responsabilité des personnes morales*

Art. L. 823-16 Les personnes morales déclarées responsables pénalement, dans les conditions prévues à l'article 121-2 du code pénal, des infractions définies au second alinéa de l'article L. 823-11 ou à l'article L. 823-12 du présent code encourent, outre l'amende suivant les modalités prévues à l'article 131-38 du code pénal, les peines prévues aux 1° à 5° et 9° de l'article 131-39 du même code.

L'interdiction visée au 2° de l'article 131-39 du code pénal porte sur l'activité dans l'exercice ou à l'occasion de l'exercice de laquelle l'infraction a été commise.

Art. L. 823-17 Les personnes morales condamnées en application de l'article L. 823-12 encourent la peine de confiscation de tout ou partie de leurs biens, quelle qu'en soit la nature, meubles ou immeubles, divis ou indivis.

CHAPITRE IV *Manquement à l'exécution d'une décision d'éloignement*

SECTION I *Défaut de coopération et d'exécution de la décision d'éloignement par l'étranger*

Art. L. 824-1 Est puni de trois *[ans]* d'emprisonnement le fait, pour un étranger, de ne pas présenter à l'autorité administrative compétente les documents de voyage permettant l'exécution d'une interdiction administrative du territoire, d'une décision d'expulsion, d'une mesure de reconduite à la frontière ou d'une obligation de quitter le territoire français ou, à défaut de ceux-ci, de ne pas communiquer les renseignements permettant cette exécution ou de communiquer des renseignements inexacts sur son identité.

L'étranger condamné en application du présent article encourt la peine complémentaire de dix ans d'interdiction du territoire français.

Art. L. 824-2 Est puni en application de l'article L. 822-1 le fait, pour un étranger faisant l'objet d'une décision d'éloignement du territoire français, de refuser de se soumettre aux opérations de relevé des empreintes digitales et de prise de photographie dans les cas prévus aux 3° et 4° de l'article L. 142-1.

Art. L. 824-3 Est puni d'un an d'emprisonnement et de 3 750 euros d'amende le fait, pour un étranger, de se maintenir irrégulièrement sur le territoire français sans motif légitime, après avoir fait l'objet d'une mesure régulière de placement en rétention ou d'assignation à résidence ayant pris fin sans qu'il ait pu être procédé à son éloignement en exécution d'une interdiction administrative du territoire français, d'une obligation de quitter le territoire français, d'une décision de mise en œuvre une décision prise par un autre État, d'une décision d'expulsion ou d'une peine d'interdiction du territoire français.

L'étranger condamné en application du présent article encourt la peine complémentaire de trois ans d'interdiction du territoire français.

SECTION II *Méconnaissance des mesures prises pour l'exécution d'office d'une décision d'éloignement*

SOUS-SECTION 1 *Méconnaissance des prescriptions liées à l'assignation à résidence*

Art. L. 824-4 Est puni de trois ans d'emprisonnement le fait, pour un étranger assigné à résidence en application des articles L. 731-1, L. 731-3, L. 731-4 ou L. 731-5, de ne pas rejoindre dans les délais prescrits la résidence qui lui est assignée ou de quitter cette résidence sans autorisation de l'autorité administrative.

Art. L. 824-5 Est puni d'un an d'emprisonnement le fait, pour un étranger assigné à résidence en application des 6° ou 7° de l'article L. 731-3 ou des articles L. 731-4 ou L. 731-5, de ne pas respecter les obligations de présentation aux services de police et aux unités de gendarmerie prévues à l'article L. 733-1.

Art. L. 824-6 Est puni d'un an d'emprisonnement le fait, pour un étranger assigné à résidence, de ne pas respecter les prescriptions liées au placement sous surveillance électronique mobile qui lui ont été fixées en application de l'article L. 733-14.

Art. L. 824-7 Est puni d'un an d'emprisonnement le fait, pour un étranger assigné à résidence, de ne pas respecter l'interdiction de se trouver en relation, directement ou indirectement, avec certaines personnes nommément désignées dont le comportement est lié à des activités à caractère terroriste, qui lui est prescrite en application de l'article L. 733-15.

SOUS-SECTION 2 *Soustraction au placement et au maintien en rétention administrative*

Art. L. 824-8 Est puni de trois ans d'emprisonnement le fait, pour un étranger placé ou maintenu en rétention administrative, de se soustraire ou de tenter de se soustraire à la mesure de surveillance dont il fait l'objet.

Cette peine d'emprisonnement est portée à cinq ans lorsque les faits sont commis par violence, effraction ou corruption, et à sept ans lorsque les faits sont commis en réunion ou sous la menace d'une arme ou d'une substance explosive, incendiaire ou toxique.

Est puni des mêmes peines le fait, pour toute personne, de faciliter sciemment, par aide ou par assistance, la préparation ou la commission des infractions prévues au présent article.

L'étranger condamné en application du présent article encourt la peine complémentaire de dix ans d'interdiction du territoire français.

SOUS-SECTION 3 *Soustraction à l'exécution d'une décision d'éloignement*

Art. L. 824-9 Est puni de trois ans d'emprisonnement le fait, pour un étranger, de se soustraire ou de tenter de se soustraire à l'exécution d'une interdiction administrative du territoire français, d'une obligation de quitter le territoire français ou d'une décision d'expulsion.

Cette peine est également applicable en cas de refus, par un étranger, de se soumettre aux modalités de transport qui lui sont désignées pour l'exécution d'office de la mesure dont il fait l'objet.

L'étranger condamné en application du présent article encourt la peine complémentaire de dix ans d'interdiction du territoire français.

Art. L. 824-10 Est puni de trois ans d'emprisonnement le fait, pour un étranger, de se soustraire ou de tenter de se soustraire à l'exécution d'une décision de mise en œuvre d'une décision prise par un autre État, d'une décision de remise aux autorités d'un autre État ou d'une décision de transfert prévue à l'article L. 572-1.

L'étranger condamné en application du présent article encourt la peine complémentaire de trois ans d'interdiction du territoire français.

SOUS-SECTION 4 *Retour non autorisé sur le territoire français en méconnaissance d'une décision d'éloignement*

Art. L. 824-11 Est puni de trois ans d'emprisonnement le fait, pour un étranger faisant l'objet d'une interdiction administrative du territoire, d'une interdiction de retour sur le territoire français, d'une décision d'expulsion ou d'une peine d'interdiction du territoire français, de pénétrer de nouveau sans autorisation en France.

L'étranger condamné en application du présent article encourt la peine complémentaire de dix ans d'interdiction du territoire français.

Art. L. 824-12 Est puni de trois ans d'emprisonnement le fait, pour un étranger, de pénétrer de nouveau sans autorisation en France après avoir fait l'objet d'une décision de remise aux autorités d'un autre État, d'une interdiction de circulation sur le territoire français ou d'une décision de transfert prévue à l'article L. 572-1.

L'étranger condamné en application du présent article encourt la peine complémentaire de trois ans d'interdiction du territoire français.

TITRE III Dispositions applicables à l'outre-mer

CHAPITRE PREMIER *Dispositions particulières aux collectivités régies par l'article 73 de la Constitution et à Saint-Pierre-et-Miquelon*

SECTION I *Dispositions communes aux collectivités régies par l'article 73 de la Constitution et à Saint-Pierre-et-Miquelon*

Art. L. 831-1 Les dispositions du présent livre sont applicables de plein droit en Guadeloupe, en Guyane, en Martinique, à La Réunion, à Mayotte et à Saint-Pierre-et-Miquelon, sous réserve des adaptations prévues au présent chapitre.

Art. L. 831-2 Pour l'application du présent livre en Guadeloupe, en Guyane, en Martinique, à La Réunion, à Mayotte et à Saint-Pierre-et-Miquelon :

1° A l'article L. 812-2, les mots : "des articles 78-1 à 78-2-2 du code de procédure pénale" sont remplacés par les mots : "de l'article 78-1, de l'article 78-2 à l'exception de ses neuvième et dixième alinéas et des articles 78-2-1 et 78-2-2 du code de procédure pénale" ;

2° L'article L. 821-1 est ainsi rédigé :

Art. L. 821-1 Est puni d'un an d'emprisonnement et de 3 750 euros d'amende, le fait pour un étranger de pénétrer en Guadeloupe, en Guyane, en Martinique, à La Réunion, à Mayotte ou à Saint-Pierre-et-Miquelon sans se conformer aux dispositions de l'article L. 311-1 du présent code.

L'étranger condamné en application du présent article encourt la peine complémentaire de trois ans d'interdiction du territoire français.

Pour l'application du présent article, l'action publique ne peut être mise en mouvement que lorsque les faits ont été constatés dans les circonstances prévues à l'article 53 du code de procédure pénale.

3° L'article L. 821-2 est ainsi rédigé :

Art. L. 821-2 Est puni d'un an emprisonnement, de 3 750 euros d'amende et de trois ans d'interdiction du territoire français, le fait pour un étranger qui ne remplit pas les conditions d'entrée prévues à l'article L. 311-1, de refuser de se soumettre aux opérations de relevé des empreintes digitales et de prise de photographie dans le cas prévu au 3° de l'article L. 142-1.

SECTION II *Dispositions particulières à la Guadeloupe*

Art. L. 831-3 En Guadeloupe, les visites sommaires prévues aux articles L. 812-3 et L. 812-4 peuvent être effectuées dans une zone comprise entre le littoral et une ligne tracée à un kilomètre en deçà, ainsi que sur les routes nationales 1 et 4.

Art. L. 831-4 En Guadeloupe, le procureur de la République peut, au cours de l'enquête ou si aucune juridiction n'a été saisie ou lorsque la juridiction saisie a épuisé sa compétence sans avoir statué sur le sort des scellés, ordonner la destruction ou l'immobilisation, par la neutralisation de tout moyen indispensable à leur fonctionnement, des embarcations, des véhicules terrestres et des aéronefs qui ont servi à commettre les infractions mentionnées aux articles L. 823-1 et L. 823-2, constatées par procès-verbal.

Les décisions du procureur de la République prises en application du présent article sont motivées.

Elles sont notifiées par tout moyen aux personnes ayant des droits sur le bien, si celles-ci sont connues, et aux personnes mises en cause.

Les décisions d'immobilisation d'un bien peuvent être contestées selon les règles prévues à l'article 41-4 du code de procédure pénale.

Les décisions de destruction d'un bien prises par le procureur de la République peuvent être contestées par les personnes mentionnées au troisième alinéa du présent article, dans un délai de quarante-huit heures à compter de la notification de la décision, par voie de requête, devant le président de la chambre de l'instruction, qui se prononce dans un délai de quinze jours. Le recours contre la décision de destruction est suspensif. La personne mise en cause et les personnes ayant des droits sur le bien peuvent adresser toutes observations écrites ou être entendues par le président de la chambre de l'instruction. Lorsque la personne mise en cause n'a pas fait connaître son opposition et que, au terme d'un délai de quinze jours à compter de la date de la décision de destruction, le propriétaire ou l'ayant droit supposé n'a pu être identifié ou averti et ne s'est pas manifesté, la procédure est réputée contradictoire et la décision du procureur de la République peut être exécutée.

SECTION III *Dispositions particulières à la Guyane*

Art. L. 831-5 En Guyane, les dispositions des articles L. 812-3 et L. 812-4 sont applicables dans une zone comprise entre les frontières terrestres et une ligne tracée à vingt kilomètres en deçà ainsi que sur la route nationale 2 sur le territoire des communes de Saint-Georges et de Régina et sur la route départementale 6 et la route nationale 2 sur la commune de Roura.

Art. L. 831-6 En Guyane, le procureur de la République peut, au cours de l'enquête ou si aucune juridiction n'a été saisie ou lorsque la juridiction saisie a épuisé sa compétence sans avoir statué sur le sort des scellés, ordonner la destruction ou l'immobilisation, par la neutralisation de tout moyen indispensable à leur fonctionnement, des embarcations, des véhicules terrestres et des aéronefs qui ont servi à commettre les infractions mentionnées aux articles L. 823-1 et L. 823-2, constatées par procès-verbal.

Les décisions du procureur de la République prises en application du présent article sont motivées.

Elles sont notifiées par tout moyen aux personnes ayant des droits sur le bien, si celles-ci sont connues, et aux personnes mises en cause.

Les décisions d'immobilisation d'un bien peuvent être contestées selon les règles prévues à l'article 41-4 du code de procédure pénale.

Les décisions de destruction d'un bien prises par le procureur de la République peuvent être contestées par les personnes mentionnées au troisième alinéa du présent article, dans un délai de quarante-huit heures à compter de la notification de la décision, par voie de requête, devant le président de la chambre de l'instruction, qui se prononce dans un délai de quinze jours. Le recours contre la décision de destruction est suspensif. La personne mise en cause et les personnes ayant des droits sur le bien peuvent adresser toutes observations écrites ou être entendues par le président de la chambre de l'instruction. Lorsque la personne mise en cause n'a pas fait connaître son opposition et que, au terme d'un délai de quinze jours à compter de la date de la décision de destruction, le propriétaire ou l'ayant droit supposé n'a pu être identifié ou averti et ne s'est pas manifesté, la procédure est réputée contradictoire et la décision du procureur de la République peut être exécutée.

SECTION IV *Dispositions particulières à la Martinique*

Art. L. 831-7 En Martinique, les visites sommaires prévues aux articles L. 812-3 et L. 812-4 peuvent être effectuées dans une zone comprise entre le littoral et une ligne tracée à un kilomètre en deçà, ainsi que sur les routes nationales 1, 2, 3, 5 et 6 et sur la route départementale 1.

Art. L. 831-8 En Martinique, le procureur de la République peut, au cours de l'enquête ou si aucune juridiction n'a été saisie ou lorsque la juridiction saisie a épuisé sa compétence sans avoir statué sur le sort des scellés, ordonner la destruction ou l'immobilisation, par la neutralisation de tout moyen indispensable à leur fonctionnement, des embarcations, des véhicules terrestres et des aéronefs qui ont servi à commettre les infractions mentionnées aux articles L. 823-1 et L. 823-2, constatées par procès-verbal.

Les décisions du procureur de la République prises en application du présent article sont motivées.

Elles sont notifiées par tout moyen aux personnes ayant des droits sur le bien, si celles-ci sont connues, et aux personnes mises en cause.

Les décisions d'immobilisation d'un bien peuvent être contestées selon les règles prévues à l'article 41-4 du code de procédure pénale.

Les décisions de destruction d'un bien prises par le procureur de la République peuvent être contestées par les personnes mentionnées au troisième alinéa du présent article, dans un délai de quarante-huit heures à compter de la notification de la décision, par voie de requête, devant le président de la chambre de l'instruction, qui se prononce dans un délai de quinze jours. Le recours contre la décision de destruction est suspensif. La personne mise en cause et les personnes ayant des droits sur le bien peuvent adresser toutes observations écrites ou être entendues par le président de la chambre de l'instruction. Lorsque la personne mise en cause n'a pas fait connaître son opposition et que, au terme d'un délai de quinze jours à compter de la date de la décision de destruction, le propriétaire ou l'ayant droit supposé n'a pu être identifié ou averti et ne s'est pas manifesté, la procédure est réputée contradictoire et la décision du procureur de la République peut être exécutée.

SECTION V *Dispositions particulières à Mayotte*

Art. L. 831-9 Les visites sommaires prévues aux articles L. 812-3 et L. 812-4 peuvent être effectuées sur l'ensemble du territoire de Mayotte.

Art. L. 831-10 A Mayotte, le procureur de la République peut, au cours de l'enquête ou si aucune juridiction n'a été saisie ou lorsque la juridiction saisie a épuisé sa compétence sans avoir statué sur le sort des scellés, ordonner la destruction ou l'immobilisation, par la neutralisation de tout moyen indispensable à leur fonctionnement, des embarcations, des véhicules terrestres et des aéronefs qui ont servi à commettre les infractions mentionnées aux articles L. 823-1 et L. 823-2, constatées par procès-verbal.

Les décisions du procureur de la République prises en application du présent article sont motivées.

Elles sont notifiées par tout moyen aux personnes ayant des droits sur le bien, si celles-ci sont connues, et aux personnes mises en cause.

Les décisions d'immobilisation d'un bien peuvent être contestées selon les règles prévues à l'article 41-4 du code de procédure pénale.

Les décisions de destruction d'un bien prises par le procureur de la République peuvent être contestées par les personnes mentionnées au troisième alinéa du présent article, dans un délai de quarante-huit heures à compter de la notification de la décision, par voie de requête, devant le président de la chambre de l'instruction, qui se prononce dans un délai de quinze jours. Le recours contre la décision de destruction est suspensif. La personne mise en cause et les personnes ayant des droits sur le bien peuvent adresser toutes observations écrites ou être entendues par le président de la chambre de l'instruction. Lorsque la personne mise en cause n'a pas fait connaître son opposition et que, au terme d'un délai de quinze jours à compter de la date de la décision de destruction, le propriétaire ou l'ayant droit supposé n'a pu être identifié ou averti et ne s'est pas manifesté, la procédure est réputée contradictoire et la décision du procureur de la République peut être exécutée.

CHAPITRE II *Dispositions applicables à Saint-Barthélemy*

Art. L. 832-1 Sous réserve des adaptations prévues par le présent chapitre, les dispositions suivantes sont applicables à Saint-Barthélemy dans leur rédaction résultant de l'ordonnance n° 2020-1733 du 16 décembre 2020, sauf mention contraire dans le tableau ci-dessous.

Articles applicables	Dans leur rédaction résultant de
Au titre I	
L. 810-1 à L. 812-2	
L. 813-1 à L. 814-1	
Au titre II	
L. 820-1 à L. 824-12	

Art. L. 832-2 Pour l'application du présent livre à Saint-Barthélemy :

1° A l'article L. 812-2, les mots : "des articles 78-1 à 78-2-2 du code de procédure pénale" sont remplacés par les mots : "de l'article 78-1, de l'article 78-2 à l'exception de ses neuvième et dixième alinéas et des articles 78-2-1 et 78-2-2 du code de procédure pénale" et les mots : "l'article *67 quater* du code des douanes" sont remplacés par les dispositions applicables localement ayant le même objet ;

2° L'article L. 821-1 est ainsi rédigé :

Art. L. 821-1 Est puni d'un an d'emprisonnement et de 3 750 euros d'amende, le fait pour un étranger de pénétrer à Saint-Barthélemy, sans se conformer aux dispositions de l'article L. 311-1 du présent code.

L'étranger condamné en application du présent article encourt la peine complémentaire de trois ans d'interdiction du territoire français.

Pour l'application du présent article, l'action publique ne peut être mise en mouvement que lorsque les faits ont été constatés dans les circonstances prévues à l'article 53 du code de procédure pénale.

3° L'article L. 821-2 est ainsi rédigé :

Art. L. 821-2 Est puni d'un an emprisonnement, de 3 750 euros d'amende et de trois ans d'interdiction du territoire français, le fait pour un étranger qui ne remplit pas les conditions d'entrée prévues à l'article L. 311-1, de refuser de se soumettre aux opérations de relevé des empreintes digitales et de prise de photographie dans le cas prévu au 3° de l'article L. 142-1.

Art. L. 832-3 Les visites sommaires prévues aux articles L. 812-3 et L. 812-4 peuvent être effectuées à Saint-Barthélemy dans une zone comprise entre le littoral et une ligne tracée à un kilomètre en deçà.

Art. L. 832-4 A Saint-Barthélemy, le procureur de la République peut, au cours de l'enquête ou si aucune juridiction n'a été saisie ou lorsque la juridiction saisie a épuisé sa compétence sans avoir statué sur le sort des scellés, ordonner la destruction ou l'immobilisation, par la neutralisation de tout moyen indispensable à leur fonctionnement, des embarcations, des véhicules terrestres et des aéronefs qui ont servi à commettre les infractions mentionnées aux articles L. 823-1 et L. 823-2, constatées par procès-verbal.

Les décisions du procureur de la République prises en application du présent article sont motivées.

Elles sont notifiées par tout moyen aux personnes ayant des droits sur le bien, si celles-ci sont connues, et aux personnes mises en cause.

Les décisions d'immobilisation d'un bien peuvent être contestées selon les règles prévues à l'article 41-4 du code de procédure pénale.

Les décisions de destruction d'un bien prises par le procureur de la République peuvent être contestées par les personnes mentionnées au troisième alinéa du présent article, dans un délai de quarante-huit heures à compter de la notification de la décision, par voie de requête, devant le président de la chambre de l'instruction, qui se prononce dans un délai de quinze jours. Le recours contre la décision de destruction est suspensif. La personne mise en cause et les personnes ayant des droits sur le bien peuvent adresser toutes observations écrites ou être entendues par le président de la chambre de l'instruction. Lorsque la personne mise en cause n'a pas fait connaître son opposition et que, au terme d'un délai de quinze jours à compter de la date de la décision de destruction, le propriétaire ou l'ayant droit supposé n'a pu être identifié ou averti et ne s'est pas manifesté, la procédure est réputée contradictoire et la décision du procureur de la République peut être exécutée.

CHAPITRE III *Dispositions applicables à Saint-Martin*

Art. L. 833-1 Sous réserve des adaptations prévues par le présent chapitre, les dispositions suivantes sont applicables à Saint-Martin dans leur rédaction résultant de l'ordonnance n° 2020-1733 du 16 décembre 2020, sauf mention contraire dans le tableau ci-dessous.

Articles applicables	Dans leur rédaction résultant de
Au titre I	
L. 810-1 à L. 812-2	
L. 813-1 à L. 814-1	
Au titre II	
L. 820-1 à L. 824-12	

Art. L. 833-2 Pour l'application du présent livre à Saint-Martin :

1° A l'article L. 812-2, les mots : "des articles 78-1 à 78-2-2 du code de procédure pénale" sont remplacés par les mots : "de l'article 78-1, de l'article 78-2 à l'exception de ses neuvième et dixième alinéas et des articles 78-2-1 et 78-2-2 du code de procédure pénale" et les mots : "l'article 67 *quater* du code des douanes" sont remplacés par les dispositions applicables localement ayant le même objet ;

2° L'article L. 821-1 est ainsi rédigé :

Art. L. 821-1 Est puni d'un an d'emprisonnement et de 3 750 euros d'amende, le fait pour un étranger de pénétrer à Saint-Martin, sans se conformer aux dispositions de l'article L. 311-1 du présent code.

L'étranger condamné en application du présent article encourt la peine complémentaire de trois ans d'interdiction du territoire français.

Pour l'application du présent article, l'action publique ne peut être mise en mouvement que lorsque les faits ont été constatés dans les circonstances prévues à l'article 53 du code de procédure pénale.

3° L'article L. 821-2 est ainsi rédigé :

Art. L. 821-2 Est puni d'un an emprisonnement, de 3 750 euros d'amende et de trois ans d'interdiction du territoire français, le fait pour un étranger qui ne remplit pas les conditions d'entrée prévues à l'article L. 311-1, de refuser de se soumettre aux opérations de relevé des empreintes digitales et de prise de photographie dans le cas prévu au 3° de l'article L. 142-1.

Art. L. 833-3 Les visites sommaires prévues aux articles L. 812-3 et L. 812-4 peuvent être effectuées à Saint-Martin dans une zone comprise entre le littoral et une ligne tracée à un kilomètre en deçà.

Art. L. 833-4 A Saint-Martin, le procureur de la République peut, au cours de l'enquête ou si aucune juridiction n'a été saisie ou lorsque la juridiction saisie a épuisé sa compétence sans avoir statué sur le sort des scellés, ordonner la destruction ou l'immobilisation, par la neutralisation de tout moyen indispensable à leur fonctionnement, des embarcations, des véhicules terrestres et des aéronefs qui ont servi à commettre les infractions mentionnées aux articles L. 823-1 et L. 823-2, constatées par procès-verbal.

Les décisions du procureur de la République prises en application du présent article sont motivées.

Elles sont notifiées par tout moyen aux personnes ayant des droits sur le bien, si celles-ci sont connues, et aux personnes mises en cause.

Les décisions d'immobilisation d'un bien peuvent être contestées selon les règles prévues à l'article 41-4 du code de procédure pénale.

Les décisions de destruction d'un bien prises par le procureur de la République peuvent être contestées par les personnes mentionnées au troisième alinéa du présent article, dans un délai de quarante-huit heures à compter de la notification de la décision, par voie de requête, devant le président de la chambre de l'instruction, qui se prononce dans un délai de quinze jours. Le recours contre la décision de destruction est suspensif. La personne mise en cause et les personnes ayant des droits sur le bien peuvent adresser toutes observations écrites ou être entendues par le président de la chambre de l'instruction. Lorsque la personne mise en cause n'a pas fait connaître son opposition et que, au terme d'un délai de quinze jours à compter de la date de la décision de destruction, le propriétaire ou l'ayant droit supposé n'a pu être identifié ou averti et ne s'est pas manifesté, la procédure est réputée contradictoire et la décision du procureur de la République peut être exécutée.

CHAPITRE IV *Dispositions applicables dans les îles Wallis-et-Futuna*

Art. L. 834-1 Sous réserve des adaptations prévues par le présent chapitre, les dispositions suivantes sont applicables dans les îles Wallis-et-Futuna dans leur rédaction résultant de l'ordonnance n° 2020-1733 du 16 décembre 2020, sauf mention contraire dans le tableau ci-dessous.

Articles applicables	Dans leur rédaction résultant de
Au titre I	
L. 810-1 à L. 812-2	
L. 813-1 à L. 814-1	
Au titre II	
L. 820-1 à L. 821-6	
L. 821-8 à L. 822-3	
L. 822-5 à L. 824-12	

Art. L. 834-2 Pour l'application du présent livre dans les îles Wallis-et-Futuna :

1° Au titre Ier, les mots : "en France" sont remplacés par les mots : "dans les îles Wallis-et-Futuna" ;

2° Les valeurs monétaires exprimées en euros sont remplacées par leur contre-valeur en francs CFP ;

3° A l'article L. 812-2, les dispositions du 3° ne sont pas applicables et les mots : "des articles 78-1 à 78-2-2 du code de procédure pénale" sont remplacés par les mots : "de l'article 78-1, de l'article 78-2 à l'exception de ses neuvième et dixième alinéas et des articles 78-2-1 et 78-2-2 du code de procédure pénale" ;

4° A l'article L. 820-1, les références aux articles L. 822-4, L. 822-5 et L. 823-1 à L. 823-7 sont supprimées ;

5° L'article L. 821-1 est ainsi rédigé :

Art. L. 821-1 Est puni d'un an d'emprisonnement et de 3 750 euros d'amende, le fait pour un étranger de pénétrer ou de séjourner dans les îles Wallis-et-Futuna sans se conformer aux dispositions des articles L. 311-1 et L. 411-1 ou de s'y maintenir au-delà de la durée autorisée par son visa.

La juridiction pourra en outre, à titre de peine complémentaire, interdire au condamné, pendant une durée qui ne peut excéder trois ans, de pénétrer ou de séjourner sur le territoire des îles Wallis-et-Futuna.

6° L'article L. 821-2 est ainsi rédigé :

Art. L. 821-2 Est puni d'un an d'emprisonnement, de 3 750 euros d'amende et de trois ans d'interdiction du territoire français, le fait pour un étranger qui ne remplit pas les conditions d'entrée prévues à l'article L. 311-1, de refuser de se soumettre aux opérations de relevé des empreintes digitales et de prise de photographie dans le cas prévu au 3° de l'article L. 142-1.

7° A l'article L. 822-2, les mots : "et de la contribution spéciale prévue à l'article L. 8253-1 du code du travail" sont supprimés ;

8° L'article L. 822-3 est ainsi rédigé :

Art. L. 822-3 Le montant total des sanctions pécuniaires pour l'emploi d'un étranger en situation de séjour irrégulier ne peut excéder le montant des sanctions pénales prévues par les dispositions applicables localement relatives à l'emploi de la main-d'œuvre étrangère ou, si l'employeur entre dans le champ d'application de ces articles, le montant des sanctions pénales prévues aux articles L. 823-1 à L. 823-10 du présent code.

9° A l'article L. 822-5, après les mots : "A ce titre, il", sont insérés les mots : "constate, fixe le montant de la contribution,".

CHAPITRE V *Dispositions applicables en Polynésie française*

Art. L. 835-1 Sous réserve des adaptations prévues par le présent chapitre, les dispositions suivantes sont applicables en Polynésie française dans leur rédaction résultant de l'ordonnance n° 2020-1733 du 16 décembre 2020, sauf mention contraire dans le tableau ci-dessous.

Articles applicables	Dans leur rédaction résultant de
Au titre I	
L. 810-1 à L. 812-2	
L. 813-1 à L. 814-1	
Au titre II	
L. 820-1 à L. 821-6	
L. 821-8 à L. 822-3	
L. 822-5 à L. 824-12	

Art. L. 835-2 Pour l'application du présent livre en Polynésie française :

1° Au titre Ier, le mot : "France" est remplacé par les mots : "Polynésie française" ;

2° Les valeurs monétaires exprimées en euros sont remplacées par leur contre-valeur en francs CFP ;

3° A l'article L. 812-2, les dispositions du 3° ne sont pas applicables et les mots : "des articles 78-1 à 78-2-2 du code de procédure pénale" sont remplacés par les mots : "de l'article 78-1, de l'article 78-2 à l'exception de ses neuvième et dixième alinéas et des articles 78-2-1 et 78-2-2 du code de procédure pénale" ;

4° A l'article L. 820-1, les références aux articles L. 822-4, L. 822-5 et L. 823-1 à L. 823-7 sont supprimées ;

5° L'article L. 821-1 est ainsi rédigé :

Art. L. 821-1 Est puni d'un an d'emprisonnement et de 3 750 euros d'amende, le fait pour un étranger de pénétrer ou de séjourner en Polynésie française sans se conformer aux dispositions des articles L. 311-1 et L. 411-1 ou de s'y maintenir au-delà de la durée autorisée par son visa.

La juridiction pourra en outre, à titre de peine complémentaire, interdire au condamné, pendant une durée qui ne peut excéder trois ans, de pénétrer ou de séjourner sur le territoire de la Polynésie française.

6° L'article L. 821-2 est ainsi rédigé :

Art. L. 821-2 Est puni d'un an d'emprisonnement, de 3 750 euros d'amende et de trois ans d'interdiction du territoire français le fait pour un étranger qui ne remplit pas les conditions d'entrée prévues à l'article L. 311-1, de refuser de se soumettre aux opérations de relevé des empreintes digitales et de prise de photographie dans le cas prévu au 3° de l'article L. 142-1.

7° A l'article L. 822-2, les mots : "et de la contribution spéciale prévue à l'article L. 8253-1 du code du travail" sont supprimés ;

8° L'article L. 822-3 est ainsi rédigé :

Art. L. 822-3 Le montant total des sanctions pécuniaires pour l'emploi d'un étranger en situation de séjour irrégulier ne peut excéder le montant des sanctions pénales prévues par les dispositions applicables localement relatives à l'emploi de la main-d'œuvre étrangère ou, si l'employeur entre dans le champ d'application de ces articles, le montant des sanctions pénales prévues aux articles L. 823-1 à L. 823-10 du présent code.

9° A l'article L. 822-5, après les mots : "A ce titre, il", sont insérés les mots : "constate, fixe le montant de la contribution,".

CHAPITRE VI *Dispositions applicables en Nouvelle-Calédonie*

Art. L. 836-1 Sous réserve des adaptations prévues par le présent chapitre, les dispositions suivantes sont applicables en Nouvelle-Calédonie dans leur rédaction résultant de l'ordonnance n° 2020-1733 du 16 décembre 2020, sauf mention contraire dans le tableau ci-dessous.

Articles applicables	Dans leur rédaction résultant de
Au titre I	
L. 810-1 à L. 812-2	
L. 813-1 à L. 814-1	
Au titre II	
L. 820-1 à L. 821-6	
L. 821-8 à L. 822-3	
L. 822-5 à L. 824-12	

Art. L. 836-2 Pour l'application du présent livre en Nouvelle-Calédonie :

1° Au titre Ier, le mot : "France" est remplacé par les mots : "Nouvelle-Calédonie" ;

2° Les valeurs monétaires exprimées en euros sont remplacées par leur contre-valeur en francs CFP ;

3° A l'article L. 812-2, les dispositions du 3° ne sont pas applicables et les mots : "des articles 78-1 à 78-2-2 du code de procédure pénale" sont remplacés par les mots : "de l'article 78-1, de l'article 78-2 à l'exception de ses neuvième et dixième alinéas et des articles 78-2-1 et 78-2-2 du code de procédure pénale" ;

4° A l'article L. 820-1, les références aux articles L. 822-4, L. 822-5 et L. 823-1 à L. 823-7 sont supprimées ;

5° L'article L. 821-1 est ainsi rédigé :

Art. L. 821-1 Est puni d'un an d'emprisonnement et de 3 750 euros d'amende, le fait pour un étranger de pénétrer ou de séjourner en Nouvelle-Calédonie sans se conformer aux dispositions des articles L. 311-1 et L. 411-1 ou de s'y maintenir au-delà de la durée autorisée par son visa.

La juridiction pourra en outre, à titre de peine complémentaire, interdire au condamné, pendant une durée qui ne peut excéder trois ans, de pénétrer ou de séjourner sur le territoire de la Nouvelle-Calédonie.

6° L'article L. 821-2 est ainsi rédigé :

Art. L. 821-2 Est puni d'un an d'emprisonnement, de 3 750 euros d'amende et de trois ans d'interdiction du territoire français, le fait pour un étranger qui ne remplit pas les conditions d'entrée prévues à l'article L. 311-1, de refuser de se soumettre aux opérations de relevé des empreintes digitales et de prise de photographie dans le cas prévu au 3° de l'article L. 142-1.

7° A l'article L. 822-2, les mots : "et de la contribution spéciale prévue à l'article L. 8253-1 du code du travail" sont supprimés ;

8° L'article L. 822-3 est ainsi rédigé :

Art. L. 822-3 Le montant total des sanctions pécuniaires pour l'emploi d'un étranger en situation de séjour irrégulier ne peut excéder le montant des sanctions pénales prévues par les dispositions applicables localement relatives à l'emploi de la main-d'œuvre étrangère ou, si l'employeur entre dans le champ d'application de ces articles, le montant des sanctions pénales prévues aux articles L. 823-1 à L. 823-10 du présent code.

9° A l'article L. 822-5, après les mots : "A ce titre, il", sont insérés les mots : "constate, fixe le montant de la contribution,".

CHAPITRE VII *Dispositions applicables dans les Terres australes et antarctiques françaises*

Art. L. 837-1 Sous réserve des adaptations prévues par le présent chapitre, les dispositions suivantes sont applicables dans les Terres australes et antarctiques françaises dans leur rédaction résultant de l'ordonnance n° 2020-1733 du 16 décembre 2020, sauf mention contraire ou mention de leur application de plein droit dans le tableau ci-dessous.

Articles applicables	Dans leur rédaction résultant de
Au titre II	
L. 821-6	
L. 821-8 et L. 821-9	
L. 821-12 à L. 821-13	
L. 823-1 à L. 823-8	Application de plein droit
L. 823-10	Application de plein droit

Art. L. 837-2 Pour l'application du présent livre dans les Terres australes et antarctiques françaises :

1° Les mots : "en France" sont remplacés par les mots : "dans les Terres australes et antarctiques" ;

2° L'article L. 821-6 est ainsi rédigé :

Art. L. 821-6 Est passible d'une amende administrative de 5 000 euros l'entreprise de transport aérien, maritime ou routier qui débarque sur le territoire français, en provenance d'un autre État, un étranger non ressortissant d'un État membre de l'Union européenne démuni du document de voyage et, le cas échéant, du visa requis par la loi ou l'accord international qui lui est applicable en raison de sa nationalité.

Est passible de la même amende l'entreprise de transport aérien ou maritime qui débarque, dans le cadre du transit, un étranger non ressortissant d'un État membre de l'Union européenne démuni du document de voyage ou du visa requis par la loi ou l'accord international qui lui est applicable compte tenu de sa nationalité et de sa destination.

L'amende prévue aux premier et deuxième alinéas est réduite à 3 000 euros par passager lorsque l'entreprise a mis en place et utilise, sur le lieu d'embarquement des passagers, un dispositif agréé de numérisation et de transmission, aux autorités françaises chargées du contrôle aux frontières, des documents de voyage et des visas.

3° A l'article L. 821-9, les mots : "10 000 euros" et "20 000 euros" sont respectivement remplacés par les mots : "3 000 euros à 5 000 euros" et "6 000 euros à 10 000 euros".

Art. L. 837-3 Un décret en Conseil d'État, pris après avis de la Commission nationale de l'informatique et des libertés, fixe les modalités d'application du troisième alinéa de l'article L. 821-6. Il précise la durée de conservation des données et les conditions de mise à jour des informations enregistrées, les catégories de personnes pouvant y accéder et les modalités d'habilitation de celles-ci ainsi que, le cas échéant, les conditions dans lesquelles les personnes intéressées peuvent exercer leur droit d'accès.

Art. L. 837-4 Des arrêtés conjoints du ministre de l'intérieur et du ministre chargé de l'outre-mer fixent, en tant que de besoin, les modalités d'application des dispositions du présent chapitre.

DEUXIÈME PARTIE : *RÉGLEMENTAIRE*

(Décr. n° 2020-1734 du 16 déc. 2020, en vigueur le 1er mai 2021)

LIVRE VI **Décisions d'éloignement**

TITRE PREMIER **Obligation de quitter le territoire français**

Art. R. 610-1 Conformément à l'article R. 253-1, les dispositions des articles R. 611-1, R. 611-2 et R. 614-1 sont applicables à l'étranger dont la situation est régie par le livre II.

CHAPITRE PREMIER *Décision portant obligation de quitter le territoire français*

Art. R. 611-1 Pour constater l'état de santé de l'étranger mentionné au 9° de l'article L. 611-3, l'autorité administrative tient compte d'un avis émis par un collège de médecins à compétence nationale de l'Office français de l'immigration et de l'intégration.

Toutefois, lorsque l'étranger est assigné à résidence aux fins d'exécution de la décision portant obligation de quitter le territoire français ou placé ou maintenu en rétention administrative en application du titre IV du livre VII, l'avis est émis par un médecin de l'office et transmis sans délai au préfet territorialement compétent.

Art. R. 611-2 L'avis mentionné à l'article R. 611-1 est émis dans les conditions fixées par arrêté du ministre chargé de l'immigration et du ministre chargé de la santé au vu :

1° D'un certificat médical établi par le médecin qui suit habituellement l'étranger ou un médecin praticien hospitalier ;

2° Des informations disponibles sur les possibilités de bénéficier effectivement d'un traitement approprié dans le pays d'origine de l'intéressé.

Toutefois, lorsque l'étranger est placé ou maintenu en rétention administrative, le certificat prévu au 1° est établi par un médecin intervenant dans le lieu de rétention conformément à l'article R. 744-14.

CHAPITRE II *Décisions pouvant assortir la décision portant obligation de quitter le territoire français*

Le présent chapitre ne comprend pas de dispositions réglementaires.

CHAPITRE III *Procédure administrative*

SECTION I *Édiction et notification des décisions*

SOUS-SECTION 1 *Autorité administrative compétente*

Art. R. 613-1 L'autorité administrative compétente pour édicter la décision portant obligation de quitter le territoire français, la décision fixant le délai de départ volontaire et l'interdiction de retour sur le territoire français est le préfet de département et, à Paris, le préfet de police.

SOUS-SECTION 2 *Modalités particulières de notification*

Art. R. 613-2 La décision d'interruption du délai de départ volontaire prévue à l'article L. 612-5 est notifiée par la voie administrative.

Art. R. 613-3 L'interdiction de retour sur le territoire français prononcée en application de l'article L. 612-7 est notifiée par la voie administrative.

Il en est de même de la décision de prolongation d'une interdiction de retour, prévue à l'article L. 612-11.

SECTION II *Information de l'étranger*

SOUS-SECTION 1 *Étranger auquel est accordé un délai de départ volontaire*

Art. R. 613-4 L'étranger auquel est accordé un délai de départ volontaire peut demander que les principaux éléments des décisions qui lui sont notifiées en application du chapitre I lui soient communiqués dans une langue qu'il comprend ou dont il est raisonnable de supposer qu'il la comprend.

Art. R. 613-5 L'étranger auquel est accordé un délai de départ volontaire est informé que l'autorité administrative peut y mettre fin si un motif de refus de ce délai apparaît postérieurement à sa notification, en application de l'article L. 612-5.

SOUS-SECTION 2 *Étranger auquel est notifiée une interdiction de retour sur le territoire français*

Art. R. 613-6 L'étranger auquel est notifiée une interdiction de retour sur le territoire français est informé du caractère exécutoire de cette décision et de ce que la durée pendant laquelle il lui est interdit de revenir sur le territoire commence à courir à la date à laquelle il satisfait à son obligation de quitter le territoire français.

Il est également informé des conditions d'exécution de la décision portant obligation de quitter le territoire français mentionnées à l'article R. 711-1, ainsi que des conditions dans lesquelles il peut justifier de sa sortie du territoire français conformément aux dispositions de l'article R. 711-2.

Art. R. 613-7 Les modalités de suppression du signalement d'un étranger effectué au titre d'une décision d'interdiction de retour sont celles qui s'appliquent, en vertu de l'article 7 du décret n° 2010-569 du 28 mai 2010 relatif au fichier des personnes recherchées, aux cas d'extinction du motif d'inscription dans ce traitement.

CHAPITRE IV *Procédure contentieuse*

Art. R. 614-1 La présentation, l'instruction et le jugement par les juridictions administratives des recours en annulation mentionnés à l'article L. 614-1 obéissent aux règles définies au chapitre VI du titre VII du livre VII du code de justice administrative.

CHAPITRE V *Cas de l'étranger obligé de quitter le territoire d'un autre État membre de l'Union européenne ou d'un État avec lequel s'applique l'acquis de Schengen*

SECTION I *Autorité administrative compétente*

Art. R. 615-1 L'autorité administrative compétente pour décider, en application de l'article L. 615-1, de mettre en œuvre une décision prise par un autre État est le préfet de département et, à Paris, le préfet de police.

SECTION II *Mise en œuvre d'une décision d'éloignement prise par un autre État membre de l'Union européenne ou un état avec lequel s'applique l'acquis de Schengen en application du 2° de l'article L. 615-1*

SOUS-SECTION 1 *Conditions dans lesquelles l'autorité administrative peut mettre en œuvre une décision prise par un autre État membre de l'Union européenne ou un état avec lequel s'applique l'acquis de Schengen*

Art. R. 615-2 L'autorité administrative peut, en application du 2° de l'article L. 615-1, décider de mettre en œuvre une décision d'éloignement exécutoire prise par l'un des autres États membres de l'Union européenne, la République d'Islande, la Principauté du Liechtenstein, le Royaume de Norvège ou la Confédération suisse, lorsque cette décision est fondée :

1° Sur une menace grave et actuelle pour l'ordre public ou la sécurité nationale et prise par l'un de ces États dans l'un des cas suivants :

a) lorsque l'étranger a fait l'objet d'une condamnation par l'État qui lui a délivré un titre de séjour, pour une infraction passible d'une peine privative de liberté d'au moins un an ;

b) lorsqu'il existe des raisons sérieuses de croire que l'étranger a commis des faits punissables graves ou des indices réels qu'il envisage de commettre de tels faits sur le territoire d'un des États mentionnés au premier alinéa ;

2° Sur le non-respect de la réglementation nationale, relative à l'entrée ou au séjour des étrangers, de l'État qui a édicté cette décision d'éloignement.

La décision mentionnée au présent article est applicable sans préjudice de la décision de remise prévue à l'article L. 621-4 et de la décision de transfert prévue à l'article L. 572-1.

SOUS-SECTION 2 *Procédure administrative*

Art. R. 615-3 Avant de décider de mettre en œuvre la décision d'éloignement prise à l'encontre d'un étranger par un État mentionné à l'article R. 615-2, l'autorité administrative s'assure, dans tous les cas, de son caractère exécutoire et de ses motifs en consultant à cette fin l'État qui l'a édictée.

Art. R. 615-4 Sans préjudice des dispositions de l'article R. 615-3, lorsqu'il apparaît qu'un étranger titulaire d'un titre de séjour délivré par les autorités françaises fait l'objet d'une décision d'éloignement exécutoire prise dans les cas mentionnés au 1° de l'article R. 615-2, l'autorité administrative engage sans délai l'examen du retrait du titre de séjour. L'existence d'une telle décision d'éloignement permet le retrait du titre de séjour dans les limites fixées par le présent code.

L'autorité administrative ne peut décider de mettre en œuvre la décision d'éloignement prise par un autre État qu'après notification à l'intéressé du retrait de son titre de séjour.

Art. R. 615-5 Sans préjudice des dispositions de l'article R. 615-3, lorsqu'il apparaît qu'un étranger titulaire d'un titre de séjour délivré par un État mentionné à l'article R. 615-2 fait l'objet d'une décision d'éloignement prise dans les cas prévus au 1° du même article, l'autorité administrative consulte cet État aux fins de l'examen du maintien de ce droit au séjour.

Sans attendre le retrait du titre de séjour, l'autorité administrative peut ordonner l'assignation à résidence sur le fondement du 3° de l'article L. 731-1 ou le placement en rétention administrative sur le fondement de l'article L. 741-1 en vue de l'exécution de la décision d'éloignement. Toutefois, l'autorité administrative ne peut procéder à la mise en œuvre effective de cette décision d'éloignement qu'après notification à l'intéressé du retrait de son titre de séjour.

Lorsqu'au terme de la consultation prévue au premier alinéa, l'État saisi maintient le droit au séjour de l'étranger sur son territoire, la décision de remise prévue au titre II est applicable. Il en est de même lorsque la décision d'éloignement a été prise dans un autre cas que ceux mentionnés au 1° de l'article R. 615-2.

TITRE II Remise aux autorités d'un autre État membre de l'Union européenne

CHAPITRE PREMIER *Cas dans lesquels un étranger peut faire l'objet d'une décision de remise*

SECTION I *Autorité administrative compétente*

Art. R. 621-1 L'autorité administrative compétente pour prendre la décision de remise en application des articles L. 621-1 à L. 621-7 est le préfet de département et, à Paris, le préfet de police.

Toutefois, dans les cas prévus aux articles L. 621-2 et L. 621-3, le préfet peut déléguer sa signature à un fonctionnaire de police dans les départements ayant une frontière commune avec un ou plusieurs États membres de l'Union européenne ou la Confédération suisse pour les décisions de remise aux autorités d'un de ces États. Le fonctionnaire a au moins le grade de lieutenant de police.

SECTION II *Respect de l'obligation de déclaration d'entrée sur le territoire français mentionnée à l'article L. 621-3*

Art. R. 621-2 Sous réserve des dispositions de l'article R. 621-4, l'étranger souscrit la déclaration d'entrée sur le territoire français mentionnée à l'article L. 621-3 auprès des services de la police nationale ou, en l'absence de tels services, des services des douanes ou des unités de la gendarmerie nationale. A cette occasion, il lui est remis un récépissé qui peut être délivré par apposition d'une mention sur le document de voyage.

Les modalités d'application du présent article, et notamment les mentions de la déclaration et son lieu de souscription, sont fixées par arrêté conjoint du ministre de l'intérieur et du ministre chargé de l'immigration.

Art. R. 621-3 La production du récépissé mentionné au premier alinéa de l'article R. 621-2 permet à l'étranger soumis à l'obligation de déclaration de justifier, à toute réquisition d'une autorité compétente, qu'il a satisfait à cette obligation.

Art. R. 621-4 N'est pas astreint à la déclaration d'entrée sur le territoire français l'étranger qui se trouve dans l'une des situations suivantes :

1° N'est pas soumis à l'obligation du visa pour entrer en France en vue d'un séjour d'une durée inférieure ou égale à trois mois ;

2° Est titulaire d'un titre de séjour en cours de validité, d'une durée supérieure ou égale à un an, délivré par un État partie à la convention signée à Schengen le 19 juin 1990 ; toutefois un arrêté du ministre chargé de l'immigration peut désigner les étrangers titulaires d'un tel titre qui demeurent astreints à la déclaration d'entrée.

SECTION III *Remise de l'étranger titulaire du statut de résident de longue durée – UE*

SOUS-SECTION 1 *Remise de l'étranger titulaire du statut de résident de longue durée – UE accordé par un autre État membre de l'Union Européenne*

§ 1er *Remise en cas de séjour irrégulier*

Art. R. 621-5 L'autorité administrative désignée à l'article R. 621-1 peut, en application des dispositions de l'article L. 621-4, prendre une décision de remise à l'encontre de l'étranger titulaire du statut de résident de longue durée – UE accordé par un autre État, dans les cas suivants :

1° L'étranger a séjourné sur le territoire français plus de trois mois consécutifs sans se conformer aux dispositions de l'article L. 426-11 ;

2° L'étranger fait l'objet d'un refus de délivrance ou de renouvellement d'une carte de séjour temporaire ou pluriannuelle en application de l'article L. 426-11 ou du retrait d'une carte de séjour temporaire ou pluriannuelle délivrée en application du même article.

Art. R. 621-6 L'autorité administrative peut, en application des dispositions de l'article L. 621-4, prendre une décision de remise à l'encontre d'un membre de la famille d'un étranger titulaire du statut de résident de longue durée – UE accordé par un autre État, mentionné aux articles L. 426-12 et L. 426-13, lorsque ce membre de famille :

1° A séjourné plus de trois mois consécutifs sur le territoire français sans se conformer aux dispositions des articles L. 426-12 ou L. 426-13 ;

2° A fait l'objet d'un refus de délivrance ou de renouvellement de la carte de séjour temporaire portant la mention "vie privée et familiale" mentionnée aux articles L. 426-12 et L. 426-13 ou de la carte de séjour pluriannuelle mentionnée à l'article L. 433-4 ou du retrait de l'une de ces cartes de séjour.

§ 2 *Remise et éloignement en cas de menace grave pour l'ordre public*

Art. R. 621-7 Lorsque l'autorité administrative désignée à l'article R. 621-1 constate qu'un étranger titulaire du statut de résident longue durée – UE accordé par un autre État fait l'objet d'une décision d'éloignement exécutoire édictée en raison de l'existence d'une menace grave pour l'ordre public, elle consulte cet État aux fins de l'examen du droit au séjour sur son territoire.

Sans attendre le terme de cette consultation, l'autorité administrative peut ordonner l'assignation à résidence sur le fondement du 4° de l'article L. 731-1 ou le placement en rétention administrative sur le fondement de l'article L. 741-1.

Art. R. 621-8 Lorsqu'au terme des consultations prévues à l'article R. 621-7, l'État qui a accordé le statut de résident de longue durée – UE maintient le droit au séjour sur son territoire ou suspend le retrait de ce droit, l'autorité administrative édicte une décision de remise de l'intéressé aux autorités compétentes de cet État en application de l'article L. 621-4.

Art. R. 621-9 Lorsqu'au terme des consultations prévues à l'article R. 621-7, l'État qui a accordé le statut de résident de longue durée – UE retire le droit au séjour sur son territoire, l'autorité administrative, après notification à l'intéressé de cette décision de retrait du droit au séjour, procède à l'exécution de la décision d'éloignement. Dans ce cas, si l'étranger a été assigné à résidence ou placé en rétention conformément aux dispositions du second alinéa de l'article R. 621-7, cette mesure peut se poursuivre, dans les mêmes conditions et selon les mêmes modalités, aux fins d'exécution de la décision d'éloignement.

Toutefois, si l'étranger auquel est retiré le statut de résident de longue durée – UE s'est vu antérieurement reconnaître la qualité de réfugié ou accorder le bénéfice de la protection subsidiaire par l'un des États membres de l'Union européenne, la République d'Islande, la Principauté du Liechtenstein, le Royaume de Norvège ou la Confédération suisse, il est remis aux autorités de cet État en application de l'article L. 621-4, après vérification auprès de cet État que l'étranger demeure sous sa protection.

SOUS-SECTION 2 *Réadmission de l'étranger titulaire du statut de résident de longue durée – UE accordé par la France*

Art. R. 621-10 Lorsque l'autorité administrative est consultée par les autorités compétentes d'un État membre de l'Union européenne, de la République d'Islande, de la Principauté du Liechtenstein, du Royaume de Norvège ou de la Confédération suisse qui constatent l'existence d'une décision d'éloignement édictée pour des motifs graves d'ordre ou de sécurité publique à l'encontre d'un étranger auquel la France a accordé le statut de résident de longue durée – UE en application des dispositions des articles L. 421-12, L. 421-25, L. 424-5, L. 424-14 et L. 426-17, elle s'assure du caractère exécutoire et des motifs de cette décision.

Art. R. 621-11 Lorsque l'autorité administrative est consultée dans les conditions prévues à l'article R. 621-10, elle procède sans délai à l'examen du retrait du statut de résident de longue durée – UE *en France et du retrait* du droit au séjour en France de l'intéressé au regard des dispositions législatives et réglementaires en vigueur.

L'existence d'une telle décision d'éloignement exécutoire permet à l'autorité administrative française qui a accordé le statut de résident de longue durée – UE de le retirer.

Ce retrait implique le retrait du droit au séjour, sauf si son titulaire ne peut faire l'objet d'une décision d'expulsion en application des engagements internationaux de la France.

Art. R. 621-12 Lorsque le statut de résident de longue durée – UE est retiré, l'autorité administrative informe de sa décision l'État mentionné à l'article R. 621-10 qui l'a consultée, afin qu'il notifie cette décision à l'intéressé.

Art. R. 621-13 Lorsque le statut de résident de longue durée – UE est maintenu, l'autorité administrative informe de sa décision l'État mentionné à l'article R. 621-10 qui l'a consultée. L'étranger et, le cas échéant, les membres de sa famille sont réadmis sans formalités sur le territoire français à la demande de l'État auteur de la décision d'éloignement.

Art. R. 621-14 Dans le cas où l'étranger s'est vu reconnaître la qualité de réfugié ou d'apatride, ou s'est vu accorder le bénéfice de la protection subsidiaire en France et qu'il demeure sous la protection de la France, l'autorité administrative française qui lui a accordé le statut de résident de longue durée – UE en informe l'État auteur de la décision d'éloignement, dans un délai maximal d'un mois suivant la date à laquelle elle a été consultée. L'étranger ainsi que, le cas échéant, son conjoint et ses enfants mineurs sont alors réadmis en France.

CHAPITRE II *Interdiction de circulation sur le territoire français assortissant une décision de remise*

Art. R. 622-1 L'autorité administrative compétente pour assortir, en application de l'article L. 622-1, une décision de remise d'une interdiction de circulation sur le territoire français est le préfet de département et, à Paris, le préfet de police.

CHAPITRE III *Procédure contentieuse*

Le présent chapitre ne comprend pas de dispositions réglementaires.

TITRE III Expulsion

Art. R. 630-1 Conformément à l'article R. 253-1, les dispositions des articles R. 631-1 et R. 632-1 à R. 632-10 sont applicables à l'étranger dont la situation est régie par le livre II.

CHAPITRE PREMIER *Cas dans lesquels un étranger peut faire l'objet d'une décision d'expulsion*

Art. R. 631-1 L'autorité administrative constate l'état de santé de l'étranger défini au 5° de l'article L. 631-3 dans les conditions prévues aux articles R. 611-1 et R. 611-2.

CHAPITRE II *Procédure administrative*

SECTION I *Autorité administrative compétente*

Art. R. 632-1 Sauf en cas d'urgence absolue, l'autorité administrative compétente pour prononcer l'expulsion d'un étranger en application de l'article L. 631-1 est le préfet de département et, à Paris, le préfet de police.

Art. R.* 632-2 L'autorité administrative compétente pour prononcer l'expulsion d'un étranger en application des articles L. 631-2 ou L. 631-3 ainsi qu'en cas d'urgence absolue est le ministre de l'intérieur.

SECTION II *Commission d'expulsion*

Art. R. 632-3 Sauf en cas d'urgence absolue, l'étranger à l'encontre duquel une procédure d'expulsion est engagée en est avisé au moyen d'un bulletin de notification.

Le bulletin de notification vaut convocation devant la commission d'expulsion mentionnée au 2° de l'article L. 632-2.

Art. R. 632-4 Le bulletin de notification mentionné à l'article R. 632-3 :

1° Avise l'étranger qu'une procédure d'expulsion est engagée à son encontre et énonce les faits motivant cette procédure ;

2° Indique la date, l'heure et le lieu de la réunion de la commission d'expulsion à laquelle il est convoqué ;

3° Précise à l'étranger que les débats de la commission sont publics et porte à sa connaissance les dispositions du quatrième alinéa de l'article L. 632-2 et celles de l'article R. 632-5 ;

4° Informe l'étranger qu'il peut se présenter devant la commission seul ou assisté d'un conseil et demander à être entendu avec un interprète ;

5° Informe l'étranger qu'il peut demander l'aide juridictionnelle dans les conditions prévues par la loi n° 91-647 du 10 juillet 1991 et le décret n° 91-1266 du 19 décembre 1991 ; le bulletin de notification précise que l'aide juridictionnelle provisoire peut lui être accordée par le président de la commission d'expulsion et que le bureau d'aide juridictionnelle territorialement compétent pour connaître de sa demande d'aide juridictionnelle est celui qui est établi près le tribunal judiciaire du chef-lieu du département dans lequel siège la commission ;

6° Précise que l'étranger et son conseil peuvent demander la communication de son dossier au service dont il mentionne la dénomination et l'adresse et présenter un mémoire en défense ;

7° Indique les voies de recours ouvertes à l'étranger contre la décision d'expulsion qui pourrait être prise à son encontre.

Art. R. 632-5 La notification du bulletin mentionné à l'article R. 632-3 est effectuée par le préfet du département où est située la résidence de l'étranger ou, si ce dernier est détenu dans un établissement pénitentiaire, du préfet du département où est situé cet établissement. A Paris, le préfet compétent est le préfet de police.

Le bulletin de notification est remis à l'étranger, quinze jours au moins avant la date prévue pour la réunion de la commission d'expulsion soit par un fonctionnaire de police, soit par le greffier de l'établissement pénitentiaire. L'étranger donne décharge de cette remise.

Si la remise à l'étranger lui-même n'a pu être effectuée, la convocation est envoyée à sa résidence par lettre recommandée avec demande d'avis de réception confirmée, le même jour, par lettre simple.

Si l'étranger a changé de résidence sans en informer l'administration comme l'article R. 431-23 lui en fait obligation, la notification est faite à la dernière résidence connue par lettre recommandée dans les conditions indiquées au troisième alinéa.

Art. R. 632-6 Si l'étranger convoqué dans les conditions prévues aux articles R. 632-3, R. 632-4 et R. 632-5 ne se présente pas personnellement devant la commission d'expulsion à la date prévue, celle-ci émet son avis.

Toutefois, elle renvoie l'examen de l'affaire à une date ultérieure, conformément aux dispositions du quatrième alinéa de l'article L. 632-2, lorsque l'étranger ou son conseil ont présenté, pendant la période comprise entre la notification du bulletin prévu à l'article R. 632-3 et le début de la séance de la commission, une demande de renvoi fondée sur un motif légitime. Cette demande de renvoi peut également être formulée au cours de la séance de la commission par l'intermédiaire du conseil de l'étranger.

Art. R. 632-7 Dans tous les cas, la commission d'expulsion émet son avis dans le délai d'un mois.

Le préfet ou son représentant assure les fonctions de rapporteur. Le directeur départemental chargé de la cohésion sociale ou son représentant est entendu par la commission. Ces personnes n'assistent pas à la délibération de la commission.

Art. R. 632-8 Si, à l'issue du délai fixé au quatrième alinéa de l'article L. 632-2, éventuellement prolongé dans les conditions prévues à cet article, la commission d'expulsion n'a pas émis son avis, le préfet informe l'étranger que les formalités de consultation de la commission sont réputées remplies.

SECTION III *Abrogation des décisions d'expulsion*

Art. R. 632-9 La décision d'expulsion peut à tout moment être abrogée par l'autorité qui l'a prise.

L'abrogation d'une décision d'expulsion prise, avant l'entrée en vigueur du décret n° 97-24 du 13 janvier 1997, par le ministre de l'intérieur, sur le fondement des dispositions de l'article 23 de l'ordonnance n° 45-2658 du 2 novembre 1945, désormais codifiées à l'article L. 631-1, et après accomplissement des formalités prévues par les dispositions de l'article 24 *de la même ordonnance, désormais codifiées* à l'article L. 632-1, relève de la compétence du préfet du département dans le ressort duquel l'étranger avait sa résidence à la date de l'arrêté d'expulsion. A Paris, le préfet compétent est le préfet de police.

Art. R. 632-10 Le silence gardé pendant plus de quatre mois sur une demande d'abrogation d'une décision d'expulsion vaut décision de rejet.

TITRE IV Peine d'interdiction du territoire français

Le présent titre ne comprend pas de dispositions réglementaires.

TITRE V Dispositions relatives à l'outre-mer

CHAPITRE PREMIER *Dispositions particulières aux collectivités régies par l'article 73 de la Constitution et à Saint-Pierre-et-Miquelon*

SECTION I *Dispositions particulières à la Guadeloupe*

Art. R. 651-1 Les dispositions du présent livre sont applicables de plein droit en Guadeloupe, sous réserve des adaptations prévues au présent titre :

1° A l'article R. 610-1, la référence à l'article R. 614-1 est supprimée ;

2° L'article R. 614-1 n'est pas applicable ;

3° A l'article R. 615-2, les mots : "et de la décision de transfert prévue à l'article L. 572-1" sont supprimés ;

4° A l'article R. 621-2, les mots : "Sous réserve des dispositions de l'article R. 621-4," sont supprimés ;

5° L'article R. 621-4 n'est pas applicable.

Art. R.* 651-2 L'autorité compétente dans les cas prévus à l'article R.* 632-2 est le représentant de l'État.

SECTION II *Dispositions particulières à la Guyane*

Art. R. 651-3 Les dispositions du présent livre sont applicables de plein droit en Guyane, sous réserve des adaptations prévues au présent titre :

1° A l'article R. 610-1, la référence à l'article R. 614-1 est supprimée ;

2° L'article R. 614-1 n'est pas applicable ;

3° A l'article R. 615-2, les mots : "et de la décision de transfert prévue à l'article L. 572-1" sont supprimés ;

4° A l'article R. 621-2, les mots : "Sous réserve des dispositions de l'article R. 621-4," sont supprimés ;

5° L'article R. 621-4 n'est pas applicable.

Art. R.* 651-4 L'autorité compétente dans les cas prévus à l'article R.* 632-2 est le représentant de l'État.

SECTION III *Dispositions particulières à la Martinique*

Art. R. 651-5 Les dispositions du présent livre sont applicables de plein droit en Martinique, sous réserve des adaptations prévues au présent titre :

1° A l'article R. 615-2, les mots : "et de la décision de transfert prévue à l'article L. 572-1" sont supprimés ;

2° A l'article R. 621-2, les mots : "Sous réserve des dispositions de l'article R. 621-4," sont supprimés ;

3° L'article R. 621-4 n'est pas applicable.

Art. R.* 651-6 L'autorité compétente dans les cas prévus à l'article R.* 632-2 est le représentant de l'État.

SECTION IV *Dispositions particulières à la Réunion*

Art. R. 651-7 Les dispositions du présent livre sont applicables de plein droit à La Réunion, sous réserve des adaptations prévues au présent titre :

1° A l'article R. 615-2, les mots : "et de la décision de transfert prévue à l'article L. 572-1" sont supprimés ;

2° A l'article R. 621-2, les mots : "Sous réserve des dispositions de l'article R. 621-4," sont supprimés ;

3° L'article R. 621-4 n'est pas applicable.

Art. R.* 651-8 L'autorité compétente dans les cas prévus à l'article R.* 632-2 est le représentant de l'État.

SECTION V *Dispositions particulières à Mayotte*

Art. R. 651-9 Les dispositions du présent livre sont applicables de plein droit à Mayotte, sous réserve des adaptations prévues au présent titre :

1° A l'article R. 610-1, la référence à l'article R. 614-1 est supprimée ;

2° L'article R. 614-1 n'est pas applicable ;

3° A l'article R. 615-2, les mots : "et de la décision de transfert prévue à l'article L. 572-1" sont supprimés ;

4° A l'article R. 621-2, les mots : "Sous réserve des dispositions de l'article R. 621-4," sont supprimés ;

5° L'article R. 621-4 n'est pas applicable.

Art. R.* 651-10 L'autorité compétente dans les cas prévus à l'article R.* 632-2 est le représentant de l'État.

SECTION VI *Dispositions particulières à Saint-Pierre-et-Miquelon*

Art. R. 651-11 Les dispositions du présent livre sont applicables de plein droit à Saint-Pierre-et-Miquelon, sous réserve des adaptations prévues au présent titre :

1° A l'article R. 615-2, les mots : "et de la décision de transfert prévue à l'article L. 572-1" sont supprimés ;

2° A l'article R. 621-2, les mots : "Sous réserve des dispositions de l'article R. 621-4," sont supprimés ;

3° L'article R. 621-4 n'est pas applicable ;

4° A l'article R. 632-4, les mots : "tribunal judiciaire du chef-lieu du département" sont remplacés par les mots : "tribunal de première instance".

CHAPITRE II *Dispositions applicables à Saint-Barthélemy*

Art. R.* 652-1 L'article R.* 632-2 est applicable à Saint-Barthélemy.

Art. R. 652-2 Sous réserve des adaptations prévues par le présent chapitre, les dispositions suivantes sont applicables à Saint-Barthélemy dans leur rédaction résultant du décret n° 2020-1734 du 16 décembre 2020, sauf mention contraire ou mention de leur application de plein droit dans le tableau ci-dessous.

Articles applicables	Dans leur rédaction résultant de
Au titre I	
R. 610-1	
R. 611-1 à R. 613-7	
R. 614-1	Application de plein droit
R. 615-1 à R. 615-5	
Au titre II	
R. 621-1 à R. 621-3	
R. 621-5 à R. 622-1	
Au titre III	
R. 630-1	
R. 631-1 à R. 632-1	
R. 632-3 à R. 632-10	

Art. R. 652-3 Pour l'application du présent livre à Saint-Barthélemy :

1° Les références au préfet sont remplacées par la référence au représentant de l'État à Saint-Barthélemy ;

2° A l'article R. 615-2, les mots : "et de la décision de transfert prévue à l'article L. 572-1" sont supprimés ;

3° A l'article R. 621-2, les mots : "Sous réserve des dispositions de l'article R. 621-4," sont supprimés.

CHAPITRE III *Dispositions applicables à Saint-Martin*

Art. R.* 653-1 L'article R.* 632-2 est applicable à Saint-Martin.

Art. R. 653-2 Sous réserve des adaptations prévues par le présent chapitre, les dispositions suivantes sont applicables à Saint-Martin dans leur rédaction résultant du décret n° 2020-1734 du 16 décembre 2020, sauf mention contraire ou mention de leur application de plein droit dans le tableau ci-dessous.

Articles applicables	Dans leur rédaction résultant de
Au titre I	
R. 610-1	
R. 611-1 à R. 613-7	
R. 614-1	**Application de plein droit**
R. 615-1 à R. 615-5	
Au titre II	
R. 621-1 à R. 621-3	
R. 621-5 à R. 622-1	
Au titre III	
R. 630-1	
R. 631-1 à R. 632-1	
R. 632-3 à R. 632-10	

Art. R. 653-3 Pour l'application du présent livre à Saint-Martin :

1° Les références au préfet sont remplacées par la référence au représentant de l'État à Saint-Martin ;

2° A l'article R. 615-2, les mots : "et de la décision de transfert prévue à l'article L. 572-1" sont supprimés ;

3° A l'article R. 621-2, les mots : "Sous réserve des dispositions de l'article R. 621-4," sont supprimés.

CHAPITRE IV *Dispositions applicables dans les Îles Wallis-et-Futuna*

Art. R.* 654-1 L'article R.* 632-2 est applicable dans les îles Wallis-et-Futuna.

Art. R. 654-2 Sous réserve des adaptations prévues par le présent chapitre, les dispositions suivantes sont applicables dans les îles Wallis-et-Futuna dans leur rédaction résultant du décret n° 2020-1734 du 16 décembre 2020, sauf mention contraire dans le tableau ci-dessous.

Articles applicables	Dans leur rédaction résultant de
Au titre I	
R. 610-1	
R. 611-1 à R. 615-5	

Articles applicables	Dans leur rédaction résultant de
Au titre II	
R. 621-1 à R. 621-3	
R. 621-5 à R. 622-1	
Au titre III	
R. 630-1	
R. 631-1 à R. 632-1	
R. 632-3 à R. 632-10	

Art. R. 654-3 Pour l'application du présent livre dans les îles Wallis-et-Futuna :

1° Les références au préfet sont remplacées par la référence à l'administrateur supérieur des îles Wallis-et-Futuna ;

2° Les références au tribunal du chef-lieu du département sont remplacées par les références au tribunal de première instance ;

3° Les références à la République d'Islande, à la Principauté du Liechtenstein, au Royaume de Norvège ou à la Confédération suisse sont supprimées ;

4° A l'article R. 615-2, les mots : "et de la décision de transfert prévue à l'article L. 572-1" sont supprimés ;

5° A l'article R. 621-1, les mots : "L. 621-1 à L. 621-7" sont remplacés par les mots : "L. 621-1 à L. 621-3" ;

6° A l'article R. 621-2, les mots : "Sous réserve des dispositions de l'article R. 621-4," sont supprimés ;

7° A l'article R. 632-4, les mots : "la loi n° 91-647 du 10 juillet 1991 et le décret n° 91-1266 du 19 décembre 1991" sont remplacés par les mots : "l'ordonnance n° 92-1147 du 12 octobre 1992 relative à l'aide juridictionnelle en matière pénale en Nouvelle-Calédonie et dans les îles Wallis-et-Futuna et le décret n° 93-1425 du 31 décembre 1993" ;

8° A l'article R. 632-7, le second alinéa est ainsi rédigé :

"Le responsable du service chargé des étrangers au sein des services de l'administrateur supérieur ou son représentant assure les fonctions de rapporteur. Le responsable du service local chargé de l'action sociale ou son représentant est entendu par la commission. Ces personnes n'assistent pas à la délibération de la commission." ;

9° Le second alinéa de l'article R. 632-9 est supprimé.

CHAPITRE V *Dispositions applicables en Polynésie française*

Art. R.* 655-1 L'article R.* 632-2 est applicable en Polynésie française.

Art. R. 655-2 Sous réserve des adaptations prévues par le présent chapitre, les dispositions suivantes sont applicables en Polynésie française dans leur rédaction résultant du décret n° 2020-1734 du 16 décembre 2020, sauf mention contraire ou mention de leur application de plein droit dans le tableau ci-dessous.

Articles applicables	Dans leur rédaction résultant de
Au titre I	
R. 610-1	
R. 611-1 à R. 613-7	
R. 614-1	Application de plein droit
R. 615-1 à R. 615-5	

Articles applicables	Dans leur rédaction résultant de
Au titre II	
R. 621-1 à R. 621-3	
R. 621-5 à R. 622-1	
Au titre III	
R. 630-1	
R. 631-1 à R. 632-1	
R. 632-3 à R. 632-10	

Art. R. 655-3 Pour l'application du présent livre à la Polynésie française :

1° Les références au préfet sont remplacées par la référence au haut-commissaire de la République en Polynésie française ;

2° Les références au tribunal du chef-lieu du département sont remplacées par les références au tribunal de première instance ;

3° Les références à la République d'Islande, à la Principauté du Liechtenstein, au Royaume de Norvège ou à la Confédération suisse sont supprimées ;

4° A l'article R. 615-2, les mots : "et de la décision de transfert prévue à l'article L. 572-1" sont supprimés ;

5° A l'article R. 621-1, les mots : "L. 621-1 à L. 621-7" sont remplacés par les mots : "L. 621-1 à L. 621-3" ;

6° A l'article R. 621-2, les mots : "Sous réserve des dispositions de l'article R. 621-4," sont supprimés ;

7° A l'article R. 632-7, le second alinéa est ainsi rédigé :

"Le responsable du service chargé des étrangers au sein des services du haut-commissaire de la République ou son représentant assure les fonctions de rapporteur. Le responsable du service local chargé de l'action sociale ou son représentant est entendu par la commission. Ces personnes n'assistent pas à la délibération de la commission." ;

8° Le second alinéa de l'article R. 632-9 est supprimé.

CHAPITRE VI *Dispositions applicables en Nouvelle-Calédonie*

Art. R.* 656-1 L'article R.* 632-2 est applicable en Nouvelle-Calédonie.

Art. R. 656-2 Sous réserve des adaptations prévues par le présent chapitre, les dispositions suivantes sont applicables en Nouvelle-Calédonie dans leur rédaction résultant du décret n° 2020-1734 du 16 décembre 2020, sauf mention contraire ou mention de leur application de plein droit dans le tableau ci-dessous.

Articles applicables	Dans leur rédaction résultant de
Au titre I	
R. 610-1	
R. 611-1 à R. 613-7	
R. 614-1	Application de plein droit
R. 615-1 à R. 615-5	
Au titre II	
R. 621-1 à R. 621-3	

Articles applicables	Dans leur rédaction résultant de
R. 621-5 à R. 622-1	
Au titre III	
R. 630-1	
R. 631-1 à R. 632-1	
R. 632-3 à R. 632-10	

Art. R. 656-3 Pour l'application du présent livre en Nouvelle-Calédonie :

1° Les références au préfet sont remplacées par la référence au haut-commissaire de la République en Nouvelle-Calédonie ;

2° Les références au tribunal du chef-lieu du département sont remplacées par les références au tribunal de première instance ;

3° Les références à la République d'Islande, à la Principauté du Liechtenstein, au Royaume de Norvège ou à la Confédération suisse sont supprimées ;

4° A l'article R. 615-2, les mots : "et de la décision de transfert prévue à l'article L. 572-1" sont supprimés ;

5° A l'article R. 621-1, les mots : "L. 621-1 à L. 621-7" sont remplacés par les mots : "L. 621-1 à L. 621-3" ;

6° A l'article R. 621-2, les mots : "Sous réserve des dispositions de l'article R. 621-4," sont supprimés ;

7° A l'article R. 632-4, les mots : "la loi n° 91-647 du 10 juillet 1991 et le décret n° 91-1266 du 19 décembre 1991" sont remplacés par les mots : "l'ordonnance n° 92-1147 du 12 octobre 1992 relative à l'aide juridictionnelle en matière pénale en Nouvelle-Calédonie et dans les îles Wallis-et-Futuna et le décret n° 93-1425 du 31 décembre 1993" ;

8° A l'article R. 632-7, le second alinéa est ainsi rédigé :

"Le responsable du service chargé des étrangers au sein des services du haut-commissaire de la République ou son représentant assure les fonctions de rapporteur ; le responsable du service local chargé de l'action sociale ou son représentant est entendu par la commission ; ils n'assistent pas à la délibération de la commission." ;

9° Le second alinéa de l'article R. 632-9 est supprimé.

CHAPITRE VII *Dispositions applicables aux Terres australes et antarctiques françaises*

Le présent chapitre ne comprend pas de dispositions réglementaires.

LIVRE VII Exécution des décisions d'éloignement

TITRE PREMIER Exécution par l'étranger

Art. R. 710-1 Conformément à l'article R. 264-1, les dispositions des articles R. 711-3 à R. 711-5 sont applicables à l'étranger dont la situation est régie par le livre II.

SECTION I *Constat de l'exécution de la décision portant obligation de quitter le territoire français par l'étranger*

Art. R. 711-1 La décision portant obligation de quitter le territoire français est réputée exécutée à la date à laquelle a été apposé, sur les documents de voyage de l'étranger qui en fait l'objet, l'un des cachets suivants :

1° Le cachet mentionné à l'article 11 du règlement (UE) 2016/399 du Parlement européen et du Conseil du 9 mars 2016 concernant un code de l'Union relatif au régime de franchissement des frontières par les personnes (code frontières Schengen) lors de son passage aux frontières extérieures des États parties à la convention signée à Schengen le 19 juin 1990 ;

2° Le cachet de l'administration lors de sa sortie des territoires de la Guadeloupe, de la Guyane, de la Martinique, de La Réunion, de Mayotte, de Saint-Pierre-et-Miquelon ou des collectivités de Saint-Barthélemy et Saint-Martin à destination de tout pays, autre qu'un État membre de l'Union européenne, la République d'Islande, la Principauté du Liechtenstein, le Royaume de Norvège ou la Confédération suisse.

Art. R. 711-2 L'étranger ayant fait l'objet d'une décision portant obligation de quitter le territoire français peut également justifier de sa sortie du territoire en établissant par tout moyen sa présence effective dans le pays de destination, notamment en s'y présentant personnellement aux représentations consulaires françaises ou à la représentation de l'Office français de l'immigration et de l'intégration.

Sauf preuve contraire, l'étranger est réputé avoir exécuté la décision portant obligation de quitter le territoire français à la date à laquelle il s'est ainsi présenté à l'une de ces autorités.

SECTION II *Aide au retour*

Art. R. 711-3 Les conditions d'octroi et le montant de l'aide au retour mentionnée au troisième alinéa de l'article L. 711-2 sont déterminés par le ministre chargé de l'immigration, après avis du conseil d'administration de l'Office français de l'immigration et de l'intégration.

Art. R. 711-4 L'aide au retour peut comprendre :

1° La prise en charge des frais de réacheminement ;

2° Une allocation destinée à faciliter la réinsertion dans le pays de retour ;

3° Le cas échéant, une aide technique et un suivi de projet.

Art. R. 711-5 La mise en œuvre de l'aide est assurée par l'Office français de l'immigration et de l'intégration.

TITRE II **Exécution par l'autorité administrative**

Art. R. 720-1 Conformément à l'article R. 264-1, les dispositions des articles R. 721-1 à R.* 721-3 sont applicables à l'étranger dont la situation est régie par le livre II.

CHAPITRE PREMIER *Préparation de l'exécution d'office*

SECTION I *Décisions pouvant être prises à tout moment de la procédure*

SOUS-SECTION 1 *Transmission d'informations en vue de la mise en œuvre d'une décision d'éloignement*

Art. R. 721-1 En cas de rejet de la demande d'asile, le directeur général de l'Office français de protection des réfugiés et apatrides informe le préfet compétent des documents mentionnés à l'article L. 721-2 dont il dispose en original ou en copie.

A la demande du préfet, le directeur général de l'office communique ces documents aux agents personnellement et spécialement habilités par arrêté préfectoral en raison de leur mission et de leurs responsabilités dans le domaine de l'application de la réglementation des étrangers ou de son contentieux.

SOUS-SECTION 2 *Désignation du pays de renvoi*

Art. R. 721-2 Le préfet de département et, à Paris, le préfet de police sont compétents pour fixer le pays de renvoi d'un étranger en cas d'exécution d'office des décisions suivantes :

1° La décision portant obligation de quitter le territoire français ;

2° L'interdiction de retour sur le territoire français ;

3° La mise en œuvre d'une décision prise par un autre État ;

4° L'interdiction de circulation sur le territoire français ;

5° L'expulsion, sauf dans les cas prévus à l'article *(Décr. n° 2020-1734 du 16 déc. 2020, rect. JO 27 févr. 2021)* « R.* 721-3 » ;

6° La peine d'interdiction du territoire français.

Art. R.* 721-3 Le ministre de l'intérieur est compétent pour fixer le pays de renvoi en cas d'exécution d'office dans les cas suivants :

1° Lorsque l'étranger, présent sur le territoire français, fait l'objet d'une interdiction administrative du territoire ;

2° Lorsqu'il a lui-même édicté la décision d'expulsion dont l'étranger fait l'objet ; toutefois, le préfet de département et, à Paris, le préfet de police sont compétents lorsque la décision d'expulsion a été édictée par le ministre de l'intérieur avant l'entrée en vigueur du décret n° 97-24 du 13 janvier 1997 sur le fondement des dispositions de l'article 23 de l'ordonnance n° 45-2658 du 2 novembre 1945, désormais codifiées à l'article L. 631-1, et après accomplissement des formalités prévues par les dispositions de l'article 24 de la même ordonnance, désormais codifiées à l'article L. 632-1.

SECTION II *Décisions pouvant être prises pendant le délai de départ volontaire*

Art. R. 721-4 L'autorité administrative compétente pour désigner, en application de l'article L. 721-6, le lieu de résidence d'un étranger est le préfet de département et, à Paris, le préfet de police.

Art. R. 721-5 L'autorité administrative compétente pour astreindre un étranger aux obligations de présentation prévues à l'article L. 721-7 est le préfet de département et, à Paris, le préfet de police.

Art. R. 721-6 Pour l'application de l'article L. 721-7, l'autorité administrative désigne le service auprès duquel l'étranger effectue les présentations prescrites et fixe leur fréquence qui ne peut excéder trois présentations par semaine.

Art. R. 721-7 Lorsque l'autorité administrative prescrit à l'étranger la remise de son passeport ou de tout document d'identité ou de voyage en sa possession, en application de l'article L. 721-8, elle lui remet en échange un récépissé valant justification d'identité.

La mention du délai accordé à l'étranger pour son départ est, le cas échéant, portée sur ce récépissé.

CHAPITRE II *Exécution d'office*

SECTION I *Engagement de la procédure d'exécution d'office*

Art. R. 722-1 La compensation financière des frais exposés à l'occasion de la mise en œuvre, en application du 2° de l'article L. 615-1, d'une décision d'éloignement prise par un autre État, se fait dans les conditions fixées par la décision du Conseil n° 2004/191/CE du 23 février 2004 définissant les critères et modalités pratiques de la compensation des déséquilibres financiers résultant de l'application de la directive 2001/40/CE relative à la reconnaissance mutuelle des décisions d'éloignement des ressortissants de pays tiers.

SECTION II *Conditions dans lesquelles il peut être procédé à l'éloignement effectif*

SOUS-SECTION UNIQUE *Mise en œuvre d'une décision prise par un État membre de l'Union européenne*

Art. R. 722-2 Dans les cas prévus aux articles R. 615-4 et R. 615-5, l'autorité administrative ne peut exécuter d'office la décision de mettre en œuvre la décision d'éloignement prise par un autre État membre de l'Union européenne, la République d'Islande, la Principauté du Liechtenstein, le Royaume de Norvège ou la Confédération suisse qu'après notification, à l'étranger qui en fait l'objet, du retrait du titre de séjour qui lui avait été délivré, selon le cas, par les autorités françaises ou celles d'un des États précités.

Toutefois, l'autorité administrative peut, sans attendre le retrait du titre de séjour, ordonner l'assignation à résidence en application du 3° de l'article L. 731-1 ou le placer en rétention en application de l'article L. 741-1.

TITRE III Assignation à résidence

Art. R. 730-1 Conformément à l'article R. 264-1, les dispositions des articles R. 731-1, R. 732-1 à R. 732-6 et R. 733-1 à R. 733-21 sont applicables à l'étranger dont la situation est régie par le livre II.

CHAPITRE PREMIER *Cas dans lesquels l'étranger peut être assigné à résidence*

Art. R. 731-1 L'autorité administrative constate l'état de santé de l'étranger défini à l'article L. 731-4 dans les conditions prévues aux articles R. 611-1 et R. 611-2.

CHAPITRE II *Régime des assignations à résidence*

SECTION I *Autorités administratives compétentes*

SOUS-SECTION 1 *Assignation à résidence aux fins d'exécution de la décision d'éloignement*

Art. R. 732-1 L'autorité administrative compétente pour assigner un étranger à résidence en application de l'article L. 731-1 est le préfet de département où se situe le lieu d'assignation à résidence et, à Paris, le préfet de police.

SOUS-SECTION 2 *Assignation à résidence en cas de report de l'éloignement*

Art. R. 732-2 L'autorité administrative compétente pour assigner un étranger à résidence en application des 1°, 2°, 3°, 4°, 5° ou 6° de l'article L. 731-3 ou de l'article L. 731-4 est le préfet de département où se situe le lieu d'assignation à résidence et, à Paris, le préfet de police.

Art. R.* 732-3 Par dérogation à l'article R. 732-2, le ministre de l'intérieur est compétent pour assigner à résidence un étranger, en application du 6° de l'article L. 731-3 ou de l'article L. 731-4, dans les cas suivants :

1° Lorsqu'il a lui-même édicté la décision d'expulsion ; toutefois, le préfet de département et, à Paris, le préfet de police sont compétents lorsque la décision d'expulsion a été édictée par le ministre de l'intérieur avant l'entrée en vigueur du décret n° 97-24 du 13 janvier 1997 sur le fondement des dispositions de l'article 23 de l'ordonnance n° 45-2658 du 2 novembre 1945, désormais codifiées à l'article L. 631-1, et après accomplissement des formalités prévues par les dispositions de l'article 24 de la même ordonnance, désormais codifiées à l'article L. 632-1 ;

2° Lorsque l'étranger se trouve dans les îles Wallis-et-Futuna, en Polynésie française ou en Nouvelle-Calédonie au moment du prononcé de l'assignation à résidence.

Art. R.* 732-4 L'autorité administrative compétente pour assigner un étranger à résidence, en application des 7° ou 8° de l'article L. 731-3 ou de l'article L. 731-5 est le ministre de l'intérieur.

SECTION II *Dispositions particulières à l'assignation à résidence aux fins d'exécution de la décision d'éloignement*

SOUS-SECTION UNIQUE *Information de l'étranger*

Art. R. 732-5 L'étranger auquel est notifiée une assignation à résidence en application de l'article L. 731-1, est informé de ses droits et obligations par la remise d'un formulaire à l'occasion de la notification de la décision par l'autorité administrative ou, au plus tard, lors de sa première présentation aux services de police ou aux unités de gendarmerie.

Ce formulaire, dont le modèle est fixé par arrêté du ministre chargé de l'immigration et du ministre de l'intérieur, rappelle les droits et obligations des étrangers assignés à résidence pour la préparation de leur départ. Il mentionne notamment les coordonnées des services territorialement compétents de l'Office français de l'immigration et de l'intégration, le droit de l'étranger de communiquer avec son consulat et les coordonnées de ce dernier, ainsi que le droit de l'étranger d'informer l'autorité administrative de tout élément nouveau dans sa situation personnelle susceptible de modifier l'appréciation de sa situation administrative. Il rappelle les obligations résultant de l'obligation de quitter le territoire français et de l'assignation à résidence ainsi que les sanctions encourues par l'étranger en cas de manquement aux obligations de cette dernière.

Ce formulaire est traduit dans les langues les plus couramment utilisées désignées par l'arrêté mentionné au deuxième alinéa.

SECTION III *Dispositions particulières à l'assignation à résidence en cas de report de l'éloignement*

Art. R. 732-6 L'assignation à résidence prononcée en application de l'article L. 731-3 peut être assortie d'une autorisation de travail.

CHAPITRE III *Mesures applicables aux étrangers assignés à résidence*

SECTION I *Dispositions générales*

Art. R. 733-1 L'autorité administrative qui a ordonné l'assignation à résidence de l'étranger en application des articles L. 731-1, L. 731-3, L. 731-4 ou L. 731-5 définit les modalités d'application de la mesure :

1° Elle détermine le périmètre dans lequel il est autorisé à circuler muni des documents justifiant de son identité et de sa situation administrative et au sein duquel est fixée sa résidence ;

2° Elle lui désigne le service auquel il doit se présenter, selon une fréquence qu'elle fixe dans la limite d'une présentation par jour, en précisant si l'obligation de présentation s'applique les dimanches et les jours fériés ou chômés ;

3° Elle peut lui désigner une plage horaire pendant laquelle il doit demeurer dans les locaux où il réside.

Art. R. 733-2 Lorsque l'étranger est assigné à résidence en application des 6° ou 7° de l'article L. 731-3 ou des articles L. 731-4 ou L. 731-5, le nombre de présentations aux services de police ou aux unités de gendarmerie prévu à l'article R. 733-1 peut être porté à quatre par jour.

Art. R. 733-3 Lorsque l'autorité administrative prescrit à l'étranger la remise de son passeport ou de tout document d'identité ou de voyage en sa possession, en application de l'article L. 733-4, elle lui remet en échange un récépissé valant justification d'identité.

La mention du délai accordé à l'étranger pour son départ est, le cas échéant, portée sur ce récépissé.

SECTION II *Dispositions applicables en cas d'obstruction de l'étranger*

SOUS-SECTION 1 *En vue de la présentation de l'étranger aux autorités consulaires*

Art. R. 733-4 L'autorité administrative compétente pour faire conduire l'étranger devant les autorités consulaires en application de l'article L. 733-6 ainsi que pour saisir le juge des libertés et de la détention aux fins de requérir les services de police ou les unités de gendarmerie en application de l'article L. 733-7 est le préfet de département et, à Paris, le préfet de police.

SOUS-SECTION 2 *En vue de l'exécution de la décision d'éloignement*

Art. R. 733-5 L'autorité administrative compétente pour saisir le juge des libertés et de la détention aux fins de requérir les services de police ou les unités de gendarmerie en application de l'article L. 733-8 est le préfet de département ou, à Paris, le préfet de police.

SOUS-SECTION 3 *Procédure relative à la visite du domicile de l'étranger*

§ 1er *Saisine du juge des libertés et de la détention*

Art. R. 733-6 Pour l'application des articles L. 733-7 et L. 733-8, le juge des libertés et de la détention compétent est celui du tribunal judiciaire dans le ressort duquel l'étranger est assigné à résidence.

Art. R. 733-7 A peine d'irrecevabilité, la requête est motivée, datée, signée et accompagnée de toutes pièces justificatives utiles.

Art. R. 733-8 La requête est transmise par tout moyen au greffe du tribunal.

Le greffier l'enregistre et y appose, ainsi que sur les pièces jointes, un timbre indiquant la date et l'heure de la réception.

§ 2 *Appel*

Art. R. 733-9 L'ordonnance du juge des libertés et de la détention autorisant la visite du domicile de l'étranger est susceptible d'appel devant le premier président de la cour d'appel, dans les vingt-quatre heures de sa notification, par l'étranger ou par l'autorité administrative.

Art. R. 733-10 A peine d'irrecevabilité, la déclaration d'appel est motivée. Elle est transmise par tout moyen au greffe de la cour d'appel qui l'enregistre avec mention de la date et de l'heure.

Le greffier de la cour d'appel avise immédiatement le greffier du tribunal judiciaire qui lui transmet sans délai le dossier.

Art. R. 733-11 Lorsque le premier président de la cour d'appel ou son délégué envisage de rejeter la déclaration d'appel comme manifestement irrecevable, il recueille par tout moyen les observations des parties sur cette irrecevabilité.

Sont notamment manifestement irrecevables au sens de l'article L. 733-12, les déclarations d'appel formées tardivement et les déclarations d'appel non motivées.

Art. R. 733-12 Lorsque le premier président de la cour d'appel ou son délégué n'envisage pas de rejeter la déclaration d'appel comme manifestement irrecevable, le greffier de la cour d'appel fait connaître aux parties et au ministère public la date et l'heure de l'audience au fond.

L'autorité administrative, l'avocat de l'étranger et l'étranger lui-même peuvent demander à être entendus à l'audience. Le ministère public peut, quant à lui, faire connaître son avis.

Art. R. 733-13 L'ordonnance est communiquée au ministère public. Elle est notifiée par tout moyen et dans les meilleurs délais à l'étranger et à son conseil, s'il en a un, ainsi qu'à l'autorité administrative, qui en accusent réception.

SECTION III *Dispositions spécifiques à l'étranger dont le comportement est lié à des activités à caractère terroriste*

Art. R. 733-14 L'autorité compétente pour prononcer par arrêté, sur le fondement de l'article L. 733-14, le placement sous surveillance électronique mobile d'un étranger est celle qui est compétente pour prononcer son assignation à résidence en vertu des articles R. 732-2 à R.* 732-4.

Art. R. 733-15 Avant que l'autorité compétente prononce une mesure de placement sous surveillance électronique mobile, l'administration pénitentiaire s'assure, à la demande de celle-ci, de la disponibilité d'un dispositif technique permettant le contrôle à distance et de la faisabilité technique de la surveillance électronique mobile.

L'autorité compétente s'assure que l'étranger a reçu une information sur le fonctionnement de ce dispositif. Elle recueille par écrit l'accord préalable de l'étranger à son placement, ou à la prolongation de ce placement, prévu à l'article L. 733-14.

Art. R. 733-16 L'autorité compétente peut, lors du placement d'un étranger sous surveillance électronique mobile, adapter la périodicité de ses obligations de présentation aux services de police ou aux unités de gendarmerie qui ont été fixées, en application de l'article R. 733-1, lors de son assignation à résidence. L'étranger est informé de cette adaptation avant que soit recueilli son accord en application de l'article R. 733-15.

L'accord écrit du propriétaire ou du titulaire du contrat de location des lieux où l'étranger placé sous surveillance électronique mobile peut être hébergé, est recueilli par l'autorité administrative.

La décision de placement sous surveillance électronique mobile est motivée. Elle rappelle les lieux de résidence de l'étranger qui ont été fixés par la décision d'assignation à résidence. Elle rappelle également les peines dont sont passibles, en vertu des articles L. 824-4 à L. 824-7, les étrangers qui ne respectent pas les prescriptions liées à leur assignation à résidence ou à leur placement sous surveillance électronique mobile.

La décision de placement sous surveillance électronique mobile est notifiée à l'étranger.

Art. R. 733-17 Le dispositif de localisation à distance dont le port est imposé à l'étranger placé sous surveillance électronique mobile en application de l'article L. 733-14 est homologué par le ministre de la justice, qui s'assure qu'il ne peut être enlevé par l'étranger sans que soit émis un signal d'alarme et qu'il permet une communication, pouvant être enregistrée, entre l'étranger et un centre de surveillance.

Lors de la pose ou de la dépose du dispositif ou de toute autre intervention auprès de l'étranger, les agents de l'administration pénitentiaire sont accompagnés par les services de police ou les unités *[de]* gendarmerie.

Les agents de l'administration pénitentiaire procèdent aux tests de mise en service, à l'information et à la formation de l'étranger sur les modalités pratiques de fonctionnement du dispositif.

Les services de police ou les unités de gendarmerie rappellent à l'étranger qu'il est tenu de respecter ces consignes, et notamment de procéder à la mise en charge régulière de la batterie selon les modalités indispensables au bon fonctionnement du dispositif, et que tout manquement à ces obligations peut être sanctionné dans les conditions prévues à l'article L. 824-6.

Art. R. 733-18 L'autorité compétente peut à tout moment mettre fin au placement sous surveillance électronique mobile, notamment en cas de manquement de l'étranger aux prescriptions liées à son assignation à résidence ou à son placement, en cas de dysfonctionnement technique du dispositif de localisation à distance ou si la mise en œuvre de ce dispositif présente pour la santé de l'étranger des inconvénients attestés par un médecin agréé désigné par l'autorité compétente. A la demande de l'étranger, cette désignation est de droit.

Art. R. 733-19 Les agents de l'administration pénitentiaire chargés de la surveillance avisent sans délai les services de police et les unités de gendarmerie compétents lorsqu'ils sont alertés de la présence d'un étranger placé sous surveillance électronique mobile se trouve en dehors de la zone d'inclusion ou de la détérioration du dispositif de localisation à distance.

Art. R. 733-20 L'habilitation pour la mise en œuvre du dispositif de localisation à distance, prévue à l'article L. 733-14, est régie par les articles R. 61-36 à R. 61-42 du code de procédure pénale.

SECTION IV *Dispositions spécifiques à l'étranger faisant l'objet d'une peine d'interdiction du territoire français lorsqu'il n'est plus assigné à résidence*

Art. R. 733-21 L'autorité administrative compétente pour astreindre un étranger aux obligations de déclaration et de présentation prévues à l'article L. 733-16 est le préfet de département et, à Paris, le préfet de police.

TITRE IV Rétention administrative

Art. R. 740-1 Conformément à l'article R. 264-1, les dispositions des articles R. 741-1 à R. 741-3, R. 742-1, R. 742-2, R. 743-1 à R. 743-22 et R. 744-1 à R. 744-47 sont applicables à l'étranger dont la situation est régie par le livre II.

CHAPITRE PREMIER *Placement en rétention par l'autorité administrative*

SECTION I *Procédure administrative*

Art. R. 741-1 L'autorité compétente pour ordonner le placement en rétention administrative d'un étranger est le préfet de département et, à Paris, le préfet de police.

Art. R. 741-2 Le préfet ayant procédé au placement en rétention de l'étranger exerce les compétences relatives à la décision d'éloignement qu'il met à exécution jusqu'au terme de la procédure engagée quel que soit le lieu où l'étranger en cause est maintenu en rétention.

SECTION II *Contestation de la décision de placement en rétention*

Art. R. 741-3 Le juge des libertés et de la détention est saisi par l'étranger qui conteste la régularité de la décision de placement en rétention administrative par simple requête, dans les conditions prévues au chapitre III, avant l'expiration du délai mentionné à l'article L. 741-10.

La requête est adressée par tout moyen au greffe du tribunal compétent en application de l'article R. 743-1.

CHAPITRE II *Maintien en rétention par le juge des libertés et de la détention*

Art. R. 742-1 Le juge des libertés et de la détention est saisi aux fins de prolongation de la rétention par simple requête de l'autorité administrative, dans les conditions prévues au chapitre III, avant l'expiration, selon le cas, de la période de quarante-huit heures mentionnée à l'article L. 742-1 ou de la période de prolongation ordonnée en application des articles L. 742-4, L. 742-5, L. 742-6 ou L. 742-7.

La requête est adressée par tout moyen au greffe du tribunal compétent conformément aux dispositions de l'article R. 743-1.

Art. R. 742-2 Le juge des libertés et de la détention est saisi par l'étranger qui demande qu'il soit mis fin à sa rétention en application de l'article L. 742-8 par simple requête, dans les conditions prévues au chapitre III.

La requête est adressée par tout moyen au greffe du tribunal compétent en application de l'article R. 743-1.

CHAPITRE III *Contrôle de la rétention par l'autorité judiciaire*

SECTION I *Jugement des requêtes de l'étranger et de l'autorité administrative*

SOUS-SECTION 1 *Procédure*

Art. R. 743-1 Pour l'application des articles L. 743-3 à L. 743-18, le juge des libertés et de la détention compétent est celui du tribunal judiciaire dans le ressort duquel l'étranger est maintenu en rétention ou assigné à résidence.

Toutefois, le juge des libertés et de la détention compétent pour statuer sur le maintien en rétention d'un étranger dans le cas prévu à l'article L. 742-6 est celui du tribunal judiciaire de Paris. Ce juge reste compétent jusqu'au terme de la procédure.

Art. R. 743-2 A peine d'irrecevabilité, la requête est motivée, datée et signée, selon le cas, par l'étranger ou son représentant ou par l'autorité administrative qui a ordonné le placement en rétention.

Lorsque la requête est formée par l'autorité administrative, elle est accompagnée de toutes pièces justificatives utiles, notamment une copie du registre prévu à l'article L. 744-2.

Lorsque la requête est formée par l'étranger ou son représentant, la décision attaquée est produite par l'administration. Il en est de même, sur la demande du juge des libertés et de la détention, de la copie du registre.

Art. R. 743-3 Dès réception de la requête, le greffier l'enregistre et y appose, ainsi que sur les pièces jointes, un timbre indiquant la date et l'heure de la réception.

Il avise aussitôt et par tout moyen l'autorité administrative qui a ordonné le placement en rétention, le procureur de la République, l'étranger et son avocat, s'il en a un, du jour et de l'heure de l'audience fixés par le juge des libertés et de la détention.

Art. R. 743-4 La requête et les pièces qui y sont jointes sont, dès leur arrivée au greffe du tribunal judiciaire, mises à la disposition de l'avocat de l'étranger et de l'autorité administrative. Elles peuvent également y être consultées, avant l'ouverture des débats, par l'étranger lui-même, assisté, le cas échéant, par un interprète s'il ne parle pas suffisamment la langue française.

Art. R. 743-5 L'autorité administrative compétente pour proposer au juge des libertés et de la détention que l'audience se déroule avec l'utilisation de moyens de télécommunication audiovisuelle, comme prévu à l'article L. 743-8, est le préfet de département et, à Paris, le préfet de police.

Art. R. 743-6 A l'audience, l'autorité administrative qui a ordonné le placement en rétention ou son représentant, est entendue sur sa demande ou sur celle du juge des libertés et de la détention.

L'étranger, sauf s'il ne se présente pas, bien que dûment convoqué, et, s'il y a lieu, son avocat, sont entendus. Le juge nomme un interprète si l'étranger ne parle pas suffisamment la langue française.

Le ministère public peut faire connaître son avis.

Art. R. 743-7 L'ordonnance du juge des libertés et de la détention est rendue dans les quarante-huit heures de sa saisine. Elle est notifiée sur place aux parties présentes à l'audience qui en accusent réception. Le magistrat fait connaître verbalement aux parties présentes le délai d'appel et les modalités selon lesquelles cette voie de recours peut être exercée et les informe simultanément que seul l'appel formé par le ministère public peut être déclaré suspensif par le premier président de la cour d'appel ou son délégué.

Les notifications prévues au premier alinéa sont effectuées par tout moyen et dans les meilleurs délais aux parties qui ne se sont pas présentées, bien que dûment convoquées, ainsi qu'au procureur de la République, qui en accusent réception.

Art. R. 743-8 Lorsqu'une ordonnance met fin à la rétention de l'étranger et que le procureur de la République estime ne pas avoir à solliciter du premier président qu'il déclare l'appel suspensif, il retourne l'ordonnance au magistrat qui l'a rendue en mentionnant sur celle-ci qu'il ne s'oppose pas à sa mise à exécution. Il est alors immédiatement mis fin à la mesure de maintien de l'étranger à la disposition de la justice.

SOUS-SECTION 2 *Assignation à résidence alternative à la rétention*

Art. R. 743-9 Les dispositions des articles R. 732-5 et R. 733-4 à R. 733-13 sont applicables à l'étranger assigné à résidence en application de l'article L. 743-13.

SECTION II *Voies de recours*

SOUS-SECTION 1 *Appel*

§ 1er *Déclaration d'appel*

Art. R. 743-10 L'ordonnance du juge des libertés et de la détention est susceptible d'appel devant le premier président de la cour d'appel, dans les vingt-quatre heures de son prononcé, par l'étranger, le préfet de département et, à Paris, le préfet de police. Lorsque l'étranger n'assiste pas à l'audience, le délai court pour ce dernier à compter de la notification qui lui est faite. Le délai ainsi prévu est calculé et prorogé conformément aux articles 640 et 642 du code de procédure civile.

Le ministère public peut interjeter appel de cette ordonnance selon les mêmes modalités lorsqu'il ne sollicite pas la suspension provisoire.

Art. R. 743-11 A peine d'irrecevabilité, la déclaration d'appel est motivée. Elle est transmise par tout moyen au greffe de la cour d'appel qui l'enregistre avec mention de la date et de l'heure.

Le greffier de la cour d'appel avise immédiatement le greffier du tribunal judiciaire qui lui transmet sans délai le dossier.

§ 2 *Demande de déclaration du caractère suspensif de l'appel*

Art. R. 743-12 Lorsque le ministère public entend solliciter du premier président de la cour d'appel qu'il déclare son recours suspensif, il forme appel dans le délai de dix heures prévu à l'article L. 743-22. Il fait notifier la déclaration d'appel, immédiatement et par tout moyen, à l'autorité administrative, à l'étranger et, le cas échéant, à son avocat, qui en accusent réception.

La notification mentionne que des observations en réponse à la demande de déclaration d'appel suspensif peuvent être transmises par tout moyen au premier président ou à son délégué dans un délai de deux heures.

Art. R. 743-13 Le premier président de la cour d'appel ou son délégué statue sur la demande visant à déclarer l'appel suspensif, après que l'étranger ou son conseil a été mis à même de transmettre ses observations, suivant les modalités définies à l'article R. 743-12.

La décision du premier président ou de son délégué sur le caractère suspensif de l'appel est portée à la connaissance de l'étranger et de son conseil par le greffe de la cour d'appel et communiquée au procureur de la République, qui veille à son exécution et en informe l'autorité administrative.

§ 3 *Rejet sans audience d'une déclaration d'appel*

Art. R. 743-14 Lorsque le premier président de la cour d'appel ou son délégué envisage de rejeter une déclaration d'appel comme manifestement irrecevable il recueille par tout moyen les observations des parties sur cette irrecevabilité.

Sont notamment manifestement irrecevables au sens du premier alinéa de l'article L. 743-23 les déclarations d'appel formées tardivement et les déclarations d'appel non motivées.

Art. R. 743-15 Lorsque le premier président de la cour d'appel ou son délégué envisage de rejeter une déclaration d'appel en application du second alinéa de l'article L. 743-23, il recueille par tout moyen les observations des parties sur l'absence de circonstance nouvelle de fait ou de droit depuis le placement en rétention administrative ou son renouvellement, ou sur le caractère inopérant des éléments fournis par l'étranger.

Art. R. 743-16 La décision prononçant l'irrecevabilité de l'appel dans le cas prévu à l'article R. 743-14 ou rejetant la déclaration d'appel dans le cas prévu à l'article R. 743-15 est rendue par le premier président de la cour d'appel ou son délégué dans un délai de quarante-huit heures à compter de sa saisine. Ce délai est calculé et prorogé conformément aux articles 640 et 642 du code de procédure civile.

Art. R. 743-17 L'ordonnance est communiquée au ministère public. Elle est notifiée par tout moyen et dans les meilleurs délais à l'étranger et à son conseil, s'il en a un, ainsi qu'à l'autorité qui a prononcé le placement en rétention, qui en accusent réception.

§ 4 *Tenue de l'audience en appel*

Art. R. 743-18 Lorsque le premier président de la cour d'appel ou son délégué n'envisage pas de rejeter comme manifestement irrecevable, en application de l'article L. 743-23, la déclaration d'appel sans audience, le greffier de la cour d'appel fait connaître aux parties et au ministère public la date et l'heure de l'audience au fond.

L'autorité qui a placé en rétention, l'avocat de l'étranger et l'étranger lui-même peuvent demander à être entendus à l'audience. Le ministère public peut faire connaître son avis.

Art. R. 743-19 Le premier président de la cour d'appel ou son délégué statue au fond dans un délai de quarante-huit heures à compter de sa saisine. Ce délai est calculé et prorogé conformément aux articles 640 et 642 du code de procédure civile.

L'ordonnance est communiquée au ministère public. Elle est notifiée sur place à l'étranger et à son conseil, s'il en a un, ainsi qu'à l'autorité qui a prononcé le placement en rétention. Les parties présentes en accusent réception. Le greffier la notifie par tout moyen et dans les meilleurs délais aux autres parties qui en accusent réception.

SOUS-SECTION 2 *Pourvoi en cassation*

Art. R. 743-20 L'ordonnance du premier président de la cour d'appel ou de son délégué n'est pas susceptible d'opposition.

Le pourvoi en cassation est ouvert à l'étranger, à l'autorité administrative qui l'a placé en rétention et au ministère public.

SECTION III *Droits garantis à l'étranger au cours de la procédure juridictionnelle*

Art. R. 743-21 Dès réception de la requête aux fins de prolongation, le greffier avise l'étranger de son droit de choisir un avocat. Le juge des libertés et de la détention lui en fait désigner un d'office si l'étranger le demande.

Art. R. 743-22 Lorsque l'étranger est maintenu à la disposition de la justice, le procureur de la République décide des conditions du maintien. Il en informe sans délai l'étranger et l'autorité administrative qui a prononcé le placement en rétention.

CHAPITRE IV *Régime de la rétention*

SECTION I *Organisation des lieux de rétention*

SOUS-SECTION 1 *Centres de rétention administrative*

Art. R. 744-1 Sous réserve des dispositions de l'article R. 744-8, les étrangers retenus en application du présent titre sont placés ou maintenus dans des établissements dénommés "centres de rétention administrative", régis par la présente sous-section.

Art. R. 744-2 Les centres de rétention administrative ont une vocation nationale.

Ils reçoivent, dans la limite de leur capacité d'accueil et sans considération de la compétence géographique du préfet ayant pris la décision de placement en rétention, les étrangers placés ou maintenus en rétention administrative quel que soit le lieu de leur résidence ou de leur interpellation.

Art. R. 744-3 Les centres de rétention administrative sont créés, sur proposition du ministre chargé de l'immigration, par arrêté conjoint du ministre chargé des affaires sociales, du ministre chargé de l'immigration, du ministre de l'intérieur et du ministre de la justice.

Cet arrêté mentionne l'adresse du centre et précise, d'une part, si sa surveillance en est confiée à la police nationale ou à la gendarmerie nationale et, d'autre part, si ce centre est susceptible d'accueillir des familles.

Il précise, en outre, si le centre peut accueillir un étranger dont la rétention est prolongée en application des dispositions des articles L. 742-5, L. 742-6 ou L. 742-7.

Art. R. 744-4 Les centres de rétention administrative sont placés sous la responsabilité du préfet territorialement compétent et, à Paris, du préfet de police, qui désigne par arrêté le chef du centre, après accord du directeur général de la police nationale ou du directeur général de la gendarmerie nationale.

Cet arrêté désigne aussi, le cas échéant, dans des conditions définies par arrêté conjoint du ministre chargé de l'immigration et du ministre de l'intérieur, le responsable de la gestion hôtelière et le responsable de la gestion des dossiers administratifs des étrangers admis au centre.

Le chef de centre est responsable de l'ordre et de la sécurité du centre et de la tenue du registre mentionné à l'article L. 744-2. Il a autorité sur l'ensemble des personnes qui concourent au fonctionnement du centre.

Art. R. 744-5 Les centres de rétention administrative offrent aux étrangers retenus des équipements de type hôtelier et des prestations de restauration collective. Leur capacité d'accueil ne peut pas dépasser cent quarante places.

Art. R. 744-6 Les centres de rétention administrative répondent aux normes suivantes :

1° Une surface utile minimum de dix mètres carrés par retenu comprenant les chambres et les espaces librement accessibles aux heures ouvrables ;

2° Des chambres collectives non mixtes, contenant au maximum six personnes ;

3° Des équipements sanitaires, comprenant des lavabos, douches et cabinets d'aisance, en libre accès et en nombre suffisant, soit un bloc sanitaire pour dix retenus ;

4° Un téléphone en libre accès pour cinquante retenus ;

5° Des locaux et matériels nécessaires à la restauration conformes aux normes prévues par un arrêté conjoint du ministre de l'agriculture, du ministre chargé de la santé et du ministre chargé de la consommation ;

6° Au-delà de quarante personnes retenues, une salle de loisirs et de détente distincte du réfectoire, dont la superficie est d'au moins cinquante mètres carrés, majorée de dix mètres carrés pour quinze retenus supplémentaires ;

7° Une ou plusieurs salles dotées d'équipement médical, réservées au service médical ;

8° Un local permettant de recevoir les visites des familles et des autorités consulaires ;

9° Le local mentionné à l'article L. 744-5, réservé aux avocats ;

10° Un local affecté à l'organisme mentionné aux articles R. 744-19 et R. 751-8 ;

11° Un local, meublé et équipé d'un téléphone, affecté à la personne morale mentionnée à l'article R. 744-20 ;

12° Un espace de promenade à l'air libre ;

13° Un local à bagages.

Les centres de rétention administrative susceptibles d'accueillir des familles disposent en outre de chambres spécialement équipées, et notamment de matériels de puériculture adaptés.

Art. R. 744-7 Les étrangers dont la rétention est prolongée en application des dispositions des articles L. 742-5, L. 742-6 ou L. 742-7, sont maintenus en rétention dans un local qui leur est réservé, jusqu'au terme de la procédure.

SOUS-SECTION 2 *Locaux de rétention administrative*

Art. R. 744-8 Lorsqu'en raison de circonstances particulières, notamment de temps ou de lieu, des étrangers retenus en application du présent titre ne peuvent être placés immédiatement dans un centre de rétention administrative, le préfet peut les placer dans des locaux adaptés à cette fin, dénommés "locaux de rétention administrative" régis par la présente sous-section.

Art. R. 744-9 L'étranger ne peut être maintenu dans un local de rétention administrative après que le juge des libertés et de la détention a prolongé sa rétention en application de l'article L. 742-3.

Toutefois, en cas d'appel de l'ordonnance de prolongation, l'étranger peut y être maintenu jusqu'à ce que le président de la cour d'appel ait statué s'il n'y a pas de centre de rétention administrative dans le ressort de la cour d'appel.

De même, en cas de recours contre la décision d'éloignement sur lequel il est statué dans les délais prévus à l'article L. 614-9, l'étranger peut être maintenu dans le local jusqu'à ce qu'il ait été statué sur le recours s'il n'y a pas de centre de rétention dans le ressort du tribunal administratif.

Art. R. 744-10 Les locaux de rétention mentionnés à l'article R. 744-8 sont créés, à titre permanent ou pour une durée déterminée, par arrêté préfectoral précisant si le local est susceptible d'accueillir des familles.

Une copie de cet arrêté est transmise sans délai au procureur de la République et au Contrôleur général des lieux de privation de liberté.

Art. R. 744-11 Les locaux de rétention administrative doivent disposer des équipements suivants :

1° Des chambres collectives non mixtes, accueillant au maximum six personnes ;

2° Des équipements sanitaires en libre accès comprenant des lavabos, douches et cabinets d'aisance ;

3° Un téléphone en libre accès ;

4° Un local permettant de recevoir les visites : autorités consulaires, familles, médecins, membres d'associations ;

5° Le local mentionné à l'article L. 744-5, réservé aux avocats ;

6° Une pharmacie de secours.

Les locaux de rétention administrative susceptibles d'accueillir des familles disposent en outre de lieux d'hébergement séparés, spécialement équipés, comportant une pièce de détente et dotés notamment de matériels de puériculture adaptés, ainsi que d'un espace de promenade à l'air libre.

SOUS-SECTION 3 *Dispositions communes aux centres et aux locaux de rétention administrative*

Art. R. 744-12 Dans chaque lieu de rétention, un règlement intérieur, dont les modèles sont fixés, pour les centres et les locaux de rétention, par arrêté conjoint du ministre chargé de l'immigration et du ministre de l'intérieur, organise la vie quotidienne, dans des conditions conformes à la dignité et à la sécurité de ses occupants. Il rappelle notamment les droits et devoirs des étrangers retenus, ainsi que les modalités pratiques d'exercice par ces derniers de leurs droits. Il mentionne notamment les conditions dans lesquelles s'exerce la circulation des étrangers dans le lieu de rétention, notamment, le cas échéant, l'accès aux espaces à l'air libre.

Le règlement intérieur est établi par le responsable du lieu de rétention et approuvé par le préfet territorialement compétent.

Il est traduit dans les langues les plus couramment utilisées désignées par un arrêté du ministre chargé de l'immigration. Un exemplaire en langue française et traduit dans ces langues est affiché dans les parties communes du lieu de rétention.

Art. R. 744-13 Les informations mentionnées à l'article R. 8252-2 du code du travail sont affichées dans les parties communes du lieu de rétention administrative. Elles sont disponibles en langue française et traduites dans les langues étrangères désignées par le ministre chargé de l'immigration.

Art. R. 744-14 Dans les conditions prévues aux articles R. 744-6 et R. 744-11, des locaux et des moyens matériels adaptés permettent au personnel de santé de donner des consultations et de dispenser des soins dans les centres et locaux de rétention.

Les conditions dans lesquelles les établissements de santé interviennent au bénéfice des personnes retenues, en application de l'article L. 6111-1-2 du code de la santé publique, sont précisées par voie de convention passée entre le préfet territorialement compétent et un de ces établissements selon des modalités définies par arrêté conjoint du ministre chargé de l'immigration, du ministre chargé des affaires sociales et du ministre chargé de la santé. Pour les centres de rétention administrative, cet arrêté précise notamment les conditions de présence et de qualification des personnels de santé ainsi que les dispositions sanitaires applicables en dehors de leurs heures de présence au centre.

Art. R. 744-15 *Le local réservé aux avocats, mentionné à l'article L. 744-5, est accessible, dans les conditions prévues au même article, sur simple requête de l'avocat auprès du service chargé de l'accueil des étrangers retenus et avec l'accord de la personne intéressée.*

SECTION II *Droits des étrangers en rétention*

SOUS-SECTION 1 *Droit de communiquer*

Art. R. 744-16 Dès son arrivée au lieu de rétention, chaque étranger est mis en mesure de communiquer avec toute personne de son choix, avec les autorités consulaires du pays dont il déclare avoir la nationalité et avec son avocat s'il en a un, ou, s'il n'en a pas, avec la permanence du barreau du tribunal judiciaire dans le ressort duquel se trouve le lieu de rétention.

Quel que soit le lieu de rétention dans lequel l'étranger est placé, un procès-verbal de la procédure de notification des droits en rétention est établi. Il est signé par l'intéressé, qui en reçoit un exemplaire, le fonctionnaire qui en est l'auteur et, le cas échéant, l'interprète. Ces références sont portées sur le registre mentionné à l'article L. 744-2.

Art. R. 744-17 L'administration met un interprète à la disposition des étrangers maintenus en centre ou en local de rétention administrative qui ne comprennent pas le français, dans le seul cadre des procédures d'éloignement dont ils font l'objet et des demandes d'asile. Dans les autres cas, la rétribution du prestataire est à la charge de l'étranger.

Lorsque l'assistance d'un interprète se fait par téléphone ou un autre moyen de télécommunication, le nom et les coordonnées de l'interprète, ainsi que la langue utilisée, sont mentionnés par procès-verbal, dont une copie est remise à l'étranger.

SOUS-SECTION 2 *Conditions de la rétention*

Art. R. 744-18 Pendant la durée de leur séjour en rétention, les étrangers sont hébergés et nourris à titre gratuit.

Ils sont soignés gratuitement. S'ils en font la demande, ils sont examinés par un médecin de l'unité médicale du centre de rétention administrative, qui assure, le cas échéant, la prise en charge médicale durant la rétention administrative.

SOUS-SECTION 3 *Accueil, information et soutien de l'étranger*

§ 1er *Aide à la préparation du départ*

Art. R. 744-19 Les étrangers placés ou maintenus dans un centre de rétention administrative bénéficient d'actions d'accueil, d'information, de soutien moral et psychologique et d'aide pour préparer les conditions matérielles de leur départ, qui portent notamment sur la récupération des bagages des personnes retenues, la réalisation de formalités administratives, l'achat de produits de vie courante et, le cas échéant, les liens avec le pays d'origine, notamment la famille.

Pour la conduite de ces actions, l'État a recours à l'Office français de l'immigration et de l'intégration. Une convention détermine les conditions d'affectation et d'intervention des agents de cet établissement public.

§ 2 *Aide à l'exercice des droits*

Art. R. 744-20 Pour permettre l'exercice effectif de leurs droits par les étrangers maintenus dans un centre de rétention administrative, le ministre chargé de l'immigration conclut une convention avec une ou plusieurs personnes morales ayant pour mission d'informer les étrangers et de les aider à exercer leurs droits. A cette fin, la personne morale assure, dans chaque centre dans lequel elle est chargée d'intervenir, des prestations d'information, par l'organisation de permanences et la mise à disposition de documentation.

Ces prestations sont assurées par une seule personne morale par centre.

Les étrangers retenus en bénéficient sans formalité dans les conditions prévues par le règlement intérieur.

Art. R. 744-21 Pour permettre l'exercice effectif de leurs droits, les étrangers maintenus dans un local de rétention peuvent bénéficier du concours d'une personne morale, à leur demande ou à l'initiative de celle-ci, dans des conditions définies par convention conclue par le préfet ou, à Paris, par le préfet de police.

Dans chaque local de rétention, ce concours est assuré par une seule personne morale.

SECTION III *Accès aux lieux de rétention*

SOUS-SECTION 1 *Conditions d'accès du délégué du Haut-Commissariat des Nations unies pour les réfugiés*

Art. R. 744-22 Le délégué du Haut-Commissariat des Nations unies pour les réfugiés ou ses représentants ont accès aux lieux de rétention dans des conditions permettant de garantir leur accès effectif aux demandeurs d'asile.

Cet accès ne doit pas entraver le fonctionnement du lieu de rétention et les activités qu'y exercent les services de l'État et les personnes morales mentionnées aux articles R. 744-20 et R. 744-21.

Il s'exerce dans le respect des opinions politiques, philosophiques ou religieuses des étrangers retenus.

Art. R. 744-23 L'accès des représentants du délégué du Haut-Commissariat des Nations unies pour les réfugiés à un lieu de rétention est subordonné à un agrément individuel.

Cet agrément est délivré pour une durée de trois ans par l'autorité administrative compétente. Il est renouvelable pour la même durée.

Il est matérialisé par la remise d'une carte nominative permettant d'obtenir lors de chaque visite une autorisation d'accès au lieu de rétention.

L'autorité administrative compétente peut, par une décision motivée, après consultation du délégué du haut-commissariat, retirer son agrément à un représentant agréé de ce délégué.

L'agrément est également retiré sur demande du délégué du haut-commissariat.

Art. R.* 744-24 L'autorité administrative compétente pour délivrer ou retirer l'agrément mentionné à l'article R. 744-23 est le ministre chargé de l'asile.

Art. R. 744-25 Le délégué du Haut-Commissariat des Nations unies pour les réfugiés ou ses représentants agréés ont accès à chaque lieu de rétention sur présentation de leur carte nominative et sous réserve des nécessités de l'ordre public et de la sécurité des transports.

Les modalités pratiques de cet accès, notamment la périodicité des visites, sont arrêtées d'un commun accord entre le ministre chargé de l'asile et le délégué du haut-commissariat de manière à permettre à celui-ci l'exercice effectif de sa mission.

Art. R. 744-26 Le délégué du Haut-Commissariat des Nations unies pour les réfugiés ou ses représentants agréés peuvent s'entretenir avec le responsable du lieu de rétention et, lorsqu'ils sont présents, avec les agents de l'Office français de l'immigration et de l'intégration chargés de l'assistance humanitaire.

Ils peuvent également s'entretenir confidentiellement avec les personnes maintenues en rétention qui ont présenté une demande d'asile.

SOUS-SECTION 2 *Conditions d'accès des associations humanitaires*

Art. R. 744-27 Les associations humanitaires ont accès, dans les conditions fixées par la présente sous-section, aux lieux de rétention.

Cet accès ne doit pas entraver le fonctionnement du lieu de rétention ni les activités qu'y exercent les services de l'État et les personnes morales mentionnés aux articles R. 744-20 et R. 744-21.

Art. R. 744-28 Toute association régulièrement déclarée depuis au moins cinq années, ayant pour objet la défense des étrangers, la défense des droits de l'homme, l'assistance médicale et sociale ou l'assistance aux personnes privées de liberté, peut demander à être habilitée à proposer des représentants en vue d'accéder aux lieux de rétention.

Le ministre chargé de l'immigration fixe la liste des associations habilitées à proposer des représentants en vue d'accéder aux lieux de rétention.

Tout refus d'habilitation est motivé. Il ne peut être fondé que sur la méconnaissance des critères énoncés au premier alinéa ou sur des motifs d'ordre public.

L'habilitation est accordée pour une durée de cinq ans. Elle est renouvelable pour la même durée.

Le ministre chargé de l'immigration peut, par décision motivée, retirer l'habilitation d'une association lorsqu'elle ne remplit plus les critères énoncés au premier alinéa ou pour des motifs d'ordre public.

Art. R. 744-29 Chaque association habilitée peut transmettre au ministre chargé de l'immigration une liste de cinq personnes au plus ayant vocation à accéder à l'ensemble des lieux de rétention.

Chaque association habilitée peut transmettre au préfet territorialement compétent ou, à Paris, au préfet de police, pour chaque lieu de rétention, une liste de cinq personnes au plus ayant vocation à y accéder.

L'autorité compétente peut, par décision motivée, s'opposer à l'accès d'une ou plusieurs personnes figurant sur une liste pour des motifs d'ordre public. En l'absence d'opposition de l'autorité compétente dans un délai d'un mois après réception de la liste, ces personnes sont autorisées à accéder aux lieux de rétention concernés. L'autorité compétente en informe les responsables de ces lieux de rétention.

Il est mis fin au droit d'accès d'un représentant d'une association à la demande de la personne ou de l'association concernée ou lorsque l'habilitation de cette association est retirée.

L'autorité compétente peut également, par décision motivée, mettre fin au droit d'accès pour des motifs d'ordre public.

Art. R. 744-30 Les représentants des associations ont accès, dans le respect des règles sanitaires et de sécurité, aux locaux susceptibles d'accueillir les personnes retenues. Toutefois, ils n'ont accès aux locaux mis à disposition des intervenants et à l'espace réservé aux avocats qu'avec l'accord des intéressés.

Les représentants des associations peuvent s'entretenir avec le responsable du lieu de rétention et, lorsqu'ils sont présents, avec les agents de l'Office français de protection des réfugiés et apatrides et de l'Office français de l'immigration et de l'intégration ainsi qu'avec les représentants agréés des associations ayant conclu la convention prévue aux articles R. 744-20 et R. 744-21 pour permettre l'exercice effectif des droits des étrangers. Ils peuvent s'entretenir avec l'équipe médicale du lieu de rétention, dans le respect du secret médical.

Les représentants des associations peuvent s'entretenir confidentiellement avec les personnes retenues dans ces lieux. Cette possibilité ne peut être refusée que pour des motifs tirés des exigences mentionnées au second alinéa de l'article R. 744-27.

Art. R. 744-31 Un même lieu de rétention peut recevoir, au plus, la visite de cinq représentants d'associations habilitées par période de vingt-quatre heures.

Lorsque les représentants d'une association entendent exercer leur droit d'accès dans un centre de rétention, ils en informent au moins vingt-quatre heures à l'avance le chef de centre.

Lorsque les représentants d'une association entendent exercer leur droit d'accès dans un local de rétention, ils en informent au moins douze heures à l'avance le responsable du local.

Le responsable du lieu de rétention peut, par une décision motivée, ajourner les visites de représentants d'association pour une durée limitée mentionnée dans la décision.

Art. R. 744-32 Une réunion est organisée annuellement sur le fonctionnement des lieux de rétention à l'initiative du ministre chargé de l'immigration, avec les associations habilitées et les services de l'État concernés. Le compte rendu de cette réunion, établi conjointement, est rendu public.

Le préfet territorialement compétent ou, à Paris, le préfet de police organise à intervalles réguliers des réunions sur le fonctionnement des lieux de rétention avec les associations ayant des représentants habilités à accéder aux lieux de rétention du département et les services concernés.

SOUS-SECTION 3 *Conditions d'accès des journalistes*

§ 1er *Dispositions générales*

Art. R. 744-33 Tout journaliste titulaire de la carte d'identité professionnelle mentionnée à l'article L. 7111-6 du code du travail peut demander à l'autorité administrative compétente à être autorisé à accéder à un lieu de rétention.

Cette demande mentionne l'objet, la date, la durée et les modalités du reportage. Elle est accompagnée de la copie de la carte de presse du demandeur et, le cas échéant, d'une copie d'un titre d'identité des personnes dont la présence est nécessaire à la réalisation du reportage et qui n'auraient pas la qualité de journaliste.

Art. R. 744-34 L'autorité administrative compétente pour autoriser ou refuser l'accès d'un journaliste à un lieu de rétention en application de l'article L. 744-15 est le préfet de département dans lequel se situe ce lieu de rétention et, à Paris, le préfet de police.

Art. R. 744-35 Tout refus d'accès d'un journaliste à un lieu de rétention est motivé.

Art. R. 744-36 L'accès d'un journaliste au lieu de rétention ne doit pas entraver son fonctionnement ni les activités qu'y exercent les services de l'État et les tiers qui y participent. Le journaliste respecte les consignes de sécurité et les conditions de la visite établies par le chef du centre de rétention, son adjoint ou le responsable de la gestion des dossiers administratifs, ou, dans un local de rétention, par le responsable du local ou son adjoint.

Art. R. 744-37 Le journaliste a accès, dans le respect des règles sanitaires et de sécurité et de la vie privée des personnes retenues, aux locaux accessibles aux retenus ainsi qu'aux locaux mis à disposition des intervenants, avec l'accord de ces derniers.

Art. R. 744-38 Lorsque les productions du journaliste sont de nature à permettre l'identification des étrangers, des personnels et des intervenants dans les lieux de rétention, ceux-ci doivent consentir par écrit à la diffusion ou à l'utilisation de leur image ou de leur voix.

Un mineur ne peut être filmé, enregistré ou photographié qu'avec l'autorisation conjointe des titulaires de l'autorité parentale ou représentants légaux. L'accord est donné selon les mêmes modalités qu'il s'agisse de l'utilisation de l'image ou de celle de la voix ainsi captée.

Dans tous les cas, le journaliste veille à ce qu'aucun élément concernant l'identité ou la personnalité qui permettrait d'identifier les mineurs ne soit, de quelque manière que ce soit, révélé.

Les obligations relatives à la diffusion des productions des journalistes mentionnées au présent article s'imposent aux directeurs de publication, éditeurs et distributeurs de ces productions.

§ 2 *Journalistes accompagnant des parlementaires*

Art. R. 744-39 Lorsqu'un journaliste titulaire de la carte d'identité professionnelle mentionnée à l'article L. 7111-6 du code du travail accompagne dans un lieu de rétention un député, un sénateur ou un représentant au Parlement européen élu en France conformément au second alinéa de l'article L. 744-12, le chef du centre de rétention, son adjoint ou le responsable de la gestion des dossiers administratifs, ou, dans un local de rétention, le responsable du local ou son adjoint ne peut s'opposer à son entrée que pour des motifs impératifs liés à la sécurité, au bon ordre, à l'intérêt public dans le lieu de rétention, et aux intérêts des personnes retenues, des personnels et des tiers qui y sont présents.

Le responsable du lieu de rétention peut, pour ces motifs, mettre fin, à tout moment, à la présence du journaliste dans ce lieu.

Art. R. 744-40 Le nombre de journalistes accompagnant une visite parlementaire peut, de manière permanente ou occasionnelle, être limité par le responsable du lieu de rétention en fonction de considérations tirées des motifs mentionnés à l'article R. 744-39 ou des particularités du lieu de rétention.

Leur entrée est concomitante à celle des parlementaires qu'ils accompagnent dans leur parcours. Leur sortie ne peut être postérieure à celle des parlementaires.

Art. R. 744-41 Les écrits, photographies, croquis, prises de vue et de son que le journaliste effectue sont circonscrits au cadre de la visite du parlementaire qu'il accompagne.

Art. R. 744-42 Les dispositions de l'article R. 744-38 sont applicables aux visites de journalistes régies par le présent paragraphe.

SOUS-SECTION 4 *Conditions d'accès des personnes morales*

Art. R. 744-43 L'accès aux centres de rétention administrative des représentants des personnes morales ayant conclu une convention en application de l'article R. 744-20 est subordonné à un agrément individuel accordé pour une durée de trois ans renouvelable, sur proposition de chacune des personnes morales avec lesquelles a été passée une convention.

Les conventions mentionnées à l'article R. 744-20 déterminent le nombre d'agréments individuels :

1° Propres à chaque centre pour lequel la personne morale est chargée d'intervenir ;

2° Permettant l'accès à tous les centres dans lesquels la personne morale est chargée d'intervenir.

Une personne physique ne peut représenter plus d'une personne morale.

Art. R. 744-44 L'accès à un local de rétention administrative des représentants des personnes morales ayant conclu une convention en application de l'article R. 744-21 est subordonné à un agrément individuel accordé pour une durée de trois ans renouvelable, sur proposition de chacune des personnes morales avec lesquelles a été passée une convention.

Les conventions mentionnées à l'article R. 744-21 déterminent le nombre des agréments individuels propres à chaque local dans lequel la personne morale est chargée d'intervenir.

Une personne physique ne peut représenter plus d'une personne morale.

Art. R. 744-45 Les agréments individuels mentionnés au 1° de l'article R. 744-43 et à l'article R. 744-44 sont délivrés par le préfet ou, à Paris, par le préfet de police.

Art. R. 744-46 Les agréments individuels mentionnés au 2° de l'article R. 744-43 sont délivrés par le ministre chargé de l'immigration.

SECTION IV *Transfert de l'étranger vers un autre lieu de rétention*

Art. R. 744-47 L'autorité compétente pour décider de déplacer un étranger d'un lieu de rétention vers un autre, dans les conditions prévues à l'article L. 744-17, est le préfet de département et, à Paris, le préfet de police.

TITRE V Mesures applicables en cas de demande d'asile

Art. R. 750-1 Conformément à l'article R. 264-1, les dispositions des articles R. 752-1 à R. 752-5, R. 753-1 à R. 753-5 et R. 754-2 à R. 754-20 sont applicables à l'étranger dont la situation est régie par le livre II.

CHAPITRE PREMIER *Mesures applicables en vue de l'exécution d'une décision de transfert*

SECTION I *Assignation à résidence*

SOUS-SECTION 1 *Pendant la détermination de l'état responsable de l'examen de la demande d'asile et aux fins d'exécution de la décision de transfert*

Art. R. 751-1 Sans préjudice du second alinéa de l'article 11-1 du décret n° 2004-374 du 29 avril 2004, l'autorité compétente pour assigner à résidence un demandeur d'asile en application de l'article L. 751-2 est le préfet de département et, à Paris, le préfet de police.

La même autorité est compétente pour faire conduire l'étranger assigné à résidence en vue d'assurer sa présentation aux convocations de l'autorité administrative et aux entretiens prévus dans le cadre de la procédure de détermination de l'État responsable de la demande d'asile et pour saisir le juge des libertés et de la détention aux fins de requérir les services de police ou les unités de gendarmerie en application de l'article L. 751-5.

Art. R. 751-2 L'étranger assigné à résidence en application de l'article L. 751-2 peut être astreint à résider dans l'hébergement prévu au 2° de l'article L. 552-1.

Art. R. 751-3 Pour l'application du troisième alinéa de l'article L. 751-5, il est procédé comme il est dit aux articles R. 733-6 à R. 733-13.

Art. R. 751-4 Les dispositions des articles R. 732-5, R. 733-1, R. 733-3 et R. 733-5 à R. 733-13 sont applicables à l'étranger assigné à résidence en application de l'article L. 751-2.

SOUS-SECTION 2 *En cas de report du transfert*

Art. R. 751-5 L'autorité administrative compétente pour assigner un étranger à résidence en application de l'article L. 751-6 est le préfet de département et, à Paris, le préfet de police.

Art. R. 751-6 Les dispositions des articles R. 732-6, R. 733-1, R. 733-3 et R. 733-5 à R. 733-13 sont applicables à l'étranger assigné à résidence en application de l'article L. 751-6.

SECTION II *Rétention administrative*

Art. R. 751-7 L'autorité compétente pour ordonner le placement en rétention administrative d'un étranger en application de l'article L. 751-9 est le préfet de département et, à Paris, le préfet de police.

Art. R. 751-8 L'étranger placé en rétention administrative en application de l'article L. 751-9 peut, indépendamment de l'examen de son état de vulnérabilité par l'autorité administrative lors de son placement en rétention, faire l'objet, à sa demande, d'une évaluation de son état de vulnérabilité par l'Office français de l'immigration et de l'intégration dans le cadre de la convention prévue à l'article R. 744-19 et, en tant que de besoin, par un médecin de l'unité médicale du centre de rétention administrative.

A l'issue de cette évaluation, l'agent de l'office et le médecin qui en ont été chargés peuvent formuler des avis sur les éventuels besoins d'adaptation des conditions de rétention de l'étranger mentionné au premier alinéa ou sur son maintien en rétention lorsque ce dernier est incompatible avec son état de vulnérabilité.

Le responsable du centre de rétention ou son représentant détermine, le cas échant, les modalités particulières de maintien en rétention tenant compte de la situation de vulnérabilité de la personne et, en cas d'incompatibilité du maintien en rétention avec cet état, en avise l'autorité administrative compétente.

Le cas échéant, le médecin peut également formuler un avis sur la nécessité d'une prise en charge médicale durant le transfert vers l'État membre responsable de l'examen de la demande d'asile.

Art. R. 751-9 Le titre IV est applicable à l'étranger placé en rétention administrative en application de l'article L. 751-9.

CHAPITRE II *Mesures applicables en vue de l'exécution de la décision portant obligation de quitter le territoire français du demandeur d'asile dont le droit au maintien a pris fin*

SECTION I *Assignation à résidence*

Art. R. 752-1 L'autorité administrative compétente pour assigner à résidence un étranger demandeur d'asile en application de l'article L. 752-1 est le préfet de département et, à Paris, le préfet de police.

Art. R. 752-2 Les dispositions des articles R. 732-5, R. 733-1 *(Décr. n° 2020-1734 du 16 déc. 2020, rect. JO 27 févr. 2021)* « à R. 733-3 » sont applicables à l'étranger demandeur d'asile assigné à résidence en application de l'article L. 752-1.

SECTION II *Rétention administrative*

Art. R. 752-3 L'autorité administrative compétente pour ordonner le placement en rétention d'un étranger demandeur d'asile en application de l'article L. 752-2 est le préfet de département et, à Paris, le préfet de police.

Art. R. 752-4 Les dispositions du titre IV sont applicables à l'étranger demandeur d'asile placé en rétention administrative en application de l'article L. 752-2.

Art. R. 752-5 L'étranger placé en rétention administrative en application de l'article L. 752-2 peut, indépendamment de l'examen de son état de vulnérabilité par l'autorité administrative lors de son placement en rétention, faire l'objet, à sa demande, d'une évaluation de son état de vulnérabilité par l'Office français de l'immigration et de l'intégration dans le cadre de la convention prévue à l'article R. 744-19 et, en tant que de besoin, par un médecin de l'unité médicale du centre de rétention administrative.

A l'issue de cette évaluation, l'agent de l'office et le médecin qui en ont été chargés peuvent formuler des avis sur les éventuels besoins d'adaptation des conditions de rétention de l'étranger mentionné au premier alinéa ou sur son maintien en rétention lorsque ce dernier est incompatible avec son état de vulnérabilité.

Le responsable du centre de rétention ou son représentant détermine, le cas échant, les modalités particulières de maintien en rétention tenant compte de la situation de vulnérabilité de la personne et, en cas d'incompatibilité du maintien en rétention avec cet état, en avise l'autorité administrative compétente.

Le cas échéant, le médecin peut également formuler un avis sur la nécessité d'une prise en charge médicale durant le transfert vers l'État membre responsable de l'examen de la demande d'asile.

CHAPITRE III *Mesures applicables en vue de l'exécution d'une décision d'expulsion, d'une peine d'interdiction du territoire français ou d'une interdiction administrative du territoire français en cas de demande d'asile*

SECTION I *Assignation à résidence ou rétention administrative*

Art. R. 753-1 L'autorité administrative compétente pour assigner à résidence un étranger demandeur d'asile ou le placer en rétention administrative en application de l'article L. 753-1 est le préfet de département et, à Paris, le préfet de police.

Art. R. 753-2 Les dispositions des articles R. 732-5, R. 733-1 *(Décr. n° 2020-1734 du 16 déc. 2020, rect. JO 27 févr. 2021)* « à R. 733-3 » sont applicables à l'étranger demandeur d'asile assigné à résidence en application de l'article L. 753-1.

Art. R. 753-3 Les dispositions du titre IV sont applicables à l'étranger demandeur d'asile placé en rétention administrative en application de l'article L. 753-1.

Art. R. 753-4 L'étranger placé en rétention administrative en application de l'article L. 753-1 peut, indépendamment de l'examen de son état de vulnérabilité par l'autorité administrative lors de son placement en rétention, faire l'objet, à sa demande, d'une évaluation de son état de vulnérabilité par l'Office français de l'immigration et de l'intégration dans le cadre de la convention prévue à l'article R. 744-19 et, en tant que de besoin, par un médecin de l'unité médicale du centre de rétention administrative.

A l'issue de cette évaluation, l'agent de l'office et le médecin qui en ont été chargés peuvent formuler des avis sur les éventuels besoins d'adaptation des conditions de rétention de l'étranger mentionné au premier alinéa ou sur son maintien en rétention lorsque ce dernier est incompatible avec son état de vulnérabilité.

Le responsable du centre de rétention ou son représentant détermine, le cas échant, les modalités particulières de maintien en rétention tenant compte de la situation de vulnérabilité de la personne et, en cas d'incompatibilité du maintien en rétention avec cet état, en avise l'autorité administrative compétente.

Le cas échéant, le médecin peut également formuler un avis sur la nécessité d'une prise en charge médicale durant le transfert vers l'État membre responsable de l'examen de la demande d'asile.

SECTION II *Demande de suspension de l'exécution d'une décision d'éloignement jusqu'à l'expiration du délai de recours ou en cas de recours devant la Cour nationale du droit d'asile*

Art. R. 753-5 La présentation, l'instruction et le jugement par les juridictions administratives des demandes de suspension de l'exécution d'une décision d'éloignement présentée en application de l'article L. 753-7 obéissent aux règles définies au chapitre VII *quater* du titre VII du livre VII du code de justice administrative.

CHAPITRE IV *Demandes d'asile présentées en rétention*

Art. R. 754-1 Les dispositions du présent chapitre ne sont pas applicables à l'étranger dont la demande d'asile relève de l'article L. 571-1 et qui est placé en rétention en vue de l'exécution d'une décision de transfert en application de l'article L. 572-1.

L'étranger en est informé dans une langue qu'il comprend ou dont il est raisonnable de penser qu'il la comprend.

SECTION I *Présentation de la demande d'asile*

Art. R. 754-2 L'étranger placé ou maintenu en rétention administrative qui souhaite demander l'asile est informé, sans délai, de la procédure de demande d'asile, de ses droits et de ses obligations au cours de cette procédure, des conséquences que pourrait avoir le non-respect de ces obligations ou le refus de coopérer avec les autorités et des moyens dont il dispose pour l'aider à présenter sa demande.

Cette information lui est communiquée dans une langue qu'il comprend ou dont il est raisonnable de penser qu'il la comprend.

Art. R. 754-3 L'étranger placé ou maintenu en rétention administrative qui souhaite demander l'asile remet sa demande sous pli fermé à l'autorité dépositaire.

Au sens du présent chapitre, les autorités dépositaires des demandes d'asile dans les lieux de rétention sont, dans un centre de rétention, le chef du centre, son adjoint ou le cas échéant le responsable de la gestion des dossiers administratifs et, dans un local de rétention, le responsable du local et son adjoint.

Art. R. 754-4 La demande d'asile formulée en rétention est rédigée en français sur un imprimé établi par l'Office français de protection des réfugiés et apatrides. L'imprimé est signé et accompagné de deux photographies d'identité récentes et, le cas échéant, du document de voyage.

Art. R. 754-5 L'étranger placé ou maintenu en rétention administrative qui souhaite demander l'asile peut bénéficier, pour présenter sa demande, de l'assistance juridique apportée par les personnes morales mentionnées aux articles R. 744-20 et R. 744-21, en application des conventions prévues à ces mêmes articles.

Il peut bénéficier également d'une assistance linguistique pour présenter sa demande, dans les conditions prévues à l'article R. 744-17.

Art. R. 754-6 Lorsque l'étranger remet sa demande d'asile à l'autorité dépositaire, celle-ci enregistre la date et l'heure de la remise sur le registre mentionné à l'article L. 744-2.

SECTION II *Maintien en rétention du demandeur d'asile et transmission de sa demande à l'office français de protection des réfugiés et apatrides*

Art. R. 754-7 Lorsque l'étranger remet sa demande d'asile à l'autorité dépositaire, conformément à l'article R. 754-6, celle-ci en informe sans délai le préfet qui a ordonné le placement en rétention afin qu'il se prononce sur le maintien en rétention conformément au premier alinéa de l'article L. 754-3.

Art. R. 754-8 La présentation, l'instruction et le jugement par les juridictions administratives des recours en annulation formés contre les décisions de maintien en rétention mentionnées au premier alinéa de l'article L. 754-3 obéissent aux règles définies au chapitre VII *bis* du titre VII du livre VII du code de justice administrative.

Art. R. 754-9 Si le préfet décide du maintien en rétention de l'étranger mentionné à l'article R. 754-7, l'autorité dépositaire de la demande, dès qu'elle en est informée, transmet sans délai le dossier de demande d'asile, tel qu'il lui a été remis sous pli fermé par l'étranger, au directeur général de l'Office français de protection des réfugiés et apatrides, en vue de son examen selon les modalités prévues aux articles R. 531-23, R. 531-26 et R. 531-27. Cette transmission est effectuée par lettre recommandée avec demande d'avis de réception, ou par tout autre moyen permettant de garantir la confidentialité de la demande d'asile et d'en accuser réception.

L'autorité dépositaire de la demande informe simultanément le directeur général de l'office de la transmission de la demande ainsi que de l'identité du demandeur et, le cas échéant, du besoin d'interprète.

Art. R. 754-10 Lorsqu'un étranger ayant déposé sa demande d'asile en local de rétention administrative est transféré en centre de rétention avant que l'Office français de protection des réfugiés et apatrides ait statué, le préfet responsable de la procédure d'éloignement en informe l'office sans délai.

SECTION III *Examen de la demande d'asile par l'office français de protection des réfugiés et apatrides*

Art. R. 754-11 Le demandeur est entendu par l'Office français de protection des réfugiés et apatrides selon les modalités prévues par les articles R. 531-11 à R. 531-16 et R. 531-28.

Toutefois, en cas de besoin et par dérogation à l'article R. 531-15, l'entretien personnel peut ne pas faire l'objet d'un enregistrement. Dans ce cas, sa transcription fait l'objet d'un recueil de commentaires. Si le demandeur refuse de confirmer que le contenu de la transcription reflète correctement l'entretien personnel, les motifs de son refus sont consignés dans son dossier. Un tel refus n'empêche pas l'office de statuer sur la demande d'asile.

Art. R. 754-12 Lorsque l'Office français de protection des réfugiés et apatrides décide, en application de l'article L. 754-7, de ne pas statuer en procédure accélérée, il transmet sa décision à l'autorité dépositaire des demandes d'asile dans le lieu de rétention, ainsi qu'au préfet qui a ordonné le maintien en rétention.

Le préfet met fin immédiatement à la rétention et communique sa décision à l'autorité dépositaire des demandes d'asile dans le lieu de rétention. Il en informe également le directeur général de l'office.

Art. R. 754-13 Lorsque l'étranger a été maintenu en rétention et que l'Office français de protection des réfugiés et apatrides statue en procédure accélérée, il prend sa décision dans le délai prévu par le second alinéa de l'article R. 531-23.

Il transmet sans délai au responsable du lieu de rétention dans lequel l'étranger est maintenu sa décision de rejet sous pli fermé par lettre recommandée avec demande d'avis de réception. Le pli fermé est remis à l'étranger par le responsable du lieu de rétention. La décision de rejet peut également être transmise par tout autre moyen assurant la confidentialité de la demande d'asile et permettant d'en accuser réception avant remise au demandeur.

Simultanément, l'office communique le sens de sa décision à l'autorité dépositaire des demandes d'asile dans le lieu de rétention.

Art. R. 754-14 La décision d'admission au bénéfice d'une protection au titre de l'asile est transmise au lieu de rétention par voie électronique sécurisée.

Elle est notifiée à l'intéressé par la voie administrative par l'autorité dépositaire des demandes d'asile dans le lieu de rétention.

Au vu de cette décision, il est immédiatement mis fin à la rétention.

Art. R. 754-15 La décision d'irrecevabilité prise en application de l'article L. 754-1 est transmise et notifiée à l'intéressé par la voie administrative par l'autorité dépositaire des demandes d'asile dans le lieu de rétention.

Art. R. 754-16 Les documents fournis par le demandeur lui sont restitués avec la décision.

Art. R. 754-17 L'autorité dépositaire des demandes d'asile dans le lieu de rétention informe le préfet ayant décidé du maintien en rétention du sens de la décision de l'Office français de protection des réfugiés et apatrides.

SECTION IV *Droits des demandeurs d'asile*

Art. R. 754-18 Le délégué du Haut-Commissariat des Nations unies pour les réfugiés et ses représentants accèdent aux lieux de rétention dans les conditions prévues aux articles R. 744-22 à R. 744-26.

Art. R. 754-19 Toute personne intervenant dans un lieu de rétention peut signaler au chef du centre de rétention ou à son représentant, ou au responsable du local de rétention, la situation de vulnérabilité d'un demandeur d'asile qu'elle aurait constatée, ou dont le demandeur d'asile aurait fait état.

Le chef du centre ou son représentant, ou le responsable du local de rétention, détermine, le cas échéant, les modalités particulières de maintien en rétention tenant compte de la situation de vulnérabilité du demandeur.

Les informations attestant d'une situation particulière de vulnérabilité sont transmises oralement ou par écrit, après accord du demandeur d'asile, à l'Office français de protection des réfugiés et apatrides.

Art. R. 754-20 L'avocat ou le représentant d'une des associations mentionnées à l'article L. 531-15, désigné par le demandeur d'asile, est autorisé à pénétrer dans le lieu de rétention pour assister à son entretien dans les conditions prévues au même article.

TITRE VI **Dispositions relatives à l'outre-mer**

Art. R. 760-1 Par dérogation à l'article R. 732-2, l'autorité administrative compétente pour assigner un étranger à résidence est le ministre de l'intérieur lorsqu'au moment du prononcé de la décision :

1° L'étranger se trouve dans un département de la France métropolitaine et que le lieu d'assignation choisi est situé en Guadeloupe, en Guyane, en Martinique, à La Réunion, à Mayotte, à Saint-Barthélemy, à Saint-Martin ou à Saint-Pierre-et-Miquelon ;

2° L'étranger se trouve en Guadeloupe, en Guyane, en Martinique, à La Réunion, à Mayotte, à Saint-Barthélemy, à Saint-Martin ou à Saint-Pierre-et-Miquelon et que le lieu d'assignation choisi est situé dans un département de la France métropolitaine ;

3° L'étranger se trouve en Guadeloupe, en Guyane, en Martinique, à La Réunion, à Mayotte et que le lieu d'assignation choisi est situé à Saint-Barthélemy, à Saint-Martin ou à Saint-Pierre-et-Miquelon ;

4° L'étranger se trouve à Saint-Barthélemy, à Saint-Martin ou à Saint-Pierre-et-Miquelon et que le lieu d'assignation choisi est situé en Guadeloupe, en Guyane, en Martinique, à La Réunion ou à Mayotte.

CHAPITRE PREMIER *Dispositions particulières aux collectivités régies par l'article 73 de la Constitution et à Saint-Pierre-et-Miquelon*

SECTION I *Dispositions particulières à la Guadeloupe, la Guyane, la Martinique et la Réunion*

Art. R. 761-1 Les dispositions du présent livre sont applicables de plein droit en Guadeloupe, en Guyane, en Martinique et à La Réunion, sous réserve des adaptations prévues au présent chapitre.

Art. R. 761-2 Pour l'application du présent livre en Guadeloupe, en Guyane, en Martinique et à La Réunion :

1° Les références au préfet de département sont remplacées par la référence au représentant de l'État ;

2° L'article R. 711-1 est ainsi rédigé :

Art. R. 711-1 La décision portant obligation de quitter le territoire français est réputée exécutée à la date à laquelle le cachet de l'administration a été apposé sur les documents de voyage de l'étranger qui en fait l'objet, lors de sa sortie du territoire national à destination de tout pays, autre qu'un État membre de l'Union européenne, la République d'Islande, la Principauté du Liechtenstein, le Royaume de Norvège ou la Confédération suisse.

3° Les articles R. 751-1 à R. 751-9 ne sont pas applicables ;

4° Le dernier alinéa de l'article R. 752-5 et le dernier alinéa de l'article R. 753-4 ne sont pas applicables ;

5° A l'article R. 753-5, après les mots : "aux règles définies au chapitre VII *quater* du titre VII du livre VII du code de justice administrative", sont ajoutés les mots : "et sous réserve des adaptations prévues au titre VIII du livre VII du même code" ;

6° L'article R. 754-1 n'est pas applicable ;

7° A l'article R. 754-8, après les mots : "aux règles définies au chapitre VII *bis* du titre VII du livre VII du code de justice administrative", sont ajoutés les mots : "et sous réserve des adaptations prévues au titre VIII du livre VII du même code".

Art. R.* 761-3 L'autorité administrative compétente dans les cas prévus au 1° de l'article R.* 732-3 est le représentant de l'État.

Toutefois, l'autorité administrative compétente dans ces cas est le ministre de l'intérieur lorsqu'au moment du prononcé de l'assignation à résidence, l'étranger se trouve dans un département de la France métropolitaine, à Saint-Barthélemy, à Saint-Martin ou à Saint-Pierre-et-Miquelon.

SECTION II *Dispositions particulières à Mayotte*

Art. R. 761-4 Les dispositions du présent livre sont applicables de plein droit à Mayotte, sous réserve des adaptations prévues au présent chapitre.

Art. R. 761-5 Pour l'application du présent livre à Mayotte :

1° Les références au préfet de département sont remplacées par la référence au représentant de l'État ;

2° Les références à la cour d'appel sont remplacées par la référence à la chambre d'appel de la cour d'appel de Saint-Denis de La Réunion à Mamoudzou ;

3° L'article R. 710-1 n'est pas applicable ;

4° Les articles R. 711-3 à R. 711-5 et R. 751-1 à R. 751-9 ne sont pas applicables ;

5° L'article R. 711-1 est ainsi rédigé :

Art. R. 711-1 La décision portant obligation de quitter le territoire français est réputée exécutée à la date à laquelle le cachet de l'administration a été apposé sur les documents de voyage de l'étranger qui en fait l'objet, lors de sa sortie du territoire national à destination de tout pays, autre qu'un État membre de l'Union européenne, la République d'Islande, la Principauté du Liechtenstein, le Royaume de Norvège ou la Confédération suisse.

6° A l'article R. 732-5, les mots : "des services territorialement compétents de l'Office français de l'immigration et de l'intégration" sont remplacés par les mots : "des associations conventionnées" ;

7° A l'article R. 742-1, les mots : "de la période de quarante-huit heures" sont remplacés par les mots : "de la période de cinq jours" ;

8° L'article R. 744-9 est complété par un alinéa ainsi rédigé :

"A Mayotte, les étrangers peuvent être maintenus dans ces locaux pendant une durée n'excédant pas vingt-quatre heures" ;

9° Les dispositions de l'article R. 744-11 ne sont pas applicables à Mayotte pour une durée de cinq ans à compter de la publication du décret n° 2018-1159 du 14 décembre 2018 pris pour l'application de la loi n° 2018-778 du 10 septembre 2018 pour une immigration maîtrisée, un droit d'asile effectif et une intégration réussie et portant diverses dispositions relatives à la lutte contre l'immigration irrégulière. Durant cette période, les locaux de rétention administrative situés dans le département de Mayotte doivent disposer de lieux d'hébergement ou de repos, d'équipements sanitaires en libre accès, de matériels nécessaires à la restauration ainsi que d'équipements permettant l'exercice effectif de leurs droits par les intéressés, notamment un téléphone en libre accès. Ceux-ci ont accès, si nécessaire, à l'antenne médicale la plus proche aux fins d'une évaluation médicale ;

10° L'article R. 744-19 est ainsi rédigé :

Art. R. 744-19 Les étrangers placés ou maintenus dans un centre de rétention administrative bénéficient d'actions d'accueil, d'information, d'aide à l'exercice de leurs droits, de soutien moral et psychologique et, le cas échéant, d'aide pour préparer les conditions matérielles de leur départ.

11° L'article R. 744-20 est ainsi rédigé :

Art. R. 744-20 Pour concourir aux actions et à l'aide définies à l'article R. 744-19, le représentant de l'État à Mayotte conclut une convention avec une ou plusieurs associations.

12° A l'article R. 752-5, les mots : "par l'Office français de l'immigration et de l'intégration" sont remplacés par les mots : "par les associations" et les mots : "l'agent de l'office" sont remplacés par les mots : "le représentant de l'association" et le dernier alinéa est supprimé ;

13° A l'article R. 753-4, les mots : "par l'Office français de l'immigration et de l'intégration" sont remplacés par les mots : "par les associations" et les mots : "l'agent de l'office" sont remplacés par les mots : "le représentant de l'association" et le dernier alinéa est supprimé ;

14° A l'article R. 753-5, après les mots : "aux règles définies au chapitre VII *quater* du titre VII du livre VII du code de justice administrative", sont ajoutés les mots : "et sous réserve des adaptations prévues au titre VIII du livre VII du même code" ;

15° L'article R. 754-1 n'est pas applicable ;

16° A l'article R. 754-8, après les mots : "aux règles définies au chapitre VII *bis* du titre VII du livre VII du code de justice administrative", sont ajoutés les mots : "et sous réserve des adaptations prévues au titre VIII du livre VII du même code".

Art. R.* 761-6 L'autorité administrative compétente dans les cas prévus au 1° de l'article R.* 732-3 est le représentant de l'État.

Toutefois, l'autorité administrative compétente dans ces cas est le ministre de l'intérieur lorsqu'au moment du prononcé de l'assignation à résidence, l'étranger se trouve dans un département de la France métropolitaine, à Saint-Barthélemy, à Saint-Martin ou à Saint-Pierre-et-Miquelon.

SECTION III *Dispositions particulières à Saint-Pierre-et-Miquelon*

Art. R. 761-7 Les dispositions du présent livre sont applicables de plein droit à Saint-Pierre-et-Miquelon, sous réserve des adaptations prévues au présent chapitre :

1° Les références au préfet de département sont remplacées par la référence au représentant de l'État ;

2° Les références au tribunal judiciaire et à la cour d'appel sont remplacées respectivement par la référence au tribunal de première instance et au tribunal supérieur d'appel ;

3° L'article R. 711-1 est ainsi rédigé :

Art. R. 711-1 La décision portant obligation de quitter le territoire français est réputée exécutée à la date à laquelle le cachet de l'administration a été apposé sur les documents de voyage de l'étranger qui en fait l'objet, lors de sa sortie du territoire national à destination de tout pays, autre qu'un État membre de l'Union européenne, la République d'Islande, la Principauté du Liechtenstein, le Royaume de Norvège ou la Confédération suisse.

4° A l'article R. 722-1, les mots : "par la décision du Conseil n° 2004/191/CE du 23 février 2004 définissant les critères et modalités pratiques de la compensation des déséquilibres financiers résultant de l'application de la directive 2001/40/CE relative à la reconnaissance mutuelle des décisions d'éloignement des ressortissants de pays tiers" sont remplacés par les mots : "par les conventions internationales et les règlements en vigueur" ;

5° Les articles R. 751-1 à R. 751-9 ne sont pas applicables ;

6° Le dernier alinéa de l'article R. 752-5 et le dernier alinéa de l'article R. 753-4 ne sont pas applicables ;

7° A l'article R. 753-5, après les mots : "aux règles définies au chapitre VII *quater* du titre *VII du livre VII du code de justice administrative*", sont ajoutés les mots : "et sous réserve des adaptations prévues au titre VIII du livre VII du même code" ;

8° L'article R. 754-1 n'est pas applicable ;

9° A l'article R. 754-8, après les mots : "aux règles définies au chapitre VII *bis* du titre VII du livre VII du code de justice administrative", sont ajoutés les mots : "et sous réserve des adaptations prévues au titre VIII du livre VII du même code".

CHAPITRE II *Dispositions applicables à Saint-Barthélemy*

Art. R.* 762-1 Les articles R.* 721-3, R.* 732-3, R.* 732-4 et R.* 744-24 sont applicables à Saint-Barthélemy.

Art. R. 762-2 Sous réserve des adaptations prévues par le présent chapitre, les dispositions suivantes sont applicables à Saint-Barthélemy dans leur rédaction résultant du décret n° 2020-1734 du 16 décembre 2020, sauf mention contraire dans le tableau ci-dessous.

Articles applicables	Dans leur rédaction résultant de
Au titre I	
R. 711-1 et R. 711-2	
Au titre II	
R. 720-1	
R. 721-1 et R. 721-2	
R. 721-4 à R. 722-2	
Au titre III	
R. 730-1	
R. 731-1 à R. 732-2	
R. 732-5 à R. 733-21	
Au titre IV	
R. 740-1	
R. 741-1 à R. 744-23	
R. 744-25 à R. 744-47	
Au titre V	
R. 750-1	
R. 752-1 à R. 753-5	
R. 754-2 à R. 754-20	

Art. R. 762-3 Pour l'application du présent livre à Saint-Barthélemy :

1° Les références au préfet sont remplacées par la référence au représentant de l'État à Saint-Barthélemy ;

2° L'article R. 711-1 est ainsi rédigé :

Art. R. 711-1 La décision portant obligation de quitter le territoire français est réputée exécutée à la date à laquelle le cachet de l'administration a été apposé sur les documents de voyage de l'étranger qui en fait l'objet, lors de sa sortie du territoire national à destination de tout pays, autre qu'un État membre de l'Union européenne, la République d'Islande, la Principauté du Liechtenstein, le Royaume de Norvège ou la Confédération suisse.

3° A l'article R. 722-1, les mots : "par la décision du Conseil n° 2004/191/CE du 23 février 2004 définissant les critères et modalités pratiques de la compensation des déséquilibres financiers résultant de l'application de la directive 2001/40/CE relative à la reconnaissance mutuelle des décisions d'éloignement des ressortissants de pays tiers" sont remplacés par les mots : "par les conventions internationales et les règlements en vigueur" ;

4° A l'article R. 732-6, après les mots : "autorisation de travail", sont ajoutés les mots : "selon la législation et la réglementation applicables localement" ;

5° Le dernier alinéa de l'article R. 752-5 et le dernier alinéa de l'article R. 753-4 ne sont pas applicables ;

6° A l'article R. 753-5, après les mots : "aux règles définies au chapitre VII *quater* du titre VII du livre VII du code de justice administrative", sont ajoutés les mots : "et sous réserve des adaptations prévues au titre VIII du livre VII du même code" ;

7° A l'article R. 754-8, après les mots : "aux règles définies au chapitre VII *bis* du titre VII du livre VII du code de justice administrative", sont ajoutés les mots : "et sous réserve des adaptations prévues au titre VIII du livre VII du même code".

CHAPITRE III *Dispositions applicables à Saint-Martin*

Art. R.* 763-1 Les articles R.* 721-3, R.* 732-3, R.* 732-4 et R.* 744-24 sont applicables à Saint-Martin.

Art. R. 763-2 Sous réserve des adaptations prévues par le présent chapitre, les dispositions suivantes sont applicables à Saint-Martin dans leur rédaction résultant du décret n° 2020-1734 du 16 décembre 2020, sauf mention contraire dans le tableau ci-dessous.

Articles applicables	Dans leur rédaction résultant de
Au titre I	
R. 711-1 et R. 711-2	
Au titre II	
R. 720-1	
R. 721-1 et R. 721-2	
R. 721-4 à R. 722-2	
Au titre III	
R. 730-1	
R. 731-1 à R. 732-2	
R. 732-5 à R. 733-21	
Au titre IV	
R. 740-1	
R. 741-1 à R. 744-23	
R. 744-25 à R. 744-47	
Au titre V	
R. 750-1	
R. 752-1 à R. 753-5	
R. 754-2 à R. 754-20	

Art. R. 763-3 Pour l'application du présent livre à Saint-Martin :

1° Les références au préfet sont remplacées par la référence au représentant de l'État à Saint-Martin ;

2° *L'article R. 711-1 est ainsi rédigé :*

Art. R. 711-1 La décision portant obligation de quitter le territoire français est réputée exécutée à la date à laquelle le cachet de l'administration a été apposé sur les documents de voyage de l'étranger qui en fait l'objet, lors de sa sortie du territoire national à destination de tout pays, autre qu'un État membre de l'Union européenne, la République d'Islande, la Principauté du Liechtenstein, le Royaume de Norvège ou la Confédération suisse.

3° A l'article R. 732-6, après les mots : "autorisation de travail ", sont ajoutés les mots : "selon la législation et la réglementation applicables localement" ;

4° Le dernier alinéa de l'article R. 752-5 et le dernier alinéa de l'article R. 753-4 ne sont pas applicables ;

5° A l'article R. 753-5, après les mots : "aux règles définies au chapitre VII *quater* du titre VII du livre VII du code de justice administrative", sont ajoutés les mots : "et sous réserve des adaptations prévues au titre VIII du livre VII du même code" ;

6° A l'article R. 754-8, après les mots : "aux règles définies au chapitre VII *bis* du titre VII du livre VII du code de justice administrative", sont ajoutés les mots : "et sous réserve des adaptations prévues au titre VIII du livre VII du même code".

CHAPITRE IV *Dispositions applicables dans les Îles Wallis-et-Futuna*

Art. R.* 764-1 Pour l'application du présent livre dans les îles Wallis-et-Futuna :

1° Les articles R.* 721-3, R.* 732-3, R.* 732-4 et R.* 744-24 sont applicables dans les îles Wallis-et-Futuna ;

2° L'article *(Décr. n° 2020-1734 du 16 déc. 2020, rect. JO 27 févr. 2021)* « R.* 721-3 » est ainsi rédigé :

Art. R. 721-3* Le ministre de l'intérieur est compétent pour fixer le pays de renvoi en cas d'exécution d'office lorsque l'étranger, présent sur le territoire français, fait l'objet d'une interdiction administrative du territoire.

3° L'article R.* 732-3 est ainsi rédigé :

Art. R. 732-3* Par dérogation à l'article R. 732-2, le ministre de l'intérieur est compétent lorsque l'étranger se trouve dans les îles Wallis-et-Futuna au moment du prononcé de l'assignation à résidence.

Art. R. 764-2 Sous réserve des adaptations prévues par le présent chapitre, les dispositions suivantes sont applicables dans les îles Wallis-et-Futuna dans leur rédaction résultant du décret n° 2020-1734 du 16 décembre 2020, sauf mention contraire dans le tableau ci-dessous.

Articles applicables	Dans leur rédaction résultant de
Au titre I	
R. 711-1 et R. 711-2	
Au titre II	
R. 720-1	
R. 721-1 et R. 721-2	
R. 721-4 à R. 722-2	
Au titre III	
R. 730-1	
R. 731-1 à R. 732-2	
R. 732-5 à R. 733-21	
Au titre IV	
R. 740-1	
R. 741-1 à R. 744-12	
R. 744-14 à R. 744-23	
R. 744-25 à R. 744-47	

Articles applicables	Dans leur rédaction résultant de
Au titre V	
R. 750-1	
R. 752-1 à R. 754-20	

Art. R. 764-3 Pour l'application du présent livre dans les îles Wallis-et-Futuna :

1° Les références au préfet sont remplacées par la référence à l'administrateur supérieur des îles Wallis-et-Futuna ;

2° Les références au tribunal judiciaire sont remplacées par la référence au tribunal de première instance ;

3° Les références à la République d'Islande, à la Principauté du Liechtenstein, au Royaume de Norvège et à la Confédération suisse sont supprimées ;

4° A l'article R. 711-1, les dispositions du 1° ne sont pas applicables ;

5° A l'article R. 711-2, les mots : "ou à la représentation de l'Office français de l'immigration et de l'intégration" sont supprimés ;

6° A l'article R. 722-1, les mots : "par la décision du Conseil n° 2004/191/CE du 23 février 2004 définissant les critères et modalités pratiques de la compensation des déséquilibres financiers résultant de l'application de la directive 2001/40/CE relative à la reconnaissance mutuelle des décisions d'éloignement des ressortissants de pays tiers" sont remplacés par les mots : "par les conventions internationales et les règlements en vigueur" ;

7° A l'article R. 732-5, les mots : "des services territorialement compétents de l'Office français de l'immigration et de l'intégration" sont remplacés par les mots : "des associations conventionnées" ;

8° A l'article R. 732-6, après les mots : "autorisation de travail ", sont ajoutés les mots : "selon la législation et la réglementation applicables localement" ;

9° A l'article R. 742-1, les mots : "de la période de quarante-huit heures" sont remplacés par les mots : "de la période de cinq jours" ;

10° L'article R. 743-11 est ainsi rédigé :

Art. R. 743-11 Le premier président est saisi par une déclaration motivée transmise par tous moyens au greffe du tribunal de première instance ou de la cour d'appel. La déclaration est enregistrée avec mentions de la date et de l'heure.

Quand la déclaration d'appel est reçue par le greffier du tribunal de première instance, celui-ci fait parvenir sans délai une copie de la déclaration d'appel et le dossier de l'affaire au greffe de la cour d'appel.

Quand la déclaration d'appel est reçue par le greffier de la cour d'appel, celui-ci avise sur-le-champ le greffier du tribunal de première instance, qui transmet sans délai le dossier au greffe de la cour d'appel.

11° A l'article R. 743-19, le second alinéa est ainsi rédigé :

"L'ordonnance est notifiée dans les trois jours par le greffier à l'étranger et à son conseil, s'il en a un, ainsi qu'à l'administrateur supérieur des îles Wallis-et-Futuna, par lettre recommandée avec demande d'avis de réception. Elle est communiquée dans le même délai au ministère public." ;

12° Le second alinéa de l'article R. 743-20 est ainsi rédigé :

"Le pourvoi en cassation est formé dans les dix jours suivant la notification de l'ordonnance du premier président. Il est ouvert à l'étranger, à l'administrateur supérieur des îles Wallis-et-Futuna et au ministère public." ;

13° A l'article R. 744-10, les mots : "par arrêté préfectoral" sont remplacés par les mots : "par arrêté de l'administrateur supérieur des îles Wallis-et-Futuna" ;

14° A l'article R. 744-14, les mots : "dans lesquelles les établissements de santé interviennent au bénéfice des personnes retenues, en application de l'article L. 6111-1-2 du code de la santé publique" sont remplacés par les mots : "d'intervention de l'agence de santé du territoire au bénéfice des personnes retenues" ;

15° A l'article R. 744-19, le second alinéa est ainsi rédigé :

"Les associations à caractère national, pour lesquelles une convention a été passée avec l'administrateur supérieur des îles Wallis-et-Futuna, peuvent concourir aux actions et à l'aide définies au premier alinéa." ;

16° A l'article R. 744-26, les mots : "et lorsqu'ils sont présents, avec les agents de l'Office français de l'immigration et de l'intégration chargés de l'assistance humanitaire" sont supprimés ;

17° Le premier alinéa de l'article R. 744-28 est ainsi modifié :

a) les mots : "cinq années" sont remplacés par les mots "une année" ;

b) les mots : "ou l'assistance aux personnes privées de liberté" sont supprimés et après les mots : "l'assistance médicale ou sociale", sont ajoutés les mots : "et ayant leur siège dans les îles Wallis-et-Futuna" ;

18° A l'article R. 744-30, les mots : "et de l'Office français de l'immigration et de l'intégration" sont supprimés ;

19° Aux articles R. 744-33 et R. 744-39, les mots : "mentionnée à l'article L. 7111-6 du code du travail" sont remplacés par les mots : "définie par le code du travail, ou reconnu comme journaliste en application des dispositions, ayant le même objet, applicables dans les îles Wallis-et-Futuna," ;

20° Aux articles R. 752-5 et R. 753-4, les mots : "par l'Office français de l'immigration et de l'intégration" sont remplacés par les mots : "par les associations" et les mots : "l'agent de l'office" sont remplacés par les mots : "le représentant de l'association" et le dernier alinéa est supprimé ;

21° A l'article R. 753-5, après les mots : "aux règles définies au chapitre VII *quater* du titre VII du livre VII du code de justice administrative", sont ajoutés les mots : "et sous réserve des adaptations prévues au titre VIII du livre VII du même code" ;

22° A l'article R. 754-8, après les mots : "aux règles définies au chapitre VII *bis* du titre VII du livre VII du code de justice administrative", sont ajoutés les mots : "et sous réserve des adaptations prévues au titre VIII du livre VII du même code".

CHAPITRE V *Dispositions applicables en Polynésie française*

Art. R.* 765-1 Pour l'application du présent livre en Polynésie française :

1° Les articles R.* 721-3, R.* 732-3, R.* 732-4 et R.* 744-24 sont applicables en Polynésie française ;

2° L'article *(Décr. n° 2020-1734 du 16 déc. 2020, rect. JO 27 févr. 2021)* « R.* 721-3 » est ainsi rédigé :

Art. R.* 721-3 Le ministre de l'intérieur est compétent pour fixer le pays de renvoi en cas d'exécution d'office lorsque l'étranger, présent sur le territoire français, fait l'objet d'une interdiction administrative du territoire.

3° L'article R.* 732-3 est ainsi rédigé :

Art. R.* 732-3 Par dérogation à l'article R. 732-2, le ministre de l'intérieur est compétent lorsque l'étranger se trouve dans les îles Wallis-et-Futuna au moment du prononcé de l'assignation à résidence.

Art. R. 765-2 Sous réserve des adaptations prévues par le présent chapitre, les dispositions suivantes sont applicables en Polynésie française dans leur rédaction résultant du décret n° 2020-1734 du 16 décembre 2020, sauf mention contraire dans le tableau ci-dessous.

Articles applicables	Dans leur rédaction résultant de
Au titre I	
R. 711-1 et R. 711-2	
Au titre II	
R. 720-1	
R. 721-1 et R. 721-2 R. 721-4 à R. 722-2	
Au titre III	
R. 730-1	
R. 731-1 à R. 732-2	
R. 732-5 à R. 733-21	

Articles applicables	Dans leur rédaction résultant de
Au titre IV	
R. 740-1	
R. 741-1 à R. 744-12	
R. 744-14 à R. 744-23	
R. 744-25 à R. 744-47	
Au titre V	
R. 750-1	
R. 752-1 à R. 754-20	

Art. R. 765-3 Pour l'application du présent livre à la Polynésie française :

1° Les références au préfet sont remplacées par la référence au haut-commissaire de la République en Polynésie française ;

2° Les références au tribunal judiciaire sont remplacées par la référence au tribunal de première instance ;

3° Les références à la République d'Islande, à la Principauté du Liechtenstein, au Royaume de Norvège et à la Confédération suisse sont supprimées ;

4° A l'article R. 711-1, les dispositions du 1° ne sont pas applicables ;

5° A l'article R. 722-1, les mots : "par la décision du Conseil n° 2004/191/CE du 23 février 2004 définissant les critères et modalités pratiques de la compensation des déséquilibres financiers résultant de l'application de la directive 2001/40/CE relative à la reconnaissance mutuelle des décisions d'éloignement des ressortissants de pays tiers" sont remplacés par les mots : "par les conventions internationales et les règlements en vigueur" ;

6° A l'article R. 732-5, les mots : "des services territorialement compétents de l'Office français de l'immigration et de l'intégration" sont remplacés par les mots : "des associations conventionnées" ;

7° A l'article R. 732-6, après les mots : "autorisation de travail ", sont ajoutés les mots : "selon la législation et la réglementation applicables localement" ;

8° A l'article R. 742-1, les mots : "de la période de quarante-huit heures" sont remplacés par les mots : "de trois jours ou de cinq jours" ;

9° L'article R. 743-11 est ainsi rédigé :

Art. R. 743-11 Le premier président est saisi par une déclaration motivée transmise par tous moyens au greffe du tribunal de première instance ou de la cour d'appel. La déclaration est enregistrée avec mentions de la date et de l'heure.

Quand la déclaration d'appel est reçue par le greffier du tribunal de première instance, celui-ci fait parvenir sans délai une copie de la déclaration d'appel et le dossier de l'affaire au greffe de la cour d'appel.

Quand la déclaration d'appel est reçue par le greffier de la cour d'appel, celui-ci avise sur-le-champ le greffier du tribunal de première instance, qui transmet sans délai le dossier au greffe de la cour d'appel.

10° A l'article R. 743-19, le second alinéa est ainsi rédigé :

"L'ordonnance est notifiée dans les trois jours par le greffier à l'étranger et à son conseil, s'il en a un, ainsi qu'au haut-commissaire de la République en Polynésie française, par lettre recommandée avec demande d'avis de réception. Elle est communiquée dans le même délai au ministère public." ;

11° Le second alinéa de l'article R. 743-20 est ainsi rédigé :

"Le pourvoi en cassation est formé dans les dix jours suivant la notification de l'ordonnance du premier président. Il est ouvert à l'étranger, au haut-commissaire de la République en Polynésie française et au ministère public." ;

12° A l'article R. 744-10, les mots : "par arrêté préfectoral" sont remplacés par les mots : "par arrêté du haut-commissaire de la République en Polynésie française" ;

13° A l'article R. 744-14, les mots : ", en application de l'article L. 6111-1-2 du code de la santé publique" sont supprimés ;

14° A l'article R. 744-19, le second alinéa est ainsi rédigé :

"Les associations à caractère national, pour lesquelles une convention a été passée avec le haut-commissaire de la République en Polynésie française, peuvent concourir aux actions et à l'aide définies au premier alinéa." ;

15° A l'article R. 744-26, les mots : "et, lorsqu'ils sont présents, avec les agents de l'Office français de l'immigration et de l'intégration chargés de l'assistance humanitaire" sont supprimés ;

16° Le premier alinéa de l'article R. 744-28 est ainsi modifié :

a) les mots : "cinq années" sont remplacés par les mots "une année" ;

b) les mots : "ou l'assistance aux personnes privées de liberté" sont supprimés et après les mots : "l'assistance médicale ou sociale ", sont ajoutés les mots : "et ayant leur siège en Polynésie française" ;

17° A l'article R. 744-30, les mots : "et de l'Office français de l'immigration et de l'intégration" sont supprimés ;

18° Aux articles R. 744-33 et R. 744-39, les mots : "mentionnée à l'article L. 7111-6 du code du travail" sont remplacés par les mots : "définie par le code du travail, ou reconnu comme journaliste en application des dispositions ayant le même objet, applicables en Polynésie française," ;

19° Aux articles R. 752-5 et R. 753-4, les mots : "par l'Office français de l'immigration et de l'intégration" sont remplacés par les mots : "par les associations" et les mots : "l'agent de l'office" sont remplacés par les mots : "le représentant de l'association" et le dernier alinéa est supprimé ;

20° A l'article R. 753-5, après les mots : "aux règles définies au chapitre VII *quater* du titre VII du livre VII du code de justice administrative", sont ajoutés les mots : "et sous réserve des adaptations prévues au titre VIII du livre VII du même code" ;

21° A l'article R. 754-8, après les mots : "aux règles définies au chapitre VII *bis* du titre VII du livre VII du code de justice administrative", sont ajoutés les mots : "et sous réserve des adaptations prévues au titre VIII du livre VII du même code".

CHAPITRE VI *Dispositions applicables en Nouvelle-Calédonie*

Art. R.* 766-1 Pour l'application du présent livre en Nouvelle-Calédonie :

1° Les articles R.* 721-3, R.* 732-3, R.* 732-4 et R.* 744-24 sont applicables en Nouvelle-Calédonie.

2° L'article *(Décr. n° 2020-1734 du 16 déc. 2020, rect. JO 27 févr. 2021)* « R.* 721-3 » est ainsi rédigé :

Art. R. 721-3* Le ministre de l'intérieur est compétent pour fixer le pays de renvoi en cas d'exécution d'office lorsque l'étranger, présent sur le territoire français, fait l'objet d'une interdiction administrative du territoire." ;

3° L'article R.* 732-3 est ainsi rédigé :

Art. R. 732-3* Par dérogation à l'article R. 732-2, le ministre de l'intérieur est compétent lorsque l'étranger se trouve dans les îles Wallis-et-Futuna au moment du prononcé de l'assignation à résidence.

Art. R. 766-2 Sous réserve des adaptations prévues par le présent chapitre, les dispositions suivantes sont applicables en Nouvelle-Calédonie dans leur rédaction résultant du décret n° 2020-1734 du 16 décembre 2020, sauf mention contraire dans le tableau ci-dessous.

Articles applicables	Dans leur rédaction résultant de
	Au titre I
R. 711-1 et R. 711-2	
	Au titre II
R. 720-1	
R. 721-1 et R. 721-2	
R. 721-4 à R. 722-2	

Articles applicables	Dans leur rédaction résultant de
Au titre III	
R. 730-1	
R. 731-1 à R. 732-2	
R. 732-5 à R. 733-21	
Au titre IV	
R. 740-1	
R. 741-1 à R. 744-12	
R. 744-14 à R. 744-23	
R. 744-25 à R. 744-47	
Au titre V	
R. 750-1	
R. 752-1 à R. 754-20	

Art. R. 766-3 Pour l'application du présent livre en Nouvelle-Calédonie :

1° Les références au préfet sont remplacées par la référence au haut-commissaire de la République en Nouvelle-Calédonie ;

2° Les références au tribunal judiciaire sont remplacées par la référence au tribunal de première instance ;

3° Les références à la République d'Islande, à la Principauté du Liechtenstein, au Royaume de Norvège et à la Confédération suisse sont supprimées ;

4° A l'article R. 711-1, les dispositions du 1° ne sont pas applicables ;

5° A l'article R. 722-1, les mots : "par la décision du Conseil n° 2004/191/CE du 23 février 2004 définissant les critères et modalités pratiques de la compensation des déséquilibres financiers résultant de l'application de la directive 2001/40/CE relative à la reconnaissance mutuelle des décisions d'éloignement des ressortissants de pays tiers" sont remplacés par les mots : "par les conventions internationales et les règlements en vigueur" ;

6° A l'article R. 732-5, les mots : "des services territorialement compétents de l'Office français de l'immigration et de l'intégration" sont remplacés par les mots : "des associations conventionnées" ;

7° A l'article R. 732-6, après les mots : "autorisation de travail ", sont ajoutés les mots : "selon la législation et la réglementation applicables localement" ;

8° A l'article R. 742-1, après les mots : "de la période de quarante-huit heures ", sont ajoutés les mots : "ou de trois jours" ;

9° L'article R. 743-11 est ainsi rédigé :

Art. R. 743-11 Le premier président est saisi par une déclaration motivée transmise par tous moyens au greffe du tribunal de première instance ou de la cour d'appel. La déclaration est enregistrée avec mentions de la date et de l'heure.

Quand la déclaration d'appel est reçue par le greffier du tribunal de première instance, celui-ci fait parvenir sans délai une copie de la déclaration d'appel et le dossier de l'affaire au greffe de la cour d'appel.

Quand la déclaration d'appel est reçue par le greffier de la cour d'appel, celui-ci avise sur-le-champ le greffier du tribunal de première instance, qui transmet sans délai le dossier au greffe de la cour d'appel.

10° A l'article R. 743-19, le second alinéa est ainsi rédigé :

"L'ordonnance est notifiée dans les trois jours par le greffier à l'étranger et à son conseil, s'il en a un, ainsi qu'au haut-commissaire de la République en Nouvelle-Calédonie, par lettre recommandée avec demande d'avis de réception. Elle est communiquée dans le même délai au ministère public." ;

11° Le second alinéa de l'article R. 743-20 est ainsi rédigé :

"Le pourvoi en cassation est formé dans les dix jours suivant la notification de l'ordonnance du premier président. Il est ouvert à l'étranger, au haut-commissaire de la République en Nouvelle-Calédonie et au ministère public." ;

12° A l'article R. 744-10, les mots : "par arrêté préfectoral" sont remplacés par les mots : "par arrêté du haut-commissaire de la République en Nouvelle-Calédonie" ;

13° A l'article R. 744-14, les mots : ", en application de l'article L. 6111-1-2 du code de la santé publique" sont supprimés ;

14° A l'article R. 744-19, le second alinéa est ainsi rédigé :

"Les associations à caractère national, pour lesquelles une convention a été passée avec le haut-commissaire de la République en Nouvelle-Calédonie, peuvent concourir aux actions et à l'aide définies au premier alinéa." ;

15° A l'article R. 744-26, les mots : "et, lorsqu'ils sont présents, avec les agents de l'Office français de l'immigration et de l'intégration chargés de l'assistance humanitaire" sont supprimés ;

16° Le premier alinéa de l'article R. 744-28 est ainsi modifié :

a) les mots : "cinq années" sont remplacés par les mots "une année" ;

b) les mots : "ou l'assistance aux personnes privées de liberté" sont supprimés et après les mots : "l'assistance médicale ou sociale", sont ajoutés les mots : "et ayant leur siège en Nouvelle-Calédonie" ;

17° A l'article R. 744-30, les mots : "et de l'Office français de l'immigration et de l'intégration" sont supprimés ;

18° Aux articles R. 744-33 et R. 744-39, les mots : "mentionnée à l'article L. 7111-6 du code du travail" sont remplacés par les mots : "définie par le code du travail, ou reconnu comme journaliste en application des dispositions ayant le même objet, applicables en Nouvelle-Calédonie" ;

19° Aux articles R. 752-5 et R. 753-4, les mots : "par l'Office français de l'immigration et de l'intégration" sont remplacés par les mots : "par les associations" et les mots : "l'agent de l'office" sont remplacés par les mots : "le représentant de l'association" et le dernier alinéa est supprimé ;

20° A l'article R. 753-5, après les mots : "aux règles définies au chapitre VII *quater* du titre VII du livre VII du code de justice administrative", sont ajoutés les mots : "et sous réserve des adaptations prévues au titre VIII du livre VII du même code" ;

21° A l'article R. 754-8, après les mots : "aux règles définies au chapitre VII *bis* du titre VII du livre VII du code de justice administrative", sont ajoutés les mots : "et sous réserve des adaptations prévues au titre VIII du livre VII du même code".

CHAPITRE VII *Dispositions applicables aux Terres australes et antarctiques françaises*

Le présent chapitre ne comprend pas de dispositions réglementaires.

LIVRE VIII **Contrôles et sanctions**

TITRE PREMIER **Contrôles**

Art. R. 810-1 Conformément à l'article R. 270-4, les dispositions des articles R. 811-1 à R. 811-5, R. 812-1 et R. 814-1 à R. 814-4 sont applicables à l'étranger dont la situation est régie par le livre II.

CHAPITRE PREMIER *Vérifications préalables à la délivrance ou au retrait des titres de séjour*

SECTION I *Enquêtes administratives*

Art. R. 811-1 Les enquêtes administratives mentionnées à l'article L. 811-1, conduites pour la délivrance, le renouvellement ou le retrait du titre de séjour ou de l'autorisation de séjour, sont réalisées dans les conditions prévues aux articles R. 114-1 à R. 114-6 du code de la sécurité intérieure.

SECTION II *Vérification d'acte d'état civil étranger*

Art. R. 811-2 Lorsqu'un étranger présente une demande de visa pour un séjour d'une durée supérieure à trois mois en se prévalant d'un acte d'état civil pour lequel il existe un doute sérieux sur son authenticité, les autorités diplomatiques et consulaires sursoient à statuer sur cette demande pendant une période maximale de quatre mois, qui suspend le délai d'instruction de la demande.

Lorsque, malgré les diligences accomplies, les vérifications n'ont pas abouti, la suspension du délai d'instruction peut être prorogée pour une durée strictement nécessaire et qui ne peut excéder quatre mois.

Ces dispositions s'appliquent par dérogation aux dispositions de l'article L. 231-1 du code des relations entre le public et l'administration.

SECTION III *Droit de communication*

Art. R. 811-3 L'autorité administrative compétente mentionnée à l'article L. 811-3 est le préfet de département.

Art. R. 811-4 Les demandes d'informations et de documents auprès des autorités et personnes privées mentionnées aux 1° à 8° de l'article L. 811-4 s'exercent par tout moyen, notamment dématérialisé, permettant l'identification du représentant de l'autorité administrative demandeuse.

Art. R. 811-5 Les autorités et personnes privées mentionnées aux 1° à 8° de l'article L. 811-4 transmettent les documents et informations suivantes :

1° Pour les autorités dépositaires des actes d'état civil : l'authentification des actes d'état civil français qu'elles ont délivrées ;

2° Pour les administrations chargées du travail et de l'emploi : les documents établissant l'existence et la nature de l'activité professionnelle déclarée par le demandeur ;

3° Pour les organismes de sécurité sociale et l'institution mentionnée à l'article L. 5312-1 du code du travail : l'adresse déclarée par le demandeur, la composition de son foyer, les prestations familiales et sociales perçues par le demandeur et ses ayants droit, l'existence et la nature d'une activité professionnelle et l'affiliation à un régime de sécurité sociale ;

4° Pour les établissements scolaires et les établissements d'enseignement supérieur :

a) pour les établissements d'enseignement primaire et secondaire : l'attestation de l'inscription dans l'établissement des enfants à charge du demandeur et leur assiduité ;

b) pour les établissements d'enseignement supérieur : l'attestation d'inscription du demandeur dans leur établissement, l'assiduité dans le suivi des enseignements et l'authentification des relevés de notes produits par le demandeur ;

5° Pour les fournisseurs d'énergie et des services de communications électroniques : l'adresse déclarée par le demandeur, l'authentification des contrats et factures émises par ces entreprises et l'historique sur cinq années des contrats et abonnements ouverts au nom du demandeur ;

6° Pour les établissements de santé publics et privés : l'authentification des attestations et convocations produites par le demandeur, l'attestation de la fréquentation de l'établissement par le demandeur ;

7° Pour les établissements bancaires et les organismes financiers : l'adresse déclarée par le demandeur, l'existence du compte du demandeur ouvert dans leurs livres ainsi que les noms du ou des titulaires du compte et les relevés de ces comptes sur les deux dernières années ;

8° Pour les greffes des tribunaux de commerce : l'authentification des documents et informations relatifs à l'existence d'une société dirigée par le demandeur ou l'employant.

CHAPITRE II *Contrôle de la détention des titres*

SECTION UNIQUE *Visite sommaire des véhicules dans les zones frontalières*

Art. R. 812-1 Le ministre de l'intérieur établit par arrêté la liste des péages mentionnés au 2° de l'article L. 812-3.

CHAPITRE III *Vérification du droit de circulation et de séjour*

Le présent chapitre ne comprend pas de dispositions réglementaires.

CHAPITRE IV *Mesures de suivi des étrangers*

SECTION I *Fiche individuelle de police*

Art. R. 814-1 Aux fins de prévention des troubles à l'ordre public, d'enquêtes judiciaires et de recherche dans l'intérêt des personnes, les hôteliers, les exploitants de villages et maisons familiales de vacances, de résidences et villages résidentiels de tourisme, les loueurs de meublés de tourisme et de chambres d'hôtes, les exploitants de terrains de camping, caravanage et autres terrains aménagés sont tenus de remplir, ou faire remplir, et signer par l'étranger, dès son arrivée, une fiche individuelle de police, dont le modèle est fixé par arrêté conjoint du ministre de l'intérieur, du ministre chargé de l'immigration et du ministre chargé du tourisme.

Les personnes physiques ou morales louant des locaux nus ne sont pas astreintes aux obligations prévues au présent article.

Art. R. 814-2 Les données personnelles collectées en application de l'article R. 814-1 sont notamment :

1° Le nom et les prénoms ;
2° La date et le lieu de naissance ;
3° La nationalité ;
4° Le domicile habituel de l'étranger ;
5° Le numéro de téléphone mobile et l'adresse électronique de l'étranger ;
6° La date d'arrivée au sein de l'établissement et la date de départ prévue.

Les données relatives aux enfants âgés de moins de 15 ans peuvent figurer sur la fiche d'un adulte qui les accompagne.

Art. R. 814-3 Les fiches établies en application de l'article R. 814-1 doivent être conservées pendant une durée de six mois et remises, sur leur demande, aux services de police et unités de gendarmerie.

Cette transmission peut s'effectuer sous forme dématérialisée.

SECTION II *Retenue du passeport ou du document de voyage de l'étranger en situation irrégulière*

Art. R. 814-4 L'autorité administrative habilitée à retenir le passeport ou le document de voyage d'un étranger en situation irrégulière en application de l'article L. 814-1 est le préfet de département et, à Paris, le préfet de police.

TITRE II Sanctions

Art. R. 820-1 Conformément à l'article R. 270-4, les dispositions des articles R. 822-2 à R. 822-5 sont applicables à l'étranger dont la situation est régie par le livre II.

CHAPITRE PREMIER *Méconnaissance des obligations relatives à l'entrée en France*

SECTION UNIQUE *Amendes aux entreprises de transport ayant méconnu la réglementation sur l'entrée*

SOUS-SECTION 1 *Autorités administratives compétentes*

Art. R.* 821-1 L'autorité administrative compétente pour prononcer l'amende pour débarquement d'un étranger dépourvu des documents requis, prévue à l'article L. 821-6, est le ministre chargé de l'immigration.

La même autorité est compétente pour prononcer l'amende pour manquement aux obligations de réacheminement et de prise en charge d'un étranger, prévue à l'article L. 821-10.

Art. R. 821-2 Les services compétents pour procéder aux contrôles mentionnés au second alinéa de l'article L. 821-7 sont les services de la police nationale ou, en l'absence de tels services, les services des douanes ou les unités de la gendarmerie nationale situés à l'entrée du territoire français.

Art. R. 821-3 Les décisions de l'autorité administrative prononçant les amendes prévues aux articles L. 821-6 et L. 821-10 sont motivées et susceptibles d'un recours de pleine juridiction.

SOUS-SECTION 2 *Constat du manquement de l'entreprise de transport*

Art. R. 821-4 Le procès-verbal constatant le manquement de l'entreprise de transport, mentionné à l'article L. 821-12, comporte :

1° Le nom de l'entreprise de transport ;
2° Les références du vol ou du voyage concerné ;
3° En cas de débarquement d'un étranger dépourvu des documents requis : l'identité du passager au titre duquel la responsabilité de l'entreprise de transport est susceptible d'être engagée, en précisant le motif du refus d'entrée ;

4° En cas de défaut de réacheminement ou de prise en charge d'un étranger : l'identité du passager.

Il comporte également, le cas échéant, les observations de l'entreprise de transport.

Art. R. 821-5 Le procès-verbal constatant le manquement de l'entreprise de transport, mentionné à l'article L. 821-12, est signé :

1° Par le chef du service de la police nationale chargé du contrôle aux frontières ou territorialement compétent, ou un fonctionnaire désigné par lui, titulaire au moins du grade de brigadier ;

2° Par le chef du service des douanes chargé du contrôle aux frontières ou un fonctionnaire désigné par lui, titulaire au moins du grade d'agent de constatation principal de deuxième classe ;

3° Ou par le commandant de l'unité de gendarmerie territorialement compétente ou un militaire désigné par lui, titulaire au moins du grade de gendarme.

Art. R. 821-6 Le procès-verbal constatant le manquement de l'entreprise de transport, mentionné à l'article L. 821-12, est transmis à l'autorité administrative mentionnée à l'article R.* 821-1. Copie du procès-verbal est remise au représentant de l'entreprise de transport, qui en accuse réception.

Art. R. 821-7 L'autorité administrative mentionnée à l'article R.* 821-1 notifie à l'entreprise de transport, par lettre recommandée avec accusé de réception, le projet de sanction prévu à l'article L. 821-12.

L'entreprise de transport est invitée à faire valoir ses observations éventuelles dans le délai d'un mois à compter de cette notification.

Le dossier est mis à sa disposition pendant ce délai. L'entreprise peut se faire délivrer, à ses frais, copie de tout ou partie de la procédure.

L'autorité administrative mentionnée à l'article R.* 821-1 arrête sa décision après l'expiration du délai d'un mois, au vu des observations qui ont pu être produites. La décision écrite et motivée est notifiée à l'entreprise de transport par lettre recommandée avec accusé de réception.

SOUS-SECTION 3 *Consignation d'une somme par l'entreprise de transport ayant débarqué un étranger dépourvu des documents requis*

Art. R. 821-8 Le montant de la somme consignée par une entreprise de transport en application de l'article L. 821-9 est mentionné sur le procès-verbal constatant le manquement prévu à l'article L. 821-12. L'absence de consignation est mentionnée dans les mêmes conditions.

La somme consignée est remise sans délai entre les mains d'un comptable de la direction générale des finances publiques.

Art. R. 821-9 La somme consignée s'impute sur le montant de l'amende administrative prononcée en application de l'article L. 821-6.

Art. R. 821-10 Dès qu'elle décide de ne pas prononcer d'amende, l'autorité administrative compétente mentionnée à l'article R.* 821-1 émet un ordre de restitution du montant de la somme consignée.

Art. R. 821-11 Lorsque le montant de l'amende prononcée est inférieur au montant de la somme consignée, le comptable de la direction générale des finances publiques mentionné à l'article R. 821-8, au vu du titre exécutoire, restitue à l'entreprise de transport la somme correspondant à la différence entre le second montant et le premier.

Art. R. 821-12 Le comptable de la direction générale des finances publiques mentionné à l'article R. 821-8 procède à la restitution de tout ou partie de la somme consignée dans un délai d'un mois à compter de la date de réception par ses services du titre exécutoire ou de l'ordre de restitution mentionné à l'article R. 821-10.

SOUS-SECTION 4 *Recouvrement de l'amende*

Art. R. 821-13 L'amende est recouvrée dans les conditions prévues pour les créances de l'État mentionnées aux articles 112 à 124 du décret n° 2012-1246 du 7 novembre 2012 relatif à la gestion budgétaire et comptable publique.

CHAPITRE II ***Méconnaissance des obligations relatives au séjour en France***

SECTION I *Garanties de rapatriement*

Art. R. 822-1 Est puni des peines prévues pour les contraventions de cinquième classe le fait, pour un étranger soumis à l'obligation de garantir son rapatriement, de ne plus être en mesure de produire le titre de transport ou l'attestation bancaire mentionnés à l'article R. 313-5.

SECTION II *Contribution forfaitaire de l'employeur ayant occupé un étranger en situation irrégulière*

Art. R. 822-2 La contribution forfaitaire représentative des frais d'éloignement de l'étranger du territoire français prévue à l'article L. 822-2 est due pour chaque employé en situation irrégulière au regard du droit au séjour.

Cette contribution est à la charge de l'employeur qui, en violation de l'article L. 8251-1 du code du travail, a embauché ou employé un travailleur étranger dépourvu de titre de séjour.

Art. R. 822-3 Le montant de la contribution forfaitaire représentative des frais d'éloignement de l'étranger du territoire français prévue à l'article L. 822-2 est fixé par arrêté du ministre chargé de l'immigration et du ministre chargé du budget, en fonction du coût moyen des opérations d'éloignement vers la zone géographique à destination de laquelle est éloigné le salarié, dans la limite prescrite à l'article L. 822-3.

Art. R. 822-4 Au vu des procès-verbaux qui lui sont transmis en application de l'article L. 8271-17 du code du travail, le directeur général de l'Office français de l'immigration et de l'intégration indique à l'employeur, par lettre recommandée avec avis de réception ou par tout autre moyen permettant de faire la preuve de sa date de réception par le destinataire, que les dispositions de l'article L. 822-2 sont susceptibles de lui être appliquées et qu'il peut présenter ses observations dans un délai de quinze jours.

Art. R. 822-5 A l'expiration du délai de quinze jours fixé à l'article R. 822-4, le directeur général de l'Office français de l'immigration et de l'intégration décide, au vu des observations éventuelles de l'employeur, de l'application de la contribution forfaitaire prévue à l'article L. 822-2. Le ministre chargé de l'immigration est l'autorité compétente pour la liquider et émettre le titre de perception correspondant.

La créance est recouvrée par le comptable public compétent comme en matière de créances étrangères à l'impôt et au domaine.

CHAPITRE III *Facilitation de l'entrée, de la circulation et du séjour irréguliers*

Le présent chapitre ne comprend pas de dispositions réglementaires.

CHAPITRE IV *Manquement à l'exécution d'une décision d'éloignement*

Le présent chapitre ne comprend pas de dispositions réglementaires.

TITRE III Dispositions applicables à l'outre-mer

CHAPITRE PREMIER *Dispositions particulières aux collectivités régies par l'article 73 de la Constitution et à Saint-Pierre-et-Miquelon*

Art. R. 831-1 Les dispositions du présent livre sont applicables de plein droit en Guadeloupe, en Guyane, en Martinique, à La Réunion, à Mayotte et à Saint-Pierre-et-Miquelon, sous réserve des adaptations prévues au présent chapitre.

Art. R. 831-2 Pour l'application du présent livre en Guadeloupe, en Guyane, en Martinique, à La Réunion, à Mayotte et à Saint-Pierre-et-Miquelon :

1° A l'article R. 810-1, la référence à l'article R. 812-1 est supprimée ;

2° L'article R. 812-1 n'est pas applicable ;

3° L'article R. 821-2 est ainsi rédigé :

Art. R. 821-2 Les services compétents pour procéder aux contrôles mentionnés au second alinéa de l'article L. 821-7 sont la formation territoriale de la gendarmerie nationale implantée dans la collectivité ou, en l'absence de tels services, les services des douanes relevant de l'État.

Art. R. 831-3 Pour l'application du présent livre à Mayotte :

1° A l'article R. 820-1, les références aux articles R. 822-3 à R. 822-5 sont supprimées ;

2° Les dispositions des articles R. 822-3 à R. 822-5 ne sont pas applicables.

CHAPITRE II *Dispositions applicables à Saint-Barthélemy*

Art. R.* 832-1 L'article R.* 821-1 est applicable à Saint-Barthélemy.

Art. R. 832-2 Sous réserve des adaptations prévues par le présent chapitre, les dispositions suivantes sont applicables à Saint-Barthélemy dans leur rédaction résultant du décret n° 2020-1734 du 16 décembre 2020, sauf mention contraire dans le tableau ci-dessous.

Articles applicables	Dans leur rédaction résultant de
Au titre I	
R. 810-1 à R. 811-5	
R. 814-1 à R. 814-4	
Au titre II	
R. 820-1	
R. 821-2 à R. 822-5	

Art. R. 832-3 Pour l'application du présent livre à Saint-Barthélemy :

1° Les références au préfet sont remplacées par la référence au représentant de l'État à Saint-Barthélemy ;

2° A l'article R. 810-1, la référence à l'article R. 812-1 est supprimée ;

3° L'article R. 821-2 est ainsi rédigé :

Art. R. 821-2 Les services compétents pour procéder aux contrôles mentionnés au second alinéa de l'article L. 821-7 sont la formation territoriale de la gendarmerie nationale implantée dans la collectivité ou, en l'absence de tels services, les services des douanes relevant de l'État.

CHAPITRE III *Dispositions applicables à Saint-Martin*

Art. R.* 833-1 L'article R.* 821-1 est applicable à Saint-Martin.

Art. R. 833-2 Sous réserve des adaptations prévues par le présent chapitre, les dispositions suivantes sont applicables à Saint-Martin dans leur rédaction résultant du décret n° 2020-1734 du 16 décembre 2020, sauf mention contraire dans le tableau ci-dessous.

Articles applicables	Dans leur rédaction résultant de
Au titre I	
R. 810-1 à R. 811-5	
R. 814-1 à R. 814-4	
Au titre II	
R. 820-1	
R. 821-2 à R. 822-5	

Art. R. 833-3 Pour l'application du présent livre à Saint-Martin :

1° Les références au préfet sont remplacées par la référence au représentant de l'État à Saint-Martin ;

2° A l'article R. 810-1, la référence à l'article R. 812-1 est supprimée ;

3° L'article R. 821-2 est ainsi rédigé :

Art. R. 821-2 Les services compétents pour procéder aux contrôles mentionnés au second alinéa de l'article L. 821-7 sont la formation territoriale de la gendarmerie nationale implantée dans la collectivité ou, en l'absence de tels services, les services des douanes relevant de l'État.

CHAPITRE IV *Dispositions applicables dans les îles Wallis-et-Futuna*

Art. R.* 834-1 L'article R.* 821-1 est applicable dans les îles Wallis-et-Futuna.

Art. R. 834-2 Sous réserve des adaptations prévues par le présent chapitre, les dispositions suivantes sont applicables dans les îles Wallis-et-Futuna dans leur rédaction résultant du décret n° 2020-1734 du 16 décembre 2020, sauf mention contraire dans le tableau ci-dessous.

Articles applicables	Dans leur rédaction résultant de
Au titre I	
R. 810-1 à R. 811-5	
R. 814-1 à R. 814-4	
Au titre II	
R. 820-1	
R. 821-2 à R. 822-5	

Art. R. 834-3 Pour l'application du présent livre dans les îles Wallis-et-Futuna :

1° Les références au préfet sont remplacées par la référence à l'administrateur supérieur des îles Wallis-et-Futuna ;

2° A l'article R. 810-1, la référence à l'article R. 812-1 est supprimée ;

3° L'article R. 821-2 est ainsi rédigé :

Art. R. 821-2 Les services compétents pour procéder aux contrôles mentionnés au second alinéa de l'article L. 821-7 sont la formation territoriale de la gendarmerie nationale implantée dans la collectivité ou, en l'absence de tels services, les services des douanes relevant de l'État.

4° L'article R. 821-5 est ainsi rédigé :

Art. R. 821-5 Le procès-verbal constatant le manquement de l'entreprise de transport est signé :

1° Par le fonctionnaire investi des fonctions de chef de poste ou par le fonctionnaire désigné par lui, titulaire du grade de lieutenant ou d'un grade supérieur, si le contrôle est assuré par les fonctionnaires de la police nationale ;

2° Par le fonctionnaire investi des fonctions de chef de poste ou par le fonctionnaire désigné par lui, titulaire du grade de contrôleur ou d'un grade supérieur, si le contrôle est assuré par les fonctionnaires des douanes ;

3° Ou par le militaire de la gendarmerie investi des fonctions de commandant de brigade ou son adjoint si le contrôle est assuré par les militaires de la gendarmerie nationale.

5° A l'article R. 822-2, les mots : "en violation de l'article L. 8251-1 du code du travail" sont remplacés par les mots : "en violation des dispositions applicables localement relatives à l'emploi de la main*[-]*d'œuvre étrangère" ;

6° A l'article R. 822-4, les mots : "en application de l'article L. 8271-17 du code du travail, le directeur général de l'Office français de l'immigration et de l'intégration" sont remplacés par les mots : "en application des dispositions applicables localement relatives à l'emploi de la main*[-]*d'œuvre étrangère, l'administrateur supérieur des îles Wallis-et-Futuna";

7° A l'article R. 822-5 :

a) Les mots : "le directeur général de l'Office français de l'immigration et de l'intégration" et les mots : "le ministre" sont remplacés par les mots : "l'administrateur supérieur des îles Wallis-et-Futuna" ;

b) Après les mots : "La créance est recouvrée par le", sont insérés les mots : "directeur des finances publiques dans les îles Wallis-et-Futuna,".

CHAPITRE V *Dispositions applicables en Polynésie française*

Art. R.* 835-1 L'article R.* 821-1 est applicable en Polynésie française.

Art. R. 835-2 Sous réserve des adaptations prévues par le présent chapitre, les dispositions suivantes sont applicables en Polynésie française dans leur rédaction résultant du décret n° 2020-1734 du 16 décembre 2020, sauf mention contraire dans le tableau ci-dessous.

Articles applicables	Dans leur rédaction résultant de
Au titre I	
R. 810-1 à R. 811-5	

Articles applicables	Dans leur rédaction résultant de
R. 814-1 à R. 814-4	
Au titre II	
R. 820-1	
R. 821-2 à R. 822-5	

Art. R. 835-3 Pour l'application du présent livre à la Polynésie française :

1° Les références au préfet sont remplacées par la référence au haut-commissaire de la République en Polynésie française ;

2° A l'article R. 810-1, la référence à l'article R. 812-1 est supprimée ;

3° L'article R. 821-2 est ainsi rédigé :

Art. R. 821-2 Les services compétents pour procéder aux contrôles mentionnés au second alinéa de l'article L. 821-7 sont la formation territoriale de la gendarmerie nationale implantée dans la collectivité ou, en l'absence de tels services, les services des douanes relevant de l'État.

4° L'article R. 821-5 est ainsi rédigé :

Art. R. 821-5 Le procès-verbal constatant le manquement de l'entreprise de transport est signé :

1° Par le fonctionnaire investi des fonctions de chef de poste ou par le fonctionnaire désigné par lui, titulaire du grade de lieutenant ou d'un grade supérieur, si le contrôle est assuré par les fonctionnaires de la police nationale ;

2° Par le fonctionnaire investi des fonctions de chef de poste ou par le fonctionnaire désigné par lui, titulaire du grade de contrôleur ou d'un grade supérieur, si le contrôle est assuré par les fonctionnaires des douanes ;

3° Ou par le militaire de la gendarmerie investi des fonctions de commandant de brigade ou son adjoint si le contrôle est assuré par les militaires de la gendarmerie nationale.

5° A l'article R. 822-2, les mots : "en violation de l'article L. 8251-1 du code du travail" sont remplacés par les mots : "en violation des dispositions applicables localement relatives à l'emploi de la main*[-]*d'œuvre étrangère" ;

6° A l'article R. 822-4, les mots : "en application de l'article L. 8271-17 du code du travail, le directeur général de l'Office français de l'immigration et de l'intégration" sont remplacés par les mots : "en application des dispositions applicables localement relatives à l'emploi de la main*[-]*d'œuvre étrangère, le haut-commissaire de la République en Polynésie française" ;

7° A l'article R. 822-5 :

a) Les mots : "le directeur général de l'Office français de l'immigration et de l'intégration" et les mots : "le ministre" sont remplacés par les mots : "le haut-commissaire de la République en Polynésie française" ;

b) Après les mots : "La créance est recouvrée par le", sont insérés les mots : "directeur des finances publiques en Polynésie française,".

CHAPITRE VI *Dispositions applicables en Nouvelle-Calédonie*

Art. R.* 836-1 L'article R.* 821-1 est applicable en Nouvelle-Calédonie.

Art. R. 836-2 Sous réserve des adaptations prévues par le présent chapitre, les dispositions suivantes sont applicables en Nouvelle-Calédonie dans leur rédaction résultant du décret n° 2020-1734 du 16 décembre 2020, sauf mention contraire dans le tableau ci-dessous.

Articles applicables	Dans leur rédaction résultant de
Au titre I	
R. 810-1 à R. 811-5	
R. 814-1 à R. 814-4	

Articles applicables	Dans leur rédaction résultant de
Au titre II	
R. 820-1	
R. 821-2 à R. 822-5	

Art. R. 836-3 Pour l'application du présent livre en Nouvelle-Calédonie :

1° Les références au préfet sont remplacées par la référence au haut-commissaire de la République en Nouvelle-Calédonie ;

2° A l'article R. 810-1, la référence à l'article R. 812-1 est supprimée ;

3° L'article R. 821-2 est ainsi rédigé :

Art. R. 821-2 Les services compétents pour procéder aux contrôles mentionnés au second alinéa de l'article L. 821-7 sont la formation territoriale de la gendarmerie nationale implantée dans la collectivité ou, en l'absence de tels services, les services des douanes relevant de l'État.

4° L'article R. 821-5 est ainsi rédigé :

Art. R. 821-5 Le procès-verbal constatant le manquement de l'entreprise de transport est signé :

1° Par le fonctionnaire investi des fonctions de chef de poste ou par le fonctionnaire désigné par lui, titulaire du grade de lieutenant ou d'un grade supérieur, si le contrôle est assuré par les fonctionnaires de la police nationale ;

2° Par le fonctionnaire investi des fonctions de chef de poste ou par le fonctionnaire désigné par lui, titulaire du grade de contrôleur ou d'un grade supérieur, si le contrôle est assuré par les fonctionnaires des douanes ;

3° Ou par le militaire de la gendarmerie investi des fonctions de commandant de brigade ou son adjoint si le contrôle est assuré par les militaires de la gendarmerie nationale.

5° A l'article R. 822-2, les mots : "en violation de l'article L. 8251-1 du code du travail" sont remplacés par les mots : "en violation des dispositions applicables localement relatives à l'emploi de la main*[-]*d'œuvre étrangère" ;

6° A l'article R. 822-4, les mots : "en application de l'article L. 8271-17 du code du travail, le directeur général de l'Office français de l'immigration et de l'intégration" sont remplacés par les mots : "en application des dispositions applicables localement relatives à l'emploi de la main*[-]*d'œuvre étrangère, le haut-commissaire de la République en Nouvelle-Calédonie" ;

7° A l'article R. 822-5 :

a) Les mots : "le directeur général de l'Office français de l'immigration et de l'intégration" et les mots : "le ministre" sont remplacés par les mots : "le haut-commissaire de la République en Nouvelle-Calédonie" ;

b) Après les mots : "La créance est recouvrée par le", sont insérés les mots : "directeur des finances publiques en Nouvelle-Calédonie,".

Ancien Code de l'entrée et du séjour des étrangers et du droit d'asile

PREMIÈRE PARTIE : *LÉGISLATIVE*

(Ord. nº 2004-1248 du 24 nov. 2004, ratifiée par L. nº 2006-911 du 24 juill. 2006, art. 120, 1°)

L'ordonnance portant code de l'entrée et du séjour des étrangers et du droit d'asile a abrogé tout ou partie de plusieurs textes antérieurs (Ord. nº 45-2658 du 2 nov. 1945, L. nº 52-893 du 25 juill. 1952, L. nº 84-622 du 17 juill. 1984, art. 6, L. nº 98-170 du 16 mars 1998, art. 29, L. nº 2003-239 du 18 mars 2003, art. 76, L. nº 2003-1119 du 26 nov. 2003, 87 et 89).

Toutefois, les dispositions de ces textes relatives à la désignation de l'autorité administrative compétente ne sont abrogées qu'à compter de la publication des dispositions réglementaires du code.

Elles sont indiquées, le cas échéant, au sein du présent code (Ord. nº 2004-1248 du 24 nov. 2004, art. 4, 5-III).

Le présent code est applicable à compter du 1er mars 2005 (Ord. nº 2004-1248 du 24 nov. 2004, art. 6). Figure après chaque article du code la référence, le cas échéant, au texte qu'il a remplacé.

La jurisprudence reproduite ss. les art. de ce code fait référence à l'Ord. nº 45-2658 du 2 nov. 1945.

LIVRE V Les mesures d'éloignement

RÉP. CONT. ADM. vº *Étranger : contentieux de l'obligation de quitter le territoire*, par Pouly.

V. Instr. du 16 août 2019 pour la mise en œuvre des mesures d'éloignement du territoire national des étrangers incarcérés : NOR INTV1919916J : BOMJ 30 sept. nº 2019-09.

TITRE PREMIER L'obligation de quitter le territoire français, l'interdiction de retour sur le territoire français et l'interdiction de circulation sur le territoire français *(L. nº 2016-274 du 7 mars 2016, art. 28-III et 67-II, en vigueur le 1er nov. 2016).*

Nota : *Les dispositions sur l'interdiction de circulation sur le territoire français introduites par l'art. 28-III de la L. nº 2016-274 du 7 mars 2016 entrent en vigueur à compter d'une date fixée par décret en Conseil d'État, et au plus tard le 1er nov. 2016. La loi préc. s'applique aux demandes pour lesquelles aucune décision n'est intervenue à sa date d'entrée en vigueur (L. préc., art. 67-II et VI).*

RÉP. CONT. ADM. vº *Étranger : contentieux de l'obligation de quitter le territoire français*, par Pouly.

CHAPITRE PREMIER *Cas dans lesquels un étranger peut faire l'objet d'une obligation de quitter le territoire français, d'une interdiction de retour sur le territoire français et d'une interdiction de circulation sur le territoire français* *(L. nº 2016-274 du 7 mars 2016, art. 28-III et 67-II, en vigueur le 1er nov. 2016).*

Les dispositions sur l'interdiction de circulation sur le territoire français introduites par la L. nº 2016-274 du 7 mars 2016 s'appliquent aux demandes pour lesquelles aucune décision n'est intervenue à sa date d'entrée en vigueur (L. préc., art. 67-II et VI).

Art. L. 511-1 *(L. nº 2011-672 du 16 juin 2011, art. 37 et 111, en vigueur le 18 juill. 2011)* I. – L'autorité administrative peut obliger à quitter le territoire français un étranger non ressortissant d'un État membre de l'Union européenne, d'un autre État partie à l'accord sur l'Espace économique européen ou de la Confédération suisse et qui n'est pas membre de la famille d'un tel ressortissant au sens des 4º et 5º de l'article L. 121-1, lorsqu'il se trouve dans l'un des cas suivants :

1º Si l'étranger ne peut justifier être entré régulièrement sur le territoire français, à moins qu'il ne soit titulaire d'un titre de séjour en cours de validité ;

2º Si l'étranger s'est maintenu sur le territoire français au-delà de la durée de validité de son visa ou, s'il n'est pas soumis à l'obligation du visa, à l'expiration d'un délai de trois mois à compter de son entrée sur le territoire sans être titulaire d'un premier titre de séjour régulièrement délivré ;

3º Si la délivrance ou le renouvellement d'un titre de séjour a été refusé à l'étranger ou si le titre de séjour qui lui avait été délivré lui a été retiré ;

4º Si l'étranger n'a pas demandé le renouvellement de son titre de séjour temporaire *(L. nº 2016-274 du 7 mars 2016, art. 27-I et 67-II, en vigueur le 1er nov. 2016)* « ou pluriannuel » et s'est maintenu sur le territoire français à l'expiration de ce titre ;

5º Si le *(L. nº 2020-734 du 17 juin 2020, art. 16-I-6º-a)* « document provisoire délivré à l'occasion d'une demande de titre *[ancienne rédaction : récépissé de la demande de carte]* » de séjour ou l'autorisation provisoire de séjour qui avait été délivré à l'étranger lui a été retiré ou si le renouvellement de ces documents lui a été refusé ;

(L. nº 2015-925 du 29 juill. 2015, art. 22) « 6º Si la reconnaissance de la qualité de réfugié ou le bénéfice de la protection subsidiaire a été définitivement refusé à l'étranger ou si l'étranger ne bénéficie plus du droit de se maintenir sur le territoire français en application *(L. nº 2018-778 du 10 sept. 2018, art. 23-1º, en vigueur le 1er janv. 2019)* « des articles L. 743-1 et L. 743-2 », à moins qu'il ne soit titulaire d'un titre de séjour en cours de validité. » *(L. nº 2018-778 du 10 sept. 2018, art. 23-1º, en vigueur le 1er janv. 2019)* « Lorsque, dans l'hypothèse mentionnée à l'article L. 311-6, un refus de séjour a été opposé à l'étranger, la mesure peut être prise sur le seul fondement du présent 6º ; »

(L. nº 2016-274 du 7 mars 2016, art. 27-I et 67-II, en vigueur le 1er nov. 2016) « 7º Si le comportement de l'étranger qui ne réside pas régulièrement en France depuis plus de trois mois constitue une menace pour l'ordre public ;

« 8º Si l'étranger qui ne réside pas régulièrement en France depuis plus de trois mois a méconnu l'article L. 5221-5 du code du travail. »

La décision énonçant l'obligation de quitter le territoire français est motivée. Elle n'a pas à faire l'objet d'une motivation distincte de celle de la décision relative au séjour dans les cas prévus aux 3° et 5° du présent I, sans préjudice, le cas échéant, de l'indication des motifs pour lesquels il est fait application des II et III.

(L. nº 2018-778 du 10 sept. 2018, art. 62) « Pour satisfaire à l'obligation qui lui a été faite de quitter le territoire français, l'étranger rejoint le pays dont il possède la nationalité ou tout autre pays non membre de l'Union européenne avec lequel ne s'applique pas l'acquis de Schengen où il est légalement admissible. Toutefois, lorsqu'il est accompagné d'un enfant mineur ressortissant d'un autre État membre de l'Union européenne, d'un autre État partie à l'accord sur l'Espace économique européen ou de la Confédération suisse dont il assure seul la garde effective, il ne peut être tenu de rejoindre qu'un pays membre de l'Union européenne ou appliquant l'acquis de Schengen. » L'obligation de quitter le territoire français fixe le pays à destination duquel l'étranger est renvoyé en cas d'exécution d'office.

II. – *(L. nº 2018-778 du 10 sept. 2018, art. 62)* « L'étranger auquel il est fait obligation de quitter le territoire français dispose d'un délai de départ volontaire de trente jours à compter de la notification de l'obligation de quitter le territoire français. » *(L. nº 2016-274 du 7 mars 2016, art. 27-I et 67-II, en vigueur le 1er nov. 2016)* « L'autorité administrative peut accorder, à titre exceptionnel, un délai de départ volontaire supérieur à trente jours s'il apparaît nécessaire de tenir compte de circonstances propres à chaque cas.

« Le délai de départ volontaire accordé à l'étranger peut faire l'objet d'une prolongation par l'autorité administrative pour une durée appropriée s'il apparaît nécessaire de tenir compte de circonstances propres à chaque cas. L'étranger est informé par écrit de cette prolongation. »

Toutefois, l'autorité administrative peut, par une décision motivée, décider que l'étranger est obligé de quitter sans délai le territoire français :

1° Si le comportement de l'étranger constitue une menace pour l'ordre public ;

2° Si l'étranger s'est vu refuser la délivrance ou le renouvellement de son titre de séjour, *(L. nº 2020-734 du 17 juin 2020, art. 16-I-6º-b)* « du document provisoire délivré à l'occasion d'une demande de titre *[ancienne rédaction : de son récépissé de demande de carte]* » de séjour ou de son autorisation provisoire de séjour au motif que sa demande était ou manifestement infondée ou frauduleuse ;

3° S'il existe un risque que l'étranger se soustraie à cette obligation. Ce risque *(L. nº 2016-274 du 7 mars 2016, art. 27-I et 67-II, en vigueur le 1er nov. 2016)* « peut être » regardé comme établi, sauf circonstance particulière, dans les cas suivants :

a) Si l'étranger, qui ne peut justifier être entré régulièrement sur le territoire français, n'a pas sollicité la délivrance d'un titre de séjour ;

b) Si l'étranger s'est maintenu sur le territoire français au-delà de la durée de validité de son visa ou, s'il n'est pas soumis à l'obligation du visa, à l'expiration d'un délai de trois mois à compter de son entrée en France, sans avoir sollicité la délivrance d'un titre de séjour ;

c) Si l'étranger s'est maintenu sur le territoire français plus d'un mois après l'expiration de son titre de séjour, *(L. nº 2020-734 du 17 juin 2020, art. 16-I-6º-b)* « du document provisoire délivré à l'occasion d'une demande de titre *[ancienne rédaction : de son récépissé de demande de carte]* » de séjour ou de son autorisation provisoire de séjour, sans en avoir demandé le renouvellement ;

d) Si l'étranger s'est soustrait à l'exécution d'une précédente mesure d'éloignement ;

e) Si l'étranger a contrefait, falsifié ou établi sous un autre nom que le sien un titre de séjour ou un document d'identité ou de voyage *(L. nº 2018-778 du 10 sept. 2018, art. 23)* « ou s'il a fait usage d'un tel titre ou document ;

« *f)* Si l'étranger ne présente pas de garanties de représentation suffisantes, notamment parce qu'il ne peut présenter des documents d'identité ou de voyage en cours de validité, qu'il a refusé de communiquer les renseignements permettant d'établir son identité ou sa situation au regard du droit de circulation et de séjour ou a communiqué des renseignements inexacts, qu'il a refusé de se soumettre aux opérations de relevé d'empreintes digitales ou de prise de photographie prévues au deuxième alinéa de l'article L. 611-3, qu'il ne justifie pas d'une résidence effective et permanente dans un local affecté à son habitation principale ou qu'il s'est précédemment soustrait aux obligations prévues aux articles L. 513-4, L. 513-5, L. 552-4, L. 561-1, L. 561-2 et L. 742-2 ;

« *g)* Si l'étranger, entré irrégulièrement sur le territoire de l'un des États avec lesquels s'applique l'acquis de Schengen, fait l'objet d'une décision d'éloignement exécutoire prise par l'un de ces États ou s'est maintenu sur le territoire d'un de ces États sans justifier d'un droit de séjour ;

« *h)* Si l'étranger a explicitement déclaré son intention de ne pas se conformer à son obligation de quitter le territoire français. »

L'autorité administrative peut faire application du *(L. n° 2016-274 du 7 mars 2016, art. 27-I et 67-II, en vigueur le 1er nov. 2016)* **« troisième » alinéa du présent II lorsque le motif apparaît au cours du délai accordé en application du premier alinéa.**

III. – *(L. n° 2016-274 du 7 mars 2016, art. 27-I et 67-II, en vigueur le 1er nov. 2016)* **« L'autorité administrative, par une décision motivée, assortit l'obligation de quitter le territoire français d'une interdiction de retour sur le territoire français, d'une durée maximale de trois ans à compter de** *(L. n° 2018-778 du 10 sept. 2018, art. 23)* **« l'exécution de l'obligation de quitter le territoire français », lorsque aucun délai de départ volontaire n'a été accordé à l'étranger** *(Abrogé par L. n° 2018-778 du 10 sept. 2018, art. 23)* ***« ou lorsque l'étranger n'a pas satisfait à cette obligation dans le délai imparti »*.**

« Des circonstances humanitaires peuvent toutefois justifier que l'autorité administrative ne prononce pas d'interdiction de retour.

« Sauf s'il n'a pas satisfait à une précédente obligation de quitter le territoire français ou si son comportement constitue une menace pour l'ordre public, le présent III n'est pas applicable à l'étranger obligé de quitter le territoire français au motif que le titre de séjour qui lui avait été délivré en application de l'article L. 316-1 n'a pas été renouvelé ou a été retiré ou que, titulaire d'un titre de séjour délivré sur le même fondement dans un autre État membre de l'Union européenne, il n'a pas rejoint le territoire de cet État à l'expiration de son droit de circulation sur le territoire français dans le délai qui lui a, le cas échéant, été imparti pour le faire.

« Lorsqu'elle ne se trouve pas en présence *(L. n° 2018-778 du 10 sept. 2018, art. 23)* **« du cas prévu » au premier alinéa du présent III, l'autorité administrative peut, par une décision motivée, assortir l'obligation de quitter le territoire français d'une interdiction de retour sur le territoire français d'une durée maximale de deux ans** *(L. n° 2018-778 du 10 sept. 2018, art. 23)* **« à compter de l'exécution de l'obligation de quitter le territoire français ». »**

L'étranger à l'encontre duquel a été prise une interdiction de retour est informé qu'il fait l'objet d'un signalement aux fins de non-admission dans le système d'information Schengen, conformément à *(L. n° 2016-274 du 7 mars 2016, art. 27-I et 67-II, en vigueur le 1er nov. 2016)* **« l'article 24 du règlement (CE) n° 1987/2006 du Parlement européen et du Conseil du 20 décembre 2006 sur l'établissement, le fonctionnement et l'utilisation du système d'information Schengen de deuxième génération (SIS II) ». Les modalités de suppression du signalement de l'étranger en cas d'annulation ou d'abrogation de l'interdiction de retour sont fixées par voie réglementaire.**

Lorsque l'étranger ne faisant pas l'objet d'une interdiction de retour s'est maintenu *(L. n° 2018-778 du 10 sept. 2018, art. 23)* **« irrégulièrement » sur le territoire au-delà du délai de départ volontaire, l'autorité administrative** *(L. n° 2018-778 du 10 sept. 2018, art. 23)* **« prononce » une interdiction de retour pour une durée maximale de deux ans à compter de** *(L. n° 2018-778 du 10 sept. 2018, art. 23)* **« l'exécution de l'obligation de quitter le territoire français. Des circonstances humanitaires peuvent toutefois justifier que l'autorité administrative ne prononce pas d'interdiction de retour. »**

(Abrogé par L. n° 2016-274 du 7 mars 2016, art. 27-I et 67-II, à compter du 1er nov. 2016) ***« Lorsqu'aucun*** [Lorsque aucun] ***délai de départ volontaire n'a été accordé à l'étranger obligé de quitter le territoire français, l'autorité administrative peut prononcer l'interdiction de retour pour une durée maximale de trois ans à compter de sa notification.***

« Lorsqu'un délai de départ volontaire a été accordé à l'étranger obligé de quitter le territoire français, l'autorité administrative peut prononcer l'interdiction de retour, prenant effet à l'expiration du délai, pour une durée maximale de deux ans à compter de sa notification. »

Lorsque l'étranger faisant l'objet d'une interdiction de retour s'est maintenu *(L. n° 2018-778 du 10 sept. 2018, art. 23)* **« irrégulièrement » sur le territoire au-delà du délai de départ volontaire ou alors qu'il était obligé de quitter sans délai le territoire français ou, ayant déféré à l'obligation de quitter le territoire français, y est revenu alors que l'interdiction de retour poursuit ses effets, l'autorité administrative peut prolonger cette mesure pour une durée maximale de deux ans.**

(L. n° 2016-274 du 7 mars 2016, art. 27-I et 67-II, en vigueur le 1er nov. 2016) **« La durée de l'interdiction de retour mentionnée** *(L. n° 2018-778 du 10 sept. 2018, art. 23)* **« aux premier, *sixième et septième alinéas* » du présent III ainsi que le prononcé et la durée de l'interdiction de retour mentionnée au quatrième alinéa sont décidés » par l'autorité administrative en tenant compte de la durée de présence de l'étranger sur le territoire français, de la nature et de l'ancienneté de ses liens avec la France, de la circonstance qu'il a déjà fait l'objet ou non d'une mesure d'éloignement et de la menace pour l'ordre public que représente sa présence sur le territoire français.**

(L. n° 2016-274 du 7 mars 2016, art. 27-I et 67-II, en vigueur le 1er nov. 2016) « Sauf menace grave pour l'ordre public, la durée totale de l'interdiction de retour ne peut excéder cinq ans, compte tenu des prolongations éventuellement décidées. »

L'autorité administrative peut à tout moment abroger l'interdiction de retour. Lorsque l'étranger sollicite l'abrogation de l'interdiction de retour, sa demande n'est recevable que s'il justifie résider hors de France. Cette condition ne s'applique pas :

1° Pendant le temps où l'étranger purge en France une peine d'emprisonnement ferme ;

2° Lorsque l'étranger fait l'objet d'une mesure d'assignation à résidence prise en application des articles L. 561-1 ou L. 561-2.

Lorsqu'un étranger faisant l'objet d'une obligation de quitter le territoire français avec délai de départ volontaire assortie d'une interdiction de retour justifie *(Abrogé par L. n° 2018-778 du 10 sept. 2018, art. 23)* « *, selon des modalités déterminées par voie réglementaire,* » avoir satisfait à cette obligation dans le délai imparti, au plus tard deux mois suivant l'expiration de ce délai de départ volontaire, l'interdiction de retour est abrogée. Toutefois, par décision motivée, l'autorité administrative peut refuser cette abrogation au regard de circonstances particulières tenant à la situation et au comportement de l'intéressé.

(L. n° 2018-778 du 10 sept. 2018, art. 23) « Les modalités de constat de la date d'exécution de l'obligation de quitter le territoire français de l'étranger faisant l'objet d'une interdiction de retour sont déterminées par voie réglementaire. »

Art. L. 511-2 *(L. n° 2011-672 du 16 juin 2011, art. 60 et 111, en vigueur le 18 juill. 2011)* Le 1° du I et le *a* du 3° du II de l'article L. 511-1 sont applicables à l'étranger qui n'est pas ressortissant d'un État membre de l'Union européenne :

1° S'il ne remplit pas les conditions d'entrée prévues à l'article 5 du règlement (CE) n° 562/2006 du Parlement européen et du Conseil, du 15 mars 2006, établissant un code communautaire relatif au régime de franchissement des frontières par les personnes (code frontières Schengen) ;

2° Si, en provenance directe du territoire d'un État partie à la convention précitée signée à Schengen le 19 juin 1990, il ne peut justifier être entré sur le territoire métropolitain en se conformant aux stipulations de ses articles 19, paragraphe 1 ou 2, 20, paragraphe *[paragraphes]* 1, et 21, paragraphe *[paragraphes]* 1 ou 2, de cette même convention.

Art. L. 511-3 Les dispositions *(L. n° 2011-672 du 16 juin 2011, art. 38 et 111, en vigueur le 18 juill. 2011)* « du 2° du I et du *b* du 3° » *(L. n° 2006-911 du 24 juill. 2006, art. 54)* « du II » de l'article L. 511-1 sont applicables à l'étranger qui n'est pas ressortissant d'un État membre de l'Union européenne si, en provenance directe du territoire d'un des États parties à la convention signée à Schengen le 19 juin 1990, il s'est maintenu sur le territoire métropolitain sans se conformer aux stipulations de l'article 19, paragraphe 1 ou 2, de l'article 20, paragraphe 1, et de l'article 21, paragraphe 1 ou 2, de ladite convention. – *[Ord. n° 45-2658 du 2 nov. 1945, art. 22-III.]*

Art. L. 511-3-1 *(L. n° 2011-672 du 16 juin 2011, art. 39 et 111, en vigueur au plus tard le 30 sept. 2011)* L'autorité administrative compétente peut, par décision motivée, obliger un ressortissant d'un État membre de l'Union européenne, d'un autre État partie à l'accord sur l'Espace économique européen ou de la Confédération suisse, ou un membre de sa famille à quitter le territoire français lorsqu'elle constate :

1° Qu'il ne justifie plus d'aucun droit au séjour tel que prévu par les articles L. 121-1, L. 121-3 ou L. 121-4-1 ;

2° Ou que son séjour est constitutif d'un abus de droit. Constitue un abus de droit le fait de renouveler des séjours de moins de trois mois dans le but de se maintenir sur le territoire alors que les conditions requises pour un séjour d'une durée supérieure à trois mois ne sont pas remplies. Constitue également un abus de droit le séjour en France dans le but essentiel de bénéficier du système d'assistance sociale ;

(L. n° 2016-274 du 7 mars 2016, art. 28-I) « 3° Ou que son comportement personnel constitue, du point de vue de l'ordre public ou de la sécurité publique, une menace réelle, actuelle et suffisamment grave à l'encontre d'un intérêt fondamental de la société. »

L'autorité administrative compétente tient compte de l'ensemble des circonstances relatives à sa situation, notamment la durée du séjour de l'intéressé en France, son âge, son état de santé, sa situation familiale et économique, son intégration sociale et culturelle en France, et de l'intensité de ses liens avec son pays d'origine.

L'étranger dispose, pour satisfaire à l'obligation qui lui a été faite de quitter le territoire français, d'un délai qui, sauf urgence, ne peut être inférieur à trente jours à compter de sa notification. A titre exceptionnel, l'autorité administrative peut accorder un délai de départ volontaire supérieur à trente jours.

L'obligation de quitter le territoire français fixe le pays à destination duquel il est renvoyé en cas d'exécution d'office.

Les articles L. 512-1 à L. 512-4 sont applicables aux mesures prises en application du présent article.

Art. L. 511-3-2 *(L. n° 2016-274 du 7 mars 2016, art. 28-II et 67-II, en vigueur le 1er nov. 2016)* L'autorité administrative peut, par décision motivée, assortir l'obligation de quitter le territoire français prononcée en application des 2° et 3° de l'article L. 511-3-1 d'une interdiction de circulation sur le territoire français d'une durée maximale de trois ans.

L'autorité administrative peut à tout moment abroger l'interdiction de circulation sur le territoire français. Lorsque l'étranger sollicite l'abrogation de l'interdiction de circulation sur le territoire français, sa demande n'est recevable que s'il justifie résider hors de France depuis un an au moins.

Cette condition ne s'applique pas :

1° Pendant le temps où l'étranger purge en France une peine d'emprisonnement ferme ;

2° Lorsque l'étranger fait l'objet d'une mesure d'assignation à résidence prise en application des articles L. 561-1 ou L. 561-2.

Les quatre derniers alinéas de l'article L. 511-3-1 sont applicables.

Art. L. 511-4 Ne peuvent faire l'objet *(L. n° 2006-911 du 24 juill. 2006, art. 55-1°)* « d'une obligation de quitter le territoire français » *(Abrogé par L. n° 2011-672 du 16 juin 2011, art. 40-1° et 111, à compter du 18 juill. 2011) « ou d'une mesure de reconduite à la frontière en application du présent chapitre »* :

1° L'étranger mineur de dix-huit ans ;

2° L'étranger qui justifie par tous moyens résider habituellement en France depuis qu'il a atteint au plus l'âge de treize ans ;

(Abrogé par L. n° 2006-911 du 24 juill. 2006, art. 55-2°) « 3° L'étranger qui justifie par tous moyens résider habituellement en France depuis plus de quinze ans sauf s'il a été, pendant toute cette période, titulaire d'une carte de séjour temporaire portant la mention "étudiant" ; »

4° L'étranger qui réside régulièrement en France depuis plus de dix ans, sauf s'il a été, pendant toute cette période, titulaire d'une carte de séjour temporaire *(L. n° 2016-274 du 7 mars 2016, art. 57-I et 67-II, en vigueur le 1er nov. 2016)* « ou pluriannuelle » portant la mention "étudiant" ;

5° L'étranger qui réside régulièrement en France depuis plus de vingt ans ;

6° L'étranger ne vivant pas en état de polygamie qui est père ou mère d'un enfant français mineur résidant en France, à condition qu'il établisse contribuer effectivement à l'entretien et à l'éducation de l'enfant dans les conditions prévues par l'article 371-2 du code civil depuis la naissance de celui-ci ou depuis au moins *(L. n° 2006-911 du 24 juill. 2006, art. 55-3°)* « deux ans » ;

7° L'étranger marié depuis au moins *(L. n° 2006-911 du 24 juill. 2006, art. 55-4°)* « trois » ans avec un conjoint de nationalité française, à condition que la communauté de vie n'ait pas cessé *(L. n° 2006-911 du 24 juill. 2006, art. 55-4°)* « depuis le mariage » et que le conjoint ait conservé la nationalité française ;

8° L'étranger qui réside régulièrement en France depuis plus de dix ans et qui, ne vivant pas en état de polygamie, est marié depuis au moins trois ans avec un ressortissant étranger relevant du 2°, à condition que la communauté de vie n'ait pas cessé *(L. n° 2006-911 du 24 juill. 2006, art. 55-5°)* « depuis le mariage » ;

9° L'étranger titulaire d'une rente d'accident du travail ou de maladie professionnelle servie par un organisme français et dont le taux d'incapacité permanente est égal ou supérieur à 20 % ;

10° L'étranger résidant habituellement en France *(L. n° 2016-274 du 7 mars 2016, art. 57-I et 67-II, en vigueur le 1er nov. 2016)* « si son état de santé nécessite une prise en charge médicale dont le défaut pourrait avoir pour lui des conséquences d'une exceptionnelle gravité et si, eu égard à l'offre de soins et aux caractéristiques du système de santé du pays de renvoi, il ne pourrait pas y bénéficier effectivement d'un traitement approprié ; »

(L. n° 2006-911 du 24 juill. 2006, art. 55-6° et 7°) « 11° Le ressortissant d'un État membre de l'Union européenne, d'un autre État partie à l'accord sur l'Espace économique européen ou de la Confédération suisse, ainsi que les membres de sa famille, qui bénéficient du droit au séjour permanent prévu par l'article L. 122-1.

« *(Abrogé par L. n° 2011-672 du 16 juin 2011, art. 40-3° et 111, à compter du 18 juill. 2011) « En outre, ne peut faire l'objet d'une mesure de reconduite à la frontière pour l'un des motifs prévus aux 1°, 2° et 4° du II de l'article L. 511-1 l'étranger ressortissant d'un pays tiers qui est membre, tel que défini à l'article L. 121-3, de la famille d'un ressortissant d'un État membre de l'Union européenne, d'un autre État partie à l'accord sur l'Espace économique européen ou de la Confédération suisse. » » — [Ord. n° 45-2658 du 2 nov. 1945, art. 25.]*

Art. L. 511-5 *(L. n° 2015-925 du 29 juill. 2015, art. 28-6°)* **En cas de reconnaissance de la qualité de réfugié ou d'octroi de la protection subsidiaire, l'autorité administrative abroge l'obligation de quitter le territoire français qui, le cas échéant, a été prise. Elle délivre sans délai au réfugié la carte de résident prévue au 8° de l'article L. 314-11 et au bénéficiaire de la protection subsidiaire la carte de séjour temporaire prévue à l'article L. 313-13.**

CHAPITRE II *Procédure administrative et contentieuse*

(L. n° 2011-672 du 16 juin 2011, art. 48 et 111, en vigueur le 18 juill. 2011)

L'entrée en vigueur a été fixée par le Décr. n° 2011-819 du 8 juill. 2011, art. 4.

Sur le contentieux des obligations de quitter le territoire et des arrêtés de reconduite à la frontière, V., infra, CJA, art. L. 776-1 s., R. 776-1 s., ss. art. R. 512-2.

Art. L. 512-1 *(L. n° 2011-672 du 16 juin 2011, art. 48 et 111, en vigueur le 18 juill. 2011)* **I. — L'étranger qui fait l'objet d'une obligation de quitter le territoire français** *(L. n° 2016-274 du 7 mars 2016, art. 27-II et 67-II, en vigueur le 1er nov. 2016)* **« sur le fondement des 3°, 5°, 7° ou 8° du I de l'article L. 511-1 ou sur le fondement de l'article L. 511-3-1 » et qui dispose du délai de départ volontaire mentionné au premier alinéa du II de l'article L. 511-1** *(L. n° 2016-274 du 7 mars 2016, art. 28-III et 67-II, en vigueur le 1er nov. 2016)* **« ou au sixième alinéa de l'article L. 511-3-1 » peut, dans le délai de trente jours suivant sa notification, demander au tribunal administratif l'annulation de cette décision, ainsi que l'annulation de la décision relative au séjour, de la décision mentionnant le pays de destination et de la décision d'interdiction de retour sur le territoire français** *(L. n° 2016-274 du 7 mars 2016, art. 28-III et 67-II, en vigueur le 1er nov. 2016)* **« ou d'interdiction de circulation sur le territoire français » qui l'accompagnent le cas échéant.** *(Abrogé par L. n° 2016-274 du 7 mars 2016, art. 27-I et 67-II, à compter du 1er nov. 2016) « L'étranger qui fait l'objet de l'interdiction de retour prévue au troisième alinéa du III du même article L. 511-1 peut, dans le délai de trente jours suivant sa notification, demander l'annulation de cette décision. »*

L'étranger peut demander le bénéfice de l'aide juridictionnelle au plus tard lors de l'introduction de sa requête en annulation. Le tribunal administratif statue dans un délai de trois mois à compter de sa saisine.

Toutefois, si l'étranger est placé en rétention en application de l'article L. 551-1 ou assigné à résidence en application de l'article L. 561-2, il est statué selon la procédure et dans le délai prévus au III du présent article.

(L. n° 2016-274 du 7 mars 2016, art. 27-II et 67-II, en vigueur le 1er nov. 2016) **« I *bis*. — L'étranger qui fait l'objet d'une obligation de quitter le territoire français sur le fondement des 1°, 2°, 4° ou 6° du I de l'article L. 511-1 et qui dispose du délai de départ volontaire mentionné au premier alinéa du II du même article L. 511-1 peut, dans un délai de quinze jours à compter de sa notification, demander au président du tribunal administratif l'annulation de cette décision, ainsi que l'annulation de la décision mentionnant le pays de destination et de la décision d'interdiction de retour sur le territoire français qui l'accompagnent le cas échéant. »**

(L. n° 2018-778 du 10 sept. 2018, art. 24-1°, en vigueur le 1er janv. 2019) **« La même procédure s'applique lorsque l'étranger conteste une obligation de quitter le territoire fondée sur le 6° du I dudit article L. 511-1 et une décision relative au séjour intervenue concomitamment. Dans cette hypothèse, le président du tribunal administratif ou le juge qu'il désigne à cette fin statue par une seule décision sur les deux contestations. »**

(L. n° 2016-274 du 7 mars 2019, art. 27-II et 67-II, en vigueur le 1er nov. 2016) **« L'étranger qui fait l'objet d'une interdiction de retour prévue au sixième alinéa du III du même article L. 511-1 peut, dans le délai de quinze jours suivant sa notification, demander l'annulation de cette décision.**

« Le président du tribunal administratif ou le magistrat qu'il désigne à cette fin parmi les membres de sa juridiction ou parmi les magistrats honoraires inscrits sur la liste mentionnée à l'article L. 222-2-1 du code de justice administrative statue dans un délai de six semaines à compter de sa saisine.

« L'étranger peut demander au président du tribunal administratif ou au magistrat désigné à cette fin le concours d'un interprète et la communication du dossier contenant les pièces sur la base desquelles la décision contestée a été prise.

« L'audience est publique. Elle se déroule sans conclusions du rapporteur public, en présence de l'intéressé, sauf si celui-ci, dûment convoqué, ne se présente pas. L'étranger est

assisté de son conseil s'il en a un. Il peut demander au président du tribunal administratif ou au magistrat désigné à cette fin qu'il lui en soit désigné un d'office.

« Toutefois, si l'étranger est placé en rétention en application de l'article L. 551-1 du présent code ou assigné à résidence en application de l'article L. 561-2, il est statué selon la procédure et dans le délai prévus au III du présent article. »

II. — L'étranger qui fait l'objet d'une obligation de quitter le territoire sans délai peut, dans les quarante-huit heures suivant sa notification par voie administrative, demander au président du tribunal administratif l'annulation de cette décision, ainsi que l'annulation de la décision relative au séjour, de la décision refusant un délai de départ volontaire, de la décision mentionnant le pays de destination et de la décision d'interdiction de retour sur le territoire français *(L. n° 2016-274 du 7 mars 2016, art. 28-III et 67-II, en vigueur le 1er nov. 2016)* « ou d'interdiction de circulation sur le territoire français » qui l'accompagnent le cas échéant.

Il est statué sur ce recours selon la procédure et dans les délais prévus *(L. n° 2016-274 du 7 mars 2016, art. 27-II et 67-II, en vigueur le 1er nov. 2016)* « , selon les cas, aux I ou I *bis* ».

Toutefois, si l'étranger est placé en rétention en application de l'article L. 551-1 ou assigné à résidence en application de l'article L. 561-2, il est statué selon la procédure et dans le délai prévus au III du présent article.

III. — *(L. n° 2016-274 du 7 mars 2016, art. 33-I et 67-II, en vigueur le 1er nov. 2016)* « En cas de placement en rétention en application de l'article L. 551-1, l'étranger peut demander au président du tribunal administratif l'annulation de l'obligation de quitter le territoire français, de la décision refusant un délai de départ volontaire, de la décision mentionnant le pays de destination et de la décision d'interdiction de retour sur le territoire français ou d'interdiction de circulation sur le territoire français qui l'accompagnent*[,]* le cas échéant, dans un délai de quarante-huit heures à compter de leur notification, lorsque ces décisions sont notifiées avec la décision de placement en rétention. La décision de placement en rétention ne peut être contestée que devant le juge des libertés et de la détention, dans un délai de quarante-huit heures à compter de sa notification, suivant la procédure prévue à la section I du chapitre II du titre V du présent livre et dans une audience commune aux deux procédures, sur lesquelles le juge statue par ordonnance unique lorsqu'il est également saisi aux fins de prolongation de la rétention en application de l'article L. 552-1. » *(L. n° 2018-778 du 10 sept. 2018, art. 24-2°-a, en vigueur le 1er janv. 2019)* « Le juge des libertés et de la détention informe sans délai le tribunal administratif territorialement compétent, par tout moyen, du sens de sa décision. La méconnaissance des dispositions de l'avant-dernière phrase du présent alinéa est sans conséquence sur la régularité et le bien-fondé de procédures ultérieures d'éloignement et de rétention. »

(L. n° 2016-274 du 7 mars 2016, art. 33-I et 67-II, en vigueur le 1er nov. 2016) « L'étranger faisant l'objet d'une décision d'assignation à résidence prise en application de l'article L. 561-2 peut, dans le même délai, demander au président du tribunal administratif l'annulation de cette décision. Les décisions mentionnées au premier alinéa du présent III peuvent être contestées dans le même recours lorsqu'elles sont notifiées avec la décision d'assignation. »

Le président du tribunal administratif ou le magistrat qu'il désigne à cette fin parmi les membres de sa juridiction ou les magistrats honoraires inscrits sur la liste mentionnée à l'article L. 222-2-1 du code de justice administrative statue au plus tard *(L. n° 2018-778 du 10 sept. 2018, art. 24-2°-b, en vigueur le 1er janv. 2019)* « quatre-vingt-seize heures à compter de l'expiration du délai de recours ». Il peut se transporter au siège de la juridiction judiciaire la plus proche du lieu où se trouve l'étranger si celui-ci est retenu en application de l'article L. 551-1 du présent code. Si une salle d'audience attribuée au ministère de la justice lui permettant de statuer publiquement a été spécialement aménagée à proximité immédiate de ce lieu de rétention, il peut statuer dans cette salle. *(L. n° 2016-274 du 7 mars 2016, art. 27-II et 67-II, en vigueur le 1er nov. 2016) (Abrogé par L. n° 2018-778 du 10 sept. 2018, art. 24-2°-a-b, à compter du 1er janv. 2019)* *« Sauf si l'étranger, dûment informé dans un langue qu'il comprend, s'y oppose, »* L'audience peut se tenir dans cette salle et le juge siéger au tribunal dont il est membre, relié à la salle d'audience, en direct, par un moyen de communication audiovisuelle qui garantit la confidentialité de la transmission. La salle d'audience située à proximité du lieu de rétention et celle du tribunal administratif sont ouvertes au public. »

L'étranger peut demander au président du tribunal administratif ou au magistrat désigné à cette fin le concours d'un interprète et la communication du dossier contenant les pièces sur la base desquelles la décision contestée a été prise.

L'audience est publique. Elle se déroule sans conclusions du rapporteur public, en présence de l'intéressé, sauf si celui-ci, dûment convoqué, ne se présente pas. L'étranger est assisté de son conseil s'il en a un. Il peut demander au président du tribunal administratif ou au magistrat désigné à cette fin qu'il lui en soit désigné un d'office.

Il est également statué selon la procédure prévue au présent III sur le recours dirigé contre l'obligation de quitter le territoire français par un étranger qui est l'objet en cours d'instance d'une décision de placement en rétention ou d'assignation à résidence en application de l'article L. 561-2. *(L. nº 2018-778 du 10 sept. 2018, art. 24-2º-c, en vigueur le 1er janv. 2019)* « Le président du tribunal administratif ou le magistrat désigné à cette fin statue dans un délai de cent quarante-quatre heures à compter de » la notification par l'administration au tribunal de la décision de placement en rétention ou d'assignation.

(L. nº 2018-778 du 10 sept. 2018, art. 24-3º, en vigueur le 1er janv. 2019) « IV. – En cas de détention de l'étranger, celui-ci est informé dans une langue qu'il comprend, dès la notification de l'obligation de quitter le territoire français, qu'il peut, avant même l'introduction de sa requête, demander au président du tribunal administratif l'assistance d'un interprète ainsi que d'un conseil.

« Lorsqu'il apparaît, en cours d'instance, que l'étranger détenu est susceptible d'être libéré avant que le juge statue, l'autorité administrative en informe le président du tribunal administratif ou le magistrat désigné qui statue sur le recours dirigé contre l'obligation de quitter le territoire français selon la procédure prévue au III et dans un délai de huit jours à compter de l'information du tribunal par l'administration. »

Art. L. 512-2 Dès notification de l'obligation de quitter le territoire français, l'étranger auquel aucun délai de départ volontaire n'a été accordé est mis en mesure, dans les meilleurs délais, d'avertir un conseil, son consulat ou une personne de son choix. L'étranger est informé qu'il peut recevoir communication des principaux éléments des décisions qui lui sont notifiées en application de l'article L. 511-1. Ces éléments lui sont alors communiqués dans une langue qu'il comprend ou dont il est raisonnable de supposer qu'il la comprend.

Art. L. 512-3 Les articles L. 551-1 et L. 561-2 sont applicables à l'étranger faisant l'objet d'une obligation de quitter le territoire français dès l'expiration du délai de départ volontaire qui lui a été accordé ou, si aucun délai n'a été accordé, dès la notification de l'obligation de quitter le territoire français.

L'obligation de quitter le territoire français ne peut faire l'objet d'une exécution d'office ni avant l'expiration du délai de départ volontaire ou, si aucun délai n'a été accordé, avant l'expiration d'un délai de quarante-huit heures suivant sa notification par voie administrative, ni avant que le tribunal administratif n'ait statué s'il a été saisi. L'étranger en est informé par la notification écrite de l'obligation de quitter le territoire français.

Art. L. 512-4 Si l'obligation de quitter le territoire français est annulée, il est immédiatement mis fin aux mesures de surveillance prévues aux articles L. 513-4, L. 551-1, L. 552-4, L. 561-1 et L. 561-2 et l'étranger est muni d'une autorisation provisoire de séjour jusqu'à ce que l'autorité administrative ait à nouveau statué sur son cas.

Si la décision de ne pas accorder de délai de départ volontaire *(Abrogé par L. nº 2016-274 du 7 mars 2016, art. 28-III et 67-II, à compter du 1er nov. 2016)* « *, la décision de placement en rétention* » ou la décision d'assignation à résidence est annulée, il est immédiatement mis fin aux mesures de surveillance prévues aux articles L. 551-1, L. 552-4, L. 561-1 et L. 561-2 et le président du tribunal administratif ou le magistrat désigné à cette fin rappelle à l'étranger son obligation de quitter le territoire français dans le délai qui lui sera fixé par l'autorité administrative en application du II de l'article L. 511-1 ou du sixième alinéa de l'article L. 511-3-1. Ce délai court à compter de sa notification.

Art. L. 512-5 L'étranger qui fait l'objet d'une obligation de quitter le territoire français peut solliciter un dispositif d'aide au retour dans son pays d'origine *(Abrogé par L. nº 2018-778 du 10 sept. 2018, art. 25, à compter du 1er janv. 2019)* « *, sauf s'il a été placé en rétention* ». *(L. nº 2018-778 du 10 sept. 2018, art. 25, en vigueur au plus tard le 1er janv. 2019)* « Lorsqu'il sollicite une telle aide alors qu'il est placé en rétention, cette circonstance n'est pas à elle seule susceptible de justifier le refus de prolongation du maintien en rétention. » *(Ord. nº 2014-464 du 7 mai 2014, art. 13 et 23, en vigueur le 26 mai 2014)* « A Mayotte, l'étranger ne peut bénéficier d'une aide au retour mais, dans des circonstances exceptionnelles et sous réserve de l'existence d'un projet économique viable, d'une aide à la réinsertion économique, ou, s'il est accompagné d'un ou plusieurs enfants mineurs, de mesures d'accompagnement, dans des conditions définies par arrêté du ministre de l'intérieur et du ministre chargé des outre-mer. »

Art. L. 512-6 L'annulation de la décision relative au séjour emporte abrogation de la décision d'interdiction de retour qui l'accompagne le cas échéant, y compris lorsque le recours dirigé contre celle-ci a été rejeté selon la procédure prévue au III de l'article L. 512-1.

CHAPITRE III *Exécution des obligations de quitter le territoire français, des interdictions de retour sur le territoire français et des interdictions de circulation sur le territoire français* *(L. n° 2011-672 du 16 juin 2011, art. 41 et 111, en vigueur le 18 juill. 2011 ; L. n° 2016-274 du 7 mars 2016, art. 28-III et 67-II, en vigueur le 1er nov. 2016).*

L'entrée en vigueur des modifications introduites par L. n° 2011-672 du 16 juin 2011 a été fixée par Décr. n° 2011-820 du 8 juill. 2011, art. 22.

Les dispositions sur l'interdiction de circulation sur le territoire français introduites par l'art. 28-III de la L. n° 2016-274 du 7 mars 2016 s'appliquent aux demandes pour lesquelles aucune décision n'est intervenue à sa date d'entrée en vigueur (L. préc., art. 67-II et VI).

Art. L. 513-1 *(L. n° 2011-672 du 16 juin 2011, art. 42 et 111, en vigueur le 18 juill. 2011)* I. — L'obligation de quitter sans délai le territoire français, qui n'a pas été contestée devant le président du tribunal administratif dans le délai prévu au II de l'article L. 512-1 ou qui n'a pas fait l'objet d'une annulation, peut être exécutée d'office.

L'obligation de quitter le territoire français avec un délai de départ volontaire, qui n'a pas été contestée devant le tribunal administratif dans *(L. n° 2016-274 du 7 mars 2016, art. 27-III et 67-II, en vigueur le 1er nov. 2016)* « les délais prévus aux I et I *bis* » du même article L. 512-1 ou qui n'a pas fait l'objet d'une annulation, peut être exécutée d'office à l'expiration du délai de départ volontaire.

II. — Sous réserve des dispositions de l'article L. 512-3, l'étranger faisant l'objet d'une interdiction de retour *(L. n° 2016-274 du 7 mars 2016, art. 28-III et 67-III, en vigueur le 1er nov. 2016)* « ou d'une interdiction de circulation » sur le territoire français peut être d'office reconduit à la frontière.

Art. L. 513-2 L'étranger qui *(L. n° 2011-672 du 16 juin 2011, art. 61-1°)* « fait l'objet d'une mesure d'éloignement » est éloigné :

1° A destination du pays dont il a la nationalité, sauf si l'Office français de protection des réfugiés et apatrides ou la *(L. n° 2007-1631 du 20 nov. 2007, art. 29-I)* « Cour nationale du droit d'asile » lui a reconnu le statut de réfugié *(L. n° 2011-672 du 16 juin 2011, art. 61-2°)* « ou lui a accordé le bénéfice de la protection subsidiaire » ou s'il n'a pas encore été statué sur sa demande d'asile ;

2° Ou *(L. n° 2016-274 du 7 mars 2016, art. 32 et 67-II, en vigueur le 1er nov. 2016)* « , en application d'un accord ou arrangement de réadmission communautaire ou bilatéral, » à destination du pays qui lui a délivré un document de voyage en cours de validité ;

3° Ou *(L. n° 2016-274 du 7 mars 2016, art. 32 et 67-II, en vigueur le 1er nov. 2016)* « , avec son accord, » à destination d'un autre pays dans lequel il est légalement admissible.

Un étranger ne peut être éloigné à destination d'un pays s'il établit que sa vie ou sa liberté y sont menacées ou qu'il y est exposé à des traitements contraires aux stipulations de l'article 3 de la Convention européenne de sauvegarde des droits de l'homme et des libertés fondamentales du 4 novembre 1950. — *[Ord. n° 45-2658 du 2 nov. 1945, art. 27 bis.]*

Art. L. 513-3 La décision fixant le pays de renvoi constitue une décision distincte de la mesure d'éloignement elle-même.

(L. n° 2011-672 du 16 juin 2011, art. 49 et 111, en vigueur le 18 juill. 2011) « Le recours contentieux contre la décision fixant le pays de renvoi n'est suspensif d'exécution, dans les conditions prévues au second alinéa de l'article L. 512-3, que s'il est présenté en même temps que le recours contre *(L. n° 2016-274 du 7 mars 2016, art. 57-I-5° et 67-II, en vigueur le 1er nov. 2016)* « la mesure d'éloignement » qu'elle vise à exécuter. »

Art. L. 513-4 *(L. n° 2011-672 du 16 juin 2011, art. 43 et 111, en vigueur le 18 juill. 2011)* L'étranger auquel un délai de départ volontaire a été accordé en application du II de l'article L. 511-1 peut, dès la notification de l'obligation de quitter le territoire français, être astreint à se présenter à l'autorité administrative ou aux services de police ou aux unités de gendarmerie pour y indiquer ses diligences dans la préparation de son départ.

(L. n° 2018-778 du 10 sept. 2018, art. 26, en vigueur le 1er janv. 2019) « Cet étranger peut également être contraint à résider dans le lieu qu'une décision motivée de l'autorité administrative désigne. Cette décision est prise pour une durée qui ne peut se poursuivre au delà de l'expiration du délai de départ volontaire. Le premier alinéa du présent article est applicable.

L'autorité administrative peut prescrire à l'étranger la remise de son passeport ou de tout document justificatif de son identité dans les conditions prévues à l'article L. 611-2. »

Un décret en Conseil d'État prévoit les modalités d'application du présent article.

Art. L. 513-5 *(L. n° 2016-274 du 7 mars 2016, art. 34-I et 67-II, en vigueur le 1er nov. 2016)* Si l'étranger assigné à résidence en application des articles L. 523-3 à L. 523-5, L. 552-4, L. 561-1 ou L. 561-2 n'a pas déféré, sans motif légitime, à une demande de présentation aux autorités consulaires du pays dont il est raisonnable de penser qu'il a la nationalité, en vue de la délivrance d'un document de voyage, l'autorité administrative peut le faire conduire auprès de ces autorités par les services de police ou les unités de gendarmerie en vue de cette démarche, dans les conditions et pour le temps strictement nécessaires à celle-ci.

En cas d'impossibilité de faire conduire l'étranger auprès des autorités consulaires résultant d'une obstruction volontaire de sa part, l'autorité administrative peut demander au juge des libertés et de la détention de l'autoriser à requérir les services de police ou les unités de gendarmerie pour qu'ils visitent le domicile de l'étranger afin de s'assurer de sa présence et de le conduire auprès des autorités consulaires et, si les conditions en sont remplies, de lui notifier une décision de placement en rétention.

Le juge des libertés et de la détention, saisi par requête, statue dans les vingt-quatre heures. A peine de nullité, sa décision est motivée. Le juge s'assure de l'obstruction volontaire de l'étranger à la demande de présentation aux autorités consulaires, dûment constatée par l'autorité administrative, résultant de la non-présentation, sans motif légitime, aux autorités consulaires en vue de préparer l'exécution d'une décision d'éloignement. La décision mentionne l'adresse des lieux dans lesquels les opérations de visite peuvent être effectuées. L'ordonnance du juge des libertés et de la détention est exécutoire dans les conditions fixées aux troisième à sixième alinéas du II de l'article L. 561-2.

(L. n° 2018-778 du 10 sept. 2018, art. 31, en vigueur au plus tard le 1er janv. 2019) « Le présent article est également applicable dans le cas prévu au second alinéa de l'article L. 541-3. »

CHAPITRE IV *Dispositions propres à la Guyane, à la Guadeloupe, à Mayotte, à Saint-Barthélemy et à Saint-Martin* *(L. n° 2006-911 du 24 juill. 2006, art. 98-I ; L. n° 2011-672 du 16 juin 2011, art. 103 ; Ord. n° 2014-464 du 7 mai 2014, art. 14-I et 23, en vigueur le 26 mai 2014).*

Art. L. 514-1 *(L. n° 2016-274 du 7 mars 2016, art. 29-1°-a et 67-II, en vigueur le 1er nov. 2016)* « Pour la mise en œuvre du présent titre, sont applicables en Guyane, en Guadeloupe, à Mayotte, à Saint-Barthélemy et à Saint-Martin les dispositions suivantes : »

1° Si l'autorité consulaire le demande, *(L. n° 2011-672 du 16 juin 2011, art. 104-I-1° et 111, en vigueur le 18 juill. 2011)* « l'obligation de quitter sans délai le territoire français » ne peut être mise à exécution avant l'expiration du délai d'un jour franc à compter de la notification de l'arrêté ;

2° Sans préjudice des dispositions de l'alinéa précédent, l'étranger qui a fait l'objet *(L. n° 2006-911 du 24 juill. 2006, art. 66)* « d'une obligation de quitter le territoire français » *(Abrogé par L. n° 2011-672 du 16 juin 2011, art. 104-I-2° et 111, à compter du 18 juill. 2011)* *« ou d'une mesure administrative de reconduite à la frontière »* et qui défère cet acte au tribunal administratif peut assortir son recours d'une demande de suspension de son exécution ;

(L. n° 2016-274 du 7 mars 2016, art. 29-1°-b et 67-II, en vigueur le 1er nov. 2016) « 3° L'obligation de quitter le territoire français ne peut faire l'objet d'une exécution d'office, si l'étranger a saisi le tribunal administratif d'une demande sur le fondement de l'article L. 521-2 du code de justice administrative, avant que le juge des référés ait informé les parties de la tenue ou non d'une audience publique en application du deuxième alinéa de l'article L. 522-1 du même code, ni, si les parties ont été informées d'une telle audience, avant que le juge ait statué sur la demande. »

En conséquence, *(L. n° 2016-274 du 7 mars 2016, art. 33-II et 67-II, en vigueur le 1er nov. 2016)* « l'article L. 512-1, à l'exception de la *(L. n° 2018-778 du 10 sept. 2018, art. 65-9°, en vigueur le 1er mars 2019)* « deuxième » phrase du premier alinéa de son III, ainsi que les articles » *(L. n° 2011-672 du 16 juin 2011, art. 104-I-3° et 111, en vigueur le 18 juill. 2011)* « , L. 512-3 et » *(L. n° 2006-911 du 24 juill. 2006, art. 60-III et 117, à compter du 1er janv. 2007 selon Décr. n° 2006-1708 du 23 déc. 2006, art. 12)* « L. 512-4 » ne sont pas applicables *(Ord. n° 2014-464 du 7 mai 2014, art. 14-II et 23, en vigueur le 26 mai 2014)* « dans ces collectivités ». *(L. n° 2017-256 du 28 févr. 2017, art. 31-1°)* « Toutefois, les deuxième à cinquième phrases du troisième alinéa du III de l'article L. 512-1 sont applicables à la tenue de l'audience prévue au 3° du présent article. » – *[Ord. n° 45-2658 du 2 nov. 1945, art. 40-I et II.]*

Art. L. 514-2 *Abrogé par L. n° 2016-274 du 7 mars 2016, art. 29-2°.*

TITRE II L'expulsion

CHAPITRE PREMIER *Cas dans lesquels un étranger peut faire l'objet d'une mesure d'expulsion*

Art. L. 521-1 Sous réserve des dispositions des articles L. 521-2, L. 521-3 et L. 521-4, l'expulsion peut être prononcée si la présence en France d'un étranger constitue une menace grave pour l'ordre public. – *[Ord. n° 45-2658 du 2 nov. 1945, art. 23, al. 1er.]*

Art. L. 521-2 Ne peuvent faire l'objet d'une mesure d'expulsion que si cette mesure constitue une nécessité impérieuse pour la sûreté de l'État ou la sécurité publique et sous réserve que les dispositions de l'article L. 521-3 n'y fassent pas obstacle :

1° L'étranger, ne vivant pas en état de polygamie, qui est père ou mère d'un enfant français mineur résidant en France, à condition qu'il établisse contribuer effectivement à l'entretien et à l'éducation de l'enfant dans les conditions prévues par l'article 371-2 du code civil depuis la naissance de celui-ci ou depuis au moins un an ;

2° L'étranger marié depuis au moins *(L. n° 2006-911 du 24 juill. 2006, art. 67-1°)* « trois » ans avec un conjoint de nationalité française, à condition que la communauté de vie n'ait pas cessé *(L. n° 2006-911 du 24 juill. 2006, art. 67-1°)* « depuis le mariage » et que le conjoint ait conservé la nationalité française ;

(Abrogé par L. n° 2006-911 du 24 juill. 2006, art. 67-2°) « 3° L'étranger qui justifie par tous moyens qu'il réside habituellement en France depuis plus de quinze ans, sauf s'il a été, pendant toute cette période, titulaire d'une carte de séjour temporaire portant la mention étudiant ; »

4° L'étranger qui réside régulièrement en France depuis plus de dix ans, sauf s'il a été, pendant toute cette période, titulaire d'une carte de séjour temporaire *(L. n° 2016-274 du 7 mars 2016, art. 57-I-6° et 67-II, en vigueur le 1er nov. 2016)* « ou pluriannuelle » portant la mention "étudiant" ;

5° L'étranger titulaire d'une rente d'accident du travail ou de maladie professionnelle servie par un organisme français et dont le taux d'incapacité permanente est égal ou supérieur à 20 % ;

(L. n° 2011-672 du 16 juin 2011, art. 62) « 6° Le ressortissant d'un État membre de l'Union européenne, d'un autre État partie à l'accord sur l'Espace économique européen ou de la Confédération suisse qui séjourne régulièrement en France depuis dix ans.

« Par dérogation aux dispositions du présent article, l'étranger visé aux 1° à 5° peut faire l'objet d'un arrêté d'expulsion en application de l'article L. 521-1 s'il a été condamné définitivement à une peine d'emprisonnement ferme au moins égale à cinq ans. » – *[Ord. n° 45-2658 du 2 nov. 1945, art. 25.]*

Art. L. 521-3 Ne peuvent faire l'objet d'une mesure d'expulsion qu'en cas de comportements de nature à porter atteinte aux intérêts fondamentaux de l'État, ou liés à des activités à caractère terroriste, ou constituant des actes de provocation explicite et délibérée à la discrimination, à la haine ou à la violence contre une personne déterminée ou un groupe de personnes :

1° L'étranger qui justifie par tous moyens résider habituellement en France depuis qu'il a atteint au plus l'âge de treize ans ;

2° L'étranger qui réside régulièrement en France depuis plus de vingt ans ;

3° L'étranger qui réside régulièrement en France depuis plus de dix ans et qui, ne vivant pas en état de polygamie, est marié depuis au moins *(L. n° 2006-911 du 24 juill. 2006, art. 68-1°)* « quatre » ans soit avec un ressortissant français ayant conservé la nationalité française, soit avec un ressortissant étranger relevant du 1°, à condition que la communauté de vie n'ait pas cessé *(L. n° 2006-911 du 24 juill. 2006, art. 68-2°)* « depuis le mariage » ;

4° L'étranger qui réside régulièrement en France depuis plus de dix ans et qui, ne vivant pas en état de polygamie, est père ou mère d'un enfant français mineur résidant en France, à condition qu'il établisse contribuer effectivement à l'entretien et à l'éducation de l'enfant dans les conditions prévues par l'article 371-2 du code civil depuis la naissance de celui-ci ou depuis au moins un an ;

5° L'étranger résidant habituellement en France *(L. n° 2016-274 du 7 mars 2016, art. 57-I-4° et 67-II, en vigueur le 1er nov. 2016)* « si son état de santé nécessite une prise en charge médicale dont le défaut pourrait avoir pour lui des conséquences d'une exceptionnelle gravité et si, eu égard à l'offre de soins et aux caractéristiques du système de santé du pays de renvoi, il ne pourrait pas y bénéficier effectivement d'un traitement approprié. »

Les dispositions du présent article ne sont toutefois pas applicables à l'étranger mentionné au 3° ou au 4° ci-dessus lorsque les faits à l'origine de la mesure d'expulsion ont été commis à l'encontre de son conjoint ou de ses enfants *(L. n° 2006-911 du 24 juill. 2006, art. 77-I)* « ou de tout enfant sur lequel il exerce l'autorité parentale ».

Les étrangers mentionnés au présent article bénéficient de ses dispositions même s'ils se trouvent dans la situation prévue au dernier alinéa de l'article L. 521-2. — *[Ord. n° 45-2658 du 2 nov. 1945, art. 26-I, al. 1er à 7.]*

Art. L. 521-4 L'étranger mineur de dix-huit ans ne peut faire l'objet d'une mesure d'expulsion. — *[Ord. n° 45-2658 du 2 nov. 1945, art. 26, dernier al.]*

Art. L. 521-5 *(L. n° 2011-672 du 16 juin 2011, art. 63)* Les mesures d'expulsion prévues aux articles L. 521-1 à L. 521-3 peuvent être prises à l'encontre des ressortissants d'un État membre de l'Union européenne, d'un autre État partie à l'accord sur l'Espace économique européen ou de la Confédération suisse, ou d'un membre de leur famille, si leur comportement personnel représente une menace réelle, actuelle et suffisamment grave pour un intérêt fondamental de la société.

Pour prendre de telles mesures, l'autorité administrative tient compte de l'ensemble des circonstances relatives à leur situation, notamment la durée de leur séjour sur le territoire national, leur âge, leur état de santé, leur situation familiale et économique, leur intégration sociale et culturelle dans la société française ainsi que l'intensité des liens avec leur pays d'origine.

CHAPITRE II *Procédure administrative*

Art. L. 522-1 I. — Sauf en cas d'urgence absolue, l'expulsion ne peut être prononcée que dans les conditions suivantes :

1° L'étranger doit être préalablement avisé dans des conditions fixées par décret en Conseil d'État ;

2° L'étranger est convoqué pour être entendu par une commission qui se réunit à la demande de l'autorité administrative *[préfet]* et qui est composée :

a) Du président du tribunal judiciaire du chef-lieu du département, ou d'un juge délégué par lui, président ;

b) D'un magistrat désigné par l'assemblée générale du tribunal judiciaire du chef-lieu du département ;

c) D'un conseiller de tribunal administratif. — *[Ord. n° 45-2658 du 2 nov. 1945, art. 24, al. 1er à 6.] — V. art. R. 522-1 s.*

Art. L. 522-2 La convocation prévue au 2° de l'article L. 522-1 doit être remise à l'étranger quinze jours au moins avant la réunion de la commission. Elle précise que l'intéressé a le droit d'être assisté d'un conseil ou de toute personne de son choix et d'être entendu avec un interprète.

L'étranger peut demander le bénéfice de l'aide juridictionnelle dans les conditions prévues par la loi n° 91-647 du 10 juillet 1991 relative à l'aide juridique *[V. **C. pr. civ.**]*. Cette faculté est indiquée dans la convocation. L'admission provisoire à l'aide juridictionnelle peut être prononcée par le président de la commission.

Les débats de la commission sont publics. Le président veille à l'ordre de la séance. Tout ce qu'il ordonne pour l'assurer doit être immédiatement exécuté. Devant la commission, l'étranger peut faire valoir toutes les raisons qui militent contre son expulsion. Un procès-verbal enregistrant les explications de l'étranger est transmis, avec l'avis motivé de la commission, à l'autorité administrative compétente pour statuer. L'avis de la commission est également communiqué à l'intéressé. — *[Ord. n° 45-2658 du 2 nov. 1945, art. 24, al. 8 à 10.]*

(L. n° 2012-1432 du 21 déc. 2012, art. 9-I) « La commission rend son avis dans le délai d'un mois à compter de la remise à l'étranger de la convocation mentionnée au premier alinéa. Toutefois, lorsque l'étranger demande le renvoi pour un motif légitime, la commission prolonge ce délai, dans la limite d'un mois maximum à compter de la décision accordant ce renvoi. A l'issue du délai d'un mois ou, si la commission l'a prolongé, du délai supplémentaire qu'elle a fixé, les formalités de consultation de la commission sont réputées remplies. »

Art. L. 522-3 *(Ord. n° 2014-464 du 7 mai 2014, art. 15 et 23, en vigueur le 26 mai 2014)* Lorsque la présence simultanée à Mayotte des magistrats membres de la commission prévue à l'article L. 522-1, ou de leurs remplaçants, n'est pas matériellement possible, le ou les magistrats empêchés peuvent assister à l'audition de l'étranger depuis un autre point du territoire de la République, ce dernier se trouvant relié, en direct, par un moyen de communication audiovisuelle, à la salle dans laquelle siège la commission, où doit être présent au moins un magistrat.

Un décret en Conseil d'État détermine les modalités d'application des dispositions de l'alinéa précédent.

CHAPITRE III *Exécution des arrêtés d'expulsion*

Art. L. 523-1 L'arrêté prononçant l'expulsion d'un étranger peut être exécuté d'office par l'administration.

(L. n° 2016-274 du 7 mars 2016, art. 34-II et 67-II, en vigueur le 1er nov. 2016) « Le dernier alinéa de l'article L. 214-4 est applicable. » — *[Ord. n° 45-2658 du 2 nov. 1945, art. 26 bis, al. 1er.]*

Art. L. 523-2 Le pays de renvoi d'un étranger faisant l'objet d'un arrêté d'expulsion est déterminé dans les conditions prévues à l'article L. 513-2.

Art. L. 523-3 L'étranger qui fait l'objet d'un arrêté d'expulsion et qui justifie être dans l'impossibilité de quitter le territoire français en établissant qu'il ne peut ni regagner son pays d'origine ni se rendre dans aucun autre pays peut faire l'objet d'une mesure d'assignation à résidence dans les conditions prévues à l'article *(L. n° 2011-672 du 16 juin 2011, art. 70-I et 111, en vigueur le 18 juill. 2011)* « L. 561-1 ». Les dispositions de l'article L. 624-4 sont applicables.

La même mesure peut, en cas d'urgence absolue et de nécessité impérieuse pour la sûreté de l'État ou la sécurité publique, être appliquée aux étrangers qui font l'objet d'une proposition d'expulsion. Dans ce cas, la mesure ne peut excéder un mois. — *[Ord. n° 45-2658 du 2 nov. 1945, art. 28, al. 1er et 2.]*

Art. L. 523-4 Peut également faire l'objet d'un arrêté d'assignation à résidence l'étranger qui a fait l'objet d'un arrêté d'expulsion non exécuté *(L. n° 2016-274 du 7 mars 2016, art. 57-I-7° et 67-II, en vigueur le 1er nov. 2016)* « si son état de santé nécessite une prise en charge médicale dont le défaut pourrait avoir pour lui des conséquences d'une exceptionnelle gravité et si, eu égard à l'offre de soins et aux caractéristiques du système de santé du pays de renvoi, il ne pourrait pas y bénéficier effectivement d'un traitement approprié. » Cette mesure est assortie d'une autorisation de travail. Les obligations de présentation aux services de police et aux unités de gendarmerie prévues à l'article *(L. n° 2011-672 du 16 juin 2011, art. 70-I et 111, en vigueur le 18 juill. 2011)* « L. 561-1 » ainsi que les sanctions en cas de non-respect des prescriptions liées à l'assignation à résidence prévues à l'article L. 624-4 sont applicables. — *[Ord. n° 45-2658 du 2 nov. 1945, art. 28 bis.]*

Art. L. 523-5 Peut également faire l'objet d'un arrêté d'assignation à résidence, à titre probatoire et exceptionnel, l'étranger qui fait l'objet d'une mesure d'expulsion prononcée en application de l'article L. 521-2. Cette mesure est assortie d'une autorisation de travail. *(L. n° 2011-267 du 14 mars 2011, art. 120)* « Les obligations de présentation aux services de police et aux unités de gendarmerie prévues à l'article *(L. n° 2011-672 du 16 juin 2011, art. 70-I et 111, en vigueur le 18 juill. 2011)* « L. 561-1 » ainsi que les sanctions en cas de manquement aux prescriptions liées à l'assignation à résidence prévues à l'article L. 624-4 sont applicables. La mesure peut être abrogée à tout moment en cas de manquement à ces obligations et prescriptions ou de faits nouveaux constitutifs d'un comportement préjudiciable à l'ordre public. » — *[Ord. n° 45-2658 du 2 nov. 1945, art. 28 ter.]* — *Les dispositions introduites par la L. n° 2011-267 du 14 mars 2011 ne sont pas applicables à Mayotte, dans les îles Wallis-et-Futuna, en Nouvelle-Calédonie et dans les Terres australes et antarctiques françaises (L. préc., art. 125).*

CHAPITRE IV *Abrogation des arrêtés d'expulsion*

Art. L. 524-1 L'arrêté d'expulsion peut à tout moment être abrogé. Lorsque la demande d'abrogation est présentée à l'expiration d'un délai de cinq ans à compter de l'exécution effective de l'arrêté d'expulsion, elle ne peut être rejetée qu'après avis de la commission prévue à l'article L. 522-1, devant laquelle l'intéressé peut se faire représenter. — *[Ord. n° 45-2658 du 2 nov. 1945, art. 23, al. 2.]*

Art. L. 524-2 Sans préjudice des dispositions de l'article L. 524-1, les motifs de l'arrêté d'expulsion donnent lieu à un réexamen tous les cinq ans à compter de la date d'adoption de l'arrêté. L'autorité compétente tient compte de l'évolution de la menace pour l'ordre public que constitue la présence de l'intéressé en France, des changements intervenus dans sa situation personnelle et familiale et des garanties de réinsertion professionnelle ou sociale

qu'il présente, en vue de prononcer éventuellement l'abrogation de l'arrêté. L'étranger peut présenter des observations écrites.

A défaut de notification à l'intéressé d'une décision explicite d'abrogation dans un délai de deux mois, ce réexamen est réputé avoir conduit à une décision implicite de ne pas abroger. Cette décision est susceptible de recours. Le réexamen ne donne pas lieu à consultation de la commission prévue à l'article L. 522-1. – *[Ord. n° 45-2658 du 2 nov. 1945, art. 23, al. 3.]*

Art. L. 524-3 **Il ne peut être fait droit à une demande d'abrogation d'un arrêté d'expulsion présentée plus de deux mois après la notification de cet arrêté que si le ressortissant étranger réside hors de France. Toutefois, cette condition ne s'applique pas :**

1° Pour la mise en œuvre de l'article L. 524-2 ;

2° Pendant le temps où le ressortissant étranger subit en France une peine d'emprisonnement ferme ;

3° Lorsque l'étranger fait l'objet d'un arrêté d'assignation à résidence pris en application des articles L. 523-3, L. 523-4 ou L. 523-5. – *[Ord. n° 45-2658 du 2 nov. 1945, art. 28 quater.]*

Art. L. 524-4 **Sauf en cas de menace pour l'ordre public, dûment motivée, les étrangers qui résident hors de France et qui ont obtenu l'abrogation de la mesure d'expulsion dont ils faisaient l'objet bénéficient d'un visa pour rentrer en France, lorsque, à la date de la mesure, ils relevaient, sous les réserves prévues par ces articles, des catégories mentionnées aux 1° à 4° de l'article L. 521-3 et qu'ils entrent dans le champ d'application des 4° ou 6° de l'article L. 313-11 ou dans celui du livre IV.**

Lorsqu'ils ont été condamnés en France pour violences ou menaces à l'encontre d'un ascendant, d'un conjoint ou d'un enfant, le droit au visa est subordonné à l'accord des ascendants, du conjoint et des enfants vivant en France.

Les dispositions du présent article ne sont applicables qu'aux étrangers ayant fait l'objet d'une mesure d'expulsion avant l'entrée en vigueur de la loi n° 2003-1119 du 26 novembre 2003 relative à la maîtrise de l'immigration, au séjour des étrangers en France et à la nationalité. – *[Loi n° 2003-1119 du 26 nov. 2003, art. 87.]*

TITRE III **Autres mesures administratives d'éloignement**

CHAPITRE PREMIER *Mesures prises dans le cadre de l'Union européenne et de la Convention de Schengen*

Art. L. 531-1 *(L. n° 2018-778 du 10 sept. 2018, art. 27, en vigueur le 1er janv. 2019)* **« I. – » Par dérogation aux articles L. 213-2 et L. 213-3, L. 511-1 à L. 511-3,** *(L. n° 2011-672 du 16 juin 2011, art. 64 et 111, en vigueur le 18 juill. 2011)* **« L. 512-1, L. 512-3, L. 512-4 », L. 513-1 et L. 531-3, l'étranger non ressortissant d'un État membre de l'Union européenne qui a pénétré ou séjourné en France sans se conformer aux dispositions des articles L. 211-1** *(Abrogé par L. n° 2016-274 du 7 mars 2016, art. 30 et 67-II, à compter du 1er nov. 2016)* **« , L. 211-2, »** *(L. n° 2016-274 du 7 mars 2016, art. 30 et 67-II, en vigueur le 1er nov. 2016)* **« et L. 311-1 » peut être remis aux autorités compétentes de l'État membre qui l'a admis à entrer ou à séjourner sur son territoire, ou dont il provient directement, en application des dispositions des conventions internationales conclues à cet effet avec les États membres de l'Union européenne** *(L. n° 2016-274 du 7 mars 2016, art. 30 et 67-II, en vigueur le 1er nov. 2016)* **« , en vigueur au 13 janvier 2009 ».**

L'étranger visé au premier alinéa est informé de cette remise par décision écrite et motivée prise par une autorité administrative définie par décret en Conseil d'État. – *V. art. R. 531-1 s.*

Cette décision peut être exécutée d'office par l'administration après que l'étranger a été mis en mesure de présenter des observations et d'avertir ou de faire avertir son consulat, un conseil ou toute personne de son choix. – *[Ord. n° 45-2658 du 2 nov. 1945, art. 33, al. 1er à 3.]*

(L. n° 2018-778 du 10 sept. 2018, art. 27, en vigueur le 1er janv. 2019) **« II. – L'autorité administrative peut, par décision motivée, assortir la décision de remise prise en application du premier alinéa du I à l'encontre d'un étranger titulaire d'un titre de séjour dans un autre État membre de l'Union européenne d'une interdiction de circulation sur le territoire français d'une durée maximale de trois ans.**

« Toutefois, cette interdiction de circulation sur le territoire français n'est applicable à l'étranger détenteur d'une carte de résident portant la mention "résident de longue durée-UE" en cours de validité accordée par un autre État membre ou d'une carte de séjour portant la mention "carte bleue européenne" en cours de validité accordée par un autre État membre de l'Union européenne ou à l'étranger et aux membres de sa famille, admis à séjourner sur le territoire d'un État membre de l'Union européenne et bénéficiant d'un

transfert temporaire intragroupe conformément à la directive 2014/66/UE du Parlement européen et du Conseil du 15 mai 2014 établissant les conditions d'entrée et de séjour des ressortissants de pays tiers dans le cadre d'un transfert temporaire intragroupe que lorsque leur séjour en France constitue un abus de droit ou si leur comportement personnel constitue, du point de vue de l'ordre public ou de la sécurité publique, une menace réelle, actuelle et suffisamment grave à l'encontre d'un intérêt fondamental de la société.

« Le prononcé et la durée de l'interdiction de circulation sont décidés par l'autorité administrative en tenant compte de la durée de présence de l'étranger sur le territoire français, de la nature et de l'ancienneté de ses liens avec la France, de la circonstance qu'il a déjà fait l'objet ou non d'une mesure d'éloignement et de la menace pour l'ordre public que représente sa présence sur le territoire français.

« L'autorité administrative peut à tout moment abroger l'interdiction de circulation. Lorsque l'étranger sollicite l'abrogation de l'interdiction de circulation, sa demande n'est recevable que s'il justifie résider hors de France depuis au moins un an.

« Cette condition ne s'applique pas :

« 1° Pendant le temps où l'étranger purge en France une peine d'emprisonnement ferme ;

« 2° Lorsque l'étranger fait l'objet d'une mesure d'assignation à résidence prise en application des articles L. 561-1 ou L. 561-2. »

Art. L. 531-2 *(Abrogé par L. nº 2015-925 du 29 juill. 2015, art. 20-II-3º) « Les dispositions de l'article L. 531-1 sont applicables, sous la réserve mentionnée à l'avant-dernier alinéa de l'article L. 741-4, à l'étranger qui demande l'asile, lorsqu'en application des dispositions des conventions internationales conclues avec les États membres de l'Union européenne l'examen de cette demande relève de la responsabilité de l'un de ces États. »*

(L. nº 2015-925 du 29 juill. 2015, art. 20-II-3º) « L'article L. 531-1 est applicable » à l'étranger qui, en provenance du territoire d'un État partie à la convention signée à Schengen le 19 juin 1990, est entré ou a séjourné sur le territoire métropolitain sans se conformer aux dispositions des articles 19, paragraphe*[s]* 1 ou 2, 20, paragraphe*[s]* 1, ou 21, paragraphe*[s]* 1 ou 2, de cette convention ou sans souscrire, au moment de l'entrée sur ce territoire, la déclaration obligatoire prévue par l'article 22 de la même convention, alors qu'il était astreint à cette formalité. – *[Ord. nº 45-2658 du 2 nov. 1945, art. 33, al. 4 et 5.]*

(L. nº 2006-911 du 24 juill. 2006, art. 69) « Il en est de même de l'étranger détenteur d'un titre de *(L. nº 2016-274 du 7 mars 2016, art. 20-IV-1º)* « résident de longue durée-UE » en cours de validité accordé par un autre État membre qui fait l'objet d'une mesure d'éloignement du territoire français. Un décret en Conseil d'État détermine les conditions d'application du présent alinéa. »

(L. nº 2011-672 du 16 juin 2011, art. 20 et 111, en vigueur le 30 sept. 2011) « Il en est également de même de l'étranger détenteur d'une carte de séjour *(Abrogé par L. nº 2016-274 du 7 mars 2016, art. 20-IV-2º et 67-II, à compter du 1er nov. 2016) « temporaire »* portant la mention "carte bleue européenne" en cours de validité accordée par un autre État membre de l'Union européenne lorsque lui est refusée la délivrance de la carte de séjour *(Abrogé par L. nº 2016-274 du 7 mars 2016, art. 20-IV-2º et 67-II, à compter du 1er nov. 2016) « temporaire »* prévue au *(L. nº 2016-274 du 7 mars 2016, art. 20-IV-2º et 67-II, en vigueur le 1er nov. 2016)* « 2° de l'article **L. 313-20** » ou bien lorsque la carte de séjour *(Abrogé par L. nº 2016-274 du 7 mars 2016, art. 20-IV-2º et 67-II, à compter du 1er nov. 2016) « temporaire »* portant la mention "carte bleue européenne" dont il bénéficie expire ou lui est retirée durant l'examen de sa demande, ainsi que des membres de sa famille. Un décret en Conseil d'État détermine les conditions d'application du présent alinéa. »

(L. nº 2016-274 du 7 mars 2016, art. 31 et 67-II, en vigueur le 1er nov. 2016) « Il en est de même de l'étranger et des membres de sa famille, admis à séjourner sur le territoire d'un État membre de l'Union européenne et bénéficiant d'un transfert temporaire intragroupe conformément à la directive 2014/66/UE du Parlement européen et du Conseil du 15 mai 2014 établissant les conditions d'entrée et de séjour des ressortissants de pays tiers dans le cadre d'un transfert temporaire intragroupe, lorsque :

« 1° Le titre de séjour a expiré ou a été retiré par l'État membre qui l'a délivré, au cours de la période de mobilité ;

« 2° L'autorité administrative compétente n'a pas reçu la notification de l'intention de cet étranger de travailler dans l'un des établissements de son groupe d'entreprises d'origine implanté sur le territoire français ;

« 3° L'autorité administrative compétente a fait objection à la mobilité d'une durée inférieure ou égale à quatre-vingt-dix jours de cet étranger ;

« 4° L'autorité administrative compétente a rejeté une demande de mobilité d'une durée supérieure à quatre-vingt-dix jours de cet étranger ;

« 5° Les conditions de délivrance du titre de séjour n'ont pas été respectées ;

« 6° Les conditions auxquelles la mobilité de cet étranger entre deux États membres de l'Union européenne a été autorisée ne sont plus réunies. »

(L. n° 2018-778 du 10 sept. 2018, art. 41, en vigueur le 1er mars 2019) « Il en est de même de l'étranger étudiant et de l'étranger chercheur ainsi que des membres de la famille de ce dernier, admis au séjour sur le territoire d'un État membre de l'Union européenne et bénéficiant d'une mobilité en France conformément à la directive (UE) 2016/801 du Parlement européen et du Conseil du 11 mai 2016 relative aux conditions d'entrée et de séjour des ressortissants de pays tiers à des fins de recherche, d'études, de formation, de volontariat et de programmes d'échange d'élèves ou de projets éducatifs et de travail au pair, lorsque :

« *a)* Le titre de séjour a expiré ou a été retiré par l'État membre qui l'a délivré, au cours de la période de mobilité ;

« *b)* L'étranger ne remplit pas ou plus les conditions de la mobilité ;

« *c)* L'autorité administrative compétente n'a pas reçu la notification de l'intention de cet étranger d'effectuer une mobilité sur le territoire français ;

« *d)* L'autorité administrative compétente a fait objection à la mobilité de cet étranger. »

Art. L. 531-2-1 *(L. n° 2016-274 du 7 mars 2016, art. 34-II et 67-II, en vigueur le 1er nov. 2016)* Pour l'exécution des mesures prévues aux articles L. 531-1 et L. 531-2, les articles L. 513-5 et L. 561-1 sont applicables.

Art. L. 531-3 Lorsqu'un étranger non ressortissant d'un État membre de l'Union européenne a fait l'objet d'un signalement aux fins de non-admission en vertu d'une décision exécutoire prise par l'un des autres États parties à la convention signée à Schengen le 19 juin 1990 et qu'il se trouve irrégulièrement sur le territoire métropolitain, l'autorité administrative *[le représentant de l'État dans le département et, à Paris, le préfet de police]* peut décider qu'il sera d'office reconduit à la frontière.

Il en est de même lorsqu'un étranger non ressortissant d'un État membre de l'Union européenne, qui se trouve en France, a fait l'objet d'une décision d'éloignement exécutoire prise par l'un des autres États membres de l'Union européenne.

Un décret en Conseil d'État fixe les conditions d'application du précédent alinéa.

Pour l'exécution des mesures prévues au présent article, les dispositions de l'article L. 513-2, du premier alinéa de l'article L. 513-3 et *(L. n° 2016-274 du 7 mars 2016, art. 34-II et 67-II, en vigueur le 1er nov. 2016)* « des articles L. 513-5 et L. 561-1 » sont applicables. — *[Ord. n° 45-2658 du 2 nov. 1945, art. 26 bis, al. 2 et 3.]*

Art. L. 531-4 *(L. n° 2006-911 du 24 juill. 2006, art. 70)* Est placée sous l'autorité du ministre de l'intérieur l'escorte de l'étranger non ressortissant d'un État membre de l'Union européenne ou d'un État partie à la convention signée à Schengen le 19 juin 1990 qui transite par un aéroport métropolitain en vue de son acheminement vers le pays de destination en exécution d'une mesure d'éloignement prise par un des États précités, à l'exception du Danemark, de l'Irlande et du Royaume-Uni.

Dans ce cadre, les prérogatives des membres de l'escorte sont limitées à la légitime défense et, dans le but de porter assistance aux autorités françaises, à un usage raisonnable et proportionné de la force. Ils ne disposent en aucun cas du pouvoir d'interpellation.

CHAPITRE II *Dispositions propres à la Guyane*

Art. L. 532-1 En Guyane, lorsque l'équipage d'un navire se livrant à des activités de pêche illicite est contraint par l'autorité administrative de se rendre à terre, ses membres peuvent être éloignés d'office, avec leur accord et aux frais de l'État, à destination *(L. n° 2006-911 du 24 juill. 2006, art. 99)* « du Venezuela, » du Brésil, du Surinam ou du Guyana selon qu'ils ont la nationalité de l'un de ces États. L'autorité administrative prend toutes mesures à cette fin dans un délai qui ne peut excéder quarante-huit heures. — *[Ord. n° 45-2658 du 2 nov. 1945, art. 40-III.]*

CHAPITRE III *[ABROGÉ]* *Autres cas de reconduite*

(Abrogé par L. n° 2016-274 du 7 mars 2016, art. 27-IV et 67-II, à compter du 1er nov. 2016)

(L. n° 2011-672 du 16 juin 2011, art. 65-2° et 111, en vigueur le 18 juill. 2011)

Art. L. 533-1 *Abrogé par L. n° 2016-274 du 7 mars 2016, art. 27-IV et 67-II, à compter du 1er nov. 2016.*

TITRE IV La peine d'interdiction du territoire français

V. C. pén.

Art. L. 541-1 La peine d'interdiction du territoire français susceptible d'être prononcée contre un étranger coupable d'un crime ou d'un délit est régie par les dispositions des articles 131-30, 131-30-1 et 131-30-2 du code pénal ci-après reproduites :

Art. 131-30 Lorsqu'elle est prévue par la loi, la peine d'interdiction du territoire français peut être prononcée, à titre définitif ou pour une durée de dix ans au plus, à l'encontre de tout étranger coupable d'un crime ou d'un délit.

L'interdiction du territoire entraîne de plein droit la reconduite du condamné à la frontière, le cas échéant, à l'expiration de sa peine d'emprisonnement ou de réclusion.

Lorsque l'interdiction du territoire accompagne une peine privative de liberté sans sursis, son application est suspendue pendant le délai d'exécution de la peine. Elle reprend, pour la durée fixée par la décision de condamnation, à compter du jour où la privation de liberté a pris fin.

L'interdiction du territoire français prononcée en même temps qu'une peine d'emprisonnement ne fait pas obstacle à ce que cette peine fasse l'objet, aux fins de préparation d'une demande en relèvement, de mesures de semi-liberté, de placement à l'extérieur, de placement sous surveillance électronique ou de permissions de sortir. — *A compter du 24 mars 2020, la référence au « placement sous surveillance électronique » sera remplacée par une référence à la « détention à domicile sous surveillance électronique » (L. n° 2019-222 du 23 mars 2019, art. 74-X et XI).*

Art. 131-30-1 En matière correctionnelle, le tribunal ne peut prononcer l'interdiction du territoire français que par une décision spécialement motivée au regard de la gravité de l'infraction et de la situation personnelle et familiale de l'étranger lorsqu'est *[lorsque est]* en cause :

1° Un étranger, ne vivant pas en état de polygamie, qui est père ou mère d'un enfant français mineur résidant en France, à condition qu'il établisse contribuer effectivement à l'entretien et à l'éducation de l'enfant dans les conditions prévues par l'article 371-2 du code civil depuis la naissance de celui-ci ou depuis au moins un an ;

2° Un étranger marié depuis au moins *(L. n° 2006-911 du 24 juill. 2006, art. 75-I)* « trois » ans avec un conjoint de nationalité française, à condition que ce mariage soit antérieur aux faits ayant entraîné sa condamnation, que la communauté de vie n'ait pas cessé *(L. n° 2006-911 du 24 juill. 2006, art. 75-I)* « depuis le mariage » et que le conjoint ait conservé la nationalité française ;

3° Un étranger qui justifie par tous moyens qu'il réside habituellement en France depuis plus de quinze ans, sauf s'il a été, pendant toute cette période, titulaire d'une carte de séjour temporaire *(L. n° 2016-274 du 7 mars 2016, art. 57-IV, en vigueur le 1er nov. 2016)* « ou pluriannuelle » portant la mention "étudiant" ;

4° Un étranger qui réside régulièrement en France depuis plus de dix ans, sauf s'il a été, pendant toute cette période, titulaire d'une carte de séjour temporaire *(L. n° 2016-274 du 7 mars 2016, art. 57-IV, en vigueur le 1er nov. 2016)* « ou pluriannuelle » portant la mention "étudiant" ;

5° Un étranger titulaire d'une rente d'accident du travail ou de maladie professionnelle servie par un organisme français et dont le taux d'incapacité permanente est égal ou supérieur à 20 %.

Art. 131-30-2 La peine d'interdiction du territoire français ne peut être prononcée lorsqu'est *[lorsque est]* en cause :

1° Un étranger qui justifie par tous moyens résider en France habituellement depuis qu'il a atteint au plus l'âge de treize ans ;

2° Un étranger qui réside régulièrement en France depuis plus de vingt ans ;

3° Un étranger qui réside régulièrement en France depuis plus de dix ans et qui, ne vivant pas en état de polygamie, est marié depuis au moins *(L. n° 2006-911 du 24 juill. 2006, art. 75-II)* « quatre » ans avec un ressortissant français ayant conservé la nationalité française, à condition que ce mariage soit antérieur aux faits ayant entraîné sa condamnation et que la communauté de vie n'ait pas cessé *(L. n° 2006-911 du 24 juill. 2006, art. 75-II)* « depuis le mariage » ou, sous les mêmes conditions, avec un ressortissant étranger relevant du 1° ;

4° Un étranger qui réside régulièrement en France depuis plus de dix ans et qui, ne vivant pas en état de polygamie, est père ou mère d'un enfant français mineur résidant en France, à condition qu'il établisse contribuer effectivement à l'entretien et à l'éducation de l'enfant dans les conditions prévues par l'article 371-2 du code civil depuis la naissance de celui-ci ou depuis au moins un an ;

5° Un étranger qui réside en France sous couvert du titre de séjour prévu par le 11° de l'article *(L. n° 2018-778 du 10 sept. 2018, art. 37)* « L. 313-11 du code de l'entrée et du séjour des étrangers et du droit d'asile ».

Les dispositions prévues au 3° et au 4° ne sont toutefois pas applicables lorsque les faits à l'origine de la condamnation ont été commis à l'encontre du conjoint ou des enfants de l'étranger *(L. n° 2006-911 du 24 juill. 2006, art. 75-II)* « ou de tout enfant sur lequel il exerce l'autorité parentale ».

Les dispositions du présent article ne sont pas applicables aux atteintes aux intérêts fondamentaux de la nation prévus par les chapitres Ier, II et IV du titre Ier du livre IV *[V. **C. pén.**]* et par les articles 413-1 à 413-4, 413-10 et 413-11 *[V. **C. pén.**]*, ni aux actes de terrorisme prévus par le titre II du livre IV *[V. **C. pén.**]*, ni aux infractions en matière de groupes de combat et de mouvements dissous prévues par les articles 431-14 à 431-17 *[V. **C. pén.**]*, ni aux infractions en matière de fausse monnaie prévues aux articles 442-1 à 442-4 *[V. **C. pén.**]*. — *[Ord. n° 45-2658 du 2 nov. 1945, art. 40-III]*.

Art. L. 541-2 Il ne peut être fait droit à une demande de relèvement d'une interdiction du territoire que si le ressortissant étranger réside hors de France.

Toutefois, cette disposition ne s'applique pas :

1° Pendant le temps où le ressortissant étranger subit en France une peine d'emprisonnement ferme ;

2° Lorsque l'étranger fait l'objet d'un arrêté d'assignation à résidence pris en application des articles *(L. n° 2011-672 du 16 juin 2011, art. 70-II et 111, en vigueur le 18 juill. 2011)* « L. 523-3, L. 523-4, L. 523-5 ou L. 561-1 ». — *[Ord. n° 45-2658 du 2 nov. 1945, art. 28 quater.]*

Art. L. 541-3 Les dispositions *(L. n° 2016-274 du 7 mars 2016, art. 34-II et 67-II, en vigueur le 1er nov. 2016)* « du dernier alinéa de l'article L. 214-4, » de l'article L. 513-2, du premier alinéa de l'article L. 513-3 et *(L. n° 2016-274 du 7 mars 2016, art. 34-II et 67-II, en vigueur le 1er nov. 2016)* « des articles L. 513-5 et L. 561-1 » sont applicables à la reconduite à la frontière des étrangers faisant l'objet d'une interdiction du territoire, prévue au deuxième alinéa de l'article 131-30 du code pénal.

(L. n° 2018-778 du 10 sept. 2018, art. 31, en vigueur au plus tard le 1er janv. 2019) « Lorsqu'ils ne sont plus assignés à résidence en application de l'article L. 561-1 du présent code, les étrangers faisant l'objet d'une interdiction judiciaire du territoire peuvent être astreints à déclarer l'adresse des locaux où ils résident à l'autorité administrative, aux services de police ou aux unités de gendarmerie et à se présenter, sur convocation, à ces mêmes services en vue des démarches nécessaires aux fins d'exécution de l'interdiction du territoire. Ils doivent également se présenter, lorsque l'autorité administrative le leur demande, aux autorités consulaires, en vue de la délivrance d'un document de voyage. »

Art. L. 541-4 Sauf en cas de menace pour l'ordre public, dûment motivée, les étrangers qui résident hors de France et qui ont été relevés de leurs peines d'interdiction du territoire français ou encore dont les peines d'interdiction du territoire français ont été entièrement exécutées ou ont acquis un caractère non avenu bénéficient d'un visa pour rentrer en France, lorsque, à la date du prononcé de la peine, ils relevaient, sous les réserves mentionnées par cet article, des catégories mentionnées aux 1° à 4° de l'article 131-30-2 du code pénal, et qu'ils entrent dans le champ d'application des 4° ou 6° de l'article L. 313-11 ou dans celui du livre IV du présent code.

Lorsqu'ils ont été condamnés en France pour violences ou menaces à l'encontre d'un ascendant, d'un conjoint ou d'un enfant, le droit au visa est subordonné à l'accord des ascendants, du conjoint et des enfants vivant en France.

Les dispositions du présent article ne sont applicables qu'aux étrangers ayant fait l'objet d'une interdiction du territoire français devenue définitive avant l'entrée en vigueur de la loi n° 2003-1119 du 26 novembre 2003 relative à la maîtrise de l'immigration, au séjour des étrangers en France et à la nationalité. — *[L. n° 2003-1119 du 26 nov. 2003, art. 87.]*

TITRE V **Rétention d'un étranger dans des locaux ne relevant pas de l'administration pénitentiaire**

Concernant la rétention administrative, V. Décr. n° 2005-617 du 30 mai 2005, ci-dessous.

V. Décr. n° 2012-90 du 25 janv. 2012 relatif à la rétention administrative de longue durée de certains étrangers (JO 27 janv., p. 1522) modifiant les art. R. 552-11, R. 553-1 et R. 553-4-1.

CHAPITRE PREMIER ***Placement en rétention***

Art. L. 551-1 *(L. n° 2018-187 du 20 mars 2018, art. 1er)* « I. — » *(L. n° 2016-274 du 7 mars 2016, art. 35 et 67-II, en vigueur le 1er nov. 2016)* Dans les cas prévus aux 1° à 7° du I de l'article L. 561-2, l'étranger qui ne présente pas de garanties de représentation effectives propres à prévenir le risque mentionné au 3° du II de l'article L. 511-1 peut être placé en rétention par l'autorité administrative dans des locaux ne relevant pas de l'administration pénitentiaire, pour une durée de quarante-huit heures *(L. n° 2018-778 du 10 sept. 2018,* *art. 29, en vigueur le 1er janv. 2019)* « , en prenant en compte son état de vulnérabilité et tout handicap ».

(L. n° 2018-187 du 20 mars 2018, art. 1er) « II. –Toutefois, dans le cas prévu au 1° *bis* du I de l'article L. 561-2, l'étranger ne peut être placé en rétention que pour prévenir un risque non négligeable de fuite *(Abrogé par L. n° 2018-778 du 10 sept. 2018, art. 29, à compter du 1er janv. 2019)* « *, sur la base d'une évaluation individuelle prenant en compte l'état de vulnérabilité de l'intéressé* », et uniquement dans la mesure où le placement en rétention est proportionné et si les dispositions du même article L. 561-2 ne peuvent être effectivement appliquées. Le risque non négligeable de fuite peut, sauf circonstance particulière, être regardé comme établi dans les cas suivants :

« 1° Si l'étranger s'est précédemment soustrait, dans un autre État membre, à la détermination de l'État responsable de l'examen de sa demande d'asile ou à l'exécution d'une décision de transfert ;

« 2° Si l'étranger a été débouté de sa demande d'asile dans l'État membre responsable ;

« 3° Si l'étranger est de nouveau présent sur le territoire français après l'exécution effective d'une mesure de transfert ;

« 4° Si l'étranger s'est soustrait à l'exécution d'une précédente mesure d'éloignement ;

« *(Abrogé par L. n° 2018-778 du 10 sept. 2018, art. 29, à compter du 1er janv. 2019)* « *5° Si l'étranger refuse de se soumettre au relevé de ses empreintes digitales ou s'il altère volontairement ces dernières pour empêcher leur enregistrement ;* »

« 6° Si l'étranger, aux fins de se maintenir sur le territoire français, a contrefait, falsifié ou établi sous un autre nom que le sien un titre de séjour ou un document d'identité ou de voyage ;

« 7° Si l'étranger a dissimulé des éléments de son identité *(Abrogé par L. n° 2018-778 du 10 sept. 2018, art. 29, à compter du 1er janv. 2019)* « *, de son parcours migratoire, de sa situation familiale ou de ses demandes antérieures d'asile* », la circonstance tirée de ce qu'il ne peut justifier de la possession de documents d'identité ou de voyage en cours de validité ne pouvant toutefois suffire, à elle seule, à établir une telle dissimulation ;

« 8° Si l'étranger qui ne bénéficie pas des conditions matérielles d'accueil prévues au chapitre IV du titre IV du livre VII ne peut justifier du lieu de sa résidence effective ou permanente ;

« 9° Si l'étranger qui a refusé le lieu d'hébergement proposé en application de l'article L. 744-7 ne peut justifier du lieu de sa résidence effective ou permanente ou si l'étranger qui a accepté le lieu d'hébergement proposé a abandonné ce dernier sans motif légitime ;

« 10° Si l'étranger ne se présente pas aux convocations de l'autorité administrative, ne répond pas aux demandes d'information et ne se rend pas aux entretiens prévus dans le cadre de la procédure de détermination de l'État responsable de l'examen de sa demande d'asile ou de l'exécution de la décision de transfert sans motif légitime ;

« 11° Si l'étranger s'est précédemment soustrait aux obligations prévues aux articles L. 513-4, L. 552-4, L. 561-1, L. 561-2 et L. 742-2 ;

« 12° Si l'étranger a explicitement déclaré son intention de ne pas se conformer à la procédure de détermination de l'État responsable de l'examen de sa demande d'asile ou à la procédure de transfert. »

(L. n° 2018-187 du 20 mars 2018, art. 1er) « III. – En toute hypothèse, » la décision de placement en rétention ne peut être prise avant l'expiration d'un délai de sept jours à compter du terme d'un précédent placement prononcé en vue de l'exécution de la même mesure d'éloignement. Toutefois, si le précédent placement en rétention a pris fin après que l'étranger s'était soustrait aux mesures de surveillance dont il faisait l'objet, l'autorité administrative peut décider d'un nouveau placement en rétention avant l'expiration de ce délai.

(L. n° 2018-778 du 10 sept. 2018, art. 28) « III *bis*. – L'étranger mineur de dix-huit ans ne peut faire l'objet d'une décision de placement en rétention. Il ne peut être retenu que s'il accompagne un étranger placé en rétention dans les conditions prévues au présent III *bis*. »

(L. n° 2018-187 du 20 mars 2018, art. 1er) « Les I et II du présent article ne sont pas applicables à l'étranger » accompagné d'un mineur, sauf :

1° S'il n'a pas respecté l'une des prescriptions d'une précédente mesure d'assignation à résidence ;

2° Si, à l'occasion de la mise en œuvre de la mesure d'éloignement, il a pris la fuite ou opposé un refus ;

3° Si, en considération de l'intérêt du mineur, le placement en rétention de l'étranger dans les quarante-huit heures précédant le départ programmé préserve l'intéressé et le mineur qui l'accompagne des contraintes liées aux nécessités de transfert.

Dans les cas énumérés aux 1° à 3° *(L. n° 2018-187 du 20 mars 2018, art. 1er)* « du présent *(L. n° 2018-778 du 10 sept. 2018, art. 28)* « III *bis* » », la durée du placement en rétention

est la plus brève possible, eu égard au temps strictement nécessaire à l'organisation du départ. Dans tous les cas, le placement en rétention d'un étranger accompagné d'un mineur n'est possible que dans un lieu de rétention administrative bénéficiant de chambres isolées et adaptées, spécifiquement destinées à l'accueil des familles.

L'intérêt supérieur de l'enfant doit être une considération primordiale pour l'application du présent article.

(L. n° 2018-778 du 10 sept. 2018, art. 29, en vigueur le 1er janv. 2019) **« IV. — Le handicap moteur, cognitif ou psychique et les besoins d'accompagnement de l'étranger sont pris en compte pour déterminer les conditions de son placement en rétention. »**

Art. L. 551-2 **La décision de placement est prise par l'autorité administrative** *[le préfet ou, à Paris, par le préfet de police]*, **après l'interpellation de l'étranger** *(L. n° 2012-1560 du 31 déc. 2012, art. 4)* **« ou », le cas échéant,** *(L. n° 2012-1560 du 31 déc. 2012, art. 4)* **« lors de sa retenue aux fins de vérification de son droit de circulation ou de séjour, » à l'expiration de sa garde à vue, ou à l'issue de sa période d'incarcération en cas de détention. Elle est écrite et motivée.** *(L. n° 2011-672 du 16 juin 2011, art. 45-1°)* **« Elle prend effet à compter de sa notification à l'intéressé. » Le procureur de la République en est informé immédiatement.**

L'étranger est informé dans une langue qu'il comprend et dans les meilleurs délais *(L. n° 2018-778 du 10 sept. 2018, art. 29)* **« du fait qu'il bénéficie, dans le lieu de rétention, du droit de demander l'assistance d'un interprète, d'un conseil et d'un médecin ainsi que de communiquer avec son consulat et avec toute personne de son choix ».** *(Abrogé par L. n° 2018-778 du 10 sept. 2018, art. 29-2°-b)* ***« Il est également informé qu'il peut communiquer avec son consulat et avec une personne de son choix. »*** **Un décret en Conseil d'État précise, en tant que de besoin, les modalités selon lesquelles s'exerce l'assistance de ces intervenants.** — *V. art. R. 551-1 s.*

(L. n° 2011-672 du 16 juin 2011, art. 45-3°) **« Les meilleurs délais, au sens du deuxième alinéa, s'entendent compte tenu du temps requis pour informer chaque étranger de ses droits lorsqu'un nombre important d'étrangers doivent être simultanément placés en rétention. »**

Lorsque l'étranger ne parle pas le français, il est fait application des dispositions de l'article L. 111-7. — *[Ord. n° 45-2658 du 2 nov. 1945, art. 35 bis-I, al. 7 et 8.]*

Art. L. 551-3 **A son arrivée au centre de rétention, l'étranger reçoit notification des droits qu'il est susceptible d'exercer en matière de demande d'asile.** *(L. n° 2015-925 du 29 juill. 2015, art. 14-1°)* **« A cette fin, il peut bénéficier d'une assistance juridique et linguistique. » Il lui est notamment indiqué que sa demande d'asile ne sera plus recevable pendant la période de rétention si elle est formulée plus de cinq jours après cette notification.** *(L. n° 2015-925 du 29 juill. 2015, art. 14-2°)* **« Cette irrecevabilité n'est pas opposable à l'étranger qui invoque, au soutien de sa demande, des faits survenus après l'expiration de ce délai. »** *(L. n° 2016-274 du 7 mars 2016, art. 57-I-8° et 67-II, en vigueur le 1er nov. 2016)* **« Lorsque le demandeur provient d'un pays considéré comme un pays d'origine sûr en application de l'article L. 722-1, l'autorité administrative peut opposer l'irrecevabilité de la demande d'asile présentée au-delà des cinq premiers jours de rétention dans le seul but de faire échec à l'exécution effective et imminente de la mesure d'éloignement. »** — *[Ord. n° 45-2658 du 2 nov. 1945, art. 35 bis.]*

CHAPITRE II *Prolongation de la rétention par le juge des libertés et de la détention*

V. art. R. 552-1 s.

SECTION I *Première saisine du juge des libertés et de la détention aux fins de prolongation de la rétention* *(L. n° 2016-274 du 7 mars 2016, art. 36 et 67-II, en vigueur le 1er nov. 2016).*

Les dispositions introduites par l'art. 36 de la L. n° 2016-274 du 7 mars 2016 s'appliquent aux demandes pour lesquelles aucune décision n'est intervenue à sa date d'entrée en vigueur (L. préc., art. 67-II, III et VI).

Art. L. 552-1 *(L. n° 2018-778 du 10 sept. 2018, art. 29, en vigueur le 1er janv. 2019)* **« Le juge des libertés et de la détention est saisi dans les quarante-huit heures suivant la notification du placement en rétention aux fins de prolongation de la rétention au-delà de cette durée. Il statue dans les quarante-huit heures suivant sa saisine par ordonnance au siège du tribunal judiciaire dans le ressort duquel se situe le lieu de placement en rétention de l'étranger, sauf exception prévue par voie réglementaire, après audition du représentant de**

l'administration, si celui-ci, dûment convoqué, est présent, et de l'intéressé ou de son conseil, s'il en a un. » *(L. n° 2007-1631 du 20 nov. 2007, art. 48)* « L'étranger peut demander au juge des libertés et de la détention qu'il lui soit désigné un conseil d'office. » *(Abrogé par L. n° 2016-274 du 7 mars 2016, art. 36 et 67-II, à compter du 1er nov. 2016)* « *Toutefois,* » Si une salle d'audience attribuée au ministère de la justice lui permettant de statuer publiquement a été spécialement aménagée à proximité immédiate de ce lieu de rétention, *(L. n° 2016-274 du 7 mars 2016, art. 36 et 67-II, en vigueur le 1er nov. 2016)* « le juge » statue dans cette salle.

(L. n° 2018-778 du 10 sept. 2018, art. 29, en vigueur le 1er janv. 2019) « Il informe sans délai et par tous moyens du sens de sa décision le tribunal administratif saisi, le cas échéant, par l'étranger d'un recours dirigé contre la mesure d'éloignement qui le vise. » – *[Ord. n° 45-2658 du 2 nov. 1945, art. 35 bis-I, al. 9.]*

Art. L. 552-2 *(L. n° 2011-672 du 16 juin 2011, art. 52)* Le juge rappelle à l'étranger les droits qui lui sont reconnus et s'assure, d'après les mentions figurant au registre prévu à l'article L. 553-1 émargé par l'intéressé, que celui-ci a été, dans les meilleurs délais suivant la notification de la décision de placement en rétention, pleinement informé de ses droits et placé en état de les faire valoir à compter de son arrivée au lieu de rétention. Le juge tient compte des circonstances particulières liées notamment au placement en rétention simultané d'un nombre important d'étrangers pour l'appréciation des délais relatifs à la notification de la décision, à l'information des droits et à leur prise d'effet. Il informe l'étranger des possibilités et des délais de recours contre toutes les décisions le concernant. L'intéressé est maintenu à disposition de la justice, dans des conditions fixées par le procureur de la République, pendant le temps strictement nécessaire à la tenue de l'audience et au prononcé de l'ordonnance. – *[Ord. n° 45-2658 du 2 nov. 1945, art. 35 bis-I, al. 9.]*

Art. L. 552-3 L'ordonnance de prolongation de la rétention court à compter de l'expiration du délai de *(L. n° 2016-274 du 7 mars 2016, art. 36 et 67-II, en vigueur le 1er nov. 2016 ; L. n° 2018-187 du 20 mars 2018, art. 1er)* « quarante-huit heures fixé au I de l'article L. 551-1 ». – *[Ord. n° 45-2658 du 2 nov. 1945, art. 35 bis-I, al. 10.]*

Art. L. 552-4 *(Abrogé par L. n° 2016-274 du 7 mars 2016, art. 37 et 67-II, à compter le 1er nov. 2016)* « *A titre exceptionnel,* » Le juge peut ordonner l'assignation à résidence de l'étranger lorsque celui-ci dispose de garanties de représentation effectives, après remise à un service de police ou à une unité de gendarmerie de l'original du passeport et de tout document justificatif de son identité, en échange d'un récépissé valant justification de l'identité et sur lequel est portée la mention de la mesure d'éloignement en instance d'exécution. L'assignation à résidence concernant un étranger qui s'est préalablement soustrait à l'exécution *(L. n° 2011-672 du 16 juin 2011, art. 46 et 111, en vigueur le 18 juill. 2011)* « d'une obligation de quitter le territoire français *(Abrogé par L. n° 2018-778 du 10 sept. 2018, art. 29, à compter du 1er janv. 2019)* « *en vigueur* », » d'une interdiction de retour sur le territoire français *(Abrogé par L. n° 2018-778 du 10 sept. 2018, art. 29, à compter du 1er janv. 2019)* « *en vigueur* », *(L. n° 2016-274 du 7 mars 2016, art. 28-III et 67-II, en vigueur le 1er nov. 2016)* « d'une interdiction de circulation sur le territoire français *(Abrogé par L. n° 2018-778 du 10 sept. 2018, art. 29, à compter du 1er janv. 2019)* « *en vigueur* », » *(L. n° 2014-1353 du 13 nov. 2014, art. 2)* « d'une interdiction administrative du territoire *(Abrogé par L. n° 2018-778 du 10 sept. 2018, art. 29, à compter du 1er janv. 2019)* « *en vigueur* », » d'une mesure de reconduite à la frontière *(Abrogé par L. n° 2018-778 du 10 sept. 2018, art. 29, à compter du 1er janv. 2019)* « *en vigueur* », d'une interdiction du territoire *(Abrogé par L. n° 2018-778 du 10 sept. 2018, art. 29, à compter du 1er janv. 2019)* « *dont il n'a pas été relevé,* » ou d'une mesure d'expulsion *(Abrogé par L. n° 2018-778 du 10 sept. 2018, art. 29, à compter du 1er janv. 2019)* « *en vigueur* » doit faire l'objet d'une motivation spéciale. – *[Ord. n° 45-2658 du 2 nov. 1945, art. 35 bis-I, al. 11.]*

Art. L. 552-4-1 *Abrogé par L. n° 2016-274 du 7 mars 2016, art. 40-II et 67-II, à compter du 1er nov. 2016.*

Art. L. 552-5 *(L. n° 2006-911 du 24 juill. 2006, art. 72)* « L'étranger est astreint à résider dans les lieux qui lui sont fixés par le juge. A la demande du juge, l'étranger justifie que le *(L. n° 2018-778 du 10 sept. 2018, art. 29, en vigueur le 1er janv. 2019)* « local affecté à son ***habitation principale*** *[ancienne rédaction : lieu]* » proposé pour l'assignation satisfait aux exigences de garanties de représentation effectives. L'étranger se présente quotidiennement aux services de police ou aux unités de gendarmerie territorialement compétents au regard du lieu d'assignation, en vue de l'exécution de la mesure d'éloignement. » *(L. n° 2016-274 du 7 mars 2016, art. 50)* « Le non-respect des prescriptions liées à l'assignation à résidence est sanctionné dans les conditions prévues au premier alinéa de l'article L. 624-4. » Le procureur de la République est saisi dans les meilleurs délais. — *[Ord. nº 45-2658 du 2 nov. 1945, art. 35 bis-I, al. 12.]*

Art. L. 552-6 Lorsqu'une ordonnance met fin à la rétention ou assigne l'étranger à résidence, elle est immédiatement notifiée au procureur de la République. A moins que ce dernier n'en dispose autrement, l'étranger est alors maintenu à la disposition de la justice pendant un délai de *(L. nº 2018-778 du 10 sept. 2018, art. 29, en vigueur le 1er janv. 2019)* « dix *[ancienne rédaction : six]* » heures à compter de la notification de l'ordonnance au procureur de la République. *(L. nº 2018-778 du 10 sept. 2018, art. 29, en vigueur le 1er janv. 2019)* « Durant cette période, l'étranger peut, s'il le souhaite, contacter son avocat et un tiers, rencontrer un médecin et s'alimenter. » — *[Ord. nº 45-2658 du 2 nov. 1945, art. 35 bis-I, al. 13.]*

SECTION II ***Nouvelle saisine du juge des libertés et de la détention aux fins de prolongation de la rétention*** *(L. nº 2016-274 du 7 mars 2016, art. 36 et 67-II, en vigueur le 1er nov. 2016).*

Les dispositions sur la prolongation de la rétention introduites par l'art. 36 de la L. nº 2016-274 du 7 mars 2016 entrent en vigueur à compter d'une date fixée par décret en Conseil d'État, et au plus tard le 1er nov. 2016. Elles s'appliquent aux décisions prises à compter du 1er nov. 2016. La loi préc. s'applique aux demandes pour lesquelles aucune décision n'est intervenue à sa date d'entrée en vigueur (L. préc., art. 67-II, III et VI).

Art. L. 552-7 *(L. nº 2011-672 du 16 juin 2011, art. 56 et 111, en vigueur le 18 juill. 2011)* Quand un délai de *(L. nº 2016-274 du 7 mars 2016, art. 36 et 67-II, en vigueur le 1er nov. 2016 ; L. nº 2018-187 du 20 mars 2018, art. 1er)* « vingt-huit jours s'est écoulé depuis l'expiration du délai de quarante-huit heures mentionné au I de l'article L. 551-1 » et en cas d'urgence absolue ou de menace d'une particulière gravité pour l'ordre public, ou lorsque l'impossibilité d'exécuter la mesure d'éloignement résulte de la perte ou de la destruction des documents de voyage de l'intéressé, de la dissimulation par celui-ci de son identité ou de l'obstruction volontaire faite à son éloignement, le juge des libertés et de la détention est à nouveau saisi.

(L. nº 2018-778 du 10 sept. 2018, art. 29, en vigueur le 1er janv. 2019) « Le juge peut également être saisi lorsque la mesure d'éloignement n'a pu être exécutée en raison du défaut de délivrance des documents de voyage par le consulat dont relève l'intéressé ou de l'absence de moyens de transport. Il peut également être saisi aux mêmes fins lorsque la délivrance des documents de voyage est intervenue trop tardivement pour procéder à l'exécution de la mesure d'éloignement.

« Le juge statue par ordonnance dans les conditions prévues aux articles L. 552-1 et L. 552-2. S'il ordonne la prolongation de la rétention, celle-ci court à compter de l'expiration du délai de vingt-huit jours mentionné au premier alinéa du présent article et pour une nouvelle période d'une durée maximale de trente jours. »

Par dérogation aux dispositions de l'alinéa précédent, si l'étranger a été condamné à une peine d'interdiction du territoire pour des actes de terrorisme prévus par le titre II du livre IV du code pénal ou si une mesure d'expulsion a été prononcée à son encontre pour un comportement lié à des activités à caractère terroriste pénalement constatées, le juge des libertés et de la détention près le tribunal judiciaire de Paris peut, dès lors qu'il existe une perspective raisonnable d'exécution de la mesure d'éloignement et qu'aucune décision d'assignation à résidence ne permettrait un contrôle suffisant de cet étranger, ordonner la prolongation de la rétention pour une durée *(L. nº 2018-778 du 10 sept. 2018, art. 65, en vigueur le 1er mars 2019)* « de trente jours *[ancienne rédaction : d'un mois]* » qui peut être renouvelée. La durée maximale de la rétention ne doit *(L. nº 2018-778 du 10 sept. 2018, art. 65, en vigueur le 1er mars 2019)* « , dans ce cas, pas excéder cent quatre-vingts jours *[ancienne rédaction : pas excéder six mois]* ». — *[Dispositions déclarées non conformes à la Constitution par la Décis. du Cons. const. nº 2011-631 DC du 9 juin 2011.] — Pour la mise en œuvre du 4e al. du présent art., V. Arr. du 28 mars 2012, JO 4 avr.*

(L. nº 2018-778 du 10 sept. 2018, art. 29, en vigueur le 1er janv. 2019) « Avant l'expiration de la durée maximale de rétention prévue aux troisième ou quatrième alinéas, le juge compétent peut, à titre exceptionnel, être à nouveau saisi lorsque, dans les quinze derniers jours, l'étranger a fait obstruction à l'exécution d'office de la mesure d'éloignement ou présenté, dans le seul but de faire échec à la mesure d'éloignement, une demande de protection contre l'éloignement au titre du 10° de l'article L. 511-4 ou du 5° de l'article L. 521-3 ou une demande d'asile dans les conditions prévues aux articles L. 551-3 et L. 556-1 ou lorsque la mesure d'éloignement n'a pu être exécutée en raison du défaut de délivrance des documents de voyage par le consulat dont relève l'intéressé et qu'il est établi par l'autorité

administrative compétente que cette délivrance doit intervenir à bref délai. L'étranger est maintenu en rétention jusqu'à ce que le juge des libertés et de la détention ait statué. Le juge statue par ordonnance dans les conditions prévues au présent article. S'il ordonne la prolongation de la rétention, la prolongation court à compter de l'expiration de la dernière période de rétention pour une nouvelle période d'une durée maximale de quinze jours. Si l'une des circonstances mentionnées à la première phrase du présent alinéa survient au cours d'une période de prolongation ordonnée en application du présent alinéa, le juge peut être à nouveau saisi dans les mêmes conditions. Toutefois, la rétention ne peut être prolongée plus de deux fois en application du présent alinéa et sa durée maximale ne peut excéder quatre-vingt-dix jours ou, par dérogation, deux cent-dix jours dans le cas prévu au quatrième alinéa. »

L'article L. 552-6 est applicable.

Art. L. 552-8 *(L. n° 2011-672 du 16 juin 2011, art. 57 et 111, en vigueur le 18 juill. 2011)* A peine d'irrecevabilité, prononcée d'office, aucune irrégularité antérieure à l'audience relative à la première prolongation de la rétention ne peut être soulevée lors de l'audience relative à la seconde prolongation.

SECTION III *Voies de recours*

Art. L. 552-9 Les ordonnances mentionnées aux sections I et II du présent chapitre sont susceptibles d'appel devant le premier président de la cour d'appel ou son délégué, qui est saisi sans forme et doit statuer dans les quarante-huit heures de sa saisine ; l'appel peut être formé par l'intéressé, le ministère public et l'autorité administrative *[le représentant de l'État dans le département ou, à Paris, le préfet de police]*.

(L. n° 2016-274 du 7 mars 2016, art. 33-III et 67-II, en vigueur le 1er nov. 2016) « Le premier président de la cour d'appel ou son délégué peut, par ordonnance motivée et sans avoir préalablement convoqué les parties, rejeter les déclarations d'appel manifestement irrecevables. » — *[Ord. n° 45-2658 du 2 nov. 1945, art. 35 bis-IV.]*

Art. L. 552-10 L'appel n'est pas suspensif. Toutefois, le ministère public peut demander au premier président de la cour d'appel ou à son délégué de déclarer son recours suspensif lorsqu'il lui apparaît que l'intéressé ne dispose pas de garanties de représentation effectives ou en cas de menace grave pour l'ordre public. Dans ce cas, l'appel, accompagné de la demande qui se réfère à l'absence de garanties de représentation effectives ou à la menace grave pour l'ordre public, est formé dans un délai de *(L. n° 2018-778 du 10 sept. 2018, art. 29, en vigueur le 1er janv. 2019)* « dix *[ancienne rédaction : six]* » heures à compter de la notification de l'ordonnance au procureur de la République et transmis au premier président de la cour d'appel ou à son délégué. Celui-ci décide, sans délai, s'il y a lieu de donner à cet appel un effet suspensif, en fonction des garanties de représentation dont dispose l'étranger ou de la menace grave pour l'ordre public, par une ordonnance motivée rendue contradictoirement qui n'est pas susceptible de recours. L'intéressé est maintenu à la disposition de la justice jusqu'à ce que cette ordonnance soit rendue et, si elle donne un effet suspensif à l'appel du ministère public, jusqu'à ce qu'il soit statué sur le fond. *(L. n° 2018-778 du 10 sept. 2018, art. 32, en vigueur au plus tard le 1er janv. 2019)* « Durant cette période, l'étranger peut, s'il le souhaite, contacter son avocat et un tiers, rencontrer un médecin et s'alimenter. » — *[Ord. n° 45-2658 du 2 nov. 1945, art. 35 bis-IV.]*

SECTION IV *Dispositions communes*

Art. L. 552-11 L'intéressé peut bénéficier de l'aide juridictionnelle. — *[Ord. n° 45-2658 du 2 nov. 1945, art. 35 bis-VII, al. 1er.]*

RÉP. PR. CIV. v° *Aide juridique*, par Henri GERPHAGNON.

Art. L. 552-12 Par décision du juge *(L. n° 2007-1631 du 20 nov. 2007, art. 47)* « prise sur une proposition de l'autorité administrative *(Abrogé par L. n° 2018-778 du 10 sept. 2018, art. 29, à compter du 1er janv. 2019)* *« à laquelle l'étranger dûment informé dans une langue qu'il comprend ne s'est pas opposé »* », les audiences prévues au présent chapitre peuvent se dérouler avec l'utilisation de moyens de télécommunication audiovisuelle garantissant la confidentialité de la transmission. Il est alors dressé, dans chacune des deux salles d'audience ouvertes au public, un procès-verbal des opérations effectuées. — *[Ord. n° 45-2658 du 2 nov. 1945, art. 35 bis-VII, al. 2.]*

Art. L. 552-13 *(L. n° 2011-672 du 16 juin 2011, art. 53)* En cas de violation des formes prescrites par la loi à peine de nullité ou d'inobservation des formalités substantielles, toute juridiction, y compris la Cour de cassation, qui est saisie d'une demande d'annulation ou qui relève d'office une telle irrégularité ne peut prononcer la mainlevée de la mesure de placement en rétention que lorsque celle-ci a eu pour effet de porter atteinte aux droits de l'étranger.

CHAPITRE III *Conditions de la rétention*

Art. L. 553-1 Il est tenu, dans tous les lieux recevant des personnes placées ou maintenues au titre du présent titre, un registre mentionnant l'état civil de ces personnes ainsi que les conditions de leur placement ou de leur maintien. *(L. nº 2011-672 du 16 juin 2011, art. 66)* « Le registre mentionne également l'état civil des enfants mineurs accompagnant ces personnes ainsi que les conditions de leur accueil. » — *V. Arr. du 6 mars 2018, infra.*

L'autorité administrative *[le préfet ou, à Paris, le préfet de police]* tient à la disposition des personnes qui en font la demande les éléments d'information concernant les date et heure du début du placement de chaque étranger en rétention, le lieu exact de celle-ci ainsi que les date et heure des décisions de prolongation. — *[Ord. nº 45-2658 du 2 nov. 1945, art. 35 bis-VIII, al. 1er et 3.]*

Art. L. 553-2 En cas de nécessité et pendant toute la durée de la rétention, l'autorité administrative *[le préfet ou, à Paris, le préfet de police]* peut décider de déplacer l'étranger d'un lieu de rétention vers un autre lieu de rétention, sous réserve d'en informer les procureurs de la République compétents du lieu de départ et du lieu d'arrivée, ainsi que, après la première ordonnance de prolongation, les juges des libertés et de la détention compétents. — *[Ord. nº 45-2658 du 2 nov. 1945, art. 35 bis-VIII, al. 2.]*

Art. L. 553-3 Pendant toute la durée de la rétention, le procureur de la République ou le juge des libertés et de la détention peut se transporter sur les lieux, vérifier les conditions du maintien et se faire communiquer le registre prévu à l'article L. 553-1. Le procureur de la République visite les lieux de rétention chaque fois qu'il l'estime nécessaire et au moins une fois par an. — *[Ord. nº 45-2658 du 2 nov. 1945, art. 35 bis-VIII, al. 4.]*

(L. nº 2011-672 du 16 juin 2011, art. 67-I) « Un décret en Conseil d'État détermine les conditions d'exercice du droit d'accès *(L. nº 2015-925 du 29 juill. 2015, art. 15)* « du délégué du haut-commissariat des Nations unies pour les réfugiés ou de ses représentants ainsi que » des associations humanitaires aux lieux de rétention. »

Art. L. 553-4 Dans chaque lieu de rétention, un espace permettant aux avocats de s'entretenir confidentiellement avec les étrangers retenus est prévu. A cette fin, sauf en cas de force majeure, il est accessible en toutes circonstances sur demande de l'avocat. Un décret en Conseil d'État précise, en tant que de besoin, les modalités d'application du présent article. — *[Ord. nº 45-2658 du 2 nov. 1945, art. 35-I bis, al. 8.]*

Art. L. 553-5 Sauf en cas de menace à l'ordre public à l'intérieur ou à l'extérieur du lieu de rétention, ou si la personne ne paraît pas psychologiquement à même de recevoir ces informations, l'étranger est informé par le responsable du lieu de rétention de toutes les prévisions de déplacement le concernant : audiences, présentation au consulat, conditions du départ.

Dans chaque lieu de rétention, un document rédigé dans les langues les plus couramment utilisées, et décrivant les droits de l'étranger au cours de la procédure d'éloignement et de rétention, ainsi que leurs conditions d'exercice, est mis à disposition des personnes retenues.

La méconnaissance des dispositions du présent article est sans conséquence sur la régularité et le bien-fondé des procédures d'éloignement et de rétention. — *[Ord. nº 45-2658 du 2 nov. 1945, art. 35 bis-VI, al. 4.]*

Art. L. 553-6 Un décret en Conseil d'État définit les modalités selon lesquelles les étrangers maintenus en rétention bénéficient d'actions d'accueil, d'information et de soutien, pour permettre l'exercice effectif de leurs droits et préparer leur départ. *(L. nº 2018-187 du 20 mars 2018, art. 1er)* « Il précise les modalités de prise en compte de la vulnérabilité et, le cas échéant, des besoins particuliers des demandeurs d'asile ou des étrangers faisant l'objet d'une requête aux fins de prise en charge ou de reprise en charge, en application du règlement (UE) nº 604/2013 du Parlement européen et du Conseil du 26 juin 2013 établissant les critères et mécanismes de détermination de l'État membre responsable de l'examen d'une demande de protection internationale introduite dans l'un des États membres par un ressortissant de pays tiers ou un apatride, ou d'une décision de transfert notifiée conformément à l'article L. 742-3. » — *V. art. R. 553-13.* — *[Ord. nº 45-2658 du 2 nov. 1945, art. 35 bis-XI.]*

(*L. nº 2018-778 du 10 sept. 2018, art. 30, en vigueur au plus tard le 1er janv. 2019*) « Il précise les conditions d'accessibilité adaptées aux lieux de rétention. »

Art. L. 553-7 (*L. nº 2016-274 du 7 mars 2016, art. 44-I*) Sous réserve de ne pas porter atteinte à la dignité des personnes et aux exigences de sécurité et de bon fonctionnement du lieu de rétention administrative, les journalistes titulaires de la carte d'identité professionnelle mentionnée à l'article L. 7111-6 du code du travail peuvent être autorisés à y accéder dans des conditions fixées par décret en Conseil d'État.

Les prises d'images et de son des étrangers, des personnels et des intervenants dans les lieux de rétention administrative, de même que leur diffusion, ne sont autorisées qu'avec leur accord préalable. Elles se déroulent dans le respect de l'anonymat patronymique et physique des mineurs et, sauf accord contraire exprès, des majeurs.

CHAPITRE IV *Fin de la rétention*

Art. L. 554-1 Un étranger ne peut être placé ou maintenu en rétention que pour le temps strictement nécessaire à son départ. L'administration doit exercer toute diligence à cet effet. – [*Ord. nº 45-2658 du 2 nov. 1945, art. 35 bis, VI, al. 1er.*]

(*L. nº 2018-187 du 20 mars 2018, art. 1er*) « L'étranger ne peut être placé ou maintenu en rétention au titre du 1° *bis* du I de l'article L. 561-2 que pour le temps strictement nécessaire à la détermination de l'État responsable de l'examen de sa demande d'asile et, le cas échéant, à l'exécution d'une décision de transfert. Lorsqu'un État requis a refusé de prendre en charge ou de reprendre en charge l'étranger, il est immédiatement mis fin à la rétention de ce dernier, sauf si une demande de réexamen est adressée à cet État dans les plus brefs délais ou si un autre État peut être requis. En cas d'accord d'un État requis, la décision de transfert est notifiée à l'étranger dans les plus brefs délais. »

Art. L. 554-2 Si la mesure d'éloignement est annulée par le juge administratif, il est immédiatement mis fin au maintien de l'étranger en rétention et celui-ci est muni d'une autorisation provisoire de séjour jusqu'à ce que l'autorité administrative [*le préfet*] ait à nouveau statué sur son cas. – [*Ord. nº 45-2658 du 2 nov. 1945, art. 35 bis-VI, al. 2.*]

Art. L. 554-3 (*L. nº 2016-274 du 7 mars 2016, art. 38*) Lorsqu'il est mis fin à la rétention pour une raison autre que l'annulation, l'abrogation ou le retrait de la mesure d'éloignement, un rappel de l'obligation de quitter le territoire français est adressé à l'étranger par le juge des libertés et de la détention ou par l'autorité administrative. La méconnaissance des dispositions du présent alinéa est sans conséquence sur la régularité et le bien-fondé de procédures ultérieures d'éloignement et de rétention.

L'article L. 561-2 est applicable.

CHAPITRE V *Dispositions particulières aux étrangers faisant l'objet d'une peine d'interdiction du territoire français* (*L. nº 2014-1353 du 13 nov. 2014, art. 2*).

Art. L. 555-1 L'interdiction du territoire prononcée à titre de peine principale et assortie de l'exécution provisoire entraîne de plein droit le placement de l'étranger dans des lieux ne relevant pas de l'administration pénitentiaire, dans les conditions définies au présent titre, pendant le temps strictement nécessaire à son départ. Le deuxième alinéa de l'article L. 551-2 et l'article L. 553-4 sont applicables. Quand un délai de (*L. nº 2016-274 du 7 mars 2016, art. 36 et 67-II, en vigueur le 1er nov. 2016*) « quarante-huit heures » s'est écoulé depuis le prononcé de la peine, il est fait application des dispositions des chapitres II à IV du présent titre.

L'interdiction du territoire prononcée à titre de peine complémentaire peut également donner lieu au placement de l'étranger dans des lieux ne relevant pas de l'administration pénitentiaire, le cas échéant à l'expiration de sa peine d'emprisonnement, dans les conditions définies au présent titre. – [*Ord. nº 45-2658 du 2 nov. 1945, art. 35 bis-IX.*]

Art. L. 555-2 L'appel d'une décision prononcée par la juridiction pénale peut être interjeté par l'étranger placé ou maintenu dans un lieu de rétention au moyen d'une déclaration auprès du chef du centre ou du local de rétention. Il en est de même du pourvoi en cassation.

Cette déclaration est constatée, datée et signée par le chef du centre ou du local. Elle est également signée par l'étranger. Si celui-ci ne peut signer, il en est fait mention par le chef d'établissement. Ce document est adressé sans délai, en original ou en copie, au greffe de la juridiction qui a rendu la décision attaquée. Il est transcrit sur le registre prévu par, selon le cas, le troisième alinéa de l'article 380-12, le *(L. n° 2016-731 du 3 juin 2016, art. 93-II)* « quatrième » alinéa de l'article 502 ou le troisième alinéa de l'article 576 du code de procédure pénale et annexé à l'acte dressé par le greffier. – *[Ord. n° 45-2658 du 2 nov. 1945, art. 35 bis-X, al. 1er et 2.]*

Art. L. 555-3 Lorsqu'un étranger est condamné en première instance à une peine d'interdiction du territoire français à titre de peine principale assortie de l'exécution provisoire et que l'éloignement du territoire a lieu avant la date de l'audience d'appel, son avocat doit être entendu lors de l'audience d'appel s'il en fait la demande. Il en est de même de l'avocat commis d'office lorsque l'étranger a demandé le bénéfice d'un conseil dans sa requête d'appel. – *[Ord. n° 45-2658 du 2 nov. 1945, art. 35 bis-X, al. 3.]*

CHAPITRE VI *Demandes d'asile en rétention*

(L. n° 2015-925 du 29 juill. 2015, art. 16-I)

Art. L. 556-1 *(L. n° 2018-187 du 20 mars 2018, art. 1er)* « Lorsqu'un étranger placé en rétention en application de l'article L. 551-1 présente une demande d'asile, l'autorité administrative peut procéder pendant la rétention à la détermination de l'État membre responsable de l'examen de cette demande conformément à l'article L. 742-1 et, le cas échéant, à l'exécution d'office du transfert dans les conditions prévues à l'article L. 742-5. Si la France est l'État membre responsable de l'examen de cette demande et si l'autorité administrative estime, sur le fondement de critères objectifs, que cette demande est présentée dans le seul but de faire échec à l'exécution de la mesure d'éloignement, elle peut prendre une décision de maintien en rétention de l'étranger pendant le temps strictement nécessaire à l'examen de sa demande d'asile par l'Office français de protection des réfugiés et apatrides et, en cas de décision de rejet ou d'irrecevabilité de celle-ci, dans l'attente de son départ. » *(L. n° 2016-274 du 7 mars 2016, art. 33-IV et 67-II, en vigueur le 1er nov. 2016)* « Cette décision de maintien en rétention n'affecte ni le contrôle du juge des libertés et de la détention exercé sur la décision de placement en rétention en application de l'article L. 512-1 ni sa compétence pour examiner la prolongation de la rétention en application du chapitre II du titre V du livre V. » La décision de maintien en rétention est écrite et motivée. A défaut d'une telle décision, il est immédiatement mis fin à la rétention et l'autorité administrative compétente délivre à l'intéressé l'attestation mentionnée à l'article L. 741-1.

L'étranger peut demander au président du tribunal administratif l'annulation de la décision de maintien en rétention dans les quarante-huit heures suivant sa notification *(L. n° 2016-274 du 7 mars 2016, art. 33-IV et 67-II, en vigueur le 1er nov. 2016)* « pour contester les motifs retenus par l'autorité administrative pour estimer que sa demande d'asile a été présentée dans le seul but de faire échec à l'exécution de la mesure d'éloignement ». Le président du tribunal administratif ou le magistrat qu'il désigne à cette fin parmi les membres de sa juridiction ou les magistrats honoraires inscrits sur la liste mentionnée à l'article L. 222-2-1 du code de justice administrative statue après la notification de la décision de l'office relative au demandeur, dans un délai qui ne peut excéder *(L. n° 2018-778 du 10 sept. 2018, art. 62, en vigueur le 1er janv. 2019)* « quatre-vingt-seize heures à compter de l'expiration du délai de recours *[ancienne rédaction : soixante-douze heures]* », dans les conditions prévues au III de l'article L. 512-1 du présent code.

Si, saisi dès le placement en rétention de l'étranger en application du même article L. 512-1, le président du tribunal administratif ou le magistrat qu'il désigne à cette fin n'a pas encore statué sur ce premier recours, il statue sur les deux requêtes par une seule décision.

En cas d'annulation de la décision *(Abrogé par L. n° 2016-274 du 7 mars 2016, art. 33-IV et 67-II, à compter du 1er nov. 2016)* « *de placement ou* » de maintien en rétention, il est immédiatement mis fin à la rétention et l'autorité administrative compétente délivre à l'intéressé l'attestation mentionnée à l'article L. 741-1. L'article L. 561-1 est applicable.

A l'exception des cas mentionnés aux 4° et 5° de l'article L. 743-2, la mesure d'éloignement ne peut être mise à exécution avant que l'Office français de protection des réfugiés et apatrides ait rendu sa décision ou, en cas de saisine du président du tribunal administratif, avant que ce dernier ou le magistrat désigné à cette fin ait statué.

La demande d'asile est examinée selon la procédure accélérée prévue à l'article L. 723-2. L'office statue dans les conditions prévues aux articles L. 723-2 à L. 723-16 dans un délai de quatre-vingt-seize heures. Il tient compte de la vulnérabilité du demandeur d'asile.

Il est mis fin à la rétention si l'office considère qu'il ne peut examiner la demande selon la procédure prévue à l'article L. 723-2 ou s'il reconnaît à l'étranger la qualité de réfugié ou lui accorde le bénéfice de la protection subsidiaire.

Un décret en Conseil d'État fixe les modalités d'application du présent article. Il précise les modalités de prise en compte de la vulnérabilité du demandeur d'asile et, le cas échéant, de ses besoins particuliers.

Art. L. 556-2 *(L. n° 2015-925 du 29 juill. 2015, art. 16-I et 35-III, en vigueur le 1er nov. 2015)* Les deuxième à cinquième alinéas de l'article L. 556-1 ne sont pas applicables en Guyane, en Guadeloupe, à Mayotte, à Saint-Barthélemy et à Saint-Martin.

TITRE VI Assignation à résidence

(L. n° 2011-672 du 16 juin 2011, art. 47-4° et 111, en vigueur le 18 juill. 2011)

L'entrée en vigueur des modifications introduites par la L. n° 2011-672 du 16 juin 2011 a été fixée par le Décr. n° 2011-820 du 8 juill. 2011, art. 22.

V. art. R. 561-1 s.

CHAPITRE PREMIER

Art. L. 561-1 Lorsque l'étranger justifie être dans l'impossibilité de quitter le territoire français ou ne peut ni regagner son pays d'origine ni se rendre dans aucun autre pays, l'autorité administrative peut, jusqu'à ce qu'existe une perspective raisonnable d'exécution de son obligation, l'autoriser à se maintenir provisoirement sur le territoire français en l'assignant à résidence *(Abrogé par L. n° 2016-274 du 7 mars 2016, art. 39 et 67-II, à compter du 1er nov. 2016)* « ***, par dérogation à l'article L. 551-1*** », dans les cas suivants :

1° Si l'étranger fait l'objet d'une obligation de quitter le territoire français sans délai ou si le délai de départ volontaire qui lui a été accordé est expiré ;

2° Si l'étranger doit être remis aux autorités d'un État membre de l'Union européenne en application des articles L. 531-1 ou L. 531-2 *(L. n° 2015-925 du 29 juill. 2015, art. 20-II-5°)* « ou transféré vers l'État responsable de sa demande d'asile en application de l'article L. 742-3 » ;

3° Si l'étranger doit être reconduit à la frontière en application de l'article L. 531-3 ;

4° Si l'étranger doit être reconduit à la frontière en exécution d'une interdiction de retour *(L. n° 2016-274 du 7 mars 2016, art. 39 et 67-II, en vigueur le 1er nov. 2016)* « ou d'une interdiction de circulation sur le territoire français » ;

5° Si l'étranger doit être reconduit à la frontière en exécution d'une interdiction du territoire prévue au deuxième alinéa de l'article 131-30 du code pénal ;

(L. n° 2014-1353 du 13 nov. 2014, art. 2) « 6° Si l'étranger doit être reconduit à la frontière en exécution d'une interdiction administrative du territoire. »

(L. n° 2018-187 du 20 mars 2018, art. 4) « La décision d'assignation à résidence est motivée. Elle peut être prise pour une durée maximale de six mois, renouvelable une fois dans la même limite de durée, par une décision également motivée.

« Par exception :

« *a)* Dans le cas prévu au 4° du présent article, la décision d'assignation à résidence peut être renouvelée tant que l'interdiction de retour ou l'interdiction de circulation sur le territoire français demeure exécutoire ;

« *b)* Dans *(L. n° 2018-778 du 10 sept. 2018, art. 31, en vigueur le 1er janv. 2019)* « les cas prévus aux articles L. 523-3 à L. 523-5 et au 6° du présent article *[ancienne rédaction : le cas d'un étranger faisant l'objet d'un arrêté d'expulsion en application des articles L. 523-3 à L. 523-5]* », la durée maximale de six mois ne s'applique pas ;

« *c)* Dans le cas prévu au 5° du présent article, la durée maximale de six mois ne s'applique pas. Au-delà d'une durée de cinq ans, le maintien sous assignation à résidence fait l'objet d'une décision spécialement motivée faisant état des circonstances particulières justifiant cette prolongation au regard, notamment, de l'absence de garanties suffisantes de représentation de l'étranger ou si sa présence constitue une menace grave pour l'ordre public. »

L'étranger astreint à résider dans les lieux qui lui sont fixés par l'autorité administrative doit se présenter périodiquement aux services de police ou aux unités de gendarmerie. *(L. n° 2016-274 du 7 mars 2016, art. 39 et 67-II, en vigueur le 1er nov. 2016)* « Il doit également se présenter, lorsque l'autorité administrative le lui demande, aux autorités consulaires, en vue de la délivrance d'un document de voyage. » *(Ord. n° 2015-124 du 5 févr. 2015, art. 9)* « L'étranger qui fait l'objet d'un arrêté d'expulsion ou d'une interdiction judiciaire ou administrative du territoire prononcés en tout point du territoire de la République peut, quel que soit l'endroit où il se trouve, être astreint à résider dans des lieux choisis par l'autorité administrative dans l'ensemble du territoire de la République. » L'autorité administrative peut prescrire à l'étranger la remise de son passeport ou de tout document justificatif de son identité dans les conditions prévues à l'article L. 611-2. Si l'étranger présente une menace d'une particulière gravité pour l'ordre public, l'autorité administrative peut le faire conduire par les services de police ou de gendarmerie jusqu'aux lieux d'assignation. — *La troisième phrase du présent al., dans sa rédaction résultant de la L. n° 2016-274 du 7 mars 2016, est déclarée conforme à la Constitution sous réserve des § 12 et 15 de Cons. const. n° 2017-674 QPC du 1er déc. 2017, V. note ss. le présent art.*

(L. n° 2018-778 du 10 sept. 2018, art. 31, en vigueur le 1er janv. 2019) « L'autorité administrative peut également, aux fins de préparation du départ de l'étranger, lui désigner, en tenant compte des impératifs de la vie privée et familiale, une plage horaire pendant laquelle il doit demeurer dans les locaux où il réside, dans la limite de trois heures consécutives par période de vingt-quatre heures. Lorsque l'étranger est assigné à résidence en application des 5° ou 6° ou au titre d'une des mesures prévues aux articles L. 523-3 à L. 523-5 ou si son comportement constitue une menace pour l'ordre public, la durée de cette plage horaire peut être portée à dix heures consécutives par période de vingt-quatre heures. »

Le non-respect des prescriptions liées à l'assignation à résidence est sanctionné dans les conditions prévues à l'article L. 624-4.

Art. L. 561-2 *(L. n° 2016-274 du 7 mars 2016, art. 40-I et 67-II, en vigueur le 1er nov. 2016)* I. — L'autorité administrative peut prendre une décision d'assignation à résidence à l'égard de l'étranger qui ne peut quitter immédiatement le territoire français mais dont l'éloignement demeure une perspective raisonnable, lorsque cet étranger :

1° Doit être remis aux autorités compétentes d'un État membre de l'Union européenne en application des articles L. 531-1 ou L. 531-2 *(Abrogé par L. n° 2018-187 du 20 mars 2018, art. 1er) « ou fait l'objet d'une décision de transfert en application de l'article L. 742-3 »* ;

(L. n° 2018-187 du 20 mars 2018, art. 1er) « 1° *bis* Fait l'objet d'une décision de transfert en application de l'article L. 742-3 ou d'une requête aux fins de prise en charge ou de reprise en charge en application du règlement (UE) n° 604/2013 du Parlement européen et du Conseil du 26 juin 2013 établissant les critères et mécanismes de détermination de l'État membre responsable de l'examen d'une demande de protection internationale introduite dans l'un des États membres par un ressortissant de pays tiers ou un apatride ; »

2° Fait l'objet d'un arrêté d'expulsion ;

3° Doit être reconduit à la frontière en exécution d'une interdiction judiciaire du territoire prise en application du deuxième alinéa de l'article 131-30 du code pénal ;

4° Fait l'objet d'un signalement aux fins de non-admission ou d'une décision d'éloignement exécutoire prise en application de l'article L. 531-3 du présent code ;

5° Fait l'objet d'une obligation de quitter le territoire français prise moins d'un an auparavant et pour laquelle le délai pour quitter le territoire est expiré ou n'a pas été accordé ;

6° Doit être reconduit d'office à la frontière en exécution d'une interdiction de retour sur le territoire français, d'une interdiction de circulation sur le territoire français ou d'une interdiction administrative du territoire ;

7° Ayant fait l'objet d'une décision d'assignation à résidence en application des 1° à 6° du présent article ou de placement en rétention administrative en application de l'article L. 551-1, n'a pas déféré à la mesure d'éloignement dont il fait l'objet ou, y ayant déféré, est revenu en France alors que cette mesure est toujours exécutoire.

Les *(L. n° 2018-778 du 10 sept. 2018, art. 65-11°, en vigueur le 1er mars 2019)* « huit *[ancienne rédaction : sept]* » derniers alinéas de l'article L. 561-1 sont applicables, sous réserve que la durée maximale de l'assignation ne puisse excéder une durée de quarante-cinq jours, renouvelable une fois *(L. n° 2018-187 du 20 mars 2018, art. 1er)* « pour les cas relevant des 1° et 2° à 7° du présent I, ou trois fois pour les cas relevant du 1° *bis* ».

(L. n° 2018-187 du 20 mars 2018, art. 1er) « L'article L. 551-1 est applicable lorsqu'un étranger assigné à résidence en application du présent article :

« *a)* Ne présente plus de garanties de représentation effectives propres à prévenir le risque mentionné au 3° du II de l'article L. 511-1 ;

« *b)* Présente un risque non négligeable de fuite, tel que défini aux 1° à 12° du II de l'article L. 551-1, dans le cas d'un étranger faisant l'objet d'une requête aux fins de prise en charge ou de reprise en charge, en application du règlement (UE) n° 604/2013 du Parlement européen et du Conseil du 26 juin 2013 précité, ou d'une décision de transfert notifiée conformément à l'article L. 742-3. » — *Les dispositions du I du présent art. s'appliquent aux décisions prises à compter du 1er nov. 2016.*

II. — En cas d'impossibilité d'exécution d'office de la mesure d'éloignement résultant de l'obstruction volontaire de l'étranger assigné à résidence en application du I du présent article, l'autorité administrative peut demander au juge des libertés et de la détention de l'autoriser à requérir les services de police ou les unités de gendarmerie pour qu'ils visitent le domicile de l'étranger afin de s'assurer de sa présence et de le reconduire à la frontière ou, si le départ n'est pas possible immédiatement, de lui notifier une décision de placement en rétention.

Le juge des libertés et de la détention, saisi par requête, statue dans un délai de vingt-quatre heures. A peine de nullité, sa décision est motivée. Le juge s'assure du caractère exécutoire de la décision d'éloignement que la mesure vise à exécuter et de l'obstruction volontaire de l'étranger à ladite exécution, dûment constatée par l'autorité administrative, résultant notamment de l'absence de réponse de l'étranger à sa demande de présentation pour les nécessités de son exécution. La décision mentionne l'adresse des lieux dans lesquels les opérations de visite peuvent être effectuées.

L'ordonnance ayant autorisé la visite est exécutoire pendant *(L. n° 2018-187 du 20 mars 2018, art. 1er ; L. n° 2018-778 du 10 sept. 2018, art. 33, en vigueur le 1er janv. 2019)* « quatre-vingt-seize *[ancienne rédaction : cent quarante-quatre]* » heures au seul vu de la minute. Elle est notifiée sur place à l'étranger dans une langue qu'il comprend ou, à défaut, à l'occupant des lieux, qui en reçoit copie intégrale contre récépissé. L'acte de notification comporte mention des voies de recours.

Les opérations de visite sont effectuées sous le contrôle du magistrat qui les a autorisées, qui peut se déplacer sur les lieux pour veiller au respect des dispositions légales. Ces opérations ne peuvent être commencées avant 6 heures ni après 21 heures. Elles ne peuvent, à peine de nullité, avoir un autre objet que l'exécution de la mesure d'éloignement visée dans la décision du juge des libertés et de la détention.

Il est dressé un procès-verbal mentionnant les dates et heures de début et de fin des opérations et les conditions de leur déroulement. Ce procès-verbal est présenté à la signature de l'étranger ou, à défaut, de l'occupant des lieux ; en cas de refus, mention est faite de ce refus et de ses motifs déclarés. Le procès-verbal est transmis au juge des libertés et de la détention, copie en ayant été remise à l'étranger ou, à défaut, à l'occupant des lieux.

Les ordonnances mentionnées au présent article sont susceptibles d'appel devant le premier président de la cour d'appel ou son délégué, qui est saisi sans forme et doit statuer dans un délai de quarante-huit heures à compter de sa saisine. L'appel n'est pas suspensif. Le premier président de la cour d'appel ou son délégué peut, par ordonnance motivée et sans avoir préalablement convoqué les parties, rejeter les déclarations d'appel manifestement irrecevables.

Lorsque l'étranger fait l'objet d'un arrêté d'expulsion, d'une interdiction judiciaire du territoire français ou d'une interdiction administrative du territoire français, la condition d'impossibilité d'exécution d'office de la mesure d'éloignement résultant de l'obstruction volontaire de l'étranger, prévue au premier alinéa du présent II, n'est pas requise.

Le présent II est applicable à l'étranger assigné à résidence en application des articles L. 523-3 à L. 523-5, L. 552-4 ou L. 561-1.

Art. L. 561-2-1 *(L. n° 2016-274 du 7 mars 2016, art. 41 et 67-II, en vigueur le 1er nov. 2016)* Les étrangers assignés à résidence sur le fondement des articles L. 552-4 et L. 561-2 se voient remettre une information sur les modalités d'exercice de leurs droits, sur les obligations qui leur incombent et, le cas échéant, sur la possibilité de bénéficier d'une aide au retour.

Art. L. 561-3 Les modalités d'application du présent chapitre sont fixées par décret en Conseil d'État.

CHAPITRE II *[ABROGÉ]* *Assignation à résidence avec surveillance électronique*

(Abrogé par L. n° 2016-274 du 7 mars 2016, art. 40-II et 67-II, à compter du 1er nov. 2016)

Les dispositions introduites par l'art. 40-II de la L. n° 2016-274 du 7 mars 2016 s'appliquent aux demandes pour lesquelles aucune décision n'est intervenue à sa date d'entrée en vigueur (L. préc., art. 67-II et VI).

Art. L. 562-1 à L. 562-3 *Abrogés par L. n° 2016-274 du 7 mars 2016, art. 40-II et 67-II, à compter du 1er nov. 2016.*

CHAPITRE III *Assignation à résidence avec interdiction de se trouver en relation avec une personne nommément désignée*

(L. nº 2014-1353 du 13 nov. 2014, art. 3-I)

Art. L. 563-1 L'étranger astreint à résider dans les lieux qui lui sont fixés en application des articles L. 523-3, L. 523-4 ou L. 541-3 qui a été condamné à une peine d'interdiction du territoire pour des actes de terrorisme prévus au titre II du livre IV du code pénal ou à l'encontre duquel un arrêté d'expulsion a été prononcé pour un comportement lié à des activités à caractère terroriste peut, si la préservation de la sécurité publique l'exige, se voir prescrire par l'autorité administrative compétente pour prononcer l'assignation à résidence une interdiction de se trouver en relation, directement ou indirectement, avec certaines personnes nommément désignées dont le comportement est lié à des activités à caractère terroriste. La décision est écrite et motivée. Elle peut être prise pour une durée maximale de six mois et renouvelée, dans la même limite de durée, par une décision également motivée. Cette interdiction est levée dès que les conditions ne sont plus satisfaites ou en cas de levée de l'assignation à résidence.

La violation de cette interdiction est sanctionnée dans les conditions prévues à l'article L. 624-4 du présent code.

TITRE VII Dispositions diverses

L'ancien titre VI est devenu le titre VII et les art. L. 561-1 à L. 561-3 deviennent les art. L. 571-1 à L. 571-3 (L. nº 2011-672 du 16 juin 2011, art. 47-1º à 3º et 111, en vigueur le 18 juill. 2011).

L'entrée en vigueur des modifications introduites par la L. nº 2011-672 du 16 juin 2011 a été fixée par le Décr. nº 2011-820 du 8 juill. 2011, art. 22.

CHAPITRE UNIQUE

Art. L. 571-1 La libération conditionnelle des étrangers condamnés à une peine privative de liberté et faisant l'objet d'une mesure d'interdiction du territoire, *(L. nº 2011-672 du 16 juin 2011, art. 47-2º et 111, en vigueur le 18 juill. 2011)* « d'obligation de quitter le territoire français, d'interdiction de retour sur le territoire français, » *(L. nº 2016-274 du 7 mars 2016, art. 57-I-9º et 67-II, en vigueur le 1er nov. 2016)* « d'interdiction de circulation sur le territoire français, » *(L. nº 2014-1353 du 13 nov. 2014, art. 2)* « d'interdiction administrative du territoire, » de reconduite à la frontière, d'expulsion *(L. nº 2011-672 du 16 juin 2011, art. 47-2º et 111, en vigueur le 18 juill. 2011)* « , d'extradition ou de remise sur le fondement d'un mandat d'arrêt européen » est régie par les dispositions de l'article 729-2 du code de procédure pénale *(Abrogé par L. nº 2014-1353 du 13 nov. 2014, art. 2)* « ***, ci-après reproduit :***

Art. 729-2 Lorsqu'un étranger condamné à une peine privative de liberté est l'objet d'une mesure d'interdiction du territoire français, *(L. nº 2011-672 du 16 juin 2011, art. 71, en vigueur le 18 juill. 2011)* « d'obligation de quitter le territoire français, d'interdiction de retour sur le territoire français, » *(L. nº 2016-274 du 7 mars 2016, art. 57-III et 67-II, en vigueur le 1er nov. 2016)* « d'interdiction de circulation sur le territoire français », d'expulsion *(L. nº 2009-526 du 12 mai 2009, art. 130-10º)* « , d'extradition ou de remise sur le fondement d'un mandat d'arrêt européen », sa libération conditionnelle est subordonnée à la condition que cette mesure soit exécutée. Elle peut être décidée sans son consentement.

« Par exception aux dispositions de l'alinéa précédent, le juge de l'application des peines, ou le tribunal de l'application des peines, peut également accorder une libération conditionnelle à un étranger faisant l'objet d'une peine complémentaire d'interdiction du territoire français en ordonnant la suspension de l'exécution de cette peine pendant la durée des mesures d'assistance et de contrôle prévue à l'article 732 *[V. **C. pr. pén.**]*. A l'issue de cette durée, si la décision de mise en liberté conditionnelle n'a pas été révoquée, l'étranger est relevé de plein droit de la mesure d'interdiction du territoire français. Dans le cas contraire, la mesure redevient exécutoire. » *— Anc. art. L. 561-1.*

Art. L. 571-2 *(L. nº 2006-911 du 24 juill. 2006, art. 100)* Sont applicables sur le territoire défini à l'article L. 111-3 les mesures d'interdiction du territoire prononcées par toute juridiction siégeant *(Abrogé par Ord. nº 2014-464 du 7 mai 2014, art. 16 et 23, à compter du 26 mai 2014)* « ***à Mayotte,*** » dans les îles Wallis-et-Futuna, en Polynésie française et en Nouvelle-Calédonie ainsi que les mesures de reconduite à la frontière et d'expulsion prononcées par le représentant de l'État à Mayotte, dans les îles Wallis-et-Futuna, en Polynésie française et en Nouvelle-Calédonie. *— Anc. art. L. 561-2.*

Art. L. 571-3 *(L. nº 2011-267 du 14 mars 2011, art. 116-1º)* L'autorité administrative peut ordonner le placement sous surveillance électronique mobile de l'étranger astreint à résider dans les lieux qui lui sont fixés en application des articles L. 523-3, L. 523-4 ou L. 541-3 s'il a été condamné à une peine d'interdiction du territoire pour des actes de terrorisme prévus par le titre II du livre IV du code pénal ou si une mesure d'expulsion a été prononcée à son encontre pour un comportement lié à des activités à caractère terroriste.

Ce placement est prononcé, après accord de l'étranger, pour une durée de trois mois qui peut être prolongée pour une même durée sans que la durée totale du placement dépasse deux ans. A défaut de prolongation, il est mis fin au placement sous surveillance électronique mobile.

L'étranger est astreint au port, pendant toute la durée du placement, d'un dispositif intégrant un émetteur permettant à tout moment de déterminer à distance sa localisation sur l'ensemble du territoire national.

La mise en œuvre du dispositif technique permettant le contrôle à distance peut être confiée à une personne de droit privé habilitée dans des conditions fixées par décret en Conseil d'État. — *V. art. R. 571-4 à R. 571-7 introduits par Décr. nº 2012-117 du 27 janv. 2012 (JO 29 janv.).*

Pendant la durée du placement, l'autorité administrative peut, d'office ou à la demande de l'étranger, modifier ou compléter les obligations résultant dudit placement.

Le manquement aux prescriptions liées au placement sous surveillance électronique est sanctionné dans les conditions prévues à l'article L. 624-4. — *Anc. art. L. 561-3. — Les dispositions introduites par L. nº 2011-267 du 14 mars 2011 ne sont pas applicables à Mayotte, dans les îles Wallis-et-Futuna, en Nouvelle-Calédonie, dans les Terres australes et antarctiques françaises (L. préc., art. 125).*

Art. L. 571-4 *(L. nº 2018-778 du 10 sept. 2018, art. 34, en vigueur au plus tard le 1er janv. 2019)* I. — Le demandeur d'asile qui fait l'objet d'une mesure d'expulsion, prise en application des articles L. 521-1, L. 521-2, L. 521-3 ou L. 521-5, d'une peine d'interdiction du territoire, prise en application de l'article 131-30 du code pénal ou d'une interdiction administrative du territoire, prise en application des articles L. 214-1 ou L. 214-2 du présent code, et dont la demande d'asile est en cours d'examen ou a été présentée postérieurement à la notification de cette mesure, peine ou interdiction peut être assigné à résidence ou placé en rétention le temps strictement nécessaire à l'examen de sa demande d'asile par l'Office français de protection des réfugiés et apatrides et, en cas de décision de rejet ou d'irrecevabilité, dans l'attente de son départ.

Lorsque le demandeur est assigné à résidence, les dispositions de l'article L. 561-2 relatives à la durée maximale et aux modalités de l'assignation à résidence sont applicables.

Lorsque le demandeur est placé en rétention, les dispositions du titre V du présent livre relatives à la durée maximale et aux modalités du placement en rétention sont applicables. La décision de placement en rétention ne peut être prononcée que pour des raisons impérieuses de protection de l'ordre public ou de la sécurité nationale établies sur la base d'une évaluation individuelle du demandeur, si d'autres mesures moins coercitives ne peuvent être efficacement appliquées. Elle prend en compte la vulnérabilité du demandeur.

II. — A la demande de l'autorité administrative, et sans préjudice des cas prévus aux 5° et 6° de l'article L. 743-2, l'office statue sur la demande d'asile de l'étranger ainsi assigné à résidence ou placé en rétention selon les modalités prévues à l'article L. 723-2 et dans le délai prévu à l'article L. 556-1. Sans préjudice d'autres mesures de surveillance décidées par l'autorité administrative ou l'autorité judiciaire, il est mis fin à la rétention si l'office reconnaît à l'étranger la qualité de réfugié ou lui accorde le bénéfice de la protection subsidiaire.

III. — En cas de décision de rejet ou d'irrecevabilité par l'office, l'étranger peut, dans les quarante-huit heures suivant la notification de cette décision, demander au président du tribunal administratif de suspendre l'exécution de la mesure d'éloignement jusqu'à l'expiration du délai de recours devant la Cour nationale du droit d'asile ou, si celle-ci est saisie, soit jusqu'à la date de la lecture en audience publique de la décision de la cour, soit, s'il est statué par ordonnance, jusqu'à la date de la notification de celle-ci. La mesure d'éloignement ne peut être mise à exécution pendant ce délai de quarante-huit heures ou, en cas de saisine du président du tribunal administratif, avant que ce dernier ou le magistrat qu'il désigne à cette fin parmi les membres de sa juridiction ou les magistrats honoraires inscrits sur la liste mentionnée à l'article L. 222-2-1 du code de justice administrative ait statué. Le président du tribunal administratif ou le magistrat désigné à cette fin statue dans les conditions prévues au III de l'article L. 512-1 du présent code. Il fait droit à la demande de l'étranger lorsque celui-ci présente des éléments sérieux de nature à justifier, au titre de sa demande d'asile, son maintien sur le territoire durant l'examen de son recours par la cour. La suspension de l'exécution de la mesure d'éloignement ne met pas fin à l'assignation à résidence ou à la rétention de l'étranger, qui se poursuit dans les conditions et limites prévues au présent livre.

IV. – Un décret en Conseil d'État fixe les modalités d'application du présent article. Il précise notamment les modalités de prise en compte de la vulnérabilité du demandeur d'asile et, le cas échéant, de ses besoins particuliers.

LIVRE VI **Contrôles et sanctions**

TITRE PREMIER **Contrôles**

Art. L. 611-1 *(L. nº 2012-1560 du 31 déc. 2012, art. 1er)* « I. – » En dehors de tout contrôle d'identité, les personnes de nationalité étrangère doivent être en mesure de présenter les pièces ou documents sous le couvert desquels elles sont autorisées à circuler ou à séjourner en France à toute réquisition des officiers de police judiciaire et, sur l'ordre et sous la responsabilité de ceux-ci, des agents de police judiciaire et agents de police judiciaire adjoints mentionnés aux articles 20 et 21 (1°) du code de procédure pénale.

A la suite d'un contrôle d'identité effectué en application des articles 78-1, 78-2 *(L. nº 2012-1560 du 31 déc. 2012, art. 1er)* « , 78-2-1 et 78-2-2 » du code de procédure pénale, les personnes de nationalité étrangère peuvent être également tenues de présenter les pièces et documents visés à l'alinéa précédent. – *[Ord. nº 45-2658 du 2 nov. 1945, art. 8, al. 2 et 3.]*

(L. nº 2012-1560 du 31 déc. 2012, art. 1er) « Les contrôles des obligations de détention, de port et de présentation des pièces et documents prévus aux deux premiers alinéas du présent I ne peuvent être effectués que si des éléments objectifs déduits de circonstances extérieures à la personne même de l'intéressé sont de nature à faire apparaître sa qualité d'étranger.

« II. – Les contrôles des obligations de détention, de port et de présentation des pièces et documents mentionnés au premier alinéa du I ne peuvent être pratiqués que pour une durée n'excédant pas six heures consécutives dans un même lieu et ne peuvent consister en un contrôle systématique des personnes présentes ou circulant dans ce lieu. »

Art. L. 611-1-1 *(L. nº 2012-1560 du 31 déc. 2012, art. 2)* I. – Si, à l'occasion d'un contrôle effectué en application de l'article L. 611-1 du présent code, des articles 78-1, 78-2, 78-2-1 et 78-2-2 du code de procédure pénale ou de l'article 67 *quater* du code des douanes, il apparaît qu'un étranger n'est pas en mesure de justifier de son droit de circuler ou de séjourner en France, il peut être conduit dans un local de police ou de gendarmerie et y être retenu par un officier de police judiciaire de la police nationale ou de la gendarmerie nationale aux fins de vérification de son droit de circulation ou de séjour sur le territoire français. Dans ce cas, l'officier de police judiciaire ou, sous le contrôle de celui-ci, un agent de police judiciaire *(L. nº 2018-778 du 10 sept. 2018, art. 35, en vigueur le 1er janv. 2019)* « procède aux auditions de l'étranger. Sous le contrôle de l'officier de police judiciaire, l'étranger est mis » en mesure de fournir par tout moyen les pièces et documents requis *(L. nº 2018-778 du 10 sept. 2018, art. 35, en vigueur le 1er janv. 2019)* « . Il est procédé », s'il y a lieu, aux opérations de vérification nécessaires. Le procureur de la République est informé dès le début de la retenue.

(L. nº 2018-778 du 10 sept. 2018, art. 35, en vigueur le 1er janv. 2019) « L'étranger est aussitôt informé, dans une langue » qu'il comprend ou dont il est raisonnable de supposer qu'il la comprend, des motifs de son placement en retenue et de la durée maximale de la mesure ainsi que du fait qu'il bénéficie :

1° Du droit d'être assisté par un interprète ;

2° Du droit d'être assisté par un avocat désigné par lui ou commis d'office par le bâtonnier, qui est alors informé de cette demande par tous moyens et sans délai. Dès son arrivée, l'avocat peut communiquer pendant trente minutes avec la personne retenue dans des conditions qui garantissent la confidentialité de l'entretien. L'étranger peut demander que l'avocat assiste à ses auditions. Dans ce cas, la première audition, sauf si elle porte uniquement sur les éléments d'identité, ne peut débuter sans la présence de l'avocat avant l'expiration d'un délai d'une heure suivant l'information adressée à celui-ci. Toutefois, les opérations de vérification ne nécessitant pas la présence de l'étranger peuvent être effectuées dès le début de la retenue. Au cours des auditions, l'avocat peut prendre des notes. A la fin de la retenue, l'avocat peut, à sa demande, consulter le procès-verbal établi en application du *(L. nº 2018-778 du 10 sept. 2018, art. 35, en vigueur le 1er janv. 2019)* « quatorzième » alinéa du présent I ainsi que le certificat médical y étant, le cas échéant, annexé et formuler des observations écrites également annexées ;

3° Du droit d'être examiné par un médecin désigné par l'officier de police judiciaire. Le médecin se prononce sur l'aptitude au maintien de la personne en retenue et procède à toutes constatations utiles ;

4° Du droit de prévenir à tout moment sa famille et toute personne de son choix et de prendre tout contact utile afin d'assurer l'information et, le cas échéant, la prise en charge des enfants dont il assure normalement la garde, qu'ils l'aient ou non accompagné lors de son placement en retenue. Si des circonstances particulières l'exigent, l'officier de police judiciaire prévient lui-même la famille et la personne choisie. En tant que de besoin, il informe le procureur de la République aux fins d'instruction dans l'intérêt des enfants ;

5° Du droit d'avertir ou de faire avertir les autorités consulaires de son pays.

Lorsque l'étranger ne parle pas le français, il est fait application de l'article L. 111-7.

L'étranger ne peut être retenu que pour le temps strictement exigé par l'examen de son droit de circulation ou de séjour et, le cas échéant, le prononcé et la notification des décisions administratives applicables. La retenue ne peut excéder *(L. n° 2018-778 du 10 sept. 2018, art. 35, en vigueur le 1er janv. 2019)* « vingt-quatre » heures à compter du début du contrôle mentionné au premier alinéa du présent I. Le procureur de la République peut mettre fin à la retenue à tout moment.

(L. n° 2018-778 du 10 sept. 2018, art. 35, en vigueur le 1er janv. 2019) « Pour les seules nécessités de la vérification du droit de séjour et de circulation, il peut être procédé, sous le contrôle de l'officier de police judiciaire et en présence de l'étranger, avec l'accord de ce dernier ou, à défaut, après avoir informé par tout moyen le procureur de la République, à l'inspection des bagages et effets personnels de l'étranger et à leur fouille. En cas de découverte d'une infraction, il est établi un procès-verbal distinct de celui prévu au quatorzième alinéa, qui mentionne le lieu et les dates et heures de début et de fin de ces opérations et dont un exemplaire est transmis sans délai au procureur de la République. »

Les mesures de contrainte exercées sur l'étranger sont strictement proportionnées à la nécessité des opérations de vérification et de son maintien à la disposition de l'officier de police judiciaire. L'étranger ne peut être soumis au port des menottes ou des entraves que s'il est considéré soit comme dangereux pour autrui ou pour lui-même, soit comme susceptible de tenter de prendre la fuite.

Durant la retenue, lorsque sa participation aux opérations de vérification n'est pas nécessaire, l'étranger ne peut être placé dans une pièce occupée simultanément par une ou plusieurs personnes gardées à vue.

Si l'étranger ne fournit pas d'éléments permettant d'apprécier son droit de circulation ou de séjour, les opérations de vérification peuvent donner lieu, après information du procureur de la République, à la prise d'empreintes digitales ou de photographies *(L. n° 2018-778 du 10 sept. 2018, art. 35, en vigueur le 1er janv. 2019)* « pour établir la situation de cette personne. Les empreintes digitales et photographies sont collectées en vue de l'établissement du droit de circuler ou de séjourner de l'étranger et ne peuvent être mémorisées et faire l'objet d'un traitement automatisé en application du deuxième alinéa de l'article L. 611-3 que s'il apparaît, à l'issue de la retenue, que l'étranger ne dispose pas d'un droit de circulation ou de séjour. »

L'officier de police judiciaire ou, sous le contrôle de celui-ci, un agent de police judiciaire mentionne, dans un procès-verbal, les motifs qui ont justifié le contrôle, ainsi que la vérification du droit de circulation ou de séjour et les conditions dans lesquelles la personne a été présentée devant lui, informée de ses droits et mise en mesure de les exercer. Il précise le jour et l'heure du début et de la fin de la retenue et la durée de celle-ci et, le cas échéant, la prise d'empreintes digitales ou de photographies *(L. n° 2018-778 du 10 sept. 2018, art. 35, en vigueur le 1er janv. 2019)* « , ainsi que l'inspection visuelle ou la fouille des bagages et effets personnels et les dates et heures de début et de fin de ces opérations ». Il y annexe le certificat médical établi à l'issue de l'examen éventuellement pratiqué.

Ce procès-verbal est présenté à la signature de l'étranger intéressé. Celui-ci est informé de la possibilité de ne pas signer ledit procès-verbal. S'il refuse de le signer, mention est faite du refus et des motifs de celui-ci.

Le procès-verbal est transmis au procureur de la République, copie en ayant été remise à la personne intéressée. Les mentions de chaque procès-verbal concernant l'identité de la personne, le jour et l'heure du début et de la fin de la retenue et la durée de celle-ci figurent également sur un registre spécial, tenu à cet effet dans le local de police ou de gendarmerie. *(L. n° 2018-778 du 10 sept. 2018, art. 35, en vigueur le 1er janv. 2019)* « Ce registre peut être tenu sous forme dématérialisée. »

Si elle n'est suivie à l'égard de l'étranger qui a été retenu d'aucune procédure d'enquête ou d'exécution adressée à l'autorité judiciaire ou n'a donné lieu à aucune décision administrative, la vérification du droit de circulation ou de séjour ne peut donner lieu à une mise en mémoire sur fichiers et le procès-verbal, ainsi que toutes les pièces se rapportant à la vérification sont détruits dans un délai de six mois à compter de la fin de la retenue, sous le contrôle du procureur de la République.

Les prescriptions énumérées au présent article sont imposées à peine de nullité, sous réserve des dispositions de l'article L. 552-13.

II. — Lorsqu'un étranger, retenu en application de l'article 78-3 du code de procédure pénale, n'est pas en mesure de justifier de son droit de circuler ou de séjourner en France, le I du présent article s'applique et la durée de la retenue effectuée en application de ce même article 78-3 s'impute sur celle de la retenue pour vérification du droit de séjour.

III. — S'il apparaît, au cours de la retenue de l'étranger, que celui-ci doit faire l'objet d'un placement en garde à vue conformément aux articles 62 et suivants du code de procédure pénale, la durée de la retenue s'impute sur celle de la garde à vue.

Art. L. 611-2 *(L. n° 2011-672 du 16 juin 2011, art. 90)* « L'autorité administrative compétente, » les services de police et les unités de gendarmerie sont habilités à retenir le passeport ou le document de voyage des personnes de nationalité étrangère en situation irrégulière. Ils leur remettent en échange un récépissé valant justification de leur identité et sur lequel sont mentionnées la date de retenue et les modalités de restitution du document retenu. — *[Ord. n° 45-2658 du 2 nov. 1945, art. 8-1.]*

Art. L. 611-3 Afin de mieux garantir le droit au séjour des personnes en situation régulière et de lutter contre l'entrée et le séjour irréguliers des étrangers en France, les empreintes digitales ainsi qu'une photographie des ressortissants étrangers, non ressortissants d'un État membre de l'Union européenne, d'un autre État partie à l'accord sur l'Espace économique européen ou de la Confédération suisse, qui sollicitent la délivrance d'un titre de séjour en application de l'article L. 311-1 peuvent être relevées, mémorisées et faire l'objet d'un traitement automatisé dans les conditions fixées par la loi n° 78-17 du 6 janvier 1978 relative à l'informatique, aux fichiers et aux libertés *[V. C. données personnelles]*.

Il en est de même de ceux qui sont en situation irrégulière en France, qui font l'objet d'une mesure d'éloignement du territoire français ou qui, ayant été contrôlés à l'occasion du franchissement de la frontière en provenance d'un pays tiers aux États parties à la convention signée à Schengen le 19 juin 1990, ne remplissent pas les conditions d'entrée prévues à l'article *(L. n° 2018-778 du 10 sept. 2018, art. 22)* « 6 du règlement (UE) 2016/399 du Parlement européen et du Conseil du 9 mars 2016 concernant un code de l'Union » relatif au régime de franchissement des frontières par les personnes (code frontières Schengen) » ou à l'article L. 211-1. *(L. n° 2016-274 du 7 mars 2016, art. 46)* « Le refus de se soumettre à ces opérations est puni d'un an d'emprisonnement *(L. n° 2018-778 du 10 sept. 2018, art. 35, applicable aux infractions postérieures au 11 sept. 2018)* « , de 3 750 € d'amende et d'une interdiction du territoire français d'une durée n'excédant pas trois ans ». » — *[Ord. n° 45-2658 du 2 nov. 1945, art. 8-3, al. 1er.]*

(L. n° 2007-1631 du 20 nov. 2007, art. 62) « Il en est de même des *(L. n° 2011-672 du 16 juin 2011, art. 91-2°)* « étrangers » bénéficiaires de l'aide au retour mentionnée *(L. n° 2011-672 du 16 juin 2011, art. 91-2°)* « à l'article L. 512-5 ». »

Art. L. 611-4 En vue de l'identification d'un étranger qui n'a pas justifié des pièces ou documents visés à l'article L. 611-1 ou qui n'a pas présenté à l'autorité administrative compétente les documents de voyage permettant l'exécution de l'une des mesures mentionnées *(L. n° 2016-274 du 7 mars 2016, art. 57-I-10°)* « à l'article L. 624-1-1 » ou qui, à défaut de ceux-ci, n'a pas communiqué les renseignements permettant cette exécution, les données des fichiers automatisés des empreintes digitales gérés par le ministère de l'intérieur peuvent être consultées par les agents expressément habilités des services du ministère de l'intérieur et de la gendarmerie nationale, dans les conditions fixées par la loi n° 78-17 du 6 janvier 1978, relative à l'informatique, aux fichiers et aux libertés *[V. C. données personnelles]*. — *[Ord. n° 45-2658 du 2 nov. 1945, art. 8-3, al. 2.]*

Art. L. 611-5 Un décret en Conseil d'État, pris après avis de la Commission nationale de l'informatique et des libertés, fixe les modalités d'application des articles L. 611-3 et L. 611-4. Il précise la durée de conservation et les conditions de mise à jour des informations enregistrées, les modalités d'habilitation des personnes pouvant y accéder ainsi que, le cas échéant, les conditions dans lesquelles les personnes intéressées peuvent exercer leur droit d'accès. — *[Ord. n° 45-2658 du 2 nov. 1945, art. 8-3, al. 3.]*

Art. L. 611-6 Afin de mieux garantir le droit au séjour des personnes en situation régulière et de lutter contre l'entrée et le séjour irréguliers des étrangers en France, les empreintes digitales ainsi qu'une photographie des ressortissants étrangers qui sollicitent la délivrance, auprès d'un consulat ou à la frontière extérieure des États parties à la convention signée à Schengen le 19 juin 1990, d'un visa afin de séjourner en France ou sur le territoire d'un autre État partie à ladite convention peuvent être relevées, mémorisées et faire l'objet d'un traitement automatisé dans les conditions fixées par la loi n° 78-17 du 6 janvier 1978 relative à l'informatique, aux fichiers et aux libertés *[V. C. données personnelles]*.

Ces empreintes et cette photographie sont obligatoirement relevées en cas de délivrance d'un visa. – *[Ord. n° 45-2658 du 2 nov. 1945, art. 8-4, al. 1er et 2.]*

Art. L. 611-6-1 *(L. n° 2018-778 du 10 sept. 2018, art. 51, en vigueur le 1er févr. 2019)* Afin de mieux garantir la protection de l'enfance et de lutter contre l'entrée et le séjour irréguliers des étrangers en France, les empreintes digitales ainsi qu'une photographie des ressortissants étrangers se déclarant mineurs privés temporairement ou définitivement de la protection de leur famille peuvent être relevées, mémorisées et faire l'objet d'un traitement automatisé dans les conditions fixées par la loi n° 78-17 du 6 janvier 1978 relative à l'informatique, aux fichiers et aux libertés.

Le traitement de données ne comporte pas de dispositif de reconnaissance faciale à partir de la photographie.

Les données peuvent être relevées dès que la personne se déclare mineure. La conservation des données des personnes reconnues mineures est limitée à la durée strictement nécessaire à leur prise en charge et à leur orientation, en tenant compte de leur situation personnelle.

Un décret en Conseil d'État, pris après avis publié et motivé de la Commission nationale de l'informatique et des libertés, fixe les modalités d'application du présent article. Il précise la durée de conservation des données enregistrées et les conditions de leur mise à jour, les catégories de personnes pouvant y accéder ou en être destinataires ainsi que les modalités d'exercice des droits des personnes concernées.

Art. L. 611-7 Un décret en Conseil d'État, pris après avis de la Commission nationale de l'informatique et des libertés, fixe les modalités d'application de l'article L. 611-6. Il précise la durée de conservation et les conditions de mise à jour des informations enregistrées, les catégories de personnes pouvant y accéder et les modalités d'habilitation de celles-ci ainsi que, le cas échéant, les conditions dans lesquelles les personnes intéressées peuvent exercer leur droit d'accès. – *[Ord. n° 45-2658 du 2 nov. 1945, art. 8-4, al. 3.] – V. art. R. 611-1 s.*

Art. L. 611-8 Dans une zone comprise entre la frontière terrestre de la France avec les États parties à la convention signée à Schengen le 19 juin 1990 et une ligne tracée à vingt kilomètres en deçà, les officiers de police judiciaire, assistés des agents de police judiciaire et des agents de police judiciaire adjoints mentionnés aux articles 20 et 21 (1°) du code de procédure pénale, peuvent procéder, avec l'accord du conducteur ou, à défaut, sur instructions du procureur de la République, à la visite sommaire des véhicules circulant sur la voie publique, à l'exclusion des voitures particulières, en vue de *(L. n° 2012-1560 du 31 déc. 2012, art. 5)* « vérifier le respect des obligations de détention, de port et de présentation des pièces ou documents prévus à l'article L. 611-1 ou de » rechercher et constater les infractions relatives à l'entrée et au séjour des étrangers en France. – *[Ord. n° 45-2658 du 2 nov. 1945, art. 8-2, al. 1er.]*

Art. L. 611-9 Lorsqu'il existe une section autoroutière commençant dans la zone mentionnée à l'article L. 611-8 et que le premier péage autoroutier se situe au-delà de la ligne des vingt kilomètres, la visite peut en outre avoir lieu jusqu'à ce premier péage sur les aires de stationnement ainsi que sur le lieu de ce péage et les aires de stationnement attenantes. – *Jusqu'à l'entrée en vigueur de la partie réglementaire du CESEDA, les péages concernés par cette disposition sont désignés par arrêté (art. 8-2, Ord. n° 45-2658 du 2 nov. 1945). – V. Arr. du 13 juill. 2004, ss.* ***C. pr. pén.****, art. 78-2.*

Dans l'attente des instructions du procureur de la République, le véhicule peut être immobilisé pour une durée qui ne peut excéder quatre heures.

La visite, dont la durée est limitée au temps strictement nécessaire, se déroule en présence du conducteur et donne lieu à l'établissement d'un procès-verbal mentionnant les dates et heures du début et de la fin des opérations. Un exemplaire de ce procès-verbal est remis au conducteur et un autre transmis sans délai au procureur de la République. – *[Ord. n° 45-2658 du 2 nov. 1945, art. 8-2, al. 2 à 4.]*

Art. L. 611-10 Les dispositions des articles L. 611-8 et L. 611-9 sont applicables, en Guyane, dans une zone comprise entre les frontières terrestres et une ligne tracée à vingt kilomètres en deçà *(L. n° 2006-911 du 24 juill. 2006, art. 101-I)* « ainsi que sur la route nationale 2 sur le territoire des communes de Saint-Georges et de Régina et sur la route

départementale 6 et la route nationale 2 sur la commune de Roura ». – *[Ord. n° 45-2658 du 2 nov. 1945, art. 8-2, dernier al.]*

Art. L. 611-11 *(L. n° 2011-672 du 16 juin 2011, art. 69-1° et 111) (L. n° 2018-778 du 10 sept. 2018, art. 68-3°, en vigueur le 1er mars 2019)* **« Les visites sommaires prévues aux articles L. 611-8 et L. 611-9 peuvent être effectuées sur l'ensemble du territoire de Mayotte. Il en est de même en Guadeloupe » dans une zone comprise entre le littoral et une ligne tracée à un kilomètre en deçà, ainsi que sur les routes nationales 1 et 4** *(L. n° 2016-274 du 7 mars 2016, art. 47-I)* **« , et en Martinique dans une zone comprise entre le littoral et une ligne tracée à un kilomètre en deçà, ainsi que sur les routes nationales 1, 2, 3, 5 et 6 et sur la route départementale 1 ».**

Il en est de même *(Ord. n° 2014-464 du 7 mai 2014, art. 17 et 23, en vigueur le 26 mai 2014) (Abrogé par L. n° 2018-778 du 10 sept. 2018, art. 68-3°, au plus tard à compter du 1er mars 2019)* ***« à Mayotte, »*** **à Saint-Barthélemy et à Saint-Martin dans une zone comprise entre le littoral et une ligne tracée à un kilomètre en deçà.**

Art. L. 611-12 *(L. n° 2016-274 du 7 mars 2016, art. 48 et 67-II, en vigueur le 1er nov. 2016)* **Sans que s'y oppose le secret professionnel autre que le secret médical, les autorités ainsi que les personnes privées mentionnées aux 1° à 8° du présent article transmettent à l'autorité administrative compétente, agissant dans le cadre de l'instruction d'une première demande de titre ou d'une demande de renouvellement de titre ou dans le cadre des contrôles prévus à l'article L. 313-5-1, les documents et les informations nécessaires au contrôle de la sincérité et de l'exactitude des déclarations souscrites ou au contrôle de l'authenticité des pièces produites en vue de l'attribution d'un droit au séjour ou de sa vérification.**

Ce droit de communication s'exerce sur demande de l'autorité administrative compétente, de manière ponctuelle et à titre gratuit, quel que soit le support utilisé pour la conservation des documents, auprès :

1° Des autorités dépositaires des actes d'état civil ;

2° Des administrations chargées du travail et de l'emploi ;

3° Des organismes de sécurité sociale et de l'institution mentionnée à l'article L. 5312-1 du code du travail ;

4° Des établissements scolaires et des établissements d'enseignement supérieur ;

5° Des fournisseurs d'énergie et des services de communications électroniques ;

6° Des établissements de santé publics et privés ;

7° Des établissements bancaires et des organismes financiers ;

8° Des greffes des tribunaux de commerce.

Pour l'application du 5° du présent article, le droit de communication ne peut porter sur les données techniques définies à l'article L. 34-1 du code des postes et des communications électroniques.

L'autorité administrative compétente est tenue d'informer la personne dont elle s'apprête à retirer la carte de séjour sur le fondement d'informations ou de documents recueillis auprès des autorités ou des personnes privées mentionnées aux 1° à 8° du présent article de la teneur et de l'origine des informations et documents ainsi obtenus. Elle communique une copie des documents susmentionnés à l'intéressé s'il en fait la demande.

La conservation des *(Ord. n° 2018-1125 du 12 déc. 2018, art. 8 et 29, en vigueur le 1er juin 2019)* **« données à caractère personnel » contenues dans les documents et les informations transmis en application du présent article ne peut excéder la durée cumulée du titre de séjour dont l'étranger est titulaire et, le cas échéant, de la procédure de renouvellement dudit titre. La durée de conservation est prolongée jusqu'à l'épuisement des voies et délais de recours contre les décisions administratives prononcées sur le fondement d'informations transmises en application du présent article et, si un recours a été déposé, jusqu'à ce que la juridiction compétente ait statué.**

A la demande de l'étranger, les données à caractère personnel le concernant sont, selon le cas, rectifiées, complétées, mises à jour ou effacées si elles sont inexactes, incomplètes ou périmées ou si leur collecte, leur utilisation, leur communication ou leur conservation n'est pas compatible avec les finalités déterminées au premier alinéa.

Un décret en Conseil d'État, pris après avis de la Commission nationale de l'informatique et des libertés, détermine les modalités d'application du présent article. Il définit notamment la nature des documents et des informations susceptibles d'être communiqués à l'autorité administrative compétente par chacune des autorités ou des personnes privées mentionnées aux 1° à 8°.

TITRE II Sanctions

CHAPITRE PREMIER *Entrée irrégulière*

(L. n° 2012-1560 du 31 déc. 2012, art. 8-I)

Art. L. 621-1 *Abrogé par L. n° 2012-1560 du 31 déc. 2012, art. 8.*

Art. L. 621-2 *(L. n° 2012-1560 du 31 déc. 2012, art. 8)* « Est puni d'une peine d'emprisonnement d'un an et d'une amende de 3 750 € » l'étranger qui n'est pas ressortissant d'un État membre de l'Union européenne :

1° S'il a pénétré sur le territoire métropolitain sans remplir les conditions mentionnées aux points *a*, *b* ou *c* du paragraphe 1 de l'article 5 *(L. n° 2011-672 du 16 juin 2011, art. 92-1°)* « du règlement (CE) n° 562/2006 du Parlement européen et du Conseil, du 15 mars 2006, établissant un code communautaire relatif au régime de franchissement des frontières par les personnes (code frontières Schengen) et sans avoir été admis sur le territoire en application des points *a* et *c* du paragraphe 4 de l'article 5 de ce même règlement » ; il en est de même lorsque l'étranger fait l'objet d'un signalement aux fins de non-admission en application d'une décision exécutoire prise par un autre État partie *(L. n° 2011-672 du 16 juin 2011, art. 92-1°)* « à la convention signée à Schengen le 19 juin 1990 » ;

(Abrogé par L. n° 2018-778 du 10 sept. 2018, art. 35) « 2° Ou si, en provenance directe du territoire d'un État partie à cette convention, il est entré (Abrogé par L. n° 2012-1560 du 31 déc. 2012, art. 8) « ou a séjourné » sur le territoire métropolitain sans se conformer aux stipulations de ses articles 19, paragraphe 1 ou 2, 20, paragraphe 1, et 21, paragraphe 1 ou 2, à l'exception des conditions mentionnées au point e du paragraphe 1 de l'article 5 (L. n° 2011-672 du 16 juin 2011, art. 92-2°) « du règlement (CE) n° 562/2006 du Parlement européen et du Conseil, du 15 mars 2006, précité » et au point d lorsque le signalement aux fins de non-admission ne résulte pas d'une décision exécutoire prise par un autre État partie à la convention ; » – [Ord. n° 45-2658 du 2 nov. 1945, art. 19-II.]

(L. n° 2012-1560 du 31 déc. 2012, art. 8) « 3° Ou s'il a pénétré en Guadeloupe, en Guyane, en Martinique, *(Ord. n° 2014-464 du 7 mai 2014, art. 18 et 23, en vigueur le 26 mai 2014)* « à Mayotte, » à La Réunion, à Saint-Barthélemy, à Saint-Martin ou à Saint-Pierre-et-Miquelon sans se conformer à l'article L. 211-1 du présent code.

« La juridiction peut, en outre, interdire à l'étranger condamné, pendant une durée qui ne peut excéder trois ans, de pénétrer ou de séjourner en France. L'interdiction du territoire emporte de plein droit reconduite du condamné à la frontière, le cas échéant à l'expiration de la peine d'emprisonnement.

« Pour l'application du présent article, l'action publique ne peut être mise en mouvement que lorsque les faits ont été constatés dans les circonstances prévues à l'article 53 du code de procédure pénale. »

CHAPITRE II *Aide à l'entrée et au séjour irréguliers*

Art. L. 622-1 *(L. n° 2012-1560 du 31 déc. 2012, art. 11)* « Sous réserve des exemptions prévues à l'article L. 622-4, » toute personne qui aura, par aide directe ou indirecte, facilité ou tenté de faciliter l'entrée, la circulation ou le séjour irréguliers, d'un étranger en France sera punie d'un emprisonnement de cinq ans et d'une amende de 30 000 €.

(L. n° 2012-1560 du 31 déc. 2012, art. 11) « Sous réserve des exemptions prévues à l'article L. 622-4, » sera puni des mêmes peines celui qui, quelle que soit sa nationalité, aura commis le délit défini au premier alinéa du présent article alors qu'il se trouvait sur le territoire d'un État partie à la convention signée à Schengen le 19 juin 1990 autre que la France.

(L. n° 2012-1560 du 31 déc. 2012, art. 11) « Sous réserve des exemptions prévues à l'article L. 622-4, » sera puni des mêmes peines celui qui aura facilité ou tenté de faciliter l'entrée, la circulation ou le séjour irréguliers d'un étranger sur le territoire d'un autre État partie à la convention signée à Schengen le 19 juin 1990.

(L. n° 2012-1560 du 31 déc. 2012, art. 11) « Sous réserve des exemptions prévues à l'article L. 622-4, » sera puni de mêmes peines celui qui aura facilité ou tenté de faciliter l'entrée, la circulation ou le séjour irréguliers d'un étranger sur le territoire d'un État partie au protocole contre le trafic illicite de migrants par terre, air et mer, additionnel à la convention des Nations unies contre la criminalité transnationale organisée, signée à Palerme le 12 décembre 2000.

Les dispositions du précédent alinéa sont applicables en France à compter de la date de publication au *Journal officiel* de la République française de ce protocole. – *[Ord. nº 45-2658 du 2 nov. 1945, art. 21-I, al. 1er à 4.]*

Art. L. 622-2 Pour l'application des deuxième, troisième et quatrième alinéas de l'article L. 622-1, la situation irrégulière de l'étranger est appréciée au regard de la législation de l'État partie intéressé. En outre, les poursuites ne pourront être exercées à l'encontre de l'auteur de l'infraction que sur une dénonciation officielle ou sur une attestation des autorités compétentes de l'État membre ou de l'État partie intéressé.

Aucune poursuite ne pourra être exercée contre une personne justifiant qu'elle a été jugée définitivement à l'étranger pour les mêmes faits et, en cas de condamnation, que la peine a été subie ou prescrite. – *[Ord. nº 45-2658 du 2 nov. 1945, art. 21-I, al. 5 et 6.]*

Art. L. 622-3 Les personnes physiques coupables de l'un des délits prévus à l'article L. 622-1 encourent également les peines complémentaires suivantes :

1° L'interdiction de séjour pour une durée de cinq ans au plus ;

2° La suspension, pour une durée de cinq ans au plus, du permis de conduire. Cette durée peut être doublée en cas de récidive ;

3° Le retrait temporaire ou définitif de l'autorisation administrative d'exploiter soit des services occasionnels à la place ou collectifs, soit un service régulier, ou un service de navettes de transports internationaux ;

4° La confiscation de la chose qui a servi ou était destinée à commettre l'infraction, notamment tout moyen de transport ou équipement terrestre, fluvial, maritime ou aérien, ou de la chose qui en est le produit. Les frais résultant des mesures nécessaires à l'exécution de la confiscation seront à la charge du condamné. Ils seront recouvrés comme frais de justice ;

5° L'interdiction, pour une durée de cinq ans au plus, d'exercer l'activité professionnelle ou sociale à l'occasion de laquelle l'infraction a été commise, sous les réserves mentionnées à l'article 131-27 du code pénal. Toute violation de cette interdiction sera punie d'un emprisonnement de deux ans et d'une amende de 30 000 € ;

6° L'interdiction du territoire français pour une durée de dix ans au plus dans les conditions prévues par les articles 131-30 à 131-30-2 du code pénal *[V. art. L. 541-1]*. L'interdiction du territoire français entraîne de plein droit la reconduite du condamné à la frontière, le cas échéant, à l'expiration de sa peine d'emprisonnement. – *[Ord. nº 45-2658 du 2 nov. 1945, art. 21-II, al. 4 à 11.]*

Art. L. 622-4 Sans préjudice des articles *(Abrogé par L. nº 2012-1560 du 31 déc. 2012, art. 12-1º)* « *L. 621-1,* » L. 621-2, L. 623-1, L. 623-2 et L. 623-3, ne peut donner lieu à des poursuites pénales sur le fondement des articles L. 622-1 à L. 622-3 l'aide *(L. nº 2018-778 du 10 sept. 2018, art. 38)* « à la circulation ou au séjour irréguliers » d'un étranger lorsqu'elle est le fait :

1° Des ascendants ou descendants de l'étranger, de leur conjoint, des frères et sœurs de l'étranger ou de leur conjoint *(Abrogé par L. nº 2012-1560 du 31 déc. 2012, art. 12-2º)* « *, sauf si les époux sont séparés de corps, ont un domicile distinct ou ont été autorisés à résider séparément* » ;

2° Du conjoint de l'étranger, *(Abrogé par L. nº 2012-1560 du 31 déc. 2012, art. 12-3º)* « *sauf si les époux sont séparés de corps, ont été autorisés à résider séparément ou si la communauté de vie a cessé, ou* » de la personne qui vit notoirement en situation maritale avec lui *(L. nº 2012-1560 du 31 déc. 2012, art. 12-3º)* « , ou des ascendants, descendants, frères et sœurs du conjoint de l'étranger ou de la personne qui vit notoirement en situation maritale avec lui » ;

(L. nº 2018-778 du 10 sept. 2018, art. 38) « 3° De toute personne physique ou morale lorsque l'acte reproché n'a donné lieu à aucune contrepartie directe ou indirecte et a consisté à fournir des conseils ou accompagnements juridiques, linguistiques ou sociaux, ou toute autre aide apportée dans un but exclusivement humanitaire. »

(L. nº 2006-911 du 24 juill. 2006, art. 41) « Les exceptions prévues aux 1° et 2° ne s'appliquent pas lorsque l'étranger bénéficiaire de l'aide *(L. nº 2018-778 du 10 sept. 2018, art. 38)* « à la circulation ou au séjour irréguliers » vit en état de polygamie ou lorsque cet étranger est le conjoint d'une personne polygame résidant en France avec le premier conjoint. »

Art. L. 622-5 Les infractions prévues à l'article L. 622-1 sont punies de dix ans d'emprisonnement et de 750 000 € d'amende :

1° Lorsqu'elles sont commises en bande organisée ;

2° Lorsqu'elles sont commises dans des circonstances qui exposent directement les étrangers à un risque immédiat de mort ou de blessures de nature à entraîner une mutilation ou une infirmité permanente ;

3° Lorsqu'elles ont pour effet de soumettre les étrangers à des conditions de vie, de transport, de travail ou d'hébergement incompatibles avec la dignité de la personne humaine ;

4° Lorsqu'elles sont commises au moyen d'une habilitation ou d'un titre de circulation en zone réservée d'un aérodrome ou d'un port ;

5° Lorsqu'elles ont comme effet, pour des mineurs étrangers, de les éloigner de leur milieu familial ou de leur environnement traditionnel. – *[Ord. nº 45-2658 du 2 nov. 1945, art. 21 bis-I.]*

Art. L. 622-6 Outre les peines complémentaires prévues à l'article L. 622-3, les personnes physiques condamnées au titre des infractions visées à l'article L. 622-5 encourent également la peine complémentaire de confiscation de tout ou partie de leurs biens, quelle qu'en soit la nature, meubles ou immeubles, divis ou indivis. – *[Ord. nº 45-2658 du 2 nov. 1945, art. 21 bis-II.]*

Art. L. 622-7 Les étrangers condamnés au titre de l'un des délits prévus à l'article L. 622-5 encourent également l'interdiction définitive du territoire français, dans les conditions prévues par les articles 131-30 à 131-30-2 du code pénal *[V. art. L. 541-1]*. – *[Ord. nº 45-2658 du 2 nov. 1945, art. 21 bis-III.]*

Art. L. 622-8 *(L. nº 2009-526 du 12 mai 2009, art. 125-X, 1º)* « Les personnes morales déclarées responsables pénalement, dans les conditions prévues par l'article 121-2 du code pénal, des infractions définies aux articles L. 622-1 et L. 622-5 encourent, outre l'amende suivant les modalités prévues par l'article 131-38 du code pénal, les peines prévues par les 1° à 5°, 8° et 9° de l'article 131-39 du même code. »

L'interdiction visée au 2° de l'article 131-39 du code pénal porte sur l'activité dans l'exercice ou à l'occasion de l'exercice de laquelle l'infraction a été commise. – *[Ord. nº 45-2658 du 2 nov. 1945, art. 21 ter, al. 1er à 5.]*

Art. L. 622-9 En cas de condamnation pour les infractions prévues à l'article L. 622-5, le tribunal pourra prononcer la confiscation de tout ou partie des biens des personnes morales condamnées, quelle qu'en soit la nature, meubles ou immeubles, divis ou indivis. – *[Ord. nº 45-2658 du 2 nov. 1945, art. 21 ter, dernier al.]*

Art. L. 622-10 *(L. nº 2016-274 du 7 mars 2016, art. 49)* En Guyane, en Guadeloupe, en Martinique, à Mayotte, à Saint-Barthélemy et à Saint-Martin, le procureur de la République peut, au cours de l'enquête ou si aucune juridiction n'a été saisie ou lorsque la juridiction saisie a épuisé sa compétence sans avoir statué sur le sort des scellés, ordonner la destruction ou l'immobilisation, par la neutralisation de tout moyen indispensable à leur fonctionnement, des embarcations, des véhicules terrestres et des aéronefs qui ont servi à commettre les infractions mentionnées aux articles L. 622-1 et L. 622-2, constatées par procès-verbal.

Les décisions du procureur de la République prises en application du présent article sont motivées.

Elles sont notifiées par tout moyen aux personnes ayant des droits sur le bien, si celles-ci sont connues, et aux personnes mises en cause.

Les décisions d'immobilisation d'un bien peuvent être contestées selon les règles prévues à l'article 41-4 du code de procédure pénale.

Les décisions de destruction d'un bien prises par le procureur de la République peuvent être contestées par les personnes mentionnées au troisième alinéa du présent article, dans un délai de quarante-huit heures à compter de la notification de la décision, par voie de requête, devant le président de la chambre de l'instruction, qui se prononce dans un délai de quinze jours. Le recours contre la décision de destruction est suspensif. La personne mise en cause et les personnes ayant des droits sur le bien peuvent adresser toutes observations écrites ou être entendues par le président de la chambre de l'instruction. Lorsque la personne mise en cause n'a pas fait connaître son opposition et que, au terme d'un délai de quinze jours à compter de la date de la décision de destruction, le propriétaire ou l'ayant droit supposé n'a pu être identifié ou averti et ne s'est pas manifesté, la procédure est réputée contradictoire et la décision du procureur de la République peut être exécutée.

CHAPITRE III *Reconnaissance d'enfant et mariage contracté à seule fin d'obtenir ou de faire obtenir un titre de séjour ou la nationalité française* (L. n° 2006-911 du 24 juill. 2006, art. 90-I).

Art. L. 623-1 Le fait de contracter un mariage *(L. n° 2006-911 du 24 juill. 2006, art. 90-II, 1°)* « ou de reconnaître un enfant aux seules fins d'obtenir, ou de faire obtenir, un titre de séjour ou le bénéfice d'une protection contre l'éloignement », ou aux seules fins d'acquérir, ou de faire acquérir, la nationalité française est puni de cinq ans d'emprisonnement et de 15 000 € d'amende. *(L. n° 2011-672 du 16 juin 2011, art. 33)* « Ces peines sont également encourues lorsque l'étranger qui a contracté mariage a dissimulé ses intentions à son conjoint. »

Ces mêmes peines sont applicables en cas d'organisation ou de tentative d'organisation d'un mariage *(L. n° 2006-911 du 24 juill. 2006, art. 90-II, 2°)* « ou d'une reconnaissance d'enfant » aux mêmes fins.

Elles sont portées à dix ans d'emprisonnement et à 750 000 € d'amende lorsque l'infraction est commise en bande organisée. – *[Ord. n° 45-2658 du 2 nov. 1945, art. 21 quater-I, al. 1er à 3.]*

Art. L. 623-2 Les personnes physiques coupables de l'une ou l'autre des infractions visées à l'article L. 623-1 encourent également les peines complémentaires suivantes :

1° L'interdiction de séjour pour une durée de cinq ans au plus ;

2° L'interdiction du territoire français, dans les conditions prévues par les articles 131-30 à 131-30-2 du code pénal, pour une durée de dix ans au plus ou à titre définitif ;

3° L'interdiction, pour une durée de cinq ans au plus, d'exercer l'activité professionnelle ou sociale à l'occasion de laquelle l'infraction a été commise, sous les réserves mentionnées à l'article 131-27 du code pénal.

Les personnes physiques condamnées au titre de l'infraction visée au troisième alinéa de l'article L. 623-1 encourent également la peine complémentaire de confiscation de tout ou partie de leurs biens, quelle qu'en soit la nature, meubles ou immeubles, divis ou indivis. – *[Ord. n° 45-2658 du 2 nov. 1945, art. 21 quater-I, al. 4 à 8.]*

Art. L. 623-3 *(L. n° 2009-526 du 12 mai 2009, art. 125-X, 2°)* « Les personnes morales déclarées responsables pénalement, dans les conditions prévues par l'article 121-2 du code pénal, des infractions définies aux deuxième et troisième alinéas de l'article L. 623-1 encourent, outre l'amende suivant les modalités prévues par l'article 131-38 du code pénal, les peines prévues par les 1° à 5° et 9° de l'article 131-39 du même code. »

L'interdiction visée au 2° de l'article 131-39 du même code porte sur l'activité dans l'exercice ou à l'occasion de l'exercice de laquelle l'infraction a été commise.

Les personnes morales condamnées au titre de l'infraction visée au troisième alinéa de l'article L. 623-1 encourent également la peine de confiscation de tout ou partie de leurs biens, quelle qu'en soit la nature, meubles ou immeubles, divis ou indivis. – *[Ord. n° 45-2658 du 2 nov. 1945, art. 21 quater, II.]*

CHAPITRE IV *Méconnaissance des mesures d'éloignement ou d'assignation à résidence*

Art. L. 624-1 *(L. n° 2012-1560 du 31 déc. 2012, art. 9-I)* « Tout étranger qui, faisant l'objet d'un arrêté d'expulsion, d'une mesure de reconduite à la frontière, d'une obligation de quitter le territoire français *(L. n° 2014-1353 du 13 nov. 2014, art. 2)* « , d'une interdiction administrative du territoire » ou d'une interdiction judiciaire du territoire, se sera maintenu irrégulièrement sur le territoire français sans motif légitime, après avoir fait l'objet d'une mesure régulière de placement en rétention ou d'assignation à résidence ayant pris fin sans qu'il ait pu être procédé à son éloignement, sera puni d'un an d'emprisonnement et de 3 750 € d'amende. »

(Abrogé par L. n° 2016-274 du 7 mars 2016, art. 57-I-11°) (L. n° 2011-672 du 16 juin 2011, art. 94) « Tout étranger qui se sera soustrait ou qui aura tenté de se soustraire à l'exécution d'une mesure de refus d'entrée en France, (L. n° 2014-1353 du 13 nov. 2014, art. 2) « d'une interdiction administrative du territoire, » d'un arrêté d'expulsion, d'une mesure de reconduite à la frontière ou d'une obligation de quitter le territoire français ou qui, expulsé ou ayant fait l'objet d'une interdiction judiciaire du territoire, (L. n° 2014-1353 du 13 nov. 2014, art. 2) « d'une interdiction administrative du territoire, » d'une interdiction de retour sur le territoire français ou d'un arrêté de reconduite à la frontière pris moins de trois ans auparavant en application de l'article L. 533-1, aura pénétré de nouveau sans autorisation en France sera puni d'une peine de trois ans d'emprisonnement.

« La même peine sera applicable à tout étranger qui n'aura pas présenté à l'autorité administrative compétente les documents de voyage permettant l'exécution de l'une des mesures mentionnées au (L. n° 2012-1560 du 31 déc. 2012, art. 9-II) « deuxième » alinéa ou qui, à défaut de ceux-ci, n'aura pas communiqué les renseignements permettant cette exécution ou aura communiqué des renseignements inexacts sur son identité. » — [Ord. n° 45-2658 du 2 nov. 1945, art. 27, al. 1er et 2.]

Art. L. 624-1-1 *(L. n° 2016-274 du 7 mars 2016, art. 43) (L. n° 2018-778 du 10 sept. 2018, art. 36)* « Tout étranger qui se soustrait ou qui tente de se soustraire à l'exécution d'une mesure de refus d'entrée en France, d'une interdiction administrative du territoire, d'un arrêté d'expulsion, d'une mesure de reconduite à la frontière ou d'une obligation de quitter le territoire français est puni d'une peine de trois ans d'emprisonnement. Cette peine est également applicable à l'étranger qui refuse de se soumettre aux modalités de transport qui lui sont désignées pour l'exécution d'office de la mesure dont il fait l'objet.

« Tout étranger qui, expulsé ou ayant fait l'objet d'une interdiction judiciaire du territoire, d'une interdiction administrative du territoire, d'une interdiction de retour sur le territoire français ou d'une interdiction de circulation sur le territoire français, pénètre de nouveau sans autorisation en France est puni de trois ans d'emprisonnement. »

La *(L. n° 2018-778 du 10 sept. 2018, art. 36)* « peine prévue au deuxième alinéa du présent article » est applicable à l'étranger maintenu en zone d'attente ou en rétention administrative qui se soustrait ou tente de se soustraire à la mesure de surveillance dont il fait l'objet. *(L. n° 2018-778 du 10 sept. 2018, art. 36)* « Elle » est portée à cinq ans d'emprisonnement lorsque les faits sont commis par violence, effraction ou corruption et à sept ans d'emprisonnement lorsque les faits sont commis en réunion ou sous la menace d'une arme ou d'une substance explosive, incendiaire ou toxique. Les mêmes peines sont applicables à toute personne qui sciemment, par aide ou par assistance, facilite la préparation ou la commission des infractions prévues au présent alinéa.

La peine prévue au *(L. n° 2018-778 du 10 sept. 2018, art. 36)* « deuxième » alinéa est applicable à tout étranger qui ne présente pas à l'autorité administrative compétente les documents de voyage permettant l'exécution de l'une des mesures mentionnées au premier alinéa ou qui, à défaut de ceux-ci, ne communique pas les renseignements permettant cette exécution ou communique des renseignements inexacts sur son identité.

Art. L. 624-2 Le tribunal pourra, en outre, prononcer à l'encontre de l'étranger condamné l'interdiction du territoire pour une durée n'excédant pas *(L. n° 2012-1560 du 31 déc. 2012, art. 10 ; L. n° 2016-274 du 7 mars 2016, art. 57-I-12°)* « trois ans dans le cas prévu à l'article L. 624-1 et dix ans dans les cas prévus à l'article L. 624-1-1 ».

L'interdiction du territoire emporte de plein droit reconduite à la frontière de l'étranger condamné, le cas échéant, à l'expiration de sa peine d'emprisonnement. — *[Ord. n° 45-2658 du 2 nov. 1945, art. 27, al. 3 et 4.]*

Art. L. 624-3 Tout étranger qui se sera soustrait ou qui aura tenté de se soustraire à l'exécution d'une décision prise en application des articles L. 531-1 *(L. n° 2018-778 du 10 sept. 2018, art. 36)* « , L. 531-2 et L. 742-3 » ou qui, ayant déféré à cette décision, aura pénétré de nouveau sans autorisation en France sera puni de trois ans d'emprisonnement.

La juridiction pourra, en outre, prononcer à l'encontre du condamné l'interdiction du territoire pour une durée n'excédant pas trois ans.

L'interdiction du territoire emporte de plein droit reconduite à la frontière de l'étranger condamné, le cas échéant, à l'expiration de sa peine d'emprisonnement. — *[Ord. n° 45-2658 du 2 nov. 1945, art. 33, dernier al.]*

Art. L. 624-4 Les étrangers qui n'auront pas rejoint dans les délais prescrits la résidence qui leur est assignée en application des articles *(L. n° 2011-672 du 16 juin 2011, art. 70-II et 111, en vigueur le 18 juill. 2011 ; L. n° 2016-274 du 7 mars 2016, art. 51)* « L. 523-3, L. 523-4, L. 523-5, L. 561-1 ou L. 561-2 » ou qui, ultérieurement, ont quitté cette résidence sans autorisation *(L. n° 2007-1631 du 20 nov. 2007, art. 50-3°)* « de l'autorité administrative, » sont passibles d'une peine d'emprisonnement de trois ans. — *[Ord. n° 45-2658 du 2 nov. 1945, art. 28, dernier al.]*

(L. n° 2011-267 du 14 mars 2011, art. 116-2° et 117) « Les étrangers visés à l'article *(L. n° 2012-1432 du 21 déc. 2012, art. 10-I)* « L. 571-3 » qui n'ont pas respecté les prescriptions liées *(L. n° 2019-222 du 23 mars 2019, art. 74-X)* « à la détention à domicile » sous surveillance électronique sont passibles d'une peine d'emprisonnement d'un an.

« Les étrangers astreints à résider dans les lieux qui leur sont fixés en application des articles L. 523-3, L. 523-4, L. 523-5 *(L. n° 2014-1353 du 13 nov. 2014, art. 2)* « , L. 541-3 ou du 6° de l'article L. 561-1 » et qui n'ont pas respecté les obligations de présentation aux services de police et aux unités de gendarmerie prévues à l'article *(L. n° 2011-672 du 16 juin 2011, art. 70-I et 111, en vigueur le 18 juill. 2011)* « **L. 561-1** » sont passibles d'une peine d'emprisonnement d'un an. »

(L. n° 2014-1353 du 13 nov. 2014, art. 3-II) « La même peine d'emprisonnement d'un an est applicable aux étrangers qui n'ont pas respecté les interdictions qui leur sont prescrites en application de l'article **L. 563-1**. » — *Les dispositions introduites par la L. n° 2011-267 du 14 mars 2011 ne sont pas applicables à Mayotte, dans les îles Wallis-et-Futuna, en Nouvelle-Calédonie, dans les Terres australes et antarctiques françaises (L. préc., art. 125).*

CHAPITRE V *Méconnaissance des obligations incombant aux entreprises de transport*

Art. L. 625-1 Est punie d'une amende d'un montant maximum de *(L. n° 2016-274 du 7 mars 2016, art. 52)* « 10 000 € » l'entreprise de transport aérien ou maritime qui débarque sur le territoire français, en provenance d'un *(L. n° 2016-274 du 7 mars 2016, art. 52)* « État avec lequel ne s'applique pas l'acquis de Schengen », un étranger non ressortissant d'un État de l'Union européenne et démuni du document de voyage et, le cas échéant, du visa requis par la loi ou l'accord international qui lui est applicable en raison de sa nationalité.

Est punie de la même amende l'entreprise de transport aérien ou maritime qui débarque, dans le cadre du transit, un étranger non ressortissant d'un État membre de l'Union européenne et démuni du document de voyage ou du visa requis par la loi ou l'accord international qui lui est applicable compte tenu de sa nationalité et de sa destination. — *[Ord. n° 45-2658 du 2 nov. 1945, art. 20 bis-I, al. 1er et 2.]*

Art. L. 625-2 Le manquement est constaté par un procès-verbal établi par un fonctionnaire appartenant à l'un des corps dont la liste est définie par décret en Conseil d'État. Copie du procès-verbal est remise à l'entreprise de transport intéressée. Le manquement ainsi relevé donne lieu à une amende prononcée par l'autorité administrative compétente *[le ministre de l'Intérieur]*. L'amende peut être prononcée autant de fois qu'il y a de passagers concernés. Son montant est versé au Trésor public par l'entreprise de transport.

L'entreprise de transport a accès au dossier et est mise à même de présenter ses observations écrites dans un délai d'un mois sur le projet de sanction de l'administration. La décision de l'autorité administrative *[le ministre]*, qui est motivée, est susceptible d'un recours de pleine juridiction.

L'autorité administrative *[Le ministre]* ne peut infliger d'amende à raison de faits remontant à plus d'un an. — *[Ord. n° 45-2658 du 2 nov. 1945, art. 20 bis-I, al. 3 à 5.]*

Art. L. 625-3 *(Abrogé par L. n° 2016-274 du 7 mars 2016, art. 52) **L'amende prévue à l'article L. 625-1 est réduite à 3 000 € par passager lorsque l'entreprise a mis en place et utilise, sur le lieu d'embarquement des passagers, un dispositif agréé de numérisation et de transmission, aux autorités françaises chargées du contrôle aux frontières, des documents de voyage et des visas.***

Un décret en Conseil d'État, pris après avis de la Commission nationale de l'informatique et des libertés, fixe les modalités d'application de l'alinéa précédent. Il précise la durée de conservation des données et les conditions de mise à jour des informations enregistrées, les catégories de personnes pouvant y accéder et les modalités d'habilitation de celles-ci ainsi que, le cas échéant, les conditions dans lesquelles les personnes intéressées peuvent exercer leur droit d'accès.

Art. L. 625-4 Lorsque l'étranger débarqué en France est un mineur sans représentant légal, la somme de *(L. n° 2016-274 du 7 mars 2016, art. 52)* « 10 000 € » doit être immédiatement consignée auprès du fonctionnaire visé au premier alinéa de l'article L. 625-2. Tout ou partie de cette somme est restituée à l'entreprise selon le montant de l'amende prononcée ultérieurement par *(L. n° 2007-1631 du 20 nov. 2007, art. 50, 4°)* « l'autorité administrative ». Si l'entreprise ne consigne pas la somme, le montant de l'amende est porté *(L. n° 2016-274 du 7 mars 2016, art. 52)* « à 20 000 € ».

Un décret en Conseil d'État fixe les conditions de cette consignation et de son éventuelle restitution, en particulier le délai maximal dans lequel cette restitution doit intervenir. — *[Ord. n° 45-2658 du 2 nov. 1945, art. 20 bis-I, al. 8.]* — *V. art. R. 625-13 s.*

Art. L. 625-5 Les amendes prévues aux articles L. 625-1 *(Abrogé par L. n° 2016-274 du 7 mars 2016, art. 52)* « ***, L. 625-3*** » et L. 625-4 ne sont pas infligées :

1° Lorsque l'étranger a été admis sur le territoire français au titre d'une demande d'asile qui n'était pas manifestement infondée ;

2° Lorsque l'entreprise de transport établit que les documents requis lui ont été présentés au moment de l'embarquement et qu'ils ne comportaient pas d'élément d'irrégularité manifeste. – *[Ord. n° 45-2658 du 2 nov. 1945, art. 20 bis-II.]*

Art. L. 625-6 Les dispositions *(L. n° 2016-274 du 7 mars 2016, art. 52)* « des articles L. 625-1 à L. 625-5 » sont applicables à l'entreprise de transport routier exploitant des liaisons internationales en provenance d'un État *(L. n° 2016-274 du 7 mars 2016, art. 52)* « avec lequel ne s'applique pas l'acquis de Schengen » sous la forme de lignes régulières, de services occasionnels ou de navette, à l'exclusion des trafics frontaliers. Le taux de l'amende est fixé dans ce cas à un montant maximal de *(L. n° 2016-274 du 7 mars 2016, art. 52)* « 10 000 € » par passager concerné.

Si une telle entreprise n'a pu procéder à la vérification du document de voyage et, le cas échéant, du visa des passagers empruntant ses services, elle est exonérée de l'amende prévue au précédent alinéa, à condition d'avoir justifié d'un contrôle à l'entrée sur le territoire *(L. n° 2016-274 du 7 mars 2016, art. 52)* « d'un des États avec lesquels s'applique l'acquis de Schengen » ou, à défaut d'un tel contrôle, à condition d'y avoir fait procéder à l'entrée en France par les services compétents. – *[Ord. n° 45-2658 du 2 nov. 1945, art. 20 bis, III.]*

Art. L. 625-7 *(L. n° 2016-274 du 7 mars 2016, art. 52)* Est punie d'une amende d'un montant maximal de 30 000 € :

1° L'entreprise de transport aérien ou maritime qui ne respecte pas les obligations fixées aux articles L. 213-4 à L. 213-6 ;

2° L'entreprise de transport routier mentionnée à l'article L. 213-7 qui ne respecte pas les obligations fixées aux articles L. 213-4 et L. 213-6 ;

3° L'entreprise de transport ferroviaire mentionnée à l'article L. 213-8 qui ne respecte pas les obligations fixées au même article L. 213-8 ainsi qu'à l'article L. 213-6.

CHAPITRE VI *Dispositions diverses*

Art. L. 626-1 Sans préjudice des poursuites judiciaires qui pourront être engagées à son encontre et *(L. n° 2010-1657 du 29 déc. 2010, art. 78-I-1°)* « de la contribution spéciale prévue à l'article L. 8253-1 du code du travail », l'employeur qui aura occupé un travailleur étranger en situation de séjour irrégulier acquittera une contribution forfaitaire représentative des frais de réacheminement de l'étranger dans son pays d'origine.

Le montant total des sanctions pécuniaires *(L. n° 2016-274 du 7 mars 2016, art. 65)* « prévues, pour l'emploi d'un étranger non autorisé à travailler, au premier alinéa du présent article et à l'article L. 8253-1 du code du travail » ne peut excéder le montant des sanctions pénales prévues par les *(L. n° 2011-1977 du 28 déc. 2011, art. 62-III)* « articles L. 8256-2, L. 8256-7 et L. 8256-8 » du code du travail ou, si l'employeur entre dans le champ d'application de ces articles, le montant des sanctions pénales prévues par le chapitre II du présent titre.

(L. n° 2018-1317 du 28 déc. 2018, art. 245, en vigueur le 1er janv. 2018) « L'Office français de l'immigration et de l'intégration est chargé de constater et de fixer le montant de cette contribution. A cet effet, il peut avoir accès aux traitements automatisés des titres de séjour des étrangers dans les conditions définies par la loi n° 78-17 du 6 janvier 1978 relative à l'informatique, aux fichiers et aux libertés.

« L'État est ordonnateur de la contribution forfaitaire. A ce titre, il liquide et émet le titre de perception. »

(L. n° 2010-1657 du 29 déc. 2010, art. 78) « Sont applicables à la contribution forfaitaire prévue au premier alinéa les dispositions prévues aux articles L. 8253-1 à L. 8253-5 du code du travail en matière de recouvrement et de privilège applicables à la contribution spéciale. »

(Abrogé par L. n° 2016-1917 du 29 déc. 2016, art. 36-IV-2°) « (L. n° 2010-1657 du 29 déc. 2010, art. 78-I-2°) ***« Les sommes recouvrées sont reversées à l'Office français de l'immigration et de l'intégration »*** *(L. n° 2011-1977 du 28 déc. 2011, art. 46-V-X-4°)* ***« dans la limite du plafond fixé au I de l'article 46 de la loi n° 2011-1977 du 28 décembre 2011 de finances pour 2012. L'État prélève 4 % des sommes reversées au titre des frais de recouvrement ». »***

Les modalités d'application du présent article sont fixées par décret en Conseil d'État. – *[Ord. n° 45-2658 du 2 nov. 1945, art. 21 quinquies.] – V. art. R. 626-1 s. ; V. égal. C. trav., art. R. 8253-1 s. –* ***C. trav.***

DEUXIÈME PARTIE : ***RÉGLEMENTAIRE***

(Décr. n° 2006-1378 du 14 nov. 2006)

LIVRE V Les mesures d'éloignement

TITRE PREMIER L'obligation de quitter le territoire français et la reconduite à la frontière

CHAPITRE PREMIER *Cas dans lesquels un étranger peut faire l'objet d'une obligation de quitter le territoire français ou d'une mesure de reconduite à la frontière*

Art. R. 511-1 *(Décr. n° 2016-1457 du 28 oct. 2016, art. 6-I et 42, en vigueur le 1er janv. 2017)* L'état de santé défini au 10° de l'article L. 511-4 est constaté au vu d'un avis émis par un collège de médecins à compétence nationale de l'Office français de l'immigration et de l'intégration.

Cet avis est émis dans les conditions fixées par arrêté du ministre chargé de l'immigration et du ministre chargé de la santé au vu, d'une part, d'un certificat médical établi par le médecin qui suit habituellement l'étranger ou un médecin praticien hospitalier et, d'autre part, des informations disponibles sur les possibilités de bénéficier effectivement d'un traitement approprié dans le pays d'origine de l'intéressé.

Toutefois, lorsque l'étranger est retenu en application de l'article L. 551-1, le certificat est établi par un médecin intervenant dans le lieu de rétention conformément à l'article R. 553-8.

En cas de rétention ou d'assignation à résidence en application de l'article L. 561-2, l'avis est émis par un médecin de l'office et transmis sans délai au préfet territorialement compétent.

Art. R. 511-2 *(Décr. n° 2011-820 du 8 juill. 2011, art. 4)* L'étranger qui bénéficie d'un délai pour quitter le territoire en application du premier alinéa du II de l'article L. 511-1 est informé que l'autorité administrative compétente peut, au cours de ce délai, décider de l'obliger à quitter sans délai le territoire français dans le*[s]* cas prévus au dernier alinéa du II du même article.

La décision relative au délai de départ volontaire prévue au dernier alinéa du II de l'article L. 511-1 est notifiée par la voie administrative. Cette notification tient lieu, le cas échéant, de la notification prévue au premier alinéa de l'article L. 512-3.

Art. R. 511-3 *(Décr. n° 2011-820 du 8 juill. 2011, art. 4)* L'interdiction de retour sur le territoire français prononcée en application du *(Décr. n° 2016-1457 du 28 oct. 2016, art. 7-1° et 42, en vigueur le 1er nov. 2016)* « sixième » alinéa du III de l'article L. 511-1 est notifiée par voie administrative. Il en est de même de la décision de prolongation d'une interdiction de retour prévue au *(Décr. n° 2016-1457 du 28 oct. 2016, art. 7-2° et 42, en vigueur le 1er nov. 2016)* « septième » alinéa du même III.

Les modalités de suppression du signalement d'un étranger effectué au titre d'une décision d'interdiction de retour prise en application du III de l'article L. 511-1 sont celles qui s'appliquent, en vertu de l'article 7 du décret n° 2010-569 du 28 mai 2010, aux cas d'extinction du motif d'inscription au fichier des personnes recherchées.

Art. R. 511-4 *(Décr. n° 2018-1159 du 14 déc. 2018, art. 3 et 23, en vigueur le 1er janv. 2019)* « L'obligation de quitter le territoire français est réputée exécutée à la date à laquelle a été apposé sur les documents de voyage de l'étranger qui en fait l'objet le cachet mentionné à l'article 11 du règlement (UE) 2016/399 du Parlement européen et du Conseil du 9 mars 2016 concernant un code de l'Union relatif au régime de franchissement des frontières par les personnes (code frontières Schengen) lors de son passage aux frontières extérieures des États parties à la convention signée à Schengen le 19 juin 1990. Il en est de même à la date à laquelle a été apposé le cachet de l'administration sur les documents de voyage de l'étranger à sa sortie des territoires de la Guadeloupe, la Guyane, la Martinique, La Réunion, de Mayotte et des collectivités de Saint-Barthélemy, Saint-Martin et Saint-Pierre-et-Miquelon à destination d'un pays non membre de l'Union européenne avec lequel ne s'applique pas l'acquis de Schengen. »

L'étranger peut également justifier de sa sortie du territoire français en établissant par tous moyens sa présence effective dans le pays de destination, notamment en se présentant personnellement aux représentations consulaires françaises dans son pays de destination ou à la représentation de l'Office français de l'immigration et de l'intégration dans son pays de destination. *(Décr. nº 2018-1159 du 14 déc. 2018, art. 3 et 23, en vigueur le 1er janv. 2019)* « Sauf preuve contraire, l'étranger est réputé avoir exécuté l'obligation de quitter le territoire français à la date à laquelle il s'est ainsi présenté à l'une de ces autorités. »

Art. R. 511-5 *(Décr. nº 2018-1159 du 14 déc. 2018, art. 3 et 23, en vigueur le 1er janv. 2019)* L'étranger auquel est notifiée une interdiction de retour sur le territoire français est informé du caractère exécutoire de cette mesure et de ce que sa durée courra à compter de la date à laquelle il aura satisfait à son obligation de quitter le territoire français en rejoignant le pays dont il possède la nationalité, ou tout autre pays non membre de l'Union européenne et avec lequel ne s'applique pas l'acquis de Schengen. Il est également informé des dispositions de l'article R. 511-4.

CHAPITRE II *Procédure administrative et contentieuse*

SECTION I *Procédure administrative*

(Décr. nº 2011-820 du 8 juill. 2011, art. 5)

Art. R. 512-1 L'autorité administrative mentionnée aux articles L. 511-1 *(Décr. nº 2016-1457 du 28 oct. 2016, art. 9 et 42, en vigueur le 1er nov. 2016)* « , L. 511-3-1 et L. 511-3-2 » est le préfet de département et, à Paris, le préfet de police.

La notification de l'obligation de quitter le territoire français prononcée en application de l'article L. 511-3-1 mentionne le délai imparti pour quitter le territoire.

Art. R. 512-1-1 L'étranger auquel un délai de départ volontaire est imparti peut demander que les principaux éléments des décisions qui lui sont notifiées en application de l'article L. 511-1 lui soient communiqués dans une langue qu'il comprend ou dont il est raisonnable de supposer qu'il la comprend.

Art. R. 512-1-2 *(Décr. nº 2012-336 du 7 mars 2012, art. 26)* Les conditions d'octroi et le montant de l'aide au retour mentionnée à l'article L. 512-5 sont déterminés par le ministre chargé de l'immigration, après avis du conseil d'administration de l'Office français de l'immigration et de l'intégration. *— V. Arr. du 16 janv. 2013 (JO 19 janv.).*

La mise en œuvre de l'aide est assurée par ce dernier.

L'aide peut comprendre :

1º La prise en charge des frais de réacheminement ;

2º Une allocation destinée à faciliter la réinsertion dans le pays de retour ;

3º Le cas échéant, une aide technique et un suivi de projet.

SECTION II *Procédure contentieuse*

Art. R. 512-2 *(Décr. nº 2011-819 du 8 juill. 2011, art. 2-I et 4, en vigueur le 18 juill. 2011)* La présentation, l'instruction et le jugement par les juridictions administratives des recours en annulation mentionnés à l'article L. 512-1 *(Décr. nº 2018-1159 du 14 déc. 2018, art. 10 et 23, en vigueur le 1er janv. 2019)* « et des demandes de suspension de l'exécution d'une mesure d'éloignement mentionnées aux articles L. 743-3, L. 743-4 et L. 571-4 » obéissent aux règles définies par *(Décr. nº 2018-1159 du 14 déc. 2018, art. 10 et 23, en vigueur le 1er janv. 2019)* « les chapitres VI et VII *quater* » du titre VII du livre VII du code de justice administrative. *— V., infra, ces art. et Circ. du 11 juill. 2011 du secrétaire général du Conseil d'État.*

Art. R. 512-3 *Abrogé par Décr. nº 2011-819 du 8 juill. 2011, art. 2-II et 4, à compter du 18 juill. 2011.*

CHAPITRE III *Exécution des obligations de quitter le territoire français, des interdictions de retour sur le territoire français et des interdictions de circulation sur le territoire français* *(Décr. nº 2016-1457 du 28 oct. 2016, art. 10 et 42, en vigueur le 1er nov. 2016).*

SECTION I *Décision fixant le pays de renvoi*

Art. R. 513-1 L'autorité administrative compétente pour prononcer la décision fixant le pays de renvoi d'un étranger *(Décr. nº 2016-1457 du 28 oct. 2016, art. 11 et 42, en vigueur le 1er nov. 2016)* « en cas d'exécution d'office de la mesure d'éloignement » est le préfet de département et, à Paris, le préfet de police.

Art. R. 513-1-1 *(Décr. nº 2015-26 du 14 janv. 2015, art. 4)* L'autorité administrative compétente pour prononcer la décision fixant le pays de renvoi dans le cas prévu au deuxième alinéa de l'article L. 214-4 est le ministre de l'intérieur.

SECTION II *Obligations de l'étranger pendant le délai accordé pour son départ*

(Décr. nº 2011-820 du 8 juill. 2011, art. 7)

Art. R. 513-2 L'autorité administrative compétente pour astreindre un étranger *(Décr. nº 2018-1159 du 14 déc. 2018, art. 3 et 23, en vigueur le 1er janv. 2019)* « à des obligations de présentation et désigner son lieu de résidence en application de » l'article L. 513-4 est le préfet de département et, à Paris, le préfet de police.

Art. R. 513-3 L'autorité administrative désigne le service auprès duquel l'étranger doit effectuer les présentations prescrites et fixe leur fréquence qui ne peut excéder trois présentations par semaine.

(Abrogé par Décr. nº 2016-1457 du 28 oct. 2016, art. 12-1º et 42, à compter du 1er nov. 2016) *« L'étranger peut être tenu de lui remettre l'original de son passeport et de tout autre document d'identité ou de voyage en sa possession en échange d'un récépissé valant justification d'identité sur lequel est portée la mention du délai accordé pour son départ. »*

Art. R. 513-4 *(Décr. nº 2016-1547 du 28 oct. 2016, art. 12-2º et 42, en vigueur le 1er nov. 2016)* L'étranger qui bénéficie d'un délai de départ volontaire en application du II de l'article L. 511-1 ou du sixième alinéa de l'article L. 511-3-1 peut être tenu de remettre à l'autorité administrative qui lui a accordé ce délai l'original de son passeport ou de tout autre document d'identité ou de voyage en sa possession en échange d'un récépissé valant justification d'identité sur lequel est portée la mention du délai accordé pour son départ.

SECTION III *Obligations de l'étranger assigné à résidence en vue de la préparation de son départ*

(Décr. nº 2016-1547 du 28 oct. 2016, art. 13 et 42, en vigueur le 1er nov. 2016)

Art. R. 513-5 L'autorité administrative compétente pour faire conduire l'étranger assigné à résidence devant les autorités consulaires en application de l'article L. 513-5 est le préfet de département et, à Paris, le préfet de police.

Art. R. 513-6 L'autorité administrative compétente pour saisir le juge des libertés et de la détention aux fins de requérir les services de police ou les unités de gendarmerie en application du deuxième alinéa de l'article L. 513-5 est le préfet de département et, à Paris, le préfet de police.

Le juge compétent est celui du tribunal judiciaire dans le ressort duquel l'étranger est assigné à résidence.

A peine d'irrecevabilité, la requête est motivée, datée, signée et accompagnée de toutes pièces justificatives utiles.

La requête est transmise par tout moyen au greffe du tribunal.

Le greffier l'enregistre et y appose, ainsi que sur les pièces jointes, un timbre indiquant la date et l'heure de la réception.

L'article R. 561-7 est applicable.

CHAPITRE IV *Dispositions propres à la Guyane et à la Guadeloupe*

Le présent chapitre ne comprend pas de dispositions réglementaires.

TITRE II L'expulsion

CHAPITRE PREMIER *Cas dans lesquels un étranger peut faire l'objet d'une mesure d'expulsion*

Art. R. 521-1 L'état de santé défini au 5° de l'article L. 521-3 est constaté dans les mêmes conditions que celles qui sont prévues *(Décr. nº 2016-1457 du 28 oct. 2016, art. 6-II et 42, en vigueur le 1er janv. 2017)* « à l'article R. 511-1 ».

CHAPITRE II *Procédure administrative*

Art. R. 522-1 L'autorité administrative compétente pour prononcer l'expulsion d'un étranger en application de l'article L. 521-1, après accomplissement des formalités prévues à l'article L. 522-1, est le préfet de département et, à Paris, le préfet de police.

Art. R.* 522-2 *(Décr. n° 2006-1377 du 14 nov. 2006)* L'autorité administrative compétente pour prononcer l'expulsion d'un étranger en application des articles L. 521-2 ou L. 521-3 ainsi qu'en cas d'urgence absolue est le ministre de l'intérieur.

Art. R. 522-3 *(Décr. n° 2014-527 du 23 mai 2014, art. 1er-III)* « En Guadeloupe, en Guyane, en Martinique, à Mayotte et à La Réunion », l'autorité compétente dans les cas prévus à l'article R.* 522-2 est le préfet.

Art. R. 522-4 Sauf en cas d'urgence absolue, l'étranger à l'encontre duquel une procédure d'expulsion est engagée doit en être avisé au moyen d'un bulletin *(Décr. n° 2013-533 du 24 juin 2013, art. 1er-1° et 7, en vigueur le 1er juill. 2013)* « de notification, valant convocation devant la commission prévue aux articles L. 522-1 et L. 522-2. »

La notification est effectuée à la diligence du préfet du département où est située la résidence de l'étranger ou, si ce dernier est détenu dans un établissement pénitentiaire, du préfet du département où est situé cet établissement. A Paris, le préfet compétent est le préfet de police.

Art. R. 522-5 Le bulletin de notification doit :

1° Aviser l'étranger qu'une procédure d'expulsion est engagée à son encontre ;

2° Énoncer les faits motivant cette procédure ;

3° Indiquer la date, l'heure et le lieu de la réunion de la commission prévue aux articles L. 522-1 et L. 522-2 *(Décr. n° 2013-533 du 24 juin 2013, art. 1er-2° et 7, en vigueur le 1er juill. 2013)* « à laquelle il est convoqué ; »

4° Préciser que les débats de la commission sont publics ;

5° Porter à la connaissance de l'étranger les dispositions *(Décr. n° 2013-533 du 24 juin 2013, art. 1er-2° et 7, en vigueur le 1er juill. 2013)* « du quatrième alinéa de l'article L. 522-2 et celles » de l'article R. 522-6 ;

6° Faire connaître à l'étranger qu'il peut se présenter seul ou assisté d'un conseil et demander à être entendu avec un interprète ;

7° Informer l'intéressé qu'il peut demander l'aide juridictionnelle dans les conditions prévues par la loi n° 91-647 du 10 juillet 1991 et *(Décr. n° 2020-1717 du 28 déc. 2020, art. 179)* « le décret n° 2020-1717 du 28 décembre 2020 *[ancienne rédaction : le décret n° 91-1266 du 19 décembre 1991]* » et préciser que l'aide juridictionnelle provisoire peut lui être accordée par le président de la commission ; le bureau d'aide juridictionnelle territorialement compétent pour connaître de la demande d'aide juridictionnelle de l'étranger est celui qui est établi près le tribunal judiciaire du chef-lieu du département dans lequel siège la commission ;

8° Préciser que l'étranger ou son conseil peut demander communication du dossier au service dont la dénomination et l'adresse doivent être indiquées dans la convocation et présenter un mémoire en défense ;

9° Indiquer les voies de recours qui seraient ouvertes à l'étranger contre l'arrêté d'expulsion qui pourrait être pris.

Art. R. 522-6 Le bulletin de notification est remis à l'étranger, quinze jours au moins avant la date prévue pour la réunion de la commission soit par un fonctionnaire de police, soit par le greffier de l'établissement pénitentiaire. L'étranger donne décharge de cette remise.

Si la remise à l'étranger lui-même n'a pu être effectuée, la convocation est envoyée à sa résidence par lettre recommandée avec demande d'avis de réception confirmée, le même jour, par lettre simple.

Si l'étranger a changé de résidence sans en informer l'administration comme l'article R. 321-8 lui en fait obligation, la notification est faite à la dernière résidence connue par lettre recommandée dans les conditions indiquées à l'alinéa précédent.

Art. R. 522-7 Si l'étranger convoqué dans les conditions prévues aux articles R. 522-4 à R. 522-6 ne se présente pas personnellement devant la commission à la date prévue, celle-ci émet son avis. *(Décr. n° 2013-533 du 24 juin 2013, art. 1er-3° et 7, en vigueur le 1er juill. 2013)* « Toutefois, elle renvoie l'affaire à une date ultérieure, conformément aux dispositions du quatrième alinéa de l'article L. 522-2, lorsque l'étranger ou son conseil le lui demande pour un motif légitime, dans la période comprise entre la notification du bulletin prévu à l'article R. 522-4 et le début de la séance de la commission. Cette demande de renvoi peut également être formulée au cours de la séance de la commission par l'intermédiaire du conseil de l'étranger. »

Art. R. 522-8 Dans tous les cas, la commission doit émettre son avis dans le délai d'un mois.

(Décr. n° 2011-820 du 8 juill. 2011, art. 8) « Le préfet ou son représentant » assure les fonctions de rapporteur ; le directeur départemental *(Décr. n° 2013-533 du 24 juin 2013, art. 1er-4° et 7, en vigueur le 1er juill. 2013)* « chargé de la cohésion sociale » ou son représentant est entendu par la commission. Ces personnes n'assistent pas à la délibération de la commission.

Art. R. 522-8-1 *(Décr. n° 2013-533 du 24 juin 2013, art. 1er-5° et 7, en vigueur le 1er juill. 2013)* Si, à l'issue du délai fixé au quatrième alinéa de l'article L. 522-2, éventuellement prolongé dans les conditions prévues à cet article, la commission n'a pas émis son avis, le préfet informe l'étranger que les formalités de consultation de la commission sont réputées remplies.

Art. R. 522-9 *(Décr. n° 2007-371 du 21 mars 2007)* La notification des décisions d'expulsion prises à l'encontre des ressortissants mentionnés à l'article L. 121-4 comporte le délai imparti pour quitter le territoire. Sauf urgence, ce délai ne peut être inférieur à un mois.

CHAPITRE III *Exécution des arrêtés d'expulsion*

SECTION I *Décision fixant le pays de renvoi*

Art. R. 523-1 L'autorité administrative compétente pour prendre la décision fixant le pays de renvoi d'un étranger qui fait l'objet d'un arrêté d'expulsion pris en application de l'article L. 521-1, après accomplissement des formalités prévues à l'article L. 522-1, est le préfet de département et, à Paris, le préfet de police.

Art. R.* 523-2 *(Décr. n° 2006-1377 du 14 nov. 2006)* L'autorité administrative compétente pour prendre la décision fixant le pays de renvoi d'un étranger qui fait l'objet d'un arrêté d'expulsion pris en application des articles L. 521-2 ou L. 521-3 ainsi qu'en cas d'urgence absolue est le ministre de l'intérieur.

Art. R. 523-3 *(Décr. n° 2014-527 du 23 mai 2014, art. 1er-III)* « En Guadeloupe, en Guyane, en Martinique, à Mayotte et à La Réunion », l'autorité compétente dans les cas prévus à l'article R.* 523-2 est le préfet.

SECTION II *Assignation à résidence*

Art. R. 523-4 L'autorité administrative compétente pour prononcer par arrêté, sur le fondement des articles L. 523-3 à L. 523-5, l'assignation à résidence d'un étranger faisant l'objet d'une mesure d'expulsion est *(Décr. n° 2015-131 du 7 févr. 2015, art. 1er)* « le préfet du département où se situe le lieu d'assignation à résidence, à Paris, le préfet de police, » quand la mesure d'expulsion est prise sur le fondement de l'article L. 521-1 après accomplissement des formalités prévues à l'article L. 522-1.

Art. R.* 523-5 *(Décr. n° 2006-1377 du 14 nov. 2006)* L'autorité administrative compétente pour prononcer par arrêté, sur le fondement des articles L. 523-3 à L. 523-5, l'assignation à résidence d'un étranger faisant l'objet d'un arrêté d'expulsion est le ministre de l'intérieur quand l'arrêté d'expulsion est pris en application des articles L. 521-2 ou L. 521-3 ainsi qu'en cas d'urgence absolue.

Art. R. 523-6 *(Décr. n° 2015-131 du 7 févr. 2015, art. 2)* I. — En Guadeloupe, en Guyane, en Martinique, à Mayotte et à La Réunion, l'autorité administrative compétente dans les cas prévus à l'article R.* 523-5 est le préfet.

Toutefois, l'autorité administrative compétente dans ces cas est le ministre de l'intérieur lorsqu'au *[lorsque, au]* moment du prononcé de l'assignation à résidence, l'étranger se trouve dans un département de la France métropolitaine, à Saint-Barthélemy, à Saint-Martin ou à Saint-Pierre-et-Miquelon.

II. — Lorsque le lieu d'assignation à résidence se situe à Saint-Barthélemy, Saint-Martin ou Saint-Pierre-et-Miquelon, l'autorité administrative compétente dans le cas visé à l'article R. 523-4 est le représentant de l'État dans la collectivité.

III. — Par dérogation à l'article R. 523-4, l'autorité administrative compétente dans le cas prévu à cet article est le ministre de l'intérieur lorsqu'au *[lorsque, au]* moment du prononcé de l'assignation à résidence :

1° L'étranger se trouve dans un département de la France métropolitaine et que le lieu d'assignation choisi est situé dans un département d'outre-mer, à Saint-Barthélemy, à Saint-Martin ou à Saint-Pierre-et-Miquelon ;

2° L'étranger se trouve dans un département d'outre-mer, à Saint-Barthélemy, à Saint-Martin ou à Saint-Pierre-et-Miquelon et que le lieu d'assignation choisi est situé dans un département de la France métropolitaine ;

3° L'étranger se trouve dans un département d'outre-mer et que le lieu d'assignation choisi est situé à Saint-Barthélemy, à Saint-Martin ou Saint-Pierre-et-Miquelon ;

4° L'étranger se trouve à Saint-Barthélemy, Saint-Martin ou Saint-Pierre-et-Miquelon et que le lieu d'assignation choisi est situé dans un département d'outre-mer.

Art. R. 523-7 *(Décr. n° 2015-131 du 7 févr. 2015, art. 2)* Le ministre de l'intérieur est dans tous les cas l'autorité administrative compétente pour prononcer l'assignation à résidence d'un étranger dans un département de France métropolitaine, dans un département d'outre-mer, à Saint-Barthélemy, à Saint-Martin ou à Saint-Pierre-et-Miquelon lorsqu'au *[lorsque, au]* moment du prononcé de l'assignation à résidence, l'étranger se trouve dans les îles Wallis-et-Futuna, en Polynésie française ou en Nouvelle-Calédonie.

Art. R. 523-8 *(Décr. n° 2016-1457 du 28 oct. 2016, art. 6-III et 42, en vigueur le 1er janv. 2017)* L'état de santé défini à l'article L. 523-4 est constaté dans les mêmes conditions que celles qui sont prévues à l'article R. 511-1.

Art. R. 523-9 *(Décr. n° 2016-1457 du 28 oct. 2016, art. 3-II et 42, en vigueur le 1er nov. 2016)* Les dispositions de l'article R. 214-1 sont applicables à la reconduite à la frontière des étrangers faisant l'objet d'une mesure d'expulsion.

CHAPITRE IV *Abrogation des arrêtés d'expulsion*

Art. R. 524-1 L'arrêté d'expulsion peut à tout moment être abrogé par l'autorité qui l'a pris.

L'abrogation d'un arrêté d'expulsion pris, avant l'entrée en vigueur du décret n° 97-24 du 13 janvier 1997, par le ministre de l'intérieur, sur le fondement des dispositions de l'article 23 de l'ordonnance n° 45-2658 du 2 novembre 1945, désormais codifiées à l'article L. 521-1, et après accomplissement des formalités prévues par les dispositions de l'article 24 de la même ordonnance, désormais codifiées à l'article L. 522-1, relève de la compétence du préfet du département dans le ressort duquel l'étranger avait sa résidence à la date de l'arrêté d'expulsion. A Paris, le préfet compétent est le préfet de police.

Art. R. 524-2 Le silence gardé pendant plus de quatre mois sur une demande d'abrogation d'un arrêté d'expulsion vaut décision de rejet.

TITRE III Autres mesures administratives d'éloignement

CHAPITRE PREMIER *Mesures prises dans le cadre de l'Union européenne et de la Convention de Schengen*

SECTION I *Autorités administratives compétentes*

Art. R. 531-1 *(Décr. n° 2018-1159 du 14 déc. 2018, art. 4 et 23, en vigueur le 1er janv. 2019)* « I. — » L'autorité administrative compétente pour prendre, en application *(Décr. n° 2018-1159 du 14 déc. 2018, art. 4)* « du I » de l'article L. 531-1, la décision de remise d'un étranger qui a pénétré ou séjourné irrégulièrement en France aux autorités compétentes de l'État membre de l'Union européenne qui l'a admis à entrer ou à séjourner sur son territoire, ou dont il provient directement, est le préfet de département et, à Paris, le préfet de police.

Le préfet ne peut déléguer sa signature à un fonctionnaire de police que dans les départements ayant une frontière commune avec un ou plusieurs États membres de l'Union européenne pour les décisions de remise aux autorités compétentes du ou des États frontaliers. Le fonctionnaire doit avoir au moins le grade de lieutenant de police.

(Décr. n° 2018-1159 du 14 déc. 2018, art. 4 et 23, en vigueur le 1er janv. 2019) « II. — L'autorité administrative compétente pour assortir la décision de remise prise en application de l'article L. 531-1 d'une interdiction de circulation sur le territoire français est le préfet de département et, à Paris, le préfet de police. »

Art. R.* 531-2 *(Abrogé par Décr. n° 2015-1166 du 21 sept. 2015, art. 5-1° et 31, à compter du 1er nov. 2015) (Décr. n° 2006-1377 du 14 nov. 2006) **L'autorité administrative compétente pour prendre, en application de l'article L. 531-2, la décision de remettre aux autorités compétentes d'un État membre de l'Union européenne un demandeur d'asile qui se présente à la frontière et dont***

l'examen de la demande relève de la responsabilité de cet État, en application des dispositions des conventions internationales conclues à cet effet avec les États membres de l'Union européenne, est le (Décr. n° 2008-223 du 6 mars 2008) « ministre chargé de l'immigration ».

Art. R. 531-3 *(Abrogé par Décr. n° 2015-1166 du 21 sept. 2015, art. 5-1° et 31, à compter du 1er nov. 2015) L'autorité administrative compétente pour prendre, en application de l'article L. 531-2, la décision de remettre aux autorités compétentes d'un État membre de l'Union européenne un demandeur d'asile dont l'examen de la demande relève de la responsabilité de cet État en application des dispositions des conventions internationales conclues à cet effet avec les États membres de l'Union européenne, est le préfet de département et, à Paris, le préfet de police, pour les demandeurs d'asile présents à l'intérieur du territoire français.*

Art. R. 531-3-1 *(Décr. n° 2007-373 du 21 mars 2007)* L'autorité administrative compétente pour prendre, en application du *(Décr. n° 2015-1166 du 21 sept. 2015, art. 5-2° et 31, en vigueur le 1er nov. 2015)* « premier » alinéa de l'article L. 531-2, la décision de remettre un étranger non ressortissant d'un État membre de l'Union européenne aux autorités compétentes d'un État membre est le préfet de département et, à Paris, le préfet de police.

Art. R. 531-3-2 *(Décr. n° 2007-373 du 21 mars 2007)* L'autorité administrative compétente pour prendre, en application du *(Décr. n° 2015-1166 du 21 sept. 2015, art. 5-2° et 31, en vigueur le 1er nov. 2015)* « deuxième » alinéa de l'article L. 531-2, la décision de remettre aux autorités compétentes d'un État membre de l'Union européenne un étranger titulaire du statut de *(Décr. n° 2014-301 du 6 mars 2014, art. 7-I)* « résident de longue durée-UE » accordé par cet autre État membre ainsi que son conjoint et ses enfants mentionnés aux I et II de l'article L. 313-11-1 est le préfet et, à Paris, le préfet de police.

Art. R. 531-3-3 *(Décr. n° 2011-820 du 8 juill. 2011, art. 9)* L'autorité administrative compétente pour prendre la décision prévue au *(Décr. n° 2015-1166 du 21 sept. 2015, art. 5-4° et 31, en vigueur le 1er nov. 2015)* « troisième » alinéa de l'article L. 531-2 est le préfet de département et, à Paris, le préfet de police.

Art. R. 531-3-4 *(Décr. n° 2016-1457 du 28 oct. 2016, art. 14 et 42, en vigueur le 1er nov. 2016)* L'autorité administrative compétente pour prendre la décision prévue au quatrième alinéa de l'article L. 531-2 est le préfet de département et, à Paris, le préfet de police.

Art. R. 531-3-5 *(Décr. n° 2018-1159 du 14 déc. 2018, art. 4 et 23, en vigueur le 1er mars 2019)* L'autorité administrative compétente pour prendre la décision prévue au onzième alinéa de l'article L. 531-2 est le préfet de département et, à Paris, le préfet de police.

Art. R. 531-4 L'autorité administrative compétente pour décider qu'un étranger sera d'office reconduit à la frontière en application de l'article L. 531-3 est le préfet de département et, à Paris, le préfet de police.

SECTION II *Étrangers ayant fait l'objet d'une mesure d'éloignement prise par un État membre de l'Union européenne*

Art. R. 531-5 Sans préjudice des dispositions de l'article L. 531-2, l'éloignement décidé en application du deuxième alinéa de l'article L. 531-3 intervient à l'égard des ressortissants étrangers faisant l'objet d'une mesure d'éloignement exécutoire et non suspendue prise par un autre État membre de l'Union européenne dans les cas suivants :

1° Menace grave et actuelle pour l'ordre public ou la sécurité nationale dans le cas où l'intéressé a fait l'objet d'une condamnation par l'État membre qui lui a délivré le titre de séjour pour une infraction passible d'une peine privative de liberté d'au moins un an ou lorsqu'il existe soit des raisons sérieuses de croire qu'il a commis des faits punissables graves, soit des indices réels qu'il envisage de commettre de tels faits sur le territoire d'un État membre ;

2° Non-respect de la réglementation nationale relative à l'entrée et au séjour des étrangers et prise par un autre État membre.

Art. R. 531-6 L'existence d'une mesure d'éloignement prise par un État membre à l'égard d'un ressortissant de pays tiers dans les cas visés au 1° de l'article R. 531-5 permet le retrait du titre de séjour délivré par la France ou par un autre État membre dans les limites fixées par la législation interne.

Art. R. 531-7 Lorsque le préfet de département et, à Paris, le préfet de police constate qu'une mesure d'éloignement exécutoire a été prise par un État membre dans les cas visés au 1° de l'article R. 531-5 à l'égard d'un étranger ressortissant d'un État tiers titulaire d'un titre de séjour délivré par un autre État membre, il procède à la consultation de l'État membre auteur de la décision d'éloignement et de l'État membre qui a délivré ce titre.

Sans attendre le retrait du titre de séjour, il peut ordonner *(Décr. n° 2016-1457 du 28 oct. 2016, art. 15 et 42, en vigueur le 1er nov. 2016)* « l'assignation à résidence sur le fondement *(Décr. n° 2018-1159 du 14 déc. 2018, art. 9 et 23, en vigueur le 1er janv. 2019)* « du 4° du I » de l'article L. 561-2 ou le placement en rétention administrative sur le fondement de l'article L. 551-1 » en vue de l'exécution de la mesure d'éloignement.

Après notification à l'intéressé de la décision de retrait du titre de séjour, le préfet de département et, à Paris, le préfet de police procède à l'exécution de la mesure d'éloignement dans les conditions prévues au deuxième alinéa de l'article L. 531-3.

Art. R. 531-8 Si le préfet de département et, à Paris, le préfet de police constate qu'un étranger titulaire d'un titre de séjour délivré par les autorités françaises fait l'objet d'une mesure d'éloignement exécutoire prise par un autre État membre dans les cas visés au 1° de l'article R. 531-5, il consulte l'État auteur de la mesure aux fins de s'assurer du caractère exécutoire de celle-ci et engage sans délai l'examen du retrait du titre de séjour.

Art. R. 531-9 La compensation financière des frais exposés à l'occasion de la mise en œuvre d'une mesure d'éloignement prise en application *(Décr. n° 2007-373 du 21 mars 2007)* « du deuxième alinéa de l'article L. 531-3 » se fait dans les conditions fixées par la décision du Conseil n° 2004/191/CE du 23 février 2004.

SECTION III ***Conditions de la remise et de l'éloignement des étrangers titulaires du statut de résident longue durée – UE accordé par un État membre de l'Union européenne*** *(Décr. n° 2014-301 du 6 mars 2014, art. 7-I).*

(Décr. n° 2007-373 du 21 mars 2007)

Art. R. 531-10 I. — Les dispositions du *(Décr. n° 2015-1166 du 21 sept. 2015, art. 5-5° et 31, en vigueur le 1er nov. 2015)* « deuxième » alinéa de l'article L. 531-2 sont applicables à l'étranger titulaire du statut de *(Décr. n° 2014-301 du 6 mars 2014, art. 7-I)* « résident longue durée-UE » accordé par un autre État membre de l'Union européenne qui aura soit séjourné sur le territoire français plus de trois mois consécutifs sans se conformer aux dispositions de l'article L. 313-4-1, soit fait l'objet d'un refus de délivrance ou de renouvellement d'une carte de séjour temporaire *(Décr. n° 2016-1457 du 28 oct. 2016, art. 16-1° et 42, en vigueur le 1er nov. 2016)* « ou pluriannuelle » en application de l'article L. 313-4-1 ou du retrait d'une carte de séjour temporaire *(Décr. n° 2016-1457 du 28 oct. 2016, art. 16-1° et 42, en vigueur le 1er nov. 2016)* « ou pluriannuelle » délivrée en application de l'article L. 313-4-1.

II. — Les dispositions du *(Décr. n° 2015-1166 du 21 sept. 2015, art. 5-5° et 31, en vigueur le 1er nov. 2015)* « deuxième » alinéa de l'article L. 531-2 sont également applicables aux membres de la famille mentionnés aux I et II de l'article L. 313-11-1 qui auront soit séjourné plus de trois mois consécutifs sur le territoire français sans se conformer aux dispositions de l'article L. 313-11-1, soit fait l'objet d'un refus de délivrance ou de renouvellement de la carte de séjour temporaire portant la mention "vie privée et familiale" mentionnée à l'article L. 313-11-1 *(Décr. n° 2016-1457 du 28 oct. 2016, art. 16-2° et 42, en vigueur le 1er nov. 2016)* « ou de la carte pluriannuelle mentionnée au dernier alinéa de l'article R. 313-34-1 ou du retrait de l'une de ces cartes » de séjour.

Art. R. 531-11 Sans préjudice de la possibilité *(Décr. n° 2016-1457 du 28 oct. 2016, art. 17 et 42, en vigueur le 1er nov. 2016)* « de l'assignation à résidence sur le fondement *(Décr. n° 2018-1159 du 14 déc. 2018, art. 9 et 23, en vigueur le 1er janv. 2019)* « du 1° du I » de l'article L. 561-2 ou du placement en rétention administrative en application de l'article L. 551-1 », le préfet ou, à Paris, le préfet de police qui constate l'existence d'une mesure d'éloignement exécutoire prise en raison de l'existence d'une menace grave pour l'ordre public à l'encontre d'un étranger titulaire du statut de *(Décr. n° 2014-301 du 6 mars 2014, art. 7-I)* « résident longue durée-UE » accordé par un autre État membre de l'Union européenne consulte cet État membre aux fins de l'examen du droit au séjour sur son territoire.

Après notification à l'intéressé de la décision de retrait du droit au séjour prise par l'État membre de l'Union européenne qui avait accordé le statut de *(Décr. n° 2014-301 du 6 mars 2014, art. 7-I)* « résident de longue durée-UE », le préfet ou, à Paris, le préfet de police procède à l'exécution de la mesure d'éloignement. *(Décr. n° 2014-301 du 6 mars 2014, art. 4)* « Toutefois, lorsque l'étranger a la qualité de réfugié ou bénéficie de la protection subsidiaire, il est remis aux autorités compétentes de l'État membre qui lui a reconnu la qualité de réfugié ou accordé le bénéfice de la protection subsidiaire, dans les conditions prévues au *(Décr. n° 2015-1166 du 21 sept. 2015, art. 5-6° et 31, en vigueur le 1er nov. 2015)* « deuxième » alinéa de l'article L. 531-2, après vérification auprès de cet État membre que l'étranger demeure sous sa protection. »

L'étranger dont le droit au séjour sur le territoire de l'État membre de l'Union européenne qui lui a accordé le statut de *(Décr. n° 2014-301 du 6 mars 2014, art. 7-I)* « résident de longue durée-UE » est maintenu au terme des consultations prévues au premier alinéa ou dont le retrait de ce droit est suspendu est remis aux autorités compétentes de cet État dans les conditions prévues par le *(Décr. n° 2015-1166 du 21 sept. 2015, art. 5-6° et 31, en vigueur le 1er nov. 2015)* « deuxième » alinéa de l'article L. 531-2.

Art. R. 531-12 I. — L'existence d'une mesure d'éloignement exécutoire prise pour des motifs graves d'ordre ou de sécurité publique par un autre État membre de l'Union européenne à l'encontre d'un étranger admis au séjour sur son territoire au titre du statut de *(Décr. n° 2014-301 du 6 mars 2014, art. 7-I)* « résident de longue durée-UE » accordé par la France en application des dispositions *(Décr. n° 2014-301 du 6 mars 2014, art. 7-II)* « des articles L. 314-8 *(Décr. n° 2016-1457 du 28 oct. 2016, art. 18 et 42, en vigueur le 1er nov. 2016)* « , L. 314-8-1 » et L. 314-8-2 » permet à l'autorité administrative française qui a accordé ce statut à l'intéressé de le lui retirer. Ce retrait implique le retrait du droit au séjour, sauf si son titulaire ne peut faire l'objet d'une mesure d'expulsion en application des engagements internationaux de la France.

II. — Pour l'application du I, l'autorité administrative française qui a accordé le statut de *(Décr. n° 2014-301 du 6 mars 2014, art. 7-I et II)* « résident de longue durée-UE à l'étranger en application des dispositions des articles L. 314-8 *(Décr. n° 2016-1457 du 28 oct. 2016, art. 18 et 42, en vigueur le 1er nov. 2016)* « , L. 314-8-1 » et L. 314-8-2 », consultée par les autorités compétentes de l'État membre de l'Union européenne qui ont pris la mesure d'éloignement à l'encontre de l'intéressé, s'assure du caractère exécutoire et des motifs de cette mesure et procède sans délai à l'examen du retrait du statut de *(Décr. n° 2014-301 du 6 mars 2014, art. 7-I)* « résident de longue durée-UE » en France et du retrait du droit au séjour en France de l'intéressé au regard des dispositions législatives et réglementaires en vigueur. Elle informe de sa décision, pour notification à l'intéressé, l'État membre auteur de la mesure d'éloignement.

(Décr. n° 2014-301 du 6 mars 2014, art. 5) « Dans le cas où l'étranger s'est vu reconnaître la qualité de réfugié ou accorder le bénéfice de la protection subsidiaire en France et qu'il demeure sous la protection de la France, l'autorité administrative française qui lui a accordé le statut de résident de longue durée-UE en informe l'État membre auteur de la mesure d'éloignement, dans un délai maximal d'un mois suivant la date à laquelle elle a été consultée. L'étranger ainsi que, le cas échéant, son conjoint et ses enfants mineurs sont alors réadmis en France. »

Art. R. 531-13 *(Décr. n° 2011-820 du 8 juill. 2011, art. 10)* L'étranger titulaire du statut de *(Décr. n° 2014-301 du 6 mars 2014, art. 7-I)* « résident longue durée-UE » accordé par la France et, le cas échéant, les membres de sa famille sont réadmis sans formalités sur le territoire national à la demande d'un autre État membre de l'Union européenne.

CHAPITRE II *Dispositions propres à la Guyane*

Le présent chapitre ne comprend pas de dispositions réglementaires.

CHAPITRE III *[ABROGÉ]* *Autres cas de reconduite*

(Abrogé par Décr. n° 2016-1457 du 28 oct. 2016, art. 19 et 42, à compter du 1er nov. 2016)

(Décr. n° 2011-820 du 8 juill. 2011, art. 11)

Art. R. 533-1 *L'autorité administrative compétente pour décider qu'un étranger sera reconduit à la frontière en application de l'article L. 533-1 est le préfet de département et, à Paris, le préfet de police.*

TITRE IV La peine d'interdiction du territoire français

Art. R.* 541-1 *(Décr. n° 2006-1377 du 14 nov. 2006)* L'autorité administrative compétente pour prononcer par arrêté, sur le fondement de *(Décr. n° 2011-820 du 8 juill. 2011, art. 12)* « l'article L. 561-1 », l'assignation à résidence d'un étranger faisant l'objet de la peine d'interdiction du territoire français prévue à l'article L. 541-1 est le ministre de l'intérieur.

Art. R. 541-2 *(Décr. n° 2016-1457 du 28 oct. 2016, art. 3-III et 42, en vigueur le 1er nov. 2016)* Les dispositions de l'article R. 214-1 sont applicables à la reconduite à la frontière des étrangers faisant l'objet d'une peine d'interdiction du territoire français.

Art. R. 541-3 *(Décr. n° 2018-1159 du 14 déc. 2018, art. 5 et 23, en vigueur le 1er janv. 2019)* L'autorité administrative compétente pour astreindre un étranger aux obligations de déclaration et de présentation prévues au second alinéa de l'article L. 541-3 est le préfet de département et, à Paris, le préfet de police.

TITRE V Rétention d'un étranger dans des locaux ne relevant pas de l'administration pénitentiaire

CHAPITRE PREMIER *Placement en rétention*

Art. R. 551-1 L'autorité compétente pour ordonner le placement en rétention administrative d'un étranger est le préfet de département et, à Paris, le préfet de police. La même autorité est compétente pour décider de déplacer un étranger d'un lieu de rétention vers un autre lieu de rétention, dans les conditions prévues à l'article L. 553-2.

Art. R. 551-2 Les étrangers retenus, en application du présent titre, dans des locaux ne relevant pas de l'administration pénitentiaire sont placés, sous réserve des dispositions de l'article R. 551-3, dans des établissements dénommés "centres de rétention administrative", régis par les articles R. 553-1 à *(Décr. n° 2018-1159 du 14 déc. 2018, art. 9 et 23, en vigueur le 1er janv. 2019)* « R. 553-4-1 ».

Les centres de rétention administrative, qui ont une vocation nationale, reçoivent, dans la limite de leur capacité d'accueil et sans considération de la compétence géographique du préfet ayant pris l'arrêté de placement en rétention, les étrangers mentionnés à l'alinéa précédent quel que soit le lieu de leur résidence ou de leur interpellation. Le préfet ayant procédé au placement en rétention de l'étranger exerce les compétences relatives à la mesure d'éloignement qu'il met à exécution jusqu'au terme de la procédure engagée quel que soit le lieu où l'étranger en cause est maintenu en rétention.

Art. R. 551-3 Lorsqu'en raison de circonstances particulières, notamment de temps ou de lieu, des étrangers mentionnés à l'article R. 551-2 ne peuvent être placés immédiatement dans un centre de rétention administrative, le préfet peut les placer dans des locaux adaptés à cette fin, dénommés "locaux de rétention administrative" régis par les articles R. 553-5 et R. 553-6.

(Décr. n° 2016-1457 du 28 oct. 2016, art. 20 et 42, en vigueur le 1er nov. 2016) « Les étrangers ne peuvent être maintenus dans ces locaux après que le juge des libertés et de la détention a rendu l'ordonnance mentionnée à l'article L. 552-3. Toutefois, en cas d'appel de cette ordonnance, s'il n'y a pas de centre de rétention administrative dans le ressort de la cour d'appel où se situe le local, l'étranger peut y être maintenu jusqu'à ce que le président de la cour d'appel ait statué. De même, en cas de recours contre la mesure d'éloignement sur lequel il doit être statué dans les délais prévus au III de l'article L. 512-1, s'il n'y a pas de centre de rétention dans le ressort du tribunal administratif, l'étranger peut être maintenu dans le local jusqu'à ce qu'il ait été statué sur le recours. »

(Décr. n° 2014-527 du 23 mai 2014, art. 7) « A Mayotte, les étrangers peuvent être maintenus dans ces locaux pendant une durée n'excédant pas vingt-quatre heures. »

Art. R. 551-4 Dès son arrivée au lieu de rétention, chaque étranger est mis en mesure de communiquer avec toute personne de son choix, avec les autorités consulaires du pays dont il déclare avoir la nationalité et avec son avocat s'il en a un, ou, s'il n'en a pas, avec la permanence du barreau du tribunal judiciaire dans le ressort duquel se trouve le lieu de rétention.

Quel que soit le lieu de rétention dans lequel l'étranger est placé, un procès-verbal de la procédure de notification des droits en rétention est établi. Il est signé par l'intéressé, qui en reçoit un exemplaire, le fonctionnaire qui en est l'auteur et, le cas échéant, l'interprète. Ces références sont portées sur le registre mentionné à l'article L. 553-1.

CHAPITRE II *Prolongation de la rétention par le juge des libertés et de la détention*

SECTION I *Première saisine du juge des libertés et de la détention aux fins de prolongation de la rétention* (*Décr. n° 2016-1457 du 28 oct. 2016, art. 21-1° et 42, en vigueur le 1er nov. 2016*).

SOUS-SECTION 1 *Saisine du juge par l'autorité de la rétention* (*Décr. n° 2016-1457 du 28 oct. 2016, art. 21-2° et 42, en vigueur le 1er nov. 2016*).

Art. R. 552-1 Pour l'application des articles L. 552-1 à L. 552-8, le juge des libertés et de la détention compétent est celui du tribunal judiciaire dans le ressort duquel l'étranger est maintenu en rétention ou assigné à résidence.

Art. R. 552-2 Le juge des libertés et de la détention est saisi par simple requête de l'autorité administrative qui a ordonné le placement en rétention.

Art. R. 552-3 A peine d'irrecevabilité, la requête est motivée, datée, signée et accompagnée de toutes pièces justificatives utiles, notamment une copie du registre prévu à l'article L. 553-1.

Art. R. 552-4 La requête est transmise par tout moyen au greffe du tribunal avant l'expiration des délais mentionnés (*Décr. n° 2011-820 du 8 juill. 2011, art. 14*) « à la première phrase des articles L. 552-1 et L. 552-7 ».

Le greffier l'enregistre et y appose, ainsi que sur les pièces jointes, un timbre indiquant la date et l'heure de la réception.

Art. R. 552-5 Dès réception de la requête, le greffier avise aussitôt et par tout moyen (*Décr. n° 2016-1457 du 28 oct. 2016, art. 21-3° et 42, en vigueur le 1er nov. 2016*) « l'autorité administrative qui a ordonné le placement en rétention », le procureur de la République, l'étranger et son avocat, s'il en a un, du jour et de l'heure de l'audience fixés par le juge.

Art. R. 552-6 L'étranger est avisé de son droit de choisir un avocat. Le juge lui en fait désigner un d'office si l'étranger le demande.

Art. R. 552-7 La requête et les pièces qui y sont jointes sont, dès leur arrivée au greffe, mises à la disposition de l'avocat de l'étranger. Elles peuvent y être également consultées, avant l'ouverture des débats, par l'étranger lui-même, assisté, le cas échéant, par un interprète s'il ne connaît pas suffisamment la langue française.

Art. R. 552-8 L'autorité administrative compétente pour proposer au juge que l'audience se déroule avec l'utilisation de moyens de télécommunication audiovisuelle, comme prévu à l'article L. 552-12, est le préfet de département et, à Paris, le préfet de police.

Art. R. 552-9 A l'audience, (*Décr. n° 2016-1457 du 28 oct. 2016, art. 21-3° et 42, en vigueur le 1er nov. 2016*) « l'autorité administrative qui a ordonné le placement en rétention » ou son représentant, sur sa demande ou sur celle du juge, est entendue en ses observations.

L'étranger, sauf s'il ne se présente pas, bien que dûment convoqué, et, s'il y a lieu, son avocat sont entendus. Le juge nomme un interprète si l'étranger ne parle pas suffisamment la langue française.

Le ministère public peut faire connaître son avis.

Art. R. 552-10 L'ordonnance du juge des libertés et de la détention est rendue (*Décr. n° 2011-820 du 8 juill. 2011, art. 15*) « dans le délai accordé à l'article L. 552-1 pour statuer ». Elle est notifiée sur place aux parties présentes à l'audience qui en accusent réception. Le magistrat fait connaître verbalement aux parties présentes le délai d'appel et les modalités selon lesquelles cette voie de recours peut être exercée. Il les informe simultanément que seul l'appel formé par le ministère public peut être déclaré suspensif par le premier président de la cour d'appel ou son délégué.

Les notifications prévues à l'alinéa premier sont faites par tout moyen et dans les meilleurs délais aux parties qui ne se sont pas présentées, bien que dûment convoquées, ainsi qu'au procureur de la République, qui en accusent réception.

Lorsqu'une ordonnance met fin à la rétention ou assigne à résidence l'étranger et que le procureur de la République estime ne pas avoir à solliciter du premier président qu'il déclare l'appel suspensif, il retourne l'ordonnance au magistrat qui l'a rendue en mentionnant sur celle-ci qu'il ne s'oppose pas à sa mise à exécution. Il est alors immédiatement mis fin à la mesure de maintien à la disposition de la justice.

SOUS-SECTION 2 *Contestation de la décision de placement en rétention par l'étranger (Décr. n° 2016-1457 du 28 oct. 2016, art. 21-4° et 42, en vigueur le 1er nov. 2016)*

Art. R. 552-10-1 L'étranger qui conteste la régularité de la décision de placement en rétention administrative saisit le juge des libertés et de la détention par simple requête adressée par tout moyen au juge, avant l'expiration du délai mentionné à la *(Décr. n° 2018-1159 du 14 déc. 2018, art. 6 et 23, en vigueur le 1er janv. 2019)* « deuxième » phrase du premier alinéa du III de l'article L. 512-1. Le greffier l'enregistre et y appose, ainsi que sur les pièces jointes, un timbre indiquant la date et l'heure de la réception. A peine d'irrecevabilité, la requête est motivée et signée de l'étranger ou de son représentant. La décision attaquée est produite par l'administration.

La requête et les pièces qui y sont jointes le cas échéant sont, dès leur arrivée au greffe, mises à la disposition de l'autorité administrative.

Il est procédé, pour le surplus, comme il est dit aux articles R. 552-1, R. 552-5, R. 552-6 et R. 552-8 à R. 552-10.

SECTION II *Nouvelle saisine du juge des libertés et de la détention aux fins de prolongation de la rétention* *(Décr. n° 2016-1457 du 28 oct. 2016, art. 22 et 42, en vigueur le 1er nov. 2016).*

Art. R. 552-11 Pour la mise en œuvre *(Décr. n° 2011-820 du 8 juill. 2011, art. 16)* « de l'article L. 552-7 », les règles prévues à la section I du présent chapitre sont applicables.

(Décr. n° 2012-90 du 25 janv. 2012, art. 1er) « Toutefois, par dérogation à l'article R. 552-1, le juge des libertés et de la détention compétent pour faire application des dispositions du quatrième alinéa de l'article L. 552-7 est celui du tribunal judiciaire de Paris. » *(Décr. n° 2018-1159 du 14 déc. 2018, art. 6 et 23, en vigueur le 1er janv. 2019)* « Il en est de même s'il est fait application du cinquième alinéa de l'article L. 552-7 après qu'il a été fait application du quatrième *[alinéa]*. »

SECTION III *Voies de recours*

SOUS-SECTION 1 *Appel*

Art. R. 552-12 L'ordonnance est susceptible d'appel devant le premier président de la cour d'appel ou son délégué, dans les vingt-quatre heures de son prononcé, par l'étranger, par le préfet de département et, à Paris, par le préfet de police. *(Décr. n° 2008-817 du 22 août 2008)* « Lorsque l'étranger n'assiste pas à l'audience, le délai court pour ce dernier à compter de la notification qui lui est faite. » Le délai ainsi prévu est calculé et prorogé conformément aux articles 640 et 642 du code de procédure civile.

Le ministère public peut également interjeter appel de cette ordonnance selon les mêmes modalités, alors même qu'il a renoncé à solliciter la suspension provisoire.

Toutefois, il doit former appel dans le délai de *(Décr. n° 2018-1159 du 14 déc. 2018, art. 6 et 23, en vigueur le 1er janv. 2019)* « dix heures » s'il entend solliciter du premier président ou de son délégué qu'il déclare l'appel suspensif.

Dans le cas prévu à l'alinéa précédent, le ministère public fait notifier la déclaration d'appel, immédiatement et par tout moyen, à l'autorité administrative, à l'étranger et, le cas échéant, à son avocat, qui en accusent réception. La notification mentionne que des observations en réponse à la demande de déclaration d'appel suspensif peuvent être transmises par tout moyen au secrétariat du premier président ou de son délégué dans un délai de deux heures.

Art. R. 552-13 *(Décr. n° 2016-1457 du 28 oct. 2016, art. 23-1° et 42, en vigueur le 1er nov. 2016)* « A peine d'irrecevabilité, » le premier président ou son délégué est saisi par une déclaration d'appel motivée transmise par tout moyen au greffe de la cour d'appel. La déclaration est enregistrée avec mention de la date et de l'heure.

Le greffier de la cour d'appel avise immédiatement le greffier du tribunal judiciaire qui lui transmet sans délai le dossier.

Art. R. 552-14 Le premier président ou son délégué statue sur la demande visant à déclarer l'appel suspensif, après que l'étranger ou son conseil a été mis à même de transmettre ses observations, suivant les modalités définies au dernier alinéa de l'article R. 552-12.

La décision du premier président sur le caractère suspensif de l'appel est portée à la connaissance de l'étranger et de son conseil par le greffe de la cour d'appel et communiquée au procureur de la République, qui veille à son exécution et en informe l'autorité administrative.

Lorsque l'étranger est maintenu à la disposition de la justice, le procureur de la République décide des conditions du maintien. Il en informe sans délai l'étranger et l'autorité administrative qui a prononcé la rétention.

Art. R. 552-14-1 *(Décr. n° 2016-1457 du 28 oct. 2016, art. 23-2° et 42, en vigueur le 1er nov. 2016)* Lorsque le premier président envisage de faire application des dispositions du deuxième alinéa de l'article L. 552-9, il recueille par tout moyen les observations des parties sur le caractère manifestement irrecevable de l'appel.

Sont *(Abrogé par Décr. n° 2017-892 du 6 mai 2017, art. 34)* « *, notamment,* » manifestement irrecevables au sens du dernier alinéa de l'article L. 552-9 *(Décr. n° 2017-892 du 6 mai 2017, art. 34)* « , notamment » les déclarations d'appel formées tardivement, hors du délai prévu à l'article R. 552-12, et les déclarations d'appel non motivées.

La décision prononçant l'irrecevabilité de l'appel est rendue par le premier président dans les quarante-huit heures de sa saisine. Le délai ainsi prévu est calculé et prorogé conformément aux articles 640 et 642 du code de procédure civile.

L'ordonnance est communiquée au ministère public. Elle est notifiée par tout moyen et dans les meilleurs délais à l'étranger et à son conseil, s'il en a un, ainsi qu'à l'autorité qui a prononcé la rétention, qui en accusent réception.

Art. R. 552-15 *(Décr. n° 2016-1457 du 28 oct. 2016, art. 23-3° et 42, en vigueur le 1er nov. 2016)* « Lorsque le premier président de la cour d'appel ou son délégué ne fait pas application du second alinéa de l'article L. 552-9, » le greffier de la cour d'appel fait connaître aux parties et au ministère public la date de l'audience au fond.

L'autorité qui a ordonné la rétention, l'avocat de l'étranger et l'étranger lui-même peuvent demander à être entendus à l'audience.

Le ministère public peut faire connaître son avis.

Le premier président ou son délégué statue au fond dans les quarante-huit heures de sa saisine. Le délai ainsi prévu est calculé et prorogé conformément aux articles 640 et 642 du code de procédure civile.

L'ordonnance est communiquée au ministère public. Elle est notifiée à l'étranger et à son conseil, s'il en a un, ainsi qu'à l'autorité qui a prononcé la rétention. La notification est faite sur place aux parties présentes qui en accusent réception. Le greffier la notifie par tout moyen et dans les meilleurs délais aux autres parties qui en accusent réception.

SOUS-SECTION 2 *Pourvoi en cassation*

Art. R. 552-16 L'ordonnance du premier président de la cour d'appel ou de son délégué n'est pas susceptible d'opposition. Le pourvoi en cassation est ouvert à l'étranger, à l'autorité administrative qui a prononcé la rétention et au ministère public.

SECTION IV *Dispositions communes*

La présente section ne comprend pas de dispositions réglementaires.

SECTION V *Saisine du juge par l'étranger et décisions de mise en liberté prises par le juge de sa propre initiative ou à la demande du ministère public*

SOUS-SECTION 1 *Saisine et décision du juge des libertés et de la détention (Décr. n° 2008-817 du 22 août 2008)*

Art. R. 552-17 L'étranger en rétention qui demande, hors des audiences prévues aux articles R. 552-9 et R. 552-15, qu'il soit mis fin à sa rétention saisit le juge des libertés et de la détention par simple requête adressée par tout moyen au juge. A peine d'irrecevabilité, la requête est motivée et signée de l'étranger ou de son représentant, et accompagnée de toutes les pièces justificatives. *(Décr. n° 2016-1457 du 28 oct. 2016, art. 24-1° et 42, en vigueur le 1er nov. 2016)* « La décision de maintien en rétention d'un demandeur d'asile ne peut être contestée que devant le juge administratif. »

Il est procédé comme il est dit à la section I du présent chapitre. Toutefois, le juge peut rejeter la requête sans avoir préalablement convoqué les parties s'il apparaît qu'aucune circonstance nouvelle de fait ou de droit n'est intervenue depuis le placement en rétention administrative ou son renouvellement, ou que les éléments fournis à l'appui de la demande ne permettent manifestement pas de justifier qu'il soit mis fin à la rétention.

Art. R. 552-18 Indépendamment de la mise en œuvre des dispositions de l'article R. 552-17, le juge des libertés et de la détention peut, à tout moment, après avoir mis l'autorité administrative en mesure de présenter ses observations, de sa propre initiative ou à la demande du ministère public, décider la mise en liberté de l'étranger lorsque les circonstances de droit ou de fait le justifient *(Décr. nº 2016-1457 du 28 oct. 2016, art. 24-2º et 42, en vigueur le 1er nov. 2016)* « , sous réserve de la compétence exclusive du juge administratif sur la décision de maintien en rétention d'un demandeur d'asile ».

Art. R. 552-19 L'ordonnance du juge des libertés et de la détention est notifiée sans délai et par tout moyen à l'étranger et à son conseil, au préfet de département et, à Paris, au préfet de police ainsi qu'au ministère public.

(Abrogé par Décr. nº 2008-817 du 22 août 2008) « Elle n'est susceptible d'aucun recours autre qu'un pourvoi en cassation fondé sur un excès de pouvoir ou la violation d'un principe fondamental de la procédure. »

SOUS-SECTION 2 *Appel*

(Décr. nº 2008-817 du 22 août 2008)

Art. R. 552-20 L'ordonnance mentionnée à l'article R. 552-19 est susceptible d'appel devant le premier président de la cour d'appel ou son délégué, dans les vingt-quatre heures de sa notification, par l'étranger, par le ministère public, par le préfet de département et, à Paris, par le préfet de police. Le délai ainsi prévu est calculé et prorogé conformément aux articles 640 et 642 du code de procédure civile.

L'appel n'est pas suspensif. Toutefois, le ministère public peut solliciter du premier président ou de son délégué qu'il déclare son recours suspensif, lorsqu'il lui apparaît que l'intéressé ne dispose pas de garanties de représentation effectives ou en cas de menace grave pour l'ordre public.

Dans ce cas, l'appel est formé dans un délai de *(Décr. nº 2018-1159 du 14 déc. 2018, art. 6 et 23, en vigueur le 1er janv. 2019)* « dix heures » à compter de la notification de l'ordonnance au procureur de la République.

Le ministère public fait notifier la déclaration d'appel, accompagnée de la demande qui se réfère à l'absence de garanties de représentation effectives ou à la menace grave pour l'ordre public, immédiatement et par tout moyen à l'autorité administrative, à l'étranger et, le cas échéant, à son avocat, qui en accusent réception.

La notification mentionne que des observations en réponse à la demande de déclaration d'appel suspensif peuvent être transmises par tout moyen au secrétariat du premier président ou de son délégué dans un délai de deux heures.

Art. R. 552-20-1 *(Décr. nº 2018-1159 du 14 déc. 2018, art. 6 et 23, en vigueur le 1er janv. 2019)* Lorsqu'il est saisi d'un appel contre une décision rendue par le juge des libertés et de la détention hors des audiences prévues à l'article R. 552-9, le premier président de la cour d'appel peut rejeter la déclaration d'appel sans avoir préalablement convoqué les parties s'il apparaît qu'aucune circonstance nouvelle de fait ou de droit n'est intervenue depuis le placement en rétention administrative ou son renouvellement, ou que les éléments fournis à l'appui de la demande ne permettent manifestement pas de justifier qu'il soit mis fin à la rétention.

Dans ce cas, le premier président recueille par tout moyen les observations des parties sur l'absence de circonstance nouvelle de fait ou de droit depuis le placement en rétention administrative ou son renouvellement, ou sur le caractère inopérant des éléments fournis par l'étranger.

La décision rejetant la déclaration d'appel sans audience est rendue par le premier président dans les quarante-huit heures de sa saisine. Le délai ainsi prévu est calculé et prorogé conformément aux articles 640 et 642 du code de procédure civile.

L'ordonnance est communiquée au ministère public. Elle est notifiée par tout moyen et dans les meilleurs délais à l'étranger et à son conseil, s'il en a un, ainsi qu'à l'autorité qui a prononcé la rétention, qui en accusent réception.

Art. R. 552-21 Le premier président ou son délégué est saisi par une déclaration d'appel motivée transmise par tout moyen au greffe de la cour d'appel. La déclaration est enregistrée avec mention de la date et de l'heure.

Le greffier de la cour d'appel avise immédiatement le greffier du tribunal judiciaire qui lui transmet sans délai le dossier.

Art. R. 552-22 Le premier président ou son délégué statue sans délai sur la demande visant à déclarer l'appel suspensif, en fonction des garanties de représentation dont dispose l'étranger ou de la menace grave pour l'ordre public, après que l'étranger ou son conseil a été mis à même de transmettre ses observations, suivant les modalités définies au dernier alinéa de l'article R. 552-20, par une ordonnance motivée rendue contradictoirement, non susceptible de recours.

L'intéressé est maintenu à la disposition de la justice jusqu'à ce que cette ordonnance soit rendue et, si elle donne un effet suspensif à l'appel du ministère public, jusqu'à ce qu'il soit statué au fond.

La décision sur le caractère suspensif de l'appel est portée à la connaissance de l'étranger et de son conseil par le greffe de la cour d'appel et communiquée au procureur de la République, qui veille à son exécution et en informe l'autorité administrative.

Lorsque l'étranger est maintenu à la disposition de la justice, le procureur de la République décide des conditions de ce maintien. Il en informe sans délai l'étranger et l'autorité administrative qui a prononcé la rétention.

Art. R. 552-23 *(Décr. nº 2016-1457 du 28 oct. 2016, art. 25 et 42, en vigueur le 1er nov. 2016)* Le premier président ou son délégué statue en faisant application des dispositions de l'article R. 552-14-1 ou de l'article R. 552-15.

SOUS-SECTION 3 *Pourvoi en cassation*

(Décr. nº 2008-817 du 22 août 2008)

Art. R. 552-24 L'ordonnance du premier président ou de son délégué n'est pas susceptible d'opposition. Le pourvoi en cassation est ouvert à l'étranger, à l'autorité administrative qui a prononcé la rétention et au ministère public.

CHAPITRE III ***Conditions de la rétention***

SECTION I ***Lieux de rétention***

SOUS-SECTION 1 *Centres de rétention administrative*

Art. R. 553-1 *(Décr. nº 2008-223 du 6 mars 2008)* « Les centres de rétention administrative sont créés, sur proposition du ministre chargé de l'immigration, par arrêté conjoint du ministre chargé des affaires sociales, du ministre chargé de l'immigration, *(Décr. nº 2010-773 du 8 juill. 2010, art. 5-1º)* « du ministre de l'intérieur et du ministre de la justice ». » Cet arrêté mentionne l'adresse du centre et précise, d'une part, si sa surveillance en est confiée à la police nationale ou à la gendarmerie nationale et, d'autre part, si ce centre est susceptible d'accueillir des familles. — *V. Arr. du 30 mars 2011, infra.*

(Décr. nº 2012-90 du 25 janv. 2012, art. 2) « Cet arrêté désigne en outre les centres dans lesquels les étrangers auxquels il est fait application des dispositions du quatrième *(Décr. nº 2018-1159 du 14 déc. 2018, art. 7 et 23, en vigueur le 1er janv. 2019)* « alinéa ainsi que, lorsqu'il a été fait application de ce quatrième alinéa, du cinquième » alinéa de l'article L. 552-7 sont maintenus en rétention. »

Art. R. 553-2 Les centres de rétention administrative sont placés sous la responsabilité du préfet territorialement compétent et, à Paris, du préfet de police, qui désigne par arrêté le chef du centre, après accord du directeur général de la police nationale ou du directeur général de la gendarmerie nationale. *(Décr. nº 2008-223 du 6 mars 2008)* « Cet arrêté désigne aussi, le cas échéant, dans des conditions définies par arrêté conjoint *(Décr. nº 2010-773 du 8 juill. 2010, art. 5-2º ; Décr. nº 2016-1457 du 28 oct. 2016, art. 26-1º et 42, en vigueur le 1er nov. 2016)* « du ministre chargé de l'immigration et du ministre de l'Intérieur », le responsable de la gestion hôtelière et le responsable de la gestion des dossiers administratifs des étrangers admis au centre. »

Le chef de centre est responsable de l'ordre et de la sécurité du centre et de la tenue du registre mentionné à l'article L. 553-1. Il a autorité sur l'ensemble des personnes qui concourent au fonctionnement du centre.

Art. R. 553-3 Les centres de rétention administrative, dont la capacité d'accueil ne pourra pas dépasser 140 places, offrent aux étrangers retenus des équipements de type hôtelier et des prestations de restauration collective. Ils répondent aux normes suivantes :

1° Une surface utile minimum de 10 mètres carrés par retenu comprenant les chambres et les espaces librement accessibles aux heures ouvrables ;

2° Des chambres collectives non mixtes, contenant au maximum six personnes ;

3° Des équipements sanitaires, comprenant des lavabos, douches et w.-c., en libre accès et en nombre suffisant, soit un bloc sanitaire pour 10 retenus ;

4° Un téléphone en libre accès pour cinquante retenus ;

5° Des locaux et matériels nécessaires à la restauration conformes aux normes prévues par un arrêté conjoint du ministre de l'agriculture, *(Abrogé par Décr. nº 2016-1457 du 28 oct. 2016, art. 26-2º et 42, à compter du 1er nov. 2016) « du ministre de la défense, »* du ministre chargé de la santé et *(Décr. nº 2016-1457 du 28 oct. 2016, art. 26-2º et 42, en vigueur le 1er nov. 2016)* « du ministre chargé de la consommation » ;

6° Au-delà de quarante personnes retenues, une salle de loisirs et de détente distincte du réfectoire, dont la superficie est d'au moins 50 mètres carrés, majorée de 10 mètres carrés pour quinze retenus supplémentaires ;

7° Une ou plusieurs salles dotées d'équipement médical, réservées au service médical ;

8° Un local permettant de recevoir les visites des familles et des autorités consulaires ;

9° Le local mentionné à l'article R. 553-7, réservé aux avocats ;

10° Un local affecté à l'organisme mentionné à l'article R. 553-13 ;

11° Un local, meublé et équipé d'un téléphone, affecté à l'association mentionnée au premier alinéa de l'article R. 553-14 ;

12° Un espace de promenade à l'air libre ;

13° Un local à bagages.

Les centres de rétention administrative susceptibles d'accueillir des familles disposent en outre de chambres spécialement équipées, et notamment de matériels de puériculture adaptés.

(Abrogé par Décr. nº 2018-1159 du 14 déc. 2018, art. 9 et 23, à compter du 1er janv. 2019) (Décr. nº 2014-527 du 23 mai 2014, art. 6) « Pour une durée de trois ans à compter de la publication du décret nº 2014-527 du 23 mai 2014 portant modification du code de l'entrée et du séjour des étrangers et du droit d'asile (partie réglementaire) en ce qui concerne Mayotte, Wallis-et-Futuna, la Polynésie française et la Nouvelle-Calédonie, les dispositions des alinéas précédents ne sont pas applicables à Mayotte.

« Les centres de rétention administrative situés dans ce département, dont la capacité d'accueil ne pourra dépasser 140 places, doivent disposer de locaux et d'espaces aménagés notamment d'équipements sanitaires, permettant d'assurer l'hébergement, la restauration et la détente des étrangers, le bénéfice des soins qui leur sont nécessaires et l'exercice effectif de leurs droits par les intéressés.

« Les centres de rétention doivent notamment disposer des équipements suivants :

« 1º Des lieux d'hébergement non mixtes ;

« 2º Des équipements sanitaires en libre accès ;

« 3º Un espace de promenade à l'air libre ;

« 4º Un local doté du matériel médical réservé au service médical ;

« 5º Un local meublé et équipé d'un téléphone mis de façon permanente à la disposition des personnes qui ont reçu du représentant de l'État à Mayotte l'agrément mentionné à l'article R. 553-14-1.

« Les centres de rétention administrative susceptibles d'accueillir des familles disposent en outre de lieux d'hébergement séparés, spécialement équipés. »

Art. R. 553-4 *(Abrogé par Décr. nº 2016-1457 du 28 oct. 2016, art. 26-3º et 42, à compter du 1er nov. 2016) (Décr. nº 2008-223 du 6 mars 2008) « Dans chaque centre de rétention, un règlement intérieur, dont le modèle est fixé par arrêté conjoint du ministre chargé de l'immigration, du ministre de l'intérieur et du ministre de la défense, organise la vie quotidienne, dans des conditions conformes à la dignité et à la sécurité de ses occupants. » Il rappelle notamment les droits et devoirs des étrangers retenus, ainsi que les modalités pratiques d'exercice par ces derniers de leurs droits. Il mentionne notamment les conditions dans lesquelles s'exerce la circulation des étrangers dans le centre, notamment l'accès aux espaces à l'air libre.*

Le règlement intérieur est établi par le chef de centre et approuvé par le préfet territorialement compétent.

(Décr. nº 2008-223 du 6 mars 2008) « Il est traduit dans les langues les plus couramment utilisées désignées par un arrêté du ministre chargé de l'immigration. »

Un exemplaire en langue française et traduit dans les langues prévues à l'alinéa précédent est affiché dans les parties communes du centre.

(Décr. nº 2011-1693 du 30 nov. 2011, art. 2) « Les informations mentionnées à l'article R. 8252-2 du code du travail sont affichées dans les parties communes du centre de rétention

administrative. Elles sont disponibles en langue française et traduites dans les langues étrangères désignées par le ministre chargé de l'immigration. »

Art. R. 553-4-1 *(Décr. nº 2012-90 du 25 janv. 2012, art. 3)* **Les étrangers auxquels il est fait application des dispositions du quatrième** *(Décr. nº 2018-1159 du 14 déc. 2018, art. 7 et 23, en vigueur le 1er janv. 2019)* **« alinéa ainsi que, lorsqu'il a été fait application de ce quatrième alinéa, du cinquième » alinéa de l'article L. 552-7 sont maintenus en rétention dans un espace qui leur est réservé.**

SOUS-SECTION 2 *Locaux de rétention administrative*

Art. R. 553-5 **Les locaux mentionnés à l'article R. 551-3 sont créés, à titre permanent ou pour une durée déterminée, par arrêté préfectoral** *(Décr. nº 2016-1457 du 28 oct. 2016, art. 26-4º et 42, en vigueur le 1er nov. 2016)* **« précisant si le local est susceptible d'accueillir des familles ». Une copie de cet arrêté est transmise sans délai au procureur de la République** *(Abrogé par Décr. nº 2016-1457 du 28 oct. 2016, art. 26-4º et 42, à compter du 1er nov. 2016)* **« *, au directeur départemental des affaires sanitaires et sociales* »** *(Décr. nº 2010-387 du 16 avr. 2010)* **« et au Contrôleur général des lieux de privation de liberté ».**

Art. R. 553-6 **Les locaux de rétention administrative doivent disposer des équipements suivants :**

1º Des chambres collectives non mixtes, accueillant au maximum six personnes ;

2º Des équipements sanitaires en libre accès comprenant des lavabos, douches et w.-c. ;

3º Un téléphone en libre accès ;

4º Un local permettant de recevoir les visites : autorités consulaires, familles, médecins, membres d'associations ;

5º Le local mentionné à l'article R. 553-7, réservé aux avocats ;

6º Une pharmacie de secours.

(Décr. nº 2016-1457 du 28 oct. 2016, art. 26-5º et 42, en vigueur le 1er nov. 2016) **« Les locaux de rétention administrative susceptibles d'accueillir des familles disposent en outre de lieux d'hébergement séparés, spécialement équipés, comportant une pièce de détente et dotés notamment de matériels de puériculture adaptés, ainsi que d'un espace de promenade à l'air libre. »**

(Décr. nº 2014-527 du 23 mai 2014, art. 8) **« Les dispositions des alinéas précédents ne sont pas applicables à Mayotte pour une durée de cinq ans à compter de la publication du** *(Décr. nº 2018-1159 du 14 déc. 2018, art. 9 et 23, en vigueur le 1er janv. 2019)* **« décret nº 2018-1159 du 14 décembre 2018 pris pour l'application de la loi nº 2018-778 du 10 septembre 2018 pour une immigration maîtrisée, un droit d'asile effectif et une intégration réussie et portant diverses dispositions relatives à la lutte contre l'immigration irrégulière ». Les locaux de rétention administrative situés dans ce département doivent disposer de lieux d'hébergement ou de repos, d'équipements sanitaires en libre accès, de matériels nécessaires à la restauration ainsi que d'équipements permettant l'exercice effectif de leurs droits par les intéressés, notamment un téléphone en libre accès. Ceux-ci ont accès, si nécessaire, à l'antenne médicale la plus proche aux fins d'une évaluation médicale. »**

SOUS-SECTION 3 *Dispositions communes*

Art. R. 553-7 **Un local réservé aux avocats et permettant de préserver la confidentialité des entretiens est aménagé dans chaque lieu de rétention. Il est accessible en toutes circonstances, sauf en cas de force majeure, sur simple requête de l'avocat auprès du service en charge de l'accueil des étrangers retenus et avec l'accord de la personne intéressée.**

Art. R. 553-8 **Dans les conditions prévues aux articles R. 553-3 et R. 553-6, des locaux et des moyens matériels adaptés doivent permettre au personnel de santé de donner des consultations et de dispenser des soins dans les centres et locaux de rétention.**

Les conditions dans lesquelles *(Décr. nº 2012-561 du 24 avr. 2012, art. 3-II ; Décr. nº 2016-1645 du 1er déc. 2016, art. 4-I)* **« les établissements de santé interviennent au bénéfice des personnes retenues, en application de l'article L. 6111-1-2 » du code de la santé publique, sont précisées par voie de convention passée entre le préfet territorialement compétent et** *(Décr. nº 2012-561 du 24 avr. 2012, art. 3-II)* **« une de ces personnes » selon des modalités définies par arrêté conjoint du** *(Décr. nº 2008-223 du 6 mars 2008)* **« ministre chargé de l'immigration », du ministre chargé des affaires sociales et du ministre chargé de la santé. Pour les centres de rétention administrative, cet arrêté précise notamment les conditions de présence et de qualification des personnels de santé ainsi que les dispositions sanitaires applicables en dehors de leurs heures de présence au centre.**

Art. R. 553-9 *(Décr. nº 2016-1457 du 28 oct. 2016, art. 26-6º et 42, en vigueur le 1er nov. 2016)* Dans chaque lieu de rétention, un règlement intérieur, dont les modèles sont fixés, pour les centres et les locaux de rétention, par arrêté conjoint du ministre chargé de l'immigration et du ministre de l'intérieur, organise la vie quotidienne, dans des conditions conformes à la dignité et à la sécurité de ses occupants. Il rappelle notamment les droits et devoirs des étrangers retenus, ainsi que les modalités pratiques d'exercice par ces derniers de leurs droits. Il mentionne notamment les conditions dans lesquelles s'exerce la circulation des étrangers dans le lieu de rétention, notamment, le cas échéant, l'accès aux espaces à l'air libre.

Le règlement intérieur est établi par le responsable du lieu de rétention et approuvé par le préfet territorialement compétent.

Il est traduit dans les langues les plus couramment utilisées désignées par un arrêté du ministre chargé de l'immigration.

Un exemplaire en langue française et traduit dans les langues prévues à l'alinéa précédent est affiché dans les parties communes du lieu de rétention.

Les informations mentionnées à l'article R. 8252-2 du code du travail sont affichées dans les parties communes du lieu de rétention administrative. Elles sont disponibles en langue française et traduites dans les langues étrangères désignées par le ministre chargé de l'immigration.

Art. R. 553-10 *Abrogé par Décr. nº 2008-223 du 6 mars 2008.*

SECTION II *Droits des étrangers retenus*

Art. R. 553-11 L'administration met un interprète à la disposition des étrangers maintenus en centre ou en local de rétention administrative qui ne comprennent pas le français, dans le seul cadre des procédures *(Abrogé par Décr. nº 2016-1457 du 28 oct. 2016, art. 27 et 42, à compter du 1er nov. 2016) « de non-admission ou »* d'éloignement dont ils font l'objet *(Décr. nº 2015-1166 du 21 sept. 2015, art. 6 et 31, en vigueur le 1er nov. 2015)* « et des demandes d'asile ». Dans les autres cas, la rétribution du prestataire est à la charge de l'étranger.

Lorsque l'assistance d'un interprète se fait par téléphone ou un autre moyen de télécommunication, le nom et les coordonnées de l'interprète, ainsi que la langue utilisée, sont mentionnés par procès-verbal, dont une copie est remise à l'étranger.

Art. R. 553-12 Pendant la durée de leur séjour en rétention, les étrangers sont hébergés et nourris à titre gratuit. Ils sont soignés gratuitement. *(Décr. nº 2018-528 du 28 juin 2018, art. 1er)* « S'ils en font la demande, ils sont examinés par un médecin de l'unité médicale du centre de rétention administrative, qui assure, le cas échéant, la prise en charge médicale durant la rétention administrative. »

Art. R. 553-13 *(Décr. nº 2018-528 du 28 juin 2018, art. 2)* « I. – » Les étrangers placés ou maintenus dans un centre de rétention administrative bénéficient d'actions d'accueil, d'information, de soutien moral et psychologique et d'aide pour préparer les conditions matérielles de leur départ, qui portent notamment sur la récupération des bagages des personnes retenues, la réalisation de formalités administratives, l'achat de produits de vie courante et, le cas échéant, les liens avec le pays d'origine, notamment la famille. Pour la conduite de ces actions, l'État a recours à l'Office français de l'immigration et de l'intégration. Une convention détermine les conditions d'affectation et d'intervention des agents de cet établissement public.

(Décr. nº 2018-528 du 28 juin 2018, art. 2) « II. – L'étranger ou le demandeur d'asile, placé en rétention administrative en application du II de l'article L. 551-1, *(Décr. nº 2018-1159 du 14 déc. 2018, art. 10 et 23, en vigueur le 1er janv. 2019)* « du I de l'article L. 744-9-1 ou du I de l'article L. 571-4, » peut, indépendamment de l'examen de son état de vulnérabilité par l'autorité administrative lors de son placement en rétention, faire l'objet, à sa demande, d'une évaluation de son état de vulnérabilité par des agents de l'Office français de l'immigration et de l'intégration dans le cadre de la convention prévue au I et, en tant que de besoin, par un médecin de l'unité médicale du centre de rétention administrative.

« A l'issue de cette évaluation, l'agent de l'Office français de l'immigration et de l'intégration et le médecin qui en ont été chargés peuvent formuler des avis sur les éventuels besoins d'adaptation des conditions de rétention de l'étranger visé à l'alinéa précédent ou sur son maintien en rétention lorsque ce dernier est incompatible avec son état de vulnérabilité. Le responsable du centre de rétention ou son représentant détermine, le cas échant, les modalités particulières de maintien en rétention tenant compte de la situation de vulnérabilité de la personne et, en cas d'incompatibilité du maintien en rétention avec cet état, en avise l'autorité administrative compétente.

« Le cas échéant, le médecin peut également formuler un avis sur la nécessité d'une prise en charge médicale durant le transfert vers l'État membre responsable de l'examen de la demande d'asile. »

SECTION II *BIS* *Intervention des personnes morales*

(*Décr. nº 2008-817 du 22 août 2008*)

Les dispositions introduites par le Décr. nº 2008-817 du 22 août 2008 ne s'appliquent pas à la convention en cours d'exécution à la date de sa publication (Décr. préc., art. 7, JO 23 août).

SOUS-SECTION 1 *Cas des centres de rétention administrative*

Art. R. 553-14 Pour permettre l'exercice effectif de leurs droits par les étrangers maintenus dans un centre de rétention administrative, le ministre chargé de l'immigration conclut une convention avec une ou plusieurs personnes morales ayant pour mission d'informer les étrangers et de les aider à exercer leurs droits. A cette fin, la personne morale assure, dans chaque centre dans lequel elle est chargée d'intervenir, des prestations d'information, par l'organisation de permanences et la mise à disposition de documentation. Ces prestations sont assurées par une seule personne morale par centre. Les étrangers retenus en bénéficient sans formalité dans les conditions prévues par le règlement intérieur.

Art. R. 553-14 *bis* (*Décr. nº 2014-527 du 23 mai 2014, art. 9*) Les dispositions des articles R. 553-13 et R. 553-14 ne sont pas applicables à Mayotte. Les étrangers maintenus dans un centre de rétention administrative dans ce département bénéficient d'actions d'accueil, d'information, d'aide à l'exercice de leurs droits, de soutien moral et psychologique et, le cas échéant, d'aide pour préparer les conditions matérielles de leur départ.

Pour concourir aux actions et à l'aide définies à l'alinéa précédent, le représentant de l'État à Mayotte conclut une convention avec une ou plusieurs personnes morales.

Art. R. 553-14-1 L'accès aux centres de rétention administrative des représentants des personnes morales ayant conclu une convention en application de l'article R. 553-14 est subordonné à un agrément individuel accordé pour une durée de trois ans par le préfet ou, à Paris, par le préfet de police, sur proposition de chacune des personnes morales avec lesquelles le ministre chargé de l'immigration a conclu une convention.

Les conventions mentionnées à l'article R. 553-14 déterminent le nombre des agréments individuels propres à chaque centre pour lequel la personne morale est chargée d'intervenir.

Les conventions mentionnées à l'article R. 553-14 déterminent en outre le nombre des agréments individuels permettant l'accès à tous les centres dans lesquels la personne morale est chargée d'intervenir.

Ces agréments sont délivrés par le ministre chargé de l'immigration.

Les agréments individuels sont renouvelables.

Une personne physique ne peut représenter plus d'une personne morale.

SOUS-SECTION 2 *Cas des locaux de rétention administrative*

Art. R. 553-14-2 Pour permettre l'exercice effectif de leurs droits, les étrangers maintenus dans un des locaux de rétention mentionnés à l'article R. 551-3 peuvent bénéficier du concours d'une personne morale, à leur demande ou à l'initiative de celle-ci, dans des conditions définies par convention conclue par le préfet ou, à Paris, par le préfet de police. Dans chaque local de rétention, ce concours est assuré par une seule personne morale.

Art. R. 553-14-3 L'accès à un local de rétention administrative des représentants des personnes morales ayant conclu une convention en application de l'article R. 553-14-2 est subordonné à un agrément individuel accordé pour une durée de trois ans par le préfet ou, à Paris, par le préfet de police, sur proposition de chacune des personnes morales avec lesquelles il a passé une convention.

Les conventions mentionnées à l'article R. 553-14-2 déterminent le nombre des agréments individuels propres à chaque local dans lequel la personne morale est chargée d'intervenir.

Cet agrément est renouvelable.

Une personne physique ne peut représenter plus d'une personne morale.

SECTION II *TER* *Accès des associations humanitaires aux lieux de rétention*

(*Décr. nº 2011-820 du 8 juill. 2011, art. 18*)

Art. R. 553-14-4 Les associations humanitaires ont accès, dans les conditions fixées par la présente section, aux lieux de rétention.

Cet accès ne doit pas entraver le fonctionnement du lieu de rétention *(Décr. n° 2014-676 du 24 juin 2014, art. 1er)* « ni » les activités qu'y exercent les services de l'État et les personnes morales mentionnés à l'article R. 553-14.

(Abrogé par Décr. n° 2014-676 du 24 juin 2014, art. 1er) « *Il s'exerce dans le respect des opinions politiques, philosophiques ou religieuses des étrangers retenus.* »

Art. R. 553-14-5 *(Décr. n° 2014-676 du 24 juin 2014, art. 2)* Toute association régulièrement déclarée depuis au moins cinq années, ayant pour objet la défense des étrangers, la défense des droits de l'homme, l'assistance médicale et sociale ou l'assistance aux personnes privées de liberté, peut demander à être habilitée à proposer des représentants en vue d'accéder aux lieux de rétention.

Le ministre chargé de l'immigration fixe la liste des associations habilitées à proposer des représentants en vue d'accéder aux lieux de rétention.

Tout refus d'habilitation est motivé. Il ne peut être fondé que sur la méconnaissance des critères énoncés au premier alinéa ou sur des motifs d'ordre public.

L'habilitation est accordée pour une durée de cinq ans. Elle est renouvelable pour la même durée.

Le ministre chargé de l'immigration peut, par décision motivée, retirer l'habilitation d'une association lorsqu'elle ne remplit plus les critères énoncés au premier alinéa ou pour des motifs d'ordre public.

Art. R. 553-14-6 *(Décr. n° 2014-676 du 24 juin 2014, art. 3)* Chaque association habilitée peut transmettre au ministre chargé de l'immigration une liste de cinq personnes au plus ayant vocation à accéder à l'ensemble des lieux de rétention.

Chaque association habilitée peut transmettre au préfet territorialement compétent ou, à Paris, au préfet de police, pour chaque lieu de rétention, une liste de cinq personnes au plus ayant vocation à y accéder.

L'autorité compétente peut, par décision motivée, s'opposer à l'accès d'une ou plusieurs personnes figurant sur une liste pour des motifs d'ordre public. En l'absence d'opposition de l'autorité compétente dans un délai d'un mois après réception de la liste, ces personnes sont autorisées à accéder aux lieux de rétention concernés. L'autorité compétente en informe les responsables de ces lieux de rétention.

Il est mis fin au droit d'accès d'un représentant d'une association à la demande de la personne ou de l'association concernée ou lorsque l'habilitation de cette association est retirée. L'autorité compétente peut également, par décision motivée, mettre fin au droit d'accès pour des motifs d'ordre public.

Art. R. 553-14-7 *(Décr. n° 2014-676 du 24 juin 2014, art. 4)* Les représentants des associations ont accès, dans le respect des règles sanitaires et de sécurité, aux locaux susceptibles d'accueillir les retenus. Toutefois, ils n'ont accès aux locaux mis à disposition des intervenants et au local réservé aux avocats qu'avec l'accord des intéressés.

Les représentants des associations peuvent s'entretenir avec le responsable du lieu de rétention et, lorsqu'ils sont présents, avec les agents de l'Office français de protection des réfugiés et apatrides et de l'Office français de l'immigration et de l'intégration ainsi qu'avec les représentants agréés des associations ayant conclu la convention prévue à l'article R. 553-14 pour permettre l'exercice effectif des droits des étrangers. Ils peuvent s'entretenir avec l'équipe médicale du lieu de rétention, dans le respect du secret médical.

Les représentants des associations peuvent s'entretenir confidentiellement avec les personnes retenues dans ces lieux. Cette possibilité ne peut être refusée que pour des motifs tirés des exigences mentionnées au second alinéa de l'article R. 553-14-4.

Art. R. 553-14-7-1 *(Décr. n° 2014-676 du 24 juin 2014, art. 5)* Un même lieu de rétention peut recevoir, au plus, la visite de cinq représentants d'associations habilitées par période de vingt-quatre heures.

Lorsque les représentants d'une association entendent exercer leur droit d'accès dans un centre de rétention, ils en informent au moins vingt-quatre heures à l'avance le chef de centre.

Lorsque les représentants d'une association entendent exercer leur droit d'accès dans un local de rétention, ils en informent au moins douze heures à l'avance le responsable du local.

Le responsable du lieu de rétention peut, par une décision motivée, ajourner les visites de représentants d'association pour une durée limitée mentionnée dans la décision.

Art. R. 553-14-8 Une réunion est organisée annuellement sur le fonctionnement des lieux de rétention à l'initiative du ministre chargé de l'immigration, avec les *(Abrogé par Décr.*

n° 2014-676 du 24 juin 2014, art. 6) « ***présidents des*** » associations habilitées *(Abrogé par Décr. n° 2014-676 du 24 juin 2014, art. 6)* « , ***leurs représentants agréés*** » et les services de l'État concernés. Le compte rendu de cette réunion, établi conjointement, est rendu public.

(Décr. n° 2014-676 du 24 juin 2014, art. 6) « Le préfet territorialement compétent ou, à Paris, le préfet de police organise à intervalles réguliers des réunions sur le fonctionnement des lieux de rétention avec les associations ayant des représentants habilités à accéder aux lieux de rétention du département et les services concernés. »

SECTION III *Accès des parlementaires accompagnés de journalistes aux lieux de rétention*

(Décr. n° 2016-1457 du 28 oct. 2016, art. 28 et 42, en vigueur le 1er nov. 2016)

Art. R. 553-15 Le chef du centre de rétention, son adjoint ou le responsable de la gestion des dossiers administratifs, ou, dans un local de rétention, le responsable du local ou son adjoint ne peut s'opposer à l'entrée de journalistes titulaires de la carte d'identité professionnelle mentionnée à l'article L. 7111-6 du code du travail accompagnant, conformément à l'article 719 du code de procédure pénale, un député, un sénateur ou un représentant au Parlement européen élu en France que pour des motifs impératifs liés à la sécurité, au bon ordre, à l'intérêt public dans le lieu de rétention et aux intérêts des personnes retenues, des personnels et des tiers présents dans le lieu de rétention. Il peut mettre fin, à tout moment, à leur présence pour ces motifs.

Le nombre de journalistes accompagnant une visite parlementaire peut, de manière permanente ou occasionnelle, être limité par le responsable du lieu de rétention en fonction de considérations tirées des mêmes motifs ou des particularités du lieu de rétention. Leur entrée est concomitante à celle des parlementaires qu'ils accompagnent dans leur parcours. Leur sortie ne peut être postérieure à celle des parlementaires.

Art. R. 553-16 Les écrits, photographies, croquis, prises de vue et de son que les journalistes effectuent sont circonscrits au cadre de la visite du parlementaire.

Art. R. 553-17 Lorsque les productions des journalistes sont de nature à permettre l'identification des étrangers, des personnels et des intervenants dans les lieux de rétention, ceux-ci doivent consentir par écrit à la diffusion ou à l'utilisation de leur image ou de leur voix.

Un mineur ne peut être filmé, enregistré ou photographié qu'avec l'autorisation conjointe des titulaires de l'autorité parentale ou représentants légaux. L'accord devra être donné selon les mêmes modalités qu'il s'agisse de l'utilisation de l'image ou de celle de la voix ainsi captée.

Dans tous les cas, les journalistes devront veiller à ce qu'aucun élément concernant l'identité ou la personnalité qui permettrait d'identifier les mineurs ne soit, de quelque manière que ce soit, révélé.

Les obligations relatives à la diffusion des productions des journalistes mentionnées au présent article s'imposent aux directeurs de publication, éditeurs et distributeurs de ces productions.

SECTION IV *Accès des journalistes aux lieux de rétention*

(Décr. n° 2016-1457 du 28 oct. 2016, art. 28 et 42, en vigueur le 1er nov. 2016)

Art. R. 553-18 Tout journaliste titulaire de la carte d'identité professionnelle mentionnée à l'article L. 7111-6 du code du travail peut demander à l'autorité administrative compétente à être autorisé à accéder à un lieu de rétention.

Toute demande mentionne l'objet, la date, la durée et les modalités du reportage. Elle est accompagnée de la copie de la carte de presse du demandeur et, le cas échéant, d'une copie d'un titre d'identité des personnes dont la présence est nécessaire à la réalisation du reportage et qui n'auraient pas la qualité de journaliste.

Art. R. 553-19 L'autorité administrative compétente pour autoriser ou refuser l'accès des journalistes aux lieux de rétention en application de l'article L. 553-7 est le préfet de département dans lequel se situe le lieu de rétention et, à Paris, le préfet de police.

Art. R. 553-20 Tout refus d'accès est motivé.

Art. R. 553-21 L'accès des journalistes au lieu de rétention ne doit pas entraver le fonctionnement du lieu ni les activités qu'y exercent les services de l'État et les tiers qui y participent. Les journalistes respectent les consignes de sécurité et les conditions de la visite établies par le chef du centre de rétention, son adjoint ou le responsable de la gestion des dossiers administratifs, ou, dans un local de rétention, par le responsable du local ou son adjoint.

Art. R. 553-22 Les journalistes ont accès, dans le respect des règles sanitaires et de sécurité, aux locaux accessibles aux retenus ainsi qu'aux locaux mis à disposition des intervenants, avec l'accord de ces derniers.

Art. R. 553-23 L'article R. 553-17 est applicable aux visites de journalistes régies par la présente section.

CHAPITRE IV *Fin de la rétention*

Le présent chapitre ne comprend pas de dispositions réglementaires.

CHAPITRE V *Dispositions particulières aux étrangers faisant l'objet d'une mesure d'interdiction du territoire français*

Le présent chapitre ne comprend pas de dispositions réglementaires.

CHAPITRE VI *Demandes d'asile en rétention*

(Décr. n° 2015-1166 du 21 sept. 2015, art. 7-II et 31, en vigueur le 1er nov. 2015)

SECTION I *Présentation de la demande d'asile*

Art. R. 556-1 L'étranger maintenu en centre ou local de rétention administrative qui souhaite demander l'asile est informé, sans délai, dans une langue qu'il comprend ou dont il est raisonnable de penser qu'il la comprend, de la procédure de demande d'asile, de ses droits et de ses obligations au cours de cette procédure, des conséquences que pourrait avoir le non-respect de ces obligations ou le refus de coopérer avec les autorités et des moyens dont il dispose pour l'aider à présenter sa demande.

Art. R. 556-2 I. – L'étranger maintenu dans un centre de rétention qui souhaite demander l'asile remet sa demande sous pli fermé soit au chef du centre de rétention soit à son adjoint ou, le cas échéant, au responsable de la gestion des dossiers administratifs.

L'étranger maintenu dans un local de rétention qui souhaite demander l'asile remet sa demande sous pli fermé au responsable du local de rétention administrative ou à son adjoint.

Le chef du centre de rétention, son adjoint et le responsable de la gestion des dossiers administratifs, ainsi que le responsable du local de rétention et son adjoint sont les "autorités dépositaires" au sens de la présente section.

II. – La demande d'asile formulée en centre ou en local de rétention est rédigée en français sur un imprimé établi par l'Office français de protection des réfugiés et apatrides. L'imprimé doit être signé et accompagné de deux photographies d'identité récentes et, le cas échéant, du document de voyage.

Art. R. 556-3 Lorsqu'un étranger ayant déposé sa demande d'asile en local de rétention administrative est transféré en centre de rétention avant que l'office ait statué, le préfet responsable de la procédure d'éloignement en informe l'office sans délai.

Art. R. 556-4 L'étranger retenu qui souhaite demander l'asile peut bénéficier, pour présenter sa demande, de l'assistance juridique apportée par les personnes morales mentionnées aux articles R. 553-14 et R. 553-14-2, en application des conventions qui y sont prévues.

Il peut bénéficier également d'une assistance linguistique pour présenter sa demande, dans les conditions prévues à l'article R. 553-11.

Art. R. 556-5 Lorsque l'étranger remet sa demande à l'autorité dépositaire, celle-ci enregistre la date et l'heure de la remise sur le registre mentionné à l'article L. 553-1.

L'autorité dépositaire de la demande en informe sans délai le préfet qui a ordonné le placement en rétention afin que celui-ci statue sur le maintien en rétention conformément au premier alinéa de l'article L. 556-1.

(Décr. n° 2016-1457 du 28 oct. 2016, art. 29 et 42, en vigueur le 1er nov. 2016) « La présentation, l'instruction et le jugement par les juridictions administratives des recours en annulation formés contre les décisions de maintien en rétention mentionnées au premier

alinéa de l'article L. 556-1 obéissent aux règles définies au chapitre VII *bis* du titre VII du livre VII du code de justice administrative. »

Art. R. 556-6 *(Décr. n° 2015-1166 du 21 sept. 2015, art. 7-II et 31, en vigueur le 1er nov. 2015) (Décr. n° 2016-1547 du 28 oct. 2016, art. 30-I et 42, en vigueur le 1er nov. 2016)* « Dans le cas où le préfet décide du maintien en rétention, l'autorité dépositaire de la demande, dès qu'elle en est informée, saisit sans délai, par lettre recommandée avec demande d'avis de réception, ou par tout autre moyen permettant de garantir la confidentialité de la demande d'asile et d'en accuser réception, le directeur général de l'Office français de protection des réfugiés et apatrides du dossier de demande d'asile, tel qu'il lui a été remis sous pli fermé par l'étranger, en vue de son examen selon les modalités prévues à l'article R. 723-4. »

L'autorité dépositaire de la demande informe sans délai le directeur général de l'office de la transmission de la demande ainsi que de l'identité du demandeur et, le cas échéant, du besoin d'interprète.

Art. R. 556-7 Les dispositions du présent chapitre ne sont pas applicables à l'étranger dont la demande d'asile relève de l'article L. 742-1 et qui est placé en rétention en vue de l'exécution d'une décision de transfert en application de l'article L. 742-3.

L'étranger en est informé dans une langue qu'il comprend ou dont il est raisonnable de penser qu'il la comprend.

SECTION II *Examen de la demande d'asile par l'office*

Art. R. 556-8 Le demandeur est entendu par l'office selon les modalités prévues par les articles R. 723-5 à R. 723-9.

Toutefois, en cas de besoin et par dérogation à l'article R. 723-8, l'entretien personnel peut ne pas faire l'objet d'un enregistrement. Dans ce cas, sa transcription fait l'objet d'un recueil de commentaires. Si le demandeur refuse de confirmer que le contenu de la transcription reflète correctement l'entretien personnel, les motifs de son refus sont consignés dans son dossier. Un tel refus n'empêche pas l'office de statuer sur la demande d'asile.

Art. R. 556-9 Lorsque l'office décide, en application du septième alinéa de l'article L. 556-1, de ne pas statuer en procédure accélérée, le directeur général de l'office transmet sa décision au chef du centre de rétention, son adjoint ou au responsable de la gestion des dossiers administratifs du centre de rétention ou au responsable du local de rétention ou à son adjoint et au préfet qui a ordonné le maintien en rétention.

Le préfet met fin immédiatement à la rétention et communique sa décision au chef du centre de rétention, son adjoint ou au responsable de la gestion des dossiers administratifs du centre de rétention ou au responsable du local de rétention ou à son adjoint. Il en informe également le directeur général de l'office.

Art. R. 556-10 I. — Lorsque l'étranger a été maintenu en rétention et que l'office statue en procédure accélérée, le directeur général de l'office prend sa décision dans le délai prévu par le deuxième alinéa du I de l'article R. 723-4.

Il transmet sans délai au responsable du centre ou du local de rétention dans lequel l'étranger est maintenu en application de l'article L. 556-1 sa décision de rejet sous pli fermé par lettre recommandée avec demande d'avis de réception. Le pli fermé est remis à l'étranger par le responsable du centre ou du local de rétention. *(Décr. n° 2016-1457 du 28 oct. 2016, art. 30-II et 42, en vigueur le 1er nov. 2016)* « La décision de rejet peut également être transmise par tout autre moyen assurant la confidentialité de la demande d'asile et permettant d'en accuser réception avant remise au demandeur. »

Simultanément, le directeur général de l'office communique au chef du centre de rétention, à son adjoint ou au responsable de la gestion des dossiers administratifs du centre de rétention ou au responsable du local de rétention ou à son adjoint le sens de sa décision.

II. — La décision d'admission au bénéfice d'une protection au titre de l'asile est transmise au centre ou au local de rétention par voie électronique sécurisée. Elle est notifiée à l'intéressé par la voie administrative par le chef du centre de rétention, son adjoint ou le responsable de la gestion des dossiers administratifs du centre de rétention ou le responsable du local de rétention ou son adjoint. Au vu de cette décision, il est immédiatement mis fin à la rétention.

(Décr. n° 2016-1457 du 28 oct. 2016, art. 30-II et 42, en vigueur le 1er nov. 2016) « La décision d'irrecevabilité prise en application de l'article L. 551-3 est transmise et notifiée dans les conditions prévues à l'alinéa précédent. »

III. — Les documents fournis par le demandeur lui sont restitués avec la décision.

IV. – Le chef du centre de rétention, son adjoint ou le responsable de la gestion des dossiers administratifs du centre de rétention ou le responsable du local de rétention ou son adjoint informe le préfet ayant décidé du maintien en rétention du sens de la décision du directeur général de l'office.

SECTION III *Droits des demandeurs d'asile*

Art. R. 556-11 Le délégué du Haut-Commissariat des Nations unies pour les réfugiés accède aux lieux de rétention dans les mêmes conditions que celles prévues aux articles R. 223-1 à R. 223-6.

Art. R. 556-12 Toute personne intervenant en rétention peut signaler au chef du centre ou à son représentant, ou au responsable du local de rétention, la situation de vulnérabilité d'un demandeur d'asile qu'elle aurait constatée, ou dont le demandeur d'asile aurait fait état.

Le chef du centre ou son représentant, ou le responsable du local de rétention, détermine, le cas échéant, les modalités particulières de maintien en rétention tenant compte de la situation de vulnérabilité du demandeur.

Les informations attestant d'une situation particulière de vulnérabilité sont transmises oralement ou par écrit, après accord du demandeur d'asile, à l'Office français de protection des réfugiés et apatrides.

Art. R. 556-13 L'avocat ou le représentant d'une des associations mentionnées au huitième alinéa de l'article L. 723-6, désigné par le demandeur d'asile, est autorisé à pénétrer dans le lieu de rétention pour assister à son entretien dans les conditions prévues au même article L. 723-6.

SECTION IV *Dispositions diverses*

Art. R. 556-14 I. – L'article R. 556-7 n'est pas applicable en Guadeloupe, en Guyane, en Martinique, à Mayotte, à La Réunion et à Saint-Pierre-et-Miquelon.

II. – Le présent chapitre, à l'exception de l'article R. 556-7, est applicable à Saint-Barthélemy et à Saint-Martin dans sa rédaction résultant du décret n° 2015-1166 du 21 septembre 2015 pris pour l'application de la loi n° 2015-925 du 29 juillet 2015 relative à la réforme du droit d'asile.

TITRE VI Assignation à résidence

(Décr. n° 2011-820 du 8 juill. 2011, art. 19)

CHAPITRE UNIQUE

Art. R. 561-1 L'autorité administrative compétente pour assigner un étranger à résidence en application des 1° à 4° de l'article L. 561-1 *(Décr. n° 2018-1159 du 14 déc. 2018, art. 10 et 23, en vigueur le 1er janv. 2019)* « , de l'article L. 561-2, de l'article L. 744-9-1 ou de l'article L. 571-4 » est le préfet de département et, à Paris, le préfet de police.

Art. R. 561-1-1 *(Décr. n° 2015-26 du 14 janv. 2015, art. 4)* L'autorité administrative compétente pour assigner un étranger à résidence en application du 6° de l'article L. 561-1 est le ministre de l'intérieur.

Art. R. 561-2 L'autorité administrative détermine le périmètre dans lequel l'étranger assigné à résidence en application *(Décr. n° 2018-1159 du 14 déc. 2018, art. 10 et 23, en vigueur le 1er janv. 2019)* « des articles L. 561-1, L. 561-2, L. 744-9-1 ou L. 571-4 » ou d'une des mesures prévues aux articles L. 523-3, L. 523-4 et L. 523-5 est autorisé à circuler muni des documents justifiant de son identité et de sa situation administrative et au sein duquel est fixée sa résidence. Elle lui désigne le service auquel il doit se présenter, selon une fréquence qu'il fixe dans la limite d'une présentation par jour, en précisant si cette obligation s'applique les dimanches et les jours fériés ou chômés.

Toutefois, lorsque l'étranger est assigné à résidence en application de l'article L. 561-1 au titre du 5° de cet article ou d'une des mesures prévues aux articles L. 523-3, L. 523-4 et L. 523-5, l'autorité administrative peut fixer à quatre au plus le nombre de présentations quotidiennes. *(Décr. n° 2018-1159 du 14 déc. 2018, art. 8 et 23, en vigueur le 1er janv. 2019)* « La même autorité administrative est compétente pour désigner à l'étranger assigné à résidence, en application de l'article L. 561-1, une plage horaire pendant laquelle il doit demeurer dans les locaux où il réside. »

Art. R. 561-3 L'étranger assigné à résidence en application *(Décr. n° 2018-1159 du 14 déc. 2018, art. 10 et 23, en vigueur le 1er janv. 2019)* « des articles L. 561-1, L. 561-2, L. 744-9-1 ou L. 571-4 » ou d'une des mesures prévues aux articles L. 523-3, L. 523-4 et L. 523-5 peut être tenu de remettre à l'autorité administrative l'original de son passeport et de tout autre document d'identité ou de voyage en sa possession en échange d'un récépissé valant justification d'identité sur lequel est portée la mention de l'assignation à résidence jusqu'à l'exécution de la mesure d'éloignement dont il fait l'objet.

Art. R. 561-4 L'assignation à résidence prononcée en application de l'article L. 561-1 peut être assortie d'une autorisation de travail.

Art. R. 561-5 *(Décr. n° 2016-1457 du 28 oct. 2016, art. 31 et 42, en vigueur le 1er nov. 2016)* L'étranger auquel est notifiée une assignation à résidence en application de l'article L. 552-4 *(Décr. n° 2018-1159 du 14 déc. 2018, art. 10 et 23, en vigueur le 1er janv. 2019)* « , de l'article L. 561-2, de l'article L. 744-9-1 ou de l'article L. 571-4 » est informé de ses droits et obligations par la remise d'un formulaire à l'occasion de la notification de la décision par l'autorité administrative ou, au plus tard, lors de sa première présentation aux services de police ou de gendarmerie.

Ce formulaire, dont le modèle est fixé par arrêté du ministre chargé de l'immigration et du ministre de l'intérieur, rappelle les droits et obligations des étrangers assignés à résidence pour la préparation de leur départ. Il mentionne notamment les coordonnées locales de l'Office français de l'immigration et de l'intégration, le droit de l'étranger de communiquer avec son consulat et les coordonnées de ce dernier, ainsi que le droit de l'étranger d'informer l'autorité administrative de tout élément nouveau dans sa situation personnelle susceptible d'intéresser sa situation administrative. Il rappelle les obligations résultant de l'obligation de quitter le territoire français et de l'assignation à résidence ainsi que les sanctions encourues par l'étranger en cas de manquement aux obligations de cette dernière.

Ce formulaire est traduit dans les langues les plus couramment utilisées désignées par un arrêté du ministre chargé de l'immigration.

Art. R. 561-6 *(Décr. n° 2016-1457 du 28 oct. 2016, art. 31 et 42, en vigueur le 1er nov. 2016)* L'autorité administrative compétente pour saisir le juge des libertés et de la détention aux fins de requérir les services de police ou les unités de gendarmerie en application du II de l'article L. 561-2 est le préfet de département ou, à Paris, le préfet de police.

Le juge compétent est celui du tribunal judiciaire dans le ressort duquel l'étranger est assigné à résidence.

A peine d'irrecevabilité, la requête est motivée, datée, signée et accompagnée de toutes pièces justificatives utiles.

La requête est transmise par tout moyen au greffe du tribunal.

Le greffier l'enregistre et y appose, ainsi que sur les pièces jointes, un timbre indiquant la date et l'heure de la réception.

Art. R. 561-7 *(Décr. n° 2016-1457 du 28 oct. 2016, art. 31 et 42, en vigueur le 1er nov. 2016)* L'ordonnance du juge des libertés et de la détention est susceptible d'appel dans les vingt-quatre heures de sa notification, par l'étranger *(Décr. n° 2017-892 du 6 mai 2017, art. 35)* « et par l'autorité administrative requérante ». A peine d'irrecevabilité, la déclaration d'appel est motivée. Elle est enregistrée avec mention de la date et de l'heure.

Le greffier de la cour d'appel avise immédiatement le greffier du tribunal judiciaire qui lui transmet sans délai le dossier.

Lorsque le premier président de la cour d'appel ou son délégué envisage de faire application des dispositions de la dernière phrase du sixième alinéa du II de l'article L. 561-2, il recueille par tout moyen les observations des parties sur le caractère manifestement irrecevable de l'appel.

Sont manifestement irrecevables au sens de la dernière phrase du sixième alinéa du II de l'article L. 561-2 notamment les déclarations d'appel formées tardivement, hors du délai prévu, et les déclarations d'appel non motivées.

Lorsque le premier président ne fait pas application des dispositions de la dernière phrase du sixième alinéa du II de l'article L. 561-2, le greffier de la cour d'appel fait connaître aux parties et au ministère public la date de l'audience au fond.

L'autorité administrative requérante, l'avocat de l'étranger et l'étranger lui-même peuvent demander à être entendus à l'audience.

Le ministère public peut faire connaître son avis.

L'ordonnance est communiquée au ministère public. Elle est notifiée par tout moyen et dans les meilleurs délais à l'étranger et à son conseil, s'il en a un, ainsi qu'à l'autorité administrative requérante, qui en accusent réception.

TITRE VII Dispositions diverses

(Décr. n° 2012-113 du 27 janv. 2012, art. 1er)

CHAPITRE UNIQUE

Art. R. 571-1 L'autorité compétente pour prononcer par arrêté, sur le fondement de l'article L. 571-3, le placement sous surveillance électronique mobile d'un étranger est celle qui est compétente pour prononcer son assignation à résidence en vertu des articles R. 523-4 à R. 523-6 et R. 541-1.

Art. R. 571-2 Avant que l'autorité compétente prononce une mesure de placement sous surveillance électronique mobile, l'administration pénitentiaire s'assure, à la demande de celle-ci, de la disponibilité d'un dispositif technique permettant le contrôle à distance et de la faisabilité technique de la surveillance électronique mobile.

L'autorité compétente s'assure que l'étranger a reçu une information sur le fonctionnement de ce dispositif. Elle recueille par écrit l'accord préalable de l'étranger à son placement, ou à la prolongation de ce placement, prévu par le deuxième alinéa de l'article L. 571-3.

Art. R. 571-3 L'autorité compétente peut, lors du placement d'un étranger sous surveillance électronique mobile, adapter la périodicité de ses obligations de présentation aux services de police et de gendarmerie qui ont été fixées, en application de l'article R. 561-2, lors de son assignation à résidence. L'étranger est informé de cette adaptation avant que soit recueilli son accord en application de l'article R. 571-2.

L'accord écrit du propriétaire ou du ou des titulaires du contrat de location des lieux où l'étranger placé sous surveillance électronique mobile pourra être hébergé est recueilli par l'autorité administrative.

La décision de placement sous surveillance électronique mobile est motivée. Elle rappelle les lieux de résidence de l'étranger qui ont été fixés par la décision d'assignation à résidence. Elle rappelle également les peines dont sont passibles, en vertu de l'article L. 624-4, les étrangers qui ne respectent pas les prescriptions liées à leur assignation à résidence ou à leur placement sous surveillance électronique.

La décision de placement sous surveillance électronique mobile est notifiée à l'étranger.

Art. R. 571-4 Le dispositif de localisation à distance dont le port est imposé à l'étranger placé sous surveillance électronique mobile en vertu du troisième alinéa de l'article L. 571-3 doit avoir été homologué par le garde des sceaux, ministre de la justice, qui s'assure qu'il ne peut être enlevé par l'étranger sans que soit émis un signal d'alarme et qu'il permet une communication, pouvant être enregistrée, entre l'étranger et un centre de surveillance.

Lors de la pose ou de la dépose du dispositif ou de toute autre intervention auprès de l'étranger, les agents de l'administration pénitentiaire sont accompagnés par les services de police ou de gendarmerie.

Lors de l'installation, les agents de l'administration pénitentiaire procèdent aux tests de mise en service, à l'information et à la formation de l'étranger sur les modalités pratiques de fonctionnement du dispositif.

Les services de police ou de gendarmerie rappellent à l'étranger qu'il est tenu de respecter ces consignes, et notamment de procéder à la mise en charge régulière de la batterie selon les modalités indispensables au bon fonctionnement du dispositif, et qu'y manquer peut être sanctionné dans les conditions prévues à l'article L. 624-4.

Art. R. 571-5 L'autorité compétente peut à tout moment mettre fin au placement, notamment en cas de manquement de l'étranger aux prescriptions liées à son assignation à résidence ou à son placement, en cas de dysfonctionnement technique du dispositif de localisation à distance ou si la mise en œuvre de ce dispositif présente pour la santé de l'étranger des inconvénients attestés par un médecin agréé désigné par l'autorité compétente. A la demande de l'étranger, cette désignation est de droit.

Art. R. 571-6 Les agents de l'administration pénitentiaire chargés de la surveillance du placement avisent sans délai les services de police et de gendarmerie compétents lorsqu'ils sont alertés de ce qu'un étranger placé sous surveillance électronique mobile se trouve en dehors de la zone d'inclusion ou de ce que le dispositif est détérioré.

Art. R. 571-7 L'habilitation pour la mise en œuvre du dispositif de localisation à distance, prévue par le quatrième alinéa de l'article L. 571-3, est régie par les articles R. 61-36 à R. 61-42 du code de procédure pénale.

LIVRE VI Contrôles et sanctions

TITRE PREMIER Contrôles

CHAPITRE UNIQUE

SECTION I *Application de gestion des dossiers des ressortissants étrangers en France*

(Décr. n° 2011-638 du 8 juin 2011, art. 4)

Les dispositions du Décr. n° 2011-638 du 8 juin 2011 sont applicables à Saint-Barthélemy et à Saint-Martin (Décr. préc., art. 7-I).

Un arrêté du ministre de l'intérieur fixe les dates à partir desquelles les dispositions du Décr. n° 2011-638 du 8 juin 2011 s'appliquent aux demandes de titres et aux mesures d'éloignement dans les départements de métropole [V. note ss. R. 611-2] et d'outre-mer, à Saint-Barthélemy, à Saint-Martin, à Saint-Pierre-et-Miquelon et à Mayotte, et au plus tard le 30 juin 2013. Toutefois, dès la publication dudit Décr. (JO 10 juin) et jusqu'aux dates d'application précitées, le titre de séjour comporte le composant électronique mentionné à l'art. R. 311-13-1 contenant la seule image numérisée de la photographie (Décr. préc., art. 8).

SOUS-SECTION 1 *Finalités du traitement*

Art. R. 611-1 *(Décr. n° 2019-452 du 13 mai 2019, art. 15)* **« I. — » Est autorisée la création d'un traitement automatisé de données à caractère personnel dénommé AGDREF2 (Application de gestion des dossiers des ressortissants étrangers en France), relevant du ministre chargé de l'immigration.**

Ce traitement a pour finalités de garantir le droit au séjour des ressortissants étrangers en situation régulière et de lutter contre l'entrée et le séjour irréguliers en France des ressortissants étrangers et, à cet effet :

1° De permettre aux services centraux et locaux du ministère dont relève le traitement d'assurer l'instruction des demandes et la fabrication des titres de séjour des ressortissants étrangers, de leurs titres de voyage et des documents de circulation délivrés aux ressortissants étrangers *(Abrogé par Décr. n° 2013-1082 du 29 nov. 2013, art. 3) « mineurs »*, **ainsi que la gestion de leurs dossiers respectifs ;**

2° De mieux coordonner l'action des services chargés de mettre en œuvre des procédures intéressant les ressortissants étrangers ;

3° D'améliorer les conditions de vérification de l'authenticité des titres de séjour et celles de l'identité des étrangers en situation irrégulière ;

4° De permettre la gestion des différentes étapes de la procédure applicable aux mesures d'éloignement ;

5° D'établir des statistiques en matière de séjour et d'éloignement des ressortissants étrangers ;

(Décr. n° 2016-1457 du 28 oct. 2016, art. 32 et 42, en vigueur le 1er nov. 2016) **« 6° D'aider à déterminer et de permettre de vérifier l'identité d'un étranger qui présente une demande d'asile en Guadeloupe, en Guyane, en Martinique, à Mayotte, à La Réunion, à Saint-Martin, à Saint-Barthélemy et à Saint-Pierre-et-Miquelon ; »**

(Décr. n° 2019-57 du 30 janv. 2019, art. 3) **« 6° *bis* D'aider à déterminer et de permettre de vérifier l'identité d'un étranger qui se déclare mineur et privé temporairement ou définitivement de la protection de sa famille ; »**

(Décr. n° 2018-1130 du 11 déc. 2018, art. 1er et 7, en vigueur le 18 févr. 2019) **« 7° De permettre au ressortissant étranger titulaire d'un visa de long séjour mentionné aux 4° à 14° de l'article R. 311-3 de procéder par voie électronique aux formalités prévues au même article et permettant de conférer au titulaire de ce visa les droits attachés à une carte de séjour. »**

(Décr. n° 2019-452 du 13 mai 2019, art. 15) **« II. — » Le traitement peut être consulté et mis en relation avec d'autres traitements concernant les procédures intéressant les ressortissants étrangers.**

(Décr. n° 2019-452 du 13 mai 2019, art. 15) **« Le traitement automatisé prévu au I du présent article transmet au fichier national de contrôle de la validité des titres les informations relatives au numéro de titres émis, sa date de délivrance, sa date de fin de validité ainsi que l'indication relative au type de titre. Sont également transmis le statut des titres et, le cas échéant, les motifs de leur invalidité. »**

SOUS-SECTION 2 *Données enregistrées dans le traitement*

Art. R. 611-2 Le traitement automatisé de données à caractère personnel mentionné à l'article R. 611-1 comporte les images numérisées de la photographie et des empreintes digitales des dix doigts des étrangers suivants :

(Décr. n° 2013-1082 du 29 nov. 2013, art. 4) « 1° Étrangers demandeurs ou titulaires d'un titre de séjour, d'un titre de voyage d'une durée de validité supérieure à un an ou de la carte de frontalier mentionnée à l'annexe 6-4 ; »

2° Étrangers en situation irrégulière ;

3° Étrangers faisant l'objet d'une mesure d'éloignement ;

(Décr. n° 2016-1457 du 28 oct. 2016, art. 33 et 42, en vigueur le 1er nov. 2016) « 4° Étrangers demandeurs d'asile en Guadeloupe, en Guyane, en Martinique, à Mayotte, à La Réunion, à Saint-Martin, à Saint-Barthélemy et à Saint-Pierre-et-Miquelon. »

L'impossibilité de collecte totale ou partielle des empreintes digitales est mentionnée dans le traitement.

Le traitement ne comporte pas de dispositif de reconnaissance faciale à partir de l'image numérisée de la photographie.

Art. R. 611-3 Les autres catégories de données à caractère personnel enregistrées dans le traitement informatisé prévu à l'article R. 611-1 sont *(Décr. n° 2013-1082 du 29 nov. 2013, art. 5)* « énumérées à l'annexe 6-4 du présent code ». — *V. Annexe 6-4, infra.*

ANNEXE 6-4 MENTIONNÉE À L'ARTICLE R. 611-3

CATÉGORIES DE DONNÉES À CARACTÈRE PERSONNEL SUSCEPTIBLES D'ÊTRE ENREGISTRÉES DANS L'APPLICATION DE GESTION DES DOSSIERS DE RESSORTISSANTS ÉTRANGERS EN FRANCE DÉNOMMÉE « AGDREF2 ». — MENTIONS FIGURANT SUR LES DOCUMENTS. — DONNÉES CONTENUES DANS LES COMPOSANTS ÉLECTRONIQUES

(Décr. n° 2011-638 du 8 juin 2011)

NOTA : ***Règle du « silence vaut acceptation » (SVA).*** *Sur les exceptions à l'application du principe « silence vaut acceptation » ainsi que sur des exceptions au délai de deux mois de naissance des décisions implicites sur le fondement du II de l'art. 21 de la L. n° 2000-321 du 12 avr. 2000 relative aux droits des citoyens dans leurs relations avec les administrations (ministère de l'Intérieur), V. Décr. n° 2014-1292 du 23 oct. 2014, ss. CESEDA, livre Ier relatif aux dispositions générales applicables aux étrangers et aux ressortissants de certains États, supra.*

Les dispositions du Décr. n° 2018-1130 du 11 déc. 2018 sont entrées en vigueur le 18 févr. 2019 (Arr. du 13 févr. 2019, infra).

Les titulaires d'un visa de long séjour valant titre de séjour délivré avant la date d'entrée en vigueur peuvent demander la validation de leur visa selon les dispositions de l'article R. 311-3 dans sa rédaction antérieure au décret préc. (Décr. préc., art. 7).

SECTION I Catégories de données à caractère personnel et informations susceptibles d'être enregistrées (Décr. n° 2018-1130 du 11 déc. 2018, art. 3 et 7, en vigueur le 18 février 2019).

A. — Données générales.

1° État civil de l'étranger ; nationalité ;

2° Numéro AGDREF2 et autres numéros de dossiers administratifs ;

(Décr. n° 2018-1130 du 11 déc. 2018, art. 3 et 7, en vigueur le 18 février 2019) « 2° *bis* Mot de passe choisi par l'usager ; »

3° Pour les titulaires d'un titre de voyage : taille, couleur des yeux ;

4° Références des documents d'identité et de voyage détenus et du visa d'entrée délivré ;

5° Regroupement familial : état civil, pays de résidence et adresse du parent bénéficiaire ;

6° État civil de l'enfant étranger mineur dont les parents font l'objet d'une mesure d'éloignement ;

7° État civil et adresse du garant ;

8° État civil et adresse du responsable du mineur étranger ;

9° Situation familiale (situation maritale, nombre d'enfants français et non français, filiation, état civil et nationalité du conjoint, date et lieu du mariage et références de l'acte de mariage, effectivité de la communauté de vie déclarée à l'administration, lien et indication de la nature du lien [conjoint, ascendant, descendant] avec une autre personne figurant dans l'application) ;

10° Plus haut niveau de diplôme obtenu, pour les titres de séjour d'étudiant : cursus ;

11° Adresse complète, nom de l'hébergeant ; ancienne adresse ; pays de résidence antérieure ;

12° Acceptation du dispositif d'hébergement par le demandeur d'asile ;

13° Adresse e-mail, téléphone, langues parlées ;

14° Signature du titulaire du titre de séjour et du titre de voyage.

B. — Données relatives au droit au séjour, au droit au travail et au titre de voyage ;

1° Titre de séjour : références juridiques et de gestion (dates, lieux) de la demande, de la délivrance, du refus et du retrait ; date et condition d'entrée en France ; historique des titres détenus ;

(Décr. n° 2016-1456 du 28 oct. 2016, art. 19 et 31-II, en vigueur le 1er janv. 2017) « 2° Avis du collège de médecins du service médical de l'Office français de l'immigration et de l'intégration sur la satisfaction par l'étranger sollicitant un droit de séjour des critères relatifs à son état de santé (sens de l'avis, conséquences d'une exceptionnelle gravité résultant du défaut d'une prise en charge médicale, possibilité de bénéficier effectivement d'un traitement approprié eu égard à l'offre de soins et aux caractéristiques du système de santé dans le pays d'origine ou de renvoi ; maintien sur le territoire autorisé, sursis à l'éloignement autorisé, capacité à voyager). » — *Ces dispositions s'appliquent à Saint-Martin et Saint-Barthélemy (Décr. n° 2016-1456 du 28 oct. 2016, art. 32).*

3° Regroupement familial : avis du maire ou de l'Office français de l'immigration et de l'intégration sur l'adéquation des ressources au nombre de personnes à charge et sur la salubrité et l'adéquation de la surface du logement à la taille de la famille ;

4° Satisfaction de la condition de ressources requise pour l'attribution de certains titres de séjour ;

5° Condition d'intégration (sens de l'avis du maire de la commune de résidence sur le respect par l'étranger des conditions d'intégration républicaine ; sens de l'avis du maire de la commune de résidence sur le respect par l'étranger qui sollicite un regroupement familial des principes essentiels qui, conformément aux lois de la République, régissent la vie familiale en France, pays d'accueil ; date de signature du contrat d'accueil et d'intégration ; respect des conditions fixées au contrat ; sens de l'avis de la direction départementale de la cohésion sociale suite à une enquête sociale) ;

6° Droit au travail : code ROME, code profession et catégorie socioprofessionnelle, date de début et de fin de l'autorisation de travail, limites géographiques de l'autorisation de travail, employeur, nombre d'heures de travail prévues par le contrat ;

(Décr. n° 2016-1457 du 28 oct. 2016, art. 41-1° et 42, en vigueur le 1er nov. 2016, applicable à Saint-Barthélemy et à Saint-Martin) « 6° *bis* État civil et filiation de l'enfant français mineur dont les parents sollicitent un titre de séjour en qualité de parent d'enfant français ; »

7° Résultat de l'interrogation du volet B2 du casier judiciaire (néant, non néant) ; date d'enregistrement ;

8° Références du visa de sortie/retour délivré ;

9° Références du titre de voyage pour réfugié, du titre de voyage pour apatride, du titre d'identité et de voyage et du sauf-conduit ;

10° Date et nature de la décision d'aide au retour ; date de départ prévue ;

11° Référence des reçus et décisions de l'Office français de protection des réfugiés et apatrides et de la Cour nationale du droit d'asile ;

12° Groupe d'appartenance à la protection temporaire ; données relatives à la gestion administrative de la demande de transfert, de rapprochement familial ou de réadmission des bénéficiaires de la protection temporaire à l'intérieur de l'Union européenne et état civil des membres de famille ;

13° Références de la procédure d'accès à la nationalité française ;

(Décr. n° 2018-1130 du 11 déc. 2018, art. 3 et 7, en vigueur le 18 février 2019) « 14° Montant et date de paiement des taxes dont l'étranger est redevable ;

« 15° Identifiant unique du timbre dématérialisé ;

« 16° Numéro de réservation lié à l'achat du timbre dématérialisé. »

C. — Données relatives à la procédure d'éloignement.

a) Données relatives à la mesure d'éloignement :

1° Motif de l'interpellation (infraction à la législation des étrangers ou autre infraction) ; date et heure de l'interpellation, service interpellateur, référence du procès-verbal ; prolongation de la garde à vue ;

2° Nature de la mesure d'éloignement ; date et numéro ; autorité ayant prononcé la mesure ; disposition appliquée ;

3° Pour les mesures administratives, date et heure de la notification ;

4° Pour les arrêtés d'expulsion, date de la réunion de la commission d'expulsion, autorité notifiant la mesure ; bulletin de notification de l'engagement de la procédure d'expulsion : date/date de notification ; sens de l'avis de la commission ; date de notification ; indicateur de procédure d'urgence absolue ;

5° Décision fixant le pays de renvoi pour les interdictions judiciaires du territoire et les arrêtés d'expulsion (autorité administrative compétente, procédure contradictoire : date et indicateur d'observations, date de décision, pays de renvoi) ;

6° Pour les décisions de remise aux autorités d'un autre État membre de l'Union européenne, date de la demande, État sollicité, type de réadmission, avis de l'État sollicité ;

7° Pour les interdictions judiciaires du territoire, date de la réquisition aux fins d'exécution ; échéance ; demandes de grâce ou de relèvement (date et sens de la décision, juridiction) ;

8° Préfecture en charge de l'exécution de la mesure d'éloignement ;

9° Abrogation des arrêtés d'expulsion : date de la demande ; indicateur de consultation de la commission d'expulsion ; date de notification de l'engagement de la procédure ; date de la réunion ; sens de l'avis ; date de notification de l'avis ; date, sens et date de notification de la décision ; date et résultat du réexamen quinquennal ;

10° Annulation de la mesure d'expulsion : date, juridiction ; en cas de recours : date, juridiction, décision ;

(Décr. n° 2012-42 du 12 janv. 2012, art. 2) « 11° Pour les interdictions de retour, date de la décision, dates de début et de fin de la période d'interdiction, date de demande d'abrogation, date d'abrogation, date d'annulation contentieuse ; »

(Décr. n° 2016-1457 du 28 oct. 2016, art. 41-2° et 42, en vigueur le 1er nov. 2016, applicable à Saint-Barthélemy et à Saint-Martin) « 12° Pour les interdictions de circulation sur le territoire français, date de la décision, dates de début et de fin de la période d'interdiction, date de demande d'abrogation, date d'abrogation, date d'annulation contentieuse ; »

b) Données relatives aux procédures juridictionnelles mises en œuvre dans le cadre de l'éloignement :

1° Soustraction à l'exécution d'une mesure d'éloignement (lieu, date et heure du procès-verbal constatant la volonté de soustraction, service de police en charge de la procédure, procédure d'information du parquet, mesure prise par les autorités judiciaires) ;

2° Recours contentieux (type de recours, juridiction saisie, date et heure du recours, date et heure de l'audience, décision) ;

3° Présentation devant le juge des libertés et de la détention aux fins de prolongation de la rétention administrative (requête aux fins de prolongation, date, heure et lieu de la présentation, adresse du greffe du tribunal de grande instance compétent) ;

4° Décision du juge des libertés et de la détention (prolongation de la rétention, refus de prolongation, assignation à résidence, date et heure de l'ordonnance) ;

5° Conditions de l'assignation à résidence (lieu de l'assignation, lieu et fréquence des contrôles, date de fin de l'assignation, préfecture en charge du suivi) ;

6° Procédure d'appel (autorité ou personne à l'origine de l'appel, date et heure de la demande, date et heure de l'audience, décision) ;

7° Refus d'identification de l'étranger (date, heure et lieu du refus, service de police et parquet compétents, date de présentation au parquet, décision du parquet, date et lieu de présentation au tribunal de grande instance, décision du tribunal) ;

8° Non-respect d'une assignation à résidence (date et heure du procès-verbal de carence, date et heure du dernier contrôle, procédure d'information du parquet).

c) Données relatives aux étrangers faisant l'objet d'une mesure d'éloignement alors qu'ils sont détenus :

1° Lieu de détention ;

2° Numéro d'écrou ;

3° Détention provisoire ou consécutive à une condamnation ;

4° Date de début et de fin de peine ;

5° Remise de peine (motif, durée de la remise de peine) ;

6° Transfert de l'étranger (date, heure et établissement de destination).

d) Données relatives à la rétention administrative :

1° Lieu de rétention ;

2° Numéro de registre correspondant au dossier de l'étranger placé en rétention ;

3° Date et heure de la notification des droits ;

4° Affectation d'une chambre et d'un lit ;

5° Bagages placés en consigne (numéro de registre et de consigne, détail et état des bagages, date de restitution des bagages) ;

6° Biens placés au coffre (numéro de registre et de coffre, liste des objets de valeur et des objets écartés, date de dépôt et de restitution) ;

7° Objets laissés à disposition du retenu ;

8° Mouvements d'argent (numéro du registre, détail du numéraire, date et heure de retrait et dépôt de fonds) ;

9° Compte rendu des incidents au centre ou au local de rétention (date, heure, circonstances).

e) Données relatives à la gestion administrative et opérationnelle de l'éloignement :

1° Placement en rétention administrative (date et heure du prononcé et de la notification de l'arrêté préfectoral, lieu de placement, date et heure du début et de la fin de la rétention, date et heure d'un transfert d'un lieu de rétention à un autre lieu de rétention) ;

2° Arrêté préfectoral ou ministériel d'assignation à résidence (date et heure de notification de l'arrêté, lieu de l'assignation à résidence [chez, adresse, ville, département]), fréquence et lieu des contrôles ; référence, motif, durée ; en cas de non-respect : date et heure du procès-verbal de carence, date du dernier contrôle, date de saisine du parquet ;

3° Demande d'asile (date et heure de l'enregistrement de la demande, *(Décr. n° 2016-1457 du 28 oct. 2016, art. 41-2° et 42, en vigueur le 1er nov. 2016, applicable à Saint-Barthélemy et à Saint-Martin)* « date et heure de la décision de maintien en rétention, » éventuellement convocation par l'OFPRA, décision de l'office et date de notification de la décision) ;

4° Hospitalisation (date et heure d'admission, coordonnées de l'établissement hospitalier, date et heure de sortie) ;

5° Expertises médicales (date et heure de l'expertise, adresse du lieu d'expertise, mesure prise à l'issue de l'expertise) ;

6° Escortes des transferts (numéro du mouvement, type de sortie et d'escorte, objet de la mission, date et heures de départ et d'arrivée prévues et effectives, villes de départ et d'arrivée, service sollicité, identité des fonctionnaires composant l'escorte, moyen de transport utilisé) ;

7° Réservation du moyen de transport international (lieu de rétention, État de destination, moyen de transport sollicité, mesure d'éloignement concernée, caractère exécutoire de la mesure, dates possibles de l'éloignement, service chargé de l'acheminement jusqu'au lieu d'embarquement, étranger susceptible de faire l'objet d'un refus d'embarquement ou ayant déjà fait l'objet d'une procédure judiciaire à ce titre, nécessité de prévoir une escorte, accompagnement de la famille et identité des personnes concernées) ;

8° Libération de l'étranger retenu ou détenu (autorité auteur de l'acte, date et heure, motif de la libération) ;

9° Éloignement effectif (lieu, date et heure de départ, moyen de transport et compagnie utilisés, transits, ville et pays de destination, présence d'une escorte) ;

10° Demande de laissez-passer consulaire (consulat saisi, date de la demande d'identification ou de présentation consulaire, date et heure de la présentation, types de documents d'identité fournis adressés, réponse du consulat et paiement éventuel des droits de chancellerie) ;

11° Nécessité d'une surveillance particulière au regard de l'ordre public ou de la protection de l'individu concerné ; volonté manifeste ou exprimée de l'étranger de faire obstacle à son éloignement (O/N).

(Décr. n° 2019-57 du 30 janv. 2019, art. 4) « D. — Données relatives aux ressortissants étrangers se déclarant mineurs et privés temporairement ou définitivement de la protection de leur famille et évalués majeurs par le président du conseil départemental en application des dispositions des articles L. 221-2-2 et R. 221-11 du code de l'action sociale et des familles :

« *a)* Commune de rattachement de l'intéressé ou adresse de l'organisme d'accueil auprès duquel celui-ci est domicilié ;

« *b)* Conseil départemental chargé de l'évaluation ;

« *c)* Date et conditions d'entrée en France ;

« *d)* Numéro de procédure attribué par le traitement AEM et numéro de procédure du service de l'aide sociale à l'enfance ;

« *e)* Date de la fin de l'évaluation par le président du conseil départemental ;

« *f)* Résultat de cette décision, notamment l'indication de la majorité ;

« *g)* Existence d'une saisine de l'autorité judiciaire par une personne évaluée majeure et date de la mesure d'assistance éducative lorsqu'une telle mesure est prononcée ;

« *h)* Date de la notification au préfet de département et, à Paris, au préfet de police de la date de la fin de l'évaluation par le président du conseil départemental ou de la saisine par le président de l'autorité judiciaire. »

Sur les conditions d'accueil et d'évaluation de la situation des mineurs privés temporairement ou définitivement de la protection de leur famille, V. CASF, art. R. 221-11, ss. CESEDA, art. L. 611-6-1.

Sur le traitement automatisé de données à caractère personnel dénommé « appui à l'évaluation de la minorité » (AEM), V. CASF, art. R. 221-15-1 s., ss. CESEDA, art. L. 611-6-1.

SECTION II Mentions figurant sur le titre de séjour ou de voyage ou le document de circulation

(Décr. n° 2013-1082 du 29 nov. 2013, art. 9-1°)

A. — Mentions figurant sur le titre de séjour.

Au recto : le numéro AGDREF2, le numéro du titre, le nom, le prénom, la date d'expiration ou la mention "validité illimitée", le lieu de délivrance, la date de début de validité, la mention du titre de séjour (catégorie de titre), l'autorisation de travail, la date de délivrance, la signature du titulaire, la photographie d'identité.

Au verso : la date de naissance, le lieu de naissance, la nationalité, le sexe, l'adresse.

B. — Mentions figurant sur les titres de voyage (*Abrogé par Décr. nº 2015-1166 du 21 sept. 2015, art. 24-1º et 31, à compter du 1er nov. 2015*) *« de plus d'un an ».*

a) Titre de voyage pour réfugié (TVR) :

1º Nature du titre de voyage ;

2º État civil ;

3º Date et lieu de naissance ;

4º Sexe ;

5º Couleur des yeux ;

6º Taille ;

7º Adresse ;

8º Date de délivrance ; date d'expiration ;

9º Pays d'origine de l'intéressé ;

(*Décr. nº 2015-1166 du 21 sept. 2015, art. 24-2º et 31, en vigueur le 1er nov. 2015*) « 10º Pays exclus ;

« 11º Autorité de délivrance ;

« 12º Numéro du titre de voyage ;

« 13º Signature du titulaire ;

« 14º Numéro d'enregistrement dans le système AGDREF (application de gestion des dossiers des ressortissants étrangers en France). »

b) Titre de voyage pour apatride (TVA) :

Les données mentionnées sont celles figurant au *a* (*Décr. nº 2015-1166 du 21 sept. 2015, art. 24-3º et 31, en vigueur le 1er nov. 2015*) « , à l'exception du 10º ».

c) Titre d'identité et de voyage (TIV) :

Les données mentionnées sont celles figurant au *a.*

(*Décr. nº 2013-1082 du 29 nov. 2013, art. 9-2º*) « *C. — Mentions figurant sur les documents de circulation*[.]

« *a)* Documents de circulation et titres d'identité républicains délivrés aux mineurs »

Au recto :

1º Nature du document ;

2º Numéro du document ;

(*Décr. nº 2013-1082 du 29 nov. 2013, art. 9-3º*) « 2º *bis* Numéro d'enregistrement dans le système AGDREF » ;

3º État civil ;

4º Date et lieu de naissance ;

5º Sexe ;

6º Nationalité ;

7º Adresse ;

8º Durée de validité du document ;

9º Date de délivrance ;

10º Autorité de délivrance.

Au verso :

1º Photographie du titulaire ;

2º Signature de l'autorité qui délivre le document ;

3º Signature du titulaire si, au jour de la demande, celui-ci est âgé de sept ans au moins ou signature de la personne qui a demandé le document si, au jour de la demande, le titulaire est âgé de moins de sept ans.

(*Décr. nº 2013-1082 du 29 nov. 2013, art. 9-4º*) « *b)* Carte de frontalier :

« Au recto :

« 1º Catégorie de document *[documents]* : carte de frontalier ;

« 2º Numéro du titre ;

« 3º Numéro d'enregistrement dans le système AGDREF ;

« 4º Photographie ;

« 5º État civil ;

« 6º Date de début et de fin de validité ;

« 7º Autorité de délivrance ;

« 8º Zone remarque : "autorisation de séjourner par périodes maximales de 72 heures dans les limites du bourg de Saint-Georges de l'Oyapock" ;

« 9º Signature du titulaire ;

« Au verso :

« 1º Date et lieu de naissance ;

« 2º Nationalité ;

« 3º Sexe ;

« 4º Adresse ».

SECTION III Données contenues dans les composants électroniques

A. — Données contenues dans le composant électronique du titre de séjour (TSE).

Les données contenues sont celles mentionnées au A de la section II de la présente annexe ("mentions figurant sur le titre de séjour"), ainsi que les images numérisées de deux empreintes digitales.

B. — Données contenues dans le composant du titre de voyage d'une durée de validité supérieure à un an.

Images numérisées de sa photographie et de deux empreintes digitales.

(Décr. nº 2013-1082 du 29 nov. 2013, art. 9-5º) « *C. — Données contenues dans le composant électronique de la carte de frontalier.*

« Les données sont celles figurant au *b* du C de la section II de la présente annexe (mentions figurant sur la carte de frontalier) ainsi que les images numérisées de deux empreintes digitales. »

SOUS-SECTION 3 *Destinataires des données*

Art. R. 611-4 **Outre les agents chargés de la mise en œuvre du traitement et ceux de l'Agence nationale des titres sécurisés chargés de la fabrication des titres, peuvent accéder à tout ou partie des données à caractère personnel enregistrées dans le traitement automatisé prévu à l'article R. 611-1 et dans le composant électronique prévu aux articles R. 311-13-1 et R. 321-22, pour les besoins exclusifs de leurs missions liées à l'entrée, au séjour ou à l'éloignement :**

1º Les agents chargés de la réglementation des étrangers, ainsi que de celle relative à l'accès à la nationalité française et aux demandes de visa, et de leur mise en œuvre, et relevant des services centraux des ministères de l'intérieur (*(Décr. nº 2014-47 du 21 janv. 2014, art. 2)* **« direction générale des étrangers en France », direction générale de la police nationale, direction générale de la gendarmerie nationale, direction des libertés publiques et des affaires juridiques, délégation générale à l'outre-mer), des affaires étrangères (direction des Français à l'étranger et de l'administration consulaire), du budget (direction générale des douanes et droits indirects), individuellement désignés et spécialement habilités par le directeur ou le chef de service dont ils relèvent ;**

2º Les agents chargés de l'application de la réglementation des étrangers, *(Décr. nº 2019-57 du 30 janv. 2019, art. 3)* **« y compris dans le cadre de la procédure d'évaluation prévue par l'article R. 221-11 du code de l'action sociale et des familles, » ainsi que de celle relative à l'accès à la nationalité française, dans les préfectures et les sous-préfectures, individuellement désignés et spécialement habilités par le préfet et, à Paris, par le préfet de police ;**

3º Les agents des missions diplomatiques et des postes consulaires chargés des visas, individuellement désignés et spécialement habilités par le chef de la mission ou par le chef de poste dont ils relèvent ;

4º Les agents des services de la police nationale, de la gendarmerie nationale et des douanes chargés du contrôle aux frontières, individuellement désignés et spécialement habilités respectivement par le directeur central de la police aux frontières, par le directeur général de la gendarmerie nationale ou par le directeur régional des douanes ou, le cas échéant, le directeur général des douanes et droits indirects ;

(Décr. nº 2013-1082 du 29 nov. 2013, art. 6-1º) **« 5º Au titre de la gestion des lieux de rétention administrative, de l'exécution des mesures d'éloignement ou de leur mission de vérification du droit de circulation ou de séjour sur le territoire français prévue par les articles L. 611-1 et L. 611-1-1, les agents des services déconcentrés de la police nationale et ceux des unités de la gendarmerie nationale, individuellement désignés et spécialement habilités, selon le cas :**

« — par le directeur départemental de la sécurité publique, le directeur départemental de la police aux frontières et, dans les départements de Paris, des Hauts-de-Seine, de la Seine-Saint-Denis et du Val-de-Marne, par les directeurs de la préfecture de police chargés de l'ordre public et de la circulation, de la sécurité de proximité de l'agglomération parisienne et du renseignement ;

« — par le directeur général de la gendarmerie nationale, le commandant du groupement de gendarmerie interdépartemental de Paris, les commandants de groupement de gendarmerie départementale, les commandants de la gendarmerie dans les départements outre-mer, les commandants de région de gendarmerie ou les commandants des gendarmeries spécialisées. »

(Abrogé par Décr. nº 2013-1082 du 29 nov. 2013, art. 6-2º) ***« Toutefois, seuls les agents mentionnés aux 2º, 3º et 4º sont habilités à accéder aux données contenues dans le composant prévu aux articles R. 311-13-1 et R. 321-22. »***

SOUS-SECTION 4 *Accès aux données en consultation*

Art. R. 611-5 *(Décr. nº 2019-452 du 13 mai 2019, art. 15)* « I. — » Pour les besoins exclusifs des missions énumérées ci-après, peuvent consulter les données pertinentes enregistrées dans le traitement automatisé prévu à l'article R. 611-1 et dans le composant électronique prévu aux articles R. 311-13-1 et R. 321-22, à l'exclusion des images numérisées des empreintes digitales :

1° Au titre de la délivrance des autorisations de travail, les agents des directions régionales des entreprises, de la concurrence, de la consommation, du travail et de l'emploi individuellement désignés et spécialement habilités par le directeur régional ;

2° Au titre de la lutte contre le travail illégal, et notamment de l'interdiction de l'emploi d'étrangers sans titre de travail prévue à l'article L. 8251-1 du code du travail, et en application de l'article L. 8271-19 du même code, les inspecteurs et contrôleurs du travail et fonctionnaires de contrôle assimilés mentionnés à l'article L. 8113-7 du même code, individuellement désignés et spécialement habilités par le directeur régional des entreprises, de la concurrence, de la consommation, du travail et de l'emploi, ainsi qu'en application de l'article L. 8271-17 du même code, les officiers et agents de police judiciaire de la police nationale et de la gendarmerie nationale, et les agents des douanes, individuellement désignés et spécialement habilités respectivement par le directeur général de la police nationale, le directeur général de la gendarmerie nationale et le directeur régional des douanes ou, le cas échéant, le directeur général des douanes et droits indirects ;

3° Au titre de l'accueil des étrangers, de l'intégration, de l'aide au retour et en matière de contribution spéciale et de contribution forfaitaire représentative des frais de réacheminement, les agents de l'Office français de l'immigration et de l'intégration, individuellement désignés et spécialement habilités par leur directeur général ;

4° Au titre du traitement des demandes d'asile ou du statut d'apatride et de la protection des réfugiés, les agents de l'Office français de protection des réfugiés et apatrides, individuellement désignés et spécialement habilités par leur directeur général ;

5° Au titre de la lutte contre la fraude documentaire, les *(Décr. nº 2013-724 du 12 août 2013, art. 1er)* « personnels de la mission "délivrance sécurisée des titres" au sein du secrétariat général du ministère de l'intérieur, individuellement désignés et spécialement habilités par le secrétaire général, les agents des préfectures et sous-préfectures compétents en matière de prévention et de lutte contre la fraude documentaire individuellement désignés et spécialement habilités par le préfet », les personnels des laboratoires *(Décr. nº 2020-1777 du 30 déc. 2020, art. 2)* « du service national de police scientifique *[ancienne rédaction : de l'Institut national de police scientifique]* », de l'identité judiciaire de la police nationale et de l'institut de recherche criminelle de la gendarmerie nationale et les personnels du bureau de la fraude documentaire de la direction centrale de la police aux frontières, individuellement désignés et spécialement habilités, respectivement, par le directeur général de la police nationale et le directeur général de la gendarmerie nationale ou par les personnels appartenant à la catégorie A ou ayant le rang d'officier sur lesquels ces directeurs généraux ont autorité et auxquels ils ont donné délégation ;

6° Aux seules fins de l'accomplissement des vérifications prévues ci-après :

a) Les agents des organismes chargés de la gestion d'un régime obligatoire de sécurité sociale, assurant l'affiliation, le versement des prestations ou le recouvrement des cotisations, individuellement désignés et spécialement habilités respectivement par les directeurs de ces organismes, à la seule fin de vérifier que les assurés étrangers satisfont à la condition de régularité de leur situation en France prévue par les articles L. 115-6, *(Décr. nº 2015-1865 du 30 déc. 2015, art. 11-IV-4º et 12, en vigueur le 1er janv. 2016)* « L. 114-10-2, » L. 161-16-1, L. 161-18-1, L. 161-25-1, *(Abrogé par Décr. nº 2015-1865 du 30 déc. 2015, art. 11-IV-4º et 12, à compter du 1er janv. 2016)* « *L. 161-25-2* » *(Décr. nº 2019-772 du 24 juill. 2019, art. 9 et 34-II, en vigueur le 1er sept. 2019)* « et L. 512-2 » du code de la sécurité sociale ainsi que par l'article L. 262-4 du code de l'action sociale et des familles *(Décr. nº 2019-772 du 24 juill. 2019, art. 9 et 34-II, en vigueur le 1er sept. 2019)* « et par le 2° du I de l'article L. 822-2 du code de la construction et de l'habitation » ;

(Décr. nº 2018-1335 du 28 déc. 2018, art. 8 et 10, en vigueur le 1er janv. 2019) « *b)* Pôle emploi, à la seule fin de vérifier, en application de l'article L. 5411-4 du code du travail, la validité des titres de séjour et de travail des étrangers tant pour leur inscription que pour leur maintien sur la liste des demandeurs d'emploi ; »

c) Les agents des préfectures et sous-préfectures compétents, individuellement désignés et spécialement habilités par le préfet et, à Paris, par le préfet de police, à la seule fin d'instruire les demandes de délivrance ou d'échange des permis de conduire ;

7° Au titre :

a) Du contrôle et de la vérification de l'identité des personnes et de la vérification de la validité et de l'authenticité du titre de séjour, *(Décr. n° 2013-1082 du 29 nov. 2013, art. 7-1°)* « dans les conditions prévues aux articles L. 611-1 et L. 611-1-1 » du présent code et aux articles 78-2 et 78-3 du code de procédure pénale, les officiers de police judiciaire de la police nationale et de la gendarmerie nationale et, sur l'ordre et sous la responsabilité de ceux-ci, les agents de police judiciaire et agents de police judiciaire adjoints mentionnés aux articles 20 et 21 (1°) du code de procédure pénale, *(Décr. n° 2013-1082 du 29 nov. 2013, art. 7-1°)* « les agents spécialisés, techniciens ou ingénieurs de police technique et scientifique, » les agents des douanes dans les conditions prévues à l'article 67 *quater* du code des douanes *(Décr. n° 2013-147 du 18 févr. 2013, art. 1er)* « ainsi que les agents des services fiscaux *(Décr. n° 2013-1082 du 29 nov. 2013, art. 7-1°)* « et les agents des douanes » habilités à effectuer des missions de police judiciaire », individuellement désignés et spécialement habilités, respectivement, par le directeur général de la police nationale, le directeur général de la gendarmerie nationale, ou par les personnels appartenant à la catégorie A ou ayant le rang d'officier sur lesquels ces directeurs ont autorité et auxquels ils ont donné délégation, le directeur régional des douanes ou, le cas échéant, le directeur général des douanes et droits indirects *(Décr. n° 2013-147 du 18 févr. 2013, art. 1er)* « et par le magistrat mentionné à l'article 28-2 du code de procédure pénale *(Décr. n° 2013-1082 du 29 nov. 2013, art. 7-1°)* « ou par le magistrat délégué aux missions judiciaires de la douane » ;

« *b)* Des enquêtes ou des procédures confiées par l'autorité judiciaire, les officiers de police judiciaire de la police ou de la gendarmerie nationales et, sous l'ordre et la responsabilité de ceux-ci, les agents de police judiciaire individuellement désignés et spécialement habilités par leur supérieur hiérarchique ;

« *b bis)* Des procédures confiées par l'autorité judiciaire, d'une part, pour les infractions prévues à l'article 28-1 du code de procédure pénale, les agents des douanes habilités à effectuer des missions de police judiciaire, individuellement désignés et spécialement habilités par le magistrat délégué aux missions judiciaires de la douane ou, le cas échéant, par le directeur général des douanes et droits indirects, et, d'autre part, pour les infractions prévues à l'article 28-2 du même code, les agents des services fiscaux habilités à effectuer des missions de police judiciaire, individuellement désignés et spécialement habilités par les magistrats mentionnés à cet article » ;

c) De la lutte contre l'aide à l'entrée et au séjour irréguliers, les officiers de police judiciaire de l'Office central pour la répression de l'immigration irrégulière et de l'emploi d'étrangers sans titre et des brigades mobiles de recherche de la direction centrale de la police aux frontières, ainsi que les officiers de police judiciaire des sections de recherche de la gendarmerie nationale, individuellement désignés et spécialement habilités, respectivement, par le directeur central de la police aux frontières et le directeur général de la gendarmerie nationale ;

8° Au titre des avis rendus dans les procédures de déchéance de la nationalité ou de demande de naturalisation, les personnels de la direction des libertés publiques et des affaires juridiques individuellement désignés et spécialement habilités par leur directeur ;

(Décr. n° 2014-1641 du 26 déc. 2014, art. 7) « 9° Dans les conditions fixées par l'article L. 222-1 du code de la sécurité intérieure :

« — les agents des services de la police nationale et les militaires des unités de la gendarmerie nationale chargés des missions de prévention et de répression des atteintes aux intérêts fondamentaux de la nation et des actes de terrorisme, individuellement désignés et spécialement habilités par le directeur général dont ils relèvent ;

« — les agents des services spécialisés du renseignement mentionnés à l'article R. 222-1 du code de la sécurité intérieure, individuellement désignés et spécialement habilités par le directeur dont ils relèvent, pour les seuls besoins de la prévention des atteintes aux intérêts fondamentaux de la nation et des actes de terrorisme ; »

10° A des fins exclusives d'établissement de statistiques pour la consultation d'éléments anonymisés obtenus à partir du traitement automatisé :

a) Les agents de l'Institut national d'études démographiques, individuellement désignés par leur directeur ;

b) Les agents de l'Institut national de la statistique et des études économiques et des services statistiques ministériels, dans le respect de l'article 7 *bis* de la loi n° 51-711 du 7 juin 1951 modifiée sur l'obligation, la coordination et le secret en matière de statistiques ;

(Décr. n° 2013-1082 du 29 nov. 2013, art. 7-2°) « 11° Au titre de la délivrance des agréments des exploitants individuels et des dirigeants et gérants de personne morale ou de la délivrance des autorisations d'exercice des employés exerçant des activités privées de sécu-

rité, les agents du Conseil national des activités privées de sécurité, individuellement désignés par son directeur et spécialement habilités par le préfet ; »

(*Décr. nº 2018-1130 du 11 déc. 2018, art. 2 et 7, en vigueur le 18 février 2019*) « 12º Aux seules fins d'obtenir confirmation de l'acquittement des taxes dont il est redevable et de l'accomplissement des formalités prévues au dix-septième alinéa de l'article R. 311-3, le ressortissant étranger concerné par cette procédure ; »

(*Décr. nº 2019-57 du 30 janv. 2019, art. 3*) « 12º *[13º]* Pour les besoins exclusifs de l'évaluation prévue par l'article R. 221-11 du code de l'action sociale et des familles, les agents chargés de la mise en œuvre de la protection de l'enfance, individuellement désignés et spécialement habilités par le président du conseil départemental. »

(*Décr. nº 2019-452 du 13 mai 2019, art. 15*) « II. — Les données enregistrées dans le composant électronique prévu à l'article R. 311-13-1 du code de l'entrée et du séjour des étrangers et du droit d'asile, à l'exclusion de l'image numérisée des empreintes digitales, sont lues par le traitement mentionné à l'article 1er du décret nº 2019-452 du 13 mai 2019 autorisant la création d'un moyen d'identification électronique dénommé "Authentification en ligne certifiée sur mobile". »

Art. R. 611-6 Par dérogation à l'article R. 611-5, pour les besoins exclusifs de l'accomplissement de leurs missions, les personnels chargés des missions de recherche et de contrôle de l'identité des personnes, de vérification de la validité et de l'authenticité des titres de séjour et de voyage au sein de la police nationale, de la gendarmerie nationale et des douanes peuvent consulter les images numérisées des empreintes digitales contenues dans le composant électronique du titre prévu aux articles R. 311-13-1 et R. 321-22 (*Décr. nº 2013-1082 du 29 nov. 2013, art. 8*) « et dans celui de la carte de frontalier mentionnée à l'annexe 6-4.

« Peuvent consulter les images numérisées des empreintes digitales contenues dans le traitement mentionné à l'article R. 611-1, dans le composant électronique mentionné aux articles R. 311-13-1 et R. 321-22 et dans celui de la carte de frontalier mentionnée à l'annexe 6-4 les agents figurant aux 5º, 7º pour une mission de vérification d'identité prévue par l'article 78-3 du code de procédure pénale et pour une mission de vérification du droit de circulation et de séjour prévue à l'article L. 611-1-1 et 9º de l'article R. 611-5. »

Les agents mentionnés au 3º de l'article R. 611-5 lorsqu'ils sont chargés de la remise des cartes de séjour, et les agents mentionnés au 4º du même article lorsqu'ils sont chargés de la protection des réfugiés, peuvent consulter les images numérisées des empreintes digitales contenues dans le composant électronique prévu aux articles R. 311-13-1 et R. 321-22.

Art. R. 611-7 Les données enregistrées dans le traitement automatisé prévu à l'article R. 611-1 et dans le composant électronique prévu aux articles R. 311-13-1 et R. 321-22 peuvent être consultées, aux fins notamment d'identification, par les agents d'organismes de coopération internationale en matière de lutte contre l'immigration irrégulière dans les conditions prévues par tout engagement liant la France à des organismes internationaux ou à des États étrangers, lorsque ces organismes et ces États assurent à la vie privée, aux libertés et aux droits fondamentaux des personnes à l'égard de données à caractère personnel un niveau de protection suffisant au sens de l'article 68 de la loi nº 78-17 du 6 janvier 1978 relative à l'informatique, aux fichiers et aux libertés.

SOUS-SECTION 5 *Conservation des données*

Art. R. 611-7-1 Les données à caractère personnel sont classées, au sein du traitement AGDREF2, dans des dossiers électroniques. Il ne peut y avoir qu'un seul dossier pour un même étranger.

Tout dossier qui n'a fait l'objet d'aucune mise à jour dans un délai de cinq ans à compter de l'enregistrement des premières données qu'il contient est effacé, sauf dans les cas suivants :

1º Le dossier qui contient des données relatives à un titre de séjour ou un document de voyage est effacé lorsque après l'expiration du document il s'est écoulé un délai de cinq ans sans que le dossier ait fait l'objet d'aucune mise à jour ;

2º Le dossier d'un étranger qui contient des données relatives à un arrêté d'expulsion ou à une peine d'interdiction définitive du territoire est effacé au terme d'un délai de trente ans après la saisie de la mesure ou de la peine dans le traitement si le dossier n'a fait l'objet d'aucune mise à jour durant les cinq dernières années ;

3º Le dossier d'un étranger qui contient des données relatives à une peine d'interdiction du territoire à temps prononcée à l'encontre de cet étranger est effacé au terme d'un délai de cinq ans à compter de la caducité de la peine si le dossier n'a fait l'objet d'aucune mise à jour durant cette période ;

(Décr. n° 2012-42 du 12 janv. 2012, art. 1er) « 4° Le dossier d'un étranger qui contient des données relatives à une interdiction de retour sur le territoire français est effacé au terme d'un délai de cinq ans à compter de l'expiration du délai de validité de l'interdiction, si le dossier n'a fait l'objet d'aucune mise à jour durant cette période. »

Les mises à jour mentionnées au présent article s'entendent de celles qui sont consécutives à une demande de l'intéressé ou à une modification significative de sa situation.

(Décr. n° 2019-57 du 30 janv. 2019, art. 3) « Les données relatives aux personnes ayant fait l'objet d'une mesure d'assistance éducative, prononcée par l'autorité judiciaire saisie par l'intéressé, sont effacées dès la notification au préfet de département et, à Paris, au préfet de police de la date de cette mesure d'assistance éducative. »

Les données relatives aux personnes ayant acquis la nationalité française sont effacées au terme d'un délai d'un an à compter du décret de naturalisation ou au terme d'un délai de six mois après la date d'enregistrement en cas de déclaration de nationalité.

Les données relatives à l'éloignement sont, en cas de délivrance d'une carte de séjour, effacées sans délai dès la délivrance de la carte de séjour.

Les nom, prénom et adresse de la personne qui héberge un étranger assigné à résidence sont effacés sans délai après la fin de l'assignation à résidence.

Les données résultant de l'interrogation du volet B2 du casier judiciaire mentionnées au 7° du B de la section I de l'annexe 6-4 sont conservées pendant une période de trois ans à compter de la date de leur enregistrement dans le traitement AGDREF2.

Les consultations font l'objet d'un enregistrement comprenant l'identification du consultant, la date et l'heure de la consultation. Les informations relatives aux consultations sont conservées dans le traitement pendant une durée de trois ans.

SOUS-SECTION 6 *Droits d'accès, de rectification et d'opposition*

Art. R. 611-7-2 La remise du titre de séjour ou d'un titre de voyage s'accompagne d'une copie sur papier des données à caractère personnel enregistrées dans le composant électronique prévu aux articles R. 311-13-1 et R. 321-22. Cette copie ne comporte, s'agissant des empreintes digitales recueillies, que l'indication du nombre et de la nature des empreintes enregistrées dans le composant électronique.

Art. R. 611-7-3 Le droit d'accès et de rectification s'exerce dans les conditions fixées aux articles 39 et 40 de la loi du 6 janvier 1978 relative à l'informatique, aux fichiers et aux libertés :

1° S'agissant du titre de séjour et du titre de voyage, auprès de l'autorité de délivrance ;

2° S'agissant des mesures d'éloignement, auprès du préfet en charge de la gestion du dossier d'éloignement.

Art. R. 611-7-4 Le droit d'opposition prévu à l'article 38 de la loi du 6 janvier 1978 relative à l'informatique, aux fichiers et aux libertés ne s'applique pas au présent traitement.

SECTION II *Traitement automatisé de données à caractère personnel relatives aux étrangers sollicitant la délivrance d'un visa*

(Décr. n° 2007-1560 du 2 nov. 2007)

V. Annexe 6.3, ss. art. R. 611-9. Les annexes 6-1, 6-2, 6-4 et 6-5 issues du Décr. n° 2006-1378 du 14 nov. 2006 (JO 15 nov. 2006) ont été abrogées par le Décr. n° 2007-1560 du 2 nov. 2007, art. 4 (JO 3 nov.).

Art. R. 611-8 Est autorisée la création, sur le fondement de l'article L. 611-6, d'un traitement automatisé de données à caractère personnel dénommé VISABIO, relevant du ministère des affaires étrangères et du ministère chargé de l'immigration.

(Décr. n° 2010-645 du 10 juin 2010) « Ce traitement a pour finalité :

« – de mieux garantir le droit au séjour des personnes en situation régulière et de lutter contre l'entrée et le séjour irréguliers des étrangers en France, en prévenant les fraudes documentaires et les usurpations d'identité ;

« – de permettre l'instruction des demandes de visas en procédant notamment à l'échange d'informations, d'une part, avec des autorités nationales, d'autre part, avec les autorités des États Schengen au travers du système d'information sur les visas (V^IS) pour les données biométriques se rapportant aux visas pour un séjour d'une durée inférieure à trois mois délivrés par les autorités françaises.

« Il vise : »

1° A améliorer les conditions de délivrance des visas en permettant de déceler les demandes présentées par la même personne sous plusieurs identités ;

2° A améliorer la vérification de l'authenticité des visas ainsi que de l'identité de leurs détenteurs aux points de contrôle français aux frontières extérieures des États parties à la convention signée à Schengen le 19 juin 1990 et aux frontières des territoires non européens de la République française ;

3° A faciliter, sur le territoire national, les vérifications d'identité opérées, en application de l'article 78-3 du code de procédure pénale, par les services de la police et de la gendarmerie nationales ;

4° A faciliter la vérification par les services mentionnés au 3° de l'authenticité des visas et de la régularité du séjour ;

(Décr. n° 2013-147 du 18 févr. 2013, art. 2) « 5° A faciliter l'identification des étrangers en situation irrégulière en vue de leur éloignement ; »

(Décr. n° 2019-57 du 30 janv. 2019, art. 3) « 6° A faciliter la détermination et la vérification de l'identité d'un étranger qui se déclare mineur privé temporairement ou définitivement de la protection de sa famille ; »

(Décr. n° 2020-715 du 11 juin 2020, art. 1er) « 7° A permettre aux organismes de sécurité sociale de vérifier la situation au regard du droit au séjour des personnes sollicitant une prise en charge au titre de l'aide médicale de l'État prévue aux trois premiers alinéas de l'article L. 251-1 du code de l'action sociale et des familles et des soins urgents mentionnés à l'article L. 254-1 du même code. »

Art. R. 611-9 Les données à caractère personnel enregistrées dans le traitement automatisé prévu à l'article R. 611-8 sont :

1° Les images numérisées de la photographie et des empreintes digitales des dix doigts des demandeurs de visas, collectées par les chancelleries consulaires et les consulats français équipés du dispositif requis.

Les empreintes digitales des mineurs de *(Décr. n° 2010-645 du 10 juin 2010)* « douze » ans ne sont pas collectées.

L'impossibilité de collecte totale ou partielle des empreintes digitales sera mentionnée dans le traitement.

Le traitement ne comporte pas de dispositif de reconnaissance faciale à partir de l'image numérisée de la photographie.

2° Les données énumérées à l'annexe 6-3 *[V. cette annexe, infra]* communiquées automatiquement par le traitement automatisé de données à caractère personnel dénommé Réseau mondial visas, dans les conditions prévues par l'article 5 de l'arrêté du 22 août 2001 modifié portant création d'un traitement automatisé d'informations nominatives relatif à la délivrance des visas dans les postes consulaires, lors de la demande et de la délivrance d'un visa.

3° Des données recueillies ultérieurement lors des entrées et sorties du détenteur de visa : date de première entrée, date de dernière entrée et date de sortie.

Les données mentionnées aux 1° et 2° peuvent également être enregistrées par les services chargés du contrôle aux frontières ou par les services préfectoraux lorsqu'ils sont conduits à instruire des demandes de visa.

ANNEXE 6.3 MENTIONNÉE À L'ARTICLE R. 611-9

Liste des données à caractère personnel communiquées automatiquement par le traitement automatisé de données à caractère personnel dénommé Réseau mondial visas (RMV2), enregistrées dans le traitement automatisé prévu à l'article R. 611-8

(Décr. n° 2013-147 du 18 févr. 2013)

La présente annexe est applicable à Saint-Barthélémy, à Saint-Martin, et à Mayotte (Décr. n° 2013-147 du 18 févr. 2013, art. 6).

I. — Données relatives à la demande de visa

a) Données générales :

Information visa demandé ; numéro de la demande ; lien demande précédente ; nom de l'autorité saisie ; localisation de l'autorité saisie ; indication que l'autorité a été saisie en remplacement d'un autre État membre ; lieu et date de la demande ; type de visa ; motif du voyage ; nom ; prénom et adresse de la personne invitante ; nom et adresse de la société ou compagnie invitante (personne *morale) ; nom et prénom* de la personne à contacter dans la société ou la compagnie invitante ; destination principale ; durée prévue du séjour ; date d'arrivée prévue ; date de départ prévue ; frontière de première entrée prévue ; route de transit prévue ; motif et date du retrait de la demande par le demandeur ;

b) Données relatives à un groupe de demandeurs de visa :

Type de groupe ; lien demande du groupe.

II. — Données relatives au demandeur de visa

a) Données d'état civil :

Nom ; nom de naissance ; noms antérieurs ; prénoms ; sexe ; date de naissance ; lieu de naissance ; pays de naissance ; nationalité actuelle ; nationalité de naissance ;

b) Données relatives aux documents de voyage :

Type de document ; numéro du document ; autorité de délivrance ; date de délivrance ; date d'expiration ;

c) Données biométriques :

Photographies ; empreintes digitales du demandeur ;

d) Autres données :

Résidence ; nom et prénom du père et de la mère du demandeur ; nom et coordonnées de l'employeur ; nom de l'établissement scolaire ou universitaire (étudiant) ; profession actuelle.

III. — Données relatives au visa

a) Données relatives au visa délivré :

Information visa délivré ; lieu de la décision et date de délivrance du visa ; nom et localisation de l'autorité ayant délivré le visa ; indication que l'autorité a été saisie pour le compte d'un autre État membre ; validité territoriale dans laquelle le porteur du visa est autorisé à circuler ; type de visa délivré ; numéro de la vignette visa délivrée ; date de début et de fin de validité du visa ; nombre d'entrées autorisées ; durée de validité du visa ; durée du séjour autorisé ; information visa délivré sur feuillet séparé ;

b) Données relatives à l'abandon d'examen de la demande :

Information indiquant que l'examen de la demande de visa a été interrompu ; État membre compétent pour examiner la demande ; nom et localisation de l'autorité ayant interrompu l'examen de la demande ; date et lieu de l'interruption ;

c) Données relatives au refus de visa :

Information visa refusé ; nom et localisation de l'autorité qui a refusé le visa ; date, lieu et motif du refus ;

d) Données relatives à l'annulation, au retrait ou à la réduction de la durée de validité du visa :

Information visa annulé, retiré ou réduit dans sa validité ; nom et localisation de l'autorité ayant pris la décision ; date et lieu de la décision ; nouvelle date d'expiration de la validité du visa ; numéro de la nouvelle vignette ; motifs de la décision d'annulation, de retrait ou de réduction de validité de la vignette ;

e) Données relatives à la prolongation du visa :

Information visa prorogé ; nom et localisation de l'autorité ayant prorogé le visa ; date et lieu de la décision ; date de début et de fin de la période prorogée ; numéro de la nouvelle vignette ; période de prorogation de la durée du séjour ; territoire sur lequel le porteur du visa est autorisé à circuler ; type de visa prorogé ; motifs de la prorogation.

Art. R. 611-10 *(Décr. nº 2010-645 du 10 juin 2010)* Les données à caractère personnel mentionnées au 1º de l'article R. 611-9 peuvent également être collectées, à la condition que la collecte présente un niveau de protection et des garanties équivalents à ceux du droit interne :

1º Par les chancelleries consulaires et les consulats des autres États membres de l'Union européenne ;

2º *(Abrogé par Décr. nº 2013-147 du 18 févr. 2013, art. 3)* *« A titre expérimental pour les demandes de visa déposées auprès des consulats généraux de France à Alger (République algérienne démocratique et populaire), Istanbul (République de Turquie) et Londres (Royaume-Uni),* » Par des prestataires agréés par les autorités chargées de la délivrance des visas et sous la responsabilité de ces dernières, dans le respect des garanties prévues par le règlement (CE) nº 390-2009 du Parlement européen et du Conseil du 23 avril 2009 ; les personnels des prestataires agréés chargés de cette collecte sont individuellement habilités par ces mêmes autorités. *(Abrogé par Décr. nº 2013-147 du 18 févr. 2013, art. 3) (Décr. nº 2011-1490 du 9 nov. 2011) « La présente expérimentation est autorisée pour une durée d'un an à compter d'une date qui sera fixée par un arrêté conjoint du ministre des affaires étrangères et du ministre chargé de l'immigration et au plus tard le 1er janvier 2012. » — V. Arr. du 12 nov. 2011, infra.*

Art. R. 611-11 La durée de conservation des données à caractère personnel mentionnées à l'article R. 611-9 est de cinq ans à compter de leur inscription.

Art. R. 611-12 I. — Les destinataires des données à caractère personnel enregistrées dans le traitement automatisé prévu à l'article R. 611-8 sont :

1º Les agents du ministère des affaires étrangères et du ministère chargé de l'immigration participant à l'instruction des demandes de visa, individuellement désignés et spécialement habilités par le ministre dont ils relèvent ;

2° Les agents des préfectures *(Décr. n° 2019-57 du 30 janv. 2019, art. 3)* « , y compris dans le cadre de la procédure d'évaluation prévue par l'article R. 221-11 du code de l'action sociale et des familles, » *(Décr. n° 2013-147 du 18 févr. 2013, art. 4)* « et ceux chargés de l'application de la réglementation relative à la délivrance des titres de séjour, au traitement des demandes d'asile et à la préparation et à la mise en œuvre des mesures d'éloignement*[,]* » individuellement désignés et spécialement habilités par le préfet ; — *Sur la procédure d'évaluation de la situation des mineurs privés temporairement ou définitivement de la protection de leur famille, V. ndlr ss. art. R. 611-5, supra.*

(Décr. n° 2013-147 du 18 févr. 2013, art. 4) « 3° Les agents chargés du contrôle aux frontières de la police et de la gendarmerie nationales et des douanes, individuellement désignés et spécialement habilités par le chef de service dont ils relèvent ;

« 3° *bis* Les agents du ministère de l'intérieur, individuellement désignés et spécialement habilités par le chef du service de police nationale ou par le commandant du groupement de gendarmerie, chargés de l'éloignement des étrangers ; »

4° Les officiers de police judiciaire des services de la police et de la gendarmerie nationales, individuellement désignés et spécialement habilités par le préfet de police, *(Décr. n° 2013-147 du 18 févr. 2013, art. 4)* « le directeur de la sécurité publique » *(Décr. n° 2010-645 du 10 juin 2010)* « , le directeur départemental de la police aux frontières » ou le commandant du groupement de gendarmerie concernés, ainsi que les officiers de police judiciaire relevant de la direction centrale de la police judiciaire *(Décr. n° 2010-645 du 10 juin 2010)* « , de la direction centrale de la police aux frontières » ou de la direction générale de la gendarmerie nationale, pour des missions de vérification d'identité prévues par l'article 78-3 du code de procédure pénale ;

(Décr. n° 2013-147 du 18 févr. 2013, art. 4) « 5° Les agents des douanes dans les conditions prévues à l'article 67 *quater* du code des douanes, individuellement désignés et spécialement habilités par le directeur régional des douanes ou, le cas échéant, le directeur général des douanes et droits indirects ;

« 6° Pour les besoins de la procédure d'attestation visée au treizième alinéa de l'article R. 311-3, les agents de l'Office français de l'immigration et de l'intégration, individuellement désignés et spécialement habilités par le directeur général de l'office, chargés des procédures d'admission au séjour ; »

(Décr. n° 2019-57 du 30 janv. 2019, art. 3) « 7° Pour les besoins exclusifs de l'évaluation prévue par l'article R. 221-11 du code de l'action sociale et des familles, les agents chargés de la mise en œuvre de la protection de l'enfance, individuellement désignés et spécialement habilités par le président du conseil départemental. »

II. — Pour des missions de contrôle de l'authenticité des visas et de régularité du séjour, les officiers de police judiciaire *(Décr. n° 2013-147 du 18 févr. 2013, art. 4)* « et, sur l'ordre et *[sous]* la responsabilité de ceux-ci, les agents de police judiciaire » des services de la police et de la gendarmerie nationales individuellement désignés et spécialement habilités dans les conditions prévues au 4° du I peuvent accéder aux données à caractère personnel enregistrées dans le traitement automatisé *(Abrogé par Décr. n° 2013-147 du 18 févr. 2013, art. 4)* *« à l'exclusion des images numérisées des empreintes digitales ».*

(Décr. n° 2014-1641 du 26 déc. 2014, art. 7) « III. — Peuvent également accéder aux données à caractère personnel enregistrées dans le traitement automatisé, dans les conditions fixées à l'article L. 222-1 du code de la sécurité intérieure :

« 1° Les agents des services de la police nationale et les militaires des unités de la gendarmerie nationale chargés des missions de prévention et de répression des actes de terrorisme, individuellement désignés et spécialement habilités respectivement par le directeur général dont ils relèvent ;

« 2° Les agents des services spécialisés du renseignement mentionnés à l'article R. 222-1 du code de la sécurité intérieure, individuellement désignés et spécialement habilités par le directeur dont ils relèvent, pour les seuls besoins de la prévention des atteintes aux intérêts fondamentaux de la nation et des actes de terrorisme. »

(Abrogé par Décr. n° 2013-147 du 18 févr. 2013, art. 4) *« IV. — Les dispositions du III sont applicables* *(Décr. n° 2008-1456 du 30 déc. 2008)* *« jusqu'au 31 décembre 2012 ». »*

(Décr. n° 2020-715 du 11 juin 2020, art. 2) « IV. — A la seule fin d'effectuer les vérifications mentionnées au 7° de l'article R. 611-8, peuvent consulter les données relatives au nom, au prénom, à la date et au pays de naissance, à la photographie de l'étranger ainsi qu'à la délivrance d'un visa, à sa date, à sa durée de validité et aux documents de voyage les agents des organismes de sécurité sociale individuellement désignés et spécialement habilités par les directeurs de ces organismes. »

Art. R. 611-13 *(Décr. nº 2020-715 du 11 juin 2020, art. 3)* **Les droits d'information, d'accès, de rectification et à la limitation s'exercent auprès du ministère des affaires étrangères (direction des Français à l'étranger et de l'administration consulaire), du ministère chargé de l'immigration (direction de l'immigration) ou du service où la demande de visa a été déposée, dans les conditions prévues respectivement aux articles 13, 15, 16 et 18 du règlement (UE) 2016/679 du 27 avril 2016 relatif à la protection des personnes physiques à l'égard du traitement des données à caractère personnel et à la libre circulation de ces données, et abrogeant la directive 95/46/CE.**

Art. R. 611-14 *(Décr. nº 2020-715 du 11 juin 2020, art. 4)* **Conformément à l'article 23 du règlement (UE) 2016/679 du 27 avril 2016 et afin de garantir le droit au séjour des personnes en situation régulière et de lutter contre l'entrée et le séjour irréguliers des étrangers, le droit d'opposition ne s'applique pas au présent traitement.**

Art. R. 611-15 **Il est procédé tous les trois ans, par les ministères mentionnés à l'article R. 611-8, à une évaluation du traitement VISABIO donnant lieu à un rapport communiqué à la Commission nationale de l'informatique et des libertés.**

(Abrogé par Décr. nº 2013-147 du 18 févr. 2013, art. 3) (Décr. nº 2010-645 du 10 juin 2010, art. 7) ***« Ces mêmes ministères font réaliser, au cours de l'expérimentation prévue au 2º de l'article R. 611-10, une évaluation donnant lieu à un rapport communiqué à la Commission nationale de l'informatique et des libertés. »***

SECTION III *Du fichier automatisé des empreintes digitales*

(Décr. nº 2015-1580 du 2 déc. 2015, art. 14-III)

Art. R. 611-16 **Le fichier automatisé des empreintes digitales est régi par le décret nº 87-249 du 8 avril 1987 modifié relatif au fichier automatisé des empreintes digitales géré par le ministère de l'intérieur.**

SECTION IV *Traitement automatisé de données à caractère personnel dénommé "gestion de l'éloignement"*

(Décr. nº 2019-81 du 6 févr. 2019)

Art. R. 611-17 **Le ministre de l'intérieur (direction générale de la police nationale) est autorisé à mettre en œuvre un traitement automatisé de données à caractère personnel dénommé "Gestion de l'éloignement" (GESTEL) ayant pour finalités :**

1º D'assurer la gestion de la mise en œuvre opérationnelle, matérielle et logistique des mesures d'éloignement, au sein de la direction centrale de la police aux frontières ;

2º D'améliorer l'exécution des mesures d'éloignement par la dématérialisation des échanges d'informations externes et internes ;

3º De garantir le suivi des procédures d'éloignement et d'en faciliter le contrôle.

Art. R. 611-18 **Les données à caractère personnel et informations enregistrées dans le traitement sont énumérées à l'annexe 6-5.** — *V. infra.*

Le traitement ne comporte pas de dispositif de reconnaissance faciale à partir de l'image numérisée de la photographie.

ANNEXE 6-5 MENTIONNÉE À L'ARTICLE R. 611-18

DONNÉES À CARACTÈRE PERSONNEL ET INFORMATIONS SUSCEPTIBLES D'ÊTRE ENREGISTRÉES DANS LE TRAITEMENT GESTEL

(Décr. nº 2019-81 du 6 févr. 2019)

I. — Données concernant le service à l'origine de la demande d'éloignement :

1º Préfecture ;

2º Dossier suivi par (nom de l'agent, service de la préfecture ou service de la police aux frontières en charge de la demande) ;

3º Coordonnées (téléphone, télécopie, adresse de messagerie) ;

4º Numéro de dossier ;

5º Date et heure de saisine ;

6º Dossier signalé ;

7º Délai de transmission du plan de voyage ;

8º Nature de la demande (saisine initiale, modification, annulation) ;

9º Transmission du plan de voyage ;

10º Conduite à tenir en cas de refus d'embarquement.

II. — Données concernant l'état-civil du ressortissant étranger faisant l'objet de la mesure d'éloignement :

1° Numéro AGDREF ;

2° Nom ;

3° Nom marital ;

4° Prénom(s) ;

5° Nationalité ;

6° Photographie ;

7° Alias éventuels ;

8° Date et lieu de naissance ;

9° Sexe ;

10° Nom(s), prénom(s) et date de naissance des enfants mineurs accompagnants.

III. — Données concernant la situation administrative du ressortissant étranger faisant l'objet de la mesure d'éloignement :

1° Décisions administratives :

a) Obligation de quitter le territoire français (OQTF) avec ou sans interdiction de retour ;

b) Réadmission Dublin ou Schengen ;

c) Interdiction du territoire français (ITF) temporaire ou définitive ;

d) Arrêté ministériel d'expulsion (AME) ;

e) Arrêté préfectoral d'expulsion (APE) ;

f) Interdiction administrative du territoire (IAT).

2° Situation du ressortissant étranger :

a) En rétention (lieu, dates et heures de début et de fin de rétention, calcul automatique des échéances) ;

b) En établissement pénitentiaire (nom de l'établissement, libération conditionnelle, date de levée d'écrou) ;

c) Assigné à résidence et nature de la mesure ;

d) Libre.

3° Document d'identité :

a) Nature du document (passeport, carte nationale d'identité, laissez-passer consulaire en cours ou obtenu, laissez-passer européen, titre de séjour) ;

b) Date de validité ;

c) Numéro d'enregistrement.

IV. — Données concernant la requête relative à la demande d'éloignement :

1° Destination (pays et ville) ;

2° Vecteur souhaité pour le transport (voie aérienne, voie maritime, voie ferroviaire, voie routière, voie terrestre, moyen aérien dédié, sans préférence) ;

3° Aéroport et ville de départ souhaités ;

4° Possibilité d'éloignement (durée) ;

5° Date sollicitée.

V. — Renseignements complémentaires :

1° Escorte (utilité et type d'escorte) ;

2° Accompagnants : nom(s), prénom(s), matricule, grade, date de naissance, numéro de téléphone et service d'appartenance ;

3° Refus antérieurs d'embarquement.

VI. — Concernant les itinéraires empruntés et les réservations hôtelières :

1° Nom du transporteur ;

2° Numéro du vol, du navire ou du train ;

3° Jour et heure de départ et d'arrivée ;

4° Aéroport, port ou gare de départ et d'arrivée ;

5° Nom de l'hôtel, adresse, jour d'arrivée et de départ.

VII. — Documents numérisés relatifs à la personne concernée par la mesure d'éloignement :

1° Fiche pénale ;

2° Accord de réadmission ;

3° Rapport d'incident ;

4° Main courante ;

5° Documents d'identité ;

6° Certificats médicaux de compatibilité de l'état de santé avec l'éloignement ;

7° Bon de commande ;

8° Attestation de service fait.

Art. R. 611-19 I. – **Peuvent accéder, à raison de leurs attributions et dans la limite du besoin d'en connaître, à tout ou partie des données à caractère personnel et informations**

mentionnées en annexe, les agents de la direction centrale de la police aux frontières, des préfectures de département et de la préfecture de police, individuellement désignés et habilités par le directeur central de la police aux frontières ou, le cas échéant, par les agents qu'il désigne.

II. — Peuvent être destinataires des données et informations mentionnées en annexe, à raison de leurs attributions et dans la limite du besoin d'en connaître :

1° Pour permettre l'exercice de sa mission de contrôle de l'exécution des mesures d'éloignement, le Contrôleur général des lieux de privation de liberté ;

2° Pour l'organisation des opérations d'éloignement et l'information des services chargés de leur exécution :

a) Les agents et militaires de la direction générale de la gendarmerie nationale ;

b) Les agents de la direction générale de la police nationale ;

c) Les agents de la direction générale des douanes et droits indirects ;

d) Les agents de la direction générale des étrangers en France ;

3° Pour faciliter la mise en œuvre des opérations d'éloignement :

a) Le prestataire voyagiste agréé par le ministère de l'intérieur, pour les seules données relatives au numéro de dossier, à l'état civil du ressortissant étranger faisant l'objet de la mesure d'éloignement, à sa situation administrative, à la requête relative à la demande d'éloignement et à l'escorte, à l'exception du numéro AGDREF et de la photographie ;

b) Les autorités du pays de transit ou de destination chargées d'autoriser ou de faciliter un éloignement, pour les seules données relatives à l'état civil du ressortissant étranger faisant l'objet de la mesure d'éloignement, à l'escorte, aux itinéraires empruntés et aux réservations hôtelières, à l'exception du numéro AGDREF et de la photographie ;

c) Les compagnies aériennes ou maritimes assurant la prise en charge de l'éloignement, pour les seules données relatives à l'état civil du ressortissant étranger faisant l'objet de la mesure d'éloignement, aux documents d'identité et à l'escorte, à l'exception du numéro AGDREF et de la photographie.

Art. R. 611-20 Les données à caractère personnel et informations mentionnées en annexe sont conservées :

— pendant une durée de deux ans à compter de la date de leur enregistrement pour permettre l'exécution de la mesure d'éloignement ;

— pendant une durée de six mois après la date d'exécution effective de la mesure d'éloignement.

A l'issue de ces délais, ces données à caractère personnel et informations sont conservées pendant une durée de six ans et uniquement accessibles aux agents relevant de la cellule opérationnelle de l'éloignement de la direction centrale de la police aux frontières.

Les données à caractère personnel et informations relatives aux personnes dont la mesure d'éloignement a été annulée, abrogée ou retirée sont effacées du traitement par la direction centrale de la police aux frontières dès qu'elle en a connaissance.

Art. R. 611-21 Les opérations de création, mise à jour, suppression et consultation font l'objet d'un enregistrement comprenant l'identifiant de l'auteur, la date, l'heure et l'objet de l'opération. Les informations relatives à ces opérations sont conservées pendant six ans.

Art. R. 611-22 I. — Afin de garantir la sécurité publique, le droit d'opposition prévu à l'article 21 du règlement (UE) 2016/679 du 27 avril 2016 relatif à la protection des personnes physiques à l'égard des traitements des données à caractère personnel et à la libre circulation de ces données, et abrogeant la directive 95/46/CE et à l'article 38 de la loi n° 78-17 du 6 janvier 1978 relative à l'informatique, aux fichiers et aux libertés ne s'applique pas au présent traitement.

II. — Les droits d'information, d'accès, de rectification, d'effacement et à la limitation prévus aux articles 14 à 18 du règlement (UE) 2016/679 du 27 avril 2016 précité s'exercent auprès de la direction générale de la police nationale.

SECTION V *Traitement automatisé de données à caractère personnel relatives aux étrangers bénéficiaires du dispositif d'aide au retour géré par l'office français de l'immigration et de l'intégration*

(Décr. n° 2009-1310 du 26 oct. 2009)

Art. R. 611-35 Est autorisée la création d'un traitement automatisé de données à caractère personnel dénommé Outil de statistique et de contrôle de l'aide au retour relevant de l'Office français de l'immigration et de l'intégration.

Ce traitement a pour finalités :

a) De liquider l'aide au retour en permettant de déceler une nouvelle demande présentée par une personne ayant déjà bénéficié de cette aide, le cas échéant sous une autre identité ;

b) De permettre le suivi administratif, budgétaire et comptable des procédures d'aide au retour gérées par l'Office français de l'immigration et de l'intégration ;

c) D'établir des statistiques relatives à ces procédures et à leur exécution.

Art. R. 611-36 Les données enregistrées dans le traitement sont les suivantes :

1° Les images numérisées des empreintes des dix doigts du bénéficiaire et de ses enfants mineurs âgés d'au moins douze ans, ou la mention de l'impossibilité de collecte totale ou partielle de ces empreintes ;

2° Les données à caractère personnel relatives aux bénéficiaires énumérées à l'annexe 6-8 – *V. cette annexe, infra.*

Le traitement ne comporte pas de dispositif d'identification nominative à partir des empreintes ni de dispositif de reconnaissance faciale à partir de la photographie.

ANNEXE 6-8 MENTIONNÉE À L'ARTICLE R. 611-36

Liste des données à caractère personnel relatives à un étranger bénéficiaire d'une aide au retour susceptibles d'être enregistrées dans le traitement prévu à l'article R. 611-35

A. Données relatives à l'étranger bénéficiaire de l'aide au retour :

Les informations d'identification du bénéficiaire :

1° Noms et prénoms ;

2° Sexe ;

3° Situation maritale déclarée ;

4° Date et lieu de naissance ;

5° Nationalité ;

6° Coordonnées du bénéficiaire en France et dans le pays de retour ;

7° Photographie d'identité ;

8° Date d'entrée en France ;

9° Numéro national d'identification mentionné au 2° de l'article D. 611-2 ;

10° Numéro, date et lieu de délivrance du passeport ou laissez-passer ;

11° Motifs de la demande :

— situation de dénuement ;

— volonté de départ ;

12° Nombre de personnes concernées par la mesure, liens unissant les bénéficiaires ;

13° Mesure d'éloignement, date et nature.

B. Gestion administrative et comptable du dossier :

14° Numéro de dossier ;

15° Date de la décision de l'Office français de l'immigration et de l'intégration ;

16° Numéro de l'ordre de paiement ;

17° Nature et montant de l'aide accordée ;

18° Dates et montants des versements effectués ou à effectuer ;

19° Autres secours dont aide exceptionnelle d'acheminement.

C. Organisation du voyage :

20° Hébergement avant départ ;

21° Moyens de transport ;

22° Date et lieu du départ du territoire français ;

23° Pays et ville de destination.

Art. R. 611-37 Les données mentionnées à l'article R. 611-36 sont effacées :

1° Sans délai lorsque l'Office français de l'immigration et de l'intégration refuse une aide sollicitée et dans le cas où l'intéressé renonce au bénéfice de l'aide avant la décision de l'*Office français* de l'immigration et de l'intégration ;

2° A l'issue d'un délai de cinq ans à compter de la date de la décision de l'Office français de l'immigration et de l'intégration lorsque l'aide est accordée.

Les intéressés sont informés par écrit dans une langue qu'ils comprennent des conditions de conservation des données les concernant, de leur droit d'accès à ces données et des destinataires de ces données.

Art. R. 611-38 Sont autorisés à accéder aux données mentionnées à l'article R. 611-36, à l'exception des données biométriques, les agents de l'Office français de l'immigration et de l'intégration chargés de la mise en œuvre du dispositif d'aide au retour, individuellement désignés et spécialement habilités à cette fin par le directeur général de cet office.

Peuvent également recevoir communication par l'intermédiaire du responsable du traitement, à l'exclusion des données biométriques, des données mentionnéesà l'article R. 611-36 :

1° Les agents des préfectures compétents pour l'application de la réglementation relative aux étrangers, individuellement désignés et spécialement habilités par le préfet ;

2° Les agents des ambassades et des consulats français à l'étranger, individuellement désignés et spécialement habilités par l'ambassadeur ou le consul ;

3° Les personnels des organismes liés à l'Office français de l'immigration et de l'intégration par une convention relative à la mise en œuvre des aides au retour à la seule fin de la réalisation des missions qui leur sont confiées.

Art. R. 611-39 Lors du dépôt d'une demande d'aide au retour, il est procédé au recueil des empreintes digitales des dix doigts des personnes âgées d'au moins douze ans au bénéfice desquelles l'aide est demandée, aux fins de comparaison avec les empreintes enregistrées dans le traitement automatisé mentionné à l'article R. 611-35.

Art. R. 611-40 Les droits d'accès et de rectification prévus aux articles 39 et 40 de la loi du 6 janvier 1978 relative à l'informatique, aux fichiers et aux libertés s'exercent auprès du directeur général de l'Office français de l'immigration et de l'intégration.

Art. R. 611-41 Le droit d'opposition prévu à l'article 38 de la même loi ne s'applique pas au traitement.

SECTION VI *Droit de communication*

(Décr. n° 2016-1457 du 28 oct. 2016, art. 34-3° et 42, en vigueur le 1er nov. 2016)

Art. R. 611-41-1 L'autorité administrative compétente mentionnée à l'article L. 611-12 est le préfet de département.

Les demandes d'informations et de documents auprès des autorités et personnes privées mentionnées aux 1° à 8° de l'article L. 611-12 s'exercent par tout moyen, notamment dématérialisé, permettant l'identification du représentant de l'autorité administrative demandeuse.

Art. R. 611-41-2 Les autorités et personnes privées mentionnées aux 1° à 8° de l'article L. 611-12 transmettent les documents et informations suivantes :

1° Pour les autorités dépositaires des actes d'état civil : l'authentification des actes d'état civil français qu'elles ont délivrés ;

2° Pour les administrations chargées du travail et de l'emploi : les documents établissant l'existence et la nature de l'activité professionnelle déclarée par le demandeur ;

3° Pour les organismes de sécurité sociale et l'institution mentionnée à l'article L. 5312-1 du code du travail : l'adresse déclarée par le demandeur, la composition de son foyer, les prestations familiales et sociales perçues par le demandeur et ses ayants droit, l'existence et la nature d'une activité professionnelle et l'affiliation à un régime de sécurité sociale ;

4° Pour les établissements scolaires et les établissements d'enseignement supérieur :

a) Pour les établissements d'enseignement primaire et secondaire : l'attestation de l'inscription dans l'établissement des descendants à charge du demandeur et leur assiduité ;

b) Pour les établissements d'enseignement supérieur : l'attestation d'inscription du demandeur dans leur établissement, l'assiduité dans le suivi des enseignements et l'authentification des relevés de notes produits par le demandeur ;

5° Pour les fournisseurs d'énergie et des services de communications électroniques : l'adresse déclarée par le demandeur, l'authentification des contrats et factures émises par ces entreprises et l'historique sur cinq années des contrats et abonnements ouverts au nom du demandeur ;

6° Pour les établissements de santé publics et privés : l'authentification des attestations et convocations produites par le demandeur, l'attestation de la fréquentation de l'établissement par le demandeur ;

7° Pour les établissements bancaires et les organismes financiers : l'adresse déclarée par le demandeur, l'existence du compte du demandeur ouvert dans leurs livres ainsi que les noms du ou des titulaires du compte et les relevés de ces comptes sur les deux dernières années ;

8° Pour les greffes des tribunaux de commerce : l'authentification des documents et informations relatifs à l'existence d'une société dirigée par le demandeur ou l'employant.

SECTION VII *Dispositions diverses* (*Décr. n° 2009-1310 du 26 oct. 2009*).

La section VI devient la section VII et l'art. R. 611-41-1 devient l'art. R. 611-41-3 (Décr. n° 2016-1547 du 28 oct. 2016, art. 34 et 42, en vigueur le 1er nov. 2016).

Art. R. 611-41-3 (*Décr. n° 2011-820 du 8 juill. 2011, art. 20*) L'autorité administrative habilitée à retenir le passeport ou le document de voyage d'un étranger en situation irrégulière en application de l'article L. 611-2 est le préfet de département et, à Paris, le préfet de police. *[– Anc art. R. 611-41-1].*

Art. R. 611-42 (*Décr. n° 2015-1002 du 18 août 2015, art. 6 et 7, en vigueur le 1er oct. 2015*) « Aux fins de prévention des troubles à l'ordre public, d'enquêtes judiciaires et de recherche dans l'intérêt des personnes, les hôteliers, les exploitants de villages et maisons familiales de vacances, de résidences et villages résidentiels de tourisme, les loueurs de meublés de tourisme et de chambres d'hôtes, les exploitants de terrains de camping, caravanage et autres terrains aménagés sont tenus de (*Décr. n° 2016-1457 du 28 oct. 2016, art. 35 et 42, en vigueur le 1er nov. 2016*) « remplir, ou faire remplir, » et signer par l'étranger, dès son arrivée, une fiche individuelle de police, dont le modèle est fixé par arrêté conjoint du ministre de l'intérieur, du ministre chargé de l'immigration et du ministre chargé du tourisme. *– V. Arr. du 1er oct. 2015, ci-dessous. – V. Délib. CNIL du 9 juin 2016 (JO 28 juin).*

« Les données personnelles ainsi collectées sont notamment :

« 1° Le nom et les prénoms ;

« 2° La date et le lieu de naissance ;

« 3° La nationalité ;

« 4° Le domicile habituel de l'étranger ;

« 5° Le numéro de téléphone mobile et l'adresse électronique de l'étranger ;

« 6° La date d'arrivée au sein de l'établissement et la date de départ prévue.

« Les enfants âgés de moins de 15 ans peuvent figurer sur la fiche d'un adulte qui les accompagne.

« Les fiches ainsi établies doivent être conservées pendant une durée de six mois et remises, sur leur demande, aux services de police et unités de gendarmerie. Cette transmission peut s'effectuer sous forme dématérialisée. »

Les personnes physiques ou morales louant des locaux nus ne sont pas astreintes aux obligations prévues aux alinéas ci-dessus.

Art. R. 611-43 Le ministre de l'intérieur établit par arrêté la liste des péages mentionnés à l'article L. 611-9.

TITRE II Sanctions

CHAPITRE PREMIER *Méconnaissance des obligations incombant aux citoyens de l'Union européenne, aux ressortissants des autres États parties à l'accord sur l'Espace économique européen, aux ressortissants de la confédération suisse ainsi qu'aux membres de leur famille*

(*Décr. n° 2007-371 du 21 mars 2007*)

Art. R. 621-1 Les ressortissants mentionnés à l'article L. 121-1 qui auront omis de se conformer à la formalité d'enregistrement prévue à l'article L. 121-2 sont punis de la peine d'amende prévue pour les contraventions de quatrième classe.

Art. R. 621-2 Les membres de famille ressortissants d'un État tiers mentionnés à l'article L. 121-3 qui auront omis de solliciter dans les délais réglementaires la délivrance de la carte de séjour prévue à l'article R. 121-14 sont punis de la peine d'amende prévue pour les contraventions de cinquième classe.

Art. R. 621-3 Les membres de famille ressortissants d'un État tiers mentionnés au deuxième alinéa de l'article L. 122-1 qui auront omis de solliciter dans les délais réglementaires la délivrance de la carte de séjour prévue à l'article R. 122-2 sont punis de la peine d'amende prévue pour les contraventions de cinquième classe.

CHAPITRE II *Aide à l'entrée et au séjour irréguliers*

Le présent chapitre ne comprend pas de dispositions réglementaires.

CHAPITRE III *Mariage contracté à seule fin d'obtenir un titre de séjour ou la nationalité française*

Le présent chapitre ne comprend pas de dispositions réglementaires.

CHAPITRE IV *Méconnaissance des mesures d'éloignement ou d'assignation à résidence*

Le présent chapitre ne comprend pas de dispositions réglementaires.

CHAPITRE V *Méconnaissance des obligations incombant aux entreprises de transport*

SECTION I *Amendes aux entreprises débarquant un étranger dépourvu des documents visés à l'article L. 625-1* (*Décr. n° 2016-1547 du 28 oct. 2016, art. 36-1° et 42, en vigueur le 1er nov. 2016*).

Le Décr. n° 2016-1547 du 28 oct. 2016 a restructuré le présent chapitre. Il en résulte une numérotation des art. discontinue. Il n'a pas été prévu d'art. R. 625-5 à R. 625-12.

SOUS-SECTION 1 *Procédure* (*Décr. n° 2016-1547 du 28 oct. 2016, art. 36-1° et 42, en vigueur le 1er nov. 2016*).

La section I devient la sous-section 1 (Décr. n° 2016-1457 du 28 oct. 2016, art. 36-1°).

Art. R. 625-1 Le procès-verbal mentionné au premier alinéa de l'article L. 625-2 est signé :

1° Par le chef du service de la police nationale chargé du contrôle aux frontières ou un fonctionnaire désigné par lui, titulaire au moins du grade de brigadier ;

2° Par le chef du service des douanes chargé du contrôle aux frontières ou un fonctionnaire désigné par lui, titulaire au moins du grade d'agent de constatation principal de 2e classe ;

3° Ou par le commandant de l'unité de gendarmerie territorialement compétente ou un militaire désigné par lui, titulaire au moins du grade de gendarme.

Ce procès-verbal est transmis au (*Décr. n° 2008-223 du 6 mars 2008*) « ministre chargé de l'immigration ». Il comporte le nom de l'entreprise de transport, les références du vol ou du voyage concerné et l'identité des passagers au titre desquels la responsabilité de l'entreprise de transport est susceptible d'être engagée, en précisant, pour chacun d'eux, le motif du refus d'admission. Il comporte également, le cas échéant, les observations de l'entreprise de transport. Copie du procès-verbal est remise à son représentant, qui en accuse réception.

Art. R.* 625-2 (*Décr. n° 2006-1377 du 14 nov. 2006*) L'autorité administrative compétente pour prononcer l'amende prévue à l'article L. 625-2 est le (*Décr. n° 2008-223 du 6 mars 2008*) « ministre chargé de l'immigration ».

Art. R. 625-3 L'autorité mentionnée à l'article R.* 625-2 notifie à l'entreprise de transport, par lettre recommandée avec accusé de réception, le projet de sanction prévu au deuxième alinéa de l'article L. 625-2. L'entreprise de transport est invitée à faire valoir ses observations éventuelles dans le délai d'un mois à compter de cette notification.

Le dossier est mis à sa disposition pendant ce délai. L'entreprise peut se faire délivrer copie à ses frais de tout ou partie de la procédure.

L'autorité mentionnée à l'article R.* 625-2 arrête sa décision après l'expiration du délai d'un mois, au vu des observations qui ont pu être produites. La décision écrite et motivée est notifiée à l'entreprise de transport par lettre recommandée avec accusé de réception.

L'amende est recouvrée dans les conditions prévues pour les créances de l'État mentionnées aux (*Décr. n° 2012-1247 du 7 nov. 2012, art. 9*) « articles 112 à 124 du décret n° 2012-1246 du 7 novembre 2012 relatif à la gestion budgétaire et comptable publique ».

Art. R. 625-4 La procédure prévue par les articles R. 625-1 et R. 625-3 est applicable aux entreprises de transport routier mentionnées à l'article L. 625-6.

Les services compétents pour procéder aux contrôles mentionnés au deuxième alinéa de l'article L. 625-6 sont les services de la police nationale ou, en l'absence de tels services, les services des douanes ou les unités de la gendarmerie nationale situés à l'entrée du territoire français.

SOUS-SECTION 2 *Consignation d'une somme par l'entreprise de transport* (*Décr. n° 2016-1547 du 28 oct. 2016, art. 36-1° et 42, en vigueur le 1er nov. 2016*).

La section III devient la sous-section 2 (Décr. n° 2016-1457 du 28 oct. 2016, art. 36-1°).

Art. R. 625-13 Le montant de la somme consignée en vertu du premier alinéa de l'article L. 625-4 est mentionné sur le procès-verbal prévu à l'article L. 625-2. L'absence de consignation est mentionnée dans les mêmes conditions.

La somme consignée est remise sans délai entre les mains d'un *(Décr. n° 2014-551 du 27 mai 2014, art. 12-2°)* « comptable de la direction générale des finances publiques ».

Art. R. 625-14 La somme consignée par une entreprise de transport aérien ou maritime s'impute sur le montant de l'amende fixé par décision du *(Décr. n° 2008-223 du 6 mars 2008)* « ministre chargé de l'immigration ».

Art. R. 625-15 Dès qu'il décide de ne pas prononcer d'amende, le *(Décr. n° 2008-223 du 6 mars 2008)* « ministre chargé de l'immigration » émet un ordre de restitution du montant de la somme consignée.

Art. R. 625-16 Lorsque le montant de l'amende prononcée est inférieur au montant de la somme consignée, le *(Décr. n° 2014-551 du 27 mai 2014, art. 12-2°)* « comptable de la direction générale des finances publiques » mentionné au deuxième alinéa de l'article R. 625-13, au vu du titre exécutoire, restitue à l'entreprise de transport la somme correspondant à la différence entre le second montant et le premier.

Le même comptable procède à la restitution de tout ou partie de la somme consignée dans un délai d'un mois à compter de la date de réception par ses services du titre exécutoire ou de l'ordre de restitution du *(Décr. n° 2008-223 du 6 mars 2008)* « ministre chargé de l'immigration ».

SECTION II *Amende aux entreprises n'ayant pas respecté leurs obligations liées au réacheminement d'un étranger*

(Décr. n° 2016-1457 du 28 oct. 2016, art. 36-2° et 42, en vigueur le 1er nov. 2016)

Art. R. 625-17 Le manquement aux obligations de réacheminement prévues aux articles L. 213-4, L. 213-5, L. 213-7 et L. 213-8 est constaté par procès-verbal signé :

1° Par le chef de service de la police nationale chargé du contrôle aux frontières ou territorialement compétent, ou un fonctionnaire désigné par lui, titulaire au moins du grade de brigadier ;

2° Par le chef du service des douanes chargé du contrôle aux frontières ou un fonctionnaire désigné par lui, titulaire au moins du grade d'agent de constatation principal de 2e classe ;

3° Ou par le commandant de l'unité de gendarmerie territorialement compétente ou un militaire désigné par lui, titulaire au moins du grade de gendarme.

Ce procès-verbal est transmis au ministre chargé de l'immigration. Il comporte le nom de l'entreprise de transport, les références du vol ou du voyage concerné et l'identité des passagers non réacheminés. Il comporte également, le cas échéant, les observations de l'entreprise de transport. Copie du procès-verbal est remise à son représentant qui en accuse réception.

Art. R. 625-18 L'autorité administrative compétente pour prononcer l'amende pour manquement aux obligations de réacheminement prévue à l'article L. 625-7 est le ministre chargé de l'immigration.

Art. R. 625-19 L'autorité mentionnée à l'article R. 625-18 notifie à l'entreprise de transport, par lettre recommandée avec accusé de réception, le projet de sanction. L'entreprise de transport est invitée à faire valoir ses observations écrites éventuelles dans le délai d'un mois à compter de cette notification.

Le dossier est mis à sa disposition pendant ce délai. L'entreprise peut se faire délivrer copie à ses frais de tout ou partie de la procédure.

L'autorité mentionnée à l'article R. 625-18 arrête sa décision après l'expiration du délai d'un mois, au vu des observations qui ont pu être produites. La décision écrite et motivée est notifiée à l'entreprise de transport par lettre recommandée avec accusé de réception.

La décision de l'autorité administrative est susceptible d'un recours de pleine juridiction.

L'autorité administrative ne peut infliger d'amende à raison d'un manquement aux obligations de réacheminement pour des faits remontant à plus de quatre ans.

Art. R. 625-20 L'amende est recouvrée dans les conditions prévues pour les créances de l'État mentionnées aux articles 112 à 124 du décret n° 2012-1246 du 7 novembre 2012 relatif à la gestion budgétaire et comptable publique.

SECTION II *[ANCIENNE]* ***Dispositif agréé de numérisation et de transmission par les entreprises de transport des documents de voyage et des visas***

(Abrogée par Décr. n° 2016-1457 du 28 oct. 2016, art. 36-2° et 42, à compter du 1er nov. 2016)

Ancien art. R. 625-5 *Les entreprises de transport aérien peuvent mettre en place et utiliser sur les lieux d'embarquement des passagers un dispositif agréé de numérisation et de transmission, aux autorités françaises chargées du contrôle aux frontières à l'aéroport de Roissy-Charles-de-Gaulle, des documents de voyage et, s'ils sont requis, des visas des passagers, en application de l'article L. 625-3 du code de l'entrée et du séjour des étrangers et du droit d'asile.*

La finalité de ce dispositif est d'améliorer la vérification de l'authenticité des documents de voyage et des visas ainsi que de l'identité des étrangers lors des contrôles aux frontières et de permettre, le cas échéant, l'identification des étrangers qui, ayant présenté leurs documents de voyage et leurs visas à l'embarquement, sont dépourvus de ces documents à leur arrivée en France.

Ancien art. R. 625-6 *L'entreprise de transport crée préalablement à l'embarquement une image numérisée du document de voyage et, s'il est requis, du visa présentés par chaque passager relevant du champ d'application de l'article L. 625-1 du code de l'entrée et du séjour des étrangers et du droit d'asile.*

Ces images sont stockées sur un CD-Rom d'une capacité usuelle selon des modalités techniques définies par arrêté du (Décr. n° 2008-817 du 22 août 2008) *« ministre chargé de l'immigration » et du ministre chargé des transports.*

Ancien art. R. 625-7 *L'entreprise de transport confie le support amovible sous pli scellé au commandant de bord de l'aéronef, au chef de cabine ou à un agent de sécurité embarqué, chargé de remettre ce pli sans délai, à l'arrivée de l'aéronef à l'aéroport de Roissy-Charles-de-Gaulle, aux fonctionnaires de police individuellement habilités par le chef du service de la police aux frontières de l'aéroport de Roissy-Charles-de-Gaulle. Le fonctionnaire qui reçoit le CD-Rom en accuse réception au représentant de l'entreprise de transport.*

Ancien art. R. 625-8 *Les images des documents de voyage et des visas numérisées sur le support amovible sont consultées par des fonctionnaires de police individuellement habilités par le chef du service de la police aux frontières de l'aéroport de Roissy-Charles-de-Gaulle.*

Ancien art. R. 625-9 *La durée de conservation des images numérisées enregistrées sur le support amovible est de 72 heures à compter du moment de sa remise par le commandant de bord de l'aéronef, le chef de cabine ou l'agent de sécurité embarqué, au fonctionnaire de police habilité mentionné à l'article R. 625-7. Les images ne peuvent pas être copiées, dupliquées ni mémorisées. Passé le délai de 72 heures, le support amovible est détruit.*

Par dérogation aux dispositions de l'alinéa précédent, les images peuvent être conservées, sur support papier exclusivement, pour les besoins d'une procédure administrative ou judiciaire engagée dans le délai de 72 heures mentionné ci-dessus.

Ancien art. R. 625-10 *Le droit d'accès aux images numérisées enregistrées sur le support amovible s'exerce, dans la limite de leur durée de conservation fixée à 72 heures, auprès du service de la police aux frontières de l'aéroport de Roissy-Charles-de-Gaulle.*

Ancien art. R. 625-11 *Le droit d'opposition des personnes prévu par les dispositions de l'article 38 de la loi n° 78-17 du 6 janvier 1978 relative à l'informatique, aux fichiers et aux libertés ne s'applique pas au présent traitement.*

Ancien art. R. 625-12 *Les images numérisées des documents de voyage et des visas contenues dans le CD-Rom ne sont pas enregistrées dans un autre traitement automatisé d'informations nominatives.*

CHAPITRE VI ***Dispositions diverses***

Art. R. 626-1 *(Décr. n° 2012-812 du 16 juin 2012, art. 4)* **I. — La contribution forfaitaire représentative des frais de réacheminement de l'étranger dans son pays d'origine prévue à l'article L. 626-1 est due pour chaque employé en situation irrégulière au regard du droit au séjour.**

Cette contribution est à la charge de l'employeur qui, en violation de l'article L. 8251-1 du code du travail, a embauché ou employé un travailleur étranger dépourvu de titre de séjour.

II. – Le montant de cette contribution forfaitaire est fixé par arrêté du ministre chargé de l'immigration et du ministre chargé du budget, en fonction du coût moyen des opérations d'éloignement vers la zone géographique de réacheminement du salarié, dans la limite prescrite à l'alinéa 2 de l'article L. 626-1.

Art. R. 626-2 *(Décr. n° 2012-812 du 16 juin 2012, art. 5)* I. – Au vu des procès-verbaux qui lui sont transmis en application de l'article L. 8271-17 du code du travail, le directeur général de l'Office français de l'immigration et de l'intégration indique à l'employeur, par lettre recommandée avec avis de réception ou par tout autre moyen permettant de faire la preuve de sa date de réception par le destinataire, que les dispositions de l'article L. 626-1 sont susceptibles de lui être appliquées et qu'il peut présenter ses observations dans un délai de quinze jours.

II. – A l'expiration du délai fixé, le directeur général décide, au vu des observations éventuelles de l'employeur, de l'application de la contribution forfaitaire prévue à l'article L. 626-1. *(Décr. n° 2020-163 du 26 févr. 2020, art. 4)* « Le ministre chargé de l'immigration est l'autorité compétente pour la liquider et émettre le titre de perception correspondant *[ancienne rédaction :, la liquide et émet le titre de perception correspondant]*. »

La créance est recouvrée par le comptable public compétent comme en matière de créances étrangères à l'impôt et au domaine.

Art. R. 626-3 Est puni des peines prévues pour les contraventions de cinquième classe le fait pour un étranger soumis à l'obligation de garantir son rapatriement de ne plus être en mesure de produire le titre de transport ou l'attestation bancaire mentionnés à l'article R. 211-31.

Art. R. 626-4 Est puni des peines prévues pour les contraventions de cinquième classe le fait pour un étranger d'établir son domicile ou de séjourner dans une circonscription territoriale en infraction aux dispositions des articles R. 321-1 à R. 321-5.

Traité sur le fonctionnement de l'Union européenne,

(traité de Lisbonne du 13 déc. 2007, publié par Décr. n° 2009-466 du 1er déc. 2009, JO 2 déc.).

L'intitulé du traité instituant la Communauté européenne est remplacé par : « traité sur le fonctionnement de l'Union européenne » (traité de Lisbonne, art. 2).

TROISIÈME PARTIE **Les politiques et actions internes de l'Union**

....

TITRE V **L'espace de liberté, de sécurité et de justice**

....

CHAPITRE II ***Politiques relatives aux contrôles aux frontières, à l'asile et à l'immigration***

Art. 77 1. L'Union développe une politique visant :

a) à assurer l'absence de tout contrôle des personnes, quelle que soit leur nationalité, lorsqu'elles franchissent les frontières intérieures ;

b) à assurer le contrôle des personnes et la surveillance efficace du franchissement des frontières extérieures ;

c) à mettre en place progressivement un système intégré de gestion des frontières extérieures.

2. Aux fins du paragraphe 1, le Parlement européen et le Conseil, statuant conformément à la procédure législative ordinaire, adoptent les mesures portant sur :

a) la politique commune de visas et d'autres titres de séjour de courte durée ;

b) les contrôles auxquels sont soumises les personnes franchissant les frontières extérieures ;

c) les conditions dans lesquelles les ressortissants des pays tiers peuvent circuler librement dans l'Union pendant une courte durée ;

d) toute mesure nécessaire pour l'établissement progressif d'un système intégré de gestion des frontières extérieures ;

e) l'absence de tout contrôle des personnes, quelle que soit leur nationalité, lorsqu'elles franchissent les frontières intérieures.

3. Si une action de l'Union apparaît nécessaire pour faciliter l'exercice du droit, visé à l'article 20, paragraphe 2, point a), et sauf si les traités ont prévu des pouvoirs d'action à cet effet, le Conseil, statuant conformément à une procédure législative spéciale, peut arrêter des dispositions concernant les passeports, les cartes d'identité, les titres de séjour ou tout autre document assimilé. Le Conseil statue à l'unanimité, après consultation du Parlement européen.

4. Le présent article n'affecte pas la compétence des États membres concernant la délimitation géographique de leurs frontières, conformément au droit international. — *[Anc. art. 62 TCE.]*

Art. 78 1. L'Union développe une politique commune en matière d'asile, de protection subsidiaire et de protection temporaire visant à offrir un statut approprié à tout ressortissant d'un pays tiers nécessitant une protection internationale et à assurer le respect du principe de non-refoulement. Cette politique doit être conforme à la Convention de Genève du 28 juillet 1951 et au protocole du 31 janvier 1967 relatifs au statut des réfugiés, ainsi qu'aux autres traités pertinents.

2. Aux fins du paragraphe 1, le Parlement européen et le Conseil, statuant conformément à la procédure législative ordinaire, adoptent les mesures relatives à un système européen commun d'asile comportant :

a) un statut uniforme d'asile en faveur de ressortissants de pays tiers, valable dans toute l'Union ;

b) un statut uniforme de protection subsidiaire pour les ressortissants des pays tiers qui, sans obtenir l'asile européen, ont besoin d'une protection internationale ;

c) un système commun visant, en cas d'afflux massif, une protection temporaire des personnes déplacées ;

d) des procédures communes pour l'octroi et le retrait du statut uniforme d'asile ou de protection subsidiaire ;

e) des critères et mécanismes de détermination de l'État membre responsable de l'examen d'une demande d'asile ou de protection subsidiaire ;

f) des normes concernant les conditions d'accueil des demandeurs d'asile ou de protection subsidiaire ;

g) le partenariat et la coopération avec des pays tiers pour gérer les flux de personnes demandant l'asile ou une protection subsidiaire ou temporaire.

3. Au cas où un ou plusieurs États membres se trouvent dans une situation d'urgence caractérisée par un afflux soudain de ressortissants de pays tiers, le Conseil, sur proposition de la Commission, peut adopter des mesures provisoires au profit du ou des États membres concernés. Il statue après consultation du Parlement européen. — *[Anc. art. 63, points 1 et 2, et 64, § 2, TCE.]*

Art. 79 1. L'Union développe une politique commune de l'immigration visant à assurer, à tous les stades, une gestion efficace des flux migratoires, un traitement équitable des ressortissants de pays tiers en séjour régulier dans les États membres, ainsi qu'une prévention de l'immigration illégale et de la traite des êtres humains et une lutte renforcée contre celles-ci.

2. Aux fins du paragraphe 1, le Parlement européen et le Conseil, statuant conformément à la procédure législative ordinaire, adoptent les mesures dans les domaines suivants :

a) les conditions d'entrée et de séjour, ainsi que les normes concernant la délivrance par les États membres de visas et de titres de séjour de longue durée, y compris aux fins du regroupement familial ;

b) la définition des droits des ressortissants des pays tiers en séjour régulier dans un État membre, y compris les conditions régissant la liberté de circulation et de séjour dans les autres États membres ;

c) l'immigration clandestine et le séjour irrégulier, y compris l'éloignement et le rapatriement des personnes en séjour irrégulier ;

d) la lutte contre la traite des êtres humains, en particulier des femmes et des enfants.

3. L'Union peut conclure avec des pays tiers des accords visant la réadmission, dans les pays d'origine ou de provenance, de ressortissants de pays tiers qui ne remplissent pas ou qui ne remplissent plus les conditions d'entrée, de présence ou de séjour sur le territoire de l'un des États membres.

4. Le Parlement européen et le Conseil, statuant conformément à la procédure législative ordinaire, peuvent établir des mesures pour encourager et appuyer l'action des États membres en vue de favoriser l'intégration des ressortissants de pays tiers en séjour régulier sur leur territoire, à l'exclusion de toute harmonisation des dispositions législatives et réglementaires des États membres.

5. Le présent article n'affecte pas le droit des États membres de fixer les volumes d'entrée des ressortissants de pays tiers, en provenance de pays tiers, sur leur territoire dans le but d'y rechercher un emploi salarié ou non salarié. – *[Anc. art. 63, points 3 et 4, TCE.]*

Art. 80 Les politiques de l'Union visées au présent chapitre et leur mise en œuvre sont régies par le principe de solidarité et de partage équitable de responsabilités entre les États membres, y compris sur le plan financier. Chaque fois que cela est nécessaire, les actes de l'Union adoptés en vertu du présent chapitre contiennent des mesures appropriées pour l'application de ce principe.

....

Ordonnance n° 45-2658 du 2 novembre 1945,

Relative aux conditions d'entrée et de séjour des étrangers en France (L. n° 86-1025 du 9 sept. 1986).

L'Ord. n° 2004-1248 du 24 nov. 2004 (JO 25 nov.) portant publication de la partie législative du code de l'entrée et du séjour des étrangers et du droit d'asile a abrogé l'Ord. n° 45-2658 du 2 nov. 1945, dont elle a codifié les dispositions, à l'exception de l'art. 35 septies et de l'art. 37.

CHAPITRE IX *Dispositions transitoires*

(L. n° 93-1027 du 24 août 1993)

Art. 37 *(L. n° 2003-1119 du 26 nov. 2003, art. 55)* Les dispositions sur le retrait des titres de séjour prévues à l'article 15 *bis* et au deuxième alinéa de l'article 30, dans leur rédaction issue de la loi n° 93-1027 du 24 août 1993 relative à la maîtrise de l'immigration et aux conditions d'entrée, d'accueil et de séjour des étrangers en France, ne sont applicables qu'à des étrangers ayant reçu un titre de séjour après l'entrée en vigueur de cette loi.

Les dispositions du premier alinéa du IV de l'article 29, dans leur rédaction issue de la loi n° 2003-1119 du 26 novembre 2003 précitée, ne sont applicables qu'à des étrangers ayant reçu un titre de séjour après l'entrée en vigueur de cette loi.

....

Loi n° 54-404 du 10 avril 1954,

Portant réforme fiscale (D. 1954. 160 ; BLD 1954. 363).

Art. 38 I. La délivrance ou, le cas échéant, le renouvellement de la carte de séjour des étrangers et de la carte spéciale des étrangers exerçant une profession industrielle ou commerciale ne peut être effectué que si les requérants justifient avoir satisfait aux obligations qui leur incombent en vertu de la législation fiscale et de celle relative à la sécurité sociale.

II. Les modalités d'application du présent article seront fixées par arrêtés interministériels.

JEUX, PARIS ET LOTERIES

RÉP. PÉN. v[is] *Jeu-Pari,* par CULIOLI et GIOANNI ; *Loterie,* par GIOANNI.
BIBL. ► MATHIEU, *LPA 1999, n° 6, p. 8.*

Code de la sécurité intérieure

(Ord. n° 2012-351 du 12 mars 2012)

LIVRE III **Polices administratives spéciales**

TITRE II **Jeux d'argent et de hasard, casinos** *(Ord. n° 2019-1015 du 2 oct. 2019, art. 1er).*

CHAPITRE PRÉLIMINAIRE *Dispositions communes* *(Ord. n° 2019-1015 du 2 oct. 2019, art. 2 et 50, en vigueur le 1er janv. 2020).*

Art. L. 320-1 Sous réserve des dispositions de l'article L. 320-6, les jeux d'argent et de hasard sont prohibés.

Sont réputés *[réputées]* jeux d'argent et de hasard et interdits *[interdites]* comme tels toutes opérations offertes au public, sous quelque dénomination que ce soit, pour faire naître l'espérance d'un gain qui serait dû, même partiellement, au hasard et pour lesquelles un sacrifice financier est exigé de la part des participants.

Cette interdiction recouvre les jeux dont le fonctionnement repose sur le savoir-faire des joueurs.

Le sacrifice financier est établi dans les cas où une avance financière est exigée de la part des participants, même si un remboursement ultérieur est rendu possible par le règlement du jeu.

Code monétaire et financier

PREMIÈRE PARTIE : ***LÉGISLATIVE***

LIVRE V **Les prestataires de services**

TITRE VI **Obligations relatives à la lutte contre le blanchiment des capitaux, le financement des activités terroristes et les loteries, jeux et paris prohibés** *(L. n° 2007-297 du 5 mars 2007, art. 36)*.

CHAPITRE III ***Obligations relatives à la lutte contre les loteries, jeux et paris prohibés*** *(Ord. n° 2009-104 du 30 janv. 2009, art. 2-2°)*.

Art. L. 563-1 Les organismes, institutions et services régis par le titre Ier du présent livre qui détiennent ou reçoivent des fonds *(Ord. n° 2013-544 du 27 juin 2013, art. 4, en vigueur le 1er janv. 2014)* « remboursables » du public sont tenus d'appliquer les mesures d'interdiction prises en vertu du présent chapitre. — *Ancien art. L. 565-1.*

BIBL. ► BÈGUE, *JCP E 2007, n° 1971* (impact de la problématique des jeux d'argent en ligne sur le domaine bancaire).

Art. L. 563-2 Le ministre chargé des finances et le ministre de l'intérieur peuvent décider d'interdire, pour une durée de six mois renouvelable, tout mouvement ou transfert de fonds en provenance *(L. n° 2010-476 du 12 mai 2010, art. 62)* « ou à destination des comptes identifiés comme détenus par » des personnes physiques ou morales qui organisent *(Ord. n° 2019-1015 du 2 oct. 2019, art. 31, en vigueur le 1er janv. 2020)* « des jeux d'argent et de hasard prohibés par l'article L. 320-1 du code de la sécurité intérieure ou des paris prohibés par » la loi du 2 juin 1891 ayant pour objet de réglementer l'autorisation et le fonctionnement des courses de chevaux *(Abrogé par Ord. n° 2019-1015 du 2 oct. 2019, art. 31, à compter du 1er janv. 2020)* « *, ainsi que la loi n° 83-628 du 12 juillet 1983 relative aux jeux de hasard* ».

Les ministres lèvent l'interdiction mentionnée au premier alinéa sur demande des personnes concernées par celle-ci lorsque les mouvements ou transferts de fonds sont réalisés dans le cadre d'opérations non prohibées sur le territoire français.

Les décisions des ministres arrêtées en application du présent article sont publiées au *Journal officiel.* » — *Ancien art. L. 565-2.*

(L. n° 2010-476 du 12 mai 2010, art. 62) « L'*(Ord. n° 2019-1015 du 2 oct. 2019, art. 31, en vigueur le 1er janv. 2020)* « Autorité nationale des jeux » peut adresser aux opérateurs de jeux ou de paris en ligne non autorisés en vertu d'un droit exclusif ou de l'agrément mentionné à l'article 21 de la loi n° 2010-476 du 12 mai 2010 relative à l'ouverture à la concurrence et à la régulation du secteur des jeux d'argent et de hasard en ligne *(L. n° 2014-344 du 17 mars 2014, art. 156-II)* « et à toute personne proposant une quelconque offre de jeux d'argent et de hasard en ligne en contravention aux dispositions du titre II du livre III du code de la sécurité intérieure, » par tout moyen propre à établir la date d'envoi, une mise en demeure rappelant les sanctions encourues et les dispositions de l'alinéa suivant, enjoignant à ces opérateurs de respecter cette interdiction et les invitant à présenter leurs observations dans un délai de huit jours. — *V. L. 12 mai 2010.* — ***C. pén.***

« A l'issue de ce délai, en cas d'inexécution par l'opérateur intéressé de l'injonction de cesser son activité illicite d'offre de paris ou de jeux d'argent et de hasard, le ministre chargé du budget peut, sur proposition de l'*(Ord. n° 2019-1015 du 2 oct. 2019, art. 31, en vigueur le 1er janv. 2020)* « Autorité nationale des jeux », décider d'interdire pour une durée de six mois renouvelable tout mouvement ou transfert de fonds en provenance ou à destination des comptes identifiés comme détenus par ces opérateurs.

« Le ministre chargé du budget lève l'interdiction mentionnée à l'alinéa précédent sur demande des personnes concernées par celle-ci lorsque les mouvements ou transferts de fonds sont réalisés dans le cadre d'opérations non prohibées sur le territoire français. » — *V. art. R. 563-1 s.*

Les lois du 21 mai 1836 et du 12 juill. 1983 ont été codifiées dans la partie législative du code de la sécurité intérieure (art. L. 320-1 s.).

Art. L. 563-3 Les mesures d'interdiction prises en vertu du présent chapitre s'imposent à toute personne copropriétaire des fonds ainsi qu'à toute personne titulaire d'un compte joint dont l'autre titulaire est une personne propriétaire, nue-propriétaire ou usufruitière mentionnée au premier alinéa de l'article L. 563-2.

Ces mesures sont opposables à tout créancier et à tout tiers pouvant invoquer des droits sur les fonds considérés même si l'origine de ces créances ou autres droits est antérieure à la publication de l'arrêté.

Les mesures mentionnées au premier alinéa de l'article L. 563-2 s'appliquent aux mouvements ou transferts de fonds dont l'ordre d'exécution a été émis antérieurement à la date de publication de la décision d'interdiction. — *Ancien art. L. 565-3.*

Art. L. 563-4 L'État est responsable des conséquences dommageables de la mise en œuvre de bonne foi, par les organismes, institutions et services régis par le titre Ier du présent livre, leurs dirigeants ou leurs préposés, des mesures d'interdiction mentionnées à l'article L. 563-2. Aucune sanction professionnelle ne peut être prononcée à l'encontre de ces organismes, institutions ou services, leurs dirigeants ou leurs préposés. — *Ancien art. L. 565-4.*

Art. L. 563-5 Un décret en Conseil d'État fixe les conditions d'application du présent chapitre, notamment les conditions dans lesquelles les organismes, institutions et services régis par le titre Ier du présent livre sont tenus d'appliquer les mesures d'interdiction de mouvement ou de transfert de fonds prises en vertu du présent chapitre. — *Ancien art. L. 565-5.*

Loi du 2 juin 1891,

Ayant pour objet de réglementer l'autorisation et le fonctionnement des courses de chevaux (DP 91. 4. 49).

....

Art. 4 *(Ord. nº 2019-1015 du 2 oct. 2019, art. 14, en vigueur le 1er janv. 2020)* **Quiconque aura, en vue de paris à faire, vendu des renseignements sur les chances de succès des chevaux engagés ou qui, par des avis, circulaires, prospectus, cartes, annonces, ou par tout autre moyen de publicité, aura fait connaître l'existence, soit en France, soit à l'étranger, d'établissements, d'agences ou de personnes vendant des renseignements sera puni des peines prévues à l'article L. 324-1 du code de la sécurité intérieure. Ces dispositions ne s'appliquent pas à la presse et aux médias hippiques.**

1. Réception de paris clandestins. Depuis la L. du 24 mai 1951, modifiant l'art. 4 de la L. du 2 juin 1891, la réception de paris clandestins sur les courses de chevaux n'est plus un délit d'habitude, et, dès lors, chaque fait de réception constitue en lui-même un délit prescrit séparément par trois ans. • Crim. 24 janv. 1957 : *Bull. crim. nº 79 ; D. 1957. 291* • T. corr. Lille, 11 juin 1957 : *D. 1957. 648.*

2. L'évaluation du montant des paris clandestins par les juges du fond est souveraine. • Crim. 15 mai 1957 : *Bull. crim. nº 414* • 9 déc. 1991, nº 88-80.786 P.

3. L'enregistrement litigieux ayant eu lieu dans un établissement autorisé, en application de l'art. 5 de la L. du 2 juin 1891, à enregistrer des enjeux, et non de manière clandestine, les dispositions de l'art. 4 de ladite loi ne sont pas applicables et les prévenus doivent être relaxés du chef d'infraction à la législation sur les courses de chevaux. • Crim. 19 déc. 1996 : *JCP 1997. IV. 1537.*

4. Intermédiaires. Le délit de l'art. 4 de la L. du 2 juin 1891 est constitué sans qu'il y ait lieu de distinguer entre le cas où les paris sont offerts à tous venants et celui où l'enjeu est remis à l'agent par une personne déterminée pour être par lui porté aux guichets du pari mutuel autorisé. • Crim. 6 nov. 1952 : *D. 1953. 37* • 14 déc. 1955 : *Bull. crim. nº 567 ; D. 1956. 268* • 19 déc. 1974 : *Bull. crim. nº 377 ; D. 1975. 631, note Levasseur et Bouloc ; JCP 1975. II. 18075, note de Lestang ; Gaz. Pal. 1975. 1. 355* • 19 janv. 1978 : *Bull. crim. nº 21 ; Gaz. Pal. 1978. 1. 413* • 27 nov. 1984 : *JCP 1986. II. 20660, note J. M.*

5. Ainsi, le délit se trouve caractérisé à la charge du prévenu qui a été surpris au moment où il venait de recevoir clandestinement de plusieurs personnes diverses sommes d'argent, notées sur un bordereau et représentant les enjeux de paris faits sur les courses de chevaux. • Crim. 4 oct. 1974 : *Bull. crim. nº 278.* ♦ Mais la loi ne vise pas le cas du mandataire bénévole. • Crim.

28 mai 1970 : *Bull. crim. n° 173 ; Gaz. Pal. 1970. 2. 224.*

6. PMU. Sur l'inapplicabilité de l'art. 4 de la L. du 2 juin 1891 à l'enregistrement de paris mutuels postérieurement au départ de la course, en méconnaissance des prescriptions de l'arrêté du 13 sept. 1985 portant règlement du Pari Mutuel : • Crim. 19 déc. 1996, ☎ n° 95-84.479 P : *Dr. pénal 1997. Comm. 52, note J.-H. Robert.*

7. Vente de renseignements. BIBL. Culioli, *RSC 1969. 331.* ♦ Bien que les auteurs d'un tel fait soient « réputés complices » par la L. du 2 juin 1891, la vente, en vue des paris à faire, de renseignements sur les chevaux engagés constitue un délit spécial ayant sa criminalité propre, et dont la répression n'est pas subordonnée à la constatation de l'existence d'un délit d'exploitation illicite de paris aux courses ; elle demeure donc punissable alors même qu'elle se rattacherait à l'exploitation d'un pari mutuel autorisé. • Crim. 24 oct. 1968 : *Bull. crim. n° 267 ; Gaz. Pal. 1969. 1. 30* • 25 févr. 1975 : *Gaz. Pal. 1975. 1. Somm. 149 ; RSC 1975. 717, obs. Bouzat.* ♦ Rejet du pourvoi contre : • Paris, 1er déc. 1973 : *JCP 1974. II. 17616, note D.S. ; RSC 1974. 381, obs. Bouzat* • Paris, 30 nov. 1965 : *JCP 1966. II. 14804, note de Lestang* • 20 mars 1968 : *D. 1968. 730.*

8. La publication d'un journal dont l'objet est essentiellement la vente de pronostics sur les chances de succès des chevaux engagés dans les courses constitue l'infraction à l'art. 4 de la L. du 2 juin 1891, modifiée par la L. du 24 mai 1951. • Crim. 17 oct. 1963 : *Bull. crim. n° 285 ; D. 1964. 53 (1re esp.) ; RSC 1964. 384, obs. Bouzat* • 29 oct. 1963 : *Bull. crim. n° 295 ; D. 1964. 53 (2e esp.)* • 11 févr. 1964 : *JCP 1964. II. 13639, note de Lestang.* ♦ ... Peu importe que le nom du ou des chevaux ait été obtenu à la suite d'informations recueillies sur les champs de courses ou par application d'une méthode mathématique quelconque. • Crim. 27 janv. 1960 : *Bull. crim. n° 48* • 29 oct. 1963 : *ibid. n° 295.* ♦ ... Mais la vente d'une telle méthode n'est pas en elle-même illicite. • Crim. 24 oct. 1968 : *préc. note 7.*

9. Confiscation. Les gains indûment perçus en contrepartie des enjeux illicites doivent être regardés comme provenant desdits enjeux au sens de l'art. 4, al. 3, de la L. du 2 juin 1891. • Crim. 19 janv. 1978 : ☎ *préc. note 4.* ♦ Conf. : • Crim. 9 déc. 1991, ☎ n° 88-80.786 P.

10. Réparations civiles et amende fiscale. Pour un exemple d'application. • Crim. 9 déc. 1991, ☎ n° 88-80.786 P.

11. Complicité de prise de paris clandestins. Le fait d'ouvrir son bar à des « bookmakers » pour leur permettre de recueillir des enjeux et passer des ordres par téléphone constitue l'acte de complicité du délit de prise de paris clandestins au sens de l'art. 4, al. 6-2°, de la L. du 2 juin 1891 qui répute acte de complicité le seul fait, pour un tenancier, de laisser prendre des paris dans son établissement. • Crim. 15 mai 1997, ☎ n° 95-80.696 P : *Dr. pénal 1997. Comm. 129, J.-H. Robert.*

Loi du 30 juin 1923,

Portant fixation du budget général des dépenses et des recettes de l'exercice 1923 (DP 1924. 4. 81).

Art. 47 *(Abrogé par L. n° 2017-257 du 28 févr. 2017, art. 34, à compter du 1er janv. 2018)* ***Les jeux de hasard ne peuvent être pratiqués dans les cercles constitués sous le régime de la loi du 1er juillet 1901 qu'en vertu d'une autorisation toujours révocable du ministre de l'intérieur, et sous réserve :***

1° Abrogé par L. n° 85-1407 du 30 déc. 1985, art. 82 et 94, à compter du 1er févr. 1986.

2° Que la direction et le fonctionnement des jeux soient assurés en conformité des règles posées par le décret qui déterminera les modalités d'application du présent article et de l'article suivant et par les instructions administratives ;

3° Que la déclaration prévue par l'article 5 de la loi précitée du 1er juillet 1901 ait été souscrite et que l'engagement ait été pris, tant de verser régulièrement au Trésor le montant de l'impôt sur le produit brut des jeux dont le taux est fixé à l'article suivant, que de se soumettre aux mesures de contrôle qui seront prévues par l'arrêté d'autorisation et qui comportent le droit, pour les agents de l'administration, de pénétrer à toute heure dans les locaux du cercle.

Les cercles existants doivent prendre l'engagement visé plus haut, et, s'il y a lieu, souscrire la déclaration dans le délai d'un mois à compter de la date de promulgation de la présente loi.

Dans les cercles nouvellement constitués, les jeux de hasard ne peuvent être pratiqués qu'après notification de l'arrêté d'autorisation.

Escompte d'un chèque remis par un joueur. Les dispositions spécifiques de l'art. 47 de la L. du 30 juin 1923, de l'art. 1er du décret d'application du 5 mai 1947, et de l'art. 40 de l'arrêté ministériel du 15 juill. 1947, réglementant les jeux dans les cercles constitués sous le régime de la loi de 1901, n'autorisent ces cercles à escompter les chèques tirés par leurs membres qu'à la condition de leur remettre en contrepartie des billets de banque ou du numéraire, à l'exclusion de jetons : il s'ensuit que la direction du cercle qui a contrevenu à cette réglementation en remettant à un joueur non membre de ce cercle, contre un chèque sans provision, des jetons pour alimenter le jeux, peut, en raison de cette cause illicite, voir opposer à son action civile en remboursement du chèque l'exception tirée de l'art. 1965 C. civ. ; la juridiction répressive ne saurait d'ailleurs, sous le couvert de dommages-intérêts destinés à réparer le préjudice particulier causé par l'infraction, condamner le tireur du chèque sans provision à payer au bénéficiaire une somme égale au montant de l'obligation que ledit chèque prétendait éteindre. • Crim. 15 nov. 1993, n° 93-80.205 P : *D. 1995. 302, note Mouralis*.

……………………………………………………………………………………………………

Art. 49 *(Abrogé par L. n° 2017-257 du 28 févr. 2017, art. 34, à compter du 1er janv. 2018)* ***Sans préjudice des peines prévues au paragraphe 2 du présent article*** [fraudes concernant l'impôt sur les cercles], ***sera passible des sanctions*** *(L. n° 92-1336 du 16 déc. 1992)* ***« du premier alinéa de l'article 1er de la loi n° 83-628 du 12 juillet 1983 relative aux jeux de hasard » quiconque administre, dirige ou exploite un cercle où les jeux seraient pratiqués sans autorisation ou après retrait de l'autorisation. Il en sera de même des agents, préposés ou employés, spécialement affectés aux jeux. Les dispositions*** *(L. n° 92-1336 du 16 déc. 1992)* ***« de l'article 3 de la loi n° 83-628 du 12 juillet 1983 précitée » seront applicables.***

(L. n° 2007-297 du 5 mars 2007, art. 38, en vigueur le 8 sept. 2007) ***« Quiconque aura fait de la publicité, par quelque moyen que ce soit, en faveur d'un cercle de jeux de hasard non autorisé est puni de 30 000 € d'amende. Le tribunal peut porter le montant de l'amende au quadruple du montant des dépenses publicitaires consacrées à l'opération illégale. »***

V. Décr. n° 47-798 du 5 mai 1947 (D. 1947. 196 ; BLD 1947. 417), mod. par Décr. n° 48-1631 du 16 oct. 1948 (D. 1948. 392 ; BLD 1948. 972), Décr. n° 2002-814 du 3 mai 2002 (JO 5 mai), Décr. n° 2011-252 du 9 mars 2011 (JO 10 mars) ; Arr. du 15 juill. 1947 (BLD 1947. 583 ; JO 19 juill. ; Rect., JO 26 juill.), mod. par Arr. du 29 janv. 1953 (JO 6 févr.), Arr. du 23 janv. 1956 (JO 1er févr.), Arr. du 24 juin 1987 (JO 4 juill.) Arr. du 28 mars 2001 (JO 18 avr.) ; pour l'application aux départements d'outre-mer, Décr. n° 48-250 du 27 mars 1948 (JO 28 mars) et Décr. n° 48-1631 du 16 oct. 1948 (JO 20 oct.) ; … au département [à la collectivité territoriale] de Saint-Pierre-et-Miquelon, Ord. n° 77-1100 du 26 sept. 1977, art. 16 (JO 30 sept.).

Loi du 29 avril 1930, *autorisant les communes à bénéficier de la loi du 21 mai 1836 sur les loteries pour l'acquisition de matériel d'incendie ou pour l'organisation de concours ou de manœuvres cantonales d'extinction d'incendie (DP 1930. 4. 186 ; BLD 1930. 293).*

Loi du 1er septembre 1942, *instituant l'exclusion des indésirables sur les champs de courses (BLD 1942. 486 ; JO 8 oct.).*

Sur l'interdiction aux mineurs d'engager des paris au pari mutuel urbain et au pari mutuel sur les hippodromes, V. Arr. du 13 sept. 1985, art. 4 (JO 18 sept.) ; … et sur les cynodromes, V. Arr. du 26 mai 1993, art. 4 (JO 14 août), mod. par Arr. du 20 sept. 2000 (JO 30 sept.).

Code de la consommation

PREMIÈRE PARTIE : ***LÉGISLATIVE***

(Ord. n° 2016-301 du 14 mars 2016, en vigueur le 1er juill. 2016)

LIVRE PREMIER **Information des consommateurs et pratiques commerciales**

TITRE II **Pratiques commerciales** *(L. n° 2020-105 du 10 févr. 2020, art. 41).*

CHAPITRE PREMIER ***Pratiques commerciales interdites***

SECTION IX ***Loteries publicitaires***

Art. L. 121-20 Dès lors qu'elles sont déloyales au sens de l'article L. 121-1, sont interdites les pratiques commerciales mises en œuvre par les professionnels à l'égard des consommateurs, sous la forme d'opérations promotionnelles tendant à l'attribution d'un gain ou d'un avantage de toute nature par la voie d'un tirage au sort, quelles qu'en soient les modalités, ou par l'intervention d'un élément aléatoire.

Loi nº 2010-476 du 12 mai 2010,

Relative à l'ouverture à la concurrence et à la régulation du secteur des jeux d'argent et de hasard en ligne.

V. Décr. nº 2011-252 du 9 mars 2011 relatif au comité consultatif des jeux (JO 10 mars).

BIBL. ▶ LEPAGE, *Dr. pénal 2010. Chron. 10* (un an de droit pénal des nouvelles technologies). – RIBEYRE, *RSC 2010. Chron. 906*.

CHAPITRE PREMIER *Dispositions relatives à l'ensemble du secteur des jeux d'argent et de hasard*

Art. 1er *(Abrogé par Ord. nº 2019-1015 du 2 oct. 2019, art. 12, à compter du 1er janv. 2020)* ***Les jeux d'argent et de hasard ne sont ni un commerce ordinaire, ni un service ordinaire ; dans le respect du principe de subsidiarité, ils font l'objet d'un encadrement strict au regard des enjeux d'ordre public, de sécurité publique et de protection de la santé et des mineurs.***

Art. 2 *(L. nº 2014-344 du 17 mars 2014, art. 148-IV)* **La notion de jeu d'argent et de hasard dans la présente loi s'entend des opérations mentionnées** *(Ord. nº 2019-1015 du 2 oct. 2019, art. 12, en vigueur le 1er janv. 2020)* **« à l'article L. 320-1 » du code de la sécurité intérieure.**

Art. 3 *(Ord. nº 2019-1015 du 2 oct. 2019, art. 12, en vigueur le 1er janv. 2020)* **Un organisme, désigné par décret, réalise ou fait réaliser, dans des conditions d'indépendance éditoriale et programmatique définies par ce même décret, des études scientifiques sur les jeux d'argent et de hasard et sur l'addiction à ces jeux. Les opérateurs titulaires de droits exclusifs consacrent au moins 0,002 % du montant des mises qu'ils enregistrent au financement d'études relevant de ce champ, dont le thème et la méthodologie doivent être préalablement validés par cet organisme. Ils peuvent s'acquitter de cette obligation en contribuant au financement de travaux directement conduits par celui-ci.**

Art. 4 *(Abrogé par Ord. nº 2019-1015 du 2 oct. 2019, art. 12, à compter du 1er janv. 2020)* ***I. — Le pari hippique et le pari sportif s'entendent de paris comportant un enjeu en valeur monétaire où les gains éventuels des joueurs dépendent de l'exactitude de leurs pronostics portant sur le résultat de toute épreuve hippique ou compétition sportive réelle légalement organisée en France ou à l'étranger.***

II. — Le pari en la forme mutuelle est le pari au titre duquel les joueurs gagnants se partagent l'intégralité des sommes engagées, réunies dans une même masse avant le déroulement de l'épreuve, après déduction des prélèvements de toute nature prévus par la législation et la réglementation en vigueur et de la part de l'opérateur, ce dernier ayant un rôle neutre et désintéressé quant au résultat du pari.

Le pari à cote s'entend du pari pour lequel l'opérateur propose aux joueurs, avant le début des compétitions sportives ou au cours de leur déroulement, des cotes correspondant à son évaluation des probabilités de survenance des résultats de ces compétitions sur lesquels les joueurs parient. Le gain est fixe, exprimé en multiplicateur de la mise et garanti aux joueurs par l'opérateur.

Art. 5 *(Abrogé par Ord. nº 2019-1010 du 2 oct. 2019, art. 12, à compter du 1er janv. 2020)* ***Les mineurs, même émancipés, ne peuvent prendre part à des jeux d'argent et de hasard dont l'offre publique est autorisée par la loi, à l'exception des jeux de loterie mentionnés*** *(L. nº 2014-344 du 17 mars 2014, art. 158)* ***« aux articles L. 322-3, L. 322-4 et L. 322-5 du code de la sécurité intérieure ».***

Les opérateurs de jeux d'argent et de hasard légalement autorisés sont tenus de faire obstacle à la participation de mineurs, même émancipés, aux activités de jeu ou de pari qu'ils proposent. Ils ne peuvent financer l'organisation ou parrainer la tenue d'événements à destination spécifique des mineurs.

Les opérateurs de jeux ou de paris en ligne mettent en place, lors de toute connexion à leur site, un message avertissant que les jeux d'argent et de hasard sont interdits aux mineurs. La date de naissance du joueur est exigée au moment de son inscription, ainsi qu'à chacune de ses visites sur le site de l'opérateur.

(L. nº 2019-486 du 22 mai 2019, art. 139) ***« Il est interdit de vendre ou d'offrir gratuitement à des mineurs des jeux d'argent et de hasard sur les hippodromes et dans les points de vente autorisés à commercialiser des jeux de loterie, des jeux de pronostics sportifs ou des paris sur les courses hippiques proposés au public conformément aux dispositions de l'article 136 de la loi du 31 mai 1933 portant fixation du budget général de l'exercice 1933, de l'article 42 de la loi de finances pour 1985 (nº 84-1208 du 28 décembre 1984) et de la loi du 2 juin 1891 ayant pour objet de réglementer l'autorisation et le fonctionnement des courses de chevaux.***

« La personne physique qui commercialise directement auprès du client les jeux d'argent et de hasard dans les lieux mentionnés à l'avant-dernier alinéa du présent article peut exiger du client qu'il établisse la preuve de sa majorité. »

Art. 6 *(Abrogé par Ord. n° 2019-1010 du 2 oct. 2019, art. 12, à compter du 1er janv. 2020) Ne peuvent être proposés au public les paris sportifs à la cote dans lesquels le montant maximal de la perte potentielle est, hors application des prélèvements et déductions prévus ou autorisés par la loi, supérieur au montant de la mise.*

Art. 7 *(Abrogé par Ord. n° 2019-1010 du 2 oct. 2019, art. 12, à compter du 1er janv. 2020) Toute communication commerciale en faveur d'un opérateur de jeux d'argent et de hasard légalement autorisé est :*

1° Assortie d'un message de mise en garde contre le jeu excessif ou pathologique, ainsi que d'un message faisant référence au système d'information et d'assistance prévu à l'article 29 ;

2° Interdite dans les publications à destination des mineurs ;

3° Interdite sur les services de communication audiovisuelle et dans les programmes de communication audiovisuelle, présentés comme s'adressant aux mineurs au sens de l'article 15 de la loi n° 86-1067 du 30 septembre 1986 relative à la liberté de communication ;

4° Interdite dans les services de communication au public en ligne à destination des mineurs ;

5° Interdite dans les salles de spectacles cinématographiques lors de la diffusion d'œuvres accessibles aux mineurs.

Un décret précise les modalités d'application des 1°, 2°, 4° et 5°.

Une délibération du Conseil supérieur de l'audiovisuel précise les conditions de diffusion, par les services de communication audiovisuelle, des communications commerciales mentionnées au premier alinéa, notamment les modalités d'application du 3°.

....

Art. 9 *(Abrogé par Ord. n° 2019-1015 du 2 oct. 2019, art. 12, à compter du 1er janv. 2020) Quiconque émet ou diffuse, par quelque moyen que ce soit, une communication commerciale non conforme aux dispositions du deuxième alinéa de l'article 5 et de l'article 7 est puni d'une amende de 100 000 €. Le tribunal peut porter le montant de l'amende au quadruple du montant des dépenses publicitaires consacrées à l'opération illégale.*

Les associations dont l'objet statutaire comporte la lutte contre les addictions, régulièrement déclarées depuis au moins cinq ans à la date des faits, peuvent exercer les droits reconnus à la partie civile pour les infractions à l'article 7. Peuvent exercer les mêmes droits les associations de consommateurs mentionnées à l'article L. 421-1 du code de la consommation ainsi que les associations familiales mentionnées aux articles L. 211-1 et L. 211-2 du code de l'action sociale et des familles.

CHAPITRE II *Les catégories de jeux et paris en ligne soumis à agrément*

Art. 10 Au sens de la présente loi :

1° Le jeu et le pari en ligne s'entendent d'un jeu et d'un pari dont l'engagement passe exclusivement par l'intermédiaire d'un service de communication au public en ligne. Ne constitue pas un jeu ou un pari en ligne le jeu ou le pari enregistré au moyen de terminaux servant exclusivement ou essentiellement à l'offre de jeux ou à la prise de paris et mis à la disposition des joueurs dans des lieux publics ou des lieux privés ouverts au public ;

2° Est un opérateur de jeux ou de paris en ligne toute personne qui, de manière habituelle, propose au public des services de jeux ou de paris en ligne comportant des enjeux en valeur monétaire et dont les modalités sont définies par un règlement constitutif d'un contrat d'adhésion au jeu soumis à l'acceptation des joueurs ;

3° Un joueur ou un parieur en ligne s'entend de toute personne qui accepte un contrat d'adhésion au jeu proposé par un opérateur de jeux ou de paris en ligne. Toute somme engagée par un joueur, y compris celle provenant de la remise en jeu d'un gain, constitue une mise ;

4° Un compte de joueur en ligne s'entend du compte attribué à chaque joueur par un opérateur de jeux ou de paris en ligne pour un ou plusieurs jeux. Il retrace les mises et les gains liés aux jeux et paris, les mouvements financiers qui leur sont liés ainsi que le solde des avoirs du joueur auprès de l'opérateur.

Art. 11 I. — Par dérogation aux dispositions de l'*(Ord. n° 2019-1015 du 2 oct. 2019, art. 12, en vigueur le 1er janv. 2020)* « article L. 324-1 du code de la sécurité intérieure », toute personne peut organiser, dans les conditions fixées par la présente loi, la prise de paris hippiques en ligne dès lors qu'elle est titulaire de l'agrément prévu à l'article 21 de la présente loi en tant qu'opérateur de tels paris.

(Abrogé par Ord. n° 2019-1015 du 2 oct. 2019, art. 12, à compter du 1er janv. 2020) *« Ces paris ne peuvent porter que sur les réunions de courses et les courses figurant sur une liste établie suivant des modalités définies par voie réglementaire. Cette liste détermine également les réunions de courses et les courses pouvant servir de support à des paris complexes en ligne.*

« II. — Seules sont autorisées l'organisation et la prise de paris hippiques en ligne en la forme mutuelle enregistrés préalablement au départ de l'épreuve qui en est l'objet. Les règles encadrant la prise de paris en la forme mutuelle ne font pas obstacle au recours, par les opérateurs de paris agréés, à des mécanismes d'abondement des gains, sous réserve que cette pratique demeure ponctuelle et n'ait pas pour effet de dénaturer le caractère mutuel des paris. »

Art. 12 *(L. n° 2017-261 du 1er mars 2017, art. 7)* « I. — Par dérogation aux articles *(Ord. n° 2019-1015 du 2 oct. 2019, art. 12, en vigueur le 1er janv. 2020)* « L. 320-1 et L. 324-1 » du code de la sécurité intérieure, toute personne titulaire de l'agrément prévu à l'article 21 de la présente loi *(Ord. n° 2019-1015 du 2 oct. 2019, art. 12, en vigueur le 1er janv. 2020)* « et la société titulaire de droits exclusifs mentionnée à l'article 137 de la loi n° 2019-486 du 22 mai 2019 relative à la croissance et la transformation des entreprises » en tant qu'opérateur de paris sportifs en ligne peut organiser, dans les conditions prévues par la présente loi, la prise de tels paris. La liste des compétitions ou manifestations sportives sur lesquelles des paris sportifs sont autorisés en tout ou partie est fixée par l'*(Ord. n° 2019-1015 du 2 oct. 2019, art. 12, en vigueur le 1er janv. 2020)* « Autorité nationale des jeux » au regard des risques de manipulation que les compétitions ou manifestations sportives présentent et suivant des modalités définies par voie réglementaire *(Ord. n° 2019-1015 du 2 oct. 2019, art. 12, en vigueur le 1er janv. 2020)* « , en distinguant le cas échéant entre les paris sous droits exclusifs et les paris en ligne ».

« II. — Les types de résultats supports des paris ainsi que les phases de jeux correspondantes sont fixés, pour chaque sport, par l'*(Ord. n° 2019-1015 du 2 oct. 2019, art. 12, en vigueur le 1er janv. 2020)* « Autorité nationale des jeux » au regard des risques de manipulation qu'ils présentent et suivant des modalités définies par voie réglementaire *(Ord. n° 2019-1015 du 2 oct. 2019, art. 12, en vigueur le 1er janv. 2020)* « , en distinguant le cas échéant entre les paris sous droits exclusifs et les paris en ligne ». »

III. — Les règles encadrant la prise de paris en la forme mutuelle ne font pas obstacle au recours, par les opérateurs de paris agréés en application de l'article 21, à des mécanismes d'abondement des gains, sous réserve que cette pratique demeure ponctuelle et n'ait pas pour effet de dénaturer le caractère mutuel des paris.

IV. — Seules sont autorisées l'organisation et la prise de paris sportifs en ligne en la forme mutuelle ou à cote au sens *(Ord. n° 2019-1015 du 2 oct. 2019, art. 12, en vigueur le 1er janv. 2020)* « des deuxième et troisième alinéas du I de l'article L. 322-18 du code de la sécurité intérieure ».

(L. n° 2017-261 du 1er mars 2017, art. 7) « V. — Le président de l'*(Ord. n° 2019-1015 du 2 oct. 2019, art. 12, en vigueur le 1er janv. 2020)* « Autorité nationale des jeux » peut, s'il existe des indices graves et concordants de manipulation d'une compétition ou manifestation sportive inscrite sur la liste définie au I du présent article, interdire, pour une durée qu'il détermine, tout pari sur celle-ci. L'organisateur de la compétition ou manifestation sportive peut le saisir à cette fin. »

Art. 13 I. — En matière de paris en ligne sur les épreuves hippiques ou sportives, sont seules autorisées l'organisation et la prise de paris enregistrés en compte par transfert de données numériques exclusivement par l'intermédiaire d'un service de communication au public en ligne, à l'initiative du joueur connecté directement au site de l'opérateur agréé.

II. — Les catégories de paris sportifs et hippiques autorisés, les principes régissant leurs règles techniques et la proportion maximale des sommes versées en moyenne aux joueurs, y compris la contre-valeur des lots en nature attribués, par rapport aux sommes engagées par type d'agrément sont fixés par décret.

Art. 14 I. — Par dérogation aux dispositions *(L. n° 2014-344 du 17 mars 2014, art. 158)* « de l'article L. 324-1 du code de la sécurité intérieure », toute personne titulaire de l'agrément prévu à l'article 21 de la présente loi en tant qu'opérateur de jeux de cercle en ligne peut organiser, dans les conditions prévues par la présente loi, de tels jeux.

II. — Pour l'application du I, seuls peuvent être proposés en ligne les jeux de cercle constituant des jeux de répartition reposant sur le hasard et sur le savoir-faire dans lesquels le joueur, postérieurement à l'intervention du hasard, décide, en tenant compte de la conduite des autres joueurs, d'une stratégie susceptible de modifier son espérance de gains.

Seuls sont autorisés les jeux de cercle entre joueurs jouant via des sites d'opérateurs titulaires de l'agrément prévu à l'article 21.

(L. nº 2016-1321 du 7 oct. 2016, art. 95) « Toutefois, par dérogation au premier alinéa du présent II, l'*(Ord. nº 2019-1015 du 2 oct. 2019, art. 12, en vigueur le 1er janv. 2020)* « Autorité nationale des jeux » peut autoriser un opérateur titulaire de l'agrément prévu à l'article 21 à proposer aux joueurs titulaires d'un compte validé sur un site faisant l'objet de l'agrément de participer à des jeux de cercle définis au même premier alinéa avec les joueurs titulaires d'un compte ouvert sur un site faisant l'objet d'un agrément par un État membre de l'Union européenne ou d'un État partie à l'accord sur l'Espace économique européen.

« Cette autorisation est subordonnée à l'existence d'une convention conclue dans les conditions prévues au second alinéa du V de l'article 34. Elle détermine les obligations particulières imposées à l'opérateur afin de permettre l'exercice du contrôle de son activité par l'*(Ord. nº 2019-1015 du 2 oct. 2019, art. 12, en vigueur le 1er janv. 2020)* « Autorité nationale des jeux ». »

III. – Les mises sont enregistrées en compte par transfert de données numériques exclusivement par l'intermédiaire d'un service de communication au public en ligne, à l'initiative du joueur connecté directement au site de l'opérateur agréé.

IV. – Les catégories de jeux de cercle mentionnées au II ainsi que les principes régissant leurs règles techniques sont fixés par décret.

CHAPITRE III *Les obligations des entreprises sollicitant l'agrément d'opérateur de jeux ou de paris en ligne*

Art. 15 L'entreprise sollicitant l'agrément en tant qu'opérateur de jeux ou de paris en ligne justifie de l'identité et de l'adresse de son propriétaire ou, s'il s'agit d'une personne morale, de son siège social, de sa structure juridique, de l'identité et de l'adresse de ses dirigeants. Elle fournit les éléments relatifs à des condamnations pénales, déterminées par le décret mentionné au III de l'article 21, ou des sanctions administratives, mentionnées à l'article 43, dont elle-même, son propriétaire ou, s'il s'agit d'une personne morale, un de ses dirigeants ou de ses mandataires sociaux a, le cas échéant, fait l'objet.

Dans le cas où l'entreprise est constituée en société par actions, elle présente l'ensemble des personnes physiques ou morales qui détiennent plus de 5 % de son capital ou de ses droits de vote ainsi que, le cas échéant, la ou les personnes qui la contrôlent directement ou indirectement au sens de l'article L. 233-16 du code de commerce.

L'entreprise justifie de ses moyens humains et matériels et communique l'ensemble des informations comptables et financières de nature à attester sa solidité financière et sa capacité à assumer les investissements nécessaires au respect de ses obligations légales et réglementaires. S'il s'agit d'une entreprise individuelle, elle présente les montants des actifs détenus par l'entrepreneur et des dettes qu'il a contractées.

L'entreprise sollicitant l'agrément ne peut avoir son siège social, une filiale ou un équipement dans un État ou territoire non coopératif au sens de l'article 238-0 A du code général des impôts.

Toute modification de ces éléments intervenant postérieurement à l'agrément est portée à la connaissance de l'*(Ord. nº 2019-1015 du 2 oct. 2019, art. 12, en vigueur le 1er janv. 2020)* « Autorité nationale des jeux » dans les conditions prévues au V de l'article 21.

(L. nº 2014-344 du 17 mars 2014, art. 151) « Elle justifie de l'existence d'une sûreté, d'une fiducie, d'une assurance, d'un compte sous séquestre ou de tout autre instrument ou mécanisme garantissant, en toutes circonstances, le reversement de la totalité des avoirs exigibles des joueurs.

« L'opérateur veille à ce que l'étendue de la garantie qu'il fournit soit toujours à la mesure des avoirs exigibles des joueurs. Il informe, sans délai, l'*(Ord. nº 2019-1015 du 2 oct. 2019, art. 12, en vigueur le 1er janv. 2020)* « Autorité nationale des jeux » des variations qui affectent l'étendue de cette garantie. Le cas échéant, l'*(Ord. nº 2019-1015 du 2 oct. 2019, art. 12, en vigueur le 1er janv. 2020)* « Autorité nationale des jeux » peut, de sa propre initiative, exiger de l'opérateur qu'il procède aux adaptations nécessaires de l'étendue de cette garantie, dans un délai qu'elle détermine. »

Art. 16 L'entreprise sollicitant l'agrément présente la nature, les caractéristiques et les modalités d'exploitation, d'organisation ou de sous-traitance du site de jeux en ligne et des opérations de jeu ou de pari en ligne qu'elle entend proposer au public ainsi que les caractéristiques des plates-formes et logiciels de jeux et de traitement de paris qu'elle compte utiliser.

Elle décrit, pour chaque jeu proposé, le processus de traitement des données de jeu ainsi que les moyens permettant que ces données soient, en temps réel ou différé, mises à la disposition de l'*(Ord. nº 2019-1015 du 2 oct. 2019, art. 12, en vigueur le 1er janv. 2020)* « Autorité nationale des jeux ».

Elle donne connaissance des contrats de fourniture ou de sous-traitance d'opérations de jeu ou de pari en ligne qu'elle a conclus.

Elle souscrit l'engagement de donner aux représentants habilités de l'*(Ord. nº 2019-1015 du 2 oct. 2019, art. 12, en vigueur le 1er janv. 2020)* « Autorité nationale des jeux » l'accès au local où se trouve le support matériel de données mentionné à l'article 31.

Elle justifie de sa capacité à maintenir la conformité des jeux qu'elle propose à la réglementation qui leur est applicable. Elle désigne la ou les personnes, domiciliées en France, qui en sont responsables.

Elle communique, à titre d'information, dans l'hypothèse où elle opère légalement dans son État d'établissement pour une même catégorie de jeux ou de paris en ligne, les exigences et, en général, la surveillance réglementaire et le régime des sanctions auxquels elle est déjà soumise dans cet État.

CHAPITRE IV *Lutte contre la fraude*

Art. 17 *(Ord. nº 2019-1015 du 2 oct. 2019, art. 12, en vigueur le 1er janv. 2020)* I. — L'entreprise sollicitant l'agrément mentionné à l'article 21 et, pour l'exploitation des jeux de loterie en ligne, la personne morale mentionnée à l'article 137 de la loi nº 2019-486 du 22 mai 2019, précisent les modalités d'accès et d'inscription à leur site de tout joueur et les moyens leur permettant de s'assurer de l'identité de chaque nouveau joueur, de son âge, de son adresse et de l'identification du compte de paiement sur lequel sont reversés ses avoirs. Les entreprises titulaires de droits exclusifs précisent les modalités d'accès et d'inscription de tout joueur à son compte en réseau physique de distribution et les moyens de s'assurer de l'identité de chaque nouveau joueur, de son âge, de son adresse et de l'identification du compte de paiement sur lequel sont reversés ses avoirs.

II. — Un décret en Conseil d'État précise les modalités d'ouverture, d'approvisionnement, de gestion et de clôture des comptes joueur en ligne par les opérateurs titulaires de l'agrément mentionné à l'article 21 et par la personne morale mentionnée à l'article 137 de la loi du 22 mai 2019 précitée, ainsi que des comptes joueurs *[joueur]* en réseau physique de distribution par les opérateurs de droits exclusifs mentionnés aux articles 2 et 5 de la loi du 2 juin 1891 ayant pour objet de réglementer l'autorisation et le fonctionnement des courses de chevaux et à l'article 137 de la loi du 22 mai 2019 mentionné ci-dessus. Il définit les conditions dans lesquelles l'Autorité nationale des jeux vérifie la conformité à ce décret en Conseil d'État des modalités proposées par les opérateurs.

III. — L'ouverture d'un compte joueur en ligne ou en réseau physique de distribution ne peut être réalisée qu'à l'initiative de son titulaire et après sa demande expresse, à l'exclusion de toute procédure automatique.

L'opérateur agréé de jeux ou de paris en ligne ou l'opérateur titulaire de droits exclusifs peut proposer au joueur, de manière provisoire, avant vérification des éléments mentionnés au I, une activité de jeu d'argent ou de pari en ligne ou une activité de jeu sur compte sur les terminaux physiques sans intermédiation humaine. Cette vérification et celle de la majorité du joueur conditionnent toutefois la validation du compte joueur et la restitution de son éventuel solde créditeur. Sans préjudice des cas de clôture d'un compte pouvant être prévus dans le règlement portant conditions générales de l'offre de jeux et de paris, l'opérateur clôture le compte provisoire lorsqu'il ne peut le valider, soit en raison de l'absence ou de l'insuffisance des justificatifs produits ou de l'inaccomplissement des formalités exigées, soit parce que le joueur en fait la demande.

En cas de clôture d'un compte provisoire présentant un solde créditeur, l'opérateur agréé de jeux ou paris en ligne ou l'opérateur titulaire de droits exclusifs mentionné au II met en réserve, sans délai, la somme correspondante, pour une durée de six ans à compter de cette clôture. Durant cette période, sous réserve de l'application de l'article L. 561-16 du code monétaire et financier, le joueur peut obtenir le reversement de ce solde créditeur en communiquant à l'opérateur, qui les vérifie, les éléments mentionnés au I. Si, à l'issue du délai de six années, cette somme n'a pas été reversée au joueur, elle est acquise à l'État. Trois mois avant l'expiration de ce délai, l'opérateur utilise tout moyen à sa disposition pour informer le joueur des conditions dans lesquelles il peut obtenir le reversement de cette somme et, à défaut, de l'acquisition de celle-ci à l'État.

IV. — Le compte joueur en ligne ou en réseau physique de distribution ne peut être crédité que par son titulaire, au titre des approvisionnements qu'il réalise dans les conditions définies au présent article, ou par l'opérateur agréé ou titulaire de droits exclusifs qui détient le compte, soit au titre des gains réalisés par le joueur, soit à titre d'offre promotionnelle.

L'approvisionnement d'un compte joueur en ligne par son titulaire ne peut être réalisé qu'au moyen d'instruments de paiement mis à sa disposition par un prestataire de services de paiement établi dans un État membre de l'Union européenne ou un État partie à l'accord sur l'Espace économique européen ayant conclu avec la France une convention contenant une clause d'assistance administrative en vue de lutter contre la fraude et l'évasion fiscales. Seuls peuvent être utilisés les instruments de paiement mentionnés au chapitre III du titre III du livre Ier du code monétaire et financier.

V. — L'opérateur procède à la clôture du compte joueur en ligne ou en réseau physique de distribution, sur la demande du joueur ou dans les cas prévus par décret. En cas de clôture d'un compte présentant un solde créditeur et s'il ne peut procéder au reversement, notamment parce qu'il n'est pas en mesure de vérifier les références du compte de paiement, l'opérateur met en réserve, sans délai, la somme correspondante pour une durée de six ans à compter de cette clôture. Durant cette période, et sous réserve de l'application de l'article L. 561-16 du code monétaire et financier, le joueur peut obtenir le reversement de cette somme en communiquant à l'opérateur, qui les vérifie, les éléments d'identification nécessaires. Si, à l'issue du délai de six années, cette somme n'a pas été reversée au joueur, elle est acquise à l'État. Trois mois avant l'expiration de ce délai, l'opérateur utilise tout moyen à sa disposition pour informer le joueur des conditions dans lesquelles il peut obtenir le reversement de cette somme et, à défaut, de l'acquisition de celle-ci à l'État.

VI. — Les avoirs du titulaire d'un compte joueur auprès de l'opérateur ne peuvent être reversés que sur un seul compte de paiement ouvert par le joueur auprès d'un prestataire de services de paiement établi dans un État membre de l'Union européenne ou un État partie à l'accord sur l'Espace économique européen ayant conclu avec la France une convention contenant une clause d'assistance administrative en vue de lutter contre la fraude et l'évasion fiscales. Le reversement de ces avoirs ne peut être réalisé que par virement vers ce compte de paiement.

Art. 18 L'entreprise sollicitant l'agrément précise les modalités d'encaissement et de paiement, à partir de son site, des mises et des gains.

Elle justifie de la disposition d'un compte ouvert dans un établissement de crédit établi dans un État membre de la Communauté européenne ou un État partie à l'accord sur l'Espace économique européen ayant conclu avec la France une convention contenant une clause d'assistance administrative en vue de lutter contre la fraude et l'évasion fiscales, sur lequel sont exclusivement réalisées les opérations d'encaissement et de paiement liées aux jeux et paris qu'elle propose légalement en France. *(L. n° 2014-344 du 17 mars 2014, art. 151)* « Le cas échéant, le compte dédié peut être établi au nom d'un fiduciaire réglementé, ou l'équivalent dans l'État concerné, à raison de la conclusion entre l'opérateur et le fiduciaire d'une convention de fiducie relevant du droit français ou de celui d'un État membre de l'Union européenne, au bénéfice des joueurs en vue de la protection de leurs avoirs. »

Elle justifie de sa capacité à assumer ses obligations en matière de lutte contre les activités frauduleuses ou criminelles, en particulier le blanchiment de capitaux et le financement du terrorisme.

L'entreprise demandant l'agrément accrédite, s'il y a lieu, un représentant en France conformément à l'article 302 *bis* ZN du code général des impôts.

Elle précise l'organisation lui permettant d'assurer la déclaration et le paiement des versements de toute nature dus au titre de l'activité pour laquelle elle sollicite l'agrément.

Art. 19 L'entreprise sollicitant l'agrément décrit les moyens qu'elle met en œuvre pour protéger les données à caractère personnel et la vie privée des joueurs, conformément aux dispositions de la loi n° 78-17 du 6 janvier 1978 relative à l'informatique, aux fichiers et aux libertés.

Elle présente la procédure de réclamation gratuite mise à leur disposition.

Art. 20 Les obligations prévues aux articles 15 à 19 sont précisées par décret en Conseil d'État. Ce décret détermine notamment les conditions de recueil du consentement des joueurs aux utilisations, autres que celles nécessaires au contrôle des autorités publiques, des données personnelles les concernant.

Les éléments constitutifs de la demande d'agrément sont établis par un cahier des charges approuvé par le ministre de l'intérieur, le ministre chargé du budget, le ministre chargé de l'agriculture et le ministre chargé des sports, sur proposition de l'Autorité de régulation des jeux en ligne.

CHAPITRE V *Régime de délivrance des agréments*

Art. 21 I. — L'agrément pouvant bénéficier aux opérateurs de jeux ou de paris en ligne mentionnés aux articles 11, 12 et 14 est délivré par l'*(Ord. n° 2019-1015 du 2 oct. 2019, art. 12, en vigueur le 1er janv. 2020)* « Autorité nationale des jeux ». Il est distinct pour les paris hippiques, les paris sportifs et les jeux de cercle en ligne. Il est délivré pour une durée de cinq ans. Il est renouvelable. Il n'est pas cessible.

L'agrément est subordonné au respect par le bénéficiaire du cahier des charges, mentionné à l'article 20, qui lui est applicable et des autres obligations énoncées dans la présente loi.

II. — Ne peuvent demander l'agrément prévu au I, ou son renouvellement, que les opérateurs de jeux ou de paris en ligne dont le siège social est établi soit dans un État membre de la Communauté européenne, soit dans un autre État partie à l'accord sur l'Espace économique européen ayant conclu avec la France une convention contenant une clause d'assistance administrative en vue de lutter contre la fraude et l'évasion fiscales.

Toutefois, les opérateurs de jeux ou de paris en ligne établis dans un État ou territoire non coopératif, tel que défini à l'article 238-0 A du code général des impôts, ou contrôlés, au sens de l'article L. 233-16 du code de commerce, par une société établie dans un tel État ou territoire, ne peuvent demander l'agrément prévu au I.

III. — Tout refus d'agrément ou de renouvellement est motivé. L'agrément ou son renouvellement ne peut être refusé que pour un motif tiré de l'incapacité technique, économique ou financière du demandeur de faire face durablement aux obligations attachées à son activité ou de la sauvegarde de l'ordre public, de la lutte contre le blanchiment des capitaux et le financement du terrorisme, des nécessités de la sécurité publique et de la lutte contre le jeu excessif ou pathologique.

Le refus peut également être motivé par la circonstance que l'opérateur demandeur a été frappé d'une des sanctions prévues à l'article 43 ou que l'entreprise, son propriétaire ou, s'il s'agit d'une personne morale, un de ses dirigeants ou de ses mandataires sociaux a fait l'objet d'une condamnation pénale devenue définitive relevant des catégories énumérées par décret en Conseil d'État.

IV. — La décision d'octroi de l'agrément indique les caractéristiques de l'offre de jeux ou de paris en ligne autorisée ainsi que, le cas échéant, les obligations particulières imposées au titulaire, compte tenu des spécificités de son offre de jeux ou paris et de son organisation, pour permettre l'exercice du contrôle de son activité par l'*(Ord. n° 2019-1015 du 2 oct. 2019, art. 12, en vigueur le 1er janv. 2020)* « Autorité nationale des jeux.

« V. — Toute modification apportée aux informations fournies lors de la demande d'agrément doit être communiquée à l'Autorité nationale des jeux dans un délai fixé par le décret en Conseil d'État prévu au VIII. Si l'opérateur ne remplit plus les conditions ou les engagements auxquels étaient subordonnés son agrément ou une autorisation ultérieure, ou s'il n'en a pas fait usage dans un délai de douze mois ou lorsqu'il n'exerce plus son activité depuis au moins six mois, l'Autorité nationale des jeux peut abroger d'office cet agrément. »

VI. — Lors de la procédure d'examen des demandes d'agrément, l'*(Ord. n° 2019-1015 du 2 oct. 2019, art. 12, en vigueur le 1er janv. 2020)* « Autorité nationale des jeux » prend en considération les éléments, mentionnés au dernier alinéa de l'article 16, que l'opérateur sollicitant l'agrément lui a, le cas échéant, communiqués.

VII. — L'*(Ord. n° 2019-1015 du 2 oct. 2019, art. 12, en vigueur le 1er janv. 2020)* « Autorité nationale des jeux » établit et tient à jour la liste des opérateurs de jeux ou de paris en ligne titulaires de l'agrément prévu au I, en précisant les catégories de jeux ou de paris autorisées. Cette liste est publiée au *Journal officiel* et dans un quotidien national traitant de l'actualité hippique, pour les agréments délivrés pour les paris hippiques, ou de l'actualité sportive, pour les agréments délivrés pour les paris sportifs.

VIII. — Un décret en Conseil d'État prévoit les modalités de délivrance des agréments.

CHAPITRE VI *Les obligations des opérateurs agréés de jeux en ligne et la lutte contre le blanchiment*

Art. 22 *V. C. mon. fin., art. L. 561-2, et L. 561-36 à L. 561-38.*

Art. 23 I. — Toute entreprise titulaire de l'agrément d'opérateur de jeux et paris en ligne prévu à l'article 21 respecte les obligations prévues aux articles 15 à 19.

II. — Dans un délai de six mois à compter de la date de mise en fonctionnement du support prévu à l'article 31, l'opérateur de jeux ou de paris en ligne transmet à l'*(Ord. n° 2019-1015 du 2 oct. 2019, art. 12, en vigueur le 1er janv. 2020)* « Autorité nationale des jeux » un document attestant de la certification qu'il a obtenue, laquelle porte sur le respect par ses soins des obligations relatives aux articles 31 et 38. Cette certification est réalisée par un organisme indépendant choisi par l'opérateur au sein d'une liste établie par l'*(Ord. n° 2019-1015 du 2 oct. 2019, art. 12, en vigueur le 1er janv. 2020)* « Autorité nationale des jeux ». Le coût de cette certification est à la charge de l'opérateur de jeux ou de paris en ligne.

(Ord. n° 2019-1015 du 2 oct. 2019, art. 12, en vigueur le 1er janv. 2020) « III. – Dans un délai d'un an à compter de la date d'obtention de l'agrément prévu à l'article 21, l'opérateur de jeux ou de paris en ligne ou l'opérateur titulaire de droits exclusifs transmet à l'Autorité nationale des jeux un document attestant de la certification qu'il a obtenue. Cette certification porte sur le respect par ses soins de l'ensemble des exigences techniques déterminées par l'Autorité en matière d'intégrité des opérations de jeux et de sécurité des systèmes d'information. Elle est réalisée par un organisme indépendant choisi par l'opérateur au sein de la liste mentionnée au II. Le coût de cette certification est à sa charge.

« La certification fait l'objet d'une actualisation annuelle.

« Un décret détermine les conditions d'application du présent III. »

(Abrogé par L. n° 2014-344 du 17 mars 2014, art. 152) « IV. – En cas de manquement, par un opérateur, aux obligations législatives et réglementaires applicables à son activité, l'Autorité de régulation des jeux en ligne le met en demeure de s'y conformer et de se soumettre à une nouvelle certification dans les conditions mentionnées au II de l'article 43. »

Art. 24 L'opérateur de jeux ou de paris en ligne est tenu de mettre en place, en vue des jeux ou paris en ligne faisant l'objet de l'agrément prévu à l'article 21, un site dédié, exclusivement accessible par un nom de domaine de premier niveau comportant la terminaison ".fr".

Toutes les connexions établies, par l'intermédiaire d'un service de communication au public en ligne, à une adresse d'un site de l'opérateur ou de l'une de ses filiales et qui soit proviennent d'un terminal de consultation situé sur le territoire français, soit sont réalisées, après identification du joueur, au moyen d'un compte de joueur résidant en France, sont redirigées par l'opérateur vers ce site dédié.

Art. 25 Toute entreprise exerçant, dans le secteur des jeux et des paris en ligne, une ou plusieurs des activités régies par la présente loi établit, dans sa comptabilité interne, des comptes séparés respectivement au titre des jeux et paris proposés dans le cadre des agréments délivrés au titre de la présente loi et au titre des autres activités de l'entreprise en France et à l'étranger.

Toute entreprise titulaire de l'agrément d'opérateur de jeux et paris en ligne prévu à l'article 21 transmet ses comptes, certifiés par un commissaire aux comptes, à l'Autorité de régulation des jeux en ligne après la clôture de chaque exercice.

CHAPITRE VII *La lutte contre le jeu excessif ou pathologique*

Art. 26 *(Abrogé par Ord. n° 2019-1015 du 2 oct. 2019, art. 12, à compter du 1er janv. 2020) L'opérateur de jeux ou de paris en ligne titulaire de l'agrément prévu à l'article 21 est tenu de faire obstacle à la participation aux activités de jeu ou de pari qu'il propose des personnes interdites de jeu en vertu de la réglementation en vigueur ou exclues de jeu à leur demande. Il interroge à cette fin, par l'intermédiaire de l'Autorité de régulation des jeux en ligne et dans le respect des dispositions de la loi n° 78-17 du 6 janvier 1978 précitée, les fichiers des interdits de jeu tenus par les services du ministère de l'intérieur. Il clôture tout compte joueur dont le titulaire viendrait à être touché par une interdiction ou une exclusion.*

Il prévient les comportements de jeu excessif ou pathologique par la mise en place de mécanismes d'auto-exclusion et de modération et de dispositifs d'autolimitation des dépôts et des mises. (L. n° 2016-1321 du 7 oct. 2016, art. 96) « Il met également en place, pour les jeux de cercle en ligne définis à l'article 14, un dispositif d'autolimitation de temps de jeu effectif. » Il communique en permanence à tout joueur fréquentant son site le solde instantané de son compte. Il informe les joueurs des risques liés au jeu excessif ou pathologique par le biais d'un message de mise en garde, ainsi que des procédures d'inscription sur les fichiers des interdits de jeu tenus par les services du ministère de l'intérieur. Un arrêté du ministre de la santé précise le contenu de ce message de mise en garde.

(L. n° 2014-344 du 17 mars 2014, art. 153) « Il s'abstient d'adresser toute communication commerciale aux titulaires d'un compte joueur bénéficiant d'une mesure d'auto-exclusion sur son site et, dans le cas des joueurs auto-exclus définitivement, pendant la période durant laquelle ceux-ci ne peuvent solliciter à nouveau l'ouverture d'un compte. A compter du 1er janvier 2015, il s'abstient également d'adresser toute communication commerciale aux anciens titulaires d'un compte joueur dès lors qu'ils sont inscrits sur les fichiers des interdits de jeu mentionnés au premier alinéa

et que l'opérateur dispose des informations personnelles relatives à ces joueurs permettant d'interroger ces fichiers dans le respect de la loi n° 78-17 du 6 janvier 1978 précitée. »

Art. 27 L'opérateur de jeux ou de paris en ligne titulaire de l'agrément prévu à l'article 21 rend compte dans un rapport annuel, transmis à l'*(Ord. n° 2019-1015 du 2 oct. 2019, art. 12, en vigueur le 1er janv. 2020)* « Autorité nationale des jeux », des actions qu'il a menées et des moyens qu'il a consacrés pour promouvoir le jeu responsable et lutter contre le jeu excessif ou pathologique.

Il rend également compte annuellement à la même autorité des résultats des contrôles qu'il a réalisés en matière de lutte contre les activités frauduleuses ou criminelles ainsi que le blanchiment de capitaux et le financement du terrorisme.

Art. 28 I. — L'opérateur de jeux ou de paris en ligne titulaire de l'agrément prévu à l'article 21 informe en permanence les joueurs de l'existence du service d'information et d'assistance prévu à l'article 29.

II. — Tout autre organisme que l'organisme prévu à l'article 29 qui souhaite proposer un service d'information et d'assistance doit adresser, chaque année, *(Abrogé par Décr. n° 2015-1469 du 13 nov. 2015, art. 16) « au comité consultatif des jeux »* un rapport précisant les modalités d'organisation et le bilan de ses actions. Les informations devant figurer dans ce rapport sont précisées par décret *(Abrogé par Décr. n° 2015-1469 du 13 nov. 2015, art. 16) « , sur proposition du comité consultatif des jeux ».*

Art. 29 Un numéro d'appel téléphonique est mis à la disposition des joueurs excessifs ou pathologiques et de leur entourage par les pouvoirs publics sous la responsabilité de l'Institut national de prévention et d'éducation pour la santé. Cet appel est facturé à l'abonné au prix d'un appel local.

Art. 30 *(Abrogé par Ord. n° 2019-1015 du 2 oct. 2019, art. 12, à compter du 1er janv. 2020) Le jeu à crédit est interdit.*

Il est interdit à tout opérateur de jeux titulaire de l'agrément mentionné à l'article 21 ainsi qu'à tout dirigeant, mandataire social ou employé d'un tel opérateur de consentir des prêts d'argent aux joueurs ou de mettre en place directement ou indirectement des dispositifs permettant aux joueurs de s'accorder des prêts entre eux.

Le site de l'opérateur agréé de jeux en ligne ne peut contenir aucune publicité en faveur d'une entreprise susceptible de consentir des prêts d'argent aux joueurs ou de permettre le prêt entre joueurs, ni aucun lien vers le site d'une telle entreprise.

CHAPITRE VIII *La transparence des opérations de jeu*

Art. 31 L'opérateur de jeux ou de paris en ligne titulaire de l'agrément prévu à l'article 21 est tenu de procéder à l'archivage en temps réel, sur un support matériel situé en France métropolitaine, de l'intégralité des données mentionnées *(L. n° 2014-344 du 17 mars 2014, art. 154)* « aux 1° à » 3° de l'article 38. L'ensemble des données échangées entre le joueur et l'opérateur transitent par ce support.

(L. n° 2014-344 du 17 mars 2014, art. 154) « L'obligation d'archivage prévue au premier alinéa s'applique à compter du 1er juillet 2015 s'agissant des données portant sur les références du compte de paiement mentionnées au 2° du même article 38. »

CHAPITRE IX *Prévention des conflits d'intérêts*

Art. 32 I. — Le propriétaire, les dirigeants, les mandataires sociaux et le personnel d'un opérateur de jeux ou de paris en ligne titulaire de l'agrément prévu à l'article 21 ne peuvent engager, à titre personnel, directement ou par personne interposée, des mises sur des jeux ou des paris proposés par cet opérateur.

(Abrogé par L. n° 2012-158 du 1er févr. 2012, art. 7-I) « Les fédérations délégataires doivent intégrer au sein du code de leur discipline des dispositions ayant pour objet d'empêcher les acteurs de la compétition sportive d'engager, directement ou par personne interposée, des mises sur des paris reposant sur cette compétition et de communiquer à des tiers des informations privilégiées, obtenues à l'occasion de leur profession ou de leurs fonctions, et qui sont inconnues du public. »

Les sociétés mères de courses de chevaux, définies à l'article 2 de la loi du 2 juin 1891 ayant pour objet de réglementer l'autorisation et le fonctionnement des courses de chevaux, doivent intégrer au sein du code des courses de leur spécialité des dispositions ayant pour objet d'empêcher les jockeys et les entraîneurs participant à une épreuve hippique d'engager, directement ou par personne interposée, des mises sur des paris reposant sur cette épreuve et de communiquer à des tiers des informations privilégiées, obtenues à l'occasion de leur profession ou de leurs fonctions, et qui sont inconnues du public.

(Abrogé par L. n° 2012-158 du 1er févr. 2012, art. 7-I) « ***Les organisateurs privés tels que définis à l'article L. 331-5 du code du sport édictent les obligations et les interdictions relatives aux paris sportifs qui sont imposées aux sportifs ou équipes qui participent à leurs manifestations sportives. Ils sont chargés de veiller à l'application et au respect desdites obligations et interdictions.*** »

II. — L'opérateur de jeux ou de paris en ligne titulaire de l'agrément prévu à l'article 21 transmet à l'*(Ord. n° 2019-1015 du 2 oct. 2019, art. 12, en vigueur le 1er janv. 2020)* « Autorité nationale des jeux » les contrats de partenariat conclus avec des personnes physiques ou morales organisant des courses hippiques, compétitions ou manifestations sportives ou y prenant part dès le moment où il propose des jeux ou paris sur lesdites courses hippiques, compétitions ou manifestations sportives.

III. — L'opérateur de jeux ou de paris en ligne titulaire de l'agrément prévu à l'article 21 dont le propriétaire, l'un des dirigeants, mandataires sociaux ou membres du personnel détient un intérêt, personnel ou lié à sa participation dans une personne morale, dans une course hippique, compétition ou manifestation sportive, sur laquelle il organise des jeux ou paris, en fait la déclaration auprès de l'*(Ord. n° 2019-1015 du 2 oct. 2019, art. 12, en vigueur le 1er janv. 2020)* « Autorité nationale des jeux ».

IV. — Il est interdit à tout opérateur de jeux en ligne titulaire de l'agrément prévu à l'article 21 de détenir le contrôle, au sens de l'article L. 233-16 du code de commerce, directement ou indirectement, d'un organisateur ou d'une partie prenante à une compétition ou manifestation sportive sur laquelle il organise des paris. De même, il est interdit à tout organisateur et à toute partie prenante à une compétition ou manifestation sportive de détenir le contrôle, au sens du même article L. 233-16, directement ou indirectement, d'un opérateur de jeux ou de paris en ligne proposant des paris sur les événements qu'il organise ou auxquels il participe. Un décret précise les conditions de détention indirecte.

V. — Tout conflit d'intérêts constaté par l'*(Ord. n° 2019-1015 du 2 oct. 2019, art. 12, en vigueur le 1er janv. 2020)* « Autorité nationale des jeux » suite aux déclarations préalablement citées ou suite à un contrôle fait l'objet d'une sanction dans les conditions prévues à l'article 43, lorsqu'il est proscrit par la présente loi et imputable à un opérateur titulaire de l'agrément prévu à l'article 21.

Art. 33 Un décret en Conseil d'État précise les modalités d'application des articles 23, 25 à 28 et *(Abrogé par Ord. n° 2019-1015 du 2 oct. 2019, art. 12, à compter du 1er janv. 2020)* « 30 à » 32.

CHAPITRE X *L'autorité nationale des jeux* *(Ord. n° 2019-1015 du 2 oct. 2019, art. 12, en vigueur le 1er janv. 2020)*.

....

CHAPITRE XI *Dispositions fiscales*

....

CHAPITRE XII *Mesures de lutte contre les sites illégaux de jeux d'argent*

Art. 56 I. — Quiconque aura offert ou proposé au public une offre en ligne de paris ou de jeux d'argent et de hasard sans être titulaire de l'agrément mentionné à l'article 21 ou d'un droit exclusif est puni de trois ans d'emprisonnement et de 90 000 € d'amende. Ces peines sont portées à sept ans d'emprisonnement et à 200 000 € d'amende lorsque l'infraction est commise en bande organisée.

II. — *V. L. n° 83-628 du 12 juill. 1983, art. 1er.*

III. — *V. L. du 21 mai 1836 portant prohibition des loteries, art. 3.*

IV. — Les personnes physiques coupables de l'infraction prévue au I encourent également les peines complémentaires suivantes :

1° L'interdiction des droits civiques, civils et de famille dans les conditions prévues à l'article 131-26 du code pénal ;

2° La confiscation des biens mobiliers et immobiliers, divis ou indivis, ayant servi directement ou indirectement à commettre l'infraction ou qui en sont le produit, y compris les fonds ou effets exposés au jeu ou mis en loterie ainsi que les meubles ou effets mobiliers dont les lieux sont garnis ou décorés, à l'exception des objets susceptibles de donner lieu à restitution ;

3° L'affichage ou la diffusion de la décision prononcée dans les conditions prévues à l'article 131-35 du code pénal ;

4° La fermeture définitive, ou pour une durée de cinq ans au plus, des établissements ou de l'un ou de plusieurs des établissements de l'entreprise ayant servi à commettre les faits incriminés ;

5° L'interdiction, suivant les modalités prévues par l'article 131-27 du code pénal, soit d'exercer une fonction publique ou d'exercer l'activité professionnelle ou sociale dans l'exercice ou à l'occasion de l'exercice de laquelle l'infraction a été commise, soit d'exercer une profession commerciale ou industrielle, de diriger, d'Administrer de gérer ou de contrôler à un titre quelconque, directement ou indirectement, pour son propre compte ou pour le compte d'autrui, une entreprise commerciale ou industrielle, ou une société commerciale. Ces interdictions d'exercice peuvent être prononcées cumulativement.

V. — Les personnes morales déclarées responsables pénalement, dans les conditions prévues à l'article 121-2 du code pénal, de l'infraction prévue au I du présent article encourent, outre l'amende suivant les modalités prévues par l'article 131-38 du code pénal, les peines mentionnées aux 1°, 4°, 8° et 9° de l'article 131-39 du même code. Elles encourent également l'interdiction, pour une durée de cinq ans au plus, de solliciter l'agrément prévu à l'article 21 de la présente loi ainsi que l'autorisation prévue à l'article *(L. n° 2014-344 du 17 mars 2014, art. 158)* « L. 321-1 du code de la sécurité intérieure » et, le cas échéant, le retrait d'un tel agrément ou autorisation si la personne morale en est titulaire au moment du jugement.

VI. — *V. L. du 21 mai 1836 portant prohibition des loteries, art. 3.*

VII. — *V. L. n° 83-628 du 12 juill. 1983, art. 3 et 4.*

VIII. — *V. L. du 2 juin 1891 ayant pour objet de réglementer l'autorisation et le fonctionnement des courses de chevaux, art. 4.*

Art. 57 *(Abrogé par Ord. n° 2019-738 du 17 juill. 2019, art. 26)* « *I.* — » Quiconque fait de la publicité, par quelque moyen que ce soit, en faveur d'un site de paris ou de jeux d'argent et de hasard non autorisé en vertu d'un droit exclusif ou de l'agrément prévu à l'article 21 est puni d'une amende de 100 000 €. Le tribunal peut porter le montant de l'amende au quadruple du montant des dépenses publicitaires consacrées à l'activité illégale.

Ces peines sont également encourues par quiconque a, par quelque moyen que ce soit, diffusé au public, aux fins de promouvoir des sites de jeux en ligne ne disposant pas de l'agrément prévu à l'article 21, les cotes et rapports proposés par ces sites non autorisés.

(L. n° 2014-344 du 17 mars 2014, art. 155) « Le président de l'Autorité de régulation des jeux en ligne peut saisir le président du *(Ord. n° 2019-738 du 17 juill. 2019, art. 26)* « tribunal judiciaire de Paris, statuant en référé, aux fins de voir ordonnée » toute mesure permettant la cessation de toute publicité en faveur d'un site de paris ou de jeux d'argent et de hasard non autorisé en vertu d'un droit exclusif ou de l'agrément prévu à l'article 21 ou en contravention avec le titre II du livre III du code de la sécurité intérieure. »

II. — *V. L. du 21 mai 1836, art. 4.*

III. — *V. L. du 2 juin 1891, art. 4.*

IV. — *V. L. n° 83-628 du 12 juill. 1983, art. 1er.*

Art. 58 *V. **C. pr. pén.**, art. 28-1.*

Art. 59 *(L. n° 2012-354 du 14 mars 2012, art. 21)* Dans le but de constater *(Ord. n° 2019-1015 du 2 oct. 2019, art. 12, en vigueur le 1er janv. 2020)* « une offre de jeux d'argent et de hasard en ligne en contravention avec les dispositions du titre II du livre II du code de la sécurité intérieure ou la promotion d'une telle offre », les officiers et agents de police judiciaire désignés par le ministre de l'intérieur, les agents des douanes désignés par le ministre chargé des douanes et les fonctionnaires et agents mentionnés au II de l'article 42 peuvent, sans en être pénalement responsables :

(Ord. n° 2019-1015 du 2 oct. 2019, art. 12, en vigueur le 1er janv. 2020) « 1° Participer sous une identité d'emprunt à des échanges électroniques sur un site de jeux ou paris agréé ou non, et notamment à une session de jeu en ligne. L'utilisation d'une identité d'emprunt est sans incidence sur la régularité des constatations effectuées. Un décret en Conseil d'État précise les conditions dans lesquelles, dans ce cas, les fonctionnaires et agents concernés procèdent à leurs constatations ; »

2° Extraire, acquérir ou conserver par ce moyen *(L. n° 2014-1353 du 13 nov. 2014, art. 20-II)* « les éléments de preuve et les données » sur les personnes susceptibles d'être les auteurs de ces infractions ainsi que sur les comptes bancaires utilisés.

(L. n° 2014-1353 du 13 nov. 2014, art. 20-II) « 3° Extraire, transmettre en réponse à une demande expresse, acquérir ou conserver des contenus illicites dans des conditions fixées par décret. »

A peine de nullité, ces actes ne peuvent avoir pour effet d'inciter autrui à commettre une infraction ou de contrevenir *(Ord. n° 2019-1015 du 2 oct. 2019, art. 12, en vigueur le 1er janv. 2020)* « aux dispositions de l'article L. 320-8 et du premier alinéa de l'article L. 320-9 du code de la sécurité intérieure ».

La communication des documents nécessaires à la recherche et à la constatation des infractions mentionnées au premier alinéa du présent article peut être demandée par les agents des douanes dans les conditions prévues à l'article 65 du code des douanes.

Les fonctionnaires ou agents mentionnés au premier alinéa du présent article consignent les informations ainsi recueillies par procès-verbal, transmis sans délai au procureur de la République.

Ce procès-verbal peut être utilisé par *(Ord. n° 2019-1015 du 2 oct. 2019, art. 12, en vigueur le 1er janv. 2020)* « l'Autorité nationale des jeux » dans l'exercice de ses missions et notamment aux fins de mise en œuvre de la procédure prévue à l'article L. 563-2 du code monétaire et financier et de la procédure prévue à l'article 61 de la présente loi. Pour la mise en œuvre de ces procédures, le secret bancaire n'est pas opposable aux enquêteurs assermentés de l'Autorité de régulation des jeux en ligne.

Ce procès-verbal est tenu à la disposition de l'administration fiscale conformément à l'article L. 84 B du livre des procédures fiscales.

Art. 60 *V. C. douanes, art. 65 ter.*

Art. 61 *(L. n° 2016-1321 du 7 oct. 2016, art. 97)* « Le président de » *(Ord. n° 2019-1015 du 2 oct. 2019, art. 12, en vigueur le 1er janv. 2020)* « l'Autorité nationale des jeux » adresse aux opérateurs de jeux ou de paris en ligne non autorisés en vertu d'un droit exclusif ou de l'agrément prévu à l'article 21 *(L. n° 2014-344 du 17 mars 2014, art. 156)* « et à toute personne proposant une quelconque offre de jeux d'argent et de hasard en ligne en contravention aux dispositions du titre II du livre III du code de la sécurité intérieure », par tout moyen propre à en établir la date de réception, une mise en demeure rappelant les dispositions de l'article 56 relatives aux sanctions encourues et les dispositions du *(L. n° 2016-1321 du 7 oct. 2016, art. 97)* « troisième » alinéa du présent article, enjoignant à ces opérateurs de respecter cette interdiction et les invitant à présenter leurs observations dans un délai de huit jours.

(L. n° 2016-1321 du 7 oct. 2016, art. 97) « Il adresse également aux personnes mentionnées au 2 du I de l'article 6 de la loi n° 2004-575 du 21 juin 2004 pour la confiance dans l'économie numérique, par tout moyen propre à en établir la date de réception, une copie de la mise en demeure prévue au premier alinéa du présent article et leur enjoint de prendre toute mesure propre à empêcher l'accès au contenu du service de communication au public en ligne proposé par l'opérateur mentionné au même premier alinéa. Ces personnes sont invitées à présenter leurs observations dans un délai de huit jours. »

A l'issue *(L. n° 2016-1321 du 7 oct. 2016, art. 97)* « du délai mentionné aux deux premiers alinéas », en cas d'inexécution *(L. n° 2016-1321 du 7 oct. 2016, art. 97)* « des injonctions prévues aux premier et deuxième alinéas du présent article ou si l'offre de paris ou de jeux d'argent et de hasard en ligne reste accessible », le président de *(Ord. n° 2019-1015 du 2 oct. 2019, art. 12, en vigueur le 1er janv. 2020)* « l'Autorité nationale des jeux » peut saisir le président du tribunal de grande instance de Paris aux fins d'ordonner, *(Ord. n° 2019-738 du 17 juill. 2019, art. 26)* « selon la procédure accélérée au fond », l'arrêt de l'accès à ce service aux personnes mentionnées au *(Abrogé par L. n° 2016-1321 du 7 oct. 2016, art. 97) « 2 du I et, le cas échéant, au »* 1 du I de l'article 6 de la loi n° 2004-575 du 21 juin 2004 *(L. n° 2016-1321 du 7 oct. 2016, art. 97)* « précitée. Il peut également saisir le président du tribunal de grande instance de Paris aux mêmes fins si l'offre demeure accessible nonobstant l'éventuelle exécution par les personnes mentionnées au deuxième alinéa du présent article sans avoir à procéder à de nouvelles injonctions de même nature. »

(L. n° 2016-1321 du 7 oct. 2016, art. 100) « Le président de *(Ord. n° 2019-1015 du 2 oct. 2019, art. 12, en vigueur le 1er janv. 2020)* « l'Autorité nationale des jeux » peut saisir par requête le président du tribunal de grande instance de Paris aux mêmes fins lorsque ce service de communication au public en ligne est accessible à partir d'autres adresses. »

Le président de *(Ord. n° 2019-1015 du 2 oct. 2019, art. 12, en vigueur le 1er janv. 2020)* « l'Autorité nationale des jeux » peut également saisir le président du tribunal de grande instance de Paris aux fins de voir prescrire, *(Ord. n° 2019-738 du 17 juill. 2019, art. 26)* « selon la procédure accélérée au fond » toute mesure destinée à faire cesser le référencement du site d'un opérateur mentionné au deuxième alinéa du présent article par un moteur de recherche ou un annuaire.

Dans le cas prévu au premier alinéa, *(Ord. n° 2019-1015 du 2 oct. 2019, art. 12, en vigueur le 1er janv. 2020)* « l'Autorité nationale des jeux » peut également être saisie par le ministère public et toute personne physique ou morale ayant intérêt à agir.

Un décret fixe les modalités selon lesquelles sont compensés, le cas échéant, les surcoûts résultant des obligations mises à la charge des personnes mentionnées au 1 du I de l'article 6 de la loi n° 2004-575 du 21 juin 2004 précitée au titre du présent article. — *V. Décr. n° 2011-2122 du 30 déc. 2011 (JO 1er janv. 2012).*

Art. 62 *V. C. mon. fin., art. L. 563-2.*

CHAPITRE XIII *Dispositions relatives à l'exploitation des manifestations sportives et à la lutte contre la fraude et la tricherie dans le cadre de ces manifestations*

Art. 63 *V. C. sport, art. L. 333-1 à L. 333-1-3.* — ***C. sport.***

CHAPITRE XIV *Dispositions relatives aux activités de jeux et paris placées sous le régime de droits exclusifs*

Art. 64 *V. C. mon. fin., art. L. 561-36.*

Art. 65 *V. L. du 2 juin 1891 ayant pour objet de réglementer l'autorisation et le fonctionnement des courses de chevaux, art. 2 et 5.*

Art. 66 *(Abrogé par Ord. n° 2019-1015 du 2 oct. 2019, art. 12, à compter du 1er janv. 2020) (L. n° 2014-344 du 17 mars 2014, art. 157)* ***La personne morale titulaire de droits exclusifs en matière d'offre publique de jeux en ligne sur le fondement de l'article 136 de la loi du 31 mai 1933 portant fixation du budget général de l'exercice 1933 est tenue de faire obstacle à la participation aux activités de jeu qu'elle propose des personnes interdites de jeu en vertu de la réglementation en vigueur ou exclues de jeu à leur demande. Dans le respect de la loi n° 78-17 du 6 janvier 1978 relative à l'informatique, aux fichiers et aux libertés, elle interroge à cette fin les fichiers des interdits de jeu tenus par les services du ministère de l'intérieur. Elle clôture tout compte joueur dont le titulaire viendrait à être touché par une interdiction ou une exclusion.***

Elle prévient les comportements de jeu excessif ou pathologique par la mise en place de mécanismes d'auto-exclusion et de modération et de dispositifs d'autolimitation des dépôts et des mises. Elle communique en permanence à tout joueur fréquentant son site le solde instantané de son compte. Elle informe les joueurs des risques liés au jeu excessif ou pathologique, par le biais d'un message de mise en garde, ainsi que des procédures d'inscription sur les fichiers des interdits de jeu tenus par les services du ministère de l'intérieur.

Elle s'abstient d'adresser toute communication commerciale aux titulaires d'un compte joueur bénéficiant d'une mesure d'auto-exclusion. A compter du 1er janvier 2015, elle s'abstient également d'adresser toute communication commerciale aux anciens titulaires d'un compte joueur dès lors qu'ils sont inscrits sur les fichiers des interdits de jeu mentionnés au deuxième alinéa et qu'elle dispose des informations personnelles relatives à ces joueurs permettant d'interroger ces fichiers dans le respect de la loi n° 78-17 du 6 janvier 1978 précitée.

(L. n° 2015-1785 du 29 déc. 2015, art. 50) ***« Lorsque la personne morale titulaire de droits exclusifs en matière d'offre publique de jeux en ligne sur le fondement de l'article 136 de la loi du 31 mai 1933 précitée procède à la clôture d'un compte joueur présentant un solde créditeur, elle reverse ce solde sur le compte de paiement du joueur. Si elle ne peut procéder à ce reversement, notamment parce qu'elle n'est pas en mesure de vérifier les références du compte de paiement, elle met en réserve, sans délai, la somme correspondante, pour une durée de six ans à compter de cette clôture. Durant cette période, sans préjudice de l'application de l'article L. 561-16 du code monétaire et financier, le joueur peut obtenir le reversement de cette somme en communiquant à la personne morale précitée, qui les vérifie, les éléments d'identification requis par elle. Si, à l'issue du délai de six ans, cette somme n'a pas été reversée au joueur, elle est acquise à l'État. Trois mois avant l'expiration de ce délai, la personne morale précitée utilise tout moyen à sa disposition pour informer le joueur des conditions dans lesquelles il peut obtenir le reversement de cette somme et, à défaut, de l'acquisition de celle-ci à l'État. »***

Art. 67 I. ....

II. — *V. L. n° 83-628 du 12 juill. 1983, art. 2.*

CHAPITRE XV ***Dispositions transitoires et finales***

Art. 68 I. — Les personnes morales qui, à la date d'entrée en vigueur de la présente loi, proposent des paris hippiques ou sportifs en ligne en application de l'article 5 de la loi du 2 juin 1891 précitée et de l'article 42 de la loi de finances pour 1985 précitée peuvent continuer à exercer cette activité à condition de se conformer aux obligations définies par la présente loi et de demander l'agrément prévu à l'article 21 dans le délai de trois mois à compter de la publication du décret prévu au VIII du même article.

II. — Cette autorisation provisoire de poursuite d'activité cesse de plein droit à la date à laquelle l'Autorité de régulation des jeux en ligne rend sa décision sur la demande d'agrément mentionnée au I du présent article.

Art. 69 Dans un délai de dix-huit mois à compter de la date d'entrée en vigueur de la présente loi, un rapport d'évaluation sur les conditions et les effets de l'ouverture du marché des jeux et paris en ligne est adressé par le Gouvernement au Parlement. Ce rapport propose, le cas échéant, les adaptations nécessaires de la présente loi.

Le Gouvernement remet un rapport au Parlement avant le 31 décembre 2011 sur la mise en œuvre de la politique de lutte contre le jeu excessif ou pathologique. Ce rapport étudie notamment les systèmes d'information et d'assistance proposés par les opérateurs de jeux ou de paris. Il propose, le cas échéant, la mise en place d'une procédure d'agrément pour ce type de structure.

Art. 70 *(L. n° 2014-344 du 17 mars 2014, art. 151)* Les opérateurs déjà titulaires de l'agrément prévu à l'article 21 à la date de la publication de la loi n° 2014-344 du 17 mars 2014 relative à la consommation bénéficient d'un délai de six mois à compter de cette date pour mettre en place la garantie de protection des avoirs des joueurs prévue à l'article 15.

Si, à l'issue de ce délai de six mois, les opérateurs n'ont pas mis en œuvre un système suffisant de protection des avoirs, l'Autorité de régulation des jeux en ligne peut décider de mettre en œuvre la procédure de sanction prévue aux articles 43 à 45.

V. Décr. n° 2010-481 du 12 mai 2010 relatif à l'organisation et au fonctionnement de l'Autorité de régulation des jeux en ligne (JO 13 mai) ; mod. par Décr. n° 2010-1070 du 8 sept. 2010 (JO 10 sept.).

V. Arr. du 14 mai 2010 fixant le montant des indemnités des membres du collège et de la commission des sanctions de l'Autorité de régulation des jeux en ligne (JO 15 mai).

V. Décr. n° 2010-482 du 12 mai 2010 fixant les conditions de délivrance des agréments d'opérateur de jeux en ligne (JO 13 mai).

V. Décr. n° 2010-483 du 12 mai 2010 relatif aux compétitions sportives et aux types de résultats sportifs définis par l'Autorité de régulation des jeux en ligne (JO 13 mai).

V. Décr. n° 2010-494 du 14 mai 2010 relatif au droit fixe dû par les opérateurs agréés de jeux ou de paris en ligne en application de l'art. 1012 CGI (JO 15 mai).

V. Décr. n° 2010-495 du 14 mai 2010 relatif à la procédure de sanction applicable aux opérateurs agréés de jeux ou de paris en ligne (JO 15 mai).

V. Arr. du 17 mai 2010 portant approbation du cahier des charges applicable aux opérateurs de jeux en ligne (JO 18 mai).

V. Décr. n° 2010-498 du 17 mai 2010 relatif à la définition des courses hippiques supports des paris en ligne et aux principes généraux du pari mutuel (JO 19 mai).

V. Arr. du 25 mai 2010 portant approbation du calendrier des courses et réunions de courses de chevaux françaises et étrangères pouvant servir de support aux paris hippiques en ligne pour l'année 2010 (JO 30 mai).

V. Décr. n° 2010-509 du 18 mai 2010 relatif aux obligations imposées aux opérateurs agréés de jeux ou de paris en ligne en vue du contrôle des données de jeux par l'Autorité de régulation des jeux en ligne (JO 19 mai).

V. Décr. n° 2010-518 du 19 mai 2010 relatif à la mise à disposition de l'offre de jeux et de paris par les opérateurs agréés de jeux ou de paris en ligne (JO 20 mai).

MARCHANDS AMBULANTS, FORAINS ET NOMADES

RÉP. PÉN. v[is] *Marchands ambulants et forains*, par KECHICHIAN ; *Nomades et caravaniers*, par CHAPUIS.

Code général des impôts

(Décr. n° 50-478 du 6 avr. 1950)

Art. 302 *octies* *(Abrogé par L. n° 2020-1525 du 7 déc. 2020, art. 127) (L. n° 85-1403 du 30 déc. 1985)* ***Quiconque exerce une activité lucrative sur la voie ou dans un lieu public sans avoir en France de domicile ou de résidence fixe depuis plus de six mois est tenu de se faire connaître à l'administration fiscale et de déposer une somme en garantie du recouvrement des impôts et taxes dont il est redevable. Le récépissé qui lui est délivré en contrepartie doit être produit à toute réquisition des fonctionnaires et magistrats désignés à l'article L. 225 du Livre des procédures fiscales.*** *— Les procès-verbaux constatant les infractions en matière de récépissé de consignation peuvent être établis par les juges des tribunaux d'instance, les officiers et agents de police judiciaire, les agents de la répression des fraudes (LPF, art. L. 225).*

....

Art. 1788 *(Abrogé par L. n° 2020-1525 du 7 déc. 2020, art. 127) (Ord. n° 2005-1512 du 7 déc. 2005, art. 18, en vigueur le 1er janv. 2006)* ***Les infractions à l'article 302 octies sont passibles d'une amende de 750 €.*** — Les infractions sont constatées par procès-verbal (LPF, art. L. 212-e).

....

Code de commerce

PREMIÈRE PARTIE : ***LÉGISLATIVE***

LIVRE PREMIER **Du commerce en général**

TITRE II **Des commerçants**

CHAPITRE III *Des obligations générales des commerçants*

SECTION III *Des activités commerciales et artisanales ambulantes*

(L. n° 2008-776 du 4 août 2008, art. 53-I)

Art. L. 123-29 Toute personne physique ou morale doit, pour exercer ou faire exercer par son conjoint ou ses préposés une activité commerciale ou artisanale ambulante hors du territoire de la commune où est situé son habitation ou son principal établissement, en faire la déclaration préalable auprès de l'autorité compétente pour délivrer la carte mentionnée au quatrième alinéa. *— Sur les sanctions, V. art. R. 123-208-8.*

Il en va de même pour toute personne *(L. n° 2017-86 du 27 janv. 2017, art. 193-IV)* **« sans domicile stable » entendant exercer ou faire exercer par son conjoint ou ses préposés une activité commerciale ou artisanale ambulante.**

La déclaration mentionnée au premier alinéa est renouvelable périodiquement.

Cette déclaration donne lieu à délivrance d'une carte permettant l'exercice d'une activité ambulante. *— V. art. R. 123-208-1 s. et A. 123-80-1 s.*

1. Ventes ambulantes. Sur la vente dans un stand installé sur une plage et la détermination du droit de propriété de l'espace public, V. • Fort-de-France, 4 juill. 2008 : *JCP 2008. IV. 3026.*

2. Ventes sauvages. V. note 1 ss. art. L. 442-11.

3. Carte professionnelle. Dans le cadre juridique actuel, il est délivré une carte par établissement. Les préposés (salariés ou conjoints collaborateurs) présentent, à toute réquisition, copie de la carte de la personne pour laquelle ils exercent une activité commerciale ou artisanale accompagnée d'un document justifiant un lien avec le titulaire de ladite carte ainsi qu'un document justifiant de leur identité. Le conjoint du chef d'une entreprise artisanale, commerciale ou libérale qui y exerce de manière régulière une activité professionnelle peut opter pour le statut qui correspond le mieux à sa situation au sein de l'entreprise : conjoint collaborateur, conjoint salarié ou conjoint associé : * Rép. min. n° 111285 : *JOAN Q, 23 août 2011, p. 9086 ; RLDA oct. 2011. 28, obs. Filiol de Raimond.*

Art. L. 123-30 Outre les officiers et agents de police judiciaire, ont compétence pour constater par procès-verbal les contraventions prévues par le décret mentionné à l'article L. 123-31 :

1° Les agents de police judiciaire adjoints mentionnés au 2° de l'article 21 du code de procédure pénale ; — *V. art. R. 123-208-5.*

2° Les fonctionnaires chargés du contrôle des marchés et des halles situés sur le territoire de la commune sur laquelle le commerçant ou l'artisan ambulant exerce son activité commerciale ou artisanale, habilités à cette fin. — *V. art. R. 123-208-6.*

Art. L. 123-31 Les modalités d'application de la présente section sont fixées par décret en Conseil d'État, notamment les conditions d'habilitation des agents mentionnés au 2° de l'article L. 123-30 et les modalités d'exercice de leur compétence.

DEUXIÈME PARTIE : ***RÉGLEMENTAIRE***

LIVRE PREMIER **Du commerce en général**

TITRE II **Des commerçants**

CHAPITRE III *Des obligations générales des commerçants*

SECTION II *De la comptabilité des commerçants*

SOUS-SECTION 3 *Des activités commerciales et artisanales ambulantes*

(Décr. n° 2009-194 du 18 févr. 2009, art. 1er)

Art. R. 123-208-1 I. — Les professions ci-après énoncées demeurent soumises à la réglementation qui leur est applicable :

1° Agents commerciaux mentionnés aux articles L. 134-1 et suivants ;

2° Personnes exerçant l'activité de vendeur-colporteur de presse mentionnée à l'article 22 de la loi n° 91-1 du 3 janvier 1991 tendant au développement de l'emploi par la formation dans les entreprises, l'aide à l'insertion sociale et professionnelle et l'aménagement du temps de travail, pour l'application du troisième plan pour l'emploi ;

3° Personnes qui exercent la profession d'exploitant de taxis prévue par la loi n° 95-66 du 20 janvier 1995 relative à l'accès à l'activité de conducteur ou au transport de marchandises ou de personnes prévues par la loi n° 82-1153 du 30 décembre 1982 d'orientation des transports intérieurs ; — *Ces lois ont été codifiées au code des transports par l'Ord. n° 2010-1307 du 28 oct. 2010 (JO 3 nov.).*

4° Personnes effectuant des opérations de démarchage réglementées par des textes particuliers, notamment par les articles L. 7311-1 et suivants du code du travail relatifs aux voyageurs, représentants et placiers *[V. ces art. ss. art. L. 134-17]*, par les articles L. 341-1 et suivants du code monétaire et financier relatifs au démarchage bancaire ou financier et par les articles L. 135-1 et suivants du code de commerce relatifs aux vendeurs à domicile indépendants ;

II. — Les dispositions de l'article L. 123-29 ne sont pas applicables aux autres professionnels effectuant à titre accessoire dans une ou plusieurs communes limitrophes des tournées de vente de leurs produits ou de prestations de services à partir d'établissements fixes.

Les art. R. 123-208-1 à R. 123-208-8 entrent en vigueur à la date de publication de l'arrêté prévu à l'art. R. 123-208-2 (Décr. n° 2009-194 du 18 févr. 2009, art. 3).

BIBL. ▶ MAINGUY, *JCP E 2014, n° 1379* (un statut oublié, les vendeurs colporteurs de presse).

Art. R. 123-208-2 Toute personne assujettie à immatriculation au registre du commerce et des sociétés *(Abrogé par Décr. n° 2015-731 du 24 juin 2015, art. 1er-6°, à compter du 19 déc. 2015)* ***« ou à la déclaration prévue à l'article L. 123-1-1 »*** effectue la déclaration prévue à l'article L. 123-29 auprès de la *(Décr. n° 2010-1463 du 1er déc. 2010, art. 87)* « chambre de commerce et d'industrie territoriale » compétente.

Toute personne assujettie à immatriculation au répertoire des métiers *(Abrogé par Décr. n° 2015-731 du 24 juin 2015, art. 1er-6°, à compter du 19 déc. 2015)* ***« ou à la déclaration prévue au V de l'article 19 de la loi n° 96-603 du 5 juillet 1996 relative au développement et à la promotion du commerce et de l'artisanat »*** *[V. ce texte, App., v° Artisans]* effectue cette déclaration auprès de la *(Décr. n° 2010-1356 du 11 nov. 2010, art. 25)* « chambre de métiers et de l'artisanat de région » compétente alors même qu'elle serait immatriculée au registre du commerce et des sociétés.

Toute personne exerçant une activité commerciale ou artisanale et qui n'est pas assujettie à immatriculation à un registre de publicité légale *(Abrogé par Décr. n° 2015-731 du 24 juin 2015, art. 1er-6°, à compter du 19 déc. 2015)* ***« ou à la déclaration prévue à l'article L. 123-1-1 ou au V de l'article 19 de la loi n° 96-603 du 5 juillet 1996 précitée »*** effectue cette déclaration auprès de la *(Décr. n° 2010-1463 du 1er déc. 2010, art. 87)* « chambre de commerce et d'industrie territoriale » ou de la *(Décr. n° 2010-1356 du 11 nov. 2010, art. 25)* « chambre de métiers et de l'artisanat de région » compétente au titre de son activité principale.

Les personnes mentionnées aux trois premiers alinéas adressent leur déclaration au centre de formalités des entreprises de la *(Décr. n° 2010-1463 du 1er déc. 2010, art. 87)* « chambre de commerce et d'industrie territoriale » ou de *[nouvelle rédaction issue du Décr. n° 2021-300 du 18 mars 2021, art. 23, en vigueur le 1er janv. 2023 : « à la chambre de commerce et d'industrie ou à »]* la *(Décr. n° 2010-1356 du 11 nov. 2010, art. 25)* « chambre de métiers et de l'artisanat de région » dont dépend soit *(Décr. n° 2017-1522 du 2 nov. 2017, art. 2)* « la commune où est situé l'organisme auprès duquel elles ont fait élection de domicile dans les conditions prévues à l'article L. 264-1 du code de l'action sociale et des familles », soit la commune où se trouve situé leur domicile ou leur résidence dans le cas d'une personne physique, ou leur siège social dans le cas d'une personne morale. Lorsque le domicile, la résidence ou le siège social sont situés dans l'un des États membres de *(Décr. n° 2021-300 du 18 mars 2021, art. 2, en vigueur le 1er avr. 2021)* « l'Union » européenne autre que la France, la déclaration est adressée au centre de formalités des entreprises *[nouvelle rédaction issue du Décr. n° 2021-300 du 18 mars 2021, art. 23, en vigueur le 1er janv. 2023 : « à la chambre de commerce et d'industrie ou à la chambre de métiers et de l'artisanat de région »]* dont dépend la commune où la personne entend exercer, à titre principal, son activité ou sa profession ambulante. La déclaration peut être effectuée concomitamment au dépôt de la déclaration de création de l'entreprise *(Décr. n° 2021-300 du 18 mars 2021, art. 2, en vigueur le 1er avr. 2021)* « , auprès du centre de formalités des entreprises compétent ou du service informatique mentionné à l'article R. 123-30-14 *[nouvelle rédaction issue du Décr. n° 2021-300 du 18 mars 2021, art. 23, en vigueur le 1er janv. 2023 : « réalisé auprès de l'organisme unique mentionné à l'article R. 123-1 »]*. »

La liste des pièces à produire à l'appui de la déclaration est fixée par arrêté du ministre chargé du commerce.

Art. R. 123-208-3 La déclaration prévue à l'article L. 123-29 est adressée par lettre recommandée avec demande d'avis de réception ou remise contre récépissé.

Si le dossier est incomplet, le centre de formalités des entreprises *[nouvelle rédaction issue du Décr. n° 2021-300 du 18 mars 2021, art. 23, en vigueur le 1er janv. 2023 : « la chambre de commerce et d'industrie ou la chambre de métiers et de l'artisanat de région »]* notifie à l'intéressé la liste des pièces manquantes dans un délai de quinze jours à compter de sa réception.

A compter de la réception du dossier complet de déclaration, une carte dénommée "carte permettant l'exercice d'une activité commerciale ou artisanale ambulante" est délivrée *(Décr. n° 2009-1700 du 30 déc. 2009)* « contre paiement d'une redevance » par la *(Décr. n° 2010-1463 du 1er déc. 2010, art. 87)* « chambre de commerce et d'industrie territoriale » ou la *(Décr. n° 2010-1356 du 11 nov. 2010, art. 25)* « chambre de métiers et de l'artisanat de région » à l'intéressé dans un délai maximum d'un mois, hors le cas où la déclaration est concomitante au dépôt d'une demande de création d'entreprise. Dans ce dernier cas, le délai d'un mois court à compter de l'inscription au registre de publicité légale *(Abrogé par Décr. n° 2015-731 du 24 juin 2015, art. 1er-7°)* ***« ou de la délivrance du récépissé de la déclaration prévue à l'article L. 123-1-1 et au V de l'article 19 de la loi n° 96-603 du 5 juillet 1996 relative au développement et à la promotion du commerce et de l'artisanat »*** *[V. ce texte, App., v° Artisans]*.

(Décr. n° 2009-1700 du 30 déc. 2009) « Durant la période d'un mois mentionnée au troisième alinéa et jusqu'à la réception de sa carte par le déclarant, celui-ci peut présenter aux contrôles mentionnés à l'article R. 123-208-5 un certificat provisoire délivré, à sa demande, par la *(Décr. n° 2010-1463 du 1er déc. 2010, art. 87)* « chambre de commerce et d'industrie territoriale » ou par la *(Décr. n° 2010-1356 du 11 nov. 2010, art. 25)* « chambre de métiers et de l'artisanat de région ». — *V. art. A. 123-80-6 et A. 123-80-7.*

« Le montant de la redevance mentionnée au troisième alinéa ne peut excéder le coût moyen de réalisation et de transmission de la carte.

« Les mentions portées sur cette carte et le montant de la redevance sont fixés par arrêté du ministre chargé du commerce. » — *V. art. A. 123-80-3 et A. 123-80-5.*

En application des art. L. 231-4 et L. 231-6 CRPA, le silence gardé par l'administration vaut rejet pour les demandes de délivrance de la carte permettant l'exercice d'une activité commerciale ou artisanale ambulante (Décr. n° 2014-1280 du 23 oct. 2014, art. 1er).

Art. R. 123-208-4 La déclaration prévue à l'article L. 123-29 est renouvelée tous les quatre ans, selon la même procédure que celle prévue à l'article R. 123-208-2. Cependant, en cas de renouvellement de la carte, le délai de délivrance de la nouvelle carte est de quinze jours à compter de la réception du dossier complet de déclaration.

Le titulaire de la carte fait connaître au centre de formalités des entreprises *[nouvelle rédaction issue du Décr. n° 2021-300 du 18 mars 2021, art. 23, en vigueur le 1er janv. 2023 : « à la chambre de commerce et d'industrie ou à la chambre de métiers et de l'artisanat de région »]* toute déclaration modificative affectant son activité ou son mode d'exercice ou toute radiation d'un registre de publicité légale, aux fins de mise à jour ou de retrait de ladite carte.

Pour obtenir sa radiation du registre du commerce et des sociétés ou du répertoire des métiers, l'intéressé produit ladite carte. Mention de cette radiation, ainsi que de sa date, sont portées sur la carte qui est restituée à l'autorité l'ayant délivrée. En cas de cessation d'une activité *(Abrogé par Décr. n° 2015-731 du 24 juin 2015, art. 1er-8°, à compter du 19 déc. 2015)* ***« soumise à la déclaration mentionnée à l'article L. 123-1-1 ou au V de l'article 19 de la loi n° 96-603 du 5 juillet 1996 relative au développement et à la promotion du commerce et de l'artisanat** [V. ce texte, App., v° Artisans]**, ou »*** non assujettie à immatriculation à un registre de publicité légale, la mention de cette cessation, ainsi que de sa date, sont portées sur la carte qui est restituée à l'autorité l'ayant délivrée.

Art. R. 123-208-5 I. — Toute personne souhaitant exercer une activité commerciale ou artisanale ambulante présente à toute réquisition des agents mentionnés à l'article L. 123-30 la carte permettant l'exercice d'une activité commerciale ou artisanale ambulante en cours de validité ainsi qu'un document justifiant de son identité.

II. — Tout préposé, salarié ou personne mentionnés aux articles L. 121-4 ou L. 121-8, exerçant une activité commerciale ou artisanale ambulante pour le compte d'une personne souhaitant exercer ladite activité, présente, à toute réquisition des agents susmentionnés, une copie de la carte de la personne pour le compte de laquelle il exerce cette activité, un document établissant un lien avec le titulaire de ladite carte, ainsi qu'un document justifiant de son identité.

III. — Préalablement à l'occupation temporaire d'un emplacement situé sur un marché ou sous une halle créé en application de l'article L. 2224-18 du code général des collectivités territoriales, les personnes exerçant une activité commerciale ou artisanale ainsi que leurs préposés présentent, à toute réquisition, les documents visés au I ou au II aux agents mentionnés à l'article L. 123-30, ainsi qu'aux agents du gestionnaire délégué du marché, responsables du placement, missionnés à cet effet par le maire de la commune. — *Sur les sanctions, V. art. R. 123-208-8.*

Toute copie de la carte est établie et certifiée par son titulaire, sous sa responsabilité.

Art. R. 123-208-6 Les agents mentionnés au 2° de l'article L. 123-30 sont habilités, sur proposition du maire, par arrêté du préfet du département dans lequel se trouve la commune concernée ou, à Paris, par arrêté du préfet de police.

Ne peuvent être habilités que des fonctionnaires titulaires justifiant d'une expérience professionnelle d'au moins deux ans dans la gestion des marchés ou d'une expérience professionnelle d'au moins trois ans dans des fonctions requérant le niveau de formation et de compétence exigibles pour cette mission de police judiciaire et dont le préfet a vérifié l'honorabilité dans les conditions prévues à l'article 776 du code de procédure pénale.

L'habilitation porte sur le territoire de la commune qui a présenté la demande pour ses agents. Elle cesse en cas de changement de fonction du bénéficiaire.

Avant d'entrer en fonction, les fonctionnaires ainsi habilités prêtent devant le *(Décr. n° 2019-966 du 18 sept. 2019, art. 8, en vigueur le 1er janv. 2020)* « tribunal judiciaire *[ancienne rédaction : tribunal d'instance]* » de leur commune d'exercice le serment suivant : "Je jure de bien et fidèlement remplir mes fonctions et de ne rien révéler ou utiliser de ce qui sera porté à ma connaissance à l'occasion de leur exercice".

Mention de la prestation de serment est portée sur l'acte d'habilitation par le greffier du *(Décr. n° 2019-966 du 18 sept. 2019, art. 8, en vigueur le 1er janv. 2020)* « tribunal judiciaire *[ancienne rédaction : tribunal d'instance]* ».

Art. R. 123-208-7 En cas de perte ou de vol de la carte, son titulaire sollicite du centre de formalités des entreprises *[nouvelle rédaction issue du Décr. n° 2021-300 du 18 mars 2021, art. 23, en vigueur le 1er janv. 2023 : « de la chambre de commerce et d'industrie ou de la chambre de métiers et de* *l'artisanat de région »]*, sur présentation d'une attestation sur l'honneur de perte ou du récépissé de déclaration de vol, la délivrance d'un duplicata.

Art. R. 123-208-8 L'exercice d'une activité commerciale ou artisanale ambulante sans la déclaration préalable prévue à l'article L. 123-29 du code de commerce est puni de l'amende prévue pour les contraventions de 4e classe.

Le défaut de présentation des documents prévus aux I, II et III de l'article R. 123-208-5, ainsi que le défaut de mise à jour de la carte permettant l'exercice d'une activité commerciale ou artisanale ambulante sont punis de l'amende prévue pour les contraventions de 3e classe.

MARCHÉS FINANCIERS

BIBL. ▸ RONTCHEVSKY, *Gaz. Pal. 10-12 mars 2002, n° 69 à 71, p. 15* (droit pénal boursier). – SALOMON, *Cah. dr. entr. 2006. 56* (le risque boursier : délits et manquements d'initiés, de manipulation de cours et de fausse information). – COHEN-BRANCHE, *Dr. pénal 2009. Étude 22* (le droit répressif non pénal : un droit plus adapté ? L'exemple de l'Autorité des marchés financiers).

▸ **Dossier :** La loi « SAPIN II » à hauteur des enjeux ?, *AJ pénal 2017. 61* s.

En vertu des dispositions de l'art. 46 de la L. n° 2003-706 du 1er août 2003, dans toutes les dispositions législatives et réglementaires, les références à la Commission des opérations de bourse, au Conseil des marchés financiers et au Conseil de discipline de la gestion financière sont remplacées par la référence à l'Autorité des marchés financiers et la référence aux règlements de la Commission des opérations de bourse est remplacée par la référence au règlement général de l'Autorité des marchés financiers.

La validité des actes de constatation et de procédure accomplis antérieurement à la première réunion de la commission des sanctions de l'Autorité des marchés financiers s'apprécie au regard des dispositions législatives et réglementaires en vigueur à la date à laquelle ils ont été pris ou accomplis ; les procédures de sanction devant la Commission des opérations de bourse en cours à la date de la première réunion du collège de l'Autorité des marchés financiers sont poursuivies de plein droit par celui-ci devant la commission des sanctions dans les conditions prévues à l'article L. 621-15 du code monétaire et financier. Lorsque les griefs ont été notifiés par la Commission des opérations de bourse, la commission des sanctions est saisie du dossier en l'état (L. n° 2003-706 du 1er août 2003, art. 49).

Code monétaire et financier

(Ord. n° 2000-1223 du 14 déc. 2000)

LIVRE IV Les marchés

BIBL. ▸ **Dossier** Droit pénal des marchés financiers, *AJ pénal 2011. 57* s. : LASSERRE CAPDEVILLE (le délit d'initié : une infraction modelée par les juges). – DEZEUZE (bref survol des contours du délit de manipulation des cours). – ALLAIN (le rôle punitif de l'Autorité des marchés financiers). – NORD-WAGNER (la double sanction des infractions boursières à l'épreuve du principe *non bis in idem*).

TITRE VI Dispositions pénales

CHAPITRE PREMIER *[ABROGÉ]* *Infractions relatives à l'appel public à l'épargne*

(Abrogé par L. n° 2009-526 du 12 mai 2009, art. 138-XII-4°).

Art. L. 461-1 *Abrogé par Ord. n° 2009-80 du 22 janv. 2009, art. 4-2°, à compter du 1er avr. 2009.*

CHAPITRE II *Infractions relatives aux marchés réglementés*

Art. L. 462-1 *Abrogé par Ord. n° 2007-544 du 12 avr. 2007, art. 3-16°, à compter du 1er avr. 2009.*

Art. L. 462-2 Les sanctions relatives à la publicité pour la souscription de valeurs mobilières sont fixées par l'article L. 245-2 *[abrogé]* du code de commerce.

CHAPITRE III *Infractions relatives aux négociations sur instruments financiers*

Art. L. 463-1 et L. 463-2 *Abrogés par L. n° 2006-387 du 31 mars 2006, art. 26-XIII.*

CHAPITRE IV *Infractions relatives aux entreprises de marché et aux chambres de compensation*

Art. L. 464-1 Est puni des peines prévues à l'article 226-13 du code pénal, le fait, pour tout dirigeant, salarié ou préposé des chambres de compensation, de violer le secret professionnel institué à l'article *(Ord. n° 2007-1490 du 18 oct. 2007, art. 3, en vigueur le 1er nov. 2007)* « L. 440-4 », sous réserve des dispositions de l'article 226-14 du code pénal. – *[L. n° 96-597 du 2 juill. 1996, art. 47-III.]*

Art. L. 464-2 *(Ord. n° 2007-544 du 12 avr. 2007, art. 3-17°, en vigueur le 1er nov. 2007)* Est puni des peines prévues à l'article 226-13 du code pénal le fait pour les membres des organes d'administration, de direction et de surveillance, les dirigeants, salariés et préposés des entreprises de marché de violer le secret professionnel institué à l'article L. 421-8, sous réserve des dispositions de l'article 226-14 du code pénal.

CHAPITRE V *Infractions relatives à la protection des investisseurs*

SECTION I *Atteintes à la transparence des marchés*

Art. L. 465-1 *(L. n° 2016-819 du 21 juin 2016, art. 1er-I-1°, en vigueur le 3 juill. 2016)* I. – A. – Est puni de cinq ans d'emprisonnement et de 100 millions d'euros d'amende, ce montant pouvant être porté jusqu'au décuple du montant de l'avantage retiré du délit, sans que l'amende puisse être inférieure à cet avantage, le fait, par le directeur général, le président, un membre du directoire, le gérant, un membre du conseil d'administration ou un membre du conseil de surveillance d'un émetteur concerné par une information privilégiée ou par une personne qui exerce une fonction équivalente, par une personne disposant d'une information privilégiée concernant un émetteur au sein duquel elle détient une participation, par une personne disposant d'une information privilégiée à l'occasion de sa profession ou de ses fonctions ou à l'occasion de sa participation à la commission d'un crime ou d'un délit, ou par toute autre personne disposant d'une information privilégiée en connaissance de cause, de faire usage de cette information privilégiée en réalisant, pour elle-même ou pour autrui, soit directement, soit indirectement, une ou plusieurs opérations ou en annulant ou en modifiant un ou plusieurs ordres passés par cette même personne avant qu'elle ne détienne l'information privilégiée, sur les instruments financiers émis par cet émetteur ou sur les instruments financiers concernés par ces informations privilégiées.

B. – Le simple fait qu'une personne dispose d'une information privilégiée n'est pas constitutif de l'infraction prévue au A, si son comportement est légitime, au sens de l'article 9 du règlement (UE) n° 596/2014 du Parlement européen et du Conseil du 16 avril 2014 sur les abus de marché (règlement relatif aux abus de marché) et abrogeant la directive 2003/6/CE du Parlement européen et du Conseil et les directives 2003/124/CE, 2003/125/CE et 2004/72/CE de la Commission.

C. – Au sens de la présente section, les mots : "information privilégiée" désignent les informations privilégiées au sens des 1 à 4 de l'article 7 du règlement (UE) n° 596/2014 du Parlement européen et du Conseil du 16 avril 2014 précité.

II. – La tentative de l'infraction prévue au I du présent article est punie des mêmes peines.

V. art. L. 621-12.

Sur la qualification d'actes de terrorisme pouvant être retenue à l'encontre des délits d'initiés prévus aux art. L. 465-1 à L. 465-3 C. mon. fin., V. C. pén., art. 421-1. – **C. pén.**

V. Dir. 2014/57/UE du 16 avr. 2014 relative aux sanctions pénales applicables aux abus de marché (https://eur-lex.europa.eu) et Règl. (UE) n° 596/2014 du 16 avr. 2014 sur les abus de marché, App., v° Abus de marché.

Le procureur de la République financier et les juridictions d'instruction et de jugement de Paris ont seuls compétence pour la poursuite, l'instruction et le jugement des délits prévus aux art. L. 465-1 à L. 465-3-3 C. mon. fin. Cette compétence s'étend aux infractions connexes. Le procureur de la République financier et le juge d'instruction de Paris exercent leurs attributions sur toute l'étendue du territoire national (C. pr. pén., art. 705-1, dans sa réd. issue de la L. n° 2016-819 du 21 juin 2016).

BIBL. ▶ Sur la réforme issue de la loi du 21 juin 2016 : CONAC, *Rev. sociétés 2016. 469* ; *BJB 2016. 323*. – MASCALA, *D. 2016. Pan. 1841*. – BELLEZZA, *RSC 2016. 316* ; *RDBF 2016. Étude 23*. – LASSERRE CAPDEVILLE, *AJ pénal 2016. 424*. – BONNEAU, *JCP E 2016. 1412* ; *Dr. sociétés 2016. Étude 14*. – DEZEUZE, *JCP 2016. 846*. – *BRDA 2016, n° 13, p. 15*. – VABRES, *Dr. sociétés 2016, n° 147*. – QUENTIN et PONS-HENRY, *RLDA sept. 2016. 17*. – PAILLER, *RDBF 2016, n° 217*. – REYGROBELLET, FRANÇOIS, PERNAZZA, DECKERT et CHACORNAC, *BJB 2016. 468* (répression des abus de marché en France et solutions étrangères). – DEZEUZE et RONTCHEVSKY, *RTDF 2016, n° 3, p. 144*. – RONTCHEVSKY, *Banque et Dr. 5-6/2017. 4*.

▶ Autres thèmes : BOURSIER, *BJB 2016. 382* (*whistleblowing* en matière d'abus de marché). – Dossier « Le contentieux boursier : entre répression pénale et sanction administrative », *ibid. 2017. 130*. – CUNTZ, *RDBF 2017. Étude 11* (réforme de la prescription pénale). – RONTCHEVSKY, *RTDF 2017, n° 2, p. 159* (même thème).

Art. L. 465-2 *(L. n° 2016-819 du 21 juin 2016, art. 1er-I-1°, en vigueur le 3 juill. 2016)* **I. — Est puni des peines prévues au A du I de l'article L. 465-1 le fait, par l'une des personnes mentionnées au même article L. 465-1, de recommander la réalisation d'une ou plusieurs opérations sur les instruments financiers auxquels l'information privilégiée se rapporte ou d'inciter à la réalisation de telles opérations sur le fondement de cette information privilégiée.**

II. — Constitue l'infraction prévue au A du I dudit article L. 465-1 le fait, par toute personne, de faire usage de la recommandation ou de l'incitation mentionnée au I du présent article en sachant qu'elle est fondée sur une information privilégiée.

III. — Constitue l'infraction prévue au I de l'article L. 465-3 le fait, par toute personne, de communiquer la recommandation ou l'incitation mentionnée au I du présent article en sachant qu'elle est fondée sur une information privilégiée.

IV. — La tentative de l'infraction prévue au I du présent article est punie des mêmes peines.

Art. L. 465-3 *(L. n° 2016-819 du 21 juin 2016, art. 1er-I-1°, en vigueur le 3 juill. 2016)* **I. — Est puni des peines prévues au A du I de l'article L. 465-1 le fait, par une personne disposant d'une information privilégiée concernant un émetteur au sein duquel elle exerce les fonctions de directeur général, de président, de membre du directoire, de gérant, de membre du conseil d'administration, de membre du conseil de surveillance ou une fonction équivalente ou au sein duquel elle détient une** *(L. n° 2016-1691 du 9 déc. 2016, art. 46-VI)* **« participation », par une personne disposant d'une information privilégiée à l'occasion de sa profession ou de ses fonctions ou à l'occasion de sa participation à la commission d'un crime ou d'un délit, ou par toute autre personne disposant d'une information privilégiée en connaissance de cause, de la communiquer à un tiers, à moins qu'elle ne prouve que cette communication intervient dans le cadre normal de sa profession ou de ses fonctions, y compris lorsqu'elle relève d'un sondage de marché effectué conformément aux 1 à 8 de l'article 11 du règlement (UE) n° 596/2014 du Parlement européen et du Conseil du 16 avril 2014 sur les abus de marché (règlement relatif aux abus de marché) et abrogeant la directive 2003/6/CE du Parlement européen et du Conseil et les directives 2003/124/CE, 2003/125/CE et 2004/72/CE de la Commission.**

II. — La tentative de l'infraction prévue au I du présent article est punie des mêmes peines.

Art. L. 465-3-1 *(L. n° 2016-819 du 21 juin 2016, art. 1er-I-1°, en vigueur le 3 juill. 2016)* **I. — A. — Est puni des peines prévues au A du I de l'article L. 465-1 le fait, par toute personne, de réaliser une opération, de passer un ordre ou d'adopter un comportement qui donne ou est susceptible de donner des indications trompeuses sur l'offre, la demande ou le cours d'un instrument financier ou qui fixe ou est susceptible de fixer à un niveau anormal ou artificiel le cours d'un instrument financier.**

B. — Le A du présent I n'est pas applicable dans les cas où l'opération ou le comportement mentionné au présent I est fondé sur un motif légitime et est conforme à une pratique de marché admise, au sens du 9 du 1 de l'article 3 du règlement (UE) n° 596/2014 du Parlement européen et du Conseil du 16 avril 2014 sur les abus de marché (règlement relatif aux abus de marché) et abrogeant la directive 2003/6/CE du Parlement européen et du Conseil et les directives 2003/124/CE, 2003/125/CE et 2004/72/CE de la Commission.

II. — Est également puni des peines prévues au A du I de l'article L. 465-1 le fait, par toute personne, de réaliser une opération, de passer un ordre ou d'adopter un comportement qui affecte le cours d'un instrument financier, en ayant recours à des procédés fictifs ou à toute autre forme de tromperie ou d'artifice.

III. – La tentative des infractions prévues aux I et II du présent article est punie des mêmes peines.

Art. L. 465-3-2 *(L. n° 2016-819 du 21 juin 2016, art. 1er-I-1°, en vigueur le 3 juill. 2016)* I. – Est puni des peines prévues au A du I de l'article L. 465-1 le fait, par toute personne, de diffuser, par tout moyen, des informations qui donnent des indications fausses ou trompeuses sur la situation ou les perspectives d'un émetteur ou sur l'offre, la demande ou le cours d'un instrument financier ou qui fixent ou sont susceptibles de fixer le cours d'un instrument financier à un niveau anormal ou artificiel.

II. – La tentative de l'infraction prévue au I du présent article est punie des mêmes peines.

Art. L. 465-3-3 *(L. n° 2016-819 du 21 juin 2016, art. 1er-I-1°, en vigueur le 3 juill. 2016)* I. – Est puni des peines prévues au A du I de l'article L. 465-1 le fait, par toute personne :

1° De fournir ou de transmettre des données ou des informations fausses ou trompeuses utilisées pour calculer un indice de référence ou des informations de nature à fausser le cours d'un instrument financier ou d'un actif auquel est lié un tel indice ;

2° D'adopter tout autre comportement aboutissant à la manipulation du calcul d'un tel indice.

Constitue un indice de référence tout taux, indice ou nombre mis à la disposition du public ou publié, qui est déterminé périodiquement ou régulièrement par application d'une formule ou sur la base de la valeur d'un ou de plusieurs actifs ou prix sous-jacents, y compris des estimations de prix, de taux d'intérêt ou d'autres valeurs réels ou estimés, ou des données d'enquêtes, et par référence auquel est déterminé le montant à verser au titre d'un instrument financier ou la valeur d'un instrument financier.

II. – La tentative de l'infraction prévue au I du présent article est punie des mêmes peines.

Art. L. 465-3-4 *(L. n° 2016-819 du 21 juin 2016, art. 1er-I-1°, en vigueur le 3 juill. 2016)* I. – La présente section s'applique :

(L. n° 2016-819 du 21 juin 2016, art. 3-II) « 1° Aux instruments financiers négociés sur une plate-forme de négociation ou pour lesquels une demande d'admission à la négociation sur une plate-forme de négociation a été présentée ; »

2° Aux instruments financiers autres que ceux mentionnés au 1° dont le cours ou la valeur dépend du cours ou de la valeur d'un instrument financier mentionné au même 1° ou dont le cours ou la valeur a un effet sur le cours ou la valeur d'un instrument financier mentionné audit 1° ;

3° Aux unités mentionnées à l'article L. 229-7 du code de l'environnement.

II. – Les articles L. 465-3-1 et L. 465-3-2 du présent code s'appliquent également :

1° Aux contrats au comptant sur matières premières, au sens du 15 du 1 de l'article 3 du règlement (UE) n° 596/2014 du Parlement européen et du Conseil du 16 avril 2014 sur les abus de marché (règlement relatif aux abus de marché) et abrogeant la directive 2003/6/CE du Parlement européen et du Conseil et les directives 2003/124/CE, 2003/125/CE et 2004/72/CE de la Commission, qui ne sont pas des produits énergétiques de gros, au sens du 4 de l'article 2 du règlement (UE) n° 1227/2011 du Parlement européen et du Conseil du 25 octobre 2011 concernant l'intégrité et la transparence du marché de gros de l'énergie, lorsque l'opération, le comportement ou la diffusion a ou est susceptible d'avoir un effet sur le cours ou la valeur d'un instrument financier mentionné au I du présent article ;

2° Aux instruments financiers dont le cours ou la valeur a un effet sur le cours ou la valeur d'un contrat au comptant sur matières premières, au sens du 15 du 1 de l'article 3 du règlement (UE) n° 596/2014 du Parlement européen et du Conseil du 16 avril 2014 précité, lorsque l'opération, le comportement ou la diffusion a ou est susceptible d'avoir un effet sur le cours ou la valeur du contrat au comptant sur matières premières.

III. – La présente section ne s'applique pas :

1° Aux opérations de rachat par les sociétés de leurs propres actions, au sens des articles L. 225-206 à L. 225-216 du code de commerce, lorsque ces opérations sont réalisées conformément aux 1 à 3 de l'article 5 du règlement (UE) n° 596/2014 du Parlement européen et du Conseil du 16 avril 2014 précité ;

2° Aux opérations de stabilisation, au sens du *d* du 2 de l'article 3 du même règlement, portant sur les instruments financiers mentionnés aux *a* et *b* du même 2, lorsque ces opérations sont réalisées conformément aux 4 et 5 de l'article 5 dudit règlement ;

3° Aux opérations ou comportements mentionnés aux 1 à 4 de l'article 6 du même règlement.

L'art. 3-II de la L. n° 2016-819 du 21 juin 2016 entre en vigueur à la date d'entrée en vigueur de l'Ord. prise en application de l'art. 28 de la L. n° 2014-1662 du 30 déc. 2014 (L. préc., art. 3-V). Ladite Ord. (n° 2016-827 du 23 juin 2016) est entrée en vigueur le 3 janv. 2018 (Ord. préc., art. 28).

Art. L. 465-3-5 *(L. n° 2016-819 du 21 juin 2016, art. 1er-I-1°, en vigueur le 3 juill. 2016)* **I. — Les personnes morales déclarées responsables pénalement, dans les conditions prévues à l'article 121-2 du code pénal, des infractions définies aux articles L. 465-1 à L. 465-3-3 du présent code encourent, outre l'amende suivant les modalités prévues à l'article 131-38 du code pénal, les peines prévues à l'article 131-39 du même code.** *(L. n° 2016-1691 du 9 déc. 2016, art. 46-I)* **« L'amende peut être portée à 15 % du chiffre d'affaires annuel total au sens du dernier alinéa du III *bis* de l'article L. 621-15. » Les modalités prévues à l'article 131-38 dudit code s'appliquent uniquement à l'amende exprimée en valeur absolue.**

L'interdiction mentionnée au 2° de l'article 131-39 du même code porte sur l'activité dans l'exercice ou à l'occasion de l'exercice de laquelle l'infraction a été commise.

II. — Lorsqu'elles sont commises en bande organisée, les infractions prévues aux articles L. 465-1 à L. 465-3-3 du présent code sont punies de dix ans d'emprisonnement et de 100 millions d'euros d'amende, ce montant pouvant être porté jusqu'au décuple du montant de l'avantage retiré du délit.

Pour la responsabilité pénale d'une société prestataire de services d'investissement pour des manipulations de cours commises par l'un de ses salariés ayant reçu de la direction le pouvoir d'exécuter les ordres des clients et de représenter l'établissement vis-à-vis de ces derniers et qui avait agi sur ordre d'un client, après en avoir informé sa hiérarchie, V. • Crim. 28 janv. 2009 : *BJS 2009. 799, note J.-F. Barbièri ; RJDA 2009, n° 862 ; RSC 2010. 165, obs. Stasiak*.

Art. L. 465-3-6 *(L. n° 2016-819 du 21 juin 2016, art. 2)* **I. — Le procureur de la République financier ne peut mettre en mouvement l'action publique pour l'application des peines prévues à la présente section lorsque l'Autorité des marchés financiers a procédé à la notification des griefs pour les mêmes faits et à l'égard de la même personne en application de l'article L. 621-15.**

L'Autorité des marchés financiers ne peut procéder à la notification des griefs à une personne à l'encontre de laquelle l'action publique a été mise en mouvement pour les mêmes faits par le procureur de la République financier pour l'application des peines prévues à la présente section.

II. — Avant toute mise en mouvement de l'action publique pour l'application des peines prévues à la présente section, le procureur de la République financier informe de son intention l'Autorité des marchés financiers. Celle-ci dispose d'un délai de deux mois pour lui faire connaître son intention de procéder à la notification des griefs à la même personne pour les mêmes faits.

Si l'Autorité des marchés financiers ne fait pas connaître, dans le délai imparti, son intention de procéder à la notification des griefs ou si elle fait connaître qu'elle ne souhaite pas y procéder, le procureur de la République financier peut mettre en mouvement l'action publique.

Si l'Autorité des marchés financiers fait connaître son intention de procéder à la notification des griefs, le procureur de la République financier dispose d'un délai de quinze jours pour confirmer son intention de mettre en mouvement l'action publique et saisir le procureur général près la cour d'appel de Paris. A défaut, l'Autorité des marchés financiers peut procéder à la notification des griefs.

III. — Avant toute notification des griefs pour des faits susceptibles de constituer un des délits mentionnés à la présente section, l'Autorité des marchés financiers informe de son intention le procureur de la République financier. Celui-ci dispose d'un délai de deux mois pour lui faire connaître son intention de mettre en mouvement l'action publique pour les mêmes faits et à l'encontre de la même personne.

Si le procureur de la République financier ne fait pas connaître, dans le délai imparti, son intention de mettre en mouvement l'action publique ou s'il fait connaître qu'il ne souhaite pas y procéder, l'Autorité des marchés financiers peut procéder à la notification des griefs.

Si le procureur de la République financier fait connaître son intention de mettre en mouvement l'action publique, l'Autorité des marchés financiers dispose d'un délai de quinze jours pour confirmer son intention de procéder à la notification des griefs et saisir le procureur général près la cour d'appel de Paris. A défaut, le procureur de la République financier peut mettre en mouvement l'action publique.

IV. — Saisi en application des II ou III du présent article, le procureur général près la cour d'appel de Paris dispose d'un délai de deux mois à compter de sa saisine pour autoriser ou

non le procureur de la République financier à mettre en mouvement l'action publique, après avoir mis en mesure le procureur de la République financier et l'Autorité des marchés financiers de présenter leurs observations. Si le procureur de la République financier n'est pas autorisé, dans le délai imparti, à mettre en mouvement l'action publique, l'Autorité des marchés financiers peut procéder à la notification des griefs.

V. — Dans le cadre des procédures prévues aux II et III, toute décision par laquelle l'Autorité des marchés financiers renonce à procéder à la notification des griefs et toute décision par laquelle le procureur de la République financier renonce à mettre en mouvement l'action publique est définitive et n'est pas susceptible de recours. Elle est versée au dossier de la procédure. L'absence de réponse de l'Autorité des marchés financiers et du procureur de la République financier dans les délais prévus aux mêmes II et III est définitive et n'est pas susceptible de recours.

La décision du procureur général près la cour d'appel de Paris prévue au IV est définitive et n'est pas susceptible de recours. Elle est versée au dossier de la procédure.

VI. — Les procédures prévues aux II, III et IV du présent article suspendent la prescription de l'action publique et de l'action de l'Autorité des marchés financiers pour les faits auxquels elles se rapportent.

VII. — Par dérogation à l'article 85 du code de procédure pénale, une plainte avec constitution de partie civile pour des faits susceptibles de constituer un des délits mentionnés à la présente section n'est recevable qu'à la condition que le procureur de la République financier ait la possibilité d'exercer les poursuites en application du présent article, et que la personne qui se prétend lésée justifie qu'un délai de trois mois s'est écoulé depuis qu'elle a déposé plainte devant ce magistrat contre récépissé ou par lettre recommandée avec demande d'avis de réception ou depuis qu'elle a adressé, selon les mêmes modalités, copie à ce magistrat de sa plainte déposée devant un service de police judiciaire. La prescription de l'action publique est suspendue, au profit de la victime, du dépôt de la plainte jusqu'à la réponse du procureur de la République financier à l'expiration du délai de trois mois mentionné à la première phrase du présent VII.

VIII. — Par dérogation au premier alinéa de l'article 551 du code de procédure pénale, la citation visant les délits mentionnés à la présente section ne peut être délivrée qu'à la demande du procureur de la République financier, à la condition qu'il ait la possibilité d'exercer les poursuites en application du présent article.

IX. — Sans préjudice de l'article 6 du code de procédure pénale, l'action publique pour l'application des peines prévues à la présente section s'éteint, à l'issue des procédures prévues aux II, III et IV du présent article, par la notification des griefs par l'Autorité des marchés financiers pour les mêmes faits et à l'égard de la même personne en application de l'article L. 621-15 du présent code.

X. — La section VIII du chapitre Ier du titre II du livre II du code de procédure pénale est applicable aux délits mentionnés à la présente section.

XI. — Un décret en Conseil d'État précise les conditions et modalités d'application du présent article. — *V. art. R. 465-1 s.*

BIBL. ▸ LE FUR et SCHMIDT, *D. 2016. Chron. 2126* (traitement du cumul des sanctions administratives et pénales : entre incohérence et insécurité juridique). – ROUAUD, DAIGRE et CHACORNAC, *Banque et Dr. 7-8/2016. 21.* ▸ V. aussi Bibl. ss. art. L. 465-1.

Une personne qui n'est pas mise en examen pour un des délits visés aux art. L. 465-1 à L. 465-3-3 est sans qualité pour critiquer la régularité du réquisitoire introductif pris de l'absence de toute information préalable de l'AMF en violation des dispositions de l'art. L. 465-3-6, II. • Crim. 1er avr. 2020, n° 19-80.900 : *Rev. sociétés 2020. 556, note Dezeuze et Méléard ; BJB 5-6/2020. 21, note Pietrancosta.*

SECTION II *Prises de participation*

V. art. L. 465-4 C. mon. fin. — ***C. mon. fin.***

CHAPITRE VI *Dispositions communes*

Art. L. 466-1 Les autorités judiciaires compétentes, saisies de poursuites relatives à des infractions mettant en cause les sociétés *(Ord. n° 2009-80 du 22 janv. 2009, art. 4-3°, en vigueur le 1er avr. 2009)* « dont les titres financiers sont admis aux négociations sur un marché réglementé ou offerts au public sur un système multilatéral de négociation *(Abrogé par L. n° 2016-1691 du 9 déc. 2016, art. 42-I-5°)* ***« qui se soumet aux dispositions législatives ou réglementaires visant à protéger les investisseurs contre les opérations d'initiés, les manipulations de cours et la diffusion de fausses informations »***, ou à des infractions commises à l'occasion

d'opérations sur un marché d'instruments financiers » *(L. n° 2010-1249 du 22 oct. 2010, art. 9-II-9°)* **« ou d'actifs mentionnés au II de l'article L. 421-1 », peuvent, en tout état de la procédure, demander l'avis de** *(L. n° 2003-706 du 1er août 2003, art. 46-V)* **« l'Autorité des marchés financiers ». Cet avis est obligatoirement demandé lorsque les poursuites sont engagées en exécution** *(L. n° 2016-819 du 21 juin 2016, art. 1er-I-2°, en vigueur le 3 juill. 2016)* **« des articles L. 465-1 à L. 465-3-3 ».** – *[Ord. n° 67-833 du 28 sept. 1967, art. 12-1, al. 1er.]*

Avant que la L. n° 2016-819 du 21 juin 2016 ne vienne modifier la dernière phrase de l'art. L. 466-1, celle-ci avait été abrogée par le Conseil constitutionnel, à compter du 1er sept. 2016 (V. Cons. const. 18 mars 2015, nos 2014-453/454 QPC et 2015/462 QPC).

1. Dans l'état actuel de la jurisprudence et en l'absence d'un texte particulier, la Commission des opérations de bourse, lorsqu'elle n'a pas un intérêt personnel et direct, ne peut intervenir, ni émettre un avis devant les juridictions civiles dans les actions intentées par les actionnaires des sociétés faisant publiquement appel à l'épargne contre ces sociétés, même si ces procès concernent des affaires dont elle a eu à connaître (communiqué COB, *Bull. COB, n° 12, janv. 1970*).

2. Dans les cas où la COB transmet au procureur de la République, en vue de poursuites judiciaires, le dossier établi par ses services, les conclusions de son rapport constituent l'avis exigé par l'art. 12-1 [L. 466-1]. • Crim. 1er mars 2000 : *D. 2000. AJ 229, obs. Lienhard ; Dr. pén. 2000, n° 75, note J.-H. Robert ; BJB 2000. 443, note Rontchevsky.*

3. Sur la portée de l'avis formulé par l'AMF, V. • Décis. AMF 25 juin 2013 : *Banque et Dr. 9-10/2013. 28, obs. Rouaud.*

LIVRE VI Les institutions en matière bancaire et financière

....

TITRE II L'Autorité des marchés financiers *(L. n° 2003-706 du 1er août 2003).*

CHAPITRE UNIQUE *L'Autorité des marchés financiers* *(L. n° 2003-706 du 1er août 2003).*

BIBL. ▶ **Dossier.** Droit pénal des marchés financiers, *AJ pénal 2011. 57* s. : LASSERRE-CAPDEVILLE (le délit d'initié : une infraction modelée par les juges). – DEZEUZE (bref survol des contours du délit de manipulation des cours). – ALLAIN (le rôle punitif de l'Autorité des marchés financiers). – NORD-WAGNER (la double sanction des infractions boursières à l'épreuve du principe *non bis in idem*).

SECTION I *Missions*

Art. L. 621-1 *(L. n° 2003-706 du 1er août 2003, art. 2)* **L'Autorité des marchés financiers, autorité publique indépendante** *(Abrogé par L. n° 2017-55 du 20 janv. 2017, art. 34-1°)* ***« dotée de la personnalité morale »*, veille à la protection de l'épargne investie** *(Ord. n° 2009-80 du 22 janv. 2009, art. 6-I, en vigueur le 1er avr. 2009)* **« dans les instruments financiers** *(L. n° 2010-1249 du 22 oct. 2010, art. 9-II-10° ; L. n° 2016-819 du 21 juin 2016, art. 8-I-1°, en vigueur le 3 juill. 2016)* **« , les unités mentionnées à l'article L. 229-7 du code de l'environnement et les actifs mentionnés au II de l'article L. 421-1 du présent code » donnant lieu à une offre au public ou à une admission aux négociations sur un marché réglementé et dans tous autres placements offerts au public. Elle veille également » à l'information des investisseurs et au bon fonctionnement des marchés d'instruments financiers** *(L. n° 2010-1249 du 22 oct. 2010, art. 9-II-10° ; L. n° 2016-819 du 21 juin 2016, art. 8-I-1°, en vigueur le 3 juill. 2016)* **« , d'unités mentionnées à l'article L. 229-7 du code de l'environnement et d'actifs mentionnés au II de l'article L. 421-1 du présent code ». Elle apporte son concours à la régulation de ces marchés aux échelons européen et international.** *(L. n° 2019-486 du 22 mai 2019, art. 77)* **« Elle veille à la qualité de l'information fournie par les sociétés de gestion pour la gestion de placements collectifs sur leur stratégie d'investissement et leur gestion des risques liés aux effets du changement climatique. »**

(L. n° 2010-1249 du 22 oct. 2010, art. 3-I) **« Dans l'accomplissement de ses missions, l'Autorité des marchés financiers prend en compte les objectifs de stabilité financière dans l'ensemble de l'Union européenne et de l'Espace économique européen et de mise en œuvre convergente des dispositions nationales et de l'Union européenne en tenant compte des bonnes pratiques et recommandations issues des dispositifs de supervision de l'Union européenne. Elle coopère avec les autorités compétentes des autres États. »**

(*Ord. n° 2008-1271 du 5 déc. 2008, art. 1er, 5°*) **« Elle veille également à ce que les entreprises soumises à son contrôle mettent en œuvre les moyens adaptés pour se conformer aux codes de conduite homologués mentionnés à l'article L. 611-3-1. »**

Sur le statut général des autorités administratives indépendantes, applicable à l'AMF, V. L. n° 2017-55 du 20 janv. 2017 (JO 21 janv.).

Pour les dispositions relatives aux compétences de l'Autorité des marchés financiers en matière de contrôle des prestataires de services d'investissement, V. art. L. 621-24 et L. 621-25.

1. Sur l'ouverture du recours en annulation contre les avis, recommandations, mises en garde et prises de position de l'AMF, V. • CE 21 mars 2016, n° 368082 : *Rev. sociétés 2016. 608, note Dexant-de Bailliencourt ; RTD com. 2016. 298, obs. Rontchevsky ; Dr. sociétés 2016, n° 108, note Vabres ; RJDA 2016, n° 449 ; Banque et Dr. 5-6/2016. 28, obs. Chacornac ; RDBF 2016, n° 144, obs. Pailler.* – V. Vandermeeren, *RJDA 2016. 419* ; Boucard, *Banque et Dr. 9-10/2016. 4* ; Jouffin et Boccara, *ibid. nov.-déc. 2016. 42* ; Dexant-de Bailliencourt, *BJB 2016. 543* ; Spitz, *Banque et Dr. 3-4/2018. 8.*

2. La mission de protection de l'épargne et d'information des investisseurs de l'AMF s'étend non seulement aux instruments financiers, définis par l'art. L. 211-1, et aux actifs mentionnés au II de l'art. L. 421-1 admis aux négociations sur un marché réglementé, mais également à tous les autres placements offerts au public ; par suite, il est loisible à l'AMF d'appeler l'attention des investisseurs sur les caractéristiques et les modalités de commercialisation de placements immobiliers, alors même qu'ils ne relèvent pas de la réglementation applicable aux titres financiers, dès lors qu'il s'agit de placements offerts au public. • CE 21 mars 2016, n° 368082 : *préc. note 1.*

....

SECTION III *Règles de fonctionnement*

Art. L. 621-4 I. – *Abrogé par L. n° 2017-55 du 20 janv. 2017, art. 34-3°.*

(*L. n° 2003-706 du 1er août 2003, art. 5*) **II. – Les** (*Abrogé par L. n° 2017-55 du 20 janv. 2017, art. 34-3°*) **« *membres, les* » personnels et préposés de l'Autorité des marchés financiers** (*Ord. n° 2017-1107 du 22 juin 2017, art. 12-2°, en vigueur le 3 janv. 2018*) **« [,] ses experts mandatés, » ainsi que les experts nommés dans les commissions consultatives mentionnées au III de l'article L. 621-2 sont tenus au secret professionnel dans les conditions et sous les peines prévues à l'article L. 642-1.**

Ce secret n'est pas opposable à l'autorité judiciaire agissant dans le cadre soit d'une procédure pénale, soit d'une procédure de (*Ord. n° 2017-1107 du 22 juin 2017, art. 12-2°, en vigueur le 3 janv. 2018*) **« redressement ou de » liquidation judiciaire ouverte à l'égard d'une personne mentionnée au II de l'article L. 621-9.**

III. – Les dispositions (*Ord. n° 2005-428 du 6 mai 2005, art. 4*) **« du chapitre VIII du titre II du livre Ier du code de commerce » sont applicables aux membres de l'Autorité des marchés financiers. Nul ne peut être membre de l'Autorité des marchés financiers s'il a été sanctionné au cours des cinq années passées au titre des dispositions du présent code.** – *Le chapitre VIII du titre II du livre Ier C. com., relatif aux incapacités d'exercer une profession commerciale ou industrielle, a été abrogé par la L. n° 2008-706 du 4 août 2008, art. 70-1.*

BIBL. ► DECOOPMAN, *Dr. sociétés 2003. Repère 10* (sanction des règles relatives aux conflits d'intérêts).

1. Conflits d'intérêts. La circonstance que l'un des membres de la commission des sanctions se soit déporté en raison d'un conflit d'intérêts personnel l'ayant opposé dans le passé à la personne mise en cause n'est pas exclusive de l'application des dispositions de l'art. R. 621-7 C. mon. fin. [dans sa réd. antérieure au Décr. du 2 sept. 2008], réputant ce membre présent au titre du *quorum*. • Com. 19 janv. 2010 : *Rev. sociétés 2010. 387, note Paclot.*

2. Secret professionnel. L'art. 54, § 1 et 2, de la Dir. 2004/39/CE du 21 avr. 2004 (directive « MIF ») doit être interprété en ce sens qu'une autorité nationale de surveillance peut invoquer, dans le cadre d'une procédure administrative, l'obligation de garder le secret professionnel à l'encontre d'une personne qui, en dehors d'un cas relevant du droit pénal ou d'une procédure civile ou commerciale, lui a demandé l'accès à des informations concernant une entreprise d'investissement qui se trouve désormais en liquidation judiciaire, quand bien même le principal modèle commercial de cette entreprise aurait consisté dans une fraude de grande ampleur visant à escroquer sciemment les investisseurs et plusieurs des responsables de ladite entreprise auraient été condamnés à des peines privatives de liberté. • CJUE 12 nov. 2014 : *BJB 2015. 68, note Morel-Maroger ; RDBF 2015, n° 67, obs. Bonneau.*

3. L'art. 54, § 1, de la Dir. 2004/39/CE du 21 avr. 2004 doit être interprété en ce sens que toutes les informations relatives à l'entreprise surveillée et communiquées par celle-ci à l'autorité compétente, ainsi que toutes les déclarations de cette autorité figurant dans son dossier de surveillance, y compris sa correspondance avec d'autres services, ne constituent pas, de manière inconditionnelle, des informations confidentielles, couvertes, dès lors, par l'obligation de garder le secret professionnel prévue à cette disposition ; relèvent de cette qualification les informations détenues par les autorités désignées par les États membres pour remplir les fonctions prévues par cette directive qui, premièrement, n'ont pas un caractère public et dont, deuxièmement, la divulgation risquerait de porter atteinte aux intérêts de la personne physique ou morale qui les a fournies ou de tiers, ou encore au bon fonctionnement du système de contrôle de l'activité des entreprises d'investissement que le législateur de l'Union a institué en adoptant la Dir. 2004/39/CE. • CJUE 19 juin 2018, n° C-15/16 : *D. 2018. Actu. 1314 ; RDBF 2018, n° 151, obs. Bonneau ; Dr. sociétés 2018, n° 194, note Vabres.* ♦ L'art. 54, § 1 préc., doit être interprété en ce sens que le caractère confidentiel d'informations relatives à l'entreprise surveillée et communiquées aux autorités désignées par les États membres pour remplir les fonctions prévues par cette directive doit s'apprécier à la date de l'examen que ces autorités sont appelées à effectuer aux fins de se prononcer sur la demande de divulgation portant sur lesdites informations, indépendamment de la qualification de celles-ci lors de leur communication auxdites autorités. • Même arrêt. ♦ L'art. 54, § 1 préc., doit être interprété en ce sens que les informations détenues par les autorités désignées par les États membres pour remplir les fonctions prévues par cette directive qui ont pu constituer des secrets d'affaires, mais qui datent de cinq ans ou plus, sont considérées, en principe, du fait de l'écoulement du temps, comme historiques et comme ayant perdu, de ce fait, leur caractère secret, à moins que, exceptionnellement, la partie qui se prévaut de ce caractère ne démontre que, en dépit de leur ancienneté, ces informations constituent encore des éléments essentiels de sa position commerciale ou de celles de tiers concernés ; de telles considérations ne valent pas pour les informations détenues par ces autorités, dont la confidentialité pourrait se justifier pour des raisons autres que leur importance pour la position commerciale des entreprises concernées. • Même arrêt.

4. L'art. 54 de la Dir. 2004/39/CE du 21 avr. 2004 doit être interprété en ce sens que l'obligation de secret professionnel prévue au § 1 dudit art., lu en combinaison avec les art. 47 et 48 Charte UE, doit être garantie et mise en œuvre de manière à la concilier avec le respect des droits de la défense. Ainsi, il appartient à la juridiction nationale compétente, lorsqu'une autorité compétente invoque ladite obligation pour refuser la communication d'informations en sa possession qui ne figurent pas dans le dossier concernant la personne visée par un acte lui faisant grief, de vérifier si ces informations présentent un lien objectif avec les griefs retenus à son égard et, dans l'affirmative, de mettre en balance l'intérêt de la personne en cause à disposer des informations nécessaires aux fins d'être en mesure d'exercer pleinement les droits de la défense et les intérêts liés au maintien de la confidentialité des informations couvertes par l'obligation de secret professionnel, avant de décider de la communication de chacune des informations sollicitées. • CJUE 13 sept. 2018, n° C-358/16 : *BJB 1-2/2019. 16, note Galland ; RJDA 2019, n° 95.* – V. Bonneau, *RJDA 2019. 83.*

SECTION IV *Pouvoirs*

SOUS-SECTION 3 *Contrôles et enquêtes (L. n° 2003-706 du 1er août 2003, art. 9).*

Art. L. 621-9 *(L. n° 2003-706 du 1er août 2003, art. 10) (Ord. n° 2019-1067 du 21 oct. 2019, art. 15)* **« I. — Afin d'assurer l'exécution de sa mission, l'Autorité des marchés financiers réalise des contrôles et des enquêtes.**

« Elle veille à la régularité des offres et opérations suivantes :

« 1° *Les* **opérations effectuées sur des instruments financiers lorsqu'ils font l'objet d'une offre au public et sur des instruments financiers, unités mentionnées à l'article L. 229-7 du code de l'environnement et actifs mentionnés au II de l'article L. 421-1 du présent code admis aux négociations sur une plateforme de négociation ou pour lesquels une demande d'admission à la négociation sur une telle plateforme a été présentée ;**

« 2° Les offres au public de parts sociales mentionnées au quatrième alinéa de l'article L. 512-1 du présent code ou à l'article 11 de la loi n° 47-1775 du 10 septembre 1947 portant statut de la coopération et les offres au public de certificats mutualistes mentionnées au premier alinéa du II de l'article L. 322-26-8 du code des assurances dès lors que ces offres au public ne sont pas des offres mentionnées au 1° de l'article L. 411-2 ou au 2° ou au 3° de l'article L. 411-2-1 ainsi que les offres de minibons mentionnés *[mentionnées]* **à l'article L. 223-6 et les offres de jetons mentionnées à l'article L. 552-3 ;**

« 3° Les opérations effectuées sur des contrats commerciaux relatifs à des matières premières, liés à un ou plusieurs instruments financiers ou unités mentionnées à l'article L. 229-7 du code de l'environnement.

« Ne sont pas soumis au contrôle de l'Autorité des marchés financiers les marchés d'instruments créés en représentation des opérations de banque qui, en application de l'article L. 214-20 du présent code, ne peuvent pas être détenus par des OPCVM. »

II. — L'Autorité des marchés financiers veille également au respect des obligations professionnelles auxquelles sont astreintes, en vertu des dispositions législatives et réglementaires, les entités ou personnes suivantes ainsi que les personnes physiques placées sous leur autorité ou agissant pour leur compte :

1° Les prestataires de services d'investissement *(Ord. nº 2017-1107 du 22 juin 2017, art. 12-6°, en vigueur le 3 janv. 2018)* « autres que les sociétés de gestion de portefeuille » agréés ou exerçant leur activité en libre établissement en France *(Ord. nº 2007-544 du 12 avr. 2007, art. 5-15°-a, en vigueur le 1er nov. 2007)* « ainsi que les personnes morales placées sous leur autorité ou agissant pour leur compte » ;

2° Les personnes autorisées à exercer l'activité de conservation ou d'administration d'instruments financiers mentionnées à l'article L. 542-1 *(Abrogé par Ord. nº 2005-429 du 6 mai 2005, art. 81-1°)* *« , y compris les dépositaires d'organismes de placement collectif en valeurs mobilières » ;*

3° Les dépositaires centraux *(Abrogé par Ord. nº 2015-1686 du 17 déc. 2015, art. 9)* *« et les gestionnaires de système de règlement et de livraison d'instruments financiers »* ;

4° Les membres des marchés réglementés *(Ord. nº 2007-544 du 12 avr. 2007, art. 5-15°-b, en vigueur le 1er nov. 2007)* « non prestataires de services d'investissement » ;

5° Les entreprises de marché ;

6° Les chambres de compensation d'instruments financiers ;

7° Les *(Ord. nº 2013-676 du 25 juill. 2013, art. 22-1°)* « placements collectifs mentionnés au I de l'article L. 214-1 » et *(Ord. nº 2011-915 du 1er août 2011, art. 14)* « les sociétés de gestion *(Ord. nº 2017-1107 du 22 juin 2017, art. 12-6°, en vigueur le 3 janv. 2018)* « de placements collectifs » mentionnées à l'article L. 543-1 ;

« 7° *bis* Les sociétés de gestion établies dans un autre État membre de l'Union européenne ou partie à l'accord sur l'Espace économique européen ayant une succursale ou fournissant des services en France, qui gèrent un ou plusieurs OPCVM *(Abrogé par Ord. nº 2017-1107 du 22 juin 2017, art. 12-6°, à compter du 3 janv. 2018)* *« de droit français »* agréés conformément à la directive 2009/65/CE du Parlement européen et du Conseil du 13 juillet 2009 ; »

(Ord. nº 2013-676 du 25 juill. 2013, art. 22-2°) « 7° *ter* Les sociétés de gestion établies dans un autre État membre de l'Union européenne *(L. nº 2019-486 du 22 mai 2019, art. 77)* « ou partie à l'accord sur l'Espace économique européen » ou les gestionnaires établis dans un pays tiers ayant une succursale ou fournissant des services en France, qui gèrent un ou plusieurs FIA au sens de la directive 2011/61/UE du Parlement européen et du Conseil du 8 juin 2011 ; »

(L. nº 2014-344 du 17 mars 2014, art. 110-4°) « 8° Les intermédiaires en biens divers mentionnés *(L. nº 2016-1691 du 9 déc. 2016, art. 79-3°)* « à » l'article *(L. nº 2019-486 du 22 mai 2019, art. 85)* « L. 551-1 » ; »

9° Les personnes habilitées à procéder au démarchage mentionnées aux articles L. 341-3 et L. 341-4 ;

10° Les conseillers en investissements financiers ;

(Ord. nº 2014-559 du 30 mai 2014, art. 8-2°, en vigueur le 1er oct. 2014) « 10° *bis* Les conseillers en investissements participatifs ; »

11° Les personnes, autres que celles mentionnées aux 1° et 7°, produisant et diffusant des analyses financières ;

(Ord. nº 2005-429 du 6 mai 2005, art. 81-2°) « 12° Les dépositaires *(Ord. nº 2013-676 du 25 juill. 2013, art. 22-3°)* « de placements collectifs mentionnés au I de l'article L. 214-1 » ; »

(Ord. nº 2007-544 du 12 avr. 2007, art. 5-15°-c, en vigueur le 1er nov. 2007) « 13° *(Ord. nº 2013-676 du 25 juill. 2013, art. 22-4°)* « Les experts externes en évaluation mentionnés à l'article L. 214-24-15 » ;

« 14° Les personnes morales administrant des institutions de retraite professionnelle collectives mentionnées au I de l'article 8 de l'ordonnance nº 2006-344 du 23 mars 2006 ou des plans d'épargne pour la retraite collectifs mentionnés à l'article L. 443-1-2 *[repris aux art. L. 3334-1 à L. 3334-9 et L. 3334-11 à L. 3334-16]* du code du travail ;

« 15° Les agents liés mentionnés à l'article L. 545-1 ; »

(Ord. nº 2017-1107 du 22 juin 2017, art. 12-6°, en vigueur le 3 janv. 2018) « 16° Les succursales agréées conformément à l'article L. 532-48 ; »

(*Ord. n° 2014-559 du 30 mai 2014, art. 8-3°, en vigueur le 1er oct. 2014*) « 17° Les associations professionnelles agréées mentionnées aux articles L. 541-4 et L. 547-4 » ;

(*Ord. n° 2017-1107 du 22 juin 2017, art. 12-6°, en vigueur le 3 janv. 2018*) « 18° Les prestataires de services de communication de données mentionnés à l'article L. 549-1 ; »

(*L. n° 2019-486 du 22 mai 2019, art. 77 et 86*) « 19° Les administrateurs d'indice de référence, y compris le représentant légal situé en France d'un administrateur situé dans un pays tiers, les entités surveillées et toute personne intervenant dans la fourniture d'un indice de référence et contribuant à sa définition au sens du règlement (UE) 2016/1011 du Parlement européen et du Conseil du 8 juin 2016 concernant les indices utilisés comme indices de référence dans le cadre d'instruments et de contrats financiers ou pour mesurer la performance de fonds d'investissement et modifiant les directives 2008/48/CE et 2014/17/UE et le règlement (UE) n° 596/2014 ;

« 20° Les personnes mentionnées aux 4 et 5 de l'article 29 du règlement (UE) 2017/2402 du Parlement européen et du Conseil du 12 décembre 2017 créant un cadre général pour la titrisation ainsi qu'un cadre spécifique pour les titrisations simples, transparentes et standardisées, et modifiant les directives 2009/65/CE, 2009/138/CE et 2011/61/UE et les règlements (CE) n° 1060/2009 et (UE) n° 648/2012 ;

« 21° Les prestataires agréés conformément à l'article L. 54-10-5. »

(*L. n° 2013-672 du 26 juill. 2013, art. 48-1°*) « L'Autorité des marchés financiers veille au respect par ces mêmes entités ou personnes, ainsi que par les personnes physiques placées sous leur autorité ou agissant pour leur compte, des dispositions des règlements européens applicables. »

Pour les personnes ou entités autres que celles fournissant des services mentionnés au 4 de l'article L. 321-1 ou que les personnes ou entités mentionnées aux 7°, (*Ord. n° 2011-915 du 1er août 2011, art. 14*) « 7° *bis,* » (*Ord. n° 2017-1107 du 22 juin 2017, art. 12-6°, en vigueur le 3 janv. 2018*) « 7° *ter,* » 8°, 10° (*Ord. n° 2017-1107 du 22 juin 2017, art. 12-6°, en vigueur le 3 janv. 2018*) « [,] 10° *bis* » (*L. n° 2013-100 du 28 janv. 2013, art. 35*) « et 11° du présent II », pour lesquelles l'Autorité des marchés financiers est seule compétente, le contrôle s'exerce sous réserve des compétences de l'Autorité de contrôle prudentiel et de résolution et, pour celles mentionnées aux 3° et 6°, sans préjudice des compétences conférées à la Banque de France par l'article L. 141-4.

(*Ord. n° 2007-544 du 12 avr. 2007, art. 5-15°-d, en vigueur le 1er nov. 2007*) « L'Autorité des marchés financiers est également chargée d'assurer le respect, par les prestataires de services d'investissement mentionnés à l'article L. 532-18-1, des dispositions législatives et réglementaires qui leur sont applicables, dans les conditions prévues aux articles L. 532-18-2, L. 532-19 et (*Ord. n° 2017-1107 du 22 juin 2017, art. 7, en vigueur le 3 janv. 2018*) « L. 532-20-1-B ».

Pour les sanctions pénales, V. art. L. 642-2.

Sur le droit de communication de l'AMF, V. art. L. 621-8-4.

Sur le pouvoir de sanction de l'AMF, V. art. L. 621-15 ; pour les sanctions pénales, V. art. L. 642-2.

V. Règl. gén. AMF, art. 143-1 s.

1. Le principe de la contradiction est sans application aux enquêtes, préalables à la notification des griefs, auxquelles le secrétaire général de l'AMF peut décider de procéder, selon les modalités régies par les art. L. 621-9 s. C. mon. fin. • Com. 6 févr. 2007, n° 05-20.811 P : *D. 2007. AJ 587 ; ibid. Pan. 2424, obs. Le Bars et Thomasset-Pierre ; RDBF 2007, n° 83, obs. Bonneau ; RTDF 2007, n° 2, p. 129, obs. Rontchevsky ; Banque et Dr. 3-4/2007. 41.* – Dans le même sens, V. • Com. 1er mars 2011 : *Rev. sociétés 2011. 575, note Arsouze ; RJDA 2011, n° 547 ; Banque et Dr. 9-10/2011. 22.* ♦ V. aussi, écartant l'application de l'art. 6, § 3, de la Conv. EDH au cours de la phase d'enquête, • CE 15 mai 2013 : *BJB 2013. 409, note Riassetto ; RJDA 2014, n° 233* • 12 juin 2013 : *JCP E 2013. Actu. 609, obs. D. Martin et Françon ; Banque et Dr. 9-10/2013. 25, obs. Daigre.*

2. Le principe des droits de la défense s'impose, sous le contrôle du juge, aux autorités disposant d'un pouvoir de sanction sans qu'il soit besoin pour le législateur d'en rappeler l'existence ; il s'ensuit que les dispositions des art. L. 621-9 à L. 621-12 C. mon. fin. ne peuvent être regardées comme portant atteinte à ce principe par cela seul qu'elles n'assurent pas son respect (non-lieu à renvoi de la QPC). • Com., QPC, 12 juill. 2011, n° 10-28.375 P : *D. 2011. Actu. 1967, obs. Lienhard ; BJB 2011. 582, obs. Rontchevsky ; Banque et Dr. 9-10/2011. 24 ; RJDA 2012, n° 301.*

3. L'auteur d'un rapport mentionnant les résultats des enquêtes et des contrôles n'est pas tenu de satisfaire aux exigences d'impartialité et d'indépendance applicables aux autorités de jugement, l'enquête devant seulement être loyale afin de ne pas compromettre irrémédiablement les droits de la défense des personnes auxquelles des griefs sont ensuite notifiés. • Décis. AMF 27 oct. 2014 : *Banque et Dr. 5-6/2015. 4, obs. Goldberg-Darmon et Pezard.* ♦ Sous réserve de respecter ce principe de loyauté, les enquêteurs sont libres de déterminer les éléments qu'ils entendent annexer et utiliser dans leur rapport d'enquête. • Même décision.

4. En l'absence d'une décision d'extension par le secrétaire général de l'AMF du champ de l'enquête, les faits recueillis en dehors de ce champ ne peuvent servir de fondement aux griefs reprochés aux mis en cause. • Décis. AMF 11 janv. 2016 : *JCP E 2016. 1642, obs. Mirieu de Labarre.*

5. Sur le manquement d'entrave, V. note 20 ss. art. L. 621-15.

Art. L. 621-9-1 *(L. n° 2003-706 du 1er août 2003, art. 11-I)* **Lorsque le secrétaire général de l'Autorité des marchés financiers** *(L. n° 2010-1249 du 22 oct. 2010, art. 5)* **« , ou le secrétaire général adjoint spécialement délégué à cet effet, » décide de procéder à des enquêtes, il habilite les enquêteurs selon des modalités fixées par le règlement général.**

Les personnes susceptibles d'être habilitées répondent à des conditions d'exercice définies par décret en Conseil d'État. — *V. art. R. 621-31 s.*

Pour les sanctions pénales, V. art. L. 642-2.

Art. L. 621-9-2 *(L. n° 2003-706 du 1er août 2003, art. 11-I)* **Dans les conditions fixées par un décret en Conseil d'État, l'Autorité des marchés financiers peut :**

1° Déléguer aux entreprises de marché et, le cas échéant, aux chambres de compensation le contrôle de l'activité et des opérations effectuées par les membres d'un marché réglementé ainsi que par les prestataires de services d'investissement ayant transmis des ordres sur ce marché. Cette délégation fait l'objet d'un protocole d'accord. Elle peut être retirée à tout moment ;

2° Recourir, pour ses contrôles et enquêtes, à des corps de contrôle extérieurs, à des commissaires aux comptes, à des experts inscrits sur une liste d'experts judiciaires ou à des personnes ou autorités compétentes. Ces personnes peuvent recevoir une rémunération de l'Autorité des marchés financiers à ce titre ;

(L. n° 2010-1249 du 22 oct. 2010, art. 4-2°) **« 3° Déléguer aux associations** *(Ord. n° 2014-559 du 30 mai 2014, art. 9, en vigueur le 1er oct. 2014)* **« mentionnées aux articles L. 541-4 et L. 547-4 » le contrôle de l'activité de leurs membres. Cette délégation fait l'objet d'un protocole d'accord et peut être retirée à tout moment. »**

Le collège ou le secrétaire général de l'Autorité des marchés financiers peuvent demander aux commissaires aux comptes des sociétés *(Ord. n° 2009-80 du 22 janv. 2009, art. 6-VI-1°, en vigueur le 1er avr. 2009)* **« dont les titres financiers sont admis aux négociations sur** *(Ord. n° 2017-1107 du 22 juin 2017, art. 12-7°, en vigueur le 3 janv. 2018)* **« une plate-forme » de négociation** *(Abrogé par L. n° 2016-819 du 21 juin 2016, art. 8-I-4°, à compter du 3 juill. 2016)* ***« qui se soumet aux dispositions législatives ou réglementaires visant à protéger les investisseurs contre les opérations d'initiés, les manipulations de cours et la diffusion de fausses informations »,*** **ou pour lequel une demande d'admission aux négociations sur de** *(Ord. n° 2017-1107 du 22 juin 2017, art. 12-7°, en vigueur le 3 janv. 2018)* **« telles plates-formes » a été présentée » ou à un expert inscrit sur une liste d'experts judiciaires de procéder auprès des personnes ou entités** *(Ord. n° 2009-80 du 22 janv. 2009, art. 6-VI-1°, en vigueur le 1er avr. 2009)* **« dont les titres financiers sont admis aux négociations sur** *(Ord. n° 2017-1107 du 22 juin 2017, art. 12-7°, en vigueur le 3 janv. 2018)* **« une plate-forme » de négociation** *(Abrogé par L. n° 2016-819 du 21 juin 2016, art. 8-I-4°, à compter du 3 juill. 2016)* ***« qui se soumet aux dispositions législatives ou réglementaires visant à protéger les investisseurs contre les opérations d'initiés, les manipulations de cours et la diffusion de fausses informations »,*** **ou pour lequel une demande d'admission aux négociations sur de** *(Ord. n° 2017-1107 du 22 juin 2017, art. 12-7°, en vigueur le 3 janv. 2018)* **« telles plates-formes » a été présentée » et des personnes mentionnées au II de l'article L. 621-9 à toute analyse complémentaire ou vérification qui leur paraît nécessaire. Les frais et honoraires sont à la charge de l'Autorité des marchés financiers.** *(Ord. n° 2009-80 du 22 janv. 2009, art. 6-VI-2°, en vigueur le 1er avr. 2009)* **« Les dispositions de cet alinéa sont également applicables aux commissaires aux comptes qui effectuent des missions dans le cadre d'offres au public »** *(Ord. n° 2019-1067 du 21 oct. 2019, art. 15)* **« , à l'exception de celles mentionnées au 1° ou au 2° de l'article L. 411-2 ou à l'article L. 411-2-1. »** — *V. art. R. 621-31 s.*

Pour les sanctions pénales, V. art. L. 642-2.

Art. L. 621-9-3 *(L. n° 2003-706 du 1er août 2003, art. 11-I)* **Dans le cadre des contrôles et enquêtes mentionnés aux articles L. 621-9 et L. 621-9-1, le secret professionnel ne peut être opposé à l'Autorité des marchés financiers ni, le cas échéant, aux entreprises de marché**

ou aux chambres de compensation, corps de contrôle, personnes ou autorités mentionnés à l'article L. 621-9-2, lorsqu'ils assistent l'Autorité des marchés financiers, sauf par les auxiliaires de justice.

Pour l'application de la présente sous-section, les commissaires aux comptes sont déliés du secret professionnel à l'égard de l'Autorité des marchés financiers.

Pour le rejet du recours en annulation d'une décision de sanction de l'AMF fondé sur une violation du principe de confidentialité des correspondances échangées entre l'avocat et son client, au motif que la commission des sanctions avait écarté des débats devant elle les cotes du dossier correspondant aux courriels échangés entre la société concernée et son avocat, V. • Civ. 1re, 8 mars 2012 : *Rev. sociétés 2012. 379, note Dezeuze ; JCP E 2012. 1251, note D. Martin et Françon ; BJB 2012. 242, obs. Bompoint ; Dr. et patr. 6/2013. 86, obs. Muller.* – Rappr. : • Com. 29 janv. 2013, n° 11-27.333 P : *D. 2013. Actu. 362 ; Rev. sociétés 2013. 367, note Dezeuze et Françon ; RTD com. 2013. 113, obs. Rontchevsky ; Dr. sociétés 2013, n° 68, note Torck ; BJB 2013. 166, obs. Schmidt ; Banque et Dr. 3-4/2013. 37, obs. Daigre ; RJDA 2013, n° 423* • Paris, 29 mai 2019, n° 18/09125 : *BJB 11-12/2019. 15, note Rontchevsky.*

Art. L. 621-10 *(L. n° 2013-672 du 26 juill. 2013, art. 36-3°)* **Les enquêteurs et les contrôleurs peuvent, pour les nécessités de l'enquête ou du contrôle, se faire communiquer tous documents, quel qu'en soit le support.** *(Abrogé par Cons. const. n° 2017-646/647 QPC du 21 juill. 2017, à compter du 31 déc. 2018)* ***« Les enquêteurs peuvent également se faire communiquer les données conservées et traitées par les opérateurs de télécommunications dans le cadre de l'article L. 34-1 du code des postes et des communications électroniques et les prestataires mentionnés aux 1 et 2 du I de l'article 6 de la loi n° 2004-575 du 21 juin 2004 pour la confiance dans l'économie numérique et en obtenir la copie. »*** — *Sur la communication de ces données, V. désormais art. L. 621-10-2.*

Les enquêteurs et les contrôleurs peuvent convoquer et entendre toute personne susceptible de leur fournir des informations. Ils peuvent accéder aux locaux à usage professionnel. Ils peuvent recueillir des explications sur place dans des conditions prévues par décret en Conseil d'État.

BIBL. ▶ Molinié, *RDBF 2018. Étude 5* (visites domiciliaires de l'AMF et droits fondamentaux : panorama et perspectives au regard de quelques évolutions récentes). – Vabres, *ibid. Dossier 42* (le pouvoir d'enquête de l'AMF face à la protection des droits fondamentaux).

1. Pour l'inconstitutionnalité des dispositions de l'art. L. 621-10 relatives à la saisie de données, V. • Cons. const. 21 juill. 2017, n° 2017-646/647 QPC : *D. 2017. Actu. 1527 ; Rev. sociétés 2017. 582, note Martial-Braz ; RSC 2018. 496, obs. Brigant ; Banque et Dr. 9-10/2017. 30, obs. Chacornac ; RJDA 2017, n° 728 ; Dr. sociétés 2017, n° 193, note Vabres.* ♦ ... Et pour leur non-conformité aux exigences posées par les art. 7, 8 et 11 Charte UE, V. • Crim. 1er avr. 2020, n° 19-82.223 : *cité note 2 ss. anc. art. L. 465-1.*

2. Les pouvoirs conférés par l'art. L. 621-10 aux enquêteurs de la COB, qui ne peuvent procéder à aucune perquisition ou saisie, ne comportant aucune possibilité de contrainte matérielle, ne constituent pas, au sens de l'art. 8, § 2, Conv. EDH, une ingérence de l'autorité publique dans l'exercice du droit au respect du domicile reconnu par le § 1er du même texte. • Com. 30 mai 2007, n° 06-11.314 P : *D. 2007. AJ 1669 ; JCP E 2007. 2461, note de Watrigant ; Banque et Dr. 7-8/2007. 26 ; BJB 2007. 461, note Decoopman ; Dr. sociétés 2007, n° 201, note Bonneau ; RTDF 2007, n° 3, p. 152, obs. Garrigues ; Rev. sociétés 2007. 851, note Arsouze.* ♦ V. aussi, pour le non-renvoi d'une QPC portant sur la conformité des dispositions de l'art. L. 621-10 aux art. 2 et 9 de la DDH : • Com., QPC, 8 mars 2018, n° 17-23.223 : *Dr. sociétés 2018, n° 108, note Vabres ; Banque et Dr. 7-8/2018. 16, obs. Daigre.* ♦ L'accomplissement d'investigations sur le fondement de l'art. L. 621-10 suppose le consentement non équivoque de la personne qui en fait l'objet. • Paris, 27 nov. 2014 : *BJB 2015. 72, obs. Keita.*

3. Le droit reconnu aux enquêteurs et contrôleurs de se faire communiquer tous documents, quel qu'en soit le support, prévu par l'art. L. 621-10, tend à l'obtention non de l'aveu de la personne contrôlée, mais de documents nécessaires à la conduite de l'enquête de l'AMF ; dès lors que les visites domiciliaires se sont limitées à la remise de documents électroniques et n'ont donné lieu à aucune audition, le droit des personnes concernées de ne pas contribuer à leur propre incrimination n'a pas été méconnu. • Com. 9 janv. 2019, n° 17-23.223 : *BJB 3-4/2019. 13, note Martin Laprade ; RJDA 2019, n° 270 ; Dr. sociétés 2019, n° 90, note Vabres.* ♦ La circonstance que le refus de communiquer les documents sollicités est susceptible de constituer un manquement d'entrave à l'enquête est indifférente à cet égard. • Décis. AMF 17 avr. 2020 : *citée ss. art. 231-46 Règl. gén. AMF.*

4. En ce sens que l'AMF ne peut, au cours de la phase d'enquête, faire l'économie de la procédure spécifique d'audition réglementée par les art. L. 621-10 et R. 621-35, visant à assurer la loyauté de l'enquête, qu'à la condition que la personne auditionnée ait, préalablement à toute déclaration ou témoignage, renoncé à s'en prévaloir, V. • Com. 24 mai 2011, n° 10-18.267 P : *D. 2011. Actu. 1410 ; Rev. sociétés 2012. 48, note Arsouze ; RTD com. 2011. 607, obs. Rontchevsky ; JCP E 2011. 1489, note Paclot ; Dr. sociétés 2011, n° 157, note Torck ; RLDA juill.-août 2011. 25, obs. Quentin et Rogey ; BJB 2011. 474, obs. Lasserre Capdeville ; RJDA 2011, n° 709.* – V., sur renvoi, • Paris, 13 sept. 2012 : *JCP E 2012. Actu. 646, obs. D. Martin et Françon ; RJDA 2012, n° 1082 ; BJB 2013. 6, note Schmidt.*

5. Alors même qu'il ne mentionnait que les enquêteurs, l'art. L. 621-10, dans sa rédaction antérieure à la L. du 26 juill. 2013, définissait les pouvoirs conférés aux contrôleurs, comme aux enquêteurs, pour l'exercice des contrôles et enquêtes de l'AMF mentionnés à l'art. L. 621-9. • CE 11 déc. 2015, n° 389096 : *Banque et Dr. 1-2/2016. 48, obs. crit. Daigre ; BJB 2016. 195, note Pons-Henry et Robert ; RDBF 2016, n° 95, obs. Chacornac ; RJDA 2016, n° 542.*

6. V. note 2 ss. art. L. 621-9.

Art. L. 621-10-1 *(L. n° 2013-672 du 26 juill. 2013, art. 36-4°)* Lorsque les personnes et entités mentionnées au II de l'article L. 621-9 fournissent leurs services sur internet, les enquêteurs et les contrôleurs peuvent, pour accéder aux informations et éléments disponibles sur ces services, faire usage d'une identité d'emprunt sans en être pénalement responsables.

Un décret en Conseil d'État précise les conditions dans lesquelles les enquêteurs et les contrôleurs procèdent dans ces cas à leurs constatations.

Art. L. 621-10-2 *(L. n° 2018-898 du 23 oct. 2018, art. 13)* Pour la recherche des abus de marché définis par le règlement (UE) n° 596/2014 du Parlement européen et du Conseil du 16 avril 2014 sur les abus de marché (règlement relatif aux abus de marché) et abrogeant la directive 2003/6/CE du Parlement européen et du Conseil et les directives 2003/124/CE, 2003/125/CE et 2004/72/CE de la Commission, les enquêteurs peuvent se faire communiquer les données conservées et traitées par les opérateurs de télécommunication, dans les conditions et sous les limites prévues à l'article L. 34-1 du code des postes et des communications électroniques, et par les prestataires mentionnés aux 1 et 2 du I de l'article 6 de la loi n° 2004-575 du 21 juin 2004 pour la confiance dans l'économie numérique.

La communication des données mentionnées au premier alinéa du présent article fait l'objet d'une autorisation préalable par un contrôleur des demandes de données de connexion.

Le contrôleur des demandes de données de connexion est, en alternance, un membre du Conseil d'État, en activité ou honoraire, élu par l'assemblée générale du Conseil d'État, puis un magistrat de la Cour de cassation, en activité ou honoraire, élu par l'assemblée générale de ladite Cour. Son suppléant, issu de l'autre juridiction, est désigné selon les mêmes modalités. Le contrôleur des demandes de données de connexion et son suppléant sont élus pour une durée de quatre ans non renouvelable.

Il ne peut être mis fin aux fonctions du contrôleur des demandes de données de connexion que sur sa demande ou en cas d'empêchement constaté, selon le cas, par le vice-président du Conseil d'État ou par le premier président de la Cour de cassation ou le procureur général près ladite Cour, sur saisine du ministre chargé de l'économie.

Le contrôleur des demandes de données de connexion ne peut recevoir ou solliciter aucune instruction de l'Autorité des marchés financiers ni d'aucune autre autorité dans l'exercice de sa mission. Il est tenu au secret professionnel dans les conditions prévues à l'article L. 621-4 du présent code.

Il est saisi par demande motivée du secrétaire général ou du secrétaire général adjoint de l'Autorité des marchés financiers. Cette demande comporte les éléments de nature à en justifier le bien-fondé.

L'autorisation est versée au dossier d'enquête.

Les enquêteurs utilisent les données communiquées par les opérateurs de télécommunication et les prestataires mentionnés au premier alinéa du présent article exclusivement dans le cadre de l'enquête au titre de laquelle ils ont reçu l'autorisation.

Les données de connexion relatives aux faits faisant l'objet de notifications de griefs par le collège de l'Autorité des marchés financiers sont détruites à l'expiration d'un délai de six mois à compter de la décision définitive de la commission des sanctions ou des juridictions de recours. En cas de composition administrative, le délai de six mois court à compter de l'exécution de l'accord.

Les données de connexion relatives à des faits n'ayant pas fait l'objet d'une notification de griefs par le collège de l'Autorité des marchés financiers sont détruites à l'expiration d'un délai d'un mois à compter de la décision du collège.

En cas de transmission du rapport d'enquête au procureur de la République financier ou en cas de mise en mouvement de l'action publique par le procureur de la République financier en application des III et IV de l'article L. 465-3-6, les données de connexion sont remises au procureur de la République financier et ne sont pas conservées par l'Autorité des marchés financiers.

Les modalités d'application du présent article sont fixées par décret en Conseil d'État. — *V. art. R. 621-35-1 s.*

Art. L. 621-11 Toute personne convoquée *(L. n° 2013-672 du 26 juill. 2013, art. 36-5°)* « ou entendue » a le droit de se faire assister d'un conseil de son choix. Les modalités de cette convocation *(L. n° 2013-672 du 26 juill. 2013, art. 36-5°)* « ou du recueil de ses explications sur place » et les conditions dans lesquelles est assuré l'exercice de ce droit sont déterminées par décret *(L. n° 2003-706 du 1er août 2003, art. 11-III-1°)* « en Conseil d'État ». — *V. art. R. 621-34 s.*

(Abrogé par L. n° 2003-706 du 1er août 2003, art. 11-III-2°) ***« Le secret professionnel ne peut être opposé aux agents de la commission, sauf par les auxiliaires de justice.***

« Les membres et les agents de la commission sont astreints au secret professionnel pour les faits, actes et renseignements dont ils ont pu avoir connaissance en raison de leurs fonctions. » — [Ord. n° 67-833 du 28 sept. 1967, art. 5.]

V. désormais, pour l'obligation de secret professionnel s'imposant aux membres et au personnel de l'Autorité des marchés financiers, art. L. 621-4-II. — Pour l'inopposabilité du secret professionnel à l'Autorité des marchés financiers et aux corps de contrôle, dans le cadre des contrôles et enquêtes, V. art. L. 621-9-3.

Sur l'échange d'informations entre l'Autorité des marchés financiers et d'autres autorités, V. art. L. 631-1.

BIBL. ▶ CANIVET, *D. Affaires 1996. 63 ; RJDA 1996, p. 423.*

1. Auditions. Le non-respect des règles de forme prévues par l'art. 5 [L. 621-11], telles que la signature par les agents de la Commission des opérations de bourse des procès-verbaux d'audition des personnes susceptibles de lui fournir des informations concernant des affaires dont elle est saisie, ne saurait entraîner la nullité de la procédure suivie devant la commission, faute de disposition légale prévoyant expressément une telle sanction. • Paris, 26 févr. 1990 : *Dr. sociétés 1991, n° 491.*

2. L'enquête de la COB ainsi que l'avis qu'elle donne et que le Parquet n'est d'ailleurs jamais tenu de suivre, ne conditionne pas l'engagement de poursuites et n'est nullement indissociable de la procédure pénale. • Paris, 6 juill. 1994 : *RJDA 1994, n° 1151 ; BJB 1994. 583, note Jeantin ; LPA 16 nov. 1994, p. 17, note Ducouloux-Favard.* ♦ L'autorité judiciaire n'a pas compétence pour apprécier la manière de conduire les auditions par les enquêteurs de la COB, dès lors qu'il est établi que les personnes visées par l'enquête, convoquées dans les délais impartis par la loi, ont été entendues en présence de leurs conseils ou après qu'avis leur a été donné de leur droit à l'assistance d'un conseil. • Même arrêt.

3. L'obligation faite à des personnes entendues au Québec, dans le cadre d'accords de coopération, de répondre sous serment à l'ensemble des questions posées et de dire la vérité sous peine de sanctions pénales méconnaît le droit des personnes poursuivies de se taire et de ne pas contribuer à leur propre incrimination protégé par l'art. 6 de la Conv. EDH, de sorte qu'il y a lieu d'écarter des débats les procès-verbaux de ces auditions. • Décis. AMF 7 déc. 2016 : *BJB 2017. 96, note d'Avout.*

4. Présence des agents de la COB. Aucune disposition ou principe n'interdit aux agents de la COB, astreints au secret professionnel par l'art. 5 [L. 621-11], d'assister à la partie de la séance où la Commission procède aux auditions. • Com. 9 avr. 1996, n° 94-11.323 P : *D. 1998. Somm. 65, obs. Bon-Garcin ; D. Affaires 1996. 606 ; LPA 26 juin 1996, p. 29, note Ducouloux-Favard ; Rev. dr. bancaire 1996. 177, obs. Germain et Frison-Roche.*

Art. L. 621-12 *(L. n° 2013-672 du 26 juill. 2013, art. 36-6°)* « Pour la recherche des infractions définies aux articles L. 465-1 *(L. n° 2016-819 du 21 juin 2016, art. 1er-I-3°, en vigueur le 3 juill. 2016)* « à L. 465-3-3 » et des faits susceptibles d'être qualifiés de délit contre les biens et d'être sanctionnés par la commission des sanctions de l'Autorité des marchés financiers en application de l'article L. 621-15, le juge des libertés et de la détention du *(Ord. n° 2019-964 du 18 sept. 2019, art. 35, en vigueur le 1er janv. 2020)* « tribunal judiciaire » dans le ressort duquel sont situés les locaux à visiter peut, sur demande motivée du secrétaire général de l'Autorité des marchés financiers, autoriser par ordonnance les enquêteurs de l'autorité à effectuer des visites en tous lieux ainsi qu'à procéder à la saisie de documents et au recueil, dans les conditions et selon les modalités mentionnées aux articles L. 621-10 et L. 621-11, des explications des personnes sollicitées sur place.

« Lorsque les locaux visités sont situés dans le ressort de plusieurs juridictions et qu'une action simultanée doit être menée dans chacun d'eux, une ordonnance unique peut être délivrée par l'un des juges des libertés et de la détention compétents. »

Le juge doit vérifier que la demande d'autorisation qui lui est soumise est fondée ; cette demande doit comporter tous les éléments d'information en possession de *(L. nº 2003-706 du 1er août 2003, art. 46-V-1º)* « l'Autorité des marchés financiers » de nature à justifier la visite. Il désigne l'officier de police judiciaire chargé d'assister à ces opérations et de le tenir informé de leur déroulement. *(L. nº 2013-672 du 26 juill. 2013, art. 36-6º)* « Lorsque les opérations ont lieu en dehors du ressort de son *(Ord. nº 2019-964 du 18 sept. 2019, art. 35, en vigueur le 1er janv. 2020)* « tribunal judiciaire », le juge des libertés et de la détention saisi peut se déplacer sur les lieux quelle que soit leur localisation sur le territoire national. »

(Ord. nº 2009-233 du 26 févr. 2009, art. 1er-I-3º) « L'ordonnance *(L. nº 2013-672 du 26 juill. 2013, art. 36-6º)* « mentionnée au premier alinéa » fait mention de la faculté pour l'occupant des lieux ou son représentant de faire appel à un conseil de son choix. L'exercice de cette faculté n'entraîne pas la suspension des opérations de visite et de saisie. Le délai et la voie de recours sont mentionnés dans l'ordonnance.

« L'ordonnance est notifiée verbalement et sur place au moment de la visite à l'occupant des lieux ou à son représentant qui en reçoit copie intégrale contre récépissé ou émargement au procès-verbal prévu aux *(L. nº 2013-672 du 26 juill. 2013, art. 36-6º)* « onzième et douzième » alinéas du présent article. En l'absence de l'occupant des lieux ou de son représentant, l'ordonnance est notifiée, après la visite, par lettre recommandée avec avis de réception. La notification est réputée faite à la date de réception figurant sur l'avis. A défaut de réception, il est procédé à la signification de l'ordonnance par acte d'huissier de justice. Une copie de l'ordonnance est adressée par lettre recommandée avec avis de réception à l'auteur présumé des délits mentionnés à l'alinéa premier.

« L'ordonnance mentionnée au premier alinéa est exécutoire au seul vu de la minute. Cette ordonnance est susceptible de recours devant le premier président de la cour d'appel ou son délégué *(L. nº 2013-672 du 26 juill. 2013, art. 36-6º)* « dans le ressort de laquelle le juge a autorisé la mesure ». Les parties ne sont pas tenues de constituer *(L. nº 2011-94 du 25 janv. 2011, art. 31-II-8º, en vigueur le 1er janv. 2012)* « avocat ». Suivant les règles prévues par le code de procédure civile, cet appel doit être exclusivement formé par déclaration remise ou adressée, par pli recommandé ou à compter du 1er janvier 2009 par voie électronique, au greffe de la cour dans un délai de quinze jours. Ce délai court à compter soit de la remise, soit de la réception, soit de la signification de l'ordonnance. Cet appel n'est pas suspensif. Le greffe du *(Ord. nº 2019-964 du 18 sept. 2019, art. 35, en vigueur le 1er janv. 2020)* « tribunal judiciaire » transmet sans délai le dossier de l'affaire au greffe de la cour d'appel où les parties peuvent le consulter. L'ordonnance du premier président de la cour d'appel est susceptible d'un pourvoi en cassation, selon les règles prévues par le code de procédure civile. Le délai du pourvoi en cassation est de quinze jours. »

La visite s'effectue sous l'autorité et le contrôle du juge qui l'a autorisée. Il peut se rendre dans les locaux pendant l'intervention. A tout moment, il peut décider la suspension ou l'arrêt de la visite.

La visite ne peut être commencée avant six heures ou après vingt et une heures ; dans les lieux ouverts au public, elle peut également être commencée pendant les heures d'ouverture de l'établissement. Elle est effectuée en présence de l'occupant des lieux ou de son représentant ; en cas d'impossibilité, l'officier de police judiciaire requiert deux témoins choisis en dehors des personnes relevant de son autorité ou de celle de *(L. nº 2003-706 du 1er août 2003, art. 46-V-1º)* « l'Autorité des marchés financiers ».

Les enquêteurs de *(L. nº 2003-706 du 1er août 2003, art. 46-V, 1º)* « l'Autorité des marchés financiers », l'occupant des lieux ou son représentant et l'officier de police judiciaire peuvent seuls prendre connaissance des pièces avant leur saisie.

L'officier de police judiciaire veille au respect du secret professionnel et des droits de la défense conformément aux dispositions du troisième alinéa de l'article 56 du code de procédure pénale. L'article 58 de ce code est applicable. — *V. lesdits art. au* ***C. pr. pén.***

(Ord. nº 2009-233 du 26 févr. 2009, art. 1er-I, 4º) « Lorsque la visite domiciliaire est effectuée dans le cabinet d'un avocat ou à son domicile, dans les locaux d'une entreprise de presse ou de communication audiovisuelle, dans le cabinet d'un médecin, d'un notaire, *(Abrogé par L. nº 2016-1691 du 9 déc. 2016, art. 46-III-1º) « d'un avocat »* ou d'un huissier, les dispositions des articles 56-1, 56-2 ou 56-3 du code de procédure pénale, selon les cas, sont applicables. » — *V. lesdits art. au* ***C. pr. pén.***

Le procès-verbal de visite relatant les modalités et le déroulement de l'opération est dressé sur-le-champ par les enquêteurs de *(L. nº 2003-706 du 1ᵉʳ août 2003, art. 46-V-1º)* **« l'Autorité des marchés financiers ». Un inventaire des pièces et documents saisis lui est annexé. Le procès-verbal et l'inventaire sont signés par les enquêteurs de** *(L. nº 2003-706 du 1ᵉʳ août 2003, art. 46-V-1º)* **« l'Autorité des marchés financiers » et par l'officier de police judiciaire ainsi que les personnes mentionnées au** *(L. nº 2013-672 du 26 juill. 2013, art. 36-6º)* **« sixième » alinéa du présent article ; en cas de refus de signer, mention en est faite au procès-verbal. Si l'inventaire sur place présente des difficultés, les pièces et documents saisis sont placés sous scellés. L'occupant des lieux ou son représentant est avisé qu'il peut assister à l'ouverture des scellés qui a lieu en présence de l'officier de police judiciaire ; l'inventaire est alors établi.**

(Ord. nº 2009-233 du 26 févr. 2009, art. 1ᵉʳ-I-5º) **« Le premier président de la cour d'appel** *(L. nº 2013-672 du 26 juill. 2013, art. 36-6º)* **« dans le ressort de laquelle le juge a autorisé la mesure » connaît des recours contre le déroulement des opérations de visite ou de saisie autorisées en application du premier alinéa. Le procès-verbal et l'inventaire rédigés à l'issue de ces opérations mentionnent le délai et la voie de recours. Les parties ne sont pas tenues de constituer** *(L. nº 2011-94 du 25 janv. 2011, art. 31-II-8º, en vigueur le 1ᵉʳ janv. 2012)* **« avocat ». Suivant les règles prévues par le code de procédure civile, ce recours doit être exclusivement formé par déclaration remise ou adressée par pli recommandé ou à compter du 1ᵉʳ janvier 2009 par voie électronique au greffe de la cour dans un délai de quinze jours. Ce délai court à compter de la remise ou de la réception soit du procès-verbal, soit de l'inventaire. Ce recours n'est pas suspensif. L'ordonnance du premier président est susceptible d'un pourvoi en cassation selon les règles prévues par le code de procédure civile. Le délai du pourvoi en cassation est de quinze jours. »**

Les originaux du procès-verbal de visite et de l'inventaire sont, dès qu'ils ont été établis, adressés au juge qui a délivré l'ordonnance ; une copie de ces mêmes documents est remise à l'occupant des lieux ou à son représentant *(Ord. nº 2009-233 du 26 févr. 2009, art. 1ᵉʳ-I-6º)* **« , ou en leur absence, adressée par lettre recommandée avec avis de réception à l'occupant des lieux et le cas échéant à la personne visée par l'autorisation donnée dans l'ordonnance mentionnée au premier alinéa du présent article qui pourrait avoir commis une** *(L. nº 2013-672 du 26 juill. 2013, art. 36-6º)* **« infraction ou un fait mentionnés au même premier alinéa ». A défaut de réception, il est procédé à la signification de ces documents par acte d'huissier de justice. Ces documents mentionnent le délai et la voie de recours. »**

Les pièces et documents qui ne sont plus utiles à la manifestation de la vérité sont restitués à l'occupant des lieux. — *[Ord. nº 67-833 du 28 sept. 1967, art. 5 ter.]*

Pour les procédures de visite et de saisie prévues à l'art. L. 621-12 C. mon. fin. pour lesquelles le procès-verbal ou l'inventaire mentionnés au onzième alinéa de cet article a été remis ou réceptionné antérieurement à la date d'entrée en vigueur de la présente ordonnance, un recours contre l'ordonnance mentionnée au premier alinéa de l'article précité, alors même que cette ordonnance a fait l'objet d'un pourvoi ayant donné lieu à cette date à une décision de rejet du juge de cassation, ou un recours contre les modalités de son exécution peut être formé devant le premier président de la cour d'appel dans les cas suivants :

a) Lorsque les procédures de visite et de saisie ont été réalisées durant les trois années qui précèdent l'entrée en vigueur de la présente ordonnance et n'ont pas donné lieu à l'ouverture d'une procédure de sanction prévue à l'art. L. 621-15 C. mon. fin. ;

b) Lorsque les procédures de visite et de saisie ont été réalisées durant les trois années qui précèdent l'entrée en vigueur de la présente ordonnance et ont donné lieu à l'ouverture d'une procédure de sanction prévue à l'art. L. 621-15 C. mon. fin. encore en cours. Dans ce cas, la commission des sanctions de l'Autorité des marchés financiers sursoit à statuer, dans l'attente de l'ordonnance du premier président de la cour d'appel ;

c) Lorsque des sanctions ont été décidées par la commission des sanctions de l'Autorité des marchés financiers à partir d'éléments obtenus dans le cadre d'une procédure de visite et de saisie, et font ou sont encore susceptibles de faire l'objet, à la date de l'entrée en vigueur de la présente ordonnance, d'un recours, sous réserve des affaires dont les décisions sont devenues définitives ou sont passées en force de chose jugée ; le juge sursoit à statuer, dans l'attente de l'ordonnance du premier président de la cour d'appel (Ord. nº 2009-233 du 26 févr. 2009, art. 1ᵉʳ-II, 1º).

Dans les cas énumérés au 1º, l'Autorité des marchés financiers informe les personnes concernées par l'ordonnance ou par les opérations de visite et de saisie de l'existence de ces voies de recours et du délai de deux mois ouvert à compter de la réception de cette information pour, le cas échéant, faire appel de l'ordonnance ou former un recours contre les opérations de visite ou de saisie. En l'absence d'information de la part de l'administration, ces personnes peuvent exercer cet appel ou ce recours sans condition de délai (Ord. n° 2009-233 du 26 févr. 2009, art. 1er-II, 2°).

Les modifications apportées à l'art. L. 621-12 par l'art. 1er-I de l'Ord. n° 2009-233 du 26 févr. 2009 sont applicables aux opérations de visites et de saisies pour lesquelles l'ordonnance d'autorisation a été notifiée à compter de la publication de la présente ordonnance (Ord. préc., art. 1er-III).

1. Non-renvoi d'une QPC. Pour le refus de transmettre au Conseil constitutionnel une question prioritaire de constitutionnalité portant sur la conformité de l'art. L. 621-12 dans sa version antérieure à l'Ord. du 26 févr. 2009 aux principes du droit à un procès équitable, de l'inviolabilité du domicile, du droit au respect de la vie privée, du droit de propriété et de la liberté d'entreprendre, V. • Paris, 4 janv. 2011, n° 10/1353 : *BJB 2011. 418, note Roussille.* ♦ V. aussi note 2 ss. art. L. 621-9.

2. Non-application du principe « non bis in idem ». Une visite domiciliaire, n'étant pas un acte de poursuite, ne méconnaît pas l'interdiction, résultant de la décision du Conseil constitutionnel du 18 mars 2015 [V. note 36 ss. art. L. 621-15], de toute poursuite pour manquement d'initié contre une personne ayant déjà fait l'objet d'une poursuite pour délit d'initié à raison des mêmes faits et inversement, de sorte que les enquêteurs de l'AMF peuvent, dans le but de rechercher la preuve d'un délit d'initié, être autorisés à mener une visite de locaux occupés par une personne faisant l'objet d'une information judiciaire pour ce délit. • Com. 13 juin 2018, n° 16-25.415 : *Rev. sociétés 2019. 260, note Dezeuze et Méléard ; RJDA 2018, n° 843.*

3. Procédure. En ce sens que le juge peut, après avoir vérifié le bien-fondé des mesures sollicitées, se référer aux motifs de la requête qui le saisit, V. • Crim. 16 avr. 2008 : *Dr. sociétés 2008, n° 163, note R. Salomon ; BJB 2008. 309, note Lasserre-Capdeville.*

4. La circonstance que les enquêteurs n'aient pas été désignés nominativement dans l'ordonnance autorisant les visites domiciliataires n'affecte en rien la validité de la décision. • Crim. 16 avr. 2008 : *préc. note 3.*

5. L'art. L. 621-12, qui prévoit seulement la notification de la décision du juge des libertés et de la détention, déroge au code de procédure civile, en sorte que les dispositions de l'art. 495 de ce code ne sont pas applicables lors du déroulement de la visite, le principe de la contradiction ne s'appliquant qu'à l'occasion du recours exercé contre cette décision. • Com. 11 mai 2017, n° 15-22.173 P : *D. 2017. Actu. 1046 ; JCP E 2017. 1533, note R. Salomon ; Dr. sociétés 2017, n° 128, note Vabres ; Banque et Dr. 7-8/2017. 30, obs. Chacornac ; RJDA 2017, n° 641 ; RLDA oct. 2017. 50, obs. Zekkouti.*

6. En présence de réserves exprimées par la personne saisie dans le cadre de la procédure prévue par l'art. L. 621-12, il appartient à l'AMF ou à l'officier de police judiciaire désigné par le juge chargé de l'informer du déroulement des opérations, de le saisir ; à défaut, la personne saisie a qualité pour le faire. • TGI Paris, réf., 18 juill. 2006 : *BICC 2006, n° 1897.*

7. Les art. L. 621-12 C. mon. fin. et 56-1 C. pr. pén. ne soumettent l'inventaire des pièces et documents saisis à aucune forme particulière. • Paris, ord., 3 janv. 2012 : *RTDF 2013, n° 1, p. 108, obs. Dezeuze.*

8. En cas de recours introduit devant le premier président de la cour d'appel, sur le fondement de l'art. L. 621-12, à l'encontre des mesures d'exécution d'une autorisation judiciaire de visite et de saisie accordée à l'AMF, aucune disposition légale ne prévoit la mise en cause du procureur de la République. • Paris, ord., 3 janv. 2012 : *préc. note 7.*

9. Documents saisissables. Il résulte des art. L. 621-12 C. mon. fin. et 8 Conv. EDH que seuls sont saisissables les documents et supports d'information qui appartiennent ou sont à la disposition de l'occupant des lieux, soit la personne qui occupe, à quelque titre que ce soit, les locaux dans lesquels la visite est autorisée, à l'exclusion des personnes de passage au moment de la visite domiciliaire, ce passage serait-il attendu. • Com. 14 oct. 2020, n° 18-15.840 P : *D. 2020. Actu. 2063 ; RTD com. 2020. 906, obs. Rontchevsky ; BJB 11-12/2020. 10, note Galland ; RJDA 2021, n° 26.*

10. S'il résulte de l'art. L. 621-12 que les enquêteurs de l'AMF ne peuvent appréhender que les documents se rapportant aux agissements prohibés retenus par l'ordonnance d'autorisation de visite et saisies domiciliaires, il ne leur est pas interdit de saisir des documents pour partie utiles à la preuve desdits agissements. • Com. 4 nov. 2020, n° 19-17.911 P : *D. 2020. Actu. 2238 ; Rev. sociétés 2021. 108, note Dezeuze et Méléard .*

11. Restitution des documents saisis. Ne peut être qualifié que de dommage éventuel et dès lors ne constitue pas un motif de restitution des documents saisis dans le cadre de l'art. L. 621-12, le risque de divulgation d'informations sensibles et provisoires résultant de la situation même d'enquête, cette divulgation constituant une infraction aux obligations des agents susceptibles de prendre connaissance de ces informations. • TGI Paris, réf., 18 juill. 2006 : *préc. note 6.*

12. L'art. L. 621-12, qui prévoit la restitution des documents qui ne sont plus utiles à la manifestation de la vérité, n'autorise pas l'AMF à saisir des pièces qui ne sont manifestement pas utiles à la manifestation de la vérité. • Paris, réf., 6 mai 2015, n° 14/16349 : *RTDF 2015, nos 1-2, p. 33, note Dompé et Nicodeau.*

Art. L. 621-12-1 *(L. nº 2014-344 du 17 mars 2014, art. 141)* L'Autorité des marchés financiers peut transmettre à la juridiction saisie d'une action en réparation d'un préjudice qui en fait la demande les procès-verbaux et les rapports d'enquête ou de contrôle qu'elle détient dont la production est utile à la solution du litige.

SOUS-SECTION 4 *Injonctions, mesures d'urgence et autres mesures (Ord. nº 2015-1576 du 3 déc. 2015, art. 1er-1º).*

Art. L. 621-13 Le président du *(Ord. nº 2019-964 du 18 sept. 2019, art. 35, en vigueur le 1er janv. 2020)* « tribunal judiciaire » peut, sur demande motivée *(L. nº 2003-706 du 1er août 2003, art. 12-II)* « du président ou du secrétaire général de l'Autorité des marchés financiers », prononcer la mise sous séquestre, en quelque main qu'ils se trouvent, des fonds, valeurs, titres ou droits appartenant aux personnes mises en cause par elle *(Ord. nº 2013-676 du 25 juill. 2013, art. 23)* « ainsi que tout actif détenu par un FIA ». Il statue par ordonnance sur requête, à charge pour tout intéressé de lui en référer. Il peut prononcer dans les mêmes conditions l'interdiction temporaire de l'activité professionnelle.

Le président du *(Ord. nº 2019-738 du 17 juill. 2019, art. 5)* « tribunal judiciaire statuant en référé », sur demande motivée *(L. nº 2003-706 du 1er août 2003, art. 12-II)* « du président ou du secrétaire général de l'Autorité des marchés financiers », peut ordonner *(Abrogé par Ord. nº 2019-738 du 17 juill. 2019, art. 5)* « *, en la forme des référés,* » qu'une personne mise en cause soit astreinte à consigner une somme d'argent.

Il fixe le montant de la somme à consigner, le délai pour consigner et son affectation.

En cas de mise en examen de la personne consignataire, le juge d'instruction saisi statue pour donner mainlevée, totale ou partielle, de la consignation ou pour la maintenir ou l'augmenter par décision rendue en application du 11º de l'article 138 du code de procédure pénale. — *[Ord. nº 67-833 du 28 sept. 1967, art. 8-1.] — V. C. pr. pén., art. 138. —* ***C. pr. pén.*** *— V. art. L. 642-3.*

Les dispositions de l'Ord. nº 2019-738 du 17 juill. 2019 s'appliquent aux demandes introduites à compter du 1er janv. 2020 (Ord. préc., art. 30).

1. L'art. L. 621-13 ne mentionne nullement que les faits motivant la demande doivent être susceptibles de recevoir une qualification pénale ; il ne mentionne pas davantage que l'expression « personnes mises en cause » puisse se rattacher à la notion pénale de mise en cause ou de mise en examen. • TGI Paris, ord., 8 nov. 2004 : *RTD com. 2005. 144, obs. Rontchevsky ; BJB 2005. 130, note Dezeuze.*

2. Pour des exemples d'application de l'art. L. 621-13, V. • Bordeaux, 17 janv. 2001 : *Banque et Dr. 3-4/2001. 30, obs. de Vauplane et Daigre* • TGI Paris, ord., 9 juill. 2003 : *RTD com. 2003. 775, obs. Rontchevsky* • 8 nov. 2004 : *préc. note 1* • 17 avr. 2019 : *BJB 5-6/2019. 42, note Gaudemet.*

Art. L. 621-13-1 *(Ord. nº 2011-915 du 1er août 2011, art. 15)* I. — L'Autorité des marchés financiers peut désigner un administrateur provisoire auprès d'une personne mentionnée à l'article L. 543-1, auquel sont transférés tous les pouvoirs d'administration, de direction et de représentation de la personne morale. L'administrateur provisoire dispose des biens meubles et immeubles de celle-ci dans l'intérêt d'une bonne administration.

Cette désignation est faite soit à la demande des dirigeants lorsqu'ils estiment ne plus être en mesure d'exercer normalement leurs fonctions, soit à l'initiative de l'Autorité des marchés financiers lorsque la gestion de la personne contrôlée ne peut plus être assurée dans des conditions normales ou en cas d'interdiction d'exercer de l'un ou de plusieurs de ses dirigeants en application du *b* du III de l'article L. 621-15.

(L. nº 2016-1691 du 9 déc. 2016, art. 121-II-10º) « La rémunération de l'administrateur provisoire est fixée par l'Autorité des marchés financiers. Elle est prise en charge, ainsi que les frais engagés par l'administrateur provisoire, par la personne auprès de laquelle il est désigné. »

II. — L'Autorité des marchés financiers décide de la désignation d'un administrateur provisoire au terme d'une procédure contradictoire. Lorsque des circonstances particulières d'urgence le justifient, l'Autorité des marchés financiers peut, à titre provisoire, ordonner sans procédure contradictoire cette désignation. Une procédure contradictoire est alors immédiatement engagée aux fins de lever, adapter ou confirmer cette mesure commandée par l'urgence.

III. — Les décisions de l'Autorité des marchés financiers relatives à une personne contrôlée prise en application du I du présent article peuvent être communiquées à l'entreprise qui exerce sur cette personne un contrôle exclusif au sens de l'article L. 233-16 du code de commerce.

IV. — Un décret en Conseil d'État détermine les modalités d'application du présent article. — *V. art. R. 621-37-1.*

Art. L. 621-13-2 *(L. n° 2013-672 du 26 juill. 2013, art. 38)* L'Autorité des marchés financiers peut exiger la suspension, à titre provisoire, du rachat de parts ou d'actions ou de l'émission de parts ou d'actions nouvelles d'un organisme de placement collectif lorsque des circonstances exceptionnelles l'exigent et si l'intérêt des porteurs de parts, des actionnaires ou du public le commande.

(L. n° 2016-1691 du 9 déc. 2016, art. 118-I-7°) « Elle peut également exiger qu'il soit mis fin au plafonnement ou à la suspension des rachats de parts ou actions, ou limiter à titre provisoire le recours à de tels plafonnements ou suspensions, par un ou plusieurs organismes de placement collectif, si l'intérêt des porteurs de parts, des actionnaires ou du public le commande. »

Art. L. 621-13-3 *(Ord. n° 2013-676 du 25 juill. 2013, art. 24)* L'Autorité des marchés financiers peut exiger la suspension, à titre provisoire, du rachat de parts ou d'actions ou de l'émission de parts ou d'actions nouvelles d'un FIA lorsque des circonstances exceptionnelles l'exigent et si l'intérêt des porteurs de parts, des actionnaires ou du public le commande.

(L. n° 2016-1691 du 9 déc. 2016, art. 118-I-8°) « Elle peut également exiger qu'il soit mis fin au plafonnement ou à la suspension des rachats de parts ou actions d'un FIA, et limiter à titre provisoire le recours à de tels plafonnements ou suspensions, si l'intérêt des porteurs de parts, des actionnaires ou du public le commande. »

Art. L. 621-13-4 *(Ord. n° 2013-676 du 25 juill. 2013, art. 24)* Lorsqu'une société de gestion de FIA n'est pas en mesure de garantir le respect des dispositions de la sous-section 1 de la section II du chapitre IV du titre Ier du livre II dont un FIA ou une autre entité agissant pour son compte est responsable, elle en informe immédiatement l'Autorité des marchés financiers et, si nécessaire, les autorités compétentes du FIA de l'Union européenne *(L. n° 2019-486 du 22 mai 2019, art. 77)* « ou d'un État partie à l'accord sur l'Espace économique européen » concerné. L'Autorité des marchés financiers exige que la société de gestion prenne les mesures nécessaires pour remédier à la situation.

Si, en dépit des mesures prises par les autorités compétentes dont relève le FIA, le non-respect des exigences persiste, et dans la mesure où il s'agit d'une société de gestion établie dans l'Union européenne *(L. n° 2019-486 du 22 mai 2019, art. 77)* « ou dans un État partie à l'accord sur l'Espace économique européen » ou d'un FIA de l'Union européenne *(L. n° 2019-486 du 22 mai 2019, art. 77)* « ou d'un État partie à l'accord sur l'Espace économique européen », l'Autorité des marchés financiers exige la démission de cette société en sa qualité de société de gestion de ce FIA dans les conditions fixées par le règlement général de l'Autorité des marchés financiers. Dans ce cas, le FIA n'est plus commercialisé dans l'Union européenne *(L. n° 2019-486 du 22 mai 2019, art. 77)* « ou dans un État partie à l'accord sur l'Espace économique européen ». S'il s'agit d'un gestionnaire établi dans un pays tiers qui gère un FIA de pays tiers, ce FIA n'est plus commercialisé dans l'Union européenne *(L. n° 2019-486 du 22 mai 2019, art. 77)* « ou dans un État partie à l'accord sur l'Espace économique européen ». L'Autorité des marchés financiers informe immédiatement les autorités compétentes des États *(Abrogé par L. n° 2019-486 du 22 mai 2019, art. 77) « membres »* d'accueil du gestionnaire. *(L. n° 2016-1691 du 9 déc. 2016, art. 121-II-8°)* « Le mandataire désigné par l'Autorité des marchés financiers pour contrôler la société jusqu'à la prise d'effet de sa démission choisit, le cas échéant, une autre société de gestion de portefeuille pour gérer le FIA. Ce mandataire est rémunéré pour l'accomplissement de sa mission par la société de gestion de portefeuille, dans les conditions fixées par le règlement général de l'Autorité des marchés financiers. »

Le présent article est applicable aux sociétés de gestion des FIA :

a) Relevant du II de l'article L. 214-24, à l'exclusion de ceux mentionnés à son dernier alinéa, et à l'exclusion des FIA relevant du I *[de]* l'article L. 214-167 et de ceux mentionnés au second alinéa du III de l'article L. 532-9 ;

b) Relevant du 1° du III de l'article L. 214-24.

V. Règl. gén. AMF, art. 316-9.

Art. L. 621-13-5 *(L. n° 2016-1691 du 9 déc. 2016, art. 46-III-2° et 74) (L. n° 2019-486 du 22 mai 2019, art. 82)* « I. — Le président de l'Autorité des marchés financiers adresse, par tout moyen propre à en établir la date de réception, une mise en demeure aux opérateurs suivants :

« 1° Les opérateurs offrant des services d'investissement en ligne non agréés en application de l'article L. 532-1, ne figurant pas au nombre des personnes mentionnées à l'article L. 531-2 et n'entrant pas dans le champ d'application des articles L. 532-16 à L. 532-22 ;

« 2° Les opérateurs proposant en ligne des offres de titres financiers ou de bons de caisse qui satisfont aux conditions suivantes :

« *a)* Ils ne sont pas agréés en application de l'article L. 532-1, ne figurent pas au nombre des personnes mentionnées à l'article L. 531-2 et n'entrent pas dans le champ d'application des articles L. 532-16 à L. 532-22 ;

« *b)* Ils ne sont pas immatriculés en qualité de conseillers en investissements participatifs conformément aux articles L. 546-1 et L. 547-4-1 ;

« 3° Les opérateurs proposant au public de souscrire des rentes viagères ou d'acquérir des droits dans les conditions prévues au 1° du I ou au II de l'article L. 551-1 sans avoir, préalablement à toute communication à caractère promotionnel ou à tout démarchage, soumis à l'examen de l'Autorité des marchés financiers les documents mentionnés à l'article L. 551-3 ;

« 4° Les opérateurs entrant dans le champ d'application de l'article L. 54-10-3 qui ne sont pas enregistrés par l'Autorité des marchés financiers dans les conditions prévues au même article L. 54-10-3 ;

« 5° Les opérateurs fournissant des services sur actifs numériques au sens de l'article L. 54-10-2 qui diffusent des informations comportant des indications inexactes ou trompeuses ou utilisent une dénomination, une raison sociale, une publicité ou tout autre procédé laissant croire qu'ils sont agréés dans les conditions prévues à l'article L. 54-10-5 ;

« 6° Les opérateurs procédant à une offre au public de jetons au sens de l'article L. 552-3 qui diffusent des informations comportant des indications inexactes ou trompeuses ou utilisent une dénomination, une raison sociale, une publicité ou tout autre procédé laissant croire qu'ils ont obtenu le visa prévu à l'article L. 552-4.

« La mise en demeure rappelle les sanctions encourues par ces différents opérateurs au titre du chapitre III du titre VII du livre V et les dispositions du II du présent article. Il est enjoint à l'opérateur de respecter l'interdiction qui lui est applicable et de présenter ses observations dans un délai de huit jours à compter de la réception de la mise en demeure.

« II. — » Il adresse également aux personnes mentionnées au 2 du I de l'article 6 de la loi n° 2004-575 du 21 juin 2004 pour la confiance dans l'économie numérique, par tout moyen propre à en établir la date de réception, une copie de la mise en demeure prévue au *(L. n° 2019-486 du 22 mai 2019, art. 82)* « I » du présent article et leur enjoint de prendre toute mesure propre à empêcher l'accès au contenu du service de communication au public en ligne proposé par *(L. n° 2019-486 du 22 mai 2019, art. 82)* « un » opérateur mentionné au *(L. n° 2019-486 du 22 mai 2019, art. 82)* « même I ». Ces personnes sont invitées à présenter leurs observations dans un délai de huit jours.

(L. n° 2019-486 du 22 mai 2019, art. 82) « III. — » A l'issue *(L. n° 2019-486 du 22 mai 2019, art. 82)* « des délais mentionnés aux I et II du présent article, en cas d'inexécution des injonctions prévues aux mêmes I et II » ou si l'offre *(L. n° 2019-486 du 22 mai 2019, art. 82)* « illicite » en ligne reste accessible, le président de l'Autorité des marchés financiers peut saisir le président du *(Ord. n° 2019-738 du 17 juill. 2019, art. 5)* « tribunal judiciaire de Paris statuant selon la procédure accélérée au fond », l'arrêt de l'accès à ce service aux personnes mentionnées au 1 du I de l'article 6 de la loi n° 2004-575 du 21 juin 2004 précitée.

Il peut également saisir le président du *(Ord. n° 2019-964 du 18 sept. 2019, art. 35, en vigueur le 1er janv. 2020)* « tribunal judiciaire » de Paris aux mêmes fins si l'offre demeure accessible, nonobstant l'éventuelle exécution par les personnes mentionnées au *(L. n° 2019-486 du 22 mai 2019, art. 82)* « II » du présent article, sans avoir à procéder à de nouvelles injonctions de même nature.

Le président de l'Autorité des marchés financiers peut saisir par requête le président du *(Ord. n° 2019-964 du 18 sept. 2019, art. 35, en vigueur le 1er janv. 2020)* « tribunal judiciaire » de Paris aux mêmes fins lorsque ce service de communication au public en ligne est accessible à partir d'autres adresses.

Les dispositions de l'Ord. n° 2019-738 du 17 juill. 2019 s'appliquent aux demandes introduites à compter du 1er janv. 2020 (Ord. préc., art. 30).

Art. L. 621-13-6 *(Ord. n° 2017-1107 du 22 juin 2017, art. 12-9°, en vigueur le 3 janv. 2018)* I. — Le président de l'Autorité des marchés financiers ou le représentant qu'il désigne peut exiger de toute personne qu'elle prenne des mesures pour réduire le volume de sa position ou de son exposition sur un instrument financier, sur une unité mentionnée à l'article L. 229-7 du code de l'environnement ou sur les actifs mentionnés au II de l'article L. 421-1.

II. — Le président de l'Autorité des marchés financiers ou le représentant qu'il désigne peut limiter la faculté de toute personne d'acquérir ou de céder un instrument dérivé sur matière première, notamment en fixant des limites au volume d'une position que toute personne peut détenir à tout moment.

III. — L'Autorité des marchés financiers notifie à l'Autorité européenne des marchés financiers et, le cas échéant, aux autorités compétentes concernées d'autres États membres de l'Union européenne ou parties à l'accord sur l'Espace économique européen toute décision prise en application du I ou du II.

Lorsque l'Autorité des marchés financiers se voit notifier par une autorité compétente d'un autre État membre de l'Union européenne ou d'un autre État partie à l'accord sur l'Espace économique européen des décisions de la nature de celles mentionnées ci-dessus, son président ou le représentant qu'il désigne peut prendre les mesures mentionnées au I ou II, dans le respect des dispositions du présent paragraphe, s'il estime que cela est nécessaire pour atteindre l'objectif poursuivi par cette dernière autorité. — *V. art. R. 621-37-1-1.*

Art. L. 621-13-7 *(Ord. n° 2017-1107 du 22 juin 2017, art. 12-9°, en vigueur le 3 janv. 2018)* I. — L'Autorité des marchés financiers peut suspendre la commercialisation ou la vente d'instruments financiers, des unités mentionnées à l'article L. 229-7 du code de l'environnement ou des actifs mentionnés au II de l'article L. 421-1 lorsque les conditions des articles 42 du règlement (UE) n° 600/2014 du Parlement européen et du Conseil du 15 mai 2014 sont remplies.

II. — L'Autorité des marchés financiers peut suspendre la commercialisation ou la vente d'instruments financiers, des unités mentionnées à l'article L. 229-7 du code de l'environnement ou des actifs mentionnés au II de l'article L. 421-1 lorsque l'entreprise d'investissement n'a pas développé ou appliqué un véritable processus d'approbation de produit, ou ne s'est pas conformée aux prescriptions du 3 du II de l'article L. 533-10, à l'article L. 533-24 et aux 3 et 4 de l'article L. 533-24-1.

Art. L. 621-13-8 *(Ord. n° 2017-1107 du 22 juin 2017, art. 12-9°, en vigueur le 3 janv. 2018)* Le président ou le secrétaire général de l'Autorité des marchés financiers peut enjoindre la suspension ou la révocation d'une personne mentionnée à l'article L. 421-7, si cette personne ne remplit plus les conditions fixées à cet article pour l'exercice des fonctions qu'elle occupe, ou pour mettre fin à des violations par cette personne de la réglementation applicable dans des conditions de nature à porter atteinte au bon fonctionnement d'une entreprise de marché.

Le président de l'Autorité des marchés financiers ou le représentant qu'il désigne, peut enjoindre la suspension ou la révocation d'une personne mentionnée au I de l'article L. 533-26 pour mettre fin à des violations par cette personne de la réglementation applicable dans des conditions de nature à porter atteinte aux intérêts des clients ou au bon fonctionnement d'une entreprise d'investissement.

Un décret précise les conditions d'application du présent article. — *V. art. D. 621-37-1-2 et D. 621-37-1-3.*

Art. L. 621-13-9 *(Ord. n° 2017-1107 du 22 juin 2017, art. 12-9°, en vigueur le 3 janv. 2018)* L'Autorité des marchés financiers peut faire une déclaration publique mentionnant toute personne responsable d'un manquement aux règlements européens, lois, règlements ou règles professionnelles approuvés par l'Autorité des marchés financiers et la nature de ce dernier.

Art. L. 621-14 *(L. n° 2003-706 du 1er août 2003, art. 13) (Ord. n° 2015-1576 du 3 déc. 2015, art. 1er-2° et 3°)* « I. — Dans les cas de manquements *(L. n° 2016-1691 du 9 déc. 2016, art. 46-III-3°)* « mentionnés au II de l'article L. 621-15, le collège de » l'Autorité des marchés financiers peut rendre publique une déclaration qui précise l'identité de la personne physique ou morale en cause, de même que la nature *(L. n° 2016-1691 du 9 déc. 2016, art. 46-III-3°)* « du manquement ».

« II. — » *(L. n° 2005-842 du 26 juill. 2005, art. 30-I-1°)* « Le collège peut, après avoir mis la personne concernée en mesure de présenter ses explications, ordonner qu'il soit mis fin, en France et à l'étranger, aux manquements aux obligations résultant *(L. n° 2013-672 du 26 juill. 2013, art. 48-2°)* « des règlements européens, » des dispositions législatives ou réglementaires ou des règles professionnelles visant à protéger les investisseurs contre les opérations d'initiés, les manipulations de *(L. n° 2016-819 du 21 juin 2016, art. 3-I-1°, en vigueur le 3 juill. 2016)* « marché et la divulgation illicite d'informations privilégiées mentionnées aux c et *d* du II de l'article L. 621-15 », ou à tout autre manquement de nature à porter atteinte à la protection des investisseurs » *(Ord. n° 2016-1635 du 1er déc. 2016, art. 9)* « , au bon fonctionnement des marchés ou à tout autre manquement aux obligations relatives à la lutte contre le blanchiment des capitaux et le financement du terrorisme prévues aux chapitres I et II du titre VI du livre V du présent code ». *(L. n° 2016-1691 du 9 déc. 2016, art. 46-III-3°)*

« Ces décisions sont rendues publiques dans les conditions et selon les modalités prévues au V du même article L. 621-15. » — *V. art. R. 621-37.*

Al. abrogé par L. n° 2016-1691 du 9 déc. 2016, art. 46-III-3°.

(L. n° 2005-842 du 26 juill. 2005, art. 30-I-2°) « Le collège dispose des mêmes pouvoirs que ceux mentionnés *(L. n° 2016-819 du 21 juin 2016, art. 3-I-1°, en vigueur le 3 juill. 2016)* « au premier alinéa du présent II » à l'encontre des manquements aux obligations résultant *(L. n° 2013-672 du 26 juill. 2013, art. 48-2°)* « des règlements européens, » des dispositions législatives ou réglementaires visant à protéger les investisseurs et le marché contre les opérations d'initié, les manipulations de *(L. n° 2016-819 du 21 juin 2016, art. 3-I-1°, en vigueur le 3 juill. 2016)* « marché et la divulgation illicite d'informations privilégiées mentionnées aux *c* et *d* du II de l'article L. 621-15 », commis sur le territoire français et concernant des instruments financiers *(L. n° 2010-1249 du 22 oct. 2010, art. 9-II-13° ; L. n° 2016-819 du 21 juin 2016, art. 3-I-1°, en vigueur le 3 juill. 2016)* « , des unités mentionnées à l'article L. 229-7 du code de l'environnement ou des actifs mentionnés au II de l'article L. 421-1 du présent code » admis aux négociations sur un marché réglementé d'un autre État membre de l'Union européenne ou partie à l'accord sur l'Espace économique européen ou pour lesquels une demande d'admission aux négociations sur un tel marché a été présentée. »

(Ord. n° 2015-1576 du 3 déc. 2015, art. 1er-2°) « III. — » Le président de l'Autorité des marchés financiers peut demander en justice qu'il soit ordonné à la personne qui est responsable de la pratique relevée de se conformer *(L. n° 2013-672 du 26 juill. 2013, art. 48-2°)* « aux règlements européens, » aux dispositions législatives ou réglementaires, de mettre fin à l'irrégularité ou d'en supprimer les effets.

(Ord. n° 2019-738 du 17 juill. 2019, art. 5) « La demande est portée devant le président du tribunal judiciaire de Paris qui statue en référé. » Il peut prendre, même d'office, toute mesure conservatoire et prononcer pour l'exécution de son ordonnance une astreinte versée au Trésor public.

En cas de poursuites pénales, l'astreinte, si elle a été prononcée, n'est liquidée qu'après que la décision sur l'action publique est devenue définitive.

Les dispositions de l'Ord. n° 2019-738 du 17 juill. 2019 s'appliquent aux demandes introduites à compter du 1er janv. 2020 (Ord. préc., art. 30).

La demande formulée par l'AMF à l'adresse d'une société « agissant de concert » de déposer une offre publique d'achat sur les titres d'une autre société fait grief aux sociétés expressément visées dans la décision comme participant au concert et s'analyse comme une injonction, laquelle ne peut être prononcée que dans le respect de la procédure prévue à l'art. L. 621-14 C. mon fin., qui exige que les personnes concernées soient mises en mesure de présenter leurs explications : • Paris, 2 avr. 2008 : *BICC 2008, n° 965 ; D. 2008. AJ 1057, obs. Lienhard ; RJDA 2008, n° 676 ; RTDF 2010, n° 1, p. 97, obs. Martin, Becker et Giuliani.* ♦ V. aussi, sur le pouvoir d'injonction de l'AMF, s'agissant du dépôt d'une offre publique obligatoire à la suite d'un franchissement de seuil, V. • Paris, 19 oct. 2005 : *JCP E 2006, n° 9, p. 430 ; Banque et Dr. 1-2/2006. 40, obs. de Vauplane et Daigre ; RTD com. 2006. 151, obs. Rontchevsky ; BJB 2006. 159, note Daigre ; RTDF 2006, n° 1, p. 88, obs. Martin, Bouaziz et Kanovitch.*

SOUS-SECTION 4 *BIS* *Composition administrative*

(L. n° 2010-1249 du 22 oct. 2010, art. 7)

Art. L. 621-14-1 Lorsque le rapport d'enquête ou de contrôle établi par les services de l'Autorité des marchés financiers fait état de manquements commis par une personne mentionnée au 9° du II de l'article L. 621-9, *(L. n° 2016-1691 du 9 déc. 2016, art. 43-1°)* « au » II de l'article L. 621-15, *(L. n° 2016-1691 du 9 déc. 2016, art. 43-2°)* « sauf en cas de manquement mentionné au *f* du II du même article L. 621-15 », et aux obligations professionnelles mentionnées à l'article L. 621-17, le collège de l'Autorité peut, en même temps qu'il notifie les griefs dans les conditions prévues à la première phrase du deuxième alinéa du I de l'article L. 621-15, lui adresser une proposition d'entrée en voie de composition administrative.

Cette proposition suspend le délai fixé au deuxième alinéa du I de l'article L. 621-15.

Toute personne à qui il a été proposé d'entrer en voie de composition administrative s'engage, dans le cadre d'un accord arrêté avec le secrétaire général de l'Autorité des marchés financiers, à verser au Trésor public une somme dont le montant maximum est celui de la sanction pécuniaire encourue au titre du III de l'article L. 621-15.

L'accord est soumis au collège puis, s'il est validé par celui-ci, à la commission des sanctions, qui peut décider de l'homologuer. L'accord ainsi homologué est rendu public.

En l'absence d'accord homologué ou en cas de non-respect de celui-ci, la notification de griefs est transmise à la commission des sanctions qui fait application de l'article L. 621-15.

Les décisions du collège et de la commission des sanctions mentionnées au présent article sont soumises aux voies de recours prévues à l'article L. 621-30.

Les modalités d'application du présent article sont fixées par décret en Conseil d'État. — *V. art. R. 621-37-1 s.*

BIBL. ▶ Kovar, *LPA 16 déc. 2010, p. 18.* – Vilmart, *JCP E 2011. 1638.* – Douvreleur, *RTDF 2011, nº 3, p. 19.* – Lasserre Capdeville, *BJB 2011. 578* (dispositions réglementaires). – Ruhlmann et Demarigny, *RTDF 2011, nº 4, p. 129* (même thème). – Garrigues, *BJB 2012. 541.* – Lancrenon, *BJB 2015. 187* (bilan de trois ans d'accords de composition administrative). – Mirieu de Labarre, *JCP E 2015. 1482* (bilan de cinq années d'application). – Maréchal et Legris, *BJB 2016. 539* (bilan positif de la composition administrative). – Rontchevsky, *RTDF 2016, nº 4, p. 102* (loi du 9 déc. 2016).

Refus d'homologation. La commission des sanctions peut légalement fonder son refus d'homologuer une composition administrative sur la circonstance que, eu égard aux textes applicables et aux circonstances de faits, les griefs notifiés soulèvent une question qui, par sa nouveauté et sa difficulté, justifie, au regard notamment de l'exigence de prévisibilité de l'application des normes régissant l'activité des professionnels concernés, qu'elle soit expressément tranchée à l'issue d'une procédure contradictoire menée devant la commission des sanctions. • CE 20 mars 2020, nº 422186 : *RSC 2020. 351, obs. Stasiak ; BJB 5-6/2020. 15, note Gaudemet ; Dr. sociétés 2020, nº 82, note de Bailliencourt ; RDBF 2020, nº 69, obs. Pailler ; RTDF 2020, nº 1, p. 75, obs. Vreulx ; ibid., nº 2, p. 107, obs. Dezeuze et Rontchevsky ; RJDA 2020, nº 433 ; Banque et Dr. 7-8/2020. 40, obs. Prorok.*

SOUS-SECTION 5 *Sanctions (L. nº 2003-706 du 1er août 2003, art. 14 ; Ord. nº 2005-429 du 6 mai 2005, art. 82).*

Art. L. 621-15 *(L. nº 2003-706 du 1er août 2003, art. 14-II ; Ord. nº 2010-76 du 21 janv. 2010, art. 6-3º-a)* « I. — Le collège examine le rapport d'enquête ou de contrôle établi par les services de l'Autorité des marchés financiers, ou la demande formulée par le président de l'Autorité de contrôle prudentiel et de résolution. »

(L. nº 2016-819 du 21 juin 2016, art. 4-I-1º) « Sous réserve de l'article L. 465-3-6, » s'il décide l'ouverture d'une procédure de sanction, il notifie les griefs aux personnes concernées. Il transmet la notification des griefs à la commission des sanctions, qui désigne un rapporteur parmi ses membres. La commission des sanctions ne peut être saisie de faits remontant à plus de *(L. nº 2019-486 du 22 mai 2019, art. 81)* « six » ans s'il n'a été fait pendant ce délai aucun acte tendant à leur recherche, à leur constatation ou à leur sanction. *(L. nº 2019-486 du 22 mai 2019, art. 81)* « Le point de départ de ce délai de prescription est fixé au jour où le manquement a été commis ou, si le manquement est occulte ou dissimulé, au jour où le manquement est apparu et a pu être constaté dans des conditions permettant l'exercice par l'Autorité des marchés financiers de ses missions d'enquête ou de contrôle. Dans ce dernier cas, le délai de prescription ne peut excéder douze années révolues. »

(L. nº 2010-1249 du 22 oct. 2010, art. 6-II-1º) « Un membre du collège *(Abrogé par L. nº 2013-672 du 26 juill. 2013, art. 36-7º)* « *, ayant examiné le rapport d'enquête ou de contrôle et pris part à la décision d'ouverture d'une procédure de sanction,* » est convoqué à l'audience. Il y assiste sans voix délibérative. Il peut être assisté ou représenté par les services de l'Autorité des marchés financiers. Il peut présenter des observations au soutien des griefs notifiés et proposer une sanction.

« La commission des sanctions peut entendre tout agent des services de l'autorité. »

En cas d'urgence, le collège peut suspendre d'activité les personnes mentionnées aux *a* et *b* du II contre lesquelles des procédures de sanction sont engagées.

Si le collège transmet au procureur de la République le rapport mentionné au premier alinéa, le collège peut décider de rendre publique la transmission.

II. — La commission des sanctions peut, après une procédure contradictoire, prononcer une sanction à l'encontre des personnes suivantes :

a) Les *(Ord. nº 2005-429 du 6 mai 2005, art. 83 ; Ord. nº 2007-544 du 12 avr. 2007, art. 5-16º-a, en vigueur le 1er nov. 2007 ;* L. nº 2010-1249 du 22 oct. 2010, art. 4-3º ; Ord. nº 2017-1107 du 22 juin 2017, art. 12-10º, *en vigueur le 3 janv. 2018 ; L. nº 2019-486 du 22 mai 2019, art. 86)* « personnes mentionnées aux 1º à 8º et 11º à 21º du II de l'article L. 621-9 », au titre de tout manquement à leurs obligations professionnelles définies par *(L. nº 2013-672 du 26 juill. 2013, art. 36-7º)* « les règlements européens, » les lois, règlements et règles professionnelles approuvées par l'Autorité des marchés financiers en vigueur, sous réserve des dis-

positions *(Ord. n° 2014-158 du 20 févr. 2014, art. 4-34°)* **« des articles L. 612-39 et L. 612-40 » ;**

***b)* Les personnes physiques placées sous l'autorité ou agissant pour le compte de l'une des** *(Ord. n° 2005-429 du 6 mai 2005, art. 83 ; Ord. n° 2007-544 du 12 avr. 2007, art. 5-16°-a, en vigueur le 1er nov. 2007 ; L. n° 2010-1249 du 22 oct. 2010, art. 4-3° ; Ord. n° 2017-1107 du 22 juin 2017, art. 12-10°, en vigueur le 3 janv. 2018 ; L. n° 2019-486 du 22 mai 2019, art. 86)* **« personnes mentionnées aux 1° à 8° et 11° à 21° du II de l'article L. 621-9 » au titre de tout manquement à leurs obligations professionnelles définies par** *(L. n° 2013-672 du 26 juill. 2013, art. 36-7°)* **« les règlements européens, » les lois, règlements et règles professionnelles approuvées par l'Autorité des marchés financiers en vigueur, sous réserve des dispositions** *(Ord. n° 2014-158 du 20 févr. 2014, art. 4-34°)* **« des articles L. 612-39 et L. 612-40 » ;**

(L. n° 2016-819 du 21 juin 2016, art. 3-I-2°, en vigueur le 3 juill. 2016) **« *c)* Toute personne qui, sur le territoire français ou à l'étranger :**

« 1° S'est livrée ou a tenté de se livrer à une opération d'initié ou à une manipulation de marché, au sens des articles 8 ou 12 du règlement (UE) n° 596/2014 du Parlement européen et du Conseil du 16 avril 2014 sur les abus de marché (règlement relatif aux abus de marché) et abrogeant la directive 2003/6/CE du Parlement européen et du Conseil et les directives 2003/124/CE, 2003/125/CE et 2004/72/CE de la Commission ;

« 2° A recommandé à une autre personne d'effectuer une opération d'initié, au sens de l'article 8 du même règlement, ou a incité une autre personne à effectuer une telle opération ;

« 3° S'est livrée à une divulgation illicite d'informations privilégiées, au sens de l'article 10 dudit règlement ;

« 4° Ou s'est livrée à tout autre manquement mentionné au premier alinéa du II de l'article L. 621-14,

« dès lors que ces actes concernent :

(L. n° 2016-819 du 21 juin 2016, art. 3-III) **« – un instrument financier ou une unité mentionnés à l'article L. 229-7 du code de l'environnement, négociés sur une plate-forme de négociation située sur le territoire français ou pour lesquels une demande d'admission à la négociation sur une telle plate-forme de négociation a été présentée ; »** *— Pour l'entrée en vigueur, V. 3e note rédactionnelle ci-dessous.*

« – un instrument financier ou une unité mentionnée au même article L. 229-7 autres que ceux mentionnés au septième alinéa du présent c dont le cours ou la valeur dépend du cours ou de la valeur d'un instrument financier ou d'une unité mentionné au même septième alinéa ou dont le cours ou la valeur a un effet sur le cours ou la valeur d'un instrument financier ou une unité mentionné audit septième alinéa ;

« – un contrat au comptant sur matières premières au sens du 1° du II de l'article L. 465-3-4 du présent code lorsque l'opération, le comportement ou la diffusion est de nature ou est destiné à avoir un effet sur le cours d'un instrument financier ou d'une unité mentionné aux septième ou huitième alinéas du présent *c* ;

« – un indice mentionné à l'article L. 465-3-3 ;

« *d)* Toute personne qui, sur le territoire français :

« 1° S'est livrée ou a tenté de se livrer à une opération d'initié ou à une manipulation de marché, au sens des articles 8 ou 12 du règlement (UE) n° 596/2014 du Parlement européen et du Conseil du 16 avril 2014 précité ;

« 2° A recommandé à une autre personne d'effectuer une opération d'initié, au sens de l'article 8 du même règlement, ou a incité une autre personne à effectuer une telle opération ;

« 3° S'est livrée à une divulgation illicite d'informations privilégiées, au sens de l'article 10 dudit règlement ;

« 4° Ou s'est livrée à tout autre manquement mentionné au premier alinéa du II de l'article L. 621-14,

« dès lors que ces actes concernent :

(L. n° 2016-819 du 21 juin 2016, art. 3-III) **« – un instrument financier ou une unité mentionnée à l'article L. 229-7 du code de l'environnement, négociés sur une plate-forme de négociation d'un autre État membre de l'Union européenne ou partie à l'Espace économique européen ou pour lesquels une demande d'admission à la négociation sur une telle plate-forme de négociation a été présentée ; »** *— Pour l'entrée en vigueur, V. 3e note rédactionnelle ci-dessous.*

« – un instrument financier ou une unité mentionnée au même article L. 229-7 autres que ceux mentionnés au septième alinéa du présent d dont le cours ou la valeur dépend du cours ou de la valeur d'un instrument financier ou d'une unité mentionné au même sep-

tième alinéa ou dont le cours ou la valeur a un effet sur le cours ou la valeur d'un instrument financier ou une unité mentionnés audit septième alinéa ;

« – un contrat au comptant sur matières premières au sens du 1° du II de l'article L. 465-3-4 du présent code lorsque l'opération, le comportement ou la diffusion est de nature ou est destiné à avoir un effet sur le cours d'un instrument financier ou d'une unité mentionnés aux septième ou huitième alinéas du présent *d* ;

« – un instrument financier ou une unité mentionnée à l'article L. 229-7 du code de l'environnement dont le cours ou la valeur a un effet sur le cours ou la valeur d'un contrat au comptant sur matières premières mentionné au 2° du II de l'article L. 465-3-4 du présent code, lorsque l'opération, le comportement ou la diffusion a ou est susceptible d'avoir un effet sur le cours ou la valeur d'un contrat au comptant sur matières premières ;

« – un indice mentionné à l'article L. 465-3-3 ; »

(L. n° 2016-1691 du 9 déc. 2016, art. 44-II-1°) « *e)* Toute personne qui, sur le territoire français ou à l'étranger, s'est livrée ou a tenté de se livrer à la diffusion d'une fausse information ou s'est livrée à tout autre manquement mentionné au premier alinéa du II de l'article L. 621-14, lors :

« – d'une offre au public de titres financiers définie à l'article L. 411-1 ; »

(Abrogé par Ord. n° 2019-1067 du 21 oct. 2019, art. 15) « (L. n° 2019-486 du 22 mai 2019, art. 75) « – d'une offre de titres financiers définie au 1 du I de l'article L. 411-2 ;

« « – d'une offre de parts sociales mentionnée à l'article 11 de la loi n° 47-1775 du 10 septembre 1947 portant statut de la coopération qui satisfait à la condition prévue au 1 du I de l'article L. 411-2 du présent code ; »

« (L. n° 2016-1691 du 9 déc. 2016, art. 44-II-1°) « – (Abrogé par L. n° 2019-486 du 22 mai 2019, art. 75) « ou » d'une offre de titres financiers définie à l'article L. 411-2 proposée par l'intermédiaire d'un prestataire de services d'investissement ou d'un conseiller en investissements participatifs au moyen d'un site internet remplissant les caractéristiques fixées par le règlement général de l'Autorité des marchés financiers ; »

« – *(Abrogé par L. n° 2019-486 du 22 mai 2019, art. 75)* « *ou* » d'une offre de minibons mentionnés à l'article L. 223-6 ; »

(L. n° 2019-486 du 22 mai 2019, art. 85) « – ou d'une offre de jetons pour laquelle l'émetteur a sollicité le visa prévu à l'article L. 552-4 ; »

(L. n° 2013-672 du 26 juill. 2013, art. 36-7°) « *f)* Toute personne qui, dans le cadre d'une enquête *(L. n° 2016-1691 du 9 déc. 2016, art. 46-III-4°)* « ou d'un contrôle effectués » en application du I de l'article L. 621-9, sur demande des enquêteurs *(L. n° 2016-1691 du 9 déc. 2016, art. 46-III-4°)* « ou des contrôleurs » et sous réserve de la préservation d'un secret légalement protégé et opposable à l'Autorité des marchés financiers, refuse de donner accès à un document, quel qu'en soit le support, et d'en fournir une copie, refuse de communiquer des informations ou de répondre à une convocation, ou refuse de donner accès à des locaux professionnels ;

« *g)* Toute autre personne au titre de manquements aux obligations résultant des règlements européens entrant dans le champ de compétence de l'Autorité des marchés financiers ; »

(L. n° 2016-1691 du 9 déc. 2016, art. 44-II-1°) « *h)* Toute personne qui, sur le territoire français ou à l'étranger, s'est livrée à un manquement aux obligations relatives aux offres au public de parts sociales mentionnées au quatrième alinéa de l'article L. 512-1 *(L. n° 2019-486 du 22 mai 2019, art. 79)* « ou à l'article 11 de la loi n° 47-1775 du 10 septembre 1947 portant statut de la coopération » ou aux offres au public de certificats mutualistes mentionnées au premier alinéa du II de l'article L. 322-26-8 du code des assurances » *(Ord. n° 2019-1067 du 21 oct. 2019, art. 15)* « dès lors que ces offres au public ne sont pas des offres mentionnées au 1° de l'article L. 411-2 ou au 2 ou au 3 de l'article L. 411-2-1 » ;

(Ord. n° 2017-1107 du 22 juin 2017, art. 12-10°, en vigueur le 3 janv. 2018) « *i)* Toute personne qui, sur le territoire français ou à l'étranger, ne respecte pas les règles relatives aux limites de position et aux déclarations des positions mentionnées aux articles L. 420-11 à L. 420-16 ;

« *j)* Toute personne qui, sur le territoire français ou à l'étranger au titre des manquements aux obligations qui s'imposent à elle lorsqu'elle recourt à la négociation algorithmique définie à l'article L. 533-10-3. »

III. — Les sanctions applicables sont :

a) (L. n° 2005-842 du 26 juill. 2005, art. 30-II-3°-a ; Ord. n° 2007-544 du 12 avr. 2007, art. 5-16°-b, en vigueur le 1er nov. 2007 ; L. n° 2010-1249 du 22 oct. 2010, art. 4-3° ; Ord. n° 2017-1107 du 22 juin 2017, art. 12-10°, en vigueur le 3 janv. 2018 ; L. n° 2019-486 du 22 mai 2019, art. 86) « Pour les personnes mentionnées aux 1° à 8°, 11°, 12°, 15° à 19° et 21° du II de l'article L. 621-9 », l'avertissement, le blâme, l'interdiction à titre temporaire ou définitif de l'exercice de tout ou partie des services fournis *(L. n° 2010-1249 du 22 oct. 2010, art. 36-XX)* « , la radiation du registre mentionné à l'article L. 546-1 » ; la commission des sanctions peut prononcer soit à la place, soit en sus de ces sanctions une sanction pécuniaire dont le montant ne peut être supérieur à *(L. n° 2010-1249 du 22 oct. 2010, art. 6-II-2°)* « 100 millions d'euros » ou au décuple du montant *(L. n° 2016-1691 du 9 déc. 2016, art. 46-III-4°)* « de l'avantage retiré du manquement si celui-ci peut être déterminé » ; les sommes sont versées au fonds de garantie auquel est affiliée la personne sanctionnée ou, à défaut, au Trésor public ;

(L. n° 2016-1691 du 9 déc. 2016, art. 46-III-4° ; Ord. n° 2017-1107 du 22 juin 2017, art. 12-10°, en vigueur le 3 janv. 2018 ; L. n° 2019-486 du 22 mai 2019, art. 86) « *b)* Pour les personnes physiques placées sous l'autorité ou agissant pour le compte de l'une des personnes mentionnées aux 1° à 8°, 11°, 12° et 15° à 21° du II de l'article L. 621-9, ou exerçant des fonctions dirigeantes, au sens de l'article L. 533-25, au sein de l'une de ces personnes, l'avertissement, le blâme, le retrait temporaire ou définitif de la carte professionnelle, l'interdiction temporaire de négocier pour leur compte propre, l'interdiction à titre temporaire ou définitif de l'exercice de tout ou partie des activités ou de l'exercice des fonctions de gestion au sein d'une personne mentionnée aux 1° à 8°, 11°, 12° et 15° à 19° du II de l'article L. 621-9. La commission des sanctions peut prononcer soit à la place, soit en sus de ces sanctions une sanction pécuniaire dont le montant ne peut être supérieur à 15 millions d'euros ou au décuple du montant de l'avantage retiré du manquement si ce montant peut être déterminé, en cas de pratiques mentionnées au II du présent article. Les sommes sont versées au fonds de garantie auquel est affiliée la personne morale sous l'autorité ou pour le compte de qui agit la personne sanctionnée ou, à défaut, au Trésor public ; »

c) *(L. n° 2005-842 du 26 juill. 2005, art. 30-II-3°-c ; L. n° 2013-672 du 26 juill. 2013, art. 36-7° ; L. n° 2016-1691 du 9 déc. 2016, art. 44-II-2°)* « Pour les personnes autres que l'une des personnes mentionnées au II de l'article L. 621-9, auteurs des faits mentionnés aux *c* à *h* du II du présent article », une sanction pécuniaire dont le montant ne peut être supérieur à *(L. n° 2010-1249 du 22 oct. 2010, art. 6-II-2°)* « 100 millions d'euros » ou au décuple du montant *(L. n° 2016-1691 du 9 déc. 2016, art. 46-III-4°)* « de l'avantage retiré du manquement si celui-ci peut être déterminé » ; les sommes sont versées au Trésor public ;

(L. n° 2019-486 du 22 mai 2019, art. 77) « *d)* Pour les personnes mentionnées aux 4 et 5 de l'article 29 du règlement (UE) 2017/2402 du Parlement européen et du Conseil du 12 décembre 2017 créant un cadre général pour la titrisation ainsi qu'un cadre spécifique pour les titrisations simples, transparentes et standardisées et modifiant les directives 2009/65/CE, 2009/138/CE et 2011/61/UE et les règlements (CE) n° 1060/2009 et (UE) n° 648/2012, les sanctions prévues aux points *c* à *h* du 2 de l'article 32 du même règlement. »

(L. n° 2016-731 du 3 juin 2016, art. 82-IV-2°) « Les sanctions pécuniaires prononcées en application du présent III peuvent faire l'objet d'une majoration, dans la limite de 10 % de leur montant, mise à la charge de la personne sanctionnée et destinée à financer l'aide aux victimes. »

Al. abrogé par L. n° 2016-1691 du 9 déc. 2016, art. 46-III-4°.

(L. n° 2008-776 du 4 août 2008, art. 161) « Le fonds de garantie mentionné aux *a* et *b* peut, dans des conditions fixées par son règlement intérieur et dans la limite de 300 000 € par an, affecter à des actions éducatives dans le domaine financier une partie du produit des sanctions pécuniaires prononcées par la commission des sanctions qu'il perçoit. »

(L. n° 2016-1691 du 9 déc. 2016, art. 46-III-4°) « III *bis*. — Le montant de la sanction pécuniaire mentionnée aux *a* et *c* du III peut être porté jusqu'à 15 % du chiffre d'affaires annuel total de la personne sanctionnée en cas de manquement aux obligations :

« 1° Fixées par le règlement (UE) n° 596/2014 du Parlement européen et du Conseil du 16 avril 2014 sur les abus de marché (règlement relatif aux abus de marché) et abrogeant la directive 2003/6/CE du Parlement européen et du Conseil et les directives 2013/124/CE, 2013/125/CE et 2004/72/CE de la Commission ;

« 2° Fixées par le règlement (UE) n° 909/2014 du Parlement européen et du Conseil du 23 juillet 2014 concernant l'amélioration du règlement de titres dans l'Union européenne et les dépositaires centraux de titres, et modifiant les directives 98/26/CE et 2014/65/UE ainsi que le règlement (UE) n° 236/2012 ;

« 3° Fixées par le règlement (UE) n° 1286/2014 du Parlement européen et du Conseil du 26 novembre 2014 sur les documents d'informations clés relatifs aux produits d'investissement packagés de détail et fondés sur l'assurance ;

« 4° Fixées par le règlement (UE) n° 600/2014 du Parlement européen et du Conseil du 15 mai 2014 concernant les marchés d'instruments financiers et modifiant le règlement (UE) n° 648/2012 ;

« 5° Définies par les règlements européens et par le présent code ou le règlement général de l'Autorité des marchés financiers, commis par les sociétés de gestion et dépositaires mentionnés aux 7°, 7° *bis* et 12° du II de l'article L. 621-9, relatifs à des placements collectifs mentionnés au 1° du I de l'article L. 214-1 ;

« *(Ord. n° 2019-1067 du 21 oct. 2019, art. 15)* « 5° *bis* Définies par les règlements européens et par le présent code ou le règlement général de l'Autorité des marchés financiers dans le cadre d'une offre au public de titres financiers ou d'une admission à la négociation sur un marché réglementé de titres financiers ; »

« 6° Prévues à l'article L. 233-7 et au II de l'article L. 233-8 du code de commerce et à l'article L. 451-1-2 du présent code.

« Le chiffre d'affaires annuel total mentionné au premier alinéa du présent III *bis* s'apprécie tel qu'il ressort des derniers comptes disponibles approuvés par l'assemblée générale. Lorsque la personne morale est une entreprise ou une filiale d'une entreprise tenue d'établir des comptes consolidés en application de l'article L. 233-16 du code de commerce, le chiffre d'affaires annuel total à prendre en considération est le chiffre d'affaires annuel total tel qu'il ressort des derniers comptes annuels consolidés approuvés par l'assemblée générale. »

(Ord. n° 2015-1576 du 3 déc. 2015, art. 1er-6°) « III *ter*. — Dans la mise en œuvre des sanctions mentionnées *(L. n° 2016-1691 du 9 déc. 2016, art. 46-III-4°)* « aux III et III *bis* », il est tenu compte notamment :

« — de la gravité et de la durée du manquement ;

« — de la qualité et du degré d'implication de la personne en cause ;

« — de la situation et de la capacité financières de la personne en cause, au vu notamment de son patrimoine et, s'agissant d'une personne physique de ses revenus annuels, s'agissant d'une personne morale de son chiffre d'affaires total ;

« — de l'importance soit des gains ou avantages obtenus, soit des pertes ou coûts évités par la personne en cause, dans la mesure où ils peuvent être déterminés ;

« — des pertes subies par des tiers du fait du manquement, dans la mesure où elles peuvent être déterminées ;

« — du degré de coopération avec l'Autorité des marchés financiers dont a fait preuve la personne en cause *(L. n° 2016-1691 du 9 déc. 2016, art. 46-III-4°)* « , sans préjudice de la nécessité de veiller à la restitution de l'avantage retiré par cette personne » ;

« — des manquements commis précédemment par la personne en cause ;

« — de toute circonstance propre à la personne en cause, notamment des mesures prises par elle pour remédier aux dysfonctionnements constatés, provoqués par le manquement qui lui est imputable et le cas échéant pour réparer les préjudices causés aux tiers, ainsi que pour éviter toute réitération du manquement. »

(L. n° 2007-1774 du 17 déc. 2007, art. 11 ; Ord. n° 2015-1576 du 3 déc. 2015, art. 1er-5°) « III *quater*. — Dans les conditions fixées par décret en Conseil d'État, la récusation d'un membre de la commission des sanctions est prononcée à la demande de la personne mise en cause s'il existe une raison sérieuse de mettre en doute l'impartialité de ce membre. »

IV. — La commission des sanctions statue par décision motivée, hors la présence du rapporteur. Aucune sanction ne peut être prononcée sans que la personne concernée ou son représentant ait été entendu ou, à défaut, dûment appelé.

(L. n° 2010-1249 du 22 oct. 2010, art. 6-II-3° et 4°) « IV *bis*. — Les séances de la commission des sanctions sont publiques.

« Toutefois, d'office ou sur la demande d'une personne mise en cause, le président de la formation saisie de l'affaire peut interdire au public l'accès de la salle pendant tout ou partie de l'audience dans l'intérêt de l'ordre public, de la sécurité nationale ou lorsque la protection des secrets d'affaires ou de tout autre secret protégé par la loi l'exige.

« V. — La décision de la commission des sanctions est rendue publique dans les publications, journaux ou supports qu'elle désigne, dans un format proportionné à la faute commise et à la sanction infligée. Les frais sont supportés par les personnes sanctionnées. *(Abrogé par L. n° 2016-1691 du 9 déc. 2016, art. 46-III-4°)* « *Toutefois, lorsque la publication risque de perturber gravement les marchés financiers ou de causer un préjudice disproportionné aux parties en cause, la décision de la commission peut prévoir qu'elle ne sera pas publiée.* »

(Ord. n° 2015-1576 du 3 déc. 2015, art. 1er-7°) (Abrogé par L. n° 2016-1691 du 9 déc. 2016, art. 46-III-4°) « *S'agissant des décisions de sanctions prises en application du III bis ci-dessus,* » *La commission des sanctions* peut décider de reporter la publication d'une décision ou de publier cette dernière sous une forme anonymisée *(L. n° 2016-1691 du 9 déc. 2016, art. 46-III-4°)* « ou de ne pas la publier » dans l'une ou l'autre des circonstances suivantes :

« *a)* Lorsque la publication de la décision est susceptible de causer à la personne en cause un préjudice grave et disproportionné, notamment, dans le cas d'une sanction infligée à une personne physique, lorsque la publication inclut des *(Ord. n° 2018-1125 du 12 déc. 2018, art. 11)* **« données à caractère personnel » ;** – *Les dispositions de l'Ord. n° 2018-1125 du 12 déc. 2018 entrent en vigueur en même temps que le Décr. modifiant le Décr. n° 2005-1309 du 20 oct. 2005 pris pour l'application de la L. n° 78-17 du 6 janv. 1978 relative à l'informatique, aux fichiers et aux libertés, dans sa rédaction résultant de ladite ordonnance, et au plus tard le 1er juin 2019 (Ord. préc., art. 29).*

« *b)* Lorsque la publication serait de nature à perturber gravement la stabilité du système financier, de même que le déroulement d'une enquête ou d'un contrôle en cours. »

(L. n° 2016-1691 du 9 déc. 2016, art. 46-III-4°) **« Les décisions portant sur des manquements, par toute personne, aux obligations prévues à l'article L. 233-7 et au II de l'article L. 233-8 du code de commerce et à l'article L. 451-1-2 du présent code font obligatoirement l'objet d'une publication.**

« Lorsqu'une décision de sanction prise par la commission des sanctions fait l'objet d'un recours, l'Autorité des marchés financiers publie immédiatement sur son site internet cette information ainsi que toute information ultérieure sur le résultat de ce recours. Toute décision qui annule une décision précédente imposant une sanction ou une mesure est publiée.

« Toute décision publiée sur le site internet de l'Autorité des marchés financiers demeure disponible pendant une période d'au moins cinq ans à compter de cette publication. Le maintien des données à caractère personnel figurant dans la décision publiée sur le site internet de l'Autorité des marchés financiers ne peut excéder cinq ans.

« VI. – Les personnes sanctionnées par une interdiction à titre définitif de l'exercice de tout ou partie des activités ou des services fournis ou par un retrait définitif de leur carte professionnelle peuvent, à leur demande, être relevées de cette sanction après l'expiration d'un délai d'au moins dix ans, dans des conditions et selon des modalités déterminées par un décret en Conseil d'État. » – *V. art. R. 621-38 s.*

Par sa décision nos 2014-453/454 QPC et 2014-462 QPC du 18 mars 2015, le Conseil constitutionnel a déclaré contraires à la Constitution, aux c) et d) du II de l'art. L. 621-15 C. mon. fin. dans sa rédaction issue de la L. n° 2008-776 du 4 août 2008, les mots « s'est livrée ou a tenté de se livrer à une opération d'initié ou ». Cette déclaration d'inconstitutionnalité prend effet le 1er sept. 2016. Toutefois, afin de faire cesser l'inconstitutionnalité constatée à compter de la publication de la décision du Conseil constitutionnel, des poursuites ne pourront être engagées ou continuées sur le fondement de l'art. L. 621-15 à l'encontre d'une personne autre que celles mentionnées au paragraphe II de l'art. L. 621-9 C. mon. fin. dès lors que des premières poursuites auront déjà été engagées pour les mêmes faits et à l'encontre de la même personne devant le juge judiciaire statuant en matière pénale sur le fondement de l'art. L. 465-1 du même code ou que celui-ci aura déjà statué de manière définitive sur des poursuites pour les mêmes faits et à l'encontre de la même personne (Cons. const., Décis. préc., considérants nos 35 et 36).

Sur la conformité à la Constitution des mots « à la diffusion d'une fausse information » figurant aux c) et d) du II de l'art. L. 621-15 dans sa rédaction issue de la L. n° 2010-1249 du 22 oct. 2010, V. Cons. const., n° 2016-572 QPC du 30 sept. 2016 : cité note 10 ss. anc. art. L. 465-2.

L'art. 3-III de la L. n° 2016-819 du 21 juin 2016 entre en vigueur à la date d'entrée en vigueur de l'Ord. prise en application de l'art. 28 de la L. n° 2014-1662 du 30 déc. 2014 (L. n° 2016-819 préc., art. 3-V). Ladite Ord. (n° 2016-827 du 23 juin 2016) est entrée en vigueur le 3 janv. 2018 (Ord. préc., art. 28).

Sur le règlement intérieur de la commission des sanctions, V. Décis. n° 694 du 29 avr. 2020 (JO 8 mai).

BIBL. ▸ LEPLAT, *LPA 4 août 2003, p. 15* (garanties encadrant les sanctions administratives prononcées par l'AMF). – HASCHKE-DOURNAUX, *ibid. 14 nov. 2003, p. 110.* – RONTCHEVSKY, *BJB 2004. 1* (sanctions administratives : régime et recours) ; *RTD com. 2005. 379* (transaction) ; *Banque et Dr. 7-8/2006. 12* (loi du 26 juill. 2005) ; *RTDF 2006, n° 1, p. 144* (même thème). – PELTIER, *D. 2005. Chron. 958* (transaction) ; *JCP E 2011. 1905* (vers une cohérence des sanctions administratives ou pénales des abus de marché). – PEZARD, *RTDF 2006, n° 1, p. 125* (règles processuelles dans les procédures de sanction). – CONAC, *ibid., p. 128* (pratique de la publicité des décisions de sanction et d'absence de sanction). – TOMASI, *Banque et Dr. 9-10/2006. 35* (imputation des manquements aux règles de l'AMF). – A. ROBERT, *JCP E 2009. 1510* (le commissaire aux comptes devant la commission des sanctions de l'AMF). – Dossier « Les manquements boursiers : procédure suivie par l'AMF », *RLDA 2009, n° 40, p. 75.* – SCHWEBEL, *JCP E 2009. 1861* (publication des décisions de sanction dans le secteur financier). – Colloque du 5 mars 2009, *BJB 2009, suppl. au n° de sept.-oct.* (politique de sanction et régulation des marchés financiers). – DECOOPMAN, *Études à la mémoire du professeur Oppetit, Litec, 2009, p. 147* (principe de légalité et pouvoir de sanction des autorités de régulation : l'exemple de l'AMF). – MAGNIER et PACLOT, *ibid., p. 529* (le principe de la personnalité des poursuites et des peines à l'épreuve des décisions de sanction de l'AMF). – RELMY, *RTD com. 2010. 29* (impartialité de l'AMF). – Garrigues, *RDBF 2010. Dossier 20* (l'AMF face à l'art. 6 de la Conv. EDH). – Arsouze, *RTDF 2010, n° 2, p. 48* (caractère perfectible de la « transparence » de l'AMF en matière répressive). – Lasserre Capdeville, *LPA 16 déc. 2010, p. 15* (loi du 22 oct. 2010). – Garrigues, Dezeuze et Rontchevsky, *RTDF 2010, n° 4, p. 138* (même thème). – Dariosecq, *BJB 2011. 115* (même thème). – Bompoint, *RDBF 2011. Dossier 12* (même thème) ; *ibid. 2012. Dossier 34* (influence des décisions de sanction de l'AMF sur la réparation civile du préjudice). – Benoît-Renaudin, *BJB 2011. 556* (répression financière des dirigeants et préposés). – Dossier « Évolutions de la procédure devant la commission des sanctions de l'AMF : l'exemple des sondages de marché », *Banque et Dr. hors série déc. 2012*. – Martin Laprade, *BJB 2013. 467* (communiqué AMF du 23 juill. 2013 sur le montant de la sanction pécuniaire). – Torck, *Dr. sociétés 2013, n° 186* (L. du 26 juill. 2013). – Le Fur et Schmidt, *D. 2014. Chron. 551* (pour un tribunal des marchés financiers) ; *D. 2015. Chron. 1450* (sanctions des abus de marché : « l'aiguillage », source de déraillements). – Musnier, *BJB 2014. 378* (effectivité des droits de la défense dans la procédure de sanction). – Keita, *ibid. 477* (vers un droit européen de la répression administrative en matière financière). – Samuelian, *ibid. 2015. 330* (responsabilité des dirigeants effectifs des PSI). – Tieu et Hervey, *ibid. 2016. 339* (enjeux actuels liés à l'application par l'AMF des principes de proportionnalité et de personnalité des peines). – Dossier « La prévisibilité des sanctions », *Rev. Dr. et Aff. 2017*. – Visconti et Bertrand, *BJB 7-8/2020. 36* (évolution de la répression des entraves aux contrôles et enquêtes de l'AMF). – Bellezza, *RSC 2020. 375* (le droit répressif des abus de marché : un exemple de confusion des genres ?).

1. Légalité des délits et des peines. Pour la conformité à la Constitution des mots « ou à tout autre manquement mentionné au premier alinéa du I de l'article L. 621-14, » figurant aux *c)* et *d)* du II de l'art. L. 621-15, dans ses rédactions résultant de la loi du 4 août 2008 et de la loi du 22 oct. 2010, V. • Cons. const. 2 juin 2017, n° 2017-634 QPC : *D. 2017. Actu. 1189 ; RSC 2017. 540, obs. Brigant ; Rev. sociétés 2018. 261, note Robert ; BJB 2017. 262, note Gastebled et Keita ; RDBF 2017, n° 145, obs. Boucard ; ibid., n° 225, obs. Pailler ; Banque et Dr. 7-8/2017. 31, obs. Chacornac ; RJDA 2017, n° 639.* ♦ V. l'arrêt de renvoi de la QPC : • Com. 16 mars 2017, n° 16-22.652 : *BJB 2017. 206, note Gastebled et Keita ; Dr. sociétés 2017, n° 107, note Vabres ; RJDA 2017, n° 467.* ♦ Le principe de légalité des délits et des peines, lorsqu'il est appliqué à des sanctions qui n'ont pas le caractère de sanctions pénales, ne fait pas obstacle à ce que les infractions soient définies par référence aux obligations auxquelles est soumise une personne en raison de l'activité qu'elle exerce, de la profession à laquelle elle appartient ou de l'institution dont elle relève, ainsi que le rappellent les dispositions du II de l'art. L. 621-15. • CE 29 oct. 2013 : *Banque et Dr. 1-2/2014. 24, obs. Daigre.*

2. Présence des agents de l'AMF. La circonstance que des agents de l'AMF, qui sont astreints au secret professionnel, assistent à la séance avec l'accord du président de la formation concernée ne confère pas à cette séance un caractère public. • CE 4 févr. 2005 : *D. 2005. AJ 717, obs. Lienhard ; ibid. Pan. 2608, obs. Reinhard et Thomasset-Pierre ; LPA 26 avr. 2005, p. 5, concl. Guyomar ; RJDA 2005, n° 570 ; Banque et Dr. 5-6/2005. 44, obs. de Vauplane et Daigre ; BJB 2005. 227, note Decoopman ; RTD com. 2005. 384, obs. Rontchevsky ; Dr. sociétés 2005, n° 197, note Bonneau ; JCP E 2006, n° 16, p. 718, obs. Deprez-Graff.* – V. Costa, *RFDA 2005. 1174.* ♦ Par suite, le moyen tiré de ce que des agents de l'AMF ont assisté aux débats devant la commission des sanctions, préalablement à sa délibération, alors qu'aucune des personnes mises en cause n'avait demandé que la séance fût publique, ne peut qu'être écarté. • Même arrêt.

3. Présence du secrétaire de séance. La commission des sanctions de l'AMF n'est pas une juridiction au regard du droit interne ; est, dès lors, inopérant le moyen tiré de ce qu'en prévoyant la présence du secrétaire de séance, les dispositions de l'art. 20, III, du décret n° 2003-1109 du 21 nov. 2003 [C. mon. fin., art. R. 621-40] auraient méconnu le principe du secret du délibéré. • CE 4 févr. 2005 : *préc. note 2.*

4. Droit à un procès équitable. Pour le non-renvoi d'une QPC relative à la conformité des dispositions des art. L. 621-9, L. 621-9-1 et L. 621-15 aux principes constitutionnels d'indépendance, d'impartialité, de respect des droits de la défense et de séparation des autorités de poursuite et de jugement découlant de l'art. 16 de la DDH, V. • Com., QPC, 25 févr. 2014 : *Rev. sociétés 2014. 670, note Roussille ; RSC 2015. 360, obs. Brigant ; BJB 2014. 199, note Le Fur ; RJDA 2014, n° 445.* ♦ Quand elle est saisie d'agissements pouvant donner lieu aux sanctions prévues par l'art. L. 621-15, la commission des sanctions de l'AMF doit être regardée comme décidant du bien-fondé d'accusations en matière pénale au sens de la Conv. EDH. • CE 4 févr. 2005 : *préc. note 2 ; D. 2005. Pan. 2601, obs. Reinhard et Thomasset-Pierre.* ♦ Compte tenu du fait que la décision de l'AMF peut faire l'objet d'un recours de pleine juridiction devant le Conseil d'État, la circonstance que la procédure suivie devant elle ne serait pas en tous points conforme aux prescriptions de l'art. 6, § 1, Conv. EDH n'est pas de nature à entraîner dans tous les cas une méconnaissance du droit à un procès équitable. • Même arrêt. ♦ Cependant – et alors même que la commission des sanctions n'est pas une juridiction au regard du droit interne –, le moyen tiré de ce qu'elle aurait statué dans des conditions qui ne respecteraient pas le principe d'impartialité rappelé à l'art. 6, § 1, peut, eu égard à la nature, à la composition et aux attributions de cet organisme, être utilement invoqué à l'appui d'un recours formé devant le Conseil d'État à l'encontre de sa décision. • Même arrêt. – Dans le même sens, V. • CE 2 nov. 2005 : *JCP E 2005, n° 47, p. 1982 ; BJB 2006. 62, concl. Guyomar* • 27 oct. 2006 : *D. 2006. AJ 2792 ; D. 2007. Pan. 2425, obs. Le Bars et Thomasset-Pierre ; LPA 20 déc. 2006, p. 4, concl. Guyomar ; JCP E 2007. 1218, n°s 30 s., obs. Dondero ; Banque et Dr. 1-2/2007. 32 ; Dr. sociétés 2007, n° 55, note Bonneau ; RDBF 2007, n° 86, obs. Bompoint ; BJB 2007. 80, concl. Guyomar ; RTD com. 2007. 406, obs. Rontchevsky*. – V. Dolidon, *RLDA 2007, n° 12, p. 31* ; Rontchevsky, *RTDF 2007, n° 1, p. 117*. ♦ Il ne saurait résulter du fait que le président de la formation ayant prononcé une sanction ait, antérieurement, en tant que président du conseil de discipline de la gestion financière, notifié aux intéressés les griefs retenus à leur encontre une méconnaissance du principe d'impartialité, dès lors que celui-ci n'a à cette occasion ni présenté comme établis les faits dont il faisait état ni pris parti sur leur qualification d'infractions à différentes dispositions législatives ou réglementaires. • Même arrêt. ♦ Pour la réformation d'une décision de sanction de l'AMF pour défaut d'impartialité, dans l'hypothèse où l'un des membres de la commission des sanctions était, avec l'une des personnes poursuivies, au nombre des associés fondateurs d'une société anonyme, V. • CE 27 oct. 2006 : *préc.* ♦ ... Dans l'hypothèse où le rapporteur de la commission des sanctions avait exercé, à l'époque des faits reprochés, les fonctions d'administrateur puis de conseiller du président d'une société concurrente des sociétés poursuivies, V. • CE 26 juill. 2007 : *JCP E 2007. 2224, note Paclot ; BJB 2007. 645, concl. Guyomar ; Banque et Dr. 9-10/2007. 32 ; RTD com. 2007. 803, obs. Rontchevsky ; RJDA 2008, n° 810*. – V. aussi Arsouze, *RTDF 2007, n° 3, p. 78*. ♦ Pour un autre exemple, V. • CE 30 mai 2007 : *D. 2007. AJ 1797 ; BJB 2007. 371, concl. Guyomar ; RTDF 2007, n° 2, p. 133, obs. Dezeuze ; Banque et Dr. 7-8/2007. 23 ; RDBF 2007, n° 238, obs. Bompoint ; Dr. sociétés 2008, n° 16, note Bonneau*. ♦ Comp., pour une affaire dans laquelle le lien existant, pendant l'exercice des fonctions de rapporteur, entre celui-ci et la société en cause a été jugé indirect et lointain : • Com. 23 juin 2009 : *JCP E 2009. 1968 ; BJB 2009. 463, note Arsouze*. ♦ La circonstance que l'une des commissions spécialisées constituées au sein du collège chargé d'engager les poursuites et dont les membres exercent des fonctions incompatibles avec celles de membre de la Commission des sanctions – qui, le cas échéant, inflige à l'issue de la procédure une sanction – ait pris la décision de notifier à une société les mêmes griefs que ceux qu'elle avait elle-même déjà précédemment décidé de notifier pour les mêmes faits à une autre société ne constitue ni un manquement au principe d'impartialité ni une violation du principe du respect des droits de la défense rappelés à l'art. 6, § 1, de la Conv. EDH. • CE 28 déc. 2009 : *D. 2010. AJ 206 ; Banque et Dr. 5-6/2010. 25 ; BJB 2010. 138, concl. Guyomar et note Garrigues*. ♦ Sur la question de l'impartialité de la commission des sanctions, V. aussi • Paris, 28 juin 2005 : *D. 2005. AJ 1940, obs. Lienhard ; BJB 2005. 592, note Ducouloux-Favard ; RJDA 2005, n° 1234 ; RTD com. 2005. 807, obs. Rontchevsky*, conf., sur ce point, par • Com. 19 déc. 2006 : *cité note 2 ss. art. 632-1 Règl. gén. AMF ; BJB 2007. 175, note Déprez-Graff*. ♦ V., désormais, sur la possibilité de récuser un membre de la commission des sanctions, art. L. 621-15, III *bis*, issu de L. n° 2007-1774 du 17 déc. 2007.

5. Même si, conformément à leur mission, les membres de la direction de l'instruction de la Commission des sanctions (la DICS) de l'AMF n'exercent aucun pouvoir et interviennent uniquement pour exécuter les instructions du rapporteur, seul maître de la conduite des diligences auxquelles il procède, en lui apportant un concours purement technique, les conditions d'exercice de leur collaboration ne doivent pas conduire à une violation des principes d'impartialité et de loyauté qui s'imposent aux membres de la Commission des sanctions. • Com. 20 sept. 2017, n° 15-29.098 P : *D. 2017. Actu. 1973 ; Rev. sociétés 2018. 383, note Dezeuze et Bianchi ; RJDA 2017, n° 813 ; Banque et Dr. 11-12/2017. 31, obs. Chacornac ; RDBF 2017, n° 271, obs. Pailler.*

6. Il résulte des dispositions de l'art. L. 621-15 C. mon. fin. et du Décr. du 21 nov. 2003 [C. mon. fin., art. R. 621-39] que, sauf lorsque la saisine a été élargie dans les conditions prévues par l'art. 19 dudit décret, la commission des sanctions de l'Autorité des marchés financiers ne doit statuer que sur les seuls griefs qui avaient été préalablement notifiés et sur lesquels il est fait rapport. • CE 2 nov. 2005 : *RTD com. 2006. 160, obs. Rontchevsky*. ♦ Le rapport du rapporteur n'est qu'un des éléments du dossier au vu desquels la commission se prononce ; dès lors, si les conditions dans lesquelles le rapporteur a été nommé peuvent être mises en cause à l'occasion d'un recours contre la décision de la commission, le contenu et les conclusions de son rapport sont, eux, sans incidence sur la légalité de cette décision ; ainsi, le fait, que conformément à sa mission, le rapporteur ait pris parti sur la nature et la qualification des faits susceptibles d'être retenus à l'encontre de la société requérante, n'est pas de nature à mettre en cause l'impartialité de la commission. • Même arrêt. ♦ La circonstance que la commission n'ait pas suivi certaines appréciations du rapporteur sur les griefs qui avaient été préalablement communiqués à la requérante, n'est pas non plus de nature à porter atteinte aux droits de la défense, ni à entacher sa décision d'une insuffisance de motivation. • Même arrêt. ♦ Il résulte des art. R. 621-38, R. 621-39 et R. 621-40 C. mon. fin. que, lorsque les griefs concernant une affaire qui lui est attribuée sont susceptibles d'être notifiés à une ou plusieurs personnes autres que celles mises en cause, le rapporteur dispose d'un pouvoir de proposition mais qu'il appartient au seul collège de décider des griefs notifiés et des personnes mises en cause et à la Commission des sanctions qui siège hors de la présence du rapporteur de statuer sur d'éventuelles sanctions. Dans ces conditions, la circonstance qu'un rapporteur qui, conformément à sa mission, a pu prendre parti sur la nature et la qualification des faits susceptibles d'être retenus à l'encontre d'une personne mise en cause soit désigné pour instruire des griefs notifiés à une ou plusieurs autres personnes sur le fondement des mêmes faits n'est pas par elle-même contraire au principe d'impartialité. • CE 28 déc. 2009 : *préc. note 4*. – Dans le même sens, V. • Com. 19 janv. 2010 : *Rev. sociétés 2010. 387, note Paclot*. ♦ Pour une application du principe « Pas de sanction sans grief notifié », V. • CE 19 juill. 2017, n° 397990 : *BJB 2017. 315, note Dezeuze ; Banque et Dr. 9-10/2017. 32, obs. Chacornac ; RJDA 2017, n° 729 ; RDBF 2017. Étude 25, obs. de La Burgade ; ibid. Étude 28, obs. Rogey ; RTDF 2017, n° 3, p. 187, obs. Dezeuze et Rontchevsky.*

Le principe de séparation des phases d'instruction et de sanction n'est pas méconnu par le fait que le rapporteur ait exprimé ses sentiments personnels sur l'issue de la procédure, l'art. R. 621-40 C. mon. fin. ne comportant pas cette limite et n'interdisant pas au rapporteur d'évoquer l'affaire dans tous ses aspects, y compris celui des sanctions encourues. • Paris, 25 juin 2008 : *BJB 2008. 484, note Lasserre Capdeville.*

Le fait, pour le rapporteur désigné dans une procédure ayant conduit à la sanction du dirigeant d'une société, d'avoir entendu ce dernier, n'impliquant pas, quel qu'ait été le crédit accordé par lui aux déclarations reçues à cette occasion, qu'il ait pris une position ou émis une appréciation pouvant constituer un préjugé sur les manquements distincts reprochés à cette même société, sur le fondement de faits différents et dans une autre procédure, sa participation à la décision statuant sur ces derniers manquements ne méconnaît pas les exigences de l'art. 6, § 1, de la Conv. EDH. • Com. 7 avr. 2009 : *Banque et Dr. 7-8/2009. 24.*

Dès lors que les faits relevés par le rapporteur sont distincts de ceux constatés et analysés par la notification de griefs dont est saisie la commission des sanctions, le manquement poursuivi ne peut être retenu. • Décis. AMF 8 févr. 2013 : *Banque et Dr. 3-4/2013. 36, obs. de Vauplane, Daigre et Bornet.*

7. Dès lors que la notification des griefs émane d'un organe distinct de la commission des sanctions, il ne saurait utilement être soutenu, à l'appui d'une demande d'annulation de la décision de sanction prise par cette dernière, qu'en tenant pour établis les faits dont elle faisait état et en prenant parti sur leur qualification, cette notification aurait constitué un pré-jugement de l'affaire entachant la décision de sanction de méconnaissance du principe d'impartialité rappelé à l'art. 6, § 1, de la Conv. EDH. • CE 18 févr. 2011 : *BJB 2011. 356, note Lasserre Capdeville.*

8. Après l'annulation d'une sanction au motif que pouvait être légitimement mise en doute l'impartialité de l'un des membres de la commission des sanctions ayant participé au délibéré, rien ne fait obstacle à ce que la commission poursuive la procédure disciplinaire précédemment engagée et statue à nouveau sur les griefs qui avaient été notifiés à l'intéressé, peu important que la décision annulée ait donné lieu à une publication. • CE 30 déc. 2011 : *RJDA 2012, n° 776*. – Rappr. : • Décis. AMF 6 oct. 2014 : *Banque et Dr. 11-12/2014. 31, obs. Rouaud ; BJB 2015. 5, note Goutay et Mialon.*

9. V. encore, pour la conformité de la procédure de sanction devant l'AMF au principe d'impartialité reconnu par la Conv. EDH : • CEDH 1er sept. 2016, n° 48158/11 : *D. 2016. Actu. 1816 ; Rev. sociétés 2017. 51, obs. Conac ; RSC 2017. 527, obs. Brigant ; BJB 2016. 461, note Rogey ; RJDA 2016, n° 842 ; Dr. sociétés 2016, n° 212, note Vabres ; Banque et Dr. 11-12/2016. 29, obs. Daigre.*

10. Ne constitue pas une atteinte aux droits de la défense et à l'égalité des armes le fait, pour l'AMF, d'avoir refusé de communiquer l'ensemble des pièces recueillies dans le cadre de l'enquête, dès lors que de nombreux documents collectés étaient sans rapport avec celle-ci, que l'intéressé n'indique pas en quoi des éléments qui n'auraient pas été versés au dossier auraient pu contribuer à sa défense et qu'il n'en a pas demandé la communication devant la cour d'appel. • CEDH 30 juin 2011 : *Banque et Dr. 7-8/2011. 19 ; BJB 2011. 634, obs. Rontchevsky*. – Rappr. : • Com. 20 sept. 2011 : *Rev. sociétés 2012. 113, note Gaudemet ; Dr. sociétés 2011, n° 221, note Torck ; RTDF 2011, n° 4, p. 263, obs. Rontchevsky ; BJB 2012. 6, obs. Goutay ; Dr. et patr. 4/2012. 117, obs. Muller.*

11. Si l'obligation de motivation à laquelle sont assujetties les sanctions prononcées par la commission des sanctions implique que celles-ci comportent l'énoncé des considérations de droit et de fait qui en constituent le fondement, elle n'impose pas qu'il soit répondu à l'intégralité des arguments invoqués devant la commission par la personne mise en cause. • CE 18 janv. 2008 : *RJDA 2008, n° 1037.*

12. L'absence de lecture publique de la décision de la commission des sanctions, qui n'est pas en droit interne une juridiction, ne méconnaît pas l'art. 6, § 1, Conv. EDH ; de même, elle ne méconnaît ni les dispositions de l'art. L. 621-15 C. mon. fin., ni aucun principe ou règle applicable en la matière. • CE 2 nov. 2005 : *préc. note 6.*

13. Pour le prononcé d'une sanction en l'absence de la personne mise en cause, en fuite à l'étranger, V. • Décis. AMF 16 juill. 2014 : *BJB 2014. 531, note Martin Laprade.*

14. Compétence. La Commission des sanctions de l'AMF n'est compétente pour connaître d'un manquement qu'à la condition que l'un des éléments constitutifs de celui-ci ait été commis sur le territoire français. • Décis. AMF 26 juin 2008 : *Banque et Dr. 5-6/2009. 27 ; RDBF 2009, n° 142, obs. Torck.* ♦ La Commission des sanctions de l'AMF est compétente pour connaître des manquements reprochés à une société luxembourgeoise, relatifs à l'information financière portant sur des titres de cette société admis au second marché d'Euronext Paris. • Paris, 3 avr. 2014 : *BJB 2014. 297, note Martin Laprade.*

15. Domaine d'application. Les dispositions de l'art. L. 621-15 permettent le prononcé de sanctions tant à l'égard des prestataires habilités personnes morales, que des personnes physiques placées sous leur autorité ou agissant pour leur compte, au titre de tout manquement à leurs obligations professionnelles définies par les lois, règlements et règles professionnelles approuvées par l'Autorité des marchés financiers. • Décis. AMF 6 mai 2004 : *Banque et Dr. 7-8/2004. 39, obs. de Vauplane et Daigre ; RTD com. 2004. 786, obs. Rontchevsky (2e esp.)*. ♦ La commission des sanctions peut, en vertu de l'art. L. 621-15, II, *b*), prononcer des sanctions au titre de la méconnaissance par les salariés des PSI de leurs obligations professionnelles définies par les règlements européens (s'agissant d'un salarié d'un PSI qui avait manqué à l'obligation de respecter les règles internes en matière d'enregistrement des conversations téléphoniques). • Décis. AMF 6 déc. 2018 : *BJB 5-6/2019. 31, note Spitz et Efremov.*

16. Pour l'application des dispositions de l'art. L. 621-15 C. mon. fin. et en raison des responsabilités qui incombent aux prestataires de services d'investissement pour assurer, notamment au travers de l'organisation et du contrôle des interventions de leurs préposés, le bon fonctionnement des marchés financiers, les manquements commis non seulement par les dirigeants et représentants de ces sociétés mais aussi par leurs préposés sont de nature à leur être directement imputés en leur qualité de personnes morales, sans que soit méconnu le principe constitutionnel de responsabilité personnelle, dès lors que ces préposés ont agi dans le cadre de leurs fonctions. • CE 6 juin 2008 : *D. 2008. AJ 1692 ; RDBF 2008, n° 154, obs. Muller ; RTDF 2008, n° 3, p. 110, obs. Rontchevsky ; Dr. sociétés 2008, n° 257, note Bonneau ; RJDA 2009, n° 358 (1re esp.) ; Banque et Dr. 3-4/2009. 13, concl. Guyomar ; JCP E 2009. 1618, note Paclot ; RSC 2009. 120, obs. Stasiak* • 3 févr. 2017, n° 387581 : *RSC 2018. 487, obs. Brigant ; Banque et Dr. 7-8/2017. 57, obs. Riassetto.* ♦ En l'absence, toutefois, au regard de ce principe, de toute présomption de caractère irréfragable, les prestataires ont, au cours de la procédure engagée à leur encontre, la faculté de faire valoir en défense, pour s'exonérer de leur responsabilité, qu'ils ont adopté et effectivement mis en œuvre des modes de fonctionnement et d'organisation de nature à prévenir et à détecter les manquements professionnels de leurs préposés, sauf pour ces derniers précisément à s'affranchir du cadre de leurs fonctions, notamment en agissant à des fins étrangères à l'intérêt de leurs commettants. • Mêmes arrêts.

17. Il résulte de la combinaison des art. L. 621-14 et L. 621-15 C. mon. fin. et des art. 1er et 3 du règl. COB n° 98-07 [abrogé ; V., désormais, Règl. gén. AMF, art. 222-1 s.] qu'une sanction pécuniaire peut être prononcée à l'encontre de toute personne ayant porté atteinte à la bonne information du public par la communication d'une information inexacte, imprécise ou trompeuse. • Com. 11 juill. 2006, n° 05-18.528 P : *D. 2006. AJ 2033, obs. Lienhard (1re esp.) ; BJB 2006. 443, note Garrigues et Bonfils ; Banque et Dr. 9-10/2006. 60 ; Dr. sociétés 2006, n° 165, note Bonneau ; BJS 2006. 1355, note Granier ; JCP E 2006, n° 43-44, p. 1842, note Paclot ; ibid. 2007, n° 2, p. 30, obs. Caussain, Deboissy et Wicker ; RTDF 2006, n° 3, p. 168, obs. Rontchevsky.* – V. Matsopoulou, *RLDA 2006, n° 10, p. 10 ;* Daigre, *RTDF 2007, n° 1, p. 106.* ♦ Un commissaire aux comptes n'est pas fondé à prétendre qu'il ne saurait, en cette qualité, être poursuivi sur le fondement de ces textes. • Même arrêt. ♦ Il importe peu à cet égard que puisse également être sanctionnée à ce titre la personne morale au nom et pour le compte de laquelle cette personne physique a agi. • Com. 11 juill. 2006, n° 05-18.337 P : *D. 2006. AJ 2033, obs. Lienhard (2e esp.) ; Banque et Dr. 9-10/2006. 60 ; RDBF 2006, n° 180, obs. Bonneau ; BJS 2006. 1357, note Granier ; RTDF 2006, n° 3, p. 168, obs. Rontchevsky.* ♦ De même, il importe peu que le commissaire aux comptes soit lié à la société de commissaires aux comptes par un contrat de travail, dès lors que le commissaire aux comptes certifiant les comptes au nom de la société de commissaires aux comptes dont il est membre agit en qualité d'associé, d'actionnaire ou de dirigeant de cette société et non en qualité de salarié de celle-ci. • Même arrêt. – V. l'arrêt d'appel, cassé sur ce point : • Paris, 28 juin 2005 : *D. 2005. AJ 1941, obs. Lienhard ; RDBF 2005, n° 148, obs. Pietrancosta ; BJS 2005. 1346, note Merle ; Banque et Dr. 11-12/2005. 59, obs. de Vauplane et*

Daigre ; BJB 2006. 39, note Roch. – V. aussi l'arrêt rendu sur renvoi, • Paris, 17 déc. 2008 : *BJB 2009. 294, note Granier.* – Rappr. : • Décis. AMF 5 juill. 2007 : *Banque et Dr. 9-10/2007. 38 ; BJS 2007. 1261, note J.-F. Barbièri ; BJB 2008. 46, note Dezeuze et Buge* • 20 mai 2010 : *Rev. sociétés 2010. 472, obs. P. Didier* (responsabilité du commissaire aux comptes) • 27 oct. 2014 : *Dr. sociétés 2015, n° 12, note Torck ; Banque et Dr. 5-6/2015. 37, obs. Daigre.*

18. Pour le prononcé d'un avertissement à l'encontre d'une société prestataire de services d'investissement pour des manquements intervenus avant la cession de son capital ayant conduit au changement de ses dirigeants et à la modification de sa dénomination sociale, V. • CE 2 nov. 2005 : *préc. note 6 ; Banque et Dr. 11-12/2005. 58, obs. de Vauplane et Daigre.*

19. Manquement aux règles sur les programmes de rachat d'actions. La Commission des sanctions peut prononcer une sanction à l'encontre d'un émetteur à raison de la méconnaissance des obligations d'information découlant des art. L. 225-212 C. com., L. 451-3 C. mon. fin. et des art. 241-1 à 241-4 Règl. gén. AMF ; en revanche, elle n'est pas compétente pour sanctionner l'absence d'autorisation d'un programme de rachat d'actions par l'assemblée générale des actionnaires, en violation de l'art. L. 225-209 C. com., le dépassement du seuil de 10 % de titres auto-détenus, interdit par l'art. L. 225-210 du même code, et l'absence de revente ou d'annulation des titres auto-détenus au-delà de ce seuil malgré les prescriptions contraires de l'art. L. 225-214 du même code. • Décis. AMF 5 juill. 2018 : *Rev. sociétés 2018. 610, obs. Muller ; BJB 2018. 351, note Dezeuze et de Foucher ; RJDA 2019, n° 22.*

20. Manquement d'entrave. La suppression par le dirigeant de la société émettrice de très nombreux courriels de sa messagerie électronique préalablement à la remise d'une copie de celle-ci aux enquêteurs de l'AMF, dans des conditions qui rendaient cette suppression difficilement détectable, conjuguée à l'indication donnée aux enquêteurs selon laquelle la copie était intégrale, s'analysent en un refus de ce dirigeant de donner accès à des éléments demandés par les enquêteurs, de sorte que le manquement visé à l'art. L. 621-15, II, *f*, est caractérisé. • Décis. AMF 7 mai 2018 : *Banque et Dr. 9-10/2018. 21, obs. Daigre ; RDBF 2018, n° 148, obs. Pailler ; RTDF 2018, n° 2/3, p. 126, obs. Rontchevsky.* ♦ Il résulte des dispositions de l'art. L. 621-15, II, *f*, qu'est susceptible de constituer un manquement d'entrave tout refus opposé aux demandes de communication des enquêteurs, que ce refus soit exprès ou qu'il résulte d'une absence de réponse à ces demandes, sans qu'il soit nécessaire de caractériser l'intention de faire obstacle au bon déroulement de l'enquête. • Décis. AMF 17 avr. 2020 : *citée ss. art. 231-46 Règl. gén. AMF ; BJB 5-6/2020. 52, note Samuelian.* ♦ La privation pendant près de deux ans de la faculté pour les enquêteurs de pouvoir appréhender les conditions et modalités d'acquisition d'instruments financiers, jointe à la limitation des documents finalement fournis, ne peut s'analyser qu'en un refus de communiquer les informations demandées, sans qu'il soit besoin de démontrer son caractère intentionnel, s'agissant d'un manquement objectif. • Même décis. ♦ Pour un manquement d'entrave caractérisé à l'égard de sociétés qui, bien qu'ayant la qualité de tiers au contrôle, appartenaient au même groupe, étaient dirigées par la même personne physique que la société contrôlée et avaient été averties par les contrôleurs de la procédure ouverte à l'encontre de cette dernière, V. • Décis. AMF 19 nov. 2019 : *RSC 2020. 367, obs. Brigant ; BJB 1-2/2020. 34, note M. Storck ; RDBF 2020, n° 17, obs. Pailler ; JCP E 2021. 1014, n° 16, obs. Ida.*

21. Pluralité de manquements. La commission des sanctions de l'AMF n'est pas tenue de prononcer une sanction distincte pour chacun des manquements commis. • Com. 27 avr. 2011, n° 10-12.125 P : *D. 2011. Actu. 1217 ; RJDA 2011, n° 632 ; BJB 2011. 487, obs. Samuelian et Berruyer.* ♦ Si une sanction administrative reposant sur plusieurs manquements doit être conforme au principe de proportionnalité, la règle *non bis in idem* ne fait pas obstacle à ce que, dans le cadre d'une même poursuite conduisant à une même décision de sanction, plusieurs manquements distincts puissent résulter de mêmes faits. • CE 6 nov. 2019, n° 418463 : *RSC 2020. 358, obs. Stasiak ; RJDA 2020, n° 219.*

22. Quantum des sanctions. Pour la conformité à la Constitution (principes de nécessité et de proportionnalité des peines) des mots « à 100 millions d'euros ou » figurant au *c)* du III de l'art. L. 621-15, dans sa rédaction résultant de la loi du 22 oct. 2010, V. • Cons. const. 2 juin 2017, n° 2017-634 QPC : *préc. note 1.*

23. Les dispositions de l'art. L. 621-15 n'imposent pas de fixer la sanction pécuniaire en relation avec le profit éventuellement retiré des opérations incriminées, dès lors que cette sanction reste inférieure au plafond applicable en l'absence de profit. • Com. 23 mars 2010, n° 09-11.366 P : *D. 2010. Actu. 890, obs. Lienhard ; Rev. sociétés 2010. 320, note Dezeuze ; RTD com. 2010. 395, obs. Rontchevsky ; Dr. sociétés 2010, n° 120, note Mortier ; Banque et Dr. 5-6/2010. 29* • Paris, 24 sept. 2008 : *BJB 2009. 90, note Ruet ; RJDA 2010, n° 756.* ♦ En ce sens que l'art. L. 621-15 ne saurait être interprété comme imposant à la commission des sanctions de retenir comme plafond la plus faible des deux limites fixées par ce texte, V. • Paris, 20 nov. 2007 : *BJB 2008. 19, note Martin Laprade ; RTDF 2008, n° 1, p. 83, obs. Garrigues.*

24. Les termes « profits éventuellement réalisés » sont suffisamment précis au regard des exigences du principe de la légalité des délits et des peines, tel qu'énoncé à l'art. 8 de la Déclaration des droits de l'homme et du citoyen. • Cass., QPC, 8 juill. 2010 : *D. 2010. Actu. 1782 ; Rev. sociétés 2011. 371, note Paclot ; RSC 2011. 123, obs. Stasiak ; RTDF 2010, n° 3, p. 152, obs. Dezeuze ; Dr. sociétés 2010, n° 232, note Mortier ; RJDA 2010, n° 1083 (3e esp.).* ♦ Les termes « profits éventuellement réalisés » désignant, de manière suffisamment précise, les avantages économiques éventuellement retirés de l'opération, il en résulte que ces profits incluent les pertes évitées. • Com. 8 févr. 2011, n° 10-10.965 P : *D. 2011. Actu. 593, obs. Lienhard ; Rev. sociétés 2011. 432, note Dezeuze ; RTD com. 2011. 385, obs. Rontchevsky ; Banque et Dr. 3-4/2011. 41 ; RLDA avr. 2011. 27, obs. Quentin et Denis ; BJS 2011. 591, obs. Torck ; RJDA 2011, n° 546 ; Gaz. Pal. 10-11 févr. 2012, p. 38, obs. Dondero.*

25. La gravité des manquements commis peut être appréciée eu égard aux bénéfices que ces manquements ont permis de réaliser, nonobstant le fait qu'ils l'aient été au profit de tiers. • Com. 27 mars 2019, n° 16-17.186 : *RSC 2020. 355, obs. Stasiak ; RJDA 2019, n° 431 ; Dr. sociétés 2019, n° 190, note Pailler.*

26. Si le montant des profits s'entend, pour la détermination du plafond de la sanction susceptible d'être infligée, du surcroît de recettes réalisé par le prestataire du fait des manquements sanctionnés, et non du résultat comptable, la commission des sanctions peut, dans la sanction qu'elle prononce effectivement, tenir compte de la situation financière et comptable du prestataire ; dès lors, le moyen tiré de l'erreur qu'aurait commise la commission des sanctions dans la détermination des profits réalisés ne peut qu'être écarté. • CE 29 mars 2010 : *BJB 2010. 471, concl. Guyomar ; RJDA 2011, n° 247.*

27. Le caractère indicatif des critères légaux de fixation des sanctions (art. L. 621-15, III *ter*), qui résulte de l'emploi de l'adverbe « notamment », n'autorise pas l'AMF à se dispenser d'une appréciation de la gravité des faits résultant des circonstances dans lesquelles les manquements ont été commis et de la qualité ou de la compétence de leur auteur en matière d'opérations de bourse. • Paris, 19 déc. 2019, n° 19/00495 : *RTD com. 2020. 400, obs. Rontchevsky ; BJB 3-4/2020. 8, note Barrière ; RJDA 2020, n° 153.*

28. Ni l'âge de l'intéressé, ni son état de santé ne constituent des éléments en fonction desquels la sanction doit être fixée, pas plus que les circonstances à l'occasion desquelles l'intéressé a spontanément démissionné de ses fonctions. • Paris, 20 nov. 2014 : *RJDA 2015, n° 282.* ♦ Les fonctions d'administrateur de l'intéressé, qui lui imposaient un devoir absolu d'abstention, et le fait que les manquements aient été commis à deux reprises sur la base de deux informations privilégiées distinctes justifient le prononcé d'une sanction correspondant à 3,5 fois le montant de la plus-value réalisée. • Même arrêt.

29. En ce sens qu'une sanction de 14 millions d'euros n'est pas excessive par rapport aux capacités financières de l'intéressé dès lors que le manquement d'initié lui a permis de réaliser, en moins d'une dizaine de jours, un bénéfice de plus de 6 millions d'euros et qu'il ressort de ses comptes bancaires, ainsi que de l'historique des opérations boursières effectuées à titre personnel, qu'il détenait un patrimoine de plusieurs dizaines de millions d'euros, qu'il ne prétend ni ne démontre avoir perdu, V. • Com. 2 oct. 2019, n° 17-28.462 : *BRDA 2019, n° 21, p. 6.*

30. Suspension d'une décision de sanction. **BIBL.** B. Legros, *LPA 31 juill. 2006, p. 6.* ♦ Pour des exemples, V. • CE, réf., 11 févr. 2005 : *D. 2005. Pan. 2603, obs. Reinhard et Thomasset-Pierre ; BJB 2005. 143, note Dimitrijevic et Dolidon ; Banque et Dr. 5-6/2005. 48, obs. de Vauplane et Daigre ; RTD com. 2005. 561, obs. Rontchevsky (1re esp.) ; JCP E 2006, n° 16, p. 718, obs. Robine* • 12 mai 2005 : *BJB 2005. 587, note Dimitrijevic ; Dr. sociétés 2006, n° 26, note Bonneau* • 22 juin 2006 : *D. 2007. Pan. 2425, obs. Le Bars et Thomasset-Pierre ; Banque et Dr. 7-8/2006. 39, obs. de Vauplane et Daigre ; RDBF 2006, n° 179, obs. Bonneau ; BJB 2007. 62, note Riassetto* • 1er juill. 2009 : *BJB 2009. 516, note Riassetto* • 17 avr. 2015, n° 389093 : *Banque et Dr. 7-8/2015. 30, obs. Daigre ; BJB 2015. 369, note Pons-Henry et Boj* • 17 mai 2019, n° 428997 : *Dr. sociétés 2019, n° 172, obs. Vabres* (suspension motivée par le caractère disproportionné de la sanction pécuniaire).

31. Publicité de la décision. La décision par laquelle la commission des sanctions de l'AMF rend publique une sanction qu'elle a prononcée n'a pas à faire l'objet d'une motivation spécifique, distincte de la motivation d'ensemble de la sanction principale. • CE 7 févr. 2007 : *RJDA 2007, n° 739 (1re esp.) ; RDBF 2007, n° 167, obs. Bonneau* • 3 févr. 2017, n° 387581 : *Dr. sociétés 2017, n° 66, note Vabres.*

32. Pour une décision jugeant non contraire à l'art. 6, § 2, Conv. EDH (relatif à la présomption d'innocence) la publication d'une décision de sanction avant que celle-ci ne soit devenue définitive, V. • CEDH 31 janv. 2017, n° 6193/12 : *BJB 2017. 191, note Pons-Henry et de Tocqueville ; Banque et Dr. 7-8/2017. 31, obs. Chacornac.*

33. La décision par laquelle la commission des sanctions de l'AMF rend publique une sanction qu'elle prononce constitue une sanction complémentaire, distincte de la sanction pécuniaire prononcée ; par suite, sont recevables les conclusions du requérant qui tendent à sa seule annulation. • CE 9 nov. 2007 : *RTDF 2007, n° 4, p. 151, obs. Garrigues ; JCP E 2008. 1345, n° 37, obs. Galland ; Banque et Dr. 1-2/2008. 28 ; BJB*

2008. 42, concl. Guyomar ; RJDA 2008, n° 811. ♦ Cette décision se trouve soumise, en tant que sanction complémentaire, et alors même que la loi ne le prévoirait pas expressément, au respect du principe de proportionnalité. • Même arrêt. ♦ En omettant de fixer la durée pendant laquelle la publication de la décision de sanction resterait accessible de manière non anonyme sur son site internet, la commission des sanctions doit être regardée comme ayant infligé une sanction sans borne temporelle ; dans ces conditions, la sanction complémentaire est, dans cette mesure, excessive. • CE 19 mai 2017, n° 401804 : *cité note 1 ss. art. L. 621-17 ; RSC 2018. 487, obs. Brigant*. ♦ Si les exigences d'intérêt général relatives au bon fonctionnement du marché, à la transparence des opérations et à la protection des épargnants peuvent justifier que la sanction pécuniaire infligée à une société soit assortie d'une publication, afin de porter à la connaissance de toutes les personnes intéressées les irrégularités qui ont été commises, le principe de responsabilité personnelle fait obstacle, au regard de la portée punitive et du caractère de sanction complémentaire que revêt également la publication, à ce que l'autorité disciplinaire ordonne la publication de la sanction pécuniaire infligée à une société en raison des manquements commis par une autre société qu'elle a entre-temps absorbée. • CE 17 déc. 2008 : *D. 2009. AJ 165 ; BJB 2009. 50, concl. De Silva ; RJDA 2009, n° 358 (2e esp.) ; Banque et Dr. 3-4/2009. 34 ; RDBF 2009, n° 75, obs. Bompoint ; BJB 2009. 134, note Paclot ; RTDF 2009, n° 1-2, p. 212, obs. Rontchevsky ; Rev. sociétés 2009. 397, note Arsouze*. ♦ Ne pouvant légalement procéder à la publication d'une décision comportant la sanction de faits reprochés à la société absorbante, en raison de manquements commis, avant son absorption, par la société absorbée, la commission des sanctions de l'Autorité des marchés financiers a l'obligation soit de statuer par une décision distincte non publiée sur les griefs articulés à l'encontre de la société absorbante, soit, en cas de décision unique, de prévoir des modalités de publication de sa décision ne comportant pas de référence directe ou indirecte relative aux griefs reprochés à cette dernière société, en tant que personne morale propre, ainsi qu'à la sanction qui lui a été infligée. • Même arrêt.

34. Sur la condition d'urgence pouvant justifier la suspension de la publication d'une décision de sanction, V. • CE 14 déc. 2006 : *RJDA 2007, n° 739 (2e esp.).*

35. Pour le rejet d'une demande de suspension de publication de la décision de l'AMF formée par une personne autre que celle sanctionnée, V. • CE, réf., 22 sept. 2005 : *Banque et Dr. 11-12/2005. 56, obs. de Vauplane et Daigre.* ♦ Pour une autre décision de rejet, V. • CE, réf., 20 janv. 2006 : *BJB 2006. 206, note Decoopman ; Dr. sociétés 2006, n° 150, obs. Bonneau.*

36. Application de la règle « non bis in idem » (jurispr. antérieure à la loi du 21 juin 2016). BIBL. Lasserre Capdeville, Mascala et Neuville, *D. 2012. Chron. 693*. – Rontchevsky, *BJB 2012. 610*. – Merville, *ibid. 2014. 371* (non *bis in idem* et abus de marché). – Le Fur et Schmidt, *D. 2014. 2059*. – Tieu et Hervey, *ibid. 2310* (le principe *ne bis in idem* dans le règlement et la directive « Abus de marché 2 »). – Drummond, *BJB 2014. 605*. – R. Salomon, *JCP E 2015. 1182*. – Dossier « *Ne bis in idem* », *AJ pénal 2015. 171*. – Conac, *Rev. sociétés 2015. 471* (proposition de réforme de l'AMF). – Goutay, *BJB 2015. 327* (*ne bis in idem* : quelle réforme ?). – Dossier spécial, *JCP E 2015. 1394 à 1400*. – Abidh, *ibid. 1453* (quel avenir pour le pouvoir de sanction du régulateur financier ?). – Le Fur, *D. 2016. Chron. 1091* (la rationalisation des sanctions : une exigence démocratique en faveur de leur efficacité). – Catelan, *RSC 2016. 467* (Constitution *vs* CESDH *vs* UE : *ne bis in idem* et la répression des opérations d'initié). – Percie du Sert, *Banque et Dr. 3-4/2020. 12*. ♦ Les sanctions du délit d'initié et du manquement d'initié ne peuvent, pour les personnes autres que celles mentionnées au II de l'art. L. 621-9 C. mon. fin., être regardées comme de nature différente en application de corps de règles distincts devant leur propre ordre de juridiction ; ni les art. L. 465-1 et L. 621-15 C. mon. fin., ni aucune autre disposition législative, n'excluent qu'une personne autre que celles mentionnées au II de l'art. L. 621-9 puisse faire l'objet, pour les mêmes faits, de poursuites devant la commission des sanctions de l'AMF sur le fondement de l'art. L. 621-15 et devant l'autorité judiciaire sur le fondement de l'art. L. 465-1 ; par suite, les art. L. 465-1 et L. 621-15 méconnaissent le principe de nécessité des délits et des peines. • Cons. const. 18 mars 2015, n°s 2014-453/454 *QPC et 2015-462 QPC : D. 2015. 894, note Le Fur et Schmidt ; ibid. Pan. 1511, obs. Mascala ; Rev. sociétés 2015. 380, note Matsopoulou ; RTD com. 2015. 317, obs. Rontchevsky ; RSC 2015. 374, obs. Stasiak ; ibid. 705, obs. de Lamy ; JCP E 2015. Actu. 267, obs. Steru ; JCP 2015. 368, note Sudre ; ibid. 369, note J.-H. Robert ; RDBF 2015, n° 63, obs. Pailler ; Banque et Dr. 3-4/2015. 35, obs. Rouaud ; BJB 2015. 204, note Bonneau ; RJDA 2015, n° 355 ; Dr. sociétés 2015, n° 94, note Torck ; ibid., n° 99, note R. Salomon ; Gaz. Pal. 8-12 mai 2015, p. 7, obs. Moulin ; BJS 2015. 273, note Gaudemet ; RLDA juin 2015. 20, obs. Stasiak ; RTDF 2015, n°s 1-2, p. 115, obs. Dezeuze.* – V. aussi Lasserre Capdeville, AJ pénal 2015. 182 ; Vandermeeren, RJDA *2015. 339* ; Mortier, *Dr. sociétés 2015. Étude 14* (V. les arrêts de renvoi des QPC : • Crim., QPC, 17 déc. 2014 (2 arrêts) : *D. 2015. Actu. 7 ; RTDF 2014, n° 4, p. 65, obs. Rontchevsky ; Banque et Dr. 1-2/2015. 79, obs. Lasserre Capdeville ;*

Dr. pénal 2015, n° 23, note J.-H. Robert ; RJDA 2015, n° 196 ; Dr. sociétés 2015, n° 58, note R. Salomon). ♦ Sur la portée de cette décision d'inconstitutionnalité, V. • Crim. 20 mai 2015, n° 13-83.489 : *D. 2015. Actu. 1155 ; RTD com. 2016. 218, obs. Bouloc ; RSC 2016. 297, obs. Stasiak*. ♦ Comp., jugeant conformes à la Constitution les dispositions des *c* et *d* du II de l'art. L. 621-15 dans sa rédaction issue de la L. n° 2006-1770 du 30 déc. 2006 : • Cons. const. 14 janv. 2016, n°s 2015-513/514/526 QPC : *D. 2016. 931, note Décima ; ibid. Pan. 1839, obs. Mascala ; D. 2017. Pan. 1335, obs. Jacquinot ; Rev. sociétés 2016. 246, note Dezeuze et Pellegrin ; RTD com. 2016. 151, obs. Rontchevsky ; RSC 2016. 293, obs. Stasiak ; Banque et Dr. 1-2/2016. 55, obs. Chacornac ; BJB 2016. 90, note Bonneau ; RDBF 2016, n° 96, obs. Pailler ; RJDA 2016, n° 543*. – V. D. Martin et Pellegrin, *JCP 2016. 135*. ♦ Avant la décision du Conseil constitutionnel du 18 mars 2015, la Cour de cassation avait admis que, sous réserve du respect de l'exigence constitutionnelle de proportionnalité, laquelle implique qu'en tout état de cause, le montant global des sanctions éventuellement prononcées ne dépasse pas le montant le plus élevé de l'une des sanctions encourues, le principe selon lequel une même personne ne peut pas être punie deux fois pour le même fait ne recevait pas application au cas de cumul entre sanctions pénales et sanctions administratives. • Cass., QPC, 8 juill. 2010 : *D. 2010. Actu. 1782 ; Rev. sociétés 2011. 371, note Paclot ; RSC 2011. 118, obs. Stasiak ; RTDF 2010, n° 3, p. 152, obs. Dezeuze ; Dr. sociétés 2010, n° 232, note Mortier ; RJDA 2010, n° 1083 (1re esp.)*. – Dans le même sens, V. • CE 16 juill. 2010 : *RSC 2011. 118, obs. Stasiak ; BJB 2010. 418, note Lasserre Capdeville ; RTDF 2010, n° 3, p. 152, obs. Dezeuze ; RJDA 2011, n° 248* • T. corr. Paris, 26 sept. 2014 : *JCP E 2014. Actu. 829, obs. Mennesson et Lorrain ; RTDF 2014, n° 3, p. 160, obs. Rontchevsky ; Dr. sociétés 2014, n° 191, note Torck ; BJB 2015. 103, note Chacornac*. ♦ Elle considérait que l'interdiction d'une double condamnation en raison des mêmes faits prévue par l'art. 4 du protocole n° 7, additionnel à la Conv. EDH, ne trouvait à s'appliquer, selon les réserves faites par la France en marge de ce protocole, que pour les infractions relevant en droit français de la compétence des tribunaux statuant en matière pénale et n'interdisait pas le prononcé de sanctions administratives parallèlement aux peines infligées par le juge répressif. • Com. 8 févr. 2011 : *préc. note 24*. – V. déjà • Crim. 1er mars 2000, n° 99-86.299 P : *D. 2000. AJ 229, obs. Lienhard ; Dr. pén. 2000, n° 75, note J.-H. Robert ; BJB 2000. 443, note Rontchevsky ; Banque et Dr. 11-12/2000. 34, obs. de Vauplane et Daigre*. ♦ V. aussi, à propos de l'art. 50 Charte UE, • Crim. 22 janv. 2014, n° 12-83.579 P : *D. 2014. Pan. 1572, obs. Mascala ; Rev. sociétés 2014. 321, note Bouloc ; RTD com. 2014. 159, obs. Rontchevsky ; AJ pénal 2014. 180, obs. Lasserre Capdeville ; RSC 2014. 106, obs. Stasiak ; JCP 2014. 345, note Mauro ; Dr. sociétés 2014, n° 56, note R. Salomon ; BJB 2014. 203, note Chacornac ; RLDA avr. 2014. 26, obs. Merville ; RDBF 2014, n° 83, obs. Pailler ; Banque et Dr. 5-6/2014. 25, obs. Keita ; ibid. 39, obs. Rouaud ; RJDA 2014, n° 639 ; Dr. pénal 2014, n° 67, note Bonis-Garçon ; ibid., n° 77, note J.-H. Robert ; Dr. et patr. 3/2015. 94, obs. Muller*. – V. Rontchevsky, *D. 2014. 600*. ♦ Comp., pour l'invalidation, par la CEDH, de la réserve faite par l'Italie en marge du protocole n° 7, additionnel à la Conv. EDH : • CEDH 4 mars 2014 : *Rev. sociétés 2014. 675, note Matsopoulou ; RSC 2014. 110, obs. Stasiak ; RSC 2015. 169, obs. Marguénaud ; BJB 2014. 209, note Chacornac ; Dr. sociétés 2014, n° 87, note Torck ; BRDA 2014, n° 8, p. 21 ; Banque et Dr. 5-6/2014. 43, obs. Rouaud ; RJDA 2014, n° 638 ; RTDF 2014, n° 2, p. 149, obs. Rontchevsky ; LEDB sept. 2014. 3, obs. Lasserre Capdeville ; Dr. et patr. 3/2015. 94, obs. Muller*. ♦ Si les art. L. 613-21 et L. 621-15 C. mon. fin., relatifs respectivement aux pouvoirs de sanction de la Commission bancaire et de la Commission des sanctions de l'AMF, réservent chacun les compétences de l'autre autorité, ils ne font aucunement obstacle à ce que les mêmes faits, dès lors qu'ils constituent des infractions distinctes au droit bancaire, d'une part, et au droit des marchés financiers, d'autre part, soient sanctionnés par l'une et l'autre de ces autorités au titre de leurs compétences propres. • CE 30 mai 2007 : *BJB 2007. 521, note Bonfils ; Dr. sociétés 2008, n° 15, note Bonneau ; RJDA 2008, n° 153 ; RDBF 2008, n° 27, obs. Bompoint*. ♦ Pour un arrêt de la chambre criminelle, postérieur à l'arrêt *Grande Stevens* (CEDH 4 mars 2014, préc.), réaffirmant la position adoptée par l'arrêt préc. du 1er mars 2000, à propos du cumul des poursuites pénales et administratives en matière de manquements boursiers autres que les abus de marché, V. • Crim. 13 sept. 2017, n° 15-84.823 : *AJ pénal 2017. 548, obs. de Combles de Nayves ; RSC 2018. 519, obs. Stasiak ; RDBF 2017, n° 272, obs. Pailler ; BJB 2018. 10, note Dezeuze ; RTDF 2018, n° 1, p. 87, obs. Dezeuze et Rontchevsky*. ♦ A propos du cumul des poursuites pour le délit et le manquement de diffusion de fausses informations, V. note 10 ss. ancien art. L. 465-2. ♦ V., désormais, sur l'articulation des procédures administrative et pénale : art. L. 465-3-6, issu de la L. n° 2016-819 du 21 juin 2016.

37. Pour un arrêt de la CEDH retenant une violation du principe *ne bis in idem* en raison de l'absence de lien temporel suffisamment étroit pour considérer les procédures administrative et pénale comme s'inscrivant dans le mécanisme intégré de sanctions prévu par le droit français, V. • CEDH 6 juin 2019, n° 47342/14 : *RSC 2019.*

383, obs. Stasiak ; *BJB 7-8/2019. 10, note R. Salomon ; RDBF 2019, n° 143, obs. Pailler ; Dr. sociétés 2019, n° 152, note Vabres ; RTDF 2019, n° 3, p. 73, obs. Dezeuze et Rontchevsky ; Dr. pénal 2019, n° 177, note Peltier.*

38. Sur la possibilité d'un cumul entre une sanction administrative prononcée par l'AMF pour l'exercice d'une activité de placement sans agrément et une sanction pénale fondée sur les mêmes faits, V. • Crim. 20 déc. 2017, n° 17-82.470 : *RSC 2018. 522, obs. Stasiak* ; *Banque et Dr. 3-4/2018. 27, obs. Chacornac ; RDBF 2018, n° 55, obs. Pailler.*

39. L'art. 14, § 1, de la Dir. 2003/6/CE du 28 janv. 2003, sur les opérations d'initiés et les manipulations de marché (abus de marché), lu à la lumière de l'art. 50 Charte UE, doit être interprété en ce sens qu'il ne s'oppose pas à une réglementation nationale (le droit italien) selon laquelle une procédure de sanction administrative pécuniaire de nature pénale ne peut être poursuivie à la suite d'un jugement pénal définitif de relaxe ayant constaté que les faits susceptibles de constituer une infraction à la législation sur les opérations d'initiés, sur la base desquels avait également été ouverte cette procédure, n'étaient pas établis. • CJUE 20 mars 2018, n° C-596/16 : *D. 2018. Actu. 616* ; *Rev. sociétés 2018. 731, note Matsopoulou* ; *RSC 2018. 524, obs. Stasiak* ; *Dr. sociétés 2018, n° 88, note Vabres ; RTDF 2018, n° 1, p. 87, obs. Dezeuze et Rontchevsky ; Banque et Dr. 5-6/2018. 28, obs. Chacornac ; RDBF 2018, n° 82, obs. Pailler ; RJDA 2018, n° 787 ; RJ com. 2018. 420, obs. Beaussonie.* – V. Vandermeeren, *RJDA 2018. 821.*

40. L'art. 50 Charte UE doit être interprété en ce sens qu'il s'oppose à une réglementation nationale (le droit italien) qui permet de poursuivre une procédure de sanction administrative pécuniaire de nature pénale contre une personne en raison d'agissements illicites constitutifs de manipulations de marché pour lesquels une condamnation pénale définitive a déjà été prononcée à son encontre, dans la mesure où cette condamnation est, compte tenu du préjudice causé à la société par l'infraction commise, de nature à réprimer cette infraction de manière effective, proportionnée et dissuasive. • CJUE 20 mars 2018, n° C-537/16 : *D. 2018. Actu. 617* ; *Rev. sociétés 2018. 731, note Matsopoulou* ; *RSC 2018. 524, obs. Stasiak* ; *Dr. sociétés 2018, n° 88, note Vabres ; RTDF 2018, n° 1, p. 87, obs. Dezeuze et Rontchevsky ; Banque et Dr. 5-6/2018. 28, obs. Chacornac ; RDBF 2018, n° 82, obs. Pailler ; RJDA 2018, n° 787 ; RJ com. 2018. 420, obs. Beaussonie.* – V. Jouffin, *Banque et Dr. 5-6/2018. 8* ; Vandermeeren, *RJDA 2018. 821.* ♦ Le principe *ne bis in idem* garanti à l'art. 50 préc. confère aux particuliers un droit directement applicable dans le cadre d'un litige tel que celui au principal. • Même arrêt.

41. Principe de personnalité des peines. Le principe de la personnalité des peines ne fait pas obstacle à ce que, à la suite d'une opération de fusion, les sanctions pécuniaires encourues au titre d'un manquement commis par la société absorbée, soient, compte tenu de la transmission universelle du patrimoine et de la continuité économique constatée entre les deux entités, mises par la Commission des sanctions de l'AMF à la charge de la société absorbante ; à cet égard, il n'y a pas lieu de distinguer selon que les personnes morales sanctionnées relèvent ou non du II de l'art. L. 621-9 C. mon. fin. • Décis. AMF 1er avr. 2010 : *Rev. sociétés 2010. 470, obs. P. Didier*. – V. déjà • CE 30 mai 2007 : *RJDA 2008, n° 151.* ♦ V. aussi note 33.

42. Principe de spécialité administrative. Si le principe de spécialité administrative ne fait pas obstacle à ce que l'AMF recoure à l'ACP pour le contrôle du respect, par un PSI, de ses obligations professionnelles relatives au dispositif de conformité, il interdit à l'AMF de sanctionner les PSI sur le fondement de la réglementation bancaire, et notamment du Règl. CRBF n° 97-02. • Décis. AMF 13 mars 2013 : *Banque et Dr. 3-4/2013. 33, obs. de Vauplane, Daigre et Bornet.*

43. Non-lieu du chef de délit d'initié. La commission des sanctions de l'AMF, qui, non seulement n'appartient pas à l'ordre judiciaire pénal, mais, de surcroît, n'est pas une juridiction, ne peut être liée, dans sa démarche de caractérisation d'un manquement administratif, par les termes d'une ordonnance de non-lieu rendue par un juge d'instruction. • Décis. AMF 21 sept. 2009 : *BJB 2010. 117, note Roch.*

44. Prescription. Les dispositions du 2e al. du I de l'art. L. 621-15, qui instituent, pour l'exercice du pouvoir de sanction de l'AMF, une règle de prescription, sont immédiatement applicables à compter de leur entrée en vigueur, le 2 août 2003 ; le délai de trois ans qu'elles prévoient a commencé à courir à cette date pour les faits antérieurs à la publication de la loi du 1er août 2003. • CE 28 mars 2014 : *RSC 2015. 364, obs. Brigant* ; *JCP E 2014. Actu. 275 ; Dr. sociétés 2014, n° 105, note Torck ; RDBF 2014, n° 119, obs. M. Storck ; RTDF 2014, n° 2, p. 153, obs. Dezeuze ; Banque et Dr. 7-8/2014. 26, obs. Rouaud ; RJDA 2015, n° 195.* ♦ Lorsque sont en cause des manquements aux obligations professionnelles relatives à la cohérence, avec les caractéristiques de l'investissement proposé, de l'information délivrée au public dans les documents accompagnant la commercialisation de produits financiers, le point de départ du délai de prescription doit être fixé au jour où le manquement est apparu et a pu être constaté dans des conditions permettant l'exercice, par l'AMF, de ses missions de contrôle, notamment en vue de l'ouverture d'une procédure de sanction. • Même arrêt. ♦ Eu égard aux caractéristiques des fonds, des souscripteurs visés, du réseau de commercialisation et des moyens de communication publicitaire utilisés, qui justifiaient une vigilance particulière de l'autorité de contrôle dans l'exercice de sa mission, les manquements allégués ne peuvent être regardés comme ayant été dissimulés à l'égard de cette autorité au-delà de la fin de la période de commercialisation des fonds ; dès lors, le délai de prescription de trois ans a commencé à courir à compter de cette date. • Même arrêt. ♦ Sur l'effet interruptif de la prescription des actes d'instruction, V. • CE 30 mai 2007 : *RJDA 2008, n° 151.* ♦ Sur l'interruption de la prescription résultant de la notification aux personnes mises en cause de la reprise des poursuites après une décision d'annulation partielle, V. • Décis. AMF 7 oct. 2010 : *Rev. sociétés 2011. 254, obs. Didier*.

45. Recouvrement des sanctions. En l'absence de dispositions législatives ou réglementaires lui permettant de poursuivre l'exécution forcée du paiement des sanctions prononcées par la commission des sanctions de l'AMF, le Fonds de garantie des dépôts, chargé de recouvrer lesdites sanctions, peut demander au juge des référés du Conseil d'État de prendre une décision, revêtue de la formule exécutoire, ordonnant à la personne qui a fait l'objet d'une sanction pécuniaire le versement des sommes dues. • CE 10 juill. 2009 : *RTDF 2009, n° 3, p. 129, obs. Dezeuze.*

46. Procédure collective. La circonstance que la société poursuivie soit en liquidation judiciaire ne fait pas obstacle à ce qu'une sanction pécuniaire soit prononcée à son encontre, nonobstant l'absence de toute déclaration de créance entre les mains du représentant des créanciers, une telle sanction étant, en effet, constitutive d'une créance née postérieurement au jugement d'ouverture. • Décis. AMF 7 oct. 2010 : *préc. note 44.*

47. Assurance. Une société ayant souscrit des garanties « frais de défense » et « sanctions pécuniaires en cas de procédures administratives », en accessoire de son assurance de responsabilité civile, ne peut appeler son assureur en garantie de la condamnation prononcée par l'AMF, dès lors qu'elle a eu connaissance des faits dommageables avant la date de souscription du contrat, le rapport de contrôle de l'AMF, qui lui avait été adressé avant cette date, faisant état « de nombreux dysfonctionnements susceptibles de caractériser des manquements sérieux à la réglementation applicable », ce qui ne pouvait laisser de doute sur le fait que le contrôle donnerait lieu à la notification de griefs déclenchant la procédure. • Civ. 2e, 13 juin 2019, n° 17-26.171 : *Rev. sociétés 2020. 103, note Grynbaum*.

48. Révision d'une décision de sanction. Il incombe à l'AMF, lorsqu'elle est saisie d'une demande en ce sens et que la sanction prononcée continue de produire des effets, d'apprécier si la poursuite de l'exécution de cette sanction méconnaît les exigences de la Conv. EDH et, dans ce cas, d'y mettre fin, en tout ou en partie, eu égard aux intérêts dont elle a la charge, aux motifs de la sanction et à la gravité de ses effets ainsi qu'à la nature et à la gravité des manquements constatés par la CEDH. • CE 30 juill. 2014 : *RSC 2015. 369, obs. Brigant ; BJB 2014. 467, note Daigre ; Dr. sociétés 2014, n° 169, note Torck.* ♦ V. la décision de l'AMF rendue à la suite de cet arrêt : • Décis. AMF 19 juin 2015 : *Dr. sociétés 2015, n° 177, note Torck ; Banque et Dr. 9-10/2015. 39, obs. Chacornac ; BJB 2015. 503, note Pons-Henry et Robert.*

49. Relèvement d'une sanction. Sur les motifs et la procédure de relèvement, V. • CE 9 mars 2016, n° 392782 : *AJDA 2016. 944, obs. Dutheillet de Lamothe et Odinet ; RSC 2016. 307, obs. Brigant ; Banque et Dr. 5-6/2016. 27, obs. Daigre ; RDBF 2016, n° 193, obs. Boucard.* ♦ Pour un relèvement accordé dans le cadre des dispositions issues de la L. n° 2016-1691 du 9 déc. 2016 et du Décr. n° 2017-865 du 9 mai 2017, V. • Décis. AMF 28 déc. 2018 : *RSC 2019. 396, obs. Brigand ; Dr. sociétés 2019, n° 52, note Vabres ; BJB 3-4/2019. 12, note Daigre.*

50. Dénonciation calomnieuse. Pour un exemple, V. • Crim. 12 avr. 2016, n° 14-87.124 : *RDBF 2016, n° 181, obs. Chacornac.*

Art. L. 621-15-1 *(Abrogé par L. n° 2016-819 du 21 juin 2016, art. 4-I-2°) (L. n° 2003-706 du 1er août 2003, art. 14-III)* ***Si l'un des griefs notifiés conformément au deuxième alinéa du I de l'article L. 621-15 est susceptible de constituer un des délits mentionnés aux articles L. 465-1*** *(L. n° 2014-1662 du 30 déc. 2014, art. 21-I-13°)* ***«, L. 465-2 et L. 465-2-1 », le collège transmet*** *(L. n° 2013-1117 du 6 déc. 2013, art. 71-2°)* ***« dans les meilleurs délais le rapport d'enquête ou de contrôle au procureur de la République financier ».*** — V. 1re note rédactionnelle ci-dessous.

Lorsque le procureur de la République *(L. n° 2013-1117 du 6 déc. 2013, art. 71-2°)* ***« financier » décide de mettre en mouvement l'action publique sur les faits, objets de la transmission, il en informe sans délai l'Autorité des marchés financiers.***

(Abrogé par L. n° 2013-1117 du 6 déc. 2013, art. 71-2°) ***« Le procureur de la République près le tribunal de grande instance de Paris peut transmettre à l'Autorité des marchés financiers, d'office ou à la demande de cette dernière, la copie de toute pièce d'une procédure relative aux faits objets de la transmission. »***

Par sa décision nos 2014-453/454 QPC et 2014-462 QPC du 18 mars 2015, le Conseil constitutionnel avait déclaré contraires à la Constitution, à l'art. L. 621-15-1 C. mon. fin. dans sa rédac-

tion issue de la L. n° 2003-706 du 1er août 2003, les mots « L. 465-1 et ». Cette déclaration d'inconstitutionnalité prenait effet le 1er sept. 2016.

Les dispositions issues de l'art. 71 de la L. n° 2013-1117 du 6 déc. 2013 sont entrées en vigueur le 1er févr. 2014 (Décr. n° 2014-64 du 29 janv. 2014, art. 4).

Art. L. 621-15-2 *(Ord. n° 2006-344 du 23 mars 2006, art. 10, 4°)* **Lorsqu'une institution mentionnée à l'article L. 370-1 du code des assurances et proposant les opérations mentionnées à l'article L. 443-1-2 du code du travail** *[devenu art. L. 3334-1 s. : Plan d'épargne pour la retraite collectif]* **a enfreint l'une des dispositions mentionnées au deuxième alinéa de l'article L. 370-2 du code des assurances, l'Autorité des marchés financiers, de sa propre initiative ou sur saisine des autorités compétentes, notifie cette infraction sans délai à l'autorité compétente de l'État dans lequel est agréée l'institution, et lui demande, en coopération avec cette autorité de contrôle, de prendre les mesures nécessaires pour mettre un terme à l'infraction.**

Si, passé un délai de deux mois après cette notification, l'infraction persiste, l'Autorité des marchés financiers peut ouvrir une procédure de sanction à l'encontre de l'institution selon les modalités prévues à l'article L. 621-15. Les sanctions applicables sont celles mentionnées à l'article L. 621-15 (III, *a*).

L'Autorité des marchés financiers peut décider de reporter sa décision d'ouvrir une procédure de sanction à l'issue d'un délai qu'elle impartit à l'institution pour prendre toute mesure de nature à mettre fin à l'infraction.

Art. L. 621-16 **Lorsque** *(L. n° 2003-706 du 1er août 2003, art. 46-III, 29°)* **« la commission des sanctions de l'Autorité des marchés financiers » a prononcé une sanction pécuniaire devenue définitive avant que le juge pénal ait statué définitivement sur** *(Abrogé par L. n° 2016-819 du 21 juin 2016, art. 6) « les mêmes faits ou »* **des faits connexes, celui-ci peut ordonner que la sanction pécuniaire s'impute sur l'amende qu'il prononce.** — *[Ord. n° 67-833 du 28 sept. 1967, art. 9-3.]*

Avant que la L. n° 2016-819 du 21 juin 2016 ne vienne modifier l'art. L. 621-16, le Conseil constitutionnel, par sa décision nos 2014-453/454 QPC et 2015-462 QPC du 18 mars 2015, avait déclaré celui-ci contraire à la Constitution. Cette déclaration d'inconstitutionnalité prenait effet le 1er sept. 2016.

Art. L. 621-16-1 *(L. n° 2003-706 du 1er août 2003, art. 16)* **Lorsque des poursuites sont engagées en application des articles L. 465-1** *(L. n° 2016-819 du 21 juin 2016, art. 7-1°)* **« à L. 465-3-3 », l'Autorité des marchés financiers peut exercer les droits de la partie civile.** *(L. n° 2016-819 du 21 juin 2016, art. 7-2°)* **« A défaut, le président de l'Autorité des marchés financiers ou son représentant peut être présent à l'audience de la juridiction saisie et peut déposer des conclusions et les développer oralement. »**

Par sa décision nos 2014-453/454 QPC et 2014-462 QPC du 18 mars 2015, le Conseil constitutionnel avait déclaré contraires à la Constitution, à l'art. L. 621-16-1 C. mon. fin. dans sa rédaction issue de la L. n° 2003-706 du 1er août 2003 (V. éd. 2014 du **C. mon. fin.**), *les mots « L. 465-1 et ». Cette déclaration d'inconstitutionnalité prenait effet le 1er sept. 2016.*

Art. L. 621-17 *(L. n° 2003-706 du 1er août 2003, art. 56)* **Tout manquement par les conseillers en investissements financiers définis à l'article L. 541-1** *(Ord. n° 2014-559 du 30 mai 2014, art. 10, en vigueur le 1er oct. 2014)* **« ou par les conseillers en investissements participatifs mentionnés à l'article L. 547-1 » aux lois, règlements et obligations professionnelles les concernant est passible des sanctions prononcées par la commission des sanctions selon les modalités prévues aux I, *a* et *b* du III** *(L. n° 2016-1691 du 9 déc. 2016, art. 46-III-5°)* **« et III *bis* à » V de l'article L. 621-15.**

Al. 2 abrogé par L. n° 2016-1691 du 9 déc. 2016, art. 46-III-5°.

1. La Commission des sanctions de l'AMF est compétente pour connaître des manquements aux lois, règlements et obligations professionnelles applicables aux conseillers en investissement financiers au titre de leurs activités relevant de l'art. L. 541-1 C. mon. fin., qu'il s'agisse du conseil en investissement prévu par le I de cet art. ou des « autres activités de conseil en gestion de patrimoine » mentionnées par le II (à propos de la commercialisation de produits de défiscalisation prenant la forme de parts de sociétés en participation). • CE 19 mai 2017, n° 401804 : *BJB 2017. 266, note Herbet ; RJDA 2017, n° 640.* ♦ La compétence de la Commission des sanctions ne saurait être subordonnée à la preuve de la fourniture de recommandations personnalisées. • Décis. AMF 20 mai 2019 : *Banque et Dr. 7-8/2019. 41, obs. Daigre ; BJB 9-10/2019. 21, note Granier.*

2. Pour la sanction de manquements à l'obligation de loyauté du conseiller en investissement financier (C. mon. fin., art. L. 541-8-1, 1°), à l'obligation de formalisation du conseil fourni au client (Règl. gén. AMF, art. 325-7) et à l'obligation d'information suffisante concernant la rémunération (Règl. gén. AMF, art. 325-6), V. • Décis. AMF 28 oct. 2013 : *BJB 2014. 19, note Herbet ; Dr. sociétés 2014, n° 30, note Torck ; Banque et Dr. 1-2/2014. 31, obs. Rouaud.* ♦ Pour d'autres exemples, V. • Décis. AMF 4 déc. 2013 : *BJB 2014. 87, note Herbet ; Dr. sociétés 2014, n° 50, note Torck ; Banque et Dr. 3-4/2014. 33, obs. Daigre* • 9 juill. 2015 : *RDBF 2015, n° 174, obs. Pailler ; BJB 2015. 506, note Herbet.*

Art. L. 621-17-1 *Abrogé par L. n° 2016-1691 du 9 déc. 2016, art. 42-I-8°.*

Art. L. 621-17-1-1 *(Ord. n° 2013-676 du 25 juill. 2013, art. 25)* **Tout manquement par les experts externes en évaluation mentionnés à l'article L. 214-24-15 aux lois, règlements et obligations professionnelles les concernant est passible des sanctions prononcées par la commission des sanctions selon les modalités prévues aux I, *a* et *b* du III** *(L. n° 2016-1691 du 9 déc. 2016, art. 46-III-6°)* **« et III *bis* à » V de l'article L. 621-15.**

Al. 2 abrogé par L. n° 2016-1691 du 9 déc. 2016, art. 46-III-6°.

SOUS-SECTION 6 *Déclaration d'opérations suspectes (L. n° 2005-811 du 20 juill. 2005, art. 1er-II ; L. n° 2005-1564 du 15 déc. 2005, art. 17).*

Art. L. 621-17-2 *(Abrogé par L. n° 2016-819 du 21 juin 2016, art. 8-I-11°, à compter du 3 juill. 2016)* ***Les établissements de crédit, les entreprises d'investissement et*** *(Ord. n° 2007-577 du 12 avr. 2007, art. 5-17°, en vigueur le 1er nov. 2007)* ***« les membres des marchés réglementés non prestataires de services d'investissement » sont tenus de déclarer sans délai à l'Autorité des marchés financiers toute opération sur des instruments financiers*** *(L. n° 2010-1249 du 22 oct. 2010, art. 9-II-15°)* ***« ou des actifs mentionnés au II de l'article L. 421-1 »*** *(Abrogé par L. n° 2010-1249 du 22 oct. 2010, art. 24-II-1°)* ***« admis aux négociations sur un marché réglementé, ou pour lesquels une demande d'admission aux négociations sur un tel marché a été présentée, » effectuée pour compte propre ou pour compte de tiers, dont ils ont des raisons de suspecter qu'elle pourrait constituer une opération d'initié ou une manipulation de cours au sens des dispositions du règlement général de l'Autorité des marchés financiers.***

(L. n° 2010-1249 du 22 oct. 2010, art. 24-II-2°) ***« Les instruments financiers mentionnés au premier alinéa sont les instruments financiers admis aux négociations sur un marché réglementé ou sur un système multilatéral de négociation qui se soumet aux dispositions législatives ou réglementaires visant à protéger les investisseurs contre les opérations d'initiés, les manipulations de cours et la diffusion de fausses informations, ou pour lequel une demande d'admission aux négociations sur de tels marchés a été présentée, dans les conditions déterminées par le règlement général de l'Autorité des marchés financiers, ainsi que les instruments financiers qui leur sont liés. »***

1. Pour satisfaire aux prescriptions de l'art. L. 621-17-2, les prestataires de services d'investissement doivent prendre en compte, dans le cadre du dispositif de conformité dont ils sont tenus de se doter, les liens connus de leurs clients avec certains émetteurs. • Décis. AMF 5 mai 2011 : *Banque et Dr. 7-8/2011. 23 ; BJB 2011. 539, obs. Bornet.*

2. Le fait que la notification de griefs n'ait pas pris en compte une éventuelle manipulation de cours et que la commission des sanctions de l'AMF ne retienne pas la qualification d'opération d'initié ne fait pas obstacle à la constatation d'un manquement à l'art. L. 621-17-2 en l'absence d'élément permettant de démontrer que la direction du prestataire de services d'investissement avait catégoriquement remis en cause l'analyse menée par le département conformité, qui concluait à la possible « constitution d'une opération d'initié ou une manipulation de cours ». • Décis. AMF 4 juill. 2011 : *Banque et Dr. 11-12/2011. 32.*

Art. L. 621-17-3 **Lorsque l'Autorité des marchés financiers transmet,** *(L. n° 2016-819 du 21 juin 2016, art. 4-I-3°)* **« en application de l'article » L. 621-20-1, certains faits ou informations au procureur de la République** *(L. n° 2013-1117 du 6 déc. 2013, art. 71-3°)* **« financier », la déclaration** *(L. n° 2016-819 du 21 juin 2016, art. 8-I-6°, en vigueur le 3 juill. 2016)* **« ou la notification prévue à l'article 16 du règlement (UE) n° 596/2014 du Parlement européen et du Conseil du 16 avril 2014 sur les abus de marché (règlement relatif aux abus de marché) et abrogeant la directive 2003/6/CE du Parlement européen et du Conseil et les directives 2003/124/CE, 2003/125/CE et 2004/72/CE de la Commission », dont le procureur de la République est avisé, ne figure pas au dossier de la procédure.**

Les dispositions issues de l'art. 71 de la L. n° 2013-1117 du 6 déc. 2013 entrent en vigueur le 1er févr. 2014 (Décr. n° 2014-64 du 29 janv. 2014, art. 4).

Art. L. 621-17-4 *Abrogé par L. n° 2016-819 du 21 juin 2016, art. 8-I-11°, à compter du 3 juill. 2016.*

Art. L. 621-17-5 Est puni des peines prévues à l'article 226-13 du code pénal le fait, pour les dirigeants ou les préposés des personnes mentionnées à *(L. n° 2016-819 du 21 juin 2016, art. 8-I-7°, en vigueur le 3 juill. 2016)* « l'article 16 du règlement (UE) n° 596/2014 du Parlement européen et du Conseil du 16 avril 2014 sur les abus de marché (règlement relatif aux abus de marché) et abrogeant la directive 2003/6/CE du Parlement européen et du Conseil et les directives 2003/124/CE, 2003/125/CE et 2004/72/CE de la Commission », de porter à la connaissance de quiconque, et en particulier des personnes ou des parties liées aux personnes pour le compte desquelles les opérations déclarées *(L. n° 2016-819 du 21 juin 2016, art. 8-I-7°, en vigueur le 3 juill. 2016)* « ou notifiées » ont été effectuées, l'existence de la déclaration *(L. n° 2016-819 du 21 juin 2016, art. 8-I-7°, en vigueur le 3 juill. 2016)* « ou de la notification » mentionnée au même article ou de donner des informations sur les suites réservées à celle-ci. – *V. C. pén., art. 226-13, ss. art. L. 164-2.*

Art. L. 621-17-6 Sans préjudice de l'article 40 du code de procédure pénale, des articles *(L. n° 2016-819 du 21 juin 2016, art. 4-I-4°)* « L. 621-17-3 et L. 621-20-1 » du présent code et de l'exercice de ses pouvoirs par l'Autorité des marchés financiers, il est interdit à cette dernière, ainsi qu'à chacun de ses membres, experts nommés dans les commissions consultatives mentionnées au III de l'article L. 621-2, membres de son personnel et préposés, de révéler les informations recueillies en application de *(L. n° 2016-819 du 21 juin 2016, art. 8-I-8°, en vigueur le 3 juill. 2016)* « l'article 16 du règlement (UE) n° 596/2014 du Parlement européen et du Conseil du 16 avril 2014 sur les abus de marché (règlement relatif aux abus de marché) et abrogeant la directive 2003/6/CE du Parlement européen et du Conseil et les directives 2003/124/CE, 2003/125/CE et 2004/72/CE de la Commission ». Si l'Autorité des marchés financiers utilise le concours des personnes mentionnées à l'article L. 621-9-2, cette interdiction s'applique également à ces personnes, ainsi qu'à leurs dirigeants et préposés.

Le fait pour un membre de l'Autorité des marchés financiers, un expert nommé dans les commissions consultatives mentionnées au III de l'article L. 621-2, un membre de son personnel ou un préposé, de révéler le contenu de la déclaration ou l'identité des personnes qu'elle concerne, est puni des peines prévues à l'article L. 642-1. Si l'Autorité des marchés financiers utilise le concours des personnes mentionnées à l'article L. 621-9-2, ces peines s'appliquent également à ces personnes, ainsi qu'à leurs dirigeants et préposés.

Lorsque des opérations ayant fait l'objet de la déclaration relèvent de la compétence d'une autorité compétente d'un autre État membre de l'Union européenne ou partie à l'accord sur l'Espace économique européen, l'Autorité des marchés financiers transmet sans délai la déclaration à cette autorité, ainsi que les éventuels compléments d'information fournis par le déclarant à la demande de cette dernière, dans les conditions prévues à l'article *(Ord. n° 2007-1490 du 18 oct. 2007, art. 5)* « L. 632-16 ». – *L'Ord. n° 2007-1490 du 18 oct. 2007 entre en vigueur le 1er nov. 2007 (Ord. préc., art. 14).*

Art. L. 621-17-7 *(L. n° 2016-819 du 21 juin 2016, art. 8-I-9°, en vigueur le 3 juill. 2016)* « Concernant les opérations ayant fait l'objet de la déclaration ou de la notification mentionnée à l'article 16 du règlement (UE) n° 596/2014 du Parlement européen et du Conseil du 16 avril 2014 sur les abus de marché (règlement relatif aux abus de marché) et abrogeant la directive 2003/6/CE du Parlement européen et du Conseil et les directives 2003/124/CE, 2003/125/CE et 2004/72/CE de la Commission, aucune poursuite fondée sur l'article 226-13 du code pénal ne peut être engagée contre les dirigeants et les préposés des personnes mentionnées à l'article 16 du même règlement qui, de bonne foi, ont effectué cette déclaration ou cette notification.

« Aucune action en responsabilité civile ne peut être engagée contre une personne mentionnée au même article 16, ses dirigeants ou ses préposés qui ont effectué de bonne foi cette déclaration ou cette notification. »

Sauf concertation frauduleuse avec l'auteur de l'opération ayant fait l'objet de la déclaration, le déclarant est dégagé de toute responsabilité : aucune poursuite pénale ne peut être engagée contre ses dirigeants ou ses préposés par application *(L. n° 2016-819 du 21 juin 2016, art. 1er-I-4°, en vigueur le 3 juill. 2016)* « des articles L. 465-1 à L. 465-3-1 » du présent code et des articles 321-1 à 321-3 du code pénal, et aucune procédure de sanction administrative ne peut être engagée à leur encontre pour des faits liés à une opération d'initié ou à une manipulation de cours.

Les dispositions du présent article s'appliquent même si la preuve du caractère fautif ou délictueux des faits à l'origine de la déclaration n'est pas rapportée ou si ces faits font l'objet d'une décision de non-lieu ou de relaxe et n'ont donné lieu à aucune sanction de la part de l'Autorité des marchés financiers ou de l'autorité compétente mentionnée au troisième alinéa de l'article L. 621-17-6.

SOUS-SECTION 7 *Autres compétences (Ord. n° 2005-429 du 6 mai 2005, art. 82 ; L. n° 2005-1564 du 15 déc. 2005, art. 17).*

Art. L. 621-20 *(L. n° 2003-706 du 1er août 2003, art. 18-I)* Pour l'application des dispositions entrant dans le champ de compétence de l'Autorité des marchés financiers, les juridictions civiles, pénales ou administratives peuvent appeler le président de celle-ci ou son représentant à déposer des conclusions et à les développer oralement à l'audience sans préjudice des dispositions de l'article L. 466-1.

1. Le refus d'ordonner une mesure d'instruction, relevant du pouvoir discrétionnaire des juges du fond, ne saurait, fût-il fondé sur des motifs erronés, constituer un excès de pouvoir (irrecevabilité du pourvoi en cassation fondé sur l'excès de pouvoir qu'aurait commis la cour d'appel en refusant d'inviter le président de l'AMF à l'audience en application de l'art. L. 621-20 ci-dessus). • Com. 3 avr. 2007, n° 06-12.762 P : *D. 2007. AJ 1211 ; BJB 2007. 408, note Descours ; Dr. sociétés 2007, n° 162, note Bonneau.*

2. Pour une application de l'art. 12-1, al. 2 [L. 621-20], le président de la COB ayant été appelé dans l'instance pour qu'il indique au tribunal l'histoire de ses relations avec les parties en ce qui concerne l'émission de bons de souscription d'actions et leur ajustement ainsi que la position de la COB, V. • T. com. Paris, 4 mars 1998 : *Gaz. Pal. 1999. 2. Somm. 537.*

Art. L. 621-20-1 *(L. n° 2003-706 du 1er août 2003, art. 18-II)* Si, dans le cadre de ses attributions, l'Autorité des marchés financiers acquiert la connaissance d'un crime ou d'un délit, elle est tenue d'en donner avis sans délai au procureur de la République et de transmettre à ce magistrat tous les renseignements, procès-verbaux et actes qui y sont relatifs.

(Ord. n° 2007-544 du 12 avr. 2007, art. 5, 20°, en vigueur le 1er nov. 2007) « Sous réserve des dispositions du troisième alinéa de l'article L. 632-16, » le procureur de la République peut obtenir de l'Autorité des marchés financiers la communication de tous les renseignements détenus par celle-ci dans le cadre de l'exercice de ses missions, sans que puisse lui être opposée l'obligation au secret.

V., jugeant conformes à la Constitution les dispositions de l'art. L. 621-20-1 dans sa rédaction issue de la loi du 1er août 2003 et dans sa rédaction en vigueur, • Cons. const. 18 mars 2015, nos 2014-453-454 QPC et 2015-462 QPC : *cité note 36 ss. art. L. 621-15.*

Art. L. 621-20-2 *(L. n° 2013-100 du 28 janv. 2013, art. 36)* I. — L'Autorité des marchés financiers est l'autorité compétente au sens de l'article 32 du règlement (UE) n° 236/2012 du Parlement européen et du Conseil, du 14 mars 2012, sur la vente à découvert et certains aspects des contrats d'échange sur risque de crédit.

II. — En application du I, l'Autorité des marchés financiers peut sanctionner tout manquement aux dispositions dudit règlement dans les conditions fixées à l'article L. 621-15.

Art. L. 621-20-3 *(Ord. n° 2013-676 du 25 juill. 2013, art. 27)* L'Autorité des marchés financiers peut prendre toutes les mesures requises afin d'assurer le bon fonctionnement des marchés au cas où l'activité d'un ou de plusieurs FIA sur le marché d'un instrument financier pourrait mettre en péril le bon fonctionnement de ce marché.

Le présent article est applicable aux FIA :

1° Relevant du II de l'article L. 214-24, à l'exclusion de ceux mentionnés à son dernier alinéa, et à l'exclusion des FIA relevant du I de l'article L. 214-167 et de ceux mentionnés au second alinéa du III de l'article L. 532-9 ; et

2° Relevant du 1° du III de l'article L. 214-24.

Art. L. 621-20-4 *(L. n° 2013-1117 du 6 déc. 2013, art. 71-1°)* Les procès-verbaux ou rapports d'enquête ou toute autre pièce de la procédure pénale ayant un lien direct avec des faits susceptibles d'être soumis à l'appréciation de la commission des sanctions de l'Autorité des marchés financiers peuvent être communiqués par le procureur de la République financier, le cas échéant après avis du juge d'instruction, d'office ou à leur demande :

1° Au secrétaire général de l'Autorité des marchés financiers, avant l'ouverture d'une procédure de sanction ;

2° Ou au rapporteur de la commission des sanctions, après l'ouverture d'une procédure de sanction.

L'art. L. 621-20-3 a été renuméroté L. 621-20-4 par la L. n° 2014-1545 du 20 déc. 2014, art. 57.

Les dispositions issues de l'art. 71 de la L. n° 2013-1117 du 6 déc. 2013 entrent en vigueur le 1er févr. 2014 (Décr. n° 2014-64 du 29 janv. 2014, art. 4).

Art. L. 621-20-5 *(L. n° 2016-1691 du 9 déc. 2016, art. 42-I-11°)* **L'Autorité des marchés financiers est l'autorité compétente au sens de l'article 40 du règlement (UE) 2016/1011 du Parlement européen et du Conseil du 8 juin 2016 concernant les indices utilisés comme indices de référence dans le cadre d'instruments et de contrats financiers ou pour mesurer la performance de fonds d'investissement et modifiant les directives 2008/48/CE et 2014/17/UE et le règlement (UE) n° 596/2014.**

Art. L. 621-20-6 *(L. n° 2017-1775 du 28 déc. 2017, art. 56-III-3°)* **L'Autorité des marchés financiers veille au respect, par les institutions financières mentionnées au 2° du I de l'article L. 561-36, de l'article L. 564-2.**

Le 3° du III de l'art. 56 de la L. n° 2017-1775 du 28 déc. 2017 s'applique aux contrôles engagés à compter du lendemain de la publication de cette loi (L. préc., art. 56-IV-C, JO 29 déc.).

TITRE IV **Dispositions pénales**

CHAPITRE II ***Dispositions relatives à l'Autorité des marchés financiers*** *(L. n° 2003-706 du 1er août 2003, art. 21).*

Art. L. 642-1 *(L. n° 2003-706 du 1er août 2003, art. 21-II)* **Est puni des peines prévues à l'article 226-13 du code pénal le fait, pour tout membre, tout membre du personnel ou préposé de l'Autorité des marchés financiers, ainsi que pour tout expert nommé dans une commission consultative mentionnée au III de l'article L. 621-2, de violer le secret professionnel institué par l'article L. 621-4, sous réserve des dispositions de l'article 226-14 du code pénal.**

Art. L. 642-2 *(L. n° 2003-706 du 1er août 2003, art. 21-III)* **Est puni d'un emprisonnement de deux ans et d'une amende de 300 000 € le fait, pour toute personne, de mettre obstacle à une mission de contrôle ou d'enquête de l'Autorité des marchés financiers effectuée dans les conditions prévues aux articles L. 621-9 à L. 621-9-2 ou de lui communiquer des renseignements inexacts.**

Art. L. 642-3 *(Abrogé par L. n° 2003-706 du 1er août 2003, art. 21-IV)* ***« Est puni d'un emprisonnement de deux ans et d'une amende de 300 000 € le fait, pour toute personne, de mettre obstacle à une mission des enquêteurs de la Commission des opérations de bourse effectuée dans les conditions prévues à l'article L. 621-10. »***

(L. n° 2003-706 du 1er août 2003, art. 21-IV) **« Est puni d'un emprisonnement de deux ans et d'une amende de 300 000 € » le fait, pour toute personne, de mettre obstacle aux mesures de séquestre ou de ne pas respecter l'interdiction temporaire d'activité professionnelle prononcées en application de l'article L. 621-13.**

Est puni d'un emprisonnement de deux ans et d'une amende de 75 000 € le fait, pour toute personne, de ne pas consigner la somme fixée par le juge, en application de l'article L. 621-13, dans le délai de quarante-huit heures suivant la date à laquelle la décision est devenue exécutoire. – *[Ord. n° 67-833 du 28 sept. 1967, art. 10.]*

PÊCHE MARITIME

RÉP. PÉN. v° *Pêche*, par REDON.

Dans tous les textes réglementaires, les mots : « quartier des affaires maritimes » sont remplacés par les mots : « direction départementale ou interdépartementale des affaires maritimes » et les mots « chef de quartier des affaires maritimes » ainsi que les mots : « officier ou inspecteur des affaires maritimes chef du service » sont remplacés par les mots : « directeur départemental ou interdépartemental des affaires maritimes » (Décr. n° 97-156 du 19 févr. 1997, art. 2-II).

Code rural et de la pêche maritime

(Ord. n° 2010-462 du 6 mai 2010)

LIVRE IX **Pêche maritime et aquaculture marine**

(Ord. n° 2010-462 du 6 mai 2010)

TITRE PREMIER **Dispositions communes**

CHAPITRE PREMIER ***Dispositions générales***

Art. L. 911-1 *(L. n° 2016-816 du 20 juin 2016, art. 75)* « Sont soumis au présent livre :

« 1° L'exercice de la pêche maritime, c'est-à-dire la capture des animaux et la récolte des végétaux marins, en mer, sur l'estran et dans la partie des fleuves, rivières, étangs et canaux où les eaux sont salées ;

« 2° L'exercice de l'aquaculture, c'est-à-dire la conchyliculture, la pisciculture, les élevages marins et les autres cultures marines, qui constituent des activités d'exploitation du cycle biologique d'espèces aquatiques, végétales ou animales. Ces activités d'exploitation comprennent notamment le captage, l'élevage, la finition, la purification, l'entreposage, le conditionnement, l'expédition ou la première mise en marché des produits. »

(Ord. n° 2010-462 du 6 mai 2010) Pour l'application du présent livre, des décrets fixent les limites des affaires maritimes et les points de cessation de la salure des eaux pour les fleuves et rivières affluant directement ou indirectement à la mer.

Art. L. 911-2 La politique des pêches maritimes, de l'aquaculture marine et des activités halio-alimentaires a pour objectifs, en conformité avec les principes et les règles de la politique commune des pêches et dans le respect des engagements internationaux :

1° De permettre d'exploiter durablement et de valoriser le patrimoine collectif que constituent les ressources halieutiques auxquelles la France accède, tant *(L. n° 2016-816 du 20 juin 2016, art. 75)* « sur l'estran que dans ses eaux sous juridiction ou souveraineté et » dans les autres eaux où elle dispose de droits de pêche en vertu d'accords internationaux ou dans les zones de haute mer *(L. n° 2016-1087 du 8 août 2016, art. 98)* « , dans le cadre d'une approche écosystémique afin de réduire au minimum les incidences négatives sur l'environnement » ;

2° De favoriser le développement de la recherche dans *(L. n° 2016-816 du 20 juin 2016, art. 75)* « les filières des pêches maritimes, de l'aquaculture marine, en mer et à terre, et des activités halioalimentaires » ;

3° De faciliter l'adaptation aux marchés intérieurs et extérieurs *(L. n° 2016-816 du 20 juin 2016, art. 75)* « des filières » des pêches maritimes et de l'aquaculture marine, qui *(L. n° 2016-816 du 20 juin 2016, art. 75)* « comprennent » les activités de production, de transformation et de commercialisation ;

4° De promouvoir une politique de qualité et d'identification des produits ;

5° De créer les conditions assurant le maintien et le renouvellement *(L. n° 2016-816 du 20 juin 2016, art. 75)* « des flottes des pêches maritimes et de l'aquaculture adaptées » à ces objectifs ainsi que le développement et la modernisation des entreprises de l'aval *(L. n° 2016-816 du 20 juin 2016, art. 75)* « des filières » ;

6° De développer les activités d'aquaculture marine, notamment *(L. n° 2016-816 du 20 juin 2016, art. 75)* « les activités d'aquaculture marine en mer et à terre, en facilitant l'implantation de sites aquacoles en zone littorale et à proximité de celle-ci, en facilitant l'approvisionnement d'eau de mer en quantité suffisante sur ces sites et » en veillant à la qualité du milieu ;

7° D'assurer la modernisation et le développement d'activités diversifiées au bénéfice de l'économie des régions littorales.

Art. L. 911-3 Les dispositions du présent livre s'appliquent, en conformité avec les dispositions prévues par le traité sur le fonctionnement de l'Union européenne et dans le respect des engagements internationaux de la France, dans les zones sous juridiction ou sous souveraineté française, ainsi qu'en tout lieu aux ressortissants français et aux navires battant pavillon français dans le respect des accords internationaux et de la souveraineté des pays tiers.

Art. L. 911-4 Les dispositions de la loi n° 71-1060 du 24 décembre 1971 relative à la délimitation des eaux territoriales ne portent pas atteinte à l'exercice des droits de pêche accordés à certains navires étrangers dans les conditions prévues par les accords internationaux, les règlements de l'Union européenne et le droit interne français.

TITRE II Conservation et gestion des ressources halieutiques

....

TITRE III Entreprises et commercialisation des produits de la mer

....

TITRE IV Contrôles et sanctions

CHAPITRE PREMIER *Contrôles de police administrative*

....

CHAPITRE II *Recherche et constatation des infractions*

SECTION I *Agents chargés de la recherche et la constatation des infractions*

Art. L. 942-1 *(Ord. nº 2010-462 du 6 mai 2010)* I. — Sans préjudice des compétences des officiers et agents de police judiciaire, sont habilités à rechercher et à constater les infractions prévues et réprimées par le présent livre :

1º Les administrateurs, officiers *(L. nº 2013-431 du 28 mai 2013, art. 31-VI)* « du corps technique et administratif » des affaires maritimes.

2º Les commandants, commandants en second ou officiers des bâtiments de la marine nationale et les commandants des aéronefs militaires affectés à la surveillance maritime ainsi que les officiers mariniers désignés par l'autorité administrative.

(L. nº 2013-431 du 28 mai 2013, art. 31-VI) « 3º Les fonctionnaires affectés dans les services exerçant des missions de contrôle dans le domaine des affaires maritimes sous l'autorité ou à la disposition du ministre chargé de la mer. »

(Abrogé par L. nº 2013-431 du 28 mai 2013, art. 31-VI) « 4º Les syndics des gens de mer. »

5º Les agents des douanes.

6º Les agents mentionnés *(Ord. nº 2015-616 du 4 juin 2015, art. 8)* « aux 1º à 6º du I de l'article L. 205-1 ».

7º Les agents de la concurrence, de la consommation et de la répression des fraudes.

(L. nº 2016-1087 du 8 août 2016, art. 100) « 8º Les inspecteurs de l'environnement mentionnés à l'article L. 172-1 du code de l'environnement, qui interviennent dans les conditions définies aux articles L. 172-1 à L. 172-17 du même code, sous réserve des dispositions du chapitre III du titre IV du livre IX du présent code qui leur sont applicables.

« II. — Dans l'exercice de leurs fonctions, les agents assermentés des réserves naturelles mentionnés aux articles L. 332-20 et L. 332-22 du code de l'environnement sont également habilités à rechercher et à constater les infractions prévues et réprimées par le présent livre. »

Art. L. 942-2 Les gardes jurés et les prud'hommes pêcheurs assermentés sont habilités à rechercher et constater les infractions prévues et réprimées par le présent livre dans le ressort territorial dont ils relèvent.

Pour l'exercice de cette mission, ils disposent des pouvoirs définis *(L. nº 2016-816 du 20 juin 2016, art. 75)* « aux articles L. 942-3 et L. 942-4 », aux deux premiers alinéas de l'article L. 942-5, *(L. nº 2016-816 du 20 juin 2016, art. 75)* « à l'article L. 942-6 » *(L. nº 2016-1087 du 8 août 2016, art. 100)* « , à l'article L. 942-8 et au deuxième alinéa de l'article L. 943-1.

« Les gardes jurés doivent être agréés par l'autorité administrative.

« Ne peuvent être agréés comme gardes jurés :

« 1º Les personnes dont le comportement est incompatible avec l'exercice de ces fonctions, en particulier si elles ne remplissent pas les conditions de moralité et d'honorabilité requises, au vu notamment des mentions portées au bulletin nº 2 de leur casier judiciaire ou dans les traitements automatisés de données à caractère personnel mentionnés à l'article 230-6 du code de procédure pénale ;

« 2º Les agents mentionnés à l'article L. 942-1 du présent code ;

« 3º Les membres des professions qui se livrent, quel que soit leur statut, aux activités de production de produits des pêches maritimes et des élevages marins.

« Un décret en Conseil d'État précise les conditions d'application du présent article, notamment les modalités d'obtention de l'agrément, les conditions dans lesquelles celui-ci peut être suspendu ou retiré, les conditions d'assermentation des gardes jurés, les principaux éléments de leur tenue vestimentaire ainsi que les conditions d'exercice de leurs missions. »

SECTION II *Opérations de recherche et de constatation des infractions*

Art. L. 942-3 Lorsqu'un agent mentionné à l'article L. 942-1 entend dresser procès-verbal à l'encontre d'une personne qui refuse ou se trouve dans l'impossibilité de justifier de son identité, il en rend compte immédiatement à tout officier de police judiciaire territorialement compétent qui peut lui ordonner de la retenir sur place ou de la conduire dans un local de police afin de vérifier son identité conformément à l'article 78-3 du code de procédure pénale.

Art. L. 942-4 Après avoir informé du lieu de leur déplacement le procureur de la République, qui peut s'y opposer, les agents mentionnés au I de l'article L. 942-1 peuvent procéder à la recherche et la constatation des infractions prévues et réprimées par le présent livre :

1° A toutes heures *[à toute heure]* à bord des navires ou engins flottants ;

2° A toutes heures *[à toute heure]* dans les halles à marée ;

3° Entre huit heures et vingt heures dans tous les locaux ou installations à usage professionnel et à bord des moyens de transport utilisés pour l'exercice des professions relatives à la pêche maritime ou l'aquaculture marine, la transformation, la commercialisation, le transport, l'importation et l'exportation des produits issus de la pêche maritime ou de l'aquaculture marine ;

4° En dehors de ces heures, dans les locaux ou installations mentionnés au 3° lorsqu'ils sont ouverts au public ou lorsqu'une activité de transformation, de conditionnement, de transport ou de commercialisation y est en cours.

Lorsque les lieux comportent des parties à usage d'habitation, celles-ci ne peuvent être visitées afin de rechercher et constater des infractions qu'entre huit heures et vingt heures, par des agents mentionnés aux 1°, 2°, 3°, *(Abrogé par L. n° 2013-431 du 28 mai 2013, art. 31-VI)* « 4° » *(L. n° 2016-1087 du 8 août 2016, art. 100)* « ou 5° à 8° » du I de l'article L. 942-1, avec accord de l'occupant ou, à défaut, *(Abrogé par L. n° 2010-874 du 27 juill. 2010, art. 92-I)* « ***sur autorisation du juge des libertés et de la détention et*** » en présence d'un officier de police judiciaire agissant conformément aux dispositions du code de procédure pénale relatives aux perquisitions, visites domiciliaires et saisies des pièces à conviction.

Art. L. 942-5 Les agents mentionnés *(L. n° 2010-874 du 27 juill. 2010, art. 92-I)* « à l'article L. 942-1 » peuvent donner à tout navire ou engin flottant l'ordre de stopper et, le cas échéant, de relever son matériel de pêche.

Ils peuvent monter à bord et procéder à tout examen des ponts et locaux de toutes zones du navire ou engin flottant, des captures et des produits qui en sont issues *[issus]*, des matériels de pêche, des installations de stockage ou de traitement, des équipements propulsifs, des matériels de navigation, de localisation et de déclaration, ainsi que de tous documents de bord, notamment ceux qui sont relatifs à l'enregistrement des captures.

Ils peuvent faire procéder au déroutement du navire ou engin flottant jusqu'au port désigné par l'autorité maritime compétente en vue des contrôles ou vérifications à faire et procéder alors à la pose de scellés et conserver les documents de bord jusqu'à leur remise à l'autorité compétente.

Art. L. 942-6 Les agents mentionnés *(L. n° 2010-874 du 27 juill. 2010, art. 92-I)* « à l'article L. 942-1 » peuvent :

1° Vérifier les documents professionnels de toute nature propres à faciliter l'accomplissement de leur mission et en prendre copie ;

2° Recueillir les observations de toute personne présente susceptible d'apporter des éléments utiles à leurs constatations ;

3° Procéder à des prélèvements aux fins d'analyse sur des produits ou des animaux soumis à leur contrôle.

Art. L. 942-7 Sur réquisition écrite du procureur de la République, les agents mentionnés à l'article L. 942-1, lorsqu'ils ne disposent pas de tels pouvoirs, peuvent, à toute heure et en tout lieu ouvert à la circulation, afin de procéder aux contrôles des véhicules susceptibles de transporter des produits de la mer :

1° Faire sommer de s'arrêter par un officier ou agent de police judiciaire, un administrateur, officier, *(L. n° 2013-431 du 28 mai 2013, art. 31-VI)* « fonctionnaire de catégorie A ou

B affecté dans les services exerçant des missions de contrôle dans le domaine des affaires maritimes sous l'autorité ou à la disposition du ministre chargé de la mer », un agent des douanes ou un agent de police judiciaire adjoint munis des insignes extérieurs et apparents de leur qualité, tout véhicule à usage professionnel ;

2° Faire ouvrir, visiter et contrôler tout véhicule transportant ou susceptible de transporter des produits de la mer ;

3° En cas de refus de la visite afin *[à fin]* de contrôle ou de saisie, immobiliser le véhicule durant le temps nécessaire à l'information du procureur de la République, sans dépasser le délai de deux heures.

Art. L. 942-8 Les agents mentionnés à l'article L. 942-1 ont le droit de requérir directement la force publique pour la recherche et la constatation des infractions prévues et réprimées par le présent livre, ainsi que pour l'appréhension et la saisie des filets, des engins, des matériels, des équipements utilisés en plongée et en pêche sous-marines, de tous instruments utilisés à des fins de pêche, des véhicules, des navires ou engins flottants ayant servi à pêcher ou à transporter des produits obtenus en infraction, ainsi que des produits des pêches et de leur valeur.

Art. L. 942-9 Pour les nécessités de l'enquête qu'ils conduisent, les agents mentionnés aux articles L. 942-1 et L. 942-2 peuvent se communiquer spontanément, sans que puisse y faire obstacle le secret professionnel auquel ils sont le cas échéant tenus, les informations et documents détenus ou recueillis dans l'exercice de leurs missions de police judiciaire prévues par le présent livre.

SECTION III *Assermentation et valeur probante des procès-verbaux*

Art. L. 942-10 Les agents civils de l'État mentionnés aux 1° à 6° du I de l'article L. 942-1 *(Abrogé par L. n° 2016-1087 du 8 août 2016, art. 100)* « *et les agents de l'établissement public mentionné au 8° du même I* » doivent être assermentés dans des conditions définies par décret en Conseil d'État.

Art. L. 942-11 Les procès-verbaux signés par les agents mentionnés *(L. n° 2016-1087 du 8 août 2016, art. 100)* « aux articles L. 942-1 et L. 942-2 » font foi jusqu'à preuve contraire.

CHAPITRE III *Mesures conservatoires*

Art. L. 943-1 Les agents mentionnés *(L. n° 2010-874 du 27 juill. 2010, art. 92)* « à l'article L. 942-1 » peuvent, en vue de les remettre à l'autorité compétente pour les saisir, procéder à l'appréhension des filets, des engins, des matériels, des équipements utilisés en plongée ou en pêche sous-marines, de tous instruments utilisés à des fins de pêche, des véhicules, des navires ou engins flottants ayant servi à pêcher ou à transporter des produits obtenus en infraction ainsi que des produits qui sont susceptibles de saisie ou des sommes reçues en paiement de ces produits et, plus généralement, de tout objet ayant servi à commettre l'infraction ou destiné à la commettre.

(L. n° 2016-1087 du 8 août 2016, art. 100) « Les agents mentionnés à l'article L. 942-2 peuvent, dans les mêmes conditions, procéder à l'appréhension des mêmes objets et produits, à l'exception des véhicules, des navires ou engins flottants ainsi que des sommes reçues en paiement de produits susceptibles de saisie.

« Les agents mentionnés aux articles L. 942-1 et L. 942-2 » peuvent également appréhender en tout temps et en tous lieux les filets, engins et instruments de pêche prohibés en vue de leur saisie. La recherche de ces objets peut être faite dans les locaux de vente et de fabrication.

L'appréhension donne lieu à l'établissement d'un procès-verbal. La remise des biens appréhendés à l'autorité compétente pour les saisir doit intervenir dans un délai qui ne peut excéder trois jours ouvrés à compter de l'appréhension.

Les agents mentionnés *(L. n° 2010-874 du 27 juill. 2010, art. 92-I)* « à l'article L. 942-1 » ont qualité pour procéder à l'apposition des scellés et conserver les documents de bord en vue de leur remise à l'autorité compétente.

Art. L. 943-2 Sont compétents pour *(L. n° 2010-874 du 27 juill. 2010, art. 92-I)* « opérer » la saisie des biens appréhendés conformément à l'article L. 943-1 :

a) Dans les départements littoraux de métropole, le directeur départemental des territoires et de la mer et ses adjoints ;

b) Dans les autres départements de métropole, le directeur départemental de la protection des populations et ses adjoints ou le directeur départemental de la cohésion sociale et de la protection des populations et ses adjoints.

Art. L. 943-3 L'autorité compétente déroute ou fait dérouter jusqu'au port qu'elle aura désigné le navire ou l'engin flottant qui a servi à commettre l'infraction. Elle dresse procès-verbal de la saisie. Le navire ou l'engin flottant est consigné entre les mains du service territorialement compétent en application de l'article L. 943-2.

L'autorité compétente fait conduire à l'endroit qu'elle aura désigné le véhicule ayant servi à transporter des produits obtenus en infraction. Elle dresse un procès*[-]*verbal de saisie. Le véhicule est consigné entre les mains du service territorialement compétent en application de l'article L. 943-2.

Art. L. 943-4 *(Abrogé par Cons. const. n° 2014-375 QPC du 20 mars 2014) Dans un délai qui ne peut excéder trois jours ouvrés à compter de la saisie, l'autorité compétente adresse au juge des libertés et de la détention du lieu de la saisie une requête accompagnée du procès-verbal de saisie afin que celui-ci confirme, par ordonnance prononcée dans un délai qui ne peut excéder trois jours, la saisie du navire, de l'engin flottant ou du véhicule ou décide de sa remise en libre circulation.*

En tout état de cause, l'ordonnance doit être rendue dans un délai qui ne peut excéder six jours à compter de l'appréhension prévue à l'article L. 943-1 ou à compter de la saisie.

Toutefois, le délai de trois jours ouvrés prévu à l'article L. 943-1 pour la remise des biens appréhendés à l'autorité compétente pour les saisir peut être dépassé en cas de force majeure ou à la demande expresse du contrevenant. Dans ce cas, le délai de six jours entre l'appréhension du navire ou de l'engin flottant ou du véhicule et l'ordonnance de confirmation de la saisie prononcée par le juge des libertés et de la détention peut être dépassé de la même durée.

Art. L. 943-5 *(Abrogé par Cons. const. n° 2014-375 QPC du 20 mars 2014) La mainlevée de la saisie du navire, de l'engin flottant ou du véhicule est décidée par le juge des libertés et de la détention du lieu de la saisie contre le dépôt d'un cautionnement dont il fixe le montant et les modalités de versement dans les conditions fixées à l'article 142 du code de procédure pénale.*

A défaut de versement du cautionnement au jour où il statue au fond, le tribunal peut prononcer la confiscation du navire, de l'engin flottant ou du véhicule s'il a été conservé en l'état et ordonner qu'il sera détruit, vendu, remis à un service de l'État ou à une institution spécialisée de l'enseignement maritime. En cas de vente, il statue sur la destination du produit de la vente.

En l'absence de saisine d'une juridiction pour statuer au fond et à défaut de versement du cautionnement, le procureur de la République saisit le juge des libertés et de la détention du lieu de la saisie pour qu'il statue sur le sort du bien saisi.

Art. L. 943-6 Le juge des libertés et de la détention peut, à la demande de l'autorité compétente, ordonner la destruction du navire, de l'engin flottant ou du véhicule lorsqu'il présente un risque pour la sécurité des personnes ou pour l'environnement. Les frais sont à la charge de l'auteur de l'infraction ou de son commettant.

Art. L. 943-6-1 *(L. n° 2013-1029 du 15 nov. 2013, art. 21)* En Guyane, le juge des libertés et de la détention peut, à la demande de l'autorité compétente, ordonner la destruction des seules embarcations dépourvues de pavillon qui ont servi à commettre les infractions mentionnées à l'article L. 945-4, constatées par procès-verbal, dont la conservation n'est plus nécessaire à la manifestation de la vérité, lorsqu'il n'existe pas de mesures techniques raisonnablement envisageables pour empêcher définitivement le renouvellement de ces infractions dans le respect des traités et accords internationaux en vigueur. Les frais sont à la charge de l'auteur de l'infraction ou de son commettant.

Art. L. 943-7 L'autorité compétente en application de l'article L. 943-2 décide la saisie des filets, engins et instruments de pêche prohibés en tout temps et en tous lieux y compris dans les locaux de vente et de fabrication. La juridiction saisie au fond ou l'autorité administrative compétente pour prononcer la sanction en ordonne la destruction.

Lorsqu'ils ont servi à pêcher en infraction à la réglementation prévue à l'article L. 941-1, les filets, les engins, les matériels, les équipements utilisés en plongée et en pêche sous-marines, d'une manière générale tous *[les]* instruments utilisés à des fins de pêche qui ne sont pas visés au premier alinéa du présent article peuvent être saisis par l'autorité compétente. La juridiction saisie au fond ou l'autorité administrative compétente pour prononcer la sanction peut prononcer leur confiscation et ordonner qu'ils seront vendus, remis aux institutions spécialisées aux fins de l'enseignement maritime, ou décider leur destruction ou leur restitution.

(L. n° 2010-874 du 27 juill. 2010, art. 92-I) « Quelle que soit cette destination, l'auteur de l'infraction ou son commettant supporte les frais résultant de l'opération correspondante et peut être tenu d'en assurer, sous le contrôle de l'autorité compétente, la réalisation matérielle, même s'il s'agit d'une vente ou d'une remise à titre gratuit ou onéreux. »

Art. L. 943-8 L'autorité territorialement compétente qui a prononcé la saisie des produits des pêches réalisées en infraction à la réglementation prévue à l'article L. 941-1 décide de leur destination.

Cette destination peut être soit la vente aux enchères publiques ou de gré à gré, au mieux des conditions du marché, soit la remise à un établissement scientifique, d'enseignement, industriel ou de bienfaisance, soit la destruction, soit, lorsqu'il s'agit de produits vivants, la réimmersion. La remise au bénéfice d'un établissement industriel est faite à titre onéreux.

Quelle que soit cette destination, l'auteur de l'infraction ou son commettant supporte les frais résultant de l'opération correspondante et peut être tenu d'en assurer, sous le contrôle de l'autorité compétente, la réalisation matérielle même s'il s'agit d'une vente ou d'une remise à titre gratuit ou onéreux. Dans le cas de vente aux enchères publiques, l'autorité compétente peut assigner le gestionnaire de la halle à marée à procéder à l'opération.

Lorsque les produits ont été vendus sans avoir fait l'objet d'une saisie, l'autorité compétente peut saisir les sommes provenant de la vente.

La juridiction saisie au fond ou l'autorité administrative compétente pour prononcer la sanction peut confirmer la destination donnée aux produits et ordonner leur confiscation ou leur restitution, ou celles des valeurs correspondantes.

Art. L. 943-9 Les armateurs ou les capitaines de navires ne peuvent, du fait de la saisie du navire ou de l'engin flottant, de la saisie ou de la confiscation *(L. nº 2010-874 du 27 juill. 2010, art. 92-I)* « des filets, engins et instruments de pêche ou » des produits de la pêche et de l'aquaculture marine, se soustraire à l'exécution des obligations des contrats d'engagement des équipages, notamment en matière de rémunération, lorsque la responsabilité de ces derniers n'est pas engagée dans la commission de l'infraction à l'origine de la mesure de saisie ou de la peine de confiscation.

Art. L. 943-10 Un décret en Conseil d'État précise les conditions et les formalités relatives au déroulement de la saisie, à la désignation d'un gardien de la saisie, au choix de la destination des engins, matériels, instruments, véhicules, navires, engins flottants, produits, montants des ventes et sommes saisis ainsi que les modalités de leur restitution lorsque la juridiction ou l'autorité compétente n'en aura pas ordonné la confiscation ou la vente.

CHAPITRE IV *Poursuites judiciaires*

Art. L. 944-1 Les délits et contraventions en matière de pêche maritime sont jugés :

1° Pour les navires français, par le tribunal du port où l'infraction est constatée, par le tribunal du port où le navire a été conduit ou, à défaut, par le tribunal du port d'immatriculation ;

2° Pour les navires étrangers, par le tribunal du port où le navire a été conduit ou, s'il n'a pas été conduit au port, par le tribunal de la résidence administrative de l'agent qui a constaté l'infraction.

Art. L. 944-2 L'agent qui constate un délit prévu et réprimé par le présent livre, en même temps qu'il transmet les pièces de la procédure au procureur de la République, en adresse copie à l'autorité mentionnée à l'article L. 943-2. Celle-ci transmet dans les meilleurs délais un avis au procureur de la République.

(L. nº 2016-1087 du 8 août 2016, art. 100) « Les agents mentionnés à l'article L. 942-2 du présent code transmettent les pièces de la procédure au procureur de la République selon les modalités énoncées à l'article 29 du code de procédure pénale. »

Art. L. 944-3 Lorsque des poursuites sont engagées par le ministère public, l'autorité mentionnée à l'article L. 943-2 ou son représentant ainsi que le chef du service de l'agent ayant constaté l'infraction peuvent présenter des observations écrites ou orales devant le tribunal.

Art. L. 944-4 Les organisations professionnelles instituées en application *(L. nº 2010-874 du 27 juill. 2010, art. 87-7º)* « des articles L. 912-1, L. 912-6 et L. 912-11 » peuvent exercer les droits reconnus à la partie civile en ce qui concerne les faits qui constituent une infraction aux dispositions du présent livre *(L. nº 2019-773 du 24 juill. 2019, art. 5)* « , du titre Ier du livre II et du titre III du livre IV du code de l'environnement » et des règlements pris pour *(L. nº 2019-773 du 24 juill. 2019, art. 5)* « leur » application et portant un préjudice direct ou indirect aux intérêts collectifs qu'elles ont pour objet de défendre.

Art. L. 944-5 *(L. nº 2010-874 du 27 juill. 2010, art. 92-I-8º)* La juridiction peut, compte tenu des circonstances et notamment des conditions de travail de l'intéressé, décider que le paiement des amendes prononcées à raison des faits commis par le capitaine ou un membre de l'équipage d'un navire est en totalité ou en partie à la charge de l'armateur, qu'il soit propriétaire ou non du navire.

Elle peut aussi, dans les mêmes conditions, mettre à la charge de l'exploitant d'un établissement de cultures marines et dépôts de coquillages ou d'une installation aquacole le paiement des amendes prononcées à raison des faits commis par ses préposés.

CHAPITRE V *Sanctions pénales*

SECTION I *Sanctions des infractions en matière de pêche maritime et d'aquaculture marine*

Art. L. 945-1 Est puni de deux ans d'emprisonnement et de 375 000 € d'amende le fait :

1° De détruire, détourner ou tenter de détruire ou de détourner les filets, engins, matériels, équipements, véhicules, navires, engins flottants ou produits de la pêche appréhendés ou saisis et confiés à sa garde ;

2° De faire obstacle à l'appréhension ou à la saisie des filets, engins, matériels, équipements, véhicules, instruments, navires, engins flottants utilisés pour les pêches en infraction à la réglementation prévue par les dispositions du présent livre, par les règlements de l'Union européenne pris au titre de la politique commune de la pêche, par les textes pris pour leur application, par les engagements internationaux de la France, ainsi que par les délibérations rendues obligatoires en application des articles *(L. n° 2010-874 du 27 juill. 2010, art. 88-4°)* « L. 912-10 et L. 921-2-1 et du second alinéa de l'article L. 921-2-2 », ainsi que des produits de ces pêches ou des sommes provenant de leur vente ;

3° De ne pas donner aux produits saisis la destination décidée par le tribunal ou l'autorité compétente.

Dans les cas prévus aux 2° et 3°, lorsque le prévenu a agi en qualité de préposé, le tribunal peut, compte tenu des circonstances de fait ou des conditions de travail du préposé, décider que le paiement des amendes prononcées est mis en totalité ou en partie à la charge du commettant.

Art. L. 945-2 I. — Est puni d'un an d'emprisonnement et de 75 000 € d'amende le fait, pour un capitaine de navire :

1° De dissimuler ou de falsifier les éléments d'identification d'un navire ;

2° De naviguer avec un navire dont les éléments d'identification sont inexistants, dissimulés ou falsifiés ;

3° Pour les capitaines de navire battant pavillon d'un État n'appartenant pas à l'Union européenne ou leurs représentants, de pêcher, de détenir à bord, de débarquer, de transborder, de transférer, de mettre en vente, de transporter ou d'acheter des organismes marins en l'absence d'autorisation ou en méconnaissance des termes de l'autorisation accordée, dans les eaux maritimes sous souveraineté ou juridiction française et dans la partie des fleuves, rivières, canaux, étangs où les eaux sont salées ;

4° Pour les capitaines de navire battant pavillon d'un autre État membre de l'Union européenne ou leurs représentants, de pêcher en infraction à l'article 17 du règlement (CE) n° 2371/2002 du Conseil du 20 décembre 2002 ou aux dispositions nationales définissant les modalités d'accès, dans les eaux maritimes sous souveraineté ou juridiction française et dans la partie des fleuves, rivières, canaux, étangs où les eaux sont salées ;

5° De se soustraire ou de tenter de se soustraire, en mer, aux contrôles en refusant d'obtempérer aux sommations de stopper faites en application des articles L. 941-4 et L. 942-5.

II. — Est puni d'un an d'emprisonnement et de 75 000 € d'amende le fait pour toute personne d'exploiter, gérer ou posséder, en droit ou en fait, un navire ayant pris part à des activités de pêche ou de faire commerce de produits qui en sont issus, dans l'un des cas suivants :

a) Le navire est sans immatriculation ;

b) L'immatriculation du navire a été retirée ;

c) Le navire est inscrit sur une des listes mentionnées aux articles 27 et 30 du règlement (CE) n° 1005/2008 du 29 septembre 2008 ou sur une liste issue d'une organisation régionale de gestion des pêches recensant les navires qui pratiquent la pêche illicite, non déclarée et non *(L. n° 2011-525 du 17 mai 2011, art. 30-21°)* « réglementée » ;

d) L'État de pavillon du navire est inscrit sur la liste mentionnée à l'article 33 du même règlement.

Art. L. 945-3 Est puni de six mois d'emprisonnement et de 15 000 € d'amende le fait :

1° De refuser ou d'entraver les contrôles et visites à bord des navires ou engins flottants ainsi qu'à l'intérieur des installations, des locaux et des véhicules à usage professionnel, effectués par les agents chargés de la police des pêches maritimes en application de l'article L. 941-1 ou par les agents mentionnés à l'article L. 942-1 ;

2° De dissimuler ou de tenter de dissimuler à la vue des officiers et agents chargés de la police des pêches les captures ou engins et documents détenus à bord ;

3° De refuser ou d'entraver les contrôles d'une exploitation de cultures marines, d'une exploitation aquacole, d'un établissement permanent de capture ou d'une structure artificielle, effectués par les agents chargés de la police des pêches maritimes en application de l'article L. 941-1 ou par les agents mentionnés à l'article L. 942-1.

Art. L. 945-4 *(L. n° 2016-1087 du 8 août 2016, art. 140)* « I. — » Est puni de 22 500 € d'amende le fait :

1° De pêcher sans licence de pêche, sans permis de pêche spécial et, d'une manière générale, sans autorisation de pêche délivrée en application de la réglementation ;

2° De pêcher avec un navire ou un engin flottant dont les caractéristiques ne sont pas conformes à celles indiquées sur sa licence ou autorisation de pêche ;

3° De pratiquer la pêche dans une zone ou à une profondeur interdite ou de pêcher certaines espèces dans une zone, à une profondeur ou période où leur pêche est interdite ;

4° De pêcher une espèce soumise à quota, au titre d'une autorisation délivrée par l'autorité française, sans avoir un lien économique réel avec le territoire de la République française ou sans être dirigé et contrôlé à partir d'un établissement stable situé sur le territoire français ;

5° De débarquer, transborder ou transférer des produits de pêche maritime et de l'aquaculture marine dans des zones interdites ou sans respecter les conditions fixées par les textes ou l'autorité administrative compétente concernant les notifications préalables, les autorisations, les ports désignés, les lieux et les horaires ;

6° De détenir à bord tout engin, dispositif, instrument ou appareil prohibé ou en infraction avec les règles relatives à sa détention ou utiliser un nombre d'engins ou d'appareils destinés à la pêche supérieur à celui autorisé ;

7° De détenir à bord ou d'utiliser pour la pêche des explosifs, des armes à feu, des substances soporifiques ou toxiques de nature à détruire ou altérer les animaux, les végétaux marins et leur milieu ;

8° De pêcher avec un engin ou d'utiliser à des fins de pêche tout instrument, appareil, moyen de détection ou de recueil d'information embarqué ou extérieur au navire dont l'usage est interdit ou de pratiquer tout mode de pêche interdit ;

9° De fabriquer, détenir ou mettre en vente un engin dont l'usage est interdit ;

10° De pratiquer la pêche avec un engin ou d'utiliser à des fins de pêche tout instrument ou appareil dans une zone ou à une période où son emploi est interdit ou de détenir à bord ou d'utiliser un engin de manière non conforme aux dispositions fixant des mesures techniques de conservation et de gestion des ressources ;

11° D'accepter un engagement à bord, participer à des opérations conjointes de pêche, aider ou ravitailler un navire entrant dans l'un des cas énumérés au II de l'article L. 945-2 ;

12° De ne pas se conformer aux obligations déclaratives concernant le navire, ses déplacements, les opérations de pêche, les captures et les produits qui en sont issus, l'effort de pêche réalisé, les engins de pêche, le stockage, la transformation, le transbordement, le transfert ou le débarquement des captures et des produits qui en sont issus, la commercialisation, l'importation, l'exportation et le transport des produits de la pêche et de l'aquaculture marine ;

13° De ne pas respecter les obligations relatives à l'enregistrement et à la communication des données requises dans le cadre du système de surveillance des navires de pêche par satellite ou tout autre moyen de repérage ainsi que dans le cadre du système de déclarations par voie électronique ;

14° De mettre en vente, vendre, stocker, transporter, exposer ou, en connaissance de cause, acheter des produits de la pêche et de l'aquaculture marine pratiquées dans les conditions visées aux 1°, 3°, 5°, 8°, 10°, 12° et 13° ;

15° De pêcher, *(L. n° 2011-525 du 17 mai 2011, art. 30-22°)* « détenir à bord, » transborder, transférer, débarquer, transporter, exposer, vendre, stocker ou, en connaissance de cause, acheter des produits de la pêche et de l'aquaculture marine en quantité ou en poids supérieur à celui autorisé ou dont la pêche est interdite ou qui n'ont pas la taille, le calibre ou le poids requis ou enfreindre les obligations *(L. n° 2011-525 du 17 mai 2011, art. 30-22°)*

« ou interdictions » relatives à l'arrimage, au tri, à la pesée, au rejet, au marquage, à la mutilation, à la préparation et à la transformation des captures ;

16° De ne pas respecter l'obligation de débarquement d'espèces capturées au cours d'une opération de pêche lorsque la réglementation l'exige ;

17° De détenir à bord, transporter, exposer à la vente, vendre sous quelque forme que ce soit ou, en connaissance de cause, acheter les produits de la pêche provenant de navires ou embarcations non titulaires d'un *(L. nº 2016-816 du 20 juin 2016, art. 16)* « permis d'armement » de pêche ou de la pêche sous-marine ou à pied pratiquée à titre non professionnel ;

18° D'immerger des organismes marins dans des conditions irrégulières ;

19° De former ou immerger sans autorisation une exploitation de cultures marines, une exploitation aquacole, un établissement permanent de capture ou une structure artificielle ; ces exploitations, établissements ou structures formés ou immergés sans autorisation sont détruits aux frais du condamné ;

20° D'exploiter un établissement de cultures marines en infraction à la réglementation générale des cultures marines, aux prescriptions des schémas des structures des exploitations de cultures marines ;

21° D'enfreindre les mesures arrêtées en vue de prévenir l'apparition, d'enrayer le développement ou de favoriser l'extinction des maladies affectant les animaux ou végétaux marins ;

22° D'exercer l'activité de mareyage sans disposer d'un établissement de manipulation des produits de la pêche ayant fait l'objet d'un agrément sanitaire.

(L. nº 2016-1087 du 8 août 2016, art. 140) « II. — Sont punis de six mois d'emprisonnement et de 50 000 € d'amende les faits prévus aux 1° à 4°, 6° à 8° et 10° du I lorsque l'espèce concernée est l'anguille européenne *(anguilla anguilla)*, y compris le stade alevin, l'esturgeon européen *(acipenser sturio)* ou le saumon atlantique *(salmo salar)*, ainsi que le fait de mettre en vente, vendre, stocker, transporter, exposer ou, en connaissance de cause, acheter le poisson de ces espèces pêché dans lesdites conditions. »

Art. L. 945-4-1 *(L. nº 2014-1170 du 13 oct. 2014, art. 96-5°)* Lorsqu'une infraction prévue aux articles L. 945-1 à L. 945-3 a été commise au-delà de la mer territoriale, seules les peines d'amende peuvent être prononcées.

Art. L. 945-4-2 *(L. nº 2016-1087 du 8 août 2016, art. 100)* I. — Est puni de six mois d'emprisonnement et de 22 500 € d'amende le fait de ne pas respecter, y compris par négligence ou par imprudence, les règles et interdictions édictées par le décret de classement d'une zone de conservation halieutique en application de l'article L. 924-3. Pour les infractions à caractère intentionnel, la tentative est punie des mêmes peines.

II. — Le tribunal peut ordonner, dans un délai qu'il détermine, des mesures destinées à remettre en état les lieux auxquels les faits incriminés ont porté atteinte ou à réparer les dommages causés à l'environnement. L'injonction peut être assortie d'une astreinte journalière au plus égale à 3 000 €, pour une durée de trois mois au plus.

SECTION II *Peines complémentaires*

Art. L. 945-5 *(L. nº 2016-1087 du 8 août 2016, art. 100)* « I. — La personne coupable d'une infraction prévue par le présent titre encourt également », à titre de peine complémentaire :

1° La peine d'affichage de la décision prononcée ou la diffusion de celle-ci dans les conditions prévues à l'article 131-35 et au 9° de l'article 131-39 du code pénal ;

2° La suspension ou le retrait de la licence de pêche, du permis de pêche spécial, du permis de mise en exploitation et, d'une manière générale, de toute autorisation de pêche délivrée en application de la réglementation pour une durée maximale d'un an, sans préjudice des dispositions prévues par l'article 92 du règlement (CE) nº 1224/2009 du 20 novembre 2009 ;

3° La confiscation de la chose qui a servi ou était destinée à commettre l'infraction ou de la chose qui en est le produit, ainsi que la confiscation de tout navire, installation, véhicule ou engin appartenant au condamné dans les conditions prévues par l'article 131-21 et au 9° de l'article 131-39 du code pénal ;

4° Pour les personnes physiques, l'interdiction d'exercer une activité professionnelle ou sociale, notamment un commandement, à l'occasion de laquelle l'infraction a été commise, pour une durée qui ne peut excéder cinq ans dans les conditions prévues aux articles 131-27 à 131-29 du code pénal ;

5° Pour les personnes morales, la dissolution dans les conditions prévues au 1° de l'article 131-39 du code pénal ;

6° Pour les personnes coupables d'une infraction prévue aux 19° ou 20° *(L. n° 2016-1087 du 8 août 2016, art. 141)* « du I » de l'article L. 945-4, la destruction à leurs frais de l'exploitation de cultures marines, de l'installation aquacole, de l'établissement permanent de capture ou de la structure artificielle concernés.

(L. n° 2016-1087 du 8 août 2016, art. 100) « II. – La personne physique condamnée pour une infraction prévue au I de l'article L. 945-4-2 encourt également, à titre de peine complémentaire, l'immobilisation, pendant une durée qui ne peut excéder un an, du véhicule, du navire, du bateau, de l'embarcation ou de l'aéronef dont elle s'est servie pour commettre l'infraction, si elle en est le propriétaire. »

Code de l'environnement

(Ord. n° 2000-914 du 18 sept. 2000)

LIVRE II Milieux physiques

TITRE PREMIER Eau et milieux aquatiques et marins

CHAPITRE VIII *Dispositions spéciales aux eaux marines et aux voies ouvertes à la navigation maritime*

SECTION VI *Autres dispositions applicables aux rejets nuisibles en mer ou dans les eaux salées*

Art. L. 218-73 Est puni d'une amende de 22 500 € le fait de jeter, déverser ou laisser écouler, directement ou indirectement en mer ou dans la partie des cours d'eau, canaux ou plans d'eau où les eaux sont salées, des substances ou organismes nuisibles pour la conservation ou la reproduction des mammifères marins, poissons, crustacés, coquillages, mollusques ou végétaux, ou de nature à les rendre impropres à la consommation. – *[Décr. 9 janv. 1852, art. 6, 13°.]*

....

Art. L. 218-76 En cas de condamnation pour les infractions prévues par l'article L. 218-73, le tribunal fixe, s'il y a lieu, les mesures à prendre pour faire cesser l'infraction ou en éviter la récidive et le délai dans lequel ces mesures devront être exécutées ainsi qu'une astreinte d'un montant maximum de 300 € par jour de retard dans l'exécution des mesures ou obligations imposées.

L'astreinte cesse de courir le jour où ces dernières sont complètement exécutées. Elle est alors liquidée par le tribunal à la demande de l'intéressé et recouvrée par le comptable *(Ord. n° 2010-420 du 27 avr. 2010, art. 107)* « public compétent » comme une amende pénale. Elle ne donne pas lieu à contrainte judiciaire. Le présent article ne s'applique qu'aux rejets, déversements ou écoulements provenant de dépôts ou d'installations fixes. – *[Décr.-L. 9 janv. 1852, art. 15.]*

....

Art. L. 218-80 I. – *(L. n° 2009-526 du 12 mai 2009, art. 125-XI)* « Les personnes morales déclarées responsables pénalement, dans les conditions prévues par l'article 121-2 du code pénal, des infractions définies par l'article L. 218-73 encourent, outre l'amende suivant les modalités prévues par l'article 131-38 du code pénal, les peines prévues par les 2° à 6°, 8° et 9° de l'article 131-39 du même code. »

II. – *Abrogé par L. n° 2009-526 du 12 mai 2009, art. 125-XI.*

III. – L'interdiction mentionnée au 2° de l'article 131-39 du code pénal porte sur l'activité dans l'exercice ou à l'occasion de l'exercice de laquelle l'infraction a été commise. – *[L. n° 95-101 du 2 févr. 1995, art. 81.]*

Décret-loi du 9 janvier 1852,

Sur l'exercice de la pêche maritime (L. n° 70-1302 du 31 déc. 1970).

(Abrogé par Ord. n° 2010-462 du 6 mai 2010, à compter du 1er janv. 2011)

Décret du 5 novembre 1891,

Tendant à l'interdiction de l'emploi de la dynamite comme procédé de pêche.

Art. 1er Il est défendu d'employer des armes à feu ou des substances explosives contre le poisson.

Les contrevenants à cette interdiction seront punis des peines prévues aux articles 7 et 14 de la loi du 9 janvier 1852. – *Le Décr.-L. du 9 janv. 1852 a été abrogé par l'Ord. n° 2010-462 du 6 mai 2010 créant un livre IX du code rural relatif à la pêche maritime et à l'aquaculture marine (JO 7 mai). – V. désormais C. rur., art. L. 942-1 s.*

La présence non autorisée, à bord d'un bateau quelconque, de matières explosives constitue, en outre, un délit prévu et puni par la loi du 8 mars 1875 *[par le code de la défense]* **et que les agents de la marine peuvent constater.**

Décret du 18 décembre 1926, *habilitant les militaires de la gendarmerie départementale à connaître des infractions en matière de pêche maritime côtière.* **Art. 1er** Les militaires de la gendarmerie départementale pourront rechercher et constater sur toute l'étendue des côtes du territoire national, concurremment avec les fonctionnaires et agents désignés à l'article 16, § 1er de la loi du 9 janvier 1852, les infractions aux dispositions contenues dans la loi, les décrets et règlements sur la pêche maritime côtière. – *Le Décr.-L. du 9 janv. 1852 a été abrogé par l'Ord. n° 2010-462 du 6 mai 2010 créant un livre IX du code rural relatif à la pêche maritime et à l'aquaculture marine (JO 7 mai). – V. Désormais C. rur., art. L. 942-1 s.*

Art. 2 *(Décr. 24 avr. 1930)* Les procès-verbaux dressés par les militaires de la gendarmerie départementale devront être transmis par la voie hiérarchique aux administrateurs des affaires maritimes des quartiers dans lesquels ces militaires sont en service. Lesdits procès-verbaux feront foi jusqu'à inscription de faux.

Décret-loi du 17 juin 1938, *relatif à la modification des limites des affaires maritimes (DP 1938. 4. 381 ; BLD 1938. 544).* **Art. 5** Dans les fleuves, rivières, canaux et autres cours d'eau affluant à la mer, la pêche reste soumise aux règlements maritimes et s'exerce au profit des inscrits maritimes sans fermage ni licence jusqu'au point de cessation de salure des eaux.

Dans la zone comprise entre le point de cessation de salure des eaux et la nouvelle limite des affaires maritimes fixée par application de l'article 1er du présent décret, la pêche est soumise aux dispositions de la loi du 15 avril 1829 *[C. envir., art. L. 430-1 s.]* et des textes subséquents concernant la pêche fluviale. Toutefois, les inscrits maritimes peuvent, concurremment avec les pêcheurs non inscrits, y exercer la pêche sans fermage, moyennant une licence délivrée à titre gratuit.

Loi n° 42-427 du 1er avril 1942,

Relative aux titres de navigation maritime.

Art. 11 *(Abrogé par Ord. n° 2010-462 du 6 mai 2010, à compter du 1er janv. 2011) (L. n° 70-616 du 10 juill. 1970)* ***Il est permis de pratiquer la pêche au moyen de deux lignes à bord des navires ou embarcations de plaisance assujettis à l'obligation d'un titre de navigation et des navires assujettis à l'obligation d'un permis de circulation.***

En outre, la pratique de la pêche effectuée à bord desdits navires ou embarcations est autorisée au moyen de tous engins dont la nature, le nombre et les conditions d'emploi sont fixés par arrêté ministériel. – V. Arr. du 13 juill. 1971 (JO 6 août).

Ces navires ou embarcations sont soumis aux lois et règlements de toute nature relatifs à l'exercice de la pêche.

Loi du 21 janvier 1943, *relative à l'habilitation de certains agents de l'office scientifique et technique des pêches maritimes à la répression des infractions en matière de taille marchande des poissons et des coquillages.* **Art. 1er** Sont habilités à dresser procès-verbal des infractions qu'ils constatent aux lois et règlements concernant la pêche, la vente, l'achat, le transport, le colportage et le traitement du frai, du poisson assimilé au frai, du poisson ou du coquillage n'atteignant pas les dimensions prescrites :

Le directeur de l'office scientifique et technique des pêches maritimes ;

Les inspecteurs généraux, les inspecteurs principaux et régionaux, les chefs de laboratoires, assistants, préparateurs, aides préparateurs et surveillants de l'office scientifique et technique des pêches maritimes.

Texte déclaré applicable aux départements d'outre-mer par L. n° 54-902 du 11 sept. 1954 (D. 1954. 400 ; BLD 1954. 874) ; ... et au département [à la collectivité territoriale] de Saint-Pierre-et-Miquelon par Ord. n° 77-1108 du 26 sept. 1977, art. 4 (JO 30 sept.).

Décret n° 67-451 du 7 juin 1967,

Portant extension de la zone de pêche interdite aux navires étrangers (Abrogé par Décr. n° 2014-1608 du 26 déc. 2014, art. 4).

Art. 1er *L'article 1er de la loi susvisée du 1er mars 1888 est abrogé et remplacé par les dispositions réglementaires des articles 2 à 4 ci-après.*

Art. 2 *La pêche est interdite aux navires étrangers dans une zone de 12 milles marins mesurés à partir des lignes de base de la mer territoriale, dont le tracé est déterminé par Décret.*

Cette zone ne comprendra aucune partie de la mer située au-delà d'une ligne médiane dont tous les points sont équidistants des points les plus proches de la laisse de basse mer des côtes françaises et de celles des côtes des pays étrangers qui font face aux côtes françaises ou qui leur sont limitrophes.

Art. 3 *Par dérogation aux dispositions de l'article 2 ci-dessus, des décrets fixeront les conditions dans lesquelles des droits de pêche pourront être accordés aux navires étrangers dans la zone définie audit article 2.*

Ces décrets feront application des stipulations de la convention sur la pêche susvisée du 9 mars 1964, à l'égard des pays qui l'ont signée ou y ont adhéré. — V., en ce qui concerne les bateaux de pêche espagnols, Décr. n° 68-209 du 23 févr. 1968 (JO 3 mars) ; ... britanniques, Décr. n° 70-292 du 25 mars 1970 (JO 4 avr.).

Art. 4 *Les navires étrangers visés à l'article précédent seront soumis à la réglementation française des pêches.*

Art. 5 *Des décrets pris sur le rapport du ministre d'État chargé des départements et territoires d'outre-mer et du ministre des transports et contresignés par le ministre des affaires étrangères et le ministre des armées fixeront la date d'entrée en vigueur du présent décret dans les départements et les territoires d'outre-mer.* — V., pour la Polynésie française, Décr. n° 70-21 du 8 janv. 1970 (JO 10 janv.) ; ... pour le département de la Guyane, Décr. n° 70-1183 du 11 déc. 1970 (JO 19 déc.) ; ... pour le territoire des Comores, Décr. n° 71-659 du 11 août 1971 (D. et BLD 1971. 341) ; ... pour les Terres australes et antarctiques françaises, Décr. n° 71-711 du 25 août 1971 (D. et BLD 1971. 357) ; ... pour Saint-Pierre-et-Miquelon, Décr. n° 73-161 du 19 févr. 1973 (JO 21 févr.) ; ... pour la Nouvelle-Calédonie, Décr. n° 73-162 du 19 févr. 1973 (JO 21 févr.) ; ... pour les îles Wallis-et-Futuna, Décr. n° 73-163 du 19 févr. 1973 (JO 21 févr.) ; ... pour le territoire des Afars et des Issas, Décr. n° 73-164 du 19 févr. 1973 (JO 21 févr.) ; ... pour les départements de la Guadeloupe, de la Martinique et de la Réunion, Décr. n° 78-465 du 29 mars 1978 (JO 1er avr.).

Art. 6 *Le présent décret entrera en vigueur en même temps que la loi modifiant les articles 2 et suivants de la loi susvisée du 1er mars 1888.*

Loi n° 70-1264 du 23 décembre 1970,

Relative à la procédure à suivre en matière de contrôle international des pêches maritimes prévu par les conventions internationales.

Art. 1er Les infractions aux règlements relatifs à la conservation des ressources biologiques de la mer et à l'exercice de la pêche maritime, pris par les autorités françaises compétentes en application des conventions internationales ou des recommandations des organisations internationales qui ont institué un contrôle international, sont recherchées et constatées, dans les zones d'application de ce contrôle international, par les inspecteurs et officiers français ou étrangers visés par ces conventions ou recommandations.

Les dispositions de la présente loi ne portent pas atteinte à l'application, dans les conditions du droit commun, de la loi nationale aux navires de pêche français en ce qui concerne notamment la recherche et la constatation de ces infractions.

Art. 2 Les navires sur lesquels sont embarqués les inspecteurs ou officiers habilités à participer au contrôle international arborent un pavillon ou guidon distinctif.

Ces inspecteurs et officiers sont porteurs d'une pièce d'identité spéciale.

Ils peuvent donner à tout navire de pêche battant pavillon de l'un des États contractants l'ordre de stopper, à moins qu'il ne soit en train de pêcher, de mettre à l'eau ou de virer son filet. Dans ce cas, le navire de pêche devra stopper dès qu'il aura rentré son filet.

Ils peuvent monter à bord des navires de pêche et établir un rapport de leur inspection.

Ils peuvent être accompagnés d'un témoin et demander au capitaine du navire de pêche inspecté toute assistance qu'ils jugeront nécessaire pour procéder à leur inspection ; ils signent leur rapport en présence du capitaine qui peut y ajouter, ou y faire ajouter, toutes observations qu'il estimera utiles en les faisant suivre de sa signature. Un exemplaire de ce rapport est remis au capitaine.

Art. 3 Pour la recherche et la constatation des infractions aux règlements visés à l'article 1er ci-dessus relatif à la conservation des ressources biologiques de la mer, les inspecteurs et officiers peuvent procéder à tout examen des prises, filets et autres engins ainsi qu'à celui de tout document de bord y ayant trait.

Art. 4 Les rapports établis par les inspecteurs et officiers français habilités et agissant en cette qualité à l'égard des navires étrangers sont transmis aux autorités compétentes des gouvernements intéressés.

Art. 5 Les rapports concernant les navires de pêche français établis par les inspecteurs et officiers étrangers habilités sont transmis à *(L. n° 96-151 du 26 févr. 1996)* « l'officier ou l'inspecteur des affaires maritimes, chef du service des affaires maritimes *[directeur départemental ou interdépartemental des affaires maritimes]* dont relève le port » d'immatriculation du navire, par les autorités françaises auxquelles ces rapports ont été adressés.

Art. 6 Les rapports des inspecteurs et officiers étrangers établis à l'égard des navires de pêche français auront en France une force probante équivalente à celle qu'ils auraient dans les pays des inspecteurs et officiers dont ils émanent. Ils ne pourront toutefois avoir une force probante supérieure à celle des procès-verbaux et rapports établis par les officiers et inspecteurs français.

Art. 7 Sous réserve de l'application des dispositions qui précèdent, il sera donné suite aux rapports émanant des inspecteurs et officiers étrangers habilités, conformément aux dispositions des articles 12 et suivants du décret du 9 janvier 1852 modifié sur l'exercice de la pêche maritime. — *Le Décr.-L. du 9 janv. 1852 a été abrogé par l'Ord. n° 2010-462 du 6 mai 2010 créant un livre IX du code rural relatif à la pêche maritime et à l'aquaculture marine (JO 7 mai).*

Art. 8 Tout refus de stopper opposé à un inspecteur ou officier étranger habilité sera puni des peines prévues à l'article 63 du code disciplinaire et pénal de la marine marchande.

Toute résistance envers un inspecteur ou officier étranger habilité ou tout refus de suivre ses directives sera considéré comme résistance envers un inspecteur ou officier français ou refus de suivre ses directives. — *V. Décr. n° 73-372 du 14 mars 1973.*

Décret n° 73-372 du 14 mars 1973,

Portant application de la loi n° 70-1264 du 23 décembre 1970 relative à la procédure à suivre en matière de contrôle international des pêches maritimes prévu par les conventions internationales.

Art. 1er Quiconque se sera refusé à laisser opérer à bord des bateaux de pêche les visites requises par les inspecteurs ou officiers étrangers chargés du contrôle international des pêches sera puni des peines prévues à l'article 8 du décret du 9 janvier 1852. — *Le Décr.-L. du 9 janv. 1852 a été abrogé par l'Ord. n° 2010-462 du 6 mai 2010 créant un livre IX du code rural relatif à la pêche maritime et à l'aquaculture marine (JO 7 mai). — V. désormais C. rur., art. L. 945-1 s.*

Loi n° 83-582 du 5 juillet 1983,

Relative au régime de la saisie et complétant la liste des agents habilités à constater les infractions dans le domaine des pêches maritimes.

Art. 13 *(L. n° 96-609 du 5 juill. 1996 ; L. n° 96-1240 du 30 déc. 1996 ; Ord. n° 98-523 du 24 juin 1998, ratifiée par L. n° 99-1038 du 9 déc. 1999)* « Les dispositions de la présente loi sont applicables aux eaux sous souveraineté ou juridiction française, s'étendant au large du Département de Mayotte, des territoires de la Polynésie française, de la Nouvelle-Calédonie, des îles Wallis-et-Futuna, à l'exception, dans ces territoires, des articles 6 et 11. » *(Ord. n° 98-523 du 24 juin 1998, ratifiée par L. n° 99-1038 du 9 déc. 1999)* « Elles sont également applicables aux eaux sous souveraineté ou juridiction française au large des Terres australes et antarctiques françaises, à l'exception de l'article 11. »

(L. n° 91-627 du 3 juill. 1991 ; L. n° 97-1051 du 18 nov. 1997) « Toutefois, pour ces zones, ainsi que pour les îles Tromelin, Glorieuses, Juan de Nova, Europa *(L. n° 2006-1772 du*

30 déc. 2006, art. 97) « , Bassas da India et Clipperton », le délai de soixante-douze heures entre l'appréhension et la remise à l'autorité compétente pour les saisies, tel que fixé par l'article 7, est augmenté du temps de navigation nécessaire pour rejoindre le port de conduite désigné par l'autorité compétente. »

De même, le délai de six jours entre l'appréhension d'un navire ou d'une embarcation et l'ordonnance de confirmation de la saisie prononcée par le juge d'instance mentionné à l'article 3 est augmenté de la même durée.

Décret n° 84-846 du 12 septembre 1984,

Fixant les modalités d'application de la loi n° 83-582 du 5 juillet 1983 relative au régime de la saisie et complétant la liste des agents habilités à constater les infractions dans le domaine des pêches maritimes. — La L. n° 83-582 du 5 juill. 1983 a été abrogée par l'Ord. n° 2010-462 du 6 mai 2010 créant un livre IX du code rural relatif à la pêche maritime et à l'aquaculture marine (JO 7 mai). (Abrogé par Décr. n° 2014-1608 du 26 déc. 2014, art. 4).

TABLE DE CONCORDANCE

DES LIVRES V ET VI DE LA PARTIE LÉGISLATIVE DU CODE DE L'ENTRÉE ET DU SÉJOUR DES ÉTRANGERS ET DU DROIT D'ASILE

Textes d'origine en vigueur avant le 1er mai 2021	Articles du code en vigueur à compter du 1er mai 2021
Ordonnance nº 2020-1733 du 16 décembre 2020 portant partie législative du code de l'entrée et du séjour des étrangers et du droit d'asile:	
Art. L. 511-1, I, al. 1er à 9	L. 611-1
Art. L. 511-1, I, al. 10	L. 613-1
Art. L. 511-1, I, al. 11 (1re et 2e phr.)	L. 711-2
Art. L. 511-1, I, al. 11 (3e phr.)	L. 612-12
Art. L. 511-1, II, al. 1er et 2	L. 612-1
Art. L. 511-1, II, al. 3 (ecqc l'obligation de motivation)	L. 613-2
Art. L. 511-1, II, al. 3 (sauf ecqc l'obligation de motivation), al. 4 et 5, al. 6 (1re phr.)	L. 612-2
Art. L. 511-1, II, al. 6 (sauf la 1re phr.) à 14	L. 612-3
Art. L. 511-1, II, al. 15	L. 612-5
Art. L. 511-1, III, al. 1er (sauf ecqc l'obligation de motivation) et 2	L. 612-6
Art. L. 511-1, III, al. 1er et 4 (ecqc l'obligation de motivation)	L. 613-2
Art. L. 511-1, III, al. 3	L. 612-9
Art. L. 511-1, III, al. 4 (sauf ecqc l'obligation de motivation)	L. 612-8
Art. L. 511-1, III, al. 5	L. 613-5
Art. L. 511-1, III, al. 6	L. 612-7
Art. L. 511-1, III, al. 7 et 9	L. 612-11
Art. L. 511-1, III, al. 8	L. 612-10
Art. L. 511-1, III, al. 10 à 12	L. 613-7
Art. L. 511-1, III, al. 13 et 14	L. 613-8
Art. L. 511-2, 2° (ecqc l'application du 1° du I de l'article L. 511-1)	L. 611-2
Art. L. 511-2, 2° (ecqc l'application du *a)* du 3° du II de l'article L. 511-1)	L. 612-4
Art. L. 511-3 (ecqc le renvoi au 2° du I de l'article L. 511-1)	L. 611-2
Art. L. 511-3 (ecqc le renvoi au *b)* du 3° du II de l'article L. 511-1)	L. 612-4
Art. L. 511-3-1, al. 1er à 5	L. 251-1
Art. L. 511-3-1, al. 6	L. 251-3
Art. L. 511-3-1, al. 7	L. 261-1
Art. L. 511-3-1, al. 8	L. 251-7
Art. L. 511-3-2, al. 1er	L. 251-4
Art. L. 511-3-2, al. 2 à 5	L. 251-5
Art. L. 511-3-2, al. 6	L. 251-6
Art. L. 511-4, al. 1er à 11	L. 611-3
Art. L. 511-4, al. 1er et 12	L. 251-2
Art. L. 511-5	L. 613-6
Art. L. 512-1, al. 1er (ecqc le droit de recours) des I, I *bis*, II et III	L. 614-1
Art. L. 512-1, I, al. 1er et 2	L. 614-4
Art. L. 512-1, dern. al. des I, I *bis* et II	L. 614-3
Art. L. 512-1, I *bis*, al. 1er à 6	L. 614-5
Art. L. 512-1, II, al. 1er et 2	L. 614-6
Art. L. 512-1, III, al. 1er (1re phr.) et al. 2	L. 614-8
Art. L. 512-1, III, al. 1er, 2e phr. (ecqc le droit de recours)	L. 741-10
Art. L. 512-1, III, al. 1er, 2e phr. (ecqc l'audience commune)	L. 743-5
Art. L. 512-1, III, al. 1er, 2e phr. (sauf ecqc l'audience commune), 3e et 4e phr.	L. 614-13
Art. L. 512-1, III, al. 1er, 3e et 4e phr.	L. 743-20
Art. L. 512-1, III, al. 2 (ecqc le cas de notification d'une assignation à	

Textes d'origine en vigueur avant le 1er mai 2021	Articles du code en vigueur à compter du 1er mai 2021
résidence postérieure à l'obligation de quitter le territoire français)	L. 614-12
Art. L. 512-1, III, al. 2 (ecqc l'assignation à résidence postérieure à l'obligation de quitter le territoire français)	L. 732-8
Art. L. 512-1, III, al. 2 (ecqc le recours contre l'assignation à résidence)	L. 614-1
Art. L. 512-1, III, al. 3 (1re phr.) et al. 6 (2e phr.)	L. 614-9
Art. L. 512-1, III, al. 3 (2e à 5e phr.) et al. 5	L. 614-11
Art. L. 512-1, III, al. 4	L. 614-10
Art. L. 512-1, III, al. 6, 1re phr.	L. 614-7
Art. L. 512-1, IV, al. 1er	L. 614-14
Art. L. 512-1, IV, al. 2	L. 614-15
Art. L. 512-2, 1re phr.	L. 613-3
Art. L. 512-2, 2e et 3e phr.	L. 613-4
Art. L. 512-3, al. 1er	L. 722-3
Art. L. 512-3, al. 2, 1re phr.	L. 722-7
Art. L. 512-3, al. 2, 2e phr.	L. 613-3
Art. L. 512-4, al. 1er	L. 614-16
Art. L. 512-4, al. 2 (ecqc le délai de départ volontaire)	L. 614-17
Art. L. 512-4, al. 2 (ecqc l'assignation à résidence)	L. 614-18
Art. L. 512-5, 1re phr.	L. 711-2
Art. L. 512-5, 2e phr.	L. 743-10
Art. L. 512-5, 3e phr.	L. 761-8
Art. L. 512-6	L. 614-19
Art. L. 513-1, I	L. 722-3, L. 722-7
Art. L. 513-1, II	L. 722-8
Art. L. 513-2	L. 721-4
Art. L. 513-3, al. 1er	L. 721-3
Art. L. 513-3, al. 2	L. 721-5, L. 722-7
Art. L. 513-4, al. 1er	L. 721-7
Art. L. 513-4, al. 2 (1re à 3e phr.)	L. 721-6
Art. L. 513-4, al. 2 (4e phr.) (ecqc l'étranger faisant l'objet d'une obligation de quitter le territoire français)	L. 721-8
Art. L. 513-4, al. 3	L. 721-9
Art. L. 513-5, al. 1er (ecqc les étrangers assignés à résidence pour un autre motif que celui évoqué à l'article L. 552-4)	L. 733-6
Art. L. 513-5, al. 1er (ecqc l'étranger assigné à résidence en application de l'article L. 552-4)	L. 743-16
Art. L. 513-5, al. 2, al. 3 (3e et 5e phr.)	L. 733-7
Art. L. 513-5, al. 3 (1re, 2e et 4e phr.)	L. 733-9
Art. L. 513-5, al. 3, 5e phr. (ecqc le renvoi à l'al. 3 du II de l'article L. 561-2)	L. 733-10
Art. L. 513-5, al. 3, 5e phr. (ecqc le renvoi aux al. 4 et 5 du II de l'article L. 561-2)	L. 733-11
Art. L. 513-5, al. 3, 5e phr. (ecqc le renvoi à l'al. 6 du II de l'article L. 561-2)	L. 733-12
Art. L. 513-5, al. 4	L. 733-16
Art. L. 514-1, al. 1er, 2 et 4	L. 761-3, L. 761-5, L. 761-9, L. 762-3, L. 763-3
Art. L. 514-1, al. 1er, 3 et 5	L. 651-3, L. 651-4, L. 651-6, L. 652-3, L. 653-3
Art. L. 521-1	L. 631-1
Art. L. 521-2, al. 1er à 6 et al. 8	L. 631-2
Art. L. 521-2, al. 1er et 7	L. 252-2
Art. L. 521-3	L. 631-3
Art. L. 521-4	L. 631-4
Art. L. 521-5	L. 252-1
Art. L. 522-1	L. 632-1
Art. L. 522-2	L. 632-2
Art. L. 522-3	L. 651-7
Art. L. 523-1, al. 1er	L. 722-4
Art. L. 523-1, al. 2	L. 722-2, L. 733-8
Art. L. 523-2	L. 721-3, L. 721-4
Art. L. 523-3, al. 1er, 1re phr.	L. 731-3
Art. L. 523-3, al. 1er, 2e phr.	L. 733-17
Art. L. 523-3, al. 2	*abrogé*
Art. L. 523-4, 1re phr.	L. 731-4
Art. L. 523-4, 2e phr.	L. 732-9
Art. L. 523-4, 3e phr.	L. 733-1, L. 733-17
Art. L. 523-5, 1re et 4e phr.	L. 731-5
Art. L. 523-5, 2e phr.	L. 732-9
Art. L. 523-5, 3e phr.	L. 733-1, L. 733-17
Art. L. 524-1, 1re phr.	L. 632-3
Art. L. 524-1, 2e phr.	L. 632-4
Art. L. 524-2	L. 632-6
Art. L. 524-3	L. 632-5
Art. L. 524-4	L. 632-7

Textes d'origine en vigueur avant le 1er mai 2021	Articles du code en vigueur à compter du 1er mai 2021
Art. L. 531-1, I, al. 1er (ecqc le principe de la remise), al. 2, al. 3 (ecqc les droits de la personne)	L. 621-1
Art. L. 531-1, I, al. 1er (ecqc les conditions de la remise)	L. 621-2
Art. L. 531-1, I, al. 3	L. 722-4, L. 722-10
Art. L. 531-1, II, al. 1er	L. 622-1
Art. L. 531-1, II, al. 2	L. 622-2
Art. L. 531-1, II, al. 3	L. 622-3
Art. L. 531-1, II, al. 4 à 7	L. 622-4
Art. L. 531-2, al. 1er	L. 621-3
Art. L. 531-2, al. 2	L. 621-4
Art. L. 531-2, al. 3	L. 621-5
Art. L. 531-2, al. 4 à 10	L. 621-6
Art. L. 531-2, al. 11 à 15	L. 621-7
Art. L. 531-2-1	L. 700-1
Art. L. 531-3, al. 1er à 3	L. 615-1
Art. L. 531-3, al. 4	L. 700-1
Art. L. 531-4	L. 722-12
Art. L. 532-1	L. 651-5
Art. L. 541-1, al. 1er	L. 641-1
Art. L. 541-2	L. 641-2
Art. L. 541-3, al. 1er	L. 700-1
Art. L. 541-3, al. 2	L. 733-16
Art. L. 541-4	L. 641-3
Art. L. 551-1, I (sauf ecqc le caractère non pénitentiaire des lieux de rétention et ecqc la vulnérabilité)	L. 741-1
Art. L. 551-1, I (ecqc le caractère non pénitentiaire des lieux de rétention)	L. 744-1
Art. L. 551-1, I (ecqc la vulnérabilité)	L. 741-4
Art. L. 551-1, II, al. 1er (1re phr.)	L. 751-9
Art. L. 551-1, II, al. 1er (2e phr.) et al. 2 à 13	L. 751-10
Art. L. 551-1, III	L. 741-7
Art. L. 551-1, III *bis*	L. 741-5
Art. L. 551-1, IV	L. 741-4
Art. L. 551-2, al. 1er (1re, 2e et 3e phr.)	L. 741-6
Art. L. 551-2, al. 1er (4e phr.)	L. 741-8
Art. L. 551-2, al. 2 (ecqc le principe de l'information)	L. 741-9
Art. L. 551-2, al. 2 (ecqc l'information donnée), 3 et 4	L. 744-4
Art. L. 551-3 (ecqc le principe de l'information)	L. 744-6
Art. L. 551-3, 3e à 5e phr. (ecqc l'information sur la recevabilité d'une demande d'asile)	L. 754-1
Art. L. 552-1, al. 1er, 1re phr.	L. 742-1
Art. L. 552-1, al. 1er, 2e phr. (ecqc le délai de jugement)	L. 743-4
Art. L. 552-1, al. 1er, 2e phr. (sauf ecqc le lieu de l'audience)	L. 743-6
Art. L. 552-1, al. 1er, 2e phr. (ecqc le lieu de l'audience) et 4e phr.	L. 743-7
Art. L. 552-1, al. 1er, 3e phr.	L. 743-24
Art. L. 552-1, al. 2	L. 743-20
Art. L. 552-2, 1re et 2e phr.	L. 743-9
Art. L. 552-2, 3e phr.	L. 743-24
Art. L. 552-2, 4e phr.	L. 742-2
Art. L. 552-3	L. 742-3
Art. L. 552-4	L. 743-13
Art. L. 552-5, 1re et 2me phr.	L. 743-14
Art. L. 552-5, 3e phr.	L. 743-15
Art. L. 552-5, 4e et 5e phr.	L. 743-17
Art. L. 552-6, 1re et 2e phr.	L. 743-19
Art. L. 552-6, 3e phr.	L. 743-25
Art. L. 552-7, al. 1er et 2, al. 3 (2e phr.)	L. 742-4
Art. L. 552-7, al. 3 (1re phr.)	L. 743-4, L. 743-6, L. 743-7, L. 743-9
Art. L. 552-7, al. 4 (sauf ecqc la compétence du juge des libertés et de la détention de Paris)	L. 742-6
Art. L. 552-7, al. 4 (ecqc la compétence du juge des libertés et de la détention de Paris)	R. 743-1
Art. L. 552-7, al. 5	L. 742-5
Art. L. 552-7, al. 5, 6e phr. (ecqc le cas prévu à l'al. 4)	L. 742-7
Art. L. 552-7, al. 6	L. 743-19, L. 743-25
Art. L. 552-8	L. 743-11
Art. L. 552-9, al. 1er	L. 743-21
Art. L. 552-9, al. 2	L. 743-23
Art. L. 552-10, 1re à 5e phr.	L. 743-22
Art. L. 552-10, 6e phr.	L. 743-25
Art. L. 552-11	L. 743-24
Art. L. 552-12	L. 743-8

Textes d'origine en vigueur avant le 1er mai 2021	Articles du code en vigueur à compter du 1er mai 2021
Art. L. 552-13	L. 743-12
Art. L. 553-1	L. 744-2
Art. L. 553-2	L. 744-17
Art. L. 553-3, al. 1er	L. 743-1
Art. L. 553-3, al. 2 (ecqc le délégué du haut--commissariat des Nations Unies pour les réfugiés)	L. 744-13
Art. L. 553-3, al. 2 (ecqc les associations humanitaires)	L. 744-14
Art. L. 553-4	L. 744-5
Art. L. 553-5, al. 1er et 3	L. 744-7
Art. L. 553-5, al. 2 et 3	L. 744-8
Art. L. 553-6, al. 1er, 1re phr.	L. 744-9
Art. L. 553-6, al. 1er, 2e phr.	L. 751-12
Art. L. 553-6, al. 2	L. 744-3
Art. L. 553-7	L. 744-15
Art. L. 554-1, al. 1er	L. 741-3
Art. L. 554-1, al. 2	L. 751-9
Art. L. 554-2	L. 742-9
Art. L. 554-3	L. 742-10
Art. L. 555-1 (sauf la 1re phr. de l'al. 1er ecqc les conditions et la durée de maintien en rétention)	L. 741-2
Art. L. 555-1, al. 1er, 1re phr. (ecqc les conditions et la durée de maintien en rétention)	L. 741-3
Art. L. 555-1, al. 1er, 3e phr.	L. 742-1
Art. L. 555-2	L. 744-10
Art. L. 555-3	L. 744-11
Art. L. 556-1, al. 1er (1re phr.)	L. 754-2
Art. L. 556-1, al. 1er (2e à 5e phr.)	L. 754-3
Art. L. 556-1, al. 2 à 4	L. 754-4
Art. L. 556-1, al. 5	L. 754-5
Art. L. 556-1, al. 6	L. 531-24
Art. L. 556-1, al. 6 (ecqc le délai et les conditions)	L. 531-29
Art. L. 556-1, al. 6 (1re phr.)	L. 754-6
Art. L. 556-1, al. 7	L. 754-7
Art. L. 556-1, al. 8	L. 754-8
Art. L. 556-2	L. 761-2, L. 761-4, L. 761-8
Art. L. 561-1, al. 1er, 2, 3 (ecqc la remise), 4 à 7	L. 731-3
Art. L. 561-1, al. 3 (ecqc la décision de transfert)	L. 751-6
Art. L. 561-1, al. 8, 1re phr. et 2e phr. (ecqc l'obligation de motivation du renouvellement de l'assignation à résidence)	L. 732-1
Art. L. 561-1, al. 8, 2e phr. (ecqc la durée maximale et le renouvellement) et al. 9 et 10	L. 732-4
Art. L. 561-1, al. 8, 11 et 12	L. 732-5
Art. L. 561-1, al. 13 (1re et 2e phr.)	L. 733-1
Art. L. 561-1, al. 13 (3e phr.)	L. 732-2
Art. L. 561-1, al. 13 (4e phr.)	L. 733-4
Art. L. 561-1, al. 13 (5e phr.)	L. 733-3
Art. L. 561-1, al. 14	L. 733-2
Art. L. 561-1, al. 15	L. 733-17
Art. L. 561-2, I, al. 1er, 2 et 4 à 9	L. 731-1
Art. L. 561-2, I, al. 3 et al. 9 (ecqc l'étranger mentionné à l'al. 3)	L. 751-2
Art. L. 561-2, I, al. 10 (ecqc la durée maximale de l'assignation à résidence et les possibilités de renouvellement)	L. 732-3
Art. L. 561-2, I, al. 10 (ecqc la décision de transfert)	L. 751-4
Art. L. 561-2, I, al. 11 et 12	L. 731-2
Art. L. 561-2, I, al. 11 et 13	L. 751-3
Art. L. 561-2, II, al. 1er, 3e phr. de l'al. 2	L. 733-8
Art. L. 561-2, II, al. 2, 1re, 2e et 4e phr.	L. 733-9
Art. L. 561-2, II, al. 3	L. 733-10
Art. L. 561-2, II, al. 4 et 5	L. 733-11
Art. L. 561-2, II, al. 6	L. 733-12
Art. L. 561-2, II, al. 7	L. 722-2
Art. L. 561-2, II, al. 8	L. 733-8, L. 743-16
Art. L. 561-2-1 (ecqc le cas prévu à l'article L. 561-2)	L. 732-7
Art. L. 561-2-1 (ecqc le cas prévu à l'article L. 552-4)	L. 743-16
Art. L. 561-3	L. 732-6, L. 733-5, L. 733-13, L. 751-8
Art. L. 563-1, al. 1er	L. 733-15
Art. L. 563-1, al. 2	L. 733-17
Art. L. 571-1	L. 722-11

Textes d'origine en vigueur avant le 1er mai 2021	Articles du code en vigueur à compter du 1er mai 2021
Art. L. 571-2 (ecqc Wallis-et-Futuna)	L. 764-3
Art. L. 571-2 (ecqc la Polynésie française)	L. 765-3
Art. L. 571-2 (ecqc la Nouvelle-Calédonie)	L. 766-3
Art. L. 571-3, al. 1er à 5	L. 733-14
Art. L. 571-3, al. 6	L. 733-17
Art. L. 571-4, I, al. 1er	L. 753-1
Art. L. 571-4, I, al. 2	L. 753-3
Art. L. 571-4, I, al. 3, 2e et 3e phr.	L. 753-2
Art. L. 571-4, I, al. 3, 1re phr.	L. 753-4
Art. L. 571-4, II, 1re phr.	L. 531-27, L. 753-5
Art. L. 571-4, II, 2e phr.	L. 753-6
Art. L. 571-4, III, 1re phr.	L. 753-7
Art. L. 571-4, III, 2e phr.	L. 753-8
Art. L. 571-4, III, 3e phr.	L. 753-9
Art. L. 571-4, III, 4e phr.	L. 753-10
Art. L. 571-4, III, 5e phr.	L. 753-11
Art. L. 571-4, IV	L. 753-12
Art. L. 611-1	L. 812-1, L. 812-2
Art. L. 611-1-1, I, al. 1er, 1re phr. (ecqc le code des douanes)	L. 812-2
Art. L. 611-1-1, I, al. 1er, 1re phr.	L. 813-1
Art. L. 611-1-1, I, al. 1er, 2e à 4e phr.	L. 813-8
Art. L. 611-1-1, I, al. 1er (5e phr.), al. 9 (3e phr.)	L. 813-4
Art. L. 611-1-1, I, al. 2 et 3, al. 4 (1re phr.), al. 5, al. 6 (1re phr.), al. 7 et 8	L. 813-5
Art. L. 611-1-1, I, al. 4 (2e à 7e phr.)	L. 813-6
Art. L. 611-1-1, I, al. 6 (2e et 3e phr.)	L. 813-7
Art. L. 611-1-1, I, al. 9 (1re et 2e phr.), et II	L. 813-3
Art. L. 611-1-1, I, al. 10	L. 813-9
Art. L. 611-1-1, I, al. 11	L. 813-12
Art. L. 611-1-1, I, al. 12	L. 813-11
Art. L. 611-1-1, I, al. 13	L. 813-10
Art. L. 611-1-1, I, al. 14 à 16	L. 813-13
Art. L. 611-1-1, I, al. 17	L. 813-14
Art. L. 611-1-1, I, al. 18	L. 813-16
Art. L. 611-1-1, II (ecqc l'application de la retenue)	L. 813-2
Art. L. 611-1-1, III	L. 813-15
Art. L. 611-2	L. 814-1
Art. L. 611-3 (sauf al. 2, phr. 2)	L. 142-1
Art. L. 611-3, al. 2, 2e phr. (ecqc l'étranger contrôlé à la frontière)	L. 821-2
Art. L. 611-3, al. 2, 2e phr. (ecqc l'étranger en situation irrégulière)	L. 822-1
Art. L. 611-3, al. 2, 2e phr. (ecqc l'étranger faisant l'objet d'une décision d'éloignement)	L. 824-2
Art. L. 611-4	L. 142-2
Art. L. 611-5	L. 142-5
Art. L. 611-6	L. 142-1
Art. L. 611-6-1, al. 1er à 3	L. 142-3
Art. L. 611-6-1, al. 4	L. 142-5
Art. L. 611-7	L. 142-5
Art. L. 611-8	L. 812-3, L. 812-4
Art. L. 611-9, al. 1er	L. 812-3
Art. L. 611-9, al. 2 et 3	L. 812-4
Art. L. 611-10	L. 831-5
Art. L. 611-11, al. 1er	L. 831-3, L. 831-7, L. 831-9
Art. L. 611-11, al. 2	L. 832-3, L. 833-3
Art. L. 611-12, al. 1er	L. 811-3
Art. L. 611-12, al. 2 à 11	L. 811-4
Art. L. 611-12, al. 12 à 14	L. 811-5
Art. L. 611-12, al. 15	L. 811-6
Art. L. 621-2, al. 1er et 2, al. 5 (1re phr.) et al. 6	L. 821-1
Art. L. 621-2, al. 4	L. 831-2, L. 832-2, L. 833-2
Art. L. 621-2, al. 5 (2e phr.)	L. 722-6
Art. L. 622-1, al. 1er et 2	L. 823-1
Art. L. 622-1, al. 3 à 5	L. 823-2
Art. L. 622-2	L. 823-10
Art. L. 622-3, al. 1er à 6	L. 823-4
Art. L. 622-3, al. 7, 1re phr.	L. 823-6
Art. L. 622-3, al. 7, 2e phr.	L. 722-6
Art. L. 622-4	L. 823-9
Art. L. 622-5	L. 823-3
Art. L. 622-6	L. 823-5
Art. L. 622-7	L. 823-6
Art. L. 622-8	L. 823-7
Art. L. 622-9	L. 823-8
Art. L. 622-10	L. 831-4, L. 831-6, L. 831-8, L. 831-10, L. 832-4, L. 833-4
Art. L. 623-1, al. 1er et 2	L. 823-11
Art. L. 623-1, al. 3	L. 823-12
Art. L. 623-2, al. 1er, 2 et 4	L. 823-13
Art. L. 623-2, al. 3	L. 823-15
Art. L. 623-2, al. 5	L. 823-14
Art. L. 623-3, al. 1er et 2	L. 823-16
Art. L. 623-3, al. 3	L. 823-17
Art. L. 624-1	L. 824-3

Textes d'origine en vigueur avant le 1er mai 2021	Articles du code en vigueur à compter du 1er mai 2021	Textes d'origine en vigueur avant le 1er mai 2021	Articles du code en vigueur à compter du 1er mai 2021
Art. L. 624-1-1, al. 1er (sauf ecqc le refus d'entrée)	L. 824-9	Art. L. 624-4, al. 3	L. 824-5
Art. L. 624-1-1, al. 1er (ecqc le refus d'entrée)	L. 821-5	Art. L. 624-4, al. 4	L. 824-7
Art. L. 624-1-1, al. 2	L. 824-11	Art. L. 625-1	L. 821-6
Art. L. 624-1-1, al. 3 (ecqc la zone d'attente)	L. 821-4	Art. L. 625-2, al. 1er (1re et 2e phr.), al. 2 (1re phr.)	L. 821-12
Art. L. 624-1-1, al. 3 (ecqc la rétention administrative)	L. 824-8	Art. L. 625-2, al. 1er, 3e phr.	L. 821-6
Art. L. 624-1-1, al. 4 (sauf ecqc le refus d'entrée)	L. 824-1	Art. L. 625-2, al. 1er (4e phr.), al. 3	L. 821-8
Art. L. 624-1-1, al. 4 (ecqc le refus d'entrée)	L. 821-3	Art. L. 625-2, al. 1er, 5e phr.	L. 821-13
Art. L. 624-2, al. 1er	L. 821-3, L. 821-4, L. 821-5, L. 824-1, L. 824-3, L. 824-8, L. 824-9, L. 824-11	Art. L. 625-2, al. 2, 2e phr.	R. 821-3
Art. L. 624-2, al. 2	L. 722-6	Art. L. 625-4	L. 821-9
Art. L. 624-3, al. 1er et 2 (ecqc la soustraction)	L. 824-10	Art. L. 625-5	L. 821-8
Art. L. 624-3, al. 1er et 2 (ecqc le retour non autorisé)	L. 824-12	Art. L. 625-6 (ecqc l'amende pour les entreprises de transport routier)	L. 821-6
Art. L. 624-3, al. 3	L. 722-6	Art. L. 625-6 (ecqc la définition des entreprises de transport routier)	L. 821-7
Art. L. 624-4, al. 1er	L. 824-4	Art. L. 625-7	L. 821-10
Art. L. 624-4, al. 2	L. 824-6	Art. L. 626-1, al. 1er	L. 822-2
		Art. L. 626-1, al. 2	L. 822-3
		Art. L. 626-1, al. 3	L. 822-4
		Art. L. 626-1, al. 4 et 5	L. 822-5
		Art. L. 626-1, al. 6	L. 822-6

DES LIVRES V ET VI DE LA PARTIE RÉGLEMENTAIRE DU CODE DE L'ENTRÉE ET DU SÉJOUR DES ÉTRANGERS ET DU DROIT D'ASILE

Textes d'origine en vigueur avant le 1er mai 2021	Articles du code en vigueur à compter du 1er mai 2021
Décret nº 2020-1734 du 16 décembre 2020 portant partie réglementaire du code de l'entrée et du séjour des étrangers et du droit d'asile:	
Art. R. 511-1, al. 1er et 4	R. 611-1
Art. R. 511-1, al. 2 et 3	R. 611-2
Art. R. 511-2, al. 1er	R. 613-5
Art. R. 511-2, al. 2e (1re phr.)	R. 613-2
Art. R. 511-2, al. 2 (2e phr.)	L. 722-3
Art. R. 511-3, al. 1er	R. 613-3
Art. R. 511-3, al. 2	R. 613-7
Art. R. 511-4, al. 1er	R. 711-1
Art. R. 511-4, al. 2	R. 711-2
Art. R. 511-5	R. 613-6
Art. R. 512-1, al. 1er (ecqc le cas prévu à L. 511-1)	R. 613-1
Art. R. 512-1, al. 1er (ecqc les cas prévus à L. 511-3-1 et L. 511-3-2)	R. 251-1
Art. R. 512-1, al. 2	R. 251-2
Art. R. 512-1-1	R. 613-4
Art. R. 512-1-2, al. 1er	R. 711-3
Art. R. 512-1-2, al. 2	R. 711-5
Art. R. 512-1-2, al. 3 à 6	R. 711-4
Art. R. 512-2 (ecqc les recours mentionnés à L. 512?1)	R. 614-1
Art. R. 512-2 (ecqc les décisions mentionnées à L. 571-4)	R. 753-5
Art. R. 513-1	R. 721-2
Art. R. 513-1-1	R.* 721-3
Art. R. 513-2 (ecqc la désignation du lieu de résidence)	R. 721-4
Art. R. 513-2 (ecqc l'obligation de présentation)	R. 721-5
Art. R. 513-3	R. 721-6
Art. R. 513-4	R. 721-7
Art. R. 513-5	R. 733-4
Art. R. 513-6, al. 1er	R. 733-4
Art. R. 513-6, al. 2	R. 733-6
Art. R. 513-6, al. 3	R. 733-7
Art. R. 513-6, al. 4 et 5	R. 733-8
Art. R. 513-6, al. 6	R. 733-9 à R. 733-12
Art. R. 521-1	R. 631-1
Art. R. 522-1	R. 632-1
Art. R.* 522-2	R.* 632-2
Art. R. 522-3	R.* 651-2, R.* 651-4, R.* 651-6, R.* 651-8, R.* 651-10
Art. R. 522-4, al. 1er	R. 632-3
Art. R. 522-4, al. 2	R. 632-5
Art. R. 522-5	R. 632-4
Art. R. 522-6	R. 632-5
Art. R. 522-7	R. 632-6
Art. R. 522-8	R. 632-7
Art. R. 522-8-1	R. 632-8
Art. R. 522-9	R. 252-1
Art. R. 523-1	R. 721-2
Art. R.* 523-2	R.* 721-3
Art. R. 523-3	R.* 721-3
Art. R. 523-4	R. 732-2
Art. R.* 523-5	R.* 732-3
Art. R. 523-6, I	R.* 761-3, R.* 761-6
Art. R. 523-6, II	R. 761-7, R. 762-3, R. 763-3
Art. R. 523-6, III	R. 760-1
Art. R. 523-7	R.* 732-3
Art. R. 523-8	R. 731-1
Art. R. 523-9	R. 733-5
Art. R. 524-1	R. 632-9
Art. R. 524-2	R. 632-10
Art. R. 531-1, I	R. 621-1
Art. R. 531-1, II	R. 622-1
Art. R. 531-3-1	R. 621-1
Art. R. 531-3-2	
Art. R. 531-3-3	
Art. R. 531-3-4	
Art. R. 531-3-5	
Art. R. 531-4	R. 615-1
Art. R. 531-5	R. 615-2
Art. R. 531-5 (ecqc l'application sans préjudice de L. 531-2)	R. 615-5
Art. R. 531-6 (ecqc le retrait du titre de séjour délivré par la France)	R. 615-4

Textes d'origine en vigueur avant le 1er mai 2021	Articles du code en vigueur à compter du 1er mai 2021
Art. R. 531-6 (ecqc le retrait du titre de séjour délivré par un autre État).	R. 615-5
Art. R. 531-7, al. 1er (ecqc la consultation de l'État auteur)	R. 615-3
Art. R. 531-7, al. 1er (ecqc la consultation de l'État qui a délivré le titre)	R. 615-5
Art. R. 531-7, al. 2 et 3	R. 615-5, R. 722-2
Art. R. 531-8	R. 615-4
Art. R. 531-8	R. 615-3
Art. R. 531-9	R. 722-1
Art. R. 531-10, I	R. 621-5
Art. R. 531-10, II	R. 621-6
Art. R. 531-11, al. 1er	R. 621-7
Art. R. 531-11, al. 2	R. 621-9
Art. R. 531-11, al. 3	R. 621-8
Art. R. 531-12, I, et II, al. 1er (1re phr.) (ecqc l'examen et le retrait du séjour)	R. 621-11
Art. R. 531-12, II, al. 1er (1re phr.) (ecqc la vérification de la mesure d'éloignement)	R. 621-10
Art. R. 531-12, II, al. 1er (2e phr.)	R. 621-12
Art. R. 531-12, II, al. 2	R. 621-14
Art. R. 531-13	R. 621-13
Art. R.* 541-1	R.* 732-4
Art. R. 541-2	R. 733-5
Art. R. 541-3	R. 733-21
Art. R. 551-1 (1re phr.)	R. 741-1
Art. R. 551-1 (2e phr.)	R. 744-47
Art. R. 551-2, al. 1er	R. 744-1
Art. R. 551-2, al. 2 (1re phr.)	R. 744-2
Art. R. 551-2, al. 2 (2e phr.)	R. 741-2
Art. R. 551-3, al. 1er	R. 744-8
Art. R. 551-3, al. 2	R. 744-9
Art. R. 551-3, al. 3	R. 761-5
Art. R. 551-4	R. 744-16
Art. R. 552-1	R. 743-1
Art. R. 552-2	R. 742-1
Art. R. 552-3	R. 743-2
Art. R. 552-4, al. 1er	R. 742-1
Art. R. 552-4, al. 2	R. 743-3
Art. R. 552-5	R. 743-3
Art. R. 552-6	R. 743-21
Art. R. 552-7	R. 743-4
Art. R. 552-8	R. 743-5
Art. R. 552-9	R. 743-6
Art. R. 552-10, al. 1er et 2	R. 743-7
Art. R. 552-10, al. 3	R. 743-8
Art. R. 552-10-1, al. 1er (1re phr.)	R. 741-3
Art. R. 552-10-1, al. 1er (2e phr.)	R. 743-3
Art. R. 552-10-1, al. 1er (3e et 4e phr.)	R. 743-2
Art. R. 552-10-1, al. 2	R. 743-4
Art. R. 552-10-1, al. 3 (ecqc l'article R. 552-1)	R. 743-1
Art. R. 552-10-1, al. 3 (ecqc l'article R. 552-5)	R. 743-3
Art. R. 552-10-1, al. 3 (ecqc R. 552-6)	R. 743-21
Art. R. 552-10-1, al. 3 (ecqc R. 552-8)	R. 743-5
Art. R. 552-10-1, al. 3 (ecqc R. 552-9)	R. 743-6
Art. R. 552-10-1, al. 3 (ecqc al. 1er et 2 de R. 552?10)	R. 743-7
Art. R. 552-10-1, al. 3 (ecqc al. 3 de R. 552-10)	R. 743-8
Art. R. 552-11	R. 743-1
Art. R. 552-12, al. 1er et 2	R. 743-10
Art. R. 552-12, al. 3 et 4	R. 743-12
Art. R. 552-13	R. 743-11
Art. R. 552-14, al. 1er et 2	R. 743-13
Art. R. 552-14, al. 3	R. 743-22
Art. R. 552-14-1, al. 1er et 2	R. 743-14
Art. R. 552-14-1, al. 3	R. 743-16
Art. R. 552-14-1, al. 4	R. 743-17
Art. R. 552-15, al. 1er à 3.	R. 743-18
Art. R. 552-15, al. 4 et 5	R. 743-19
Art. R. 552-16	R. 743-20
Art. R. 552-17, al. 1er (1re phr. ecqc le droit de saisir le juge et 3e phr.) et al. 2 (1re phr.)	L. 742-8
Art. R. 552-17, al. 1er (1re phr.) (ecqc la procédure)	R. 742-2
Art. R. 552-17, al. 1er (2e phr.)	R. 743-2
Art. R. 552-17, al. 2 (2e phr.)	L. 743-18
Art. R. 552-18	L. 743-2
Art. R. 552-19	R. 743-7
Art. R. 552-20, al. 1er	L. 743-21, R. 743-10

Textes d'origine en vigueur avant le 1er mai 2021	Articles du code en vigueur à compter du 1er mai 2021	Textes d'origine en vigueur avant le 1er mai 2021	Articles du code en vigueur à compter du 1er mai 2021
Art. R. 552-20, al. 2 et 3 .	L. 743-22	Art. R. 553-14-1 (ecqc l'autorité compétente mentionnée à l'al. 4)	R. 744-46
Art. R. 552-20, al. 4 et 5 .	R. 743-12	Art. R. 553-14-2..........	R. 744-21
Art. R. 552-20-1, al. 1er ..	L. 743-23	Art. R. 553-14-3 (sauf ecqc l'autorité compétente)........................	R. 744-44
Art. R. 552-20-1, al. 2....	R. 743-15	Art. R. 553-14-3 (ecqc l'autorité compétente)....	R. 744-45
Art. R. 552-20-1, al. 3....	R. 743-16	Art. R. 553-14-4..........	R. 744-27
Art. R. 552-20-1, al. 4....	R. 743-17	Art. R. 553-14-5..........	R. 744-28
Art. R. 552-21	R. 743-11	Art. R. 553-14-6..........	R. 744-29
Art. R. 552-22, al. 1er et 3	R. 743-13	Art. R. 553-14-7..........	R. 744-30
Art. R. 552-22, al. 2	L. 743-22	Art. R. 553-14-7-1	R. 744-31
Art. R. 552-22, al. 4	R. 743-22	Art. R. 553-14-8..........	R. 744-32
Art. R. 552-23 (ecqc l'article R. 552-14-1).....	R. 743-14	Art. R. 553-15, al. 1er.....	R. 744-39
Art. R. 552-23 (ecqc l'article R. 552-15)	R. 743-15	Art. R. 553-15, al. 2	R. 744-40
Art. R. 552-24	R. 743-20	Art. R. 553-16	R. 744-41
Art. R. 553-1..............	R. 744-3	Art. R. 553-17	R. 744-38
Art. R. 553-2..............	R. 744-4	Art. R. 553-18	R. 744-33
Art. R. 553-3, al. 1er (1re phr.)..................	R. 744-5	Art. R. 553-19	R. 744-34
Art. R. 553-3, al. 2 à 15 ..	R. 744-6	Art. R. 553-20	R. 744-35
Art. R. 553-4-1	R. 744-7	Art. R. 553-21	R. 744-36
Art. R. 553-5..............	R. 744-10	Art. R. 553-22	R. 744-37
Art. R. 553-6, al. 1er à 8 ..	R. 744-11	Art. R. 553-23	R. 744-38
Art. R. 553-6, al. 9........	R. 761-4	Art. R. 556-1..............	R. 754-2
Art. R. 553-7..............	R. 744-15	Art. R. 556-2, I............	R. 754-3
Art. R. 553-8..............	R. 744-14	Art. R. 556-2, II...........	R. 754-4
Art. R. 553-9, al. 1er à 4 ..	R. 744-12	Art. R. 556-3..............	R. 754-10
Art. R. 553-9, al. 5........	R. 744-13	Art. R. 556-4..............	R. 754-5
Art. R. 553-11	R. 744-17	Art. R. 556-5, al. 1er	R. 754-6
Art. R. 553-12	R. 744-18	Art. R. 556-5, al. 2........	R. 754-7
Art. R. 553-13, I	R. 744-19	Art. R. 556-5, al. 3........	R. 754-8
Art. R. 553-13, II (ecqc le placement en rétention administrative en application du I de L. 744-9-1)	R. 752-5	Art. R. 556-6..............	R. 754-9
Art. R. 553-13, II (ecqc le placement en rétention administrative en application du II de L. 551-1) .	R. 751-8	Art. R. 556-7..............	R. 754-10
Art. R. 553-13, II (ecqc le placement en rétention administrative en application du I de L. 571-4) ..	R. 753-4	Art. R. 556-8..............	R. 754-11
Art. R. 553-14	R. 744-20	Art. R. 556-9..............	R. 754-12
Art. R. 553-14 *bis*.........	R. 761-5	Art. R. 556-10, I	R. 754-13
Art. R. 553-14-1 (sauf ecqc les autorités compétentes)....................	R. 744-43	Art. R. 556-10, II al. 1er ..	R. 754-14
Art. R. 553-14-1 (ecqc l'autorité compétente mentionnée à l'al. 1)	R. 744-45	Art. R. 556-10, II, al. 2 ...	R. 754-15
		Art. R. 556-10, III	R. 754-16
		Art. R. 556-10, IV	R. 754-17
		Art. R. 556-11 (ecqc R. 223-1 et R. 223-2)	R. 744-22
		Art. R. 556-11 (ecqc R. 223-3)..................	R. 744-23
		Art. R. 556-11 (ecqc R.* 223-4)	R.* 744-24
		Art. R. 556-11 (ecqc R. 223-5)..................	R. 744-25
		Art. R. 556-11 (ecqc R. 223-6)..................	R. 744-26
		Art. R. 556-12	R. 754-19
		Art. R. 556-13	R. 754-20

Textes d'origine en vigueur avant le 1er mai 2021	Articles du code en vigueur à compter du 1er mai 2021
Art. R. 556-14	R. 761-2, R. 761-5, R. 762-2, R. 763-2
Art. R. 561-1 (ecqc l'assignation à résidence des 1° à 4° de L. 561-1, sauf le cas du transfert)	R. 732-2
Art. R. 561-1 (ecqc l'assignation à résidence en cas de transfert du 2° de L. 561-1)	R. 751-5
Art. R. 561-1 (ecqc l'assignation à résidence de L. 561-2)	R. 732-1
Art. R. 561-1 (ecqc l'assignation à résidence de L. 744-9-1)	R. 752-1
Art. R. 561-1 (ecqc l'assignation à résidence de L. 571-4	R. 753-1
Art. R. 561-1-1	R.* 732-4
Art. R. 561-2, al. 1er et al. 2 (2e phr.)	R. 733-1
Art. R. 561-2, al. 2 (1re phr.)	R. 733-2
Art. R. 561-2 (ecqc l'assignation à résidence de L. 744-9-1)	R. 752-2
Art. R. 561-2 (ecqc l'assignation à résidence de L. 571-4)	R. 753-2
Art. R. 561-3	R. 733-3
Art. R. 561-3 (ecqc l'assignation à résidence en cas de transfert)	R. 751-1, R. 751-6
Art. R. 561-4	R. 732-6
Art. R. 561-4 (ecqc l'assignation à résidence en cas de transfert)	R. 751-6
Art. R. 561-5 (ecqc l'assignation à résidence L. 561-2)	R. 732-5
Art. R. 561-5 (ecqc l'assignation à résidence L. 552-4)	R. 743-9
Art. R. 561-5 (ecqc l'assignation à résidence L. 744?9?1)	R. 752-2
Art. R. 561-5 (ecqc l'assignation à résidence L. 571-4)	R. 753-2
Art. R. 561-6, al. 1er	R. 733-5
Art. R. 561-6, al. 2	R. 733-6
Art. R. 561-6, al. 3	R. 733-7
Art. R. 561-6, al. 4 et 5	R. 733-8
Art. R. 561-7, al. 1er (1re phr.)	R. 733-9
Art. R. 561-7, al. 1er (2e et 3e phr.) et al. 2	R. 733-10
Art. R. 561-7, al. 3 et 4	R. 733-11
Art. R. 561-7, al. 5 à 7	R. 733-12
Art. R. 561-7, al. 8	R. 733-13
Art. R. 571-1	R. 733-14
Art. R. 571-2	R. 733-15
Art. R. 571-3	R. 733-16
Art. R. 571-4	R. 733-17
Art. R. 571-5	R. 733-18
Art. R. 571-6	R. 733-19
Art. R. 571-7	R. 733-20
Art. R. 611-1, I	R. 142-11
Art. R. 611-1, II	R. 142-12
Art. R. 611-2	R. 142-13
Art. R. 611-3	R. 142-14
Art. R. 611-4	R. 142-15
Art. R. 611-5, I	R. 142-16
Art. R. 611-5, II	R. 142-17
Art. R. 611-6	R. 142-18
Art. R. 611-7	R. 142-19
Art. R. 611-7-1, al. 1er	R. 142-20
Art. R. 611-7-1, al. 2 à 12	R. 142-21
Art. R. 611-7-1, al. 13	R. 142-22
Art. R. 611-7-2	R. 142-23
Art. R. 611-7-3	R. 142-24
Art. R. 611-7-4	R. 142-25
Art. R. 611-8	R. 142-1
Art. R. 611-9	R. 142-2
Art. R. 611-10	R. 142-3
Art. R. 611-11	R. 142-7
Art. R. 611-12, I, al. 1er à 3	R. 142-4
Art. R. 611-12, I, al. 4 à 9 et II	R. 142-6
Art. R. 611-12, III	R. 142-5
Art. R. 611-12, IV	R. 142-4
Art. R. 611-13	R. 142-8
Art. R. 611-14	R. 142-9
Art. R. 611-15	R. 142-10
Art. R. 611-16	R. 142-41
Art. R. 611-17	R. 142-26
Art. R. 611-18	R. 142-27
Art. R. 611-19, I	R. 142-28
Art. R. 611-19, II	R. 142-29
Art. R. 611-20	R. 142-30
Art. R. 611-21	R. 142-31
Art. R. 611-22	R. 142-32
Art. R. 611-35	R. 142-33
Art. R. 611-36	R. 142-35
Art. R. 611-37	R. 142-38
Art. R. 611-38, al. 1er	R. 142-36

Textes d'origine en vigueur avant le 1er mai 2021	Articles du code en vigueur à compter du 1er mai 2021	Textes d'origine en vigueur avant le 1er mai 2021	Articles du code en vigueur à compter du 1er mai 2021
Art. R. 611-38, al. 2 à 5	R. 142-37	Art. R. 625-3, al. 4	R. 821-13
Art. R. 611-39	R. 142-34	Art. R. 625-4, al. 1er	R. 821-4, R. 821-5
Art. R. 611-40	R. 142-39	Art. R. 625-4, al. 2	R. 821-2
Art. R. 611-41	R. 142-40	Art. R. 625-13	R. 821-8
Art. R. 611-41-1, al. 1er	R. 811-3	Art. R. 625-14	R. 821-9
Art. R. 611-41-1, al. 2	R. 811-4	Art. R. 625-15	R. 821-10
Art. R. 611-41-2	R. 811-5	Art. R. 625-16, al. 1er	R. 821-11
Art. R. 611-41-3	R. 814-4	Art. R. 625-16, al. 2	R. 821-12
Art. R. 611-42, al. 1er et 11	R. 814-1	Art. R. 625-17, al. 1er à 4	R. 821-5
Art. R. 611-42, al. 2 à 9	R. 814-2	Art. R. 625-17, al. 5 (1re et 4e phr.)	R. 821-6
Art. R. 611-42, al. 10	R. 814-3	Art. R. 625-17, al. 5 (2e et 3e phr.)	R. 821-4
Art. R. 611-43	R. 812-1	Art. R. 625-18	R.* 821-1
Art. R. 621-1	R. 270-1	Art. R. 625-19, al. 1er à 3	R. 821-7
Art. R. 621-2	R. 270-2	Art. R. 625-19, al. 4	R. 821-3
Art. R. 621-3	R. 270-3	Art. R. 625-19, al. 5	L. 821-11
Art. R. 625-1, al. 1er à 4	R. 821-5	Art. R. 625-20	R. 821-13
Art. R. 625-1, al. 5 (1re et 4e phr.)	R. 821-6	Art. R. 626-1, I	R. 822-2
Art. R. 625-1, al. 5 (2e et 3e phr.)	R. 821-4	Art. R. 626-1, II	R. 822-3
Art. R.* 625-2	R.* 821-1	Art. R. 626-2, I	R. 822-4
Art. R. 625-3, al. 1er à 3	R. 821-7	Art. R. 626-2, II	R. 822-5
		Art. R. 626-3	R. 822-1
		Art. R. 626-4	*abrogé*

PRESSE ET COMMUNICATION

BIBL. ▶ Guedj, *D. 2008. Point de vue. 1283* (projet de loi relatif à la protection du secret des sources des journalistes). – Francillon, *RSC 2009. Chron. jurispr. 609* (téléchargement illégal. Heur et malheur de la loi Création et Internet : la loi HADOPI censurée par le Conseil constitutionnel). – Lepage, *in* La réforme du Code pénal et du Code de procédure pénale. *Opinio doctorum. Thèmes et commentaires, Dalloz 2009* (le code pénal et la loi du 29 juillet 1881 sur la liberté de la presse). – Chavent-Leclère, *RPDP 2012. Chron. 971* (droit pénal de l'internet). – Piot, *D. 2013. Point de vue. 1754* (protection des sources des journalistes : le mieux est parfois l'ennemi du bien). – Viney, *D. 2014. Chron. 787* s. (sanction des abus de la liberté d'expression). – Cappello, *AJ pénal 2020. 339* s. (la liberté d'expression : un nouveau fait justificatif ?). – Bernardi, *AJ pénal 2020. 427* s. (les atteintes à caractère raciste, xénophobe ou antireligieux : la mesure statistique d'un phénomène peu déclaré aux forces de sécurité). – Apelbaum, Durand-Poincloux et Quendolo, *Dr. pénal 2020. Étude 32* (humour et délits de presse). – Besse, *Dr. pénal 2021. Étude 1* (liberté d'expression et intérêt général : du droit spécial au droit commun).

▶ **Loi nº 2010-1 du 4 janv. 2010, « Protection des sources des journalistes » :** Bossan, *Dr. pénal 2010. Étude 14* (protection du secret des sources des journalistes en procédure pénale). – Buisson, *Procédures 2010. 45*. – Chavagnon, *D. 2010. Étude 275* (protection des sources des journalistes : la décevante loi nº 2010-1 du 4 janvier 2010). – Loi AVIA : Droin, *AJ pénal 2020. 407* s. (une censure attendue mais paradoxalement surpenante).

▶ **Dossiers :** Cybercriminalité. L'adaptation de la réponse pénale, *AJ pénal 2012. 251 s.* ; Droit de la presse, *AJ pénal 2013. 11 s.* – La liberté d'expression, *RPDP 2012. 843* s. : Décima et Detraz, *RPDP 2012. 843* (la chambre criminelle de la Cour de cassation et la liberté d'expression). – Conte, *RPDP 2012. 879* (les limites de la liberté d'expression face aux convictions religieuses dans la jurisprudence de la Cour européenne des droits de l'homme). – Renucci, *RPDP 2012. 899* (liberté d'expression versus vie privée (CEDH) : le critère du débat d'intérêt général en question).

Loi du 29 juillet 1881,

Sur la liberté de la presse (DP 1881. 4. 65).

CHAPITRE PREMIER *De l'imprimerie et de la librairie*

Art. 1er L'imprimerie et la librairie sont libres.

BIBL. ▶ Errera, *Gaz. Pal. 1995. 1. Doctr. 697* (CEDH et liberté d'expression). – Auvret, *Gaz. Pal. 1995. 2. Doctr. 1053* (non-respect de la présomption d'innocence par les journalistes) ; *RSC 1996. 625* (le journaliste, le juge et l'innocent) ; *JCP 1999. I. 108* (application du droit de la presse au réseau internet). – Marsaud, *Rev. Justice 1996. 123* (présomption d'innocence et liberté de la presse). – Lambert, *RTDH 1996, p. 143* (restrictions à la liberté de la presse et marge d'appréciation des États au sens de la jurisprudence de Strasbourg). – Tracol, *Légipresse 1997, II, p. 57* (affaire Faurisson). – Ader, *Légipresse, juin 1997/5, p. 65* (loi de 1881 à l'épreuve d'Internet). – Mallet-Poujol, *Légipresse 1997, II, p. 81* (abus de droit et liberté de la presse) ; *D. 2002. Chron. 2420* (droit à l'information). – Derieux, *JCP 1997. I. 4053* (référé et liberté d'expression) ; *Légipresse 1998, II, p. 93* (faut-il abroger la loi de 1881 ?) ; *JCP 1999. I. 153* (responsabilité des médias). – Burgelin, *in « Liberté de la presse et droits de la personne », Dalloz, 1997, p. 39* (application de la loi du 29 juill. 1881 devant les juridictions civiles). – Feydeau, *ibid., p. 55* (juge civil et application de la loi sur la presse). – Landry, *ibid., p. 59* (règles de procédure de la loi du 29 juill. 1881 devant la juridiction civile). – Boccara, *LPA 1997, nº 128 du 24 oct.* (régime procédural de la loi sur la presse). – Bigot, *D. 1998. Chron. 235* (droits de la personnalité et liberté de l'information). – Bureau, *JCP 1998. I. 166* (présomption d'innocence devant le juge civil). – Bécourt, *Gaz. Pal. 1998. 2. Doctr. 1218* (droit et information). – Curtil, *Gaz. Pal. 1998. 2. Doctr. 1712* (réflexions sur les médias et procédures judiciaires françaises). – Viney, *JCP 1999. I. 147, nos 1 à 3* (relations entre droit commun et droit spécial de la presse). – Francillon, *RSC 2000. 59* (médias et droit pénal). – Guerder, *Rapport de la Cour de cassation, 1999, La Documentation française, 2000, p. 165* (évolution de la jurisprudence civile en matière de presse). – Ravanas, *D. 2000. Chron. 459* (liberté d'expression et protection des droits de la personnalité). – R. de Gouttes, *Gaz. Pal. 2001. 2. Doctr. 1443* (liberté d'expression et protection contre le racisme). – Mbongo, *D. 2002. Chron. 427* (opinions « sexistes » et liberté d'expression). – Mazars, *Rapport de la Cour de cassation 2001* (liberté d'expression). – Gridel et Lacabarats, *BICC 15 mars 2003, p. 11 s. et p. 18 s. ; Gaz. Pal. 2002. 2. Doctr. 1632* (vie privée et liberté d'expression). – Thoré, *Gaz. Pal. 2003. 1. Doctr. 53* (indemnisation du préjudice de l'entreprise victime de diffamation, d'injure ou de dénigrement sur Internet ...). – Cousin et Piccio, *Gaz. Pal. 2003. 1. Doctr. 57* (forums de discussion). – Leclerc, *Légicom 2002/3, nº 28, p. 85* (loi de 1881 et Conv. EDH). – Ader, *Legipresse 2003, p. 95* (le respect de la présomption d'innocence par la presse ... 10 ans après !). – Itrac et Saoudi, *Gaz. Pal. 2004. 1. Doctr. 243* (la loi de 1881 sur la liberté de la presse est-elle toujours adaptée ?). – Guerder, *Gaz. Pal. 2003. 2. Doctr. 3692* (la loi de 1881 sur la liberté de la presse à l'aune de la Convention européenne de sauvegarde des droits de l'homme). – Auvret, *Gaz. Pal. 2003. 2. Doctr. 3701* (concordance entre la loi de 1881 et Convention européenne des droits de l'homme). – de Percin, *Gaz. Pal. 2003. 2. Doctr. 3707* (Rome II : la mort programmée de la liberté d'expression). – Massis, *Gaz. Pal. 2004. 2. Doctr. 3563* (santé, droits de la personnalité et liberté d'information). – François, *RD publ. 2005, p. 693* (le droit de la presse et la diffamation devant la Cour européenne des droits de l'homme). – Auvret, *Gaz. Pal. 2005. 1. Doctr. 879* (équilibre entre la liberté de la presse et respect de la vie privée selon la Cour européenne des droits de l'homme). – de Bellescize, *D. 2006, Le point sur..., p. 1476* (délits d'opinion et liberté d'expression). – François, *D. 2006. Chron. 2953* (conflit entre la liberté d'expression et la protection de la réputation ou des droits d'autrui : la recherche d'un « juste équilibre » par le juge européen). – Mallet-Poujol, *D. 2007. Chron. 591* (liberté d'expression sur internet : aspects de droit interne). – Geiger, *D. 2007. Chron. 884* (droit des marques et liberté d'expression (de la proportionnalité de la libre critique)). – Lacabarats, *Gaz. Pal. 2007. 1. Doctr. 1484* (traitement judiciaire des atteintes à la liberté d'expression...). – François, *Gaz. Pal. 2007. 2. Doctr. 2843* (droit au respect de la vie privée et liberté d'expression...). – Lacabarats et Calvez, *Gaz. Pal. 2007. 2. Doctr. 3034* (liberté d'expression et protection de la réputation et de la vie privée des personnes exerçant des activités publiques). – Massis, *Gaz. Pal. 2008. 2. Doctr. 2832* (faut-il dépénaliser la loi du 29 juill. 1881 sur la liberté de la presse ?). – Malaurie, *JCP 2008. Actu. 566* (ne dépénalisons pas la diffamation et l'injure. Contre la proposition nº 12, alinéa 1, du rapport Guinchard). – Dreyer, *JCP 2008. I. 201* (la faute lucrative des médias, prétexte à une réflexion sur la peine privée). – de Lamy, *JCP 2008. I. 209, nº 1* (vers une dépénalisation de la diffamation et de l'injure). – Lepage, *in* « La réforme du Code pénal et du Code de procédure pénale. *Opinio doctorum* », *Dalloz, 2009, p. 135* (Code pénal et loi du 29 juill. 1881 sur la liberté de la presse). – Dreyer, *JCP G 2010, nº 833* (où va la Cour de cassation en matière de presse ?). – Derieux, *JCP G 2010, nº 1195* (notion de « publication ». Les insupportables incertitudes du droit). – Viney, *D. 2014. Chron. 487* (sanction des abus de la liberté d'expression). – Alt, *JCP G 2014, nº 1092* (lanceurs d'alerte : un droit en tension). – Safi, *Dr. pénal 2017. Étude 3* (rôle du juge dans la sanction des abus de la liberté d'expression). – Auroy et Stella, *Dr. pénal 2017. Étude 13* (la liberté d'expression face aux réseaux sociaux). – Douchy, *Mél. Éric Loquin, LexisNexis, 2018* (la liberté d'opinion, d'expression et de communication. De Charlie Hebdo au délit d'entrave à l'IVG). – L. M., *Dr. pénal 2018. Étude 21* (la cour de révision préserve la liberté d'expression des journalistes).

▸ **Avocats.** François, *Gaz. Pal. 2007. 1. Doctr. 1662* (la liberté de l'expression de l'avocat en droit européen).

▸ **Journalistes.** V. *infra*, ss. art. 2.

▸ **Universitaires.** Kuri et Marguénaud, *D. 2010, Chron. 2921* (le droit à la liberté d'expression des universitaires).

▸ **Internet.** Kessler, *D. (Aff.) 2006. Chron. 446* (aspects juridiques du blog).

▸ **Colloques.** Liberté de la presse et droit pénal (XIIe Journées de l'Association française de droit pénal en hommage au doyen Fernand Boulan – Aix-en-Provence, 17-18 mars 1994), *PU Aix-Marseille, 1994.* – Liberté de la presse et droits de la personne (Actes du colloque organisé le 20 juin 1997 par le TGI Paris et l'ordre des avocats à la Cour de Paris), *Dalloz, 1997.*

▸ **Numéros spéciaux.** La loi de 1881 à l'aube du IIIe millénaire, *Légicom 2002/3, nº 28.*

▸ **Dossiers : Liberté de la presse et procès pénal**, *AJ pénal 2007. 9 s.* : Michalski, La mise en cause d'autrui, *p. 10.* – Fourment, La protection des sources du journaliste, *p. 15.* – Piot, Publicité et procès pénal, *p. 18.* – Baudoin (interview), Le magistrat référent judiciaire : une pratique à développer, *p. 22.*

▸ **Droit de la presse**, *AJ pénal 2013. 11 s.* : Verly, Les écueils de la procédure de presse, *p. 12.* – Dreyer, Les nouvelles responsabilités sur internet, *p. 15.* – Michalski, Liberté d'expression et débat d'intérêt général. Analyse critique, *p. 19.* – Piot, Déontologie journalistique : état des lieux et perspectives, *p. 24.*

PLAN DES ANNOTATIONS

A. LIBERTÉ DE LA PRESSE

1o PRINCIPE

1. Définition. Les dispositions de la L. du 29 juill. 1881 qui protègent et délimitent la liberté de la presse ne concernent pas la liberté de pensée prévue par l'art. 9 Conv. EDH, mais la liberté d'expression régie par son art. 10. • Crim. 13 juin 1995, no 93-82.144 P.

2. La liberté d'expression constitue l'un des fondements essentiels d'une société démocratique, l'une des conditions primordiales de son progrès et de l'épanouissement de chacun. • CEDH 27 avr. 1995, *Piermont c/ France : Gaz. Pal. 1996. 2. 520, note Vorms* • 26 sept. 1995, *Vogt c/ Allemagne : ibid. 1996. 2. 526, note Lambert* • 24 févr. 1997, *De Haes et Gijsels c/ Belgique : JCP 1998. I. 107, no 38, obs. Sudre.* ♦ ... Et les garanties à accorder à la presse revêtent une importance particulière. • CEDH 27 mars 1996, *Goodwin c/ Royaume-Uni : BICC 1996. 746 ; D. 1997. Somm. 211, obs. Fricero ; Gaz. Pal. 1996. 1. Somm. 195 ; ibid. 1997. 2. 466, note P. de Fontbressin ; RTD civ. 1996. 1026, obs. Marguénaud ; JCP 1997. I. 4000, no 39, obs. Sudre ; LPA 30 juill. 1997, note Auvret* • CEDH 25 févr. 2003, *Roemen et Schmit c/ Luxembourg : D. 2003. Somm. 2271, obs. Fricero ; JCP 2003. I. 160, no 13, p. 1572, obs. Sudre ; Gaz. Pal. 2003. 1. 1030, note C. Pettiti ; RSC 2004. 130, obs. Francillon* • CEDH 27 nov. 2007, *Tillack c/ Belgique*, no 20477/05 : *JCP 2008. II. 10008, note Derieux.*

3. La liberté d'expression, sous réserve du § 2 de l'art. 10 Conv. EDH, vaut non seulement pour les informations ou idées accueillies avec faveur ou considérées comme inoffensives ou indifférentes, *mais aussi pour celles qui heurtent, choquent ou inquiètent.* • CEDH 25 juill. 2001, *Perna c/ Italie : BICC 2001. 851* • 14 févr. 2008, *July et SARL Libération c/ France*, no 20893/03 : *JCP 2008. II. 10118, note Derieux ; ibid. 2008. I. 209, no 2, obs. de Lamy ; Gaz. Pal. 2008. 1. Somm. 1157, et la note ; RSC 2008. 628, obs. Francillon.*

4. La liberté d'expression et de communication est d'autant plus précieuse que son exercice est une condition de la démocratie et l'une des garanties du respect des autres droits et libertés ; les atteintes portées à l'exercice de cette liberté doivent être nécessaires, adaptées et proportionnées à l'objectif poursuivi. • Cons. const. 10 juin 2009, no 2009-580 DC : *D. 2010. Pan. 1510, obs. Gay, et 1967, obs. Larrieu ; JCP 2009, no 28, 101, p. 25, note Feldman ; RSC 2009. 609, obs. Francillon ; ibid. 2010. 209, obs. de Lamy.* ♦ *Adde* : Verpeaux, *JCP 2009, no 39, 274* (la liberté de communication avant tout. La censure de la loi Hadopi 1 par le Conseil constitutionnel). – Marino, *D. 2009, Point de vue, p. 2045* (le droit d'accès à internet, nouveau droit fondamental). – Binet-Grosclaude, *Dr. pénal 2009, Étude, no 24* (la décision du Conseil constitutionnel du 10 juin 2009 relative à la loi favorisant la diffusion et la protection de la création sur internet : un coup d'arrêt au pouvoir de sanction des AAI ?). – Cappello, *RSC 2010. 415* (retour sur la jurisprudence du Cons. const. relative aux sanctions administratives. Décis. du 10 juin 2009 no 2009-580-DC).

5. Nature. Les infractions à la loi sur la liberté de la presse sont assimilées aux délits politiques, ce qui rend inapplicable la contrainte par corps. • Crim. 22 juin 1993, no 91-85.300 P : *RSC 1994. 326, obs. Bouloc* • 22 nov. 1994 : *JCP 1995. IV. 885* • 24 janv. 1995, no 93-84.701 P • 11 avr. 1995 : *D. 1995. IR 152 ; JCP 1995. IV. 1755.*

6. Selon l'art. 749 C. pr. pén., dans sa rédaction applicable à la cause, la contrainte par corps ne peut être prononcée pour une infraction ayant un caractère politique ; les infractions à la loi sur la liberté de la presse sont assimilées, à cet égard, aux délits politiques ; c'est donc à tort que les juges ont prononcé la contrainte par corps contre la prévenue, condamnée pour diffamation publique envers un particulier. • Crim. 30 mars 2005, no 04-85.610 P.

7. Étendue. La répression des délits de presse, dont le régime, dérogatoire au droit commun pour préserver la liberté d'expression, est spécialement fixé par la loi de 1881, n'est pas génératrice d'un « droit d'informer » opposable au droit fondamental de tout individu à la présomption d'innocence. • Toulouse, 5 juill. 1993 : *D. 1994. 382, note Ravanas.* ♦ L'art. 9-1 C. civ. a pour but la protection de la présomption d'innocence et pose un principe supérieur à la liberté d'expression à laquelle il s'oppose et qu'il tend à limiter. • TGI Nanterre, 17 nov. 1995 : *Gaz. Pal. 1996.*

1. 107 • TGI Nanterre, réf., 22 juin 1996 : *BICC 1996. 1192.* ♦ Aucune atteinte à la présomption d'innocence n'est caractérisée par le seul titre de couverture d'un hebdomadaire sous le libellé suivant : « ARC – Révélations – L'escroc à la charité » et, en sous-titre, « La vraie vie de X », l'imputation, certes injurieuse, d'« escroc à la charité » ne suffisant pas à constituer une atteinte à la présomption, dès lors qu'elle ne fait pas état des faits objet de l'instruction judiciaire ouverte contre le plaignant. • Paris, 3 déc. 1996 : *D. 1997. IR 26.* ♦ Sur l'autorisation de sortie du film « Grâce à Dieu » dans un contexte chargé en lien avec des faits de pédophilie commis et reconnus par un prêtre : • TGI Paris, réf., 18 févr. 2019 : *Légipresse 20 févr. 2019, n° 368.*

8. La liberté de la presse autorise les directeurs de publication des journaux à refuser des insertions et ils ne sont pas tenus de motiver leurs refus. • Rouen, 21 juin 1989 : *Gaz. Pal. 1992. 1. Somm. 227.*

9. La liberté de la presse exige que puissent être divulguées toutes informations sur le sujet choisi et exprimées des appréciations même très sévères. • TGI Paris, 19 mars 1991 : *Gaz. Pal. 1991. 1. 240.*

10. Le journaliste n'est tenu par aucun texte au secret de l'instruction judiciaire, il est donc libre dans la recherche des ses informations ; ainsi, ne commet pas une faute engageant sa responsabilité civile le journal qui publie sans abus ni malveillance des informations destinées de façon exclusive et légitime à instruire le lecteur des circonstances entourant la mise en examen d'un président-directeur général d'un des principaux groupes industriels français pour des faits relatifs à l'acquisition ou à la gestion de son patrimoine, d'autant que ces informations ont été publiées à la suite d'une conférence de presse effectuée par l'intéressé, qui avait donc décidé de rendre ces faits publics. • Paris, 10 sept. 1996 : *D. 1996. IR 256.*

2° RESTRICTIONS

a. Jurisprudence européenne

11. Enjeu d'intérêt général. La presse joue un rôle éminent dans un État de droit ; si elle ne doit pas franchir certaines bornes dictées en vue, notamment, de la protection de la réputation d'autrui, il lui incombe néanmoins de communiquer, dans le respect de ses devoirs et responsabilités, des informations et des idées sur les questions politiques ainsi que sur les autres thèmes d'intérêt général. • CEDH 26 avr. 1995, *Prager et Oberschlick c/ Autriche : Gaz. Pal. 1996. 2. 518, note Vorms.* ♦ ... Parmi eux figurent sans nul doute ceux qui concernent le fonctionnement de la Justice, institution essentielle à toute société démocratique ; la presse représente en effet l'un des moyens dont disposent les responsables politiques et l'opinion publique pour s'assurer que les juges s'acquittent de leurs hautes responsabilités conformément au but constitutif de la mission qui leur est confiée ; il convient cependant de tenir compte de la mission particulière du pouvoir judiciaire dans la société ; comme garant de la justice, valeur fondamentale dans un État de droit, son action a besoin de la confiance des citoyens pour prospérer ; aussi, peut-il s'avérer nécessaire de protéger celle-ci contre des attaques destructrices dénuées de fondement sérieux, alors surtout que le devoir de réserve interdit aux magistrats visés de réagir. • Même décision. ♦ Les questions d'intérêt général sur lesquelles la presse a le droit, dans le respect de ses devoirs et de ses responsabilités, de communiquer des informations et des idées comprennent celles concernant le fonctionnement du pouvoir judiciaire ; cependant, l'action des tribunaux, qui sont garants de la justice et dont la mission est fondamentale dans un État de droit, a besoin de la confiance du public ; aussi convient-il de la protéger contre des attaques dénuées de fondement, alors surtout que le devoir de réserve interdit aux magistrats de réagir. • CEDH 25 juill. 2001, *Perna c/ Italie : BICC 2001. 851.*

12. La presse joue un rôle éminent dans une société démocratique : si elle ne doit pas franchir certaines limites, tenant notamment à la protection de la réputation et aux droits d'autrui ainsi qu'à la nécessité d'empêcher la divulgation d'informations confidentielles, il lui incombe néanmoins de communiquer, dans le respect de ses devoirs et de ses responsabilités, des informations et des idées sur toutes les questions d'intérêt général. • CEDH 21 janv. 1999, *Fressoz et Roire c/ France : D. 1999. Somm. 272, obs. Fricero* ; *JCP 1999. II. 10120, note Derieux ; ibid. 2000. I. 203, n° 26, obs. Sudre ; Gaz. Pal. 1999. 2. 477, note Lambert ; RSC 1999. 630, obs. Massias* ; *RTD civ. 1999. 909, obs. Marguénaud* • 25 juin 2002, *Colombani c/ France : BICC 2002. 854 ; D. 2002. Somm. 2571, obs. Renucci* , *et 2767, obs. Dupeux* ; *ibid. 2003. 715, note Beignier et de Lamy* ; *JCP 2003. II. 10136, note Pech ; Légipresse n° 195, oct. 2002. III. 159, obs. Leclerc ; RSC 2003. 116, obs. Francillon* • 27 nov. 2007, *Tillack c/ Belgique*, n° 20477/05 : *JCP 2008. II. 10008, note Derieux.* ♦ ... Y compris celles qui concernent le fonctionnement du pouvoir judiciaire. • CEDH 29 mars 2011, *Cornelia Popa c/ Roumanie : Gaz. Pal. 2011. 1. 1735, note Piot.*

13. La liberté journalistique comprend aussi le recours possible à une certaine dose d'exagération, voire même de provocation. • CEDH 21 janv. 1999, *Fressoz et Roire c/ France : préc. note 12.* ♦ ... D'une manière générale, la « nécessité » d'une quelconque restriction à l'exercice de la liberté d'expression doit se trouver établie de manière convaincante ; certes, il revient en premier lieu aux autorités nationales d'évaluer s'il existe « un besoin social impérieux » susceptible de justifier cette restriction, exercice pour lequel elles bénéficient d'une certaine marge d'appréciation ; lorsqu'il y va de la presse, comme en l'espèce, le pouvoir d'appréciation national se heurte à l'intérêt de la société démocratique à assurer et à maintenir la liberté de la presse ; de même il convient d'accorder un grand poids à cet intérêt lorsqu'il s'agit de déterminer, comme l'exige le § 2 de l'art. 10, si la restriction était proportionnée au but légitime poursuivi. • Même décision.

14. La liberté d'expression constitue l'un des fondements essentiels d'une société démocratique, l'une des conditions primordiales de son progrès et de l'épanouissement de chacun ; sous réserve du § 2 de l'art. 10, elle vaut non seulement pour les « informations » ou « idées » accueillies avec faveur ou considérées comme inoffensives ou indifférentes, mais aussi pour celles qui heurtent, choquent ou inquiètent : ainsi le veulent le pluralisme, la tolérance et l'esprit d'ouverture sans lesquels il n'est pas de « société démocratique » ; telle que la consacre l'art. 10, elle est assortie d'exceptions qui appellent toutefois une interprétation étroite, et le besoin de la restreindre doit se trouver établi de manière convaincante (§ 60). • CEDH 14 févr. 2008, *July et SARL Libération c/ France, n° 20893/03 : JCP 2008. II. 10118, note Derieux ; ibid. 2008. I. 209, n° 2, obs. de Lamy ; Gaz. Pal. 2008. 1. Somm. 1157, et la note ; RSC 2008. 628, obs. Francillon*. ♦ ... La Cour rappelle que le public a un intérêt légitime à être informé et à s'informer sur les procédures en matière pénale ; à cet égard, la Recomm. (2003) 13 du Comité des ministres aux États membres, sur la diffusion d'informations par les médias en relation avec les procédures pénales, souligne l'importance des reportages réalisés sur les procédures pénales pour informer le public et permettre à celui-ci d'exercer un droit de regard sur le fonctionnement du système de justice pénale ; plus précisément, le premier des principes directeurs figurant en annexe à cette Recomm. porte sur le droit du public à recevoir des informations sur les activités des autorités judiciaires et des services de police à travers les médias, ce qui implique pour les journalistes le droit de pouvoir librement rendre compte du fonctionnement du système de justice pénale ; il ne fait donc aucun doute que parmi les questions d'intérêt général relayées par la presse figurent celles qui concernent le fonctionnement de la justice, institution essentielle à toute société démocratique (V. • CEDH 24 févr. 1997, *De Haes et Gijsels c/ Belgique : § 37*) ; la presse représente en effet l'un des moyens dont disposent les responsables politiques et l'opinion publique pour s'assurer que les juges s'acquittent de leurs hautes responsabilités conformément au but constitutif de la mission qui leur est confiée (§ 66). • Même arrêt.

15. A la fonction de la presse qui consiste à diffuser des informations et des idées sur des questions d'intérêt public, s'ajoute le droit, pour le public, d'en recevoir. • CEDH 21 janv. 1999, *Fressoz et Roire c/ France : préc. note 12.*

16. Tout en reconnaissant le rôle essentiel qui revient à la presse dans une société démocratique, les journalistes ne sauraient en principe être déliés de leur devoir de respecter les lois pénales de droit commun. • CEDH 21 janv. 1999, *Fressoz et Roire c/ France : préc. note 12.*

17. Enjeu de proportionnalité. L'adjectif « nécessaire » au sens de l'art. 10 § 2 Conv. EDH implique l'existence d'un besoin social impérieux. • CEDH 25 juill. 2001, *Perna c/ Italie : BICC 2001. 851.* ♦ ... Dans l'exercice de son pouvoir de contrôle, la Cour doit déterminer notamment si l'ingérence attaquée était proportionnée aux buts légitimes poursuivis. • Même décision. ♦ ... Une opinion, par définition, ne se prête pas à une démonstration de véracité ; elle peut cependant se révéler excessive, notamment en l'absence de toute base factuelle. • Même décision. ♦ ... La condamnation pénale du journaliste requérant pour diffamation envers un magistrat paraît fondée sur des motifs pertinents et suffisants par rapport aux allégations concernant respectivement la participation du magistrat plaignant à une stratégie de conquête des parquets de plusieurs villes et les buts réels de l'utilisation d'un repenti, étant donné qu'il s'agit là d'allégations de fait qui n'ont pas été étayées et qui ne sauraient s'appuyer uniquement sur le militantisme politique du plaignant ; elle ne paraît en revanche pas justifiée pour ce qui concerne la phrase relative au serment d'obédience à un parti politique, car celle-ci constituait une opinion critique qui, tout en étant formulée d'une manière forte et provocante, s'appuyait néanmoins sur une base factuelle solide, revêtait sans conteste un intérêt général en raison de la préoccupation que peut susciter le militantisme politique actif d'un magistrat et devait donc, par voie de conséquence, bénéficier de la protection de l'art. 10 également quant à son mode de formulation ; partant, il y a eu violation de l'art. 10 dans la mesure où le requérant a été condamné également du fait de la phrase relative au serment d'obédience. • Même décision.

18. La nécessité d'une quelconque restriction à l'exercice de la liberté d'expression doit se trouver établie de manière convaincante ; il convient d'accorder un grand poids à l'intérêt de la société démocratique à assurer et à maintenir la liberté de la presse lorsqu'il s'agit de déterminer, comme l'exige le § 2 de l'art. 10, si la restriction était disproportionnée au but légitime poursuivi. • CEDH 25 juin 2002, *Colombani et a. c/ France : préc. note 12.*

19. La Cour estime qu'en exigeant du requérant qu'il prouve la véracité des extraits litigieux, au demeurant sortis du contexte général de l'ouvrage, tout en écartant systématiquement les nombreux documents produits à l'appui de celle-ci, et ce, en lui opposant de manière récurrente une prétendue partialité et une animosité personnelle principalement déduites de sa qualité de membre d'une association qualifiée de secte par la partie civile, les juridictions françaises ont excédé la marge d'appréciation dont elles disposaient ; la condamnation du requérant s'analyse donc en une ingérence disproportionnée dans la liberté d'expression de l'intéressé ; partant, il y a eu violation de l'art. 10 Conv. EDH. • CEDH 22 déc. 2005, *Paturel c/ France : AJ pénal 2006. 169, obs. Plana* .

20. La Cour souligne en premier lieu que l'on se trouve, en l'espèce, dans un cas où l'art. 10 exige à double titre un niveau élevé de protection du droit à la liberté d'expression ; en effet, d'une part, les propos tenus par le requérant lors d'une émission de télévision évoquant la catastrophe de Tchernobyl dénonçant « un sinistre personnage au SCPRI qui n'arrêtait pas de nous raconter que la France était tellement forte – complexe d'Astérix – que le nuage de Tchernobyl n'avait pas franchi nos frontières », relevaient de sujets d'intérêt général : la protection de l'environnement et de la santé publique et la manière dont les autorités françaises ont géré ces questions dans le contexte de la catastrophe de Tchernobyl ; ils s'inscrivaient d'ailleurs dans un débat public d'une extrême importance, relatif en particulier à l'insuffisance des informations que ces dernières ont données à la population quant au niveau de contamination auquel elle était exposée et aux conséquences que cela a eu en termes de santé publique ; d'autre part, le requérant s'exprimait sans aucun doute en sa qualité d'élu et dans le cadre de son engagement écologiste, de sorte que ses propos relevaient de l'expression politique ou « militante » ; la Cour en déduit que la marge d'appréciation dont disposaient les autorités pour juger de la « nécessité » de l'ingérence dans l'exercice de la liberté d'expression était particulièrement restreinte ; cela étant, la Cour rappelle que les personnes poursuivies à raison de propos qu'elles ont tenus sur un sujet d'intérêt général doivent pouvoir s'exonérer de leur responsabilité en établissant leur bonne foi et, s'agissant d'assertions de faits, en prouvant la véracité de ceux-ci ; en l'espèce, les propos litigieux tenaient du jugement de valeur, mais aussi – comme l'ont retenu les juridictions internes – de l'imputation de faits ; le requérant devait donc se voir offrir cette double possibilité ; eu égard à ce qui précède, et tout particulièrement à l'extrême importance du débat d'intérêt général dans lequel les propos litigieux s'inscrivaient, la condamnation du *requérant pour diffamation* ne saurait passer pour proportionnée, et donc pour « nécessaire » « dans une société démocratique » au sens de l'art. 10 de la Convention ; partant, il y a eu violation de cette disposition. • CEDH 7 nov. 2006, *Mamère c/ France : D. 2007. 1704, note Marguénaud* ; *RSC 2008. 165, obs. Roets* . – *Adde* : François, *Gaz. Pal. 2007. 1. Doctr. 1538* (le droit français de la diffamation de nouveau sur la sellette).

21. D'une manière générale, la « nécessité » d'une quelconque restriction à l'exercice de la liberté d'expression doit se trouver établie de manière convaincante ; certes, il revient en premier lieu aux autorités nationales d'évaluer s'il existe un « besoin social impérieux » susceptible de justifier cette restriction, exercice pour lequel elles bénéficient d'une certaine marge d'appréciation ; lorsqu'il y va de la presse, comme en l'espèce, le pouvoir d'appréciation national se heurte à l'intérêt de la société démocratique à assurer et à maintenir la liberté de la presse ; de même, il convient d'accorder un grand poids à cet intérêt lorsqu'il s'agit de déterminer, comme l'exige le § 2 de l'art. 10, si la restriction était proportionnée au but légitime poursuivi. • CEDH 27 nov. 2007, n° 20477/05, *Tillack c/ Belgique : préc. note 12.* ♦ ... La Cour constate l'ampleur de la saisie opérée par les autorités : seize caisses de documents, deux boîtes d'archives, deux ordinateurs, quatre téléphones portables et un meuble métallique... ; la Cour est ainsi d'avis que si les motifs invoqués par les juridictions nationales peuvent certes passer pour « pertinents », ils ne peuvent être jugés « suffisants » pour justifier les perquisitions incriminées ; elle conclut que les mesures litigieuses sont à considérer comme disproportionnées et, partant, ont violé le droit du requérant à la liberté d'expression reconnu par l'art. 10 de la Convention. • Même décision.

22. L'adjectif « nécessaire », au sens de l'art. 10 § 2, implique un « besoin social impérieux » ; les États contractants jouissent d'une certaine marge d'appréciation pour juger de l'existence d'un tel besoin, mais elle se double d'un contrôle européen portant à la fois sur la loi et sur les décisions qui l'appliquent, même quand elles émanent d'une juridiction indépendante ; la Cour a donc compétence pour statuer en dernier lieu sur le point de savoir si une « restriction » se concilie avec la liberté d'expression que protège l'art. 10 (§ 61) ; la Cour n'a point pour tâche, lorsqu'elle exerce son contrôle, de se substituer aux juridictions internes compétentes, mais de vérifier sous l'angle de l'art. 10 les décisions qu'elles ont rendues en vertu de leur pouvoir d'appréciation ; il ne s'ensuit pas qu'elle doive se borner à rechercher si l'État défendeur a usé de ce pouvoir de bonne foi, avec soin et de façon raisonnable : il lui faut considérer l'ingérence litigieuse à la lumière de l'ensemble de l'affaire pour déterminer si elle était « proportionnée au but légitime poursuivi » et si les motifs invoqués par les autorités nationales pour la justifier apparaissent « pertinents et suffisants » (§ 62) ; la Cour a par ailleurs souligné à de très nombreuses reprises le rôle essentiel que joue la presse dans une société démocratique ; elle a précisé que, si la presse ne doit pas franchir certaines limites, notamment quant à la réputation et aux droits d'autrui, il lui incombe de communiquer, dans le respect de ses devoirs et responsabilités, des informations et des idées sur toutes les questions d'intérêt général (§ 63) ; la marge d'appréciation des autorités nationales se trouve ainsi circonscrite par l'intérêt d'une société démocratique à permettre à la presse de jouer son rôle indispensable de « chien de garde » (§ 64). • CEDH 22 févr. 2008, *July et SARL Libération c/ France*, n° 20893/03 : *JCP 2008. Actu. 161.* ♦ … La Cour estime que les requérants, en publiant l'article, n'ont même pas eu recours à une dose « d'exagération » ou une dose de « provocation » pourtant permise dans le cadre de l'exercice de la liberté journalistique dans une société démocratique, et n'ont donc pas dépassé les limites qui y sont attachées dont il est permis d'user ; elle ne voit pas en effet dans les termes litigieux – qui sont rapportés – une expression « manifestement outrageante » à l'endroit des magistrats en cause, en particulier en ce qui concerne le qualificatif « rocambolesque » ; selon elle, les motifs retenus sur ce point par le juge interne pour conclure à l'absence de bonne foi se concilient mal avec les principes relatifs au droit à la liberté d'expression et au rôle de « chien de garde » assumé par la presse (§ 76) ; eu égard à ce qui précède, et à la lumière du contexte de l'affaire dans lequel les propos litigieux s'inscrivaient, la condamnation des requérants pour diffamation ne saurait passer pour proportionnée, et donc pour « nécessaire dans une société démocratique » au sens de l'art. 10 de la Convention (§ 77). • Même arrêt.

23. La Cour note les sérieuses accusations portées contre le principal du lycée et le fait que le journal n'a mené aucune sorte d'enquête sur la question, notamment qu'il n'a pas même tenté de prendre contact avec le principal pour l'interroger sur les accusations dirigées contre lui ; en outre, le journal a refusé au principal le droit de publier une réponse ; soulignant que le droit à la liberté d'expression ne donne pas aux journaux le droit absolu d'agir de façon inconsidérée et de porter des accusations dénuées de base factuelle, sans même donner aux personnes mises en cause la possibilité de les contester, la Cour estime que le journal requérant a méconnu de manière flagrante les principes d'un journalisme responsable ; dès lors, elle conclut (par quatre voix contre trois) à la non-violation de l'art. 10 Conv. EDH. • CEDH 29 juill. 2008, *Flux c/ Moldavie : D. 2008. 2770, note François* ✎.

24. A enfreint l'art. 10 Conv. EDH, et s'analyse en une ingérence disproportionnée dans le droit à la liberté d'expression des intéressés, qui n'était donc pas « nécessaire dans une société démocratique » au sens dudit article, la condamnation pour diffamation envers le prince saoudien Turki Al Faysal du directeur de France Télévisions, de la réalisatrice et de la société France 3 en raison d'un reportage consacré aux plaintes déposées par les familles des victimes des attentats du 11 septembre 2001. • CEDH 21 janv. 2016, ♖ *de Carolis et France Télévisions c/ France*, n° 29313/10 : *D. actu. 5 févr. 2016, obs. Lavric.* ♦ … Dans les circonstances de l'espèce, bien que le reportage évoque certains faits précis, les déclarations incriminées constituent davantage des jugements de valeur que de pures déclarations de fait ; la Cour estime que la manière dont le sujet a été traité n'est pas contraire aux normes d'un journalisme responsable ; pour ce qui est des peines prononcées, la Cour considère que la condamnation du premier requérant à une amende pénale, outre des dommages-intérêts et la diffusion d'un communiqué judiciaire sur France 3, laquelle a été déclarée civilement responsable, était disproportionnée dans les circonstances de l'espèce ; elle rappelle en effet que même lorsque la sanction est la plus modérée possible, à l'instar d'une condamnation accompagnée d'une dispense de peine sur le plan pénal et à ne payer qu'un « euro symbolique » au titre des dommages-intérêts, elle n'en constitue pas moins une sanction pénale ; en tout état de cause, cela ne saurait suffire, en soi, à justifier l'ingérence dans le droit d'expression du requérant, une atteinte à la liberté d'expression peut avoir un effet dissuasif quant à l'exercice de cette liberté, risque que le caractère relativement modéré des amendes ne saurait suffire à faire disparaître. • Même décision.

b. Jurisprudence interne

25. Constitutionnalité – Contestation de l'existence des génocides reconnus par la loi. D'une part, aux termes de l'art. 6 DDH : « La loi est l'expression de la volonté générale… » ; il résulte de cet article comme de l'ensemble des autres normes de valeur constitutionnelle relatives à l'objet de la loi que, sous réserve de dispositions particulières prévues par la Constitution, la loi a pour vocation d'énoncer des règles et doit par suite être revêtue d'une portée normative ; d'autre part, aux termes de l'art. 11 DDH : « La libre communication des pensées et des opinions est un des droits les plus précieux de l'homme : tout citoyen peut donc parler, écrire, imprimer librement, sauf à répondre de l'abus de cette liberté dans les cas déterminés par la loi » ; l'art. 34 de la Constitution dispose : « La loi fixe les règles concernant […] les droits civiques et les garanties fondamentales accordées aux citoyens pour l'exercice des libertés publiques » ; sur ce fondement, il est loisible au législateur d'édicter des règles concernant l'exercice du droit de libre communication et de la liberté de parler, d'écrire et d'imprimer ; il lui est également loisible, à ce titre, d'instituer des incriminations réprimant les abus de l'exercice de la liberté d'expression et de communication qui portent atteinte à l'ordre public et aux droits des tiers ; toutefois, la liberté d'expression et de communication est d'autant plus précieuse que son exercice est une condition de la démocratie et l'une des garanties du respect des autres droits et libertés ; les atteintes portées à l'exercice de cette liberté doivent être nécessaires, adaptées et proportionnées à l'objectif poursuivi ; une disposition législative ayant pour objet de « reconnaître » un crime de génocide ne saurait, en elle-même, être revêtue de la portée normative qui s'attache à la loi ; toutefois, l'art. 1er de la loi déférée, visant à réprimer la contestation de l'existence des génocides reconnus par la loi, réprime la contestation ou la minimisation de l'existence d'un ou plusieurs crimes de génocide « reconnus comme tels par la loi française » ; en réprimant ainsi la contestation de l'existence et de la qualification juridique de crimes qu'il aurait lui-même reconnus et qualifiés comme tels, le législateur a porté une atteinte inconstitutionnelle à l'exercice de la liberté d'expression et de communication ; dès lors, et sans qu'il soit besoin d'examiner les autres griefs, l'article 1er de la loi déférée doit être déclaré contraire à la Constitution ; son art. 2, qui n'en est pas séparable, doit être également déclaré contraire à la Constitution. • Cons. const. 28 févr. 2012, n° 2012-647 DC : *D. actu. 1er mars 2012, obs. Lavric ; D. 2012. 987, note Roux ; JCP 2012. 425, note Levade et Mathieu ; ibid. 307, Libres propos, par Terré ; Gaz. Pal. 2012. 1. 808, note Amson ; RSC 2012. 179, obs. Francillon*. ♦ *Adde* : Brunet, *RSC 2012. 343* (de la censure constitutionnelle de la loi « visant à réprimer la contestation de l'existence des génocides reconnus par la loi »).

26. Principe de nécessité. Selon l'art. 10 Conv. EDH, toute personne a droit à la liberté d'expression ; l'exercice de ce droit ne peut comporter de conditions, restrictions ou sanctions prévues par la loi, que lorsque celles-ci « constituent des mesures nécessaires », dans une société démocratique, notamment à la protection de la réputation ou des droits d'autrui, pour empêcher la divulgation d'éléments confidentiels ou pour garantir l'autorité et l'impartialité du pouvoir judiciaire. • TGI Paris, 20 nov. 2002 : *Gaz. Pal. 2003. 1. 416, note J.-G. M.*

27. Tant l'art. 11 DDH du 26 août 1789, que l'art. 19 du Pacte international des droits civils et politiques, et encore l'art. 10 Conv. EDH, s'ils garantissent la liberté d'expression comme une liberté fondamentale, n'en réservent pas moins, respectivement, les abus, les droits et la réputation d'autrui et les restrictions nécessaires dans une société démocratique à la protection de la réputation et des droits d'autrui. • Versailles, 17 mai 1995 : *D. 1995. IR 213 ; ibid. 1997. Somm. 73, obs. Massis ; RSC 1996. 119, obs. Mayaud*.

28. Principe de légalité. En vertu des principes constitutionnels applicables devant toutes les juridictions, la libre communication des pensées et des opinions, consacrée comme l'un des droits les plus précieux de l'homme, est susceptible d'être limitée par la nécessité de répondre de l'abus de cette liberté dans les cas déterminés par la loi. • TGI Paris, réf., 13 oct. 1997 : *D. 1998. 154 (1re esp.), note Burgelin ; JCP 1997. II. 22964 (2e arrêt), note Derieux ; Gaz. Pal. 1997. 2. 590, note J.-G. M.* ♦ Sur les suites judiciaires de la même affaire, V. • TGI Paris, réf., 28 oct. 1997 : *D. 1998. 154 (2e esp.), note Burgelin ; JCP 1997. II. 22964 (3e arrêt), note Derieux ; Gaz. Pal. 1997. 2. 659.*

29. Le principe de légalité exige que toute restriction apportée à la liberté d'expression soit inscrite dans le droit positif (à propos de l'affiche d'un film représentant une croix catholique prolongée d'une croix gammée). • TGI Paris, réf., 21 févr. 2002 : *JCP 2003. II. 10064, note Malaurie.*

30. Légalité pénale. Si l'exercice de la liberté de communication est garanti par l'art. 11 de la Déclaration des droits de l'homme de 1789, et par l'art. 10 Conv. EDH, il peut être l'objet de restrictions et de sanctions dans les cas déterminés par la L. du 29 juill. 1881. • Crim. 6 juill. 1993, n° 91-83.246 P • 10 mai 1994, n° 93-82.553 P. ♦ Au niveau législatif, la L. du 29 juill. 1881, qui a pour objet la protection de la réputation et des droits des personnes, entre directement dans la liste des restrictions à la liberté d'expression telles qu'énumérées par l'al. 2 de l'art. 10 Conv. EDH. • Paris, 18 déc. 1996 : *Gaz. Pal. 1997. 2. Somm. 498.* ♦ L'exercice du droit à la liberté d'expression, proclamé par l'art. 10 § 1er Conv. EDH ne peut, selon l'art. 10 § 2 de cette même Conv., être soumis à certaines formalités, conditions, restrictions ou sanctions qu'à la condition que celles-ci soient prévues par la loi ; dans l'ordre juridique français, la L. du 29 juill. 1881, relative à la liberté de la presse, définit les formalités, conditions, restrictions et sanctions auxquelles est soumis l'exercice de cette liberté, partant les limites de celle-ci. • Paris, 17 sept. 1997 : *D. 1998. 432, note Mallet-Poujol ; D. 1999. Somm. 165 et 166, obs. Massis ; Gaz. Pal. 1997. 2. Somm. 500* (sur renvoi de • Civ. 2e, 22 juin 1994, n° 92-14.371 P : *D. 1995. Somm. 268, obs. Massis ; JCP 1994. I. 3809, obs. Viney*) • Paris, 3 oct. 1997 : *D. 1997. IR 236.* ♦ Si l'art. 10 Conv. EDH, en son 1er §, reconnaît à toute personne le droit à la liberté d'expression, ce texte prévoit en son 2e § que l'exercice de cette liberté peut être soumis à certaines formalités, conditions, restrictions ou sanctions prévues par la loi qui constituent dans une société démocratique des mesures nécessaires notamment pour protéger les droits d'autrui ; tel est précisément l'objet des restrictions édictées par la L. du 29 juill. 1881 relative à la liberté de la presse. • Crim. 20 oct. 1998 : *Dr. pénal 1999. 56, obs. Véron.* ♦ Par application des art. 6, 8 et 10 Conv. EDH, le principe de la liberté d'expression ne peut trouver de restriction dans son exercice qu'en vertu d'une loi définissant avec clarté et précision ses conditions de mise en œuvre, pour assurer notamment la protection de la réputation d'autrui et des autres droits de la personnalité ; l'expression de ces restrictions dans l'ordre juridique français résulte notamment, outre les textes sur le droit au respect de la vie privée et de la présomption d'innocence, de la L. du 29 juill. 1881 qui définit les infractions susceptibles d'être retenues contre les auteurs d'une publication de presse et les modalités de leur incrimination. • TGI Paris, 19 mai 1999 : *D. 2000. Somm. 407, obs. Massis* .

31. Si l'art. 10 Conv. EDH reconnaît en son 1er § à toute personne le droit à la liberté d'expression, ce texte prévoit en son second paragraphe que l'exercice de cette liberté comportant des devoirs et des responsabilités peut être soumis à certaines formalités, conditions, restrictions ou sanctions, prévues par la loi, qui constituent, dans une société démocratique, des mesures nécessaires notamment à la protection de la morale et des droits d'autrui ; tel est l'objet de l'art. 24 *bis* de la L. du 29 juill. 1881 (répression de la contestation des crimes contre l'humanité), modifié par la loi n° 90-616 du 13 juill. 1990. • Crim. 20 déc. 1994, n° 93-80.267 P. ♦ ... Ainsi que des art. 24, al. 6, et 32, al. 2, de la loi susvisée (provocation raciale et diffamation raciale). • Crim. 13 juin 1995, n° 93-82.144 P. ♦ Si l'exercice de la liberté d'expression est garanti par l'art. 10, § 1er, Conv. EDH, il peut, en vertu du second paragraphe de ce texte, être soumis à des restrictions et des sanctions dans des cas déterminés par la L. du 29 juill. 1881 ; tel est l'objet de l'art. 30 de ladite loi, qui édicte une sanction nécessaire dans une société démocratique à la défense de l'ordre et à la protection de la réputation des administrations publiques, en l'espèce la police nationale. • Crim. 3 déc. 2002, n° 01-85.466 P : *Dr. pénal 2003. Comm. 33 (2e arrêt), obs. Véron.*

32. Légalité civile. Selon l'art. 11 DDH du 26 août 1789, tout citoyen peut écrire, imprimer librement, sauf à répondre de l'abus de cette liberté dans les cas déterminés par la loi ; il résulte des dispositions de l'art. 10 Conv. EDH que l'exercice du droit à la liberté d'expression peut être soumis à certaines sanctions prévues par la loi, qui constituent des mesures nécessaires, dans une société démocratique, à la protection des droits d'autrui ; institue une sanction satisfaisant aux exigences des dispositions précitées, l'art. 9, al. 2, C. civ., selon lequel les juges peuvent, sans préjudice de la réparation du dommage subi, prescrire, même en référé s'il y a urgence, toutes mesures, telles que séquestre, saisie et autres, propres à empêcher ou faire cesser une atteinte à l'intimité de la vie privée. • Paris, 24 févr. 1998 : *Gaz. Pal. 1998. 1. 160, note J.-G. M.*

33. Tout en consacrant le droit à la liberté d'expression, l'art. 10 Conv. EDH prévoit aussi que l'exercice de cette liberté peut être soumis à certaines restrictions ou sanctions lorsque celles-ci, prévues par la loi, constituent des mesures nécessaires à la protection de la réputation ou des droits d'autrui ; l'expression de ces restrictions trouve sa source dans les autres dispositions de la Conv. applicables directement devant les juridictions nationales, notamment celles de l'art. 6 § 2 qui prévoit que toute personne accusée d'une infraction est présumée innocente « jusqu'à ce que sa culpabilité ait été légalement établie » ; elle peut aussi relever en droit français de textes spécifiques, comme celui de l'art. 9-1 C. civ., ou encore, en dehors de leur domaine d'application, de l'art. 1382 C. civ. relatif à la responsabilité civile délictuelle, applicable en matière de presse lorsqu'est constaté un abus flagrant de la liberté d'information. • TGI Paris, 13 mai 1998 : *D. 1999. Somm. 165, obs. Dupeux* ; *Gaz. Pal. 1998. 2, chron. crim. 112.*

34. Il résulte des dispositions de la Conv. EDH directement applicables en droit interne que les limites à la liberté d'expression ne peuvent être posées que par une loi prévisible dans le cadre de poursuites légitimes et nécessaires. • Paris, 16 juin 1999 : *D. 2000. 167, note Bigot* . ♦ ... En France, la garantie des libertés et celle du respect de la légalité est constitutionnellement confiée à l'autorité judiciaire ; la liberté d'expression ressortit elle-même de textes qui sont appliqués par les juridictions et ne participe pas d'un ordre juridique parallèle ou concurrent ; obliger au respect des règles fondamentales du fonctionnement des juridictions et des pratiques des auxiliaires de justice concourt au maintien des caractères démocratiques de la société ; à ce titre les règles sur le respect du secret de l'instruction comme celui du secret professionnel permettent de protéger cette instance de trop fortes pressions comme elles protègent également des intérêts essentiels des protagonistes de la procédure ; dès lors les limites auxquelles est soumise la liberté d'expression sont nécessaires d'autant, d'une part, qu'il n'est pas établi que les contraintes exercées en la cause aient nui de réelle façon à l'information de l'opinion compte tenu des articles parus sur le sujet ; et, d'autre part, qu'il n'est pas plus établi que la justice se soit trouvée dans une impossibilité de fonctionner dont il aurait fallu informer cette opinion ; la cour observe par ailleurs que tels ne sont pas le statut, l'organisation et les enjeux du secret fiscal qui est au centre de l'arrêt Fressoz et Roire lequel ne saurait constituer un précédent en l'espèce. • Même arrêt. ♦ Justifie sa décision au regard de l'art. 10 Conv. EDH la cour d'appel qui énonce que les prévenus ont été poursuivis pour avoir divulgué le contenu demeuré confidentiel de pièces issues d'une information en cours, mesure justifiée par les impératifs de protection des droits d'autrui, au nombre desquels figure la présomption d'innocence, par la préservation d'informations confidentielles, ainsi que par la garantie de l'autorité et l'impartialité du pouvoir judiciaire. • Crim. 19 juin 2000, n° 99-85.188 P : *D. 2001. 2538, note Beignier et de Lamy* ; *JCP 2002. II. 10064, concl. Commaret, et note Lepage ; Gaz. Pal. 2002. 1. 120, note Monnet ; RSC 2002. 96, obs. Bouloc, 119, obs. Francillon, et 592, obs. Delmas Saint-Hilaire* (confirmation de • Paris, 16 juin 1999 : *préc.*). ♦ La Cour estime qu'il convient d'apprécier avec la plus grande prudence la nécessité de punir pour recel de violation de secret de l'instruction ou de secret professionnel des journalistes qui participent à un débat public d'une telle importance (écoutes de l'Élysée), exerçant ainsi leur mission de « chiens de garde » de la démocratie... ; la Cour estime que la condamnation des requérants s'analyse en une ingérence disproportionnée dans leur droit à la liberté d'expression et qu'elle n'était donc pas nécessaire dans une société démocratique ; elle conclut donc à la violation de l'art. 10 Conv. EDH. • CEDH 7 juin 2007, *Dupuis c/ France : D. 2007. 2506, note Marguénaud* ; *JCP 2007. II. 10127, note Derieux ; RSC 2007. 563, obs. Francillon*. ♦ *Adde* : Normand-Bodard et Le Gunehec, *Gaz. Pal. 2007. 2, Doctr. 2181* (quelques observations sur l'arrêt Dupuis et Pontaux c/ France de la CEDH du 7 juin 2007).

B. ABUS DE LA PRESSE

35. Prise en compte. Le principe fondamental à valeur constitutionnelle énoncé par l'art. 1er de la L. du 29 juill. 1881, selon lequel l'imprimerie et la librairie sont libres, n'est limité que par la répression d'abus dans les cas prévus par la loi. • Paris, 18 févr. 1992 : *D. 1992. IR 141* • TGI Lyon, 18 mars 1994 : *Gaz. Pal. 1994. 2. Somm. 773.* ♦ Le droit d'exprimer librement pensées et opinions, reconnu en particulier par le Préambule de la Constitution, est une liberté publique essentielle ; il doit pourtant lui être reconnu une limite, lorsque celui qui en use le fait dégénérer en abus. • TGI Paris, 1er févr. 1995 : *D. 1995. 569, note Edelman*.

36. Le principe de la liberté d'expression et celui du respect dû à la réputation de la personne sont d'égale valeur et il appartient au juge, pour faire respecter un nécessaire équilibre entre ces droits, d'adopter les mesures appropriées. • TGI Paris, réf., 13 oct. 1997 : *D. 1998. 154 (1re esp.), note Burgelin* ; *JCP 1997. II. 22964 (2e arrêt), note Derieux ; Gaz. Pal. 1997. 2. 590, note J.-G. M.* ♦ Sur les suites judiciaires de la même affaire, V. : • TGI Paris, réf., 28 oct. 1997 : *D. 1998. 154 (2e esp.), note Burgelin* ; *JCP 1997. II. 22964 (3e arrêt), note Derieux ; Gaz. Pal. 1997. 2. 659.*

37. La liberté d'expression étant une liberté fondamentale à valeur constitutionnelle, protégée par les art. 10, § 2, Conv. EDH et 11 DDH, ses abus peuvent seulement être poursuivis au nom d'autres principes à valeur constitutionnelle, comme le droit à réparation de tout préjudice subi, prévu par l'art. 1382 C. civ., ou la protection de la dignité de l'homme, prévue par l'art. 16 C. civ. et la DUDH. • Paris, 23 sept. 2004 : *D. 2004. IR 2834.* ♦ ... Pour garantir cet équilibre entre libertés fondamentales, le législateur français a édicté, à l'art. 34 de la L. du 29 juill. 1881, les conditions précises dans lesquelles la mémoire des morts pouvait être défendue et le préjudice réparé. • Même arrêt.

38. La liberté d'expression est un principe à valeur constitutionnelle en application duquel il ne saurait être interdit de porter un regard critique sur les activités d'un tiers ; toutefois, cette critique doit s'exercer dans le respect des droits d'autrui. • Paris, 14 janv. 2005 : *Gaz. Pal. 2006. 1. Somm. 554.*

39. L'employée d'une association a été licenciée pour faute grave au motif qu'elle aurait proféré des accusations à caractère diffamatoire à l'encontre de son supérieur hiérarchique ; il est fait grief à l'arrêt infirmatif attaqué d'avoir dit le licenciement fondé pour faute grave, alors, selon le moyen, que les faits constitutifs d'un abus de la liberté d'expression ne peuvent être sanctionnés par un licenciement, sans que le salarié à qui un tel abus est imputé ait bénéficié des garanties que prévoit le droit de la presse ; mais en matière de licenciement, la L. du 29 juill. 1881 sur la liberté de la presse n'est pas applicable au fait constitutif d'un abus de la liberté d'expression commis par un salarié dans l'exécution de son contrat de travail, que l'employeur peut invoquer en appliquant la procédure disciplinaire prévue par les art. L. 122-40 s. C. trav., sous le contrôle du juge dans les conditions précisées par l'art. L. 120-2 du même code ; d'où il suit que l'arrêt, qui a retenu que la salariée avait commis une faute en abusant de la liberté d'expression dans l'exécution du contrat de travail, n'encourt pas le grief du moyen. • Civ. 1re, 13 juin 2006, n° 03-47.580 P : *JCP 2006. II. 10157, note Dreyer.*

40. Le principe à valeur constitutionnelle de la liberté d'expression, reconnu également par les traités et conventions internationales, implique que, conformément à leur objet statutaire, les associations Greenpeace puissent, dans leurs écrits et sur leurs sites Internet dénoncer sous la forme qu'elles estiment appropriée au but poursuivi les atteintes à l'environnement et les risques causés à la santé humaine par certaines activités industrielles ; toutefois, cette liberté d'expression qui vise à informer le public n'est pas absolue et ne doit pas présenter, par la forme ou son contenu, un caractère excessif constitutif d'un abus. • Paris, 17 nov. 2006 : *Gaz. Pal. 2007. 1. Somm. 2096, note Staeffen.*

41. La liberté d'expression est un droit dont l'exercice ne revêt un caractère abusif que dans les cas spécialement déterminés par la loi, les propos reproduits seraient-ils mensongers. • Civ. 1re, 10 avr. 2013, n° 12-10.177 P : *D. actu.*

25 avr. 2013, obs. Lavric ; D. 2014. 131, note Bigot ; Gaz. Pal. 2013. 1. 1614, note Dreyer.

42. *Dénigrement.* Au vu des art. 10 Conv. EDH et 1382, devenu 1240 C. civ., même en l'absence d'une situation de concurrence directe et effective entre les personnes concernées, la divulgation, par l'une, d'une information de nature à jeter le discrédit sur un produit commercialisé par l'autre, peut constituer un acte de dénigrement ; cependant, lorsque l'information en cause se rapporte à un sujet d'intérêt général et repose sur une base factuelle suffisante, cette divulgation relève du droit à la liberté d'expression, qui inclut le droit de libre critique, et ne saurait, dès lors, être regardée comme fautive, sous réserve qu'elle soit exprimée avec une certaine mesure. • Civ. 1re, 11 juill. 2018, n° 17-21.457 : *D. 2018. 2010, note Bigot ; ibid. 2019. 217, obs. Dreyer ; JCP 2018. 1042, note Raynaud ; Gaz. Pal. 2018, p. 2826, obs. Berlaud ; ibid. 15 janv. 2019, p. 27, note Traullé ; RTD civ. 2018. 913, obs. Jourdain .*

43. Même en l'absence d'une situation de concurrence directe et effective entre les personnes concernées, la divulgation, par l'une, d'une information de nature à jeter le discrédit sur un produit commercialisé par l'autre constitue un acte de dénigrement, à moins que l'information en cause ne se rapporte à un sujet d'intérêt général et repose sur une base factuelle suffisante, et sous réserve qu'elle soit exprimée avec une certaine mesure. • Com. 9 janv. 2019, n° 17-18.350 P : *D. actu. 23 janv. 2019, obs. Delpech.*

1° RESPONSABILITÉ CIVILE

44. BIBL. Bigot, *in* « Liberté de la presse et droits de la personne », *Dalloz, 1997, p. 63* (le champ d'application de l'art. 1382 C. civ. en matière de presse). – Waquet, *ibid. 81* (l'application de l'art. 1382 C. civ. à la liberté d'expression et au droit de la presse). – Viney, *JCP 1998. I. 185, n° 8 s.* (le conflit entre le droit de la presse et l'art. 1382 C. civ.). – Douaoui, *D. 2001. Chron. 1333* (la réparation du trouble médiatique). – Martin-Valente, *Légipresse 2003. II, p. 71* (la place de l'art. 1832 C. civ. en matière de presse depuis les arrêts de l'Ass. plén. du 12 juill. 2000). – Dreyer, *D. 2006. Chron. 1337* (disparition de la responsabilité civile en matière de presse) ; *JCP 2010, n° 833, p. 1546* (où va la Cour de cassation en matière de presse ?). – Viney, *Mél. B. Bouloc, Dalloz, 2006, p. 1165* (le particularisme des relations entre le civil et le pénal en cas d'abus de la liberté d'expression). – de Lamy, *Mél. Ph. Le Tourneau, Dalloz, 2007* (les tribulations de l'art. 1382 C. civ. au pays de la liberté d'expression).

45. *Droit hors commerce.* L'action en réparation d'une atteinte à l'honneur ou à la considération d'une personne morale est attachée à la personne même du titulaire de ce droit et, partant, hors commerce. • Civ. 1re, 30 mai 2006, n° 04-17.102 P.

a. Généralité de l'art. 1382 C. civ.

46. *Principe.* Encourt la cassation l'arrêt qui limite en matière de presse la portée générale de l'art. 1382 C. civ. à une atteinte aux droits fondamentaux des personnes tout en constatant des faits qui caractérisaient l'existence d'une faute. • Civ. 2e, 5 mai 1993, n° 91-10.655 P : *D. 1994. Somm. 193, obs. Massis .* ♦ Et, sur renvoi : • Versailles, 17 mai 1995 : *D. 1995. IR 213 ; RSC 1996. 119, obs. Mayaud ; D. 1997. Somm. 73, obs. Massis .* ♦ Rappr. : • TGI Lyon, 18 mars 1994 : *Gaz. Pal. 1994. 2. Somm. 773.*

47. Viole l'art. 1382 C. civ., limitant ainsi en matière de presse sa portée générale, la cour d'appel qui énonce que le respect du principe fondamental de la liberté de la presse interdit qu'il soit fait application en cette matière du régime général de la responsabilité civile prévue par ce texte, hors les cas où la publication litigieuse constitue un abus de la liberté d'expression caractérisé par une dénaturation, une déformation des faits ou une négligence manifeste dans la vérification de l'information, soit par l'atteinte portée aux droits fondamentaux de la personne. • Civ. 2e, 24 janv. 1996 : *D. 1997. 268, note Ravanas ; JCP 1996. I. 3985, obs. Viney* (la fonction de peine privée de la responsabilité civile).

48. *Applications.* Action de l'épouse et des héritiers d'un militaire à qui étaient imputés des actes de tortures pendant la guerre d'Algérie, l'arrêt de la cour d'appel étant cassé pour n'avoir statué que sur le seul fondement de l'art. 34 de la L. du 29 juill. 1881. • Civ. 2e, 22 juin 1994, n° 92-14.371 P : *D. 1995. Somm. 268, obs. Massis ; JCP 1994. I. 3809, obs. Viney.* ♦ ... Action d'une association, concernant la publication de dessins constituant des provocations à la discrimination, à la haine ou à la violence envers les catholiques, l'arrêt de la cour d'appel étant cassé pour avoir exigé de l'association qu'elle apporte la preuve d'une faute distincte de la provocation prohibée par l'art. 24 de la loi sur la presse. • Civ. 2e, 28 févr. 1996 : *Gaz. Pal. 1996. 1. Pan. 108.*

49. *Réserve des abus flagrants et caractérisés.* Le principe à valeur constitutionnelle de la liberté d'expression implique qu'il ne soit fait application, en matière de presse, du régime général de la responsabilité civile qu'à titre exceptionnel, lorsque auront été constatés des abus flagrants et caractérisés de cette liberté. • TGI Paris, 29 juin 1994 : *Gaz. Pal. 1994. 2. Somm. 775.* ♦ Le droit à la liberté d'expression, qui est un droit à valeur constitutionnelle dont l'exercice est limité dans les conditions prévues par la loi sur la presse, impose de ne faire application de l'art. 1382 C. civ. que si la publication incriminée constitue un abus de cette liberté, caractérisé par une dénaturation des faits, une volonté de nuire et l'impossibilité de rattacher l'information à un but légitime. • TGI Paris, 29 mars 1995 : *BICC 1995. 919.*

b. Spécialité des délits de presse

50. Juridictions du fond. En matière de presse, une action peut être engagée sur le fondement de l'art. 1382 C. civ. lorsque la publication apparaît constitutive d'une faute causant un dommage à autrui ; en outre, une telle action ne doit pas être un moyen d'éviter les obligations restrictives pour la victime, mais protectrices pour l'exercice de la liberté de la presse, des dispositions de la L. du 29 juill. 1881, et ne peut être exercée qu'en cas de qualification impossible des faits au regard de la loi sur la presse. • TGI La Roche-sur-Yon, 21 févr. 1995 : *JCP 1995. IV. 1642.* ♦ Rappr. • TGI Nanterre, 21 juill. 1993 : *D. 1995. Somm. 269, obs. Massis*. ♦ Le principe fondamental de la libre communication des pensées et des opinions implique que l'exercice de cette liberté ne soit limitée que dans des cas suffisamment précis pour exclure l'arbitraire et permettre au citoyen de connaître exactement les faits susceptibles de sanction ; en vertu de ce principe, lorsque la cause du dommage invoqué réside dans la publication de propos constitutifs de l'une des infractions spécialement définies par la L. du 29 juill. 1881 sur la liberté de la presse, la victime ne peut se prévaloir des règles du droit commun de la responsabilité civile et le juge doit, si la demande est fondée sur les dispositions de l'art. 1382 C. civ., restituer aux faits leur exacte qualification (avec notamment pour conséquence de vérifier la validité de l'acte de saisine du tribunal au regard des dispositions de cette loi). • TGI Paris, 10 juill. 1997 : *Gaz. Pal. 1998. 1. 59, note Cousin.*

51. L'art. 34 de la L. du 29 juill. 1881 régit les actions relatives aux diffamations ou injures dirigées contre la mémoire des morts ; en présence de ce texte spécial, les mêmes faits diffamatoires ou injurieux ne peuvent être poursuivis sur le fondement général prévu par l'art. 1382 C. civ. ; les personnes dont le droit d'agir dans ce cas n'a pas été reconnu par la loi de 1881 ne peuvent invoquer un autre fondement qui conduirait à tourner les dispositions restrictives de ce texte. • Paris, 3 oct. 1997 : *D. 1997. IR 236.*

52. La Fédération française de tennis de table (FFTT) ne peut être admise à se prévaloir des dispositions de l'art. 1382 C. civ. pour prétendre obtenir réparation du préjudice à elle causé par des propos outrageants et injurieux tenus par un pongiste dans la presse écrite et audiovisuelle, *dès lors que ces propos sont susceptibles* d'être constitutifs d'un fait diffamatoire réprimé par l'art. 29 de la L. du 29 juill. 1881 ; il y a donc lieu de les requalifier sur ce dernier fondement et, faisant application de l'art. 65 de la loi précitée, de déclarer l'action de la FFTT prescrite, puisqu'elle n'a accompli aucun acte interruptif lui permettant d'échapper à la prescription de trois mois. • Paris, 18 sept. 2000 : *Gaz. Pal. 2000. 2. Somm. 2714, note Vray.*

53. Le principe, à valeur constitutionnelle, de la liberté d'expression implique que, lorsque le dommage invoqué trouve sa cause dans l'une des infractions définies par la L. du 29 juill. 1881 sur la liberté de la presse – liberté fondamentale d'autant plus précieuse que son exercice constitue une garantie essentielle du respect des autres droits et libertés –, le demandeur ne peut, notamment dans le souci d'échapper aux contraintes procédurales de cette dernière, se prévaloir, pour les mêmes faits, de qualifications juridiques distinctes restreignant la liberté protégée par cette loi dans des conditions qu'elle ne prévoit pas. • TGI Paris, 20 nov. 2002 : *Gaz. Pal. 2003. 1. 416, note J.-G. M.* ♦ ... Au regard de la liberté d'information, le recours aux principes généraux de la responsabilité civile, en particulier à l'action en réparation fondée sur les dispositions de l'art. 1382 C. civ., n'est recevable qu'à la condition que les faits mêmes invoqués à l'appui de cette action soient distincts de ceux qui constituent des atteintes à la liberté de la presse, et que le journaliste ait commis une faute d'une certaine gravité, telle que la dénaturation des faits ou une négligence manifeste dans la vérification de l'information. • Même jugement.

54. La liberté d'expression est un principe à valeur constitutionnelle, consacré par l'art. 10 Conv. EDH ; il s'ensuit que chacun dispose du droit de s'exprimer comme il l'entend et ne peut se voir opposer d'autres limites que celles que la loi lui assigne, notamment en vue de la protection de la réputation ou des droits d'autrui ; par ailleurs, rien n'interdit à un écrivain de s'inspirer d'une affaire judiciaire particulièrement exceptionnelle au regard des aspects psychologiques et sociaux qu'elle révèle et de livrer au public sa propre vision des caractères et des circonstances qui en font le ressort ; en outre, il résulte d'une jurisprudence désormais fixée que les abus de la liberté d'expression, dès lors qu'ils ressortissent à l'une des atteintes définies et réprimées par la L. du 29 juill. 1881, ne peuvent être poursuivis que sur le seul fondement de ce texte, dans le strict respect des contraintes procédurales qui en découlent. • TGI Paris, 9 déc. 2002 : *D. 2003. 1715, note Caron*.

55. Les abus de la liberté d'expression, prévus et réprimés par la L. du 29 juill. 1881, ne peuvent être réparés sur le fondement de l'art. 1382 C. civ. ; une veuve qui agit pour défendre la mémoire de son mari décédé est donc irrecevable à agir sur le fondement de l'art. 1382 C. civ. pour échapper aux dispositions impératives de l'art. 34 de la L. du 29 juill. 1881. • Paris, 23 sept. 2004 : *préc. note 37.*

56. Dès lors que les termes employés pour dénigrer une société relèvent d'un caractère injurieux, c'est à bon droit, et au vu des dispositions de l'art. 65 de la L. du 29 juill. 1881, que les premiers juges ont estimé que les poursuites ne pouvaient être engagées que de ce chef et que le délai de prescription avait couru et l'action était prescrite. • Aix-en-Provence, 13 mars 2006 : *Gaz. Pal. 2006. 2. 3915, note Cauvin.*

57. Les abus de la liberté d'expression prévus et réprimés par la L. du 29 juill. 1881 ne peuvent être réparés sur le fondement de l'art. 1382 C. civ. ; dès lors que des propos qui mettent directement en cause une société sont l'expression d'allégations ou d'imputations de fait de nature à porter atteinte à son honneur ou à sa considération, et susceptibles de constituer, par application de l'art. 29 de la L. du 29 juill. 1881, une diffamation, ladite société n'est pas fondée à rechercher la responsabilité de l'intimé de ces chefs sur le fondement de l'art. 1382 C. civ. • Paris, 31 mars 2006 : *Gaz. Pal. 2006. 2. Somm. 4177.*

58. Cour de cassation. Les abus de la liberté d'expression prévus et réprimés par la L. du 29 juill. 1881 ne peuvent être réparés sur le fondement de l'art. 1382 C. civ. ; selon l'art. 34, al. 1er, de ladite loi, il n'y a diffamation ou injure contre la mémoire des morts que dans le cas où les auteurs de ces diffamations ou injures auraient eu l'intention de porter atteinte à l'honneur ou à la considération des héritiers, époux ou légataires universels vivants ; c'est à bon droit qu'une cour d'appel, ayant retenu que la publication des propos litigieux relevait de l'art. 34, al. 1er, de la L. du 29 juill. 1881, a décidé que les héritiers ne pouvaient être admis à se prévaloir de l'art. 1382 C. civ. • Ass. plén., 12 juill. 2000, n° 98-10.160 P : *BICC 1er nov. 2000, n° 523, p. 3, concl. Joinet, rapp. et note Durieux ; D. 2000. Somm. 463, obs. Jourdain*. ♦ Confirmation de • Paris, 17 sept. 1997 : *D. 1998. 432, note Mallet-Poujol ; D. 1999. Somm. 165 et 166, obs. Massis ; Gaz. Pal. 1997. 2. Somm. 500* (sur renvoi de • Civ. 2e, 22 juin 1994, n° 92-14.371 P : *D. 1995. Somm. 268, obs. Massis ; JCP 1994. I. 3809, obs. Viney*). ♦ Dans le même sens : • Cass., ass. plén., 12 juill. 2000, n° 98-11.155 P (arrêt n° 2) : *D. 2000. Somm. 463, obs. Jourdain* • Civ. 2e, 8 mars 2001, n° 98-17.574 P : *D. 2002. Somm. 2767, obs. Massis ; Gaz. Pal. 2001. 1. 821, rapp. P. Guerder, et concl. Ph. Chemithe.* ♦ *Adde, JCP 2000. I. 280, nos 2 s., obs. Viney ; ibid. 2002. I. 122, nos 3 s. ; RTD civ. 2000. 845, obs. P. Jourdain.*

59. Les abus de la liberté d'expression prévus par la L. du 29 juill. 1881 ou par l'art. 9-1 C. civ. ne peuvent être poursuivis sur le fondement de l'art. 1382 C. civ. ; justifie légalement sa décision la cour d'appel qui, retenant que des articles de presse relatent objectivement des débats devant une cour d'assises, sans appréciation personnelle du journaliste sur la personnalité des accusés et, tout en soulignant les insuffisances de l'accusation, ne contiennent pas d'information inexacte publiée dans l'intention de nuire ou avec une légèreté blâmable, rejette la demande de dommages-intérêts présentée par les accusés acquittés ; en effet, de ces seuls motifs, il résulte que les propos incriminés, replacés dans leur contexte, bénéficient de l'immunité du compte rendu judiciaire prévue par l'art. 41 de la L. du 29 juill. 1881. • Civ. 2e, 8 mars 2001, n° 99-14.995 P : *D. 2002. Somm. 2767, obs. Massis ; Gaz. Pal. 2001. 1. 831, note P.L.G. ; JCP 2002. I. 122, nos 3 s., obs. Viney.*

60. Une cour d'appel, qui relève que les propos d'un journaliste constituent une atteinte à l'honneur et à la considération de la personne contre laquelle ils sont dirigés, en déduit à bon droit que la courte prescription édictée par l'art. 65 de la L. du 29 juill. 1881, qui peut être proposée en tout état de cause, leur est applicable, de sorte que l'action fondée sur des propos injurieux au sens de l'art. 29 de cette même loi étant prescrite, il ne saurait être fait grief à l'arrêt d'avoir en outre violé l'art. 1382 C. civ. • Civ. 2e, 1er avr. 1998, n° 95-20.848 P.

61. L'action en réparation fondée sur l'art. 1382 C. civ. n'est recevable qu'à la condition que les faits mêmes invoqués à l'appui de cette action soient distincts de ceux qui constituent les infractions prévues et réprimées par la L. du 29 juill. 1881 ; dès lors c'est à bon droit qu'une cour d'appel déclare que le dessin représentant un chanteur se livrant à un acte de pédophilie sur l'enfant Jésus, et celui représentant l'enfant Jésus sous les traits d'Hitler, ne peuvent constituer des fautes distinctes du délit de provocation à la discrimination, à la haine et à la violence en raison de la religion et susceptibles de soustraire les faits à l'application de la L. du 29 juill. 1881. • Civ. 2e, 28 janv. 1999, n° 96-16.992 P. ♦ Lorsque les faits dénoncés relèvent des seules dispositions de la L. du 29 juill. 1881, la cour d'appel en déduit exactement que l'action subsidiairement fondée sur l'art. 1382 C. civ. n'est pas distincte de l'action en diffamation déclarée prescrite et ne peut être accueillie. • Civ. 2e, 15 avr. 1999, n° 97-14.684 P. ♦ Il appartient au juge de restituer aux faits leur exacte qualification, sans s'arrêter à la dénomination que les parties en auraient proposée ; dès lors, c'est à bon droit qu'une cour d'appel, qui a constaté que la cause du dommage résidait dans la publication d'un article diffamatoire envers les plaignants et un de leurs auteurs décédé, a fait application de la prescription spéciale prévue par l'art. 65 de la L. du 29 juill. 1881, bien que les parties eussent fondé leur action en dommages-intérêts sur l'art. 1382 C. civ., dès lors que les éléments de la diffamation publique envers des particuliers et envers la mémoire d'un mort se trouvaient réunis, et que la publication incriminée était interdite par l'art. 38 de la L. du 29 juill. 1881. • Civ. 2e, 6 mai 1999, n° 95-18.883 P : *D. 2000. Somm. 406, obs. Massis*.

62. Les abus de liberté d'expression envers les personnes ne peuvent être poursuivis sur le fondement de l'art. 1382 C. civ. ; cassation, pour violation de l'art. 1382 C. civ. par fausse application, de l'arrêt qui, pour condamner solidairement la société éditrice du journal dans lequel a été publié l'article litigieux et l'auteur de cet article à payer des dommages-intérêts au défendeur, retient que l'auteur d'une œuvre de fiction et celui qui assure, sous une forme quelconque, la diffusion de cette œuvre sont, même en l'absence de diffamation ou d'atteinte à la vie privée, tenus dans les termes du droit commun de l'art. 1382 C. civ. à réparer le préjudice que, par leur faute, cette œuvre a causé à des tiers. • Civ. 1re, 27 sept. 2005, n° 03-13.622 P : *D. 2006. 485, note Hassler ; ibid. 768, note Lécuyer ; ibid. Pan. 1932, obs. Jourdain ; ibid. 2007. Pan. 1039, obs. Massis ; Gaz. Pal. 2005. 2. 4149, note Lasfargeas ; RTD civ. 2006. 126, obs. Jourdain* .

63. Une cour d'appel qui a exactement relevé que l'action en diffamation était personnelle et donc intransmissible en a justement déduit qu'en défendant la mémoire de leur auteur sans invoquer la moindre atteinte à leur honneur personnel et sans exposer le préjudice qu'elles auraient personnellement subi, ses héritières étaient irrecevables à agir, sur le fondement de l'art. 1382 C. civ., s'agissant d'abus de la liberté d'expression prévus et réprimés par la L. du 29 juill. 1881 ; elle n'a pas violé le principe du libre accès à la justice garanti par l'art. 6 Conv. EDH, la restriction instituée par les dispositions impératives de l'art. 34 de la L. du 29 juill. 1881 étant dans un rapport raisonnable de proportionnalité avec le but recherché. • Civ. 1re, 12 déc. 2006, n° 04-20.719 P : *D. 2007. 541, note Dreyer ; JCP 2007. II. 10010, note de Lamy ; Gaz. Pal. 2008. 2. Somm. 2744, note Guerder.*

64. Pour accueillir la demande sur le fondement des art. 9 et 1382 C. civ. et écarter la requalification sur le terrain de la L. du 29 juill. 1881, la cour d'appel a énoncé qu'il ressortait de l'assignation délivrée par la victime à la société de presse que l'action ne tendait qu'à faire sanctionner l'atteinte portée au droit dont elle disposait sur son image par la publication sans son consentement d'une photographie la représentant le sein dénudé accompagnée d'une légende dont elle dénonçait le caractère vexatoire, dévalorisant et préjudiciable à sa notoriété, et que les atteintes dont elle poursuivait la réparation entraient bien dans les prévisions des art. 9 et 1382 C. civ. visées expressément dans le texte de l'acte introductif d'instance ; en statuant ainsi, quand la reproduction de l'image ne faisait qu'illustrer des *propos que la victime avait* expressément invoqués pour demander réparation de l'atteinte ainsi portée à sa considération, la cour d'appel a violé les art. 29 et 53 de la L. du 29 juill. 1881. • Civ. 1re, 31 mai 2007, n° 06-10.747 P : *D. 2007. Pan. 2902, obs. Jourdain* .

65. Les abus de la liberté d'expression prévus et réprimés par la L. du 29 juill. 1881 tels que, comme en l'espèce, les propos litigieux, qui portent atteinte à la considération et constituent donc des diffamations, ne peuvent être réparés sur le fondement de l'art. 1382 C. civ. • Civ. 1re, 6 mai 2010, n° 09-67.624 P : *D. 2010. 1286 ; JCP 2010, art. 1258, p. 2361, obs. Dreyer.*

66. Les abus de la liberté d'expression ne peuvent être réprimés que par la L. du 29 juill. 1881 ; viole l'art. 29 de cette loi la cour d'appel qui statue sur l'action fondée sur l'art. 1382 C. civ., intentée par un élu contre l'auteur d'un blog le dénigrant. • Civ. 1re, 6 oct. 2011, n° 10-18.142 P : *D. actu. 24 oct. 2011, obs. Lavric ; JCP 2011, n° 1227, obs. Dreyer ; Gaz. Pal. 2012. 1. 361, obs. Fourment.*

67. Les abus de la liberté d'expression prévus et réprimés par la L. du 29 juill. 1881 ne peuvent être réparés sur le fondement de l'art. 1382, devenu l'art. 1240 C. civ. ; il s'en déduit que l'action de la partie civile à l'encontre de la personne relaxée ne peut être fondée que sur la loi susvisée, et il incombe à la juridiction du fond d'apprécier le bien-fondé d'une éventuelle faute civile, à partir et dans la limite des faits objet de la poursuite, sur la seule base de ladite loi. • Crim. 7 févr. 2017, n° 15-86.970 P : *D. actu. 24 févr. 2017, obs. Lavric.*

68. Applications. Les abus de liberté d'expression, prévus et réprimés par la L. du 29 juill. 1881 – et par l'art. R. 621-1 C. pén. – ne peuvent être poursuivis et réparés sur le fondement de l'art. 1382 C. civ. – En ce sens : toutes les décisions ci-dessous rapportées. ♦ ... Par ce motif de pur droit, éventuellement substitué à ceux critiqués par le moyen, la décision de rejet de la demande en réparation fondée sur l'art. 1382 C. civ. se trouve légalement justifiée. • Civ. 2e, 10 oct. 2002, n° 00-11.972 P : *Gaz. Pal. 2003. 2. 3837, note Guerder* • 11 déc. 2003, n° 00-19.453 P : *Gaz. Pal. 2005. 1. 1220, note Guerder.* ♦ ... Tout comme est violée la L. du 29 juill. 1881 par refus d'application, et ledit art. 1382 par fausse application : • Civ. 1re, 5 déc. 2006, n° 05-17.710 P : *D. 2008. 672, note Valette-Ercole* (à propos d'un référé) • Civ. 3e, 1er oct. 2008, n° 07-15.338 P. • Civ. 1re, 16 janv. 2013, n° 12-15.547 P : *D. 2013. 555, note Dreyer* • 29 oct. 2014, n° 13-15.850 P : *D. 2014. 2242* .

69. ... Publication diffamatoire, dans un journal, d'un dossier spécial sur les gaspillages dans les municipalités, ce qui rend irrecevable l'action en réparation du maire fondée sur l'art. 1382 C. civ., les agissements qui lui sont imputés procédant exclusivement de l'exercice de son mandat, avec pour conséquence, en application des art. 31 et 46 de la L. du 29 juill. 1881, que l'action civile ne peut être poursuivie séparément de l'action publique. • Civ. 2e, 29 mars 2001, n° 99-10.332 P : *JCP 2002. I. 122, nos 3 s., obs. Viney.*

70. ... Appel au boycottage d'une société, indissociable de la diffamation constituée par l'imputation faite à celle-ci de fabriquer et commercialiser des mines antipersonnel, de sorte qu'aucune faute distincte, fondée sur l'art. 1382 C. civ., ne pouvait être relevée. • Civ. 2e, 29 nov. 2001, ⚖ n° 98-20.529 P : *Gaz. Pal. 2002. 1. 650, concl. Joinet et note P.-L. G.*

71. ... Passages d'un article estimés diffamatoires au sens des art. 29 et 32 de la L. du 29 juill. 1881 sur la presse, avec pour conséquence la nullité de l'acte introductif d'instance, tirée du fait que le demandeur a exclusivement visé dans le dispositif de son assignation les dispositions de l'art. 1382 C. civ., entretenant ainsi une équivoque sur le fondement juridique précis de ses demandes et une ambiguïté sur la qualification des faits incriminés. • Civ. 2e, 14 mars 2002, ⚖ n° 00-13.917 P : *Gaz. Pal. 2003. 2. 3830, note Guerder.*

72. ... Diffamation consistant à assimiler une association cultuelle à une association de malfaiteurs, aucune faute ne pouvant, dès lors, être retenue en application de l'art. 1382 C. civ. • Civ. 2e, 14 mars 2002, ⚖ n° 99-19.238 P : *Gaz. Pal. 2003. 2. Somm. 3969, obs. Guerder.*

73. .... Propos tenus par un maire, constitutifs d'une diffamation prévue et réprimée par les art. 29 et 32 de la L. du 29 juill. 1881, ce qui rend irrecevable l'assignation en réparation devant le tribunal de grande instance sur le fondement de l'art. 1382 C. civ. • Civ. 2e, 6 févr. 2003, ⚖ n° 00-22.650 P : *Gaz. Pal. 2003. 2. Somm. 3972, obs. Guerder.*

74. ... Propos contenus dans des lettres circulaires diffusées par une association auprès de plusieurs copropriétaires de résidences différentes, imputant à une société, syndic de ces copropriétés, des faits mettant en cause la compétence de celle-ci, son honnêteté et l'accusant de transgresser les lois et règlements, ces propos portant atteinte à la considération de cette société et constituant donc des diffamations, insusceptibles de réparation sur le fondement de l'art. 1382 C. civ. • Civ. 2e, 12 déc. 2002, ⚖ n° 00-10.150 P : *Gaz. Pal. 2003. 2. Somm. 3972, obs. Guerder.*

75. ... Injures dénoncées par le plaignant, mais dont la demande, fondée sur l'art. 1382 C. civ., ne peut qu'être rejetée. • Civ. 2e, 23 janv. 2003, ⚖ n° 00-20.864 P.

76. ... Faits d'atteinte à la mémoire d'un mort, poursuivis sur le fondement de l'art. 1382 C. civ., alors que, par leur teneur, ils relèvent de l'art. 34 de la L. du 29 juill. 1881, et qu'une action en responsabilité et réparation ne peut être engagée plus de trois mois après la publication du livre qui les contient. • Civ. 2e, 9 oct. 2003, ⚖ n° 00-21.079 P : *D. 2004. 590, note Dreyer* ✎ ; *Gaz. Pal. 2003. 2. 3856.*

77. ... Propos relevant des dispositions de l'art. 34 de la L. du 29 juill. 1881, relatif aux diffamations ou injures dirigées contre la mémoire des morts, avec pour conséquence de rendre prescrite l'action de l'épouse et des enfants du défunt, fondée sur l'art. 1382 C. civ. • Civ. 2e, 13 nov. 2003, ⚖ n° 01-00.792 P.

78. ... Écrits qualifiant la demanderesse de menteuse et lui imputant des faits de vol, qui, en tant que tels, relèvent des dispositions de la L. du 29 juill. 1881, pour être constitutifs d'injure et de diffamation, alors que l'action en réparation était exclusivement soutenue sur l'art. 1382 C. civ. • Civ. 2e, 20 nov. 2003, ⚖ n° 01-16.787 P.

79. ... Articles de presse relatant un litige opposant un huissier de justice à deux débiteurs, dans lesquels l'huissier est traité de « rapace », tout comme lui sont imputées des extorsions de fonds, ces propos caractérisant des diffamations, avec pour conséquence que sont seules applicables les dispositions de la L. du 29 juill. 1881, à l'exclusion de l'art. 1382 C. civ. • Civ. 2e, 11 déc. 2003, ⚖ n° 02-12.747 P.

80. ... Article de presse relatant que le dirigeant d'une société spécialisée dans le négoce de voitures et président de la section professionnelle d'un club de football avait été entendu par les services de police lors d'une garde à vue, avec la précision qu'il était le frère d'un arbitre de division 1 ; parce que le propos est constitutif de diffamation, l'action en réparation doit être examinée au regard de l'art. 29 de la L. sur la presse, et non de l'art. 1382 C. civ. • Civ. 2e, 18 déc. 2003, ⚖ n° 01-02.524 P : *Gaz. Pal. 2005. 1. Somm. 1396, note Guerder.*

81. ... Publication imputant à un journaliste de renom, qui avait dénoncé, dans un livre dont il était l'auteur, l'intrusion de la presse dans sa vie privée, d'avoir suscité lui-même cette intrusion, manqué à la déontologie et mené une vie personnelle qui ne serait pas « simple, propre et claire », ce qui caractérisait une diffamation envers ce journaliste, avec pour conséquence de rejeter toute prétention indemnitaire sur le fondement de l'art. 1382 C. civ. • Civ. 2e, 5 févr. 2004, ⚖ n° 01-14.394 P : *Gaz. Pal. 2006. Somm. 562, note Lasfargeas.*

82. ... Affiches diffamatoires visant un pharmacien dans la salle d'attente du cabinet d'un médecin, et propos diffamatoires du pharmacien doutant des compétences de ce médecin, au sujet desquels la prescription prévue par l'art. 65 de la L. du 29 juill. 1881 n'a pu être interrompue par des actes fondés à tort sur l'art. 1382 C. civ. • Civ. 2e, 10 mars 2004, ⚖ n° 00-16.934 P : *Gaz. Pal. 2006. Somm. 563, note Lasfargeas.*

83. ... Article qui a imputé à l'intéressé, présentateur de télévision, un comportement cupide ayant consisté à étaler au grand jour sa vie familiale pour intenter des procès dans un but purement lucratif et d'avoir ainsi empoché des sommes confortables, ces faits constituant une diffamation ne pouvant être réparée sur le fondement de l'art. 1382 C. civ. • Civ. 2e, 18 mars 2004, n° 02-12.743 P : *Gaz. Pal. 2006. Somm. 562, note Lasfargeas.*

84. … Atteinte à la considération professionnelle d'un avocat, à qui furent prêtés, dans plusieurs sketches télévisés, des propos diffamatoires relatifs au procès en cours d'une personne accusée de viols sur mineurs dont il assurait la défense, ce qui rendait sans portée les références aux art. 1382 et 9-1 C. civ. dans l'assignation de la chaîne de télévision et des auteurs de l'émission en réparation de son préjudice. • Civ. 2e, 23 sept. 2004, n° 01-16.832 P : *Gaz. Pal. 2006. 1. 419, note Guerder.*

85. … Imputations d'avoir obtenu en référé la sanction injustifiée d'une diffamation et d'avoir saisi une juridiction pénale, lesquelles ne pouvaient être incriminées qu'au regard de la L. du 29 juill. 1881, et donc réparées sur le fondement de cette loi, non sur celui de l'art. 1382 C. civ. • Civ. 2e, 25 nov. 2004, n° 02-12.829 : *Gaz. Pal. 2006. Somm. 562, note Guerder.*

86. … Publication, dans un journal syndical, de propos jugés offensants, mettant en cause un fonctionnaire responsable syndical, désigné par l'initiale de son nom, et sa famille ; que les faits au titre desquels la réparation est sollicitée relèvent d'une action en diffamation régie par les art. 29 et 65 de la L. du 29 juill. 1881, et non d'une action en responsabilité fondée sur l'art. 1382 C. civ. • Civ. 2e, 6 févr. 2003, n° 00-20.147 P : *Gaz. Pal. 2003. 2. Somm. 3972, obs. Guerder.*

87. … Injure ayant consisté à traiter la partie civile de « nabot », ceci de la part d'un enseignant et dans l'enceinte d'un établissement scolaire, l'art. 29 de la L. sur la presse étant de ce fait applicable, et non l'art. 1382 C. civ., pour la réparation du préjudice moral subi par le demandeur. • Civ. 1re, 29 nov. 2005, n° 04-16.508 P : *D. 2007. Pan. 1039, obs. Massis ; Gaz. Pal. 2006. 2. Somm. 4140, note Lasfargeas.*

88. … Propos diffamatoires déclamés dans un magasin, l'art. 1382 C. civ. ne pouvant, de ce fait, servir de fondement à la réparation des préjudices subis par les victimes. • Civ. 1re, 7 févr. 2006, n° 05-10.309 P : *Gaz. Pal. 2007. 2. Somm. 3417, note Guerder.*

89. … Atteinte à la réputation d'une compagnie aérienne par l'utilisation de son image, ce qui la soumettait aux conditions dérogatoires du droit de la presse. • Civ. 1re, 30 mai 2006, n° 04-18.520 P : *Gaz. Pal. 2007. 2. Somm. 3416, note Lasfargeas.*

90. … *Interview recueillie par un journaliste* pour être publiée dans un organe de presse, de sorte que sa teneur mensongère ne pouvait être qualifiée qu'au regard de la L. du 29 juill. 1881 sur la liberté de la presse. • Civ. 2e, 25 janv. 2007, n° 03-20.506 P : *D. 2007. Pan. 2902, obs. Jourdain ; Gaz. Pal. 2007. 2. 3277, note Guerder ; RTD civ. 2007. 354, obs. Jourdain .*

91. … Propos constitutifs d'une diffamation non publique, en raison d'une communauté d'intérêts, ce qui interdit de juger de la prescription de l'action en réparation sur le fondement de l'art. 1382 C. civ. • Civ. 1re, 31 janv. 2008, n° 07-12.643 P.

92. … Médisances suffisamment précises, portant atteinte à la considération, et partant qui sont susceptibles de constituer des diffamations, avec pour conséquence de rendre acquise la prescription de trois mois édictée par l'art. 65 de la L. du 29 juill. 1881, celle-ci n'ayant pas été interrompue par les actes de poursuite fondés sur l'art. 1382 C. civ. • Civ. 1re, 28 sept. 2011, n° 10-11.547 : *Gaz. Pal. 2012. 1. 361, obs. Fourment.*

93. … Atteinte à l'honneur et à la considération de l'Office national des forêts, si bien que, en lui accordant des dommages-intérêts sur le fondement de l'art. 1382 C. civ., la cour d'appel a violé l'art. 29 de la L. du 29 juill. 1881 par refus d'application, et ledit art. 1382 par fausse application. • Civ. 3e, 1er oct. 2008, n° 07-15.338 P.

94. … Atteinte à la réputation d'une société et de son gérant par la publication tronquée d'un jugement, laquelle ne pouvait relever que des dispositions de la L. du 29 juill. 1881, alors que la cour d'appel a accueilli la demande de dommages-intérêts au titre du droit commun de la responsabilité. • Civ. 1re, 29 oct. 2014, n° 13-15.850 P : *D. 2014. 2242 .*

95. Abus du droit d'ester en justice. L'action fondée sur des faits reconnus diffamatoires ne peut constituer un abus du droit d'ester en justice. • Civ. 2e, 15 mars 2001, n° 99-15.165 P : *Gaz. Pal. 2002. 1. 642, note P.-L. G.*

c. Subsidiarité du droit commun

96. Juridictions du fond. En vertu de l'art. 34 de la L. du 29 juill. 1881, les diffamations ou injures contre la mémoire des morts ne peuvent être poursuivies que dans les cas où les auteurs de celles-ci auraient eu l'intention de porter atteinte à l'honneur ou à la considération des héritiers, époux ou légataires universels vivants ; l'indication qu'une personne était de son vivant membre d'une loge maçonnique n'est pas de nature, même si elle est inexacte, à porter atteinte à son honneur et à sa considération ; elle n'est pas davantage outrageante ou injurieuse ; l'action des héritiers n'est donc pas fondée sur l'art. 34 de la L. du 29 juill. 1881. La publication d'une information inexacte sur la vie privée de cet artiste cause un préjudice moral à ses héritiers, qui doit être réparé sur le fondement de l'art. 1382 C. civ. • Paris, 6 mars 1998 : *D. 1999. Somm. 166, obs. Massis .*

97. Selon l'art. 34 de la L. du 29 juill. 1881, les art. 31, 32 et 33 de cette loi ne sont applicables aux diffamations ou injures dirigées contre la mémoire des morts que dans les cas où les auteurs des faits ont eu l'intention de porter atteinte à l'honneur ou à la considération des héritiers, époux ou légataires universels vivants ; lorsque, comme en l'espèce, cette condition particulière de l'infraction pénale définie par l'art. 34 n'est pas caractérisée, la publication des propos incriminés échappe aux sanctions prévues par la L. du 29 juill. 1881 ; malgré cette circonstance, les héritiers de la personne diffamée ne peuvent être privés de tout accès à la justice, l'art. 6, § 1er, Conv. EDH reconnaissant à chaque personne le droit de soumettre à un tribunal l'appréciation de sa prétention ; par l'effet de ce principe, il ne saurait être exclu que les héritiers, dès lors qu'ils estiment avoir subi un dommage par la faute d'un tiers ayant mis en cause leur ascendant, puissent se prévaloir des dispositions de l'art. 1382 C. civ. ; cependant, la nécessité de limiter l'ingérence dans la liberté d'expression à ce qu'exige un besoin social impérieux et le droit du public à l'information impliquent qu'il ne soit fait application de ce texte en matière de presse et d'édition qu'en cas d'abus de liberté d'expression, caractérisé soit par une dénaturation ou falsification des faits, soit par une négligence grave dans la vérification des informations, traduisant un mépris flagrant pour la recherche de la vérité ou une intention malveillante. • TGI Paris, 19 mai 1999 : *D. 2000. Somm. 407, obs. Massis* .

98. Compte tenu du principe constitutionnel de la liberté de la presse et de l'art. 10 Conv. EDH, l'application des dispositions de droit commun de la responsabilité civile prévues par l'art. 1382 C. civ. ne peut être retenue que si les propos incriminés ne sont pas susceptibles de recevoir une qualification prévue par la L. du 29 juill. 1881 qui déroge spécialement à ces principes ; spécialement, dès lors que les propos reprochés sont incriminés dans l'assignation sous la qualification de diffamation et d'injures, et dès lors que le demandeur ne justifie d'aucun élément distinct lui causant préjudice, sa demande fondée sur l'art. 1382 C. civ. doit être rejetée. • Paris, 31 mars 2000 : *D. 2000. IR 131.*

99. Le régime général de la responsabilité civile, qu'aucun texte n'exclut en matière de presse ou d'édition, ne peut toutefois trouver à s'appliquer que lorsque la publication litigieuse ne relève pas des dispositions spéciales de la L. du 29 juill. 1881 ou de celles des art. 9 ou 9-1 C. civ. ; dès lors que ne peuvent être invoquées avec pertinence les dispositions de l'art. 34 de la loi sur la liberté de la presse, celles-ci ne pouvant trouver application que dans les cas où les auteurs des diffamations ou injures dirigées contre la mémoire des morts ont eu l'intention de porter atteinte à l'honneur et à la considération des héritiers, époux ou légataires universels vivants, ce qui n'est pas le cas en l'espèce, c'est à bon droit que le tribunal a jugé recevable l'action de ces personnes fondée exclusivement sur les dispositions de droit commun de l'art. 1382 ; il leur importe donc, la charge de la preuve reposant sur elles, de démontrer l'existence d'une faute distincte des infractions aux dispositions spéciales rappelées, d'un préjudice et d'un lien de causalité entre ce préjudice et la faute alléguée, étant observé que la liberté d'information et d'expression de l'historien trouve ses limites dans les cas où il manque au respect qu'il doit à la vérité. • Paris, 12 mai 2000 : *D. 2000. 796, note Boccara* .

100. Présente un caractère diffamatoire le fait, pour une société, bénéficiaire de la condamnation par voie de justice d'une société concurrente, d'avoir procédé à la publication de cette décision dans un journal professionnel en mentionnant faussement que cette condamnation était intervenue « pour contrefaçon de modèles et concurrence déloyale », cet ajout ayant pu conduire les lecteurs à croire que cette société avait été condamnée pour de tels faits ; la L. du 29 juill. 1881 était applicable en l'espèce mais l'application de son art. 65 doit conduire à constater que la diffamation est prescrite ; mais il en va différemment du titre « publication judiciaire » sous lequel la publication a été faite, sans autorisation de la juridiction ; ce fait est constitutif d'une faute distincte de la diffamation et engage la responsabilité de l'auteur de la publication sur le fondement de l'art. 1382 C. civ. ; dès lors, le tribunal de commerce était compétent pour statuer et a légitimement fait droit à la demande de réparation formée par la victime. • Paris, 15 sept. 2000 : *Gaz. Pal. 2000. 2. Somm. 2715, note Vray.*

101. La défense par des héritiers de la mémoire d'une personne décédée constitue un but légitime et mérite d'être protégée au même titre que la liberté d'expression, et ce, indépendamment de toute volonté des auteurs de diffamer les héritiers, et il appartient au juge, sauf à commettre un déni de justice, de rechercher si un abus de la liberté d'expression est caractérisé ; au vu de l'ensemble de ces éléments, il convient de considérer en l'espèce que les héritiers ne sauraient être privés de tout recours effectif devant une juridiction nationale pour voir reconnue, hors de toute infraction pénale, l'éventuelle faute des défendeurs à avoir présenté leur auteur décédé comme ils l'ont fait dans les propos litigieux, et pour voir réparer le dommage moral qu'ils invoquent. • TGI Paris, 16 nov. 2000 : *D. 2002. Somm. 2766, obs. Massis* ; *Gaz. Pal. 2000. 2. 2434 et 2436 (2 jugements).*

102. Aucun grief de nullité, notamment du chef d'une atteinte à l'exercice d'une défense efficace, n'est encouru par une assignation visant un même article de presse, tant sur le fondement de la L. du 29 juill. 1881 que sur celui de l'art. 1382 C. civ., lorsque les incriminations dont il s'agit sont nettement identifiées et distinguées de la demande s'attachant à caractériser la faute civile dont la réparation est poursuivie, et à démontrer de façon claire et non équivoque en quoi celle-ci se distingue des incriminations relevant de la loi de 1881. • Versailles, 19 sept. 2002 : *Gaz. Pal. 2003. 2. Somm. 2577.*

103. Cour de cassation. Les actes reprochés à des associations, qui ne visent pas une société en tant que personne morale mais les marques déposées par elle et en conséquence les produits et services qu'elles servent à distinguer, portent atteinte à ses activités et services, et non à l'honneur ou à la considération de la personne morale. • Civ. 1re, 8 avr. 2008, n° 07-11.251 P : *D. 2008. 2402, note Neyret ; ibid. 2009. Pan. 1780, obs. Massis ; JCP 2008. II. 10106, note Hugon ; ibid. 2008. I. 209, n° 14, obs. Dreyer.* ♦ ... Mais, parce que ces associations ont agi conformément à leur objet, dans un but d'intérêt général et de santé publique par des moyens proportionnés à cette fin, elles n'ont pas abusé de leur droit de libre expression, ni commis des actes fautifs au sens de l'art. 1382 C. civ. • Même arrêt.

104. L'imputation de la paternité d'une publication en l'absence de propos injurieux ou portant atteinte à l'honneur ou à la considération ne relève pas des dispositions de la L. du 29 juill. 1881 mais de l'art. 1382 C. civ. • Civ. 1re, 30 oct. 2008, n° 07-19.223 P : *D. 2009. Pan. 1780, obs. Massis ; JCP 2009. II. 10006, note Dreyer.*

105. N'est pas diffamatoire à l'égard d'un professionnel photographié sur les lieux, l'article qui, consacré à l'emploi de travailleurs clandestins et au non-respect des règles de sécurité sur un chantier et illustré par la photographie, ne mentionne pas l'entreprise de l'intéressé ni ne lui impute aucun des faits litigieux relatés ; cependant, la diffusion de cette photographie, prise sans l'autorisation de l'intéressé qui y est reconnaissable et en dehors de tout événement d'actualité le concernant, est susceptible, en raison de la teneur de l'article, de porter une atteinte à sa personne que ne légitime pas la liberté de communication des informations. • Civ. 1re, 16 janv. 2013, n° 12-15.547 P : *D. 2013. 555, note Dreyer .*

106. Exemples de fautes. Constitue une faute génératrice de responsabilité civile la publication dans un magazine d'un texte et de photographies érotiques mettant en scène des jeunes revêtus de l'uniforme de scout. • Versailles, 17 mai 1995 : *D. 1995. IR 213 ; ibid. 1997. Somm. 73, obs. Massis ; RSC 1996. 119, obs. Mayaud* ; sur renvoi de : • Civ. 2e, 5 mai 1993, n° 91-10.655 P : *D. 1994. Somm. 193, obs. Massis .*

107. Constitue une faute le fait pour le rédacteur d'un article de presse de présenter sans aucune réserve ni prudence un individu comme nécessairement coupable d'un crime en omettant de prendre en considération, pour modérer ses affirmations, le fait que la portée des expertises citées peut encore être remise en cause par une autre juridiction, si la cassation sollicitée est prononcée, le texte incriminé ayant ainsi porté atteinte au droit, pour la victime, de ne pas être présenté comme nécessairement coupable tant qu'il n'a pas été irrévocablement condamné. • TGI Paris, 13 mai 1998 : *D. 1999. Somm. 165, obs. Dupeux ; Gaz. Pal. 1998. 2, chron. crim. 112.*

108. Il appartient à celui qui engage une action en responsabilité sur le fondement de l'art. 1382 C. civ. de faire la preuve des fautes reprochées, qui seraient la cause certaine et directe du préjudice invoqué ; les termes d'une lettre adressée à l'employeur de son ex-mari dans laquelle, sous couvert de demander des renseignements, l'ex-épouse impute notamment à celui-ci une absence totale de scrupules pour gagner la procédure de divorce, l'établissement de fausses attestations ou le refus de produire des pièces dans le but de faire diminuer la charge de ses obligations à l'égard de l'enfant commun, constituent des accusations graves portant atteinte à l'honneur et à la considération de l'intéressé, dès lors qu'adressées à dessein à une personne à l'égard de laquelle l'ex-mari se trouvait dans une situation de dépendance et de subordination, elles avaient pour but de lui nuire ; ces imputations, qui ont suscité de la part de l'employeur une convocation à un entretien au sujet de « faits graves », ont causé à la personne mise en cause un préjudice moral certain et direct qui doit être réparé par l'auteur de la faute. • Versailles, 26 mars 1999 : *BICC 2000. 283.*

2° *RÉFÉRÉ*

109. BIBL. Louvet, *in* « Liberté de la presse et droits de la personne », *Dalloz, 1997, p. 87* (le référé en droit de la presse) ; V. également : *Légipresse 1997. II. 145.* – Normand, *RTD civ. 1998. 972* (le référé-diffamation à la recherche de son point d'équilibre). – Lacabarats, *Gaz. Pal. 2006. 1. Doctr. 7* (l'intervention du juge des référés est-elle justifiée en droit de la presse ?). – Dreyer, *JCP 2007. I. 171* (la perversion du référé en matière de presse).

110. Fondement. Fondé sur le principe de la responsabilité civile de celui qui cause, par sa faute, un dommage à autrui, l'abus du droit à la liberté d'expression implique non seulement l'obligation, à la charge de l'auteur, de réparer le dommage par l'allocation de dommages-intérêts, mais aussi la faculté pour la victime d'obtenir par une procédure d'urgence la cessation du trouble et les mesures de remise en état indispensables. • TGI Paris, réf., 13 oct. 1997 : *D. 1998. 154 (1re esp.), note Burgelin ; JCP 1997. II. 22964 (2e arrêt), note Derieux ; Gaz. Pal. 1997. 2. 590, note J.-G. M. ; LPA, 3 nov. 1997, note Boccara.* ♦ ... Tout en répondant à cet objectif légitime, la procédure de référé, qui a ainsi un fondement légal, satisfait aux exigences de prévisibilité et de nécessité de la norme restrictive de la liberté d'expression, dès lors, d'une part, qu'est laissé à l'auteur des imputations critiquées un délai raisonnable pour lui permettre de soumettre au juge tous les éléments de preuve de nature à corroborer ses allégations, et que, d'autre part, l'intervention contraignante du juge est subordonnée à la constatation d'une agression d'une gravité ou d'une violence extrême, insupportable et irréparable convenablement par une simple allocation de dommages-intérêts. • Même décision. ♦ Sur les suites judiciaires de la même affaire, V. • TGI Paris, réf., 28 oct. 1997 : *D. 1998. 154 (2e esp.), note Burgelin ; JCP 1997. II. 22964 (3e arrêt), note Derieux ; Gaz. Pal. 1997. 2. 659.*

111. L'exercice de la liberté d'expression peut être soumis à certaines formalités, conditions, restrictions prévues par la loi, lorsqu'elles constituent des mesures nécessaires à la protection de la réputation ou des droits d'autrui ; l'abus du droit à la liberté d'expression implique, non seulement l'obligation à la charge de l'auteur de réparer le dommage par l'allocation de dommages-intérêts, mais aussi la faculté pour la victime d'obtenir par une procédure d'urgence la cessation du trouble qu'elle subit et les mesures de remise en état indispensables. • Paris, 25 avr. 2001 : *BICC 2001. 1222.*

112. L'existence d'une procédure en diffamation au fond n'étant pas une condition de l'action en référé fondée sur un trouble manifestement illicite résultant de l'imputation de faits présentés comme diffamatoires, le fait que le demandeur n'ait pas encore engagé une telle instance n'est pas de nature à priver de fondement ses demandes de référé. • Paris, 2 juill. 2004 : *Gaz. Pal. 2004. 2. 2528.*

113. Mesure. Si, aux termes de l'art. 809, al. 2 NCPC [devenu C. pr. civ.], le juge des référés peut, même en présence d'une contestation sérieuse, prescrire les mesures qui s'imposent pour prévenir un dommage imminent ou pour faire cesser un trouble manifestement illicite, le caractère essentiel de la liberté d'expression et l'importance de l'atteinte qui lui est portée par la saisie ou l'interdiction d'un livre limitent l'usage de ce pouvoir aux seuls cas où l'atteinte alléguée à *l'honneur ou à la dignité* de la personne présente une gravité telle qu'il n'existe aucun autre moyen susceptible de les protéger ou de réparer le préjudice qui en peut résulter. • Paris, 23 juin 1998 : *Gaz. Pal. 1999. 1. Somm., p. 39, no 128.* ♦ Rappr. : • Rennes, 9 juin 1998 : *Gaz. Pal. 1999. 1. 1, note Du Rusquec.*

114. La L. du 29 juill. 1881 offre au diffamateur la possibilité de se justifier en apportant la preuve de la vérité des faits diffamatoires ou de s'exonérer de sa responsabilité en prouvant sa bonne foi ; s'il appartient au juge du fond d'apprécier la pertinence des éléments produits à ce titre dans le cadre d'un débat sur la preuve et la bonne foi, le juge des référés doit s'assurer de leur existence pour dire si le trouble causé revêt ou non un caractère manifestement illicite ; en l'état, il n'est produit aucun élément de nature à établir, au moins en apparence, que les auteurs du livre détiennent la preuve de la vérité de leur assertion ou qu'ils sont en mesure d'établir leur bonne foi ; il est vrai que la célérité de la procédure de référé ne favorise pas la préparation d'une défense complète sur ces questions ; il convient, pour assurer un nécessaire équilibre du procès et permettre aux défendeurs d'exercer leurs droits dans des conditions normales, de renvoyer l'affaire à une audience ultérieure, afin que soient produits les éléments dont ils entendent se prévaloir au titre de l'administration de la preuve et de la bonne foi. • TGI Paris, réf., 13 oct. 1997 : *D. 1998. 154 (1re esp.), note Burgelin ; JCP 1997. II. 22964 (2e arrêt), note Derieux ; Gaz. Pal. 1997. 2. 590, note J.-G. M.* ♦ ... Mais l'exceptionnelle gravité du fait imputé nécessite une mesure immédiate pour limiter les effets du trouble causé ; il convient, à titre conservatoire, d'ordonner la suspension de la diffusion du livre dans les conditions énoncées au dispositif. • Même décision.

115. Dès lors qu'il existe un déséquilibre flagrant entre une accusation d'une gravité extrême et des éléments d'enquête manifestement dépourvus de tout lien consistant avec cette accusation, que les défendeurs sont dans l'incapacité d'apporter la preuve des allégations diffamatoires et qu'ils ne peuvent, en se prévalant des seules pièces ou des déclarations qu'ils produisent, prétendre instaurer devant les juges du fond un débat sérieux sur la bonne foi, la publication litigieuse cause au demandeur un trouble manifestement illicite qu'il appartient au juge des référés de faire cesser, par l'occultation des passages du livre spécifiés au dispositif du jugement. • TGI Paris, réf., 28 oct. 1997 : *D. 1998. 154 (2e esp.), note Burgelin ; JCP 1997. II. 22964 (3e arrêt), note Derieux ; Gaz. Pal. 1997. 2. 659.* ♦ ... Cependant, le caractère nécessairement provisoire d'une telle décision commande d'en limiter les effets dans le temps selon des modalités permettant aux parties de débattre du litige devant les juges du fond. • Même décision.

116. Dès lors que rien ne permet d'exclure *a priori* le défendeur du bénéfice de la bonne foi, l'obligation de réparer le préjudice moral invoqué par le demandeur n'est pas évidente, et le trouble dont il se plaint ne revêt pas le caractère manifestement illicite autorisant le juge des référés à prononcer les mesures qu'il sollicite. • TGI Paris, réf., 5 déc. 1997 : *Gaz. Pal. 1998. 1. Somm. 71.*

117. Aucune disposition législative n'interdit la saisine du juge des référés lorsque les faits incriminés constituent l'une des infractions définies par la L. du 29 juill. 1881 ; le respect dû à la réputation de la personne implique que la victime d'une telle atteinte puisse, par une procédure d'urgence, obtenir la cessation immédiate du trouble constaté, lorsque celui-ci revêt un caractère manifestement illicite, et les mesures de remise en état indispensables ; à cet égard, si le juge des référés n'est pas le juge du fond de la diffamation, de la vérité des allégations constituant cette infraction ou de la bonne foi de leur auteur, il doit au moins s'assurer, pour apprécier si le trouble causé revêt ou non un caractère manifestement illicite, de l'existence et de l'apparente pertinence des éléments de conviction susceptibles d'être invoqués ; c'est par une exacte application de ces principes que le juge des référés, après avoir relevé que la célérité de la procédure de référé ne favorisait pas la préparation d'une défense complète quant à la preuve des allégations incriminées ou à la bonne foi de l'éditeur, et qu'aucun élément n'était produit à la date des débats, a renvoyé l'affaire à une audience ultérieure pour permettre au défendeur d'exercer ses droits dans des conditions normales. • Paris, 6 avr. 2000 : *BICC 2000. 1356 ; Gaz. Pal. 2000. 1. Somm. 1308.*

118. Le principe à valeur constitutionnelle de la liberté d'expression implique qu'il ne puisse y être porté atteinte en référé par une interdiction de publication ou diffusion qu'en cas d'agression intolérable mettant la personne visée dans l'impossibilité de répondre aux attaques dont elle est l'objet ou d'en obtenir une réparation appropriée à l'issue d'une procédure devant les juges du fond, la nécessaire conciliation des droits et libertés en conflit suppose que la mesure sollicitée soit limitée à ce qui est strictement indispensable à la cessation du trouble constaté ou à la prévention du dommage invoqué. • Paris, 9 mai 2000 : *Gaz. Pal. 2000. 1. Somm. 1341.*

119. Si le juge des référés tient de l'art. 809 NCPC [devenu C. pr. civ.] le pouvoir de prendre des mesures pour prévenir le dommage imminent, le principe à valeur constitutionnelle de la liberté d'expression impose de ne recourir au contrôle préalable d'une publication ou d'une émission de télévision que dans le cas où il existe des éléments de preuve sérieux de nature à démontrer la réalité d'un péril manifeste et que la publication ou l'émission en cause procède d'un abus de la liberté reconnue aux organes de presse de publier et de transmettre des informations ; tel n'est pas le cas lorsque aucune certitude ne s'attache à la teneur des propos susceptibles d'être proférés ; ainsi, le dommage imminent invoqué est hypothétique et ne peut *autoriser un contrôle*, à titre préventif, du juge des référés qui équivaudrait, s'il était exercé, en l'occurrence, à une mesure de censure ; en conséquence il n'y a lieu à référé. • TGI Paris, réf., 6 sept. 2001 : *Gaz. Pal. 2002. 1. 660, note P. Guerder.*

120. Si la liberté d'expression est érigée en un principe à valeur constitutionnelle, elle ne saurait cependant, sans encourir de restrictions, léser les droits fondamentaux de toute personne, quand bien même celle-ci exercerait des fonctions publiques ; toutefois, seul un abus évident est de nature à justifier la saisine du juge des référés, laquelle est subordonnée non à la preuve de l'urgence de la mesure sollicitée mais à la constatation du caractère manifestement illicite du trouble causé à la réputation d'autrui ; dans ces circonstances, le juge des référés doit s'en tenir à l'évidence sans anticiper le débat sur le fond du droit allégué, notamment au titre de l'offense ; manifestement attentatoires à la réputation justifiant ; qu'il soit ordonné à l'éditeur d'insérer dans son ouvrage un communiqué faisant état de ses protestations. • TGI Paris, réf., 18 oct. 2001 : *D. 2001. IR 3331.*

121. L'insertion forcée dans un livre d'un texte qui n'a pas été rédigé par les auteurs ou par l'éditeur porte atteinte à la liberté d'expression et ne peut se justifier, en référé, et quelles que soient les mesures sollicitées, que par l'existence d'un trouble dont le caractère manifestement illicite est établi. • Paris, 2 juill. 2004 : *Gaz. Pal. 2004. 2. 2528.*

122. Toute mesure de restriction à l'exercice de la liberté d'expression doit constituer une mesure nécessaire, dans une société démocratique, notamment à la protection des droits d'autrui, pour garantir l'autorité et l'impartialité du pouvoir judiciaire ; cassation, pour violation des art. 10-2 Conv. EDH, ensemble l'art. 1er de la L. du 29 juill. 1881, de l'arrêt rendu en référé qui, pour interdire à un éditeur, jusqu'à la clôture des débats d'un procès en cours, la diffusion d'un ouvrage, énonce que la décision de l'éditeur de publier un livre rédigé par le juge ayant instruit l'affaire, à un moment où les faits relatés ne pouvaient plus être débattus contradictoirement, portait une atteinte évidente aux droits de la défense de sorte qu'un péril imminent menaçait la poursuite loyale du procès, se déterminant ainsi sans préciser en quoi le contenu du livre portait atteinte aux droits protégés par le premier des textes susvisés. • Civ. 1re, 14 juin 2005, n° 03-17.730 P.

123. Pour des exemples de référés soumis à la Cour de cassation : • Civ. 2e, 24 avr. 2003, n° 99-21.503 P : *Gaz. Pal. 2003. 2. 3849, note Guerder* • Civ. 1re, 5 déc. 2006, n° 05-17.710 P : *D. 2008. 672, note Valette-Ercole.*

3° RESPECT DE LA VIE PRIVÉE

124. Spécialité de l'art. 9 C. civ. BIBL. Lepage, L'art. 9 C. civ. dans ses rapports avec l'art. 1382 C. civ. et la L. du 29 juill. 1881, *D. 2005. Pan. 2645.* ♦ Aux termes de l'art. 9 C. civ., chacun a droit au respect de sa vie privée ; ces dispositions sont spéciales au regard des énonciations générales de l'art. 1382 C. civ., au même titre que les dispositions de la L. du 29 juill. 1881 relatives à la diffamation, lesquelles n'excluent donc pas la mise en œuvre d'une action devant la juridiction civile fondée sur l'art. 9 lorsque se trouve alléguée non une diffamation mais une atteinte à la vie privée. • Paris, 5 déc. 1997 : *D. 1998. IR 32 ; Gaz. Pal. 1998. 1. Somm. 234.*

125. Définition de la vie privée. La vie privée s'entend de l'intimité de l'être humain en ses divers éléments afférents notamment à sa vie familiale, à sa vie sentimentale, à son image ou à son état de santé, qui doivent être respectés en ce qu'ils ont trait à l'aspect le plus secret et sacré de la personne ; dès lors, l'atteinte à la vie privée recouvre des aspects distincts de la seule allégation ou imputation d'un fait portant atteinte à l'honneur ou à la considération, en sorte qu'elle ne se confond pas nécessairement avec la diffamation ; ... spécialement, lorsqu'un maire sortant se plaint que la divulgation de son « internement » dans un hôpital psychiatrique porte atteinte au secret couvrant son état de santé, il allègue une atteinte à sa vie privée, et non seulement une diffamation, même s'il mentionne que l'information diffusée porte bien atteinte à son honneur et à sa considération ; ... de l'ensemble de ces éléments, il suit qu'il n'y a pas lieu de requalifier l'action engagée par le plaignant et que celle-ci, qui n'avait pas à être introduite dans le délai de trois mois prévu par l'art. 65 de la L. du 29 juill. 1881, n'est pas prescrite. • Paris, 5 déc. 1997 : *D. 1998. IR 32 ; Gaz. Pal. 1998. 1. Somm. 234.*

126. Atteintes à la vie privée. La nature et la finalité particulières d'un synopsis, ébauche d'un ouvrage en gestation dont les renseignements schématiques sont destinés à l'information de l'éditeur, ne permettent pas, à défaut de tout acte de publication, de retenir comme atteinte à la vie privée sa seule communication à l'éditeur ; en outre, un auteur peut, sans commettre de faute, fournir à un éditeur l'ensemble des éléments d'appréciation nécessaires à la décision qui lui appartient, de donner ou non, une suite favorable au projet de publication ; le principe à valeur constitutionnelle de la liberté d'expression s'oppose à ce que le tribunal, qui ne dispose pas d'un pouvoir général de contrôle préalable des publications, interdise la mise en vente d'un ouvrage non encore écrit dont la teneur réelle demeure incertaine ou détermine *a priori* les faits qui, dans une éventuelle biographie d'un artiste, ne devraient pas être évoqués. • TGI Paris, 18 nov. 1998 : *D. 1999. 462, note Rebut* ⌀.

127. Le rappel d'informations à l'occasion de l'expression d'opinions sur un fait criminel qui appartient à l'histoire judiciaire n'est pas en soi porteur d'une atteinte à la vie privée dès lors que l'interrogation posée sur la culpabilité du condamné et le militantisme pour la révision du procès induisent nécessairement le rappel des faits déjà rendus publics ; ceux-ci ne sont pas exposés dans une perspective détournée telle que la recherche délibérée du sensationnel ou du lucre en mettant en scène la victime ou ses proches ; ne porte donc pas atteinte à la vie privée des proches d'une enfant assassinée, l'ouvrage publié vingt ans après sur cette affaire ; sans méconnaître que sa publication ravive évidemment la douleur des proches, il n'est justifié en l'espèce d'aucune atteinte concrète et tangible portée par l'auteur au respect de l'une quelconque des composantes de leur vie privée ou de leur dignité, l'affaire étant évoquée dans le cadre de l'expression d'opinions émettant des doutes sur la culpabilité du condamné ou même la conviction de son absence de culpabilité. • Aix-en-Provence, 31 oct. 2001 : *JCP 2002. IV. 2182.*

4° RESPECT DE LA PRÉSOMPTION D'INNOCENCE

128. Autonomie de l'art. 9-1 C. civ. La protection de la présomption d'innocence appartient à un domaine autonome et distinct de celui de la diffamation, et découle de divers textes au plus haut de la hiérarchie des textes fondamentaux en tant que garantie autonome accordée à l'individu ; si l'action en diffamation permet de réparer l'atteinte à l'honneur et à la considération, l'art. 9-1 C. civ. a pour but de garantir l'équité du procès ; la diffamation concerne l'imputation d'un fait portant atteinte à l'honneur et à la considération, l'art. 9-1 C. civ. portant sur l'imputation d'une culpabilité ; l'action en diffamation institue un régime de sanctions et donne à la personne diffamée la possibilité d'un droit de réponse, alors que l'art. 9-1 C. civ. permet la cessation du dommage ; les deux actions sont donc distinctes et, en l'espèce, il ne peut être reproché à celui qui a été présenté par un journal comme coupable d'une infraction avant tout jugement d'agir sur le fondement de l'art. 9-1 C. civ., et non sur celui de la diffamation. • Toulouse, 15 nov. 2005 : *JCP 2006. IV. 2079.* ♦ ... Le droit de démontrer la vérité des faits, existant à l'occasion d'une action en diffamation, est fermé lors d'une action sur le fondement de l'art. 9-1 C. civ., car il est incompatible avec la préservation de la présomption d'innocence ; il serait inconcevable de permettre de rapporter la preuve de la culpabilité d'une personne qui n'a pas été déclarée coupable par des juges. • Même arrêt.

129. Dès lors qu'il a choisi de fonder son action en priorité sur les dispositions de la L. du 29 juill. 1881, le demandeur ne peut concurremment invoquer sur le fondement de l'art. 9-1 C. civ. l'atteinte à la présomption d'innocence qui résulterait des propos diffamatoires, cette circonstance ne constituant pas un fait distinct du délit proprement dit, mais un motif d'exclusion des défendeurs au bénéfice de la bonne foi ; en conséquence, la demande formée à ce titre est irrecevable. • TGI Paris, 14 mai 1997 : *BICC 1997. 1328.* ♦ Comp. : • TGI Paris, 23 mars 1994 : *D. 1995. Somm. 267, obs. Bigot* . ♦ Le préjudice né de la diffamation se confond avec celui qui résulte de l'atteinte à la présomption d'innocence : dès lors que le demandeur a choisi de poursuivre les faits au visa de l'art. 9-1 C. civ. et que satisfaction est donnée à sa demande, celui-ci est irrecevable à agir sur le fondement de l'art. 29 de la L. du 29 juill. 1881, un même préjudice ne pouvant donner lieu à des réparations distinctes. • TGI Paris, 20 mai 1997 : *BICC 1997. 1410.*

130. L'art. 9-1 C. civ. institue un mécanisme autonome de protection de la personne, indépendant des dispositions de la L. du 29 juill. 1881 ; le demandeur qui n'invoque, à l'appui de l'action fondée sur l'atteinte à la présomption d'innocence, aucun propos distinct de ceux qu'il vise au titre de la diffamation, ne peut se fonder concurremment sur les dispositions de la L. de 1881 et celles de l'art. 9-1 C. civ. afin d'éluder les prescriptions contraignantes de la loi sur la liberté de la presse ; tel n'est pas le cas en l'espèce, dès lors que le demandeur a fait délivrer aux défendeurs une assignation à jour fixe distincte, sans aucunement chercher à se dispenser des contraintes procédurales prévues par la L. du 29 juill. 1881. • TGI Paris, réf., 4 avr. 2003 : *Gaz. Pal. 2003. 2. 2405, note Mekali.* ♦ ... Ainsi, lorsque l'art. 9-1 C. civ. trouve à s'appliquer, il reste autonome de l'action en diffamation ; en effet, un fait unique peut recevoir plusieurs qualifications, dès lors qu'elles ne présentent entre elles aucune incompatibilité et qu'elles sanctionnent la violation d'intérêts distincts ; fondée sur l'affirmation publique et prématurée d'une culpabilité pénale non encore définitivement constatée par la juridiction de jugement et tendant « sans préjudice de la réparation du dommage subi », à la prescription de « toutes mesures [...] aux fins de faire cesser l'atteinte à la présomption d'innocence », l'action prévue par l'art. 9-1 C. civ. a une cause et un objet différents de l'action en diffamation exercée aux fins de sanction des propos attentatoires à l'honneur ou à la considération et de réparation du préjudice subi du fait de cette atteinte ; elle instaure un mode particulier de protection de la personne qui peut être mis en œuvre pour rétablir celle-ci dans l'un de ses droits fondamentaux, avant même le jugement de l'affaire pénale, sans qu'on puisse lui opposer, pour faire échec à sa demande ou en différer l'appréciation, des considérations tirées de *l'éventuelle vérité des faits relatés.* • Même décision. ♦ ... L'art. 9-1 C. civ. et les dispositions de la L. du 29 juill. 1881 relatives à la diffamation énoncent des règles qui ne sont pas incompatibles entre elles et ne privent pas le défendeur de faire valoir les moyens de défense prévus dans le cadre de chacun de ces textes ; en conséquence, le fait d'avoir intenté deux actions distinctes, en visant deux qualifications différentes et en incriminant les mêmes propos, ne rend pas irrecevable la demande fondée sur l'art. 9-1 C. civ. • Même décision.

131. Les abus de la liberté d'expression prévus par la L. du 29 juill. 1881 et portant atteinte au respect de la présomption d'innocence peuvent être réparés sur le fondement unique de l'art. 9-1 C. civ. ; l'arrêt retient qu'au cas précis, l'intimée visait indistinctement, et sans les hiérarchiser, plusieurs fondements juridiques au soutien de prétentions uniques, et qu'il était du devoir du juge, sinon de considérer qu'il n'était en réalité saisi que d'une demande fondée sur l'art. 9-1 C. civ., du moins d'envisager les faits dont il était saisi sous toutes les qualifications juridiques proposées et spécialement sous l'angle de l'atteinte à la présomption d'innocence, et que le seul visa de l'art. 29 de la L. du 29 juill. 1881 ne suffisait pas à rendre toutes autres demandes irrecevables. • Civ. 2e, 8 juill. 2004, n° 01-10.426 P : *D. 2004. 2956, note Bigot ; AJ pénal 2004. 411, obs. Leblois-Happe ; Gaz. Pal. 2004. 2. 2508, note P.L.G ; JCP 2005. I. 143, n° 7, obs. Tavieaux-Moro.*

132. Les abus de la liberté d'expression portant atteinte à la présomption d'innocence ne peuvent être réparés que sur le fondement de l'art. 9-1 C. civ., et les règles de forme prévues par la L. du 29 juill. 1881 ne s'appliquent pas à l'assignation visant une telle atteinte. • Civ. 1re, 20 mars 2007, n° 05-21.541 P : *D. 2007. Pan. 2902, obs. Jourdain ; JCP 2007. II. 10141 (1er arrêt), note Derieux.* ♦ Les abus de la liberté d'expression qui portent atteinte à la présomption d'innocence peuvent être réparés sur le seul fondement de l'art. 9-1 C. civ. ; les règles de forme prévues par la L. du 29 juill. 1881 ne s'appliquent pas à l'assignation visant une telle atteinte. • Civ. 1re, 8 nov. 2017, n° 16-23.779 : *BICC 15 mars 2018, n° 386 ; D. actu. 22 nov. 2017, obs. Lavric ; Gaz. Pal. 2018, p. 423, obs. Fourment.* ♦ ... A violé l'art. 9-1 C. civ., ensemble l'art. 29 de la L. du 29 juill. 1881, la cour d'appel qui, pour requalifier les demandes au titre de l'atteinte à la présomption d'innocence en demandes visant à réparer les conséquences d'allégations et d'imputations diffamatoires et, en conséquence, prononcer la nullité de l'assignation, énonce que les propos dénoncés dans l'assignation, au titre de l'atteinte à la présomption d'innocence, sont susceptibles de recevoir la qualification de diffamation et ne peuvent, dès lors, être sanctionnés que sur le fondement de la L. du 29 juill. 1881, dont l'art. 53 impose, à peine de nullité, que la citation précise et qualifie le fait incriminé et indique le texte de loi applicable à la poursuite. • Même arrêt.

133. L'auteur de l'action civile fondée sur le délit de diffamation et exercée devant le juge pénal ne peut plus agir en réparation devant le juge civil en raison des mêmes faits sur le fondement de l'art. 9-1 C. civ. • Civ. 1re, 28 juin 2007, n° 06-14.185 P : *Gaz. Pal. 2008. 2. 2538, note Lasfargeas.*

Art. 2 *(L. n° 2010-1 du 4 janv. 2010)* **Le secret des sources des journalistes est protégé dans l'exercice de leur mission d'information du public.**

Est considérée comme journaliste au sens du premier alinéa toute personne qui, exerçant sa profession dans une ou plusieurs entreprises de presse, de communication au public en ligne, de communication audiovisuelle ou une ou plusieurs agences de presse, y pratique, à titre régulier et rétribué, le recueil d'informations et leur diffusion au public.

Il ne peut être porté atteinte directement ou indirectement au secret des sources que si un impératif prépondérant d'intérêt public le justifie et si les mesures envisagées sont strictement nécessaires et proportionnées au but légitime poursuivi. Cette atteinte ne peut en aucun cas consister en une obligation pour le journaliste de révéler ses sources.

Est considéré comme une atteinte indirecte au secret des sources au sens du troisième alinéa le fait de chercher à découvrir les sources d'un journaliste au moyen d'investigations portant sur toute personne qui, en raison de ses relations habituelles avec un journaliste, peut détenir des renseignements permettant d'identifier ces sources.

Au cours d'une procédure pénale, il est tenu compte, pour apprécier la nécessité de l'atteinte, de la gravité du crime ou du délit, de l'importance de l'information recherchée pour la répression ou la prévention de cette infraction et du fait que les mesures d'investigation envisagées sont indispensables à la manifestation de la vérité.

BIBL. ▶ Ader, *Légipresse 1995. II. 60.* – Baudelot, *in* « Liberté de la presse et droits de la personne », *Dalloz, 1997. 123.* – Lesclous et Marsat, *Dr. pénal 1998. Chron. 21 et 23.* – Mbongo, *D. 2005. Point de vue. 732* (secret des sources journalistiques et vérité judiciaire). – François, *Gaz. Pal. 2007. 2. Doctr. 2373* (délit français de recel de violation de secret de l'instruction ou professionnel et CEDH). – de Bellescize et Ostrovsky, *Gaz. Pal. 2008. 2. Doctr. 2834* (secret des sources : quelle protection pour les journalistes ?). – de Bellescize, *Mél. J.-F. Burgelin, Dalloz, 2008* (juge français, juge européen et liberté d'expression des journalistes). – Guedj, *D. 2008. Point de vue 1283* (projet de loi relatif à la protection du secret des sources des journalistes) ; *AJ pénal 2009. 163* (secret des sources des journalistes). – Chavagnon, *D. 2010, Le point sur..., p. 275* (protection des sources des journalistes : la décevante L. n° 2010-1 du 4 janv. 2010). – Derieux, *JCP G 2010, n° 3, p. 40* (secret des sources des journalistes ; à propos de la loi du 4 janv. 2010). – Fricero, *Gaz. Pal. 2010. 1. Doctr. 99* (sources journalistiques : un secret bien gardé). – Bonfils, *RSC. 457* (L. n° 2010-1 du 4 janv. 2010). – Bussy, *D. 2010. Chron. 2526* (justice et médias). – Bossan, *Dr. pénal 2010. Étude 14* (protection du secret des sources des journalistes en procédure pénale). – J.-H. Robert, *JCP G 2011, n° 1099* (du secret des sources à la réquisition des fadettes). – de Bellescize, *Mél. J. Saint-Rose, Bruylant, 2012, p. 215* (la diversité des secrets des journalistes). – Derieux, Le secret à l'ère de la transparence, *Actes du Colloque annuel de La Semaine juridique,* Paris, 19 oct. 2012, *JCP G 2012, Suppl. au n° 47, p. 31* (le secret des sources d'information des journalistes). – Piot, *D. 2013. Point de vue. 1754* (protection des sources des journalistes : le mieux est parfois l'ennemi du bien).

L'ancien art. 2 est devenu art. 3 en application de la L. n° 2010-1 du 4 janv. 2010.

1. Sources journalistiques avant la loi du 4 janv. 2010. V. égal. *infra*, ss. art. 35 et 41 ; – V. de même ss. C. pén., art. 321-1. La protection des sources journalistiques est l'une des pierres angulaires de la liberté de la presse ; l'absence d'une telle protection pourrait dissuader les sources journalistiques d'aider la presse à informer le public sur des questions d'intérêt général ; en conséquence, la presse pourrait être moins à même de jouer son rôle indispensable de « chien de garde » et son aptitude à fournir des informations précises et fiables pourrait s'en trouver amoindrie • CEDH 27 mars 1996, *Goodwin c/ Royaume-Uni : BICC 1996. 746 ; D. 1997. Somm. 211, obs. Fricero ; Gaz. Pal. 1996. 1. Somm. 195 ; ibid. 1997. 2. 466, note de Fontbressin ; RTD civ. 1996. 1026, obs. Marguénaud ; LPA 30 juill. 1997, note Auvret* • CEDH 25 févr. 2003, *Roemen et Schmit c/ Luxembourg : D. 2003. Somm. 2271, obs. Fricero ; JCP 2003. I. 160, n° 13, p. 1572, obs. Sudre ; Gaz. Pal. 2003. 1. 1030, note C. Pettiti ; RSC 2004. 130, obs. Francillon* • CEDH 27 nov. 2007, *Tillack c/ Belgique,* n° 20477/05 : *JCP 2008. II. 10008, note Derieux.* ♦ ... Eu égard à l'importance que revêt la protection des sources journalistiques pour la liberté de la presse dans une société démocratique et à l'effet négatif sur l'exercice de cette liberté que risque de produire la mesure contestée (ordonnance de divulgation : 1re esp. ; perquisitions au domicile et dans les locaux professionnels du requérant : 2e esp.), une pareille mesure ne saurait se concilier avec l'art. 10 Conv. EDH que si elle se justifie par un impératif prépondérant d'intérêt public. • Mêmes décisions.

2. L'art. 10 Conv. EDH, par essence, laisse aux journalistes le soin de décider s'il est nécessaire ou non de reproduire le support de leurs informations pour en asseoir la crédibilité ; il protège le droit des journalistes de communiquer des informations sur des questions d'intérêt général dès lors qu'ils s'expriment de bonne foi, sur la base de faits exacts, et fournissent des informations fiables et précises dans le respect de l'éthique journalistique. • CEDH 21 janv. 1999, *Fressoz et Roire c/ France : D. 1999. Somm. 272, obs. Fricero* ; *JCP 1999. II. 10120, note Derieux ; ibid. 2000. I. 203, n° 26, obs. Sudre ; Gaz. Pal. 1999. 2. 477, note Lambert ; RSC 1999. 630, obs. Massias* ; *RTD civ. 1999. 909, obs. Marguénaud*. ♦ *Adde* : Mignon, *RJF Francis Lefebvre 1999, n° 3, p. 178* (y a-t-il encore un secret fiscal ?). – Deboissy et Saint-Pau, *D. 2000. Chron. 267* (la divulgation d'une information patrimoniale [à propos de l'affaire Calvet]).

3. La Cour souligne que le droit des journalistes de taire leurs sources ne saurait être considéré comme un simple privilège qui leur serait accordé ou retiré en fonction de la licéité ou de l'illicéité des sources, mais un véritable attribut du droit à l'information, à traiter avec la plus grande circonspection. • CEDH 27 nov. 2007, *Tillack c/ Belgique*, n° 20477/05 : *préc. note 1*.

4. Le droit reconnu à un journaliste de ne pas révéler l'origine de ses informations n'interdit pas de retranscrire la conversation qu'il peut avoir avec une personne dont la ligne téléphonique fait l'objet d'une surveillance lorsque, comme en l'espèce, la mesure est nécessaire à la recherche d'une infraction et proportionnée au but à atteindre. • Crim. 30 oct. 2006, n° 06-85.693 P : *D. 2007. 1240, note Guedj* ; *RSC 2007. 106, obs. Francillon* ; *JCP 2007. II. 10054, note Fourment, Michalski et Piot ; Dr. pénal 2007. 13, obs. Maron*.

5. Le droit à la protection du secret de leurs sources n'affranchit pas les journalistes de toute responsabilité en cas de publication d'informations mettant en cause un tiers ; en se retranchant derrière un tel secret, ils se mettent au contraire dans le cas de ne pouvoir établir la vérité des faits et le sérieux de l'enquête qu'ils affirment avoir menée. • TGI Paris, réf., 28 oct. 1997 : *D. 1998. 154 (2e esp.), note Burgelin* ; *JCP 1997. II. 22964 (3e arrêt), note Derieux ; Gaz. Pal. 1997. 2. 659*. ♦ La protection des sources journalistiques est un principe fondamental lié à la liberté de la presse ; en application de l'art. 10 Conv. EDH, il ne peut y être dérogé que dans des circonstances exceptionnelles, si des intérêts publics ou privés vitaux sont menacés. • TGI Paris, 25 juin 1997 : *JCP 1998. II. 10131, note Derieux*. ♦ *Adde* : H. Leclerc, *D. 1997. 141* (défense du journaliste et secret des sources : aspects juridiques, *in* « Liberté de la presse et droits de la personne »).

6. Pour que soit délivrée une injonction de comparaître à un correspondant de guerre, deux conditions doivent être réunies : premièrement, la partie requérante doit démontrer que le témoignage demandé présente un intérêt direct et d'une particulière importance pour une question fondamentale de l'affaire concernée ; deuxièmement, elle doit prouver que ce témoignage ne peut raisonnablement être obtenu d'une autre source. • TPI ch. appel, 11 déc. 2002 : *JCP 2003. II. 10043, note Derieux*.

7. Sources journalistiques depuis la loi du 4 janv. 2010. Justifie sa décision la chambre de l'instruction qui, dans une information suivie du chef de violation du secret professionnel, prononce l'annulation des réquisitions adressées, lors de l'enquête préliminaire, à des opérateurs de téléphonie, pour obtenir l'identification des numéros de téléphone des correspondants des journalistes, auteurs d'un article rendant compte d'une procédure judiciaire en cours, ainsi que celle des pièces dont elles étaient le support nécessaire, par des motifs qui établissent que cette atteinte portée au secret des sources des journalistes n'était pas justifiée par un impératif prépondérant d'intérêt public et que la mesure n'était pas nécessaire et proportionnée au but légitime poursuivi. • Crim. 6 déc. 2011, n° 11-83.970 P : *D. 2012. 17, obs. Lavric* ; *ibid. Pan. 772, obs. Dreyer* ; *Gaz. Pal. 2012. 1. 372, note Piot ; RSC 2012. 191, obs. Danet*.

8. A la suite d'une plainte pour violation du secret de l'enquête ou de l'instruction et du secret professionnel, consécutive à la publication d'un article de journal relatant une perquisition, une enquête préliminaire a été ouverte ; les enquêteurs ont délivré des réquisitions aux opérateurs téléphoniques afin d'obtenir les numéros des lignes téléphoniques professionnelles et personnelles des journalistes, rédacteurs de l'article, de se faire communiquer les relevés d'appels entrants et sortants de ces lignes dans le but de rechercher l'identité de leurs correspondants parmi lesquels était susceptible de figurer un magistrat et d'être en mesure d'identifier la source éventuelle de ces journalistes ; l'atteinte portée au secret des sources des journalistes était illégale, faute de but légitime ; de plus, la stricte nécessité et la proportionnalité des mesures envisagées au but poursuivi ne sont pas non plus établies ; il en résulte que ces actes de procédure, effectués sans l'accord des journalistes, ont été réalisés en violation de l'art. 10 Conv. EDH et de l'art. 2 de la L. du 29 juill. 1881 ; ils doivent donc être annulés. • Bordeaux, 5 mai 2011 : *JCP 2011, n° 643, obs. E.D.*

9. Le fait que des journalistes bénéficient d'un non-lieu et qu'une perquisition dans leur rédaction n'ait apporté aucun élément de preuve d'une violation d'un secret légalement protégé, ne fait pas disparaître l'atteinte à la protection des sources journalistiques commise. • CEDH, 12 avr. 2012, *Martin et a. c/ France*, n° 30002/08 : *Gaz. Pal. 2012. 1. 1631, note Piot*.

10. La liberté d'expression constitue l'un des

fondements essentiels d'une société démocratique et les garanties à accorder à la presse revêtent une importance particulière (§ 98) ; la protection des sources journalistiques est l'une des pierres angulaires de la liberté de la presse ; l'absence d'une telle protection pourrait dissuader les sources journalistiques d'aider la presse à informer le public sur des questions d'intérêt général ; en conséquence, la presse pourrait être moins à même de jouer son rôle indispensable de « chien de garde », et son aptitude à fournir des informations précises et fiables pourrait s'en trouver amoindrie (§ 99) ; par conséquent, les limitations apportées à la confidentialité des sources journalistiques appellent de la part de la Cour l'examen le plus scrupuleux, et une ingérence ne saurait se concilier avec l'article 10 de la Convention que si elle se justifie par un impératif prépondérant d'intérêt public (§ 102). • CEDH, 28 juin 2012, *Ressiot et a. c/ France*, n° 15054/07 et 15066/07 : *D. 2012. 2282, note Dreyer ; Procédures 2012. 257, obs. Buisson ; Gaz. Pal. 2012. 2. 2935, note Piot ; RSC 2012. 603, obs. Francillon*.

11. Ne justifie pas sa décision au regard des art. 10 Conv. EDH et 2 de la L. du 29 juill. 1881 l'arrêt d'une chambre de l'instruction qui prononce l'annulation des réquisitions prises à l'occasion d'une information ouverte du chef de violation du secret de l'instruction et tendant à l'exécution d'investigations destinées à déterminer les lignes téléphoniques attribuées à des journalistes et les facturations détaillées correspondant à ces lignes, sans s'expliquer suffisamment sur l'absence d'impératif prépondérant d'intérêt public pouvant justifier les mesures alors que la violation du secret de l'instruction invoquée imposait de rechercher les auteurs de cette infraction ayant porté atteinte à la présomption d'innocence, ni caractériser l'absence de nécessité et de proportionnalité desdites mesures, tout en faisant, à tort, référence à l'obligation, pour procéder aux réquisitions en cause, d'obtenir un accord des journalistes qui n'était pas en l'espèce nécessaire, ces professionnels n'étant pas directement requis de fournir des informations. • Crim. 14 mai 2013, n° 11-86.626 P : *D. actu. 12 juin 2013, obs. Lavric ; D. Pan. 508, obs. Dreyer ; AJ pénal 2013. 467, obs. Lasserre Capdeville ; RSC 2013. 576, obs. Francillon*.

12. Ne justifie pas sa décision au regard des art. 10 Conv. EDH et 2 de la L. du 29 juill. 1881 l'arrêt d'une chambre de l'instruction qui, pour dire n'y avoir lieu à annulation de la perquisition suivie d'une saisie au domicile d'un journaliste, ni de réquisitions bancaires concernant un compte ouvert au nom de ce dernier, dans une information ouverte des chefs de violation du secret professionnel, complicité et recel à la suite de la divulgation dans la presse de pièces d'une procédure visant à rechercher un détenu évadé, retient que le déroulement de l'enquête a été gravement perturbé du fait de cette divulgation, que l'intérêt public nécessite que les enquêteurs ne commettent aucune violation du secret qui les lie, et qu'une telle violation justifie que toutes les mesures d'investigation utiles soient mises en œuvre, sans démontrer que les ingérences litigieuses procédaient d'un impératif prépondérant d'intérêt public, et que d'autres mesures auraient été insuffisantes pour rechercher l'existence d'une éventuelle violation du secret professionnel, et en identifier les auteurs. • Crim. 25 févr. 2014, n° 13-84.761 : *D. actu. 5 mars 2014, obs. Lavric ; Procédures 2014, n° 126, obs. Buisson.*

13. La protection du secret des sources d'un journaliste n'a pas, en droit, pour corollaire la liberté pour le dépositaire d'un secret dont la violation est pénalement sanctionnée de le dévoiler à la presse en prétendant à l'impunité ; mais il ne peut qu'être tenu compte de ce que, même lorsqu'elles sont ordonnées par l'autorité judiciaire dans le cadre d'une enquête pour violation du secret des sources, les réquisitions visant à des investigations sur les lignes téléphoniques des journalistes en cause ne revêtent pas un caractère strictement nécessaire et proportionné au but légitime poursuivi. • Paris, 27 juin 2014, n° 2013/09406 : *D. actu. 26 sept. 2014, obs. Lavric.*

Art. 2 *bis* *(L. n° 2016-1524 du 14 nov. 2016, art. 1er)* **Tout journaliste, au sens du 1° du I de l'article 2, a le droit de refuser toute pression, de refuser de divulguer ses sources et de refuser de signer un article, une émission, une partie d'émission ou une contribution dont la forme ou le contenu auraient été modifiés à son insu ou contre sa volonté. Il ne peut être contraint à accepter un acte contraire à sa conviction professionnelle formée dans le respect de la charte déontologique de son entreprise ou de sa société éditrice.**

Toute convention ou tout contrat de travail signé entre un journaliste professionnel et une entreprise ou une société éditrice de presse ou de communication audiovisuelle entraîne l'adhésion à la charte déontologique de l'entreprise ou de la société éditrice.

Les entreprises ou sociétés éditrices de presse ou audiovisuelles dépourvues de charte déontologique engagent des négociations à compter de la publication de la loi n° 2016-1524 du 14 novembre 2016 visant à renforcer la liberté, l'indépendance et le pluralisme des médias. Cette charte est rédigée conjointement par la direction et les représentants des journalistes. A défaut de conclusion d'une charte avant le 1er juillet 2017 et jusqu'à l'adoption de celle-ci, les déclarations et les usages professionnels relatifs à la profession de journaliste peuvent être invoqués en cas de litige. Le comité institué à l'article 30-8 de la loi n° 86-1067 du

30 septembre 1986 relative à la liberté de communication est consulté lors de cette rédaction. Le deuxième alinéa du présent article s'applique à compter du 1er juillet 2017.

Art. 3 *(Décr.-L. du 29 juill. 1939)* Tout écrit rendu public, à l'exception des ouvrages de ville ou bilboquets, portera l'indication du nom et du domicile de l'imprimeur à peine, contre celui-ci, d'une amende de 3 750 €.

La distribution des imprimés qui ne porteraient pas la mention exigée au paragraphe précédent est interdite et la même peine est applicable à ceux qui contreviendraient à cette interdiction.

Une peine d'emprisonnement de six mois pourra être prononcée si, dans les douze mois précédents, l'imprimeur ou le distributeur a été condamné pour contravention de même nature.

(L. nº 58-92 du 4 févr. 1958) « Toutefois, si l'imprimé fait appel à des techniques différentes et nécessite le concours de plusieurs imprimeurs, l'indication du nom et du domicile de l'un d'entre eux est suffisante. »

1. Incrimination. Les juges qui condamnent un prévenu pour avoir publié un écrit non revêtu de l'indication de l'imprimeur, doivent préciser les éléments de fait de l'infraction desquels il résulte que l'écrit a été publié. • Crim. 12 janv. 1954 : *Bull. crim. nº 11.*

2. L'art. 2, al. 2, de la L. du 29 juill. 1881, rendant obligatoires le nom et le domicile de l'imprimeur, ne vise que la distribution des imprimés et ne s'applique pas au cas des affiches placardées. • Crim. 13 juin 1956 : *Bull. crim. nº 471.*

3. A fait l'exacte application de la loi la cour d'appel qui, pour déclarer les prévenus coupables du délit de distribution d'écrits ne portant pas la mention du nom et du domicile de l'imprimeur, énonce que ceux-ci ont reconnu que les tracts litigieux ont été rendus publics, qu'ils ne constituent ni des ouvrages de ville ni des bilboquets et ne portent aucune indication du nom et du domicile de l'imprimeur, ajoutant que l'obligation légale subsiste même dans le cas où l'impression a été réalisée par l'auteur de l'écrit, et que l'indication du parti politique émettant le tract ne saurait à elle seule désigner sans ambiguïté l'imprimeur. • Crim. 19 déc. 2000 : *Dr. pénal 2001. 71, obs. Véron.*

4. Récidive. L'art. 2 déroge à la règle générale écrite dans l'art. 63 de la L. du 29 juill. 1881, en vertu duquel l'aggravation des peines, résultant de la récidive, n'est pas applicable aux infractions prévues par cette loi ; l'état de récidive ne peut résulter, au surplus, que d'une condamnation définitive, ayant acquis l'autorité de la chose jugée au moment de la perpétration du fait qui donne lieu à la seconde poursuite. • Crim. 2 août 1856 : *DP 1856. 1. 379* • 8 déc. 1865 : *ibid. 1866. 5. 401.*

5. Action civile. Le délit de distribution d'imprimés ne portant pas la mention du nom et du domicile de l'imprimeur ne saurait donner lieu à des réparations civiles. • Crim. 29 avr. 1969 : *Bull. crim. nº 148.*

Art. 4 *Abrogé par L. du 19 mai 1925, art. 22.*

CHAPITRE II *De la presse périodique*

§ 1er *Du droit de publication, de la gérance, de la déclaration et du dépôt au parquet*

Art. 5 *(L. nº 2012-387 du 22 mars 2012, art. 99)* Tout journal ou écrit périodique peut être publié sans déclaration ni autorisation préalable, ni dépôt de cautionnement.

1. S'il appartient aux maires de prendre les mesures nécessaires pour assurer le maintien du bon ordre et la sûreté publique, ces attributions ne comportent pas le pouvoir de pratiquer, par voie de mesures préventives, la saisie d'un journal, sans qu'il soit justifié que cette saisie ait été indispensable. • T. confl. 8 avr. 1935 : *D.P. 1935. 3. 25, concl. Josse, et note Waline.*

2. Même si l'exposition d'un journal à la vue du public et sa distribution sur la voie publique peuvent créer un danger pour l'ordre public, il appartient à l'administration d'y parer par des mesures restrictives appropriées aux circonstances de temps et de lieu, et non par une interdiction absolue. • CE 23 nov. 1951 : *D. 1952. 21.*

Ancien art. 5 ***Tout journal ou écrit périodique peut être publié, sans autorisation préalable et sans dépôt de cautionnement, après la déclaration prescrite par l'article 7.***

1. S'il appartient aux maires de prendre les mesures nécessaires pour assurer le maintien du bon ordre et la sûreté publique, ces attributions ne comportent pas le pouvoir de pratiquer, par voie de mesures préventives, la saisie d'un journal, sans qu'il soit justifié que cette saisie ait été indispensable. • T. confl. 8 avr. 1935 : *DP 1935. 3. 25, concl. Josse, note Waline.*

2. Même si l'exposition d'un journal à la vue du public et sa distribution sur la voie publique peuvent créer un danger pour l'ordre public, il appartient à l'administration d'y parer par des mesures restrictives appropriées aux circonstances de temps et de lieu, et non par une interdiction absolue. • CE 23 nov. 1951 : *D. 1952. 21.*

Art. 6 *(L. n° 86-897 du 1er août 1986)* **Toute publication de presse doit avoir un directeur de la publication.**

Lorsqu'une personne physique est propriétaire ou locataire-gérant d'une entreprise éditrice au sens de la loi n° 86-897 du 1er août 1986 portant réforme du régime juridique de la presse ou en détient la majorité du capital ou des droits de vote, cette personne est directeur de la publication. Dans les autres cas, le directeur de la publication est le représentant légal de l'entreprise éditrice. Toutefois, dans les sociétés anonymes régies par les articles 118 à 150 de la loi n° 66-537 du 24 juillet 1966 sur les sociétés commerciales, le directeur de la publication est le président du directoire ou le directeur général unique.

Si le directeur de la publication jouit de l'immunité parlementaire dans les conditions prévues à l'article 26 de la Constitution et aux articles 9 et 10 du Protocole du 8 avril 1965 sur les privilèges et immunités des communautés européennes, l'entreprise éditrice doit nommer un codirecteur de la publication choisi parmi les personnes ne bénéficiant pas de l'immunité parlementaire et, lorsque l'entreprise éditrice est une personne morale, parmi les membres du conseil d'administration, du directoire ou les gérants suivant la forme de ladite personne morale.

Le codirecteur de la publication doit être nommé dans le délai d'un mois à compter de la date à partir de laquelle le directeur de la publication bénéficie de l'immunité visée à l'alinéa précédent.

Le directeur et, éventuellement, le codirecteur de la publication doivent être majeurs, avoir la jouissance de leurs droits civils et n'être privés de leurs droits civiques par aucune condamnation judiciaire. *(L. n° 2017-86 du 27 janv. 2017, art. 41)* **« Par dérogation, un mineur âgé de seize ans révolus peut être nommé directeur ou codirecteur de la publication de tout journal ou écrit périodique réalisé bénévolement, sans préjudice de l'application de la loi n° 49-956 du 16 juillet 1949 sur les publications destinées à la jeunesse. La responsabilité des parents d'un mineur âgé de seize ans révolus nommé directeur ou codirecteur de publication ne peut être engagée, sur le fondement de l'article 1242 du code civil, que si celui-ci a commis un fait de nature à engager sa propre responsabilité civile dans les conditions prévues par la présente loi. »**

Toutes les obligations légales imposées au directeur de la publication sont applicables au codirecteur de la publication.

1. Aux termes de l'art. 1er de la loi n° 86-897 du 1er août 1986, portant réforme du régime juridique de la presse, il faut entendre par « publication de presse », « tout service utilisant un mode écrit de diffusion de la pensée mis à la disposition du public en général ou de catégories de publics et paraissant à intervalles réguliers » ; cette dernière expression implique une diffusion d'informations selon une périodicité cyclique, ce qui n'est pas le cas d'une entreprise de presse telle que l'AFP, dont l'objet est d'assurer la retransmission immédiate et continue des informations qu'elle reçoit de ses journalistes ; il en résulte que cet organisme, au demeurant soumis à un statut particulier résultant de la L. du 10 janv. 1957, n'entre pas dans les prévisions de la L. du 1er août 1986, et n'est donc pas tenu de se doter d'un directeur de publication au sens de l'art. 6 de la L. du 29 juill. 1881. • Paris, 18 mai 1988 (2 arrêts) : *D. 1990. 35, note Drouot* .

2. Selon l'art. 6 de la L. du 29 juill. 1881, si aucune personne physique n'est propriétaire ou locataire-gérant d'une entreprise éditrice au sens de la loi n° 86-897 du 1er août 1986, ou ne détient la majorité du capital ou des droits de vote, la direction de la publication échoit au représentant légal de l'entreprise éditrice, avec une option, dans les sociétés anonymes régies par les art. 118 à 150 de la loi n° 66-537 du 24 juill. 1966, entre le président du directoire et le directeur général unique ; une cour d'appel, ayant relevé que le directeur de la publication d'un journal a été assigné et déclaré responsable de diffamation, sur le fondement de l'art. 1382 C. civ., et ayant prononcé qu'il n'y a pas identité nécessaire entre le représentant légal de la personne morale et le directeur de la publication, en déduit exactement que, aucune condamnation n'ayant été prononcée contre la société éditrice, l'appel de celle-ci est irrecevable, en l'application de l'art. 546 C. pr. civ. • Civ. 2e, 1er avr. 1998, n° 95-18.030 P : *D. 1998. IR 118* ; *JCP 1998. IV. 2219.*

3. Il résulte de l'art. 6 de la L. du 29 juill. 1881 sur la liberté de la presse que, lorsque l'entreprise éditrice d'une publication de presse, au sens de la L. n° 86-897 du 1er août 1986 portant réforme du régime juridique de la presse, est une association, le directeur de la publication est le représentant légal de celle-ci, auquel, en conséquence, la demande d'insertion d'une réponse, au sens de l'art. 13 de la L. du 29 juill. 1881, doit être adressée. • Civ. 1re, 6 déc. 2017, n° 16-

22.068 : *BICC 1er mai 2018, no 538 ; Gaz. Pal. 2018, p. 421, obs. Piot.*

Art. 7 *(Abrogé par L. no 2012-387 du 22 mars 2012, art. 99)* ***Avant la publication de tout journal ou écrit périodique, il sera fait, au parquet du procureur de la République, une déclaration contenant :***

1o Le titre du journal ou écrit périodique et son mode de publication ;

2o** (L. no 52-336 du 25 mars 1952)* ***« Le nom et la demeure du directeur de la publication et, dans le cas prévu au** (L. no 86-897 du 1er août 1986)* ***« troisième alinéa » de l'article 6, du codirecteur de la publication » ;

3o L'indication de l'imprimerie où il doit être imprimé.

Toute mutation dans les conditions ci-dessus énumérées sera déclarée dans les cinq jours qui suivront.

Art. 8 *(Abrogé par L. no 2012-387 du 22 mars 2012, art. 99)* ***Les déclarations seront faites par écrit, sur papier timbré, et signées** (L. no 86-897 du 1er août 1986, art. 22)* ***« du directeur de la publication ». Il en sera donné récépissé.***

Art. 9 *(L. no 2012-387 du 22 mars 2012, art. 99)* **« En cas de contravention à l'article 6, le propriétaire, le directeur de la publication et, dans le cas prévu au troisième alinéa du même article 6, le codirecteur de la publication sont punis de l'amende prévue pour les contraventions de la cinquième classe. » La peine sera applicable à l'imprimeur à défaut du propriétaire ou du directeur ou, dans le cas prévu au** *(L. no 86-897 du 1er août 1986)* **« troisième alinéa » de l'article 6, du codirecteur de la publication.**

Le journal ou écrit périodique ne pourra continuer sa publication qu'après avoir rempli les formalités ci-dessus prescrites, à peine, si la publication irrégulière continue, de l'amende prévue pour les contraventions de la 4e classe, prononcée solidairement contre les mêmes personnes, pour chaque numéro publié à partir du jour de la prononciation du jugement de condamnation, si ce jugement est contradictoire, et du troisième jour qui suivra sa notification, s'il a été rendu par défaut ; et ce, nonobstant opposition ou appel, si l'exécution provisoire est ordonnée.

Le condamné, même par défaut, peut interjeter appel. Il sera statué par la cour dans le délai de trois jours.

Le gérant d'un journal (directeur de la publication), tenu de déposer au parquet, aux termes des art. 7 et 9 de la L. du 29 juill. 1881, une déclaration contenant l'indication de l'imprimerie où le journal doit être imprimé, contrevient aux prescriptions de ces articles lorsqu'il omet de déclarer le nom de l'imprimeur. • Crim. 3 janv. 1884 : *DP 1884. 1. 371.* ♦ ... Ou donne une indication mensongère relative au nom de l'imprimeur. • Lyon, 7 août 1884 : *DP 1885. 2. 245.*

Art. 10 *(Abrogé par L. no 2012-387 du 22 mars 2012, art. 99)* ***« Au moment de la publication de chaque feuille ou livraison du journal ou écrit périodique, il sera remis au parquet du procureur de la République, ou à la mairie dans les villes où il n'y a pas de tribunal de grande instance, deux exemplaires signés du directeur de la publication. »***

(L. no 2012-387 du 22 mars 2012, art. 99) **« Sont soumis à l'obligation de dépôt auprès du ministre chargé de la communication à la parution de chaque numéro les journaux et écrits périodiques à diffusion nationale. Un arrêté du ministre chargé de la communication fixe les modalités de mise en œuvre de l'obligation de dépôt ainsi que le nombre d'exemplaires à déposer. Ce nombre ne peut être supérieur à dix et tient compte notamment du fait que la publication est ou non consacrée à l'information politique et générale.** – *V. Arr. du 22 nov. 2012 (JO 30 nov.).*

« Ce dépôt » sera effectué sous peine de l'amende prévue pour les contraventions de la 4e classe contre le directeur de la publication.

Art. 11 Le nom du directeur de la publication sera imprimé au bas de tous les exemplaires, à peine contre l'imprimeur de l'amende prévue pour les contraventions de la 4e classe par *[pour]* **chaque numéro publié en contravention de la présente disposition.** – *V. L. no 92-1336 du 16 déc. 1992, art. 328 ss. C. pén., art. 727-3.*

La responsabilité de l'omission du nom du gérant (directeur de la publication) au bas des exemplaires d'un journal incombe à l'imprimeur, à l'exclusion de toute autre personne. • Paris, 5 nov. 1907 : *DP 1908. 2. 96.*

§ 2 *Des rectifications*

Art. 12 Le directeur de la publication est tenu d'insérer gratuitement, en tête du plus prochain numéro du journal ou écrit périodique, toutes les rectifications qui lui seront adressées par un dépositaire de l'autorité publique, au sujet des actes de sa fonction qui auront été inexactement rapportés par ledit journal ou écrit périodique.

Toutefois, ces rectifications ne dépasseront pas le double de l'article auquel elles répondront.

En cas de contravention, le directeur de la publication sera puni d'une amende de 3 750 €.

Outre le droit qui, aux termes de l'art. 12 de la L. du 29 juill. 1881, appartient aux fonctionnaires publics de faire insérer dans un journal des rectifications au sujet des articles qui concernent des actes de leurs fonctions, ils ont, comme toute personne nommée ou désignée dans un journal, pour discuter ces mêmes actes, le droit de réponse consacré par l'art. 13 de la même loi. • Crim. 21 févr. 1889 : *DP 1890. 1. 189* • 10 avr. 1891 : *ibid. 1892. 1. 80* • 18 juill. 1896 : *ibid. 1897. 1. 55.*

Art. 13 *(L. du 29 sept. 1919)* Le directeur de la publication sera tenu d'insérer, dans les trois jours de leur réception, les réponses de toute personne nommée ou désignée dans le journal ou écrit périodique quotidien, sous peine *(L. nº 93-2 du 4 janv. 1993)* « d'une amende de » 3 750 €, sans préjudice des autres peines et dommages-intérêts auxquels l'article pourrait donner lieu.

En ce qui concerne les journaux ou écrits périodiques non quotidiens, le directeur de la publication, sous les mêmes sanctions, sera tenu d'insérer la réponse dans le numéro qui suivra le surlendemain de la réception.

Cette insertion devra être faite à la même place et en mêmes caractères que l'article qui l'aura provoquée et sans aucune intercalation.

Non compris l'adresse, les salutations, les réquisitions d'usage et la signature, qui ne seront jamais comptées dans la réponse, celle-ci sera limitée à la longueur de l'article qui l'aura provoquée. Toutefois, elle pourra atteindre cinquante lignes, alors même que cet article serait d'une longueur moindre, et elle ne pourra dépasser deux cents lignes, alors même que cet article serait d'une longueur supérieure. Les dispositions ci-dessus s'appliquent aux répliques, lorsque le journaliste aura accompagné la réponse de nouveaux commentaires.

La réponse sera toujours gratuite. Le demandeur en insertion ne pourra excéder les limites fixées au paragraphe précédent en offrant de payer le surplus.

La réponse ne sera exigible que dans l'édition ou les éditions où aura paru l'article.

Sera assimilé au refus d'insertion et puni des mêmes peines, sans préjudice de l'action en dommages-intérêts, le fait de publier, dans la région desservie par les éditions ou l'édition ci-dessus, une édition spéciale d'où serait retranchée la réponse que le numéro correspondant du journal était tenu de reproduire.

Le tribunal prononcera dans les dix jours de la citation sur la plainte en refus d'insertion. Il pourra décider que le jugement ordonnant l'insertion, mais en ce qui concerne l'insertion seulement, sera exécutoire sur minute nonobstant opposition ou appel. S'il y a appel, il y sera statué dans les dix jours de la déclaration faite au greffe.

Pendant toute période électorale, le délai de trois jours prévu pour l'insertion par le paragraphe 1er du présent article sera, pour les journaux quotidiens, réduit à vingt-quatre heures. La réponse devra être remise six heures au moins avant le tirage du journal dans lequel elle devra paraître. Dès l'ouverture de la période électorale, le directeur de la publication du journal sera tenu de déclarer au parquet, sous les peines édictées au paragraphe premier, l'heure à laquelle, pendant cette période, il entend fixer le tirage de son journal. Le délai de citation sur refus d'insertion sera réduit à vingt-quatre heures, sans augmentation pour les distances, et la citation pourra même être délivrée d'heure à heure sur ordonnance spéciale rendue par le président du tribunal. Le jugement ordonnant l'insertion sera exécutoire, mais en ce qui concerne cette insertion seulement, sur minute, nonobstant opposition ou appel. *(L. nº 46-2151 du 5 oct. 1946)* « Si l'insertion ainsi ordonnée n'est pas faite dans le délai qui est fixé par le présent alinéa et qui prendra cours à compter du prononcé du jugement, le directeur de la publication sera passible d'une peine d'emprisonnement de trois mois et d'une amende de 3 750 €. »

L'action en insertion forcée se prescrira *(L. nº 2000-516 du 15 juin 2000, art. 94-II)* « après trois mois révolus », à compter du jour où la publication aura eu lieu.

(L. nº 93-2 du 4 janv. 1993) « Sans préjudice de l'application de l'alinéa précédent, toute personne nommée ou désignée dans un journal ou écrit périodique à l'occasion de l'exercice de poursuites pénales peut également exercer l'action en insertion forcée, dans le délai de trois mois à compter du jour où la décision de non-lieu dont elle fait l'objet est intervenue

ou celle de relaxe ou d'acquittement la mettant expressément ou non hors de cause est devenue définitive. »

*Sur l'inapplicabilité de l'art. 13 au cas de publicité comparative, V. C. consom., art. L. 121-13. — **C. consom.***

RÉP. PÉN. v° *Droit de réponse : refus d'insérer*, par DREYER.

BIBL. ▶ MAURICE-HERSANT, *D. 1982. Chron. 167* (le droit de réponse). – LEVY, *in « Liberté de la presse et droits de la personne », Dalloz, 1997, p. 31* (pratique du droit de réponse dans la presse écrite et la communication audiovisuelle). – AUVRET, *Gaz. Pal. 2001. 1. Doctr. 974* (l'évolution des droits de réponse : de la presse écrite à internet) ; *ibid. 2006. 2. Doctr. 3684* (le droit de réponse en ligne : jeu de miroirs). – DERIEUX, *Légipresse 2001, II, p. 99 à 106* (droit de réponse : incertitudes et diversité des régimes actuels). – BIGOT, *Gaz. Pal. 2002. 1. Doctr. 734* (l'exercice d'un droit de réponse et l'internet) ; *ibid. 2008. 2. Doctr. 2100* (le droit de réponse relatif aux services de communication en ligne après l'entrée en vigueur du Décr. n° 2007-1527 du 24 oct. 2007). – ADER, *Légicom 2002, n° 28, p. 25* (le droit de réponse de la loi de 1881).

PLAN DES ANNOTATIONS

I. DROIT DE RÉPONSE

A. FONDEMENT

1. *Principe.* Le droit de réponse trouve son fondement non pas dans la nécessité d'une riposte à une attaque, mais simplement dans la possibilité, pour une personne nommée ou désignée, de faire connaître ses explications ou ses protestations sur les circonstances et dans les conditions mêmes qui ont provoqué sa désignation. • Crim. 28 avr. 1932 : *Bull. crim. n° 117 ; DP 1932. 1. 68, note Nast* • 15 déc. 1934 : *Bull. crim. n° 210, DP 1935. 1. 27 ; note Nast.* ♦ Opposer Josserand, *note DP 1924. 1. 97, ss. Civ. 21 mai 1924.* ♦ V. encore : • Paris, 14 déc. 1993 : *Gaz. Pal. 1994. 2. Somm. 776* • 24 mai 1994 : *D. 1995. Somm. 271, obs. Bigot* • 21 janv. 1999 : *ibid. 1999. IR 84* • TGI Paris, 12 oct. 1994 : *D. 1995. Somm. 269, obs. Bigot*

2. Le droit de réponse est un principe général et absolu dès lors qu'une personne est mise en cause dans un article. • Civ. 2e, 27 janv. 1993, n° 91-15.158 P • Paris, 14 nov. 2001 : *D. 2002. 543* ♦ Les termes de l'art. 13 de la L. du 29 juill. 1881 sont généraux et absolus, et l'exercice du droit qu'il consacre ne saurait être subordonné à la constatation de l'intention de nuire chez l'auteur de l'article. • Crim. 15 déc. 1934 : *Bull. crim. n° 210 ; DP 1935. 1. 27, note Nast.* ♦ Peu importe que l'article du journal auquel il est répondu ne renferme ni une attaque contre la personne nommée, ni même une appréciation défavorable à son égard. • Crim. 3 mai 1923 : *Bull. crim. n° 187 ; DP 1923. 1. 93.* ♦ Ainsi, le droit de réponse peut être exercé même au cas où la réponse a été provoquée, en dehors de toute attaque personnelle, par la critique d'une œuvre littéraire que ses auteurs ont intérêt à défendre. • Crim. 17 juin 1898 : *DP 1899. 1. 289, note Appleton ; S. 1898. 1. 538, note Villey* • Civ. 21 mai 1924 : *préc. note 1.* ♦ Cassation de : • Paris, 24 nov. 1922 : *DP 1922. 2. 129, concl. Dreyfus.* ♦ Sur renvoi : • Orléans, 27 mai 1925 : *DH 1925. 420.*

3. Le droit de réponse constitue une atteinte au droit de propriété de la personne physique ou morale à laquelle appartient la publication, et doit, en conséquence, être renfermé dans les limites que le législateur lui a assignées. • Lyon, 13 nov. 1950 : *D. 1951. 191.*

4. L'insertion d'un droit de réponse, prévue par la loi et destinée à assurer la protection de la personnalité de l'auteur, ne saurait constituer une ingérence de l'autorité publique au sens de l'art. 10 Conv. EDH. • Paris, 13 mars 1991 : *D. 1991. IR 120.*

5. *Finalité.* Le droit de réponse instauré par l'art. 13 de la L. du 29 juill. 1881 est un droit destiné à assurer la protection de la personnalité, son mode d'exercice strictement personnel comme la licence donnée à son titulaire d'en définir le contenu en atteste. • Paris, 17 avr. 1996 : *D. 1997. Somm. 75, obs. Bigot* ♦ Pour absolu qu'il soit, il est attaché à un fondement, celui de la défense de la personnalité, ce qui requiert pour qu'il s'exerce, d'une part, que celle-ci soit mise en cause, d'autre part, que la réponse apportée concerne la défense de cette personnalité. • Même arrêt.

6. L'exercice du droit de réponse prévu par

l'art. 13 de la L. du 29 juill. 1881 ne saurait faire l'objet d'un abus ; au regard de l'art. 10 Conv. EDH, il constitue une mesure nécessaire à la protection de la réputation ou des droits d'autrui, et tel n'est pas le cas si son exercice est sans pertinence ou s'il a pour effet de porter atteinte à la liberté d'expression ; c'est ainsi que doit être refusé l'exercice du droit de réponse effectué de façon systématique par un parti politique aux fins d'imposer sa propre sémantique, ayant pour but de le faire échapper à la qualification d'extrême droite. • Paris, 15 janv. 1997 : *BICC 1997. 724.* ♦ L'insertion d'une réponse dépourvue de lien de corrélation avec la teneur de l'article auquel elle prétend répliquer, ne peut être exigée sur le fondement de l'art. 13 de la L. du 29 juill. 1881 ; par ailleurs, la publication d'une telle réponse constituerait une restriction à l'exercice de la liberté de recevoir ou communiquer des informations, non justifiée par la protection des droits énumérés par l'art. 10 § 2 Conv. EDH. • Crim. 4 nov. 1997, n° 97-80.928 P (rejet du pourvoi contre • Paris, 15 janv. 1997 : *préc.*). ♦ La réponse étant indivisible, l'insertion d'une réponse en partie dépourvue de corrélation avec l'article en cause ne peut être exigée sur le fondement de l'art. 13 de la L. du 29 juill. 1881 ; justifie légalement sa décision la cour d'appel qui, pour déclarer mal fondée la demande d'insertion d'une réponse, relève qu'un parti politique, mis en cause à propos d'un crime, a entendu répondre en exposant les éléments d'une doctrine présentée comme étant la sienne et relative aux menées racistes, aux problèmes migratoires, aux vertus du concept national et aux causes supposées d'une situation politique et sociale donnée, cet exposé débouchant sur une revendication d'identité, et qu'un pareil exposé a méconnu la nécessité d'une adaptation de la réponse à la mise en cause, puisqu'il ne s'est pas borné aux explications et protestations qu'aurait pu susciter cette mise en cause. • Civ. 2e, 24 juin 1998, n° 96-17.347 P. ♦ Confirmation de • Versailles, 3 juill. 1996 : *D. 1997. Somm. 75, obs. Bigot ; JCP 1996. II. 22732 (2°), note Derieux ; Gaz. Pal. 1996. 2. Somm. 356 ; RSC 1996. 857, obs. Mayaud.*

7. Le droit de réponse, institué par l'art. 13 de la loi sur la presse au profit d'une personne mise en cause dans un journal ou un périodique, tend à permettre à la personne concernée de défendre le droit au respect de sa personnalité et de faire connaître ses explications et réserves sur les circonstances de sa mise en cause ; s'il est général et absolu, le droit de réponse, qui constitue une limite à la liberté d'expression puisqu'il conduit un organe de presse à publier un texte contre sa volonté, doit, en application de l'art. 10 § 2 Conv. EDH, être strictement limité à ce qui est nécessaire à la protection de la réputation et des droits d'autrui ; il ne doit pas dégénérer en tribune libre et ouverte, à laquelle ne pourrait se soustraire l'organe de presse, celui-ci étant libre d'émettre une opinion sans être contraint de réserver ses colonnes à la publication d'une opinion contraire aux idées qu'il a exprimées. • TGI Paris, 11 sept. 1996 : *Légipresse 1997, n° 139-III, note Derieux.*

8. En dépit de l'apparente généralité des termes de l'art. 13 de la L. du 29 juill. 1881, obligeant le directeur de la publication à insérer la réponse de « toute personne nommée ou désignée » dans un journal ou écrit périodique quotidien, le droit de réponse, qui porte atteinte au libre choix par les organes de presse des textes publiés, ne peut être exercé que pour faire connaître les explications ou les protestations d'une personne sur les circonstances ayant provoqué sa mise en cause ; destinées à rétablir le caractère contradictoire d'une information relative à certains faits, les dispositions sur le droit de réponse ne sauraient être invoquées pour combattre les analyses et jugements émis par un journaliste dans l'exercice de sa liberté d'expression des opinions, en instaurant une tribune libre et ouverte à laquelle l'organe de presse ne pourrait se soustraire. • TGI Paris, 15 janv. 1997 : *inédit.*

9. Selon l'art. 13 de la L. du 29 juill. 1881, toute personne nommée ou désignée dans un journal ou un écrit périodique, quotidien ou non, dispose d'un droit de réponse ; mais si ce droit est général et absolu, et si celui qui l'exerce est seul juge de la forme, de la teneur et de l'utilité de la réponse, encore faut-il que celle-ci soit utile et s'y exerce dans l'intérêt légitime d'une défense à une mise en cause déterminée ainsi que dans le cadre de cette défense, la disposition de l'art. 13 de la loi sur la presse n'étant pas destinée à « instaurer » une tribune libre et ouverte à laquelle ne pourraient se soustraire les organes de presse, « ni à relancer indéfiniment une polémique pour permettre la promotion des thèses du titulaire du droit » ; autrement dit, le droit de réponse n'est pas une tribune libre ouverte à toute personne mise en cause ; par suite, l'auteur d'un tract polémique mettant en cause une municipalité n'est pas fondé à solliciter une réponse dans le bulletin municipal suite à une réaction parue dans celui-ci à la suite de la distribution de son tract aux habitants de la ville ; le tract va bien au-delà de l'échec d'un projet de son et lumière et concerne en réalité l'essor économique et culturel de la ville ; imposer un droit de réponse aurait les conditions d'une polémique sans fin ; il s'agirait à l'évidence d'un détournement de la finalité du droit de réponse. • Toulouse, 28 oct. 2003 : *JCP 2004. IV. 2708.*

10. Abus. **BIBL.** Mayaud, *in* « Liberté de la presse et droits de la personne », *Dalloz, 1997, p. 5* (l'abus de droit en matière de droit de réponse). ♦ Le refus d'insertion est justifié dès lors que le texte de réponse adressé par le président d'un parti politique a pour objet d'exposer les thèses de son parti, étant relevé que sur les sept phrases que comporte la réponse, trois sont articulées autour de ce parti ou d'un « nous » qui s'y rapporte, une seule, la première qui introduit la réponse, est au nom du président et que le contenu lui-même est celui d'un exposé politique ; il apparaît, dans ces conditions, que loin de servir à la défense de la personnalité, le droit de réponse réclamé tendait en réalité à instituer une tribune libre dans le but d'exposer et de défendre les thèses d'un parti, thèses dont on ne saurait prétendre qu'elles constituent des attributs de la personnalité du président de ce parti. • Paris, 17 avr. 1996 : *D. 1997. Somm. 75, obs. Bigot* .

11. Lorsque la personne concernée est un parti politique, la mention critique, péjorative ou dévalorisante qui peut, directement ou non, en être faite dans un article de presse s'inscrit, lorsqu'elle est de nature politique, dans un débat ou dans une polémique de même nature ; elle ne constitue pas une mise en cause et il appartient au parti politique visé d'y répliquer par les moyens d'expression dont il dispose sans imposer au journal concerné la publication d'un texte qui, répondant alors à une critique politique, serait une riposte de même type et dont l'insertion forcée méconnaîtrait la liberté dudit journal. • Versailles, 3 juill. 1996 : *D. 1997. Somm. 75, obs. préc. Bigot* ; *JCP 1996. II. 22732 (2°), note Derieux* ; *Gaz. Pal. 1996. 2. Somm. 356* ; *RSC 1996. 857, obs. Mayaud* . – Infirmation de : • TGI Nanterre, 17 avr. 1996 : *JCP 1996. II. 22732 (1°), note Derieux.* ♦ Confirmé par • Civ. 2e, 24 juin 1998, n° 96-17.347 P. ♦ ... La nature politique d'une telle mention se reconnaît aux références ou allusions qu'elle peut faire à des idées, options ou méthodes relatives à l'organisation sociale ou à l'exercice du pouvoir ; répond à cette définition le fait, par un article de presse, d'évoquer le racisme en faisant allusion à un parti politique. • Même arrêt. ♦ ... Mais un crime ayant été commis à l'occasion d'une manifestation organisée par un parti politique, le fait d'annoncer dans un article de presse que les auteurs présumés de ce crime, participants possibles à la manifestation, s'étaient rendus sur les lieux et les avaient quittés dans un autobus affecté par le même parti au transport de ses militants, constitue une mise en cause génératrice d'une réponse au sens de l'art. 13 de la L. du 29 juill. 1881 ; en effet, une telle énonciation, qui n'a rien d'une critique ou d'une appréciation politique, mentionne, à propos certes d'un parti politique, des faits dans lesquels nul ne peut légitimement s'accommoder d'être impliqué, et se prête d'évidence, indépendamment de la personne qu'elle concerne, à des explications ou à des protestations. • Même arrêt.

12. Doit être refusé l'exercice du droit de réponse effectué de façon systématique par un parti politique aux fins d'imposer sa propre sémantique, ayant pour but de le faire échapper à la qualification d'extrême droite. • Paris, 15 janv. 1997 : *BICC 1997. 724.*

13. Dès lors que la mise en cause du demandeur porte en réalité sur les idées et la doctrine d'un parti politique que le journaliste critique et sur lesquelles il exprime son opinion, le président de ce parti détourne le droit de réponse de sa finalité et en fait un usage abusif, en développant l'argumentation qui doit servir à combattre le jugement porté sur son parti, et en engageant une discussion relevant du débat d'idées et de la polémique politique, qui n'ont pas leur place dans l'exercice du droit prévu par l'art. 13 de la loi sur la presse. • TGI Paris, 11 sept. 1996 : *Légipresse 1997, n° 139-III, note Derieux.*

14. De même que le droit de réponse ne saurait tendre à instituer une tribune libre ouverte à toute personne nommée ou désignée dans un journal, cette prérogative ne peut davantage avoir pour objet de priver les journalistes de toute liberté d'analyse et de jugement sur les acteurs de la vie politique, détournant ainsi l'art. 13 de la loi sur la presse de sa finalité. • TGI Paris, 12 sept. 1996 : *Les annonces de la Seine, 2 déc. 1996.*

15. En prenant prétexte de la publication d'un article pour, non seulement contester comme elle en avait le droit son appartenance à un groupement, mais aussi diffuser ses idées et faire connaître les principes philosophiques ou politiques auxquels elles serait attachée, une association détourne le droit de réponse de sa finalité et ne saurait obtenir l'insertion d'un texte n'ayant pas d'autre objet que d'entretenir une polémique, sans véritable mise en cause justifiant une réplique de la personne atteinte. • TGI Paris, 15 janv. 1997 : *inédit.*

16. Constitue un abus de droit le fait de requérir, sur le fondement de l'art. 13 de la L. du 29 juill. 1881, l'insertion d'un texte, qui ne se borne pas à une mise en cause, mais a pour objet d'assurer une présentation générale et de promouvoir les thèses d'un parti politique. • Crim. 3 nov. 1999, n° 96-83.146 P : *D. 2000. IR 29* .

17. Concurrence du référé. Même si la personne qui s'estime mise en cause par voie de presse peut exercer un droit de réponse conformément à la L. du 29 juill. 1881, cette faculté ne saurait la priver du droit de solliciter, en application de l'art. 809, al. 1er, NCPC [devenu C. pr. civ.], une autre mesure, de nature et de fondement différent, pour faire cesser un trouble manifestement illicite. • Paris, 12 mai 1995 : *D. 1997. Somm. 71, obs. Dupeux* .

B. DOMAINE

1° ÉCRITS

18. Toutes publications. Il n'y a pas à distinguer entre les diverses publications : le droit de réponse s'applique à toutes sans exception. • Crim. 17 juin 1898 : *DP 1899. 1. 289, note Appleton* ; *S. 1898. 1. 538, note Villey.* ♦ ... Quelle que soit la nature des faits ou des réflexions à l'occasion desquels celui qui répond a été nommé ou désigné. • Crim. 28 mars 1995, n° 92-81.093 P.

19. Le texte de la loi ne saurait subir aucune restriction ; il doit s'appliquer aussi bien aux articles de presse, qu'il s'agisse d'information ou de critique, qu'aux publications de décisions de justice, que ces décisions soient ou non définitives, et alors même que la reproduction en serait strictement complète, exacte et faite de bonne foi. • Crim. 28 avr. 1932 : *Bull. crim. n° 117 ; DP 1932. 1. 68, note Nast.* ♦ Opposer : • Lyon, 26 janv. 1979 : *JCP 1980. II. 19264, note Chavanne ; RSC 1980. 143, obs. Levasseur.*

20. Périodicité des publications. Le caractère continu des publications d'informations sur un site internet dédié à cette fonction, présentant « chaque jour, 24 heures sur 24, toute l'actualité », ne prive pas la publication du caractère périodique exigé pour la mise en œuvre des dispositions de l'art. 13 de la L. du 29 juill. 1881, la continuité de la publication ne constituant qu'un cas particulier de fréquence de périodicité ; en conséquence, la demande d'insertion d'un droit de réponse à partir d'une telle publication est valablement fondée sur les dispositions de ce texte. • TGI Paris, réf., 14 nov. 2002 : *BICC 2003, n° 303.*

21. Exclusion des communications audiovisuelles. Les émissions radiophoniques ne peuvent être assimilées à un journal au regard des dispositions de la L. du 29 juill. 1881 concernant l'exercice du droit de réponse, lesquelles ne s'appliquent qu'aux écrits imprimés. • Paris, 27 nov. 1929 : *DP 1930. 2. 155, note Nast.* ♦ Sur le droit de réponse en matière audiovisuelle, V. loi n° 82-652 du 29 juill. 1982.

22. Exclusion des dessins. Les dispositions de l'art. 13 de la L. du 29 juill. 1881 établissent au profit des personnes désignées dans un journal périodique un droit de réponse pour leur permettre de faire connaître leurs explications ou leurs protestations sur les circonstances qui ont provoqué cette désignation ; ce texte, qui apporte un tempérament à la liberté de la presse, et constitue une ingérence dans le principe de la liberté d'expression, ne saurait être interprété de manière extensive ; or, les dispositions de l'al. 4 de l'art. 13, qui précisent le nombre de lignes que doit comporter la réponse proposée, n'apparaissent pas adaptées, ni directement applicables à un dessin, et ne mettent pas le directeur de publication – dont le rôle doit se limiter à être « comptable du nombre de lignes » – en mesure de savoir, de manière certaine, si la présentation typographique du texte est en corrélation avec la place occupée par le dessin initial, et donc, si les impératifs de longueur ont été respectés ; en outre, l'appréciation de la pertinence d'une réponse écrite par rapport à un dessin, modes d'expression totalement différents par nature, ne peut relever que de la plus grande subjectivité ; il résulte de l'ensemble de ces éléments qu'une personne désignée dans un dessin publié dans un journal ne peut exercer le droit de réponse prévu à l'art. 13 de la loi de 1881 ; pour autant, une personne mise en cause par un dessin, n'est pas privée de toute action pour faire valoir ses droits, puisqu'il est de jurisprudence constante qu'un dessin peut être constitutif d'une diffamation ou d'une injure. • TGI Paris, 10 mars 1997 : *JCP 1997. II. 22864, note Beignier.* ♦ S'il n'est pas douteux qu'un dessin peut être en lui-même porteur d'un message, auquel il peut être répondu par écrit de façon pertinente et adaptée, il n'en demeure pas moins que le droit pénal est d'application stricte et que l'art. 13 de la L. du 29 juill. 1881 ne prévoit pas l'exercice du droit de réponse à toute forme de mise en cause ; en spécifiant, dans l'al. 3 dudit article, que l'insertion « devra être faite à la même place et en mêmes caractères que l'article qui l'aura provoquée ... », le législateur a limité cet exercice du droit de réponse à la désignation de la personne dans un « article » ; cette disposition, dérogatoire du principe de la liberté de la presse, ne saurait faire l'objet d'une interprétation extensive ; dès lors, un homme politique, mis en cause par un dessin le représentant sous la forme de quatre visages accolés, proférant des mots inscrits en lettres gothiques, agencés en forme de croix gammée, ne saurait imposer au journal l'insertion d'une réponse écrite. • Paris, 11 sept. 1997 : *Dr. pénal 1997. 153, obs. Véron ; JCP 1998. II. 10. 034, note Beignier ; Gaz. Pal. 1998. 1. Somm. 203, note Manseur-Rivet* (arrêt confirmatif).

2° PERSONNES

23. Mise en cause. Le droit de réponse institué par l'art. 13 de la L. du 29 juill. 1881 est strictement personnel et ne peut être exercé que par celui qui a été expressément ou implicitement mis en cause dans une publication périodique. • Crim. 27 oct. 1910 : *Bull. crim. n° 524* • 2 févr. 1988 : *ibid. n° 54; RSC 1988. 790, obs. Levasseur.*

24. Aucune disposition de la L. du 31 déc. 1971 n'autorise l'avocat à exercer, sans mandat spécial, le droit exceptionnel et personnel accordé par l'art. 13 de la L. du 29 juill. 1881 aux personnes mises en cause dans un écrit périodique. • Crim. 9 mai 1990, n° 88-83.414 P. ♦ ... Sauf hypothèse de simple transmission par l'avocat d'une réponse élaborée et signée par le titulaire du droit de réponse lui-même. • TGI Paris, 12 févr. 1991 : *Gaz. Pal. 1991. 1. 229, note Bilger.* ♦ Le directeur de la publication n'est pas tenu d'insérer une réponse en application de l'art. 13 de la L. du 29 juill. 1881 lorsqu'elle lui est demandée par un avocat sans que celui-ci produise le mandat spécial qui lui a été remis à cet effet par la personne mise en cause. • Crim. 22 févr. 2000, n° 99-82.011 P : *Dr. pénal 2000. 126, obs. Vé-*

ron • Civ. 2e, 14 déc. 2000, n° 98-14.949 P : *Gaz. Pal. 2001. 1. Somm. 981, note Guerder.* ♦ Ne donne pas de base légale à sa décision la cour d'appel qui, pour écarter l'argumentation du prévenu selon laquelle le délit de refus d'insertion de réponse par le directeur de la publication n'est pas constitué dès lors que ce dernier n'a pas été valablement saisi de la demande d'insertion par l'avocat qui n'a pas joint un mandat spécial de son client, relève, après avoir énoncé qu'aucun texte n'exige qu'un tel mandat fût joint à la demande d'insertion, qu'en l'espèce, ce mandat a été produit devant les premiers juges et qu'il est établi que l'avocat en disposait bien lorsque le directeur de la publication a reçu la demande, sans constater que le mandat spécial dont disposait l'avocat a été porté à la connaissance du prévenu lors de la demande d'insertion. • Crim. 22 févr. 2000 : *préc.*

25. La personne mise en cause peut être une personne physique ou une personne morale. • Crim. 6 nov. 1956 : *JCP 1957. II. 9723.* ♦ ... Un simple particulier ou un fonctionnaire public, malgré le droit propre reconnu à ce dernier sur le fondement de l'art. 12 de la L. du 29 juill. 1881. • Crim. 21 févr. 1889 : *DP 1890. 1. 189* • 10 avr. 1891 : *ibid. 1892. 1. 80* • 18 juill. 1896 : *ibid. 1897. 1. 55.* ♦ Mais un groupe d'élus municipaux dit d'opposition n'a pas qualité pour réclamer l'insertion d'une réponse s'il est constaté que ce groupe est dépourvu de la personnalité morale. • Crim. 7 avr. 1994, n° 92-82.544 P.

26. Il ne suffit pas que l'intérêt collectif d'une profession ait subi un préjudice pour que les syndicats qui la représentent aient la faculté d'exercer un droit de réponse, dès lors que ces syndicats n'ont été ni nommés ni désignés dans les articles incriminés. • Paris, 13 juill. 1965 : *D. 1966. Somm. 51 ; JCP 1965. II. 14459.*

27. En l'absence d'incrimination personnelle, ce droit ne saurait être utilisé pour combattre une opinion, fût-elle erronée, sur une question juridique. • Lyon, 13 nov. 1950 : *D. 1951. 191 ; JCP 1952. II. 6711.*

28. Est fondé à exercer le droit de réponse et à corriger ainsi l'image donnée de l'organisme qu'il représente, le président d'un office public d'aménagement et de construction mis en cause par des propos rapportés et prêtés à « un » de ses « responsables », dès lors qu'il engageait à ce titre, même de manière anonyme, ledit organisme, et que de tels propos étaient de nature à en remettre en cause la neutralité politique, pour venir à l'appui de la thèse d'un article précisément alarmant à ce sujet ; en dépit de ce que lesdits propos étaient ainsi prêtés à un responsable « anonyme », et n'engageaient pas en conséquence formellement l'office public, mais uniquement celui qui les tenait, il n'en demeure pas moins que dans l'esprit du lecteur une telle présentation, univoque et dénuée de tout contrepoint, revenait d'autant plus à conférer auxdits propos un poids, une importance équivalente à celle d'un responsable dûment mandaté, qu'il n'était pas précisé si ce responsable avait tenu lui-même à rester anonyme, manifestant ainsi sa distance vis-à-vis de son institution, ou s'il parlait au nom de cette dernière. • Paris, 18 juin 1997 : *Dr. pénal 1997. 140, obs. Véron.*

29. Malgré le caractère personnel du droit de réponse, aucune disposition légale n'interdit à une association et à son président, également mis en cause par un organe de presse, de s'accorder pour une réplique commune, dès lors que celle-ci satisfait à l'ensemble des exigences de l'art. 13 de la L. du 29 juill. 1881. • Paris, 24 oct. 2001 : *BICC 2003, n° 242 ; D. 2002. Somm. 2765, obs. Bigot.*

30. Pour constituer une diffamation, l'allégation ou l'imputation qui porte atteinte à l'honneur et à la considération de la victime doit se présenter sous la forme d'une articulation précise de faits de nature à être sans difficulté l'objet d'une preuve et d'un débat contradictoire, quand bien même une telle preuve ne serait pas admise en matière de diffamation raciale ; le 12 janv. 2001, France Culture a diffusé en direct une interview de l'auteur d'un livre sur la Palestine ; l'association Avocats sans frontières a sollicité un droit de réponse qui lui a été refusé ; l'arrêt attaqué retient que, même s'ils dénoncent le « racisme des juifs en France », l'influence du « lobby juif » en Amérique sur le Congrès, la Maison-Blanche, et même si leur auteur s'interroge sur le but poursuivi par ce lobby qui pourrait vouloir « faire agenouiller » ou « massacrer tout un peuple », les propos incriminés s'inscrivent dans le cadre du combat politique mené par l'auteur, présenté comme étant la belle-mère de Yasser Arafat et auteur d'un livre intitulé « Palestine, mon histoire », qu'ils constituent l'expression d'une opinion sur les dangers qui menaceraient le peuple palestinien ; de ces constatations et énonciations, la cour d'appel a pu déduire que les propos incriminés ne comportaient pas, par leur généralité même, l'évocation de faits suffisamment précis pour justifier un droit de réponse. • Civ. 2e, 3 juin 2004, n° 01-17.478 P : *D. 2007. Pan. 1045, obs. Massis ; Gaz. Pal. 2005. 2. 4156, note Bourg.*

31. Désignation. Il n'importe que l'auteur de la réponse n'ait pas été expressément nommé par l'article incriminé, s'il est aisément identifiable. • Crim. 4 juin 1953 : *D. 1953. 665, note Chavanon.*

32. Dès lors qu'elle ne repose pas sur des motifs contradictoires ou erronés en droit, l'appréciation des tribunaux sur le point de savoir si une personne est ou non désignée dans une publication périodique est souveraine et échappe au contrôle de la Cour de cassation. • Crim. 24 mai 1897 : *Bull. crim. n° 177* • 15 déc. 1934 : *ibid. n° 210 ; DP 1935. 1. 27, note Nast* • 27 mai 1972 : *Bull. crim. n° 176 ; D. 1972. Somm. 179 ; RSC 1973.*

907, obs. Levasseur • 2 févr. 1988 : ⚖ *Bull. crim. n° 54 ; RSC 1988. 790, obs. Levasseur.*

33. Est fondée à exercer le droit de réponse une personne dont le nom figure, avec l'indication de sa profession, dans un article de journal, sans qu'on puisse lui opposer que le journaliste a entendu viser un homonyme exerçant la même profession, à défaut de précaution prise par ce dernier pour prévenir la confusion. • Crim. 15 déc. 1934 : *préc. note 32.*

34. Le fait de figurer sur une photographie, dans un journal, parmi un rassemblement de personnes, ne constitue pas, à lui seul, une désignation suffisante pour ouvrir le droit de réponse ; pour que la personne ainsi représentée puisse exercer ce droit, il faut, en outre, qu'il soit établi que le journaliste a entendu la signaler à l'attention des lecteurs et la mettre en cause individuellement. • Crim. 27 mai 1972 : *préc. note 32.*

35. Le droit de réponse est ouvert notamment à la personne désignée dans la publication d'une mise au point relative à une œuvre de collaboration, quand bien même elle aurait sollicité cette mise au point, dès lors qu'elle n'en est pas l'auteur. • Crim. 28 mars 1995, ⚖ n° 92-81.093 P.

36. Un journal ayant, dans un article traitant des perles de culture, déclaré qu'une action judiciaire était commencée contre les importateurs, un de ceux-ci, non désigné personnellement, ne peut exiger l'insertion d'une réponse rédigée et signée de lui. • Paris, 28 juill. 1927 : *DH 1927. 529.*

II. EXERCICE DU DROIT

37. Nature. L'exercice du droit de réponse prévu par l'art. 13 de la L. du 29 juill. 1881, qui n'est pas une action en justice, entre dans la catégorie des actes susceptibles d'être accomplis par le maire ou son adjoint, en application des art. L. 122-11, L. 122-19, L. 316-4 C. communes, dont les dispositions sont reprises aux art. L. 2122-18, L. 2122-21 et L. 2132-3 CGCT. • Crim. 24 sept. 1996, ⚖ n° 95-84.632 P.

38. Demande. Il résulte de l'art. 13 de la L. du 29 juill. 1881 que la demande d'insertion d'une réponse doit être adressée au directeur de la publication ; une cour d'appel, relevant que la demande d'insertion de réponse a été envoyée par une lettre adressée au directeur du journal, et non expressément au directeur de la publication, décide exactement que cette demande, qui ne répond pas aux exigences du texte, ne peut comporter un quelconque effet obligatoire. • Civ. 2e, 29 avr. 1998, ⚖ n° 94-14.139 P.

39. Il résulte de l'art. 6 de la L. du 29 juill. 1881 sur la liberté de la presse que, lorsque l'entreprise éditrice d'une publication de presse, au sens de la L. n° 86-897 du 1er août 1986 portant réforme du régime juridique de la presse, est une association, le directeur de la publication est le représentant légal de celle-ci, auquel, en conséquence, la demande d'insertion d'une réponse, au sens de l'art. 13 de la L. du 29 juill. 1881, doit être adressée. • Civ. 1re, 6 déc. 2017, ⚖ n° 16-22.068 : *BICC 1er mai 2018, n° 538 ; Gaz. Pal. 2018. 421, obs. Piot.*

40. Prive sa décision de base légale au regard de l'art. 13 de la L. du 29 juill. 1881 sur la liberté de la presse l'arrêt qui omet de vérifier l'étendue de la délégation de compétence consentie à un adjoint par le maire aux fins d'exercer le droit de réponse prévu par ce texte. • Civ. 1re, 6 déc. 2017, ⚖ n° 16-22.068 : *préc. note 39.*

41. Délai. Le délai d'insertion de la réponse, prévu par l'art. 13 de la L. du 29 juill. 1881, n'est pas applicable à l'insertion ordonnée par une juridiction, à titre de réparation civile. • Civ. 2e, 11 juin 1998, ⚖ n° 96-14.105 P.

A. CARACTÈRES DE LA RÉPONSE

42. Objet. On ne peut attribuer le caractère d'une réponse à un écrit qui n'a aucune relation avec l'article de journal auquel il prétend répliquer ; l'appréciation du juge du fond sur ce point est soumise au contrôle de la Cour de cassation. • Crim. 3 mai 1923 : *Bull. crim. n° 187 ; DP 1923. 1. 93* • 6 nov. 1956 : *Bull. crim. n° 712* • 20 nov. 1975 : *ibid. n° 253.* ♦ La réponse doit avoir un lien direct avec l'article incriminé. • Paris, 26 oct. 1995 : *Dr. pénal 1996. 36, obs. Véron.*

43. Il résulte de l'arrêt attaqué qu'un article publié dans un quotidien annonça que l'authenticité d'un tableau de Van Gogh devait être au centre des débats d'un symposium, et que si une universitaire canadienne soutenait que l'œuvre avait bien été réalisée par ce peintre, le demandeur affirmait pour sa part qu'elle était de la main d'un faussaire ; par lettre recommandée, ce dernier a demandé au directeur de la publication de publier sa réponse, dans laquelle il indiquait que, bien que tronqué et devant se poursuivre l'année suivante, le débat, au cours du symposium, avait conduit à l'abandon de la thèse officielle, contraire à la sienne, selon laquelle le tableau aurait fait l'objet d'un échange entre Van Gogh et Gauguin ; pour dire justifié le refus d'insérer cette réponse, la cour d'appel retient que l'auteur de l'article mentionne l'existence des deux thèses en présence, sans exposer les arguments des tenants de chacune ni porter d'appréciation sur elles, et que, dans sa réponse, le demandeur se borne à relater l'abandon ultérieur de la thèse contraire à la sienne en réitérant sa propre argumentation ; en l'état de ces seuls motifs, qui mettent la Cour de cassation en mesure de s'assurer que la réponse n'était pas en corrélation, au sens de l'art. 13 de la L. du 29 juill. 1881, avec la publication dans laquelle était cité le demandeur, la cour d'appel a justifié sa décision. • Crim. 4 sept. 2001, ⚖ n° 01-80.005 P : *Dr. pénal 2001. 139, obs. Véron.*

44. Le droit de réponse entraîne nécessairement le droit de répliquer aux observations que le journaliste a cru devoir faire sur la réponse qu'il a insérée. • Crim. 21 févr. 1889 : *DP 1890. 1. 189* • Paris, 24 déc. 1912 : *DP 1914. 2. 151* • T. pol. Paris, 16 janv. 1976 : *RSC 1977. 103, obs. Levasseur.*

45. Contenu. Les dispositions de l'art. 13 sont formelles et exigent une publication de la réponse identique à celle de l'article de mise en cause ; l'insertion doit comprendre, en sus du texte à insérer, l'adresse, les salutations et la signature du requérant. • Crim. 25 nov. 1905 : *Bull. crim. n° 521* • 16 juin 1955 : *ibid. n° 307* • 7 nov. 1956 : *ibid. n° 722* • 4 oct. 1961 : *ibid. n° 376* • 20 janv. 1987 : *ibid. n° 29.* ♦ Mais il n'importe que la réponse dont l'insertion est demandée prenne la forme d'une lettre et non d'un communiqué de presse. • Civ. 2e, 5 janv. 1994, n° 92-14.519 P.

46. L'obligation légale qui pèse sur le directeur d'une publication d'un journal est de publier intégralement la réponse sans faire de modification ; ayant constaté que le demandeur avait, dans sa lettre accompagnant la demande de publication de réponse, laissé au journal « entière liberté pour faire des modifications », la cour d'appel, qui a décidé que le directeur de la publication n'était pas tenu d'insérer cette réponse, a légalement justifié sa décision. • Civ. 2e, 6 nov. 1996, n° 94-21.122 P.

47. Le contenu de la réponse faite au titre de l'art. 13 de la L. du 29 juill. 1881 ne doit pas être insultant ni injurieux ; dans une réponse, à la suite de la publication d'une interview relative à l'Islam en Europe, le lecteur moyen ne peut que voir une litote dans deux phrases de la réponse, et comprendre que, tout en le niant formellement, l'auteur de la réponse classe sa contradictrice parmi les « ânes savants », autrement dit, selon le sens figuré de ce mot – savant – « à l'esprit borné, incapable de rien comprendre » ; même replacés dans le cadre de la polémique, ces termes sont inacceptables dans une réponse. • Paris, 29 mars 2006 : *JCP 2006. IV. 2089.*

48. La réponse dont l'insertion est demandée ne porte pas, dans des conditions de nature à interdire sa publication, atteinte à l'honneur du journaliste, auteur de l'article auquel il est répondu, lorsqu'elle se contente de critiquer, dans des termes proportionnés à cet article, la légitimité du but poursuivi par celui-ci, le sérieux de l'enquête conduite par son auteur, sa prudence dans l'expression ou son absence d'animosité personnelle. • Crim. 1er sept. 2020, n° 19-81.448 P : *D. actu 23 sept. 2020, obs. Lavric ; Dr. pénal 2020, n° 187, obs. J.-H. Robert* • 3 nov. 2020, n° 19-85.276 P : *D. actu. 7 déc. 2020, obs. Lavric.*

49. Place. L'insertion faite à la page 9 d'un bulletin périodique, d'une réponse à un article paru à la page 6 d'un numéro antérieur de ce bulletin, n'est pas contraire aux prescriptions de l'art. 13, al. 3, de la loi sur la presse, s'il résulte des constatations de fait que la réponse a été reproduite à une place où les lecteurs devaient fatalement en prendre connaissance, et qu'elle a reçu une publicité telle que l'esprit de l'art. 13 a été largement respecté. • Crim. 8 janv. 1921 : *DP 1921. 1. 223.*

50. Longueur. Le directeur de la publication est fondé à en refuser l'insertion, lorsque la réponse dépasse la longueur limitativement fixée par la loi. • Crim. 30 avr. 1970 : *Bull. crim. n° 151 ; D. 1970. 721, note Agostini ; RSC 1970. 874, obs. Levasseur.* ♦ Mais aucune disposition légale n'interdit au journaliste de publier en partie la lettre dont l'insertion intégrale aura été légitimement refusée par lui ; une telle publication, n'ayant pas alors sa cause dans l'obligation mise à la charge du journaliste par l'art. 13 de la loi sur la presse, ne saurait constituer une violation de ce texte, ni par suite engager de ce chef la responsabilité pénale de son auteur. • Même arrêt. ♦ Dans le même sens, à propos d'une réponse offensante : • Crim. 4 sept. 1996, n° 93-83.764 P. ♦ Ni le directeur de la publication, ni le juge ne peuvent décider des passages à supprimer pour parvenir à une réponse respectant, en sa longueur, les dispositions légales ; il s'ensuit que le directeur de la publication ne peut être tenu d'insérer une réponse dont la longueur dépasse celle qui est limitativement fixée par la loi. • Dijon, 31 mai 1996 : *BICC 1996. 1189 ; Gaz. Pal. 1998. 1. Somm. 73.*

51. Lorsqu'une personne est nommée ou désignée dans l'un des passages d'un article de journal consacré à plusieurs sujets, seule doit être prise en considération, pour déterminer l'étendue de la réponse légalement permise, la partie de l'article relative au sujet à l'occasion duquel ladite personne est nommée ou désignée. • Crim. 3 févr. 1976 : *Bull. crim. n° 43 ; RSC 1976. 977, obs. Levasseur.* ♦ Le droit de réponse ne saurait avoir vocation à répondre à la totalité d'un article consacré à une analyse de la situation d'un office public d'aménagement et de construction sur l'ensemble du territoire et évoquant, parfois de manière détaillée, les cas particuliers de très nombreux offices, dès lors que le passage précisément visé dans la citation ne dépasse pas 11 lignes sur les 80 lignes de réponse prétendue ; et le fait que le prévenu ait renoncé expressément à cet argument devant les premiers juges ne fait pas obstacle à ce qu'il l'évoque devant la cour, dès lors qu'il ne s'agit pas d'une demande nouvelle. • Paris, 18 juin 1997 : *Dr. pénal 1997. 140, obs. Véron.* ♦ En matière d'exercice du droit de réponse, seul le texte incriminé doit, selon l'art. 13 de la L. du 29 juill. 1881, être pris en compte pour évaluer le nombre de lignes maximum que la réplique pourra comporter, une photographie incluse dans l'article litigieux, dès lors qu'elle n'est pas incriminée en elle-même, n'ouvrant pas un droit à un nombre supérieur de lignes dans le texte de la réplique. • Crim. 27 mai 1999, n° 98-83.449 P. ♦ Rejet du pourvoi contre : • Paris, 28 mai 1998 : *Dr. pénal 1998. 154, obs. Véron.*

52. Le calcul effectif du nombre de lignes respectivement de l'article et de la réplique relève de l'appréciation souveraine des juges du fond ; il appartient seulement à la Cour de cassation de s'assurer que les juges se sont prononcés sans insuffisance ni contradiction, répondant aux conclusions essentielles dont ils étaient saisis. • Crim. 27 mai 1999 : *préc. note 51.*

53. Le demandeur en insertion a le droit d'envoyer pour chaque article paru une réponse n'excédant pas deux cents lignes, mais non de cumuler en une réponse unique la totalité des lignes que la loi lui accorde pour chaque article séparé. • T. corr. Seine, 11 avr. 1933 : *DH 1933. 312.*

54. Indivisibilité. Le principe de l'indivisibilité de la réponse s'oppose à ce qu'un tribunal condamne le gérant d'un journal à insérer partiellement une réponse, en en retranchant les parties qui paraissent contraires aux prescriptions de la loi. • Crim. 11 juill. 1913 : *DP 1915. 1. 13* • Paris, 22 mars 1907 : *DP 1907. 2. 191.* ♦ Il résulte de l'art. 13 de la L. du 29 juill. 1881 que la réponse dont il est demandé insertion est indivisible ; cassation, pour violation de ce texte, de l'arrêt qui, donnant acte au titulaire d'un droit de réponse de son engagement à retirer un paragraphe, condamne un quotidien et son directeur de publication à publier sous astreinte le texte de la réponse modifiée, alors que le texte dont l'intéressé a demandé l'insertion au directeur de publication était différent de celui dont la cour d'appel a ordonné la publication. • Civ. 2e, 19 févr. 1997, n° 93-16.921 P.

55. Le principe d'indivisibilité s'oppose à ce qu'une juridiction ordonne une insertion partielle ; par contre, une insertion partielle, qui peut être justifiée dans certains cas, ne suffit pas à elle seule à caractériser le délit de refus d'insertion. • Paris, 19 déc. 2001 : *Gaz. Pal. 9-10 avr. 2003, note D. Amson.*

B. REFUS D'INSERTION

BIBL. Bigot, *Gaz. Pal. 1993. 2. Doctr. 1066* (loi n° 93-2 du 4 janv. 1993). – Auvret, *JCP 1994. I. 3802* (droit au respect de la présomption d'innocence).

1° APPRÉCIATION

56. Contrôle de la Cour de cassation. Les appréciations touchant la teneur d'une réponse dont l'insertion a été refusée, aussi bien que celle de l'écrit qui a provoqué cette réponse, sont soumises au contrôle de la Cour de cassation. • Crim. 27 oct. 1910 : *Bull. crim. n° 524* • 3 mai 1923 : *ibid. n° 187 ; DP 1923. 1. 93* • 10 mars 1938 : *Bull. crim. n° 71 ; DH 1938. 341* • 22 déc. 1953 : *Bull. crim. n° 354 ; D. 1954. 145* • 6 nov. 1956 : *Bull. crim. n° 712 ; D. 1957. Somm. 50* • 2 févr. 1988 : *ibid. n° 54 ; RSC 1988. 790, obs. Levasseur* • 19 déc. 1989 : *Bull. crim. n° 493* • Crim. 24 sept. 1996, n° 95-84.632 P. ♦ Encourt la cassation l'arrêt qui se borne à reproduire essentiellement le texte de la loi, sans faire connaître, ni la teneur des annonces publiées, ni celle de la réponse dont l'insertion a été refusée. • Crim. 2 févr. 1988 : *préc.* ♦ En ne reproduisant pas la teneur des réponses et celle des articles les ayant suscitées, et en omettant de surcroît de rechercher les modalités de la délégation de compétence consentie par le maire à son adjoint, et si la commune était mise en cause à raison d'actes ressortissant aux fonctions d'administration ainsi déléguées, la cour d'appel n'a pas mis la Cour de cassation en mesure d'exercer son contrôle. • Crim. 24 sept. 1996 : *préc.*

57. Éléments d'appréciation. Le droit de réponse institué par l'art. 13 de la L. du 29 juill. 1881 est général et absolu. • Crim. 20 mars 1884 : *DP 1885. 1. 133* • 21 juill. 1955 : *Bull. crim. n° 360 ; JCP 1956. II. 9245, note Chavanne* • 16 janv. 1969 : *Bull. crim. n° 36 ; D. 1969. 239 ; JCP 1969. II. 15882, note Blin ; RSC 1969. 672, obs. Levasseur* • 22 févr. 1972 : *Bull. crim. n° 70 ; D. 1972. 367 ; RSC 1973. 128, obs. Levasseur.*

58. Celui qui l'exerce est seul juge de la teneur, de l'étendue, de l'utilité et de la forme de la réponse dont il requiert l'insertion ; le refus d'insérer ne se justifie que si la réponse est contraire aux lois, aux bonnes mœurs, à l'intérêt légitime des tiers ou à l'honneur du journaliste. • Crim. 17 juin 1898 : *DP 1899. 1. 289, note Appleton ; S. 1898. 1. 538, note Villey* • 21 févr. 1930 : *Bull. crim. n° 61* • 28 avr. 1932 : *Bull. crim. n° 117 ; DP 1932. 1. 68, note Nast* • 2 févr. 1938 : *DH 1938. 245* • 10 mars 1938 : *Bull. crim. n° 71 ; DH 1938. 341* • 1er juill. 1954 : *Bull. crim. n° 246 ; D. 1954. 665* • 16 janv. 1969 : *préc. note 57* • 22 févr. 1972 : *préc. note 57* • 20 nov. 1975 : *Bull. crim. n° 253* • 20 janv. 1987 : *ibid. n° 28* • 19 déc. 1989 : *ibid. n° 493* • 23 mars 1993, n° 91-83.174 P • 28 mars 1995, n° 92-81.093 P • Grenoble, 3 oct. 1995 : *JCP 1996. IV. 715* • Dijon, 31 mai 1996 : *BICC 1996. 1189 ; Gaz. Pal. 1998. 1. Somm. 73* • Paris, 10 juin 1997 : *ibid. 1998. 1. Somm. 73* • Paris, 14 nov. 2001 : *D. 2002. IR 543.* ♦ Pour une application, à propos d'une réponse retenue comme légitime : • Paris, 16 janv. 1996 : *Gaz. Pal. 1996. 2. Somm. 354, note Vray.*

59. Il n'appartient pas au directeur de la publication de se faire juge de la véracité des indications contenues dans la réponse pour refuser de publier. • Paris, 23 juin 1998 : *Gaz. Pal. 2002. 1. Somm. 518.*

60. Dans l'appréciation qu'ils ont à faire d'une réponse, les juges doivent, dans une juste mesure, prendre en considération la nature et la forme de l'article auquel il est répondu, les besoins de la défense et la légitime susceptibilité de la personne désignée dans le journal. • Crim. 8 mai 1890 : *DP 1890. 1. 452* • 31 janv. 1902 : *ibid. 1904. 1. 100* • 16 janv. 1969 : *préc. note 57* • TGI Paris, 19 janv. 1994 : *D. 1995. Somm. 271, obs. Bigot*. ♦ ... La violence et la vivacité des attaques dirigées dans un journal contre une personne autorisant celle-ci à céder dans sa réponse à des vivacités de langage qui, même blessantes, sont justifiées par l'agression. • Crim. 11 déc. 1920 : *DP 1921. 1. 159*.

61. C'est à bon droit qu'un journal refuse d'insérer la réponse d'une association dont la mise en cause dans un article de presse ne peut justifier le recours abusif aux dispositions de l'art. 13 de la L. du 29 juill. 1881 au bénéfice d'une tribune libre et ouverte à laquelle ne pourraient se soustraire les organes de presse. • TGI Paris, 19 janv. 1994 : *préc. note 60*.

62. Ne constitue pas un droit de réponse, tel que l'entend l'art. 13 de la L. du 29 juill. 1881, un commentaire critique faisant suite à la publication d'une décision de justice, où l'auteur de la réponse s'érige en victime des tribunaux qui l'empêcheraient d'exprimer sa pensée par la lourdeur des condamnations prononcées. • Paris, 24 mai 1994 : *D. 1995. Somm. 271, obs. Bigot*.

63. C'est à bon droit que les juges ont relaxé la prévenue du chef de refus d'insertion après avoir relevé que le texte litigieux n'était qu'une énumération linéaire des titres de partie et de chapitre qui, en dehors du contexte de l'ouvrage lui-même, apparaissait dénuée de sens pour le lecteur et confinant à la litanie absurde ; il ne peut être exigé la publication d'un écrit dépourvu de corrélation avec la teneur de l'article auquel il prétend répliquer. • Crim. 16 janv. 1996, n° 94-85.575 P : *D. 1996. 462, note Bigot ; ibid. 1997. Somm. 75, obs. Bigot*. ♦ L'insertion d'une réponse dépourvue de lien avec l'article auquel elle se rapporte exonère le directeur de publication de son obligation de la publier. • Crim. 14 oct. 2008 : *Dr. pénal 2009. 2, obs. Véron*.

64. Lorsqu'un parti politique est, dans un article de presse, mis en cause à propos d'un crime commis à l'occasion d'une manifestation organisée par ce parti, le fait d'exposer, dans un texte dont l'insertion est réclamée, les éléments d'une doctrine présentée comme étant la sienne sur des sujets de nature politique méconnaît la nécessité d'une adaptation de la réponse à la mise en cause puisqu'un tel exposé ne se borne pas aux explications ou protestations qu'aurait pu susciter cette mise en cause ; le texte dont s'agit ne constitue donc pas une réponse pertinente et son insertion ne peut être ordonnée. • Versailles, 3 juill. 1996 : *D. 1997. Somm. 75, obs. Bigot ; JCP 1996. II. 22732 (2°), note Derieux ; Gaz. Pal. 1996. 2. Somm. 356 ; RSC 1996. 857, obs. Mayaud*. ♦ Infirmation de • TGI Nanterre, 17 avr. 1996 : *JCP 1996. II. 22732 (1°), note Derieux préc.* ♦ Confirmé par : • Civ. 2e, 24 juin 1998, n° 96-17.347 P. ♦ Comp. : • Paris, 10 juin 1997 : *Gaz. Pal. 1998. 1. Somm. 73*.

65. En l'état d'un article paru dans un hebdomadaire mettant gravement en cause la partie civile en faisant état d'une attitude particulièrement critiquable, puisqu'elle consiste de la part d'un ancien policier à entraver une enquête judiciaire, à menacer des policiers, à faire preuve à leur endroit d'une « agressivité injurieuse », et faisant en outre référence à un autre article portant sur la même question paru la semaine précédente, l'exercice du droit de réponse était justifié. • Paris, 14 nov. 2001 : *préc. note 58*.

66. Intérêt des tiers. Si le gérant d'un journal est en droit de refuser l'insertion de toute réponse qui serait contraire à l'intérêt légitime d'un tiers, on ne saurait considérer comme des tiers les membres du Gouvernement, alors que la réponse ne vise aucun d'eux et se borne à des critiques d'ordre général. • Crim. 10 mars 1938 : *Bull. crim. n° 71 ; DH 1938. 341*.

67. Ne justifie pas le refus d'une réponse la constatation que l'insertion demandée serait de nature à jeter le trouble dans l'esprit de certaines personnes, et le désir, dans un but d'apaisement, d'éviter toute nouvelle polémique. • Crim. 29 juin 1965 : *Bull. crim. n° 166 ; Gaz. Pal. 1965. 2. 195*. ♦ En dépit de leur ton polémique, les critiques d'ordre général portées contre les politiques ne sauraient être tenues pour contraires à l'intérêt légitime des tiers et justifier un refus d'insérer une réponse qui n'a d'autre objet que celui traité dans la mise en cause. • Paris, 10 juin 1997 : *Gaz. Pal. 1998. 1. Somm. 73*.

68. Ne justifie pas le refus d'insérer l'arrêt qui ne relève pas dans la réponse d'autres éléments que ceux déjà exposés dans l'article de mise en cause, alors que le demandeur s'est exprimé sans malveillance ni appréciations blessantes à l'égard des tiers, tandis que pour lui la désignation de ces tiers pouvait être nécessitée par la défense à l'attaque dont il avait été l'objet. • Crim. 20 janv. 1987 : *Bull. crim. n° 28*.

69. Mais l'insertion doit être refusée lorsque la réponse préjuge, au détriment d'une personne, des résultats d'une enquête en cours. • Crim. 16 juin 1955 : *D. 1955. 615*. ♦ ... Lorsqu'elle contient des appréciations blessantes et des insinuations malveillantes à l'égard de personnes étrangères à la publication et à la rédaction de l'article auquel il est répondu. • Crim. 16 oct. 1968 : *Bull. crim. n° 256* • 7 avr. 1994, n° 92-82.544 P. ♦ ... Lorsqu'elle est de nature à offenser la mémoire d'un mort. • Crim. 20 juin 1989 : *Dr. pénal 1990. 3*. ♦ ... Lorsqu'elle mentionne l'état psychique et les circonstances détaillées de la mort violente et de l'automutilation de personnes nommément désignées et aisément identifiables. • Civ. 2e, 8 juin 1994, n° 92-16.529 P. ♦ ... Lorsque, à propos d'un licenciement rapporté par un journal, opéré par une association exerçant le droit de réponse, sont mis en cause et accusés de mensonges la personne licenciée et le délégué syndical. • Civ. 1re, 3 avr. 2007 : *Gaz. Pal. 2008. 2. Somm. 2745, note Bourg.*

70. Honneur du journaliste. Les attaques dirigées contre un parti politique ne sauraient constituer des imputations contraires à l'honneur du journaliste, pour le seul motif que le journaliste, qui n'est pas personnellement visé dans la réponse, appartiendrait à ce parti. • Crim. 10 mars 1938 : *Bull. crim. n° 71 ; DH 1938. 341.*

71. Ne saurait être considérée comme portant atteinte à l'honneur du journaliste une réponse dont les termes ne dépassent pas en vivacité ceux de l'article auquel il est répondu. • Crim. 16 janv. 1969 : *Bull. crim. n° 36 ; D. 1969. 239 ; JCP 1969. II. 15882, note Blin ; RSC 1969. 672, obs. Levasseur* • 22 févr. 1972 : *Bull. crim. n° 70 ; D. 1972. 367 ; RSC 1973. 128, obs. Levasseur* • Paris, 23 juin 1998 : *Gaz. Pal. 2002. 1. Somm. 518.* ♦ Même si les auteurs de la réponse reprochent aux journalistes des inexactitudes et des commentaires déplaisants, ils peuvent, dans leur réponse, employer les termes de leur choix dès lors qu'ils ne dépassent pas en vivacité ceux de l'article auquel ils répondent. • Paris, 24 oct. 2001 : *BICC 2003, n° 242 ; D. 2002. Somm. 2765, obs. Bigot.*

72. Si, dans sa réponse, la personne mise en cause énonce le dépôt d'une plainte pour injures et diffamation contre l'auteur de l'article incriminé ou le directeur de la publication, il ne s'ensuit pas qu'il ait, par cela seul, porté atteinte à l'honneur ou à la considération de ces derniers ; mais il en est autrement lorsque la réponse comporte une simple allusion, pour justifier cette plainte, à des « qualificatifs » qui auraient été employés à son égard, sans les rappeler ou en préciser la nature. • Crim. 15 avr. 1982, n° 80-93.757 P : *D. 1984. 358, note Daverat ; RSC 1984. 511, obs. Levasseur.* ♦ Justifie légalement sa décision une cour d'appel qui, pour relaxer un prévenu dans une instance en diffamation et débouter la partie civile de sa demande tendant à faire publier l'intégralité de sa réponse, énonce que si la publication incomplète s'analyse en un refus d'insertion, celle-ci n'est pas punissable, dès lors qu'en qualifiant de mensongères et diffamatoires les allégations ou affirmations contenues dans l'article incriminé, la réponse porte atteinte à l'honneur et à la considération du journaliste, dans des conditions que ne justifie pas la mise en cause, ces énonciations procédant de l'exacte appréciation de la teneur de l'article incriminé et de la réponse. • Crim. 4 sept. 1996, n° 93-83.764 P. ♦ Pour d'autres exemples de réponse attentatoire à l'honneur des journalistes : • Civ. 2e, 5 janv. 1994, n° 92-10.408 P : *D. 1995. Somm. 269, obs. Bigot* • TGI Paris, 12 oct. 1994 : *D. 1995. Somm. 269, obs. Bigot.*

73. Au vu des termes d'une lettre adressée par le requérant au directeur de publication, notamment « vos insinuations à mon égard » et « autres affabulations », c'est à juste titre que les premiers juges ont considéré que cette réponse, mettant en cause le sérieux de l'enquête en des termes particulièrement discourtois, pouvait porter atteinte à la réputation professionnelle du journaliste, et que le refus d'insertion était donc légitime. • Paris, 18 juin 2003 : *Gaz. Pal. 2004. 1. 426, note Amson.*

2° POURSUITES

74. QPC. La question prioritaire de constitutionnalité est ainsi rédigée : « Les dispositions des art. 12 et 13 de la L. du 29 juill. 1881, en ce qu'elles prévoient, en matière de presse périodique et numérique, que le refus d'insertion d'un droit de réponse est constitutif d'un délit alors qu'en matière de communication audiovisuelle, la loi ne prévoit, pour un tel refus, que la possibilité de saisir le président du tribunal de grande instance statuant en matière de référés qui peut ordonner la diffusion sous astreinte de la réponse, portent-elles atteinte au principe d'égalité, tel qu'il est garanti par les art. 1er et 6 DDH ? » ; la question posée ne présente pas un caractère sérieux, dès lors que le principe d'égalité ne s'oppose ni à ce que le législateur règle de façon différente des situations différentes, ni à ce qu'il déroge à l'égalité pour des raisons d'intérêt général, pourvu que, dans l'un et l'autre cas, la différence de traitement qui en résulte soit en rapport direct avec l'objet de la loi qui l'établit ; la différence de situation, d'une part, du domaine de l'audiovisuel, d'autre part, de ceux de la presse écrite et des services en ligne, justifie celle entre le régime des sanctions résultant du refus d'insertion d'une réponse, conformément à l'art. 6 de la L. n° 82-652 du 29 juill. 1982 pour le premier, de celui induit par les art. 12 et 13 de la L. du 29 juill. 1881 et 6-IV de la L. n° 2004-575 du 21 juin 2004 s'agissant du deuxième et du troisième ; cette différence est en rapport direct avec l'objet de la loi qui l'établit. • Crim. 5 sept. 2017, n° 17-80.527 : *RSC 2018. 101, obs. Dreyer.*

75. Condition préalable. Il est nécessaire, pour que soit caractérisée la contravention de refus d'insertion, que la personne qui dispose du droit de réponse ait préalablement requis le directeur de la publication d'insérer la réponse qu'elle entend voir publier. • Crim. 14 mars 1962 : *Bull. crim. n° 132.* ♦ La loi n'ayant, à ce sujet, exclu aucune forme de procédé, la réponse peut être envoyée par lettre recommandée. • Crim. 13 mars 1908 : *DP 1909. 1. 165, note Le Poittevin ; S. 1908. 1. 297, note Roux.* ♦ ... Par télégramme. • T. civ. Orléans, 29 juill. 1952 : *D. 1953. 30.*

76. Prescription – Jurisprudence antérieure à la L. du 15 juin 2000. La disposition de l'art. 13 de la L. du 29 juill. 1881, d'après laquelle l'action en insertion forcée se prescrira par un an révolu, s'applique uniquememt à l'exercice du droit de réponse, et laisse en dehors de ses prévisions le délit résultant d'un refus d'insertion injustifié, lequel reste soumis à la prescription de trois mois. • Crim. 4 févr. 1926 : *DH 1926. 130.* ♦ Il résulte de l'art. 13 de la L. du 29 juill. 1881, que le délai d'un an imparti pour exercer l'action en insertion forcée s'applique uniquement à la demande d'insertion d'une réponse adressée au directeur de la publication ; l'action en réparation des conséquences dommageables du refus d'insertion est, quant à elle, soumise au délai de prescription de trois mois prévu par l'art. 65 de la loi ; cassation, pour violation de ces textes, de l'arrêt qui, pour écarter la fin de non-recevoir proposée par un directeur de publication et prise de la prescription de l'action, énonce que selon les dispositions de l'art. 13 de la L. du 29 juill. 1881, l'action en insertion forcée se prescrit après un an révolu à compter du jour où la publication a eu lieu alors que, s'agissant d'une demande d'astreinte pour voir insérée une réponse que lui a refusée le directeur de publication, c'est d'une action en réparation du refus d'insertion de réponse qu'il s'agit. • Civ. 2e, 12 mai 1999, n° 97-16.826 P : *D. 1999. IR 152 ; ibid. 2000. Somm. 404, obs. Dupeux*. ♦ Si l'association, qui a engagé, à l'encontre du directeur de la publication d'un journal, une action en réparation de son préjudice occasionné par le refus de celui-ci d'insérer dans ses colonnes un droit de réponse, a bien fait signifier, trois mois après l'assignation, des conclusions tendant à confirmer celle-ci et manifestant sa volonté de poursuivre l'action, elle a ultérieurement laissé s'écouler un délai supérieur pour faire à nouveau connaître aux défendeurs son intention d'obtenir la sanction des faits incriminés, de telle sorte que, en déduisant de ces constatations et énonciations que l'action en réparation du préjudice occasionné par le refus d'insertion de réponse est prescrite, la cour d'appel ne viole, ni les art. 13 et 65 de la L. du 29 juill. 1881, ni les art. 6, 10 et 13 Conv. EDH et 2224 C. civ., et justifie légalement sa décision. • Civ. 2e, 14 déc. 2000, n° 98-22.427 P : *D. 2001. 1344, note Beignier ; Gaz. Pal. 2001. 1. Somm. 981, note Guerder.* ♦ La décision de la cour d'appel se trouve encore légalement justifiée par un motif de pur droit, puisqu'il résulte de l'art. 13 de la L. du 29 juill. 1881 que le délai d'un an imparti pour exercer l'action en insertion forcée s'applique uniquement à la demande d'insertion d'une réponse adressée au directeur de la publication, et que l'action en justice exercée à la suite d'un refus d'insertion, en réparation des conséquences dommageables de cette infraction, éventuellement par une publication judiciaire, est soumise au délai de prescription de trois mois prévu par l'art. 65 de cette loi. • Même arrêt.

77. Aux termes de l'art. 13 de la L. du 29 juill. 1881, l'insertion de la réponse, en ce qui concerne les journaux ou écrits périodiques non quotidiens, doit être effectuée dans le numéro qui suit le surlendemain de la réception de la réponse ; par voie de conséquence, la prescription du délit de refus d'insérer court à compter de la publication de ce numéro. • Crim. 4 févr. 1926 : *préc. note 76* • 7 mars 1989 : *Bull. crim. n° 111.*

78. Il résulte de l'art. 13 de la L. du 29 juill. 1881 que l'action en insertion forcée se prescrit après un an révolu à compter du jour où la publication a eu lieu ; méconnaît le sens et la portée de ce texte la cour d'appel qui déclare prescrite une action en insertion, dans le cas d'une publication intervenue le 8 oct. 1996, au motif que le délai utile pour exercer un droit de réponse aurait expiré le 7 oct. 1997 à minuit, rendant ainsi tardive la demande d'insertion adressée le 8 oct. 1997, alors que le délai de prescription n'expirait que le 8 oct. 1997 à minuit. • Crim. 7 sept. 1999, n° 99-80.772 P : *D. 1999. IR 248*.

79. L'autorité de la chose jugée ne peut s'attacher à un jugement qui, en reconnaissant le droit de réponse dans son principe, le juge inacceptable dans son mode d'exercice ; un tel jugement ne fait pas obstacle à une nouvelle réponse, purgée des vices qui avaient fait rejeter la première, et l'insertion de cette réponse peut être exigée dans les limites de la prescription d'un an à dater de la publication de l'article auquel il est répondu. • Paris, 1er déc. 1953 : *D. 1954. 78, note Chavanne.*

80. Prescription – L. du 15 juin 2000. Le délai de trois mois imparti par l'art. 13 de la L. du 29 juill. 1881 sur la presse pour exercer « l'action en insertion forcée » s'applique uniquement à la demande d'insertion adressée au directeur de publication ; l'action en justice exercée à la suite d'un refus d'insertion est soumise, quant à elle, au délai de prescription de trois mois prévu par l'art. 65 de la loi sur la presse, et court non pas à compter du jour de la publication de l'article, mais à compter du jour où le refus d'insertion est caractérisé ; la L. du 15 juin 2000, qui a seulement modifié le délai prévu à l'art. 13, n'a pas changé le libellé de l'alinéa considéré tel que l'a toujours interprété la jurisprudence. • TGI Paris, réf., 26 juin 2001 : *Gaz. Pal. 2002. 1. 634, note Bisson.*

81. Il se déduit des dispositions de l'art. 13 de la L. du 29 juill. 1881, selon lesquelles le directeur de la publication des journaux ou écrits périodiques non quotidiens est tenu, sous peine des sanctions prévues par ce texte, de publier la réponse de toute personne y étant nommée ou désignée dans le numéro qui suivra le surlendemain de la réception de la demande d'insertion, que le point de départ de la prescription de l'action publique court à compter de cette publication ; par acte du 25 oct. 2005, une personne mise en cause dans l'article d'un hebdomadaire a fait citer le directeur de publication pour avoir refusé, en violation de l'art. 13 de la L. du 29 juill. 1881, d'insérer sa réponse à un article le mettant en cause, paru dans le numéro dudit journal daté du 27 avr. 2005 et à propos duquel il avait adressé au directeur de publication, les 17 mai et 29 juin 2005, deux demandes d'insertion de réponse qui avaient été reçues les 20 mai et 12 juill. 2005 ; devant le juge du fond, le prévenu a fait valoir que la prescription de l'action publique était acquise, plus de trois mois s'étant écoulés entre la publication litigieuse et la citation à comparaître ; pour rejeter cette exception, l'arrêt confirmatif retient que, s'agissant d'un refus d'insertion et non d'une action en insertion forcée, la prescription ne court qu'à compter de la date à laquelle le refus d'insertion est opposé, et qu'en l'espèce, le directeur de publication, ayant, en dernier lieu, manifesté son refus par un courrier parvenu le 26 juill. 2005, la citation a été délivrée dans les délais requis ; en se déterminant ainsi, alors que la prescription de l'action publique était acquise, plus de trois mois s'étant écoulés entre la date de publication du numéro de l'hebdomadaire suivant le surlendemain de la réception de la demande d'insertion, le 20 juill. 2005, et la citation à comparaître, la cour d'appel a méconnu le texte susvisé et le principe ci-dessus énoncé. • Crim. 4 déc. 2007, ♘ n° 06-87.345 P : *D. 2008. AJ 298* ✎ ; *AJ pénal 2008. 90, obs. Royer* ✎ ; *Dr. pénal 2008. 44, obs. Véron.*

82. Compétence. La poursuite pour refus d'insertion d'une réponse peut être exercée devant tout tribunal dans le ressort duquel a eu lieu la publication de l'écrit incriminé. • Crim. 14 févr. 1889 : *DP 1890. 1. 187.*

83. En matière de presse, c'est la publication du journal ne contenant pas la réponse dans la forme imposée par la loi qui constitue le délit, et la poursuite peut donc être portée devant tout tribunal dans le ressort duquel l'écrit a été publié. • Civ. 1re, 16 janv. 2007, ♘ n° 05-21.858 P : *JCP 2007. II. 10101, note Dassa-Le Deist ; Gaz. Pal. 2008. 2. 2535 (1er arrêt), note Bourg.* ♦ Dans le même sens : • Civ. 1re, 19 sept. 2007 : ♘ *Gaz. Pal. 2008. 2. 2535 (2e arrêt), note Bourg.*

84. Référé. Le juge des référés peut ordonner, sous astreinte, la publication d'une réponse, en raison du trouble manifestement illicite que constitue l'opposition absolue du directeur de la publication et de l'éditeur d'une revue à l'exercice de ce droit incontestable. • Paris, 29 févr. 1988 : *D. 1988. IR 96.*

85. Dès lors qu'il n'apparaît pas qu'un article de doctrine juridique mette en cause personnellement l'auteur d'un commentaire publié dans une autre revue, il existe une contestation sérieuse sur l'existence des conditions légales d'exercice du droit de réponse, et le refus d'insérer ne constitue pas un trouble manifestement illicite. • TGI Paris, 27 mai 1988, et sur appel : • Paris, 13 juill. 1988 : *JCP 1988. II. 21079 ; Gaz. Pal. 1988. 2. 743.*

86. L'action en référé, visant à obtenir l'insertion forcée d'un droit de réponse sur un site web, ne saurait être accueillie par le juge des référés dès lors que la qualification juridique des fais incriminés est soumise à contestation sérieuse ; toutefois, le juge des référés demeure compétent, dans les limites des pouvoirs qu'il tient de l'art. 809 NCPC, pour ordonner toute mesure propre à faire cesser le trouble manifestement illicite que constitue la mise en ligne des articles incriminés, même sous la forme de l'insertion d'un texte rectificatif rédigé par lui et non le demandeur. • TGI Paris, réf., 5 juin 2002 : *Gaz. Pal. 2003. 1. Somm. 579, note Cousin et Piccio.*

87. L'exercice du droit de réponse peut être limité dans les cas où les termes de la réponse seraient contraires aux lois, aux bonnes mœurs, à l'intérêt légitime des tiers ou à l'honneur du journaliste ; dès lors, ne caractérise pas un trouble manifestement illicite relevant des pouvoirs du juge des référés, le refus d'insertion d'un droit de réponse lorsque la mise en cause d'un tiers, étranger tant à la publication qu'à la rédaction de l'article auquel il est répondu, porte atteinte à ses intérêts légitimes. • Civ. 1re, 10 avr. 2008, ♘ n° 07-15.461 P : *D. 2009, Pan. 1786, obs. Massis* ✎.

88. Procédure. Les délits prévus et réprimés par l'art. 13, au même titre que les autres infractions à la L. du 29 juill. 1881, sont poursuivis conformément aux principes posés par les art. 47 s. de ladite loi, sauf les dérogations apportées par l'art. 13 lui-même. • Riom, 23 mai 1946 : *D. 1947. 538, note Mimin.* ♦ ... Lequel n'en contient aucune relativement à la disposition de l'art. 53, qui prescrit la notification au ministère public de la citation délivrée au prévenu par la personne lésée. • Riom, 23 mai 1946 : *préc.* • Nancy, 9 mars 1949 : *D. 1949. 323.*

89. Il résulte des art. 13 et 53 de la L. du 29 juill. 1881 que l'assignation pour refus d'insertion du droit de réponse doit comporter le texte de la réponse ; ayant retenu que l'acte introductif d'instance émanant du demandeur ne comporte pas le texte de la réponse dont la publication a été refusée, c'est à bon droit que la nullité de l'assignation a été prononcée. • Civ. 2e, 11 févr. 1999, ♘ n° 96-16.191 P. ♦ Pour écarter l'exception de nullité de la citation qui ne comportait pas le texte de la réponse, l'arrêt énonce que les art. 13 et 53 de la L. du 29 juill. 1881 sur la presse n'exigent pas que la poursuite pénale fondée sur la non-publication du texte comporte le contenu de la réponse ; en statuant ainsi, alors que toute action engagée sur le fondement de l'art. 13 doit respecter les prescriptions de l'art. 53 précité, la cour d'appel en a méconnu le sens et la portée. • Crim. 28 nov. 2006, ♘ n° 05-84.865 P : *AJ pénal 2007. 93* ✎ ; *Dr. pénal 2007. Comm. 51, obs. Véron ; ibid. 2007. Chron. 1, obs. Mouysset.*

90. S'agissant d'une instance civile fondée sur la violation du droit de réponse, l'art. 53 de la L. du 29 juill. 1881 a vocation à s'appliquer ; il prescrit, à peine de nullité, que l'acte introductif d'instance doit préciser et qualifier le fait invoqué et indiquer le texte de loi applicable à la demande ; en invoquant, contrairement à ce qu'il soutient dans ses conclusions, des qualifications cumulatives, d'une part, les dispositions spéciales de la loi sur la presse et, d'autre part, celles du droit commun de la responsabilité civile, le demandeur a entretenu une équivoque sur le fondement juridique de sa demande, de nature à entraîner la nullité de son assignation ; en conséquence, il convient, sans qu'il y ait lieu de prononcer sur les autres moyens soulevés, de confirmer le jugement entrepris en ce qu'il a prononcé la nullité de l'assignation et statué sur la demande formée au titre de l'art. 700 NCPC et sur les dépens de première instance. • Paris, 30 avr. 2002 : *Gaz. Pal. 2002. 2. Somm. 1641.*

91. La disposition de l'art. 13, al. 8, de la L. du 29 juill. 1881 sur la liberté de la presse, qui prescrit que l'arrêt sur l'appel soit rendu dans les dix jours de la déclaration d'appel, n'est pas sanctionnée par la nullité. • Crim. 8 janv. 1921 : *DP 1921. 1. 223* • 7 avr. 1994, n° 92-82.544 P.

92. Responsables. La personne tenue d'insérer le droit de réponse est le directeur de la publication, et non le directeur de la rédaction du journal ou de l'écrit périodique. • Paris, 20 janv. 1987 : *D. 1987. IR 29.*

93. Le directeur de publication, responsable d'un refus d'insertion, est celui qui était en fonction à la date du délit. • Crim. 30 mai 1953 : *Bull. crim. n° 187.* ♦ Il ne peut s'abriter derrière une décision du conseil d'administration, qui aurait décidé de ne pas publier la réponse. • Même arrêt.

94. Effets civils de la relaxe. Si les juridictions répressives ne peuvent ordonner la publication de leurs décisions à titre de peine qu'en vertu d'une disposition formelle de la loi, elles peuvent la prescrire à titre de réparation sur la demande de la partie civile ; ainsi, malgré le caractère définitif d'une décision de relaxe du chef de refus d'insertion, la partie civile peut obtenir en appel la publication de l'arrêt à intervenir. • Crim. 15 janv. 1991, n° 90-83.538 P : *D. 1992. Somm. 100, obs. Pradel.*

95. L'autorité de la chose jugée au pénal ne fait pas obstacle au droit pour la partie civile, seule appelante d'une décision de relaxe, d'obtenir que soit ordonnée l'insertion de la réponse. • Crim. 3 nov. 2020, n° 19-85.276 P : *D. actu. 7 déc. 2020, obs. Lavric.*

96. Refus d'insertion successifs opposés à une réponse unique. On ne saurait considérer que le droit du plaignant est épuisé, alors que sa réponse n'a reçu, par suite du refus du journaliste, aucune publication ; le nouveau refus d'insérer constitue un nouveau délit qui, pour être semblable au premier, n'en est pas moins distinct et indépendant, et il n'est nullement nécessaire que la seconde réponse soit différente de la première. • Crim. 13 mars 1931 : *DH 1931. 270.* ♦ Opposer : à propos de refus d'insertion successifs concernant la même réponse, il n'y a pas lieu de considérer, s'agissant d'une infraction répétée, qu'il y a autant d'infractions successives que de faits séparés ayant le même objet, mais une infraction unique dont la date remonte au fait initial qui a consommé le délit. • Nancy, 9 mars 1949 : *D. 1949. 323.*

97. Dommages-intérêts. La cour d'appel qui a rejeté comme étant mal fondées toutes autres demandes et conclusions de la partie civile que celle d'allocation de dommages et intérêts, a implicitement mais nécessairement écarté la demande de réparation supplémentaire constituée par une insertion forcée de la réponse. • Crim. 28 mars 1995, n° 92-81.093 P.

C. PRÉSOMPTION D'INNOCENCE

98. Le droit de réponse exceptionnel prévu par le dernier al. de l'art. 13 de la L. du 29 juill. 1881 concerne les décisions de non-lieu, de relaxe ou d'acquittement rendues, tant par les juridictions françaises que par les juridictions étrangères. • Crim. 21 janv. 1997, n° 96-80.726 P.

99. Si l'exercice du droit de réponse exceptionnel prévu par le dernier al. de l'art. 13 de la L. du 29 juill. 1881 n'est soumis à aucune autre condition de forme que celles édictées par les alinéas précédents de ce texte, il résulte de ces dispositions que la demande d'insertion doit être assortie de la décision de non-lieu, de relaxe ou d'acquittement invoquée, ainsi que de la preuve de son caractère définitif et de la date à laquelle elle est devenue irrévocable. • Crim. 21 janv. 1997 : *préc. note 98.*

Art. 13-1 *(L. n° 90-615 du 13 juill. 1990)* **Le droit de réponse prévu par l'article 13 pourra être exercé par les associations remplissant les conditions prévues par l'article 48-1, lorsqu'une personne ou un groupe de personnes auront, dans un journal ou écrit périodique, fait l'objet d'imputations susceptibles de porter atteinte à leur honneur ou à leur réputation à raison de leur origine ou de leur appartenance ou de leur non-appartenance à une ethnie, une nation, une race ou une religion déterminée.**

Toutefois, quand la mise en cause concernera des personnes considérées individuellement, l'association ne pourra exercer le droit de réponse que si elle justifie avoir reçu leur accord.

Aucune association ne pourra requérir l'insertion d'une réponse en application du présent article dès lors qu'aura été publiée une réponse à la demande d'une des associations remplissant les conditions prévues par l'article 48-1.

RÉP. PÉN. v° *Droit de réponse : refus d'insérer,* par DREYER.

1. L'art. 13-1 de la L. du 29 juill. 1881 ne constitue pas l'expression d'un droit général et absolu, conféré à certaines associations pour agir en justice aux lieu et place des intéressés ou même avec leur accord, pour exercer un droit de réponse qui leur est personnel lorsqu'une personne ou un groupe de personnes se trouve mis en cause, mais seulement la reconnaissance d'un droit, pour la première association intéressée, de faire connaître une opinion lorsque cette personne ou ce groupe a fait l'objet d'imputations suffisamment graves et précises pour être de nature à porter atteinte à leur honneur ou à leur réputation. • TGI Paris, 5 févr. 1992 : *Gaz. Pal. 1992. 1. 169, note J.-G. M.*

2. Cette disposition, destinée à réprimander tout acte raciste, antisémite ou xénophobe, est dérogatoire au droit commun de la loi sur la presse ayant organisé un droit de réponse pour les seules personnes mises en cause dans une publication, et doit être interprétée restrictivement. • Même jugement.

3. L'exercice du droit de réponse de l'art. 13-1 est subordonné à la preuve que les propos incriminés aient pour but ou pour effet de promouvoir ou d'accréditer des thèses ou des actes racistes, antisémites ou xénophobes par la publication d'imputations, c'est-à-dire de faits précis et déterminés susceptibles de preuves contraires, de nature à faire considérer qu'il est porté atteinte à l'honneur et à la réputation de la personne ou du groupe de personnes en cause, à raison de leur origine ou de leur appartenance ou de leur non-appartenance à une ethnie, une nation, une race ou une religion déterminée. • Même jugement.

§ 3 *Des journaux ou écrits périodiques étrangers*

Art. 14 *(Remplacé par Décr.-L. du 6 mai 1939, art. 1er ; rétabli, sous toute réserve, dans sa rédaction antérieure suite à l'abrogation du Décr.-L. du 6 mai 1939 par le Décr. n° 2004-1044 du 4 oct. 2004)* ***La circulation en France des journaux ou écrits périodiques publiés à l'étranger ne pourra être interdite que par une décision spéciale délibérée en conseil des ministres.***

La circulation d'un numéro peut être interdite par une décision du ministre de l'intérieur.

La mise en vente ou la distribution, faite sciemment au mépris de l'interdiction, sera punie d'une amende de 50 francs à 500 francs *[1 500 euros].*

BIBL. ► JULIEN-LAFERRIÈRE, *AJDA 2003. 996* (illégalité du décret du 6 mai 1939 sur le contrôle de la presse étrangère). – MOYSAN, *JCP 2004. Actu. 556* (incertitudes de l'établissement de la loi applicable. L'exemple d'une abrogation « indirecte »). – DEUMIER, *RTD civ. 2005. 78* (les règles de droit obsolètes et le juge). – MBONGO, *Légipresse 2004. 213* (réflexions sur l'impunité de l'écrivain et de l'artiste). – DREYER, *JCP 2006. I. 174* (restaurer le contrôle des publications étrangères).

Sur les divergences quant à la compatibilité avec la Conv. EDH de l'art. 14 de la L. du 29 juill. 1881, avant qu'il ne soit abrogé par le Décr. n° 2004-1044 du 4 oct. 2004 : • CE 9 juill. 1997, *Assoc. Ekin : Lebon. 300 : D. 1998. 317, note Dreyer ; AJDA 20 avr. 1998, note Verdier ; Gaz. Pal. 1999. 2, 619* • CEDH 17 juill. 2001, *Assoc. Ekin c/ France : D. 2001. IR 2460 ; ibid. 2002. Somm. 2770, obs. Massis ; AJDA 2002. 52, note Julien-Laferrière ; JCP 2002. I. 105, obs. Sudre ; Europe 2000. Comm. 346, obs. Deffains ; AJDI 2001. 299, obs. Leclercq-Delepierre et Restancourt* • CAA Paris, 22 janv. 2002 : *Gaz. Pal. 2003, 1, Somm. 1258* • CE 7 févr. 2003, *GISTI*, n° 243634 : *AJDA 2003. 996, note Julien-Laferrière ; JCP 2003. IV. 2326, obs. Rouault.*

CHAPITRE III *De l'affichage* *(L. n° 2004-1343 du 9 déc. 2004, art. 13).*

§ 1er *De l'affichage*

RÉP. PÉN. v° *Affichage*, par KECHICHIAN.

Art. 15 **Dans chaque commune, le maire désignera, par arrêté, les lieux exclusivement destinés à recevoir les affiches des lois et autres actes de l'autorité publique.**

Il est interdit d'y placarder des affiches particulières.

(L. n° 69-1067 du 28 nov. 1969) **« Les affiches des actes émanés de l'autorité seront seules imprimées sur papier blanc. Toutefois, est licite l'usage du papier blanc pour l'impression d'affiches publicitaires lorsque celles-ci sont recouvertes de caractères ou d'illustrations de couleur et lorsque toute confusion, soit dans le texte, soit dans la présentation matérielle, est impossible avec les affiches administratives. »**

Toute contravention aux dispositions du présent article sera punie des peines portées en l'article 2.

1. Liberté de l'affichage politique. La L. du 29 juill. 1881 sur la presse a eu pour effet de rendre absolument libre l'affichage des écrits politiques ou autres, et aucune mesure préventive de nature à restreindre cette liberté ne peut être prise. • Crim. 17 nov. 1911 : *DP 1912. 1. 310* • 17 janv. 1956 : *Bull. crim. n° 54* • 10 déc. 1968 : *ibid. n° 332 ; D. 1969. 473, note Orfila ; RSC 1969. 400, obs. Vitu.*

2. *Affiches de l'autorité publique.* Le maire excède les pouvoirs qu'il tient de l'art. 15 de la L. du 29 juill. 1881 en désignant, pour recevoir les affiches des lois et autres actes de l'autorité publique, le mur de l'ancien presbytère, propriété communale, loué au ministre du culte. • CE 29 nov. 1933 : *DP 1934. 3. 7, concl. Rivet.*

3. L'art. 15, al. 3, a une portée générale et concerne toute feuille imprimée ou manuscrite apposée sur un mur dans un lieu public. • Crim. 20 janv. 1954 : *D. 1954. 110* • 18 juin 1958 : *Bull. crim. n° 465.* ♦ Ainsi en est-il d'un journal imprimé. • Crim. 20 janv. 1954 : *préc.* ♦... Ou d'une affiche dactylographiée. • Crim. 18 juin 1958 : *préc.*

4. *Responsables.* L'afficheur seul est responsable de la contravention prévue par l'art. 15 de la L. du 29 juill. 1881, à l'exclusion de l'imprimeur ou du signataire, que l'affiche imprimée sur papier blanc émane d'un particulier. • Crim. 7 mars 1896 : *DP 1896. 1. 511.* ♦ ... Ou d'une municipalité, lorsque l'affiche en cause n'a pas trait à un acte de l'autorité. • Crim. 18 févr. 1921 : *DP 1921. 1. 170.*

5. L'afficheur seul est également responsable quand une affiche privée est apposée dans un des lieux réservés aux affiches de l'autorité. • Crim. 2 déc. 1899 : *Bull. crim. n° 347.*

Art. 16 *(Abrogé par L. n° 2011-525 du 17 mai 2011, art. 175-7°)* ***Les professions de foi, circulaires et affiches électorales pourront être placardées, à l'exception des emplacements réservés par l'article précédent, sur tous les édifices publics autres que ceux consacrés aux cultes, et particulièrement aux abords des salles de scrutin.***

Art. 17 **Ceux qui auront enlevé, déchiré, recouvert ou altéré par un procédé quelconque, de manière à les travestir ou à les rendre illisibles, des affiches apposées par ordre de l'Administration dans les emplacements à ce réservés, seront punis de l'amende prévue pour les contraventions de la 3e classe.**

Si le fait a été commis par un fonctionnaire ou un agent de l'autorité publique, la peine sera de l'amende prévue pour les contraventions de la 4e classe *(Abrogé par Décr. n° 93-726 du 29 mars 1993)* ***« et d'un emprisonnement de cinq jours au plus, ou de l'une de ces deux peines seulement. »***

Seront punis de l'amende prévue pour les contraventions de la 3e classe ceux qui auront enlevé, déchiré, recouvert ou altéré par un procédé quelconque, de manière à les travestir ou à les rendre illisibles, des affiches électorales émanant de simples particuliers, apposées ailleurs que sur les propriétés de ceux qui auront commis cette lacération ou altération.

La peine sera de l'amende prévue pour les contraventions de la 4e classe *(Abrogé par Décr. n° 93-726 du 29 mars 1993)* ***« et d'un emprisonnement de cinq jours au plus, ou de l'une de ces deux peines seulement »*, si le fait a été commis par un fonctionnaire ou un agent de l'autorité publique, à moins que les affiches n'aient été apposées dans les emplacements réservés par l'article 15.**

1. N'est pas punissable la lacération d'une affiche avant qu'elle ne soit apposée. • Crim. 13 juill. 1907 : *Bull. crim. n° 328.* ♦ ... La lacération d'une affiche apposée sur des emplacements autres que ceux réservés par arrêté. • Crim. 2 nov. 1911 : *DP 1913. 1. 335.* ♦ ... La lacération d'affiches n'ayant aucun caractère administratif. • T. simple pol. Arras, 10 juill. 1933 : *DH 1934. Somm. 13.*

2. La lacération des affiches de l'administration ou des affiches électorales ne constitue la contravention prévue et punie par l'art. 17 de la L. du 29 juill. 1881 qu'autant que cette lacération a été accomplie dans une intention malveillante. • Crim. 3 avr. 1886 : *DP 1886. 1. 475.*

3. Le droit de lacérer ou d'enlever les affiches électorales, apposées contre son gré sur la maison qu'il habite, appartient au locataire aussi bien qu'au propriétaire. • Crim. 15 nov. 1884 : *DP 1885. 1. 477, rapp. Vételay.*

§ 2 [ABROGÉ] *Du colportage et de la vente sur la voie publique*
(Abrogé par L. n° 2004-1343 du 9 déc. 2004, art. 13)

Art. 18 à 22 *Abrogés par L. n° 2004-1343 du 9 déc. 2004, art. 13.*

CHAPITRE IV *Des crimes et délits commis par la voie de la presse ou par tout autre moyen de publication*

§ 1er *Provocation aux crimes et délits*

Art. 23 *(L. n° 72-546 du 1er juill. 1972)* **« Seront punis comme complices d'une action qualifiée crime ou délit ceux qui, soit par des discours, cris ou menaces proférés dans des lieux ou réunions publics, soit par des écrits, imprimés, dessins, gravures, peintures, emblèmes,**

images ou tout autre support de l'écrit, de la parole ou de l'image vendus ou distribués, mis en vente ou exposés dans des lieux ou réunions publics, soit par des placards ou des affiches exposés au regard du public, *(L. nº 85-1317 du 13 déc. 1985)* **« soit par tout moyen de »** *(L. nº 2004-575 du 21 juin 2004, art. 2-II)* **« communication au public par voie électronique », auront directement provoqué l'auteur ou les auteurs à commettre ladite action, si la provocation a été suivie d'effet. »**

Cette disposition sera également applicable lorsque la provocation n'aura été suivie que d'une tentative de crime prévue par ***l'article 2 du code pénal.*** *— V. art. 62.*

I. SUPPORTS

1. *Voie de la presse.* Aux termes de l'art. R. 321-8, 2º COJ [V. art. R. 221-15], le tribunal d'instance connaît, en dernier ressort jusqu'à la valeur de 25 000 F et à charge d'appel à quelque valeur que la demande puisse s'élever « des actions civiles pour diffamation ou pour injures publiques ou non publiques, verbales ou écrites, autrement que par voie de la presse » ; l'art. 23 de la L. du 29 juill. 1881, qui figure au chapitre IV « Des crimes et délits commis par voie de la presse ou par tout autre moyen de publication » présente un caractère général allant au-delà de la notion de « voie de presse » qu'il ne définit pas, donnant au contraire une liste détaillée des autres moyens de publication ; la définition recherchée résulte des dispositions de la loi nº 86-897 du 1er août 1986 portant réforme du régime juridique de la presse, et plus particulièrement de son art. 1er aux termes duquel il faut entendre par « publication de presse » : « tout service utilisant un mode écrit de diffusion de la pensée mis à la disposition du public en général ou de catégories de publics et paraissant à intervalles réguliers » ; tel n'étant pas le cas d'une lettre circulaire, la diffamation éventuellement commise ne l'a pas été par voie de presse, et le tribunal d'instance est exclusivement compétent. • Paris, 13 déc. 2000 : *Gaz. Pal. 2002. 1. 656.* ♦ *Adde* : Guerder, *Gaz. Pal. 2002. 1. Doctr. 756* (saisine de la juridiction : quelle compétence ?).

2. *Écrits ou imprimés.* Si le *Journal officiel* entre dans la catégorie des écrits ou imprimés visés par l'art. 23 de la L. du 29 juill. 1881, son directeur de publication ne saurait encourir aucune responsabilité du fait de l'insertion d'une déclaration d'association, dont il ne peut légalement se dispenser en exécution des prescriptions des art. 5 de la L. du 1er juill. 1901 et 1er du décret du 16 août 1901 ; conformément à l'art. 327 C. pén. (nouvel art. 122-4), il n'y a pas diffamation lorsque la publication incriminée est ordonnée par la loi. • Crim. 17 févr. 1981 : *Bull. crim. nº 63 ; RSC 1982. 350, obs. Levasseur* • 14 nov. 1989 : *Bull. crim. nº 418.* ♦ Le directeur de la publication d'un journal ne saurait encourir aucune responsabilité du fait de l'insertion d'une annonce dont il ne peut légalement se dispenser (publication d'une annonce légale). • Crim. 17 oct. 1995, nº 93-85.440 P : *Gaz. Pal. 9-10 févr. 1996, note Doucet.*

3. Les imprimés visés par l'art. 23 de la L. du 29 juill. 1881 doivent s'entendre non seulement des reproductions d'un texte, à l'aide de caractères typographiques, mais aussi de toute reproduction, quel que soit le procédé technique utilisé, dès lors qu'elle permet la publication de la pensée. • Crim. 14 janv. 1971 (2 arrêts) : *Bull. crim. nº 14 ; D. 1971. 101, rapp. Chapar.* ♦ Ainsi en est-il des disques phonographiques. • Mêmes arrêts.

4. *Dessins ou images.* La loi de 1881 a entendu réprimer les diffamations commises par dessins ou images sans s'être préoccupée des procédés employés pour les produire ou exécuter ; elle est applicable à un film cinématographique. • Dijon, 8 janv. 1936 : *DH 1936. 137 ;* confirmation de : • T. corr. Dijon, 4 mai 1935 : *DH 1935. 437.* ♦ ... Au support de la bande dessinée. • Paris, 26 avr. 1990 : *Gaz. Pal. 1990. 2. 483, note Bilger.* ♦ ... A la présentation sur un site internet de photographies retouchées. • TGI Meaux, 19 nov. 2001 : *D. 2002. Somm. 2373, obs. C. Caron.*

5. *Communication audiovisuelle.* La publicité d'une émission radiophonique, les propos incriminés auraient-il été proférés dans un lieu privé au domicile de l'émetteur, résulte de la diffusion des ondes hertziennes dans l'atmosphère et de leur réception possible par toute personne munie d'un appareil approprié. • T. corr. Bourges, 19 juill. 1934 : *DP 1934. 2. 121, note Desbois.*

6. Le minitel étant visuel et non audio, il n'est pas un moyen audiovisuel au sens de l'art. 23 de la loi sur la presse. • Metz, 22 mai 1991 : *JCP 1992. IV. 1841.*

7. *Internet.* La diffusion de propos diffamatoires sur le réseau internet, à destination d'un nombre indéterminé de personnes nullement liées par une communauté d'intérêts, constitue un acte de publicité commis dès que l'information a été mise à la disposition des utilisateurs éventuels du site. • TGI Paris, réf., 30 avr. 1997 : *Gaz. Pal. 1997. 1. Somm. 257 ; ibid. 1997. 2. Somm. 393, note Rojinsky.* ♦ Rappr. : • TGI Paris, 10 juill. 1997 : *Gaz. Pal. 1998. 1. 59, note Cousin.* ♦ L'édition de pages personnelles pouvant être consultées sur le réseau de l'internet est un moyen de communication audiovisuelle, pour être un service accessible à des personnes inconnues et imprévisibles, de sorte que le message litigieux ne peut, en aucune façon, être considéré comme une correspondance privée, à la manière d'un courrier électronique, qui permet, au contraire, l'envoi d'un message d'une adresse e-mail à une autre adresse e-mail. • TI Puteaux, 28 sept. 1999 : *Gaz. Pal. 2000. 1. 22, note Morain.*

8. Le tribunal de grande instance est compétent pour connaître des infractions à la loi sur la presse, engagées à l'encontre d'éditeurs de sites et pages web. • TGI Paris, réf., 22 janv. 2003 : *Gaz. Pal. 23-24 juill. 2003, note Cousin et Piccio.*

9. Fait l'objet d'une diffusion caractérisant la publicité au sens de l'art. 23 de la L. du 29 juill. 1881, la présence sur le site Internet d'une association d'un écrit au caractère diffamatoire prenant la forme d'une lettre ouverte. • Colmar, 25 janv. 2007 : *JCP 2007. IV. 2804.*

10. La partie civile, président de la fédération nationale Léo Lagrange, a fait citer devant le tribunal de police le secrétaire général du syndicat CGT Léo Lagrange, du chef de diffamation non publique envers un particulier en raison de la diffusion, par voie électronique, d'un message adressé à des personnalités, membres, les unes, de ce syndicat, les autres, du parti socialiste, dans lequel il émettait des critiques sur son attitude ; devant le premier juge, le prévenu a soutenu que les propos incriminés ayant été tenus publiquement, les faits relevaient de la compétence du tribunal correctionnel ; les juges ont fait droit à cette exception ; pour confirmer le jugement entrepris, sur l'appel de la partie civile, l'arrêt retient, notamment, que si les destinataires du courrier électronique incriminé peuvent avoir des intérêts communs, ils font partie de groupements qui constituent des entités distinctes, ne partageant pas nécessairement les mêmes objectifs et ayant des domaines d'action différents ; en l'état de ces énonciations, dont il résulte que l'écrit litigieux a été adressé à des personnes qui n'étaient pas liées par la même communauté d'intérêts, la cour d'appel a exactement caractérisé la publicité au sens de l'art. 23 de la L. du 29 juill. 1881. • Crim. 28 avr. 2009 : *Dr. pénal 2009. 105, obs. Véron ; ibid. Chron. 5, obs. Mouysset.*

11. Caractérise la publicité des propos diffamatoires, en l'absence de communauté d'intérêts liant les différents destinataires, le message électronique envoyé depuis une adresse e-mail à 53 destinataires dont des associations, des journalistes, des fonctionnaires d'État, toutes ces personnes ayant des qualités, des compétences et des intérêts différents. • Crim. 9 nov. 2010 : *Gaz. Pal. 2-3 mars 2011, note Piot ; Dr. pénal 2011. Chron. 5, obs. Mouysset.*

12. Ne constituent pas des injures publiques celles diffusées sur un compte de réseau social accessible aux seules personnes agréées, en nombre très restreint, par l'auteur des propos injurieux, et qui forment entre elles une communauté d'intérêts. • Civ. 1re, 10 avr. 2013, n° 11-19.530 P : *D. 2013. Actu. 1004 ; ibid. 2014. 512, obs. Dreyer ; JCP 2013, n° 466, obs. Marino ; Gaz. Pal. 2013. 1. 1891, obs. Piot.* ♦ ... Viole par refus d'application l'art. R. 621-2 C. pén., la cour d'appel qui se borne à constater que des propos litigieux ne constituent pas des injures publiques, sans rechercher si de tels propos ne pouvaient être qualifiés d'injures non publiques. • Même arrêt.

13. Le dialogue entre quelques personnes au moyen d'un service de messagerie instantanée relève de la confidentialité des communications. Les propos qui y sont tenus devant s'apprécier dans leur contexte non seulement intrinsèque mais extrinsèque, ils ne peuvent être qualifiés de diffamation non publique. • Aix-en-Provence, 7 mai 2013 : *D. actu. 14 juin 2013, obs. Manara ; D. 2013. Actu 1550, obs. Manara.*

14. En l'absence de tout critère rattachant au territoire de la République des propos incriminés sur le fondement de la L. du 29 juill. 1881 sur la liberté de la presse, la circonstance que ceux-ci, du fait de leur diffusion sur le réseau internet, aient été accessibles depuis ledit territoire ne caractérise pas, à elle seule, un acte de publication sur ce territoire rendant le juge français compétent pour en connaître ; justifie sa décision la cour d'appel qui, pour confirmer l'incompétence des juridictions françaises, constate, notamment, que les propos poursuivis sous la qualification de diffamation publique envers des particuliers, rédigés en langue anglaise, ont été mis en ligne sur un site internet américain par une personne de nationalité sud-africaine ne résidant pas en France, visent des personnes de nationalité japonaise et/ou américaine domiciliées au Japon et portent sur des événements qui se sont déroulés dans ce pays. • Crim. 12 juill. 2016, n° 15-86.645 P : *D. 2016. 1848, note Dreyer ; RSC 2016. 535, obs. Francillon.* ♦ Rappr. : • TGI Paris, 13 nov. 1998 : *Gaz. Pal. 2000. 1. Doctr. 697, obs. Manseur-Rivet* (en application de l'art. 113-2, al. 2, C. pén., le fait de diffuser sur internet, depuis un site étranger, des propos révisionnistes, constitue un délit relevant de la compétence des tribunaux français).

15. Entre le chef d'un établissement scolaire sous contrat d'association, responsable, au titre de la vie scolaire, de l'ordre dans l'établissement, de l'application du règlement intérieur et de la mise en œuvre de la procédure et du prononcé des sanctions disciplinaires, et les membres de l'inspection académique il existe un groupement de personnes liées par une communauté d'intérêts, l'État devant veiller, quelles que soient les modalités de scolarisation, à la mise en œuvre d'une procédure disciplinaire garantissant les droits des élèves, notamment le principe du contradictoire et les droits de la défense, ainsi qu'à la protection de l'enfance. • Crim. 22 janv. 2019, n° 18-82.614 P : *D. actu. 13 févr. 2019, obs. Lavric ; D. 2019. 203 ; ibid. 2020. Pan. 237, obs. Dreyer.* ♦ ... Mais n'a pas justifié sa décision la chambre de l'instruction qui, pour exclure la publicité, n'a pas recherché comme elle y était invitée par un mémoire régulièrement déposé devant elle, l'identité de toutes les personnes ayant pu prendre connaissance du courriel, comportant en pièce jointe l'écrit incriminé, à partir de la boîte structurelle. • Même décision.

II. PUBLICITÉ

16. Constatation. Il appartient à la Cour de cassation de contrôler si la publicité, qui est l'un des éléments constitutifs de certaines infractions de presse prévues par la L. du 29 juill. 1881, se trouve établie. • Crim. 2 juin 1964 : *Bull. crim. n° 191* • 5 oct. 1993, n° 92-81.749 P. ♦ En l'absence de toute contestation sur ce point devant les juges du fond, le caractère public de la diffamation résultant de la vente ou de la mise en vente d'un journal, se trouve suffisamment constaté par le visa de l'art. 23 de la L. du 29 juill. 1881. • Crim. 23 janv. 1968 : *Bull. crim. n° 21* • 16 oct. 1968 : *ibid. n° 255.*

17. Renvoi. Sur les éléments de publicité ou l'absence de publicité, au sens de la L. du 29 juill. 1881, V. encore ss. art. 32 (diffamation non publique).

A. ÉCRITS OU IMPRIMÉS

1° FAIT DE DISTRIBUTION

18. Auteur. Il n'est pas nécessaire que l'écrit diffamatoire ait été publié par son auteur lui-même ; cette publication peut être l'œuvre de tiers lorsqu'il est certain que l'écrit était destiné par son auteur à être livré à la publicité. • Crim. 19 juin 1969 : *Bull. crim. n° 208.*

19. Mais manque de base légale le jugement qui, pour retenir le délit de diffamation publique contre l'auteur d'une lettre missive adressée à un tiers, ne constate, en ce qui concerne la publicité, que des circonstances ultérieures non imputables au signataire de la lettre. • Crim. 3 juill. 1931 : *Bull. crim. n° 194.*

20. Matérialité. Si le fait, par une agence de renseignements, d'envoyer périodiquement à ses abonnés et sans demande spéciale de leur part, des listes portant les noms de personnes avec des notes sur la solvabilité de chacune d'elles, peut être considéré comme un véritable fait de vente ou de distribution, il en est autrement quand ces renseignements ont été remis sur des demandes expresses et spéciales, et en exécution du contrat intervenu entre elle et ses abonnés. • T. corr. Seine, 2 févr. 1929 : *DH 184.*

21. Lieux ou réunions. Ne sont considérés comme publics, au sens de l'art. 23 de la L. du 29 juill. 1881, que les écrits ou imprimés qui ont été distribués dans des lieux ou réunions publics. • Crim. 4 janv. 1990, n° 85-94.880 P.

22. Mais s'agissant d'écrits, d'imprimés, de dessins, de gravures, de peintures, d'emblèmes, d'images ou de tout autre support de l'écrit, de la parole ou de l'image, la vente ou la distribution peuvent à elles seules constituer la publication, sans aucune autre circonstance et notamment sans celle de la publicité du lieu ou de la réunion. • Crim. 8 oct. 1974 : *Bull. crim. n° 280.* ♦ Il en est autrement lorsqu'il s'agit de placards ou d'affiches. • Même arrêt. ♦ La publicité est réalisée par la distribution d'un journal à ses abonnés, en quelque lieu qu'ils se trouvent. • Crim. 31 janv. 1995, n° 92-86.559 P.

23. La distribution d'un écrit ou d'un imprimé à diverses personnes qui ne sont pas liées entre elles par une communauté d'intérêts caractérise la publicité au sens de l'art. 23 de la L. du 29 juill. 1881. • Crim. 24 janv. 1995, n° 93-84.701 P. ♦ La distribution d'un écrit non confidentiel à divers destinataires qui ne constituent pas entre eux un groupement de personnes liées par une communauté d'intérêts caractérise la publicité prévue par l'art. 23 de la L. du 29 juill. 1881. • Civ. 2e, 23 sept. 1999, n° 97-18.784 P.

24. Il en est ainsi d'une lettre ouverte adressée à chacun des élus municipaux et visant le maire à raison de sa qualité et des actes de sa fonction. • Crim. 24 nov. 1992, n° 87-91.295 P. ♦ Les divers élus municipaux chargés de l'administration des affaires de la commune ne formant pas un groupement de personnes liées par une communauté d'intérêts, la publicité définie par l'art. 23 de la L. du 29 juill. 1881 est constituée par la distribution à ces destinataires d'un écrit non confidentiel, visant le maire à raison de sa qualité et de ses fonctions. • Crim. 29 mars 1994, n° 92-80.728 P. ♦ Retient à bon droit à la charge du prévenu les faits de diffamation envers un citoyen chargé d'un mandat public la cour d'appel qui relève que l'élément de publicité est caractérisé dès lors que les membres du conseil municipal destinataires de la lettre mettant en cause le maire ne forment pas un groupement de personnes liées par une communauté d'intérêts, les divers élus étant saisis d'un litige relatif à la gestion du personnel communal, laquelle ressortit à l'administration des affaires de la commune. • Crim. 3 juin 1997, n° 96-81.706 P : *RSC 1998. 104, obs. Mayaud*.

25. La diffusion d'un écrit n'est une distribution publique que si les destinataires de cet écrit sont étrangers à un groupement de personnes liées par une communauté d'intérêts ; un parti politique constitue un groupement de cette nature. • Crim. 27 mai 1999, n° 98-82.461 P : *Dr. pénal 2000. 1, obs. Véron.*

26. Fait défaut la publicité des imputations diffamatoires en raison de la communauté d'intérêts établie entre les destinataires identifiés de l'écrit litigieux au sein de la copropriété d'un immeuble d'habitation. • Crim. 7 mars 2000 : *Dr. pénal 2000. 97, obs. Véron.*

2° DOCUMENTS DISTRIBUÉS

27. Abonnements. Le délit de diffamation perpétré par la voie de la presse écrite est réputé commis partout où l'écrit a été publié ; la publicité est réalisée par la diffusion d'un journal à ses abonnés, en quelque lieu qu'ils se trouvent ; encourt la censure l'arrêt qui, pour faire droit à l'exception d'incompétence territoriale soulevée par le prévenu, énonce que rien ne permet d'affirmer que le journal contenant les propos diffamatoires a été effectivement distribué aux deux abonnés demeurant dans le ressort du tribunal saisi. • Crim. 3 févr. 2009, n° 08-82.375 P : *JCP 2009, n° 46, obs. Dreyer ; Dr. pénal 2009. 61, obs. Véron.*

28. Bulletins. Est à bon droit relevée la publicité d'une correspondance, dès lors que le prévenu a, en faisant participer à une polémique des personnes étrangères à un groupement corporatif, débordé le cadre professionnel. • Crim. 8 janv. 1960 : *Bull. crim. n° 5.*

29. C'est à bon droit que les juges d'appel ont retenu la publicité d'une « lettre ouverte », jointe à un bulletin professionnel, dès lors qu'ils ont constaté que ce bulletin, non seulement pouvait être lu par d'autres personnes que les destinataires, mais encore a été adressé à des personnes étrangères au groupement corporatif et, de surcroît, non abonnées. • Crim. 22 févr. 1966 : *Bull. crim. n° 62.*

30. L'élément de publicité nécessaire pour caractériser le délit de diffamation fait défaut lorsque le bulletin d'une association est distribué aux seuls membres de ce groupement liés par une communauté d'intérêts. • Crim. 21 févr. 1995, n° 92-86.617 P. ♦ Mais, lorsqu'il s'agit d'imputations étrangères à l'activité de celui qui est visé, au sein d'une association distribuant un bulletin diffamatoire aux différentes sections dont elle se compose, l'élément de publicité est établi. • Crim. 23 juill. 1958 : *Bull. crim. n° 567.*

31. Circulaires. La diffusion d'une lettre circulaire sous pli fermé aux seuls membres d'un groupement de personnes liées par une communauté d'intérêts ne constitue pas une distribution publique au sens de l'art. 23 de la L. du 29 juill. 1881. • Crim. 18 mai 1954 : *Bull. crim. n° 187 ; D. 1956. 366, note Lemercier ; JCP 1954. II. 8292, note Chavanne* • 24 janv. 1967 : *Bull. crim. n° 36* • 17 mars 1980 : *Bull. crim. n° 91* (membres d'un syndicat) • Crim. 26 nov. 1979 : *D. 1980. IR 442* (personnel d'une entreprise) • Crim. 15 juill. 1981 : *ibid. n° 232* (adhérents d'une association). ♦ Mais l'élément de publicité est caractérisé par la distribution de cet écrit à un ou des tiers étrangers audit groupement. • Crim. 15 juill. 1981 : *préc.*

32. Justifie l'absence de l'élément de publicité nécessaire pour constituer le délit prévu par l'art. 32 de la loi sur la presse l'arrêt qui constate que l'écrit litigieux a été adressé, par voie de circulaire, et sous pli fermé, aux seuls membres d'un groupement corporatif, alors que toutes les imputations qui y étaient contenues se rapportaient exclusivement à l'objet même dudit groupement et faisaient suite à une polémique qui avait divisé les membres de la profession. • Crim. 16 juill. 1958 : *Bull. crim. n° 551.* ♦ Une circulaire adressée sous pli fermé aux membres d'une société convoqués à une assemblée générale et se rapportant à cette réunion est dépourvue de la publicité prévue par l'art. 23 de la L. du 29 juill. 1881. • Crim. 1er déc. 1971 : *Bull. crim. n° 334 ; D. 1972. Somm. 21.*

33. Correspondance. Si la distribution d'un écrit à diverses personnes peut ne pas constituer une publication, c'est à la condition qu'elle ait été faite à titre confidentiel et que l'écrit ait par lui-même le caractère d'une correspondance personnelle et privée. • Crim. 18 juill. 1935 : *DH 1935. 495* • 3 déc. 1958 : *Bull. crim. n° 718.* ♦ Les imputations diffamatoires contenues dans une lettre et concernant une personne autre que le destinataire ne sont susceptibles de recevoir une qualification pénale que s'il est établi que cette lettre a été adressée au tiers dans des conditions exclusives de tout caractère confidentiel. • Crim. 23 mai 1989 : *JCP 1989. IV. 296 ; Dr. pénal 1990. 15.* ♦ Les expressions diffamatoires visant une personne autre que les destinataires du message qui les contient ne sont punissables que si l'envoi a été fait dans des conditions exclusives d'un caractère confidentiel. • Crim. 30 mai 2007, n° 06-86.326 P. ♦ Les imputations diffamatoires visant une autre personne que le destinataire de la lettre missive qui les contient ne sont punissables que si ladite lettre a été adressée dans des conditions exclusives de tout caractère confidentiel ; tel n'est pas le cas d'une lettre de plainte adressée dans ces conditions au Conseil de l'Ordre des médecins. • Crim. 11 mai 2010, n° 09-80.725 P.

34. Les injures ou menaces contenues dans une lettre et concernant une personne autre que le destinataire ne sont susceptibles de recevoir une qualification pénale que s'il est établi que cette lettre a été adressée au tiers dans des conditions exclusives de tout caractère confidentiel ; tel n'est pas le cas lorsqu'il n'est pas démontré qu'une lettre adressée à un tiers devait être divulguée, cette divulgation ne résultant que de l'initiative du seul destinataire de la lettre ; l'application des dispositions de l'art. 29 de la L. du 29 juill. 1881 doit donc être écartée. • Lyon, 20 mars 2002 : *BICC 2002. 906.*

35. Viole les art. 23, 29 de la L. du 29 juill. 1881, et R. 621-1 C. pén., le tribunal qui rejette la demande en réparation du préjudice subi par une personne s'estimant diffamée par une lettre de dénonciation expédiée par un délégué syndical à son employeur, à diverses instances représentatives de son syndicat, et à l'inspecteur du travail, aux motifs que le caractère public de ladite correspondance n'est pas établi et que cette lettre, adressée à un tiers dans des conditions non publiques, est confidentielle, alors que la dénonciation adressée à l'employeur commun n'était pas confidentielle et alors que la diffusion de la lettre à plusieurs destinataires qui ne formaient pas entre eux un groupement de personnes liées par une communauté d'intérêts caractérisait la publicité. • Civ. 2e, 24 janv. 2002, n° 00-16.985 P : *Dr. pénal 2002. 51, obs. Véron ; Gaz. Pal. 2003. 2. Somm. 3975, obs. Guerder.*

36. La mention « personnelle » sur une enveloppe est insuffisante pour donner à son contenu un caractère « confidentiel ». • Crim. 25 juin 1963 : *Bull. crim. n° 227.*

37. Ne remplit pas l'élément de publicité au sens de la loi sur la presse une lettre sous pli fermé adressée personnellement à un membre du personnel municipal, et dont il n'est pas établi qu'elle était destinée à être rendue publique. • TGI Aix-en-Provence, 27 nov. 1996 : *Gaz. Pal. 1998. 2. Somm. 556.*

38. Dépêches. L'élément de publicité exigé par l'art. 23 de la L. du 29 juill. 1881 est établi à propos des dépêches de l'agence France Presse, dans la mesure où elles sont distribuées par cette entreprise à titre onéreux à des destinataires variés et nombreux non réunis par une communauté d'intérêts, et qui reçoivent les informations, à titre non confidentiel, pour les propager au sein de nouveaux publics. • Paris, 18 mai 1988 : *D. 1990. 35 (1re esp.), note Drouot.*

39. Lettre de plainte. La distribution requise par l'art. 23 de la L. du 29 juill. 1881 ne saurait résulter de la diffusion d'une lettre de plainte au sein de conseils de l'Ordre des médecins. • Crim. 26 janv. 1993, n° 91-83.260 P.

40. Pétitions. Si la diffusion d'un écrit aux seuls membres d'un groupement de personnes liées par une communauté d'intérêts ne constitue pas une distribution publique au sens de l'art. 23 de la L. du 29 juill. 1881, l'élément de publicité est caractérisé par la diffusion de cet écrit ou de son contenu à une ou plusieurs personnes étrangères à ce groupement. • Crim. 5 oct. 1993, n° 92-81.749 P (texte d'une pétition d'un groupe de parents d'élèves communiqué ou remis en copie à un journaliste, et adressé aux autorités civiles et religieuses).

41. Professions de foi. Il résulte de l'arrêt attaqué et de l'examen des pièces de procédure qu'à la suite de la diffusion aux électeurs d'une profession de foi intitulée « Islamistes dehors, remettons de l'ordre en France », le prévenu, candidat à des élections cantonales partielles, a été cité devant le tribunal correctionnel pour provocation à la discrimination raciale ; pour confirmer la décision des premiers juges déclarant le prévenu coupable des faits visés à la prévention, la cour d'appel retient que la profession de foi ayant été adressée à tous les électeurs du canton qui ne constituent pas une communauté d'intérêts, sa diffusion revêt un caractère de publicité ; les juges ajoutent que le contenu de la profession de foi que doit diffuser la commission de propagande électorale reste de la seule responsabilité du candidat ; en l'état de ces motifs, la cour d'appel a justifié sa décision. • Crim. 2 mars 2004 : *Dr. pénal 2004. 104, obs. Véron.*

42. Télécopie. Le personnel d'une entreprise ne constituant pas un public au sens de la L. du 29 juill. 1881, les invectives adressées par télécopie au service de la personne visée caractérisent seulement la contravention de diffamation et d'injures non publiques. • Paris, 20 déc. 1990 : *JCP 1991. IV. 179.*

43. En adressant par télécopie à une personne dénommée à la rédaction d'un journal, avec la mention « confidentiel », une lettre contenant une imputation d'un fait précis atteignant l'honneur professionnel d'un journaliste, l'auteur de ce courrier est sorti lui-même de la confidentialité qu'il invoque, la mention précitée étant un semblant de précaution qu'il devait savoir inopérante s'agissant d'un courrier assimilé à une correspondance à découvert, et doit être déclaré coupable de la contravention de diffamation non publique. • T. pol. Paris, 11 janv. 1999 : *BICC 1999, n° 858.*

44. L'envoi en nombre d'une télécopie suffit pour que la diffamation publique soit réalisée en raison des propos qui y sont contenus ; cette publicité est retenue alors même que ses différents destinataires sont membres d'une même entreprise. • TGI Bayonne, réf., 12 juin 2002 : *Gaz. Pal. 2003. 1. Somm. 1277, note Cousin et Piccio.*

45. Tracts. Caractérise la publicité de l'écrit au sens de l'art. 23 de la L. du 29 juill. 1881 l'arrêt qui constate la distribution d'un tract dans les lieux d'une élection. • Crim. 12 juin 1956 : *Bull. crim. n° 462.* ♦ ... Dans plusieurs pavillons d'une cité universitaire. • Crim. 24 janv. 1973 : *Bull. crim. n° 41.* ♦ ... Dans un institut d'études politiques, dont l'entrée était ouverte à des tiers en raison d'une journée porte ouverte appelée « journée des dédicaces », excluant par là qu'elle fût réservée aux seuls élèves, anciens élèves et enseignants. • Paris, 31 mai 1995 : *Dr. pénal 1995. 263.*

46. Après avoir relevé qu'un tract avait été distribué dans des lieux privés et à des personnes liées entre elles par une communauté d'intérêts, une cour d'appel ne peut déduire l'existence de la publicité d'une éventuelle distribution du tract à des personnes étrangères à l'entreprise. • Crim. 13 mai 1986 : *Bull. crim. n° 162 ; RSC 1987. 205, obs. Levasseur* • 4 janv. 1990, n° 85-94.880 P.

47. L'art. L. 412-18 C. trav., qui se borne à organiser la diffusion des tracts par les syndicats professionnels aux travailleurs à l'intérieur de l'entreprise n'est pas applicable à une diffusion de tracts à l'extérieur de l'entreprise ; les propos qualifiés par l'employeur d'injurieux et de diffamatoires contenus dans des tracts diffusés au public ne peuvent être incriminés qu'au regard de la L. du 29 juill. 1881. • Soc. 28 févr. 2007, n° 05-15.228 P.

B. PLACARDS ET AFFICHES

48. Exposition au regard du public. Selon les dispositions de l'art. 23 de la L. du 29 juill. 1881, il n'y a publicité légalement constatée, en ce qui concerne les placards ou les affiches, qu'autant qu'il est spécifié que ceux-ci ont été exposés au regard du public. • Crim. 8 oct. 1974 : *Bull. crim. n° 280* • Civ. 2e, 8 nov. 1993, n° 91-22.216 P.

49. Tel n'est pas le cas : ... de l'affichage à l'intérieur d'une usine de notes diffamatoires faisant connaître le licenciement de deux ouvrières, lorsqu'il ne ressort d'aucune des énonciations de l'arrêt qu'il y ait eu soit exposition des placards incriminés dans un lieu ou une réunion publique, soit exposition desdits placards au regard du public, le personnel d'une usine, quelque nombreux qu'il soit, ne constituant pas le public au sens de l'art. 23 de la L. du 29 juill. 1881. • Crim. 8 oct. 1974 : *préc. note 48.* ♦ ... De l'affichage, dans les lieux et sur les emplacements destinés à l'information syndicale, de tracts concernant la défense d'intérêts professionnels, portés à la connaissance des personnels de la police nationale représentant une même communauté d'intérêts, dès lors que lesdites affiches n'ont pas été exposées dans la partie accessible au public des locaux de police. • Civ. 2e, 8 nov. 1993 : *préc. note 48.*

50. Exemples. Placardage de jugements de condamnation sur des murs publics. • Crim. 18 déc. 1952 : *Bull. crim. n° 314* • 12 juin 1956 : *ibid. n° 460.* ♦ ... Affichage de la délibération d'un conseil municipal contenant des imputations diffamatoires. • Crim. 12 juin 1956 : *Bull. crim. n° 459.* ♦ ... Affichage d'un écrit diffamatoire sur un panneau placé dans le vestibule d'entrée d'une grande école, où toute personne, appartenant ou non à cet établissement, peut en prendre connaissance. • Crim. 10 juill. 1973 : *Bull. crim. n° 321.*

51. En matière de presse, l'élément de publicité est caractérisé par l'affichage de l'écrit injurieux ou diffamatoire dans un local accessible à des tiers étrangers à la communauté de personnes liées par un même intérêt ; encourt la cassation l'arrêt qui retient qu'un tract affiché dans le local syndical d'un établissement pénitentiaire n'a pas été diffusé publiquement, alors que ce document était visible par certains détenus, tiers *étrangers à la communauté d'intérêts* que constitue le personnel pénitentiaire, lors de leur passage ponctuel dans ce local. • Crim. 9 déc. 2014 : *D. actu. 14 janv. 2015, obs. Lavric ; AJ pénal 2015. 427, obs. Verly ; Dr. pénal 2015. Chron. 6, obs. Mouysset.*

C. LIEUX PUBLICS

1° LIEUX PUBLICS PAR NATURE

52. Présomption de publicité. La publicité de propos diffamatoires résulte de plein droit de ce que ceux-ci ont été tenus à haute voix dans un lieu public par nature. • Crim. 15 mars 1983 : *Bull. crim. n° 82.*

53. La publicité, élément essentiel du délit de diffamation, résulte de ce que les propos diffamatoires ont été entendus du public, ou tenus à haute voix, de manière à être entendus. • Crim. 17 nov. 1883 : *Bull. crim. n° 260* • 7 févr. 1945 : *ibid. n° 11* • 16 mars 1948 : *ibid. n° 96.*

54. Il y a publicité suffisante en matière de diffamation quand le juge constate que les propos diffamatoires ont été adressés successivement à des personnes différentes dans un lieu public et sur un ton de voix qui, sans être très élevé, l'était assez pour que lesdits propos puissent être entendus par des tiers. • Crim. 1er avr. 1938 : *Bull. crim. n° 102* • 16 mars 1948 : *préc. note 53.*

55. Détermination. Doit être regardé comme présentant les caractères de publicité exigés par la loi, un passage ou une petite cour intérieure d'un hôpital, où peuvent circuler diverses personnes sous les conditions déterminées par les règlements administratifs. • Crim. 4 mai 1935 : *DH 1935. 349.*

56. L'arrêt qui déclare que des propos diffamatoires ont été tenus à haute voix dans un débit où étaient présents des consommateurs caractérise la publicité, élément essentiel du délit de diffamation. • Crim. 28 juill. 1949 : *Bull. crim. n° 263.* ♦ Un bar d'hôtel ouvert au public est un lieu public par destination ; mais la circonstance de publicité n'est pas réalisée si les propos incriminés ont été tenus à voix basse, dans un coin du bar, de manière à n'être pas entendus des personnes présentes, autres que celles à qui ils étaient adressés. • Crim. 2 févr. 1950 : *Bull. crim. n° 38.* ♦ Est un lieu public par nature la terrasse d'un restaurant. • Crim. 15 mars 1983 : *Bull. crim. n° 82.*

57. Sont légalement proférés dans des lieux publics les propos tenus dans la salle du secrétariat d'une mairie, dès lors que, en fait, le public y a libre accès, et bien que des avis invitant à « n'entrer qu'à son tour et après avoir frappé » soient apposés à la porte. • Crim. 9 juin 1943 : *Bull. crim. n° 53.* ♦ Retient à bon droit le délit d'injures publiques l'arrêt qui relève que le prévenu a qualifié sa supérieure hiérarchique, cadre de la fonction publique territoriale, de « menteuse, incapable, incompétente », et que ce fait a été commis devant plusieurs témoins, vers 12 h 15, dans un couloir de la mairie ouvert au public. • Crim. 27 nov. 1997 : *Gaz. Pal. 1998. 1, chron. crim., p. 35.*

58. Pour constituer le délit d'injure publique,

au sens de l'art. 23 de la L. du 29 juill. 1881, le propos injurieux doit avoir été « proféré », c'est-à-dire tenu à haute voix dans des circonstances traduisant une volonté de le rendre public ; caractérise de telles circonstances l'arrêt qui, pour déclarer le prévenu coupable d'injure publique, retient que les propos litigieux, également entendus par l'épouse du destinataire, ont été tenus d'une voix forte dans une cour d'immeuble comportant plusieurs appartements et à laquelle le public a accès. • Crim. 8 avr. 2014, n° 12-87.497 P : *D. actu. 28 avr. 2014, obs. Lavric ; D. 2014. 930 ; AJDI 2015. 123, obs. Belfanti ; AJ pénal 2014. 358, obs. Verly ; Dr. pénal 2014, n° 92, obs. Véron ; ibid. 2015. Chron. 6, obs. Mouysset.*

59. Pour des propos déclamés au porte-voix devant un palais de justice. • Crim. 1er sept. 2005 : *Dr. pénal 2005. 172, obs. Véron.*

2° LIEUX PUBLICS OCCASIONNELS

60. Absence de présomption de publicité. Des propos tenus dans une maison particulière ne revêtent, au sens de l'art. 23 de la L. du 29 juill. 1881, aucun caractère de publicité par le seul fait qu'ils ont été entendus. • Crim. 20 déc. 1930 : *DP 1931. 1. 133, rapp. Le Marc'hadour, et note A. S.*

61. Détermination. La transformation accidentelle d'un lieu privé (loge de concierge) en lieu public peut s'opérer en raison de circonstances exceptionnelles appréciées souverainement par les juges du fait. • Crim. 9 janv. 1948 : *Bull. crim. n° 9.*

62. Ainsi, le couloir d'un immeuble est un lieu privé par sa nature et sa destination, mais il peut être considéré comme devenu momentanément et accidentellement un lieu public, en raison de circonstances particulières relevées par le juge. • Crim. 23 juill. 1941 : *DC 1942. 11.* ♦ De même, si le cabinet d'un maire est un lieu privé, il peut être considéré, par suite de circonstances particulières, notamment en raison de la présence de personnes étrangères à la mairie, comme devenu accidentellement et momentanément un lieu public. • Crim. 25 mai 1949 : *Bull. crim. n° 185.* ♦ Il en est pareillement d'un atelier, qui constitue en règle générale un lieu privé par sa nature et sa destination, mais qui peut devenir occasionnellement un lieu public, en raison de circonstances que les juges du fait apprécient. • Crim. 15 déc. 1949 : *Bull. crim. n° 345.*

63. Il en va également ainsi d'un panneau affiché dans un local syndical dès lors que la présidente du syndicat parle de son contenu avec un journaliste et a dès lors nécessairement conscience que ce panneau sera vu par des tiers (aff. dite du « mur des cons »). • Paris, pôle 2, ch. 7, 19 déc. 2019, n° 19/01374 : *D. actu 22 janv. 2020, obs. Lamy.*

64. La publicité prévue par l'art. 23 de la L. du 29 juill. 1881 ne saurait résulter du fait que des propos proférés dans un lieu privé seraient étrangers à l'objet du groupement au sein duquel ils ont été tenus. • Crim. 3 juill. 1980 : *Bull. crim. n° 215 ; RSC 1981. 624, obs. Levasseur.*

D. RÉUNIONS PUBLIQUES

65. Séances d'un conseil municipal. La séance d'un conseil municipal constitue une réunion publique au sens de l'art. 23 de la L. du 29 juill. 1881, hormis le cas où le conseil se forme en comité secret. • Crim. 19 déc. 1978 : *Bull. crim. n° 360.*

66. Réunions d'actionnaires. La réunion des actionnaires d'une société, convoqués individuellement pour délibérer sur les affaires sociales et admis dans l'assemblée après que leur personnalité a été constatée, ne constitue pas une réunion publique au sens de la L. du 29 juill. 1881. • Crim. 27 nov. 1920 : *Bull. crim. n° 461.*

67. Réunions syndicales. Le juge du fond déclare à bon droit que la circonstance de publicité n'est pas établie lorsque les propos diffamatoires ont été tenus au cours d'une réunion privée tenue par un syndicat, à laquelle seuls les membres du syndicat ont été convoqués et ont assisté, et alors que les propos étaient relatifs à l'objet commun. • Crim. 8 août 1949 : *Bull. crim. n° 283* • T. corr. Paris, 21 juin 1968 : *Gaz. Pal. 1968. 2. 268 ; RSC 1969. 150, obs. Levasseur.*

68. Réunions politiques. Un propos injurieux, même tenu dans une réunion ou un lieu publics, ne constitue le délit d'injure que s'il a été « proféré », au sens de l'art. 23 de la loi sur la presse, c'est-à-dire tenu à haute voix dans des circonstances traduisant une volonté de le rendre public. • Crim. 27 nov. 2012, n° 11-86.982 P : *D. actu. 14 déc. 2012, obs. Lavric ; D. 2013. Pan. 2713 ; AJ pénal 2013. 217, obs. Royer ; Gaz. Pal. 6-7 févr. 2013, p. 14, note Fourment ; Dr. pénal 2013, n° 17, obs. Véron ; ibid. 2013. Chron. 6, obs. Mouysset ; Procédures 2013. Chron. 3 (« Un an... de contentieux de la presse » [sept. 2012-oct. 2013]), obs. Verly.*

69. Personnel d'une entreprise. Le personnel d'une entreprise, quelque nombreux qu'il soit, ne constitue pas le public au sens de l'art. 23 de la loi sur la presse. • Crim. 8 oct. 1974 : *Bull. crim. n° 280* • 3 juill. 1980 : *ibid. n° 215 ; RSC 1981. 624, obs. Levasseur* • 22 mai 1984 : *Bull. crim. n° 188* • Paris, 20 déc. 1990 : *JCP 1991. IV. 179.* ♦ ... Mais un groupement de personnes liées par une communauté d'intérêts. • Crim. 26 nov. 1979 : *D. 1980. IR 442.*

70. Représentants du personnel. La séance d'un comité d'entreprise, à laquelle assistent seulement les personnes ayant qualité pour y siéger, et tenue dans un des locaux de la société, ne constitue pas une réunion publique au sens de la

L. du 29 juill. 1881. • Crim. 24 mai 1955 : *Bull. crim. n° 263.*

71. Ne sauraient être qualifiés de propos injurieux ou diffamatoires des propos tenus au cours d'une séance privée d'un comité d'entreprise et ayant trait à l'objet même de la séance de ce comité. • Crim. 24 mai 1955 : *préc. note 70* • 30 oct. 1957 : *ibid. n° 688.*

72. Une réunion tenue dans les locaux d'une entreprise par le directeur de celle-ci et les délégués du personnel, en présence de personnes étrangères à l'entreprise, a, en raison de cette dernière circonstance, le caractère de réunion publique au sens de l'art. 23 de la L. du 29 juill. 1881, sans qu'il y ait lieu de s'arrêter aux conditions dans lesquelles ces personnes étrangères ont pu pénétrer dans lesdits locaux. • Crim. 4 déc. 1973 : *Bull. crim. n° 448.*

73. Réunions d'expertise. Une réunion en vue de procéder à des opérations d'expertise judiciaire, à laquelle assistaient seulement les parties et leurs conseils, ainsi que les experts, tenue sur convocations individuelles, dans un appartement privé mis à leur disposition par le parent de l'une des parties, ne constitue pas une réunion publique au sens de la L. du 29 juill. 1881 ; il n'importe que les propos réputés diffamatoires aient été entendus de l'occupant de l'appartement. • Crim. 4 juill. 1951 : *Bull. crim. n° 192 ; D. 1951. 563.*

74. Réunions dans les cafés et restaurants. Manque de base légale l'arrêt qui se borne à constater que les paroles incriminées ont été prononcées au cours de l'assemblée d'un groupement professionnel, tenue dans une salle de café, sans donner aucune indication ni sur le nombre des assistants, ni sur le mode de leur convocation, et sans faire connaître si l'entrée de la salle était ou non réservée aux seuls membres du groupement. • Crim. 19 avr. 1945 : *D. 1946. 25.*

75. Une salle à manger de restaurant réservée au personnel d'une entreprise ne saurait être considérée comme un lieu public, au regard des dispositions de l'art. 23 de la L. du 29 juill. 1881, dès lors qu'il n'est pas établi que des personnes étrangères à l'entreprise pouvaient y accéder, et alors que le personnel d'une entreprise, quelque nombreux qu'il soit, ne constitue pas le public au sens dudit article. • Crim. 3 juill. 1980 : *Bull. crim. n° 215 ; RSC 1981. 624, obs. Levasseur.*

76. Réunion de parents d'élèves. Ayant relevé qu'une réunion entre parents d'élèves et professeurs s'était tenue dans l'enceinte d'une école, qu'il n'était ni allégué ni justifié qu'elle se fût tenue dans un bureau particulier de l'établissement, que l'école publique est un lieu public par destination et que le fait d'avoir un enfant scolarisé ne suffisait pas à caractériser une communauté d'intérêts, un tribunal en déduit à bon droit que la réunion avait un caractère public. • Civ. 2e, 3 juill. 2003, n° 00-15.468 P : *Gaz. Pal. 2003. 2. Somm. 3978, obs. Guerder ; Dr. pénal 2003. 118, obs. Véron.*

III. COMPLICITÉ

77. Conflit avec le droit commun. L'arrêt retient que le président du syndicat est celui qui, par la teneur de ses propos, a pris en charge l'organisation logistique des opérations et donné les instructions d'organisation de la manifestation à tous les participants présents au rassemblement ; qu'il a donné dans ce cadre les directives « pour garer et ranger les pneus chez Lactalis » ; qu'il a, ensuite, fixé un nouveau rendez-vous aux manifestants à un rond-point d'où ils sont alors partis vers l'usine et qu'il était sur place lorsque ces pneus ont été embrasés ; la cour d'appel ayant fait ressortir la participation effective du syndicat aux actes illicites commis à l'occasion de la manifestation en cause, il en résulte que l'action du syndicat constituait une complicité par provocation au sens de l'art. 121-7 C. pén., de sorte que se trouvait caractérisée une faute de nature à engager sa responsabilité sur le fondement de l'art. 1382, devenu 1240 C. civ., sans que puisse être invoqué le bénéfice de l'art. 23 de la L. du 29 juill. 1881. • Cass., ch. mixte, 30 nov. 2018, n° 17-16.047 P : *D. actu. 17 déc. 2018, obs. Lavric ; D. 2018. 2365 ; JCP 2019. 70, note Morvan ; Gaz. Pal. 12 févr. 2019, p. 28, obs. Fourment.*

Art. 24 *(L. n° 92-1336 du 16 déc. 1992)* « Seront punis de cinq ans d'emprisonnement et de 45 000 € d'amende ceux qui, par l'un des moyens énoncés à l'article précédent, auront directement provoqué, dans le cas où cette provocation n'aurait pas été suivie d'effet, à commettre l'une des infractions suivantes :

« 1° Les atteintes volontaires à la vie, les atteintes volontaires à l'intégrité de la personne et les agressions sexuelles, définies par le livre II du code pénal ;

« 2° Les vols, les extorsions et les destructions, dégradations et détériorations volontaires dangereuses pour les personnes, définis par le livre III du code pénal. »

(L. du 12 déc. 1893) « Ceux qui, par les mêmes moyens, auront directement provoqué à l'un des crimes *(L. n° 92-1336 du 16 déc. 1992)* « et délits portant atteinte aux intérêts fondamentaux de la nation prévus par le titre Ier du livre IV du code pénal », seront punis des mêmes peines. »

(L. n° 51-18 du 5 janv. 1951) « Seront punis de la même peine ceux qui, par l'un des moyens énoncés en l'article 23, auront fait l'apologie *(L. n° 92-1336 du 16 déc. 1992)* « des crimes visés au premier alinéa », des crimes de guerre, *(L. n° 87-1157 du 31 déc. 1987)* « des crimes contre l'humanité » *(L. n° 2017-86 du 27 janv. 2017, art. 173)* « , des crimes de

réduction en esclavage ou d'exploitation d'une personne réduite en esclavage » ou des crimes ou délits de collaboration avec l'ennemi » *(L. n° 2017-86 du 27 janv. 2017, art. 173)* « , y compris si ces crimes n'ont pas donné lieu à la condamnation de leurs auteurs ».

(Abrogé par L. n° 2014-1353 du 13 nov. 2014, art. 5-II) (L. n° 86-1020 du 9 sept. 1986) « Seront punis des peines prévues par l'alinéa 1er ceux qui, par les mêmes moyens, auront provoqué directement » (L. n° 92-1336 du 16 déc. 1992) « aux actes de terrorisme prévus par le titre II du livre IV du code pénal, ou qui en auront fait l'apologie. »

Tous cris et chants séditieux proférés dans des lieux ou réunions publics seront punis *(Abrogé par Décr. n° 93-726 du 29 mars 1993) « d'un emprisonnement de dix jours à un mois et »* de l'amende prévue pour les contraventions de la 5e classe ou de l'une de ces deux peines seulement. — *V. art. 62, et L. 28 juill. 1894.*

(L. n° 72-546 du 1er juill. 1972) « Ceux qui, par l'un des moyens énoncés à l'article 23, auront provoqué à la discrimination, à la haine ou à la violence à l'égard d'une personne ou d'un groupe de personnes à raison de leur origine ou de leur appartenance ou de leur non-appartenance à une ethnie, une nation, une race ou une religion déterminée, seront punis d'un emprisonnement d'un an et d'une amende de 45 000 € ou de l'une de ces deux peines seulement. » — *Pour la mise en mouvement de l'action publique, V. art. 47 à 48-1.*

(L. n° 2004-1486 du 30 déc. 2004, art. 20) « Seront punis des peines prévues à l'alinéa précédent ceux qui, par ces mêmes moyens, auront provoqué à la haine ou à la violence à l'égard d'une personne ou d'un groupe de personnes à raison de leur sexe, de leur orientation *(L. n° 2017-86 du 27 janv. 2017, art. 170)* « sexuelle ou identité de genre » ou de leur handicap ou auront provoqué, à l'égard des mêmes personnes, aux discriminations prévues par les articles 225-2 et 432-7 du code pénal. »

(L. n° 90-615 du 13 juill. 1990 ; L. n° 2004-1486 du 30 déc. 2004, art. 22-3°) « En cas de condamnation pour l'un des faits prévus par les deux alinéas précédents, le tribunal pourra en outre ordonner :

« 1° Sauf lorsque la responsabilité de l'auteur de l'infraction est retenue sur le fondement de l'article 42 et du premier alinéa de l'article 43 de la présente loi ou des trois premiers alinéas de l'article 93-3 de la loi n° 82-652 du 29 juillet 1982 sur la communication audiovisuelle, la privation des droits énumérés aux 2° et 3° de l'article *(L. n° 92-1336 du 16 déc. 1992)* « 131-26 » du code pénal pour une durée de cinq ans au plus ;

« 2° » *(L. n° 92-1336 du 16 déc. 1992)* « L'affichage ou la diffusion de la décision prononcée dans les conditions prévues par l'article 131-35 du code pénal » ;

(Abrogé par L. n° 2019-222 du 23 mars 2019, art. 71-XIV et 109-XIX, à compter du 24 mars 2020) (L. n° 2017-86 du 27 janv. 2017, art. 170) « 3° La peine de stage de citoyenneté prévue à l'article 131-5-1 du code pénal. »

BIBL. ▶ FOULON-PIGANIOL, *D. 1972. Chron. 261* (la lutte contre le racisme). - KORMAN, *Gaz. Pal. 8-10 oct. 1998* (l'ange, la bête et les hommes. - La situation française en matière de législation antiraciste) ; *JCP 1989. I. 3404* (le délit de diffusion d'idées racistes). - AGOSTINELLI, *Légicom 2002/3, n° 28, p. 47* (provocation à la discrimination, diffamation et injures raciales). - MBONGO, *Légipresse 2004. 213, p. 85* (réflexions sur l'impunité de l'écrivain et de l'artiste). - DASSA-LE DEIST, *Gaz. Pal. 25 avr. 2017, p. 76* (modifications apportées au délit d'apologie).

I. PROVOCATIONS

A. PROVOCATION NON SUIVIE D'EFFET

1. *Incitation directe.* Pour que la provocation donne lieu à une répression pénale, il faut qu'il y ait une relation précise et incontestable et un lien étroit entre le fait de la provocation et les crimes qui sont visés dans la prévention. • Crim. 5 janv. 1883 : *DP 1884. 1. 95* • 25 févr. 1954 : *Bull. crim. n° 89.* ♦ ... L'art. 24 de la L. du 29 juill. 1881 punissant seulement la provocation directe à un des crimes qu'il énumère. • Crim. 28 mars 1955 : *Bull. crim. n° 184 ; D. 1955. 430* • 25 mai 1956 : *Bull. crim. n° 392.*

2. Pour être punissable, la provocation non suivie d'effets doit être une incitation directe, non seulement par son esprit mais par ses termes, à commettre des faits matériellement déterminés, eux-mêmes constitutifs d'un crime ou d'un délit. • T. corr. Beauvais, 20 déc. 1950 : *Gaz. Pal. 1951. 1. 200* • T. corr. Paris, 15 avr. 1986 : *RSC 1987. 209, obs. Bouzat.* ♦ ... Ce qui n'est pas le cas d'une critique ou d'une manifestation d'opinion, au regard d'une véritable « entreprise » de démoralisation de l'armée au sens de l'art. 84 C. pén. (ancien art. 76) (nouvel art. 413-4). • Aix-en-Provence, 10 oct. 1950 : *D. 1951. Somm. 15 ; Gaz. Pal. 1951. 1. 21* • T. corr. Beauvais, 20 déc. 1950 : *préc.* ♦ ... Ou du vol d'information, en cas d'incitation des lecteurs d'un journal à fabriquer le décodeur indispensable pour se procurer les émissions d'une chaîne codée. • T. corr. Paris, 15 avr. 1986 : *préc.* ; confirmé par : • Paris, 24 juin 1987 : *D. 1988. Somm. 226, obs. Hassler ; Gaz. Pal. 1987. 2. 512, note Marchi.*

3. La provocation directe est celle qui place auditeurs ou lecteurs dans un état d'esprit qui porte à l'infraction. • Rouen, 14 déc. 2005 : *JCP 2006. IV. 2412.*

4. Intention. L'élément intentionnel du délit prévu par l'art. 24 de la L. du 29 juill. 1881, réside dans la volonté du coupable, quels qu'aient été son mobile et son but final, de créer, par un acte constituant la provocation directe au crime, l'état d'esprit propre à susciter ce crime. • Crim. 29 oct. 1936 : *Bull. crim. n° 104 ; DH 1937. Somm. 7* • Nancy, 10 oct. 1950 : *D. 1951. Somm. 30 ; Gaz. Pal. 1951. 1. 151.* ♦ La provocation est une manœuvre consciente qui a pour but de surexciter les esprits et de créer la mentalité qui appelle à l'infraction. • T. corr. Paris, 15 avr. 1986 : *préc. note 2.*

5. Il n'importe que la provocation ne dût pas, dans la pensée de son auteur, être suivie d'une exécution immédiate. • Crim. 29 oct. 1936 : *préc. note 4.* ♦ ... Et que la réalisation en fût subordonnée à une condition ou à un événement hypothétique. • Crim. 25 mars 1921 : *DP 1921. 1. 182* • 29 oct. 1936 : *préc.*

6. L'auteur de la provocation, quels qu'aient été son mobile et son but final, doit avoir été animé d'une volonté de créer un état d'esprit propre à susciter la commission d'atteintes volontaires à la vie ou à l'intégrité de la personne, ou encore simplement conscient de ce que les propos qu'il tenait ou les écrits qu'il diffusait pouvaient inciter quelqu'un à commettre une infraction. • Rouen, 14 déc. 2005 : *JCP 2006. IV. 2412.* ♦ La seule utilisation d'un texte par sa forme agressive, injurieuse et violente (rap), en l'absence de tout élément de preuve ou indice faisant présumer chez l'auteur et ses interprètes une volonté de créer dans le public un état d'esprit favorable à la réalisation d'une atteinte volontaire à la vie ou à l'intégrité physique d'autrui (fonctionnaires de police et les représentants de l'État), ne peut être suffisante pour caractériser l'élément intentionnel du délit reproché aux prévenus. • Même arrêt.

7. Un magazine a publié un article relatant l'entretien accordé à un journaliste par un imam, au cours duquel celui-ci a affirmé que le Coran permettait à un homme de frapper son épouse adultère, à condition que ce ne soit pas au visage, mais en « visant » « le bas, les jambes ou les bras », et a ajouté qu'il pouvait « frapper fort » pour lui faire peur « afin qu'elle ne recommence plus » ; a caractérisé en tous ses éléments le délit de provocation, non suivie d'effet, d'atteinte à l'intégrité de la personne, la cour d'appel qui, pour écarter l'argumentation du prévenu faisant valoir que, s'étant borné à rappeler les termes du Coran, il n'avait pas eu l'intention de provoquer à commettre des atteintes à la personne, retient, en se référant à la transcription de l'enregistrement de l'entretien régulièrement versée au dossier de l'information, que, contrairement à ce qu'il allègue, le prévenu ne s'est pas exprimé par référence au Coran, et qu'il a par ailleurs « librement développé ses propos sur l'autorisation donnée aux hommes de frapper leur femme sans évoquer sur ce point l'interdit posé par la loi française », et en déduit qu'il a intentionnellement provoqué à la commission du délit de violence volontaire sans qu'il puisse se prévaloir d'aucune cause d'irresponsabilité pénale. • Crim. 6 févr. 2007 : *JCP 2007. II. 10091, note Dreyer.*

B. PROVOCATION À LA DISCRIMINATION RACIALE OU RELIGIEUSE

1° INCRIMINATION

8. Conformité à la Conv. EDH. La Cour note qu'elle n'a pas à se prononcer sur les éléments constitutifs des délits de contestation de crimes contre l'humanité, de diffamation publique raciale ou de provocation à la haine raciale en droit français ; il incombe au premier chef aux autorités nationales, notamment aux tribunaux, d'interpréter et d'appliquer le droit national ; la Cour a seulement pour tâche de vérifier sous l'angle de l'art. 10 Conv. EDH (liberté d'expression) les décisions rendues par les juridictions nationales compétentes en vertu de leur pouvoir d'appréciation ; ce faisant, elle doit se convaincre que les autorités nationales se sont fondées sur une appréciation acceptable des faits pertinents. • CEDH 24 juin 2003, *Garaudy c/ France : D. 2004. 239, note Roets ; ibid. 2004. Somm. 987, obs. Renucci.* ♦ ... Concernant la liberté d'expression, la Cour rappelle que, si sa jurisprudence a consacré le caractère éminent et essentiel de celle-ci dans une société démocratique, elle en a également défini les limites ; elle a notamment affirmé qu'il « ne fait aucun doute qu'à l'égal de tout autre propos dirigé contre les valeurs qui sous-tendent la Convention, la justification d'une politique pronazie ne saurait bénéficier de la protection de l'art. 10 » et qu'il existe « une catégorie [de] faits historiques clairement établis – tels que l'Holocauste – dont la négation ou la révision se verrait soustraite par l'art. 17 (interdiction de l'abus de droit) à la protection de l'art. 10 ». • Même décision. ♦ La contestation de crimes contre l'humanité apparaît comme l'une des formes les plus aiguës de diffamation raciale envers les Juifs et d'incitation à la haine à leur égard ; la négation ou la révision de faits historiques de ce type remettent en cause les valeurs qui fondent la lutte contre le racisme et l'antisémitisme et sont de nature à troubler gravement l'ordre public ; portant atteinte aux droits d'autrui, de tels actes sont incompatibles avec la démocratie et les droits de l'homme et leurs auteurs visent incontestablement des objectifs du type de ceux prohibés par l'art. 17 de la Convention. • Même décision.

9. Justifie sa décision la cour d'appel qui rejette l'argumentation du prévenu prise de l'incompatibilité de l'incrimination de provocation à la discrimination raciale avec les art. 10 et 14 Conv. EDH. ; d'une part, si l'art. 10 Conv. EDH reconnaît à toute personne, en son premier paragraphe, le droit à la liberté d'expression, ce texte prévoit, en son second paragraphe, que l'exercice de cette liberté comportant des devoirs et des responsabilités peut être soumis à certaines formalités, conditions, restrictions ou sanctions, prévues par la loi, qui constituent, dans une société démocratique, des mesures nécessaires, notamment à la protection de la morale et des droits d'autrui, et que tel est l'objet des art. 24, 53 et 65 de la L. du 29 juill. 1881 ; d'autre part, la protection instituée par ces textes n'est pas contraire aux dispositions de l'art. 14 de la Convention, dès lors qu'elle est offerte à tous ceux qui sont victimes de propos discriminatoires ou injurieux en raison de leur appartenance ou de leur non-appartenance à une communauté ethnique, nationale, raciale ou religieuse, et que les sanctions qui la garantissent sont applicables à tous. • Crim. 20 juin 2006, n° 05-86.690 P.

10. QPC. La question prioritaire de constitutionnalité est ainsi rédigée : « L'art. 24, al. 8, de la L. du 29 juill. 1881 est-il conforme à la Constitution », « en ce que les notions de discrimination et de haine prévues par l'art. 24, al. 8, de la L. du 29 juill. 1881 ne répondent pas aux exigences de précision résultant du principe de légalité des délits et des peines de l'art. 8 DDH, et qu'il est porté par cette incrimination une atteinte excessive au principe de la liberté d'expression prévu à son art. 11 ? » ; cette question ne présente pas à l'évidence un caractère sérieux dès lors que, d'une part, les termes de l'art. 24, al. 8, de la L. du 29 juill. 1881, qui laissent au juge le soin de qualifier des comportements que le législateur ne peut énumérer *a priori* de façon exhaustive, sont suffisamment clairs et précis pour que l'interprétation de ce texte, qui entre dans l'office du juge pénal, puisse se faire sans risque d'arbitraire, et que, d'autre part, l'atteinte portée à la liberté d'expression par une telle incrimination apparaît nécessaire, adaptée et proportionnée à l'objectif de lutte contre le racisme et de protection de l'ordre public poursuivi par le législateur ; d'où il suit qu'il n'y a pas lieu de renvoyer la question au Conseil constitutionnel. • Crim. 16 avr. 2013, n° 13-90.008 QPC : *D. 2014. 511, obs. Dreyer ; Dr pénal 2013, n° 109, obs. Véron.*

11. Les peines édictées par les al. 8, 10 et 11, devenus, respectivement, les al. 7, 9 et 10 de l'art. 24 de la L. du 29 juill. 1881 pour la sanction du délit défini à l'al. 8, devenu l'al. 7, du même article, d'un an d'emprisonnement et de 45 000 € d'amende ou de l'une de ces deux peines seulement, comme la peine complémentaire de la privation des droits énumérés au 2° de l'art. 131-26 C. pén. pour une durée de cinq ans au plus, sont conformes au principe de nécessité et répriment, sans disproportion manifeste, la provocation à la discrimination, à la haine ou à la violence à l'égard d'une personne ou d'un groupe de personnes à raison de leur origine ou de leur appartenance ou de leur non-appartenance à une ethnie, une nation, une race ou une religion déterminée, et, d'autre part, l'atteinte portée à la liberté d'expression par de telles sanctions, prévues par la loi et prononcées par le juge en tenant compte des circonstances propres à l'espèce, apparaît aussi nécessaire, adaptée et proportionnée, dans une société démocratique, à l'objectif de lutte contre le racisme et de protection de l'ordre public poursuivi par le législateur. • Crim. 30 mars 2016, n° 15-84.511 QPC : *D. actu. 15 févr. 2017, obs. Lavric.*

12. Spécificité. La diffamation raciale (art. 32, al. 2) et la provocation à la discrimination et à la haine raciale sont deux délits de nature et de gravité différentes. • Crim. 28 juin 1983 : *Bull. crim. n° 202.* ♦ La diffamation raciale n'a pas pour conséquence nécessaire de provoquer à la discrimination et à la haine raciale, et il appartient à la partie poursuivante d'articuler les éléments de fait propres à caractériser le délit de provocation. • Crim. 28 juin 1983 : *préc.* • T. corr. Paris, 6 déc. 1984 (deux jugements) : *Gaz. Pal. 1985. 2. 706 et 707, note P.B. ; RSC 1986. 363, obs. Delmas Saint-Hilaire.* ♦ A entaché sa décision de contradiction et l'a privée de base légale la cour d'appel qui déclare caractérisé le délit de diffamation raciale, prévu et réprimé par l'art. 32, al. 2, de la L. du 29 juill. 1881, tout en faisant application du texte incriminant le délit distinct de provocation à la discrimination raciale, seul visé par la poursuite, et retenu par le jugement confirmé. • Crim. 1er juill. 1997 : *Dr. pénal 1998. 4 (2e arrêt), obs. Véron.*

13. La provocation à la discrimination raciale prévue par l'art. 24 de la L. du 29 juill. 1881, implique la provocation aux faits que définissent et répriment les art. 187-1 et 416 C. pén. (nouv. art. 432-7 et 225-1 s.). • Crim. 12 avr. 1976 : *Bull. crim. n° 112* • 22 mai 1989 : *JCP 1989. IV. 296.*

14. L'art. 24, dernier al. (al. 6), de la loi modifiée du 29 juill. 1881 ne saurait constituer une violation des libertés de pensée et d'expression, protégées par les art. 9, § 1, et 10, § 1, Conv. EDH, ces derniers textes, en leur point 2, validant les restrictions prévues par la loi lorsque, dans une société démocratique, elles constituent des mesures nécessaires à la sécurité publique, à la protection de l'ordre, de la morale et des droits et libertés d'autrui. • Crim. 13 mars 1989 : *Bull. crim. n° 118* • Paris, 27 mai 1992 : *Gaz. Pal. 1992. 2. Somm. 321* • Douai, 28 janv. 1997 : *Gaz. Pal. 1997. 1, chron. crim. 123.*

15. Les dispositions de la L. du 29 juill. 1881 qui protègent et délimitent la liberté de la presse ne concernent pas la liberté de pensée prévue par l'art. 9 Conv. EDH, mais la liberté d'expression régie par son art. 10 ; selon le second paragraphe de ce texte, l'exercice de cette liberté, comportant des devoirs et des responsabilités, peut être soumis à certaines conditions, restrictions ou sanctions prévues par la loi, qui constituent des mesures nécessaires dans une société démocratique, notamment la protection de la morale et des droits d'autrui ; tel est l'objet des art. 24, al. 6, et 32, al. 2, de la loi susvisée. • Crim. 13 juin 1995, n° 93-82.144 P. ♦ Sur la conformité de ces textes aux dispositions des art. 7 et 14 Conv. EDH. • Même arrêt.

16. L'art. 24, al. 6, de la L. du 29 juill. 1881 entrant dans les restrictions prévues au § 2 de l'art. 10 Conv. EDH, la méconnaissance du principe de la liberté d'expression affirmé par le § 1er dudit art. ne saurait être invoquée. • Crim. 14 mai 2002 : *Dr. pénal 2002. 107, obs. Véron.*

17. Si le droit international français contient des dispositions qui distinguent les droits des nationaux de ceux des étrangers en matière politique, civile, économique et sociale, cette observation est sans conséquence sur les poursuites légalement engagées à l'encontre de prévenus pour discrimination. • Douai, 28 janv. 1997 : *préc. note 14.*

18. Responsabilité civile. L'action en réparation fondée sur l'art. 1382 C. civ. n'est recevable qu'à la condition que des faits mêmes invoqués à l'appui de cette action soient distincts de ceux qui constituent les infractions prévues et réprimées par la L. du 29 juill. 1881 ; dès lors c'est à bon droit qu'une cour d'appel déclare que le dessin représentant un chanteur se livrant à un acte de pédophilie sur l'enfant Jésus, et celui représentant l'enfant Jésus sous les traits d'Hitler ne peuvent constituer des fautes distinctes du délit de provocation à la discrimination, à la haine et à la violence en raison de la religion et susceptibles de soustraire les faits à l'application de la L. du 29 juill. 1881. • Civ. 2e, 28 janv. 1999, n° 96-16.992 P.

19. Publicité. Sur la provocation non publique à la discrimination, à la haine ou à la violence raciales, V. notes ss. art. R. 625-7 C. pén.

20. N'a pas justifié sa décision la cour d'appel qui n'a pas recherché, dans les termes du droit commun, en ayant le pouvoir d'apprécier le mode de participation du prévenu aux faits poursuivis, s'il avait contribué ou s'il savait que les propos litigieux donnés à un quotidien étranger, étaient aussi destinés à être publiés et diffusés en France sur un site accessible par le réseau internet. • Crim. 23 janv. 2018, n° 17-80.323 : *RSC 2019. 109, obs. Dreyer ; Gaz. Pal. 2018, p. 1116, obs. Detraz ; ibid. 22 mai 2018, p. 38, obs. Fourment.*

21. Groupe de personnes. Les étrangers résidant en France, lorsqu'ils sont visés en raison de leur non-appartenance à la nation française, forment un groupe de personnes au sens de l'art. 24, al. 6, de la L. du 29 juill. 1881. • Crim. 24 juin 1997, n° 95-81.187 P : *RSC 1998. 102, obs. Mayaud .* ♦ Un tract électoral est constitutif du délit de provocation à la haine raciale, dès lors qu'il oppose une communauté de civilisation, de langue, de mœurs, de traditions, constitutive de la nation française et, sous le vocable « immigration », l'ensemble des personnes arrivant et se trouvant sur le territoire national, d'origine étrangère, notamment d'Afrique du Nord et d'Afrique noire, non désireuses d'intégration ; en effet, quand bien même ces personnes seraient en nombre considérable, elles n'en constituent pas moins un groupe au sens de l'art. 24, al. 6, de la L. du 29 juill. 1881, défini par sa présence en France et par sa non-appartenance à la nation française. • Paris, 11 janv. 2001 : *D. 2001. IR 831.*

22. Les délits de provocation et d'injure prévus et réprimés par les art. 24, al. 8, devenu l'al. 7, et 33, al. 3, de la L. du 29 juill. 1881 sont caractérisés si les juges constatent que, tant par leur sens que par leur portée, les propos incriminés sont tenus à l'égard d'une personne ou d'un groupe de personnes en raison de leur origine ou de leur appartenance ou de leur non-appartenance à une ethnie, une nation, une race ou une religion déterminée ; pour confirmer le jugement, l'arrêt énonce que si des critères cumulatifs peuvent être employés pour définir un groupe de personnes, encore faut-il qu'ils puissent correspondre aux catégories humaines que le législateur a entendu protéger ; les juges relèvent que si le terme de « français » en ce qu'il se réfère précisément à l'appartenance à une nation remplit l'un des critères légaux, il n'en est pas de même de la catégorie dite des « Français de souche » qui ne permet pas de déterminer à quelle catégorie de Français cette appellation peut s'appliquer ; la cour d'appel ajoute que, de même, le terme de « blancs », dont la définition est pour le moins incertaine, sinon malaisée, ne permet pas de distinguer la catégorie de Français qu'il vise à définir ; mais en statuant ainsi, alors que les propos litigieux, qui seuls permettent, indépendamment de la plainte, la détermination du groupe visé, désignent, à travers les références constituées par la représentation symbolique de la République, le drapeau français et l'hymne national, des personnes appartenant à la nation française, la cour d'appel a méconnu les articles susvisés et le principe ci-dessus rappelé. • Crim. 28 févr. 2017, n° 16-80.522 P : *D. actu. 21 mars 2017, obs. Lavric.*

23. Contrôle de la Cour de cassation. Il appartient à la Cour de cassation d'exercer son contrôle sur le sens et la portée des écrits incriminés du chef de l'art. 24, al. 6, de la L. du 29 juill. 1881. • Crim. 21 mai 1996, n° 94-83.365 P : *RSC 1997. 650, obs. Delmas Saint-Hilaire .* ♦ Il appartient à la Cour de cassation d'exercer son contrôle sur le point de savoir si dans les propos retenus par la prévention se retrouvent les éléments légaux de la provocation à la discrimination, à la haine ou à la violence raciale telle que définie par l'art. 24, al. 6, de la L. du 29 juill. 1881 modifiée. • Crim. 17 févr. 1998 : *Gaz. Pal. 1998. 2, chron. crim. 97.*

24. Le délit de provocation prévu et réprimé par l'art. 24, al. 6, de la L. du 29 juill. 1881, est caractérisé lorsque, comme en l'espèce, les juges constatent que, tant par son sens que par sa portée, le texte incriminé tant à susciter un sentiment d'hostilité ou de rejet envers un groupe de personnes à raison d'une origine ou d'une religion déterminée. • Crim. 14 mai 2002 : *préc. note 16.* ♦ Dans le même sens : • Crim. 14 févr. 2012, n° 11-81.945 P : *D. actu. 7 mars 2012, obs. Lavric ; RSC 2012. 610, obs. Francillon*

25. Le délit de provocation à la discrimination raciale n'est pas caractérisé lorsque les propos incriminés, alors même que leur formulation peut légitimement heurter ceux qu'ils visent, ne contiennent néanmoins aucun appel ni aucune exhortation à la discrimination, à la haine ou à la violence. • Crim. 8 nov. 2011, n° 09-88.007 P : *D. actu. 25 nov. 2011, obs. Bombled ; D. 2012. Pan. 769, obs. Dreyer ; Gaz. Pal. 2012. 1. 363, obs. Fourment ; RSC 2012. 175, obs. Francillon .*

2° APPLICATIONS

a. Positives

26. Immigrés. Sont des provocations raciales : ... la publication d'un écrit dont les termes dénigrent systématiquement les travailleurs immigrés noirs, arabes, antillais et réunionnais, et qui tend ainsi à faire naître dans l'esprit des lecteurs des sentiments de haine envers ces travailleurs. • Crim. 12 avr. 1976 : *Bull. crim. n° 112.* ♦ L'article de presse intitulé « Société plurielle », qui, après avoir rapporté en exergue une déclaration de François Mitterrand, faite le 8 mars 1989 à Alger, selon laquelle « la nation française ressent profondément l'utilité de la présence d'immigrés chez nous », où « ils travaillent et ils travaillent bien », a relaté différents faits divers mettant en cause des personnes originaires d'Afrique du Nord, d'Afrique noire, ou appartenant à la communauté tzigane ; pour infirmer à bon droit le jugement qui avait relaxé la prévenue et débouté les parties civiles intervenantes, l'arrêt attaqué énonce notamment que l'article incriminé concerne les maghrébins, les africains ou les gitans, visés en raison de leur origine ou de leur appartenance à une ethnie, une race ou une religion déterminée, et qu'il a dépassé les limites du droit à la libre expression, en dépit de l'absence de commentaire, en opposant par dérision, à la déclaration placée en exergue, une énumération de méfaits graves et une manifestation religieuse, dont la juxtaposition a donné au texte une force particulière et a été de nature à susciter immédiatement chez le lecteur, contre les personnes visées comme les auteurs de tels agissements et « les vecteurs principaux des formes les plus répréhensibles de la délinquance », des réactions de rejet, voire de haine et de violence. • Crim. 21 mai 1996, n° 94-83.365 P : *RSC 1997. 650, obs. Delmas Saint-Hilaire .* ♦ ... Les expressions « envahisseurs », « occupants de notre sol », « étrangers irrespectueux et nuisibles », contenues dans un tract électoral, qui induisent une notion d'agression, et tendent à susciter un sentiment de haine ou des actes de discrimination envers les immigrés, considérés comme un groupe de personnes, et visés à raison de leur non-appartenance à la communauté française. • Crim. 24 juin 1997, n° 95-81.187 P : *RSC 1998. 102, obs. Mayaud .* ♦ Rejet du pourvoi contre : • Versailles, 10 févr. 1995 : *Gaz. Pal. 1996. 1. Somm. 169.* ♦ ... Les propos qui, au prétexte d'un débat légitime sur les conséquences de l'immigration et la place de l'islam en France, présentaient l'ensemble des immigrés de religion musulmane, assimilé au « grand banditisme » et au « crime organisé », comme des délinquants colonisant et asservissant la France par la violence, et affirmaient que cette situation ne pouvait être abandonnée « à l'action policière ou à celle des tribunaux », dès lors que les lois et les institutions chargées de les faire respecter étaient impuissantes à protéger « l'indépendance du pays » et « la liberté du peuple », et qui tendaient ainsi, tant par leur sens que par leur portée, à provoquer autrui à la discrimination, à la haine ou à la violence. • Crim. 20 sept. 2016, n° 15-83.070 P : *D. actu. 4 oct. 2016, obs. Lavric.*

27. Sont également des provocations raciales : le pastiche d'une chanson intitulée « Casser du noir », interprétée au cours d'une émission télévisée, dont le texte, pris dans son sens littéral, constitue un appel à la haine à l'égard de personnes visées à raison de leur race ou de leur ethnie, rien n'ayant été fait par les prévenus (animateur de l'émission et président de la chaîne de télévision) pour que le téléspectateur ait de cette séquence ainsi que du texte incriminé une interprétation « au second degré ». • Crim. 4 nov. 1997 : *Dr. pénal 1998. 33 (2ᵉ arrêt), obs. Véron ; Gaz. Pal. 1998. 1, chron. crim. 22.* ♦ ... L'utilisation, dans une émission télévisée consacrée à la reconnaissance de « super héros », où furent évoqués « Batman », qui « vole avec une cape », « Spiderman », qui « a des toiles d'araignée », « Superman », qui « vole entre les buildings », du vocable « musulman » pour décrire « celui qui vole de supermarché en supermarché », d'où il résulte que l'appartenance à la communauté musulmane était présentée comme un facteur de délinquance. • Crim. 15 janv. 1998 : *Gaz. Pal. 1998. 1, chron. crim. 74.*

28. Se rend coupable de provocation à la discrimination raciale le directeur d'un périodique qui, dans un éditorial sur l'immigration des travailleurs étrangers en France, tente de persuader les lecteurs que ces travailleurs, trop nombreux, de qualification professionnelle douteuse, sont finalement nuisibles au développement de l'économie. • Paris, 17 juin 1974 : *D. 1975. 468, note Foulon-Piganiol.*

29. Constituent une provocation à la discrimination ou à la haine raciale un dessin et sa légende dont le but recherché est de créer un lien entre les communautés noires et maghrébines et la criminalité, cette association, compte tenu de la puissance émotive du dessin, étant de nature à susciter des réactions d'hostilité et de rejet vis-à-vis de ces communautés. • Paris, 7 sept. 1995 : *Dr. pénal 1995. 280, obs. Véron.* ♦ En associant un dessin humoristique, qui présente les « Algériens » de double nationalité comme profitant de la sécurité sociale française, à un texte qui attribue aux immigrés de la deuxième génération, auxquels certains d'entre eux appartiennent, la violence dans les banlieues, les prévenus ont, par le dynamisme du dessin et du texte, clairement provoqué les lecteurs à la discrimination à l'encontre des Algériens de la « deuxième génération » à raison de leur origine ou de leur race, dans des conditions d'autant plus sensibles que le contexte sociologique français actuel est marqué par l'inquiétude sur le devenir de la sécurité sociale et par la peur de la pauvreté, des violences et des fanatismes, en particulier dans les banlieues. • Douai, 28 janv. 1997 : *préc. note 14.*

30. S'il est possible, dans un article de presse écrite, de dénoncer les conditions d'abattage rituel de moutons à l'occasion d'une fête musulmane, en montrant son caractère atroce et contraire aux normes sanitaires et que l'on peut l'imputer à la communauté musulmane, il y a délit de provocation à la haine raciale dès lors que l'article en question comporte également des références à une nouvelle invasion présentée comme une menace ; en l'espèce, la présence de la communauté musulmane est assimilée à l'invasion allemande des deux guerres mondiales, et l'article litigieux comporte un appel implicite à un nouveau combat ; de tels propos entraînent donc l'hostilité du lecteur à l'égard d'une communauté religieuse et dépassent la simple critique, dans la mesure où ils constituent une exhortation claire au rejet et à la haine. • Paris, 9 oct. 1997 : *JCP 1998. IV. 1565.*

31. Le fait, pour un maire, de lier l'insécurité aux Maghrébins, de dire qu'il faut leur donner moins d'allocations pour qu'ils aillent ailleurs, et qu'on va les leur retirer pour les donner à des Français, provoque à l'évidence à la haine contre ce groupe de personnes à raison de leur origine ou de leur non-appartenance à la nation française ; en revanche, l'affirmation selon laquelle *« il y a des différences entre les races »* émise par la prévenue constitue seulement une opinion et non une provocation à la haine raciale. • Aix-en-Provence, 9 mars 1998 : *JCP 1998. IV. 2764.*

32. Les étrangers en possession d'un titre de séjour ont des droits et ne sauraient faire l'objet d'inégalités de traitement par rapport aux titulaires de la nationalité française ; le fait de préconiser « la priorité des Français pour l'emploi, les logements sociaux, la protection sociale », apparaît dès lors comme l'incitation à l'application d'une mesure discriminatoire ; s'agissant, au moins en ce qui concerne l'emploi, d'une mesure susceptible d'application par des particuliers, commerçants, artisans et chefs d'entreprise, cette mention, compte tenu de la dénonciation, tout au long du tract, de la présence des immigrés, c'est-à-dire des étrangers en France, comme extrêmement nocive, constitue une provocation directe à la discrimination ; en présentant les immigrés sous un jour exclusivement nuisible, comme facteurs d'insécurité, de chômage et d'accroissement de la charge fiscale, en identifiant l'immigration à l'agression des français et à la colonisation de la France, le tract provoque manifestement à l'adoption de comportements discriminatoire ; le délit de provocation à la haine raciale est donc constitué. • Paris, 11 janv. 2001 : *D. 2001. IR 831.*

33. Le premier adjoint au maire qui a clairement insinué lors d'une délibération municipale relative à la mise en place d'une prime de naissance, que les familles autres que celles devant en bénéficier, c'est-à-dire dans le contexte celles d'immigrés maghrébins, ne garantissent pas l'équilibre et ne contribuent pas à la vitalité de toute communauté humaine dont ils sont exclus, s'est rendu coupable, en tant qu'auteur, du délit de provocation à la discrimination à raison non seulement de la nationalité mais de l'origine ; le maire, en ce qui concerne ladite délibération, doit être déclaré coupable de complicité de ce délit par fourniture d'instructions. • Aix-en-Provence, 18 juin 2001 : *JCP 2002. IV. 2173.* ♦ Le maire qui, dans une lettre adressée à ses concitoyens consacrée exclusivement à la prime municipale de naissance, démontre que la municipalité mettait en application le principe de préférence nationale en excluant du bénéfice de l'allocation les familles ne méritant pas d'être encouragées, se rend coupable de provocation manifeste à la discrimination à raison de la nationalité ou de l'origine ; en revanche, son premier adjoint doit être relaxé du chef de ces poursuites dans la mesure où aucune preuve atteste de sa participation à la diffusion de la lettre incriminée. • Même arrêt. ♦ Sur l'annulation de ces considérants, mais par incidence seulement, par suite de l'irrecevabilité de la constitution de partie civile à l'origine de la poursuite, • Crim. 17 déc. 2002, n° 01-85.650 P : *R. 2002. 524 ; D. 2003. IR 865 ; JCP 2003. IV. 1464 ; RSC 2003. 556, obs. Mayaud ; Dr. pénal 2003. Comm. 44, obs. Véron ; Gaz. Pal. 2003. 2. 3030, note Monnet.*

34. Communauté juive. Sont des provocations raciales : les propos assimilant la communauté juive à une association de malfaiteurs, présentée comme une entreprise de falsification de l'information et d'atteinte aux libertés d'opinion et d'expression. • Crim. 13 juin 1995 : *Gaz. Pal. 1995. 2. Somm. 459 ; JCP 1995. IV. 2350.* ♦ ... La référence à « l'internationale juive ». • Crim. 29 janv. 1998 : *Gaz. Pal. 1998. 1, chron. crim. 74.* ♦ ... La mention du nom de « Lévy » neuf fois réitérée sur les deux colonnes d'un article, afin de souligner que la partialité de la victime, substitut pris à partie en raison de ses déclarations sur une enquête relative au décès d'un membre du Front national, est due à son appartenance supposée à la communauté juive, ainsi que l'affirmation selon laquelle ce magistrat est responsable du déchaînement des « chacals » de la presse. • Crim. 17 févr. 1998 : *préc. note 23.*

35. Le maire d'une commune a, lors d'une réunion du conseil municipal, indiqué qu'il avait demandé aux services de restauration de la commune de boycotter les produits en provenance d'Israël pour protester contre la politique du Gouvernement Sharon à l'encontre du peuple palestinien ; ces propos ont été reproduits sur le site internet de la commune ; en raison de ces faits, le procureur de la République a fait citer directement devant la juridiction correctionnelle l'auteur des propos, pour provocation à la discrimination raciale, sur le fondement de l'art. 24, al. 8, de la L. du 29 juill. 1881 ; pour infirmer le jugement qui avait relaxé le prévenu, l'arrêt attaqué énonce notamment que le maire, en annonçant son intention de demander aux services de restauration de la commune de ne plus acheter de produits en provenance de l'État d'Israël, a incité ceux-ci à tenir compte de l'origine de ces produits et, par suite, à entraver l'exercice de l'activité économique des producteurs israéliens, cet appel au boycott étant fait en raison de leur appartenance à la nation israélienne ; en cet état, et dès lors que la diffusion sur le site internet de la commune de la décision prise par le maire de boycotter les produits israéliens, accompagnée d'un commentaire militant, était, en multipliant les destinataires du message, de nature à provoquer des comportements discriminatoires, la cour d'appel a justifié sa décision. • Crim. 28 sept. 2004, n° 03-84.450 : *Dr. pénal 2005. 4 (2e esp.), obs. Véron.*

36. L'art. 10, § 2, Conv. EDH ne laissant guère de place pour des restrictions à la liberté d'expression dans le domaine du discours politique ou de questions d'intérêt général, la condamnation des requérants pour provocation à la discrimination pour avoir appelé au boycott des produits venant d'Israël, faute de reposer sur des motifs pertinents et suffisants, a violé le droit à la liberté d'expression. • CEDH 11 juin 2020, *Aldassi et a. c/ France*, n° 15271/16 B : *D. actu. 17 juill. 2020, obs. Lavric ; AJ pénal 2020. 412, obs. Poissonnier ; D. 2020. 1657, note Duhamel.* ♦ Pour infirmer le jugement entrepris, et déclarer les prévenus coupables, sur le fondement de l'art. 24, al. 8, de la L. du 29 juill. 1881, de provocation à la discrimination, à la haine ou à la violence envers un groupe de personnes à raison de leur origine ou de leur appartenance à une ethnie, une race, une religion, une nation, l'arrêt retient que ceux-ci, par leur action, provoquaient à discriminer les produits venant d'Israël, incitant les clients à ne pas acheter ces marchandises en raison de l'origine des producteurs et fournisseurs, lesquels, constituant un groupe de personnes, appartiennent à une nation déterminée, en l'espèce Israël, qui constitue une nation au sens de l'article d'incrimination et du droit international ; les juges ajoutent que la provocation à la discrimination ne saurait entrer dans le droit à la liberté d'opinion et d'expression dès lors qu'elle constitue un acte positif de rejet, se manifestant par l'incitation à opérer une différence de traitement à l'égard d'une catégorie de personnes, en l'espèce les producteurs de biens installés en Israël ; en prononçant ainsi, par des motifs exempts d'insuffisance comme de contradiction, qui répondaient aux chefs péremptoires des conclusions dont elle était saisie, la cour d'appel a justifié sa décision, dès lors qu'elle a relevé, à bon droit, que les éléments constitutifs du délit prévu par l'art. 24, al. 8, de la L. du 29 juill. 1881 étaient réunis, et que l'exercice de la liberté d'expression, proclamée par l'art. 10 Conv. EDH, peut être, en application du second alinéa de ce texte, soumis à des restrictions ou sanctions qui constituent, comme en l'espèce, des mesures nécessaires, dans une société démocratique, à la défense de l'ordre et à la protection des droits d'autrui. • Crim. 20 oct. 2015, n° 14-80.020 P : *D. actu. 16 nov. 2015, obs. Lavric.*

37. Est coupable du délit de provocation à la discrimination raciale le prévenu, commandant de bord, qui, lors d'un contrôle de sécurité, s'est adressé à la victime, superviseur de qualité chargé de la sécurité aéroportuaire, en lui tenant les propos suivants : « si je vous avais connu il y a 60 ans à Vichy, je vous aurais cramée » ; il résulte des éléments réunis au cours de l'enquête que les déclarations de la victime sont constantes et sincères, dès lors qu'elles sont corroborées par différents témoignages ; la référence à Vichy soixante années en arrière, suivie de l'expression « je vous aurais cramée », cherchait à cibler la victime comme présentant les caractéristiques d'une personne à éliminer physiquement en raison de sa prétendue nuisance liée à sa race ou à sa religion, et de tels propos ont été tenus en public, puisqu'ils ont été entendus par plusieurs personnes ; le prévenu doit être relaxé du délit d'injure raciale, dès lors que son intention ne visait pas « à porter une injure publique » à l'encontre de la victime, mais davantage « à la cibler » comme appartenant à une communauté à éliminer. • Toulouse, 26 avr. 2007 : *JCP 2007. IV. 2962.*

38. A exactement apprécié le sens et la portée

des propos litigieux la cour d'appel qui, confirmant le jugement, retient que le terme « sioniste » est utilisé comme « l'alibi banal » et que les propos visent l'ensemble des personnes appartenant à la communauté juive et font référence, non pas à une doctrine politique, mais à une origine. • Crim. 14 nov. 2017, n° 17-80.474 : *Gaz. Pal. 2018, p. 342, obs. Detraz ; RSC 2018. 106, obs. Dreyer*.

39. Communauté catholique. La libre expression de l'anticléricalisme, le droit de critique et de contestation sont amplement dépassés par la violence même des images qui, empreintes d'une extrême gravité, représentent le Pape en situation d'être guillotiné, frappé d'un boulet de canon, ou dans des situations du même ordre ; ces dessins ne concernent pas la personnalité, l'individualité du Pape, ni même l'expression de sa pensée sur un sujet particulier, mais la Papauté avec ses emblèmes ; présenté, sur l'un des dessins, entouré de fidèles qui l'acclament, le Pape est visé dans l'exercice de sa mission apostolique et symbolise la catholicité qui est ainsi tournée en dérision à l'occasion de la commémoration d'un événement de caractère religieux de l'histoire de France (sacre de Clovis) ; c'est donc la communauté catholique qui est visée ; la tolérance habituelle inhérente à la caricature, voire à l'humour macabre le plus grinçant, ne saurait être utilement invoquée quand la satire est dévoyée et qu'elle tend à susciter le trouble de l'ordre public ; les dessins incriminés manifestent une hostilité foncière et constituent même l'illustration d'une attaque ou d'un projet d'attaque meurtrier ; l'appel à la violence est littéralement formulé sur l'un d'eux, ce qui démontre que ces dessins tendent non seulement à exacerber un sentiment de mépris latent à l'égard des catholiques, mais bien plus à susciter, à l'occasion d'un événement précis, des réactions malsaines, dont l'emploi de la violence, qui n'est pas utopique, dès lors que le Pape a déjà été victime d'un attentat ; en conséquence, tant par leur nature et leur portée que par leur utilisation prévue pour la confection de pancartes, les dessins incriminés caractérisent le délit de provocation à la haine et à la violence à l'encontre d'un groupe de personnes à raison d'une religion déterminée, tel que défini par l'art. 24, al. 6, de la L. du 29 juill. 1881. • Paris, 13 nov. 1997 : *D. 1998. IR 21*.

40. Une cour d'appel ne peut sans se contredire, après avoir analysé le dessin incriminé, associé à la légende « Faisons comme eux (commandos anti-avortement) dans les églises », comme une profanation des objets du culte catholique, retenir qu'ils n'étaient pas de nature à susciter la haine, la violence et la discrimination envers la communauté des catholiques. • Crim. 21 oct. 1997 : *Dr. pénal 1998. 33 (1er arrêt), obs. Véron ; Gaz. Pal. 1998. 1, chron. crim. 22*.

41. Communauté « Rom ». A justifié sa décision la cour d'appel qui, pour confirmer le jugement entrepris, retient que, en rappelant délibérément que des Roms avaient provoqué neuf départs de feu dans leur campement et en regrettant l'appel prématuré des services de secours, ce qui sous-entend que les personnes concernées auraient pu brûler vives dans leur caravane, le prévenu a, ainsi, stigmatisé un groupe, les Roms, insufflé la haine et, en toute connaissance de cause, provoqué à la violence envers eux ; ... que les propos incriminés démontrent l'intention animant leur auteur, qui a rappelé une énumération de méfaits graves, imputés à des Roms, en les associant à l'idée de ne pas appeler les secours en cas d'incendie de leurs caravanes, et a pris le risque de susciter immédiatement chez certains de ses administrés des réactions de rejet, voire de haine et de violence ; ... que les limites du droit à la libre expression ont été dépassées, les propos tenus suscitant un sentiment d'hostilité ou de rejet envers un groupe de personnes déterminées. • Crim. 1er févr. 2017, n° 15-84.511 P : *D. actu. 15 févr. 2017, obs. Lavric ; D. 2017. 931, obs. Giacopelli ; ibid. 961, obs. Saas ; Dr. pénal 2017, n° 50, obs. Peltier ; Gaz. Pal. 25 avr. 2017, p. 51, obs. Detraz.*

42. Associations de lutte contre le racisme. Est une provocation, au sens de l'art. 24, al. 6, de la L. du 29 juill. 1881, la publication d'un article relatif aux actions judiciaires exercées par les associations se proposant de lutter contre le racisme, alors que le passage incriminé ne peut passer pour un compte rendu fidèle et de bonne foi de débats judiciaires, ni être imposé par l'exercice du droit ou de l'obligation d'informer. • Crim. 16 juill. 1992, n° 91-86.156 P.

b. Négatives

43. Immigration. Ne constitue pas l'infraction : la publication d'un écrit qui critique, même en termes acerbes, la présence dans une cité de nombreux colporteurs d'origine africaine, en raison des méthodes qu'ils utilisent. • Crim. 3 mars 1980 : *Bull. crim. n° 74.* ♦ ... L'image volontairement forcée d'une situation décrite comme alarmante. • Crim. 28 janv. 1992 : *Dr. pénal 1992. 223.* ♦ ... Un débat sur les difficultés relatives à l'immigration, fussent-elles d'ordre religieux, dans la mesure où il se déroule de bonne foi et sans but de discrimination, la seule crainte du risque de racisme ne pouvant priver les citoyens de la liberté de pensée et d'expression. • Crim. 17 mai 1994 : *Gaz. Pal. 1994. 2. Somm. 558 ; Dr. pénal 1994. 258.*

44. Selon l'art. 10 Conv. EDH, la liberté d'expression ne peut être soumise à des ingérences que dans les cas où celles-ci sont des mesures nécessaires au regard du § 2 du même texte ; selon l'art. 24, al. 8, devenu l'al. 7, de la L. du 29 juill. 1881, le délit de provocation qu'il prévoit n'est caractérisé que si les juges constatent que, tant par leur sens que par leur portée, lorsque les propos incriminés tendent à inciter le public à la discrimination, à la haine ou à la violence envers une personne ou un groupe de personnes déterminées ; cassation de l'arrêt qui retient la culpabilité du directeur de publication d'un magazine, alors que les propos litigieux, portant sur une question d'intérêt public relative à la politique gouvernementale de naturalisation, ne dépassaient pas les limites admissibles de la liberté d'expression et que, même si leur formulation peut légitimement heurter les personnes de confession musulmane, ils ne contiennent néanmoins pas d'appel ou d'exhortation à la discrimination, à la haine ou à la violence à leur égard. • Crim. 7 juin 2017, n° 16-80.322 P : *D. actu. 19 juin 2017, obs. Lavric ; D. 2017. 1814, obs. Bigot ; ibid. 2018. Pan. 208, obs. Dreyer ; AJ pénal 2017. 398, obs. Thierry ; Gaz. Pal. 31 oct. 2017, n° 37, p. 23, obs. Fourment.*

45. Religion. Ne constitue pas le délit de provocation à la haine ou à la violence envers un groupe de personnes, à raison de leur appartenance à la religion catholique, la publication de caricatures et bandes dessinées tournant en dérision des religieuses représentées sous des traits grotesques, l'incitation au mépris n'entrant pas dans les prévisions de l'art. 24, al. 6, de la L. du 29 juill. 1881. • Crim. 7 déc. 1993, n° 92-81.091 P. ♦ Si un article paru dans un périodique tendait à tourner en dérision la confession en usage dans l'Église catholique, il n'entre pas dans les prévisions de l'art. 24, dernier al., de la L. du 29 juill. 1881 et n'est pas de nature à inciter à la haine, à la violence ou à la discrimination envers des citoyens de religion catholique, dès lors que son contenu ne suscite aucun sentiment d'hostilité envers les adeptes de cette religion. • Crim. 7 déc. 1993, n° 92-84.439 P.

46. Les dessins parus dans une revue et représentant le Christ, le Pape et d'autres symboles de la religion catholique dans des situations obscènes, violentes ou dérisoires, ne sont pas révélateurs d'une provocation à la discrimination, à la haine ou à la violence à l'égard de quelque groupe ethnique ou religieux que ce soit, au sens des dispositions de l'art. 24 de la L. du 29 juill. 1881, dès lors que, s'ils tournent en dérision la religion catholique, les croyances, les symboles et les rites de la pratique religieuse, ils n'ont nullement pour finalité de susciter un état d'esprit de nature à provoquer la discrimination, la haine ou la violence ; il ne saurait être soutenu que la publication de ces dessins constituerait une faute caractérisée par l'atteinte inadmissible portée au sentiment religieux de tout catholique voyant ce qu'il a de plus sacré être ridiculisé et sali de la façon la plus obscène, dès lors que la revue n'a pas été mise sous les yeux d'un public auquel elle n'était pas destinée, et qu'ainsi les fidèles de l'Église catholique n'ont pas eu l'occasion de la lire et d'en souffrir dans leurs convictions et leurs sentiments religieux ; de plus, l'atteinte aux droits d'autrui et le dommage allégué sont subjectifs, les réactions de tel ou tel chrétien face à ces publications étant nécessairement diverses, les uns n'y voyant que la dérision et la désacralisation de leur religion qui ne portent nullement atteinte à leur foi, alors que d'autres sont heurtés par l'obscénité, l'irrévérence et le blasphème ; le contenu de la revue ne laisse aucun doute sur le fait que l'outrance et la provocation sont l'objet essentiel de cette publication qui tourne en dérision tous les sujets traités et n'a nullement vocation à atteindre un public autre que celui qui la connaît et se la procure volontairement ; dans ce contexte, il ne saurait être prétendu que les dessins litigieux et leurs commentaires constitueraient une atteinte ou un abus qui justifieraient la restriction de la liberté de la presse pour la protection des droits d'autrui ; dans ces conditions, aucune faute distincte de l'infraction prévue et réprimée par l'art. 24 de la loi de 1881 ne peut être retenue sur le fondement de l'art. 1382 C. civ. • Versailles, 18 mars 1998 : *D. 1998. IR 203.* ♦ Confirmé par • Civ. 2e, 8 mars 2001, n° 98-17.574 P : *Gaz. Pal. 2001. 1. 821, rapp. Guerder, et concl. Chemithe.* ♦ La diffusion de l'image du Christ assortie d'une légende obscène, avilissante, constitutive, pour la communauté chrétienne, d'une représentation outrageante, et du texte l'accompagnant ne correspond pas à la définition du délit prévu et réprimé par l'art. 24, al. 6, de la L. du 29 juill. 1881 ; si elle est en effet susceptible de provoquer l'indignation des membres de la communauté chrétienne, elle n'incite pas, à leur égard, à la discrimination, à la haine ou à la violence. • Paris, 13 sept. 2001 : *D. 2002. IR 44.*

47. Les termes d'un « tweet », rédigé à la suite d'une manifestation anti-IVG et appelant à la « vigilance » à raison de l'action des « réactionnaires » qui ne cessera que lorsqu'ils « seront morts », ne constituent pas une provocation à la discrimination, à la haine ou à la violence envers les catholiques. • T. corr. Paris, 3 juin 2016, n° 15021000202 : *D. actu. 9 juin 2016, obs. Lavric.*

48. Le délit prévu et réprimé par l'art. 24, al. 6, de la L. du 29 juill. 1881 suppose, pour être constitué, que soit établie par la partie poursuivante l'existence d'une provocation à la discrimination, à la haine ou à la violence, c'est-à-dire d'un acte positif d'incitation manifeste, d'exhortation ou d'excitation à ces actions, attitudes ou sentiments, et que le propos ait pour cible une personne ou un groupe de personnes déterminé, à raison de leur appartenance ou de leur non-appartenance à une ethnie, une nation, une race ou une religion déterminée. • T. corr. Paris, 22 oct. 2002 : *Gaz. Pal. 2003. 2. 3069, note Battistini.* ♦ L'affirmation que l'hypocrisie ou la difficulté de concilier foi et actes ne seraient pas l'apanage des seuls Occidentaux ou des seuls chrétiens n'est évidemment pas constitutive d'une provocation à des sentiments de haine, ni, à plus forte raison, à des actes de violence ou de discrimination, envers un groupe de personnes, qui n'est de surcroît pas précisément déterminé. • Même jugement. ♦ Si la juxtaposition de deux clichés, montrant, l'un, trois femmes voilées présentées comme des musulmanes à Téhéran, et, l'autre, trois femmes peu habillées et en train de danser, présentées comme des prostituées à Bangkok, oppose de façon stéréotypée des cultures ou des comportements, c'est non seulement sans aucune volonté de provocation au sens de l'art. 24, al. 6, susvisé, mais même sans aucune velléité évidente d'inciter le lecteur à un choix entre des modes de vie différents. • Même jugement. ♦ Il ne peut être considéré qu'exprimer uniquement, et d'ailleurs dans des termes distanciés (« on peut parler »), sa haine pour une religion constituerait un appel à la haine envers le groupe des personnes qui pratiquent cette religion ou se réclament d'elle ; l'énonciation d'une opinion personnelle relativement à une religion, envisagée au sens conceptuel du terme, et qui n'est accompagnée d'aucune exhortation ni appel à la partager, ne constitue pas une provocation à la haine, la violence ou la discrimination envers un groupe de personnes à raison de leur appartenance à cette religion, même si elle peut heurter ces personnes elles-mêmes dans leur attachement communautaire ou leur foi. • Même jugement. ♦ L'expression de jugements de valeur portés sur une religion, visée au travers de son texte saint, de son développement historique et de ses caractéristiques doctrinales, ne renferme aucune incitation à la haine, la violence ou la discrimination envers le groupe des fidèles eux-mêmes, les propos en cause auraient-ils pu heurter ces derniers, compte tenu, notamment, du choix de l'adjectif « dégoûtant » pour qualifier la lecture du Coran. • Même jugement.

49. A la suite du vote, par un conseil régional, d'une subvention en vue de la construction d'une mosquée, deux conseillers régionaux ont diffusé un tract dénonçant ce financement et appelant le public à protester contre celui-ci ; cités directement devant le tribunal correctionnel, du chef de provocation à la discrimination religieuse, ils ont été condamnés à réparer le préjudice subi par la LICRA ; sur appel d'un des prévenus, la cour d'appel l'a relaxé ; en statuant ainsi, et dès lors que les propos dénoncés n'excédaient pas les limites admissibles à la liberté d'expression au sens de l'art. 10 Conv. EDH, la cour d'appel a justifié sa décision. • Crim. 30 mai 2007, n° 06-84.328 P : *D. 2007. 1822, obs. Ménotti ; ibid. 2007. AJ 2039, obs. Darsonville ; AJ pénal 2007. 383, obs. Lavric*.

50. Si le fait de déchirer et brûler des pages du Coran et d'uriner sur celui-ci revêt un caractère volontairement outrancier et délibérément provocateur, il n'en demeure pas moins que les éléments de la procédure ne permettent pas de démontrer avec certitude que l'intention du prévenu était de susciter un sentiment d'hostilité ou de rejet de nature à provoquer la discrimination, la haine ou la violence à l'égard des musulmans. • Colmar, 25 oct. 2011 : *Gaz. Pal. 2011. 2. 3400, note Lasserre Capdeville et Mourey.*

51. Holocauste. Les propos présentant comme « un point de détail » le mode d'extermination des victimes de l'Holocauste ne sont pas intrinsèquement constitutifs des délits de provocation à la discrimination, à la haine et à la violence raciale, même s'ils sont l'expression d'une idéologie raciste. • Versailles, 18 mars 1991 : *Gaz. Pal. 1991. 2. 490, concl. Duplat.* ♦ ... Mais ils sont constitutifs d'une faute au sens de l'art. 1382 C. civ., sans que puissent être opposées les règles restrictives de l'art. 65 de la loi sur la liberté de la presse, aucun texte, non plus qu'aucune des dispositions de la L. du 1er juill. 1972 ne permettant de considérer que celle-ci ait absorbé en totalité la connaissance et la répression des propos racistes ou prétendus tels. • Même arrêt. ♦ Confirmé par : • Civ. 2e, 18 déc. 1995, n° 91-14.785 P : *JCP 1996. I. 3985, obs. Viney* (la fonction de peine privée de la responsabilité civile).

52. Le délit de provocation à la haine raciale n'est caractérisé que si les juges constatent que, tant par son sens que par sa portée, le propos incriminé tend à inciter le public à la discrimination, à la haine ou à la violence envers une personne ou un groupe de personnes déterminées, en conséquence, encourt la cassation l'arrêt qui retient cette qualification à l'encontre d'un prévenu, commandant de bord, ayant, à l'occasion d'une altercation avec un agent de sécurité aéroportuaire, déclaré à cette personne que « s'il l'avait connu il y a 60 ans, à Vichy, il l'aurait cramée ». • Crim. 29 janv. 2008, n° 07-83.695 P : *AJ pénal 2008. 141 ; D. 2009. Pan. 1782, obs. Dupeux ; JCP 2008. I. 209, note de Lamy.*

53. Communauté « Rom ». Il appartient à la Cour de cassation d'exercer son contrôle sur le point de savoir si, dans les propos retenus à la prévention, se retrouvent les éléments légaux de la provocation à la discrimination, à la haine ou à la violence raciale, telle que définie par l'art. 24, al. 8, de la L. du 29 juill. 1881 modifiée ; les restrictions à la liberté d'expression sont d'interprétation étroite ; pour déclarer M. X... coupable du délit susvisé, comme auteur principal, en sa qualité de directeur de la publication, et M. Y... coupable de complicité, l'arrêt énonce que celui-ci s'est livré, par des affirmations péremptoires et des constats lapidaires et non étayés, à une dénonciation sans appel ni réserve de la communauté rom qu'il a désignée comme particulièrement criminogène et donc dangereuse, pratiquement inassimilable et finalement susceptible de déferler en masse sur le territoire français ; l'arrêt relève qu'il n'a pu échapper au demandeur que le sujet de l'émission exigeait, à tout le moins, qu'il fasse preuve d'un pessimisme raisonné et argumenté ; mais en se déterminant ainsi, alors que les propos litigieux, portant sur une question d'intérêt public relative aux difficultés d'intégration de la communauté rom, ne dépassaient pas les limites admissibles de la liberté d'expression, et que le délit de provocation à la discrimination, à la haine ou à la violence raciale n'était constitué en aucun de ses éléments, la cour d'appel a méconnu le sens et la portée des art. 24, al. 8, de la L. du 29 juill. 1881 et 10 Conv. EDH et principes ci-dessus visés ; d'où il suit que la cassation est encourue ; que, n'impliquant pas qu'il soit à nouveau statué sur le fond, elle aura lieu sans renvoi, ainsi que le permet l'art. L. 411-3 COJ. • Crim. 7 juin 2011, n° 10-85.179 : *Gaz. Pal. 2011. 2. 3029, note Michalski ; RSC 2011. 904, obs. Renucci*.

54. Boycott. Dès lors que l'appel au boycott des produits israéliens est formulé par un citoyen pour des motifs politiques et qu'il s'inscrit dans le cadre d'un débat politique relatif au conflit israélo-palestinien, débat qui porte sur un sujet d'intérêt général de portée internationale, l'infraction de provocation à la discrimination fondée sur l'appartenance à une nation n'est pas constituée. • TGI Paris, 8 juill. 2011 : *Gaz. Pal. 2011. 2. 2809, note Poissonnier.* ♦ La critique pacifique de la politique d'un État relève du libre jeu du débat politique, qui se trouve, aux termes de la jurisprudence de la Cour européenne des droits de l'homme, « au cœur même de la notion de société démocratique ». • Paris, 24 mai 2012, n° 11/6623 : *Gaz. Pal. 2012. 2. 2124, note Poissonnier* (confirmation de • TGI Paris, 8 juill. 2011 : *préc.*). ♦ ... En revanche, en choisissant de diffuser des propos outranciers, et notamment l'affirmation selon laquelle acheter un produit en provenance d'Israël équivaut à acheter une balle qui va tuer un enfant palestinien, propos qui peuvent s'expliquer chez un homme directement touché par l'injustice dont il estime être victime de la part de l'État d'Israël, la prévenue, qui n'est pas dans la situation d'une victime submergée par sa subjectivité, dépassant les limites permises de la liberté d'expression, a incité à la haine ou à la violence à l'égard d'un groupe de personnes, les producteurs israéliens, à raison de leur appartenance à la nation israélienne, ce qui caractérise le délit de provocation publique à la discrimination nationale. • Même décision.

55. L'art. 24, al. 8, de la L. du 29 juill. 1881, tel que retenu dans l'acte de poursuite, ne vise pas à l'incitation à la discrimination économique définie par l'art. 225-2 C. pén. comme l'entrave à l'exercice normal d'une activité économique. • T. corr. Mulhouse, 15 déc. 2011, n°s 3309/2011 et 3310/2011 : *D. 2012. 439, obs. Poissonnier ; Gaz. Pal. 2012. 1. 229, note Poissonnier.*

56. La question prioritaire de constitutionnalité est ainsi rédigée : « L'art. 24, al. 8, de la L. du 29 juillet 1881 sur la presse, est contraire, en l'espèce, aux art. 5 et 11 de la DDH, en ce qu'il ne vise à sanctionner que les provocations discriminatoires commises à l'encontre de personnes ou d'un groupe de personnes, à raison de leur origine, ou de leur appartenance ou de leur non-appartenance à une ethnie, une nation, une race ou une religion déterminée, et non une provocation discriminatoire visant des produits en fonction d'une certaine politique effectuée par une nation, étant observé que les articles précités de la DDH indiquent, d'une part, que tout ce qui n'est pas défendu par la loi, est autorisé, ce qui suppose que le droit soit accessible et prévisible, et, d'autre part, que la liberté d'expression est un droit fondamental » ; la question posée ne présente pas, à l'évidence, un caractère sérieux, dès lors qu'elle revient, dans la procédure en cause, à contester la qualification appliquée aux faits poursuivis par le ministère public et les juges du fond qui est soumise au contrôle de la Cour de cassation ; d'où il suit qu'il n'y a pas lieu de renvoyer la question au Conseil constitutionnel. • Crim. 7 juin 2011, n° 10-88.315 P : *D. 2011. 1763, obs. Lavric*. ♦ Justifie sa décision la cour d'appel qui, saisie de la poursuite exercée contre un prévenu ayant, dans un établissement commercial, apposé des étiquettes appelant à boycotter les produits alimentaires en provenance d'un pays étranger, déclare établi le délit de provocation à la discrimination, à la haine ou à la violence à l'égard d'une personne ou d'un groupe de personnes à raison de leur origine ou de leur appartenance ou non-appartenance à une ethnie, une race ou une religion déterminée prévu par l'art. 24, al. 8, de la L. du 29 juill. 1881, en retenant qu'un tel comportement, de nature à entraver l'exercice d'une activité économique, a visé de façon discriminatoire les producteurs et fournisseurs de ces produits. • Crim. 22 mai 2012, n° 10-88.315 P : *CCE 2012, comm. 100, obs. Lepage ; Gaz. Pal. 2012. 2. 2223, obs. Detraz ; RSC 2012. 610, obs. Francillon*. ♦ V. l'arrêt d'appel : • Bordeaux, 22 oct. 2010, n° 10/00286 : *D. 2011. 931, note Poissonnier*.

57. En appelant au boycott, les prévenus ont fait une critique passive de la politique d'un État, critique relevant du libre jeu du débat politique qui se trouve au cœur même de la notion de société démocratique ; les faits s'analysent comme la manifestation d'une opinion et non comme une véritable incitation à une action discriminatoire, ils entrent dans le cadre normal de la liberté d'expression, liberté à laquelle il faut accorder la plus haute importance. • TGI Pontoise, 20 déc. 2013 : *AJ pénal 2014. 78, obs. Poissonnier*.

58. Exhortation. Ne constituent ni le délit de provocation à la discrimination, à la haine ou à la violence à l'égard d'une personne ou d'un groupe de personnes à raison de leur origine, ou de leur appartenance ou de leur non-appartenance à une ethnie, une nation, une race ou une religion déterminée, ni la complicité de ce délit, l'affirmation, pour le président directeur général d'une société multinationale s'exprimant en tant que tel, selon laquelle « aujourd'hui, lorsque nous rencontrons un candidat qui a un prénom d'origine étrangère, il a plus de chance d'être recruté que celui-ci qui porte un prénom français de souche », et le fait d'admettre faire dans sa société de la « discrimination positive », l'assumer et « faire preuve de volontarisme » en la matière. • Crim. 22 nov. 2011, n° 10-81.771 : *Gaz. Pal. 2012. 1. 363, obs. Fourment.*

59. Rap. D'une part, éclairés par l'ensemble du texte de la chanson et compte tenu du langage en usage dans le genre du rap, les propos poursuivis, pour outranciers, injustes ou vulgaires qu'ils puissent être regardés, entendent dénoncer le racisme prêté à la société française, qu'elle aurait hérité de son passé colonialiste, et s'inscrivent à ce titre dans le contexte d'un débat d'intérêt général, d'autre part, ils ne contiennent, même implicitement, aucun appel ni exhortation à la discrimination, la haine ou la violence contre quiconque, de sorte que, contrairement à ce qu'a jugé la cour d'appel, ils n'excèdent pas les limites de la liberté d'expression. • Crim. 11 déc. 2018, n° 18-80.525 : *Gaz. Pal. 12 févr. 2019, p. 25, obs. Piot.*

C. PROVOCATION À LA DISCRIMINATION SEXISTE

60. **BIBL.** Padova, *Gaz. Pal. 2005. 1. Doctr. 777* (liberté d'expression *versus* répression du sexisme et de l'homophobie). – Monfort, *Gaz. Pal. 2005. 2. Doctr. 4010* (les nouvelles incriminations de la L. du 30 déc. 2004 au regard de la liberté d'expression et des droits de l'homme). – Cerf-Hollender, *éd. Pedone, 2005. p. 129* (la lutte contre l'homophobie, *in* « Le nouveau code pénal dix ans après »).

61. QPC. Les questions prioritaires de constitutionnalité sont ainsi rédigées : « Les dispositions de l'art. 24, al. 9, de la L. du 29 juill. 1881 sont-elles conformes au principe constitutionnel de légalité des délits et des peines d'où découle le principe de clarté et de précision de la loi pénale consacré par l'art. 8 DDH, principe de précision expressément reconnu par les engagements internationaux de la France et, notamment, l'art. 7 Conv. EDH ainsi qu'au principe constitutionnel de la liberté d'expression énoncé par les art. 10 et 11 de la DDH ? » ; « L'al. 9, de l'art. 24 de la L. du 29 juill. 1881 porte-t-il atteinte aux droits et libertés garantis par la Constitution, et, plus précisément, aux principes de clarté et de précision de la loi, de prévisibilité juridique et de sécurité juridique en ce qu'il punit la provocation à la haine ou à la violence à l'égard d'une personne ou d'un groupe de personnes à raison de leur sexe, de leur orientation ou identité sexuelle ou de leur handicap ou auront provoqué, à l'égard des mêmes personnes, aux discriminations prévues par les art. 225-2 et 432-7 C. pén. sans définir les éléments constitutifs de ce délit ? » ; Ces questions ne présentent pas, à l'évidence, un caractère sérieux dès lors que, d'une part, les termes de l'art. 24, al. 9 L. du 29 juill. 1881, qui laissent au juge le soin de qualifier des comportements que le législateur ne peut énumérer *a priori* de façon exhaustive, sont suffisamment clairs et précis pour que l'interprétation de ce texte, qui entre dans l'office du juge pénal, puisse se faire sans risque d'arbitraire, et que, d'autre part, l'atteinte portée à la liberté d'expression par une telle incrimination apparaît nécessaire, adaptée et proportionnée à l'objectif de protection de la réputation, de la dignité, et des droits d'autrui, et de défense de l'ordre public poursuivi par le législateur ; d'où il suit qu'il n'y a pas lieu de renvoyer les questions au Conseil constitutionnel. • Crim. 16 avr. 2013, n° 13-90.010 : *D. 2014. 511, obs. Dreyer ; Dr. pénal 2013, n° 109, obs. Véron.*

II. APOLOGIES

A. GÉNÉRALITÉS

62. Définition. L'apologie des crimes spécifiés à l'art. 24, al. 3, de la L. du 29 juill. 1881 est une infraction distincte de la provocation, non suivie d'effet, aux crimes énumérés aux al. 1 et 2 du même article, et les éléments constitutifs propres à chacun de ces délits ne sauraient être confondus. • Crim. 11 juill. 1972 : *Bull. crim. n° 236.*

63. Il appartient à la Cour de cassation d'exercer son contrôle sur le point de savoir si l'écrit poursuivi en vertu de l'art. 24, al. 3, de la L. du 29 juill. 1881 présente le caractère d'une apologie de crime, entrant dans les prévisions de ce texte. • Crim. 11 juill. 1972 : *préc. note 62.*

64. Le prévenu a mis en vente un vidéogramme intitulé « La tragédie d'Oradour-sur-Glane – 50 ans de mensonges officiels » tendant à démontrer que, le 10 juin 1944, les femmes et les enfants rassemblés dans l'église d'Oradour-sur-Glane n'ont pas été brûlés vifs par les Waffen SS, mais ont été tués par l'explosion d'un dépôt de munitions que les résistants avaient constitué dans les combles de l'église ; pour reconnaître au contenu de ce vidéogramme un caractère apologétique, l'arrêt énonce que celui-ci donne à penser que l'auteur tente de réhabiliter les actes du régime national socialiste allemand et accuse les survivants de falsifier l'histoire ; en déduisant de la présentation fallacieuse des faits par le prévenu, l'existence d'une justification de ce crime de guerre, de nature à inciter le spectateur à porter, sur ces faits, un jugement favorable, la cour d'appel a faussement apprécié le sens et la portée du contenu du vidéogramme qui s'analyse en une contestation d'un crime de guerre non susceptible de qualification pénale ; en effet, l'apologie des crimes spécifiés à l'art. 24, al. 5, de la L. du 29 juill. 1881 exige que les propos incriminés constituent une justification desdits crimes. • Crim. 12 avr. 2005, n° 04-84.288 P : *D. 2005. IR 1378, obs. Daleau ; JCP 2005. IV. 2278 ; RSC 2005. 583, note Lepage ; Gaz. Pal. 2005. 2. Somm. 3622, note Monnet ; Dr. pénal 2005. 122, obs. Véron.*

65. Publicité. L'art. 24 de la L. du 29 juill. 1881 exige, par sa référence à l'art. 23 de la même loi, que les propos aient été proférés dans un lieu public, ce que les juges du fond doivent constater. • Crim. 5 déc. 1956 : *Bull. crim. n° 816.*

66. La distribution ou la mise en vente de disques phonographiques constitue l'un des moyens par lesquels peut être réalisée l'apologie de certains crimes et délits prévue et punie par l'art. 24 de la L. du 29 juill. 1881. • Crim. 14 janv. 1971 (2 arrêts) : *Bull. crim. n° 14 ; D. 1971. 101, rapp. Chapar.*

67. Action civile. L'action civile en réparation du dommage causé par un crime ou un délit appartient à tous ceux qui ont personnellement souffert du dommage directement causé par l'infraction ; ne saurait occasionner pour une commune, lieu des faits, fussent-ils commis dans une école maternelle, un préjudice personnel et direct né de l'infraction le délit d'apologie de crime au sens de l'art. 24, al. 5, de la L. du 29 juill. 1881 sur la presse. • Crim. 17 mars 2015, n° 13-87.358 P : *D. actu. 13 avr. 2015, obs. Lavric ; D. 2015. 683*

68. Il résulte des art. 23 et 24 de la L. du 29 juill. 1881 que le délit d'apologie de crimes de guerre ou de crimes contre l'humanité n'est constitué que si les propos incriminés ont été « proférés » au sens de l'art. 23 de la L. sur la presse, c'est-à-dire tenus à haute voix dans des circonstances traduisant une volonté de les rendre publics ; en statuant par des motifs dont il se déduit que les propos ont été tenus par leur auteur dans des circonstances exclusives de toute volonté de les rendre publics, la cour d'appel a méconnu les textes susvisés et le principe ci-dessus énoncé. • Crim. 15 déc. 2015, n° 14-86.132 P : *D. actu. 18 janv. 2016, obs. Lavric ; RSC 2016. 86, obs. Francillon .*

B. SPÉCIFICITÉS

69. Apologie du meurtre. Aux termes de l'art. 2 C. pén. (nouvel art. 121-4), la tentative d'un crime est considérée comme le crime même ; il en résulte que les dispositions de l'art. 24, al. 3, de la L. du 29 juill. 1881, qui punissent le délit d'apologie du crime de meurtre, s'appliquent également à l'apologie du crime de tentative de meurtre. • Crim. 5 avr. 1965 : *Bull. crim. n° 114.*

70. L'apologie de l'auteur d'un meurtre, comportant celle du crime lui-même, constitue le délit de provocation au meurtre puni par l'art. 24 de la L. du 29 juill. 1881. • Crim. 22 août 1912 : *DP 1914. 1. 75.* ♦ L'exaltation d'un homme, lorsqu'elle est faite à raison de faits constituant l'un des crimes et délits énumérés par l'art. 24, al. 3, de la L. du 29 juill. 1881, caractérise le délit d'apologie que ledit texte prévoit et sanctionne. • Crim. 24 oct. 1967 : *Bull. crim. n° 263 ; D. 1968. Somm. 11.*

71. L'apologie des crimes d'atteintes volontaires à la vie spécifiés à l'art. 24, al. 5, de la L. du 29 juill. 1881 exige que les propos incriminés constituent une justification desdits crimes ; encourt en conséquence la cassation l'arrêt qui retient comme apologétiques les propos d'un agriculteur décrivant, après le meurtre de fonctionnaires survenu au cours de vérifications opérées au sein d'une exploitation agricole, quelle serait sa réaction personnelle s'il faisait l'objet d'un contrôle, alors que la manifestation de cette opinion n'était pas de nature à inciter à porter sur les crimes en cause un jugement favorable. • Crim. 28 avr. 2009, n° 08-82.136 P : *AJ pénal 2009. 359, obs. Royer ; JCP 2009, n° 46, obs. de Lamy ; Dr. pénal 2009. 104, obs. Véron.*

72. Le 25 sept. 2012, la directrice d'une école maternelle de Sorgues (Vaucluse) a constaté, en rhabillant l'enfant Z... Y..., né le 11 sept. 2009, qu'il portait un tee-shirt avec les inscriptions suivantes : « Z..., né le 11 septembre », et : « Je suis une bombe » ; ayant relevé, dans ces mentions, une référence aux attentats terroristes commis à New York le 11 sept. 2001, elle a signalé ces faits à l'inspection académique ; dans le même temps, le maire de la commune a saisi le procureur de la République ; il a été établi lors de l'enquête ordonnée par ce magistrat que ce vêtement avait été offert à l'enfant par son oncle maternel, M. Zeyad X..., à l'occasion de son anniversaire ; M. X... et Mme Bouchra X..., mère de l'enfant, ont été cités devant le tribunal correctionnel du chef d'apologie de crimes d'atteintes volontaires à la vie, au visa de l'art. 24, al. 5, de la L. du 29 juill. 1881 ; le tribunal les ayant relaxés, le ministère public et la ville de Sorgues, constituée partie civile, ont relevé appel du jugement ; pour infirmer le jugement entrepris, l'arrêt retient, notamment, que les différentes mentions inscrites de part et d'autre du vêtement ne peuvent être dissociées, s'agissant d'un unique support, et que l'association délibérée de ces termes, alors qu'aucune référence n'est faite à l'année de naissance de l'enfant, renvoie, pour toute personne qui en prend connaissance, au meurtre de masse commis le 11 sept. 2001 ; les juges ajoutent, en ce qui concerne M. X..., que la commande qu'il avait passée des inscriptions devant figurer sur ce tee-shirt, son insistance auprès de la mère de l'enfant pour qu'elle en revête celui-ci lorsqu'elle l'enverrait à l'école, lieu public par destination, traduisent sa volonté, non de faire une plaisanterie, comme il le soutient, mais de présenter sous un jour favorable les crimes évoqués, auprès des personnes qui, dans l'enceinte de l'établissement scolaire, seraient amenées à voir ce vêtement ; ils en concluent que les faits reprochés au prévenu, qui ont dépassé les limites admissibles de la liberté d'expression, au sens de l'art. 10 de la Conv. EDH, en ce que M. X... a utilisé un très jeune enfant comme support d'un jugement bienveillant sur des actes criminels, caractérisent le délit d'apologie de crime visé par l'art. 24 de la L. du 29 juill. 1881 ; en l'état de ces énonciations, la cour d'appel, qui, analysant le contexte dans lequel les mentions incriminées ont été imprimées et rendues publiques, a exactement apprécié leur sens et leur portée, et qui a caractérisé en tous ses éléments le délit dont elle a déclaré le prévenu coupable, a justifié sa décision. • Crim. 17 mars 2015, n° 13-87.358 P : *D. actu. 13 avr. 2015, obs. Lavric ; D. 2015. 683* .

73. Apologie du vol. Constitue une apologie du crime de vol la publication d'un article qui, loin de se borner à relater un vol de nature criminelle, le présente comme un exploit digne d'approbation, en exprimant le souhait de voir son auteur échapper à toute sanction. • Crim. 2 nov. 1978 : *Bull. crim. n° 294.*

74. Apologie des crimes de guerre. Est une apologie des crimes de guerre la publication d'un texte de nature à inciter tout lecteur à porter un jugement de valeur morale favorable aux dirigeants du parti national socialiste allemand condamnés comme criminels de guerre par le Tribunal international de Nuremberg et constituant un essai de justification au moins partielle de leurs crimes. • Crim. 14 janv. 1971 : *Bull. crim. n° 14 (1er arrêt) ; D. 1971. 101 (1re esp.), rapp. Chapar.*

75. Une cour d'appel, pour écarter l'argumentation des prévenus qui soutenaient que le délit d'apologie de crimes de guerre suppose que les faits objet de l'apologie soient susceptibles de relever de la qualification de crimes de guerre dont la définition n'existe pas en droit interne, retient que l'art. 24, al. 3, de la L. du 29 juill. 1881 doit s'interpréter par référence au droit international, lequel interdit la pratique de la torture et des exécutions sommaires ; les juges en déduisent à bon droit que ce texte s'applique à l'apologie de la torture ou des exécutions sommaires pratiquées à l'occasion d'un conflit armé, telle la guerre d'Algérie. • Crim. 7 déc. 2004, n° 03-82.832 P : *D. 2005. 1341, note Roets ; RSC 2005. 583, obs. Lepage ; Dr. pénal 2005. Comm. 20, obs. Véron ; Gaz. Pal. 2005. 1. Somm. 2186, note Monnet.* ♦ ... Pour reconnaître à certains des propos incriminés un caractère apologétique, l'arrêt énonce que l'apologie au sens de l'art. 24, al. 3, de la loi sur la presse n'est pas synonyme d'éloge ni de provocation directe, relève que, dans plusieurs passages de son livre, l'auteur assortit son récit de commentaires sur l'emploi de la torture ou la pratique des exécutions sommaires qui, au nom de l'efficacité, tendent à les légitimer et incitent à porter sur elles un jugement favorable, et retient encore que l'éditeur ne prend aucune distance vis-à-vis du texte et glorifie même son auteur en le présentant comme une « légende vivante » ; en l'état de ces énonciations, la Cour de cassation, à qui il appartient d'exercer son contrôle sur le point de savoir si l'écrit poursuivi en vertu de l'art. 24 de la L. du 29 juill. 1881 présente le caractère d'une apologie des crimes ou délits qui y sont visés, est en mesure de s'assurer, par l'examen de l'ouvrage incriminé, que les passages retenus par la cour d'appel entrent dans les prévisions du texte précité ; en présentant comme susceptibles d'être justifiés des actes constitutifs de crimes de guerre, l'écrit doit être considéré comme en ayant fait l'apologie ; l'intention coupable se déduit du caractère volontaire des agissements incriminés. • Même arrêt. ♦ ... Celui qui se réclame du droit à l'information, fondement de la liberté d'expression, n'est pas tenu d'assortir l'exposé des faits qu'il rapporte de commentaires propres à justifier des actes contraires à la dignité humaine universellement réprouvés, ni de glorifier l'auteur de tels actes ; il ne saurait donc être reproché à la cour d'appel de refuser de faire bénéficier les prévenus de l'exception prévue par l'art. 10 Conv. EDH tenant à la liberté d'expression, au prétendu motif que l'intérêt historique qu'elle reconnaît à l'ouvrage fait participer celui-ci au droit de savoir du public. • Même arrêt. ♦ *Contra* : Sous réserve du § 2 de l'art. 10 Conv. EDH, la liberté d'expression vaut non seulement pour les « informations » ou « idées » accueillies avec faveur ou considérées comme inoffensives ou indifférentes, mais aussi pour celles qui heurtent, choquent ou inquiètent : ainsi le veulent le pluralisme, la tolérance et l'esprit d'ouverture sans lesquels il n'est pas de « société démocratique » ; sanctionner un éditeur pour avoir aidé à la diffusion du témoignage d'un tiers sur des événements s'inscrivant dans l'histoire d'un pays entraverait gravement la contribution aux discussions de problèmes d'intérêt général et ne saurait se concevoir sans raisons particulièrement sérieuses. • CEDH 15 janv. 2009, *Orban et a. c/ France : JCP 2009. II. 10040, note Derieux ; RSC 2009. 124, obs. Francillon ; ibid. 663, obs. Roets .*

76. L'apologie des crimes de guerre et l'apologie des crimes contre l'humanité prévues par l'art. 24, al. 5, de la L. du 29 juill. 1881 sur la liberté de la presse sont des délits distincts ; après avoir caractérisé le seul délit d'apologie de crimes contre l'humanité, l'arrêt confirme le jugement en ce qu'il a déclaré le prévenu coupable du délit d'apologie de crimes de guerre, crimes contre l'humanité ; en déclarant également le prévenu coupable d'une infraction d'apologie de crimes de guerre, distincte de l'apologie des crimes contre l'humanité qu'elle avait caractérisée contre lui, sans préciser les éléments constitutifs qu'elle retenait au titre de ce premier délit, la cour d'appel a méconnu le sens et la portée du texte susvisé et du principe ci-dessus énoncé. • Crim. 7 mai 2018, n° 17-82.656 : *BICC 15 oct. 2018, n° 1013 ; D. actu. 1er juin 2018, obs. Lavric ; D. 2018. 1075 ; ibid. 2019. 218, obs. Dreyer ; Légipresse 2018. 328.*

77. Apologie des crimes contre l'humanité. Si la L. n° 2001-434 du 21 mai 2001 tend à la reconnaissance de la traite et de l'esclavage en tant que crime contre l'humanité, une telle disposition législative, ayant pour seul objet de reconnaître une infraction de cette nature, ne saurait être revêtue de la portée normative attachée à la loi et caractériser l'un des éléments constitutifs du délit d'apologie. • Crim. 5 févr. 2013, n° 11-85.909 P : *D. actu. 25 févr. 2013, obs. Lavric ; D. 2013. 805, note Egéa ; ibid. 2014. 512, obs. Dreyer ; AJ pénal 2013. 218, obs. Décima ; Dr. pénal 2013. Chron. 6, n° 29, obs. Mouysset ; RSC 2013. 79, obs. Mayaud, et p. 99, obs. Francillon ; Légipresse 303. 2013. III, note Dreyer, et 304. 2004. II, note Jouanneau.*

78. Pour caractériser le délit d'apologie, l'arrêt énonce que cette infraction exige, pour être constituée, que les propos incriminés constituent une justification des crimes contre l'humanité commis contre des personnes en raison de leur appartenance à une communauté raciale ou religieuse mais également de ceux commis contre les opposants à cette politique d'extermination systématique ; les juges ajoutent qu'en regrettant que « le boulot », au sens de la politique nazie d'extermination, non seulement des Juifs, mais aussi de ceux qui s'y opposaient, n'ait pas été achevé, puisque les époux Z... ont survécu et peuvent se voir remettre une décoration par les autorités allemandes, le prévenu présente l'entreprise génocidaire du régime nazi sous un jour favorable, comme une action légitime dont on doit souhaiter l'achèvement ; en l'état de ces énonciations, la cour d'appel a exactement caractérisé le délit d'apologie de crimes contre l'humanité prévu par l'art. 24, al. 5, de la L. du 29 juill. 1881 sur la liberté de la presse. • Crim. 7 mai 2018, n° 17-82.656 P : *D. actu. 1er juin 2018, obs. Lavric ; D. 2018. 1075 ; ibid. 2019. 218, obs. Dreyer ; Légipresse 2018. 328.*

79. Apologie des crimes ou délits de collaboration avec l'ennemi. En présentant comme digne d'éloges une personne condamnée pour intelligence avec l'ennemi, un article de presse magnifie son crime, et, ainsi, fait l'apologie de ce crime, l'intention coupable se déduisant du caractère volontaire des agissements incriminés. • Crim. 16 nov. 1993, n° 90-83.128 P.

80. La Cour européenne des droits de l'homme n'a pas à se prononcer sur les éléments constitutifs du délit d'apologie des crimes ou délits de collaboration en droit français ; d'ailleurs, il incombe au premier chef aux autorités nationales, notamment aux tribunaux, d'interpréter et d'appliquer le droit national ; le rôle de la Cour se limite à vérifier si l'ingérence qui a résulté de la condamnation des requérants du chef de ce délit peut passer pour « nécessaire dans une société démocratique ». • CEDH 23 sept. 1998, *Lehideux et Isorni c/ France : D. 1999. 223, note P. Rolland ; JCP 1999. II. 10119, note Moutouh ; Gaz. Pal. 1999. 2. 483, note Derhy ; RSC 1999. 151, obs. Massias .* ♦ L'adjectif « nécessaire », au sens de l'art. 10, § 2, Conv. EDH, implique un « besoin social impérieux ». • Même décision. ♦ Il ne fait aucun doute qu'à l'égal de tout autre propos dirigé contre les valeurs qui sous-tendent la Conv. EDH, la justification d'une politique pronazie ne saurait bénéficier de la protection de l'art. 10 ; en l'espèce, toutefois, les requérants se sont explicitement démarqués des « atrocités » et des « persécutions nazies » ainsi que de la « toute-puissance allemande et de sa barbarie » ; ils ont ainsi moins fait l'éloge d'une politique que celle d'un homme, et cela dans un but dont la cour d'appel a reconnu, sinon le moyen, au moins la pertinence et la légitimité : la révision de la condamnation de Philippe Pétain. • Même décision. ♦ La Cour relève en outre que les événements évoqués dans la publication litigieuse se sont produits plus de quarante ans avant celle-ci ; même si des propos tels que ceux des requérants sont toujours de nature à ranimer la controverse et à raviver des souffrances dans la population, le recul du temps entraîne qu'il ne conviendrait pas, quarante ans après, de leur appliquer la même sévérité que dix ou vingt ans auparavant ; cela participe des efforts que tout pays est appelé à fournir pour débattre ouvertement et sereinement de sa propre histoire. • Même décision. ♦ La Cour estime donc disproportionnée et, dès lors, non nécessaire dans une société démocratique, la condamnation pénale du chef d'apologie de crimes ou délits de collaboration avec l'ennemi, visée à l'art. 24, al. 3, de la L. du 29 juill. 1881 sur la liberté de la presse en France, prononcée à l'encontre des requérants pour avoir publié un texte invitant à défendre la mémoire du maréchal Pétain et à obtenir la révision de l'arrêt de la Haute Cour de justice du 14 août 1945 qui l'a condamné à mort et à l'indignité nationale. • Même décision.

81. Apologie des actes de terrorisme. V. désormais : C. pén., art. 421-2-5. – Les actes tragiques du 11 sept. 2001 qui sont à l'origine de l'expression litigieuse ont entraîné un chaos mondial et les questions abordées à cette occasion, y compris l'interprétation qu'en fait le requérant, relèvent du débat d'intérêt général (§ 41) ; le dessin montrant la destruction des tours accompagné de la légende « nous en avions tous rêvé, le Hamas l'a fait », pastichant un slogan publicitaire d'une grande marque, a été considéré par les juridictions nationales comme constitutif de complicité d'apologie du terrorisme ; selon les autorités, même non suivie d'effet, la publication litigieuse revendique l'efficacité de l'acte terroriste en idéalisant les attentats perpétrés le 11 sept. 2001 ; ainsi, la cour d'appel a jugé « qu'en faisant une allusion directe aux attaques massives dont Manhattan a été le théâtre, en attribuant ces événements à une organisation terroriste notoire, et en idéalisant ce funeste projet par l'utilisation du verbe rêver, donnant une valorisation non équivoque à un acte de mort, le dessinateur justifie le recours au terrorisme, adhérant par l'emploi de la première personne du pluriel « nous » à ce moyen de destruction, présenté comme l'aboutissement d'un rêve et en encourageant indirectement en définitive le lecteur potentiel à apprécier de façon positive la réussite d'un fait criminel » ; le requérant reproche à la cour d'appel d'avoir nié sa véritable intention, qui relevait de l'expression politique et militante, celle d'afficher son antiaméricanisme à travers une image satirique et d'illustrer le déclin de l'impérialisme américain ; selon lui, les éléments constitutifs de l'apologie du terrorisme n'étaient pas réunis en l'espèce pour justifier une restriction à la liberté d'expression (§ 42) ; la Cour ne partage pas l'analyse du requérant ; elle estime au contraire que le critère mis en œuvre par la cour d'appel de Pau pour juger du caractère apologétique du message délivré par le requérant est compatible avec l'art. 10 de la Convention ; certes, l'image des quatre immeubles de grande hauteur qui s'effondrent dans un nuage de poussière peut en soi démontrer l'intention de l'auteur ; toutefois, l'œuvre composée de cette vue et du texte, ne critique pas l'impérialisme américain, mais soutient et glorifie sa destruction par la violence ; à cet égard, la Cour se base sur la légende accompagnant le dessin et constate que le requérant exprime son appui et sa solidarité morale avec les auteurs présumés par lui de l'attentat du 11 sept. 2001 ; par les termes employés, le requérant juge favorablement la violence perpétrée à l'encontre des milliers de civils et porte atteinte à la dignité des victimes ... (§ 43) ; certes, cette provocation relevait de la satire ... ; il n'en reste pas moins que le créateur, dont l'œuvre relève de l'expression politique ou militante, n'échappe pas à toute possibilité de restriction au sens du § 2 de l'art. 10 : quiconque se prévaut de sa liberté d'expression assume, selon les termes de ce paragraphe, des « devoirs et responsabilités » (§ 44) ; à cet égard, si les juridictions internes n'ont pas pris en compte l'intention du requérant, elles ont en revanche, en vertu de l'art. 10, examiné si le contexte de l'affaire et l'intérêt du public justifiaient l'éventuel recours à une dose de provocation ou d'exagération ; force est de constater à cet égard que la caricature a pris une ampleur particulière dans les circonstances de l'espèce, que le requérant ne pouvait ignorer... (§ 45) ; en conséquence, la « sanction » prononcée contre le requérant repose sur des motifs « pertinents et suffisants » (§ 46) ; la Cour note aussi que le requérant a été condamné au paiement d'une amende modérée ; or, la nature et la lourdeur des peines infligées sont aussi des éléments à prendre en considération lorsqu'il s'agit de mesurer la proportionnalité de l'ingérence ; dans ces circonstances, et eu égard en particulier au contexte dans lequel la caricature litigieuse a été publiée, la Cour estime que la mesure prise contre le requérant n'était pas disproportionnée au but légitime poursuivi (§ 47) ; en conclusion, le juge national pouvait raisonnablement tenir l'ingérence dans l'exercice par le requérant de son droit à la liberté d'expression pour nécessaire dans une société démocratique au sens de l'art. 10 de la Convention ; partant, il n'y a pas eu violation de cette disposition (§ 48). • CEDH 2 oct. 2008, *Leroy c/ France : JCP 2008. I. 209, obs. de Lamy ; RSC 2009. 124, obs. Francillon*.

En ce qui concerne la provocation à un rassemblement sur la voie publique, ayant pour objet la remise de pétitions aux assemblées parlementaires, V. Ord. nº 58-1100 du 17 nov. 1958, art. 4 ss. C. pén., art. 431-8.

Art. 24 *bis* *(L. nº 90-615 du 13 juill. 1990)* **Seront punis** *(L. nº 2014-1353 du 13 nov. 2014, art. 5-II)* **« d'un an d'emprisonnement et de 45 000 € d'amende » ceux qui auront contesté, par un des moyens énoncés à l'article 23, l'existence d'un ou plusieurs crimes contre l'humanité tels qu'ils sont définis par l'article 6 du statut du tribunal militaire international annexé à l'accord de Londres du 8 août 1945 et qui ont été commis soit par les membres d'une organisation déclarée criminelle en application de l'article 9 dudit statut, soit par une personne reconnue coupable de tels crimes par une juridiction française ou internationale.**

(L. nº 2017-86 du 27 janv. 2017, art. 173) **« Seront punis des mêmes peines ceux qui auront nié, minoré ou banalisé de façon outrancière, par un des moyens énoncés à l'article 23, l'existence d'un crime de génocide autre que ceux mentionnés au premier alinéa du présent article, d'un autre crime contre l'humanité, d'un crime de réduction en esclavage ou d'exploitation d'une personne réduite en esclavage ou d'un crime de guerre défini aux articles 6,7 et 8 du statut de la Cour pénale internationale signé à Rome le 18 juillet 1998 et aux articles 211-1 à 212-3, 224-1 A à 224-1 C et 461-1 à 461-31 du code pénal, lorsque :**

« 1° Ce crime a donné lieu à une condamnation prononcée par une juridiction française ou internationale. »

Le tribunal pourra en outre ordonner :

1° *(L. n° 92-1336 du 16 déc. 1992)* **« L'affichage ou la diffusion de la décision prononcée dans les conditions prévues par l'article 131-35 du code pénal. »**

2° *Abrogé par L. n° 92-1336 du 16 déc. 1992, art. 247-II.*

BIBL. ▸ FRANCILLON, *RSC 1998. 576* (infractions de presse : délit de contestation de crimes contre l'humanité). – FELDMAN, *D. 1999. Chron. 8* (le délit de contestation de crimes contre l'humanité et la 17e chambre du tribunal de grande instance de Paris). – KORMAN, *Gaz. Pal. 8-10 oct. 1998* (l'ange, la bête et les hommes. – La situation française en matière de législation antiraciste). – COHEN, *Gaz. Pal. 25-27 mars 2001, p. 28* (le négationnisme : du ressort de l'histoire ou des tribunaux ?). – PECH, *Légipresse 2002, II, p. 5* (conflit entre différentes conceptions de la liberté d'expression sur l'internet : vers l'imposition d'une *lex americana* en matière de lutte contre le discours raciste et négationniste ?). – KRIKORIAN, *D. 2006. Point de vue 1980* (le droit à la dignité et la liberté d'expression face aux crimes contre l'humanité). – MBONGO, *Mél. J. Sainte-Rose, Bruylant, 2012, p. 995* (le juge judiciaire et les « vérités historiques notoires »). – BADINTER, *Mél. J.-Cl. Colliard, Dalloz, 2014* (de la nécessaire répression du négationnisme en France). – SAFI, *D. 2017. 686* (à la recherche d'un fondement à l'incrimination du négationnisme).

1. Conformité à la Conv. EDH. La Cour note qu'elle n'a pas à se prononcer sur les éléments constitutifs des délits de contestation de crimes contre l'humanité, de diffamation publique raciale ou de provocation à la haine raciale en droit français ; il incombe au premier chef aux autorités nationales, notamment aux tribunaux, d'interpréter et d'appliquer le droit national ; la Cour a seulement pour tâche de vérifier sous l'angle de l'art. 10 Conv. EDH (liberté d'expression) les décisions rendues par les juridictions nationales compétentes en vertu de leur pouvoir d'appréciation ; ce faisant, elle doit se convaincre que les autorités nationales se sont fondées sur une appréciation acceptable des faits pertinents. • CEDH 24 juin 2003, *Garaudy c/ France : D. 2004. 239, note Roets ; ibid. 2004. Somm. 987, obs. Renucci*. ♦ Concernant la liberté d'expression, la Cour rappelle que, si sa jurisprudence a consacré le caractère éminent et essentiel de celle-ci dans une société démocratique, elle en a également défini les limites ; elle a notamment affirmé qu'il « ne fait aucun doute qu'à l'égal de tout autre propos dirigé contre les valeurs qui sous-tendent la Convention, la justification d'une politique pronazie ne saurait bénéficier de la protection de l'art. 10 » et qu'il existe « une catégorie [de] faits historiques clairement établis – tels que l'Holocauste – dont la négation ou la révision se verrait soustraite par l'art. 17 (interdiction de l'abus de droit) à la protection de l'art. 10. » • Même décision.

2. Les art. 24, al. 3 et 6, 24 *bis* et 33, al. 3, de la L. du 29 juill. 1881, en tant qu'ils sanctionnent des comportements attentatoires à l'ordre public et aux droits des individus, entrent dans les exceptions prévues à l'al. 2 de l'art. 10 Conv. EDH, et, dès lors, ne sont pas contraires au principe de la liberté d'expression posé par l'al. 1er dudit article. • Crim. 23 févr. 1993, n° 92-83.478 P. ♦ Si l'art. 10 Conv. EDH reconnaît en son 1er § à toute personne le droit à la liberté d'expression, ce texte prévoit en son 2e § que l'exercice de cette liberté comportant des devoirs et des responsabilités peut être soumis à certaines formalités, conditions, restrictions ou sanctions, prévues par la loi, qui constituent, dans une société démocratique, des mesures nécessaires notamment à la protection de la morale et des droits d'autrui ; tel est l'objet de l'art. 24 *bis* de la L. du 29 juill. 1881 modifié par la loi n° 90-615 du 13 juill. 1990. • Crim. 20 déc. 1994, n° 93-80.267 P ; rejet du pourvoi contre : • Paris, 9 déc. 1992 : *Gaz. Pal. 1992. 2. Somm. 526.* ♦ L'art. 10 Conv. EDH, qui garantit le principe de la liberté d'expression, comporte dans son al. 2 certaines limitations ou sanctions, prévues par la loi, qui constituent des mesures nécessaires dans une société démocratique, à la défense de l'ordre et à la protection des droits d'autrui ; tel est l'objet de l'art. 24 *bis* de la L. du 29 juill. 1881. • Crim. 12 sept. 2000 : *Dr. pénal 2001. 4 (2e arrêt), obs. Véron.*

3. En prévoyant le jugement de toute accusation en matière pénale par un tribunal indépendant et impartial établi par la loi, l'art. 6 Conv. EDH n'autorise les juges à se soustraire à l'application de leur loi nationale que dans la mesure où celle-ci serait incompatible avec d'autres dispositions de ladite Convention ; tel n'est pas le cas lorsque le prévenu est poursuivi sur le fondement de l'art. 24 *bis* de la L. du 29 juill. 1881 pour contestation de crimes contre l'humanité. • Crim. 20 déc. 1994 : *préc. note 2.*

4. Constitutionnalité – Contestation de l'existence des génocides reconnus par la loi. D'une part, aux termes de l'art. 6 DDH : « La loi est l'expression de la volonté générale... » ; il résulte de cet article comme de l'ensemble des autres normes de valeur constitutionnelle relatives à l'objet de la loi que, sous réserve de dispositions particulières prévues par la Constitution, la loi a pour vocation d'énoncer des règles et doit par suite être revêtue d'une portée normative ; d'autre part, aux termes de l'art. 11 DDH : « La libre communication des pensées et des opinions est un des droits les plus précieux de l'homme : tout citoyen peut donc parler, écrire, imprimer librement, sauf à répondre de l'abus de cette liberté dans les cas déterminés par la loi » ; l'art. 34 de la Constitution dispose : « La loi fixe les règles concernant... les droits civiques et les garanties fondamentales accordées aux citoyens pour l'exercice des libertés publiques » ; sur ce fondement, il est loisible au législateur d'édicter des règles concernant l'exercice du droit de libre communication et de la liberté de parler, d'écrire et d'imprimer ; il lui est également loisible, à ce titre, d'instituer des incriminations réprimant les abus de l'exercice de la liberté d'expression et de communication qui portent atteinte à l'ordre public et aux droits des tiers ; toutefois, la liberté d'expression et de communication est d'autant plus précieuse que son exercice est une condition de la démocratie et l'une des garanties du respect des autres droits et libertés ; les atteintes portées à l'exercice de cette liberté doivent être nécessaires, adaptées et proportionnées à l'objectif poursuivi ; une disposition législative ayant pour objet de « reconnaître » un crime de génocide ne saurait, en elle-même, être revêtue de la portée normative qui s'attache à la loi ; toutefois, l'art. 1er de la loi déférée, visant à réprimer la contestation de l'existence des génocides reconnus par la loi, réprime la contestation ou la minimisation de l'existence d'un ou plusieurs crimes de génocide « reconnus comme tels par la loi française » ; en réprimant ainsi la contestation de l'existence et de la qualification juridique de crimes qu'il aurait lui-même reconnus et qualifiés comme tels, le législateur a porté une atteinte inconstitutionnelle à l'exercice de la liberté d'expression et de communication ; dès lors, et sans qu'il soit besoin d'examiner les autres griefs, l'art. 1er de la loi déférée doit être déclaré contraire à la Constitution ; son art. 2, qui n'en est pas séparable, doit être également déclaré contraire à la Constitution. • Cons. const., 28 févr. 2012, n° 2012-647 DC : *D. actu. 1er mars 2012, obs. Lavric ; D. 2012. 987, note Roux ; JCP 2012. 425, note Levade et Mathieu ; ibid. 307, Libres propos, par F. Terré ; Gaz. Pal. 2012. 1. 808, note Amson ; RSC 2012. 179, obs. Francillon*. ♦ *Adde* : F. Brunet, *RSC 2012. 343* (de la censure constitutionnelle de la loi « visant à réprimer la contestation de l'existence des génocides reconnus par la loi »).

5. QPC. Il est soutenu que l'art. 9 de la L. n° 90-615 du 13 juill. 1990 ayant inséré, après l'art. 24 de la L. du 29 juill. 1881 sur la liberté de la presse, un art. 24 *bis* instaurant le délit de contestation de crimes contre l'humanité est contraire aux principes constitutionnels de la légalité des délits et des peines ainsi que de la liberté d'opinion et d'expression ; la question posée ne présente pas un caractère sérieux dans la mesure où l'incrimination critiquée se réfère à des textes régulièrement introduits en droit interne, définissant de façon claire et précise l'infraction de contestation de l'existence d'un ou plusieurs crimes contre l'humanité tels qu'ils sont définis par l'art. 6 du statut du Tribunal militaire international annexé à l'accord de Londres du 8 août 1945 et qui ont été commis soit par des membres d'une organisation déclarée criminelle en application de l'art. 9 dudit statut, soit par une personne reconnue coupable de tels crimes par une juridiction française ou internationale, infraction dont la répression, dès lors, ne porte pas atteinte aux principes constitutionnels de liberté d'expression et d'opinion ; d'où il suit qu'il n'y a pas lieu de la transmettre au Conseil constitutionnel. • Crim. 7 mai 2010, n° 09-80.774 P : *D. 2010. 1286 ; JCP 2010, art. 1258, p. 2358, obs. de Lamy ; Gaz. Pal. 2010. II. 2996, note Fourment ; RSC 2010. 640, obs. Francillon*.

6. Aux termes de l'art. 11 DDH : « La libre communication des pensées et des opinions est un des droits les plus précieux de l'homme : tout citoyen peut donc parler, écrire, imprimer librement, sauf à répondre de l'abus de cette liberté dans les cas déterminés par la loi » ; l'art. 34 Const. dispose : « La loi fixe les règles concernant [...] les droits civiques et les garanties fondamentales accordées aux citoyens pour l'exercice des libertés publiques » ; sur ce fondement, il est loisible au législateur d'édicter des règles concernant l'exercice du droit de libre communication et de la liberté de parler, d'écrire et d'imprimer ; il lui est également loisible, à ce titre, d'instituer des incriminations réprimant les abus de l'exercice de la liberté d'expression et de communication qui portent atteinte à l'ordre public et aux droits des tiers ; cependant, la liberté d'expression et de communication est d'autant plus précieuse que son exercice est une condition de la démocratie et l'une des garanties du respect des autres droits et libertés ; il s'ensuit que les atteintes portées à l'exercice de cette liberté doivent être nécessaires, adaptées et proportionnées à l'objectif poursuivi ; en premier lieu, le Tribunal militaire international, dont le statut est annexé à l'accord de Londres du 8 août 1945, a été établi « pour le jugement et le châtiment des grands criminels de guerre des pays européens de l'Axe » ; les crimes contre l'humanité dont la contestation est réprimée par les dispositions contestées sont définis par l'art. 6 du statut de ce tribunal comme « l'assassinat, l'extermination, la réduction en esclavage, la déportation, et tout autre acte inhumain commis contre toutes populations civiles, avant ou pendant la guerre, ou bien les persécutions pour des motifs politiques, raciaux ou religieux, lorsque ces actes ou persécutions, qu'ils aient constitué ou non une violation du droit interne du pays où ils ont été perpétrés, ont été commis à la suite de tout crime rentrant dans la compétence du Tribunal, ou en liaison avec ce crime » ; en réprimant les propos contestant l'existence de tels crimes, le législateur a entendu sanctionner des propos qui incitent au racisme et à l'antisémitisme ; les propos contestant l'existence de faits commis durant la Seconde Guerre mondiale qualifiés de crimes contre l'humanité et sanctionnés comme tels par une juridiction française ou internationale constituent en eux-mêmes une incitation au racisme et à l'antisémitisme ; par suite, les dispositions contestées ont pour objet de réprimer un abus de l'exercice de la liberté d'expression et de communication qui porte atteinte à l'ordre public et aux droits des tiers ; en second lieu, les dispositions contestées, en incriminant exclusivement la contestation de l'existence de faits commis durant la Seconde Guerre mondiale, qualifiés de crimes contre l'humanité et sanctionnés comme tels par une juridiction française ou internationale, visent à lutter contre certaines manifestations particulièrement graves d'antisémitisme et de haine raciale ; seule la négation, implicite ou explicite, ou la minoration outrancière de ces crimes est prohibée ; les dispositions contestées n'ont ni pour objet ni pour effet d'interdire les débats historiques ; ainsi, l'atteinte à l'exercice de la liberté d'expression qui en résulte est nécessaire, adaptée et proportionnée à l'objectif poursuivi par le législateur ; par suite, le grief tiré de l'atteinte à cette liberté et à la liberté d'opinion doit être écarté. • Cons. const., 8 janv. 2016, n° 2015-512 QPC : *D. actu. 1er févr. 2016, obs. Lavric ; RSC 2016. 81, obs. Francillon ; ibid. 406, obs. de Lamy.* ♦ ... Aux termes de l'art. 6 DDH, la loi « doit être la même pour tous, soit qu'elle protège, soit qu'elle punisse » ; le principe d'égalité devant la loi pénale ne fait pas obstacle à ce qu'une différenciation soit opérée par le législateur entre agissements de nature différente ; d'une part, la négation de faits qualifiés de crime contre l'humanité par une décision d'une juridiction française ou internationale reconnue par la France se différencie de la négation de faits qualifiés de crime contre l'humanité par une juridiction autre ou par la loi ; d'autre part, la négation des crimes contre l'humanité commis durant la Seconde Guerre mondiale, en partie sur le territoire national, a par elle-même une portée raciste et antisémite ; par suite, en réprimant pénalement la seule contestation des crimes contre l'humanité commis soit par les membres d'une organisation déclarée criminelle en application de l'art. 9 du statut du Tribunal militaire international de Nuremberg, soit par une personne reconnue coupable de tels crimes par une juridiction française ou internationale, le législateur a traité différemment des agissements de nature différente ; cette différence de traitement est en rapport avec l'objet de la L. n° 90-615 du 13 juill. 1990 qui vise à réprimer des actes racistes, antisémites ou xénophobes ; le grief tiré de l'atteinte au principe d'égalité devant la loi pénale doit être écarté. • Même décision. ♦ ... Il résulte de tout ce qui précède que les dispositions de l'art. 24 *bis* de la L. du 29 juill. 1881, qui ne méconnaissent aucun autre droit ou liberté que la Constitution garantit, doivent être déclarées conformes à la Constitution. • Même décision. ♦ Sur l'arrêt de renvoi au Conseil constitutionnel : • Crim. 6 oct. 2015, n° 15-84.335 QPC : *D. 2015. 2076, obs. Perrier ; Legipresse 2015. 331 ; RSC 2015. 877, obs. Francillon.*

7. Contrôle de la Cour de cassation. Il appartient à la Cour de cassation d'exercer son contrôle sur le point de savoir si, dans les propos retenus dans la prévention, se retrouvent les éléments légaux de la contestation de crimes contre l'humanité tels qu'ils sont définis par l'art. 24 *bis* de la L. du 29 juill. 1881. • Crim. 23 juin 2009, n° 08-82.521 P : *AJ pénal 2009. 409, obs. Royer ; D. 2009. AJ 1976 ; ibid. Pan. 2834, obs. Garé ; JCP 2009, n° 46, obs. Dreyer ; RSC 2010. 170, obs. Francillon.* ♦ ... Ne permettent pas de caractériser à la charge du prévenu le délit de contestation de crimes contre l'humanité tels que définis par l'art. 6 du statut du tribunal militaire international annexé à l'accord de Londres du 8 août 1945 et commis, soit par les membres d'une organisation déclarée criminelle en application de l'art. 9 dudit statut, soit par une personne reconnue coupable de tels crimes par une juridiction française ou internationale, les propos suivants, retenus dans la citation et qui renferment des énonciations contradictoires : « Il n'y a aucun historien sérieux qui adhère intégralement aux conclusions du procès de Nuremberg, je pense que sur le drame concentrationnaire la discussion doit rester libre. Sur le nombre de morts, sur la façon dont les gens sont morts, les historiens ont le droit d'en discuter. L'existence des chambres à gaz, c'est aux historiens d'en discuter. Il n'existe plus aucun historien sérieux qui adhère intégralement aux conclusions du procès de Nuremberg. Cela ne fait pas de moi l'apologiste des crimes indiscutables commis par le national socialisme au cours de la Seconde Guerre mondiale, régime pour lequel ni moi ni mes amis n'avons eu jamais la moindre sympathie. Le nombre effectif de morts, les historiens peuvent en discuter. Je ne remets pas en cause l'existence des camps de concentration, il y a eu des déportations pour des raisons raciales sans doute des centaines de milliers ou de millions de personnes exterminées. Le nombre effectif des morts, 50 ans après les faits, les historiens pourraient en discuter. Moi, je ne nie pas les chambres à gaz homicides mais la discussion doit rester libre » ; encourt, dès lors, la cassation sans renvoi l'arrêt qui retient comme constitutifs du délit de contestation de crime contre l'humanité, certains des passages poursuivis. • Même arrêt.

8. Référence à Nuremberg. Les principes du décret du 5 nov. 1870 régissant la publicité des lois et décrets n'ont pas à être appliqués au jugement du Tribunal militaire international de Nuremberg auquel il est fait référence dans la définition du délit de contestation de crimes contre l'humanité. • Paris, 9 déc. 1992 : *préc. note 2.* ♦ ... L'autorité de chose jugée d'une décision de justice procédant de son caractère définitif, indépendamment de toute publication. • Crim. 23 févr. 1993 : *préc. note 2* • 20 déc. 1994 :

préc. note 2. ♦ Dès lors, aucune violation du décret du 5 nov. 1870 ne résulte du défaut de publication au *Journal officiel* du jugement rendu le 1er oct. 1946 par le Tribunal militaire international de Nuremberg. • Crim. 23 févr. 1993 : *préc.* ♦ ... Et le prévenu d'infraction à l'art. 24 *bis* de la L. du 29 juill. 1881 ne saurait se prévaloir de l'ignorance de la teneur de ce jugement, qui a fait l'objet, conformément à l'art. 25 du statut du Tribunal international, d'une transcription officielle en français. • Crim. 20 déc. 1994 : *préc. note 2.*

9. Applications. Les écrits publiés dans une revue d'histoire révisionniste, et notamment l'article intitulé « Le mythe de l'extermination des juifs », qui ont pour but avoué la négation du génocide juif et remettent en cause des crimes contre l'humanité en contestant la déportation et l'extermination de plusieurs millions de personnes, tombent sous le coup des dispositions de la L. du 13 juill. 1990. • Paris, 31 oct. 1990 : *Gaz. Pal. 1991. 1. 311, note Bilger.* ♦ Pour l'évocation de « prétendues chambres à gaz », et donc la contestation de leur emploi pour l'extermination des Juifs pendant la Seconde Guerre mondiale. • Paris, 27 mai 1992 : *Gaz. Pal. 1992. 2. Somm. 321.*

10. La diffusion comme la distribution du numéro de la revue litigieuse sont, indépendamment de sa mise en vente ou de son exposition dans les lieux ou réunions publics, constitutives par elles-mêmes d'un trouble illicite de nature à porter atteinte à l'ordre public. • Paris, 31 oct. 1990 : *préc. note 9.*

11. Si la contestation du nombre des victimes de la politique d'extermination dans un camp de concentration déterminé n'entre pas dans les prévisions de l'art. 24 *bis* de la L. du 29 juill. 1881, la minoration outrancière de ce nombre caractérise le délit de contestation de crimes contre l'humanité prévu et puni par cet article, lorsqu'elle est faite de mauvaise foi. • Crim. 17 juin 1997, n° 94-85.126 P : *D. 1998. 50, note Feldman* ; *RSC 1998. 576, obs. Francillon* ; *JCP 1997. IV. 2108.* ♦ Rappr. : Francillon, *RSC 1998, p. 576*. ♦ La contestation de l'existence de crimes contre l'humanité entre dans les prévisions de l'art. 24 *bis* de la L. du 29 juill. 1881 même si elle est présentée sous une forme déguisée ou dubitative ou par voie d'insinuation ; la minoration outrancière du nombre des victimes de la politique d'extermination dans les camps de concentration caractérise le délit de contestation de crimes contre l'humanité prévu et puni par ledit article, lorsqu'elle est faite de mauvaise foi. • Crim. 29 janv. 1998 : *Gaz. Pal. 1998. 1, chron. crim. 87.*

12. La contestation de l'existence des crimes contre l'humanité entre dans les prévisions de l'art. 24 *bis* de la L. du 29 juill. 1881, même si elle est présentée sous forme déguisée ou dubitative, ou encore par voie d'insinuation ; elle est également caractérisée lorsque, sous couvert de recherche d'une supposée vérité historique, elle tend à nier les crimes contre l'humanité commis par les nazis à l'encontre de la communauté juive. • Crim. 12 sept. 2000 : *préc. note 2.*

13. Poursuivi pour contestation de l'existence de crimes contre l'humanité pour avoir adressé à un site du réseau internet, ayant pour objet la lutte contre le révisionnisme, des messages niant la réalité des chambres à gaz, le prévenu ne peut invoquer son absence d'intention de publier les messages incriminés ; en effet, en envoyant les messages à destination de ce site, qu'il pensait être un forum de discussion, il ne pouvait ignorer que ces messages seraient diffusés. • Crim. 5 nov. 2002, n° 01-88.461 P : *JCP 2003. IV. 105 ; Dr. pénal 2003. Comm. 58, obs. Véron.*

14. Compétence internationale. En application de l'art. 113-2, al. 2, C. pén., le fait de diffuser sur internet, depuis un site étranger, des propos révisionnistes, constitue un délit relevant de la compétence des tribunaux français. • TGI Paris, 13 nov. 1998 : *Gaz. Pal. 2000. 1. Doctr. 697, obs. Manseur-Rivet.*

15. Conflit de qualifications. Les intérêts protégés par l'incrimination de diffamation raciale (L. 29 juill. 1881, art. 32, al. 2) et ceux protégés par le délit de contestation de crimes contre l'humanité sont d'une nature différente, ils ne concernent pas nécessairement les mêmes personnes ou les mêmes groupes de personnes, et, en conséquence, ces deux infractions, lorsqu'elles sont en concours, ne sauraient constituer un cumul idéal d'infractions. • Crim. 12 sept. 2000 : *préc. note 2.*

16. Responsabilité civile. Indépendamment des dispositions spéciales de la loi sur la presse (inapplicables en l'espèce), eu égard, d'une part, à la nature de la publication, d'autre part, au droit du lecteur à l'information, les sociétés éditrices n'engagent leur responsabilité à l'égard des personnes concernées que si la présentation des thèses soutenues manifeste un mépris flagrant pour la recherche de la vérité excluant toute vérification minimum des sources, constitutif d'une faute lourde, voire intentionnelle ; la simple relation de thèses « révisionnistes » ne peut engager la responsabilité de celui qui, ne niant pas lui-même la réalité du génocide arménien, ne prend pas parti sur le bien-fondé des opinions visant à en contester la réalité, ne les reprend pas à son compte et n'entend, ni légitimer la position turque sur la question arménienne, ni lui donner du crédit ; ainsi, en se bornant à faire état de la position du gouvernement turc, sans la présenter comme la thèse privilégiée, avant d'opérer à un renvoi à la position arménienne sur cette question, et en rendant compte, dans les limites autorisées par un ouvrage où les chiffres priment sur les mots, des différentes évaluations du génocide des Arméniens de 1915 à la rubrique « Arménie », les sociétés éditrices en cause n'ont pas manqué aux devoirs de prudence et d'objectivité que les utilisateurs sont en droit d'exiger de cet outil. • Paris, 7 mars 2007 : *D. 2007. 2513, note Racine et Dreyer*.

17. Action civile. Justifie sa décision la cour d'appel qui, pour confirmer une ordonnance qui a déclaré irrecevable la constitution de partie civile d'universités qui faisaient valoir que les faits incriminés (contestation de crimes contre l'humanité) ont été perpétrés en leur nom, retient que le préjudice allégué par les parties civiles n'est pas en relation directe avec l'infraction dont le juge est saisi ; en effet, s'il est vrai que la constitution de partie civile peut avoir pour seul objet de corroborer l'action publique, encore faut-il, pour qu'elle soit recevable, que les circonstances sur lesquelles elle s'appuie permettent à la juridiction d'instruction d'admettre comme possibles, non seulement l'existence du préjudice allégué, mais aussi la relation directe de celui-ci avec l'infraction poursuivie ; tel n'était pas le cas en l'espèce. • Crim. 19 févr. 2002, n° 00-86.244 P.

Art. 25 *Abrogé par L. n° 92-1336 du 16 déc. 1992, art. 248.*

§ 2 *Délits contre la chose publique*

Art. 26 *(Abrogé par L. n° 2013-711 du 5 août 2013, art. 21) (Ord. du 24 nov. 1943 ; Ord. du 6 mai 1944 ; L. n° 72-546 du 1er juill. 1972)* ***L'offense au Président de la République par l'un des moyens énoncés dans l'article 23 est punie*** *(L. n° 2000-516 du 15 juin 2000, art. 90-I)* ***« d'une amende de 45 000 € ».***

(Ord. du 6 mai 1944) ***« Les peines prévues à l'alinéa précédent sont applicables à l'offense à la personne qui exerce tout ou partie des prérogatives du Président de la République. »***

RÉP. PÉN. v° *Outrages*, par DELBOS.

BIBL. ▶ CLÉMENT, *Dr. pénal 2013. Étude 19* (l'abrogation du délit d'offense au président de la République au regard des exigences de la Cour européenne des droits de l'homme). – CHAVENT-LECLÈRE, *AJ pénal 2013. 510* (adaptation du code pénal français aux engagements européens). – LE COZ, *AJ pénal 2013. 512* (répression des atteintes aux personnes dans la loi n° 2013-711 du 5 août 2013). – BEAUSSONIE, *RSC 2014. 861* (loi n° 2013-711 du 5 août 2013 portant diverses dispositions d'adaptation dans le domaine de la justice en application du droit de l'Union européenne et des engagements internationaux de la France).

Sur la condamnation de la France à l'origine de l'abrogation de l'art. 26 de la L. du 29 juill. 1881 par la L. n° 2013-711 du 5 août 2013 : • CEDH 14 mars 2013, *Eon c/ France*, n° 26118/10 : *D. 2013. 771, obs. Lavric ; ibid. 968, note Beaud ; AJ pénal 2013. 477, obs. Porteron ; JCP 2013, n° 391, obs. Pastre-Belda, et n° 656, note Picheral ; Gaz. Pal. 2013. 1. 1890, obs. Piot ; RSC 2013. 670, obs. Roets*. ♦ *Adde* : Conte, *Dr. pénal 2013, Repère n° 4* (la victoire pour la gloire d'Eon). – Clément, *Dr pénal 2013. Étude 19* (l'abrogation du délit d'offense au président de la République au regard des exigences de la Cour européenne des droits de l'homme).

Art. 27 *(Ord. du 6 mai 1944)* **La publication, la diffusion ou la reproduction, par quelque moyen que ce soit, de nouvelles fausses, de pièces fabriquées, falsifiées ou mensongèrement attribuées à des tiers lorsque, faite de mauvaise foi, elle aura troublé la paix publique ou aura été susceptible de la troubler, sera punie** *(L. n° 2000-516 du 15 juin 2000, art. 90-II)* **« d'une amende de 45 000 € ».**

Les mêmes faits seront punis *(L. n° 2000-516 du 15 juin 2000, art. 90-II)* **« d'une amende de 135 000 € », lorsque la publication, la diffusion ou la reproduction faite de mauvaise foi sera de nature à ébranler la discipline ou le moral des armées ou à entraver l'effort de guerre de la Nation.** – *V. art. 62.*

RÉP. PÉN. v° *Fausses nouvelles*, par DEFFAINS.

BIBL. ▶ BIGOT, *D. 2018. Entretien 344* (légiférer sur les fausses informations en ligne, un projet inutile et dangereux).

1. Incrimination. Le délit de diffusion de fausses nouvelles prévu par l'art. 27, al. 1er, de la L. du 29 juill. 1881 n'est légalement constitué qu'à la triple condition que les faits publiés soient faux, que leur publication ait troublé ou ait pu troubler la paix publique, et que l'auteur de cette publication ait agi de mauvaise foi. • Paris, 18 mai 1988 : *D. 1990. 35 (2e esp.), note Drouot*. ♦ Ce texte réprime l'annonce d'un fait précis et circonstancié, actuel ou passé, mais non encore divulgué, dont le caractère mensonger est établi de façon objective. • Même arrêt.

2. Le délit de fausse nouvelle exige la réunion de quatre éléments : la publicité, le caractère faux de la nouvelle, la possibilité de trouble de la paix publique, et l'intention coupable. • Toulouse, 27 juin 2002 : *D. 2002. 2972, note Lienhard*.

3. La nouvelle est l'annonce d'un événement arrivé récemment faite à quelqu'un qui n'en a pas encore connaissance. • Toulouse, 27 juin 2002 : *préc. note 2.*

4. *Contrôle de la Cour de cassation.* Il appartient à la Cour de cassation de contrôler les appréciations des juges du fond concernant le caractère et la portée des écrits publiés ou des discours tenus, ainsi que l'interprétation qu'ils sont susceptibles de recevoir. • Crim. 16 mars 1954 : *Bull. crim. n° 111.* ♦ ... Et de vérifier si les circonstances énumérées par les juges du fond constituent une atteinte à la paix publique. • Crim. 22 déc. 1955 : *Bull. crim. n° 596* • 26 juin 1968 : *Bull. crim. n° 210.*

5. *Fausse nouvelle.* Par le mot « nouvelle », il faut entendre l'annonce d'une chose ou d'un événement, arrivé récemment, faite à quelqu'un qui n'en a pas encore connaissance. • Paris, 7 janv. 1998 : *Dr. pénal 1998. 63, obs. Véron.* ♦ ... La nouvelle doit être fausse, c'est-à-dire mensongère, erronée ou inexacte dans la matérialité du fait et dans ses circonstances. • Même arrêt.

6. Le délit de diffusion de fausses nouvelles exige l'existence d'une « nouvelle », ce terme étant pris dans l'acception « d'annonce d'un événement arrivé récemment, faite à quelqu'un qui n'en a pas encore connaissance » ; ne peuvent tomber sous le coup de ce texte les commentaires, aussi choquants soient-ils, portant sur des faits antérieurement révélés ; justifie légalement sa décision, au regard de l'art. 27, al. 1er, de la L. du 29 juill. 1881, la cour d'appel qui, après avoir relevé que le tract incriminé concernait le décès par noyade d'un jeune homme soupçonné de vols et poursuivi par les gendarmes qui tentaient de l'interpeller, événement qui a aussitôt donné lieu à de multiples informations et commentaires, et conteste la version officielle de la noyade en affirmant que « tout cela pue le crime raciste, et que les gendarmes ont tabassé le jeune homme et l'ont balancé dans la Seine », retient que, si ce tract présente ces faits de façon tendancieuse et comporte des affirmations sans fondement et des imputations portant atteinte à l'honneur et à la considération des gendarmes, constitutives du délit de diffamation, la diffusion d'un tel document n'entre pas dans le champ d'application du texte visé à la poursuite, dès lors que les propos incriminés et diffusés s'analysent en des affirmations ou commentaires tendancieux et mensongers d'un fait qui a déjà été révélé. • Crim. 13 avr. 1999, n° 98-83.798 P : *D. 2000. Somm. 126, obs. de Lamy, et 406, obs. Massis ; Dr. pénal 1999. 115, obs. Véron ; RSC 2000. 203, obs. Mayaud.*

7. *Mauvaise foi.* Le délit de publication de fausses nouvelles suppose la mauvaise foi ; la loi n'édicte à cet égard aucune présomption, et la preuve est à la charge du ministère public. • Crim. 16 mars 1950 : *Bull. crim. n° 100* • 28 avr. 1950 : *ibid. n° 137* • 19 mars 1953 : *Bull. crim. n° 100 ; D. 1953. 390* • 21 juill. 1953 : *Bull. crim. n° 254 ; D. 1953. Somm. 75* • 12 déc. 1957 : *Bull. crim. n° 837.* ♦ Pour l'exemple d'une relaxe au bénéfice du doute, V. : • Crim. 11 mars 1965 : *Bull. crim. n° 77.*

8. L'intention coupable, qui n'est pas présumée, est caractérisée exclusivement, abstraction faite de toute intention de nuire, par la connaissance de la fausseté de la nouvelle par celui qui la diffuse ; le ministère public doit rapporter la preuve que celui qui a publié la nouvelle savait qu'elle était fausse au moment de la publication ; cette preuve ne peut être induite de la seule constatation de la fausseté. • Paris, 7 janv. 1998 : *Dr. pénal 1998. 63, obs. Véron.*

9. *Paix publique.* Le fait que la fausse nouvelle a été de nature à troubler la paix publique est un des éléments constitutifs du délit. • Crim. 22 déc. 1955 : *Bull. crim. n° 596.* ♦ La fausse nouvelle n'est punissable que si elle a troublé l'ordre public ou si elle contient par son objet un ferment de trouble public, c'est-à-dire de désordre, de panique, d'émotion collective et de désarroi. • Paris, 7 janv. 1998 : *préc. note 8.*

10. Une fausse nouvelle de nature à troubler les relations internationales peut constituer la fausse nouvelle susceptible de troubler la paix publique, au sens de l'art. 27, al. 1er, de la loi sur la presse. • Crim. 7 nov. 1963 : *Bull. crim. n° 314.*

11. *Illustrations.* Constitue le délit de publication de fausses nouvelles l'arrêt qui constate, d'une part, la fausseté de la nouvelle dont la publication était de nature à troubler la paix publique ou était susceptible de la troubler, et, d'autre part, la mauvaise foi du prévenu, qui, journaliste professionnel depuis quinze ans, est plus qu'un autre à même de vérifier et de filtrer les renseignements qui lui sont fournis, et, partant, moins susceptible d'être induit en erreur. • Crim. 18 déc. 1962 : *Bull. crim. n° 380.*

12. Caractérise le délit de diffusion de fausse nouvelle la dépêche de l'AFP selon laquelle des jeunes gens casqués, susceptibles d'être des provocateurs, étaient sortis tranquillement d'un hôtel de ville, pour aller rejoindre une manifestation, sans être inquiétés par les forces de l'ordre, publiée par le chef de service des informations générales, qui doit être considéré comme l'auteur et le responsable de la diffusion de la dépêche, dont la fausseté était établie notamment par le démenti officiel des autorités, corroboré par une mise au point de l'AFP, dans laquelle cette agence n'excluait pas qu'une erreur ait pu être commise. • Paris, 18 mai 1988 : *D. 1990. 35 (2e esp.), note Drouot.*

13. Même à supposer démontrée la fausseté d'une nouvelle concernant « la mise en surveillance de deux cents bovins », la preuve de l'intention coupable des prévenus, au sens de l'art. 27 de la L. du 29 juill. 1881, ne saurait se déduire des éléments portés à la connaissance de la cour ; il ne peut en particulier être retenu à la charge desdits prévenus le fait qu'ils auraient parfaitement eu connaissance des procédures administratives applicables, dès lors qu'ils entendaient dénoncer un phénomène officieux se situant en marge des procédures prévues ; il ne saurait davantage être retenu au titre de l'élément intentionnel de l'infraction en cause le fait d'avoir vérifié insuffisamment la nouvelle ou de ne pas avoir voulu donner ses sources. • Paris, 7 janv. 1998 : *Dr. pénal 1998. 63, obs. Véron.*

14. Il ne peut être fait reproche à la presse – alors qu'à la suite de l'explosion de l'usine AZF une information judiciaire était ouverte – d'avoir, quelques jours après l'attentat de New York, enquêté sur une autre piste que celle de l'accident, et aucune démonstration n'est faite par l'accusation qui en a la charge de la volonté des journalistes de diffuser des nouvelles qu'à l'époque des publications ils savaient fausses, et alors même qu'ils tiraient leurs informations, pour l'essentiel, d'un document dont l'origine pouvait garantir une certaine crédibilité ; dans ces conditions, les éléments constitutifs du délit de fausse nouvelle n'étant pas réunis, il n'y a pas lieu d'entrer en voie de condamnation. • Toulouse, 27 juin 2002 : *D. 2002. 2972, note Lienhard ; Rev. Gendarm. nationale, 2002, déc., p. 104, note Lienhard.* ♦ En revanche, en nommant comme auteur envisageable d'un possible attentat l'une des personnes décédées des suites de l'explosion, les journalistes ont désigné à l'opprobre publique les membres de sa famille atteints indiscutablement dans leur honneur et leur considération et ont commis le délit de diffamation. • Même arrêt.

Art. 28 *Abrogé par Décr.-L. du 29 juill. 1939, art. 129.*

§ 3 *Délits contre les personnes*

RÉP. PÉN. v° *Injures publiques et non publiques,* par DREYER.

Art. 29 *(Ord. du 6 mai 1944)* **Toute allégation ou imputation d'un fait qui porte atteinte à l'honneur ou à la considération de la personne ou du corps auquel le fait est imputé est une diffamation. La publication directe ou par voie de reproduction de cette allégation ou de cette imputation est punissable, même si elle est faite sous forme dubitative ou si elle vise une personne ou un corps non expressément nommés, mais dont l'identification est rendue possible par les termes des discours, cris, menaces, écrits ou imprimés, placards ou affiches incriminés.**

Toute expression outrageante, termes de mépris ou invective qui ne renferme l'imputation d'aucun fait est une injure. – *V. art. 32, al. 2, et L. du 11 juin 1887.*

RÉP. PÉN. v° *Diffamation,* par DETRAZ.

BIBL. ▶ COUSIN et MANSEUR-RIVET, *Gaz. Pal. 14-15 janv. 2000, p. 21* (compétence et diffamation sur internet). – TULLE, *Gaz. Pal. 2008. 2. Doctr. 2968* (le risque de diffamation dans l'expression en ligne du mécontentement des voyageurs). – BOULOC, *D. 2009. Chron. 1373* (vers un déclin de la sanction pénale des atteintes à la dignité ?). – LEPAGE, *Dr. pénal 2013. Chron. 11* (un an de droit pénal des nouvelles technologies [oct. 2012-oct. 2013]) – RASCHEL, *D. 2016. Point de vue 725* (la révélation d'une infidélité est-elle encore une atteinte à l'honneur ou à la considération ?) ; *D. 2018. Point de vue 1393* (des États étrangers, victimes de diffamation ? Le refus légitime du droit français). – FRANÇOIS, *D. 2018. 636* (réception du critère européen de « débat d'intérêt général » en droit français de la diffamation). – DREYER, *RSC 2018. 102* (diffamation publique : variations autour d'une qualification). – FRANÇOIS, *D. 2018. 636* (réception du critère européen de « débat d'intérêt général » en droit français de la diffamation).

PLAN DES ANNOTATIONS

I. DIFFAMATION

A. IMPUTATION DIFFAMATOIRE

1. Portée de l'incrimination. L'ordonnance du 6 mai 1944, qui a modifié la L. du 29 juill. 1881, a une portée générale et ne s'applique pas seulement aux diffamations commises par la voie de la presse. • Crim. 3 mars 1949 : *Bull. crim. n° 83.*

2. La L. du 29 juill. 1881 ne distingue pas quant à son champ d'application selon la nature des œuvres. • Paris, 3 févr. 1999 : *D. 1999. IR 83.*

3. Contrôle de la qualification. Il appartient à la Cour de cassation d'exercer son contrôle sur le point de savoir si dans les écrits poursuivis ou les propos retenus dans la prévention se retrouvent les éléments légaux de la diffamation publique, tels qu'ils sont définis par la L. du 29 juill. 1881. • Crim. 5 mai 1953 : *Bull. crim. n° 156 ; D. 1953. 444* • 9 janv. 1958 : *Bull. crim. n° 48* • 4 nov. 1972 : *ibid. n° 325* • 26 mai 1987 : ⚖ *ibid. n° 217* • 16 oct. 2001, ⚖ n° 00-87.320 P. ♦ En matière de presse, il appartient à la Cour de cassation de contrôler et rectifier les appréciations des juges du fond, en ce qui concerne les éléments du délit, tels qu'ils se dégagent de l'écrit incriminé. • Crim. 3 juill. 1996, ⚖ n° 94-82.647 P. ♦ En matière d'infractions à la loi sur la liberté de la presse, il appartient à la Cour de cassation de contrôler le sens et la portée des écrits incriminés, ainsi que les appréciations des juges du fond relatives aux éléments du délit, tels qu'ils s'en dégagent. • Crim. 28 avr. 1998 : ⚖ *Dr. pénal 1998. 131, obs. Véron.*

4. Si les demandeurs ont choisi de fonder leur action sur l'art. 1382 C. civ., il appartient au tribunal de restituer aux faits leur exacte qualification. • TGI Paris, 28 févr. 1994 : *Gaz. Pal. 1994. 2. 607.*

5. *Jurisprudence européenne.* La liberté d'expression des universitaires doit bénéficier d'une large protection et soutenir la possibilité pour eux d'exprimer librement leurs opinions, fussent-elles polémiques ou impopulaires, dans des *domaines relevant* de leurs recherches, de leur expertise professionnelle et de leur compétence. • CEDH 27 mai 2014, *Mustafa Erdogan et a. c/ Turquie*, nos 346/04 et 39779/04 : *D. actu. 18 juin 2014, obs. Nalepa.*

6. La Cour estime que la condamnation pour diffamation des requérants, un auteur et éditeur d'un roman ayant pour objet des meurtres commis par des militants du Front national, et un directeur de la publication d'un quotidien national, qui publia une pétition signée par quatre-vingt-dix-sept écrivains contemporains apportant leur soutien à l'auteur du roman, trouve sa base légale dans des textes clairs (art. 29 et 32 de la L. du 29 juill. 1881 sur la liberté de la presse) ; la jurisprudence des tribunaux français indique en effet que l'art. 29 de la loi couvre la fiction, dès lors qu'il s'agit de l'atteinte à l'honneur ou à la considération d'une personne désignée de manière claire ; en outre, selon la Cour, l'ingérence poursuivait le but légitime de la protection de la réputation ou des droits d'autrui ; eu égard au caractère mesuré de l'amende et des dommages-intérêts auxquels le directeur de la publication du journal incriminé a été condamné, à la teneur des écrits litigieux et à l'impact potentiel sur le public des propos jugés diffamatoires du fait de leur diffusion par un quotidien national largement distribué, la Cour juge l'ingérence litigieuse proportionnée au but poursuivi ; la Cour conclut que le juge national pouvait raisonnablement tenir l'ingérence dans l'exercice par le requérant de son droit à la liberté d'expression pour nécessaire dans une société démocratique afin de protéger la réputation et les droits d'un homme politique et de son parti politique ; partant, il n'y a eu violation de l'art. 10 de la Convention dans le chef d'aucun des requérants ; concluant que les appréhensions que le directeur de la publication en cause a pu nourrir quant à l'impartialité de la cour d'appel ne sauraient passer pour objectivement justifiées, la Cour dit, à l'unanimité, qu'il n'y a pas eu violation de l'art. 6, § 1, de la Convention. • CEDH 22 oct. 2007, *Lindon, Otchakovsky-Laurens : JCP 2007. II. 10193, note Derieux* • CEDH 22 oct. 2007, *July c/ France : ibid.* ♦ *Adde* : Auvret, *Gaz. Pal. 2008. 2. Doctr. 2104* (le roman-réalité devant la Cour européenne des droits de l'homme).

7. La Cour rappelle que des propos critiquant la stratégie choisie par un procureur pour mener l'accusation doivent être protégés en raison de la qualité de ce dernier, considéré comme un « adversaire de l'accusé » ; compte tenu des explications données par le requérant dans son livre, la Cour estime que le rejet par la cour d'appel du bénéfice de la bonne foi au requérant au motif qu'il n'a « pas démontré en quoi le comportement à l'audience du substitut du procureur pouvait être assimilé à celui de certains magistrats traîtres à leur statut siégeant lors de l'occupation » constitue une approche trop formaliste de la lecture du passage problématique du livre ; ne pas retenir le propos « vous auriez pu siéger dans les sections spéciales » comme une critique de l'état d'esprit prêté au procureur, ainsi que l'a fait le tribunal correctionnel en l'espèce, mais comme un fait précis de nature à faire l'objet d'un débat contradictoire, demander de prouver la vérité de cette imputation dans sa portée diffamatoire alors que le requérant explique dans les passages incriminés son emportement et le procédé intellectuel qui le pousse à l'outrance, ne paraît pas à la Cour constituer une approche raisonnable des faits. • CEDH 15 juill. 2010, *Roland Dumas c/ France : JCP G 2010, n° 1258, obs. de Lamy.*

1° OBJET

a. Détermination

8. Fait précis. Le caractère légal des imputations diffamatoires se détermine exclusivement par l'objet de la diffamation, c'est-à-dire par la nature des faits allégués. • Crim. 15 oct. 1985 : *Bull. crim. n° 314.*

9. Pour être diffamatoire, une allégation ou une imputation doit se présenter sous la forme d'une articulation précise de faits de nature à être, sans difficulté, l'objet d'une preuve et d'un débat contradictoire ; à défaut d'une telle articulation, il ne peut s'agir que d'une injure. • Crim. 3 déc. 1963 : *Bull. crim. n° 345* • 22 mars 1966 : *ibid. n° 108* • 12 juill. 1971 : *ibid. n° 229* • 6 mars 1974 : *ibid. n° 96* • 2 déc. 1980 : *ibid. n° 326* • 17 févr. 1981 : *ibid. n° 64* • 14 févr. 2006 : *ibid. n° 40 ; D. 2006. IR 886 ; Dr. pénal 2006. Comm. 99 ; Gaz. Pal. 2006. 2. Somm. 3461, note Monnet* • 6 janv. 2015, n° 13-86.330 P : *D. actu. 5 févr. 2015, obs. Lavric ; D. 2015. 159* • Rennes, 16 sept. 2004 : *JCP 2005. IV. 2170.*

10. Pour constituer une diffamation, l'allégation ou l'imputation qui porte atteinte à l'honneur et à la considération de la victime doit se présenter sous la forme d'une articulation précise de faits de nature à être sans difficulté l'objet d'une preuve et d'un débat contradictoire, quand bien même une telle preuve ne serait pas admise en matière de diffamation raciale. • Crim. 16 mars 2004, n° 03-82.828 P : *AJ pénal 2004. 242, obs. Remillieux ; Dr. pénal 2004. 102, obs. Véron* • Civ. 2e, 3 juin 2004, n° 01-17.478 P : *D. 2007. Pan. 1045, obs. Massis ; Gaz. Pal. 2005. 2. 4156, note Bourg.* ♦ ... C'est à bon droit que la cour d'appel a relaxé un écrivain et militante palestinienne du chef de complicité de diffamation raciale, à raison de propos tenus en direct sur les ondes d'une station de radio, les propos incriminés n'étant que l'expression d'une opinion et ne comportant pas, par leur généralité même, l'évocation de faits suffisamment précis pour constituer des imputations portant atteinte à l'honneur et à la considération de la communauté juive. • Crim. 16 mars 2004 : *préc.* ♦ ... Le 12 janv. 2001, France Culture a diffusé en direct une interview de l'auteur d'un livre sur la Palestine ; l'association Avocats sans frontières a sollicité un droit de réponse qui lui a été refusé ; l'arrêt attaqué retient que, même s'ils dénoncent le « racisme des juifs en France », l'influence du « lobby juif » en Amérique sur le Congrès, la Maison blanche, et même si leur auteur s'interroge sur le but poursuivi par ce lobby qui pourrait vouloir « faire agenouiller » ou « massacrer tout un peuple », les propos incriminés s'inscrivent dans le cadre du combat politique mené par l'auteur, présenté comme étant la belle-mère de Yasser Arafat et auteur d'un livre intitulé *Palestine, mon histoire*, qu'ils constituent l'expression d'une opinion sur les dangers qui menaceraient le peuple palestinien ; de ces constatations et énonciations, la cour d'appel a pu déduire que les propos incriminés ne comportaient pas, par leur généralité même, l'évocation de faits suffisamment précis pour justifier un droit de réponse. • Civ. 2e, 3 juin 2004 : *préc.*

11. Pour constituer une diffamation, l'allégation ou l'imputation qui porte atteinte à l'honneur ou à la considération de la victime doit se présenter sous la forme d'une articulation précise de faits imputables au plaignant de nature à être, sans difficulté, l'objet d'une preuve et d'un débat contradictoire ; tel n'est pas le cas du terme « irresponsable », dont l'emploi a été attribué par un hebdomadaire à un premier président de cour d'appel pour qualifier une initiative procédurale d'un juge d'instruction, et qui constitue l'expression d'une opinion injurieuse. • Crim. 13 avr. 2010, n° 09-82.389 P : *D. 2011. Pan. 784, obs. Dreyer ; AJ pénal 2010. 397, note Royer ; Dr. pénal 2010, n° 79, obs. Véron ; ibid. 2011. Chron. 5, obs. Mouysset ; JCP 2010, n° 946, note de Jacobert de Nombel ; ibid. n° 1258, obs. de Lamy ; Gaz. Pal. 2010. I. 1741, note Fourment.*

12. Le ministère public fait grief à l'arrêt d'avoir renvoyé les prévenus des fins de la poursuite, alors, selon le moyen, que constitue une diffamation envers une administration publique, ne pouvant être justifiée par le caractère outrancier du propos, l'imputation faite aux forces de police de la commission, en toute impunité, de centaines de meurtres de jeunes des banlieues, méconnaissant ainsi le sens et la portée de l'art. 29 de la L. du 29 juill. 1881 ; mais ayant exactement retenu que les écrits incriminés n'imputaient aucun fait précis, de nature à être, sans difficulté, l'objet d'une preuve ou d'un débat contradictoire, la cour d'appel en a déduit à bon droit que ces écrits, s'ils revêtaient un caractère injurieux, ne constituaient pas le délit de diffamation envers une administration publique.

• Cass., ass. plén., 25 juin 2010, n° 08-86.891 P : *D. 2010. 1712* ; *ibid. Chron. 2090, note Vigneau* ; *ibid. 2011. 780, obs. Dreyer* ; *RSC 2011. Chron. 130, obs. Francillon* ; *JCP 2010, n° 1258, obs. de Lamy* ; *Légipresse 2010, n° 275. 240, obs. Ader* ; *Gaz. Pal. 2010. II. 2993, note Fourment* ; *Dr. pénal 2011. Chron. 5, obs. Mouysset.*

13. La liberté d'expression est un droit dont l'exercice revêt un caractère abusif dans les cas spécialement déterminés par la loi ; pour décider que dix-huit des vingt messages incriminés, postés sous quatre adresses URL différentes, mais faisant toutes référence à la société LPE..., contiennent des propos portant atteinte à l'honneur et à la considération de cette société, en accusant directement ou par voie de reproduction cette société d'arnaquer ses clients, d'employer des méthodes douteuses, telles que la vente forcée ou l'offre de services inexistants, en insinuant dans ce contexte que cette société délaisse ses clients, pratique de la publicité trompeuse et se fait rémunérer pour des services ne débouchant sur aucun résultat, en laissant entendre l'existence d'une arnaque par cette société en abusant notamment de la faiblesse de certains clients, en insinuant l'infiltration par cette société de forums de discussions, tel que celui dirigé par l'intimé, par des « taupes », la cour d'appel énonce que le caractère diffamatoire doit s'apprécier à l'aune de l'indivisibilité de ces messages postés dans le cadre d'un forum de discussion, qui plus est dénommé « lesarnaques.com », ayant pour objet premier de créer sur un même sujet, en l'occurrence les pratiques de la société LPE..., une interactivité entre les internautes, et que chacun de ces messages doit ainsi être lu, interprété et compris à la lumière des autres auxquels il répond ou il sera répondu ; en statuant ainsi, quand, pour être diffamatoire, une allégation ou une imputation doit se présenter sous la forme d'une articulation précise de faits de nature à être sans difficulté l'objet d'une preuve ou d'un débat contradictoire et en retenant que la diffamation doit s'apprécier à l'aune de l'indivisibilité de ces messages qui doivent être lus, interprétés et compris à la lumière des autres auxquels ils répondent ou il sera répondu, sans caractériser pour chacun d'eux l'allégation de faits de nature à être sans difficulté l'objet d'une preuve ou d'un débat contradictoire, la cour d'appel a violé les art. 29 de la L. du 29 juill. 1881 et 10 Conv. EDH. • Civ. 1re, 11 mars 2014, n° 13-11.706 : *D. actu. 31 mars 2014, obs. Lavric.*

14. Débat doctrinal. Cassation de l'arrêt qui, pour relaxer le prévenu de diffamation à l'encontre d'une personne ou d'un groupe de personnes à raison de leur appartenance à une religion déterminée (art. 32, al. 2), et débouter la partie civile de ce chef, énonce qu'en critiquant de manière vigoureuse l'encyclique Splendeur de la Vérité, de telle sorte que les propos incriminés peuvent être interprétés en ce sens que certains principes de la religion catholique sont teintés d'antisémitisme et ont favorisé l'Holocauste, l'auteur de la publication a soulevé un débat à la fois théologique et historique sur la portée de certains principes religieux et sur les racines de l'holocauste, et que la thèse soutenue, parce qu'elle relève exclusivement du débat doctrinal, ne constitue pas, sur le plan juridique, un fait précis susceptible de caractériser une diffamation, alors que lesdits propos imputaient à la communauté catholique une incitation à l'antisémitisme et la responsabilité des massacres commis à Auschwitz. • Crim. 28 avr. 1998 : *préc. note 3.* ♦ En ce sens que la condamnation du prévenu ne répondait pas à un besoin social impérieux. • CEDH 31 janv. 2006, *Giniewski c/ France : D. 2006. IR 468* ; *ibid. 2006, Pan. 1718, obs. Renucci* .

15. La liberté d'expression intéresse un professionnel du droit dont l'activité, pour une part importante, tient à l'analyse de décisions judiciaires qui n'a pas pour objet d'être seulement didactique, mais doit encore nourrir le débat sur les orientations de la jurisprudence, qu'il s'agisse d'y adhérer ou de proposer des évolutions souhaitées ; dès lors que ne sont ni établies ni même évoquées une animosité personnelle de l'auteur vis-à-vis des personnes morales ou physiques en cause, ou bien l'existence de propos étrangers à la question de droit traitée, le seul fait d'examiner le caractère diffamatoire d'un article tel celui rédigé en l'espèce par un professeur de droit, est une atteinte à la liberté d'expression de l'auteur ; c'est parce que les prévenus n'ont pas outrepassé les limites de cette liberté d'expression qu'en l'absence de diffamation, ils seront renvoyés des fins de la poursuite. • Paris, 28 sept. 2017, n° 17/00854 : *D. actu. 4 oct. 2017, obs. Lavric.* ♦ Sur la relaxe des prévenus, en première instance, au bénéfice de la bonne foi : • T. corr. Paris, 13 janv. 2017 : *D. 2017. 401, obs. Jamin* ♦ Rappr. : • CEDH 27 mai 2014, *Mustafa Erdogan et a. c/ Turquie*, nos 346/04 et 39779/04 : *préc. note 6.*

16. Débat politique. L'allégation ou l'imputation d'un fait déterminé portant atteinte à l'honneur ou à la considération d'une personne entre dans les prévisions de l'art. 29 de la L. du 29 juill. 1881, même si elle est présentée sous forme déguisée ou dubitative ou par voie d'insinuation ; s'agissant d'un article de presse sur l'extrême droite étudiante faisant état de l'appartenance de deux artistes du spectacle au Groupe Union Défense (GUD), pour débouter les demandeurs de leur action en diffamation, l'arrêt attaqué retient que l'évocation de l'appartenance d'une personne à un groupement politique non interdit se situe au plan des idées, fait partie du débat démocratique et procède de la liberté d'expression, que les demandeurs n'ont pas été désignés comme ayant participé aux actions violentes que le Groupe Union Défense (GUD) aurait, selon l'article, fomentées ou perpétrées, que tout au contraire, ils sont dépeints comme des saltimbanques maniant l'ironie et non la barre de fer, de sorte qu'aucun fait déterminé contraire à l'honneur ou à la considération ne leur a été imputé ; en statuant ainsi, alors que les propos incriminés, qui ne relevaient pas d'une polémique politique sur la doctrine et le rôle d'un parti politique, contenaient l'imputation d'un fait déterminé, l'appartenance au GUD, portant atteinte à l'honneur et à la considération professionnelle d'artistes du spectacle, la cour d'appel a violé les art. 29 et 32 de la L. du 29 juill. 1881. • Civ. 2e, 10 juin 1999, n° 97-17.154 P.

17. A justifié sa décision la cour d'appel qui, pour infirmer le jugement, relaxer le prévenu et débouter les parties civiles, énonce que les enseignants syndiqués ont, par leur comportement, instauré un débat politique avec le maire, dans le contexte duquel celui-ci a répondu à leur provocation par des propos qui n'ont pas dépassé les limites de la liberté d'expression, sans avoir à rechercher ce qui avait pu déterminer le comportement dont elle retenait le caractère provocateur. • Crim. 28 mars 2017, n° 16-81.896 : *D. 2017. 820*.

18. *Jugement de valeur.* Ne sont pas diffamatoires des propos relatifs à une transaction fiscale qualifiée de « très avantageuse » conclue dans des conditions « très choquantes » dès lors qu'ils n'expriment qu'un simple jugement de valeur. • Civ. 1re, 14 mai 2009, n° 08-15.903 P : *D. 2009. 1484*.

19. L'emploi de l'expression « délation » pour qualifier la publication de noms de personnalités politiques, mises en cause par un journal, relève de l'expression d'une opinion et d'un jugement de valeur, et non de l'imputation d'un fait précis portant atteinte à l'honneur et à la considération des parties civiles. • Crim. 1er sept. 2010 : *D. 2011. Pan. 784, obs. Dreyer ; Dr. pénal 2010. 119, obs. Véron ; ibid. 2011. Chron. 5, obs. Mouysset.*

20. *Opinion injurieuse.* Les propos incriminés, qui imputent à la police de l'air et des frontières des méthodes brutales, arrestation, perquisition visant en priorité, dans l'esprit de ses agents souvent familiers des idées racistes, les noirs et les arabes, ne constituent pas un fait précis au sens de l'art. 29 de la L. du 29 juill. 1881 mais l'expression d'une opinion injurieuse. • Crim. 7 déc. 2010, n° 10-81.984 P : *D. actu. 20 janv. 2011, obs. Lavric ; D. 2011. Pan. 2832, obs. Garé ; RSC 2011. 655, obs. Francillon ; AJ pénal 2011. 241, obs. Péchillon ; Gaz. Pal. 26-27 janv. 2011, p. 28.*

b. Appréciation

21. *Principe.* En matière de diffamation, il appartient aux juges du fond de relever toutes les circonstances intrinsèques ou extrinsèques aux faits poursuivis que comporte l'écrit qui les renferme, et ce, sous le contrôle de la Cour de cassation qui peut se reporter à l'écrit lui-même afin de vérifier s'il contient les éléments de l'infraction. • Crim. 11 mars 2008, n° 06-84.712 P : *D. 2008. AJ 1148 ; ibid. 2008. 2256, note Lapousterle ; ibid. 2009. Pan. 1783, obs. Dupeux ; AJ pénal 2008. 237 ; JCP 2008. I. 209, note Dreyer.*

22. *Intrinsèque.* La Cour de cassation peut se reporter à l'écrit lui-même, afin de vérifier s'il contient les éléments de l'infraction et de contrôler à cet égard les appréciations des juges d'appel. • Crim. 15 oct. 1985 : *Bull. crim. n° 314* • 8 oct. 1991, n° 90-83.336 P.

23. *Extrinsèque.* Pour apprécier la qualification légale qu'il convient de donner à un propos retenu comme diffamatoire, le juge doit prendre en considération non seulement les circonstances relevées dans la citation, mais aussi les éléments extrinsèques de nature à donner à l'expression incriminée son véritable sens et à caractériser l'infraction poursuivie. • Crim. 12 mars 1969 : *Bull. crim. n° 120* • 6 nov. 1973 : *ibid. n° 402* • 16 janv. 1978 : *ibid. n° 18* • 27 juill. 1982 : *ibid. n° 199* • 8 oct. 1991 : *préc. note 22* • 18 oct. 1994 : *Dr. pénal 1995. 35.* ♦ Pour une application à des entités reliées entre elles par des liens économiques. • Civ. 1re, 3 avr. 2007, n° 05-16.726 P : *D. 2007. AJ 1207*. ♦ En matière de presse, il appartient aux juges du fond de relever toutes les circonstances extrinsèques qui donnent une portée injurieuse ou diffamatoire aux propos poursuivis, même si ceux-ci ne présentent pas par eux-mêmes ce caractère, et qui sont de nature à révéler leur véritable sens. • Crim. 16 oct. 2012, n° 11-82.866 P.

24. S'il est vrai que des termes ne présentant, par eux-mêmes, aucun caractère diffamatoire, peuvent constituer parfois une diffamation en raison de circonstances extrinsèques à l'écrit incriminé, de telles circonstances doivent être invoquées devant les juges du fond, qui ont seuls qualité pour en constater l'existence, leur appréciation à cet égard étant souveraine. • Crim. 23 nov. 1965 : *Bull. crim. n° 248.* ♦ Autrement dit, s'il appartient aux juges de relever toutes les circonstances qui sont de nature à leur permettre d'apprécier le sens et la portée des propos incriminés et de caractériser l'infraction poursuivie, c'est à la condition, s'agissant des éléments extrinsèques auxdits propos, qu'ils aient été expressément invoqués devant eux. • Crim. 15 oct. 2019, n° 18-85.366 P : *D. actu. 14 nov. 2019, obs. Lavric ; Dr. pénal 2020, n° 8, obs. Conte.*

25. Pour confirmer une décision de relaxe, l'arrêt énonce qu'aucun des trois passages dénoncés comme diffamatoires ne comporte l'imputation d'un fait précis, le substantif « troublant » employé dans le premier passage ne pouvant être rapproché d'éléments extrinsèques non concomitants à l'article, les guillemets encadrant le verbe « retrouver » du deuxième propos renvoyant aux guillemets figurant dans le rapport du Conseil supérieur de la magistrature, et l'allégation faite à un magistrat d'avoir agi sans se préoccuper du droit constituant une injure ; en se déterminant ainsi, alors que les passages incriminés, qui sont à apprécier au regard de l'ensemble de l'article et de son contexte, imputaient à la partie civile, sous forme d'insinuations, non seulement des erreurs, mais des manquements délibérés aux devoirs de sa charge, dont la preuve pouvait être rapportée et faire l'objet d'un débat contradictoire, la cour d'appel a méconnu le sens et la portée de l'art. 29, al. 1er, de la L. du 29 juill. 1881. • Crim. 29 janv. 2008 : *Dr. pénal 2008. 62, obs. Véron.*

26. Si l'insertion d'un lien hypertexte constitue bien un nouvel acte de publication, une cour d'appel ne peut déclarer l'auteur du lien coupable de diffamation sans examiner les éléments extrinsèques au contenu incriminé que constituaient les modalités et le contexte dans lesquels avait été inséré le lien hypertexte y renvoyant. • Crim. 1er sept. 2020, n° 19-84.505 P : *D. actu. 5 oct. 2020, obs. Lavric ; AJ pénal 2020. 470, obs. Thierry ; Dr. pénal 2020, n° 204, obs. Conte ; ibid. Chron. 12, obs. Lepage.*

27. Incidence de l'exception de vérité. Les prévenus qui ont spontanément demandé, dans les conditions prévues à l'art. 55 de la L. du 29 juill. 1881, à être admis à prouver la vérité des faits diffamatoires, et qui ont signifié, outre les copies de pièces, les noms des témoins qu'ils se proposaient de faire entendre, ne sauraient ensuite soutenir que l'écrit incriminé ne serait pas diffamatoire, faute de contenir l'imputation de faits précis. • Crim. 22 févr. 1966 : *Bull. crim. n° 63* • 2 déc. 1980 : *ibid. n° 326* • 22 mai 1990, n° 87-81.387 P • 14 avr. 1992, n° 87-80.411 P • 29 nov. 1994, n° 92-82.815 P. ♦ Mais il ne saurait en être déduit que cette offre de preuve emporte reconnaissance de l'imputabilité des faits et prive le prévenu du droit de discuter de celle-ci. • Crim. 3 juin 1982 : *Bull. crim. n° 143.* ♦ Dès lors qu'à l'occasion de la procédure devant les premiers juges, les prévenus ont notifié une offre de preuve, ils ne sont plus recevables à soutenir que les propos tenus ne sont pas diffamatoires. • Paris, 30 sept. 1998 : *Dr. pénal 1999. 23, obs. Véron ; D. 1999. Somm. 164, obs. Dupeux.*

c. Illustrations

28. Exemples de précision. ... Imputation d'avoir déserté. • Crim. 9 juin 1934 : *Bull. crim. n° 115 ; DH 1934. 382.* ♦ ... Expressions « collaborateur » et « traître à la patrie », qui impliquent que le diffamé a, dans les conditions déterminées par les textes relatifs à la répression des faits de collaboration, favorisé les entreprises de l'ennemi. • Crim. 17 févr. 1949 : *Bull. crim. n° 66* • 31 mars 1960 : *ibid. n° 193.* ♦ ... Expressions de « collabos », « apôtres de la capitulation », « opportunistes », « liste honteuse de tous ceux qui ...sont venus laper la soupe du FN », qui sont l'illustration du parallèle établi entre cette forme de collaboration et celle des personnes qui ont servi activement la cause de l'Allemagne nazie ; étant ainsi indissociables d'une imputation précise de nature à porter atteinte à l'honneur ou à la considération de la personne visée, elles ne peuvent faire l'objet d'une poursuite et d'une sanction sous la qualification d'injure. • TGI Paris, 24 févr. 1999 : *Gaz. Pal. 1999. 2, Somm. 583.*

29. ... Désignation d'un tiers comme « condamné de droit commun privé de ses droits civiques ». • Crim. 18 janv. 1950 : *Bull. crim. n° 18 ; D. 1950. 281.* ♦ ... Expression « repris de justice », qui implique par elle-même que le plaignant a été l'objet de condamnations pénales. • Crim. 12 juill. 1972 : *Bull. crim. n° 239 ; D. 1972. Somm. 210.* ♦ ... Allégation « elle vole » en des situations ou circonstances susceptibles d'être sans difficulté l'objet d'une preuve ou d'un débat contradictoire. • Crim. 27 juill. 1982 : *Bull. crim. n° 199.* ♦ ... Imputation de faits susceptibles de motiver des poursuites criminelles. • Crim. 17 mars 1932 : *Bull. crim. n° 81* • 11 nov. 1943 : *ibid. n° 115.* ♦ ... Imputation faite à quelqu'un d'avoir été l'objet de « condamnations », même si celles-ci ne sont pas davantage précisées. • Crim. 15 oct. 1985, n° 84-91.598 P. ♦ ... Expression « ancien du Petit-Clamart », par laquelle il est référé d'une manière non équivoque à une affaire criminelle célèbre. • TGI Paris, 30 mai 1990 : *Gaz. Pal. 1992. 1. Somm. 227.* ♦ ... Affirmation que l'auteur d'un viol, qui connaissait sa séropositivité, « savait qu'il tuait », ce qui revient à imputer un fait précis, qualifiable pénalement. • TGI Paris, 5 janv. 1994 : *Gaz. Pal. 1994. 2. 605.* ♦ ... Accusation d'avoir commis un « plagiat », un « pillage », voire une « contrefaçon », en accréditant l'idée d'une culpabilité du chef du « délit défini et réprimé par les art. 425, 426 et 427 C. pén. ». • TGI Paris, 29 juin 1994 : *JCP 1994. II. 22348 (2e jugement), note Becourt.* ♦ ... Fait, pour un organe de presse, de présenter publiquement, avant toute condamnation par une juridiction répressive, une personne comme coupable de faits soumis à une enquête ou à une instruction judiciaire (ce qui est également, depuis la loi n° 93-2 du 4 janv. 1993, une atteinte à la présomption d'innocence dont la réparation peut être assurée sur le fondement de l'art. 9-1 C. civ.). • TGI Paris, 23 mars 1994 : *D. 1995. Somm. 267, obs. Bigot.* ♦ ... Imputation à un commerçant de vendre des produits avariés, impropres à la consommation. • Crim. 24 sept. 1996 : *Dr. pénal 1997. 7, obs. M. V.* ♦ ... Propos par lesquels les préposés d'une entreprise imputent ou allèguent, ne serait-ce que par voie d'insinuation, un fait précis à l'encontre des produits commercialisés par une société concurrente, ce qui implique nécessairement l'imputation d'un comportement délictueux à l'endroit de ce même concurrent. • Versailles, 19 févr. 1998 : *D. 2000. Somm. 131, obs. de Lamy* . ♦ ... Imputation, par voie d'insinuation, à un animateur de télévision de faits de harcèlement moral à l'encontre de son collaborateur, présenté comme son « souffre-douleur ». • Civ. 2e, 22 janv. 2004, n° 01-14.665 P. ♦ ... Allégation, à l'égard des plaignants, de soupçons d'abus de biens sociaux et de détournements de fonds. • Crim. 8 juill. 2015, n° 14-80.808 : *D. actu. 17 sept. 2015, obs. Lavric.*

30. ... Assimilation d'une association cultuelle, bien que citée parmi les sectes existantes dans un rapport parlementaire, à une « association de malfaiteurs », ce qui est susceptible de preuve et d'un débat contradictoire. • Civ. 2e, 14 mars 2002, n° 99-19.238 P : *Gaz. Pal. 2003. 2. Somm. 3969, obs. Guerder.* ♦ Étant susceptibles de preuve et d'un débat contradictoire, sont diffamatoires à l'égard de l'ensemble des mouvements qualifiés de sectes, et par conséquent de l'association demanderesse, dès lors qu'il résulte de l'ouvrage incriminé qu'elle en est une, les propos rapportés assimilant les sectes à « des groupes totalitaires », au « nazisme » ou au « stalinisme », leur imputant d'« extorquer » l'adhésion de leurs adeptes, sur lesquels elles exercent des moyens de pression de nature à leur faire perdre tout libre arbitre, invoquant « des zones de non-droit », et les comparant à « la mafia ». • Civ. 1re, 3 avr. 2007, n° 06-15.226 P : *D. 2007. AJ 1277* ; *AJ pénal 2007. 283* .

31. ... Imputation d'avoir menti. • Crim. 2 juin 1980 : *Bull. crim. n° 169.* ♦ ... Termes « imposteurs » et « charlatans », la précision du fait imputé pouvant être déguisée sous de simples expressions outrageantes. • Crim. 14 avr. 1992, n° 87-80.411 P.

32. ... Imputation dirigée contre un maire et son adjoint d'avoir commis une prévarication et une forfaiture. • Crim. 22 juill. 1986 : *Bull. crim. n° 241.* ♦ ... Reproche adressé au maire d'une commune d'avoir construit une salle de spectacles d'une contenance très supérieure au nombre total des habitants de la commune, et d'avoir ainsi fait fi, sans nécessité, des engagements pris envers ses administrés, ce qui, rapproché du titre du dossier spécial, est qualifié de « gaspillage ». • Civ. 2e, 29 mars 2001, n° 99-10.332 P.

33. ... Imputation, nonobstant le caractère fictif de la scène représentée, d'une action violente menée par un groupe armé dont la constitution est pénalement répréhensible, faite à une personne supposée avoir adhéré aux doctrines national-socialistes. • Crim. 16 déc. 1986 : *Bull. crim. n° 374.* ♦ ... Imputation faite à une personne d'avoir été un agitateur ayant suivi un entraînement spécial pour se livrer à une action subversive. • Crim. 10 févr. 1987 : *Bull. crim. n° 68.* ♦ ... Accusations de liens avec la maffia et imputation de « maffioso ». • TGI Paris, 15 nov. 1989 : *Gaz. Pal. 1992. 1. Somm. 222.*

34. ... Allégation faite à une personne d'avoir accepté, pour sa candidature à la présidence d'un établissement public (chambre de commerce), la protection et le concours d'une organisation illicite à laquelle elle serait désormais inféodée. • Crim. 28 nov. 1989 : *Bull. crim. n° 448.* ♦ ... Présentation d'un administrateur civil comme le servile agent d'un mouvement dévoyé, au profit duquel il aurait accepté d'infiltrer certains rouages de l'État. • TGI Paris, 7 sept. 1994 : *Gaz. Pal. 1995. 1. Somm. 206.* ♦ ... Imputation, visant le général commandant une division parachutiste, de manquer de combativité ou de courage, et d'être inféodé à un parti politique. • Crim. 30 mai 1996, n° 94-82.114 P. ♦ ... Imputation à un journaliste d'avoir agi en porte parole d'un ministre, cette imputation portant atteinte à sa considération professionnelle, le journaliste ayant l'obligation déontologique d'informer le public en toute indépendance et objectivité, le qualificatif « occulte » insinuant en outre qu'il trompait ses lecteurs sur son indépendance. • Cass., ass. plén., 25 févr. 2000 : *JCP 2000. II. 10352, note Derieux* ; *D. 2000. IR 84* ; *Gaz. Pal. 2001. 1. Somm. 978, note Guerder.*

35. ... Allégation qu'un journaliste est un ivrogne bien connu, et qu'il est connu comme tel dans le journal qui l'emploie. • Crim. 6 déc. 1988 : *Bull. crim. n° 411.*

36. L'expression « X..., X..., assassins d'ouvriers » visant des fonctionnaires de l'ordre administratif, peut être considérée comme diffamatoire, et non injurieuse, lorsqu'il résulte des constatations des juges du fait que cette imputation se rapporte à un fait précis, dans l'esprit de ses auteurs aussi bien que dans l'esprit des personnes qui en ont eu connaissance. • Crim. 2 août 1951 : *Bull. crim. n° 240.*

37. Le terme « révisionniste » n'est pas en soi diffamatoire, mais il le devient lorsqu'il ne peut être interprété que comme synonyme de « négationniste » ; une telle insinuation constitue alors un fait précis qui porte atteinte à l'honneur et à la considération de la partie civile, et qui est d'ailleurs punissable depuis la loi n° 90-615 du 13 juill. 1990 (V. art. 24 *bis*). • Paris, 16 déc. 1993 : *inédit.*

38. L'épithète « galeuse » accolée au mot « ordure » doit être reçue dans son acception spécifique, dès lors que le terme « galeuse » renvoie en l'espèce au sigle « GAL » (Groupe antiterroriste de libération), et n'est pas employé dans son sens habituel désignant une maladie de peau contagieuse ; l'expression utilisée par le prévenu est bien l'imputation d'un fait précis, en l'occurrence l'allégation de l'appartenance de la partie civile à une organisation criminelle identifiée. • Pau, 5 févr. 1997 : *Gaz. Pal. 1997. 2. Somm. 502.*

39. Constituent une diffamation des propos relatifs aux sectes, publiés dans un journal sous le titre « les sectes sont pires que la drogue » et le sous-titre « le phénomène sectaire est plus dangereux que la prostitution » mettant en cause les Témoins de Jéhovah et laissant entendre que, pour transformer les individus en « rouages », ce groupement avait recours à des moyens de pression de nature à faire perdre à ses membres tout libre arbitre. • Civ. 2e, 11 déc. 2003, n° 01-11.819 P.

40. Exemples d'imprécision. Attaques vagues et générales, ne dépassant pas le cadre de la liberté de discussion. • Crim. 22 nov. 1934 : *Bull. crim. n° 200 ; DP 1936. 1. 27, note Nast* • 26 févr. 1958 : *Bull. crim. n° 202* • 4 déc. 1962 : *ibid. n° 355.* ♦ ... Allégations se réduisant à la simple manifestation, rédigée en termes dénués de mesure, d'une opinion. • Crim. 22 oct. 1958 : *Bull. crim. n° 642.* ♦ ... Simples propos qui sont utilisés dans la littérature, parfois excessive, dont se sert la polémique. • Crim. 4 déc. 1962 : *préc.*

41. Ne constituent pas le délit de diffamation les propos qui ne mettent en cause qu'une doctrine considérée comme pouvant inspirer des actions criminelles à caractère raciste, mais qui ne contiennent aucune imputation de faits précis à l'encontre d'une personne physique ou morale déterminée. • Crim. 26 mai 1987 : *Bull. crim. n° 217.* ♦ La diffamation suppose l'imputation ou l'allégation d'un fait déterminé et ne peut se confondre avec une polémique portant sur la doctrine d'un parti politique. • Versailles, 21 mars 1990 : *Gaz. Pal. 1992. 1. Somm. 227.* ♦ Si le terme « nazi » peut constituer une injure, son utilisation sans aucune imputation d'un fait particulier ne saurait à elle seule caractériser une diffamation ; il en est de même de l'allusion à un « nazillon polonais ». • Paris, 1er juin 1995 : *Dr. pénal 1995. 253 ;* confirmé par • Crim. 29 janv. 1998 : *Gaz. Pal. 1998. 1, chron. crim. 75.* ♦ Ne constitue pas une diffamation la mise en cause d'une doctrine, considérée comme pouvant inspirer une action criminelle, ou l'attribution à une personne d'une opinion, en des termes généraux ne comportant aucune allégation d'une traduction de celle-ci en des actes déterminés. • TGI Paris, 6 déc. 2000 : *Gaz. Pal. 2001. 1. 122, note B. Ader.*

42. L'affirmation consistant à dire de l'auteur d'un article de presse qu'il est un vrai et dangereux révisionniste en raison du jugement de valeur qu'il porte sur les événements vécus en France lors de la Seconde Guerre mondiale, ne comporte pas l'imputation d'un fait susceptible de preuve de nature à porter atteinte à l'honneur ou à la considération de celui-ci, mais est l'expression d'une opinion qui relève du seul débat d'idées, fût-il polémique. • Civ. 1re, 5 juill. 2005, n° 04-11.834 P : *D. 2007. Pan. 1041, obs. Dupeux ; Gaz. Pal. 2006. 2. Somm. 4134, note Bourg.*

43. L'utilisation du terme « secte » pour désigner un groupement dont les adhérents sont unis par une communauté de croyances, d'actions ou d'opinions est, en l'absence de toute autre indication, insuffisante pour caractériser une diffamation au sens ou l'entend l'art. 29 de la L. du 29 juillet 1881. • Paris, 22 févr. 1994 : *JCP 1994. IV. 1147.* ♦ L'utilisation du vocable de « secte » qui, malgré une certaine connotation péjorative, est justement attribué, hormis les hypothèses où on lui adjoint le terme de « dangereuse », à tout groupement de personnes qui partagent une foi commune, sans que pour autant, pour des raisons des plus variées, le reste du corps social lui reconnaisse la qualité de religion, ne constitue pas en soi une imputation diffamatoire. • Douai, 15 janv. 1997 : *BICC 1999. 979.*

44. L'allégation de toucher des fonds secrets ne saurait être diffamatoire, si elle n'est accompagnée d'aucune constatation d'une circonstance spéciale qui viendrait donner à cette gratification un caractère suspect et déshonorant. • Paris, 22 févr. 1938 : *DH 1938. Somm. 19.*

45. Un homme politique poursuivi en diffamation n'ayant fait qu'évoquer une polémique notoire sur les conditions dans lesquelles son adversaire a reçu une fortune en héritage, la formulation à ce sujet du mot « doute » n'est pas une accusation précise, mais seulement un rappel de cette polémique qui ne peut être assimilé à une diffamation. • Lyon, 7 déc. 1998 : *D. 2000. 270, note Tavieaux-Moro ; ibid. 2000. Somm. 405, obs. Bigot.*

46. Le fait imputé, qui n'est pas de séduire les actrices mais de faire du cinéma à cette unique fin, n'étant pas susceptible d'être prouvé, de tels propos, s'ils peuvent revêtir un caractère outrageant pour le demandeur, ne constituent pas une diffamation. • TGI Paris, 29 sept. 2004 (2e esp.) : *Gaz. Pal. 2005. 1. Somm. 2182.*

47. Cassation, pour violation de l'art. 29 de la L. du 29 juill. 1881 de l'arrêt qui, pour débouter une chaîne de télévision et la société de production de l'émission dans laquelle a été développé le sujet litigieux, énonce, d'une part, que les appréciations même excessives touchant les produits, les services ou les prestations d'une entreprise industrielle ou commerciale n'entrent pas dans les prévisions de l'art. 29 de la L. du 29 juill. 1889 dès lors qu'elles ne concernaient pas la personne physique ou morale, que, d'autre part, il ressort de l'examen des documents produits que la présentation du visuel, original et caractéristique des produits de la marque, permettait d'identifier le produit, mais non la société qui le commercialisait, et qu'enfin, et au surplus, l'imputation de portée générale de procéder à des « arnaques, de vendre des régimes miracles ou de pratiquer de la publicité fausse » est imprécise au sens de la L. du 29 juill. 1881, alors que ces imputations portaient sur des faits précis et visaient le fabricant du produit identifié. • Civ. 1re, 27 sept. 2005, n° 04-12.148 P : *D. 2006. 637, note Vigand ; ibid. 2007. Pan. 1040, obs. Massis ; Gaz. Pal. 2005. 2. 3482, avis Sainte-Rose ; ibid. 2006. 2. 3942, note Bourg.* ♦ Comp., pour des suggestions de recherche sur Internet associées au mot « arnaque » : • T. com. Paris, 7 mai 2009 : *Gaz. Pal. 2009. 2. Somm. 3289, note Marcellesi et Platon* • TGI Paris, 10 juill. 2009 : *ibid.*

48. Méconnaît l'art. 29 de la L. du 29 juill. 1881 la cour d'appel qui, pour infirmer le jugement s'agissant de la seule expression « néo-nazi notoire selon le chercheur Jean-Yves C... », retient, en particulier, que le fait de présenter une personne comme « un néo-nazi notoire », c'est-à-dire « connu d'un très grand nombre de personnes », en y ajoutant la certification d'un politologue, spécialiste en la matière, constitue un fait précis portant atteinte à l'honneur et à la réputation d'un tiers, alors que l'emploi des termes « notoire, selon le chercheur Jean-Yves C... », relevant de l'expression d'une opinion, ne saurait avoir pour effet de donner à un propos injurieux un caractère diffamatoire. • Crim. 14 févr. 2006, n° 05-82.475 P : *Gaz. Pal. 2006. 2. Somm. 3461, note Monnet.*

49. Un hebdomadaire a publié un entretien du premier secrétaire d'un parti politique, relatif aux élections présidentielles, au cours duquel il avait évoqué un candidat d'un autre parti politique comme « sans doute le plus corrompu de tous » ; c'est à bon droit que la cour d'appel a jugé non constitué le délit de diffamation publique envers un particulier, les termes « sans doute » exprimant une simple probabilité ; la cour d'appel, qui a retenu que les faits allégués n'étaient pas suffisamment précis pour être l'objet d'une preuve et d'un débat contradictoire, en a exactement déduit qu'ils ne constituaient pas une diffamation. • Civ. 1re, 4 avr. 2006, n° 05-14.404 P : *Gaz. Pal. 2007. 2. Somm. 3419, note Lasfargeas.*

50. Pour déclarer que le texte litigieux est constitutif d'une diffamation à l'encontre du groupe K..., l'arrêt énonce que cet écrit contient des assertions de faits d'atteintes graves aux personnes commis au sein d'une maison de retraite, que ces atteintes sont qualifiées de crimes, de complicité et de non-dénonciation de tels faits, ainsi que de menaces à l'encontre de ceux qui les révéleraient, que les personnes, victimes ou auteurs, complices ou receleurs, visés par les faits de viols, violences, maltraitance sont indéterminées et peuvent être des salariés de la plaignante, des intrus, des visiteurs, des résidents, que les personnes visées par les faits de menaces ou de chantage sont les salariés et leurs supérieurs et, au travers de ces derniers, la société Groupe K... et, enfin, que l'atteinte portée à l'honneur et à la considération de cette société est ainsi incontestablement caractérisée en ce que l'écrit allègue que des crimes ont été commis au sein de la maison de retraite MY lui appartenant et qu'elle menace de représailles les personnes susceptibles de les dénoncer ; en statuant ainsi quand les écrits incriminés n'imputaient aucun fait précis de nature à être sans difficulté l'objet d'une preuve ou d'un débat contradictoire, et ne constituaient donc pas une base factuelle suffisante à fonder le caractère diffamatoire des allégations litigieuses, la cour d'appel a violé l'art. 29 de la L. du 29 juill. 1881. • Civ. 1re, 16 mai 2013, n° 12-18.223 : *D. 2014. 511, obs. Dreyer.*

2° FORMES

51. Reproduction. La publication par voie de reproduction de toute imputation ou allégation d'un fait qui porte atteinte à l'honneur ou la considération de la personne ou du corps auquel le fait est imputé, est punissable au même titre que l'est leur publication directe. • Crim. 3 mai 1966 : *Bull. crim. n° 133.* ♦ Elle ne saurait être justifiée par le prétendu souci chez le journaliste d'informer le public. • Crim. 23 mai 1991, n° 90-83.991 P. ♦ ... Loin d'être exonérés de toute responsabilité lorsqu'ils publient les opinions d'autrui constitutives d'un délit réprimé par la L. du 29 juill. 1881, les journalistes concourent au contraire à la commission de cette infraction. • Crim. 6 oct. 1992, n° 90-80.684 P.

52. Le fait de présenter un personnage du monde médiatique comme dépourvu de sens moral en reproduisant les déclarations d'un tiers ayant porté cette appréciation n'est pas diffamatoire dès lors que les déclarations reproduites, sans imputer aucun fait précis, se bornent à porter un jugement de valeur, fût-il peu flatteur, et qu'elles ne visent pas expressément une personne dénommée mais une catégorie professionnelle dont les pratiques abusives ont fait l'objet d'une dénonciation dans un rapport public. • Versailles, 19 sept. 2002 : *Gaz. Pal. 2003. 2. Somm. 2577.*

53. A justifié sa décision la cour d'appel qui a constaté que le prévenu, qui avait volontairement mis en ligne des propos précédemment diffusés par un tiers, n'avait pas produit aux débats d'éléments permettant de retenir l'existence d'une base factuelle suffisante. • Crim. 13 déc. 2016, n° 16-80.812 P : *D. actu. 12 janv. 2017, obs. Lavric.*

54. Citation. La diffamation peut être constituée du seul fait de la lecture d'un texte diffamatoire, même si celui qui cite ce texte le reprend sans l'assortir de coupures, ni de commentaires. • Paris, 9 mars 1988 : *D. 1988. IR 99.* ♦ Le fait qu'un texte diffamatoire ait été préparé par un tiers n'exonère pas de sa responsabilité, quant à la diffamation dont il se rend personnellement coupable, celui qui en donne lecture. • Paris, 13 mars 1998 : *Gaz. Pal. 1998. 2. Somm. 554.*

55. Insinuation. Des imputations portant atteinte à l'honneur ou à la considération d'une personne ne perdent pas leur caractère diffamatoire par le fait qu'elles sont présentées sous une forme ironique, dubitative ou interrogative. • Crim. 5 janv. 1950 : *Bull. crim. n° 2* • 21 juill. 1953 : *ibid. n° 255* • 30 janv. 1958 : *ibid. n° 110* • 24 nov. 1960 : *ibid. n° 552.* ♦ Mais encore faut-il que les propos incriminés, bien qu'apparemment non diffamatoires, constituent en réalité l'imputation d'un fait précis. • Crim. 7 mai 1963 : *Bull. crim. n° 167.*

56. L'imputation ou l'allégation d'un fait déterminé et précis, portant atteinte à l'honneur ou à la considération d'une personne, entre dans les prévisions de l'art. 29 de la L. du 29 juill. 1881, même si elle est présentée sous une forme déguisée ou dubitative ou par voie d'insinuation. • Crim. 28 févr. 1913 : *Bull. crim. n° 105* • 10 juin 1960 : *ibid. n° 313* • 11 mai 1971 : *ibid. n° 147* • 29 mars 1978 : *ibid. n° 118 ; RSC 1979. 95, obs. Levasseur* • 2 janv. 1980 : *Bull. crim. n° 3* • 23 oct. 1980 : *ibid. n° 270* • 17 juill. 1985 : *ibid. n° 267* • 11 déc. 1990, n° 90-80.590 P • 19 mars 1991, n° 90-81.621 P • 23 mai 1991, n° 90-83.991 P • 3 déc. 1991 : *Dr. pénal 1992. 142* • 12 oct. 1993, n° 92-81.538 P • 23 nov. 1993, n° 92-85.771 P • 21 nov. 1995 : *Gaz. Pal. 1996. 1, chron. crim. 73* • 30 mai 1996, n° 94-82.114 P • 3 juill. 1996, n° 94-82.647 P • 14 nov. 2006, n° 05-86.505 : *Dr. pénal 2007. 35* • Civ. 2e, 30 sept. 1998, n° 97-10.280 P : *D. Affaires 1998. 1992* • 2 déc. 1998, n° 96-22.878 P. • 14 mars 2002 : *ibid. II, n° 46 ; Gaz. Pal. 2003. 2. Somm. 3969, obs. Guerder* • 11 déc. 2003, n° 01-11.819 P. • 8 avr. 2004, n° 01-12.638 P : *Gaz. Pal. 2005. 2. 4162, note Lasfargeas.* ♦ Toute expression qui contient l'imputation d'un fait précis et déterminé, de nature à porter atteinte à l'honneur ou à la considération de la personne visée, constitue une diffamation, même si elle est présentée sous une forme déguisée ou dubitative ou par voie d'insinuation. • Civ. 1re, 27 sept. 2005, n° 04-12.148 P : *D. 2006. 637, note Vigand ; ibid. 2007. Pan. 1040, obs. Massis ; Gaz. Pal. 2005. 2. 3482, avis Sainte-Rose ; ibid. 2006. 2. 3942, note Bourg.*

57. La diffamation visant une personne ne peut rejaillir sur une autre que dans la mesure où les imputations diffamatoires lui sont étendues, fût-ce de manière déguisée ou dubitative, ou par voie d'insinuation ; saisie à la suite de la publication d'un article relatant une agression à main armée, et illustré d'une photo d'un personnage présenté comme étant l'un des malfaiteurs alors qu'il s'agissait d'une tout autre personne, une cour d'appel, relevant que le journal n'a formulé aucune allégation ou imputation de faits portant atteinte à l'honneur ou à la considération de la personne dont la photo a été reproduite et n'a, à aucun moment, soutenu que celle-ci, dont le nom n'était même pas mentionné, était l'auteur des agissements criminels qu'il attribuait au véritable malfaiteur, décide, à bon droit, que l'action de la personne dont la photo a été ainsi publiée n'est pas une action en diffamation, atteinte par la prescription ; en retenant que la publication de la photographie constitue seulement une atteinte au droit exclusif dont la personne dispose sur l'utilisation de son image, les juges font l'exacte application de l'art. 9, al. 1er, C. civ. • Civ. 2e, 11 févr. 1999, n° 97-10.465 P : *D. 1999. IR 62* . ♦ Une cour d'appel qui retient que, rien ne permettant de faire une relation entre l'image de l'intéressé et l'affaire traitée dans l'article litigieux, consacré à une enquête judiciaire portant sur des faits de dopage, la publication de son image n'était pas susceptible de porter atteinte à son honneur et à sa considération, en déduit à bon droit, sans dénaturation ni méconnaissance de l'objet du litige, que l'action ne relevait pas des dispositions de la L. du 29 juill. 1881 ; mais la même cour d'appel peut retenir que le contexte de l'utilisation de cette photographie était étranger à celui dans lequel elle avait été prise, de sorte que sa publication, faite sans l'accord de l'intéressé, portait atteinte au droit au respect de son image. • Civ. 1re, 5 juill. 2005, n° 03-13.913 P : *D. 2006. 1020, note Viangalli ; Gaz. Pal. 2006. 2. 3946, note Guerder.*

58. La diffamation visant une personne ne peut rejaillir sur une autre que dans la mesure où les imputations diffamatoires lui sont étendues, fût-ce de manière déguisée ou dubitative, ou par voie d'insinuation ; tel n'est pas le cas à l'égard du maire d'une commune lorsque les propos par lui incriminés rendent compte de l'inauguration par ses soins du parvis d'une cathédrale dédié à un pape, mais ne comportent que des critiques visant les positions attribuées à ce dernier dans le domaine de la contraception et leurs lourdes répercussions en termes de santé publique. • Crim. 26 mars 2008, n° 06-87.838 P : *D. 2008. AJ 281, obs. Royer ; AJ pénal 2008, p. 281, obs. Royer* .

59. Exemples d'insinuation. ... Allégation insinuée et déguisée de collaboration pendant l'Occupation par l'apposition d'une croix gammée sur un mur. • Crim. 23 févr. 1950 : *Bull. crim. n° 69 ; D. 1951. 217, note Mimin ; S. 1950. 1. 173, note M.R.M.P.* ♦ ... Rapprochement entre une poursuite pénale et une poursuite en justice. • Crim. 11 déc. 1990, n° 90-80.590 P. ♦ ... Juxtaposition d'images télévisées permettant l'identification de la victime et d'un commentaire oral imputant à un groupe d'individus des faits susceptibles de qualification pénale. • Crim. 29 oct. 1991, n° 90-87.435 P : *Gaz. Pal. 1994. 1. 321, note Fiechter-Boulvard.* ♦ ... Insinuation de faits d'indélicatesse ou d'improbité par l'allégation d'un doute planant sur une gestion municipale qualifiée de ténébreuse, ce terme étant de surcroît placé entre guillemets. • Crim. 23 nov. 1993, ♁ n° 92-85.771 P. ♦ ... Formulation pouvant être interprétée comme une mise en cause personnelle d'un homme politique à l'occasion de la profanation d'un cimetière. • Crim. 21 nov. 1995 : ♁ *Gaz. Pal. 1996. 1, chron. crim. 73.* ♦ ... Cartes géographiques faisant corps avec un article mettant en cause un hôpital public présenté comme devant être évité et fermé. • Crim. 3 juill. 1996, ♁ n° 94-82.647 P. ♦ Pour une solution implicite dans le même sens, V. • Crim. 3 juill. 1996, ♁ n° 94-83.195 P. ♦ ... Inclusion d'un centre hospitalier dans la liste des deux cents établissements présentés comme devant être évités et fermés en raison de leur inaptitude à remplir leur mission de service public et de leur dangerosité envers les patients admis en urgence (ce qui caractérise la diffamation envers une administration publique). • Civ. 2e, 30 sept. 1998, ♁ n° 97-10.280 P : *D. Affaires 1998. 1992 ; D. 1998. IR 229* ✎. ♦ ... Images télévisées montrant l'immeuble d'un centre d'affaires et le nom de ce centre en gros caractères auprès d'une liste de sociétés y ayant leur siège, afin d'illustrer le commentaire selon lequel une enquête judiciaire concernait une dizaine de centres de formation professionnelle, la plupart fictifs, simples boîtes postales dans des bureaux d'affaires, ce qui caractérisait la diffamation envers la société d'exploitation du centre d'affaires, désignée comme étant impliquée dans la fraude dénoncée. • Civ. 2e, 2 déc. 1998, ♁ n° 96-22.878 P. ♦ ... Écrit comportant, sous une forme allusive, les imputations de faits déterminés de malversations. • Crim. 19 déc. 2000 : ♁ *Dr. pénal 2001. 56, obs. Véron.* ♦ ... Article faisant état de cas positifs de dopage recensés, dont certains n'étaient « ni confirmés ni jugés », et laissant entendre que l'écurie du cheval appartenant à la partie civile s'était « éventuellement fait prendre », de sorte que le propriétaire du cheval était visé par l'imputation de dopage. • Civ. 2e, 24 oct. 2002, ♁ n° 00-14.968 P : *Gaz. Pal. 2003. 2. Somm. 4029, obs. Guerder.* ♦ ... Conclusions déposées, insinuant que l'avocat de la partie adverse aurait obtenu un témoignage de complaisance à la suite des relations entretenues avec un témoin. • Civ. 2e, 8 avr. 2004, ♁ n° 01-12.638 P : *Gaz. Pal. 2005. 2. 4162, note Lasfargeas.* ♦ ... Article paru dans un *journal local, relatif* aux réseaux islamistes de la ville, tendant à insinuer que la partie civile est un de ces leaders charismatiques tenant un double langage, qui recrutent des jeunes frustrés et vulnérables, et qu'autour de qui s'organisent de petits groupes totalement incontrôlables. • Crim. 9 nov. 2004, ♁ n° 03-83.366 P : *Dr. pénal 2005. Comm. 37, obs. Véron ; JCP 2005. IV. 1057.*

60. Une information de presse rendant compte objectivement d'une décision judiciaire prononçant une condamnation, fût-elle non encore définitive, ne tombe pas, par elle-même, sous le coup des textes qui répriment la diffamation ; il appartient aux juges, appréciant les circonstances dans lesquelles cette publication a été effectuée, de dire si ce délit est, ou non, caractérisé. • Crim. 20 déc. 1966 : *Bull. crim. n° 297.* ♦ V. également les annotations ss. art. 41 (v° « Comptes rendus »).

61. Imagination. Contient l'imputation d'un fait précis, quoique imaginaire, le dessin assorti de l'expression « génocide familial... » représentant l'élimination physique directe d'un groupe d'êtres vivants. • Crim. 22 mai 1990, ♁ n° 87-81.387 P.

3° *INTENTION*

a. Définition

62. Différence avec l'exception de vérité. Le fait justificatif de bonne foi, distinct de l'exception de vérité des faits diffamatoires, se caractérise par la légitimité du but poursuivi, l'absence d'animosité personnelle, la prudence et la mesure dans l'expression ainsi que par le sérieux de l'enquête. • Civ. 1re, 17 mars 2011, ♁ n° 10-11.784 P : *D. actu. 28 mars 2011, obs. Lavric ; D. 2011. Actu. 951, obs. Lavric* ✎ *; ibid. Pan. 2832, obs. Garé* ✎ *; ibid. 2012. Pan. 765, obs. Dreyer* ✎.

63. Indifférence aux mobiles. Le caractère légal des imputations diffamatoires s'apprécie non d'après le mobile qui les a dictées mais selon la nature du fait sur lequel elles portent. • Crim. 4 mai 1976 : *Bull. crim. n° 141* • 15 mars 1983 : *ibid. n° 82* • 13 févr. 1990, ♁ n° 87-90.446 P • 10 déc. 1991, ♁ n° 90-86.956 P.

64. Indifférence à la provocation. La provocation en matière de diffamation publique ne constitue pas une excuse légale et les propos diffamatoires ne perdent pas leur caractère du fait qu'ils sont une réponse à d'autres propos, ceux-ci fussent-ils eux-mêmes diffamatoires. • Crim. 23 févr. 1950 : *Bull. crim. n° 69 ; D. 1951. 217, note Mimin ; S. 1950. 1. 173, note M.R.M.P.* • 8 nov. 1962 : *Bull. crim. n° 313* • 3 mai 1972 : *ibid. n° 151* • 10 juill. 1973 : *ibid. n° 321.*

65. Prise en compte d'un débat d'intérêt général. L'art. 10 Conv. EDH ne garantit pas une liberté d'expression sans limites même quand il s'agit de rendre compte dans la presse de questions sérieuses d'intérêt général ; le § 2 de cet article précise que l'exercice de cette liberté comporte des « devoirs et responsabilités » qui peuvent revêtir de l'importance lorsque, comme en l'espèce, on risque de porter atteinte à la réputation de particuliers et de mettre en péril les « droits d'autrui » ; ainsi, l'information rapportée sur des questions d'intérêt général est subordonnée à la condition que les intéressés agissent de bonne foi de manière à fournir des informations exactes et dignes de crédit. • CEDH 12 févr. 2019, n° 35255/17, *Marcel Adrien Campion c/ France : D. actu. 21 mars 2019, obs. Lavric ;*

Légipresse 2019. 369. ♦ Sur l'arrêt de la Cour de cassation, qui, tout en ayant admis l'existence d'un débat d'intérêt général, avait jugé en l'espèce que le requérant ne pouvait faire valoir sa bonne foi pour justifier la diffamation en l'absence de base factuelle pour prouver ses allégations : • Crim. 15 nov. 2016, n° 15-85.789.

66. Animosité personnelle. Pour faire bénéficier de la bonne foi le journaliste poursuivi du chef de diffamation envers un particulier, à l'initiative d'une association, à la suite de propos tenus lors d'une émission radiophonique, la cour d'appel, après avoir retenu comme diffamatoires trois des passages incriminés, énonce que l'animosité personnelle manifestée par le prévenu ne suffit pas à caractériser l'intention de nuire, dans la mesure où elle n'est pas de son seul fait ; en se prononçant ainsi, la cour d'appel, qui n'a pu, sans se contredire, constater l'animosité personnelle de l'auteur des propos et le dire de bonne foi, n'a pas donné de base légale à sa décision. • Crim. 30 mars 2005, n° 04-83.453 P : *JCP 2005. IV. 2132.*

67. Portée de la bonne foi. S'il est vrai que l'intention de nuire doit être appréciée en la personne des auteurs de l'article diffamatoire, l'existence de faits justificatifs suffisants pour faire admettre la bonne foi des auteurs a pour effet d'exclure tant leur responsabilité que celle du directeur de publication des organes de presse l'ayant relayé, dès lors que les propos litigieux ont été repris sans dénaturation et sans qu'aucun élément nouveau n'ait été invoqué depuis la publication de l'article initial. • Crim. 7 mai 2018, n° 17-82.663 : *BICC 15 oct. 2018, n° 1014 ; D. 2018. 1014 ; Gaz. Pal. 2018, p. 2137, obs. Detraz, et p. 2762, obs. Fourment.*

b. Présomption

68. Énoncé. BIBL. Conte, *Mél. Chavanne, 1990, p. 49* (la bonne foi en matière de diffamation : notion et rôle). ♦ Les imputations diffamatoires sont réputées de droit faites avec l'intention de nuire, ou être faites de mauvaise foi. ♦ Jurisprudence constante : • Crim. 24 juin 1920 : *DP 1920. 1. 48* • 16 mars 1948 : *Bull. crim. n° 93* • 3 mai 1972 : *ibid. n° 151* • 24 oct. 1972 : *ibid. n° 303* • 24 janv. 1973 : *ibid. n° 41* • 15 oct. 1985 : *ibid. n° 315* • 19 nov. 1985 : *ibid. n° 363 ; RSC 1986. 612, obs. Levasseur* • 12 juin 1987 : *Bull. crim. n° 247* • Civ. 2e, 14 janv. 1998, n° 94-19.867 P : *D. 1999. 134, note Tavieaux-Moro* • Civ. 24 févr. 2005, n° 02-19.136 P. • TGI Paris, 9 mars 1998 : *Gaz. Pal. 1998. 1. 228.* ♦ ... Elles impliquent l'intention coupable de leur auteur. • Crim. 29 nov. 1994, n° 92-85.281 P : *RSC 1995. 571, obs. Bouloc ; D. 1997. Somm. 74, obs. Bigot* • 16 mai 1995, n° 93-83.690 P • 4 janv. 1996 : *D. 1998. Somm. 84, obs. Bigot* • 3 juill. 1996, n° 94-83.195 P • 9 déc. 1997 : *Dr. pénal 1998. 48, obs. Véron.* ♦ Il n'est donc pas nécessaire que la mauvaise foi du prévenu soit expressément constatée dans l'arrêt de condamnation du moment que son caractère diffamatoire est établi. • Crim. 23 déc. 1968 : *Bull. crim. n° 356* • 24 janv. 1973 : *ibid. n° 41.*

69. Le principe selon lequel l'intention de nuire est attachée de plein droit aux imputations diffamatoires n'est pas incompatible avec les dispositions des art. 6 et 10 Conv. EDH, lesquelles ne mettent pas obstacle aux présomptions de droit ou de fait en matière pénale, dès lors qu'il est possible d'apporter la preuve contraire et que les droits de la défense sont assurés. • Crim. 16 mars 1993, n° 91-81.819 P : *D. 1994. Somm. 156, obs. Roujou de Boubée* • Crim. 25 nov. 2003 : *Dr. pénal 2004. 62.*

70. QPC. Il est soutenu que la présomption de mauvaise foi en matière de diffamation qui résulte de l'art. 35 de la L. du 29 juill. 1881 est contraire à l'art. 11 de la DDH qui garantit la liberté d'expression et à l'art. 9 de la DDH suivant lequel tout homme est présumé innocent ; mais la question, ne portant pas sur l'interprétation d'une disposition dont le Conseil constitutionnel n'aurait pas encore eu l'occasion de faire application, n'est pas nouvelle ; et la question posée ne présente pas un caractère sérieux en ce qu'elle tend, en réalité, non à contester la constitutionnalité des dispositions qu'elle vise, mais l'interprétation qu'en a donnée la Cour de cassation au regard du caractère spécifique de la diffamation ; d'où il suit qu'il n'y a pas lieu de la renvoyer au Conseil constitutionnel. • Crim. 31 mai 2010, n° 09-87.578 : *JCP 2010, art. 1258, p. 2357, obs. de Lamy ; RSC 2010. 640, obs. Francillon.*

71. La question prioritaire de constitutionnalité est ainsi rédigée : « La Constitution impose-t-elle les principes de la présomption d'innocence et du procès équitable à toute procédure pénale, ce qui implique que les art. 23, 29, 35 et 53 de la L. du 29 juill. 1881 et la jurisprudence constante de la Cour de cassation ne lui sont pas conformes ? » ; cette question ne présente pas, à l'évidence, un caractère sérieux, dès lors que la présomption d'imputabilité de l'élément moral de l'infraction à l'auteur des propos incriminés, qui est inhérente aux dispositions en cause, est dépourvue de tout caractère irréfragable, qu'elle ne fait pas obstacle à l'exercice des droits de la défense et ne contrevient pas au principe du procès équitable ; d'où il suit qu'il n'y a pas lieu de renvoyer la question au Conseil constitutionnel. • Crim. 21 juin 2011, n° 11-90.046 QPC : *Gaz. Pal. 2011. 2. 3026, note Fourment.*

72. Preuve contraire. Cette présomption ne peut disparaître qu'en présence de faits justificatifs de nature à faire admettre la bonne foi. ♦ Jurisprudence constante : • Req. 8 févr. 1909 : *DP 1909. 1. 535* • Crim. 28 janv. 1916 : *ibid. 1920. 1. 95* • 31 janv. 1930 : *Bull. crim. n° 43* • 27 oct. 1938 : *DP 1939. 1. 77, note Mimin* • 7 févr. 1945 :

Bull. crim. n° 11 ; D. 1945. 254 • 23 janv. 1947 : *Bull. crim. n° 36* • 1er févr. 1950 : *D. 1950. 230* • 3 mai 1972 : *Bull. crim. n° 151* • 24 oct. 1972 : *ibid. n° 303* • 16 mai 1973 : *ibid. 225* • 19 nov. 1985 : *ibid. n° 363 ; RSC 1986. 612, obs. Levasseur* • 7 nov. 1989 : *Bull. crim. n° 403* • Civ. 2e, 14 janv. 1998, n° 94-19.867 P : *D. 1999. 134, note Tavieaux-Moro* • Civ. 24 févr. 2005, n° 02-19.136 P.

73. La preuve de la bonne foi incombe au prévenu qui l'invoque. • Crim. 2 mars 1978 : *Bull. crim. n° 82* • 2 déc. 1980 : *ibid. n° 328* • 15 mars 1983 : *ibid. n° 82* • 2 févr. 1993 : *Gaz. Pal. 1993. 1. Somm. 250* • 5 oct. 1993, n° 92-81.749 P • 29 nov. 1994, n° 92-85.281 P : *RSC 1995. 571, obs. Bouloc ; D. 1997. Somm. 74, obs. Bigot* • 4 janv. 1996, n° 94-83.585 : *D. 1998. Somm. 84, obs. Bigot* • 3 juill. 1996, n° 94-83.195 P : *RSC 1997. 372, obs. Bouloc*. ♦ ... Les juges n'ayant pas à se substituer à lui. • Crim. 8 juill. 1986 : *Bull. crim. n° 233* • 9 déc. 1997 : *Dr. pénal 1998. Comm. 48, note Véron.*

74. En matière de diffamation, si le prévenu peut démontrer sa bonne foi par l'existence de circonstances particulières, c'est à lui seul qu'incombe cette preuve, sans que les juges aient le pouvoir de provoquer, compléter ou parfaire l'établissement de celle-ci. • Crim. 28 févr. 2012, n° 08-83.926 P : *D. actu. 9 mars 2012, obs. Lavric ; D. 2012. Actu. 741 ; Gaz. Pal. 2012. 1. 1625, note Fourment.* ♦ En matière de diffamation, si le prévenu peut démontrer sa bonne foi par l'existence de circonstances particulières, c'est à lui seul qu'incombe cette preuve, sans que les juges aient le pouvoir de se substituer à lui dans la recherche des faits justificatifs. • Crim. 19 juin 2012, n° 11-86.611 : *Gaz. Pal. 2012. 2. 2927, note Fourment.*

75. Si la présomption d'intention de nuire, qui résulte des imputations diffamatoires elles-mêmes, peut être combattue et éventuellement détruite par la preuve de l'existence de faits justificatifs suffisants de nature à faire admettre la bonne foi, c'est à la personne poursuivie et à elle seule qu'incombe cette preuve devant la juridiction de jugement ; dès lors, encourt la cassation l'arrêt par lequel une chambre de l'instruction, pour dire n'y avoir lieu à suivre sur une plainte de chef de diffamation publique, prononce d'office sur la bonne foi du mis en examen. • Crim. 11 avr. 2012, n° 11-86.331 P : *D. actu. 1er juin 2012, obs. Lavric.*

76. Il appartient à l'auteur d'une diffamation d'apporter la preuve de la vérité des faits qu'il a allégués et sa bonne foi ne peut être déduite de faits postérieurs à la publication. • Civ. 2e, 15 janv. 1997, n° 95-14.227 P. ♦ La bonne foi du prévenu ne peut être déduite de faits postérieurs à la diffusion des propos litigieux. • Crim. 6 mai 2008, n° 07-82.251 P : *D. 2009. Pan. 1782, obs. Dupeux ; AJ pénal 2008. 325 ; Dr. pénal 2008, n° 108, obs. Véron* • 8 sept. 2015, n° 14-81.681 P : *D. actu. 24 sept. 2015, obs. Lavric ; D. 2015. 1842 ; CCE 2015, comm. n° 81, note Lepage ; Legipresse 2015. 331 ; RSC 2015. 884, obs. Francillon* • 3 nov. 2020, n° 19-84.700 P : *D. actu. 2 déc. 2020, obs. Lavric.* ♦ ... Dès lors, encourt la cassation l'arrêt de la cour d'appel qui admet le prévenu au bénéfice de la bonne foi en considération d'éléments d'information recueillis postérieurement à la distribution du tract contenant les imputations diffamatoires. • Crim. 6 mai 2008 : *préc.* ♦ ... Dès lors, encourt la cassation l'arrêt de la cour d'appel qui admet le prévenu au bénéfice de la bonne foi en considération du fait que la mise en examen et le renvoi devant le tribunal correctionnel de la personne visée par les propos incriminés, survenus postérieurement à la publication de ces derniers, corroborent des témoignages recueillis par ailleurs et démontrent que le journaliste disposait, lors de la publication, d'une base factuelle suffisante des éléments rapportés. • Crim. 8 sept. 2015 : *préc.*

77. Le droit à un procès équitable et la liberté d'expression justifient que la personne poursuivie du chef de diffamation soit admise à produire, pour les nécessités de sa défense, les pièces de nature à établir la vérité des faits ou sa bonne foi, sans qu'elles puissent être écartées des débats au motif qu'elles auraient été obtenues par des moyens illicites ou déloyaux. • Crim. 19 janv. 2010, n° 09-84.408 P : *AJ pénal 2010. 240, obs. Royer ; D. 2011. 555, obs. Blanchard ; ibid. Pan. 787, obs. Dreyer ; JCP 2010, n° 7, p. 340 ; Gaz. Pal. 2010. 1. Jur. 983, note Dreyer, et Jur. 1743, note Fourment.*

78. La bonne foi s'apprécie en la personne de l'auteur de l'article incriminé et seul le prévenu peut l'invoquer. • Crim. 20 mai 2003, n° 01-87.219 : *Gaz. Pal. 2003. 2. Somm. 3974, obs. Guerder.*

79. En raison de leur absence lors des débats, des prévenus se privent eux-mêmes de la possibilité de rapporter la preuve de leur bonne foi. • TGI Paris, 9 mars 1998 : *Gaz. Pal. 1998. 1. 228.*

c. Exception de bonne foi

80. Domaine. Le fait que les appelants aient échoué dans leur offre de preuve de la vérité des faits n'est pas un obstacle à la preuve de leur bonne foi. • Versailles, 9 sept. 2004 : *D. 2005. 2849, note Beignier et de Lamy*.

81. Office du juge. Dès lors que les prévenus n'ont pas invoqué l'exception de bonne foi, subsidiairement à l'exception de vérité des faits diffamatoires, les juges n'ont pas à se prononcer d'office sur la bonne foi. • Crim. 26 mars 1996, n° 93-84.306 P : *RSC 1997. 99, obs. Bouloc* • 9 déc. 1997, n° 97-80.884 : *Dr. pénal 1998, n° 48, obs. Véron.*

82. L'exception de bonne foi ne saurait être légalement accueillie par les juges qu'autant qu'ils énoncent les faits sur lesquels ils se fondent et que ces faits justifient cette exception. • Crim. 10 oct. 1973 : *Bull. crim. n° 352 ; RSC 1974. 599, obs. Levasseur* • 12 juin 1978 : *Bull. crim. n° 191 ; RSC 1979. 564, obs. Levasseur* • 2 juin 1980 : *Bull. crim. n° 168* • 29 nov. 1994, n° 92-85.281 P : *RSC 1995. 571, obs. Bouloc ; D. 1997. Somm. 74, obs. Chr. Bigot* • 24 oct. 1995 : *Dr. pénal 1996. 60, obs. Véron ; Gaz. Pal. 27-28 mars 1996* • 4 janv. 1996 : *D. 1998. Somm. 84, obs. Bigot* • 3 juill. 1996, n° 94-83.195 P • 17 nov. 2015, n° 14-81.410 P : *D. actu. 2 déc. 2015, obs. Lavric.* ♦ L'arrêt qui constate seulement qu'il existe un doute sur l'intention de diffamer ne relève pas l'existence d'un fait justificatif établissant la bonne foi du prévenu, et ce motif ne justifie pas une décision de relaxe. • Crim. 16 mai 1973 : *Bull. crim. n° 225.*

83. Par ailleurs, si c'est au seul auteur d'imputations diffamatoires qui entend se prévaloir de sa bonne foi d'établir les circonstances particulières qui démontrent cette exception, celle-ci ne saurait être légalement admise ou rejetée par les juges qu'autant qu'ils analysent les pièces produites par le prévenu et énoncent précisément les faits sur lesquels ils fondent leur décision. Encourt en conséquence la censure un arrêt qui refuse le bénéfice de la bonne foi au prévenu sans analyser précisément les pièces produites par celui-ci au soutien de cette exception. • Crim. 15 oct. 2019, n° 18-83.255 P : *D. actu. 13 nov. 2019, obs. Lavric.*

84. Il n'importe, en matière de diffamation, que le juge se réfère à des propos ou écrits non visés dans la citation, s'il ne retient ces propos ou écrits que pour faire ressortir l'intention de nuire. • Crim. 14 juin 1951 : *Bull. crim. n° 172.*

85. Les juges, saisis d'une poursuite exercée pour une diffamation publique et une diffamation non publique envers la même personne, retiennent à bon droit, pour caractériser l'intention coupable en ce qui concerne la diffamation publique, un élément emprunté à la diffamation non publique et relatif au même fait diffamatoire. • Crim. 12 févr. 1969 : *Bull. crim. n° 74.*

86. Encourt la cassation l'arrêt qui énonce qu'en matière de diffamation, la bonne foi, à la supposer démontrée, ne constitue qu'une circonstance atténuante. • Crim. 24 oct. 1972 : *Bull. crim. n° 303.*

87. Critères. Un arrêt retient à juste titre que la bonne foi se caractérise par la prudence dans l'expression de la pensée, le respect du devoir d'enquête préalable, l'absence d'animosité personnelle envers le diffamé et l'intention de poursuivre un but légitime. • Civ. 2e, 14 mars 2002, n° 99-19.239 P. ♦ La bonne foi de la personne recherchée pour diffamation suppose la légitimité du but poursuivi, l'absence d'animosité personnelle, la prudence et la mesure dans l'expression ainsi que la fiabilité de l'enquête. • Civ. 2e, 27 mars 2003, n° 00-20.461 P : *Gaz. Pal. 2003. 2. Somm. 3969, obs. Guerder.*

88. Quatre éléments doivent être réunis pour accorder le bénéfice de la bonne foi au prévenu : la légitimité du but poursuivi, l'absence d'animosité personnelle, la prudence et la mesure dans l'expression, ainsi que la qualité de l'enquête ; ces critères, qui concernent principalement le journaliste, l'historien et ceux qui font profession d'informer ou prétendent à la confiance de ceux qui les écoutent, ne sont pas immuables et la bonne foi doit raisonnablement s'apprécier en fonction du genre d'expression utilisé. • T. corr. Paris, 9 janv. 1992 : *D. 1994. Somm. 195, obs. Bigot* • 16 févr. 1993 : *ibid.* ♦ Rappr. : • TGI Paris, 10 déc. 1993 : *Dr. pénal 1994. 132* • 3 mars 1994 : *D. 1995. Somm. 272, obs. Bigot* • 2 juin 1995 : *Gaz. Pal. 1995. 2. Somm. 567.* ♦ Si la mauvaise foi est présumée, il est loisible aux prévenus de faire la preuve de leur bonne foi en démontrant qu'ils ont poursuivi un but légitime, ont procédé à une enquête sérieuse, ont agi avec mesure et sans animosité personnelle. • Paris, 30 sept. 1998 : *Dr. pénal 1999. 23, obs. Véron.* ♦ La mauvaise foi est attachée à l'expression même d'imputations diffamatoires ; les personnes poursuivies peuvent toutefois bénéficier d'une excuse de bonne foi si elles établissent que leur démarche répond à un intérêt légitime, qu'elle n'est pas accompagnée d'une animosité personnelle, qu'une enquête sérieuse a été effectuée et que le propos est exprimé de façon mesurée, autant de critères qui peuvent être partagés par des personnes qui fondent la légitimité de leurs propos sur une démarche scientifique, celle de l'histoire. • Paris, 3 févr. 1999 : *D. 1999. IR 83.*

89. L'animosité personnelle envers la personne visée par une imputation diffamatoire, dont l'absence est un des critères de la bonne foi de l'auteur des propos poursuivis, ne peut se déduire seulement de la gravité des accusations et du ton selon lequel elles sont formulées, mais n'est susceptible d'être caractérisée que si elle est préexistante auxdits propos et qu'elle résulte de circonstances qui ne sont pas connues des lecteurs. • Crim. 7 janv. 2020, n° 18-85.620 P : *D. actu. 28 janv. 2020, obs. Lavric ; AJ pénal 2020. 134, obs. Thierry .*

90. La bonne foi doit être appréciée en tenant compte du caractère d'intérêt général du sujet sur lequel portent les propos litigieux et du contexte politique dans lequel ils s'inscrivent. • Crim. 19 janv. 2010, n° 09-84.408 P : *AJ pénal 2010. 240, obs. Royer ; D. 2011. 555, obs. Blanchard ; ibid. Pan. 787, obs. Dreyer ; Gaz. Pal. 2010. 1. Jur. 983, note Dreyer ; ibid. Jur. 1744, note Fourment.*

91. Encourt la cassation l'arrêt d'une cour d'appel qui reconnaît le bénéfice de la bonne foi à un ancien juge d'instruction, auteur d'un livre de souvenirs, au journaliste qui l'interrogeait et à son éditeur, poursuivis du chef de diffamation publique, sans constater l'existence d'éléments suffisants pour le justifier : s'il était admissible, pour ce magistrat, d'évoquer le déroulement d'une importante affaire dont il avait eu à connaître, à titre de contribution au sujet d'intérêt général que constitue l'histoire d'un groupe terroriste, les prévenus ne pouvaient, sans manquer à leur devoir de prudence et de mesure dans l'expression, passer sous silence la décision d'acquittement, définitive, dont avait bénéficié la partie civile, nommément désignée dans l'ouvrage, et mise en cause directement dans la perpétration des crimes évoqués, décision d'acquittement qui constituait un élément essentiel pour l'information des lecteurs, et présenter finalement comme avérée une relation des faits strictement personnelle au juge, qui était contraire à la décision de la cour d'assises. • Crim. 17 nov. 2015, n° 14-81.410 : *D. actu. 2 déc. 2015, obs. Lavric.*

92. Justifie sa décision la cour d'appel qui déclare coupable de diffamation publique envers un fonctionnaire public la directrice d'une publication imputant à une fonctionnaire d'une mairie d'avoir bénéficié d'une promotion en raison de son lien de parenté avec le maire, dès lors que les propos incriminés, s'ils concernaient un sujet d'intérêt général relatif à la gestion des emplois municipaux et aux conditions de la promotion accordée par un maire à l'un de ses proches parents au sein du personnel municipal, étaient dépourvus de base factuelle suffisante, en l'absence d'élément accréditant le fait que la fonctionnaire en cause aurait été privilégiée par rapport à d'autres candidats à ces fonctions répondant à des critères de compétence, de diplôme et d'ancienneté équivalents. • Crim. 20 oct. 2015, n° 14-82.587 P.

93. Il appartient aux juges d'apprécier le sens et la portée des passages présentés comme diffamatoires au regard du contexte dans lequel ceux-ci ont été portés à la connaissance du public ; est justifié, pour apprécier la bonne foi du prévenu, le recours à une phrase non poursuivie extraite du texte contenant les propos incriminés. • Crim. 13 déc. 2016, n° 16-80.812 P : *D. actu. 12 janv. 2017, obs. Lavric.*

d. Circonstances exclusives de la bonne foi

94. ... Simple constatation que l'article incriminé ne pouvait être compris que par certaines personnes initiées. • Crim. 24 juill. 1937 : *Bull. crim. n° 163.* ♦ ... Malveillance des expressions proférées pour caractériser les imputations diffamatoires. • Crim. 14 avr. 1992, n° 87-80.411 P.

95. ... Vérité du fait imputé, lorsque la preuve n'en est pas autorisée conformément aux dispositions des art. 35, 55 et 56 de la L. du 29 juill. 1881. • Crim. 28 oct. 1953 : *D. 1954. 243* • 29 oct. 1953 : *ibid. 381, rapp. Patin* • 17 nov. 1953 : *ibid. 1954. Somm. 29.* ♦ ... Croyance en l'exactitude des faits imputés. • Crim. 20 juin 1952 : *Bull. crim. n° 159 ; D. 1953. Somm. 30* • 17 nov. 1953 : *préc.* • 3 juin 1975 : *Bull. crim. n° 142.* ♦ ... Croyance dans l'irrégularité des procédés dénoncés. • Crim. 14 avr. 1992 : *préc. note 94.* ♦ ... Absence d'animosité personnelle. • Crim. 20 juin 1952 : *préc.* • 3 nov. 1955 : *Bull. crim. n° 451* • 26 mai 1956 : *ibid. n° 398* • 19 oct. 1960 : *ibid. n° 460* • 3 juin 1975 : *préc.* ♦ ... Intention d'éclairer le public. • Crim. 14 avr. 1992 : *préc. note 94.* ♦ ... Sentiment d'amertume. • Paris, 30 mars 1992 : *Gaz. Pal. 1992. 2. 532.*

96. ... Rectification purement apparente publiée dans un numéro de journal ultérieur. • Crim. 3 mai 1955 : *Bull. crim. n° 222* • 2 mars 1978 : *ibid. n° 82.* ♦ Comp. : • Paris, 23 juin 1925 : *DH 1925. 634.* ♦ ... Circonstance que l'auteur de l'article diffamatoire demande l'ouverture d'une enquête. • Crim. 26 mai 1956 : *Bull. crim. n° 398.* ♦ ... Erreur sur la personne visée dans l'écrit. • Crim. 8 juill. 1986 : *Bull. crim. n° 233.*

97. ... Passivité antérieure du diffamé, qui ne saurait valoir reconnaissance du bien-fondé des allégations ni manifester une sorte de tolérance à leur égard. • Paris, 9 mars 1988 : *D. 1988. IR 99.* ♦ ... Obscénité, trivialité des plaisanteries et vulgarité du style. • Paris, 11 juill. 1988 : *D. 1988. IR 234.*

98. Les observations faites par un chef hiérarchique doivent, pour ne pas constituer une diffamation, être restreintes au minimum indispensable à l'exécution du service, avec un juste sens de la mesure, l'intention de nuire, lorsque les faits rapportés sont exacts, étant caractérisée par l'outrance inutilement blessante des termes employés. • Crim. 11 févr. 1959 : *Bull. crim. n° 98.*

99. L'amplification et la généralisation systématiques de certains faits révèlent, non seulement l'insuffisance des vérifications préalables, mais aussi le manque d'objectivité et de sincérité de son auteur. • Crim. 12 juin 1978 : *Bull. crim. n° 191 ; RSC 1979. 564, obs. Levasseur* • 9 juill. 1980 : *Bull. crim. n° 219.* ♦ Encourt la cassation l'arrêt qui admet la bonne foi de l'auteur d'un article, alors que la mise en cause des plaignants (établissements hospitaliers) procédait d'une généralisation hâtive et d'une amplification systématique d'informations qui n'avaient pas été vérifiées au plan local, et alors que la légitimité du but d'information poursuivi ne dispensait pas le journaliste de ses devoirs de prudence et d'objectivité dans l'expression de la pensée. • Crim. 3 juill. 1996, n° 94-83.195 P : *RSC 1997. 372, obs. Bouloc.* ♦ La prise à partie personnelle du plaignant, qui fait de lui un bouc émissaire, et l'utilisation d'un raccourci hâtif, « le nuage n'avait pas atteint nos frontières » (nuage radioactif de Tchernobyl), alors que celui-ci n'a jamais prononcé cette phrase, attestent que le prévenu, non sans une certaine animosité à l'égard de la partie civile, a manqué de prudence dans son expression. • TGI Paris, 11 oct. 2000 : *Gaz. Pal. 2001. 1. 119, note D. Amson.*

100. La production de décisions de justice intervenues postérieurement aux imputations ne suffit pas à établir qu'au moment où celles-ci ont été proférées, leur auteur a agi avec prudence, dans un but légitime et sans animosité personnelle. • Crim. 13 janv. 1987 : *Bull. crim. n° 16.* ♦ Si la publication du dispositif d'un jugement portant condamnation n'est pas en soi illicite, il en va différemment lorsque cette publication a été faite avec malveillance pour donner à la condamnation une publicité particulière et supplémentaire. • Crim. 28 févr. 1989 : *Bull. crim. n° 98.*

101. Constituent une diffamation publique les propos tenus, lors d'une réunion entre enseignants et parents d'élèves dans l'enceinte d'une école, par un parent d'élève, imputant des attouchements sur un élève à une personne extérieure animant une activité de théâtre ; si ni la sincérité ni la légitimité du but poursuivi ne peuvent être mises en doute, s'agissant pour le parent d'élève d'expliquer les raisons pour lesquelles il ne souhaitait pas que son enfant, bien qu'il n'ait pas été victime, participe à nouveau à l'activité de théâtre, et si le souci de protéger les enfants de comportements correspond à un but légitime, l'absence de précaution dans les termes employés et de prudence dans la présentation des faits ne permet pas de retenir la bonne foi. • Civ. 2e, 3 juill. 2003, n° 00-15.468 P : *Dr. pénal 2003. 118, obs. Véron ; Gaz. Pal. 2003. 2. Somm. 3978, obs. Guerder.*

102. Les prévenus ont diffusé sur le réseau internet un texte imputant à une personne d'avoir commis des agressions sexuelles sur des mineurs, notamment sur un enfant dénommé, et invitant d'autres victimes à se faire connaître ; à la suite de cette publication, l'intéressé les a fait citer devant la juridiction correctionnelle du chef de diffamation publique envers un particulier ; pour refuser aux prévenus le bénéfice de la bonne foi, l'arrêt retient, par motifs propres et adoptés, que les auteurs du communiqué sur lequel se fonde la poursuite, alors qu'ils n'avaient réellement connaissance que des seules déclarations de l'enfant révélées par son père, ont présenté la victime sans la moindre justification, comme l'auteur d'abus sexuels ; les juges ajoutent que les prévenus ont agi en violation de la présomption d'innocence alors qu'une information judiciaire était en cours ; ils en déduisent exactement que les prévenus ont manqué de prudence dans l'expression en lançant un tel avis de recherche ; en l'état de ces énonciations qui établissent que la restriction apportée à la liberté d'expression des prévenus est proportionnée à la nécessité de faire respecter le principe de la présomption d'innocence affirmé tant par l'art. 9 de la DDH que par l'art. 6 Conv. EDH, la cour d'appel a justifié sa décision. • Crim. 20 févr. 2007, n° 06-84.310 P : *Dr. pénal 2007. 97, obs. Véron.*

103. N'a pas caractérisé la prudence et la mesure dans l'expression, ni la fiabilité de l'enquête nécessaire à l'admission du fait justificatif de la bonne foi, et a ainsi violé les art. 29 et 32 de la L. du 29 juill. 1881, ensemble l'art. 10 Conv. EDH, la cour d'appel qui, pour retenir que la présomption de mauvaise foi qui s'attache à la diffamation était renversée, a énoncé que les propos s'appuyaient sur des parutions, un rapport et une importante documentation que les auteurs se disant spécialistes du problème traité (chargé de mission à la Mission interministérielle de lutte contre les sectes et député) reprenaient à leur compte, révélant un fonctionnement opaque de l'association demanderesse et le caractère élitiste de ses thèses, l'existence pendant un moment de liens entre un dirigeant de l'association et l'Ordre du temple solaire, ainsi que sur des ouvrages et recherches faisant état de son influence en Afrique. • Civ. 1re, 3 avr. 2007, n° 06-15.226 P : *D. 2007. AJ 1277 ; AJ pénal 2007. 283*

104. Si la pratique dite des blogs autorise un salarié à rapporter à un large public un conflit de nature personnelle qui l'oppose à son employeur et actuellement pendant devant la juridiction du travail, pour autant, l'auteur d'un blog, donc d'un site personnel diffusé sur internet où il relate de façon subjective ses expériences et ses opinions, dès lors qu'il y profère des imputations diffamatoires à l'égard de tiers, s'il n'est pas tenu d'avoir procédé préalablement à une enquête sérieuse empreinte d'un effort d'objectivité, telle qu'elle est attendue d'un journaliste professionnel participant à l'information du public, ne saurait se dispenser pour autant de justifier qu'il détient des éléments sérieux donnant quelque crédit à ses affirmations. • TGI Paris, 16 oct. 2006 : *Gaz. Pal. 2007. 1. Somm. 582, note Barbry.*

105. L'huissier de justice qui impute à une société de crédit des pratiques irrégulières en fraude des droits des débiteurs commet une diffamation dès lors que cette allégation a été faite sans prudence, par animosité personnelle, au mépris d'une obligation de réserve, et qu'elle est dépourvue d'une base factuelle suffisante. • Crim 11 avr. 2012, n° 11-83.007 P : *D. actu. 20 avr. 2012, obs. Lavric.*

106. Justifie sa décision la cour d'appel qui, après avoir reconnu le caractère diffamatoire de propos tenus par un préfet de région à l'égard d'un président de conseil régional, écarte le fait justificatif de la bonne foi dès lors que les propos en cause, même s'ils faisaient suite à un débat public, constituaient, par leur caractère outrancier, une attaque personnelle excédant les limites de la liberté d'expression accordée à un membre du corps préfectoral tenu à une obligation de réserve. • Crim. 19 juin 2012, n° 11-84.235 P.

107. Même s'ils concernent un sujet d'intérêt

général relatif à la gestion des emplois municipaux et aux conditions de la promotion accordée par un maire à l'un de ses proches parents au sein du personnel municipal, sont exclusifs de bonne foi les propos dépourvus de base factuelle suffisante, en l'absence d'élément accréditant le fait que la personne visée aurait été privilégiée par rapport à d'autres candidats à ces fonctions répondant à des critères de compétence, de diplôme et d'ancienneté équivalents. • Crim. 20 oct. 2015, n° 14-82.587 P : *D. actu. 13 nov. 2015, obs. Lavric.*

e. Circonstances constitutives de la bonne foi

108. ... Lettre adressée par un policier au président d'un tribunal, dans l'exercice de ses fonctions, afin de renseigner la juridiction sur la moralité d'une prévenue. • Crim. 28 oct. 1948 : *Bull. crim. n° 248.* ♦ ... Propos tenus ou répétés à la demande ou sur l'ordre du plaignant. • Crim. 16 mars 1948 : *Bull. crim. n° 96.* ♦ *Contra* : • Crim. 8 août 1949 : *Bull. crim. n° 283.* ♦ ... Lettre adressée au président d'un jury dans le but légitime de former une réclamation. • Civ. 2e, 21 juill. 1992, n° 91-11.786 P. ♦ ... Intention évidente et sincère du défendeur, député et vice-président de la commission des finances, interrogé ès *qualités* par les journalistes sur un sujet dont il avait maintes fois débattu à l'Assemblée, de mettre fin à ce qu'il considérait comme des pratiques financières dangereuses et répréhensibles. • Civ. 2e, 16 févr. 1994, n° 92-14.593 P : *D. 1995. Somm. 272, obs. Bigot*.

109. Lors d'une émission radiophonique en direct consacrée aux sectes, une mère a soutenu qu'il y avait un rapport entre le suicide de son fils et l'appartenance de celui-ci à l'association Les Témoins de Jéhovah ; si c'est à tort que la cour d'appel a estimé que les propos incriminés ne constituaient pas une diffamation envers l'association, alors que sous couvert d'un groupe de Témoins de Jéhovah, ils visaient nécessairement l'association, et qu'ils imputaient à celle-ci une provocation au suicide, la censure n'est pas encourue de ce chef ; l'arrêt attaqué, après avoir relevé que la mère excipait de sa bonne foi, retient qu'elle a fait preuve de prudence dans ses propos et s'est abstenue de toute critique contre des personnes déterminées, que son témoignage a été sollicité dans le cadre d'une émission sur les sectes, qu'elle a donné son opinion en termes mesurés dans l'intention évidente et sincère d'informer et de prévenir les auditeurs, qu'on ne saurait qualifier de militants ses propos qui sont ceux d'une mère douloureusement éprouvée par le décès de son fils, ni lui reprocher de vouloir exprimer son opinion sur un sujet qui l'a bouleversée, fût-ce plusieurs années après les faits ; de ces constatations et énonciations, qui caractérisent des faits justificatifs suffisants pour faire admettre la bonne foi, et qui rendent inopérants les autres griefs, la cour d'appel a pu déduire, sans inverser la charge de la preuve, que le défendeur avait établi sa bonne foi. • Civ. 2e, 15 mars 2001, n° 99-15.165 P : *Gaz. Pal. 2002. 1. 642, note P.-L. G.* ♦ *Adde* : Gontier, Icard et Pansier, *Gaz. Pal. 2002. 2. Doctr. 1666* (le juge entre libéralisme et légalisme. Bilan d'un an d'actualité jurisprudentielle relative à l'Association des Témoins de Jéhovah).

110. Un journal a publié, sous le titre « Une multinationale dangereuse », les propos de la présidente d'une association de défense des familles et de l'individu accusant une association cultuelle d'être un mouvement totalitaire destructeur possédant les mêmes pratiques que les sectes ; statuant sur l'action de l'association cultuelle en réparation du préjudice subi, l'arrêt attaqué, pour la débouter de sa demande, retient que la bonne foi se caractérise par la prudence dans l'expression de la pensée, le respect du devoir d'enquête préalable, l'absence d'animosité personnelle envers le diffamé et l'intention de poursuivre un but légitime ; que la présidente de l'association fait valoir que les dangers s'attachant au mouvement cultuel en cause ont été détaillés par le rapport de la Commission parlementaire d'enquête sur les sectes ; que le rapport classe ce mouvement parmi les sectes les plus importantes en précisant que le nombre de ses adeptes peut être estimé à 130 000 ; qu'il précise qu'il fait partie des mouvements spirituels faisant courir à ses adeptes un risque de rupture avec leur environnement d'origine ; qu'il pratiquerait l'embrigadement des enfants, et qu'il provoque des troubles à l'ordre public ; que de telles pratiques, peuvent, sans abus de langage, être qualifiées de totalitaires et de destructrices ; que la Commission parlementaire qui a établi ce rapport a entendu un grand nombre de personnalités de tous bords, issues de tous les points de l'horizon religieux, représentants de familles particulièrement concernées, des membres des administrations impliquées ainsi que des diverses personnalités appelées en raison de leur connaissance des dossiers ; que l'on doit, en conséquence, admettre que la présidente de l'association, dont les propos peuvent se réclamer de ce rapport parlementaire, a à la fois fait preuve de prudence dans l'expression de son opinion et respecté le devoir d'enquête préalable qui s'imposait à elle ; que ces propos ne traduisent aucune animosité particulière ; qu'il résulte enfin des attestations produites qu'elle mène, avec l'association qu'elle préside, avec dévouement, sérieux et intégrité, une action bénévole pour la défense des droits de l'homme et des libertés individuelles ; de ces constatations et énonciations, procédant d'une appréciation souveraine des éléments de preuve régulièrement produits en défense, parmi lesquels pouvait figurer un rapport d'enquête parlementaire, la cour d'appel a pu déduire que la présidente de l'association devait bénéficier du fait justificatif de bonne foi. • Civ. 2e, 14 mars 2002, n° 99-19.239 P.

111. La bonne foi de la personne recherchée pour diffamation suppose la légitimité du but poursuivi, l'absence d'animosité personnelle, la prudence et la mesure dans l'expression ainsi que la fiabilité de l'enquête ; un journal a publié, dans son édition locale, un article consacré aux Témoins de Jéhovah, comportant la relation du témoignage d'un mari en cours de divorce dont l'épouse est témoin de Jéhovah et l'interview d'un prêtre spécialiste des sectes ; estimant que cet article portait atteinte à son honneur et à sa réputation, l'association cultuelle Les Témoins de Jéhovah de France a assigné en dommages-intérêts le directeur de la publication, le journaliste et le prêtre, sur le fondement des art. 29 et 32, al. 1er, de la L. du 29 juill. 1881 ; l'arrêt attaqué relève, en premier lieu, que l'article s'inscrit dans le cadre d'un débat auquel la presse nationale et régionale a participé sur le phénomène sectaire ayant donné lieu par la suite à un rapport d'enquête parlementaire ; en deuxième lieu, il retient que les faits allégués par le témoin ont été contrôlés et matérialisés par la production de cartes de refus de transfusion sanguine de ses filles mineures et par les correspondances adressées aux magistrats chargés de la protection des mineurs, et que le directeur de la publication et le journaliste ont également produit une documentation constituée par des articles de presse français et étrangers, sur laquelle ils se sont appuyés pour faire état des dangers physiques et moraux encourus par les enfants des Témoins de Jéhovah, qu'ils ont encore procédé à une enquête particulièrement documentée sur l'implantation de l'association dans la région ; en troisième lieu, il retient qu'ils ont fait preuve de précautions et de circonspection en reproduisant les propos du témoin et du prêtre en utilisant des guillemets ou diverses formules montrant qu'ils ne reprenaient pas à leur compte les déclarations rapportées et en avertissant leurs lecteurs du ton polémique du prêtre ; en quatrième lieu, l'arrêt attaqué reprend des témoignages de personnalités diverses attestant de l'engagement du prêtre en faveur des libertés individuelles et contre les groupes bafouant les droits de l'homme ; en cinquième lieu, il souligne qu'il faut tenir compte de ce que le combat pacifique du prêtre se situe sur le terrain médiatique où la force des mots ne peut être inutilisée dans des affrontements qui tiennent aux libertés de conscience et d'opinion et à la liberté individuelle ; en sixième lieu, il relève que les indices retenus par le prêtre sont ceux communément admis comme critères en la matière, visant un endoctrinement de l'adepte et une destruction psychologique se traduisant par un changement de comportement familial et social, une escroquerie intellectuelle relative à l'exégèse de textes bibliques et une escroquerie financière constituée par une tromperie des adeptes ; en septième lieu, l'arrêt attaqué note que les propos du prêtre reposent sur des témoignages résultant d'attestations rédigées relatives à des faits antérieurs à l'article, et qu'était ainsi dénoncé ce que le rapport d'enquête parlementaire du 22 déc. 1995 a qualifié de « dangers pour l'individu » ; enfin, l'arrêt retient que le prêtre s'est exprimé sans faire montre d'animosité personnelle à l'encontre des Témoins de Jéhovah et que les attestations produites par l'association ne sont pas de nature à faire obstacle à la reconnaissance de la bonne foi de l'intéressé ; de ces constatations et énonciations, la cour d'appel a exactement déduit l'existence de la bonne foi. • Civ. 2e, 27 mars 2003, n° 00-20.461 P : *Gaz. Pal. 2003. 2. Somm. 3969, obs. Guerder.*

f. Droits de la défense

112. Avocat. Lorsqu'il ne bénéficie pas de l'immunité prévue par l'art. 41 de la L. du 29 juill. 1881, l'avocat qui s'exprime au nom de son client n'est pas dispensé de la prudence et de la circonspection nécessaires à l'admission de la bonne foi. • Crim. 3 déc. 2002, n° 01-85.466 P : *Dr. pénal 2003. Comm. 33 (2e arrêt), obs. Véron.* ♦ ... Si l'exercice de la liberté d'expression est garanti par l'art. 10, § 1er, Conv. EDH, il peut, en vertu du second paragraphe de ce texte, être soumis à des restrictions et des sanctions dans des cas déterminés par la L. du 29 juill. 1881 ; tel est l'objet de l'art. 30 de ladite loi, qui édicte une sanction nécessaire dans une société démocratique à la défense de l'ordre et à la protection de la réputation des administrations publiques, en l'espèce la police nationale. • Même arrêt.

g. Critique

113. Principe de liberté. Le droit de libre critique cesse devant les attaques personnelles. • Crim. 13 févr. 1990, n° 87-90.446 P • 6 juill. 1993, n° 91-83.246 P : *RSC 1994. 323, obs. Bouloc , et 579, obs. Francillon* . ♦ ... Et le dénigrement purement gratuit. • TGI Paris, 25 oct. 1978 : *D. 1980. 33, note Mayer.* ♦ Ne caractérisent pas la diffamation les propos exprimés sous forme ironique, dès lors qu'ils n'excèdent pas la limite du libre droit de critique. • Civ. 2e, 9 déc. 1992 : *Gaz. Pal. 1993. 1. Pan. 91.* ♦ Le droit de critique implique une liberté d'expression qui ne dégénère en abus que lorsque la critique prend la forme d'un dénigrement, traduit une animosité manifeste, ou encore, est inspirée par une volonté de nuire (à propos d'un guide comparatif consacré à la voyance). • Paris, 19 janv. 1996 : *Gaz. Pal. 1996. 2. Somm. 356.*

114. L'imputation de laxisme ou d'incompétence faite par un journaliste à un ministre, dans le cadre d'une politique d'ensemble, constitue l'expression d'une appréciation qui relève de la libre critique et ne dépasse pas le cadre de la polémique admissible en ce domaine ; elle ne porte donc pas atteinte à l'honneur et à la considération. • Paris, 16 sept. 1993 : *D. 1993. IR 233.*

115. Dépassent les limites de la défense des consommateurs, et le libre droit de critique concernant les produits, les attaques personnelles portant atteinte à la considération professionnelle du fabricant. • Crim. 13 févr. 1990 : *préc. note 113.* ♦ ... Et la bonne foi est exclue par l'insuffisance des vérifications personnelles comme par le manque de prudence et de circonspection dans l'expression de la pensée. • Paris, 12 oct. 1989 : *Gaz. Pal. 1992. 1. Somm. 222.*

116. Le principe de la liberté de la presse commande que puissent être divulguées des informations sur tous les sujets dans la mesure où le traitement de ceux-ci est opéré sans intention malveillante et avec la prudence nécessaire. • Paris, 24 nov. 2004 : *Gaz. Pal. 2005. 1. Somm. 2183, note Roiland.*

117. Critique historique. Le droit qui appartient à la critique historique à l'égard des hommes illustres est un fait justificatif suffisant pour établir la bonne foi d'un historien. • Crim. 28 déc. 1933 : *Bull. crim. n° 251.* ♦ Si le prévenu peut démontrer sa bonne foi par l'existence de circonstances particulières, c'est à lui seul qu'incombe cette preuve, la critique qui se prétend historique n'échappant pas à cette exigence. • Crim. 16 mai 1995, n° 93-83.690 P.

118. La bonne foi ne saurait être étendue à des articles comportant le rappel d'événements contemporains historiques, à moins qu'ils ne soient empreints d'objectivité et de sincérité, et dénués de tout caractère purement polémique et malveillant. • Crim. 19 nov. 1985 : *Bull. crim. n° 363 ; RSC 1986. 612, obs. Levasseur* • T. corr. Paris, 24 nov. 1969 : *JCP 1970. II. 16217, note P.M.B. ; RSC 1970. 395, obs. Levasseur.* ♦ Il y a incontestablement un intérêt légitime à traiter d'événements importants concernant la Résistance et plus particulièrement le rôle joué par des personnalités de cette période. • Paris, 3 févr. 1999 : *D. 1999. IR 83.*

119. Il n'appartient pas aux tribunaux de juger de la véridicité des travaux historiques ou de trancher les controverses suscitées par ceux-ci, et qui relèvent de la seule appréciation des historiens et du public. • TGI Paris, 14 févr. 1990 : *Gaz. Pal. 1991. 2. 452, note Domingo.* ♦ S'il n'appartient pas aux juges de trancher en matière d'histoire, il n'est pas pour autant loisible à ceux *qui écrivent dans ce domaine de s'abstraire* du cadre légal applicable à tous. • Paris, 3 févr. 1999 : *préc. note 118.*

120. Pour l'absence de bonne foi en raison de la négligence par les prévenus de sources historiques importantes, ceux-ci s'étant surtout inspirés des déclarations d'un témoin resté anonyme, qui n'avait pas eu connaissance des faits eux-mêmes. • Crim. 16 mai 1995, n° 93-83.690 P.

121. Toute allégation de fait précis requiert une démarche préalable de vérification ; si cette exigence est générale, elle n'est que plus justifiée lorsqu'il s'agit, d'une part, d'une imputation particulièrement grave telle que celle de trahison ayant conduit à la mort le principal chef de la Résistance et, d'autre part, quand son auteur, pratiquant l'histoire, doit être rompu à l'interrogation des sources. • Paris, 3 févr. 1999 : *préc. note 118.* ♦ Manque également de prudence dans son propos l'auteur qui publie dans son livre un mémoire attribué à un officier de la Gestapo sans l'entourer d'un réel appareil critique. • Même arrêt.

122. La mauvaise foi est attachée à l'expression même d'imputations diffamatoires ; les personnes poursuivies peuvent toutefois bénéficier d'une excuse de bonne foi si elles établissent que leur démarche répond à un intérêt légitime, qu'elle n'est pas accompagnée d'une animosité personnelle, qu'une enquête sérieuse a été effectuée et que le propos est exprimé de façon mesurée ; il s'est instauré dans les débats en première instance et en appel une discussion sur les relations de la justice et de l'histoire ; le prévenu fait notamment grief aux premiers juges de s'être arrogé le droit de contrôler le travail historique en général et plus particulièrement son ouvrage qu'il situe dans ce registre, la cour rappelle que la L. du 29 juill. 1881 ne distingue pas quant à son champ d'application selon la nature des œuvres ; s'il n'appartient pas aux juges de trancher de l'histoire (*sic*), il n'est pas pour autant loisible à ceux qui écrivent dans ce domaine de s'abstraire du cadre légal applicable à tous ; il est d'ailleurs à penser que les critères retenus pour établir la bonne foi, rappelés ci-dessus, peuvent être partagés par des personnes qui fondent la légitimité de leurs propos sur une démarche scientifique, celle de l'histoire. • Paris, 10 févr. 1999 : *D. 2000. 226, note Mallet-Poujol.*

123. La prévenue a été renvoyée devant le tribunal correctionnel du chef de diffamation publique envers des particuliers, à l'issue de l'information ouverte sur les plaintes avec constitution de partie civile de trois personnes, respectivement cinéastes et professeur de sciences politiques et de philosophie, à raison de la diffusion sur le réseau Internet, à compter du 3 sept. 2007, d'un communiqué relatif au festival du cinéma de Douarnenez du 18 au 25 août 2007, auquel ils avaient participé, leur imputant à chacun de « falsifier notre histoire coloniale », aux deux premiers de réaliser des films de « Kollaboration anti-française », au premier de mentir de façon délibérée et de tromper les spectateurs sur les conditions dans lesquelles ses films sont réalisés, et au troisième de faire du négationnisme au sens primaire du terme, de propager des « thèses racistes anti-françaises », et d'être un « néo-colonialiste humanitaire » ; pour confirmer le jugement et retenir la culpabilité de la prévenue, l'arrêt énonce, après avoir retenu la réalité des allégations faites à l'égard des parties civiles, que ces allégations sont précises et déterminées, en ce qu'elles imputent aux plaignants une présentation falsifiée de l'histoire coloniale, la réalisation de films de collaboration et la réalisation mensongère de films présentés comme ayant une portée documentaire ; les juges ajoutent que, si la défense de l'histoire coloniale de la France est l'expression d'une conviction politique ayant à ce titre un caractère légitime, l'outrance des expressions visées par la poursuite caractérise l'animosité de la prévenue envers les parties civiles et que, dès lors, la bonne foi ne peut être retenue. • Crim. 9 nov. 2010 : *Dr. pénal 2011. 16, obs. Véron.*

124. La liberté d'expression ne peut être soumise à des ingérences que dans les cas où celles-ci constituent des mesures nécessaires au regard du § 2 de l'art. 10 Conv. EDH ; après avoir relevé, à juste titre, le caractère diffamatoire des propos dénoncés par la partie civile, l'arrêt a refusé le bénéfice de la bonne foi au prévenu ; en se déterminant ainsi, alors que le passage incriminé, portant sur un sujet d'intérêt général relatif à l'histoire récente du Cambodge, et au comportement d'un personnage important lors des événements tragiques qu'a connus ce pays de 1975 à 1979, ne dépassait pas les limites admissibles de la liberté d'expression dans la critique de l'action d'un homme politique, la cour d'appel a méconnu les texte et principe susvisés. • Crim. 27 avr. 2011, n° 10-83.771 P : *D. actu. 1er juin 2011, obs. Lavric ; D. 2012. Pan. 769, obs. Dreyer ; Gaz. Pal. 2011. 1. 1734, note Michalski ; RSC 2012. 175, obs. Francillon.*

125. Critique littéraire et artistique. S'il est vrai que les critiques doivent jouir d'une grande liberté pour exprimer leur avis sur la valeur des œuvres artistiques, littéraires ou cinématographiques qu'ils sont appelés à juger, ils ne sauraient impunément assortir ces avis de digressions diffamatoires. • Crim. 22 mars 1966 : *Bull. crim. n° 109.*

126. Les critiques d'œuvres cinématographiques relèvent en tant que telles de la liberté d'expression et d'opinion ; leurs auteurs ne peuvent toutefois pas impunément assortir leurs avis de digressions diffamatoires, c'est-à-dire d'attaques malveillantes à l'encontre de la personne du réalisateur ou du producteur. • TGI Paris, 29 sept. 2004 *(1re esp.) : Gaz. Pal. 2005. 1. Somm. 2182.*

127. Critique sur un acte de gestion. Des propos, qui, replacés dans leur contexte, se bornent à dénoncer des anomalies de gestion en termes véhéments, n'excèdent pas le droit de libre critique d'un actionnaire minoritaire sur un acte de gestion effectué par les actionnaires majoritaires de la société. • Civ. 2e, 13 mai 2004, n° 02-10.534 P.

128. La liberté d'expression, telle que visée à l'art. 10 Conv. EDH, ne peut être soumise à des ingérences que dans les cas où celles-ci constituent des mesures nécessaires au regard du paragraphe 2 de l'art. 10 précité ; a méconnu ce texte et le principe ainsi énoncé la cour d'appel qui a refusé le bénéfice de la bonne foi aux prévenus, alors que le propos incriminé, qui s'inscrivait dans la suite d'un débat sur un sujet d'intérêt général relatif aux rapports entretenus entre l'État et les collectivités territoriales, à l'occasion de l'extension d'une usine de retraitement des déchets et du transfert de la gestion des routes nationales au département, ne dépassait pas les limites admissibles de la liberté d'expression dans la critique, par le président du conseil général, de l'action du représentant de l'État ; d'où il suit que la cassation est encourue. • Crim. 29 mars 2011, n° 10-85.887 P : *D. 2011. 1419, obs. Lavric ; ibid. Pan. 2833, obs. Garé.*

h. Polémique

129. Polémique électorale. La circonstance que les imputations diffamatoires s'insèrent dans le cadre d'une polémique électorale ne saurait en modifier le caractère légal. Jurisprudence constante : • Crim. 12 févr. 1897 : *DP 1897. 1. 399* • 18 janv. 1950 : *Bull. crim. n° 18 ; D. 1950. 281* • 20 juin 1952 : *Bull. crim. n° 159 ; D. 1953. Somm. 30* • 12 juill. 1971 : *Bull. crim. n° 229* • 8 janv. 1985 : *ibid. n° 17* • 15 oct. 1985 : *ibid. n° 315.* ♦ ... La L. du 29 juill. 1881 n'admettant, au cours des périodes électorales, aucune exception aux règles qu'elle a tracées. • Crim. 3 mai 1972 : *Bull. crim. n° 151* • 10 oct. 1973 : *ibid. n° 352 ; RSC 1974. 599, obs. Levasseur* • 1er oct. 1996, n° 94-83.981 P : *RSC 1997. 632, obs. Bouloc ; D. 1998. 499, note de Lamy.*

130. S'il est vrai qu'en matière de polémique électorale, la L. du 29 juill. 1881 n'admet aucune exception aux règles qu'elle édicte touchant la diffamation, il n'en est pas moins vrai que les juges peuvent se fonder, non seulement sur la vérité des faits diffamatoires, mais aussi sur la bonne foi du prévenu pour prononcer sa relaxe. • Crim. 5 nov. 1969 : *Bull. crim. n° 292.*

131. L'intention d'éclairer les électeurs sur les mérites des candidats est un fait justificatif de la bonne foi, lorsque les imputations ne concernent que l'activité publique de la personne mise en cause, en dehors de toute attaque contre sa vie privée, et lorsque leur publication est faite dans des conditions et dans un temps permettant la réplique. • Crim. 5 nov. 1969 : *préc. note 130.* ♦ ... Ou lorsqu'elles ont eu pour objet de soumettre à une libre et loyale discussion publique, en un temps permettant celle-ci, les opinions et les actes d'un candidat, objectivement et fidèlement rapportés. • Crim. 10 oct. 1973 : *préc. note 129.*

132. Mais il en est autrement : ... lorsque la diffamation consiste dans le rappel de condamnations amnistiées. • Crim. 8 janv. 1985, n° 84-91.595 P • Civ. 1re, 16 mai 2013, n° 12-19.783

P : *D. actu. 24 mai 2013, obs. Lavric ; D. 2013. 1280, obs. Lavric ; AJ pénal 2013. 467, obs. Verly*. ♦ ... Lorsque les imputations visent une personne qui n'a pas fait acte de candidature. • Crim. 28 févr. 1989 : *Bull. crim. n° 98.* ♦ ... Lorsque l'information a été l'objet d'une dénaturation et d'une présentation tendancieuse. • Crim. 1er oct. 1996 : *préc. note 129.*

133. Au regard des dispositions de l'art. 10 Conv. EDH, la protection de la réputation d'un homme politique doit être conciliée avec la libre discussion de son aptitude à exercer les fonctions pour lesquelles il se présente au suffrage des électeurs ; par suite, l'intention d'éclairer ceux-ci sur le comportement d'un candidat est un fait justificatif de bonne foi, lorsque les imputations, exprimées dans le contexte d'un débat politique, concernent l'activité publique de la personne mise en cause, en dehors de toute attaque contre sa vie privée, et à condition que l'information ne soit pas dénaturée. • Cass., ch. mixte, 24 nov. 2000, n° 97-81.554 P : *BICC 2001, n° 527. 12, concl. Lucas ; Gaz. Pal. 2000. 2. Somm. 2713 ; ibid. 2001. 1. 817, note Guerder.* ♦ ... Ayant relevé que la partie civile, avait elle-même déclaré avoir pratiqué la torture, la cour d'appel a pu en déduire que le prévenu de diffamation, agissant dans le cadre d'une campagne électorale, avait poursuivi un but légitime en portant cette information à la connaissance des téléspectateurs et avait, par ces motifs, caractérisé sa bonne foi. • Même arrêt.

134. A justifié sa décision la cour d'appel qui, pour accueillir le fait justificatif de la bonne foi, énonce que les propos poursuivis s'inscrivaient dans un débat d'intérêt général en vue d'une élection politique locale et reposaient sur la base factuelle suffisante des témoignages recueillis par leur auteur et matérialisés dans plusieurs attestations, de sorte que le prévenu qui, n'étant pas un professionnel de l'information, n'avait pas à effectuer d'autres investigations, ne pouvait, compte tenu de ce contexte et de cette base factuelle, se voir reprocher d'avoir manqué de prudence dans l'expression dans des conditions de nature à le priver du bénéfice de la bonne foi. • Crim. 28 juin 2017, n° 16-82.163 P : *D. actu. 19 juill. 2017, obs. Lavric.* ♦ A méconnu l'art. 10, § 2, Conv. EDH et le principe selon lequel la liberté d'expression ne peut être soumise à des ingérences que dans les cas où elles constituent des mesures nécessaires au regard de ce texte, la cour d'appel qui, pour refuser au prévenu le bénéfice de la bonne foi, a retenu une insuffisance de base factuelle et un défaut de prudence dans l'expression, alors que, au regard du débat d'intérêt général sur les relations prêtées à un homme politique, à l'occasion d'élections législatives, spécialement sur la proximité supposée entre celui-ci et un artiste connu pour son antisémitisme, dans lequel s'inscrivaient les propos, et de la base factuelle sur laquelle ils reposaient, les affinités politiques entre les deux hommes étant notoires, de même que la tenue par le second de propos antisémites, et compte tenu, d'une part, de ce qu'il n'était pas imputé au premier une adhésion aux déclarations condamnables du second, d'autre part, de ce qu'il ne pouvait être reproché à un homme politique, non professionnel de l'information, s'exprimant en direct lors d'une émission radiophonique, d'avoir adopté un ton indéniablement polémique. • Crim. 28 juin 2017, n° 16-80.064 P : *D. actu. 19 juill. 2017, obs. Lavric, préc.* ♦ Dans le même sens : • Crim. 28 juin 2017, n° 16-80.066 P : *D. actu. 19 juill. 2017, obs. Lavric, préc. ; RSC 2018. 102, obs. Dreyer*.

135. Polémique politique. BIBL. Burgade, *LPA, janv. 1997, p. 24* (la physionomie actuelle de la notion de diffamation politique). – Ader, *Légipresse 2012. 294, p. 293* (quelles limites à la polémique politique ?). ♦ Les discussions, polémiques ou satires politiques cessent là où commencent les attaques personnelles. • Crim. 16 déc. 1986 : *Bull. crim. n° 374* • 20 oct. 1992, n° 91-84.253 P • 24 oct. 1995 : *Dr. pénal 1996. 60, obs. Véron ; Gaz. Pal. 27-28 mars 1996.*

136. C'est seulement dans le domaine de la polémique politique portant sur les opinions et les doctrines relatives au rôle et au fonctionnement des institutions fondamentales de l'État que le fait justificatif de la bonne foi, propre à la diffamation, n'est pas nécessairement subordonné à la prudence dans l'expression de la pensée. • Crim. 9 juill. 1980 : *Bull. crim. n° 219* • 11 juin 1981 : *ibid. n° 195* • 27 juill. 1981 : *ibid. n° 238* • 22 juin 1993, n° 91-85.300 P • 9 oct. 1995 : *Gaz. Pal. 1996. 1, chron. crim. 15* • 30 janv. 1996 : *ibid. 73* • Crim. 4 déc. 2007, n° 05-87.384 P : *D. 2008. AJ 297 ; AJ pénal 2008. 139, note Royer ; Dr. pénal 2008. Comm. 29, obs. Véron ; Gaz. Pal. 2008. 2. 2570, note François* • Civ. 2e, 14 janv. 1998, n° 94-19.867 P : *D. 1999. 134, note Tavieaux-Moro*.

137. Tel n'est pas le cas : ... d'une polémique ayant trait à un parti politique, alors qu'un tel groupement, même s'il peut bénéficier des prérogatives qui lui sont reconnues par l'art. 4 de la Constitution du 4 oct. 1958, ne détient aucune parcelle de puissance publique, et ne saurait, dès lors, être regardé comme une institution fondamentale de l'État. • Crim. 27 juill. 1981 : *préc. note 136.* ♦ ... D'imputations qui font apparaître un fonctionnaire public comme manquant d'objectivité et d'indépendance et se soumettant au pouvoir politique et parfois aux pressions. • Crim. 22 juin 1993 : *préc. note 136.* ♦ Pour des attaques de portée théorique, dirigées par un ancien garde des Sceaux, contre une conception du rôle des institutions judiciaires dans la société, V. : • Crim. 23 mars 1978 : *Bull. crim. n° 115 ; RSC 1979. 332, obs. Levasseur.* ♦ ... D'une diffamation raciale consistant à assimiler des religieuses carmélites à des trafiquants de drogue. • Crim. 30 janv. 1996 : *préc. note 136.* ♦ ... De propos mettant en cause l'impartialité d'un juge d'instruction et lui imputant de graves manquements aux devoirs de son état, qui dépassent les limites admissibles de la libre critique de l'activité judiciaire, alors que le souci légitime d'informer sur des questions touchant à l'intérêt public ne saurait justifier la présentation tendancieuse du comportement professionnel du magistrat visé. • Crim. 4 déc. 2007 : *préc. note 136.*

138. Des attaques personnelles dirigées contre un homme politique, et portant sur des faits qu'il aurait commis antérieurement en sa qualité d'officier, ne sauraient constituer une opinion relative au fonctionnement des institutions fondamentales de l'État. • Crim. 7 nov. 1989 : *Bull. crim. n° 403.*

139. Cassation, pour violation des art. 29 et 32 de la L. du 29 juill. 1881, de l'arrêt qui, sur l'action en diffamation intentée par un homme politique contre un de ses adversaires ayant tenu des propos à la télévision laissant penser qu'il s'était rendu coupable de fraude électorale et que l'origine de sa fortune était douteuse, admet l'exception de bonne foi aux motifs principaux que les propos ont été tenus au cours d'une émission en direct, dans un contexte polémique et politique qui les explique seul, que les discours de cette nature ne se caractérisent pas spécialement par la prudence dans l'expression de la pensée, qu'ils poursuivent le but légitime de donner un avis sur l'aptitude d'un homme public à exercer les fonctions officielles qu'il brigue ouvertement et n'excèdent pas les limites admissibles de la polémique politique, et ajoute que la transparence des conditions d'acquisition de sa fortune par un homme politique constitue à l'évidence le but légitime en l'espèce poursuivi ; ... alors que, d'une part, la participation à une émission de télévision en direct n'affranchit pas un homme public de ses devoirs de prudence et d'objectivité et que c'est seulement dans le domaine de la polémique politique portant sur les opinions et doctrines relatives au fonctionnement des institutions fondamentales de l'État que la bonne foi n'est pas nécessairement subordonnée à la prudence dans l'expression de la pensée, et alors que, d'autre part, la notoriété prétendue du fait allégué n'est pas de nature à justifier la diffamation caractérisée par l'insinuation d'un enrichissement personnel contraire à la probité. • Civ. 2e, 14 janv. 1998, n° 94-19.867 P : *D. 1999. 134, note Tavieaux-Moro*. ♦ Cassation de : • Paris, 22 mars 1994 : *D. 1995. Somm. 273, obs. Bigot*.

140. L'exception de bonne foi ne saurait être légalement admise par les juges qu'autant qu'ils énoncent les faits sur lesquels ils se fondent et que ces faits justifient cette exception ; méconnaît ce principe la cour d'appel qui, pour admettre la bonne foi d'un homme politique qui, au cours d'une interview télévisée, a rappelé qu'un de ses adversaires avait pratiqué la torture lors de la guerre d'Algérie, se fonde sur le contexte de l'émission de télévision au cours de laquelle les propos ont été proférés, en direct, dans le cadre d'une conversation « à bâtons rompus avec le journaliste et sans préparation », en retenant que le prévenu, disposant de peu de temps pour donner son opinion sur un adversaire politique à la personnalité controversée, a usé de formules brèves, moins précises et moins nuancées que s'il s'était agi d'une intervention consacrée à un sujet déterminé et préparé, et que, dans ce contexte, il ne peut être exigé une particulière prudence dans l'expression de la pensée, alors que, d'une part, le prévenu ne saurait faire la preuve de sa bonne foi en établissant la croyance commune en l'exactitude du fait allégué et que, d'autre part, la participation à une émission de télévision en direct n'affranchit pas un homme public de ses devoirs de prudence et d'objectivité. • Crim. 4 janv. 1996 : *D. 1998. Somm. 84, obs. Bigot*. ♦ Cassation de : • Paris, 22 juin 1994 : *D. 1995. Somm. 273, obs. Bigot*.

141. La participation à une émission de télévision n'affranchit pas *de facto* un homme politique de ses devoirs de prudence et d'objectivité ; cependant, les conditions d'une émission en direct (questions soudainement posées, sans temps de préparation) peuvent être prises en compte comme un des éléments de la bonne foi, dès lors que les invités sont amenés à se prononcer dans des conditions autorisant, moins la réflexion, la profondeur d'analyse et la nuance, que d'autres supports de l'expression. • Rouen, 17 févr. 1997 : *D. 1998. Somm. 84, obs. Bigot* (sur renvoi après cassation). ♦ S'il peut être jugé regrettable qu'un député, vice-président de la commission de l'Assemblée nationale sur les sectes, qui vient de déposer un rapport sur ce thème, se laisse aller à traiter les membres d'une secte de « voyous », au cours d'une émission de radio, l'emploi, dans les conditions du direct, de ce seul mot véhément ne suffit pas, en l'espèce, à caractériser l'animosité personnelle ou l'imprudence dans l'expression ; ce terme ne peut s'apprécier indépendamment de la polémique provoquée alors dans l'opinion par les craintes légitimes suscitées par les phénomènes sectaires et qui autorisait une certaine vivacité de ton ; par conséquent, la diffamation n'est pas caractérisée. • Paris, 6 nov. 1998 : *D. 1999. IR 6.* ♦ Il ne saurait être exigé d'un homme politique s'exprimant oralement dans le cadre d'un débat télévisé qu'il impose à son discours la même prudence, la même précision que celle à laquelle sont tenus journalistes et historiens. • Lyon, 7 déc. 1998 : *D. 2000. 270, note Tavieaux-Moro ; ibid. 2000. Somm. 405, obs. Bigot*.

142. Doit être considéré comme de bonne foi et ayant poursuivi un but légitime et sérieux, l'homme politique qui, ayant eu accès à des sources d'information qui ont pu légitimement lui faire croire la vérité du fait prétendument diffamatoire et agissant dans le cadre d'un débat politique essentiel pour l'avenir du pays, a informé les téléspectateurs de faits gravement attentatoires à la morale publique. • Rouen, 17 févr. 1997 : *BICC 1997. 1123.*

143. Il ne saurait être reproché à une cour d'appel de décider qu'un journaliste n'a commis aucune faute en rédigeant un article contenant une violente critique des hommes politiques, dès lors qu'elle retient que l'article prend place dans une polémique politique autorisant un ton incisif dont le journal a usé dans son libre droit de critique à l'égard d'un homme politique et public, sans dépasser les limites admises en la matière, d'où la cour d'appel a pu déduire que l'article ne contenait rien d'injurieux. • Civ. 2e, 10 juill. 1996 : *D. 1998. Somm. 84, obs. Bigot.*

144. Lors d'un entretien accordé à une revue destinée aux adolescents, un député et rapporteur de la commission d'enquête parlementaire sur la situation financière des sectes a tenu des propos insinuant qu'une secte se livrerait à des activités de type mafieux en relation avec le grand banditisme ; ceci ne constitue pas un compte rendu fidèle du rapport de la commission d'enquête qui ne faisait pas état de mises en cause précises et significatives de cette secte devant les juridictions pénales ; s'il était légitime de chercher à informer de jeunes lecteurs sur les différents aspects de la lutte contre les sectes, il appartenait néanmoins au prévenu, expert réputé en la matière, de veiller à ne pas user de termes approximatifs et de ne pas procéder à des amalgames hâtifs ; il a donc manqué de mesure dans l'expression de sa pensée ; pour sa part, le directeur de la publication aurait dû faire apparaître le caractère polémique des propos litigieux, présentés comme objectifs, et permettre à l'association du mouvement sectaire de présenter son argumentation. • Crim. 30 sept. 2003, nº 03-80.039 P : *RSC 2004. 120, obs. Francillon.*

145. Est relaxé du chef de diffamation publique envers un corps constitué le prévenu auteur d'un éditorial dans lequel il affirmait que le conseil général menait une politique discriminatoire à l'égard de certaines communes du département en raison de leur divergence politique ; quand bien même les faits étaient suffisamment précis pour reconnaître les communes visées, les juges estiment que cet éditorial est l'expression du droit à la critique reconnu à tout citoyen dès lors que les propos ne dépassent pas le cadre de la polémique admissible ; ce droit à la critique doit être apprécié plus largement lorsqu'il s'exerce envers une institution politique et administrative que lorsqu'il vise une personne physique. • Poitiers, 1er sept. 2005 : *JCP 2006. IV. 2300.*

146. Présente un caractère diffamatoire la lettre ouverte adressée au maire d'une commune mise en ligne sur le site Internet d'une association sportive, qui impute à la municipalité une attitude discriminatoire à l'égard des Français d'origine étrangère avec la volonté de les exclure en leur empêchant la pratique du sport promu par l'association ; les termes litigieux utilisés après l'énumération des noms des champions issus de l'association suivis de leur origine ne laissent aucun doute sur la volonté de stigmatiser un comportement susceptible d'une incrimination pénale ; ces imputations précises à l'encontre du maire dans l'exercice de son mandat ne peuvent être considérées comme l'expression d'une opinion ou la simple communication d'une information ou d'une idée ; bien que s'inscrivant dans un litige au sujet des moyens mis à la disposition de l'association, ces allégations dépassent le cadre admissible du débat polémique ; elles caractérisent donc bien l'imputation diffamatoire dénoncée par la victime. • Colmar, 25 janv. 2007 : *JCP 2007. IV. 2804.*

147. Les propos litigieux ont été tenus au cours d'une réunion du conseil municipal de Versailles ; partant, même si les déclarations du requérant n'étaient pas couvertes par une quelconque immunité parlementaire, elles ont été prononcées dans une instance pour le moins comparable au parlement pour ce qui est de l'intérêt que présente, pour la société, la protection de la liberté d'expression ; or, dans une démocratie, le parlement ou des organes comparables sont des tribunes indispensables au débat politique et une ingérence dans la liberté d'expression exercée dans le cadre de ces organes ne se justifie que par des motifs impérieux ; la Cour estime qu'un juste équilibre n'a pas été ménagé entre la nécessité de protéger le droit du requérant à la liberté d'expression et celle de protéger les droits et la réputation du plaignant ; les motifs fournis par les juridictions nationales pour justifier la condamnation du requérant ne pouvaient passer pour pertinents et suffisants, et ils ne correspondaient à aucun besoin social impérieux ; en conclusion, la Cour estime que l'ingérence dans l'exercice par le requérant de son droit à la liberté d'expression n'était pas nécessaire dans une société démocratique ; partant, il y a eu violation de l'art. 10 de la Conv. EDH. • CEDH 12 avr. 2012, nº 54216/09, *de Lesquen du Plessis-Casso c/ France : RLCT 2012/82, nº 2287, obs. Mayaud ; Gaz. Pal. 2012. 1. 1623, note Piot.*

148. Justifie sa décision la cour d'appel, qui, saisie de la poursuite exercée du chef de diffamation contre un député ayant diffusé un communiqué demandant l'ouverture d'une enquête sur le financement d'un reportage, puis accordé un entretien à des journalistes sur ce sujet, retient, pour relaxer le prévenu, que celui-ci, dont la bonne foi pouvait être appréciée quel que soit son mode de participation à l'infraction poursuivie, n'était pas tenu aux mêmes exigences déontologiques qu'un journaliste, n'étant pas un professionnel de l'information, et ajoute que ce prévenu, dans le contexte d'un débat d'intérêt général, disposait d'une base factuelle suffisante pour s'interroger publiquement, en sa qualité de député, membre de la commission des Affaires étrangères de l'Assemblée nationale, sur des informations faisant état de pratiques journalistiques contestables, et qu'il l'a fait avec prudence, sans excéder les limites admissibles de la liberté d'expression. • Crim. 11 juin 2013, n° 12-83.487 P : *D. actu. 24 juin 2013, obs. Lavric ; Gaz. Pal. 2013. 2. 3196, obs. Piot.*

149. Méconnaît l'art. 10 Conv. EDH la cour d'appel qui condamne, du chef de diffamation publique envers un citoyen chargé d'un mandat public, le propriétaire d'une parcelle voisine d'un centre de loisirs et d'une école de pilotage automobile, qui, mécontent de ne pas obtenir l'intervention des autorités municipales pour tenter de mettre un terme aux nuisances sonores qu'il subissait, a placardé sur une vitre de son véhicule une affichette mettant en cause le maire de la commune, alors que le propos incriminé, qui s'inscrivait dans la suite d'un débat sur un sujet d'intérêt général relatif à la politique municipale concernant la mise en œuvre de la législation sur les nuisances sonores et le respect de l'environnement, dans une localité rurale dépendante de l'économie touristique, ne dépassait pas les limites admissibles de la liberté d'expression dans la critique, par un administré, de l'action du maire de la commune. • Crim. 8 avr. 2014, n° 12-88.095 P : *D. actu. 6 mai 2014, obs. Lavric ; D. 2014. 930 ; AJCT 2014. 452 ; JCP 2014, n° 476, obs. Raschel ; RLCT 2014/102, n° 2713, p. 25, note Mayaud ; Gaz. Pal. 2014. 1. 1791, note Fourment ; RSC 2014. 581, obs. Francillon .*

150. Encourt la censure l'arrêt qui, après avoir relevé qu'une pétition mise en ligne par le maire d'un arrondissement de Paris comportait des allégations diffamatoires, écarte le fait justificatif de bonne foi, alors que les propos incriminés, qui s'inscrivaient dans le contexte d'un débat général relatif à une question d'urbanisme soulevée par le maintien prolongé d'un ouvrage provisoire sur un site classé (Mur de la Paix), et qui reposaient sur une base factuelle suffisante, ne dépassaient pas les limites admissibles de la liberté d'expression dans la critique, par ce maire, du comportement de ses concepteurs. • Crim. 6 mai 2014, n° 12-87.789 P : *D. actu. 23 mai 2014, obs. Lavric ; D. 2014. 1095 ; RLCT 2014/107, n° 2808, p. 30, note Mayaud ; RSC 2014. 581, obs. Francillon ; ibid. 780, obs. Mayaud .*

151. Pour refuser au prévenu le bénéfice de la bonne foi, la cour d'appel énonce en substance que, si l'intéressé verse au dossier le compte rendu d'une séance du conseil municipal, lors de sa prise de fonctions, qui fait état d'une dette de la commune, au 1er janv. 2008, de 8 074 749,34 €, ce qui permet de constater que son allégation sur l'état d'endettement de la commune à son arrivée est exacte, ce document ne permet pas d'imputer la responsabilité de cette situation à son prédécesseur puisqu'elle est le résultat de décisions collégiales prises par le conseil municipal ; mais en se déterminant ainsi, alors que les propos tenus par l'ancien premier adjoint visant son prédécesseur au sujet de l'endettement de la commune s'inscrivaient dans une polémique politique et reposaient sur une base factuelle qu'elle avait elle-même constatée, peu important que les décisions à l'origine de cet endettement eussent été collégiales, la cour d'appel a méconnu l'art. 10 Conv. EDH et le principe que la liberté d'expression ne peut être soumise à des ingérences que dans les cas où celles-ci constituent des mesures nécessaires au regard du § 2 dudit art. 10. • Crim. 23 janv. 2018, n° 17-81.874 : *BICC 15 mai 2018, n° 594 ; D. actu. 8 févr. 2018, obs. Lavric ; D. 2018. 242 ; AJCT 2018. 271, obs. Lavric ; Gaz. Pal. 2018, p. 1565, obs. Piot.*

152. Viole les art. 8 et 10 Conv. EDH et 9 C. civ. une cour d'appel qui accueille la demande formée par le secrétaire général d'un parti politique aux fins d'obtenir réparation de l'atteinte à sa vie privée résultant de la révélation, dans un ouvrage, de son homosexualité, alors, selon ses propres constatations, que, d'une part, les interrogations de l'auteur de cet ouvrage sur l'évolution de la doctrine d'un parti politique, présenté comme plutôt homophobe à l'origine, et l'influence que pourrait exercer, à ce titre, l'orientation sexuelle de plusieurs de ses membres dirigeants relevaient d'un débat d'intérêt général et que, d'autre part, l'intéressé était devenu un membre influent de ce parti dans la région Nord-Pas-de-Calais. • Civ. 1re, 11 juill. 2018, n° 17-22.381 : *BICC 15 déc. 2018, n° 1325 ; D. 2019. 217, obs. Dreyer ; Gaz. Pal. 2018, p. 2766, obs. Piot ; ibid. 15 janv. 2019, p. 27, note Traullé ; JCP 2018, n° 1222, § 7, obs. Antippas ; CCE 2018. Comm. 75, obs. Lepage ; RTD civ. 2018. 864, obs. Leroyer .*

153. Polémique syndicale. Les énonciations d'un tract syndical doivent être appréciées dans le contexte précis de leur diffusion, et les propos dénoncés, malgré leur caractère très négatif, doivent être jugés dans leur ensemble et au regard de la manifestation de luttes syndicales qui oppose les parties ; dès lors qu'ils traduisent l'expression d'un libre droit de critique sans excéder les limites de la polémique, toujours particulièrement vive en matière syndicale, ce que tout lecteur de tract ne saurait ignorer, la diffamation n'est pas établie. • Paris, 20 janv. 1994 : *Gaz. Pal. 1994. 2. Somm. 774 ; ibid. 1995. 2. Somm. 376.*

154. Un délégué syndical au comité d'entreprise d'un grand magasin a affiché un texte sur les panneaux d'affichage réservés aux communications syndicales, répondant à une affiche apposée quelques jours avant par un autre syndicat ; après avoir constaté que les allégations visaient essentiellement un autre syndicat, accusé d'être le porte-parole de la direction, le jugement a retenu à bon droit que le fait, imputé au directeur du magasin, d'avoir corrigé l'affiche à l'origine du conflit rédigée par le syndicat ne dépassait pas les limites de la polémique syndicale et ne constituait pas une diffamation. • Civ. 2e, 8 juill. 2004, n° 01-16.907 P.

155. Pour apprécier la qualification légale qu'il convient de donner à un propos retenu comme diffamatoire dans la mesure où il excédait les limites admissibles de la polémique syndicale, le juge doit prendre en considération non seulement les circonstances relevées dans la citation, mais aussi les éléments extrinsèques de nature à donner à l'expression incriminée son véritable sens et à caractériser l'infraction poursuivie. • Civ. 1re, 21 févr. 2006, n° 04-16.705 P : *Gaz. Pal. 2007. 2. Somm. 3418, note Guerder.*

156. Pour accorder au prévenu le bénéfice de la bonne foi, les juges relèvent qu'au vu d'un ensemble d'éléments constituant un faisceau d'indices suffisant eu égard aux difficultés d'accès aux sources d'information, il a exercé son droit de critique sur un sujet d'intérêt général en faisant grief, à l'UJA, sur un ton sarcastique qu'autorise le cadre de la lutte syndicale, d'avoir délibérément entretenu et transmis un mythe dont elle ne pouvait ignorer, en relisant la biographie de son président fondateur, dans toute sa complexité, à la lumière des travaux menés depuis trente ans en histoire des institutions judiciaires sous l'Occupation et à la Libération, qu'il avait pour partie vécu ; ils ajoutent que, ce faisant, le prévenu n'a pas dépassé les limites de la liberté d'expression reconnue par l'art. 10 Conv. EDH, laquelle vaut non seulement pour les informations ou idées accueillies avec faveur ou considérées comme inoffensives ou indifférentes, mais aussi pour celles qui heurtent, choquent ou inquiètent ; en se déterminant ainsi, la cour d'appel, qui a, sans insuffisance ni contradiction, exposé les circonstances particulières invoquées par le prévenu et énoncé les faits sur lesquels elle s'est fondée pour justifier l'admission à son profit du bénéfice de la bonne foi, a justifié sa décision. • Crim. 23 nov. 2010, n° 09-87.527 : *Dr. pénal 2011, n° 16, obs. Véron.*

i. Journalistes

BIBL. Lesclous et Marsat, *Dr. pénal 1998. Chron. 9* (presse : devoir d'impartialité du journaliste face à la mise en cause des enquêteurs par un malfaiteur). – Bigot, *Légicom 2002/3, n° 28, p. 73* (la bonne foi du journaliste : état des lieux). – Raduszynski, *Gaz. Pal. 2004. 1. Doctr. 805* (les sociétés cotées à l'épreuve des négligences médiatiques : aspects de droit des marchés financiers et de droit de la communication).

157. Jurisprudence européenne. Sur la condamnation pénale de journalistes pour atteinte à la réputation d'autrui et à l'autorité du pouvoir judiciaire. • CEDH 26 avr. 1995, *Prager et Oberschlick c/ Autriche : RSC 1996. 476, obs. Koering-Joulin.*

158. La liberté journalistique comprend le recours possible à une certaine dose d'exagération, voire de provocation. • CEDH 24 févr. 1997, *De Haes et Gijsels c/ Belgique : RSC 1998. 389, obs. Koering-Joulin.* ♦ La liberté d'expression vaut non seulement pour les informations ou idées accueillies avec faveur ou considérées comme inoffensives ou indifférentes, mais aussi pour celles qui heurtent, choquent ou inquiètent. • CEDH 1er juill. 1997, *Oberschlick c/ Autriche : RSC 1998. 389, obs. Koering-Joulin.*

159. Les limites de la critique admissible sont plus larges à l'égard d'un homme politique, agissant en sa qualité de personnage public, que d'un simple particulier. • CEDH 1er juill. 1997 : *préc. note 158* • 25 juin 2002, *Colombani c/ France : BICC 2002. 854 ; D. 2002. Somm. 2571, obs. Renucci, et 2767, obs. Dupeux ; ibid. 2003. 715, note Beignier et de Lamy ; JCP 2003. II. 10136, note Pech ; Légipresse n° 195, oct. 2002, III. 159, obs. H. Leclerc ; RSC 2003. 116, obs. Francillon ; LPA 7 nov. 2002, p. 13, note Derieux.* ♦ ... L'homme politique s'expose inévitablement et consciemment à un contrôle attentif de ses faits et gestes, tant par les journalistes que par la masse des citoyens, et doit montrer une plus grande tolérance, surtout lorsqu'il se livre lui-même à des déclarations publiques pouvant prêter à critique. • CEDH 1er juill. 1997 : *préc. note 158.*

160. Pour un exemple de condamnation du chef de diffamation ne reposant pas sur des motifs « pertinents » et « suffisants », mais s'analysant en une ingérence disproportionnée qui ne répondait pas à un besoin social impérieux et qui, par suite, n'était pas nécessaire dans une société démocratique, en violation de l'art. 10 Conv. EDH. • CEDH 18 sept. 2008, *Chalabi c/ France : D. 2008. AJ 2434 ; RSC 2009. 129, obs. Francillon ; AJ pénal 2008. 462, obs. Girault ; JCP 2008. II. 10172, note Derieux ; ibid. 2008. I. 209, obs. de Lamy.*

161. Le refus de l'administration de répondre à des questions sur une affaire d'intérêt général renforce la bonne foi du journaliste, disposant d'une base factuelle et publiant l'information sur laquelle l'administration a été interrogée en vain. • CEDH 7 déc. 2010, *Publico-Communicação social, SA et a. c/ Portugal : Gaz. Pal. 2-3 mars 2011, p. 17, note Piot.*

162. Respect de la réputation d'autrui. Les journalistes ne sauraient trouver un fait justificatif aux infractions qui leur sont imputées dans le droit d'informer le public défini par l'art. 10 CEDH, dès lors que ce texte prévoit, dans son second paragraphe, que l'exercice de la liberté de recevoir ou de communiquer des informations ou des idées comporte des devoirs et des responsabilités, et qu'il peut être soumis à des restrictions ou sanctions prévues par la loi et nécessaires, notamment, à la protection de la réputation et des droits d'autrui. • Crim. 6 oct. 1992, n° 90-80.684 P. ♦ Rappr. : • Crim. 10 mai 1994, n° 93-82.553 P.

163. Critères. A l'égard de celui qui fait profession d'informer, l'admission de la bonne foi est subordonnée à la réunion de quatre critères : la légitimité du but poursuivi, l'absence d'animosité personnelle, l'existence d'une enquête sérieuse et la prudence dans l'expression. • TGI Paris, 9 mai 1997 : *Dr. pénal 1998. Chron. 5.* ♦ Le principe de la liberté de la presse commande que puissent être divulguées des informations sur tous les sujets, dans la mesure où le traitement de celles-ci est opéré dans un but légitime, sans animosité personnelle, à la suite d'une enquête sérieuse et avec une prudence nécessaire dans l'expression (à propos de la critique reconnue fondée, par un journal satirique, des conditions dans lesquelles s'est déroulé un jeu télévisé). • Paris, 19 mars 1999 : *Gaz. Pal. 1999. 2. Somm. 579.*

164. Doit être relaxé des chefs de diffamation le journaliste, auteur d'un article rendant compte des propos de l'avocat des parties civiles, lui-même relaxé, et dès lors que la liberté d'expression reconnue à l'avocat hors des prétoires implique la possibilité pour le journaliste d'informer le public de ces propos lorsqu'il le fait sans déformation ni excès, et en s'appuyant sur une base factuelle suffisante dans le cadre d'un débat d'intérêt général. • Paris, 24 sept. 2020, n° 198/2020 : *D. actu. 13 oct. 2020, obs. Fucini.*

165. La bonne foi suppose la légitimité du but poursuivi, l'absence d'animosité personnelle, la prudence et la mesure dans l'expression ainsi que la fiabilité de l'enquête ; la reprise d'une information, diffusée lors d'une conférence de presse, ne dispense pas le journaliste de ses devoirs d'enquête préalable et de prudence dans l'expression de la pensée. • Civ. 2e, 8 avr. 2004, n° 01-16.881 P : *Gaz. Pal. 2005. 2. 4166, note Guerder.*

166. La reprise d'une imputation diffamatoire constitue elle-même une diffamation qui implique l'intention de nuire ; cette présomption ne peut disparaître qu'en présence de faits justificatifs de nature à faire admettre la bonne foi. • Crim. 14 nov. 2006 : *Dr. pénal 2007. 34, obs. Véron ; ibid. 2007. Chron. 1, obs. Mousseet* • Crim. 4 déc. 2007, n° 06-87.444 P : *D. 2008. AJ 298 ; AJ pénal 2008. 92.* ♦ ... Cassation de l'arrêt qui énonce que le journaliste n'a pas repris à son compte la réalité des faits dénoncés et n'a ajouté aucune considération personnelle ou extérieure de nature à en renforcer la crédibilité, alors que l'article indique que « les suspicions étaient légions », et que la partie civile soutient n'avoir été aucunement sollicitée par le journaliste pour fournir sa version quant à cette rumeur. • Crim. 14 nov. 2006 : *préc.* ♦ ... Rejet du pourvoi contre l'arrêt qui, pour infirmer un jugement ayant admis les prévenus – journaliste, directeur de publication d'un hebdomadaire, et société éditrice – au bénéfice de la bonne foi, a déduit qu'en l'absence d'enquête sérieuse ils ne pouvaient en bénéficier. • Crim. 4 déc. 2007 : *préc.*

167. N'a pas justifié sa décision la cour d'appel qui, pour relaxer un journaliste du chef de diffamation publique envers un particulier, s'est déterminée, d'une part, sans analyser l'ensemble des propos dont elle était saisie figurant en page une du journal, d'autre part, sans mieux s'expliquer sur la prudence et la mesure dans l'expression de la part du prévenu qui imputait à la partie civile d'avoir érigé le mensonge et la manipulation en modèle économique afin de diffuser, par cynisme et à des fins purement mercantiles, des poisons violents, et sans rechercher si les propos reprochés, même figurant dans un éditorial et traitant d'un sujet d'intérêt général, reposaient sur une base factuelle suffisante en rapport avec la gravité des accusations portées. • Crim. 15 déc. 2015, n° 14-82.529 P : *D. actu. 28 janv. 2016, obs. Lavric.*

168. Devoir d'objectivité. Ni la croyance, pour quelque raison que ce soit, en l'inexactitude des faits allégués, fût-elle démontrée, ni la prétendue intention de renseigner le public, alors que l'article incriminé ne contient pas toutes les précisions que le devoir d'objectivité du journaliste commandait d'y insérer, ni l'affirmation, même établie, que d'autres publications avaient fait état des faits diffamatoires, lesquels se trouvent ainsi notoirement connus, ne sont de nature à justifier le bénéfice de la bonne foi. ♦ Jurisprudence constante : • Crim. 27 janv. 1949 : *Bull. crim. n° 37* • 17 févr. 1949 : *ibid. n° 67* • 14 juin 1951 : *ibid. n° 172* • 6 mars 1952 : *ibid. n° 68* • 3 mai 1955 : *ibid. n° 222* • 24 nov. 1960 : *ibid. n° 551* • 5 nov. 1970 : *D. 1971. 90, note J.-M. R.* • 15 oct. 1985 : *Bull. crim. n° 315* • 19 nov. 1985 : *ibid. n° 363 ; RSC 1986. 612, obs. Levasseur* • 12 oct. 1993, n° 92-81.538 P.

169. Il serait irréaliste, voire inéquitable, d'exiger d'un journaliste qu'il fasse abstraction de ses opinions, de ses sympathies et de ses antipathies, en d'autres termes qu'il soit parfaitement objectif ; par contre le journaliste doit être intellectuellement honnête, et les sentiments qu'il éprouve ne doivent altérer ni la pureté de ses intentions, ni la sincérité de sa démarche. • TGI Paris, 4 juill. 1985 : *D. 1986. 5 (1re esp.), note Agostini ; Gaz. Pal. 1991. 2. 450.*

170. Le fait de porter à la connaissance du public les renseignements sur les affaires pénales en cours est d'un usage constant et n'implique pas intention de nuire de la part du rédacteur d'un journal. • Rouen, 16 déc. 1948 : *D. 1949. 164* • T. corr. Seine-et-Marne, 4 déc. 1928 : *DH 1929. 47.* ♦ La bonne foi peut résulter de la constatation qu'un journaliste n'avait d'autre but que de renseigner le lecteur sur une affaire dont la justice était saisie, et que l'article publié se présentait sous la forme d'une information objective. • Crim. 27 janv. 1949 : *préc.* ♦ Dans le même sens : • TGI Lyon, 5 juill. 1994 : *Gaz. Pal. 1995. 1. 287, note J.-G. M.* ♦ Sur les devoirs de prudence et d'objectivité qui pèsent : ... sur les auteurs ou le producteur d'une émission télévisée consacrée à une affaire déterminée. • Crim. 4 févr. 1992 : *Gaz. Pal. 1992. 2. 529.* ♦ ... Sur le présentateur d'un journal télévisé. • Crim. 6 juill. 1993, n° 91-83.246 P : *RSC 1994. 323, obs. Bouloc*, *et 579, obs. Francillon*. ♦ Pour le manque de prudence d'un journaliste qui n'aurait pas dû employer les termes de receleur et de flagrant délit à l'égard d'une personne inculpée bénéficiant de la présomption d'innocence. • Crim. 23 mai 1995 : *JCP 1995. IV. 2666.*

171. La photographie qui représente une roulette et une table de jeux sur laquelle sont notamment posés des sachets contenant une substance indéterminée ne peut être dissociée de l'article litigieux qu'elle illustre, lequel décrit objectivement, sur le mode conditionnel, des opérations susceptibles d'assurer, par l'entremise de l'exploitation de machines à sous installées dans des casinos, le blanchiment de capitaux provenant d'activités illicites ; cet article, tel qu'illustré par cette photographie, ne contient aucun élément d'information imputant, fût-ce implicitement, la réalisation de telles opérations aux exploitants de casinos que le syndicat agissant représente ; exempt d'animosité à l'endroit de ceux-ci, ledit article constitue l'un des éléments d'une enquête tendant légitimement à porter à la connaissance des lecteurs les moyens susceptibles d'être employés dans de nombreux pays pour procéder au blanchiment de capitaux provenant d'activités illicites ; dès lors, ni l'article, ni la photographie litigieuse n'excèdent les limites de la liberté d'informer. • Paris, 4 juin 1996 : *Gaz. Pal. 1996. 2. 558.*

172. Lorsqu'un journaliste décide de publier des éléments extraits d'une procédure judiciaire en cours, sans attendre son aboutissement, il doit s'entourer des mêmes précautions et faire preuve de la même prudence que le juge lui-même, sous peine de porter gravement atteinte à la présomption d'innocence à laquelle a droit chaque individu. • TGI Paris, 9 mai 1997 : *Dr. pénal 1998. Chron. 5 (1re esp.).* ♦ Lorsque des journalistes, ou des écrivains, font le choix de porter sur la place publique les éléments d'une procédure judiciaire en cours, sans attendre le résultat de celle-ci, ils doivent s'entourer de précautions particulières, analogue à celles qui dictent la démarche du juge lui-même, notamment lorsqu'il s'agit de mettre en cause des particuliers ou, comme en l'espèce, un fonctionnaire et non un personnage public volontairement exposé à la critique de ses concitoyens, sous peine de porter gravement atteinte à la présomption d'innocence et de compromettre irrémédiablement l'honneur et la considération d'autrui. • TGI Paris, 21 nov. 1997 : *Dr. pénal 1998. Chron. 5 (2e esp.).* ♦ L'exception de bonne foi doit être rejetée en l'absence de toute mesure dans l'expression et de prudence dans l'information donnée, la relaxe des personnes diffamées intervenue ultérieurement accentuant la légèreté du journaliste et du directeur de publication, qui cherchaient avant tout à faire sensation en révélant des faits prématurés et dénaturés, et non à informer le public avec objectivité. • Bordeaux, 3 juin 1998 : *JCP 1999. IV. 1636.* ♦ Sur l'information du public par la presse sur les affaires en cours d'instruction, V. Mayer, *D. 1995. Chron. 80*.

173. S'agissant de l'appréciation de la bonne foi du journaliste, celui-ci, dans le cadre d'une interview, n'a pas à justifier d'une enquête sérieuse, son rôle se bornant précisément à poser des questions à son interlocuteur ; concernant l'actualité et l'intérêt du sujet, l'utilisation des fonds publics par un conseil régional et la régularité des marchés passés pour la rénovation des lycées (soit 23,4 milliards de francs de 1990 à 1995) justifient, à l'évidence, au lendemain de l'ouverture d'une information judiciaire, une interview de la présidente de la commission des marchés, en fonction de novembre 1994 à mai 1996 ; si le contenu des questions posées par les journalistes n'a pas été empreint de neutralité, puisque les mots « truquages », « détournements de fonds », « pot-aux-roses » y sont employés, les journalistes n'ont pas dépassé les limites d'une nécessaire provocation, destinée, dans ce genre d'exercice, à faire réagir une responsable politique et à lui faire livrer le fond de sa pensée ; enfin, le choix par la rédaction de reprendre pour titre la phrase de l'interviewée relative au fonctionnaire mis en cause traduit la volonté du journaliste de mettre en évidence la responsabilité du premier élu des instances régionales, procédé accrocheur et réducteur, mais qui doit être toléré dans le cadre du débat démocratique. • TGI Paris, 16 févr. 1999 : *D. 2000. Somm. 404, obs. Dupeux*.

174. Le fait d'imputer à une personnalité politique des faits de corruption à la suite d'un entretien anonyme avec elle, au cours duquel il lui a été proposé un pacte de corruption auquel elle a répondu en demandant le versement d'un chèque, constitue une diffamation ; en effet, le prévenu a manqué de sérieux dans son enquête puisque le geste de la partie civile pouvait signifier le désir d'identifier les interlocuteurs et de ne pas conclure le pacte de corruption, et puisqu'à aucun moment la possibilité de s'expliquer avant la parution n'a été offerte à la partie civile. • Grenoble, 5 juill. 2001 : *JCP 2002. IV. 1559.*

175. Devoir de vérification. Une erreur ne saurait, à elle seule, emporter la preuve de la bonne foi ; le devoir d'objectivité du journaliste lui impose, avant tout, de vérifier préalablement l'exactitude des faits qu'il publie. • Crim. 14 mars

1962 : *Bull. crim. n° 131* • 8 nov. 1962 : *ibid. n° 313* • 26 nov. 1991, n° 90-83.897 P • TGI Paris, réf., 11 juin 1990 et, en appel : • Paris, 12 juin 1990 : *Gaz. Pal. 1990. 2. 378* • TGI Paris, 29 juin 1994 : *JCP 1994. II. 22348 (2e jugement), note Becourt.* ♦ Le journaliste doit être en mesure d'établir, dès le moment où il les porte à la connaissance du public, la preuve de la réalité des informations diffusées ; il ne peut fonder la démonstration de son éventuelle bonne foi sur des arguments susceptibles d'être découverts ultérieurement. • Paris, 27 janv. 1988 : *D. 1988. 480, note Mayer.* ♦ Conf. : • Paris, 3 juin 1997 : *Gaz. Pal. 1997. 2. Somm. 331.*

176. Si l'on peut éventuellement admettre qu'une enquête journalistique ne soit pas exhaustive lorsque le journaliste, pris par l'urgence d'une situation à analyser, n'a ni le temps, ni les moyens de procéder à toutes les investigations souhaitables, en revanche, lorsqu'ils disposent de plusieurs années pour réunir les pièces du dossier, les journalistes doivent livrer au lecteur des éléments de conviction complets. • T. corr. Paris, 16 janv. 1991 : *Gaz. Pal. 1991. 2. 456, note M.D.*

177. Si revêt un caractère légitime le désir de porter à la connaissance du public une possible anomalie concernant une entreprise publique bénéficiant du monopole de la distribution de l'énergie électrique, encore faut-il, pour qu'il s'agisse d'une information, que le journaliste ait, antérieurement à la publication de ses articles, recueilli des éléments établissant qu'il ne limite pas son œuvre à la seule diffusion des propos malveillants d'un salarié dépité par son licenciement. • Paris, 1er avr. 1997 : *Gaz. Pal. 1997. 2. Somm. 407, note Vray.* ♦ ... Par ailleurs, la simple reproduction, sans vérification, de passages seulement remaniés en la forme d'un article publié dans un autre journal, n'est pas une œuvre d'information, dès lors qu'elle n'a pas été précédée d'une enquête. • Même arrêt.

178. Est une enquête sérieuse et complète l'enquête d'un journaliste qui se fonde, notamment, sur l'étude d'un expert, médecin psychiatre, sur les décisions de justice devenues définitives concernant des membres de l'Église de Scientologie, et sur des notes internes à celle-ci. • Paris, 3 juin 1997 : *préc. note 175.* ♦ Pour l'absence de justification d'une enquête suffisamment sérieuse préalable à la publication de propos diffamatoires à l'encontre d'une association présentée comme une secte, qui, en leur quasi-totalité, ne sont étayés que par des documents datant de plus d'une dizaine d'années et établis dans d'autres circonstances, et ce que ne sauraient couvrir, ni le principe de la liberté de l'information, ni la croyance en l'exactitude des faits allégués. • TGI Paris, 11 déc. 1996 : *JCP 1997. II. 22938, note Lacabarats.*

179. Le droit à la protection du secret de leurs sources n'affranchit pas les journalistes de toute responsabilité en cas de publication d'informations mettant en cause un tiers ; en se retranchant derrière un tel secret, ils se mettent au contraire dans le cas de ne pouvoir établir la vérité des faits et le sérieux de l'enquête qu'ils affirment avoir menée. • TGI Paris, réf., 28 oct. 1997 : *D. 1998. 154 (2e esp.), note Burgelin* ; *JCP 1997. II. 22964 (3e arrêt), note Derieux ; Gaz. Pal. 1997. 2. 659.*

180. Le journaliste a le devoir de s'informer et de vérifier l'information qu'il véhicule, il doit faire la preuve de sa bonne foi. • Versailles, 9 sept. 2004 : *D. 2005. 2849, note Beignier et de Lamy* .

181. A violé l'art. 29 de la L. du 29 juill. 1881 la cour d'appel qui a jugé diffamatoire un article de presse intitulé « La vérité sur les comptes » d'un club de football, alors que les allégations, qui ne dépassaient pas l'exercice du droit de libre critique, reposaient sur des éléments comptables justifiés, résultat d'une enquête sérieuse s'inscrivant dans le cadre légitime d'information du public par le journaliste, et n'avaient donc pas de caractère diffamatoire dans le contexte dans lequel elles étaient énoncées. • Civ. 1re, 29 nov. 2005, n° 04-17.957 P : *Gaz. Pal. 2006. 2. 3939, note Guerder.*

182. La bonne foi est caractérisée lorsqu'il résulte des informations publiées par la presse nationale et internationale contenant des déclarations du défendeur lui-même, que les éléments fournis et invoqués, notamment des documents publics officiels et des accords de paix, étaient suffisamment nombreux et fiables et formaient un ensemble cohérent caractéristique d'une enquête sérieuse, qui avait été effectué avec un souci d'analyse et de réflexion conforme à la mission d'information du journaliste et justifiant la tenue des propos litigieux. • Civ. 1re, 14 juin 2007, n° 06-16.602 P.

183. Une chaîne de télévision a diffusé un film documentaire intitulé « Les dissimulateurs » ; une société étrangère visée par les investigations, estimant que certains passages de l'émission portaient atteinte à son honneur et à sa considération, a fait assigner le directeur de la publication de la chaîne, l'auteur de l'émission et la société émettrice au visa des art. 29 et 32 de la L. du 29 juill. 1881 ; pour relever le caractère diffamatoire des passages mis en cause et refuser le bénéfice de la bonne foi à leur auteur, l'arrêt, après avoir admis que celui-ci avait poursuivi un but légitime en recherchant si la société demanderesse, chambre de compensation internationale, offrait les garanties de transparence nécessaire et ne favorisait pas des transferts financiers frauduleux ou des opérations de blanchiment, et qu'aucune animosité personnelle à l'égard de cette société n'était démontrée, retient que l'enquête réalisée ne conforte pas les imputations litigieuses et que l'auteur s'est livré à des interprétations hasardeuses en assimilant les comptes non publiés à des comptes occultes servant à enregistrer des transactions frauduleuses et en présentant la société mise en cause comme abritant une structure de dissimulation, tirant ses bénéfices de sa complicité avec des entreprises criminelles et mafieuses ; en statuant ainsi, quand l'intérêt général du sujet traité et le sérieux constaté de l'enquête, conduite par un journaliste d'investigation, autorisaient les propos et les imputations litigieux, la cour d'appel a violé les textes susvisés, l'art. 10 Conv. EDH, ensemble l'art. 29 de la L. du 29 juill. 1881 précitée. • Civ. 1re, 3 févr. 2011, n° 09-10.301 P : *D. actu. 9 févr. 2011, obs. Lavric ; D. 2011. Actu. 519, obs. Lavric ; ibid. 2012. Pan. 765, obs. Dreyer ; JCP 2011, n° 1227, obs. de Lamy ; Gaz. Pal. 2011. 1. 1732, note Piot.*

184. Pour refuser aux prévenus le bénéfice de la bonne foi, l'arrêt relève que le journaliste a puisé l'essentiel de son information auprès de l'avocat de Loïc C..., qui contestait la décision du juge de l'application des peines prise à l'encontre de son client, sans vérifier, même sommairement, si les éléments fournis par cette source et conduisant à l'analyse selon laquelle le magistrat aurait agi sous l'influence du juge Eva A... reposaient sur une quelconque réalité, de sorte que les prévenus ne justifiaient pas de l'existence d'une enquête sérieuse ; en se déterminant de la sorte, la cour d'appel, à laquelle il ne saurait être reproché d'avoir méconnu les dispositions de l'art. 10 CEDH dès lors que les propos en cause, même s'ils concernaient un sujet d'intérêt général relatif au traitement d'une affaire judiciaire ayant eu un retentissement national, étaient dépourvus de base factuelle suffisante et constituaient une attaque personnelle excédant les limites de la liberté d'expression, a justifié sa décision. • Crim. 26 mai 2010 : *D. 2011. Pan. 786, obs. Dreyer ; Dr. pénal 2010. 92, obs. Véron ; ibid. 2011. Chron. 5, obs. Mouysset.*

185. Devoir de prudence. L'outrance inutilement blessante de propos diffamatoires imprudemment et complaisamment reproduits dans un journal est exclusive de la bonne foi. • Crim. 2 juin 1980 : *Bull. crim. n° 168.* ♦ Il en est de même des imputations portées avec désinvolture et légèreté. • Crim. 17 déc. 1991, n° 90-83.534 P. ♦ Justifie sa décision la cour d'appel qui, pour refuser le bénéfice de la bonne foi à l'auteur d'un article condamné du chef de diffamation, retient, en l'absence d'offre de preuve de la vérité des faits, le manque de prudence d'un journaliste qui a reproduit les déclarations d'un architecte sans prendre la précaution de recueillir l'opinion du plaignant, et en les accompagnant d'un commentaire tendancieux. • Crim. 11 avr. 1995 : *D. 1995. IR 152.*

186. Quelle que soit la sévérité des termes incriminés, la diffamation ne peut être retenue si les défendeurs ont cherché à éclairer avec la circonspection et la prudence nécessaires leurs lecteurs, justifiant ainsi de motifs légitimes exclusifs de mauvaise foi. • TGI Paris, 14 févr. 1990 : *Gaz. Pal. 1991. 2. 452, note Domingo.*

187. Il faut, du point de vue de la bonne foi, vérifier que le but recherché par le journaliste était légitime, qu'il n'y a pas eu d'animosité personnelle, que l'enquête a été sérieuse et l'expression prudente ; les obligations statutaires de l'AFP ne permettent pas de s'exonérer de ces obligations ; rien dans les termes employés par la L. du 10 janv. 1957 ne vient les contredire ; bien au contraire, les expressions utilisées « information complète et objective » « exacte, impartiale et digne de confiance » s'incarnent parfaitement dans les conditions élaborées par la jurisprudence pour admettre la bonne foi ; quant au fait de travailler en continu, il ne dispense aucunement d'un exercice professionnel non reprochable ; et ceci d'autant que l'AFP a pour mission d'être une source et une référence en matière d'information. • Paris, 18 déc. 1996 : *Gaz. Pal. 1997. 2. Somm. 498.*

188. La diffusion d'un communiqué de presse par un ministère ou d'une dépêche par une agence de presse ne dispense pas le journaliste de ses devoirs d'enquête préalable et de prudence dans l'expression de la pensée. • Crim. 23 mai 1995, n° 93-82.815 P : *Dr. pénal 1996. 8, obs. Véron.* ♦ La brièveté d'un article de presse n'autorise pas le journaliste à s'affranchir de son devoir de vérifier, par une enquête préalable, l'information qu'il publie, pas plus qu'elle ne le dispense de faire preuve de prudence dans l'expression de la pensée. • Crim. 16 mars 2004, n° 03-82.453 P : *AJ pénal 2004. 287, obs. Coste ; JCP 2005. I. 143, obs. de Lamy.*

189. Cassation de l'arrêt qui a rejeté l'exception de bonne foi, alors que les écrits poursuivis s'inscrivaient dans un sujet d'intérêt général relatif à la crémation du corps des défunts et à la destination des cendres en résultant, et rendaient compte de dysfonctionnements susceptibles d'être intervenus au sein d'une entreprise de pompes funèbres en charge de ces activités, lesquels faisaient l'objet d'une enquête judiciaire, et qu'ils reposaient sur une base factuelle suffisante en ce qu'ils reprenaient des propos rapportés entre guillemets de certains témoins, par ailleurs entendus dans cette enquête et au sujet desquels il n'a pas été soutenu l'existence d'une contradiction entre les propos ainsi rapportés et ceux enregistrés en procédure, de telle sorte qu'il ne pouvait être fait grief aux prévenus d'avoir manqué à la prudence en commentant sans les dénaturer les explications fournies par le gérant de la société visée. • Crim. 19 juin 2018, n° 17-82.526 : *D. actu. 12 juill. 2018, obs. de Korodi.*

190. Est de bonne foi le journaliste qui, s'agissant de la publication de deux articles concernant la découverte du virus du SIDA (VIH) qui font état d'une censure opérée par un chercheur américain au détriment d'un chercheur français de l'Institut Pasteur, a effectué une enquête approfondie et sérieuse, a corroboré les révélations d'un journaliste américain par des données provenant du projet de rapport de l'*Office of scientific Integrity* et en mentionnant les déclarations faites sous serment par les personnes entendues, a insisté sur le caractère provisoire de ce rapport, et n'a pas employé de termes outranciers compte tenu de l'état de l'enquête en cours à la date des articles, les résultats définitifs n'étant pas encore connus et le demandeur ne pouvant prétendre être exonéré par la mise au point des Instituts nationaux de santé. • Civ. 2e, 9 oct. 1996, n° 93-10.330 P.

191. Si les imputations diffamatoires sont réputées, de droit, faites avec l'intention de nuire et impliquent l'intention coupable de leur auteur, cette présomption ne peut disparaître qu'en présence de faits justificatifs de nature à faire admettre la bonne foi ; il apparaît que le journaliste, auteur de l'article incriminé, a manifestement poursuivi un but légitime, à la fois en informant ses lecteurs d'un fait d'actualité ainsi que du dépôt d'une requête en révision par les avocats de l'individu condamné, et en faisant connaître aux lecteurs du quotidien les éléments de la contre-enquête qu'il avait rassemblés et qui appuyaient la requête en révision ; ce journaliste, ayant acquis la conviction de l'existence d'un doute quant à la culpabilité du condamné, a tenu à apporter sa contribution à la compréhension de l'affaire ; sa volonté de tenter de réparer ce qu'il estime être une erreur judiciaire doit donc être considérée comme une démarche légitime de la part d'une personne qui a vocation à éclairer l'opinion ; s'agissant de la méthode qu'il a utilisée pour y parvenir, il faut relever que le journaliste a apporté à la rédaction de son article des éléments sérieux puisés au cœur de l'enquête, de l'information judiciaire ou tirés des débats tenus devant la cour d'assises, et a insisté sur ceux d'entre eux qui lui paraissaient de nature à susciter un doute sur la culpabilité de la personne condamnée ; de plus, l'auteur de l'article a pris la précaution de mentionner entre guillemets les propos tenus par les protagonistes de l'affaire au cours de leurs déclarations ou dépositions figurant au dossier ; en outre, le ton de l'article incriminé n'était pas polémique et son expression est restée parfaitement mesurée ; en effet, les assertions proposées par le journaliste sont restées prudentes et n'ont manifesté aucune animosité à l'encontre de la personne dénommée dans l'article de presse ; le but poursuivi par le journaliste d'investigation, dont la sincérité de la démarche ne peut être suspectée, et le dommage qui pouvait être causé aux personnes mises en cause apparaissent ainsi proportionnées ; par voie de conséquence, le journaliste, auteur de l'article incriminé, n'a pas méconnu les devoirs de prudence qui s'imposent aux représentants de sa profession ; sa bonne foi doit être admise ; elle doit profiter au directeur de publication poursuivi. • Toulouse, 9 juin 2004 : *JCP 2005. IV. 1321.*

192. Devoir de réserve dans l'expression. La légitimité du but d'information poursuivi ne dispense pas le journaliste de ses devoirs de prudence et d'objectivité dans l'expression de la pensée. • Crim. 3 juill. 1996, n° 94-83.195 P. ♦ Le but légitime d'information du public sur le fonctionnement de la justice ne dispense pas le journaliste du respect de la présomption d'innocence, ainsi que des devoirs de prudence et d'objectivité dans l'expression de la pensée. • Crim. 22 oct. 1996, n° 94-84.819 P : *RSC 1997. 633, obs. Bouloc*.

193. La légitimité du but poursuivi, tel le devoir d'information sur une question d'intérêt général (contamination par le virus du SIDA), peut expliquer la vivacité de certaines expressions utilisées par un journaliste (« rapport truqué »), avec le bénéfice de la bonne foi pour lui. • Paris, 14 déc. 1993 : *D. 1995. Somm. 272, obs. Bigot*. ♦ ... Le fait justificatif de la bonne foi n'étant pas nécessairement subordonné à la prudence dans l'expression de la pensée. • Paris, 10 mai 1994 : *D. 1995. Somm. 272, obs. Bigot*. ♦ Toutefois, quand bien même il s'agirait d'un débat de société sensible et actuel, la polémique, en elle-même saine et légitime, ne saurait aller jusqu'à inclure des attaques personnelles qui n'apportent aucun élément positif ou constructif à la réflexion entreprise. • TGI Paris, 3 mars 1994 : *D. 1995. Somm. 272, obs. Bigot*.

194. Les affirmations brèves et sans nuance, aggravées par la virulence de la caricature, sont exclusives de la prudence dans l'expression qui aurait pu faire admettre la bonne foi. • Paris, 16 déc. 1993 : *inédit*.

195. Pour refuser, à bon droit, aux prévenus le bénéfice de la bonne foi, les juges, après avoir admis la légitimité du but d'information poursuivi par le journaliste et le sérieux de l'enquête à laquelle il s'est livré, énoncent que l'article s'abstient de relever les éléments positifs pouvant exister en faveur de la partie civile et se présente comme un « véritable réquisitoire » contre celle-ci, puis en déduisent que l'article n'est pas conforme à l'exigence d'objectivité, de prudence et de mesure dans l'expression. • Crim. 19 mars 1996 : *Gaz. Pal. 1996. 2, chron. crim. 117.*

196. Statuant sur l'action en réparation du préjudice causé par un article de presse intitulé « Un étrange banquier suisse au cœur de tous les trafics internationaux », la cour d'appel a pu décider que le journaliste avait agi de bonne foi, après avoir relevé que le demandeur n'avait pas invoqué dans ses conclusions le manque de prudence dans l'expression de la pensée, puis avoir retenu que le journaliste a produit de très nombreux documents établissant que l'enquête a été sérieuse, minutieuse et objective, et que le journaliste a agi dans l'intention légitime d'informer ses lecteurs. • Civ. 2e, 15 janv. 1997, n° 94-19.767 P : *D. 1998. Somm. 83, obs. Bigot*.

197. En l'état d'un reportage qui se livre, sur un ton modéré, au rappel d'une affaire, et qui, parlant de la partie civile, indique qu'elle a été mise en examen pour abus de confiance et la désigne comme le principal accusé, la relation des faits, exempte d'autres qualificatifs désobligeants, ne traduit aucun manque de mesure dans le propos, la mise en examen étant un fait incontestable et l'expression « principal accusé » traduisant bien la situation dans laquelle se trouve la partie civile, héros central des précédents développements de l'affaire et cible principale de ceux qui s'en disent les victimes, quel que soit le mérite de leurs accusations. • Paris, 30 sept. 1998 : *Dr. pénal 1999. 23, obs. Véron.*

198. Est justifiée la décision qui retient le caractère diffamatoire d'un écrit, en relevant que, de manière insidieuse, l'auteur de l'article laisse entendre que le plaignant, en raison de ses convictions politiques, n'a pas apporté à la défense de sa cliente la conscience professionnelle requise, ayant écarté des arguments qui auraient pu conduire les jurés à un verdict différent ; cette insinuation, qui comporte des attaques personnelles, excède les limites du droit de critiquer une stratégie de défense. • Crim. 20 oct. 1998 : *Dr. pénal 1999. 56, obs. Véron.*

199. S'inspirant de la lettre d'information de la chambre régionale des comptes qui relevait « des frais de compte contentieux importants », et plus particulièrement des honoraires injustifiés, le prévenu, journaliste, qualifiait les documents municipaux de « bidons » ; confirmant la relaxe du chef de diffamation, la cour précise que ce terme passé dans le langage courant d'une certaine presse ne choque plus personne, et qu'il est simplement destiné à appeler l'attention du lecteur ; elle estime que ce journaliste n'a été ni imprudent, ni inventif, se contentant de rapporter des faits exacts et poursuivant le but légitime d'information des contribuables sans animosité personnelle. • Montpellier, 30 sept. 1999 : *JCP 2001. IV. 1550.*

200. Traduisent une absence totale de prudence dans l'expression et une animosité certaine à l'égard de l'intimé, étrangères au devoir d'information du journaliste, de nature à exclure le directeur de la publication du bénéfice de la bonne foi et à justifier le montant des dommages-intérêts alloués par les premiers juges, les termes mêmes d'un article qui affirme que « derrière l'homme public au grand cœur se cache un abominable radin qui a refusé de secourir sa propre grand-mère ... Au moment où il aménageait son luxueux yacht de 72 mètres, la pauvre femme n'a pu lui faire lâcher un centime pour des réparations d'urgence dans sa vieille bicoque ... La grand-mère du milliardaire couche parmi les moisissures », et fait état du témoignage d'une voisine se référant à « la rumeur » selon laquelle « le devis des réparations, d'à peine 60 000 F, a été soumis à [l'intéressé] et qu'il n'a pas donné suite ». • Paris, 16 oct. 2000 : *D. 2000. IR 306.*

201. A légalement justifié sa décision la cour d'appel qui, pour admettre le bénéfice de la bonne foi, et après avoir exactement énoncé que le fait justificatif de la bonne foi est subordonné à la prudence et à la mesure dans l'expression de la pensée et s'impose au journaliste avec d'autant plus de rigueur qu'il relate des faits complexes, relève que le prévenu, qui disposait d'éléments suffisamment sérieux pour croire légitimement en la véracité de ses allégations, ne les avait pas présentées d'une manière tendancieuse, n'avait procédé à aucun amalgame entre pressions et discussions, n'avait pas dramatisé l'enjeu du choix de la méthode comptable utilisée, et avait par conséquent livré ses informations dans les conditions rappelées. • Civ. 1re, 3 avr. 2007, n° 05-21.344 P : *D. 2007. AJ 1207.*

202. S'agissant de la publication par un magazine régional d'un article sur les sectes du département, a légalement justifié sa décision la cour d'appel qui, pour caractériser la bonne foi du prévenu, a énoncé que, compte tenu des buts poursuivis par le magazine, l'article procédait d'une motivation légitime d'information pour ses lecteurs en faisant le point à l'échelon régional sur un sujet d'intérêt, voire de préoccupation, national, qu'il se gardait de développer une critique quelconque sur « l'association » ou de formuler un jugement de valeur, mais se bornait à rappeler, en la situant dans le contexte avec des termes neutres, non péjoratifs, qu'elle figurait au classement de la commission d'enquête. • Civ. 1re, 3 avr. 2007, n° 06-12.654 P.

203. La bonne foi est acquise aux prévenus en l'état d'un article traitant d'un sujet d'intérêt général relatif au rachat frauduleux par un organisme bancaire d'une compagnie d'assurance de droit étranger, qui avait entraîné la mise à la charge de l'État français, et donc du contribuable, des sommes considérables, et ne dépassant pas les limites de la liberté d'expression au sens de l'art. 10 Conv. EDH. • Crim. 11 mars 2008 : *préc. note 21.*

204. La liberté d'expression ne peut être soumise à des ingérences que dans les cas où celles-ci constituent des mesures nécessaires au regard du paragraphe 2 de l'art. 10 Conv. EDH ; un article portant sur un sujet d'intérêt général relatif au traitement judiciaire d'une affaire criminelle ayant eu un retentissement national ne dépasse pas les limites admissibles de la liberté d'expression dans la critique de l'action d'un magistrat. • Crim. 12 mai 2009, n° 08-85.732 P : *D. 2009. 1762, obs. Lavric ; ibid. 2316, note Agostini ; JCP 2009, n° 46, obs. de Lamy ; Dr. pénal 2009. 120, obs. Véron.* ♦ La liberté d'expression ne peut être soumise à des ingérences que dans les cas où celles-ci constituent des mesures nécessaires au regard de l'art. 10, §2, Conv. EDH. Après avoir relevé, à juste titre, le caractère diffamatoire des propos dénoncés par la partie civile, l'arrêt, pour refuser le bénéfice de la bonne foi au prévenu, prononce par les motifs repris au moyen ; mais en se déterminant ainsi, alors que le passage incriminé, relatif au conflit israélo-palestinien dans la bande de Gaza, ne dépassait pas les limites admissibles de la liberté d'expression sur le sujet d'intérêt général constitué par le débat relatif à la couverture par la chaîne France 2 d'un évènement ayant eu un retentissement mondial ainsi qu'à l'origine des blessures présentées par M. Z..., la cour d'appel a méconnu le texte susvisé et le principe ci-dessus énoncé. • Crim. 10 sept. 2013, n° 12-81.990 P : *D. actu. 3 oct. 2013, obs. Lavric ; D. 2014. Pan. 508, obs. Dreyer*.

205. Devoir de surveillance et de rigueur dans la diffusion de l'information. Pour refuser le bénéfice de l'excuse de bonne foi, l'arrêt retient que le journaliste, qui n'a pu justifier de l'exactitude de sa retranscription, et a dû procéder à une rectification ultérieure, a manqué à son devoir de reproduire fidèlement les propos recueillis lors de l'entretien, et ce d'autant plus qu'il devait avoir conscience de leur caractère diffamatoire ; en prononçant par ces motifs, d'où il résulte que les prévenus (directeur de publication et journaliste) n'ont pas satisfait à leur devoir de surveillance et de rigueur dans la diffusion de l'information, la cour d'appel a justifié sa décision. • Crim. 23 juin 2015, n° 13-87.811 P : *D. actu. 22 juill. 2015, obs. Lavric.*

206. N'a pas justifié sa décision une cour d'appel qui a écarté le bénéfice de la bonne foi au profit d'un journaliste auteur d'un ouvrage sur le dopage au sein de l'équipe de France de rugby, alors que, si les propos incriminés ne reprennent pas mot à mot les déclarations du médecin de l'équipe au sujet de la prise de produits à base d'amphétamines par la partie civile, il ne les ont pas pour autant déformés sur ce point, leur retranscription par huissier, comme celle, moins précise, figurant dans le livre litigieux, insinuant, toutes deux, que certains joueurs, dont l'appelant, avaient eu exceptionnellement recours à ce type de produit. • Crim. 11 juill. 2017, n° 16-84.859 P : *D. actu. 6 sept. 2017, obs. Lavric.*

j. Humoristes

207. Moindre rigueur. Si le genre satirique n'exclut pas la recherche d'une éventuelle intention malveillante, exclusive de la bonne foi, on ne peut, par contre, exiger de l'humoriste, la prudence dans l'expression de sa pensée ou l'objectivité dans sa démarche ; l'excès est la loi du genre, et l'artiste n'est pas tenu au même souci d'information exacte et de respect de la vérité que le journaliste. • T. corr. Paris, 9 janv. 1992 : *Gaz. Pal. 1992. 1. 182, note Bilger ; D. 1994. Somm. 195, obs. Bigot*. ♦ L'auteur d'un article manifestement diffamatoire peut revendiquer le bénéfice de la bonne foi, dès lors que l'objectif qu'il s'est fixé de faire rire le lecteur est légitime et apparaît clairement à la lecture de l'article. • T. corr. Paris, 16 févr. 1993 : *D. 1994. Somm. 195, obs. Bigot*. ♦ Rappr., relativement à une revue présentée par des avocats ayant pour but de traiter par l'humour des événements marquants de la vie judiciaire : • TGI Paris, 26 mars 1990 : *Gaz. Pal. 1991. 1. 354.*

208. Le caractère prétendument humoristique de l'opposition entre le monde des affaires et celui de l'espionnage ne saurait faire disparaître le caractère diffamatoire d'un propos, placé de surcroît dans un contexte critique à l'égard des activités de la victime. • Crim. 3 déc. 1991 : *Dr. pénal 1992. 142.* ♦ Le bénéfice de la bonne foi ne peut être légalement accordé à un humoriste qui a manqué de prudence en proférant des propos diffamatoires envers un homme politique, dans le contexte d'une émission d'information générale. • Crim. 29 nov. 1994, n° 92-85.281 P : *D. 1997. Somm. 74, obs. Bigot ; Dr. pénal 1995. 92, obs. Véron ; RSC 1995. 571, obs. Bouloc*.

209. Ne tire pas les conséquences légales de ses constatations et viole l'art. 1382 C. civ. la cour d'appel qui, pour rejeter la demande formée par le président-directeur général d'une société en réparation du préjudice causé par l'émission de télévision « Les Guignols de l'info », celui-ci estimant que les propos qui lui sont prêtés et les situations dans lesquelles il est présenté dévalorisent les produits de sa marque et lui causent un préjudice, énonce que cette émission, qui revêt un caractère de pure fantaisie, est privée de toute signification réelle et de toute portée, qu'elle n'est inspirée par aucune intention de nuire et qu'elle n'a pu jeter le discrédit sur la marque ou l'un des signes distinctifs dont cette société est titulaire, après avoir relevé le caractère outrancier, provocateur et renouvelé des propos tenus s'appliquant à la production de la société, d'où résulte l'existence d'une faute et alors que l'application de l'art. 1382 C. civ. n'exige pas l'existence d'une intention de nuire. • Civ. 2e, 2 avr. 1997, n° 95-14.687 P : *D. 1997. 411, note Edelman ; JCP 1998. II. 10010, note Bigot ; RJDA 1997. 489, et 398, concl. Kessous.* ♦ Cassation de • Paris, 14 mars 1995 : *D. 1996. Somm. 252, obs. Izoche , et 1997. Somm. 75, obs. Bigot* (la caricature, aspect de la liberté d'expression, n'est prise au sérieux par personne du fait de l'excès même de son contenu volontairement irrévérencieux et provocateur ; à ce titre, elle peut altérer l'image ou la personnalité de ceux qu'elle représente à condition de ne pas dépasser les limites du genre). ♦ *Adde* : Gridel, *D. 1998. Chron. 183* (brèves remarques approbatives de la cassation intervenue dans l'affaire dite des Guignols de l'info). – Baud et Colombet, *ibid. 1998. Chron. 227* (la parodie de marque : vers une érosion du caractère absolu des signes distinctifs ?). ♦ V., dans la même affaire, sur renvoi de • Civ. 2e, 2 avr. 1997 : *préc.* • Reims, 9 févr.

1999 : *D. 1999. 449, note Edelman* ; *JCP 1999. II. 10144, note Bigot* • Cass., ass. plén., 12 juill. 2000, n° 99-19.004 P : *BICC 15 nov. 2000, p. 7, concl. Joinet, rapp. et note Bargue ;D. 2000. Somm. 463, obs. Jourdain* ; *ibid. 2001. 259, note Edelman* ; *JCP 2000. II. 10439, note Lepage ; RTD civ. 2000. 842, obs. Jourdain (2 esp.)* (rejet du pourvoi contre • Reims, 9 févr. 1999 : *préc.*). ♦ Rappr. sur le fondement de l'art. 9 C. civ. : • Civ. 1re, 13 janv. 1998, n° 95-13.694 P : *JCP 1998. II. 10082, note Loiseau* (chacun a le droit de s'opposer à la reproduction de son image et cette reproduction sous forme de caricature n'est licite, selon les lois du genre, que pour assurer le plein exercice de la liberté d'expression).

210. Constituent l'imputation d'un fait précis portant atteinte à son honneur et à sa considération les propos qui, même figurant sous une rubrique ironique, conduisent à penser que la partie civile, dont les responsabilités sont publiquement connues, aurait mené à la « faillite », c'est-à-dire, dans l'esprit du public, à un échec complet et à la déconfiture, la seule entreprise qu'elle aurait créée, un restaurant, et ainsi, à lui ôter toute crédibilité. • Paris, 20 mars 2003 : *Gaz. Pal. 2003. 1. 1815, note Amson.* ♦ ... Le bénéfice de la bonne foi ne peut être reconnu, le prévenu, qui n'a pas fait d'offre de preuve de la vérité des faits diffamatoires, ne justifiant pas avoir procédé à une enquête sérieuse pour vérifier le fait précis imputé à la partie civile, savoir la « faillite » de l'entreprise par lui créée ; il ne s'agit pas, contrairement à ce qu'il soutient, d'un fait anodin, ni rendu tel par le genre polémique et ironique de l'article ; il ne peut en outre utilement invoquer l'absence de réaction de la partie civile à un précédent article, qui faisait état, dans un autre contexte, de la faillite du restaurant. • Même arrêt.

211. Le caractère provocateur et sarcastique d'un magazine ne dispense pas des devoirs de prudence et d'objectivité. • Civ. 2e, 24 févr. 2005, n° 02-19.136 P.

212. Pour renvoyer les prévenus des fins de la poursuite du chef d'injure publique, l'arrêt retient, notamment, que le registre de la satire et de la bouffonnerie propre à une séquence télévisée, dont le but est de faire rire, en se moquant des personnalités qui y sont présentées, *sans délivrer pour autant* un message de vindicte et de mépris à leur égard, ne permet pas d'interpréter le dessin litigieux, un arbre généalogique sous forme d'une croix gammée, en raison de son caractère manifestement outrancier et dénué du moindre sérieux, comme donnant de la partie civile une image reflétant un tant soit peu la réalité de son positionnement politique et de l'idéologie qui l'animerait ; en se déterminant ainsi, et dès lors que le dessin poursuivi, outrageant à l'égard de la partie civile, mais présentant, sur un mode satirique, dans un contexte de polémique politique, l'inspiration idéologique prêtée au responsable d'un parti politique, ne dépassait pas les limites admissibles de la liberté d'expression, la cour d'appel a justifié sa décision. • Crim. 20 sept. 2016, n° 15-82.941 : *D. actu. 12 oct. 2016, obs. Lavric.*

213. La liberté d'expression peut être soumise à des ingérences dans les cas où celles-ci constituent des mesures nécessaires au regard du § 2 de l'art. 10 Conv. EDH ; dépasse les limites admissibles de la liberté d'expression la diffusion d'un message qui porte atteinte à la dignité de la partie civile en l'associant à un excrément, fût-ce en la visant en sa qualité de personnalité politique lors d'une séquence satirique d'une émission télévisée. • Crim. 20 sept. 2016, n° 15-82.942 P : *D. actu. 12 oct. 2016, obs. Lavric, préc. ; Légipresse 2016. 342 ; RSC 2016. 547, obs. Francillon* .

214. A la suite d'une publication critiquant la politique du ministre de l'Intérieur en matière d'immigration, qui faisait référence à une femme politique en la qualifiant de « salope fascisante », celle-ci a déposé plainte et s'est constituée partie civile du chef d'injure ; dès lors que les propos poursuivis, outrageants à l'égard de la partie civile, mais exprimant l'opinion de leur auteur sur un mode satirique, dans un contexte polémique, au sujet des idées prêtées au responsable d'un parti politique, ne dépassaient pas les limites admissibles de la liberté d'expression au sens de l'art. 10 Conv. EDH, la cour d'appel a justifié sa décision. • Crim. 20 sept. 2016, n° 15-82.944 : *D. actu. 12 oct. 2016, obs. Lavric, préc.*

4° *FAITS JUSTIFICATIFS GÉNÉRAUX*

215. Ordre de la loi. Conformément à l'art. 327 C. pén., il n'y a pas diffamation lorsque la publication incriminée est ordonnée par la loi ; il en résulte que le directeur du *Journal officiel* ne saurait encourir aucune responsabilité du fait de l'insertion d'une déclaration d'association, dont il ne peut légalement se dispenser en exécution des art. 5 de la L. du 1er juill. 1901 et 1er du décret du 16 août 1901. • Crim. 17 févr. 1981 : *Bull. crim. n° 63 ; RSC 1982. 350, obs. Levasseur* • 14 nov. 1989 : *Bull. crim. n° 418.* ♦ Le directeur de la publication d'un journal ne saurait encourir aucune responsabilité du fait de l'insertion d'une annonce dont il ne peut légalement se dispenser (publication d'une annonce légale). • Crim. 17 oct. 1995, n° 93-85.440 P : *Gaz. Pal. 1996. 1. 103, note Doucet ; RSC 1996. 647, obs. Bouloc* .

216. L'appréciation du maire sur la fausseté des renseignements fournis lors d'une demande de permis de construire ne saurait constituer une diffamation dès lors que la L. du 11 juill. 1979 impose à l'Administration de motiver en droit et en fait certaines décisions à caractère individuel, notamment celles rapportant une décision créatrice de droits, et qu'un retrait d'acte administratif doit intervenir dans le délai du recours contentieux, ou sans condition de délai si l'acte a été obtenu frauduleusement. • Crim. 3 mai 2000, n° 99-84.796 P.

217. Droit (devoir) de dénonciation. Il résulte de la combinaison des art. L. 1152-2, L. 4131-1, al. 1er, C. trav. et 122-4 C. pén. que les salariés sont autorisés par la loi à dénoncer, auprès de leur employeur et des organes chargés de veiller à l'application des dispositions du code du travail, les agissements répétés de harcèlement moral dont ils estiment être victimes ; dès lors, la relation de tels agissements, auprès des personnes précitées, ne peut être poursuivie pour diffamation ; toutefois, lorsqu'il est établi, par la partie poursuivante, que le salarié avait connaissance, au moment de la dénonciation, de la fausseté des faits allégués, la mauvaise foi de celui-ci est caractérisée et la qualification de dénonciation calomnieuse peut, par suite, être retenue. • Civ. 1re, 28 sept. 2016, n° 15-21.823 P : *D. actu. 11 oct. 2016, obs. Lavric.*

218. En revanche cette révélation doit se limiter aux seules personnes visées par le texte à savoir l'employeur ou les organs chargés de veiller à l'application des dispositions du code du travail, et en aucun cas à des tiers. • Crim. 26 nov. 2019, n° 19-80.360 P : *AJ pénal 2019. 130, obs. Lasserre Capdeville.*

B. ATTEINTE DIFFAMATOIRE

1° ATTEINTE PERSONNELLE

a. Principe

219. Élément constitutif. L'atteinte personnelle n'est pas seulement une condition de l'action, elle forme un élément constitutif du délit de diffamation (ou d'injure), en l'absence duquel l'infraction n'existe pas. • TGI Paris, 25 oct. 1978 : *D. 1980. 33, note Mayer.*

220. Exclusion des biens et services. Dès lors qu'elles ne concernent pas la personne physique ou morale, les appréciations, même excessives, touchant les produits, les services ou les prestations d'une entreprise industrielle ou commerciale n'entrent pas dans les prévisions de l'art. 29 de la L. du 29 juill. 1881. • Crim. 8 févr. 1994, n° 90-85.699 P • 10 sept. 2013, n° 11-86.311 P : *D. actu. 4 oct. 2013, obs. Lavric ; AJ pénal 2014. 34, obs. Verly ; Dr. pénal 2013, n° 174, obs. Véron* • Civ. 2e, 5 juill. 2000, n° 98-14.255 P : *D. Affaires 2000. Actu. 359* • 23 janv. 2003, n° 01-12.848 P : *Gaz. Pal. 2003. 2. 3845, note Guerder* • 24 avr. 2003, n° 00-16.895 P : *Gaz. Pal. 23-25 nov. 2003, note Roiland* • 8 avr. 2004, n° 02-17.588 P (confirmation de • Paris, 16 mai 2002 : *Gaz. Pal. 2002. 2. Somm. 1641*) • Civ. 2e, 7 oct. 2004 : *D. 2004. IR 2692 ; JCP 2004. IV. 3157* • 16 juin 2005, n° 03-18.625 P : *D. 2005. 2916, note Agostini.* • Civ. 1re, 30 mai 2006, n° 05-16.437 P : *D. 2006. IR 1914 ; D. 2007. Pan. 1040, obs. Massis.* ♦ La diffamation suppose une imputation dirigée contre une personne et n'existe pas en cas de dénigrement d'un produit. • Amiens, 12 janv. 1901 : *DP 1901. 2. 394* • Paris, 9 mai 1988 : *D. 1988. IR 179* • TGI Paris, 18 avr. 1984 : *JCP 1985. II. 20368, note Chavanne* • TGI Lyon, 18 mars 1994 : *Gaz. Pal. 1994. 2. Somm. 773.* ♦ Il s'ensuit que l'action en dénigrement, fondée sur l'art. 1382 C. civ. en raison des propos contenus dans un article publié à l'encontre d'un produit est recevable. • Civ. 2e, 8 avr. 2004 : *préc.*

221. L'assertion d'un journaliste imputant à un fabricant le fait de négliger la sécurité des utilisateurs de ses pneumatiques, malgré les risques certains établis par une enquête, constitue une allégation diffamatoire de nature à porter atteinte à son honneur et à sa considération. • TGI Paris, 19 nov. 1980 : *D. 1980. 436, note Bouloc.*

222. Viole l'art. 29 de la L. du 29 juill. 1881 la cour d'appel qui, pour écarter la courte prescription de l'art. 65 du même texte, statue au motif que les propos litigieux tenus par une société dans une revue qu'elle édite visaient uniquement une autre revue en tant que produit concurrentiel de nature commerciale, à l'exclusion de toute mise en cause personnelle des responsables de cette revue, alors que les allégations de vol et de spoliation portaient atteinte à l'honneur et à la considération de la société à laquelle elles étaient imputées. • Civ. 2e, 19 juin 1996, n° 94-20.515 P : *D. Affaires 1996. 1056.*

223. Même à les supposer établies, les critiques sur la qualité ou la fraîcheur des produits vendus par un commerçant ne sauraient justifier une mise en cause de sa probité professionnelle en des termes excessifs. • Crim. 24 sept. 1996 : *Dr. pénal 1997. 7, obs. M. V.*

224. La différence entre diffamation et dénigrement apparaît selon les usages et les termes de la loi sur la presse comme l'existence d'un fait pour la diffamation et d'un comportement général pour le dénigrement. • T com. Paris, 26 févr. 1999 : *Gaz. Pal. 2001. 1. Somm. 310.*

225. La critique gastronomique est libre et permet la libre appréciation de la qualité ou de la préparation des produits servis dans un restaurant. • Civ. 2e, 23 janv. 2003, n° 01-12.848 P : *Gaz. Pal. 2003. 2. 3845, note Guerder.*

226. Les allégations dénaturant le vin dit « beaujolais », jusqu'à la scatologie, et en l'assimilant, finalement, à un excrément, s'analysent en un dénigrement d'un produit de consommation et d'une marque, reconnus mondialement, ainsi que (de) tous ceux qui les ont conçus et commercialisés, tel qu'il n'entre pas dans le cadre de la L. du 29 juill. 1881 réservée aux atteintes à l'honneur, ou à la considération des personnes ou d'un corps auquel un fait est imputé ;

en s'exprimant ainsi, les défendeurs, expert et journaliste ont dépassé l'exercice admissible de leurs fonctions sociales respectives de critique – même sévère – et d'information, en abusant gravement de la liberté d'expression et d'impression qui leur sont reconnues par la loi précitée, attitudes constitutives d'une faute, au sens de l'art. 1382 C. civ., seul applicable en l'espèce, dont les syndicats demandeurs, chargés d'assurer la défense des intérêts matériels, moraux et sociaux de la profession concernée, pouvaient solliciter réparation en application de leurs statuts. • TGI Villefranche-sur-Saône, 20 janv. 2003 : *D. 2003. 1645, note Agostini* ✎. ♦ Confirmé par : • Lyon, 13 août 2003 : *Gaz. Pal. 2005. 1. 346, note Goni.* ♦ Une cour d'appel, qui retient que les allégations critiquées dans l'article intitulé « Le beaujolais, ce n'est pas du vin » ne portaient pas atteinte à l'honneur ou à la réputation attachée à la personne des adhérents des syndicats demandeurs, que seul le vin produit était mis en cause, et que si l'article faisait référence à certaines techniques viticoles et pratiques œnologiques conduites par les viticulteurs, c'était pour démontrer que le beaujolais n'est pas du vin « mais plutôt une sorte de jus de fruit légèrement fermenté et alcoolisé », en déduit à bon droit que, dès lors qu'elles ne concernaient aucune personne physique ou morale déterminées, ces appréciations n'entraient pas dans les prévisions de l'art. 29 de la loi sur la presse. • Civ. 2e, 16 juin 2005 : 🏛 *préc. note 220.* ♦ Rejet du pourvoi contre : • Lyon, 13 août 2003 : *préc.*

227. La publication de critiques, même sévères, concernant un vin ne peut constituer une faute dans le contexte du débat public sur l'opportunité d'une subvention de l'État bénéficiant aux viticulteurs à la suite de la décision de transformer 100 000 hectolitres de vin en vinaigre ou en alcool, ainsi que sur la recherche des causes d'une surproduction et d'une baisse de la consommation. • Civ. 2e, 16 juin 2005 : 🏛 *préc. note 220.*

228. Les appréciations, même excessives, touchant les produits, les services ou les prestations d'une entreprise industrielle ou commerciale n'entrent pas dans les prévisions de l'art. 29 de la L. du 29 juill. 1881 dès lors qu'elles ne concernent pas une personne physique ou morale déterminée ; une cour d'appel, qui retient que les propos incriminés relevaient de la critique d'un produit, et estime, au vu du rapport d'expertise, que les informations présentées comme des précisions apportées au test comparatif publié par une revue de défense des consommateurs constituaient des allégations fausses et malveillantes sur les propriétés ou conditions de fabrication de produits concurrents des jus d'orange commercialisés par l'auteur, ne mettaient en cause aucune personne physique ou morale déterminée, en déduit exactement que l'action de la société fondée expressément sur les dispositions de l'art. 1382 C. civ. est recevable. • Civ. 1re, 30 mai 2006 : 🏛 *préc. note 220.*

229. Statuant sur l'action d'un groupement foncier agricole en responsabilité contre la société éditrice d'un journal pour abus de la liberté d'expression, la cour d'appel a constaté que si le premier article dénigrait le vin en le qualifiant de picrate, à peine buvable, même si une allusion était faite au fait que le viticulteur refusait d'utiliser le moindre engrais pour traiter ses vignes alors qu'il avait passé sa vie à en produire, il ne portait aucune critique sur la personne du viticulteur ; que si le second article confirmait que le vin était imbuvable en réponse à la réaction du viticulteur contre la critique portant sur la qualité de son vin, il y était rajouté que ce picrate donnait un très mauvais souvenir et que « le pinard du viticulteur n'est pas fameux, surtout le blanc qui donne mal à la tête » ; elle en a déduit que ces allégations ne mettaient pas en cause directement les compétences de l'exploitant et ne visaient qu'à critiquer le vin ; c'est donc à bon droit que la cour d'appel a estimé que les propos incriminés n'entraient pas dans le cadre de la L. du 29 juill. 1881. • Civ. 1re, 5 juill. 2006, 🏛 no 05-16.614 P : *D. 2007. Pan. 1040, obs. Massis.* ♦ … La cour d'appel a énoncé que l'assimilation du vin du groupement foncier agricole à un picrate, soit un vin de mauvaise qualité, qualifié par ailleurs d'à peine buvable dans le premier article, puis d'imbuvable dans le second, s'apparente à un dénigrement manifestement excessif, dans la mesure où ces vins avaient été régulièrement récompensés, avaient fait l'objet d'une dégustation organisée, ne méritaient pas le qualificatif de picrate à peine buvable, et où l'appréciation avait été portée de manière péremptoire sans détailler les qualités et les défauts gustatifs de ce vin ; ayant relevé qu'au moment de la parution des articles de presse en cause, l'éditeur n'avait pas vérifié ces informations, la cour d'appel a pu en déduire que le journal s'était départi de la prudence et de la modération qu'il devait observer. • Même arrêt.

230. Des propos ne doivent pas être analysés sous l'angle de la diffamation, mais relèvent du dénigrement, conformément aux dispositions de l'article 1382 C. civ., avec compétence de la juridiction commerciale pour en connaître, dans la mesure où ils concernent les offres et services d'un concurrent. • T. com. Paris, 22 févr. 2013, no 2012076280 : *D. actu. 5 mars 2013, obs. Chevrier.*

231. Pour déclarer le prévenu coupable de diffamation publique envers des particuliers, l'arrêt retient que les passages litigieux visent directement la société LT et son cuisinier gérant M. Y…, parfaitement identifiés, et qu'à partir d'une référence historique à la vie du roi Louis VIII, mort d'une dysenterie, ils leur imputent la mauvaise qualité des denrées consommées dans l'établissement, et ses conséquences sur la santé des clients, ce qui caractérise des allégations portant atteinte à leur honneur et à leur considération ; mais en se déterminant ainsi, alors que les appréciations litigieuses ne mettaient en cause aucune personne physique ou morale déterminée, mais seulement la qualité des prestations d'une entreprise commerciale désignée sous l'enseigne Carte blanche, la cour d'appel a méconnu le sens et la portée de l'art. 29 de la L. du 29 juill. 1881. • Crim. 10 sept. 2013, n° 11-86.311 P : *D. actu. 4 oct. 2013, obs. Lavric ; AJ pénal 2014. 34, obs. Verly ; Dr. pénal 2013, n° 174, obs. Véron.*

232. Personne morale. L'art. 29 de la L. du 29 juill. 1881, qui définit notamment la diffamation envers la personne, s'applique aussi bien aux personnes morales qu'aux personnes physiques. • Crim. 12 oct. 1976 : *Bull. crim. n° 287 ; RSC 1977. 587, obs. Levasseur.* ♦ En matière de diffamation, la L. du 29 juill. 1881 ne distingue pas entre personnes morales et personnes physiques, victimes d'atteinte à l'honneur ou à la considération. • Versailles, 12 sept. 2002 : *Gaz. Pal. 2003. 2. Somm. 2572.*

233. Une société anonyme est une personne morale susceptible d'être déclarée atteinte dans son honneur et dans sa considération par des articles injurieux et diffamatoires dirigés contre elle, et de nature à l'atteindre dans sa réputation commerciale. • Crim. 10 juill. 1937 : *Bull. crim. n° 147 ; DP 1938. 1. 41, note Mimin* • 12 juin 1956 : *ibid. n° 461* • 12 oct. 1976 : *préc. note 232.* ♦ Justifie légalement sa décision la cour d'appel qui, pour déclarer une société exploitant un hôtel irrecevable à demander la réparation du préjudice que lui a causé un article de presse présentant son établissement comme un « hôtel de passe », retient à bon droit que l'article contient l'imputation de faits attentatoires à l'honneur et à la considération constitutifs de diffamation à l'égard de la société. • Civ. 2e, 18 déc. 1995, n° 93-21.287 P. ♦ V. également : • Civ. 2e, 19 juin 1996, n° 94-20.515 P : *D. Affaires 1996. 1056.* ♦ Apprécie exactement le sens et la portée des propos incriminés l'arrêt qui retient qu'a commis une diffamation le journaliste ayant présenté un voyage organisé par une société comme une escroquerie au séjour linguistique, sans que cette escroquerie fût imputée à un tiers, formulation qui laissait supposer que cette société avait encaissé des sommes d'argent sans fournir la prestation annoncée. • Civ. 2e, 20 avr. 2000, n° 98-14.549 P : *Gaz. Pal. 2001. 1. Somm. 980, note Guerder.* ♦ L'imputation d'un comportement illicite à une personne morale porte nécessairement atteinte à sa considération. • Crim. 19 juin 2018, n° 17-82.526 : *D. actu. 12 juill. 2018, obs. de Korodi.*

234. L'insinuation selon laquelle une entreprise serait impliquée dans une affaire qui pourrait aboutir à des condamnations pénales porte indubitablement atteinte à l'honneur et à la considération des personnes visées, dès lors que les auteurs des propos ne démontrent pas la vérité des faits diffamatoires et quand bien même ceux-ci auraient employé le conditionnel. • Paris, 18 déc. 1998 : *Gaz. Pal. 1999. 2. Somm. 581, note Manseur-Rivet.* ♦ Présente un caractère diffamatoire le fait, pour une société, bénéficiaire de la condamnation par voie de justice d'une société concurrente, d'avoir procédé à la publication de cette décision dans un journal professionnel en mentionnant faussement que cette condamnation était intervenue « pour contrefaçon de modèles et concurrence déloyale », cet ajout ayant pu conduire les lecteurs à croire que cette société avait été condamnée pour de tels faits ; la L. du 29 juill. 1881 était applicable en l'espèce mais l'application de son art. 65 doit conduire à constater que la diffamation est prescrite. • Paris, 15 sept. 2000 : *Gaz. Pal. 2000. 2. Somm. 2715, note Vray, p. 2714.* ♦ ... Il en va différemment du titre « publication judiciaire » sous lequel la publication a été faite, sans autorisation de la juridiction ; ce fait est constitutif d'une faute distincte de la diffamation et engage la responsabilité de l'auteur de la publication sur le fondement de l'art. 1382 C. civ. ; dès lors, le tribunal de commerce était compétent pour statuer et a légitimement fait droit à la demande de réparation formée par la victime. • Même arrêt. ♦ L'imputation générale de « mercantilisme » formulée à l'encontre d'une société commerciale de vente de disques dont l'objectif est, précisément, la vente et la réalisation de bénéfices, conformément à la loi et aux usages commerciaux, ce qui n'est pas contesté en l'espèce, ne constitue pas un fait précis portant atteinte à son honneur et à sa considération. • Paris, 4 févr. 2000 : *Gaz. Pal. 2000. 2. Somm. 1715.*

235. Dès lors que des attaques portées contre des membres du corps judiciaire rejaillissent sur un syndicat de magistrats présenté comme défendant une conception de la justice à laquelle les magistrats visés auraient conformé leur attitude, l'action de ce syndicat contre l'auteur des attaques est recevable. • Crim. 23 mars 1978 : *Bull. crim. n° 115 ; RSC 1979. 332, obs. Levasseur.* ♦ L'« Union syndicale des médecins respectant la vie humaine » ne tient pas de la loi le droit de poursuivre de prétendues diffamations, qui, dirigées éventuellement contre un groupe de médecins se réclamant de la « clause de conscience en matière d'interruption volontaire de grossesse », n'atteignent pas personnellement le syndicat. • Crim. 19 janv. 1982 : *Bull. crim. n° 19.*

236. Laisser entendre, dans un ouvrage consacré à mettre le lecteur en garde contre les dangers des « multinationales de l'escroquerie morale et financière » que le mode de vie dans une association impliquerait l'exploitation des adeptes au mépris des droits fondamentaux de la personne humaine, avec notamment la pratique de la sexualité collective, constitue l'imputation de faits précis portant atteinte à l'honneur et à la réputation de l'association demanderesse. • TGI Paris, 11 déc. 1996 : *JCP 1997. II. 22938, note Lacabarats.* ♦ Pour des faits attribués à une association, contraires à son intégrité et mettant en cause les doctrines professées par elle, V. • Paris, 3 juin 1997 : *Gaz. Pal. 1997. 2. Somm. 331.* ♦ Une cour d'appel, qui relève que des propos, tenus devant une caméra de télévision à l'occasion d'un rassemblement de plusieurs milliers d'adhérents d'une association, qui indiquent que l'argent ayant servi à la location de la salle où se réunit le congrès annuel de l'association, est de l'argent « sale » et qui laissent entendre que l'association utilise des moyens répréhensibles pour recruter ses membres et faire pression sur eux, similaires à ceux employés par les fournisseurs de drogue, décide à bon droit que ces propos sont diffamatoires envers l'association. • Civ. 2e, 15 avr. 1999, n° 97-14.684 P. ♦ Pour des imputations de détournements de fonds pesant sur une association, V. • Paris, 24 sept. 1999 : *Gaz. Pal. 2000. 2. Somm. 1717.* ♦ Une association de confession musulmane, seule représentative et régulièrement déclarée, a pu se sentir visée dans un article qui rapporte la présence de membres de la communauté musulmane aux obsèques d'un ressortissant français d'origine tunisienne à la suite de l'explosion de l'usine AZF de Toulouse le 21 sept. 2001, et évoquant les liens de la victime avec l'islamisme radical. • Toulouse, 27 juin 2002 : *D. 2002. 2972, note Lienhard* ; *Rev. Gendarm. nationale, 2002, déc., p. 104, note Lienhard.*

237. Le fait qu'un document vise expressément la « Direction » ainsi que la « Direction des ressources humaines (DRH) » d'une entreprise, implique, sans équivoque possible, la mise en cause, tant de la société elle-même, personne morale, que des membres de la direction qui la représentent, et il ne peut donc être soutenu que la société serait irrecevable à agir en sa qualité de personne morale, au motif que l'un de ses représentants légaux intervient à titre personnel. • Versailles, 12 sept. 2002 : *Gaz. Pal. 2003. 2. Somm. 2572.*

238. Constitue un acte de diffamation le fait de diffuser sur des sites des propos qui imputent à une société la commission de nombreux délits (soustraction de preuves, faux et usage, violation du secret professionnel, corruption, y compris de magistrats) et de faits contraires à la morale des affaires comme à l'intérêt de ses sociétaires ; ces propos, combinés avec des noms de domaines qui « associent notamment le nom de la société demanderesse à l'auteur habituel d'une infraction pénale et à la ruine de ses adhérents », sont contraires à l'honneur et à la considération d'une société commerciale et constituent une diffamation à son égard ; il y a donc lieu, en raison de leur caractère globalement diffamatoire à l'encontre de la société, d'ordonner la cessation de la diffusion du contenu des sites accessibles par les adresses elles-mêmes diffamatoires ; en revanche, l'hébergeur des sites litigieux qui en a spontanément suspendu l'accès, en application des dispositions nouvelles de l'art. 6 de la loi n° 2004-575 du 21 juin 2004, ne saurait voir sa responsabilité engagée. • TGI Paris, 9 juill. 2004 : *Gaz. Pal. 2005. 1. Somm. 619, note Barbry.*

239. Cassation, pour violation, par refus d'application, des art. 29 et 53 de la L. du 29 juill. 1881, ensemble l'art. 1382 C. civ., de l'arrêt qui, pour débouter une société de presse de sa demande en annulation d'assignation introductive d'instance, et confirmer sa condamnation au paiement de dommages-intérêts à une compagnie aérienne, énonce que, par le photomontage d'un dossier consacré à la sécurité de l'espace aérien français à la suite des attentats terroristes perpétrés sur le territoire des États-Unis le 11 sept. 2001, destiné à informer les lecteurs sur le fait que la France ne serait pas à l'abri d'une attaque d'un avion-suicide, et représentant un avion reproduisant sur l'empennage les éléments distinctifs d'une compagnie aérienne étrangère qui s'encastrait sous la tour Eiffel, le magazine portait atteinte tout à la fois à la réputation de la société d'aviation étrangère et à son droit de jouissance sur son image, en insinuant dans l'esprit des lecteurs que les avions appartenant à cette dernière étaient les plus exposés aux risques d'attentat et que leur circulation audessus du territoire français présentait également un danger pour la population au sol, alors que l'action engagée visait l'atteinte à la réputation de la compagnie aérienne par l'utilisation de son image, ce qui la soumettait aux conditions dérogatoires du droit de la presse. • Civ. 1re, 30 mai 2006, n° 04-18.520 P : *Gaz. Pal. 2007. 2. Somm. 3416, note Lasfargeas.*

240. Est diffamatoire, en ce qu'elle est une atteinte à sa considération, l'imputation faite à une banque d'être un circuit connu du financement des activités terroristes, laquelle porte sur un fait suffisamment précis pour être l'objet d'une preuve et d'un débat contradictoire. • Civ. 1re, 3 mai 2007, n° 05-19.897 P : *D. 2007. AJ 1431* .

241. Le directeur de publication, la journaliste et l'auteur des propos incriminés n'engagent pas leur responsabilité à l'encontre du fondateur du Mouvement raëlien en raison d'une diffamation, malgré la publication de l'affirmation selon laquelle « Raël est fortement soupçonné de pédophilie » ; en effet, c'est le Mouvement raëlien, et non le fondateur, pourtant connu sous le pseudonyme de Raël, qui était visé par ces propos ; ainsi, l'action du fondateur exercée en son nom personnel est irrecevable ; plus encore, les personnes poursuivies ont pu rapporter la preuve de la vérité des propos diffamatoires et peuvent bénéficier de l'excuse de bonne foi pour échapper à la répression. • Amiens, 10 juin 2009 : *JCP 2009, n° 48, note M. Benillouche.*

b. Identification

242. Nécessité. L'action en diffamation n'est fondée que si le texte diffamatoire permet à la personne qui se prétend diffamée de se reconnaître comme étant personnellement visée, et aux lecteurs dudit texte de l'identifier. • Crim. 23 déc. 1965 : *Bull. crim. n° 293* • 21 févr. 1967 : *ibid. n° 75* • Civ. 2e, 3 mars 1993 : *JCP 1993. IV. 1155.*

243. Ne revêt pas un caractère diffamatoire l'article de presse décrivant des opérations relatives au blanchiment de capitaux provenant d'activités illicites, dès lors que, ni cet article, ni la photographie qui l'accompagne, ne visent des personnes nommément désignées ou à tout le moins identifiables. • Paris, 4 juin 1996 : *Gaz. Pal. 1996. 2. 558.*

244. Un directeur de publication et une SNC sont poursuivis du chef de diffamation publique envers un particulier pour avoir publié un article qui insinuait que la partie civile était impliquée dans un assassinat ; or, le nom patronymique n'était pas cité, seules les initiales y figuraient, et on ne saurait rapprocher l'article litigieux d'un précédent article, puisque les prénoms étaient orthographiés différemment et que l'écriture du nom ne correspondait pas aux initiales données dans l'article litigieux ; en outre, les surnoms donnés étaient différents ; aucune pièce n'établissait que des lecteurs avaient effectué un rapprochement entre les deux articles publiés à trente mois d'intervalle et ainsi identifié le demandeur ; c'est donc à bon droit que la cour a considéré que la partie civile n'était pas identifiable. • Paris, 22 sept. 2005 : *JCP 2005. IV. 3775.*

245. Pour dire non établis les faits de diffamation publique envers un particulier, l'arrêt énonce que les propos incriminés concernent un produit, à savoir un cru viticole désigné sous l'appellation « domaine de Lagrézette », et qu'aucune référence n'est faite dans l'article, à une personne physique ou morale qui pourrait être soit le producteur, soit le représentant, soit le négociant, soit le détaillant ; en l'état de ces énonciations, la cour d'appel a justifié sa décision au regard de l'art. 29 de la L. du 29 juill. 1881. • Crim. 19 janv. 2010 : *D. 2011. Pan. 787, obs. Dreyer ; Dr. pénal 2010. 48, obs. J.-H. Robert ; ibid. Chron. 5, obs. Mouysset ; Gaz. Pal. 2010. I. 1743, note Fourment.*

246. Modalités. La diffamation demeure punissable lorsque, bien que dirigée en apparence contre une tierce personne, elle rejaillit en réalité sur une autre, et que telle est l'intention de son auteur. • Crim. 24 oct. 1967 : *Bull. crim. n° 264 ; D. 1967. 728.*

247. Lorsqu'une personne a été visée par des propos diffamatoires, peu importe qu'elle n'ait pas été nommément ou expressément désignée : il suffit que son identification soit rendue possible par les termes du discours ou de l'écrit, ou par des circonstances extrinsèques qui éclairent et confirment cette désignation de manière à la rendre évidente. • Crim. 15 oct. 1985 : *Bull. crim. n° 315* • 27 avr. 2011, n° 10-83.771 P : *D. actu. 1er juin 2011, obs. Lavric* • Civ. 2e, 3 févr. 2000, n° 97-22.552 P : *Gaz. Pal. 2001. 1. Somm. 979, note Guerder* • Nancy, 9 juill. 1964 : *D. 1966. 47, note Mimin* • TGI Lyon, 18 mars 1994 : *Gaz. Pal. 1994. 2. Somm. 773.* ♦ ... C'est dans l'exercice de son pouvoir souverain d'appréciation qu'une cour d'appel relève que les circonstances extrinsèques qu'elle analyse rendent évidente l'identification de la personne visée, à tout le moins par « un cercle restreint d'initiés » constitué par les membres de sa famille, les journalistes et les fonctionnaires enquêtant sur le litige opposant l'auteur de la diffamation à la famille de la personne visée ; la cour n'a pas à recenser les spectateurs ayant identifié la victime de la diffamation. • Civ. 2e, 3 févr. 2000 : *préc.*

248. Lorsqu'une personne a été visée par des propos diffamatoires, peu importe qu'elle n'ait pas été nommément ou expressément désignée ; les éléments relatifs à cette identification relèvent du débat contradictoire, et, étant soumis à l'appréciation souveraine des juges du fond, ils échappent à la compétence de la juridiction d'instruction. • Cass., ass. plén., 23 déc. 1999, n° 99-86.298 P : *BICC 1er mars 2000, concl. Chemithe, rapp. et note Chanet ; Gaz. Pal. 2000. 1. 115, note Burgelin.*

249. Retenant que l'article d'une revue présentait les agissements d'une société consistant à collecter des fonds en vue de publicité fictive sous un titre relatif au « rackett » pratiqué par des partis politiques, en rappelant la carrière du dirigeant de cette société et en ajoutant que celle-ci n'était pas la seule à s'être livrée à ces agissements, les juges du fond ont pu en déduire que l'article imputait au dirigeant de la société, nommément mis en cause, des pratiques répréhensibles. • Civ. 2e, 29 mai 1996, n° 93-19.865 P.

250. Faire paraître un article pour dénoncer le boisage de cuves à vin pratiqué illicitement par une société vinicole exploitant un grand cru classé constitue une imputation diffamatoire qui porte atteinte à l'honneur et à la réputation de la personne morale et de son représentant légal visés dans l'article par l'insertion du nom du château du grand cru classé ; il importe peu en effet que les personnes n'aient pas été nommément citées dans l'article dès lors que la mention d'une comparution immédiate des producteurs devant le tribunal correctionnel vise à la fois la personne morale et le dirigeant de la société ; l'emploi du terme producteur oriente en effet nécessairement le lecteur non vers un salarié mais vers le dirigeant de la société qui seul est connu. • Bordeaux, 3 juin 1998 : *JCP 1999. IV. 1636.*

251. Des propos présentant une personne morale nommément citée comme bénéficiaire d'agissements frauduleux commis par son président et certains de ses dirigeants, portent nécessairement atteinte à la considération de ladite personne morale. • Crim. 19 déc. 2000 : *préc. note 59.*

252. Office du juge. Il appartient aux juges du fond de déterminer quelle est la personne visée par un discours ou un écrit diffamatoire. • Crim. 10 juill. 1937 : *Bull. crim. n° 147 ; DP 1938. 1. 41, note Mimin* • 25 janv. 1955 : *Bull. crim. n° 58* • 22 oct. 1958 : *ibid. n° 642.* ♦ Il appartient aux juges du fond d'identifier, d'après les circonstances de la cause, la personne diffamée ou injuriée. • Crim. 19 mars 2002, n° 01-84.592 P.

253. S'il appartient au juge du fond de déclarer, d'après les circonstances de la cause, quelle est la personne injuriée ou diffamée, cette appréciation n'est souveraine que dans la mesure où elle résulte d'éléments de fait extrinsèques à l'écrit incriminé. • Crim. 9 mars 1965 : *Bull. crim. n° 69* • 12 juill. 1972 : *ibid. n° 242* • 16 mai 1973 : *ibid. n° 225* • 12 oct. 1976 : *ibid. n° 287 ; RSC 1977. 587, obs. Levasseur* • 30 janv. 1978 : *Bull. crim. n° 36* • 11 mai 1984 : *ibid. n° 170* • 18 juin 1985 (2 arrêts) : *ibid. n°s 234 et 235* • 26 mai 1987 : *ibid. n° 218.* ♦ ... Ou aux propos incriminés. • Crim. 19 mars 2002 : *préc. note 252* • Crim. 30 mai 2007, n° 06-84.713 P : *D. 2007. AJ 1881 ; AJ pénal 2007. 385 ; Dr. pénal 2007. 124, obs. Véron.* ♦ ... Et sous réserve de motifs non contradictoires. • Crim. 24 juin 1953 : *Bull. crim. n° 221* • 18 janv. 1962 : *ibid. n° 51* • 9 mars 1965 : *préc.* ♦ Lorsque cette interprétation est uniquement déduite du passage incriminé et de son interprétation, elle est nécessairement soumise, par là même, au contrôle de la Cour de cassation. • Crim. 24 janv. 1952 : *Bull. crim. n° 29 ; D. 1952. 285, rapp. Patin* • 20 oct. 1955 : *Bull. crim. n° 422* • 9 mars 1965 : *préc.* • 12 juill. 1972 : *préc.* • 16 mai 1973 : *préc.* • 11 mai 1984 : *préc.* • 18 juin 1985 : *Bull. crim. n° 235 (préc.)* • 26 mai 1987 : *préc.*

254. Pour rejeter les demandes de la partie civile, l'arrêt énonce que son nom n'apparaît à aucun moment dans le tract litigieux et qu'il n'est pas davantage identifiable dans ce texte ; en se déterminant ainsi, sans rechercher, comme il le lui était demandé, si la fonction de trésorier du comité d'entreprise qu'il exerçait ne constituait pas une circonstance extrinsèque rendant possible son identification, la cour d'appel n'a pas donné de base légale à sa décision. • Civ. 1re, 11 juill. 2018, n° 17-21.757 : *D. actu. 4 sept. 2018, obs. Lavric ; D. 2019. 226, obs. Dreyer ; Gaz. Pal. 2018, p. 2765, obs. Fourment.*

c. Pluralité de personnes

255. Individualisation possible. Lorsque les imputations ont été formulées d'une manière vague de nature à faire planer le soupçon sur plusieurs personnes, chacune de celles-ci a qualité pour demander la réparation du préjudice qui lui a été ainsi causé. • Crim. 28 oct. 1953 : *D. 1954. 243* • 16 janv. 1969 : *Bull. crim. n° 35* • 15 oct. 1985 : *Bull. crim. n° 315* • 6 déc. 1994 : *Dr. pénal 1995. 93, obs. Véron* • Montpellier, 27 mars 1991 : *Gaz. Pal. 1991. 2. 447, note Bilger* • Paris, 8 oct. 1998 : *Dr. pénal 1999. Comm. 55, note Véron.*

256. S'agissant d'un groupe restreint, désigné dans l'article de presse par l'appellation sous laquelle les membres de ce groupe sont connus, tant dans leur milieu professionnel, que par les dirigeants et le personnel des établissements dans lesquels ils effectuent des contrôles (groupe « Cabarets » au sein de la Brigade de répression du proxénétisme), chacun des poursuivants est fondé à soutenir qu'il est susceptible d'être perçu comme étant l'une des personnes visées par les imputations diffamatoires. • Paris, 8 oct. 1998 : *préc. note 255.* ♦ Pour une diffamation reconnue attentatoire, outre au quotidien visé et à son rédacteur en chef, à l'ensemble des journalistes de ce quotidien : • Crim. 22 sept. 1998 : *Gaz. Pal. 1999. 1, chron. crim. 3.*

257. Individualisation impossible. Dès lors que les propos et les faits relatés, fussent-ils inexacts, n'atteignent qu'une profession considérée dans son ensemble, et n'en reportent le blâme sur aucune personne déterminée, le délit de diffamation et d'injure, au sens des art. 29, 32 et 33 de la L. du 29 juill. 1881, n'est pas constitué. • Crim. 5 mai 1964 : *Bull. crim. n° 146 ; D. 1964. Somm. 103* • 19 janv. 1982 : *Bull. crim. n° 19* • Paris, 23 sept. 1987 : *D. 1987. IR 221.* ♦ Selon l'art. 29 de la L. du 29 juill. 1881, la diffamation est constituée par un fait précis et déterminé de nature à porter atteinte à l'honneur et à la considération d'une personne visée ; tel n'est pas le cas d'un article dénonçant les méthodes d'élevage des veaux car ces faits, fussent-ils inexacts, n'atteignent qu'une profession considérée dans son ensemble et ne mettent en cause aucune personne physique ou morale déterminée. • Crim. 16 sept. 2003, n° 02-85.113 P : *JCP 2003. IV. 2895 ; AJ pénal 2004. 103 ; Dr. pénal 2004. Comm. 2, obs. Véron.*

258. La diffamation prévue par les art. 29, al. 1er, et 31, al. 1er, de la L. du 29 juill. 1881, qui suppose que soit visée une personne au sens de ladite loi, ne peut concerner le membre d'une collectivité dépourvue de personnalité juridique qui n'est pas suffisamment restreinte pour que chacun de ses membres puisse se sentir atteint et demander réparation du préjudice résultant de l'infraction dénoncée ; en conséquence, encourt la cassation l'arrêt de la cour d'appel qui décide que sont recevables à agir, sur le fondement de l'art. 31, al. 1er, susvisé, trois personnes ayant la qualité d'anciens harkis, en retenant que les propos poursuivis concernent « 100 000 harkis » et que les parties civiles sont en droit, du fait de leur appartenance à cette collectivité, de se sentir personnellement diffamées par les propos incriminés. • Crim. 29 janv. 2008, n° 06-86.474 P: *AJ pénal 2008. 191, obs. Royer*.

259. Pour un défaut de toute individualisation en raison de l'emploi du pluriel, ainsi que de l'insuffisance de portée identifiante des circonstances extrinsèques aux termes litigieux : • Crim. 15 sept. 2009 : *Dr. pénal 2009. 148, obs. Véron.*

260. Les appréciations d'ordre général portées sur l'ensemble d'une profession ne peuvent être incriminées au titre de la diffamation mais sont susceptibles de relever des dispositions de l'art. 1382 C. civ. ; un organisme se réfère justement à ce dernier texte pour fonder son action en défense des intérêts collectifs de la profession et n'a donc pas à respecter les prescriptions de la L. du 29 juill. 1881, et notamment celles édictées par ses art. 53 et 65. • Paris, 30 juin 2000 : *D. 2000. IR 233*.

261. Il en est de même des imputations générales visant des collectivités. • Crim. 16 févr. 1893 : *DP 1894. 1. 25, note M.B.* (francs-maçons) • Crim. 22 nov. 1934 : *Bull. crim. n° 200 ; DP 1936. 1. 27, note Nast ; S. 1936. 1. 209, rapp. Bompart, et note Tortat ; Gaz. Pal. 1935. 1. 187, rapp. Bompart, préc.* (clergé catholique et séminaires) • Crim. 9 févr. 1954 : *Bull. crim. n° 63 ; D. 1954. 679, note G.C.* • 2 mai 1956 : *Bull. crim. n° 337* (vétérinaires) • Crim. 16 déc. 1954 (2 arrêts) : *Bull. crim. n° 409* (prisonniers de guerre), et *n° 410* (résistants et déportés) ; *D. 1955. 287, rapp. Patin* • Crim. 16 oct. 1984 : *Gaz. Pal. 1985. 1. Somm. 161, note Doucet,* confirmant : • Colmar, 27 juin 1983 : *D. 1983. 550, note Koering-Joulin* (homosexuels) • TGI Paris, 13 déc. 1978 : *D. 1979. 378, note Mayer* (femmes avocates). ♦ Rappr., sur la constitution de partie civile : *infra*, ss. art. 48.

262. On ne saurait admettre, en effet, qu'une action exercée à titre individuel puisse appartenir à chaque membre d'une profession ou d'une collectivité attaquée dans son ensemble (en l'espèce le clergé), sans qu'il soit justifié, ou même allégué, que l'article incriminé ait spécialement visé les personnes ou les collectivités plaignantes. • Crim. 22 nov. 1934 : *préc. note 261.*

263. Mais pour accueillir devant la juridiction civile l'action en réparation d'un préjudice causé par la voie de la presse, il n'est nullement nécessaire que le demandeur ait été personnellement visé dans l'écrit incriminé, mais il suffit que, par la faute de son auteur ou de ceux qui l'ont répandu, l'écrit en question lui ait causé un dommage, ou ait porté atteinte aux intérêts collectifs de la profession qu'il représente légalement. • Civ. 13 juin 1939 : *DH 1939. 386 ; DC 1941. 6, note Mimin.* ♦ Ainsi en est-il de l'action de l'évêque et du président du syndicat ecclésiastique d'un diocèse, sur le fondement d'un factum injurieux pour le clergé. • Même arrêt. ♦ ... De l'action d'un syndicat professionnel d'avocats, à la suite de propos tenus par un magistrat au cours d'une interview reproduite par un journal. • Paris, 23 sept. 1987 : *préc.* ♦ Rappr. : • TGI Paris, 15 avr. 1992 : *Gaz. Pal. 1995. 1. Somm. 218.*

2° *ATTEINTE À L'HONNEUR OU À LA CONSIDÉRATION*

a. Principe

BIBL. Crédeville, *Gaz. Pal. 2006. 1. Doctr. 786* (le point sur l'honneur ou la diffamation aujourd'hui).

264. Critères. Pour déterminer si l'allégation ou l'imputation d'un fait porte atteinte à l'honneur ou à la considération de la personne visée, les juges n'ont pas à rechercher quelles peuvent être les conceptions personnelles et subjectives de celle-ci concernant la notion de l'honneur et celle de la considération ; ils n'ont pas non plus à tenir compte, à cet égard, de l'opinion que le public a de cette personne ; les lois qui prohibent et punissent la diffamation protègent tous les individus, sans prévoir aucun cas d'exclusion fondé sur de tels éléments. • Crim. 15 nov. 1900 : *Bull. crim. n° 333* • 2 juill. 1975 : *ibid. n° 174 ; Gaz. Pal. 1975. 2. 666 ; RSC 1976. 426, obs. Levasseur* • 28 janv. 1986 : *Bull. crim. n° 36 ; RSC 1986. 854, obs. Levasseur* • 7 nov. 1989 : *Bull. crim. n° 403.* ♦ *Contra* : • TGI Paris, 18 avr. 1985 : *D. 1985. 433, note Mayer ; Gaz. Pal. 1985. 2. 704, note J.-P. D.* • 4 juill. 1985 : *D. 1986. 5 (2ᵉ esp.), note Agostini ; RSC 1986. 375, obs. Levasseur* • 11 juill. 1985 : *Gaz. Pal. 1991. 2. 449.*

265. Le caractère diffamatoire d'une allégation relève de la nature du fait, susceptible de faire l'objet d'une preuve, imputé à une personne, abstraction faite de la situation particulière de cette personne (antécédents judiciaires). • Paris, 17 févr. 1999 : *Dr. pénal 1999. 100, obs. Véron.*

266. Étendue. Les dispositions de la L. du 29 juill. 1881 qui prévoient et répriment la diffamation ne protègent pas seulement les personnes dans leur considération morale, mais aussi dans leur considération professionnelle. • Crim. 10 déc. 1886 : *Bull. crim. n° 418* • 2 mars 1978 : *ibid. n° 82* • 12 oct. 1993, n° 92-81.538 P. ♦ L'imputation, visant le général commandant une division parachutiste, de manquer de combativité ou de courage, et d'être inféodé à un parti politique, est susceptible de preuve et d'un débat contradictoire, et elle est de nature à porter atteinte à l'honneur ou à la considération professionnelle du plaignant, en tant que dépositaire de l'autorité publique. • Crim. 30 mai 1996, n° 94-82.114 P.

267. Preuve. Il ne suffit pas que la preuve de la vérité d'une imputation soit impossible, pour que cette imputation soit, *ipso facto*, attentatoire à l'honneur ou à la considération. • T. corr. Paris, 11 juill. 1985 : *Gaz. Pal. 1991. 2. 449.*

268. Différence avec l'atteinte à la vie privée. L'existence d'une diffamation ne prive nullement la victime du droit de poursuivre la réparation d'une atteinte distincte à sa personnalité résultant de la violation du droit à l'image prévu par une disposition particulière de la loi. • Paris, 31 oct. 2001 : *D. 2002. Somm. 2374, obs. Marino* ✐.

269. Se rend coupable d'injure publique et de diffamation publique, mais pas d'atteinte à la vie privée, l'employé d'un parc d'attraction qui a présenté sur un site internet des photographies retouchées de ses collègues. • TGI Meaux, 19 nov. 2001 : *D. 2002. Somm. 2373, obs. Caron* ✐.

270. Réparation. L'adjoint au maire d'une commune a fait assigner une personne qui, pendant la campagne électorale précédant l'élection du maire, avait fait distribuer une lettre ouverte, dans les boîtes aux lettres des habitants de la commune, dont le contenu insinuait que l'adjoint au maire et son épouse bénéficiaient de revenus occultes ; pour rejeter les demandes de dommages-intérêts, l'arrêt attaqué a énoncé que les suppositions émises sont certes de nature à porter atteinte à l'honorabilité, à l'honneur et à la considération de l'adjoint au maire et que, ce faisant, l'intimé a commis une faute ouvrant droit à réparation et rendant admissible dans son principe la demande de dommages-intérêts ; que toutefois, l'adjoint au maire ne rapporte pas la preuve du préjudice allégué par lui, à savoir qu'il a été porté atteinte à sa réputation, que lui-même ou sa famille ont été effectivement atteints moralement par telle lettre polémique répondant à un tract de la même sorte ou que la diffusion de cette lettre lui a réellement fait du tort dans le cadre des élections municipales de l'année 2001 ; en statuant ainsi, la cour d'appel a violé l'art. 29 de la L. du 29 juill. 1881. • Civ. 2e, 23 sept. 2004, ☏ no 03-13.889 P.

b. Exemples positifs

271. ... Insinuation qu'un homme politique s'est rendu dans un pays ennemi pour y pactiser avec ses dirigeants. • T. corr. Paris, 9 janv. 1992 : *Gaz. Pal. 1992. 1. 182, note Bilger ; D. 1994. Somm. 195, obs. Bigot* ✐. ♦ ... Imputation à un résistant, auteur d'un attentat contre un officier allemand ayant donné lieu à des exécutions d'otages en représailles, d'avoir été manipulé sciemment ou non par la Gestapo. • Crim. 16 mai 1995, ☏ no 93-83.690 P. ♦ ... Présentation d'un résistant comme un agent double. • Même arrêt. ♦ ... Insinuation que le demandeur a collaboré avec la censure allemande, alors qu'elle s'adresse à un journaliste historien de renom qui revendique un passé de résistant. • TGI Paris, réf., 5 déc. 1997 : *Gaz. Pal. 1998. 1. Somm. 71.*

272. ... Rappel d'un crime ayant pour effet nécessaire de représenter des personnes comme étant respectivement l'épouse bafouée et le fils d'un assassin. • Crim. 10 mars 1955 : *JCP 1955. II. 8845, note Chavanne.*

273. ... Imputation portée contre un écrivain de n'être pas réellement l'auteur du livre publié sous son nom. • Crim. 10 oct. 1973 : *Bull. crim. no 351 ; RSC 1974. 599, obs. Levasseur* • 2 déc. 1980 : *Bull. crim. no 328 ; Gaz. Pal. 1981. 2. 593 ; RSC 1982. 122, obs. Levasseur* • T. corr. Melun, 14 juin 1982 : *JCP 1982. II. 19918 ; RSC 1983. 87, obs. Levasseur.* ♦ Imputation de ne pas être l'auteur d'une thèse universitaire. • Civ. 2e, 13 janv. 2005 : ☏ *Gaz. Pal. 2005. 2. Somm. 2852 ; ibid. 2006. 1. 409, note Guerder.*

274. ... Imputation dirigée contre une personne d'avoir publié un écrit contenant une publicité mensongère, alors même que le caractère mensonger de cette publicité n'est pas autrement précisé. • Crim. 16 déc. 1975 : *Bull. crim. no 284.*

275. ... Imputation de percevoir, à titre privé, des honoraires occultes constituant des rémunérations indues, et de participer à un trafic commercial indigne de la profession de médecin. • Crim. 6 déc. 1994 : ☏ *Dr. pénal 1995. 93, obs. Véron.* ♦ ... Imputation faite à des médecins affiliés à SOS Médecins, de ne chercher qu'à s'enrichir en « chassant la prime de nuit », et de privilégier leurs intérêts matériels au détriment de leur devoir déontologique et de la sécurité de leur clientèle. • Paris, 13 mars 1998 : *Gaz. Pal. 1998. 2. Somm. 552.*

276. ... Imputation de faits susceptibles de qualification pénale. • Crim. 29 oct. 1991, ☏ no 90-87.435 P : *Gaz. Pal. 1994. 1. 321, note Fiechter Boulvard.* ♦ ... Insinuation que le comportement de la partie civile relève de la loi pénale. • Crim. 3 déc. 1991 : ☏ *Dr. pénal 1992. 142.* ♦ ... Imputation d'une mise en examen. • TGI Paris, 10 déc. 1993 : *Gaz. Pal. 1994. 1. Somm. 216 ; Dr. pénal 1994. 132.* ♦ ... Imputation d'avoir fait l'objet d'une sanction disciplinaire. • Crim. 17 oct. 1995, ☏ no 93-85.440 P : *Gaz. Pal. 9-10 févr. 1996, note Doucet.* ♦ Allégations de vol et de spoliation imputées à une société d'édition à propos de certaines publications. • Civ. 2e, 19 juin 1996, ☏ no 94-20.515 P : *D. Affaires 1996. 1056.* ♦ ... Production de photocopies de pages présentées comme des extraits d'un réquisitoire définitif, mais sans date ni signature, rien n'indiquant que les faits dénoncés aient été déférés à une juridiction correctionnelle qui les aurait considérés comme établis. • Civ. 2e, 29 mai 1996, ☏ no 93-19.865 P. ♦... Présentation de la personne diffamée comme coupable et condamnée avant toute décision judiciaire. • TGI Nanterre, réf., 22 juin 1996 : *Gaz. Pal. 1996. 2. 559.* ♦ ... Accusation explicite (constitutive d'offense au sens de l'art. 36 de la L. du 29 juill. 1881) portée dans un article de presse à l'encontre du premier ministre d'un État étranger d'appartenir à la secte dite du « Mandarom » et de mentir pour dissimuler cette appartenance, dans la mesure où cette secte, dont les pratiques font l'objet de graves accusations et dont le responsable est sous le coup de poursuites pénales, a peu avant défrayé la chronique. • Paris, 2 oct. 1997 : *D. 1997. IR 242.* ♦ Rappr. : • Paris, 13 mars 1998 : *Gaz. Pal. 1998. 2. Somm. 555.* ♦ ... Imputations qui visent la commission de délits graves dont se serait rendu coupable l'intéressé, en abusant scandaleusement des fonctions de ministre de la Culture qu'il a exercées au sein de plusieurs gouvernements, et qui le rendraient passible de poursuites devant la Cour de justice de la République. • TGI Paris, 9 mai 1997 : *Dr. pénal 1998. Chron. 5 (1re esp.).* ♦ ... Imputation à la partie civile, fonctionnaire de haut grade de la police nationale, d'avoir violé l'obligation que lui fait la loi de transmettre à l'autorité judiciaire tous les renseignements en sa possession relatifs aux infractions dont elle acquiert la connaissance, et d'avoir volontairement tenté de manipuler et de tromper un juge d'instruction. • TGI Paris, 21 nov. 1997 : *Dr. pénal 1998. Chron. 5 (2e esp.).* ♦ ... Imputation à un homme politique d'entretenir des liens avec la mafia sicilienne, notamment avec l'un de ses chefs notoirement connu, et d'être membre d'une association de malfaiteurs. • TGI Paris, 9 mars 1998 : *Gaz. Pal. 1998. 1. 228.* ♦ ... Imputation à un responsable politique d'avoir utilisé ses fonctions de ministre de la Défense pour commanditer trois assassinats. • Même jugement. ♦ ... Imputation que la partie civile aurait « tripoté » les comptes dont elle était responsable, et « arrondi ses fins de mois » en se faisant rembourser deux fois ses frais de transport, d'hôtel et de repas. • Paris, 13 mars 1998 : *Gaz. Pal. 1998. 2. Somm. 554.* ♦ ... Imputations relatives à l'éventuelle participation d'un acteur à la commission d'infractions pénales aussi graves que le vol, le trafic d'armes, l'espionnage et le meurtre. • TGI Paris, 18 nov. 1998 : *D. 1999. IR 36.* ♦ ... Imputation du prononcé d'une condamnation pénale pour l'embauche de travailleurs clandestins. • Paris, 17 févr. 1999 : *préc. note 265.* ♦ ... Imputation à une personne d'avoir fait l'objet d'une condamnation pénale pour escroquerie et abus de confiance, le caractère erroné de l'allégation interdisant au journaliste de bénéficier de toute bonne foi, celui-ci ayant manifesté une absence totale de rigueur et de professionnalisme en diffusant des images très anciennes, sans se renseigner sur la suite de la procédure. • TGI Paris, 16 nov. 1998 : *Gaz. Pal. 1999. 1. 39.* ♦ ... Insinuation selon laquelle une entreprise serait impliquée dans une affaire qui pourrait aboutir à des condamnations pénales. • Paris, 18 déc. 1998 : *Gaz. Pal. 1999. 2. Somm. 581, note Manseur-Rivet.* ♦ ... Affichage et diffusion d'un document syndical dans une entreprise, qui impute, notamment, à un représentant de la société le fait d'avoir proféré des menaces à l'encontre d'un salarié et insinue l'existence d'une responsabilité de l'entreprise dans le décès de ce salarié, laissant supposer que sa disparition est liée à sa situation professionnelle, comme résultant de menaces prétendues, dès lors que les propos incriminés, aucunement démontrés, dépassent ce qui peut être admis et toléré au sein d'une entreprise et les limites du libre droit d'expression, du fait même de la disproportion entre les moyens mis en œuvre pour cet hommage posthume et l'émotion légitime suscitée par un décès relevant d'une cause étrangère à ces imputations. • Versailles, 12 sept. 2002 : *Gaz. Pal. 2003. 2. Somm. 2572.* ♦ ... Utilisation de l'expression « témoin actif » dans le contexte de la réponse apportée à un article évoquant l'incendie volontaire d'un stand d'un parti politique, ce qui incluait implicitement, mais nécessairement, l'affirmation que, compte tenu de l'appréciation donnée de leur nature et de leur gravité, le mis en cause ne pouvait être tenu pour un simple observateur des faits auxquels il serait étranger mais qu'il avait participé à leur réalisation. • Civ. 2e, 8 juill. 2004, n° 02-14.834 P. ♦ ... Allégation se rattachant à des faits d'indélicatesse et d'improbité imputés à un maire, et laissant supposer la commission d'un délit de prise illégale d'intérêt. • Crim. 22 oct. 2013, n° 12-85.971 : *D. 2014. 514, obs. Dreyer ; RLCT 2014/99, n° 2652, p. 29, note Mayaud ; CCE 2014, n° 8, obs. Lepage.* ♦ ... Rappel de faits pénalement répréhensibles, en omettant de préciser que la partie civile avait bénéficié d'une décision de non-lieu. • Crim. 14 mars 2017, n° 16-80.209 P : *D. actu. 29 mars 2017, obs. Lavric.*

277. ... Présentation de la décision du président d'une commission de discipline en matière sportive, comme ayant été prise sans tenir compte de l'avis de ses assesseurs, pour des motifs personnels d'ordre politique totalement étrangers aux faits poursuivis. • Paris, 30 mars 1992 : *Gaz. Pal. 1992. 2. 532.* ♦ ... Prétention par un journaliste que la décision d'attribution d'une subvention n'a pas été faite dans la plus grande transparence, et qu'il y avait un caractère de discrétion autour de cette subvention et de son utilisation. • TGI Lyon, 5 juill. 1994 : *Gaz. Pal. 1995. 1. 287, note J.-G. M.*

278. ... Présentation de la nomination d'une personne à la présidence d'une institution comme pouvant en ruiner le prestige. • Riom, 7 sept. 1995 : *JCP 1995. IV. 2600.*

279. ... Imputation à un homme politique, militaire à l'époque des faits, d'avoir personnellement pratiqué la torture, étant donné l'opprobre dont la conscience commune, très hostile à la torture, frappe l'auteur de pareils agissements. • Paris, 15 janv. 1986 : *D. 1986. Flash n° 7.* ♦ *Contra* : • TGI Paris, 18 avr. 1985 : *D. 1985. 433, note Mayer ; Gaz. Pal. 1985. 2. 704, note J.-P. D.* • 4 juill. 1985 : *D. 1986. 5 (2e esp.), note Agostini ; RSC 1986. 375, obs. Levasseur* • 11 juill. 1985 : *Gaz. Pal. 1991. 2. 449* ; le plaignant ne saurait se prévaloir d'une atteinte à son honneur, car il ne saurait à la fois approuver et justifier la conduite de ceux qui ont commis les actes qui lui sont imputés et affirmer que cette imputation le déshonore ; il ne peut non plus se plaindre d'une atteinte à la considération, dès lors qu'il est constant que la grande majorité de ses supérieurs hiérarchiques et le commandement de l'armée partageaient son opinion sur l'emploi de la torture.

280. ... Présentation d'un auteur comme « falsificateur de l'histoire des Juifs pendant la période nazie », accréditant l'idée que cet auteur, professeur d'université, dénature les faits, objet de ses recherches historiques, dans le dessein de tromper ses lecteurs. • TGI Paris, 14 févr. 1990 : *Gaz. Pal. 1991. 2. 452, note Domingo.* ♦ Rappr. : • Paris, 16 déc. 1993 : *inédit* (V. « Exemples de précision », notes 28 s.). ♦ ... Imputation de faits d'antisémitisme et de falsifications à la Sécurité sociale, dont la Caisse nationale d'assurance maladie (CNAM) assure la gestion en vertu de l'art. L. 221-1 CSS. • Paris, 28 mai 1996 : *Gaz. Pal. 1996. 2. Somm. 545.*

281. ... Imputation au plaignant, visé en sa qualité de responsable du Service central de protection contre les rayons ionisants (SCPRI), d'avoir donné en connaissance de cause, étant un spécialiste de la radioprotection, des informations inexactes, supposées lourdes de conséquences, puisqu'elles concernent le domaine nucléaire (nuage radioactif de Tchernobyl). • TGI Paris, 11 oct. 2000 : *Gaz. Pal. 2001. 1. 119, note D. Amson.* ♦ ... Imputation d'avoir fait disparaître des indices compromettants à la suite de l'explosion de l'usine AZF de Toulouse le 21 sept. 2001. • Toulouse, 27 juin 2002 : *D. 2002. 2972, note Lienhard* ; *Rev. Gendarm. nationale, 2002, déc., p. 104, note Lienhard.*

282. ... Imputation d'un comportement islamiste radical dans le contexte de terrorisme international attribué à la mouvance islamiste. • Toulouse, 27 juin 2002 : *préc. note 281.* ♦ ... Imputation de financement du terrorisme international sous couvert de financement de l'islamisme international. • Civ. 1re, 3 avr. 2007, n° 05-16.726 P.

283. ... Imputation à un chef d'État étranger d'avoir profité des fruits des exactions commises dans son pays, et faisant peser sur lui le soupçon d'être un éventuel participant ou responsable de l'escadron ayant sévi le même jour. • Versailles, 9 sept. 2004 : *D. 2005. 2849, note Beignier et de Lamy* .

c. Exemples négatifs

284. L'imputation faite à un membre d'un ministère d'avoir, dans l'exercice de ses fonctions, pris une décision que la loi l'autorisait à prendre, ne saurait, en l'absence de toute appréciation malveillante ou blessante de cet acte, porter atteinte à son honneur ou à sa considération et constituer le délit de diffamation. • Crim. 4 nov. 1972 : *Bull. crim. n° 325.*

285. L'imputation de faits que la loi autorise, comme celui de demander l'annulation de décisions administratives intervenues à la suite d'une procédure irrégulière, ne saurait caractériser, alors même qu'elle serait formulée sur un mode ironique, une atteinte à la considération de la personne à laquelle un tel fait est imputé. • Crim. 21 mai 1974 : *Bull. crim. n° 188.*

286. L'indication qu'une personne était de son vivant membre d'une loge maçonnique n'est pas de nature, même si elle est inexacte, à porter atteinte à son honneur et à sa considération, elle n'est pas davantage outrageante ou injurieuse. • Paris, 6 mars 1998 : *Gaz. Pal. 1998. 2. Somm. 553.*

287. En considérant que les propos incriminés portaient atteinte à l'honneur et à la considération de la partie civile, alors que, dans le contexte de l'article, l'expression « protecteur des intérêts fiscaux du lobby pétrolier » avait pour objet de rappeler les choix politiques de celle-ci, prise en sa qualité de député, la cour d'appel n'a pas donné de base légale à sa décision. • Crim. 1er déc. 1998, n° 97-86.465 P : *JCP 1999. IV. 1729.*

288. La diffamation n'étant constituée que par l'allégation ou l'imputation d'un fait déterminé portant atteinte à l'honneur ou à la considération de la personne visée, viole les art. 29 et 32 de la L. du 29 juill. 1881 une cour d'appel qui, pour condamner la société éditrice à des réparations civiles, retient que les imputations d'être ruiné, abandonné par les producteurs, et de croupir dans son coin comme un chien malade qu'on laisse crever tout seul, portent atteinte à la considération de la personne visée, auprès de ses proches et amis, et du public très large qui a été le sien durant de nombreuses années, tant dans le rôle d'animateur de cirque que dans l'incarnation télévisée d'un personnage connu, et que les termes déplacés et humiliants employés constituent à eux seuls l'infraction reprochée, alors que les allégations critiquées n'étaient, ni en elles-mêmes, ni dans leur contexte, de nature à nuire à la réputation de la personne mise en cause qui n'exerçait aucune activité commerciale, et ne pouvaient dès lors absorber les injures. • Civ. 2e, 23 mai 2001, n° 99-13.263 P.

289. Méconnaît les art. 29 et 32 de la L. du 29 juill. 1881 la cour d'appel qui relève que l'article en cause, qui s'adresse à un public de lecteurs avertis, fait notamment grief à la partie civile d'avoir « collaboré » avec les Khmers rouges au sein de deux instances politiques mises en place dans le cadre du rétablissement de l'indépendance nationale et de la démocratie, retient que le journaliste laisse entendre qu'au-delà du souci de réconciliation nationale, l'intéressé est en réalité un partisan des Khmers rouges, partage leur engagement et soutient leur action, et en déduit que cette allégation, compte tenu de l'opprobre jeté sur le mouvement Khmer rouge à la suite de la révélation du génocide, présente un caractère diffamatoire, alors que l'imputation faite à la partie civile d'avoir collaboré avec les khmers rouges, dans des instances visant à la réconciliation nationale au Cambodge ne porte pas atteinte à son honneur ou à sa considération. • Crim. 16 oct. 2001, n° 00-87.320 P.

290. Un article de journal ayant imputé à un artiste sculpteur de « racketter » la place des Terreaux de Lyon, l'arrêt retient que la parution de l'article incriminé se situe dans le contexte d'une polémique sur l'engagement de poursuites par celui-ci et l'architecte contre des éditeurs de cartes postales, reproduisant des images photographiques de la place des Terreaux, sans avoir recueilli leur consentement ni mentionné leur nom ; que certains organes de presse ont relaté cette polémique, qu'un article du journal *Le Monde* avait été titré « Pour les photographes, la rue n'est plus libre de droits », que de plus, à l'époque, des articles de presse se sont fait l'écho de l'engagement de travaux de voirie que nécessitait l'état défectueux de la place, que le ton et le contenu de l'article doivent être examinés à l'aune de cette situation ; que le racket est l'extorsion d'argent ou d'objets par intimidation et violence, ce qui recouvre l'expression d'un délit pénal, mais que seule une personne peut être victime d'un tel délit, alors que, selon le titre incriminé, la victime du racket est un lieu, qu'un lecteur ne peut donc, dans ce contexte, se laisser abuser par ce terme et penser que cet artiste se livre à un racket au sens du droit pénal ; que le titre incriminé doit s'entendre dans un sens métaphorique, que le chapeau de l'article explique en caractères gras les réclamations portées par l'intéressé devant le tribunal, en admettant la pertinence de ces demandes et en regrettant que la loi soit « du côté des racketteurs » ; que le passage de l'article se rapportant à la défense, avec son « complice », de leurs « petits intérêts », n'est pas diffamatoire dans la mesure où il s'adresse à un particulier et non à une personne ayant une fonction de service public, que le mot complice doit s'entendre dans le sens de participation à une action commune et ne revêt pas une connotation pénale ; que l'artiste, qui reconnaît avoir touché 900 000 F pour la réalisation de la place des Terreaux, ne peut se plaindre qu'un journaliste puisse estimer qu'il a été grassement payé, qu'au demeurant, dire de quelqu'un qu'il a touché des sommes importantes n'est pas diffamatoire puisqu'il n'est pas suggéré que ces sommes ont été *acquises malhonnêtement* ; en déduisant de ces constatations et énonciations qu'aucun des passages de l'article ne portait atteinte à l'honneur et à la considération de l'intéressé, la cour d'appel qui l'a débouté de son action en diffamation n'a pas méconnu le sens et la portée des propos incriminés. • Civ. 2e, 26 sept. 2002 : *Gaz. Pal. 2003. 2. Somm. 3971, obs. Guerder.*

291. Pour dire établi le délit de diffamation publique envers la mère d'une petite fille citée dans un article de presse comme ayant fait des déclarations à propos d'une affaire de pédophilie, la cour d'appel retient que même si le nom de la mère de l'enfant n'est pas cité, les précisions sont suffisantes pour permettre son identification, en tous cas pour les lecteurs de la ville et de la région, cette affaire défrayant la chronique depuis plusieurs années ; en se déterminant ainsi, alors que les écrits incriminés, dont l'interprétation est soumise à la Cour de cassation, ne contenaient l'imputation d'aucun fait précis de nature à porter atteinte à l'honneur ou à la considération de la partie civile, la cour d'appel a méconnu les dispositions de l'art. 29, al. 1er, de la L. du 29 juill. 1881. • Crim. 30 sept. 2003, n° 02-87.578 P : *RSC 2004. 122, obs. Francillon ; JCP 2003. IV. 2889.*

292. N'est pas diffamatoire l'article d'un magazine qui fait état qu'une personne, dirigeant salarié d'une société, serait en même temps administrateur d'une autre société, un tel partage de temps ne signifiant pas nécessairement que le salarié ait délaissé son employeur, comme l'interprète et l'affirme le requérant ; se poser la question de savoir si un tel cumul de fonctions est souhaitable ou non dans l'industrie informatique relève de la libre opinion du journaliste. • Paris, 18 juin 2003 : *Gaz. Pal. 2004. 1. 426, note Amson.*

293. Ne contient aucune allégation ou imputation de faits portant atteinte à l'honneur et à la considération des médecins la publicité parue dans deux journaux régionaux à l'initiative de la caisse primaire d'assurance maladie lors de la mise en service de la carte vitale, qui donne une image positive des médecins utilisant la télétransmission, et présente la carte vitale comme la fin de la prise d'otage des patients. • Nancy, 24 janv. 2006 : *JCP 2007. IV. 1105.*

294. A légalement justifié sa décision la cour d'appel qui, ayant exactement énoncé, d'une part, que l'atteinte à l'honneur ou à la considération ne pouvait résulter que de la réprobation unanime qui s'attache, soit aux agissements constitutifs d'infractions pénales, soit aux comportements considérés comme contraires aux valeurs morales et sociales communément admises au jour où le juge statue, d'autre part, que ces notions devaient s'apprécier au regard de considérations objectives et non en fonction de la sensibilité personnelle et subjective de la personne visée, et loin de se borner à relever que l'adultère était dépénalisé depuis quarante ans, a retenu à bon droit que l'évolution des mœurs comme celle des conceptions morales ne permettaient plus de considérer que l'imputation d'une infidélité conjugale serait à elle seule de nature à porter atteinte à l'honneur ou à la considération. • Civ. 1re, 17 déc. 2015, n° 14-29.549 P :

D. actu. 4 janv. 2016, obs. Lavric ; D. 2016. Pan. 277, obs. Dreyer .

295. Les propos qui soulignent le paradoxe entre le souhait d'une personne d'avoir des funérailles catholiques et son inhumation sans cérémonie et dans l'intimité, sans imputer à ses proches un quelconque grief de trahison, ne portent pas atteinte à l'honneur ou à la considération de sa fille. • Civ. 1re, 3 févr. 2016, n° 15-10.374 P : *D. actu. 15 févr. 2016, obs. Lavric ; D. 2016. 823, obs. Serinet* (aff. *Jacques Lacan*) ; *ibid. 2017. Pan. 181, obs. Dreyer* .

II. INJURE

A. DÉFINITION

296. Infraction de presse. Il n'y a injure punissable qu'autant que les expressions employées rentrent dans la définition générale donnée par l'art. 29, al. 2, de la L. du 29 juill. 1881. • Crim. 3 mai 1956 : *Bull. crim. n° 344* • 12 juin 1956 : *ibid. n° 458.*

297. La définition de l'injure, dans ses éléments constitutifs, ainsi que l'indication des circonstances caractérisant la publicité et à défaut desquelles cette infraction est punie par l'art. R. 26 C. pén. (nouvel art. R. 621-2), sont exclusivement inscrites dans les art. 29 et 23 de la L. du 29 juill. 1881. • Crim. 22 mai 1974 : *Bull. crim. n° 196* • 5 nov. 1974 : *ibid. n° 312* • 7 mai 1975 : *ibid. n° 119.* ♦ L'incrimination d'injure touche, dans tous les cas, à la liberté d'expression telle que la réglemente cette loi, et il n'importe, au regard des éléments qui les constituent, que les infractions prévues par la L. du 29 juill. 1881 soient réprimées par d'autres textes. • Crim. 5 nov. 1974 : *préc.*

298. L'art. 29, al. 2, de la L. du 29 juill. 1881 définit l'injure comme toute expression outrageante, termes de mépris ou invective qui ne renferme l'imputation d'aucun fait : une expression outrageante porte atteinte à l'honneur ou à la délicatesse ; un terme de mépris cherche à rabaisser l'intéressé ; une invective prend une forme violente ou grossière. • TGI Paris, 6 nov. 2018 : *Légipresse 2019. 368.* ♦ ... Si l'humour permet une grande souplesse dans l'appréciation du caractère injurieux des propos poursuivis, le prévenu a publié ici des attaques personnelles et dégradantes, sans justifier du fait que le registre de l'humour était nécessairement connu du lecteur des propos ; il ne saurait non plus être retenu une quelconque distanciation, de nature à faire perdre aux termes employés leur caractère d'infraction pénale. • Même jugement.

299. Contrôle de la Cour de cassation. Il appartient à la Cour de cassation d'exercer son contrôle sur le point de savoir si le fait poursuivi présente les éléments légaux de l'injure, tels qu'ils sont définis par la L. du 29 juill. 1881 sur la presse, et tels qu'ils se dégagent des écrits annexés au réquisitoire introductif. • Crim. 6 mars 1974 (2 arrêts) : *Bull. crim. nos 98 et 99.* ♦ ... Ce contrôle devant s'exercer sur le sens et la portée des propos incriminés. • Crim. 20 oct. 1992, n° 91-84.253 P. ♦ N'a pas donné de base légale à sa décision au regard de l'art. 29 de la L. du 29 juill. 1881 le tribunal qui, pour accueillir la demande en dommages-intérêts d'une personne qui reprochait à une autre de l'injurier, s'est borné à énoncer qu'il résulte du dossier que la défenderesse injurie ses voisins et les agresse par la parole et par les gestes, sans préciser quelles paroles ou quels gestes ont été constitutifs de l'injure alléguée, le tribunal n'ayant pas mis la Cour de cassation en mesure d'exercer son contrôle. • Civ. 2e, 20 mars 1996, n° 94-14.023 P.

300. En matière de presse, il appartient à la Cour de cassation d'exercer son contrôle sur le sens et la portée des propos incriminés au regard des art. de la L. du 29 juill. 1881 servant de base à la poursuite ; les restrictions à la liberté d'expression sont d'interprétation étroite ; pour déclarer le prévenu coupable du délit visé à l'art. 33, al. 1er, de la L. du 29 juill. 1881, l'arrêt énonce que la cour n'ignore pas le contexte conflictuel existant en 1999 au sein de l'INT à la suite de la rétrogradation de plusieurs élèves inspecteurs à l'issue de leur formation, mais que cette tension et ce conflit ne peuvent justifier l'emploi de certains termes tels que « l'INT [...] furoncle hideux » et « INT pourrissante », particulièrement outrageants et méprisants s'adressant à un établissement en charge de la formation des fonctionnaires du ministère du travail ; en prononçant ainsi, alors que, par son contenu, l'article critiqué ne dépasse pas les limites admissibles de la liberté d'expression, la cour d'appel a méconnu le sens et la portée des propos incriminés, et du principe ci-dessus rappelé. • Crim. 19 mars 2013, n° 11-88.309 : *D. 2014. 512, obs. Dreyer* .

301. Matérialité. L'appréciation du caractère outrageant de certains propos doit être effectuée en fonction de leur contexte et, notamment, des nécessités de la discussion, lorsqu'ils ont été proférés à l'occasion d'un conflit du travail. • Crim. 4 déc. 1973 : *Bull. crim. n° 448.* ♦ L'injure adressée à un responsable syndical est caractérisée lorsqu'elle excède les limites admissibles d'une polémique née d'un conflit social. • Crim. 17 févr. 1981 : *Bull. crim. n° 64.* ♦ Rappr. : • Crim. 23 nov. 1993, n° 90-86.396 P.

302. La circonstance qu'une injure s'est produite dans un contexte électoral ne saurait en modifier le caractère. • Crim. 20 oct. 1992, n° 91-84.253 P. ♦ Un journal a publié deux articles, le premier qualifiant le maire d'une commune, candidat aux élections provinciales, de « grand manipulateur dont la trahison a des allures de vocation », le second comportant, en illustration d'une photographie, la légende suivante : « l'équipe pose encore incomplète, il y a quelques jours. C'était avant l'arrivée du grand manipulateur, menteur et bonimenteur » ; pour relaxer le directeur de la publication du journal du délit d'injures publiques envers un particulier, la cour d'appel relève que les limites de la critique admissible sont plus larges pour un personnage public que pour un simple particulier, et que, dans un contexte de campagne électorale, au cours de laquelle certaines publications ont déversé des flots de propos nauséabonds, outranciers et malveillants, les expressions « manipulateur, menteur, bonimenteur » ne sauraient constituer des injures au sens de l'art. 29, al. 2, de la L. du 29 juill. 1881 ; la Cour de cassation, à qui il appartient de contrôler et de rectifier les appréciations des juges du fond en ce qui concerne les éléments du délit, tels qu'ils se dégagent de l'écrit incriminé, est en mesure de s'assurer que les propos litigieux étaient injurieux et que le contexte de polémique électorale dans lequel ils ont été tenus n'était pas de nature à faire disparaître leur caractère gravement outrageant ; en estimant l'infraction non constituée, la cour d'appel a méconnu le sens et la portée des propos incriminés. • Crim. 30 mars 2005, n° 04-85.709 P : *Dr. pénal 2005, comm. 123, obs. Véron ; JCP 2005. IV. 2136.*

303. Intention. L'intention de nuire est présumée en matière d'injures. • Crim. 18 janv. 1950 : *Bull. crim. n° 23* • Paris, 2 mars 1995 : *Dr. pénal 1995. 121, obs. Véron.*

304. Les expressions outrageantes, termes de mépris ou invectives sont réputés de droit prononcés avec une intention coupable et seule l'excuse de provocation est de nature à leur ôter leur caractère punissable. • Crim. 10 mai 2006 : *D. 2006. 2220, note Dreyer ; Dr. pénal 2006. 135, obs. Véron.*

305. La polémique engagée avec un magistrat, même particulièrement médiatique et bavard, n'autorise pas à utiliser des expressions outrageantes. • Paris, 2 mars 1995 : *préc. note 303.*

306. Viole les art. 29 et 33 de la L. du 29 juill. 1881, la cour d'appel qui ordonne au directeur de publication et au civilement responsable de sites internet offrant un moteur de recherche comme principale fonctionnalité, de prendre toute mesure pour supprimer certaines suggestions de recherche apparaissant à la saisie de certains termes par les internautes, au motif que les suggestions en cause sont constitutives d'une injure, alors que la fonctionnalité aboutissant au rapprochement critiqué est le fruit d'un processus purement automatique dans son fonctionnement et aléatoire dans ses résultats, de sorte que l'affichage des « mots clés » qui en résulte est exclusif de toute volonté de l'exploitant du moteur de recherche d'émettre les propos en cause ou de leur conférer une signification autonome au-delà de leur simple juxtaposition et de leur seule fonction d'aide à la recherche. • Civ. 1re, 19 juin 2013, n° 12-17.591 P :*D. actu. 25 juin 2013, obs. Lavric ; D. 2014. Pan. 508, obs. Dreyer ; Légipresse, n° 314, mars 2014, p. 192, obs. Guerder ; JCP 2013, n° 907, note Lepage ; Gaz. Pal. 2013. 2. 3190.*

307. Débat politique. Si c'est à tort que la cour d'appel a retenu que les propos litigieux caractérisaient une diffamation, en l'absence d'imputation ou d'allégation de faits suffisamment précis, l'arrêt n'encourt pas pour autant la censure, dès lors que les paroles injurieuses incriminées, prononcées, dans le contexte d'un débat politique, par le maire, chargé de la police de l'assemblée municipale, s'analysaient en une critique du comportement de l'un de ses membres dans l'exercice de son mandat public, et ne dépassaient pas les limites admissibles de la liberté d'expression, qui ne peut connaître d'ingérence ou de restriction, en une telle circonstance, que pour des motifs impérieux, dont l'existence n'est pas établie. • Crim. 9 déc. 2014, n° 13-85.401 P : *D. actu. 5 janv. 2015, obs. Lavric ; D. 2015. 12.*

308. Pour infirmer le jugement, relaxer le prévenu et débouter les parties civiles, l'arrêt énonce en substance que les enseignants syndiqués ont, par leur comportement, instauré un débat politique avec le maire, dans le contexte duquel celui-ci a répondu à leur provocation par des propos qui n'ont pas dépassé les limites de la liberté d'expression ; en prononçant ainsi, la cour d'appel, qui, répondant aux conclusions dont elle était saisie et prenant en compte les responsabilités exercées par les protagonistes, a exactement apprécié le sens et la portée des propos incriminés, tenus dans le contexte d'une polémique de nature politique, et admis le prévenu au bénéfice de l'excuse de provocation, sans avoir à rechercher ce qui avait pu déterminer le comportement dont elle retenait le caractère provocateur, a justifié sa décision. • Crim. 28 mars 2017, n° 16-81.896 P : *D. actu. 27 avr. 2017, obs. Lavric.*

309. Atteinte personnelle. Des attaques générales dirigées par un bulletin imprimé et publié dans un département contre des collectivités indéterminées, telles que le clergé, ne sauraient constituer le délit d'injures publiques à l'égard des membres du clergé de ce département. • Crim. 9 avr. 1937 : *Bull. crim. n° 68.*

310. Un candidat aux élections législatives est personnellement visé par les expressions outrageantes contenues dans un tract présentant son choix comme un retour à l'intolérance, au racisme et au fascisme. • Crim. 26 mai 1987 : *Bull. crim. n° 218.*

311. Au cours d'un débat télévisé, une personne, évoquant le redressement de la situation de l'Opéra national de Paris, a tenu des propos que l'ancien directeur de cet opéra a estimé injurieux à son endroit ; celui-ci doit être débouté de son action pour injures envers une personne dépositaire de l'autorité publique, dès lors qu'il existe un doute sur le point de savoir si l'expression incriminée le visait bien. • Crim. 19 mars 2002, ♔ nº 01-84.592 P. ♦ Il appartient aux juges du fond d'identifier, d'après les circonstances de la cause, la personne diffamée ou injuriée, et cette appréciation est souveraine dans la mesure où elle repose sur des éléments de fait extrinsèques aux propos incriminés. • Même arrêt.

B. DISTINCTION AVEC LA DIFFAMATION

1º PRINCIPE

312. *Absence de faits précis.* Selon l'art. 29 de la L. du 29 juill. 1881, l'injure consiste dans une expression outrageante qui ne renferme l'imputation d'aucun fait déterminé. • Crim. 12 juill. 1971 : *Bull. crim. nº 229* • 9 oct. 1974 : *ibid. nº 282.*

313. La preuve de faits pouvant justifier la vérité de l'injure n'est jamais autorisée. • Crim. 12 juill. 1971 : *préc. note 312.*

314. *Divisibilité.* Un texte peut contenir, à la fois, des termes diffamatoires et des termes injurieux, justifiant une double déclaration de culpabilité du chef de diffamation et du chef d'injure ; il en est ainsi, notamment, lorsqu'il résulte du contexte que les termes injurieux ne se réfèrent nullement aux faits visés par les imputations diffamatoires. • Crim. 22 févr. 1966 : *Bull. crim. nº 62* • Paris, 9 juill. 1890 : *DP 1891. 2. 62.* ♦ Mais un fait unique imputé à la partie civile ne peut être incriminé à la fois comme injure et comme diffamation (solution retenue sur le fondement des art. 50 et 53 de la L. du 29 juill. 1881). • Crim. 9 mars 1965 : *Bull. crim. nº 70* • 2 mai 1972 : *ibid. nº 149* • 16 janv. 1990, nº 89-81.349 P.

315. *Indivisibilité.* Au cas d'indivisibilité entre l'injure et la diffamation, seul ce dernier délit doit être retenu. • Crim. 3 mai 1956 : *Bull. crim. nº 344* • 12 juin 1956 : *ibid. nº 458* • 18 janv. 1994 : ♔ *Dr. pénal 1994. Chron. 64* • 24 janv. 1995, ♔ nº 93-84.701 P • T. corr. Melun, 14 juin 1982 : *JCP 1982. II. 19918 ; RSC 1983. 87, obs. Levasseur.* ♦ Ainsi, un seul mot injurieux peut présenter le caractère d'une diffamation lorsqu'il est formulé en conclusion d'un commentaire dont il ne peut être détaché et qui comporte l'imputation d'un fait portant atteinte à l'honneur ou à la considération de la personne à laquelle ce fait est imputé. • Crim. 16 mars 1961 : *Bull. crim. nº 171.* ♦ Rappr., pour une injure absorbée par le caractère diffamatoire de l'ensemble d'un article. • Crim. 7 nov. 1989 : ♔ *Bull. crim. nº 403.* ♦ Deux expressions injurieuses entourant l'allégation d'un fait précis se confondent avec elle et ne peuvent revêtir que la qualification de diffamation. • Crim. 24 sept. 1996 : ♔ *Dr. pénal 1997. 7, obs. M.V.* ♦ Lorsque les expressions outrageantes ou appréciations injurieuses sont indivisibles d'une imputation diffamatoire, le délit d'injure est absorbé par celui de diffamation. • Crim. 23 juin 2009, ♔ nº 08-88.016 P : *AJ pénal 2009. 407, obs. Royer* ✎ ; *JCP 2009, nº 31-35, obs. Dreyer ; ibid., nº 46, obs. Dreyer* • Crim. 2 oct. 2012, ♔ nº 12-84.932 P : *D. actu. 2 nov. 2012, obs. Lavric ; Gaz. Pal. 6-7 févr. 2013, p. 15, note Fourment ; Dr. pénal 2013. Chron. 6, obs. Mouysset.*

316. Est justifiée la condamnation pour injures publiques d'un prévenu qui avait traité la partie civile de « dernière des pourritures » lors d'une émission radiophonique, dès lors qu'il résulte de l'arrêt attaqué que les injures incriminées n'étaient pas absorbées par des propos contenant l'imputation de faits précis portant atteinte à l'honneur et à la considération de la partie civile, et qu'elles ne constituaient pas une riposte immédiate et irréfléchie à une provocation. • Crim. 24 nov. 2009, ♔ nº 09-83.256 P : *AJ pénal 2010. 35* ✎.

2º EXEMPLES

317. Constituent des injures et non une diffamation, dès lors qu'ils ne contiennent l'imputation d'aucun fait précis : ... le reproche de « parler en menteur » et « de ne dire ou exprimer que des mensonges ou des faux ». • Crim. 31 janv. 1930 : *Bull. crim. nº 44.* ♦ ... Les propos « diffamateur infâme » et « maître chanteur ». • Crim. 26 juin 1930 : *Bull. crim. nº 191.* ♦ ... L'imputation de « manquer de courage civique ». • Crim. 20 juin 1946 : *Gaz. Pal. 1946. 2. 178 (2e arrêt).* ♦ ... L'adjonction, à la suite du nom d'un ministre dans un éditorial, des lettres « SS ». • Crim. 6 mars 1974 : *Bull. crim. nº 97.* ♦ ... Les expressions outrageantes « reître » et « flibustier ». • Crim. 6 mars 1974 : *Bull. crim. nº 98.* ♦ ... L'expression outrageante « traître ». • Crim. 6 mars 1974 : *Bull. crim. nº 99.* ♦ ... La phrase « l'armée s'entraîne à noyer dans le sang les révoltes populaires ». • Crim. 9 oct. 1974 : *ibid. nº 282.* ♦ ... La qualification de « couard, homme vil, dont la pensée roule au niveau du caniveau ». • Crim. 26 févr. 1985 : *Gaz. Pal. 1985. 2. Somm. 224.* ♦ ... Le titre d'un article ainsi libellé : « Un émule de Barbie va-t-il entrer à l'Assemblée européenne ? ». • Crim. 7 nov. 1989 : *Bull. crim. nº 403.* ♦ ... L'adjonction de l'épithète « crématoire » au patronyme d'un ministre. • Crim. 20 oct. 1992, ♔ nº 91-84.253 P. ♦ ... Les qualifications de « menteuse, incapable, incompétente » adressées par le prévenu à sa supérieure hiérarchique, cadre de la fonction publique territoriale. • Crim. 27 nov. 1997 : ♔ *Gaz. Pal. 1998. 1, chron. crim. 35.*

318. Se rend coupable d'injure envers un citoyen chargé d'un mandat public le maire d'une commune qui, au cours d'une manifestation contre l'implantation d'un centre d'enfouissement des ordures ménagères sur sa commune, tient, dans une interview retransmise ensuite à la télévision, et visant le président du Gouvernement de la Polynésie française, des propos engageant à nettoyer « les ordures qui dirigent ce pays ». • Crim. 19 févr. 2002 : *JCP 2002. IV. 1652.*

319. Constituent pareillement des injures : ... la juxtaposition des mots « pulpeuse charcutière casher ». • Paris, 15 févr. 1988 : *JCP 1988. II. 21115, note Agostini ; Gaz. Pal. 1988. 1. 257 ; D. 1988. IR 77.* ♦ ... Le terme « buse ». • Paris, 13 déc. 1988 : *D. 1989. IR 22.* ♦ ... Les expressions « larbin » et « mouche du coche ». • TGI Paris, 14 déc. 1988 : *Gaz. Pal. 1990. 1. Somm. 114.* ♦ ... L'expression « lopette ». • TGI Paris, 8 nov. 1989 : *Gaz. Pal. 1990. 1. Somm. 176.* ♦ ... Les qualificatifs de « grand affabulateur » et de « joyeux chansonnier » contenus dans une lettre adressée à un avocat. • TI Angers, 7 mai 1990 : *Gaz. Pal. 1992. 1. Somm. 227.* ♦ ... L'utilisation du terme « barjo » appliqué à un procureur de la République à raison de ses fonctions, expression renforcée par l'emploi du terme argotique « mec » pour désigner ce magistrat. • Paris, 2 mars 1995 : *Dr. pénal 1995. 121, obs. Véron.* ♦ ... Les termes de « nazis » ou de « nazillons », dès lors qu'il n'est pas allégué une appartenance sous l'Occupation à des organisations nazies. • Paris, 1er juin 1995 : *Dr. pénal 1995. 253.* ♦ Confirmé par • Crim. 29 janv. 1998 : 🏛 *Gaz. Pal. 1998. 1, chron. crim. 75.* ♦ ... L'expression « gros zébu fou » appliquée au président d'une association de lutte contre le racisme. • Paris, 7 janv. 1998 : *Dr. pénal 1998. 66, obs. Véron.*

320. Il y a injure et non diffamation dans le fait, après avoir qualifié une personne de « franc-maçon », de comparer les francs-maçons aux anarchistes. • Crim. 6 avr. 1895 : *DP 1899. 1. 577.* ♦ Mais le fait d'accuser une personne d'appartenir, en qualité de franc-maçon, à une secte qui reçoit son mot d'ordre d'un escroc et d'un bandit, constitue l'imputation d'un fait précis et déterminé et renferme, par suite, l'élément essentiel du délit de diffamation. • Crim. 12 févr. 1897 : *DP. 1897. 1. 399.*

321. Pris en eux-mêmes, les qualificatifs de « raciste », « anti-juif », « anti-musulman » et « fasciste » ne sont que des invectives, dès lors que le plaignant ne peut soutenir qu'ils se réfèrent à des faits précis. • Crim. 26 févr. 1985 : *préc. ; RSC 1986. 376, obs. Levasseur.* ♦ Dès lors qu'ils sont articulés de façon précise, les faits d'antisémitisme (et de falsifications) peuvent faire l'objet d'une preuve et d'un débat contradictoire. • Paris, 28 mai 1996 : *Gaz. Pal. 1996. 2. Somm. 545.* ♦ Comp. : • Crim. 23 févr. 1950 : *D. 1951. 217, note Mimin ; S. 1950. 1. 173, note M.R.M.P.* • T. corr. Seine, 18 déc. 1946 : *Gaz. Pal. 1947. 1. 113.* ♦ Ne constituent ni une injure ni une diffamation l'épithète de « communiste » ou l'accusation de soutenir le parti communiste. • T. corr. Seine, 25 mars 1931 : *DH 1931. 279.* ♦ Sur le caractère injurieux de l'épithète de « boche » dans le contexte de la Première Guerre mondiale, V. • Paris, 27 déc. 1915 : *DP 1916. 2. 30* • Caen, 8 mars 1916 : *ibid. 1917. 2. 69.*

322. Si, pour qu'il y ait injure, il faut que le public ressente le terme proféré comme outrageant, il n'y a pas lieu de retenir qu'en l'espèce le mot « rouerie », au surplus placé entre guillemets, pourrait être compris de la sorte par les lecteurs d'un guide de la voyance, alors que cet ouvrage, recherchant un ton spirituel, est écrit dans un langage familier, et que la personne visée fait l'objet d'observations certes défavorables mais sans sévérité, puisque la tonalité de la notice qui lui est consacrée est résumée par l'appréciation générale « mieux vaut en rire ». • Paris, 19 janv. 1996 : *Gaz. Pal. 1996. 2. Somm. 356.*

323. C'est à bon droit qu'une cour d'appel a décidé que les demandes en réparation du préjudice occasionné par une injure ne devaient pas être accueillies, dès lors qu'elle a retenu que les propos incriminés étaient diffamatoires envers le plaignant, après avoir énoncé que la conjonction des trois termes de l'expression « fils spirituel d'Hitler » fait explicitement référence à une idéologie structurée, méthodique, ayant engendré le national-socialisme, que la filiation spirituelle qui est prêtée au demandeur l'érige en disciple et héritier du concepteur de la pensée nationale socialiste, que cette idéologie, reprochée au demandeur comme étant celle qu'il professerait, est porteuse pour l'avenir d'un grave risque de réitération de crime contre l'humanité, qu'ainsi le reproche fait au demandeur d'adhérer à cette idéologie, traduit par la formule « fils spirituel d'Hitler », comporte l'allégation ou l'imputation de faits portant atteinte à l'honneur ou à la considération. • Civ. 2e, 24 juin 1998, 🏛 no 96-11.905 P.

324. Le terme « cons » a bien un caractère injurieux dès lors qu'accolé à l'exposition de photographies d'individus sur un panneau dans un local syndical il n'est fait référence à aucun fait précis ni débat d'idées que pourrait légitimer une liberté d'expression accrue en matière syndicale. • Paris, pôle 2, ch. 7, 19 déc. 2019, 🏛 no 19/01374 : *D. actu 22 janv. 2020, obs. Lamy* (aff. dite du « Mur des cons », conf. : • TGI Paris, 31 janv. 2019, *12 jugements : Légipresse 2019. 369, p. 155, note Verly et Soskine*).

325. L'exigence de proportionnalité implique de rechercher si, au regard des circonstances particulières de l'affaire, la publication litigieuse dépasse les limites admissibles de la liberté d'expression. En l'absence de dépassement de ces limites, et alors même que l'injure est caractérisée en tous ses éléments constitutifs, les faits objet de la poursuite ne peuvent donner lieu à des réparations civiles. En l'espèce, l'arrêt retient que l'affiche, qui a été publiée dans un journal revendiquant le droit à l'humour et à la satire, comporte une appréciation du positionnement politique de Mme C... à l'occasion de l'élection présidentielle et a été montrée par M. I... avec d'autres affiches parodiant chacun des candidats à l'élection présidentielle, dans la séquence d'une émission polémique s'apparentant à une revue de presse, mention étant expressément faite que ces affiches émanent d'un journal satirique et présentent elles-mêmes un caractère polémique. La cour d'appel, qui a exactement apprécié le sens et la portée de cette affiche à la lumière des éléments extrinsèques qu'elle a souverainement analysés, en a déduit, à bon droit, que la publication litigieuse ne dépassait pas les limites admissibles de la liberté d'expression. • Cass., ass. plén., 25 oct. 2019, n° 17-86.605 P : *D. actu. 5 nov. 2019, obs. Lavric ; AJ pénal 2020. 32, obs. Verly ; D. 2020. Pan. 237, obs. Dreyer*.

C. DISTINCTION AVEC L'OUTRAGE

326. Renvoi. V. C. pén., notes ss. art. 433-5.

Art. 30 *(Ord. du 6 mai 1944 ; L. n° 72-546 du 1er juill. 1972)* **La diffamation commise par l'un des moyens énoncés en l'article 23 envers les cours, les tribunaux, les armées** *(L. n° 52-1352 du 19 déc. 1952)* **« de terre, de mer ou de l'air », les corps constitués et les administrations publiques, sera punie** *(L. n° 2000-516 du 15 juin 2000, art. 90-III)* **« d'une amende de 45 000 € ».**

1. Liberté d'expression. Si l'exercice de la liberté d'expression est garanti par l'art. 10, § 1er, Conv. EDH, il peut, en vertu du second paragraphe de ce texte, être soumis à des restrictions et des sanctions dans des cas déterminés par la L. du 29 juill. 1881 ; tel est l'objet de l'art. 30 de ladite loi, qui édicte une sanction nécessaire dans une société démocratique à la défense de l'ordre et à la protection de la réputation des administrations publiques, en l'espèce la police nationale. • Crim. 3 déc. 2002, n° 01-85.466 P : *Dr. pénal 2003. Comm. 33 (2e arrêt), obs. Véron.*

2. Armées. Constitue une diffamation envers l'armée ou une fraction de l'armée un écrit qui, ne se bornant pas à relever contre certains militaires des faits individuels, en reporte par voie d'insinuation le blâme sur l'armée entière ou une partie de l'armée. • Crim. 29 oct. 1953 : *Bull. crim. n° 277.*

3. Corps constitués. Par « corps constitués » au sens de l'art. 30 de la L. du 29 juill. 1881, il faut entendre les seuls corps ayant une existence légale permanente et auxquels la Constitution ou les lois ont dévolu une portion de l'autorité ou de l'administration publiques. • Crim. 26 avr. 1952 : *Bull. crim. n° 106 ; D. 1952. 492.*

4. L'art. 30 de la L. du 29 juill. 1881 réprime seulement les diffamations dirigées contre un conseil municipal, lorsqu'elles mettent en cause des actes accomplis par ce conseil dans ses fonctions ou à l'occasion de ses fonctions. • Crim. 23 mai 1955 : *Bull. crim. n° 260.*

5. Un syndicat intercommunal, qui exerce, par le transfert d'une partie des compétences des communes qui le composent, une portion de l'autorité publique, et dont le comité qui l'administre forme l'assemblée générale, est un corps constitué au sens des art. 30 et 48 de la L. du 29 juill. 1881. • Crim. 7 nov. 1995, n° 91-86.474 P.

6. En revanche, le conseil régional de l'ordre des experts-comptables des Pays de Loire n'a pas reçu de la loi une portion de l'autorité ou de l'administration publique, il n'est donc pas un corps constitué et n'entre pas dans les prévisions de l'art. 30 de la L. du 29 juill. 1881. • Crim. 18 juin 2019, n° 19-80.088 P : *D. actu. 11 juill. 2019, obs. Lavric ; D. 2020. Pan. 237, obs. Dreyer*.

7. La municipalité, réunion du maire et de ses adjoints, est une entité dépourvue d'existence légale, qui n'entre pas dans les prévisions de l'art. 30 de la L. du 29 juill. 1881 ; justifie, dès lors, sa décision l'arrêt qui, pour déclarer irrecevable la poursuite du chef de diffamation publique envers un corps constitué engagée sur citation directe par une commune, retient que les propos incriminés visent en réalité la municipalité, c'est-à-dire le maire et ses adjoints, lesquels ont seuls qualité pour agir, dès lors que, bien que non visés nommément, ils sont identifiables. • Crim. 8 juin 2004, n° 03-86.209 P : *D. 2004. IR 2477 ; AJ pénal 2004. 369 ; Dr. pénal 2004. Comm. 140, obs. Véron.*

8. En matière d'infraction à la loi sur la liberté de la presse, les faits doivent être appréciés au regard de la qualification fixée irrévocablement à l'acte initial des poursuites ; toute erreur sur ce point, qu'il appartient aux juges du fond de relever d'office, est dénuée d'effet sur la validité dudit acte, mais fait obstacle à la condamnation ; en conséquence, si c'est à tort qu'une cour d'appel, appelée à statuer dans une poursuite exercée, à la requête d'une commune, à raison d'un délit de diffamation envers un corps constitué, relève, pour annuler la citation, que seuls le maire et des personnes physiques identifiables étaient visés par les propos incriminés, l'arrêt n'encourt pas pour autant la censure, dès lors que la Cour de cassation est en mesure de s'assurer que les faits, objet de la citation, ont été exactement qualifiés, au terme d'un débat contradictoire, de diffamation envers des citoyens chargés d'un service ou d'un mandat public. • Crim. 25 févr. 2014, n° 12-88.172 P : *D. actu. 7 mars 2014, obs. Lavric ; AJ pénal 2014. 235, obs. Verly ; RLCT*

2014/102, n° 2713, p. 26, note Mayaud ; Gaz. Pal. 2014. 1. 1792, note Fourment.

9. Administrations publiques. Ne peuvent être considérés comme des administrations publiques les entités ou organismes qui poursuivent un but commercial et s'administrent eux-mêmes en se conformant aux lois et règlements qui les régissent. • Crim. 25 juin 1953 : *Bull. crim. n° 224* • 19 janv. 1954 : *ibid. n° 20.*

10. Police nationale. Un écrit contenant à l'adresse de l'administration de la police d'une ville des allégations précises, concernant des faits déterminés et distincts des injures relevées, de nature à porter atteinte à son honneur ou à sa considération, constitue une diffamation punissable en vertu de l'art. 30 de la L. du 29 juill. 1881. • Crim. 6 mars 1952 : *Bull. crim. n° 68.*

11. Se rend coupable de diffamation envers une administration publique l'avocat auteur d'un communiqué de presse de protestation contre les conditions de déroulement d'un procès, qui met en cause la police nationale dans la lutte antiterroriste, lui imputant d'utiliser des méthodes comparables à celles de la Gestapo ou de la milice du régime de Vichy ; si la dénonciation des conditions d'organisation du procès de son client et la critique de la procédure constitue un but légitime, en revanche, le prévenu ne peut invoquer la bonne foi en raison des assimilations téméraires infamantes, de l'expression délibérément partiale et vindicative, de son absence de prudence ou de modération, en jetant l'opprobre sur l'ensemble du corps des fonctionnaires de la police ; lorsqu'il ne bénéficie pas de l'immunité judiciaire, l'avocat qui s'exprime au nom de son client n'est pas dispensé de la prudence et de la circonspection nécessaires à l'admission de la bonne foi. • Crim. 3 déc. 2002, n° 01-85.466 P : *Dr. pénal 2003. 33 (2e arrêt), obs. Véron.*

12. Le ministre de l'Intérieur a porté plainte notamment du chef de diffamation publique envers la police nationale, sur le fondement de l'art. 30 de la L. du 29 juill. 1881, à la suite de la publication, sous l'égide du Syndicat de la magistrature, d'un fascicule rédigé par Clément X, magistrat, et intitulé « Vos papiers ! Que faire face à la police », incriminé en raison du passage suivant : « les contrôles d'identité au faciès, bien que prohibés par la loi, sont non seulement monnaie courante, mais se multiplient » ; Clément X a été renvoyé de ce chef devant le tribunal correctionnel ; les juges du premier degré ont relaxé le prévenu au bénéfice de la bonne foi ; appel a été relevé de cette décision par le ministère public. Pour écarter le bénéfice de la bonne foi et dire la prévention établie, l'arrêt, après avoir admis que l'auteur de l'ouvrage poursuivait un but légitime en informant les lecteurs de l'état de la législation régissant les contrôles d'identité et des droits des citoyens en cette matière, et qu'aucune animosité personnelle à l'égard de la police nationale n'était démontrée, retient que les éléments versés aux débats, s'ils illustrent l'existence d'un débat sur la pratique des contrôles d'identité, n'établissent pas pour autant ni l'augmentation de pratiques discriminatoires en ce domaine, ni même la part très significative que représenteraient, selon ce passage, les pratiques illégales de la police, pratiques dont Clément X lui-même prétend qu'il ne peut pas en rapporter la preuve, ni dès lors les chiffrer ; les juges ajoutent que les pièces produites n'apportent aucun élément démontrant la réalité et l'ampleur du phénomène dénoncé ; mais en subordonnant le sérieux de l'enquête à la preuve de la vérité des faits, la cour d'appel n'a pas donné de base légale à sa décision. • Crim. 17 juin 2008, n° 07-80.767 P : *D. 2009. Pan. 1783, obs. Dupeux ; RSC 2008. 628, obs. Francillon ; AJ pénal 2008. 417, obs. Lavric ; Dr. pénal 2008. 124, obs. Véron.*

13. Services hospitaliers. C'est à tort que la cour d'appel a relaxé les prévenus du chef de diffamation envers une administration publique pour avoir publié un article sur les services des urgences en France, mettant en cause notamment le centre hospitalier plaignant pour sa dangerosité ; en effet, la Cour de cassation, à qui il appartient de contrôler et rectifier les appréciations des juges du fond, en ce qui concerne les éléments du délit tels qu'ils se dégagent de l'écrit incriminé, est en mesure de s'assurer que les cartes géographiques recensant les centres à éviter font corps avec l'article incriminé et que l'établissement plaignant a été compris dans les deux cents établissements présentés comme devant être évités et fermés, en raison des imputations d'inaptitude à remplir leur mission de service public hospitalier et de dangerosité envers les patients admis en urgence ; en déduisant de surcroît et d'office l'absence d'infraction de ce que le centre hospitalier en cause figurait à bon droit parmi les services ne répondant pas aux critères officiels des services d'urgences, la cour d'appel a violé les art. 35 et 55 de la L. du 29 juill. 1881. • Crim. 3 juill. 1996 : *JCP 1996. IV. 2481.*

14. Selon l'art. 29 de la L. du 29 juill. 1881, toute expression qui contient l'imputation d'un fait précis et déterminé, de nature à porter atteinte à l'honneur ou à la considération de la personne visée, constitue une diffamation, même si elle est présentée sous une forme déguisée ou dubitative ou par voie d'insinuation ; selon l'art. 46 de la loi, l'action civile résultant du délit de diffamation publique envers une administration publique ne peut être poursuivie séparément de l'action publique et cette prohibition d'ordre public impose au juge civil saisi d'une action de cette nature de la déclarer irrecevable ; cassation, pour violation de ces textes, de l'arrêt qui, en l'état d'un article publié par l'Institut national de la consommation et présentant, sous forme d'enquête, la liste des services hospitaliers « à éviter et à fermer » en faisant ressortir que certains services d'urgence sont « en état de sous-développement matériel et humain » et dangereux, rejette l'exception d'incompétence présentée avant toute défense au fond et fondée sur l'art. 46 de la L. du 29 juill. 1881, en énonçant que l'art. incriminé ne contient ni imputation ni allégation d'aucun fait portant atteinte à l'honneur ou à la considération du centre hospitalier et qu'à bon droit les premiers juges ont retenu leur compétence sur le fondement de l'art. 1382 C. civ., alors que les juges du fond relèvent que le centre hospitalier était compris dans les deux cents établissements présentés comme devant être évités et fermés en raison des imputations d'inaptitude à remplir leur mission de service public hospitalier et de dangerosité envers les patients admis en urgence, ce qui caractérise la diffamation envers une administration publique. • Civ. 2e, 30 sept. 1998, n° 97-10.280 P : *D. Affaires 1998. 1992 ; D. 1998. IR 229*

15. Action civile. Le délit prévu par l'art. 30 de la L. du 29 juill. 1881 portant essentiellement atteinte à l'autorité de la puissance publique, aucune disposition conventionnelle n'interdit au législateur de subordonner l'exercice de l'action civile du chef de ce délit à la mise en mouvement de l'action publique par le ministère public. • Crim. 12 nov. 2003, n° 02-84.709 P : *Gaz. Pal. 2004. 1. Somm. 2079, obs. Monnet.*

Loi n° 51-18 du 5 janvier 1951, *portant amnistie ... et réprimant les activités antinationales.* **Art. 28** Sont considérés, au regard de l'article 30 de la loi du 29 juillet 1881, comme faisant partie des armées de terre ou de mer, les mouvements et réseaux reconnus de résistance.

Loi n° 2012-326 du 7 mars 2012,

Relative aux formations supplétives des forces armées.

Art. unique I. — Pour l'application de l'article 30 de la loi du 29 juillet 1881 sur la liberté de la presse, les formations supplétives sont considérées comme faisant partie des forces armées.

II. — Toute association, régulièrement déclarée depuis au moins cinq ans à la date des faits, qui se propose par ses statuts de défendre les intérêts moraux et l'honneur de personnes ou de groupes de personnes faisant ou ayant fait partie de formations supplétives de l'armée peut exercer les droits reconnus à la partie civile en ce qui concerne les délits de diffamation ou d'injure prévus par la loi du 29 juillet 1881 précitée qui ont causé un préjudice direct ou indirect à la mission qu'elle remplit.

En cas de diffamation ou d'injure prévues à l'article 30 et au premier alinéa de l'article 33 de la même loi, le 1° de l'article 48 de ladite loi n'est pas applicable.

En cas de diffamation ou d'injure commises envers des personnes considérées individuellement, l'association n'est recevable dans son action que si elle justifie avoir reçu l'accord de ces personnes ou de leurs ayants droit.

Art. 31 **Sera punie de la même peine la diffamation commise par les mêmes moyens, à raison de leurs fonctions ou de leur qualité, envers** *(L. n° 2013-711 du 5 août 2013, art. 21)* **« le Président de la République, » un ou plusieurs membres du ministère, un ou plusieurs membres de l'une ou de l'autre Chambre, un fonctionnaire public, un dépositaire ou agent de l'autorité publique,** ***un ministre de l'un des cultes salariés par l'État,*** **un citoyen chargé d'un service ou d'un mandat public, temporaire ou permanent, un juré ou un témoin, à raison de sa déposition.** — *V. art. 45.*

(Ord. du 6 mai 1944) **« La diffamation contre les mêmes personnes concernant la vie privée relève de l'article 32 ci-après. »**

BIBL. ▶ Lepage, *Légicom 2002/3, n° 28, p. 61.* – Delmas Saint-Hilaire, *RSC 2004. 91* (absence d'unité de la notion de « personne chargée d'une mission de service public »). – Alleaume et Apéry, *Mél. Jerry Saint-Rose, Bruylant, 2012, p. 107* (de la diversité des opinions et de la liberté, parfois limitée, de les exprimer : réflexions à partir de l'article 31 de la loi de 1881 relatif à la diffamation des agents publics).

PLAN DES ANNOTATIONS

1. QPC. La question posée tend à faire constater que l'art. 31 de la L. du 29 juill. 1881 porte atteinte aux droits et libertés garantis par les art. 1er, 6, 8, 9 et 15 DDH ainsi qu'au Préambule et à l'art. 2 de la Constitution du 4 oct. 1958, en ce qu'il méconnaît le principe d'égalité, par rapport aux règles régissant la diffamation envers les particuliers, de même que le principe de nécessité et de proportionnalité des peines, et, enfin, celui de la présomption d'innocence conjugué à la règle du contrôle et de la responsabilité des agents publics ; la question posée ne présente pas de caractère sérieux, dès lors que, d'une part, le principe d'égalité ne s'oppose pas à ce que le législateur règle de façon différente des situations distinctes, que d'autre part, si l'amende encourue pour la diffamation publique envers un fonctionnaire public est plus élevée que celle encourue pour la diffamation publique envers un particulier, elle sanctionne, sans disproportion manifeste, l'atteinte portée non seulement à celui qui est visé par les propos incriminés, mais aussi à la fonction qu'il incarne, et qu'enfin, toute personne poursuivie sur le fondement de l'art. 31 de la L. du 29 juill. 1881 est admise à rapporter la preuve de sa bonne foi ; d'où il suit qu'il n'y a pas lieu de la renvoyer au Conseil constitutionnel. • Cass., QPC, 16 juill. 2010 : *D. 2010. Actu. 1944* ; *ibid. 2011. Pan. 784, obs. Dreyer* ; *JCP G 2010, nº 1258, obs. de Lamy ; Gaz. Pal. 2010. II. 2994, note Fourment ; Dr. pénal 2011. Chron. 5, obs. Mouysset.*

A. FONCTIONS OU QUALITÉ VISÉES

1º RÉFÉRENCE

2. Principe. L'art. 31 de la L. du 29 juill. 1881 ne punit de peines particulières les diffamations dirigées contre les personnes revêtues des qualités qu'il énonce que lorsque lesdites diffamations, qui doivent s'apprécier non d'après le mobile qui les a inspirées ou d'après le but recherché par leur auteur, mais selon la nature du fait sur lequel elles portent, contiennent la critique d'actes de la fonction ou d'abus de la fonction, ou encore établissent que la qualité ou la fonction de la personne visée a été soit le moyen d'accomplir le fait imputé, soit son support nécessaire. • Crim. 29 déc. 1971 : *Bull. crim. nº 368* • 20 janv. 1981 : *ibid. nº 28* • 9 oct. 1984 : *ibid. nº 294* • 16 déc. 1986 : *ibid. nº 374* • 10 déc. 1991, nº 90-86.956 P • 6 oct. 1992, nº 90-80.684 P • 27 sept. 1995 : *Dr. pénal 1996. 9, obs. Véron* • 17 févr. 2004 : *Dr. pénal 2004. 106* • 8 avr. 2014, nº 13-81.807 P : *D. actu. 28 avr. 2014, obs. Lavric ; RLCT 2014/102, nº 2713, p. 23, note Mayaud ; Gaz. Pal. 2014. 1. 1790, note Fourment* • 15 déc. 2015, nº 14-85.118 P : *D. actu. 19 janv. 2016, obs. Lavric* • Civ. 2e, 24 févr. 2000, nº 97-20.908 P : *Gaz. Pal. 2001. 1. Somm. 978, note Guerder.*

3. L'art. 31 de la L. du 29 juill. 1881 ne punit de peines particulières les diffamations dirigées contre une personne revêtue de la qualité qu'il énonce que lorsque ces diffamations sont faites en raison de leurs fonctions ou de leur qualité ; les imputations, qui doivent s'apprécier non d'après l'intention de leur auteur ou le but par lui recherché, mais d'après leur objet même et la nature du fait sur lequel elles portent, doivent présenter un rapport direct et étroit avec les fonctions ou la qualité. • Crim. 17 mars 2009, nº 08-86.659 P : *AJ pénal 2009. 225, obs. Royer*. ♦ Pour une application : • Crim. 14 févr. 2012, nº 11-81.954 P : *D. actu. 7 mars 2012, obs. Lavric ; RSC 2012. 610, obs. Francillon*.

4. La critique d'actes commis par abus de la fonction équivaut à la critique d'actes de la fonction. • Crim. 4 mai 1976 : *Bull. crim. nº 141.* ♦ L'art. 31 de la L. du 29 juill. 1881 est applicable lorsque la qualité de fonctionnaire public a été, au moins pour partie, le moyen d'accomplir, à les supposer vrais, les faits imputés, et que ceux-ci constitueraient, sinon des actes de la fonction, du moins des abus de la fonction. • Crim. 12 janv. 1993, nº 91-80.305 P.

5. Il doit exister entre les imputations et la fonction de la personne diffamée, ou sa qualité, une relation directe et étroite, à défaut de laquelle il y a simple diffamation de l'homme privé. • Crim. 6 juin 1890 : *DP 1890. 1. 489* • 26 mars 1898 : *ibid. 1898. 1. 546* • 16 févr. 1923 : *ibid. 1923. 5. 4* • 29 déc. 1927 : *DH 1928. 87* • 10 nov. 1928 : *ibid. 1928. 594.* ♦ Si le fait imputé ne constitue ni un acte, ni un abus de la fonction ou du mandat public, la diffamation n'atteint que l'homme privé. • Crim. 5 déc. 1935 : *Bull. crim. nº 139.* ♦ ... Bien que l'article incriminé fasse mention des fonctions dont la personne est investie. • Crim. 17 mars 1932 : *Bull. crim. nº 82.* ♦ Des imputations même dirigées contre un fonctionnaire relèvent de l'art. 32 de la L. du 29 juill. 1881 lorsqu'elles sont étrangères aux fonctions. • Crim. 12 juin 1954 : *Bull. crim. n° 212.* ♦ Lorsque des imputations diffamatoires visant un maire à raison de ses fonctions et de sa vie privée sont indivisibles, la qualification de diffamation envers un citoyen chargé d'un mandat public est seule applicable. • Crim. 26 mars 1996, n° 93-84.306 P.

6. La diffamation envers un fonctionnaire public ne peut être retenue que dans la mesure où il est personnellement visé à raison d'agissements qui lui sont imputés dans l'exercice de ses fonctions et non du simple fait qu'il est responsable du service ou de l'administration où les agissements imputés auraient été prétendument commis. • Limoges, 20 juin 1995 : *BICC 1995. 1253.*

7. S'agissant d'un article de presse imputant au président d'un tribunal de commerce des agissements « mafieux », il ne peut être fait grief à l'arrêt attaqué d'avoir condamné l'éditeur du journal au paiement de dommages-intérêts en réparation du préjudice causé par les imputations jugées diffamatoires envers un particulier, dès lors que la cour d'appel retient que le défendeur ne serait fondé à se prévaloir des dispositions de l'art. 31 de la L. du 29 juill. 1881 que si le demandeur avait été en mesure d'influer sur le sort judiciaire d'une partie ou d'abuser d'une fonction protégée, que ceci était impossible à la date de la réunion litigieuse, le demandeur ayant quitté à cette date la présidence du tribunal de commerce depuis 3 ans, et que l'application de l'art. 31 de la L. du 29 juill. 1881 suppose que la qualité effective ou la fonction officielle de l'intéressé ait été le moyen d'accomplir tout ou partie du fait imputé à diffamation, une simple influence morale ou officieuse attachée à un titre ou à des fonctions passées étant inopérante. • Civ. 2e, 24 févr. 2000 : *préc. note 2.*

8. L'art. 31 de la L. du 29 juill. 1881 ne réprime les diffamations dirigées contre les personnes revêtues de la qualité énoncée par ce texte que lorsque ces diffamations, qui doivent s'apprécier non d'après le mobile les ayant inspirées ou le but recherché par leur auteur mais selon la nature du fait sur lequel elles portent, contiennent des critiques d'actes de la fonction ou d'abus de la fonction, ou encore lorsqu'elles établissent que *la qualité ou la fonction de la personne visée* a été soit le moyen d'accomplir le fait imputé, soit son support nécessaire ; il en est également ainsi, au regard de l'art. 33, al. 1er, de la même loi, des injures dirigées contre les mêmes personnes qui doivent caractériser des actes se rattachant à la fonction de ces personnes ou à la qualité dont elles sont revêtues ; ne justifie pas sa décision la cour d'appel qui retient les délits de diffamation et d'injures publiques envers un citoyen chargé d'un mandat public en raison d'un article de presse qui, même si son objet peut être de discréditer la personne élue qu'il désigne plutôt que la personne privée, ne comporte pas la critique d'un acte de la fonction ou d'un abus de la fonction, n'établit pas que la qualité ou la fonction de la personne visée ait été le moyen d'accomplir l'acte imputé ou son support nécessaire, et, enfin, ne caractérise pas un acte se rattachant à la fonction ou à la qualité. • Crim. 15 janv. 2008, n° 06-89.189 P : *AJ pénal 2008. 189, obs. Royer ; JCP 2008. II. 10078, note Dreyer.*

9. A méconnu les art. 29, 30 et 31 de la L. du 29 juill. 1881 la cour d'appel qui a condamné le prévenu pour diffamation publique envers un citoyen chargé d'un mandat public, alors que le fait imputé, un incendie, ne constituait ni un acte, ni un abus de la fonction du maire, et se trouvait dépourvu de tout lien avec ladite fonction, la diffamation ne concernant que le particulier. • Crim. 15 déc. 2015, n° 14-85.118 P : *D. actu. 19 janv. 2016, obs. Lavric.*

10. Constatation. En matière de presse, il appartient à la Cour de cassation de contrôler le sens et la portée des écrits incriminés, et de vérifier si dans les propos retenus dans la prévention se retrouvent les éléments légaux de la diffamation publique tels qu'ils sont définis par la L. du 29 juill. 1881. • Crim. 15 déc. 2015, n° 14-85.118 P : *D. actu. 19 janv. 2016, obs. Lavric.*

11. Encourt la cassation l'arrêt qui déclare des prévenus coupables de diffamation publique envers des citoyens chargés d'un mandat public, sans qu'il résulte de ses énonciations que les imputations incriminées concernaient des actes ressortissant, par leur nature, à l'exercice des fonctions qui étaient celles des personnes visées, ou qu'elles avaient un rapport direct et étroit avec la qualité de ces personnes. • Crim. 17 mars 1981, n° 79-93.291 P.

12. Si le nom du maire est cité dans chacun des articles visés qui relatent les litiges et difficultés opposant le propriétaire d'un terrain à la commune, les imputations contenues dans les propos poursuivis ne le visent pas personnellement, mais seulement la commune elle-même, désignée sous ce terme ou ceux de « la mairie » et « la ville » ; en statuant ainsi, et dès lors que la Cour de cassation est en mesure de s'assurer, par l'examen des éléments intrinsèques aux écrits incriminés et, comme tels, soumis à son contrôle, que ceux-ci ne visaient pas personnellement le maire, la cour d'appel a justifié sa décision. • Crim. 8 sept. 2015, n° 14-83.580 : *AJCT 2015. 659, obs. Mayaud .*

13. Conflit de qualifications. V. C. pén., notes ss. art. 434-24 et R. 621-1.

14. Compte tenu de la jonction des procédures, et en raison de la règle du non-cumul des peines, en cas de diffamation publique envers la même personne, prise en sa double qualité, à la fois, de ministre et de particulier, seule la peine la plus forte doit être prononcée, c'est-à-dire celle prévue par les art. 30 et 31 de la loi de 1881. • TGI Paris, 9 mars 1998 : *Gaz. Pal. 1998. 1. 228.*

15. Le fait que l'art. 31, al. 2, de la L. du 29 juill. 1881 énonce que la diffamation concernant la vie privée des personnes chargées d'un mandat public relève des sanctions édictées par l'art. 32, n'a pas pour effet d'interdire à ces personnes de poursuivre sur le fondement de l'art. 9 C. civ. les auteurs d'une atteinte à la vie privée lorsque celle-ci revêt des aspects plus larges que la simple diffamation ; spécialement, lorsqu'un maire sortant se plaint que la divulgation de son « internement » dans un hôpital psychiatrique porte atteinte au secret couvrant son état de santé, il allègue une atteinte à sa vie privée, et non seulement une diffamation, même s'il mentionne que l'information diffusée porte bien atteinte à son honneur et à sa considération. • Paris, 5 déc. 1997 : *D. 1998. IR 32.*

2° APPLICATIONS

16. Positives. L'imputation d'une collecte massive de procurations de vote illégales, visant un membre de l'Assemblée nationale, entre dans les prévisions de l'art. 31 de la L. du 29 juill. 1881, dès lors que la qualité de député aurait été, au moins pour partie, le moyen d'accomplir, à les supposer vrais, les faits imputés. • Crim. 23 oct. 1980 : *Bull. crim. n° 270.*

17. Est une diffamation envers un fonctionnaire public, en raison de ses fonctions et de sa qualité de commissaire de police, l'article de presse de nature à permettre aux lecteurs de penser que l'inaction antérieure des services de police tenait notamment à l'ambiguïté du rôle de l'intéressé. • Crim. 26 avr. 1983 : *D. 1984. 376, note Pierchon.*

18. Sont diffamatoires les passages d'un écrit imputant à un fonctionnaire de police une garde à vue abusive et un comportement violent et humiliant envers une commerçante. • Crim. 15 janv. 1998 : *Gaz. Pal. 1998. 1, chron. crim. 72.*

19. Constitue une diffamation envers un citoyen chargé d'un mandat public la dépêche qui affirme péremptoirement qu'un journaliste a personnellement vu un groupe de jeunes gens casqués sortir d'un hôtel de ville pour aller rejoindre une manifestation sans être inquiétés par les forces de l'ordre, ce qui revient à insinuer que la mairie était un lieu d'attente et une base de départ pour des individus qui avaient reçu mission de troubler l'ordre public, et à renvoyer le lecteur à la personne du maire, créant dans son esprit l'idée que ce dernier avait commis dans l'exercice de son mandat un abus de fonctions caractérisé en protégeant des hommes de main. • Paris, 18 mai 1988 : *D. 1990. 35 (1re esp.), note Drouot.*

20. Pour d'autres exemples de diffamation, à raison de faits de leurs fonctions, ... d'un membre du Gouvernement. • Crim. 10 déc. 1953 : *Bull. crim. n° 332* • 24 nov. 1960 : *ibid. n° 551.* ♦ ... D'un ancien ministre. • Crim. 16 déc. 1954 : *Bull. crim. n° 411.* ♦ ... D'un membre du Parlement. • Crim. 17 févr. 1955 : *Bull. crim. n° 112* • 26 mai 1956 : *ibid. n° 398.* ♦ ... D'un universitaire. • Crim. 27 sept. 1995 : *Dr. pénal 1996. 9, obs. Véron.* ♦ ... D'un pompier volontaire. • Civ. 2e, 18 juin 1997, n° 95-19.604 P.

21. Négatives. N'entrent pas dans les prévisions de l'art. 31 : des imputations diffamatoires dirigées contre un maire, qui ne concernent pas des actes commis par lui dans l'exercice de ses fonctions, mais se rapportent à l'attitude politique qu'il aurait eue au cours d'une campagne électorale. • Crim. 28 mai 1968 : *Bull. crim. n° 179* • 21 avr. 1980 : *ibid. n° 115 ; RSC 1981. 389, obs. Levasseur.* ♦ ... L'imputation de relations d'amitié entre l'auteur d'un hold-up et le chef de cabinet d'un secrétaire d'État. • Crim. 20 janv. 1981 : *Bull. crim. n° 28.* ♦ ... L'imputation faite à un ancien officier, devenu représentant élu à l'Assemblée des Communautés européennes, d'être capable de se livrer à un putsch. • Crim. 16 déc. 1986 : *Bull. crim. n° 374.* ♦ ... L'imputation faite à un professeur d'université d'avoir participé à une manifestation violente organisée par des étudiants, et de s'être opposé à l'action des forces de police. • Crim. 23 août 1989 : *Bull. crim. n° 312.* ♦ Comp. : • 16 avr. 1985 : *Bull. crim. n° 141.* ♦ ... L'imputation de faits susceptibles de recevoir la qualification pénale d'incendie volontaire, alors que ledit fait ne constituait ni un acte, ni un abus de la fonction de maire du plaignant, et se trouvait dépourvu de lien avec ladite fonction, la diffamation ne concernant que le particulier. • Crim. 8 avr. 2014, n° 13-81.807 P : *D. actu. 28 avr. 2014, obs. Lavric ; RLCT 2014/102, n° 2713, p. 23, note Mayaud ; Gaz. Pal. 2014. 1. 1790, note Fourment.*

B. PERSONNES PROTÉGÉES

1° MEMBRES DES MINISTÈRES

22. L'art. 31 de la L. du 29 juill. 1881, qui prévoit et punit la diffamation commise « envers un ou plusieurs membres du ministère », ne s'applique qu'aux seuls ministres du Gouvernement de la République française, à l'exclusion de ceux d'autres États souverains, même si ces États sont membres de la Communauté. • Crim. 2 juin 1964 : *Bull. crim. n° 190.*

23. L'art. 31 de la L. du 29 juill. 1881 ne s'applique qu'aux seuls ministres du Gouvernement de la République ; il ne s'applique pas au Président du Gouvernement de la Polynésie française. • Crim. 19 févr. 2002 : *JCP 2002. IV. 1652 ; Dr. pénal 2002. 94, obs. Véron* (V. cependant *infra*, « Citoyens chargés d'un service ou d'un mandat public », notes 44 s.).

24. Ne saurait être regardé comme l'une des

catégories de personnes prises en considération par l'art. 31 de la L. du 29 juill. 1881 un administrateur civil détaché au ministère de la Culture au titre de la mobilité, alors que rien n'établit qu'il se soit, même si un intérêt public était attaché à ses services, trouvé investi dans une mesure quelconque d'une portion de l'autorité publique. • TGI Paris, 7 sept. 1994 : *Gaz. Pal. 1995. 1. Somm. 206.*

2° PARLEMENTAIRES

25. *Néant.*

3° FONCTIONNAIRES PUBLICS

26. Principes. Les fonctionnaires doivent, pour s'acquitter de leurs fonctions, bénéficier de la confiance du public sans être indûment perturbés, et il peut dès lors s'avérer nécessaire de les protéger particulièrement contre des attaques verbales offensantes lorsqu'ils sont en service ; cela vaut aussi s'agissant de l'imputation diffamatoire de faits se rattachant à l'accomplissement de leurs missions (§ 64). • CEDH 18 févr. 2010, n° 42396/04, *Taffin et Contribuables associés c/ France : JCP G 2010, n° 859, p. 1590, obs. Sudre.*

27. Le droit des citoyens de dénoncer par la voie de la presse les abus commis par des fonctionnaires s'arrête où le délit commence. • Crim. 22 avr. 1950 : *Bull. crim. n° 125.*

28. Magistrats. Constitue le délit de diffamation l'article d'un journal qui, loin de se borner à la critique d'une décision judiciaire, prise en elle-même et au point de vue de l'application des principes juridiques mis en œuvre, contient pour la personne du magistrat qui a rendu cette décision des allégations blessantes de nature à porter atteinte à son honneur et à sa considération. • Crim. 29 janv. 1957 : *Bull. crim. n° 93.* ♦ Le délit de diffamation publique envers un fonctionnaire public est caractérisé contre l'avocat qui présente, à l'occasion d'une conférence de presse, un magistrat instructeur comme abusant de la détention provisoire, pour affaiblir une inculpée, briser sa résistance, démontrer sa culpabilité, la punir avant son jugement, à défaut d'en obtenir des aveux, et qui impute à ce magistrat la rigueur du régime pénitentiaire de sa cliente. • Crim. 26 janv. 1993, n° 91-82.400 P. ♦ Lorsque l'imputation d'une expertise qualifiée de scandaleuse vise expressément le juge d'instruction qui l'a ordonnée, à raison de ses fonctions et de sa qualité, même si l'expert est également mis en cause, l'assimilation de cette expertise à une faute professionnelle a nécessairement porté atteinte à la considération du magistrat qui en a pris la responsabilité. • Crim. 6 juill. 1993, n° 91-83.246 P. ♦ L'imputation de partialité, faite à un magistrat, à raison de sa qualité et de ses fonctions de président de cours d'assises, caractérise le délit de diffamation envers un fonctionnaire public. • Crim. 10 mai 1994, n° 93-82.553 P.

29. Les requérants ont été condamnés pour diffamation en raison de la mise en cause de deux juges d'instruction dans l'ouvrage qu'ils ont respectivement signé et édité ; il est vrai que si tout individu qui s'engage dans un débat public d'intérêt général – tels les requérants en l'espèce – est tenu de ne pas dépasser certaines limites quant – notamment – au respect de la réputation et des droits d'autrui, il lui est permis de recourir à une certaine dose d'exagération, voire de provocation, c'est-à-dire d'être quelque peu immodéré dans ses propos ; la Cour constate toutefois que les allégations faites dans l'ouvrage étaient d'une extrême gravité puisque les accusations portées auraient pu entraîner, pour certaines d'entre elles, des poursuites pénales ou disciplinaires à l'encontre des magistrats si elles avaient été véridiques ; or, en l'espèce, les affirmations sanctionnées tenaient non seulement du jugement de valeur mais aussi de l'imputation de faits ; elle ne voit dès lors aucun motif de s'écarter de l'analyse de l'affaire à laquelle ont ainsi procédé les juridictions internes, ou de considérer que celles-ci auraient entendu trop restrictivement le principe de la liberté d'expression, ou de façon trop extensive l'objectif de la protection et de la réputation des droits d'autrui ; il ressort en effet du dossier qu'elles avaient des raisons pertinentes et suffisantes d'estimer qu'il y avait lieu, en l'espèce, de protéger à la fois la réputation des juges mis en cause personnellement et celle de l'institution judiciaire dans son ensemble. • CEDH 10 janv. 2012, *Floquet et Esménard c/ France*, n°s 29064/08 et 29979/08 : *D. actu. 24 févr. 2012, obs. Lavric.*

30. Il résulte de l'art. 434-24 C. pén. et des art. 31 et 33 de la L. du 29 juill. 1881 sur la liberté de la presse que les expressions diffamatoires ou injurieuses proférées publiquement par l'un des moyens énoncés à l'art. 23 de la loi susvisée, contre un magistrat de l'ordre administratif ou judiciaire à raison de ses fonctions ou à l'occasion de leur exercice, sans être directement adressées à l'intéressé, n'entrent pas dans les prévisions de l'art. 434-24 C. pén. incriminant l'outrage à magistrat, et ne peuvent être poursuivies et réprimées que sur le fondement des art. 31 et 33 de ladite loi. • Crim. 1er mars 2016, n° 15-82.824 P : *D. actu. 15 mars 2016, obs. Lavric ; RSC 2016. 63, obs. Mayaud.*

31. Commissaires de police. Des allégations contenues dans une dépêche de l'AFP portent gravement atteinte à l'honneur d'un commissaire divisionnaire en le taxant de corruption et de fourniture de renseignements sur un groupe clandestin aux activités terroristes ; la partie civile ayant été diffamée dans ses activités de fonctionnaire de police, c'est à bon droit qu'elle a fondé son action sur l'art. 31, al. 1er, de la L. du

29 juill. 1881. • Paris, 18 déc. 1996 : *Gaz. Pal. 1997. 2. Somm. 498.*

32. Il est allégué par les écrits incriminés, largement diffusés, que les parties civiles, commissaires de police alors en fonction sur la Côte basque, se sont rendues complices de tueurs du Groupe antiterroriste de Libération (GAL), et que notamment un commissaire divisionnaire a reçu d'importantes sommes d'argent de la part des autorités espagnoles en échange d'informations sur les réfugiés basques, objectifs des tueurs du GAL ; cette accusation est gravement attentatoire à l'honneur des trois hauts fonctionnaires de police nommément visés, en ce qu'elle leur impute des actes de corruption au profit d'un État étranger, dans l'exercice de leurs fonctions, et de complicité avec les responsables d'assassinats perpétrés dans le département des Pyrénées-Atlantiques ; les trois plaignants ont exactement visé l'art. 31 de la L. du 29 juill. 1881, la diffamation contenant la critique d'actes de la fonction, ou d'abus de la fonction, en suggérant que les fonctions des parties civiles avaient été, soit le moyen d'accomplir le fait imputé, soit son support nécessaire. • Pau, 5 févr. 1997 : *Gaz. Pal. 1997. 2. Somm. 502 et 504* (2 arrêts dans le même sens).

33. Directeur d'un centre hospitalier. La diffamation commise envers le directeur d'un centre hospitalier pour des faits de sa fonction constitue une diffamation envers un fonctionnaire public. • Crim. 28 nov. 1989 : *Bull. crim. n° 449.* ♦ ... Mais non celle commise à l'encontre d'un chirurgien hospitalier. • Crim. 11 mars 2014, n° 12-81.745 P : *D. actu. 25 mars 2014, obs. Lavric ; D. 2014. 726 ; ibid. 2015. 342, obs. Dreyer.*

34. Fonction publique territoriale. Le chef de bassin, directeur d'une piscine municipale, appartient à la fonction publique territoriale et les faits diffamatoires en relation directe avec ses activités entrent dans les prévisions de l'art. 31 de la L. du 29 juill. 1881. • Crim. 14 oct. 1997, n° 95-81.185 P : *Gaz. Pal. 1999. 1. Somm. 29, n° 88, note Manseur-Rivet.*

35. Mise à disposition. Lorsqu'il est, conformément à son statut professionnel, mis à la disposition d'un organisme associatif de droit privé, sans cesser d'appartenir à son corps d'origine, un fonctionnaire public est atteint, en tant que tel, par des imputations diffamatoires dès lors que sa fonction ou sa qualité a été le moyen d'accomplir le fait imputé ou en a été le support nécessaire. • Crim. 12 juill. 1988 : *Bull. crim. n° 300.*

4° DÉPOSITAIRES OU AGENTS DE L'AUTORITÉ PUBLIQUE

36. Définition. La qualité de dépositaire ou agent de l'autorité publique ou citoyen chargé d'un service public ou d'un mandat public, au sens de l'art. 31 de la L. du 29 juill. 1881, n'est reconnue qu'à celui qui accomplit une mission d'intérêt général en exerçant des prérogatives de puissance publique. • Crim. 14 janv. 2003, n° 01-87.867 P : *Dr. pénal 2003, n° 56, obs. Véron ; RSC 2004.124, obs. Francillon* • 25 mai 2004, n° 03-81.876 P • 1er févr. 2011, n° 10-81.772 P : *D. actu. 11 mars 2011, obs. Lavric.*

37. La qualité de fonctionnaire public, ou de dépositaire ou agent de l'autorité publique, au sens de l'art. 31 de la L. du 29 juill. 1881, n'est reconnue qu'à celui qui accomplit une mission d'intérêt général en exerçant des prérogatives de puissance publique, et, d'autre part, la protection dudit art. n'est applicable que lorsque les propos poursuivis contiennent la critique d'actes de la fonction ou d'abus de la fonction, ou encore établissent que la qualité ou la fonction de la personne visée a été soit le moyen d'accomplir le fait imputé, soit son support nécessaire. • Crim. 6 janv. 2015, n° 13-86.330 P : *D. actu. 5 févr. 2015, obs. Lavric ; D. 2015. 159.* ♦ ... Ce qui ne saurait s'appliquer à un « conseiller diplomatique » du président de la République. • Même arrêt.

38. La qualité de dépositaire ou agent de l'autorité publique ou de citoyen chargé d'un service public ou d'un mandat public, au sens de l'art. 31 de la L. du 29 juill. 1881, est reconnue à celui qui accomplit une mission d'intérêt général en exerçant des prérogatives de puissance publique ; tel est le cas de l'organe exécutif d'un établissement public administratif. • Crim. 19 févr. 2019 (2 arrêts), nos 17-85.114 et 17-85.115 P : *D. actu. 26 mars 2019, obs. Lavric ; D. 2019. 431 ; Légipresse 10 mars 2019, n° 369.* ♦ L'Institut de France présente les caractères d'un établissement public administratif, ce dont il se déduit que son organe exécutif, le chancelier, est dépositaire de l'autorité publique au sens de l'art. 31 de la L. du 29 juill. 1881. • Même arrêt.

39. Dépositaires ou agents concernés. Relèvent de l'art. 31 de la L. du 29 juill. 1881 : les imputations dirigées contre un homme politique, le représentant comme ayant soumis des suspects à la torture lorsqu'il servait comme officier dans une unité affectée à la recherche de renseignements. • Crim. 4 mai 1976 : *Bull. crim. n° 141.* ♦ ... Les imputations visant le chef d'une formation de résistance, pris en cette qualité et en raison de ses fonctions. • Crim. 13 nov. 1978 : *Bull. crim. n° 314.* ♦ ... L'imputation, visant le général commandant une division parachutiste, de manquer de combativité ou de courage, et d'être inféodé à un parti politique. • Crim. 30 mai 1996, n° 94-82.114 P. ♦ ... L'imputation visant un sous-préfet pendant l'Occupation de l'organisation de convois de déportés vers Drancy en 1942. • Crim. 8 juin 1999, n° 98-84.175 P.

40. Personnes non concernées. Un notaire, qui n'est pas investi de prérogatives de puissance publique, n'a pas la qualité d'agent de l'autorité publique au sens de l'art. 31 de la L. du 29 juill. 1881. • Crim. 22 juin 1999 : *Gaz. Pal. 1999. 2, chron. crim. 148.*

41. Encourt la cassation l'arrêt qui reconnaît la qualité de dépositaire ou agent de l'autorité publique à un conseiller pour les relations avec le Parlement, de telles fonctions, auxquelles la partie civile avait été nommée par le Premier ministre, ne l'investissant pas d'une délégation de compétence ou de signature de nature à lui conférer une prérogative de puissance publique, et l'attestation du Premier ministre de l'époque produite en cause d'appel ne pouvant établir l'existence d'une telle prérogative ; en conséquence la partie civile ne peut invoquer l'application des dispositions de l'art. 31 de la L. du 29 juill. 1881. • Crim. 14 janv. 2003 : *préc. note 36.*

42. Pas plus que ne peut lui être reconnue la qualité de fonctionnaire publique, un praticien hospitalier ne peut être considéré comme dépositaire ou agent de l'autorité publique ou bien comme citoyen chargé d'un service ou d'un mandat public, dès lors qu'il n'a pas accompli une mission d'intérêt général en exerçant des prérogatives de puissance publique, ou qu'il n'a pas été investi d'une partie de l'autorité publique. • Crim. 11 mars 2014, n° 12-81.745 P : *D. actu. 25 mars 2014, obs. Lavric ; Gaz. Pal. 2014. 1. 1790, note Fourment.*

43. N'est pas dépositaire ou agent de l'autorité publique un « conseiller diplomatique » du président de la République. • Crim. 6 janv. 2015 : *préc. note 37.*

5° CITOYENS CHARGÉS D'UN SERVICE OU D'UN MANDAT PUBLIC

44. Définition. Les citoyens chargés d'un service ou mandat public sont seulement les agents investis dans une mesure quelconque d'une portion de l'autorité publique, mais non les personnes qui ne participent pas à cette autorité, bien qu'un intérêt public s'attache à leurs fonctions. • Cass., ch. réun., 29 déc. 1898 : *DP 1899. 1. 493* • Crim. 15 juin 1934 : *Bull. crim. n° 122* • 30 avr. 1954 : *ibid. n° 150 ; D. 1954. 585, rapp. Patin ; JCP 1954. II. 8220, note Chavanne* • 12 nov. 1958 : *Bull. crim. n° 673.*

45. La qualité de citoyen chargé d'un service ou d'un mandat public au sens de l'art. 31 de la L. du 29 juill. 1881 ne s'applique qu'aux agents investis, dans une mesure quelconque, d'une partie de l'autorité publique et non pas aux personnes qui ne participent pas à (de) cette autorité, alors même qu'un intérêt public s'attacherait à la mission qui leur est confiée. • Crim. 30 janv. 2001, n° 99-87.024 P • Crim. 19 juin 2001 : *Dr. pénal 2001. 128, obs. Véron* • Crim. 4 sept. 2001 : *D. 2002. Somm. 2708, obs. Lacabarats ; Dr. pénal 2002. 5, obs. Véron* • Crim. 22 janv. 2002 : *Gaz. Pal. 2003. 2. Somm. 3976, obs. Guerder.*

46. La qualité de dépositaire ou agent de l'autorité publique ou citoyen chargé d'un service public ou d'un mandat public, au sens de l'art. 31 de la L. du 29 juill. 1881, n'est reconnue qu'à celui qui accomplit une mission d'intérêt général en exerçant des prérogatives de puissance publique. • Crim. 14 janv. 2003 : *préc. note 36* • 25 mai 2004, n° 03-81.876 P • 1er févr. 2011, n° 10-81.772 P : *D. actu. 11 mars 2011, obs. Lavric.*

47. Ainsi, les fonctions d'administrateur judiciaire, dans le cadre d'une procédure collective, ne participent de l'exercice d'aucune prérogative de puissance publique, de sorte que la partie civile avait, à bon droit, visé le texte réprimant la diffamation commise envers un particulier, et que c'est à tort que les juges ont annulé la citation. • Crim. 30 janv. 2001 : *préc. note 45* • 19 juin 2001 : *préc. note 45.* ♦ Ainsi, les membres du comité directeur de la ligue Méditerranéenne de la fédération sportive de la police française, lorsqu'ils prononcent une sanction disciplinaire à l'égard de l'un des leurs, n'exercent aucune prérogative de puissance publique, de sorte que la partie civile avait à bon droit visé l'art. 32, al. 1er, de la L. du 29 juill. 1881. • Crim. 4 sept. 2001 : *préc. note 45.*

48. Pour confirmer une décision de relaxe, la cour d'appel énonce que la qualification de diffamation envers un particulier ne peut trouver application, dès lors que les faits, objet de la poursuite, entrent dans les prévisions de l'art. 31 de la L. du 29 juill. 1881 ; tel était le cas, selon elle, d'une telle action à raison d'un article de presse imputant à une personne d'avoir, par ses interventions, joué un rôle important dans la signature de contrats d'armement obtenus par une société en Afrique, alors qu'elle exerçait les fonctions de conseiller auprès du président de la République pour les affaires africaines et malgaches ; les juges précisent que ces fonctions la conduisaient à participer personnellement à la mise en œuvre de la politique étrangère de la France directement pour le compte du président de la République ; en se prononçant ainsi, sans rechercher si la partie civile était investie d'une délégation de compétence ou de signature de nature à lui conférer des prérogatives de puissance publique pour l'exercice de ses fonctions, la cour d'appel n'a pas mis la Cour de cassation en mesure d'exercer son contrôle sur la légalité de sa décision au regard de l'art. 31 de la L. du 29 juill. 1881. • Crim. 11 mars 2003, n° 02-81.734 P : *RSC 2004. 124, obs. Francillon ; JCP 2003. IV. 1809.*

49. A la suite de la publication d'un livre intitulé « Chronique d'un hôpital mal engagé » comportant des passages la mettant en cause, une assistante maternelle agréée a porté plainte et s'est constituée partie civile du chef de diffamation publique envers un citoyen chargé d'un service public sur le fondement de l'art. 31 de la L. du 29 juill. 1881 ; pour infirmer le jugement de condamnation de l'auteur et de l'éditeur de l'ouvrage, après avoir constaté que la plaignante avait été recrutée par contrat en qualité d'agent non titulaire du département de l'Ain pour assurer à son domicile l'accueil d'enfants mineurs confiés par le conseil général, l'arrêt retient que s'il peut être admis qu'un intérêt public s'attache aux fonctions de la partie civile, celle-ci n'est pas investie d'une portion de l'autorité publique, le pouvoir de direction qu'elle exerce à l'égard d'enfants mineurs sous la surveillance du conseil général ne lui conférant aucune prérogative de puissance publique, et n'a donc pas la qualité de citoyen chargé d'un service public visée dans la plainte ; les juges en concluent que la qualification donnée aux faits par l'acte de poursuite ne pouvant être modifiée, il y a lieu de renvoyer les prévenus des fins de la poursuite et de débouter la partie civile de ses demandes ; en se déterminant ainsi, la cour d'appel, contrairement à ce qui est soutenu, a justifié sa décision ; en effet, d'une part, la qualité de citoyen chargé d'un service public, au sens de l'art. 31 de la L. du 29 juill. 1881, ne peut être reconnue qu'aux seuls agents investis de prérogatives de puissance publique, et, d'autre part, l'acte initial de la poursuite fixant irrévocablement, en matière de presse, la nature et l'étendue de celle-ci quant aux faits et à leur qualification, les juges du fond doivent statuer sur la prévention telle qu'elle résulte de cet acte. • Crim. 3 avr. 2013, n° 12-82.494 : *D. 2014. 511, obs. Dreyer ; Dr. pénal 2013, n° 108, obs. Véron.*

50. Citoyens concernés. Président du Gouvernement de la Polynésie française. • Crim. 19 févr. 2002 : *JCP 2002. IV. 1652 ; Dr. pénal 2002. 94, obs. Véron.*

51. ... Conseillers municipaux. • Crim. 3 févr. 1912 : *DP 1913. 1. 76* • Crim. 3 juin 1997 : *JCP 1997. IV. 2107.* ♦ ... Maire. • Crim. 17 juill. 1985 : *Bull. crim. n° 267.* ♦ ... Maire d'arrondissement. • Crim. 6 oct. 1992, n° 90-80.684 P. ♦ ... Maire adjoint. • Crim. 28 mai 1968 : *Bull. crim. n° 179.* ♦ ... Ancien maire. • Crim. 4 juin 1932 : *Bull. crim. n° 135.*

52. ... Délégué d'un conseil municipal au comité chargé d'administrer un syndicat de communes. • Crim. 4 nov. 1937 : *Bull. crim. n° 196 ; DH 1938. 55.* ♦ ... Conseiller de Paris exerçant, comme représentant de la ville de Paris, des fonctions au sein du conseil d'administration d'une société d'économie mixte. • Crim. 6 nov. 1973 : *Bull. crim. n° 403.*

53. ... Instituteurs publics. • Crim. 18 mai 1893 : *DP 1895. 1. 462* • 1er juin 1961 : *Bull. crim. n° 278.* ♦ ... Président élu d'une chambre de commerce, laquelle est un établissement public susceptible d'être chargé d'un service public. • Crim. 28 nov. 1989 : *Bull. crim. n° 148.* ♦ *Contra* : • Crim. 26 nov. 1925 : *Bull. crim. n° 317.* ♦ ... Directeur d'une caisse générale de sécurité sociale des départements d'outre-mer. • Crim. 9 janv. 1996, n° 93-85.636 P : *D. 1996. IR 82.* ♦ ... Pompiers volontaires. • Civ. 2e, 18 juin 1997, n° 95-20.907 P. ♦ ... Responsable du Service central de protection contre les rayons ionisants (SCPRI). • TGI Paris, 11 oct. 2000 : *Gaz. Pal. 2001. 1. 119, note Amson.*

54. L'expert judiciaire, compte tenu de son activité, de son importance et de ses exigences, est investi, à titre temporaire, d'une mission de service public qui justifie à son égard l'application des dispositions de l'art. 31 de la L. du 29 juill. 1881. • Paris, 2 mai 2001 : *D. 2001. IR 2179.*

55. Citoyens non concernés. Secrétaires de mairie. • Crim. 5 déc. 1901 : *DP 1904. 1. 382* • 15 janv. 1931 : *Bull. crim. n° 13* • 8 déc. 1953 : *ibid. n° 328* • 19 mars 1956 : *ibid. n° 275 ; D. 1956. Somm. 137* • 2 juin 1987 : *Bull. crim. n° 234 ; Gaz. Pal. 1988. 1. 41, note J.-P. D. ; RSC 1988. 304, obs. Levasseur.*

56. ... Membres des commissions administratives des hospices, lesquels ne sont chargés en cette qualité que de gérer les intérêts privés d'un établissement municipal. • Crim. 20 juill. 1893, plusieurs esp. : *DP 1897. 1. 337, note Sarrut* • 21 mai 1898 : *ibid. 1899. 1. 428.* ♦ ... Sous réserve du maire, qui y représente la commune. • Mêmes arrêts. ♦ ... Médecins des hôpitaux. • Crim. 27 mars 1897 : *Bull. crim. n° 111.* ♦ ... Directeur d'un hôpital municipal. • Crim. 18 févr. 1898 : *DP 1899. 1. 493* • 29 déc. 1898 : *ibid.* ♦ ... Chirurgien hospitalier. • Crim. 11 mars 2014, n° 12-81.745 P : *D. actu. 25 mars 2014, obs. Lavric ; Gaz. Pal. 2014. 1. 1790, note Fourment.*

57. ... Adjudicataire de travaux publics. • Crim. 12 févr. 1898 : *DP 1899. 1. 551.* ♦ ... Directeur d'un théâtre subventionné par l'État. • Crim. 23 oct. 1909 : *DP 1909. 1. 543.* ♦ ... Entrepreneurs du service municipal des pompes funèbres. • Crim. 13 nov. 1913 : *DP 1918. 1. 70.* ♦ ... Membre d'une chambre de commerce. • Crim. 26 nov. 1925 : *DH 1926. 38.* ♦ ... Architecte départemental. • Crim. 4 août 1926 : *DP 1927. 1. 144.* ♦ ... Ingénieur chargé du plan d'assainissement d'une ville. • Crim. 27 janv. 1933 : *Bull. crim. n° 26.*

58. ... Experts, quelle que soit l'autorité qui les a commis. • Crim. 29 juin 1923 : *DP 1925. 1. 70.* ♦ ... Expert judiciaire. • Crim. 22 janv. 2002 : *Gaz. Pal. 2003. 2. Somm. 3976, obs. Guerder.* ♦ Cassation de : • Paris, 2 mai 2001 : *D. 2001. IR 2179.*

59. ... Notaires. • Crim. 21 juin 1884 : *DP 1886. 1. 46* • 5 janv. 1935 : *DH 1935. 165.* ♦ ... Avoués. • Crim. 20 mai 1886 : *DP 1887. 1. 142* • 2 mai 1907 : *ibid. 1907. 1. 196.* ♦ ... Commissaires-priseurs. • Crim. 21 juill. 1884 : *DP 1886. 1. 95.* ♦ *Contra* : • Paris, 30 juin 2000 : *D. 2000. IR 218 ; Gaz. Pal. 2000. 2. Somm. 2713* • 21 mars 2002 :

Gaz. Pal. 2002. 2. Somm. 1919. ♦ ... Témoin qui assiste un huissier pratiquant une saisie. • Crim. 27 févr. 1892 : *DP 1892. 1. 552,* et, sur renvoi : • Amiens, 7 mai 1892 : *DP 1892. 5. 494.* ♦ Comp., pour un huissier : • Crim. 22 juin 1944 : *Bull. crim. n° 147 ; D. 1945. 142, note Mimin.*

60. ... Employés des caisses d'épargne. • Crim. 10 févr. 1883 : *DP 1883. 1. 436, rapp. Vételay.* ♦ ... Agent comptable de l'URSSAF. • Crim. 12 nov. 1958 : *Bull. crim. n° 673.* ♦ ... Président d'une société anonyme coopérative d'HLM. • Crim. 29 déc. 1971 : *Bull. crim. n° 368 ; D. 1972. Somm. 43.* ♦ ... Directeur d'un office public d'aménagement et de construction (OPAC) d'habitations à loyer modéré. • Crim. 28 mai 2002, n° 01-82.066 P : *Gaz. Pal. 2003. 2. Somm. 3975, obs. Guerder.*

61. ... Président d'une œuvre d'assistance à l'enfance. • Crim. 30 avr. 1954 : *Bull. crim. n° 150 ; D. 1954. 585, rapp. Patin ; JCP 1954. II. 8220, note Chavanne.* ♦ ... Éducateurs spécialisés, mis à la disposition d'une commune, en vue d'une action préventive de la délinquance, par une association départementale de sauvegarde de l'enfance et de l'adolescence. • Crim. 9 juill. 1980 : *Bull. crim. n° 223 ; RSC 1981. 388, obs. Levasseur.*

62. ... Scrutateur d'un bureau de vote. • Crim. 9 oct. 1984 : *Bull. crim. n° 294.*

63. ... Présidents des fédérations départementales de chasseurs. • Crim. 30 mai 1989 : *Bull. crim. n° 224.*

64. ... Consuls étrangers en France. • Crim. 9 févr. 1884 : *DP 1884. 1. 307.* ♦ ... Agent contractuel au ministère des affaires étrangères, détaché comme conseiller à la Présidence de la République. • Paris, 12 juin 1990 : *Gaz. Pal. 1990. 2. 378.*

65. ... Une association chargée par convention passée avec la commune de l'exploitation du château et du musée de la localité : concessionnaire d'un service public, elle n'était titulaire, ni directement, ni par délégation, des droits de puissance publique de l'administration concédante, et le fait que le concessionnaire soit chargé de la gestion de recettes publiques et qu'il bénéficie de la mise à disposition d'agents publics dans les conditions prévues par l'art. 2 du décret du 8 oct. 1985 *relatif à la mise à disposition* de fonctionnaires territoriaux, ne permet pas de considérer qu'il est investi, pour autant, d'une portion de l'autorité publique. • Crim. 21 sept. 1999, n° 98-85.832 P.

66. ... Président du Conseil supérieur de l'ordre des experts-comptables, lequel n'est investi d'aucune prérogative de puissance publique. • Crim. 25 mai 2004, n° 03-81.876 P.

67. ... Société d'économie mixte gestionnaire d'un port de plaisance et son directeur salarié chargés d'attribuer les anneaux d'amarrage. • Crim. 1er févr. 2011, n° 10-81.772 P : *D. actu. 11 mars 2011, obs. Lavric ; AJ pénal 2011. 194.*

68. L'interdiction d'exercer l'action civile séparément de l'action publique, édictée par l'art. 46 de la L. du 29 juill. 1881, ne concerne que la diffamation commise envers les personnes protégées par l'art. 31 de la même loi et notamment les citoyens chargés d'un service public ; une telle qualité est reconnue à celui qui accomplit une mission d'intérêt général en exerçant des prérogatives de puissance publique ; les administrateurs judiciaires ne disposent d'aucune prérogative de puissance publique. • Cass., ch. mixte, 4 nov. 2002, n° 00-13.524 P :*BICC 2002, p. 7 s. (1er et 2e arrêts), avis de Gouttes, et rapp. Aubert ; D. 2003. 1194, note Dreyer ; JCP 2003. II. 10006 (1er et 2e arrêts), note Derieux ; Dr. pénal 2003. 18 (1er et 3e arrêts), obs. Véron ; RSC 2004. 91, note Delmas Saint-Hilaire ; Gaz. Pal. 2003. 2. 3820 (1re et 2e esp.), obs. de Gouttes.* ♦ Sur les décisions contraires des juridictions du fond dans la même affaire, V. • TGI Paris, 2 déc. 1998 : *BICC 1999, n° 552* • Paris, 14 janv. 2000 : *D. 2000. Somm. 402, obs. Massis ; BICC 2000, n° 1004 ; Gaz. Pal. 2000. 2. Somm. 1718 et 1720 (2 arrêts).* ♦ Rappr. : • Crim. 30 janv. 2001, n° 99-87.024 P • 19 juin 2001 : *Dr. pénal 2001. 128, obs. Véron.*

69. L'interdiction d'exercer l'action civile séparément de l'action publique, édictée par l'art. 46 de la L. du 29 juill. 1881, ne concerne que la diffamation commise envers les personnes protégées par l'art. 31 de la même loi et notamment les citoyens chargés d'un service public ; une telle qualité est reconnue à celui qui accomplit une mission d'intérêt général en exerçant des prérogatives de puissance publique ; les mandataires judiciaires à la liquidation des entreprises ne disposent d'aucune prérogative de puissance publique. • Cass., ch. mixte, 4 nov. 2002, n° 00-15.087 P : *BICC 2002, p. 7 s. (3e arrêt), avis de Gouttes, et rapp. Aubert ; D. 2003. 1194, note Dreyer ; JCP 2003. II. 10006 (3e arrêt), note Derieux ; Gaz. Pal. 2002. 2. 1768 ; ibid. 2003. 2. 3820 (3e esp.), obs. de Gouttes ; Dr. pénal 2003. 18 (2e arrêt), obs. Véron ; RSC 2004. 91, note Delmas Saint-Hilaire.* ♦ Les mandataires judiciaires à la liquidation des entreprises ne disposent d'aucune prérogative de puissance publique ; viole les art. 30, 31 et 46 de la L. du 29 juill. 1881 une cour d'appel qui, pour déclarer irrecevable l'action d'un mandataire devant la juridiction civile, retient que le critère permettant de distinguer un citoyen chargé d'un service public, au sens de l'art. 31 préc., est la parcelle d'autorité dont il est ou non investi ; que le mandataire judiciaire à la liquidation des entreprises tient de la loi n° 85-98 du 25 janv. 1985 des pouvoirs de décision consistant notamment à établir la liste des créanciers déclarés avec ses propositions d'admission ou de rejet, engager des actions en nullité, saisir le tribunal de poursuites à l'encontre des dirigeants des entreprises en liquidation ; que ces pouvoirs s'exercent dans le cadre d'une procédure collective dont il est l'un des organes, mandaté à cet effet par le tribunal ; que si en dernier lieu la décision incombe au juge-commissaire ou au tribunal, il détient le pouvoir de prendre des décisions qui sont le préalable nécessaire aux décisions juridictionnelles ; qu'il s'agit là d'une portion de l'autorité publique faisant de lui un citoyen chargé d'un service public, au sens de cet art. 31. • Civ. 2e, 27 mars 2003, n° 00-19.551c P : *Gaz. Pal. 2003. 2. Somm. 3974, obs. Guerder.* ♦ *Contra :* • Paris, 20 sept. 2000 : *D. 2000. IR 274.*

6° JURÉS OU TÉMOINS

70. Témoins. Les expressions « témoin » et « déposition », employées par l'art. 31 de la L. du 29 juill. 1881, qui punit la diffamation envers un témoin à raison de sa déposition, sont générales et s'appliquent aussi bien au témoignage reçu par un juge d'instruction qu'à celui porté à l'audience. • Crim. 15 mars 1906 : *DP 1906. 1. 336.* ♦ Est constitutive du délit de diffamation publique envers un témoin à raison de sa déposition, tel qu'il est prévu et réprimé par l'art. 31, al. 1er, de la L. du 29 juill. 1881, l'utilisation de l'article « le » devant le nom propre du plaignant, dans une intention de dérision et de mépris confirmant l'imputation de malhonnêteté à lui faite, et à l'égard duquel il est insinué qu'il s'est conduit, lors de sa déposition à l'audience, de telle façon qu'on pouvait désormais mettre en doute son intégrité et sa probité. • Crim. 7 avr. 1994, n° 91-86.115 P.

Art. 32 *(Décr.-L. du 21 avr. 1939 ; Ord. du 24 nov. 1943 ; Ord. du 6 mai 1944 ; L. n° 72-546 du 1er juill. 1972)* **La diffamation commise envers les particuliers par l'un des moyens énoncés en l'article 23 sera punie** *(L. n° 2000-516 du 15 juin 2000, art. 90-IV)* **« d'une amende de 12 000 € ».**

La diffamation commise par les mêmes moyens envers une personne ou un groupe de personnes à raison de leur origine ou de leur appartenance ou de leur non-appartenance à une ethnie, une nation, une race ou une religion déterminée sera punie d'un emprisonnement d'un an et d'une amende de 45 000 € ou de l'une de ces deux peines seulement. — *Pour la mise en mouvement de l'action publique, V. art. 47 à 48-1.*

(L. n° 2004-1486 du 30 déc. 2004, art. 21-1°) **« Sera punie des peines prévues à l'alinéa précédent la diffamation commise par les mêmes moyens envers une personne ou un groupe de personnes à raison de leur sexe, de leur orientation** *(L. n° 2017-86 du 27 janv. 2017, art. 170)* **« sexuelle ou identité de genre » ou de leur handicap. »**

(L. n° 90-615 du 13 juill. 1990 ; L. n° 2004-1486 du 30 déc. 2004, art. 22-3°) **« En cas de condamnation pour l'un des faits prévus par les deux alinéas précédents, le tribunal pourra en outre ordonner :**

« 1° *(L. n° 92-1336 du 16 déc. 1992)* **« L'affichage ou la diffusion de la décision prononcée dans les conditions prévues par l'article 131-35 du code pénal » ;**

(Abrogé par L. n° 2019-222 du 23 mars 2019, art. 71-XIV et 109-XIX, à compter du 24 mars 2020) (L. n° 2017-86 du 27 janv. 2017, art. 170) **« *2° La peine de stage de citoyenneté prévue à l'article 131-5-1 du code pénal* ».**

A. DIFFAMATION PUBLIQUE

1. État. Aucune des dispositions légales critiquées ne permet à un État étranger, pas plus qu'à l'État français, d'engager une poursuite en diffamation sur le fondement de la L.du 29 juill. 1881 sur la liberté de la presse, un État ne pouvant être assimilé à un particulier au sens de l'art. 32, al. 1er, de la loi précitée ; il n'en résulte aucune atteinte disproportionnée au principe du recours juridictionnel effectif, puisque ces dispositions protègent les responsables et représentants de cet État en leur permettant de demander réparation, sur le fondement de l'art. 32, al. 1er, préc., dans les conditions qu'elles fixent et telles qu'elles résultent de leur interprétation jurisprudentielle, du préjudice consécutif à une allégation ou imputation portant atteinte à leur honneur ou leur considération ; il est ainsi opéré une juste conciliation entre la libre critique de l'action des États ou de leur politique, nécessaire dans une société démocratique, et la protection de la réputation et de l'honneur de leurs responsables et représentants. • Crim. 6 févr. 2018, n° 17-83.857 QPC : *D. actu. 22 févr. 2018, obs. Lavric ; D. 2018. 352 ; JCP 2018, n° 574, note Alland ; ibid. n° 575, note Beignier ; Gaz. Pal. 2018, p. 900, obs. Régis ; Légipresse 2018. 276* • 27 mars 2018, n° 17-84.509 QPC : *D. 2018. 724 ; ibid. 2019. 220, obs. Dreyer ; JCP 2018, nos 574 et 575, notes préc. Alland et Beignier ; ibid. 2018, n° 1222, § 1, obs. Beignier ; Gaz. Pal. 2018, p. 1555, obs. Fourment ; ibid. 24 juill. 2018, n° 27, p. 45, obs. Detraz.* ♦ *Adde :* E. Raschel, *D. 2018. Point de vue. 1393* (des États étrangers, victimes de diffamation ? Le refus légitime du droit français). ♦ Le principe d'égalité ne s'oppose ni à ce que le législateur règle de façon différente des situations différentes, ni à ce qu'il déroge à l'égalité pour des raisons d'intérêt général, pourvu que, dans l'un et l'autre cas, la différence de traitement qui en résulte soit en rapport direct avec l'objet de la loi qui l'établit ; tel est le cas, au regard de la conciliation susmentionnée qu'a recherchée le législateur, de la différence de traitement qui en résulte, s'agissant du droit d'agir en diffamation, entre les États, quels qu'ils soient, et les autres personnes morales. • Crim. 27 mars 2018 : *préc.* ♦ Le demandeur n'est pas fondé à se prévaloir, sur le fondement de l'art. 2 de la Déclaration des droits de l'homme et du citoyen de 1789, d'un prétendu droit constitutionnel à la protection de la réputation. • Crim. 27 mars 2018 : *préc.*

2. La question prioritaire de constitutionnalité est ainsi rédigée : « Les dispositions combinées des art. 29, al. 1er, 30, 31, al. 1er, 32, al. 1er, et 48, 1°, 3° et 6°, de la L. du 29 juill. 1881 sur la liberté de la presse, desquelles il résulte qu'à la différence de l'État français qui, notamment par l'intermédiaire de ses ministres, peut engager des poursuites en diffamation sur le fondement des art. 30 et 31 susvisés en cas d'atteinte portée à sa réputation résultant de propos attentatoires à l'honneur ou à la considération de ses institutions, corps constitués, administrations publiques ou représentants en raison de leurs fonctions, un État étranger n'est pas admis à engager une telle action en cas d'atteinte portée à sa réputation par les mêmes moyens, faute de pouvoir agir sur le fondement des art. 30 et 31 de la loi susvisée et faute de pouvoir être assimilé à un particulier au sens de son art. 32, al. 1er, instituent-elles une différence de traitement injustifiée entre l'État français et les États étrangers dans l'exercice du droit à un recours juridictionnel et méconnaissent-elles par conséquent le principe d'égalité devant la justice, tel qu'il est garanti par les art. 6 et 16 DDH ? » ; il ne résulte pas des textes invoqués une différence de traitement entre l'État français et les États étrangers, qui ne peuvent agir ni l'un ni les autres sur leur fondement ; d'où il suit que la question posée ne présente pas un caractère sérieux. • Crim. 17 déc. 2018, n° 18-82.737 QPC : *D. 2019. 14* ; *Gaz. Pal. 12 févr. 2019, p. 25, obs. Fourment.*

B. DIFFAMATION NON PUBLIQUE

3. Renvoi. V. C. pén., notes ss. art. R. 621-1.

C. DIFFAMATION RACIALE

BIBL. Korman, *Gaz. Pal. 8-10 oct. 1998* (l'ange, la bête et les hommes – la situation française en matière de législation antiraciste). – Agostinelli, *Légicom 2002/3, n° 28, p. 47* (provocation à la discrimination, diffamation et injures raciales). – Dreyer, *Légipresse 2003, n° 199* (fondement de la prohibition des discours racistes en France).

1° GROUPE DE PERSONNES

4. D'une part, ni les Harkis ni les descendants de Harkis ne constituent un groupe de personnes entrant dans l'une des catégories limitativement énumérées par l'art. 32, al. 2, de la L. du 29 juill. 1881 et, d'autre part, l'interdiction de toute diffamation envers les Harkis posée par l'art. 5 de la L. du 23 févr. 2005 n'est assortie d'aucune sanction pénale. • Crim. 31 mars 2009, n° 07-88.021 P : *D. 2009. AJ 1143, obs. Lavric* ; *ibid. Pan. 2826, obs. Roujou de Boubée* ; *AJ pénal 2009. 267, obs. Royer* ; *Dr. pénal 2009. 77, obs. Véron.* ♦ Rappr., en matière de diffamation raciale : • Crim. 31 mars 2009, n° 07-86.892 P : *D. 2009. AJ 1143, note Lavric* ; *ibid. Pan. 2826, obs. Roujou de Boubée* ; *AJ pénal 2009. 267, obs. Royer* ; *JCP G 2009, n° 46, obs. de Lamy* ; *Dr. pénal 2009. 77, obs. Véron.*

2° DIFFAMATION PUBLIQUE

5. Conformité à la Conv. EDH. La Cour note qu'elle n'a pas à se prononcer sur les éléments constitutifs des délits de contestation de crime contre l'humanité, de diffamation publique raciale ou de provocation à la haine raciale en droit français ; il incombe au premier chef aux autorités nationales, notamment aux tribunaux, d'interpréter et d'appliquer le droit national ; la Cour a seulement pour tâche de vérifier sous l'angle de l'art. 10 Conv. EDH (liberté d'expression) les décisions rendues par les juridictions nationales compétentes en vertu de leur pouvoir d'appréciation ; ce faisant, elle doit se convaincre que les autorités nationales se sont fondées sur une appréciation acceptable des faits pertinents. • CEDH 24 juin 2003, *Garaudy c/ France : D. 2004. 239, note Roets* ; *ibid. Somm. 987, obs. Renucci*. ♦ Concernant la liberté d'expression, la Cour rappelle que, si sa jurisprudence a consacré le caractère éminent et essentiel de celle-ci dans une société démocratique, elle en a également défini les limites ; elle a notamment affirmé qu'il ne fait aucun doute qu'à l'égal de tout autre propos dirigé contre les valeurs qui sous-tendent la Convention, la justification d'une politique pronazie ne saurait bénéficier de la protection de l'art. 10 et qu'il existe une catégorie de faits historiques clairement établis – tels que l'Holocauste – dont la négation ou la révision se verrait soustraite par l'art. 17 (interdiction de l'abus de droit) à la protection de l'art. 10. • Même décision. ♦ La contestation de crime contre l'humanité apparaît comme l'une des formes les plus aiguës de diffamation raciale envers les juifs et d'incitation à la haine à leur égard ; la négation ou la révision de faits historiques de ce type remettent en cause les valeurs qui fondent la lutte contre le racisme et l'antisémitisme et sont de nature à troubler gravement l'ordre public ; portant atteinte aux droits d'autrui, de tels actes sont incompatibles avec la démocratie et les droits de l'homme et leurs auteurs visent incontestablement des objectifs du type de ceux prohibés par l'art. 17 de la Convention. • Même décision.

6. Spécificité. La diffamation raciale et la provocation à la discrimination et à la haine raciale (art. 24, al. 6) sont deux délits de nature et de gravité différente. • Crim. 28 juin 1983 : *Bull. crim. n° 202.* ♦ La diffamation raciale n'a pas pour conséquence nécessaire de provoquer à la discrimination et à la haine raciale, et il appartient à la partie poursuivante d'articuler les éléments de fait propres à caractériser le délit de provocation. • Même arrêt • T. corr. Paris, 6 déc. 1984 (deux jugements) : *Gaz. Pal. 1985. 2. 706 et 707, note P.B. ; RSC 1986. 363, obs. Delmas Saint-Hilaire.* ♦ A entaché sa décision de contradiction et l'a privée de base légale la cour d'appel qui déclare caractérisé le délit de diffamation raciale, prévu et réprimé par l'art. 32, al. 2, de la L. du 29 juill. 1881, tout en faisant application du texte incriminant le délit distinct de provocation à la discrimination raciale (art. 24, al. 6), seul visé par la poursuite et retenu par le jugement confirmé. • Crim. 1er juill. 1997 : *Dr. pénal 1998. Comm. 4, obs. Véron.*

7. Les dispositions de la L. du 29 juill. 1881 qui protègent et délimitent la liberté de la presse ne concernent pas la liberté de pensée prévue par l'art. 9 Conv. EDH, mais la liberté d'expression régie par son art. 10 ; selon le second paragraphe de ce texte, l'exercice de cette liberté, comportant des devoirs et des responsabilités, peut être soumis à certaines conditions, restrictions ou sanctions prévues par la loi, qui constituent des mesures nécessaires dans une société démocratique, notamment la protection de la morale et des droits d'autrui ; tel est l'objet des art. 24, al. 6, et 32, al. 2, de la loi susvisée. • Crim. 13 juin 1995, n° 93-82.144 P • 30 janv. 1996 : *Gaz. Pal. 1996. 1, chron. crim. 73.* ♦ Sur la conformité de ces textes aux dispositions des art. 7 et 14 Conv. EDH. • Crim. 13 juin 1995 : *préc.*

8. Contrôle de la Cour de cassation. En matière de diffamation raciale, il appartient à la Cour de cassation de contrôler le sens et la portée des écrits incriminés. • Crim. 7 déc. 1993, n° 92-81.094 P • 17 févr. 1998 : *Gaz. Pal. 1998. 2, chron. crim. 98.* ♦ ... Ainsi que l'identification de la victime de l'infraction. • Crim. 7 déc. 1993 : *préc.*

9. Exclusion de l'exception de vérité. Lorsque la diffamation entre dans les prévisions de l'art. 32, al. 2, de la L. du 29 juill. 1881, la preuve de la vérité des imputations diffamatoires ne saurait être admise. • Crim. 11 juill. 1972 : *Bull. crim. n° 236.*

10. Exemples. L'imputation d'exploiter la légende de l'Holocauste, faite aux juifs américains, vise un groupe de personnes à raison de leur appartenance à une religion déterminée, et entre dans les prévisions de l'art. 32, al. 2, de la L. du 29 juill. 1881. • Crim. 8 oct. 1991, n° 90-83.336 P. ♦ Il en est de même des imputations diffamatoires visant les communautés chrétiennes des pays de l'Est, accessoirement à leur localisation géographique, en raison de leur obédience catholique et du comportement prêté à leurs membres. • Crim. 2 mars 1993, n° 91-84.653 P ; cassation de : • Paris, 10 avr. 1991 : *Gaz. Pal. 1992. 1. Somm. 228.*

11. Encourt la cassation l'arrêt qui, pour relaxer le directeur de publication et le journaliste du chef de diffamation publique raciale et complicité, après avoir relevé que la mise en cause de l'impartialité d'un substitut, à raison de ses déclarations sur une enquête relative au décès d'un membre du Front National, constitue une atteinte à son honneur et à sa réputation, ajoute cependant qu'il serait hasardeux de déduire de la mention réitérée neuf fois sur deux colonnes, dans l'article incriminé, du nom de « Lévy », que l'auteur a voulu signifier que les propos du magistrat s'expliquent par son appartenance supposée à la communauté juive ; en prononçant ainsi, alors que le procédé de répétition du journaliste tend à souligner que la partialité prêtée au magistrat est due à cette appartenance, la cour d'appel a méconnu le sens et la portée du passage incriminé. • Crim. 17 févr. 1998 : *préc. note 8.*

12. Cassation de l'arrêt qui, pour relaxer le prévenu de diffamation à l'encontre d'une personne ou d'un groupe de personnes à raison de leur appartenance à une religion déterminée, selon les prévisions de l'art. 32, al. 2, de la L. du 29 juill. 1881, et débouter la partie civile de ce chef, énonce qu'en critiquant de manière vigoureuse l'encyclique « Splendeur de la Vérité », de telle sorte que les propos incriminés peuvent être interprétés en ce sens que certains principes de la religion catholique sont teintés d'antisémitisme et ont favorisé l'holocauste, l'auteur de la publication a soulevé un débat à la fois théologique et historique sur la portée de certains principes religieux et sur les racines de l'holocauste, et que la thèse soutenue, parce qu'elle relève exclusivement du débat doctrinal, ne constitue pas, sur le plan juridique, un fait précis susceptible de caractériser une diffamation, alors que lesdits propos imputaient à la communauté catholique une incitation à l'antisémitisme et la responsabilité des massacres commis à Auschwitz. • Crim. 28 avr. 1998 : *Gaz. Pal. 1998. 2, chron. crim. 137 ; Dr. pénal 1998. 131, obs. Véron.* ♦ En ce sens que la condamnation du prévenu ne répondait pas à un besoin social impérieux. • CEDH 31 janv. 2006, *Giniewski c/ France : D. 2006. IR 468 ; ibid. Pan. 1718, obs. Renucci.*

13. Pour confirmer, sur le seul appel de la partie civile, les dispositions civiles d'un jugement de relaxe, la cour d'appel énonce que si l'expression « secte abominable » utilisée pour définir la communauté chrétienne est à l'évidence très péjorative, le fait d'assimiler la communauté chrétienne à une secte ne peut constituer une diffamation en raison de l'imprécision du concept de secte ; les juges observent que ce concept n'a jamais été défini de manière précise, qu'il donne lieu à d'abondantes controverses, et que les difficultés rencontrées pour dégager des critères objectifs ont fait obstacle, jusqu'à présent, à l'adoption d'une législation spécifique pour lutter contre les dangers de certaines sectes ; en l'état de ces énonciations, leur décision est justifiée, dès lors que l'expression incriminée ne comporte pas l'imputation d'un fait déterminé susceptible de preuve contraire et de débat contradictoire permettant de constituer le délit de diffamation retenu dans la citation introductive d'instance, au visa de l'art. 32, al. 2, de la L. du 29 juill. 1881. • Crim. 28 avr. 1998 : *Gaz. Pal. 1998. 2, chron. crim. 136.*

14. Justifie légalement sa décision la cour d'appel qui, pour relaxer des prévenus poursuivis pour diffamation envers un groupe de personnes à raison de leur appartenance à une religion déterminée, pour avoir tenu sur les ondes d'une station radiophonique des propos présentant les Témoins de Jéhovah comme « une secte, l'une des plus dangereuses, qui a, à son bilan, un grand nombre de suicides », retient, après avoir admis le caractère diffamatoire des propos, que ceux-ci visent non la croyance commune unissant les membres de l'association en cause mais le mode de fonctionnement du groupe dont ces individus font partie ; en effet, ces propos ne constituent pas une diffamation à raison de l'appartenance ou de la non-appartenance à une religion déterminée. • Crim. 14 déc. 1999, n° 98-87.529 P : *D. 2000. IR 129*.

15. Le fait d'imputer à une communauté visée à l'art. 32, al. 2, de la L. du 29 juill. 1881 de pratiquer une activité de lobbying pour justifier des exactions mettant en péril l'unité du monde et la paix porte atteinte à l'honneur et à la considération de cette communauté et constitue l'infraction visée et réprimée par ledit texte (à propos d'un ouvrage intitulé « Les mythes fondateurs de la politique israélienne »). • Crim. 12 sept. 2000 : *Dr. pénal 2001. 4 (1er arrêt), obs. Véron.*

16. Une association a fait citer le directeur de la publication et l'auteur de propos des chefs de diffamation raciale et complicité, à la suite de la publication dans un quotidien d'une chronique intitulée « Rendre justice au peuple kosovar » ; pour déclarer qu'ils ont commis une faute sur le fondement de l'art. 32, al. 2, de la L. du 29 juill. 1881, la cour d'appel retient que l'auteur de l'article a eu la volonté de stigmatiser l'ensemble de la communauté nationale serbe ; en se déterminant ainsi, alors que l'article incriminé visait en réalité l'action des représentants politiques d'un État et non chaque individu en tant que membre d'une nation, la cour d'appel a violé les art. 29 et 32, al. 2, de la L. du 29 juill. 1881. • Crim. 5 mars 2002, n° 01-82.785 P.

17. Pour entrer dans les prévisions des dispositions de l'art. 32, al. 2, de la L. du 29 juill. 1881, la diffamation doit viser une personne ou un groupe de personnes à raison de leur origine, de leur appartenance ou de leur non-appartenance à une ethnie, une nation, une race ou une religion déterminée ; méconnaît ce texte la cour qui, pour déclarer les prévenus coupables de diffamation raciale, retient que si la délimitation précise de la communauté corse peut prêter à controverse, le fait d'avoir ses origines, plus ou moins lointaines, en Corse constitue le trait commun de la population revendiquant légitimement l'appartenance à cette communauté, qu'elle en déduit que les propos incriminés sont diffamatoires envers un groupe de personnes à raison de leur origine, alors que les propos litigieux ne visaient pas une catégorie de personnes protégées par les dispositions précitées. • Crim. 3 déc. 2002, n° 01-86.088 P : *Dr. pénal 2003. 43, obs. Véron ; Gaz. Pal. 2003. 2. 2433, obs. Launay.*

18. Ne sont pas constitutifs d'une diffamation raciale les passages d'un article paru dans un quotidien, intitulé « Israël-Palestine : le cancer », quand les propos poursuivis, isolés au sein de l'article critiquant la politique menée par le gouvernement d'Israël à l'égard des Palestiniens, n'imputent aucun fait précis de nature à porter atteinte à l'honneur ou à la considération de la communauté juive dans son ensemble en raison de son appartenance à une nation ou à une religion, mais sont l'expression d'une opinion qui relève du seul débat d'idées. • Civ. 1re, 12 juill. 2006, n° 05-17.704 P : *D. 2007. Pan. 1041, obs. Dupeux ; Gaz. Pal. 2007. 2. 3281, note Guerder.*

19. Doit être relaxé du délit de diffamation raciale l'humoriste dont le personnage ne représente pas les personnes de confession juive dans leur ensemble, ni chaque individu de cette confession, mais une fraction de cette communauté qui professe des idées extrémistes et n'hésite pas, le cas échéant, à recourir à des actions violentes. • Crim. 3 avr. 2007 : *D. 2007. 1822, obs. Ménotti*.

20. N'excèdent pas les limites admissibles à la liberté d'expression les propos diffusés dans un tract intitulé « Pas de cathédrale à La Mecque, pas de mosquée à Strasbourg » dénonçant la subvention accordée par le conseil régional en vue de la construction d'une mosquée à Strasbourg et appelant le public à protester contre ce financement. • Crim. 30 mai 2007, n° 06-84.328 P : *D. 2007. 1822, obs. Ménotti*.

21. La religion catholique n'est pas mise en cause en tant que telle dans un texte qui vise un groupe de personnes, parfois désignées comme « intégristes », et qui soutiennent des positions extrêmes, souvent très éloignées des thèses officielles de l'Église catholique française, et en particulier de la conférence épiscopale. • Paris, 1er juin 1995 : *Dr. pénal 1995. 253.*

22. Le fait de dénoncer l'arrogance des jeunes beurs et d'affirmer qu'ils bénéficieraient d'une impunité et de privilèges ne constitue pas une atteinte à l'honneur et à la considération, de même que l'évocation du comportement violent de Beurs lors d'une manifestation ne vise pas les jeunes beurs dans leur globalité ; les prévenus doivent donc être relaxés du chef de diffamation envers un groupe de personnes en raison de leur appartenance à une race, et il est impossible à la cour de requalifier l'infraction en provocation à la haine raciale en raison de la nature et de la gravité différentes des délits. • Paris, 30 janv. 1991 : *JCP 1991. IV. 207.*

23. La mise en cause d'immigrés maghrébins, visés à raison de leur origine ou de leur non-appartenance à la nation française, par un maire lors d'une interview accordée à un quotidien, par l'imputation « de faire des gamins pour toucher des allocations », et ce sans les élever, est à l'évidence de nature à porter atteinte à l'honneur et à la considération du groupe de personnes visées ; par ailleurs, l'outrance, le manque de mesure et l'animosité évidente des propos excluent la bonne foi. • Aix-en-Provence, 9 mars 1998 : *JCP 1998. IV. 2764.*

24. Conflit de qualifications. Les intérêts protégés par l'incrimination de diffamation raciale et ceux protégés par le délit de contestation de crimes contre l'humanité (L. 29 juill. 1881, art. 24 *bis*) sont d'une nature différente, ils ne concernent pas nécessairement les mêmes personnes ou les mêmes groupes de personnes, et, en conséquence, ces deux infractions, lorsqu'elles sont en concours, ne sauraient constituer un cumul idéal d'infractions. • Crim. 12 sept. 2000 : *Dr. pénal 2001. 4 (1er arrêt), obs. Véron.*

D. HOMOPHOBIE

25. **BIBL.** Padova, *Gaz. Pal. 2005. 1. Doctr. 777* (liberté d'expression *versus* répression du sexisme et de l'homophobie. À propos de la Loi du 30 déc. 2004). – Monfort, *Gaz. Pal. 2005. 2. Doctr. 4010* (les nouvelles incriminations de la Loi du 30 déc. 2004 au regard de la liberté d'expression et des droits de l'homme). – Cerf-Hollender, *Éd. Pedone, 2005, p. 129* (la lutte contre l'homophobie, *in* « Le nouveau code pénal dix ans après »).

Art. 33 *(Décr.-L. du 21 avr. 1939 ; Ord. du 24 nov. 1943 ; Ord. du 6 mai 1944)* **L'injure commise par les mêmes moyens envers les corps ou les personnes désignés par les articles 30 et 31 de la présente loi sera punie** *(L. nº 2000-516 du 15 juin 2000, art. 90-V)* **« d'une amende de 12 000 € ».**

(L. nº 72-546 du 1er juill. 1972) **« L'injure commise de la même manière envers les particuliers, lorsqu'elle n'aura pas été précédée de provocations, sera punie »** *(L. nº 2000-516 du 15 juin 2000, art. 90-V)* **« d'une amende de 12 000 €.**

« Sera punie *(L. nº 2017-86 du 27 janv. 2017, art. 170)* **« d'un an d'emprisonnement et de 45 000 euros d'amende » l'injure commise »** *(L. nº 2017-86 du 27 janv. 2017, art. 170)* **« par les mêmes moyens »** *(L. nº 72-546 du 1er juill. 1972)* **« envers une personne ou un groupe de personnes à raison de leur origine ou de leur appartenance ou de leur non-appartenance à une ethnie, une nation, une race ou une religion déterminée. »** – *Pour la mise en mouvement de l'action publique, V. art. 47 à 48-1.*

(L. nº 2004-1486 du 30 déc. 2004, art. 21-2º) **« Sera punie des peines prévues à l'alinéa précédent l'injure commise dans les mêmes conditions envers une personne ou un groupe de personnes à raison de leur sexe, de leur orientation** *(L. nº 2017-86 du 27 janv. 2017, art. 170)* **« sexuelle ou identité de genre » ou de leur handicap. »**

(L. nº 90-615 du 13 juill. 1990 ; L. nº 2004-1486 du 30 déc. 2004, art. 22-3º) **« En cas de condamnation pour l'un des faits prévus par les deux alinéas précédents, le tribunal pourra en outre ordonner :**

« 1º *(L. nº 92-1336 du 16 déc. 1992)* **« L'affichage ou la diffusion de la décision prononcée dans les conditions prévues par l'article 131-35 du code pénal » ;**

*(Abrogé par L. nº 2019-222 du 23 mars 2019, art. 71-XIV et 109-XIX, à compter du 24 mars 2020) (L. nº 2017-86 du 27 janv. 2017, art. 170) « **2º La peine de stage de citoyenneté prévue à l'article 131-5-1 du code pénal.** »*

RÉP. PÉN. vº *Injures publiques et non publiques*, par Dreyer.

BIBL. ► de Korodi, *Dr. pénal 2017. Entretien 2* (presse : plus d'excuse de provocation pour les injures raciales ni « homophobes »). – Droin, *RSC 2017. 481* (outrage aux femmes et propos sexistes (misogynes) à l'épreuve de la loi sur la presse du 29 juillet 1881) ; *Gaz. Pal. 2018, p. 1236* (outrage par la parole fait aux femmes : quel bilan, quelles perspectives ?).

A. CORPS OU PERSONNES QUALIFIÉS

1. Personnes protégées. V. notes ss. art. 31.

2. Fonctions ou qualités visées. Il n'y a injure envers les fonctionnaires ou autres personnes désignées par l'art. 31 de la L. du 29 juill. 1881, qu'autant que les expressions outrageantes, termes de mépris ou invectives caractérisent des actes se rattachant à la fonction qu'exercent ces personnes ou à la qualité dont elles sont revêtues. • Crim. 18 mai 1893 : *DP 1895. 1. 462* • 17 mars 1898 : *ibid. 1898. 1. 546 (2e esp.).*

♦ Rappr., pour des injures proférées contre un huissier qui n'était pas dans l'exercice de ses fonctions : • Crim. 22 juin 1944 : *Bull. crim. n° 147 ; D. 1945. 142, note Mimin.*

3. L'art. 31 de la L. du 29 juill. 1881 ne réprime les diffamations dirigées contre les personnes revêtues de la qualité énoncée par ce texte que lorsque ces diffamations, qui doivent s'apprécier non d'après le mobile les ayant inspirées ou le but recherché par leur auteur mais selon la nature du fait sur lequel elles portent, contiennent des critiques d'actes de la fonction ou d'abus de la fonction, ou encore lorsqu'elles établissent que la qualité ou la fonction de la personne visée a été soit le moyen d'accomplir le fait imputé, soit son support nécessaire ; il en est également ainsi, au regard de l'art. 33, alinéa 1er, de la même loi, des injures dirigées contre les mêmes personnes qui doivent caractériser des actes se rattachant à la fonction de ces personnes ou à la qualité dont elles sont revêtues ; ne justifie pas sa décision la cour d'appel qui retient les délits de diffamation et d'injures publiques envers un citoyen chargé d'un mandat public en raison d'un article de presse qui, même si son objet peut être de discréditer la personne élue qu'il désigne plutôt que la personne privée, ne comporte pas la critique d'un acte de la fonction ou d'un abus de la fonction, n'établit pas que la qualité ou la fonction de la personne visée ait été le moyen d'accomplir l'acte imputé ou son support nécessaire, et, enfin, ne caractérise pas un acte se rattachant à la fonction ou à la qualité. • Crim. 15 janv. 2008, n° 06-89.189 P : *D. 2008. AJ 549 ; AJ pénal 2008. 190, obs. Royer ; JCP 2008. II. 10078, note Dreyer.*

4. Excuse de provocation. – QPC. La question prioritaire de constitutionnalité est ainsi rédigée : « L'impossibilité pour le prévenu poursuivi pour injure à l'égard des personnes visées aux art. 30 et 31 de la L. du 29 juill. 1881 d'invoquer l'excuse de provocation comme moyen de défense ne porte-t-elle pas atteinte au principe d'égalité devant la loi garanti par la DDH en son art. 6 et à la libre communication des pensées et des opinions garanti par l'art. 11 de la DDH ? » ; la question posée ne présente pas un caractère sérieux, dès lors que, d'une part, le principe d'égalité ne s'oppose pas à ce que le législateur règle de façon différente des situations distinctes, d'autre part, que la disposition légale incriminée sanctionne, sans disproportion manifeste, l'atteinte portée non seulement à la personne qui est visée par les propos incriminés, mais aussi à la fonction qu'elle incarne et tend ainsi à concilier la prévention des atteintes à l'ordre public, nécessaire à la sauvegarde de droits et principes de valeur constitutionnelle, et l'exercice des libertés constitutionnellement garanties, au nombre desquelles figure la liberté d'expression, et qu'enfin, pour qualifier de tels faits, il entre dans l'office du juge pénal de prendre en compte les circonstances dans lesquelles les propos incriminés ont été tenus et l'intention de leur auteur ; d'où il suit qu'il n'y a pas lieu de renvoyer la question au Cons. const. • Crim., QPC, 15 mars 2016, n° 15-90.022 P : *D. actu. 20 avr. 2016, obs. Lavric.*

5. Illustrations. Se rend coupable d'injure envers un citoyen chargé d'un mandat public le maire d'une commune qui, au cours d'une manifestation contre l'implantation d'un centre d'enfouissement des ordures ménagères sur sa commune, tient, dans une interview retransmise ensuite à la télévision, et visant le président du Gouvernement de la Polynésie française, des propos engageant à nettoyer « les ordures qui dirigent ce pays ». • Crim. 19 févr. 2002 : *JCP 2002. IV. 1652.*

B. PARTICULIERS

1° INJURE PUBLIQUE

6. Provocation. – Domaine. L'art. 33 de la loi sur la presse ne prévoit l'excuse de provocation que pour les injures envers des particuliers. • Paris, 2 mars 1995 : *Dr. pénal 1995. 121, obs. Véron* • Crim. 15 mars 2005, n° 04-84.831 P : *Dr. pénal 2005. Comm. 105.* ♦ ... Ce qui n'est pas le cas d'un procureur de la République outragé à raison de ses fonctions. • Paris, 2 mars 1995 : *préc.* ♦ ... Ni d'un enseignant universitaire, fonctionnaire public de son état. • Crim. 15 mars 2005 : *préc.*

7. Nature. L'absence de provocation n'est pas une condition nécessaire du délit d'injure envers les particuliers ; la provocation constitue seulement une excuse, et c'est au prévenu qui prétend en bénéficier qu'il appartient de l'invoquer et d'en administrer la preuve : le juge ne peut être tenu de se prononcer sur son existence qu'autant qu'il est mis en demeure de le faire par des conclusions du prévenu. • Crim. 23 déc. 1897 : *Bull. crim. n° 400 ; DP 1899. 1. 170* • 22 juin 1944 : *Bull. crim. n° 147 ; D. 1945. 142, note Mimin* • 24 mars 1949 : *Bull. crim. n° 114* • 8 févr. 1972 : *ibid. n° 48 ; D. 1972. Somm. 74* • 21 mai 1974 : *Bull. crim. n° 189.*

8. Relation à l'injure. Le contenu de l'injure doit être en rapport direct avec celui de la provocation, et l'auteur du propos injurieux être lui-même la victime de la provocation. • Crim. 10 mai 2006 : *D. 2006. 2220, note Dreyer ; Dr. pénal 2006. 135, obs. Véron.*

9. Appréciation. Les juges du fond apprécient souverainement les circonstances invoquées comme constitutives de la provocation. • Crim. 16 juill. 1948 : *Bull. crim. n° 203* • 20 juin 1951 : *ibid. n° 178* • 4 déc. 1973 : *ibid. n° 448.*

10. L'appréciation par les juges du fond du caractère personnel et direct des injures dont ils font résulter la provocation est soumise au contrôle de la Cour de cassation. • Crim. 15 avr. 1959 : *Bull. crim. n° 226.*

11. Preuve. La provocation constituant une excuse, c'est au prévenu qui prétend en bénéficier à l'invoquer et à en administrer la preuve ; le juge n'est dès lors tenu à se prononcer sur son existence qu'autant qu'il est mis en demeure de le faire par des conclusions. • Crim. 22 juin 1944 : *Bull. crim. n° 147 ; D. 1945. 142, note Mimin* • Crim. 21 janv. 1954 : *Bull. crim. n° 27.*

12. Manifestations. La provocation résulte de toute parole ou tout écrit, tout acte ou toute attitude de nature à justifier ou même expliquer l'injure. • Crim. 18 mai 1954 : *Bull. crim. n° 187 ; D. 1956. 366, note Lemercier ; JCP 1954. II. 8292, note Chavanne.* ♦ ... Et de nature à atteindre l'auteur du délit ou de la contravention, soit dans son honneur ou sa considération, soit dans ses intérêts pécuniaires ou moraux. • Crim. 26 déc. 1956 : *Bull. crim. n° 883.* ♦ La provocation en matière d'injure ne peut résulter que de propos, d'écrits injurieux, et de tous autres actes de nature à atteindre l'auteur de l'infraction, soit dans son honneur ou sa considération, soit dans ses intérêts pécuniaires ou moraux. • Crim. 10 mai 2006 : *D. 2006. 2220, note Dreyer ; Dr. pénal 2006. 135, obs. Véron.*

13. Pour être retenue, la provocation invoquée doit être injuste ; tel est le cas lorsque les propos ou écrits invoqués par le prévenu avaient trait à l'intimité de sa vie privée. • Crim. 16 avr. 1985 : *Bull. crim. n° 140 ; RSC 1986. 377, obs. Levasseur.*

14. L'excuse de provocation ne peut résulter que d'actes imputables personnellement à la victime des injures ; il ne pourrait en être autrement que dans le cas où celle-ci se serait solidarisée avec l'auteur des actes de provocation. • Crim. 21 mars 1972 : *Bull. crim. n° 116* • 4 déc. 1973 : *ibid. n° 448.* ♦ Une personne qui a été l'objet d'articles diffamatoires ne saurait trouver, dans le rappel de ces articles faits par un tiers, une provocation qui, dans les termes de l'art. 33 de la loi sur la presse, pourrait excuser les injures qu'en suite de ce rappel, elle aurait formulées à l'adresse de l'auteur desdits articles ; il n'en serait autrement que si celui-ci s'était solidarisé avec le tiers, auteur de ce rappel. • Crim. 13 avr. 1967 : *Bull. crim. n° 121 ; D. 1967. Somm. 91.*

15. L'excuse de provocation ne saurait être écartée dans une poursuite pour injures au motif que les propos ou écrits qualifiés de provocations avaient trait à des faits dont la preuve de la véracité était rapportée. • Crim. 16 avr. 1985 : *préc. note 13.*

16. La partie à un procès s'estimant atteinte par injures ou outrages de la part d'une autre partie ou de son conseil, qui n'a pas usé en temps utile des voies de droit que lui reconnaissent les al. 4 et 5 de l'art. 41 de la L. du 29 juill. 1881, ou qui a succombé dans ses demandes, ne saurait ensuite exciper de l'excuse de provocation pour être affranchie des peines encourues à raison des injures par elle adressées ultérieurement à l'auteur des discours ou écrits. • Crim. 1er déc. 1992, n° 88-85.650 P.

17. L'arrêt qui constate que la personne injuriée a elle-même préalablement injurié le prévenu, et l'a poursuivi dans la rue en l'interpellant, admet à bon droit l'excuse de provocation. • Crim. 16 mars 1948 : *Bull. crim. n° 96.*

18. Viole l'art. 10, § 2, Conv. EDH la condamnation d'un journaliste pour injure publique à un homme politique, l'injure étant à la mesure de l'indignation consciemment suscitée par l'homme politique en cause. • CEDH 1er juill. 1997, *Oberschlick c/ Autriche : BICC 1997. 1270.*

19. La cour d'appel a déclaré la prévenue coupable du délit d'injure publique envers un fonctionnaire public pour avoir dit, lors d'une manifestation sur la voie publique, à un enseignant universitaire, qu'il était la « honte de la communauté » juive ; sans méconnaître les art. 6 et 10 Conv. EDH, qui permettent de limiter la liberté d'expression pour la protection de la réputation ou des droits d'autrui, elle a exactement apprécié le sens et la portée des propos incriminés, constitutifs d'une expression outrageante se rattachant directement à la fonction ou à la qualité de la personne visée, au sens de l'art. 33, al. 1er, de la L. du 29 juill. 1881, et a écarté à bon droit l'excuse de provocation, applicable, selon l'alinéa 2 de ce texte, au seul délit d'injure envers les particuliers. • Crim. 15 mars 2005, n° 04-84.831 P.

20. L'immunité dont bénéficient les discours prononcés devant les tribunaux, en vertu de l'art. 41 de la L. du 29 juill. 1881, n'interdit pas de leur attribuer, le cas échéant, le caractère d'une provocation au sens de l'art. 33, al. 2, de la même loi ; par suite, justifie sa décision de reconnaître l'excuse de provocation à l'auteur d'une injure spontanément proférée au cours de la plaidoirie d'un avocat la cour d'appel dont l'arrêt retient, par une appréciation souveraine des faits et circonstances de la cause, ainsi que des éléments de preuve contradictoirement débattus, que cette injure répondait directement à des propos visant personnellement son auteur présent dans le public, lesquelles, eu égard aux circonstances dans lesquels ils avaient été tenus, étaient de nature à porter gravement atteinte à son honneur et à ses intérêts moraux. • Crim. 31 mars 2015, n° 13-81.842 P : *D. actu. 16 avr. 2015, obs. Lavric ; Dr. pénal 2015, n° 68, obs. Véron.*

21. Effets. La provocation, lorsqu'elle est également constatée, est, quant à ses effets et sa portée, une question de fait appréciée par les juges du fond. • Crim. 14 juin 1972 : *Bull. crim. n° 200.* ♦ Il entre dans les pouvoirs souverains des juges du fond d'apprécier, en fonction des circonstances qui ont entouré les actes présentés comme constitutifs de la provocation, l'influence psychologique exercée par ces actes sur le prévenu. • Crim. 26 oct. 1976 : *Bull. crim. n° 300.*

22. L'injure n'est excusable par une provocation que lorsque celui qui a proféré ladite injure peut être raisonnablement considéré comme se trouvant encore sous le coup de l'émotion que cette provocation a pu lui causer. • Crim. 13 janv. 1966 : *Bull. crim. n° 14.* ♦ Le temps écoulé entre la provocation et les injures ne rend pas nécessairement celles-ci inexcusables. • Crim. 15 avr. 1959 : *Bull. crim. n° 226* • 14 juin 1972 : *ibid. n° 200* • 17 févr. 1981 : *ibid. n° 64.*

23. Si l'existence d'une relation directe entre la provocation et l'injure est nécessaire, il appartient à la Cour de cassation d'exercer son contrôle sur les conséquences de droit déduites par les juges du fond des constatations faites par eux. • Crim. 16 avr. 1985 : *Bull. crim. n° 140 ; RSC 1986. 377, obs. Levasseur.*

2° INJURE NON PUBLIQUE

24. Renvoi. V. C. pén., notes ss. art. R. 621-2.

C. INJURE RACIALE

BIBL. Korman, *Gaz. Pal. 8-10 oct. 1998* (l'ange, la bête et les hommes – la situation française en matière de législation antiraciste). – Agostinelli, *Légicom 2002/3, n° 28, p. 47* (provocation à la discrimination, diffamation et injures raciales). – Dreyer, *Légipresse 2003, n° 199* (fondement de la prohibition des discours racistes en France).

1° GROUPE DE PERSONNES

25. Harkis. D'une part, la communauté des harkis ne constitue pas un groupe de personnes entrant dans l'une des catégories limitativement énumérées par l'art. 33, al. 3, de la L. du 29 juill. 1881 et, d'autre part, l'interdiction de toute injure envers les Harkis posée par l'art. 5 de la L. du 23 févr. 2005 n'est assortie d'aucune sanction pénale. • Crim. 31 mars 2009, n° 07-88.021 P : *D. 2009. AJ 1143, obs. Lavric ; ibid. Pan. 2826, obs. Roujou de Boubée ; AJ pénal 2009. 267, obs. Royer ; Dr. pénal 2009. 77, obs. Véron.* ♦ Rappr., en matière de diffamation raciale : • Crim. 31 mars 2009, n° 07-86.892 P : *D. 2009. AJ 1143, obs. Lavric ; ibid. Pan. 2826, obs. Roujou de Boubée ; AJ pénal 2009. 267, obs. Royer ; JCP G 2009, n° 46, obs. de Lamy ; Dr. pénal 2009. 77, obs. Véron.*

2° INJURE PUBLIQUE

26. Illustrations. Le délit prévu par l'art. 33, al. 3, de la L. du 29 juill. 1881 est constitué par la publication d'un écrit contenant en certains de ses passages, relevés par la prévention, des attaques injurieuses envers les Algériens, et qui, dans son ensemble, sous couleur de critiquer la politique d'immigration, tend, au prétexte d'un meurtre, à soulever l'indignation contre les Algériens résidant en France, et à présenter comme légitimes des réactions racistes. • Crim. 20 nov. 1978 : *Bull. crim. n° 321.*

27. Ne sauraient tomber sous le coup des dispositions de la L. du 29 juill. 1881, modifiée par celle du 1er juill. 1972, les propos qui se bornent à viser une catégorie de personnes, comme les « étrangers » ou les « immigrés », sans se référer expressément à l'origine de ceux-ci, à leur appartenance ou non-appartenance à une ethnie, une nation, une race ou une religion déterminée. • Crim. 6 mai 1986 : *Bull. crim. n° 153.*

28. Sauf à prétendre que les propos du prévenu sont dénués de sens, le caractère racial de l'expression « gros zébu fou » appliquée au président d'une association de lutte contre le racisme est parfaitement explicite ; le débat sur l'origine géographique du zébu qui, selon les écritures de la défense, serait « né en Asie, immigré ensuite à Madagascar et seulement ensuite en Afrique tropicale », importe peu, dès lors que cet animal est assimilé dans le langage courant à un bovidé de la faune africaine ; les origines africaines de la partie civile étant de notoriété publique, elles sont à l'évidence visées en l'espèce, au même titre que l'origine ou la religion des autres personnes ciblées dans la phrase incriminée. • Paris, 7 janv. 1998 : *Dr. pénal 1998. 66, obs. Véron.* ♦ Quant à la thèse selon laquelle l'expression en cause ne serait que l'évocation pittoresque des assauts ardents et des charges délirantes effectuées contre lui par un adversaire politique, elle ne résiste pas à l'examen, tant il va de soi que d'autres animaux auraient alors mieux correspondu à ladite évocation tout en étant plus familiers du public auquel s'adressait en l'espèce le prévenu. • Même arrêt. ♦ Décision confirmée en cassation : • Crim. 13 avr. 1999, n° 98-81.625 P : *D. 2000. Somm. 119, obs. de Lamy ; Dr. pénal 1999. 118, obs. Véron.*

29. Ne commet pas de faute au sens de l'injure raciale la prévenue auteur d'une lettre publiée dans un magazine littéraire en réaction au précédent numéro faisant état d'une polémique à propos d'un livre publié par la partie civile et dans laquelle sont employées certaines expressions dont les termes « belle négresse » ; en effet, le terme négresse ne saurait être injurieux en lui-même et ne représente en l'espèce qu'un simple écho de son emploi par la partie civile elle-même dans un article précédent ; en ce qui concerne les autres expressions « va jusqu'à cracher sur la mémoire de sa propre mère en se targuant de représenter les femmes noires » et « flatte les plus bas instincts sexuels », elles ne peuvent se comprendre sans analyse de l'ouvrage de la partie civile, ce qui est impossible dans le cadre d'une simple saisine pour injure. • Paris, 3 juin 1998 : *JCP 1999. IV. 1094.*

30. Ne tombent pas sous le coup des dispositions de l'art. 33, al. 3, de la L. du 29 juill. 1881 les propos qui fustigent les Français musulmans, non à raison de leur origine religieuse ou ethnique, mais à raison de leur choix politique au moment de la guerre d'Algérie en les qualifiant de « traîtres à la patrie ». • Crim. 12 sept. 2000 : *Dr. pénal 2001. 32, obs. Véron.*

31. Écrire que « l'islam est la religion la plus con » ne revient nullement à affirmer ni à sous-entendre que tous les musulmans devraient être ainsi qualifiés ; ce propos ne renferme aucune volonté d'invective, de mépris ou d'outrage envers le groupe de personnes composé des adeptes de la religion considérée. • T. corr., 22 oct. 2002 : *Gaz. Pal. 2003. 2. 3069, note Battistini.*

32. La Cour européenne reconnaît aux États, lorsqu'ils réglementent la liberté d'expression dans des domaines susceptibles d'offenser des convictions personnelles intimes relevant de la morale et, plus spécifiquement, de la religion, une marge d'appréciation beaucoup plus importante qu'en matière de discours politiques ou de débats sur des questions d'intérêt général ; la nécessité d'éviter des expressions qui sont gratuitement offensantes pour autrui et constituent donc une atteinte à ses droits et qui, dès lors, ne contribuent à aucune forme de débat public capable de favoriser le progrès dans les affaires du genre humain, conduit les juridictions nationales à prendre les mesures permettant de sanctionner, voire de prévenir, des attaques injurieuses contre des objets de vénération religieuse, pourvu que les restrictions qui en résulteraient pour la liberté d'expression soient proportionnées au but légitime poursuivi ; spécialement, il y a lieu d'examiner si le respect des sentiments religieux des catholiques est susceptible d'être atteint par la représentation litigieuse, constituée par la dénaturation de l'image de la célèbre fresque de la Cène due au génie de Léonard de Vinci et dont les gestes sont, pour les catholiques, expressifs d'un des événements fondateurs de leur foi, à savoir l'anticipation liturgique du sacrifice de la croix. • TGI Paris, 10 mars 2005 : *D. 2005. 1326, note Rolland ; JCP 2005. II. 10109 (1re esp.), note Malaurie ; Gaz. Pal. 2005. 2. Somm. 4322, note Vray.* ♦ La séparation de l'Église et de l'État n'empêche nullement l'application de la loi lorsque c'est la religion qui est, comme en l'espèce, outragée, les dispositions de l'art. 33, al. 3, de la L. du 29 juill. 1881 visant expressément l'injure commise envers un groupe de personnes à raison de leur appartenance à une religion déterminée ; l'appelant allègue tout aussi en vain que l'injure prévue et réprimée par la L. du 29 juill. 1881 ne peut être constituée d'une image sans texte, alors que l'art. 29, al. 2, de cette loi définit l'injure comme étant toute expression outrageante qui ne renferme l'imputation d'aucun fait et que, dès lors, la représentation d'une scène sacrée travestie à seule fin d'une publicité commerciale peut, comme en l'espèce, faire outrage aux convictions religieuses d'autrui fondées sur un récit près de deux fois millénaire et célébré quotidiennement dans la liturgie catholique ; l'appelant ne peut davantage arguer valablement de la représentation artistique d'un thème religieux et de l'esthétisme de la photographie dépourvue de toute obscénité, agressivité ou violence, alors que la symbolique qui s'attache au dernier repas de Jésus avec ses apôtres est manifestement détournée à des fins de publicité commerciale par une société de créateurs de mode et qu'elle a, au surplus, été outrageusement travestie par l'intrusion d'un homme posté dans une attitude suggestive, enlacé par deux jeunes femmes. • Paris, 8 avr. 2005 : *D. 2005. 1327, note Rolland ; JCP 2005. II. 10109 (2e esp.), note Malaurie ; Gaz. Pal. 2005. 1. 1260 ; ibid. 2. Somm. 4323, note Vray.* ♦ La seule parodie de la forme donnée à la représentation de la Cène, qui n'avait pas pour objectif d'outrager les fidèles de confession catholique, ni de les atteindre dans leur considération en raison de leur obédience, ne constitue pas l'injure, attaque personnelle et directe dirigée contre un groupe de personnes en raison de leur appartenance religieuse. • Civ. 1re, 14 nov. 2006, n° 05-15.822 P : *D. 2007. Pan. 1041, obs. Dupeux ; ibid. 2072, note Dreyer ; JCP 2007. II. 10041, note Malaurie ; Gaz. Pal. 2006. 3925, note Sarcelet ; ibid. 3974, note Gonzalez ; ibid. 2007. 2. Somm. 3422, note Guerder.*

33. Pour renvoyer le prévenu des fins de la poursuite du chef d'injure raciale, la cour d'appel énonce qu'en dépit de l'emploi des termes « secte et escroquerie », le contexte de l'entretien accordé par un artiste à un magazine laisse apparaître qu'en critiquant d'autres religions en des propos également vifs, le prévenu a seulement manifesté son hostilité au principe même du fait religieux et qu'ainsi, les invectives proférées ne s'adressent pas à la communauté juive en tant que telle ; en se prononçant ainsi, alors que les propos litigieux mettaient spécialement en cause la communauté juive, présentée comme « une des plus graves escroqueries » parce que « la première de toutes », les juges n'ont pas tiré les conséquences légales de leurs propres constatations. • Crim. 15 mars 2005, n° 04-84.463 P : *D. 2005. Pan. 2990, obs. Garé ; Dr. pénal 2005. 85, obs. Véron ; Gaz. Pal. 2005. 1. 1898, note Monnet ; JCP 2005. IV. 901.*

34. Fait l'exacte application de la loi la cour d'appel qui, pour confirmer une ordonnance de refus d'informer sur une plainte avec constitution de partie civile qualifiant l'expression « aristocrate décadent pour qui la France est née en 1789 » d'injure envers une personne ou un groupe de personnes à raison de leur origine, retient que les dispositions de l'art. 33, al. 3, de la L. du 29 juill. 1881 n'incluent pas l'injure visant une personne en raison de son origine sociale.

• Crim. 27 sept. 2005, n° 05-80.123 P : *D. 2005. IR 2771 ; D. 2006. Pan. 1656, obs. Garé ; Dr. pénal 2006. 7, obs. Véron ; Gaz. Pal. 2006. 1. Somm. 1385, note Monnet.*

35. En matière de presse, il appartient à la Cour de cassation d'exercer son contrôle sur le sens et la portée des propos incriminés au regard des articles de la L. du 29 juill. 1881 servant de base à la poursuite ; les restrictions à la liberté d'expression sont d'interprétation étroite ; méconnaît le sens et la portée des propos incriminés et du principe ci-dessus rappelé la cour d'appel qui, pour déclarer les prévenus coupables du délit visé à l'art. 33, al. 3, de la L. du 29 juill. 1881, pour avoir distribué un prospectus annonçant une manifestation d'information et de prévention du SIDA, intitulée « La nuit de la Sainte-Capote », comprenant un dessin représentant, en buste, une religieuse, associée à l'image d'un angelot muni d'un arc et d'une flèche, et de deux préservatifs, l'ensemble étant accompagné de la légende suivante : « Sainte Capote protège nous », énonce que l'association de l'image dénaturée d'une religieuse, à l'expression « Sainte Capote » et à un dessin de préservatifs, a pour effet de créer un amalgame provocateur et de mauvais goût, ayant pu être ressenti comme une offense envers la communauté catholique en raison de sa croyance et de ses pratiques, alors que, si le tract litigieux a pu heurter la sensibilité de certains catholiques, son contenu ne dépasse pas les limites admissibles de la liberté d'expression. • Crim. 14 févr. 2006, n° 05-81.932 P : *D. 2007. Pan. 1041, obs. Dupeux ; RSC 2006. 625, obs. Francillon ; Dr. pénal 2006. 67, obs. Véron ; Gaz. Pal. 2006. 2. Somm. 3461, note Monnet.*

36. A méconnu le sens et la portée des propos incriminés et les art. 29, al. 2, et 33, al. 3, de la L. du 29 juill. 1881 la cour d'appel qui, pour débouter la partie civile, retient que, replacés dans leur contexte, les termes « les juifs, c'est une secte, c'est une escroquerie » relèvent d'un débat théorique sur l'influence des religions et ne constituent pas une attaque dirigée contre la communauté juive en tant que communauté humaine, alors que l'affirmation « les juifs, c'est une secte, une escroquerie. C'est une des plus graves parce que c'est la première » ne relève pas de la libre critique du fait religieux, participant d'un débat d'intérêt général, mais constitue une injure visant un groupe de personnes en raison de son origine, dont la répression est une restriction nécessaire à la liberté d'expression dans une société démocratique. • Cass., ass. plén., 16 févr. 2007, n° 06-81.785 P : *D. 2007. AJ 665 ; ibid. 1822, obs. Ménotti ; AJ pénal 2007. 182, obs. Royer ; JCP 2007. II. 10047, note Derieux ; Dr. pénal 2007. 50, obs. Véron ; ibid. Chron. 1, obs. Mouysset ; Gaz. Pal. 2007. 1. 478 ; ibid. 2. 3283, note Guerder.*

37. Justifie sa décision la cour d'appel qui, saisie d'une poursuite du chef d'injure publique religieuse en raison de la publication d'un dessin représentant le « Christ en gloire », nu, portant un préservatif, vers lequel se dirigent les regards d'un groupe d'évêques, dont l'un, blanc, déclare à un autre, noir : « Lui-même aurait sans doute utilisé un préservatif ! », prononce une relaxe après avoir relevé que les restrictions à la liberté d'expression sont d'interprétation étroite et que, si ce dessin a pu heurter la sensibilité de certains chrétiens ou de certains catholiques, son contenu, qui illustre un débat sur la nécessité de se protéger du SIDA et entendait frapper le lecteur sur le fléau que le virus représente, notamment en Afrique, ne dépasse pas les limites admissibles de la liberté d'expression garantie par la Conv. EDH. • Crim. 2 mai 2007, n° 06-84.710 P : *D. 2007. AJ 1734 ; Gaz. Pal. 2008. 1. Somm. 495, note Monnet.*

38. Un dessin paru dans la presse, qui n'est que la reproduction d'une caricature publiée par un journal étranger, inclus dans un numéro spécial dont la couverture « éditorialise » l'ensemble du contenu et sert de présentation générale à la position du journal, ne peut être regardé comme participant à la réflexion dans le cadre d'un débat d'idées sur les dérives de certains tenants d'un islam intégriste ayant donné lieu à des débordements violents ; ainsi, en dépit du caractère choquant, voire blessant, de cette caricature pour la sensibilité des musulmans, le contexte et les circonstances de sa publication dans le journal mis en cause apparaissent exclusifs de toute volonté délibérée d'offenser directement et gratuitement l'ensemble des musulmans ; les limites admissibles de la liberté d'expression n'ont donc pas été dépassées, le dessin litigieux participant d'un débat public d'intérêt général né au sujet des dérives des musulmans qui commettent des agissements criminels en se revendiquant de cette religion et en prétendant qu'elle pourrait régir la sphère politique ; le dessin critiqué ne constitue dès lors pas une injure justifiant, dans une société démocratique, une limitation du libre exercice du droit d'expression. • TGI Paris, 17e ch., 22 mars 2007 : *D. 2007. AJ 1023 ; RSC 2007. 560, obs. Francillon ; Dr. pénal 2007. 66, note Lepage ; ibid. Chron. 1, obs. Mouysset ; JCP 2007. II. 10079, note Derieux ; Gaz. Pal. 2007. 1. 1101.* ♦ Pour confirmation : • Paris, 12 mars 2008 : *D. 2009. Pan. 1780, obs. Dupeux ; Gaz. Pal. 2008. 1. 952.*

39. Provocation. La formule de l'al. 3 de l'art. 33 de la L. du 29 juill. 1881 (« dans les conditions définies à l'alinéa précédent ») renvoie explicitement à l'ensemble de l'al. 2 ; dès lors, exclure du champ de la référence générale faite par cet al. 3 à cet al. 2 l'une des « conditions » en cause, alors qu'il les vise tous, reviendrait à ajouter à la loi pénale une interdiction ou un élément aggravant qu'elle ne comporte pas. • Paris, 7 janv. 1998 : *Dr. pénal 1998. 66, obs. Véron.* ♦ L'excuse de provocation étant admissible dans son principe par application de l'al. 3 de l'art. 33 fondant les poursuites, il reste à déterminer si, en l'espèce, le fait pour la partie civile d'avoir, la veille de la commission des faits en cause, déclaré publiquement que le prévenu « avait du sang sur les mains », est constitutif de la provocation invoquée à titre d'excuse par la défense ; sur ce point, la cour considère, indépendamment des autres motifs des premiers juges qu'elle fait siens, et tout en donnant acte au prévenu de ce que la condamnation des parties civiles pour les propos invoqués à titre d'excuse atteste de leur caractère répréhensible, que, faute de proportionnalité et de proximité entre la provocation invoquée et la riposte dont le caractère dégradant et racial est établi, ladite excuse ne saurait être retenue. • Même arrêt. ♦ Décision confirmée en cassation : • Crim. 13 avr. 1999, n° 98-81.625 P : *D. 2000. Somm. 119, obs. de Lamy ; Dr. pénal 1999. 118, obs. Véron.*

3° INJURE NON PUBLIQUE

40. Renvoi. V. C. pén., ss. art. R. 624-4.

D. HOMOPHOBIE, TRANSPHOBIE

BIBL. Padova, *Gaz. Pal. 2005. 1. Doctr. 777* (liberté d'expression *versus* répression du sexisme et de l'homophobie. A propos de la Loi du 30 déc. 2004). – Monfort, *Gaz. Pal. 2005. 2. Doctr. 4010* (les nouvelles incriminations de la L. du 30 déc. 2004 au regard de la liberté d'expression et des droits de l'homme). – Cerf-Hollender, *Éd. Pedone, 2005, p. 129* (la lutte contre l'homophobie, *in* « Le nouveau code pénal dix ans après »).

41. Conventionnalité. Le prévenu, député, a soutenu devant les juges du fond que l'art. 33, al. 4, de la L. du 29 juill. 1881 dans sa rédaction issue de la L. du 30 déc. 2004, qui prévoit et punit l'injure commise en raison de l'orientation sexuelle, méconnaîtrait les dispositions de l'art. 10 Conv. EDH ; pour écarter cette argumentation, l'arrêt énonce notamment que si, selon l'al. 1er du texte invoqué, toute personne a droit à la liberté d'expression, ce droit comprend la liberté d'opinion, mais que l'al. 2 dudit texte dispose que cette liberté, comportant des devoirs et des obligations, peut être soumise à certaines restrictions ou sanctions prévues par la loi, qui constituent des mesures nécessaires, dans une société démocratique, à la protection de la réputation des droits d'autrui ; les juges ajoutent que, contrairement à ce qui est soutenu, les dispositions de l'art. 9 C. civ., de même que celles des art. 225-1 et 225-2 C. pén., ne sont pas suffisantes pour assurer dans ce domaine la protection des droits d'autrui, dès lors qu'elles ne permettent pas d'interdire les propos diffamatoires ou injurieux en raison de l'orientation sexuelle ; en se déterminant ainsi, la cour d'appel a justifié sa décision. • Crim. 12 nov. 2008, n° 07-83.398 P : *D. 2009. 50, note Degorce ; ibid. 402, note Pradel ; ibid. Pan. 1781, obs. Dupeux ; RSC 2009. 129, obs. Francillon ; AJ pénal 2009. 228, obs. Duparc ; Dr. pénal 2009, n° 20, obs. Véron ; ibid. Chron. 6, obs. Mouysset ; JCP 2008. II. 10206, note Dreyer.*

42. Applications. Sont contraires à la dignité des personnes les propos tenus par un député à un journaliste selon lesquels l'homosexualité « était inférieure à l'hétérosexualité, et que si on la poussait à l'universel, ce serait dangereux pour l'humanité » ; de tels propos sont de nature à inciter à la haine, à la violence ou à la discrimination, s'agissant d'une présentation tendancieuse de l'homosexualité, qui était de nature à susciter chez les lecteurs des réactions de rejet ; en stigmatisant le comportement homosexuel comme ne pouvant être qu'exclu ou vécu dans la clandestinité, le prévenu a manifesté, de manière outrageante, son intolérance envers les personnes qui ont fait le choix d'une orientation homosexuelle ; de telles déclarations peuvent donner un sentiment de légitimité aux propos homophobes et être à l'origine d'actes de violence. • Douai, 25 janv. 2007 : *Légipresse 2007. 242, note Ader ; CCC 2007. 112, obs. Lepage ; JCP 2007, n° 6, obs. Dreyer.*

43. Encourt la censure la décision de la cour d'appel (• Douai, 25 janv. 2007 : *préc.*) qui, pour dire établi à l'encontre d'un parlementaire, poursuivi en raison de la teneur d'un entretien accordé à un journaliste, le délit d'injures publiques envers un groupe de personnes en raison de leur orientation sexuelle puni par l'art. 33, al. 4, de la L. du 29 juill. 1881 modifiée par la L. du 30 déc. 2004, retient que le prévenu a proféré des propos offensants tendant à souligner l'infériorité morale de l'homosexualité, alors que si les propos litigieux, tenus dans les suites des débats parlementaires relatifs à la loi précitée avaient pu heurter la sensibilité de certaines personnes homosexuelles, leur contenu ne dépassait pas les limites de la liberté d'expression. • Crim. 12 nov. 2008 : *préc. note 41.*

44. S'agissant d'un message ainsi formulé sur twitter « Transgenres. Les malheureux qui veulent changer de sexe sont des vicieux et des malades qui relèvent de la psychiatrie », c'est exactement que la Cour d'appel retient que, si les qualificatifs de « malheureux » et de « malades qui relèvent de la psychiatrie », en ce qu'ils font référence au malheur ou à la maladie – physique ou mentale, ne peuvent être considérés comme outrageants ou méprisants, il en va autrement du terme « vicieux », outrageant – en ce qu'il signifie dépravé, immoral, pervers et se dit de personnes ayant un comportement réprouvé par le sentiment moral collectif et ajoute que ne peuvent être retenues les explications du prévenu, selon lesquelles la maladie en ferait des vicieux, ou faisant référence à certains cas évoqués aux États-Unis, le message étant à cet égard affirmatif et sans nuances. • Crim. 7 janv. 2020, n° 19-80.796 : *D. actu, 21 janv. 2020, obs. Lamy.*

E. POURSUITES

45. A justifié sa décision la cour d'appel qui, pour déclarer recevable l'action de la partie civile, retient que celle-ci, fils d'ancien harki, justifie pouvoir se reconnaître légitimement offensé par les invectives litigieuses ; en l'état de ces énonciations, et dès lors que l'injure formulée de manière générale vise une pluralité de personnes formant un groupe restreint, chaque membre de ce groupe, atteint par l'injure, dispose d'un droit individuel à demander réparation du préjudice qui lui a été causé, et qu'au surplus cette action ne peut s'éteindre par le désistement d'une autre partie civile, la cour d'appel n'a pas méconnu les textes visés au moyen. • Crim. 12 sept. 2000 : ☎ *préc. note 30.*

Art. 34 *(L. du 29 sept. 1919)* **Les articles 31, 32 et 33 ne seront applicables aux diffamations ou injures dirigées contre la mémoire des morts que dans les cas où les auteurs de ces diffamations ou injures auraient eu l'intention de porter atteinte à l'honneur ou à la considération des héritiers, époux ou légataires universels vivants.**

Que les auteurs des diffamations ou injures aient eu ou non l'intention de porter atteinte à l'honneur ou à la considération des héritiers, époux ou légataires universels vivants, ceux-ci pourront user, dans les deux cas, du droit de réponse prévu par l'article 13.

BIBL. ▶ CHAMAGNE, *Légicom 2002/3, n° 28, p. 35* (perspectives d'évolution de l'article 34 de la loi du 29 juillet 1881).

1. Incrimination. Pour que la diffamation dirigée contre la mémoire des morts constitue un délit, il n'est pas nécessaire que les propos ou les écrits incriminés contiennent l'imputation de faits précis contre les héritiers ; il suffit qu'elle ait été commise avec intention de nuire aux héritiers des personnes décédées. • Crim. 9 janv. 1948 : *Bull. crim. n° 9.*

2. L'héritier d'un écrivain (en l'espèce, George Sand), ne peut, à l'appui d'une demande en dommages-intérêts contre un critique pour imputations diffamatoires envers la mémoire de son auteur, invoquer l'art. 34 de la L. du 29 juill. 1881, si le critique n'a jamais eu l'intention de porter atteinte à l'honneur ou à la considération de l'héritier. • Paris, 15 janv. 1932 : *DP 1932. 2. 119 (1re esp.), note Lalou.*

3. La diffamation envers la mémoire des morts suppose une atteinte à l'honneur et à la considération, mais elle n'exige pas que l'héritier y soit formellement désigné : cette désignation est une précision supplémentaire, mais non indispensable. • Crim. 28 févr. 1956 : *Bull. crim. n° 206.* ♦ Le délit n'est réalisé que si l'auteur de l'article a eu l'intention de porter et a réellement porté atteinte à l'honneur et à la considération des héritiers vivants ; l'art. 34 n'est pas applicable au cas où l'écrit incriminé n'a pas désigné l'héritier poursuivant et n'a même fait aucune allusion directe ou indirecte à sa personne. • Crim. 22 mars 1960 : *Bull. crim. n° 160 ; D. 1960. 740.*

4. L'action en réparation du préjudice causé par l'infraction de diffamation envers la mémoire d'un mort, prévue par l'art. 34 de la L. du 29 juill. 1881, ne peut être accueillie du seul fait de l'indication, dans un article diffamatoire envers le défunt, des noms des héritiers, époux ou légataires universels vivants, avec la mention de leurs fonctions ou de leur qualité de fondateur d'une association des amis du défunt, en l'absence de mentions établissant l'intention de porter atteinte à la réputation de ces personnes. • Civ. 2e, 10 oct. 2002, ☎ n° 00-11.972 P : *Gaz. Pal. 2003. 2. 3837, note Guerder.*

5. L'intention de nuire prévue à l'art. 34 de la L. du 29 juill. 1881 se déduit de la conscience qu'avait l'auteur de la diffamation de causer un préjudice par des propos rappelant, de façon injustifiée, les charges dont l'intéressé avait été blanchi dans le cadre d'une instruction. • Civ. 2e, 22 janv. 2004, ☎ n° 01-01.423 P : *JCP 2004. II. 10104, note Dreyer ; Gaz. Pal. 2005. 1. 1227.* ♦ L'arrêt attaqué retient que si l'information légitime du public et l'actualité judiciaire de l'époque justifiaient que fussent portés à la connaissance du lecteur les derniers développements de la procédure judiciaire en cours, au stade où elle en était à la date de publication de l'article incriminé, et ainsi à révéler la vraisemblance d'un non-lieu, la divulgation d'extraits du réquisitoire définitif dans lequel l'hebdomadaire a puisé son information était interdite par l'art. 38 de la L. du 29 juill. 1881 ; de ces constatations et énonciations, la cour d'appel a déduit, à bon droit, que la société éditrice ne pouvait se prévaloir de la bonne foi. • Même arrêt.

6. Une cour d'appel, qui retient qu'un article de presse, mettant en cause les membres d'une famille impliquée dans une affaire criminelle porte d'évidence atteinte à la mémoire de plusieurs défunts, et que l'intention de nuire résulte de la reproduction, exclusive de la bonne foi, d'une pièce, différente de celle qui est annoncée dans le commentaire qui en est fait, et réside dans la conscience que les auteurs de l'article ne pouvaient manquer d'avoir du préjudice en résultant pour les héritiers, qu'ils exposaient à l'opprobre public, caractérise en tous ses éléments de la diffamation envers la mémoire des morts. • Civ. 2e, 23 sept. 2004, ☎ n° 03-12.328 P : *JCP 2005. I. 143, obs. Beignier ; Gaz. Pal. 2006. 1. 417, note Guerder.*

7. Ne donne pas de base légale à sa décision la cour d'appel qui, saisie d'une diffamation envers la mémoire des morts prévue par l'art. 34 de la L. sur la presse, fonde l'absence d'intention de nuire à l'honneur ou à la considération des héritiers sur les seuls éléments extrinsèques au contexte, de surcroît antérieurs de trois années aux déclarations litigieuses. • Crim. 21 juin 2005, n° 04-84.974 P : *D. 2005. IR 2340* ; *JCP 2005. IV. 2819* ; *Gaz. Pal. 2006. 2. 3950, rapp. Ménotti et note Guerder.*

8. La diffamation publique envers la mémoire d'un mort est caractérisée par la diffusion radiophonique de propos d'un auteur présentant le défunt comme celui qui avait pillé la trésorerie d'une société de production cinématographique, laissant celle-ci exsangue, et sa fille, qui avait assisté à la dissimulation du butin, comme un témoin déterminé à retrouver celui-ci par cupidité, dès lors que l'auteur a eu l'intention de porter atteinte à l'honneur et à la considération des héritiers du défunt, en l'espèce ses deux filles vivantes au moment où les propos ont été tenus, sans désigner celle à laquelle il attribuait le comportement incriminé, et sans la prudence de mise dans la relation de faits intervenus en 1941, époque marquée par un antisémitisme d'État. • Orléans, 27 juin 2006 : *Gaz. Pal. 2006. 2. 3958.*

9. Le prévenu a été cité directement devant le tribunal correctionnel du chef d'injure envers la mémoire d'un mort, à la suite d'un discours qu'il avait tenu comportant le passage suivant : « Il existe aujourd'hui une mode qui consiste à protester contre les résistants qui tondaient les femmes qui avaient couché avec les Allemands pendant l'Occupation. Elles ne pouvaient pas coucher avec des résistants ! Vous croyez que je vais pleurnicher parce qu'on leur a coupé les cheveux ? Mais c'est gentil ! On aurait pu les fusiller. Mon père était officier de la Résistance. Jusqu'à ma mort, je serai de ce côté... » ; né de l'union de sa mère et d'un soldat allemand, la partie civile a soutenu que la phrase « Mais c'est gentil ! On aurait pu les fusiller. » constituait une injure envers la mémoire de sa mère ; pour confirmer le jugement de relaxe, en ses dispositions civiles, l'arrêt retient que le propos incriminé vise l'ensemble des femmes tondues pour avoir eu des relations avec les Allemands pendant l'Occupation, et que la taille de ce groupe s'oppose à ce que chacun de ses membres, et en l'espèce la mère de la partie civile, puisse être identifié ; les juges ajoutent que l'héritier poursuivant n'est pas désigné, qu'aucune allusion n'est faite à sa personne et que la preuve d'une volonté de l'auteur du propos de porter atteinte aux enfants des femmes tondues, et spécialement à la mère de la partie civile, n'est pas rapportée ; en se déterminant ainsi, la cour d'appel a justifié sa décision, dès lors que les propos en cause ne visaient pas des personnes formant un groupe suffisamment restreint pour que l'attaque rejaillisse sur chacun de ses membres et que l'intention de l'auteur de porter atteinte à l'honneur ou à la considération des héritiers, époux ou légataires universels vivants, exigée par l'art. 34 de la L. du 29 juill. 1881, n'était pas établie. • Crim. 15 mars 2011 : *Dr. pénal 2011, n° 76, obs. Véron.*

10. Recours à l'art. 1382 C. civ. V. L. 29 juill. 1881, ss. art. 1er.

11. Droit de poursuivre. L'art. 34, al. 1er, de la L. du 29 juill. 1881 ne donne le droit de poursuivre la diffamation envers la mémoire des morts qu'aux seuls héritiers, époux et légataires vivants ; le gendre d'une personne décédée ne peut exciper d'aucune de ces qualités. • Crim. 22 mars 1960 : *Bull. crim. n° 161* ; *D. 1960. 689.*

12. L'art. 34 de la L. du 29 juill. 1881 dispose que le droit de poursuivre la diffamation envers la mémoire d'un mort n'est ouvert qu'aux héritiers, époux et légataires universels vivants ; s'agissant d'un texte pénal d'interprétation nécessairement stricte, la qualité pour agir ne saurait être étendue aux héritiers indirects ; aussi, la qualité d'enfants, petits-enfants et arrière-petits-enfants de la personne diffamée ne répond pas aux conditions de recevabilité de l'action posée par l'art. 34 susvisé ; seuls ont qualité pour agir, dans la mesure où ils n'ont pas renoncé à la succession de leur auteur, les descendants encore vivants de la personne diffamée justifiant de leur qualité d'héritiers. • Grenoble, 28 juin 1996 : *D. 1996. IR 193.*

13. L'action en diffamation étant personnelle et donc intransmissible, la L. du 29 juill. 1881, en son art. 34, ouvre l'action aux héritiers, époux ou légataires universels vivants que si l'auteur de la diffamation dirigée contre la mémoire d'un mort a eu pour intention de porter atteinte à l'honneur ou à la considération de ces personnes. • Paris, 23 sept. 2004 : *D. 2004. IR 2834.* ♦ Ce texte ne viole pas le principe du libre accès à la justice, garanti par l'art. 6 Conv. EDH, dès lors que la restriction instituée est dans un rapport raisonnable de proportionnalité avec le but recherché. • Même arrêt.

14. Les dispositions de l'art. 34 de la L. du 29 juill. 1881 relatives aux infractions de diffamation ou d'injure dirigées contre la mémoire des morts impliquent, pour la recevabilité des actions engagées par les héritiers, que ceux-ci aient la qualité d'héritier ayant accepté la succession. • Crim. 10 mai 2011, n° 09-86.272 P : *D. actu. 17 juin 2011, obs. Lavric* ; *D. 2012. Pan. 765, obs. Dreyer* ; *Dr. pénal 2011, n° 102, obs. Véron* ; *ibid. 2012. Chron. 5, obs. Mouysset.*

15. Droit de réponse. L'action en droit de réponse n'est ouverte, en cas d'injure ou de diffamation envers les morts, qu'aux héritiers, époux ou légataires universels ; la poursuite intentée par le fils de l'héritier est irrecevable. • T. corr. Seine, 12 févr. 1931 : *DH 1931. 159.*

16. Le droit de réponse institué par l'art. 34, al. 2, de la L. du 29 juill. 1881 ne peut être invoqué par les héritiers d'une personne décédée, dont la mémoire a été attaquée par la voie de la presse, que si la publication incriminée présente les éléments constitutifs des délits d'injure ou de diffamation. • Crim. 28 déc. 1933 : *Bull. crim. n° 251 ; DH 1934. 70.* ♦ Rejet du pourvoi contre • Paris, 22 mars 1932 : *DP 1932. 2. 119 (2e esp.), note Lalou ; DH 1932. 275* • Crim. 14 juin 1972 : *Bull. crim. n° 205 ; D. 1972. Somm. 199 ; RSC 1974. 373, obs. Levasseur.*

17. Le droit de réponse prévu par l'art. 13 de la L. du 29 juill. 1881 trouve son fondement, non pas dans la nécessité de la riposte à une attaque, mais simplement dans la possibilité, pour une personne nommée ou désignée, de faire connaître ses explications ou ses protestations sur les circonstances qui ont provoqué sa désignation, et dans les mêmes conditions ; il résulte de l'art. 34, al. 2, de la L. du 29 juill. 1881 que le droit de réponse prévu par l'art. 13 ne peut être invoqué par les héritiers d'une personne décédée dont la mémoire a été attaquée par la voie de la presse que si la publication incriminée présente les éléments constitutifs des délits d'injure ou de diffamation ; la qualification précise de la diffamation ou bien de l'injure retenue par la partie civile s'impose à celle-ci, aux fins de permettre à la personne mise en cause de préparer utilement sa défense et à la juridiction de jugement de porter une appréciation des éléments constitutifs de l'infraction poursuivie ; il s'agit là de conditions de validité de la poursuite sur le fond, la loi ayant entendu soumettre le droit de réponse des héritiers à des exigences spécifiques, et non d'indications, au défaut desquelles il pourrait être suppléé, de nature à permettre la seule appréciation de la régularité, en la forme, des modalités de la poursuite ; la citation introductive d'instance de l'héritier de la personne mise en cause, sur le fondement de l'art. 13 de la L. du 29 juill. 1881 visant le droit de réponse, ne portant aucune indication sur le point de savoir si le texte incriminé présente les caractères d'une diffamation ou d'une injure, ne satisfait pas, de ce fait, aux conditions essentielles d'application de l'art. 34, al. 2, de la loi et doit donc être déclarée nulle et de nul effet. • Paris, 21 janv. 1999 : *D. 1999. IR 84.*

18. Pour l'appréciation de la légitimité du refus d'insertion, le contrôle de la Cour de cassation s'exerce non seulement sur les énonciations de l'arrêt, mais aussi sur les documents visés par les juges du fond versés au procès. • Crim. 14 juin 1972 : *Bull. crim. n° 205 ; D. 1972. Somm. 199 ; RSC 1974. 373, obs. Levasseur.*

19. Ne saurait être considérée comme portant atteinte à l'honneur du journaliste une réponse dont les termes ne dépassent pas en gravité et en vivacité ceux de l'article auquel il est répondu. • Crim. 14 juin 1972 : *préc. note 18.*

Art. 35 La vérité du fait diffamatoire, mais seulement quand il est relatif aux fonctions, pourra être établie par les voies ordinaires, dans le cas d'imputations contre les corps constitués, les *(L. n° 52-1352 du 19 déc. 1952)* « armées de terre, de mer ou de l'air », les administrations publiques et contre toutes les personnes énumérées dans l'article 31.

La vérité des imputations diffamatoires et injurieuses pourra être également établie contre les directeurs ou administrateurs de toute entreprise industrielle, commerciale ou financière, *(Ord. n° 2009-80 du 22 janv. 2009, art. 19, en vigueur le 1er avr. 2009)* « dont les titres financiers sont admis aux négociations sur un marché réglementé ou offerts au public sur un système multilatéral de négociation » ou au crédit.

(Ord. du 6 mai 1944) « La vérité des faits diffamatoires peut toujours être prouvée, sauf :

« *a)* Lorsque l'imputation concerne la vie privée de la personne ; »

(Abrogé par Cons. const. n° 2011-131 QPC du 20 mai 2011) « b) Lorsque l'imputation se réfère à des faits qui remontent à plus de dix années ; »

(Abrogé par Cons. const. n° 2013-319 QPC du 7 juin 2013) « c) Lorsque l'imputation se réfère à un fait constituant une infraction amnistiée ou prescrite, ou qui a donné lieu à une condamnation effacée par la réhabilitation ou la révision. »

(L. n° 98-468 du 17 juin 1998) « Les deux alinéas *a* et *b* qui précèdent ne s'appliquent pas lorsque les faits sont prévus et réprimés par les articles 222-23 à 222-32 et 227-22 à 227-27 du code pénal et ont été commis contre un mineur. »

Dans les cas prévus aux deux paragraphes précédents *[§§ 1 et 2]* la preuve contraire est réservée. Si la preuve du fait diffamatoire est rapportée, le prévenu sera renvoyé des fins de la plainte.

Dans toute autre circonstance et envers toute autre personne non qualifiée, lorsque le fait imputé est l'objet de poursuites commencées à la requête du ministère public, ou d'une plainte de la part du prévenu, il sera, durant l'instruction qui devra avoir lieu, sursis à la poursuite et au jugement du délit de diffamation.

(L. n° 2010-1 du 4 janv. 2010, art. 1er) « Le prévenu peut produire pour les nécessités de sa défense, sans que cette production puisse donner lieu à des poursuites pour recel, des éléments provenant d'une violation du secret de l'enquête ou de l'instruction ou de tout autre secret professionnel s'ils sont de nature à établir sa bonne foi ou la vérité des faits diffamatoires. »

BIBL. ▶ LEVASSEUR, *Mél. Chavanne, 1990. 111* (réflexions sur l'*exceptio veritatis*). – MENOTTI, *R. 2004, p. 38* (preuve de la vérité du fait diffamatoire). – FRANÇOIS, *Gaz. Pal. 2008. 1. Doctr. 584* (*exceptio veritatis* des imputations diffamatoires : regards croisés des droits français et européen).

A. DOMAINE DE L'EXCEPTION DE VÉRITÉ

1° ADMISSION

1. Principe. Les dispositions édictées par l'ordonnance du 6 mai 1944 ont une portée générale : elles s'appliquent à toute diffamation, qu'elle ait été réalisée par la voie de la presse ou par tout autre des moyens définis en l'art. 23 de la L. du 29 juill. 1881. • Crim. 3 mars 1949 : *Bull. crim. n° 83 ; D. 1949. 205, note A.-L. P. ; JCP 1949. II. 4978, note Colombini.* ♦ ... Elles autorisent la preuve de la vérité des faits diffamatoires dans toutes circonstances et à l'égard de toutes personnes, n'exceptant seulement que les cas limitativement énumérés. • Crim. 12 oct. 1954 : *Bull. crim. n° 289 ; D. 1954. 765 ; RSC 1955. 84, obs. Hugueney.* ♦ ... Et ne sauraient être interprétées comme ayant pour seul objet de préciser les conditions d'application des deux premiers al. de l'art. 35 de la loi sur la presse. • Crim. 12 oct. 1954 : *préc.*

2. Ne méconnaît pas le principe de présomption d'innocence édicté par l'art. 6, § 2, Conv. EDH la cour d'appel qui décide que la preuve de la vérité des faits diffamatoires a été rapportée, dès lors que, à supposer ces faits constitutifs d'une infraction pénale et en l'absence de poursuites, la personne diffamée n'a pas la qualité d'accusé au sens de l'art. précité. • Crim. 28 nov. 1995, n° 93-84.134 P.

3. L'exception de vérité est inopérante lorsque la diffamation ne résulte pas des propos rapportés, qui sont authentiques, mais a consisté à reproduire une phrase en l'isolant de l'ensemble d'une discussion. • Civ. 1re, 1er mars 2005, n° 03-18.318 P : *Gaz. Pal. 2006. 2. Somm. 4133, note Lasfargeas.*

4. Pour la relaxe du chef de diffamation, fondée sur l'exception de vérité, d'une journaliste d'un quotidien et de la directrice de publication, qui avaient qualifié la partie civile de « menteur professionnel », de « falsificateur » et de « faussaire de l'histoire ». • TGI Paris, 6 juin 2017, n° 14356000489 : *D. actu. 12 juin 2017, obs. Goetz.*

5. QPC. La question prioritaire de constitutionnalité est la suivante : « L'art. 35, 3e al. *b)*, de la L. du 29 juill. 1881 sur la liberté de la presse qui interdit au prévenu de diffamation de rapporter la preuve de la vérité des faits diffamatoires lorsque l'imputation se réfère à des faits qui remontent à plus de dix ans, est-il conforme aux droits et libertés que la Constitution garantit, en l'espèce la liberté d'expression garantie par l'art. 11 DDH, le droit à un procès équitable et le respect des droits de la défense garantis par l'art. 16 de la même Déclaration ? » ; la question présente un caractère sérieux dès lors qu'en interdisant au prévenu de diffamation de rapporter la preuve de la vérité des faits diffamatoires lorsque l'imputation se réfère à des faits qui remontent à plus de dix années, la disposition concernée est susceptible de mettre en cause la liberté d'expression, l'exercice des droits de la défense et le droit à un procès équitable ; il y a lieu de la renvoyer au Cons. const. • Crim. 15 mars 2011, n° 10-90.129 P : *D. 2011. 1079, obs. Lavric ; Gaz. Pal. 2011. 1, p. 1607, note Briand ; ibid. 1726, note Fourment ; RSC 2011. 401, obs. Mayaud.*

6. Aux termes de l'art. 11 DDH : « La libre communication des pensées et des opinions est un des droits les plus précieux de l'homme : tout citoyen peut donc parler, écrire, imprimer librement, sauf à répondre de l'abus de cette liberté dans les cas déterminés par la loi » ; la liberté d'expression et de communication est d'autant plus précieuse que son exercice est une condition de la démocratie et l'une des garanties du respect des autres droits et libertés ; les atteintes portées à l'exercice de cette liberté doivent être nécessaires, adaptées et proportionnées à l'objectif poursuivi ; l'art. 35 de la L. du 29 juill. 1881 définit les cas dans lesquels une personne poursuivie pour diffamation peut s'exonérer de toute responsabilité en établissant la preuve du fait diffamatoire ; les al. 3 à 6 de cet art. disposent en particulier que la vérité des faits diffamatoires peut toujours être prouvée, sauf lorsque l'imputation concerne la vie privée de la personne et lorsqu'elle se réfère à des faits qui remontent à plus de dix années ou à un fait constituant une infraction amnistiée ou prescrite, ou qui a donné lieu à une condamnation effacée par la réhabilitation ou la révision ; en interdisant de rapporter la preuve des faits diffamatoires lorsque l'imputation se réfère à des faits qui remontent à plus de dix ans, le 5e al. de l'art. 35 a pour objet d'éviter que la liberté d'expression ne conduise à rappeler des faits anciens portant atteinte à l'honneur et à la considération des personnes qu'elles visent ; la restriction à la liberté d'expression qui en résulte poursuit un objectif d'intérêt général de recherche de la paix sociale ; toutefois, cette interdiction vise sans distinction, dès lors qu'ils se réfèrent à des faits qui remontent à plus de dix ans, tous les propos ou écrits résultant de travaux historiques ou scientifiques ainsi que les imputations se référant à des événements dont le rappel ou le commentaire s'inscrivent dans un débat public d'intérêt général ; par son caractère général et absolu, cette interdiction porte à la liberté d'expression une atteinte qui n'est pas proportionnée au but poursuivi ; ainsi, elle méconnaît l'art. 11 DDH ;

par suite, le 5e al. de l'art. 35 de la L. du 29 juill. 1881 susvisée doit être déclaré contraire à la Constitution ; cette déclaration d'inconstitutionnalité est applicable à toutes les imputations diffamatoires non jugées définitivement au jour de la publication de la présente décision. • Cons. const., QPC, 20 mai 2011 : *D. actu. 27 mai 2011, obs. Lavric ; D. 2011. Actu. 1420, obs. Lavric ; ibid. Pan. 2833, obs. Garé ; ibid. 2012. Pan. 765, obs. Dreyer ; AJ pénal 2011. 414, obs. Perrier ; RSC 2011. 401, obs. Mayaud ; Dr. pénal 2011, n° 90, obs. Véron.*

7. Selon le requérant, l'impossibilité pour la personne prévenue de diffamation de rapporter la preuve de la vérité d'un fait diffamatoire constituant une infraction amnistiée ou prescrite, ou qui a donné lieu à une condamnation effacée par la réhabilitation ou la révision, porte atteinte à la liberté d'expression et aux droits de la défense ; aux termes de l'art. 11 DDH : « La libre communication des pensées et des opinions est un des droits les plus précieux de l'homme : tout citoyen peut donc parler, écrire, imprimer librement, sauf à répondre de l'abus de cette liberté dans les cas déterminés par la loi » ; la liberté d'expression et de communication est d'autant plus précieuse que son exercice est une condition de la démocratie et l'une des garanties du respect des autres droits et libertés ; les atteintes portées à l'exercice de cette liberté doivent être nécessaires, adaptées et proportionnées à l'objectif d'intérêt général poursuivi ; l'art. 35 de la L. du 29 juill. 1881 définit les cas dans lesquels une personne poursuivie pour diffamation peut être renvoyée des fins de la plainte en établissant la preuve du fait diffamatoire ; les alinéas a et c de cet article disposent en particulier que la vérité des faits diffamatoires peut toujours être prouvée, sauf lorsque l'imputation concerne la vie privée de la personne et lorsqu'elle se réfère à un fait constituant une infraction amnistiée ou prescrite, ou qui a donné lieu à une condamnation effacée par la réhabilitation ou la révision ; en premier lieu, en application de l'art. 34 Const., il appartient au législateur de fixer les règles concernant la détermination des crimes et délits ainsi que les peines qui leur sont applicables, la procédure pénale et l'amnistie ; en vertu de la compétence que lui confère ce texte, il lui appartient en particulier, d'une part, de fixer le délai d'extinction de l'action publique et, d'autre part, en matière d'amnistie, d'enlever pour l'avenir tout caractère délictueux à certains faits pénalement répréhensibles, en interdisant toute poursuite à leur égard ou en effaçant les condamnations qui les ont frappés ; il lui est loisible, à cette fin, d'apprécier quelles sont ces infractions et, le cas échéant, les personnes auxquelles doit s'appliquer le bénéfice de ces dispositions ; il peut, en outre, définir le champ d'application de l'amnistie, en référence avec des événements déterminés en fixant les dates et lieux de ces événements ; l'amnistie et la prescription visent au rétablissement de la paix politique et sociale ; en deuxième lieu, les art. 133-12 à 133-17 C. pén. fixent les conditions de la réhabilitation de plein droit et de la réhabilitation judiciaire ; la réhabilitation vise au reclassement du condamné ; en troisième lieu, les art. 622 s. C. pr. pén. fixent les conditions dans lesquelles une condamnation pénale définitive pour un crime ou un délit peut donner lieu à révision ; la révision vise au respect des principes du procès équitable et à la poursuite de l'objectif de bonne administration de la justice par la remise en cause, à certaines conditions, d'une condamnation revêtue de l'autorité de la chose jugée ; d'une part, les dispositions concernant l'amnistie, la prescription de l'action publique, la réhabilitation et la révision n'ont pas, par elles-mêmes, pour objet d'interdire qu'il soit fait référence à des faits qui ont motivé une condamnation amnistiée, prescrite ou qui a été suivie d'une réhabilitation ou d'une révision ou à des faits constituant une infraction amnistiée ou prescrite ; d'autre part, l'interdiction prescrite par la disposition en cause vise sans distinction, dès lors qu'ils se réfèrent à un fait constituant une infraction amnistiée ou prescrite, ou qui a donné lieu à une condamnation effacée par la réhabilitation ou la révision, tous les propos ou écrits résultant de travaux historiques ou scientifiques ainsi que les imputations se référant à des événements dont le rappel ou le commentaire s'inscrivent dans un débat public d'intérêt général ; par son caractère général et absolu, cette interdiction porte à la liberté d'expression une atteinte qui n'est pas proportionnée au but poursuivi ; ainsi, elle méconnaît l'art. 11 DDH ; par suite, le c de l'art. 35 de la L. du 29 juill. 1881 susvisée doit être déclaré contraire à la Constitution ; cette déclaration d'inconstitutionnalité est applicable à toutes les imputations diffamatoires non jugées définitivement au jour de la publication de la présente décision. • Cons. const. 7 juin 2013, n° 2013-319 QPC : *D. actu. 13 juin 2013, obs. Lavric ; D. 2013. Actu. 1413 ; AJ pénal 2013. 410, obs. Perrier ; RSC 2013. 574, obs. Francillon ; ibid. 2014. 907, obs. De Lamy ; Gaz. Pal. 19-20 juin 2013, p. 15, obs. Fourment ; Dr. pénal 2013, n° 111 ; Procédures 2013. Chron. 3* (« Un an... de contentieux de la presse » [sept. 2012-oct. 2013]) , *obs. Verly ; Légipresse, n° 307, p. 395 ; ibid., n° 314, mars 2014, p. 185, obs. Guerder.* ♦ Sur l'arrêt de renvoi au Cons. const. : • Crim. 19 mars 2013, n° 12-90.075 QPC : *Dr. pénal 2013, n° 93, obs. Véron.*

8. Interférences entre exception de vérité et bonne foi. Sur la nécessité d'avoir à préserver le double débat sur l'exception de vérité et la bonne foi dans l'hypothèse d'un référé ayant pour objet une demande de provision en application de l'art. 809, al. 2, C. pr. civ. • TGI Paris, 26 juin 1996 : *BICC 1996. 1340* • 15 juill. 1996 : *ibid. 1341.*

9. En matière de diffamation, la preuve de la vérité du fait diffamatoire et la bonne foi constituent deux questions distinctes. • Crim. 27 juin 1967 : *Bull. crim. n° 193.* ♦ Pour confirmer le jugement déclarant les prévenus coupables de diffamation publique envers un fonctionnaire public, l'arrêt énonce que ces derniers n'ayant pas fait d'offre de preuve de la vérité des faits diffamatoires conformément aux dispositions de l'art. 55 de la L. du 29 juill. 1881, il ne saurait être recherché s'ils étaient de bonne foi dans leurs allégations ; en se déterminant ainsi alors que les prévenus avaient expressément invoqué l'exception de bonne foi, la cour d'appel a méconnu le sens et la portée des art. 29, 35 et 55 de la L. du 29 juill. 1881 ; en effet, en matière de diffamation, la preuve de la vérité du fait diffamatoire et la bonne foi constituent deux questions distinctes ; en conséquence, le prévenu qui n'entend pas offrir la preuve de la vérité du fait diffamatoire ne saurait être déchu du droit d'exciper de sa bonne foi. • Crim. 24 mai 2005, n° 03-86.460 P : *D. 2005. IR 1962* ; *JCP 2005. IV. 2553* ; *Gaz. Pal. 2005. 2. Somm. 4302, note Monnet.*

10. Lorsque la preuve de la vérité des faits diffamatoires est légalement impossible, seule subsiste la présomption de mauvaise foi qui frappe l'auteur de l'imputation diffamatoire ; c'est à celui-ci qu'incombe, en conséquence, la charge d'établir, par tous les moyens et en dehors de la procédure prévue par les art. 55 et 56 de la L. du 29 juill. 1881, l'existence de faits justificatifs, autres que la vérité des faits imputés, susceptibles de prouver sa bonne foi. • Crim. 21 févr. 1967 : *Bull. crim. n° 76.* ♦ Les juges ne peuvent s'opposer à l'administration de la preuve de faits justificatifs de nature à combattre la présomption de mauvaise foi qui s'attache de plein droit aux imputations diffamatoires alors même que serait irrecevable la preuve de la vérité des faits diffamatoires. • Civ. 2e, 29 juin 1988 : *Bull. civ. II, n° 160.* ♦ Lorsque la preuve de la vérité est légalement impossible, la présomption de mauvaise foi peut être détruite s'il existe des faits justificatifs susceptibles de prouver la bonne foi de l'auteur des imputations diffamatoires. • Paris, 16 oct. 2000 : *D. 2000. IR 306.*

11. Dès lors que les prévenus n'ont pas invoqué l'exception de bonne foi, subsidiairement à l'exception de vérité des faits diffamatoires, les juges n'ont pas à se prononcer d'office sur la bonne foi. • Crim. 26 mars 1996, n° 93-84.306 P : *RSC 1997. 99, obs. Bouloc* • 9 déc. 1997 : *Dr. pénal 1998. 48, obs. Véron.*

12. Si aucune disposition de la loi ni aucun principe de droit ne font obstacle à ce que les témoins dénoncés pour établir la preuve de la vérité des faits diffamatoires soient admis à déposer sur la bonne foi des prévenus, c'est à la condition que l'offre de preuve ait été déclarée irrecevable. • Crim. 29 août 1912 : *Bull. crim. n° 474* • 9 juill. 1970 : *ibid. n° 235* • 22 mai 1990, n° 87-81.387 P.

13. Directeurs ou administrateurs d'entreprises. La disposition de l'art. 35, al. 2, de la L. du 29 juill. 1881 sur la presse ne distingue pas entre les entreprises des particuliers et celles des sociétés. • Crim. 9 févr. 1906 : *DP 1906. 1. 335.* ♦ Elle s'applique qu'il s'agisse de la formation du capital social ou du fonctionnement de l'entreprise. • Crim. 22 févr. 1908 : *DP 1910. 1. 436* • Civ. 10 nov. 1914 : *ibid. 1916. 1. 284.*

14. La preuve de la vérité des imputations ne peut, à l'égard des directeurs et administrateurs des entreprises, aussi bien qu'à l'égard des fonctionnaires publics, être autorisée qu'à la condition que les faits diffamatoires soient relatifs aux fonctions. • Crim. 14 mai 1898 : *DP 1899. 1. 385* • 22 févr. 1908 : *préc. note 13.* ♦ Mais cette preuve n'est pas subordonnée à la circonstance que l'administrateur ou le directeur soit encore en fonctions, ni même que l'entreprise continue d'exister. • Crim. 28 janv. 1916 : *DP 1920. 1. 95.*

15. L'indivisibilité entre les imputations diffamatoires relatives à la vie privée et d'autres imputations relatives à leurs fonctions a pour conséquence de rendre la preuve admissible pour le tout. • Crim. 14 mai 1898 : *préc. note 14.* ♦ De même, s'il est établi que les propos injurieux relevés dans la plainte ont une relation de dépendance directe avec les imputations diffamatoires, dont la réalité a été légalement prouvée, c'est à bon droit que les prévenus sont relaxés de la prévention d'injure. • Crim. 28 janv. 1916 : *préc. note 14.*

16. Sources journalistiques. Les questions patrimoniales concernant une personne menant une vie publique, tel un dirigeant d'une grande entreprise, ne relèvent pas du domaine de la vie privée ; si les informations sur le montant des revenus annuels du dirigeant d'une grande entreprise étaient licites et leur divulgation autorisée, la condamnation de journalistes pour en avoir simplement publié le support, à savoir les avis d'imposition, ne saurait être justifiée au regard de l'art. 10 Conv. EDH ; cet article, par essence, laisse aux journalistes le soin de décider s'il est nécessaire ou non de reproduire le support de leurs informations pour en asseoir la crédibilité ; il protège le droit des journalistes de communiquer des informations sur des questions d'intérêt général dès lors qu'ils s'expriment de bonne foi, sur la base de faits exacts, et fournissent des informations fiables et précises dans le respect de l'éthique journalistique. • CEDH 21 janv. 1999, *Fressoz et Roire c/ France : D. 1999. Somm. 272, obs. Fricero* ; *JCP 1999. II. 10120, note Derieux* ; *Gaz. Pal. 25-27 juill. 1999, note Lambert* ; *RSC 1999. 630, obs. Massias*. ♦ *Adde* : Mignon, *RJF Francis Lefebvre 1999*, n° 3, p. 178 (y a-t-il encore un secret fiscal ?). – Deboissy et Saint-Pau, *D. 2000. Chron. 267* (la divulgation d'une information patrimoniale à propos de l'affaire Calvet).

17. Le juge saisi de poursuites en diffamation contre un journaliste doit rechercher si, en l'espèce, la production en justice de pièces normalement couvertes par le secret de l'instruction, objet des poursuites exercées contre l'intéressé, n'a pas été rendue nécessaire par l'exercice des droits de la défense. • Crim. 11 juin 2002, n° 01-85.237 P : *D. 2002. IR 2453 ; ibid. 2004. Somm. 317, obs. de Lamy ; JCP 2003. II. 10061, note Dreyer ; Gaz. Pal. 2002. 2. 1745, note Monnet ; Dr. pénal 2002. 135, obs. Véron ; RSC 2002. 619, obs. Francillon , et 881, obs. Renucci .* ♦ Le droit à un procès équitable et la liberté d'expression justifient que la personne poursuivie du chef de diffamation soit admise à produire, pour les nécessités de sa défense, les pièces d'une information en cours de nature à établir sa bonne foi ou la vérité des faits diffamatoires ; cassation pour violation des art. 6 et 10 Conv. EDH, ensemble les art. 29, 35 et 55 de la L. du 29 juill. 1881, de l'arrêt qui, sur les poursuites en diffamation diligentées contre des journalistes, écarte des débats les rapports d'expertise judiciaire tirés d'une information en cours suivie contre la partie civile du chef de prise illégale d'intérêts et produits par le prévenu au soutien de l'exception de bonne foi, aux prétendus motifs que la production de ces pièces constitue une violation de l'art. 11 C. pr. pén. et porte atteinte à la présomption d'innocence, alors que l'atteinte alléguée à la présomption d'innocence ne peut faire obstacle à ce que le journaliste prévenu produise, pour les nécessités de sa défense, les pièces d'où étaient tirées les informations rapportées par l'article incriminé, et alors que, en vertu de l'exigence d'équité du procès, la partie civile était elle-même en droit de produire, en réplique, des pièces du dossier de la procédure suivie contre elle. • Crim. 11 févr. 2003, n° 01-86.696 P : *D. 2003. IR 807 ; D. 2004. Somm. 317, obs. de Lamy ; RSC 2004. 130, obs. Francillon ; JCP 2003. IV. 1601.*

2° EXCLUSION

18. *Fondement d'ordre public.* Aux termes de l'art. 35 de la L. du 29 juill. 1881, la vérité des faits diffamatoires ne peut pas être prouvée lorsque l'imputation concerne des faits remontant à plus de dix ans ou une infraction amnistiée ou prescrite ou qui a donné lieu à une condamnation effacée par la réhabilitation ou la révision ; cette disposition est d'ordre public et il est du devoir des tribunaux d'en assurer l'application, même d'office. • Crim. 19 nov. 1985 : *Bull. crim. n° 363* • 7 nov. 1989 : *ibid. n° 403.* ♦ ... Alors même que les parties voudraient y renoncer. • Crim. 4 nov. 1972 : *Bull. crim. n° 325.* ♦ Même solution lorsque l'imputation concerne la vie privée. • Crim. 10 juin 1959 : *Bull. crim. n° 307 ; JCP 1960. II. 11441, note Mimin.*

19. Ne saurait porter atteinte au droit défini à l'art. 6 Conv. EDH que toute personne a à ce que sa cause soit entendue équitablement le refus d'admettre la preuve de la vérité des faits diffamatoires remontant à plus de dix ans : la loi sur la presse soumet l'exercice de cette liberté à des restrictions constituant des mesures nécessaires à la protection de la réputation et des droits d'autrui au sens de l'art. 10 de ladite Convention. • Crim. 10 févr. 1987 : *Bull. crim. n° 68.*

20. Le prévenu ne saurait, dans les hypothèses exclues de l'exception de vérité, faire la preuve de sa bonne foi en établissant qu'il n'a pas menti. • Crim. 19 nov. 1985 : *préc. note 18* • 7 nov. 1989 : *préc. note 18.* ♦ De même, on ne saurait tourner l'interdiction de la preuve de la vérité des faits diffamatoires remontant à plus de dix ans, en prétendant que l'imputation diffamatoire porte, non sur ces faits, mais sur le fait d'avoir menti à leur sujet depuis moins de dix ans. • Crim. 24 nov. 1960 : *Bull. crim. n° 551.*

21. Est inopérant un moyen qui prétend faire grief aux juges du fond d'avoir négligé des éléments de preuve produits par les prévenus, alors que cette preuve est interdite à ces derniers par la loi (faits remontant à plus de dix ans). • Crim. 3 mai 1966 : *Bull. crim. n° 131.*

22. *Exception politique.* Lorsque l'imputation diffamatoire concerne des faits remontant à plus de dix ans et amnistiés, la preuve de la vérité ne peut, aux termes de l'art. 35 de la L. du 29 juill. 1881 être démontrée ; malgré tout, la CEDH, faisant application de l'art. 10 Conv. EDH, a décidé que les limites de la critique admissible sont plus larges pour un homme politique que pour un particulier, spécialement lorsqu'il s'agit de questions politiques d'intérêt public ; il s'ensuit qu'interdire, au nom de l'ancienneté des faits, à un homme politique d'informer l'opinion publique de faits graves que la morale publique réprouve et touchant à la vie publique passée d'un homme politique de dimension nationale, aboutit à violer l'art. 10 susvisé tant dans son esprit que dans sa lettre. • Rouen, 17 févr. 1997 : *BICC 1997. 1123.*

23. *Vie privée.* Ne sauraient concerner la vie privée : l'imputation portée contre un notaire d'avoir commis une escroquerie au préjudice de l'un de ses clients. • Crim. 18 nov. 1975 : *Bull. crim. n° 250.* ♦ ... Les difficultés d'expropriation pour cause d'utilité publique, de nature à retarder l'exploitation complète d'une zone industrielle. • Crim. 2 juin 1980 : *Bull. crim. n° 168.* ♦ ... Les imputations articulées à l'égard d'un médecin au sujet des diagnostics posés et des traitements prescrits. • Crim. 18 nov. 1986 : *Bull. crim. n° 345.* ♦ ... Les questions patrimoniales concernant une personne menant une vie publique, tel le dirigeant d'une grande entreprise. • CEDH 21 janv. 1999, *Fressoz et Roire c/ France : préc. note 16.* ♦ *Adde* : Mignon, *préc. note* 15.

24. Sont relatives à la vie privée : l'imputation portée contre un dirigeant syndical d'avoir commis des malversations lors de l'organisation d'une foire, alors qu'une information est en cours de ce chef. • Crim. 18 juill. 1952 : *Bull. crim. n° 198.* ♦ ... L'imputation d'avoir détourné diverses sommes d'argent et de s'être conduit en escroc. • Crim. 19 mars 1956 : *Bull. crim. n° 275.* ♦ ... Des imputations ayant trait à de prétendus engagements pécuniaires non tenus. • Crim. 22 avr. 1958 : *Bull. crim. n° 333.*

25. La partie poursuivante, qui s'estime diffamée à raison de sa qualité et de ses fonctions, n'est pas recevable à invoquer l'exclusion de la preuve de la vérité des faits diffamatoires concernant sa vie privée. • Crim. 7 avr. 1994, n° 92-82.890 P. ♦ Lorsque, dans une poursuite en diffamation, il y a indivisibilité entre certaines imputations qui ont trait à la vie privée du plaignant, et d'autres qui sont relatives à ses fonctions, la conséquence de cette indivisibilité est de rendre la preuve admissible pour le tout. • Crim. 14 mai 1898 : *Bull. crim. n° 189 ; DP 1899. 1. 385* • 17 déc. 1979 : *Bull. crim. n° 360* • Civ. 2e, 24 janv. 1996, n° 93-13.821 P.

26. Faits remontant à plus de dix ans. Sur l'objet de la preuve, qui doit porter sur les faits diffamatoires eux-mêmes, et non sur la réalité des propos tenus relativement à ces faits. • Paris, 4 juill. 1994 : *Gaz. Pal. 1996. 1. Somm. 46.*

27. Pour déclarer irrecevable l'exception de vérité présentée par le prévenu, l'arrêt énonce que les faits diffamatoires remontent à plus de dix ans avant la parution de l'article du journal dans lequel il en était fait état ; en prononçant ainsi, les juges ont justifié leur décision au regard de l'art. 35, al. 3, *b*, de la L. du 29 juill. 1881. • Crim. 14 févr. 2006, n° 05-82.825 P : *AJ pénal 2006. 172, obs. Roussel ; Dr. pénal 2006. Comm. 66, obs. Véron ; ibid. 2007. Chron. 1, obs. Mouysset ; Gaz. Pal. 2006. 2. Somm. 3460, note Monnet.*

28. Condamnation amnistiée. Si, en application de l'art. 35 de la L. du 29 juill. 1881, et après abrogation par le Cons. const., dans sa Décis. n° 2013-319 QPC du 7 juin 2013, du § c de cet art., la vérité des faits diffamatoires peut à présent être prouvée lorsque l'imputation se réfère à un fait constituant une infraction amnistiée, cette preuve ne peut être rapportée lorsque l'imputation consiste dans le rappel de la condamnation amnistiée elle-même ; encourt la cassation l'arrêt qui, pour admettre la vérité du fait diffamatoire, et débouter la partie civile, retient que le prévenu produit le jugement de la condamnation dont le propos litigieux faisait état, alors que cette condamnation était amnistiée par la L. du *6 août 2002, dont l'art. 15, al. 3,* interdit toute référence à une sanction ou une peine amnistiée. • Crim. 3 nov. 2015, n° 14-83.419 P : *D. actu. 20 nov. 2015, obs. Lavric.*

29. Diffamation raciale. En n'incluant pas dans l'art. 35 de la loi de 1881 le cas de diffamation raciale, le législateur n'a pas commis une omission, à laquelle il lui aurait été facile de porter remède depuis plus de vingt ans : c'est en raison de la spécificité de ce délit que l'interdiction de la preuve de la vérité ne figure pas à l'art. 35 de la loi sur la presse, cette interdiction résultant nécessairement de l'art. 32 dans sa rédaction issue de la L. du 1er juill. 1972. • Paris, 28 sept. 1995 : *Dr. pénal 1996. 37, obs. Véron.* ♦ Pour constituer une diffamation, l'allégation ou l'imputation qui porte atteinte à l'honneur ou à la considération de la victime doit se présenter sous la forme d'une articulation précise de faits de nature à être sans difficulté l'objet d'une preuve et d'un débat contradictoire, quand bien même une telle preuve ne serait pas admise en matière de diffamation raciale. • Crim. 28 mars 2006, n° 05-80.634 P : *AJ pénal 2006. 265 ; Dr. pénal 2006. Comm. 83, obs. Véron ; ibid. 2007. Chron. 1, obs. Mouysset.*

B. PREUVE DE LA VÉRITÉ

1° ÉTENDUE

30. Principe de corrélation. Pour que la preuve de la vérité des faits diffamatoires entraîne le renvoi du prévenu des fins de la poursuite, il faut que cette preuve soit parfaite et corrélative aux diverses imputations formulées, dans leur matérialité et leur portée. • Crim. 16 mars 1948 : *Bull. crim. n° 98 ; JCP 1948. II. 4431, note Colombini* • 7 déc. 1950 : *Bull. crim. n° 280* • 14 juin 1951 : *ibid. n° 173* • 3 mai 1966 : *ibid. n° 132* • 20 déc. 1966 : *ibid. n° 298* • 4 mars 1971 : *ibid. n° 77* • 3 avr. 1973 : *ibid. n° 170* • 2 juin 1980 : *ibid. n° 168.* ♦ ... Dans leur signification diffamatoire. • Crim. 14 avr. 1992, n° 87-80.411 P. ♦ ... Ainsi que dans l'esprit de fraude dont leur auteur a pu être animé. • Crim. 19 juin 1969 : *Bull. crim. n° 208.* ♦ Pour produire l'effet absolutoire prévu par l'avant-dernier al. de l'art. 35 de la L. du 29 juill. 1881, la preuve de la vérité des faits diffamatoires doit être parfaite, complète et corrélative aux imputations diffamatoires dans toute leur portée ; encourt la cassation l'arrêt qui s'abstient de rechercher si les prévenus rapportaient la preuve de l'ensemble des faits qu'ils imputaient aux parties civiles et d'apprécier cette preuve au regard tant de la matérialité des imputations formulées que de leur portée et de leur signification diffamatoire. • Crim. 14 juin 2000, n° 99-85.528 P : *D. 2000. IR 251.*

31. Principe de préconstitution. L'auteur de la diffamation ne saurait prétendre rapporter la preuve complète, parfaite et corrélative aux imputations ou allégations formulées, dès lors qu'il appert des témoignages ou copies de pièces produites qu'il n'était pas en mesure de produire les éléments de cette preuve au moment où les faits diffamatoires ont été rendus publics. • Crim. 10 déc. 1991, n° 90-86.956 P. ♦ V.

aussi : • Crim. 14 juin 2000, n° 99-85.528 P. ♦ La bonne foi ne peut être déduite de faits postérieurs à la publication. • Civ. 2e, 19 janv. 1994, n° 92-13.815 P : *JCP 1994* ; • 15 janv. 1997, n° 95-14.227 P. ♦ Les auteurs d'un article incriminé qualifié de diffamatoire doivent être en mesure, dès la publication des propos litigieux, de rapporter la preuve de la vérité des faits imputés. • Paris, 3 juin 1997 : *Gaz. Pal. 1997. 2. Somm. 331.* ♦ La preuve de la vérité ne peut être déduite de faits postérieurs à la publication poursuivie. • Pau, 5 févr. 1997 : *Gaz. Pal. 1997. 2. Somm. 504.*

32. Principe d'autonomie. Justifie la relaxe d'un prévenu de diffamation l'arrêt qui constate que la preuve de la vérité des faits diffamatoires a été rapportée conformément à la loi, peu importe que le procureur de la République ait classé sans suite la plainte déposée sur le fondement de ces faits, une pareille décision ne pouvant avoir pour effet d'établir qu'ils étaient inexacts. • Crim. 8 janv. 1975 : *Bull. crim. n° 7.* ♦ L'absence de poursuite à l'encontre d'une personne diffamée, pour les faits qui lui sont imputés, alors même qu'ils constitueraient une infraction pénale, ne saurait faire obstacle à la mise en œuvre et à l'exercice de l'action en diffamation fondée sur les dispositions de la L. du 29 juill. 1881, la vérité des faits diffamatoires pouvant toujours être prouvée, sous la réserve du respect des règles de forme prévues par l'art. 55, à l'exception des cas limitativement énoncés par l'art. 35, al. 3. • Paris, 8 juill. 1993 : *D. 1994. Somm. 194, obs. Massis* (confirmant • TGI Paris, 17 sept. 1992).

2° MOYENS

33. Droit de la presse. En matière de diffamation, la vérité du fait diffamatoire ne constitue un fait justificatif que dans la mesure où la preuve en est administrée par le prévenu conformément aux prescriptions des art. 35 et 55 de la L. du 29 juill. 1881. • Crim. 5 déc. 1962 : *Bull. crim. n° 358* • 26 mai 1992, n° 91-84.187 P : *D. 1994. Somm. 191, obs. Massis*. ♦ V. ss. art. 55.

34. Justifie sa décision au regard de l'art. 10, § 2, Conv. EDH l'arrêt qui, pour refuser le bénéfice de la bonne foi aux auteurs d'un communiqué publié sur le réseau internet imputant à une personne d'avoir commis des agressions sexuelles sur des mineurs et invitant d'autres victimes à se faire connaître, retient que les auteurs du communiqué, qui n'avaient réellement connaissance que des déclarations d'un enfant rapportées par son père, ont agi en violation de la présomption d'innocence alors qu'une information judiciaire était ouverte et ont ainsi, en lançant un tel avis de recherche, manqué de prudence dans l'expression ; ces énonciations établissent en effet que la restriction apportée à la liberté d'expression est proportionnée à la nécessité de faire respecter le principe de la présomption d'innocence affirmé tant par l'art. 9 de la Déclaration des droits de l'homme et du citoyen que par l'art. 6 Conv. EDH. • Crim. 20 févr. 2007, n° 06-84.310 P : *AJ pénal 2007. 183* ; *Dr. pénal 2007. 97, obs. Véron.*

35. Le droit à un procès équitable et la liberté d'expression justifient que la personne poursuivie du chef de diffamation soit admise à produire, pour les nécessités de sa défense, les pièces de nature à établir la vérité des faits ou sa bonne foi, sans qu'elles puissent être écartées des débats au motif qu'elles auraient été obtenues par des moyens illicites ou déloyaux. • Crim. 19 janv. 2010, n° 09-84.408 P : *D. 2011. 555, obs. Blanchard* ; *ibid. Pan. 787, obs. Dreyer* ; *AJ pénal 2010. 240, obs. Royer* ; *JCP G 2010, n° 7* ; *Gaz. Pal. 2010. 1. Jur. 983, note Dreyer* ; *ibid. 1743, note Fourment.*

3° SURSIS À STATUER

36. Généralités. Le sursis à statuer, obligatoire ou facultatif, prévu à l'art. 35 de la L. du 29 juill. 1881, étant lié à la procédure d'offre de preuve de la vérité des faits diffamatoires, laquelle est réservée à la juridiction de jugement, ne saurait être ordonné par une juridiction d'instruction. • Crim. 25 févr. 1986 : *Bull. crim. n° 74.*

37. C'est à bon droit que les juges du fond rejettent l'exception de sursis si le fait imputé fait l'objet seulement d'une information contre X..., alors que le prévenu reconnaît lui-même que cette information ne peut concerner en rien la partie qui le poursuit. • Crim. 7 déc. 1950 : *Bull. crim. n° 281.*

38. Le sursis ne doit être prononcé que dans le cas d'infraction sanctionnée par la loi pénale, et non lorsqu'il s'agit de poursuites disciplinaires. • T. corr. Niort, 2 avr. 1936 : *DH 1936. 295.*

39. Le sursis à statuer prévu par l'art. 35 de la L. du 29 juill. 1881 constitue une mesure de protection des droits de la défense à un double titre : d'une part, des droits de la défense du témoin potentiel qui ne doit pas se trouver obligé à un serment contraire à ses intérêts de personne accusée, d'autre part, des droits de la défense de la personne poursuivie pour diffamation que la loi autorise à faire la preuve de ce qu'elle avance et qui ne doit pas être privée d'un moyen de cette preuve ; ce principe ne saurait recevoir une application sélective selon que les témoins se présentent à l'audience et le tribunal ne peut renoncer à leur audition ; il n'est pas non plus satisfait à ce principe par une audition sans serment qui, à l'évidence, n'a pas la même portée qu'un témoignage et retire un moyen de défense dans un domaine d'ordre public ; en outre, cette règle s'inscrit directement dans le cadre de l'art. 6 Conv. EDH qui donne à l'accusé le droit de faire entendre les témoins à décharge ; ce principe ne saurait souffrir d'exception qu'en cas d'abus de droit ; doit donc être annulé le jugement qui a refusé de prononcer le sursis à statuer au prétendu motif qu'il pourrait conduire à de longs délais s'apparentant à un déni de justice. • Paris, 29 mars 2000 : *D. 2000. IR 152.*

40. Sursis obligatoire. D'après l'art. 35 de la L. du 29 juill. 1881, lorsque le fait imputé est l'objet de poursuites commencées à la requête du ministère public, ou d'une plainte de la part du prévenu, il est obligatoirement sursis à la poursuite et au jugement du délit de diffamation, si la preuve de la vérité du fait diffamatoire est légalement prohibée ; les juges du fond vérifient, sous le contrôle de la Cour de cassation, si l'instruction en cours porte sur les faits imputés par l'article de presse poursuivi comme diffamatoire. • Crim. 14 févr. 2006 : *préc. note 27.*

41. Il résulte du dernier al. de l'art. 35 de la L. du 29 juill. 1881 que le sursis à statuer n'est obligatoire pour le juge saisi d'une poursuite en diffamation, dans le cas où le fait imputé est l'objet d'autres poursuites commencées à la requête du ministère public ou d'une plainte de la part du prévenu, que lorsque la preuve de la vérité des faits diffamatoires n'est pas autorisée. • Crim. 25 juill. 1947 : *Bull. crim. n° 188* • 7 juill. 1949 : *ibid. n° 231 ; D. 1949. 552* • 14 juin 1951 : *Bull. crim. n° 174* • 3 mai 1966 : *ibid. n° 132* • 10 déc. 1985 : *ibid. n° 397* • 22 mai 1990, n° 87-85.399 P • Paris, 27 janv. 1988 : *D. 1988. 480, note Mayer* • TGI Paris, 16 déc. 1994 : *D. 1997. Somm. 69, obs. Dupeux*.

42. Il en est ainsi, non seulement dans les cas expressément visés par l'art. 35 de la L. du 29 juill. 1881, mais encore lorsqu'un témoin, poursuivi dans une autre procédure, se trouve appelé à déposer sous la foi du serment en application de l'art. 55 de ladite loi, et que les faits diffamatoires sont en rapport étroit avec ceux qui ont motivé sa poursuite. • Crim. 18 déc. 1978 : *Bull. crim. n° 358 ; Gaz. Pal. 1979. 2. 322, note P.L.G. ; RSC 1979. 842, obs. Levasseur* • 11 juill. 1995 : *D. 1997. Somm. 70, obs. Dupeux* • 27 sept. 1995, n° 93-84.088 P : *D. 1997. Somm. 70, obs. Dupeux*. ♦ ... En pareil cas, le prévenu de diffamation ne peut être privé d'un moyen de preuve prévu par la loi et intéressant sa défense, et s'il se trouve empêché d'administrer cette preuve par un obstacle invincible et indépendant de sa volonté, les juges sont tenus de surseoir à statuer sur la poursuite en diffamation, jusqu'à la disparition de cet empêchement. • Crim. 18 déc. 1978 : *préc.* • 11 juill. 1995 : *préc.* ♦ ... Ou de procéder à l'audition du témoin. • Crim. 27 sept. 1995 : *préc.* ♦ Il résulte de l'interprétation de la L. du 29 juill. par *la Cour de cassation que les juges* du fond doivent surseoir à statuer lorsqu'un témoin, mis en examen dans une autre procédure, se trouve appelé à déposer sous la foi du serment, en application de l'art. 55 de cette loi (offre de preuve), et que les faits diffamatoires sont en rapport étroit avec ceux qui ont motivé cette mise en examen ; il s'agit d'une mesure de protection des droits de la défense à un double titre, d'une part, les droits de la défense du témoin potentiel, qui ne doit pas se trouver obligé à un serment contraire à ses intérêts de personne accusée, d'autre part, les droits de la défense de la personne poursuivie pour diffamation à laquelle la loi autorise la preuve de ce qu'elle avance et qui ne doit pas être privée de ce moyen de preuve ; la règle posée par la jurisprudence de la Cour de cassation s'inscrit en outre directement dans le cadre de l'art. 6 (d) Conv. EDH, qui pose le droit pour l'accusé de faire interroger les témoins à décharge ; la contradiction n'est donc pas entre la loi interne et la convention précitée, mais entre deux principes posés par celle-ci : celui de l'examen des causes dans un délai raisonnable et celui de la protection des droits de la défense. • Paris, 22 sept. 1999 : *D. 2000. Somm. 401, obs. Massis*.

43. La prescription de l'action publique se trouve suspendue par cet obstacle de droit qui met la partie poursuivante dans l'impossibilité d'agir. • Crim. 11 mai 1993, n° 91-84.605 P : *D. 1994. Somm. 191, obs. Bigot*. ♦ Les juges saisis de la demande de sursis à statuer ont l'obligation de vérifier, sous le contrôle de la Cour de cassation, la réalité de l'empêchement invoqué. • Crim. 28 juin 1994, n° 94-81.435 P : *D. 1995. Somm. 265, obs. Dupeux* • 27 sept. 1995 : *préc. note 42.*

44. L'absence du témoin à l'audience ne permet pas de le déclarer « non acquis aux débats » alors qu'il a été régulièrement dénoncé dans le cadre de l'offre de preuve et régulièrement cité ; le rejet de la demande de sursis à statuer ne saurait donc être fondé sur ce seul défaut de comparution. • Paris, 2 mars 1994 : *D. 1995. Somm. 265, obs. Dupeux*. ♦ ... Lorsque le témoin n'est pas présent pour indiquer lui-même s'il estime qu'il existe ou non un rapport étroit l'empêchant de déposer sous la foi du serment, il incombe au demandeur au sursis à statuer de fournir à cet égard à la juridiction saisie, par d'autres moyens, des éléments d'appréciation suffisamment précis. • Même arrêt.

45. Est une stratégie ayant pour conséquence le blocage du fonctionnement de la justice, et particulièrement des procès de presse, le fait de solliciter, par avance, en cas de présence de témoins détenus, une décision de sursis à statuer, fondée sur la jurisprudence de la Cour de cassation, au motif pris de ce que ceux-ci, mis en examen par ailleurs, ne pourraient prêter serment, et le tribunal ne saurait accepter de tels procédés dilatoires conduisant à un déni de justice. • TGI Paris, 9 mars 1998 : *Gaz. Pal. 1998. 1. 228.*

46. Doit être rejetée la demande du prévenu fondée sur la règle selon laquelle il doit être sursis à statuer lorsqu'un témoin, dont le nom a été notifié au titre de l'offre de preuve de la vérité des faits, se trouve par ailleurs mis en examen dans une autre procédure pour des faits ayant un rapport étroit avec ceux qui sont considérés comme diffamatoires par la partie poursuivante et sur lesquels il doit témoigner sous serment ; tout d'abord, l'instruction criminelle diligentée contre le témoin est terminée et il a été condamné par un arrêt rendu par la cour d'assises, décision aujourd'hui frappée d'un pourvoi en cassation ; en outre, le seul rapport existant entre les faits criminels dont se trouve accusé le témoin et les faits diffamatoires imputés au prévenu tient au fait que le magistrat a conduit l'instruction criminelle ouverte contre ce témoin pendant quelques années et il ne s'agit là que d'un rapport fortuit né des règles de l'organisation judiciaire ; enfin, l'erreur susceptible d'être reprochée au magistrat ne peut avoir aucun lien étroit avec l'affaire criminelle susdite puisqu'il n'a aucunement repris l'instruction après l'annulation de la procédure. • Toulouse, 28 avr. 1999 : *JCP 2000. IV. 1084.*

47. Se fondant sur les dispositions de l'art. 35, dernier al., de la L. du 29 juill. 1881 applicables dans les cas où la preuve de la vérité du fait diffamatoire est légalement interdite et invoquant également les nécessités d'une bonne administration de la justice, les prévenus ont sollicité un sursis à statuer dans l'attente de l'issue des poursuites pénales en cours au tribunal de grande instance de Paris et relatives à des abus de biens sociaux, recel et présentation de faux bilans, et d'une procédure pénale engagée aux États-Unis. Ont justifié leur décision au regard dudit article, en son dernier alinéa, les juges du fond qui ont rejeté ces demandes, après avoir relevé que les dispositions de l'art. 35 de la L. du 29 juill. 1881 ne pouvaient concerner que les procédures exercées sur le territoire national, et après avoir retenu exactement qu'il n'était pas avéré que le fait imputé, relatif à une fraude à la loi américaine, eût donné lieu à des poursuites en France. • Crim. 11 mars 2008, n° 06-84.712 P : *JCP 2008. I. 209, obs. Dreyer.*

48. Sursis facultatif. En dehors des hypothèses obligatoires, le juge peut ordonner le sursis à statuer, mais seulement lorsqu'il constate qu'en l'état, il n'est pas en mesure de former sa décision. • Crim. 13 janv. 1953 : *Bull. crim. n° 11 ; D. 1953. Somm. 34 ; S. 1954. 1. 137, note P.L.* • *3 mai 1966 : Bull. crim. n° 132.* ♦ ... Ou afin de rechercher les éléments d'appréciation qu'il juge utiles quant à la gravité de la diffamation et du préjudice qu'elle a pu causer. • Crim. 18 nov. 1975 : *Bull. crim. n° 250.*

49. L'opportunité de prononcer facultativement le sursis à statuer dans l'intérêt d'une bonne administration de la justice relève de l'appréciation souveraine des juges du fond. • Crim. 14 févr. 2006 : *préc. note 27.*

50. Un sursis à statuer facultatif ne peut être ordonné qu'avec la plus grande vigilance, sous peine de dénaturer l'esprit de la L. du 29 juill. 1881 qui impose un jugement rapide des infractions de presse. • TGI Paris, 16 déc. 1994 : *D. 1997. Somm. 69, obs. Dupeux.*

51. En ce qui concerne le sursis facultatif qui peut être ordonné exceptionnellement, dans l'intérêt d'une bonne administration de la justice, il importe de rappeler qu'il ne saurait avoir pour objet de suppléer à la carence des prévenus ; le journaliste doit disposer, au moment même de la rédaction des imputations diffamatoires, des éléments propres à en établir l'authenticité ; il ne saurait attendre des résultats d'une instruction en cours les moyens de justification qui lui font défautlors de leur publication. • T. corr. Paris, 2 juin 1995 : *RSC 1996. 124, obs. Mayaud.*

52. La juridiction de jugement apprécie librement s'il y a lieu d'ordonner le sursis à statuer, quand ce dernier n'est que facultatif, même si elle n'est pas saisie de conclusions, à cette fin, par les parties. • Crim. 20 janv. 1981 : *Bull. crim. n° 29* • 23 mai 1989 : *ibid. n° 215.*

53. S'agissant de la publication d'un article concernant le rapt et l'internement d'une jeune femme appartenant à l'église de scientologie dans un hôpital psychiatrique, avec la complicité d'un médecin, la cour d'appel a exactement énoncé, pour rejeter la demande de sursis à statuer présentée par le directeur de la publication, que, dans sa constitution de partie civile, ladite jeune femme reprochait à ses frères et sœurs de l'avoir contrainte d'accepter une hospitalisation libre et au personnel du service hospitalier d'avoir tenté de la séquestrer, sans mettre en cause le médecin, et que rien dans cette plainte n'était de nature à rapporter la preuve de la vérité des faits diffamatoires reprochés au directeur de la publication. • Civ. 2ᵉ, 15 janv. 1997, n° 95-14.227 P.

54. Lorsque les propos diffamatoires reprochés au prévenu ont été tenus lors de son audition dans une autre affaire, que des pièces probantes ont été saisies et que la plainte avec constitution de partie civile, déposée dans cette autre affaire par le père du prévenu, est étroitement liée aux propos reprochés à son fils, il apparaît d'une bonne administration de la justice de surseoir à statuer jusqu'à ce qu'il ait été statué définitivement sur la plainte pénale déposée par le père du prévenu, le prévenu se trouvant en fait dans l'impossibilité de rapporter la preuve des faits diffamatoires compte tenu de l'information actuellement en cours devant un magistrat parisien et qui ne peut être versée au présent dossier, les faits relatés dans les propos poursuivis et ceux faisant l'objet d'une instruction se trouvant dans un rapport de proximité, voire de concordance, quand bien même le prévenu ne serait pas l'auteur de la plainte pénale. • TGI Paris, 16 déc. 1994 : *préc. note 50.*

4° EFFETS

55. Appel de la partie civile. Si en matière de diffamation, la relaxe du prévenu a eu pour fondement la preuve de la vérité des faits diffamatoires, les juges du second degré, saisis par l'appel de la partie civile, sont dans l'obligation de réexaminer la portée de cette preuve pour condamner, s'il y a lieu, le prévenu à des dommages-intérêts envers la partie civile. • Crim. 14 sept. 1985 : *Bull. crim. n° 284.*

56. Action en dommages-intérêts. L'action fondée sur des faits reconnus diffamatoires ne peut constituer un abus de droit d'ester en justice ; en conséquence, ne peut être condamnée à des dommages-intérêts, sur le fondement de l'art. 472 C. pr. pén., la partie civile ayant exercé des poursuites du chef de diffamation publique contre un prévenu relaxé au bénéfice de l'exception de vérité des faits reconnus diffamatoires. • Crim. 1er mars 2005, n° 04-81.981 P : *Gaz. Pal. 2005. 2. Somm. 3621, note Monnet.*

C. DROITS DE LA DÉFENSE

57. L'art. 35, dernier al., de la L. du 29 juill. 1881, dans sa rédaction issue de la L. du 4 janv. 2010, a pour seul objet de faire obstacle à la poursuite, du chef de recel d'éléments provenant d'une violation du secret de l'instruction, contre une personne qui produit ceux-ci pour les besoins de sa défense dans l'action en diffamation dirigée contre elle et ne confère aucune autorisation générale de détenir de tels documents. • Crim. 9 juin 2015, n° 14-80.713 P : *D. actu. 24 juin 2015, obs. Lavric.*

Art. 35 *bis* *(Ord. du 6 mai 1944)* **Toute reproduction d'une imputation qui a été jugée diffamatoire sera réputée faite de mauvaise foi, sauf preuve contraire par son auteur.**

L'art. 35 *bis* de la L. du 29 juill. 1881 n'édicte aucune présomption de mauvaise foi qui serait généralement applicable à toutes les infractions de presse ; cet article ne concerne que le cas particulier où une imputation, déjà jugée diffamatoire, serait reproduite. • Crim. 21 juill. 1953 : *Bull. crim. n° 254 ; D. 1953. Somm. 75.*

Art. 35 *ter* *(L. n° 2000-516 du 15 juin 2000, art. 92)* **I. — Lorsqu'elle est réalisée sans l'accord de l'intéressé, la diffusion, par quelque moyen que ce soit et quel qu'en soit le support, de l'image d'une personne identifiée ou identifiable mise en cause à l'occasion d'une procédure pénale mais n'ayant pas fait l'objet d'un jugement de condamnation et faisant apparaître, soit que cette personne porte des menottes ou entraves, soit qu'elle est placée en détention provisoire, est punie de 15 000 € d'amende.**

II. — Est puni de la même peine le fait :

— soit de réaliser, de publier ou de commenter un sondage d'opinion, ou toute autre consultation, portant sur la culpabilité d'une personne mise en cause à l'occasion d'une procédure pénale ou sur la peine susceptible d'être prononcée à son encontre ;

— soit de publier des indications permettant d'avoir accès à des sondages ou consultations visés à l'alinéa précédent.

Sur le délit de diffusion de l'image d'une personne menottée ou entravée, V. Circ. CRIM. n° 2000-13 F1 du 4 déc. 2000 présentant des dispositions de la loi du 15 juin 2000 renforçant la protection de la présomption d'innocence et les droits des victimes concernant la garde à vue et l'enquête de police judiciaire, point 2.2 (BOMJ 2000, n° 80, p. 157).

1. Éléments de l'infraction. La diffusion de l'image d'une personne identifiée ou identifiable, sans autorisation de celle-ci, faisant apparaître qu'elle est placée en détention provisoire est prohibée, peu important les commentaires qui accompagnent la publication de la photographie, et la circonstance qu'un autre journal ait publié une photographie identique avec le consentement de la personne concernée. • Crim. 8 juin 2004, n° 03-87.584 P : *D. 2004. IR 2011 ; RSC 2004. 967, obs. Renucci ; JCP 2005. I. 143, obs. de Lamy ; ibid. 2006. II. 10006, note C. André ; Gaz. Pal. 2005. 1. 621, obs. Monnet* • *Crim. 7 déc. 2004 : Dr. pénal 2005. 56.*

2. Conformité à la Conv. EDH. Si l'art. 10 Conv. EDH reconnaît à toute personne la liberté de communiquer des informations au public, ce texte prévoit, en son second paragraphe, que l'exercice de cette liberté peut être soumis à certaines conditions, restrictions ou sanctions prévues par la loi, qui constituent des mesures nécessaires dans une société démocratique, notamment pour la protection des droits d'autrui ; tel est l'objet des dispositions du texte susvisé relatif à la diffusion de l'image de personnes placées en détention. • Crim. 8 juin 2004 : *préc. note 3* • 7 déc. 2004 : *préc. note 3.*

3. QPC. La question présentée tend à faire constater que l'art. 35 *ter* I de la L. du 29 juill. 1881, créé par la L. du 15 juin 2000 renforçant la présomption d'innocence, porte atteinte au principe de clarté de la loi découlant de l'art. 34 Const. ainsi qu'aux droits et libertés garantis par l'art. 11 DDH, en ce que ce texte n'apporte aucune précision sur la notion, qu'il retient, d'image d'une personne faisant apparaître qu'elle est placée en détention provisoire, et porte une atteinte disproportionnée et non adaptée à la liberté d'expression ; rédigée en termes suffisamment clairs et précis, et dont l'application relève de l'appréciation, par les juges du fond, des éléments constitutifs de l'infraction, ne constitue pas une atteinte manifestement disproportionnée aux principes de liberté d'expression et de libre communication, constitutionnellement garantis ; en conséquence la question posée ne sera pas renvoyée au Conseil constitutionnel. • Cass., QPC, 28 sept. 2010 : *D. 2011. Pan. 788, obs. Dreyer ; Gaz. Pal. 2-3 mars 2011, p. 12, note Fourment ; Dr. pénal 2011. Chron. 5, obs. Mouysset.*

Art. 35 *quater* *(L. nº 2000-516 du 15 juin 2000, art. 97-I)* **La diffusion, par quelque moyen que ce soit et quel qu'en soit le support, de la reproduction des circonstances d'un crime ou d'un délit, lorsque cette reproduction porte gravement atteinte à la dignité d'une victime et qu'elle est réalisée sans l'accord de cette dernière, est punie de 15 000 € d'amende.**

BIBL. ▶ Derieux, *LPA 2000, nº 142, p. 16.*

1º ANCIENNES DISPOSITIONS (ART. 38, AL. 3 ET 4)

1. Légalité de l'incrimination. L'art. 38, al. 3, de la L. du 29 juill. 1881 punit « la publication par tous moyens, de photographies ... ayant pour objet la reproduction de toute ou partie des circonstances d'un des crimes et délits prévus par les art. 1, 2 et 7 du titre II, du livre II C. pén. » ; il résulte des art. 6 § 3 *a* et 7 Conv. EDH que toute infraction doit être définie en des termes clairs et précis pour exclure l'arbitraire et permettre au prévenu de connaître exactement la nature et la cause de l'accusation portée contre lui ; il résulte aussi de l'art. 10 de ladite Conv. que la liberté d'expression constitue l'un des fondements essentiels d'une société démocratique et ne peut être restreinte que par des normes « énoncées avec suffisamment de précision pour permettre au citoyen de régler sa conduite, en s'entourant au besoin de conseils éclairés ; celui-ci doit être à même de prévoir, à un degré raisonnable dans les circonstances de la cause, les conséquences de nature à découler d'un acte déterminé » (arrêt *Sunday Times* du 26 avr. 1979) ; ces dispositions de la Conv. EDH ont, en vertu de l'art. 55 Const., une valeur supérieure à la loi interne et leur autorité s'impose aux juridictions nationales ; ainsi donc, en l'absence d'une définition suffisamment précise des éléments constitutifs de l'infraction, le tribunal, qui n'a pas à se substituer au législateur, ne peut que constater que les dispositions de l'art. 38, al. 3, de la L. du 29 juill. 1881 sont incompatibles avec les art. 6, 7 et 10 de la Conv. européenne et ne peuvent dès lors recevoir application en l'espèce. • TGI Paris, 10 sept. 1996 : *D. 1997. Somm. 91, obs. Hassler et Lapp ; ibid. 1998. Somm. 82, obs. Dupeux ; Gaz. Pal. 1997. 1. 325.*

2. Une interprétation de l'art. 38, al. 3, de la L. du 29 juill. 1881 faite en corrélation avec le premier et le dernier alinéa dudit article, selon laquelle l'interdiction s'entendrait de la publication de photographies, gravures, dessins, portraits relatifs aux crimes et délits référencés faisant l'objet d'une instruction en cours, pourrait permettre d'estimer que cette disposition est compatible avec l'art. 10, al. 1er, Conv. EDH, la restriction apportée à la liberté d'expression, limitée dans son étendue par la saisine du juge et dans le temps par la durée de l'information se justifiant par des impératifs procéduraux ; une telle interprétation restrictive ne s'impose cependant pas eu égard au caractère composite de l'art. 38 de la L. du 29 juill. 1881, dont l'al. 2 traite de l'information relative aux travaux et délibérations du Conseil supérieur de la magistrature et eu égard à l'absence de référence expresse de l'al. 3 au contexte d'une information en cours ; il y a donc lieu à s'en tenir à l'énoncé du seul al. 3 de l'art. 38 de la L. du 29 juill. 1881 pour se prononcer sur sa compatibilité avec les art. 6, 7 et 10 de la Conv. européenne. • Paris, 18 sept. 1997 : *D. 1998. Somm. 82, obs. Dupeux ; Gaz. Pal. 1997. 2. 697, note J.-G. M.* (sur appel de • TGI Paris, 10 sept. 1996 : *préc. note 1*). ♦ ... S'il appartient aux juridictions de préciser, le cas échéant, par la solution des cas d'espèce qui leur sont soumis, le champ d'application d'un texte de loi et de contribuer à l'information du justiciable par cette interprétation jurisprudentielle, la possibilité pour chacun d'apprécier par avance la légalité de son comportement, touchant, comme en l'espèce, à l'exercice de libertés essentielles, implique une formulation particulièrement rigoureuse des incriminations et ne saurait donc résulter que de définitions légales, claires et précises, exemptes d'ambiguïté ; l'art. 38, al. 3, de la L. du 29 juill. 1881 énonce que l'infraction qu'il sanctionne concerne tous les moyens de publication quels qu'ils soient, définit les supports du graphisme ou de l'image constitutifs du mode d'expression incriminé (photographies, gravures, dessins, portraits) et fait référence, quant à leur objet, au crimes et délits prévus par les textes auxquels il renvoie ; tout en étant particulièrement vaste, la délimitation n'en existe pas moins quant à la définition des crimes et délits concernés, par référence aux textes. • Même arrêt. ♦ ... Cependant le texte comporte une formule évasive et ambiguë en ce qu'il s'agit de la reproduction « de tout ou partie des circonstances d'un des crimes et délits prévus ... » ; l'expression « circonstances », foncièrement imprécise, est d'interprétation malaisée ; cette formulation, par trop générale, introduisant une vaste marge d'appréciation subjective dans la définition de l'élément légal de l'infraction, ne permet pas à celui qui envisage de procéder à la publication d'être certain qu'elle n'entre pas dans le champ d'application de l'interdit ; l'étendue de cette ambiguïté rend particulièrement aléatoire l'interprétation du texte qui sera faite par le juge selon les cas d'espèce ; la rédaction de l'art. 38, al. 3, de la L. du 29 juill. 1881 n'offre pas de garanties réelles quant à la prévisibilité des poursuites ; comme l'ont constaté les premiers juges, ce texte est donc incompatible avec les dispositions des art. 6, 7 et 10 Conv. EDH. • Même arrêt.

3. La rédaction de l'art. 38, al. 3, de la L. du 29 juill. 1881 n'offrant pas de garanties réelles quant à la prévisibilité des poursuites, ce texte est incompatible avec les art. 6, 7 et 10 Conv. EDH. • Crim. 20 févr. 2001 : *D. 2001. 3001, note Wachsman ; ibid. 2002. Somm. 1793, obs. de Lamy ; JCP 2002. 10114, note Ruet ; Dr. pénal 2001. 86, obs. Véron ; RTD civ. 2002. 781, obs. Hauser* (confirmation de • Paris, 18 sept. 1997 : *préc. note 2*).

4. Publication incriminée. Commet le délit de publication des circonstances d'un crime le journaliste qui publie une photographie représentant le corps meurtri d'un enfant mort assassiné. • Paris, 22 juill. 1953 : *D. 1953. 725 ; JCP 1954. II. 7926, note Combaldieu ; RSC 1954. 127, obs. Hugueney.*

2° NOUVELLES DISPOSITIONS

5. Jurisprudence civile. Justifie légalement sa décision au regard des exigences, tant de l'art. 10 Conv. EDH que de l'art. 16 C. civ., la cour d'appel qui juge illicite la publication de la photographie de la dépouille mortelle d'un préfet de la République, assassiné sur la voie publique, dès lors qu'elle retient que la photographie représentait distinctement le corps et le visage de la victime, retenant ainsi que cette image était attentatoire à la dignité de la personne humaine, indépendamment des motifs faisant état d'une atteinte à l'intimité de la vie privée de la famille du fait de la méconnaissance des sentiments d'affliction suscités par la période de deuil. • Civ. 1re, 20 déc. 2000, n° 98-13.875 P : *D. 2001. 885 ; ibid. 2001. Somm. 1990, obs. Lepage ; JCP 2001. II. 10488, concl. Sainte-Rose, et note Ravanas.* ♦ Rejet du pourvoi contre • Paris, 24 févr. 1998 : *D. 1998. 225, note Beignier ; ibid. 1999. Somm.123, obs. Hassler et Lapp , et p. 167, obs. Massis .* ♦ *Adde* : Gridel, *D. 2001. Chron. 872* (retour sur l'image du préfet assassiné : dignité de la personne humaine et liberté de l'information d'actualité).

6. La liberté de communication des informations autorise la publication d'images des personnes impliquées dans un événement, sous la seule réserve du respect de la dignité de la personne humaine ; cassation, pour violation des art. 10 Conv. EDH, ensemble les art. 9 et 16 C. civ., de l'arrêt qui, pour juger illicite la publication par un hebdomadaire de la photographie d'une victime d'un attentat, retient que si la liberté d'expression et les nécessités de l'information rendent légitime le compte rendu de l'événement, la protection du droit à l'image de la victime commande que la reproduction de sa photographie, prise sans autorisation, ne permette pas son identification, alors qu'il relève que la photographie est dépourvue de recherche du sensationnel et de toute indécence et qu'ainsi elle ne porte par atteinte à la dignité de la personne représentée. • Civ. 1re, 20 févr. 2001, n° 98-23.471 P : *D. 2001. 1199 (1er arrêt), note Gridel ; ibid. Somm. 1990, obs. Lepage ; JCP 2001. II. 10533, note Ravanas.*

7. Jurisprudence pénale. Sont coupables du délit prévu par l'art. 35 *quater* de la L. du 29 juill. 1881 le journaliste et le directeur de publication d'un hebdomadaire qui a fait paraître dans ses colonnes un article citant le nom d'une personne et relatant les circonstances d'une infraction dont elle a été la victime. En effet, l'infraction poursuivie est établie dans tous ses éléments constitutifs ; tout d'abord, le texte d'incrimination, en ce qu'il vise le terme de « reproduction », doit être entendu comme interdisant la reprise de l'énoncé des circonstances d'un crime ou d'un délit et non comme le procédé technique impliquant une fixation matérielle ; il ne précise pas qu'il doit s'agir nécessairement de la reproduction d'image pour encourir la sanction prévue et n'exclut donc pas la narration des circonstances de l'infraction ; ensuite, le terme de « circonstances » est suffisamment précis : il s'agit de l'action perpétrée par un auteur en des lieu et temps définis à l'encontre d'une victime ; en l'espèce, l'article de presse énonce clairement les circonstances d'un délit, puisqu'il fait allusion aux relations sexuelles de la victime, âgée de quatorze ans à l'époque des faits, avec quatre individus nommément désignés ; par ailleurs, le rappel de ces faits, plusieurs années après leur commission, porte gravement atteinte à la dignité de la victime dont la souffrance est ravivée par le souvenir de cet épisode et la publicité qui en est faite ; enfin, il n'est pas démontré que la victime ait donné un quelconque accord à la diffusion de l'article de presse incriminé. • Toulouse, 18 août 2004 : *JCP 2005. IV. 1322.*

§ 4 *Délits contre les chefs d'État et agents diplomatiques étrangers*

RÉP. PÉN. v° *Outrage*, par DELBOS.

Art. 36 *(Abrogé par L. n° 2004-204 du 9 mars 2004, art. 52) (Décr.-L. du 30 oct. 1935 ; Ord. du 6 mai 1944)* ***L'offense commise publiquement envers les chefs d'État étrangers, les chefs de***

gouvernements étrangers et les ministres des affaires étrangères d'un gouvernement étranger sera punie (L. n° 2000-516 du 15 juin 2000, art. 90-VI) « d'une amende de 45 000 € ».

1. Disparition du délit spécifique. Sur la condamnation de la France à l'origine de l'abrogation de l'art. 36 de la L. du 29 juill. 1881. • CEDH 25 juin 2002, *Colombani c/ France : BICC 2002. 854 ; D. 2002. Somm. 2571, obs. Renucci ; ibid. 2767, obs. Dupeux ; ibid. 2003. 716, note Beignier et de Lamy ; Légipresse n° 195, oct. 2002, III. 159, obs. H. Leclerc ; LPA 2002, 7 nov., p. 13, note Derieux ; JCP 2003. II. 10136, note Pech ; RSC 2003. 116, obs. Francillon*. ♦ Rappr. • TGI Paris, 25 avr. 2001 : *D. 2002. Somm. 2767, obs. Dupeux ; ibid. 2003. 715, note Beignier et de Lamy* ; infirmé par : • Paris, 3 juill. 2002 : *D. 2002. Somm. 2767, obs. Dupeux ; Légipresse n° 195, oct. 2002, III. 163, obs. Leclerc ; RSC. 2003. 116, obs. Francillon*.

2. Application du droit commun de la presse. Dès lors que la Cour européenne des droits de l'homme a considéré que l'art. 36 de la L. française du 29 juill. 1881 n'était pas compatible avec les exigences de la libre circulation de l'information dans une société démocratique, les chefs d'État étranger sont recevables à agir sur le fondement de l'art. 32, al. 1er, de ladite loi, applicable aux simples particuliers, qui permet une protection suffisante de chacun, y compris les dignitaires français ou étrangers, à défaut de quoi ces derniers se trouveraient privés de tout droit d'accès à la justice pour obtenir la réparation des atteintes portées par voie de presse, lesquelles ne peuvent être poursuivies que sur le fondement de la L. du 29 juill. 1881, à l'exclusion de tout autre fondement, dont l'art. 1382 C. civ. • Versailles, 9 sept. 2004 : *D. 2005. 2849, note Beignier et de Lamy*.

Art. 37 *(Ord. du 6 mai 1944)* **L'outrage commis publiquement envers les ambassadeurs et ministres plénipotentiaires, envoyés, chargés d'affaires ou autres agents diplomatiques accrédités près du Gouvernement de la République, sera puni** *(L. n° 2000-516 du 15 juin 2000, art. 90-VI)* **« d'une amende de 45 000 € ».**

Les consuls étrangers en France ne sont pas des agents diplomatiques, et la diffamation commise publiquement envers eux n'est point punie par l'art. 37 de la L. du 29 juill. 1881. • Crim. 9 févr. 1884 : *DP 1884. 1. 307.*

§ 5 *Publications interdites, immunités de la défense*

Art. 38 Il est interdit de publier les actes d'accusation et tous autres actes de procédure criminelle ou correctionnelle avant qu'ils aient été lus en audience publique, et ce, sous peine d'une amende de 3 750 €.

(L. n° 51-1078 du 10 sept. 1951) **Sans préjudice des dispositions de l'article 378 du code d'instruction criminelle** *[dispositions reprises par l'art. 15 C. pén., abrogé]*, **il est interdit, sous la même peine, de publier aucune information relative aux travaux et délibérations du Conseil supérieur de la magistrature** *(L. org. n° 2001-539 du 25 juin 2001)* **« , à l'exception des informations concernant les audiences publiques et les décisions publiques rendues en matière disciplinaire à l'encontre des magistrats ». Pourront, toutefois, être publiées les informations communiquées par le président** *(L. org. n° 2010-830 du 22 juill. 2010, art. 37)* **« d'une formation du Conseil supérieur ».**

Al. abrogés par L. n° 2000-516 du 15 juin 2000, art. 97-III.

BIBL. ► MONFORT, *in* « Liberté de la presse et droits de la personne », *Dalloz, 1997. 105.*

A. ACTES DE PROCÉDURE (ART. 38, AL. 1er)

1. Ratio legis. Outre la présomption d'innocence, l'interdiction de publier des actes de procédure avant qu'ils aient été lus en audience publique contribue à la manifestation de la vérité lors de l'enquête et de l'instruction ; tel est l'intérêt protégé par l'art. 38 de la L. du 29 juill. 1881 ; il importe en effet, pour la fiabilité des déclarations, que les personnes entendues sachent qu'elles peuvent librement s'exprimer dans le contexte procédural de manière exhaustive et spontanée, sans avoir à craindre la divulgation de leurs propos, ce qui pourrait être de nature à informer ou à influencer d'autre parties concernées et à nuire aux investigations ; il en va donc de l'autorité du pouvoir judiciaire dont la défense constitue un but légitime au sens de l'art. 10, § 2, Conv. EDH ; l'interdiction de publication n'est donc pas contraire à la Conv. EDH. • Paris, 11 mai 2000 : *D. 2000. IR 193.*

2. Jurisprudence européenne. La CEDH relève que les termes de l'al. 1er de l'art. 38 de la L. du 29 juill. 1881 ne sauraient être qualifiés d'ambigus ; bien au contraire, ils définissent avec clarté et précision l'étendue de l'interdiction légale, aussi bien dans son contenu que dans sa durée, puisqu'il s'agit de prohiber la publication de tous les actes de procédure criminelle ou correctionnelle jusqu'au jour de l'audience. De plus, la jurisprudence nationale a précisé explicitement qu'une telle interdiction s'étendait aux extraits d'actes de procédure. La cour constate également que cette disposition n'a jamais été abrogée, ni explicitement, ni implicitement par une loi contraire, et fait donc partie intégrante du droit en vigueur en matière de presse (§ 59). • CEDH 24 nov. 2005, *Tourancheau et July c/ France : JCP 2006. II. 10076, note Derieux.* ♦ La cour relève, comme l'ont d'ailleurs également précisé les juridictions internes, que l'art. 38, al. 1er, n'empêche pas l'analyse ou le commentaire des actes de procédure, ou la publication d'une information dont la teneur a été puisée dans la procédure elle-même, mais se borne à interdire toute reproduction littérale de ces actes, et ce seulement jusqu'à ce qu'ils soient lus en audience publique ; ainsi, la Cour ne saurait considérer qu'une telle restriction, limitée et temporaire, ait un caractère général et absolu ou entrave de manière totale le droit pour la presse d'informer le public (§ 73). • Même décision. ♦ La Cour conclut dès lors que la condamnation des requérants constituait une ingérence dans leur liberté d'expression nécessaire dans une société démocratique pour protéger la réputation et les droits d'autrui et garantir l'autorité et l'impartialité du pouvoir judiciaire au sens de l'art. 10, § 2, de la convention (§ 78). Partant, il n'y a pas eu violation de l'art. 10 Conv. EDH (§ 79). • Même décision.

3. Actes concernés. Ne tombe pas sous l'application de l'art. 38 de la L. du 29 juill. 1881, le fait par un journal de publier, avant leur lecture en audience publique, des lettres missives saisies au cours d'une information judiciaire et jointes au dossier, ces lettres ne pouvant pas être considérées comme faisant corps avec le procès-verbal de saisie dans lequel elles ont été décrites. • Crim. 8 janv. 1904 : *DP 1904. 1. 569, note A.L.*

4. Les dispositions de l'art. 9 C. civ. relatif à la protection de la vie privée ne peuvent faire obstacle au principe de la publication des débats judiciaires en matière correctionnelle dans les conditions prescrites à l'art. 38, al. 1er, de la L. du 29 juill. 1881. • Paris, 24 mai 1994 : *BICC 1994, no 1119 ; D. 1994. IR 182.*

5. Est justifiée, au regard de l'art. 10 Conv. EDH, la condamnation prononcée sur le fondement de l'art. 38, al. 1er, de la L. du 29 juill. 1881 pour publication d'actes d'une procédure criminelle avant leur lecture en audience publique, dès lors que les juges ont caractérisé l'atteinte portée à la protection des droits d'autrui, susceptible de sanction selon le § 2 du texte conventionnel préc., en relevant que les extraits reproduits viennent accréditer un article tendant à l'évidence à soutenir la version des faits de l'une des personnes mises en examen, opposée à celle défendue par une autre. • Crim. 22 juin 1999, no 98-84.197 P : *Dr. pénal 2000. 20, obs. Véron ; RSC 2001. 177, obs. Francillon.*

6. Une cour d'appel, qui retient que, si l'information légitime du public et l'actualité judiciaire de l'époque des faits justifiaient que fussent portés à la connaissance du lecteur les derniers développements de la procédure judiciaire en cours, au stade où elle en était à la date de la publication de l'article incriminé, et ainsi à révéler aux lecteurs que l'accusé allait vraisemblablement faire l'objet d'un non-lieu, la divulgation d'extraits du réquisitoire définitif dans lequel le journal a puisé son information était interdite par l'art. 38 de la L. du 29 juill. 1881, en déduit, à bon droit, que la société de presse ne pouvait se prévaloir de la bonne foi. • Civ. 2e, 22 janv. 2004, no 01-01.423 P : *JCP 2004. II. 10104, note Dreyer ; Gaz. Pal. 2005. 1. 1227.*

7. Une cour d'appel qui constate que de larges extraits de témoignages recueillis dans des procès-verbaux dressés lors d'une enquête préliminaire, présentant une personne comme manipulée et affaiblie, ont été publiés dans un hebdomadaire, peut en déduire, faisant une exacte application de l'art. 10 Conv. EDH, que cette personne est fondée à invoquer un préjudice personnel du seul fait de cette publication, dès lors que les actes dressés par les services de police au cours d'une enquête sont des actes de procédure au sens de l'art. 38 de la L. du 29 juill. 1881. • Civ. 1re, 28 avr. 2011, no 10-17.909 P : *D. actu. 12 mai 2011, obs. Lavric ; D. 2011. Actu. 1283 ; ibid. 1734, obs. Dreyer ; ibid. 2012. 765, obs. Dreyer.*

8. Une cour d'appel, qui a constaté que des articles publiés dans un hebdomadaire, pour l'un, la veille et, pour l'autre, deux mois avant la comparution du demandeur à une audience, s'appuyaient sur une analyse des extraits de divers procès-verbaux ou la reproduction partielle de dépositions recueillies par la police judiciaire pour présenter celui-ci de telle manière que le lecteur soit amené à estimer avérés les faits qui lui étaient reprochés et qui en a déduit que cette publication portait atteinte au droit du demandeur à un procès équitable dans le respect de son droit à la présomption d'innocence et des droits de sa défense, justifie ainsi, au regard de l'art. 10 Conv. EDH, l'ingérence, dans la liberté d'expression, prévue par l'art. 38 de la L. du 29 juill. 1881. • Civ. 1re, 29 mai 2013, no 12-19.101 P : *D. actu. 7 juin 2013, obs. Lavric.* ♦ Dans cette affaire, les motifs avancés par les juridictions nationales pour justifier l'ingérence dans le droit des requérants à la liberté d'expression découlant de leur condamnation ont été jugés pertinents et suffisants aux fins de l'art. 10, § 2, Conv. EDH. • CEDH 1er juin 2017, *Giesbert et a. c/ France*, nos 68974/11, 2395/12 et 76324/13 : *D. actu. 20 juin 2017, obs. Devouèze ; AJ pénal 2017. 447, obs. Lavric ; Gaz. Pal. 2017. 2938, obs. Piot ; RSC 2017. 628, obs. Marguénaud.*

9. Ne justifie pas sa décision, au regard de l'art. 6, § 2, Conv. EDH, la cour d'appel qui relaxe des prévenus pour publication d'actes d'une procédure criminelle avant leur lecture en audience publique en retenant, d'une part, que cette publication n'a porté atteinte ni à l'autorité et à l'impartialité de la justice, ni aux intérêts de la partie civile, qui a exercé son droit de réponse, et, d'autre part, que l'application de l'art. 38 de la L. du 29 juill. 1881 constituerait en l'espèce une ingérence disproportionnée dans l'exercice du droit à la liberté d'expression et ne répondrait pas à un besoin impérieux de protection de la réputation et des droits d'autrui ou de garantie de l'autorité et de l'impartialité de la justice, alors qu'une telle publication, dans son contexte, était de nature à avoir une incidence sur les droits de la personne mise en cause, et, notamment, sur son droit à la présomption d'innocence. • Crim. 28 janv. 2014, n° 12-88.430 P : *D. actu. 13 févr. 2014, obs. Lavric ; AJ pénal 2014. 305, obs. Perrier ; Gaz. Pal. 2014. 1. 1788, note Michalski.*

10. Poursuites. La publication anticipée d'une assignation devant le tribunal correctionnel peut être poursuivie par l'inculpé auquel cette publication préjudicie, aucune disposition ne réservant, en cette matière, le droit de poursuite au ministère public seul. • Crim. 6 mars 1884 : *DP 1885. 1. 135.* ♦ La poursuite prévue par l'art. 38, al. 1er, de la loi de 1881 est soumise aux dispositions des art. 47 et 48 de ladite loi ; le premier de ces textes dispose que la poursuite des délits commis par la voie de presse a lieu d'office à la requête du ministère public sauf conditions particulières et exceptions énumérées à l'art. 48 ; le dernier al. de ce second texte, qui énumère les exceptions dans lesquelles la poursuite peut être exercée par la partie lésée (injures, diffamation, offense, refus de droit de réponse), ignore l'art. 38 ; le tribunal déduit de cette analyse que la poursuite de ce délit est exclusivement réservée à l'initiative du ministère public. • TGI Paris, 5 févr. 1996 : *D. 1996. 230, note Beignier.*

11. La publication des actes d'une procédure criminelle, avant que ces actes soient lus en audience publique, autorise la personne, même non inculpée, qui en a éprouvé un préjudice matériel et moral, à se porter partie civile dans la poursuite exercée à raison de cette publication prématurée, et justifie l'allocation à son profit de dommages-intérêts. • Crim. 9 juill. 1926 : *DH 1926. 534.*

12. L'interdiction de publier les actes d'accusation et tous actes de procédure criminelle ou correctionnelle avant leur lecture en audience publique, *prévue et réprimée par* l'art. 38, al. 1er, de la L. sur la presse du 29 juill. 1881, entre dans le champ d'application de l'art. 47 de ladite loi, qui réserve au ministère public l'initiative de la mise en mouvement de l'action publique. • Crim. 11 mai 2016, n° 15-82.365 P : *D. actu. 1er juin 2016, obs. Lavric.*

13. Sanctions. Sur la possibilité d'obtenir du juge des référés, sur le fondement de l'art. 809, al. 1er, NCPC [devenu C. pr. civ.], des mesures conservatoires ou de remise en état. • Paris, 2 juill. 1993 : *Gaz. Pal. 1994. 2. Somm. 443.*

14. Conflit de qualifications. À la suite de la présentation, à l'écran, lors d'un reportage télévisé, de procès-verbaux extraits d'un dossier dans lequel il était mis en examen, l'intéressé à porté plainte et s'est constitué partie civile pour violation du secret de l'instruction et recel. Le tribunal correctionnel a déclaré l'auteur du reportage coupable de recel de violation du secret de l'instruction. Justifie sa décision la cour d'appel qui, pour écarter l'argumentation du prévenu faisant valoir que les faits, constituant l'infraction prévue par l'art. 38 de la L. du 29 juill. 1881, ne pouvaient être poursuivis que sur ce seul fondement, retient notamment que le texte précité, qui interdit de publier des actes d'accusation et tous autres actes de procédure criminelle ou correctionnelle avant toute lecture en audience publique, n'emporte pas, pour la partie civile, l'impossibilité de poursuivre l'auteur de la publication pour recel de violation du secret de l'instruction dès lors que, comme en l'espèce, ces faits comportent la détention matérielle des écrits litigieux ; si une information échappe aux prévisions de l'art. 321-1 C. pén., qui réprime le seul recel d'une chose, et ne relève, le cas échéant, que des dispositions légales spécifiques à la liberté de la presse, tel n'est pas le cas du recel de documents provenant d'une violation du secret de l'instruction ou du secret professionnel. • Crim. 12 juin 2007, n° 06-87.361 P : *D. 2009. Pan. 131, obs. Garé ; RSC 2008. 95, obs. Francillon ; JCP 2007. II. 10159, note Fourment, Michalski et Piot ; Dr. pénal 2007. 143, obs. Véron ; Gaz. Pal. 2008. 1. Somm. 1175, note Monnet.*

B. CONSEIL SUPÉRIEUR DE LA MAGISTRATURE (ART. 38, AL. 2)

15. Recel de violation du secret professionnel. Un magistrat a porté plainte contre le directeur de publication d'un hebdomadaire et deux journalistes en raison d'un article qui mettait en cause sa déontologie et reproduisait partiellement la lettre du garde des Sceaux saisissant le Conseil supérieur de la magistrature (CSM) d'une procédure disciplinaire à son encontre ; pour déclarer les prévenus coupables de recel de violation du secret professionnel. La cour d'appel énonce que, selon l'art. 38 de la L. du 29 juill. 1881, il est interdit de publier aucune information relative aux travaux et délibérations du CSM, à l'exception des informations concernant les audiences publiques et les décisions publiques rendues en matière disciplinaire à l'encontre des magistrats ; elle ajoute qu'il ne saurait être dérogé à ce secret des travaux du CSM à l'égard d'une lettre du garde des Sceaux qui le saisit d'une instance disciplinaire contre un magistrat et que, si ce secret est absolu pour quiconque participe aux délibérations du CSM, il doit également être respecté par l'auteur de la lettre, le garde des Sceaux, à raison de son état, lorsqu'il décide d'engager des poursuites disciplinaires contre un magistrat, avant toute décision publique de la juridiction qu'il saisit, et que cette obligation s'impose également à toutes les personnes ayant connaissance de ladite lettre. Elle énonce enfin que le recel de cette lettre est dès lors constitué, quand bien même l'identité de la personne qui a violé le secret professionnel auquel elle était astreinte n'a pas été déterminée et qu'il est admis par le journaliste qu'il a eu une copie de la lettre entre les mains et qu'il ne peut en être autrement eu égard au caractère très complet des extraits choisis soumis aux lecteurs. En se déterminant par des motifs qui n'établissent pas, d'une part, que la lettre du garde des Sceaux saisissant le CSM était couverte par le secret et, d'autre part, que sa divulgation avait été le fait d'une personne dépositaire d'un secret par état ou profession, la cour d'appel a privé sa décision de base légale. • Crim. 24 mai 2005, n° 03-86.460 P : *Gaz. Pal. 2005. 2. Somm. 4302, note Monnet.*

C. CIRCONSTANCES D'UNE INFRACTION (AL. 3 ET 4, ABROGÉS)

16. Renvoi. V. L. 29 juill. 1881, notes ss. art. 35 *quater.*

Art. 38 *bis* *Néant.*

Art. 38 *ter* *(L. n° 81-82 du 2 févr. 1981)* **Dès l'ouverture de l'audience des juridictions administratives ou judiciaires, l'emploi de tout appareil permettant d'enregistrer, de fixer ou de transmettre la parole ou l'image est interdit. Le président fait procéder à la saisie de tout appareil et du support de la parole ou de l'image utilisés en violation de cette interdiction.**

Toutefois, sur demande présentée avant l'audience, le président peut autoriser des prises de vues quand les débats ne sont pas commencés et à la condition que les parties ou leurs représentants et le ministère public y consentent.

Toute infraction aux dispositions du présent article sera punie d'une amende de 4 500 €. Le tribunal pourra en outre prononcer la confiscation du matériel ayant servi à commettre l'infraction et du support de la parole ou de l'image utilisé.

Est interdite, sous les mêmes peines, la cession ou la publication, de quelque manière et par quelque moyen que ce soit, de tout enregistrement ou document obtenu en violation des dispositions du présent article.

Sur l'enregistrement des audiences publiques, V. C. patr., art. L. 221-1 s., et Décr. n° 86-74 du 15 janv. 1986, ss. ***C. pr. pén.***, *art. 308.*

1. QPC. Aux termes de l'art. 11 DDHC 1789 : « La libre communication des pensées et des opinions est un des droits les plus précieux de l'homme : tout citoyen peut donc parler, écrire, imprimer librement, sauf à répondre de l'abus de cette liberté dans les cas déterminés par la loi ». La liberté d'expression et de communication est d'autant plus précieuse que son exercice est une condition de la démocratie et l'une des garanties du respect des autres droits et libertés. Les atteintes portées à l'exercice de cette liberté doivent être nécessaires, adaptées et proportionnées à l'objectif poursuivi. Les dispositions contestées interdisent, sous peine d'amende, à quiconque d'employer, dès l'ouverture de l'audience des juridictions administratives ou judiciaires, tout appareil photographique ou d'enregistrement sonore ou audiovisuel et de céder ou publier l'enregistrement ou le document obtenu en violation de cette interdiction. En premier lieu, en instaurant cette interdiction, le législateur a, d'une part, entendu garantir la sérénité des débats vis-à-vis des risques de perturbations liés à l'utilisation de ces appareils. Ce faisant, il a poursuivi *l'objectif de valeur constitutionnelle* de bonne administration de la justice. D'autre part, il a également entendu prévenir les atteintes que la diffusion des images ou des enregistrements issus des audiences pourrait porter au droit au respect de la vie privée des parties au procès et des personnes participant aux débats, à la sécurité des acteurs judiciaires et, en matière pénale, à la présomption d'innocence de la personne poursuivie. En deuxième lieu, d'une part, s'il est possible d'utiliser des dispositifs de captation et d'enregistrement qui ne perturbent pas en eux-mêmes le déroulement des débats, l'interdiction de les employer au cours des audiences permet de prévenir la diffusion des images ou des enregistrements, susceptible quant à elle de perturber ces débats. D'autre part, l'évolution des moyens de communication est susceptible de conférer à cette diffusion un retentissement important qui amplifie le risque qu'il soit porté atteinte aux intérêts précités. En dernier lieu, l'interdiction résultant des dispositions contestées, à laquelle il a pu être fait exception, ne prive pas le public qui assiste aux audiences, en particulier les journalistes, de la possibilité de rendre compte des débats par tout autre moyen, y compris pendant leur déroulement, sous réserve du pouvoir de police du président de la formation de jugement. Il résulte de ce qui précède que l'atteinte à l'exercice de la liberté d'expression et de communication qui résulte des dispositions contestées est nécessaire, adaptée et proportionnée aux objectifs poursuivis. Le grief tiré de la méconnaissance de l'art. 11 DDHC 1789 doit donc être écarté. Les dispositions contestées, qui ne méconnaissent pas non plus le principe de nécessité des délits et des peines, ni aucun autre droit ou liberté que la Constitution garantit, doivent être déclarées conformes à la Constitution. • Cons. const. 6 déc. 2019, n° 2019-817 QPC : *D. actu. 9 déc. 2019, obs. Babonneau ; Dr. pénal 2020. Chron. 12, obs. Lepage.*

2. Audience. Se rend coupable du délit de publication ou cession d'enregistrement sonore ou visuel effectué à l'audience d'une juridiction, le directeur de publication d'un journal qui a publié une photographie d'un prévenu de dos, face aux juges d'un tribunal correctionnel ; le prévenu ne peut s'exonérer en prétendant que les conditions prévues par l'art. 38 *ter*, al. 2, de la L. du 29 juill. 1881 seraient réunies, dès lors qu'il est établi que la photographie n'a pas été prise avant le début de l'audience et avec l'autorisation du président du tribunal ; en effet l'attitude du prévenu sur la photographie correspond manifestement à celle d'une personne qui répond à des questions du président ; au surplus, le photographe a admis à l'audience du tribunal avoir pris la photographie en sachant qu'il n'en avait pas le droit. • Douai, 3 mars 1999 : *JCP 2000. IV. 1615.*

3. Délibérations. Un journaliste reporter d'images à France 3 Picardie avait été chargé de couvrir le déroulement d'une affaire devant la cour d'assises de la Somme ; la cour et le jury s'étaient retirés pour délibérer, et il était resté dans la salle d'audience à attendre le verdict, à l'instar d'autres confrères. Plusieurs des personnes alors présentes constataient que, par le reflet sur les parois de verre de l'immeuble faisant face, de l'autre côté de la rue, aux fenêtres de la salle des délibérés, le président de la cour et plusieurs jurés étaient visibles depuis la salle d'audience ; les conseils des deux accusés s'étant émus, auprès de l'assistance, de cette situation, le journaliste prenant l'initiative de filmer avec sa caméra ce reflet, qui lui permettait de visualiser le déroulement du délibéré. Sur ces prises de vue, étaient identifiables, outre le président de la cour, deux jurés en train de participer à un vote à main levée ; entre-temps, la chaîne de télévision France 3 Picardie diffusait une partie de l'enregistrement filmé par le journaliste, cette retransmission n'étant accompagnée d'aucun floutage. Des poursuites furent exercées, à la fois, contre le journaliste, le rédacteur en chef et le directeur de publication de la chaîne régionale. Les faits ne pouvaient recevoir l'incrimination du délit de l'art. 39, al. 3, de la L. du 29 juill. 1881, dans la mesure où ce délit ne peut être imputé qu'à la personne qui, ayant participé à une délibération judiciaire, en rendrait compte, ce qui ne correspond pas à la situation des trois prévenus, qui n'ont en aucune façon participé aux délibérations du jury de la cour d'assises ; ils ne pourraient se voir reprocher une complicité punissable, en l'absence d'un acte principal de violation du secret du délibéré par l'un des participants à celui-ci. • Amiens, 4 févr. 2009 : *JCP 2009. II. 10063, note M. Bénillouche.* ♦ De même, l'interdiction de photographier les débats judiciaires, prévue et réprimée par l'art. 38 *ter* de la L. du 29 juill. 1881, ne concerne que l'audience proprement dite et ne saurait s'étendre au délibéré d'une juridiction, sauf à ajouter au texte d'incrimination, dont les dispositions sont d'ailleurs explicites, quant à l'objet et à l'étendue de cette interdiction. • Même arrêt. ♦ En revanche, les faits sont constitutifs du délit d'atteinte à la vie privée, prévu et réprimé par les art. 226-1 et 226-2 C. pén. (V. la décision sous ces textes). • Même arrêt.

4. Compte tenu, d'une part, du caractère fragile des témoignages qui entraîne la nécessité d'une sérénité absolue pendant tout procès criminel et particulièrement pendant ceux dont la gravité les place au cœur de l'actualité médiatique, d'autre part, de l'atteinte faite à l'image de l'accusé dans la salle d'audience pendant l'attente du verdict alors qu'il importe de garder à l'enceinte judiciaire son caractère préservé, la prohibition de l'art. 38 *ter* de la L. du 29 juill. 1881 ne saurait constituer une ingérence disproportionnée au regard de la liberté d'expression et du droit à l'information. • Paris, 7 févr. 2019, n° 18/06521 : *Légipresse 19 mars 2019, n° 369.*

5. Verdict. Le délit de publication d'enregistrement effectué sans autorisation à l'audience d'une juridiction, prévu par l'art. 38 *ter* de la L. du 29 juill. 1881, instaure une restriction à la liberté d'expression nécessaire, dans une société démocratique, à la protection de la réputation ou des droits d'autrui, et pour garantir l'autorité et l'impartialité du pouvoir judiciaire, et s'avère dès lors compatible avec l'art. 10 Conv. EDH ; justifie sa décision la cour d'appel qui condamne pour complicité de ce délit le rédacteur en chef d'une station de télévision qui a diffusé un enregistrement vidéo montrant le président et les assesseurs d'une cour d'assises lors du prononcé du verdict. • Crim. 8 juin 2010, n° 09-87.526 P : *D. 2010. Actu. 1791 ; ibid. 2011. Pan. 788, obs. Dreyer ; RSC 2010. 943, obs. Renucci ; JCP G 2010, n° 1258, obs. Dreyer ; Gaz. Pal. 2010. II. 2996, note Fourment ; Dr. pénal 2011. Chron. 5, obs. Mouysset.*

Art. 39 (*L. n° 75-617 du 11 juill. 1975, art. 22*) **« Il est interdit de rendre compte des procès en diffamation dans les cas prévus aux paragraphes *a*, *b* et *c* de l'article 35 de la présente loi. Il est pareillement interdit de rendre compte des débats et de publier des pièces de procédure concernant les questions de filiation, actions à fins de subsides, procès en divorce, séparation de corps et nullités de mariage, procès en matière d'avortement. Cette interdiction ne s'applique pas au dispositif des décisions, qui peut toujours être publié.**

« Les dispositions qui précèdent ne s'appliquent pas aux publications techniques à condition que soit respecté l'anonymat des parties. »

(Ord. du 6 mai 1944) « Dans toutes affaires civiles, les cours et tribunaux pourront interdire le compte rendu du procès.

« Il est également interdit de rendre compte des délibérations intérieures, soit des jurys, soit des cours et tribunaux.

Al. abrogé par L. nº 81-82 du 2 févr. 1981, art. 46.

« Toute infraction à ces dispositions sera punie d'une amende de 18 000 €. »

V. aussi CJM (L. nº 82-621 du 21 juill. 1982), art. 219 ; L. du 2 juill. 1931, art. 2 (plaintes avec constitution de partie civile) ; Ord. nº 45-174 du 2 févr. 1945, art. 14 (enfance délinquante).

1. Questions de filiation. L'art. 39 de la L. du 29 juill. 1881 interdit « de rendre compte des débats et de publier des pièces de procédure concernant les questions de filiation », à l'exception du dispositif des décisions ; ce texte vise d'une manière générale les « questions de filiation » et, ainsi, ne protège pas seulement l'enfant ou le demandeur à l'instance, mais toute les personnes mises en cause dans celle-ci et, notamment, la personne dont la paternité est recherchée. • Paris, 13 nov. 1998 : *D. 1999. IR 13.*

2. Si le père prétendu se plaint d'une atteinte au secret protégé par l'art. 39 et d'une atteinte aux droits de la personnalité pour ce qui concerne la divulgation de ses relations intimes avec la mère et de la naissance prétendue d'un enfant qui en serait issu, les deux fondements ne se recouvrent pas ; l'atteinte aux droits de la personnalité n'est pas de ce fait de nature à englober l'atteinte spéciale au secret des instances en filiation. • Paris, 13 nov. 1998 : *préc. note 1.*

3. L'infraction est constituée dès lors que l'article de presse, s'il fait état du dispositif du jugement rendu sur le sujet, se réfère expressément aux éléments de preuve débattus devant la juridiction. • Paris, 13 nov. 1998 : *préc. note 1.*

4. Procès en divorce. L'art. 39 de la L. du 29 juill. 1881 impose une interdiction absolue de publication, mais qui, étant précisément limitée aux pièces mêmes de la procédure de divorce et à la relation des débats tenus en chambre du Conseil, ne contrevient pas aux restrictions qu'il est permis d'apporter à la liberté d'expression, selon l'al. 2 de l'art. 10 Conv. EDH, tant pour assurer la protection de la réputation de la vie d'autrui, que pour empêcher la divulgation d'informations confidentielles, et qui visent donc à éviter les atteintes portées à la vie privée des parties, ainsi qu'à la confidentialité liée à la production des pièces versées dans le cadre d'une telle procédure ; cette interdiction générale ne saurait être interprétée par le juge de la presse comme pouvant lui permettre de faire échapper à cette protection légale certaines des conclusions ou pièces annexées, qu'il considère comme ne concernant pas la vie privée des parties. • Paris, 3 juill. 2008 : *Dr. pénal 2008. 153, obs. Véron.*

5. Délibérations judiciaires. Un journaliste reporter d'images à France 3 Picardie avait été chargé de couvrir le déroulement d'une affaire devant la cour d'assises de la Somme ; la cour et le jury s'étaient retirés pour délibérer, et il était resté dans la salle d'audience à attendre le verdict, à l'instar d'autres confrères ; plusieurs des personnes alors présentes constataient que, par le reflet sur les parois de verre de l'immeuble faisant face, de l'autre côté de la rue, aux fenêtres de la salle des délibérés, le président de la cour et plusieurs jurés étaient visibles depuis la salle d'audience ; les conseils des deux accusés s'étant émus, auprès de l'assistance, de cette situation, le journaliste prenait l'initiative de filmer avec sa caméra ce reflet, qui lui permettait de visualiser le déroulement du délibéré ; sur ces prises de vue, étaient identifiables, outre le président de la cour, deux jurés en train de participer à un vote à main levée ; entre temps, la chaîne de télévision France 3 Picardie diffusait une partie de l'enregistrement filmé par le journaliste, cette retransmission n'étant accompagnée d'aucun floutage ; des poursuites furent exercées, à la fois, contre le journaliste, le rédacteur en chef et le directeur de publication de la chaîne régionale ; les faits ne pouvaient recevoir l'incrimination du délit de l'art. 39, al. 3, de la L. du 29 juill. 1881, dans la mesure où ce délit ne peut être imputé qu'à la personne qui, ayant participé à une délibération judiciaire, en rendrait compte, ce qui ne correspond pas à la situation des trois prévenus, qui n'ont en aucune façon participé aux délibérations du jury de la cour d'assises ; ils ne pourraient se voir reprocher une complicité punissable, en l'absence d'un acte principal de violation du secret du délibéré par l'un des participants à celui-ci. • Amiens, 4 févr. 2009 : *JCP 2009. II. 10063, note Bénillouche.* ♦ De même, l'interdiction de photographier les débats judiciaires, prévue et réprimée par l'art. 38 *ter* de la L. du 29 juill. 1881, ne concerne que l'audience proprement dite et ne saurait s'étendre au délibéré d'une juridiction, sauf à ajouter au texte d'incrimination, dont les dispositions sont d'ailleurs explicites, quant à l'objet et à l'étendue de cette interdiction. • Même arrêt. ♦ En revanche, les faits sont constitutifs du délit d'atteinte à la vie privée, prévu et réprimé par les art. 226-1 et 226-2 C. pén. (V. la décision ss. ces textes). • Même arrêt.

Art. 39 *bis* *(L. nº 2000-516 du 15 juin 2000, art. 99-I)* **Est puni de 15 000 € d'amende le fait de diffuser, de quelque manière que ce soit, des informations relatives à l'identité ou permettant l'identification :**

— d'un mineur ayant quitté ses parents, son tuteur, la personne ou l'institution qui était chargée de sa garde ou à laquelle il était confié ;

— d'un mineur délaissé dans les conditions mentionnées aux articles 227-1 et 227-2 du code pénal ;

— d'un mineur qui s'est suicidé ;

— d'un mineur victime d'une infraction.

Les dispositions du présent article ne sont pas applicables lorsque la publication est réalisée à la demande des personnes ayant la garde du mineur ou des autorités administratives ou judiciaires.

Sont coupables du délit prévu et réprimé par l'art. 39 *bis* de la L. du 29 juill. 1881 le directeur de la publication d'un quotidien, en tant qu'auteur, et un journaliste, en tant que complice, qui ont diffusé, dans un article, des informations comportant des éléments suffisants d'individualisation relatifs à la personnalité d'une mineure en cause, et permettant de l'identifier. • Crim. 4 juin 1998 : *Gaz. Pal. 1998. 2. Chron. 172.*

Art. 39 *ter* *Abrogé par L. nº 2000-516 du 15 juin 2000, art. 99-II.*

Art. 39 *quater* *(L. nº 66-500 du 11 juill. 1966)* **Il est interdit, moins de trente ans après la mort de l'adopté, de publier par le livre, la presse, la radiodiffusion, le cinématographe ou de quelque manière que ce soit, une information relative à la filiation d'origine d'une personne ayant fait l'objet d'une adoption plénière.**

Les infractions à la disposition qui précède sont punies d'une amende de 6 000 € ; en cas de récidive, un emprisonnement de deux ans pourra être prononcé.

Art. 39 *quinquies* *(L. nº 80-1041 du 23 déc. 1980 ; L. nº 2000-516 du 15 juin 2000, art. 97-II)* **Le fait de diffuser, par quelque moyen que ce soit et quel qu'en soit le support, des renseignements concernant l'identité d'une victime d'une agression ou d'une atteinte sexuelles ou l'image de cette victime lorsqu'elle est identifiable est puni de 15 000 € d'amende.**

Les dispositions du présent article ne sont pas applicables lorsque la victime a donné son accord écrit.

Si la diffusion de l'identité d'une personne et de la nature sexuelle des crimes et délits dont elle a été victime est poursuivie sur le fondement de l'art. 39 *quinquies* de la L. du 29 juill. 1881, la divulgation, sans le consentement de l'intéressé, d'informations relatives aux circonstances précises dans lesquelles ces infractions ont été commises est un fait distinct constitutif d'une atteinte à sa vie privée, qui peut être sanctionné sur le fondement de l'art. 9 C. civ. • Civ. 1re, 9 sept. 2020, nº 19-16.415 P : *AJ pénal 2020. 586, obs. Thierry*.

Art. 39 *sexies* *(L. nº 2009-971 du 3 août 2009, art. 21)* **« Le fait de révéler, par quelque moyen d'expression que ce soit, l'identité des fonctionnaires de la police nationale, de militaires, de personnels civils du ministère de la défense »** *(L. nº 95-73 du 21 janv. 1995)* **« ou d'agents des douanes appartenant à des services ou unités désignés par arrêté du ministre intéressé et dont les missions exigent, pour des raisons de sécurité, le respect de l'anonymat, est puni d'une amende de 15 000 €. »** — *Sur le respect de l'anonymat de certains fonctionnaires de police, V. Arr. du 7 avr. 2011 (JO 16 avr.) ; ... de gendarmerie, V. Arr. du 20 nov. 1995 (JO 3 janv. 1996) ; ... des douanes et droits indirects, V. Arr. du 24 sept. 1996 (JO 1er oct.).*

1. Le non-respect du droit à l'image d'une personne représentée en photographie ne saurait être confondu avec la révélation de l'identité de cette personne telle que prévue à l'art. 39 *sexies* de la L. du 29 juill. 1881. • Civ. 1re, 5 juill. 2005, nº 04-10.607 P.

2. Il se déduit de l'art. 39 *sexies* de la L. du 29 juill. 1881, qui prohibe la révélation par quelque moyen que ce soit de l'identité des fonctionnaires appartenant à des services ou unités désignés par arrêté, dont les missions exigent le respect de l'anonymat pour des raisons de sécurité, que cette interdiction n'est pas limitée à la révélation des nom et prénoms des personnes concernées mais s'applique à la diffusion d'informations qui en permettent l'identification ; la diffusion de précédentes informations relatives à l'intéressé ne fait pas obstacle à la caractérisation de l'infraction. • Crim. 12 déc. 2017, nº 17-80.821 P : *D. actu. 17 janv. 2018, obs. Lavric ; Dr. pénal 2018, nº 46, obs. Conte ; Gaz. Pal. 2018, p. 420, obs. Fourment* • 12 déc. 2017, nº 17-80.818 P : *Dr. pénal 2018, nº 46, obs. Conte ; Gaz. Pal. 2018, p. 420, obs. Fourment.*

Art. 40 *(Ord. du 6 mai 1944)* Il est interdit d'ouvrir ou d'annoncer publiquement des souscriptions ayant pour objet d'indemniser des amendes, frais et dommages-intérêts prononcés par des condamnations judiciaires *(L. nº 2017-86 du 27 janv. 2017, art. 175)* « , des amendes forfaitaires, des amendes de composition pénale ou des sommes dues au titre des transactions prévues par le code de procédure pénale ou par l'article 28 de la loi organique nº 2011-333 du 29 mars 2011 relative au Défenseur des droits », sous peine d'un emprisonnement de six mois, et d'une amende de 45 000 € ou de l'une de ces deux peines seulement.

(L. nº 2017-86 du 27 janv. 2017, art. 175) « Le fait d'annoncer publiquement la prise en charge financière des amendes, frais, dommages-intérêts et autres sommes mentionnés au premier alinéa du présent article est sanctionné des mêmes peines. »

1. La disposition de l'art. 40 de la L. du 29 juill. 1881 sur la liberté de la presse ne concerne pas les souscriptions visant des condamnations en matière de contraventions de police. • Chambéry, 4 déc. 1890, et, sur pourvoi : • Crim. 21 févr. 1891 : *DP 1891. 1. 445.*

2. La souscription publique ouverte au cours d'une réunion, en vue de fournir à un condamné les fonds nécessaires pour se pourvoir devant une juridiction supérieure, ne tombe pas sous le coup de l'art. 40 de la L. du 29 juill. 1881. • Alger, 13 mai 1948 : *D. 1948. Somm. 34.* ♦ Mais tombe sous le coup de la loi la quête faite au profit d'un condamné, au cours d'une réunion publique organisée pour protester contre la condamnation. • Même arrêt.

Art. 41 *(Ord. nº 58-1100 du 17 nov. 1958)* « Ne donneront ouverture à aucune action les discours tenus dans le sein de l'Assemblée nationale ou du Sénat ainsi que les rapports ou toute autre pièce imprimée par ordre de l'une de ces deux assemblées.

« Ne donnera lieu à aucune action le compte rendu des séances publiques des assemblées visées à l'alinéa ci-dessus fait de bonne foi dans les journaux. »

(L. nº 2008-1187 du 14 nov. 2008) « Ne donneront lieu à aucune action en diffamation, injure ou outrage ni les propos tenus ou les écrits produits devant une commission d'enquête créée, en leur sein, par l'Assemblée nationale ou le Sénat, par la personne tenue d'y déposer, sauf s'ils sont étrangers à l'objet de l'enquête, ni le compte rendu fidèle des réunions publiques de cette commission fait de bonne foi. »

Ne donneront lieu à aucune action en diffamation, injure ou outrage, ni le compte rendu fidèle fait de bonne foi des débats judiciaires, ni les discours prononcés ou les écrits produits devant les tribunaux.

(L. nº 82-506 du 15 juin 1982) « Pourront néanmoins les juges, saisis de la cause et statuant sur le fond, prononcer la suppression des discours injurieux, outrageants ou diffamatoires, et condamner qui il appartiendra à des dommages-intérêts. »

Pourront toutefois les faits diffamatoires étrangers à la cause donner ouverture, soit à l'action publique, soit à l'action civile des parties, lorsque ces actions leur auront été réservées par les tribunaux, et, dans tous les cas, à l'action civile des tiers.

RÉP. PÉN. v^is *Action publique*, par MOLINS ; *Défense pénale et Délit d'audience*, par SAINT-PIERRE.

PLAN DES ANNOTATIONS

I. IMMUNITÉ PARLEMENTAIRE

1. Approche stricte. *L'immunité établie par* l'art. 41 de la L. du 29 juill. 1881 ne concerne que les discours tenus dans le sein du Parlement ou les rapports ou autres documents imprimés par ordre des assemblées, ainsi que les comptes rendus des séances publiques tenues par ces assemblées ; elle ne comporte aucune interprétation extensive. • Crim. 24 nov. 1960 : *Bull. crim. nº 551.*

2. Le droit à immunité est un droit exceptionnel qui ne saurait qu'être interprété restrictivement et ne peut être étendu en dehors des prévisions du texte, et spécialement aux déclarations des personnes appelées par les commissions parlementaires. • Paris, 11 mars 1953 : *D. 1953. 271 ; JCP 1953. II. 7543, note Colombini.* ♦ *Contra :* • T. corr. Seine, 31 mai 1950 : *D. 1950. 448 ; JCP 1951. II. 5965, note Colombini.* ♦ L'immunité parlementaire étant strictement définie par l'art. 41 de la L. du 29 juill. 1881, elle ne peut être étendue en dehors de ses prévisions, et notamment pas aux personnes appelées par les commissions d'enquête parlementaires. • Civ. 1re, 23 nov. 2004, n° 02-13.293 P. ♦ C'est dès lors à bon droit que l'arrêt n'a pas fait application en la cause des dispositions de ce texte aux auditions d'un greffier par une commission d'enquête parlementaire sur le fonctionnement des tribunaux de commerce. • Même arrêt.

3. Il résulte de l'art. 41, al. 2, de la L. du 29 juill. 1881 que le compte rendu des séances publiques des assemblées parlementaires ne peut donner lieu à aucune action que s'il est fait de bonne foi ; justifie en conséquence sa décision la cour d'appel qui, pour refuser le bénéfice de cette immunité à un député, rapporteur d'une commission d'enquête parlementaire sur la situation financière, patrimoniale et fiscale des sectes, auquel il était reproché, sous la qualification de diffamation publique, d'avoir imputé à l'une d'elles, lors d'un entretien accordé à un journaliste, de fonctionner « sur le mode de la criminalité internationale », retient que les propos litigieux ne constituent pas un compte rendu fidèle du rapport de la commission d'enquête précitée et que, s'il était légitime de chercher à informer les lecteurs sur les différents aspects de la lutte contre les sectes, il appartenait néanmoins à l'auteur des propos, expert réputé en la matière, de veiller, dans un entretien « minutieusement préparé », à ne pas user de termes approximatifs et à ne pas procéder à des amalgames hâtifs. • Crim. 30 sept. 2003, n° 03-80.039 P : *JCP 2003. IV. 2888 ; Dr. pénal 2004. 33, obs. Véron.*

4. Dès lors que les propos imputés à un député n'ont pas été tenus au cours de l'une des activités prévues aux titres IV et V de la Constitution, qui peuvent seules caractériser l'exercice des fonctions parlementaires, non plus qu'au sein de l'Assemblée nationale, c'est à bon droit que les juges du fond n'ont pas fait bénéficier le prévenu de l'immunité prévue par l'al. 1er de l'art. 26 Const. et par l'al. 1er de l'art. 41 de la L. du 29 juill. 1881. • Crim. 12 nov. 2008, n° 07-83.398 P : *D. 2009. 402, note Pradel ; RSC 2009. 129, obs. Francillon ; JCP 2008. II. 10206, note Dreyer ; Dr. pénal 2009. 20, obs. Véron.*

5. Commission d'enquête parlementaire. Selon les art. 112-1 C. pén. et 7 Conv. EDH, les dispositions nouvelles, lorsqu'elles sont moins sévères que les dispositions anciennes, s'appliquent aux infractions commises avant leur entrée en vigueur et n'ayant pas donné lieu à une condamnation passée en force de chose jugée ; tel est le cas de l'al. 3 de l'art. 41 de la L. du 29 juill. 1881, sur la liberté de la presse, issu de la L. n° 2008-1187 du 14 nov. 2008, qui dispose que ne donneront lieu à aucune action en diffamation, injure ou outrage ni les propos tenus ou les écrits produits devant une commission d'enquête créée en son sein, par l'Assemblée nationale ou le Sénat, par la personne tenue d'y déposer, sauf s'ils sont étrangers à l'objet de l'enquête, ni le compte rendu fidèle des réunions publiques de cette commission fait de bonne foi. • Crim. 13 avr. 2010, n° 09-85.135 P : *D. 2010. Actu. 1285 ; ibid. Pan. 2735 ; ibid. 2011. Pan. 787, obs. Dreyer ; AJ pénal 2010. 337, obs. Royer ; Dr. pénal 2010, n° 78, obs. Véron ; ibid. 2011. Chron. 5, obs. Mouysset ; Gaz. Pal. 2010. I. 1742, note Fourment* • Crim. 8 juin 2010, n° 09-86.626 P : *D. 2011. Pan. 787, obs. Dreyer ; RSC 2010. Chron. 941, obs. Renucci ; AJ pénal 2010. 445 ; JCP G 2010, n° 1258, obs. Dreyer ; Dr. pénal 2011. Chron. 5, obs. Mouysset.*

6. Élus municipaux. Si un conseiller municipal siégeant en séance publique ne bénéficie pas de l'immunité parlementaire prévue par l'art. 41 de la loi de 1881, condamner ses propos ne peut se faire qu'en présence de motifs impérieux. • CEDH 7 sept. 2017, *Lacroix c/ France*, n° 41519/12 : *Gaz. Pal. 2018, p. 426, obs. Piot.*

II. IMMUNITÉ JUDICIAIRE

BIBL. Renaudie, *Gaz. Pal. 2006. 2. Doctr. 2185* (liberté d'expression de l'avocat dans la jurisprudence de la Cour européenne des droits de l'homme. Développements récents et conformité du droit français). – Krikorian, *Gaz. Pal. 2007. 2. Doctr. 3793* (statut constitutionnel de l'avocat défenseur). – Richard, *Gaz. Pal. 2011. 2. Doctr. 2163* (sommes-nous insuffisamment immunisés ?). – Dassa-Le Deist, *Gaz. Pal. 2018, p. 1251* (l'outrage couvert par l'immunité des débats judiciaires).

7. Caractère d'ordre public. Les dispositions de l'art. 41 de la loi sur la presse sont d'ordre public. • Civ. 2e, 15 juin 1972 : *D. 1972. Somm. 186* • Crim. 9 oct. 1978 : *Bull. crim. n° 262 ; RSC 1979. 566, obs. Levasseur* • 4 févr. 1980 : *Bull. crim. n° 44* • 23 juill. 1984 : *ibid. n° 265 ; RSC 1985. 302, obs. Levasseur.* ♦ ... Trouvant leur fondement dans la sauvegarde des droits de la défense aussi bien que dans la garantie de la sincérité des témoignages. • Crim. 1er déc. 1992, n° 88-85.650 P.

8. Il résulte des dispositions de l'art. 41, al. 3, de la L. du 29 juill. 181, qui sont d'ordre public, que les écrits produits devant les tribunaux ne peuvent donner lieu à aucune action en diffamation ; cette règle, destinée à garantir aussi bien la sincérité du témoignage que la liberté de la défense, ne reçoit d'exception que dans le cas où les faits diffamatoires sont étrangers à la cause, et s'ils concernent l'une des parties, à la condition que l'action ait été réservée par le tribunal devant lequel l'écrit est produit. • Crim.

14 nov. 2006, n° 06-83.120 P : *AJ pénal 2007. 84, obs. Royer ; Dr. pénal 2007. 32 (1re esp.), obs. Véron ; ibid. Chron. 1, obs. Mouysset.*

9. Aux termes de l'art. 41 de la L. du 29 juill. 1881 sur la liberté de la presse : « Ne donneront lieu à aucune action en diffamation, injure ou outrage ni le compte rendu fidèle fait de bonne foi des débats judicaires, ni les discours prononcés ou les écrits produits devant les tribunaux. Pourront néanmoins les juges, saisis de la cause et statuant sur le fond, prononcer la suppression des discours injurieux, outrageants ou diffamatoires, et condamner qui il appartiendra à des dommages-intérêts (...) » ; si ces dispositions se bornent à instaurer une réserve touchant les actions en diffamation, le libre exercice du droit d'agir et de se défendre en justice fait obstacle à ce qu'un justiciable puisse faire l'objet, au titre de propos tenus ou d'écrits produits par lui dans le cadre d'une instance juridictionnelle, en plus des mesures prévues par cet article, de poursuites disciplinaires fondées sur le caractère diffamatoire de ces propos ou écrits. • CE 22 mai 2015, n° 370429 : *D. actu. 2 juin 2015, obs. Portmann.*

10. Preuve. C'est au prévenu qui invoque une cause d'immunité à établir qu'il se trouve dans des circonstances dont il entend se prévaloir pour sa défense. • Crim. 5 févr. 1985 : *Bull. crim. n° 62 ; RSC 1986. 612, obs. Levasseur.* ♦ Si c'est à celui qui se prévaut de l'immunité de prouver que les conditions en sont réunies, il peut l'établir par les voies ordinaires, selon les modes de preuve du droit commun. • Crim. 6 oct. 1992, n° 91-85.434 P (à propos du compte rendu fidèle fait de bonne foi des débats judiciaires). ♦ ... Cette preuve, qui n'a pas pour objet la vérité des faits diffamatoires, échappant aux exigences de forme et de délai prévues par l'art. 55 de la L. du 29 juill. 1881. • Crim. 6 oct. 1992 : *préc.*

11. Contrôle de la Cour de cassation. Il appartient à la Cour de cassation de contrôler et vérifier, s'il y a lieu d'après le texte de l'écrit publié, les appréciations des juges du fond en ce qui concerne les éléments du délit et l'immunité dont il peut bénéficier, tels qu'ils se dégagent de cet écrit. • Cass., ch. réun., 7 avr. 1897 : *DP 1897. 1. 595, rapp. Denis* • Crim. 18 déc. 1962 : *Bull. crim. n° 378* • 17 mai 1983 : *Bull. crim. n° 145.* ♦ S'il appartient à la Cour de cassation de contrôler les appréciations des juges du fond relatives à la fidélité et la bonne foi d'un compte rendu, ces appréciations sont souveraines quant à la teneur des dépositions de témoins cités par la défense, ou celles des éléments de preuve extrinsèques à l'écrit incriminé. • Crim. 10 mai 1994, n° 93-82.553 P.

A. COMPTES RENDUS

12. Conv. EDH. Si l'exercice de la liberté de communication est garanti par l'art. 11 de la Déclaration des droits de l'homme de 1789 et par l'art. 10 Conv. EDH, il peut être l'objet de restrictions ou sanctions dans les cas déterminés par la L. du 29 juill. 1881 ; s'il est légitime d'informer le public sur le fonctionnement de la justice, le but ainsi poursuivi ne dispense pas le journaliste des devoirs de prudence, de circonspection, d'objectivité et de sincérité dans l'expression de la pensée. • Crim. 10 mai 1994, n° 93-82.553 P. ♦ Rappr. • Crim. 6 oct. 1992, n° 90-80.684 P.

13. Conflit avec la responsabilité civile. Les abus de la liberté d'expression prévus par la L. du 29 juill. 1881 ou par l'art. 9-1 C. civ. ne peuvent être poursuivis sur le fondement de l'art. 1382 C. civ. ; justifie légalement sa décision la cour d'appel qui, retenant que des art. de presse relatent objectivement des débats devant une cour d'assises, sans appréciation personnelle du journaliste sur la personnalité des accusés et, tout en soulignant les insuffisances de l'accusation, ne contiennent pas d'information inexacte publiée dans l'intention de nuire ou avec une légèreté blâmable, rejette la demande de dommages-intérêts présentée par les accusés acquittés ; en effet, de ces seuls motifs, il résulte que les propos incriminés, replacés dans leur contexte, bénéficient de l'immunité du compte rendu judiciaire prévue par l'art. 41 de la L. du 29 juill. 1881. • Civ. 2e, 8 mars 2001, n° 99-14.995 P : *Gaz. Pal. 2001. 1. 831, note P.L.G.*

14. Viole l'art. 41 de la L. du 29 juill. 1881 la cour d'appel qui, pour condamner une partie au paiement de dommages-intérêts au titre d'un préjudice moral occasionné par le contenu de ses conclusions, se fonde sur l'art. 1382 C. civ., alors que seul l'art. préc. est applicable. • Civ. 3e, 3 mai 2012, n° 11-14.964 P : *D. actu. 24 mai 2012, obs. Kebir.*

15. Notion de compte rendu. Un compte rendu consiste dans la reproduction intégrale ou partielle de ce qui s'est passé au cours de l'audience : énonciation des faits objet de la poursuite, explications des parties et des témoins, interventions du président, du ministère public et des avocats, dispositif du jugement. • Crim. 16 août 1884 : *Bull. crim. n° 269* • 9 févr. 1906 : *ibid. n° 66* • 5 févr. 1985 : *ibid. n° 62 ; RSC 1986. 612, obs. Levasseur.*

16. La citation dans un journal d'un fragment d'un discours prononcé devant un tribunal n'est pas un « compte rendu » au sens des art. 39 et 41 de la loi sur la presse ; l'immunité qui pourrait couvrir l'auteur du discours lui-même ne couvre pas celui qui en a reproduit un fragment (à propos d'une offense au Président de la République). • Crim. 21 déc. 1966 : *Bull. crim. n° 301 ; D. 1967. 128.*

17. Le commentaire d'une décision de justice n'entre ni dans les prévisions de l'art. 39 de la L. du 29 juill. 1881, ni dans celles de l'art. 41, al. 3, de la même loi ; il peut éventuellement donner lieu à des poursuites pour diffamation, sous réserve de la bonne foi de son auteur. • Crim. 16 oct. 1968 : *Bull. crim. n° 256* • 16 oct. 1968 : *ibid. n° 259 (2 arrêts) ; D. 1969. Somm. 51 (2 arrêts).*

18. Ne constitue pas un compte rendu de débats judiciaires au sens de l'art. 41, al. 3, de la L. du 29 juill. 1881 une chronique quotidienne tenue sur les ondes, au cours de laquelle ont été citées, à trois reprises, les accusations d'agression sexuelle portées à l'encontre de la partie civile par le témoin d'un procès d'assises. • Crim. 2 mars 1999 : *Gaz. Pal. 1999. 2, chron. crim. 109.*

19. L'immunité édictée par l'art. 41, al. 3, de la L. du 29 juill. 1881 ne saurait être étendue à la publication de comptes rendus par des journaux, dont les responsables, même s'ils ne sont pas visés par l'art. 11 C. pr. pén., ne peuvent rendre compte de débats par nature non publiés, et sont en tout cas tenus de respecter les dispositions de l'art. 38 de la loi sur la presse. • Paris, 27 janv. 1988 : *D. 1988. 480, note Mayer.*

20. Justifie sa décision la cour d'appel qui, pour refuser le bénéfice de l'immunité prévue par l'art. 41 de la L. du 29 juill. 1881 à un prévenu soutenant que les propos diffamatoires lui étant imputés n'étaient que la reproduction, par la presse, de débats judiciaires au cours desquels il avait été amené à plaider en sa qualité d'avocat, retient, en se fondant sur des éléments de fait par elle souverainement appréciés, que les propos en cause ne constituent pas un compte rendu d'audience au sens dudit article. • Crim. 28 nov. 2006, n° 05-85.085 P : *Dr. pénal 2007. Comm. 29 et 32, obs. Véron ; ibid. Chron. 1, obs. Mouysset ; AJ pénal 2007. 86, obs. Royer .*

21. L'atteinte à la présomption d'innocence est réalisée chaque fois qu'avant sa condamnation irrévocable, une personne est publiquement présentée comme nécessairement coupable de faits pénalement répréhensibles pour lesquels elle est poursuivie ; l'affichage d'une décision de justice ne peut à cet égard s'assimiler à l'immunité propre dont bénéficie celui qui se livre fidèlement et de bonne foi au compte-rendu de débats judiciaires. • Civ. 1re, 10 avr. 2013, n° 11-28.406 P : *D. actu. 17 avr. 2013, obs. Lavric ; D. 2013. 1003, obs. Lavric .*

22. Fidélité du compte rendu. Seul le compte rendu fidèle, fait de bonne foi, de débats judiciaires, ne donne lieu à aucune action en diffamation, injure ou outrage contre le journaliste auteur d'un tel compte rendu. • Crim. 18 déc. 1962 : *Bull. crim. n° 378* • 3 mai 1966 : *ibid. n° 133.* ♦ L'art. 41, al. 3, de la L. du 29 juill. 1881 a fait de l'infidélité de la narration un des éléments de ces délits. • Cass., ch. réun., 7 avr. 1897 : *DP 1897. 1. 595, rapp. Denis* • Crim. 2 mai 1901 : *ibid. 1902. 1. 471* • Paris, 14 juin 1994 : *D. 1995. 523, note Muller .*

23. Au sens de l'art. 41, al. 3, de la L. du 29 juill. 1881, le compte rendu fidèle fait de bonne foi d'un procès consiste à mettre en regard les unes des autres les prétentions contraires des parties et à permettre d'apprécier l'ensemble des débats. • Crim. 16 janv. 1978 : *Bull. crim. n° 18* • 4 nov. 1986 : *ibid. n° 322.* ♦ Rappr. : • Crim. 30 déc. 1904 : *DP 1906. 1. 361, note Le Poittevin* • 9 févr. 1906 : *ibid.* ♦ Pour ouvrir droit à l'immunité prévue par l'art. 41, al. 3, de la L. du 29 juill. 1881, le compte rendu d'un débat judiciaire doit mettre en regard les prétentions contraires des parties et permettre, par une narration générale ou partielle, d'apprécier l'ensemble des débats judiciaires, en s'abstenant de toute dénaturation des faits et de tout commentaire malveillant. • Crim. 22 oct. 1996, n° 94-84.819 P : *RSC 1997. 633, obs. Bouloc .* ♦ ... Spécialement à l'égard des membres de la juridiction. • Crim. 10 mai 1994, n° 93-82.553 P.

24. Ne saurait être couverte par l'immunité la reproduction, dans le compte rendu d'un procès en diffamation, des imputations contenues dans l'écrit objet de la poursuite, alors que les débats avaient été circonscrits à un incident de procédure, et que ceux relatifs à la preuve de la vérité des faits imputés avaient été reportés à une audience ultérieure. • Crim. 4 nov. 1986, n° 85-92.823. ♦ Il en est de même d'un article qui présente comme avérés des faits d'escroquerie imputés à un prévenu, devant un tribunal correctionnel, alors que les débats dont il était rendu compte avaient eu seulement pour objet le renvoi d'un procès pénal et que le but légitime d'information du public sur le fonctionnement de la justice ne dispensait pas le journaliste du respect de la présomption d'innocence, ainsi que des devoirs de prudence et d'objectivité dans l'expression de la pensée. • Crim. 22 oct. 1996 : *préc. note 23.*

25. Ne constitue pas un compte rendu fidèle d'une décision judiciaire, auquel ne peuvent donc être appliquées les dispositions de l'art. 41, al. 3, de la L. du 29 juill. 1881, l'article d'un journal dont la relation des faits ne fait mention, ni des contradictions relevées par le tribunal pour expliquer l'existence du doute retenu en faveur d'un prévenu dans une affaire de corruption, ni du fait souligné dans le jugement que ce prévenu n'était pas le seul à avoir un intérêt à ce que le dossier aboutisse. • Paris, 14 juin 1994 : *préc. note 22.*

26. Avocat d'un pilote mis en cause pour homicides involontaires à la suite d'un accident d'avion, le prévenu est poursuivi pour complicité de diffamation publique envers un fonctionnaire public à raison de la diffusion, sur une chaîne de télévision, d'une déclaration, faite à la sortie d'une audience, mettant en cause, dans les termes suivants, le chef de district aéronautique qui a procédé à l'analyse des boîtes noires : « Voici la photographie qui démontre que M. G. a substitué les boîtes, car le boîtier que vous voyez ici sur cette photographie (...) démontre que ce n'est pas le boîtier sous scellé judiciaire. » Justifient leur décision les juges d'appel qui, pour écarter le moyen de défense pris de l'immunité prévue par l'art. 41 de la L. du 29 juill. 1881, retiennent que les propos litigieux, tenus en dehors de la salle d'audience, ne constituent pas un compte rendu fidèle et objectif des débats judiciaires. • Crim. 6 mai 2003 : *Dr. pénal 2003. 121, obs. Véron.*

27. Pour ouvrir droit à l'immunité prévue par l'art. 41, al. 3, de la L. du 29 juill. 1881 le compte-rendu d'un débat judiciaire doit mettre en regard les prétentions contraires des parties et permettre, par une narration générale ou partielle, d'apprécier l'ensemble des débats judiciaires en s'abstenant de toute dénaturation des faits et de toute imputation malveillante, spécialement à l'égard des membres de la juridiction ; tel n'est pas le cas des passages d'un ouvrage dans lequel l'auteur livre sa propre vision d'un procès dans lequel il est prévenu, et prête au magistrat occupant le siège du ministère public un comportement et des motivations justifiant une comparaison avec les juges des cours de justice spéciales durant l'Occupation. • Crim. 6 févr. 2007, n° 06-80.804 P : *AJ pénal 2007. 144* ; *Dr. pénal 2007. Comm. 67, obs. Véron ; ibid. Chron. 1, obs. Mouysset ; JCP 2007. II. 10091, note Dreyer.*

B. DISCOURS ET ÉCRITS

1° ÉTENDUE

a. Juridictions

28. « Devant les tribunaux ». L'immunité prévue par l'art. 41, al. 3, de la L. du 29 juill. 1881 ne doit être appliquée que dans les limites prévues par le législateur, ce qui suppose un organisme juridictionnel. • Civ. 2e, 14 févr. 1968 : *D. 1968. Somm. 78.*

29. L'immunité de l'art. 41, al. 3, de la L. du 29 juill. 1881, attachée à la défense d'un justiciable devant une juridiction civile, doit être étendue aux propos prononcés par l'avocat d'une des parties lors de l'audience du tribunal arbitral. • TI Paris, 15 janv. 2001 : *Gaz. Pal. 2001. 2. Somm. 1635.* ♦ L'immunité de l'art. 41, al. 3, de la L. du 29 juill. 1881 peut être invoquée devant toute instance autre que « étatique », dès lors qu'elle obéit à une procédure contradictoire, ce qui est le cas des chambres arbitrales, dont le fonctionnement est soumis à l'art. 6 Conv. EDH, et aux dispositions de l'art. 1460 NCPC [devenu C. pr. civ.], selon lequel les principes directeurs du procès sont applicables à l'instance arbitrale et qui définit les conséquences de la fonction juridictionnelle de l'arbitre. • TGI Paris, 9 mai 2001 : *Gaz. Pal. 2002. 1. 632 ; ibid. 2002. 1. Somm. 888.*

30. Des propos tenus devant des journalistes hors de l'enceinte de la salle d'audience proprement dite et hors du contrôle du président, ne sauraient à l'évidence être considérés comme des discours prononcés devant les tribunaux et ne peuvent donc bénéficier de l'immunité de l'art. 41. • TGI Paris, 14 juin 1999 : *D. 1999. 566, note Beignier* . ♦ L'art. 41 de la L. du 29 juill. 1881 dispose, en son al. 3 : « Ne donneront lieu à aucune action en diffamation, injure ou outrage, ni le compte rendu fidèle fait de bonne foi des débats judiciaires, ni les discours prononcés ou les écrits produits devant les tribunaux » ; étant constant qu'un avocat, s'étant vu refuser par le président la possibilité de poser toute question constitutive d'une mise en cause du témoin, a quitté le prétoire et s'est entretenu avec des journalistes, que l'existence d'un écran extérieur, permettant la retransmission des débats et donc d'étendre leur publicité, ne saurait permettre d'assimiler l'espace adjacent à la salle d'audience à cette salle elle-même, le président n'exerçant aucun contrôle en ce lieu, les propos incriminés, tenus dans ces conditions et, de plus, pour satisfaire à la demande de journalistes, ne sauraient constituer des discours prononcés devant les tribunaux au sens de l'art. 41 de la loi de 1881. • Paris, 9 mars 2000 : *D. 2000. IR 138* (confirmation de • TGI Paris, 14 juin 1999 : *préc.*).

31. Les dispositions de l'art. 41 de la L. du 29 juill. 1881 ne sont pas applicables en matière de poursuites disciplinaires exercées contre un avocat. • Civ. 1re, 16 déc. 2003, n° 03-13.353 P : *D. 2004. 977, note Beignier* ; *ibid. Somm. 2826, obs. Blanchard* . ♦ La mise en jeu de l'immunité prévue par l'art. 41 de la L. du 29 juill. 1881 suppose que les écrits aient été produits devant une juridiction ; en matière disciplinaire, le bâtonnier de l'ordre des avocats n'est pas une juridiction ; il ne peut donc être fait grief à la cour d'appel d'avoir confirmé la décision du conseil de l'ordre des avocats de prononcer la peine de l'interdiction temporaire d'exercer la profession durant un mois à l'encontre d'un avocat qui a adressé au bâtonnier une lettre contenant des propos outrageants. • Civ. 1re, 25 mai 2005, n° 03-17.514 P : *D. 2006. Pan. 272, obs. Blanchard* ; *Gaz. Pal. 2006. 2. 3959, note Lasfargeas.* ♦ L'art. 41 de la L. du 29 juill. 1881, qui n'institue qu'une immunité pénale, et dans la mesure seulement où les propos n'excèdent pas les limites du droit de la défense, n'est pas applicable en matière disciplinaire. • Civ. 1re, 10 sept. 2015, n° 14-24.208 P : *D. actu.16 sept. 2015.*

32. En dehors du prétoire, l'avocat n'est pas protégé par l'immunité de l'art. 41 de la loi du 29 juill. 1881. Encourt une sanction disciplinaire, pour manquement aux devoirs de modération et de délicatesse, l'avocat qui après l'audience tient des propos présentant une connotation raciale jetant l'opprobre sur les jurés et la suspicion sur leur probité. • Civ. 1re, 5 avr. 2012, n° 11-11.044 P : *D. 2012. Actu. 1017* ; *AJ pénal 2012. 479, obs. Porteron* . ♦ Sur la condamnation de la France, dans cette affaire, pour violation de l'art. 10 Conv. EDH : • CEDH 19 avr. 2018, *Ottan c/ France*, nº 41841/12 : *D. actu. 4 mai 2018, obs. Lavric ; D. 2018. 894 ; AJ pénal 2018. 310, obs. J.-B. Thierry ; JCP 2018. 549, obs. Surrel ; Gaz. Pal. 2018, p. 1566, obs. Piot ; ibid. 1755, obs. Berlaud ; ibid. 3295, obs. de Belval et Villacèque.*

33. Droits de la défense. L'expression « devant les tribunaux » doit s'entendre de toutes les juridictions devant lesquelles les droits de la défense peuvent s'exercer, notamment de la juridiction d'instruction. • Crim. 13 mai 1933 : *Bull. crim. nº 111 ; DP 1933. 1. 172, note Leloir* • 18 nov. 1937 : *DH 1938. 99* • 23 déc. 1986 : *Bull. crim. nº 391* • Paris, 27 janv. 1988 : *D. 1988. 480, note Mayer.* ♦ L'immunité accordée aux discours prononcés et aux écrits produits devant les tribunaux par l'art. 41 de la L. du 29 juill. 1881, destinée à garantir aussi bien la liberté de la défense que la sincérité des auditions, est applicable, sauf le cas où ils sont étrangers à la cause, aux propos tenus et aux écrits produits devant les juridictions d'instruction comme de jugement. • Crim. 4 juin 1997, nº 96-80.520 P • Civ. 1re, 23 nov. 2004, nº 02-13.293 P. ♦ Tel est le cas, dès lors que le procès-verbal d'audition du témoin dressé par l'officier de police judiciaire, agissant sur commission rogatoire du juge d'instruction et sur lequel se fondent les parties civiles, a été soumis à l'appréciation de ce magistrat et à la discussion des parties. • Crim. 4 juin 1997 : *préc.* ♦ Ne constituent pas des tribunaux au sens de ce texte les commissions d'enquête parlementaires. • Civ. 1re, 23 nov. 2004 : *préc.*

34. L'immunité instituée par l'art. 41 de la L. du 29 juill. 1881, destinée à garantir le libre exercice du droit d'agir ou de se défendre en justice, est applicable aux écrits produits ou aux propos tenus devant toute juridiction, lorsqu'ils ne sont pas étrangers à la cause ; est une juridiction le juge des tutelles devant lequel, par application de l'art. 396 C. civ., il est procédé selon les dispositions du NCPC [devenu C. pr. civ.] ; l'application à la cause de l'art. 41 de la L. du 29 juill. 1881 étant demandée, c'est sans violer le principe de la contradiction qu'une cour d'appel décide qu'une lettre adressée au juge des tutelles pour l'alerter sur la gestion d'un tuteur est couverte par l'immunité édictée par ce texte. • Civ. 2e, 27 mai 1998, nº 95-15.502 P.

35. Lorsqu'il ne bénéficie pas de l'immunité prévue par l'art. 41 de la L. du 29 juill. 1881, l'avocat qui s'exprime au nom de son client n'est pas dispensé de la prudence et de la circonspection nécessaires à l'admission de la bonne foi. • Crim. 3 déc. 2002, nº 01-85.466 P : *Dr. pénal 2003. Comm. 33 (2e arrêt), obs. Véron* • Crim. 6 mai 2003 : *préc. note 26.* ♦ Si l'exercice de la liberté d'expression est garanti par l'art. 10, § 1er, Conv. EDH, il peut, en vertu du second § de ce texte, être soumis à des restrictions et des sanctions dans des cas déterminés par la L. du 29 juill. 1881 ; tel est l'objet de l'art. 30 de ladite loi, qui édicte une sanction nécessaire dans une société démocratique à la défense de l'ordre et à la protection de la réputation des administrations publiques, en l'espèce la police nationale. • Crim. 3 déc. 2002 : *préc.* ♦ Pour refuser à un avocat, exclu de l'immunité prévue par l'art. 41 de la L. du 29 juill. 1881, le bénéfice de la bonne foi, après avoir considéré que la preuve de la vérité des faits diffamatoires n'était pas rapportée, les juges retiennent que, en accusant la partie civile d'un fait grave, alors que les éléments en sa possession, s'ils étaient troublants, n'apportaient aucune certitude, il a manqué de prudence dans l'expression et excédé les limites admissibles pour la défense de son client. • Crim. 6 mai 2003 : *préc.*

36. L'immunité ne s'applique pas : aux déclarations faites aux experts désignés par les tribunaux au cours de l'accomplissement de leur mission. • Req. 6 févr. 1924 : *DH 1924. 162* • Crim. 22 juin 1950 : *Bull. crim. nº 197 ; D. 1950. 598* • 11 juin 1979 : *Bull. crim. nº 203.* ♦ ... Devant un bureau d'assistance judiciaire. • Crim. 15 mai 1972 : *Bull. crim. nº 168 ; D. 1972. Somm. 186.* ♦ ... Aux renseignements fournis à un arbitre rapporteur. • T. corr. Seine, 23 déc. 1946 : *D. 1947. 106.* ♦ ... Aux commentaires tenus à l'extérieur du prétoire à l'adresse des journalistes. • TGI Paris, réf., 5 déc. 1997 : *Gaz. Pal. 1998. 1. Somm. 71.*

37. Selon la cour, outre la substance des idées et informations exprimées, l'art. 10 Conv. EDH protège aussi leur mode d'expression ; les avocats ont certes le droit de se prononcer publiquement sur le fonctionnement de la justice, mais la critique ne saurait franchir certaines limites ; il convient donc de ménager un équilibre entre le droit du public d'être informé et les impératifs d'une bonne administration de la justice, ainsi que la dignité de la profession d'avocat ; la cour, relevant que le requérant a exprimé ses doléances en public au sujet d'une procédure pénale pendante, note, outre la généralité, la gravité et le ton de ses affirmations, et estime eu égard aussi à la modicité de l'amende (500 F suisses), que les autorités n'ont pas outrepassé leur marge d'appréciation en sanctionnant l'avocat ; partant, il n'y a pas eu violation de l'art. 10 Conv. EDH. • CEDH 20 mai 1998, *Schöpfer c/ Suisse : D. 1999. Somm. 272, obs. Fricero.*

38. Accuser au cours d'une audience le procureur de la République de « forfaiture », en ajoutant que « ce parquet est la honte de la nation », participe de propos qui excèdent les limites des droits de la défense, et, dès lors, l'immunité de l'art. 41, al. 3, de la L. du 29 juill. 1881 ne peut recevoir application. • Crim. 24 nov. 1998 : *Dr. pénal 1999. 65, obs. Véron.*

39. Il ne saurait être reproché à un avocat d'avoir tenu des propos outrageants, ayant pour but de discréditer une chambre d'accusation, de mettre en cause son indépendance ou de porter atteinte à l'autorité de la justice, dès lors que si, à l'audience, il a prononcé les paroles suivantes : « je ne vous écoute même pas, je ne peux pas rester ici à plaider devant une justice colonialiste », celles-ci ont été prononcées lors de la défense, développée oralement, d'une personne impliquée dans une information pénale ouverte à l'encontre de plusieurs habitants du département de la Guyane, poursuivis pour avoir commis diverses infractions sur le territoire de ce département à l'occasion de manifestations à caractère politique ; en effet, dans ce contexte particulier, tels qu'ils sont rapportés dans les notes d'audiences et repris dans l'acte de saisine du conseil de l'ordre, les propos incriminés ne s'interprètent pas comme une attaque spécifiquement dirigée contre les membres de la chambre d'accusation dans l'intention de les outrager mais comme une critique d'ordre général du fonctionnement de la justice dans l'affaire évoquée, participant, en tant que telle, de l'exercice des droits de la défense et de la liberté de parole qui en est l'expression. • Paris, 27 janv. 1999 : *D. 2000. 101, note Hodebar*.

40. Malgré leurs termes juridiquement inappropriés et inutilement vifs, des conclusions peuvent ne pas excéder les limites de ce qu'autorise l'exercice des droits de la défense dès lors qu'elles se rapportent aux faits de la cause. • Paris, 28 juin 1999 : *Gaz. Pal. 1999. 2. Somm. 580-581.*

b. Infractions

41. Infractions couvertes. L'immunité de l'art. 41 de la L. du 29 juill. 1881 s'applique non seulement aux outrages réprimés par ladite loi, mais encore à ceux prévus par les art. 222 s. C. pén. (nouvel art. 434-24). • Crim. 7 juin 1956 : *Bull. crim. n° 445 (arrêt n° 5).* ♦ Pour des applications de l'immunité aux outrages de l'art. 434-24 C. pén. : • Crim. 8 juin 1999, n° 96-82.519 P : *Dr. pénal 1999. 128, obs. Véron* • 13 févr. 2001 : *D. 2004. 977, note Beignier ; Dr. pénal 2001. 98, obs. Véron.*

42. L'art. 41 de la L. du 29 juill. 1881 sur la liberté de la presse, qui est d'ordre public, et que le juge doit appliquer, le cas échéant, d'office, ne prévoit d'immunité, concernant les discours prononcés ou les écrits produits devant les tribunaux, qu'à raison des délits de diffamation, d'injure ou d'outrage ; il n'est cependant pas interdit au juge d'interpréter largement les dispositions d'un texte favorable au prévenu ; or, le principe supérieur, de valeur constitutionnelle, des droits de la défense, doit conduire à admettre que la libre production, dans un procès, de pièces écrites, dès lors qu'elles ne sont pas étrangères à la cause, est tout aussi essentielle que la liberté de parole et de ton, protégée par l'art. 41 ; en outre, l'application du principe du droit à la liberté d'expression, proclamé par l'art. 10 Conv. EDH, exige également de permettre au journaliste d'accomplir pleinement sa mission, et de pouvoir en répondre, le cas échéant, devant un tribunal, sans s'exposer à une poursuite du seul fait de l'exercice de sa défense ; la production en justice de pièces versées au débat par le défendeur, au titre de l'exercice des droits de la défense, ne saurait donc donner lieu à aucune action du chef de recel de violation du secret de l'instruction, et il existe en l'espèce une fin de non-recevoir. • TGI Paris, 2 oct. 1998 : *JCP 1998. II. 10189, note Derieux ; D. 1999. IR 48.* ♦ Comp. • TGI Paris, 10 sept. 1998 : *Dr. pénal 1998. 144, obs. Véron ; JCP 1998. II. 10188, réquis. Lesclous, note Derieux.* ♦ Confirmé par • Paris, 16 juin 1999 : *D. 2000. 167, note Bigot*. ♦ Rejet du pourvoi par • Crim. 19 juin 2001, n° 99-85.188 P : *D. 2001. 2538, note Beignier et de Lamy ; ibid. 2002. Somm. 1462, obs. Pradel ; JCP 2002. II. 10064, concl. Commaret, et note Lepage ; Gaz. Pal. 2002. 1. 120, note Monnet ; RSC 2002, 96, obs. Bouloc, 119, obs. Francillon, et 592, obs. Delmas Saint-Hilaire*. ♦ Rappr. : • Crim. 11 juin 2002, n° 01-85.237 P : *D. 2002. IR 2453, et la note ; ibid. 2004. Somm. 317, obs. de Lamy ; JCP 2003. II. 10061, note Dreyer ; Gaz. Pal. 2002. 2. 1745, note Monnet ; Dr. pénal 2002. 135, obs. Véron ; RSC 2002. 619, obs. Francillon ; ibid. 881, obs. Renucci* • 11 févr. 2003, n° 01-86.696 P : *D. 2004. Somm. 317, obs. de Lamy ; RSC 2004. 130, obs. Francillon ; JCP 2003. IV. 1601.* ♦ V. notes ss. art. 35.

43. Infractions non couvertes. Ne sont pas couverts par l'immunité de l'art. 41 de la L. du 29 juill. 1881 les propos contenus dans une lettre adressée par deux avocats au président de la chambre d'accusation, protestant contre le fait que des pièces d'une instruction en cours concernant leur client avaient été publiées dans la presse, tout en affirmant que cette violation du secret de l'instruction ne pouvait qu'être le fait du magistrat instructeur, les dispositions de ce texte n'étant pas applicables en matière de dénonciation calomnieuse. • Crim. 30 mai 2000, n° 99-84.470 P.

c. Personnes

44. Parties privées. Les dispositions de l'art. 41 de la L. du 29 juill. 1881 ne concernent que les parties privées. • Crim. 2 févr. 1900 : *Bull. crim. n° 41 ; DP 1900. 5. 530* • 23 nov. 1950 : *Bull. crim. n° 259 ; JCP 1951. II. 5966* • 25 févr. 1992, n° 90-86.775 P : *RSC 1993. 311, obs. Bouloc*. ♦ Toute partie au procès peut en bénéficier (partie intervenante à des opérations d'expertise ordonnées dans le cadre d'une procédure collective). • Paris, 23 févr. 1999 : *Gaz. Pal. 1999. 2. Somm. 579.*

45. Elles sont inapplicables : aux magistrats du ministère public ; par suite, les réquisitions par eux prises à l'audience ne peuvent donner lieu à aucune action en diffamation ou injure. • Crim. 2 févr. 1900 : *préc. note 44* • 23 nov. 1950 : *préc. note 44.* ♦ ... Aux procès-verbaux et à leurs annexes établis par les inspecteurs du travail, ces fonctionnaires tenant des art. L. 611-1 s. C. trav. [L. 8112-1 s. nouv.] le droit, sous le seul contrôle des autorités dont ils relèvent, d'écrire tout ce que, selon leur conscience, ils estiment nécessaires à l'accomplissement de leur mission. • Crim. 25 févr. 1992 : ☎ *préc. note 44.*

46. Les juges tiennent de la loi le pouvoir de relater et d'apprécier, sans autre limitation que celle dictée par leur conscience, le comportement des justiciables déférés à leur juridiction ; dès lors, l'acte juridictionnel, qui échappe aux dispositions de l'art. 41 de la L. du 29 juill. 1881, ne saurait donner lieu à aucune action en diffamation ou injure. • Crim. 23 juin 1980 : ☎ *Bull. crim. n° 201.*

47. Experts. L'immunité couvrant les discours prononcés et les écrits produits devant les tribunaux, destinée à garantir aussi bien la liberté de la défense que la sincérité des auditions, bénéficie à l'expert appelé à déposer à l'audience des juridictions. • Crim. 28 mai 1991, ☎ n° 90-83.984 P : *RSC 1992. 565, obs. Vitu* .

2° OBJET

a. Discours

48. Prévenus. L'immunité établie en ce qui concerne les discours prononcés et les écrits produits devant les tribunaux ne s'étend pas aux outrages proférés à l'audience par les prévenus à l'encontre des membres du tribunal. • Crim. 12 juin 1909 : *D. 1909. 1. 537 (2ᵉ arrêt)* • 13 févr. 1975 : *Bull. crim. n° 54 ; RSC 1976. 101, obs. Vitu.*

49. Témoins. En exigeant du témoin appelé à déposer en cour d'assises le serment de dire toute la vérité et de parler sans crainte, la loi a garanti par là même à sa déposition la sécurité la plus absolue, sauf le cas où elle constituerait un faux témoignage ; en conséquence, le témoin, dont la déposition ne s'est produite à l'audience que sous le contrôle du président des assises, ne peut ultérieurement être attaqué devant aucune juridiction sous le prétexte que cette déposition contiendrait des allégations diffamatoires pour des tiers. • Req. 5 août 1884 : *DP 1884. 1. 457, rapp. Petit ; S. 1885. 1. 157.* ♦ Les dispositions de l'art. 41 de la L. du 29 juill. 1881 sont destinées à garantir aussi bien la sincérité du témoignage que la liberté de la défense. • Crim. 4 juin 1975 : *Bull. crim. n° 145* (déposition devant un juge commis aux fins d'enquête) • 4 févr. 1980 : ☎ *ibid. n° 44* (déposition devant une juridiction correctionnelle).

50. Mais l'immunité n'est pas absolue, et la règle suivant laquelle toute personne doit la vérité à la justice trouve une limite dans les cas où, par esprit malicieux et en répondant à une question étrangère à la cause qu'il a connue d'avance, le témoin viole les principes fondamentaux relatifs au secret professionnel et à l'effacement absolu des condamnations par l'amnistie. • Paris, 11 mars 1953 : *D. 1953. 271 ; JCP 1953. II. 7543, note Colombini.*

b. Écrits

51. Intérêt de la défense. L'art. 41 de la L. du 29 juill. 1881 ne protège les écrits produits en justice et leur publication que lorsque celle-ci a lieu dans l'intérêt de la défense ; il n'en permet pas la publication dans l'intérêt d'une publicité étrangère aux débats. • Crim. 29 oct. 1920 : *DP 1921. I. 156* • 13 janv. 1953 : *Bull. crim. n° 13.*

52. Tout écrit soumis au juge. L'immunité instituée par l'art. 41, al. 3, de la L. du 29 juill. 1881, dans le but d'assurer devant tous les tribunaux le libre accès du droit de défense, n'est pas limitée aux actes introductifs d'instance ou aux actes subséquents : elle couvre également tout autre écrit, mais à la condition que celui-ci ait été effectivement soumis à l'appréciation d'un juge. • Crim. 10 août 1883 : *Bull. crim. n° 207* • 1ᵉʳ déc. 1987 : ☎ *ibid. n° 440.*

53. Figurent au nombre des écrits produits devant les tribunaux au sens de l'art. 41 de la L. du 29 juill. 1881 : l'attestation d'un témoin versée aux débats devant un conseil de prud'hommes. • Crim. 9 oct. 1978 : ☎ *Bull. crim. n° 262 ; RSC 1979. 566, obs. Levasseur.* ♦ ... Le rapport de l'expert désigné par le juge pour l'éclairer sur une question de fait, partant les observations écrites adressées à l'expert par les parties, dès lors que celles-ci ont, conformément aux prévisions de l'art. 276, al. 1ᵉʳ, NCPC, demandé à l'expert, qui y est tenu, de joindre leurs observations à son rapport ; le tribunal a donc, à bon droit, déclaré irrecevable l'action en diffamation exercée par un expert à l'encontre de l'avocat auteur de telles observations. • Paris, 8 déc. 1998 : *Gaz. Pal. 1999. 1. Somm. 321.* ♦ Confirmé par • Civ. 2ᵉ, 1ᵉʳ mars 2001, ☎ n° 99-12.302 P. ♦ V. également : • Paris, 23 févr. 1999 : *Gaz. Pal. 1999. 2. Somm. 579.*

54. Exclusions. Pour rejeter l'exception d'immunité judiciaire, la cour d'appel énonce que le courrier incriminé n'est pas un écrit produit devant les tribunaux, au sens de l'art. 41 de la L. du 29 juill. 1881, mais « une correspondance adressée à des magistrats dénommés pour leur reprocher personnellement un acte de leurs fonctions ». • Crim. 21 janv. 1998 : ☎ *JCP 1998. IV. 2366.*

55. Un communiqué de presse de protestation contre les conditions de déroulement d'un procès ne constitue pas un écrit produit devant une juridiction au sens de l'art. 41, al. 3, de la L. du 29 juill. 1881. • Crim. 3 déc. 2002, ☎ n° 01-85.466 P : *Dr. pénal 2003. Comm. 33 (2ᵉ arrêt), obs. Véron.*

56. Il résulte des dispositions de l'art. 41, al. 3, de la L. du 29 juill. 1881 que ne donneront lieu à aucune action en diffamation, injure ou outrage, ni le compte rendu fidèle fait de bonne foi des débats judiciaires, ni les discours prononcés ou les écrits produits devant les tribunaux ; l'immunité ainsi prévue, qui s'applique aux seuls discours prononcés ou aux écrits produits en justice dans l'intérêt de la défense des parties, ne protège pas les écrits faisant l'objet, en dehors des juridictions, d'une publicité étrangère aux débats. En conséquence, encourt la censure l'arrêt qui fait application des dispositions de l'art. 41 précité dans la poursuite exercée du chef de diffamation publique par les personnes visées par une plainte avec constitution de partie civile dénonçant des faits de nature à constituer des infractions, à la suite de la mise en ligne sur un site internet d'un texte reproduisant ladite plainte, le document diffusé ne pouvant alors être analysé comme un écrit produit devant une juridiction. • Crim. 26 mars 2008, n° 07-86.406 P : *D. 2008. AJ 1351 ; AJ pénal 2008. 283 ; Dr. pénal 2008. Comm. 96, obs. Véron.*

3° LIMITES

a. Faits de la cause

57. Suppression des discours et écrits. Aux termes des al. 4 et 5 de l'art. 41 de la L. du 29 juill. 1881, la partie qui s'estime atteinte par injures ou outrages de la part d'une autre partie au procès ou de son conseil, est admise à demander aux juges saisis de la cause la suppression des discours ou écrits injurieux ou outrageants, et l'allocation de dommages-intérêts ; si elle n'a pas usé en temps utile de ces voies de droit ou si elle a succombé dans ses demandes, elle ne saurait ensuite exciper de l'excuse de provocation pour être affranchie des peines encourues en raison des injures par elle adressées ultérieurement à l'auteur des discours ou écrits. • Crim. 1er déc. 1992, n° 88-85.650 P.

58. Pour déclarer irrecevable l'action de la partie civile qui estimait injurieux plusieurs passages d'une note en délibéré produite par les prévenus dans une instance civile, les juges retiennent que ces passages constituent des écrits produits devant les tribunaux au sens de l'art. 41, al. 3, de la L. du 29 juill. 1881 dès lors que le jugement sur le fond n'avait pas encore été prononcé ; ils en déduisent que, la partie civile ayant reçu copie de ces écrits, il lui appartenait, si elle l'estimait nécessaire, de solliciter du juge appelé à statuer sur le fond la suppression des passages incriminés et une éventuelle condamnation à des dommages-intérêts ; en prononçant ainsi, la cour d'appel a fait l'exacte application de la loi : en effet, l'immunité instituée par l'art. 41, al. 3, de la L. du 29 juill. 1881, destinée à garantir les droits de la défense et la *sincérité* des auditions, couvre tout écrit soumis à l'appréciation du juge. • Crim. 22 oct. 2002 : *Dr. pénal 2003. 33 (1er arrêt), obs. Véron.*

59. A violé l'art. 41 de la L. du 29 juill. 1881, seul applicable en la cause, la cour d'appel qui, pour ordonner la suppression de passages dans les conclusions du demandeur, s'est fondée sur l'art. 24 NCPC [devenu C. pr. civ.]. • Civ. 2e, 6 févr. 2003 : *JCP 2003. IV. 1572.*

60. Seuls les juges saisis de la cause et statuant sur le fond peuvent faire droit à des demandes fondées sur l'art. 41, al. 4, de la loi sur la liberté de la presse ; tel n'est pas le cas de la juridiction du second degré d'instruction. • Crim. 12 janv. 1993, n° 91-80.537 P.

61. La faculté accordée au juge d'ordonner la suppression, dans des conclusions, d'allégations injurieuses ou diffamatoires pour l'autre partie, est générale et n'est subordonnée à aucune condition particulière ; il suffit que le jugement déclare que les écrits supprimés sont injurieux ou diffamatoires. • Civ. 27 juill. 1921 : *DP 1923. 1. 196.* ♦ Pour la suppression d'expressions diffamatoires et injurieuses contenues dans un mémoire ampliatif. • Crim. 7 oct. 1992, n° 90-86.223 P. ♦ L'exercice de la faculté de prononcer la suppression d'écrits injurieux, outrageants ou diffamatoires, reconnue aux juges saisis de la cause et statuant sur le fond, par l'al. 4 de l'art. 41 de la L. du 29 juill. 1881, relève de leur pouvoir souverain. • Civ. 2e, 8 avr. 2004, n° 01-12.638 P : *Gaz. Pal. 2005. 2. 4162, note Lasfargeas* • Crim. 22 mars 2006 : *JCP 2006. IV. 1890.*

62. Si l'écrit ne paraît pas au juge avoir précisément le caractère injurieux ou diffamatoire, il n'en a pas moins le droit d'en ordonner la suppression, suivant la gravité des circonstances. • Req. 15 mars 1939 : *DH 1939. 260.*

63. Dommages-intérêts. C'est à bon droit que, par application de l'al. 4 de l'art. 41 de la L. du 29 juill. 1881, les juges saisis de la cause statuent sur les réparations demandées par un témoin en raison d'une attaque portée contre lui par le prévenu et excédant les limites d'une défense légitime. • Crim. 18 juill. 1978 : *Bull. crim. n° 236.*

64. En estimant que le préjudice résultant, pour la partie civile, des passages injurieux à son égard contenus dans les conclusions des prévenus, était réparé par la suppression desdits passages et qu'il n'y avait pas lieu d'allouer des dommages-intérêts, la cour d'appel n'a fait qu'user du pouvoir d'appréciation que lui confèrent les dispositions de l'art. 41, al. 4, de la L. du 29 juill. 1881. • Crim. 22 oct. 2002 : *préc. note 58.*

b. Faits étrangers à la cause

65. Notion. L'immunité instituée par l'art. 41 de la L. du 29 juill. 1881, destinée à garantir le libre exercice du droit d'agir ou de se défendre en justice, est applicable aux écrits produits ou aux propos tenus devant toute juridiction ; cette règle ne reçoit exception que dans les cas où les écrits outrageants sont étrangers à la cause ; cassation de l'arrêt qui, après avoir qualifié une partie des propos d'outrages, pour écarter l'application de l'immunité, invoquée par le prévenu, énonce que lesdits propos sont sans lien avec l'exercice des droits de la défense, dans la mesure où, conformément à l'art. 80-1 C. pr. pén., ce dernier venait seulement d'être informé par le juge d'instruction qu'il était mis en examen et qu'il lui appartenait de faire connaître le nom de son avocat, alors qu'ayant été adressés par le prévenu au magistrat instruisant à son égard sur des faits de complicité de soustraction d'un mineur, ainsi qu'au juge aux affaires familiales saisi de la garde dudit mineur, les propos litigieux n'étaient pas étrangers à la cause. • Crim. 8 juin 1999, n° 96-82.519 P : *Dr. pénal 1999. 128, obs. Véron.*

66. L'immunité instituée par l'art. 41 de la L. du 29 juill. 1881, destinée à garantir le libre exercice du droit d'agir ou de se défendre en justice, est applicable aux écrits produits ou aux propos tenus devant toute juridiction ; cette règle ne reçoit exception que dans les cas où les écrits outrageants sont étrangers à la cause ; ne sont pas étrangers à la cause les propos contenus dans une demande de mise en liberté, mais visant les juges ayant apprécié les faits pour lesquels leur auteur était détenu. • Crim. 13 févr. 2001 : *D. 2004. 977, note Beignier ; Dr. pénal 2001. 98, obs. Véron.*

67. L'immunité instituée par l'art. 41 de la L. du 29 juill. 1881, destinée à garantir le libre exercice du droit d'agir ou de se défendre en justice, couvre les discours prononcés ou les écrits produits devant les tribunaux et ne reçoit exception que dans le cas où les faits diffamatoires sont étrangers à la cause. Doit être cassé, pour violation de ce texte, l'arrêt qui, pour réserver l'action civile, retient que les faits diffamatoires étaient étrangers à la cause, alors que les imputations visaient à contester la crédibilité et la sincérité des attestations produites par l'intéressé à l'appui de sa demande en divorce. • Civ. 2e, 8 avr. 2004 : *préc. note 61.*

68. En réservant l'action ouverte à l'employeur en raison des écrits produits par un ancien salarié dans une instance prud'homale, qu'elle a estimé diffamatoires, alors que ces écrits ne présentaient aucun caractère d'extranéité à la cause, la cour d'appel a violé l'art. 41 de la L. du 29 juill. 1881 sur la presse. • Soc. 19 avr. 2005, n° 02-44.866 P : *Gaz. Pal. 2006. 2. Somm. 4136, note Lasfargeas.*

69. Selon l'art. 41 de la L. du 29 juill. 1881, l'immunité judiciaire ne joue pas en matière de diffamation lorsque les faits imputés sont étrangers à la cause ; en conséquence, l'immunité doit être accordée à la prévenue qui, assignée devant le conseil de prud'hommes pour détournement de clientèle à la suite de sa démission, demande en réponse l'indemnisation du préjudice que lui cause cette action en imputant à ses employeurs la commission de différentes infractions ; en effet, il était légitime pour elle de développer dans ce contexte les raisons de sa démission, les éléments en question n'étant donc pas étrangers à la cause défendue. • Paris, 23 avr. 1998 : *JCP 1999. IV. 1095.*

70. Ne sont pas étrangers à la cause les passages de conclusions déposées par un bâtonnier intimé agissant dans le cadre de ses fonctions, dès lors qu'ils se rapportent aux douze incidents complaisamment développés, dès l'exploit introductif de première instance, par les appelants et ne constituent que la concrétisation du droit pour tout plaideur, fut-il un Ordre ou une personne privée, de donner sa propre version des faits en litige ; dans ces conditions, ils ne sauraient donner lieu, ni à réserve d'action en diffamation, ni à suppression et à dommages-intérêts, puisqu'ils ne relèvent pas d'un abus ou d'un excès dans l'exercice des droits de la défense. • Paris, 9 juin 1998 : *Gaz. Pal. 1998. 1. Somm. 351 ; ibid. 1998. 2. 587, note Damien.*

71. Le principe, édicté par l'art. 41 de la L. du 29 juill. 1881, selon lequel les écrits produits devant les tribunaux ne donnent lieu à aucune action en diffamation, injure ou outrage, ne reçoit exception que lorsque les propos sont étrangers à la cause ou excèdent les droits de la défense ; n'est pas une diffamation le fait de soutenir, pour les besoins de sa défense, que les pièces servant de fondement à une action n'ont pas été obtenues dans des conditions régulières. • Paris, 13 oct. 1999 : *Gaz. Pal. 2000. 1. Somm. 152.*

72. L'immunité instituée par l'art. 41 de la L. du 29 juill. 1881, destinée à garantir le libre exercice du droit d'agir ou de se défendre en justice, est applicable aux écrits produits et aux propos tenus devant toute juridiction ; cette règle ne reçoit exception que dans les cas où les écrits outrageants sont étrangers à la cause. Encourt la cassation l'arrêt qui, pour écarter l'immunité prévue par l'art. 41 de la loi précitée et condamner un avocat pour outrage à magistrat en raison du dépôt de conclusions par ce dernier dans une affaire civile mettant en cause le président de la juridiction ayant radié l'affaire de sa cliente, retient que les accusations portées sont d'une extrême gravité excédant les limites de l'exercice des droits de la défense, alors que les propos incriminés, qui figuraient dans les conclusions écrites soumises à la juridiction, n'étaient pas étrangers à la cause. • Crim. 11 oct. 2005, n° 05-80.545 P : *D. 2006. 1272, note Beignier ; AJ pénal 2005. 417 ; Dr. pénal 2006. 5, obs. Véron ; Gaz. Pal. 2006. 1. Somm. 2061, note Monnet.*

73. Pour condamner les défendeurs à une action en responsabilité à verser une indemnité de 5 000 € en réparation du préjudice causé par des écrits produits en défense devant la juridiction du premier degré, jugés diffamatoires, la cour d'appel a énoncé que les dispositions de l'art. 41 de la L. du 29 juill. 1881, si elles interdisent toute action en diffamation à raison des écrits produits devant les tribunaux, ne font pas obstacle à la condamnation à des dommages-intérêts par le juge statuant au fond, et que le défendeur a repris dans ses écritures des articles de presse insinuant la participation du demandeur à des actions délictueuses pouvant justifier sa mise à l'écart par un groupe de sociétés. Bien que l'allégation du défendeur n'ait pas fait l'objet de publication en dehors des dossiers soumis à ce tribunal, elle n'avait pas moins pour objet de créer une suspicion généralisée à l'encontre du demandeur constitutive de diffamation ; en statuant ainsi, quand la reprise de cet article était invoquée comme une donnée objective de nature à influencer la décision du groupe en matière d'assurance, les juges du fond, qui n'ont pas pris en compte le but poursuivi dont il découlait que le fait diffamatoire allégué n'était pas étranger à la cause, ont violé l'art. 41 de la L. du 29 juill. 1881. • Civ. 1re, 28 mars 2008, n° 06-12.996 P.

74. L'immunité prévue par l'art. 41 de la L. du 29 juill. 1881 pour les discours prononcés ou les écrits produits devant les tribunaux ne couvre pas les discours ou écrits outrageants étrangers à la cause, et excédant les limites de la défense. • Crim. 8 sept. 2015, n° 14-84.380 P : *D. actu. 30 sept. 2015, obs. Lavric.* ♦ Le délit d'outrage à magistrat, prévu par l'art. 434-24 C. pén., n'est constitué que lorsqu'il est établi que l'auteur des propos a voulu que ceux-ci soient rapportés à la personne visée ; encourt la cassation l'arrêt qui déclare coupable de ce délit l'auteur d'un écrit produit devant un tribunal, mettant en cause deux magistrats extérieurs à la formation de jugement, sans rechercher en quoi les termes litigieux seraient nécessairement rapportés aux magistrats concernés. • Même arrêt.

75. Action des parties. Les faits constitutifs de diffamation, injures ou outrages, commis devant un tribunal ne peuvent être poursuivis par une partie à l'instance que si, étant étrangers à la cause ou ayant excédé les droits de la défense, l'action en a été réservée par le tribunal dans les conditions prévues par le dernier al. de l'art. 41 de la L. du 29 juill. 1881. • Crim. 7 juin 1956 : *Bull. crim. n° 445* • 15 févr. 1962 : *ibid. n° 100* • 4 mai 1972 : *ibid. n° 157 ; D. 1972. Somm. 171.*

76. C'est au tribunal devant lequel les propos ont été tenus ou les écrits produits qu'il appartient de déclarer que les faits étaient étrangers à la cause ; faute de l'avoir fait, fût-ce par omission ou par méconnaissance des textes, il ne peut y avoir lieu à répression. • Crim. 4 mai 1972 : *préc. note 75.* • 4 juin 1975, n° 93-56.173 P • 19 oct. 1982, n° 80-93.260 P • 23 déc. 1986, n° 85-96.046 P.

77. Il relève du pouvoir des juges d'apprécier, sans avoir à en rendre compte, s'il convient d'ordonner la reprise des débats à la suite d'une demande de réserve de l'action en diffamation formée, pour la première fois, par lettre adressée au cours du délibéré. • Crim. 15 juin 2000, n° 99-83.884 P.

78. Il résulte de l'art. 41 de la L. du 29 juill. 1881 sur la liberté de la presse que les discours prononcés et les écrits produits devant les tribunaux ne peuvent donner lieu à aucune action en diffamation et que, si cette règle reçoit exception dans le cas où les faits prétendus diffamatoires sont étrangers à la cause, c'est à la condition, lorsqu'ils concernent l'une des parties, que l'action ait été réservée par le tribunal devant lequel les propos ont été tenus ou les écrits produits. • Civ. 1re, 25 févr. 2016, n° 15-12.150 P : *D. actu. 16 mars 2016, obs. Lavric.*

79. Si, par application de l'art. 954, al. 3, C. pr. civ., les parties doivent reprendre, dans leurs dernières écritures, les prétentions et moyens précédemment présentés ou invoqués dans leurs conclusions antérieures et, à défaut, si elles sont réputées les avoir abandonnés, les faits diffamatoires étrangers à la cause contenus dans des conclusions qui ne sont pas les dernières peuvent, conformément à l'art. 41, al. 6, de la L. du 29 juill. 1881 sur la liberté de la presse, donner lieu soit à l'action publique, soit à l'action civile des parties, lorsque ces actions leur auront été réservées par les tribunaux. • Civ. 1re, 9 juin 2017, n° 16-17.970 P : *D. actu. 27 juin 2017, obs. Lavric.*

80. Lorsque, à la suite de propos diffamatoires proférés devant une juridiction mais étrangers à la cause, la partie diffamée a obtenu que lui soit réservée l'action prévue par l'al. 5 de l'art. 41 de la L. du 29 juill. 1881, le seul effet de cette réserve est de lever l'obstacle qui, jusque-là, s'opposait à toute poursuite en diffamation. • Crim. 4 nov. 1993, n° 92-83.485 P. ♦ Aux termes de l'art. 41, al. 5, de la L. du 29 juill. 1881, les faits diffamatoires prononcés ou les écrits produits à l'audience peuvent donner lieu soit à l'action publique soit à l'action civile, à la double condition qu'il s'agisse de faits étrangers à la cause et que l'action ait été réservée par le tribunal saisi ; il est de droit constant que si le juge saisi ne donne pas acte des réserves, il existe alors une fin de non-recevoir portant sur le principe même de la poursuite pour diffamation ; l'action en diffamation est donc irrecevable. • Versailles, 20 mai 1999 : *D. 1999. IR 172.*

81. La révélation par un avocat d'un fait diffamatoire excède les droits de la défense lorsqu'il est manifeste, et d'ailleurs reconnu, que la connaissance de ce fait n'était pas d'une nécessité impérieuse et absolue pour la défense, et que de surcroît, l'imputation diffamatoire porte sur une condamnation amnistiée. • Paris, 8 déc. 1971 : *D. 1973. 370, note Brunois.* ♦ Rappr. : • Paris, 9 déc. 1932 : *DH 1933. Somm. 18.*

82. Lorsqu'il ne bénéficie pas de l'immunité prévue par l'art. 41 de la L. du 29 juill. 1881, l'avocat qui s'exprime au nom d'un client et dans son intérêt n'est pas dispensé de la prudence et de la circonspection nécessaire à l'admission du fait justificatif de la bonne foi, en matière de diffamation. • Crim. 29 nov. 1994, n° 93-83.452 P.

83. Action des tiers. Les écrits produits devant les tribunaux ne peuvent donner lieu à aucune action en diffamation ; il ne peut y avoir d'exception à cette règle générale que dans le cas où les faits diffamatoires sont étrangers à la cause : cette condition est imposée sans distinction aux tiers comme aux parties plaidantes. • Crim. 9 oct. 1978 : *Bull. crim. n° 262 ; RSC 1979. 566, obs. Levasseur.*

84. Les tiers, auxquels le dernier al. de l'art. 41 de la L. du 29 juill. 1881 accorde la faculté, suivant le droit commun, d'intenter leur action, à leur choix, soit devant les tribunaux de répression, soit devant la juridiction civile, n'ont pas, comme les parties, l'obligation de faire réserver leur action par les tribunaux devant lesquels les imputations diffamatoires ont été proférées. • Crim. 31 juill. 1936 : *DH 1936. 574* • Paris, 30 mars 1995 : *Dr. pénal 1995. 152, note Véron.*

85. Il ne saurait être reproché à une cour d'appel de débouter un plaignant de son action fondée sur l'art. L. 781-1 COJ en réparation du dommage causé par le fonctionnement défectueux du service de la justice, du fait qu'un tribunal a utilisé dans un jugement des éléments de preuve lui imputant un comportement répréhensible, dès lors qu'elle retient qu'il résulte de ces allégations que le plaignant se considère comme victime d'une atteinte à son honneur et à sa probité, d'où la cour d'appel, restituant aux faits leur exacte qualification, peut déduire que cette atteinte répond à la définition du fait diffamatoire visé à l'art. 41 *in fine* de la L. du 24 juill. 1881 et décider que l'action est prescrite en application de l'art. 65 de cette loi. • Civ. 2e, 28 juin 1995, n° 93-20.943 P.

86. Responsabilité civile. S'il est admis qu'une action en responsabilité fondée sur les dispositions de l'art. 1382 C. civ. est recevable lorsque la publication d'un discours, d'un écrit, d'un dessin ou toute autre expression de la pensée apparaît comme constitutive d'une faute causant un dommage à autrui, action distincte de celle régie par la loi de 1881, il appartient à celui qui invoque un tel principe d'apporter la preuve de la faute commise et du dommage qui en est résulté ; la demande doit être rejetée dès lors que les écritures des appelants se bornent à faire le rappel de ce principe, sans définir ni caractériser la faute distincte de la diffamation qu'ils imputent à l'intimé, pas plus qu'ils ne caractérisent, ni ne démontrent, l'existence de leur préjudice. • Versailles, 20 mai 1999 : *D. 1999. IR 172.*

87. Les règles particulières de procédure et de prescription prévues par la L. du 29 juill. 1881 en cas de diffamation publique sont également applicables à la diffamation non publique réprimée par l'art. R. 621-1 C. pén. ; il en résulte que les parties ne peuvent être admises à se prévaloir des dispositions des art. 1382 s. C. civ. pour échapper à l'application des règles édictées par l'art. 41, al. 3, de la loi précitée. • Paris, 23 févr. 1999 : *Gaz. Pal. 1999. 2. Somm. 579.*

Art. 41-1 *(L. n° 85-1317 du 13 déc. 1985)* **Pour l'application des dispositions des paragraphes 4 et 5 du présent chapitre, la communication audiovisuelle est regardée comme un mode de publication.**

CHAPITRE V *Des poursuites et de la répression*

§ 1er *Des personnes responsables des crimes et délits commis par la voie de la presse*

Art. 42 *(L. n° 52-336 du 25 mars 1952)* **Seront passibles, comme auteurs principaux, des peines qui constituent la répression des crimes et délits commis par la voie de la presse dans l'ordre ci-après, savoir :**

1° Les directeurs de publications ou éditeurs quelles que soient leurs professions ou leurs dénominations et, dans les cas prévus au deuxième alinéa de l'article 6, les codirecteurs de la publication ;

2° A leur défaut, les auteurs ;

3° A défaut des auteurs, les imprimeurs ;

4° A défaut des imprimeurs, les vendeurs, les distributeurs et afficheurs.

Dans les cas prévus au deuxième alinéa de l'article 6, la responsabilité subsidiaire des personnes visées aux paragraphes 2°, 3° et 4° du présent article joue comme s'il n'y avait pas de directeur de la publication lorsque, contrairement aux dispositions de la présente loi, un codirecteur de la publication n'a pas été désigné.

RÉP. PÉN. v° *Complicité*, par Fournier.

BIBL. ▶ Bitan, *Gaz. Pal. 1998. 1. Doctr. 501* (responsabilités sur l'Internet). – Auvret, *Gaz. Pal. 2002. 1. Doctr. 744* (application de la responsabilité en cascade à internet). – Dreyer, *Dr. pénal 2008. Étude 18* (l'auteur de l'infraction de presse : auteur naturel ou artificiel ?).

1. Conv. EDH. L'art. 42 de la L. du 29 juill. 1881 n'est pas incompatible avec les dispositions de l'art. 6 Conv. EDH. • Crim. 17 déc. 1991, n° 90-83.534 P : *RSC 1993. 88, obs. Bouloc* • 23 févr. 2000 : *Dr. pénal 2000. 85, obs. Véron ; RSC 2000. 611, obs. Mayaud , 639, obs. Francillon et 815, obs. Bouloc* .

2. Citation. La victime d'une diffamation par voie de presse, qui n'a cité devant la juridiction pénale que l'un des participants à l'infraction, a épuisé son droit d'agir devant la juridiction civile, en raison de la même publication, contre les autres participants à cette infraction désignés par les art. 42 et 43 de la L. du 29 juill. 1881. • Cass., ch. mixte, 3 juin 1998, n° 94-12.886 P : *D. 1998. 575, note Rebut ; JCP 1998. II. 10137, note Derieux ; Gaz. Pal. 1998. 1. Somm. 350.* ♦ ... C'est donc à tort qu'une cour d'appel a accepté de se prononcer sur la demande d'une personne qui, s'estimant victime d'une diffamation, avait déjà poursuivi l'éditeur au pénal et obtenu sa condamnation, puis avait assigné l'auteur au civil, en se fondant sur la même publication. • Même arrêt.

3. Réquisitoire introductif. C'est par l'exacte application de la loi que la commission d'instruction de la Cour de justice de la République a renvoyé un ministre devant ladite Cour du chef de complicité de diffamation publique envers des fonctionnaires publics, dès lors que l'art. 50 de la L. du 29 juill. 1881, s'il impose l'articulation et la qualification des faits poursuivis, n'exige pas que le réquisitoire introductif destiné à parfaire la plainte précise le mode de participation aux faits des personnes visées, que les juridictions d'instruction ont le pouvoir d'apprécier celui-ci au vu des éléments de la cause et de retenir comme complice le prévenu mis en examen comme auteur principal. • Cass., ass. plén., 23 déc. 1999 : *D. 2000. IR 26* .

4. Juridiction civile. Aucune disposition législative n'écarte l'application de l'art. 42 de la L. du 29 juill. 1881 dans le cas d'une action exercée séparément de l'action publique devant la juridiction civile. • Paris, 9 juin 2002 : *D. 2002. Somm. 2763, obs. Dupeux* .

5. Un journal hebdomadaire a publié un article sur une célèbre affaire judiciaire comportant la reproduction par extraits du réquisitoire définitif de non-lieu du procureur général ; estimant cette publication fautive, les membres de la famille d'un protagoniste de l'affaire, décédé depuis lors, ont assigné la société éditrice en réparation de leur préjudice, sur le fondement de l'art. 1382 C. civ. Il ne peut être fait grief à l'arrêt attaqué, statuant sur renvoi après cassation, d'avoir rejeté l'exception d'irrecevabilité prise du défaut de mise en cause du directeur de la publication ; en effet, il ne résulte d'aucune énonciation ni d'aucune conclusion que l'exception ait été soulevée avant toute défense au fond ; elle ne pouvait être invoquée pour la première fois devant la cour d'appel de renvoi ; par ce motif de pur droit substitué à ceux critiqués par le moyen, la décision se trouve légalement justifiée. • Civ. 22 janv. 2004, n° 01-01.423 P : *JCP 2004. II. 10104, note Dreyer ; Gaz. Pal. 2005. 1. 1227.*

6. Aucune disposition de la loi sur la liberté de la presse ne subordonne à la mise en cause de l'auteur de l'écrit la poursuite, à titre d'auteur principal, du directeur de la publication ou celle, à quelque titre que ce soit, d'autres personnes responsables en application des art. 42 et 43 de la L. du 29 juill. 1881. • Civ. 1re, 7 mars 2006, n° 05-11.338 P : *Gaz. Pal. 2007. 2. Somm. 3424, note Lasfargeas.* • Civ. 1re, 12 juill. 2006, n° 04-19.700 P : *D. 2006. IR 2212 ; Gaz. Pal. 2007. 2. Somm. 3425, note Lasfargeas* • Crim. 3 mars 2015 : *D. actu. 26 mars 2015, obs. Lavric ; AJ pénal 2015. 385, obs. Royer ; RSC 2015. 111, obs. Francillon ; D. 2016. Pan. 277, obs. Dreyer ; Dr. pénal 2015, n° 67, obs. Véron ; ibid. Chron. 6, obs. Mouysset.*

7. Dans une poursuite exercée en vertu de la L. du 29 juill. 1881, la juridiction correctionnelle a le pouvoir d'apprécier le mode de participation du prévenu aux faits spécifiés et qualifiés dans l'acte de poursuite, les restrictions que la loi sur la presse impose aux pouvoirs de cette juridiction étant relatives uniquement à la qualification du fait incriminé. • Crim. 3 mars 2015, n° 13-87.597 : *préc. note 6.*

A. ORDRE DES RESPONSABILITÉS

1° ÉTENDUE QUANT À LA PRESSE

8. Presse étrangère. La règle posée dans l'art. 42 de la L. du 29 juill. 1881 ne s'applique pas au cas où les infractions de presse ont été commises dans un journal imprimé et publié en pays étranger ; en conséquence, l'individu qui a distribué ou vendu en France les exemplaires du journal étranger contenant l'article délictueux, peut être poursuivi comme auteur principal du délit. • Crim. 15 févr. 1894 : *DP 1894. 1. 463* • 30 avr. 1908 : *DP 1909. 1. 241, note Le Poittevin ; S. 1908. 1. 553, note Roux* • 2 juill. 1932 : *Bull. crim. n° 168* • Paris, 5 avr. 1933 : *DH 1933. 311.*

9. L'art. 42 de la L. du 29 juill. 1881, qui énonce la qualité des personnes passibles des peines qui constituent la répression des crimes et délits commis par la voie de presse et l'ordre dans lequel elles doivent être poursuivies, n'est pas applicable lorsqu'il s'agit de journaux imprimés ou publiés à l'étranger. • Paris, 23 avr. 1998 : *D. 1998. IR 174.* ♦ ... La présomption de responsabilité instituée par l'art. 42 de la L. du 29 juill. 1881 contre le directeur de la publication pour les textes diffamatoires parus dans le journal soumis à sa surveillance, n'est pas applicable au gérant de la société qui distribue le journal étranger, dont la responsabilité ne peut être recherchée que sur le fondement des règles communes du droit pénal général ; il incombe dès lors à la partie civile d'établir l'existence d'une faute personnelle effective et intentionnelle commise par le prévenu. • Même arrêt. ♦ ... Le responsable de la distribution et de la vente d'un journal étranger en France ne saurait être poursuivi pour diffamation en cette qualité, mais uniquement en tant que complice, sur le fondement de l'art. 121-7 C. pén. ; la signature par celui-ci d'un éditorial contenu dans le numéro de la revue poursuivie ne saurait constituer un acte de complicité, dès lors que les propos poursuivis se situent dans un article distinct de cet éditorial avec lequel il ne présente pas de corrélation. • Même arrêt.

10. La responsabilité en cascade, prévue par l'art. 42 de la L. du 29 juill. 1881, ne s'applique que lorsque le journal est imprimé et publié en France ; justifie sa décision la cour d'appel qui, pour écarter l'argumentation des prévenus poursuivis du chef de provocation à l'usage de produits stupéfiants pour avoir distribué à des tiers une revue, publiée à l'étranger, vantant les bienfaits du cannabis, argumentation soutenant que seuls pouvaient être poursuivis le directeur de la publication et l'éditeur, dont l'identité et l'adresse, à l'étranger, étaient connus du ministère public, retient que les dispositions de l'art. 42 de la L. du 29 juill. 1881, auquel renvoie l'art. L. 3421-2 CSP, ne sont pas applicables lorsqu'il s'agit de journaux imprimés et publiés à l'étranger, les juges en déduisant qu'ayant distribué la revue incriminée incitant à l'usage du cannabis, les prévenus peuvent être poursuivis comme auteur principal du délit. • Crim. 25 oct. 2005, n° 04-82.400 P : *D. 2005. IR 2970 ; ibid. 2007. Pan. 1044, obs. Dupeux ; RSC 2006. 596, obs. Fortis ; AJ pénal 2006. 83 ; Dr. pénal 2006. 21, obs. Véron ; Gaz. Pal. 2006. 1. Somm. 2063, note Monnet.*

11. En matière de presse, la diffamation est consommée par le fait de publication ; dès lors, le directeur de publication d'un quotidien français, qui publie un article rapportant des propos diffamatoires tenus par un maire lors d'une interview accordée à un journaliste allemand, doit répondre du délit de diffamation raciale en tant qu'auteur principal ; en revanche, la prévenue qui fournit avec conscience à un journaliste la matière d'une infraction, doit répondre des propos incriminés en qualité de complice ; l'absence de poursuite de l'auteur principal par la partie civile n'exclut en rien la possibilité de poursuivre le complice. • Aix-en-Provence, 9 mars 1998 : *JCP 1998. IV. 2764.*

12. Correspondances à découvert. Les dispositions de l'art. 2 de la L. du 11 juin 1887 étant limitatives, l'art. 42 de la L. du 29 juill. 1881 n'est pas applicable à la poursuite des infractions commises par des correspondances postales circulant à découvert. • Crim. 1er oct. 1980 : *Bull. crim. n° 238.*

13. Radiodiffusion et télévision. Les dispositions des art. 42 et 43 de la L. du 29 juill. 1881 ne sont pas applicables à la radiodiffusion et à la télévision. • Crim. 8 oct. 1979 : *Bull. crim. n° 272* • 2 déc. 1980 : *ibid. n° 328* • T. corr. Dunkerque, 11 juin 1954 : *JCP 1954. II. 8229, note Chavanne.* ♦ ... Sous réserve des émissions produites en différé. • Crim. 29 oct. 1991, n° 90-87.435 P : *Gaz. Pal. 1994. 1. 321, note Fiechter Boulvard.* ♦ Par suite, l'auteur d'imputations diffamatoires proférées dans une émission radiodiffusée en direct doit être regardé comme étant l'auteur principal de l'infraction, le directeur de la station ne pouvant être retenu que comme complice, dans la mesure où un fait personnel de complicité serait relevé à sa charge. • Crim. 2 déc. 1980 : *préc.*

14. Le président d'une association, propriétaire d'une station radiophonique, ne fait pas partie, en cette seule qualité, des personnes limitativement énumérées par l'art. 42 de la L. du 29 juill. 1881, et il ne saurait, dès lors, être déclaré complice de celui qui a tenu des propos diffamatoires diffusés par cette station, s'il n'est prouvé contre lui aucun acte personnel entrant dans les prévisions de l'art. 60 (nouvel art. 121-7) accompli en connaissance de cause. • Crim. 6 déc. 1988 : *Bull. crim. n° 411.*

15. Internet. En ce sens que les dispositions de l'art. 42 de la L. du 29 juill. 1881 ne sont pas applicables lorsque le site incriminé est basé à l'étranger, avec retour aux dispositions de droit commun relatives à l'imputabilité de l'infraction. • TGI Paris, 13 nov. 1998 : *Gaz. Pal. 2000. 1. Doctr. 697, obs. Manseur-Rivet.*

16. C'est à bon droit que la cour d'appel a constaté que le prévenu, auteur d'un article diffusé sur un site internet ne pouvait être retenu comme auteur principal du délit d'injure et diffamation publiques, dès lors que, n'étant pas propriétaire du site, il n'avait pas la qualité de directeur de publication au sens de l'art. 42 de la L. du 29 juill. 1881, mais que, étant auteur des propos incriminés, il doit, en cette qualité, être déclaré responsable comme complice sur le fondement de l'art. 43 de cette loi. • Crim. 6 mai 2003, n° 02-80.284 P : *D. 2003. 2192, note Dreyer ; RSC 2004. 129, obs. Francillon ; Gaz. Pal. 2003. 2. 2450, note Battistini ; ibid. 2004. 1. Somm. 665, note Piccio.*

2° ÉTENDUE QUANT AUX PERSONNES

17. Énumération limitative. L'art. 42 de la L. du 29 juill. 1881 comporte une énumération limitative. • T. corr. Montargis, 7 déc. 1904 : *DP 1907. 2. 223.* ♦ Rappr. : • Paris, 10 févr. 1908 : *DP 1908. 2. 360.*

18. Une personne morale ne peut être pénalement poursuivie que si la loi le décide expressément ; aucune disposition de la L. du 29 juill. 1881 n'autorise la poursuite d'une personne morale du chef d'infraction à la loi sur la presse. • Crim. 2 déc. 1980 : *Bull. crim. n° 326.* ♦ *Contra* : la victime d'une diffamation peut demander la réparation de son préjudice à une personne morale devant la juridiction civile, l'éditeur désignant toute personne physique ou morale éditant une publication. • Civ. 2e, 17 mars 1993, n° 91.17.875 P • Civ. 1re, 16 oct. 2008, n° 07-20.572 P : *D. 2008. AJ 2723 ; ibid. 2009. Pan . 1786, obs. Massis.*

19. Aucune présomption légale de responsabilité pénale n'existe contre un délégué syndical pour des faits se rattachant à l'activité de la section syndicale dont il est membre ; il en est ainsi en cas de publication d'un tract prétendument diffamatoire, œuvre de la section syndicale. • Crim. 3 juin 1982 : *Bull. crim. n° 143.* ♦ Mais donnent base légale à leur décision les juges qui constatent qu'un délégué syndical a participé personnellement à la conception, à la réalisation et à la diffusion du tract diffamatoire. • Crim. 18 déc. 1990, n° 87-82.208 P.

B. DÉTERMINATION DES RESPONSABLES

1° DIRECTEURS DE PUBLICATION

BIBL. Véron, *Dr. pénal 1996. Chron. 5.*

20. Qualité de directeur. Les juges du fond retiennent à bon droit, comme directeur de la publication, le prévenu dont cette qualité est révélée par les débats et les documents de la cause, encore qu'il ait été cité en sa qualité de « rédacteur en chef ». • Crim. 7 déc. 1950 : *Bull. crim. n° 282.* ♦ Est responsable de plein droit, en sa qualité de directeur de publication, de l'émission d'une séquence télévisée produite en différé le directeur de la chaîne de télévision, l'auteur de l'émission étant poursuivi comme complice. • Crim. 29 oct. 1991, n° 90-87.435 P : *Gaz. Pal. 1994. 1. 321, note Fiechter Boulvard.*

21. Le directeur politique d'un journal, qui n'est pas directeur de la publication au sens de la L. du 29 juill. 1881, ne peut être poursuivi comme auteur principal d'un délit de diffamation ; mais sa complicité est à bon droit retenue, s'il est établi qu'il y a participé volontairement par des actes positifs. • Crim. 29 oct. 1953 : *D. 1954. 381, rapp. Patin.*

22. Le membre d'une association ayant pour principale activité l'édition d'un journal, qui apparaît à l'égard des tiers comme le directeur de publication de ce journal, créant ainsi une apparence trompeuse, doit répondre du délit de diffamation publique ; une telle attitude qui s'apparente à une fraude à la loi ne saurait avoir pour effet de priver les tiers de la protection de la L. du 29 juill. 1881, enserrée dans des délais très brefs. • Paris, 20 juin 2001 : *BICC 2002. 227.*

23. Codirecteur. Lorsqu'un codirecteur de la publication est désigné, conformément à l'al. 2 (al. 3) de l'art. 6 de la L. du 29 juill. 1881, sa responsabilité se substitue à celle du directeur de la publication, pendant toute la durée du mandat parlementaire dont celui-ci est investi. • Crim. 5 mai 1964 : *Bull. crim. n° 148 et 149 (2 arrêts)* • 14 janv. 1965 : *ibid. n° 17.* ♦ Cette substitution se limite, bien entendu, aux infractions dont aurait à répondre, du seul fait de cette qualité, le directeur de la publication, s'il n'était pas parlementaire. • Crim. 25 nov. 1965 : *Bull. crim. n° 254.*

24. Délégation. Les responsabilités afférentes à la fonction de directeur d'une publication restent à la charge de celui-ci, même s'il délègue tout ou partie de ses fonctions à un directeur délégué. • Crim. 9 déc. 1949 : *D. 1950. 75.*

25. Décès. Si le gérant (directeur de publication) vient à décéder, l'action civile en réparation du dommage peut se suivre contre ses héritiers, mais la juridiction répressive est incompétente pour en connaître ; l'action pénale demeure seulement ouverte contre ceux dont la complicité serait établie dans les termes de l'art. 60 C. pén. (nouvel art. 121-7). • Paris, 5 mars 1884 : *DP 1885. 2. 30.*

26. Domaine de la responsabilité. Le fait de publication étant l'élément par lequel les délits de presse sont consommés, le directeur de la publication est, en cette qualité, responsable de droit, comme auteur principal, des infractions commises par la voie de l'écrit. • Crim. 6 oct. 1992, n° 90-80.684 P : *RSC 1993. 768, obs. Bouloc .* ♦ La reproduction d'allégations diffamatoires dans un écrit périodique rendu public engage la responsabilité pénale du directeur de la publication, en qualité d'auteur principal, même s'il n'est pas l'auteur des propos incriminés. • Crim. 6 juill. 1993, n° 91-83.246 P : *RSC 1994. 323, obs. Bouloc .*

27. La responsabilité pénale du directeur de la publication d'un journal, dont la qualité n'équivaut pas à celle de chef de l'entreprise de presse, n'est encourue de plein droit en raison du contenu du journal que dans les cas spécialement prévus par la loi ; elle ne peut être alors retenue que s'il a eu un comportement fautif comme coauteur ou comme complice. • Crim. 29 nov. 1994, n° 92-85.774 P : *D. 1997. Somm. 74, obs. Bigot ; RSC 1995. 571, obs. Bouloc .* ♦ Sauf disposition expresse, les art. 42 et 43 de la L. du 29 juill. 1881 ne sont pas applicables aux infractions de droit commun. • Même arrêt. ♦ ... Tel le refus discriminatoire d'embauche (art. 416-3° C. pén. ; nouvel art. 225-2-3°). • Crim. 1er déc. 1992, n° 89-92.689 P. ♦ ... La publicité irrégulière en faveur du tabac. • Crim. 29 nov. 1994 : *préc.* ♦ Rappr. : • Crim. 14 juin 1995, n° 94-80.086 P : *D. 1997. Somm. 74, obs. Bigot ; RSC 1996. 365, obs. Bouloc .* ♦ ... Le délit de publication d'informations relatives à une constitution de partie civile (L. du 2 juill. 1931). • Crim. 19 mars 1996 : *JCP 1996. IV. 1514.*

28. Portée de la responsabilité. Le directeur de la publication est pénalement responsable comme auteur principal de tous les délits commis par la voie du journal qu'il dirige : cette responsabilité est la conséquence du devoir de vérification et de surveillance qu'il tient de ses fonctions ; les juges du fond n'ont pas, par suite, à apprécier la mauvaise foi en sa personne. • Crim. 9 févr. 1950 : *Bull. crim. n° 53 ; D. 1950. 230* • 22 déc. 1953 : *Bull. crim. n° 354* • 28 mai 1957 : *ibid. n° 451* • 15 nov. 1961 : *ibid. n° 467* • 22 déc. 1976 : *ibid. n° 379* • 8 juill. 1986 : *ibid. n° 233.* ♦ ... Ils n'ont pas à rechercher notamment si la diffamation est le résultat d'une erreur commise au cours de la transmission téléphonique d'une nouvelle. • Crim. 15 févr. 1955 : *Bull. crim. n° 103 ; D. 1955. 487.* ♦ Comp., pour le rejet de la bonne foi à propos de la reprise d'une dépêche d'agence : • Agen, 15 sept. 1994 : *D. 1995. 563, note Nicoleau.*

29. Il résulte de l'art. 42 de la L. du 29 juill. 1881 sur la liberté de la presse, applicable aux infractions à l'art. 227-24 C. pén. commises par la voie de la presse et dont les dispositions ne sont pas incompatibles avec celles de l'art. 6 Conv. EDH, que le directeur de publication d'une revue périodique a le devoir de surveiller et de vérifier tout ce qui y est inséré. • Crim. 23 févr. 2000, n° 99-83.928 P : *Dr. pénal 2000. 85, obs. Véron ; RSC 2000. 611, obs. Mayaud ; ibid. 639, obs. Francillon ; ibid. 815, obs. Bouloc.*

30. Incidence de la bonne foi de l'auteur. S'il est vrai que l'intention de nuire doit être appréciée en la personne de l'auteur de l'article diffamatoire, l'existence de faits justificatifs suffisants pour faire admettre la bonne foi de ce dernier a pour effet d'exclure, tant la responsabilité pénale de cet auteur, que celle du directeur de la publication du journal dans lequel l'article incriminé a été inséré. • Crim. 11 juin 1981 : *Bull. crim. n° 197* • 11 sept. 2007, n° 05-87.628 P : *AJ pénal 2007. 482.*

31. Justification. Conformément à l'art. 327 C. pén. (nouvel art. 122-4), il n'y a pas diffamation lorsque la publication incriminée est ordonnée par la loi ; il en résulte que le directeur du *Journal officiel* ne saurait encourir aucune responsabilité du fait de l'insertion d'une déclaration d'association, dont il ne peut légalement se dispenser en exécution des art. 5 de la L. du 1er juill. 1901 et 1er du décret du 16 août 1901. • Crim. 17 févr. 1981 : *Bull. crim. n° 63 ; RSC 1982. 350, obs. Levasseur* • 14 nov. 1989 : *Bull. crim. n° 418.* ♦ Le directeur de la publication d'un journal ne saurait encourir aucune responsabilité du fait de l'insertion d'une annonce dont il ne peut légalement se dispenser (publication d'une annonce légale). • Crim. 17 oct. 1995, n° 93-85.440 P : *Gaz. Pal. 9-10 févr. 1996, note Doucet.*

2° ÉDITEURS

32. Qualité. Est retenu, conformément à l'art. 42-1° de la L. du 29 juill. 1881, en qualité d'éditeur, quelle que soit sa profession ou sa dénomination, le président d'une association ayant organisé et financé la confection d'une affiche, et qui a fourni les moyens d'impression et de placardage de celle-ci. • Crim. 11 déc. 1903 : *Bull. crim. n° 420* • 22 mai 1990, n° 87-81.387 P.

33. Il en est de même de la présidente d'un syndicat, en tant que représentante de celui-ci, dès lors que ledit syndicat a accepté que ses adhérents confectionnent le panneau en cause sur un mur de ses locaux, mettant celui-ci à leur disposition et leur fournissant ainsi les moyens du placardage et que sa présidente a dès lors au moins eu la conscience de rendre cet affichage public. • Paris, pôle 2, ch. 7, 19 déc. 2019, n° 19/01374 : *D. actu 22 janv. 2020, obs. Lamy.*

34. Selon l'art. 42 de la L. du 29 juill. 1881, peuvent être poursuivis comme auteurs d'infractions commises par voie de presse, notamment les éditeurs, quelles que soient leurs professions ou dénominations ; doit être considéré comme l'éditeur d'un journal, même s'il ne possède pas expressément cette qualité, le prévenu gérant et détenteur de 98 % du capital de la société éditrice, qui figure dans le sommaire, à la rubrique « principaux associés », et qui, de plus, a déclaré assumer le choix des sujets qui y sont traités. • Paris, 30 oct. 1998 : *JCP 1999. IV. 1688.*

35. Est coupable, en tant qu'auteur principal du délit d'injure publique, commise à l'égard d'un groupe de personnes à raison de leur appartenance à une religion déterminée, le prévenu président de la délégation départementale d'une association, en sa qualité d'éditeur des prospectus et du fascicule publicitaire distribués sur la voie publique ; tout d'abord, comme l'a indiqué le tribunal correctionnel, s'il est certes fait interdiction aux juridictions répressives de modifier la qualification des faits articulés dans la prévention, en revanche, cette interdiction ne s'applique pas au mode de participation du prévenu aux faits poursuivis, et le juge pénal est tenu d'apprécier en fonction du rôle effectif joué par celui-ci dans la confection du fascicule et du prospectus injurieux ; dans la mesure où ils ne constituent pas des publications de presse, il est certes légitime qu'aucun directeur de la publication n'ait été désigné, et, d'ailleurs la plainte avec constitution de partie civile qui fixe la prévention a été déposée contre personne non dénommée, sans que la qualité de directeur de la publication n'ait été à aucun moment visée ; mais, il résulte de l'art. 42 de la L. du 29 juill. 1881 qu'à défaut de directeur de la publication, l'auteur principal du délit est l'éditeur, c'est-à-dire la personne chargée de la publication et de la diffusion des exemplaires d'une œuvre de l'esprit qu'il avait pour mission de fabriquer ou de faire fabriquer ; à ce propos, il convient de relever que l'opération litigieuse a été organisée sans l'intervention de la direction nationale de l'association, qui en avait simplement été informée par sa délégation départementale. • Toulouse, 12 janv. 2005 : *JCP 2005. IV. 2314.* ♦ Est coupable en tant que complice du délit poursuivi la prévenue, responsable du comité de pilotage créé au sein de la délégation départementale d'une association pour l'organisation de l'opération de distribution sur la voie publique des prospectus et du fascicule publicitaire injurieux, qui a confié à une agence de publicité la conception d'un visuel à partir du nom de l'opération projetée et de son contenu, en a choisi un parmi plusieurs proposés, et surtout, y a fait apporter personnellement des modifications ; comme l'a indiqué le tribunal correctionnel, s'il est certes fait interdiction aux juridictions répressives de modifier la qualification des faits articulés dans la prévention, en revanche, cette interdiction ne s'applique pas au mode de participation de la prévenue aux faits poursuivis, et le juge pénal est tenu d'apprécier en fonction du rôle effectif joué par celle-ci dans la confection du fascicule et du prospectus injurieux. En l'occurrence, la prévenue a été le co-auteur du visuel et l'absence de poursuites des autres concepteurs est sans incidence sur sa propre culpabilité. • Même arrêt.

36. La victime d'une diffamation pouvant demander, devant la juridiction civile, la réparation de son préjudice à une personne morale, l'éditeur désignant toute personne physique ou morale éditant une publication, viole les art. 42 et 43 de la L. du 29 juill. 1881 la cour d'appel qui déclare irrecevable l'action en diffamation dirigée, devant cette juridiction, contre un éditeur au motif qu'il s'agit d'une personne morale. • Civ. 1re, 16 oct. 2008 : *préc. note 18.*

3° AUTEURS

37. Subsidiarité. En cas d'infraction commise par la voie de la presse, l'auteur de l'article est à bon droit condamné comme auteur principal, lorsque le directeur de la publication n'est pas poursuivi. • Crim. 29 juin 1954 : *Bull. crim. n° 240.* ♦ ... Ou est inconnu. • TGI Marseille, 15 juin 1990 : *Gaz. Pal. 1993. 2. Somm. 319.* ♦ En application de l'art. 42 de la L. du 29 juill. 1881, à défaut d'éditeur, l'auteur (ou coauteur) du texte incriminé est tenu pour auteur principal de l'infraction. • Crim. 17 juill. 1969 : *Bull. crim. n° 230* • 5 nov. 1974 : *ibid. n° 310.*

38. Pluralité. Il ne saurait être reproché à la juridiction de jugement, saisie d'une poursuite contre l'un des coauteurs de l'écrit, de n'avoir pas recherché les autres personnes qui ont participé à sa rédaction, ni déterminé leurs rôles respectifs. • Crim. 17 juill. 1969 : *préc. note 37.*

39. Quand un écrit illustré est dans son ensemble diffamatoire, l'auteur des dessins est au même titre que l'auteur de l'écrit pénalement responsable. • Crim. 10 mars 1955 : *Bull. crim. n° 150.*

40. Profession de foi. A justifié sa décision la cour d'appel qui, pour déclarer inopérant le moyen contestant la responsabilité du prévenu comme auteur principal d'une provocation à la discrimination raciale, commise dans une profession de foi diffusée au soutien de sa candidature à une élection, énonce qu'il a contribué à la personnalisation du document à son nom, avec sa photographie, la mention de son usage pour les élections visées, et que celui-ci a été remis par le candidat, avec son visa, à la commission de contrôle. • Crim. 2 mars 2004 : *Dr. pénal 2004. 104, obs. Véron.*

4° IMPRIMEURS

41. Confusion de qualités. En l'absence d'éditeur, il est indifférent que le prévenu poursuivi et condamné comme imprimeur, ait été reconnu par les juges du fond, comme étant également l'auteur du texte incriminé ; en effet, la peine étant la même à l'égard de l'auteur et de l'imprimeur, elle se trouve ainsi justifiée, bien que l'ordre des responsabilités prévu par l'art. 42 de la L. du 29 juill. 1881 n'ait pas été respecté. • Crim. 5 avr. 1965 : *Bull. crim. n° 114.*

42. Responsabilité civile. L'imprimeur qui, passant outre à une défense qui lui a été faite, continue à imprimer un ouvrage, commet une faute de nature à engager sa responsabilité vis-à-vis de la personne lésée par cette publication ; la condamnation à des dommages-intérêts prononcée par le tribunal correctionnel contre l'éditeur ou l'auteur de cette publication ne met pas obstacle à ce qu'une action en responsabilité civile soit formée contre l'imprimeur, quand les faits qui servent de base à ces deux actions ne sont pas identiques. • Req. 4 nov. 1912 : *DP 1915. 1. 54.*

5° VENDEURS, DISTRIBUTEURS ET AFFICHEURS

43. Aux termes de l'art. 42 de la L. du 29 juill. 1881, sont passibles, comme auteurs principaux, des peines qui constituent la répression des crimes et délits commis par la voie de la presse, à défaut des directeurs de publication ou éditeurs, des auteurs, des imprimeurs, les vendeurs, distributeurs et afficheurs. • Crim. 19 nov. 1958 : *Bull. crim. n° 679.*

44. Condamne à bon droit le prévenu du chef de diffamation et injures publiques la cour d'appel qui énonce notamment qu'il est bien celui qui, circulant à bord d'une voiture louée, a, après la clôture d'une campagne électorale municipale, distribué dans les boîtes aux lettres les deux documents incriminés, et que, s'il n'est pas suffisamment établi qu'il a été l'éditeur, ou l'auteur, ou l'imprimeur de ces documents, il est constant qu'il en a été le distributeur. • Crim. 15 mars 1989 : *Gaz. Pal. 1989. 2. 514, et la note.* ♦ Dès lors qu'une cour d'appel a pu déduire d'une appréciation souveraine des éléments de preuve contradictoirement débattus que la distribution du tract incriminé était imputable au prévenu, est caractérisée la participation personnelle de celui-ci exigée par l'art. 42 de la L. du 29 juill. 1881. • Crim. 3 oct. 1995 : ⚖ *Dr. pénal 1996. 68, obs. Véron.*

Art. 43 *(L. nº 52-336 du 25 mars 1952)* **Lorsque les directeurs ou codirecteurs de la publication ou les éditeurs seront en cause, les auteurs seront poursuivis comme complices.**

Pourront l'être, au même titre et dans tous les cas, les personnes auxquelles *(L. nº 92-1336 du 16 déc. 1992)* **« les articles 121-6 et 121-7 » du code pénal pourrait** *[pourraient]* **s'appliquer. Ledit** *[lesdits]* **article***[s]* **ne pourra** *[pourront]* **s'appliquer aux imprimeurs pour faits d'impression, sauf dans le cas et les conditions prévus par l'article 6 de la loi du 7 juin 1848 sur les attroupements** *[C. pén., art. 107]*, **ou, à défaut de codirecteur de la publication, dans le cas prévu au deuxième alinéa de l'article 6.**

Toutefois, les imprimeurs pourront être poursuivis comme complices si l'irresponsabilité pénale du directeur ou du codirecteur de la publication était prononcée par les tribunaux. En ce cas, les poursuites sont engagées dans les trois mois du délit ou, au plus tard, dans les trois mois de la constatation judiciaire de l'irresponsabilité du directeur ou du codirecteur de la publication.

1. Domaine d'application. Si c'est à tort que les juges ont fait application de l'art. 43 de la L. du 29 juill. 1881, alors que, les infractions reprochées ayant été commises par un moyen de communication audiovisuelle (internet) au sens de l'art. 2 de la L. du 30 sept. 1986, seules étaient applicables les dispositions de l'art. 93-3 de la L. du 29 juill. 1982, pour autant, l'arrêt attaqué n'encourt pas la censure dès lors qu'en application de ce texte les mêmes règles étaient applicables au prévenu. • Crim. 6 mai 2003, ⚖ nº 02-80.284 P : *D. 2003. 2192, note Dreyer* ✎ ; *RSC 2004. 129, obs. Francillon* ✎ ; *Gaz. Pal. 2003. 2. 2450, note Battistini ; ibid. 2004. 1. Somm. 665, note Piccio ; JCP 2003. IV. 2175.*

A. COMPLICITÉ DES AUTEURS

2. Principe de complicité. Lorsque le directeur de la publication est poursuivi comme auteur principal d'un délit de presse, l'auteur de l'article est poursuivi comme complice. • Crim. 30 mai 1953 : *Bull. crim. nº 184* • 23 déc. 1968 : *ibid. nº 357* • 6 oct. 1992, ⚖ nº 90-80.684 P. ♦ Il en est de même lorsque l'éditeur est en cause. • Crim. 11 mai 1971 : *Bull. crim. nº 147.*

3. Il n'est pas nécessaire que les juges constatent que cette complicité répond aux conditions exigées par l'art. 60 C. pén. (nouvel art. 121-7) : la constatation que le prévenu était l'auteur de l'article suffit à caractériser cette complicité, dès lors que le prévenu n'a pas prétendu que l'article a été publié malgré lui. • Crim. 30 mai 1953 : *préc. note 2.* ♦ Mais les auteurs d'un écrit publié, qui ne peuvent être recherchés comme auteurs principaux qu'à défaut de directeur de publication, ne sont pas susceptibles d'être mis en cause comme complices de celui-ci, en l'absence de fait principal punissable. • Crim. 17 févr. 1981 : *Bull. crim. nº 63 ; RSC 1982. 350, obs. Levasseur* • 14 nov. 1989 : *Bull. crim. nº 418.*

4. Autonomie de la prévention. Si, en matière de délit de presse, lorsque les gérants (directeurs de la publication) ou éditeurs sont en cause, les auteurs ne peuvent figurer dans l'instance que comme complices, on ne peut en induire que le ministère public ou la partie civile ne peuvent poursuivre l'éditeur ou le gérant (directeur) comme auteur principal qu'à la condition de mettre l'auteur en cause comme complice. • Crim. 17 juin 1892 : *DP 1893. 1. 130.*

5. Inversement, la poursuite du rédacteur d'un article diffamatoire comme complice n'est pas subordonnée à la mise en cause simultanée du gérant (directeur) ou de l'éditeur, comme auteur principal, la L. du 29 juill. 1881 n'ayant pas, sur ce point, dérogé au droit commun. • Crim. 26 janv. 1894 : *DP 1894. 1. 457, note Sarrut* • 14 juin 1894 : *ibid.* • 10 juin 1899 : *DP 1901. 1. 428* • 30 avr. 1908 : *ibid. 1909. 1. 241, note Le Poittevin ; S. 1908. 1. 553, note Roux* • 7 déc. 1934 : *DH 1935. 70* • 21 déc. 1950 : *D. 1951. 113.* ♦ Dès lors, la nullité de la citation délivrée au gérant (directeur), prononcée pour une cause qui lui est personnelle (immunité parlementaire), ne saurait affecter la validité de la citation remise au complice, alors que cette citation, même faisant l'objet d'un original unique, répond, à l'égard de ce dernier, aux exigences de la loi. • Crim. 21 déc. 1950 : *préc.* ♦ Aucune disposition de la loi sur la liberté de la presse ne subordonne, à la mise en cause de l'auteur de l'écrit, la poursuite, à titre d'auteur principal, du directeur de la publication ou celle, à quelque titre que ce soit, d'autres personnes pénalement responsables en application des art. 42 et 43 de la L. du 29 juill. 1881. • Crim. 20 janv. 1987 : ⚖ *Bull. crim. nº 30* (sur le fondement de l'art. 53) • 16 juill. 1992, ⚖ nº 91-86.156 P : *RSC 1993. 768, obs. Bouloc* ✎. ♦ Rappr. : • Civ. 1re, 7 mars 2006, ⚖ nº 05-11.338 P : *Gaz. Pal. 2007. 2. Somm. 3424, note Lasfargeas* • Civ. 1re, 12 juill. 2006, ⚖ nº 04-19.700 P : *D. 2006. IR 2212* ✎ ; *Gaz. Pal. 2007. 2. Somm. 3425, note Lasfargeas.*

6. Le demandeur au pourvoi condamné en tant qu'auteur principal de propos injurieux ne saurait se faire un grief de ce que la cour d'appel, sans débat contradictoire, ait requalifié en délit d'injures la complicité de cette infraction seule visée dans l'acte introductif d'instance lui ayant été délivré, dès lors que les propos retenus caractérisent sa participation à la commission de l'infraction en qualité de complice, peu important que le directeur de publication de l'organe de presse les ayant diffusés n'ait pas été poursuivi, de sorte que la requalification opérée n'avait pas lieu d'être. • Crim. 25 oct. 2005, n° 04-87.336 P : *Gaz. Pal. 2006. 1. Somm. 2063, note Monnet.*

7. Appréciation des faits. La complicité n'étant qu'un mode de participation au délit, le juge a le pouvoir, si les éléments légaux de la complicité sont constatés, de retenir comme complice le prévenu qui lui est déféré sous la qualification d'auteur principal. • Crim. 10 juin 1899 : *DP 1901. 1. 428* • 15 nov. 1902 : *DP 1903. 1. 31* • 30 avr. 1908 : *ibid. 1909. 1. 241, note Le Poittevin ; S. 1908. 1. 553, note Roux* • 2 juill. 1932 : *Bull. crim. n° 168.* ♦ Même lorsqu'il s'agit d'une poursuite exercée en vertu de la L. du 29 juill. 1881, il appartient à la juridiction correctionnelle d'apprécier le mode de participation du prévenu aux faits spécifiés et qualifiés dans ladite poursuite, les restrictions que la loi sur la presse impose aux pouvoirs de cette juridiction étant uniquement relatives à la qualification par rapport au fait incriminé. • Crim. 11 mai 1971 : *Bull. crim. n° 147* • 3 avr. 1973 : *ibid. n° 171* • 2 déc. 1980 : *ibid. n° 328 ;* et en sommaires : • 22 mai 1984 : *ibid. n° 188* • 18 juin 1985 : *ibid. n° 234.*

8. Il suit de là que l'action en diffamation dirigée contre l'écrivain est recevable, quelle que soit la qualité attribuée à celui-ci par l'exploit introductif d'instance, sauf à la juridiction saisie à ne retenir la prévention que sous la modalité qu'autorise la loi lorsque le gérant (directeur) aurait pu être mis en cause. • Crim. 10 juin 1899 : *préc. note 7.* ♦ ... Que l'auteur de l'écrit, poursuivi comme auteur principal de l'infraction, alors que l'éditeur est en cause, doit être retenu comme complice, dans les termes de l'art. 43 de la loi sur la presse. • Crim. 11 mai 1971 : *préc. note 7.*

9. Encourent la même responsabilité que l'auteur principal, quand bien même celui-ci n'aurait pas été personnellement poursuivi, les auteurs de deux écrits incriminés, qui ont concouru à la commission du délit prévu à l'art. 24, dernier al. (provocation raciale), de la loi sur la liberté de la presse par le moyen du fait de publication imputé au directeur de publication. • Crim. 24 oct. 1989 : *Bull. crim. n° 380.*

10. Une société et son gérant ont porté plainte et se sont constitués parties civiles en raison de la parution dans un hebdomadaire d'un communiqué du maire de la commune, qu'ils estimaient diffamatoire à *leur égard ;* le maire, qui avait rédigé ce communiqué en vue de sa parution dans un autre organe de presse, a contesté avoir souhaité qu'il soit publié dans cet hebdomadaire à qui il avait été communiqué, par une secrétaire, sans son accord. Pour confirmer l'ordonnance de non-lieu rendue par le juge d'instruction, l'arrêt énonce que le maire ne peut être poursuivi, ni comme auteur de l'infraction, n'ayant pas personnellement rendu publics les propos dans l'hebdomadaire, ni comme complice, dès lors qu'il n'avait pas donné son autorisation de publier, dans cet hebdomadaire, le texte qu'il avait rédigé. La chambre de l'instruction a justifié sa décision dès lors que, d'une part, la publication incriminée n'avait été ni voulue ni permise par le maire et que, d'autre part, la rédaction du communiqué ne pouvait constituer une diffamation non publique, les propos n'étant pas adressés à la personne concernée ou à des tiers dans des conditions exclusives d'un caractère confidentiel. • Crim. 30 mars 2005, n° 04-85.048 P.

B. COMPLICITÉ DE DROIT COMMUN

11. Principe de compatibilité. Les dispositions des art. 42 s. de la L. du 29 juill. 1881 ne sont pas exclusives de la complicité du droit commun. • Crim. 15 juill. 1950 : *Bull. crim. n° 212 ; D. 1950. 684* • 24 févr. 1953 : *Bull. crim. n° 63 ; D. 1953. 287* • 29 juin 1954 : *Bull. crim. n° 240* • 11 janv. 1961 : *ibid. n° 22.* ♦ Elles la visent au contraire expressément. • Crim. 13 janv. 1987 : *Bull. crim. n° 17* • 19 mars 1991, n° 90-81.621 P.

12. En cas d'infraction à la loi sur la presse, si le directeur de la publication est pénalement responsable, des complices peuvent être poursuivis, à la condition qu'il soit relevé à leur encontre des faits de complicité personnels, positifs et conscients. • Crim. 29 oct. 1953 : *Bull. crim. n° 277 ; D. 1954. 381, rapp. Patin.*

13. Les art. 59 et 60 C. pén. (nouveaux art. 121-6 et 121-7) ne s'appliquent pas lorsque, par suite de l'absence de publicité, le délit de diffamation dégénère en contravention d'injure non publique (aujourd'hui la contravention spécifique de diffamation non publique : C. pén., art. R. 621-1). • Crim. 4 janv. 1990, n° 85-94.880 P.

14. Le complice de droit commun est à juste titre retenu dans la prévention, quand bien même l'éditeur et les auteurs de l'écrit, pénalement responsables dans les conditions des art. 42 et 43 de la L. du 29 juill. 1881, auraient été laissés en dehors des poursuites. • Crim. 8 janv. 1991, n° 80-92.844 P.

15. La participation du complice de droit commun dans les termes de l'art. 60 C. pén. (nouvel art. 121-7) n'est punissable que lorsque l'acte principal de publication est accompli. • Crim. 6 oct. 1992, n° 90-80.684 P.

16. La présomption de responsabilité en qualité de complice étant réservée à l'auteur des propos en application de l'art. 43, al. 1er, de la loi sur la presse, la responsabilité du distributeur d'un bulletin diffamatoire ne peut être retenue qu'au titre d'une complicité de droit commun, ce qui suppose la preuve de l'élément intentionnel.

• Crim. 1er sept. 2020, n° 20-80.281 P : *D. actu. 24 sept. 2020, obs. Lavric.*

17. Constitue un acte de complicité la participation matérielle et intentionnelle à la publication incriminée par fourniture de moyens sachant que ceux-ci doivent y servir, dans les termes des art. 121-6 et 121-7 C. pén., lesquels, loin d'être écartés par les dispositions des art. 42 et 43 de la L. du 29 juill. 1881, sont expressément visés par ce dernier texte ; méconnaît ces textes et ce principe la cour d'appel qui, pour relaxer du chef de diffamation envers un citoyen chargé d'un mandat public la personne qui a adressé à un journal une lettre, qui a été publiée, accusant un maire de faux, énonce que la complicité n'est pas comprise dans la plainte ou dans le réquisitoire définitif qui fixent irrévocablement la nature et l'étendue de la poursuite, et visent le seul fait pour le prévenu, d'avoir fait publier par extraits une lettre adressée au préfet. • Crim. 5 oct. 1999, n° 98-83.869 P : *RSC 2000. 385, obs. Bouloc*.

18. Le fait justificatif personnel de la bonne foi dont ont bénéficié le directeur de la publication et le journaliste est sans effet sur la responsabilité du complice de droit commun. • Crim. 19 févr. 2002, n° 00-83.791 P : *RSC 2002. 809, obs. Bouloc*.

19. Si l'auteur d'un propos repris par un journaliste peut en répondre en qualité de complice dans les termes du droit commun, c'est à la condition que soient relevés, contre la personne poursuivie sous cette qualification, des faits personnels, positifs et conscients de complicité. • Crim. 6 mars 2007, n° 06-84.105 P : *D. 2007. AJ 1085 ; ibid. Pan. 2635, obs. Roujou de Boubée ; AJ pénal 2007. 226, obs. Royer ; Dr. pénal 2007. 96, obs. Véron* • Crim. 10 nov. 2009, n° 08-88.484 P : *AJ pénal 2010. 36 ; D. 2010. AJ 18 ; Dr. pénal 2010. 17, obs. Véron ; Gaz. Pal. 2010. 1. Jur., p. 885, note Fourment* • Crim. 11 mai 2010, n° 09-87.070 P : *D. 2010. Actu. 1419 ; ibid. 2011. Pan. 790, obs. Dreyer ; AJ pénal 2010. 396, obs. Royer ; Dr. pénal. 2010. Chron. 10, obs. Lepage ; ibid. 2011. Chron. 5, obs. Mouysset ; JCP 2010, n° 23.*

20. Appréciation des faits. V. *supra*, A.

21. Exemples. Le directeur délégué peut être retenu comme complice du directeur de la publication conformément au droit commun. • Crim. 23 juin 1949 : *Bull. crim. n° 221 ; D. 1949. 448.*

22. Doivent être retenus comme complices de diffamation : celui qui a indûment et sciemment accepté de laisser figurer son nom sur les exemplaires du journal incriminé avec la fausse qualité de directeur. • Crim. 15 juill. 1950 : *Bull. crim. n° 212 ; D. 1950. 684* • 24 févr. 1953 : *Bull. crim. n° 63 ; D. 1953. 287* • 29 juin 1954 : *Bull. crim. n° 240.* ♦ ... Ceux qui, connaissant le caractère diffamatoire d'un écrit, l'ont distribué. • Crim. 18 juin 1985 : *Bull. crim. n° 234.* ♦ ... Celui qui a sciemment fourni les moyens en vue de la rédaction et de la publication d'un tract. • Crim. 13 janv. 1987 : *Bull. crim. n° 17.* ♦ En matière d'infraction de presse, constitue un acte positif de complicité le fait de fournir, au cours d'un entretien privé, aux auteurs la matière de leur livre ; la participation consciente à l'acte principal, fût-il encore à l'état de projet, au moment de la fourniture des moyens, devient punissable lorsque la publication de l'ouvrage est réalisée. • Crim. 8 janv. 1991, n° 80-92.844 P.

23. L'acte de complicité punissable, au sens des art. 59 et 60 C. pén. (nouveaux art. 121-6 et 121-7), est constitué par le fait de tenir des propos diffamatoires à un journaliste, en sachant qu'ils seront publiés. • Crim. 6 juill. 1993, n° 91-83.246 P : *RSC 1994. 323, obs. Bouloc*. ♦ Constitue un acte de complicité la participation matérielle et intentionnelle à la publication incriminée, par fourniture de moyens, sachant que ceux-ci devaient y servir ; la personne ayant, en connaissance de cause, accordé un entretien téléphonique à un journaliste ne pouvait ignorer la publicité qui serait donnée à ses propos dans la presse locale. • Crim. 7 juin 2006 : *AJ pénal 2006. 403, obs. Royer*.

24. Est complice le prévenu qui, en connaissance de cause, s'exprime dans une réunion publique organisée par un parti politique, et qui ne peut ignorer la publicité qui sera donnée à ses propos dans la presse locale. • Crim. 19 févr. 2002, n° 00-83.791 P : *RSC 2002. 809, obs. Bouloc*.

25. En matière de presse, la diffamation est consommée par le fait de publication ; dès lors, le directeur de publication d'un quotidien français, qui publie un article rapportant des propos diffamatoires tenus par un maire lors d'une interview accordée à un journaliste allemand, doit répondre du délit de diffamation raciale en tant qu'auteur principal ; en revanche, la prévenue qui fournit avec conscience à un journaliste la matière d'une infraction, doit répondre des propos incriminés en qualité de complice ; l'absence de poursuite de l'auteur principal par la partie civile n'exclut en rien la possibilité de poursuivre le complice. • Aix-en-Provence, 9 mars 1998 : *JCP 1998. IV. 2764.* ♦ La prévenue ne peut valablement soutenir qu'elle a seulement donné son accord pour la publication dans un quotidien allemand, alors qu'en accordant une interview à un journaliste, elle a entendu rendre ses propos publics ; dans ces conditions, son accord doit être considéré comme s'appliquant à toute publication, sous réserve que cette publication reproduise les propos sans dénaturation. • Même arrêt. ♦ L'auteur de propos publiés dans un journal ne peut être poursuivi comme complice alors que rien ne démontre que cette publication a été voulue ou permise par lui et qu'elle n'est que la reproduction d'une publication faite par un autre journal. • Crim. 19 juin 2001, n° 98-83.954 P :

Dr. pénal 2001. 111, obs. Véron ; Gaz. Pal. 2002. 1. 646, note Guerder ; RSC 2002. 97, obs. Bouloc (cassation de • Aix-en-Provence, 9 mars 1998 : *préc.*).

26. Imprimeurs. L'imprimeur, aux termes de l'art. 43 de la L. du 29 juill. 1881, ne peut, pour faits d'impression, être poursuivi comme complice en vertu de l'art. 60 C. pén. (nouvel art. 121-7) ; mais la loi, en établissant cette règle, ne statue qu'au point de vue pénal et n'apporte aucune dérogation aux principes de droit civil qui rendent chacun responsable du préjudice causé par sa faute ou son imprudence. • Req. 11 janv. 1905 : *DP 1906. 1. 57, rapp. George-Lemaire, concl. Feuilloley, et note Le Poittevin* • Civ. 29 avr. 1922 : *DP 1925. 1. 130* • Crim. 3 juin 1935 : *DH 1935. 417.* ♦ L'imprimeur peut donc être condamné à des dommages-intérêts à raison du préjudice causé par un article imprimé par lui, lorsqu'il est établi qu'il s'est rendu compte du caractère délicteux de cet article. • Req. 11 janv. 1905 : *préc.* ♦ Rappr., pour la responsabilité civile du rédacteur en chef d'un journal, considéré comme l'inspirateur des articles incriminés : • Civ. 11 janv. 1922 : *DP 1922. 1. 48.*

27. L'imprimeur ne peut être retenu comme civilement responsable des réparations civiles encourues par l'auteur du délit que s'il est dans un des cas où le code civil prévoit une telle responsabilité, et, notamment, si, étant propriétaire du journal, il se trouve être le commettant du gérant (directeur de la publication), conformément à l'art. 44 de la L. du 29 juill. 1881. • Crim. 3 juin 1935 : *préc. note 26.*

28. Lorsque l'auteur de l'article, ou de l'écrit incriminé, est poursuivi, l'imprimeur ne saurait l'être du simple fait de l'impression ; est à plus forte raison illégale une condamnation prononcée contre l'auteur de l'écrit, considéré comme complice de l'imprimeur. • Crim. 12 juin 1954 : *Bull. crim. n° 212.*

Art. 43-1 *(L. n° 2004-204 du 9 mars 2004, art. 55-III, en vigueur le 31 déc. 2005)* **Les dispositions de l'article 121-2 du code pénal ne sont pas applicables aux infractions pour lesquelles les dispositions des articles 42 ou 43 de la présente loi sont applicables.**

Pour mettre hors de cause le Syndicat national du travail temporaire, poursuivi en qualité de prévenu, l'arrêt énonce qu'aucune disposition de la L. du 29 juill. 1881, ni aucun texte ultérieur, n'autorise la poursuite d'une personne morale du chef de diffamation, et que le régime juridique de la contravention de diffamation non publique étant celui des infractions de presse, le premier juge ne pouvait pas entrer en voie de condamnation à l'encontre de ce syndicat ; en prononçant ainsi, la cour d'appel a justifié sa décision dès lors qu'il se déduit de l'art. 43-1 de la L. du 29 juill. 1881 qu'en dehors des cas expressément prévus par les textes, les personnes morales ne sauraient encourir de responsabilité pénale à raison des contraventions de presse. • Crim. 10 sept. 2013, n° 12-83.672 P : *D. actu. 11 oct. 2013, obs. Lavric ; Dr. pénal 2013, n° 169, obs. Véron ; Procédures 2013. Chron. 3 (« Un an... de contentieux de la presse » [sept. 2012-oct. 2013]), obs. Verly.*

Art. 44 **Les propriétaires des journaux ou écrits périodiques sont responsables des condamnations pécuniaires prononcées au profit des tiers contre les personnes désignées dans les deux articles précédents, conformément aux** *(Ord. n° 2016-131 du 10 févr. 2016, art. 6)* **« dispositions des articles 1240, 1241, 1242 » du code civil.**

(L. n° 52-336 du 25 mars 1952) **« Dans les cas prévus au deuxième alinéa de l'article 6, le recouvrement des amendes et dommages-intérêts pourra être poursuivi sur l'actif de l'entreprise. »**

1. Principe de la responsabilité. L'art. 44 de la L. du 29 juill. 1881 rend les propriétaires des journaux ou écrits périodiques civilement responsables, dans les termes de l'art. 1384 C. civ., des personnes visées aux art. 42 et 43 de ladite loi, lorsqu'elles enfreignent les dispositions de la loi sur la presse et sont condamnées de ce fait à des réparations pécunaires au profit de tiers ; mais il ne résulte nullement de cet art. 44 que la responsabilité qu'il crée ainsi à la charge dudit propriétaire se substitue à celle qui découle, pour ces mêmes personnes, des déclarations de culpabilité dont elles peuvent faire personnellement l'objet. • Crim. 27 juin 1967 : *Bull. crim. n° 193 ; D. 1968. Somm. 11.*

2. La responsabilité civile ne peut, sauf les cas où la loi en dispose autrement, s'appliquer qu'aux restitutions et dommages-intérêts, et non à l'amende ; l'art. 44 de la L. du 29 juill. 1881 sur la presse ne fait aucune exception à ce principe. • Crim. 5 mai 1892 : *DP 1893. 1. 270.* ♦ L'arrêt qui déclare un propriétaire de journal civilement responsable, n'implique pour ce propriétaire qu'une responsabilité limitée aux frais et dépens. • Crim. 19 déc. 1962 : *Bull. crim. n° 382.*

3. Pour déclarer une société responsable des actes de contrefaçon reprochés, le juge d'instance a relevé que cette société était propriétaire du journal et ne pouvait arguer de ce qu'elle avait confié son magazine en location-gérance à une autre société pour échapper à sa responsabilité. En statuant ainsi quand, les faits de contrefaçon n'entrant pas dans les prévisions de la L. du 29 juillet 1881 relatives aux crimes et délits commis par voie de presse, la responsabilité du propriétaire du journal ne pouvait être recherchée, en ce qui les concerne, en raison de cette seule qualité, le tribunal d'instance a violé par fausse application l'art. 44 de la loi précitée. • Civ. 1re, 8 nov. 2007, n° 05-15.896 P.

4. Engagement de la responsabilité. Il entre dans les pouvoirs du ministère public de poursuivre le propriétaire comme civilement responsable des frais engagés pour la poursuite du délit reproché à son préposé. • Crim. 19 déc. 1962 : *Bull. crim. n° 382.*

5. La mise en cause du gérant du journal (directeur de la publication) n'est pas une condition nécessaire de la responsabilité civile du propriétaire à l'égard des tiers. • Paris, 11 déc. 1919 : *DP 1921. 2. 16.* ♦ Devant la juridiction civile, l'action contre la personne civilement responsable n'étant pas subordonnée à la mise en cause, par la partie lésée, de l'auteur du dommage, c'est hors de toute violation des art. 42 et 44 de la L. du 29 juill. 1881 qu'un arrêt a condamné le propriétaire d'un journal à réparer le préjudice subi par une personne à la suite de la parution d'un article diffamatoire de ce journal, sans qu'aient été mis en cause le directeur de la publication et l'auteur de l'article. • Civ. 2e, 25 janv. 1995, n° 93-13.658 P : *D. 1997. Somm. 69, obs. Massis*. ♦ *Contra* : doivent recevoir application devant la juridiction civile les art. 42 et 43 de la L. du 29 juill. 1881, qui énumèrent les personnes susceptibles d'engager leur responsabilité pénale en cas d'infractions commises par la voie de la presse, ainsi que l'art. 44 de la même loi, aux termes duquel les propriétaires des journaux ou écrits périodiques sont responsables des condamnations pécuniaires prononcées au profit des tiers contre les personnes désignées dans les deux articles précédents, conformément aux dispositions des art. 1382, 1383 et 1384 C. civ. ; dès lors, une cour d'appel retient à bon droit qu'à défaut de mise en cause de l'une des personnes visées par les art. 42 et 43 de la loi sur la presse, l'action dirigée contre la seule société éditrice d'un quotidien, en sa qualité de civilement responsable, est irrecevable. • Civ. 1re, 17 juin 2015, n° 14-17.910 P : *D. actu. 9 juill. 2015, obs. Lavric.*

Art. 45 *(Ord. du 6 mai 1944)* **Les infractions aux lois sur la presse sont déférées aux tribunaux correctionnels, sauf :**

***a*) Dans les cas prévus par l'article 23, en cas de crime ;**

***b*) Lorsqu'il s'agit de simples contraventions.**

BIBL. ▶ De Bellescize, *LPA 1999, n° 71, p. 4 s.* (création d'une chambre de presse).

1. Voie civile. L'art. 45 de la L. du 29 juill. 1881 ne déroge pas au principe selon lequel la partie lésée par un fait que punit la loi pénale peut, à son choix, poursuivre la réparation de son préjudice, soit devant les tribunaux répressifs accessoirement à l'action publique, soit devant les tribunaux civils par voie d'action civile principale. • TGI Paris, 20 mai 1998 : *D. 1999. Somm. 163, obs. Dupeux*.

2. Aux termes de l'art. R. 321-8, 2° COJ [V. R. 221-15, 2° nouv.], le tribunal d'instance connaît, en dernier ressort jusqu'à la valeur de 25 000 F et à charge d'appel à quelque valeur que la demande puisse s'élever « des actions civiles pour diffamation ou pour injures publiques ou non publiques, verbales ou écrites, autrement que par voie de la presse » ; l'art. 23 de la L. du 29 juill. 1881, qui figure au chapitre IV « Des crimes et délits commis par voie de la presse ou par tout autre moyen de publication » présente un caractère général allant au-delà de la notion de « voie de presse » qu'il ne définit pas, donnant au contraire une liste détaillée des autres moyens de publication ; la définition recherchée résulte des dispositions de la loi n° 86-897 du 1er août 1986 portant réforme du régime juridique de la presse, et plus particulièrement de son art. 1er aux termes duquel il faut entendre par « publication de presse » : « tout service utilisant un mode écrit de diffusion de la pensée mis à la disposition du public en général ou de catégories de publics et paraissant à intervalles réguliers » ; tel n'étant pas le cas d'une lettre circulaire, la diffamation éventuellement commise ne l'a pas été par voie de presse, et le tribunal d'instance est exclusivement compétent. • Paris, 13 déc. 2000 : *Gaz. Pal. 2002. 1. 656.* ♦ *Adde* : Guerder, *Gaz. Pal. 2002. 1. Doctr. 756* (saisine de la juridiction : quelle compétence ?).

3. Compétence territoriale. En matière de diffamation commise par la voie de la presse, le délit, ne résultant que de la publication, doit être réputé commis partout où l'écrit a été publié. • Crim. 10 nov. 1883 : *DP 1884. 1. 370* • 4 juill. 1896 : *ibid. 1897. 1. 84* • 8 août 1949 : *Bull. crim. n° 285 ; D. 1949. 569* • 28 juin 1994 : *Dr. pénal 1995. 18, note Véron* • 31 janv. 1995, n° 92-86.559 P • 3 févr. 2009, n° 08-82.375 P : *Dr. pénal 2009, n° 61, obs. Véron ; ibid. 2009. Chron. 6, obs. Mouysset.* ♦ Par suite, le tribunal dans l'arrondissement duquel a été vendu et distribué le journal contenant l'article incriminé, est compétent pour connaître de l'action en diffamation. • Crim. 8 août 1949 : *préc.*

4. En cas de diffamation par la voie de la presse, la personne diffamée a le droit de porter son action devant tout tribunal dans le ressort duquel la publication a été faite ; mais elle ne saurait, à raison des mêmes faits, exercer simultanément des poursuites contre les mêmes défendeurs devant deux juridictions différentes, et c'est à bon droit que le tribunal qui a été saisi le second prononce renvoi des parties devant le tribunal qui a été saisi le premier. • Crim. 16 mai 1936 : *Bull. crim. n° 55.*

5. Lorsque des propos injurieux, constitutifs de l'injure non publique, ont été tenus au cours d'une conversation téléphonique, la compétence appartient aussi bien au tribunal du lieu de l'audition qu'à celui de l'émission de ces propos. • Crim. 3 août 1937 : *Bull. crim. n° 174.* ♦ Lorsqu'un écrit injurieux est adressé d'un lieu à un autre, la compétence appartient aussi bien au tribunal de la localité d'où il a été expédié qu'à celui de l'endroit où il a touché son destinataire. • Crim. 28 janv. 1960 : *Bull. crim. n° 59.*

6. De même que le délit de diffamation perpétré par la voie de la presse écrite doit être réputé commis partout où l'écrit a été publié, la diffamation réalisée par la voie de la radiodiffusion ou de la télévision est accomplie en tous les lieux où les émissions radiophoniques ou télévisées ont pu être reçues. • Crim. 8 oct. 1979 : *Bull. crim. n° 272* • T. corr. Bourges, 19 juill. 1934 : *DP 1934. 2. 121, note Desbois* • Crim. 5 déc. 2000 : *préc. note 1.* ♦ Comp., en matière de publicité illicite en faveur du tabac : • Civ. 2e, 25 oct. 1995, n° 93-10.245 P.

7. La publication de l'écrit diffamatoire, qui caractérise la commission du délit de diffamation publique, détermine la compétence territoriale ; ce délit doit être réputé commis partout où l'écrit a été publié, peu important le vecteur de la publication ; est dès lors compétent le juge d'instruction saisi d'une plainte avec constitution de partie civile du chef de diffamation publique par la voie de l'internet, le site étant situé aux États-Unis, dès lors qu'est établie par constat d'huissier la mise à disposition du public des informations prétendues diffamatoires en un lieu dépendant de son ressort. • Limoges, 8 juin 2000 : *BICC 2001. 210.*

8. Connexité. Lorsque la juridiction correctionnelle a été régulièrement saisie de deux infractions, dont l'une n'a pu lui être déférée qu'en raison de sa connexité avec l'autre, elle reste compétente pour statuer sur l'action publique et l'action civile, afférentes à cette infraction connexe, alors même que, pour le reste de la poursuite, l'action publique se trouve éteinte ; il en est ainsi spécialement lorsque la poursuite de l'infraction principale est déclarée prescrite. • Crim. 31 janv. 1995, n° 92-86.559 P.

9. Haute Cour de justice. Sont soumis à la juridiction de la Haute Cour de justice les délits prévus par la L. du 29 juill. 1881 sur la liberté de la presse, y compris le délit de diffamation publique envers un particulier, dès lors qu'ils sont commis, fût-ce en période de campagne électorale, au cours de l'intervention d'un ministre s'exprimant en cette qualité et répondant aux critiques visant la politique conduite par le chef du Gouvernement dont il est membre. • Crim. 19 avr. 1988 : *Bull. crim. n° 167.*

10. Cour de justice de la République. La commission d'instruction de la Cour de justice de la République a jugé, à bon droit, et sans méconnaître ses pouvoirs, qu'il résulte de la combinaison des art. 68-1 Const. et 23 de la loi organique du 23 nov. 1993 que les crimes et délits commis dans l'exercice de ses fonctions par un membre du gouvernement relèvent de la compétence exclusive de la Cour de justice de la République ; en effet, les délits de presse ne sont pas exclus du champ de compétence de cette juridiction et les règles de procédure de la L. du 29 juill. 1881 et celles de la loi organique du 23 nov. 1993 ne sont pas incompatibles. • Cass., ass. plén., 23 déc. 1999, n° 99-86.298 P : *BICC 1er mars 2000, concl. Chemithe, rapp. et note Chane ; Gaz. Pal. 2000. 1. 115, note Burgelin.*

11. Séparation des pouvoirs. Ne justifie pas sa décision la cour d'appel qui condamne un maire ayant agi dans l'exercice de ses fonctions à réparer personnellement les conséquences dommageables de la faute qu'il a commise sur le fondement du délit de complicité de diffamation, sans rechercher si celle-ci présentait le caractère d'une faute personnelle détachable du service. • Crim. 20 juin 2006, n° 05-87.415 P : *AJ pénal 2006. 409 ; Gaz. Pal. 2007. 1. Somm. 549, obs. Monnet.* ♦ Il n'importe pas que le prévenu n'ait pas opposé, devant les juges du fond, l'exception dont il pouvait se prévaloir, l'incompétence des juridictions étant en pareil cas d'ordre public. • Même arrêt.

12. Convention de Bruxelles. L'expression « lieu où le fait dommageable s'est produit », utilisée à l'art. 5, point 3, de la Convention de Bruxelles du 27 sept. 1968, doit, en cas de diffamation au moyen d'un article de presse diffusé dans plusieurs États contractants, être interprétée en ce sens que la victime peut intenter contre l'éditeur une action en réparation, soit devant les juridictions de l'État contractant du lieu d'établissement de l'éditeur de la publication diffamatoire, compétentes pour réparer l'intégralité des dommages résultant de la diffamation, soit devant les juridictions de chaque État contractant dans lequel la publication a été diffusée et où la victime prétend avoir subi une atteinte à sa réputation, compétente pour connaître des seuls dommages causés dans l'État de la juridiction saisie ; les conditions d'appréciation du caractère dommageable du fait litigieux et les conditions de preuve de l'existence et de l'étendue du préjudice allégué par la victime de la diffamation ne relèvent pas de la convention précitée, mais sont régies par le droit matériel désigné par les règles de conflit de lois du droit national de la juridiction saisie, sous réserve que cette application ne porte pas atteinte à l'effet utile de la convention. • CJCE 7 mars 1995 : *BICC 1995. 501 ; D. 1996. 61, note Parléani.* ♦ Rappr. : • Civ. 1re, 14 janv. 1997, n° 94-16.861 P : *D. Affaires 1997. 215.*

13. En matière d'atteinte à la vie privée par voie d'article de presse diffusé dans plusieurs États membres, l'art. 5-3° de la Convention de Bruxelles du 27 sept. 1968, qui donne compétence à la juridiction du lieu d'édition, ne fait pas obstacle à ce que le défendeur domicilié sur le territoire d'un État contractant soit attrait dans un autre État contractant devant le tribunal du lieu où le fait dommageable s'est produit, c'est-à-dire du lieu de diffusion. • Versailles, 1er mars 2001 : *BICC 2001. 1168.* ♦ Il incombe au demandeur de rapporter la preuve de la diffusion dommageable de la revue litigieuse dans le ressort de la juridiction saisie ; si la très large diffusion sur l'ensemble du territoire national de certaines publications permet sans difficulté la saisine de n'importe quelle juridiction française immanquablement concernée par cette diffusion, une telle tolérance ne peut être admise dans le cas d'une publication d'origine et de langue étrangères à diffusion nettement plus restreinte. • Même arrêt.

14. Convention de Lugano. Lorsque le défendeur est domicilié en Suisse, la compétence doit être déterminée au regard des dispositions de la Convention de Lugano du 16 sept. 1988, dont l'art. 5-3 prévoit que compétence peut être attribuée, en matière délictuelle ou quasi délictuelle, au tribunal du lieu où le fait dommageable s'est produit ; d'après l'interprétation que la Cour de justice des Communautés européennes donne à cet article, le « lieu où le fait dommageable s'est produit » comprend à la fois le lieu de réalisation du dommage et le lieu de l'événement causal ; dans le cas d'une diffamation par voie de presse, le lieu de la réalisation du dommage correspond à celui de la diffusion de la publication. • Paris, 6 oct. 1999 : *D. 1999. IR 270.*

Art. 46 **L'action civile résultant des délits de diffamation prévus et punis par les articles 30 et 31 ne pourra, sauf dans le cas de décès de l'auteur du fait incriminé ou d'amnistie, être poursuivie séparément de l'action publique.**

1. Prohibition d'ordre public. La prohibition édictée par l'art. 46 de la L. du 29 juill. 1881 est d'ordre public ; elle impose aux tribunaux civils l'obligation de se déclarer d'office incompétents. • Civ. 8 févr. 1909 : *DP 1909. 1. 471* • 26 juin 1922 : *ibid. 1922. 1. 115* • Civ. 2e, 9 déc. 1970 : *JCP 1971. II. 16787, note H.B.* • 27 janv. 1993, n° 91-18.733 P : *D. 1993. 190, note Burgelin* ; *ibid.1994. Somm. 193, obs. Dupeux* • 3 mars 1993, n° 91-18.129 P. ♦ Rappr. : • Civ. 2e, 19 juin 1953 : *D. 1954. Somm. 3.*

2. Il en est ainsi, lors même qu'un citoyen a été diffamé tout à la fois dans sa vie privée et dans sa vie publique, s'il y a indivisibilité entre les diverses imputations contenues dans les publications incriminées. • Civ. 26 juin 1922 : *préc. note 1* • Paris, 17 déc. 1993 : *Gaz. Pal. 1994. 2. 603.*

3. La saisine de la juridiction civile en violation des art. 31 et 46 de la L. du 29 juill. 1881 ne peut produire aucun effet sur la prescription de l'action pénale (interruption). • Paris, 8 avr. 1993 : *D. 1994. Somm. 193, obs. Dupeux* .

4. L'action civile résultant du délit de diffamation publique envers un citoyen chargé d'un mandat public, à raison de l'exercice de ses fonctions ou de sa qualité, ne peut, en application de *l'art. 46 de la L. du 29 juill. 1881,* être poursuivie séparément de l'action publique ; cette fin de non-recevoir peut être proposée en tout état de cause. • Civ. 2e, 29 avr. 2004, n° 01-14.108 P : *Gaz. Pal. 2006. Somm. 561, note Guerder.*

5. L'action civile intentée par les victimes, ayant la qualité de fonctionnaires, est recevable ; en effet, les art. 31 et 46 de la L. du 29 juill. 1881 ne sont pas applicables et il n'était pas nécessaire d'engager une action pénale en même temps que l'action civile, puisque les propos diffamatoires ne mentionnaient pas des faits rattachables aux fonctions publiques des victimes, mais étaient relatifs à leur vie privée. • Nancy, 10 janv. 2005 : *JCP 2006. IV. 1258.*

6. L'action civile résultant du délit de diffamation publique envers un citoyen chargé d'un mandat public, à raison de l'exercice de ses fonctions ou de sa qualité, ne peut être poursuivie séparément de l'action publique ; cette prohibition d'ordre public impose au juge civil saisi d'une action de cette nature de se déclarer d'office incompétent. Encourt la cassation, pour violation des art. 29, 30, 31 et 46 de la L. du 29 juill. 1881, de l'arrêt qui, pour condamner le directeur de la publication d'un journal à payer au maire d'une commune des dommages et intérêts en application de l'art. 1382 C. civ., énonce que le titre de l'article litigieux « Tous les coups sont permis », pour évoquer des pratiques déloyales utilisées par le maire, et les termes de « tracasseries administratives » laissant supposer qu'elles étaient le résultat d'instructions données par lui portent atteinte à l'honneur et à la considération de celui-ci, puisqu'elles sont de nature à mettre en cause l'impartialité et la probité des services de la ville qui agiraient sur l'incitation de son représentant, que la preuve de tels faits n'étant nullement rapportée, c'est à juste titre que le tribunal a considéré établie la diffamation reprochée aux appelants et a condamné ceux-ci à réparer le préjudice subi, après avoir retenu que la publication des propos litigieux, qui concernaient un citoyen chargé d'un mandat public, relevait des dispositions de l'art. 29 de la L. du 29 juill. 1881, la cour d'appel étant dès lors tenue de se déclarer incompétente. • Civ. 1re, 21 févr. 2006, n° 04-17.740 P : *JCP 2006. I. 190, obs. Tavieaux-Moro ; Gaz. Pal. 2007. 2. Somm. 3426, note Guerder.*

7. Parties civiles concernées. L'art. 45 de la

L. du 29 juill. 1881 ne déroge pas au principe selon lequel la partie lésée par un fait que punit la loi pénale peut, à son choix, poursuivre la réparation de son préjudice, soit devant les tribunaux répressifs accessoirement à l'action publique, soit devant les tribunaux civils par voie d'action civile principale ; c'est par exception à cette règle que l'art. 46 de la même loi interdit de poursuivre séparément de l'action publique l'action civile résultant des délits de diffamation prévus par les art. 30 et 31 ; comme toute exception, cette dérogation en droit commun est limitative et ne s'applique qu'aux seules infractions qu'elle énumère ; elle ne saurait être étendue aux autres faits incriminés, notamment aux délits de diffamation publique envers un particulier ; les dispositions spécifiques de l'art. 46 consacrent nécessairement, en dehors des hypothèses citées, l'application en matière de presse des art. 3 et 4 C. pr. pén., qui ont la même valeur législative que la L. du 29 juill. 1881 ; la doctrine nouvelle de la Cour de cassation tendant à soumettre la procédure civile des infractions de presse à des règles aussi proches que possible de celles en vigueur devant les juridictions pénales implique aussi que le juge civil puisse être saisi de telles actions ; est inopérante l'argumentation des défendeurs soutenant qu'ils se trouvent privés de l'exercice d'un droit et de la possibilité de connaître l'opinion du ministère public sur le prétendu abus de la liberté d'expression, dès lors que, d'une part, aucun texte ne confère à l'auteur d'une infraction pénale un droit subjectif à voir engager contre lui l'action publique et que d'autre part, l'obligation de notifier la citation introductive d'instance au procureur de la République, pour lui permettre de conclure, s'applique également devant les juridictions civiles. • TGI Paris, 20 mai 1998 : *D. 1999. Somm. 163, obs. Dupeux* ✎.

8. Une cour d'appel décide à bon droit que l'action d'un pompier volontaire dirigée contre un pompier de corps auquel il reproche d'avoir, par le contenu d'un document rendu public, porté atteinte à son honneur et à sa réputation, ce dont il résulte selon la cour qu'il se prétend victime d'une diffamation, ne peut être poursuivie séparément de l'action publique, la cour énonçant exactement que les pompiers volontaires sont des citoyens chargés d'un service public au sens de l'art. 31 de la L. du 29 juill. 1881 et que les imputations de la personne poursuivie sont relatives à des faits rejaillissant directement sur la fonction de pompier. • Civ. 2e, 18 juin 1997, n° 95-19.604 P.

9. Selon l'art. 29 de la L. du 29 juill. 1881, toute expression qui contient l'imputation d'un fait précis et déterminé, de nature à porter atteinte à l'honneur ou à la considération de la personne visée, constitue une diffamation, même si elle est présentée sous une forme déguisée ou dubitative ou par voie d'insinuation ; selon l'art. 46 de la loi, l'action civile résultant du délit de diffamation publique envers une administration publique ne peut être poursuivie séparément de l'action publique et cette prohibition d'ordre public impose au juge civil saisi d'une action de cette nature de la déclarer irrecevable ; cassation, pour violation de ces textes, de l'arrêt qui, en l'état d'un article publié par l'Institut national de la consommation et présentant, sous forme d'enquête, la liste des services hospitaliers « à éviter et à fermer » en faisant ressortir que certains services d'urgence sont « en état de sous-développement matériel et humain » et dangereux, rejette l'exception d'incompétence présentée avant toute défense au fond et fondée sur l'art. 46 de la L. du 29 juill. 1881, en énonçant que l'article incriminé ne contient ni imputation ni allégation d'aucun fait portant atteinte à l'honneur ou à la considération du centre hospitalier et qu'à bon droit les premiers juges ont retenu leur compétence sur le fondement de l'art. 1382 C. civ., alors que les juges du fond relèvent que le centre hospitalier était compris dans les deux cents établissements présentés comme devant être évités et fermés en raison des imputations d'inaptitude à remplir leur mission de service public hospitalier et de dangerosité envers les patients admis en urgence, ce qui caractérise la diffamation envers une administration publique. • Civ. 2e, 30 sept. 1998, n° 97-10.280 P : *D. Affaires 1998. 1992 ; D. 1998. IR 229* ✎.

10. Lorsque les allégations mettent en cause l'action publique d'un élu et sont susceptibles de constituer le délit de diffamation envers un citoyen chargé d'un mandat public prévu et réprimé par les art. 29, al. 1er, 30 et 31 de la L. du 29 juill. 1881, un tel délit, par application de l'art. 46 de la même loi, ne peut être soumis à l'appréciation du juge civil. • TGI Paris, 24 févr. 1999 : *Gaz. Pal. 1999. 2. Somm. 583.* ♦ Aux termes des art. 31 et 46 de la L. du 29 juill. 1881, l'action civile résultant du délit de diffamation commis envers un citoyen chargé d'un mandat public temporaire ou permanent à raison de ses fonctions ou de sa qualité ne peut être poursuivie séparément de l'action publique ; l'action exercée directement devant une juridiction civile est irrecevable ; la commune, qui apparaît dans le dispositif de l'assignation à travers la demande formée pour son compte par son maire, se heurte à la même irrecevabilité. • Civ. 2e, 29 mars 2001, n° 99-10.332 P.

11. L'interdiction d'exercer l'action civile séparément de l'action publique, édictée par l'art. 46 de la L. du 29 juill. 1881, ne concerne que la diffamation commise envers les personnes protégées par l'art. 31 de la même loi, et notamment les citoyens chargés d'un service public ; une telle qualité est reconnue à celui qui accomplit une mission d'intérêt général en exerçant des prérogatives de puissance publique ; les administrateurs judiciaires, ne disposant d'aucune prérogative de puissance publique, ne sont pas visés par les textes précités. • Cass., ch. mixte, 4 nov. 2002, n° 00-13.524 P : *BICC 15 déc. 2002, p. 7 s. (arrêts n° 1 et n° 2), avis de Gouttes, et rapp. Aubert ; D. 2003. 1194, note Dreyer ; JCP 2003. II. 10006 (1er et 2e arrêts), note Derieux ; Dr. pénal 2003. 18 (1er et 3e arrêts), obs. Véron ; Gaz. Pal. 2003. 2. 3820 (1re et 2e esp.), avis de Gouttes.* ♦ Sur les décisions contraires des juridictions du fond dans la même affaire, V. • TGI Paris, 2 déc. 1998 : *BICC 1999, n° 552* • Paris, 14 janv. 2000 : *D. 2000. Somm. 402, obs. Massis ; BICC 2000, n° 1004 ; Gaz. Pal. 2000. 2. Somm. 1718 et 1720 (2 arrêts).* ♦ Dans les mêmes termes, pour les mandataires judiciaires à la liquidation des entreprises, V. • Cass., ch. mixte, 4 nov. 2002, n° 00-15.087 P : *BICC 15 déc. 2002, p. 7 s. (arrêt n° 3), avis de Gouttes, et rapp. Aubert ; D. 2003. 1194, note Dreyer ; JCP 2003. II. 10006 (3e arrêt), note Derieux ; Gaz. Pal. 2002. 2. 1768 ; ibid. 2003. 2. 3820 (3e esp.), avis de Gouttes ; Dr. pénal 2003. 18 (2e arrêt), obs. Véron* • Civ. 2e, 27 mars 2003, n° 00-19.551 P : *Gaz. Pal. 2003. 2. Somm. 3974, obs. Guerder.* ♦ *Contra :* • Paris, 20 sept. 2000 : *D. 2000. IR 274.*

12. Selon l'art. 46 de la L. du 29 juill. 1881, l'action civile résultant des délits de diffamation prévus et punis par les art. 30 et 31 de cette loi ne peut être poursuivie séparément de l'action publique ; cette prohibition n'est pas applicable à la diffamation envers la mémoire d'un mort, ancien président de la République, prévue par l'art. 34 de la même loi. Pour renvoyer la demanderesse à mieux se pourvoir sur deux passages d'un livre, l'arrêt attaqué retient que les faits diffamatoires allégués, se rapportant à des actes de la fonction de président de la République, relèvent de l'art. 31, al. 1, de la L. du 29 juill. 1881 à raison de la cessation de fonction de celui-ci et de son décès ; qu'en matière de diffamation envers la mémoire d'un mort, il y a lieu de se fonder sur la qualité du défunt diffamé pour déterminer s'il y a diffamation envers une personne privée ou publique. En outre, l'arrêt relève qu'aux termes de l'art. 46 de la L. du 29 juill. 1881, l'action civile résultant du délit de diffamation des art. 30 et 31 ne peut être poursuivie séparément de l'action publique ; que l'art. 31, al. 1, de la L. du 29 juill. 1881 est expressément visé dans l'assignation ; que la demanderesse se trouve mal fondée à soutenir qu'elle se place sur le seul fondement de l'art. 34 ; que le fait que ce dernier texte soit également visé n'est pas de nature à faire écarter la règle d'ordre public édictée par l'art. 46. Partant, la cour d'appel a violé les art. 34 et 46 de la L. du 29 juill. 1881. • Civ. 2e, 11 déc. 2003, n° 00-19.453 P : *Gaz. Pal. 2005. 1. 1220, note Guerder.*

13. En sa qualité d'officier public, un commissaire-priseur est un citoyen protégé par les dispositions de l'art. 31 de la L. du 29 juill. 1881 qui réprime plus sévèrement la diffamation publique commise envers un dépositaire de l'autorité publique et, dès lors, en application de l'art. 46 de la même loi, l'action civile résultant du délit de diffamation commise à son encontre ne peut être exercée indépendamment de l'action publique. • Paris, 30 juin 2000 : *D. 2000. IR 218 ; Gaz. Pal. 2000. 2. Somm. 2713* • Paris, 21 mars 2002 : *Gaz. Pal. 2002. 2. Somm. 1919.* ♦ *Contra :* • Crim. 21 juill. 1884 : *DP 1886. 1. 95.* ♦ L'interdiction d'exercer l'action civile séparément de l'action publique, édictée par l'art. 46 de la L. du 29 juill. 1881, ne concerne que la diffamation envers les personnes protégées par les art. 30 et 31 de la même loi et notamment les dépositaires ou agents de l'autorité publique ou les citoyens chargés d'un service public ; une telle qualité est reconnue à celui qui accomplit une mission d'intérêt général en exerçant des prérogatives de puissance publique ; les commissaires-priseurs ne disposent d'aucune prérogative de puissance publique. • Civ. 2e, 11 déc. 2003, n° 00-20.693 P : *Gaz. Pal. 2005. 1. Somm. 1393, note Guerder.* ♦ Cassation de : • Paris, 30 juin 2000 : *préc.*

14. Quel qu'en soit le support, la publication d'un ouvrage, qui est le résultat de recherches universitaires, entre dans la mission du service public de l'enseignement supérieur et relève des fonctions des enseignants-chercheurs qui s'exercent dans le domaine de la diffusion des connaissances ; aussi les juridictions de l'ordre administratif, et non celles de l'ordre judiciaire, sont-elles compétentes pour connaître de l'action en diffamation engagée à l'encontre d'un enseignant-chercheur, auteur d'un ouvrage destiné au public, reproduction de ses travaux universitaires. • Civ. 1re, 23 févr. 2011 : *Gaz. Pal. 6-7 avr. 2011, note Pierroux.*

15. Réserve du référé. L'interdiction faite à la juridiction civile par les art. 31 et 46 de la L. du 29 juill. 1881 de connaître de l'action civile née des délits de diffamation commis envers un ou plusieurs membres du Gouvernement à raison de leurs fonctions ou de leur qualité ne met pas obstacle à ce que le juge des référés prenne, conformément à l'art. 809, al. 1°, NCPC [devenu C. pr. civ.], les mesures qui s'imposent pour faire cesser le trouble manifestement illicite qui résulterait des faits incriminés. • Civ. 2e, 27 janv. 1993 : *préc. note 1.*

16. A supposer que les faits incriminés par le demandeur soient, sur le fond, susceptibles de constituer le délit de diffamation publique envers un ministre, l'interdiction faite à la juridiction civile par l'art. 46 de la L. du 29 juill. 1881 de connaître de l'action civile en réparation d'un tel délit ne met pas obstacle à ce que le juge des référés prenne, conformément à l'art. 809, al. 1er, NCPC [devenu C. pr. civ.], les mesures qui s'imposent pour faire cesser le trouble manifestement illicite résultant des mêmes faits ; contrairement à ce que soutiennent les défendeurs, une telle procédure, qui ne les prive nullement du droit de faire valoir dans le cadre d'un débat au fond les moyens de défense propres au succès de leurs prétentions, n'a pas pour objet ou pour effet, compte tenu de son caractère spécifique limité à l'appréciation de l'existence et de la portée apparente des éléments de preuve, de contourner les dispositions d'ordre public de la loi sur la liberté de la presse. • TGI Paris, réf., 13 oct. 1997 : *D. 1998. 154 (1re esp.), note Burgelin* ; *Gaz. Pal. 1997. 2. 590, note J.-G. M.*

17. Cour de justice de la République. Aux termes de l'art. 13, al. 2, de la loi organique n° 93-1252 du 23 nov. 1993, aucune constitution de partie civile n'est recevable devant la cour de justice de la République ; cette disposition déroge aux règles fixées par le code de procédure pénale pour les débats en matière correctionnelle et applicables à la Cour de justice en vertu de l'art. 26 de la loi ; si ce même article exclut toute constitution de partie civile, il réserve aux victimes la possibilité de porter l'action en réparation de leurs dommages devant les juridictions de droit commun et de faire ainsi trancher toute contestation sur leurs droits civils ; le moyen tiré de la violation de l'art. 6, § 1er, Conv. EDH n'est donc pas fondé ; si c'est à tort que la Cour n'a pas statué sur la recevabilité de la constitution de partie civile, l'arrêt n'encourt pas pour autant la censure dès lors qu'il n'a pas été porté atteinte à un intérêt qui aurait été reconnu par la loi à la victime. • Cass., ass. plén., 21 juin 1999, n° 99-81.927 P : *BICC 15 sept. 1999 (n° 499), concl. Di Guardia, rapp. et note Milleville ; Dr. pénal 1999. 135, obs. Maron ; JCP 2000. I. 241, n° 2, obs. G. Viney.*

18. L'art. 13 de la loi organique du 23 nov. 1993 [sur la Cour de justice de la République], dont les dispositions prévalent sur celles de l'art. 46 de la L. du 29 juill. 1881 sur la liberté de la presse, réserve aux victimes la possibilité de porter l'action en réparation de leurs dommages directs devant les juridictions de droit commun et de faire ainsi trancher toute contestation sur leurs droits civils ; la décision rendue sur l'action publique par la Cour de justice de la République, dans une instance à laquelle les plaignants n'ont pas été parties, ne leur est pas opposable ; il en résulte que l'arrêt ayant déclaré irrecevables les constitutions de partie civile est légalement justifié au regard des dispositions précitées, tant de droit interne [L. 29 juill., art. 30, 31 et 46] que conventionnelles [Conv. EDH, art. 6 ; Pacte int. dr. civ. et pol. 19 déc. 1966, art. 14-1]. • Cass., ass. plén., 12 juill. 2000, n° 00-83.577 P : *BICC 15 nov. 2000, p. 20, concl. Chemithe, note Mazars ; Gaz. Pal. 2001. 1. Somm. 935, note Monnet ; ibid. 979, note Guerder.*

§ 2 *De la procédure*

(Ord. n° 45-2090 du 13 sept. 1945)

Art. 47 La poursuite des délits et contraventions de simple police commis par la voie de presse ou par tout autre moyen de publication aura lieu d'office et à la requête du ministère public sous les modifications ci-après. — *V. art. 60.*

BIBL. ▶ Dupeux et Massis, *Légicom 2002/3, p. 5* (la conduite du procès de presse).

1. Conformité à la Conv. EDH. L'interdiction de publier les actes d'accusation et tous actes de procédure criminelle ou correctionnelle avant leur lecture en audience publique, prévue et réprimée par l'art. 38, al. 1er, de la L. sur la presse du 29 juill. 1881, entre dans le champ d'application de l'art. 47 de ladite loi, qui réserve au ministère public l'initiative de la mise en mouvement de l'action publique. • Crim. 11 mai 2016, n° 15-82.365 P : *D. actu. 1er juin 2016, obs. Lavric.*

2. Consommation de l'infraction. En matière de diffamation, c'est par la publication que se consomme le délit, et, par suite, la publication d'un même document faite en des lieux et des temps différents, dans des journaux différents, par des personnes différentes, constituent des infractions distinctes, qui peuvent et doivent être pousuivies séparément, l'auteur responsable de chaque fait de publication devant être à même d'établir par ses propres moyens les faits justificatifs de sa bonne foi, ou, s'il y a lieu, la vérité des imputations diffamatoires. • Crim. 29 oct. 1953 : *D. 1954. 381, rapp. Patin.*

3. Les délits de diffamation et d'injures publiques commis dans des lettres différentes adressées à des dates et à des personnes différentes sont indépendants les uns des autres et peuvent faire l'objet de poursuites distinctes. • Crim. 11 mai 1954 : *Bull. crim. n° 171.*

4. Le fait de publication étant l'élément par lequel les délits de presse sont consommés, toute reproduction dans un écrit périodique rendu public d'un texte déjà publié, quelle que soit la langue dans laquelle il est rédigé, est constitutive d'une nouvelle infraction ; dès lors, sans qu'il y ait violation de la règle *non bis in idem,* les faits réitérés sont susceptibles de nouvelles poursuites, indépendamment de celles qui ont été exercées à la suite de la première publication. • Crim. 24 oct. 1989 : *Bull. crim. n° 380.*

5. Le délit de diffamation est réputé commis partout où l'écrit a été diffusé. • Crim. 28 juin 1994, n° 94-81.435 P. ♦ Le délit de diffamation perpétré par la voie de la presse écrite est réputé commis partout où l'écrit a été publié, distribué, ou mis en vente ; la diffamation réalisée par la voie de la télévision est accomplie en tous lieux où les émissions télévisées ont pu être perçues ; le juge d'instruction dans le ressort duquel le délit principal a été commis, est territorialement compétent pour connaître des poursuites exercées contre un complice, même en l'absence de mise en cause des auteurs principaux. • Crim. 5 déc. 2000 : *Dr. pénal 2001. 44, obs. Véron.*

6. Cour de justice de la République. En vertu de l'art. 19 de la loi organique du 23 nov. 1993, la commission d'instruction de la Cour de justice de la République n'est saisie que des faits visés dans le réquisitoire introductif du procureur général ; excède les limites de sa saisine et viole ce texte la commission d'instruction qui ordonne le renvoi d'un ministre devant la Cour de justice de la République, notamment pour avoir commis le délit de complicité de diffamation publique envers les plaignants en déclarant à un journaliste « qu'il considère même qu'il y a eu de la part des professeurs une complicité active... », alors que ni ce membre de phrase, ni l'article dans lequel il était inséré dans le journal litigieux n'étaient visés dans le réquisitoire introductif du procureur général. • Cass., ass. plén., 23 déc. 1999, n° 99-86.298 P.

Art. 48 1° Dans le cas d'injure ou de diffamation envers les cours, tribunaux et autres corps indiqués en l'article 30, la poursuite n'aura lieu que sur une délibération prise par eux en assemblée générale et requérant les poursuites, ou, si le corps n'a pas d'assemblée générale, sur la plainte du chef du corps ou du ministre duquel ce corps relève ;

(Abrogé par L. n° 2013-711 du 5 août 2013, art. 21) (L. n° 2000-516 du 15 juin 2000, art. 100) « 1° bis Dans les cas d'injure et de diffamation envers un membre du Gouvernement, la poursuite aura lieu sur sa demande adressée au ministre de la justice ; »

2° Dans le cas d'injure ou de diffamation envers *(L. n° 2013-711 du 5 août 2013, art. 21)* « le Président de la République, un membre du Gouvernement ou un membre du Parlement *[ancienne rédaction : un ou plusieurs membres de l'une ou de l'autre Chambre]* », la poursuite n'aura lieu que sur la plainte de la personne ou des personnes intéressées ;

3° Dans le cas d'injure ou diffamation envers les fonctionnaires publics, les dépositaires ou agents de l'autorité publique autres que les ministres, et envers les citoyens chargés d'un service ou d'un mandat public, la poursuite aura lieu, soit sur leur plainte, soit d'office, sur la plainte du ministre dont ils relèvent ;

4° Dans le cas de diffamation envers un juré ou un témoin, délit prévu par l'article 31, la poursuite n'aura lieu que sur la plainte du juré ou du témoin qui se prétendra diffamé ;

5° Dans le cas *(Abrogé par L. n° 2013-711 du 5 août 2013, art. 21) « d'offense envers les chefs d'État ou »* d'outrage envers les agents diplomatiques étrangers, la poursuite aura lieu sur leur demande adressée au ministre des affaires étrangères, et par celui-ci au ministre de la justice ;

6° Dans le cas de diffamation envers les particuliers prévu par l'article 32, et dans le cas d'injure prévu par l'article 33, paragraphe 2, la poursuite n'aura lieu que sur la plainte de la personne diffamée ou injuriée. *(L. n° 72-546 du 1er juill. 1972)* « Toutefois, la poursuite pourra être exercée d'office par le ministère public lorsque la diffamation ou l'injure aura été commise envers une personne ou un groupe de personnes à raison de leur origine ou de leur appartenance ou de leur non-appartenance à une ethnie, une nation, une race ou une religion déterminée. » *(L. n° 2004-1486 du 30 déc. 2004, art. 22)* « La poursuite pourra également être exercée d'office par le ministère public lorsque la diffamation ou l'injure aura été commise envers un groupe de personnes à raison de leur sexe *(L. n° 2007-297 du 5 mars 2007, art. 34)* « , de leur orientation sexuelle ou de leur handicap » ; il en sera de même lorsque ces diffamations ou injures auront été commises envers des personnes considérées individuellement, à la condition que celles-ci aient donné leur accord ; »

(L. n° 2000-516 du 15 juin 2000, art. 98) « 7° Dans le cas de diffusion de l'image d'une personne menottée ou entravée prévue par l'article 35 *ter*, la poursuite n'aura lieu que sur la plainte de la personne intéressée ;

« 8° Dans le cas d'atteinte à la dignité de la victime prévue par l'article 35 *quater*, la poursuite n'aura lieu que sur la plainte de la victime.

« En outre, dans les cas prévus *(Abrogé par Cons. const. n° 2013-350-QPC, du 25 oct. 2013) « par les 2°, 3°, 4°, 5°, 6°, 7° et 8° »* ci-dessus, ainsi que dans les cas prévus aux articles 13 et 39 *quinquies* de la présent *[présente]* loi, la poursuite pourra être exercée à la requête de la partie lésée. »

RÉP. PÉN. v° *Action publique*, par MOLINS.

I. PLAINTE PRÉALABLE

1. Portée. Dans les cas où, aux termes de l'art. 48 de la L. du 29 juill. 1881, le ministère public ne peut engager de poursuites que lorsqu'il a été saisi d'une plainte préalable de la partie lésée, il est impérativement lié, quant aux faits, par les termes de ladite plainte ; il ne saurait en conséquence retenir d'autres faits, hors le cas d'indivisibilité, sous peine de nullité de son réquisitoire introductif ou de la citation et de la procédure subséquente. • Crim. 5 juill. 1983 : *Bull. crim. n° 217.*

2. En matière de presse, lorsque l'action publique est subordonnée à la plainte de la partie lésée, cette action retrouve sa liberté et son indépendance dès que la plainte est portée ; les magistrats chargés de diligenter l'action publique peuvent librement étendre la poursuite à tous coauteurs ou complices non compris dans la plainte. • Crim. 19 mai 1951 : *Bull. crim. n° 139.* ♦ ... Cette plainte commande seulement la mise en mouvement de l'action publique à l'égard du fait délictueux auquel elle se rapporte, mais demeure sans effet sur l'inculpation éventuelle des auteurs ou complices de ce fait, tant que la plainte subsiste. • Crim. 2 juill. 1992, n° 92-81.185 P : *D. 1993. Somm. 205, obs. Pradel.* ♦ ... La victime ne pouvant restreindre sa plainte à quelques-uns seulement de ceux qui ont pris part au délit, pour tenir par sa propre volonté les autres en dehors de la poursuite. • Crim. 17 févr. 1955 : *Bull. crim. n° 113 ; D. 1955. 419* • 2 juill. 1992 : *préc.*

3. Tant que la plainte subsiste, le ministère public demeure dans la plénitude de ses attributions, agit librement et sans entrave, et peut appeler du jugement qui a statué, comme faire tous actes de poursuite autorisés par la loi, quand bien même le plaignant, constitué partie civile, n'userait pas de son droit d'appel. • Crim. 30 avr. 1954 : *D. 1954. 585, rapp. Patin.*

4. Le régime particulier de l'art. 48 de la L. du 29 juill. 1881 institue seulement des règles spéciales pour la mise en mouvement de l'action publique, mais n'écarte nullement : la faculté pour le plaignant de se constituer partie civile, conformément aux principes généraux du droit à réparation, qui appartient à toute personne lésée par une infraction (à propos de l'offense envers les chefs d'États étrangers ; V. II, note 40). • TGI Paris, 20 mars 1970 : *D. 1970. 487, note Chabas.* ♦ ... La faculté, pour la personne qui s'estime lésée au regard de ces dispositions, d'engager son action civile séparément de l'action publique. • Paris, 27 juin 1995 : *D. 1995. IR 195.*

5. Les dispositions de l'art. 48 de la L. du 29 juill. 1881, qui subordonnent la poursuite des délits de diffamation et d'injure envers un membre de l'une ou l'autre chambre à la plainte de la personne intéressée, ne dérogent pas à celles de l'art. 509 C. pr. pén., selon lesquelles l'affaire est dévolue à la cour d'appel dans la limite fixée par l'acte d'appel et par la qualité de l'appelant et n'implique pas la présence de la victime en instance d'appel. • Crim. 1er sept. 2009, n° 09-81.913 P : *D. 2009. AJ 2429 ; ibid. 2010. Chron. 47, obs. Degorce.*

6. Abus de constitution. En matière d'infractions à la L. du 29 juill. 1881 sur la liberté de la presse, la plainte avec constitution de partie civile, qui peut être déposée sans nécessité d'une plainte préalable analysée par le ministère public, fixe irrévocablement la nature et l'étendue de la poursuite ; le juge d'instruction ainsi saisi ne peut apprécier ni la pertinence de la qualification retenue dans la plainte avec constitution de partie civile, ni les éventuels moyens de défense de l'auteur du message incriminé, mais seulement l'imputabilité des propos dénoncés et leur caractère public ; en matière de presse, la partie civile doit donc être regardée comme n'étant pas dans une situation différente, lorsqu'elle fait l'objet d'une demande de dommages-intérêts pour abus de constitution, selon qu'elle a mis en mouvement l'action publique par la voie d'une plainte avec constitution de partie civile ou par la voie d'une citation directe ; il en résulte que les dispositions de l'art. 472 C. pr. pén. doivent désormais être interprétées comme permettant au prévenu, qui a été renvoyé des fins d'une poursuite engagée du chef d'infractions prévues par la loi sur la presse, d'obtenir la condamnation de la partie civile au paiement de dommages-intérêts en cas d'abus, sans distinguer selon que l'action publique a été mise en mouvement par une plainte avec constitution de partie civile devant le juge d'instruction ou par voie de citation directe. • Crim. 11 juill. 2018, n° 18-90.017 QPC : *D. 2018. 1555 ; D. actu. 30 juill 2018, obs. Lavric ; JCP 2018. 895, obs. Detraz ; Gaz. Pal. 2018, p. 2763, obs. Fourment ; ibid., p. 3221, obs. Régis.*

II. POURSUITES

A. DIFFAMATION ET INJURES

7. Action civile individuelle. Sauf dispositions légales contraires, l'action civile, en raison du préjudice résultant d'une infraction, appartient seulement à ceux qui ont personnellement souffert du dommage directement causé par ladite infraction ; cassation, pour violation de l'art. 2 C. pr. pén., de l'arrêt qui, après avoir déclaré éteinte par l'amnistie l'action publique exercée contre un avocat, condamné par les premiers juges pour complicité de diffamation publique envers les cours et tribunaux, déclare recevable la constitution de partie civile du Garde des Sceaux, ministre de la Justice, au prétendu motif qu'il incombe à ce dernier de défendre les intérêts des juridictions, alors que le Garde des Sceaux, qui ne souffre pas personnellement du dommage causé par l'infraction, ne tient d'aucune disposition spéciale le pouvoir de se constituer partie civile pour obtenir réparation du préjudice causé à des magistrats et à la juridiction visés dans l'article en cause. • Crim. 15 déc. 1998, n° 96-86.014 P : *D. 1999. IR 51.*

8. Actions civiles collectives. Les associations ne tiennent d'aucune loi le droit de poursuivre des diffamations ou des injures qui ne les atteignent pas personnellement et qui ne peuvent être poursuivies que sur la plainte de ceux qui en ont été directement victimes. • Crim. 16 déc. 1954 : *Bull. crim. n° 409* • 25 nov. 1954 : *ibid. n° 355* • 16 déc. 1954 : *ibid. n° 410* • 6 avr. 1965 : *Bull. crim. n° 117.*

9. Il en est de même : des ordres professionnels. • Crim. 9 févr. 1954 : *Bull. crim. n° 63 ; D. 1954. 679, note G. C.* • 2 mai 1956 : *Bull. crim. n° 337* • 10 mars 1998, n° 96-82.673 P. ♦ ... Des syndicats. • Crim. 30 déc. 1952 : *Bull. crim. n° 336 ; D. 1953. 166* • 9 févr. 1954 : *préc.* • 2 mai 1956 : *préc.* ♦ ... Des chambres régionales propres à certaines professions. • Crim. 3 déc. 1958 : *Bull. crim. n° 718* (huissiers).

10. Fait l'exacte application de l'art. 2 C. pr. pén., sans méconnaître les exigences des art. 6, 13 et 14 Conv. EDH, l'arrêt qui déclare irrecevables les constitutions de partie civile du conseil supérieur du notariat, de la chambre interdépartementale des notaires de Paris et de plusieurs chambres régionales des notaires, pour diffamation publique envers des particuliers, à raison de propos qui visent la profession notariale dans son ensemble sans blâmer aucune personne déterminée, ces organismes professionnels ne pouvant se réclamer d'aucun préjudice personnel directement causé par l'infraction. • Crim. 1er sept. 2004, n° 04-81.118 P : *JCP 2005, n° 2, obs. Beignier.*

1° COURS, TRIBUNAUX ET AUTRES CORPS

11. Préalable d'une délibération en assemblée générale. Il résulte des dispositions de l'art. 48, 1°, de la L. du 29 juill. 1881 que, pour permettre la mise en mouvement de l'action publique par le procureur de la République, du chef de diffamation envers les cours et tribunaux, la délibération de l'assemblée générale des magistrats doit préciser les faits à raison desquels elle requiert les poursuites ; encourt la cassation sans renvoi l'arrêt qui rejette les requêtes en annulation présentées sur le fondement de l'art. 173 C. pr. pén. par les personnes mises en examen, alors que la délibération de l'assemblée générale d'un tribunal de grande instance, conçue en termes généraux, ne précisait pas les articles de presse ou les faits qu'elle entendait dénoncer, et ne mentionnait pas la nature des poursuites qu'elle sollicitait, ces insuffisances ne pouvant être réparées ni par une dépêche du garde des Sceaux, ni par le réquisitoire introductif. • Crim. 18 mars 1997, n° 96-85.568 P.

12. Collectivités territoriales. En cas de diffamation envers un corps constitué (commune), il résulte des al. premier et dernier de l'art. 48 de la L. du 29 juill. 1881 que la plainte avec constitution de partie civile, même autorisée par délibération de l'assemblée générale dudit corps, ne peut mettre en mouvement l'action publique du chef de l'art. 30 de la loi précitée, ni fixer la nature et l'étendue de la poursuite de ce chef : seul le réquisitoire introductif peut mettre en mouvement l'action publique, à la condition de satisfaire aux exigences de l'art. 50 de ladite loi, ce qui n'est pas le cas d'un réquisitoire qui saisit les faits sous une qualification n'entrant dans les prévisions, ni de la délibération requérant les poursuites, ni de la plainte. • Crim. 18 janv. 1994, n° 93-80.996 P.

13. D'une part, les dispositions du 1° de l'art. 48 de la L. du 29 juill. 1881, qui subordonnent la poursuite du chef du délit prévu par l'art. 30 de cette loi à une délibération au corps constitué, ne confèrent pas à celui-ci le droit de mettre en mouvement l'action publique en portant plainte avec constitution de partie civile ; il résulte au contraire des dispositions combinées des art. 47 et 48, dernier al., de ladite loi que, par dérogation à l'art. 85 C. pr. pén., la poursuite ne peut alors être exercée que par le ministère public ; il s'ensuit que la plainte avec constitution de partie civile déposée par un corps constitué (conseil général) du chef d'injure ou de diffamation est irrecevable et ne peut avoir pour effet d'interrompre la prescription de l'action publique ou d'en suspendre le cours ; d'autre part, le délit prévu par l'art. 30 de la L. du 29 juill. 1881 portant essentiellement atteinte à l'autorité de la puissance publique, aucune disposition conventionnelle n'interdit au législateur de subordonner l'exercice de l'action civile du chef de ce délit à la mise en mouvement de l'action publique par le ministère public. • Crim. 12 nov. 2003, n° 02-84.709 P : *D. 2003. IR 2932 ; RSC. 2004. 126, obs. Francillon ; ibid. 368, obs. Commaret ; AJ pénal 2004. 32 ; Dr. pénal 2004. 34, obs. Véron ; Gaz. Pal. 2004. 1. Somm. 2079, obs. Monnet ; JCP 2004. IV. 1048.*

14. Selon la commune requérante, en privant les collectivités territoriales victimes d'injure ou de diffamation du droit de mettre en mouvement l'action publique, les dispositions de l'art. 47 et des premier et dernier al. de l'art. 48 de la loi du 29 juill. 1881 méconnaissent le principe du droit à un recours effectif, le principe d'égalité et le principe de la libre administration des collectivités territoriales ; il résulte de la combinaison des art. 47 et 48 de la L. du 29 juill. 1881 que, lorsqu'elles sont victimes d'une diffamation, les autorités publiques dotées de la personnalité morale autres que l'État ne peuvent obtenir la réparation de leur préjudice que lorsque l'action publique a été engagée par le ministère public, en se constituant partie civile, à titre incident devant la juridiction pénale ; elles ne peuvent ni engager l'action publique devant les juridictions pénales aux fins de se constituer partie civile ni agir devant les juridictions civiles pour demander la réparation de leur préjudice ; la restriction ainsi apportée à leur droit d'exercer un recours devant une juridiction méconnaît les exigences de l'art. 16 de la Déclaration de 1789 et doit être déclarée contraire à la Const. ; par suite, les mots « par les 2°, 3°, 4°, 5°, 6°, 7° et 8° » figurant au dernier al. de l'art. 48 de la L. du 29 juill. 1881, qui ont pour effet d'exclure les personnes visées au 1° de cet art. du droit de mettre en mouvement l'action publique, doivent être déclarés contraires à la Const. • Cons. const. 25 oct. 2013, décis. n° 2013-350 QPC : *JO 27 oct. 2013, p. 17556 ; D. actu. 30 oct. 2013, obs. Poupeau ; JCP 2013, n° 1172, obs. Derieux ; ibid. n° 1243, note Mbongo ; RLCT 2014/104, n° 2760, p. 24, note Mayaud ; Gaz. Pal. 2014. 1. 463, obs. Fourment.* – Sur l'arrêt de renvoi au Cons. const. : • Crim. 21 août 2013, n° 13-90.020 : *Dr. pénal 2013, comm. 157, obs. Véron.*

15. Conseil départemental. Lorsque les poursuites pour diffamation envers un corps constitué n'ont pas été précédées de la délibération de l'assemblée générale prévue par l'art. 48, 1°, de la L. du 29 juill. 1881, les juges doivent relever d'office l'irrecevabilité de la constitution de partie civile et constater que la juridiction n'est pas valablement saisie. • Crim. 15 déc. 2020, ☎ n° 19-87.710 P : *D. actu. 13 janv. 2021, obs. Hasnaoui-Dufrenne.*

16. Conseil municipal. Lorsque la personne diffamée est un conseil municipal, corps constitué, la poursuite en diffamation ne peut être exercée que sur délibération prise par ledit conseil en assemblée générale et requérant poursuite. • Crim. 8 mars 1955 : *Bull. crim. n° 144* • 24 juill. 1956 : *ibid. n° 577.* ♦ Ne répond pas à ces exigences la délibération d'un conseil municipal qui se borne à donner au maire une habilitation générale en vue d'exercer une action judiciaire dont la nature n'est pas précisée ; la nullité de la procédure encourue de ce chef est d'ordre public. • Crim. 20 oct. 1960 : *Bull. crim. n° 469.*

17. Les membres d'un conseil municipal atteints personnellement par une diffamation adressée à ce corps, ont le droit de poursuivre individuellement, et sans délibération préalable du corps constitué, la réparation du délit. • Crim. 28 mai 1891 : *DP 1891. 1. 399.* ♦ Lorsqu'une citation fait mention d'une poursuite à la requête d'un conseil municipal, mais vise à la fois les art. 30 et 31 de la loi sur la presse comme applicables, elle crée une incertitude dans l'esprit du prévenu quant à l'objet de la poursuite, bien que faisant mention de chacun des membres du conseil municipal qui se serait senti offensé par les propos incriminés, et concluant à des condamnations civiles au profit de chacune des parties civiles, et la nullité de la poursuite est justifiée. • Crim. 12 févr. 1991 : ☎ *JCP 1991. IV. 195.*

18. Pour prononcer la nullité de la plainte déposée par la commune de Gevrey-Chambertin, l'arrêt relève que si cette plainte a été précédée, comme l'exige l'art. 48-1° de la L. du 29 juill. 1881, d'une délibération du conseil municipal, la délibération prise en l'espèce ne répond pas aux exigences légales, en ce que, visant « une plainte au civil » dirigée uniquement contre Mme Z..., elle n'indique pas précisément le document incriminé qui n'est ni cité, même par extraits, ni daté, et ne permet pas de déterminer, en faisant référence à la défense de l'honneur et de l'intégrité des élus, s'il s'agit d'une plainte envers un citoyen chargé d'un mandat public, ou envers un corps constitué ; en prononçant ainsi, la chambre de l'instruction a justifié sa décision, dès lors que la délibération préalable à l'engagement des poursuites, prévue par l'art. 48-1° de la L. de 1881 en cas de diffamation envers un corps constitué, doit indiquer avec une précision suffisante les faits qu'elle entend dénoncer, et mentionner la nature des poursuites qu'elle requiert, sans que ses insuffisances puissent être réparées par le réquisitoire introductif. • Crim. 25 juin 2013, ☎ n° 12-84.696 P : *D. actu. 8 oct. 2013, obs. Lavric ; D. 2014. 515, obs. Dreyer* ✎ *; Dr. pénal 2013, n° 157, obs. Véron.*

19. Conseil général. S'il est vrai que l'art. 24 de la L. du 2 mars 1982, relative aux droits et libertés des communes, des départements et des régions, dans sa rédaction antérieure à la L. du 6 févr. 1992, a accordé au conseil général la faculté de déléguer l'exercice d'une partie de ses attributions à son bureau, ce texte n'a pu déroger, même implicitement, à la disposition spéciale édictée, en matière pénale, par l'art. 48-1° de la L. du 29 juill. 1881. • Crim. 18 mai 1993, ☎ n° 91-85.129 P.

20. Une délégation générale délivrée par la commission permanente d'un conseil général ne saurait valablement autoriser une action intentée par le département sur le fondement de la L. du 29 juill. 1881 en méconnaissant les dispositions spéciales, dérogatoires au droit commun et d'ordre public, de l'art. 48,1° de la loi précitée ; l'action en diffamation du département doit être déclarée irrecevable, faute pour son représentant de produire une délibération spécifique de l'assemblée départementale l'autorisant à introduire cette action. • TGI Montbrison, 29 oct. 2007 : *Gaz. Pal. 2008. 1. Somm. 1981, note Renault et Guinot-Delery.*

21. Gendarmerie. Lorsqu'une diffamation est dirigée contre une unité de gendarmerie, même formant corps au point de vue militaire, la poursuite ne peut être exercée que sur plainte du ministre de la Défense nationale. • Crim. 21 juill. 1950 : *Bull. crim. n° 216 ; D. 1950. 558, rapp. Patin ; S. 1951. 1. 25, note M.R.M.P.* ♦ Mais cette plainte n'est soumise à aucune forme particulière et il suffit qu'elle soit intervenue avant l'ouverture des poursuites. • Crim. 30 déc. 1953 : *Bull. crim. n° 358.*

22. Police nationale. Dans la police nationale, c'est au ministre de l'Intérieur, ou à son représentant, qu'il appartient de déposer plainte, et non au chef de la sûreté urbaine d'une ville. • Crim. 23 mai 1989 : *Dr. pénal 1990. 11.*

23. A la suite de la publication d'un ouvrage

sur la police, le ministre de l'intérieur, estimant que certains propos et dessins étaient constitutifs de diffamation et d'injures publiques envers la police nationale, a porté plainte avec constitution de partie civile ; c'est à bon droit que la chambre de l'instruction a déclaré irrecevable la constitution de partie civile, dès lors que le ministre de l'intérieur, qui n'est pas personnellement victime de l'infraction, ne tient d'aucune disposition spéciale le droit de se constituer partie civile pour obtenir réparation du préjudice causé aux fonctionnaires de police et à l'administration qu'il dirige par le délit poursuivi ; il ne peut se prévaloir d'une violation du § 2 de l'art. 10 Conv. EDH. • Crim. 2 sept. 2003, n° 03-82.103 P : *D. 2003. IR 2485 ; AJ pénal 2004. 33 ; JCP 2003. IV. 2799 ; Dr. pénal 2003. Comm. 143, obs. Véron.*

24. A l'issue d'une information ouverte sur plainte du ministre de l'intérieur, le prévenu a été renvoyé devant le tribunal correctionnel du chef de diffamation envers la police nationale pour avoir tenu, à l'occasion de l'inauguration d'une mosquée, des propos mettant en cause les policiers dans les incendies de véhicules ; pour infirmer la décision de relaxe, la cour d'appel relève qu'il n'est pas nécessaire que le réquisitoire reproduise littéralement le discours incriminé, dès lors qu'il permet au prévenu de connaître exactement les faits qui lui sont reprochés ; en se prononçant sur des propos autres que ceux articulés dans l'acte initial de la poursuite, les juges ont méconnu les art. 30, 47, 48-1 et 50 de la L. du 29 juill. 1881 ; en effet, en matière de diffamation envers une administration publique, l'action publique est mise en mouvement, sur plainte du ministre, par le réquisitoire introductif qui, lorsqu'il répond aux exigences de l'art. 50, fixe irrévocablement la nature et l'étendue de la poursuite ; les juges ne peuvent statuer d'autres propos que ceux qui sont articulés par l'acte initial de la poursuite. • Crim. 17 juin 2008, n° 07-87.920 P : *D. 2008. AJ 2146 ; ibid. 2009. Pan. 1784, obs. Massis ; Dr. pénal 2008. 138, obs. Véron.*

2° ADMINISTRATIONS PUBLIQUES

25. Caisse nationale d'allocations familiales (CNAF). Est assimilé à l'assemblée générale prévue par l'art. 48 de la L. du 29 juill. 1881, dont la délibération conditionne le pouvoir d'agir en justice, le conseil d'administration de la Caisse nationale d'allocations familiales, seul organe délibérant dont elle est dotée en application des art. L. 221-2 s. CSS. • Crim. 8 janv. 2019, n° 17-86.622 P : *D. actu. 25 janv. 2019, obs. Lavric ; D. 2020. Pan. 237, obs. Dreyer .*

3° PARLEMENTAIRES

26. Néant.

4° DÉPOSITAIRES OU AGENTS DE L'AUTORITÉ PUBLIQUE

27. Membres du Gouvernement. Les membres du Gouvernement n'ont pas, en cette qualité, le droit de citer directement la personne qui les diffame devant la juridiction répressive ; l'action, en ce cas, ne peut être mise en mouvement que par le ministère public. • Crim. 10 déc. 1953 : *Bull. crim. n° 332 ; D. 1954. 105, rapp. Patin.* ♦ Il n'y a pas à distinguer selon que le ministre diffamé est ou non membre du parlement. • Crim. 12 juin 1956 : *Bull. crim. n° 462.*

28. La nullité de la poursuite par voie de citation directe est d'ordre public ; elle n'est pas couverte par une défense au fond, et doit être prononcée, même d'office, en tout état de la procédure. • Crim. 16 déc. 1954 : *Bull. crim. n° 411 ; D. 1955. Somm. 41.*

29. Magistrats. En cas de diffamation contre un magistrat, le garde des Sceaux dispose du droit de porter plainte, et cela même depuis l'institution du Conseil supérieur de la magistrature. • Crim. 8 mars 1951 : *Bull. crim. n° 73 ; D. 1953. 358* • Paris, 6 nov. 1950 : *ibid.*

30. Selon les art. 48 et 49 de la L. du 29 juill. 1881, le délit de diffamation envers un fonctionnaire public ne peut être poursuivi que sur sa plainte ou celle du ministre dont il relève, par le ministère public, et le désistement du plaignant ou de la partie poursuivante arrête la poursuite ; il résulte de ces dispositions que la personne diffamée peut seule conclure à la réparation du préjudice causé par le délit ; il n'est pas dérogé à ces règles d'ordre public par l'art. L. 411-11 C. trav. [L. 2132-3 nouv.] ; cassation, pour violation de ces textes, de l'arrêt qui, sur les poursuites exercées du chef de diffamation publique envers un fonctionnaire public contre un journal qui a mis en cause un juge d'instruction, déclare recevables les constitutions de partie civile de syndicats professionnels de magistrats, après avoir relevé, à bon droit, le caractère diffamatoire des propos incriminés, aux prétendus motifs que la diffamation publique commise envers un magistrat, à raison de l'exercice de ses fonctions, porte à l'évidence atteinte, non seulement à la considération de ce magistrat, mais aussi à l'intérêt collectif de la profession, dont l'impartialité, la neutralité et, en l'espèce, l'intégrité morale, sont mises en cause, autorisant ainsi les syndicats à demander devant la juridiction répressive réparation d'un préjudice autre que celui que le fonctionnaire visé par l'article incriminé a subi et qui seul, et sur sa seule action, peut être pris en considération. • Crim. 10 mars 1998, n° 96-82.673 P.

31. La constitution de partie civile du Syndicat de la magistrature est irrecevable au motif qu'il n'a pas qualité pour agir en raison de la nature de la diffamation poursuivie ; en effet, au regard de l'art. 31 de la L. du 29 juill. 1881, lorsqu'il s'agit de diffamation envers un fonctionnaire public en raison de ses fonctions, l'action publique ne peut être mise en mouvement que par le seul fonctionnaire lésé ou sur la plainte de celui-ci ou du ministère dont il dépend. • Toulouse, 28 avr. 1999 : *JCP 2000. IV. 1084.*

32. Fonctionnaires. En cas de diffamation envers des fonctionnaires, l'action publique ne peut être mise en mouvement que par le ministère public, sur la plainte du fonctionnaire lésé ou sur celle du ministre dont ce fonctionnaire relève, ou par le fonctionnaire lui-même sur constitution de partie civile ; elle ne peut l'être par un syndicat de fonctionnaires agissant pour les intérêts généraux de la profession. • Crim. 30 déc. 1952 : *Bull. crim. n° 336 ; D. 1953. 166.*

33. La plainte émanant de la seule autorité locale ne saurait satisfaire aux dispositions de l'art. 48, al. 3, de la loi sur la presse, qui exige qu'en la matière la plainte émane du ministre dont relèvent les fonctionnaires diffamés ou injuriés. • Crim. 27 févr. 1990, n° 89-85.302 P.

34. La mise en mouvement de l'action publique étant, selon l'art. 48, al. 3, de la loi sur la presse subordonnée au dépôt d'une plainte régulière, il doit être justifié de celle-ci dès l'engagement des poursuites. • Crim. 27 févr. 1990 : *préc. note 33.*

35. Si aucune disposition de la L. du 29 juill. 1881 n'établit d'obligation d'engager des poursuites dans le cas d'injures ou de diffamations envers les fonctionnaires publics à la charge du ministre, ce dernier n'est pas dispensé, pour autant, de son devoir de protection par tout moyen approprié et notamment, en assistant, le cas échéant, le fonctionnaire dans les procédures judiciaires qu'il entreprendrait pour sa défense. • CE 18 mars 1994 : *D. 1994. IR 93.*

36. Les dispositions de l'art. 11 de la loi n° 83-634 du 13 juill. 1983 établissent, à la charge de la collectivité publique et au profit des fonctionnaires lorsqu'ils ont été victimes d'attaques à l'occasion de leurs fonctions, une obligation de protection à laquelle il ne peut être dérogé, sous le contrôle du juge, que pour des motifs d'intérêt général ; s'il est loisible au ministre, dans le cas où le dépôt d'une plainte par celui-ci constituerait le moyen approprié d'assurer la protection du fonctionnaire, de recueillir préalablement l'avis de l'intéressé, les dispositions de la L. du 29 juill. 1881 sur la liberté de la presse ne subordonnent pas le dépôt par le ministre d'une plainte au dépôt d'une plainte par le fonctionnaire concerné ; ainsi en édictant une telle règle, en cas d'infractions réprimées par la L. du 29 juill. *1881, le ministre de l'Éducation* nationale a ajouté aux dispositions législatives relatives à l'obligation de protection de l'État ; par suite, les dispositions contestées de la note de service n° 83-346 du 19 sept. 1983 doivent être abrogées comme prises par une autorité incompétente. • CE 25 juill. 2001 : *D. 2001. IR 2640.*

37. Citoyens chargés d'un service ou d'un mandat public. Selon le dernier al. de l'art. 48 de la L. du 29 juill. 1881, en cas de diffamation envers un citoyen chargé d'un mandat public (maire), la poursuite peut être exercée à la requête de la partie lésée ; la plainte avec constitution de partie civile, dénonçant une infraction de cette nature, et contenant les mentions exigées par l'art. 50 de ladite loi, constitue l'acte initial de la poursuite, mettant l'action publique en mouvement, dès que la consignation a été faite : la portée de cet acte ne peut être remise en cause par un acte administratif postérieur en forme d'arrêté municipal, qui est inopérant. • Crim. 28 févr. 1995, n° 94-82.040 P.

38. Selon le dernier al. de l'art. 48 de la L. du 29 juill. 1881, en cas de diffamation envers un citoyen chargé d'un mandat public, la poursuite peut être exercée à la requête de la partie lésée, sans qu'il soit besoin d'une délibération ou d'un mandat du corps auquel elle appartient pour agir ; encourt la cassation l'arrêt qui déclare irrecevable l'action du maire d'une commune, au motif que le plaignant agit en sa qualité de représentant de celle-ci sans justifier d'une délégation de pouvoir du conseil municipal, alors que l'acte initial de la poursuite qualifie les faits de diffamation publique envers un citoyen chargé d'un mandat public, vise l'art. 31 de la L. de 1881, renvoie, pour les pénalités, à l'art. 30, et mentionne sa qualité de maire à seule fin de justifier de la qualification retenue dans la poursuite, qui n'est pas intentée au nom de la commune et n'est pas subordonnée à une délibération ou un mandat du conseil municipal. • Crim. 1er déc. 2015, n° 14-86.516 P : *D. actu. 1er déc. 2015, obs. Lavric.*

5° JURÉS OU TÉMOINS

39. Néant.

6° CHEFS D'ÉTAT ET AGENTS DIPLOMATIQUES ÉTRANGERS

40. Une poursuite exercée à la requête du ministère public, directement saisi de la plainte d'un chef d'État étranger, sans que celle-ci ait été transmise au ministre des affaires étrangères, est nulle. • Crim. 22 nov. 1912 : *Bull. crim. n° 571.*

7° PARTICULIERS

41. En matière de diffamation envers un particulier, la poursuite ne peut avoir lieu que sur la plainte préalable de la personne diffamée, laquelle peut par ailleurs exercer ladite poursuite à sa requête. • Crim. 22 mai 1990, n° 87-81.387 P. ♦ Ces dispositions sont d'autant plus impératives que, d'après l'art. 49 de la loi sur la presse, la partie plaignante, qui demeure ainsi juge de l'opportunité du débat, peut, en se désistant, arrêter la poursuite commencée. • Crim. 30 janv. 1978 : *Bull. crim. n° 36.*

42. La faculté laissée à la victime, dans le cas de l'art. 48 (6°) de la L. du 29 juill. 1881, d'empêcher l'exercice de l'action publique en s'abstenant de porter plainte, manifeste la volonté du législateur de lui laisser l'appréciation de la voie procédurale la plus conforme à la préservation de ses intérêts ; elle n'est nullement contraire aux textes fondamentaux sur la liberté de la presse dans la mesure où, quelle que soit la juridiction saisie, les droits reconnus à la défense peuvent s'exercer dans des conditions analogues, sans aucune restriction. • TGI Paris, 20 mai 1998 : *D. 1999. Somm. 163, obs. Dupeux.*

43. Si, aux termes de l'art. 152 de la loi n° 85-98 du 25 janv. 1985 [désormais art. L. 622-9 C. com.], les droits et actions du débiteur concernant son patrimoine sont exercés pendant toute la durée de la liquidation judiciaire par le liquidateur, cette règle n'est pas applicable lorsque l'action est exclusivement attachée à la personne, spécialement lorsque l'action, introduite avant la mise en liquidation judiciaire de l'intéressé, relève d'une appréciation strictement personnelle sur la réparation de l'atteinte alléguée par celui-ci en raison de la parution d'un article. • Paris, 16 oct. 2000 : *D. 2000. IR 306.*

44. Il résulte des art. 47, 48 et 48-1 de la L. du 29 juill. 1881 que seuls le ministère public et certaines associations peuvent mettre en mouvement l'action publique dans le cas du délit prévu par l'art. 24, al. 6, de ladite loi ; la partie qui s'estime lésée par les propos constitutifs de ce délit a la faculté, soit d'intervenir dans l'instance pénale qui aura été engagée sur l'initiative du ministère public ou d'une association habilitée, soit d'engager son action civile séparément de l'action publique ; il s'ensuit que les dispositions de la loi sur la presse excluant, en cas de provocation à la discrimination, à la haine ou à la violence à l'égard d'une personne ou d'un groupe de personnes à raison de leur origine ou de leur appartenance à une ethnie, une nation, une race ou une religion déterminées, la mise en mouvement de l'action publique par la personne visée individuellement ne sont pas incompatibles avec le principe du droit à un tribunal, garanti par l'art. 6 § 1er Conv. EDH. • Crim. 5 mars 2002, *n° 01-83.777 P.*

45. L'action en diffamation, qui tend à la protection de l'honneur et de la considération de la personne diffamée, présente, quand bien même elle conduirait à l'allocation de dommages-intérêts, le caractère d'une action extra-patrimoniale à laquelle un majeur sous curatelle ne peut, en application des art. 510 et 464, al. 3, C. civ., dans leur rédaction antérieure à celle issue de la L. du 5 mars 2007, défendre qu'avec l'assistance de son curateur. • Civ. 1re, 23 févr. 2011, n° 10-11.968 P : *D. actu. 8 mars 2011, obs. Siffrein-Blanc.*

B. AUTRES CHEFS DE POURSUITE

46. Provocation à la désobéissance. Le délit de provocation adressée à des militaires par la voie de la presse, pour les détourner de leurs devoirs militaires et de l'obéissance qu'ils doivent à leurs chefs (C. pén., art. 413-3), peut être poursuivi directement par le ministère public, sans dépôt préalable d'une plainte du ministre de la guerre. • Crim. 8 janv. 1892 : *DP 1892. 1. 629 ; S. 1893. 1. 159.*

47. Publication de fausses nouvelles. Il résulte des dispositions combinées des art. 47 et 48 *in fine* de la L. du 29 juill. 1881, que la personne qui se prétend lésée par le délit de publication de fausses nouvelles prévu par l'art. 27, al. 1er, de ladite loi, ne peut mettre en mouvement l'action publique, soit en se constituant partie civile soit en usant de la procédure de citation directe ; ce droit est réservé au seul ministère public sous la sanction de la nullité des poursuites, laquelle est d'ordre public. • Crim. 21 nov. 1902 : *Bull. crim. n° 360* • 13 avr. 1956 : *ibid. n° 295* • 25 févr. 1986 : *ibid. n° 75.*

48. Diffusion d'informations relatives à un mineur. Il résulte des art. 47 et 48 de la L. du 29 juill. 1881 que l'infraction prévue par l'art. 39 *bis* de cette loi ne peut être poursuivie à la seule requête de la partie lésée, qui n'a donc pas le droit d'exercer l'action civile séparément de l'action publique. En conséquence, par ce motif de pur droit, substitué aux motifscritiqués par le moyen, l'arrêt se trouve légalement justifié en ce qu'il a déclaré irrecevable l'action en réparation intentée par le demandeur, agissant tant en son nom personnel qu'en qualité de représentant légal de son fils, exercée sur le fondement de l'art. 39 *bis* de la L. du 29 juill. 1881, et sans objet la demande de sursis à statuer jusqu'à la décision de la juridiction pénale saisie d'une poursuite contre les mêmes parties à raison des mêmes faits, du chef du délit prévu et réprimé par l'art. 39 *bis* de la loi précitée. • Civ. 2e, 25 nov. 2004, n° 02-20.424 P : *Gaz. Pal. 2006. 1. 413, note Guerder.*

49. Apologie de crime de guerre. Le pouvoir exclusif conféré au ministère public et à certaines associations par les art. 47, 48 et 48-2 de la L. du 29 juill. 1881 sur la liberté de la presse de mettre en mouvement l'action publique du chef d'apologie de crime de guerre répond à un but légitime, en raison de l'atteinte spécifique portée à l'intérêt général par cette infraction, et n'a pas pour effet de priver les victimes ou leurs descendants de l'accès à un juge pour voir statuer sur leur demande de réparation civile. • Crim. 5 juin 2012, n° 11-83.650 : *Gaz. Pal. 2012. 2. 2928, note Fourment.*

Art. 48-1 *(L. n° 72-546 du 1er juill. 1972)* **Toute association, régulièrement déclarée depuis au moins cinq ans à la date des faits, se proposant, par ses statuts, de** *(L. n° 2001-434 du 21 mai 2001)* **« défendre la mémoire des esclaves et l'honneur de leurs descendants, » combattre le racisme** *(L. n° 90-615 du 13 juill. 1990)* **« ou d'assister les victimes de discrimination fondée sur leur origine nationale, ethnique, raciale ou religieuse », peut exercer les droits reconnus à la partie civile en ce qui concerne les infractions prévues par les articles 24** *(L. n° 2014-1353 du 13 nov. 2014, art. 5)* **« (alinéa 7) », 32 (alinéa 2) et 33 (alinéa 3) de la présente loi** *(L. n° 2007-297 du 5 mars 2007, art. 34)* **« , ainsi que les délits de provocation prévus par le 1° de l'article 24, lorsque la provocation concerne des crimes ou délits commis avec la circonstance aggravante prévue par l'article 132-76 du code pénal ».**

Toutefois, quand l'infraction aura été commise envers des personnes considérées individuellement, l'association ne sera recevable dans son action que si elle justifie avoir reçu l'accord de ces personnes *(L. n° 2017-86 du 27 janv. 2017, art. 174)* **« ou si elle justifie que ces personnes ne s'opposent pas aux poursuites ».**

1. Notion de racisme. Le racisme visé par l'art. 48-1 de la L. du 29 juill. 1881, en sa rédaction issue de la L. du 1er juill. 1972, complétée par celle du 13 juill. 1990, applicable aux instances en cours, s'entend de toute discrimination fondée sur l'origine ou l'appartenance ou la non-appartenance soit à une race, soit à une ethnie, soit à une nation, soit à une religion, sans restriction ni exclusion. • Crim. 16 avr. 1991 (deux arrêts), n° 90-87.508 P. ♦ Rappr. : • Paris, 10 avr. 1991 : *Gaz. Pal. 1992. 1. Somm. 228.*

2. Conditions de l'action collective. Toute association régulièrement déclarée depuis au moins cinq ans à la date des faits, se proposant par ses statuts de combattre le racisme, a le droit d'agir, en application de l'art. 48-1 de la L. du 29 juill. 1881, sans autre condition que celles prévues par ce texte, lequel n'exige pas, notamment, l'unicité d'objet. • Crim. 16 avr. 1991 (deux arrêts), n° 90-87.508 P. ♦ Mais les demandes d'une telle association tendant à l'attribution de dommages-intérêts ne sauraient être accueillies qu'autant qu'il est justifié d'un préjudice direct. • Crim. 20 nov. 1978 : *Bull. crim. n° 321.*

3. Il résulte de la combinaison des art. 48-1 de la L. du 29 juill. 1881, 5 et 6 de la L. du 1er juill. 1901, que les fondateurs d'une association doivent en avoir déclaré l'objet défini selon le critère légal au moins cinq ans avant la date des faits à raison desquels ladite association entend exercer les prérogatives de la partie civile. • Crim. 22 oct. 1986 : *Bull. crim. n° 302.*

4. Si les art. 2-1 C. pr. pén. et 48-1 de la L. du 29 juill. 1881 ne prévoient, au titre des associations pouvant exercer les droits reconnus à la partie civile, que celles se proposant par leurs statuts de combattre le racisme ou d'assister les victimes de discrimination fondée sur leur origine nationale, ethnique, raciale ou religieuse, l'art. 3 C. fam. aide soc. dispose en termes *généraux* : « *l'union nationale* et les unions départementales des associations familiales sont habilitées sans préjudice de tous les droits et prérogatives pouvant résulter de leurs statuts à exercer devant toutes les juridictions, sans avoir à justifier d'un agrément ou d'une autorisation préalable de l'autorité publique, notamment les agréments prévus à l'art. 1er de la L. du 5 janv. 1988 relative aux actions en justice des associations agrées de consommateurs, l'action civile relativement aux faits de nature à nuire aux intérêts moraux et matériels des familles » ; les délits reprochés, à les supposer caractérisés, qui consistent à opérer une discrimination ou à provoquer une discrimination entre les familles dont l'un des parents au moins est français ou ressortissant de l'Union européenne d'une part, et les autres d'autre part, est à l'évidence de nature à nuire aux intérêts aussi bien moraux que matériels des familles ; dans ces conditions, la plainte avec constitution de partie civile de l'UNAF déposée, moins de trois mois après les faits, était non seulement recevable, mais a régulièrement mis en mouvement l'action publique, notamment dans le délai abrégé de prescription, en ce qui concerne l'infraction de presse. • Aix-en-Provence, 18 juin 2001 : *JCP 2002. IV. 2173.* ♦ Il résulte de la combinaison des art. 47, 48 et 48-1 de la L. du 29 juill. 1881 que seuls le ministère public et certaines associations se proposant par leurs statuts de combattre le racisme ou d'assister les victimes de discrimination fondée sur leur origine nationale, ethnique, raciale ou religieuse peuvent mettre en mouvement l'action publique en cas de délit prévu par l'art. 24, al. 6, de cette loi ; la mission de combattre le racisme ou d'assister les victimes de discrimination n'entre pas dans la défense de l'intérêt des familles, mission confiée par la loi à l'UNAF. • Crim. 17 déc. 2002, n° 01-85.650 P : *R. 2002. 524 ; D. 2003. IR 865 ; JCP 2003. IV. 1464 ; RSC 2003. 556, obs. Mayaud ; Dr. pénal 2003. Comm. 44, obs. Véron ; Gaz. Pal. 2003. 2. 3030, note Monnet* (cassation de • Aix-en-Provence, 18 juin 2001 : *préc.*).

5. L'art. 48-1 de la L. du 29 juill. 1881 autorise les associations se proposant de défendre la mémoire des esclaves et l'honneur de leurs descendants, de combattre le racisme ou d'assister les victimes de discrimination fondée sur leur origine nationale, ethnique ou religieuse d'exercer les prérogatives reconnues à la partie civile ; ne sont pas conformes aux exigences fixées par ce texte les statuts d'une association rituelle mentionnant que cette association a pour objet de procéder à toutes démarches relatives au rituel islamique et de façon générale, exercer toutes activités en relation directe ou indirecte avec le rituel islamique et le culte musulman. • T. corr. Paris, 22 oct. 2002 : *Gaz. Pal. 2003. 2. 3069, note Battistini.* ♦ En revanche, sont conformes aux exigences de l'art. 48-1 de la L. du 29 juill. 1881 les statuts d'une association de droit français dont l'objet est notamment de représenter la Ligue islamique mondiale en France, y compris devant les autorités administratives ou judiciaires, dès lors que l'objet social de cette dernière organisation est de combattre le racisme et aider les victimes de discrimination fondée sur l'origine nationale, ethnique, raciale ou religieuse et toutes les atteintes à la vie et à l'intégrité de la personne et les destructions, dégradations, détériorations commises au préjudice de la personne en considération de son appartenance ethnique, à une race ou une religion. • Même jugement.

6. Une association a cité directement un artiste devant le tribunal correctionnel du chef de diffamation publique envers un particulier, s'est désistée de son action, puis s'est constituée partie civile intervenante dans les poursuites exercées à l'initiative du procureur de la République ; c'est à bon droit que, pour déclarer irrecevable cette constitution de partie civile, la cour d'appel énonce que cette association s'est désistée de l'action qu'elle avait engagée devant le tribunal correctionnel, et qu'il n'importe qu'elle se soit constituée partie civile, à titre incident, dans une procédure engagée par le ministère public, pour les mêmes faits ; en effet, il se déduit de l'art. 426 C. pr. pén. que la partie civile, qui s'est désistée de l'action qu'elle avait engagée devant la juridiction pénale, ne peut, ultérieurement, exercer cette même action que devant la juridiction civile. • Crim. 15 mars 2005, n° 04-84.463 P : *Dr. pénal 2005. 85, obs. Véron ; Gaz. Pal. 2005. 1. 1898, note Monnet.*

7. En matière de presse, l'acte initial de poursuite fixe irrévocablement la nature, l'étendue et l'objet de celle-ci, ainsi que les points sur lesquels le prévenu aura à se défendre ; il s'ensuit qu'aucune association agissant sur le fondement des art. 48-1 s. de la L. du 29 juill. 1881 ne saurait être admise à intervenir comme partie civile dans la procédure déjà engagée par une autre. • Crim. 10 mai 2006, n° 05-81.403 P : *D. 2006. IR 1705 ; ibid. 2007. Pan. 1043, obs. Dupeux ; AJ pénal 2006. 372 ; Dr. pénal 2007. Chron. 1, obs. Mouysset ; Gaz. Pal. 2007. 1. 422, note Monnet.*

8. Aucune disposition ne fait obstacle à l'intervention d'une association habilitée par l'art. 48-1 de la L. du 29 juill. 1881 et qui entend se constituer partie civile dans une procédure engagée par une autre partie ou le ministère public du chef des infractions visées par ce texte ; une cour d'appel justifie sa décision d'allouer des dommages-intérêts à la Ligue des droits de l'homme (LDH) et à la Ligue internationale contre le racisme et l'antisémitisme (LICRA), parties civiles intervenantes, en relevant que des propos et illustrations portent directement atteinte aux intérêts moraux et aux valeurs défendues par ces associations. • Crim. 12 oct. 2010 : *D. 2010. Actu. 2706 ; RSC 2011. Chron. 135, obs. Francillon ; AJ pénal 2011. 133, obs. Royer ; Gaz. Pal. 2-3 mars 2011, p. 15, note Piot ; Dr. pénal 2011. Chron. 5, obs. Mouysset.*

9. Les constitutions de parties civiles pour provocation à la haine raciale de la Ligue des droits de l'homme et du citoyen (LDH), la Ligue internationale contre le racisme et l'antisémitisme (LICRA), le Mouvement contre le racisme et pour l'amitié entre les peuples (MRAP) et SOS Racisme sont recevables, dès lors que l'incohérence de la rédaction actuelle de l'art. 48-1 de la L. du 29 juill. 1881 sur la liberté de la presse avec la nouvelle rédaction de son art. 24 ne tient pas à la volonté du législateur de limiter la constitution de partie civile des associations en matière d'infractions à la loi sur la presse, mais s'explique par le défaut de coordination de ce texte lors des modifications qui ont conduit à ajouter des alinéas à l'art. 24. • Fort-de-France, 18 mai 2010 : *D. 2010. 2139, note Egéa .* ♦ La LDH, le MRAP et SOS Racisme sont en revanche irrecevables à exercer les droits reconnus à la partie civile en ce qui concerne le délit d'apologie de crimes contre l'humanité dès lors qu'aucune de ces associations ne se proposant, dans ses statuts, de défendre les intérêts moraux ou l'honneur de la Résistance ou des déportés, les conditions de l'art. 48-2 de la L. du 29 juill. 1881 ne sont pas satisfaites. • Même arrêt.

10. Pour infirmer le jugement du tribunal correctionnel de Lyon sur la recevabilité de constitution de partie civile du CRCM Rhône-Alpes du chef de provocation à la discrimination, l'arrêt retient, notamment, que l'objet de cette association n'est pas suffisamment précis et univoque pour satisfaire aux prescriptions de l'art. 48-1 de la L. du 29 juill. 1881 qui exigent qu'un tel groupement se propose, par ses statuts, de combattre le racisme ou d'assister les victimes de discrimination ; en l'état de ces seuls motifs, la cour d'appel a justifié sa décision, dès lors que, ainsi que la Cour de cassation est en mesure de s'en assurer, l'objet statutaire de l'association en cause, qui est de défendre la dignité et les intérêts du culte musulman, favoriser et organiser le partage d'informations et de services entre les lieux de culte, encourager le dialogue entre les religions, assurer la représentation du Conseil français du culte musulman (CFCM) et la représentation des lieux de culte musulman auprès des pouvoirs publics, dans la région Rhône-Alpes, n'entre pas dans les prévisions de l'art. 48-1 précité dont l'application est exclusive de l'art. 2 C.

pr. pén. • Crim. 13 nov. 2012, n° 12-82.195 : *Dr. pénal 2013, n° 39, obs. Véron.*

11. Justifie sa décision la cour d'appel qui, pour déclarer irrecevable l'action civile d'une association exercée contre une personne poursuivie du chef de provocation à la discrimination, la haine ou la violence envers un groupe de personnes à raison de leur appartenance à la nation israélienne, pour avoir appelé au boycott des produits en provenance d'Israël, sur le fondement de l'art. 24, al. 8, de la L. du 29 juill. 1881, retient que cette association a pour seul objet social d'entreprendre toutes les actions, notamment en justice, pour lutter contre toute forme de discrimination commerciale ou boycott, et non de combattre le racisme ou d'assister les victimes de discriminations fondées sur leur origine nationale, ethnique ou religieuse comme l'exige l'art. 48-1 de la ladite loi. • Crim. 19 nov. 2013, n° 12-84.083 P : *D. actu. 29 nov. 2013, obs. Lavric.*

12. Situation des personnes visées individuellement. Il résulte de la combinaison des art. 47, 48 et 48-1 de la L. du 29 juill. 1881 que seuls le ministère public et certaines associations peuvent mettre en mouvement l'action publique en cas de délit de provocation à la haine ou à la discrimination raciale (art. 24, dernier al.) ; les personnes visées individuellement peuvent seulement se constituer parties civiles par voie d'intervention. • Crim. 3 mars 1980 : *Bull. crim. n° 74.*

13. Une association habilitée au sens de l'art. 48-1 peut agir sans avoir reçu l'accord des victimes de l'infraction prévu par l'al. 2 de ce texte, dès lors que les propos diffamatoires incriminés visent non seulement une congrégation religieuse, à la supposer dotée de la personnalité morale, mais encore le groupe des personnes physiques membres de ladite congrégation, auxquelles est imputé un comportement criminel en relation avec leur appartenance religieuse, ainsi que l'ensemble des religieux susceptibles d'être associés à ce comportement. • Crim. 7 déc. 1993, n° 92-81.094 P : *Gaz. Pal. 1994. 1. Somm. 146.*

14. A violé l'art. 48-1 de la L. du 29 juill. 1881 la cour d'appel qui, pour rejeter la demande d'une association soutenant que le dessin publié en première page d'une revue représentant le pape constituait une provocation à la discrimination, à la haine ou à la violence envers les catholiques, a retenu que la faute avait été commise envers Jean-Paul II individuellement et que cette association n'apportait pas la preuve que celui-ci avait donné son accord à l'action, alors que l'association soutenait qu'en la personne du « père commun des fidèles c'est l'ensemble du peuple chrétien qui était violemment injurié, chaque fidèle étant donc recevable à demander en justice la réparation du préjudice causé par cette violence » et que le dessin représentant le pape en sa qualité de chef de l'Église catholique. • Civ. 2e, 28 févr. 1996 : *Gaz. Pal. 1996. 1. Pan. 98.* ♦ Est à bon droit déclarée irrecevable la plainte avec constitution de partie civile déposée par une association pour provocation à la discrimination raciale, sur le fondement des art. 24, al. 6, et 48-1 de la L. du 29 juill. 1881, en raison de la publication par un journal, à la suite du texte de l'encyclique « *Evangelium vitae* », en dernière page de couverture, d'une affiche élaborée par une association de lutte contre le SIDA, comportant notamment la photographie du pape Jean-Paul II et la légende « ce pape est un assassin », au motif que cette association ne justifiait pas, en application de l'al. 2 de l'art. 48-1 précité, avoir reçu l'accord de la personne visée personnellement par le document incriminé, en l'occurrence le pape Jean-Paul II. • Crim. 10 févr. 1998 : *Gaz. Pal. 1998. 2, chron. crim. 98.*

15. Contravention d'injure non publique. Le droit d'agir reconnu aux associations habilitées par l'art. 48-1 de la L. du 29 juill. 1881 n'est prévu que pour les délits limitativement énumérés par ce texte ; par suite, est irrecevable la constitution de partie civile d'une telle association dès lors que les faits poursuivis s'analysent en une contravention d'injure raciale non publique. • Crim. 27 nov. 2012, n° 11-86.982 P : *D. actu. 14 déc. 2012, obs. Lavric ; AJ pénal 2013. 217, obs. Royer ; JCP 2013, n° 19, note Derieux ; Dr. pénal 2013, n° 18, obs. Véron ; Gaz. Pal. 2013. 1. 443, obs. Fourment.*

Art. 48-1-1 *(L. n° 2017-86 du 27 janv. 2017, art. 173)* **Toute association régulièrement déclarée depuis au moins cinq ans se proposant, par ses statuts, de lutter contre l'esclavage ou de défendre la mémoire des esclaves et l'honneur de leurs descendants peut exercer les droits reconnus à la partie civile en ce qui concerne les infractions d'apologie, de négation, de minoration ou de banalisation des crimes de réduction en esclavage ou d'exploitation d'une personne réduite en esclavage prévues aux articles 24 et 24 *bis*.**

Toutefois, quand l'infraction a été commise envers des personnes considérées individuellement, l'association n'est recevable dans son action que si elle justifie avoir reçu l'accord de ces personnes ou si elle justifie que ces personnes ne s'opposent pas aux poursuites.

Art. 48-2 *(L. n° 2017-86 du 27 janv. 2017, art. 176)* **Toute association régulièrement déclarée depuis au moins cinq ans à la date des faits qui se propose, par ses statuts, de défendre les intérêts moraux et l'honneur de la Résistance ou des déportés, d'assister les victimes de crimes de guerre ou de crimes contre l'humanité, de défendre leur mémoire ou de lutter**

contre les discriminations peut exercer les droits reconnus à la partie civile en ce qui concerne :

1° L'apologie des crimes de guerre, des crimes contre l'humanité ou des crimes ou délits de collaboration avec l'ennemi mentionnée au cinquième alinéa de l'article 24, lorsque ces crimes ou délits ont donné lieu à une ou plusieurs condamnations prononcées par une juridiction française ou internationale ;

2° L'infraction prévue à l'article 24 *bis*.

Ancien art. 48-2 (L. n° 90-615 du 13 juill. 1990) *Toute association régulièrement déclarée depuis au moins cinq ans à la date des faits, qui se propose, par ses statuts, de défendre les intérêts moraux et l'honneur de la Résistance ou des déportés peut exercer les droits reconnus à la partie civile en ce qui concerne l'apologie* (Abrogé par Cons. const. n° 2015-492 QPC du 16 oct. 2015, à compter du 1er oct. 2016) *« des crimes de guerre, des crimes contre l'humanité ou » des crimes ou délits de collaboration avec l'ennemi et en ce qui concerne l'infraction prévue par l'article 24 bis.*

1. QPC. Les mots : « des crimes de guerre, des crimes contre l'humanité ou » figurant à l'art. 48-2 de la L. du 29 juill. 1881 sur la liberté de la presse doivent être déclarés contraires à la Constitution car, en excluant du bénéfice de l'exercice des droits reconnus à la partie civile les associations qui se proposent de défendre les intérêts moraux et l'honneur des victimes de crimes de guerre ou de crimes contre l'humanité autres que ceux commis durant la Seconde Guerre mondiale, ces dispositions méconnaissent le principe d'égalité devant la justice. • Cons. const. 16 oct. 2015, n° 2015-492 : *D. 2015. Actu. 2077 ; RSC 2016. 406, obs. De Lamy .*

2. Sur la recevabilité de la constitution de partie civile de l'Union des Tziganes et des voyageurs de France du chef de contestation de crimes contre l'humanité. • Crim. 20 déc. 1994 : *D. 1995. IR 64 ; JCP 1995. IV. 886 ; Gaz. Pal. 1995. 1, chron. crim. 186.*

3. Une association ne peut se constituer partie civile du chef de contestation de crime contre l'humanité que si son objet statuaire défini par l'art. 48-2 de la L. du 29 juill. 1881, issu de la L. du 13 juill. 1990, a été déclaré depuis au moins cinq ans, à la date des faits ; une cour d'appel fait l'exacte application de l'art. 48-2 de la L. du 29 juill. 1881, en déclarant irrecevable la constitution de partie civile d'une association du chef de contestation de crime contre l'humanité dès lors que cette association a modifié ses statuts postérieurement aux faits, la condition d'antériorité exigée par le texte susvisé pour l'exercice des droits reconnus à la partie civile n'étant pas remplie. • Crim. 21 mai 1996, n° 94-83.370 P : *Dr. pénal 1996. 230, obs. Maron.*

4. Selon l'art. 48-2 de la L. du 29 juill. 1881, toute association régulièrement déclarée depuis au moins cinq ans à la date des faits, se proposant, par ses statuts, de défendre les intérêts moraux et l'honneur de la Résistance ou des déportés, peut mettre en mouvement l'action publique en cas de délit prévu par l'art. 24 *bis* de cette loi ; en déclarant irrecevable l'action engagée par une association contre un directeur de publication du chef de contestation de crime contre l'humanité, alors qu'il n'est pas contesté que cette association, régulièrement déclarée depuis au moins cinq ans à la date des faits, se propose, par ses statuts, de défendre les intérêts moraux et l'honneur de la résistance ou des déportés, la cour d'appel a méconnu l'art. 48-2 de la L. du 29 juill. 1881. • Crim. 28 sept. 2004, n° 04-80.688 P : *JCP 2004. IV. 3269.*

5. A fait une exacte application des textes la chambre de l'instruction qui a décidé que l'Association Générations Mémoire Harkis (GMH), qui a pour objet statutaire d'œuvrer en faveur de la communauté des Harkis, notamment en valorisant une mémoire positive, ne saurait mettre en mouvement l'action publique du chef d'apologie des crimes de guerre, dès lors qu'en vertu des dispositions combinées des art. 48-2 de la L. du 29 juill. 1881 et 2-5 C. pr. pén., seule une association se proposant, par ses statuts, de défendre les intérêts moraux et l'honneur de la Résistance et des déportés peut intenter une telle action. • Crim. 1er sept. 2005 : *Dr. pénal 2006. Comm. 1, obs. Véron.*

6. Selon l'art. 48-2 de la L. du 29 juill. 1881, pour exercer les droits reconnus à la partie civile en ce qui concerne les faits de contestation de crimes contre l'humanité et d'apologie de crimes contre l'humanité, une association doit, par ses statuts, se proposer de défendre les intérêts moraux et l'honneur de la Résistance ou des déportés ; tel n'est pas le cas d'une association dont l'objet est de lutter contre le racisme. • Crim. 28 nov. 2006, n° 06-80.340 P : *D. 2007. AJ 160 ; AJ pénal 2007. 92 ; ibid. 144 ; Dr. pénal 2007. Comm. 33, obs. Véron ; ibid. 2007. Chron. 1, obs. Mouysset.*

7. Les constitutions de partie civile pour provocation à la haine raciale de la Ligue des droits de l'homme et du citoyen (LDH), la Ligue internationale contre le racisme et l'antisémitisme (LICRA), le Mouvement contre le racisme et pour l'amitié entre les peuples (MRAP) et SOS Racisme sont recevables, dès lors que l'incohérence de la rédaction actuelle de l'art. 48-1 de la L. du 29 juill. 1881 sur la liberté de la presse avec la nouvelle rédaction de son art. 24 ne tient pas à la volonté du législateur de limiter la constitution de partie civile des associations en matière d'infractions à la loi sur la presse, mais s'explique par le défaut de coordination de ce texte lors des modifications qui ont conduit à ajouter des alinéas à l'art. 24. • Fort-de-France, 18 mai 2010 : *D. 2010. 2139, note Egéa*. ♦ La LDH, le MRAP et SOS Racisme sont en revanche irrecevables à exercer les droits reconnus à la partie civile en ce qui concerne le délit d'apologie de crimes contre l'humanité dès lors qu'aucune de ces associations ne se proposant, dans ses statuts, de défendre les intérêts moraux ou l'honneur de la Résistance ou des déportés, les conditions de l'art. 48-2 de la L. du 29 juill. 1881 ne sont pas satisfaites. • Même arrêt.

8. Aucune disposition ne fait obstacle à l'intervention d'une association habilitée par l'art. 48-2 de la L. du 29 juill. 1881 et qui entend se constituer partie civile dans une procédure engagée par une autre partie ou le ministère public du chef des infractions visées par ce texte. • Crim. 27 avr. 2011, n° 09-80.774 P : *D. 2011. Actu. 1284, obs. Lavric ; ibid. 2012. Pan. 765, obs. Dreyer ; AJ pénal 2011. 418, obs. Royer ; RSC 2012. 175, obs. Francillon ; Dr. pénal 2011, n° 89, obs. Véron ; ibid. 2012. Chron. 5, obs. Mouysset.*

9. Selon les dispositions des art. 47, 48 et 48-2 de la L. du 29 juill. 1881, seuls le ministère public et certaines associations spécifiées par le dernier de ces textes peuvent mettre en mouvement l'action publique en ce qui concerne l'infraction d'apologie de crimes de guerre prévue par l'art. 24, al. 5, de la L. du 29 juill. 1881. En conséquence, c'est à bon droit que, par application de ces textes et en l'absence d'un droit d'action propre à faire jouer les art. 6 et 13 Conv. EDH, la chambre de l'instruction confirme l'ordonnance du juge d'instruction déclarant irrecevable la plainte avec constitution de partie civile portée, du chef d'apologie de crimes de guerre, par une organisation syndicale de droit étranger, à raison de propos relatifs à l'assassinat du fondateur du syndicat, en retenant que les restrictions légales, qui s'appliquent sans distinction de l'origine nationale des parties, ne méconnaissent pas les dispositions de ladite Conv. • Crim. 28 févr. 2012, n° 11-81.402 P.

Art. 48-3 *(L. n° 91-1257 du 17 déc. 1991)* **Toute association régulièrement déclarée depuis au moins cinq ans à la date des faits et inscrite auprès de l'Office national des anciens combattants et victimes de guerre dans des conditions fixées par décret en Conseil d'État, qui se propose par ses statuts de défendre les intérêts moraux et l'honneur des anciens combattants et victimes de guerre et des morts pour la France, peut exercer les droits reconnus à la partie civile en ce qui concerne les délits de diffamation ou d'injures qui ont causé un préjudice direct ou indirect à la mission qu'elle remplit.**

(L. n° 2006-449 du 18 avr. 2006, art. 27) **« En cas de diffamation ou d'injure contre les armées prévues par l'article 30 et le premier alinéa de l'article 33, les dispositions du 1° de l'article 48 ne sont pas applicables.**

« En cas de diffamation ou d'injure commises envers des personnes considérées individuellement, l'association ne sera recevable dans son action que si elle justifie avoir reçu l'accord de ces personnes ou de leurs ayants droit. »

Art. 48-4 *(L. n° 2004-1486 du 30 déc. 2004, art. 22, 2°)* **Toute association, régulièrement déclarée depuis au moins cinq ans à la date des faits, se proposant, par ses statuts, de combattre les violences ou les discriminations fondées sur l'orientation** *(L. n° 2017-86 du 27 janv. 2017, art. 170)* **« sexuelle ou identité de genre » ou d'assister les victimes de ces discriminations peut exercer les droits reconnus à la partie civile en ce qui concerne les délits prévus par le** *(L. n° 2014-1353 du 13 nov. 2014, art. 5-II)* **« huitième » alinéa de l'article 24, le troisième alinéa de l'article 32 et le quatrième alinéa de l'article 33** *(L. n° 2007-297 du 5 mars 2007, art. 34)* **« , ainsi que les délits de provocation prévus par le 1° de l'article 24, lorsque la provocation concerne des crimes ou délits commis avec la circonstance aggravante prévue par l'article 132-77 du code pénal ».**

Toutefois, quand l'infraction aura été commise envers des personnes considérées individuellement, l'association ne sera recevable dans son action que si elle justifie avoir reçu l'accord de ces personnes.

Art. 48-5 *(L. n° 2004-1486 du 30 déc. 2004, art. 22, 2°)* **Toute association, régulièrement déclarée depuis au moins cinq ans à la date des faits, se proposant, par ses statuts, de combattre les violences ou les discriminations fondées sur le sexe ou d'assister les victimes de ces *discriminations* peut exercer les droits reconnus à la partie civile en ce qui concerne les délits prévus par le** *(L. n° 2014-1353 du 13 nov. 2014, art. 5-II)* **« huitième » alinéa de l'article 24, le troisième alinéa de l'article 32 et le quatrième alinéa de l'article 33** *(L. n° 2007-297 du 5 mars 2007, art. 34)* **« , ainsi que les délits de provocation prévus par le 1° de l'article 24, lorsque la provocation concerne des crimes ou délits d'agressions sexuelles ou commis avec la circonstance aggravante prévue par l'article 132-80 du code pénal ».**

Toutefois, quand l'infraction aura été commise envers des personnes considérées individuellement, l'association ne sera recevable dans son action que si elle justifie avoir reçu l'accord de ces personnes.

Art. 48-6 *(L. n° 2004-1486 du 30 déc. 2004, art. 22, 2°)* Toute association, régulièrement déclarée depuis au moins cinq ans à la date des faits, se proposant, par ses statuts, de combattre les violences ou les discriminations fondées sur le handicap ou d'assister les victimes de ces discriminations peut exercer les droits reconnus à la partie civile en ce qui concerne les délits prévus au *(L. n° 2014-1353 du 13 nov. 2014, art. 5-II)* « huitième » alinéa de l'article 24, au troisième alinéa de l'article 32 et au quatrième alinéa de l'article 33 *(L. n° 2007-297 du 5 mars 2007, art. 34)* « , ainsi que les délits de provocation prévus par le 1° de l'article 24, lorsque la provocation concerne des crimes ou délits aggravés en raison du handicap de la victime ».

Toutefois, quand l'infraction aura été commise envers des personnes considérées individuellement, l'association ne sera recevable dans son action que si elle justifie avoir reçu l'accord de ces personnes.

Art. 49 Dans tous les cas de poursuites correctionnelles ou de simple police, le désistement du plaignant ou de la partie poursuivante arrêtera la poursuite commencée.

1. Domaine du désistement. Il résulte de l'art. 49 de la L. du 29 juill. 1881 que le désistement du plaignant, lorsqu'il en a été donné acte par jugement, met fin aux poursuites du chef de diffamation et éteint l'action à l'égard de tous auteurs, coauteurs ou complices des faits poursuivis ; ces dispositions sont applicables aux infractions visées par l'art. 93-3 de la loi n° 82-652 du 29 juill. 1982 en cas de diffamation commise par un moyen de communication audiovisuelle et par un message ayant fait l'objet d'une fixation préalable à sa communication au public. • Crim. 28 mars 1995, n° 94-84.677 P.

2. Forme du désistement. Le désistement prévu par l'art. 49 de la loi sur la presse, s'il n'est assujetti à aucune forme particulière quant à la manifestation de volonté qui l'exprime, n'en suppose pas moins l'existence d'une renonciation par laquelle le plaignant manifeste sans équivoque, devant la juridiction saisie, sa volonté d'abandonner l'action. • Crim. 23 déc. 1965 : *Bull. crim. n° 293* • 29 avr. 1969 : *ibid. n° 147.* ♦ Une simple abstention, qui n'implique pas cette volonté, ne saurait être considérée comme emportant désistement. • Crim. 8 nov. 1961 : *Bull. crim. n° 452* • 13 févr. 1973 : *ibid. n° 77* • 21 mai 1974 : *ibid. n° 190* • 7 févr. 1984 : *ibid. n° 44.*

3. De même, justifie sa décision la cour d'appel qui, pour rejeter l'exception de désistement d'action de la partie civile énonce d'une part, que la décision du plaignant de ne pas faire citer le journaliste après qu'il a réalisé que la citation avait été délivrée à un homonyme ne peut être interprétée comme la manifestation de la volonté de la partie poursuivante de renoncer à exercer l'action régulièrement engagée à l'égard du directeur de publication et de la société éditrice, et, d'autre part, que la partie civile n'a pas manifesté sa volonté de désistement de manière claire et non équivoque, et qu'il ne lui en a pas été donné acte. • Crim. 30 sept. 2008 : *Dr. pénal 2009. Chron. 6, obs. Mouysset.*

4. La victime de la diffamation peut former sa demande de dommages-intérêts contre un seul des prévenus, dès lors que cette demande, assortie du maintien de la plainte contre tous les prévenus, n'implique aucun désistement partiel. • Crim. 26 janv. 1993, n° 91-82.400 P.

5. La non-reprise d'instance contre les héritiers du prévenu décédé n'est pas un désistement au sens de l'art. 49 de la L. du 29 juill. 1881. Fait une exacte application de cet article la cour d'appel qui, pour dire qu'elle restait saisie de l'action civile exercée du chef de diffamation publique, retient que les parties civiles ne se sont pas désistées de cette action nonobstant la non-reprise d'instance contre les héritiers du prévenu décédé, et que le désistement ne se présume pas. • Crim. 15 sept. 2009, n° 08-86.830 P : *Dr. pénal 2010. Chron. 5, obs. Mouysset ; Gaz. Pal. 2010. 1. Jur. 889, note Fourment.*

6. Portée du désistement. En matière de diffamation ou d'injures, le désistement du plaignant, d'après l'art. 49 de la L. du 29 juill. 1881, opère *in rem* et éteint l'action publique à l'égard de tous auteurs, coauteurs ou complices ; le plaignant n'est pas autorisé à arrêter la poursuite à l'égard de certains pour la laisser continuer envers les autres. • Crim. 17 févr. 1955 : *Bull. crim. n° 113 ; D. 1955. 419* • 29 janv. 1957 : *Bull. crim. n° 94* • 5 nov. 1959 : *ibid. n° 471* • 22 mai 1986 : *ibid. n° 168.* ♦ En matière de diffamation, le désistement du plaignant visé à l'art. 49 de la L. du 29 juill. 1881 opère *in rem* et éteint l'action publique à l'égard de tous les auteurs, coauteurs ou complices ; dans une instance civile fondée sur des propos diffamatoires, les dispositions de la loi sur la presse ont vocation à s'appliquer, et le désistement emporte les mêmes effets à l'égard de l'action civile. • Paris, 10 nov. 2000 : *Gaz. Pal. 2001. 2. Somm. 1708.*

7. Mais on ne saurait reconnaître un tel caractère et une telle portée à un désistement qui a été limité à la seule personne d'un prévenu qui, en raison de sa qualité, ne pouvait être légalement mis en cause. • Crim. 27 janv. 1959 : *Bull.*

crim. n° 69. ♦ … Ou dont l'identité a été dissimulée sous un pseudonyme et qu'on est dans l'impossibilité d'atteindre. • Crim. 5 nov. 1959 : *Bull. crim. n° 471.*

8. Le désistement du plaignant intervenu avant que la Cour de cassation ait statué sur le pourvoi formé par le prévenu contre l'arrêt qui l'avait condamné pour diffamation, a pour effet de mettre fin aux poursuites. • Crim. 25 mai 1956 : *Bull. crim. n° 391.*

9. Le désistement d'action qui, en application de l'art. 49 de la L. du 29 juill. 1881, met fin à une poursuite correctionnelle en diffamation, a pour effet d'éteindre l'action en diffamation exercée par le plaignant devant la juridiction des référés antérieurement à la saisine du juge du fond ; il n'y a donc pas lieu de statuer sur le pourvoi formé contre l'arrêt rendu en référé. • Civ. 2e, 15 juin 2000, n° 98-18.665 P : *Gaz. Pal. 2001. 1. Somm. 978, note Guerder.*

10. Il résulte des dispositions de l'art. 49 de la L. du 29 juill. 1881 que le désistement d'action du plaignant, lorsqu'il en est donné acte par jugement, met fin aux poursuites du chef de diffamation et éteint l'action à l'égard de tous les auteurs, coauteurs ou complices. • Crim. 29 janv. 2008, n° 07-83.880 P : *AJ pénal 2008. 197* ; *Dr. pénal 2008. Chron. 22, obs. Mouysset.*

11. Dans le cas d'une poursuite introduite par un acte unique du plaignant incriminant, sous la même qualification, plusieurs propos tenus dans le même article de presse, le désistement de la partie civile, même limité à certains des passages incriminés, emporte désistement de l'action en son entier, l'acte initial de poursuite en matière de diffamation fixant de manière irrévocable la nature et l'étendue de la poursuite. • Crim. 6 mars 2018, n° 17-80.526 P : *D. actu. 15 mars 2018, obs. Lavric ; AJ pénal 2018. 263, obs. Verly* ; *D. 2019. Pan. 216, obs. Dreyer* .

12. Rétractation du désistement. Tant que sa régularité n'a pas été appréciée et qu'il n'en a pas été donné acte, le désistement peut être rétracté, parce qu'il n'a pu, jusque-là, dessaisir la juridiction saisie de la poursuite. • Crim. 23 juin 1964 : *Bull. crim. n° 213* • 29 avr. 1969 : *ibid. n° 147* • 26 avr. 1994, n° 92-84.095 P. ♦ Les énonciations des notes d'audience ne peuvent à cet égard suppléer l'absence de jugement. • Crim. 26 avr. 1994 : *préc.*

13. Abus de citation directe. L'art. 49 de la L. du 29 juill. 1881 ne met pas obstacle à ce que, en cas de désistement de la partie civile, le tribunal alloue au prévenu, sur le fondement de l'art. 425 C. pr. pén., des dommages-intérêts pour abus de citation directe. • Crim. 11 déc. 2001, n° 00-88.269 P. ♦ Lorsque le tribunal correctionnel est saisi par l'ordonnance de renvoi du juge d'instruction, la demande de dommages-intérêts présentée par le prévenu sur le fondement de l'art. 425 C. pr. pén. à l'encontre de la partie civile qui s'est désistée de son action, est irrecevable, ce texte n'étant applicable que dans le cas où l'action publique a été mise en mouvement par une citation directe délivrée à la requête de la partie civile. • Même arrêt.

14. Appel. Le désistement, par la partie civile, de l'appel interjeté contre les dispositions du jugement ayant condamné l'auteur de propos injurieux n'éteint pas l'action à l'égard des autres auteurs, coauteurs ou complices. • Crim. 21 juin 2005, n° 04-85.778 P : *JCP 2005. IV. 2826.*

Art. 50 **Si le ministère public requiert une information, il sera tenu, dans son réquisitoire, d'articuler et de qualifier les provocations, outrages, diffamations et injures à raison desquels la poursuite est intentée, avec indication des textes dont l'application est demandée, à peine de nullité du réquisitoire de ladite poursuite.**

1. Ratio legis. Selon les dispositions de l'art. 50 de la L. du 29 juill. 1881, les mêmes faits ne sauraient recevoir une double qualification sans créer une incertitude dans l'esprit du prévenu. • Crim. 7 avr. 1992, n° 87-81.208 P • 26 avr. 2000, n° 98-87.633 P : *JCP 2001. I. 289, obs. Véron ; Dr. pénal 2000. Comm. 114, obs. Véron.* ♦ L'art. 50 de la L. du 29 juill. 1881 tend par ses dispositions à garantir les droits de la défense et touche à la liberté d'expression telle que la réglemente cette loi. • Crim. 2 déc. 1980 : *Bull. crim. n° 327.*

2. QPC. La question prioritaire de constitutionnalité est ainsi rédigée : « Les art. 50 et 53 de la *L. du 29 juill. 1881* méconnaissent-ils les principes d'égalité devant la justice et d'accessibilité de la loi ainsi que le droit à un recours effectif et à une procédure juste et équitable, garantis par les art. 4, 5, 6 et 16 DDH ? » ; l'art. 50 de la L. du 29 juill. 1881 est seul applicable à la procédure, l'art. 53 relatif aux formes de la citation directe devant le tribunal correctionnel lorsqu'une infraction à la loi sur la presse fait l'objet de la poursuite n'étant pas susceptible d'être appliqué dans le cas d'une plainte avec constitution de partie civile ; la question posée ne présente pas, à l'évidence, un caractère sérieux ; en effet, la disposition légale critiquée qui détermine les conditions dans lesquelles l'acte introductif d'instance doit être formulé ne porte pas atteinte au principe d'égalité devant la justice, ni aux droits à un recours effectif et à une procédure juste et équitable, dès lors d'une part, qu'il est loisible au législateur de régler de façon différente des situations différentes, que, d'autre part, dans le but d'éviter une atteinte disproportionnée à la liberté d'expression, les prescriptions de l'art. 50 de la L. du 29 juill. 1881 assurent un juste équilibre entre les droits des victimes d'infractions de presse et les droits de la défense, et qu'enfin, ces mêmes prescriptions ne constituent pas un obstacle excessif à l'exercice d'un recours juridictionnel effectif. • Crim. 19 févr. 2013, n° 12-84.302 : *D. 2014. 516, obs. Dreyer ; Gaz. Pal. 2013. 1. 1895, obs. Fourment.*

I. RÉGULARITÉ DE L'ACTE DE POURSUITE

A. CONTENU

3. *Triple obligation.* Le ministère public, qui requiert une information pour une infraction prévue et réprimée par la loi sur la liberté de la presse, est tenu, à peine de nullité de son réquisitoire, d'articuler et de qualifier les faits et de préciser le texte de la loi édictant la peine dont l'application est demandée. • Crim. 23 juin 1987 : *Bull. crim. n° 260* • Crim. 30 mai 2007, n° 06-84.365 P : *D. 2007. AJ 2110 ; AJ pénal 2007. 388 ; Dr. pénal 2007. 125, obs. Véron ; ibid. 2008. Chron. 21, obs. Mouysset ; Gaz. Pal. 2008. 1. Somm. 1156, note Monnet.*

4. Si, en matière d'infractions à la loi sur la liberté de la presse, la plainte adressée au procureur de la République n'est soumise qu'à la seule condition d'articuler les faits dont la victime entend qu'ils soient poursuivis, il n'en va pas de même de la plainte avec constitution de partie civile, qui doit non seulement articuler les faits, mais encore les qualifier précisément et viser les articles de la loi correspondant à cette qualification. • Crim. 24 févr. 1987 : *Bull. crim. n° 95.* ♦ En matière d'infraction à la L. du 29 juill. 1881, la plainte avec constitution de partie civile doit, non seulement articuler les faits, mais encore les qualifier précisément et viser les articles de la loi correspondant à cette qualification. • Paris, 24 sept. 1996 : *Gaz. Pal. 1997. 1, chron. crim. 25.*

5. C'est par l'exacte application de la loi que la commission d'instruction de la Cour de justice de la République a renvoyé un ministre devant ladite cour du chef de complicité de diffamation publique envers des fonctionnaires publics, dès lors que l'art. 50 de la L. du 29 juill. 1881, s'il impose l'articulation et la qualification des faits poursuivis, n'exige pas que le réquisitoire introductif destiné à parfaire la plainte précise le mode de participation aux faits des personnes visées, que les juridictions d'instruction ont le pouvoir d'apprécier celui-ci au vu des éléments de la cause et de retenir comme complice le prévenu mis en examen comme auteur principal. • Cass., ass. plén., 23 déc. 1999, n° 99-86.298 P : *BICC 1er mars 2000, concl. Chemithe, rapp. et note Chanet ; Gaz. Pal. 2000. 1. 115, note Burgelin.*

6. Le procureur de la République, par réquisitoire introductif, a, au visa des art. 23 et 24 de la L. du 29 juill. 1881, ouvert une information contre personne non dénommée, d'une part pour provocation à commettre une atteinte à la vie ou à l'intégrité de la personne à raison de propos et chants incitant à commettre des actes de violences, et, d'autre part, pour provocation à la haine raciale à raison de plusieurs chants antisémites figurant dans un livret ; c'est à bon droit que la chambre de l'instruction a écarté le moyen de nullité pris de la violation de l'art. 50 de la L. du 29 juill. 1881, retenant que le réquisitoire, qui reproduit ou désigne de manière précise les chants, paroles ou propos incriminés, ne pouvait laisser aucun doute dans l'esprit des personnes mises en examen quant à l'objet et au fondement de la poursuite. • Crim. 16 sept. 2003, n° 02-84.554 P : *RSC 2004. 127, obs. Francillon ; JCP 2003. IV. 2896.*

7. L'art. 50 de la L. du 29 juill. 1881 impose, à peine de nullité, que le réquisitoire comporte non seulement l'articulation et la qualification des provocations à raison desquelles la poursuite est intentée, mais aussi l'indication des textes dont l'application est demandée ; en visant un texte sanctionnant une autre infraction, le réquisitoire ne satisfait pas aux prescriptions du texte précité. • Crim. 8 juin 2004, n° 03-82.856 P : *Dr. pénal 2005. 4 (1re esp.), obs. Véron.*

8. Satisfont aux exigences de l'art. 50 de la L. du 29 juill. 1881 la plainte avec constitution de partie civile et le réquisitoire introductif avec lequel elle se combine qui articulent, qualifient les faits incriminés et énoncent le texte de loi applicable à la poursuite. • Crim. 2 sept. 2008, n° 07-84.095 P : *D. 2008. AJ 2349 ; ibid. 2009. Pan. 2349, obs. Dupeux et Massis ; AJ pénal 2008. 463, obs. Royer ; Dr. pénal 2008. Comm. 152, obs. Véron ; ibid. 2009. Chron. 6, obs. Mouysset.* ♦ En conséquence, encourt la cassation l'arrêt de la chambre de l'instruction qui annule la plainte déposée par plusieurs parties civiles du chef de diffamation publique envers des particuliers, au motif que celle-ci est entachée d'une contradiction ne permettant pas aux mis en examen de connaître avec exactitude l'étendue des passages diffamatoires à leur égard, alors que la plainte comporte, pour chacune des parties civiles concernées, des précisions non remises en cause par le récapitulatif final, dans la même plainte, des propos visés ; il y a lieu, ensuite de la cassation ainsi prononcée, d'ordonner le retour du dossier de la procédure au juge d'instruction, aux fins de poursuite de l'information. • Même arrêt.

9. L'art. 50 de la L. du 29 juill. 1881 sur la liberté de la presse n'exige, à peine de nullité, que la mention, dans l'acte initial de poursuite, de la qualification du fait incriminé et du texte de loi énonçant la peine encourue ; il n'appartient pas à la juridiction d'instruction d'apprécier le bien-fondé de la qualification retenue par l'acte initial de la poursuite. • Crim. 7 mai 2018, n° 17-83.857 P : *D. actu. 21 juin 2018, obs. Lavric ; D. 2019. 224, obs. Dreyer.*

1° ARTICULATION

10. *Modalités.* L'art. 50 de la L. du 29 juill. 1881 n'exige pas que l'écrit incriminé soit reproduit littéralement dans la plainte ou le réquisitoire introductif ; il suffit que cet écrit y soit désigné avec précision. • Crim. 10 nov. 1948 : *D. 1949. Somm. 14* • 17 mars 1981 : *Bull. crim. n° 97.*

11. Du silence de l'art. 50 de la L. du 29 juill. 1881 sur la précision de la date des faits, il se déduit que celle-ci n'est indispensable que dans la mesure où elle est nécessaire pour donner au fait incriminé toute sa précision ou pour fixer le point de départ de la prescription. • Crim. 18 déc. 1990, n° 89-86.810 P. ♦ L'indication de la date des faits, si elle est utile pour donner à ceux-ci toute précision nécessaire, ne dispense pas les juges de déterminer, d'après les éléments de la cause, le premier acte de publication afin de fixer le point de départ de la prescription. • Crim. 15 déc. 1992, n° 91-86.920 P.

12. Il n'importe que le réquisitoire introductif ait retenu un mode de participation aux faits incriminés différent de celui visé dans la plainte, dès lors que la mention du mode de participation n'est pas exigée par l'art. 50 de la L. du 29 juill. 1881. • Crim. 14 juin 1994, n° 94-81.360 P.

13. A l'issue d'une information ouverte sur plainte du ministre de l'Intérieur, le prévenu a été renvoyé devant le tribunal correctionnel du chef de diffamation envers la police nationale, pour avoir tenu, à l'occasion de l'inauguration d'une mosquée, des propos mettant en cause les policiers dans les incendies de véhicules ; pour infirmer la décision de relaxe, la cour d'appel relève qu'il n'est pas nécessaire que le réquisitoire reproduise littéralement le discours incriminé, dès lors qu'il permet au prévenu de connaître exactement les faits qui lui sont reprochés ; en se prononçant sur des propos autres que ceux articulés dans l'acte initial de la poursuite, les juges ont méconnu les art. 30, 47, 48-1 et 50 de la L. du 29 juill. 1881 ; en effet, en matière de diffamation envers une administration publique, l'action publique est mise en mouvement, sur plainte du ministre, par le réquisitoire introductif qui, lorsqu'il répond aux exigences de l'art. 50, fixe irrévocablement la nature et l'étendue de la poursuite ; les juges ne peuvent statuer sur d'autres propos que ceux qui sont articulés par l'acte initial de la poursuite. • Crim. 17 juin 2008, n° 07-87.920 P : *D. 2008. AJ 2146, note Lavric* ; *ibid. 2009. Pan. 1784, obs. Massis et Dupeux* ; *AJ pénal 2008. 420* ; *Dr. pénal 2008. Comm. 138, obs. Véron* ; *ibid. 2009. Chron. 6, obs. Mouysset.*

14. Ne répond pas aux exigences de l'art. 50 de la L. du 29 juill. 1881 sur la presse, prescrites à peine de nullité, et est nulle la plainte assortie de constitution de partie civile qui se borne à décrire, au style indirect, et en quelques phrases, le reportage incriminé, sans spécifier exactement les passages et propos pouvant caractériser l'infraction dénoncée. • Crim. 9 mai 2012, n° 11-83.150 P : *D. actu. 12 juin 2012, obs. Lavric* ; *Gaz. Pal. 2012. 2. 2930, note Fourment.* ♦ En revanche, la nullité de la procédure n'entrant pas dans les cas prévus par l'art. 470 C. pr. pén., elle ne peut fonder une condamnation à payer des dommages-intérêts pour abus de constitution de partie civile. • Même décision.

2° QUALIFICATION

15. Principe. En matière de presse, une plainte avec constitution de partie civile omettant d'énoncer la qualification exacte des faits dénoncés et visant de manière approximative, un ensemble de textes applicables à des infractions de nature et de gravité différentes, laisse incertaine la base de la poursuite et ne satisfait donc pas aux exigences de l'art. 50 de la L. du 29 juill. 1881. • Crim. 2 sept. 1997 : *Dr. pénal 1998. 4 (1er arrêt), obs. Véron* ; *Gaz. Pal. 1998. 1, chron. crim. 7.*

16. Domaine. Le plaignant qui ne se constitue pas partie civile n'a pas à qualifier les faits articulés par lui ni à viser les textes dont l'application est requise. • Crim. 5 juill. 1983 : *Bull. crim. n° 217.*

17. Ne sont pas conformes aux prescriptions de l'art. 50 de la L. du 29 juill. 1881 les actes susceptibles de mettre en mouvement l'action publique qui ne qualifient pas précisément les faits incriminés et qui ne citent pas le texte de loi applicable à cette qualification. • Crim. 23 juin 1987 : *Bull. crim. n° 260.*

18. Portée. Est entachée de nullité une plainte qui indique, comme étant applicables au même fait incriminé, deux textes prévoyant et réprimant deux infractions de nature et de gravité différentes, dont elle retient cumulativement les qualifications. • Crim. 18 nov. 1980 : *Bull. crim. n° 305.* ♦ Le plaignant ne saurait échapper aux dispositions de l'art. 50 de la L. du 29 juill. 1881 en engageant par un artifice deux poursuites concomitantes relatives aux mêmes imputations qualifiées différemment dans chacune d'elles. • Crim. 7 avr. 1992, n° 87-81.208 P.

19. Mais nonobstant les dispositions de l'art. 50 de la L. du 29 juill. 1881, un fait unique constituant un cumul idéal d'infractions peut recevoir plusieurs qualifications pénales différentes, dès lors que ces qualifications ne sont pas inconciliables entre elles. • Crim. 24 nov. 1987 : *Bull. crim. n° 428* (provocation à la discrimination et injures publiques, sur le fondement des art. 24, dernier al., et 33, dernier al.). ♦ L'indivisibilité entre les injures et les imputations diffamatoires, relevées dans la plainte, interdit que les premières soient poursuivies comme délit distinct et fassent l'objet d'une qualification cumulative, alors qu'en application de l'art. 50 de la loi sur la liberté de la presse, seule la diffamation doit être qualifiée et visée. • Crim. 15 mars 1994, n° 93-81.060 P.

20. Une expression unique ne peut recevoir plusieurs qualifications pénales de nature et de gravité différentes, qu'à la condition qu'il n'en résulte aucune incertitude dans l'esprit du prévenu sur l'objet de la poursuite ; tel n'est pas le cas de la citation qui qualifie les mêmes faits à la fois d'injures envers la mémoire d'un citoyen chargé d'un mandat public, au sens de l'al. 1er de l'art. 33 de la L. du 29 juill. 1881, et d'injures envers la mémoire d'un particulier, au sens du second al. du même article. • Crim. 31 janv. 1995, n° 92-86.559 P. ♦ Aux termes de l'art. 50 de la loi sur la presse du 29 juill. 1881, le ministère public qui requiert l'ouverture d'une information est tenu, dans son réquisitoire, d'articuler et de qualifier les provocations, outrages, diffamations et injures à raison desquelles la poursuite est intentée ; en application de cet article, sont entachés de nullité la plainte avec constitution de partie civile et le réquisitoire introductif qui retiennent cumulativement, pour les mêmes imputations, les qualifications de diffamation publique envers un particulier et de diffamation publique envers un citoyen chargé d'un service ou d'un mandat public. • Paris, 23 mars 1995 : *D. 1997. Somm. 65, obs. Bigot*.

21. L'art. 50 de la L. du 29 juill. 1881 sur la liberté de la presse n'exige, à peine de nullité, que la mention, dans l'acte initial de poursuite, de la qualification du fait incriminé et du texte de loi énonçant la peine encourue ; la nullité ne peut être prononcée que si l'acte a pour effet de créer une incertitude dans l'esprit des personnes susceptibles d'être poursuivies quant à l'étendue des faits dont elles auraient à répondre. • Crim. 20 juin 2017, n° 16-87.063 P : *D. actu. 7 juill. 2017, obs. Lavric ; AJ pénal 2017. 505, obs. Verly ; Gaz. Pal. 31 oct. 2017, p. 25, obs. Fourment.* ♦ Il n'appartient pas aux juridictions d'instruction d'apprécier l'éventuel défaut de pertinence de la qualification retenue dans l'acte initial de poursuite ayant mis en mouvement l'action publique du chef d'infractions à la L. du 29 juill. 1881 sur la liberté de la presse, cette appréciation étant de la seule compétence des juges ultérieurement saisis. • Même arrêt.

22. Une plainte qui attribue aux propos prétendument diffamatoires une qualification alternative et qui vise des articles de la loi sur la liberté de la presse se rapportant à des infractions de nature et de gravité différentes, laisse incertain le point de savoir de quel délit le plaignant entend demander la réparation et ne répond pas aux prescriptions de l'art. 50. • Crim. 12 juin 1987 : *Bull. crim. n° 244.*

3° VISA

23. Texte applicable. Est entachée de nullité la plainte qui retient cumulativement la qualification de diffamation publique, telle que prévue par les art. 29 et 32 de la loi sur la presse, plus particulièrement celle de diffamation publique envers un citoyen chargé d'un mandat public, telle que prévue à l'art. 31 de la même loi, et subsidiairement le délit d'injures publiques envers un citoyen chargé d'un mandat public sans viser le texte applicable. • Crim. 19 mai 1987 : *Bull. crim. n° 205.*

24. La plainte avec constitution de partie civile et le réquisitoire introductif du procureur de la République qui en reprend les termes visant des « diffamations publiques » en faisant mention des art. 29 et 32 de la L. du 29 juill. 1881 sans indication des alinéas, ne permet pas au prévenu de déterminer avec suffisamment de précision les infractions qui lui sont reprochées et dès lors ne répondent pas aux critères déterminés par l'art. 50 de la loi sur la presse. • TGI Lyon, 22 juin 1995 : *D. 1997. Somm. 65, obs. Bigot*.

25. L'art. 50 de la loi sur la presse impose, à peine de nullité, que le réquisitoire comporte non seulement l'articulation et la qualification des provocations à raison desquelles la poursuite est intentée, mais aussi l'indication des textes dont l'application est demandée ; en visant un texte sanctionnant une autre infraction, le réquisitoire ne satisfait pas aux prescriptions du texte précité ; ainsi de l'al. 6 de l'art. 24 de la L. du 29 juill. 1881, visé par le réquisitoire, réprimant le délit de provocation à des actes de terrorisme, et qui n'est donc pas applicable aux faits de provocation à la discrimination raciale, objet de l'information. • Crim. 8 juin 2004, n° 03-85.856 P : *D. 2004. IR 1936 ; JCP 2004. IV. 2583 ; Dr. pénal 2005. Comm. 4 (1re esp.), obs. Véron.*

26. Visa global. Le visa global d'un ensemble d'articles qui se rapportent à des infractions de nature et de gravité différentes ne permet pas de reconnaître ceux dont l'application est demandée. • Crim. 26 juill. 1955 : *D. 1956. Somm. 55* • 14 mai 1991 : *Dr. pénal 1992. 91.*

27. En cas de diffamation ou injure envers la mémoire des morts, le seul visa de l'art. 34 de la loi sur la presse, qui renvoie aux dispositions des art. 31, 32 et 33 réprimant des infractions de nature et de qualité différentes, ne permet pas de déterminer quelle est l'infraction que le plaignant entend poursuivre ni la peine applicable, et ne saurait dès lors satisfaire aux prescriptions de l'art. 50. • Crim. 11 févr. 1992 : *Dr. pénal 1992. 224.* ♦ N'est pas entachée de nullité la citation visant globalement l'art. 31 de la L. du 29 juill. 1881, dès lors que les faits incriminés, qualifiés de diffamation publique envers un citoyen chargé d'un mandat public, contiennent uniquement la critique d'actes liés aux fonctions du plaignant, et que le prévenu, qui ne pouvait avoir aucun doute sur la nature du délit, a pu utilement préparer sa défense. • Crim. 24 janv. 1995, n° 93-84.701 P.

28. Le visa surabondant, fait dans le réquisitoire introductif, d'un article de la L. du 29 juill.

1881 n'entraîne pas la nullité de cet acte, dès lors qu'il ne peut résulter de ce visa aucune erreur ou incertitude dans l'esprit du prévenu quant aux infractions dont il avait à répondre. • Crim. 2 nov. 1978 : *Bull. crim. n° 295.* ♦ Est régulière la plainte avec constitution de partie civile précisant les faits qualifiés de diffamation publique envers un particulier et visant l'art. 32, al. 1er, de ladite loi, le visa de l'art. 23 n'ayant d'autre portée que de préciser le mode de publicité et l'erreur sur le millésime de la loi étant, en l'occurrence, sans incidence. • Crim. 14 avr. 1992, n° 87-80.411 P.

29. Viole l'art. 50 de la L. du 29 juill 1881 l'arrêt qui, pour déclarer nulle une plainte avec constitution de partie civile du chef de diffamation, retient que la nature de la diffamation n'est pas précisée et que sont visés cumulativement les art. 30 et 31 de la L. du 29 juill. 1881, alors que, d'une part, la plainte incrimine, sans équivoque possible, des faits de diffamation envers un fonctionnaire public par le rappel des dispositions de l'art. 48-3° de la L. sur la presse, propre à cette diffamation, et que, d'autre part, le visa des art. 30 et 31 trouve sa justification dans l'énoncé, par le premier de ces textes, de la peine applicable au délit prévu par le second. • Crim. 15 mars 2005, n° 04-85.840 P : *Dr. pénal 2005. Comm. 86 (1re esp.), obs. Véron ; JCP 2005. IV. 1981 ; ibid. 2006. I. 113, obs. Véron.*

30. Si le visa surabondant d'un art. de la L. du 29 juill. 1881 n'entraîne pas la nullité d'un réquisitoire introductif ou d'une plainte avec constitution de partie civile, lorsqu'il ne peut résulter de ce visa aucune erreur ou incertitude dans l'esprit du prévenu quant aux infractions dont il a à répondre, il en va différemment en cas de visa global d'un ensemble d'articles ou d'un article se rapportant à des infractions de nature et de gravité différente. • Paris, 24 sept. 1996 : *Gaz. Pal. 1997. 1, chron. crim. 25.*

31. Le défaut de précision, dans une plainte avec constitution de partie civile ou un réquisitoire introductif visant les art. 29 et 32 de la L. du 29 juill. 1881 sur la presse, des al. de ces art. sur lesquels sont fondées les poursuites n'est sanctionné par la nullité prévue par l'art. 50 de cette L. que s'il en est résulté dans l'esprit du prévenu une incertitude sur les infractions dont il avait à répondre ; en conséquence, encourt la censure l'arrêt qui, pour constater la prescription de l'action publique, retient que les plaintes avec constitutions de partie civile, en ce qu'elles visent de manière globale les art. 29 et 32 de la L. sur la presse, ne permettent pas au prévenu de se défendre sur des éléments de poursuite clairs *et précis, alors qu'il ne pouvait résulter*, en l'espèce, dans l'esprit de celui-ci, aucune ambiguïté sur l'objet et l'étendue de la poursuite et sur la qualification donnée aux faits par les plaintes. • Crim. 23 juin 2015, n° 14-83.320 P : *D. actu. 20 juill. 2015, obs. Lavric.*

B. VALIDATION

1° RÉQUISITOIRE INTRODUCTIF

32. Suppléance de la plainte. En cas d'infraction à la loi sur la presse, la poursuite est définitivement fixée par le réquisitoire introductif, mais il peut être suppléé aux omissions dudit réquisitoire par les énonciations de la plainte lorsque celle-ci, accompagnée d'une constitution de partie civile, a mis l'action publique en mouvement. • Crim. 27 janv. 1976 : *Bull. crim. n° 32.*

33. Le réquisitoire introductif pris en application de l'art. 50 de la L. du 29 juill. 1881 ne peut se combiner avec la plainte assortie d'une constitution de partie civile répondant aux exigences dudit article que lorsque la partie civile a qualité pour mettre en mouvement l'action publique ; tel n'est pas le cas lorsque la plainte avec constitution de partie civile émane d'un corps constitué, l'art. 48 de la loi sur la presse réservant au ministère public le pouvoir de mettre l'action publique en mouvement du chef de diffamation ou injures envers les cours, tribunaux et autres corps visés par l'art. 30 de cette même loi (un conseil général en l'espèce). • Crim. 31 janv. 2006, n° 05-82.411 P : *D. 2007. Pan. 1043, obs. Dupeux ; AJ pénal 2006. 173 ; Gaz. Pal. 2006. 2. 2583, note Monnet ; Dr. pénal 2006. 80, obs. Véron ; AJDA 2006. 950.*

34. Une qualification incomplète dans le réquisitoire introductif est sans conséquence sur la validité de cet acte, si le visa de l'article de la loi dont l'application est requise élimine tout risque d'erreur ou d'équivoque sur la personne poursuivie, alors que, de surcroît, l'action publique a été valablement mise en mouvement par la constitution de partie civile, les deux actes pouvant venir se conforter l'un l'autre. • Crim. 7 févr. 1984 : *Bull. crim. n° 44.*

35. En matière de presse, une plainte incomplète ou irrégulière peut être validée par le réquisitoire introductif lorsqu'il est conforme aux exigences de l'art. 50 de la L. du 29 juill. 1881, et qu'il est intervenu dans le délai de la prescription que la plainte entachée de nullité n'a pas interrompu ; méconnaît le sens et la portée des principes et article précités la cour d'appel qui, pour infirmer le jugement ayant condamné les prévenus pour diffamation publique envers un particulier et complicité, après avoir constaté l'extinction de l'action publique par l'amnistie, retient que l'action civile n'a pas été régulièrement mise en mouvement, alors que le réquisitoire introductif du 4 déc. 2000 a pallié les insuffisances de la plainte du 10 nov. 2000. • Crim. 30 sept. 2003, n° 02-86.712 P : *D. 2003. IR 2804 ; RSC 2004. 128, obs. Francillon ; AJ pénal 2003. 104 ; JCP 2003. IV. 2923.*

2° PLAINTE AVEC CONSTITUTION DE PARTIE CIVILE

36. Contenu de la plainte. Si l'action publique est mise en mouvement par la plainte avec constitution de partie civile dès que la consignation a été versée, encore faut-il, en cas d'infraction à la L. du 29 juill. 1881, que ladite plainte réponde aux exigences de l'art. 50 de la loi précitée, lesquelles sont prescrites à peine de nullité de la poursuite. • Crim. 8 nov. 2005, n° 05-83.598 P : *Gaz. Pal. 2006. 1. Somm. 2064, note Monnet.* ♦ Est entachée de nullité la plainte qui qualifie des propos de « diffamatoires et injurieux » dès lors qu'elle laisse incertaine la qualification retenue. • Même arrêt.

37. Lorsque la poursuite est introduite par une plainte avec constitution de partie civile, c'est cet acte qui met l'action publique en mouvement ; dès lors, si cette plainte, dénonçant une infraction à la loi sur la presse, contient les mentions exigées par l'art. 50 de ladite loi, l'action est régulièrement engagée, sans que sa validité puisse être entachée par un vice concernant le réquisitoire d'information postérieur. • Crim. 9 janv. 1974 : *Bull. crim. n° 12* • 17 mars 1981 : *ibid. n° 97* • 28 févr. 1984 : *ibid. n° 80* • 29 nov. 1988 : *ibid. n° 402.* ♦ ... Ou l'ordonnance de renvoi. Les juges, saisis de la poursuite par cette ordonnance, ont le devoir d'examiner si les faits articulés à l'origine ont été qualifiés et, dans l'affirmative, de statuer sur la prévention telle qu'elle a été relevée dans l'acte initial de la poursuite, sans tenir compte d'un changement de qualification en matière de presse, ou de l'incrimination d'autres faits par l'ordonnance de renvoi. • Crim. 23 janv. 1996, n° 94-82.498 P : *D. 1997. Somm. 65, obs. Ch. Bigot .*

38. Une plainte initiale peut être valablement complétée par les plaignants au cours de leur audition par le juge d'instruction, avant que le magistrat n'ait communiqué ladite plainte au procureur de la République. • Crim. 2 déc. 1980 : *Bull. crim. n° 327.* ♦ Le juge d'instruction saisi d'une plainte attestant la volonté formelle et non équivoque de son auteur de se constituer partie civile peut, en entendant le plaignant, avant toute communication au parquet, lui faire valablement compléter sa plainte pour la rendre conforme aux exigences de la L. du 29 juill. 1881. • Crim. 30 mars 2016, n° 15-81.606 P : *D. actu. 3 mai 2016, obs. Lavric.*

39. Suppléance du réquisitoire. S'il est vrai que l'action publique est mise en mouvement par la plainte avec constitution de partie civile, dès que la consignation a été faite, encore faut-il, en cas d'infraction à la L. du 29 juill. 1881, que la plainte réponde aux exigences de l'art. 50 de ladite loi ; cependant, le réquisitoire introductif peut, en cette matière, réparer les insuffisances de la plainte et rendre parfaite la poursuite. • Crim. 13 nov. 1978 : *Bull. crim. n° 313* • 2 janv. 1980 : *ibid. n° 3* • 2 déc. 1980 : *ibid. n° 327* • 31 mars 1981 : *Bull. crim. n° 111* • 22 janv. 1985 : *ibid. n° 34* • 20 janv. 2004, n° 03-80.608 P : *D. 2004. IR 540 ; JCP 2004. IV. 1489 ; Dr. pénal 2004. 103, obs. Véron ; Gaz. Pal. 2004. 2. somm. 3392, obs. Monnet.*

40. ... Mais c'est à la double condition que ce réquisitoire soit lui-même régulier au regard de l'art. 50 de la loi sur la presse, et qu'il ait été pris dans les délais de la prescription, laquelle n'est pas interrompue par une plainte non conforme audit art. 50. • Crim. 22 juin 1982 : *Bull. crim. n° 169* • 22 janv. 1985 : *préc. note 39* • 19 mai 1987 : *Bull. crim. n° 205* • 19 janv. 1988 : *ibid. n° 28* • Paris, 24 sept. 1996 : *Gaz. Pal. 1997. 1, chron. crim. 25* • Crim. 20 janv. 2004 : *préc. note 39.*

41. A justifié sa décision la chambre d'accusation qui, pour faire droit à la requête en annulation de la procédure présentée par le mis en examen, retient que la plainte déposée par la partie civile ne qualifie pas précisément les faits incriminés et ne vise pas le texte qui leur est applicable, les juges ajoutant que le réquisitoire introductif comporte les mêmes insuffisances et qu'il ne saurait, en tout état de cause, venir au soutien de la plainte, dès lors qu'il a été pris après l'expiration du délai de prescription de l'action publique, lequel n'avait pu être interrompu par la plainte irrégulière. • Crim. 2 sept. 1997 : *Dr. pénal 1998. 4 (1er arrêt), obs. Véron ; Gaz. Pal. 1998. 1, chron. crim. 7.* ♦ Méconnaît l'art. 50 de la loi de 1881 la cour d'appel qui, après avoir constaté l'extinction de l'action publique par l'effet de la loi d'amnistie du 6 août 2002, a jugé que l'intéressé, un avocat étant poursuivi pour avoir tenu dans des conclusions des propos qualifiés « d'injurieux, outrageants et diffamatoires », a commis une faute civile et l'a condamné à payer à la victime des dommages-intérêts, alors que la plainte était nulle, dès lors qu'elle laissait incertaine la qualification retenue par le plaignant et inconnu le texte de répression dont l'application était requise, et que le réquisitoire introductif du procureur de la République n'était pas susceptible de pallier les insuffisances de la plainte, ayant été pris plus de trois mois après que les propos avaient été rendus publics. • Crim. 20 janv. 2004 : *préc. note 39.*

42. Les réquisitions du ministère public se bornant à retenir la qualification générique de diffamation, sans préciser le texte dont l'application est demandée, ne sauraient venir au soutien d'une plainte ne répondant pas aux exigences de l'art. 50. • Crim. 12 juin 1987 : *Bull. crim. n° 244.*

C. SANCTION

43. Nullité d'ordre public. Les dispositions de l'art. 50 de la loi sur la presse sont substantielles, et il n'y peut être suppléé en cas d'inobservation. • Crim. 20 déc. 1960 : *Bull. crim. n° 597.* ♦ Doit être annulé l'arrêt qui ne met pas la Cour de cassation en mesure d'exercer son contrôle sur le point de savoir si elles ont été respectées. • Crim. 22 déc. 1969 : *Bull. crim. n° 356.*

44. Elles sont prescrites à peine de nullité de la poursuite. • Crim. 24 févr. 1987 : *Bull. crim. n° 95* • 19 mai 1987 : *ibid. n° 205* • 12 juin 1987 : *ibid. n° 244* • 23 juin 1987 : *ibid. n° 260* • 19 janv. 1988 : *Bull. crim. n° 28* • Paris, 24 sept. 1996 : *Gaz. Pal. 1997. 1, chron. crim. 25* • Crim. 8 nov. 2005 : *préc. note 36.* ♦ ... Nullité d'ordre public, qui doit être soulevée d'office, tant par les juges du fond que par la Cour de cassation. • Crim. 10 févr. 1953 : *Bull. crim. n° 42* • 19 mai 1987 : *préc.* • 12 juin 1987 : *préc.* • 23 juin 1987 : *préc.* • 8 nov. 2005 : *préc. 36* • 30 mai 2007, n° 06-84.365 P : *Dr. pénal 2007, n° 125, obs. Véron ; Gaz. Pal. 2008. 1. Somm. 1156, note Monnet* • 28 juin 2017, n° 16-80.193 P : *D. actu. 11 juill. 2017, obs. Lavric* • Versailles, 30 juin 1995 : *Gaz. Pal. 1996. 1. Somm. 268* • 8 nov. 2005 : *préc. note 36* • 30 mai 2007 : *préc. note 3.*

45. Ainsi, saisis d'une plainte ne comportant pas les mentions prescrites par l'art. 50 de la loi sur la presse, les juges n'ont d'autre pouvoir que d'en constater la nullité, et les faits dénoncés ne pouvant dès lors comporter légalement une poursuite pour une cause affectant l'action publique, ils sont fondés à refuser d'informer. • Crim. 24 févr. 1987 : *préc. note 4* • 26 juill. 1988 : *Bull. crim. n° 309 ; RSC 1989. 114, obs. Levasseur* • 13 déc. 1994 : *Gaz. Pal. 1995. 1. Somm. 186* • 30 oct. 2012, n° 11-88.853 P : *D. actu. 5 déc. 2012, obs. Lavric ; AJ pénal 2013. 103, obs. Royer ; Gaz. Pal. 2013. 1. 446, obs. Fourment.*

46. Dans le cas où le réquisitoire introductif d'instance est nul, comme non conforme aux prescriptions impératives de l'art. 50, la chambre des mises en accusation, ne se trouvant pas saisie des faits, n'a d'autre pouvoir que celui de constater la nullité du réquisitoire et celle de tout ce qui a suivi. • Crim. 26 juill. 1957 : *Bull. crim. n° 597 ; D. 1958. Somm. 48.* ♦ L'arrêt d'une chambre d'accusation renvoyant un prévenu devant la juridiction correctionnelle ne saurait, bien qu'il soit devenu définitif, couvrir la nullité de la procédure antérieure résultant de l'inobservation des prescriptions de l'art. 50 de la L. du 29 juill. 1881. • Crim. 7 oct. 1980 : *Bull. crim. n° 250.*

47. Pour confirmer l'ordonnance du juge d'instruction refusant d'informer sur la plainte assortie de constitution de partie civile déposée par les membres du conseil municipal de la ville de F..., *à la suite de la publication* de plusieurs textes, dessins ou photographies sur le site Facebook, l'arrêt attaqué retient notamment que ni la plainte, qui reproduit sur quatre pages des extraits de discussions échangées sur ce réseau social, et se réfère pour le surplus à ses pièces jointes, ni le réquisitoire introductif, qui ne mentionne aucun des propos incriminés, n'articulent avec précision, en les distinguant, les éléments de fait considérés comme caractérisant le délit de diffamation, prévu et réprimé par les art. 30 et 31, al. 1, de la L. du 29 juill. 1881, et le délit d'injures, prévu et réprimé par les art. 29, al. 2, et 33, al. 1, de la L. du 29 juill. 1881, et ceux regardés par la partie civile et le procureur de la République comme constitutifs du délit de provocation à la haine et à la discrimination raciale, prévu et réprimé par l'art. 24, al. 8, de la L. du 29 juill. 1881 ; en appliquant indifféremment à l'ensemble des faits incriminés les qualifications d'injures, de diffamation et de provocation à la haine et à la discrimination raciale, la plainte avec constitution de partie civile et le réquisitoire introductif ne satisfont pas aux prescriptions de l'art. 50 de la L. du 29 juill. 1881 qui exige une qualification précise, et il en résulte que l'action publique n'a pas été valablement engagée ; en statuant ainsi, la chambre de l'instruction a justifié sa décision ; pour pouvoir mettre l'action publique en mouvement dans le cas des infractions à la L. du 29 juill. 1881, la plainte avec constitution de partie civile doit répondre aux exigences de l'art. 50 de la même loi. • Crim. 30 oct. 2012 : *préc. note 45.*

48. Incidence de l'ordonnance de règlement. Les prescriptions de l'art. 50 de la loi sur la presse sont substantielles et leur inobservation affecte de manière fondamentale les poursuites, la nullité en résultant peut donc être soulevée devant la juridiction de jugement sans que puisse être opposée l'irrecevabilité tirée de l'art. 175 C. pr. pén., dans sa rédaction résultant de la L. du 24 août 1993. • Paris, 23 mars 1995 : *D. 1997. Somm. 65, obs. Bigot.* ♦ ... Cette dérogation à la règle commune résulte de la spécificité du régime de poursuite des infractions de presse pour lesquelles le tribunal est dans l'impossibilité de statuer au fond dans la mesure où il n'a pas le pouvoir de choisir la qualification appropriée lorsqu'il est confronté au visa de deux qualifications par les mêmes imputations. • Même arrêt. ♦ L'application de l'art. 175 C. pr. pén. dans le cadre d'une procédure d'instruction créerait une situation d'inégalité par rapport au régime de la citation directe en matière de presse ; dans une procédure d'instruction les nullités éventuelles seraient couvertes par l'ordonnance de renvoi, dans la procédure de citation directe, il pourrait toutefois en être débattu à l'audience ; ceci démontre l'inapplicabilité de l'art. 175 C. pr. pén. en matière d'infraction à la loi sur la presse, l'art. 50 de cette même loi gardant toute sa vigueur. • TGI Lyon, 22 juin 1995 : *D. 1997. Somm. 65, obs. Bigot.*

49. Aux termes de l'art. 179 (dernier al.) C. pr. pén., lorsqu'elle est devenue définitive, l'ordonnance de règlement couvre, s'il en existe, les vices de la procédure ; l'annulation d'un acte d'instruction ne peut donc pas, en principe, être demandée devant la juridiction de jugement ; ce principe connaît toutefois une exception en matière de presse : les prescriptions de l'art. 50 de la L. du 29 juill. 1881 sont substantielles, les juges saisis de la poursuite ayant le devoir d'examiner si les faits articulés à l'origine par la plainte avec constitution de partie civile ou le réquisitoire introductif ont été correctement qualifiés, et, dans l'affirmative, de statuer sur la prévention telle qu'elle a été fixée par l'acte initial de poursuite ; la nullité de celui-ci peut donc être soulevée devant la juridiction de jugement sans que puisse être opposée l'irrecevabilité tirée des art. 175 et 179 C. pr. pén. • TGI Paris, 30 avr. 1998 : *Dr. pénal 1998. Chron. 19, obs. Lesclous et Marsat ; D. 1999. Somm. 161, obs. Bigot*. ♦ ... Il n'existe cependant aucun motif de droit pour étendre cette dérogation exceptionnelle, qui procède d'une exigence propre à l'art. 50, à l'ensemble des actes accomplis par le juge d'instruction ou ses délégataires en matière d'infractions de presse, et pour soustraire l'instruction de celles-ci au droit commun des art. 175 et 179, dans leur rédaction issue de la L. du 4 janv. 1993. • Même jugement. ♦ Il existe une incompatibilité entre le régime spécial inhérent à l'application de l'art. 50 de la loi sur la presse et l'irrecevabilité du moyen de nullité tirée du dernier al. de l'art. 179 C. pr. pén. ; il n'en est pas de même s'agissant des dispositions des art. 35, 55 et 56 de la L. du 29 juill. 1881 relatifs à la preuve contraire ; en l'absence d'incompatibilité entre l'application des art. 35, 55 et 56 de la L. du 29 juill. 1881, d'une part, et de l'art. 179 C. pr. pén., d'autre part, les vices de procédure concernant l'administration de la preuve de la vérité des faits diffamatoires et de la preuve contraire sont couverts par l'ordonnance de règlement devenue définitive. • Paris, 9 mars 2000 : *D. 2000. Somm. 399, note Bigot* (confirmation de • TGI Paris, 30 avr. 1998 : *préc.*).

50. Lorsque les juges du fond sont saisis par une ordonnance de renvoi du juge d'instruction en matière d'infractions à la loi sur la presse, ils doivent vérifier si la plainte avec constitution de partie civile, combinée avec le réquisitoire introductif, répond aux exigences de l'art. 50 de la L. du 29 juill. 1881 et, en cas d'inobservation de celles-ci, prononcer la nullité des poursuites, sans que puissent être opposées les dispositions de l'art. 179, dernier al., C. pr. pén. ; cassation, pour violation de ce principe, de l'arrêt qui, alors que le tribunal a constaté la nullité de la plainte avec constitution de partie civile qui ne répondait pas à l'exigence d'articulation des faits diffamatoires, décide que le prévenu est irrecevable à invoquer cette nullité devant les juges du fond aux prétendus motifs que la L. du 29 juill. 1881, texte spécial, ne dérogeant aux règles du code de procédure pénale que lorsqu'elle l'indique expressément, l'ordonnance de renvoi, devenue définitive, couvre tous les vices de la procédure en application de l'art. 179, dernier al., C. pr. pén. • Crim. 16 nov. 1999, n° 99-82.900 P : *D. 2000. Somm. 399, obs. Bigot*.

51. Selon les art. 179, al. 6, et 385, al. 4, C. pr. pén., lorsque la juridiction correctionnelle est saisie par l'ordonnance de renvoi du juge d'instruction, les parties sont irrecevables à soulever des exceptions tirées de la nullité de la procédure antérieure ; en matière de presse et de diffamation publique, il n'en est autrement que lorsqu'est invoquée la méconnaissance des prescriptions de l'art. 50 de la L du 29 juill. 1881. • Crim. 24 sept. 2002, n° 01-88.674 P : *D. 2003. Somm. 1732, obs. Pradel* • Crim. 16 sept. 2003 : *préc. note 6.*

52. Les dispositions de l'art. 179, dernier al., C. pr. pén., selon lesquelles l'ordonnance de renvoi couvre, s'il en existe, les vices de la procédure, ne peuvent être invoquées devant la cour d'appel saisie du chef de diffamation publique envers un particulier, de sorte qu'il lui appartient de vérifier si la plainte avec constitution de partie civile, combinée avec le réquisitoire introductif, répond aux exigences de l'art. 50 de la L. du 29 juill. 1881. • Crim. 9 déc. 2014, n° 13-84.143 P : *D. actu. 16 janv. 2015, obs. Lavric.*

II. PORTÉE DE L'ACTE DE POURSUITE

A. PRINCIPE

53. Irrévocabilité. En matière de délits de presse, l'acte initial de poursuite fixe définitivement et irrévocablement la nature et l'étendue de la poursuite quant aux faits et à leur qualification. • Crim. 3 janv. 1970 : *Bull. crim. n° 8* • 22 juin 1982 : *ibid. n° 169* • 15 mars 1983 : *ibid. n° 83* • 22 mai 1984 : *ibid. n° 188* • 6 nov. 1984 : *ibid. n° 338* • 31 janv. 1989 : *ibid. n° 38* • 6 févr. 1990, n° 88-86.436 P • 22 mai 1990, n° 87-81.387 P • 7 avr. 1994, n° 91-86.115 P. ♦ ... Ainsi que les points sur lesquels le prévenu aura à se défendre. • Crim. 4 nov. 1980 : *Bull. crim. n° 287* • 22 déc. 1987 : *ibid. n° 483* • 16 févr. 1988 : *ibid. n° 78* • 24 nov. 1992, n° 90-87.777 P. ♦ En matière de presse, le réquisitoire introductif pris en application de l'art. 50 de la L. du 29 juill. 1881 et la plainte assortie d'une constitution de partie civile, avec laquelle il se combine lorsqu'elle répond aux exigences dudit article, fixent irrévocablement les points sur lesquels le prévenu aura à se défendre, tant devant le juge d'instruction qu'éventuellement devant la juridiction de jugement, et délimitent définitivement la poursuite. • Crim. 11 juill. 1995, n° 94-81.656 P : *D. 1997. Somm. 66, obs. Bigot*.

54. Un commandant des sapeurs-pompiers, poursuivi sur le fondement des art. 29, al. 1er, et 32, al. 1er, de la L. du 29 juill. 1881 du chef de diffamation publique envers un particulier à l'égard d'un caporal-chef en fonction dans le même corps, a soutenu que les propos lui étant reprochés étaient susceptibles de recevoir la seule qualification visée à l'art. 31 de la même loi ; pour écarter cette argumentation, la cour d'appel a retenu que l'exception de nullité proposée était irrecevable comme ayant été présentée pour la première fois en cause d'appel ; en se prononçant ainsi, alors que, en matière d'infraction à la loi sur la liberté de la presse, les faits doivent être appréciés au regard de la qualification fixée irrévocablement à l'acte initial des poursuites, et que toute erreur sur ce point, si elle est sans effet sur la validité dudit acte, fait obstacle à la condamnation, la cour d'appel n'a pas donné une base légale à sa décision. • Crim. 30 mars 2005, n° 04-85.610 P : *D. 2007. Pan. 1044, obs. Dupeux* ; *JCP 2005. IV. 2133.*

B. CONSÉQUENCES

1° QUALIFICATION

55. Disqualification impossible. Il n'appartient pas à la juridiction d'instruction d'apprécier le bien-fondé de la qualification retenue par l'acte initial de la poursuite. • Crim. 14 juin 1994, n° 94-81.035 P.

56. L'acte initial de la poursuite fixant définitivement, sur le rapport de la loi sur la presse, la nature et l'étendue de la poursuite quant aux faits et à leur qualification, il en résulte que toute décision d'instruction ou de jugement doit s'aligner rigoureusement sur cet acte et ne prononcer aucun changement de qualification sur le rapport de la loi sur la presse ; le juge d'instruction est dans l'obligation de rendre une ordonnance de non-lieu, faute de quoi la juridiction de jugement doit statuer sur la prévention telle qu'elle résulte de l'acte initial de la poursuite. • Crim. 22 juin 1982 : *Bull. crim. n° 169.* ♦ La juridiction d'instruction doit rendre une décision de non-lieu lorsque l'information a démontré que les faits articulés et qualifiés dans le réquisitoire introductif ou dans la plainte avec constitution de partie civile ne correspondent pas au caractère juridique véritable des faits, objet de la poursuite. • Crim. 6 nov. 1984 : *Bull. crim. n° 338.* ♦ Au cas où il résulte des débats que les faits auraient dû recevoir une autre qualification que celle retenue dans la prévention, les juges ne peuvent que prononcer la relaxe du prévenu. • Crim. 7 avr. 1994, n° 91-86.115 P.

57. En présence d'une qualification irrégulièrement substituée par l'ordonnance de renvoi à la qualification retenue par l'acte initial de poursuite, les juges du fond doivent statuer sur la prévention telle qu'elle résulte de cet acte. • Crim. *10 oct. 1963 : Bull. crim. n° 279* • 24 nov. 1992, n° 90-87.777 P. ♦ Les juges, qui relèvent une erreur viciant l'ordonnance de renvoi par laquelle ils sont saisis, ont le devoir de statuer sur la prévention, telle qu'elle résulte du réquisitoire introductif et de la plainte avec constitution de partie civile. • Crim. 4 nov. 1980 : *Bull. crim. n° 287.*

58. Encourt la cassation, pour violation de l'art. 50 de la L. du 29 juill. 1881, l'arrêt qui énonce que la saisine de la juridiction correctionnelle a été limitée par l'ordonnance de renvoi à cinq membres de phrases parmi les passages incriminés d'un journal, que les appelants ne sont pas recevables à critiquer l'étendue de cette saisine, en application de l'art. 385 C. pr. pén., et que les propos retenus ne sont pas diffamatoires envers le plaignant, alors que la nature, l'étendue et l'objet de la poursuite en matière de presse ne peuvent être modifiés par l'ordonnance de renvoi, même définitive, et que les juges ont l'obligation d'examiner l'intégralité des propos articulés dans l'acte initial de la poursuite. • Crim. 11 juill. 1995, n° 94-81.656 P : *D. 1997. Somm. 66, obs. Bigot* .

59. La juridiction saisie n'est pas autorisée à substituer à la qualification de droit commun adoptée par la partie poursuivante une qualification empruntée à la loi sur la liberté de la presse. • Crim. 16 juill. 1958 : *Bull. crim. n° 551* • 6 févr. 1990, n° 88-86.436 P (substitution de l'injure publique à la contravention d'outrage de l'art. R. 40-2° C. pén. ; nouvel art. 433-5).

60. Les juges du fond ne sauraient valablement retenir sous l'unique prévention de diffamation les faits présentés dans la plainte sous la double qualification de diffamation publique et injures publiques envers un particulier. • Crim. 16 févr. 1988 : *Bull. crim. n° 78.*

61. Disqualification possible. Le juge d'instruction saisi d'un délit de presse ne peut modifier, d'après les résultats de l'information, la qualification originairement donnée aux faits poursuivis, sauf les cas où la qualification nouvelle serait fondée sur un texte de droit commun. • Crim. 22 mai 1984 : *Bull. crim. n° 188.* ♦ ... Ou bien, lorsque faute d'éléments caractérisant la publicité, le délit de diffamation publique serait susceptible de constituer la contravention de diffamation non publique. • Crim. 9 janv. 1979 : *Bull. crim. n° 15* • 22 mai 1984 : *préc.* • 2 oct. 1985 : *Bull. crim. n° 293* • 23 mai 1989 : *Dr. pénal 1990. 12.* ♦ La plainte initiale avec constitution de partie civile ne fixe irrévocablement la nature et l'étendue de la poursuite qu'en ce qui concerne les seules infractions à la loi sur la presse, et cette règle ne fait pas obstacle à ce qu'une telle infraction puisse être requalifiée en infraction de droit commun. • Crim. 25 sept. 1991, n° 90-83.140 P.

62. S'il est vrai que les juridictions saisies d'un délit de presse peuvent substituer à la qualification dont elles sont saisies par le titre de la poursuite une qualification du droit commun, c'est seulement à la condition de n'introduire dans la poursuite aucun élément nouveau. • Crim. 28 mars 1955 : *Bull. crim. n° 184 ; D. 1955. 430*

• 24 janv. 1967 : *Bull. crim. n° 37.* ♦ Une erreur de qualification, si elle est sans influence sur la validité de la citation, fait obstacle en revanche à toute condamnation, dès lors qu'aucune infraction de droit commun n'est susceptible d'être relevée. • Crim. 7 avr. 1994, n° 91-86.115 P.

63. Les juridictions d'instruction ou de jugement saisies d'une infraction à la loi sur la liberté de la presse peuvent la requalifier en infraction de droit commun, à la condition de n'introduire dans la poursuite aucun fait nouveau ; il ne saurait cependant en être ainsi dans le cas où un tribunal de police ayant été appelé à statuer sur une contravention, la cour d'appel, saisie du recours de la partie civile déboutée en première instance, ne peut évoquer et dire constitués des faits revêtant une qualification correctionnelle. • Crim. 11 mai 2010, n° 09-80.725 P.

64. C'est sans incidence sur les actions pénale et civile valablement mises en mouvement que le juge d'instruction inculpe puis renvoie, fût-ce sur des réquisitions définitives conformes, l'auteur des faits pour un délit non visé dans la plainte avec constitution de partie civile. • Crim. 22 déc. 1987 : *Bull. crim. n° 483.*

65. Si la méconnaissance des prescriptions de l'art. 50 de la L. du 29 juill. 1881 peut entraîner la nullité des poursuites en matière de presse, elle ne saurait affecter la régularité du réquisitoire quant aux infractions de droit commun qui y sont visées, celles-ci fussent-elles connexes aux délits de presse. • Crim. 30 mai 2007 : *préc. note 3.*

66. Lorsque l'élément de publicité fait défaut, les imputations diffamatoires caractérisent la contravention prévue et réprimée par l'art. R. 621-1 C. pén., et la juridiction ayant constaté que les faits retenus constituent l'infraction de diffamation non publique a le devoir de statuer sur cette prévention ; encourt la censure, l'arrêt qui, en pareille occurrence, prononce une relaxe motivée par la prohibition de requalifier la prévention en matière de presse. • Crim. 8 avr. 2008, n° 07-87.226 P : *D. 2008. AJ 1414 ; ibid. 2009. Pan. 1785, obs. Massis et Dupeux ; RSC 2008. 628, obs. Francillon ; AJ pénal 2008. 332, obs. Royer ; Dr. pénal 2009. Chron. 6, obs. Mouysset.*

67. Il résulte de l'art. 50 de la L. du 29 juill. 1881 qu'en matière d'infractions à la loi sur la liberté de la presse, la plainte avec constitution de partie civile ne fixe irrévocablement la nature et l'étendue de la poursuite que quant aux propos incriminés et à leur qualification, et qu'il appartient au juge d'instruction d'apprécier le caractère public des faits et d'en identifier les auteurs ; aux termes de l'art. 178 C. pr. pén., si le juge d'instruction estime que les faits constituent une contravention, il prononce, par ordonnance, le renvoi de l'affaire devant le tribunal de police ; il incombe à ce dernier de statuer sur les faits de diffamation non publique dont il est régulièrement saisi par l'ordonnance de renvoi et il ne peut éventuellement se déclarer incompétent qu'après avoir apprécié si ceux-ci revêtaient ou non en réalité un caractère public. • Crim. 11 déc. 2018, n° 18-80.717 P : *D. actu. 9 janv. 2019, obs. Lavric.*

2° *PROCÉDURE*

68. Poursuites successives. En matière d'infraction à la loi sur la presse, la qualification du fait incriminé est irrévocablement fixée par la plainte et le réquisitoire introductif, sans pouvoir être modifiée par une poursuite ultérieure, engagée dans les mêmes conditions ; si deux poursuites successives sont relatives au même fait, seule la seconde se trouve frappée de la nullité prévue par l'art. 50 de la L. du 29 juill. 1881, la première, dans la mesure où elle satisfait aux prescriptions d'ordre public dudit article, demeurant valable. • Crim. 14 mai 1979 : *Bull. crim. n° 172.* ♦ Selon les dispositions de l'art. 50 de la L. du 29 juill. 1881, les mêmes faits ne sauraient recevoir une double qualification sans créer une incertitude dans l'esprit du prévenu, et si des poursuites en cours relatives aux mêmes propos qualifiés différemment dans chacune d'elles ont été engagées successivement, la seconde se trouve frappée de nullité en application dudit article. • Crim. 26 avr. 2000, n° 98-87.633 P : *Dr. pénal 2000. 114, obs. Véron.*

69. Concomitance de deux plaintes. Si la concomitance de deux plaintes incriminant les mêmes faits sous les qualifications de diffamation publique envers un particulier et de diffamation publique envers un citoyen chargé d'un mandat public est une cause de nullité de ces plaintes, il appartient à la partie requérante qui saisit la chambre d'accusation, sur le fondement de l'art. 173 C. pr. pén., d'exciper de cette circonstance, et de l'incertitude qu'elle a pu créer, dans son esprit, sur la prévention ; à défaut le requérant n'est plus recevable à faire état d'un tel moyen de nullité devant la Cour de cassation, en application de l'art. 174, al. 1er, du même code. • Crim. 14 juin 1994, n° 94-81.035 P.

70. Intervention en qualité de partie civile. Aucune personne ne peut être admise à intervenir comme partie civile dans la procédure déjà engagée sur la plainte ou la requête d'une autre. • Crim. 31 janv. 1989 : *Bull. crim. n° 38* • 22 mai 1990, n° 87-81.387 P. ♦ En matière de presse, l'acte initial de poursuite fixe irrévocablement la nature, l'étendue et l'objet de celle-ci, ainsi que les points sur lesquels le prévenu aura à se défendre ; il s'ensuit qu'aucune personne ne saurait être admise à intervenir comme partie civile dans la procédure déjà engagée à l'initiative d'une autre partie civile. • Crim. 10 mai 2006, n° 05-81.403 P : *D. 2007. Pan. 1043, obs. Dupeux.*

71. Citation postérieure à l'ordonnance de renvoi. L'acte initial de poursuite fixant irrévocablement la nature et l'étendue de celle-ci quant aux faits et à leur qualification, il importe peu qu'une citation postérieure à l'ordonnance de renvoi ne soit pas conforme aux prescriptions de la loi. • Crim. 14 avr. 1992, n° 87-80.411 P.

Art. 50-1 *(L. n° 2007-297 du 5 mars 2007, art. 39)* **Lorsque les faits visés par les articles 24 et 24 *bis*** *(L. n° 2017-86 du 27 janv. 2017, art. 170)* **« , par les deuxième et troisième alinéas de l'article 32 et par les troisième et quatrième alinéas de l'article 33 » résultent de messages ou informations mis à disposition du public par un service de communication au public en ligne et qu'ils constituent un trouble manifestement illicite, l'arrêt de ce service peut être prononcé par le juge des référés, à la demande du ministère public et de toute personne physique ou morale ayant intérêt à agir.**

Art. 51 **Immédiatement après le réquisitoire, le juge d'instruction pourra** *(Abrogé par L. n° 2012-387 du 22 mars 2012, art. 99-5°)* **« *, mais seulement en cas d'omission du dépôt prescrit par les articles 3 et 10 ci-dessus,* » ordonner la saisie de quatre exemplaires de l'écrit, du journal ou du dessin incriminé.**

(L. n° 2012-387 du 22 mars 2012, art. 99-5°) **« Toutefois, dans les cas prévus aux premier à troisième et cinquième alinéas de l'article 24 et à l'article 37, la saisie des écrits ou imprimés, des placards ou affiches, a lieu conformément aux règles édictées par le code de procédure pénale. »** *(L. n° 2017-86 du 27 janv. 2017, art. 170)* **« Il en est de même pour la saisie des tracts ou des affiches dans les cas prévus aux septième et huitième alinéas de l'article 24, aux deuxième et troisième alinéas de l'article 32 et aux troisième et quatrième alinéas de l'article 33. »**

Ancien art. 51 (Ord. n° 45-2090 du 13 sept. 1945) *Immédiatement après le réquisitoire, le juge d'instruction pourra, mais seulement en cas d'omission du dépôt prescrit par les articles 3 et 10 ci-dessus, ordonner la saisie de quatre exemplaires de l'écrit, du journal ou du dessin incriminé.*

Toutefois, dans les cas prévus aux articles 24 (§§ 1er et 3), 25, 36 et 37 de la présente loi, la saisie des écrits ou imprimés, des placards ou affiches, aura lieu conformément aux règles édictées par le code d'instruction criminelle [code de procédure pénale].

1. L'art. 51 de la L. du 29 juill. 1881 n'autorise la saisie d'un écrit diffamatoire, préalablement au jugement, que dans le cas prévu à l'al. 1er dudit article ; une telle saisie ne peut être réalisée par la voie indirecte d'un refus de restitution dans une autre procédure. • Crim. 22 févr. 1968 : *Bull. crim. n° 60.*

2. S'il appartient aux maires de prendre les mesures nécessaires pour assurer le maintien du bon ordre et la sûreté publique, ces attributions ne comportent pas le pouvoir de pratiquer, par voie de mesures préventives, la saisie d'un journal, sans qu'il soit justifié que cette saisie ait été indispensable. • T. confl. 8 avr. 1935 : *DP 1935. 3. 25, concl. Josse, et note Waline.* ♦ Rappr. : • CE 24 juin 1960 (deux arrêts) : *D. 1960. 744, J. Robert ; S. 1960. 348, note Debbasch ; JCP 1960. II. 11743, note Gour.*

Art. 51-1 *(L. n° 2019-222 du 23 mars 2019, art. 54-XIII et 109-XIII, en vigueur le 1er juin 2019)* **Par dérogation aux articles 80-1 et 116 du code de procédure pénale, le juge d'instruction qui envisage de mettre en examen une personne pour le délit de diffamation ou d'injure procède conformément aux dispositions du présent article.**

Il informe la personne de son intention de la mettre en examen par lettre recommandée avec demande d'avis de réception en précisant chacun des faits qui lui sont reprochés ainsi que leur qualification juridique et en l'avisant de son droit de faire connaître des observations écrites dans un délai d'un mois. Sous réserve des dispositions du troisième alinéa, il peut aussi, par le même avis, interroger la personne par écrit afin de solliciter, dans le même délai, sa réponse à différentes questions écrites. En ce cas, la personne est informée qu'elle peut choisir de répondre auxdites questions directement en demandant à être entendue par le juge d'instruction.

Le juge d'instruction ne peut instruire sur les preuves éventuelles de la vérité des faits diffamatoires, ni sur celles de la bonne foi en matière de diffamation, ni non plus instruire sur l'éventuelle excuse de provocation en matière d'injure.

Lors de l'envoi de l'avis **prévu au deuxième alinéa du présent article, la personne est informée de son droit de désigner un avocat. En ce cas, la procédure est mise à la disposition de l'avocat désigné durant les jours ouvrables, sous réserve des exigences du bon fonctionnement du cabinet d'instruction. Les avocats peuvent également se faire délivrer copie de tout ou partie des pièces et actes du dossier dans les conditions mentionnées à l'article 114 du code de procédure pénale.**

A l'issue d'un délai d'un mois à compter de la réception de l'avis mentionné au deuxième alinéa du présent article, le juge d'instruction peut procéder à la mise en examen en adressant à la personne et à son avocat une lettre recommandée avec demande d'avis de réception selon les modalités prévues aux deuxième et troisième alinéas de l'article 113-8 du code de procédure pénale. Il informe à cette occasion la personne que, si elle demande à être entendue par le juge d'instruction, celui-ci est tenu de procéder à son interrogatoire.

Les III à VIII de l'article 175 du même code ne sont pas applicables. S'il n'a pas reçu les réquisitions du procureur de la République dans un délai de deux mois après la communication du dossier prévu au I du même article 175, le juge d'instruction rend l'ordonnance de règlement.

BIBL. ▶ Bigot, *AJ pénal 2019. 318* s. (la nouvelle physionomie de l'instruction en matière d'injure et de diffamation).

Art. 52 Si la personne mise en examen est domiciliée en France, elle ne pourra être *(L. n° 2012-1432 du 21 déc. 2012)* « placée en détention provisoire que dans les cas prévus à l'article 23 et aux deuxième à quatrième *(Abrogé par L. n° 2014-1353 du 13 nov. 2014, art. 5-II)* « *et sixième* » alinéas de l'article 24 *[ancienne rédaction : préventivement arrêtée, sauf dans les cas prévus aux articles 23, 24 (§ 1er et 3), 25, 27, 36 et 37 ci-dessus]* ».

1. La L. du 29 juill. 1881 défendant que le prévenu d'un délit de presse domicilié en France puisse être arrêté préventivement, ne s'oppose nullement à ce que le juge d'instruction, au cas où le prévenu ne se présente pas sur mandat de comparution, décerne un mandat d'amener. • Crim. 24 janv. 1891 : *DP 1891. 1. 187.*

2. L'art. 52 de la loi sur la presse qui, sauf pour les infractions qu'il énumère, prohibe la détention provisoire d'un inculpé ou d'un prévenu, ne permet pas non plus, en matière d'injures ou diffamation publiques, de lui imposer une mesure de contrôle dont l'inobservation serait dépourvue de toute sanction. • Crim. 16 juill. 1986 : *Bull. crim. n° 235.*

3. L'arrestation préventive de l'inculpé que prohibe, sauf pour les infractions qu'il énumère, l'art. 52 de la L. du 29 juill. 1881 sur la liberté de la presse, s'entend de la détention provisoire de la personne concernée et non de la garde à vue, mesure qui peut être mise en œuvre, pour les nécessités de l'enquête ou pour l'exécution d'une commission rogatoire, à raison d'un délit prévu par ladite loi lorsqu'il est punissable d'une peine d'emprisonnement. Justifie sa décision la cour d'appel qui rejette le moyen de nullité d'une garde à vue, pris de la violation du texte susvisé, dès lors que la personne entendue l'était pour des écrits qualifiés de provocation à la haine raciale, délit prévu et réprimé par l'art. 24, al. 8, de la L. du 29 juill. 1881. • Crim. 14 févr. 2012, n° 11-81.954 P : *RSC 2012. 610, obs. Francillon* .

Art. 53 La citation précisera et qualifiera le fait incriminé, elle indiquera le texte de loi applicable à la poursuite.

Si la citation est à la requête du plaignant, elle contiendra élection de domicile dans la ville où siège la juridiction saisie et sera notifiée tant au prévenu qu'au ministère public.

Toutes ces formalités seront observées à peine de nullité de la poursuite.

BIBL. ▶ Bigot, *Gaz. Pal. 1996. 2. Doctr. 828* (application des art. 53 et 55 devant les juridictions civiles). – Gizardin, *Gaz. Pal. 1998. 2. Doctr. 1215* (évolution de la jurisprudence civile). – Dreyer, *JCP 2010, n° 833* (où va la Cour de cassation en matière de presse ?).

Plan des annotations

1. Ratio legis. Aux termes des art. 50 et 53 de la L. du 29 juill. 1881, la citation a pour rôle de fixer définitivement l'objet de la poursuite, afin que le prévenu puisse connaître les faits dont il aura exclusivement à répondre. • Crim. 8 nov. 1983 : *Bull. crim. n° 294.* ♦ En obligeant le demandeur à préciser et à qualifier le fait incriminé, et à indiquer le texte de loi applicable, la loi n'a point spécifié les diverses énonciations qui seraient indispensables à la validité de la citation ; elle a voulu seulement, dans l'intérêt de la défense, que l'objet de la poursuite fût d'avance expressément déterminé. • Crim. 11 janv. 1924 : *DH 1924. 203* • 8 août 1932 : *ibid. 1932. 494* • 3 mars 1987 : *JCP 1987. IV. 163.*

2. En matière de presse, l'acte initial de poursuite fixe irrévocablement la nature, l'étendue et l'objet de celle-ci, ainsi que les points sur lesquels le prévenu aura à se défendre ; a violé l'art. 53 de la L. du 29 juill. 1881 et le principe ci-dessus énoncé la cour d'appel qui, pour déclarer le directeur d'une publication coupable de diffamation, à la suite d'un article rapportant, sous la forme d'une interview, les accusations de dopage portées par un ex-athlète à l'encontre de plusieurs sportifs de haut niveau, avait pris en compte les éléments de contexte dans lesquels s'inséraient les passages litigieux, alors que, dans la citation délivrée au prévenu, la partie civile avait limité l'écrit argué par elle de diffamation aux seuls propos recueillis par le journaliste, à l'exclusion du titre et du commentaire accompagnant le démenti de la partie civile. • Crim. 26 mai 2010 : *D. 2011. Pan. 790, obs. Dreyer ; JCP 2010, n° 1258, obs. Tavieaux-Moro ; Dr. pénal 2011. Chron. 5, obs. Mouysset ; Légipresse 2010, n° 275, p. 204.*

3. En matière d'infraction à la loi sur la liberté de la presse, les faits doivent être appréciés au regard de la qualification fixée irrévocablement à l'acte initial des poursuites, et toute erreur sur ce point, qu'il appartient aux juges de relever d'office, est dénuée d'effet sur la validité dudit acte, mais fait obstacle à la condamnation. • Crim. 25 févr. 2014, n° 12-88.172 P : *D. actu. 7 mars 2014, obs. Lavric ; AJ pénal 2014. 235, obs. Verly ; RLCT 2014/102, n° 2713, p. 26, note Mayaud ; Gaz. Pal. 2014. 1. 1792, note Fourment.*

4. Interprétation des propos. En matière de presse, il résulte de l'art. 53 de la L. du 29 juill. 1881 que la citation directe délivrée à la requête de la partie lésée ne fixe irrévocablement les termes *de la poursuite* qu'en ce qu'elle précise les propos incriminés, les qualifie et indique le texte de la loi sur la liberté de la presse applicable ; les juges ne sont pas tenus par l'interprétation de la signification diffamatoire des propos incriminés proposée par l'acte initial de poursuite et il leur appartient de rechercher, en relevant toutes les circonstances intrinsèques ou extrinsèques auxdits propos que comporte l'écrit qui les renferme, si ceux-ci contiennent l'imputation ou l'allégation d'un autre fait contraire à l'honneur ou la considération de la partie civile que celui suggéré dans la citation. • Crim. 11 déc. 2018, n° 17-84.899 P : *D. actu. 10 janv. 2019, obs. Lavric ; D. 2019. 12 ; AJ pénal 2019. 151, obs. Verly ; Gaz. Pal. 12 févr. 2019, p. 30, obs. Fourment.*

I. DOMAINE D'APPLICATION

A. CITATIONS

5. Exploit introductif d'instance. Les dispositions de l'art. 53 de la L. du 29 juill. 1881 assujettissant la citation à des règles particulières prévues à peine de nullité, concernent seulement l'exploit introductif d'instance et non les citations ultérieures qui demeurent régies par le droit commun. • Crim. 30 avr. 1952 : *Bull. crim. n° 114* • 30 nov. 1954 : *ibid. n° 360 ; D. 1955. Somm. 36* • 16 avr. 1959 : *Bull. crim. n° 230* • 6 juin 1990, n° 88-81.579 P.

6. C'est à bon droit qu'un tribunal, saisi par une ordonnance de renvoi, fût-elle erronée, refuse d'annuler la citation à comparaître qui, étant simplement indicative de date, n'avait pas à satisfaire aux prescriptions de l'art. 53 de la L. du 29 juill. 1881. • Crim. 22 déc. 1987 : *Bull. crim. n° 483.* ♦ *Contra :* • Crim. 24 nov. 1954 : *Bull. crim. n° 349.* ♦ Les citations à comparaître délivrées postérieurement à un arrêt de renvoi devant la juridiction correctionnelle ne sont pas soumises aux prescriptions de l'art. 53 de la L. du 29 juill. 1881. • Crim. 12 oct. 1993, n° 92-81.538 P. ♦ La citation à comparaître devant la cour d'appel est simplement indicative de date et n'est pas soumise aux exigences de l'art. 53 de la L. du 29 juill. 1881 ; elle ne saisit pas la juridiction du second degré de la prévention, laquelle résulte de la citation introductive d'instance et de l'effet dévolutif de l'acte d'appel. • Crim. 9 janv. 1996, n° 93-85.636 P.

7. Pour annuler la citation, à la suite du renvoi devant le tribunal correctionnel à l'issue de l'information, et à la requête du procureur de la République, pour diffamation publique envers un citoyen chargé d'un mandat public, visant simultanément, comme texte de répression, les art. 31 et 32 de la L. du 29 juill. 1881, la cour d'appel retient que cette citation vise des articles de la L. du 29 juill. 1881 sanctionnant deux infractions différentes, en méconnaissance des dispositions de l'art. 53 de cette loi ; en statuant ainsi, la cour d'appel a méconnu les dispositions des art. 50 et 53 de la loi ; en effet, les citations à comparaître délivrées postérieurement à une ordonnance de renvoi devant la juridiction correctionnelle ne sont pas soumises aux prescriptions de l'art. 53 de la L. du 29 juill. 1881. • Crim. 14 oct. 2003, n° 02-87.994 P : *RSC 2004. 129, obs. Francillon* ; *JCP 2003. IV. 2975.*

8. Les dispositions de l'art. 53 de la L. du 29 juill. 1881 ne sont pas applicables aux citations délivrées à la partie civile. • Crim. 7 oct. 1980 : *Bull. crim. n° 250.*

9. L'art. 53 de la L. du 29 juill. 1881 est applicable à la poursuite de la diffamation non publique. • Crim. 15 janv. 1998, n° 96-84.832 P : *Dr. pénal 1998. 62, obs. Véron* • Crim. 14 sept. 2004, n° 03-82.806 P. ♦ Une tentative de remise d'une citation à comparaître ne constitue pas un acte de poursuite répondant aux exigences de l'art. 53 de la L. du 29 juill. 1881, susceptible d'interrompre la prescription. • Crim. 29 sept. 2009, n° 09-81.424 P : *AJ pénal 2009. 499, obs. Royer* ; *Dr. pénal 2010, n° 16, obs. Véron ; ibid. Chron. 5, obs. Mouysset.*

B. JURIDICTIONS

10. Juridictions civiles. Aucun texte législatif n'écarte l'application de l'art. 53 de la L. du 29 juill. 1881 devant la juridiction civile. • Civ. 1re, 27 juin 2006, n° 05-16.555 P.

11. Il résulte de l'art. 53 de la L. du 29 juill. 1881 que l'assignation délivrée à la requête du plaignant doit préciser et qualifier le fait invoqué et indiquer la loi applicable à la demande, contenir élection de domicile dans la ville où siège la juridiction saisie et être notifiée au ministère public ; viole ces dispositions la cour d'appel qui, pour infirmer un jugement et condamner un directeur de publication ainsi que la société éditrice à réparer un préjudice pour diffamation, énonce que les prescriptions de l'art. 55 de la même loi, que la Cour de cassation, par son arrêt du 22 juin 1994 (• Civ. 2e, 22 juin 1994, n° 92-19.460 P.), a déclaré applicables à l'action en réparation pour diffamation exercée séparément de l'action publique devant la juridiction civile, concernent, non pas la procédure suivie devant le juge civil, mais le droit de la preuve, étant donné que ce texte régit les délais et conditions dans lesquels la partie poursuivie est admise à prouver la vérité des faits diffamatoires ; il ne saurait en effet résulter de la solution dégagée que, s'agissant d'une action exercée devant le juge civil, et en l'absence de dispositions qui en décident autrement, la procédure applicable serait nécessairement celle du NCPC [devenu C. pr. civ.], s violer l'art. 53 de la L. du 29 juill. 1881 par refus d'application de ce texte. • Civ. 2e, 12 mai 1999, n° 97-12.956 P : *D. 1999. IR 159* (dans la même espèce, V. • TGI Nanterre, 17 mai 1995 : *BICC 1995. 718 ; D. 1997. Somm. 68, obs. Bigot*. ♦ Opposer • TGI Paris, 13 sept. 1995 : *D. 1997. Somm. 68, obs. Bigot*). ♦ Il résulte de l'art. 53 de la L. du 29 juill. 1881 que l'assignation délivrée à la requête du plaignant doit préciser et qualifier le fait invoqué, indiquer le texte de loi applicable à la demande, contenir élection de domicile dans la ville où siège la juridiction saisie et être notifiée au ministère public ; en retenant que ledit article est applicable à l'action civile introduite devant la juridiction civile, dès lors qu'aucun texte législatif n'en écarte l'application devant cette juridiction, l'arrêt, qui n'a pas méconnu le droit à un procès équitable, a fait l'exacte application de l'art. 6 § 1er Conv. EDH et des art. 422, 425, 427 et 428, al. 1er, NCPC [devenu C. pr. civ.] et du principe de l'égalité des armes dans les procès relatifs aux infractions de presse. • Civ. 2e, 9 déc. 1999, n° 97-21.074 P : *Gaz. Pal. 1999. 2. Somm. 752 ; ibid. 2001. 1. Somm. 974, note Guerder.*

12. Les dispositions spéciales de l'art. 53 de la L. du 29 juill. 1881 sont applicables à l'action civile en diffamation introduite, sur le fondement de cette loi, devant le tribunal d'instance. • Civ. 2e, 18 mars 1999, n° 97-14.328 P : *D. 1999. IR 102* • Civ. 2e, 7 oct. 2004, n° 01-11.950 P.

13. L'art. 53 de la L. du 29 juill. 1881 prévoit que la citation indiquera, à peine de nullité, le texte de loi applicable à la poursuite ; les dispositions de ladite loi sont applicables devant la juridiction civile dès lors qu'aucun texte ne les en exclut ; en l'espèce, l'acte introductif d'instance n'a pas mentionné le texte répressif applicable à la poursuite des propos diffamatoires ; l'exception de nullité soulevée par les intimés doit, en conséquence, être accueillie et l'assignation déclarée nulle. • Paris, 13 oct. 2000 : *Gaz. Pal. 2001. 1. 832, et la note.*

14. S'agissant d'une instance civile fondée sur la violation du droit de réponse, l'art. 53 de la L. du 29 juill. 1881 a vocation à s'appliquer ; il prescrit, à peine de nullité, que l'acte introductif d'instance doit préciser et qualifier le fait invoqué et indiquer le texte de loi applicable à la demande ; en invoquant, contrairement à ce qu'il soutient dans ses conclusions, des qualifications cumulatives, d'une part, les dispositions spéciales de la loi sur la presse et, d'autre part, celles du droit commun de la responsabilité civile, le demandeur a entretenu une équivoque sur le fondement juridique de sa demande, de nature à entraîner la nullité de son assignation ; en conséquence, il convient, sans qu'il y ait lieu de prononcer sur les autres moyens soulevés, de confirmer le jugement entrepris en ce qu'il a prononcé la nullité de l'assignation et statué sur la demande formée au titre de l'art. 700 NCPC [devenu C. pr. civ.] et sur les dépens de première instance. • Paris, 30 avr. 2002 : *Gaz. Pal. 2002. 2. Somm. 1641.*

15. Ayant relevé, par motifs propres et adoptés, que, dans son assignation, le demandeur dénonçait, au titre de l'atteinte à sa vie privée, le fait que son nom et sa profession avaient été livrés « en pâture sans qu'aucune condamnation ne soit prononcée à son égard » et présentés « de façon particulièrement négative », la cour d'appel a retenu, à bon droit, que les propos incriminés, de nature à porter atteinte à l'honneur ou à la considération de l'intéressé, étaient constitutifs de diffamation, et non d'une atteinte à la vie privée ; elle en a exactement déduit qu'à défaut de respecter les prescriptions de l'art. 53 de la L. du 29 juill. 1881, applicables devant la juridiction civile, l'assignation encourait la nullité de ce chef. • Civ. 1re, 8 nov. 2017, n° 16-23.779 P : *D. actu. 22 nov. 2017, obs. Lavric ; Gaz. Pal. 2018, p. 423, obs. Fourment.*

16. QPC. Selon la société requérante, en imposant que la citation pour des infractions de presse désigne précisément les propos ou écrits incriminés et en donne la qualification pénale, ces dispositions conditionnent l'accès au juge à des règles de recevabilité d'un formalisme excessif qui ne trouvent aucune justification devant les juridictions civiles ; il en irait de même de l'obligation d'élire domicile dans la ville où siège la juridiction saisie et de notifier la citation au ministère public ; la sanction de nullité en cas de non-respect de ces exigences présenterait un caractère disproportionné ; par suite, les dispositions contestées méconnaîtraient le droit au recours effectif ; il conviendrait à tout le moins d'exclure l'application de ces dispositions devant les juridictions civiles, en particulier lorsqu'elles sont saisies selon la procédure de référé ; les dispositions contestées fixent les formalités substantielles de la citation en justice pour les infractions prévues par la L. du 29 juill. 1881 sur la liberté de la presse ; par son arrêt du 15 févr. 2013, l'assemblée plénière de la Cour de cassation a jugé que l'art. 53 de la L. du 29 juill. 1881 « doit recevoir application devant la juridiction civile » ; en imposant que la citation précise et qualifie le fait incriminé et que l'auteur de la citation élise domicile dans la ville où siège la juridiction saisie, le législateur a entendu que le défendeur soit mis à même de préparer utilement sa défense dès la réception de la citation et, notamment, puisse, s'il est poursuivi pour diffamation, exercer le droit, qui lui est reconnu par l'art. 55 de la L. du 29 juill. 1881, de formuler en défense une offre de preuve dans un délai de dix jours à compter de la citation ; la conciliation ainsi opérée entre, d'une part, le droit à un recours juridictionnel du demandeur et, d'autre part, la protection constitutionnelle de la liberté d'expression et le respect des droits de la défense ne revêt pas, y compris dans les procédures d'urgence, un caractère déséquilibré ; *l'obligation de dénoncer la citation au ministère* public ne constitue pas davantage une atteinte substantielle au droit d'agir devant les juridictions ; il résulte de ce qui précède que les griefs tirés de l'atteinte au droit à un recours juridictionnel effectif doivent être écartés. • Cons. const. 17 mai 2013 : *D. actu. 31 mai 2013, obs. Lavric ; D. 2013. Actu. 1279 ; RSC 2014. 917, obs. de Lamy ; Procédures 2013. Chron. 3 (« Un an... de contentieux de la presse » [sept. 2012-oct. 2013]), obs. Verly ; Gaz. Pal. 19-20 juin 2013, p. 9, obs. Barbé ; ibid., p. 18, obs. Fourment.*

C. RÉFÉRÉ

17. Non-applicabilité. Si l'art. 53 de la L. du 29 juill. 1881 met à la charge du demandeur l'obligation de préciser et qualifier le fait incriminé, d'indiquer la loi applicable à la demande et de notifier la citation au ministère public, ses prescriptions ne s'appliquent qu'à la poursuite des délits prévus par la loi sur la liberté de la presse ou à l'action en réparation du dommage causé par ces infractions ; elles ne s'appliquent pas, en revanche, à la procédure de référé dont l'objet est différent, puisqu'elle tend seulement au prononcé des mesures provisoires immédiatement nécessaires pour prévenir la réalisation d'un dommage imminent ou faire cesser un trouble manifestement illicite, susceptible d'être caractérisé notamment par une agression intolérable de la personne. • TGI Paris, réf., 13 oct. 1997 : *D. 1998. 154 (1re esp.), note Burgelin ; Gaz. Pal. 1997. 2. 590, note J.-G. M.* ♦ Si l'art. 53 de la L. du 29 juill. 1881 impose au demandeur de préciser et de qualifier le fait incriminé et de notifier la citation au ministère public, ces prescriptions ne s'appliquent qu'à la poursuite des délits prévus par la loi ou à l'action en réparation du dommage en résultant et ne font pas obstacle à ce que le juge des référés, saisi sur le fondement de l'art. 809, al. 1er, NCPC [devenu C. pr. civ.], prenne, même en cas de contestation sérieuse, les mesures conservatoires ou de remise en état qui s'imposent pour faire cesser un trouble manifestement illicite, susceptible d'être caractérisé, notamment, par une agression intolérable à la personne. • TGI Paris, réf., 18 oct. 2001 : *D. 2001. IR 3331.* ♦ Les formalités prévues par les art. 53 et 55 de la L. du 29 juill. 1881 rentrent dans le champ de dispositions spécifiques au droit pénal, puisqu'elles conditionnent la mise en œuvre et la régularité d'exercice de l'action publique, dont la citation est l'acte initial ; elles ne sont pas applicables à la procédure de référé sur le fondement de l'art. 809 NCPC [devenu C. pr. civ], qui tend seulement au prononcé de mesures propres à faire cesser un trouble manifestement illicite ou prévenir la réalisation d'un dommage imminent. • Rennes, 9 juin 1998 : *Gaz. Pal. 1999. 1. 1, note Rusquec.* ♦ Les prescriptions de l'art. 53 de la L. du 29 juill. 1881 ne s'appliquent qu'à la poursuite des délits prévus par la loi sur la liberté de la presse ou à l'action en réparation des dommages causés par ces infractions ; elles ne font pas obstacle à ce que le juge des référés prenne, conformément à l'art. 809, al. 1er, NCPC [devenu C. pr. civ.], les mesures qui s'imposent pour prévenir la réalisation d'un dommage imminent ou pour faire cesser un trouble manifestement illicite, susceptible d'être caractérisé notamment par une agression intolérable de la personne. • Paris, 25 avr. 2001 : *D. 2002. Somm. 2771, obs. Bigot* ✐.

18. Applicabilité. La notification prévue par l'art. 53 de la L. du 29 juill. 1881, qui est une formalité substantielle d'ordre public et qui s'applique aux instances civiles, ne peut être régularisée par la seule présence à l'audience du ministère public ; il s'ensuit qu'à défaut pour une association d'avoir notifié l'acte introductif d'instance (référé) au ministère public, et les défendeurs ayant soulevé ce moyen tiré de l'inobservation de l'art. 53 de la loi de 1881 devant le juge civil de première instance avant toute défense au fond, cette assignation, qui tend à obtenir l'insertion forcée d'un droit de réponse, doit être déclarée nulle et de nul effet. • Paris, 5 mai 1999 : *D. 2000. Somm. 401, obs. Bigot* ✐.

19. Justifie légalement sa décision, dès lors qu'il n'est pas contesté que l'exception de nullité de l'assignation a été soulevée avant toute défense au fond devant le premier juge, l'arrêt qui retient que le « référé-diffamation » est ouvert au cas où il est établi que les faits injurieux ou diffamatoires constituent un trouble manifestement illicite et lorsque la mesure sollicitée est de nature à faire cesser le trouble, que les appelants doivent par conséquent respecter notamment les dispositions de l'art. 53 de la L. du 29 juill. 1881 pour qualifier les faits injurieux ou diffamatoires dont l'évidence est seule de nature à constituer en l'espèce un trouble manifestement illicite, que l'assignation délivrée le 11 sept. 1998 ne comporte aucune indication des textes de la prévention et ne respecte donc pas les formalités substantielles aux droits de la défense garanties par la loi susvisée, de sorte que l'exception de nullité invoquée par les appelants est recevable, que l'assignation doit être déclarée nulle, ainsi que la poursuite elle-même. • Civ. 2e, 7 mai 2002, ⚖ n° 00-12.510 P : *D. 2002. Somm. 2771, obs. Bigot* ✐ *; Gaz. Pal. 2003. 2. 3835, note Guerder.* ♦ Il résulte de l'art. 53 de la L. du 29 juill. 1881 que l'assignation délivrée à la requête du plaignant doit préciser et qualifier le fait invoqué, indiquer le texte de loi applicable à la demande, contenir élection du domicile dans la ville où siège la juridiction saisie et être notifiée au ministère public ; ces dispositions sont applicables à l'assignation en référé. • Civ. 2e, 6 févr. 2003, ⚖ n° 00-22.697 P : *Gaz. Pal. 2003. 2. 3848.*

20. Il résulte de l'art. 53 de la L. du 29 juill. 1881 que l'assignation délivrée à la requête du plaignant doit, à peine de nullité, préciser et qualifier le fait invoqué et indiquer le texte de loi applicable à la demande, contenir élection de domicile dans la ville où siège la juridiction saisie et être notifiée au ministère public ; ces dispositions sont applicables à l'action en référé. • Civ. 2e, 22 janv. 2004, ⚖ n° 01-11.887 P : *Gaz. Pal. 2006. 1. Somm. 569, note Bourg.*

21. L'art. 53 de la L. du 29 juill. 1881 sur la liberté de la presse doit recevoir application devant la juridiction civile, y compris dans les procédures d'urgence et même dans le cas où l'action est exercée préalablement à toute publication. • Civ. 1re, 26 sept. 2019, ⚖ n° 18-18.939 P : *D. actu. 18 oct. 2019, obs. Lavric ; D. 2020. Pan. 237, obs. Dreyer* ✐. ♦ Il ne peut être fait grief à l'arrêt attaqué d'avoir déclaré nulle l'assignation en référé délivrée au directeur de publication d'un journal en vue de l'insertion d'un droit de réponse ; en effet, ayant relevé que l'assignation n'avait été dénoncée au ministère public qu'après l'audience, et qu'elle ne reproduisait pas le texte de la réponse sollicitée, la cour d'appel en a déduit à bon droit que le demandeur n'avait été privé de son droit d'agir en justice que du fait de son inobservation des règles de procédure, clairement exposées dans le texte de l'art. 53 de la L. du 29 juill. 1881, précisées par une jurisprudence constante selon laquelle ces règles s'appliquaient devant la juridiction civile des référés ; il s'ensuit que l'arrêt n'a pas méconnu le droit à un procès équitable, ni le principe du libre accès au juge. • Civ. 1re, 27 sept. 2005, ⚖ n° 04-15.179 P : *Gaz. Pal. 2006. 2. Somm. 4141, note Bourg.*

22. QPC. La question prioritaire de constitutionnalité est ainsi rédigée : « En tant que, dans l'interprétation constante qu'en donne la Cour de cassation, il impose à l'assignation visant l'art. 809 C. pr. civ. de contenir à peine de nullité la précision et la qualification du fait incriminé, le texte de loi applicable à la » poursuite « , élection de domicile dans la ville où siège la juridiction saisie et d'être notifiée tant au » prévenu « qu'au ministère public, l'art. 53 de la L. du 29 juill. 1881 est-il contraire au principe constitutionnel garantissant le droit d'exercer un recours effectif devant une juridiction et à l'art. 16 DDH ? » ; la question posée présente un caractère sérieux, en ce que les personnes, ayant qualité et intérêt à agir relativement à tout fait susceptible d'entrer dans les prévisions de nature pénale de la L. du 29 juill. 1881, peuvent être privées de leur droit d'accès au juge en temps utile, notamment dans une procédure d'heure à heure, en raison des exigences procédurales auxquelles, en application de ce texte, sont soumises les assignations en référé, lesquelles sollicitent des mesures conservatoires pour faire cesser un trouble manifestement illicite ou prévenir un dommage imminent ; d'où il suit qu'il y a lieu de la renvoyer au Cons. const. • Civ. 1re, 20 févr. 2013, ⚖ n° 12-20.544 QPC : *D. actu. 5 mars 2013, obs. Lavric ; D. 2013. Actu. 570* ✐ *; Gaz. Pal. 2013, p. 1895, obs. Fourment ; ibid, p. 3191, note Fourment*

II. RÉGULARITÉ DE LA CITATION

A. CONDITIONS GÉNÉRALES

1° PRÉCISION DES FAITS

23. Portée. L'art. 53 de la L. du 29 juill. 1881 exige que la citation précise et qualifie le fait incriminé, et qu'elle indique le texte de loi applicable à la poursuite ; l'objet de celle-ci et les points sur lesquels le prévenu aura à se défendre sont définitivement fixés par la citation, et le juge ne peut fonder une condamnation sur des faits autres que ceux qui sont ainsi précisés. • Crim. 22 mai 1974 : *Bull. crim. n° 196 ; JCP 1975. II. 18019, note Blin.*

24. Satisfait aux prescriptions de la loi la citation qui indique exactement au prévenu les faits et les infractions qui lui sont reprochés et le met en mesure de préparer utilement sa défense. • Crim. 21 déc. 1977 : *Bull. crim. n° 406* • 18 juin 1985 : *ibid. n° 235.* ♦ Il en est ainsi lorsque des citations délivrées à plusieurs prévenus, si elles contiennent des énonciations identiques, déterminent sans équivoque, à l'égard de chacun des intéressés, l'objet du débat. • Crim. 18 juin 1985 : *préc.* ♦ De même, si, pour que l'infraction à l'art. 32, al. 2, de la loi sur la presse soit caractérisée, il importe que la personne ou le groupe de personnes visés par l'imputation soient désignés ou identifiables, cette condition est sans influence sur la validité de l'acte initial de la poursuite exercée d'office par le ministère public. • Crim. 8 oct. 1991, n° 90-83.336 P.

25. S'agissant de diffamations et d'injures envers un particulier, il n'est pas nécessaire que la citation précise ceux des faits qui constitueraient des injures, et ceux qui constitueraient des diffamations. • Crim. 21 déc. 1977 : *préc. note 24.*

26. Aucune nullité ne saurait résulter du seul fait que les écrits injurieux ou diffamatoires contenus dans un journal paraissant en langue étrangère sont reproduits en langue française dans la citation délivrée au prévenu. • Crim. 21 nov. 1931 : *Bull. crim. n° 271* • 2 juill. 1932 : *ibid. n° 168.*

27. L'art. 53 de la L. du 29 juill. 1881 n'exige pas que l'écrit soit reproduit littéralement dans les citations ; il suffit qu'il y soit désigné avec précision. • Crim. 8 janv. 1957 : *Bull. crim. n° 31.* ♦ Est conforme aux prescriptions de l'art. 53 de la L. du 29 juill. 1881, la citation qui, en matière de presse, après avoir précisé les imputations qui font l'objet de la poursuite par l'indication des date et numéro du journal, ainsi que leurs premier et dernier mots, mentionne la qualification des faits incriminés comme constituant le délit reproché, et vise le texte de loi applicable aux poursuites. • Crim. 30 oct. 1957 : *Bull. crim. n° 689* • 3 avr. 1984 : *ibid. n° 138.*

28. Il se déduit des termes de l'art. 53 de la L. du 29 juill. 1881 que l'indication, dans la citation introductive d'instance, de la date du fait incriminé ne peut être exigée que dans la mesure où elle est nécessaire pour donner à ce fait la précision indispensable. • Crim. 17 déc. 1926 : *DP 1928. 1. 130* • 27 mai 1943 : *Bull. crim. n° 41 ; DA 1943. 58* • 11 juin 1981 : *Bull. crim. n° 196* • 18 juin 1985 : *préc. note 24.*

29. Aucune disposition de la L. du 29 juill. 1881 n'oblige la partie poursuivante à indiquer dans la citation introductive d'instance toutes les circonstances de fait de nature à caractériser la publicité du délit poursuivi ; il appartient aux juges de vérifier l'existence de cette publicité, d'après les faits matériels qu'ils constatent. • Crim. 18 juill. 1935 : *DH 1935. 495* • 15 juill. 1981 : *Bull. crim. n° 232* • 18 juin 1985 : *préc. note 24* • 20 janv. 1987 : *Bull. crim. n° 30.*

30. La citation, qui se borne à faire état de la diffusion d'un tract, en omettant de le joindre en annexe comme indiqué dans l'acte, et sans en préciser le texte, ni spécifier les passages incriminés de celui-ci, ne permet pas au prévenu de préparer utilement sa défense et ne satisfait pas aux exigences de l'art. 53 de la L. du 29 juill. 1881. • Crim. 9 janv. 2007, n° 06-83.042 P : *D. 2007. Actu. 585 ; AJ pénal 2007. 142, obs. Royer ; Dr. pénal 2007. Comm. 51, obs. Véron ; ibid. 2007. Chron. 1, obs. Mouysset.*

31. Juridictions civiles. Une cour d'appel, qui relève que des propos, tenus devant une caméra de télévision à l'occasion d'un rassemblement de plusieurs milliers d'adhérents d'une association, qui indiquent que l'argent ayant servi à la location de la salle où se réunit le congrès annuel de l'association, est de l'argent « sale » et qui laissent entendre que l'association utilise des moyens répréhensibles pour recruter ses membres et faire pression sur eux, similaires à ceux employés par les fournisseurs de drogue, décide à bon droit que ces propos sont diffamatoires envers l'association ; fait une exacte application de l'art. 53 de la L. du 29 juill. 1881 l'arrêt qui, retenant ensuite que l'acte initial fixe définitivement la nature et l'étendue de la poursuite quant aux faits et à leur qualification d'injures publiques et que la juridiction de jugement ne peut prononcer aucun changement de qualification par rapport à la loi sur la presse, décide que l'action de l'association est prescrite ; les faits dénoncés relevant des seules dispositions de la L. du 29 juill. 1881, la cour d'appel en déduit exactement que l'action de l'association subsidiairement fondée sur l'art. 1382 C. civ. n'est pas distincte de l'action en diffamation déclarée prescrite et ne peut être accueillie. • Civ. 2e, 15 avr. 1999, n° 97-14.684 P.

32. Il résulte de l'art. 53 de la L. du 29 juill. 1881 que la citation doit indiquer avec précision au prévenu, outre le texte applicable, les faits qui lui sont reprochés afin de le mettre en mesure de préparer utilement sa défense. • Civ. 1re, 10 janv. 2006, n° 04-16.512 P : *D. 2007. Pan. 1042, obs. Dupeux* . ♦ La cour d'appel qui annule une assignation au motif que n'y sont précisés ni les chapitres, ni les pages dont sont tirés les extraits cités, lesquels ne sont pas identifiés de façon spécifique, a ajouté au texte susvisé des conditions qu'il ne comporte pas. • Même arrêt.

33. S'agissant de la mise en cause d'un mouvement religieux lors d'une émission télévisée, la cour d'appel, qui a relevé que l'assignation avait été délivrée pour des faits constitutifs d'injure publique envers un particulier au visa de l'art. 33 de la L. du 29 juill. 1881, en a exactement déduit qu'elle était insuffisante au regard des exigences légales puisque les précisions données sur la nature de l'infraction dénoncée auraient pu permettre de retenir celle d'injure publique envers un groupe de personnes en raison de son appartenance à une religion déterminée ; la prévention retenue était celle d'injure envers un particulier et le prévenu n'avait de ce fait pu qu'être induit en erreur sur l'objet exact de la prévention et sur la peine qui réprime les faits incriminés. • Civ. 1re, 27 juin 2006 : *préc. note 10.*

34. Satisfait aux prescriptions de l'art. 53 de la L. du 29 juill. 1881, la citation qui indique exactement au prévenu les faits et les infractions qui lui sont reprochés, et le met en mesure de préparer utilement sa défense sans qu'il soit nécessaire que la citation précise ceux des faits qui constitueraient des injures, et ceux qui constitueraient des diffamations. • Civ. 1re, 8 avr. 2010, n° 09-14.399 P : *D. 2010. 1022, obs. Lavric ; ibid. 1673, note Bigot ; ibid. 2011. Pan. 791, obs. Dreyer ; JCP 2010, art. 1258, p. 2359, obs. Tavieaux-Moro.*

2° QUALIFICATION DES FAITS

35. Qualifications cumulatives. En annulant l'assignation en diffamation délivrée par le requérant au motif qu'elle n'était pas suffisamment précise au regard des exigences de l'art. 53 de la L. du 29 juill. 1881 en ce qu'elle qualifiait certains faits à la fois d'injure et de diffamation, les juridictions internes n'ont pas limité son droit à un tribunal de manière disproportionnée. • CEDH 2 mars 2017, *Debray c/ France*, n° 527333/13 : *D. actu. 15 mars 2017, obs. Lavric.*

36. Les allégations incriminées qui se réfèrent à un fait unique ne peuvent recevoir une qualification cumulative, sans que soit créée une incertitude dans l'esprit des prévenus quant à l'objet de la poursuite. • Crim. 16 janv. 1990, n° 89-81.349 P.

37. Est entachée de nullité une citation qui indique, comme étant applicables au même fait incriminé, deux textes prévoyant et réprimant deux infractions de nature et de gravité différentes, dont elle retient cumulativement les qualifications. • Crim. 7 mai 1975 : *Bull. crim. n° 119* • 3 juin 1982 : *ibid. n° 142.* ♦ Même solution en cas de pluralité de victimes agissant par une seule et même citation. • Crim. 22 oct. 1991, n° 90-85.069 P. ♦ Est nulle la citation retenant pour une imputation la double qualification d'injure et de diffamation. • Crim. 2 mai 1972 : *Bull. crim. n° 149* • 16 janv. 1990 : *préc. note 36.*

38. Nonobstant les dispositions de l'art. 53 de la L. du 29 juill. 1881, un fait unique constituant un cumul idéal d'infractions peut recevoir plusieurs qualifications pénales différentes, dès lors que ces qualifications ne sont pas inconciliables entre elles ; par suite, en cas de qualifications cumulatives d'un fait unique, la validité de la citation, au regard de l'art. 53 précité, dépend des qualifications proposées, sans qu'il y ait lieu d'apprécier le bien-fondé de celles-ci. • Crim. 11 mars 1976 : *Bull. crim. n° 94.* ♦ Une expression unique ne peut recevoir plusieurs qualifications pénales de nature et de gravité différentes, qu'à la condition qu'il n'en résulte aucune incertitude dans l'esprit du prévenu sur l'objet de la poursuite ; tel n'est pas le cas de la citation qui qualifie les mêmes faits à la fois d'injures envers la mémoire d'un citoyen chargé d'un mandat public, au sens de l'al. 1er de l'art. 33 de la L. du 29 juill. 1881, et d'injures envers la mémoire d'un particulier, au sens du second alinéa du même article. • Crim. 31 janv. 1995, n° 92-86.559 P.

39. Lorsque la poursuite concerne une pluralité de faits distincts susceptibles de qualifications différentes, et que la citation précise ces faits en les qualifiant séparément et en indiquant pour chacun d'eux le texte de loi applicable, la juridiction de jugement devant laquelle la citation est arguée de nullité, sur la base de l'art. 53, al. 1er, de la L. du 29 juill. 1881, est tenue d'examiner si, pour chacun des faits incriminés, les prescriptions de ce texte ont été respectées, et de statuer sur ceux des faits dont elle est valablement saisie. • Crim. 28 mai 1979 : *Bull. crim. n° 184.*

40. Doit être annulée, en ce qu'elle ne satisfait pas aux exigences de l'art. 53 de la loi de 1889, la partie de la citation visant dans le corps de l'acte de poursuite les injures en raison de l'appartenance religieuse, puis dans la partie finale de l'acte les provocations à la haine ou à la violence en raison de l'appartenance religieuse. • T. corr. Paris, 22 oct. 2002 : *Gaz. Pal. 2003. 2. 3069, note Battistini.*

41. Il résulte de l'art. 53 de la L. du 29 juill. 1881 que les mêmes faits ne sauraient recevoir une double qualification sans créer une incertitude dans l'esprit du prévenu, et que, si des poursuites relatives aux mêmes imputations qualifiées différemment et visant des textes de loi distincts ont été engagées successivement, la seconde se trouve frappée de nullité. • Crim. 28 nov. 2006, n° 05-83.492 P : *D. 2007. AJ 379 ; AJ pénal 2007. 142, obs. Roussel .*

42. Il y a lieu de rejeter l'exception de nullité de la procédure soulevée par le prévenu, sur le fondement de l'art. 53 de la L. du 29 juill. 1881, qui argue du fait que la citation délivrée à son encontre, en visant deux qualifications pénales différentes, a conduit ainsi à créer une confusion quant à l'objet de la poursuite ; si les dispositions de l'art. 53 de la loi de 1881 exigent que la citation soit précise, et vise la qualification et les textes applicables, un fait unique, constituant un cumul idéal d'infractions, peut néanmoins recevoir plusieurs qualifications pénales, pourvu que celles-ci ne soient pas inconciliables entre elles ; compte tenu alors du fait que l'injure raciale et le délit de provocation à la discrimination raciale ne sont pas inconciliables, et que le libellé de la citation ne souffre aucune incertitude sur les faits reprochés à partir d'un même incident, la double poursuite, telle qu'elle a été rédigée, n'était donc pas de nature à créer un quelconque doute dans l'esprit de la défense. • Toulouse, 26 avr. 2007 : *JCP 2007. IV. 2962.*

43. Pour confirmer l'ordonnance du juge d'instruction refusant d'informer sur la plainte avec constitution de partie civile déposée du chef de diffamation publique, la chambre de l'instruction énonce, notamment, que cette plainte, qui vise de manière cumulative les art. 31 et 32 de la L. du 29 juill. 1881, laisse incertaine la base de la poursuite et n'a pas engagé l'action publique ; en décidant ainsi, et dès lors que le réquisitoire de refus d'informer pris par le ministère public n'a pas pu réparer les insuffisances de la plainte, la chambre de l'instruction a justifié sa décision. • Crim. 17 juin 2008, n° 07-88.283 P : *D. 2008. AJ 2081, note Lavric ; AJ pénal 2008. 420 ; Dr. pénal 2008. Comm. 138, obs. Véron ; ibid. 2009. Chron. 6, obs. Mouysset.*

44. En application de l'art. 53 de la L. du 29 juill. 1881, les mêmes faits ne sauraient recevoir une double qualification sans créer une incertitude dans l'esprit du prévenu ; si des instances relatives aux mêmes imputations qualifiées différemment, et visant des textes de loi distincts, ont été engagées successivement, la seconde se trouve frappée de nullité ; encourt la cassation l'arrêt qui, pour rejeter l'exception de nullité de la citation introductive d'instance, prise de ce que la demanderesse, ayant d'abord saisi le juge des référés au titre de l'art. 1382 C. civ., ne pouvait agir ensuite devant le juge répressif sur le fondement des art. 29, al. 1er, et 32, al. 1er, de la L. sur la presse incriminant la diffamation, énonce qu'il s'évince des art. 5 et 5-1 C. pr. pén. que l'assignation devant le juge des référés, dont l'objet est de voir ordonner des mesures conservatoires pour faire cesser un trouble manifestement illicite, ne saurait s'analyser en une action en justice au sens de l'art. 5 ni ne saurait faire obstacle au droit de la victime d'une infraction de saisir le juge pénal, alors que, ce faisant, pour les mêmes faits, deux instances ont été engagées sur des fondements différents. • Crim. 10 sept. 2013, n° 11-86.311 P : *D. actu. 4 oct. 2013, obs. Lavric ; D. 2014. 516, obs. Dreyer ; AJ pénal 2014. 34, obs. Verly ; Dr. pénal 2013, n° 174, obs. Véron.*

45. Mode de participation. La loi n'exige pas que la citation introductive de l'instance qualifie elle-même le mode de participation du prévenu aux faits spécifiés contre lui dans la poursuite. • Crim. 2 juill. 1932 : *Bull. crim. n° 168* • 24 juill. 1937 : *ibid. n° 163* • 20 janv. 1987 : *ibid. n° 30.* ♦ ... Il suffit, pour que cet acte satisfasse à cet égard aux prescriptions de la loi, qu'il indique exactement au prévenu les faits et infractions qui lui sont reprochés et le mette en mesure de préparer utilement sa défense. • Crim. 20 janv. 1987 : *préc.* ♦ L'art. 53 de la L. du 29 juill. 1881 exige que l'exploit introductif d'instance articule et qualifie les faits poursuivis, mais non qu'il précise le mode de participation aux faits des personnes visées. • Crim. 19 févr. 2002, n° 00-83.791 P.

46. Même dans une poursuite exercée en vertu de la L. du 29 juill. 1881, la juridiction correctionnelle a le pouvoir d'apprécier le mode de participation du prévenu aux faits spécifiés et qualifiés dans ladite poursuite, les restrictions que la loi sur la presse impose aux pouvoirs de cette juridiction étant relatives uniquement à la qualification par rapport au fait incriminé. • Crim. 11 mai 1971 : *Bull. crim. n° 147* • 3 avr. 1973 : *ibid. n° 171* • 2 déc. 1980 : *ibid. n° 328.* ♦ En sommaires : • Crim. 22 mai 1984 : *ibid. n° 188* • 18 juin 1985 : *ibid. n° 234.*

47. Juridictions civiles. Les dispositions spécifiques de l'art. 53, al. 1er, de la L. du 29 juill. 1881 ne sont pas exclusives de l'obligation faite au juge civil par l'art. 12 C. pr. civ. de donner leur exacte qualification aux faits et actes litigieux sans s'arrêter à la dénomination que les parties en auraient proposée ; ainsi la demande de requalification des faits d'injures en diffamation formée par l'appelant doit être déclarée recevable. • Paris, 13 nov. 1995 : *BICC 1996. 262.*

48. Selon les art. 50 et 53 de la L. du 29 juill. 1881, les mêmes faits ne sauraient recevoir une double qualification sans créer une incertitude dans l'esprit de la personne poursuivie sur la nature et l'étendue de la poursuite ; le plaignant ne peut échapper à cette obligation impérative en engageant ou en faisant engager par un artifice deux poursuites concomitantes relatives aux mêmes propos qualifiés différemment dans chacune d'elles. • Civ. 2e, 25 nov. 2004, n° 02-12.829 P : *JCP 2005. I. 143, n° 8, obs. Tavieaux-Moro ; Gaz. Pal. 2006. 1. Somm. 566, note Guerder.*

49. Selon l'art. 53 de la L. du 29 juill. 1881, qui doit recevoir application devant la juridiction civile, l'assignation doit, à peine de nullité, préciser et qualifier le fait incriminé et énoncer le texte de loi applicable. Est nulle une assignation retenant pour le même fait la double qualification d'injure et de diffamation. Partant, ayant constaté que des propos identiques ou quasiment identiques, même figurant pour certains dans des commentaires publiés à des dates distinctes, se trouvaient poursuivis sous deux qualifications différentes, la cour d'appel en a déduit à bon droit, sans encourir les griefs du moyen, que ce cumul de qualifications étant de nature à créer pour les défenderesses une incertitude préjudiciable à leur défense, l'assignation était nulle en son entier. • Cass., ass. plén., 15 févr. 2013, n° 11-14.637 P : *D. actu. 20 févr. 2013, obs. Lavric ; D. 2013. 718, obs. Bigot ; ibid. 741, obs. Dreyer ; ibid. 2014. Pan. 508, obs. Dreyer ; RSC 2013. 104, obs. Francillon ; Légipresse n° 303, p. 152, avis Marin ; ibid., p. 160, note Guerder ; Gaz. Pal. 19-20 juin 2013, p. 9, obs. Barbé ; ibid., p. 17, obs. Fourment ; Procédures 2013. Chron. 3 (« Un an... de contentieux de la presse » [sept. 2012-oct. 2013]), obs. Verly.* ♦ *Adde* : C. Bigot, *D. 2013. Point de vue 718* (l'assemblée plénière permet au contentieux de la loi sur la presse de retrouver sa cohésion). ♦ Sur l'arrêt ayant ordonné le renvoi devant l'Assemblée plénière : • Civ. 1re, 29 mars 2012, n° 11-14.637 : *Gaz. Pal. 2012. 1. 1412, avis Pagès.*

50. En vertu de l'art. 53 de la L. du 29 juill. 1881 sur la liberté de la presse, l'assignation doit, à peine de nullité, préciser et qualifier le fait incriminé, et indiquer le texte de loi applicable ; encourt, par suite, la nullité une assignation qui ne fait pas mention du texte édictant la peine applicable aux faits de diffamation allégués ; il n'y a pas lieu, cependant, en l'espèce, d'annuler les assignations délivrées à la requête des demandeurs au pourvoi, dès lors que l'application immédiate, à l'occasion d'un revirement de jurisprudence, de cette règle de procédure dans l'instance en cours aboutirait à les priver d'un procès équitable, au sens de l'art. 6, § 1er, Conv. EDH, en leur interdisant l'accès au juge. • Civ. 1re, 6 avr. 2016, n° 15-10.552 P : *D. actu. 19 avr. 2016, obs. Lavric.*

3° INDICATION DES TEXTES

a. Juridictions pénales

51. Principe de précision. En matière d'infraction à la loi sur la liberté de la presse, la poursuite est définitivement fixée par la citation introductive d'instance. • Crim. 30 nov. 1982 : *Bull. crim. n° 273* • 4 janv. 1991, n° 90-81.872 P. ♦ ... Et les juges du fond doivent apprécier le délit sous le rapport de la qualification précisée selon ladite citation et par application de l'article de la L. du 29 juill. 1881 qui y est visé. • Crim. 4 janv. 1991 : *préc.* ♦ A entaché sa décision de contradiction et l'a privée de base légale, la cour d'appel qui déclare caractérisé le délit de diffamation raciale, prévu et réprimé par l'art. 32, al. 2, de la L. du 29 juill. 1881, tout en faisant application du texte incriminant le délit distinct de provocation à la discrimination raciale (art. 24, al. 6), seul visé par la poursuite, et retenu par le jugement confirmé. • Crim. 1er juill. 1997 : *Dr. pénal 1998. 4 (2e arrêt), obs. Véron.*

52. Le prévenu, qui n'a pas soulevé avant tout débat au fond l'exception de nullité de la citation introductive d'instance, ne saurait se faire un grief d'avoir été déclaré coupable d'injure publique envers un fonctionnaire public, dès lors que les propos incriminés dénoncés au seul visa de l'art. 33 de la L. du 29 juill. 1881 ne mettaient en cause le plaignant qu'en sa qualité de fonctionnaire public. • Crim. 10 mai 2005, n° 04-84.705 P : *Gaz. Pal. 2005. 2. 4115, note Monnet.*

53. Référence au texte édictant la peine. Le texte de loi applicable à la poursuite prévu par l'art. 53 de la L. du 29 juill. 1881 est exclusivement celui qui édicte la peine sanctionnant l'infraction telle qu'elle est qualifiée dans la citation. • Crim. 19 juin 1957 : *Bull. crim. n° 509* • 3 mars 1987 : *JCP 1987. IV. 163* • 15 janv. 1998, n° 96-84.832 P : *D. 1998. IR 101 ; Dr. pénal 1998. Comm. 62, note Véron* • 14 sept. 2004, n° 03-82.806 P : *D. 2004. IR 2764 ; JCP 2004. IV. 3195.*

54. Par suite n'est pas obligatoire le visa de l'art. 55 (ancien art. 52) de la L. du 29 juill. 1881, relatif aux significations à faire par le prévenu qui entend prouver la vérité des imputations diffamatoires conformément à l'art. 35. • Dijon, 9 juin 1927 : *DP 1928. 2. 35, note A.B.* ♦ Cassation, pour violation de l'art. 53 de la L. du 29 juill. 1881, de l'arrêt qui, pour déclarer nulle une citation introductive d'instance, qualifie les propos incriminés de diffamation non publique, en visant les art. R. 621-1 et 131-13, 1°, C. pén., et retient que le défaut de visa de l'art. 29 de la L. du 29 juill. 1881, texte de base en matière de diffamation, vicie la citation par l'ambiguïté qu'il laisse subsister sur le grief qui peut être ainsi fait au prévenu. • Crim. 15 janv. 1998 : *préc. note 9.* ♦ Rappr. : • Paris, 13 mars 1998 : *Gaz. Pal. 1998. 2. Somm. 554.*

55. Les prévenus ayant soulevé l'irrecevabilité de l'action en diffamation intentée à leur encontre, en faisant valoir que, la citation mentionnant la seule qualité de « retraité » du plaignant, celui-ci avait agi comme personne privée et non en qualité de président du conseil de district, alors que les faits diffamatoires ne le visaient pas personnellement, ils ne sauraient faire grief à la cour d'appel d'avoir rejeté cette exception, dès lors que l'indication de la profession du plaignant, faite en application de l'art. 551, al. 4, C. pr. pén., ne pouvait avoir aucune incidence sur la qualification des faits visés dans l'acte de poursuite, lequel, ainsi que la Cour de cassation est en mesure de s'en assurer, répondait en la forme aux exigences de l'art. 53 de la L. du 29 juill. 1881. • Crim. 29 oct. 1996 : *Dr. pénal 1997. 31, obs. Véron.* ♦ Les juges ont justifié leur décision de rejeter l'exception de nullité de la citation en relevant que la partie civile visée par les propos incriminés étant au moment des faits qui lui sont imputés dépositaire de l'autorité publique et mise en cause en cette qualité, l'art. 31 de la L. du 29 juill. 1881 avait été retenu à bon droit comme base des poursuites. • Crim. 8 juin 1999, n° 98-84.175 P.

56. Est nul l'exploit introductif d'instance qui a

méconnu les dispositions de l'art. 53 de la L. du 29 juill. 1881 pour avoir omis de viser le texte édictant la peine encourue, une telle nullité entraînant celle de la poursuite. • Crim. 7 mars 2000 : *JCP 2000. II. 10421, note Dreyer.*

57. Méconnaît l'art. 53 de la L. du 29 juill. 1881, et le principe selon lequel le texte de loi dont l'indication est exigée dans l'exploit introductif d'instance est celui qui édicte la peine, la cour d'appel qui, sur les poursuites engagées du chef de diffamation non publique, déclare nulle la citation introductive d'instance qui vise les art. R. 621-1, al. 1, C. pén. et 29 de la L. du 29 juill. 1881, au prétendu motif qu'elle ne vise pas l'art. 131-13, 1° C. pén., alors que le visa de l'art. R. 621-1, al. 1, C. pén. ne pouvait laisser subsister aucune ambiguïté dans l'esprit de la prévenue, tant sur la nature de l'infraction incriminée que sur la peine encourue. • Crim. 14 sept. 2004 : *préc. note 9.*

58. Visas cumulatifs. Une citation délivrée pour diffamation publique envers un fonctionnaire public ne saurait être déclarée nulle au seul motif que les art. 30 et 31 auraient été cumulativement visés, l'art. 30 étant indicatif de la peine encourue pour le délit prévu par l'art. 31 de la L. du 29 juill. 1881. • Crim. 7 févr. 1984 : *Bull. crim. n° 44.* ♦ Lorsque les faits sont imputés à un citoyen chargé d'un mandat public, l'exploit introductif d'instance qui vise expressément l'art. 31 de la loi sur la liberté de la presse comme étant applicable à la poursuite, satisfait aux exigences de l'art. 53, alors que, de surcroît, ledit art. 31 édicte la peine encourue pour le délit par référence à l'art. 30 de la même loi. • Crim. 6 mai 1986 : *Bull. crim. n° 154.* ♦ Il n'appartient pas au juge d'annuler une citation qui, conformément aux exigences de l'art. 53 de la L. du 29 juill. 1881, précise et qualifie le fait incriminé et indique le texte applicable à la poursuite ; encourt donc la cassation la cour d'appel qui, alors que la citation vise le délit de diffamation prévu et réprimé par les art. 29, al. 1er, et 32 de la L. du 29 juill. 1881, c'est-à-dire la diffamation envers les particuliers, annule cette citation au motif qu'elle n'aurait pas déterminé, avec la précision requise par la loi, si le plaignant entendait agir comme simple particulier défendant un intérêt purement privé ou en tant que maire ou candidat aux élections municipales, c'est-à-dire agissant dans le cadre d'une fonction aussi bien élective que publique. • Crim. 21 mars 1995, n° 94-80.171 P.

59. Le visa, dans la convocation en justice, de l'art. 23, al. 1er, de la L. du 29 juill. 1881, cumulativement avec les art. 29, al. 2, et 33, al. 2 et 3, de ladite loi réprimant l'injure publique à caractère *racial, n'a d'autre portée* que de préciser le mode de publicité attribué à l'injure visée dans la citation ; dès lors a justifié sa décision la cour d'appel qui retient que le prévenu, déclaré, après requalification, coupable d'injure non publique à caractère racial, a été en mesure de connaître le fait qui lui était reproché et de préparer sa défense. • Crim. 24 nov. 2009, n° 09-80.841 P : *AJ pénal 2010. 81 ; Dr. pénal 2010, n° 34, obs. Véron ; ibid. Chron. 5, obs. Mouysset ; Procédures 2010, n° 136, obs. Buisson.*

60. En revanche, la citation qui vise successivement les art. 31 et 32 de la L. du 29 juill. 1881 ne permet pas de connaître le texte dont l'application est requise. • Crim. 17 mars 1981 : *Bull. crim. n° 96* • 3 juin 1982 : *ibid. n° 142.* ♦ Il en est de même de la citation qui, pour la prévention de provocation à la discrimination et à la haine raciale, vise l'al. 5 de l'art. 24 de la loi sur la presse, alors que c'est l'al. 6 qui sanctionne les faits incriminés. • Crim. 3 déc. 1991 : *Gaz. Pal. 1992. 1. Somm. 184.*

61. Doit être rejetée l'exception de nullité de la citation pour visa cumulatif de deux articles de loi, réprimant deux incriminations distinctes et incompatibles, dès lors qu'il n'existe aucune ambiguïté sur les faits reprochés aux prévenus, ni sur leur qualification, la citation mentionnant expressément qu'ils sont poursuivis pour avoir « publié des photographies ayant pour objet la reproduction de tout ou partie des circonstances d'un des crimes et délits prévus par ... », c'est-à-dire sur le fondement de l'art. 38, al. 3, de la loi de 1881, le visa de l'art. 23 n'étant destiné qu'à définir les modes de diffusion du propos ou de l'image incriminée, c'est-à-dire les moyens de publicité utilisés par les prévenus et non pas à qualifier une poursuite pour complicité par provocation à des crimes ou délits, qui eût été totalement incohérente en l'espèce, le tribunal observant à cet égard que dans les conclusions au fond déposées par les prévenus, ces derniers ont tous contesté la légalité et les éléments constitutifs du délit prévu à l'art. 38, al. 3, et qu'ils ont donc parfaitement compris la nature de la prévention. • TGI Paris, 10 sept. 1996 : *Gaz. Pal. 1997. 1. 325.* ♦ ... En l'espèce, la référence à l'art. 23 de la L. du 29 juill. 1881, qui ne présentait pas d'intérêt quant à la définition des moyens, ne pouvait être comprise que comme étant destinée à souligner que la publication d'une ou de photographies visées par l'art. 38, al. 3, de ladite loi, entrait dans les prévisions légales des différents modes de diffusion que détaille le seul art. 23, notamment la distribution et la mise en vente. • Paris, 18 sept. 1997 : *Gaz. Pal. 1997. 2. 697, note J.-G. M.* (arrêt confirmatif).

62. Il n'y a pas lieu à prononcer la nullité des poursuites exercées à l'encontre des prévenus par le ministère public et la partie civile, lorsque le cumul de qualifications invoqué résulte seulement de la jonction ordonnée par le tribunal de deux procédures auxquelles les poursuites distinctes avaient donné lieu, et non pas de l'imprécision de l'une ou de l'autre citation. • Versailles, 27 sept. 1996 : *Gaz. Pal. 1997. 1. Somm. 262.*

63. Visa alternatif. En matière de presse, la

citation doit, à peine de nullité de la poursuite, qualifier le fait incriminé et énoncer le texte de loi applicable ; est nulle une citation visant, pour un fait unique, les qualifications, de nature et de gravité différentes, de diffamation envers un citoyen chargé d'un mandat public, de diffamation envers un particulier et d'injures, de telles qualifications alternatives créant nécessairement dans l'esprit du prévenu une incertitude quant à l'objet de la poursuite. • Crim. 30 mars 2005, n° 04-84.976 P : *Dr. pénal 2005. Comm. 86 (2e esp.), obs. Véron ; JCP 2005. IV. 2137 ; ibid. 2006. I. 113, obs. Véron.*

64. Visa global. Le visa global d'un ensemble d'articles de la L. du 29 juill. 1881 se rapportant à des infractions de nature et de gravité différentes ne permet pas de reconnaître celui dont l'application est requise. • Crim. 28 déc. 1950 : *Bull. crim. n° 297 ; D. 1951. 114* • 26 juill. 1955 : *ibid. 1956. Somm. 55* • 3 avr. 1957 : *Bull. crim. n° 318 ; D. 1957. 449.*

65. Mais ne saurait être entachée de nullité la citation visant globalement l'art. 32 de la L. du 29 juill. 1881 dès lors que, tant dans ses motifs que dans son dispositif, elle donne toutes les précisions sur la nature de l'infraction dénoncée, celle-ci ne pouvant être dans l'esprit du prévenu qu'une diffamation envers un particulier. • Crim. 19 mars 1991, n° 90-81.621 P. ♦ De même, n'est pas entachée de nullité la citation visant globalement l'art. 31 de la L. du 29 juill. 1881, dès lors que les faits incriminés, qualifiés de diffamation publique envers un citoyen chargé d'un mandat public, contiennent uniquement la critique d'actes liés aux fonctions du plaignant, et que le prévenu, qui ne pouvait avoir aucun doute sur la nature du délit, a pu utilement préparer sa défense. • Crim. 24 janv. 1995, n° 93-84.701 P.

66. La cour d'appel qui relève que la citation litigieuse spécifiait les imputations diffamatoires à raison desquelles la poursuite était exercée et mentionnait expressément que l'infraction reprochée était le délit de diffamation publique envers un particulier, en déduit à bon droit que les prévenus ne peuvent avoir aucun doute sur l'objet exact de la prévention malgré le visa global des art. 29 et 32 de la L. du 29 juill. 1881, et que le visa erroné et surabondant d'un texte de loi inapplicable à la poursuite ne saurait dès lors entraîner la nullité de ladite citation. • Civ. 1re, 21 févr. 2006, n° 04-16.705 P.

67. Visa surabondant. Lorsque la citation a correctement articulé et qualifié les propos incriminés, le visa surabondant, quoique erroné, d'un texte de loi applicable à la poursuite ne saurait entraîner la nullité de ladite citation si le prévenu n'a pu être induit en erreur sur l'objet exact de la prévention et sur la peine qui réprime les faits incriminés. • Crim. 20 mai 1958 : *Bull. crim. n° 410 ; D. 1958. Somm. 132* • 27 janv. 1960 : *Bull. crim. n° 51* • 10 mars 1980 : *ibid. n° 86* • 15 juin 1984 : *ibid. n° 227.* ♦ Il en est de même de la mention superfétatoire des « textes subséquents ». • Crim. 3 mars 1987 : *JCP 1987. IV. 163.*

68. N'encourt pas le grief de nullité allégué la citation introductive d'instance qui vise l'art. 24, al. 8, de la L. du 29 juillet 1881 relatif au délit de provocation à la haine raciale, en rappelle la teneur ainsi que les peines qu'il institue, le visa dans cette même citation, de façon erronée mais surabondante, du 6e al. dudit art. n'ayant pas eu pour conséquence de créer une incertitude dans l'esprit du prévenu quant à la nature de l'infraction dont il aurait à répondre et à la peine encourue. • Crim. 3 févr. 2009, n° 08-82.402 P : *AJ pénal 2009. 183 ; Dr. pénal 2009. Chron. 6, obs. Mouysset.*

69. Erreur d'article. L'erreur dans le numéro d'un article de loi visé dans la citation est insuffisante pour entraîner la nullité de cette citation, si les autres énonciations de l'exploit n'ont pu laisser aucune incertitude ni aucune erreur dans l'esprit du prévenu sur le texte de loi dont l'application était demandée. • Crim. 28 févr. 1956 : *Bull. crim. n° 206.* ♦ Rappr. : • Crim. 12 mars 1969 : *Bull. crim. n° 120.*

70. S'agissant d'une erreur matérielle dans la citation, régulière en la forme, la rédaction du texte citant la « loi de 1981 » au lieu de la « loi de 1881 », il y a lieu de rejeter l'exception de nullité. • TGI Aix-en-Provence, 27 nov. 1996 : *Gaz. Pal. 1998. 2. Somm. 556.*

71. Doit être rejetée l'exception de nullité de la citation pour diffamation raciale indiquant les art. 29, 32, 42, 43 et 44 du « code pénal » au lieu de la L. du 29 juill. 1881, dès lors que l'objet des poursuites était clairement déterminé et qu'il s'agissait à l'évidence d'une erreur de plume ; tout destinataire d'une telle citation comprenant l'analyse des faits incriminés pouvait aisément, à partir des indications et en dépit de l'erreur matérielle, identifier les textes applicables. • Crim. 5 mars 2002, n° 01-82.785 P : *Dr. pénal 2002. Chron. 24, obs. Marsat.*

72. Pour d'autres exemples de visas erronés ou incomplets, mais jugés sans conséquence, V. • Paris, 22 juin 1995 : *Dr. pénal 1995. 254* • 5 juill. 1995 : *Dr. pénal 1995. 254.*

b. Juridictions civiles

73. Fermeté de la Cour de cassation. Il résulte de l'art. 53 de la L. du 29 juill. 1881 que l'assignation doit préciser et qualifier le fait invoqué et indiquer la loi applicable à la demande ; cassation, pour violation de ce texte, de l'arrêt qui, pour décider qu'une assignation en réparation du préjudice causé par des injures publiques par voie de presse a interrompu la prescription, retient que les écrits dénoncés étaient, dès l'acte introductif d'instance, qualifiés d'injures publiques et que l'action étant ainsi régulièrement intentée, le délai prévu par l'art. 65 de la L. du

29 juill. 1881 a été interrompu, alors que l'assignation n'indique pas la loi sur laquelle sont fondées les prétentions du demandeur. • Civ. 2e, 19 févr. 1997, n° 94-13.877 P : *D. 1998. Somm. 80, obs. Bigot* .

74. Il résulte de l'art. 53 de la L. du 29 juill. 1881 que l'assignation doit préciser et qualifier le fait invoqué et indiquer le texte de loi applicable à la demande ; cassation, pour violation de ce texte, de l'arrêt qui, pour écarter l'exception de nullité de la citation par laquelle une personne s'estimant diffamée par un article paru dans un journal fait assigner la société éditrice de ce journal en réparation de son préjudice, énonce que lorsqu'elle est intentée devant la juridiction civile l'action civile en matière de diffamation demeure soumise aux règles du nouveau code de procédure civile [devenu C. pr. civ.], et échappe aux exigences des art. 53 à 57 de la L. du 29 juill. 1881, seulement applicables lorsque l'action est portée devant le juge pénal, alors que les faits caractérisant une infraction prévue par la L. du 29 juill. 1881, l'assignation doit indiquer la disposition de cette loi qui est applicable. • Civ. 2e, 18 mars 1999, n° 97-14.328 P : *D. 1999. IR 102* .

75. L'assignation délivrée à la requête du plaignant doit préciser et qualifier le fait invoqué et indiquer le texte de loi applicable à la demande ; cassation, pour violation de l'art. 53 de la L. du 29 juill. 1881, de l'arrêt qui, pour écarter l'exception de nullité d'une assignation prise de défaut de visa de l'art. 32 de cette loi, retient que lorsque la citation a correctement arbitré et qualifié les propos incriminés, le visa surabondant ou même erroné d'un texte de loi ne saurait entraîner la nullité de la citation si le défendeur n'a pu être induit en erreur sur l'objet des reproches à lui faits, que, devant les juridictions civiles, une action en diffamation ne peut avoir pour objet que des réparations civiles et notamment l'allocation de dommages-intérêts, qu'en conséquence le défaut de visa de l'art. 32, non applicable devant les juridictions civiles, ne vicie pas l'assignation, que l'assignation doit indiquer l'objet de la demande et contenir un exposé des moyens du demandeur, qu'il suffit de constater que l'assignation délivrée a chiffré la demande et l'a expliquée en faisant connaître les faits sur lesquels elle reposait et le texte les qualifiant juridiquement, alors que l'assignation ne vise pas le texte de loi applicable. • Civ. 2e, 4 mai 2000, n° 98-13.095 P : *D. 2000. 727 (2e esp.), note Beignier, Passera et Tavieaux-Moro* ; *Gaz. Pal. 2001. 1. Somm. 976, note Guerder.*

76. L'assignation délivrée à la requête du plaignant doit *préciser* et *qualifier* le fait invoqué et indiquer le texte de loi applicable à la demande ; viole l'art. 53 de la L. du 29 juill. 1881 la cour d'appel qui, pour rejeter l'exception de nullité de l'assignation prise par les défendeurs du simple visa de l'art. 29, al. 1er, de la L. du 29 juill. 1881, énonce que l'acte introductif d'instance, en ce qu'il fait référence à ce texte, et donc à la diffamation, répond suffisamment à l'obligation de qualification du fait incriminé imposée par l'art. 53, al. 1er, de la loi, que le visa de l'art. 32, al. 1er, de cette loi, qui précise la pénalité applicable par le tribunal correctionnel, n'est pas requis devant le juge civil, alors que le texte de loi applicable à la demande est celui qui édicte la peine applicable aux faits entrant dans la définition d'une infraction de presse, tels qu'ils sont qualifiés. • Civ. 2e, 26 oct. 2000, n° 98-19.291 P.

77. L'assignation délivrée à la requête du plaignant doit, à peine de nullité, préciser et qualifier le fait invoqué et indiquer le texte de loi applicable à la demande ; le magazine « 60 millions de consommateurs » a publié un article intitulé « Les Césars de l'arnaque », relatif au rapport d'activité pour 1997 de la Direction générale de la consommation, de la concurrence et de la répression des fraudes (DGCCRF), et contenant des imputations relatives aux pratiques anticoncurrentielles d'un fabricant de montres ; statuant sur l'action du fabriquant en dommages-intérêts, l'arrêt attaqué, pour rejeter l'exception de nullité de l'assignation soulevée avant toute défense au fond par les défendeurs et tirée de ce que cet acte ne mentionnait pas l'art. 32 de la L. du 29 juill. 1881 relatif à la sanction pénale des faits invoqués, retient que l'omission de la loi répressive applicable à la demande est sans portée dès lors que l'éditeur et le directeur de la publication ne peuvent avoir été induits en erreur sur l'objet du litige, la qualification des faits et le fondement juridique des prétentions définitivement fixées par la citation initiale du défendeur ; en statuant ainsi, alors que le texte de loi applicable à la demande est celui qui édicte la peine applicable aux faits entrant dans la définition d'une infraction de presse, tels qu'ils sont qualifiés, la cour d'appel a violé l'art. 53 de la L. du 29 juill. 1881. • Civ. 2e, 12 déc. 2002, n° 00-20.770 P : *Gaz. Pal. 2003. 2. Somm. 3968, obs. Guerder.*

78. L'employé d'une société, qui avait été licencié, a saisi le conseil des prud'hommes pour voir constater le caractère abusif de son licenciement et obtenir des dommages-intérêts ; au vu du contenu de la lettre de licenciement, deux sociétés mises en cause et l'employé ont assigné la société et son directeur général, devant le tribunal d'instance, pour voir constater que le directeur général était coupable d'une infraction de diffamation non publique à l'encontre des deux sociétés, telle que prévue à l'article R. 621-1 C. pén. ; pour prononcer la nullité de l'assignation, l'arrêt attaqué retient que le texte de loi applicable à la poursuite au sens de l'art. 53 de la L. du 29 juill. 1881 était exclusivement celui qui édictait la peine sanctionnant l'infraction ; en statuant ainsi, alors que l'assignation, qui précisait et qualifiait le fait invoqué, indiquait, en visant l'art. R. 621-1

C. pén., qui faisait lui-même référence à la peine applicable par renvoi aux dispositions régissant les contraventions de première classe, le texte de loi qui édictait la peine, peu important que le montant de celle-ci contenu dans l'art. 131-13, 1°, C. pén. n'y figurât pas, la cour d'appel a violé l'art. 53 de la L. du 29 juill. 1881. • Civ. 2e, 10 juin 2004, n° 02-18.590 P : *Gaz. Pal. 2006. 1. Somm. 570, note Bourg.*

79. S'agissant de la publication d'un livre dont l'un des personnages était identifié comme étant un magistrat en exercice, la cour d'appel a justifié sa décision de rejeter l'exception de nullité de la citation en tant qu'elle ne vise que l'art. 32 de la L. du 29 juill. 1881, dès lors que, les imputations ne contenant la critique d'aucun acte ou abus accompli au titre de la fonction publique au sens de l'art. 31 de la L. du 29 juill. 1881 et n'entretenant aucun rapport étroit direct avec l'exercice de cette fonction publique, l'indication de la profession du plaignant ne pouvait avoir aucune incidence sur la qualification des faits visés dans l'acte de poursuite, lequel répondait en la forme aux exigences de l'art. 53 de la L. du 29 juill. 1881. • Civ. 1re, 7 mars 2006, n° 05-11.338 P : *Gaz. Pal. 2007. 2. Somm. 3424, note Lasfargeas.*

80. Une formatrice à l'IUFM, admise sur liste complémentaire au concours d'inspecteur de l'Éducation nationale, a envoyé au recteur de l'académie une correspondance diffusée par elle à plusieurs collègues, dans laquelle, exposant les raisons de sa renonciation aux fonctions d'inspectrice, elle mettait en cause une autre inspectrice de l'Éducation nationale ; il est fait grief au jugement d'avoir débouté la formatrice à l'IUFM de sa demande en nullité de la citation délivrée par l'inspectrice de l'Éducation nationale ; le tribunal, qui a relevé qu'il ressortait, tant de la correspondance incriminée contenue dans la citation que des art. 29, 30 et 31 de la L. du 29 juill. 1881 qui y étaient régulièrement visés, qu'était expressément recherchée la protection juridique du fonctionnaire public, en a déduit à bon droit qu'en dépit du visa erroné de l'art. 32, al. 2, il n'y avait pas lieu d'annuler la citation. • Civ. 1re, 16 mai 2006, n° 04-16.068 P : *Dr. pénal 2006. 96, obs. Véron ; Gaz. Pal. 2007. 2. Somm. 3427, note Guerder.*

81. La seule omission dans l'assignation de la mention de la sanction pénale encourue que la juridiction civile ne peut prononcer n'est pas de nature à en affecter la validité. • Civ. 1re, 26 sept. 2012, n° 11-20.406 : *D. 2012. 2636, note Dreyer ; Gaz. Pal. 2013. 1. 445, obs. Fourment.*

82. Divergences des juridictions du fond. La L. du 29 juill. 1881, dont le formalisme rigoureux est une garantie de la liberté d'expression, doit être appliquée par les juridictions civiles dans toutes ses dispositions, dès lors qu'aucun texte législatif n'en écarte l'application devant cellesci ; est en conséquence nulle au regard de l'art. 53, l'assignation qui ne comporte aucune référence explicite à la loi susvisée, même si le mot « diffamation » y figure, et la demande serait-elle fondée, à titre subsidiaire, sur l'art. 1382 C. civ. • Paris, 29 avr. 1997 : *D. 1998. Somm. 80, obs. Bigot ; Gaz. Pal. 1997. 2. 545.* ♦ Il résulte de l'art. 53 de la L. du 29 juill. 1881, dont aucune disposition législative n'écarte l'application dans le cas d'une action exercée séparément de l'action publique devant une juridiction civile, que l'assignation doit préciser et qualifier le fait invoqué et indiquer la loi applicable à la demande ; en l'espèce, si l'assignation spécifie les faits incriminés, constitués selon le demandeur par la diffusion d'écrits « orduriers » exprimant une « provocation au racisme », elle ne mentionne pas en revanche les qualifications légales et les textes qui leur sont réellement applicables ; cette violation d'une disposition impérative destinée à garantir le respect des droits de la défense revêt un caractère substantiel et entraîne la nullité de l'assignation. • TGI Paris, 10 juill. 1997 : *Gaz. Pal. 1998. 1. 59, note Cousin.*

83. Aucune disposition législative n'écarte l'application de l'art. 53 de la L. du 29 juill. 1881 dans le cas d'une action en réparation du dommage causé par un délit de diffamation, exercée séparément de l'action publique devant une juridiction civile ; les exigences prévues au premier alinéa de ce texte répondent à la nécessité, pour le défendeur, de connaître sans équivoque, dès la lecture de l'acte introductif d'instance, l'objet de l'incrimination et la nature des moyens de défense qu'il peut y opposer ; le visa exclusif de l'art. 29 de la L. du 29 juill. 1881 n'est pas de nature à créer une ambiguïté préjudiciable aux défendeurs lorsque le contenu de l'assignation évoque clairement l'existence d'une diffamation publique envers une personne qui, en raison de sa qualité, de sa fonction ou de sa profession, ne peut être visée qu'en tant que particulier. • TGI Paris, 8 avr. 1998 : *BICC 1998. 1243.*

84. Les dispositions de l'art. 53 de la L. du 29 juill. 1881 tendent à permettre à la personne contre laquelle une action fondée sur ladite loi a été engagée de connaître avec précision les faits qui lui sont reprochés afin qu'elle puisse préparer utilement sa défense ; si les règles procédurales de cette action s'appliquent quelle que soit la juridiction saisie afin d'assurer l'égalité de traitement des défendeurs, l'indication de la sanction pénale est sans intérêt lorsque l'action a été introduite devant une juridiction civile, puisque celle-ci ne peut pas la prononcer. • Paris, 4 févr. 2000 : *Gaz. Pal. 2000. 2. Somm. 1715.*

85. Aux termes de l'art. 53, al. 1er, de la L. du 29 juill. 1881, dont aucune disposition législative n'écarte l'application dans le cas d'une action exercée séparément de l'action publique devant la juridiction civile, la citation précisera et qualifiera le fait incriminé et indiquera le texte de loi applicable à la poursuite ; le plaignant introduit une confusion dans l'esprit des défendeurs dès lors que, dans son assignation, il vise des faits « contraires à l'honneur de tout citoyen et plus encore à celui d'un homme public » tout en portant son action devant les juridictions civiles sur le fondement exclusif de l'art. 29, al. 1er, de la loi, alors que les allégations incriminées ont toutes trait à son action politique en tant qu'élu ; il place ainsi les défendeurs dans l'incertitude complète sur le point de savoir s'il se plaint d'une diffamation envers un particulier telle que prévue et réprimée par l'art. 32, al. 1er, de la loi, ou s'il se considère atteint en raison de sa qualité de citoyen chargé d'un mandat public, ce qui constituerait l'incrimination spécifique prévue par l'art. 31, al. 1er, de la loi ; la simple lecture de l'assignation ne permet pas aux défendeurs de déterminer sans hésitation possible l'infraction dont ils doivent répondre, alors que l'art. 46 de la loi prévoit que le délit particulier de diffamation envers un citoyen chargé d'un mandat public ne peut pas être soumis à la compétence du juge civil ; l'assignation est donc nulle. • Paris, 12 mai 2000 : *D. 2000. IR 193.* ♦ Répond aux exigences de l'art. 53 de la L. du 29 juill. 1881 l'assignation qui vise les art. 23, 29, al. 1er, 32, 42 et 44 de ladite loi, précise les propos litigieux et qualifie l'article incriminé de « diffamatoire envers le particulier qu'est M. Denis K. » ; en effet, l'adjonction de la mention « diffamatoire envers le particulier » permet de circonscrire exactement et complètement le fondement des poursuites, les faits incriminés entrant sans aucune ambiguïté ni confusion possibles dans le champ de l'al. 1er de l'art. 32 qui régit la diffamation envers les particuliers, à l'exclusion de l'al. 2 qui régit la diffamation raciale non évoquée dans l'assignation. • Paris, 20 mars 2003 : *Gaz. Pal. 2003. 1. 1815, note Amson.*

86. *Visa subsidiaire de l'art. 1382 C. civ.* V. également ss. art. 1er. ♦ Le fait qu'une assignation, sans équivoque quant à l'objet du débat dans les termes de la L. du 29 juill. 1881, vise à titre subsidiaire l'art. 1382 C. civ., ne saurait caractériser une qualification alternative rendant irrégulière la poursuite. • Paris, 30 janv. 1998 : *Gaz. Pal. 1998. 2. Somm. 553.* ♦ N'affecte pas la validité de l'assignation délivrée pour diffamation l'invocation subsidiaire de l'art. 1382 C. civ. ; en effet, l'art. 53 de la L. du 29 juill. 1881 fait obstacle seulement au visa cumulatif ou alternatif de textes relatifs à des infractions de presse incompatibles ; il n'interdit pas en revanche à la victime d'une diffamation, lorsqu'elle agit devant la juridiction civile, de se prévaloir non seulement des textes sur la diffamation, mais aussi des règles de la responsabilité civile propres à cette juridiction, l'appréciation de la pertinence de ce choix étant une question de fond sans incidence sur la validité de l'assignation. • TGI Paris, 8 avr. 1998 : *BICC 1998. 1243.* ♦ L'art. 53, al. 1er, ne fait pas obstacle à ce que soit invoqué, à titre subsidiaire et pour le cas où la L. du 29 juill. 1881 ne serait pas applicable, de fonder la demande sur les dispositions de l'art. 1382 C. civ. • Paris, 24 sept. 1999 : *Gaz. Pal. 2000. 2. Somm. 1717.* ♦ En l'espèce, le plaignant, en sa citation en diffamation visant à titre seulement subsidiaire l'art. 1382 C. civ. au soutien de son action, n'en a pas pour autant méconnu les dispositions de l'art. 53 de la loi sur la presse ; en effet, l'assignation qu'il a délivrée respecte les prescriptions énoncées par cet article, dès lors qu'elle précise et qualifie le fait incriminé et indique le texte de la loi applicable à la poursuite ; les règles édictées par la L. du 29 juill. 1881, garantes du régime de la liberté d'expression, n'ont donc pas été éludées ; il s'ensuit que le moyen tiré de la nullité de l'assignation sera rejeté. • Paris, 21 mars 2002 : *Gaz. Pal. 2002. 2. Somm. 1919.*

87. En matière de diffamation, la citation est valable dès lors que, par le visa de l'art. 53 de la L. du 29 juill. 1881 réprimant le délit imputé, elle ne laisse aucune incertitude sur son objet exact et ne peut provoquer, dans l'esprit des intéressés, aucun doute sur les faits qui leur sont reprochés, peu important la référence à titre subsidiaire à l'art. 1382 C. civ. • Civ. 1re, 3 févr. 2011, n° 09-71.711 P : *D. 2011. 1467, obs. Bigot ; D. actu. 11 févr. 2011, obs. Lavric ; JCP 2011, n° 14, note Dreyer.*

88. *Omission de la mention de la sanction pénale.* La seule omission dans l'assignation de la mention de la sanction pénale que la juridiction civile ne peut jamais prononcer n'est pas de nature à en affecter la validité. • Civ. 1re, 24 sept. 2009, n° 08-17.315 P : *D. 2009. AJ 2347, note Lavric ; JCP 2009, n° 41 ; ibid., n° 46, obs. Tavieaux-Moro ; Dr. pénal 2009, n° 132, obs. J.-H. Robert ; Gaz. Pal. 2010. 1. Jur. 888, note Fourment.*

B. CITATION À LA REQUÊTE DU MINISTÈRE PUBLIC

89. *Citation à domicile élu.* Les citations à comparaître pour diffamation publique et complicité avaient été délivrées au cabinet de l'avocat des prévenus, lequel a accepté de recevoir les exploits et a apposé sa signature sur chaque original ; c'est à bon droit que la cour d'appel a rejeté l'exception de nullité de ces citations, énonçant que, les prévenus n'ayant apporté au cours de l'information aucune modification à leur déclaration d'adresse devant le juge d'instruction, les citations délivrées à domicile élu équivalent à des citations à personne ; en effet, lorsque la citation est faite à la dernière adresse déclarée devant le juge d'instruction, les art. 556 et 557 C. pr. pén. sont inapplicables. • Crim. 11 déc. 2001, n° 00-85.212 P : *Dr. pénal 2002. 39 (3e arrêt), obs. Véron.*

C. CITATION À LA REQUÊTE DU PLAIGNANT

1° ÉLECTION DE DOMICILE

a. Juridictions pénales

90. *Formalité substantielle.* Conformément à l'art. 53 de la L. du 29 juill. 1881, la citation délivrée par le plaignant doit contenir élection de domicile. • Crim. 15 oct. 1985 : *Bull. crim. n° 316.* ♦ ... Formalité substantielle de la procédure. • Crim. 10 juin 1959 : *Bull. crim. n° 309.* ♦ ... Qui doit être observée à peine de nullité de la poursuite. • Crim. 17 déc. 1991, n° 90-84.768 P.

91. *Siège de la juridiction saisie.* Même lorsqu'elle a son domicile réel dans la ville où siège la juridiction saisie, la partie civile n'est pas dispensée d'observer cette disposition exceptionnelle et impérative. • Crim. 15 oct. 1985 : *préc. note 90.* ♦ L'art. 53, al. 2, de la L. du 29 juill. 1881 oblige le plaignant, dans la citation qu'il fait délivrer, à élire domicile dans la ville où siège la juridiction saisie : il ne lui interdit pas d'élire domicile au lieu de sa résidence s'il habite au siège de la juridiction saisie. • TGI Belfort, 5 janv. 1996 : *Gaz. Pal. 1996. 2. Somm. 354.*

92. En exigeant, à peine de nullité de la poursuite, que le plaignant élise domicile dans la ville où siège le tribunal saisi, l'art. 53 de la loi sur la presse, qui déroge aux dispositions de l'art. 392 C. pr. pén., impose que cette élection de domicile soit faite sur le territoire de la ville où siège le tribunal, à l'exclusion de toute autre commune. • Crim. 4 avr. 1991, n° 90-83.626 P. ♦ Est nulle la citation qui n'indique pas que l'avocat, au cabinet duquel était élu domicile, ait eu sa résidence professionnelle dans la ville même où siège la juridiction saisie. • Crim. 17 déc. 1991 : *préc. note 90.*

93. *Lieu de domiciliation.* La partie civile est libre de choisir la personne physique ou morale, qui peut d'ailleurs toujours se récuser, chez laquelle devront lui être signifiés les actes de procédure, mais à la condition que ce choix ne soit pas de nature à porter atteinte aux droits du prévenu. • Crim. 17 déc. 1981 : *Bull. crim. n° 334.*

94. Aucune disposition de la loi sur la presse n'interdit à une partie civile d'élire domicile à la mairie du siège de la juridiction saisie. • Crim. 17 déc. 1981 : *préc. note 93.*

95. L'interprétation des art. 392 C. pr. pén. et 53 de la L. du 29 juill. 1881 ne permet pas de retenir dans un acte de citation pour diffamation non publique la validité de l'élection de domicile au greffe du tribunal, l'élection ne pouvant se faire que chez une personne acceptant d'être le correspondant de l'intéressé. • T. pol. Paris, 10 mai 1999 : *BICC 2000. 276.* ♦ Il résulte de la jurisprudence, prise en application de l'art. 53 de la L. du 29 juill. 1881, qu'une partie civile peut élire domicile chez une personne morale, qui peut toujours se récuser à la condition que ce choix ne soit pas de nature à porter atteinte aux droits du prévenu (• Crim. 17 déc. 1981 : *Bull. crim. n° 334*) ; en l'espèce, les parties civiles s'étaient domiciliées au greffe du T. pol. Paris ; or un greffe de juridiction n'est pas une personne, même morale, mais un service intégré dans une juridiction, elle-même dépourvue de la personnalité morale ; c'est, par ailleurs, à tort que la partie civile soutient que la réception de l'offre de preuve du prévenu entrait dans les missions de ce service, aucun texte ne le prévoyant, la domiciliation ainsi énoncée ayant de fait porté atteinte aux droits de la défense, le prévenu s'étant vu refuser la notification de son offre de preuve de la vérité des faits qui lui étaient imputés ; dans de telles conditions, c'est à bon droit que le premier juge a déclaré nulle la citation, une citation postérieure étant sans effet du fait de l'acquisition de la prescription. • Paris, 7 juin 2000 : *D. 2000. IR 205* (confirmation de • T. pol. Paris, 10 mai 1999 : *préc.*).

96. Cité du chef de diffamation publique envers un citoyen chargé d'un mandat public, le prévenu, avant toute défense au fond, a excipé de la nullité de la citation, en soutenant qu'elle ne répondait pas aux exigences de l'art. 53 de la L. du 29 juill. 1881, au motif que, d'une part, elle contenait élection de domicile du plaignant au greffe du tribunal de grande instance de Versailles et que, d'autre part, sa dénonciation au procureur de la République faisait état d'un autre domicile élu, en l'étude d'un huissier ; justifie sa décision la cour d'appel qui, pour déclarer la citation nulle, énonce qu'il ne peut être élu domicile que chez une personne physique ou morale habilitée à recevoir des actes, et que tel n'est pas le cas du greffe d'un tribunal qui est un service intégré dans une juridiction, elle-même dépourvue de la personnalité morale. • Crim. 14 mars 2006, n° 05-87.303 P : *D. 2006. IR 1067 ; ibid. 2007. Pan. 1043, obs. Dupeux ; AJ pénal 2006. 224 ; Dr. pénal 2006. Comm. 81, obs. Véron ; ibid. 2007. Chron. 1, obs. Mouysset.*

97. Cité à comparaître devant le tribunal correctionnel du chef de provocation à la discrimination, à la haine ou à la violence raciales, le prévenu, avant toute défense au fond, a excipé de la nullité de la citation, au motif que cet acte comportait une élection de domicile inopérante, en ce que, étant faite auprès d'un cabinet d'avocats, elle n'indiquait pas l'adresse effective dudit cabinet, mais seulement les références de sa boîte postale ; c'est à bon droit que la cour d'appel retient que, à défaut d'indication d'une adresse précise, la partie civile n'a pas élu domicile conformément à l'art. 53 de la L. du 29 juill. 1881. • Crim. 7 juin 2005 : *préc. note 93.*

b. Juridictions civiles

98. *Formalité applicable.* Aucune disposition législative n'écarte l'application de l'art. 53 de la

L. du 29 juill. 1881 dans l'hypothèse d'une action civile exercée séparément de l'action publique devant une juridiction civile ; doit donc être annulée l'assignation saisissant le tribunal de grande instance d'une action en diffamation ne comportant pas l'élection de domicile prévue à l'article susvisé. • TGI Nanterre, 17 mai 1995 : *BICC 1995. 718 ; D. 1997. Somm. 68, obs. Bigot* (en cassation, V. • Civ. 2e, 12 mai 1999, n° 97-12.956 P : *D. 1999. IR 159*).

99. L'indication du nom de l'avocat du demandeur, dans une instance civile où la représentation de la partie par un avocat est obligatoire, implique nécessairement une élection de domicile au cabinet de ce conseil, en application de l'art. 751 NCPC. • TGI Paris, 24 févr. 1999 : *Gaz. Pal. 1999. 2. Somm. 583.*

100. Il résulte de l'art. 53 de la L. du 29 juill. 1881 que l'assignation délivrée à la requête du plaignant doit, à peine de nullité, préciser et qualifier le fait invoqué et indiquer le texte de loi applicable à la demande, contenir élection de domicile dans la ville où siège la juridiction saisie et être notifiée au ministère public. • Civ. 2e, 22 janv. 2004, n° 02-12.046 P : *Gaz. Pal. 2006. 1. Somm. 568, note Bourg.*

101. Il résulte de l'art. 53 de la L. du 29 juill. 1881 que l'assignation délivrée à la requête du plaignant doit contenir élection de domicile dans la ville où siège la juridiction saisie ; s'estimant diffamé par les propos contenus dans deux numéros d'un journal hebdomadaire, le demandeur a agi sur le fondement de l'art. 29 de la L. du 29 juill. 1881 devant le tribunal de grande instance, qui a dit que la mention d'un avocat postulant n'équivalait pas à l'élection de domicile telle qu'exigée par l'art. 53 de la L. du 29 juill. 1881, et a prononcé la nullité de l'acte introductif d'instance et des poursuites engagées ; en retenant que les dispositions de l'art. 53 de la L. du 29 juill. 1881 sont applicables à l'action civile introduite devant la juridiction civile et l'emportent sur celles des art. 751 et 752 NCPC [devenu C. pr. civ.], l'arrêt attaqué, qui n'a pas méconnu le droit à un procès équitable ni le principe de l'égalité des armes et n'a pas restreint l'exercice de la liberté d'expression, a fait une exacte application de ces textes. • Civ. 2e, 10 juin 2004, n° 02-21.515 P : *Gaz. Pal. 2006. 1. Somm. 569, note Bourg.*

102. La cour d'appel qui a rappelé qu'il résultait de l'art. 53 de la L. du 29 juill. 1881 que l'assignation délivrée à la requête du plaignant devait contenir élection de domicile dans la ville où siège la juridiction saisie, en a déduit à bon droit qu'en l'absence de preuve de l'*accomplissement de cette formalité*, qui incombait à la partie poursuivante, l'assignation devait être déclarée nulle. • Civ. 1re, 27 juin 2006 : *préc. note 10.*

103. L'indication dans l'assignation d'un avocat postulant au barreau du tribunal de grande instance de la ville où siégeait la juridiction saisie, et dont le domicile professionnel en cette ville était indiqué, emporte élection de domicile des demandeurs au sens de l'art. 53 de la L. du 29 juill. 1881. • Civ. 1re, 15 mai 2007, n° 06-10.464 P. ♦ La constitution d'un avocat postulant devant le tribunal de grande instance saisi de l'action en diffamation vaut élection de domicile au sens de l'art. 53 de la loi du 29 juill. 1881. • Civ. 1re, 22 sept. 2011, n° 10-15.445 P : *D. actu. 7 oct. 2011, obs. Tahri.*

104. L'indication, dans l'assignation, d'un avocat pouvant exercer les attributions autrefois dévolues au ministère d'avoué devant le tribunal de grande instance de la ville de Nanterre où siège la juridiction saisie, et dont le domicile professionnel se trouve à Paris, emporte par application de l'art. 1er de la L. du 31 déc. 1971, élection de domicile du demandeur au sens de l'art. 53 de la L. du 29 juill. 1881. • Civ. 1re, 24 sept. 2009, n° 08-12.381 P : *D. 2009. AJ 2348 ; Gaz. Pal. 2010. 889, note Fourment.*

105. Pour prononcer la nullité des poursuites engagées, l'arrêt énonce que si la citation délivrée devant le tribunal de Nice contenait élection de domicile au cabinet de l'avocat de la plaignante situé à Nice, sa notification au procureur de la République de Nice comportait élection de domicile au cabinet de l'huissier instrumentaire situé à Gap, et que cette citation irrégulière était donc nulle, la loi ne faisant aucune distinction entre l'acte à délivrer aux parties et celui à notifier au ministère public ; en statuant ainsi alors que seule la citation doit à peine de nullité contenir élection de domicile, la cour d'appel a violé par fausse application l'art. 53 de la L. du 29 juill. 1881. • Civ. 1re, 20 oct. 2011, n° 10-25.833 P : *D. actu. 28 oct. 2011, obs. Lavric ; Gaz. Pal. 2012. 1. 365, obs. Fourment.*

106. La régularité de la constitution comme avocat d'une SCP d'avocats n'est pas subordonnée à l'identification de l'avocat appartenant à cette SCP appelé à représenter la partie au nom de laquelle la constitution est effectuée, en sorte que la constitution de cette SCP dont il n'est pas contesté qu'elle fût domiciliée dans la ville où siège la juridiction saisie, vaut élection de domicile au sens de l'art. 53, al. 2, de la L. du 29 juill 1881. • Civ. 1re, 11 déc. 2013, n° 12-29.923 P : *D. actu. 7 janv. 2014, obs. Lavric.*

107. Il résulte de l'art. 53 de la L. du 29 juill. 1881, qui doit recevoir application devant la juridiction civile, que l'assignation délivrée à la requête du plaignant contient, à peine de nullité de la poursuite, élection de domicile dans la ville où siège la juridiction saisie ; aux termes de l'art. L. 2113-11 CGCT, dans sa rédaction antérieure à celle issue de la L. n° 2010-1563 du 16 déc. 2010, applicable en la cause, lorsqu'une fusion de communes est envisagée, le conseil municipal d'une ou plusieurs des communes concernées, à l'exception de celle sur le territoire de laquelle doit être fixé le chef-lieu de la nouvelle commune, peut demander que le territoire correspondant à sa commune soit maintenu en qualité de commune associée et conserve son nom ; pour prononcer la nullité de la poursuite du chef de diffamation, après avoir relevé que, dans l'assignation délivrée, le demandeur a élu domicile au domicile professionnel de son conseil, situé à Saint-Pol-sur-Mer, l'arrêt retient que cette élection de domicile n'emporte pas élection de domicile à Dunkerque, ville du siège de la juridiction saisie ; mais, en statuant ainsi, alors que, par arrêté préfectoral du 8 déc. 2010, les communes de Dunkerque, Saint-Pol-sur-Mer et Fort Mardyck ont fusionné, à compter du 9 déc. 2010, en une seule commune, qui a pris le nom de Dunkerque, de sorte que le territoire de la commune associée de Saint-Pol-sur-Mer n'est pas distinct de celui de la nouvelle commune de Dunkerque, la cour d'appel a violé les textes susvisés. • Civ. 1re, 6 févr. 2019, n° 18-10.758 : *D. 2019. 312* ; *ibid. 2020. Pan. 237, obs. Dreyer* .

2° NOTIFICATION AU PRÉVENU

a. Juridictions pénales

108. Auteur. Ni l'art. 43, ni l'art. 53 de la L. du 29 juill. 1881 ne dérogent aux dispositions des art. 550 et 555 à 558 C. pr. pén. quant aux conditions dans lesquelles doit intervenir la délivrance de la citation introductive d'instance destinée à l'auteur d'un écrit, prévenu de diffamation publique ; il en résulte que le siège du journal dans lequel a été publié l'article incriminé ne saurait être considéré comme le domicile de cet auteur au sens des art. 556 et 557 dudit code. • Crim. 2 mai 1990, n° 89-83.986 P : *D. 1990. 368* • 12 janv. 1993, n° 91-81.748 P : *D. 1994. Somm. 190, obs. Dupeux* .

109. Directeur de la publication. Mais il résulte aussi bien des art. 7 à 13 et 42 de la L. du 29 juill. 1881 que de l'art. 5 de la L. du 1er août 1986 portant réforme du régime juridique de la presse que les citations et autres actes de la procédure concernant le directeur de la publication d'un journal, pris en cette qualité, peuvent être adressés au siège de ce journal. • Crim. 29 sept. 1992, n° 92-80.861 P. ♦ Il résulte des art. 7 à 13 et 42 de la L. du 29 juill. 1881, ainsi que de l'art. 5 de la L. du 1er août 1986, que le directeur de la publication d'un journal, ou celui qui a pris cette qualité dans la publication, peut, par dérogation aux art. 555 s. C. pr. pén., être cité au siège de l'entreprise éditrice, à raison des écrits ou images publiés par l'organe de presse dont il est responsable ; la délivrance de la citation, dans ces conditions, n'est pas de nature à porter atteinte aux droits de la défense, ni à entraver l'exercice des droits reconnus au prévenu par l'art. 55 de la L. du 29 juill. 1881, lorsque les formalités prévues par les art. 557 et 558 C. pr. pén. ont été accomplies. • Crim. 21 janv. 1997, n° 94-84.919 P • 21 janv. 1997, n° 94-84.920 P : • 21 janv. 1997 : *Gaz. Pal. 1997. 1, chron. crim. 98* • 11 déc. 2001, n° 00-83.838 P : *Dr. pénal 2002. 39 (2e arrêt), obs. Véron.* ♦ Méconnaît les textes susvisés et les principes énoncés une cour d'appel qui, pour faire droit à l'exception de nullité des citations pour diffamation publique du directeur de la publication d'un journal faites au siège de l'entreprise, relève que, dans l'acte délivré, l'huissier s'est contenté d'indiquer que la signification à personne s'est avérée impossible, et ajoute que l'acte a été remis à une secrétaire qui avait accepté de le recevoir, le directeur de la publication étant absent pour la semaine, alors que, d'une part les citations ont été délivrées au siège du journal, et que, d'autre part, en l'absence du directeur de la publication et du représentant légal de la personne morale, la copie de l'acte a été remise à une secrétaire de direction, qui a accepté de signer l'original, et que cette remise a été suivie sans délai de l'envoi d'une lettre recommandée. • Crim. 11 déc. 2001 : *préc.*

110. S'il résulte des art. 7 à 13 et 42 de la L. du 29 juill. 1881, ainsi que de l'art. 5 de la L. du 1er août 1986, que le directeur de la publication d'un journal peut, par dérogation aux art. 555 s. C. pr. pén., être cité au siège de l'entreprise éditrice, c'est seulement à raison des écrits ou images publiés par l'organe de presse dont il est responsable, en cette qualité ; tel n'est pas le cas lorsque le directeur de la publication s'est exprimé à titre personnel dans une émission de station radiophonique. • Crim. 7 avr. 1994, n° 92-82.890 P. ♦ ... Et la délivrance de la citation au siège du journal, en dehors des cas où elle est exceptionnellement autorisée, étant nécessairement de nature à porter atteinte aux droits de la défense, en entravant l'exercice des droits reconnus au prévenu par l'art. 55 de la L. du 29 juill. 1881, c'est à la partie poursuivante qu'il appartient de démontrer l'absence éventuelle d'effet de l'irrégularité constatée. • Même arrêt.

111. L'expression « entreprise éditrice » désigne, conformément à l'art. 2 de la L. du 1er août 1986, la personne physique ou morale ou le groupement de droit qui, en tant que propriétaire ou locataire gérant, édite une publication de presse ; spécialement est nulle la citation délivrée au directeur de la publication au siège d'une société qui a la qualité d'imprimeur au sens de l'art. 42. • Crim. 10 juill. 1996, n° 94-83.589 P.

b. Juridictions civiles

112. Directeur de la publication. Il résulte des art. 7 à 13 et 42 de la L. du 29 juill. 1881, de l'art. 5 de la loi n° 86-897 du 1er août 1986, ensemble de l'art. 655 NCPC, que le directeur de la publication d'un journal peut être assigné au siège de l'entreprise éditrice, à raison des écrits ou images publiés par l'organe de presse dont il est responsable en cette qualité. • Civ. 2e, 24 janv. 2002, n° 99-21.114 P.

3° NOTIFICATION AU MINISTÈRE PUBLIC

a. Juridictions pénales

113. Formalité substantielle. La notification au ministère public de la citation à la requête du plaignant est une formalité substantielle. • Crim. 11 mars 1948 : *Bull. crim. n° 86.* ♦ Elle conditionne la mise en mouvement de l'action publique, dont la citation constitue l'acte initial. • Crim. 9 févr. 1965 : *Bull. crim. n° 42 ; D. 1965. 653.* ♦ ... La citation ne pouvant mettre en mouvement l'action publique tant que sa notification au ministère public n'a pas été effectuée. • Crim. 18 févr. 1986 : *Bull. crim. n° 64.* ♦ Une irrégularité affectant la dénonciation ne peut être couverte par le simple fait que le ministère public s'abstient de la soulever. • Paris, 18 janv. 1996 : *Gaz. Pal. 1996. 2, chron. crim. 118.*

114. Modalités. Cette notification doit avoir lieu par exploit d'huissier. • Crim. 26 juin 1952 : *Bull. crim. n° 167 ; D. 1952. 707.* ♦ Elle doit être effectuée avant la date à laquelle le prévenu est invité par la citation introductive d'instance à comparaître devant le tribunal. • Crim. 30 mai 1967 : *Bull. crim. n° 166 ; D. 1968. Somm. 12* • 27 nov. 2001 : *Dr. pénal 2002, chron. 13, obs. Marsat.*

115. Remise à un fonctionnaire habilité. – Juridictions du fond. La remise de l'acte à un fonctionnaire habilité à recevoir les citations délivrées à parquet au sens de l'art. 559 C. pr. pén. ne constitue pas une notification à ministère public au sens de l'art. 53 de la L. du 29 juill. 1881. • TGI Le Mans, 16 juin 1993 : *Gaz. Pal. 1994. 2. Somm. 774 ; ibid. 1995. 1. 272, note Domingo* • TGI Belfort, 5 janv. 1996 : *JCP 1996. II. 22695, note Derieux.* ♦ Dans le cas réglé par la L. du 29 juill. 1881, la notification au ministère public, dérogeant au droit commun, a pour objet d'associer le ministère public à la poursuite en tant que partie jointe, alors que, dans celui de l'art. 559 C. pr. pén., le ministère public reçoit seulement en dépôt la copie d'un acte destiné au prévenu. • TGI Belfort, 5 janv. 1996 : *préc.* ♦ L'expression « ministère public » figurant dans l'art. 53 de la loi sur la presse désigne exclusivement le procureur de la République et ses substituts, à l'exclusion des fonctionnaires du parquet. • Paris, 18 janv. 1996 : *Gaz. Pal. 1996. 2, chron. crim. 118* • Dijon, 12 nov. 1998 : *Gaz. Pal. 2000. 1. Somm. 321* • Chambéry, 26 mai 1999 : *ibid.*

116. Remise à un fonctionnaire habilité. – Cour de cassation. La remise de l'acte à un fonctionnaire habilité à recevoir les citations délivrées à parquet constitue une notification au ministère *public au sens de l'art.* 53 de la L. du 29 juill. 1881 ; encourt la cassation l'arrêt qui déclare nulle une citation introductive d'instance au motif que l'acte n'a pas été remis à un magistrat du parquet mais à un fonctionnaire habilité à recevoir les citations délivrées à parquet en vertu de l'art. 559 C. pr. pén. • Crim. 7 mars 2000, n° 98-87.353 P.

117. La remise de l'acte à un fonctionnaire habilité à recevoir les citations délivrées à parquet constitue une notification au ministère public au sens de l'art. 53 de la L. du 29 juill. 1881 ; l'habilitation de ce fonctionnaire est présumée ; ne donne pas de base légale à sa décision la cour d'appel qui, pour prononcer la nullité des poursuites engagées par le demandeur pour diffamation publique envers un particulier à raison des propos tenus publiquement par le défendeur qu'il estime attentatoires à son honneur et à sa considération, retient que l'acte de remise de la copie de l'exploit à un greffier assermenté ne comporte pas de mentions indiquant que celui-ci ait été habilité à recevoir les citations délivrées au parquet en vertu de l'art. 559 C. pr. pén., alors que l'habilitation d'un fonctionnaire du parquet pour recevoir des citations en application des textes précités est présumée et que la preuve contraire, en l'espèce, n'est ni apportée ni même alléguée. • Crim. 18 sept. 2001, n° 00-86.649 P : *Dr. pénal 2002. 39 (1er arrêt), obs. Véron.*

118. La remise de l'acte à un fonctionnaire habilité à recevoir les citations délivrées au ministère public constitue la notification prévue par l'art. 53 de la L. du 29 juill. 1881 ; méconnaît ce principe et ce texte, ensemble les art. 47 et 559 C. pr. pén., la cour d'appel qui, pour déclarer irrégulière une notification faite au ministère public d'une citation et annuler la poursuite d'une personne devant le tribunal de police du chef d'injures non publiques, retient que le commissaire de police qui a reçu l'exploit n'est ni officier titulaire ni officier suppléant du ministère public devant le tribunal de police, et qu'il ne résulte pas des mentions de l'acte que celui-ci ait été délivré à une personne habilitée, alors que le commissaire de police affecté au lieu où siège le tribunal, qui n'a pas été désigné comme officier du ministère public, est habilité à recevoir, pour le compte de ce dernier, les actes qui lui sont destinés et à les lui transmettre. • Crim. 18 janv. 2005, n° 04-80.777 P : *D. 2005. IR 669 ; JCP 2005. IV. 1566 ; Gaz. Pal. 2005. 2. Somm. 2852, note Monnet.*

b. Juridictions civiles

119. Moment de la notification. En application de l'art. 53 de la L. du 29 juill. 1881 sur la liberté de la presse, qui doit recevoir application devant la juridiction civile, la citation délivrée à la requête du plaignant doit, à peine de nullité de la poursuite, être notifiée au ministère public, et ce avant la date de la première audience de procédure. • Civ. 1re, 9 sept. 2020, n° 19-19.196 P : *D. actu. 8 oct. 2020, obs. Lavric.* ♦ V. auparavant : Pour respecter les prescriptions de l'art. 53, al. 2, de la L. du 29 juill. 1881, la notification au ministère public doit intervenir, dans tous les cas de la procédure ordinaire, avant la date de l'ordonnance de clôture qui fait obstacle à tout dépôt ultérieur de pièce ; faute de révocation de l'ordonnance de clôture, la procédure ne peut plus être régularisée même en cause d'appel, nonobstant l'effet dévolutif de l'appel. • Paris, 14 janv. 2000 : *Gaz. Pal. 2000. 2. Somm. 1724.*

120. Défaut de notification – Divergence quant à la nature de forme ou de fond de l'irrégularité. S'agissant d'une instance devant une juridiction civile, l'omission de notifier l'acte introductif d'instance au ministère public conformément aux dispositions de l'art. 53, al. 2, de la L. du 29 juill. 1881, ne constitue pas une irrégularité de fond ; au surplus, il n'est pas établi que l'inobservation d'une telle formalité ait fait grief aux parties ; dès lors cette exception de procédure ne peut être soulevée qu'avant toute défense au fond. • Paris, 13 mars 1998 : *Gaz. Pal. 1998. 2. Somm. 552 et 556 ; D. 1999. Somm. 162, obs. Bigot (deux arrêts)* . ♦ En vertu de l'art. 53, al. 2 et 3, de la L. du 29 juill. 1881, la citation à la requête du plaignant doit être notifiée au ministère public, à peine de nullité de la poursuite ; le moyen tiré de l'inobservation de ces dispositions devant le juge civil, doit, à peine d'irrecevabilité, être soulevé avant toute défense au fond, sans que celui qui l'invoque ait à justifier d'un grief ; par conséquent, ce moyen, s'il n'est soulevé qu'en cause d'appel après défense au fond, doit être rejeté. • Paris, 23 juin 1998 : *D. 1999. Somm. 162, obs. Bigot ; Gaz. Pal. 2002. 1. Somm. 518.*

121. L'art. 53 de la L. du 29 juill. 1881 est applicable à l'action civile introduite devant la juridiction civile, dès lors qu'aucun texte législatif n'en écarte l'application devant cette juridiction ; le texte institue des formalités substantielles et d'ordre public, dont l'inobservation sanctionnée par « la nullité de la poursuite » ne saurait être assimilée à un simple vice de forme mais constitue une irrégularité de fond affectant la validité de l'acte introductif ; en vertu des dispositions des art. 118 et 199 NCPC, l'exception de nullité fondée sur cette irrégularité peut être invoquée pour la première fois en cause d'appel, sans que la partie qui s'en prévaut doive justifier d'un grief ; en l'espèce, les assignations délivrées aux parties citées n'ont pas été notifiées au ministère public, d'où il suit que ces assignations, nulles au regard des dispositions de l'art. 53 de la L. du 29 juill. 1881, n'ont pu valablement saisir le tribunal, ni interrompre la prescription. • Paris, 18 nov. 1997 : *Gaz. Pal. 1997. 2. Somm. 501 ; D. 1999. Somm. 162, obs. Bigot* ; arrêt cassé par • Civ. 2e, 9 déc. 1999 (arrêt n° 2), n° 97-21.074 P : *Gaz. Pal. 2001. 1. Somm. 974, note Guerder.* ♦ Rappr. : • Paris, 31 mars 1998 : *Gaz. Pal. 1998. 2. Somm. 552 et 556 (deux arrêts).*

122. Position de la Cour de cassation. Il résulte de l'art. 53 de la L. du 29 juill. 1881 et des art. 73 et 74, al. 1er, NCPC que, dans les instances civiles en réparation d'infractions de presse, l'exception de nullité de l'assignation doit être invoquée avant toute défense au fond. • Civ. 2e, 9 déc. 1999, n° 98-12.543 P : *Gaz. Pal. 1999. 2. Somm. 752* • 9 déc. 1999 (arrêt n° 1), n° 98-15.816 P : *D. 2000. 727 (1re esp.), note Beignier, Passera et Tavieaux-Moro ; ibid. 2000. Somm. 400, obs. Bigot* • 9 déc. 1999 (arrêt n° 2), n° 97-21.074 P : *Gaz. Pal. 2001. 1. Somm. 974, note Guerder* (cassation de • Paris, 18 nov. 1997 : *préc. note 121)* • 28 sept. 2000, n° 98-16.486 P. (confirmation de • Paris, 13 mars 1998 : *préc. note 120*) • 26 oct. 2000, n° 98-19.291 P • 23 mai 2001, n° 99-13.263 P : *Gaz. Pal. 2002. 1. Somm. 885, et la note.* ♦ ... En conséquence, l'exception de nullité présentée pour la première fois devant la Cour de cassation est irrecevable. • Civ. 2e, 9 déc. 1999, n° 98-12.543 P. ♦ ... Cassation, pour violation de ces textes, de l'arrêt qui déclare irrecevable une action en réparation du préjudice causé par la diffamation envers la mémoire d'un mort aux prétendus motifs que la citation, qui n'a pas été notifiée au ministère public, serait nulle au regard des dispositions d'ordre public et exceptionnelles de l'art. 53 de la L. du 29 juill. 1881, applicable tant devant les juridictions répressives que devant les juridictions civiles, et qu'elle n'aurait pu valablement saisir le tribunal ni interrompre la prescription, alors que l'exception de procédure n'a pas été invoquée avant toute défense au fond devant le tribunal. • Civ. 2e, 9 déc. 1999, n° 98-15.816 P. ♦ ... Doit être cassé, pour violation de ces textes, l'arrêt qui accueille l'exception de nullité des assignations pour défaut de notification au ministère public, excipée pour la première fois devant la cour d'appel, l'exception de nullité étant irrecevable devant elle. • Civ. 2e, 9 déc. 1999 (arrêt n° 2) : *préc.*

123. Est irrecevable le moyen tiré de la nullité de l'assignation en diffamation, présenté pour la première fois devant la Cour de cassation, dès lors qu'il ne résulte d'aucune énonciation ni d'aucunes conclusions que le défendeur ait invoqué, avant toute défense au fond, une exception de procédure fondée sur le défaut de notification de l'assignation au ministère public ; la nullité de l'assignation étant seulement alléguée en raison d'un cumul prétendu de qualifications d'injure et de diffamation, les juges en écartant cette exception n'avaient pas à rechercher d'office une autre cause éventuelle de nullité. • Civ. 2e, 24 févr. 2000, n° 97-20.908 P. ♦ ... Dès lors qu'il ne ressort d'aucune énonciation ni d'aucunes conclusions que les défendeurs aient soulevé devant le tribunal une exception de procédure fondée sur le défaut de notification de l'assignation au ministère public, l'exception n'était pas recevable devant la cour d'appel, qui ne pouvait que l'écarter. • Civ. 2e, 28 sept. 2000 : *préc. note 122.* ♦ ... La cour d'appel, qui retient que c'est en cause d'appel que les défendeurs ont soulevé la nullité de l'assignation pour défaut de notification au ministère public, après avoir excipé en première instance de la violation de l'al. 1er de l'art. 53, et défendu au fond, en déduit à bon droit que l'exception n'est pas, de ce chef, recevable devant elle. • Civ. 2e, 26 oct. 2000 : *préc. note 122.*

III. NULLITÉ DE LA CITATION

A. JURIDICTIONS PÉNALES

124. Principe. Les formalités prescrites par l'art. 53 de la L. du 29 juill. 1881 sont substantielles aux droits de la défense, et leur inobservation entraîne la nullité à la fois de la citation et de la poursuite elle-même. • Crim. 26 juin 1984 : *Bull. crim. no 244.*

125. En matière d'infraction à la loi sur la presse, la cour d'appel, constatant la nullité de l'exploit introductif d'instance, ne peut qu'annuler la procédure. • Crim. 9 nov. 1954 : *Bull. crim. no 319.* ♦ ... Sans pouvoir évoquer l'affaire et statuer au fond. • Crim. 28 déc. 1950 : *Bull. crim. no 297.*

126. A condition qu'elle n'ait pas eu pour effet de porter atteinte aux intérêts du prévenu, l'irrégularité affectant la mention de la date sur l'exploit de citation n'entraîne pas la nullité. • Crim. 6 nov. 1973 : *Bull. crim. no 403.* ♦ La substitution d'un prénom d'emprunt à celui du requérant dans la citation n'est pas de nature à entraîner sa nullité dès lors qu'il n'existe aucune ambiguïté sur l'identité de la partie civile poursuivante de nature à porter atteinte aux intérêts des prévenus. • Crim. 13 juin 1995, no 93-82.144 P.

127. L'application de l'art. 802 C. pr. pén. est exclue en cas de violation des dispositions exceptionnelles et impératives de l'art. 53 de la L. du 29 juill. 1881. • Crim. 25 févr. 1980 : *Bull. crim. no 70* • 17 mars 1981 : *ibid. no 96.*

128. Portée de la nullité. Pluralité de faits. Lorsque plusieurs propos sont incriminés dans une même citation délivrée pour une ou plusieurs infractions de presse, l'irrégularité affectant la poursuite pour l'un des propos ne s'étend à l'ensemble de l'acte que si, en raison de l'indivisibilité existant entre les différents faits poursuivis, c'est sur la nature et l'étendue de l'intégralité de ceux-ci qu'il en résulte une incertitude dans l'esprit du prévenu. • Crim. 3 nov. 2020, no 19-87.453 P : *D. actu. 1er déc. 2020, obs. Lavric.*

129. Invocation. Aux termes de l'art. 385 C. pr. pén., applicable à la poursuite des infractions à la loi sur la liberté de la presse, et devant la cour d'appel, les exceptions de nullité doivent être présentées avant toute défense au fond. • Crim. 26 avr. 1994, no 92-82.459 P • 12 mars 1996, no 95-81.127 P. ♦ ... Ainsi des causes de nullité de la citation. • Crim. 13 avr. 1945 : *Bull. crim. no 37* • 15 déc. 1949 : *ibid. no 344* • 4 nov. 1953 : *ibid. no 285* • 30 janv. 1958 : *ibid. no 110* • 18 déc. 1962 : *ibid. no 379* • 27 mai 1968 : *ibid. no 173* • 26 avr. 1994 : *préc.*

130. Le ministère public a le droit, dans l'intérêt d'une bonne administration de la justice, de soulever *in limine litis* l'exception de nullité de l'exploit de citation ou d'un acte de procédure, quand bien même la personne que cet acte concerne se serait abstenue de le faire. • Crim. 5 mars 1970 : *Bull. crim. no 93.* ♦ Lorsque la citation délivrée au prévenu par la partie civile du chef de contravention d'injures non publiques ne respecte pas les formalités de l'art. 53 de la L. du 29 juill. 1881, le ministère public a qualité pour invoquer *in limine litis*, conformément au droit commun, l'irrégularité de cet acte. • Crim. 26 mai 1977 : *Bull. crim. no 196.*

131. Il résulte de l'art. 385 C. pr. pén., applicable en matière de presse, que la nullité de la citation ne peut être relevée d'office par les juridictions correctionnelles, et qu'elle se trouve couverte lorsque le prévenu, après l'avoir régulièrement soulevée, a renoncé, au cours des débats, à s'en prévaloir. • Crim. 6 mars 1974 : *Bull. crim. no 96.* ♦ La violation des dispositions de l'art. 53 de la L. du 29 juill. 1881 relatives à la qualification des faits et au visa du texte dont l'application est requise doit être invoquée avant toute défense au fond et ne peut être soulevée d'office par les juges. • Crim. 12 mars 1996 : *préc. note 129.*

132. La nullité de la citation ne peut être proposée pour la première fois devant la Cour de cassation. • Crim. 4 avr. 1957 : *Bull. crim. no 325.* ♦ Mais la Cour de cassation a le devoir de vérifier si la citation délivrée est conforme aux prescriptions prévues, à peine de nullité, par l'art. 53, al. 1er, de la L. du 29 juill. 1881, même si aucune violation de ce texte n'a été soulevée par le prévenu *in limine litis.* • Crim. 25 juin 1963 : *Bull. crim. no 227* • 16 avr. 1985 : *ibid. no 141.*

133. Aux termes de l'art. 385 C. pr. pén., applicable à la poursuite des infractions à la loi sur la liberté de la presse, et devant la cour d'appel, les exceptions de nullité doivent être présentées avant toute défense au fond ; encourt la censure l'arrêt qui relève d'office l'exception de nullité prise du non-respect dans la citation délivrée au prévenu des dispositions des art. 29 et 53 de la L. du 29 juill. 1881 relatives à l'absence de précision du fait incriminé, les juges du fond n'ayant pas le pouvoir de la relever d'office ; mais, il appartient à la Cour de cassation, qui, en matière de presse, exerce son contrôle sur les pièces de la procédure, de relever d'office le moyen de pur droit pris de la nullité de l'exploit introductif d'instance ; une telle nullité entraînant celle de la poursuite, il n'y a pas lieu à renvoi. • Crim. 6 janv. 2009, no 08-80.826 P : *AJ pénal 2009. 139 ; Dr. pénal 2009. Chron. 6, obs. Mouysset.*

134. Forclusion. La forclusion prévue à

l'art. 385, al. 5, C. pr. pén. ne saurait être opposée au prévenu au motif qu'il n'aurait pas présenté l'exception de nullité lors de l'audience de consignation dès lors que, l'action publique n'étant pas mise en mouvement, le débat sur le fond n'a pas pu s'engager avant le versement de la somme due par la partie civile. • Crim. 27 nov. 2001 : *préc. note 114.*

135. Est étrangère à la forclusion édictée par l'art. 385 C. pr. pén. toute contestation relative au bien-fondé de la qualification en matière de presse, laquelle est irrévocablement fixée par l'acte initial de poursuites et constitue une question de fond qu'il appartient aux juges du fond de relever d'office, toute requalification étant interdite en matière de presse ; dès lors, justifie sa décision la cour d'appel qui, saisie d'une diffamation publique envers un particulier, au visa de l'art. 32 de la L. du 29 juill. 1881, prononce une relaxe après qu'il a été établi, au cours des débats au fond, que la partie civile, directeur de cabinet du ministre de l'environnement, était investie de prérogatives de puissance publique, et relevait en conséquence de l'art. 31 de la loi sur la presse relatif à la diffamation publique envers un citoyen chargé d'un service public. • Crim. 25 oct. 2005, n° 05-81.252 P : *D. 2007. Pan. 1044, obs. Dupeux ; Gaz. Pal. 2006. 1. 1211, note Monnet.*

136. Nouvelle citation. Lorsqu'une première citation est nulle, une nouvelle citation peut valablement saisir le tribunal ; mais il faut, pour cela, que le délai de prescription ne soit pas expiré et que la nouvelle citation réponde aux exigences prévues, à peine de nullité, par l'art. 53 de la L. du 29 juill. 1881. • Crim. 24 nov. 1949 : *Bull. crim. n° 318* • 2 mai 1972 : *ibid. n° 149.*

B. JURIDICTIONS CIVILES

137. Invocation. Il résulte de l'art. 53 de la L. du 29 juill. 1881, d'ordre public, que dans les instances civiles en réparation d'infractions de presse, l'exception de nullité de l'assignation doit être invoquée avant toute défense au fond ; dès lors qu'il ne ressort d'aucune énonciation du jugement ni d'aucune production que la chaîne de télévision ou le présentateur du journal télévisé aient excipé de la nullité de l'assignation avant toute défense au fond, l'exception présentée pour la première fois en cause d'appel était irrecevable. • Civ. 2e, 20 avr. 2000, n° 98-14.549 P.

138. Il résulte des art. 112, 562 et 954 NCPC que l'exception de nullité présentée avant toute défense au fond en première instance peut être reprise en appel, jusqu'aux dernières conclusions ; cassation pour violation de ces textes de l'arrêt qui, pour confirmer la recevabilité de la demande en réparation du préjudice occasionné par une publication, énonce notamment que les appelants n'avaient allégué la nullité de l'assignation qu'après avoir conclu au fond en cause d'appel, alors qu'ils avaient excipé de l'inobservation des dispositions de l'al. 1er de l'art. 53 de la L. du 29 juill. 1881 avant toute défense au fond devant le tribunal, qu'ils n'avaient pas renoncé à cette exception en concluant à l'infirmation du jugement sur le fond, et que seule l'exception prise par eux du défaut de notification de l'assignation au ministère public avait été soulevée pour la première fois devant la cour d'appel. • Civ. 2e, 8 févr. 2001, n° 98-20.840 P : *JCP 2001. II. 10633, note Rusquec ; ibid. 2003. I. 126, n° 9, obs. Taviaux-Moro ; Gaz. Pal. 2002. 1. Somm. 884, et la note.*

139. Prononcé. Ayant énoncé que, dès lors que des sociétés invoquaient, de concert avec la victime principale de la diffamation, l'existence de celle-ci, pour agir en réparation, leur action ne pouvait être engagée que conformément aux dispositions de la L. du 29 juill. 1881, et ayant constaté que les assignations délivrées par elles ne répondaient à aucune des exigences énoncées par l'art. 53 de ladite loi, une cour d'appel en déduit exactement qu'elles doivent être annulées. • Civ. 1re, 30 mai 2006, n° 04-17.102 P.

Art. 54 *(Ord. n° 45-2090 du 13 sept. 1945) (L. n° 2020-1672 du 24 déc. 2020, art. 27)* **« Par dérogation au premier alinéa de l'article 552 du code de procédure pénale, » le délai entre la citation et la comparution sera de vingt jours** *(Abrogé par Cons. const. n° 2019-786 QPC du 24 mai 2019, à compter du 31 mars 2020)* ***« outre un jour par cinq myriamètres de distance ».***

Toutefois, en cas de diffamation ou d'injure pendant la période électorale contre un candidat à une fonction électorale, ce délai sera réduit à vingt-quatre heures, outre le délai de distance *(L. n° 2020-1672 du 24 déc. 2020, art. 27)* **« prévu aux deux derniers alinéas du même article 552 », et les dispositions des articles 55 et 56** *(L. n° 2020-1672 du 24 déc. 2020, art. 27)* **« de la présente loi » ne seront pas applicables.** — *Afin de faire cesser l'inconstitutionnalité constatée à compter de la publication de la Décis. du Const. const. n° 2019-786 QPC du 24 mai 2019, il y a lieu de juger que les citations délivrées en application de la L. du 29 juill. 1881 après cette date (25 mai) sont soumises aux délais de distance déterminés aux deux derniers al. de l'art. 552 C. pr. pén. (consid. 12).*

1. QPC. La prise en compte, par l'instauration d'un délai spécifique, de la distance séparant le lieu de résidence de la personne poursuivie du lieu où elle est citée à comparaître n'est, par elle-même, pas contraire au principe d'égalité devant la justice. Toutefois, en raison de l'étendue du territoire de la République, les modalités de détermination de ce délai définies par les dispositions contestées sont susceptibles de conduire à des délais de distance très différents. Compte tenu des moyens actuels de transport, ces différences dépassent manifestement ce qui serait nécessaire pour prendre en compte les contraintes de déplacement, et ce quelle que soit la distance séparant le lieu de résidence du prévenu de celui de sa comparution. Dès lors, les dispositions contestées procèdent à une distinction injustifiée entre les justiciables. Dans ces conditions, les mots « outre un jour par cinq myriamètres de distance » figurant à l'art. 54 de la L. du 29 juill. 1881, qui méconnaissant le principe d'égalité devant la justice, doivent être déclarés contraires à la Constitution. • Cons. const. 24 mai 2019, n° 2019-786 QPC : *D. actu. 5 juin 2019, obs. Lavric.* ♦ La question prioritaire de constitutionnalité tend « à faire juger que les dispositions de l'art. 54 de la L. du 29 juill. 1881, en ce qu'elles prévoient un délai entre la citation et la comparution devant le tribunal correctionnel de vingt jours outre un jour par cinq myriamètres de distance, permettant ainsi, lorsque le prévenu résidant outre-mer, est cité en Métropole, que ce délai soit porté à plusieurs mois, lorsque, en toute autre matière, le délai de distance est fixé à un mois, portent atteinte aux droits et libertés que la Constitution garantit, et plus exactement au droit de la partie civile d'agir en justice, au principe d'égalité devant la justice et au droit à la réputation, composante du droit au respect de la vie privée, garantis par les art. 2, 6 et 16 DDH » ; la question posée présente un caractère sérieux, en ce que la disposition critiquée, qui détermine, en matière de délit de presse, le délai devant séparer la date de délivrance de la citation de celle de l'audience devant la juridiction de jugement, après un délai minimal de vingt jours, en fonction de la distance, évaluée selon une unité de mesure datant de l'époque révolutionnaire, existant entre le domicile du prévenu et le siège de la juridiction devant laquelle il doit comparaître, pourrait, lorsque ce domicile, sur le territoire de la République, est très éloigné du lieu du procès, être dépourvue de garanties propres à assurer une conciliation proportionnée entre la liberté d'expression, d'une part, et le principe d'égalité, d'autre part ; d'où il suit qu'il y a lieu de la renvoyer au Cons. const. • Crim. 5 mars 2019, n° 18-85.074 : *Légipresse 12 mars 2019, n° 369 ; RSC 2019. 101, note Dreyer* .

2. Délai de vingt jours. Les dispositions de l'art. 54 de la L. du 29 juill. 1881 imposant l'observation d'un délai de vingt jours entre la citation et la comparution, ne concernent que l'exploit introductif d'instance et non les citations ultérieures, ni celles délivrées en cause d'appel. • Crim. 4 mars 1971 : *Bull. crim. n° 77* • 19 oct. 1999, n° 99-82.466 P.

3. Le délai de vingt jours entre la citation et la *comparution, prévu par l'art. 54 de la L. du 29 juill. 1881*, ne s'applique qu'aux citations introductives d'instance ; pour déclarer nulles les citations et constater l'extinction de l'action publique en raison de la prescription, la cour d'appel énonce que le délai de vingt jours prévu par l'art. 54 de la L. du 29 juill. 1881 n'a pas été respecté dès lors que la citation délivrée à la requête du ministère public est intervenue le 13 nov. 2001 pour une comparution le 27 nov. 2001 ; les juges en déduisent que la citation était frappée de nullité, ainsi que le jugement préparatoire rendu par défaut à cette dernière date, et que, en conséquence, ces actes nuls n'ayant pu valablement interrompre la prescription, entre le 2 oct. 2001, date de l'ordonnance de renvoi, et le 4 janv. 2002, date des nouvelles citations délivrées par le ministère public, celle-ci était acquise ; en prononçant ainsi, la cour d'appel a méconnu l'art. 54 de la L. du 29 juill. 1881. • Crim. 12 oct. 2004, n° 03-83.306 P.

4. Le délai fixé par l'art. 54 de la L. du 29 juill. 1881 entre la citation et la comparution n'est pas prescrit à peine de nullité ; même si elle est donnée à trop faible délai, la citation a pour effet de saisir le tribunal, la partie citée, si elle se présente ou est représentée valablement, ayant seulement, aux termes de l'art. 553 C. pr. pén., la faculté de demander le renvoi à une audience ultérieure afin d'utiliser le délai légal, demande à laquelle les juges sont tenus de satisfaire. • Crim. 30 nov. 1954 : *Bull. crim. n° 360 ; D. 1955. Somm. 36* • 16 avr. 1959 : *Bull. crim. n° 230* • 21 mai 1985 : *ibid. n° 196* • 27 mai 1986 : *ibid. n° 177* • 21 nov. 1989 : *ibid. n° 431.* ♦ Opposer : • Crim. 30 avr. 1968 : *Bull. crim. n° 133.*

5. Il résulte de la combinaison des art. 54 de la L. du 29 juill. 1881 et 553-1° C. pr. pén. que, lorsque la partie citée ne se présente pas, la citation délivrée en violation de l'art. 54 précité est entachée de nullité et ne saisit la juridiction répressive ni de l'action civile ni de l'action publique ; une décision de renvoi prononcée à tort, dans ces conditions, constitue, en elle-même, une atteinte aux droits de la défense, au sens de l'art. 565 du même code. • Crim. 9 nov. 1992, n° 91-82.688 P : *D. 1994. Somm. 190, obs. Bigot* .

6. L'art. 54 de la L. du 29 juill. 1881 impose le délai de 20 jours entre la délivrance de la citation et la date de comparution ; en l'espèce, le délai n'ayant pas été respecté, il convient de prononcer la nullité de la citation litigieuse. • TGI Carpentras, 12 avr. 2001 : *D. 2002. Somm. 2763, obs. Massis* .

7. Il résulte de la combinaison des art. 54 de la L. du 29 juill. 1881 et 553 C. pr. pén. que lorsque la partie citée ne se présente pas, la citation délivrée sans que soit respecté entre ladite citation et la comparution le délai prévu par l'art. 54 précité est entachée de nullité et ne saisit la juridiction répressive, ni de l'action civile, ni de l'action publique. • Crim. 3 avr. 2013, n° 12-83.679 : *D. 2014. 517, obs. Dreyer* .

8. En matière de délits de presse, le délai entre la citation et la comparution est de vingt jours, outre un jour par cinq myriamètres de distance ; si le délai légal entre le jour où la citation est délivrée et le jour fixé pour la comparution n'a pas été observé, la citation doit être déclarée nulle dans le cas où la partie citée ne se présente pas ; encourt la cassation l'arrêt qui, dans une poursuite exercée du chef de provocation à la discrimination raciale, retient, pour écarter l'exception de nullité de la poursuite prise de l'inobservation du délai de citation, que, si le jugement doit être annulé, la cour doit évoquer l'affaire, constater qu'elle a été régulièrement saisie par l'appel du ministère public, et que, les prévenus ayant été effectivement informés de l'accusation portée contre eux par la notification du jugement qui leur a été faite, les prescriptions de l'art. 6 Conv. EDH sont satisfaites. • Crim. 15 déc. 2015, n° 14-85.570 P : *D. actu. 21 janv. 2016, obs. Lavric.*

9. Délai de 24 h. L'art. 54 de la L. du 29 juill. 1881 concerne tous les candidats à des fonctions électorales, comme les élections aux tribunaux de commerce, et non point seulement les élections législatives et les élections municipales. • Crim. 5 nov. 1959 : *Bull. crim. n° 472.*

10. Le prévenu est sans intérêt à se faire un grief de l'inobservation du délai de 24 h prévu, en période électorale, par l'al. 2 de l'art. 54 de la L. du 29 juill. 1881, dès lors qu'il a été cité à comparaître devant la juridiction correctionnelle dans le délai le plus long prévu par l'al. 1er dudit article. • Crim. 21 avr. 1980 : *Bull. crim. n° 113.*

11. Il résulte de la combinaison des art. 54, al. 2, et 57, al. 2, de la L. du 29 juill. 1881 que l'application des prescriptions impératives de l'art. 55 de ladite loi est écartée seulement dans la mesure où la juridiction de jugement est saisie de la poursuite, avant les élections à l'occasion desquelles la diffamation incriminée a été perpétrée. • Crim. 17 mars 1981 : *Bull. crim. n° 97.*

12. Justifie sa décision une cour d'appel qui, pour écarter l'exception de nullité d'une citation délivrée dans le délai prévu à l'al. 2 de l'art. 54 de la L. du 29 juill. 1881, énonce que la période électorale commence, pour les élections législatives, à compter du jour où sont reçues les déclarations de candidature dans les préfectures. • Crim. 16 févr. 1999, n° 97-86.406 P.

Art. 54-1 *(L. n° 2017-86 du 27 janv. 2017, art. 170)* **En cas de poursuites engagées en application des articles 50 ou 53 sous la qualification prévue soit au septième alinéa de l'article 24, soit au deuxième alinéa de l'article 32, soit au troisième alinéa de l'article 33, la juridiction de jugement peut, dans le respect du principe du contradictoire, requalifier l'infraction sur le fondement de l'une de ces dispositions.**

En cas de poursuites engagées en application des articles 50 ou 53 sous la qualification prévue soit au huitième alinéa de l'article 24, soit au troisième alinéa de l'article 32, soit au quatrième alinéa de l'article 33, la juridiction de jugement peut, dans le respect du principe du contradictoire, requalifier l'infraction sur le fondement de l'une de ces dispositions.

BIBL. ▶ Dreyer, *Gaz. Pal. 25 avr. 2017, p. 83* (requalification d'un propos ségrégationniste en matière de presse).

Art. 55 *(Ord. n° 45-2090 du 13 sept. 1945)* **Quand le prévenu voudra être admis à prouver la vérité des faits diffamatoires, conformément aux dispositions de l'article 35 de la présente loi, il devra, dans le délai de dix jours après la signification de la citation, faire signifier au ministère public ou au plaignant au domicile par lui élu, suivant qu'il est assigné à la requête de l'un ou de l'autre :**

1° Les faits articulés et qualifiés dans la citation, desquels il entend prouver la vérité ;

2° La copie des pièces ;

3° Les noms, professions et demeures des témoins par lesquels il entend faire la preuve.

Cette signification contiendra élection de domicile près le tribunal correctionnel, le tout à peine d'être déchu du droit de faire la preuve.

(L. n° 2017-86 du 27 janv. 2017, art. 170) **« En cas de poursuites engagées sous la qualification prévues** *[prévue]* **aux septième ou huitième alinéas de l'article 24 ou aux troisième ou quatrième alinéas de l'article 33, le présent article est également applicable devant la juridiction de jugement si celle-ci requalifie l'infraction sous la qualification prévue aux deuxième et troisième alinéas de l'article 32. »**

BIBL. ▶ Bigot, *Gaz. Pal. 1996. 1. Doctr. 828* (application des art. 53 et 55 devant les juridictions civiles). – Ader, *Légipresse 1999, II, p. 17* (preuve de la vérité en droit de la diffamation). – Mallet-Poujol, *Légipresse 2003, II, p. 101* (preuve dans le procès de presse). – Menotti, *R. 2004* (preuve de la vérité du fait diffamatoire). – François, *D. 2005. Chron. 1388* (preuve de la vérité des faits diffamatoires et CEDH : confrontation des conceptions française et européenne).

A. ORIGINALITÉ DE LA PREUVE

1° ÉTENDUE DE LA PREUVE

1. Formalisme. En matière de diffamation, la vérité du fait diffamatoire ne constitue un fait justificatif que dans la mesure où la preuve en est administrée par le prévenu conformément aux prescriptions des art. 35 et 55 de la L. du 29 juill. 1881. • Crim. 5 déc. 1962 : *Bull. crim. n° 358* • 26 mai 1992, n° 91-84.187 P : *D. 1994. Somm. 191, obs. Massis.*

2. La preuve de la vérité du fait diffamatoire ne peut ainsi résulter d'un document retenu à la charge des prévenus. • Crim. 5 déc. 1962 : *préc. note 1.* ♦ De même, si la vérité du fait diffamatoire était notoire ou reconnue par le plaignant lui-même, cette circonstance ne pourrait, ni dispenser le prévenu de suivre la procédure prescrite par la loi, ni autoriser les juges à en déduire le fait justificatif prévu par l'art. 35 de la L. du 29 juill. 1881. • Crim. 23 déc. 1968 : *Bull. crim. n° 357* • 5 nov. 1970 : *D. 1971. 90, note J.-M. R.* ♦ La preuve de la vérité des faits diffamatoires ne peut être fondée sur des éléments de preuve apportés par le plaignant, qui ne saurait être entendu à ce titre comme témoin. • Crim. 7 nov. 1995, n° 93-85.426 P.

3. Les formalités prévues à l'art. 55 de la L. du 29 juill. 1881 ne constituent pas en elles-mêmes des défenses au fond ; leur accomplissement ne saurait nuire à la libre et entière défense des prévenus, ni impliquer de leur part une renonciation à proposer au tribunal les exceptions et moyens de nullité dont ils peuvent se prévaloir, pourvu qu'ils le fassent avant toute défense au fond. • Crim. 15 déc. 1949 : *Bull. crim. n° 344 ; D. 1950. Somm. 44* • 6 juin 1990, n° 88-81.579 P • 22 oct. 1991, n° 90-85.069 P.

4. Le prévenu, mis en cause pour diffamation publique envers un particulier, qui a spontanément demandé, dans les conditions déterminées par l'art. 55 de la L. du 29 juill. 1881, à faire la preuve de la vérité des faits allégués, conserve la faculté de soutenir que les propos ou écrits incriminés ne portent pas atteinte à l'honneur et à la considération de la partie civile. • Crim. 2 sept. 2003, n° 03-80.349 P : *JCP 2003. IV. 2800 ; RSC 2004. 129, obs. Francillon ; Dr. pénal 2003. 144, obs. Véron.*

5. Ne sauraient porter atteinte au principe posé par l'art. 6 Conv. EDH, selon lequel toute personne a droit à ce que sa cause soit entendue équitablement, les règles relatives à l'administration de la preuve de la vérité du fait diffamatoire, énoncées par l'art. 55 de la L. du 29 juill. 1881 sur la liberté de la presse. • Crim. 23 mai 1989 : *Bull. crim. n° 215* • 22 mai 1990, n° 87-85.399 P. ♦ Cette loi soumet l'exercice de cette liberté à des restrictions constituant des mesures nécessaires à la protection de la réputation et des droits d'autrui au sens de l'art. 10 de ladite Convention. • Crim. 23 mai 1989 : *préc.* ♦ Les dispositions de la L. du 29 juill. 1881 qui incriminent la diffamation et qui imposent au prévenu d'apporter la preuve des faits justificatifs qu'il invoque dans les formes et délais prévus à l'art. 55 sont conformes à l'art. 10 Conv. EDH. • *Crim. 14 oct. 1997, n° 95-81.185 P.*

6. Charge. Si la vérité des imputations diffamatoires constitue, aux termes de l'art. 35 de la loi sur la presse, une cause d'immunité pour le prévenu, ce n'est qu'autant que ce dernier en a lui-même établi la preuve devant ses juges, dans les conditions déterminées par ladite loi. • Crim. 21 oct. 1964 : *Bull. crim. n° 273* • 3 juill. 1996, n° 94-82.647 P : *RSC 1997. 372, obs. Bouloc.*

7. Lorsque le prévenu n'a pas demandé à prouver, dans les formes légales, la vérité des imputations, la cour d'appel rejette à bon droit une demande d'enquête dont l'objet serait, par un moyen détourné, de rapporter cette preuve. • Crim. 28 oct. 1953 : *Bull. crim. n° 272.*

8. Si la vérité du fait diffamatoire constitue, selon l'art. 35 de la L. du 29 juill. 1881, un fait justificatif pour le prévenu, ce n'est qu'autant que ce dernier en a, lui-même, établi la preuve devant les juges, dans les conditions et suivant les formes déterminées par l'art. 55 de ladite loi ; pour renvoyer les prévenus de la poursuite, la cour d'appel retient notamment que l'exactitude de l'ensemble des faits articulés non seulement n'est pas contestée, mais ressort des pièces versées à la procédure ; en statuant ainsi, alors qu'il ne résulte d'aucune pièce que les prévenus aient offert de rapporter la preuve de la vérité de l'imputation diffamatoire dans les conditions et suivant les formes prévues par la loi sur la presse, les juges ont méconnu les textes susvisés et le principe ci-dessus rappelé. • Crim. 22 oct. 2013, n° 12-85.971 : *D. 2014. 514, obs. Dreyer ; RLCT 2014/99, n° 2652, p. 29, note Mayaud ; CCE 2014, n° 8, obs. Lepage.*

9. Office du juge. Les juges n'ont pas à rechercher d'office cette preuve. • Crim. 5 nov. 1963 : *Bull. crim. n° 306.* ♦ ... Ni ne peuvent, d'office, admettre l'exactitude des imputations diffamatoires. • Crim. 3 juill. 1996 : *préc. note 6.* ♦ Ils n'ont aucun pouvoir pour en provoquer, en compléter ou en parfaire l'établissement. • Crim. 21 oct. 1964 : *préc. note 6* • 9 juill. 1970 : *Bull. crim. n° 325* • 12 juill. 1983 : *ibid. n° 221.* ♦ ... Et le prévenu n'est pas recevable, devant la Cour de cassation, à leur faire grief de s'être abstenus d'une telle initiative. • Crim. 5 nov. 1963 : *préc.* ♦ De même une cour d'appel n'est pas tenue d'ordonner la production d'un document à partir duquel l'auteur de la diffamation prétendrait faire la preuve du fait diffamatoire. • Civ. 2e, 19 janv. 1994, n° 92-13.815 P.

10. Il n'appartient pas aux juridictions d'instruction de rechercher si les faits relevés comme diffamatoires sont vrais ou faux ; seule la juridiction de jugement peut prononcer sur ce point lorsque le prévenu est admis à rapporter la preuve de la vérité des faits, conformément aux dispositions des art. 35 et 55 de la L. du 29 juill. 1881. • Crim. 24 janv. 1952 : *Bull. crim. n° 29 ; D. 1952. 285, rapp. Patin* • 2 mars 1978 : *Bull. crim. n° 82* • 19 déc. 1978 : *ibid. n° 360* • 4 nov. 1986 : *ibid. n° 323.* ♦ Dans le même sens : • TGI Paris, 30 avr. 1998 : *D. 1999. Somm. 161, obs. Bigot ; Dr. pénal 1998. Chron. 19, obs. Lesclous et Marsat.* ♦ En organisant une confrontation au cours de laquelle il pose de nombreuses questions sur des faits diffamatoires rapportés par un journal, un juge d'instruction procède à une recherche de la vérité prohibée par les art. 35, 55 et 56 de la L. du 29 juill. 1881. • Bordeaux, 3 mars 1993 : *D. 1994. Somm. 191, obs. Massis* . ♦ A excédé les pouvoirs qui lui sont conférés par les art. 55 et 56 de la loi sur la presse, le juge d'instruction qui a procédé à un interrogatoire qui avait pour objet de rechercher la véracité ou la fausseté des imputations diffamatoires, et il y a lieu d'annuler purement et simplement le procès-verbal de cet interrogatoire. • TGI Avignon, 25 sept. 1997 : *D. 1999. Somm. 161, obs. Bigot* .

11. La preuve de la vérité des faits diffamatoires n'est susceptible de résulter que du débat auquel il est procédé devant la juridiction de jugement, et non d'éléments ayant pu être recherchés dans ce but au cours de l'instruction préalable. • Crim. 24 oct. 1989 : *Bull. crim. n° 379.* ♦ ... Ou ayant pu être reçus au cours de cette instruction. • Crim. 26 mai 1992, n° 91-84.187 P : *D. 1994. Somm. 191, obs. Massis* . ♦ C'est donc à bon droit que les juges refusent d'ordonner la communication d'un dossier d'instruction. • Crim. 21 nov. 1989 : *Bull. crim. n° 431.* ♦ ... De même, lorsque des pièces relatives à la preuve de la vérité des faits diffamatoires ont été remises à tort au magistrat instructeur, et irrégulièrement incorporées au dossier de l'information, la chambre d'accusation se doit d'annuler les interrogatoires de l'inculpé et les auditions de la partie civile concernant l'administration de cette preuve. • Crim. 26 mai 1992 : *préc.*

12. Déchéance. En l'absence d'offre de preuve de la vérité du fait diffamatoire signifiée dans les formes prévues par l'art. 55 de la L. du 29 juill. 1881, les prévenus sont déchus du droit de faire cette preuve et les attestations des témoins qu'ils versent aux débats ne peuvent être prises en considération. • Crim. 14 oct. 1997, n° 95-81.185 P.

13. La déchéance ne peut être couverte par la renonciation de la partie diffamée et doit être écartée d'office par le juge. • Paris, 13 mars 1998 : *Gaz. Pal. 1998. 2. Somm. 554.*

14. Les formalités et les délais prévus par l'art. 55 de la L. du 29 juill. 1881 pour admettre le prévenu à apporter la preuve des faits diffamatoires sont d'ordre public et doivent être observés à peine de déchéance ; celle-ci doit être relevée d'office par le juge et peut être invoquée en tout état de cause ; en conséquence, la cour d'appel méconnaît ce principe en déclarant irrecevables les conclusions des parties civiles qui invoquaient la déchéance de l'offre de preuve de la vérité des faits diffamatoires, retenant que le défaut de signification de l'offre de preuve à la partie civile constitue une exception de nullité qui ne peut être soulevée pour la première fois en cause d'appel. • Crim. 24 sept. 2002, n° 01-86.181 P.

2° ARTICULATION DE LA PREUVE

15. Délai. Les prescriptions relatives à l'observation des délais prévus par les art. 55 et 56 de la L. du 29 juill. 1881 sont d'ordre public. • Crim. 11 mai 1960 : *Bull. crim. n° 253.*

16. Le délai dans lequel le prévenu de diffamation, qui veut prouver la vérité des faits diffamatoires, doit faire la signification ordonnée par l'art. 55 de la L. du 29 juill. 1881, a pour point de départ exclusif la notification de la citation introductive d'instance. • Crim. 29 août 1912 : *DP 1914. 1. 75* • 6 nov. 1962 : *Bull. crim. n° 303.* ♦ Le délai de dix jours dans lequel le prévenu, qui veut prouver la vérité des faits diffamatoires, doit faire la signification prescrite par l'art. 55 de la L. du 29 juill. 1881 a pour point de départ la signification de la citation, y compris lorsque la juridiction de jugement est saisie par ordonnance de renvoi du juge d'instruction. • Crim. 8 nov. 2005, n° 05-83.802 P : *D. 2007. Pan. 1044, obs. Dupeux ; Dr. pénal 2006. 36, obs. Véron ; Gaz. Pal. 2006. 1. Somm. 2064, note Monnet.*

17. Il s'agit d'un délai strict de dix jours, à l'expiration duquel le prévenu est déchu de son droit de rapporter cette preuve. • Crim. 24 juin 1986 : *Bull. crim. n° 223 ; RSC 1986. 854, obs. Levasseur.* ♦ ... La diffamation devant alors être punie sans qu'il y ait à distinguer selon que les imputations étaient vraies ou fausses. • Crim. 6 mars 1952 : *D. 1952. 340.*

18. Ce délai (pas plus que celui de l'art. 56) n'est pas un délai franc, et, par suite, la signification faite le onzième jour est tardive. • Crim. 11 mai 1960 : *préc. note 15.* ♦ ... Alors même que le dernier jour serait un jour férié. • Crim. 12 sept. 1912 : *DP 1914. 1. 148.*

19. Il ne peut être prorogé par le défaut de comparution du prévenu à l'audience pour laquelle il a été cité. • Crim. 8 juill. 1887 : *DP 1888. 1. 44* • 5 janv. 1888 : *ibid. 1888. 1. 191.* ♦ ... Ni augmenté à raison de la distance. • Crim. 24 juin 1986 : *préc. note 16.*

20. La déchéance ne peut être couverte par la renonciation de la partie civile. • Crim. 11 mai 1960 : *préc. note 15.* ♦ Elle doit être déclarée d'office par le juge. • Crim. 5 janv. 1888 : *préc.* • 17 nov. 1953 : *Bull. crim. n° 296 ; D. 1954. Somm. 29.* ♦ ... Et peut être invoquée, en tout état de cause, et notamment, pour la première fois, devant la Cour de cassation. • Crim. 11 mai 1960 : *préc. note 15.*

21. La notification d'une nouvelle citation, en cas de renvoi de l'affaire, ne peut relever le prévenu de la déchéance encourue et faire courir de nouveaux délais. • Crim. 28 mai 1957 : *Bull. crim. n° 451.* ♦ Mais le refus de signifier opposé par l'unique huissier territorialement compétent, constitue un obstacle invincible, indépendant de la volonté du demandeur, de nature à relever celui-ci de la déchéance encourue à l'expiration du délai prévu par l'art. 55 de la L. du 29 juill. 1881. • Crim. 22 févr. 1978 : *Bull. crim. n° 68.*

22. Renvoyé devant le tribunal correctionnel du chef de diffamation publique envers un fonctionnaire public à la suite d'une plainte avec constitution de partie civile, l'intéressé, devant la cour d'appel, a déposé des conclusions demandant qu'il soit sursis à statuer sur l'action publique au motif qu'il avait fait citer, au titre de l'offre de preuve de la vérité des faits, un témoin ne pouvant prêter serment, celui-ci étant lui-même poursuivi du même chef à la requête de la partie civile ; pour écarter cette demande, la cour d'appel, après avoir énoncé que l'offre de preuve portait la date du 30 oct. 2001, retient que la signification de celle-ci est intervenue le 19 nov. 2001, soit plus de 10 jours après la citation délivrée au prévenu le 26 oct. 2001 ; en l'état de ces motifs empreints de contradiction, la cassation est encourue. • Crim. 12 oct. 2004, n° 03-83.306 P.

23. Selon l'art. 641 C. pr. civ., lorsqu'un délai est exprimé en jours, celui de l'acte, de l'événement, de la décision ou de la notification qui le fait courir ne compte pas ; selon l'art. 55 de la L. du 29 juill. 1881, le prévenu qui veut être admis à prouver la vérité des faits diffamatoires doit faire signifier les moyens de son offre de preuve à la partie poursuivante dans les dix jours après la signification de la citation ; pour déclarer le prévenu déchu de son offre de preuve, l'arrêt retient que le délai de dix jours a commencé à courir le 10 juin 2008, date de la signification au prévenu de la citation introductive d'instance, que ce délai a expiré le 19 juin 2008, et qu'en conséquence l'offre de preuve notifiée le 20 juin 2008 a été tardive ; en statuant ainsi, alors que l'offre de preuve a été faite le dernier jour du délai légal, la cour d'appel a méconnu les textes susvisés et les principes ci-dessus rappelés. • Crim. 11 oct. 2011, n° 10-88.091 P : *D. actu. 14 nov. 2011, obs. Lavric ; Gaz. Pal. 2012. 1. 366, obs. Fourment.*

24. Offres. Ne saurait être déclarée irrecevable l'offre de preuve de la vérité des faits diffamatoires signifiée à la partie civile qui a mis l'action publique en mouvement ainsi qu'au procureur de la République qui a délivré la citation à comparaître à la suite de l'ordonnance de renvoi. • Crim. 15 juin 1984 : *Bull. crim. n° 226.*

25. Même si elles sont employées cumulativement, les offres de preuve de la vérité des faits diffamatoires par écrits et par témoins sont distinctes et indépendantes l'une de l'autre, et ne présentent aucun caractère indivisible. • Crim. 6 mai 1986 : *Bull. crim. n° 154 ; RSC 1987. 206, obs. Levasseur.*

26. Faits. L'art. 55 exige que le prévenu spécifie les faits articulés et qualifiés dans la citation, desquels il entend faire la preuve ; cette spécification est nécessaire, alors même que le prévenu entendrait faire la preuve de tous les faits diffamatoires visés dans la citation : il s'agit là d'une formalité substantielle qui doit être observée à peine de déchéance du droit de faire la preuve, cette déchéance étant d'ordre public et devant être relevée d'office par le juge. • Crim. 22 févr. 1966 : *Bull. crim. n° 62* • 23 oct. 1975 : *ibid. n° 224* • 29 nov. 1994, n° 93-83.452 P • Crim. 27 avr. 2004, n° 03-84.682 P : *JCP 2004. IV. 2216 ; Gaz. Pal. 2004. 2. 3807, note Monnet.*

27. Si, selon l'art. 55 de la L. du 29 juill. 1881, le prévenu qui veut être admis à prouver la vérité des faits diffamatoires doit, à peine de déchéance, spécifier dans sa notification les faits articulés et qualifiés dans la citation desquels il entend faire la preuve, il n'en est pas ainsi lorsque ce dernier acte n'incrimine qu'un seul fait ; c'est donc à tort que la cour a déclaré le prévenu déchu de son offre de preuve, alors qu'aucun doute ne pouvant exister dans l'esprit des plaignants sur la preuve contraire à Administrer la notification faite par le prévenu satisfait aux exigences du texte susvisé. • Crim. 27 oct. 1998, n° 95-83.842 P : *Dr. pénal 1999. Comm. 72, note Véron.*

28. Il ne peut être fait grief à l'arrêt attaqué d'avoir déclaré trois délégués syndicaux coupables du délit de diffamation publique envers un chef de gare au service de la société des autoroutes du sud de la France ; en effet, la cour d'appel, qui a constaté que les trois délégués syndicaux ne contestaient pas avoir distribué le tract diffamatoire aux automobilistes d'un péage autoroutier et avoir mis en place la banderole contenant les propos diffamatoires, mais se bornaient à prétendre que cette activité n'était pas répréhensible pour entrer dans le cadre de leur activité syndicale, après avoir à bon droit relevé d'office le moyen tiré de l'inobservation de la formalité substantielle prévue par l'art. 55 de la L. du 29 juill. 1881, qui exige que le prévenu spécifie les faits articulés et qualifiés dans la citation dont il entend prouver la vérité, a ainsi légalement justifié sa décision. • Civ. 1re, 21 juin 2005, n° 04-14.104 P.

29. Pour écarter la preuve de la vérité du fait diffamatoire, l'arrêt relève, par motifs propres et adoptés, que l'offre de preuve, signifiée à la requête des prévenus, n'a pas spécifié précisément les faits articulés et qualifiés dans la citation dont ils entendaient administrer la preuve de la vérité, dès lors que les intéressés se sont limités à indiquer leur intention de prouver la vérité des faits contenus dans les passages incriminés par une référence générale auxdits faits tout en produisant trois documents ; les juges en déduisent à bon droit que ladite offre de preuve n'a pas respecté les exigences édictées à l'art. 55 de la L. du 29 juill. 1881. • Crim. 19 juin 2018, n° 17-82.526 : *D. actu. 12 juill. 2018, obs. de Korodi.*

30. Pièces. L'art. 55 de la L. du 29 juill. 1881 n'exige pas que les pièces signifiées, pour être admises au titre de l'offre de preuve, soient antérieures à la perpétration de la diffamation poursuivie. • Crim. 17 déc. 1979 : *Bull. crim. n° 360.* ♦ Mais, pour être admises au titre de l'offre de preuve de la vérité des faits diffamatoires,les pièces visées par l'art. 55 de la L. du 29 juill. 1881 doivent, quelle que soit leur date, concerner des faits antérieurs à la perpétration de la diffamation. • Crim. 28 nov. 1995, n° 93-84.134 P. ♦ Il résulte de l'art. 55 de la L. du 29 juill. 1881 que, pour être admis au titre de l'offre de preuve régulièrement signifiée, les écrits et témoignages prévus par ce texte doivent, quelle que soit leur date, porter sur des faits antérieurs à la perpétration de la diffamation. • Crim. 22 mai 1997, n° 94-84.106 P. ♦ ... N'entrent pas dans cette catégorie les éléments pris en considération par les juges du fond uniquement pour justifier la crédibilité d'un témoin entendu au titre de l'offre de preuve. • Crim. 28 nov. 1995, n° 93-84.134 P

31. Si aux termes de l'art. 55 de la L. du 29 juill. 1881, le prévenu de diffamation est tenu de faire signifier à la partie adverse la copie des pièces par lesquelles il entend faire la preuve de la vérité des faits, cette formalité résulte suffisamment de l'exploit qui, après avoir visé les pièces offertes en preuve, atteste que l'huissier a laissé à la partie concernée copie dudit exploit et des pièces mentionnées. • Crim. 6 mai 1986 : *Bull. crim. n° 154 ; RSC 1987. 206, obs. Levasseur.*

32. Aucune disposition légale n'autorise une personne citée comme témoin à substituer à sa déposition orale une déclaration écrite ; si, toutefois, une telle déclaration peut être considérée, au regard des dispositions du code de procédure pénale, comme un élément de preuve laissé à l'appréciation des juges, il n'en est pas de même lorsqu'il s'agit de prouver la vérité des faits diffamatoires : l'écrit entre nécessairement dans la catégorie des pièces qui, selon l'art. 55 de la L. du 29 juill. 1881, ne peuvent être produites qu'à la condition d'avoir été signifiées dans les conditions de ce texte. • Crim. 26 juill. 1976 : *Bull. crim. n° 270.*

33. Les juges du fond n'ont pas à faire état, au point de vue de l'appréciation de la preuve des faits diffamatoires, des documents non signifiés en conformité de l'art. 55 de la L. du 29 juill. 1881. • Crim. 7 déc. 1950 : *Bull. crim. n° 280* • 2 mars 1954 : *ibid. n° 94.* ♦ Mais il n'est pas interdit aux tribunaux de rechercher dans le texte de l'écrit qui a motivé les poursuites, et qui, dès lors, appartient aux débats, des éléments d'appréciation quant à la réalité de ces faits. • Crim. 12 avr. 1976 : *Bull. crim. n° 114.* ♦ Il n'importe que, lors de son audition par le tribunal, un des témoins régulièrement dénoncés en application de l'art. 55 de la L. du 29 juill. 1881, ait produit divers documents non signifiés et que ceux-ci aient été versés au dossier, dès lors que les juges n'ont pas fait état de ces pièces dans leur appréciation de la preuve de la vérité des faits diffamatoires. • Crim. 28 nov. 1995 : *préc. note 30.*

34. Il résulte de l'art. 55 de la L. du 29 juill. 1881 que, pour être admis au titre de l'offre de preuve, les écrits et témoignages prévus par ce texte doivent, quelle que soit leur date, porter sur des faits antérieurs à la perpétration de la diffamation ; encourt en conséquence la cassation l'arrêt qui déclare établie la vérité de faits diffamatoires en se fondant sur des pièces établissant l'existence de procédures judiciaires postérieures aux écrits diffamatoires qui ne pouvaient avoir été connues des prévenus et avoir servi de fondement à leurs allégations. • Crim. 22 oct. 2013, n° 12-86.197 P : *D. 2013. 2523 ; ibid. 2014. 514, obs. Dreyer ; Gaz. Pal. 2014. 1. 460, obs. Fourment.*

35. Témoins. Sur le sursis à statuer lorsque le témoin est mis en examen dans une autre procédure, V. L. 29 juill. 1881, ss. art. 35.

36. La simple dénonciation, par la défense, d'une liste de noms de personnes pouvant avoir une connaissance du sujet traité par les journalistes n'est pas, à elle seule, suffisante pour déterminer le tribunal à prendre à l'égard de ces témoins absents, une mesure coercitive qui, faute de précisions complémentaires sur le rôle joué par ces témoins dans l'enquête des prévenus, ne pourrait être qu'arbitraire ; or, en fuyant le procès et en refusant de s'expliquer au fond, les prévenus n'ont pas mis le tribunal en mesure d'apprécier la nécessité de la déposition de chacun des 22 témoins cités, et de rechercher si leur absence pouvait priver les prévenus d'un procès équitable, au sens de la Convention européenne ; la nécessité d'ordonner la comparution des témoins par la force publique (C. pr. pén., art. 439) n'est donc pas démontrée et l'exception doit être rejetée. • TGI Paris, 9 mars 1998 : *Gaz. Pal. 1998. 1. 228.*

37. Appréciation. Lorsque le prévenu a été admis à rapporter la preuve prévue par l'art. 35 de la L. du 29 juill. 1881, il appartient aux juges du fond d'apprécier souverainement la valeur des témoignages et documents produits à cette fin, en ce qu'ils tendent à démontrer la réalité des faits desquels le prévenu entend tirer cette preuve. • Crim. 12 avr. 1976 : *Bull. crim. n° 114.* ♦ Ils ne sauraient, avant d'en avoir pris connaissance, les écarter au motif qu'ils auraient été obtenus par des moyens déloyaux. • Crim. 18 nov. 1986 : *Bull. crim. n° 345.*

38. Si, en matière de diffamation, lorsque la preuve des imputations diffamatoires est autorisée par la loi, les juges du fond déduisent souverainement des documents produits et des témoignages recueillis les circonstances justificatives dont prétend exciper le prévenu, il appartient à la Cour de cassation de contrôler s'ils ont exactement apprécié la corrélation des faits ainsi déterminés avec les imputations en cause et se sont, ainsi, prononcés à bon droit sur l'administration des preuves. • Crim. 16 mars 1948 : *Bull. crim. n° 94* • 5 déc. 1962 : *ibid. n° 359* • 21 nov. 1989 : *ibid. n° 431* • 22 mai 1990, n° 87-85.399 P • 30 mars 1993, n° 91-86.040 P.

39. Si, au vu des nombreuses pièces et éléments qu'ils ont réunis au cours de leur enquête, des prévenus sont en droit de faire part au lecteur des zones d'ombre, des insuffisances, voire des incohérences qui leur semblent subsister à l'issue d'une procédure judiciaire, en revanche, la preuve des allégations proférées n'est pas rapportée lorsqu'ils ne disposent d'aucun élément leur permettant de désigner de manière péremptoire le commanditaire des assassinats débattus (sur le fondement de l'art. 31 de la loi de 1881). • TGI Paris, 9 mars 1998 : *Gaz. Pal. 1998. 1. 228.* ♦ De même, force est d'admettre que les prévenus ont échoué dans leur offre de preuve, lorsque le tribunal constate que l'ensemble des documents qu'ils ont produits révèle, sans doute, l'existence, dans un département, d'un climat délétère, de pratiques financières douteuses liées aux spéculations immobilières, dans lesquelles des élus pourraient être impliqués, des financements illicites de partis politiques, mais n'autorisait pas à en déduire, ni à affirmer que la partie civile serait liée à la mafia et au grand banditisme (sur le fondement de l'art. 32 de la loi de 1881). • Même jugement.

40. C'est à bon droit que la cour d'appel, pour dire non rapportée la preuve des faits diffamatoires, relève que les témoignages fournis et les pièces produites dans le cadre de cette offre n'établissent, ni dans sa matérialité, ni dans sa portée, la vérité de l'imputation faite à la partie civile d'être au centre d'un réseau islamiste prêt à servir de relais à des actions terroristes. • Crim. 9 nov. 2004, n° 03-83.366 P.

41. Déchéance. Le prévenu de diffamation est déchu du droit de prouver la vérité du fait diffamatoire, si, loin de demander à établir cette preuve en première instance, il se laisse condamner par défaut et prétend seulement la faire en cause d'appel ; il ne saurait, en effet, arbitrairement soustraire le débat sur le fait justificatif à la règle du double degré de juridiction. • Crim. 21 janv. 1954 : *Bull. crim. n° 28.*

42. La requête en révision d'un jugement de condamnation pour diffamation publique envers des particuliers, par laquelle le condamné offre de rapporter la preuve de la vérité des faits diffamatoires est irrecevable, dès lors que, n'ayant pas usé, devant la juridiction répressive, des dispositions de l'art. 55 de la L. du 29 juill. 1881, l'intéressé s'est trouvé déchu du droit d'administrer une telle preuve. • Crim. 3 juin 1996, n° 00-96.016 P.

B. JURIDICTIONS CIVILES

43. Cour de cassation. Aucune disposition législative n'écarte l'application de l'art. 55 de la L. du 29 juill. 1881 dans le cas d'une action exercée séparément de l'action publique devant une juridiction civile. • Civ. 2e, 22 juin 1994, n° 92-19.460 P : *D. 1995. Somm. 264, obs. Dupeux* ; *JCP 1994. I. 3809, obs. Viney ; Gaz. Pal. 1995. 1. 163, note Bruntz et Domingo.*

44. S'agissant de la publication d'un article relatif à la collecte de fonds pour le financement des partis politiques qui fait état d'un « racket pour les partis de droite » au moyen de publicité fictive, il ne peut être fait grief à l'arrêt attaqué d'avoir accueilli l'action en diffamation d'un ancien ministre et de la société d'édition qu'il dirige, dès lors que la cour d'appel, sans inverser la charge de la preuve, a retenu que le directeur de la publication et le journaliste produisaient les photocopies de quelques pages présentées comme des extraits d'un réquisitoire définitif, mais sans date ni signature, rien n'indiquant que les faits dénoncés aient été déférés à une juridiction correctionnelle qui les aurait considérés comme établis, motifs dont elle a déduit que les auteurs de la diffamation n'avaient pas apporté la preuve, qui leur incombait, de la vérité des faits allégués. • Civ. 2e, 29 mai 1996, n° 93-19.865 P.

45. La délivrance de l'assignation en dehors des conditions fixées par les art. 654 NCPC [devenu C. pr. civ], 7 à 13 et 42 de la L. du 29 juill. 1881, est nécessairement de nature à porter atteinte aux droits de la défense, en entravant l'exercice des droits reconnus à la personne poursuivie par l'art. 55 de la L. du 29 juill. 1881, et alors qu'aucune offre de preuve de la vérité des faits diffamatoires n'avait été régulièrement signifiée. • Civ. 2e, 25 nov. 2004, n° 02-12.829 P : *JCP 2005. n° 8, obs. Tavieaux-Moro ; Gaz. Pal. 2006. 1. Somm. 566, note Guerder.*

46. Juridictions du fond. Les formalités prévues par les art. 53 et 55 de la L. du 29 juill. 1881 rentrent dans le champ de dispositions spécifiques au droit pénal, puisqu'elles conditionnent la mise en œuvre et la régularité d'exercice de l'action publique, dont la citation est l'acte initial ; elles ne sont pas applicables à la procédure de référé sur le fondement de l'art. 809 NCPC [devenu C. pr. civ.], qui tend seulement au prononcé de mesures propres à faire cesser un trouble manifestement illicite ou prévenir la réalisation d'un dommage imminent. • Rennes, 9 juin 1998 : *Gaz. Pal. 1999. 1. 1, note Rusquec.* ♦ Rappr. • TGI Paris, réf., 13 oct. 1997 : *D. 1998. 154 (1re esp.), note Burgelin* ; *Gaz. Pal. 1997. 2. 590, note J.-G. M.*

47. Signification. Le tribunal, qui a relevé que l'auteur de la correspondance incriminée n'avait pas fait procéder à la signification prévue par l'art. 55 de la L. du 29 juill. 1881, en a déduit à bon droit qu'il était irrecevable à produire les annexes jointes à la lettre versée aux débats par le demandeur et donc à prouver la vérité des faits diffamatoires. • Civ. 1re, 16 mai 2006, n° 04-

16.068 P : *Gaz. Pal. 2007. 2. Somm. 3427, note Guerder.*

48. Délai. Il résulte des termes impératifs de l'art. 55 de la L. du 29 juill. 1881, applicable devant la juridiction civile, qu'une pièce non notifiée dans le délai de dix jours édicté par ce texte ne peut être produite pour appuyer l'offre de preuve, et la juridiction saisie ne peut en faire état pour former sa conviction. • Civ. 2e, 14 janv. 1999, ☎ n° 97-10.454 P. • 26 avr. 2001, ☎ n° 98-23.061 P : *Gaz. Pal. 2003. 2. Somm. 3977, obs. Guerder.* ♦ Justifie légalement sa décision au regard de ce texte la cour d'appel qui condamne une société de télévision à des dommages-intérêts, pour avoir diffusé dans une émission des propos jugés diffamatoires par la société éditrice du guide litigieux, incitant, selon l'émission, à la pédophilie, après avoir écarté l'exception de vérité invoquée par la société de télévision, dès lors qu'il ne ressort d'aucune énonciation de l'arrêt, ni d'aucunes conclusions ni productions, qu'à la suite de l'assignation de la société de télévision, cette dernière ait dénoncé une offre de preuve de la vérité des faits diffamatoires, dans les conditions et délais prévus par le texte précité, ce qui la rend déchue du droit de faire cette preuve. • Civ. 2e, 14 janv. 1999 : ☎ *préc.* ♦ ... Dès lors qu'il ne ressort d'aucune énonciation de l'arrêt, ni d'aucunes conclusions ni productions, qu'à la suite de leur assignation en réparation du préjudice causé par la diffamation envers un particulier, les défendeurs aient dénoncé une offre de preuve de la vérité des faits diffamatoires, dans les conditions et délais prévus par le texte précité, ces derniers étaient donc déchus du droit de faire cette preuve, et ne pouvaient l'invoquer par voie de conclusions ; par ce motif de pur droit substitué à ceux critiqués, le rejet de l'exception de vérité se trouve légalement justifié. • Civ. 2e, 26 avr. 2001 : ☎ *préc.*

49. Référé. Le délai de l'art. 55 de la L. du 29 juill. 1881 est d'ordre public ; il en résulte que le juge des référés ne peut condamner un journaliste, auteur d'un article diffamatoire, à verser une provision à la victime, sans respecter le délai de dix jours, après la signification de l'assignation, dont dispose la partie assignée en diffamation qui veut être admise à prouver la vérité des faits diffamatoires. • Civ. 2e, 5 févr. 1992, ☎ n° 90-16.022 P : *D. 1992. 442, note Burgelin* ✎, *et 1993. 53, note Wachsmann* ✎ ; *Gaz. Pal. 1992. 1. 216, concl. Dubois de Prisque, et 242, Doctr. Bertin ; ibid. 1992. 2. 599, Doctr. Bruntz et Domingo, et 601, Doctr. Korman ; ibid. 1995. 1. Doctr. Boccara ; RTD civ. 1999. 972 s., obs. Normand.*

50. Selon l'art. 35 de la L. du 29 juill. 1881, sauf exception légale, la vérité des faits diffamatoires peut toujours être prouvée ; selon l'art. 55 de cette loi, sauf pendant la période électorale, la partie assignée en diffamation qui veut être admise à prouver la vérité des faits diffamatoires dispose d'un délai de dix jours après la signification de l'assignation pour lui permettre de faire cette preuve ; ce délai est d'ordre public ; l'action en diffamation soumise à la juridiction des référés ne peut être examinée avant l'expiration de ce délai de dix jours. • Civ. 2e, 14 nov. 2002, ☎ n° 00-16.808 P : *JCP 2003. I. 126, n° 10, obs. Taviaux-Moro ; Gaz. Pal. 2003. 2. 3841, note Guerder ; RTD civ. 2003. 345, obs. Normand* ✎. ♦ Doit être cassé l'arrêt confirmant la décision d'un juge des référés qui, un éditeur ayant été assigné d'heure à heure, renvoie l'affaire à une audience ultérieure pour examen des éléments de preuve susceptibles d'être produits par le défendeur, et, sur le fondement de l'art. 808 NCPC [devenu C. pr. civ.], ordonne le retrait provisoire du bandeau recouvrant un livre et interdit toute publicité reproduisant la couverture de l'ouvrage recouvert du bandeau litigieux. • Même arrêt. ♦ Il résulte de l'art. 35 de la L. du 29 juill. 1881 que, sauf exception légale, la vérité des faits diffamatoires peut toujours être prouvée ; selon l'art. 55 de ladite loi, sauf pendant la période électorale, la partie assignée en diffamation qui veut être admise à prouver la vérité des faits diffamatoires dispose d'un délai de 10 jours après la signification de l'assignation pour lui permettre de faire cette preuve ; ce délai est d'ordre public ; l'arrêt attaqué, après avoir analysé le tract incriminé, et caractérisé sa portée diffamatoire, retient que les faits relèvent des dispositions de la L. du 29 juill. 1881, notamment son art. 55 qui accorde à l'auteur d'un article diffamatoire un délai d'ordre public de dix jours pour faire la preuve de la vérité ; qu'un tel délai, revendiqué en défense, n'a pas été observé en l'espèce, puisque seulement quatre jours ont séparé la date à laquelle l'affaire fut examinée devant le juge des référés de celle de l'acte introductif d'instance ; de ces constatations et énonciations, desquelles il résulte que le juge des référés avait excédé ses pouvoirs, la cour d'appel a pu déduire qu'il y avait lieu d'annuler l'ordonnance de référé et d'évoquer. • Civ. 2e, 24 avr. 2003 : *Gaz. Pal. 2003. 2. 3849, note Guerder.*

51. Le pouvoir du juge des référés de se prononcer sur une éventuelle diffamation ainsi que sur ses conséquences ne peut être contesté dès lors que le délai de 10 jours prévu par l'art. 55 de la L. du 29 juill. 1881 a été respecté et qu'en toute hypothèse, conformément aux dispositions de l'art. 35 de ladite loi, la vérité des faits diffamatoires ne peut être prouvée dès lors que l'imputation concerne la vie privée et se réfère au surplus à des faits qui remontent à plus de dix années. • TGI Nanterre, 6 nov. 1995 : *D. 1997. Somm. 87, obs. Hassler et Lapp* ✎ ; *BICC 1996. 351 ; Gaz. Pal. 1996. 1. Somm. 279.*

52. Doit être déchue de son droit à prouver la vérité des faits diffamatoires la partie produisant des pièces permettant de prouver ces faits plus de dix jours après la date d'assignation ; ne peut être privé du droit de faire cesser un trouble manifestement illicite, le demandeur, en raison de la fonction qu'il exerce, à supposer que celle-ci s'analyse en une mission de service public ; doit être rejetée la demande visant à faire interdire pour l'avenir « tout article ou propos mettant en cause directement la victime », une telle mesure étant incompatible avec le principe de la liberté de la presse. • TGI Paris, réf., 10 janv. 1997 : *Gaz. Pal. 2000. 1. Doctr. 697, obs. Cousin.*

53. Témoins. Les témoins dénoncés en application de l'art. 55 de la L. du 29 juill. 1881 sont acquis aux débats et doivent être entendus, lorsque leur audition n'est pas prohibée par la loi ; cassation, pour violation des art. 35 et 55 de la L. du 29 juill. 1881, de l'arrêt qui, pour refuser l'audition de deux témoins régulièrement dénoncés par un journaliste, énonce que l'offre de preuve est dénuée de portée utile, car le témoignage des témoins cités à lui seul ne serait pas suffisamment probant, à défaut d'être confronté par des éléments objectifs, extérieurs à la manifestation en cause, qu'en outre le seul témoignage de ces personnes ne saurait rapporter la preuve tant de la malveillance censée animer le journaliste que du caractère volontaire et intentionnel de l'erreur alléguée, alors que la preuve de la vérité des faits diffamatoires n'est pas prohibée, et que les témoins dénoncés n'invoquant aucun empêchement, les parties poursuivies ont, en vertu de la loi, droit à leur audition. • Civ. 2e, 16 déc. 1999, n° 98-12.810 P : *Gaz. Pal. 2001. 1. Somm. 980, note Guerder.*

Art. 56 *(Ord. n° 45-2090 du 13 sept. 1945)* **Dans les cinq jours suivants, en tout cas au moins trois jours francs avant l'audience, le plaignant ou le ministère public, suivant les cas, sera tenu de faire signifier au prévenu, au domicile par lui élu, les copies des pièces et les noms, professions et demeures des témoins par lesquels il entend faire la preuve du contraire, sous peine d'être déchu de son droit.**

1. Contre-preuve. La limitation par l'art. 55 de la L. du 29 juill. 1881 du cadre dans lequel le prévenu doit préciser ses moyens de preuve, implique nécessairement que les pièces et dépositions des témoins produits par le plaignant en vertu de l'art. 56 de la même loi ne peuvent être utilisées par le prévenu et ne peuvent servir qu'à l'administration de la preuve contraire qu'il a demandée à faire. • Crim. 20 mai 1954 : *Bull. crim. n° 192 ; JCP 1954. II. 8261, note Chavanne* • 19 mai 1958 : *Bull. crim. n° 398.*

2. La procédure prévue par l'art. 56 de la L. du 29 juill. 1881 concerne uniquement les témoins et documents que le ministère public et la partie civile entendent produire pour établir la preuve contraire de la vérité des faits diffamatoires. • Crim. 12 mars 1969 : *Bull. crim. n° 115.*

3. Les juges du fond n'ont pas à faire état, pour l'appréciation de la preuve des faits diffamatoires, des documents non signifiés en conformité de l'art. 56 de la L. du 29 juill. 1881. • Crim. 8 juin 1950 : *Bull. crim. n° 183* • 7 déc. 1950 : *ibid. n° 280* • 3 mai 1956 : *ibid. n° 344.*

4. Lorsqu'un tribunal a été régulièrement saisi par une seconde citation délivrée avant l'expiration du délai de prescription des actions publique et civile, et que les offres de preuve et de contre-preuve ont été notifiées conformément aux dispositions des art. 55 et 56 de la L. du 29 juill. 1881, la validité de cette procédure ne saurait être affectée par le fait qu'elle a été amorcée, puis interrompue dans un premier temps, avant toute saisine juridictionnelle ; le tribunal, saisi sur le fondement de la seconde citation, n'a pas à connaître des actes antérieurs, et dès lors que la nature et l'étendue de la poursuite n'ont pas été modifiées postérieurement à la deuxième citation, et que les dispositions légales relatives aux conditions de l'offre de preuve et de contre-preuve ont été respectées, le principe de l'égalité des parties n'est pas méconnu. • Paris, 2 mars 1994 : *D. 1995. Somm. 265, note Dupeux.*

5. L'absence d'offre de contre-preuve signifiée dans les délais prescrits par l'art. 56 de la loi sur la liberté de la presse, n'est pas de nature à exonérer les défendeurs de leur obligation d'apporter une preuve complète de la véracité des allégations diffamatoires, tout comme elle ne prive pas le demandeur de la possibilité de discuter des documents versés aux débats par les défendeurs aux fins d'établir la réalité des faits allégués. • TGI Paris, 11 déc. 1996 : *JCP 1997. II. 22938, note Lacabarats.* ♦ ... Par ailleurs, si les prescriptions de l'art. 55 de la loi sur la liberté de la presse ne visent que l'offre de preuve de la vérité des faits diffamatoires et ne font pas obstacle à la démonstration de la bonne foi, de même les dispositions de l'art. 56 du même texte n'interdisent pas au demandeur de contester dans les délais de droit commun le bien-fondé de ce dernier moyen. • Même jugement.

Art. 57 *(Ord. n° 45-2090 du 13 sept. 1945)* **Le tribunal correctionnel et le tribunal de simple police seront tenus de statuer au fond dans le délai maximum d'un mois à compter de la date de la première audience.**

Dans le cas prévu à l'alinéa 2 de l'article 54, la cause ne pourra être remise au delà du jour fixé pour le scrutin.

Le délai fixé par l'art. 57 de la L. du 29 juill. 1881 n'est pas prescrit à peine de nullité. • Crim. 7 mai 1951 : *Bull. crim. n° 133* • 16 mars 1954 : *ibid. n° 111.*

Art. 58 *(Ord. n° 45-2090 du 13 sept. 1945)* **Le droit de se pourvoir en cassation appartiendra au prévenu et à la partie civile, quant aux dispositions relatives à ses intérêts civils.** *(L. n° 81-759 du 6 août 1981)* **« Le prévenu sera dispensé de se mettre en état. »**

La partie civile pourra user du bénéfice de l'article 124 (424) du code d'instruction criminelle *[C. pr. pén., art. 585]*, **sans le ministère d'un avocat à la cour de cassation.**

BIBL. ► Guerder, *Gaz. Pal. 1995. 1. Doctr. 589* (contrôle de la Cour de cassation en matière de délits de presse).

1. Demandeurs au pourvoi. Aux termes de l'art. 58 de la L. du 29 juill. 1881, le droit de se pourvoir en cassation appartient à la partie civile quant aux dispositions relatives à ses intérêts civils ; ce texte spécial exclut en la matière les dispositions restrictives de l'art. 575 C. pr. pén. • Crim. 9 janv. 1979 : *Bull. crim. n° 15* • 14 mai 1979 : *ibid. n° 172* • 4 nov. 1986 : *ibid. n° 323* • 13 oct. 1987 : *ibid. n° 349* • 12 juill. 1988 : *ibid. n° 300* • 26 juill. 1988 : *ibid. n° 309* • 12 janv. 1993, n° 91-80.537 P.

2. Si, d'après l'art. 58 de la L. du 29 juill. 1881, le droit de se pourvoir appartient à la partie civile quant aux seules dispositions relatives à ses intérêts civils, cette restriction aux effets du pourvoi n'a pas lieu lorsqu'il n'a été statué que sur la nullité de la citation. • Crim. 24 oct. 1962 : *Bull. crim. n° 298* • 12 mars 1969 : *ibid. n° 120* • 20 janv. 1987 : *ibid. n° 30.* ♦ ... Ou sur la validité de la poursuite. • Crim. 24 nov. 1987 : *Bull. crim. n° 428* • 21 mars 1995 : *D. 1995. IR 152 ; JCP 1995. IV. 1556 ; Gaz. Pal. 26-27 juill. 1995.* ♦ La juridiction de renvoi doit alors se prononcer sur la prévention tant du point de vue pénal que du point de vue civil. • Crim. 24 oct. 1962 : *préc.* • 12 mars 1969 : *préc.*

3. Décisions susceptibles de pourvoi. Aux termes des art. 567 et 591 C. pr. pén., le pourvoi en cassation n'est reçu que contre les arrêts et jugements rendus en dernier ressort par les juridictions de jugement ; ces textes sont applicables en matière d'infractions à la loi sur la presse. • Crim. 18 juill. 1985 : *Bull. crim. n° 272.*

Art. 59 *(Ord. n° 45-2090 du 13 sept. 1945)* **Le pourvoi devra être formé, dans les trois jours, au greffe de la cour ou du tribunal qui aura rendu la décision. Dans les vingt-quatre heures qui suivront, les pièces seront envoyées à la cour de cassation, qui jugera d'urgence dans les dix jours à partir de leur réception.**

L'appel contre les jugements ou le pourvoi contre les arrêts des cours d'appel qui auront statué sur les incidents et exceptions autres que les exceptions d'incompétence ne sera formé, à peine de nullité, qu'après le jugement ou l'arrêt définitif et en même temps que l'appel ou le pourvoi contre ledit jugement ou arrêt.

Toutes les exceptions d'incompétence devront être proposées avant toute ouverture du débat sur le fond ; faute de ce, elles seront jointes au fond et il sera statué sur le tout par le même jugement.

RÉP. PÉN. v^is *Appel*, par Courtin ; *Cassation (pourvoi en)*, par Boré.

1. Décisions susceptibles de pourvoi. L'art. 59 de la L. du 29 juill. 1881 est d'une portée générale en matière de presse ; il s'applique donc, notamment, aux pourvois formés contre les arrêts de la chambre d'accusation. • Crim. 29 nov. 1966 : *Bull. crim. n° 274* • 19 sept. 1981 : *ibid. n° 255* • 8 avr. 1986 : *ibid. n° 118* • 6 janv. 1987 : *ibid. n° 4.* ♦ Aucune disposition de ce texte n'en exclut l'application lorsque la décision attaquée n'a statué que sur l'action civile. • Crim. 15 déc. 1987 : *Bull. crim. n° 467.*

2. Le pourvoi en cassation contre un jugement n'est recevable que si celui-ci constitue une décision rendue en dernier ressort, l'art. 591 C. pr. pén. étant applicable en matière de presse. • Crim. 13 avr. 1967 : *Bull. crim. n° 122.* ♦ La partie civile, qui tient de l'art. 546 C. pr. pén. la faculté d'appeler, dans tous les cas, des jugements du tribunal de police, ne peut pas se pourvoir contre ces jugements : en effet, aux termes de l'art. 591 du même code, le pourvoi en cassation n'est reçu que contre les arrêts et jugements rendus en dernier ressort par les juridictions de jugement ; les deux articles précités sont applicables en matière d'infraction de presse. • Crim. 10 avr. 1964 : *Bull. crim. n° 103* • 21 avr. 1980 : *ibid. n° 114.*

3. Délai du pourvoi. Selon l'art. 59 de la L. du 29 juill. 1881 sur la liberté de la presse, auquel le code de procédure pénale n'a, sur ce point, apporté aucune modification, le pourvoi contre les décisions rendues en matière d'infractions de presse doit être formé dans les trois jours. • Crim. 14 janv. 1971 : *Bull. crim. n° 14 (1er arrêt) ; D. 1971. 101 (1re esp.), rapp. Chapar* • 11 juill. 1973 : *ibid. n° 327* • 22 mai 1974 : *ibid. n° 197* • 10 oct. 1974 : *ibid. n° 290* • 4 janv. 1983 : *ibid. n° 5* • 20 juin 1985 : *ibid. n° 240* • 8 avr. 1986 : *ibid. n° 118* • 6 janv. 1987 : *ibid. n° 4* • 4 nov. 1987 : *ibid. n° 389* • 15 déc. 1987 : *ibid. n° 467* • 2 mars 1999, n° 97-86.354 P.

4. Ce délai n'est pas franc. • Crim. 7 août 1951 : *Bull. crim. n° 257* • 16 mai 1962 : *ibid. n° 195* • 21 févr. 1963 : *ibid. n° 89* • 14 mars 1966 : *ibid. n° 94 ; Adde* les arrêts précités. • 2 mars 1999, n° 97-86.354 P. ♦ ... Et la prorogation prévue par l'art. 801 C. pr. pén. ne lui est pas applicable. • Crim. 8 mars 1978 : *Bull. crim. n° 90* • 10 mars 1980 : *ibid. n° 85* • 29 nov. 1983 : *ibid. n° 324.* ♦ *Contra :* • Crim. 27 janv. 1992, n° 91-86.458 P • 2 mars 1999 : *préc.*

5. Les règles de procédure de la L. du 29 juill. 1881 étant applicables en matière d'injure non publique, le pourvoi en cassation doit, aux termes de l'art. 59 de cette loi, être formé dans les trois jours au greffe de la juridiction qui a rendu la décision. • Crim. 7 juin 1983 : *Bull. crim. n° 171* • 17 mai 1988 : *ibid. n° 214.*

6. Il résulte de la combinaison des art. 568 C. pr. pén. et 59 de la L. du 29 juill. 1881 que lorsqu'un même arrêt a statué à la fois sur deux infractions respectivement prévues par la loi sur la liberté de la presse et par un autre texte, le délai de pourvoi en cassation est de trois jours non francs en ce qui concerne les dispositions de l'arrêt relatives à la première de ces infractions et de cinq jours francs pour le surplus. • Crim. 18 déc. 1975 (deux arrêts) : *Bull. crim. nos 289 et 290* • 15 janv. 1991, n° 90-84.155 P • 11 avr. 1995 : *Gaz. Pal. 1995. 2. Somm. 358* • 25 févr. 2003 : *JCP 2003. IV. 1695.* ♦ *Contra :* • Crim. 9 oct. 1974 : *Bull. crim. n° 282.* ♦ ... Le pourvoi formé contre un arrêt déclarant le prévenu coupable de menace de mort réitérée et d'injures non publiques, infractions respectivement prévues et réprimées par les art. 222-17 C. pén., 29, al. 2, de la L. du 29 juill. 1881, et R. 621-2 C. pén., est tardif, ayant été déclaré dans le délai de l'art. 568 C. pr. pén., mais hors le délai fixé par l'art. 59 de la loi sur la liberté de la presse. • Crim. 25 févr. 2003 : *préc.*

7. QPC. La question prioritaire de constitutionnalité est ainsi rédigée : « En limitant le délai de pourvoi en cassation à trois jours non francs, l'art. 59 de la L. du 29 juill. 1881 sur la presse porte-t-il atteinte aux droits et libertés garantis par la Constitution et, plus particulièrement, au droit à un recours effectif et aux droits de la défense ? » ; la fixation du délai du pourvoi en cassation en matière d'infraction à la loi sur la presse à trois jours non francs, qui s'applique tant au prévenu qu'à la partie civile et au ministère public, ne les prive pas de la possibilité d'exercer un recours effectif devant la Cour de cassation et permet l'exercice, également effectif, des droits de la défense ; la prorogation du délai, prévue par l'art. 801 C. pr. pén., s'applique au délai du pourvoi fixé par l'art. 59 de la L. du 29 juill. 1881 ; enfin, un pourvoi qui n'aurait pu être formé dans ce délai peut être déclaré recevable si le demandeur justifie de circonstances l'ayant mis dans l'impossibilité absolue d'exercer son recours en temps utile ; ainsi la question est dépourvue de caractère sérieux ; d'où il suit qu'il n'y a pas lieu de renvoyer la *question prioritaire de constitutionnalité* au Cons. const. • Cass., QPC, 7 déc. 2010 : *D. actu. 19 janv. 2011, obs. Lavric ; Gaz. Pal. 2-3 mars 2011, note Fourment (2e arrêt)* • 7 déc. 2010 : *Dr pénal 2011. Chron. 5, obs. Mouysset.*

8. Point de départ du délai. Les délais de pourvoi en cassation prévus par l'art. 568, al. 1, C. pr. pén. et par l'art. 59 de la L. du 29 juill. 1881 ont pour point de départ le jour où l'arrêt attaqué a été rendu, fût-ce en l'absence du demandeur, quand les prescriptions de l'art. 462 C. pr. pén. ont été respectées, et quand bien même le demandeur n'aurait pas été présent à l'audience indiquée par le président et qui a vu ordonner la prolongation du délibéré à une date ultérieure. • Crim. 4 janv. 1983 : *Bull. crim. n° 5.* ♦ Selon l'art. 59 de la L. du 29 juill. 1881, le pourvoi en cassation doit être formé dans les 3 jours ; ce délai, qui n'est pas franc et qui ne peut être prorogé qu'en application de l'art. 801 C. pr. pén. ou en cas de force majeure, a pour point de départ le lendemain du jour du prononcé du jugement, lorsque les parties ont été informées, comme le prévoit l'art. 462, al. 2, dudit code, du jour auquel l'arrêt serait rendu. • Crim. 2 mars 1999, n° 97-86.354 P.

9. Mais le délai prévu par l'art. 59 de la L. du 29 juill. 1881 commence à courir du jour de la signification de l'arrêt, si l'avis prescrit par l'art. 462, al. 2, C. pr. pén. n'a pas été donné à la partie intéressée. • Crim. 11 déc. 1984 : *Bull. crim. n° 399* • 21 nov. 1989 : *ibid. n° 431* • 18 juill. 1990, n° 88-80.211 P.

10. Si le délai de pourvoi en cassation a pour point de départ le jour où l'arrêt attaqué a été rendu, il en est autrement si le demandeur peut justifier de circonstances l'ayant mis dans l'impossibilité absolue d'exercer son recours en temps utile. • Crim. 4 janv. 1983 : *préc.* • 29 nov. 1983 : *Bull. crim. n° 324* • 20 juin 1985 : *ibid. n° 240.*

I. INCIDENTS ET EXCEPTIONS

A. APPEL

11. Recevabilité. Par application de l'art. 59 de la L. du 29 juill. 1881, l'appel contre les jugements statuant sur des incidents et exceptions autres que les exceptions d'incompétence ne peut être formé, sauf recours admis à la procédure des art. 507 et 508 C. pr. pén., dont les dispositions sont applicables en matière d'infractions de presse, qu'après le jugement rendu sur le fond et en même temps que l'appel contre ledit jugement, et ce à peine de nullité. • Crim. 29 déc. 1971 : *Bull. crim. n° 371* • 24 janv. 1973 : *ibid. n° 41* • 3 juin 1975 : *ibid. n° 142* • 17 mars 1980 : *ibid. n° 92* • 5 nov. 1991, n° 91-82.347 P. ♦ Faute par le prévenu de s'être conformé à ces prescriptions, le jugement avant dire droit acquiert l'autorité de la chose jugée. • Crim. 3 mai 1972 : *Bull. crim. n° 151.* ♦ En l'absence d'appel d'un jugement ayant statué sur une exception autre que celle d'incompétence, dans les conditions prévues par l'art. 59, al. 2, de la L. du 29 juill. 1881, la juridiction du second degré, saisie de l'appel formé contre le jugement sur le fond, n'a pas à examiner l'exception écartée par la décision incidente passée en force de chose jugée. • Crim. 28 nov. 1995, n° 93-84.134 P.

12. L'appel d'un jugement qui ordonne un sursis indéfini et illimité, et suspend ainsi arbitrairement le cours de la justice, est recevable nonobstant l'art. 59 de la L. du 29 juill. 1881. • Crim. 7 juill. 1949 : *D. 1949. 552* • 16 nov. 1954 : *Bull. crim. n° 335 ; D. 1955. 25.* ♦ Il peut être immédiatement interjeté appel du jugement qui ordonne un sursis à statuer, mais renvoie la cause à une date déterminée et ne met pas fin à la procédure, à condition qu'il soit fait application des art. 507 et 508 C. pr. pén. • Crim. 5 nov. 1991 : *préc. note 11.*

13. L'appel du jugement statuant sur l'incident ou l'exception est recevable, lorsque formé après le jugement sur le fond, il intervient dans les délais prévus par les art. 498 s. C. pr. pén. • Crim. 26 juin 1968 : *Bull. crim. n° 209.* ♦ Doit être déclaré nul l'appel du jugement avant dire droit, lorsqu'il a été formé le lendemain du jour où a été interjeté appel contre le jugement sur le fond. • Crim. 12 févr. 1976 : *Bull. crim. n° 58.*

14. Nullité. Sont nulles les dispositions d'un arrêt statuant sur des appels nuls aux termes de l'art. 59 de la L. du 29 juill. 1881. • Crim. 24 janv. 1973 : *ibid. n° 41.* ♦ Mais la nullité de l'acte d'appel n'entraîne pas la nullité des actes de procédure subséquents. • Crim. 25 janv. 1955 : *Bull. crim. n° 58.* ♦ L'appel frappé de nullité ne peut reprendre de valeur que s'il est renouvelé en même temps que l'appel du jugement sur le fond. • Crim. 10 déc. 1991, n° 90-86.956 P.

15. Selon l'art. 59 de la L. du 29 juill. 1881, l'appel contre les jugements qui statuent sur les incidents et les exceptions autres que les exceptions d'incompétence ne peut être formé, à peine de nullité, qu'après le jugement définitif et en même temps que l'appel contre ledit jugement ; statuant sur l'action d'un maire et conseiller général en réparation du préjudice subi du fait de la publication d'un article de presse relatant sa comparution à une audience du tribunal correctionnel, l'arrêt attaqué, pour déclarer prescrite l'action en diffamation, retient que l'appel, qui ne portait que sur la prescription, ne dessaisissait pas le tribunal du fond de l'affaire et n'avait aucun effet suspensif de cette prescription ; qu'il appartenait au demandeur d'effectuer tous les actes de procédure manifestant à ses adversaires son intention de continuer l'action engagée ; la réitération de l'appel contre le jugement incident avec l'appel formé contre le jugement sur le fond, le 13 oct. 1998, n'ayant pu valider l'appel du 4 avr. 1997, c'est à bon droit que l'arrêt attaqué a estimé que cet acte nul n'avait pas interrompu la prescription. • Civ. 2e, 7 févr. 2002, n° 00-14.592 P : *Gaz. Pal. 2003. 2. Somm. 3976, obs. Guerder.*

B. POURVOI

16. Recevabilité. Le pourvoi contre les arrêts des cours d'appel qui auront statué sur des incidents et exceptions autres que les exceptions d'incompétence ne sera, sous réserve de l'application des art. 570 et 571 C. pr. pén., formé, à peine de nullité, qu'après l'arrêt définitif et en même temps que le pourvoi contre ledit arrêt. • Crim. 4 nov. 1987 : *Bull. crim. n° 389.* ♦ Selon l'art. 59 de la L. du 29 juill. 1881, le pourvoi contre les arrêts des cours d'appel, ayant statué en matière de presse, sur les incidents et exceptions autres que les exceptions d'incompétence, ne peut être formé, à peine de nullité, qu'après l'arrêt sur le fond et en même temps que le pourvoi contre cet arrêt. • Crim. 7 mars 2000, n° 99-85.798 P • Crim. 6 déc. 2005, n° 05-85.981 P : *D. 2006. IR 177.* ♦ Les dispositions des art. 570 et 571 C. pr. pén. autorisent le président de la chambre criminelle à apprécier si un pourvoi contre un arrêt ne mettant pas fin à la procédure doit être reçu dans l'intérêt de l'ordre public ou d'une bonne administration de la justice en application de l'art. 59 de la loi précitée ; en conséquence, le pourvoi formé contre l'arrêt qui a rejeté les exceptions de nullité de l'ordonnance de renvoi et des citations à comparaître, et a renvoyé l'évocation de l'affaire à une audience ultérieure, doit être déclaré nul. • Crim. 6 déc. 2005 : *préc.*

17. Est irrecevable, comme dirigé contre une décision statuant sur des exceptions ou incidents autres que les exceptions d'incompétence, le pourvoi formé contre un arrêt interlocutoire rejetant les conclusions du prévenu soutenant que l'action en diffamation formée contre lui serait prescrite. • Crim. 4 janv. 1951 : *Bull. crim. n° 8 ; D. 1951. 113* • 4 juin 1958 : *Bull. crim. n° 432.*

18. Est irrecevable le pourvoi formé contre un arrêt qui a rejeté l'exception de sursis prévue par l'art. 35, dernier al., de la L. du 29 juill. 1881 : un tel arrêt entre, en effet, dans la classe des arrêts prévus par l'art. 59 de ladite loi. • Crim. 19 mai 1950 : *Bull. crim. n° 167.* ♦ Mais est recevable le pourvoi formé contre un arrêt ordonnant qu'il soit sursis à statuer, par le motif que les faits imputés concernent la vie privée et font l'objet d'une information. • Crim. 18 juill. 1952 : *Bull. crim. n° 198.* ♦ ... Le pourvoi formé contre un arrêt qui, en ordonnant un sursis illimité, interrompt le cours de la justice. • Crim. 9 nov. 1954 : *Bull. crim. n° 319* • 18 nov. 1975 : *ibid. n° 250.*

19. Est recevable, nonobstant les dispositions de l'art. 59 de la L. du 29 juill. 1881, le pourvoi formé contre l'arrêt qui statue sur l'exception tirée d'un prétendu défaut d'autorisation des poursuites par l'Assemblée nationale : une solution contraire ferait échec aux dispositions constitutionnelles relatives à l'inviolabilité des membres du Parlement. • Crim. 17 nov. 1953 : *Bull. crim. n° 295.*

20. Sous réserve de l'application des art. 570 et 571 C. pr. pén., est irrecevable, parce que nul, le pourvoi formé contre un arrêt qui, dans des poursuites pour diffamation, a statué simplement sur la régularité de la citation. • Crim. 29 juin 1965 : *Bull. crim. n° 168.* ♦ ... Ou sur une exception de nullité de la procédure, autre que l'incompétence. • Crim. ord. prés., 6 juill. 1987 : *Bull. crim. n° 288.*

21. Est tardif et irrecevable, comme le pourvoi formé contre l'arrêt sur le fond, le pourvoi contre un arrêt statuant sur des exceptions, qui, après ordonnance de non-admission, a été renouvelé alors qu'était expiré le délai légalement imparti pour exercer cette voie de recours. • Crim. 4 nov. 1987 : *ibid. n° 389.*

22. A la suite d'une plainte avec constitution de partie civile pour diffamation publique, faisant droit à la requête des personnes mises en examen, la chambre de l'instruction a constaté la nullité de la plainte ; puis la Cour de cassation a, en application de l'art. 59, al. 2, de la L. du 29 juill. 1881, constaté la nullité du pourvoi formé par la partie civile contre l'arrêt de la chambre de l'instruction et ordonné le retour de la procédure à la juridiction saisie ; c'est à bon droit que la chambre de l'instruction a confirmé l'ordonnance du juge d'instruction déclarant l'action publique éteinte par la prescription, faute par le demandeur d'avoir formé un nouveau pourvoi contre l'arrêt de la chambre de l'instruction en même temps qu'il formait un pourvoi contre l'arrêt sur le fond ; le moyen qui soutient que la plainte n'est pas nulle et qu'elle a pu interrompre la prescription est donc irrecevable. • Crim. 3 juin 2003, n° 02-85.409 P : *JCP 2003. IV. 2371.*

23. Selon l'art. 59, al. 2, de la L. du 29 juill. 1881, applicable aux arrêts de la chambre de l'instruction, le pourvoi contre les arrêts des cours d'appel ayant statué, en matière de presse, sur les incidents et exceptions autres que les exceptions d'incompétence, ne peut être formé qu'après l'arrêt sur le fond, en même temps que le pourvoi contre cet arrêt et ce, à peine de nullité ; les dispositions des art. 570 et 571 C. pr. pén. autorisent le président de la chambre criminelle à apprécier si un pourvoi contre un arrêt ne mettant pas fin à la procédure doit être reçu dans l'intérêt de l'ordre public ou d'une bonne administration de la justice, mais ne lui permettent pas de relever ce pourvoi de la nullité qui le frappe en application de l'art. 59 de la loi de 1881 ; en conséquence, le pourvoi formé contre l'arrêt attaqué, qui statue sur une requête en constatation de l'extinction de l'action publique par la prescription, doit être déclaré nul. • Crim. 26 oct. 2004, n° 04-84.685 P.

24. Selon l'art. 59, al. 2, de la L. du 29 juill. 1881, le pourvoi contre les arrêts des cours d'appel ayant statué, *en matière de* presse, sur les incidents et exceptions autres que les exceptions d'incompétence, ne peut être formé qu'après l'arrêt sur le fond, en même temps que le pourvoi contre cet arrêt et ce, à peine de nullité. • Crim. 17 déc. 2013, n° 12-87.133 P : *D. actu. 22 janv. 2014, obs. Lavric ; AJ pénal 2014. 184, obs. Royer* • 14 janv. 2014, n° 12-88.212 P : *D. actu. 22 janv. 2014, obs. Lavric ; Gaz. Pal. 2014. 1. 1793, obs. Fourment.* ♦ En conséquence, doit être déclaré nul le pourvoi formé contre l'arrêt attaqué, qui a confirmé l'ordonnance du juge d'instruction ayant dit n'y avoir lieu à constater l'irrecevabilité d'une constitution de partie civile. • Crim. 17 déc. 2013 : *préc.* ♦ En conséquence, doivent être déclarés nuls les pourvois formés contre les dispositions de l'arrêt attaqué ayant rejeté les exceptions de nullité portant sur l'ordonnance de renvoi, sur la citation délivrée à M. X..., et sur l'exception tirée de la prescription de l'action publique concernant l'infraction de provocation à la haine raciale. • Crim. 14 janv. 2014 : *préc.* ♦ Est en revanche irrecevable en l'état le pourvoi en ce qu'il est formé contre les dispositions du même arrêt, relatives à des infractions de droit commun, qui rejettent une exception de nullité et ne mettent en conséquence pas fin à la procédure, le pourvoi ne pouvant à cet égard être examiné, en application de l'art. 570 C. pr. pén., qu'en même temps que l'arrêt sur le fond. • Crim. 14 janv. 2014 : *préc.*

25. Ordonnance d'admission ou de refus d'admission. En matière de presse, l'arrêt statuant sur des incidents ou exceptions autres que les exceptions d'incompétence entre dans les prévisions des art. 570 et 571 C. pr. pén. • Crim. 15 mars 1973 : *Bull. crim. n° 135* • 10 oct. 1974 : *ibid. n° 290* • Crim. ord. prés., 7 juin 1978 : *ibid. n° 186.* ♦ ... Les dispositions de l'art. 59 de la loi sur la presse devant se combiner avec celles des articles précités. • Crim. 31 mai 1965 : *Bull. crim. n° 147.*

26. Le pouvoir accordé par les art. 570 et 571 C. pr. pén. au président de la ch. crim. s'exerce en toute matière, notamment celle des affaires de presse, dès que l'intérêt d'une bonne administration de la justice exige un examen immédiat de la décision attaquée. • Crim. 3 janv. 1970 : *Bull. crim. n° 5.* ♦ Les dispositions des art. 570 et 571 C. pr. pén., permettant au président de la chambre criminelle de rendre d'office une ordonnance d'admission ou de refus d'admission d'un pourvoi formé contre un arrêt qui ne met pas fin à la procédure, même en l'absence de la requête prévue par ces textes, sont applicables aux arrêts rendus en matière de presse et qui statuent sur des incidents et des exceptions autres que les exceptions d'incompétence. • Crim. ord. prés., 11 avr. 1996, n° 95-85.296 P. ♦ ... Toutefois, si l'ordonnance constate que, ni l'intérêt de l'ordre public, ni celui d'une bonne administration de la justice, ne commandent l'examen d'un tel pourvoi, celui-ci se trouve frappé de nullité, par application de l'art. 59, al. 2, de la L. du 29 juill. 1881, et devra, le cas échéant, être renouvelé en même temps que le pourvoi qui serait formé contre l'arrêt statuant sur le fond. • Même arrêt.

27. Les dispositions des art. 570 et 571 C. pr.

pén., qui autorisent le président de la chambre criminelle à apprécier si un pourvoi contre un arrêt ne mettant pas fin à la procédure doit être reçu dans l'intérêt de l'ordre public ou d'une bonne administration de la justice, ne lui permettent pas de relever ce pourvoi de la nullité qui le frappe en application de l'art. 59 de la L. du 29 juill. 1881. • Crim. 23 févr. 2005, n° 05-80.465 P.

II. EXCEPTION D'INCOMPÉTENCE

28. Appel. Est toujours immédiatement recevable l'appel d'un jugement distinct de la décision sur le fond qui statue sur une exception d'incompétence, qu'il s'agisse d'une décision mettant fin, ou non, à la procédure. • Crim. 13 avr. 1967 : *Bull. crim. n° 122* • 30 mai 1967 : *ibid. n° 167.*

29. Pourvoi. L'art. 59 de la L. du 29 juill. 1881 n'autorise le pourvoi contre les arrêts statuant sur des exceptions ou des incidents avant le pourvoi contre l'arrêt sur le fond que lorsqu'il s'agit d'une exception d'incompétence ; l'exception d'incompétence est seulement celle qui conteste la compétence du juge *ratione personae, materiae vel loci.* • Crim. 26 avr. 1952 : *Bull. crim. n° 102.*

30. Il résulte des dispositions de l'art. 59, al. 2, de la L. du 29 juill. 1881 que le pourvoi formé contre un arrêt de la chambre d'accusation qui, dans des poursuites pour diffamation, a rejeté un déclinatoire de compétence, est immédiatement recevable. • Crim. 29 juin 1965 : *Bull. crim. n° 167.*

31. N'entre pas dans la classe des décisions visées par l'art. 507 C. pr. pén. le jugement avant dire droit qui se prononce sur une exception d'incompétence au sens de l'al. 2 de l'art. 59 de la L. du 29 juill. 1881 ; dès lors, doit être, de droit, soumis à la Chambre criminelle, sans qu'il y ait lieu à application des dispositions des art. 570 s. C. pr. pén., l'arrêt de la cour d'appel qui statue sur l'appel formé contre un tel jugement. • Crim. 15 févr. 1988 (ordonnance) : *Bull. crim. n° 70.*

Art. 60 *(Ord. n° 45-2090 du 13 sept. 1945)* **Sous réserve des dispositions des articles 50, 51 et 52 ci-dessus, la poursuite des crimes aura lieu conformément au droit commun.**

§ 3 *Peines complémentaires, récidive, circonstances atténuantes, prescription (Ord. n° 45-2090 du 13 sept. 1945).*

Art. 61 *(Ord. n° 45-2090 du 13 sept. 1945)* **S'il y a condamnation, l'arrêt pourra, dans les cas prévus aux articles 24 (§§ 1er et 3), 25, 36 et 37, prononcer la confiscation des écrits ou imprimés, placards ou affiches saisis, et, dans tous les cas, ordonner la saisie et la suppression ou la destruction de tous les exemplaires qui seraient mis en vente, distribués ou exposés aux regards du public. Toutefois, la suppression ou la destruction pourra ne s'appliquer qu'à certaines parties des exemplaires saisis.**

1. Publication en tant que réparation. Les juges ont le droit d'ordonner, dans les termes du droit commun, et à titre de réparation civile, la publication de leur décision dans les journaux de leur choix, mais ils ne sauraient en prononcer l'exécution provisoire. • Crim. 16 oct. 1968 : *Bull. crim. n° 255.*

2. Publication en tant que peine. Les juridictions répressives ne peuvent ordonner la publication et l'affichage de leurs décisions à titre de peines qu'en vertu d'une disposition formelle de la loi. • Crim. 24 janv. 1995, n° 93-84.701 P. ♦ Encourt dès lors la cassation l'arrêt qui, dans les poursuites exercées pour diffamation publique envers un citoyen chargé d'un mandat public, ordonne l'affichage et la publication de la condamnation à titre de peines complémentaires, alors que ces mesures ne sont pas prescrites par la loi sur la liberté de la presse pour les faits retenus à l'encontre du prévenu. • Même arrêt.

Art. 62 *(Ord. n° 45-2090 du 13 sept. 1945)* **En cas de condamnation prononcée en application des articles 23, 24 (alinéas 1er et 2** *[3]***), 25 et 27, la suspension du journal ou du périodique pourra être prononcée par la même décision de justice pour une durée qui n'excédera pas trois mois. Cette suspension sera sans effet sur les contrats de travail qui liaient l'exploitant, lequel reste tenu de toutes les obligations contractuelles ou légales en résultant.**

Art. 63 *(L. n° 72-546 du 1er juill. 1972 ; L. n° 2004-1486 du 30 déc. 2004, art. 22, 4°)* **« L'aggravation des peines résultant de la récidive ne sera applicable qu'aux infractions prévues par les articles 24 (alinéas 5,** *(L. n° 2014-1353 du 13 nov. 2014, art. 5-II)* **« 7 et 8 »), 32 (alinéas 2 et 3) et 33 (alinéas 3 et 4) de la présente loi. »**

En cas de conviction de plusieurs crimes ou délits prévus par la présente loi, les peines ne se cumuleront pas, et la plus forte sera seule prononcée.

Art. 64 *(L. n° 2000-516 du 15 juin 2000, art. 95)* **Lorsque ont été ordonnées en référé des mesures limitant par quelque moyen que ce soit la diffusion de l'information, le premier président de la cour d'appel statuant en référé peut, en cas d'appel, arrêter l'exécution provisoire de la décision si celle-ci risque d'entraîner des conséquences manifestement excessives.**

L'art. 64 de la L. du 29 juill. 1881 ne doit pas être entendu en ce sens que la peine prononcée ne dépassera jamais la moitié du minimum de la peine édictée. • Crim. 25 avr. 1891 : *DP 1891. 5. 420* • 22 juin 1944 : *Bull. crim. n° 147.* ♦ V. également • Crim. 29 nov. 1988 : *Bull. crim. n° 402.*

Art. 65 *(L. n° 93-2 du 4 janv. 1993)* **« L'action publique et l'action civile résultant des crimes, délits et contraventions prévus par la présente loi se prescriront après trois mois révolus, à compter du jour où ils auront été commis ou du jour du dernier acte d'instruction ou de poursuite s'il en a été fait.**

« Toutefois, avant l'engagement des poursuites, seules les réquisitions aux fins d'enquête seront interruptives de prescription. Ces réquisitions devront, à peine de nullité, articuler et qualifier les provocations, outrages, diffamations et injures à raison desquels l'enquête est ordonnée. »

Les prescriptions commencées à l'époque de la publication de la présente loi et pour lesquelles il faudrait encore, suivant les lois existantes, plus de trois mois à compter de la même époque, seront, par ce laps de trois mois, définitivement accomplies.

BIBL. ▶ BOLLING, *Gaz. Pal. 1999. 1. Chron. 923* (prescription et suspension). – DERIEUX, *LPA 2002, n° 6, p. 14* (prescription de l'article 65 de la loi du 29 juillet 1881). – DREYER, *AJ pénal 2006. 294* (la prescription des infractions commises par les médias). – SAENKO, *Gaz. Pal. 25 avr. 2017, p. 80* (modification des règles de prescription en matière de presse).

PLAN DES ANNOTATIONS

I. PORTÉE DE LA PRESCRIPTION

1. *Ratio legis.* La courte prescription, édictée par l'art. 65 de la L. du 29 juill. 1881 sur la liberté de la presse, a pour objet de garantir la liberté d'expression. • Civ. 2e, 14 déc. 2000, n° 98-22.427 P : *Gaz. Pal. 2001. 1. Somm. 981, note Guerder.*

2. *Loi de police et de sûreté.* Saisie d'une demande de dommages-intérêts en réparation du préjudice causé par des propos dont elle a reconnu le caractère diffamatoire, une cour d'appel a exactement décidé que devait être appliquée la prescription de 3 mois de l'art. 65 de la L. du 29 juill. 1881, loi de police d'application immédiate, excluant la loi portugaise désignée par la règle de conflit. • Civ. 1re, 19 oct. 2004, n° 02-15.680 P : *D. 2005. 878, note Montfort* ; *ibid. Pan. 1194, obs. Courbe*

3. *QPC.* La question est posée en ces termes : « l'art. 65, al. 1er, de la L. du 29 juill. 1881 est-il contraire à la Constitution en ce qu'instituant un délai de prescription après trois mois à compter du jour du dernier acte d'instruction ou de poursuite s'il en a été fait, il constitue une atteinte excessive au droit à un recours effectif ? ; l'art. 65, al. 1er, de la L. du 29 juill. 1881 est-il contraire à la Constitution en ce qu'il implique que l'acte interruptif de prescription ait été porté à la connaissance de la partie adverse dans le délai de prescription ? » ; la question ne peut être regardée comme sérieuse dès lors, d'abord, que le délai de prescription institué par l'art. 65, al. 1er, de la L. du 29 juill. 1881 ne porte pas au droit à un recours effectif une atteinte excessive dans la mesure où il procède d'un juste équilibre entre le droit d'accès au juge et les exigences de conservation des preuves propres aux faits que réprime cette loi, ensuite, que dans les instances civiles en réparation des délits prévus par la L. du 29 juill. 1881, constitue un acte interruptif de la prescription tout acte régulier de procédure par lequel le demandeur manifeste son intention de continuer l'action engagée, même si cet acte n'est pas porté à la connaissance de la partie adverse elle-même ; d'où il suit qu'il n'y a pas lieu d'en saisir le Cons. const. • Civ. 1re, 5 avr. 2012 : *D. actu. 25 avr. 2012, obs. Lavric ; D. 2012. Actu. 1010 ; ibid. 1588, note Bigot ; Dr. pénal 2012. Chron. 3, obs. Verly ; ibid., n° 82, obs. Véron ; Procédures 2012. Chron. 3, obs. Verly.*

A. ÉTENDUE

4. Délimitation. La prescription de l'art. 65 s'applique : aux diffamations et injures commises par des correspondances circulant à découvert, ainsi qu'en dispose la L. du 11 juin 1887. • Crim. 2 mars 1960 : *Bull. crim. n° 132.* ♦ ... Au délit résultant d'un refus d'insertion injustifié. • Crim. 4 févr. 1926 : *DH 1926. 130.* ♦ ... A la contravention d'injure ou de diffamation non publique. • Req. 20 mai 1935 : *DH 1935. 378* • Crim. 23 juin 1964 : *Bull. crim. n° 211* • Civ. 2e, 14 janv. 1999, n° 97-12.157 P. ♦ ... A la provocation raciale. • Crim. 30 oct. 1989 : *Bull. crim. n° 388.* ♦ ... Aux faits diffamatoires visés à l'art. 41 *in fine* de la L. du 29 juill. 1881. • Civ. 2e, 28 juin 1995, n° 93-20.943 P.

5. En revanche, échappe à la prescription de trois mois instituée par l'art. 65 de la L. du 29 juill. 1881 : la demande de réparation fondée sur une atteinte au respect dû à la vie privée. • Dijon, 11 oct. 1989 : *Gaz. Pal. 1992. 1. Somm. 224.* ♦ ... La demande tendant à obtenir réparation du préjudice résultant de la divulgation, avant décision judiciaire, d'une constitution de partie civile, au mépris des dispositions de l'art. 2 de la L. du 2 juill. 1931. • Paris, 31 janv. 1995 : *Gaz. Pal. 1995. 2. Somm. 377.*

6. La disposition de l'art. 13 de la L. du 29 juill. 1881, d'après laquelle l'action en insertion forcée se prescrira par un an révolu, s'applique uniquememt à l'exercice du droit de réponse, et laisse en dehors de ses prévisions le délit résultant d'un refus d'insertion injustifié, lequel reste soumis à la prescription de trois mois. • Crim. 4 févr. 1926 : *DH 1926. 130.* ♦ Il résulte de l'art. 13 de la L. du 29 juill. 1881, que le délai d'un an imparti pour exercer l'action en insertion forcée s'applique uniquement à la demande d'insertion d'une réponse adressée au directeur de la publication ; l'action en réparation des conséquences dommageables du refus d'insertion est, quant à elle, soumise au délai de prescription de trois mois prévu par l'art. 65 de la loi. • Civ. 2e, 12 mai 1999, n° 97-16.826 P : *D. 1999. IR 152 ; ibid. 2000. Somm. 404, obs. Dupeux.* ♦ Il résulte de l'art. 13 de la L. du 29 juill. 1881 que le délai d'un an imparti pour exercer l'action en insertion forcée s'applique uniquement à la demande d'insertion d'une réponse adressée au directeur de la publication, et que l'action en justice exercée à la suite d'un refus d'insertion, en réparation des conséquences dommageables de cette infraction, éventuellement par une publication judiciaire, est soumise au délai de prescription de trois mois prévu par l'art. 65 de cette loi. • Civ. 2e, 14 déc. 2000, n° 98-22.427 P : *Gaz. Pal. 2001. 1. Somm. 981, note Guerder.*

7. La diffamation qui vise à sanctionner l'atteinte portée à l'honneur ou à la considération, est distincte du manquement qu'une association reprochait en première instance aux intimés, à savoir l'utilisation de passages d'une émission interdite, réclamation pour laquelle la faute incriminée ne se situe pas dans le caractère diffamatoire des allégations véhiculées par l'émission télévisée mais dans la seule violation prétendue d'une décision de justice qui aurait interdit l'utilisation des passages diffusés ; si cette dernière prétention n'est pas reprise en cause d'appel, celle développée devant la cour, relative au non-respect des conditions auxquelles était subordonnée l'autorisation de filmer, est sans rapport avec le caractère éventuellement diffamatoire des allégations diffusées ; l'action engagée de ce chef ne peut donc se trouver prescrite par l'effet des dispositions de la L. du 29 juill. 1881 qui ne lui est pas applicable. • Paris, 27 janv. 1998 : *Gaz. Pal. 1998. 1. Somm. 72.*

B. CARACTÈRES

8. Caractères d'ordre public. La prescription de l'action publique, même quand elle est régie par l'art. 65 de la L. du 29 juill. 1881 sur la presse, constitue une exception péremptoire et d'ordre public qui doit être relevée d'office par le juge. • Crim. 6 nov. 1909 : *DP 1910. 1. 377, note Le Poittevin* • 25 oct. 1960 : *Bull. crim. n° 473* • 26 mai 1977 : *ibid. n° 196* • 20 oct. 1992, n° 91-86.924 P • 8 déc. 1992, n° 92-83.981 P • 14 févr. 1995, n° 93-85.640 P.

9. Méconnaît les dispositions des art. 6, § 1er, Conv. EDH, 8 et préliminaire C. pr. pén. la cour d'appel qui relève d'office la prescription de l'action publique sans avoir permis aux parties d'en débattre. • Crim. 23 juin 2015, n° 14-83.836 P : *D. actu. 24 juill. 2015, obs. Lavric.* ♦ Opposer : • Crim. 6 mai 2003, n° 02-84.348 P : *RSC 2004. 126, obs. Francillon.*

10. La prescription instituée par l'art. 65 de la L. du 29 juill. 1881 sur la liberté de la presse, qui s'applique à l'action civile exercée séparément en matière d'infraction de presse, est d'ordre public et peut être invoquée par les parties à tout moment de la procédure ; ayant invoqué la courte prescription, en première instance, les intimés ne peuvent être présumés avoir renoncé à le faire sous prétexte qu'ils ont soulevé cette fin de non-recevoir tardivement. • Civ. 2e, 14 déc. 2000, n° 98-22.427 P : *Gaz. Pal. 2001. 1. Somm. 981, note Guerder.*

11. Invocation devant la Cour de cassation. L'exception peut être invoquée pour la première fois devant la Cour de cassation. • Crim. 20 juill. 1954 : *Bull. crim. n° 261* • 2 avr. 1957 : *ibid. n° 306* • 11 mai 1959 : *ibid. n° 252.* ♦ ... Mais à la condition que celle-ci trouve dans les constatations des juges du fond les moyens nécessaires pour en apprécier la valeur. • Crim. 21 avr. 1980 : *Bull. crim. n° 113* • 20 oct. 1992 : *préc. note 8.*

12. Évolution quant à l'office du juge civil. La L. du 29 juill. 1881, en fixant un délai spécial pour prescrire l'action publique et l'action civile, n'a pas dérogé à l'art. 2223 C. civ. • Civ. 5 janv. 1892 : *DP 1892. 1. 45.* ♦ Par suite, et par application de ce texte, en cas d'action civile exercée séparément de l'action publique, le juge ne peut suppléer d'office le moyen tiré de la prescription. • Req. 23 janv. 1901 : *DP 1901 1. 102.* ♦ ... Et ce moyen doit être rejeté comme nouveau, s'il est présenté pour la première fois devant la Cour de cassation. • Crim. 19 juill. 1904 : *DP 1905. 1. 349.*

13. L'art. 65 de la L. du 29 juill. 1881 prévoit la prescription par trois mois des actions publique et civile résultant des crimes, délits et contraventions prévues par ce texte ; la L. du 29 juill. 1881 est un texte spécifique et autonome, dérogatoire au droit commun ; aucune de ces dispositions n'interdit au juge civil de relever d'office le moyen tiré de la prescription, comme le devoir en est fait au juge pénal appelé à statuer dans le même domaine ; ainsi, la règle générale posée par l'art. 2223 C. civ. doit être écartée en l'espèce devant le juge civil au profit de la règle spéciale édictée à l'art. 65. • TGI Nanterre, 23 sept. 1998 : *D. 1999. Somm. 164, obs. Bigot.*

14. La fin de non-recevoir tirée de la prescription prévue par l'art. 65 de la L. du 29 juill. 1881, d'ordre public, doit être relevée d'office ; il résulte de l'art. 16 NCPC [devenu C. pr. civ.] que le juge ne peut fonder sa décision sur les moyens de droit qu'il a relevés d'office sans avoir, au préalable, invité les parties à présenter leurs observations. • Civ. 2e, 29 nov. 2001, n° 99-18.559 P : *Gaz. Pal. 2002. 1. Somm. 888, et la note.*

15. L'arrêt retient, à bon droit, que la prescription de l'art. 65 de la L. du 29 juill. 1881, d'ordre public, doit être relevée d'office, aucune distinction n'étant à apporter suivant que l'action civile est exercée séparément ou non de l'action publique ; qu'un laps de temps de plus de trois mois s'est écoulé entre deux actes de poursuite consécutifs et plus précisément entre l'acte d'appel et les premières conclusions au fond ; qu'encore un délai de plus de trois mois s'est écoulé entre ces conclusions et les premières conclusions du Conseil de l'Ordre des médecins devant la cour d'appel, en sorte que l'action en référé est atteinte par la prescription de l'art. 65 de la L. du 29 juill. 1881. • Civ. 2e, 24 avr. 2003 : *Gaz. Pal. 2003. 2. 3849, note Guerder.*

C. SOLIDARITÉ

1° PRINCIPE

16. Énoncé pénal. La L. du 23 déc. 1980, qui a modifié les dispositions de l'art. 10 C. pr. pén. et mis fin au principe de la solidarité des prescriptions de l'action publique et de l'action civile, n'a pas abrogé l'art. 65 de la L. du 29 juill. 1881 qui, indépendamment de l'application dudit principe, dispose que l'action civile résultant des crimes, délits et contraventions prévus par ladite loi, se prescrira après trois mois révolus. • Crim. 11 déc. 1984 : *Bull. crim. n° 398* • Paris, 23 mars 1982 : *D. 1982. 374, concl. Flipo* • 27 juill. 1990 : *Gaz. Pal. 1992. 1. Somm. 223* • Versailles, 25 juin 1992 : *Gaz. Pal. 1993. 1. Somm. 59.*

17. Énoncé civil. L'action civile en dommages-intérêts est soumise à la prescription de trois mois, même si elle est portée devant le tribunal civil et exercée indépendamment de l'action publique. • Civ. 5 janv. 1892 : *DP 1892. 1. 45* • 20 déc. 1899 : *ibid. 1900. 1. 157* • Req. 26 janv. 1914 : *DP 1918. 1. 11* • 16 févr. 1937 : *DH 1937. 186* • Versailles, 8 avr. 1993 : *Gaz. Pal. 1994. 1. Somm. 80.* ♦ Mais cette prescription ne s'applique qu'autant que l'action a réellement et exclusivement pour base un crime, un délit ou une contravention prévue par la L. du 29 juill. 1881. • Civ. 17 mai 1886 : *DP 1887. 1. 54* • 5 mars 1907 : *ibid. 1907. 1. 128* • Req. 7 nov. 1900 : *DP 1901. 1. 11* • 26 janv. 1914 : *préc.* • 13 nov. 1933 : *DH 1934. 51* • Civ. 2e, 6 janv. 1993, n° 91-15.454 P. • Versailles, 17 mai 1995 : *D. 1995. IR 213 ; ibid. 1997. Somm. 73, obs. Massis ; RSC 1996. 119, obs. Mayaud* • Angers, 10 févr. 1997 : *Gaz. Pal. 1997. 2. 542* • TGI La Rochelle, 4 août 1994 : *JCP 1995. IV. 1641.*

18. L'art. 10, al. 1, C. pr. pén. laisse subsister la disposition spéciale de l'art. 65 de la L. du 29 juill. 1881 prévoyant une prescription de trois mois pour l'action devant la juridiction civile en réparation du dommage causé par une infraction prévue par cette loi. • Civ. 2e, 17 févr. 1993, n° 91-18.877 P : *D. 1994. Somm. 19, obs. Fortis* • 17 mai 1995, n° 93-18.901 P : *D. 1997. Somm. 67, obs. Bigot.*

2° APPLICATIONS

a. Faute civile non distincte de la diffamation

19. Cour de cassation. Dès lors qu'il n'est pas allégué de faute pouvant être distinguée de la diffamation, seules les règles propres à celle-ci peuvent s'appliquer, à l'exclusion des dispositions de l'art. 1382 C. civ. • Civ. 2e, 13 oct. 1993, n° 92-10.617 P. • 22 juin 1994, n° 92-18.999 P : *JCP 1994. I. 3809, obs. Viney ; D. 1995. Somm. 268, obs. Massis.* ♦ Dès lors que le dommage prend sa source directement dans une infraction prévue par la loi sur la presse, il n'est pas possible d'éluder l'application de la prescription sous couvert d'une demande fondée sur une faute purement civile. • Civ. 2e, 18 déc. 1995, n° 93-21.287 P : *D. 1997. Somm. 67, obs. Bigot*.

20. Une cour d'appel, qui relève que les propos d'un journaliste constituent une atteinte à l'honneur et à la considération de la personne contre laquelle ils sont dirigés, en déduit à bon droit que la courte prescription édictée par l'art. 65 de la L. du 29 juill. 1881, qui peut être proposée en tout état de cause, leur est applicable, de sorte que l'action fondée sur des propos injurieux au sens de l'art. 29 de cette même loi étant prescrite, il ne saurait être fait grief à l'arrêt d'avoir en outre violé l'art. 1382 C. civ. • Civ. 2e, 1er avr. 1998, n° 95-20.848 P.

21. C'est exactement que la cour d'appel énonce qu'en édictant un principe général suivant lequel l'action en responsabilité civile, fondée sur une faute constitutive d'une infraction pénale se prescrit selon les règles du droit civil, l'art. 10, al. 1er, C. pr. pén. a laissé subsister les dispositions spéciales de l'art. 65 de la loi sur la presse prévoyant une prescription de trois mois pour l'action devant la juridiction civile en réparation d'un dommage causé par une infraction prévue par cette loi ; ayant à bon droit retenu que les faits dénoncés relevaient des seules dispositions de la L. du 29 juill. 1881, la cour d'appel en a exactement déduit que l'action fondée sur l'art. 1382 C. civ. n'était pas distincte de l'action en diffamation déclarée prescrite, et ne pouvait être accueillie. • Civ. 2e, 15 avr. 1999, n° 97-14.684 P.

22. Les abus de la liberté d'expression prévus et sanctionnés par la L. du 29 juill. 1881 ne peuvent être réparés sur le fondement de l'art. 1382 C. civ. ; l'action publique et l'action civile résultant des crimes, délits et contraventions prévus par la loi susvisée se prescrivent après 3 mois révolus, à compter du jour où ils auront été commis ou du jour du dernier acte d'instruction ou de poursuite s'il en a été fait ; le secrétaire national d'une association a imputé au président d'une société, dans diverses lettres et documents, la production de mines antipersonnel ; statuant sur l'action civile en réparation du préjudice subi du fait de cet acte de dénigrement fautif, l'arrêt attaqué, pour écarter la fin de non-recevoir prise par l'association de l'absence d'acte interruptif de la prescription, énonce que la société reproche à l'association de lui avoir faussement imputé la fabrication de mines à effet antipersonnel mais ne fonde pas son action sur ce seul grief, et fait aussi valoir que l'association aurait incité des élus municipaux à mettre fin aux relations commerciales établies entre elle-même et les communes par eux administrées, relativement à la fourniture de feux d'artifice et d'acheter ces produits pyrotechniques à certains de ses concurrents qu'elle a nommément désignés ; ces faits, distincts de l'imputation précitée que l'association qualifie de diffamatoire, ne sont constitutifs d'aucune des infractions prévues par la L. du 29 juill. 1881 ; dès lors, l'association ne peut se prévaloir de l'art. 65 de cette loi pour prétendre que cette action serait prescrite ; en statuant ainsi, alors que l'appel au boycottage était indissociable de la diffamation envers la société constituée par l'imputation faite à celle-ci de fabriquer et commercialiser des mines antipersonnel, de sorte qu'aucune faute distincte ne pouvait être relevée, la cour d'appel a méconnu l'art. 65 de la L. du 29 juill. 1881 et l'art. 1382 C. civ. • Civ. 2e, 29 nov. 2001, n° 98-20.529 P : *Gaz. Pal. 2002. 1. 650, concl. Joinet, et note P.-L. G.*

23. Juridictions du fond. Les faits d'injures publiques et non publiques relèvent de la L. du 29 juill. 1881 qui institue une procédure spécifique, notamment une courte prescription de trois mois ; le demandeur ne saurait y échapper, même devant la juridiction civile, en fondant son action sur l'art. 1382 C. civ. • Dijon, 7 mai 1997 : *BICC 1997. 1402 ; Gaz. Pal. 1998. 2. Somm. 679, n° 1704.*

24. Dès lors que les allégations qualifiées de dénigrantes ne peuvent être distinguées des faits susceptibles de la qualification de diffamation au regard des dispositions de l'art. 29 de la L. du 29 juill. 1881, l'appelante ne peut être admise, pour échapper à la courte prescription de ladite loi, à se prévaloir des dispositions de l'art. 1382 C. civ. • Paris, 22 mars 1999 : *Gaz. Pal. 2000. 2. Somm. 1721.*

25. L'ouvrage publié par un juge d'instruction en 1987, comme ses déclarations à la presse de 1987, de 1999, voire de 2000, ne peuvent s'analyser en une faute distincte de la diffamation, susceptible à ce titre de soustraire les faits à l'application de la L. du 29 juill. 1881 ; il en résulte que l'action de la demanderesse est en réalité une action en diffamation relevant, comme telle, du régime de la L. du 29 juill. 1881, et non une action en responsabilité de droit commun ; en conséquence, l'assignation du 4 juill. 1995 ne respectant pas les prescriptions prévues, à peine de nullité, par l'art. 53 de la L. du 29 juill. 1881, après avoir été délivrée plus de trois mois après la publication, en avril 1987, de l'ouvrage litigieux, l'action de la demanderesse ne peut qu'être déclarée irrecevable comme prescrite, en application de l'art. 65 de la loi de 1881. • TGI Paris, 20 nov. 2002 : *Gaz. Pal. 2003. 1. 416, note J.-G. M.*

b. Faute civile distincte de la diffamation

26. Cour de cassation. Ayant retenu que les animateurs d'une Maison des jeunes et de la culture (MJC) ont rédigé et envoyé un tract et un communiqué de presse dans lesquels ils affirmaient que le directeur de la MJC « menait des enquêtes en interrogeant le personnel salarié ou des personnes extérieures à l'association, constituait des dossiers parallèles, critiquait et tenait des propos négatifs à leur encontre », ce qui constituait « des atteintes aux libertés individuelles », et que la « constitution de dossiers parallèles et les enquêtes menées par la direction étaient une atteinte quotidienne à leur intégrité professionnelle et à leur liberté individuelle », puis ayant encore retenu que le dommage dont la MJC demandait réparation était distinct de celui dont auraient pu demander réparation à titre personnel les dirigeants de celle-ci, la cour d'appel a pu décider que ces propos ne constituaient pas une diffamation, mais des fautes, au sens de l'art. 1382 C. civ., au préjudice de la MJC et que la prescription de l'action issue de la L. du 29 juill. 1881 n'était donc pas acquise. • Civ. 2e, 26 juin 1996 : *JCP 1996. IV. 1945 ; Gaz. Pal. 1997. 2. Pan. 205.*

27. Juridictions du fond. N'est pas soumise à la prescription de trois mois prévue à l'art. 65 de la L. du 29 juill. 1881, la publication dans un magazine d'un texte et de photographies érotiques mettant en scène des jeunes revêtus de l'uniforme de scout, dès lors qu'elle ne comporte pas l'imputation de faits précis portant atteinte à l'honneur et à la considération des associations demanderesses elles-mêmes, puisqu'elles n'y sont pas nommément mentionnées et qu'au surplus, la démesure, le caractère outrancier de ces photographies et de leurs commentaires interdisent toute assimilation entre les activités purement imaginaires, photographiées et décrites dans la parution litigieuse, et celles habituellement exercées par ces associations et par leurs membres. • Versailles, 17 mai 1995 : *D. 1995. IR 213, et 1997. Somm. 73, obs. Massis ; RSC 1996. 119, obs. Mayaud .*

28. La faute commise par les auteurs d'un jeu de société et son éditeur, se caractérisant par l'utilisation outrancière de la mort d'un enfant à des fins commerciales en vue de distraire et d'amuser, n'est pas distincte des imputations attentatoires à l'honneur et à la considération de ses parents, lesquels ne peuvent valablement soutenir qu'elle constitue une faute civile de droit commun, non soumise à la prescription de l'action civile en diffamation ; en revanche, sont dissociables des textes diffamatoires qui se suffisent à eux-mêmes, les photographies des parents illustrant les légendes ou commentaires ; le fait qu'elles aient été prises à l'occasion d'événements concernant la procédure engagée à la suite du décès de leur enfant, ne saurait autoriser le journal à divulguer leur image dans le cadre purement commercial d'un jeu d'amusement destiné à distraire ses lecteurs ; cette atteinte au droit à l'image doit donc être réparée. • Paris, 26 nov. 1996 : *Gaz. Pal. 1997. 1. Somm. 257, note Vray.*

c. Devoir de requalification

29. Obligation pour le juge. Il appartient au juge de restituer aux faits leur exacte qualification, sans s'arrêter à la dénomination que les parties en auraient proposée ; dès lors, c'est à bon droit qu'une cour d'appel, qui a constaté que la cause du dommage résidait dans la publication d'un article diffamatoire envers les plaignants et un de leurs auteurs décédé, a fait application de la prescription spéciale prévue par l'art. 65 de la L. du 29 juill. 1881, bien que les parties eussent fondé leur action en dommages intérêts sur l'art. 1382 C. civ., dès lors que les éléments de la diffamation publique envers des particuliers et envers la mémoire d'un mort se trouvaient réunis, et que la publication incriminée était interdite par l'art. 38 de la L. du 29 juill. 1881. • Civ. 2e, 6 mai 1999, n° 95-18.883 P : *D. 2000. Somm. 406, obs. Massis .*

30. Il appartient au tribunal de qualifier les faits en examinant les actes de la procédure et les pièces produites aux débats par la demanderesse, afin de déterminer le véritable fondement juridique de la demande qui lui est soumise ; à cet égard, la protection des droits de la personnalité ne saurait réduire artificiellement le champ d'action de la L. du 29 juill. 1881 ; au regard de la liberté d'information, le recours aux principes généraux de la responsabilité civile, en particulier à l'action en réparation fondée sur les dispositions de l'art. 1382 C. civ., n'est recevable qu'à la condition que les faits mêmes invoqués à l'appui de cette action soient distincts de ceux qui constituent des atteintes à la liberté de la presse, et que le journaliste ait commis un faute d'une certaine gravité, telle que la dénaturation des faits ou une négligence manifeste dans la vérification de l'information. • TGI Paris, 20 nov. 2002 : *Gaz. Pal. 2003. 1. 416, note J.-G. M.*

31. Les faits d'antisémitisme et de falsifications imputés à la Sécurité sociale, dont la Caisse nationale d'assurance maladie (CNAM) assure la gestion en vertu de l'art. L. 221-1 CSS, sont contraires à l'honneur et à la considération et, étant articulés de façon précise, pourraient faire l'objet d'une preuve et d'un débat contradictoire ; la circonstance, invoquée par l'appelante, selon laquelle ces imputations constitueraient une « désinformation » et outrepasseraient les limites de la polémique, ne sauraient les soustraire aux dispositions de la loi sur la presse, laquelle prévoit en toute hypothèse dans son art. 27 la diffusion de fausses informations, ni constituer une faute civile distincte, dès lors qu'elles sont incriminables au regard desdites dispositions ; il convient, en conséquence, d'approuver les premiers juges d'avoir requalifié sur le fondement de la L. du 29 juill. 1881, l'action engagée par la CNAM sur celui de l'art. 1382 C. civ. • Paris, 28 mai 1996 : *Gaz. Pal. 1996. 2. Somm. 545.*

II. DÉLAI DE LA PRESCRIPTION

BIBL. Bigot, *Gaz. Pal. 1993. 2. Doctr. 1066* (loi n° 93-2 du 4 janv. 1993).

A. POINT DE DÉPART

1° PRINCIPE

32. Computation. Le délai de prescription de l'action en diffamation, dont l'écoulement a pour effet d'ôter aux faits poursuivis tout caractère délictueux, se décompte de quantième à quantième, et il ne constitue pas un délai prévu pour l'accomplissement d'un acte ou d'une formalité au sens des art. 801 C. pr. pén., 640 et 642 NCPC [devenu C. pr. civ.]. • Civ. 2e, 5 févr. 2004, n° 02-14.217 P : *Gaz. Pal. 2005. 1. Somm. 1396, et la note ; ibid. 2005. 2. 4172, note Guerder.*

33. Il ressort des dispositions de l'art. 65 de la L. du 29 juill. 1881 que l'action publique et l'action civile résultant des infractions prévues par la loi sur la liberté de la presse se prescrivent par trois mois révolus à compter du jour où elles ont été commises ou du jour du dernier acte de poursuite, s'il en a été fait, ce délai se calcule de quantième à quantième et expire le dernier jour à minuit. • Crim. 12 nov. 2014 : *D. actu. 27 nov. 2014, obs. Lavric ; Dr. pénal 2015. Chron. 6, obs. Mouysset.*

34. Premier acte de publication. Tout délit résultant d'une publication de presse est réputé commis le jour où la publication est faite : c'est à ce moment que l'écrit est porté à la connaissance du public et mis à sa disposition, puisque c'est par cette publication que se consomment les infractions pouvant résulter d'un tel écrit. • Crim. 13 oct. 1987 : *Bull. crim. n° 349 ; RSC 1988. 528, obs. Levasseur* • 8 janv. 1991, n° 90-80.593 P : *D. 1992. Somm. 97, obs. Pradel.*

35. Il appartient aux juges du fait, pour fixer le point de départ de la prescription, de déterminer, d'après les circonstances de la cause, la date du premier acte de publication par lequel le délit a été commis. • Crim. 22 déc. 1976 : *Bull. crim. n° 378* • 2 oct. 1990, n° 90-80.045 P • 31 janv. 1995, n° 92-86.559 P. ♦ Toutefois, leur appréciation, sur ce point, cesse d'être souveraine lorsqu'elle est déduite de motifs ne relevant aucun fait susceptible de l'étayer. • Crim. 5 janv. 1974 : *Bull. crim. n° 4 ; D. 1974. 295, note Chapar* • 2 oct. 1990 : *préc.*

36. La publicité d'un écrit comportant des imputations diffamatoires fixe le point de départ du délai de prescription alors même que la personne diffamée se serait trouvée dans l'impossibilité de connaître à cette date les attaques dont elle a été l'objet. • Crim. 23 oct. 1978 : *Bull. crim. n° 284.*

37. La prescription ne court à l'égard du complice que du jour où a été consommé le délit auquel il a participé, et non du jour où ont été commis les faits de complicité. • Crim. 8 janv. 1991, n° 80-92.844 P.

2° APPLICATIONS

a. Supports traditionnels

38. Date imprimée. Lorsqu'un périodique énonce lui-même la date de sa publication, cette date, sauf le cas d'erreur matérielle ou de fraude, fait foi à l'égard des tiers et fixe, en ce qui les concerne, le point de départ de la prescription. • Crim. 1er juill. 1953 : *Bull. crim. n° 228 ; D. 1953. 574, rapp. Patin* • 1er déc. 1981 : *Bull. crim. n° 320* • 29 juin 1993, n° 88-85.158 P • Civ. 2e, 25 janv. 1995, n° 93-13.658 P. ♦ V. aussi : • Paris, 20 avr. 2000 : *D. 2000. IR 184.* ♦ ... Il s'ensuit que, sans violer l'art. 65 de la L. du 29 juill. 1881, une cour d'appel, ayant constaté que le numéro d'une revue contenant l'article incriminé porte la date du 20 déc. 1990, décide que la société d'édition propriétaire de la revue ne peut être admise à prouver que ce numéro a été mis en vente à une autre date. • Civ. 2e, 25 janv. 1995 : *préc.* ♦ Dans le cas contraire, le demandeur à l'exception de prescription a la possibilité de rapporter la preuve de la date réelle de la mise de l'écrit à la disposition du public, et c'est cette date qui fixe le point de départ de la prescription. • Crim. 1er déc. 1981 : *préc.*

39. Le point de départ du délai de prescription de trois mois n'est pas la date portée sur la couverture des exemplaires du numéro d'un hebdomadaire, mais celle de sa publication effective résultant de sa mise en vente, indépendamment de la date fictive portée sur la couverture à des fins purement commerciales. • Paris, 28 janv. 1977 : *D. 1978. IR 80.* ♦ Lorsqu'il est démontré que le numéro d'un périodique, portant en couverture la date du dernier jour de sa parution, a fait, antérieurement à cette date, l'objet d'une mise à la disposition du public, c'est à compter de celle-ci que commence à courir le délai de trois mois. • Paris, 22 févr. 1989 : *D. 1989. IR 88.* ♦ Un prétendu usage commercial, consistant à postdater d'une semaine les magazines mensuels de presse, connu seulement de la profession et soumis à la seule discrétion de l'organe de presse, ne peut conduire à provoquer une confusion préjudiciable aux intérêts des personnes non initiées et à entretenir des incertitudes contraires à l'exigence de sécurité juridique et propices à la fraude ; il y a donc lieu de considérer que, en matière de délit de presse, lorsque l'écrit incriminé est inséré dans un journal périodique portant la date précise de sa publication, cette date, sauf erreur matérielle ou fraude, doit être tenue, à l'égard de la personne visée, comme étant celle de la commission du délit ; elle constitue donc, à l'exclusion de la date réelle de mise en vente, le point de départ de la prescription prévue à l'art. 65 de la L. du 29 juill. 1881. • Paris, 20 avr. 2000 : *D. 2000. IR 184.*

40. Justifie sa décision de rejet de l'exception de prescription en matière de diffamation envers un particulier, la cour d'appel qui retient, pour un hebdomadaire daté du 21 juin, et ayant été mis à la disposition du public le 14 juin, la date portée sur la publication incriminée comme étant celle du délit. • Crim. 27 avr. 2004, n° 03-84.682 P : *Gaz. Pal. 2004. 2. 3807, note Monnet ; JCP 2004. IV. 2216.*

41. Périodique mensuel. En matière d'infraction à la loi sur la presse, lorsque l'écrit est inséré dans un journal périodique daté du mois de sa publication, le premier jour de cette période doit être tenu comme étant la date du délit, sauf usage contraire ou erreur matérielle ou fraude, dont la preuve incombe à la partie qui l'invoque. • Crim. 24 oct. 1995 : *Dr. pénal 1996. 81, obs. Véron.*

42. Périodique bimestriel. A la suite de la publication d'un article dans le numéro d'un magazine daté de décembre 2003-janvier 2004, une plainte avec constitution de partie civile a été déposée le 1er mars 2004 du chef de diffamation publique envers un particulier ; pour déclarer l'action publique éteinte par la prescription, en application de l'art. 65 de la L. du 29 juill. 1881, l'arrêt énonce que cette revue a été mise à la disposition du public le 7 nov. 2003, ainsi qu'il résulte de la comptabilité de la société distributrice de la revue et des déclarations de la directrice de cette société ; par ces énonciations, qui procèdent d'une appréciation souveraine, par les juges du fond, des éléments de preuve contradictoirement débattus pour fixer le point de départ de la prescription à compter de la publication effective de la revue, et non de sa date présumée résultant de la période indiquée en couverture, la chambre de l'instruction a justifié sa décision. • Crim. 5 sept. 2006 : *Dr. pénal 2006. 152, obs. Véron.*

43. Le point de départ du délai de prescription de trois mois fixé par l'art. 65 de la L. du 29 juill. 1881 pour les infractions de presse, qui sont des infractions instantanées, court du jour de la première diffusion de l'écrit incriminé ; si la date précise de publication portée sur un journal doit être tenue, à l'égard de la personne visée, sauf le cas d'erreur matérielle ou de fraude, comme celle du délit, il n'en est pas de même pour les écrits contenus dans un périodique ne mentionnant pas de façon précise la date de sa publication ; dans ce dernier cas, les parties sont admises à prouver que la première diffusion de l'écrit est intervenue en dehors des dates mentionnées ; justifie, dès lors, sa décision la cour d'appel qui retient, à la suite de la production des bordereaux de livraison d'un périodique à des points de vente différents et d'une attestation de l'imprimeur, que la *date de mise à disposition* du public du numéro dudit périodique est antérieure à celle qu'il mentionne. • Crim. 22 oct. 2013, n° 12-84.272 P : *D. actu. 22 nov. 2013, obs. Lavric ; D. 2014. 517, obs. Dreyer ; Gaz. Pal. 2014. 1. 464, obs. Fourment.*

44. Périodique trimestriel. En matière d'infraction à la loi sur la presse, pour les écrits périodiques qui portent, non pas une date précise de publication, mais la seule indication d'une période, la publication est réputée être intervenue le premier jour de cette période, sauf preuve de la date réelle de la mise de l'écrit à la disposition du public ; il appartient à la partie qui entend voir fixer le point de départ de la prescription à compter de la publication effective, d'établir cette date. • Crim. 19 mai 1998, n° 97-80.947 P : *Dr. pénal 1998. 132, obs. Véron.* ♦ ... En l'espèce, les juges du fond ont souverainement apprécié les éléments de preuve fournis par la partie civile prétendant voir fixer le point de départ de la prescription de trois mois à compter de la publication effective de la revue, et non de sa date présumée résultant de la période trimestrielle indiquée en couverture ; ils ont estimé que si la publication était postérieure à un événement relaté dans la revue, les supputations de la partie civile concernant les délais d'impression ne sauraient tenir lieu de preuve que cette parution soit postérieure à la date qui aurait permis d'éviter l'acquisition de la prescription. • Même arrêt.

45. Dépôt légal. L'accomplissement des formalités du dépôt légal n'établit aucune présomption que la publication ait eu lieu à cette date et ne doit être tenu que comme un élément d'appréciation. • Crim. 1er juill. 1953 : *Bull. crim. n° 228 ; D. 1953. 574, rapp. Patin* • 21 juill. 1954 : *D. 1954. 616* • 15 déc. 2015, n° 14-80.756 P : *D. actu. 5 févr. 2016, obs. Lavric.*

46. Importation. L'importation de livres en gros et leur distribution aux libraires détaillants n'impliquent pas que la mise en vente ait eu lieu aussitôt ; pour fixer le point de départ de la prescription, les juges doivent rechercher la date du premier acte de publication en France. • Crim. 13 oct. 1987 : *Bull. crim. n° 349 ; RSC 1988. 528, obs. Levasseur.*

47. Réédition. Lorsqu'un livre, réputé diffamatoire, fait l'objet de plusieurs éditions successives, la prescription ne remonte pas au jour de la première édition, mais au jour de chacune des éditions nouvelles. • Crim. 2 mars 1954 : *Bull. crim. n° 94* • 27 avr. 1982 : *ibid. n° 102* • TGI Paris, 30 oct. 2001 : *D. 2002. Somm. 2770, obs. Bigot.* ♦ Même solution lorsqu'il s'agit d'une publication nouvelle ou d'une réimpression. • Crim. 8 janv. 1991, n° 90-80.593 P : *D. 1992. Somm. 97, obs. Pradel* • TGI Paris, 30 oct. 2001 : *préc.*

48. Reproduction. Si c'est à tort que la cour a relevé que le délai de prescription était de trois mois alors qu'en matière de délit de provocation à la discrimination, à la haine ou à la violence raciales, ce délai est porté à un an en application de l'art. 65-3 de la L. du 29 juill. 1881, cette erreur est en l'espèce dépourvue de conséquence, dès lors que la prescription de l'action publique n'était pas acquise, en la circonstance, à la date de la délivrance de la citation introductive d'instance ; en effet, en matière de presse, le fait de publication étant l'élément par lequel les infractions sont consommées, toute reproduction dans un écrit rendu public d'un texte déjà publié est elle-même constitutive d'infraction, et le point de départ de la prescription, lorsqu'il s'agit d'une publication nouvelle, est fixé au jour de cette publication. • Crim. 2 oct. 2012, n° 12-80.419 P : *D. actu. 30 oct. 2012, obs. Lavric ; Gaz. Pal. 2013. 1. 442, obs. Fourment.*

49. Rediffusion. D'une part, le point de départ du délai de prescription de trois mois fixé par l'art. 65 de la L. du 29 juill. 1881 pour les infractions de presse, qui sont des infractions instantanées, court du jour de la première diffusion de l'écrit incriminé, et, d'autre part, la rediffusion d'un même écrit, sans reproduction ni réimpression, ne constitue pas une nouvelle publication. • Crim. 28 oct. 2014, n° 13-86.303 P : *D. actu. 19 nov. 2014, obs. Fucini ; D. 2014. Act. 2242.*

50. Affiche. La publication d'un écrit injurieux par voie d'affiche ne constitue pas autant d'infractions successives qu'il y a eu de faits d'affichage séparés ayant le même objet, mais une publication délictueuse unique, dont la date remonte à l'apposition initiale qui a consommé le délit ; c'est par suite le premier fait d'affichage qui fixe le point de départ de la prescription. • Crim. 17 janv. 1924 : *Bull. crim. n° 31* • Nancy, 3 juin 1947 : *D. 1947. Somm. 38.* ♦ Il en est de même en cas de refus d'insertion réitérés concernant la même réponse. • Nancy, 9 mars 1949 : *D. 1949. 323.* ♦ *Contra* : • Crim. 13 mars 1931 : *D.H. 1931. 270.* ♦ Mais le nouvel affichage d'un placard diffamatoire dans des conditions nettement distinctes de l'affichage qui l'a précédé, constitue un délit nouveau. • Crim. 9 août 1902 : *DP 1903. 1. 521.*

51. Lettre missive. Dans le cas d'une lettre missive adressée à un tiers et contenant des termes injurieux à l'égard d'une tierce personne, le délai de prescription fixé par l'art. 65 de la loi sur la presse commence à courir du jour de la réception de l'écrit par son destinataire, et non du jour où la personne injuriée en a eu connaissance. • Crim. 25 mars 1954 : *Bull. crim. n° 124* • 10 juin 1959 : *ibid. n° 308* • 28 janv. 1960 : *ibid. n° 59.* ♦ Lorsque la diffamation est contenue dans une lettre missive, le délai de prescription, prévu par l'art. 65 de la L. du 29 juill. 1881, commence à courir du jour de la réception de la lettre par son destinataire, même à l'encontre de la tierce personne diffamée, et non du jour seulement où celle-ci en a eu connaissance ; la fin de non-recevoir tirée de cette prescription, d'ordre public, doit être relevée d'office. • Civ. 2e, 24 juin 1998, n° 95-18.131 P : *D. 1999. Somm. 164, obs. Bigot.* ♦ Même solution en matière d'injure. • Civ. 2e, 23 sept. 1999, n° 97-18.784 P.

52. Mise à disposition du public. La mise de l'écrit à la disposition du public, en un lieu quelconque, fait courir le délai prévu par l'art. 65 de la L. du 29 juill. 1881, indépendamment du domicile des victimes, et de l'ampleur de la distribution. • Crim. 31 janv. 1995, n° 92-86.559 P.

53. Distribution par portage. A défaut d'une date précise de publication portée sur un écrit périodique diffusé par voie de distribution par portage, le point de départ de la prescription est la date du premier acte de publication ou des faits matériels de distribution au public. • Versailles, 27 oct. 1995 : *Gaz. Pal. 1996. 1. Somm. 267.*

54. Distribution clandestine. La distribution ou la vente, effectuées clandestinement, d'un livre représenté comme étant destiné à être divulgué dans le public ne sauraient faire courir la prescription de l'action publique à l'encontre des personnes contre lesquelles des imputations punies par la loi y sont formulées, ni du ministère public. • Crim. 31 mars 1960 : *Bull. crim. n° 195 ; D. 1960. 651.*

b. Technologies nouvelles

55. Réseau internet. BIBL. Rebut, *Légipresse 2001, p. 63* (prescription des délits de presse sur l'internet). – Manseur-Rivet, *Gaz. Pal. 2002. 1. Doctr. 740* (droit de la presse et Internet : observations sur la prescription). – Gautier, *D. 2002. Chron. 1852* (de la prescription des infractions commises sur l'internet ... et dans le monde physique).

56. Thèse de l'infraction continue. L'application des dispositions de l'art. 65 de la L. du 29 juill. 1881 sur la presse, qui pose le principe d'un délai de trois mois à dater du premier jour de publication au-delà duquel l'action publique est éteinte, fait l'objet d'une jurisprudence constante s'agissant d'écrits ou d'images diffusés sur support papier (livres, journaux, affiches...) ou audiovisuel (radio, télévision, cinéma...), pour lesquels la détermination du premier jour de mise à disposition du public est aisée, ne serait-ce que parce qu'elle résulte du support lui-même (journaux, message audiovisuel), soit parce que le moment de mise à disposition du public correspond à un acte précis (routage pour les livres) ; si la mise en œuvre de ce principe est aisément applicable à des messages périssables voire furtifs, dès lors qu'ils ont fait l'objet d'une publication sur support papier ou audiovisuel, il n'en va pas de même lorsque le message a été publié par internet qui constitue un mode de communication dont les caractéristiques techniques spécifiques obligent à adapter les principes posés par la loi sur la presse, qui visent tout à la fois à protéger la liberté de pensée et d'expression et à en condamner les excès, dès lors qu'ils portent atteinte à des valeurs consacrées par ladite loi et le cas échéant à des intérêts particuliers ou collectifs ; pour appliquer l'art. 65, il est nécessaire de déterminer la date de la première mise à disposition du public, le principe étant ainsi posé par le législateur qu'au-delà du délai de trois mois, dérogatoire du droit pénal commun, le ministère public et les parties civiles n'ont plus vocation à déclencher l'action publique concernant des écrits dont le trouble à l'ordre public censé en être résulté ou le préjudice causé à des tiers devait être considéré comme éteint ou apaisé ; dans une telle hypothèse, la publication résulte de la volonté renouvelée de l'émetteur qui place le message sur un site, choisit de l'y maintenir ou de l'en retirer quand bon lui semble ; l'acte de publication devient ainsi continu ; cette situation d'infraction inscrite dans la durée est d'ailleurs une notion du droit positif en droit pénal où elle s'applique dans l'incrimination de plusieurs délits ; dès lors, il y a lieu de considérer qu'en choisissant de maintenir accessible sur son site les textes en cause à la date où il a été constaté que ceux-ci y figuraient, le prévenu a procédé à une nouvelle publication ce jour-là et s'est exposé à ce que le délai de prescription de trois mois coure à nouveau à compter de cette date. • Paris, 15 déc. 1999 : *JCP 2000. II. 10281, note Schmidt et Facchina ; D. 2000. Somm. 403, obs. Dupeux ; Gaz. Pal. 2000. 1. Doctr. 697, note Cousin ; RSC 2000. 644, obs. Francillon .*

57. En matière de presse écrite, tout délit résultant d'une publication est réputé commis le jour où l'écrit est porté à la connaissance du public et mis à sa disposition, car c'est par cette publication que se consomme l'infraction pouvant résulter d'un tel écrit ; il importe peu que cette infraction, instantanée, produise des effets délictueux qui se prolongent dans le temps par la force des choses (l'offre d'un livre en librairie, le maintien d'un hebdomadaire ou d'un mensuel dans un kiosque) dès lors que cela ne résulte pas d'une manifestation renouvelée de la volonté de son auteur ; au contraire, les caractéristiques techniques spécifiques du mode de communication par le réseau internet transforment l'acte de publication en une action inscrite dans la durée qui résulte alors de la volonté de l'émetteur de placer un message sur un site, de l'y maintenir, de le modifier ou de l'en retirer quand bon lui semble et sans contraintes particulières ; en conséquence, le délit que cette publication ininterrompue est susceptible de constituer revêt le caractère d'une infraction successive, assimilée par la doctrine à l'infraction continue ; le point de départ de la prescription se situe au jour où l'activité délictueuse a cessé. • TGI Paris, 6 déc. 2000 : *D. 2001. IR 180 ; JCP 2001. II. 10515, note Lepage ; Gaz. Pal. 2001. 1. 122, note Ader ; ibid. 2001. 2. 1054, note Blanchot.*

58. Thèse de l'infraction instantanée. La diffusion de propos diffamatoires sur le réseau internet, à destination d'un nombre indéterminé de personnes nullement liées par une communauté d'intérêts, constitue un acte de publicité commis dès que l'information a été mise à la disposition des utilisateurs éventuels du site ; la prescription de l'action en diffamation ayant comme point de départ, non le jour où les faits ont été constatés, mais le jour du premier acte de publication, est irrecevable la demande formée plus de trois mois après la diffusion de l'information litigieuse sur internet. • TGI Paris, réf., 30 avr. 1997 : *D. 1998. Somm. 79, obs. Dupeux ; BICC 1997. 1193 ; Gaz. Pal. 1997. 1. Somm. 257.*

59. Consécration par la Cour de cassation. Lorsque des poursuites pour diffamation et injures publiques sont engagées à raison de la diffusion, sur le réseau internet, d'un message figurant sur un site, le point de départ du délai de prescription de l'action publique prévu par l'art. 65 de la L. du 29 juill. 1881 doit être visé à la date du premier acte de publication, laquelle s'entend de la date à laquelle le message a été mis pour la première fois à la disposition des utilisateurs du réseau (solution implicite) ; ne donne pas de base légale à sa décision, la cour d'appel qui, saisie de telles poursuites, déclare l'action publique éteinte par la prescription en se bornant à énoncer, par des motifs insuffisants et hypothétiques, « qu'il n'est nullement impossible que la publication » du message incriminé soit antérieure de plus de 3 mois à la citation délivrée par la partie civile. • Crim. 30 janv. 2001, n° 00-83.004 P : *D. 2001. 1833, note Dreyer ; JCP 2001. II. 10515, note Lepage ; Gaz. Pal. 2001. 1. 661, note Monnet ; RSC 2001. 605, obs. Francillon .* ♦ *Adde* : Blanchetier, *D. 2001. Chron. 2056* (point de départ du délai de prescription des délits de presse sur internet : vers une solution libertaire et contraire au bon sens). ♦ Lorsque des poursuites pour diffamation et injures publiques sont engagées à raison de la diffusion, sur le réseau internet, d'un message figurant sur un site, le point de départ du délai de prescription de l'action publique prévu par l'art. 65 de la L. du 29 juill. 1881 doit être fixé à la date du premier acte de publication ; cette date est celle à laquelle le message a été mis pour la première fois à la disposition des utilisateurs du réseau. • Crim. 16 oct. 2001, n° 00-85.728 P : *D. 2002. Somm. 2770, obs. Bigot ; JCP 2002. II. 10028, note Blanchetier ; Dr. pénal 2002. 12, obs. Véron ; Gaz. Pal. 2002. 1. 119, note Monnet ; ibid. 2. 956, note L'Hénoret-Marcellesi ; RSC 2002. 621, obs. Francillon .* ♦ Lorsque des poursuites pour l'une des infractions prévues par la L. du 29 juill. 1881 sont engagées à raison de la diffusion sur le réseau internet d'un message figurant sur un site, le point de départ du délai de prescription de l'action publique prévu par l'art. 65 de la loi précitée doit être fixé à la date du premier acte de publication ; cette date est celle à laquelle le message a été mis pour la première fois à la disposition des utilisateurs ; méconnaît ce texte et ce principe la cour d'appel qui, pour infirmer le jugement constatant la prescription de l'action publique, énonce que, sur le réseau internet, « l'acte de publication devient continu ». • Crim. 27 nov. 2001, n° 01-80.134 P : *D. 2002. Somm. 2770, obs. Bigot* ; *RSC 2002. 621, obs. Francillon* (cassation de • Paris, 15 déc. 1999 : *préc.*). ♦ Sur ces trois décisions : *Adde : LPA 15 août 2002, p. 7, note Raynouard.*

60. Un courriel, dont le nom de l'expéditeur a été effacé, faisant mention de l'implication de deux personnes dans différentes affaires criminelles en les présentant comme chefs d'une organisation mafieuse, a été diffusé sur le site d'une association ; les personnes désignées ont assigné cette association ainsi que l'hébergeur du site au motif que cette diffusion portait atteinte à leur honneur et à leur considération ; pour accueillir la fin de non-recevoir tirée de la prescription, l'arrêt attaqué retient qu'il résulte du procès-verbal dressé le 6 mai 2000 que le texte incriminé avait été diffusé au mois de juin 1999 ; en statuant ainsi, alors que ce constat se bornait à relever que le message énonçait qu'il avait été mis en ligne au mois de juin 1999 sans constater que cette date constituait le premier jour de la publication, la cour d'appel l'a dénaturé et, partant, a violé l'art. 1134 C. civ. • Civ. 1re, 5 juill. 2005, n° 04-11.971 P : *Gaz. Pal. 2006. 2. Somm. 4140, note Lasfargeas.*

61. Lorsque des poursuites pour l'une des infractions prévues par la L. du 29 juill. 1881 sont engagées en raison de la diffusion, sur le réseau internet, d'un message figurant sur un site, le point de départ du délai de prescription de l'action publique prévu par l'art. 65 de ladite loi doit être fixé à la date du premier acte de publication ; cette date est celle à laquelle le message a été mis pour la première fois à la disposition des utilisateurs ; la simple adjonction d'une seconde adresse pour accéder à un site existant ne saurait caractériser un nouvel acte de publication de textes figurant déjà à l'identique sur ce site. • Crim. 6 janv. 2009, n° 05-83.491 P : *D. 2009. AJ 432* ; *ibid. 1260, note Courtin* ; *AJ pénal 2009. 127, obs. Royer* ; *JCP 2009, n° 46, obs. Tricoire ; Gaz. Pal. 2009. 1. Somm. 1477, note Marcellesi et Bensoussan-Brulé ; Dr. pénal 2009. Chron. 6, obs. Mouysset ; ibid. Chron. 11, obs. Lepage* (même affaire).

62. Adhésion de juridictions du fond. En application de l'art. 65 de la L. du 29 juill. 1881, l'action publique et civile résultant des crimes, délits et contraventions prévus par ladite loi se prescrivent après trois mois révolus à compter du jour où ils ont été commis ou du dernier acte de poursuite, s'il en a été fait ; aussi, la publication des propos diffamatoires et des injures effectuée en date du 5 févr. 1999 par voie électronique sous la forme d'un dossier disponible sur internet ne peut plus faire l'objet d'une dénonciation après l'expiration du délai de trois mois, à savoir le 5 mai 1999 ; en effet, l'infraction est constituée dès le premier jour de sa commission quel que soit le mode choisi pour la porter à la connaissance du public ; le fait que cet article est demeuré accessible par la voie d'internet postérieurement au 5 févr. 1999 ne saurait être considéré comme un fait suspensif de la prescription de nature à retarder le *dies a quo* de computation du délai de prescription ; en effet, la diffamation et les injures dénoncées étaient constituées à la première diffusion et non à sa réitération ; aussi, la dénonciation résultant de l'assignation est hors délai et donc irrecevable. • Poitiers, 11 déc. 2001 : *JCP 2002. IV. 2210.*

63. Le prévenu a diffusé sur le réseau internet un site dont le contenu constitue une diffamation publique, une injure publique et une provocation à la haine, à la discrimination et à la violence envers les personnes d'origine juive, tombant sous le coup des incriminations des art. 23 et 24 de la L. du 29 juill. 1881 ; le point de départ de la prescription de l'action publique prévu par l'art. 65 de cette loi est fixé à la date du premier acte de publication, c'est-à-dire celle à laquelle le message a été mis pour la première fois à la disposition des internautes ; aucune modification n'est intervenue postérieurement à cette date ; plus de trois mois s'étant écoulés entre la mise en ligne et le premier acte interruptif de prescription, celle-ci est acquise et l'extinction de l'action publique est constatée. • Paris, 2 mars 2005 : *JCP 2005. IV. 2667.*

64. La mise à jour d'un site internet constitue un nouvel acte de publication, car elle manifeste un nouveau choix rédactionnel et constitue donc le nouveau point de départ du délai de prescription ; en l'espèce, le dépôt de plainte date du 22 févr. 2005, et l'article litigieux d'octobre 2002, mais le site internet a été mis à jour le 9 déc. 2004. • Nancy, 24 nov. 2005 : *JCP 2007. IV. 1106.*

65. Thèse des infractions successives. Relativement aux délits d'apologie de crimes de guerre, d'apologie de crimes contre l'humanité, d'apologie de crimes ou délits de collaboration avec l'ennemi et à la contravention d'exhibition en public d'insignes ou d'emblèmes portés ou exhibés par les membres d'une organisation déclarée criminelle, infractions commises sur internet par un service de ventes aux enchères où étaient proposés des objets nazis, le point de départ de la prescription se situe à compter du premier jour de mise à disposition aux utilisateurs du réseau internet de l'objet nazi en vue de sa cession au plus offrant, et c'est à compter de cette première offre que le délit est consommé, et chaque mise à jour de ce site constitue une infraction nouvelle, distincte de l'offre initiale ; il en résulte que chaque nouvelle mise à disposition d'objets aux internautes fait courir un nouveau délai de prescription. • TGI Paris, 26 févr. 2002 : *Gaz. Pal. 2002. 2. Somm. 1621, note Cousin et Piccio ; ibid. 1639.*

66. Lien hypertexte. La demande d'avis formulée le 13 mars 2014 par la 17e chambre correctionnelle du TGI de Paris, reçue le 14 mars 2014, est ainsi libellée : « L'insertion, dans un article mis en ligne sur un site internet, d'un lien hypertexte permettant d'accéder directement à un contenu déjà diffusé, constitue-t-elle un nouvel acte de publication du texte initial faisant à nouveau courir le délai de la prescription trimestrielle prévu par l'art. 65 de la L. du 29 juill. 1881 ? » ; la demande, qui concerne les conditions dans lesquelles l'insertion dans un article mis en ligne sur le réseau internet d'un lien hypertexte renvoyant à un texte déjà publié serait susceptible d'être regardée comme une nouvelle publication de celui-ci, de nature à faire courir à nouveau le délai de prescription de l'art. 65 de la L. du 29 juill. 1881 sur la liberté de la presse, suppose un examen des circonstances de l'espèce, notamment de la nature du lien posé et de l'identité de l'auteur de l'article, comme de son intention de mettre à nouveau le document incriminé à la disposition des utilisateurs ; à ce titre, elle échappe à la procédure d'avis prévue par les art. L. 441-1 s. COJ et 706-64 s. C. pr. pén. • Cass., avis, 26 mai 2014, n° 14-70.004 P : *D. actu. 19 juin 2014, obs. Lavric ; Dr. pénal 2015. Chron. 6, obs. Mouysset.* ♦ Rappr. : • CEDH 4 déc. 2018, *Magyar Jeti Zrt c/ Hongrie*, n° 11257/16 : *AJ pénal 2019. 93, obs. Thierry* (le fait d'insérer dans un article en ligne un lien hypertexte vers un contenu ultérieurement jugé diffamatoire est, en lui-même, insuffisant pour engager la responsabilité de l'entreprise de presse).

67. Il résulte de l'art. 65 de la L. du 29 juill. 1881 qu'en matière d'infractions à la loi sur la liberté de la presse, le point de départ de la prescription est le jour de la publication de l'écrit incriminé, par laquelle se consomment les délits que celui-ci peut contenir ; il suit de là que toute reproduction, dans un écrit rendu public, d'un texte déjà publié, est constitutive d'une publication nouvelle dudit texte, qui fait courir un nouveau délai de prescription ; l'insertion, sur internet, par l'auteur d'un écrit, d'un lien hypertexte renvoyant directement audit écrit, précédemment publié, caractérise une telle reproduction. • Crim. 2 nov. 2016, n° 15-87.163 P : *D. actu.17 nov. 2016, obs. Lavric ; D. 2017. 203, note Serinet ; ibid. 181, obs. Dreyer ; AJ pénal 2017. 39, obs. Thierry ; RSC 2017. 85, obs. Giudicelli.*

68. Toute reproduction, dans un écrit rendu public, d'un texte déjà publié est constitutive d'une publication nouvelle dudit texte, qui fait courir un nouveau délai de prescription ; une nouvelle mise à disposition du public d'un contenu précédemment mis en ligne sur un site internet dont le titulaire a volontairement réactivé ledit site sur le réseau internet, après l'avoir désactivé, constitue une telle reproduction. • Crim. 7 févr. 2017, n° 15-83.439 P : *D. actu. 1er mars 2017, obs. Lavric.*

69. Il résulte de l'art. 65 de la L. du 29 juill. 1881 que toute reproduction, dans un écrit rendu public, d'un texte déjà publié, est constitutive d'une publication nouvelle dudit texte, qui fait courir un nouveau délai de prescription ; une nouvelle mise à disposition du public d'un contenu précédemment mis en ligne sur un site internet dont une personne a volontairement réactivé le contenu initial sur le réseau internet, après qu'il eut été retiré, constitue une telle reproduction de la part de cette personne. • Crim. 10 avr. 2018, n° 17-82.814 P : *D. actu. 2 mai 2018, obs. Lavric ; D. 2018. 851 ; ibid. 2018. 1295, note Serinet ; ibid. 2019. 225, obs. Dreyer ; JCP 2018, n° 1222, § 3, obs. Mouysset ; ibid. § 4, obs. Tavieaux-Moro ; Légipresse 2018. 332, note Beaussonie.*

70. Si l'insertion d'un lien hypertexte constitue bien un nouvel acte de publication, une cour d'appel ne peut déclarer l'auteur du lien coupable de diffamation sans examiner les éléments extrinsèques au contenu incriminé que constituaient les modalités et le contexte dans lesquels avait été inséré le lien hypertexte y renvoyant. • Crim. 1er sept. 2020, n° 19-84.505 P : *D. actu. 5 oct. 2020, obs. Lavric ; AJ pénal 2020. 470, obs. Thierry ; Dr. pénal 2020. Chron. 12, obs. Lepage.*

71. Aide à la recherche. Ne saurait constituer une nouvelle publication sur le réseau internet, au sens de l'art. 65 de la L. du 29 juill. 1881, d'un contenu déjà diffusé, la juxtaposition de mots résultant d'un processus purement automatique et aléatoire issu d'une fonction intégrée dans un moteur de recherche, exclusive, en l'espèce, de toute volonté de son exploitant d'émettre, à nouveau, les propos critiqués. • Crim. 10 janv. 2017, n° 15-86.019 P : *D. actu. 16 févr. 2017, obs. Lavric.*

B. INTERRUPTION

1° AVANT LES POURSUITES

72. Avant la loi du 4 janv. 1993. On ne saurait reconnaître le caractère d'acte de poursuite à des procès-verbaux de police, lesquels ne remplissent pas les conditions imposées par les art. 50 et 53 de la L. du 29 juill. 1881. • Crim. 31 mars 1960 : *Bull. crim. n° 194 ; JCP 1960. II. 11636, note Larguier* ; cassation de : • Paris, 18 mars 1959 : *JCP 1959. II. 11230, note Larguier.* ♦ Il en est autrement de procès-verbaux se référant expressément à une plainte qui, articulant et qualifiant les faits et indiquant les textes applicables, contient les précisions qu'exigent les articles précités. • Crim. 24 févr. 1966 : *Bull. crim. n° 73.*

73. Ne sauraient avoir un effet interruptif de prescription les procès-verbaux d'une enquête préliminaire ordonnée sur le vu d'une plainte simple du chef de provocation raciale, alors que l'acte initial de poursuite, qui était seul de nature à mettre en mouvement l'action publique, a retenu une autre qualification. • Crim. 30 oct. 1989 : *Bull. crim. n° 388.*

74. Manque de base légale l'arrêt qui attribue un effet interruptif de prescription à un acte initial qui, faute d'entrer dans la catégorie des actes susceptibles de mettre en mouvement l'action publique, ne pouvait constituer un acte de poursuite au sens de l'art. 65 de ladite loi. • Crim. 10 déc. 1991 (2 arrêts), n° 90-85.068 P. ♦ ... Ainsi d'une plainte simple. • Crim. 20 oct. 1992, n° 91-86.924 P. ♦ ... Du soit-transmis ou des réquisitions aux fins d'enquête adressés par le procureur de la République aux officiers de police judiciaire à l'effet de constater le délit, d'en découvrir et d'en convaincre les auteurs. • Crim. 10 déc. 1991 : *préc. (arrêt n° 1) ; Gaz. Pal. 1992. 2. 527, note Domingo* • 18 mai 1993, n° 91-85.129 P. ♦ ... Des procès-verbaux d'enquête préliminaire établis en exécution de telles instructions. • Crim. 10 déc. 1991 : *préc. (arrêt n° 2)* • 20 oct. 1992 : *préc.* • 18 mai 1993 : *préc.*

75. Depuis la loi du 4 janv. 1993. Si la prescription peut être interrompue, avant l'engagement des poursuites, par des réquisitions aux fins d'enquête, selon l'al. 2 de l'art. 65 de ladite loi, c'est à la condition qu'elles articulent et qualifient les faits à raison desquels l'enquête est ordonnée. • Crim. 14 févr. 1995, n° 93-85.640 P. • 30 oct. 2001, n° 00-87.818 P : *Dr. pénal 2002. 28, obs. Véron.* ♦ Tel n'est pas le cas, ni du soit-transmis du procureur de la République qui ne répond pas à ces exigences, ni des procès-verbaux d'enquête. • Crim. 14 févr. 1995 : *préc.* ♦ Ne sont pas interruptives de la prescription des actions publique et civile, ni la plainte simple adressée au procureur de la République, ni les réquisitions de celui-ci aux fins d'enquête, dès lors qu'elles n'ont ni articulé, ni qualifié les faits, et n'ont donc pas satisfait aux exigences de l'art. 65, al. 2, de la L. du 29 juill. 1881 modifié par la L. du 4 janv. 1993. • Crim. 5 déc. 1995 : *Gaz. Pal. 1996. 1, chron. crim. 60.* ♦ Ne répondent pas aux exigences de l'art. 65, al. 2, de la L. du 29 juill. 1881 les « soit-transmis » adressés par le procureur de la République aux officiers de police judiciaire qui se bornent à prescrire l'audition d'un témoin ou à poursuivre l'enquête. • Crim. 30 oct. 2001 : *préc.* ♦ N'est pas interruptif de prescription le compte rendu établi par un commissaire de police, qui se borne à reproduire les termes du rapport de clôture rédigé par l'officier de police judiciaire qu'il avait subdélégué. • Crim. 12 nov. 2014, n° 13-84.764 P : *D. actu. 25 nov. 2014, obs. Lavric ; AJ pénal 2015. 158, obs. Royer ; RSC 2014. 808, obs. Boccon-Gibod*

76. Il ne saurait être déduit du libellé de l'al. 2 de l'art. 65 de la L. du 29 juill. 1881 que le législateur a limité l'effet interruptif de prescription des réquisitions aux fins d'enquête aux seuls faits de provocations, outrages, diffamations et injures qui, de par leur nature, doivent être articulés et qualifiés ; la phrase autonome, selon laquelle, avant l'engagement des poursuites, seules les réquisitions aux fins d'enquête seront interruptives de prescription, complète l'al. 1er de l'art. 65 qui vise l'ensemble des « crimes, délits et contraventions prévus par la présente loi ». • Paris, 18 sept. 1997 : *Gaz. Pal. 1997. 2. 697, note J.-G. M.* ♦ Cette disposition tend à exclure de l'effet interruptif de prescription les « soit transmis », non constitutifs de réquisitions à proprement parler et les procès-verbaux établis sur ce seul fondement. • Même arrêt.

77. Si l'art. 65, al. 2, de la loi sur la presse, impose d'articuler et de qualifier les faits en raison desquels l'enquête est ordonnée, il n'exige pas, à la différence de l'art. 53 de ladite loi, que soit indiqué le texte de loi applicable. • Crim. 20 juin 2006, n° 05-86.690 P : *D. 2006. IR 2212 ; AJ pénal 2006. 372 ; Dr. pénal 2007. Chron. 1, obs. Mouysset.*

78. Selon l'art. 65, al. 2, de la L. du 29 juill. 1881, applicable à tous les délits de presse, la prescription peut être interrompue, avant l'engagement des poursuites, par des réquisitions aux fins d'enquête, à condition d'articuler et de qualifier les faits qui motivent l'enquête ; ne répond pas aux exigences de ce texte le « soit-transmis » demandant aux enquêteurs qu'un procès-verbal soit dressé afin de constater que le blog, support du message litigieux, est toujours accessible sur internet, et d'identifier le responsable juridique de l'hébergeur de ce blog, sans articuler les faits à raison desquels l'enquête est ordonnée. • Crim. 22 juin 2010, n° 09-81.027 P : *Dr. pénal 2010. 118, obs. Véron ; D. 2010. Actu. 1875 ; ibid. 830, obs. Lavric ; ibid. 2011. Pan. 790, obs. Dreyer ; Dr. pénal 2010, n° 118, obs. Véron ; ibid. Chron. 10, obs. Lepage ; ibid. 2011. Chron. 5, obs. Mouysset ; Gaz. Pal. 2010. II. 2995, note Fourment.*

79. Peut seule avoir un effet interruptif de prescription, au sens de l'art. 65, al. 2, de la L. du 29 juill. 1881 sur la liberté de la presse la réquisition aux fins d'enquête qui articule et qualifie elle-même les injures à raison desquelles l'enquête est ordonnée ; encourt par conséquent la censure l'arrêt qui, en l'absence de telles mentions dans le soit-transmis du procureur de la République, retient que la plainte initiale, annexée à cet acte et faisant corps avec lui, répond aux exigences légales et que, dès lors, la prescription a été interrompue par la réquisition. • Crim. 22 mai 2012, n° 11-82.416 P : *D. actu. 18 juin 2012, obs. Lavric ; Gaz. Pal. 2012. 2. 2931, note Fourment.*

80. Selon l'art. 65, al. 2, de la L. du 29 juill. 1881, en matière d'infractions à la loi sur la presse, avant l'engagement des poursuites, seules les réquisitions aux fins d'enquête articulant et qualifiant les provocations, outrages, diffamations et injures à raison desquels l'enquête est ordonnée sont interruptives de prescription ; encourt dès lors la cassation l'arrêt qui, pour écarter la prescription de l'action publique dans une poursuite du chef de diffamation publique, retient que plusieurs procès-verbaux d'enquête préliminaire ont été établis depuis la mise en ligne des propos incriminés et que chacun d'eux a interrompu la prescription, alors qu'aucune réquisition répondant aux exigences de l'art. 65, al. 2, de la L. du 29 juill. 1881 n'a été prise et qu'aucun acte de poursuite ou d'instruction n'a été effectué avant la mise en mouvement de l'action publique par la délivrance d'une convocation en justice dix mois après les faits. • Crim. 16 sept. 2014, n° 13-85.457 P : *D. actu. 30 sept. 2014, obs. Fonteix ; AJ pénal 2015. 51, obs. Verly ; JCP 2014, n° 1111, note Mouysset.*

81. D'une part, seul l'acte de poursuite, qui a retenu une des qualifications visées par les réquisitions aux fins d'enquête, fixe irrévocablement la nature et l'étendue de la poursuite ; d'autre part, les infractions d'injure raciste et d'apologie de crimes de guerre et de crimes contre l'humanité ne comportent pas d'éléments constitutifs inconciliables entre eux et sont susceptibles d'être envisagées successivement ou concurremment, de sorte que des réquisitions aux fins d'enquête, régulières, ont interrompu la prescription de l'action publique. • Crim. 7 mai 2018, n° 17-82.656 P : *D. actu. 1er juin 2018, obs. Lavric ; D. 2018. 1075 ; ibid. 2019. 225, obs. Dreyer ; Légipresse 2018. 328.*

2° PREMIER ACTE DE POURSUITE

82. Détermination. Pour l'application de l'art. 65 de la L. du 29 juill. 1881, en sa rédaction antérieure à la L. du 4 janv. 1993, seuls la plainte avec constitution de partie civile, le réquisitoire introductif ou la citation directe répondant aux exigences des art. 50 et 53 de la L. du 29 juill. 1881, sont susceptibles de mettre en mouvement l'action publique et de constituer le premier acte interruptif de la prescription. • Crim. 10 déc. 1991, n° 90-85.068 P • 20 oct. 1992, n° 91-86.924 P • 5 juill. 1995, n° 93-82.665 P.

83. Il se déduit nécessairement des art. 50 et 53 de la L. du 29 juill. 1881 que, pour interrompre la prescription, le premier acte de poursuite doit articuler les faits incriminés, les qualifier et indiquer les textes de loi applicables. • Crim. 22 déc. 1976 : *Bull. crim. n° 378* • 21 janv. 1980 : *ibid. n° 29* • 22 juin 1982 : *ibid. n° 169.*

84. L'action en diffamation ne peut être étendue par voie de conclusions à des faits postérieurs à l'acte introductif d'instance qui a fixé irrévocablement la nature et l'étendue de la poursuite quant aux faits et à leur qualification ; par ce motif de pur droit, substitué à ceux critiqués par le moyen, et dès lors que l'acte introductif d'instance, délivré plus de trois mois après la distribution du tract litigieux, le 18 janv. 1996, n'articulait pas les faits commis à cette dernière date, la décision, qui a constaté l'extinction des actions en diffamation par la prescription se trouve légalement justifiée. • Civ. 2e, 6 févr. 2003, n° 00-13.167 P : *Gaz. Pal. 2003. 2. Somm. 3973, obs. Guerder.*

85. Réquisitoire introductif. Le réquisitoire introductif du procureur de la République (au même titre que les réquisitoires supplétif et définitif et les ordonnances du juge d'instruction), est un acte de poursuite du seul fait qu'il existe, et la cour d'appel qui constate son existence ne peut en apprécier l'utilité ou l'opportunité ; elle doit se borner à vérifier qu'en raison de sa date, il a interrompu la prescription. • Crim. 11 oct. 1961 : *Bull. crim. n° 394.*

86. Plainte avec constitution de partie civile. Dès lors que la consignation prévue à l'art. 88 C. pr. pén. a été versée dans le délai imparti, le dépôt de la plainte avec constitution de partie civile répondant aux exigences de l'art. 53 de la L. du 29 juill. 1881 interrompt la prescription de l'action publique. • Crim. 18 déc. 1990, n° 87-82.208 P • 7 sept. 1999, n° 98-86.219 P : *D. 1999. IR 248 ; D. 2001. 160, obs. Mouysset* . ♦ Mais la prescription n'est pas interrompue par une plainte non conforme à l'art. 50 de la L. du 29 juill. 1881. • Crim. 22 janv. 1985 : *Bull. crim. n° 34* • 19 mai 1987 : *ibid. n° 205* • 19 janv. 1988 : *ibid. n° 28* • 18 avr. 1989 : *Dr. pénal 1990. 14* • 29 sept. 2009, n° 09-81.424 P : *AJ pénal 2009. 499, obs. Royer ; Dr. pénal 2010, n° 16, obs. Véron ; ibid. Chron. 5, obs. Mouysset ; Gaz. Pal. 2010. 1. Jur., p. 887, note Fourment.*

87. Les dispositions du 1° de l'art. 48 de la L. du 29 juill. 1881, qui subordonnent la poursuite du chef du délit prévu par l'art. 30 de cette loi à une délibération au corps constitué, ne confèrent pas à celui-ci le droit de mettre en mouvement l'action publique en portant plainte avec constitution de partie civile ; il résulte au contraire des dispositions combinées des art. 47 et 48, dernier al., de ladite loi que, par dérogation à l'art. 85 C. pr. pén., la poursuite ne peut alors être exercée que par le ministère public ; il s'ensuit que la plainte avec constitution de partie civile déposée par un corps constitué (conseil général) du chef d'injure ou de diffamation est irrecevable et ne peut avoir pour effet d'interrompre la prescription de l'action publique ou d'en suspendre le cours. • Crim. 12 nov. 2003, n° 02-84.709 P : *RSC 2004. 126, obs. Francillon ; ibid. 368, obs. Commaret ; AJ pénal 2004. 32 ; Dr. pénal 2004. 34, obs. Véron ; Gaz. Pal. 2004. 1. Somm. 2079, obs. Monnet.*

88. Plainte adressée par télécopie. La victime a porté plainte et s'est constituée partie civile, par télécopie, du chef de diffamation, en raison de la diffusion, lors d'une émission de télévision du 10 nov. 2007, de propos tenus par le mis en cause, député-maire ; le juge d'instruction a relevé que, si la télécopie comportait la date du 9 févr. 2008, la seule date certaine du dépôt de la plainte était celle apposée par le greffier, soit celle du 12 févr. 2008, et qu'en conséquence l'action publique était éteinte par la prescription ; la partie civile a interjeté appel de cette décision ; pour confirmer l'ordonnance entreprise, l'arrêt retient que la télécopie, mentionnant la date du 9 févr. 2008, a été adressée sur le télécopieur du parquet, et non sur celui du juge d'instruction, et qu'il n'existe aucun indice permettant de remettre en cause la date de réception au cabinet d'instruction portée par le greffier sur la télécopie litigieuse ; en statuant ainsi, la cour d'appel a justifié sa décision, dès lors qu'en l'absence de protocole passé entre le président et le procureur de la République, d'une part, et le barreau de la juridiction, d'autre part, relatif à la mise en œuvre de la communication électronique, dans les termes de l'art. D. 591 C. pr. pén., la date de réception par le juge d'instruction d'une plainte avec constitution de partie civile ne peut être attestée que par la mention du greffier. • Crim. 2 mars 2010 : ♖ *JCP 2010, n° 1258, obs. Tavieaux-Moro ; Dr. pénal 2010. 59, obs. Véron.*

89. Citation. La citation à la partie civile est un acte d'instruction ou de poursuite qui interrompt la prescription à l'égard de tout auteur, coauteur ou complice de l'infraction. • Crim. 21 janv. 1954 : *Bull. crim. n° 28* • 29 mars 1955 : *ibid. n° 193.* ♦ Il en est de même des citations adressées au prévenu. • Crim. 21 janv. 1954 : *Bull. crim. n° 28.* ♦ ... Ou à un témoin. • Crim. 11 déc. 1952 : *Bull. crim. n° 301.* ♦ ... La citation serait-elle donnée devant un juge incompétent. • Crim. 11 mai 1954 : *Bull. crim. n° 171 ; D. 1954. Somm. 72.* ♦ ... Ou ne serait-elle pas conforme à l'observation des délais de distance. • Crim. 21 oct. 1959 : *Bull. crim. n° 440.*

90. En cas de citation directe devant le tribunal correctionnel, le dépôt au greffe du montant de la consignation a pour seule conséquence de rendre recevable l'action de la partie civile et n'a aucune incidence sur la prescription. • Crim. 4 mars 1971 : *Bull. crim. n° 77.*

91. Si la citation ne peut mettre en mouvement l'action publique tant que sa notification au ministère public n'a pas été effectuée, elle constitue néanmoins un acte de poursuite interruptif de prescription, mais à la condition que ladite notification intervienne avant la date à laquelle le prévenu est appelé à comparaître aux termes de la citation introductive d'instance ; la notification opérée postérieurement à cette comparution ne peut avoir pour effet de réparer rétroactivement l'omission d'une formalité exigée par la loi à peine de nullité de la poursuite. • Crim. 18 févr. 1986 : ♖ *Bull. crim. n° 64.*

92. Une tentative de remise d'une citation à comparaître ne constitue pas un acte de poursuite répondant aux exigences de l'art. 53 de la L. du 29 juill. 1881, susceptible d'interrompre la prescription. • Crim. 29 sept. 2009 : ♖ *préc. note 86.*

93. Constitue un acte de poursuite le mandement par lequel le ministère public requiert un huissier de justice de délivrer une citation à comparaître devant la juridiction répressive ; en l'absence de preuve contraire, la date de la cédule de citation doit être retenue comme date d'envoi à l'huissier instrumentaire. • Crim. 3 déc. 2013, ♖ n° 12-87.126 P : *D. actu. 19 déc. 2013, obs. Lavric.*

94. Une citation directe entachée de nullité en raison de l'inobservation des dispositions d'ordre public de l'art. 681 C. pr. pén. (*abrogé par la loi n° 93-2 du 4 janv. 1993*), ne peut interrompre la prescription des actions publique et civile prévue par l'art. 65 de la L. du 29 juill. 1881. • Crim. 24 avr. 1979 : ♖ *Bull. crim. n° 142.* ♦ Même solution pour une plainte avec constitution de partie civile. • Crim. 21 janv. 1980 : *Bull. crim. n° 28.*

95. Par l'effet de la prescription, la citation délivrée au prévenu en remplacement de celle qui a été annulée ne peut constituer un acte de poursuite, dès lors qu'elle est postérieure au délai de trois mois. • Crim. 26 mai 1977 : *Bull. crim. n° 196.*

3° ACTES SUBSÉQUENTS

96. Détermination. L'art. 65 de la L. du 29 juill. 1881 attribue l'effet interruptif de la prescription à tous actes réguliers émanant de l'autorité compétente, ayant pour objet de constater les délits et d'en découvrir les auteurs. • Crim. 25 juill. 1960 : *Bull. crim. n° 393.* ♦ Interrompent la prescription de l'action publique les actes de poursuite ou d'instruction réguliers, ainsi que les décisions juridictionnelles statuant sur la validité de la procédure. • Crim. 18 déc. 1990, ♖ n° 87-82.208 P.

97. Réquisitoires et ordonnances. Les réquisitoires introductif, supplétif et définitif du procureur de la République, les ordonnances du juge d'instruction, sont des actes de poursuite du seul fait qu'ils existent, et la cour d'appel qui constate leur existence ne peut en apprécier l'utilité ou l'opportunité ; elle doit se borner à vérifier qu'en raison de leur date, ils ont interrompu la prescription. • Crim. 11 oct. 1961 : *Bull. crim. n° 394.*

98. Jugements. La signification régulière d'un jugement qui encourt la nullité ne saurait être considérée comme un acte de poursuite valable pour interrompre la prescription de l'action publique. • Crim. 15 mars 1961 : *Bull. crim. n° 163.* ♦ Le jugement rendu à la suite d'une citation déclarée nulle est lui-même nul par voie de conséquence et ne peut avoir pour effet d'interrompre la prescription. • Crim. 12 mai 1971 : *Bull. crim. n° 154.*

99. L'acte de signification par la partie poursuivante à ses adversaires du jugement que ceux-ci avaient frappé d'appel s'analyse en un acte de poursuite interruptif de la prescription. • Civ. 1re, 30 mai 2012, n° 11-14.045 : *Gaz. Pal. 2012. 2. 2931, obs. Fourment.*

100. L'acte de notification préalable d'un arrêt de cassation par l'avocat de la partie poursuivante à l'avocat de la partie adverse, en application de l'art. 678 C. pr. civ., et l'acte de signification à partie de cet arrêt sont des actes de poursuite interruptifs de la prescription édictée par l'art. 65 de la L. du 29 juill. 1881 sur la liberté de la presse. • Civ. 1re, 10 oct. 2019, n° 18-23.026 P : *D. actu. 4 nov. 2019, obs. Lavric ; D. 2020. Pan. 237, obs. Dreyer* .

101. Si l'action publique résultant d'une infraction prévue par la L. du 29 juill. 1881 se prescrit après trois mois révolus à compter du jour où l'infraction a été commise, ou du jour du dernier acte d'instruction ou de poursuite s'il en a été fait, la prescription est interrompue par l'audience à laquelle ont lieu les débats, dont le déroulement est attesté par les notes d'audience tenues par le greffier et signées par le président, et suspendue pendant la durée du délibéré, les parties poursuivantes étant alors dans l'impossibilité d'accomplir un acte de procédure avant le prononcé du jugement, peu important que celui-ci ait été ultérieurement annulé. • Crim. 17 févr. 2015, n° 13-88.129 P : *D. actu. 5 mars 2015, obs. Lavric ; JCP 2015. 291, obs. Detraz.*

102. La saisine de la juridiction de renvoi après cassation interrompt, dès sa déclaration, la courte prescription édictée par l'art. 65 de la L. du 29 juill. 1881 sur la liberté de la presse, quelle que soit la partie dont elle émane. • Civ. 1re, 10 oct. 2019, n° 18-23.026 P : *préc. note 100.*

103. Divers. Ont le caractère d'un acte interruptif de la prescription : la convocation par lettre recommandée de l'avocat de la partie civile. • Crim. 3 janv. 1967 : *Bull. crim. n° 2.* ♦ ... La signification régulièrement faite à l'une quelconque des parties au procès d'un arrêt de la chambre criminelle de la Cour de cassation renvoyant l'affaire devant une nouvelle juridiction. • Crim. 6 mai 1986 : *Bull. crim. n° 153.* ♦ ... Une remise de cause contradictoire. • Crim. 11 mai 1988 : *Bull. crim. n° 206* • 30 janv. 2001 : *Dr. pénal 2001, chron. n° 32, obs. Marsat.* ♦ ... Une remise de cause prononcée par jugement ou arrêt, en présence du ministère public, qu'elle ait été ou non ordonnée en présence des autres parties. • Crim. 21 mars 1995, n° 93-81.531 P. ♦ ... Une convocation adressée à la partie civile par le juge d'instruction. • Crim. 5 sept. 2006 : *D. 2006. IR 2348* ; *JCP 2006. IV. 2949.*

104. *Mais une signification viciée de nullité ne* peut interrompre la prescription de l'action publique, et il appartient à la Cour de cassation de constater cette prescription. • Crim. 24 nov. 1954 : *D. 1955. Somm. 27* • 5 déc. 1973 : *Bull. crim. n° 451.*

105. Ne constituent pas des actes d'instruction ou de poursuite, au sens de l'art. 65 de la L. du 21 juill. 1881, la lettre par laquelle le plaignant a informé le juge d'instruction de ce qu'il avait déposé une requête en suspicion légitime, le procès-verbal du juge d'instruction rendant compte de l'intention de ce dernier de ne se rendre à aucune de ses convocations, et le procès-verbal de non-comparution de la partie civile. • Crim. 24 nov. 1999, n° 98-88.119 P.

106. La citation délivrée au prévenu par le procureur général, nonobstant l'absence d'appel du ministère public, est interruptive de la prescription prévue à l'art. 65 de la L. du 29 juill. 1881, à l'égard de toutes les parties. • Crim. 30 mars 2004, n° 03-84.085 P : *AJ pénal 2004. 243* ; *Gaz. Pal. 2004. 2. Somm. 3392, obs. Monnet.* ♦ Est interruptive de prescription la citation à comparaître devant la cour d'appel délivrée à la requête du procureur général pour faire statuer sur l'action civile, alors même que l'action publique n'est plus en cause pour avoir été éteinte par l'amnistie. • Crim. 11 mai 2004, n° 03-83.364 P • Crim. 9 nov. 2004, n° 03-83.366 P : *Gaz. Pal. 2005. 1. Somm. 1392, note Monnet.*

107. Si l'action publique résultant d'une infraction prévue par la loi du 29 juill. 1881 se prescrit après trois mois révolus à compter du jour où l'infraction a été commise, ou du jour du dernier acte d'instruction ou de poursuite s'il en a été fait, la prescription est interrompue par l'audience à laquelle ont lieu les débats, dont le déroulement est attesté par les notes d'audience tenues par le greffier et signées par le président, et suspendue pendant la durée du délibéré, les parties poursuivantes étant alors dans l'impossibilité d'accomplir un acte de procédure avant le prononcé du jugement, peu important que celui-ci ait été ultérieurement annulé. • Crim. 17 juin 2008, n° 07-86.330 P : *JCP 2008. I. 209, n° 9, obs. Dreyer ; Dr. pénal 2008. 138, obs. Véron.*

108. Si la demande aux fins de tentative préalable de conciliation interrompt la prescription au sens de l'art. 53 de la L. du 29 juill. 1881, celle-ci recommence immédiatement à courir de sorte que faute d'avoir accompli un nouvel acte interruptif avant l'expiration du délai de trois mois, l'action est prescrite. • Civ. 1re, 25 févr. 2010, n° 09-12.961 P : *D. 2010. AJ 654, obs. Lavric* ; *ibid. 2011. Pan. 792, obs. Dreyer* .

109. Le soit-transmis par lequel un magistrat de liaison communique aux autorités du pays dans lequel il est en fonction une commission rogatoire internationale est un simple acte d'administration de la justice ne pouvant être considéré comme un acte d'instruction ou de poursuite susceptible d'interrompre la prescription de l'action publique ; dès lors, justifie sa décision la chambre de l'instruction qui confirme l'ordonnance du juge d'instruction constatant la prescription de l'action publique sur une plainte assortie de constitution de partie civile pour diffamation publique envers un particulier, aucun acte d'instruction ou de poursuite n'ayant été effectué dans le délai de prescription de trois mois suivant la délivrance de la commission rogatoire internationale. • Crim. 3 mars 2015 : *D. actu. 16 mars 2015, obs. Lavric ; D. 2015. 629 ; Dr. pénal 2015. Chron. 6, obs. Mouysset.*

4° EFFET INTERRUPTIF

110. Effet personnel. Lorsque, à l'occasion de délits de presse entièrement distincts et non connexes, commis par des auteurs différents, une information unique a été ouverte, un acte interruptif de la prescription, se rapportant exclusivement à la poursuite d'un de ces délits, ne saurait avoir d'effet à l'égard des autres infractions. • Crim. 22 mars 1950 : *Bull. crim. n° 104.*

111. Les actes de poursuite effectués à l'encontre d'un des participants interrompent la prescription à l'égard de tous les autres : ainsi du complice à l'égard de l'auteur principal, alors même que celui-ci n'est pas en cause. • Crim. 23 nov. 1954 : *Bull. crim. n° 343 ; D. 1955. 127.* ♦ Les actes d'instruction ou de poursuite n'interrompent la prescription à l'égard des personnes qui n'y sont pas impliquées qu'à la condition d'être accomplis dans une poursuite valable ; doit être cassé l'arrêt qui, pour rejeter l'exception de prescription, après avoir constaté que la citation délivrée au directeur de publication avait été annulée en appel, s'est fondé sur l'appel du ministère public pour admettre l'interruption de prescription à l'encontre du journaliste ; la prescription de l'action publique à l'égard du complice d'une infraction de presse ne peut être interrompue par les actes de la poursuite annulée contre le directeur de publication auteur principal de l'infraction. • Crim. 5 juill. 1995 : *préc. note 82.*

112. Effet réel. La prescription de l'action publique et de l'action civile résultant des crimes, délits et contraventions prévus par la loi sur la liberté de la presse ne peut être interrompue, pour chacun de ces crimes, délits et contraventions, que par un acte de poursuite visant l'infraction même qui est envisagée. • Crim. 21 mai 1985 : *Bull. crim. n° 195.* ♦ C'est ainsi que la demande d'insertion d'un droit de réponse ne peut interrompre la prescription que du chef de l'infraction visée à ce titre. • TGI Paris, 19 oct. 1994 : *BICC 1994. 1213.*

113. Inviolabilité parlementaire. A défaut de demande de mainlevée de son immunité, un acte de poursuite accompli contre un membre du Parlement pendant la durée des sessions ne saurait avoir pour effet d'interrompre la prescription. • Crim. 14 janv. 1965 : *Bull. crim. n° 17.*

114. Si la prescription de l'action publique peut être suspendue à l'égard d'un parlementaire par une demande de mainlevée de son immunité, elle ne saurait être interrompue par des actes de poursuite valablement accomplis à l'égard d'autres participants à l'infraction. • Crim. 14 juin 1979 : *Bull. crim. n° 209 ; D. 1979. 657, note Mayer et Julien-Laferrière ; RSC 1980. 713, obs. Levasseur.* ♦ *Contra* : • Crim. 3 févr. 1955 : *Bull. crim. n° 82 ; JCP 1955. II. 8663, note Chambon.*

5° INSTANCES CIVILES

115. Notion d'acte de poursuite. Dans les instances civiles en réparation des délits prévus par la L. du 29 juill. 1881, constitue un « acte de poursuite », au sens de l'art. 65 de ladite loi, tout acte de la procédure par lequel le demandeur manifeste à son adversaire l'intention de continuer l'action engagée. • Civ. 13 avr. 1948 : *Bull. civ. n° 108 ; D. 1948. 361* • Civ. 2e, 11 juin 1998, n° 96-10.454 P. ♦ Même si cet acte n'est pas porté à la connaissance de la partie adverse elle-même. • Civ. 2e, 23 mai 2001, n° 99-13.263 P : *Gaz. Pal. 2002. 1. Somm. 885, et la note.*

116. Péremption. Seule la péremption, à la différence de la prescription, peut être interrompue par tout acte manifestant l'intention d'une quelconque partie au litige de poursuivre l'instance. • Versailles, 25 juin 1992 : *Gaz. Pal. 1993. 1. Somm. 59.*

a. Actes interruptifs

117. Acte introductif d'instance. Selon l'art. 65 de la L. du 29 juill. 1881, l'action civile résultant d'une infraction prévue par cette loi se prescrit après trois mois révolus, à compter du jour où l'infraction a été commise ou du jour du dernier acte de procédure, s'il en a été fait ; viole ce texte le tribunal qui rejette l'exception de prescription présentée en défense, s'agissant d'une demande en réparation pour diffamation, retenant qu'en introduisant son action le 10 juin 1996, le demandeur s'est conformé au délai prévu par l'art. 65 de la loi de 1881, et que par application de l'art. 2244 C. civ., l'effet suspensif de la prescription résultant d'une action portée en justice se prolongerait jusqu'à ce que le litige trouve sa solution et qu'une radiation, mesure d'administration judiciaire suspendant l'instance, ne saurait entraîner reprise du cours du délai de la prescription, alors que la prescription a été interrompue et non suspendue par l'acte introductif d'instance, et que plus de trois mois se sont écoulés entre cet acte et sa réitération. • Civ. 2e, 12 mai 1999, n° 97-17.301 P : *D. 2000. Somm. 402, obs. Dupeux .*

118. Assignation indépendamment de son enrôlement. Il résulte de la combinaison des art. 55 NCPC et 65 de la L. du 29 juill. 1881 que l'assignation signifiée à celui qu'on veut empêcher de prescrire interrompt la prescription ; cassation, pour violation de ces textes, de l'arrêt qui, pour décider qu'une action en diffamation est prescrite, retient que l'interruption de la courte prescription ne peut résulter que d'un acte de poursuite, qu'en ce sens l'assignation en justice ne joue ce rôle que du moment qu'elle a été enrôlée et que l'enrôlement de l'assignation n'a eu lieu qu'à une date où la prescription était acquise. • Civ. 2e, 19 mars 1997, n° 95-12.303 P : *Gaz. Pal. 1999. 2. Somm. 580, obs. du Rusquec.*

119. Assignation réitérée. La réitération d'une assignation, dans le délai prévu par l'art. 65 de la L. du 29 juill. 1881, en empêche la caducité au sens de l'art. 757 NCPC [devenu C. pr. civ.] ; cassation, pour violation de ces textes, de l'arrêt qui, pour déclarer prescrite la demande des appelants, énonce, d'une part, qu'ils ne justifient pas avoir placé dans le délai imparti par l'art. 757 NCPC [devenu C. pr. civ.], l'assignation qu'ils ont fait délivrer, d'autre part, que devenue caduque, cette assignation n'a pu interrompre la prescription, et enfin que plus de trois mois se sont écoulés entre la publication incriminée et la date de l'assignation régulièrement placée, sans qu'aient été accomplis des actes interruptifs au sens du texte ci-avant rappelé, alors que la caducité de la première assignation n'a pas été constatée lorsqu'a été remise au greffe la seconde assignation, qui en était la réitération, de sorte que les assignations délivrées en termes identiques dans le délai de trois mois prévu par l'art. 65 de la L. du 29 juill. 1881 constituaient des actes de poursuites. • Civ. 2e, 6 mai 1999, n° 95-18.883 P : *D. 2000. Somm. 406, obs. Massis.*

120. Placement de l'assignation. Ayant retenu que le placement de l'assignation est un acte de procédure qui manifeste à la partie intimée l'intention de poursuivre l'action initiée à son encontre, une cour d'appel fait l'exacte application de l'art. 65 de la L. du 29 juill. 1881 en décidant que ce placement avait eu pour effet d'interrompre la prescription, de sorte que celle-ci n'était pas acquise lors de la notification des premières conclusions de la partie poursuivante. • Civ. 2e, 23 mai 2001 : *D. 2002. Somm. 2769, obs. Bigot.*

121. Si c'est à tort que l'arrêt a retenu la caducité de la première assignation, bien que celle-ci eût été réitérée par acte d'huissier du 24 mars 1997, dans le délai prévu par l'art. 65 de la L. du 29 juill. 1881, par une assignation remise au greffe avant toute constatation de caducité de la précédente, et si les juges ont également estimé à tort que l'assignation délivrée deux mois plus tard le 24 juin 1997 n'avait pu réitérer celle du 24 mars à laquelle elle avait omis de se référer, l'arrêt attaqué retient à bon droit que la troisième assignation étant devenue caduque, faute d'avoir été « placée » dans le délai de 4 mois, n'a pu interrompre la prescription ; par ce seul motif, dont il résulte que la prescription de l'action en diffamation était acquise lors de la signification des conclusions du 4 sept. 1997, la décision se trouve légalement justifiée. • Civ. 2e, 11 oct. 2001, n° 99-16.269 P : *D. 2002. Somm. 2769, obs. Bigot ; Gaz. Pal. 2002. 1. Somm. 886, et la note.*

122. Demande de report de l'ordonnance de clôture. La demande de report de l'ordonnance de clôture pour produire des pièces nouvelles manifeste l'intention du demandeur de poursuivre l'action et constitue un acte interruptif de la prescription édictée par l'art. 65 de la L. du 29 juill. 1881. • Civ. 1re, 8 avr. 2010, n° 09-65.032 P : *D. 2010. 1023, obs. Lavric ; ibid. 1673, note Bigot ; JCP 2010, n° 1258, obs. Tavieaux-Moro.*

123. Jugement au fond. Il résulte de l'art. 65 de la L. du 29 juill. 1881 que dans les instances civiles en réparation des délits prévus par la L. du 29 juill. 1881, la prescription, suspendue pendant la durée du délibéré, est interrompue par le jugement rendu à la requête de la partie poursuivante ; s'agissant d'une action en réparation du préjudice subi du fait de propos diffamatoires tenus dans un article de presse, pour déclarer l'action civile du demandeur éteinte par la prescription, l'arrêt attaqué énonce que le jugement entrepris, qui n'est ni un acte d'instruction, ni un acte de poursuite, et dont, au surplus, il n'est même pas établi qu'il ait été signifié, n'a pu interrompre le délai de prescription de trois mois ; que le demandeur ayant conclu devant le tribunal de grande instance le 13 sept. 1995, la prescription pouvait intervenir le 13 déc. ; que, cependant, il y a lieu de tenir compte de la durée du délibéré en suspendant le cours, du 8 nov. 1995 au 13 déc. 1995, soit 35 jours ; qu'ainsi, la prescription était susceptible d'être acquise le 18 janv. 1996 ; qu'aucun acte interruptif intervenu entre le 13 sept. 1995 et le 18 janv. 1996 n'étant établi, l'action du demandeur s'est éteinte par prescription à cette dernière date, avant même qu'il ne forme appel le 16 févr. 1996 ; en se déterminant ainsi, la cour d'appel a violé le texte susvisé. • Civ. 2e, 24 nov. 1999, n° 97-13.548 P : *Gaz. Pal. 2001. 1. Somm. 975, note Guerder.*

124. Jugement sur incident. Fait l'exacte application de l'art. 65 de la L. du 29 juill. 1881 la cour d'appel qui retient que constituent des actes interruptifs de la prescription, au sens de ce texte, le jugement rendu contradictoirement par la juridiction saisie ayant fait droit à la demande des défendeurs sur l'incident qu'ils soulevaient quant à la traduction de pièces, ainsi que la production, par les demandeurs, des pièces traduites en langue française, de même que la communication de ces pièces aux défendeurs. • Civ. 2e, 24 nov. 1999, n° 96-16.416 P.

125. Jugement de renvoi. La prescription édictée par l'art. 65 de la L. du 29 juill. 1881 est interrompue par des actes de procédure manifestant la volonté de poursuivre l'action entamée ; pour déclarer prescrite l'action, le jugement attaqué retient qu'entre la date de l'assignation, le 24 août 1998, et celle de l'audience de plaidoirie, le 5 mai 1999, plusieurs jugements ont renvoyé l'affaire sur les demandes de pure forme, notamment du demandeur, qui n'attestent en rien de sa volonté de poursuivre l'instance ; en statuant ainsi, alors que les jugements, intervenus sur la demande des parties et ayant réservé pour chacune d'elles ses droits et moyens, avaient renvoyé l'affaire à une date ultérieure située dans le délai de prescription, le tribunal d'instance a violé le texte précité. • Civ. 2e, 23 janv. 2003, n° 00-20.864 P : *Gaz. Pal. 2003. 2. Somm. 3968, obs. Guerder.*

126. A défaut d'une décision de remise de cause formalisée par un jugement ou un arrêt, le renvoi mentionné sur les notes d'audience n'interrompt la prescription que lorsque ces notes sont signées par le greffier et visées par le président de la formation de jugement et qu'il est intervenu contradictoirement à l'égard du prévenu et de la partie civile. • Crim. 19 févr. 2019, n° 18-81.486 : *D. 2020. Pan. 237, obs. Dreyer* ; *Légipresse 19 mars 2019, n° 369.*

127. Notification préalable du jugement d'avocat à avocat. Cassation pour violation de l'art. 65 de la L. du 29 juill. 1881, ensemble l'art. 678 NCPC [devenu C. pr. civ.], de l'arrêt qui, pour déclarer une action prescrite, énonce que le jugement a été signifié à l'avocat de la personne poursuivie puis, près de deux mois plus tard, à la personne poursuivie elle-même et que la notification à l'avocat, qui ne manifeste pas à l'adversaire l'intention de continuer l'action engagée, étant dépourvue d'effet interruptif, l'action est prescrite, alors que, dans les procédures avec représentation obligatoire, le jugement doit être préalablement notifié à l'avocat, faute de quoi la notification à la partie est nulle, et que tout acte qui manifeste l'intention du demandeur de poursuivre l'action constitue un acte interruptif de la prescription édictée par l'art. 65 de la L. du 29 juill. 1881, même si cet acte n'est pas porté à la connaissance de la partie adverse elle-même. • Civ. 2e, 26 juin 1996, n° 94-17.379 P : *D. 1998. Somm. 81, obs. Bigot.*

128. Cassation, pour violation de l'art. 65 de la L. du 29 juill. 1881, de l'arrêt qui, pour déclarer irrecevable comme prescrite une action en diffamation, énonce que le demandeur a fait signifier devant le tribunal des conclusions interruptives de prescription le 26 avr. 1994, que l'affaire a été mise en délibéré le 25 mai 1994, que la prescription a alors été suspendue jusqu'au jugement de condamnation du 22 juin 1994, que la signification de ce jugement à avocat, effectuée le 3 août 1994 à la requête de l'avocat du requérant, ne manifestait pas à l'adversaire l'intention de continuer l'action engagée et était ainsi dépourvue d'effet interruptif, et que la signification à partie, qui avait suivi le 31 août 1994, était tardive, alors que l'acte de notification préalable d'un jugement par l'avocat de la partie poursuivante à l'avocat du défendeur, en application de l'art. 678 NCPC [devenu C. pr. civ.], est un acte de poursuite interruptif de la prescription. • Civ. 2e, 11 juin 1998, n° 96-10.454 P.

129. Déclaration d'appel. La déclaration d'appel émanant de celui qui se prétend diffamé interrompt la courte prescription visée à l'art. 65 de la L. du 29 juill. 1881 ; cassation, pour violation de ce texte, ensemble l'art. 901 NCPC [devenu C. pr. civ.], de l'arrêt qui, pour dire irrecevable l'appel formé par une société le 3 mai 1993, laquelle a signifié des conclusions d'appel le 6 juill. 1993, retient qu'en l'espèce la déclaration d'appel à l'encontre du jugement ayant débouté la société appelante datant du 31 mars 1993 ne peut en elle-même être considérée comme une manifestation d'intention de continuer l'action engagée adressée par celle-ci à ses adversaires, et qu'aucun acte interruptif n'ayant été effectué par l'appelante entre le 31 mars et le 6 juill. 1993, il doit être fait droit à l'exception de prescription de l'action soulevée par les intimés. • Civ. 2e, 19 mars 1997, n° 95-12.641 P : *D. 1998. Somm. 81, obs. Bigot* ; *Gaz. Pal. 1999. 2. Somm. 580, obs. Rusquec.* ♦ Cassation de • Paris, 21 déc. 1994 : *D. 1997. Somm. 67, obs. Bigot.*

130. L'appel interrompt, dès sa déclaration, la prescription de l'action en diffamation, quelle que soit la partie dont il émane. • Civ. 2e, 16 déc. 1999, n° 98-11.110 P. • 6 févr. 2003 : *JCP 2003. IV. 1568.* ♦ ... Ayant relevé qu'à la suite de l'appel interjeté le 19 sept. 1996, l'appelant n'a formalisé aucun acte de poursuite jusqu'au dépôt de ses conclusions le 14 févr. 1997, et en en déduisant que l'action en diffamation était prescrite, la cour d'appel a légalement justifié sa décision. • Civ. 2e, 16 déc. 1999 : *préc.* ♦ ... Pour déclarer prescrite l'action en diffamation, l'arrêt attaqué relève que les demandeurs ont déposé leurs premières écritures devant la cour d'appel le 21 mai 1999 alors que le délai de prescription de trois mois institué par l'art. 65 de la L. du 29 juill. 1881, qui avait commencé à courir à la date du jugement du 28 sept. 1998, était venu à expiration le 29 déc. 1998, et que, dans l'intervalle, les demandeurs n'avaient à aucun moment formalisé un acte manifestant sans équivoque leur volonté de continuer l'action ; qu'ils ne sauraient prétendre que le délai de prescription s'est trouvé interrompu par la déclaration d'appel du 16 oct. 1998 alors qu'ils ne sont pas à l'origine de cet appel ; en quoi la cour d'appel a violé l'art. 65 de la L. du 29 juill. 1881. • Civ. 2e, 6 févr. 2003 : *préc.*

131. Communication d'une pièce. Dans les instances civiles en réparation des délits prévus par la L. du 29 juill. 1881, constitue un acte de poursuite interruptif de la prescription, au sens de l'art. 65 de ladite loi, tout acte de la procédure par lequel le demandeur manifeste à son adversaire l'intention de continuer l'action engagée ; s'estimant diffamés par certains passages d'un livre, un journal quotidien et son directeur de la publication ont fait assigner l'auteur et l'éditeur du livre en réparation de leur préjudice, sur le fondement de l'art. 29 de la L. du 29 juill. 1881 ; ils ont été déboutés de leur demande en première instance ; pour déclarer irrecevable comme prescrite l'action en diffamation, l'arrêt attaqué retient que les appelants, après leurs conclusions du 6 août 1999, n'ont signifié d'autres écritures que le 29 nov. suivant, soit au-delà du délai de trois mois imposé par l'art. 65 de la L. du 29 juill. 1881 ; qu'ils ne peuvent avec pertinence conférer à la communication de pièces par bordereau qu'ils invoquent un effet interruptif, dans la mesure où rien ne permet de déterminer avec certitude la date de la transmission à l'avoué des intimés de ce document sur lequel figure seulement la date d'émission, soit le 4 nov. 1999, aucune précision quant au jour de la réception n'étant apportée ; que l'action en diffamation est en conséquence atteinte par la prescription, et comme telle irrecevable ; en statuant ainsi, alors que la communication d'une pièce, valablement attestée par la signature de l'avoué destinataire apposée sur un bordereau, est réputée faite à la seule date figurant sur cet acte, la cour d'appel a violé les art. 29, 32 et 65 de la L. du 29 juill. 1881. • Civ. 2e, 22 janv. 2004, n° 00-16.764 P.

132. Signification de conclusions. Interrompt la prescription la signification de conclusions par le défendeur à l'action lorsqu'il est appelant. • Civ. 1re, 8 nov. 2007, n° 06-12.906 P : *D. 2007. AJ 3015 ; JCP 2008. I. 209, n° 10, obs. Tavieaux-Moro.*

133. Effets de l'interruption. En matière d'infractions à la L. du 29 juill. 1881, l'acte interruptif de prescription produit ses effets à l'égard de toutes les personnes ayant pris part, comme auteur ou complice, aux faits poursuivis et tenues *in solidum* d'en réparer les conséquences dommageables. • Civ. 2e, 23 oct. 2003, n° 00-19.853 P.

134. L'art. 2247 C. civ. ne peut rendre non avenue l'interruption de la prescription née de la manifestation expresse de volonté de poursuivre la procédure résultant d'un appel régulièrement interjeté. • Civ. 1re, 19 juin 2008, n° 07-15.430 P.

b. Actes non interruptifs

135. Assignation incomplète au regard de l'art. 53. Il résulte de l'art. 53 de la L. du 29 juill. 1881 que l'assignation doit préciser et qualifier le fait invoqué et indiquer la loi applicable à la demande ; cassation, pour violation de ce texte, de l'arrêt qui, pour décider qu'une assignation en *réparation du préjudice* d'injures publiques par voie de presse a interrompu la prescription, retient que les écrits dénoncés étaient dès l'acte introductif d'instance, qualifiés d'injures publiques et que l'action étant ainsi régulièrement intentée, le délai prévu par l'art. 65 de la L. du 29 juill. 1881 a été interrompu, alors que l'assignation n'indiquait pas la loi sur laquelle étaient fondées les prétentions du demandeur. • Civ. 2e, 19 févr. 1997, n° 94-13.877 P : *JCP 1997. II. 22900, note Pierchon ; Gaz. Pal. 1997. 2. 601, note Manseur-Rivet.* ♦ Constitue un acte interruptif de prescription, au sens de l'al. 2 de l'art. 65 de la L. du 29 juill. 1881, une assignation devant le tribunal d'instance, dès lors que cet acte vise expressément le fondement de l'action entreprise, en l'occurrence l'art. 29 de la L. du 29 juill. 1881 ainsi que l'art. 1382 C. civ. • Versailles, 19 sept. 1997 : *BICC 1998. 268.*

136. Divers. Lettres échangées entre avocats. • Civ. 2e, 10 avr. 1991, n° 90-12.377 P : *JCP 1992. II. 21869, note Pierchon.* ♦ Conclusions interruptives tardives, comme étant intervenues plus de trois mois après les premières. • Paris, 31 janv. 1995 : *Gaz. Pal. 1995. 2. Somm. 377.* ♦ Constitution d'avocat ou signification des conclusions du défendeur. • Civ. 2e, 17 mai 1995, n° 93-18.901 P : *D. 1997. Somm. 67, obs. Bigot.* ♦ Injonctions du président prises lors des audiences de procédure (renvois de la cause à des audiences ultérieures lors de conférences de procédure et communications de pièces). • Civ. 2e, 18 déc. 1995, n° 93-21.287 P : *D. 1997. Somm. 67, obs. Bigot.* ♦ Rappr. : • Paris, 25 oct. 1996 : *Gaz. Pal. 1997. 1. Somm. 261.* ♦ Conclusions signifiées après le prononcé du jugement. • Civ. 2e, 26 mars 1997, n° 93-21.430 P : *Gaz. Pal. 1999. 2. Somm. 580, obs. du Rusquec.* ♦ Acte d'huissier par lequel l'appelant fait connaître à ses adversaires qu'il entend poursuivre l'action pendante devant la cour d'appel, dès lors que, devant ladite cour, les parties ne sont représentées valablement que par les avoués pour faire des actes de procédure, et que la prescription était acquise lorsque les conclusions de l'appelant ont été signifiées. • Civ. 2e, 11 juin 1998, n° 96-10.900 P. ♦ Envoi au greffe par l'avocat du demandeur d'un bulletin mentionnant « le maintien de sa demande en l'état », dès lors que ce courrier n'a pas été porté à la connaissance du défendeur, que des conclusions confirmatives n'ont pas été signifiées à ce dernier, et que les deux conseils ne se sont pas présentés ensemble à l'audience de procédure pour entendre prononcer le renvoi contradictoire de la cause. • TGI Paris, 20 mai 1998 : *BICC 1998. 1394.* ♦ Document dépourvu de la signature de l'avocat, lequel n'a pas valeur de conclusions et ne peut donc constituer un acte de poursuite susceptible d'interrompre le délai de prescription de l'art. 65 de la L. du 29 juill. 1881. • Civ. 2e, 13 déc. 2001, n° 99-18.692 P : *Gaz. Pal. 2002. 1. Somm. 885, et la note.* ♦ Conclusions d'appel déposées au greffe de la cour d'appel, mais non notifiées, les intimés n'ayant pas constitué avoué à cette date. • Civ. 2e, 8 avr. 2004, n° 02-19.072 P. ♦ Sommation émanant de la partie civile, s'agissant d'acte de nature extrajudiciaire ne pouvant être qualifié d'acte de poursuite devant le tribunal de grande instance où la représentation des parties par avocats est obligatoire, la notification faite valablement au ministère public ne pouvant lui conférer le caractère d'acte interruptif de la prescription. • Civ. 2e, 29 avr. 2004, n° 02-16.909 P : *Gaz. Pal. 2006. Somm., 563, note Lasfargeas.* ♦ Conclusions du demandeur non notifiées aux défendeurs. • Civ. 2e, 29 avr. 2004, n° 02-14.970 P : *Gaz. Pal. 2006. 564, note Lasfargeas.* ♦ Actes fondés à tort sur l'art. 1382 C. civ. • Civ. 1re, 31 janv. 2008, n° 07-12.643 P.

137. En matière de presse, c'est à bon droit qu'une cour d'appel retient que la prescription n'est pas interrompue par des conclusions qui ne constituent pas un acte de poursuite dès lors que, devant la cour d'appel, celles-ci ne pouvaient, faute de constitution d'avoué par l'adversaire, être notifiées sauf à procéder par voie d'assignation de celui-ci. • Civ. 1re, 16 oct. 2008, n° 07-19.161 P.

c. Incidences de l'amnistie

138. Extinction de l'action publique. Selon l'art. 65 de la L. du 29 juill. 1881, l'action civile résultant d'un délit prévu par cette loi se prescrit après trois mois révolus à compter du dernier acte de poursuite ; dans le cas où, une plainte pour injure et diffamation ayant été déposée, la chambre d'accusation a constaté l'extinction de l'action publique par l'effet de l'amnistie et où la procédure a été alors portée devant la juridiction civile, a violé l'article précité la cour d'appel qui a déclaré la prescription acquise trois mois après le prononcé de l'arrêt, alors que la courte prescription n'avait commencé de courir que de la signification de cette décision. • Civ. 2e, 30 nov. 1994, n° 93-15.280 P.

139. Maintien de l'action civile. Selon l'art. 65 de la L. du 29 juill. 1881 modifiée, l'action publique et l'action civile résultant des délits prévus par ladite loi se prescrivent après trois mois révolus, à compter du jour où ils ont été commis ou du dernier acte de poursuite ; la citation à comparaître à une audience de la cour d'appel, délivrée aux prévenus à la requête du parquet général, qui tend à voir statuer sur les faits et leurs conséquences, constitue, au sens des dispositions ci-dessus rappelées, un acte interruptif de la prescription, dont l'effet, en raison de la solidarité des actions publique et civile, s'applique à l'une et à l'autre ; dès lors, est sans incidence sur cet effet interruptif à l'égard de l'action civile, l'intervention de la loi d'amnistie qui, postérieurement aux appels des prévenus et du civilement responsable sur l'ensemble des dispositions du jugement, éteint l'action publique sans préjudicier aux droits des tiers et qui maintient la compétence de la juridiction de jugement, saisie de l'action publique avant la publication de ladite loi, pour statuer sur les intérêts civils ; la prescription valablement interrompue à l'égard de l'une des parties l'est également à l'égard des autres. • Versailles, 1er déc. 1995 : *Gaz. Pal. 1996. 2. 423.*

140. Solidarité des prescriptions. Dès lors que la faute génératrice du préjudice réside dans l'allégation de faits précis portant atteinte à l'honneur et à la considération, elle constitue une diffamation relevant de la L. du 29 juill. 1881 ; l'amnistie du délit étant insusceptible de modifier le délai de prescription de l'action civile, qui est identique à celui de l'action publique, et aucun acte interruptif de prescription n'ayant été notifié dans le délai de trois mois suivant l'acte introductif d'instance, il s'ensuit que l'action en réparation est atteinte par la prescription. • Paris, 13 nov. 1998 : *Gaz. Pal. 1999. 2. Somm. 509, note Vray.*

C. SUSPENSION

1° CAUSES

141. Relativité infractionnelle. La prescription de l'action publique et de l'action civile résultant des crimes, délits et contraventions prévus par la loi sur la liberté de la presse ne peut être suspendue, pour chacun de ces crimes, délits et contraventions, que pour une cause relative à cette infraction. • Crim. 21 mai 1985 : *Bull. crim. n° 195.*

2° EXEMPLES

142. Consignation après le dépôt d'une plainte. Le dépôt d'une plainte avec constitution de partie civile, à la suite duquel est versée, dans le délai imparti, la consignation prévue à l'art. 88 C. pr. pén., interrompt la prescription de l'action publique ; cette prescription est suspendue de la date du dépôt de la plainte à celle du versement de la consignation dans le délai imparti. • Crim. 7 sept. 1999, n° 98-86.219 P : *D. 2001. 160, note Mouysset* • 30 mars 2016, n° 15-81.606 P : *préc. note 86.* ♦ Cassation pour méconnaissance de ce principe, ensemble les art. 88 C. pr. pén. et 65 de la L. du 29 juill. 1881, de l'arrêt qui, après avoir constaté qu'une plainte avec constitution de partie civile avait valablement interrompu la prescription, énonce que, ni l'ordonnance de fixation de la consignation, ni le dépôt constaté de celle-ci, ne pouvant être considérés comme des actes de poursuite ou d'instruction, la prescription de trois mois était acquise lorsqu'est intervenu le réquisitoire aux fins d'informer. • Crim. 7 sept. 1999 : *préc.* • 30 mars 2016 : *préc.*

143. Inaction du ministère public. En cas d'inaction du ministère public, il appartient à la partie civile d'assigner le prévenu à l'une des audiences de la cour d'appel pour interrompre le cours de la prescription ; faute pour la partie civile d'avoir usé de ce droit, aucune prétendue suspension de la prescription de l'action publique ne saurait être invoquée. • Crim. 27 avr. 1982 : *Bull. crim. n° 103* • 2 déc. 1986 : *ibid. n° 364.*

144. L'obligation de surveiller la procédure qui incombe à la partie poursuivante en matière de délits de presse n'est pas incompatible avec les dispositions de l'art. 6 de la Convention européenne de sauvegarde des droits de l'homme et des libertés fondamentales ; ainsi, il appartient aux demandeurs, en cas d'inaction du ministère public, de faire citer eux-mêmes, avant l'expiration du délai de prescription, les prévenus à l'une des audiences de la juridiction du second degré, sauf le droit, pour cette dernière, de renvoyer la cause à une autre audience utile, par une décision interruptive de prescription. • Crim. 21 mars 1995, n° 93-81.642 P.

145. La prescription de l'action publique et de l'action civile pour diffamation envers un particulier est acquise dès lors que plus de trois mois se sont écoulés entre l'appel du ministère public, dernier acte interruptif de prescription, et la citation, à la requête du procureur général, pour l'audience de la cour d'appel ; en effet, d'une part, aucune autorité de la chose jugée ne peut s'attacher à la décision frappée d'appel ; d'autre part, en cas d'inaction du ministère public, il appartient à la partie civile d'assigner le prévenu à l'une des audiences de la cour d'appel pour interrompre le délai de prescription. • Crim. 25 févr. 2003, n° 02-81.638 P : *RSC 2004. 126, obs. Francillon ; Dr. pénal 2003. Comm. 72, obs. Véron.*

146. En cas d'inaction du ministère public, il appartient à la partie civile qui a obtenu un jugement de condamnation rendu contradictoirement à son égard et qui doit surveiller la procédure de faire signifier elle-même, avant l'expiration du délai de prescription, la décision qui n'a pas été prononcée contradictoirement contre le prévenu ; pour écarter le moyen tiré de l'acquisition de la prescription de trois mois prévue par l'art. 65 de la L. sur la presse, entre le prononcé du jugement par défaut du 17 nov. 2015 et sa signification par le ministère public le 20 sept. 2016, l'arrêt énonce, notamment, que cette décision se trouvait en attente de signification, de sorte qu'aucun délai de prescription n'avait couru ; en statuant ainsi, alors qu'aucun obstacle de droit n'interdisait à la partie civile de faire procéder elle-même à cette signification dans le délai de trois mois du prononcé de la décision en cas d'inaction du ministère public, la cour d'appel a méconnu les art. 6 C. pr. pén. et 65 de la L. du 29 juill. 1881 et le principe ci-dessus énoncé. • Crim. 4 sept. 2018, n° 17-85.963 P : *D. actu. 28 sept. 2018, obs. Lavric ; D. 2019. 226, obs. Dreyer ; AJ pénal 2018. 532, obs. Lacroix ; Légipresse 2018. 568 ; Gaz. Pal. 12 févr. 2019, p. 31, obs. Fourment.*

147. La partie civile, à qui incombe l'obligation de surveiller la procédure, peut délivrer une nouvelle citation devant la juridiction de jugement avant l'expiration du délai de prescription. • Crim. 19 févr. 2019, n° 18-81.486 : *Légipresse 19 mars 2019, n° 369.*

148. Inertie du juge d'instruction. La prescription ne court pas contre l'action en diffamation pendant la durée de l'instruction à laquelle donne lieu le fait imputé comme diffamatoire. • Req. 30 oct. 1933 : *DH 1933. 555.*

149. La loi n° 93-2 du 4 janv. 1993 portant réforme de la procédure pénale confère à la partie civile le droit de demander au juge d'instruction de procéder à toutes mesures utiles et lui ménage la possibilité d'exercer un recours devant le président de la chambre d'accusation si sa prétention est rejetée ; ainsi, la partie civile n'est plus privée de tout moyen d'action pendant l'information et peut intervenir activement pour pallier l'inertie du juge d'instruction ; dès lors qu'il n'existe plus d'obstacle de droit ou de fait à la possibilité pour le plaignant de manifester son intention de poursuivre l'action, la suspension de la prescription pendant la durée de l'information ne se justifie plus ; il appartient dès lors à la partie civile de susciter, avant l'expiration du délai de trois mois, l'accomplissement par le juge d'instruction d'un acte interruptif, sous peine de voir son action prescrite. • TGI Paris, 5 mai 1997 : *D. 1999. Somm. 161 et 162, obs. Bigot*. ♦ Pour un exemple antérieur de suspension de la prescription du fait de l'inaction du juge d'instruction, V. • Crim. 27 oct. 1987 : *Bull. crim. n° 374 ; RSC 1988. 530, obs. Levasseur.*

150. Il résulte de la combinaison des art. 82-1 et 89 C. pr. pén. que la faculté de présenter une demande d'acte au juge d'instruction n'est offerte à la partie civile qu'après l'ouverture de l'information ; celle-ci ne dispose d'aucun moyen de droit pour obliger le juge d'instruction à accomplir un acte interruptif de prescription tant que le procureur de la République n'a pas pris ses réquisitions après communication de la plainte en application de l'art. 86 C. pr. pén. ; entre-temps la prescription est nécessairement suspendue ; dès lors, encourt la cassation pour violation de la loi l'arrêt de la chambre de l'instruction qui, pour déclarer éteinte par la prescription l'action engagée par la partie civile du chef de diffamation et injure publique, après avoir constaté que plus de trois mois se sont écoulés entre la date à laquelle le juge d'instruction a rendu l'ordonnance fixant le montant de la consignation et celle à laquelle, après versement de celle-ci, il a communiqué la plainte au procureur de la République pour que ce magistrat prenne ses réquisitions, retient que la partie civile ne saurait invoquer la carence du juge d'instruction dès lors qu'il lui appartenait de saisir ce dernier d'une demande d'acte sur le fondement de l'art. 82-1 C. pr. pén. • Crim. 22 nov. 2005, n° 05-82.807 P : *AJ pénal 2006. 124, obs. Leblois-Happe ; Gaz. Pal. 2006. 1. 1859, note Monnet.*

151. La partie civile, tenant des art. 81, al. 9, 82-1, 156 et 173, al. 3, C. pr. pén. la faculté de demander à la juridiction d'instruction l'accomplissement de certains actes interruptifs, dont son audition, ne saurait se prévaloir de la suspension de la prescription en raison de l'inaction du juge. • Crim. 26 mai 2009, n° 08-87.855 P : *D. 2009. AJ 1761, obs. Lavric*.

152. Avis de fin d'information. Renvoyé devant le tribunal correctionnel pour diffamation publique envers un particulier, le prévenu a soutenu devant cette juridiction que plus de trois mois s'étant écoulés entre le 20 avr. 2009, date à laquelle les réquisitions motivées du procureur de la République au juge d'instruction avaient été communiquées aux parties, et le 12 août 2009, date de l'ordonnance de renvoi, l'action publique était, en application de l'art. 65 de la L. du 29 juill. 1881, éteinte par la prescription ; le tribunal correctionnel a rejeté cette exception de prescription ; pour confirmer ce rejet, l'arrêt retient qu'après l'envoi de l'avis de fin d'information, le délai prévu par l'art. 175 C. pr. pén. doit être considéré comme un obstacle de droit pendant lequel la prescription de l'action publique est suspendue ; en l'état de ces énonciations, la cour d'appel a justifié sa décision ; en effet, la prescription de l'action publique est suspendue à partir du moment où le juge d'instruction estime que l'information est achevée et pendant les délais prévus par l'art. 175 C. pr. pén. • Crim. 25 oct. 2011, n° 11-80.017 P : *D. 2011, Actu. 2730, obs. Lavric* ; *Gaz. Pal. 2012. 1. 367, obs. Piot.*

153. Ordonnance de clôture. Si l'action civile résultant d'une infraction prévue par la L. du 29 juill. 1881 se prescrit après trois mois révolus à compter du jour où l'infraction a été commise ou du jour du dernier acte de poursuite s'il en a été fait, la prescription est suspendue à compter de l'ordonnance de clôture jusqu'au prononcé du jugement. • Civ. 1re, 20 mars 2007, n° 06-10.352 P : *D. 2007. 949* ; *Gaz. Pal. 2007. 1. 1187, avis Sarcelet* ; *ibid. 2007. 2. Somm. 3415, note Guerder.* ♦ La prescription est suspendue par l'ordonnance de clôture jusqu'au prononcé de l'arrêt, la partie poursuivante étant dans l'impossibilité d'accomplir un acte de procédure pour manifester à son adversaire l'intention de continuer l'action engagée. • Civ. 1re, 3 avr. 2007, n° 06-14.111 P : *Gaz. Pal. 2008. 2. Somm. 2743, note Guerder.*

154. Durée du délibéré. Si l'action publique résultant d'une infraction prévue par la L. du 29 juill. 1881 se prescrit après trois mois révolus à compter du jour où l'infraction a été commise, ou du jour du dernier acte d'instruction ou de poursuite s'il en a été fait, la prescription est interrompue par l'audience à laquelle ont lieu les débats, et suspendue pendant la durée du délibéré, les parties poursuivantes étant alors dans l'impossibilité d'accomplir un tel acte de procédure avant le prononcé du jugement. • Crim. 22 oct. 2013, n° 12-84.408 P : *D. actu. 22 nov. 2013, obs. Lavric.*

155. La prescription de l'action est interrompue (suspendue) pendant la durée du délibéré, la partie poursuivante étant dans l'impossibilité d'accomplir un acte de procédure pour manifester à son adversaire l'intention de continuer l'action engagée. • Civ. 2e, 28 avr. 1993, n° 91-21.134 P • 5 janv. 1994, n° 92-14.744 P • 22 mars 1995, n° 93-15.170 P.

156. Sursis à statuer. Le prévenu de diffamation, qui a dénoncé un témoin empêché de déposer sous serment, ne pouvant être privé d'un moyen de preuve intéressant sa défense, et les juges ayant l'obligation de surseoir à statuer jusqu'à la disparition de cet empêchement, la prescription de l'action publique se trouve suspendue par l'obstacle de droit qui met la partie poursuivante dans l'impossibilité d'agir. • Crim. 11 mai 1993, n° 91-84.605 P : *D. 1994. Somm. 191, obs. Bigot*. ♦ La prescription de l'action publique se trouve suspendue lorsqu'un obstacle de droit ou une impossibilité invincible empêche le demandeur d'agir ; il en est ainsi lorsque le tribunal a ordonné un sursis à statuer, sans qu'il y ait lieu de distinguer selon que celui-ci ait été obligatoire, en application de l'art. 35, dernier al., de la loi, ou facultatif, et ordonné dans un but de bonne administration de la justice, afin de permettre au juge d'être mieux éclairé sur la nature et la gravité d'une affaire, ou pour la sauvegarde des droits de la défense ; dans les deux cas, la décision du tribunal s'impose, dès le délai d'appel expiré, à la partie poursuivante, qu'il s'agisse du ministère public ou de la partie civile, qui se trouve tenue d'attendre le terme fixé par le jugement pour la reprise des débats, et empêchée d'agir, fût-ce par la voie d'une nouvelle citation directe. • TGI Paris, 9 mai 1997 : *D. 1998. Somm. 82, obs. Bigot*.

157. Il appartient à la partie civile de surveiller le déroulement de la procédure et d'accomplir les diligences utiles pour poursuivre l'action qu'elle a engagée, en faisant citer elle-même le prévenu à l'une des audiences de la juridiction, avant l'expiration du délai de prescription, et cette obligation n'est pas incompatible avec les art. 6 et 13 Conv. EDH quand, comme en l'espèce, il n'existe pour elle aucun obstacle de droit ou de fait la mettant dans l'impossibilité d'agir. • Crim. 20 oct. 2015, n° 14-87.122 P : *D. actu. 13 nov. 2015, obs. Lavric.*

158. Instance en cassation. En cas de pourvoi en cassation, la prescription de l'action publique et de l'action civile, prévue par l'art. 65 de la L. du 29 juill. 1881 est suspendue pendant la durée de l'instance en cassation, et jusqu'à la signification de l'arrêt rendu sur le pourvoi. • Crim. 21 oct. 1959 : *Bull. crim. n° 440* • 5 mars 1979 : *ibid. n° 94* ; *D. 1979. IR 551* • 19 avr. 1983 : *ibid. n° 111* ; *D. 1983. IR 403, obs. J.-M. R.*

159. La prescription de l'action en diffamation, suspendue par le pourvoi en cassation, recommence à courir à compter de la notification de l'ordonnance de retrait du rôle prononcée en application de l'art. 1009-1 NCPC [devenu C. pr. civ.]. • Civ. 2e, 21 févr. 2002, n° 97-10.544 P : *Gaz. Pal. 2003. 2. Somm. 3977, obs. Guerder.*

160. *Vérification d'écriture.* La prescription de l'action civile en réparation du préjudice causé par l'envoi d'un écrit injurieux est suspendue par une procédure en vérification d'écriture ; mais l'obstacle légal que constitue cette procédure cesse d'exister lorsque le demandeur a repris sa liberté d'agir en justice. • Civ. 16 janv. 1929 : *DP 1930. 1. 147.*

161. *Inviolabilité parlementaire.* A défaut de demande de mainlevée de son immunité parlementaire, la prescription de l'action publique n'est pas suspendue et cette prescription court au bénéfice d'un membre du Parlement. • Crim. 14 janv. 1965 : *Bull. crim. n° 17.* ♦ Lorsqu'un crime ou un délit est imputable à un membre du Parlement, le principe de l'inviolabilité parlementaire n'empêche pas la prescription de courir ; mais cette prescription est suspendue dès le moment où la partie poursuivante a manifesté sa volonté d'agir en demandant au président de l'assemblée compétente l'autorisation de poursuivre. • Crim. 24 juill. 1952 : *Bull. crim. n° 205* • 3 févr. 1955 : *ibid. n° 82.*

162. *Cour de justice de la République.* Selon le principe « *contra non valentem agere non currit praescriptio* » la prescription est de droit suspendue à l'égard des parties poursuivantes dès lors que celles-ci ont manifesté expressément leur volonté d'agir et qu'elles se sont heurtées à un obstacle résultant de la loi elle-même ; spécialement, les victimes de diffamation, ayant adressé leurs plaintes le 30 oct. 1997 à la commission des requêtes de la Cour de justice de la République, se sont, depuis lors, trouvées dans l'impossibilité d'agir par l'effet de l'art. 13, al. 2, de la loi organique du 23 nov. 1993 selon lequel aucune constitution de partie civile n'est recevable devant la Cour de justice de la République tandis que, de son côté, le ministère public n'était pas en mesure de parfaire lesdites plaintes avant le 26 mars 1998, date à laquelle il en a été saisi par la commission des requêtes, conformément aux dispositions de l'art. 16 de ladite loi ; il en résulte que la prescription de l'action publique n'était pas acquise. • Cass., ass. plén., 23 déc. 1999, n° 99-86.298 P : *BICC 1er mars 2000, concl. Chemithe, rapp. et note Chanet ; Gaz. Pal. 2000. 1. 115, note Burgelin ; ibid. 2001. 1. Somm. 985, note Guerder.*

163. *Actes nuls ou inexistants.* Si la prescription des actions publique et civile n'est pas interrompue par des actes d'instruction nuls ou inexistants, elle est suspendue, en pareil cas, par un obstacle de droit ayant mis la partie poursuivante dans l'impossibilité d'agir. • Crim. 29 janv. 1998 : *Dr. pénal 1998. 143, obs. Véron ; D. 1999. Somm. 161 et 192, obs. Bigot.*

164. Une communauté urbaine a porté plainte et s'est constituée partie civile du chef de diffamation publique envers un fonctionnaire public en raison de propos tenus au cours d'une interview publiée dans un journal et mettant en cause deux préposés de la communauté ; la personne mise en examen a présenté une requête en annulation de diverses pièces ; après avoir accueilli la demande d'annulation de son interrogatoire de première comparution et de la procédure subséquente, la cour d'appel constate que la prescription de l'action publique est acquise, le dernier acte d'instruction régulier ayant été effectué plus de trois mois auparavant ; cette décision est justifiée, dès lors que les actes annulés n'ont, à l'égard de quiconque, ni interrompu ni suspendu la prescription de l'action publique. • Crim. 21 juin 2005 : *JCP 2005. IV. 2825.*

Art. 65-1 *(L. n° 93-2 du 4 janv. 1993)* **Les actions fondées sur une atteinte au respect de la présomption d'innocence commise par l'un des moyens visés à l'article 23 se prescriront après trois mois révolus à compter du jour de l'acte de publicité.**

BIBL. ▶ AUVRET, *JCP 1994. I. 3802.* – BIGOT, *Les annonces de la Seine, 1996, n° 80, p. 2.*

1. *Application dans le temps.* Les dispositions de l'art. 65-1 de la L. du 29 juill. 1881, issues de la L. du 4 janv. 1993, ne sont pas applicables à des faits commis en 1989. • Civ. 2e, 2 oct. 2003, n° 00-14.318 P.

2. *QPC.* La question posée est ainsi rédigée : « L'art. 65-1 de la L. du 29 juill. 1881 porte-t-il atteinte au principe d'égalité posé par les art. 1, 6 et 9 DDH, par le préambule de la Constitution de 1946 et par les art. 2 et 3 de la Constitution de 1958, en ce qu'il prévoit la prescription par trois mois des actions fondées sur une atteinte au respect de la présomption d'innocence, telle que prévue par l'art. 9-1 C. civ., ce qui place les victimes d'une telle atteinte dans une situation procédurale plus précaire, et donc inférieure par rapport à la situation procédurale réservée par l'art. 9 C. civ. aux personnes victimes d'atteinte à l'intimité de la vie privée ? » ; le principe d'égalité ne s'oppose pas à ce que le législateur instaure des règles de procédure différentes selon les faits, les situations et les personnes auxquelles elles s'appliquent, dès lors que ces règles ne procèdent pas de distinctions injustifiées et que sont assurées aux justiciables des garanties égales ; en outre, la prescription trimestrielle de l'action en réparation de l'atteinte à la présomption d'innocence, prévue par l'art. 65-1 de la L. du 29 juill. 1881, ne prive pas la victime du droit d'accès au juge ; dès lors, la question posée ne présente pas de caractère sérieux au regard des exigences qui s'attachent aux dispositions, règles et principes de valeur constitutionnelle invoqués ; d'où il suit qu'il n'y a pas lieu d'en saisir le Cons. const. • Crim. 23 juin 2011, n° 11-40.023 QPC : *Gaz. Pal. 2011. 2. 3031, note Fourment.*

3. Interprétation stricte. Insérées dans un texte de nature pénale et constituant des sanctions édictées contre la liberté fondamentale protégée qu'est la liberté d'expression, les dispositions de l'art. 65-1 sont d'interprétation stricte. • Paris, 5 juill. 1994 : *D. 1995. Somm. 266, obs. Dupeux* .

4. Aux termes de l'art. 65-1 de la L. du 29 juill. 1881, les actions fondées sur une atteinte au respect de la présomption d'innocence commise par l'un des moyens visés à l'art. 23 de cette même loi se prescrivent après trois mois révolus à compter du jour de l'acte de publication ; la courte prescription instituée par ce texte, applicable à une action nécessairement civile, ne comporte aucune autre dérogation au droit commun régissant les actions civiles. • Paris, 17 févr. 1999 : *Gaz. Pal. 1999. 1. 139.*

5. Les prescriptions respectivement édictées par les art. 65 et 65-1 de la L. du 29 juill. 1881 se rapportent à des atteintes distinctes et sont autonomes ; dès lors, les conclusions interruptives de prescription signifiées sur le seul fondement dudit art. 65, alors qu'il n'est au demeurant fait état dans celles-ci que de faits d'injure et de diffamation commis par voie de presse, sans référence aucune à l'atteinte à la présomption d'innocence également reprochée, ont été insusceptibles d'interrompre le cours de la prescription relativement à l'action pour atteinte à la présomption d'innocence. • TGI Paris, 9 oct. 1996 : *BICC 1997. 323.* ♦ Le régime de prescription de l'action en dommages-intérêts pour atteinte à la présomption d'innocence édictée par l'art. 65-1 de la L. du 29 juill. 1881, prévoyant un délai de prescription de 3 mois à compter du jour de l'acte de publicité, n'est pas le même que celui de la prescription de l'action publique et civile résultant de l'art. 65 de ladite loi qui ne s'applique qu'aux infractions. • Aix-en-Provence, 6 avr. 2000 : *JCP 2000. IV. 2906.*

6. L'art. 65-1 de la L. du 29 juill. 1881 dispose que les actions fondées sur une atteinte au respect de la présomption d'innocence commise par l'un des moyens visés à l'art. 23 se prescriront *après trois mois révolus à compter du jour de* l'acte de publicité ; cette prescription trimestrielle s'applique à toutes les actions fondées sur l'art. 9-1 C. civ., les modalités de la publicité de l'atteinte à la présomption d'innocence étant identiques à celles énumérées à l'art. 23. • Paris, 27 janv. 1998 : *Gaz. Pal. 1998. 2. Somm. 555.*

7. Les abus de la liberté d'expression prévus par la L. du 29 juill. 1881 et portant atteinte au respect de la présomption d'innocence peuvent être réparés sur le fondement unique de l'art. 9-1 C. civ. ; l'arrêt retient qu'au cas précis, l'intimée visait indistinctement, et sans les hiérarchiser, plusieurs fondements juridiques au soutien de prétentions uniques, et qu'il était du devoir du juge, sinon de considérer qu'il n'était en réalité saisi que d'une demande fondée sur l'art. 9-1 C. civ., du moins d'envisager les faits dont il était saisi sous toutes les qualifications juridiques proposées et spécialement sous l'angle de l'atteinte à la présomption d'innocence, et que le seul visa de l'art. 29 de la L. du 29 juill. 1881 ne suffisait pas à rendre toutes autres demandes irrecevables. • Civ. 2e, 8 juill. 2004, n° 01-10.426 P : *D. 2004. 2956, note Bigot ; AJ pénal 2004. 411, obs. Leblois-Happe ; Gaz. Pal. 2004. 2. 2508 ; JCP 2005. I. 143, n° 7, obs. Tavieaux-Moro.*

8. L'art. 65-1 de la L. du 29 juill. 1881 instaure, pour les actions fondées sur une atteinte au respect de la présomption d'innocence, un délai de prescription particulier qui déroge au droit commun de la prescription des actions en matière civile ; ces dispositions, d'ordre public, imposent au demandeur d'introduire l'instance dans les trois mois de la publication des propos incriminés ; la fin de non-recevoir tirée de cette prescription doit être relevée d'office ; faute d'une assignation délivrée dans le délai de trois mois édicté par ce texte, la prescription se trouve acquise. • Civ. 1re, 8 nov. 2017, n° 16-23.779 P : *D. actu. 22 nov. 2017, obs. Lavric ; Gaz. Pal. 2018, p. 423, obs. Fourment.*

9. Communication audiovisuelle. L'art. 65-1 est applicable lorsque les faits incriminés se sont produits au cours d'une émission d'information télévisée, c'est-à-dire par un moyen de communication audiovisuelle. • Paris, 5 juill. 1994 : *préc. note 3.*

10. Point de départ du délai. Selon l'art. 65-1 de la L. du 29 juill. 1881, les actions fondées sur une atteinte au respect de la présomption d'innocence commise par l'un des moyens visés à l'art. 23 se prescriront après trois mois révolus à compter du jour de l'acte de publicité ; viole cet art., ensemble l'art. 9-1 C. civ., la cour d'appel qui déclare prescrite l'action pour atteinte au respect de la présomption d'innocence en énonçant qu'aucun acte de poursuite n'a été effectué pendant plus de trois mois après le jugement, alors que la société nationale de télévision ayant diffusé un reportage le 12 févr. 1993 sur l'inculpation du demandeur pour attentats à la pudeur sur mineurs de quinze ans a été assignée le 7 avr. 1993. • Civ. 2e, 4 déc. 1996, n° 94-18.896 P : *D. 1997. 165, note Bigot et Dupeux* .

11. Aux termes de l'art. 65-1 de la L. du 29 juill. 1881, les actions fondées sur l'atteinte au respect de la présomption d'innocence se prescrivent après trois mois révolus à compter du jour de l'acte de publication ; ce texte n'impose pas de réitérer tous les trois mois la volonté de poursuivre l'action ; dès lors que celle-ci a été engagée moins de trois mois après la publication de l'article en cause, la prescription ne peut donc être opposée au demandeur. • TGI Paris, 20 mai 1997 : *BICC 1997. 1410.* ♦ Une action, introduite dans les trois mois de la publication de l'article de presse incriminé, n'est pas prescrite sous prétexte qu'aucun acte interruptif n'est intervenu depuis, dès lors que l'art. 65-1 de la L. du 29 juill. 1881 n'impose pas de réitérer tous les trois mois la volonté de poursuivre l'action. • Paris, 13 oct. 2000 : *D. 2000. IR 302.* ♦ Selon l'art. 65-1 de la L. du 29 juill. 1881, les actions civiles fondées sur une atteinte au respect de la présomption d'innocence commise par l'un des moyens visés à l'art. 23 de cette loi se prescrivent après trois mois révolus à compter du jour de l'acte de publicité ; ces dispositions spéciales, d'ordre public, dérogeant au droit commun, le délai de trois mois court à nouveau à compter de chaque acte interruptif de la prescription abrégée prévue par ce texte • Civ. 2e, 8 juill. 2004 : *préc. note 7.* • Paris, 10 mai 2006 : *JCP 2006. IV. 2424.* ♦ Si c'est à tort que la cour d'appel a décidé que le demandeur n'avait pas à réitérer trimestriellement son intention de poursuivre l'action engagée, la censure de sa décision n'est pas encourue de ce chef, dès lors que l'application immédiate de cette règle de prescription dans l'instance en cours aboutirait à priver la victime d'un procès équitable au sens de l'art. 6-1 Conv. EDH. • Civ. 2e, 8 juill. 2004 : *préc.* ♦ L'action est prescrite lorsqu'il s'est écoulé plus de trois mois entre l'appel des demandeurs et leur premier acte de procédure, c'est-à-dire leurs conclusions. • Paris, 10 mai 2006 : *préc.*

12. Les dispositions de l'art. 65-1 de la L. du 29 juill. 1881 instaurent, pour les actions fondées sur une atteinte au respect de la présomption d'innocence, un délai de prescription particulier qui déroge au droit commun de la prescription des actions en matière civile ; ces dispositions, d'ordre public, imposent au demandeur, non seulement d'introduire l'instance dans les trois mois de la publication des propos incriminés, mais aussi d'accomplir tous les trois mois un acte de procédure manifestant à l'adversaire son intention de poursuivre l'instance ; si c'est à tort que la cour d'appel a écarté le moyen de prescription alors qu'elle constatait que Mme X n'avait accompli aucun acte interruptif de prescription dans les trois mois suivant la déclaration d'appel faite par les parties condamnées, la censure de sa décision n'est pas encourue de ce chef, dès lors que l'application immédiate de cette règle de prescription dans l'instance en cours aboutirait à priver la victime d'un procès équitable, au sens de l'art. 6 § 1 Conv. EDH, en lui interdisant l'accès au juge. • Cass., ass. plén., 21 déc. 2006 : *D. 2007. Actu. 230 ; ibid. 835, note Morvan ; JCP 2007. II. 10040, note Dreyer ; Gaz. Pal. 2007. 1. 428, avis Legoux ; ibid. 2007. 2. 3270, note Guerder.*

13. Les actions fondées sur une atteinte au respect de la présomption d'innocence sont soumises à un délai de prescription particulier imposant au demandeur, non seulement d'introduire l'instance dans les trois mois de la publication incriminée, mais aussi de réitérer, dans le même délai, un acte de procédure manifestant à l'adversaire son intention de la poursuivre. • Civ. 1re, 31 janv. 2008, no 07-11.479 P : *Gaz. Pal. 2008. 2. Somm. 2743, note Guerder ; JCP 2008, no 12, obs. de Lamy* • Civ. 1re, 30 avr. 2009, no 07-19.879 P : *JCP 2009, no 46, obs. Tavieaux-Moro.* ♦ Spécialement saisi de l'absence de signature des conclusions de première instance, irrégularité faisant obstacle à l'interruption de la prescription et pouvant dès lors, en matière de presse, être soulevée en tout état de la procédure, le juge a le devoir de vérifier l'exactitude de l'allégation. • Civ. 1re, 30 avr. 2009 : *préc.*

14. Réouverture du délai. La victime d'une atteinte au respect de la présomption d'innocence commise par la publication d'un article de presse n'est pas fondée à prétendre que l'arrêt de non-lieu rendu à son profit lui a ouvert un nouveau délai de trois mois pour agir en réparation. • TGI Paris, 26 janv. 1994 : *D. 1994. IR 62.*

Art. 65-2 *(L. no 93-2 du 4 janv. 1993)* **En cas d'imputation portant sur un fait susceptible de revêtir une qualification pénale, le délai de prescription prévu par l'article 65 est réouvert ou court à nouveau, au profit de la personne visée, à compter du jour où est devenue définitive une décision pénale intervenue sur ces faits et ne la mettant pas en cause.**

BIBL. ► AUVRET, *JCP 1994. I. 3802* (droit au respect de la présomption d'innocence).

1. Notion d'imputation. L'imputation d'une mise en examen constitue « l'imputation portant sur un fait susceptible de revêtir une qualification pénale » au sens de l'art. 65-2 de la loi sur la presse, dans la mesure où cette position procédurale correspond à l'existence d'indices graves et concordants d'une participation à une infraction pénale, et n'a de signification que par *rapport à celle-ci. • TGI Paris, 10 déc. 1993 : Gaz. Pal. 1994. 1. Somm. 216.*

2. Domaine d'application. La réouverture du délai de prescription instituée par l'art. 65-2 ne porte que sur le délai de l'art. 65 de la L. du 29 juill. 1881 applicable seulement aux actions résultant des infractions prévues par la loi sur la presse ; le législateur a ainsi exclu du champ d'application de l'art. 65-2 l'atteinte à la présomption d'innocence dont la sanction est prévue par un texte inséré dans le code civil et dont le délai de prescription est édicté, non par l'art. 65, mais par l'art. 65-1 de la même loi. • TGI Paris, 26 janv. 1994 : *D. 1994. IR 62* • 23 mars 1994 : *ibid. 1995. Somm. 267, obs. Bigot .*

3. Rien dans la formulation de l'art. 65-2 de la L. du 29 juill. 1881, inséré par la L. du 4 janv. 1993, ne permet de considérer que ce texte de procédure ne s'appliquerait qu'aux actions ayant pour fondement une atteinte à la présomption d'innocence ; il fait au contraire expressément référence à l'art. 65 de la L. du 29 juill. 1881, et ses dispositions indiquent en outre que le délai de prescription qui y est prévu est réouvert et court à nouveau au profit de la personne visée à compter du jour où est devenue définitive une décision pénale intervenue sur les faits et ne la mettant pas en cause ; par suite, une personne doit être déclarée recevable et fondée en la demande qu'elle a formée dans le délai prévu par ce texte dès lors que l'arrêt définitif rendu par la chambre d'accusation d'une cour d'appel jugeant qu'il n'existait pas de charges contre elle, a réouvert et fait courir un nouveau délai de prescription de trois mois. • Paris, 20 sept. 1994 : *BICC 1995. 1062.*

4. Les abus de la liberté d'expression prévus et sanctionnés par la L. du 29 juill. 1881 ne peuvent être réparés sur le fondement de l'art. 1382 C. civ. ; l'action publique et l'action civile résultant des crimes, délits et contraventions prévus par la loi susvisée se prescrivent après trois mois révolus, à compter du jour où ils ont été commis ou du jour du dernier acte d'instruction ou de poursuite s'il en a été fait ; la fin de non-recevoir tirée de cette prescription, d'ordre public, doit être relevée d'office ; en cas d'imputation portant sur un fait susceptible de revêtir une qualification pénale, le délai de prescription est réouvert ou court à nouveau, au profit de la personne visée, à compter du jour où est devenue définitive une décision pénale intervenue sur ces faits et ne la mettant pas en cause ; viole les art. 65 et 65-2 de la L. du 29 juill. 1881 la cour d'appel qui condamne l'auteur d'une chanson à verser une somme au demandeur, en réparation du préjudice causé par un acharnement médiatique, après avoir analysé la teneur de plusieurs articles de presse parus en 1989 imputant à ce dernier un plagiat et un vol de chanson, alors que les imputations de contrefaçon avaient fait l'objet d'une information clôturée par une décision de non-lieu devenue définitive le 17 janv. 1994, et que l'assignation introductive d'instance avait été délivrée plus de trois mois après cette date, de sorte que la prescription était acquise. • Civ. 2e, 2 oct. 2003, n° 00-14.318 P : *Gaz. Pal. 2005. 1. Somm. 1397, note Guerder.*

Art. 65-3 *(L. n° 2004-204 du 9 mars 2004, art. 45)* **Pour les délits prévus par** *(L. n° 2012-1432 du 21 déc. 2012 ; L. n° 2014-56 du 27 janv. 2014)* **« les** *(L. n° 2014-1353 du 13 nov. 2014, art. 5-II)* **« septième et huitième » alinéas » de l'article 24, l'article 24 *bis*,** *(L. n° 2014-56 du 27 janv. 2014)* **« les deuxième et troisième alinéas » de l'article 32 et** *(L. n° 2014-56 du 27 janv. 2014)* **« les troisième et quatrième alinéas » de l'article 33, le délai de prescription prévu par l'article 65 est porté à un an.**

(L. n° 2017-86 du 27 janv. 2017, art. 170) **« Pour ces délits, le deuxième alinéa de l'article 65 n'est pas applicable. »**

BIBL. ▶ TRICOIRE, *JCP 2014, n° 157* (l'harmonisation de certaines prescriptions au sein de la loi de 1881. À propos de la loi du 27 janvier 2014). – MBONGO, *Gaz. Pal. 2014. 1. Doctr. 165* (discours de haine : harmonisation des délais de prescription dans la loi de 1881).

QPC. En portant de trois mois à un an le délai de la prescription pour les délits qu'il désigne, l'art. 65-3 de la L. du 29 juill. 1881 a pour objet de faciliter la poursuite et la condamnation, dans les conditions prévues par cette loi, des auteurs de propos ou d'écrits provoquant à la discrimination, à la haine ou à la violence, diffamatoires ou injurieux, à caractère ethnique, national, racial, ou religieux, ou contestant l'existence d'un crime contre l'humanité ; le législateur a précisément défini les infractions auxquelles cet allongement du délai de la prescription est applicable ; la différence de traitement qui en résulte, selon la nature des infractions poursuivies, ne revêt pas un caractère disproportionné au regard de l'objectif poursuivi ; ces dispositions, qui ne méconnaissent aucun autre droit ou liberté que la Const. garantit, doivent être déclarées conformes à la Const. • Cons. const., QPC, 12 avr. 2013 : *D. 2013. Actu. 915 ; ibid. 1526, note Dreyer ; AJ pénal 2013. 410, obs. Perrier ; RSC 2014. 910, obs. De Lamy ; Gaz. Pal. 8-11 mai 2013, p. 19, note Dreyer ; ibid. 19-20 juin 2013, p. 16, obs. Fourment ; Dr. pénal 2013. Chron. 6, obs. Mouysset ; Procédures 2013. Chron. 3 (« Un an... de contentieux de la presse » [sept. 2012-oct. 2013]), obs. Verly ; Légipresse, n° 306, juin 2013, p. 350 ; ibid., n° 314, mars 2014, p. 186, obs. Guerder.*

Art. 65-4 *(L. n° 2017-86 du 27 janv. 2017, art. 170)* **Les articles 54-1 et 65-3 et le dernier alinéa de l'article 55 sont applicables aux contraventions prévues par le code pénal réprimant les faits prévus aux septième et huitième alinéas de l'article 24, aux deuxième et troisième alinéas de l'article 32 et aux troisième et quatrième alinéas de l'article 33 lorsque ces faits ne sont pas commis publiquement.**

Dispositions transitoires

Art. 68 **Sont abrogés les édits, lois, décrets, ordonnances, arrêtés, règlements, déclarations généralement quelconques, relatifs à l'imprimerie, à la librairie, à la presse périodique ou**

non périodique, au colportage, à l'affichage, à la vente sur la voie publique et aux crimes et délits prévus par les lois sur la presse et les autres moyens de publication, sans que puissent revivre les dispositions abrogées par les lois antérieures.

Est également abrogé le second paragraphe de l'article 31 de la loi du 10 août 1871 sur les conseils généraux, relatif à l'appréciation de leurs discussions par les journaux.

Lorsqu'elle n'a pas le caractère de publicité déterminé par l'art. 1er de la L. du 17 mai 1819, la diffamation ressortit, en l'application combinée des art. 18 et 19 de ladite loi et 14 de la L. du 26 mai 1819, 0 LA compétence du tribunal de police ; les dispositions susvisées de l'une et l'autre de ces lois n'ont pas été abrogées par l'art. 68 de la L. du 29 juill. 1881, lequel est limitatif et doit être borné aux prescriptions antérieures réprimant les infractions commises par la voie de la presse ou dans les lieux ou réunions publics. • Crim. 17 oct. 1989 : *Bull. crim. n° 366.*

Art. 69 *(L. n° 2020-1672 du 24 déc. 2020, art. 31)* **La présente loi est applicable, dans sa rédaction résultant de la loi n° 2020-1672 du 24 décembre 2020 relative au Parquet européen, à la justice environnementale et à la justice pénale spécialisée, dans les îles Wallis-et-Futuna, en Polynésie française, en Nouvelle-Calédonie et dans les Terres australes et antarctiques françaises.**

Loi du 27 juillet 1884,

Sur le divorce (DP 1884. 4. 97).

Art. 3 La reproduction des débats sur les instances en divorce ou en séparation de corps est interdite sous peine de l'amende de 18 000 € édictée par l'article 39 de la loi du 29 juillet 1881. — *V. L. du 29 juill. 1881, art. 39.*

Loi du 11 juin 1887,

Concernant la diffamation et l'injure commises par les correspondances postales ou télégraphiques circulant à découvert (DP 1887. 4. 53).

Art. 1er Quiconque aura expédié par l'administration des postes et des télégraphes, une correspondance à découvert, contenant une diffamation, soit envers les particuliers, soit envers les corps ou les personnes désignés par les articles *(Abrogé par L. n° 2013-711 du 5 août 2013, art. 21)* **« 26, » 30, 31, 36 et 37 de la loi du 29 juillet 1881, sera puni d'un emprisonnement de six mois, et d'une amende de 3 750 €, ou de l'une de ces deux peines seulement.**

Si la correspondance contient une injure, cette expédition sera punie *(Abrogé par Décr. n° 93-726 du 29 mars 1993)* ***« d'un emprisonnement de dix jours à un mois, et »*** **de l'amende prévue pour les contraventions de la 5e classe** *(Abrogé par Décr. n° 93-726 du 29 mars 1993)* ***« ou de l'une de ces deux peines seulement. »***

1. Spécificité du délit. Le délit d'injure ou de diffamation commis à l'aide d'une correspondance à découvert remise à l'administration des postes est, depuis la L. du 11 juin 1887, un délit *sui generis* ayant ses éléments constitutifs qui lui sont propres ; il existe dès qu'avec une intention coupable cette correspondance a été expédiée, c'est-à-dire déposée dans les boîtes ou bureaux de la poste pour être envoyée au destinataire. • Crim. 23 juill. 1891 : *DP 1891. 1. 489, note M.B.* ♦ ... Ou transmise par téléphone à ces bureaux aux mêmes fins. • Crim. 7 févr. 1974 : *Bull. crim. n° 58.*

2. Notion de correspondance circulant à découvert. Est une correspondance à découvert, au sens de la L. du 11 juin 1887 : une carte postale, alors même qu'elle serait recommandée. • Crim. 23 juill. 1891 : *préc. note 1.* ♦ ... Un télégramme. • Crim. 1er juill. 1911 : *Bull. crim. n° 344 ; DP 1912. 1. 111* • 7 févr. 1974 : *préc.* • 28 févr. 1974 : *Bull. crim. n° 90.* ♦ ... Une enveloppe (sur laquelle la qualité de docteur du destinataire avait été mise entre guillemets, ce qui laissait entendre qu'il usurpait le titre de médecin qu'il possédait légalement). • Crim. 15 mars 1983 : *Bull. crim. n° 81.* ♦ ... Un message transmis par télex au service des postes en vue d'être acheminé à son destinataire. • Crim. 28 mai 1991, n° 89-86.186 P.

3. Il n'importe que le personnel de l'administration des postes soit tenu au secret professionnel. • Crim. 7 févr. 1974 : *préc. note 2* • 15 mars 1983 : *préc.* • 28 mai 1991 : *préc. note 2.* ♦ ... Ni que le message doive parvenir fermé entre les mains du destinataire, dès l'instant qu'il a été remis à découvert à l'employé des postes. • Crim. 1er juill. 1911 : *préc. note 2* • 7 févr. 1974 : *préc. note 2* • 28 févr. 1974 : *préc. note 2* • 28 mai 1991 : préc. note 2.

4. Mais la L. du 11 juin 1887 ne s'applique pas au cas où la diffamation ou l'injure sont contenues dans une lettre placée dans une enveloppe non cachetée. • T. corr. Seine, 6 févr. 1915 : *DP 1917. 2. 100.* ♦ ... Ou sur le talon d'un mandat-carte. • Bordeaux, 27 mars 1947 : *D. 1948. Somm. 2 ; JCP 1948. II. 4279, note H. C.*

5. A la suite d'un conflit de voisinage entre le prévenu et la partie civile, le premier a envoyé un fax injurieux à la seconde sur les lieux de son travail ; ces faits ne constituent pas une faute au sens de l'infraction d'expédition de correspondance diffamatoire ou injurieuse à découvert ; en effet, le message a été transmis directement sous une forme immatérielle d'un télécopieur à un autre et il est donc insusceptible d'être assimilé à une correspondance à découvert dont le personnel des postes peut lire le contenu en cours d'acheminement. • Paris, 13 mars 2003 : *JCP 2003. IV. 3067.*

6. Conflit de qualifications. Lorsque l'injure ou la diffamation contenues dans une correspondance circulant à découvert visent un magistrat de l'ordre administratif ou judiciaire ou un juré à l'occasion de l'exercice de leurs fonctions, elles constituent une infraction à la L. du 11 juin 1887 et non pas à l'art. 222 C. pén. (nouvel art. 434-24). • Crim. 28 févr. 1874 : *Bull. crim. n° 90.*

Art. 2 **Les délits prévus par la présente loi sont de la compétence des tribunaux correctionnels.**

Les dispositions des articles 35, 46, 47, [60, 61, 62], 53, 59, 63, 64, 65 et 69 de la loi du 29 juillet 1881 leur sont applicables.

RÉP. PÉN. v° *Diffamation*, par GUILLOT.

1. Lieu de consommation. C'est au lieu même d'où a été expédiée la correspondance postale incriminée, que se trouve constitué le délit d'injure ou de diffamation par correspondance circulant à découvert, tel que le définit la L. du 11 juin 1887. • Crim. 10 janv. 1956 : *Bull. crim. n° 31.*

2. Application de la loi de 1881. Pour une application du délai de pourvoi en cassation de trois jours. • Crim. 23 juin 1964 : *Bull. crim. n° 209* • 15 déc. 1992, n° 92-80.413 P. ♦ ... Du délai de prescription de trois mois. • Crim. 28 févr. 1974 : *Bull. crim. n° 90.*

Loi du 19 mars 1889,

Relative aux annonces sur la voie publique (DP 1889. 4. 47).

Art. 1er **Les journaux et tous les écrits ou imprimés distribués ou vendus dans les rues et lieux publics ne pourront être annoncés que par leur titre, leur prix, l'indication de leur opinion et les noms de leurs auteurs ou rédacteurs.**

Aucun titre obscène ou contenant des imputations, diffamations ou expressions injurieuses pour une ou plusieurs personnes ne pourra être annoncé sur la voie publique.

Art. 2 **Les infractions aux dispositions qui précèdent seront punies de l'amende prévue pour les contraventions de la 3e classe** *(Abrogé par Décr. n° 85-956 du 11 sept. 1985)* ***« , et, en cas de récidive, d'un emprisonnement de un jour à cinq jours ».*** *(Abrogé par L. n° 92-1336 du 16 déc. 1992)* ***« Toutefois, l'article 463 du code pénal pourra toujours être appliqué. »***

1. Domaine d'application. La L. du 19 mars 1889 n'a en vue que les annonces par cris ; elle n'est pas applicable au fait par un marchand de journaux d'avoir signalé, au moyen d'un tableau apposé à la devanture de sa boutique, les articles contenus dans les journaux qu'il vend. • Crim. 6 juill. 1889 : *DP 1889. 5. 376.* ♦ ... Ou par une pancarte en carton épinglée à la casquette du vendeur. • Crim. 29 déc. 1894 : *DP 1898. 5. 482.*

2. Cette loi n'a pas interdit les différentes formules par lesquelles le vendeur peut solliciter l'acheteur, à la condition qu'elles ne constituent que l'offre en vente des journaux, sans donner aucune indication sur leur contenu. • Cass., ch. réun., 8 déc. 1896 : *DP 1897. 1. 378, concl. Manau.*

Loi du 15 juillet 1942,

Interdisant certaines annonces de caractère antifamilial (DA 1942. L. 137 ; BLD 1942. 366. — ***C. civ.****, sous art. 1762).*

Loi n° 47-585 du 2 avril 1947,

Relative au statut des entreprises de groupage et de distribution des journaux et publications périodiques (D. 1947. 146 ; BLD 1947. 317).

Art. 1er **La diffusion de la presse** *(Abrogé par L. n° 2019-1063 du 18 oct. 2019, art. 1er)* ***« imprimée »*** **est libre.**

(Abrogé par L. n° 2019-1063 du 18 oct. 2019, art. 1er) ***« Toute entreprise de presse est libre d'assurer elle-même la distribution de ses propres journaux et publications périodiques par les moyens qu'elle jugera les plus convenables à cet effet. »***

Il ne saurait être reproché à une cour d'appel de condamner sous astreinte l'exploitant d'un kiosque de presse à distribuer les journaux et périodiques diffusés par une société de messagerie, dès lors qu'elle énonce que le corollaire aux libertés fondamentales de la presse et d'expression, consacré par la loi n° 47-585 du 2 avr. 1947, implique qu'à l'occasion de la distribution soient respectés les principes de liberté, d'impartialité et d'égalité de traitement des titres, qu'elle relève ensuite que la réglementation sur la tenue des kiosques à journaux, à usage commercial, et des postes fixes de crieurs de journaux, établie par la ville de Paris, fait obligation au gérant de vendre toute la presse sans discrimination de titres, et retient, enfin, que l'absence de lien contractuel ne peut légitimer le refus de l'exploitant, constatations et énonciations d'où la cour peut déduire l'existence d'un trouble manifestement illicite. • Com. 3 oct. 2000 : *D. 2000. IR 263.* ♦ Rejet du pourvoi contre : • Paris, 19 sept. 1997 : *D. 1997. IR 218.*

TITRE PREMIER La distribution de la presse imprimée *(L. n° 2019-1063 du 18 oct. 2019, art. 1er).*

CHAPITRE PREMIER *Dispositions générales*

(L. n° 2019-1063 du 18 oct. 2019, art. 1er)

Art. 2 Les journaux ou publications périodiques au sens du présent titre sont les publications de presse telles que définies au premier alinéa de l'article 1er de la loi n° 86-897 du 1er août 1986 portant réforme du régime juridique de la presse.

Art. 3 Toute entreprise de presse est libre d'assurer elle-même la distribution de ses propres journaux et publications périodiques par les moyens qu'elle jugera les plus appropriés à cet effet.

Toutefois, lorsque deux entreprises de presse ou plus groupent la distribution de journaux et publications périodiques qu'elles éditent, en vue de leur vente au public, elles doivent à cet effet adhérer à une société coopérative de groupage de presse.

La distribution groupée des journaux et publications périodiques est assurée par des sociétés agréées de distribution de la presse. Seules les entreprises de presse membres de sociétés coopératives de groupage de presse peuvent confier la distribution de leurs journaux et publications périodiques à ces mêmes sociétés agréées.

La distribution des exemplaires aux abonnés n'est pas régie par les dispositions du présent article.

Art. 4 La presse d'information politique et générale est distribuée selon des modalités permettant d'en garantir l'indépendance et le pluralisme ainsi que le libre choix des lecteurs.

Présentent le caractère de presse d'information politique et générale au sens de la présente loi les journaux et publications périodiques qui apportent de façon permanente sur l'actualité politique et générale, locale, nationale ou internationale des informations et des commentaires tendant à éclairer le jugement des citoyens, consacrent la majorité de leur surface rédactionnelle à cet objet et présentent un intérêt dépassant d'une façon manifeste les préoccupations d'une catégorie de lecteurs. Un décret en Conseil d'État désigne l'autorité compétente pour reconnaître le caractère d'information politique et générale de ces journaux et publications dans des conditions d'indépendance et d'impartialité.

Art. 5 Toute société agréée de distribution de la presse est tenue de faire droit, dans des conditions objectives, transparentes, efficaces et non discriminatoires[,] à la demande de distribution des publications d'une entreprise de presse conformément aux dispositions suivantes :

1° La presse d'information politique et générale est distribuée dans les points de vente et selon les quantités déterminés par les entreprises éditrices de ces publications. La continuité de sa distribution doit être garantie. Les points de vente ne peuvent s'opposer à la diffusion d'un titre de presse d'information politique et générale ;

2° Les journaux et publications périodiques bénéficiant des tarifs de presse prévus à l'article L. 4 du code des postes et des communications électroniques, autres que d'information politique et générale, sont distribués selon des règles d'assortiment des titres et de détermi*nation des quantités servies* aux points de vente définies par un accord interprofessionnel conclu entre les organisations professionnelles représentatives des entreprises de presse et des diffuseurs de presse et les sociétés agréées de distribution de la presse ou, le cas échéant, les organisations professionnelles représentatives de ces dernières. Cet accord tient compte des caractéristiques physiques et commerciales des points de vente, de la diversité de l'offre de presse et de l'actualité. Ceux-ci ne peuvent s'opposer à la diffusion d'un titre qui leur est présenté dans le respect des règles d'assortiment et de quantités servies mentionnées à la première phrase du présent 2° ;

3° Pour les autres journaux et publications périodiques, les entreprises de presse, ou leurs représentants, et les diffuseurs de presse, ou leurs représentants, définissent par convention les références et les quantités servies aux points de vente.

Afin de permettre aux diffuseurs de presse de prendre connaissance de la diversité de l'offre, les journaux et publications périodiques mentionnés au 2° qui ne sont pas présents dans l'assortiment servi au diffuseur de presse ainsi que les journaux et publications périodiques mentionnés au 3° font l'objet d'une première proposition de mise en service auprès du point de vente. Celui-ci est libre de donner suite ou non à cette proposition de distribution.

....

CHAPITRE IV *La diffusion de la presse imprimée*

(L. n° 2019-1063 du 18 oct. 2019, art. 1er)

Art. 14 Le réseau des points de vente au public de la presse imprimée répond aux exigences de large couverture du territoire, de proximité d'accès du public et de diversité et d'efficacité des modalités commerciales de la diffusion.

Un décret fixe les règles générales relatives aux conditions d'implantation de ces points de vente.

TITRE II La diffusion numérique de la presse

(L. n° 2019-1063 du 18 oct. 2019, art. 1er)

Art. 15 I. – Les personnes qui proposent, à titre professionnel, un service de communication au public en ligne assurant la diffusion numérique groupée de services de presse en ligne ou de versions numérisées de journaux ou publications périodiques édités par deux entreprises de presse ou plus et dont l'un au moins de ces services de presse en ligne ou l'une au moins de ces versions numérisées présente le caractère d'information politique et générale ne peuvent s'opposer à la diffusion d'un service de presse en ligne d'information politique et générale ou de la version numérisée d'un titre d'information politique et générale, dès lors qu'elle serait réalisée dans des conditions techniques et financières raisonnables et non discriminatoires. Les obligations du présent I s'appliquent aux services de communication au public en ligne dont le chiffre d'affaires dépasse un seuil déterminé par décret.

L'Autorité de régulation des communications électroniques, des postes et de la distribution de la presse est compétente pour l'application du présent I.

II. – Les opérateurs de plateformes en ligne mentionnés au I de l'article L. 111-7 du code de la consommation qui proposent le classement ou le référencement de contenus extraits de publications de presse ou de services de presse en ligne d'information politique et générale et qui dépassent un seuil de connexions sur le territoire français fixé par décret fournissent à l'utilisateur, outre les informations mentionnées au II du même article L. 111-7, une information loyale, claire et transparente sur l'utilisation de ses données personnelles dans le cadre du classement ou du référencement de ces contenus. Ils établissent chaque année des éléments statistiques, qu'ils rendent publics, relatifs aux titres, aux éditeurs et au nombre de consultations de ces contenus.

L'autorité administrative mentionnée à l'article L. 111-7-1 du même code est compétente pour l'application du présent II.

TITRE III La régulation de la distribution de la presse

(L. n° 2019-1063 du 18 oct. 2019, art. 1er)

....

Loi n° 49-956 du 16 juillet 1949,

Sur les publications destinées à la jeunesse.

Art. 1er Sont *(L. n° 2011-525 du 17 mai 2011, art. 46-I-1°)* « assujettis » aux prescriptions de la présente loi toutes les publications périodiques ou non qui, par leur caractère, leur présentation ou leur objet, apparaissent comme principalement destinées aux enfants et adolescents *(L. n° 2011-525 du 17 mai 2011, art. 46-I-1°)* « , ainsi que tous les supports et produits complémentaires qui leur sont directement associés ».

Sont toutefois exceptées les publications officielles et les publications scolaires soumises au contrôle du ministre de l'éducation nationale.

Art. 2 *(L. nº 2011-525 du 17 mai 2011, art. 46-I-2º)* « Les publications mentionnées à l'article 1er ne doivent comporter aucun contenu présentant un danger pour la jeunesse en raison de son caractère pornographique ou lorsqu'il est susceptible d'inciter à la discrimination ou à la haine contre une personne déterminée ou un groupe de personnes, aux atteintes à la dignité humaine, à l'usage, à la détention ou au trafic de stupéfiants ou de substances psychotropes, à la violence ou à tous actes qualifiés de crimes ou de délits ou de nature à nuire à l'épanouissement physique, mental ou moral de l'enfance ou la jeunesse. »

Elles ne doivent comporter aucune publicité ou annonce pour des publications de nature à démoraliser l'enfance ou la jeunesse *(L. nº 2010-769 du 9 juill. 2010, art. 27)* « ou sexistes ».

Ancien art. 2, al. 1er *Les publications visées à l'article 1er ne doivent comporter aucune illustration, aucun récit, aucune chronique, aucune rubrique, aucune insertion présentant sous un jour favorable le banditisme, le mensonge, le vol, la paresse, la lâcheté, la haine, la débauche ou tous actes qualifiés crimes ou délits ou de nature à démoraliser l'enfance ou la jeunesse* (L. nº 54-1190 du 29 nov. 1954) *« ou à inspirer ou entretenir des préjugés ethniques ».*

Art. 3 Il est institué, au ministère de la justice, une commission chargée de la surveillance et du contrôle des publications destinées à l'enfance et à l'adolescence.

[...]

....

Art. 4 *(L. nº 2011-525 du 17 mai 2011, art. 46-I-4º-a)* « Toute personne physique ou morale peut exercer l'activité de publication ou d'édition d'un périodique mentionné à l'article 1er. Lorsque cette activité est exercée par une personne morale, les nom, prénoms et qualité de la ou des personnes ayant le pouvoir de diriger, gérer ou engager à titre habituel la personne morale figurent sur chaque exemplaire.

« Les personnes ayant le pouvoir de diriger, gérer ou engager à titre habituel la personne morale ainsi que les personnes physiques exerçant l'activité de publication ou d'édition d'un périodique mentionné à l'article 1er doivent remplir les conditions suivantes : »

1º Être de nationalité française *(L. nº 2011-525 du 17 mai 2011, art. 46-I-4º-b)* « ou ressortissant d'un État membre de l'Union européenne ou d'un autre État partie à l'accord sur l'Espace économique européen » ;

2º Jouir de ses droits civils ;

3º Ne pas avoir été l'objet d'une mesure disciplinaire ayant entraîné l'exclusion d'une fonction dans l'enseignement ou dans un établissement public ou privé d'éducation ou de rééducation, à l'exception des mesures disciplinaires prises sous l'occupation et frappant, en tant que tels, des membres de la Résistance ;

4º *(L. nº 2011-525 du 17 mai 2011, art. 46-I-4º-c)* « Ne pas s'être vu retirer tout ou partie de l'autorité parentale » ;

5º Ne pas avoir été l'objet d'une condamnation pour fait de collaboration ou pour délit contraire aux bonnes mœurs, d'une condamnation pour tout crime ou pour abandon de famille, pour les infractions prévues aux articles *(L. nº 2011-525 du 17 mai 2011, art. 46-I-4º-d)* « 223-3, 223-4, 224-4, 227-1, 227-2, 227-5 à 227-10, 227-12 et 227-13 » du code pénal, ou pour vol, abus de confiance, escroquerie ou délit puni par les lois des peines de l'escroquerie, pour soustraction commise par dépositaire public, pour extorsion de fonds ou de valeurs, ou pour recel de chose obtenue à l'aide de ces infractions, ou pour diffamation lorsque, dans ce dernier cas, la condamnation prononcée aura comporté une peine d'emprisonnement *(L. nº 87-1157 du 31 déc. 1987)* « , ou pour des faits prévus par les articles *(L. nº 2011-525 du 17 mai 2011, art. 46-I-4º-d)* « L. 1343-4, L. 3421-1, L. 3421-2, L. 3421-4, L. 5132-8 et L. 5432-1 » du code de la santé publique ; »

6º Ne pas avoir appartenu à la direction ou *(L. nº 2011-525 du 17 mai 2011, art. 46-I-4º-e)* « , le cas échéant, » au comité de direction d'une publication périodique visée par l'article 1er et frappée de suspension pour une durée excédant deux mois ;

7º Ne pas avoir été condamné antérieurement pour l'une des infractions prévues par la présente loi.

Les entreprises existant à la date de la promulgation de la présente loi ont un délai de six mois à dater de cette promulgation pour se constituer conformément aux dispositions du présent article.

Art. 5 Avant la publication de tout écrit périodique visé à l'article 1er ou, pour les publications déjà existantes, dans les six mois de la promulgation de la présente loi, le directeur ou l'éditeur doit adresser au garde des sceaux, ministre de la justice, une déclaration indiquant, outre le titre de la publication, les nom, prénoms et adresse *(L. n° 2011-525 du 17 mai 2011, art. 46-I-5°)* « des personnes mentionnées au deuxième alinéa de l'article 4 », ainsi que la dénomination et l'adresse de l'association ou de la société. – *V. Arr. du 4 févr. 1950 (D. 1950. 57 ; BLD 1950. 132), mod. par Arr. du 15 oct. 1971 (D. et BLD 1971. 417).*

Tous changements affectant les indications fournies dans la déclaration doivent faire l'objet d'une nouvelle déclaration dans le délai d'un mois.

Art. 6 Le directeur ou l'éditeur de toute publication visée à l'article 1er est tenu de déposer *(L. n° 2011-525 du 17 mai 2011, art. 46-I-6°-a)* « ou transmettre par voie électronique, » gratuitement au ministère de la justice, pour la commission de contrôle, *(L. n° 2011-525 du 17 mai 2011, art. 46-I-6°-b)* « deux *[ancienne rédaction : cinq]* » exemplaires de chaque livraison ou volume de cette publication dès sa parution *(L. n° 2011-525 du 17 mai 2011, art. 46-I-6°-c)* « ou, s'il s'agit d'une publication en provenance de l'Union européenne ou d'un autre État partie à l'accord sur l'Espace économique européen, dès son importation pour la vente ou la distribution gratuite en France », sans préjudice des dispositions concernant le dépôt légal.

Les dispositions du présent article seront applicables dès la publication de la présente loi.

Art. 7 Sans préjudice de l'application des dispositions des articles 119 à 129 du décret du 29 juillet 1939 visant les publications contraires aux bonnes mœurs ainsi que des dispositions de la loi du 29 juillet 1881 sur la liberté de la presse et de toutes autres dispositions pénales applicables en la matière, toutes infractions aux dispositions de l'article 2 sont punies d'un emprisonnement d'un an et d'une amende de 3 750 €.

Le jugement est publié au *Bulletin officiel* du ministère de l'éducation nationale, à la *(L. n° 2011-525 du 17 mai 2011, art. 46-I-7°)* « *Bibliographie nationale française* » et dans trois journaux désignés nommément par le jugement. Le tribunal ordonne en outre la saisie et la destruction des publications incriminées. Le tout aux frais du ou des condamnés.

Lorsque l'infraction a été commise par la voie d'une publication périodique, le jugement peut ordonner la suspension de celle-ci pour une durée de deux mois à deux ans.

En cas de récidive, *(Abrogé par L. n° 2009-526 du 12 mai 2009, art. 122-XVII)* « *les responsables sont passibles d'un emprisonnement de deux ans et d'une amende de 7 500 €. En outre,* » s'il s'agit d'une publication périodique, l'interdiction temporaire est ordonnée et l'interdiction définitive peut être ordonnée.

Sont punis des peines prévues à l'alinéa précédent le directeur de publication et l'éditeur qui ont enfreint une décision de suspension ou d'interdiction.

Les associations reconnues d'utilité publique dont les statuts, agréés par le garde des sceaux, ministre de la justice, et le ministre de l'intérieur, prévoient la défense de la moralité, les associations de jeunesse ou d'éducation populaire agréées par le ministre de l'éducation nationale, peuvent, en cas d'infraction aux dispositions de l'article 2, exercer les droits reconnus à la partie civile par les articles 63, 64, 66, 67, 68 et 182 du code d'instruction criminelle *[C. pr. pén., art. 85 s., 418 s.]*.

Art. 8 Sera puni d'un emprisonnement d'un an et d'une amende de 3 750 € quiconque éditera en infraction aux dispositions de l'article 4 une publication visée à l'article 1er.

Art. 9 Sera puni d'une amende de 3 750 € le directeur ou éditeur de toute publication qui enfreindra les dispositions des articles 5 et 6.

Art. 10 L'auteur d'une fausse déclaration déposée en application de l'article 5 de la présente loi sera puni d'un emprisonnement de trois mois et d'une amende de 3 750 €.

Art. 11 A l'égard des infractions prévues par l'article 2 de la présente loi, les directeurs ou éditeurs seront, pour le seul fait de la publication, passibles comme auteurs principaux des peines portées à l'article 7.

A leur défaut, l'auteur et, à défaut de l'auteur, les imprimeurs et distributeurs seront poursuivis comme auteurs principaux.

Lorsque l'auteur n'est pas poursuivi comme auteur principal, il sera poursuivi comme complice.

Outre les cas prévus *(L. n° 2011-525 du 17 mai 2011, art. 46-I-8°)* « aux articles 121-6 et 121-7 » du code pénal, pourront également être poursuivis comme coauteurs, passibles des mêmes peines :

Les auteurs et les imprimeurs,

et comme complices :

Les distributeurs.

Art. 12 A l'égard des infractions prévues par l'article 4, seront passibles des peines prévues à l'article 8 :

Les directeurs ou éditeurs des publications, quelles que soient leurs professions ou dénominations.

Art. 13 *(L. n° 2011-525 du 17 mai 2011, art. 46-I-9°-a)* « L'importation en provenance d'un État qui n'est ni membre de l'Union européenne, ni partie à l'accord sur l'Espace économique européen pour la vente ou la distribution gratuite en France des publications destinées à la jeunesse ne répondant pas aux prescriptions de l'article 2 est prohibée à titre absolu. »

Est également prohibée à titre absolu l'exportation de ces mêmes publications, lorsqu'elles ont été éditées en France.

Indépendamment des pénalités qui peuvent être infligées en vertu de la réglementation douanière, les importateurs, exportateurs ou transitaires qui auront participé sciemment aux délits visés par l'article 2 seront passibles des peines prévues à l'article 7.

L'importation pour la vente ou la distribution gratuite en France de publications *(L. n° 2011-525 du 17 mai 2011, art. 46-I-9°-b)* « en provenance d'un État qui n'est ni membre de l'Union européenne, ni partie à l'accord sur l'Espace économique européen *[ancienne rédaction : étrangères]* » destinées à la jeunesse est subordonnée à l'autorisation du ministre chargé de l'information, prise sur avis favorable de la commission chargée de la surveillance et du contrôle des publications destinées à l'enfance et à l'adolescence.

Art. 14 *(L. n° 2011-525 du 17 mai 2011, art. 46-I-10°-a)* « A l'exception des livres, les publications de toute nature présentant un danger pour la jeunesse en raison de leur caractère pornographique doivent être revêtues de la mention "Mise à disposition des mineurs interdite (article 227-24 du code pénal)" et être vendues sous film plastique. Cette mention doit apparaître de manière visible, lisible et inaltérable sur la couverture de la publication et sur chaque unité de son conditionnement. Cette mention emporte interdiction de proposer, donner, louer ou vendre la publication en cause aux mineurs. La mise en œuvre de cette obligation incombe à l'éditeur ou, à défaut, au distributeur chargé de la diffusion en France de la publication.

« En outre, le ministre de l'intérieur est habilité à interdire :

« – de proposer, de donner ou de vendre à des mineurs les publications de toute nature présentant un danger pour la jeunesse en raison de contenus à caractère pornographique ou susceptibles d'inciter au crime ou à la violence, à la discrimination ou à la haine contre une personne déterminée ou un groupe de personnes, aux atteintes à la dignité humaine, à l'usage, à la détention ou au trafic de stupéfiants ou de substances psychotropes ; »

(L. n° 67-17 du 4 janv. 1967) « – d'exposer ces publications à la vue du public en quelque lieu que ce soit, et notamment à l'extérieur ou à l'intérieur des magasins ou des kiosques, et de faire pour elles de la publicité par la voie d'affiches ;

« – d'effectuer, en faveur de ces publications, de la publicité au moyen de prospectus, d'annonces ou insertions publiées dans la presse, de lettres-circulaires adressées aux acquéreurs éventuels ou d'émissions radiodiffusées ou télévisées.

« Toutefois, le ministre de l'intérieur a la faculté de ne prononcer que les deux premières, ou la première, de ces interdictions.

« Les publications auxquelles s'appliquent ces interdictions sont désignées par arrêtés, publiés au *Journal officiel* de la République française, qui, en ce qui concerne les livres, doivent intervenir dans un délai d'un an courant à partir de la date de réception au dépôt légal ou, à défaut, à compter de la date de parution. La commission chargée de la surveillance et du contrôle des publications destinées à l'enfance et à l'adolescence a qualité pour signaler les publications qui lui paraissent justifier ces interdictions. »

(Ord. n° 58-1298 du 23 déc. 1958) « La vente ou l'offre couplée des publications définies à l'article 1er de la présente loi, avec des publications visées à l'alinéa précédent du présent article, est interdite.

« Aucune publication ne peut faire état de ce qu'elle n'a pas fait l'objet des interdictions précitées, ni comporter aucun texte ou mention de nature à faire inexactement croire à une autorisation des pouvoirs publics.

« Les infractions aux dispositions des précédents alinéas du présent article sont punies d'un emprisonnement d'un an et d'une amende de 3 750 €. Les officiers de police judiciaire pourront, avant toute poursuite, saisir les publications exposées au mépris *(L. n° 2011-525 du 17 mai 2011, art. 46-I-10°-b)* « du troisième alinéa » ; ils pourront également saisir, arracher, lacérer, recouvrir ou détruire tout matériel de publicité en faveur de ces publications. Le tribunal prononcera la confiscation des objets saisis. »

(L. n° 67-17 du 4 janv. 1967) « Quiconque aura, par des changements de titres, des artifices de présentation ou de publicité, ou par toute autre manœuvre, éludé ou fait éluder, tenté d'éluder ou de faire éluder l'application des interdictions prononcées conformément aux *(L. n° 2011-525 du 17 mai 2011, art. 46-I-10°-c)* « troisième à cinquième » alinéas du présent article, sera puni d'un emprisonnement de deux ans et d'une amende de 7 500 € ».

(Décr. n° 58-1298 du 23 déc. 1958) « En outre, et sous les mêmes peines, le tribunal pourra interdire, temporairement ou définitivement, la publication du périodique et ordonner la fermeture totale ou partielle, à titre temporaire ou définitif, de l'entreprise d'édition. Toute condamnation à plus de dix jours d'emprisonnement, pour les délits prévus au présent alinéa, entraînera, pendant une période de cinq ans à compter du jugement définitif, privation des droits visés *(L. n° 2011-525 du 17 mai 2011, art. 46-I-10°-d)* « aux 1° et 2° de l'article 132-26 » du code pénal. »

(L. n° 67-17 du 4 janv. 1967) « Lorsque trois publications, périodiques ou non, éditées en fait par le même éditeur, ont ou auront été frappées, depuis l'entrée en vigueur de la loi du 16 juillet 1949 et au cours de douze mois consécutifs, de deux des prohibitions prévues aux *(L. n° 2011-525 du 17 mai 2011, art. 46-I-10°-e)* « troisième à cinquième » alinéas du présent article, aucune publication ou aucune livraison de publication analogue, du même éditeur, ne pourra, durant une période de cinq ans courant du jour de l'insertion au *Journal officiel* du dernier arrêté d'interdiction, être mise en vente sans avoir été préalablement déposée, en triple exemplaire, au ministère de la justice, et avant que se soient écoulés trois mois à partir de la date du récépissé de ce dépôt. Le fait, de la part de l'éditeur ou du directeur de publication, de ne pas accomplir le dépôt prévu ci-dessus ou de mettre la publication dans le commerce avant la fin du délai de trois mois précité, sera puni des peines et entraînera l'incapacité prévues à l'alinéa précédent.

« Quand, pendant la période de cinq ans susvisée, l'éditeur astreint au dépôt préalable ne se sera pas acquitté des obligations découlant de celui-ci, ou aura encouru deux autres interdictions prononcées en vertu de l'article 14, la durée d'assujettissement audit dépôt sera prolongée de cinq années, cette prolongation partant de l'expiration du délai de cinq ans initial.

« A l'égard des infractions prévues par les *(L. n° 2011-525 du 17 mai 2011, art. 46-I-10°-f)* « neuvième et onzième à treizième » alinéas du présent article, le directeur de publication ou l'éditeur sera poursuivi en qualité d'auteur principal » ; à son défaut et, à défaut de l'auteur, les imprimeurs et distributeurs seront poursuivis comme auteurs principaux. Lorsque l'auteur n'aura pas été poursuivi comme auteur principal, il sera poursuivi comme complice. Pourront être poursuivis comme complices, et dans tous les cas, toutes personnes auxquelles *(L. n° 2011-525 du 17 mai 2011, art. 46-I-10°-f)* « les articles 121-6 et 121-7 du code pénal sont applicables ».

BIBL. ▶ MBONGO, *Légipresse n° 213, juill.-août 2004, p. 85* (réflexions sur l'impunité de l'écrivain et de l'artiste).

1. Publications. Les interdictions que prévoit l'art. 14 de la loi n° 49-956 du 16 juill. 1949 modifiée par la loi n° 87-1157 du 31 déc. 1987 sur les publications destinées à la jeunesse s'appliquent aux publications de toute nature qui présentent un danger pour la jeunesse en raison, notamment, de la place faite à la discrimination ou à la haine raciale, sans qu'il y ait lieu de rechercher si ces publications sont ou non principalement destinées aux enfants et aux adolescents. • CE 29 juill. 1994 : *JCP 1995. II. 22496, note Jean-Pierre ; Gaz. Pal. 1995. 1. Pan. adm. 40 et 73.*

2. En rejetant les demandes d'interdiction de la vente aux mineurs de certaines publications en se fondant sur le motif qu'il n'était compétent pour faire usage du pouvoir qu'il tient des dispositions de l'art. 14 de la L. du 16 juill. 1949 qu'à l'égard des publications ayant le papier pour seul support, sans rechercher si les documents à caractère pornographique dont la requérante allègue qu'ils étaient gratuitement mis à disposition de leurs lecteurs par les publications en cause étaient ou non matériellement inclus dans les publications, le ministre a commis une erreur de droit. • CE 8 nov. 2000 : *Gaz. Pal. 2001. 2. Somm. 1357.*

3. Interdictions. Un arrêté prononçant une ou plusieurs des interdictions prévues par l'art. 14 de la L. du 16 juill. 1949 modifiée sur les publications destinées à la jeunesse, est au nombre des décisions qui doivent être motivées en vertu de l'art. 1er de la L. du 11 juill. 1979 relative à la motivation des actes administratifs et à l'amélioration des relations entre l'administration et le public. • CE 28 juill. 1995 : *Gaz. Pal. 1996. 1. Pan. adm. 57* • 29 mars 1996 : *JCP 1996. IV. 1824 ; Gaz. Pal. 1996. 2. Pan. adm. 148.* ♦ ... Dès lors, son intervention est subordonnée au respect de la procédure contradictoire prévue par l'art. 8 du décret du 28 nov. 1983 sous la seule réserve des exceptions définies audit art. • CE 29 mars 1996 : *préc.*

Art. 15 **Un règlement d'administration publique** *[décret en Conseil d'État]* **pris sur le rapport du garde des sceaux, ministre de la justice, du ministre de l'intérieur, du ministre de l'éducation nationale, du ministre de la santé publique et de la population et du ministre chargé de l'information, fixera les modalités de l'application de la présente loi, sans préjudice de l'application immédiate des dispositions pénales édictées à l'article 7.** – *V. Décr. n° 50-143 du 1er févr. 1950 (D. 1950. 42 ; BLD 1950. 87), mod. par Décr. n° 59-49 du 3 janv. 1959 (D. 1959. 209 ; BLD 1959. 359).*

Art. 16 *(L. n° 54-1190 du 29 nov. 1954)* **La présente loi est applicable aux territoires d'outre-mer. Des règlements d'administration publique** *[décrets en Conseil d'État]* **détermineront les conditions de cette application.** – *Pour l'application dans les territoires d'outre-mer, V. Décr. n° 54-1204 du 25 nov. 1954 (D. 1954. 472 ; Rect. D. 1955. 31 ; BLD 1954. 1037 ; Rect. BLD 1955. 170) ; la loi n° 67-17 du 4 janv. 1967 est applicable dans les territoires d'outre-mer (art. 8).*

Convention européenne de sauvegarde des droits de l'homme et des libertés fondamentales

Art. 10 *Liberté d'expression.* **1. Toute personne a droit à la liberté d'expression. Ce droit comprend la liberté d'opinion et la liberté de recevoir ou de communiquer des informations ou des idées sans qu'il puisse y avoir ingérence d'autorités publiques et sans considération de frontière. Le présent article n'empêche pas les États de soumettre les entreprises de radiodiffusion, de cinéma ou de télévision à un régime d'autorisations.**

2. L'exercice de ces libertés comportant des devoirs et des responsabilités peut être soumis à certaines formalités, conditions, restrictions ou sanctions, prévues par la loi, qui constituent des mesures nécessaires, dans une société démocratique, à la sécurité nationale, à l'intégrité territoriale ou à la sûreté publique, à la défense de l'ordre et à la prévention du crime, à la protection de la santé ou de la morale, à la protection de la réputation ou des droits d'autrui, pour empêcher la divulgation d'informations confidentielles ou pour garantir l'autorité et l'impartialité du pouvoir judiciaire.

BIBL. ▶ ERRERA, *Gaz. Pal. 1995. 1. Doctr. 697* (la Cour européenne des droits de l'homme et les limites de la liberté d'expression – Réflexions sur de singulières variations). – GUERDER, *Gaz. Pal. 2003. 2. Doctr. 3692* (la loi de 1881 sur la liberté de la presse à l'aune de la Conv. EDH). – AUVRET, *Gaz. Pal. 2003. 2. Doctr. 3701* (la concordance entre la loi de 1881 et la Convention européenne des droits de l'homme) ; *Gaz. Pal. 2005. 1. Doctr. 879* (l'équilibre entre la liberté de la presse et le respect de la vie privée selon la Cour européenne des droits de l'homme). – FRANÇOIS, *D. 2006. Chron. 2953* (le conflit entre la liberté d'expression et la protection de la réputation ou des droits d'autrui) ; *Gaz. Pal. 2007. 1. Doctr. 1662* (la liberté de l'expression de l'avocat en droit européen). – CLÉMENT, *Dr. pénal 2013. Étude 19* (l'abrogation du délit d'offense au président de la République au regard des exigences de la Cour européenne des droits de l'homme).

▶ Dossier, *AJ pénal 2007. 9 s.* (liberté de la presse et procès pénal).

1. La liberté d'expression ne peut être soumise à des ingérences que dans les cas où celles-ci constituent des mesures nécessaires au regard du § 2 de l'art. 10 Conv. EDH ; a méconnu le sens et la portée de ce texte la cour d'appel qui a déclaré le prévenu coupable d'injures, alors que les propos en cause s'inscrivaient dans une controverse sur l'action de la justice pénale, à l'occasion de la préparation de la campagne aux élections présidentielles de 2012, constitutive d'un débat public d'intérêt général, que l'invective qu'ils comportaient répondait également de façon spontanée à l'interpellation d'un internaute sur les thèses défendues par la partie civile et ce, sur un réseau social imposant des réponses lapidaires, et que, quelles que fussent la grossièreté et la virulence *des termes employés, ils* ne tendaient pas à atteindre les personnes dans leur dignité ou leur réputation, mais exprimaient l'opinion de leur auteur sur un mode satirique et potache, dans le cadre d'une polémique ouverte sur les idées prônées par une association défendant une conception de la justice opposée à celle que le prévenu, en tant que praticien et débatteur public, entendait lui-même promouvoir, de sorte qu'en dépit de leur outrance, de tels propos n'excédaient pas les limites admissibles de la liberté d'expression dans un pays démocratique. • Crim. 8 janv. 2019, n° 17-81.396 : *D. 2019. 512, note Raschel ; ibid.. 2020. Pan. 237, obs. Dreyer.*

2. La liberté d'expression ne peut être soumise à des ingérences que constituent les réparations civiles que dans les cas où celles-ci, prévues par la loi et poursuivant un but légitime dans une société démocratique, constituent des mesures nécessaires au regard du § 2 de l'art. 10 Conv. EDH et ne portent pas une atteinte disproportionnée à l'exercice de cette liberté. • Crim. 8 janv. 2019, n° 17-85.110 : *Légipresse mars 2019, n° 369, p. 149, note Lesueur ; D. 2020. Pan. 237, obs. Dreyer.*

3. La condamnation pénale de l'auteur de propos niant l'Holocauste, de nature à troubler la paix publique en Allemagne, ne porte pas atteinte à l'art. 10 Conv. EDH. • CEDH 31 janv. 2019, *Williamson c/ Allemagne*, n° 64496/17 : *Légipresse 14 févr. 2019, n° 368.*

Loi n° 52-336 du 25 mars 1952,

Modifiant certaines dispositions de la loi du 29 juillet 1881 sur la liberté de la presse.

Art. 1er à 6 *V. L. du 29 juill. 1881, art. 7, 9, 42 à 44.*

Art. 7 ....

Art. 8 Dans le cas prévu au deuxième alinéa de l'article 6 de la loi du 29 juillet 1881, les dispositions de l'ordonnance du 26 août 1944 qui concernent le directeur de la publication, à l'exception de celles prévues à l'article 7 de ladite ordonnance, sont applicables au codirecteur de la publication.

Le recouvrement des amendes et des dommages-intérêts auxquels le codirecteur de la publication peut être condamné en application de l'alinéa précédent, peut être poursuivi sur l'actif de l'entreprise.

Art. 9 En ce qui concerne les journaux ou écrits périodiques dont le directeur de la publication bénéficie, à la date de la promulgation de la présente loi, de l'immunité prévue par l'article 22 de la Constitution, le codirecteur de la publication devra être nommé dans le délai d'un mois à compter de ladite promulgation. Dans le même délai, une déclaration sera faite au parquet à l'effet de compléter la déclaration prévue à l'article 7 de la loi du 29 juillet 1881 par la mention du nom et de la demeure du codirecteur de la publication.

Art. 10 La présente loi est applicable aux territoires d'outre-mer.

Loi n° 72-618 du 5 juillet 1972,

Relative aux publications, imprimés et objets vendus dans un but philanthropique (D. et BLD 1972. 357). — V. Décr. n° 73-307 du 14 mars 1973 (D. et BLD 1973. 171 ; Rect. 211) relatif à la marque distinctive.

Loi n° 77-808 du 19 juillet 1977,

Relative à la publication et à la diffusion de certains sondages d'opinion (D. et BLD 1977. 330).

SECTION IV ***Dispositions spéciales applicables en période électorale***

Art. 11 *(L. n° 2016-508 du 25 avr. 2016, art. 6)* **En cas d'élections générales et de référendum, la veille et le jour de chaque scrutin, aucun sondage électoral ne peut faire l'objet, par quelque moyen que ce soit, d'une publication, d'une diffusion ou d'un commentaire. Pour l'élection du président de la République, l'élection des députés et l'élection des représentants au Parlement européen ainsi que pour les référendums nationaux, cette interdiction prend effet sur l'ensemble du territoire national à compter du samedi précédant le scrutin à zéro heure. Cette interdiction prend fin à la fermeture du dernier bureau de vote sur le territoire métropolitain.**

En cas d'élections partielles, cette interdiction ne s'applique qu'aux sondages électoraux portant directement ou indirectement sur les scrutins concernés et prend fin à la fermeture du dernier bureau de vote de la circonscription électorale concernée.

Cette interdiction ne fait obstacle ni à la poursuite de la diffusion de sondages publiés avant la veille de chaque scrutin ni au commentaire de ces sondages, à condition que soient indiqués la date de première publication ou diffusion, le média qui les a publiés ou diffusés et l'organisme qui les a réalisés.

A. DISPOSITIONS ANTÉRIEURES À LA L. DU 19 FÉVR. 2002

1. Premier temps : conformité à la Conv. EDH. Si l'art. 10 de la Conv. EDH reconnaît en son premier paragraphe à toute personne le droit à la liberté d'expression, ce texte prévoit en son second paragraphe que l'exercice de cette liberté comportant des devoirs et des responsabilités peut être soumis à certaines formalités, conditions, restrictions ou sanctions prévues par la loi, qui constituent, dans une société démocratique, les mesures nécessaires notamment à la protection des droits d'autrui ; tel est l'objet de l'art. 11 de la L. du 19 juill. 1977, qui protège la liberté des élections et la sincérité du scrutin, par ailleurs garanties par l'art. 3 du premier protocole additionnel à la Conv. • Crim. 14 mai 1996, n° 94-82.440 P : *Dr. pénal 1996. 271, obs. Robert ; RSC 1997. 139, obs. Francillon.*

2. Second temps : non-conformité à la Conv. EDH. En interdisant la publication, la diffusion et le commentaire, par quelque moyen que ce soit, de tout sondage d'opinion en relation avec l'une des consultations visées par l'art. 1er de la loi n° 77-808 du 19 juill. 1977, les textes fondant la poursuite (art. 11 et 12 de ladite loi, L. 90-1 C. élect.) instaurent une restriction à la liberté de recevoir et de communiquer des informations qui n'est pas nécessaire à la protection des intérêts légitimes énumérés par l'art. 10, § 2, Conv. EDH ; étant incompatibles avec ces dispositions conventionnelles, ils ne sauraient servir de fondement à une condamnation pénale. • Crim. 4 sept. 2001, n° 00-85.329 P : *D. 2002. Somm. 1794, obs. de Lamy ; JCP 2001. II. 10623, concl. Commaret, et note Lepage ; Gaz. Pal. 2001. 2. 1874, note Monnet ; ibid. 2002. 1. 47, note Barbry et Gross ; Dr. pénal 2002. 31, obs. Robert ; RSC 2002. 95, obs. Bouloc, et 125, obs. Francillon ; RTD civ. 2002. 181, obs. Libchaber.* ♦ *Adde* : Zarka, *Gaz. Pal. 2002. 1. Doctr. 8* (sondages pré-électoraux et droits de l'homme : l'arrêt du 4 sept. 2001 de la Cour de cassation).

B. DISPOSITIONS DE LA L. DU 19 FÉVR. 2002

3. Application dans le temps. Le prévenu a été poursuivi pour avoir fait publier dans un quotidien des sondages d'opinion la veille et le jour d'un scrutin électoral, les 23 et 24 sept. 2000 ; par arrêts du 4 sept. 2001, la Cour de cassation a déclaré les art. 11 et 12 de la L. du 19 juill. 1977 incriminant ces faits, incompatibles avec les art. 10 et 14 Conv. EDH, garantissant la liberté d'expression ; il résulte de cette jurisprudence qu'à l'époque de leur publication, les sondages litigieux n'étaient pas susceptibles de recevoir une qualification pénale ; la L. du 19 févr. 2002 a modifié la loi de 1977, en limitant désormais l'interdiction de publier des sondages à la veille et au jour du scrutin ; cette loi nouvelle ne peut être qualifiée de loi plus douce devant s'appliquer immédiatement, ce qui aboutirait à la condamnation du prévenu ; en effet, en incriminant des faits qui n'étaient pas susceptibles d'être poursuivis pénalement antérieurement, la loi nouvelle contient des dispositions plus sévères ; en vertu de l'art. 112-1 C. pén., elle ne peut donc être appliquée à des fait commis avant son entrée en vigueur ; la décision de condamnation doit être infirmée et le prévenu relaxé. • Paris, 23 mai 2002 : *D. 2003. Somm. 174, obs. de Lamy ; JCP 2002. IV. 2621.*

SECTION V *Dispositions diverses*

Art. 12 *(L. n° 2016-508 du 25 avr. 2016, art. 6)* **Est puni d'une amende de 75 000 € :**

1° Le fait d'utiliser le mot : "sondage" pour des enquêtes portant sur des sujets liés, de manière directe ou indirecte, au débat électoral et qui ne répondent pas à la définition du sondage énoncée à l'article 1er ;

2° Le fait de commander, réaliser, publier ou laisser publier, diffuser ou laisser diffuser un sondage en violation de la présente loi et des textes réglementaires applicables ;

3° Le fait de ne pas publier ou diffuser une mise au point demandée par la commission des sondages en application de l'article 9 ou de la publier ou de la diffuser dans des conditions contraires à ce même article ;

4° Le fait d'entraver l'action de la commission des sondages dans l'exercice de sa mission de vérification définie à l'article 5.

La décision de justice est publiée ou diffusée par les mêmes moyens que ceux par lesquels il a été fait état du sondage publié ou diffusé en violation de la présente loi.

Le demandeur au pourvoi ne saurait se faire grief de la mesure de publication ordonnée par l'arrêt attaqué, dès lors qu'aux termes du dernier al. de l'art. 12 de la L. du 19 juill. 1977, la décision sera publiée ou diffusée par les mêmes moyens que ceux par lesquels il a été fait état du sondage incriminé. • Crim. 14 mai 1996, n° 94-82.440 P : *Dr. pénal 1996. 271, obs. Robert ; RSC 1997. 139, obs. Francillon.*

Loi n° 82-652 du 29 juillet 1982,

Sur la communication audiovisuelle. — Abrogée, à l'exception des art. 6, 73, 89, 90, 92, 93, 93-2, 93-3, 94, 95 et 96, par L. n° 86-1067 du 30 sept. 1986, art. 110-2°, mod. par L. n° 86-1210 du 27 nov. 1986, art. 4-VIII.

Art. 6 I. — **Toute personne physique ou morale dispose d'un droit de réponse dans le cas où des imputations susceptibles de porter atteinte à son honneur ou à sa réputation auraient été diffusées dans le cadre d'une activité de communication audiovisuelle.**

Le demandeur doit préciser les imputations sur lesquelles il souhaite répondre et la teneur de la réponse qu'il se propose d'y faire.

La réponse doit être diffusée dans des conditions techniques équivalentes à celles dans lesquelles a été diffusé le message contenant l'imputation invoquée.

Elle doit également être diffusée de manière que lui soit assurée une audience équivalente à celle du message précité.

La demande d'exercice du droit de réponse doit être présentée *(L. n° 2000-516 du 15 juin 2000, art. 94-I)* « dans le délai de trois mois » suivant celui de la diffusion du message contenant l'imputation qui la fonde. *(L. n° 93-2 du 4 janv. 1993)* « Toutefois, lorsque, à l'occasion de l'exercice de poursuites pénales, ont été diffusées dans le cadre d'une activité de communication audiovisuelle des imputations susceptibles de porter atteinte à l'honneur ou à la réputation d'une personne physique ou morale, ce délai est réouvert à son profit pour la même durée à compter du jour où la décision de non-lieu dont elle fait l'objet est intervenue ou celle de relaxe ou d'acquittement la mettant expressément ou non hors de cause est devenue définitive. »

En cas de refus ou de silence gardé sur la demande par son destinataire dans les huit jours suivant celui de sa réception, le demandeur peut saisir le président du *(Ord. n° 2019-738 du 17 juill. 2019, art. 22)* « tribunal judiciaire, statuant en référé », par la mise en cause de la personne visée au neuvième alinéa du présent article.

Le président du tribunal peut ordonner sous astreinte la diffusion de la réponse ; il peut déclarer son ordonnance exécutoire sur minute nonobstant appel.

Pendant toute campagne électorale, lorsqu'un candidat est mis en cause, le délai de huit jours prévu au sixième alinéa est réduit à vingt-quatre heures.

Pour l'application des dispositions du présent article, dans toute personne morale qui assure, à quelque titre et sous quelque forme que ce soit, un service de communication audiovisuelle, il doit être désigné un responsable chargé d'assurer l'exécution des obligations se rattachant à l'exercice du droit de réponse.

Un décret en Conseil d'État fixe les modalités d'application du présent article. — *V. Décr. n° 87-246 du 6 avr. 1987 (D. et ALD 1987. 180).*

Il précise notamment les modalités et le délai de conservation des documents audiovisuels nécessaires à l'administration de la preuve des imputations visées au premier alinéa du présent article, sans préjudice de l'application des dispositions de la loi n° 79-18 du 3 janvier 1979 sur les archives *[C. patr., art. L. 211-1 s.]*.

(L. n° 86-1067 du 30 sept. 1986) « Les dispositions du présent article sont applicables à tout service de communication mis à la disposition du public sous forme de phonogrammes ou de vidéogrammes paraissant à intervalles réguliers. »

(Abrogé par L. n° 2004-575 du 21 juin 2004, art. 5-II) « Elles sont également applicables, dans les conditions fixées par décret en Conseil d'État, aux services de communication audiovisuelle entrant dans le champ d'application de l'article 43 de la loi n° 86-1067 du 30 septembre 1986 relative à la liberté de communication. »

(L. n° 90-615 du 13 juill. 1990) « II. — Les associations remplissant les conditions fixées par l'article 48-1 de la loi du 29 juillet 1881 sur la liberté de la presse peuvent également exercer le droit de réponse prévu par le présent article dans le cas où des imputations susceptibles de porter atteinte à l'honneur ou à la réputation d'une personne ou d'un groupe de personnes à raison de leur origine, de leur appartenance ou de leur non-appartenance à une ethnie, une nation, une race ou une religion déterminée auraient été diffusées dans le cadre d'une activité de communication audiovisuelle.

« Toutefois, quand les imputations concerneront des personnes considérées individuellement, l'association ne pourra exercer le droit de réponse que si elle justifie avoir reçu leur accord.

« Aucune association ne pourra requérir la diffusion d'une réponse en application du présent article dès lors qu'aura été diffusée une réponse à la demande d'une des associations remplissant les conditions prévues par l'article 48-1 précité. » — *V. ce texte.*

*Sur l'inapplicabilité de l'art. 6 au cas de publicité comparative, V. C. consom., art. L. 121-13. — **C. com.***

BIBL. ► Auvret, *JCP 1994. I. 3802* (respect de la présomption d'innocence) ; *Gaz. Pal. 2001. 1. Doctr. 974* (évolution des droits de réponse : de la presse écrite à internet) ; *ibid. 2006. 2. Doctr. 3684* (le droit de réponse en ligne : jeu de miroirs). - Coisne et Collin, *in* Liberté de la presse et droits de la personne, *Dalloz, 1997, p. 17* (droit de réponse dans la communication audiovisuelle). - Levy, *ibid., p. 31* (droit de réponse dans la presse écrite et la communication audiovisuelle).

1. Ratio legis. La demande de diffusion d'un droit de réponse, telle qu'elle est prévue par l'art. 6 de la L. n° 82-652 du 29 juill. 1982, n'a pas pour objet de sanctionner la faute du journaliste dans l'exercice de la liberté de l'information ; il s'agit d'une procédure autonome et distincte de l'action en diffamation, justifiée seulement par l'existence d'imputations susceptibles de porter atteinte à l'honneur ou à la réputation de la personne visée, dont l'analyse ne requiert pas la constatation de l'ensemble des éléments constitutifs du délit de diffamation et de l'absence de toute cause de justification de l'infraction ; le juge des référés en déduit justement que la demande de diffusion d'un droit de réponse n'a pas à se conformer aux dispositions de la L. du 29 juill. 1881 destinées à assurer la protection du journaliste cité en justice pour diffamation. • Paris, 5 mars 2003 : *Gaz. Pal. 2003. 1. 1732 ; D. 2003. 1266 ; JCP 2003. I. 178, obs. Regourd.* ♦ En outre, la décision attaquée ayant tout aussi justement relevé que le reportage litigieux accusait clairement la requérante d'être responsable de traitements humiliants et indignes infligés aux élèves de l'École de danse de l'Opéra de Paris, ces imputations répondent à la seule condition de fond requise par l'art. 6 de la L. du 29 juill. 1982 pour ouvrir à la personne en cause un droit de réponse ; ni le refus d'explications opposé à la chaîne de télévision par l'intéressée, qui pouvait s'en tenir au communiqué déjà diffusé sur le sujet par la direction de l'Opéra de Paris, ni le texte de la réponse, qui est en étroite corrélation avec les propos incriminés et ne porte nullement atteinte à l'honneur des journalistes, ne caractérisent un abus de la requérante dans la mise en œuvre de son droit ; un débat sur l'éventuelle vérité des faits ou bonne foi des journalistes étant étranger à l'appréciation du bien-fondé de la demande de diffusion d'un droit de réponse, l'ordonnance doit être confirmée, sans qu'il y ait lieu de donner aux appelants un acte dépourvu d'effet juridique. • Même arrêt.

2. Le droit de critique et de polémique à l'égard d'un gouvernement est plus large qu'à l'égard d'un simple particulier, et doit être préservé, sauf à faire dégénérer le droit de réponse audiovisuel en une tribune libre et ouverte. • Versailles, 22 nov. 2006 : *Gaz. Pal. 2007. 2. Somm. 3452.*

3. Inapplicabilité de la L. du 29 juill. 1881. L'exercice du droit de réponse dans le cadre d'une activité de communication audiovisuelle et, en cas de refus, l'action devant le président du tribunal de grande instance, statuant en matière de référés, sont régis par les dispositions de l'art. 6 de la L. du 29 juill. 1982 et du Décr. du 6 avr. 1987 pris pour son application, à l'exclusion de celles de la L. du 29 juill. 1881. • Civ. 1re, 29 nov. 2005, n° 03-14.989 P : *JCP 2006. II. 10014, avis Sainte-Rose ; Gaz. Pal. 2006. 2. Somm. 4171, note Bourg.*

4. Activité de communication audiovisuelle. L'art. 6 de la L. du 29 juill. 1982 ne distingue pas entre les diverses formes possibles d'« activités de communication audiovisuelle » ; entrent donc dans les prévisions de ce texte des propos diffamatoires diffusés au moyen d'un film *désignant nommément* des personnes existantes accusées d'être les auteurs ou les complices d'actes criminels présentés eux-mêmes comme réels. • Civ. 1re, 25 avr. 1990, n° 88-16.612 P.

5. Atteinte à l'honneur ou à la réputation. Il n'y a pas lieu d'accorder à un syndicat, initiateur d'un mouvement de grève, un droit de réponse sur les chaînes de télévision qui ont diffusé le message publicitaire dans lequel l'entreprise affectée par ce mouvement soulignait son caractère inopportun, dès lors que le message incriminé restait dans les limites de la libre critique appartenant à chacun et ne comportait pas d'imputations susceptibles de porter atteinte à l'honneur ou à la réputation du syndicat. • Paris, 16 nov. 1995 : *D. 1996. 429, note Edelman ; ibid. 1997. Somm. 79, obs. Massis ; JCP 1996. II. 22609, note Teyssié ; BICC 1996. 350.* ♦ Si l'art. 6 de la L. du 29 juill. 1982, qui ne distingue pas entre les diverses formes possibles d'activités de communication audiovisuelle, s'applique à un message publicitaire, encore faut-il, pour ouvrir droit à une réponse, que ce message contienne des imputations susceptibles de porter atteinte à l'honneur ou à la réputation de la personne physique ou morale mise en cause ; l'arrêt attaqué ayant retenu à bon droit que le message ne contenait pas de telles imputations a, par ce seul motif, justifié le refus de diffusion de la réponse. • Civ. 2e, 11 juin 1998, n° 95-22.234 P. (rejet du pourvoi contre • Paris, 16 nov. 1995 : *préc.*).

6. Un journal télévisé ayant commenté la mort d'un responsable de l'OAS et la veuve de celui-ci invoquant une atteinte à l'honneur et à la réputation de son époux ayant assigné la société de télévision pour l'entendre condamner à diffuser une réponse, une cour d'appel retenant, d'une part, que la place importante dans le commentaire du déraillement d'un train sur la cause duquel n'existe aucune certitude, établit, malgré la restriction apportée, un lien évident entre l'intéressé et la catastrophe, et, d'autre part, que ce lien renforcé par la diffusion, au même moment, des images du déraillement invite le téléspectateur à penser que ce dernier devait endosser la responsabilité du drame en sa qualité de responsable de l'OAS, peu important son absence de participation active dans sa réalisation, a pu en déduire que le nom de cette personne restant dans l'esprit du public associé à un événement aussi horrible était de nature à porter atteinte à son honneur et à sa réputation. • Civ. 2e, 10 juill. 1996, n° 94-15.189 P : *D. 1997. Somm. 84, obs. Hassler et Lapp.* ♦ Rejet du pourvoi contre • Versailles, 18 mars 1994 : *Gaz. Pal. 1994. 2. Somm. 600.* ♦ Sont susceptibles de porter atteinte à l'honneur ou à la réputation et comme tels générateurs d'un droit de réponse les propos relatifs au « nombre de morts en déportation » imputés au demandeur et qui l'ont d'ailleurs conduit devant la section disciplinaire d'une université ainsi que devant un tribunal correctionnel. • Civ. 1re, 3 avr. 2007 : *D. 2007. AJ 1278.*

7. Aux termes de l'art. 6 de la L. du 29 juill. 1982, toute personne physique ou morale dispose d'un droit de réponse, sous le contrôle du juge quant au contenu de celle-ci, lorsque des imputations susceptibles de porter atteinte à son honneur ou à sa réputation ont été diffusées dans le cadre d'une activité de communication audiovisuelle ; tel est le cas d'imputations relatives à des propos ayant suscité l'indignation sur le nombre de morts en déportation. • Civ. 1re, 3 avr. 2007, n° 06-10.329 P : *Gaz. Pal. 2008. 2. Somm. 2744, note Bourg.*

8. Conditions d'exercice. L'exercice du droit de réponse prévu par l'art. 6 de la L. du 29 juill. 1982 n'est pas subordonné à la condition que la personne mise en cause ait préalablement refusé de donner des explications ; il ne suppose pas non plus que soit caractérisé l'abus commis par le journaliste dans l'exercice de sa liberté d'informer. • Civ. 1re, 29 nov. 2005, n° 03-14.989 P : *JCP 2006. II. 10014, avis Sainte-Rose ; Gaz. Pal. 2006. 2. Somm. 4171, note Bourg.*

9. Contenu de la réponse. Le droit de réponse, en matière audiovisuelle, doit répondre aux prescriptions de l'art. 6 de la L. du 29 juill. 1982 qui exige que le demandeur précise les imputations sur lesquelles il souhaite répondre et la teneur de la réponse qu'il se propose d'y faire ; il doit également répondre aux dispositions de l'art. 3 du décr. du 6 avr. 1987 selon lesquelles la demande contient la mention des passages contestés et la teneur de la réponse souhaitée ; tel n'est pas le contenu d'une réponse qui ne mentionne aucun passage contesté mais se contente de préciser l'imputation susceptible d'être diffamatoire, et de la réfuter par une argumentation générale. • TGI Nanterre, réf., 6 nov. 1995 : *BICC 1996. 351 ; D. 1997. Somm. 87, obs. Hassler et Lapp.*

10. Selon l'art. 6 de la L. du 29 juill. 1982 le demandeur doit préciser les imputations sur lesquelles il souhaite répondre et la teneur de la réponse qu'il se propose de faire ; ce texte n'exige pas une réplique à l'ensemble des imputations. • Civ. 1re, 8 oct. 2009, n° 08-15.134 P : *D. 2009. AJ 2492.*

11. Intérêt des tiers. Le droit de réponse institué par la L. du 29 juill. 1982 tend à protéger toute personne mise en cause par des imputations diffamatoires à l'occasion d'une activité de communication audiovisuelle ; sous certaines réserves, ce droit est général et absolu ; celui qui l'exerce est juge de l'utilité, de la forme et de la teneur de la réponse, mais il doit préciser les imputations auxquelles il entend répondre, et il ne saurait mettre en cause l'intérêt légitime d'un tiers. • Paris, 15 mai 1990 : *D. 1990. IR 162.*

12. Si le journaliste animateur de l'émission au cours de laquelle des imputations diffamatoires ont été tenues ne saurait être considéré comme un tiers, l'allégation de la réponse, selon laquelle ce journaliste ne respecterait pas les règles déontologiques de sa profession en négligeant de s'informer, rend sérieusement contestable l'exercice du droit de réponse ; le juge ne pouvant retrancher ce qui porte atteinte à la réputation du journaliste incriminé, il ne peut ordonner l'insertion de la réponse proposée. • Paris, 15 mai 1990 : *préc. note 11.*

13. Demande d'exercice du droit de réponse. Il résulte de la combinaison des art. 2 et 7 du décr. n° 87-246 du 6 avr. 1987 que la demande d'exercice du droit de réponse, qui prolonge le délai de conservation des enregistrements jusqu'à l'intervention d'une décision définitive, est celle qui est adressée au directeur de la publication par lettre recommandée avec avis de réception ; si, selon l'art. 6 de la L. du 29 juill. 1982, cette demande fait courir, à compter de sa réception, un délai de 8 jours au bénéfice du directeur de la publication, ce délai n'est pas applicable au demandeur du droit de réponse pour saisir le président du tribunal de grande instance ; ayant exactement énoncé qu'il incombait à la société qui avait diffusé une émission radiophonique ayant fait l'objet d'une demande d'exercice d'un droit de réponse, de conserver l'enregistrement de l'émission litigieuse du 5 mars 1995 au moins pendant les 15 jours ayant suivi la date de sa diffusion puis, à compter du 9 mars 1995, jusqu'à l'intervention d'une décision définitive, et que la société et son directeur de la publication ne démontraient pas avoir respecté cette obligation légale, la cour d'appel a légalement justifié sa décision d'accueillir la demande de condamnation sous astreinte de la diffusion de la réponse. • Civ. 2e, 25 juin 1998, n° 97-11.556 P.

14. Demande de diffusion forcée. L'art. 6 de la L. du 29 juill. 1982 sur la communication audiovisuelle a conféré au président du TGI « statuant en matière de référé » le pouvoir de statuer sur le litige né du refus par un organisme assurant un service de communication audiovisuelle de diffuser la réponse d'une personne qui se prétend mise en cause dans des conditions susceptibles de porter atteinte à son honneur et à sa réputation ; dès lors que cette procédure spécifique répond à la nécessité pour la personne mise en cause d'obtenir l'insertion rapide d'une réponse et tend à éviter que l'organe de communication audiovisuelle ne demeure indéfiniment soumis au risque de se voir imposer un droit de réponse, aucune autre formation juridictionnelle, notamment le TGI saisi suivant les formes de droit commun, n'est compétente pour statuer sur la demande de diffusion forcée de cette réponse. • TGI Paris, 10 sept. 1997 : *BICC 1998. 140 ; Gaz. Pal. 1998. 1. 101.*

15. Saisi d'une demande de publication d'un droit de réponse audiovisuel, un juge des référés ne saurait surseoir à statuer jusqu'à l'issue d'une action en diffamation opposant les mêmes parties, dès lors que les deux actions n'ont pas le même objet, que l'action en diffusion d'une réponse est une procédure autonome justifiée par l'existence d'imputations « susceptibles » de porter atteinte à l'honneur et à la réputation de la personne visée, que cette analyse ne requiert pas la constatation de l'ensemble des éléments constitutifs du délit de diffamation et de l'absence de toute cause de justification de l'infraction. • Paris, 20 mars 2002 : *BICC 2003, n° 304.*

16. Pour confirmer l'ordonnance de référé ayant déclaré irrecevable la demande en insertion forcée du droit de réponse dont une banque avait saisi la société France Télévisions, suite à un reportage intitulé « Main basse sur vos comptes » qui dénonçait les pratiques de certaines banques, la cour d'appel a énoncé que, dans sa lettre de demande de droit de réponse, le demandeur ne précisait pas si dans ce reportage les faits qu'il dénonçait constituaient la totalité ou un ou plusieurs passages de l'émission considérée ; qu'il consacrait douze lignes à l'évocation de ces faits qu'il décrivait de façon générale en citant quatre termes utilisés au cours de l'émission entre guillemets ; que cette brève description générale pas plus que les termes cités pris hors de leur contexte ne constituaient la mention suffisante des passages prévue par le décret du 6 avr. 1987 ; en statuant ainsi, quand il résulte de la lettre précitée que les passages contestés y étaient mentionnés, la cour d'appel a violé les art. 6 de la L. du 29 juill. 1982 et 3 du Décr. du 6 avr. 1987. • Crim. 5 nov. 2009 : *D. 2009. AJ 2753* .

Art. 73 ……………………………………………………………………………………………

Art. 89 *Abrogé par L. n° 2009-669 du 12 juin 2009, art. 23-I-1°.*

Art. 90 et 92 *Abrogés par Ord. n° 2009-901 du 24 juill. 2009, art. 9.*

Art. 93 *Al. abrogé par Ord. n° 2007-329 du 12 mars 2007, art. 12-II-14°. – V. désormais,* ***C. trav.****, art. L. 7111-5.*

Le recrutement des journalistes s'effectue selon les règles de la convention collective nationale de la presse et ses avenants.

Art. 93-2 *(L. n° 85-1317 du 13 déc. 1985)* **Tout service de** *(L. n° 2004-575 du 21 juin 2004, art. 2-I)* **« communication au public par voie électronique » est tenu d'avoir un directeur de la publication.**

Lorsque le directeur de la publication jouit de l'immunité parlementaire dans les conditions prévues par l'article 26 de la Constitution *(L. n° 86-1067 du 30 sept. 1986)* **« et par les articles 9 et 10 du protocole du 8 avril 1965 sur les privilèges et immunités des communautés européennes », il désigne un codirecteur de la publication choisi parmi les personnes ne bénéficiant pas de l'immunité parlementaire et, lorsque le service de communication est assuré par une personne morale, parmi les membres de l'association, du conseil d'administration, du directoire ou les gérants suivant la forme de ladite personne morale.**

Le codirecteur de la publication doit être nommé dans le délai d'un mois à compter de la date à partir de laquelle le directeur de la publication bénéficie de l'immunité mentionnée à l'alinéa précédent.

Le directeur et, éventuellement, le codirecteur de la publication doivent être majeurs, avoir la jouissance de leurs droits civils et n'être privés de leurs droits civiques par aucune condamnation judiciaire. *(L. n° 2017-86 du 27 janv. 2017, art. 41)* **« Par dérogation, un mineur âgé de seize ans révolus peut être nommé directeur ou codirecteur de la publication réalisée bénévolement. La responsabilité des parents d'un mineur âgé de seize ans révolus nommé directeur ou codirecteur de publication ne peut être engagée, sur le fondement de l'article 1242 du code civil, que si celui-ci a commis un fait de nature à engager sa propre responsabilité civile dans les conditions prévues par la loi du 29 juillet 1881 sur la liberté de la presse. »**

Toutes les obligations légales imposées au directeur de la publication sont applicables au codirecteur de la publication.

Lorsque le service est fourni par une personne morale, le directeur de la publication est le président du directoire ou du conseil d'administration, le gérant ou le représentant légal, suivant la forme de la personne morale.

Lorsque le service est fourni par une personne physique, le directeur de la publication est cette personne physique.

Directeur de publication. Ne donne pas de base légale à sa décision, au regard des art. 6-IV de la L. n° 2004-575 du 21 juin 2004 pour la confiance dans l'économie numérique et 93-2 de la L. n° 82-652 du 29 juill. 1982 sur la communication audiovisuelle, une cour d'appel qui déclare irrecevable l'action aux fins d'insertion forcée d'une réponse dirigée contre le président d'une association, au motif que le « webmaster » du site internet de cette association est expressément désigné comme la personne à contacter par l'utilisateur pour obtenir une modification des données personnelles apparaissant sur le site, ce qui confirme sa qualité de directeur de la publication, sans rechercher si, en tant que représentant légal de l'association, son président ne devait pas se voir reconnaître cette qualité. • Civ. 1re, 18 oct. 2017, n° 16-19.282 P : *D. actu. 27 oct. 2017, obs. Lavric ; D. 2018. Pan. 208, obs. Dreyer*.

Art. 93-3 *(L. n° 85-1317 du 13 déc. 1985)* **Au cas où l'une des infractions prévues par le chapitre IV de la loi du 29 juillet 1881 sur la liberté de la presse est commise par un moyen de** *(L. n° 2004-575 du 21 juin 2004, art. 2-I)* **« communication au public par voie électronique », le directeur de la publication ou, dans le cas prévu au deuxième alinéa de l'article 93-2 de la présente loi, le codirecteur de la publication sera poursuivi comme auteur principal, lorsque le message incriminé a fait l'objet d'une fixation préalable à sa communication au public.**

A défaut, l'auteur, et à défaut de l'auteur, le producteur sera poursuivi comme auteur principal.

Lorsque le directeur ou le codirecteur de la publication sera mis en cause, l'auteur sera poursuivi comme complice.

Pourra également être poursuivie comme complice toute personne à laquelle *(L. n° 92-1336 du 16 déc. 1992)* **« les articles 121-6 et 121-7 » du code pénal sera applicable** *[seront applicables]*.

(L. n° 2009-669 du 12 juin 2009, art. 27-II) **« Lorsque l'infraction résulte du contenu d'un message adressé par un internaute à un service de communication au public en ligne et mis par ce service à la disposition du public dans un espace de contributions personnelles identifié comme tel, le directeur ou le codirecteur de publication ne peut pas voir sa responsabilité pénale engagée comme auteur principal s'il est établi qu'il n'avait pas effectivement connaissance du message avant sa mise en ligne ou si, dès le moment où il en a eu connaissance, il a agi promptement pour retirer ce message. »**

BIBL. ▶ Jez et Pansier, *Gaz. Pal. 2000. 2. Doctr. 1511* (responsabilité des hébergeurs à l'aune de la loi du 1er août 2000).

1. Constitutionnalité. Selon le requérant, d'une part, les dispositions combinées des 2e et dern. al. de l'art. 93-3 de la L. du 29 juill. 1982 sur la communication audiovisuelle ont pour effet de créer à l'encontre du producteur d'un service de communication au public en ligne une présomption de culpabilité en le rendant responsable de plein droit du contenu des messages diffusés dans un espace de contributions personnelles dont il est « l'animateur », même s'il en ignore le contenu ; d'autre part, elles méconnaîtraient le principe d'égalité devant la loi pénale en traitant différemment, sans justification, le directeur de la publication et le producteur sur internet ; en vertu de l'art. 9 DDH, tout homme est présumé innocent jusqu'à ce qu'il ait été déclaré coupable ; il en résulte qu'en principe le législateur ne saurait instituer de présomption de culpabilité en matière répressive ; toutefois, à titre exceptionnel, de telles présomptions peuvent être établies, notamment en matière contraventionnelle, dès lors qu'elles ne revêtent pas de caractère irréfragable, qu'est assuré le respect des droits de la défense et que les faits induisent raisonnablement la vraisemblance de l'imputabilité ; en outre, s'agissant des crimes et délits, la culpabilité ne saurait résulter de la seule imputabilité matérielle d'actes pénalement sanctionnés ; il résulte des dispositions déférées, que le créateur ou l'animateur d'un site de communication au public en ligne peut voir sa responsabilité pénale recherchée, en qualité de producteur, à raison du contenu de messages dont il n'est pas l'auteur et qui n'ont fait l'objet d'aucune fixation préalable ; qu'il ne peut s'exonérer des sanctions pénales qu'il encourt qu'en désignant l'auteur du message ou en démontrant que la responsabilité pénale du directeur de la publication est encourue ; que cette responsabilité expose le producteur à des peines privatives ou restrictives de droits et affecte l'exercice de la liberté d'expression et de communication protégée par l'art. 11 DDH ; par suite, compte tenu, d'une part, du régime de responsabilité spécifique dont bénéficie le directeur de la publication en vertu des 1er et dern. al. de l'art. 93-3 et, d'autre part, des caractéristiques d'internet qui, en l'état des règles et des techniques, permettent à l'auteur d'un message diffusé sur internet de préserver son anonymat, les dispositions contestées ne sauraient, sans instaurer une présomption irréfragable de responsabilité pénale en méconnaissance des exigences constitutionnelles précitées, être interprétées comme permettant que le créateur ou l'animateur d'un site de communication au public en ligne mettant à la disposition du public des messages adressés par des internautes voie sa responsabilité pénale engagée en qualité de producteur à raison du seul contenu d'un message dont il n'avait pas connaissance avant la mise en ligne ; sous cette réserve, les dispositions contestées ne sont pas contraires à l'art. 9 DDH. • Cons. const. 16 sept. 2011, n° 2011-164 QPC : *D. actu. 21 sept. 2011, obs. Astaix ; JCP 2011, n° 1227, obs. de Lamy ; ibid., n° 1247, note Dreyer ; Gaz. Pal. 2012. 1. 362 ; RSC 2011. 647, obs. Francillon*. ♦ Sur l'arrêt de renvoi de la question au Cons. const. : • Crim. 21 juin 2011, n° 11-80.010 P.

2. Il s'évince de l'art. 93-3 de la L. du 29 juill.

1982 que la responsabilité pénale du producteur d'un site de communication au public en ligne mettant à la disposition du public des messages adressés par des internautes n'est engagée, à raison du contenu de ces messages, que s'il est établi qu'il en avait connaissance avant leur mise en ligne ou que, dans le cas contraire, il s'est abstenu d'agir promptement pour les retirer dès le moment où il en a eu connaissance. • Crim. 31 janv. 2012, n° 11-80.010 P : *D. actu. 22 févr. 2012, obs. Astaix ; D. 2012. 1249, note Ravigneaux ; Gaz. Pal. 2012. 1. 1621, note Fourment* • 30 oct. 2012, n° 10-88.825 P : *D. actu. 16 nov. 2012, obs. Lavric ; D. 2013. 160, note Dreyer ; AJ pénal 2013. 157, obs. Royer ; Dr. pénal 2013, comm. 6, obs. Véron ; Gaz. Pal. 2013. 1. 444, obs. Fourment.* ♦ Pour déclarer le prévenu coupable de diffamation à raison du contenu de certains messages émis sous ses pseudonymes, mais également par les utilisateurs du site, l'arrêt relève qu'il doit en répondre en sa qualité d'administrateur et de modérateur du forum de discussion en cause ; en se déterminant par ces seuls motifs, qui ne suffisent pas à établir qu'en sa qualité de producteur, le prévenu avait eu connaissance, préalablement à leur mise en ligne, du contenu des messages émis par les utilisateurs, ou s'était abstenu d'agir quand il en avait eu connaissance, la cour d'appel a méconnu le texte susvisé et le principe ci-dessus énoncé ; d'où il suit que la cassation est encourue de ce chef. • Crim. 31 janv. 2012 : *préc.* ♦ Pour dire établis à l'encontre du président d'une association de quartier, les faits de diffamation publique envers la partie civile, député-maire, pour avoir publié, sur l'espace des contributions personnelles du site de cette association, les propos d'un internaute ainsi libellés : « Par ailleurs, M. Y... cumule plusieurs mandats (député, maire) : sont-ils compatibles avec d'autres fonctions (dans l'immobilier par exemple) ? Ne confond-il pas intérêts personnels et spoliation des "petites gens" ? », l'arrêt attaqué retient notamment que le prévenu doit être considéré comme l'auteur du message litigieux dès lors qu'il assume aux yeux des internautes et des tiers la qualité de producteur du blog de l'association susvisée sans qu'il puisse opposer un défaut de surveillance dudit message ; mais en se déterminant ainsi, sans rechercher si, en sa qualité de producteur, le prévenu avait eu connaissance, préalablement à sa mise en ligne, du contenu du message litigieux ou que, dans le cas contraire, il s'était abstenu d'agir avec promptitude pour le retirer dès qu'il en avait eu connaissance, la cour d'appel n'a pas fait l'exacte application de l'art. 93-3 de la L. du 29 juill. 1982 modifiée *sur la communication audiovisuelle*, au regard de la réserve du Cons. const. dans sa décision QPC n° 2011-64 en date du 16 sept. 2011. • Crim. 30 oct. 2012 : *préc.*

3. Fixation préalable. Fait une exacte application de la loi la cour d'appel qui, saisie d'une action en diffamation à la suite de la diffusion par une radio de plusieurs bulletins d'information faisant état d'un article d'un hebdomadaire, paru la veille, imputant à une personne l'organisation de convois de déportés vers Drancy en 1942, déclare le directeur de la publication auteur principal de l'infraction visée à la prévention, en application de l'art. 93-3 de la loi n° 82-652 du 29 juill. 1982 sur la communication audiovisuelle, en énonçant que les émissions qui ont reproduit les propos incriminés ont été effectuées selon des modes de diffusion répétitive de textes repris systématiquement dans leur intégralité ou sous forme condensée durant vingt-quatre heures, et ajoute que le mode de diffusion des messages permettait au directeur de la publication d'exercer un contrôle sur l'information avant sa diffusion au public ; en effet, doit être considéré comme ayant fait l'objet d'une fixation préalable à la communication au public au sens de l'art. 93-3 de la L. du 29 juin. 1982, le message qui est diffusé de façon répétitive sur les ondes. • Crim. 8 juin 1999, n° 98-84.175 P : *Dr. pénal 1999. 141, obs. Véron ; RSC 2000. 194, obs. Bouloc* • 5 oct. 2011 : *D. 2012. 765, note Dreyer ; RSC 2012. 173, obs. Francillon ; Dr. pénal 2012, n° 5 ; ibid. 2012. Chron. 5, obs. Mouysset.*

4. La Cour relève que la présomption de responsabilité que l'art. 93-3 de la L. n° 82-652 du 29 juill. 1992 fait peser sur le directeur de publication est la conséquence de son devoir de contrôler le contenu des messages diffusés par le biais du média pour lequel il travaille ; cette responsabilité ne peut être engagée que lorsque le message litigieux a fait l'objet d'une fixation préalable à sa diffusion ; le principe de fonctionnement de France Info consiste à répéter les messages sur l'antenne en direct à intervalles réguliers ; ainsi, les juridictions françaises n'ont pas retenu la responsabilité du directeur de publication au titre de la diffusion du premier communiqué, mais ont estimé que celle-ci constituait une fixation préalable pour les diffusions subséquentes ; par conséquent, elles ont considéré que l'intéressé avait été en mesure d'en contrôler au préalable le contenu et ont retenu sa responsabilité pénale ; selon la Cour, eu égard au fonctionnement de France Info, l'interprétation de la notion de fixation préalable ainsi faite par les juridictions répressives était cohérente avec la substance de l'infraction en cause et raisonnablement prévisible ; dès lors, la Cour conclut à la non-violation de l'art. 7 Conv. EDH. • CEDH 30 mars 2004, *Radio France c/ France : D. 2004. Somm. 2756, obs. de Lamy ; ibid. IR 1212.*

5. La cour d'appel a jugé que le directeur de la publication d'une station de radio et un journaliste ont commis une faute fondée sur le délit de diffamation à la suite de la diffusion d'informations sur cette radio ; cette décision est justifiée dès lors que le directeur de publication a pu exercer son contrôle sur le contenu du message avant sa diffusion ; doit être considéré comme ayant fait l'objet d'une fixation préalable à la communication au public, au sens de l'art. 93-3 de la L. du 29 juill. 1982, le message qui est diffusé à l'identique et de façon répétitive sur les ondes. • Crim. 5 oct. 2011, n° 10-87.043 : *D. 2012. Pan. 772, obs. Dreyer ; Dr. pénal 2012, comm. 5, obs. Véron ; RSC 2012. 173, obs. Francillon* .

6. Portée de la présomption. Il résulte de la L. du 29 juill. 1982 et de celle du 29 juill. 1881 qu'un directeur de publication est pénalement responsable de la diffusion d'un message diffamatoire qui aurait fait l'objet d'une fixation préalable à sa communication ; cette présomption de responsabilité se combine en l'espèce avec une autre présomption qui n'est pas absolue selon laquelle les imputations diffamatoires sont présumées être faites de mauvaise foi ; le directeur de publication aurait pu s'exonérer de sa responsabilité en démontrant la bonne foi de l'auteur des propos incriminés ou l'absence de fixation préalable du message litigieux ; eu égard à l'importance de l'enjeu, consistant à prévenir la diffusion de messages diffamatoires ou injurieux dans les médias en obligeant le directeur de publication à effectuer un contrôle préalable, la Cour estime que la présomption de la L. du 29 juill. 1982 reste dans les limites raisonnables requises ; par ailleurs, relevant l'attention avec laquelle les juridictions françaises ont examiné les moyens des requérants sur ce point, la Cour conclut qu'elles n'ont pas appliqué ladite loi d'une manière portant atteinte à la présomption d'innocence ; dès lors, elle conclut à la non-violation de l'art. 6, § 2, Conv. EDH. • CEDH 30 mars 2004, *Radio France c/ France : préc. note 4.*

7. Réparation du préjudice. La Cour relève que la condamnation des requérants (directeur de publication et journaliste) s'analyse en une ingérence dans leur droit à la liberté d'expression ; leur condamnation était prévue par la loi pénale et la Cour estime que la condamnation de la société requérante à diffuser un communiqué sur les ondes l'était également ; en effet, selon la Cour, la responsabilité civile de la société requérante trouve son fondement dans l'art. 1382 C. civ. ainsi que dans la jurisprudence interne constante relative à l'appréciation souveraine par les juges des modalités de réparation des préjudices subis ; à cet égard, il apparaît que la publication de communiqués judiciaires est l'une des modalités habituelles de réparation des préjudices causés par voie de presse ; la Cour relève par ailleurs que l'ingérence litigieuse poursuivait un but légitime, à savoir la protection de la réputation ou des droits d'autrui ; sur le point de savoir si cette ingérence était proportionnée au but poursuivi, la Cour note que le débat portait en l'espèce sur une question d'intérêt général, à savoir l'attitude des hauts fonctionnaires pendant l'Occupation ; par ailleurs, les publications et diffusions litigieuses s'inscrivaient dans un débat public amplement ouvert à l'époque des faits et articulés autour de la procédure (le crime contre l'humanité conduite contre Maurice Papon) ; eu égard à l'extrême gravité des faits inexacts imputés à un haut fonctionnaire (supervision de la déportation d'un millier de juifs alors qu'il était sous-préfet) et à l'intention de diffuser le message en question à plusieurs reprises, le journaliste concerné devait faire preuve de la plus grande rigueur et d'une particulière mesure, d'autant que le bulletin était diffusé sur les ondes d'une radio couvrant l'ensemble du territoire français ; dans ces conditions, la Cour juge pertinents et suffisants les motifs retenus par la cour d'appel pour conclure à la condamnation des requérants ; quant aux peines infligées aux requérants, la Cour relève, d'une part, qu'ils ont été déclarés coupables d'un délit et condamnés à une amende et à des dommages et intérêts dont les montants sont modérés ; d'autre part, le fait de condamner la société requérante à diffuser sur France Info, à douze reprises, un message judiciaire de 118 mots traduit l'intention des juridictions d'ajuster la réparation au dommage causé et constitue, selon la Cour, un empiétement modéré sur le programme éditorial de la chaîne concernée ; dans ces circonstances, la Cour estime que les mesures prises contre les requérants n'étaient pas disproportionnées au but légitime poursuivi et peuvent, dès lors, passer pour nécessaires dans une société démocratique ; par conséquent, la Cour conclut à la non-violation de l'art. 10 de la Convention. • CEDH 30 mars 2004, *Radio France c/ France : préc. note 4.*

8. Désistement du plaignant. Il résulte de l'art. 49 de la L. du 29 juill. 1881 que le désistement du plaignant, lorsqu'il en a été donné acte par jugement, met fin aux poursuites du chef de diffamation et éteint l'action à l'égard de tous auteurs, coauteurs ou complices des faits poursuivis ; ces dispositions sont applicables aux infractions visées par l'art. 93-3 de la loi n° 82-652 du 29 juill. 1982 en cas de diffamation commise par un moyen de communication audiovisuelle et par un message ayant fait l'objet d'une fixation préalable à sa communication au public. • Crim. 28 mars 1995, n° 94-84.677 P.

9. Visa des textes applicables. Selon l'art. 50 de la L. du 29 juill. 1881, le réquisitoire introductif qui constitue l'acte initial de la poursuite doit préciser, outre l'articulation et la qualification des faits, le texte de ladite loi édictant la peine dont l'application est demandée : il n'est pas dérogé à ces prescriptions d'ordre public par l'art. 93-3 de la L. du 29 juill. 1982 sur la communication audiovisuelle ; mais l'art. 93-3 précité n'édicte aucune peine et n'entre pas dans la catégorie des textes dont le visa est imposé par l'art. 50 de la L. du 29 juill. 1881. • Crim. 7 nov. 1995 : *Dr. pénal 1996. 80, obs. Véron.*

10. Télématique. Il résulte de l'art. 93-3 de la loi n° 82-652 du 29 juill. 1982 sur la communication audiovisuelle que lorsqu'une infraction prévue par le chapitre IV de la L. du 29 juill. 1881 est commise par un moyen de communication audiovisuelle, à défaut de poursuites contre l'auteur du message illicite, le producteur du service peut être poursuivi comme auteur principal, même si ce message n'a pas été fixé préalablement à sa communication au public ; cassation, pour violation de ce texte, de l'arrêt qui, pour relaxer la personne ayant signé une convention avec un centre serveur pour la mise en place d'un système comportant l'accès, par le télétel, à un forum permettant à toute personne d'inscrire, en temps réel, ses opinions religieuses et politiques à l'écran, poursuivie en qualité de producteur, au sens de l'art. 93-3 de la loi sur la communication audiovisuelle, à raison du contenu de messages anonymes diffusés sur le forum et visibles par les utilisateurs du minitel, retient que « le producteur ne peut être que celui qui peut exercer son contrôle en cours de production » et qu'en l'espèce le prévenu n'avait sur les messages du forum aucun pouvoir de contrôle ni avant ni après leur communication au public, lui permettant d'en effacer le contenu, alors que, ayant pris l'initiative de créer un service de communication audiovisuelle en vue d'échanger des opinions sur des thèmes définis à l'avance, le prévenu pouvait être poursuivi, en sa qualité de producteur, sans pouvoir opposer un défaut de surveillance des messages incriminés. • Crim. 8 déc. 1998, n° 97-83.709 P : *JCP 1999. II. 10135, note Lassalle ; Gaz. Pal. 1999. 2. Somm. 583, note Cousin ; ibid. 2000. 1. Doctr. 697, obs. Daoud ; RSC 1999. 607, obs. Francillon.*

11. Internet. Le transfert de la page personnelle créée par l'abonné à partir de son ordinateur vers le répertoire mis à sa disposition est effectué à une vitesse électronique extrêmement rapide, d'une durée de l'ordre de quelques centièmes de seconde ou dixièmes de seconde de sorte que le fichier transféré par l'abonné est accessible sur le réseau Internet immédiatement après la fin de son transfert par l'abonné ; dans ces conditions, il apparaît que le fournisseur d'hébergement n'a aucune maîtrise sur le contenu des informations avant que celles-ci ne soient disponibles sur l'Internet ; il s'en déduit que le fournisseur d'hébergement de pages personnelles ne peut être considéré comme un directeur de publication. • TI Puteaux, 28 sept. 1999 : *Gaz. Pal. 2000. 1. 22, note Morain.* ♦ De plus, la responsabilité du directeur ne peut, aux termes de l'art. 93-3 de la L. du 29 juill. 1982, être recherchée que si le message *incriminé a fait l'objet d'une fixation* préalable à sa communication au public ; cette condition rejoint l'aspect précédemment évoqué lié aux caractéristiques techniques du transfert du fichier créé par l'abonné et son accessibilité sur le réseau Internet. • Même jugement.

12. Si c'est à tort que les juges ont fait application de l'art. 43 de la L. du 29 juill. 1881, alors que, les infractions reprochées ayant été commises par un moyen de communication audiovisuelle (internet) au sens de l'art. 2 de la L. du 30 sept. 1986, seules étaient applicables les dispositions de l'art. 93-3 de la L. du 29 juill. 1982, pour autant, l'arrêt attaqué n'encourt pas la censure dès lors qu'en application de ce texte les mêmes règles étaient applicables au prévenu. • Crim. 6 mai 2003, n° 02-80.284 P : *D. 2003. 2192, note Dreyer ; RSC 2004. 129, obs. Francillon ; Gaz. Pal. 2003. 2. 2450, note Battistini ; ibid. 2004. 1. Somm. 665, note Piccio ; JCP 2003. IV. 2175.*

13. Le réseau internet constituant un moyen de communication audiovisuelle au sens de l'art. 2 de la L. du 30 sept. 1986 relative à la liberté de communication, la responsabilité pénale du propriétaire d'un site et de l'auteur des propos injurieux ou diffamatoires diffusés sur ce site peut être engagée dans les conditions prévues par l'art. 93-3 de la L. du 29 juill. 1982 sur la communication audiovisuelle dans sa rédaction issue de la L. du 13 déc. 1985, applicable au moment où les faits ont été commis. • Crim. 10 mai 2005, n° 04-84.705 P : *D. 2005. Pan. 2990, obs. Garé ; Gaz. Pal. 2005. 2. 4115, note Monnet.*

14. Selon l'art. 93-3 de la loi n° 82-652 du 29 juill. 1982 modifiée, lorsqu'une infraction prévue par le chapitre IV de la L. du 29 juill. 1881 est commise par un moyen de communication au public par voie électronique, à défaut de l'auteur du message, le producteur du service sera poursuivi comme auteur principal, même si ce message n'a pas été fixé préalablement à sa communication au public. • Crim. 16 févr. 2010, n° 08-86.301 P : *D. 2010. Actu. 769 ; ibid. Chron. 1661, obs. Degorce ; ibid. 2206, note Dreyer ; ibid. 2011. Pan. 789, obs. Dreyer ; RSC 2010. Chron. 635, obs. Francillon ; AJ pénal 2010. 285, obs. Royer ; Dr. pénal 2010. Chron. 10, obs. Lepage ; JCP G 2010, n° 873, note Huet.* • Crim. 16 févr. 2010, n° 09-81.064 P : *eod. loc.*

15. Fait l'exacte application du dern. al. de l'art. 93-3 de la L. du 29 juill. 1982 sur la communication audiovisuelle l'arrêt qui, pour entrer en voie de condamnation du chef de diffamation publique envers un particulier, retient que le prévenu, en sa qualité de directeur de la publication d'un service de communication en ligne mettant à la disposition du public un espace de contributions personnelles, mais également la possibilité d'alerter en temps réel un service de modération sur le contenu des messages déposés dans cet espace, a été mis en mesure, dès les alertes postées par la partie civile, d'exercer son devoir de surveillance sur le commentaire litigieux, qui n'a pour autant pas été retiré promptement, et ajoute que l'intéressé ne peut utilement se prévaloir, ni de ce que ladite fonction de modération aurait été externalisée, ni du bénéfice des dispositions régissant la responsabilité pénale des hébergeurs de site. • Crim. 3 nov. 2015, n° 13-82.645 P : *D. actu. 18 nov. 2015, obs. Lavric ; Dr. pénal 2016, n° 27, obs. Conte.*

16. Publication de la décision. Le prévenu ne saurait se faire un grief de ce que la cour d'appel a ordonné la lecture d'un communiqué sur les ondes de la radio, toutes les deux heures pendant vingt-quatre heures, dans le mois suivant la date à laquelle l'arrêt sera devenu définitif dès lors que, si les juridictions répressives ne peuvent ordonner la publication de leurs décisions à titre de peine qu'en vertu d'une disposition expresse de la loi, elles peuvent la prescrire à titre de réparation sur la demande de la partie civile ; cette réparation, qui est prescrite selon des modalités adaptées aux exigences du support technique concerné par la publication, n'est pas contraire aux dispositions de la Conv. EDH. • Crim. 8 juin 1999, n° 98-84.175 P : *Dr. pénal 1999. 141, obs. Véron ; RSC 2000. 194, obs. Bouloc.*

Art. 93-4 *(L. n° 2004-204 du 9 mars 2004, art. 55-IV, en vigueur le 31 déc. 2005)* **Les dispositions de l'article 121-2 du code pénal ne sont pas applicables aux infractions pour lesquelles les dispositions de l'article 93-3 de la présente loi sont applicables.**

Art. 94 à 96 *(Redevance audiovisuelle). — Abrogés par L. n° 2003-1311 du 30 déc. 2003, art. 37 qui reprend les modalités de déclaration et de prélèvement de cette redevance.*

Art. 97 *(Ord. n° 96-267 du 28 mars 1996 ; L. n° 96-1240 du 30 déc. 1996)* **Les articles 6, 93-2 et 93-3 sont applicables dans les territoires d'outre-mer et à Mayotte.**

(Ord. n° 2019-738 du 17 juill. 2019, art. 29) **« L'article 6 est applicable en Nouvelle-Calédonie, en Polynésie française et dans les îles Wallis-et-Futuna dans sa rédaction résultant de l'ordonnance n° 2019-738 du 17 juillet 2019 ».**

Loi n° 86-897 du 1er août 1986,

Portant réforme du régime juridique de la presse.

Art. 1er Au sens de la présente loi, l'expression « publication de presse » désigne tout service utilisant un mode écrit de diffusion de la pensée mis à la disposition du public en général ou de catégories de publics et paraissant à intervalles réguliers.

(L. n° 2009-669 du 12 juin 2009, art. 27-I) **« On entend par service de presse en ligne tout service de communication au public en ligne édité à titre professionnel par une personne physique ou morale qui a la maîtrise éditoriale de son contenu, consistant en la production et la mise à disposition du public d'un contenu original, d'intérêt général, renouvelé régulièrement, composé d'informations présentant un lien avec l'actualité et ayant fait l'objet d'un traitement à caractère journalistique, qui ne constitue pas un outil de promotion ou un accessoire d'une activité industrielle ou commerciale.**

« Un décret précise les conditions dans lesquelles un service de presse en ligne peut être reconnu, en vue notamment de bénéficier des avantages qui s'y attachent. Pour les services de presse en ligne présentant un caractère d'information politique et générale, cette reconnaissance implique l'emploi, à titre régulier, d'au moins un journaliste professionnel au sens de l'article L. 7111-3 du code du travail. »

1. Publication de presse. Pour rejeter une requête aux fins de relevé de l'obligation de publication, mise à la charge de l'éditeur, de la condamnation d'une personne reconnue coupable de vente de produit propre à effectuer la falsification de vin, la cour d'appel énonce que la revue de celui-ci, qui comporte dix numéros par an, est soumise à l'obligation du dépôt légal, ce qui implique qu'elle est mise à la disposition du public, que le demandeur ne justifie pas que sa diffusion soit limitée aux seuls adhérents de l'association, et qu'il se déduit de la mention du coût de l'abonnement portée sur celle-ci que toute personne peut la recevoir, et en conclut qu'elle constitue une publication de presse, et qu'en application de l'art. 131-35, dernier al., C. pén., son éditeur ne peut s'opposer à l'exécution de la condamnation prononcée ; ainsi, procédant de son appréciation souveraine, d'où il résulte que l'instrument de la publicité judiciairement ordonnée est un service utilisant un mode écrit de diffusion de la pensée mis à la disposition du public en général ou de catégories de public et paraissant à intervalles réguliers, la cour d'appel, qui a caractérisé la publication de presse définie à l'art. 1er de la loi n° 86-897 du 1er août 1986, justifie sa décision de rejet de la demande de l'éditeur. • Crim. 6 mars 2001, n° 00-82.842 P : *Dr. pénal 2001. 83, obs. Véron, et 90, obs. Robert ; Gaz. Pal. 2001. 2. Somm. 2006, n° 4518, obs. Monnet ; RSC 2001. 802, obs. Bouloc.*

2. Parution à intervalles réguliers. L'expression « à intervalles réguliers » implique une diffusion d'informations selon une périodicité cyclique, ce qui n'est pas le cas d'une entreprise de presse telle que l'AFP, dont l'objet est d'assurer la retransmission immédiate et continue des informations qu'elle reçoit de ses journalistes ; il en résulte que cet organisme, au demeurant soumis à un statut particulier résultant de la L. du 10 janv. 1957, n'entre pas dans les prévisions de la L. du 1er août 1986 et n'est donc pas tenu de se doter d'un directeur de publication au sens de l'art. 6 de la L. du 29 juill. 1881. • Paris, 18 mai 1988 (deux arrêts) : *D. 1990. 35, note Drouot*.

Art. 2 Les dispositions de la présente loi s'appliquent aux entreprises éditrices.

Au sens de la présente loi, l'expression "entreprise éditrice" désigne toute personne physique ou morale ou groupement de droit éditant, en tant que propriétaire ou locataire-gérant, une publication de presse *(L. n° 2011-525 du 17 mai 2011, art. 66-1°)* « ou un service de presse en ligne ».

Entreprise éditrice. S'il résulte des art. 7 à 13 et 42 de la L. du 29 juill. 1881, ainsi que de l'art. 5 de la L. du 1er août 1986, que le directeur de la publication d'un journal peut, par dérogation aux art. 555 s. C. pr. pén., être cité au siège de l'entreprise éditrice, cette expression désigne, conformément à l'art. 2 de la L. du 1er août 1986, la personne physique ou morale ou le groupement de droit qui, en tant que propriétaire ou locataire gérant, édite une publication de presse ; spécialement est nulle la citation délivrée au directeur de la publication au siège d'une société qui a la qualité d'imprimeur au sens de l'art. 42. • Crim. 10 juill. 1996, n° 94-83.589 P : *D. 1996. IR 219*.

Art. 2-1 *(L. n° 2015-433 du 17 avr. 2015, art. 16)* Une entreprise éditant une ou plusieurs publications de presse ou services de presse en ligne peut adopter le statut d'entreprise solidaire de presse d'information.

Deux conditions sont nécessaires pour se voir reconnaître un tel statut :

1° L'objet social d'une entreprise solidaire de presse d'information est d'éditer une ou plusieurs publications de presse ou services de presse en ligne *(L. n° 2016-1524 du 14 nov. 2016, art. 22)* « d'information politique et générale ou consacrés pour une large part à l'information politique et générale » ;

2° Pour la gestion de l'entreprise solidaire de presse d'information, une fraction au moins égale à 20 % des bénéfices de l'exercice est affectée à la constitution d'une réserve statutaire obligatoire consacrée au maintien ou au développement de l'activité de l'entreprise et une fraction au moins égale à 50 % des bénéfices de l'exercice est affectée au report bénéficiaire et à la réserve obligatoire.

Art. 3 Il est interdit de prêter son nom à toute entreprise éditrice, en simulant la souscription d'actions ou de parts, l'acquisition ou la location-gérance d'un fonds de commerce ou d'un titre.

Art. 4 Dans le cas de sociétés par actions, les actions doivent être nominatives. Toute cession est soumise à l'agrément du conseil d'administration ou *(L. n° 2011-525 du 17 mai 2011, art. 66-2°)* « du conseil » de surveillance.

Art. 5 *(L. n° 2011-525 du 17 mai 2011, art. 66-3°)* Dans toute publication de presse, les informations suivantes sont portées, dans chaque numéro, à la connaissance des lecteurs :

1° Si l'entreprise éditrice n'est pas dotée de la personnalité morale, les nom et prénom du propriétaire ou du principal copropriétaire ;

2° Si l'entreprise éditrice est une personne morale, sa dénomination ou sa raison sociale, son siège social, sa forme juridique ainsi que le nom de son représentant légal et des personnes physiques ou morales détenant au moins 10 % de son capital ;

3° Le nom du directeur de la publication et celui du responsable de la rédaction.

Ces informations sont également accessibles sur la page d'accueil de tout service de presse en ligne.

1. Entreprise éditrice personne morale. Les dispositions de l'art. 5, 2°, de la L. du 1er août 1986 imposent que le lecteur d'une publication de presse soit mis en mesure de déterminer, par les mentions insérées en application de ce texte, quelle est l'entreprise éditrice ; ne satisfait pas *aux exigences légales le quotidien* qui indique dans son ours un certain nombre d'informations relatives à une société anonyme et, au titre de ses principaux associés, une SNC dont la qualité de société éditrice n'est pas précisée ; ces mentions ambiguës laissent faussement supposer au lecteur que la première société serait l'entreprise éditrice du journal. • Crim. 23 avr. 2003, n° 02-82.934 P : *JCP 2003. IV. 2120*.

2. Citations en justice. Il résulte aussi bien des art. 7 à 13 et 42 de la L. du 29 juill. 1881 que de l'art. 5 de la L. du 1er août 1986 portant réforme du régime juridique de la presse que les citations et autres actes de la procédure concernant le directeur de la publication d'un journal, pris en cette qualité, peuvent être adressés au siège de ce journal. • Crim. 29 sept. 1992, n° 92-80.861 P. ♦ Il résulte des art. 7 à 13 et 42 de la L. du 29 juill. 1881, ainsi que de l'art. 5 de la L. du 1er août 1986, que le directeur de la publication d'un journal, ou celui qui a pris cette qualité dans la publication, peut, par dérogation aux art. 555 s. C. pr. pén., être cité au siège de l'entreprise éditrice, à raison des écrits ou images publiés par l'organe de presse dont il est responsable ; la délivrance de la citation, dans ces conditions, n'est pas de nature à porter atteinte aux droits de la défense, ni à entraver l'exercice des droits reconnus au prévenu par l'art. 55 de la L. du 29 juill. 1881, lorsque les formalités prévues par les art. 557 et 558 C. pr. pén. ont été accomplies. • Crim. 21 janv. 1997, n° 94-84.919 P • 21 janv. 1997, n° 94-84.920 P • 21 janv. 1997 : *Gaz. Pal. 1997. 1, chron. crim. 98* • 11 déc. 2001, n° 00-83.838 P : *Dr. pénal 2002. 39 (2e arrêt), obs. Véron.* ♦ Il résulte des art. 7 à 13 et 42 de la L. du 29 juill. 1881, de l'art. 5 de la loi n° 86-897 du 1er août 1986, ensemble de l'art. 655 NCPC [devenu C. pr. civ.], que le directeur de la publication d'un journal peut être assigné au siège de l'entreprise éditrice, à raison des écrits ou images publiés par l'organe de presse dont il est responsable en cette qualité. • Civ. 2e, 24 janv. 2002, n° 99-21.114 P : *Gaz. Pal. 2003. 2. Somm. 3970, obs. Guerder.*

3. S'il résulte des art. 7 à 13 et 42 de la L. du 29 juill. 1881, ainsi que de l'art. 5 de la L. du 1er août 1986, que le directeur de la publication d'un journal peut, par dérogation aux art. 555 s. C. pr. pén., être cité au siège de l'entreprise éditrice, c'est seulement à raison des écrits ou images publiés par l'organe de presse dont il est responsable, en cette qualité ; tel n'est pas le cas lorsque le directeur de la publication s'est exprimé à titre personnel dans une émission de station radiophonique. • Crim. 7 avr. 1994, n° 92-82.890 P.

Art. 6 Toute entreprise éditrice doit porter à la connaissance des lecteurs *(L. n° 2011-525 du 17 mai 2011, art. 66-4°-a)* « ou des internautes » de la publication *(L. n° 2011-525 du 17 mai 2011, art. 66-4°-a)* « ou du service de presse en ligne », dans le délai d'un mois à compter de la date à laquelle elle en acquiert elle-même la connaissance, ou lors de la prochaine parution de la publication :

1° Toute cession ou promesse de cession de droits sociaux ayant pour effet de donner à un cessionnaire au moins un tiers du capital social ou des droits de vote ;

2° Tout transfert ou promesse de transfert de la propriété ou de l'exploitation d'un titre de publication de presse *(L. n° 2011-525 du 17 mai 2011, art. 66-4°-b)* « ou d'un service de presse en ligne » ;

(L. n° 2016-1524 du 14 nov. 2016, art. 19) « L'obligation d'information portant sur les opérations décrites au 1° et au présent 2° incombe à la partie cédante ;

« 3° Toute modification du statut de l'entreprise éditrice ;

« 4° Tout changement dans les dirigeants ou actionnaires de l'entreprise.

« Chaque année, l'entreprise éditrice doit porter à la connaissance des lecteurs ou des internautes de la publication ou du service de presse en ligne toutes les informations relatives à la composition de son capital, en cas de détention par toute personne physique ou morale d'une fraction supérieure ou égale à 5 % de celui-ci, et de ses organes dirigeants. Elle mentionne l'identité et la part d'actions de chacun des actionnaires, qu'il soit une personne physique ou morale. »

Art. 7 Sous réserve des engagements internationaux souscrits par la France et comportant soit une clause d'assimilation au national, soit une clause de réciprocité dans le domaine de la presse, les étrangers ne pourront, à compter de la publication de la présente loi, procéder à une acquisition ayant pour effet de porter, directement ou indirectement, leur part à plus de vingt pour cent du capital social ou des droits de vote d'une entreprise éditant une publication de langue française.

Pour l'application du précédent alinéa, est étrangère toute société dont la majorité du capital social ou des droits de vote est détenue par des étrangers ainsi que toute association dont la majorité des dirigeants est étrangère.

Art. 8 Il est interdit à toute entreprise éditrice, sous réserve du paiement des prestations qu'elle assure, ou à l'un de ses collaborateurs, de recevoir directement ou indirectement des fonds ou avantages d'un gouvernement étranger.

Art. 9 *V. L. du 29 juill. 1881, art. 6.*

Art. 10 Il est interdit à toute entreprise éditrice ou à l'un de ses collaborateurs de recevoir ou de se faire promettre une somme d'argent, ou tout autre avantage, aux fins de travestir en information de la publicité financière.

Tout article de publicité à présentation rédactionnelle doit être précédé de la mention "publicité" ou "communiqué".

Art. 11 *(L. n° 86-1210 du 27 nov. 1986)* Est interdite, à peine de nullité, l'acquisition, la prise de contrôle ou la prise en location-gérance d'une publication quotidienne imprimée d'information politique et générale lorsque cette opération a pour effet de permettre à une personne physique ou morale ou à un groupement de personnes physiques ou morales de posséder, de contrôler, directement ou indirectement, ou d'éditer en location-gérance des publications quotidiennes imprimées d'information politique et générale dont le total de la diffusion excède 30 p. 100 de la diffusion sur le territoire national de toutes les publications quotidiennes imprimées de même nature. Cette diffusion est appréciée sur les douze derniers mois connus précédant la date d'acquisition, de prise de contrôle ou de prise en location-gérance.

Le contrôle mentionné à l'alinéa précédent s'apprécie au regard des critères figurant à l'article 355-1 de la loi n° 66-537 du 24 juillet 1966 sur les sociétés commerciales *[C. com., L. 233-3]* ou s'entend de toute situation dans laquelle une personne physique ou morale ou un groupement de personnes physiques ou morales aurait placé une publication sous son autorité ou sa dépendance.

1. Groupement de personnes. Au sens de l'art. 11 de la loi n° 86-897 du 1er août 1986, modifiée par la loi n° 86-1210 du 27 nov. 1986, constitue un groupement toute coopération ou concertation, quelle qu'en soit la forme, entre des personnes physiques et/ou morales en vue d'une action commune ou d'actions coordonnées ; l'existence d'un tel « groupement », qui ne se trouve interdit que si, dépassant le seuil fixé, il porte atteinte effectivement au principe de valeur constitutionnelle du pluralisme de la presse quotidienne d'information politique et générale, se déduit des manifestations de son action ayant pour effet de placer sous son contrôle un certain nombre de journaux. • TGI Paris, 11 mai 1994 : *D. 1994. IR 165.*

2. La L. du 1er août 1986 n'a pas limité à la référence aux critères figurant à l'art. 355-1 de la loi n° 66-537 du 24 juill. 1966 sur les sociétés commerciales la définition dudit contrôle qui, plus largement, peut s'entendre aussi « de toute situation dans laquelle une personne physique ou morale ou un groupement de personnes physiques ou morales aurait placé une publication sous son autorité ou sa dépendance », ces dispositions impliquant pour celui qui s'en prévaut d'établir par tous éléments l'existence d'une telle « autorité » ou d'une telle « dépendance ». • TGI Paris, 11 mai 1994 : *préc. note 1.*

Art. 12 Seront punis d'une peine d'un an de prison et d'une amende de 30 000 € ou de l'une de ces deux peines seulement ceux qui, en leur nom personnel ou comme représentant d'une personne morale, auront :

1° Prêté leur nom ou emprunté le nom d'autrui en violation des dispositions de l'article 3 ;

2° Été partie à une convention prohibée par les dispositions de l'article 7 ;

3° Accepté de recevoir ou reçu un avantage en violation des dispositions de l'article 8 ;

4° Promis ou versé, accepté de recevoir ou reçu une somme d'argent ou un avantage en violation des dispositions de l'alinéa premier de l'article 10 ;

(L. n° 86-1210 du 27 nov. 1986) « 5° Enfreint l'interdiction édictée par l'article 11. »

Art. 13 Sera puni d'une amende de 30 000 € quiconque aura manqué à l'obligation d'être le directeur de la publication en application du deuxième alinéa de l'article 6 de la loi du 29 juillet 1881 précitée.

Art. 14 *V. L. du 29 juill. 1881, art. 7 et 9.*

Art. 15 Seront punis d'une amende de 6 000 € :

1° Les présidents, les directeurs généraux, les administrateurs, les membres de directoires ou de conseils de surveillance, les gérants ou les dirigeants de fait de sociétés qui auront émis des actions au porteur en violation des dispositions de l'article 4 ci-dessus ;

2° Les dirigeants de toute entreprise éditrice qui n'auront pas fait procéder aux publications prévues aux articles 5 et 6 ci-dessus ;

3° Les directeurs de publication qui auront enfreint les dispositions du second alinéa de l'article 10 ci-dessus.

Art. 15-1 *(L. n° 2016-1524 du 14 nov. 2016, art. 20)* La violation par une entreprise éditrice, au sens de l'article 2, des articles 5 et 6 de la présente loi ainsi que de l'article 2 *bis* de la loi du 29 juillet 1881 sur la liberté de la presse entraîne la suspension de tout ou partie des aides publiques, directes et indirectes, dont elle bénéficie.

Art. 16 En cas de condamnation pour l'une des infractions définies dans la présente loi, le tribunal pourra ordonner que sa décision soit, aux frais du condamné, insérée intégralement ou par extraits dans les publications de presse qu'il désigne et affichée dans les conditions prévues à l'article *(L. n° 92-1336 du 16 déc. 1992)* « 131-35 » du code pénal.

Art. 17 *V. Ord. n° 45-2646 du 2 nov. 1945, art. 2, 5 et 6. — App., v° Amnistie — Textes temporaires.*

Art. 18 Pour l'application de la loi n° 82-652 du 29 juillet 1982 sur la communication audiovisuelle, la référence aux articles 3, 4 et 9 de la loi n° 84-937 du 23 octobre 1984 visant à limiter la concentration et à assurer la transparence financière et le pluralisme des entreprises de presse est remplacée par la référence aux articles 7 et 3 de la présente loi.

Art. 19 Pour l'application de la loi n° 66-537 du 24 juillet 1966 sur les sociétés commerciales, la référence à l'article 2 de l'ordonnance du 26 août 1944 sur l'organisation de la presse française est remplacée par la référence à l'article 2 de la présente loi.

Art. 20 Les sociétés éditrices, dont l'objet principal est la mise à la disposition du public ou de catégories de publics de services définis à l'article 77 de la loi n° 82-652 du 29 juillet 1982 précitée *(L. n° 86-1067 du 30 sept. 1986, art. 43, 1°)* « et dont les actions ne sont pas nominatives, sont tenues de publier un mois au plus après la promulgation de la présente loi, *(L. n° 2019-486 du 22 mai 2019, art. 3)* « sur un support habilité à recevoir des annonces » légales, un avis aux porteurs d'actions les invitant à mettre leurs titres sous la forme nominative selon les modalités prévues au I de l'article 94 de la loi de finances pour 1982, n° 81-1160 du 30 décembre 1981, modifié par l'article 111 de la loi de finances pour 1984, n° 83-1179 du 29 décembre 1983 ».

Art. 21 *(L. n° 86-1210 du 27 nov. 1986)* Sont abrogées :
1° L'ordonnance du 26 août 1944 sur l'organisation de la presse française ;
2° La loi n° 84-937 du 23 octobre 1984 précitée.

Art. 22 Dans tous les articles de la loi du 29 juillet 1881 précitée, les mots : "directeur de la publication" sont substitués au mot : "gérant".

Art. 23 *(L. n° 93-1 du 4 janv. 1993)* La présente loi est applicable *(L. n° 2016-1524 du 14 nov. 2016, art. 30)* « en » Nouvelle-Calédonie, de la *[en]* Polynésie française, *(L. n° 2016-1524 du 14 nov. 2016, art. 30)* « dans les » îles Wallis-et-Futuna et *(L. n° 2016-1524 du 14 nov. 2016, art. 30)* « dans les Terres australes et antarctiques françaises, dans sa rédaction résultant de la loi n° 2016-1524 du 14 novembre 2016 visant à renforcer la liberté, l'indépendance et le pluralisme des médias », à l'exception de l'article 17.

Loi n° 86-1067 du 30 septembre 1986,

Relative à la liberté de communication.

*V. **C. communic.***

BIBL. ▶ JEZ et PANSIER, *Gaz. Pal. 2000. 2. Doctr. 1511* (responsabilité des hébergeurs à l'aune de la loi du 1er août 2000). – THORÉ, *Gaz. Pal. 2003. 1. Doctr. 53* (indemnisation du préjudice de l'entreprise victime de diffamation, d'injure ou de dénigrement sur Internet). – COUSIN et PICCIO, *Gaz. Pal. 2003. 1. Doctr. 57* (forums de discussion).

V. également la bibliographie au-dessus de l'art. 323-1 C. pén.

Art. 1er *(L. n° 2004-575 du 21 juin 2004, art. 1-I et 13)* La communication au public par voie électronique est libre.

L'exercice de cette liberté ne peut être limité que dans la mesure requise, d'une part, par le respect de la dignité de la personne humaine, de la liberté et de la propriété d'autrui, du caractère pluraliste de l'expression des courants de pensée et d'opinion et, d'autre part, *(L. n° 2004-669 du 9 juill. 2004, art. 109-I, en vigueur le 1er août 2004)* « par la protection de l'enfance et de l'adolescence, » par la sauvegarde de l'ordre public, par les besoins de la défense nationale, par les exigences de service public, par les contraintes techniques inhérentes aux moyens de communication, ainsi que par la nécessité, pour les services audiovisuels, de développer la production audiovisuelle.

Les services audiovisuels comprennent les services de communication audiovisuelle telle que définie à l'article 2 ainsi que l'ensemble des services mettant à disposition du public ou d'une catégorie de public des œuvres audiovisuelles, cinématographiques ou sonores, quelles que soient les modalités techniques de cette mise à disposition.

1. Liberté de communication. Eu égard au principe de la liberté de communication des pensées et des opinions, consacré et protégé par les dispositions de valeur constitutionnelle de la DDH et rappelé par l'art. 1er de la L. n° 86-1067 du 30 sept. 1986, un engagement de « veille[r] à promouvoir les valeurs d'intégration et de solidarité qui sont celles de la République » et de « contribue[r] aux actions en faveur de la cohésion sociale et à la lutte contre les discriminations », prévu par une convention conclue au titre de l'art. 28 de cette loi, ne saurait être interprété comme imposant à l'éditeur du service de prohiber sur son antenne toute critique des principes et des valeurs républicaines. • CE 15 oct. 2018, n° 417228 : *D. 2018. 2092*.

2. Sauvegarde de l'ordre public. Si France-Télécom n'a pas à se substituer au ministère public pour poursuivre les infractions à l'ordre public et aux bonnes mœurs sur le fondement de l'art. 1er de la loi n° 86-1067 du 30 sept. 1986, elle conserve la faculté de veiller au respect des obligations souscrites par les fournisseurs de services sur les kiosques téléphoniques et, en cas de violation, de procéder à la résiliation des conventions suivant la procédure contractuellement prévue. • Paris, 13 oct. 1992 : *D. 1993. IR 32.*

3. Sont attentatoires à l'ordre public et au respect de la dignité de la personne humaine, et constituent une violation des dispositions de l'art. 1er de la L. du 30 sept. 1986 modifiée, les propos tenus par l'animateur d'une station autorisée, qui, après que la présentatrice du flash d'information eut annoncé qu'un policier avait été tué au cours d'une fusillade, a exprimé, à plusieurs reprises, sa satisfaction face à cet événement. • CSA 5 janv. 1995 : *JO 8 janv., p. 400.*

4. Une station de radio, titulaire d'une autorisation de fréquence, se rend coupable d'un manquement à ses obligations de nature à justifier une des sanctions prévues à l'art. 42-1 de la L. du 30 sept. 1986, dès lors que, au cours d'une émission dite « d'antenne libre » des auditeurs, intervenant à l'antenne, ont, à plusieurs reprises, proféré des propos racistes et antisémites, attentatoires à la dignité de la personne humaine dont les titulaires d'autorisation d'émettre doivent, en application de l'art. 1er de la L. du 30 sept. 1986, assurer le respect ; le CSA, en réduisant d'une année la durée de l'autorisation d'émettre, ne prononce donc pas une sanction excessive compte tenu de la gravité et de la répétition des faits reprochés. • CE 9 oct. 1996 : *D. 1996. IR 250, et 1997. Somm. 81, obs. Hassler et Lapp ; Gaz. Pal. 1998. 2. 505.*

Art. 2 *(L. n° 2004-575 du 21 juin 2004, art. 1-II)* **On entend par communications électroniques les émissions, transmissions ou réceptions de signes, de signaux, d'écrits, d'images ou de sons, par voie électromagnétique.**

On entend par communication au public par voie électronique toute mise à disposition du public ou de catégories de public, par un procédé de communication électronique, de signes, de signaux, d'écrits, d'images, de sons ou de messages de toute nature qui n'ont pas le caractère d'une correspondance privée.

(L. n° 2009-258 du 5 mars 2009, art. 36) **« On entend par communication audiovisuelle toute communication au public de services de radio ou de télévision, quelles que soient les modalités de mise à disposition auprès du public, toute communication au public par voie électronique de services autres que de radio et de télévision et ne relevant pas de la communication au public en ligne telle que définie à l'article 1er de la loi n° 2004-575 du 21 juin 2004 pour la confiance dans l'économie numérique, ainsi que toute communication au public de services de médias audiovisuels à la demande. »**

Est considéré comme service de télévision tout service de communication au public par voie électronique destiné à être reçu simultanément par l'ensemble du public ou par une catégorie de public et dont le programme principal est composé d'une suite ordonnée d'émissions comportant des images et des sons.

Est considéré comme service de radio tout service de communication au public par voie électronique destiné à être reçu simultanément par l'ensemble du public ou par une catégorie de public et dont le programme principal est composé d'une suite ordonnée d'émissions comportant des sons.

(L. n° 2009-258 du 5 mars 2009, art. 36) **« Est considéré comme service de médias audiovisuels à la demande tout service de communication au public par voie électronique permettant le visionnage de programmes au moment choisi par l'utilisateur et sur sa demande, à partir d'un catalogue de programmes dont la sélection et l'organisation sont contrôlées par l'éditeur de ce service. Sont exclus les services qui ne relèvent pas d'une activité économique au sens de l'article 256 A du code général des impôts, ceux dont le contenu audiovisuel est secondaire, ceux consistant à fournir ou à diffuser du contenu audiovisuel créé par des utilisateurs privés à des fins de partage et d'échanges au sein de communautés d'intérêt, ceux consistant à assurer, pour mise à disposition du public par des services de communication au public en ligne, le seul stockage de signaux audiovisuels fournis par des destinataires de ces services et ceux dont le contenu audiovisuel est sélectionné et organisé sous le contrôle d'un tiers. Une offre composée de services de médias audiovisuels à la demande et d'autres services ne relevant pas de la communication audiovisuelle ne se trouve soumise à la présente loi qu'au titre de cette première partie de l'offre. »**

(Ord. n° 2020-1642 du 21 déc. 2020, art. 1er) **« Est considéré comme service de plateforme de partage de vidéos tout service remplissant les conditions suivantes :**

« 1° Le service est fourni au moyen d'un réseau de communications électroniques ;

« 2° La fourniture de programmes ou de vidéos créées par l'utilisateur pour informer, divertir ou éduquer est l'objet principal du service proprement dit ou d'une partie dissociable de ce service, ou représente une fonctionnalité essentielle du service ;

« 3° Le fournisseur du service n'a pas de responsabilité éditoriale sur les contenus mentionnés au 2° mais en détermine l'organisation ;

« 4° Le service relève d'une activité économique. »

1. Service de communication audiovisuelle. Constitue un service de communication audiovisuelle au sens de la L. du 30 sept. 1986, tout service ayant pour objet de diffuser, à des personnes indifférenciées, des messages dont le contenu n'est pas personnel ; dès lors, les annonces ainsi émises ne peuvent avoir le caractère d'une correspondance privée, tant que l'auteur de l'annonce et l'un de ses lecteurs n'ont pas décidé de consentir à un dialogue. • Crim. 25 oct. 2000, n° 00-80.829 P.

2. Le réseau internet constituant un moyen de communication audiovisuelle au sens de l'art. 2 de la L. du 30 sept. 1986 relative à la liberté de communication, la responsabilité pénale du propriétaire d'un site et de l'auteur des propos injurieux ou diffamatoires diffusés sur ce site peut être engagée dans les conditions prévues par l'art. 93-3 de la L. du 29 juill. 1982 sur la communication audiovisuelle dans sa rédaction issue de la L. du 13 déc. 1985, applicable au moment où les faits ont été commis. • Crim. 10 mai 2005, n° 04-84.705 P : *D. 2005. Pan. 2990, obs. Garé* ; *Gaz. Pal. 2005. 2. 4115, note Monnet.*

Art. 2-1 *(L. n° 2000-179 du 1er août 2000)* **Pour l'application de la présente loi, les mots : « distributeur de services » désignent toute personne qui établit avec des éditeurs de services des relations contractuelles en vue de constituer une offre de services de communication audiovisuelle mise à disposition auprès du public** *(L. n° 2004-669 du 9 juill. 2004, art. 107-II)* **« par un réseau de communications électroniques au sens du 2° de l'article L. 32 du code des postes et des communications électroniques ». Est également regardée comme distributeur de services toute personne qui constitue une telle offre en établissant des relations contractuelles avec d'autres distributeurs.**

Art. 3 *(L. n° 89-25 du 17 janv. 1989)* **Le secret des choix faits par les personnes parmi les services de** *(L. n° 2004-669 du 9 juill. 2004, art. 27)* **« communications électroniques » et parmi les programmes offerts par ceux-ci ne peut être levé sans leur accord.**

Art. 3-1 *(L. n° 2004-575 du 21 juin 2004, art. 1er-III)* **Le Conseil supérieur de l'audiovisuel, autorité** *(L. n° 2013-1028 du 15 nov. 2013, art. 1er)* **« publique indépendante** *(Abrogé par L. n° 2017-55 du 20 janv. 2017, art. 42) « dotée de la personnalité morale »*, **» garantit l'exercice de la liberté de communication audiovisuelle** *(Abrogé par L. n° 2009-258 du 5 mars 2009, art. 37) « en matière de radio et de télévision »* **par tout procédé de communication électronique, dans les conditions définies par la présente loi.**

Il assure l'égalité de traitement ; il garantit l'indépendance et l'impartialité du secteur public de la *(L. n° 2009-258 du 5 mars 2009, art. 37)* **« communication audiovisuelle » ; il veille à favoriser la libre concurrence et l'établissement de relations non discriminatoires entre éditeurs et distributeurs de services** *(L. n° 2007-309 du 5 mars 2007, art. 10)* **« , quel que soit le réseau de communications électroniques utilisé par ces derniers, conformément au principe de neutralité technologique » ; il veille à la qualité et à la diversité des programmes, au développement de la production et de la création audiovisuelles nationales ainsi qu'à la défense et à l'illustration de la langue et de la culture françaises. Il peut formuler des propositions sur l'amélioration de la qualité des programmes.** *(L. n° 2016-1524 du 14 nov. 2016, art. 18, en vigueur le 14 févr. 2017)* **« Il veille au respect de la numérotation logique s'agissant de la reprise des services nationaux de télévision en clair diffusés par voie hertzienne terrestre, selon les modalités prévues à l'article 34-4, et au caractère équitable, transparent, homogène et non discriminatoire de la numérotation des autres services de télévision dans les offres de programmes des distributeurs de services. »**

(L. n° 2016-1524 du 14 nov. 2016, art. 6) **« Le Conseil supérieur de l'audiovisuel garantit l'honnêteté, l'indépendance et le pluralisme de l'information et des programmes qui y concourent, sous réserve de l'article 1er de la présente loi. A cet effet, il veille notamment à ce que les conventions conclues en application de la présente loi avec les éditeurs de services de télévision et de radio garantissent le respect de l'article 2 *bis* de la loi du 29 juillet 1881 sur la liberté de la presse.** *(L. n° 2017-86 du 27 janv. 2017, art. 182)* **« Il veille à ce que la diversité de la société française soit représentée dans les programmes des services de communication audiovisuelle et que cette représentation soit exempte de préjugés. » Il s'assure que les intérêts économiques des actionnaires des éditeurs de services de communication audiovisuelle et de leurs annonceurs ne portent aucune atteinte à ces principes. »**

(L. n° 2006-396 du 31 mars 2006, art. 47) « Le Conseil supérieur de l'audiovisuel contribue aux actions en faveur de la cohésion sociale et à la lutte contre les discriminations dans le domaine de la communication audiovisuelle. Il veille, notamment, auprès des éditeurs de services de *(L. n° 2009-258 du 5 mars 2009, art. 37)* « communication audiovisuelle », compte tenu de la nature de leurs programmes, à ce que la programmation reflète la diversité de la société française » *(L. n° 2009-594 du 27 mai 2009, art. 63)* « et contribue notamment au rayonnement de la France d'outre-mer. » *(L. n° 2009-258 du 5 mars 2009, art. 1er)* « Il rend compte chaque année au Parlement des actions des éditeurs de services de télévision en matière de programmation reflétant la diversité de la société française et propose les mesures adaptées pour améliorer l'effectivité de cette diversité dans tous les genres de programmes. »

(L. n° 2014-873 du 4 août 2014, art. 56) « Il assure le respect des droits des femmes dans le domaine de la communication audiovisuelle. A cette fin, il veille, d'une part, à une juste représentation des femmes et des hommes dans les programmes des services de communication audiovisuelle et, d'autre part, à l'image des femmes qui apparaît dans ces programmes, notamment en luttant contre les stéréotypes, les préjugés sexistes, les images dégradantes, les violences faites aux femmes et les violences commises au sein des couples. Dans ce but, il porte une attention particulière aux programmes des services de communication audiovisuelle destinés à l'enfance et à la jeunesse. »

(L. n° 2010-788 du 12 juill. 2010, art. 183-II) « Le Conseil supérieur de l'audiovisuel veille à ce que le développement du secteur de la communication audiovisuelle s'accompagne d'un niveau élevé de protection de l'environnement et de la santé de la population. »

(L. n° 2013-1028 du 15 nov. 2013, art. 5) « En cas de litige, le Conseil supérieur de l'audiovisuel assure une mission de conciliation entre éditeurs de services et producteurs d'œuvres ou de programmes audiovisuels ou leurs mandataires, ou les organisations professionnelles qui les représentent. »

Le conseil peut adresser aux éditeurs et distributeurs de services de *(L. n° 2009-258 du 5 mars 2009, art. 37)* « communication audiovisuelle » des recommandations relatives au respect des principes énoncés dans la présente loi. Ces recommandations sont publiées au *Journal officiel* de la République française.

....

TITRE PREMIER Du Conseil supérieur de l'audiovisuel *(L. n° 89-25 du 17 janv. 1989)*.

....

Art. 14 Le Conseil supérieur de l'audiovisuel exerce un contrôle, par tous moyens appropriés, sur l'objet, le contenu et les modalités de programmation des émissions publicitaires diffusées par les *(Abrogé par L. n° 2009-258 du 5 mars 2009, art. 39)* « ***sociétés nationales de programme et par les titulaires des autorisations délivrées pour des*** » services de communication audiovisuelle en vertu de la présente loi. *(L. n° 2017-86 du 27 janv. 2017, art. 183)* « Il veille au respect de la dignité de toutes les personnes et à l'image des femmes qui apparaissent dans ces émissions publicitaires. » *(L. n° 2009-258 du 5 mars 2009, art. 39)* « Il peut prendre en compte les recommandations des autorités d'autorégulation mises en place dans le secteur de la publicité. » *(L. n° 2016-1771 du 20 déc. 2016, art. 1er)* « Il adresse chaque année au Parlement un rapport évaluant les actions menées par les services de communication audiovisuelle en vue du respect par les émissions publicitaires qui accompagnent les programmes destinés à la jeunesse des objectifs de santé publique et de lutte contre les comportements à risque et formulant des recommandations pour améliorer l'autorégulation du secteur de la publicité. Les messages publicitaires diffusés par les services de télévision dans les programmes destinés à la jeunesse sont réglementés par un décret en Conseil d'État. »

(L. n° 90-55 du 15 janv. 1990) « Les émissions publicitaires à caractère politique sont interdites. »

Toute infraction aux dispositions de l'alinéa ci-dessus est passible des peines prévues à l'article L. 90-1 du code électoral.

(Ord. n° 2020-1642 du 21 déc. 2020, art. 3) « Le Conseil supérieur de l'audiovisuel pro*meut également la conclusion* de codes de bonne conduite visant à réduire efficacement l'exposition des enfants aux communications commerciales audiovisuelles relatives à des denrées alimentaires ou des boissons contenant des nutriments ou des substances ayant un effet nutritionnel ou physiologique, notamment les matières grasses, les acides gras trans, le sel ou sodium et les sucres, dont la présence en quantités excessives dans le régime alimentaire global n'est pas recommandée. Ces codes visent à prévenir des communications com-

merciales audiovisuelles présentant favorablement les aspects nutritionnels de ces denrées alimentaires et boissons. »

. . . .

TITRE II **Des services de communication audiovisuelle** *(L. n° 2004-669 du 9 juill. 2004, art. 37).*

CHAPITRE II ***Dispositions applicables aux services de communication audiovisuelle distribués par les réseaux n'utilisant pas des fréquences assignées par le Conseil supérieur de l'audiovisuel*** *(L. n° 2009-258 du 5 mars 2009, art. 50).*

SECTION I ***Édition de services de communication audiovisuelle distribués par les réseaux n'utilisant pas des fréquences assignées par le Conseil supérieur de l'audiovisuel*** *(L. n° 2009-258 du 5 mars 2009, art. 51).*

Art. 33 *(L. n° 2000-719 du 1er août 2000)* Un décret en Conseil d'État, pris après avis du Conseil supérieur de l'audiovisuel, fixe, pour chaque catégorie de services de *(L. n° 2004-669 du 9 juill. 2004, art. 108)* « radio » ou de télévision distribués *(L. n° 2004-669 du 9 juill. 2004, art. 59)* « par les réseaux n'utilisant pas des fréquences assignées par le Conseil supérieur de l'audiovisuel » :

1° La durée maximale des conventions ;

2° Les règles générales de programmation ;

3° Les règles applicables à la publicité, au télé-achat et au parrainage ;

4° Les règles applicables aux services consacrés exclusivement à l'autopromotion ou au télé-achat ;

5° Les dispositions propres à assurer le respect de la langue française et le rayonnement de la francophonie ainsi que celles relatives à la diffusion, sur les services de *(L. n° 2004-669 du 9 juill. 2004, art. 108)* « radio », d'œuvres musicales d'expression française ou interprétées dans une langue régionale en usage en France,

et, pour les services de télévision diffusant des œuvres cinématographiques ou audiovisuelles :

6° *(L. n° 2009-258 du 5 mars 2009, art. 52)* « Sous réserve de la dernière phrase du dernier alinéa du 3° de l'article 27, la contribution des éditeurs de services au développement de la production, en tout ou partie indépendante », d'œuvres cinématographiques et audiovisuelles ainsi que la part de cette contribution ou le montant affectés à l'acquisition des droits de diffusion de ces œuvres sur les services qu'ils éditent, en fixant, le cas échéant, des règles différentes pour les œuvres cinématographiques et pour les œuvres audiovisuelles et en fonction de la nature des œuvres diffusées et des conditions d'exclusivité de leur diffusion. Pour les services dont l'objet principal est la programmation d'œuvres cinématographiques ou audiovisuelles, lorsque la nature de leur programmation le justifie, cette contribution peut, en tout ou partie, prendre en compte les frais de sauvegarde, de restauration et de mise en valeur des œuvres du patrimoine. *(Ord. n° 2020-1642 du 21 déc. 2020, art. 13)* « Cette contribution peut tenir compte de l'adaptation de l'œuvre aux personnes aveugles ou malvoyantes et, en matière cinématographique, comporter une part destinée à la distribution. Dans des conditions fixées par les conventions et les cahiers des charges, elle peut être définie globalement, respectivement pour les œuvres cinématographiques et pour les œuvres audiovisuelles, pour plusieurs services de télévision ou de médias audiovisuels à la demande d'un même éditeur, d'un éditeur et de ses filiales, ou d'un éditeur et des filiales de la société qui le contrôle au sens du 2° de l'article 41-3. En matière audiovisuelle, elle peut inclure des dépenses de formation des auteurs et de promotion des œuvres. Les éditeurs dont le chiffre d'affaires, l'audience ou le nombre ou la part d'œuvres cinématographiques et audiovisuelles diffusées annuellement sont inférieurs à un seuil défini par décret en Conseil d'État ne sont pas soumis à cette contribution ; »

7° L'acquisition des droits de diffusion, selon les différents modes d'exploitation, et la limitation de la durée de ces droits lorsqu'ils sont exclusifs. Pour les œuvres cinématographiques diffusées en première exclusivité, la durée des droits exclusifs peut varier en fonction de la nature et du montant de la contribution au développement de la production ;

8° Le régime de diffusion des œuvres cinématographiques de longue durée et, en particulier, la fixation d'un nombre maximal annuel de diffusions et de rediffusions ainsi que la grille horaire de programmation de ces œuvres ;

9° Les proportions d'œuvres cinématographiques européennes et d'expression originale française diffusées, en particulier aux heures de grande écoute, au moins égales à, respectivement, 60 % et 40 % ;

10° Les proportions d'œuvres audiovisuelles européennes et d'expression originale française, qui peuvent varier notamment en fonction de l'importance des investissements de l'éditeur de service dans la production, sans toutefois que la proportion d'œuvres européennes puisse être inférieure à 50 %.

Ce décret peut prévoir des dérogations aux dispositions des 5° et 10° pour les services émis dans une langue autre que celle d'un État membre de la Communauté européenne. *(L. n° 2004-669 du 9 juill. 2004, art. 60)* « Sous réserve des engagements internationaux de la France, il peut également autoriser les services exclusivement diffusés en dehors du territoire national à déroger aux dispositions qui figurent aux 3° à 10°. »

Les éditeurs de services diffusés par satellite n'ayant pas encore conclu une convention avec le Conseil supérieur de l'audiovisuel, au titre de la distribution par câble, disposent d'un délai de trois mois à compter de la publication du décret prévu au présent article pour conclure la convention prévue à l'article 33-1 (L. n° 2000-719 du 1er août 2000, art. 89).

V. Décr. n° 92-881 du 1er sept. 1992 (JO 2 sept.) ; Décr. n° 92-882 du 1er sept. 1992 (JO 2 sept.), mod. par Décr. n° 95-77 du 24 janv. 1995 (JO 25 janv.) et Décr. n° 2002-125 du 31 janv. 2002 (JO 1er févr.), le Décr. n° 92-882 du 1er sept. 1992 sera abrogé à compter du 1er janv. 2003, V. Décr. n° 2002-140 du 4 févr. 2002, mod. par Décr. n° 2003-764 du 1er août 2003 (JO 6 août).

Art. 33-1 I. – *(L. n° 2000-719 du 1er août 2000)* « Les services de *(L. n° 2004-669 du 9 juill. 2004, art. 108)* « radio » et de télévision qui ne consistent pas en la reprise intégrale et simultanée soit d'un service fourni par une société mentionnée à l'article 44 pour l'exercice des missions visées à l'article 43-11, par la chaîne visée à l'article 45-2 ou par la chaîne culturelle européenne issue du traité signé le 2 octobre 1990 et diffusé par voie hertzienne terrestre, soit d'un service bénéficiaire » *(L. n° 90-1170 du 29 déc. 1990)* d'une autorisation *(L. n° 2000-719 du 1er août 2000)* « en application des articles 29, *(L. n° 2004-669 du 9 juill. 2004, art. 61-I)* « 29-1 » 30 et 30-1 » *(L. n° 2004-669 du 9 juill. 2004, art. 61-I)* « lorsque cette reprise n'a pas pour effet de faire passer la population de la zone desservie par un service de télévision à vocation locale à plus de dix millions d'habitants » ne peuvent être *(L. n° 2000-719 du 1er août 2000)* « diffusés » *(L. n° 2004-669 du 9 juill. 2004, art. 59)* « par les réseaux n'utilisant pas des fréquences assignées par le Conseil supérieur de l'audiovisuel » qu'après qu'a été conclue avec le Conseil supérieur de l'audiovisuel une convention définissant les obligations particulières à ces services.

(L. n° 93-1 du 4 janv. 1993 ; L. n° 2001-616 du 11 juill. 2001) « La condition de simultanéité n'est pas exigée lorsque le service est mis à disposition directe du public dans les départements d'outre-mer, la Nouvelle-Calédonie, les territoires de la Polynésie française, des îles Wallis-et-Futuna et dans le Département de Mayotte et la collectivité territoriale de Saint-Pierre-et-Miquelon. » *(L. n° 2000-719 du 1er août 2000)* « En outre, la condition de diffusion intégrale et simultanée n'est pas exigée pour les services composés de plusieurs programmes au sens du 14° de l'article 28. »

Cette convention, qui ne peut être conclue qu'avec une personne morale, définit, dans le respect des règles générales fixées en application de la présente loi et notamment de son article 33, les obligations particulières au service considéré ainsi que les prérogatives et les pénalités contractuelles dont dispose le Conseil supérieur de l'audiovisuel pour assurer le respect des obligations conventionnelles. Elle peut, dans les limites fixées par le décret prévu à l'article 33, prévoir une application progressive des règles qui y sont prévues, en fonction notamment du nombre de foyers recevant ou pouvant recevoir ce service, sans que ce délai puisse toutefois excéder cinq années. – *V. Décr. n° 92-882 du 1er sept. 1992.*

(L. n° 2005-102 du 11 févr. 2005, art. 74-I, 2°) « La convention porte notamment sur les proportions des programmes qui, par des dispositifs adaptés et en particulier aux heures de grande écoute, sont rendus accessibles aux personnes sourdes ou malentendantes, en veillant notamment à assurer l'accès à la diversité des programmes diffusés. Pour les services *(L. n° 2009-258 du 5 mars 2009, art. 53)* « de télévision » dont l'audience moyenne annuelle dépasse 2,5 % de l'audience totale des services de télévision, cette obligation s'applique, dans un délai maximum de cinq ans suivant la publication de la loi n° 2005-102 du 11 février 2005 pour l'égalité des droits et des chances, la participation et la citoyenneté des personnes handicapées, à la totalité de leurs programmes, à l'exception des messages publicitaires. La convention peut toutefois prévoir des dérogations justifiées par les caractéristiques de certains programmes. » *(L. n° 2009-258 du 5 mars 2009, art. 53)* « La convention des éditeurs de services multilingues dont le capital et les droits de vote sont détenus à hauteur de 80 % au moins par des radiodiffuseurs publics issus d'États du Conseil de l'Europe et dont la part

du capital et des droits de vote détenue par une des sociétés mentionnées à l'article 44 est au moins égale à 20 % n'est pas soumise à ces dispositions.

« Pour les services de télévision diffusés en mode numérique dont l'audience moyenne annuelle dépasse 2, 5 % de l'audience totale des services de télévision, la convention porte également sur les proportions de programmes qui, par des dispositifs adaptés et en particulier aux heures de grande écoute, sont accessibles aux personnes aveugles ou malvoyantes. »

(L. n° 2000-719 du 1er août 2000) « Pour les services qui diffusent des œuvres cinématographiques, la convention peut également porter sur le concours complémentaire au soutien financier de l'industrie cinématographique et de l'industrie audiovisuelle, dans les conditions d'affectation fixées par la loi de finances. »

(Ord. n° 2020-1642 du 21 déc. 2020, art. 14) « Pour les services contribuant au développement de la production d'œuvres, la convention précise les modalités permettant d'assurer cette contribution en tenant compte des accords conclus entre l'éditeur de services et une ou plusieurs organisations professionnelles de l'industrie cinématographique ou audiovisuelle y compris, pour la partie de ces accords qui affecte directement leurs intérêts, des organisations professionnelles et organismes de gestion collective représentant les auteurs*[.]* »

(L. n° 2016-1524 du 14 nov. 2016, art. 8) « La convention précise les mesures à mettre en œuvre pour garantir le respect des principes mentionnés au troisième alinéa de l'article 3-1. »

(L. n° 2006-396 du 31 mars 2006, art. 47) « La convention comporte également les mesures en faveur de la cohésion sociale, de la diversité culturelle et relatives à la lutte contre les discriminations. »

(L. n° 2004-669 du 9 juill. 2004, art. 61-II et 62) « La convention précise les modalités de rediffusion, intégrale ou partielle, par un réseau n'utilisant pas les fréquences assignées par le Conseil supérieur de l'audiovisuel, du service de télévision en plusieurs programmes, dans des conditions fixées par décret. Dans la limite d'un tiers de leur temps de diffusion, ces rediffusions peuvent toutefois comprendre des programmes différents du programme principal dont elles sont issues. Elles doivent s'effectuer selon un principe identique en ce qui concerne le recours ou non à une rémunération de la part des usagers. Les obligations mentionnées aux 6° et 7° de l'article 33 portent alors globalement sur le service et les obligations mentionnées aux 1°, 2°, 3°, 4°, 5°, 8°, 9° et 10° du même article portent sur chacun des programmes le constituant. »

(L. n° 2009-258 du 5 mars 2009, art. 53) « Par dérogation au III, la convention précise les modalités de mise à disposition, sur un service de médias audiovisuels à la demande, des programmes d'un service de télévision dans le cadre d'un service dit de télévision de rattrapage *(Ord. n° 2020-1642 du 21 déc. 2020, art. 14)* « , en précisant les obligations qui lui sont applicables ». En matière audiovisuelle, les obligations mentionnées aux 6° et 7° de l'article 33 portent alors globalement sur ces services. »

(L. n° 2018-1202 du 22 déc. 2018, art. 5) « Le Conseil supérieur de l'audiovisuel peut rejeter la demande tendant à la conclusion d'une convention si la diffusion du service de radio ou de télévision comporte un risque grave d'atteinte à la dignité de la personne humaine, à la liberté et à la propriété d'autrui, au caractère pluraliste de l'expression des courants de pensée et d'opinion, à la protection de l'enfance et de l'adolescence, à la sauvegarde de l'ordre public, aux besoins de la défense nationale ou aux intérêts fondamentaux de la Nation, dont le fonctionnement régulier de ses institutions. Il en est de même lorsque la diffusion dudit service, eu égard à sa nature même, constituerait une violation des lois en vigueur.

« Lorsque la conclusion de la convention est sollicitée par une personne morale contrôlée, au sens de l'article L. 233-3 du code de commerce, par un État étranger ou placée sous l'influence de cet État, le conseil peut, pour apprécier la demande, tenir compte des contenus que le demandeur, ses filiales, la personne morale qui le contrôle ou les filiales de celle-ci éditent sur d'autres services de communication au public par voie électronique. »

(Ord. n° 2020-1642 du 21 déc. 2020, art. 14) « II. – Par dérogation au I, ne sont soumis qu'à déclaration préalable les services de radio et de télévision qui sont distribués par un réseau n'utilisant pas des fréquences assignées par le Conseil supérieur de l'audiovisuel et dont le chiffre d'affaires est inférieur à des montants fixés par décret. »

(L. n° 2004-669 du 9 juill. 2004, art. 62) « La déclaration est déposée auprès du Conseil supérieur de l'audiovisuel qui précise les éléments qu'elle doit contenir. *(Ord. n° 2020-1642 du 21 déc. 2020, art. 14)* « Le Conseil précise également les modalités selon lesquelles le chiffre d'affaires réalisé par ces services lui est communiqué tous les ans. »

« Les services de télévision destinés aux informations sur la vie locale ne bénéficient pas de la dérogation instaurée par le premier alinéa. »

(L. n° 2006-64 du 23 janv. 2006, art. 22) « III. – *(Abrogé par L. n° 2013-1028 du 15 nov. 2013, art. 24)* *(L. n° 2009-258 du 5 mars 2009, art. 53)* « ***Les services de médias audiovisuels à la demande et,*** » Par dérogation aux I et II du présent article, les services de télévision relevant de la compétence de la France en application des articles 43-4 et 43-5 peuvent être diffusés par les réseaux n'utilisant pas des fréquences assignées par le Conseil supérieur de l'audiovisuel sans formalité préalable. Ils demeurent soumis aux obligations résultant de la présente loi et au contrôle du Conseil supérieur de l'audiovisuel, qui peut notamment utiliser à leur égard les procédures prévues aux articles 42, 42-1 et 42-10. Les opérateurs satellitaires dont l'activité a pour effet de faire relever des services de télévision de la compétence de la France, en application de l'article 43-4, et les distributeurs de services visés à l'article 34 sont tenus d'informer les éditeurs des services considérés du régime qui leur est applicable.

« Les conventions conclues entre le Conseil supérieur de l'audiovisuel et les éditeurs de services de télévision relevant de la compétence de la France en application des articles 43-4 et 43-5 sont réputées caduques à compter de l'entrée en vigueur de la loi n° 2006-64 du 23 janvier 2006 relative à la lutte contre le terrorisme et portant dispositions diverses relatives à la sécurité et aux contrôles frontaliers. »

....

SECTION II ***Distribution de services de radiodiffusion sonore et de télévision par les réseaux n'utilisant pas des fréquences assignées par le Conseil supérieur de l'audiovisuel*** *(L. n° 2000-719 du 1er août 2000 ; L. n° 2004-669 du 9 juill. 2004, art. 59).*

Art. 34 *(L. n° 2004-669 du 9 juill. 2004, art. 65)* I. – Tout distributeur de services qui met à disposition du public, par un réseau n'utilisant pas des fréquences assignées par le Conseil supérieur de l'audiovisuel, une offre de services de communication audiovisuelle comportant des services de radio *(L. n° 2013-1028 du 15 nov. 2013, art. 25)* « , de télévision ou de médias audiovisuels à la demande » dépose une déclaration préalable auprès du conseil.

Seuls peuvent avoir la qualité de distributeur de services les sociétés, y compris les sociétés d'économie mixte locale, les organismes d'habitations à loyer modéré, les collectivités territoriales et leurs groupements dans les conditions prévues au II, ainsi que les régies prévues par la loi n° 46-628 du 8 avril 1946 sur la nationalisation de l'électricité et du gaz.

Toutefois, sont dispensés de cette déclaration les distributeurs de services qui desservent moins de cent foyers.

Toute modification d'éléments de cette déclaration doit être préalablement notifiée au Conseil supérieur de l'audiovisuel.

(L. n° 2016-1524 du 14 nov. 2016, art. 18, en vigueur le 14 févr. 2017) « Le conseil peut, par décision motivée prise dans un délai fixé par voie réglementaire, s'opposer soit à l'exploitation d'une offre de services, soit à une modification de la composition de cette offre, soit à une modification de la numérotation des services de télévision au sein de cette offre, s'il estime qu'elle ne satisfait pas aux conditions et obligations de la présente loi, notamment celles mentionnées aux articles 1er, 3-1, 15, 34-1 à 34-2 et 34-4, ou s'il estime qu'elle porte atteinte aux missions de service public assignées aux sociétés nationales de programme mentionnées à l'article 44 ou à leurs filiales répondant à des obligations de service public, à La Chaîne parlementaire mentionnée à l'article 45-2, à la chaîne Arte et à la chaîne TV5, notamment par la numérotation attribuée au service dans l'offre commerciale. »

Un décret en Conseil d'État précise les conditions d'application du présent article, notamment les éléments que doit contenir la déclaration.

II. – Toutefois, les collectivités territoriales et leurs groupements ne peuvent exercer l'activité de distributeur de services qu'après avoir constaté une insuffisance d'initiatives privées propres à satisfaire les besoins de la population concernée et en avoir informé le Conseil supérieur de l'audiovisuel. Les interventions des collectivités s'effectuent dans des conditions objectives, transparentes, non discriminatoires et proportionnées. L'insuffisance d'initiatives privées est constatée par un appel d'offres déclaré infructueux ayant visé à satisfaire les besoins de la population concernée en services de communication audiovisuelle.

Les dépenses et les recettes afférentes à l'établissement de réseaux de communications *électroniques et à l'exercice* d'une activité de distributeur de services de communication audiovisuelle sur ces mêmes réseaux par les collectivités territoriales et leurs groupements sont retracées au sein d'une comptabilité distincte.

Les régies communales ayant une activité de distributeur de services audiovisuels à la date de la publication de la loi n° 2004-669 du 9 juill. 2004 relative aux communications électroniques et aux services de communication audiovisuelle ne sont pas soumises à l'obligation de constatation d'une insuffisance d'initiatives privées propres à satisfaire les besoins de la population concernée.

Le Gouvernement s'engage dans un délai d'un an à déposer devant le Parlement un rapport qui présentera les possibilités de développement de télévisions citoyennes de proximité. Ce rapport fera l'objet d'un débat au Parlement (L. n° 2000-719 du 1er août 2000, art. 59).

....

CHAPITRE III *Dispositions applicables à l'ensemble des services de communication audiovisuelle soumis à autorisation*

Art. 35 Il est interdit de prêter son nom, de quelque manière que ce soit, à toute personne qui se porte candidate à la délivrance d'une autorisation relative à un service de communication audiovisuelle ou qui possède ou contrôle, au sens de l'article 355-1 de la loi n° 66-537 du 24 juillet 1966 sur les sociétés commerciales *[C. com., art. L. 233-3]*, une société titulaire d'une telle autorisation.

....

Art. 36 Les actions représentant le capital d'une société titulaire d'une autorisation *(L. n° 2000-719 du 1er août 2000)* « délivrée en application de la présente loi » doivent être nominatives.

....

Art. 38 Toute personne physique ou morale qui vient à détenir toute fraction supérieure ou égale à *(L. n° 2000-719 du 1er août 2000)* « 10 p. 100 » du capital ou des droits de vote aux assemblées générales d'une société titulaire d'une autorisation *(L. n° 2000-719 du 1er août 2000)* « en application de la présente loi » est tenue d'en informer le Conseil supérieur de l'audiovisuel dans le délai d'un mois à compter du franchissement de ces seuils.

Art. 39 *(L. n° 86-1210 du 27 nov. 1986)* I. – *(L. n° 2001-624 du 17 juill. 2001)* « Une même personne physique ou morale agissant seule ou de concert ne peut détenir, directement ou indirectement, plus de 49 % du capital ou des droits de vote d'une société titulaire d'une autorisation relative à un service national de télévision diffusé par voie hertzienne terrestre dont l'audience moyenne annuelle *(L. n° 2004-669 du 9 juill. 2004, art. 72-I)* « par un réseau de communications électroniques au sens du 2° de l'article L. 32 du code des postes et communications électroniques », tant en mode analogique qu'en mode numérique, dépasse *(L. n° 2008-776 du 4 août 2008, art. 142)* « 8 % » de l'audience totale des services de télévision.

« Pour l'application de l'alinéa précédent, l'audience de chacun des programmes consistant, au sens du 14° de l'article 28, en la rediffusion, intégrale ou partielle, *(L. n° 2004-669 du 9 juill. 2004, art. 72-I)* « par un réseau de communications électroniques au sens du 2° de l'article L. 32 du code des postes et communications électroniques », d'un service de télévision diffusé est comptabilisée conjointement avec celle du service rediffusé.

« Un décret en Conseil d'État précise les modalités d'application des deux alinéas précédents. Il fixe notamment les conditions dans lesquelles le Conseil supérieur de l'audiovisuel constate la part d'audience des services de télévision et, en cas de franchissement du niveau d'audience mentionné ci-dessus, impartit aux personnes concernées un délai qui ne peut être supérieur à un an, pour se mettre en conformité avec la règle précitée. »

Lorsqu'une personne physique ou morale détient, directement ou indirectement, plus de 15 p. 100 du capital ou des droits de vote d'une société titulaire d'une autorisation relative à un service national de télévision par voie hertzienne terrestre *(L. n° 2000-719 du 1er août 2000)* « en mode analogique », elle ne peut détenir, directement ou indirectement, plus de 15 p. 100 du capital ou des droits de vote d'une autre société titulaire d'une telle autorisation.

Lorsqu'une personne physique ou morale détient, directement ou indirectement, plus de 5 p. 100 du capital ou des droits de vote de deux sociétés titulaires d'une autorisation relative à un service national de télévision diffusé par voie hertzienne terrestre *(L. n° 2000-719 du 1er août 2000)* « en mode analogique », elle ne peut détenir, directement ou indirectement, plus de 5 p. 100 du capital ou des droits de vote d'une autre société titulaire d'une telle autorisation.

II. – Une même personne physique ou morale ne peut détenir, directement ou indirectement, plus de la moitié du capital ou des droits de vote d'une société titulaire d'une autorisation relative à un service de télévision diffusé *(L. n° 2009-258 du 5 mars 2009, art. 49-II)* « en mode analogique » exclusivement sur les fréquences affectées à la *(L. n° 2004-669 du 9 juill. 2004, art. 108)* « radio » et à la télévision par satellite.

Lorsqu'une personne physique ou morale détient, directement ou indirectement, plus du tiers du capital ou des droits de vote d'une société titulaire d'une autorisation relative à un service de télévision diffusé *(L. n° 2009-258 du 5 mars 2009, art. 49-II)* « en mode analogique » exclusivement sur les fréquences affectées à la *(L. n° 2004-669 du 9 juill. 2004, art. 108)* « radio » et à la télévision par satellite, elle ne peut détenir, directement ou indirectement, plus du tiers du capital ou des droits de vote d'une autre société titulaire d'une telle autorisation.

Lorsqu'une personne physique ou morale détient, directement ou indirectement, plus de 5 p. 100 du capital ou des droits de vote de deux sociétés titulaires d'une autorisation relative à un service de télévision diffusé *(L. n° 2009-258 du 5 mars 2009, art. 49-II)* « en mode analogique » exclusivement sur les fréquences affectées à la *(L. n° 2004-669 du 9 juill. 2004, art. 108)* « radio » et à la télévision par satellite, elle ne peut détenir, directement ou indirectement, plus de 5 p. 100 du capital ou des droits de vote d'une autre société titulaire d'une telle autorisation.

III. — *(L. n° 2004-669 du 9 juill. 2004, art. 72-II)* « Une même personne physique ou morale titulaire d'une autorisation relative à un service national de télévision diffusé par voie hertzienne terrestre dont l'audience dépasse le seuil mentionné au I ne peut détenir, directement ou indirectement, plus de 33 % du capital ou des droits de vote d'une société titulaire d'une autorisation relative à un service autre que national et qui ne consiste pas essentiellement en la reprise, dans les collectivités françaises d'outre-mer, d'un service national de télévision. »

IV. — Les dispositions du présent article s'entendent sous réserve du respect des situations légalement acquises.

(L. n° 94-88 du 1er févr. 1994) « V. — Le franchissement de la fraction du capital ou des droits de vote prévu par les règlements pris pour l'application de l'article 6 *bis* de la loi n° 88-70 du 22 janvier 1988 sur les bourses de valeurs n'entraîne l'obligation de déposer un projet d'offre publique qu'à hauteur de la quotité de capital ou des droits lui permettant d'atteindre la limite applicable en vertu du présent article. »

Art. 40 *(L. n° 2016-1524 du 14 nov. 2016, art. 14)* « Sous réserve des engagements internationaux de la France, l'autorisation relative à un service de radio ou de télévision par voie hertzienne terrestre assuré en langue française ne peut être accordée à une société dans laquelle plus de 20 % du capital social ou des droits de vote sont détenus, directement ou indirectement, par des personnes de nationalité étrangère.

« Sous la même réserve », aucune personne de nationalité étrangère ne peut procéder à une acquisition ayant pour effet de porter, directement ou indirectement, la part du capital détenue par des étrangers à plus de 20 p. 100 du capital social ou des droits de vote dans les assemblées générales d'une société titulaire *(L. n° 2016-1524 du 14 nov. 2016, art. 14)* « d'une telle autorisation ».

Est considérée comme personne de nationalité étrangère, pour l'application du présent article, toute personne physique de nationalité étrangère, toute société dont la majorité du capital social n'est pas détenue, directement ou indirectement, par des personnes physiques ou morales de nationalité française et toute association dont les dirigeants sont de nationalité étrangère.

(L. n° 2007-309 du 5 mars 2007, art. 40) « Le présent article n'est pas applicable aux éditeurs de services dont le capital et les droits de vote sont détenus à hauteur de 80 % au moins par des radiodiffuseurs publics appartenant à des États du Conseil de l'Europe et dont la part du capital et des droits de vote détenue par une des sociétés mentionnées à l'article 44 est au moins égale à 20 %. »

Art. 41 *(L. n° 94-88 du 1er févr. 1994)* « Une même personne physique ou morale ne peut, sur le fondement d'autorisations relatives à l'usage de fréquences dont elle est titulaire pour la diffusion d'un ou de plusieurs services de *(L. n° 2004-669 du 9 juill. 2004, art. 108)* « radio » par voie hertzienne terrestre *(L. n° 2004-669 du 9 juill. 2004, art. 73)* « en mode analogique », ou par le moyen d'un programme qu'elle fournit à d'autres titulaires d'autorisation *(L. n° 2004-669 du 9 juill. 2004, art. 73)* « par voie hertzienne terrestre en mode analogique », disposer en droit ou en fait de plusieurs réseaux que dans la mesure où la somme ***des populations recensées dans*** les zones desservies par ces différents réseaux n'excède pas 150 millions d'habitants. »

(L. n° 2004-669 du 9 juill. 2004, art. 73) « Nul ne peut être titulaire de deux autorisations relatives chacune à un service national de télévision diffusé par voie hertzienne terrestre. *(L. n° 2007-309 du 5 mars 2007, art. 30)* « Cette disposition ne s'applique pas aux services diffusés en télévision mobile personnelle. »

« Nul ne peut être simultanément titulaire d'une autorisation relative à un service national de télévision diffusé par voie hertzienne terrestre dont l'audience dépasse le seuil mentionné au I de l'article 39 et d'une autorisation relative à un service de même nature en mode analogique autre que national. Une même personne peut toutefois être simultanément titulaire d'une autorisation relative à un service national de télévision diffusé par voie hertzienne terrestre et de plusieurs autorisations relatives à des services de même nature desservant chacun une zone géographique différente située dans un département d'outre-mer ou dans une collectivité d'outre-mer ou en Nouvelle-Calédonie. »

(L. n° 2001-624 du 17 juill. 2001) « Toutefois, une même personne peut être titulaire, directement ou indirectement, d'*(L. n° 2004-669 du 9 juill. 2004, art. 73)* « un nombre maximal de sept autorisations » relatives chacune à un service ou programme national de télévision *(L. n° 2007-309 du 5 mars 2007, art. 30)* « autre que la télévision mobile personnelle » diffusé par voie hertzienne terrestre en mode numérique lorsque ces services ou programmes sont édités par des sociétés distinctes ou lorsqu'ils sont autorisés dans les conditions prévues au deuxième *(L. n° 2007-309 du 5 mars 2007, art. 30)* « alinéa du III de l'article 30-1, dans sa rédaction antérieure à l'entrée en vigueur de la loi n° 2007-309 du 5 mars 2007 relative à la modernisation de la diffusion audiovisuelle et à la télévision du futur, » ou au dernier alinéa du III de l'article 30-1. »

Une personne ne peut être titulaire de plus de deux autorisations relatives chacune à un service de télévision diffusé *(L. n° 2009-258 du 5 mars 2009, art. 49-II)* « en mode analogique » exclusivement sur des fréquences affectées à la *(L. n° 2004-669 du 9 juill. 2004, art. 108)* « radio » et à la télévision par satellite.

Une personne titulaire d'une ou de plusieurs autorisations relatives chacune à un service de télévision diffusé par voie hertzienne terrestre *(L. n° 2000-719 du 1er août 2000)* « en mode analogique » autre que national ne peut devenir titulaire d'une nouvelle autorisation relative à un service de même nature autre que national si cette autorisation devait avoir pour effet de porter à plus de *(L. n° 2004-669 du 9 juill. 2004, art. 73)* « douze millions d'habitants » la population recensée des zones desservies par l'ensemble des services de même nature pour lesquels elle serait titulaire d'autorisations.

(L. n° 2000-719 du 1er août 2000) « Une personne titulaire d'une ou de plusieurs autorisations relatives chacune à un service de télévision diffusé par voie hertzienne terrestre en mode numérique autre que national ne peut devenir titulaire d'une nouvelle autorisation relative à un service de même nature autre que national si cette autorisation devait avoir pour effet de porter à plus de *(L. n° 2004-669 du 9 juill. 2004, art. 73)* « douze millions d'habitants » la population recensée des zones desservies par l'ensemble des services de même nature pour lesquels elle serait titulaire d'autorisations. »

Une personne titulaire d'une autorisation pour l'exploitation d'un service de télévision par voie hertzienne terrestre *(L. n° 2000-719 du 1er août 2000)* « en mode analogique » dans une zone déterminée ne peut devenir titulaire d'une nouvelle autorisation relative à un service de même nature diffusé en tout ou partie dans la même zone *(L. n° 2000-719 du 1er août 2000)* « en mode analogique ».

(L. n° 2000-719 du 1er août 2000) « Une personne titulaire d'une autorisation pour l'exploitation d'un service de télévision par voie hertzienne terrestre en mode numérique dans une zone déterminée ne peut devenir titulaire d'une nouvelle autorisation relative à un service de même nature diffusé en *(L. n° 2009-258 du 5 mars 2009, art. 81)* « totalité » dans la même zone en mode numérique. »

Al. *abrogé par L. n° 2003-1365 du 31 déc. 2003, art. 11.*

(L. n° 2004-669 du 9 juill. 2004, art. 73) « Nul ne peut être titulaire d'une ou plusieurs autorisations relatives chacune à un service de radio dont l'audience potentielle cumulée terrestre dépasse 20 % des audiences potentielles cumulées de l'ensemble des services de radio, publics ou autorisés, diffusés par voie hertzienne terrestre. »

(L. n° 2007-309 du 5 mars 2007, art. 30) « Nul ne peut être titulaire d'une ou plusieurs autorisations relatives chacune à un service diffusé en télévision mobile personnelle si l'audience potentielle cumulée terrestre de ce ou ces services dépasse 20 % des audiences potentielles cumulées terrestres de l'ensemble des services de télévision, publics ou autorisés, diffusés en télévision mobile personnelle. »

Art. 41-1 *(L. n° 86-1210 du 27 nov. 1986)* Afin de prévenir les atteintes au pluralisme sur le plan national *(L. n° 2000-719 du 1er août 2000)* « en mode analogique », aucune autorisation relative à un service de *(L. n° 2004-669 du 9 juill. 2004, art. 108)* « radio » ou de télévision par voie hertzienne terrestre *(L. n° 2000-719 du 1er août 2000)* « en mode analogique » *(Abrogé par L. n° 2004-669 du 9 juill. 2004, art. 74)* *« ou à l'exploitation d'un réseau* *distribuant par câble des services de radiodiffusion sonore et de télévision* » ne peut être délivrée à une personne qui se trouverait, de ce fait, dans plus de deux situations suivantes :

1° Être titulaire d'une ou de plusieurs autorisations relatives à des services de télévision diffusés par voie hertzienne terrestre permettant la desserte de zones dont la population recensée atteint quatre millions d'habitants ;

2° Être titulaire d'une ou de plusieurs autorisations relatives à des services de *(L. n° 2004-669 du 9 juill. 2004, art. 108)* « radio » permettant la desserte de zones dont la population recensée atteint trente millions d'habitants ;

(Abrogé par L. n° 2004-669 du 9 juill. 2004, art. 74) « 3° Être titulaire d'une ou de plusieurs autorisations relatives à l'exploitation de réseaux distribuant par câble des services de radiodiffusion sonore et de télévision permettant la desserte de zones dont la population recensée atteint six millions d'habitants ; »

4° Éditer ou contrôler une ou plusieurs publications quotidiennes imprimées d'information politique et générale représentant plus de 20 % de la diffusion totale, sur le territoire national, des publications quotidiennes imprimées de même nature, appréciée sur les douze derniers mois connus précédant la date à laquelle la demande d'autorisation a été présentée.

Toutefois, une autorisation peut être délivrée à une personne qui ne satisferait pas aux dispositions du présent article sous réserve qu'elle se mette en conformité avec ces dispositions dans un délai qui est fixé par le Conseil supérieur de l'audiovisuel et qui ne peut être supérieur à six mois.

Art. 41-1-1 *(L. n° 2000-719 du 1er août 2000)* Afin de prévenir les atteintes au pluralisme sur le plan national en mode numérique, aucune autorisation ne peut être délivrée en application des articles 30-1 *(Abrogé par L. n° 2004-669 du 9 juill. 2004, art. 75) « ou 30-2 »* à une personne qui se trouverait, de ce fait, dans plus de deux des situations suivantes :

1° Être titulaire d'une ou de plusieurs autorisations relatives à des services de télévision diffusés par voie hertzienne terrestre en mode numérique permettant la desserte de zones dont la population recensée atteint quatre millions d'habitants ;

2° Être titulaire d'une ou de plusieurs autorisations relatives à des services de *(L. n° 2004-669 du 9 juill. 2004, art. 108)* « radio » permettant la desserte de zones dont la population recensée atteint trente millions d'habitants ;

(Abrogé par L. n° 2004-669 du 9 juill. 2004, art. 75) « 3° Être titulaire d'une ou de plusieurs autorisations de distributeur de services permettant la desserte de zones dont la population recensée atteint six millions d'habitants ; »

4° Éditer ou contrôler une ou plusieurs publications quotidiennes imprimées d'information politique et générale représentant plus de 20 % de la diffusion totale, sur le territoire national, des publications quotidiennes imprimées de même nature, appréciée sur les douze derniers mois connus précédant la date à laquelle la demande d'autorisation a été présentée.

Toutefois, une autorisation peut être délivrée à une personne qui ne satisferait pas aux dispositions du présent article sous réserve qu'elle se mette en conformité avec ces dispositions dans un délai qui est fixé par le Conseil supérieur de l'audiovisuel et qui ne peut être supérieur à six mois.

Art. 41-2 *(L. n° 86-1210 du 27 nov. 1986)* Afin de prévenir les atteintes au pluralisme sur le plan régional et local *(L. n° 2000-719 du 1er août 2000)* « en mode analogique », aucune autorisation relative à un service, autre que national, de *(L. n° 2004-669 du 9 juill. 2004, art. 108)* « radio » ou de télévision par voie hertzienne terrestre *(L. n° 2000-719 du 1er août 2000)* « en mode analogique » *(Abrogé par L. n° 2004-669 du 9 juill. 2004, art. 74) « ou à l'exploitation d'un réseau distribuant par câble des services de radiodiffusion sonore et de télévision »* ne peut être délivrée pour une zone géographique déterminée à une personne qui se trouverait de ce fait dans plus de deux des situations suivantes :

1° Être titulaire d'une ou de plusieurs autorisations relatives à des services de télévision, à caractère national ou non, diffusés par voie hertzienne terrestre dans la zone considérée ;

2° Être titulaire d'une ou de plusieurs autorisations relatives à des services de *(L. n° 2004-669 du 9 juill. 2004, art. 108)* « radio », à caractère national ou non, dont l'audience potentielle cumulée, dans la zone considérée, dépasse 10 p. 100 des audiences potentielles cumulées, dans la même zone, de l'ensemble des services, publics ou autorisés, de même *nature* ;

(Abrogé par L. n° 2004-669 du 9 juill. 2004, art. 74) « 3° Être titulaire d'une ou plusieurs autorisations relatives à l'exploitation de réseaux distribuant par câble à l'intérieur de cette zone des services de radiodiffusion sonore et de télévision ; »

4° Éditer ou contrôler une ou plusieurs publications quotidiennes imprimées, d'information politique et générale, à caractère national ou non, diffusées dans cette zone.

Toutefois, une autorisation peut être délivrée à une personne qui ne satisferait pas aux dispositions du présent article, sous réserve qu'elle se mette en conformité avec ces dispositions dans les conditions fixées au dernier alinéa de l'article 41-1 ci-dessus.

Art. 41-2-1 *(L. n° 2000-719 du 1er août 2000)* Afin de prévenir les atteintes au pluralisme sur le plan régional et local en mode numérique, aucune autorisation *(L. n° 2001-624 du 17 juill. 2001)* « autre que nationale » ne peut être délivrée en application des articles 30-1 *(Abrogé par L. n° 2004-669 du 9 juill. 2004, art. 75) « ou 30-2 »* pour une zone géographique déterminée à une personne qui se trouverait, de ce fait, dans plus de deux des situations suivantes :

1° Être titulaire d'une ou de plusieurs autorisations relatives à des services de télévision en numérique, à caractère national ou non, diffusés par voie hertzienne terrestre dans la zone considérée ;

2° Être titulaire d'une ou de plusieurs autorisations relatives à des services de *(L. n° 2004-669 du 9 juill. 2004, art. 108)* « radio », à caractère national ou non, dont l'audience potentielle cumulée, dans la zone considérée, dépasse 10 % des audiences potentielles cumulées, dans la même zone de l'ensemble des services, publics ou autorisés, de même nature ;

*(Abrogé par L. n° 2004-669 du 9 juill. 2004, art. 75) « **3° Être titulaire d'une ou de plusieurs autorisations de distributeur de services dans la zone considérée ;** »*

4° Éditer ou contrôler une ou plusieurs publications quotidiennes imprimées, d'information politique et générale, à caractère national ou non, diffusées dans cette zone.

Toutefois, une autorisation peut être délivrée à une personne qui ne satisferait pas aux dispositions du présent article, sous réserve qu'elle se mette en conformité avec ces dispositions dans les conditions fixées au dernier alinéa de l'article 41-1.

Art. 41-3 *(L. n° 2000-719 du 1er août 2000)* « Pour l'application des articles 39, 41, 41-1, 41-1-1, 41-2 et 41-2-1 » :

1° *Al. supprimé par L. n° 2000-719 du 1er août 2000, art. 70* ;

2° Toute personne physique ou morale qui contrôle, au regard des critères figurant à l'article 355-1 de la loi n° 66-537 du 24 juillet 1966 précitée *[C. com., art. L. 233-3]*, une société titulaire d'autorisation ou a placé celle-ci sous son autorité ou sa dépendance est regardée comme titulaire d'une autorisation ; est également regardée comme titulaire d'une autorisation toute personne qui exploite ou contrôle un service de *(L. n° 2004-669 du 9 juill. 2004, art. 108)* « radio » par voie hertzienne terrestre ou un service de télévision diffusé exclusivement sur les fréquences affectées à la *(L. n° 2004-669 du 9 juill. 2004, art. 108)* « radio » et à la télévision par satellite, à partir de l'étranger ou sur des fréquences affectées à des États étrangers, et normalement reçus, en langue française, sur le territoire français ;

3° Toute personne physique ou morale qui contrôle, au sens de l'article 11 de la loi n° 86-897 du 1er août 1986 portant réforme du régime juridique de la presse, l'entreprise éditrice d'une publication est regardée comme l'éditeur de cette publication ; – *V. ce texte.*

4° *(L. n° 94-88 du 1er févr. 1994)* « En matière de *(L. n° 2004-669 du 9 juill. 2004, art. 108)* « radio » par voie hertzienne terrestre :

« *a)* Constitue un réseau tout service ou ensemble de services diffusant un même programme pour une proportion majoritaire du temps d'antenne de chaque service ;

« *b)* Constitue un réseau de diffusion à caractère national tout réseau qui dessert une zone dont la population recensée est supérieure à 30 millions d'habitants ; »

5° Tout service de télévision diffusé par voie hertzienne terrestre qui dessert une zone géographique dont la population recensée est *(L. n° 2004-669 du 9 juill. 2004, art. 76)* « supérieure à dix millions d'habitants » est regardé comme un service à caractère national ;

6° Tout service diffusé par voie hertzienne terrestre et diffusé simultanément et intégralement sur des fréquences affectées à la *(L. n° 2004-669 du 9 juill. 2004, art. 108)* « radio » et à la télévision par satellite est regardé comme un seul service diffusé par voie hertzienne terrestre ;

(L. n° 2000-719 du 1er août 2000) « 6° *bis* Tout service diffusé par voie hertzienne terrestre en mode numérique, autorisé après appel aux candidatures et consistant pour l'outre-mer en la reprise intégrale d'un programme national autorisé sur le territoire métropolitain, édité par la même personne morale, est regardé comme un seul service diffusé par voie hertzienne terrestre » ;

7° L'audience potentielle d'un service de communication audiovisuelle s'entend de la population recensée dans les communes ou parties de communes situées dans la zone de desserte de ce service. *(L. n° 2007-309 du 5 mars 2007, art. 30)* « Pour le calcul de l'audience potentielle des services diffusés en télévision mobile personnelle, les programmes consistant, dans les conditions prévues au 14° de l'article 28, en la rediffusion intégrale ou partielle d'un même service de télévision sont regardés comme des services distincts. »

Art. 41-4 *(L. nº 2008-776 du 4 août 2008, art. 96-IV)* « Lorsqu'une opération de concentration concernant, directement ou indirectement, un éditeur ou un distributeur de services de radio et de télévision fait l'objet d'un examen approfondi en application du dernier alinéa du III de l'article L. 430-5 du code de commerce, l'Autorité de la concurrence recueille, avant de se prononcer en application de l'article L. 430-7 du même code, l'avis du Conseil supérieur de l'audiovisuel. L'Autorité de la concurrence communique à cet effet au Conseil supérieur de l'audiovisuel toute saisine relative à de telles opérations. Le Conseil supérieur de l'audiovisuel transmet ses observations à l'Autorité de la concurrence dans le délai d'un mois suivant la réception de cette communication. »

(L. nº 2000-719 du 1er août 2000) L'Autorité de la concurrence recueille également l'avis du Conseil supérieur de l'audiovisuel sur les pratiques anticoncurrentielles dont il *[elle]* est saisi*[e]* *(L. nº 2009-258 du 5 mars 2009, art. 56)* « dans les secteurs de la radio, de la télévision et des services de médias audiovisuels à la demande ». Il *[Elle]* lui communique, à cet effet, toute saisine sur de telles affaires. Le Conseil supérieur de l'audiovisuel lui transmet ses observations dans le délai d'un mois suivant la réception de cette communication.

(L. nº 2004-669 du 9 juill. 2004, art. 77) « Le Conseil supérieur de l'audiovisuel saisit l'Autorité de la concurrence des pratiques anticoncurrentielles dont il a connaissance *(L. nº 2009-258 du 5 mars 2009, art. 56)* « dans les secteurs de la radio, de la télévision et des services de médias audiovisuels à la demande ». Cette saisine peut être assortie d'une demande de mesures conservatoires dans les conditions prévues à l'article L. 464-1 du code de commerce. »

(L. nº 2009-258 du 5 mars 2009, art. 56) « Il peut saisir pour avis l'Autorité de la concurrence des questions de concurrence et de concentration dont il a la connaissance dans le secteur de la radio, de la télévision et des services de médias audiovisuels à la demande. »

Dans toutes les dispositions législatives et réglementaires, la référence au Conseil de la concurrence est remplacée par la référence à l'Autorité de la concurrence (Ord. nº 2008-1161 du 13 nov. 2008, art. 4).

Art. 41-5 *Ajouté par L. nº 86-1210 du 27 nov. 1986 ; abrogé par L. nº 89-25 du 17 janv. 1989, art. 18-II.*

Art. 42 *(L. nº 2004-669 du 9 juill. 2004, art. 78-I)* « Les éditeurs et distributeurs de services de *(L. nº 2009-258 du 5 mars 2009, art. 57)* « communication audiovisuelle » et les opérateurs de réseaux satellitaires peuvent être mis en demeure de respecter les obligations qui leur sont imposées par les textes législatifs et réglementaires et par les principes définis aux articles 1er et 3-1. »

Le Conseil supérieur de l'audiovisuel rend publiques ces mises en demeure.

(L. nº 94-88 du 1er févr. 1994) « Les organisations professionnelles et syndicales représentatives du secteur de la communication audiovisuelle, » *(L. nº 2016-1524 du 14 nov. 2016, art. 17)* « les organisations de défense de la liberté de l'information reconnues d'utilité publique en France, » *(L. nº 2017-256 du 28 févr. 2017, art. 77)* « les offices publics des langues régionales et les associations concourant à la promotion des langues et cultures » régionales *(L. nº 2010-769 du 9 juill. 2010, art. 27)* « , les associations familiales et les associations de défense des droits des femmes » reconnues par l'Union nationale des associations familiales » *(L. nº 2000-719 du 1er août 2000)* « ainsi que les associations ayant dans leur objet social la défense des intérêts des téléspectateurs peuvent demander au Conseil supérieur de l'audiovisuel d'engager la procédure de mise en demeure prévue au premier alinéa du présent article. »

Cet art. a été déclaré conforme à la Constitution par la Décis. Cons. const. nº 2013-359 QPC du 13 déc. 2013 (JO 15 déc.).

Art. 42-1 *(L. nº 2004-669 du 9 juill. 2004, art. 78-II)* « Si la personne faisant l'objet de la mise en demeure ne se conforme pas à celle-ci » *(L. nº 89-25 du 17 janv. 1989)* le Conseil supérieur de l'audiovisuel peut prononcer à son encontre, compte tenu de la gravité du manquement, *(L. nº 2013-1028 du 15 nov. 2013, art. 26)* « et à la condition que celui-ci repose sur des faits distincts ou couvre une période distincte de ceux ayant déjà fait l'objet d'une mise en demeure, » une des sanctions suivantes :

(L. nº 2018-1202 du 22 déc. 2018, art. 7) « 1º La suspension, pour un mois au plus, de l'édition, de la diffusion ou de la distribution du ou des services, d'une catégorie de programme, d'une partie du programme ou d'une ou plusieurs séquences publicitaires ; »

2º La réduction de la durée de l'autorisation *(L. nº 2004-575 du 21 juin 2004, art. 10-I)* « ou de la convention » dans la limite d'une année ;

3° Une sanction pécuniaire assortie éventuellement *(L. n° 2004-575 du 21 juin 2004, art. 10-I)* « d'une suspension de l'édition ou de la distribution du ou des services ou d'une partie du programme ; »

4° Le retrait de l'autorisation *(L. n° 2004-575 du 21 juin 2004, art. 10-I)* « ou la résiliation unilatérale de la convention. ».

Nature juridique de la sanction. Lorsqu'il fait usage des pouvoirs qui lui sont conférés par l'art. 42-1 de la loi n° 86-1067 du 30 sept. 1986, le CSA ne prend pas une décision de caractère juridictionnel mais prononce une sanction administrative ; le moyen tiré d'une éventuelle méconnaissance de l'exigence de publicité des audiences posée par l'art. 6 § 1er Conv. EDH est donc, en tout état de cause, inopérant. • CE 9 oct. 1996 : *D. 1996. IR 250* ; *ibid. 1997. Somm. 81, obs. Hassler et Lapp* ; *JCP 1997. IV. 446* ; *Gaz. Pal. 1998. 2. 505.*

Art. 42-2 *(L. n° 89-25 du 17 janv. 1989)* Le montant de la sanction pécuniaire doit être fonction de la gravité des manquements commis et en relation avec les avantages tirés du manquement, sans pouvoir excéder 3 p. 100 du chiffre d'affaires hors taxes, réalisé au cours du dernier exercice clos calculé sur une période de douze mois. Ce maximum est porté à 5 p. 100 en cas de nouvelle violation de la même obligation.

(L. n° 2004-575 du 21 juin 2004, art. 10-II) « Lorsque le manquement est constitutif d'une infraction pénale, le montant de la sanction pécuniaire ne peut excéder celui prévu pour l'amende pénale.

« Lorsque le Conseil supérieur de l'audiovisuel a prononcé une sanction pécuniaire devenue définitive avant que le juge pénal ait statué définitivement sur les mêmes faits ou des faits connexes, celui-ci peut ordonner que la sanction pécuniaire s'impute sur l'amende qu'il prononce. »

(L. n° 2000-719 du 1er août 2000) « Pour l'application du présent article, sont agrégées au montant du chiffre d'affaires l'ensemble des recettes publicitaires provenant de l'activité du service. »

Les sanctions pécuniaires sont recouvrées comme les créances de l'État étrangères à l'impôt et au domaine.

Art. 42-3 *(L. n° 89-25 du 17 janv. 1989)* L'autorisation peut être retirée, sans mise en demeure préalable, en cas de modification substantielle des données au vu desquelles l'autorisation avait été délivrée, notamment des changements intervenus dans la composition du capital social ou des organes de direction et dans les modalités de financement. *(L. n° 2016-1524 du 14 nov. 2016, art. 15)* « Le Conseil supérieur de l'audiovisuel ne peut cependant agréer une modification du contrôle direct ou indirect, au sens de l'article L. 233-3 du code de commerce, de la société titulaire d'une autorisation délivrée en application de l'article 30-1 de la présente loi intervenant dans un délai de cinq ans à compter de cette délivrance, sauf en cas de difficultés économiques menaçant la viabilité de cette société. »

(L. n° 2004-669 du 9 juill. 2004, art. 79) « Dans le respect des critères mentionnés à l'article 29, notamment le juste équilibre entre les réseaux nationaux et les services locaux, régionaux et thématiques indépendants, le Conseil supérieur de l'audiovisuel peut donner son agrément à un changement de titulaire d'autorisation pour la diffusion de services de radio lorsque ce changement bénéficie à la personne morale qui contrôle ou qui est contrôlée par le titulaire initial de l'autorisation au regard des critères figurant à l'article L. 233-3 du code de commerce. A l'occasion de ce changement de titulaire de l'autorisation, le conseil peut, dans les mêmes conditions, donner son agrément à un changement de la catégorie pour laquelle le service est autorisé. Ce changement ne peut être agréé hors appel aux candidatures par le Conseil supérieur de l'audiovisuel s'il est incompatible avec la préservation des équilibres des marchés publicitaires, notamment locaux.

« Ce changement de titulaire de l'autorisation n'est pas ouvert aux services mentionnés à l'article 80 et aux services locaux, régionaux et thématiques indépendants. »

(L. n° 2013-1028 du 15 nov. 2013, art. 27) « Sous réserve du respect des articles 1er et 3-1, le Conseil supérieur de l'audiovisuel peut, par décision motivée, donner son agrément à une modification des modalités de financement lorsqu'elle porte sur le recours ou non à une rémunération de la part des usagers. Préalablement à sa décision, il procède à une étude d'impact, notamment économique, rendue publique dans le respect du secret des affaires. Il procède aussi à l'audition publique du titulaire et entend les tiers qui le demandent. Cette modification de l'autorisation peut être agréée si les équilibres du marché publicitaire des services de télévision hertzienne terrestre sont pris en compte.

« Sans préjudice de l'application du premier alinéa, tout éditeur de services détenteur d'une autorisation délivrée en application des articles 29, 29-1, 30-1, 30-5 et 96 doit obtenir un agrément du Conseil supérieur de l'audiovisuel en cas de modification du contrôle direct ou indirect, au sens de l'article L. 233-3 du code de commerce, de la société titulaire de l'autorisation. Cet agrément fait l'objet d'une décision motivée *(L. n° 2015-1267 du 14 oct. 2015, art. 7)* « et est délivré en tenant compte du respect par l'éditeur, lors des deux années précédant l'année de la demande d'agrément, de ses obligations conventionnelles relatives à la programmation du service ».

« Lorsque la modification du contrôle porte sur un service national de télévision autorisé en application de l'article 30-1 de la présente loi ou un service de radio appartenant à un réseau de diffusion à caractère national, au sens de l'article 41-3, et que cette modification est susceptible de modifier de façon importante le marché en cause, l'agrément est précédé d'une étude d'impact, notamment économique, rendue publique dans le respect du secret des affaires.

« S'il l'estime utile, le Conseil supérieur de l'audiovisuel peut effectuer une telle étude pour les autres services autorisés. »

Art. 42-4 *(L. n° 89-25 du 17 janv. 1989)* Dans tous les cas de manquement aux obligations incombant aux *(L. n° 2004-575 du 21 juin 2004, art. 11)* « éditeurs de services de » *(L. n° 2009-258 du 5 mars 2009, art. 59)* « communication audiovisuelle », le Conseil supérieur de l'audiovisuel peut ordonner l'insertion dans les programmes d'un communiqué dont il fixe les termes et les conditions de diffusion. *(L. n° 2004-575 du 21 juin 2004, art. 11)* « Le Conseil supérieur de l'audiovisuel demande à l'intéressé de lui présenter ses observations dans un délai de deux jours francs à compter de la réception de cette demande. La décision est ensuite prononcée sans que soit mise en œuvre la procédure prévue à l'article 42-7. » Le refus du titulaire de se conformer à cette décision est passible d'une sanction pécuniaire *(L. n° 2004-575 du 21 juin 2004, art. 11)* « dans les conditions fixées à l'article 42-2 ».

Art. 42-5 *(L. n° 89-25 du 17 janv. 1989)* Le Conseil supérieur de l'audiovisuel ne peut être saisi de faits remontant à plus de trois ans, s'il n'a été fait aucun acte tendant à leur recherche, leur constatation ou leur sanction.

Art. 42-6 *(L. n° 2018-1202 du 22 déc. 2018, art. 8)* Le Conseil supérieur de l'audiovisuel peut, après mise en demeure, prononcer la sanction de résiliation unilatérale de la convention conclue en application du I de l'article 33-1 de la présente loi avec une personne morale contrôlée, au sens de l'article L. 233-3 du code de commerce, par un État étranger ou placée sous l'influence de cet État si le service ayant fait l'objet de ladite convention porte atteinte aux intérêts fondamentaux de la Nation, dont le fonctionnement régulier de ses institutions, notamment par la diffusion de fausses informations. Pour apprécier cette atteinte, le conseil peut tenir compte des contenus que la société avec laquelle il a conclu la convention, ses filiales, la personne morale qui la contrôle ou les filiales de celle-ci éditent sur d'autres services de communication au public par voie électronique, sans toutefois pouvoir fonder sa décision sur ces seuls éléments.

Art. 42-7 *(L. n° 2013-1028 du 15 nov. 2013, art. 6)* Les sanctions prévues aux articles 42-1, 42-3, 42-4, *(L. n° 2018-1202 du 22 déc. 2018, art. 9)* « 42-6, » 42-15, 48-2 et 48-3 sont prononcées dans les conditions suivantes :

1° L'engagement des poursuites et l'instruction préalable au prononcé des sanctions prévues par les dispositions précitées sont assurés par un rapporteur nommé par le vice-président du Conseil d'État, après avis du Conseil supérieur de l'audiovisuel, parmi les membres des juridictions administratives en activité, pour une durée de quatre ans, renouvelable une fois ;

2° Le rapporteur peut se saisir de tout fait susceptible de justifier l'engagement d'une procédure de sanction ;

3° Le rapporteur décide si les faits dont il a connaissance justifient l'engagement d'une procédure de sanction.

S'il estime que les faits justifient l'engagement d'une procédure de sanction, le rapporteur notifie les griefs aux personnes mises en cause, qui peuvent consulter le dossier et présenter leurs observations dans un délai d'un mois suivant la notification. Ce délai peut être réduit jusqu'à sept jours en cas d'urgence. Le rapporteur adresse une copie de la notification au Conseil supérieur de l'audiovisuel ;

4° L'instruction est dirigée par le rapporteur, qui peut procéder à toutes les auditions et consultations qu'il estime nécessaires.

Le Conseil supérieur de l'audiovisuel met à la disposition du rapporteur, dans les conditions prévues par une convention, tous les moyens nécessaires à l'accomplissement de ses fonctions. *(Abrogé par L. n° 2017-55 du 20 janv. 2017, art. 42)* « *Par dérogation à l'article 7,* » Les personnels mis à la disposition du rapporteur sont placés sous son autorité pour les besoins de chacune de ses missions ;

5° Au terme de l'instruction, le rapporteur communique son rapport, accompagné des documents sur lesquels il se fonde, à la personne mise en cause et au Conseil supérieur de l'audiovisuel.

Sauf dans les cas où la communication ou la consultation de ces documents est nécessaire à l'exercice des droits de la défense de la personne mise en cause, le rapporteur peut lui refuser la communication ou la consultation de pièces ou de certains éléments contenus dans ces pièces mettant en jeu le secret des affaires d'autres personnes. Dans ce cas, une version non confidentielle et un résumé des pièces ou éléments en cause lui sont accessibles ;

6° Le rapporteur expose devant le Conseil supérieur de l'audiovisuel, lors d'une séance à laquelle est convoquée la personne mise en cause, son opinion sur les faits dont il a connaissance et les griefs notifiés. Le cas échéant, il propose au conseil d'adopter l'une des sanctions prévues aux articles 42-1, 42-3, 42-4, *(L. n° 2018-1202 du 22 déc. 2018, art. 9)* « 42-6, » 42-15, 48-2 et 48-3. Au cours de cette séance, la personne mise en cause, qui peut se faire assister par toute personne de son choix, est entendue par le conseil, qui peut également entendre, en présence de la personne mise en cause, toute personne dont l'audition lui paraît susceptible de contribuer à son information. Cette séance se tient dans un délai de deux mois suivant la notification du rapport par le rapporteur.

Le rapporteur n'assiste pas au délibéré.

La décision du conseil prise au terme de cette procédure est motivée et notifiée aux personnes qu'elle vise et, en cas de suspension de la diffusion d'un service, aux distributeurs ou aux opérateurs satellitaires qui assurent la diffusion du service en France et qui doivent assurer l'exécution de la mesure. Sous réserve des secrets protégés par la loi, la décision du conseil est également publiée au *Journal officiel* ;

7° La procédure de sanction est suspendue lorsque le Conseil supérieur de l'audiovisuel décide de mettre en œuvre la procédure prévue à l'article 42-10.

Un décret en Conseil d'État précise les modalités d'application du présent article.

V. Décr. n° 2013-1196 du 19 déc. 2013 relatif à la procédure de sanction mise en œuvre par le Conseil supérieur de l'audiovisuel en application de l'art. 42-7 de la L. n° 86-1067 du 30 sept. 1986 relative à la liberté de communication (JO 21 déc.).

Les dispositions de l'art. 6 de la L. n° 2013-1028 du 15 nov. 2013 sont applicables aux procédures de sanction ouvertes à compter du 17 nov. 2013 (L. préc., art. 35).

Art. 42-8 *(L. n° 2004-669 du 9 juill. 2004, art. 81)* Les éditeurs et les distributeurs de services de communication audiovisuelle peuvent former un recours de pleine juridiction devant le Conseil d'État contre les décisions du Conseil supérieur de l'audiovisuel prises en application des articles 17-1, 42-1, 42-3 et 42-4.

Les personnes mentionnées à l'article 95 et les prestataires auxquels ces personnes recourent peuvent former un recours de pleine juridiction devant le Conseil d'État contre les décisions du Conseil supérieur de l'audiovisuel prises en application de l'article 17-1.

Art. 42-9 *(L. n° 89-25 du 17 janv. 1989)* Le recours formé contre les décisions de retrait prononcées sans mise en demeure préalable est suspensif sauf lorsque le retrait est motivé par une atteinte à l'ordre public, à la sécurité ou à la santé publiques. Le Conseil d'État statue dans les trois mois.

Art. 42-10 *(L. n° 89-25 du 17 janv. 1989)* En cas de manquement aux obligations résultant des dispositions de la présente loi et pour l'exécution des missions du Conseil supérieur de l'audiovisuel, son président peut demander en justice qu'il soit ordonné à la personne qui en est responsable de se conformer à ces dispositions, de mettre fin à l'irrégularité ou d'en supprimer les effets. *(L. n° 2004-669 du 9 juill. 2004, art. 82)* « Cette demande peut avoir pour objet de faire cesser la diffusion, par un opérateur satellitaire *(L. n° 2018-1202 du 22 déc. 2018, art. 10)* « ou un distributeur de services », d'un service de télévision relevant de la compétence de la France dont les programmes portent atteinte à l'un au moins des principes mentionnés aux articles 1er, 3-1 ou 15. »

(L. n° 2018-1202 du 22 déc. 2018, art. 10) « La demande peut avoir pour objet de faire cesser la diffusion ou la distribution, par un opérateur de réseaux satellitaires ou un distributeur de services, d'un service de communication audiovisuelle relevant de la compétence de la France et contrôlé, au sens de l'article L. 233-3 du code de commerce, par un État étranger ou placé sous l'influence de cet État si ce service porte atteinte aux intérêts fondamentaux de la Nation, dont le fonctionnement régulier de ses institutions, notamment par la diffusion de fausses informations. Pour apprécier cette atteinte, le juge peut, le cas échéant, tenir compte des contenus que l'éditeur du service, ses filiales, la personne morale qui le contrôle ou les filiales de celle-ci éditent sur d'autres services de communication au public par voie électronique. »

La demande est portée devant le président de la section du contentieux du Conseil d'État qui statue en référé et dont la décision est immédiatement exécutoire. Il peut prendre, même d'office, toute mesure conservatoire et prononcer une astreinte pour l'exécution de son ordonnance.

Toute personne qui y a intérêt peut intervenir à l'action introduite par le président du Conseil supérieur de l'audiovisuel.

Demande de cessation de diffusion. Loin de restreindre la portée de l'art. 42-10 de la L. n° 86-1067 du 30 sept. 1986 dans sa rédaction issue de la L. n° 89-25 du 17 janv. 1989, l'art. 82 de la L. n° 2004-669 du 9 juill. 2004 a entendu au contraire l'étendre pour permettre, selon une procédure d'urgence visant les opérateurs de satellite, de faire cesser les manquements aux principes essentiels posés par la L. du 30 sept. 1986 imputables à des chaînes non européennes utilisant la capacité satellitaire de ces opérateurs (que soit ou non signée une convention avec l'autorité de régulation) ; à la différence de la mise en œuvre des art. 42 à 42-7 de la loi, qui tendent au prononcé d'une sanction administrative par le Conseil supérieur de l'audiovisuel, la procédure de référé instituée par l'art. 42-10 de la L. de 1986 autorise la prescription, par une autorité juridictionnelle agissant sur requête du président de l'instance de régulation, en urgence et au besoin sous astreinte, de mesures à caractère conservatoire, de toute mesure visant à mettre fin à l'irrégularité dénoncée si elle est établie ou à en supprimer les effets, ou encore de la mesure de police découlant de l'adjonction apportée à l'art. 42-10 par la L. du 9 juill. 2004 ; en dépit des avertissements du CSA qui auraient dû inciter les responsables de la chaîne Al Manar à veiller au respect des obligations fixées par la convention signée le 19 nov. 2004 avec le CSA sur le fondement de l'art. 33-1 de la L. du 30 sept. 1986, ont été constatés, lors de deux émissions diffusées le 23 nov. 2004, des manquements d'une particulière gravité aux dispositions de l'art. 15 de cette même loi qui prohibent la diffusion de tout programme contenant une incitation à la haine ou à la violence pour des raisons de religion ou de nationalité ; pris dans leur ensemble, les programmes s'inscrivent dans une perspective militante, qui comportent des connotations antisémites ; même si la diffusion effective en France de la chaîne est difficilement mesurable et est, en tout cas, limitée, il ne saurait être exclu que la réitération d'émissions ouvertement contraires aux dispositions de cet art. 15 ait des incidences néfastes sur la sauvegarde de l'ordre public ; au vu de l'ensemble de ces éléments, il y a lieu d'enjoindre à la société Eutelsat de prendre toutes dispositions à l'effet de faire cesser dans un délai de 48 heures à compter de la notification de la présente ordonnance la diffusion sur ces satellites des services de télévision d'Al Manar. • CE, ord., 13 déc. 2004 : *D. 2005. IR 17.*

Art. 42-11 *(L. n° 89-25 du 17 janv. 1989)* **Le Conseil supérieur de l'audiovisuel saisit le procureur de la République de toute infraction aux dispositions de la présente loi.**

Saisine indépendante d'un dépôt de plainte. Si les dispositions de l'art. 42 (art. 42-11) de la L. du 30 sept. 1986, analogues à celles de l'art. 40, al. 2, C. pr. pén., imposent au président de la Commission nationale de la communication (CSA) de saisir le procureur de la République des infractions entrant dans les prévisions de cette loi, il ne s'ensuit pas que la mise en mouvement de l'action publique soit subordonnée, en l'absence d'une disposition législative expresse, au dépôt d'une plainte par cette autorité. • Crim. 5 déc. 1989 : *Bull. crim. n° 463 ; D. 1990. Somm. 291, obs. Hassler ; RSC 1991. 109, obs. Francillon* • 11 avr. 1991 : *Dr. pénal 1991. 237 ; JCP 1991. IV. 280* • 21 janv. 2003, n° 02-82.319 P : *JCP 2003. I. 178, n° 10, obs. Dreyer.*

Art. 42-12 *(L. n° 94-88 du 1er févr. 1994)* ....

CHAPITRE IV ***Dispositions communes à l'ensemble des services de communication audiovisuelle*** *(L. n° 2004-669 du 9 juill. 2004, art. 85).*

Art. 43 *(L. n° 2004-669 du 9 juill. 2004, art. 86)* **Toute forme de publicité accessible par un service de communication audiovisuelle doit être clairement identifiée comme telle. Elle doit également permettre d'identifier la personne pour le compte de laquelle elle est réalisée.**

....

TITRE VI **Dispositions pénales**

Art. 74 ***Quiconque aura prêté son*** **nom ou emprunté le nom d'autrui en violation des dispositions de l'article 35 sera puni d'un emprisonnement d'un an et d'une amende de 30 000 €, ou de l'une de ces deux peines seulement. Les mêmes peines seront applicables à toute personne bénéficiaire de l'opération de prête-nom.**

Lorsque l'opération de prête-nom aura été faite au nom d'une société ou d'une association, les peines prévues par les dispositions de l'alinéa précédent seront applicables, selon le

cas, au président du conseil d'administration, au président du directoire ou au directeur général unique, au gérant de la société ou au président du conseil d'administration de l'association.

Art. 75 Seront punis d'une amende de 18 000 € les personnes physiques et les dirigeants de droit ou de fait des personnes morales qui n'auront pas fourni les informations auxquelles ces personnes physiques ou morales sont tenues, en application de l'article 38, du fait des participations ou des droits de vote qu'elles détiennent.

Art. 76 Les dirigeants de droit ou de fait d'une société par actions qui, en violation des dispositions de l'article 36, auront émis des actions au porteur ou n'auront pas fait toute diligence pour faire mettre les actions au porteur sous la forme nominative, seront punis d'une amende de 6 000 €.

(L. nº 2004-669 du 9 juill. 2004, art. 101) « Sera puni de la même peine le dirigeant de droit ou de fait d'un éditeur de services de communication audiovisuelle qui n'aura pas respecté les prescriptions de l'article 43-1. »

Art. 77 Sera puni d'une amende de 150 000 € quiconque aura contrevenu aux dispositions de l'article *(L. nº 86-1210 du 27 nov. 1986)* « 39 ou de l'article 40 ».

Art. 78 Sera puni d'une amende de 75 000 € le dirigeant de droit ou de fait d'un service de communication audiovisuelle qui aura émis ou fait émettre :

1° Sans autorisation du Conseil supérieur de l'audiovisuel ou en violation d'une décision de suspension ou de retrait prononcée *(L. nº 2004-669 du 9 juill. 2004, art. 102)* « sur le fondement des dispositions de l'article 42-1 » ou sur une fréquence autre que celle qui lui a été attribuée ;

2° En violation des dispositions concernant la puissance ou le lieu d'implantation de l'émetteur ;

(L. nº 2000-719 du 1er août 2000) « 3° Sans avoir conclu avec le Conseil supérieur de l'audiovisuel la convention prévue à l'article 33-1. »

(L. nº 2004-669 du 9 juill. 2004, art. 102) « II. — Sera puni des mêmes peines :

« 1° Le dirigeant de droit ou de fait d'un organisme de distribution de services autres que ceux mentionnés à l'article 30-2 qui aura mis à la disposition du public une offre de services de communication audiovisuelle comportant des services de radio ou de télévision :

« *a)* Sans avoir procédé à la déclaration prévue à l'article 34 ;

« *b)* Ou sans avoir signalé préalablement au Conseil supérieur de l'audiovisuel une modification des éléments de cette déclaration ;

« 2° Le dirigeant de droit ou de fait d'une société de distribution ou de commercialisation de services de radio ou de télévision par voie hertzienne terrestre en mode numérique qui aura mis ces services à la disposition du public :

« *a)* Sans autorisation du Conseil supérieur de l'audiovisuel ou sans avoir procédé à la déclaration prévue au IV de l'article 30-2 ;

« *b)* Ou en violation d'une décision de suspension ou de retrait prononcée sur le fondement des dispositions de l'article 42-1 ;

« *c)* Ou sur une fréquence autre que celle qui lui a été attribuée. »

(L. nº 2000-719 du 1er août 2000) « III. — » Dans le cas de récidive ou dans le cas où l'émission irrégulière aura perturbé les émissions ou liaisons hertziennes d'un service public, d'une société nationale de programme ou d'un service autorisé, l'auteur de l'infraction pourra être puni d'une amende de cent cinquante mille euros et d'un emprisonnement d'une durée maximale de six mois.

(L. nº 89-25 du 17 janv. 1989) « Les agents du Conseil supérieur de l'audiovisuel et ceux placés sous son autorité peuvent, s'ils ont été spécialement habilités à cet effet par le conseil et assermentés dans les conditions fixées par décret en Conseil d'État, constater par procès-verbal les infractions ci-dessus prévues. Leurs procès-verbaux sont transmis dans les cinq jours au procureur de la République. Dans le même délai, une copie en est adressée au président du Conseil supérieur de l'audiovisuel et au dirigeant de droit ou de fait du service de communication audiovisuelle qui a commis l'infraction. » — *V. Décr. nº 92-320 du 31 mars 1992 (JO 1er avr.).*

Dès la constatation de l'infraction, les officiers de police judiciaire peuvent procéder à la saisie des installations et matériels. Les formes prévues aux articles 56 et 57 du code de procédure pénale sont applicables à cette saisie.

En cas de condamnation, le tribunal pourra prononcer la confiscation des installations et matériels.

Les plaintes déposées et les actions engagées par la CNCL à l'encontre des services de radiodiffusion sonore, pendantes devant les juridictions judiciaires, sont reprises par le CSA (Décis. n° 89-28 du 10 mars 1989, JO 26 mars).

1. Émission sans autorisation. Le seul fait de procéder sans autorisation à des émissions de radiodiffusion sonores par voie hertzienne est constitutif de l'infraction prévue par l'art. 78-1° de la L. du 30 sept. 1986. • Crim. 5 déc. 1989 : *Bull. crim. n° 463 ; D. 1990. Somm. 291, obs. Hassler ; RSC 1991. 109, obs. Francillon* • 22 janv. 1991, n° 90-83.362 P : *RSC 1992. 603, obs. Francillon*. ♦ ... Cette émission serait-elle matériellement réalisée avec le support d'un autre service, lui-même autorisé. • Crim. 11 avr. 1991 : *Dr. pénal 1991. 236 ; RSC 1992. 602, obs. Francillon*. ♦ Il n'appartient pas à la cour d'appel de se substituer à l'autorité pour rechercher si l'autorisation prévue par l'art. 29 de ladite loi aurait pu ou non être accordée. • Crim. 5 déc. 1989 : *préc.*

2. Émission en violation d'une décision de suspension. La seule augmentation irrégulière de la puissance autorisée justifie la suspension de l'autorisation ; il n'importe que celle-ci se réfère à la perturbation du service public, cette circonstance qui, suivant l'art. 78 de la L. du 30 sept. 1986, entraîne, le cas échéant, l'aggravation des peines prononcées par le juge, n'étant pas le support nécessaire de la suspension. • Crim. 24 mars 1992, n° 91-81.423 P.

3. Est coupable du délit d'émission en violation d'une décision de suspension prononcée par le CSA pour atteinte à la dignité humaine – un des animateurs de cette radio s'étant publiquement réjoui de l'assassinat d'un policier – le dirigeant d'une station de radio qui laisse ses auditeurs s'exprimer librement sur l'antenne dans le but de recueillir leurs réactions. • TGI Paris, 5 févr. 1996 : *D. 1997. Somm. 82, obs. Hassler et Lapp*. ♦ ... En diffusant les réactions des auditeurs, c'est-à-dire un autre programme que celui qui avait fait l'objet d'une autorisation, ce dirigeant se rend également coupable du délit d'émission sans autorisation, fait prévu et réprimé par l'art. 78, 1°, de la loi n° 86-1067 du 30 sept. 1986. • Même jugement.

4. Constatation des infractions. Si les dispositions de l'art. 78, al. 5, de la L. du 30 sept. 1986 confèrent aux agents du CSA ou placés sous son autorité le pouvoir de constater les infractions prévues par cette loi, ce texte n'exclut pas que celles-ci soient établies suivant les règles du droit commun et que leur preuve soit faite devant la juridiction répressive dans les conditions prévues par l'art. 427 C. pr. pén. • Crim. 25 juill. 1990, n° 90-81.178 P : *RSC 1991. 111, obs. Francillon*.

5. Confiscation. La confiscation facultative prévue par l'art. 78 de la L. du 30 sept. 1986, qui ne saurait entraîner interdiction de solliciter une autorisation d'émettre, est une peine complémentaire dont le prononcé est laissé à l'appréciation des juges qui n'en doivent aucun compte. • Crim. 5 déc. 1989 : *préc. note 1.* • 11 avr. 1991 : *JCP 1991. IV. 280.*

Art. 78-1 *Abrogé par L. n° 2004-669 du 9 juill. 2004, art. 103.*

Art. 79 Sera puni de la peine prévue au premier alinéa de l'article 78 :

1° *(L. n° 89-25 du 17 janv. 1989)* « Quiconque aura méconnu les dispositions des cahiers des charges et *(L. n° 2004-669 du 9 juill. 2004, art. 104)* « des décrets prévus aux articles 27 et 33 », ainsi que des cahiers des charges annexés aux contrats de concession pour l'exploitation des services de communication audiovisuelle, et relatives au nombre et à la nationalité des œuvres cinématographiques diffusées et aux rediffusions, à la grille horaire de programmation de ces œuvres » ;

(Abrogé par L. n° 2009-669 du 12 juin 2009, art. 23-I-2°) « 2° Quiconque aura méconnu les dispositions de l'article 89 de la loi n° 82-652 du 29 juillet 1982 précitée. — V. ce texte.

« Dès la constatation de l'infraction à l'article 89 de la loi n° 82-652 du 29 juillet 1982 précitée, les officiers de police judiciaire peuvent procéder à la saisie des supports mis illicitement à la disposition du public. Les formes prévues aux articles 56 et 57 du code de procédure pénale sont applicables à cette saisie. »

(L. n° 2000-719 du 1er août 2000) « Seront punis d'une amende de 18 000 € les personnes physiques et les dirigeants de droit ou de fait des personnes morales qui n'auront pas répondu ou auront répondu de façon inexacte aux demandes d'information formulées par le Conseil supérieur de l'audiovisuel » *(L. n° 2004-669 du 9 juill. 2004, art. 104)* « en application des troisième et quatrième alinéas du 1° de l'article 19. »

Art. 79-1 *(L. n° 92-1336 du 16 déc. 1992)* Sont punies de deux ans d'emprisonnement et de 30 000 € d'amende la fabrication, l'importation en vue de la vente ou de la location, l'offre à la vente, la détention en vue de la vente, la vente ou l'installation d'un équipement, matériel, dispositif ou instrument conçu, en tout ou partie, pour capter frauduleusement des programmes télédiffusés, lorsque ces programmes sont réservés à un public déterminé qui y accède moyennant une rémunération versée à l'exploitant du service.

Corresp. : *C. pén., ancien art. 429-1.*

1. Incrimination. L'art. 429-1 C. pén., qui incrimine le fait de capter frauduleusement des programmes télédiffusés, réprime nécessairement le décryptage de ces programmes en violation des droits de l'exploitant du service de télédiffusion (Canal Plus), lorsqu'ils sont réservés à un public déterminé qui y accède moyennant rémunération, sans qu'il puisse être soutenu, par un prévenu poursuivi pour avoir fabriqué des équipements visés par l'art. 429-1 C. pén., que ces équipements étaient conçus non pour capter le programme codé télédiffusé, mais seulement pour le décrypter. • Crim. 23 mars 1992, n° 91-83.775 P : *RSC 1993. 563, obs. Francillon* . ♦ Rappr. : • Versailles, 2 mai 1990 : *Dr. pénal 1990. 254* • Paris, 13 mars 1992 : *JCP 1992. IV. 2002.*

2. Il n'importe pour l'application des art. 429-1 anc. C. pén. et 79-1 de la L. du 30 sept. 1986, que le matériel conçu pour capter frauduleusement des programmes télévisés, vendu en pièces détachées, suppose un montage pour son utilisation. • Crim. 14 mai 1997, n° 96-82.278 P : *RSC 1998. 145, obs. Francillon* ; *JCP 1997. IV. 1902.*

3. Action civile. Est justifiée la décision d'une cour d'appel de condamner le prévenu à réparer le préjudice subi par la chaîne de télévision concernée par la vente de décodeurs pirates, dès lors que cette société a perdu des abonnés potentiels et a été privée de la contrepartie financière qu'elle est en droit d'attendre de la réception de ses programmes et de la mobilisation de ses importants investissements mis au service de sa production d'émissions originales, et que les faits portent atteinte à l'image qu'ont de la société non seulement les abonnés réguliers mais encore les titulaires des droits de diffusion. • Crim. 14 mai 1997, n° 96-82.278 P : *RSC 1998. 145, obs. Francillon* ; *JCP 1997. IV. 1902.*

Art. 79-2 *(L. n° 92-1336 du 16 déc. 1992)* **Est puni d'un an d'emprisonnement et de 15 000 € d'amende le fait de commander, de concevoir, d'organiser ou de diffuser une publicité faisant, directement ou indirectement, la promotion d'un équipement, matériel, dispositif ou instrument mentionné à l'article 79-1.**

Corresp. : *C. pén., ancien art. 429-2.*

Réparation. Il appartient aux juridictions du fond de réparer, dans les limites des conclusions des parties, le préjudice dont elles reconnaissent le principe, et dont elles doivent rechercher l'étendue dans l'exercice de leur pouvoir souverain d'appréciation ; encourt la cassation l'arrêt qui déboute de sa demande de dommages-intérêts la victime d'une infraction de promotion publicitaire de moyens de captation frauduleuse de programmes télédiffusés réservés à un public d'abonnés, alors que l'affirmation de l'existence d'un préjudice résultait des propres constatations de la cour d'appel. • Crim. 8 mars 2005, n° 04-83.410 P : *RSC 2006. 102, obs. Francillon* .

Art. 79-3 *(L. n° 92-1336 du 16 déc. 1992)* **Est punie de six mois d'emprisonnement et de 7 500 € d'amende l'organisation, en fraude des droits de l'exploitant du service, de la réception par des tiers des programmes mentionnés à l'article 79-1.**

Corresp. : *C. pén., ancien art. 429-3.*

1. Incrimination. L'art. 429-3 C. pén. réprime nécessairement la mise en œuvre de tout procédé procurant à autrui, sans l'accord de l'exploitant et sans paiement de la rémunération correspondante, l'accès à des programmes télédiffusés, régulièrement captés ou non. • Crim. 19 août 1992, n° 91-83.096 P : *RSC 1993. 565, obs. Francillon* .

2. Se rend coupable du délit d'organisation frauduleuse de la réception par des tiers de programmes télédiffusés réservés à un public déterminé, qui y accède moyennant une rémunération, le président-directeur général d'un cabinet de syndics de copropriété, qui a décidé de raccorder un décodeur unique au réseau général de l'ensemble immobilier qu'il gère (plus de 900 appartements). • Crim. 19 août 1992 : *préc. note 1.*

3. L'organisation frauduleuse de la réception de programmes télédiffusés, prévue et réprimée par l'art. 79-3 de la L. du 30 sept. 1986, implique la mise en place d'un système ou d'une installation permettant, à partir d'un décodeur loué pour un téléviseur unique, soit la captation frauduleuse, soit la diffusion de programmes décryptés sur des postes multiples ; l'usage à des fins privées, dans un hôtel, de deux décodeurs desservant chacun un téléviseur unique, ne saurait constituer à lui seul l'organisation frauduleuse prévue par la loi. • Crim. 21 nov. 2000, n° 99-87.453 P : *Gaz. Pal. 2001. 2. Somm. 1386, note Monnet* ; *RSC 2001. 602, obs. Francillon* .

4. Peine justifiée. Sur le simple visa des art. 429-3 et 429-4 anciens C. pén., les juges ont déclaré le prévenu coupable des délits d'organisation frauduleuse de réception par des tiers de programmes télédiffusés et d'achat de décodeurs pirates en vue de leur utilisation, alors que ces infractions n'étaient pas comprises dans la poursuite ; toutefois la cassation n'est pas encourue dès lors que la peine et les dommages-intérêts sont justifiés par la déclaration de culpabilité du chef de vente de décodeurs. • Crim. 14 mai 1997, n° 96-82.278 P : *JCP 1997. IV. 1902* ; *RSC 1998. 145, obs. Francillon* .

Art. 79-4 *(L. nº 92-1336 du 16 déc. 1992)* **Est punie de 7 500 € d'amende l'acquisition ou la détention, en vue de son utilisation, d'un équipement, matériel, dispositif ou instrument mentionné à l'article 79-1.**

Art. 79-5 *(L. nº 92-1336 du 16 déc. 1992)* **En cas de condamnation pour l'une des infractions définies aux articles 79-1 à 79-4, le tribunal peut prononcer la confiscation des équipements, matériels, dispositifs et instruments ainsi que des documents publicitaires.**

Art. 79-6 *(L. nº 92-1336 du 16 déc. 1992)* **Même si le demandeur s'est constitué partie civile devant la juridiction répressive pour l'une des infractions visées aux articles 79-1 à 79-4, le président du tribunal judiciaire peut, par ordonnance sur requête, autoriser la saisie des équipements, matériels, dispositifs et instruments mentionnés à l'article 79-1, des documents techniques, plans d'assemblage, descriptions graphiques, prospectus et autres documents publicitaires présentant ces équipements, matériels, dispositifs et instruments et ce même avant édition ou distribution, ainsi que des recettes procurées par l'activité illicite.**

Il peut également, statuant en référé, ordonner la cessation de toute fabrication.

....

Convention européenne du 5 mai 1989,

Sur la télévision transfrontière (ensemble une annexe), faite à Strasbourg et signée par la France le 12 févr. 1991. — Entrée en vigueur à l'égard de la France le 1er févr. 1995. — Publiée par Décr. nº 95-438 du 14 avr. 1995 (JO 23 avr.).

Loi nº 92-546 du 20 juin 1992,

Relative au dépôt légal.

V. C. patr., art. L. 131-1, L. 131-2, L. 132-1 à L. 132-4 et L. 133-1.

BIBL. ► Pontier, *ALD 1992. 167.*

Art. 3 *V. C. patr., art. L. 132-1.*

(...)

4º *(...)* **Les décisions de sélection sont prises sur proposition d'une commission associant, notamment, des représentants des professions concernées et des personnalités qualifiées sous la présidence du président du conseil scientifique du dépôt légal.** — *Ces dispositions restent en vigueur jusqu'à la publication de la partie réglementaire du code du patrimoine (Ord. nº 2004-178 du 20 févr. 2004, art. 8-8º, ratifiée par L. nº 2004-1343 du 9 déc. 2004, art. 78-XIV).*

....

Art. 6 **Le conseil scientifique du dépôt légal est composé de représentants des organismes dépositaires et est présidé par l'administrateur général de la Bibliothèque nationale.**

Il est chargé de veiller à la cohérence scientifique et à l'unité des procédures du dépôt légal. Il peut rendre des avis et formuler des recommandations sur toutes questions relatives au dépôt légal. Il est associé à la définition des modalités d'exercice de la consultation des documents déposés *(...) — Ces dispositions restent en vigueur jusqu'à la publication de la partie réglementaire du code du patrimoine (Ord. nº 2004-178 du 20 févr. 2004, art. 8-8º, ratifiée par L. nº 2004-1343 du 9 déc. 2004, art. 78-XIV).*

V. C. patr., art. L. 131-1 s.

Loi nº 94-665 du 4 août 1994,

Relative à l'emploi de la langue française (JO 5 août ; D. et ALD 1994. 416). — Mod. par L. nº 96-597 du 3 juill. 1996, art. 105 (JO 4 juill.). — En application, V. Décr. nº 95-240 du 3 mars 1995 (JO 5 mars ; D. et ALD 1995. 231), mod. par Décr. nº 98-563 du 1er juill. 1998 (JO 8 juill.) ; Circ. du 19 mars 1996 (JO 20 mars).

Loi nº 2001-504 du 12 juin 2001,

Relative au renforcement de la prévention et de la répression des mouvements sectaires portant atteinte aux droits de l'homme et aux libertés fondamentales.

Art. 19 *[diffusion de messages à la jeunesse]. — V. App., vº Enfance — Enfance délinquante.*

Code du patrimoine

(Ord. n° 2004-178 du 20 févr. 2004, ratifiée par L. n° 2004-1343 du 9 déc. 2004, art. 78-XIV)

LIVRE PREMIER Dispositions communes à l'ensemble du patrimoine culturel

TITRE III Dépôt légal

CHAPITRE PREMIER *Objectifs et champ d'application du dépôt légal*

Art. L. 131-1 Le dépôt légal est organisé en vue de permettre :

a) La collecte et la conservation des documents mentionnés à l'article L. 131-2 ;

b) La constitution et la diffusion de bibliographies nationales ;

c) La consultation des documents mentionnés à l'article L. 131-2, sous réserve des secrets protégés par la loi, dans les conditions conformes à la législation sur la propriété intellectuelle et compatibles avec leur conservation. – *[Ancien art. 2, L. n° 92-546 du 20 juin 1992.]*

(L. n° 2006-961 du 1er août 2006, art. 40) « Les organismes dépositaires doivent se conformer à la législation sur la propriété intellectuelle sous réserve des dispositions particulières prévues par le présent titre. »

Art. L. 131-2 Les documents imprimés, graphiques, photographiques, sonores, audiovisuels, multimédias, quel que soit leur procédé technique de production, d'édition ou de diffusion, font l'objet d'un dépôt obligatoire, dénommé dépôt légal, dès lors qu'ils sont mis à la disposition d'un public. *(Ord. n° 2009-901 du 24 juill. 2009, art. 5)* « Toutefois, les documents destinés à une première exploitation en salles de spectacles cinématographiques sont soumis à l'obligation de dépôt légal dès lors qu'ils ont obtenu le visa d'exploitation cinématographique prévu à l'article L. 211-1 du code du cinéma et de l'image animée. »

(L. n° 2006-961 du 1er août 2006, art. 39) « Les logiciels et les bases de données sont soumis à l'obligation de dépôt légal dès lors qu'ils sont mis à disposition d'un public par la diffusion d'un support matériel, quelle que soit la nature de ce support.

« Sont également soumis au dépôt légal les signes, signaux, écrits, images, sons ou messages de toute nature faisant l'objet d'une communication au public par voie électronique. »

CHAPITRE II *Modalités et organisation du dépôt légal*

Art. L. 132-1 Le dépôt légal consiste en la remise du document à l'organisme dépositaire ou *(L. n° 2004-1343 du 9 déc. 2004)* « en » son envoi en franchise postale, en un nombre limité d'exemplaires.

Un décret en Conseil d'État fixe :

a) Les conditions dans lesquelles il peut être satisfait à l'obligation de dépôt légal par d'autres moyens, notamment par l'enregistrement des émissions faisant l'objet d'une radiodiffusion sonore ou d'une télédiffusion ;

b) Les modalités d'application particulières à chaque catégorie de personnes mentionnées à l'article L. 132-2, ainsi que les conditions dans lesquelles certaines de ces personnes peuvent être exemptées de l'obligation de dépôt légal ;

c) Les exceptions à l'obligation de dépôt pour les catégories de documents dont la collecte et la conservation ne présentent pas un intérêt suffisant au regard des objectifs définis à l'article L. 131-1 ;

d) Les modalités selon lesquelles une sélection des documents à déposer peut être faite lorsque les objectifs définis à l'article L. 131-1 peuvent être atteints sans que la collecte et la conservation de la totalité des documents soient nécessaires. – *[Ancien art. 3, L. n° 92-546 du 20 juin 1992.]*

Art. L. 132-2 L'obligation de dépôt mentionnée à l'article L. 131-2 incombe aux personnes suivantes :

a) Celles qui éditent ou importent des documents imprimés, graphiques ou photographiques ;

b) Celles qui impriment les documents mentionnés au *a* ci-dessus ;

c) *(L. n° 2006-961 du 1er août 2006, art. 41)* « Celles qui éditent, produisent ou importent des logiciels ou des bases de données ; »

d) Celles qui éditent ou, en l'absence d'éditeur, celles qui produisent ou qui commandent et celles qui importent des phonogrammes ;

e) *(Ord. n° 2009-901 du 24 juill. 2009, art. 5)* « Celles qui produisent des documents cinématographiques et, en ce qui concerne les documents cinématographiques importés, celles qui les distribuent, quelle que soit la nature du support sur lequel ils sont fixés, ainsi que celles qui éditent et importent des vidéogrammes destinés à l'usage privé du public consistant dans la reproduction de documents cinématographiques ; »

f) *(L. n° 2006-961 du 1er août 2006, art. 41)* « Les services de radio et de télévision au sens de la loi n° 86-1067 du 30 septembre 1986 relative à la liberté de communication ; »

g) Les personnes qui éditent ou, en l'absence d'éditeur, celles qui produisent ou qui commandent et celles qui importent des vidéogrammes autres que ceux qui sont mentionnés au *e* ci-dessus et que ceux qui sont télédiffusés sans faire l'objet par ailleurs d'une exploitation commerciale ;

h) Celles qui éditent ou, en l'absence d'éditeur, celles qui produisent et celles qui importent des documents multimédias ;

(L. n° 2006-961 du 1er août 2006, art. 41) « *i)* Celles qui éditent ou produisent en vue de la communication au public par voie électronique, au sens du deuxième alinéa de l'article 2 de la loi n° 86-1067 du 30 septembre 1986 précitée, des signes, signaux, écrits, images, sons ou messages de toute nature. » — *Les dispositions de l'art. L. 133-1 C. patr. ne sont applicables aux personnes mentionnées au i de l'art. L. 132-2 qu'à l'expiration d'un délai de 3 ans à compter de la promulgation de la L. n° 2006-961 du 1er août 2006 (L. n° 2006-961 du 1er août 2006, art. 50-III).*

Sont réputés importateurs au sens du présent article ceux qui introduisent sur le territoire national des documents édités ou produits hors de ce territoire. — *[Ancien art. 4, L. n° 92-546 du 20 juin 1992.]*

Art. L. 132-2-1 *(L. n° 2006-961 du 1er août 2006, art. 41)* Les organismes dépositaires mentionnés à l'article L. 132-3 procèdent, conformément aux objectifs définis à l'article L. 131-1, auprès des personnes mentionnées au *i* de l'article L. 132-2, à la collecte des signes, signaux, écrits, images, sons ou messages de toute nature mis à la disposition du public ou de catégories de public.

Ces organismes informent les personnes mentionnées au *i* de l'article L. 132-2 des procédures de collecte qu'ils mettent en œuvre pour permettre l'accomplissement des obligations relatives au dépôt légal. Ils peuvent procéder eux-mêmes à cette collecte selon des procédures automatiques ou en déterminer les modalités en accord avec ces personnes. La mise en œuvre d'un code ou d'une restriction d'accès par ces personnes ne peut faire obstacle à la collecte par les organismes dépositaires précités.

Les organismes chargés de la gestion des noms de domaine et le Conseil supérieur de l'audiovisuel sont autorisés à communiquer aux organismes dépositaires les données d'identification fournies par les personnes mentionnées au *i* de l'article L. 132-2.

Les conditions de sélection et de consultation des informations collectées sont fixées par décret en Conseil d'État pris après avis de la Commission nationale de l'informatique et des libertés.

Art. L. 132-3 Sont responsables du dépôt légal, qu'ils gèrent pour le compte de l'État, dans des conditions déterminées par décret en Conseil d'État : la Bibliothèque nationale de France, le Centre national du cinéma et de l'image animée *(L. n° 2012-387 du 22 mars 2012, art. 99-II)* « et l'Institut national de l'audiovisuel ».

Ce décret peut confier la responsabilité du dépôt légal à d'autres établissements ou services publics, nationaux ou locaux, à la condition qu'ils présentent les garanties statutaires et disposent des moyens, notamment scientifiques, propres à assurer le respect des objectifs définis à l'article L. 131-1. — *[Ancien art. 5, L. n° 92-546 du 20 juin 1992.]*

Art. L. 132-4 *(L. n° 2006-961 du 1er août 2006, art. 42-I)* L'auteur ne peut interdire aux organismes dépositaires, pour l'application du présent titre :

1° La consultation de l'œuvre sur place par des chercheurs dûment accrédités par chaque organisme dépositaire sur des postes individuels de consultation dont l'usage est exclusivement réservé à ces chercheurs ;

2° La reproduction d'une œuvre, sur tout support et par tout procédé, lorsque cette reproduction est nécessaire à la collecte, à la conservation et à la consultation sur place dans les conditions prévues au 1°.

Art. L. 132-5 *(L. n° 2006-961 du 1er août 2006, art. 42-II)* L'artiste-interprète, le producteur de phonogrammes ou de vidéogrammes ou l'entreprise de communication audiovisuelle ne peut interdire la reproduction et la communication au public des documents mentionnés à l'article L. 131-2 dans les conditions prévues à l'article L. 132-4.

Art. L. 132-6 *(L. n° 2006-961 du 1er août 2006, art. 42-II)* Le producteur d'une base de données ne peut interdire l'extraction et la réutilisation par mise à disposition de la totalité ou d'une partie de la base dans les conditions prévues à l'article L. 132-4.

CHAPITRE III *Dispositions pénales*

Art. L. 133-1 Le fait, pour toute personne mentionnée à l'article L. 132-2, de se soustraire volontairement à l'obligation de dépôt légal est puni d'une amende de 75 000 €. La juridiction répressive peut, après avoir déclaré le prévenu coupable, ajourner le prononcé de la peine en lui enjoignant, sous astreinte le cas échéant, de se conformer, dans un délai fixé, aux prescriptions qu'elle détermine et qui ont pour objet de faire cesser l'agissement illicite et d'en réparer les conséquences.

Dans le cas où la juridiction répressive assortit l'ajournement d'une astreinte, elle doit prévoir le taux et la date à compter de laquelle cette astreinte commencera à courir. L'ajournement, qui ne peut intervenir qu'une seule fois, peut être décidé même si le prévenu ne comparaît pas en personne.

Le juge peut ordonner l'exécution provisoire de la décision d'injonction.

A l'audience de renvoi, qui doit intervenir au plus tard dans le délai d'un an à compter de la décision d'ajournement, la juridiction statue sur la peine et liquide l'astreinte s'il y a lieu. Elle peut, le cas échéant, supprimer cette dernière ou en réduire le montant. L'astreinte est recouvrée par le comptable *(Ord. n° 2010-420 du 27 avr. 2010, art. 113)* « public compétent » comme une amende pénale. Elle ne peut donner lieu à *(L. n° 2004-204 du 9 mars 2004, art. 198)* « contrainte judiciaire ». — *[Ancien art. 7, L. n° 92-546 du 20 juin 1992.]*

Loi n° 2004-575 du 21 juin 2004,

Pour la confiance dans l'économie numérique.

BIBL. ► LEPAGE, *Dr. pénal 2004. Chron. 18* (libertés sur l'internet et cybercriminalité).

TITRE PREMIER De la liberté de communication en ligne

CHAPITRE PREMIER *La communication au public en ligne*

Art. 1er *(...)*

IV. — Ainsi qu'il est dit à l'article 1er de la loi n° 86-1067 du 30 septembre 1986 relative à la liberté de communication, la communication au public par voie électronique est libre.

L'exercice de cette liberté ne peut être limité que dans la mesure requise, d'une part, par le respect de la dignité de la personne humaine, de la liberté et de la propriété d'autrui, du caractère pluraliste de l'expression des courants de pensée et d'opinion et, d'autre part, *(L. n° 2004-669 du 9 juill. 2004, art. 109-II, en vigueur le 1er août 2004)* « par la protection de l'enfance et de l'adolescence, » par la sauvegarde de l'ordre public, par les besoins de la défense nationale, par les exigences de service public, par les contraintes techniques inhérentes aux moyens de communication, ainsi que par la nécessité, pour les services audiovisuels, de développer la production audiovisuelle.

On entend par communication au public par voie électronique toute mise à disposition du public ou de catégories de public, par un procédé de communication électronique, de signes, de signaux, d'écrits, d'images, de sons ou de messages de toute nature qui n'ont pas le caractère d'une correspondance privée.

On entend par communication au public en ligne toute transmission, sur demande individuelle, de données numériques n'ayant pas un caractère de correspondance privée, par un procédé de communication électronique permettant un échange réciproque d'informations entre l'émetteur et le récepteur.

On entend par courrier électronique tout message, sous forme de texte, de voix, de son ou d'image, envoyé par un réseau public de communication, stocké sur un serveur du réseau ou dans l'équipement terminal du destinataire, jusqu'à ce que ce dernier le récupère.

Communication par voie électronique. Un prévenu est poursuivi du chef de diffamation à la suite de la mise en cause de la présidente du conseil général par des écrits publiés sur un blog diffusé sur internet ; la cour considère que le blog, constitué de pages personnelles rédigées par le prévenu et éditées sur internet à l'attention du public, est une communication par voie électronique au sens de l'art. 1er-IV de la loi n° 2004-575 du 21 juin 2004. • Saint-Denis de la Réunion, 10 avr. 2008 : *JCP 2008. IV. 2578.* ♦ En revanche, la cour estime que la production par la partie civile de l'impression sur papier des pages du blog ne suffit pas, en raison du caractère éphémère et changeant de la teneur du blog, à établir avec certitude la matérialité authentique des écrits visibles sur le site, ni la date certaine de leur parution. • Même arrêt.

CHAPITRE II *Les prestations techniques*

....

Art. 6 I. — 1. Les personnes dont l'activité est d'offrir un accès à des services de communication au public en ligne informent leurs abonnés de l'existence de moyens techniques permettant de restreindre l'accès à certains services ou de les sélectionner et leur proposent au moins un de ces moyens.

(L. n° 2009-669 du 12 juin 2009, art. 13) « Les personnes visées à l'alinéa précédent les informent également de l'existence de moyens de sécurisation permettant de prévenir les manquements à l'obligation définie à l'article L. 336-3 du code de la propriété intellectuelle et leur proposent au moins un des moyens figurant sur la liste prévue au deuxième alinéa de l'article *(L. n° 2009-1311 du 28 oct. 2009, art. 12-III)* « L. 331-26 » du même code. »

(L. n° 2020-105 du 10 févr. 2020, art. 13, en vigueur le 1er janv. 2020) « 1 *bis*. A compter du 1er janvier 2022, et dans le respect de la loi n° 78-17 du 6 janvier 1978 relative à l'informatique, aux fichiers et aux libertés, les personnes mentionnées au 1 informent également leurs abonnés de la quantité de données consommées dans le cadre de la fourniture d'accès au réseau et indiquent l'équivalent des émissions de gaz à effet de serre correspondant.

« Les équivalents d'émissions de gaz à effet de serre correspondant à la consommation de données sont établis suivant une méthodologie mise à disposition par l'Agence de l'environnement et de la maîtrise de l'énergie. »

2. Les personnes physiques ou morales qui assurent, même à titre gratuit, pour mise à disposition du public par des services de communication au public en ligne, le stockage de signaux, d'écrits, d'images, de sons ou de messages de toute nature fournis par des destinataires de ces services ne peuvent pas voir leur responsabilité civile engagée du fait des activités ou des informations stockées à la demande d'un destinataire de ces services si elles n'avaient pas effectivement connaissance de leur caractère *(L. n° 2020-766 du 24 juin 2020, art. 17)* « manifestement » illicite ou de faits et circonstances faisant apparaître ce caractère ou si, dès le moment où elles en ont eu cette connaissance, elles ont agi promptement pour retirer ces données ou en rendre l'accès impossible.

L'alinéa précédent ne s'applique pas lorsque le destinataire du service agit sous l'autorité ou le contrôle de la personne visée audit alinéa.

3. Les personnes visées au 2 ne peuvent voir leur responsabilité pénale engagée à raison des informations stockées à la demande d'un destinataire de ces services si elles n'avaient pas effectivement connaissance *(L. n° 2020-766 du 24 juin 2020, art. 17)* « du caractère manifestement illicite de l'activité ou de l'information [*ancienne rédaction : de l'activité ou de l'information illicites*] » ou si, dès le moment où elles en ont eu connaissance, elles ont agi promptement pour retirer ces informations ou en rendre l'accès impossible.

L'alinéa précédent ne s'applique pas lorsque le destinataire du service agit sous l'autorité ou le contrôle de la personne visée audit alinéa.

4. Le fait, pour toute personne, de présenter aux personnes mentionnées au 2 un contenu ou une activité comme étant illicite dans le but d'en obtenir le retrait ou d'en faire cesser la diffusion, alors qu'elle sait cette information inexacte, est puni d'une peine d'un an d'emprisonnement et de 15 000 € d'amende.

5. La connaissance des faits litigieux est présumée acquise par les personnes désignées au 2 lorsqu'il leur est notifié les éléments suivants :

(L. n° 2020-766 du 24 juin 2020, art. 2-I) « — si le notifiant est une personne physique : ses nom, prénom, adresse électronique ; si le notifiant est une personne morale : sa forme sociale, sa dénomination sociale, son adresse électronique ; si le notifiant est une autorité administrative : sa dénomination et son adresse électronique. Ces conditions sont réputées satisfaites dès lors que le notifiant est un utilisateur inscrit du service de communication au public en ligne mentionné au même 2, qu'il est connecté au moment de procéder à la notification et que l'opérateur a recueilli les éléments nécessaires à son identification ;

« — la description du contenu litigieux, sa localisation précise et, le cas échéant, la ou les adresses électroniques auxquelles il est rendu accessible ; ces conditions sont réputées satisfaites dès lors que le service de communication au public en ligne mentionné audit 2 permet de procéder précisément à cette notification par un dispositif technique directement accessible depuis ledit contenu litigieux ;

« — les motifs légaux pour lesquels le contenu litigieux devrait être retiré ou rendu inaccessible ; cette condition est réputée satisfaite dès lors que le service de communication au public en ligne mentionné au même 2 permet de procéder à la notification par un dispositif technique proposant d'indiquer la catégorie d'infraction à laquelle peut être rattaché ce contenu litigieux ; »

– la copie de la correspondance adressée à l'auteur ou à l'éditeur des informations ou activités litigieuses demandant leur interruption, leur retrait ou leur modification, ou la justification de ce que l'auteur ou l'éditeur n'a pu être contacté *(L. n° 2020-766 du 24 juin 2020, art. 2-II)* « ; cette condition n'est pas exigée pour la notification des infractions mentionnées au troisième alinéa du 7 du présent I ainsi qu'à l'article 24 *bis* et aux troisième et quatrième alinéas de l'article 33 de la loi du 29 juillet 1881 sur la liberté de la presse ».

6. Les personnes mentionnées aux 1 et 2 ne sont pas des producteurs au sens de l'article 93-3 de la loi n° 82-652 du 29 juillet 1982 sur la communication audiovisuelle.

7. Les personnes mentionnées aux 1 et 2 ne sont pas soumises à une obligation générale de surveiller les informations qu'elles transmettent ou stockent, ni à une obligation générale de rechercher des faits ou des circonstances révélant des activités illicites.

Le précédent alinéa est sans préjudice de toute activité de surveillance ciblée et temporaire demandée par l'autorité judiciaire.

Compte tenu de l'intérêt général attaché à la répression de l'apologie des crimes contre l'humanité, *(L. n° 2014-1353 du 13 nov. 2014, art. 12-I)* « de la provocation à la commission d'actes de terrorisme et de leur apologie, » de l'incitation à la haine raciale *(L. n° 2014-873 du 4 août 2014, art. 57)* « , à la haine à l'égard de personnes à raison de leur sexe, de leur orientation *(L. n° 2020-766 du 24 juin 2020, art. 1er et 18, en vigueur le 1er juill. 2020)* « sexuelle, de leur identité de genre *[ancienne rédaction : ou identité sexuelle]* » ou de leur handicap, » ainsi que de la pornographie enfantine, *(L. n° 2007-297 du 5 mars 2007, art. 40)* « de l'incitation à la violence *(L. n° 2010-769 du 9 juill. 2010, art. 28)* « , notamment l'incitation aux violences *(L. n° 2018-703 du 3 août 2018, art. 11)* « sexuelles et sexistes *[ancienne rédaction : faites aux femmes]* », » ainsi que des atteintes à la dignité humaine, » les personnes mentionnées ci-dessus doivent concourir à la lutte contre la diffusion des infractions visées aux cinquième, *(L. n° 2014-1353 du 13 nov. 2014, art. 12, I)* « septième et huitième » alinéas de l'article 24 de la loi du 29 juillet 1881 sur la liberté de la presse et *(L. n° 2007-297 du 5 mars 2007, art. 40 ; L. n° 2014-1353 du 13 nov. 2014, art. 12-I ; L. n° 2016-444 du 13 avr. 2016, art. 1er ; L. n° 2018-703 du 3 août 2018, art. 11)* « aux articles 222-33, 225-4-1, 225-5, 225-6, 227-23, 227-24 et 421-2-5 » du code pénal.

A ce titre, elles doivent mettre en place un dispositif facilement accessible et visible permettant à toute personne de porter à leur connaissance ce type de données. Elles ont également l'obligation, d'une part, d'informer promptement les autorités publiques compétentes de toutes activités illicites mentionnées à l'alinéa précédent qui leur seraient signalées et qu'exerceraient les destinataires de leurs services, et, d'autre part, de rendre publics les moyens qu'elles consacrent à la lutte contre ces activités illicites.

(Abrogé par L. n° 2014-1353 du 13 nov. 2014, art. 12-I) (L. n° 2011-267 du 14 mars 2011, art. 4-I-1°) « Lorsque les nécessités de la lutte contre la diffusion des images ou des représentations de mineurs relevant de l'article 227-23 du code pénal le justifient, l'autorité administrative notifie aux personnes mentionnées au 1 du présent I les adresses électroniques des services de communication au public en ligne contrevenant aux dispositions de cet article, auxquelles ces personnes doivent empêcher l'accès sans délai.

« Un décret fixe les modalités d'application de l'alinéa précédent, notamment celles selon lesquelles sont compensés, s'il y a lieu, les surcoûts résultant des obligations mises à la charge des opérateurs. »

(L. n° 2007-297 du 5 mars 2007, art. 40) « Compte tenu de l'intérêt général attaché à la répression des activités illégales de jeux d'argent, les personnes mentionnées aux 1 et 2 mettent en place, dans des conditions fixées par décret, un dispositif facilement accessible et visible permettant de signaler à leurs abonnés les services de communication au public en ligne tenus pour répréhensibles par les autorités publiques compétentes en la matière. Elles informent également leurs abonnés des risques encourus par eux du fait d'actes de jeux réalisés en violation de la loi. »

(L. n° 2018-898 du 23 oct. 2018, art. 29) « Les personnes mentionnées aux 1 et 2 informent leurs abonnés de l'interdiction de procéder en France métropolitaine et dans les départements d'outre-mer à des opérations de vente à distance, d'acquisition, d'introduction en provenance d'un autre État membre de l'Union européenne ou d'importation en provenance de pays tiers de produits du tabac manufacturé dans le cadre d'une vente à distance, ainsi que des sanctions légalement encourues pour de tels actes. »

(L. n° 2007-297 du 5 mars 2007, art. 40) « Tout manquement aux obligations définies aux quatrième *(L. n° 2018-898 du 23 oct. 2018, art. 29)* « , cinquième et avant-dernier alinéas du présent 7 » est puni des peines prévues au 1 du VI. »

8. L'autorité judiciaire peut prescrire en référé ou sur requête, à toute personne mentionnée au 2 ou, à défaut, à toute personne mentionnée au 1, toutes mesures propres à prévenir un dommage ou à faire cesser un dommage occasionné par le contenu d'un service de communication au public en ligne.

II. — Les personnes mentionnées aux 1 et 2 du I détiennent et conservent les données de nature à permettre l'identification de quiconque a contribué à la création du contenu ou de l'un des contenus des services dont elles sont prestataires.

Elles fournissent aux personnes qui éditent un service de communication au public en ligne des moyens techniques permettant à celles-ci de satisfaire aux conditions d'identification prévues au III.

L'autorité judiciaire peut requérir communication auprès des prestataires mentionnés aux 1 et 2 du I des données mentionnées au premier alinéa.

Les dispositions des articles 226-17, 226-21 et 226-22 du code pénal sont applicables au traitement de ces données.

Un décret en Conseil d'État, pris après avis de la Commission nationale de l'informatique et des libertés, définit les données mentionnées au premier alinéa et détermine la durée et les modalités de leur conservation.

(Abrogé par L. n° 2013-1168 du 18 déc. 2013, art. 20-III, à compter du 1er janv. 2015) (L. n° 2006-64 du 23 janv. 2006, art. 6-II, applicable jusqu'au 31 déc. 2008) ***« II bis. — Afin de prévenir*** *[Dispositions déclarées non conformes à la Constitution par décision du Conseil constitutionnel n° 2005-532 DC du 19 janv. 2006]* ***les actes de terrorisme, les agents individuellement désignés et dûment habilités des services de police et de gendarmerie nationales spécialement chargés de ces missions peuvent exiger des prestataires mentionnés aux 1 et 2 du I la communication des données conservées et traitées par ces derniers en application du présent article.***

« Les demandes des agents sont motivées et soumises à la décision de la personnalité qualifiée instituée par l'article L. 34-1-1 du code des postes et des communications électroniques selon les modalités prévues par le même article. La Commission nationale de contrôle des interceptions de sécurité exerce son contrôle selon les modalités prévues par ce même article.

« Les modalités d'application des dispositions du présent II bis sont fixées par décret en Conseil d'État, pris après avis de la Commission nationale de l'informatique et des libertés et de la Commission nationale de contrôle des interceptions de sécurité, qui précise notamment la procédure de suivi des demandes et les conditions et durée de conservation des données transmises. » *— V. Décr. n° 2011-219 du 25 févr. 2011 relatif à la conservation et à la communication des données permettant d'identifier toute personne ayant contribué à la création d'un contenu en ligne (JO 1er mars). Les art. 1er à 4, 10 et 11 de ce décret ne sont pas applicables dans les Terres australes et antarctiques françaises.*

III. — 1. Les personnes dont l'activité est d'éditer un service de communication au public en ligne mettent à disposition du public, dans un standard ouvert :

a) S'il s'agit de personnes physiques, leurs nom, prénoms, domicile et numéro de téléphone et, si elles sont assujetties aux formalités d'inscription au registre du commerce et des sociétés ou au répertoire des métiers, le numéro de leur inscription ;

b) S'il s'agit de personnes morales, leur dénomination ou leur raison sociale et leur siège social, leur numéro de téléphone et, s'il s'agit d'entreprises assujetties aux formalités d'inscription au registre du commerce et des sociétés ou au répertoire des métiers, le numéro de leur inscription, leur capital social, l'adresse de leur siège social ;

c) Le nom du directeur ou du codirecteur de la publication et, le cas échéant, celui du responsable de la rédaction au sens de l'article 93-2 de la loi n° 82-652 du 29 juillet 1982 précitée ;

d) Le nom, la dénomination ou la raison sociale et l'adresse et le numéro de téléphone du prestataire mentionné au 2 du I.

2. Les personnes éditant à titre non professionnel un service de communication au public en ligne peuvent ne tenir à la disposition du public, pour préserver leur anonymat, que le nom, la dénomination ou la raison sociale et l'adresse du prestataire mentionné au 2 du I, sous réserve de lui avoir communiqué les éléments d'identification personnelle prévus au 1.

Les personnes mentionnées au 2 du I sont assujetties au secret professionnel dans les conditions prévues aux articles 226-13 et 226-14 du code pénal, pour tout ce qui concerne la divulgation de ces éléments d'identification personnelle ou de toute information permettant d'identifier la personne concernée. Ce secret professionnel n'est pas opposable à l'autorité judiciaire.

IV. — Toute personne nommée ou désignée dans un service de communication au public en ligne dispose d'un droit de réponse, sans préjudice des demandes de correction ou de suppression du message qu'elle peut adresser au service *[Dispositions déclarées non conformes à la Constitution par décision du Conseil constitutionnel n° 2004-496 DC du 10 juin 2004]*.

La demande d'exercice du droit de réponse est adressée au directeur de la publication ou, lorsque la personne éditant à titre non professionnel a conservé l'anonymat, à la personne mentionnée au 2 du I qui la transmet sans délai au directeur de la publication. Elle est présentée au plus tard dans un délai de trois mois à compter de *[Dispositions déclarées non conformes à la Constitution par décision du Conseil constitutionnel n° 2004-496 DC du 10 juin 2004]* la mise à disposition du public du message justifiant cette demande.

Le directeur de la publication est tenu d'insérer dans les trois jours de leur réception les réponses de toute personne nommée ou désignée dans le service de communication au public en ligne sous peine d'une amende de 3 750 €, sans préjudice des autres peines et dommages-intérêts auxquels l'article pourrait donner lieu.

Les conditions d'insertion de la réponse sont celles prévues par l'article 13 de la loi du 29 juillet 1881 précitée. La réponse sera toujours gratuite.

Un décret en Conseil d'État fixe les modalités d'application du présent *(L. n° 2004-669 du 9 juill. 2004, art. 111, en vigueur le 1er août 2004)* « IV ». *— V. Décr. n° 2007-1527 du 24 oct. 2007 (JO 26 oct.).*

V. — Les dispositions des chapitres IV et V de la loi du 29 juillet 1881 précitée sont applicables aux services de communication au public en ligne et la prescription acquise dans les conditions prévues par l'article 65 de ladite loi.

[Dispositions déclarées non conformes à la Constitution par décision du Conseil constitutionnel n° 2004-496 DC du 10 juin 2004].

VI. — 1. Est puni d'un an d'emprisonnement et de *(L. n° 2020-766 du 24 juin 2020, art. 6)* « 250 000 euros *[ancienne rédaction : 75 000 euros]* » d'amende le fait, pour une personne physique ou le dirigeant de droit ou de fait d'une personne morale exerçant l'une des activités définies aux 1 et 2 du I, de ne pas satisfaire aux obligations définies *(L. n° 2007-297 du 5 mars 2007, art. 40)* « aux quatrième *(L. n° 2014-1353 du 13 nov. 2014, art. 12-III-1°)* « et cinquième » alinéas » du 7 du I *(L. n° 2014-1353 du 13 nov. 2014, art. 12-III-2°)* « du présent article ni à celles prévues à l'article 6-1 de la présente loi », de ne pas avoir conservé les éléments d'information visés au II *(L. n° 2014-1353 du 13 nov. 2014, art. 12-III-3°)* « du présent article » ou de ne pas déférer à la demande d'une autorité judiciaire d'obtenir communication desdits éléments.

Les personnes morales peuvent être déclarées pénalement responsables de ces infractions dans les conditions prévues à l'article 121-2 du code pénal. Elles encourent une peine d'amende, suivant les modalités prévues par l'article 131-38 du même code, ainsi que les peines mentionnées aux 2° et 9° de l'article 131-39 de ce code. L'interdiction mentionnée au 2° de cet article est prononcée pour une durée de cinq ans au plus et porte sur l'activité professionnelle dans l'exercice ou à l'occasion de laquelle l'infraction a été commise.

2. Est puni d'un an d'emprisonnement et de 75 000 € d'amende le fait, pour une personne physique ou le dirigeant de droit ou de fait d'une personne morale exerçant l'activité définie au III, de ne pas avoir respecté les prescriptions de ce même article.

Les personnes morales peuvent être déclarées pénalement responsables de ces infractions dans les conditions prévues à l'article 121-2 du code pénal. Elles encourent une peine d'amende, suivant les modalités prévues par l'article 131-38 du même code, ainsi que les peines mentionnées aux 2° et 9° de l'article 131-39 de ce code. L'interdiction mentionnée au 2° de cet article est prononcée pour une durée de cinq ans au plus et porte sur l'activité professionnelle dans l'exercice ou à l'occasion de laquelle l'infraction a été commise

Les dispositions issues de la L. n° 2011-267 du 14 mars 2011 entrent en vigueur six mois à compter de la publication du décret prévu à l'art. 6-I-7°, al. 6 et, au plus tard, à l'expiration d'un délai d'un an à compter de la publication de la loi précitée (L. préc., art. 4-II).

BIBL. ▶ DUHEN, *AJ pénal 2011. 184* (réquisitions judiciaires et conservation des données de connexion par les opérateurs de communication en ligne).

1. Réquisition de données. Constitutionnalité (art. 6-II bis). Les réquisitions de données permises par les nouvelles dispositions de l'art. 6-II *bis* L. n° 2004-575 constituent des mesures de police purement administratives qui ne sont pas placées sous la direction ou la surveillance de l'autorité judiciaire mais relèvent de la seule responsabilité du pouvoir exécutif ; ainsi, ces mesures ne peuvent avoir d'autre finalité que de préserver l'ordre public et de prévenir les infractions ; par conséquent le législateur méconnaît le principe de la séparation des pouvoirs lorsqu'il indique que ces dispositions visent non seulement à prévenir les actes de terrorisme mais également à les réprimer. • Cons. const. 19 janv. 2006, n° 2005-532 DC : *JO 24 janv.*

2. Droit de réponse (art. 6-IV). **BIBL.** Auvret, *Gaz. Pal. 2006. 2. Doctr. 3684* (le droit de réponse en ligne : jeu de miroirs). ♦ En présence d'assertions de nature à nuire à des tiers, le refus d'insertion de la réponse de la part du directeur de la publication peut être justifié ;

l'existence d'éléments sérieux de nature à fonder la résistance du journal à publier la réponse privait de tout caractère manifestement illicite le trouble dont se plaint la demanderesse pour la manière dont le journal a porté sa réponse à la connaissance des lecteurs ; la L. du 21 juin 2004, instituant un droit de réponse pour toute personne nommée et désignée dans un service de communication en ligne, soumet l'exercice de ce droit aux conditions de l'art. 13 de la L. du 29 juill. 1881 ; le premier juge ne pouvait pas non plus ordonner la publication du texte en question dans les archives du site internet du journal. • Paris, 12 juill. 2006 : *JCP 2006. IV. 2973.*

3. L'art. 1er, al. 2, du Décr. n° 2007-1524 du 24 oct. 2007 dispose qu'il n'y a pas lieu à exercice de la procédure de droit de réponse lorsque les utilisateurs sont en mesure, du fait de la nature du service de communication en ligne, de formuler directement les observations qu'appelle de leur part un message qui les met en cause ; les défendeurs soutiennent que, dès lors que le site internet comporte un forum de discussion sur lequel tout internaute peut librement intervenir, ces dispositions interdisent de recourir au droit de réponse ; il y a lieu, cependant, d'interpréter de façon étroite cette restriction apportée par voie réglementaire à l'exercice d'un droit que l'art. 6-IV, de la L. n° 2004-575 du 21 juin 2004, pour la confiance dans l'économie numérique, ouvre largement et sans autre condition à toute personne nommée ou désignée dans un service de communication au public en ligne sans préjudice des demandes de correction ou de suppression du message qu'elle peut adresser au service ; les textes litigieux n'ayant pas été simplement adressés par des internautes sur le forum de discussion du site, mais figurant au cœur de la partie rédactionnelle des sites, l'envoi d'un simple message sur le forum de discussion d'un seul des deux sites contenant les trois textes dans lesquels la personne morale était nommée ne saurait constituer utilement un moyen pour celle-ci de formuler les observations que ces textes appelaient de sa part, au sens des dispositions précitées. • TGI Paris, 19 nov. 2007 : *D. 2007. AJ 3067, obs. Manara*.

4. L'art. 6-IV de la L. n° 2004-575 du 21 juin 2004 pour la confiance dans l'économie numérique a institué, au profit de toute personne nommée ou désignée dans un service de communication au public en ligne, un droit de réponse, distinct de celui prévu, en matière de presse périodique, par l'art. 13 de la L. du 29 juill. 1881 sur la liberté de la presse ; dès lors, c'est à bon droit qu'une cour d'appel retient que l'art. 3 du Décr. n° 2007-1527 du 24 oct. 2007, pris pour l'application de l'art. 6-IV, préc., et qui prévoit que la réponse sollicitée est limitée à la longueur du message qui l'a provoquée ou, lorsque celui-ci ne se présente pas sous une forme alphanumérique, à celle de sa transcription sous forme d'un texte, exclut, sur ce point, l'application des dispositions de l'art. 13 de la L. du 29 juill. 1881. • Civ. 1re, 18 oct. 2017, n° 16-19.282 P : *D. actu. 27 oct. 2017, obs. Lavric ; D. 2018. Pan. 208, obs. Dreyer ; Gaz. Pal. 2018, p. 422, obs. Fourment.*

5. Ne donne pas de base légale à sa décision, au regard des art. 6-IV de la L. n° 2004-575 du 21 juin 2004 pour la confiance dans l'économie numérique et 93-2 de la L. n° 82-652 du 29 juill. 1982 sur la communication audiovisuelle, une cour d'appel qui déclare irrecevable l'action aux fins d'insertion forcée d'une réponse dirigée contre le président d'une association, au motif que le « webmaster » du site internet de cette association est expressément désigné comme la personne à contacter par l'utilisateur pour obtenir une modification des données personnelles apparaissant sur le site, ce qui confirme sa qualité de directeur de la publication, sans rechercher si, en tant que représentant légal de l'association, son président ne devait pas se voir reconnaître cette qualité. • Civ. 1re, 18 oct. 2017 : *préc. note 4.*

Art. 6-1 *(L. n° 2014-1353 du 13 nov. 2014, art. 12-II)* Lorsque les nécessités de la lutte contre la provocation à des actes terroristes ou l'apologie de tels actes relevant de l'article 421-2-5 du code pénal ou contre la diffusion des images ou des représentations de mineurs relevant de l'article 227-23 du même code le justifient, l'autorité administrative peut demander à toute personne mentionnée au III de l'article 6 de la présente loi ou aux personnes mentionnées au 2 du I du même article 6 de retirer les contenus qui contreviennent à ces mêmes articles 421-2-5 et 227-23. Elle en informe simultanément les personnes mentionnées au 1 du I de l'article 6 de la présente loi.

En l'absence de retrait de ces contenus dans un délai de vingt-quatre heures, l'autorité administrative peut notifier aux personnes mentionnées au même 1 la liste des adresses électroniques des services de communication au public en ligne contrevenant auxdits articles 421-2-5 et 227-23. Ces personnes doivent alors empêcher sans délai l'accès à ces adresses. Toutefois, en l'absence de mise à disposition par la personne mentionnée au III du même article 6 des informations mentionnées à ce même III, l'autorité administrative peut procéder à la notification prévue à la première phrase du présent alinéa sans avoir préalablement demandé le retrait des contenus dans les conditions prévues à la première phrase du premier alinéa du présent article.

L'autorité administrative transmet les demandes de retrait et la liste mentionnées, respectivement, aux premier et deuxième alinéas à une personnalité qualifiée, désignée en son sein par la Commission nationale de l'informatique et des libertés pour la durée de son mandat dans cette commission. Elle ne peut être désignée parmi les personnes mentionnées au 1° du I de l'article 13 de la loi n° 78-17 du 6 janvier 1978 relative à l'informatique, aux fichiers et aux libertés. La personnalité qualifiée s'assure de la régularité des demandes de retrait et des conditions d'établissement, de mise à jour, de communication et d'utilisation de la liste. Si elle constate une irrégularité, elle peut à tout moment recommander à l'autorité administrative d'y mettre fin. Si l'autorité administrative ne suit pas cette recommandation, la personnalité qualifiée peut saisir la juridiction administrative compétente, en référé ou sur requête.

L'autorité administrative peut également notifier les adresses électroniques dont les contenus contreviennent aux articles 421-2-5 et 227-23 du code pénal aux moteurs de recherche ou aux annuaires, lesquels prennent toute mesure utile destinée à faire cesser le référencement du service de communication au public en ligne. La procédure prévue au troisième alinéa du présent article est applicable.

La personnalité qualifiée mentionnée au même troisième alinéa rend public chaque année un rapport d'activité sur les conditions d'exercice et les résultats de son activité, qui précise notamment le nombre de demandes de retrait, le nombre de contenus qui ont été retirés, les motifs de retrait et le nombre de recommandations faites à l'autorité administrative. Ce rapport est remis au Gouvernement et au Parlement.

Les modalités d'application du présent article sont précisées par décret, notamment la compensation, le cas échéant, des surcoûts justifiés résultant des obligations mises à la charge des opérateurs.

Tout manquement aux obligations définies au présent article est puni des peines prévues au 1 du VI de l'article 6 de la présente loi.

Art. 6-2 *(L. n° 2020-1266 du 19 oct. 2020, art. 2)* Lorsque l'autorité administrative compétente mentionnée à l'article L. 7124-1 du code du travail constate qu'un contenu audiovisuel est mis à la disposition du public sur une plateforme mentionnée au 5° du même article L. 7124-1 en méconnaissance de l'obligation d'agrément préalable prévu au titre du même 5° ou de l'obligation déclarative prévue à l'article 3 de la loi n° 2020-1266 du 19 octobre 2020 visant à encadrer l'exploitation commerciale de l'image d'enfants de moins de seize ans sur les plateformes en ligne, elle peut saisir l'autorité judiciaire selon les modalités et dans les conditions prévues par voie réglementaire afin que cette dernière ordonne toute mesure propre à prévenir un dommage imminent ou à faire cesser un trouble manifestement illicite.

Art. 7 Lorsque les personnes visées au 1 du I de l'article 6 invoquent, à des fins publicitaires, la possibilité qu'elles offrent de télécharger des fichiers dont elles ne sont pas les fournisseurs, elles font figurer dans cette publicité une mention facilement identifiable et lisible rappelant que le piratage nuit à la création artistique.

....

TITRE III De la sécurité dans l'économie numérique

CHAPITRE PREMIER *Moyens et prestations de cryptologie*

Art. 29 On entend par moyen de cryptologie tout matériel ou logiciel conçu ou modifié pour transformer des données, qu'il s'agisse d'informations ou de signaux, à l'aide de conventions secrètes ou pour réaliser l'opération inverse avec ou sans convention secrète. Ces moyens de cryptologie ont principalement pour objet de garantir la sécurité du stockage ou de la transmission de données, en permettant d'assurer leur confidentialité, leur authentification ou le contrôle de leur intégrité.

On entend par prestation de cryptologie toute opération visant à la mise en œuvre, pour le compte d'autrui, de moyens de cryptologie.

SECTION I *Utilisation, fourniture, transfert, importation et exportation de moyens de cryptologie*

Art. 30 I. – L'utilisation des moyens de cryptologie est libre.

II. – La fourniture, le transfert depuis ou vers un État membre de la Communauté européenne, l'importation et l'exportation des moyens de cryptologie assurant exclusivement des fonctions d'authentification ou de contrôle d'intégrité sont libres.

III. – La fourniture, le transfert depuis un État membre de la Communauté européenne ou l'importation d'un moyen de cryptologie n'assurant pas exclusivement des fonctions d'authentification ou de contrôle d'intégrité sont soumis à une déclaration préalable auprès du Premier ministre, sauf dans les cas prévus au b du présent III. Le fournisseur ou la personne procédant au transfert ou à l'importation tiennent à la disposition du Premier ministre une description des caractéristiques techniques de ce moyen de cryptologie, ainsi que le code source des logiciels utilisés. Un décret en Conseil d'État fixe :

a) Les conditions dans lesquelles sont souscrites ces déclarations, les conditions et les délais dans lesquels le Premier ministre peut demander communication des caractéristiques du moyen, ainsi que la nature de ces caractéristiques ;

b) Les catégories de moyens dont les caractéristiques techniques ou les conditions d'utilisation sont telles que, au regard des intérêts de la défense nationale et de la sécurité intérieure ou extérieure de l'État, leur fourniture, leur transfert depuis un État membre de la Communauté européenne ou leur importation peuvent être dispensés de toute formalité préalable.

IV. – Le transfert vers un État membre de la Communauté européenne et l'exportation d'un moyen de cryptologie n'assurant pas exclusivement des fonctions d'authentification ou de contrôle d'intégrité sont soumis à autorisation du Premier ministre, sauf dans les cas prévus au *b* du présent IV. Un décret en Conseil d'État fixe :

a) Les conditions dans lesquelles sont souscrites les demandes d'autorisation ainsi que les délais dans lesquels le Premier ministre statue sur ces demandes ;

b) Les catégories de moyens dont les caractéristiques techniques ou les conditions d'utilisation sont telles que, au regard des intérêts de la défense nationale et de la sécurité intérieure ou extérieure de l'État, leur transfert vers un État membre de la Communauté européenne ou leur exportation peuvent être soit soumis au régime déclaratif et aux obligations d'information prévus au III, soit dispensés de toute formalité préalable.

SECTION II *Fourniture de prestations de cryptologie*

Art. 31 I. – La fourniture de prestations de cryptologie doit être déclarée auprès du Premier ministre. Un décret en Conseil d'État définit les conditions dans lesquelles est effectuée cette déclaration et peut prévoir des exceptions à cette obligation pour les prestations dont les caractéristiques techniques ou les conditions de fourniture sont telles que, au regard des intérêts de la défense nationale et de la sécurité intérieure ou extérieure de l'État, cette fourniture peut être dispensée de toute formalité préalable.

II. – Les personnes exerçant cette activité sont assujetties au secret professionnel, dans les conditions prévues aux articles 226-13 et 226-14 du code pénal.

Pour les demandes d'agréments déposées antérieurement à la loi, V. L. n° 2004-575, art. 40-II (JO 22 juin).

Art. 32 Sauf à démontrer qu'elles n'ont commis aucune faute intentionnelle ou négligence, les personnes fournissant des prestations de cryptologie à des fins de confidentialité sont responsables au titre de ces prestations, nonobstant toute stipulation contractuelle contraire, du préjudice causé aux personnes leur confiant la gestion de leurs conventions secrètes en cas d'atteinte à l'intégrité, à la confidentialité ou à la disponibilité des données transformées à l'aide de ces conventions.

Art. 33 Sauf à démontrer qu'ils n'ont commis aucune faute intentionnelle ou négligence, les prestataires de services de certification électronique sont responsables du préjudice causé aux personnes qui se sont fiées raisonnablement aux certificats présentés par eux comme qualifiés dans chacun des cas suivants :

1° Les informations contenues dans le certificat, à la date de sa délivrance, étaient inexactes ;

2° Les données prescrites pour que le certificat puisse être regardé comme qualifié étaient incomplètes ;

3° La délivrance du certificat n'a pas donné lieu à la vérification que le signataire détient la convention privée correspondant à la convention publique de ce certificat ;

4° Les prestataires n'ont pas, le cas échéant, fait procéder à l'enregistrement de la révocation du certificat et tenu cette information à la disposition des tiers.

Les prestataires ne sont pas responsables du préjudice causé par un usage du certificat dépassant les limites fixées à son utilisation ou à la valeur des transactions pour lesquelles il peut être utilisé, à condition que ces limites figurent dans le certificat et soient accessibles aux utilisateurs.

Ils doivent justifier d'une garantie financière suffisante, spécialement affectée au paiement des sommes qu'ils pourraient devoir aux personnes s'étant fiées raisonnablement aux certificats qualifiés qu'ils délivrent, ou d'une assurance garantissant les conséquences pécuniaires de leur responsabilité civile professionnelle.

SECTION III *Sanctions administratives*

Art. 34 Lorsqu'un fournisseur de moyens de cryptologie, même à titre gratuit, ne respecte pas les obligations auxquelles il est assujetti en application de l'article 30, le Premier ministre peut, après avoir mis l'intéressé à même de présenter ses observations, prononcer l'interdiction de mise en circulation du moyen de cryptologie concerné.

L'interdiction de mise en circulation est applicable sur l'ensemble du territoire national. Elle emporte en outre pour le fournisseur l'obligation de procéder au retrait :

1° Auprès des diffuseurs commerciaux, des moyens de cryptologie dont la mise en circulation a été interdite ;

2° Des matériels constituant des moyens de cryptologie dont la mise en circulation a été interdite et qui ont été acquis à titre onéreux, directement ou par l'intermédiaire de diffuseurs commerciaux.

Le moyen de cryptologie concerné pourra être remis en circulation dès que les obligations antérieurement non respectées auront été satisfaites, dans les conditions prévues à l'article 30.

SECTION IV *Dispositions de droit pénal*

Art. 35 I. – Sans préjudice de l'application du code des douanes :

1° Le fait de ne pas satisfaire à l'obligation de déclaration prévue à l'article 30 en cas de fourniture, de transfert, d'importation ou d'exportation d'un moyen de cryptologie ou à l'obligation de communication au Premier ministre prévue par ce même article est puni d'un an d'emprisonnement et de 15 000 € d'amende ;

2° Le fait d'exporter un moyen de cryptologie ou de procéder à son transfert vers un État membre de la Communauté européenne sans avoir préalablement obtenu l'autorisation mentionnée à l'article 30 ou en dehors des conditions de cette autorisation, lorsqu'une telle autorisation est exigée, est puni de deux ans d'emprisonnement et de 30 000 € d'amende.

II. – Le fait de vendre ou de louer un moyen de cryptologie ayant fait l'objet d'une interdiction administrative de mise en circulation en application de l'article 34 est puni de deux ans d'emprisonnement et de 30 000 € d'amende.

III. – Le fait de fournir des prestations de cryptologie visant à assurer des fonctions de confidentialité sans avoir satisfait à l'obligation de déclaration prévue à l'article 31 est puni de deux ans d'emprisonnement et de 30 000 € d'amende.

IV. – Les personnes physiques coupables de l'une des infractions prévues au présent article encourent également les peines complémentaires suivantes :

1° L'interdiction, suivant les modalités prévues par les articles 131-19 et 131-20 du code pénal, d'émettre des chèques autres que ceux qui permettent le retrait de fonds par le tireur auprès du tiré ou ceux qui sont certifiés, et d'utiliser des cartes de paiement ;

2° La confiscation, suivant les modalités prévues par l'article 131-21 du code pénal, de la chose qui a servi ou était destinée à commettre l'infraction ou de la chose qui en est le produit, à l'exception des objets susceptibles de restitution ;

3° L'interdiction, suivant les modalités prévues par l'article 131-27 du code pénal et pour une durée de cinq ans au plus, d'exercer une fonction publique ou d'exercer l'activité professionnelle ou sociale dans l'exercice ou à l'occasion de l'exercice de laquelle l'infraction a été commise ;

4° La fermeture, dans les conditions prévues par l'article 131-33 du code pénal et pour une durée de cinq ans au plus, des établissements ou de l'un ou de plusieurs des établissements de l'entreprise ayant servi à commettre les faits incriminés ;

5° L'exclusion, dans les conditions prévues par l'article 131-34 du code pénal et pour une durée de cinq ans au plus, des marchés publics.

V. – Les personnes morales sont responsables pénalement, dans les conditions prévues par l'article 121-2 du code pénal, des infractions prévues au présent article. Les peines encourues par les personnes morales sont :

1° L'amende, suivant les modalités prévues par l'article 131-38 du code pénal ;

2° Les peines mentionnées à l'article 131-39 du code pénal.

(...)

Art. 36 Outre les officiers et agents de police judiciaire agissant conformément aux dispositions du code de procédure pénale et, dans leur domaine de compétence, les agents des douanes agissant conformément aux dispositions du code des douanes, les agents habilités à cet effet par le Premier ministre et assermentés dans des conditions fixées par décret en Conseil d'État peuvent rechercher et constater par procès-verbal les infractions aux dispositions des articles 30, 31 et 34 de la présente loi et des textes pris pour leur application.

Les agents habilités par le Premier ministre mentionnés à l'alinéa précédent peuvent accéder aux moyens de transport, terrains ou locaux à usage professionnel, à l'exclusion des parties de ceux-ci affectées au domicile privé, en vue de rechercher et de constater les infractions, demander la communication de tous les documents professionnels et en prendre copie, recueillir, sur convocation ou sur place, les renseignements et justifications. Les agents ne peuvent accéder à ces locaux que pendant leurs heures d'ouverture lorsqu'ils sont ouverts au public et, dans les autres cas, qu'entre 8 heures et 20 heures.

Le procureur de la République est préalablement informé des opérations envisagées en vue de la recherche des infractions. Il peut s'opposer à ces opérations. Les procès-verbaux lui sont transmis dans les cinq jours suivant leur établissement. Une copie en est également remise à l'intéressé.

Les agents habilités peuvent, dans les mêmes lieux et les mêmes conditions de temps, procéder à la saisie des moyens de cryptologie mentionnés à l'article 29 sur autorisation judiciaire donnée par ordonnance du président du tribunal judiciaire ou d'un magistrat du siège délégué par lui, préalablement saisi par le procureur de la République. La demande doit comporter tous les éléments d'information de nature à justifier la saisie. Celle-ci s'effectue sous l'autorité et le contrôle du juge qui l'a autorisée.

Les matériels et logiciels saisis sont immédiatement inventoriés. L'inventaire est annexé au procès-verbal dressé sur les lieux. Les originaux du procès-verbal et de l'inventaire sont transmis, dans les cinq jours suivant leur établissement, au juge qui a ordonné la saisie. Ils sont versés au dossier de la procédure.

Le président du tribunal judiciaire ou le magistrat du siège délégué par lui peut à tout moment, d'office ou sur la demande de l'intéressé, ordonner mainlevée de la saisie.

Est puni de six mois d'emprisonnement et de 7 500 € d'amende le fait de faire obstacle au déroulement des enquêtes prévues au présent article ou de refuser de fournir les informations ou documents y afférant.

....

SECTION IV *Dispositions diverses*

Art. 39 Les dispositions du présent chapitre ne font pas obstacle à l'application du décret du 18 avril 1939 fixant le régime des matériels de guerre, armes et munitions, à ceux des moyens de cryptologie qui sont spécialement conçus ou modifiés pour porter, utiliser ou mettre en œuvre les armes, soutenir ou mettre en œuvre les forces armées, ainsi qu'à ceux spécialement conçus ou modifiés pour le compte du ministère de la défense en vue de protéger les secrets de la défense nationale. *— Le Décr.-L. du 18 avr. 1939 a été abrogé par l'Ord. nº 2004-1374 du 20 déc. 2004 relative à la partie législative du code de la défense auquel ce texte a été intégré.*

....

Code de la propriété intellectuelle

(L. nº 92-597 du 1er juill. 1992)

PREMIÈRE PARTIE : *LA PROPRIÉTÉ LITTÉRAIRE ET ARTISTIQUE*

LIVRE TROISIÈME **Dispositions générales relatives au droit d'auteur, aux droits voisins et droits des producteurs de bases de données**

TITRE III **Prévention, procédures et sanctions** *(L. nº 2009-669 du 12 juin 2009, art. 4).*

CHAPITRE V *Dispositions pénales*

Art. L. 335-1 *(L. nº 2006-961 du 1er août 2006, art. 20)* Les officiers de police judiciaire compétents peuvent procéder, dès la constatation des infractions prévues aux articles L. 335-4 à L. 335-4-2, à la saisie des phonogrammes et vidéogrammes reproduits illicitement, des exemplaires et objets fabriqués ou importés illicitement, de tout exemplaire, produit, appareil, dispositif, composant ou moyen portant atteinte aux mesures techniques et aux informations mentionnées respectivement aux articles L. 331-5 et *(L. nº 2009-669 du 12 juin 2009, art. 3)* « L. 331-11 » ainsi qu'à la saisie des matériels spécialement installés en vue de tels agissements.

Art. L. 335-2 Toute édition d'écrits, de composition musicale, de dessin, de peinture ou de toute autre production, imprimée ou gravée en entier ou en partie, au mépris des lois et règlements relatifs à la propriété des auteurs, est une contrefaçon ; et toute contrefaçon est un délit.

La contrefaçon en France d'ouvrages publiés en France ou à l'étranger est punie de *(L. nº 2004-204 du 9 mars 2004, art. 34, I)* « trois ans d'emprisonnement et de 300 000 € d'amende. »

Seront punis des mêmes peines le débit, l'exportation *(L. nº 2014-315 du 11 mars 2014, art. 6)* « , l'importation, le transbordement ou la détention aux fins précitées » des ouvrages *(L. nº 2007-1544 du 29 oct. 2007)* « contrefaisants ».

(L. nº 2004-204 du 9 mars 2004, art. 34, I) « Lorsque les délits prévus par le présent article ont été commis en bande organisée, les peines sont portées à *(L. nº 2016-731 du 3 juin 2016, art. 44)* « sept ans d'emprisonnement et à 750 000 euros d'amende ». »

Art. L. 335-2-1 *(L. nº 2006-961 du 1er août 2006, art. 21)* Est puni de trois ans d'emprisonnement et de 300 000 € d'amende le fait :

1° D'éditer, de mettre à la disposition du public ou de communiquer au public, sciemment et sous quelque forme que ce soit, un logiciel manifestement destiné à la mise à disposition du public non autorisée d'œuvres ou d'objets protégés ;

2° D'inciter sciemment, y compris à travers une annonce publicitaire, à l'usage d'un logiciel mentionné au 1°.

[Dispositions déclarées non conformes à la Constitution par la décision du Conseil constitutionnel nº 2006-540 DC du 27 juill. 2006.]

Art. L. 335-3 Est également un délit de contrefaçon toute reproduction, représentation ou diffusion, par quelque moyen que ce soit, d'une œuvre de l'esprit en violation des droits de l'auteur, tels qu'ils sont définis et réglementés par la loi.

(L. nº 94-361 du 10 mai 1994, art. 8) « Est également un délit de contrefaçon la violation de l'un des droits de l'auteur d'un logiciel définis à l'article L. 122-6. »

(L. nº 2009-669 du 12 juin 2009, art. 8, en vigueur au plus tard le 1er nov. 2009) « Est également un délit de contrefaçon toute captation totale ou partielle d'une œuvre cinématographique ou audiovisuelle en salle de spectacle cinématographique. »

Art. L. 335-3-1 *(L. nº 2006-961 du 1er août 2006, art. 22)* I. — Est puni de 3 750 € d'amende le fait de porter atteinte sciemment, à des fins autres que la recherche, à une mesure technique efficace telle que définie à l'article L. 331-5, afin d'altérer la protection d'une œuvre par un décodage, un décryptage ou toute autre intervention personnelle destinée à contourner, neutraliser ou supprimer un mécanisme de protection ou de contrôle, lorsque cette atteinte est réalisée par d'autres moyens que l'utilisation d'une application technologique, d'un dispositif ou d'un composant existant mentionné au II.

II. — Est puni de six mois d'emprisonnement et de 30 000 € d'amende le fait de procurer ou proposer sciemment à autrui, directement ou indirectement, des moyens conçus ou spécialement adaptés pour porter atteinte à une mesure technique efficace telle que définie à l'article L. 331-5, par l'un des procédés suivants :

1° En fabriquant ou en important une application technologique, un dispositif ou un composant, à des fins autres que la recherche ;

2° En détenant en vue de la vente, du prêt ou de la location, en offrant à ces mêmes fins ou en mettant à disposition du public sous quelque forme que ce soit une application technologique, un dispositif ou un composant ;

3° En fournissant un service à cette fin ;

4° En incitant à l'usage ou en commandant, concevant, organisant, reproduisant, distribuant ou diffusant une publicité en faveur de l'un des procédés visés aux 1° à 3°.

III. — Ces dispositions ne sont pas applicables aux actes réalisés à des fins *[Dispositions déclarées non conformes à la Constitution par la décision du Conseil constitutionnel nº 2006-540 DC du 27 juill. 2006]* de sécurité informatique, dans les limites des droits prévus par le présent code.

Art. L. 335-3-2 *(L. nº 2006-961 du 1er août 2006, art. 22)* I. — Est puni de 3 750 € d'amende le fait de supprimer ou de modifier, sciemment et à des fins autres que la recherche, tout élément d'information visé à l'article *(L. nº 2009-669 du 12 juin 2009, art. 3)* « L. 331-11 », par une intervention personnelle ne nécessitant pas l'usage d'une application technologique, d'un dispositif ou d'un composant existant, conçus ou spécialement adaptés à cette fin, dans le but de porter atteinte à un droit d'auteur, de dissimuler ou de faciliter une telle atteinte.

II. – Est puni de six mois d'emprisonnement et de 30 000 € d'amende le fait de procurer ou proposer sciemment à autrui, directement ou indirectement, des moyens conçus ou spécialement adaptés pour supprimer ou modifier, même partiellement, un élément d'information visé à l'article *(L. n° 2009-669 du 12 juin 2009, art. 3)* « L. 331-11 », dans le but de porter atteinte à un droit d'auteur, de dissimuler ou de faciliter une telle atteinte, par l'un des procédés suivants :

1° En fabriquant ou en important une application technologique, un dispositif ou un composant, à des fins autres que la recherche ;

2° En détenant en vue de la vente, du prêt ou de la location, en offrant à ces mêmes fins ou en mettant à disposition du public sous quelque forme que ce soit une application technologique, un dispositif ou un composant ;

3° En fournissant un service à cette fin ;

4° En incitant à l'usage ou en commandant, concevant, organisant, reproduisant, distribuant ou diffusant une publicité en faveur de l'un des procédés visés aux 1° à 3°.

III. – Est puni de six mois d'emprisonnement et de 30 000 € d'amende le fait, sciemment, d'importer, de distribuer, de mettre à disposition du public sous quelque forme que ce soit ou de communiquer au public, directement ou indirectement, une œuvre dont un élément d'information mentionné à l'article *(L. n° 2009-669 du 12 juin 2009, art. 3)* « L. 331-11 » a été supprimé ou modifié dans le but de porter atteinte à un droit d'auteur, de dissimuler ou de faciliter une telle atteinte.

IV. – Ces dispositions ne sont pas applicables aux actes réalisés à des fins de recherche *[Dispositions déclarées non conformes à la Constitution par la décision du Conseil constitutionnel n° 2006-540 DC du 27 juill. 2006]* ou de sécurité informatique, dans les limites des droits prévus par le présent code.

Art. L. 335-4 Est punie de *(L. n° 2004-204 du 9 mars 2004, art. 34, II)* « trois ans d'emprisonnement et 300 000 € d'amende » toute fixation, reproduction, communication ou mise à disposition du public, à titre onéreux ou gratuit, ou toute télédiffusion d'une prestation, d'un phonogramme, d'un vidéogramme ou d'un programme *(L. n° 2019-775 du 24 juill. 2019, art. 11, en vigueur le 24 oct. 2019)* « , d'un programme ou d'une publication de presse », réalisée sans l'autorisation, lorsqu'elle est exigée, de l'artiste-interprète, du producteur de phonogrammes ou de vidéogrammes ou de l'entreprise de communication audiovisuelle *(L. n° 2019-775 du 24 juill. 2019, art. 11, en vigueur le 24 oct. 2019)* « , de l'entreprise de communication audiovisuelle, de l'éditeur de presse ou de l'agence de presse ».

(L. n° 2014-315 du 11 mars 2014, art. 6) « Sont punis » des mêmes peines *(L. n° 2014-315 du 11 mars 2014, art. 6)* « l'importation, l'exportation, le transbordement ou la détention aux fins précitées » de phonogrammes ou de vidéogrammes réalisée sans l'autorisation du producteur ou de l'artiste-interprète, lorsqu'elle est exigée.

Est puni de la peine d'amende prévue au premier alinéa le défaut de versement de la rémunération due à l'auteur, à l'artiste-interprète ou au producteur de phonogrammes ou de vidéogrammes au titre de la copie privée ou de la communication publique ainsi que de la télédiffusion des phonogrammes.

(L. n° 2003-517 du 18 juin 2003, art. 1er) « Est punie de la peine d'amende prévue au premier alinéa le défaut de versement du prélèvement mentionné au troisième alinéa de l'article L. 133-3. »

(L. n° 2004-204 du 9 mars 2004, art. 34, II) « Lorsque les délits prévus au présent article ont été commis en bande organisée, les peines sont portées à *(L. n° 2016-731 du 3 juin 2016, art. 44)* « sept ans d'emprisonnement et à 750 000 euros d'amende ». »

Art. L. 335-4-1 *(L. n° 2006-961 du 1er août 2006, art. 23)* I. – Est puni de 3 750 € d'amende le fait de porter atteinte sciemment, à des fins autres que la recherche, à une mesure technique efficace telle que définie à l'article L. 331-5, afin d'altérer la protection d'une interprétation, d'un phonogramme, d'un vidéogramme ou d'un programme *(L. n° 2019-775 du 24 juill. 2019, art. 12, en vigueur le 24 oct. 2019)* « , d'un programme ou d'une publication de presse » par un décodage, un décryptage ou toute autre intervention personnelle destinée à contourner, neutraliser ou supprimer un mécanisme de protection ou de contrôle, lorsque cette atteinte est réalisée par d'autres moyens que l'utilisation d'une application technologique, d'un dispositif ou d'un composant existant mentionné au II.

II. – Est puni de six mois d'emprisonnement et de 30 000 € d'amende le fait de procurer ou proposer sciemment à autrui, directement ou indirectement, des moyens conçus ou spécialement adaptés pour porter atteinte à une mesure technique efficace telle que définie à l'article L. 331-5, par l'un des procédés suivants :

1° En fabriquant ou en important une application technologique, un dispositif ou un composant, à des fins autres que la recherche ;

2° En détenant en vue de la vente, du prêt ou de la location, en offrant à ces mêmes fins ou en mettant à disposition du public sous quelque forme que ce soit une application technologique, un dispositif ou un composant ;

3° En fournissant un service à cette fin ;

4° En incitant à l'usage ou en commandant, concevant, organisant, reproduisant, distribuant ou diffusant une publicité en faveur de l'un des procédés visés aux 1° à 3°.

III. – Ces dispositions ne sont pas applicables aux actes réalisés à des fins *[Dispositions déclarées non conformes à la Constitution par la décision du Conseil constitutionnel n° 2006-540 DC du 27 juill. 2006]* de sécurité informatique, dans les limites des droits prévus par le présent code.

Art. L. 335-4-2 *(L. n° 2006-961 du 1er août 2006, art. 23)* I. – Est puni de 3 750 € d'amende le fait de supprimer ou de modifier, sciemment et à des fins autres que la recherche, tout élément d'information visé à l'article *(L. n° 2009-669 du 12 juin 2009, art. 3)* « L. 331-11 », par une intervention personnelle ne nécessitant pas l'usage d'une application technologique, d'un dispositif ou d'un composant existant, conçus ou spécialement adaptés à cette fin, dans le but de porter atteinte à un droit voisin du droit d'auteur, de dissimuler ou de faciliter une telle atteinte.

II. – Est puni de six mois d'emprisonnement et de 30 000 € d'amende le fait de procurer ou proposer sciemment à autrui, directement ou indirectement, des moyens conçus ou spécialement adaptés pour supprimer ou modifier, même partiellement, un élément d'information visé à l'article *(L. n° 2009-669 du 12 juin 2009, art. 3)* « L. 331-11 », dans le but de porter atteinte à un droit voisin du droit d'auteur, de dissimuler ou de faciliter une telle atteinte, par l'un des procédés suivants :

1° En fabriquant ou en important une application technologique, un dispositif ou un composant, à des fins autres que la recherche ;

2° En détenant en vue de la vente, du prêt ou de la location, en offrant à ces mêmes fins ou en mettant à disposition du public sous quelque forme que ce soit une application technologique, un dispositif ou un composant ;

3° En fournissant un service à cette fin ;

4° En incitant à l'usage ou en commandant, concevant, organisant, reproduisant, distribuant ou diffusant une publicité en faveur de l'un des procédés visés aux 1° à 3°.

III. – Est puni de six mois d'emprisonnement et de 30 000 € d'amende le fait, sciemment, d'importer, de distribuer, de mettre à disposition du public sous quelque forme que ce soit ou de communiquer au public, directement ou indirectement, une interprétation, un phonogramme, un vidéogramme ou un programme *(L. n° 2019-775 du 24 juill. 2019, art. 13, en vigueur le 24 oct. 2019)* « , un programme ou une publication de presse », dont un élément d'information mentionné à l'article *(L. n° 2009-669 du 12 juin 2009, art. 3)* « L. 331-11 » a été supprimé ou modifié dans le but de porter atteinte à un droit voisin du droit d'auteur, de dissimuler ou de faciliter une telle atteinte.

IV. – Ces dispositions ne sont pas applicables aux actes réalisés à des fins *[Dispositions déclarées non conformes à la Constitution par la décision du Conseil constitutionnel n° 2006-540 DC du 27 juill. 2006]* de sécurité informatique, dans les limites des droits prévus par le présent code.

Art. L. 335-5 *(L. n° 94-102 du 5 févr. 1994, art. 3)* Dans le cas de condamnation fondée sur l'une des infractions définies aux *(L. n° 2006-961 du 1er août 2006, art. 26)* « articles L. 335-2 à L. 335-4-2 », le tribunal peut ordonner la fermeture totale ou partielle, définitive ou temporaire, pour une durée au plus de cinq ans, de l'établissement ayant servi à commettre l'infraction.

La fermeture temporaire ne peut entraîner ni rupture ni suspension du contrat de travail, ni aucun préjudice pécuniaire à l'encontre des salariés concernés. Lorsque la fermeture définitive entraîne le licenciement du personnel, elle donne lieu, en dehors de l'indemnité de préavis et de l'indemnité de licenciement, aux dommages et intérêts, prévus aux articles L. 122-14-4 et L. 122-14-5 du code du travail *[L. 1235-2 à L. 1235-5, L. 1235-11 à L. 1235-14 et R. 1235-1 nouv.]* en cas de rupture de contrat de travail. Le non-paiement de ces indemnités est puni de six mois d'emprisonnement et de 3750 € d'amende.

Art. L. 335-6 *(L. n° 2007-1544 du 29 oct. 2007, art. 38)* Les personnes physiques coupables de l'une des infractions prévues aux articles L. 335-2 à L. 335-4-2 peuvent en outre être condamnées, à leurs frais, à retirer des circuits commerciaux les objets jugés contrefaisants et toute chose qui a servi ou était destinée à commettre l'infraction.

La juridiction peut prononcer la confiscation de tout ou partie des recettes procurées par l'infraction ainsi que celle de tous les phonogrammes, vidéogrammes, objets et exemplaires contrefaisants ou reproduits illicitement ainsi que du matériel spécialement installé en vue de la réalisation du délit.

Elle peut ordonner la destruction, aux frais du condamné, ou la remise à la partie lésée des objets et choses retirés des circuits commerciaux ou confisqués, sans préjudice de tous dommages et intérêts.

Elle peut également ordonner, aux frais du condamné, l'affichage du jugement ou la diffusion du jugement prononçant la condamnation, dans les conditions prévues à l'article 131-35 du code pénal.

Art. L. 335-7 *(L. n° 2009-1311 du 28 oct. 2009, art. 7)* Lorsque l'infraction est commise au moyen d'un service de communication au public en ligne, les personnes coupables des infractions prévues aux articles L. 335-2, L. 335-3 et L. 335-4 peuvent en outre être condamnées à la peine complémentaire de suspension de l'accès à un service de communication au public en ligne pour une durée maximale d'un an, assortie de l'interdiction de souscrire pendant la même période un autre contrat portant sur un service de même nature auprès de tout opérateur.

Lorsque ce service est acheté selon des offres commerciales composites incluant d'autres types de services, tels que services de téléphonie ou de télévision, les décisions de suspension ne s'appliquent pas à ces services.

La suspension de l'accès n'affecte pas, par elle-même, le versement du prix de l'abonnement au fournisseur du service. L'article L. 121-84 du code de la consommation n'est pas applicable au cours de la période de suspension.

Les frais d'une éventuelle résiliation de l'abonnement au cours de la période de suspension sont supportés par l'abonné.

Lorsque la décision est exécutoire, la peine complémentaire prévue au présent article est portée à la connaissance de la Haute Autorité pour la diffusion des œuvres et la protection des droits sur internet, qui la notifie à la personne dont l'activité est d'offrir un accès à des services de communication au public en ligne afin qu'elle mette en œuvre, dans un délai de quinze jours au plus à compter de la notification, la suspension à l'égard de l'abonné concerné.

Le fait, pour la personne dont l'activité est d'offrir un accès à des services de communication au public en ligne, de ne pas mettre en œuvre la peine de suspension qui lui a été notifiée est puni d'une amende maximale de 5 000 €.

Le 3° de l'article 777 du code de procédure pénale n'est pas applicable à la peine complémentaire prévue par le présent article.

Art. L. 335-7-1 *(L. n° 2009-1311 du 28 oct. 2009, art. 8)* Pour les contraventions de la cinquième classe prévues par le présent code, lorsque le règlement le prévoit, la peine complémentaire définie à l'article L. 335-7 peut être prononcée selon les mêmes modalités, en cas de négligence caractérisée, à l'encontre du titulaire de l'accès à un service de communication au public en ligne auquel la commission de protection des droits, en application de l'article L. 331-25, a préalablement adressé, par voie d'une lettre remise contre signature ou de tout autre moyen propre à établir la preuve de la date de présentation, une recommandation l'invitant à mettre en œuvre un moyen de sécurisation de son accès à internet.

La négligence caractérisée s'apprécie sur la base des faits commis au plus tard un an après la présentation de la recommandation mentionnée à l'alinéa précédent.

Dans ce cas, la durée maximale de la suspension est d'un mois.

Le fait pour la personne condamnée à la peine complémentaire prévue par le présent article de ne pas respecter l'interdiction de souscrire un autre contrat d'abonnement à un service de communication au public en ligne pendant la durée de la suspension est puni d'une amende d'un montant maximal de 3 750 €.

Art. L. 335-7-2 *(L. n° 2009-1311 du 28 oct. 2009, art. 9)* Pour prononcer la peine de suspension prévue aux articles L. 335-7 et L. 335-7-1 et en déterminer la durée, la juridiction prend en compte les circonstances et la gravité de l'infraction ainsi que la personnalité de son auteur, et notamment l'activité professionnelle ou sociale de celui-ci, ainsi que sa situation socio-économique. La durée de la peine prononcée doit concilier la protection des droits de la propriété intellectuelle et le respect du droit de s'exprimer et de communiquer librement, notamment depuis son domicile.

Art. L. 335-8 *(L. n° 2009-526 du 12 mai 2009, art. 125-XVIII-1°)* « Les personnes morales déclarées responsables pénalement, dans les conditions prévues par l'article 121-2 du code pénal, des infractions définies aux articles L. 335-2 à L. 335-4-2 encourent, outre l'amende suivant les modalités prévues par l'article 131-38 du code pénal, les peines prévues par l'article 131-39 du même code. »

(*L. n° 2007-1544 du 29 oct. 2007, art. 38*) « L'interdiction mentionnée au 2° de l'article 131-39 du même code porte sur l'activité dans l'exercice ou à l'occasion de l'exercice de laquelle l'infraction a été commise.

« Les personnes morales déclarées pénalement responsables peuvent en outre être condamnées, à leurs frais, à retirer des circuits commerciaux les objets jugés contrefaisants et toute chose qui a servi ou était destinée à commettre l'infraction.

« La juridiction peut ordonner la destruction aux frais du condamné ou la remise à la partie lésée des objets et choses retirés des circuits commerciaux ou confisqués, sans préjudice de tous dommages et intérêts. »

Art. L. 335-9 (*L. n° 2009-526 du 12 mai 2009, art. 122-XII-1°*) « Si l'auteur de l'un des délits prévus et réprimés par le présent chapitre est ou a été lié » (*L. n° 94-102 du 5 févr. 1994, art. 5*) « par convention avec la partie lésée, les peines encourues sont portées au double. »

CHAPITRE V *BIS* ***La retenue***

(*L. n° 2014-315 du 11 mars 2014, art. 7*)

V. CPI, art. L. 335-10 s. — **CPI.**

CHAPITRE VI ***Prévention du téléchargement et de la mise à disposition illicites d'œuvres et d'objets protégés par un droit d'auteur ou un droit voisin*** (*L. n° 2009-669 du 12 juin 2009, art. 9*).

Art. L. 336-1 (*L. n° 2006-961 du 1er août 2006, art. 27*) Lorsqu'un logiciel est principalement utilisé pour la mise à disposition illicite d'œuvres ou d'objets protégés par un droit de propriété littéraire et artistique, le président du tribunal judiciaire, statuant en référé, peut ordonner sous astreinte toutes mesures nécessaires à la protection de ce droit et conformes à l'état de l'art.

Les mesures ainsi ordonnées ne peuvent avoir pour effet de dénaturer les caractéristiques essentielles ou la destination initiale du logiciel.

L'article L. 332-4 est applicable aux logiciels mentionnés au présent article.

Art. L. 336-2 (*L. n° 2009-669 du 12 juin 2009, art. 10*) En présence d'une atteinte à un droit d'auteur ou à un droit voisin occasionnée par le contenu d'un service de communication au public en ligne, le (*Ord. n° 2019-738 du 17 juill. 2019, art. 10*) « président du tribunal judiciaire statuant selon la procédure accélérée au fond » peut ordonner à la demande des titulaires de droits sur les œuvres et objets protégés, de leurs ayants droit, (*Ord. n° 2016-1823 du 22 déc. 2016, art. 2*) « des organismes de gestion collective régis par le titre II du livre III » ou des organismes de défense professionnelle visés à l'article L. 331-1, toutes mesures propres à prévenir ou à faire cesser une telle atteinte à un droit d'auteur ou un droit voisin, à l'encontre de toute personne susceptible de contribuer à y remédier. (*L. n° 2016-925 du 7 juill. 2016, art. 40-I*) « La demande peut également être effectuée par le Centre national du cinéma et de l'image animée. »

Art. L. 336-3 (*L. n° 2009-669 du 12 juin 2009, art. 11*) La personne titulaire de l'accès à des services de communication au public en ligne a l'obligation de veiller à ce que cet accès ne fasse pas l'objet d'une utilisation à des fins de reproduction, de représentation, de mise à disposition ou de communication au public d'œuvres ou d'objets protégés par un droit d'auteur ou par un droit voisin sans l'autorisation des titulaires des droits prévus aux livres Ier et II lorsqu'elle est requise.

[Dispositions déclarées non conformes à la Constitution par la décision du Conseil constitutionnel n° 2009-580 DC du 10 juin 2009.]

Le manquement de la personne titulaire de l'accès à l'obligation définie au premier alinéa n'a pas pour effet d'engager la responsabilité pénale de l'intéressé (*L. n° 2009-1311 du 28 oct. 2009, art. 10*) « , sous réserve des articles L. 335-7 et L. 335-7-1 ».

Art. L. 336-4 (*L. n° 2009-669 du 12 juin 2009, art. 11*) Les caractéristiques essentielles de l'utilisation autorisée d'une œuvre ou d'un objet protégé, mis à disposition par un service de communication au public en ligne, sont portées à la connaissance de l'utilisateur d'une manière facilement accessible, conformément à l'article L. 331-10 du présent code et à l'article L. 111-1 du code de la consommation.

PRIX ET CONCURRENCE

Code de commerce

PREMIÈRE PARTIE : ***LÉGISLATIVE***

(Ord. n° 2000-912 du 18 sept. 2000)

LIVRE IV **De la liberté des prix et de la concurrence**

TITRE PREMIER **Dispositions générales**

BIBL. ▶ HÉMARD et BOULOC, *RTD com. 1987. 96.*

Art. L. 410-1 Les règles définies au présent livre s'appliquent à toutes les activités de production, de distribution et de services, y compris celles qui sont le fait de personnes publiques, notamment dans le cadre de conventions de délégation de service public. — *[Ord. n° 86-1243 du 1er déc. 1986, art. 53.]*

Art. L. 410-2 Sauf dans les cas où la loi en dispose autrement, les prix des biens, produits et services relevant antérieurement au 1er janvier 1987 de l'ordonnance n° 45-1483 du 30 juin 1945 sont librement déterminés par le jeu de la concurrence.

Toutefois, dans les secteurs ou les zones où la concurrence par les prix est limitée en raison soit de situations de monopole ou de difficultés durables d'approvisionnement, soit de dispositions législatives ou réglementaires, un décret en Conseil d'État peut réglementer les prix après consultation de l'Autorité de la concurrence.

Les dispositions des deux premiers alinéas ne font pas obstacle à ce que le Gouvernement arrête, par décret en Conseil d'État, contre des hausses ou des baisses excessives de prix, des mesures temporaires motivées par une situation de crise, des circonstances exceptionnelles, une calamité publique ou une situation manifestement anormale du marché dans un secteur déterminé. Le décret est pris après consultation du Conseil national de la consommation. Il précise sa durée de validité qui ne peut excéder six mois. — *[Ord. n° 86-1243 du 1er déc. 1986, art. 1er.] — V. aussi art. L. 410-3 et R. 410-1.*

Art. L. 410-3 *(L. n° 2012-1270 du 20 nov. 2012, art. 1er)* Dans les collectivités relevant de l'article 73 de la Constitution et dans les collectivités d'outre-mer de Saint-Barthélemy, de Saint-Martin, de Saint-Pierre-et-Miquelon et de Wallis-et-Futuna, et dans les secteurs pour lesquels les conditions d'approvisionnement ou les structures de marché limitent le libre jeu de la concurrence, le Gouvernement peut arrêter, après avis public de l'Autorité de la concurrence et par décret en Conseil d'État, les mesures nécessaires pour remédier aux dysfonctionnements des marchés de gros de biens et de services concernés, notamment les marchés de vente à l'exportation vers ces collectivités, d'acheminement, de stockage et de distribution. Les mesures prises portent sur l'accès à ces marchés, l'absence de discrimination tarifaire, la loyauté des transactions, la marge des opérateurs et la gestion des facilités essentielles, en tenant compte de la protection des intérêts des consommateurs.

Art. L. 410-4 *(L. n° 2012-1270 du 20 nov. 2012, art. 15-I)* Dans les collectivités relevant de l'article 73 de la Constitution et dans les collectivités d'outre-mer de Saint-Barthélemy, de Saint-Martin, de Saint-Pierre-et-Miquelon et de Wallis-et-Futuna, et en conformité avec l'article 349 du traité sur le fonctionnement de l'Union européenne, le Gouvernement peut réglementer, après avis public de l'Autorité de la concurrence et par décret en Conseil d'État, le prix de vente de produits ou de familles de produits de première nécessité. — *Comp. L. n° 2009-594 du 27 mai 2009, art. 1er, abrogé par L. n° 2012-1270 du 20 nov. 2012, art. 15-II. — V.* ***C. com.****, éd. 2013 et antérieures.*

Art. L. 410-5 *(L. n° 2012-1270 du 20 nov. 2012, art. 15-I)* I. — *(L. n° 2015-1268 du 14 oct. 2015, art. 1er)* « Dans les collectivités relevant de l'article 73 de la Constitution et dans les collectivités d'outre-mer de Saint-Martin, de Saint-Pierre-et-Miquelon et de Wallis-et-Futuna », après avis public de l'observatoire des prix, des marges et des revenus territorialement compétent, le représentant de l'État négocie chaque année avec les organisations professionnelles du secteur du commerce de détail et leurs fournisseurs, qu'ils soient producteurs, grossistes ou importateurs, *(L. n° 2017-256 du 28 févr. 2017, art. 61)* « ainsi qu'avec les entreprises de fret maritime et les transitaires » un accord de modération du prix global d'une liste limitative de produits de consommation courante.

En cas de réussite des négociations, l'accord est rendu public par arrêté préfectoral.

II. — En l'absence d'accord un mois après l'ouverture des négociations, le représentant de l'État arrête, sur la base des négociations mentionnées au I et des prix les plus bas pratiqués dans le secteur économique concerné, le prix global de la liste mentionnée au premier alinéa du même I, ainsi que ses modalités d'encadrement. — *Sur l'observatoire des prix, des marges et des revenus dans les outre-mer, V. art. L. 910-1 A s.*

III. — Le prix global de la liste mentionnée au I, tel qu'il est pratiqué, est affiché en application *(Ord. n° 2016-301 du 14 mars 2016, art. 2, en vigueur le 1er juill. 2016)* « des articles L. 112-1 et L. 141-1 *[ancienne rédaction : de l'article L. 113-3]* » du code de la consommation. — *V. ces art., App., v° Ventes commerciales.*

IV. — Les manquements au III du présent article sont recherchés et constatés par les agents mentionnés au II de l'article L. 450-1 du présent code, dans les conditions fixées aux articles L. 450-2, L. 450-3, L. 450-7, L. 450-8 et *(Ord. n° 2017-303 du 9 mars 2017, art. 2-II)* « L. 490-8 *[ancienne rédaction : L. 470-5]* ».

V. — Les modalités d'application des I à IV du présent article sont précisées par décret. — *V. Décr. n° 2012-1459 du 26 déc. 2012 ci-dessous.*

Art. L. 410-6 *(L. n° 2017-256 du 28 févr. 2017, art. 63)* I. — A titre expérimental et pour une durée de cinq ans à compter du 1er juillet 2017, dans le Département de Mayotte et en Guyane, après avis public de l'observatoire des prix, des marges et des revenus territorialement compétent, le représentant de l'État négocie chaque année avec les grandes et moyennes surfaces présentes sur le territoire un tarif professionnel maximal pour leur activité de gros à l'égard des petites surfaces de commerce de détail enregistrées au registre du commerce et des sociétés.

II. — En l'absence d'accord dans un délai d'un mois à compter de l'ouverture des négociations, le représentant de l'État arrête, sur la base des négociations mentionnées au I, le tarif professionnel maximal ainsi que ses modalités d'encadrement. Les modalités de calcul d'un tarif maximal consistent en un pourcentage de majoration par rapport au prix d'achat des grandes et moyennes surfaces ou en un pourcentage de minoration par rapport aux prix facturés aux consommateurs.

TITRE II Des pratiques anticoncurrentielles

Art. L. 420-1 Sont prohibées, *(L. n° 2001-420 du 15 mai 2001, art. 52)* « même par l'intermédiaire direct ou indirect d'une société du groupe implantée hors de France, » lorsqu'elles ont pour objet ou peuvent avoir pour effet d'empêcher, de restreindre ou de fausser le jeu de la concurrence sur un marché, les actions concertées, conventions, ententes expresses ou tacites ou coalitions, notamment lorsqu'elles tendent à :

1° Limiter l'accès au marché ou le libre exercice de la concurrence par d'autres entreprises ;

2° Faire obstacle à la fixation des prix par le libre jeu du marché en favorisant artificiellement leur hausse ou leur baisse ;

3° Limiter ou contrôler la production, les débouchés, les investissements ou le progrès technique ;

4° Répartir les marchés ou les sources d'approvisionnement. — *[Ord. n° 86-1243 du 1er déc. 1986, art. 7.]*

Art. L. 420-2 *(L. n° 2001-420 du 15 mai 2001)* Est prohibée, dans les conditions prévues à l'article L. 420-1, l'exploitation abusive par une entreprise ou un groupe d'entreprises d'une position dominante sur le marché intérieur ou une partie substantielle de celui-ci. Ces abus peuvent notamment consister en refus de vente, en ventes liées ou en conditions de vente discriminatoires ainsi que dans la rupture de relations commerciales établies, au seul motif que le partenaire refuse de se soumettre à des conditions commerciales injustifiées.

Est en outre prohibée, dès lors qu'elle est susceptible d'affecter le fonctionnement ou la structure de la concurrence, l'exploitation abusive par une entreprise ou un groupe d'entreprises de l'état de dépendance économique dans lequel se trouve à son égard une entreprise cliente ou fournisseur. *(L. n° 2005-882 du 2 août 2005, art. 40)* « Ces abus peuvent notamment consister en refus de vente, en ventes liées, en pratiques discriminatoires visées *(Ord. n° 2019-698 du 3 juill. 2019, art. 2)* « aux articles L. 442-1 à L. 442-3 » ou en accords de gamme. »

Art. L. 420-2-1 *(L. n° 2012-1270 du 20 nov. 2012, art. 5-I)* Sont prohibés, dans les collectivités relevant de l'article 73 de la Constitution et dans les collectivités d'outre-mer de Saint-Barthélemy, de Saint-Martin, de Saint-Pierre-et-Miquelon et de Wallis-et-Futuna, les accords ou pratiques concertées ayant pour objet ou pour effet d'accorder des droits exclusifs d'importation à une entreprise ou à un groupe d'entreprises. — *V. le III de l'art. L. 420-4.*

(L. nº 2020-1508 du 3 déc. 2020, art. 37) « Est également prohibé dans les collectivités mentionnées au premier alinéa du présent article le fait, pour une entreprise exerçant une activité de grossiste importateur ou de commerce de détail ou pour un groupe d'entreprises dont au moins une des entités exerce une de ces activités, d'appliquer à l'encontre d'une entreprise dont elle ne détient aucune part du capital des conditions discriminatoires relatives à des produits ou services pour lesquels existe une situation d'exclusivité d'importation de fait. »

Art. L. 420-2-2 *(L. nº 2016-1920 du 29 déc. 2016, art. 3, en vigueur le 1er mars 2017)* Sont prohibés les accords, les pratiques concertées et les pratiques unilatérales ayant pour objet ou pour effet d'interdire ou de limiter substantiellement la possibilité pour une entreprise qui exécute des prestations de transport public particulier de personnes ou des services occasionnels de transport collectif de personnes effectués au moyen de véhicules légers :

1° De recourir simultanément à plusieurs intermédiaires ou acteurs de mise en relation avec des clients en vue de la réalisation de ces prestations ;

2° Sans préjudice de l'article L. 3142-5 du code des transports, de commercialiser sans intermédiaire les services de transport qu'elle exécute ;

3° De faire la promotion, au moyen de signes extérieurs sur le véhicule, d'une ou *[de]* plusieurs offres de transport, y compris celles qu'elle commercialise sans intermédiaire.

Art. L. 420-3 Est nul tout engagement, convention ou clause contractuelle se rapportant à une pratique prohibée par les articles L. 420-1 *(L. nº 2012-1270 du 20 nov. 2012, art. 5-I)* « , L. 420-2 » *(L. nº 2016-1920 du 29 déc. 2016, art. 3, en vigueur le 1er mars 2017)* « , L. 420-2-1 et L. 420-2-2 ». — *[Ord. nº 86-1243 du 1er déc. 1986, art. 9.]*

Art. L. 420-4 I. — Ne sont pas soumises aux dispositions des articles L. 420-1 et L. 420-2 les pratiques :

1° Qui résultent de l'application d'un texte législatif ou d'un texte réglementaire pris pour son application ;

2° Dont les auteurs peuvent justifier qu'elles ont pour effet d'assurer un progrès économique *(L. nº 2001-420 du 15 mai 2001)* « , y compris par la création ou le maintien d'emplois, » et qu'elles réservent aux utilisateurs une partie équitable du profit qui en résulte, sans donner aux entreprises intéressées la possibilité d'éliminer la concurrence pour une partie substantielle des produits en cause. Ces pratiques qui peuvent consister à organiser, pour les produits agricoles ou d'origine agricole, sous une même marque ou enseigne, les volumes et la qualité de production ainsi que la politique commerciale, y compris en convenant d'un prix de cession commun ne doivent imposer des restrictions à la concurrence, que dans la mesure où elles sont indispensables pour atteindre cet objectif de progrès.

II. — Certaines catégories d'accords ou certains accords, notamment lorsqu'ils ont pour objet d'améliorer la gestion des entreprises moyennes ou petites, peuvent être reconnus comme satisfaisant à ces conditions par décret pris après avis conforme de l'Autorité de la concurrence. — *V. art. R. 420-1 et R. 420-2. — V. deuxième note ci-dessous.*

(L. nº 2012-1270 du 20 nov. 2012, art. 5-I) « III. — Ne sont pas soumis aux dispositions *(L. nº 2016-1920 du 29 déc. 2016, art. 3, en vigueur le 1er mars 2017)* « des articles L. 420-2-1 et L. 420-2-2 » les accords ou pratiques *(Abrogé par L. nº 2016-1920 du 29 déc. 2016, art. 3, à compter du 1er mars 2017)* « *concertées* » dont les auteurs peuvent justifier qu'ils sont fondés sur des motifs objectifs tirés de l'efficacité économique et qui réservent aux consommateurs une partie équitable du profit qui en résulte. »

(L. nº 2016-1920 du 29 déc. 2016, art. 3, en vigueur le 1er mars 2017) « Certaines catégories d'accords ou de pratiques, certains accords ou certaines pratiques, notamment lorsqu'ils ont pour objet de favoriser l'apparition d'un nouveau service, peuvent être reconnus comme satisfaisant aux conditions mentionnées au premier alinéa du présent III, par arrêté conjoint des ministres chargés de l'économie et des transports, pris après avis conforme de l'Autorité de la concurrence et pour une durée ne pouvant excéder cinq ans. » — *[Ord. nº 86-1243 du 1er déc. 1986, art. 10.]*

Art. L. 420-5 Sont prohibées les offres de prix ou pratiques de prix de vente aux consommateurs abusivement bas par rapport aux coûts de production, de transformation et de commercialisation, dès lors que ces offres ou pratiques ont pour objet ou peuvent avoir pour effet d'éliminer d'un marché ou d'empêcher d'accéder à un marché une entreprise ou l'un de ses produits.

(L. nº 2017-256 du 28 févr. 2017, art. 64) « En Guadeloupe, en Guyane, en Martinique, à La Réunion et dans le Département de Mayotte, lorsque des denrées alimentaires identiques

ou similaires à celles qui sont produites et commercialisées localement sont proposées aux consommateurs à des prix manifestement inférieurs à ceux pratiqués dans l'Hexagone, la conclusion d'un accord entre les acteurs de l'importation et de la distribution, d'une part, et ceux de la production et de la transformation locales, d'autre part, peut être rendue obligatoire par le représentant de l'État dans le territoire. Celui-ci prend en compte les volumes de produits concernés, la situation économique des producteurs locaux et l'intérêt des consommateurs à très faibles revenus. Cet accord, dont la négociation est conduite sous l'égide de l'État et des collectivités compétentes en matière de développement économique, doit mentionner les opérations continues menées par la distribution afin d'offrir au consommateur des denrées produites localement ainsi que la politique menée par les producteurs locaux afin de satisfaire au mieux les besoins des consommateurs. L'accord est rendu public par arrêté préfectoral. En l'absence d'accord dans le délai de dix jours ouvrables à compter de l'ouverture des négociations, le représentant de l'État dans le territoire prend par arrêté toute mesure relevant de sa compétence et permettant de répondre aux objectifs précités. »

Les coûts de commercialisation comportent également et impérativement tous les frais résultant des obligations légales et réglementaires liées à la sécurité des produits.

(L. n° 2018-938 du 30 oct. 2018, art. 18) « Les premier et troisième alinéas du présent article » ne sont pas applicables en cas de revente en l'état, à l'exception des enregistrements sonores reproduits sur supports matériels *(L. n° 2005-882 du 2 août 2005, art. 45)* « et des vidéogrammes destinés à l'usage privé du public ». — *[Ord. n° 86-1243 du 1er déc. 1986, art. 10-1.] — V. art. R. 462-3 et R. 464-8. — En matière de transport public routier de marchandises, V. C. transp., art. L. 3221-1, et L. 3242-2, ss. art. L. 133-5.*

Art. L. 420-6 Est puni d'un emprisonnement de quatre ans et d'une amende de 75 000 € le fait, pour toute personne physique, de prendre frauduleusement une part personnelle et déterminante dans la conception, l'organisation ou la mise en œuvre de pratiques visées aux articles L. 420-1 *(L. n° 2016-1920 du 29 déc. 2016, art. 3, en vigueur le 1er mars 2017)* « , L. 420-2 et L. 420-2-2 ».

Le tribunal peut ordonner que sa décision soit publiée intégralement ou par extraits dans les journaux qu'il désigne, aux frais du condamné. — *[Ord. n° 86-1243 du 1er déc. 1986, art. 17.]*

(L. n° 2001-420 du 15 mai 2001) « Les actes interruptifs de la prescription devant l'Autorité de la concurrence en application de l'article L. 462-7 sont également interruptifs de la prescription de l'action publique. »

Art. L. 420-7 *(Ord. n° 2004-1173 du 4 nov. 2004, art. 1er)* Sans préjudice des articles L. 420-6, L. 462-8, L. 463-1 à L. 463-4, L. 463-6, L. 463-7 et L. 464-1 à L. 464-8, les litiges relatifs à l'application des règles contenues dans les articles L. 420-1 à L. 420-5 ainsi que dans les articles 81 et 82 du traité instituant la Communauté européenne *[art. 101 et 102 TFUE]* et ceux dans lesquels ces dispositions sont invoquées sont attribués, selon le cas et sous réserve des règles de partage de compétences entre les ordres de juridiction, *(Ord. n° 2011-337 du 29 mars 2011, art. 7, en vigueur le 1er avr. 2011)* « aux juridictions civiles ou commerciales » dont le siège et le ressort sont fixés par décret en Conseil d'État. Ce décret détermine également le siège et le ressort de la ou des cours d'appel appelées à connaître des décisions rendues par ces juridictions. — *V. art. R. 420-3 à R. 420-5.*

TITRE III De la concentration économique

Art. L. 430-1 *(L. n° 2001-420 du 15 mai 2001)* I. — Une opération de concentration est réalisée :

1° Lorsque deux ou plusieurs entreprises antérieurement indépendantes fusionnent ;

2° Lorsqu'une ou plusieurs personnes, détenant déjà le contrôle d'une entreprise au moins ou lorsqu'une ou plusieurs entreprises acquièrent, directement ou indirectement, que ce soit par prise de participation au capital ou achat d'éléments d'actifs, contrat ou tout autre moyen, le contrôle de l'ensemble ou de parties d'une ou *[de]* plusieurs autres entreprises.

II. — La création d'une entreprise commune accomplissant de manière durable toutes les fonctions d'une entité économique autonome constitue une concentration au sens du présent article.

III. — Aux fins de l'application du présent titre, le contrôle découle des droits, contrats ou autres moyens qui confèrent, seuls ou conjointement et compte tenu des circonstances de fait ou de droit, la possibilité d'exercer une influence déterminante sur l'activité d'une entreprise, et notamment :

— des droits de propriété ou de jouissance sur tout ou partie des biens d'une entreprise ;

— des droits ou des contrats qui confèrent une influence déterminante sur la composition, les délibérations ou les décisions des organes d'une entreprise.

Art. L. 430-2 *(L. nº 2008-776 du 4 août 2008, art. 96-I, A)* I. — Est soumise aux dispositions des articles L. 430-3 et suivants du présent titre toute opération de concentration, au sens de l'article L. 430-1, lorsque sont réunies les trois conditions suivantes :

— le chiffre d'affaires total mondial hors taxes de l'ensemble des entreprises ou groupes de personnes physiques ou morales parties à la concentration est supérieur à 150 millions d'euros ;

— le chiffre d'affaires total hors taxes réalisé en France par deux au moins des entreprises ou groupes de personnes physiques ou morales concernés est supérieur à 50 millions d'euros ;

— l'opération n'entre pas dans le champ d'application du règlement (CE) nº 139/2004 du Conseil du 20 janvier 2004 relatif au contrôle des concentrations entre entreprises.

II. — Lorsque deux au moins des parties à la concentration exploitent un ou plusieurs magasins de commerce de détail, est soumise aux dispositions des articles L. 430-3 et suivants du présent titre toute opération de concentration, au sens de l'article L. 430-1, lorsque sont réunies les trois conditions suivantes :

— le chiffre d'affaires total mondial hors taxes de l'ensemble des entreprises ou groupes de personnes physiques ou morales parties à la concentration est supérieur à 75 millions d'euros ;

— le chiffre d'affaires total hors taxes réalisé en France dans le secteur du commerce de détail par deux au moins des entreprises ou groupes de personnes physiques ou morales concernés est supérieur à 15 millions d'euros ;

— l'opération n'entre pas dans le champ d'application du règlement (CE) nº 139/2004 du Conseil du 20 janvier 2004 précité.

III. — Lorsqu'au moins une des parties à la concentration exerce tout ou partie de son activité dans un ou plusieurs départements d'outre-mer *(Ord. nº 2011-337 du 29 mars 2011, art. 7, en vigueur le 1er avr. 2011)* « , dans le Département de Mayotte *(Ord. nº 2014-487 du 15 mai 2014, art. 2)* « , dans les îles Wallis-et-Futuna » ou dans les collectivités d'outre-mer de Saint-Pierre-et-Miquelon, » Saint-Martin et Saint-Barthélemy, est soumise aux dispositions des articles L. 430-3 et suivants du présent titre toute opération de concentration, au sens de l'article L. 430-1, lorsque sont réunies les trois conditions suivantes :

— le chiffre d'affaires total mondial hors taxes de l'ensemble des entreprises ou groupes de personnes physiques ou morales parties à la concentration est supérieur à 75 millions d'euros ;

— le chiffre d'affaires total hors taxes réalisé individuellement dans au moins un des départements ou collectivités territoriales concernés par deux au moins des entreprises ou groupes de personnes physiques ou morales concernés est supérieur à 15 millions d'euros *(L. nº 2010-853 du 23 juill. 2010, art. 41)* « , ou à *(L. nº 2012-1270 du 20 nov. 2012, art. 9)* « 5 » millions d'euros *[précédemment 7,5 millions d'euros]* dans le secteur du commerce de détail » *(L. nº 2015-990 du 6 août 2015, art. 215-1º)* « sans qu'il soit nécessaire que ce seuil soit atteint par l'ensemble des entreprises concernées dans le même département ou la même collectivité territoriale » ;

— l'opération n'entre pas dans le champ d'application du règlement (CE) nº 139/2004 du Conseil du 20 janvier 2004 précité.

IV. — Une opération de concentration visée au*[aux]* I, II ou III entrant dans le champ du règlement (CE) du Conseil nº 139/2004 du 20 janvier 2004 précité qui a fait l'objet d'un renvoi total ou partiel à l'Autorité de la concurrence est soumise, dans la limite de ce renvoi, aux dispositions du présent titre.

V. — Les chiffres d'affaires visés aux I, II et III sont calculés selon les modalités définies par l'article 5 du règlement (CE) du Conseil nº 139/2004 du 20 janvier 2004 précité. *— V. le Règl. préc., App., vº Concurrence (II — Droit communautaire).*

Art. L. 430-3 *(L. nº 2001-420 du 15 mai 2001 ; L. nº 2004-1343 du 9 déc. 2004, art. 83-II)* « L'opération de concentration doit être notifiée *(L. nº 2008-776 du 4 août 2008, art. 96-I, B, 1º)* « à l'Autorité de la concurrence » avant sa réalisation. La notification peut intervenir dès lors que la ou les parties concernées sont en mesure de présenter un projet suffisamment abouti pour permettre l'instruction du dossier et notamment lorsqu'elles ont conclu un accord de principe, signé une lettre d'intention ou dès l'annonce d'une offre publique. Le renvoi *(L. nº 2008-776 du 4 août 2008, art. 96-I, B, 1º)* « à l'Autorité de la concurrence » de tout ou partie d'un cas de concentration notifié à la Commission européenne vaut notification au sens du présent article. »

L'obligation de notification incombe aux personnes physiques ou morales qui acquièrent le contrôle de tout ou partie d'une entreprise ou, dans le cas d'une fusion ou de la création d'une entreprise commune, à toutes les parties concernées qui doivent alors notifier conjointement. Le contenu du dossier de notification est fixé par décret.

La réception de la notification d'une opération, ou le renvoi total ou partiel d'une opération *(L. n° 2015-990 du 6 août 2015, art. 215-2°)* « relevant de la compétence de l'Union européenne », fait l'objet d'un communiqué publié par *(L. n° 2008-776 du 4 août 2008, art. 96-I, B, 2°)* « l'Autorité de la concurrence » selon des modalités fixées par décret.

(L. n° 2008-776 du 4 août 2008, art. 96-I, B, 3°) « Dès réception du dossier, l'Autorité de la concurrence en adresse un exemplaire au ministre chargé de l'économie. » *— V. art. R. 430-4.*

Art. L. 430-4 *(L. n° 2008-776 du 4 août 2008, art. 96-I, C, 1°)* « La réalisation effective d'une opération de concentration ne peut intervenir qu'après l'accord de l'Autorité de la concurrence ou, lorsqu'il a évoqué l'affaire dans les conditions prévues à l'article L. 430-7-1, celui du ministre chargé de l'économie. »

(L. n° 2001-420 du 15 mai 2001) « En cas de nécessité particulière dûment motivée, les parties qui ont procédé à la notification peuvent demander *(L. n° 2008-776 du 4 août 2008, art. 96-I, C, 2°)* « à l'Autorité de la concurrence » une dérogation leur permettant de procéder à la réalisation effective de tout ou partie de la concentration sans attendre la décision mentionnée au premier alinéa et sans préjudice de celle-ci. *(L. n° 2015-990 du 6 août 2015, art. 215-3°)* « L'octroi de cette dérogation peut être assorti de conditions.

« La dérogation mentionnée au deuxième alinéa cesse d'être valable si, dans un délai de trois mois à compter de la réalisation effective de l'opération, l'Autorité de la concurrence n'a pas reçu la notification complète de l'opération. » *— V. art. R. 430-5.*

Art. L. 430-5 *(L. n° 2008-776 du 4 août 2008, art. 96-I, D, 1°)* « I. — L'Autorité de la concurrence se prononce sur l'opération de concentration dans un délai de vingt-cinq jours ouvrés à compter de la date de réception de la notification complète. »

(L. n° 2001-420 du 15 mai 2001) « II. — Les parties à l'opération peuvent s'engager à prendre des mesures visant notamment à remédier, le cas échéant, aux effets anticoncurrentiels de l'opération soit à l'occasion de la notification de cette opération, soit à tout moment avant l'expiration du délai de *(L. n° 2008-776 du 4 août 2008, art. 96-I, D, 1°)* « vingt-cinq jours ouvrés » à compter de la date de réception de la notification complète, tant que la décision prévue au I n'est pas intervenue. »

(L. n° 2008-776 du 4 août 2008, art. 96-I, D, 2°, b et c) « Si des engagements sont reçus par l'Autorité de la concurrence, le délai mentionné au I est prolongé de quinze jours ouvrés. »

(L. n° 2015-990 du 6 août 2015, art. 215-4°) « L'Autorité de la concurrence peut suspendre le délai mentionné au I du présent article lorsque les parties ayant procédé à la notification ont manqué de l'informer dès sa survenance d'un fait nouveau, qui aurait dû être notifié s'il s'était produit avant une notification au sens de l'article L. 430-3, ou ont manqué de lui communiquer tout ou partie des informations demandées dans le délai imparti, ou lorsque des tiers ont manqué de lui communiquer, pour des raisons imputables aux parties ayant procédé à la notification, les informations demandées. Le délai reprend son cours dès la disparition de la cause ayant justifié la suspension. »

(L. n° 2008-776 du 4 août 2008, art. 96-I, D, 2°, b) et c) « En cas de nécessité particulière, telle que la finalisation des engagements mentionnés à l'alinéa précédent, les parties peuvent demander à l'Autorité de la concurrence de suspendre les délais d'examen de l'opération dans la limite de quinze jours ouvrés. »

III. — *(L. n° 2008-776 du 4 août 2008, art. 96-I, D, 3°, a)* « L'Autorité de la concurrence peut : »

(L. n° 2001-420 du 15 mai 2001) — soit constater, par décision motivée, que l'opération qui lui a été notifiée n'entre pas dans le champ défini par les articles L. 430-1 et L. 430-2 ;

— soit autoriser l'opération, en subordonnant éventuellement, par décision motivée, cette autorisation à la réalisation effective des engagements pris par les parties.

(L. n° 2008-776 du 4 août 2008, art. 96-I, D, 3°, b) « — soit, si elle estime qu'il subsiste un doute sérieux d'atteinte à la concurrence, engager un examen approfondi dans les conditions prévues à l'article L. 430-6 ».

(L. n° 2008-776 du 4 août 2008, art. 96-I, D, 4°) « IV. — Si l'Autorité de la concurrence ne prend aucune des trois décisions prévues au III dans le délai mentionné au I, éventuellement prolongé en application du II, elle en informe le ministre chargé de l'économie. L'opération est réputée avoir fait l'objet d'une décision d'autorisation au terme du délai ouvert au ministre chargé de l'économie par le I de l'article L. 430-7-1. » *— V. art. R. 430-6 s.*

Art. L. 430-6 *(L. nº 2008-776 du 4 août 2008, art. 96-I, E)* Lorsqu'une opération de concentration fait l'objet, en application du dernier alinéa du III de l'article L. 430-5, d'un examen approfondi, l'Autorité de la concurrence examine si elle est de nature à porter atteinte à la concurrence, notamment par création ou renforcement d'une position dominante ou par création ou renforcement d'une puissance d'achat qui place les fournisseurs en situation de dépendance économique. Elle apprécie si l'opération apporte au progrès économique une contribution suffisante pour compenser les atteintes à la concurrence.

La procédure applicable à cet examen approfondi de l'opération par l'Autorité de la concurrence est celle prévue au deuxième alinéa de l'article L. 463-2 et aux articles L. 463-4, L. 463-6 et L. 463-7. Toutefois, les parties qui ont procédé à la notification et le commissaire du Gouvernement doivent produire leurs observations en réponse à la communication du rapport dans un délai de quinze jours ouvrés.

Avant de statuer, l'autorité peut entendre des tiers en l'absence des parties qui ont procédé à la notification. Les comités d'entreprise des entreprises parties à l'opération de concentration sont entendus à leur demande par l'autorité dans les mêmes conditions.

Art. L. 430-7 *(L. nº 2008-776 du 4 août 2008, art. 96-I, F)* I. — Lorsqu'une opération de concentration fait l'objet d'un examen approfondi, l'Autorité de la concurrence prend une décision dans un délai de soixante-cinq jours ouvrés à compter de l'ouverture de celui-ci.

II. — Après avoir pris connaissance de l'ouverture d'un examen approfondi en application du dernier alinéa du III de l'article L. 430-5, les parties peuvent proposer des engagements de nature à remédier aux effets anticoncurrentiels de l'opération. *(L. nº 2015-990 du 6 août 2015, art. 215-5º)* « Lorsque des engagements ou des modifications apportées à des engagements déjà proposés » sont transmis à l'Autorité de la concurrence moins de vingt jours ouvrés avant la fin du délai mentionné au I, celui-ci expire vingt jours ouvrés après *(L. nº 2015-990 du 6 août 2015, art. 215-5º)* « leur réception, dans la limite de quatre-vingt-cinq jours ouvrés à compter de l'ouverture de l'examen approfondi ».

En cas de nécessité particulière, telle que la finalisation des engagements mentionnés à l'alinéa précédent, les parties peuvent demander à l'Autorité de la concurrence de suspendre les délais d'examen de l'opération dans la limite de vingt jours ouvrés. Ces délais peuvent également être suspendus à l'initiative de l'Autorité de la concurrence lorsque les parties ayant procédé à la notification ont manqué de l'informer d'un fait nouveau dès sa survenance ou de lui communiquer, en tout ou partie, les informations demandées dans le délai imparti, ou que des tiers ont manqué de lui communiquer, pour des raisons imputables aux parties ayant procédé à la notification, les informations demandées. En ce cas, le délai reprend son cours dès la disparition de la cause ayant justifié sa suspension.

III. — L'Autorité de la concurrence peut, par décision motivée :

— soit interdire l'opération de concentration et enjoindre, le cas échéant, aux parties de prendre toute mesure propre à rétablir une concurrence suffisante ;

— soit autoriser l'opération en enjoignant aux parties de prendre toute mesure propre à assurer une concurrence suffisante ou en les obligeant à observer des prescriptions de nature à apporter au progrès économique une contribution suffisante pour compenser les atteintes à la concurrence.

Les injonctions et prescriptions mentionnées aux deux alinéas précédents s'imposent quelles que soient les clauses contractuelles éventuellement conclues par les parties.

Le projet de décision est transmis aux parties intéressées auxquelles un délai raisonnable est imparti pour présenter leurs observations.

IV. — Si l'Autorité de la concurrence n'entend prendre aucune des décisions prévues au III, elle autorise l'opération par une décision motivée. L'autorisation peut être subordonnée à la réalisation effective des engagements pris par les parties qui ont procédé à la notification.

V. — Si aucune des décisions prévues aux III et IV n'a été prise dans le délai mentionné au I, éventuellement prolongé en application du II, l'Autorité de la concurrence en informe le ministre chargé de l'économie. L'opération est réputée avoir fait l'objet d'une décision d'autorisation au terme du délai ouvert au ministre chargé de l'économie par le II de l'article L. 430-7-1. — *V. art. R. 430-6 s.*

Art. L. 430-7-1 *(L. nº 2008-776 du 4 août 2008, art. 96-I, G)* I. — Dans un délai de cinq jours ouvrés à compter de la date à laquelle il a reçu la décision de l'Autorité de la concurrence ou en a été informé en vertu de l'article L. 430-5, le ministre chargé de l'économie peut demander à l'Autorité de la concurrence un examen approfondi de l'opération dans les conditions prévues aux articles L. 430-6 et L. 430-7.

II. — Dans un délai de vingt-cinq jours ouvrés à compter de la date à laquelle il a reçu la décision de l'Autorité de la concurrence ou en a été informé en vertu de l'article L. 430-7, le ministre chargé de l'économie peut évoquer l'affaire et statuer sur l'opération en cause pour des motifs d'intérêt général autres que le maintien de la concurrence et, le cas échéant, compensant l'atteinte portée à cette dernière par l'opération.

Les motifs d'intérêt général autres que le maintien de la concurrence pouvant conduire le ministre chargé de l'économie à évoquer l'affaire sont, notamment, le développement industriel, la compétitivité des entreprises en cause au regard de la concurrence internationale ou la création ou le maintien de l'emploi.

Lorsqu'en vertu du présent II le ministre chargé de l'économie évoque une décision de l'Autorité de la concurrence, il prend une décision motivée statuant sur l'opération en cause après avoir entendu les observations des parties à l'opération de concentration. Cette décision peut éventuellement être conditionnée à la mise en œuvre effective d'engagements.

Cette décision est transmise sans délai à l'Autorité de la concurrence.

(L. n° 2015-990 du 6 août 2015, art. 215-6°) « Si le ministre chargé de l'économie estime que les parties n'ont pas exécuté dans les délais fixés un engagement figurant dans sa décision, il peut prendre les décisions prévues aux 1° à 3° du IV de l'article L. 430-8. » — *V. art. R. 430-6 s.*

Art. L. 430-8 *(L. n° 2001-420 du 15 mai 2001)* I. — *(L. n° 2008-776 du 4 août 2008, art. 96-I, H, 1°)* « Si une opération de concentration a été réalisée sans être notifiée, l'Autorité de la concurrence enjoint sous astreinte, dans la limite prévue au II de l'article L. 464-2, aux parties de notifier l'opération, à moins de revenir à l'état antérieur à la concentration. La procédure prévue aux articles L. 430-5 à L. 430-7 est alors applicable.

« En outre, l'autorité peut infliger aux personnes auxquelles incombait la charge de la notification une sanction pécuniaire dont le montant maximum s'élève, pour les personnes morales, à 5 % de leur chiffre d'affaires hors taxes réalisé en France lors du dernier exercice clos, augmenté, le cas échéant, de celui qu'a réalisé en France durant la même période la partie acquise et, pour les personnes physiques, à 1,5 million d'euros. »

II. — Si une opération de concentration notifiée et ne bénéficiant pas de la dérogation prévue au deuxième alinéa de l'article L. 430-4 a été réalisée avant l'intervention de la décision prévue au premier alinéa du même article, *(L. n° 2008-776 du 4 août 2008, art. 96-I, H, 2°)* « l'Autorité de la concurrence » peut infliger aux personnes ayant procédé à la notification une sanction pécuniaire qui ne peut dépasser le montant défini au I.

III. — En cas d'omission ou de déclaration inexacte dans une notification, *(L. n° 2008-776 du 4 août 2008, art. 96-I, H, 2°)* « l'Autorité de la concurrence » peut infliger aux personnes ayant procédé à la notification une sanction pécuniaire qui ne peut dépasser le montant défini au I. »

Cette sanction peut s'accompagner du retrait de la décision ayant autorisé la réalisation de l'opération. A moins de revenir à l'état antérieur à la concentration, les parties sont alors tenues de notifier de nouveau l'opération dans un délai d'un mois à compter du retrait de la décision, sauf à encourir les sanctions prévues au I.

(L. n° 2008-776 du 4 août 2008, art. 96-I, H, 3°, a) « IV. — Si elle estime que les parties n'ont pas exécuté dans les délais fixés une injonction, une prescription ou un engagement figurant dans sa décision *(Abrogé par L. n° 2015-990 du 6 août 2015, art. 215-7°) « ou dans la décision du ministre ayant statué sur l'opération en application de l'article L. 430-7-1 »*, l'Autorité de la concurrence constate l'inexécution. Elle peut : »

1° Retirer la décision ayant autorisé la réalisation de l'opération. A moins de revenir à l'état antérieur à la concentration, les parties sont tenues de notifier de nouveau l'opération dans un délai d'un mois à compter du retrait de la décision, sauf à encourir les sanctions prévues au I ;

2° Enjoindre sous astreinte *(L. n° 2008-776 du 4 août 2008, art. 96-I, H, 3°, b)* « , dans la limite prévue au II de l'article L. 464-2, » aux parties auxquelles incombait l'obligation non exécutée d'exécuter dans un délai *(L. n° 2015-990 du 6 août 2015, art. 215-7°)* « qu'elle fixe » les injonctions, prescriptions ou engagements *(L. n° 2015-990 du 6 août 2015, art. 215-7°)* « figurant dans la décision ;

« 3° Enjoindre sous astreinte, dans la limite prévue au II de l'article L. 464-2, aux parties auxquelles incombait l'obligation, d'exécuter dans un délai qu'elle fixe des injonctions ou des prescriptions en substitution de l'obligation non exécutée. »

(L. n° 2008-776 du 4 août 2008, art. 96-I, H, 3°, c) « En outre, l'Autorité de la concurrence peut infliger aux personnes auxquelles incombait l'obligation non exécutée une sanction pécuniaire qui ne peut dépasser le montant défini au I.

« La procédure applicable est celle prévue au deuxième alinéa de l'article L. 463-2 et aux articles L. 463-4, L. 463-6 et L. 463-7. Toutefois, les parties qui ont procédé à la notification et le commissaire du Gouvernement doivent produire leurs observations en réponse à la communication du rapport dans un délai de quinze jours ouvrés.

« L'Autorité de la concurrence se prononce dans un délai de soixante-quinze jours ouvrés.

« V. – Si une opération de concentration a été réalisée en contravention des décisions prises en application des articles L. 430-7 et L. 430-7-1, l'Autorité de la concurrence enjoint sous astreinte, dans la limite prévue au II de l'article L. 464-2, aux parties de revenir à l'état antérieur à la concentration.

« En outre, l'Autorité de la concurrence peut infliger aux personnes auxquelles les décisions précitées s'imposaient la sanction pécuniaire prévue au I. »

Art. L. 430-9 *(L. nº 2008-776 du 4 août 2008, art. 96-I, I)* « L'Autorité de la concurrence peut, en cas d'exploitation abusive d'une position dominante ou d'un état de dépendance économique, enjoindre, par décision motivée, à l'entreprise ou » au groupe d'entreprises en cause de modifier, de compléter ou de résilier, dans un délai déterminé, tous accords et tous actes par lesquels s'est réalisée la concentration de la puissance économique qui a permis les abus même si ces actes ont fait l'objet de la procédure prévue au présent titre. – *Anc. art. L. 430-6 (L. nº 2001-420 du 15 mai 2001).*

Art. L. 430-10 *(L. nº 2008-776 du 4 août 2008, art. 96-I, J)* Lorsqu'ils interrogent des tiers au sujet de l'opération, de ses effets et des engagements proposés par les parties, et rendent publique leur décision dans des conditions fixées par décret, l'Autorité de la concurrence et le ministre chargé de l'économie tiennent compte de l'intérêt légitime des parties qui procèdent à la notification ou des personnes citées à ce que leurs secrets d'affaires ne soient pas divulgués. – *V. art. R. 463-15-1.*

TITRE IV De la transparence, des pratiques restrictives de concurrence et d'autres pratiques prohibées

CHAPITRE PRÉLIMINAIRE *La commission d'examen des pratiques commerciales*

(L. nº 2001-420 du 15 mai 2001 ; L. nº 2014-344 du 17 mars 2014, art. 127)

Art. L. 440-1 I. – La commission d'examen des pratiques commerciales est composée d'un député et d'un sénateur désignés par les commissions permanentes de leur assemblée compétentes en matière de relations commerciales entre fournisseurs et revendeurs, de membres, éventuellement honoraires, des juridictions administratives et judiciaires, de représentants des secteurs de la production et de la transformation agricole et halieutique, ainsi qu'industrielle et artisanale, des transformateurs, des grossistes, des distributeurs et de l'administration, ainsi que de personnalités qualifiées.

Le président de la commission est désigné parmi ses membres par décret. Lorsque celui-ci n'est pas membre d'une juridiction, un vice-président appartenant à une juridiction administrative ou judiciaire est également désigné, dans les mêmes conditions. Elle comprend un nombre égal de représentants des producteurs et des revendeurs.

Les membres de la commission sont tenus au secret professionnel pour les faits, actes et renseignements dont ils ont pu avoir connaissance en raison de leurs fonctions.

II. – Le président de la commission peut décider de mettre en place plusieurs chambres d'examen au sein de la commission.

La commission assure, sous la responsabilité de son président, l'anonymat des saisines et des documents qui lui sont soumis, y compris vis-à-vis de ses membres.

Un décret détermine l'organisation, les moyens et les modalités de fonctionnement de la commission ainsi que les conditions nécessaires pour assurer l'anonymat des acteurs économiques visés dans les avis et recommandations de la commission. – *V. art. D. 440-1 s.*

III. – La commission entend, à sa demande, les personnes et fonctionnaires qu'elle juge utiles à l'accomplissement de sa mission.

Son président peut demander qu'une enquête soit effectuée par les agents habilités à cet effet à l'article L. 450-1 du présent code *(Ord. nº 2016-301 du 14 mars 2016, art. 6, en vigueur le 1er juill. 2016)* « et aux articles L. 511-3, L. 511-21 et L. 511-22 » du code de la consommation, selon les procédures prévues. Le compte rendu de l'enquête est remis au président de la commission, qui s'assure qu'il préserve l'anonymat des personnes concernées.

IV. – La commission est saisie par le ministre chargé de l'économie, par le ministre chargé du secteur économique concerné, par le président de l'Autorité de la concurrence, par toute personne morale, notamment les organisations professionnelles ou syndicales, les associations de consommateurs agréées, les chambres consulaires ou d'agriculture, ainsi que par tout producteur, fournisseur ou revendeur s'estimant lésé par une pratique commerciale. Elle peut également se saisir d'office.

La commission d'examen des pratiques commerciales peut également être consultée par les juridictions sur des pratiques, définies au présent titre, relevées dans les affaires dont celles-ci sont saisies.

La décision de saisir la commission n'est pas susceptible de recours. La commission fait connaître son avis dans un délai maximal de quatre mois à compter de sa saisine. Il est sursis à toute décision sur le fond de l'affaire jusqu'à réception de l'avis ou, à défaut, jusqu'à l'expiration du délai de quatre mois susmentionné. Toutefois, des mesures urgentes ou conservatoires nécessaires peuvent être prises. L'avis rendu ne lie pas la juridiction.

L'avis de la commission d'examen des pratiques commerciales est publié après la décision rendue par la juridiction l'ayant saisie pour avis.

V. — La commission a pour mission de donner des avis ou de formuler des recommandations sur les questions, les documents commerciaux ou publicitaires, y compris les factures et contrats couverts par un secret *(L. n° 2018-670 du 30 juill. 2018, art. 4)* « des affaires », et les pratiques concernant les relations commerciales entre producteurs, fournisseurs et revendeurs, qui lui sont soumis.

L'avis rendu par la commission porte notamment sur la conformité au droit de la pratique ou du document dont elle est saisie. — *V. ces avis publiés sur le site internet de la CEPC.*

La commission peut également décider d'adopter une recommandation sur les questions dont elle est saisie et sur toutes celles entrant dans ses compétences, notamment celles portant sur le développement des bonnes pratiques. Lorsqu'elle fait suite à une saisine en application du premier alinéa du présent V, cette recommandation ne contient aucune indication de nature à permettre l'identification des personnes concernées. La recommandation est communiquée au ministre chargé de l'économie et est publiée sur décision de la commission.

La commission exerce, en outre, un rôle d'observatoire régulier des pratiques commerciales, des facturations et des contrats conclus entre producteurs, fournisseurs et revendeurs qui lui sont soumis.

Elle établit chaque année un rapport d'activité, qu'elle transmet au Gouvernement et aux assemblées parlementaires. Ce rapport est rendu public. Il comprend une analyse détaillée du nombre et de la nature des infractions au présent titre ayant fait l'objet de sanctions administratives ou pénales. Il comprend également les décisions rendues en matière civile sur les opérations engageant la responsabilité de leurs auteurs.

CHAPITRE PREMIER *De la transparence dans la relation commerciale* *(Ord. n° 2019-359 du 24 avr. 2019, art. 1er).*

SECTION I *Les conditions générales de vente*

(Ord. n° 2019-359 du 24 avr. 2019, art. 1er)

Art. L. 441-1 I. — Les conditions générales de vente comprennent notamment les conditions de règlement, ainsi que les éléments de détermination du prix tels que le barème des prix unitaires et les éventuelles réductions de prix.

II. — Toute personne exerçant des activités de production, de distribution ou de services qui établit des conditions générales de vente est tenue de les communiquer à tout acheteur qui en fait la demande pour une activité professionnelle. Cette communication s'effectue par tout moyen constituant un support durable.

Ces conditions générales de vente peuvent être différenciées selon les catégories d'acheteurs de produits ou de prestations de services. Dans ce cas, l'obligation de communication prescrite au premier alinéa du présent II porte uniquement sur les conditions générales de vente applicables à une même catégorie d'acheteurs.

III. — Dès lors que les conditions générales de vente sont établies, elles constituent le socle unique de la négociation commerciale.

Dans le cadre de cette négociation, les parties peuvent convenir de conditions particulières de vente qui ne sont pas soumises à l'obligation de communication prescrite au II.

Lorsque le prix d'un service ne peut être déterminé *a priori* ou indiqué avec exactitude, le prestataire de services est tenu de communiquer au destinataire qui en fait la demande la méthode de calcul du prix permettant de vérifier ce dernier, ou un devis suffisamment détaillé.

IV. — Tout manquement au II est passible d'une amende administrative dont le montant ne peut excéder 15 000 € pour une personne physique et 75 000 € pour une personne morale. — *Comp. anc. art. L. 441-6-I, al. 1er à 7, et II.*

Art. L. 441-2 Tout prestataire de services est tenu, à l'égard de tout destinataire de prestations de services, de respecter les obligations d'information définies à l'article L. 111-2 du code de la consommation.

Cette obligation ne s'applique pas aux services mentionnés aux livres Ier à III et au titre V du livre V du code monétaire et financier ainsi qu'aux opérations pratiquées par les entreprises régies par le code des assurances, par les fonds de retraite professionnelle supplémentaire mentionnés à l'article L. 381-1 du même code, par les mutuelles ou unions mentionnées à l'article L. 214-1 du code de la mutualité, par les institutions de retraite professionnelle supplémentaire mentionnées à l'article L. 942-1 du code de la sécurité sociale, par les mutuelles et unions régies par le livre II du code de la mutualité et par les institutions de prévoyance et unions régies par le titre III du livre IX du code de la sécurité sociale. *— Comp. anc. art. L. 441-6-III.*

SECTION II *La négociation et la formalisation de la relation commerciale*

(Ord. nº 2019-359 du 24 avr. 2019, art. 1er)

SOUS-SECTION 1 *Conventions écrites*

Art. L. 441-3 I. — Une convention écrite conclue entre le fournisseur, à l'exception des fournisseurs de produits mentionnés à l'article L. 443-2, et le distributeur ou le prestataire de services mentionne les obligations réciproques auxquelles se sont engagées les parties à l'issue de la négociation commerciale, dans le respect des articles L. 442-1 à L. 442-3. Cette convention est établie soit dans un document unique, soit dans un ensemble formé par un contrat-cadre et des contrats d'application.

II. — Sans préjudice des articles L. 442-1 à L. 442-3, tout avenant à la convention mentionnée au I fait l'objet d'un écrit qui mentionne l'élément nouveau le justifiant.

III. — La convention mentionnée au I fixe, aux fins de concourir à la détermination du prix convenu, les obligations suivantes :

1º Les conditions de l'opération de vente des produits ou des prestations de services, y compris les réductions de prix, et le cas échéant les types de situation dans lesquelles et les modalités selon lesquelles des conditions dérogatoires de l'opération de vente sont susceptibles d'être appliquées ;

2º Les services de coopération commerciale, propres à favoriser la commercialisation des produits ou services du fournisseur, que le distributeur ou le prestataire de service lui rend, ne relevant pas des obligations d'achat et de vente, en précisant l'objet, la date prévue, les modalités d'exécution, la rémunération de ces services ainsi que les produits ou services auxquels ils se rapportent et la rémunération globale afférente à l'ensemble de ces obligations ;

3º Les autres obligations destinées à favoriser la relation commerciale entre le fournisseur et le distributeur ou le prestataire de services, en précisant pour chacune l'objet, la date prévue et les modalités d'exécution, ainsi que la rémunération ou la réduction de prix globale afférente à l'ensemble de ces obligations ;

(L. nº 2020-1525 du 7 déc. 2020, art. 138) « 4º L'objet, la date, les modalités d'exécution, la rémunération et les produits auxquels il se rapporte de tout service ou obligation relevant d'un accord conclu avec une entité juridique située en dehors du territoire français, avec laquelle le distributeur est directement ou indirectement lié. »

IV. — La convention mentionnée au I est conclue pour une durée d'un an, de deux ans ou de trois ans, au plus tard le 1er mars de l'année pendant laquelle elle prend effet ou dans les deux mois suivant le point de départ de la période de commercialisation des produits ou des services soumis à un cycle de commercialisation particulier. Lorsqu'elle est conclue pour une durée de deux ou de trois ans, elle fixe les modalités selon lesquelles le prix convenu est révisé. Ces modalités peuvent prévoir la prise en compte d'un ou de plusieurs indicateurs disponibles reflétant l'évolution du prix des facteurs de production.

V. — Le fournisseur communique ses conditions générales de vente au distributeur dans un délai raisonnable avant le 1er mars ou, pour les produits ou services soumis à un cycle de commercialisation particulier, avant le point de départ de la période de commercialisation. — *Comp. anc. art. L. 441-7-I, al. 1er à 5.*

Art. L. 441-4 I. — Le présent article est applicable à la convention mentionnée au I de l'article L. 441-3 lorsqu'elle est relative aux produits de grande consommation définis comme des produits non durables à forte fréquence et récurrence de consommation. La liste de ces produits de grande consommation est fixée par décret. *— V. art. D. 441-1.*

II. — Le présent article n'est pas applicable au grossiste, qui s'entend de toute personne physique ou morale qui, à des fins professionnelles, achète des produits à un ou plusieurs fournisseurs et les revend, à titre principal, à d'autres commerçants, grossistes ou détaillants, à des transformateurs ou à tout autre professionnel qui s'approvisionne pour les besoins de son activité. Sont assimilés à des grossistes les centrales d'achat ou de référencement de grossistes.

Sont exclus de la notion de grossiste les entreprises ou les groupes de personnes physiques ou morales exploitant, directement ou indirectement, un ou plusieurs magasins de commerce de détail ou intervenant dans le secteur de la distribution comme centrale d'achat ou de référencement pour des entreprises de commerce de détail.

III. — La convention mentionne le barème des prix unitaires, tel qu'il a été préalablement communiqué par le fournisseur, avec ses conditions générales de vente, ou les modalités de consultation de ce barème dans la version ayant servi de base à la négociation.

IV. — La convention fixe le chiffre d'affaires prévisionnel, qui constitue, avec l'ensemble des obligations fixées par la convention conformément au III de l'article L. 441-3, le plan d'affaires de la relation commerciale. Lorsque sa durée est de deux ou trois ans, cette convention fixe les modalités selon lesquelles le chiffre d'affaires prévisionnel est révisé.

V. — La date d'entrée en vigueur de chacune des obligations prévues aux 1° à 3° du III de l'article L. 441-3 est concomitante à la date d'effet du prix convenu. Celui-ci s'applique au plus tard le 1er mars.

Les dispositions du 1° du III de l'article L. 441-3 relatives aux conditions dérogatoires de l'opération de vente ne sont pas applicables au présent article.

VI. — Le fournisseur communique ses conditions générales de vente au distributeur au plus tard trois mois avant le 1er mars ou, pour les produits soumis à un cycle de commercialisation particulier, deux mois avant le point de départ de la période de commercialisation. Le distributeur dispose d'un délai raisonnable à compter de la réception des conditions générales de vente pour notifier par écrit les motifs de refus de ces dernières ou son acceptation ou, le cas échéant, les dispositions des conditions générales de vente qu'il souhaite soumettre à la négociation.

VII. — Les conditions dans lesquelles, le cas échéant, le fournisseur s'engage à accorder aux consommateurs, en cours d'année, des avantages promotionnels sur ses produits ou services sont fixées dans des mandats confiés au distributeur ou au prestataire de services, conclus et exécutés conformément aux articles 1984 et suivants du code civil. Chacun de ces contrats de mandat précise, notamment, le montant et la nature des avantages promotionnels accordés, la période d'octroi et les modalités de mise en œuvre de ces avantages ainsi que les modalités de reddition de comptes par le distributeur au fournisseur.

Pour les produits agricoles mentionnés à l'article L. 443-2, le lait et les produits laitiers, ces avantages ne peuvent dépasser 30 % de la valeur du barème des prix unitaires, frais de gestion compris. — *Comp. anc. art. L. 441-7-I, al. 8 et 9.*

Art. L. 441-5 Une convention écrite est établie, dans le respect des articles L. 441-1 et L. 442-1 à L. 442-3, pour tout achat de produits manufacturés, fabriqués à la demande de l'acheteur en vue d'être intégrés dans sa propre production, dont le montant est supérieur à un seuil fixé par décret. Elle mentionne les conditions convenues entre les parties, notamment : — *V. art. D. 441-2.*

1° L'objet de la convention et les obligations respectives des parties ;

2° Le prix ou les modalités de sa détermination ;

3° Les conditions de facturation et de règlement ;

4° Les responsabilités respectives des parties et les garanties, telles que, le cas échéant, les modalités d'application d'une réserve de propriété ;

5° Les règles régissant la propriété intellectuelle entre les parties lorsque la nature de la convention le justifie ;

6° La durée de la convention ainsi que les modalités de sa résiliation ;

7° Les modalités de règlement des différends quant à l'exécution de la convention et, si les parties décident d'y recourir, les modalités de mise en place d'une médiation. — *Comp. anc. art. L. 441-9.*

Art. L. 441-6 Tout manquement aux dispositions des articles L. 441-3 à L. 441-5 est passible d'une amende administrative dont le montant ne peut excéder 75 000 € pour une personne physique et 375 000 € pour une personne morale.

Le maximum de l'amende encourue est porté à 150 000 € pour une personne physique et 750 000 € pour une personne morale en cas de réitération du manquement dans un délai de deux ans à compter de la date à laquelle la première décision de sanction est devenue définitive. — *Comp. anc. art. L. 441-7-II et L. 441-7-1-III.*

Art. L. 441-7 I. — Le contrat conclu entre un fournisseur et un distributeur portant sur la conception et la production de produits alimentaires selon des modalités répondant aux besoins particuliers de l'acheteur et vendus sous marque de distributeur mentionne le prix ou les critères et modalités de détermination du prix d'achat des produits agricoles entrant dans la composition de ces produits alimentaires.

II. — L'obligation prévue au I s'applique uniquement lorsque la vente des produits agricoles fait l'objet d'un contrat écrit. Elle s'applique, le cas échéant, lorsque le vendeur est une société mentionnée à l'article L. 521-1 du code rural et de la pêche maritime. — *Comp. anc. art. L. 441-10.*

SOUS-SECTION 2 *Clause de renégociation (Ord. nº 2019-359 du 24 avr. 2019, art. 1er).*

Art. L. 441-8 *(L. nº 2014-344 du 17 mars 2014, art. 125-II) (L. nº 2018-938 du 30 oct. 2018, art. 9)* « **Sans préjudice de l'article 172 *bis* du règlement (UE) nº 1308/2013 du Parlement européen et du Conseil du 17 décembre 2013 portant organisation commune des marchés des produits agricoles et abrogeant les règlements (CEE) nº 922/72, (CEE) nº 234/79, (CE) nº 1037/2001 et (CE) nº 1234/2007 du Conseil,** » **les contrats d'une durée d'exécution supérieure à trois mois portant sur la vente des produits** *(L. nº 2018-938 du 30 oct. 2018, art. 9)* « **agricoles et alimentaires** » **figurant sur** *(L. nº 2018-938 du 30 oct. 2018, art. 9)* « **une liste fixée** *[ancienne rédaction : la liste prévue au deuxième alinéa de l'article L. 442-9, complétée, le cas échéant,]* » **par décret, dont les prix de production sont significativement affectés par des fluctuations des prix des matières premières agricoles et alimentaires** *(L. nº 2018-938 du 30 oct. 2018, art. 9)* « **et des produits agricoles et alimentaires et, le cas échéant, des coûts de l'énergie** » **comportent une clause relative aux modalités de renégociation du prix permettant de prendre en compte ces fluctuations à la hausse comme à la baisse.** — *V. art. D. 441-3.*

(L. nº 2018-938 du 30 oct. 2018, art. 9) « **Cette clause, définie par les parties, précise les conditions et les seuils de déclenchement de la renégociation et prend notamment en compte les indicateurs mentionnés à l'article L. 631-24-1 du code rural et de la pêche maritime ou, à défaut, un ou plusieurs indicateurs des prix des produits agricoles ou alimentaires constatés sur le marché sur lequel opère le vendeur diffusés, le cas échéant, par accords interprofessionnels ou par l'Observatoire de la formation des prix et des marges des produits alimentaires** *[ancienne rédaction : Cette clause, définie par les parties, précise les conditions de déclenchement de la renégociation et fait référence à un ou plusieurs indices publics des prix des produits agricoles ou alimentaires. Des accords interprofessionnels ainsi que l'observatoire de la formation des prix et des marges des produits alimentaires peuvent proposer, en tant que de besoin et pour les produits qu'ils visent, des indices publics qui peuvent être utilisés par les parties, ainsi que les modalités de leur utilisation permettant de caractériser le déclenchement de la renégociation]*. »

La renégociation de prix est conduite de bonne foi dans le respect *(Abrogé par L. nº 2018-670 du 30 juill. 2018, art. 4)* « ***du secret en matière industrielle et commerciale et*** » **du secret des affaires, ainsi que dans un délai, précisé dans le contrat, qui ne peut être supérieur à** *(L. nº 2018-938 du 30 oct. 2018, art. 9)* « **un** *[ancienne rédaction : deux]* » **mois. Elle tend à une répartition équitable entre les parties de l'accroissement ou de la réduction des coûts de production résultant de ces fluctuations. Elle tient compte notamment de l'impact de ces fluctuations sur l'ensemble des acteurs de la chaîne d'approvisionnement. Un compte rendu de cette négociation est établi, selon des modalités définies par décret.** — *V. art. D. 441-4.*

Le fait de ne pas prévoir de clause de renégociation conforme aux deux premiers alinéas *(Abrogé par Ord. nº 2019-359 du 24 avr. 2019, art. 1er)* « ***du présent article*** », **de ne pas respecter le délai fixé au troisième alinéa, de ne pas établir le compte rendu prévu au même troisième alinéa ou de porter atteinte, au cours de la renégociation, aux secrets de fabrication ou au secret des affaires est passible d'une amende administrative dont le montant ne peut excéder 75 000 € pour une personne physique et 375 000 € pour une personne morale.** *(Abrogé par Ord. nº 2019-359 du 24 avr. 2019, art. 1er)* « ***L'amende est prononcée dans les conditions prévues à l'article*** *(Ord. nº 2017-303 du 9 mars 2017, art. 2-II)* « ***L. 470-2*** ». » **Le maximum de l'amende encourue est doublé en cas de réitération du manquement dans un délai de deux ans à compter de la date à laquelle la première décision de sanction est devenue définitive.**

(L. nº 2018-938 du 30 oct. 2018, art. 9) « **Si la renégociation de prix n'aboutit pas à un accord au terme du délai d'un mois prévu au troisième alinéa** *(Abrogé par Ord. nº 2019-359 du 24 avr. 2019, art. 1er)* « ***du présent article*** », **et sauf recours à l'arbitrage, il est fait application de l'article L. 631-28 du code rural et de la pêche maritime sans que le contrat puisse prévoir un autre dispositif de médiation.** »

Le présent article ne fait pas obstacle à toute autre renégociation, dans le respect *(Ord. nº 2019-359 du 24 avr. 2019, art. 1er)* « **du présent titre** ».

(L. nº 2015-990 du 6 août 2015, art. 33-I) « **Le présent article est également applicable aux contrats d'une durée d'exécution supérieure à trois mois portant sur la conception et la production, selon des modalités répondant aux besoins particuliers de l'acheteur, de produits mentionnés au premier alinéa.** »

SECTION III *La facturation et les détails de paiement*

(Ord. nº 2019-359 du 24 avr. 2019, art. 1er)

SOUS-SECTION 1 *Facturation*

Art. L. 441-9 I. — **Tout achat de produits ou toute prestation de service pour une activité professionnelle fait l'objet d'une facturation.**

Le vendeur est tenu de délivrer la facture dès la réalisation de la livraison ou de la prestation de services au sens du 3 du I de l'article 289 du code général des impôts *[V. App., v° Factures]*. L'acheteur est tenu de la réclamer.

Le vendeur et l'acheteur conservent chacun un exemplaire de toute facture émise dans la limite de durée prévue par les dispositions applicables du code général des impôts. La facture émise sous forme papier est rédigée en double exemplaire. — *V. art. R. 441-3.*

Sous réserve du *c* du II de l'article 242 *nonies* A de l'annexe II au code général des impôts *[V. App., v° Factures]*, dans sa version en vigueur au 26 avril 2013, la facture mentionne le nom des parties ainsi que leur adresse et leur adresse de facturation si elle est différente, la date de la vente ou de la prestation de service, la quantité, la dénomination précise, et le prix unitaire hors TVA des produits vendus et des services rendus ainsi que toute réduction de prix acquise à la date de la vente ou de la prestation de services et directement liée à cette opération de vente ou de prestation de services, à l'exclusion des escomptes non prévus sur la facture. — *Sur les autres mentions, et notamment le numéro d'identification de l'entreprise, V. art. R. 123-237.*

La facture mentionne la date à laquelle le règlement doit intervenir. Elle précise les conditions d'escompte applicables en cas de paiement à une date antérieure à celle résultant de l'application des conditions générales de vente, le taux des pénalités exigibles le jour suivant la date de règlement inscrite sur la facture ainsi que le montant de l'indemnité forfaitaire pour frais de recouvrement due au créancier en cas de retard de paiement. Le règlement est réputé réalisé à la date à laquelle les fonds sont mis, par le client, à la disposition du bénéficiaire ou de son subrogé. — *V. CGI, art. 237 sexies, App., v° Factures.*

La facture mentionne le numéro du bon de commande lorsqu'il a été préalablement établi par l'acheteur.

II. — Tout manquement au I est passible d'une amende administrative dont le montant ne peut excéder 75 000 € pour une personne physique et 375 000 € pour une personne morale.

Le maximum de l'amende encourue est porté à 150 000 € pour une personne physique et *[à]* 750 000 € pour une personne morale en cas de réitération du manquement dans un délai de deux ans à compter de la date à laquelle la première décision de sanction est devenue définitive. — *Comp. anc. art. L. 441-3.*

SOUS-SECTION 2 *Délais de paiement*

Art. L. 441-10 I. — Sauf dispositions contraires figurant aux conditions de vente ou convenues entre les parties, le délai de règlement des sommes dues ne peut dépasser trente jours après la date de réception des marchandises ou d'exécution de la prestation demandée.

Le délai convenu entre les parties pour régler les sommes dues ne peut dépasser soixante jours après la date d'émission de la facture.

Par dérogation, un délai maximal de quarante-cinq jours fin de mois après la date d'émission de la facture peut être convenu entre les parties, sous réserve que ce délai soit expressément stipulé par contrat et qu'il ne constitue pas un abus manifeste à l'égard du créancier.

En cas de facture périodique au sens du 3 du I de l'article 289 du code général des impôts, le délai convenu entre les parties ne peut dépasser quarante-cinq jours après la date d'émission de la facture.

II. — Les conditions de règlement mentionnées au I de l'article L. 441-1 précisent les conditions d'application et le taux d'intérêt des pénalités de retard exigibles le jour suivant la date de règlement figurant sur la facture ainsi que le montant de l'indemnité forfaitaire pour frais de recouvrement due au créancier dans le cas où les sommes dues sont réglées après cette date. Sauf disposition contraire qui ne peut toutefois fixer un taux inférieur à trois fois le taux d'intérêt légal, ce taux est égal au taux d'intérêt appliqué par la Banque centrale européenne à son opération de refinancement la plus récente majoré de 10 points de pourcentage. Dans ce cas, le taux applicable pendant le premier semestre de l'année concernée est le taux en vigueur au 1er janvier de l'année en question. Pour le second semestre de l'année concernée, il est le taux en vigueur au 1er juillet de l'année en question. Les pénalités de retard sont exigibles sans qu'un rappel soit nécessaire. Tout professionnel en situation de retard de paiement est de plein droit débiteur, à l'égard du créancier, d'une indemnité forfaitaire pour frais de recouvrement, dont le montant est fixé par décret. Lorsque les frais de recouvrement exposés sont supérieurs au montant de cette indemnité forfaitaire, le créancier peut demander une indemnisation complémentaire, sur justification. Toutefois, le créancier ne peut invoquer le bénéfice de ces indemnités lorsque l'ouverture d'une procédure de sauvegarde, de redressement ou de liquidation judiciaire interdit le paiement à son échéance de la créance qui lui est due. — *V. art. D. 441-5.*

III. — Sous réserve de dispositions spécifiques plus favorables au créancier, lorsqu'une procédure d'acceptation ou de vérification permettant de certifier la conformité des marchandises ou des services au contrat est prévue, la durée de cette procédure est fixée conformément aux bonnes pratiques et usages commerciaux et, en tout état de cause, n'excède pas trente jours à compter de la date de réception des marchandises ou de réalisation de la prestation des services, à moins qu'il n'en soit expressément stipulé autrement par contrat et pourvu que cela ne constitue pas une clause ou pratique abusive au sens de l'avant-dernier alinéa de l'article L. 441-16 ou de l'article L. 442-1. La durée de la procédure d'acceptation ou de vérification ne peut avoir pour effet ni d'augmenter la durée, ni de décaler le point de départ du délai maximal de paiement prévu aux deuxième, troisième et quatrième alinéas du I, à moins qu'il n'en soit expressément stipulé autrement par contrat et pourvu que cela ne constitue pas une clause ou pratique abusive, au sens de l'avant-dernier alinéa de l'article L. 441-16 ou de l'article L. 442-1. — *Comp. anc. art. L. 441-6-I, al. 8 et 11, et IV.*

....

CHAPITRE II *Des pratiques commerciales déloyales entre entreprises* (*Ord. n° 2019-359 du 24 avr. 2019, art. 2*).

SECTION I *Des pratiques restrictives de concurrence*

(Ord. n° 2019-359 du 24 avr. 2019, art. 2)

Art. L. 442-1 I. — Engage la responsabilité de son auteur et l'oblige à réparer le préjudice causé le fait, dans le cadre de la négociation commerciale, de la conclusion ou de l'exécution d'un contrat, par toute personne exerçant des activités de production, de distribution ou de services :

1° D'obtenir ou de tenter d'obtenir de l'autre partie un avantage ne correspondant à aucune contrepartie ou manifestement disproportionné au regard de la valeur de la contrepartie consentie ;

2° De soumettre ou de tenter de soumettre l'autre partie à des obligations créant un déséquilibre significatif dans les droits et obligations des parties ; — *V. aussi C. civ., art. 1171.* — **C. civ.**

(L. n° 2020-1525 du 7 déc. 2020, art. 139) « 3° D'imposer des pénalités disproportionnées au regard de l'inexécution d'engagements contractuels ou de procéder au refus ou retour de marchandises ou de déduire d'office du montant de la facture établie par le fournisseur les pénalités ou rabais correspondant au non-respect d'une date de livraison, à la non-conformité des marchandises, lorsque la dette n'est pas certaine, liquide et exigible, sans même que le fournisseur ait été en mesure de contrôler la réalité du grief correspondant. »

II. — Engage la responsabilité de son auteur et l'oblige à réparer le préjudice causé le fait, par toute personne exerçant des activités de production, de distribution ou de services de rompre brutalement, même partiellement, une relation commerciale établie, en l'absence d'un préavis écrit qui tienne compte notamment de la durée de la relation commerciale, en référence aux usages du commerce ou aux accords interprofessionnels.

En cas de litige entre les parties sur la durée du préavis, la responsabilité de l'auteur de la rupture ne peut être engagée du chef d'une durée insuffisante dès lors qu'il a respecté un préavis de dix-huit mois.

Les dispositions du présent II ne font pas obstacle à la faculté de résiliation sans préavis, en cas d'inexécution par l'autre partie de ses obligations ou en cas de force majeure. — *Comp. anc. art. L. 442-6-I et II.*

(L. n° 2020-1508 du 3 déc. 2020, art. 9) « III. — Engage la responsabilité de son auteur et l'oblige à réparer le préjudice causé le fait, par toute personne proposant un service d'intermédiation en ligne au sens du règlement (UE) 2019/1150 du Parlement européen et du Conseil du 20 juin 2019 promouvant l'équité et la transparence pour les entreprises utilisatrices de services d'intermédiation en ligne, de ne pas respecter les obligations expressément prévues par le même règlement.

« Toute clause ou pratique non expressément visée par ledit règlement est régie par les autres dispositions du présent titre. »

Art. L. 442-2 Engage la responsabilité de son auteur et l'oblige à réparer le préjudice causé le fait, par toute personne exerçant des activités de production, de distribution ou de services de participer directement ou indirectement à la violation de l'interdiction de revente hors réseau faite au distributeur lié par un accord de distribution sélective ou exclusive exempté au titre des règles applicables du droit de la concurrence. — *Comp. anc. art. L. 442-6-I-6°, supra.*

Art. L. 442-3 Sont nuls les clauses ou contrats prévoyant pour toute personne exerçant des activités de production, de distribution ou de services, la possibilité *(Abrogé par L. n° 2020-1508 du 3 déc. 2020, art. 18)* *« de bénéficier »* :

a) *(L. n° 2020-1508 du 3 déc. 2020, art. 18)* « De bénéficier » rétroactivement de remises, de ristournes ou d'accords de coopération commerciale ;

b) *(L. n° 2020-1508 du 3 déc. 2020, art. 18)* « De bénéficier » automatiquement des conditions plus favorables consenties aux entreprises concurrentes par le cocontractant ;

(L. n° 2020-1508 du 3 déc. 2020, art. 18) « *c)* D'interdire au cocontractant la cession à des tiers des créances qu'il détient sur elle. »

Art. L. 442-4 I. – Pour l'application des articles L. 442-1, L. 442-2, L. 442-3, L. 442-7 et L. 442-8, l'action est introduite devant la juridiction civile ou commerciale compétente par toute personne justifiant d'un intérêt, par le ministère public, par le ministre chargé de l'économie ou par le président de l'Autorité de la concurrence lorsque ce dernier constate, à l'occasion des affaires qui relèvent de sa compétence, une pratique mentionnée aux articles précités.

Toute personne justifiant d'un intérêt peut demander à la juridiction saisie d'ordonner la cessation des pratiques mentionnées aux articles L. 442-1, L. 442-2, L. 442-3, L. 442-7 et L. 442-8 ainsi que la réparation du préjudice subi. Seule la partie victime des pratiques prévues aux articles L. 442-1, L. 442-2, L. 442-3, L. 442-7 et L. 442-8 peut faire constater la nullité des clauses ou contrats illicites et demander la restitution des avantages indus.

Le ministre chargé de l'économie ou le ministère public peuvent demander à la juridiction saisie d'ordonner la cessation des pratiques mentionnées aux articles L. 442-1, L. 442-2, L. 442-3, L. 442-7 et L. 442-8. Ils peuvent également, pour toutes ces pratiques, faire constater la nullité des clauses ou contrats illicites et demander la restitution des avantages indument obtenus, dès lors que les victimes de ces pratiques sont informées, par tous moyens, de l'introduction de cette action en justice. Ils peuvent également demander le prononcé d'une amende civile dont le montant ne peut excéder le plus élevé des trois montants suivants :

– cinq millions d'euros ;

– le triple du montant des avantages indument perçus ou obtenus ;

– 5 % du chiffre d'affaires hors taxes réalisé en France par l'auteur des pratiques lors du dernier exercice clos depuis l'exercice précédant celui au cours duquel les pratiques ont été mises en œuvre.

II. – La juridiction ordonne systématiquement la publication, la diffusion ou l'affichage de sa décision ou d'un extrait de celle-ci selon les modalités qu'elle précise. Elle peut ordonner l'insertion de la décision ou de l'extrait de celle-ci dans le rapport établi sur les opérations de l'exercice par les gérants, le conseil d'administration ou le directoire de l'entreprise. Les frais sont supportés par la personne condamnée.

La juridiction peut ordonner l'exécution de sa décision sous astreinte.

Le juge des référés peut ordonner, au besoin sous astreinte, la cessation des pratiques abusives ou toute autre mesure provisoire.

III. – Les litiges relatifs à l'application des articles L. 442-1, L. 442-2, L. 442-3, L. 442-7 et L. 442-8 sont attribués aux juridictions dont le siège et le ressort sont fixés par décret. – *V. art. D. 442-2 et D. 442-3. – Comp. anc. art. L. 442-6-III et IV.*

Art. L. 442-5 I. – Le fait, pour tout commerçant, de revendre ou d'annoncer la revente d'un produit en l'état à un prix inférieur à son prix d'achat effectif est puni de 75 000 € d'amende. Cette amende peut être portée à la moitié des dépenses de publicité dans le cas où une annonce publicitaire, quel qu'en soit le support, fait état d'un prix inférieur au prix d'achat effectif. La cessation de l'annonce publicitaire peut être ordonnée dans les conditions prévues à l'article L. 121-3 *[L. 132-8]* du code de la consommation. – *V. cet art., App., v° Publicité commerciale.*

Le prix d'achat effectif est le prix unitaire net figurant sur la facture d'achat, minoré du montant de l'ensemble des autres avantages financiers consentis par le vendeur exprimé en pourcentage du prix unitaire net du produit et majoré des taxes sur le chiffre d'affaires, des taxes spécifiques afférentes à cette revente et du prix du transport.

Le prix d'achat effectif est affecté d'un coefficient de 0,9 pour le grossiste qui distribue des produits ou services exclusivement à des professionnels qui lui sont indépendants et qui exercent une activité de revendeur au détail, de transformateur ou de prestataire de services final. Est considérée comme indépendante toute entreprise libre de déterminer sa politique commerciale et dépourvue de lien capitalistique ou d'affiliation avec le grossiste.

II. – Les dispositions du I ne sont pas applicables :

1° Aux ventes volontaires ou forcées motivées par la cessation ou le changement d'une activité commerciale ;

2° Aux produits dont la vente présente un caractère saisonnier marqué, pendant la période terminale de la saison des ventes et dans l'intervalle compris entre deux saisons de vente ;

3° Aux produits qui ne répondent plus à la demande générale en raison de l'évolution de la mode ou de l'apparition de perfectionnements techniques ;

4° Aux produits, aux caractéristiques identiques, dont le réapprovisionnement s'est effectué en baisse, le prix effectif d'achat étant alors remplacé par le prix résultant de la nouvelle facture d'achat ;

5° Aux produits alimentaires commercialisés dans un magasin d'une surface de vente de moins de 300 mètres carrés et aux produits non alimentaires commercialisés dans un magasin d'une surface de vente de moins de 1 000 mètres carrés, dont le prix de revente est aligné sur le prix légalement pratiqué pour les mêmes produits par un autre commerçant dans la même zone d'activité ;

6° A condition que l'offre de prix réduit ne fasse l'objet d'une quelconque publicité ou annonce à l'extérieur du point de vente, aux produits périssables à partir du moment où ils sont menacés d'altération rapide ;

7° Aux produits soldés mentionnés à l'article L. 310-3.

Ces exceptions ne font pas obstacle à l'application du 2° de l'article L. 653-5 et du 1° de l'article L. 654-2.

III. — Les personnes morales déclarées pénalement responsables de l'infraction prévue au I encourent la peine mentionnée au 9° de l'article 131-39 du code pénal.

La cessation de l'annonce publicitaire peut être ordonnée dans les conditions prévues à l'article L. 121-3 *[L. 132-8]* du code de la consommation. — *Comp. anc. art. L. 442-2 à L. 442-4.*

Art. L. 442-6 Est puni d'une amende de 15 000 € le fait par toute personne d'imposer, directement ou indirectement, un caractère minimal au prix de revente d'un produit ou d'un bien, au prix d'une prestation de service ou à une marge commerciale. — *Comp. anc. art. L. 442-5.*

Art. L. 442-7 *(L. nº 2005-157 du 23 févr. 2005, art. 34) (Ord. nº 2019-358 du 24 avr. 2019, art. 1er)* « Engage la responsabilité de son auteur et l'oblige à réparer le préjudice causé le fait pour un acheteur de produits agricoles ou de denrées alimentaires de faire pratiquer par son fournisseur un prix de cession abusivement bas.

« Pour caractériser un prix de cession abusivement bas, il est tenu compte notamment des indicateurs de coûts de production mentionnés aux articles L. 631-24, L. 631-24-1, L. 631-24-3 et L. 632-2-1 du code rural et de la pêche maritime ou, le cas échéant, de tous autres indicateurs disponibles dont ceux établis par l'Observatoire de la formation des prix et des marges des produits alimentaires mentionné à l'article L. 682-1 du même code. Dans le cas d'une première cession, il est également tenu compte des indicateurs figurant dans la proposition de contrat du producteur agricole. »

(Ord. nº 2019-359 du 24 avr. 2019, art. 2) « L'article L. 442-4 est applicable » à l'action prévue par le présent article. — *Anc. art. L. 442-9 mod. (Ord. nº 2019-359 du 24 avr. 2019, art. 2-3°).*

Art. L. 442-8 I. — Est nul le contrat par lequel un fournisseur s'engage envers toute personne exerçant des activités de production, de distribution ou de services sur une offre de prix à l'issue d'enchères inversées à distance, organisées notamment par voie électronique, lorsque l'une au moins des règles suivantes n'a pas été respectée :

1° Préalablement aux enchères, l'acheteur ou la personne qui les organise pour son compte communique de façon transparente et non discriminatoire à l'ensemble des candidats admis à présenter une offre les éléments déterminants des produits ou des prestations de services qu'il entend acquérir, ses conditions et modalités d'achat, ses critères de sélection détaillés ainsi que les règles selon lesquelles les enchères vont se dérouler ;

2° A l'issue de la période d'enchères, l'identité du candidat retenu est révélée au candidat qui, ayant participé à l'enchère, en fait la demande. Si l'auteur de l'offre sélectionnée est défaillant, nul n'est tenu de reprendre le marché au dernier prix ni à la dernière enchère.

II. — L'acheteur ou la personne qui organise les enchères pour son compte effectue un enregistrement du déroulement des enchères qu'il conserve pendant un an. Il est présenté aux agents habilités s'il est procédé à une enquête dans les conditions prévues au titre V.

III. — Les enchères à distance inversées organisées par l'acheteur ou par son représentant sont interdites pour les produits agricoles figurant sur une liste établie par décret, ainsi que pour les produits alimentaires de consommation courante issus de la première transformation de ces produits. — *V. Décr. nº 2008-535 du 5 juin 2008, ci-dessous.*

IV. — Le fait de ne pas respecter les dispositions des I à III engage la responsabilité de son auteur et l'oblige à réparer le préjudice causé.

Les dispositions de l'article L. 442-4 sont applicables aux opérations mentionnées aux I à III. — *Comp. anc. art. L. 442-10.*

SECTION II *Des autres pratiques prohibées*

(Ord. nº 2019-359 du 24 avr. 2019, art. 2)

Art. L. 442-9 I. — Est puni de deux ans d'emprisonnement et de 30 000 € d'amende le fait *d'opérer la hausse ou la baisse artificielle* soit du prix de biens ou de services, soit d'effets publics ou privés, notamment à l'occasion d'enchères à distance :

1° En diffusant, par quelque moyen que ce soit, des informations mensongères ou calomnieuses ;

2° En introduisant sur le marché ou en sollicitant soit des offres destinées à troubler les cours, soit des sur-offres ou sous-offres faites aux prix demandés par les vendeurs ou prestataires de services ;

3° Ou en utilisant tout autre moyen frauduleux.

La tentative est punie des mêmes peines.

II. — Lorsque la hausse ou la baisse artificielle des prix concerne des produits alimentaires, la peine est portée à trois ans d'emprisonnement et 45 000 € d'amende.

III. — Les personnes physiques coupables des infractions prévues au présent article encourent également les peines complémentaires suivantes :

1° L'interdiction des droits civiques, civils et de famille, suivant les modalités de l'article 131-26 du code pénal ;

2° L'affichage ou la diffusion de la décision prononcée dans les conditions prévues par l'article 131-35 du code pénal.

IV. — Les personnes morales déclarées pénalement responsables des infractions prévues aux I et II encourent les peines mentionnées aux 2° à 6° et 9° de l'article 131-39 du code pénal.

L'interdiction mentionnée au 2° de l'article 131-39 du même code porte sur l'activité dans l'exercice ou à l'occasion de l'exercice de laquelle l'infraction a été commise. — *Comp. anc. art. L. 443-2 et L. 443-3.*

Art. L. 442-10 Aucune association ou coopérative d'entreprise ou d'administration ne peut, de façon habituelle, offrir des produits à la vente, les vendre ou fournir des services si ces activités ne sont pas prévues par ses statuts. — *Comp. anc. art. R. 442-4.*

....

CHAPITRE III ***Dispositions spécifiques aux produits agricoles et aux denrées alimentaires*** *(Ord. nº 2019-359 du 24 avr. 2019, art. 3).*

Art. L. 443-1 *(Ord. nº 2019-359 du 24 avr. 2019, art. 3)* I. — Toute publicité à destination du consommateur, diffusée sur tout support ou visible de l'extérieur du lieu de vente, mentionnant une réduction de prix ou un prix promotionnel sur les produits alimentaires périssables précise la nature et l'origine des produits offerts et la période pendant laquelle est maintenue l'offre proposée par l'annonceur. La mention relative à l'origine est inscrite en caractères d'une taille égale à celle de la mention du prix.

Dans la promotion par les opérateurs de vente d'un produit alimentaire, le terme "gratuit" ne peut être utilisé comme outil marketing et promotionnel dans le cadre d'une relation commerciale.

Lorsque de telles opérations promotionnelles sont susceptibles, par leur ampleur ou leur fréquence, de désorganiser les marchés, un arrêté interministériel ou, à défaut, préfectoral fixe, pour les produits concernés, la périodicité et la durée de telles opérations. — *V. art. R. 444-1.*

Toute infraction aux dispositions des premier à troisième alinéas est punie d'une amende de 15 000 €.

La cessation de la publicité réalisée en violation du présent I peut être ordonnée dans les conditions prévues à l'article L. 121-3 *[L. 132-8]* du code de la consommation. — *V. cet art., App., vº Publicité commerciale.*

II. — Pour un fruit ou légume frais ayant fait l'objet, entre le fournisseur et son acheteur, d'un accord sur le prix de cession, l'annonce du prix, hors lieu de vente, est autorisée dans un délai maximal de trois jours précédant le premier jour de l'application du prix annoncé, pour une durée qui ne peut excéder cinq jours à compter de cette date.

L'accord sur le prix de cession est formalisé dans un contrat écrit signé par les parties, dont un exemplaire est détenu par chacune d'entre elles avant la diffusion de l'annonce du prix hors lieu de vente. Le présent alinéa ne s'applique pas aux annonces de prix réalisées sur le lieu des ventes au déballage mentionnées à l'article L. 310-2 du présent code.

III. — Dans les cas où les conditions mentionnées au premier alinéa du II ne sont pas réunies, toute annonce de prix, hors lieu de vente, portant sur un fruit ou légume frais, quelle que soit l'origine de celui-ci, fait l'objet d'un accord interprofessionnel d'une durée d'un an renouvelable, conclu conformément à l'article L. 632-1 du code rural et de la pêche maritime. Cet accord précise les périodes durant lesquelles une telle annonce est possible et ses modalités.

Cet accord peut être étendu conformément aux articles L. 632-3 et L. 632-4 du même code.

IV. — Les II et III ne sont pas applicables aux fruits et légumes frais appartenant à des variétés non produites en France métropolitaine. — *Comp. anc. art. L. 441-2.*

Art. L. 443-2 *(Ord. nº 2019-359 du 24 avr. 2019, art. 3)* I. — Pour les produits agricoles périssables ou issus de cycles courts de production, d'animaux vifs, de carcasses ou pour les produits de la pêche et de l'aquaculture, figurant sur une liste établie par décret, un distributeur ou prestataire de services ne peut bénéficier de remises, rabais et ristournes ou prévoir la rémunération de services rendus à l'occasion de leur revente, propres à favoriser leur commercialisation et ne relevant pas des obligations d'achat et de vente, ou de services ayant un objet distinct, que si ceux-ci sont prévus dans un contrat écrit portant sur la vente de ces produits par le fournisseur. – *V. art. D. 443-2.*

Ce contrat écrit comprend notamment des clauses relatives aux engagements sur les volumes, aux modalités de détermination du prix en fonction des volumes et des qualités des produits et des services concernés et à la fixation d'un prix. Il mentionne les avantages tarifaires consentis par le fournisseur au distributeur au regard des engagements de ce dernier.

Lorsqu'un contrat type relatif aux activités mentionnées au premier alinéa est inclus dans un accord interprofessionnel adopté par l'organisation interprofessionnelle reconnue pour le produit concerné et étendu en application des dispositions des articles L. 632-3 et L. 632-4 du code rural et de la pêche maritime, le contrat mentionné au premier alinéa est conforme à ce contrat type.

Les deuxième et troisième alinéas ne sont pas applicables aux produits pour lesquels la conclusion de contrats écrits a été rendue obligatoire en application de l'article L. 631-24-2 du code rural et de la pêche maritime. – *V. cet art., ci-dessous.*

II. – Par dérogation, un acheteur, un distributeur ou prestataire de services ne peut pas bénéficier de remises, rabais et ristournes pour l'achat de fruits et légumes frais.

Il peut toutefois bénéficier de réfactions tarifaires résultant d'une non-conformité, qualitative ou quantitative, du produit livré à la commande si un accord, conclu par une organisation interprofessionnelle reconnue dans les conditions prévues à l'article L. 632-1 du code rural et de la pêche maritime, en a précisé les conditions.

Cet accord peut être étendu conformément aux articles L. 632-3 et L. 632-4 du même code.

III. – Tout manquement aux dispositions des I et II par l'acheteur, le distributeur ou le prestataire de services est passible d'une amende administrative dont le montant ne peut excéder 15 000 € pour une personne physique et 75 000 € pour une personne morale.

Le maximum de l'amende encourue est porté à 30 000 € pour une personne physique et *[à]* 150 000 € pour une personne morale en cas de réitération du manquement dans un délai de deux ans à compter de la date à laquelle la première décision de sanction est devenue définitive. – *Comp. anc. art. L. 441-2-1 et L. 441-2-2.*

Art. L. 443-3 A l'exception des produits destinés à être vendus en ferme sur un marché physique de gros par le producteur ou l'organisation de producteurs, les fruits et légumes frais destinés à la vente ou à la revente à un professionnel établi en France doivent, lors de leur transport sur le territoire national, y compris dans l'enceinte des marchés d'intérêt national, être accompagnés d'un bon de commande établi par l'acheteur ou d'un contrat passé avec le commissionnaire ou le mandataire. Le bon de commande mentionne le nom des parties, leur adresse, la date de la commande, la quantité, les modalités de détermination du prix et la dénomination précise des produits. Le contrat mentionne le nom des parties, leur adresse, sa date, son objet ainsi que les conditions de fixation du prix payé au fournisseur et de rémunération du commissionnaire ou du mandataire.

Dans le cas où les documents mentionnés au premier alinéa n'ont pu être présentés aux agents habilités lors du transport, il appartient à l'acheteur de leur transmettre, dans un délai de quarante-huit heures, ces documents ou, à défaut, un message, écrit ou par voie électronique, certifiant qu'il a bien commandé les produits concernés et précisant le ou les prix convenus avec son fournisseur pour l'achat de ces produits.

Lorsque l'acheteur réalise lui-même le transport des produits qu'il a achetés directement dans les locaux de ses fournisseurs, il atteste, lors du contrôle, qu'il est propriétaire des produits.

Tout manquement aux obligations résultant du présent article par l'acheteur, le commissionnaire, le mandataire ou le fournisseur est passible d'une amende administrative dont le montant ne peut excéder 15 000 € pour une personne physique et 75 000 € pour une personne morale.

Le *maximum de l'amende* encourue est porté à 30 000 € pour une personne physique et 150 000 € pour une personne morale en cas de réitération du manquement dans un délai de deux ans à compter de la date à laquelle la première décision de sanction est devenue définitive. – *Comp. anc. art. L. 441-3-1.*

TITRE V Des pouvoirs d'enquête

Art. L. 450-1 *(Ord. n° 2008-1161 du 13 nov. 2008, art. 1er)* I. — Les agents des services d'instruction de l'Autorité de la concurrence habilités à cet effet par le rapporteur général peuvent procéder à toute enquête nécessaire à l'application des dispositions des titres II et III du présent livre. — *V. art. A. 450-1*

(L. n° 2014-344 du 17 mars 2014, art. 108) « Ils peuvent également, pour l'application du titre VI du présent livre, mettre en œuvre les pouvoirs d'enquête définis à l'article L. 450-3. »

Dans le cas où des investigations sont menées au nom ou pour le compte d'une autorité de concurrence d'un autre État membre, en application du 1 de l'article 22 du règlement n° 1/2003 du Conseil relatif à la mise en œuvre des règles de concurrence prévues aux articles 81 et 82 du traité instituant la Communauté européenne *[art. 101 et 102 TFUE]*, le rapporteur général de l'Autorité de la concurrence peut autoriser des agents de l'autorité de concurrence de l'autre État membre à assister les agents mentionnés à l'alinéa précédent dans leurs investigations.

Les modalités de cette assistance sont fixées par décret en Conseil d'État. — *V. art. R. 450-1.*

II. — Des fonctionnaires habilités à cet effet par le ministre chargé de l'économie peuvent procéder aux enquêtes nécessaires à l'application des dispositions du présent livre.

(L. n° 2014-344 du 17 mars 2014, art. 108) « II *bis*. — Des fonctionnaires de catégorie A spécialement habilités à cet effet par le ministre de la justice, sur la proposition, selon le cas, du ministre chargé de l'économie ou du rapporteur général de l'Autorité de la concurrence, peuvent recevoir des juges d'instruction des commissions rogatoires. »

III. — Les agents mentionnés aux I et II peuvent exercer les pouvoirs qu'ils tiennent du présent article et des articles suivants sur l'ensemble du territoire national.

Art. L. 450-2 Les enquêtes donnent lieu à l'établissement de procès-verbaux et, le cas échéant, de rapports. — *V. art. R. 450-1.*

Les procès-verbaux sont transmis à l'autorité compétente. *(L. n° 2014-344 du 17 mars 2014, art. 111)* « Copie en est transmise aux personnes intéressées. » Ils font foi jusqu'à preuve contraire. — *[Ord. n° 86-1243 du 1er déc. 1986, art. 46.]*

Art. L. 450-2-1 *(L. n° 2020-1525 du 7 déc. 2020, art. 128)* Les actes établis par les agents mentionnés à l'article L. 450-1 peuvent être établis ou convertis sous format numérique et peuvent être intégralement conservés sous cette forme, dans des conditions sécurisées, sans nécessité d'un support papier.

Lorsque ces actes sont établis sous format numérique et que les dispositions du présent code exigent qu'ils soient signés, ils font l'objet, quel qu'en soit le nombre de pages et pour chaque signataire, d'une signature unique sous forme numérique, selon des modalités techniques qui garantissent que l'acte ne peut plus ensuite être modifié.

La liste des actes concernés ainsi que les modalités de cette signature et les personnes qui peuvent y recourir sont précisées par décret en Conseil d'État.

Art. L. 450-3 *(L. n° 2014-344 du 17 mars 2014, art. 112-I)* Les agents mentionnés à l'article L. 450-1 peuvent opérer sur la voie publique, pénétrer entre 8 heures et 20 heures dans tous lieux utilisés à des fins professionnelles et dans les lieux d'exécution d'une prestation de services, ainsi qu'accéder à tous moyens de transport à usage professionnel.

Ils peuvent également pénétrer en dehors de ces heures dans ces mêmes lieux lorsque ceux-ci sont ouverts au public ou lorsqu'à l'intérieur de ceux-ci sont en cours des activités de production, de fabrication, de transformation, de conditionnement, de transport ou de commercialisation.

Lorsque ces lieux sont également à usage d'habitation, les contrôles ne peuvent être effectués qu'entre 8 heures et 20 heures et avec l'autorisation du juge des libertés et de la détention du *(Ord. n° 2019-964 du 18 sept. 2019, art. 35, en vigueur le 1er janv. 2020)* « tribunal judiciaire *[ancienne rédaction : tribunal de grande instance]* » dans le ressort duquel sont situés ces lieux, si l'occupant s'y oppose.

(L. n° 2015-990 du 6 août 2015, art. 216-1°) « Les agents peuvent exiger la communication et obtenir ou prendre copie, par tout moyen et sur tout support, des livres, factures et autres documents professionnels de toute nature, entre quelques mains qu'ils se trouvent, propres à faciliter l'accomplissement de leur mission. Ils peuvent exiger la mise à leur disposition des moyens indispensables pour effectuer leurs vérifications. Ils peuvent également recueillir, sur place ou sur convocation, tout renseignement, document ou toute justification nécessaire au contrôle. »

Pour le contrôle des opérations faisant appel à l'informatique, ils ont accès aux logiciels et aux données stockées ainsi qu'à la restitution en clair des informations propres à faciliter l'accomplissement de leurs missions. Ils peuvent en demander la transcription par tout traitement approprié des documents directement utilisables pour les besoins du contrôle.

Art. L. 450-3-1 *(L. n° 2014-344 du 17 mars 2014, art. 112-II)* Lorsqu'ils recherchent ou constatent une infraction ou un manquement au présent livre, les agents mentionnés à l'article L. 450-1 sont habilités à relever l'identité de la personne qu'ils contrôlent. Si celle-ci refuse ou se trouve dans l'impossibilité de justifier de son identité, ils en rendent compte immédiatement à tout officier de police judiciaire territorialement compétent, qui peut alors procéder à une vérification d'identité dans les conditions prévues à l'article 78-3 du code de procédure pénale. En ce cas, le délai prévu au troisième alinéa du même article 78-3 court à compter du relevé d'identité.

Ils peuvent recourir à toute personne qualifiée, désignée par l'autorité administrative dont ils dépendent. Cette personne peut les accompagner lors de leurs contrôles et prendre connaissance de tout document ou élément nécessaire à la réalisation de sa mission ou de son expertise. Elle ne peut effectuer aucun acte de procédure pénale ou de police administrative. Elle ne peut pas utiliser les informations dont elle prend connaissance à cette occasion pour la mise en œuvre des pouvoirs de contrôle dont elle dispose, le cas échéant, en vertu d'autres dispositions législatives ou réglementaires. Elle ne peut, sous les peines prévues à l'article 226-13 du code pénal, divulguer les informations dont elle a eu connaissance dans ce cadre.

Art. L. 450-3-2 *(L. n° 2014-344 du 17 mars 2014, art. 112-II)* I. — Lorsque l'établissement de la preuve de l'infraction ou du manquement en dépend et qu'elle ne peut être établie autrement, les agents mentionnés à l'article L. 450-1 peuvent différer le moment où ils déclinent leur qualité au plus tard jusqu'à la notification à la personne contrôlée de la constatation de l'infraction ou du manquement.

II. — Pour le contrôle de la vente de biens et de la fourniture de services sur internet *(L. n° 2017-256 du 28 févr. 2017, art. 66)* « et pour celui des accords ou pratiques concertées mentionnés à l'article L. 420-2-1 », les agents mentionnés au I peuvent faire usage d'une identité d'emprunt.

Un décret en Conseil d'État précise les conditions dans lesquelles ils procèdent à leurs constatations.

Art. L. 450-3-3 *(L. n° 2019-486 du 22 mai 2019, art. 212)* I. — Par dérogation aux deux derniers alinéas de l'article L. 450-3, pour la recherche et la constatation des infractions et manquements prévus au titre II du présent livre, l'accès aux données conservées et traitées par les opérateurs de télécommunication, dans les conditions et sous les limites prévues à l'article L. 34-1 du code des postes et des communications électroniques, et par les prestataires mentionnés aux 1 et 2 du I de l'article 6 de la loi n° 2004-575 du 21 juin 2004 pour la confiance dans l'économie numérique est réalisé dans les conditions définies au présent article.

II. — L'accès aux données mentionnées au I du présent article par les agents mentionnés à l'article L. 450-1 fait l'objet d'une demande d'autorisation préalable du rapporteur général de l'Autorité de la concurrence ou de l'autorité administrative chargée de la concurrence et de la consommation auprès d'un contrôleur des demandes de données de connexion.

Le contrôleur des demandes de données de connexion est alternativement un membre du Conseil d'État, en activité ou honoraire, élu par l'assemblée générale du Conseil d'État, et un magistrat de la Cour de cassation, en activité ou honoraire, élu par l'assemblée générale de ladite Cour. Son suppléant, issu de l'autre juridiction, est désigné selon les mêmes modalités. Le contrôleur des demandes de données de connexion et son suppléant sont élus pour une durée de quatre ans non renouvelable.

Il ne peut être mis fin aux fonctions du contrôleur des demandes de données de connexion que sur sa demande ou en cas d'empêchement constaté, selon le cas, par le vice-président du Conseil d'État ou par le premier président de la Cour de cassation ou le procureur général près ladite Cour, sur saisine du ministre chargé de l'économie.

Le contrôleur des demandes de données de connexion ne peut recevoir ni solliciter aucune instruction de l'Autorité de la concurrence, de l'autorité administrative chargée de la concurrence et de la consommation, ni d'aucune autre autorité dans l'exercice de sa mission.

La demande d'autorisation mentionne les éléments recueillis par les agents mentionnés à l'article L. 450-1 laissant présumer l'existence d'une infraction ou d'un manquement mentionnés au titre II du présent livre et justifiant l'accès aux données de connexion pour les besoins de l'enquête.

Les agents mentionnés à l'article L. 450-1 utilisent les données de connexion communiquées dans les conditions du présent article exclusivement dans le cadre de l'enquête pour laquelle ils ont reçu l'autorisation d'y accéder.

L'autorisation est versée au dossier d'enquête.

Ces données de connexion sont détruites à l'expiration d'un délai de six mois à compter d'une décision devenue définitive de l'Autorité de la concurrence, de l'autorité administrative chargée de la concurrence et de la consommation ou de la juridiction judiciaire ou administrative.

Les données de connexion relatives à des faits ne faisant pas l'objet de poursuites sont détruites à l'expiration d'un délai d'un mois à compter de la décision du rapporteur général de l'Autorité de la concurrence ou de l'autorité administrative mentionnée au I de l'article L. 470-2 ou de la juridiction judiciaire ou administrative, sans préjudice de leur transmission au procureur de la République en application de l'article 40 du code de procédure pénale.

Les modalités d'application du présent article sont précisées par décret en Conseil d'État. *— V. art. R. 450-4 s.*

Art. L. 450-4 *(Ord. n° 2008-1161 du 13 nov. 2008, art. 1er)* « Les agents mentionnés à l'article L. 450-1 » *(Ord. n° 2004-1173 du 4 nov. 2004, art. 3)* « ne peuvent procéder aux visites en tous lieux ainsi qu'à la saisie de documents et de tout support d'information que dans le cadre d'enquêtes demandées par la Commission européenne, le ministre chargé de l'économie ou le rapporteur général de l'Autorité de la concurrence sur proposition du rapporteur, sur autorisation judiciaire donnée par ordonnance du juge des libertés et de la détention du *(Ord. n° 2019-964 du 18 sept. 2019, art. 35, en vigueur le 1er janv. 2020)* « tribunal judiciaire *[ancienne rédaction : tribunal de grande instance]* » dans le ressort duquel sont situés les lieux à visiter. Ils peuvent également, dans les mêmes conditions, procéder à la pose de scellés sur tous locaux commerciaux, documents et supports d'information dans la limite de la durée de la visite de ces locaux. » Lorsque ces lieux sont situés dans le ressort de plusieurs juridictions et qu'une action simultanée doit être menée dans chacun d'eux, une ordonnance unique peut être délivrée par l'un des *(Ord. n° 2008-1161 du 13 nov. 2008, art. 1er)* « juges des libertés et de la détention » compétents. *— V. art. A. 450-2.*

(L. n° 2001-420 du 15 mai 2001) « Le juge *(L. n° 2020-1508 du 3 déc. 2020, art. 37)* « vérifie » que la demande d'autorisation qui lui est soumise est fondée ; cette demande doit comporter tous les éléments d'information en possession du demandeur de nature à justifier la visite. Lorsque la visite vise à permettre la constatation d'infractions aux dispositions du livre IV du présent code en train de se commettre, la demande d'autorisation peut ne comporter que les indices permettant de présumer, en l'espèce, l'existence des pratiques dont la preuve est recherchée. »

La visite et la saisie s'effectuent sous l'autorité et le contrôle du juge qui les a autorisées. *(L. n° 2020-1508 du 3 déc. 2020, art. 37)* « Celui-ci désigne le ou les chefs de service territorialement compétents, lesquels nomment autant d'officiers de police judiciaire que de lieux visités. Les officiers de police judiciaire sont chargés, chacun en ce qui les concerne, d'assister à ces opérations, d'y apporter leur concours en procédant, le cas échéant, aux réquisitions nécessaires et de tenir le juge informé du déroulement de ces opérations. Le juge ayant autorisé les opérations de visite et de saisie peut, pour en exercer le contrôle, délivrer une commission rogatoire au juge des libertés et de la détention dans le ressort duquel s'effectue la visite. »

Le juge peut se rendre dans les locaux pendant l'intervention. A tout moment, il peut décider la suspension ou l'arrêt de la visite.

(L. n° 2001-420 du 15 mai 2001) « L'ordonnance est notifiée verbalement et sur place au moment de la visite à l'occupant des lieux ou à son représentant qui en reçoit copie intégrale contre récépissé ou émargement au procès-verbal. » *(Ord. n° 2008-1161 du 13 nov. 2008, art. 1er)* « L'ordonnance comporte la mention de la faculté pour l'occupant des lieux ou son représentant de faire appel à un conseil de son choix. L'exercice de cette faculté n'entraîne pas la suspension des opérations de visite et saisie. En l'absence de l'occupant des lieux, l'ordonnance est notifiée après les opérations par lettre recommandée avec avis de réception. Il en va de même lorsqu'il n'est pas procédé à la visite dans un des lieux visés par l'ordonnance. » *(L. n° 2001-420 du 15 mai 2001)* « La notification est réputée faite à la date de réception figurant sur l'avis. »

(L. n° 2009-526 du 12 mai 2009, art. 139-VII) « L'ordonnance mentionnée au premier alinéa peut faire l'objet d'un appel devant le premier président de la cour d'appel dans le ressort de laquelle le juge a autorisé la mesure, suivant les règles prévues par le code de procédure pénale. Le ministère public et la personne à l'encontre de laquelle a été ordonnée cette mesure peuvent interjeter appel. Cet appel est formé par déclaration au greffe du

(Ord. n° 2019-964 du 18 sept. 2019, art. 35, en vigueur le 1er janv. 2020) « tribunal judiciaire *[ancienne rédaction : tribunal de grande instance]* » dans un délai de dix jours à compter de la notification de l'ordonnance. L'appel n'est pas suspensif. L'ordonnance du premier président de la cour d'appel est susceptible d'un pourvoi en cassation selon les règles prévues par le code de procédure pénale. Les pièces saisies sont conservées jusqu'à ce qu'une décision soit devenue définitive. »

La visite, qui ne peut commencer avant six heures ou après vingt et une heures, est effectuée en présence de l'occupant des lieux ou de son représentant. *(Ord. n° 2008-1161 du 13 nov. 2008, art. 1er)* « L'occupant des lieux peut désigner un ou plusieurs représentants pour assister à la visite et signer le procès-verbal. » *(L. n° 2001-420 du 15 mai 2001)* « En cas d'impossibilité, l'officier de police judiciaire requiert deux témoins choisis en dehors des personnes relevant de son autorité, de celle de l'administration de la direction générale de la concurrence de la consommation et de la répression des fraudes ou de celle de l'Autorité de la concurrence. »

(Ord. n° 2008-1161 du 13 nov. 2008, art. 1er) « Les agents mentionnés à l'article L. 450-1 » *(Ord. n° 2004-1173 du 4 nov. 2004, art. 3)* « , l'occupant des lieux ou son représentant ainsi que l'officier de police judiciaire et, le cas échéant, les agents et autres personnes mandatés par la Commission européenne peuvent seuls prendre connaissance des pièces et documents avant leur saisie. » *(Ord. n° 2008-1161 du 13 nov. 2008, art. 1er)* « Les agents mentionnés à l'article L. 450-1 peuvent procéder au cours de la visite à des auditions de l'occupant des lieux ou de son représentant en vue de recueillir les informations ou explications utiles aux besoins de l'enquête. » *(L. n° 2016-731 du 3 juin 2016, art. 83-IV)* « Conformément à l'article 28 du code de procédure pénale, l'article 61-1 du même code est applicable lorsqu'il est procédé à l'audition d'une personne à l'égard de laquelle il existe des raisons plausibles de soupçonner qu'elle a commis ou tenté de commettre une infraction. »

Les inventaires et mises sous scellés sont réalisés conformément à l'article 56 du code de procédure pénale.

Les originaux du procès-verbal et de l'inventaire sont transmis au juge qui a ordonné la visite. *(L. n° 2009-526 du 12 mai 2009, art. 139-VII)* « Une copie du procès-verbal et de l'inventaire est remise à l'occupant des lieux ou à son représentant. Une copie est également adressée par lettre recommandée avec demande d'avis de réception aux personnes mises en cause ultérieurement par les pièces saisies au cours de l'opération. » – *V. art. R. 450-2.*

(L. n° 2001-420 du 15 mai 2001) « Les pièces et documents saisis sont restitués à l'occupant des lieux, dans un délai de six mois à compter de la date à laquelle la décision de l'Autorité de la concurrence est devenue définitive. L'occupant des lieux est mis en demeure, par lettre recommandée avec avis de réception, de venir les rechercher, dans un délai de deux mois. A l'expiration de ce délai et à défaut de diligences de sa part, les pièces et documents lui sont restitués, à ses frais. »

(L. n° 2009-526 du 12 mai 2009, art. 139-VII) « Le déroulement des opérations de visite et saisie peut faire l'objet d'un recours devant le premier président de la cour d'appel dans le ressort de laquelle le juge a autorisé ces dernières, suivant les règles prévues par le code de procédure pénale. Le ministère public, la personne à l'encontre de laquelle a été prise l'ordonnance mentionnée au premier alinéa et les personnes mises en cause au moyen de pièces saisies au cours de ces opérations peuvent former ce recours. Ce dernier est formalisé par déclaration au greffe du *(Ord. n° 2019-964 du 18 sept. 2019, art. 35, en vigueur le 1er janv. 2020)* « tribunal judiciaire *[ancienne rédaction : tribunal de grande instance]* » dans un délai de dix jours à compter de la remise ou de la réception du procès-verbal et de l'inventaire, ou, pour les personnes n'ayant pas fait l'objet de visite et de saisie et qui sont mises en cause, à compter de la date à laquelle elles ont reçu notification du procès-verbal et de l'inventaire et, au plus tard à compter de la notification de griefs prévue à l'article L. 463-2. Le recours n'est pas suspensif. L'ordonnance du premier président de la cour d'appel est susceptible d'un pourvoi en cassation selon les règles prévues par le code de procédure pénale. Les pièces saisies sont conservées jusqu'à ce qu'une décision soit devenue définitive. » – *[Ord. n° 86-1243 du 1er déc. 1986, art. 48.]*

Art. L. 450-5 *(Ord. n° 2008-1161 du 13 nov. 2008, art. 1er)* Le rapporteur général de l'Autorité de la concurrence est informé avant leur déclenchement des investigations que le ministre chargé de l'économie souhaite voir diligenter sur des faits susceptibles de relever des articles L. 420-1 *(L. n° 2016-1920 du 29 déc. 2016, art. 3, en vigueur le 1er mars 2017)* « à L. 420-2-2 » *(L. n° 2012-1270 du 20 nov. 2012, art. 6)* « et L. 420-5 ou d'être contraires aux mesures prises en application de l'article L. 410-3 » et peut, dans un délai fixé par décret, en prendre la direction.

Le rapporteur général est informé sans délai du résultat des investigations menées par les services du ministre. Il peut, dans un délai fixé par décret, proposer à l'Autorité de se saisir d'office. – *[Ord. nº 86-1243 du 1er déc. 1986, art. 49.]* – *V. art. D. 450-3.*

Art. L. 450-6 *(Ord. nº 2008-1161 du 13 nov. 2008, art. 1er)* Le rapporteur général désigne, pour l'examen de chaque affaire, un ou plusieurs agents des services d'instruction aux fonctions de rapporteur. A sa demande écrite, l'autorité dont dépendent les agents mentionnés au II de l'article L. 450-1 met sans délai à sa disposition, en nombre et pour la durée qu'il a indiqués, les agents nécessaires à la réalisation des opérations mentionnées à l'article L. 450-4. – *V. art. R. 463-4 et R. 463-5.*

Art. L. 450-7 Les *(Ord. nº 2008-1161 du 13 nov. 2008, art. 1er)* « agents mentionnés à l'article L. 450-1 » peuvent, sans se voir opposer le secret professionnel, accéder à tout document ou élément d'information détenu par les services et établissements de l'État et des autres collectivités publiques. – *[Ord. nº 86-1243 du 1er déc. 1986, art. 51.]*

Art. L. 450-8 Est puni d'un emprisonnement de *(L. nº 2014-344 du 17 mars 2014, art. 112-III)* « deux ans *[ancienne rédaction : six mois]* » et d'une amende de *(L. nº 2014-344 du 17 mars 2014, art. 112-III)* « 300 000 € *[ancienne rédaction : 7 500 €]* » le fait pour quiconque de s'opposer, de quelque façon que ce soit, à l'exercice des fonctions *(Ord. nº 2008-1161 du 13 nov. 2008, art. 1er)* « dont les agents mentionnés à l'article L. 450-1 sont chargés » en application du présent livre. – *[Ord. nº 86-1243 du 1er déc. 1986, art. 52.]*

TITRE VI **De l'Autorité de la concurrence** *(L. nº 2008-776 du 4 août 2008, art. 95, en vigueur le 13 nov. 2008).*

CHAPITRE PREMIER *De l'organisation*

Art. L. 461-1 I. – L'Autorité de la concurrence est une autorité administrative indépendante. Elle veille au libre jeu de la concurrence. Elle apporte son concours au fonctionnement concurrentiel des marchés aux échelons européen et international.

II. – Les attributions confiées à l'Autorité de la concurrence sont exercées par un collège composé de dix-sept membres, dont un président, nommés pour une durée de cinq ans par décret pris sur le rapport du ministre chargé de l'économie.

Le président est nommé *(L. nº 2017-55 du 20 janv. 2017, art. 28)* « par décret du Président de la République » en raison de ses compétences dans les domaines juridique et économique *(Abrogé par L. nº 2010-838 du 23 juill. 2010, art. 2-I)* « *, après avis des commissions du Parlement compétentes en matière de concurrence* ».

Le collège comprend également :

1º Six membres ou anciens membres du Conseil d'État, de la Cour de cassation, de la Cour des comptes ou des autres juridictions administratives ou judiciaires ;

2º Cinq personnalités choisies en raison de leur compétence en matière économique ou en matière de concurrence et de consommation ;

3º Cinq personnalités exerçant ou ayant exercé leurs activités dans les secteurs de la production, de la distribution, de l'artisanat, des services ou des professions libérales.

(Ord. nº 2015-948 du 31 juill. 2015, art. 4) « Les membres mentionnés au 1º, d'une part, et les membres mentionnés aux 2º et 3º, d'autre part, comprennent un nombre égal de femmes et d'hommes. »

Quatre vice-présidents sont désignés parmi les membres du collège, dont au moins deux parmi les personnalités mentionnées aux 2º et 3º.

(L. nº 2017-55 du 20 janv. 2017, art. 28) « Selon des modalités fixées par décret en Conseil d'État, le collège est, à l'exception de son président, renouvelé par moitié tous les deux ans et six mois. – *V. art. R. 461-10.*

« III. – Le mandat des membres du collège n'est renouvelable, sous réserve du septième alinéa du II, qu'une seule fois. »

Art. L. 461-2 Le président et les vice-présidents exercent leurs fonctions à plein temps. *(Abrogé par L. nº 2017-55 du 20 janv. 2017, art. 28)* « *Ils sont soumis aux règles d'incompatibilité prévues pour les emplois publics.* »

Est déclaré démissionnaire d'office par le ministre chargé de l'économie tout membre de l'autorité qui n'a pas participé, sans motif valable, à trois séances consécutives *(Abrogé par L. nº 2017-55 du 20 janv. 2017, art. 28)* « *ou qui ne remplit pas les obligations prévues aux troisième et quatrième alinéas. Il peut également être mis fin aux fonctions d'un membre de l'autorité en cas d'empêchement constaté par le collège dans des conditions prévues par son règlement intérieur.*

« Tout membre de l'autorité doit informer le président des intérêts qu'il détient ou vient à acquérir et des fonctions qu'il exerce dans une activité économique.

« Aucun membre de l'autorité ne peut délibérer dans une affaire où il a un intérêt ou s'il représente ou a représenté une des parties intéressées. » — *Sur les conflits d'intérêts des membres d'une autorité administrative indépendante, V. L. n° 2017-55 du 20 janv. 2017, art. 12.*

Le commissaire du Gouvernement auprès de l'autorité est désigné par le ministre chargé de l'économie.

Art. L. 461-3 L'Autorité de la concurrence peut siéger soit en formation plénière, soit en sections, soit en commission permanente. La commission permanente est composée du président et des quatre vice-présidents.

Les formations de l'autorité délibèrent à la majorité des membres présents. Le règlement intérieur de l'autorité détermine les critères de quorum applicables à chacune de ces formations.

En cas de partage égal des voix, la voix du président de la formation est prépondérante.

(Ord. n° 2008-1161 du 13 nov. 2008, art. 2-I) « Le président, ou un vice-président désigné par lui, peut adopter seul les décisions prévues *(L. n° 2020-1508 du 3 déc. 2020, art. 37)* « au III de l'article L. 462-5, » *(L. n° 2009-526 du 12 mai 2009, art. 139-VII)* « à l'article L. 462-8, ainsi que celles prévues aux articles » L. 464-2 à L. 464-6 quand elles visent des faits dont l'Autorité de la concurrence a été saisie par le ministre en application du quatrième alinéa de l'article L. 464-9. *(L. n° 2020-1508 du 3 déc. 2020, art. 37)* « Il peut faire de même s'agissant des décisions prévues à l'article L. 430-5, des décisions de révision des mesures mentionnées aux III et IV de l'article L. 430-7, des décisions nécessaires à la mise en œuvre de ces mesures et des décisions de révision des engagements prises en application de l'article L. 464-2. » — *V. art. R. 464-8-5°.*

Art. L. 461-4 L'Autorité de la concurrence dispose de services d'instruction dirigés par un rapporteur général nommé par arrêté du ministre chargé de l'économie après avis du collège.

Ces services procèdent aux investigations nécessaires à l'application *(L. n° 2014-344 du 17 mars 2014, art. 108)* « des titres II, III et VI » du présent livre.

Les rapporteurs généraux adjoints, les rapporteurs permanents ou non permanents et les enquêteurs des services d'instruction sont nommés par le rapporteur général, par décision publiée au *Journal officiel*.

Un conseiller auditeur possédant la qualité de magistrat *(L. n° 2009-526 du 12 mai 2009, art. 139-VII)* « ou offrant des garanties d'indépendance et d'expertise équivalentes » est nommé par arrêté du ministre chargé de l'économie après avis du collège. Il recueille, le cas échéant, les observations des parties mises en cause et saisissantes sur le déroulement des procédures les concernant dès l'envoi de la notification des griefs. Il transmet au président de l'autorité un rapport évaluant ces observations et proposant, si nécessaire, tout acte permettant d'améliorer l'exercice de leurs droits par les parties.

Les modalités d'intervention du conseiller auditeur sont précisées par décret en Conseil d'État. — *V. art. R. 461-9.*

(Abrogé par L. n° 2017-55 du 20 janv. 2017, art. 28) « Les crédits attribués à l'Autorité de la concurrence pour son fonctionnement sont inscrits dans un programme relevant du ministère chargé de l'économie. La loi du 10 août 1922 relative à l'organisation du contrôle des dépenses engagées n'est pas applicable à leur gestion. »

Le président *(Abrogé par L. n° 2017-55 du 20 janv. 2017, art. 28) « est ordonnateur des recettes et des dépenses de l'autorité. Il »* délègue l'ordonnancement des dépenses des services d'instruction au rapporteur général.

Un décret en Conseil d'État détermine les conditions dans lesquelles le président de l'autorité la représente dans tous les actes de la vie civile et a qualité pour agir en justice en son nom. — *V. art. R. 461-1 et R. 461-2.*

Art. L. 461-5 Les commissions du Parlement compétentes en matière de concurrence peuvent entendre le président de l'Autorité de la concurrence et consulter celle-ci sur toute question entrant dans le champ de ses compétences.

(Abrogé par L. n° 2017-55 du 20 janv. 2017, art. 28) « Le président de l'Autorité de la concurrence rend compte des activités de celle-ci devant les commissions du Parlement compétentes en matière de concurrence, à leur demande.

« L'Autorité de la concurrence établit chaque année, avant le 30 juin, un rapport public rendant compte de son activité qu'elle adresse au Gouvernement et au Parlement. »

CHAPITRE II *Des attributions*

Art. L. 462-1 L'Autorité de la concurrence peut être consultée par les commissions parlementaires sur les propositions de loi ainsi que sur toute question concernant la concurrence.

Elle donne son avis sur toute question de concurrence à la demande du Gouvernement. Elle peut également donner son avis sur les mêmes questions à la demande des collectivités territoriales, des organisations professionnelles et syndicales, des organisations de consommateurs agréées, des chambres d'agriculture, des chambres de métiers ou des *(L. n° 2010-853 du 23 juill. 2010, art. 8)* « chambres de commerce et d'industrie territoriales », *(L. n° 2009-669 du 12 juin 2009, art. 18)* « de la Haute Autorité pour la diffusion des œuvres et la protection des droits sur internet, » *(L. n° 2010-853 du 23 juill. 2010, art. 42)* « et des présidents des observatoires des prix *(L. n° 2012-1270 du 20 nov. 2012, art. 23-III)* « , des marges » et des revenus *(L. n° 2015-1268 du 14 oct. 2015, art. 1er)* « des collectivités relevant de l'article 73 de la Constitution et des collectivités d'outre-mer de Saint-Barthélemy, de Saint-Martin, de Wallis-et-Futuna et de Saint-Pierre-et-Miquelon », en ce qui concerne les intérêts dont ils ont la charge ». – *[Ord. n° 86-1243 du 1er déc. 1986, art. 5.] – V. art. R. 462-1 s.*

Art. L. 462-2 L'Autorité de la concurrence est obligatoirement consultée par le Gouvernement sur tout projet de texte réglementaire instituant un régime nouveau ayant directement pour effet :

1° De soumettre l'exercice d'une profession ou l'accès à un marché à des restrictions quantitatives ;

2° D'établir des droits exclusifs dans certaines zones ;

3° D'imposer des pratiques uniformes en matière de prix ou de conditions de vente. – *[Ord. n° 86-1243 du 1er déc. 1986, art. 6.]*

Art. L. 462-2-1 *(L. n° 2015-990 du 6 août 2015, art. 50-I-2°)* A la demande du Gouvernement, l'Autorité de la concurrence donne son avis sur les prix et tarifs réglementés mentionnés, respectivement, au deuxième alinéa de l'article L. 410-2 et à l'article L. 444-1. Cet avis est rendu public. – *V. art. R. 462-2.*

L'Autorité de la concurrence peut également prendre l'initiative d'émettre un avis sur les prix et tarifs réglementés mentionnés au premier alinéa du présent article. Cet avis est rendu public au plus tard un mois avant la révision du prix ou du tarif en cause.

L'engagement d'une procédure d'avis en application du présent article est rendu publique dans les cinq jours ouvrables, afin de permettre aux associations de défense des consommateurs agréées au niveau national pour ester en justice ainsi qu'aux organisations professionnelles ou aux instances ordinales concernées d'adresser leurs observations à l'Autorité de la concurrence.

(Abrogé par L. n° 2020-1508 du 3 déc. 2020, art. 37) « Le Gouvernement informe l'Autorité de la concurrence de tout projet de révision des prix ou des tarifs réglementés mentionnés au premier alinéa, au moins deux mois avant la révision du prix ou du tarif en cause. »

Art. L. 462-3 L'Autorité de la concurrence peut être consultée par les juridictions sur les pratiques anticoncurrentielles définies aux articles L. 420-1 *(L. n° 2016-1920 du 29 déc. 2016, art. 3, en vigueur le 1er mars 2017)* « à L. 420-2-2 » *(L. n° 2012-1270 du 20 nov. 2012, art. 6)* « et L. 420-5 » ainsi qu'aux articles *(L. n° 2012-1270 du 20 nov. 2012, art. 6)* « 101 et 102 du traité sur le fonctionnement de l'Union européenne » et relevées dans les affaires dont elles sont saisies. Elle ne peut donner un avis qu'après une procédure contradictoire. Toutefois, si elle dispose d'informations déjà recueillies au cours d'une procédure antérieure, elle peut émettre son avis sans avoir à mettre en œuvre la procédure prévue au présent texte.

(L. n° 2012-1270 du 20 nov. 2012, art. 5-III) « L'Autorité de la concurrence peut transmettre tout élément qu'elle détient concernant les pratiques anticoncurrentielles concernées, à l'exclusion des pièces élaborées ou recueillies au titre du IV de l'article L. 464-2, à toute juridiction qui la consulte ou lui demande de produire des pièces qui ne sont pas déjà à la disposition d'une partie à l'instance. Elle peut le faire dans les mêmes limites lorsqu'elle produit des observations de sa propre initiative devant une juridiction. » *(Ord. n° 2017-303 du 9 mars 2017, art. 4)* « Les dispositions prévues au présent alinéa ne sont pas applicables aux demandes de production de pièces formées en vue ou dans le cadre d'une action en dommages et intérêts fondée sur l'article L. 481-1 du présent code. »

Le cours de la prescription est suspendu, le cas échéant, par la consultation de l'Autorité.

L'avis de l'Autorité peut être publié après le non-lieu ou le jugement. – *[Ord. n° 86-1243 du 1er déc. 1986, art. 26, al. 2 à 4.] – V. art. R. 462-3.*

Art. L. 462-4 *(Ord. n° 2008-1161 du 13 nov. 2008, art. 2-II)* L'Autorité de la concurrence peut prendre l'initiative de donner un avis sur toute question concernant la concurrence. Cet avis est rendu public. Elle peut également recommander au ministre chargé de l'économie ou au ministre chargé du secteur concerné de mettre en œuvre les mesures nécessaires à l'amélioration du fonctionnement concurrentiel des marchés.

Art. L. 462-4-1 *(L. n° 2015-990 du 6 août 2015, art. 52-V)* L'Autorité de la concurrence rend au ministre de la justice, qui en est le garant, un avis sur la liberté d'installation des notaires, *(Ord. n° 2016-728 du 2 juin 2016, art. 23-IV, en vigueur le 1er juill. 2022)* « et des commissaires de justice *[ancienne rédaction : des huissiers de justice et des commissaires-priseurs judiciaires]* ».

Elle fait toutes recommandations en vue d'améliorer l'accès aux offices publics ou ministériels dans la perspective de renforcer la cohésion territoriale des prestations et d'augmenter de façon progressive le nombre d'offices sur le territoire. Elle établit également un bilan en matière d'accès des femmes et des hommes aux offices publics ou ministériels, sur la base de données présentées par sexe et d'une analyse de l'évolution démographique des femmes et des jeunes au sein des professions concernées. Ces recommandations sont rendues publiques au moins tous les deux ans. Elles sont assorties de la carte mentionnée au I de l'article 52 de la loi n° 2015-990 du 6 août 2015 pour la croissance, l'activité et l'égalité des chances économiques.

L'ouverture d'une procédure visant à l'élaboration de la carte mentionnée au deuxième alinéa du présent article est rendue publique, dans un délai de cinq jours à compter de la date de cette ouverture, afin de permettre aux associations de défense des consommateurs agréées au niveau national pour ester en justice, aux instances ordinales des professions concernées, ainsi qu'à toute personne remplissant les conditions de nationalité, d'aptitude, d'honorabilité, d'expérience et d'assurance requises pour être nommée par le ministre de la justice en qualité de notaire *(Ord. n° 2016-728 du 2 juin 2016, art. 23-IV, en vigueur le 1er juill. 2022)* « ou de commissaire de justice *[ancienne rédaction :, d'huissier de justice ou de commissaire-priseur judiciaire,]* » d'adresser à l'Autorité de la concurrence leurs observations.

Lorsque l'Autorité de la concurrence délibère en application du présent article, son collège comprend deux personnalités qualifiées nommées par décret pour une durée de trois ans non renouvelable.

Art. L. 462-4-2 *(L. n° 2015-990 du 6 août 2015, art. 57-I)* L'Autorité de la concurrence rend au ministre de la justice, qui en est le garant, un avis sur la liberté d'installation des avocats au Conseil d'État et à la Cour de cassation.

Elle fait toutes recommandations en vue d'améliorer l'accès aux offices d'avocat au Conseil d'État et à la Cour de cassation dans la perspective d'augmenter de façon progressive le nombre de ces offices. Elle établit, en outre, un bilan en matière d'accès des femmes et des hommes à ces offices. Ces recommandations sont rendues publiques au moins tous les deux ans.

A cet effet, elle identifie le nombre de créations d'offices d'avocat au Conseil d'État et à la Cour de cassation qui apparaissent nécessaires pour assurer une offre de services satisfaisante au regard de critères définis par décret et prenant notamment en compte les exigences de bonne administration de la justice ainsi que l'évolution du contentieux devant ces deux juridictions. — *V. Décr. n° 2016-215 du 26 févr. 2016, ci-dessous.*

Les recommandations relatives au nombre de créations d'offices d'avocat au Conseil d'État et à la Cour de cassation permettent une augmentation progressive du nombre d'offices à créer, de manière à ne pas bouleverser les conditions d'activité des offices existants.

L'ouverture d'une procédure sur le fondement du présent article est rendue publique dans un délai de cinq jours à compter de la date de cette ouverture, afin de permettre aux associations de défense des consommateurs agréées au niveau national pour ester en justice, au conseil de l'ordre des avocats au Conseil d'État et à la Cour de cassation, ainsi qu'à toute personne remplissant les conditions de nationalité, d'aptitude, d'honorabilité, d'expérience et d'assurance requises pour être nommée par le ministre de la justice en qualité d'avocat au Conseil d'État et à la Cour de cassation, d'adresser à l'Autorité de la concurrence leurs observations.

Lorsque l'Autorité de la concurrence délibère au titre du présent article, son collège comprend deux personnalités qualifiées nommées par décret pour une durée de trois ans non renouvelable.

Art. L. 462-5 *(Ord. n° 2008-1161 du 13 nov. 2008, art. 2-III)* I. — L'Autorité de la concurrence peut être saisie par le ministre chargé de l'économie de toute pratique mentionnée aux articles L. 420-1 *(L. n° 2016-1920 du 29 déc. 2016, art. 3, en vigueur le 1er mars 2017)*

« à L. 420-2-2 » *(L. n° 2012-1270 du 20 nov. 2012, art. 8)* « et L. 420-5 ou contraire aux mesures prises en application de l'article L. 410-3 », ou de faits susceptibles de constituer une telle pratique, ainsi que des manquements aux engagements pris en application de l'article L. 430-7-1 ou pris en application des décisions de concentration intervenues avant l'entrée en vigueur de l'ordonnance n° 2008-1161 du 13 novembre 2008 portant modernisation de la régulation de la concurrence.

II. — Pour toutes les pratiques mentionnées aux articles L. 420-1 *(L. n° 2016-1920 du 29 déc. 2016, art. 3, en vigueur le 1er mars 2017)* « à L. 420-2-2 » *(L. n° 2012-1270 du 20 nov. 2012, art. 8)* « et L. 420-5 ou contraires aux mesures prises en application de l'article L. 410-3 », l'Autorité de la concurrence peut être saisie par les entreprises ou, pour toute affaire qui concerne les intérêts dont ils ont la charge, par les organismes mentionnés au deuxième alinéa de l'article L. 462-1.

III. — Le rapporteur général peut proposer à l'Autorité de la concurrence de se saisir d'office des pratiques mentionnées aux I et II et à l'article L. 430-8 ainsi que des manquements aux engagements pris en application des décisions autorisant des opérations de concentration intervenues avant l'entrée en vigueur de l'ordonnance n° 2008-1161 du 13 novembre 2008 portant modernisation de la régulation de la concurrence.

(L. n° 2012-1270 du 20 nov. 2012, art. 8) « IV. — L'Autorité de la concurrence peut être saisie par les régions d'outre-mer, le Département de Mayotte *(Ord. n° 2014-487 du 15 mai 2014, art. 5)* « , les îles Wallis-et-Futuna », la collectivité de Saint-Barthélemy, la collectivité de Saint-Martin et la collectivité territoriale de Saint-Pierre-et-Miquelon de toute pratique mentionnée aux articles L. 420-1 *(L. n° 2016-1920 du 29 déc. 2016, art. 3, en vigueur le 1er mars 2017)* « à L. 420-2-2 » et L. 420-5 ou contraire aux mesures prises en application de l'article L. 410-3, ou de faits susceptibles de constituer une telle pratique, concernant leur territoire respectif. »

Art. L. 462-6 L'Autorité de la concurrence examine si les pratiques dont elle est saisie entrent dans le champ des articles L. 420-1 *(L. n° 2016-1920 du 29 déc. 2016, art. 3, en vigueur le 1er mars 2017)* « à L. 420-2-2 » *(L. n° 2012-1270 du 20 nov. 2012, art. 6)* « ou L. 420-5, sont contraires aux mesures prises en application de l'article L. 410-3 » ou peuvent se trouver justifiées par application de l'article L. 420-4. Elle prononce, le cas échéant, des sanctions et des injonctions.

Lorsque les faits lui paraissent de nature à justifier l'application de l'article L. 420-6, elle adresse le dossier au procureur de la République. Cette transmission interrompt la prescription de l'action publique.

(Ord. n° 2004-1173 du 4 nov. 2004, art. 5) « La prescription est interrompue également lorsque les faits visés dans la saisine font l'objet d'un acte tendant à leur recherche, leur constatation ou leur sanction par la Commission européenne ou par une autorité de concurrence d'un autre État membre de la Communauté européenne. » — *[Ord. n° 86-1243 du 1er déc. 1986, art. 11, al. 2 et 3.]*

Art. L. 462-7 L'Autorité de la concurrence ne peut être saisie de faits remontant à plus de *(Ord. n° 2004-1173 du 4 nov. 2004, art. 6)* « cinq ans » s'il n'a été fait aucun acte tendant à leur recherche, leur constatation ou leur sanction.

(Ord. n° 2008-1161 du 13 nov. 2008, art. 2-IV) « Les actes interruptifs de la prescription de l'action publique en application de l'article L. 420-6 sont également interruptifs de la prescription devant l'Autorité de la concurrence.

« Toutefois, la prescription est acquise en toute hypothèse lorsqu'un délai de dix ans à compter de la cessation de la pratique anticoncurrentielle s'est écoulé sans que l'Autorité de la concurrence ait statué sur celle-ci. »

(Ord. n° 2017-303 du 9 mars 2017, art. 5) « Tout acte tendant à la recherche, à la constatation ou à la sanction de pratiques anticoncurrentielles par l'Autorité de la concurrence, une autorité nationale de concurrence d'un autre État membre de l'Union européenne ou la Commission européenne interrompt la prescription de l'action civile et de l'action indemnitaire engagée devant une juridiction administrative sur le fondement de l'article L. 481-1. L'interruption résultant d'un tel acte produit ses effets jusqu'à la date à laquelle la décision de l'autorité de concurrence compétente ou de la juridiction de recours ne peut plus faire l'objet d'une voie de recours ordinaire *[ancienne rédaction : L'ouverture d'une procédure devant l'Autorité de la concurrence, une autorité nationale de concurrence d'un autre État membre de l'Union européenne ou la Commission européenne interrompt la prescription de l'action civile. L'interruption résultant de l'ouverture de cette procédure produit ses effets jusqu'à la date à laquelle la décision de ces autorités ou, en cas de recours, de la juridiction compétente est définitive]*. »

(L. nº 2012-1270 du 20 nov. 2012, art. 13) « Le délai mentionné au troisième alinéa est suspendu jusqu'à la notification à l'Autorité de la concurrence d'une décision juridictionnelle irrévocable lorsque :

« 1° L'ordonnance délivrée en application de l'article L. 450-4 fait l'objet d'un appel ou lorsque le déroulement des opérations mentionnées au même article fait l'objet d'un recours, à compter du dépôt de cet appel ou de ce recours ;

« 2° La décision de l'Autorité de la concurrence fait l'objet d'un recours en application de l'article L. 464-8, à compter du dépôt de ce recours ; »

(L. nº 2016-1547 du 18 nov. 2016, art. 96) « 3° La décision prise par le rapporteur général de l'Autorité de la concurrence en application de l'article L. 463-4 de refuser la protection du secret des affaires ou de lever la protection accordée fait l'objet d'un recours. Le délai mentionné au troisième alinéa du présent article est alors suspendu à compter du dépôt de ce recours. » – *[Ord. nº 86-1243 du 1er déc. 1986, art. 27.]*

Art. L. 462-8 *(L. nº 2001-420 du 15 mai 2001)* L'Autorité de la concurrence peut déclarer, par décision motivée, la saisine irrecevable pour défaut d'intérêt ou de qualité à agir de l'auteur de celle-ci, ou si les faits sont prescrits au sens de l'article L. 462-7, ou si elle estime que les faits invoqués n'entrent pas dans le champ de sa compétence.

Elle peut aussi rejeter la saisine par décision motivée lorsqu'elle estime que les faits invoqués ne sont pas appuyés d'éléments suffisamment probants.

(L. nº 2015-990 du 6 août 2015, art. 217-1º) « Elle peut aussi rejeter la saisine par décision motivée lorsque les faits invoqués peuvent être traités par le ministre chargé de l'économie en application de l'article L. 464-9. »

(Ord. nº 2004-1173 du 4 nov. 2004, art. 7) « Elle peut aussi rejeter la saisine dans les mêmes conditions, lorsqu'elle est informée qu'une autre autorité nationale de concurrence d'un État membre de la Communauté européenne ou la Commission européenne a traité des mêmes faits relevant des dispositions prévues aux articles *(L. nº 2020-1508 du 3 déc. 2020, art. 37)* « 101 et 102 du traité sur le fonctionnement de l'Union européenne ».

« Elle peut aussi rejeter la saisine dans les mêmes conditions ou suspendre la procédure, lorsqu'elle est informée qu'une autre autorité nationale de concurrence d'un État membre de la Communauté européenne traite des mêmes faits relevant des dispositions prévues aux articles *(L. nº 2020-1508 du 3 déc. 2020, art. 37)* « 101 et 102 du traité sur le fonctionnement de l'Union européenne ». Lorsque cette information est reçue par le rapporteur au stade de l'instruction, le rapporteur général peut suspendre son déroulement.

« L'Autorité de la concurrence peut aussi décider de clore dans les mêmes conditions une affaire pour laquelle elle s'était saisie d'office. »

Il est donné acte, par décision du président de l'Autorité de la concurrence ou d'un vice-président délégué par lui, des désistements *(Ord. nº 2004-1173 du 4 nov. 2004, art. 7)* « des parties ou des dessaisissements effectués par la Commission européenne ». *(Ord. nº 2008-1161 du 13 nov. 2008, art. 2-IV)* « En cas de désistement, l'Autorité peut poursuivre l'affaire, qui est alors traitée comme une saisine d'office. » – *V. art. R. 463-8.*

Art. L. 462-9 *(L. nº 2001-420 du 15 mai 2001 ; Ord. nº 2004-1173 du 4 nov. 2004, art. 8)* I. — L'Autorité de la concurrence peut, pour ce qui relève de ses compétences et après information préalable du ministre chargé de l'économie, communiquer les informations ou les documents qu'elle détient ou qu'elle recueille, à leur demande, à la Commission des Communautés européennes ou aux autorités des autres États exerçant des compétences analogues, à leur demande, sous réserve de réciprocité, et à condition que l'autorité étrangère compétente soit soumise au secret professionnel avec les mêmes garanties qu'en France.

L'Autorité de la concurrence peut, dans les mêmes conditions, selon les mêmes procédures et sous les mêmes sanctions que celles prévues pour l'exécution de sa mission, conduire ou demander au ministre chargé de l'économie de conduire des enquêtes, à la demande d'autorités étrangères exerçant des compétences analogues, sous réserve de réciprocité.

L'obligation de secret professionnel ne fait pas obstacle à la communication par les autorités de concurrence des informations ou documents qu'elles détiennent ou qu'elles recueillent, à leur demande, à la Commission des Communautés européennes et aux autorités des autres États exerçant des compétences analogues et astreintes aux mêmes obligations de secret professionnel.

L'assistance demandée par une autorité étrangère exerçant des compétences analogues pour la conduite d'enquêtes ou la transmission d'informations détenues ou recueillies par l'Autorité de la concurrence est refusée par celle-ci lorsque l'exécution de la demande est de nature à porter atteinte à la souveraineté, à la sécurité, aux intérêts économiques essentiels ou à l'ordre public français ou lorsqu'une procédure pénale a déjà été engagée en France sur la base des mêmes faits et contre les mêmes personnes, ou bien lorsque celles-ci ont déjà été sanctionnées par une décision définitive pour les mêmes faits.

Les autorités de concurrence, pour ce qui relève de leurs compétences respectives, peuvent utiliser des informations ou des documents qui leur auront été transmis dans les mêmes conditions par la Commission des Communautés européennes ou les autorités des autres États membres exerçant des compétences analogues.

L'Autorité de la concurrence peut, pour la mise en œuvre du présent article, conclure des conventions organisant ses relations avec les autorités des autres États exerçant des compétences analogues. Ces conventions sont approuvées par l'Autorité dans les conditions prévues à l'article L. 463-7. Elles sont publiées au *Journal officiel*.

(Ord. nº 2004-1173 du 4 nov. 2004, art. 8) « II. – Dans la mise en œuvre des règles de concurrence prévues aux articles 81 et 82 du traité instituant la Communauté européenne *[art. 101 et 102 TFUE]*, les autorités de concurrence appliquent les dispositions du règlement nº 1/2003 du Conseil relatif à la mise en œuvre des règles de concurrence prévues aux articles 81 et 82 du traité instituant la Communauté européenne *[art. 101 et 102 TFUE]*, à l'exclusion des dispositions des cinq premiers alinéas du I du présent article.

« Pour l'application des dispositions du 4 de l'article 11 de ce règlement, l'Autorité de la concurrence transmet à la Commission européenne un résumé de l'affaire ainsi qu'un document exposant l'orientation envisagée, qui peut être la notification de griefs ou le rapport mentionnés à l'article L. 463-2. Elle peut mettre ces mêmes documents à la disposition des autres autorités de concurrence des États membres de la Communauté européenne. »

Art. L. 462-10 *(L. nº 2015-990 du 6 août 2015, art. 37) (L. nº 2018-938 du 30 oct. 2018, art. 19)* « I. – » Doit être communiqué à l'Autorité de la concurrence, à titre d'information, au moins *(L. nº 2018-938 du 30 oct. 2018, art. 19)* « quatre » mois avant sa mise en œuvre, tout accord entre des entreprises ou des groupes de personnes physiques ou morales exploitant, directement ou indirectement, un ou plusieurs magasins de commerce de détail de produits de grande consommation, ou intervenant dans le secteur de la distribution comme centrale de référencement ou d'achat d'entreprises de commerce de détail, visant à négocier de manière groupée l'achat ou le référencement de produits ou la vente de services aux fournisseurs.

Le premier alinéa *(L. nº 2018-938 du 30 oct. 2018, art. 19)* « du présent I » s'applique lorsque le chiffre d'affaires total mondial hors taxes de l'ensemble des entreprises ou des groupes de personnes physiques ou morales parties à l'accord et le chiffre d'affaires total hors taxes réalisé à l'achat en France dans le cadre de l'accord par l'ensemble des parties à l'accord excèdent des seuils fixés par décret en Conseil d'État. *– V. art. R. 462-5.*

(L. nº 2018-938 du 30 oct. 2018, art. 19) « L'Autorité de la concurrence transmet au ministre chargé de l'économie, à sa demande, les accords mentionnés au premier alinéa du présent I.

« II. – Un bilan concurrentiel de la mise en œuvre d'un accord défini au premier alinéa du I est effectué par l'Autorité de la concurrence, de sa propre initiative ou à la demande du ministre chargé de l'économie. A cet effet, l'Autorité de la concurrence peut demander aux parties à l'accord de lui transmettre un rapport présentant l'effet sur la concurrence de cet accord.

« L'engagement de la procédure de bilan concurrentiel est rendu public par l'Autorité de la concurrence, afin de permettre aux tiers intéressés de lui adresser leurs observations. La procédure applicable est celle prévue au deuxième alinéa de l'article L. 463-2 et aux articles L. 463-4, L. 463-6 et L. 463-7. Avant de statuer, l'Autorité de la concurrence peut entendre des tiers en l'absence des parties à l'accord en cause.

« Afin de réaliser le bilan concurrentiel, l'Autorité de la concurrence examine si cet accord, tel qu'il a été mis en œuvre, est de nature à porter une atteinte sensible à la concurrence au sens des articles L. 420-1 et L. 420-2. A cette occasion, elle apprécie si l'accord apporte au progrès économique une contribution suffisante pour compenser d'éventuelles atteintes à la concurrence, en prenant en compte son impact tant pour les producteurs, les transformateurs et les distributeurs que pour les consommateurs.

« Si des atteintes à la concurrence telles que mentionnées au troisième alinéa du présent II ou des effets anticoncurrentiels ont été identifiés, les parties à l'accord s'engagent à prendre des mesures visant à y remédier dans un délai fixé par l'Autorité de la concurrence. L'Autorité de la concurrence peut également se saisir d'office en application du III de l'article L. 462-5 ou être saisie par le ministre chargé de l'économie en application du I du même article L. 462-5.

« III. – L'Autorité de la concurrence peut prendre des mesures conservatoires selon les modalités et dans les conditions prévues au dernier alinéa de l'article L. 464-1 pour tout accord mentionné au I du présent article dès lors que l'une des atteintes à la concurrence mentionnées au II, que cet accord entraîne ou est susceptible d'entraîner immédiatement après son entrée en vigueur, présente un caractère suffisant de gravité.

« Elles peuvent comporter une injonction aux parties de revenir à l'état antérieur ou demander une modification dudit accord.

« IV. – Un arrêté du ministre chargé de l'économie, pris après avis de l'Autorité de la concurrence, fixe le contenu du dossier d'information communiqué à cette autorité en application du premier alinéa du I ainsi que les éléments d'information et les documents devant figurer dans le rapport prévu au premier alinéa du II. » – *V. art. A. 462-1.*

CHAPITRE III *De la procédure*

Art. L. 463-1 L'instruction et la procédure devant l'Autorité de la concurrence sont *(Abrogé par L. n° 2011-525 du 17 mai 2011, art. 178-I)* « ***pleinement*** » contradictoires *(Ord. n° 2004-1173 du 4 nov. 2004, art. 9-I)* « sous réserve des dispositions prévues à l'article L. 463-4 ». – *[Ord. n° 86-1243 du 1er déc. 1986, art. 18.] – V. art. R. 463-1 s.*

Art. L. 463-2 *(Ord. n° 2008-1161 du 13 nov. 2008, art. 2-V)* « Sans préjudice des mesures prévues à l'article L. 464-1, le rapporteur général ou un rapporteur général adjoint désigné par lui notifie les griefs aux intéressés ainsi qu'au commissaire du Gouvernement, qui peuvent consulter le dossier sous réserve des dispositions de l'article L. 463-4 et présenter leurs observations dans un délai de deux mois. Les entreprises destinataires des griefs signalent sans délai au rapporteur chargé du dossier, à tout moment de la procédure d'investigation, toute modification de leur situation juridique susceptible de modifier les conditions dans lesquelles elles sont représentées ou dans lesquelles les griefs peuvent leur être imputés. Elles sont irrecevables à s'en prévaloir si elles n'ont pas procédé à cette information. »

Le rapport est ensuite notifié aux parties, au commissaire du Gouvernement et aux ministres intéressés. Il est accompagné des documents sur lesquels se fonde le rapporteur et des observations faites, le cas échéant, par les intéressés. – *V. art. R. 463-10, R. 463-11 et R. 464-8.*

Les parties ont un délai de deux mois pour présenter un mémoire en réponse qui peut être consulté dans les quinze jours qui précèdent la séance par les personnes visées à l'alinéa précédent.

(L. n° 2001-420 du 15 mai 2001) « Lorsque des circonstances exceptionnelles le justifient, *(Ord. n° 2008-1161 du 13 nov. 2008, art. 2-V)* « le rapporteur général de l'Autorité » peut, par une décision non susceptible de recours, accorder un délai supplémentaire d'un mois pour la consultation du dossier et la production des observations des parties. » – *[Ord. n° 86-1243 du 1er déc. 1986, art. 21.]*

Art. L. 463-3 *(L. n° 2001-420 du 15 mai 2001)* Le *(Ord. n° 2008-1161 du 13 nov. 2008, art. 2-VI)* « rapporteur général de l'Autorité de la concurrence » peut *(Abrogé par L. n° 2020-1508 du 3 déc. 2020, art. 37)* « , *(Ord. n° 2008-1161 du 13 nov. 2008, art. 2-VI)* « *lors de* » *la notification des griefs aux parties intéressées,* » décider que l'affaire sera *(Ord. n° 2008-1161 du 13 nov. 2008, art. 2-VI)* « examinée par l'Autorité » sans établissement préalable d'un rapport. *(L. n° 2020-1508 du 3 déc. 2020, art. 37)* « Il en informe les parties et le commissaire du Gouvernement préalablement à la notification des griefs. – *V. art. R. 463-12 s.*

« Dans ce cas, si le chiffre d'affaires cumulé réalisé en France lors du dernier exercice clos de l'ensemble des parties dépasse 200 millions d'euros et dès lors qu'au moins une des parties intéressées en formule la demande, le délai prévu à la première phrase du premier alinéa de l'article L. 463-2 est allongé de deux mois. La demande doit être formulée dans un délai maximal de trente jours à compter de la notification des griefs. Au vu des observations des parties destinataires des griefs, le rapporteur général peut décider d'adresser un rapport aux parties selon les modalités prévues au même article L. 463-2.

« Lorsque le rapporteur général décide de ne pas établir de rapport, la notification des griefs doit mentionner les déterminants de la sanction encourue. »

Art. L. 463-4 *(Ord. n° 2008-1161 du 13 nov. 2008, art. 2-VII)* Sauf dans les cas où la communication ou la consultation de ces documents est nécessaire à l'exercice des droits de la défense d'une partie mise en cause, le rapporteur général de l'Autorité de la concurrence *peut refuser à une partie* la communication ou la consultation de pièces ou de certains éléments contenus dans ces pièces mettant en jeu le secret des affaires d'autres personnes. Dans ce cas, une version non confidentielle et un résumé des pièces ou éléments en cause lui sont accessibles.

Un décret en Conseil d'État précise les modalités d'application du présent article. – *V. art. R. 463-13 s.*

Art. L. 463-5 Les juridictions d'instruction et de jugement peuvent communiquer à l'Autorité de la concurrence, sur sa demande, les procès-verbaux *(Ord. n° 2008-1161 du 13 nov. 2008, art. 2-VIII)* « [,] rapports d'enquête ou autres pièces de l'instruction pénale » ayant un lien direct avec des faits dont l'Autorité est saisie. – *[Ord. n° 86-1243 du 1er déc. 1986, art. 26, al. 1er.]*

Art. L. 463-6 Est punie des peines prévues à l'article 226-13 du code pénal, la divulgation par l'une des parties des informations concernant une autre partie ou un tiers et dont elle n'a pu avoir connaissance qu'à la suite des communications ou consultations auxquelles il a été procédé. – *[Ord. n° 86-1243 du 1er déc. 1986, art. 24.]*

(Ord. n° 2017-303 du 9 mars 2017, art. 6) « L'alinéa précédent n'est pas applicable lorsque la divulgation intervient conformément aux dispositions prévues au chapitre III du titre VIII. »

Art. L. 463-7 Les séances de l'Autorité de la concurrence ne sont pas publiques. Seules les parties et le commissaire du Gouvernement peuvent y assister. Les parties peuvent demander à être entendues par l'Autorité et se faire représenter ou assister.

L'Autorité de la concurrence peut entendre toute personne dont l'audition lui paraît susceptible de contribuer à son information.

Le rapporteur général, *(Ord. n° 2008-1161 du 13 nov. 2008, art. 2-IX)* « ou le rapporteur général adjoint désigné par lui » et le commissaire du Gouvernement peuvent présenter des observations.

Le rapporteur général, *(Ord. n° 2008-1161 du 13 nov. 2008, art. 2-IX)* « ou le rapporteur général adjoint désigné par lui » et le rapporteur assistent au délibéré, sans voix délibérative, sauf lorsque l'Autorité statue sur des pratiques dont elle a été saisie en application de l'article L. 462-5. – *[Ord. n° 86-1243 du 1er déc. 1986, art. 25.]*

Art. L. 463-8 *(L. n° 2001-420 du 15 mai 2001)* Le rapporteur général peut décider de faire appel à des experts en cas de demande formulée à tout moment de l'instruction par le rapporteur ou une partie. Cette décision n'est susceptible d'aucun recours.

La mission et le délai imparti à l'expert sont précisés dans la décision qui le désigne. Le déroulement des opérations d'expertise se fait de façon contradictoire.

Le financement de l'expertise est à la charge de la partie qui la demande ou à celle de l'Autorité de la concurrence dans le cas où elle est ordonnée à la demande du rapporteur. Toutefois, l'Autorité peut, dans sa décision sur le fond, faire peser la charge définitive sur la ou les parties sanctionnées dans des proportions qu'elle détermine. – *V. art. R. 463-16.*

CHAPITRE IV *Des décisions et des voies de recours*

Art. L. 464-1 *(L. n° 2001-420 du 15 mai 2001)* L'Autorité de la concurrence peut, à la demande du ministre chargé de l'économie, des personnes mentionnées au dernier alinéa de l'article L. 462-1 ou des entreprises et après avoir entendu les parties en cause et le commissaire du Gouvernement, prendre les mesures conservatoires qui lui sont demandées ou celles qui lui apparaissent nécessaires. – *V. art. R. 463-8, R. 464-1, R. 464-6 et R. 464-8.*

Ces mesures ne peuvent intervenir que si la pratique dénoncée porte une atteinte grave et immédiate à l'économie générale, à celle du secteur intéressé, à l'intérêt des consommateurs ou à l'entreprise plaignante.

Elles peuvent comporter la suspension de la pratique concernée ainsi qu'une injonction aux parties de revenir à l'état antérieur. Elles doivent rester strictement limitées à ce qui est nécessaire pour faire face à l'urgence.

(Abrogé par Ord. n° 2008-1161 du 13 nov. 2008, art. 2-X) « Les mesures conservatoires sont publiées au ***Bulletin officiel de la concurrence, de la consommation et de la répression des fraudes****. »* – *[Ord. n° 86-1243 du 1er déc. 1986, art. 12, al. 1er à 3 et 6.]* – *Sur les modalités de publicité des décisions, V. art. L. 490-11.*

Art. L. 464-2 *(L. n° 2001-420 du 15 mai 2001)* I. – L'Autorité de la concurrence peut ordonner aux intéressés de mettre fin aux pratiques anticoncurrentielles dans un délai déterminé ou imposer des conditions particulières. *(Ord. n° 2004-1173 du 4 nov. 2004, art. 10)* « Elle peut aussi accepter des engagements proposés par les entreprises ou organismes et de nature à mettre un terme » *(Ord. n° 2008-1161 du 13 nov. 2008, art. 2-XI)* « à ses préoccupations de concurrence susceptibles de constituer des pratiques prohibées visées aux articles L. 420-1 » *(L. n° 2016-1920 du 29 déc. 2016, art. 3, en vigueur le 1er mars 2017)* « à L. 420-2-2 » *(L. n° 2012-1270 du 20 nov. 2012, art. 6)* « et L. 420-5 ou contraires aux mesures prises en application de l'article L. 410-3 ». – *V. art. R. 464-2.*

Elle peut infliger une sanction pécuniaire applicable soit immédiatement, soit en cas d'inexécution des injonctions *(Ord. n° 2004-1173 du 4 nov. 2004, art. 10)* « soit en cas de non-respect des engagements qu'elle a acceptés ». — *V., en matière d'aménagement commercial, l'art. L. 752-5 issu de la L. n° 2008-776 du 4 août 2008.*

Les sanctions pécuniaires sont proportionnées à la gravité des faits reprochés, à l'importance du dommage causé à l'économie, à la situation de l'organisme ou de l'entreprise sanctionné ou du groupe auquel l'entreprise appartient et à l'éventuelle réitération de pratiques prohibées par le présent titre. Elles sont déterminées individuellement pour chaque entreprise ou organisme sanctionné et de façon motivée pour chaque sanction. *(Ord. n° 2017-303 du 9 mars 2017, art. 7)* « L'Autorité de la concurrence peut décider de réduire le montant de la sanction pécuniaire infligée à une entreprise ou à un organisme lorsque cette entreprise ou cet organisme a, en cours de procédure devant l'Autorité, versé à la victime de la ou des pratiques anticoncurrentielles sanctionnées une indemnité due en exécution d'une transaction au sens de l'article 2044 du code civil. »

Si le contrevenant n'est pas une entreprise, le montant maximum de la sanction est de 3 millions d'euros. Le montant maximum de la sanction est, pour une entreprise, de 10 % du montant du chiffre d'affaires mondial hors taxes le plus élevé réalisé au cours d'un des exercices clos depuis l'exercice précédant celui au cours duquel les pratiques ont été mises en œuvre. Si les comptes de l'entreprise concernée ont été consolidés ou combinés en vertu des textes applicables à sa forme sociale, le chiffre d'affaires pris en compte est celui figurant dans les comptes consolidés ou combinés de l'entreprise consolidante ou combinante. — *Sur la communication du chiffre d'affaires aux fins de sanction, V. art. R. 463-10.*

L'Autorité de la concurrence peut ordonner la publication, la diffusion ou l'affichage de sa décision ou d'un extrait de celle-ci selon les modalités qu'elle précise. Elle peut également ordonner l'insertion de la décision ou de l'extrait de celle-ci dans le rapport établi sur les opérations de l'exercice par les gérants, le conseil d'administration ou le directoire de l'entreprise. Les frais sont supportés par la personne intéressée. — *Sur les modalités de publicité des décisions, V. aussi art. L. 490-11.*

(L. n° 2012-1270 du 20 nov. 2012, art. 7) « Les entreprises ou groupements d'entreprises ayant fait l'objet d'une injonction de l'Autorité de la concurrence en raison de pratiques contraires aux mesures prises en application de l'article L. 410-3 doivent rendre publique cette injonction en la publiant, à leurs frais, dans la presse quotidienne locale, selon des modalités précisées par l'Autorité de la concurrence. Cette publication mentionne, le cas échéant, l'existence d'un recours formé à l'encontre de l'injonction. »

(Ord. n° 2004-1173 du 4 nov. 2004, art. 10) « II. — L'Autorité de la concurrence peut infliger aux intéressés des astreintes dans la limite de 5 % du chiffre d'affaires journalier moyen, par jour de retard à compter de la date qu'elle fixe, pour les contraindre :

« *a)* A exécuter une décision les ayant obligés à mettre fin aux pratiques anticoncurrentielles, à exécuter une décision ayant imposé des conditions particulières ou à respecter une décision ayant rendu un engagement obligatoire en vertu du I ;

« *b)* A respecter les mesures prononcées en application de l'article L. 464-1.

« Le chiffre d'affaires pris en compte est calculé sur la base des comptes de l'entreprise relatifs au dernier exercice clos à la date de la décision. L'astreinte est liquidée par l'Autorité de la concurrence qui en fixe le montant définitif. » — *V. art. R. 464-3.*

(L. n° 2015-990 du 6 août 2015, art. 218-I-1°) « III. — Lorsqu'un organisme ou une entreprise ne conteste pas la réalité des griefs qui lui sont notifiés, le rapporteur général peut lui soumettre une proposition de transaction fixant le montant minimal et le montant maximal de la sanction pécuniaire envisagée. Lorsque l'entreprise ou l'organisme s'engage à modifier son comportement, le rapporteur général peut en tenir compte dans sa proposition de transaction. Si, dans un délai fixé par le rapporteur général, l'organisme ou l'entreprise donne son accord à la proposition de transaction, le rapporteur général propose à l'Autorité de la concurrence, qui entend l'entreprise ou l'organisme et le commissaire du Gouvernement sans établissement préalable d'un rapport, de prononcer la sanction pécuniaire prévue au I dans les limites fixées par la transaction *[ancienne rédaction : III. — Lorsqu'un organisme ou une entreprise ne conteste pas la réalité des griefs qui lui sont notifiés, le rapporteur général peut proposer à l'Autorité de la concurrence, qui entend les parties et le commissaire du Gouvernement sans établissement préalable d'un rapport, de prononcer la sanction pécuniaire prévue au I en tenant compte de l'absence de contestation. Dans ce cas, le montant maximum de la sanction encourue est réduit de moitié. Lorsque l'entreprise ou l'organisme s'engage en outre à modifier son comportement pour l'avenir, le rapporteur général peut proposer à l'Autorité de la concurrence d'en tenir compte également dans la fixation du montant de la sanction]*. »

(Ord. n° 2004-1173 du 4 nov. 2004, art. 10) « IV. – » Une exonération totale ou partielle des sanctions pécuniaires peut être accordée à une entreprise ou à un organisme qui a, avec d'autres, mis en œuvre une pratique prohibée par les dispositions de l'article L. 420-1 s'il a contribué à établir la réalité de la pratique prohibée et à identifier ses auteurs, en apportant des éléments d'information dont l'Autorité ou l'administration ne disposaient pas antérieurement. *(L. n° 2020-1508 du 3 déc. 2020, art. 37)* « Le rapporteur général informe le commissaire du Gouvernement de la démarche engagée par l'entreprise. Il informe l'entreprise par écrit, le cas échéant, de son éligibilité à une exonération totale ou partielle des sanctions pécuniaires encourues et lui indique les conditions de coopération définies par l'Autorité de la concurrence. Lors de la décision prise en application du I du présent article, l'Autorité peut, si ces conditions ont été respectées, accorder une exonération de sanctions pécuniaires proportionnée à la contribution apportée à l'établissement de l'infraction. Un décret en Conseil d'État précise les modalités d'organisation et d'application de cette procédure. » – *V. art. R. 464-5.*

(Ord. n° 2008-1161 du 13 nov. 2008, art. 2-XI) « V. – Lorsqu'une entreprise ou un organisme ne défère pas à une convocation ou ne répond pas dans le délai prescrit à une demande de renseignements ou de communication de pièces formulée par un des agents visés au I de l'article L. 450-1 dans l'exercice des pouvoirs qui lui sont conférés par les titres V et VI du livre IV, l'Autorité peut, à la demande du rapporteur général, prononcer à son encontre une injonction assortie d'une astreinte, dans la limite prévue au II. »

(Censuré par Cons. const. n° 2021-892 QPC du 26 mars 2021) ***« Lorsqu'une entreprise a fait obstruction à l'investigation ou à l'instruction, notamment en fournissant des renseignements incomplets ou inexacts, ou en communiquant des pièces incomplètes ou dénaturées, l'Autorité peut, à la demande du rapporteur général, et après avoir entendu l'entreprise en cause et le commissaire du Gouvernement, décider de lui infliger une sanction pécuniaire. Le montant maximum de cette dernière ne peut excéder 1 % du montant du chiffre d'affaires mondial hors taxes le plus élevé réalisé au cours d'un des exercices clos depuis l'exercice précédant celui au cours duquel les pratiques ont été mises en œuvre. »***

Art. L. 464-3 *(Ord. n° 2004-1173 du 4 nov. 2004, art. 11)* Si les mesures, injonctions ou engagements prévus aux articles L. 464-1 et L. 464-2 ne sont pas respectés, l'Autorité de la concurrence peut prononcer une sanction pécuniaire dans les limites fixées à l'article L. 464-2. – *[Ord. n° 86-1243 du 1er déc. 1986, art. 14.]* – *V. art. R. 464-9.*

Art. L. 464-4 Les sanctions pécuniaires *(Ord. n° 2004-1173 du 4 nov. 2004, art. 12)* « et les astreintes » sont recouvrées comme les créances de l'État étrangères à l'impôt et au domaine. – *[Ord. n° 86-1243 du 1er déc. 1986, art. 16.]*

Art. L. 464-5 *(Abrogé par L. n° 2020-1508 du 3 déc. 2020, art. 37) (L. n° 2001-420 du 15 mai 2001)* ***L'Autorité de la concurrence, lorsqu'elle statue selon la procédure simplifiée prévue à l'article L. 463-3, peut prononcer les mesures prévues au I de l'article L. 464-2. Toutefois, la sanction pécuniaire ne peut excéder 750 000 euros pour chacun des auteurs de pratiques prohibées.***
– Les dispositions de cet art. ne s'appliquent pas aux affaires pour lesquelles une saisine de l'ancien Conseil de la concurrence avait été effectuée avant la date d'entrée en vigueur de la L. n° 2001-420 du 15 mai 2001 (L. préc., art. 94, al. 1er, publiée au JO du 16 mai).

Art. L. 464-5-1 *(L. n° 2016-731 du 3 juin 2016, art. 82-V)* Les sanctions pécuniaires prononcées en application des articles L. 464-2, L. 464-3 et L. 464-5 peuvent faire l'objet d'une majoration, dans la limite de 10 % de leur montant, mise à la charge de l'organisme ou de l'entreprise sanctionné et destinée à financer l'aide aux victimes.

Le troisième alinéa du I de l'article L. 464-2 est applicable à cette majoration et les motifs qu'il énonce sont appréciés pour en moduler le montant.

Art. L. 464-6 *(L. n° 2001-420 du 15 mai 2001)* Lorsque aucune pratique de nature à porter atteinte à la concurrence sur le marché n'est établie, l'Autorité de la concurrence peut décider, après que l'auteur de la saisine et le commissaire du Gouvernement ont été mis à même de consulter le dossier et de faire valoir leurs observations, qu'il n'y a pas lieu de poursuivre la procédure. *(Ord. n° 2004-274 du 25 mars 2004, art. 24-I)* « Cette décision est motivée. » – *V. art. R. 464-7 et R. 464-8.*

Art. L. 464-6-1 *(Ord. n° 2004-274 du 25 mars 2004, art. 24-II)* L'Autorité de la concurrence peut également décider, dans les conditions prévues à l'article L. 464-6, qu'il n'y a pas lieu de poursuivre la procédure lorsque les pratiques mentionnées à l'article L. 420-1 ne visent pas des contrats passés en application du *(Ord. n° 2018-1074 du 26 nov. 2018, art. 17)* « code de la commande publique *[ancienne rédaction : code des marchés publics]* » et que la part de marché cumulée détenue par les entreprises ou organismes parties à l'accord ou à la pratique en cause ne dépasse pas soit :

a) 10 % sur l'un des marchés affectés par l'accord ou la pratique lorsqu'il s'agit d'un accord ou d'une pratique entre des entreprises ou organismes qui sont des concurrents, existants ou potentiels, sur l'un des marchés en cause ;

b) 15 % sur l'un des marchés affectés par l'accord ou la pratique lorsqu'il s'agit d'un accord ou d'une pratique entre des entreprises ou organismes qui ne sont pas concurrents existants ou potentiels sur l'un des marchés en cause.

Art. L. 464-6-2 *(Ord. n° 2004-274 du 25 mars 2004, art. 24-II)* Toutefois, les dispositions de l'article L. 464-6-1 ne s'appliquent pas aux accords et pratiques qui contiennent l'une quelconque des restrictions caractérisées de concurrence suivantes :

a) Les restrictions qui, directement ou indirectement, isolément ou cumulées avec d'autres facteurs sur lesquels les parties peuvent influer ont pour objet la fixation de prix de vente, la limitation de la production ou des ventes, la répartition de marchés ou des clients ;

b) Les restrictions aux ventes non sollicitées et réalisées par un distributeur en dehors de son territoire contractuel au profit d'utilisateurs finaux ;

c) Les restrictions aux ventes par les membres d'un réseau de distribution sélective qui opèrent en tant que détaillants sur le marché, indépendamment de la possibilité d'interdire à un membre du système de distribution d'opérer à partir d'un lieu d'établissement non autorisé ;

d) Les restrictions apportées aux livraisons croisées entre distributeurs à l'intérieur d'un système de distribution sélective, y compris entre les distributeurs opérant à des stades différents du commerce.

Art. L. 464-7 La décision de l'Autorité de la concurrence prise au titre de l'article L. 464-1 peut faire l'objet d'un recours en annulation ou en réformation par les parties en cause et le commissaire du Gouvernement devant la cour d'appel de Paris au maximum dix jours après sa notification. La cour statue dans le mois du recours. — *V. art. R. 464-8.*

Le recours n'est pas suspensif. Toutefois, le premier président de la cour d'appel de Paris peut ordonner qu'il soit sursis à l'exécution des mesures conservatoires, si celles-ci sont susceptibles d'entraîner des conséquences manifestement excessives ou s'il est intervenu, postérieurement à leur notification, des faits nouveaux d'une exceptionnelle gravité. — *[Ord. n° 86-1243 du 1er déc. 1986, art. 12, al. 4 et 5.] — V. art. R. 464-20 s.*

Art. L. 464-8 Les décisions de l'Autorité de la concurrence mentionnées aux articles L. 462-8, *(Abrogé par L. n° 2001-1168 du 11 déc. 2001) « L. 464-1, »* L. 464-2, L. 464-3, *(Abrogé par L. n° 2020-1508 du 3 déc. 2020, art. 37) « L. 464-5, » (Ord. n° 2004-274 du 25 mars 2004, art. 24-III)* « L. 464-6 » *(L. n° 2012-1270 du 20 nov. 2012, art. 10-II)* « , L. 464-6-1 et L. 752-27 » sont notifiées aux parties en cause et au ministre chargé de l'économie, qui peuvent, dans le délai d'un mois, introduire un recours en annulation ou en réformation devant la cour d'appel de Paris.

*(Abrogé par Ord. n° 2008-1161 du 13 nov. 2008, art. 2-XII) « **Les décisions sont publiées au Bulletin officiel de la concurrence, de la consommation et de la répression des fraudes.** (Ord. n° 2004-1173 du 4 nov. 2004, art. 13) « **Les décisions peuvent prévoir une publication limitée pour tenir compte de l'intérêt légitime des parties à ce que leurs secrets d'affaires ne soient pas divulgués.** » **Le ministre chargé de l'économie veille à leur exécution.** » — Sur les modalités de publicité des décisions, V. art. L. 490-11. — V. aussi art. R. 462-4.*

Le recours n'est pas suspensif. Toutefois, le premier président de la cour d'appel de Paris peut ordonner qu'il soit sursis à l'exécution de la décision si celle-ci est susceptible d'entraîner des conséquences manifestement excessives ou s'il est intervenu, postérieurement à sa notification, des faits nouveaux d'une exceptionnelle gravité. — *V. art. R. 464-22 s.*

Le pourvoi en cassation, formé le cas échéant, contre l'arrêt de la cour, est exercé dans un délai d'un mois suivant sa notification.

(Ord. n° 2008-1161 du 13 nov. 2008, art. 2-XII) « Le président de l'Autorité de la concurrence peut former un pourvoi en cassation contre l'arrêt de la cour d'appel de Paris ayant annulé ou réformé une décision de l'Autorité. »

(L. n° 2004-1343 du 9 déc. 2004, art. 83-II) « Le ministre chargé de l'économie peut, dans *tous les* cas, former un pourvoi en cassation contre l'arrêt de la cour d'appel de Paris. »

(Ord. n° 2008-1161 du 13 nov. 2008, art. 2-XII) « L'Autorité de la concurrence veille à l'exécution de ses décisions. » — *[Ord. n° 86-1243 du 1er déc. 1986, art. 15.]*

Art. L. 464-8-1 *(L. n° 2016-1547 du 18 nov. 2016, art. 96)* Les décisions prises par le rapporteur général de l'Autorité de la concurrence en application de l'article L. 463-4 de refuser la protection du secret des affaires ou de lever la protection accordée peuvent faire l'objet d'un recours en réformation ou en annulation devant le premier président de la cour d'appel de Paris ou son délégué.

L'ordonnance du premier président de la cour d'appel de Paris statuant sur ce recours est susceptible d'un pourvoi en cassation.

Ce recours et ce pourvoi sont instruits et jugés en chambre du conseil.

Un décret en Conseil d'État précise les modalités de ce recours et de ce pourvoi. — *V. art. R. 464-24-1 s.*

Art. L. 464-9 *(Ord. n° 2008-1161 du 13 nov. 2008, art. 2-XIII)* Le ministre chargé de l'économie peut enjoindre aux entreprises de mettre un terme aux pratiques visées aux articles L. 420-1 *(L. n° 2016-1920 du 29 déc. 2016, art. 3, en vigueur le 1er mars 2017)* « à L. 420-2-2 » *(L. n° 2012-1270 du 20 nov. 2012, art. 6)* « et L. 420-5 ou contraires aux mesures prises en application de l'article L. 410-3 » dont elles sont les auteurs lorsque ces pratiques *(Abrogé par L. n° 2020-1508 du 3 déc. 2020, art. 37) « affectent un marché de dimension locale, »* ne concernent pas des faits relevant des articles *(L. n° 2020-1508 du 3 déc. 2020, art. 37)* « 101 et 102 du traité sur le fonctionnement de l'Union européenne » et sous réserve que le chiffre d'affaires que chacune d'entre elles a réalisé en France lors du dernier exercice clos ne dépasse pas 50 millions d'euros et que leurs chiffres d'affaires cumulés ne dépassent pas *(L. n° 2014-344 du 17 mars 2014, art. 109)* « 200 *[ancienne rédaction : 100]* » millions d'euros.

Le ministre chargé de l'économie peut également, dans les mêmes conditions, leur proposer de transiger. Le montant de la transaction ne peut excéder *(L. n° 2014-344 du 17 mars 2014, art. 109)* « 150 000 *[ancienne rédaction : 75 000]* » € ou 5 % du dernier chiffre d'affaires connu en France si cette valeur est plus faible. Les modalités de la transaction sont fixées par décret en Conseil d'État. L'exécution dans les délais impartis des obligations résultant de l'injonction et de l'acceptation de la transaction éteint toute action devant l'Autorité de la concurrence pour les mêmes faits. Le ministre chargé de l'économie informe l'Autorité de la concurrence des transactions conclues. — *V. art. R. 464-9-1 s.*

Il ne peut proposer de transaction ni imposer d'injonction lorsque les mêmes faits ont, au préalable, fait l'objet d'une saisine de l'Autorité de la concurrence par une entreprise ou un organisme visé au deuxième alinéa de l'article L. 462-1 *(L. n° 2015-990 du 6 août 2015, art. 217-2°)* « , sauf si l'Autorité de la concurrence a rejeté la saisine sur le fondement du troisième alinéa de l'article L. 462-8 ».

En cas de refus de transiger, le ministre chargé de l'économie saisit l'Autorité de la concurrence. Il saisit également l'Autorité de la concurrence en cas d'inexécution des injonctions prévues au premier alinéa ou des obligations résultant de l'acceptation de la transaction. — *V. art. L. 461-3, al. 4.*

Les sommes issues de la transaction sont versées au Trésor public et recouvrées comme les créances étrangères à l'impôt et au domaine.

TITRE IX Dispositions diverses *(Ord. n° 2017-303 du 9 mars 2017, art. 2-I).*

Ancien titre VII (Ord. n° 2017-303 du 9 mars 2017, art. 2-I).

Art. L. 490-1 La juridiction peut condamner solidairement les personnes morales au paiement des amendes prononcées contre leurs dirigeants en vertu des dispositions du présent livre et des textes pris pour son application. — *[Ord. n° 86-1243 du 1er déc. 1986, art. 54.] — Anc. art. L. 470-1 (Ord. n° 2017-303 du 9 mars 2017, art. 2-I).*

Art. L. 490-2 *(L. n° 2005-882 du 2 août 2005, art. 53)* En cas de condamnation au titre d'un délit prévu au titre IV du présent livre, la juridiction peut ordonner que sa décision soit affichée ou diffusée dans les conditions prévues par l'article 131-10 du code pénal. — *Anc. art. L. 470-2 (Ord. n° 2017-303 du 9 mars 2017, art. 2-I).*

Art. L. 490-3 Lorsqu'une personne ayant fait l'objet, depuis moins de deux ans, d'une condamnation pour l'une des infractions définies par les articles *(Ord. n° 2019-698 du 3 juill. 2019, art. 2)* « L. 442-5, L. 442-6 et L. 443-1 », commet la même infraction, le maximum de la peine d'amende encourue est porté au double. — *[Ord. n° 86-1243 du 1er déc. 1986, art. 55, al. 2.] — Anc. art. L. 470-3 (Ord. n° 2017-303 du 9 mars 2017, art. 2-I).*

Art. L. 490-4 Lorsqu'une personne morale ayant fait l'objet, depuis moins de deux ans, d'une condamnation pour *(Ord. n° 2019-698 du 3 juill. 2019, art. 2)* « l'infraction définie par l'article L. 442-5 » commet la même infraction, le taux maximum de la peine d'amende encourue est égal à dix fois celui applicable aux personnes physiques pour cette infraction. —

[Ord. nº 86-1243 du 1er déc. 1986, art. 55, al. 3.] – Anc. art. L. 470-4 (Ord. nº 2017-303 du 9 mars 2017, art. 2-I).

Art. L. 490-5 *(L. nº 2005-882 du 2 août 2005, art. 44)* Pour les délits prévus au titre IV du présent livre pour lesquels une peine d'emprisonnement n'est pas encourue *(Ord. nº 2005-1086 du 1er sept. 2005, art. 1er-I)* « et pour les contraventions prévues au présent livre », l'autorité administrative chargée de la concurrence et de la consommation a droit, tant que l'action publique n'a pas été mise en mouvement, de transiger, après accord du procureur de la République, selon les modalités fixées par décret en Conseil d'État. *– V. art. R. 490-8 s.*

L'acte par lequel le procureur de la République donne son accord à la proposition de transaction est interruptif de la prescription de l'action publique.

L'action publique est éteinte lorsque l'auteur de l'infraction a exécuté dans le délai imparti les obligations résultant pour lui de l'acceptation de la transaction. *– Anc. art. L. 470-4-1 (Ord. nº 2017-303 du 9 mars 2017, art. 2-I).*

Art. L. 490-6 *(L. nº 2005-882 du 2 août 2005, art. 46)* I. – La composition pénale prévue à l'article 41-2 du code de procédure pénale est applicable aux personnes morales qui reconnaissent avoir commis un ou plusieurs délits prévus au titre IV du présent livre pour lesquels une peine d'emprisonnement n'est pas encourue ainsi que, le cas échéant, une ou plusieurs contraventions connexes. Seule la mesure prévue par le 1º de l'article 41-2 du même code est applicable à ces personnes.

II. – Pour les délits mentionnés au I, le procureur de la République peut proposer la composition pénale à l'auteur des faits par l'intermédiaire d'un fonctionnaire mentionné au quatrième alinéa de l'article L. 450-1 du présent code. *– Anc. art. L. 470-4-2 (Ord. nº 2017-303 du 9 mars 2017, art. 2-I).*

Art. L. 490-7 *(L. nº 2005-882 du 2 août 2005, art. 55)* Pour les délits prévus au titre IV du présent livre pour lesquels une peine d'emprisonnement n'est pas encourue, vaut citation à personne la convocation en justice notifiée au prévenu, sur instruction du procureur de la République, par un fonctionnaire mentionné au quatrième alinéa de l'article L. 450-1.

Les dispositions de l'article 390-1 du code de procédure pénale sont applicables à la convocation ainsi notifiée. *– Anc. art. L. 470-4-3 (Ord. nº 2017-303 du 9 mars 2017, art. 2-I).*

Art. L. 490-8 Pour l'application des dispositions du présent livre, le ministre chargé de l'économie ou son représentant peut, devant les juridictions civiles ou pénales, déposer des conclusions et les développer oralement à l'audience. Il peut également produire les procès-verbaux et les rapports d'enquête. *– [Ord. nº 86-1243 du 1er déc. 1986, art. 56.] – Anc. art. L. 470-5 (Ord. nº 2017-303 du 9 mars 2017, art. 2-I). – V. art. R. 490-1 s. et R. 490-9.*

Art. L. 490-9 Pour l'application des *(L. nº 2001-420 du 15 mai 2001)* « articles 81 à 83 du traité instituant la Communauté européenne » *[art. 101 à 103 TFUE]*, le ministre chargé de l'économie et les fonctionnaires qu'il a désignés ou habilités conformément aux dispositions du présent livre, d'une part, l'Autorité de la concurrence, d'autre part, disposent des pouvoirs respectifs qui leur sont reconnus par les articles du présent livre *(L. nº 2004-1343 du 9 déc. 2004, art. 83-II)* « et du règlement (CE) nº 139/2004 du Conseil, du 20 janvier 2004, relatif au contrôle des concentrations entre entreprises » *(Ord. nº 2004-1173 du 4 nov. 2004, art. 14)* « et par le règlement du Conseil nº 1/2003 (CE) du 16 décembre 2002 relatif à la mise en œuvre des règles de concurrence prévues aux articles 81 et 82 du traité instituant la Communauté européenne » *[art. 101 et 102 TFUE]*. Les règles de procédure prévues par ces textes leur sont applicables.

(L. nº 2001-420 du 15 mai 2001) « Pour l'application des articles 87 et 88 du traité instituant la Communauté européenne *[art. 107 et 108 TFUE]*, le ministre chargé de l'économie et les fonctionnaires qu'il a désignés ou habilités conformément aux dispositions de l'article L. 450-1 disposent des pouvoirs qui leur sont reconnus par le titre V du livre IV. » *– [Ord. nº 86-1243 du 1er déc. 1986, art. 56 bis.] – Anc. art. L. 470-6 (Ord. nº 2017-303 du 9 mars 2017, art. 2-I). – V. art. R. 490-5 s. – V. aussi art. A. 450-3.*

Art. L. 490-10 Les organisations professionnelles peuvent introduire l'action devant la juridiction civile ou commerciale pour les faits portant un préjudice direct ou indirect à l'intérêt collectif de la profession ou du secteur qu'elles représentent, ou à la loyauté de concurrence. *– [Ord. nº 86-1243 du 1er déc. 1986, art. 56 ter.] – Anc. art. L. 470-7 (Ord. nº 2017-303 du 9 mars 2017, art. 2-I).*

Art. L. 490-11 *(Ord. nº 2008-1161 du 13 nov. 2008, art. 3)* Un décret fixe les modalités de publicité des décisions prises en application des articles L. 462-8, L. 464-1, L. 464-2,

L. 464-3, L. 464-5, L. 464-6 et L. 464-6-1. – *Anc. art. L. 470-7-1 (Ord. n° 2017-303 du 9 mars 2017, art. 2-I). – V. art. D. 464-8-1.*

Art. L. 490-12 Un décret en Conseil d'État détermine les modalités d'application du présent livre. – *[Ord. n° 86-1243 du 1er déc. 1986, art. 62.] – Anc. art. L. 470-8 (Ord. n° 2017-303 du 9 mars 2017, art. 2-I). – V. art. R. 420-1 s.*

DEUXIÈME PARTIE : ***RÉGLEMENTAIRE***

LIVRE IV De la liberté des prix et de la concurrence

TITRE II Des pratiques anticoncurrentielles

Art. R. 420-1 Les accords présentés au ministre chargé de l'économie, en application du II de l'article L. 420-4, sont accompagnés des informations suivantes :

1° L'identification détaillée des entreprises parties à l'accord ;

2° Les objectifs fixés par l'accord ;

3° La délimitation du marché concerné par l'accord ;

4° Les produits, biens ou services concernés ;

5° Les produits, biens ou services substituables ;

6° Les parts de marché détenues par chaque partie à l'accord (en volume et en chiffre d'affaires) ;

7° L'impact sur la concurrence.

Si les entreprises estiment que certains des documents inclus dans ce dossier présentent un caractère confidentiel, elles peuvent porter sur ce document la mention : "secret des affaires". Dans ce cas, le ministre chargé de l'économie leur demande de lui indiquer les informations dont elles souhaitent qu'il ne soit pas fait mention dans le décret et dans l'avis de l'Autorité de la concurrence. – *[Décr. n° 2002-689 du 30 avr. 2002, art. 1er, al. 1er à 9.]*

Art. R. 420-2 Un mois avant leur transmission à l'Autorité de la concurrence, les projets de décret prévus au II de l'article L. 420-4 doivent faire l'objet d'une publication au *Bulletin officiel de la concurrence, de la consommation et de la répression des fraudes*. Les observations éventuelles des personnes intéressées, recueillies dans ce délai, sont communiquées à l'Autorité de la concurrence. – *[Décr. n° 2002-689 du 30 avr. 2002, art. 1er, al. 10.]*

TITRE III De la concentration économique

Art. R. 430-1 *Abrogé par Décr. n° 2009-139 du 10 févr. 2009, art. 1er.* – V. désormais le V de l'art. L. 430-2.

Art. R. 430-2 Le dossier de notification mentionné à l'article L. 430-3 comprend les éléments énumérés aux annexes 4-3 à 4-5 du présent livre. Il est adressé en *(Décr. n° 2019-339 du 18 avr. 2019, art. 1er)* « un exemplaire ». – *V. ces annexes, ci-dessous.*

Lorsque *(Décr. n° 2009-139 du 10 févr. 2009, art. 1er)* « l'Autorité de la concurrence » constate que le dossier est incomplet ou que certains de ses éléments ne sont pas conformes aux définitions retenues dans les annexes susmentionnées, notamment en ce qui concerne la délimitation des marchés concernés, elle demande que le dossier soit complété ou rectifié.

La notification complète fait l'objet d'un accusé de réception. – *[Décr. n° 2002-689 du 30 avr. 2002, art. 3.]*

Art. R. 430-3 Si la Commission européenne décide, en application de l'article 9 du règlement (CE) n° 139/2004 du Conseil du 20 janvier 2004 relatif au contrôle des concentrations entre entreprises, de renvoyer aux autorités françaises tout ou partie d'une concentration de dimension *(Décr. n° 2019-339 du 18 avr. 2019, art. 1er)* « européenne », les entreprises concernées communiquent sans délai *(Décr. n° 2009-139 du 10 févr. 2009, art. 1er)* « à l'Autorité de la concurrence » *(Décr. n° 2019-339 du 18 avr. 2019, art. 1er)* « un exemplaire » du dossier de notification de l'opération qu'elles ont adressé à la Commission. *– [Décr. n° 2002-689 du 30 avr. 2002, art. 4.] – V. le Règl. préc., App., v° Concurrence (II – Droit communautaire).*

Art. R. 430-4 Le communiqué prévu au troisième alinéa de l'article L. 430-3 contient notamment les éléments suivants :

1° Les noms des entreprises concernées et des groupes auxquels elles appartiennent ;

2° La nature de l'opération ;

3° Les secteurs économiques concernés ;

4° Les éléments renvoyés, dans le cas d'un renvoi partiel d'une opération de dimension *(Décr. nº 2019-339 du 18 avr. 2019, art. 1er)* « européenne » par la Commission européenne ;

5° Le délai dans lequel les tiers intéressés sont invités à faire connaître leurs observations ;

6° Le résumé non confidentiel de l'opération fourni par les parties.

Ce communiqué est rendu public dans les cinq jours *(Décr. nº 2019-339 du 18 avr. 2019, art. 1er)* « ouvrés » suivant la date de réception du dossier de notification ou la date à laquelle *(Décr. nº 2009-139 du 10 févr. 2009, art. 1er)* « l'Autorité de la concurrence est informée » de la décision de renvoi de la Commission européenne. — *[Décr. nº 2002-689 du 30 avr. 2002, art. 5.]*

Art. R. 430-5 Lorsqu'une concentration est réalisée par achat ou échange de titres sur un marché réglementé, sa réalisation effective, au sens de l'article L. 430-4, intervient lorsque sont exercés les droits attachés aux titres. L'absence de décision *(Décr. nº 2009-139 du 10 févr. 2009, art. 1er)* « de l'Autorité de la concurrence » ne fait pas obstacle au transfert desdits titres. — *[Décr. nº 2002-689 du 30 avr. 2002, art. 6.]*

Art. R. 430-6 *(Décr. nº 2009-139 du 10 févr. 2009, art. 1er)* Lorsqu'une décision a été prise en application des articles L. 430-5, L. 430-7, L. 430-7-1, L. 430-8 ou L. 430-9, l'Autorité de la concurrence ou, le cas échéant, le ministre chargé de l'économie en rendent public le sens dans les cinq jours ouvrables suivant la décision.

Art. R. 430-7 *(Décr. nº 2009-139 du 10 févr. 2009, art. 1er)* Les décisions mentionnées à l'article L. 430-5 sont notifiées à l'auteur ou aux auteurs de la notification de l'opération de concentration mentionnée à l'article L. 430-3, ainsi qu'au ministre chargé de l'économie.

Lorsqu'elles reçoivent notification des décisions prises en application des articles L. 430-5, L. 430-7, L. 430-7-1, L. 430-8 et L. 430-9, les entreprises concernées disposent d'un délai de quinze jours pour indiquer à l'Autorité de la concurrence ou, le cas échéant, au ministre chargé de l'économie les mentions qu'elles considèrent comme relevant du secret des affaires.

Art. D. 430-8 *(Décr. nº 2009-186 du 17 févr. 2009, art. 1er ; rect. JO 21 févr.)* Les décisions de l'Autorité de la concurrence et du ministre chargé de l'économie relatives aux opérations de concentration sont rendues publiques.

L'Autorité de la concurrence assure la publicité de ses décisions par une diffusion sur son site internet. La liste des opérations réputées avoir fait l'objet d'une décision d'autorisation est également diffusée sur ce site internet. — *V. www.autoritedelaconcurrence.fr*

La publicité des décisions motivées du ministre chargé de l'économie est assurée par une publication dans l'édition électronique du *Bulletin officiel de la concurrence, de la consommation et de la répression des fraudes*.

Les décisions de l'Autorité de la concurrence et du ministre sont publiées dans le respect de l'intérêt légitime des parties qui procèdent à la notification et de celui des personnes citées à ce que leurs secrets d'affaires ne soient pas divulgués.

Art. R. 430-9 *(Décr. nº 2009-139 du 10 févr. 2009, art. 1er)* En cas d'annulation totale ou partielle d'une décision prise par l'Autorité de la concurrence ou par le ministre chargé de l'économie sur le fondement des articles L. 430-5, L. 430-7, L. 430-7-1, L. 430-8 ou L. 430-9 et s'il y a lieu à réexamen du dossier, les entreprises concernées qui ont procédé à la notification soumettent une notification actualisée dans un délai de deux mois à compter de la date de notification de la décision du Conseil d'État.

Art. R. 430-10 Les sanctions pécuniaires prononcées en application de l'article L. 430-8 sont recouvrées comme les créances de l'État étrangères à l'impôt et au domaine.

Les astreintes prononcées par *(Décr. nº 2009-139 du 10 févr. 2009, art. 1er)* « l'Autorité de la concurrence » en application du même article sont recouvrées dans les mêmes conditions. *(Abrogé par Décr. nº 2009-139 du 10 févr. 2009, art. 1er)* ***« Elles ne peuvent excéder un montant de vingt mille euros par jour de retard. »*** — *[Décr. nº 2002-689 du 30 avr. 2002, art. 11.]*

TITRE IV **De la transparence, des pratiques restrictives de concurrence et d'autres pratiques prohibées**

....

CHAPITRE PREMIER *De la transparence dans la relation commerciale* *(Décr. nº 2021-211 du 24 févr. 2021, art. 3).*

SECTION I *Les conditions générales de vente* *(Décr. nº 2021-211 du 24 févr. 2021, art. 3).*

La présente section ne comprend pas de disposition réglementaire.

SECTION II *La facturation et les délais de paiement*

(Décr. nº 2021-211 du 24 févr. 2021, art. 3)

Art. D. 441-1 Les produits de grande consommation mentionnés au I de l'article L. 441-4 et les références auxquelles ils correspondent dans l'annexe II du règlement (CE) nº 1749/1999 de la Commission du 23 juillet 1999 modifiant le règlement (CE) nº 2214/96 relatif aux sous-indices des indices des prix à la consommation harmonisés sont les suivants : – *Comp. anc. art. D. 441-9.*

Liste des produits de grande consommation mentionnée au I de l'article L. 441-4	
Référence des produits de l'annexe II du règlement (CE) nº 1749/1999 de la Commission du 23 juillet 1999 modifiant le règlement (CE) nº 2214/96 relatif aux sous-indices des indices des prix à la consommation harmonisés	Produits
Division 01	Produits alimentaires et boissons non alcoolisées
Groupe 02.1	Boissons alcoolisées
Classe 05.5.1/2 (septième tiret)	Piles électriques pour tous usages
Classe 05.6.1 (premier tiret)	Produits de lavage et d'entretien tels que savons, poudres à lessiver, produits lessiviels liquides, poudres à récurer, détergents, eau de Javel, assouplissants, produits pour vitre, déboucheurs, désinfectants et eau distillée, à l'exclusion des cires, cirages, teintures, insecticides et fongicides.
Classe 05.6.1 (deuxième tiret)	Articles pour le nettoyage tels que balais, brosses à récurer, pelles à poussière et balayettes, plumeaux, chiffons, torchons, serpillières, éponges ménagères, tampons à récurer, paille de fer et peaux de chamois.
Classe 05.6.1 (troisième tiret)	Articles en papier tels que filtres, nappes et serviettes de table, papier de cuisine, sacs pour aspirateurs et vaisselle en carton, y compris feuilles d'aluminium et sacs plastique pour poubelles.
Classe 06.1.2/3	Pansements adhésifs ou non.
Classe 09.3.4/5	Aliments pour animaux d'agrément.

Liste des produits de grande consommation mentionnés au I de l'article L. 441-4	
Classe 12.1.2/3 (troisième tiret)	Appareils non électriques tels que rasoirs et leurs lames, limes à ongles, brosses à dents, à l'exclusion des tondeuses mécaniques et leurs lames, ciseaux, peignes, blaireaux, brosses à cheveux, brosses à ongles, épingles à cheveux, bigoudis, pèse-personnes, pèse-bébés.
Classe 12.1.2/3 (quatrième tiret)	Articles d'hygiène corporelle tels que savon de toilette, savon médicinal, huile et lait de toilette, savon, crème et mousse à raser, pâte dentifrice.
Classe 12.1.2/3 (cinquième tiret)	Produits de beauté, parfums et déodorants tels que rouges à lèvres, vernis à ongles, produits pour le maquillage et le démaquillage (y compris poudriers, pinceaux et houppettes), laques et lotions capillaires, produits avant et après rasage, produits solaires, produits dépilatoires, parfums et eaux de toilette, désodorisants corporels, produits pour le bain.
Classe 12.1.2/3 (sixième tiret)	Autres produits tels que papier hygiénique, mouchoirs en papier, serviettes en papier, tampons hygiéniques, coton hydrophile, cotons-tiges, couches jetables pour bébés, éponges de toilette.

Art. D. 441-2 Le seuil prévu à l'article L. 441-5 est fixé à 500 000 euros. – *Comp. art. D. 441-8.*

Art. D. 441-3 I. – Pour l'application du premier alinéa de l'article L. 441-8, la liste des produits concernés comprend les catégories suivantes :

1° Bovin, veau, porc, ovin-caprin, cheval, volaille et lapin : carcasses et leurs morceaux, viandes et abats, viandes hachées, saucisses fraîches et préparations de viandes ;

2° Produits de la pisciculture ou issus de la première transformation de ces produits ;

3° Lait et produits de la laiterie issus de la première transformation du lait ;

4° Oeufs et ovo-produits alimentaires issus de leur première transformation.

II. – Les produits mentionnés aux III, IV, V, VI et VII du présent article sont classés par référence à la liste Prodcom des produits industriels, prévue par le règlement (CEE) n° 3924/91 du Conseil.

III. – Les saucisses fraîches et préparations de viandes mentionnées au 1° du I sont les produits suivants :

– 10.13 : Préparations et produits à base de viande :

– 10.13.11 : Viandes et abats de porc découpés, salés, séchés ou fumés (bacon et jambon) ;

– 10.13.12 : Viandes de bœuf salées, séchées ou fumées ;

– 10.13.13 : Autres viandes et abats comestibles salés, séchés ou fumés ;

– 10.13.14 : Saucisses et charcuteries similaires ;

– 10.13.15 : Autres préparations et conserves à base de viandes, abats et sang, à l'exclusion des plats préparés.

IV. – Les produits issus de la première transformation des produits de la pisciculture mentionnés au 2° du I sont les produits suivants, sous réserve qu'ils soient issus de la pisciculture *et non de la pêche :*

– 10.20 Transformation et conservation de poisson :

– 10.20.11 : Filets de poissons et autres viandes de poisson (y compris hachées), frais ou réfrigérés ;

– 10.20.12 : Foies et œufs de poissons, frais ou réfrigérés ;

– 10.20.21 : Filets de poissons séchés, salés mais non fumés ;

La cour d'appel compétente pour connaître des décisions rendues par ces juridictions est celle de Paris. — *Comp. anc. art. D. 442-3.*

Art. D. 442-3 Pour l'application du III de l'article L. 442-4, le siège et le ressort des tribunaux judiciaires compétents en métropole et dans les départements d'outre-mer sont fixés conformément au tableau de l'annexe 4-2-2 du présent livre.

La cour d'appel compétente pour connaître des décisions rendues par ces juridictions est celle de Paris. — *Comp. anc. art. D. 442-4.*

SECTION II *Des autres pratiques prohibées*

(Décr. n° 2021-211 du 24 févr. 2021, art. 4)

Art. R. 442-4 Les infractions aux dispositions des articles L. 442-10 et L. 442-11 sont punies de l'amende prévue pour les contraventions de la cinquième classe.

La récidive est réprimée conformément aux dispositions des articles 132-11 et 132-15 du code pénal. — *Comp. anc. art. D. 441-2.*

TITRE V Des pouvoirs d'enquête

Art. R. 450-1 *(Décr. n° 2014-1109 du 30 sept. 2014, art. 33)* « I. — » Les procès-verbaux prévus à l'article L. 450-2 énoncent la nature, la date et le lieu des constatations ou des contrôles effectués. Ils sont signés *(Décr. n° 2009-139 du 10 févr. 2009, art. 2)* « d'un agent mentionné à l'article L. 450-1 » *(Abrogé par Décr. n° 2014-1109 du 30 sept. 2014, art. 33)* *« et de la personne concernée par les investigations. En cas de refus de celle-ci, mention en est faite au procès-verbal ».*

Dans le cas prévu à l'article L. 450-1 où *(Décr. n° 2009-139 du 10 févr. 2009, art. 2)* « les agents des services d'instruction de l'Autorité de la concurrence » sont assistés d'un agent d'une autorité de concurrence d'un autre État membre de la Communauté européenne, les procès-verbaux en font mention. Ils indiquent l'identité de cet agent et la date de la décision l'autorisant à assister *(Décr. n° 2009-139 du 10 févr. 2009, art. 2)* « les agents des services d'instruction de l'Autorité ».

(Décr. n° 2014-1109 du 30 sept. 2014, art. 33) « II. — Lorsque les agents constatent des infractions ou manquements dans les conditions prévues au II de l'article L. 450-3-2, ils mentionnent également dans le procès-verbal les modalités de consultation et d'utilisation du site internet, notamment :

« 1° Les noms *[nom]*, qualité et résidence administrative de l'agent verbalisateur ;

« 2° L'identité d'emprunt sous laquelle le contrôle a été conduit ;

« 3° La date et l'heure du contrôle ;

« 4° Les modalités de connexion au site et de recueil des informations. » — *[Décr. n° 2002-689 du 30 avr. 2002, art. 15.]*

Art. R. 450-2 *(Décr. n° 2009-139 du 10 févr. 2009, art. 2)* « L'ordonnance mentionnée à l'article L. 450-4 indique les voies et délais de recours dont dispose l'occupant des lieux ou son représentant *[.]* »

Les procès-verbaux prévus à l'article L. 450-4 relatent le déroulement de la visite et consignent les constatations effectuées. Ils sont dressés sur-le-champ. Ils comportent l'inventaire des pièces et documents saisis.

Ces procès-verbaux sont signés par les *(Décr. n° 2009-139 du 10 févr. 2009, art. 2)* « agents mentionnés à l'article L. 450-1 », par l'officier de police judiciaire chargé d'assister aux opérations ainsi que, selon le cas, par l'occupant des lieux ou son représentant ou les deux témoins requis conformément au septième alinéa de l'article L. 450-4.

Une copie du procès-verbal est remise à l'occupant des lieux ou à son représentant. En l'absence de l'occupant des lieux ou de son représentant, la copie du procès-verbal est adressée après la visite au responsable de l'entreprise ou de l'organisme concerné par lettre recommandée avec demande d'avis de réception. Les pièces et documents saisis ne peuvent être opposés aux intéressés qu'après qu'ils ont été mis en mesure d'en prendre connaissance. — *[Décr. n° 2002-689 du 30 avr. 2002, art. 16.]*

Art. D. 450-3 *(Décr. n° 2009-311 du 20 mars 2009)* I. — Le ministre chargé de l'économie informe le rapporteur général de l'Autorité de la concurrence des investigations qu'il souhaite entreprendre sur des faits susceptibles de relever des articles L. 420-1, L. 420-2 et L. 420-5. Il lui transmet les documents en sa possession justifiant le déclenchement d'une enquête. — *V. art. L. 450-5.*

Le rapporteur général peut prendre la direction de ces investigations dans le délai d'un mois à compter de la réception des documents susmentionnés, auquel cas il en informe le ministre. Dans l'hypothèse où le rapporteur général écarte cette possibilité ou n'a pas informé, dans un délai de trente-cinq jours suivant la réception des documents, le ministre des suites données, le ministre chargé de l'économie peut faire réaliser les investigations par ses services.

II. – Le ministre chargé de l'économie informe le rapporteur général de l'Autorité de la concurrence du résultat des investigations auxquelles il aura fait procéder et lui transmet l'ensemble des pièces de la procédure.

Le rapporteur général peut proposer à l'Autorité de la concurrence de se saisir d'office des résultats de l'enquête ; l'Autorité dispose d'un délai de deux mois pour se prononcer à compter de la réception par le rapporteur général des pièces de la procédure. Dans l'hypothèse où le rapporteur général écarte cette possibilité ou si l'Autorité ne donne pas suite à sa proposition dans le délai mentionné ci-dessus, le rapporteur général en informe le ministre. A défaut de notification par le rapporteur général de la décision de l'Autorité dans un délai de soixante-cinq jours suivant la transmission des pièces de la procédure, le ministre chargé de l'économie peut prendre les mesures prévues aux articles L. 462-5 et L. 464-9, ou classer l'affaire.

TITRE VI De l'Autorité de la concurrence *(Ord. n° 2008-1161 du 13 nov. 2008, art. 4).*

V. C. com., art. R. 461-1 à R. 464-31. – ***C. com.***

....

TITRE IX Dispositions diverses *(Décr. n° 2017-305 du 9 mars 2017, art. 2-I).*

Ancien titre VII (Décr. n° 2017-305 du 9 mars 2017, art. 2-I).

Art. R. 490-1 Lorsque le ministre chargé de l'économie intervient sur le fondement de l'article *(Décr. n° 2017-305 du 9 mars 2017, art. 2-II)* « L. 490-8 *[ancienne rédaction : L. 470-5]* », il est dispensé de représentation par un avocat *(Abrogé par Décr. n° 2012-634 du 3 mai 2012, art. 21) « ou un avoué ». – [Décr. n° 2002-689 du 30 avr. 2002, art. 48.] – Anc. art. R. 470-1 (Décr. n° 2017-305 du 9 mars 2017, art. 2-I).*

Art. R. 490-2 *(Décr. n° 2010-1010 du 30 août 2010, art. 5)* Sont désignés comme représentants du ministre chargé de l'économie devant les juridictions civiles et pénales de première instance et d'appel, pour l'application de l'article *(Décr. n° 2017-305 du 9 mars 2017, art. 2-II)* « L. 490-8 *[ancienne rédaction : L. 470-5]* » du code de commerce *(Abrogé par Décr. n° 2014-1109 du 30 sept. 2014, art. 36)* ***« et dans l'exercice de leurs attributions respectives » :***

1° Le directeur général de la concurrence, de la consommation et de la répression des fraudes et, pour ce qui concerne les affaires dont ont été saisies les juridictions du ressort territorial dans lequel ils exercent leurs fonctions, les directeurs régionaux des entreprises, de la concurrence, de la consommation, du travail et de l'emploi *(Décr. n° 2012-839 du 29 juin 2012, art. 4)* « , les directeurs des directions départementales chargées de la protection des populations » *(Décr. n° 2021-211 du 24 févr. 2021, art. 7)* « , les directeurs des entreprises, de la concurrence, de la consommation, du travail et de l'emploi et, en Guyane, le directeur général de la cohésion et des populations » ;

2° Par exception au 1°, lorsque l'action est fondée sur les dispositions *(Décr. n° 2021-211 du 24 févr. 2021, art. 7)* « des articles L. 442-1 à L. 442-4 ainsi que L. 442-7 et L. 442-8 » du code de commerce et quelle que soit la juridiction devant laquelle elle est portée, le directeur général de la concurrence, de la consommation et de la répression des fraudes *(Décr. n° 2012-839 du 29 juin 2012, art. 4)* « *[,]* les directeurs régionaux des entreprises, de la concurrence, de la consommation, du travail et de l'emploi *(Décr. n° 2021-211 du 24 févr. 2021, art. 7)* « et, en Guyane, le directeur général de la cohésion et des populations, » ainsi que les directeurs des entreprises, de la concurrence, de la consommation, du travail et de l'emploi », pour les affaires qu'ils ont instruites ;

3° Pour les affaires instruites par le service national des enquêtes, le chef de ce service. – *Anc. art. R. 470-1-1 (Décr. n° 2017-305 du 9 mars 2017, art. 2-I).*

Art. R. 490-3 *(Décr. n° 2010-1010 du 30 août 2010, art. 5)* Devant la Cour de cassation, le ministre chargé de l'économie est, pour l'application de l'article *(Décr. n° 2017-305 du 9 mars 2017, art. 2-II)* « L. 490-8 *[ancienne rédaction : L. 470-5]* » du code de commerce, représenté par le directeur général de la concurrence, de la consommation et de la répression des fraudes. – *Anc. art. R. 470-1-2 (Décr. n° 2017-305 du 9 mars 2017, art. 2-I).*

Art. R. 490-4 *(Décr. n° 2010-1010 du 30 août 2010, art. 5)* Un arrêté du ministre chargé de l'économie désigne les agents des services chargés de la concurrence et de la consommation appelés à remplacer les représentants mentionnés aux articles *(Décr. nº 2017-305 du 9 mars 2017, art. 2-II)* « R. 490-2 et R. 490-3 *[ancienne rédaction : R. 470-1-1 et R. 470-1-2]* » en cas d'empêchement de ces derniers. — *Anc. art. R. 470-1-3 (Décr. nº 2017-305 du 9 mars 2017, art. 2-I).*

Art. R. 490-5 Pour l'application du 2 de l'article 15 du règlement (CE) nº 1/2003 du Conseil du 16 décembre 2002 relatif à la mise en œuvre des règles de concurrence prévues aux articles 81 et 82 du traité instituant la Communauté européenne *[art. 101 et 102 TFUE]*, les décisions de justice qui statuent sur le fondement des articles 81 et 82 de ce traité *[art. 101 et 102 TFUE]* sont notifiées par le greffe de la juridiction à la Commission européenne, à l'Autorité de la concurrence et au ministre chargé de l'économie, par lettre recommandée avec accusé de réception. Il est fait mention de cette notification dans le dispositif de la décision. — *[Décr. nº 2002-689 du 30 avr. 2002, art. 48-1.] — Anc. art. R. 470-2 (Décr. nº 2017-305 du 9 mars 2017, art. 2-I). — V. Règl. préc., App., vº Concurrence (II — Droit communautaire).*

Art. R. 490-6 Lorsque le juge envisage de solliciter l'avis de la Commission européenne en application des dispositions du 1 de l'article 15 du règlement (CE) nº 1/2003 du Conseil du 16 décembre 2002 relatif à la mise en œuvre des règles de concurrence prévues aux articles 81 et 82 du traité instituant la Communauté européenne *[art. 101 et 102 TFUE]*, il en avise les parties. A moins qu'elles n'aient déjà conclu sur ce point, il les invite à produire des observations dans un délai qu'il fixe. — *V. Règl. préc., App., vº Concurrence (II — Droit communautaire).*

Dès réception des observations ou à l'expiration du délai, le juge peut solliciter l'avis de la Commission européenne par une décision non susceptible de recours. Il surseoit à statuer jusqu'à la réception de l'avis ou jusqu'à l'expiration d'un délai qu'il fixe.

La décision sollicitant l'avis, ainsi que les observations éventuelles, est adressée à la Commission européenne par le greffe de la juridiction. Cette décision, ainsi que la date de transmission du dossier, est notifiée aux parties par lettre recommandée avec demande d'avis de réception.

Dès la réception de l'avis par la juridiction, celui-ci est notifié par le greffe aux parties qui peuvent présenter des observations. — *[Décr. nº 2002-689 du 30 avr. 2002, art. 48-2.] — Anc. art. R. 470-3 (Décr. nº 2017-305 du 9 mars 2017, art. 2-I).*

Art. R. 490-7 Lorsque le juge envisage de demander à la Commission européenne des informations en application des dispositions du 1 de l'article 15 du règlement (CE) nº 1/2003 du Conseil du 16 décembre 2002 relatif à la mise en œuvre des règles de concurrence prévues aux articles 81 et 82 du traité instituant la Communauté européenne *[art. 101 et 102 TFUE]*, il en avise les parties. — *V. Règl. préc., App., vº Concurrence (II — Droit communautaire).*

Il notifie la réponse de la Commission européenne aux parties qui peuvent présenter des observations. — *[Décr. nº 2002-689 du 30 avr. 2002, art. 48-3.] — Anc. art. R. 470-4 (Décr. nº 2017-305 du 9 mars 2017, art. 2-I).*

Art. R. 490-8 *(Décr. nº 2010-1010 du 30 août 2010, art. 4-I)* L'autorité administrative mentionnée à l'article *(Décr. nº 2017-305 du 9 mars 2017, art. 2-II)* « L. 490-5 *[ancienne rédaction : L. 470-4-1]* » est *(Abrogé par Décr. nº 2014-1109 du 30 sept. 2014, art. 36)* « *, dans le cadre de leurs compétences respectives,* » le chef du service national des enquêtes *(Abrogé par Décr. nº 2014-1109 du 30 sept. 2014, art. 36)* « *au sein* » de la direction générale de la concurrence, de la consommation et de la répression des fraudes, le directeur régional des entreprises, de la concurrence, de la consommation, du travail et de l'emploi *(Décr. nº 2015-521 du 11 mai 2015, art. 2)* « , le directeur de la direction départementale chargée de la protection des populations ou leur représentant nommément désigné ».

(Décr. nº 2012-839 du 29 juin 2012, art. 5) « Pour l'application du présent article dans les départements et régions d'outre-mer, les références au "directeur régional des entreprises, de la concurrence, de la consommation, du travail et de l'emploi" et au "directeur de la direction départementale chargée de la protection des populations" sont remplacées par la référence au "directeur des entreprises, de la concurrence, de la consommation, du travail et de l'emploi" *(Décr. nº 2021-211 du 24 févr. 2021, art. 7)* « ou, en Guyane, au "directeur général de la cohésion et des populations" ». » — *[Décr. nº 2006-513 du 4 mai 2006, art. 1er, al. 1er.] — Anc. art. R. 470-5 (Décr. nº 2017-305 du 9 mars 2017, art. 2-I).*

Art. R. 490-9 L'autorité administrative mentionnée à l'article *(Décr. nº 2017-305 du 9 mars 2017, art. 2-II)* « R. 490-8 *[ancienne rédaction : R. 470-5]* » transmet la proposition de transaction au procureur de la République dans un délai de trois mois à compter de la clôture du procès-verbal de constatation de l'infraction. Cette proposition précise la somme que l'auteur de l'infraction sera invité à payer au Trésor public, le délai imparti pour son paiement et, s'il y a lieu, les autres obligations résultant pour lui de l'acceptation de la transaction. — *[Décr. n° 2006-513 du 4 mai 2006, art. 1er, al. 2.] — Anc. art. R. 470-6 (Décr. n° 2017-305 du 9 mars 2017, art. 2-I).*

Art. R. 490-10 Lorsque le procureur de la République a donné son accord sur la proposition de transaction, *(Décr. n° 2010-1010 du 30 août 2010, art. 4-II)* « l'autorité administrative mentionnée à l'article » *(Décr. n° 2017-305 du 9 mars 2017, art. 2-II)* « R. 490-8 *[ancienne rédaction : R. 470-5]* » notifie cette dernière en double exemplaire à l'auteur de l'infraction. Cette notification comporte une mention précisant que si la personne ne paie pas, dans le délai imparti, la somme indiquée dans la proposition ou qu'elle ne satisfait pas aux autres obligations le cas échéant souscrites par elle, le procureur de la République décidera, sauf élément nouveau, d'engager les poursuites à son égard.

L'auteur de l'infraction dispose d'un mois, à compter de cette notification, pour y répondre. En cas d'acceptation, l'auteur de l'infraction retourne à l'autorité administrative un exemplaire signé de la proposition.

Dans l'hypothèse où, au terme du délai mentionné à l'alinéa ci-dessus, l'auteur de l'infraction a refusé la proposition ou n'y a pas répondu, l'autorité administrative en informe sans délai le procureur de la République. Ce dernier est également informé par l'autorité administrative du cas où l'auteur de l'infraction n'aurait pas acquitté la somme indiquée dans la proposition, au terme du délai imparti, ou n'aurait pas satisfait aux autres obligations le cas échéant souscrites par lui. — *[Décr. n° 2006-513 du 4 mai 2006, art. 1er, al. 3 à 5.] — Anc. art. R. 470-7 (Décr. n° 2017-305 du 9 mars 2017, art. 2-I).*

Décret n° 86-1309 du 29 décembre 1986,

Fixant les conditions d'application de l'ordonnance n° 86-1243 du 1er décembre 1986 relative à la liberté des prix et de la concurrence.

Décret abrogé à compter du 19 mai 2002 (Décr. n° 2002-689 du 30 avr. 2002, art. 50 et 51).

Décret n° 2002-689 du 30 avril 2002,

Fixant les conditions d'application du livre IV du code de commerce relatif à la liberté des prix et de la concurrence.

TITRE PREMIER Des pratiques anticoncurrentielles

Art. 1er à 48 *Abrogés par Décr. n° 2007-431 du 25 mars 2007.* — V. désormais C. com., art. R. 420-1 s., ci-dessus.

TITRE VI Dispositions diverses

Art. 49 Les arrêtés mentionnés à l'article 61 de l'ordonnance n° 86-1243 du 1er décembre 1986 relative à la liberté des prix et de la concurrence sont énumérés à l'annexe V au présent décret.

Art. 50 et 51 *Abrogés par Décr. n° 2007-431 du 25 mars 2007. — V. désormais C. com., art. R. 420-1 s., ci-dessus.*

Loi du 27 juin 1919,

Portant répression du trafic des billets de théâtre (DP 1921. 4. 23).

Art. 1er Toute personne convaincue d'avoir vendu ou cédé, d'avoir tenté de vendre ou de céder, à un prix supérieur à celui fixé ou affiché dans les théâtres et concerts subventionnés ou avantagés d'une façon quelconque par l'État, les départements ou les communes, ou moyennant une prime quelconque, des billets pris au bureau de location ou de vente desdits théâtres ou concerts, sera punie de l'amende prévue pour les contraventions de la 5e classe.

En cas de récidive, dans les trois années qui ont suivi la dernière condamnation, l'amende sera de 3 750 €.

Art. 2 *(Décr. n° 53-821 du 5 sept. 1953)* Toutefois des organismes habilités par le ministre de l'éducation nationale peuvent vendre dans leurs bureaux à un prix majoré de 20 p. 100 au maximum les billets que les établissements visés à l'article précédent peuvent leur céder.

Toute vente à un prix majoré de plus de 20 p. 100 entraînera pour son auteur les sanctions prévues à l'article précédent.

Un arrêté du ministre de l'éducation nationale fixera, pour les organismes visés ci-dessus, la réglementation spécialement applicable à la vente des billets de théâtres nationaux.

Loi du 24 décembre 1934,

Tendant à réaliser l'assainissement du marché des vins (DP 1937. 4. 106).

Art. 18 Quiconque sera convaincu d'avoir sciemment et dans le but de se procurer un bénéfice illégitime, pratiqué, tenté de pratiquer ou provoqué une hausse des prix non justifiée par les conditions générales du marché et les usages du commerce, sera puni d'une amende de 4 500 € et, en cas de récidive, d'un emprisonnement de six mois *(Décr.-L. du 30 juill. 1935, art. 17)* « et de la fermeture de l'établissement pour une durée que le tribunal fixera dans la limite de onze mois au maximum, ou de l'une de ces deux peines seulement. »

Ordonnance n° 58-1331 du 23 décembre 1958,

Relative à la constatation, la poursuite et la répression des infractions en matière de répartition des produits industriels et de l'énergie.

CHAPITRE PREMIER *Champ d'application*

Art. 1er Sont soumises aux dispositions de la présente ordonnance les infractions aux dispositions législatives ou réglementaires, présentes ou à intervenir concernant la répartition, la récupération, la mobilisation ou le rationnement des produits industriels et de l'énergie.

Art. 2 Sont également soumises aux dispositions de la présente ordonnance les fraudes concernant des titres ou autorisations quelconques délivrés en matière de répartition et, notamment, tout vol ou trafic, toute falsification ou contrefaçon, toute délivrance, obtention, cession ou utilisation irrégulière.

CHAPITRE II *Constatation des infractions*

Art. 3 Les procès-verbaux constatant les infractions à la présente ordonnance sont dressés :

1° Par les officiers de police judiciaire, les officiers de police adjoints, les militaires de la gendarmerie, les agents de la direction générale du contrôle et des enquêtes économiques, ceux de la police économique, les agents des régies financières, ceux de la répression des fraudes et ceux des poids et mesures ;

2° Par tous autres fonctionnaires et agents de l'État, des collectivités publiques et, le cas échéant, des organismes professionnels spécialement commissionnés à cet effet par le ministre de l'industrie et du commerce et assermentés dans les conditions prévues par décret.

Art. 4 Les procès-verbaux indiquent que l'intéressé a été informé de la date et du lieu de leur rédaction et que sommation lui a été faite d'assister à cette rédaction. Il peut en demander copie.

Les procès-verbaux font foi jusqu'à preuve contraire.

Art. 5 Sans qu'il y ait lieu de rechercher si les biens sont ou non la propriété de l'intéressé, les procès-verbaux peuvent porter déclaration de blocage de tout ou partie des produits industriels ou énergétiques sur lesquels a porté l'infraction.

Art. 6 Le produit bloqué peut être laissé sur place ou transporté en tout autre lieu désigné par l'administration. Dans le premier cas, le détenteur peut être constitué gardien par le procès-verbal.

Si le blocage porte sur des produits périssables ou si les nécessités de la répartition l'exigent, les produits font l'objet par l'administration d'une attribution dans des conditions fixées par règlement d'administration publique *[décret en Conseil d'État]*.

Art. 7 Les agents verbalisateurs peuvent exiger la communication, en quelque main qu'ils se trouvent, des documents de toute nature (comptabilité, copies de lettres, carnets de chèques, traites, relevés des comptes en banque, etc.) propres à faciliter l'accomplissement de leur mission, et procéder à leur saisie. Ils ont le droit de prélever des échantillons.

Les fonctionnaires et agents de l'État peuvent également, sans se voir opposer le secret professionnel, consulter tous documents dans les administrations ou offices de l'État, des départements, des communes, les établissements publics, les établissements et organismes placés sous le contrôle de l'État, ainsi que les entreprises et services concédés.

Art. 8 Les agents verbalisateurs ont libre accès dans les magasins, arrière-magasins, bureaux, annexes, dépôts, exploitations, lieux de production, de vente, d'expédition ou de stockage et, d'une façon générale, en quelque lieu que ce soit, à la seule exception des pièces exclusivement réservées à l'habitation.

L'action de ces agents s'exerce également en cours de transport des produits ; ils peuvent requérir, pour l'accomplissement de leur mission, l'ouverture de tous colis et bagages, en présence, soit de l'expéditeur, soit du destinataire, soit du transporteur ou du porteur.

Art. 9 Le ministre de l'industrie et du commerce peut charger des experts de procéder à l'examen de tous documents visés à l'article 7, alinéa 1, ou de toute caractéristique technique de produits industriels ou énergétiques.

Ces experts disposent du droit de communication des documents précités et, lorsqu'ils sont accompagnés d'un agent verbalisateur, du droit de visite défini à l'article 8, 1er alinéa.

CHAPITRE III *Procédure*

Art. 10 *(L. n° 74-908 du 29 oct. 1974)* Sous réserve des dispositions prévues à l'article 11, les procès-verbaux dressés en application de l'article 3 sont transmis au procureur de la République par le directeur départemental de la concurrence et des prix qui reçoit à cet effet délégation du ministre chargé de l'industrie, dans des conditions fixées par décret. — *V. Décr. n° 75-79 du 7 févr. 1975 (D. et BLD 1975. 76).*

Le directeur départemental de la concurrence et des prix fait connaître au procureur de la République les conclusions de l'administration quant à la suite transactionnelle ou judiciaire à donner. Lorsqu'il admet la possibilité d'une transaction, le procureur de la République renvoie à cet effet les pièces au directeur départemental de la concurrence et des prix en lui faisant connaître, le cas échéant, les dossiers à l'égard desquels les dispositions de l'alinéa 2 de l'article 13 seront appliquées.

Art. 11 *(L. n° 74-908 du 29 oct. 1974)* En cas de flagrant délit, les dispositions des articles 67, 71 *[abrogé]*, 393 et suivants du code de procédure pénale sont applicables. Le procureur de la République informe immédiatement le directeur départemental de la concurrence et des prix afin que celui-ci lui donne l'avis de l'administration dans le délai de trois jours, selon les modalités déterminées par le décret prévu à l'article 10.

Art. 12 *(L. n° 74-908 du 29 oct. 1974)* Le directeur départemental de la concurrence et des prix peut proposer, après accord du procureur de la République, comme il est dit à l'article 10, et dans les conditions fixées par décret, le bénéfice de la transaction fixée par l'administration. — *V. Décr. n° 75-79 du 7 févr. 1975 (D. et BLD 1975. 76).*

Les transactions sont recouvrées par les trésoriers-payeurs généraux.

Le directeur départemental de la concurrence et des prix adresse au trésorier-payeur général un avis de transaction portant indication du débiteur, du montant et de la date de la transaction.

Le paiement du montant de la transaction doit être effectué dans le mois de sa date.

A l'expiration du délai ci-dessus, le trésorier-payeur général informe le directeur départemental de la concurrence et des prix de la libération ou de la carence du débiteur de la transaction.

Art. 13 *(L. n° 74-908 du 29 oct. 1974)* Si aucune transaction n'intervient dans les conditions prévues à l'article précédent, ou si le délinquant n'effectue pas le paiement du montant de la transaction dans le délai prévu audit article, le directeur départemental de la concurrence et des prix renvoie le dossier au procureur de la République.

Lorsque le procureur de la République a préalablement constaté l'existence d'une pluralité de délinquants, ou admis la connexité entre plusieurs délits, les dossiers lui sont renvoyés si la transaction n'intervient pas avec tous les délinquants ou si l'un ou plusieurs d'entre eux n'effectue pas le paiement du montant de la transaction dans le délai prévu à l'article précédent.

Art. 14 *(L. n° 74-908 du 29 oct. 1974)* Le procureur de la République, le juge d'instruction ou le tribunal peut, tant qu'une décision statuant au fond, contradictoirement ou par défaut, n'a pas acquis l'autorité de la chose jugée, faire droit à la requête des personnes poursuivies, ou de l'une d'entre elles demandant le bénéfice d'une transaction. Dans ce cas, le dossier est transmis au directeur départemental de la concurrence et des prix aux fins de règlement transactionnel.

L'administration de la concurrence et des prix dispose, pour conclure la transaction qui sera proposée dans les conditions prévues par le décret mentionné à l'article 10, d'un délai fixé par l'autorité judiciaire qui a été saisie. Ce délai, qui court du jour de la transmission du dossier, ne peut être inférieur à trois mois ni excéder six mois.

Après réalisation définitive de la transaction, le dossier est renvoyé au procureur de la République, au juge d'instruction ou au tribunal, qui constate que l'action publique est éteinte.

En cas de non-réalisation de la transaction, l'instance judiciaire reprend son cours. La transaction est réalisée et recouvrée suivant les modalités prévues à l'article 12.

Art. 15 *(L. nº 74-908 du 29 oct. 1974)* La procédure est suivie conformément au droit commun.

Toutefois, le directeur départemental de la concurrence et des prix peut déposer des conclusions qui seront jointes à celles du ministère public et les faire développer à l'audience par un fonctionnaire dûment habilité ou par un avocat.

CHAPITRE IV *Dispositions pénales*

Art. 16 *(L. nº 74-908 du 29 oct. 1974)* Les infractions prévues aux articles 1er et 2 sont punies d'un emprisonnement de cinq ans et d'une amende de cent cinquante mille euros ou de l'une de ces deux peines seulement.

Sont punis des mêmes peines le fait de disposer en infraction à l'article 6 de produits bloqués sans autorisation de l'autorité compétente ainsi que toute opposition à l'exécution d'une décision d'attribution d'office.

Art. 17 *Abrogé par L. nº 74-908 du 29 oct. 1974.*

Art. 18 *(L. nº 74-908 du 29 oct. 1974)* L'opposition à l'exercice des fonctions des agents chargés de la recherche et de la constatation des infractions à la présente ordonnance ou l'opposition aux opérations des experts, les injures et voies de fait commises à leur égard, ainsi que le refus de communication ou la dissimulation des documents sont punis d'une peine d'emprisonnement de six mois et d'une amende de 3 750 € ou de l'une de ces deux peines seulement.

Art. 19 La tentative des infractions prévues par la présente ordonnance est punie comme le délit consommé.

Art. 20 Le tribunal peut prononcer, à titre temporaire ou définitif, la fermeture des magasins, bureaux ou usines du condamné ou, lorsque ce dernier a été poursuivi par application du premier alinéa de l'article 23, des entreprises qu'il dirige ou administre et dans l'activité desquelles l'infraction a été commise.

Il peut aussi interdire au condamné, à titre temporaire ou définitif, l'exercice de sa profession, sans préjudice des dispositions *(Ord. nº 2005-428 du 6 mai 2005, art. 4)* « du chapitre VIII du titre II du livre Ier du code de commerce ».

Si l'infraction a été commise pour le compte d'une personne morale de droit privé, l'interdiction peut être également prononcée contre cette personne morale en ce qui touche l'exercice de la profession à l'occasion de laquelle l'infraction a été commise.

En cas de fermeture et pendant un délai qui ne peut excéder trois mois, le délinquant ou l'entreprise doit continuer de payer à son personnel les salaires, indemnités et rémunérations de toute nature auxquels il avait droit jusqu'alors.

Pendant la durée de l'interdiction, le délinquant ne peut être employé, à quelque titre que ce soit, dans l'établissement qu'il exploitait, même s'il l'a vendu, loué ou mis en gérance. Il ne peut non plus être employé dans l'établissement qui serait exploité par son conjoint même séparé.

Toute infraction aux dispositions d'un jugement prononçant la fermeture ou l'interdiction est punie des peines prévues à l'article 18 ci-dessus. L'interdiction pour le délinquant d'exercer sa profession entraîne, pour la durée de cette interdiction, le retrait du titre qui lui permettait d'exercer sa profession.

Art. 21 Lorsque la fermeture ou l'interdiction d'exercer la profession est d'une durée supérieure à deux ans et si le fonds est la propriété du condamné, la vente aux enchères du fonds de commerce est ordonnée.

A la requête du ministère public, le président du tribunal judiciaire du lieu de la situation du fonds de commerce désigne un administrateur provisoire et l'officier ministériel chargé de procéder à la vente suivant les règles ordinaires en matière de vente de fonds de commerce.

Dans le cas où le condamné n'est pas propriétaire du fonds, le président du tribunal judiciaire peut autoriser le propriétaire à reprendre son fonds, nonobstant toutes conventions et quelle que soit la durée de la fermeture et de l'interdiction prononcée. Ladite autorisation entraîne pour le propriétaire le droit à l'exploitation du fonds.

Le président du tribunal judiciaire statuant en référé connaît les contestations de toute nature auxquelles les dispositions du présent article donnent lieu.

Art. 22 La juridiction compétente peut ordonner que sa décision soit publiée intégralement ou par extraits dans les journaux qu'elle désigne et affichée dans les lieux qu'elle indique.

Art. 23 Sont passibles des peines et sanctions prévues à la présente ordonnance tous ceux qui, chargés à un titre quelconque de la direction ou de l'administration d'une entreprise, d'un établissement, d'une société, d'une association ou d'une collectivité, ont, soit contrevenu par un acte personnel, soit en tant que commettant, laissé contrevenir par toute personne relevant de leur autorité ou de leur contrôle aux dispositions de la présente ordonnance.

Sont également passibles des mêmes peines et sanctions tous ceux qui, sans remplir des fonctions de direction ou d'administration, participent à un titre quelconque, notamment en qualité de gérant, mandataire ou employé, à l'activité de l'entreprise, de l'établissement, de la société, de l'association ou de la collectivité et ont contrevenu, à l'occasion de cette participation, aux dispositions de la présente ordonnance soit par un fait personnel, soit en exécutant des ordres qu'ils savaient contraires à ces dispositions.

L'entreprise, l'établissement, la société, l'association ou la collectivité répond solidairement du montant des amendes et frais que ces délinquants ont encourus.

CHAPITRE V *Dispositions diverses*

Art. 24 La loi du 29 juillet 1943, modifiée, réglant le contrôle et la répression des infractions en matière de répartition des produits industriels est abrogée.

Toutefois, sera poursuivi, conformément aux dispositions de l'article 17 de la loi abrogée du 29 juillet 1943, le recouvrement des amendes administratives sanctionnant les infractions en matière de répartition des produits industriels qui auront été infligées antérieurement à la présente ordonnance.

Les amendes administratives prononcées en application de la loi précitée du 29 juillet 1943 se prescrivent conformément aux dispositions de l'article 636 du code d'instruction criminelle.

Décret n° 66-371 du 13 juin 1966,

Relatif au classement et aux prix des hôtels et restaurants (BLD 1966. 236 ; JO 14 juin).

(Abrogé par Décr. n° 2006-1229 du 6 oct. 2006)

V. C. tourisme.

TITRE II Des prix

Art. 7 *Une fois par an et selon les modalités fixées par un des arrêtés prévus à l'article 10, les exploitants des établissements hôteliers de tourisme sont tenus de déclarer au commissariat au tourisme les prix qu'ils pratiqueront au cours de l'année ou de la saison touristique suivantes pour les locations des chambres, les petits déjeuners, les pensions et les demi-pensions. — V. Arr. du 8 juin 1967 (D. 1967. 226 ; BLD 1967. 396).*

Les prix ainsi déclarés ne peuvent être dépassés au cours de l'année ou de la saison touristique suivantes que sur autorisation expresse accordée conjointement par le ministre chargé du tourisme et par le ministre de l'économie et des finances.

Les prix doivent être conformes à la réglementation en vigueur.

Art. 8 *Les exploitants des hôtels et des restaurants classés ou non en application des articles 1er et 2 doivent établir en double exemplaire, selon les modalités fixées par un des arrêtés prévus à l'article 10, une note dont ils remettent l'original à leur client et dont ils conservent le double pendant un an. — V. Arr. du 8 juin 1967 (D. 1967. 228 ; BLD 1967. 398), mod. par Arr. n° 81-05 du 6 févr. 1981, art. 3 (BOSP 7 févr.), Arr. n° 86-63/A du 2 déc. 1986 (BOCC 3 déc.). — V. aussi Arr. n° 83-50 du 3 oct. 1983, art. 6, qui porte la durée de conservation de ces notes à deux ans (D. et ALD 1983. 484 ; Rect. 514).*

Art. 9 *Selon les modalités fixées par un des arrêtés prévus à l'article 10, les exploitants des établissements relevant de l'industrie hôtelière doivent assurer, à l'égard du client, la publicité des prix de leurs prestations de services, notamment par affichage aux bureaux de réception et de caisse,*

dans chaque chambre et dans leurs salles de restaurants et, en outre, à l'extérieur de l'établissement pour ce qui concerne les prix des repas et prestations assurées par le restaurant. *— V. 2e Arr. du 27 mars 1987 (JO 20 oct.) relatif à l'affichage des prix dans les établissements servant des repas, denrées ou boissons à consommer sur place, mod. par Arr. du 29 juin 1990 (JO 3 juill.) ; Arr. du 18 oct. 1988 (JO 26 oct.) relatif à l'affichage des prix dans les hôtels et autres établissements similaires d'hébergement.*

SÉQUESTRE

Loi du 5 octobre 1940,

Confiant à l'Administration de l'enregistrement l'administration et la liquidation des biens mis sous séquestre en conséquence d'une mesure de sûreté générale (DC 1941. L. 93). — Validée par Ord. nº 45-165 du 2 févr. 1945 (D. 1945. 37 ; BLD 1945. 51).

Art. 1er **Lorsque, en conséquence d'une mesure de sûreté générale la loi prescrit la mise sous séquestre de biens appartenant à des personnes privées, tant physiques que morales, le séquestre en est confié à l'Administration de l'enregistrement, des domaines et du timbre, qui est également compétente pour en effectuer la liquidation, le cas échéant.** *— V. Décr. nº 71-11 du 6 janv. 1971 relatif aux délégations de pouvoirs des préfets aux directeurs des services fiscaux (JO 10 janv.).*

Les conditions d'administration et de liquidation de ces biens sont fixées par des arrêtés du garde des sceaux, ministre secrétaire d'État à la justice, du ministre secrétaire d'État aux finances ou du ministre secrétaire d'État à l'intérieur, suivant les cas. *— V. Arr. du 23 nov. 1940 (BLD 1940. 921), mod. par Arr. du 14 sept. 1942 (BLD 1942. 482), validés par Ord. nº 45-165 du 2 févr. 1945, Arr. du 11 janv. 1946 (JO 23 janv.), Arr. du 18 mars 1968 (JO 6 avr.), Arr. du 2 nov. 1971 (D. et BLD 1971. 477).*

Art. 2 **Les opérations confiées par la présente loi à l'Administration de l'enregistrement, des domaines et du timbre cessent de donner lieu au payement d'honoraires.**

Le taux et la destination des frais de régie dus à cette administration, en vertu de l'article 16 de la loi du 5 mai 1855, sur le montant des biens visés à l'article précédent, sont fixés par des arrêtés du ministre secrétaire d'État aux finances. *— V. Arr. du 22 nov. 1940 (BLD 1940. 923) ; Arr. du 29 juill. 1941 (BLD 1941. 1223 ; JO 30 oct.), validés par Ord. nº 45-165 du 2 févr. 1945.*

Art. 3 **Toutes dispositions législatives, contraires à celles contenues dans la présente loi, sont expressément abrogées.**

Comp. L. du 19 janv. 1942. — Pour l'application de la loi du 5 oct. 1940 aux territoires d'outre-mer, V. L. du 23 mars 1941 (DA 1941. L. 164 ; BLD 1941. 334).

SOCIÉTÉS COMMERCIALES

Code de commerce

(Ord. nº 2000-912 du 18 sept. 2000, ratifiée par L. nº 2003-7 du 3 janv. 2003, art. 50)

LIVRE II **Des sociétés commerciales et des groupements d'intérêt économique**

TITRE IV **Dispositions pénales**

Dans les art. L. 241-1 s., le terme « sciemment » qui figurait dans le texte des articles de la loi du 24 juill. 1966 a disparu. Cette disparition est sans incidence juridique sur la définition de l'infraction, dès lors que, depuis le Nouveau code pénal, le principe selon lequel les crimes et délits sont des infractions intentionnelles a acquis une portée générale (C. pén., art. 121-3 ; V. Circ. 14 mai 1993 (nº 28), ss. C. pén., art. 727-3. — ***C. pén.****). A noter, toutefois, que la Cour de cassation n'en a pas moins maintenu, en matière de société, sa théorie des infractions purement matérielles, pour la constitution desquelles l'élément intentionnel ne serait pas repris (pour une application, V. note 4 ss. art. L. 242-10. —* ***C. sociétés****).*

BIBL. GÉN. ▶ MERLE, *Mél. Merle, Cujas, 1993, p. 125* (sociétés commerciales et droit pénal). – DELMAS-MARTY, *D. 1978. Chron. 87* (délits financiers dans les sociétés commerciales). – KRIEF-VERBAERE, *RTD com. 1999. 583* (obligations d'information dans le droit pénal des affaires). – BOULOC, *RSC 2000. 17* (place du droit pénal dans le droit des sociétés) ; *Rev. sociétés 2000. 129* (faut-il réformer le droit pénal des sociétés ?) ; *Gaz. Pal. 2002. Doctr. 375* (droit pénal des sociétés). – GARÉ, *BJS 2000. 885* (recodification du droit pénal des sociétés). – MATSOPOULOU, *D. 2001. Chron. 2021* (même thème). – REBUT, *RJ com. nov. 2001, nº spéc., p. 119* (sanctions pénales et gestion des sociétés). – HASCHKE-DOURNAUX, *BJS 2003. 377* (voies de la réforme du droit pénal des sociétés). – BARRIÈRE, *Rev. sociétés 2007. 713* (ordre public et impérativité : observations en droit pénal des sociétés anonymes). ▶ Sur la loi « NRE » du 15 mai 2001 : SALOMON, *Dr. sociétés août-sept. 2001, hors-série, p. 26*. – BOULOC, *Rev. sociétés 2001. 645*. – MULLER, *JCP E 2002, nº 26, p. 1092*. ▶ Sur la dépénalisation opérée par les lois nºs 2003-706 et 2003-721 du 1er août 2003 : BOULOC, *D. 2003. Chron. 2492*. – J.-H. ROBERT, *Dr. pénal 2003, nº 114 ; Dr. sociétés 2003. Chron. 11*. – MONNET, *Dr. sociétés 2003, nº 173*. – LE CANNU, *in Le droit des sociétés pour 2004, Dalloz, 2004, p. 227*. ▶ Sur la dépénalisation opérée par l'Ord. du 25 mars 2004 : MASSART, *BJS 2004. 743*. ▶ J.-H. ROBERT, *Dr. sociétés 2005. Étude 3* (récapitulatif des dépénalisations opérées depuis 2003 dans le droit des sociétés par actions). - *V. aussi Circ. crim. nº 04-14/G3 du 14 sept. 2004, BOMJ nº 95*. – Sur cette Circ., V. MATSOPOULOU, *Rev. sociétés 2005. 579*. ▶ Sur la loi nº 2012-387 du 22 mars 2012 : R. SALOMON, *Dr. sociétés 2012, nº 110*. - *BRDA 2012, nº 8, p. 12*.

CHAPITRE PREMIER ***Des infractions concernant les sociétés à responsabilité limitée***

Art. L. 241-1 *Abrogé par L. nº 2012-387 du 22 mars 2012, art. 21.*

Art. L. 241-2 Est puni d'un emprisonnement de six mois et d'une amende de 9 000 € le fait, pour des gérants, d'émettre, directement ou par personne interposée, pour le compte de la société des valeurs mobilières quelconques *(Ord. nº 2004-274 du 25 mars 2004, art. 19)* **« , à l'exception des obligations émises dans les conditions déterminées par l'article L. 223-11 ».** — *[L. nº 66-537 du 24 juill. 1966, art. 424.]*

Art. L. 241-3 Est puni d'un emprisonnement de cinq ans et d'une amende de 375 000 € :

1º Le fait, pour toute personne, de faire attribuer frauduleusement à un apport en nature une évaluation supérieure à sa valeur réelle ;

2º Le fait, pour les gérants, d'opérer entre les associés la répartition de dividendes fictifs, en l'absence d'inventaire ou au moyen d'inventaires frauduleux ;

3º Le fait, pour les gérants, même en l'absence de toute distribution de dividendes, de présenter aux associés des comptes annuels ne donnant pas, pour chaque exercice, une image fidèle du résultat des opérations de l'exercice, de la situation financière et du patrimoine à l'expiration de cette période en vue de dissimuler la véritable situation de la société ;

4º Le fait, pour les gérants, de faire, de mauvaise foi, des biens ou du crédit de la société, un usage qu'ils savent contraire à l'intérêt de celle-ci, à des fins personnelles ou pour favo-

riser une autre société ou entreprise dans laquelle ils sont intéressés directement ou indirectement ;

5° Le fait, pour les gérants, de faire, de mauvaise foi, des pouvoirs qu'ils possèdent ou des voix dont ils disposent, en cette qualité, un usage qu'ils savent contraire aux intérêts de la société, à des fins personnelles ou pour favoriser une autre société ou une autre entreprise dans laquelle ils sont intéressés directement ou indirectement. — *[L. n° 66-537 du 24 juill. 1966, art. 425.]*

(L. n° 2013-907 du 11 oct. 2013, art. 27-V) « Outre les peines complémentaires prévues à l'article L. 249-1, le tribunal peut également prononcer à titre de peine complémentaire, dans les cas prévus au présent article, l'interdiction des droits civiques, civils et de famille prévue à l'article 131-26 du code pénal. »

(L. n° 2013-1117 du 6 déc. 2013, art. 30) « L'infraction définie au 4° est punie de sept ans d'emprisonnement et de 500 000 € d'amende lorsqu'elle a été réalisée ou facilitée au moyen soit de comptes ouverts ou de contrats souscrits auprès d'organismes établis à l'étranger, soit de l'interposition de personnes physiques ou morales ou de tout organisme, fiducie ou institution comparable établis à l'étranger. »

RÉP. SOCIÉTÉS v° *Abus de biens sociaux,* par BOULOC.

I. ABUS DES BIENS OU DU CRÉDIT DE LA SOCIÉTÉ

A. ÉLÉMENTS CONSTITUTIFS DU DÉLIT

1. Personnes punissables. Les dispositions des art. 425 et 431 de la L. du 24 juill. 1966 [C. com., art. L. 241-3 et L. 241-9] n'excluent de leur champ d'application aucun dirigeant social, qu'il soit ou non salarié. Elles s'appliquent au salarié devenu gérant de fait. • Crim. 28 juin 1993, n° 92-85.607 : *BJS 1993. 1111, note Cuisance.* ♦ Sur la notion de gérant de fait, V. art. L. 241-9. ♦ L'incrimination d'abus de biens sociaux ne peut être étendue à des sociétés que la loi n'a pas prévues, telle une société de droit étranger, et pour lesquelles seule la qualification d'abus de confiance est susceptible d'être retenue. • Crim. 3 juin 2004, n° 03-80.593 P : *D. 2004. 3213, note Caramalli ; Rev. sociétés 2004. 912, note Bouloc ; JCP E 2004, n° 44, p. 1736, note Raimon ; Dr. pénal 2004, n° 128, obs. J.-H. Robert ; Dr. sociétés 2004, n° 198, obs. Salomon ; BJS 2004. 1373, note Menjucq.* ♦ Le fonctionnement d'une société selon un contexte coutumier ne justifie pas que soit écartée l'application des dispositions sur le délit d'abus de biens sociaux. • Crim. 9 mars 2005, n° 04-83.838 : *RJDA 2005, n° 825.* ♦ Sur la complicité, V. note 11 ss. art. L. 242-6.

2. Élément intentionnel. L'intention frauduleuse des gérants exigée par l'art. 425 (4°) de la L. du 24 juill. 1966 [C. com., art. L. 241-3] est un élément constitutif de l'infraction, à défaut duquel celle-ci ne serait pas caractérisée ; si la négligence ou le défaut de surveillance peuvent être retenus à la charge des gérants, c'est à la condition que ceux-ci aient connu les agissements délictueux qu'ils pouvaient empêcher. • Crim. 19 déc. 1973 : *D. 1974. IR 24 ; Rev. sociétés 1974. 363, note Bouloc.* ♦ L'absence de dissimulation est sans effet sur la caractérisation des faits. • Com. 2 avr. 2014, n° 13-80.010 : *Rev. sociétés 2014. 592, note Bouloc ; AJ pénal 2014. 419, obs. Gallois ; Dr. sociétés 2014, n° 109, obs. Salomon.* ♦ Déduisant la mauvaise foi du prévenu du fait qu'il ne pouvait ignorer que la situation de la société holding, à laquelle il avait cédé des créances mobilisées appartenant à la SARL, était irrémédiablement compromise : • Crim. 8 août 1995, n° 94-85.364 : *JCP E 1996. I. 541, n° 15, obs. Viandier et Caussain.* ♦ Aucune disposition légale ne réprime la tentative d'abus de biens sociaux. • Crim. 7 avr. 1998 : *Rev. sociétés 1998. 624, note Bouloc.*

3. Usage contraire à l'intérêt social. L'usage fait par un dirigeant social du crédit de la société est contraire aux intérêts de la société dès lors que, sans contrepartie, il expose l'actif à un risque de perte, par le fait de la volonté frauduleuse de son auteur. • Crim. 8 déc. 1971 : *Bull. crim. n° 346 ; Rev. sociétés 1972. 514, note Bouloc.* ♦ Caractérisent un usage de biens sociaux contraire à l'intérêt social les agissements d'un dirigeant qui a exposé, dans son intérêt personnel, la société à un risque anormal de poursuites pénales ou fiscales. • Crim. 17 déc. 2015, n° 14-86.602 : *Rev. sociétés 2016. 187, note Bouloc ; Dr. sociétés 2016, n° 39, obs. Salomon.* ♦ L'usage des biens d'une société est nécessairement abusif lorsqu'il est fait dans un but illicite. • Crim. 22 avr. 1992, n° 90-85.125 P : *Rev. sociétés 1993. 124, note Bouloc.* ♦ L'usage abusif des biens ou du crédit de la société peut résulter non seulement d'une action, mais aussi d'une abstention volontaire du dirigeant. • Crim. 28 janv. 2004, n° 02-88.094 : *Rev. sociétés 2004. 722, note Bouloc ; JCP E 2005, n° 20, p. 817, obs. Muller RJDA 2004, n° 721 ; BJS 2004. 861, note Barbièri.* ♦ L'assentiment des associés ne saurait faire disparaître le caractère délictueux de prélèvements abusifs de biens sociaux, la loi protégeant le patrimoine de la société et les intérêts des tiers au même titre que les intérêts des associés. • Crim. 8 mars 1967 : *D. 1967. 586, note Dalsace.* ♦ Par ailleurs, il n'importe, au regard de l'art. 425 (4°) de la L. du 24 juill. 1966 [C. com., art. L. 241-3], que la société soit composée exclusivement de la famille du prévenu, dès lors que la personne morale est une entité distincte de ses membres. • Crim. 26 mai 1994, n° 93-84.615 P : *D. 1994. IR 194 ; Rev. sociétés 1994. 771, note Bouloc*.

4. Intérêt personnel du gérant. L'intérêt personnel poursuivi par l'auteur d'un abus de biens sociaux peut être aussi bien moral que matériel. • Crim. 8 déc. 1971 : *préc. note 3.* ♦ La simple utilisation abusive des biens de la société dans un intérêt personnel suffit à caractériser le délit d'abus de biens sociaux, en dehors de toute volonté d'appropriation définitive. • Crim. 8 mars 1967 : *préc. note 3.* ♦ Caractérise suffisamment l'intérêt personnel tiré par le prévenu l'arrêt qui constate les confusions de patrimoines et d'administration de deux sociétés dirigées par le même prévenu. • Crim. 16 janv. 1964 : *D. 1964. 194, note J. M. ; JCP 1964. II. 13612, note J. R.* ♦ Il n'est pas nécessaire de rechercher si et d'établir que la société gérée avait subi un préjudice ; le préjudice se trouve caractérisé dès que l'usage abusif des biens ou du crédit de la société se trouve établi et qu'ainsi l'actif social a couru, par la volonté frauduleuse du mandataire social, un risque auquel il ne devait pas être exposé. • Même arrêt. ♦ Selon l'art. 425 (4°) de la L. du 24 juill. 1966 [C. com., art. L. 241-3], s'il n'est pas justifié qu'ils ont été utilisés dans le seul intérêt de la société, les fonds sociaux prélevés de manière occulte par un dirigeant social l'ont nécessairement été dans son intérêt personnel. • Crim. 11 janv. 1996, n° 95-81.776 P : *D. 1996. IR 103 ; Rev. sociétés 1996. 586, note Bouloc*.

5. Illustrations. Commettent le délit d'abus de biens sociaux : les gérants d'une SARL qui mettent à profit leur situation très fortement majoritaire dans la répartition du capital social pour faire prendre par l'assemblée une délibération leur attribuant des appointements excessifs eu égard aux ressources et à la situation financière de la société et qui perçoivent ensuite ces appointements. • Crim. 15 oct. 1998, n° 97-80.757 : *Rev. sociétés 1999. 184, note Bouloc*. ♦ Comp., au cas où les rémunérations ne sont pas exagérées au regard de l'âge et de la qualité du gérant : • Crim. 23 mars 1992 : *BJS 1992. 933.* ♦ ... Le gérant ayant cédé, sans réelle contrepartie, un contrat de crédit-bail au profit d'une société dans laquelle il était associé. • Com. 13 déc. 2005, n° 03-18.002 : *Rev. sociétés 2006. 382, note Bouloc*. ♦ ... Le gérant de fait qui a établi une facturation mensongère au détriment de la société, ainsi spoliée du prix de ses prestations au bénéfice d'une autre société dans laquelle il était directement intéressé. • Crim. 10 nov. 2020, n° 19-80.557 P : *D. 2020. Actu. 2287*. ♦ ... Le gérant d'une SARL dont le compte courant personnel est resté débiteur. • Crim. 31 mai 2006, n° 05-86.035 : *RSC 2006. 844, obs. Rebut ; Rev. sociétés 2007. 121, note Bouloc*. ♦ Comp. : • Crim. 14 nov. 2013, n° 12-83.653 : *D. 2014. Pan. 1569, obs. Mascala ; Rev. sociétés 2014. 324, note Bouloc*. ♦ ... Le gérant qui inscrit au crédit d'un compte courant d'associé le produit de la vente d'un actif social. • Crim. 4 mai 2006, n° 05-83.849 : *Rev. sociétés 2006. 606, note Bouloc*. ♦ ... Celui qui, sans l'accord des autres associés, cède, à son profit et à un prix unilatéralement fixé, la participation détenue par la société dans une autre société. • Crim. 20 mai 2015, n° 13-87.388 : *Rev. sociétés 2015. 536, note Bouloc*. ♦ Sur l'abus de biens sociaux dans les groupes de sociétés, V. note 10 ss. art. L. 242-6.

B. CONDITIONS DE LA POURSUITE

6. Action civile. Le délit d'abus de biens sociaux n'occasionne un dommage personnel et direct qu'à la société elle-même et non à chaque associé (irrecevabilité de l'action civile exercée à titre personnel par un associé). • Crim. 5 déc. 2001, n° 01-80.065 : *RSC 2002. 830, obs. Rebut ; BJS 2002. 492, note Le Nabasque.* ♦ Est irrecevable la constitution de partie civile d'un comité d'entreprise du chef d'abus de pouvoir et de voix, pareille infraction ne pouvant causer un préjudice direct qu'à la société elle-même. • Crim. 4 nov. 1988 : *Rev. sociétés 1989. 265, note Bouloc ; BJS 1989. 196, note Jeantin.* ♦ De même, les créanciers ou les tiers ne peuvent invoquer devant le juge pénal un préjudice qui, à le supposer établi, ne serait qu'indirect. • Crim. 27 juin 1995, n° 94-84.648 : *Rev. sociétés 1995. 746, note Bouloc ; BJS 1995. 1047, note P.L.C.* ♦ Comp., jugeant que le représentant des créanciers d'une société, désigné en qualité de liquidateur judiciaire de celle-ci, à la suite d'une conversion de procédure, est recevable à se constituer partie civile dans les poursuites exercées contre le dirigeant de l'entreprise pour abus des biens sociaux : • Crim. 12 oct. 1995, n° 95-80.730 P : *Rev. sociétés 1996. 319, note Bouloc*. ♦ V. aussi note 14 ss. art. L. 242-6.

7. Flagrant délit. Le placement « en catimini », dans des sacs de plastique, de 572 notes de restaurant destinées à la comptabilité d'une société, qui ne caractérise en aucune manière un élément constitutif du délit d'abus de biens sociaux prévu par l'art. 425 de la L. du 24 juill. 1966 [C. com., art. L. 241-3], ne peut révéler l'existence d'une infraction répondant à la définition donnée des crimes et délits flagrants par l'art. 53 C. pr. pén. • Crim. 6 févr. 1997, n° 96-84.018 : *Rev. sociétés 1997. 380, note Bouloc*. ♦ V. aussi, excluant l'existence d'un flagrant délit, dans l'hypothèse d'une saisie, au cours d'une perquisition au siège de la société et au domicile de son gérant, de relevés bancaires comportant des versements de fonds de la société au gérant. • Crim. 7 févr. 2001 : *D. 2001. AJ 1800*.

8. Prescription. V. note 13 ss. art. L. 242-6.

9. Charge de la preuve. Se trouve caractérisé

en tous ses éléments le délit d'abus de biens sociaux à l'encontre d'un dirigeant social dès lors que ce dernier n'apporte aucune justification du caractère social de frais de mission et de réception ainsi que de frais de transport et déplacement. • Crim. 28 nov. 1994, n° 94-81.818 : *D. 1995. 506, note crit. Renucci ; Rev. sociétés 1996. 105, note Bouloc*. ♦ Comp., en ce sens que la preuve de l'infraction incombe à l'accusation : • Crim. 22 oct. 1990, n° 89-85.012 : *Rev. sociétés 1991. 125, note Bouloc ; BJS 1991. 75 ; Dr. pén. 1991, n° 58, obs. J.-H. Robert.*

10. Recel d'abus de biens sociaux. Est coupable de recel d'abus de biens sociaux le prévenu, conseil juridique d'une société en difficulté, qui a vendu à une autre société des parts qu'il savait surévaluées. • Paris, 15 mai 1995 : *Dr. sociétés 1995, n° 246, obs. Vidal.* ♦ V. aussi notes 12 ss. art. L. 242-6.

II. AUTRES PRATIQUES ILLICITES

11. Surévaluation d'apport en nature. Si les commissaires aux apports peuvent être amenés à prendre en considération certains critères objectifs étrangers à la simple valeur vénale ou marchande des biens apportés, ils ne sauraient se prévaloir de cette latitude pour prétendre justifier la dissimulation volontaire d'éléments d'appréciation qui étaient de nature à entraîner une réduction importante de la valeur de ces biens. • Crim. 12 avr. 1976 : *BJS 1976. 317.* ♦ Ainsi, caractérise le délit de majoration frauduleuse d'apport en nature l'arrêt retenant que l'existence de sûretés, grevant les éléments incorporels d'un fonds de commerce apporté à une SARL, et qui enlevaient à ce fonds toute valeur réelle, était connue tant de l'apporteur que du commissaire aux apports. • Crim. 22 janv. 1990, n° 88-84.955 : *D. 1990. IR 88 ; Rev. sociétés 1990. 456, note Bouloc ; BJS 1990. 543, note Randoux.*

12. Distribution de dividendes fictifs. V. note 1 ss. art. L. 242-6.

13. Image infidèle. La présentation délibérée à un cessionnaire de comptes ne donnant pas une image fidèle du résultat constitue un élément matériel caractéristique de manœuvres frauduleuses ayant eu pour but de déterminer le cessionnaire de parts sociales à les payer à un prix supérieur à leur valeur réelle. • Crim. 9 août 1989 : *Rev. sociétés 1990. 63, note Bouloc*. ♦ Des manipulations comptables ayant consisté à dissimuler des prélèvements injustifiés d'associés en les enregistrant comme des créances de la société sur des tiers affectent la fidélité et la sincérité des bilans de celle-ci. • Crim. 1er juill. 2009, n° 08-88.308 : *Rev. sociétés 2009. 859, note Bouloc ; RJDA 2009, n° 975 ; Dr. sociétés 2009, n° 234, obs. Salomon.* ♦ V. aussi notes 6 s. ss. art. L. 242-6.

Le gérant d'une SARL ne peut être tenu pour pénalement responsable de la présentation de comptes inexacts lors d'une assemblée générale ayant eu lieu alors qu'il n'était plus le mandataire social depuis trois mois, date de sa démission des fonctions de gérant. • Crim. 11 mai 1995, n° 94-83.197 : *JCP E 1995. II. 760, note J.-H. Robert.* ♦ Sur la preuve de l'intention coupable, V., pour des éléments attestant la connaissance du prévenu de la situation réelle de la société : • Crim. 19 sept. 1994, n° 93-85.529 : *BJS 1994. 1309, note Barbièri.* ♦ Le délit de présentation de comptes annuels ne donnant pas une image fidèle se prescrit à compter de leur publication (et non du jour de la découverte de la pratique frauduleuse par le dépôt du bilan). • Crim. 9 juill. 1996, n° 94-83.418 : *D. 1996. IR 220 ; Dr. sociétés 1996, n° 214, obs. Vidal.*

Art. L. 241-4 Est puni d'une amende de 9 000 € :

1° Le fait, pour les gérants, de ne pas, pour chaque exercice, dresser l'inventaire, établir les comptes annuels et un rapport de gestion ;

2° et 3° Abrogés par L. n° 2001-420 du 15 mai 2001. — [L. n° 66-537 du 24 juill. 1966, art. 426.]

Art. L. 241-5 *(L. n° 2012-387 du 22 mars 2012, art. 19-I)* Est puni de 9 000 € d'amende le fait, pour les gérants, de ne pas soumettre à l'approbation de l'assemblée des associés ou de l'associé unique l'inventaire, les comptes annuels et le rapport de gestion établis pour chaque exercice. *— [L. n° 66-537 du 24 juill. 1966, art. 427.]*

Art. L. 241-6 *Abrogé par L. n° 2012-387 du 22 mars 2012, art. 21.*

Art. L. 241-7 *Abrogé par L. n° 2003-701 du 1er août 2003, art. 9.*

Art. L. 241-8 *Abrogé par L. n° 2001-420 du 15 mai 2001, art. 113-III.*

Art. L. 241-9 Les dispositions des articles L. 241-2 à *(L. n° 2003-721 du 1er août 2003, art. 9)* « L. 241-6 » sont applicables à toute personne qui, directement ou par personne interposée, aura, en fait, exercé la gestion d'une société à responsabilité limitée sous le couvert ou au lieu et place de son gérant légal. *— [L. n° 66-537 du 24 juill. 1966, art. 431.]*

BIBL. ▶ DEDESSUS-LE-MOUSTIER, *Rev. sociétés 1997. 499* (responsabilité du dirigeant de fait).

1. Définition du gérant de fait. Est mandataire social l'individu qui, n'étant pas gérant d'une SARL, dirige seul à son gré cette société, traite personnellement avec les fournisseurs et les clients, oriente son activité et décide de son sort. • Crim. 25 nov. 1969 : *Bull. crim. n° 314.* ♦ A la qualité de gérant de fait le fondateur de la société, principal porteur de parts, qui s'est fait nommer gérant, a été remplacé par sa concubine qui n'a été qu'un prête-nom lui permettant de continuer des fonctions qui lui étaient interdites par la loi en raison de son passé judiciaire, avait la procuration bancaire et était considéré par le personnel comme le seul dirigeant de l'entreprise. • Crim. 6 oct. 1980, *Rev. sociétés 1981. 351, note Bouloc.* ♦ V. aussi : • Crim. 12 oct. 1995, n° 95-80.730 : *Rev. sociétés 1996. 319, note Bouloc* • 12 oct. 1995 : *Dr. sociétés 1996, n° 40, obs. Vidal.* ♦ Pour la qualité de dirigeant de fait d'une « secrétaire de direction » qui avait un large pouvoir sur le fonctionnement des comptes bancaires, sur le règlement des factures des fournisseurs, sur la négociation des délais de paiement des cotisations sociales, sur l'utilisation de son propre chef des fonds sociaux, de sorte qu'elle disposait d'un pouvoir de contrôle et de direction sur la vie sociale, V. • Crim. 6 mai 2009, n° 08-86.378 : *D. 2010. Pan. 1667, obs. Mascala* .

2. Infractions fiscales. Il ne résulte aucunement des dispositions du CGI [art. 1741 et 1743] que les délits de soustraction frauduleuse au paiement de l'impôt et de passation d'écritures inexactes ou fictives ne puissent être commis que par les dirigeants de droit d'une société. • Crim. 21 déc. 1971 : *D. 1972. 465, note J.-M. R. ; Rev. sociétés 1972. 726, note Bouloc.* ♦ Il en est de même en ce qui concerne le délit d'escroquerie au préjudice du Trésor public lorsqu'il a été commis sous le couvert d'une personne morale. • Même arrêt. ♦ Sur la responsabilité pénale du gérant de fait et sur celle du gérant de droit, à propos des mêmes faits en matière de délits prévus et réprimés par les art. 1741 et 1743 CGI, V. • Crim. 5 juin 1979 : *Rev. sociétés 1980. 106, note Bouloc.*

3. Abus de confiance. Pour la condamnation d'un gérant de fait pour abus de confiance : • Crim. 31 janv. 2007, n° 06-85.070 : *Rev. sociétés 2007. 577, note Matsopoulou* . ♦ Le gérant d'une société, déclaré coupable d'abus de confiance pour avoir détourné, au préjudice des institutions de prévoyance lui ayant donné mandat à cet effet, les cotisations prélevées sur les salaires des employés de la société en vue de leur assurer le bénéfice de régimes complémentaires de prévoyance et de retraite auxquels il avait adhéré, est personnellement tenu envers elles du montant de ces détournements.

4. Escroquerie. Les cogérants d'une société qui, par un ensemble de manœuvres frauduleuses, déterminent un tiers à accorder les crédits demandés sont coupables d'escroquerie. • Crim. 16 oct. 1957 : *Bull. crim. n° 636.* ♦ Constitue une escroquerie de la part du gérant d'une SARL le fait de céder à un tiers des parts sociales de l'un des associés, en obtenant de ce tiers son adhésion à cet achat à l'aide de faux bilans sociaux certifiés exacts par un expert. • Crim. 18 janv. 1988 : *Rev. sociétés 1988. 576, note Bouloc* (V. cet arrêt aussi pour le recel d'escroquerie).

5. Autres infractions. Le prévenu cogérant d'une SARL ne peut valablement contester sa responsabilité pénale, encourue à raison des infractions à la réglementation des prix commises par la société sous le prétexte qu'en fait il aurait négligé de remplir les devoirs de sa charge. • Crim. 22 janv. 1975, n° 79-91.347 P : *Rev. sociétés 1975. 296.* ♦ Pour un délit d'abus de blanc-seing commis à l'occasion de la cession de parts, V. • Crim. 11 juill. 1988, n° 87-83.840 : *Rev. sociétés 1989. 70, note Bouloc.*

CHAPITRE II *Des infractions concernant les sociétés anonymes*

SECTION I *Des infractions relatives à la constitution*

BIBL. GÉN. ▶ Bouloc, *Rev. sociétés 1999. 743* (qualité d'actionnaire et droit pénal).

Art. L. 242-1 *(L. n° 2012-387 du 22 mars 2012, art. 19-II)* **Est puni de 150 000 € d'amende le fait, pour les fondateurs, le président, les administrateurs ou les directeurs généraux d'une société anonyme, d'émettre ou négocier des actions ou des coupures d'actions sans que les actions de numéraire aient été libérées à la souscription de la moitié au moins ou sans que les actions d'apport aient été intégralement libérées avant l'immatriculation de la société au registre du commerce et des sociétés.**

La peine prévue au présent article peut être portée au double lorsque les actions ou coupures d'actions ont fait l'objet d'une offre au public *(Ord. n° 2019-1067 du 21 oct. 2019, art. 4)* **« , à l'exception des offres mentionnées au 1° ou au 2° de l'article L. 411-2 du code monétaire et financier ou à l'article L. 411-2-1 du même code ».** — *[L. n° 66-537 du 24 juill. 1966, art. 432.]*

Art. L. 242-2 **Est puni d'un emprisonnement de cinq ans et d'une amende de 9 000 € le fait, pour toute personne :**

1° à 3° Abrogés par L. n° 2001-420 du 15 mai 2001.

4° De faire attribuer frauduleusement à un apport en nature une évaluation supérieure à sa valeur réelle. – *[L. n° 66-537 du 24 juill. 1966, art. 433.]*

BIBL. ▶ J.-M. ROBERT, *D. 1974. Chron. 97* (majoration frauduleuse d'apports en nature). - TROCHU, JEANTIN et LANGÉ, *D. 1975. Chron. 7* (évaluation des apports en nature dans les groupes de sociétés).

Évaluation inexacte des apports. Est coupable du délit de majoration frauduleuse d'apports en nature le commissaire aux apports qui a fait une évaluation très supérieure à la valeur réelle des biens apportés, alors qu'il connaissait les graves inexactitudes des estimations. • Crim. 12 avr. 1976 : *Rev. sociétés 1977. 293, note Bouloc ; JCP 1977. II. 18523, note Guyon.* ♦ S'il est vrai que l'art. 433 (4°) de la L. du 24 juill. 1966 [C. com., art. L. 242-2] ne précise pas ce qu'il faut entendre par valeur réelle et que, en conséquence, les commissaires, tenus d'apprécier cette valeur sous leur responsabilité selon les termes des art. 80 et 193 de ladite loi [C. com., art. L. 225-8 et L. 225-147], peuvent être amenés à prendre en considération certains critères objectifs étrangers à la simple valeur vénale ou marchande des biens apportés, ils ne sauraient cependant être autorisés, quelle que soit la méthode qu'ils ont choisie, à dissimuler volontairement des éléments d'appréciation de nature à entraîner une réduction importante de la valeur de ces biens. • Même arrêt. ♦ Le commissaire aux apports qui, pour la constitution d'une SA, reprend intégralement les valeurs proposées par le président de la société apporteuse, dont il ne pouvait ignorer l'inexactitude, et qui ne peut prétendre ne pas s'être rendu compte des agissements frauduleux des dirigeants de la société apporteuse dont il était par ailleurs le commissaire aux comptes, commet le délit de majoration frauduleuse d'apports et de non-révélation de faits délictueux. • Crim. 18 juin 1990, n° 88-86.550 : *Rev. sociétés 1990. 637, note Bouloc* .

Art. L. 242-3 *(L. n° 2012-387 du 22 mars 2012, art. 19-II)* Est puni de 150 000 € d'amende le fait, pour les titulaires ou porteurs d'actions, de négocier des actions de numéraire pour lesquelles le versement de la moitié n'a pas été effectué. – *[L. n° 66-537 du 24 juill. 1966, art. 434.]*

Art. L. 242-4 *Abrogé par L. n° 2012-387 du 22 mars 2012, art. 21.*

Art. L. 242-5 Est puni d'un emprisonnement de six mois et d'une amende de 9 000 € le fait d'accepter ou de conserver les fonctions de commissaire aux apports, nonobstant les incompatibilités et interdictions légales. – *[L. n° 66-537 du 24 juill. 1966, art. 436.]*

SECTION II *Des infractions relatives à la direction et à l'administration*

RÉP. SOCIÉTÉS v^is^ *Administrateur*, par DELEBECQUE et PANSIER ; *Directeur général (Président-directeur général)*, par ROUTIER ; *Président du conseil d'administration*, par SAINTOURENS.

Art. L. 242-6 Est puni d'un emprisonnement de cinq ans et d'une amende de 375 000 € le fait pour :

1° Le président, les administrateurs ou les directeurs généraux d'une société anonyme d'opérer entre les actionnaires la répartition de dividendes fictifs, en l'absence d'inventaire, ou au moyen d'inventaires frauduleux ;

2° Le président, les administrateurs ou les directeurs généraux d'une société anonyme de publier ou présenter aux actionnaires, même en l'absence de toute distribution de dividendes, des comptes annuels ne donnant pas, pour chaque exercice, une image fidèle du résultat des opérations de l'exercice, de la situation financière et du patrimoine, à l'expiration de cette période, en vue de dissimuler la véritable situation de la société ;

3° Le président, les administrateurs ou les directeurs généraux d'une société anonyme de faire, de mauvaise foi, des biens ou du crédit de la société, un usage qu'ils savent contraire à l'intérêt de celle-ci, à des fins personnelles ou pour favoriser une autre société ou entreprise dans laquelle ils sont intéressés directement ou indirectement ;

4° Le président, les administrateurs ou les directeurs généraux d'une société anonyme de faire, de mauvaise foi, des pouvoirs qu'ils possèdent ou des voix dont ils disposent, en cette qualité, un usage qu'ils savent contraire aux intérêts de la société, à des fins personnelles ou pour favoriser une autre société ou entreprise dans laquelle ils sont intéressés directement ou indirectement. – *[L. n° 66-537 du 24 juill. 1966, art. 437.]*

(L. n° 2013-907 du 11 oct. 2013, art. 27-V) « Outre les peines complémentaires prévues à l'article L. 249-1, le tribunal peut également prononcer à titre de peine complémentaire, dans les cas prévus au présent article, l'interdiction des droits civiques, civils et de famille prévue à l'article 131-26 du code pénal. »

(L. n° 2013-1117 du 6 déc. 2013, art. 30) « L'infraction définie au 3° est punie de sept ans d'emprisonnement et de 500 000 € d'amende lorsqu'elle a été réalisée ou facilitée au moyen

soit de comptes ouverts ou de contrats souscrits auprès d'organismes établis à l'étranger, soit de l'interposition de personnes physiques ou morales ou de tout organisme, fiducie ou institution comparable établis à l'étranger. »

RÉP. SOCIÉTÉS v^is *Abus de biens sociaux*, par BOULOC ; *Infractions comptables*, par MATSOPOULOU.

I. DISTRIBUTION DE DIVIDENDES FICTIFS

1. *Éléments constitutifs.* Le délit de distribution de dividendes fictifs est consommé dès que le dividende a été mis à la disposition des actionnaires par une décision ouvrant à leur profit un droit privatif dont la valeur entre aussitôt dans leur patrimoine. • Crim. 28 mars 1936 : *DH 1936. 270.*

II. PRÉSENTATION OU PUBLICATION DE COMPTES INFIDÈLES

2. *Comptes consolidés.* La présentation des comptes annuels consolidés, seule à avoir été effectuée, est exclue du champ d'application du délit de présentation ou publication de comptes infidèles prévu par l'art. L. 242-6, 2°. • Crim. 17 févr. 2021, n° 20-82.068 P : *D. 2021. Actu. 349*.

3. *Comptes infidèles à la réalité.* Le délit de présentation ou de publication de comptes infidèles est constitué dès lors que le prévenu, administrateur de la société, savait que l'apparence donnée aux comptes était contraire à la réalité et qu'il a participé à la délibération ayant décidé la présentation et la publication des comptes. • Crim. 29 nov. 2000, n° 99-80.324 P : *Rev. sociétés 2001. 380, note Bouloc ; BJS 2001. 407, note Belot et Dezeuze ; RJDA 2001, n° 981.* ♦ Les éléments constitutifs du délit de présentation aux actionnaires de bilans inexacts sont réunis dès lors que les bilans présentés comportent des majorations frauduleuses d'actifs qui procèdent d'une action délibérée, déterminée par le souci du dirigeant de faire apparaître un résultat bénéficiaire, même médiocre, en vue d'éviter la révélation publique d'une situation financière obérée, puis compromise. • Crim. 12 janv. 1981 : *D. 1981. 348, note Cosson ; Rev. sociétés 1981. 612, note Bouloc ; JCP 1981. II. 19660, note Guyon.* ♦ La présentation de comptes consolidés au niveau du groupe ne peut avoir pour effet de dispenser les sociétés de ce groupe de présenter des comptes sincères. • Crim. 4 mars 2020, n° 18-86.189 : *Dr. sociétés 2020, n° 56, note R. Salomon.* ♦ Sur l'élément matériel de ce délit, V. aussi : • Crim. 8 avr. 1991, n° 88-81.542 : *Rev. sociétés 1991. 776, note Bouloc ; BJS 1991. 710, note Baraderie* • 17 oct. 2007, n° 07-81.033 : *RJDA 2008, n° 294 ; Dr. sociétés 2008, n° 63, obs. Salomon.*

4. *Indifférence du mobile.* Les dispositions pénales concernant la publication ou la présentation aux actionnaires d'un bilan inexact sont générales et absolues et, dès lors qu'est établi le dessein de dissimulation, s'appliquent à toute présentation sciemment commise d'un faux bilan, quel que soit le mobile qui ait guidé ses auteurs. • Crim. 18 déc. 1956 : *Bull. crim. n° 849 ; D. 1957. 705, note Dalsace.* ♦ Par suite, doit être cassé l'arrêt de relaxe qui se fonde sur ce que l'inexactitude reprochée aux prévenus n'avait pas pour but de tromper les actionnaires sur la valeur des actions ou de dissimuler de mauvaise foi la véritable situation de la société, mais de réaliser une fraude fiscale. • Même arrêt.

5. *Complicité.* Un commissaire aux comptes a pu être reconnu coupable du délit de complicité de présentation d'un bilan inexact et du délit de non-dénonciation de bilan, dès lors qu'il avait donné des conseils à un dirigeant en vue de présenter à l'assemblée générale un bilan comportant de graves inexactitudes et impliquant des abus de biens sociaux, et n'avait pas dénoncé au parquet ces irrégularités. • Crim. 26 mai 1986 : *Bull. CNCC mars 1987. 82, note du Pontavice.*

6. *Prescription.* Le délai de prescription de l'action publique concernant le délit de présentation de bilan inexact commence à courir du jour de la publication du bilan. • Crim. 18 mars 1986, n° 85-94.491 P : *Rev. sociétés 1987. 85, note Bouloc.*

7. *Action civile.* Est recevable la constitution de partie civile de l'associé qui a acheté ses titres avant la publication des comptes de l'exercice litigieux, dès lors que le délit de présentation ou de publication de comptes infidèles peut causer un préjudice personnel et direct aux associés ou porteurs de titres d'une société. • Crim. 30 janv. 2002, n° 01-84.256 P : *D. 2002. AJ 1144 ; Rev. sociétés 2002. 350, note Bouloc ; JCP E 2002, n° 28, p. 1201, note Cellier ; BJS 2002. 797, note Barbièri ; Dr. sociétés 2002, n° 197, note F.-X. Lucas ; Dr. pénal 2002, n° 73, obs. J.-H. Robert.*

III. ABUS DES BIENS OU DU CRÉDIT DE LA SOCIÉTÉ

8. *Éléments constitutifs.* V. notes 1 s. ss. art. L. 241-3.

9. *Illustrations.* Pour la condamnation d'un dirigeant qui avait opéré des prélèvements sur les fonds sociaux de manière occulte et dans un intérêt personnel, l'intéressé ayant reconnu la matérialité des faits (virement du compte de la société sur son compte personnel, émission de chèques sur le compte de la société et retraits d'espèces), sans fournir de justificatifs établissant que ces prélèvements correspondaient à des remboursements de frais qu'il aurait avancés dans l'intérêt social et sans avoir communiqué à aucun moment un décompte les explicitant, V. • Crim. 31 oct. 2000, n° 99-87.399 : *RJDA 2001,* n° 172. ♦ Pour un abus de biens sociaux commis à l'occasion de transferts de joueurs de football professionnel, ayant consisté dans le versement de rémunérations occultes qui avait exposé la société gérant le club de football à des risques non seulement de poursuites fiscales et pénales, mais encore de cessation des paiements, V. • Crim. 22 oct. 2008, n° 07-88.111 : *Rev. sociétés 2009. 405, note Bouloc ; RJDA 2009, n° 553 ; BJS 2009. 178, note Poracchia.* ♦ Commet un abus de biens sociaux le dirigeant qui a usé de ses pouvoirs de président du conseil d'administration pour organiser une fusion-absorption contraire à l'intérêt de la société et avantageuse pour lui-même et d'autres sociétés dans lesquelles il était intéressé directement ou indirectement. • Crim. 10 juill. 1995, n° 94-82.665 P : *D. 1995. IR 246 ; Rev. sociétés 1996. 313, note Bouloc ; JCP 1995. II. 22572, note Paillusseau ; BJS 1995. 1048, note Couret et Le Cannu.* ♦ Le montage consistant pour un président à faire verser par les sociétés dont il est le dirigeant, au profit d'une autre société qui n'est pas dans le périmètre de consolidation et dont il est avec son fils le seul propriétaire, des redevances lui permettant de dégager un bénéfice substantiel, sans réelle valeur ajoutée pour les sociétés débitrices de la redevance, est constitutif du délit d'abus de biens sociaux. • Com. 25 oct. 2006, n° 05-85.998 P : *D. 2006. AJ 2736, obs. Lienhard ; Dr. sociétés 2007, n° 16, obs. Salomon ; BJS 2007. 243, note Barbièri.* ♦ Le respect purement formel de la procédure d'approbation des conventions réglementées ne peut, à lui seul, permettre d'exclure l'atteinte à l'intérêt social, en particulier lorsqu'il est avéré que le dirigeant détient tous les pouvoirs et qu'il est assuré du soutien inconditionnel de la majorité des actionnaires principaux. • Même arrêt. ♦ Pour un abus de biens sociaux résultant de l'achat par le dirigeant social, à des fins personnelles, de quantités importantes de champagne, V. • Crim. 30 janv. 2019, n° 17-85.304 P : *D. 2019. Pan. 1860, obs. Mascala ; Rev. sociétés 2019. 540, note Bouloc ; AJ pénal 2019. 207, obs. Sordino ; RSC 2019. 355, obs. Matsopoulou ; Dr. sociétés 2019, n° 57, note R. Salomon ; RJDA 2019, n° 434 ; BJS 7-8/2019. 14, note Bargue.*

10. Prise en compte de l'intérêt de groupe. Le concours financier apporté par le dirigeant d'une société à une autre entreprise dans laquelle il est intéressé n'échappe aux prévisions des textes incriminant le délit d'abus de biens sociaux que si, d'une part, l'existence d'un groupe de sociétés est établie, et si, d'autre part, ce concours est dicté par les intérêts de ce groupe appréciés *au regard* d'une politique commune, n'est pas dépourvu de contrepartie ou ne rompt pas l'équilibre entre les engagements respectifs des diverses sociétés, et n'excède pas les possibilités financières de celle qui en supporte la charge. • Crim. 4 sept. 1996, n° 95-83.718 P : *D. 1996. IR 260 ; Rev. sociétés 1997. 365, note Bouloc ; BJS 1997. 107, note Rontchevsky* • 20 mars 2007, n° 05-85.253 P : *Rev. sociétés 2007. 590, note Bouloc ; RJDA 2007, n° 978 ; Dr. sociétés 2007, n° 141, obs. Salomon ; BJS 2007. 953, note Barbièri.*

11. Complicité. Se rend coupable de complicité d'abus de biens sociaux le président du directoire d'une société qui, moyennant rémunération, prépare et facilite les agissements illicites d'un associé majoritaire et membre du directoire. • Crim. 5 sept. 1988 : *Rev. sociétés 1989. 76, note Jeandidier.*

12. Recel d'abus de biens sociaux. Doit être déclaré coupable de recel d'abus de biens sociaux le prévenu qui a profité de ses relations professionnelles avec des sociétés pour obtenir de leurs dirigeants qu'ils règlent avec des fonds sociaux des factures de travaux de construction de sa maison particulière, ledit prévenu étant intervenu directement dans la mise en place des procédés délictueux et ne pouvant ignorer l'origine frauduleuse des fonds. • Crim. 29 avr. 1996, n° 95-83.274 P : *Rev. sociétés 1996. 833, note Bouloc.* ♦ L'infraction de recel n'implique pas nécessairement la détention matérielle des fonds recelés. • Même arrêt.

13. Prescription. Il se déduit des art. 53 et 247 de la L. du 24 juill. 1966 [C. com., art. L. 223-23 et L. 225-254] que la prescription de l'action publique du chef d'abus de biens sociaux court, sauf dissimulation, à compter de la présentation des comptes annuels par lesquels les dépenses litigieuses sont mises indûment à la charge de la société. • Crim. 5 mai 1997, n° 96-81.482 P. – V. aussi • Crim. 13 oct. 1999, n° 98-80.044 P : *D. 2001. Somm. 2351, obs. Roujou de Boubée ; Rev. sociétés 2000, 360, note Bouloc ; RSC 2000. 410, obs. Renucci ; JCP 2000. II. 10386, note Ohl ; BJS 2000. 182, note Barbièri ; Dr. pénal 2000, n° 17, obs. J.-H. Robert* • 30 janv. 2013, n° 12-80.107 : *Rev. sociétés 2013. 371, note Matsopoulou ; AJ pénal 2013. 481, obs. Gallois ; Dr. sociétés 2013, n° 91, obs. Salomon.* ♦ S'agissant d'abus de biens sociaux résultant du paiement de dépenses personnelles au moyen de fonds sociaux, la dissimulation est caractérisée par la mention sur des notes de restaurant, du nom de personnes n'ayant pas pris part au repas. • Crim. 10 avr. 2002, n° 01-80.090 P : *D. 2002. AJ 2408 ; Rev. sociétés 2002. 549, note Bouloc ; RSC 2002. 827, obs. Rebut ; BJS 2002. 935, note Scholer.*

14. Action civile. BIBL. Gallois, *Rev. sociétés 2019. 231* (réflexions sur la jurisprudence de la chambre criminelle en matière de recevabilité de l'action civile individuelle de l'associé). ♦ Pour qu'une constitution de partie civile soit recevable, il suffit que les circonstances sur lesquelles elle s'appuie permettent d'admettre comme possibles l'existence du préjudice allégué et sa relation directe avec les infractions poursuivies ; tel est le cas d'un actionnaire d'une société mère qui s'est constitué partie civile à l'encontre de dirigeants d'une filiale poursuivis pour abus de biens sociaux. • Crim. 6 févr. 1996, n° 95-84.041 P : *JCP E 1996. II. 837, note crit. Renucci et Meyer ; BJS 1996. 409, note Barbièri.* ♦ V. aussi note 6 ss. art. L. 241-3.

IV. ABUS DE POUVOIRS ET DE VOIX

15. Éléments constitutifs. Se rend coupable d'abus de pouvoirs le président du conseil d'administration qui use de son statut et de l'influence qui en découle pour faire avaliser, par le conseil d'administration, le renouvellement complet du conseil des rémunérations pour priver ces deux organes de leur indépendance nécessaire au bon fonctionnement de la société et pour en faire les instruments de son propre intérêt. • Versailles, 19 mai 2011, n° 10/01523 : *D. 2011. Actu. 1479 ; RTD com. 2011. 368, obs. Le Cannu et Dondero ; Rev. sociétés 2012. 99, note Le Cannu ; RJDA 2011, n° 712 ; BJS 2011. 597, note Dondero ; LPA 11-12 août 2011, obs. Ducouloux-Favard* (conf. par • Crim. 16 mai 2012, n° 11-85.150 P : *D. 2012. Pan. 1705, obs. Mascala ; RTD com. 2012. 631, obs. Bouloc ; Rev. sociétés 2012. 697, note Le Cannu ; RSC 2012. 565, obs. Matsopoulou ; JCP E 2012. 1396, note Ducouloux-Favard ; RJDA 2013, n° 643 ; Dr. sociétés 2012, n° 130, obs. Salomon ; BJS 2012. 579, avis Salvat et note Dondero*).

16. Action civile. La dévalorisation du capital social découlant du délit d'abus de pouvoir, commis par un dirigeant de société, constitue non pas un dommage propre à chaque associé, mais un préjudice subi par la société elle-même, de sorte qu'est irrecevable l'action civile exercée à titre personnel par deux actionnaires. • Crim. 13 déc. 2000, n° 99-84.855 P : *D. 2001. AJ 926, obs. Boizard ; Rev. sociétés 2001. 399, note Bouloc ; BJS 2001. 499, note Barbièri ; Dr. pénal 2001, n° 47, obs. J.-H. Robert.*

Art. L. 242-7 *Abrogé par Ord. n° 2004-274 du 25 mars 2004, art. 20-I.* — V. art. L. 235-14 et L. 238-4.

Art. L. 242-8 **Est puni d'une amende de 9 000 € le fait, pour le président, les administrateurs ou les directeurs généraux d'une société anonyme, de ne pas, pour chaque exercice, dresser l'inventaire et établir des comptes annuels et un rapport de gestion.** — *[L. n° 66-537 du 24 juill. 1966, art. 439.]*

1. Étendue de la responsabilité pénale. Le PDG est personnellement et pénalement responsable des infractions commises par lui lorsqu'il agit au nom et comme organe de la société qu'il dirige. • Crim. 4 déc. 1969 : *Bull. crim. n° 328 ; D. 1970. 114.* ♦ Est coupable d'escroquerie par prise de fausse qualité le PDG qui a attribué faussement à la société qu'il dirige la qualité de concessionnaire exclusif d'une maison de commerce. • Même arrêt. ♦ Le PDG d'une société propriétaire d'un immeuble est responsable pénalement et civilement de l'exécution incomplète des travaux d'assainissement ordonnés à cette société en application de la loi par l'autorité administrative. • Crim. 11 juin 1970 : *Bull. crim. n° 487 ; BJS 1970. 591.*

2. Action civile des actionnaires. Les actionnaires peuvent se constituer partie civile au cours d'une information dirigée contre les administrateurs si les circonstances permettent d'admettre comme possibles un préjudice et une relation directe entre ce préjudice et l'infraction provoquée. • Crim. 4 nov. 1969, n° 68-93.573 P : *D. 1970. Somm. 83.* ♦ Aucun texte n'exige des actionnaires qui se constituent parties civiles devant le juge d'instruction à raison du préjudice qu'ils auraient subi du fait d'infractions pénales commises par les dirigeants de la société qu'ils prouvent avoir été détenteurs de leurs titres à la date des faits frauduleux allégués. • Crim. 27 nov. 1978 : *D. 1979. 123, note J. C.*

SECTION III *Des infractions relatives aux assemblées d'actionnaires*

RÉP. SOCIÉTÉS v° *Assemblées d'actionnaires*, par GUYON.

Art. L. 242-9 **Est puni d'un emprisonnement de deux ans et d'une amende de 9 000 € :**

1° Le fait d'empêcher un actionnaire de participer à une assemblée d'actionnaires ;

2° Abrogé par L. n° 2003-706 du 1er août 2003.

3° Le fait de se faire accorder, garantir ou promettre des avantages pour voter dans un certain sens ou pour ne pas participer au vote, ainsi que le fait d'accorder, garantir ou promettre ces avantages. — *[L. n° 66-537 du 24 juill. 1966, art. 440.]*

1. Entrave à la participation aux assemblées. L'art. 440 (1°) de la L. du 24 juill. 1966 [C. com., art. L. 242-9] requiert un acte d'entrave, élément matériel de l'infraction. Ne constitue pas un acte d'entrave le fait de convoquer les actionnaires par publication dans un JAL en plein mois d'août. • Crim. 13 mars 1989 : *Rev. sociétés 1989. 492, note Bouloc ; BJS 1989. 528.* ♦ Le délit consistant à empêcher sciemment un actionnaire de participer à une assemblée d'actionnaires, sanctionné par l'art. 440 (1°) de la L. de 1966 [C. com., art. L. 242-9] de peines d'emprisonnement et d'amende, se distingue par ses éléments constitutifs, tant matériel qu'intentionnel, du défaut de convocation à une assemblée et du défaut de communication de documents, infractions prévues par les art. 442 à 445 de la même loi [C. com., art. L. 242-11 à L. 242-14] et passibles uniquement d'une peine d'amende. • Crim. 26 mars 1998, n° 97-80.043 : *Rev. sociétés 1998. 609, note Bouloc ; JCP 1999. I. 112, n° 9, obs. J.-H. Robert.*

2. Qualité d'actionnaire. Le président d'une SA et un administrateur sont à bon droit condamnés pour refus de laisser accéder un actionnaire à une assemblée générale, sans que les prévenus puissent opposer que la partie civile avait perdu la qualité d'actionnaire par suite du rachat de ses actions par les administrateurs, alors que, d'une part, l'absence de désignation du cessionnaire empêchait la cession des actions d'avoir pu se réaliser et que, d'autre part, cette cession ne pouvait être valable au regard de la société que par l'inscription du transfert sur ses registres. • Crim. 10 janv. 1967 : *Bull. crim. n° 16 ; D. 1967. Somm. 27.*

3. Représentant d'actionnaires. L'art. 440 (1°) de la L. de 1966 [C. com., art. L. 242-9] est applicable dans le cas où l'empêchement est opposé à un mandataire de justice désigné pour représenter les copropriétaires d'actions indivises. • Crim. 3 oct. 1975 : *Rev. sociétés 1976. 518, note Bouloc.* ♦ Viole le texte l'arrêt qui décide que ne commettent pas le délit d'entrave les dirigeants qui refusent l'accès de l'assemblée générale aux représentants non actionnaires de personnes morales actionnaires, au motif que cette pratique de représentation serait contraire aux dispositions de l'art. 161, al. 1er et 2 de la L. du 24 juill. 1966 [C. com., art. L. 225-106]. • Crim. 26 mai 1994, n° 93-84.615 P : *JCP E 1995. II. 644, note Le Nabasque ; BJS 1994. 1076, note Couret ; RJ com. 1995. 333, note Gallet.*

4. Conventions de vote. V. note 3 ss. art. L. 225-122.

Art. L. 242-10 **Est puni d'un emprisonnement de six mois et d'une amende de 9 000 € le fait, pour le président ou les administrateurs d'une société anonyme,** *(Abrogé par L. n° 2012-387 du 22 mars 2012, art. 19-II)* ***« de ne pas réunir l'assemblée générale ordinaire dans les six mois de la clôture de l'exercice ou, en cas de prolongation, dans le délai fixé par décision de justice ou »*** **de ne pas soumettre à l'approbation de** *(L. n° 2012-387 du 22 mars 2012, art. 19-II)* **« l'assemblée générale ordinaire » les comptes annuels et le rapport de gestion prévus à l'article L. 232-1.** – *[L. n° 66-537 du 24 juill. 1966, art. 441.]*

1. Dirigeants punissables. Si les personnes punissables visées à l'art. 441 de la L. du 24 juill. 1924 [C. com., art. L. 242-10] sont « le président ou les administrateurs », l'emploi de la conjonction « ou » n'a pour effet que de réserver la liberté d'appréciation des tribunaux dans le choix des responsables eu égard à leur participation personnelle. • T. corr. Le Havre, 23 juin 1975 : *Rev. sociétés 1976. 150, note Bouloc.* ♦ Il n'importe, pour que soit engagée la responsabilité pénale du président du conseil d'administration qui a pris ses fonctions pendant le délai de quinze jours qui précède la convocation de l'assemblée générale ordinaire, que son prédécesseur ait commis des omissions délictueuses relatives à cette convocation dès lors qu'il a eu la qualité et disposé du temps nécessaires pour satisfaire aux exigences de la loi. • Crim. 11 mai 1981, n° 79-94.330 : *D. 1982. 653, note Bouloc ; Rev. sociétés 1982. 102, note Sibon.*

2. Administrateur judiciaire. En cas de redressement judiciaire, l'administrateur judiciaire, seul investi des obligations incombant au chef d'entreprise, doit convoquer l'assemblée générale ordinaire des actionnaires, et peut se voir appliquer l'art. 441 de la L. de 1966 [C. com., art. L. 242-10]. • Crim. 21 juin 2000, n° 99-85.778 P : *D. 2000. AJ 352, obs. Lienhard ; RTD com. 2001. 159, obs. Chazal et Reinhard ; Rev. sociétés 2000. 753, note Bouloc ; JCP E 2000, n° 46, p. 1815, note Couret ; BJS 2000. 1121, note Vallansan.*

3. Élément intentionnel. L'intention frauduleuse n'est pas un élément constitutif du délit prévu et réprimé par l'art. 441 de la L. du 24 juill. 1966 [C. com., art. L. 242-10]. • Crim. 11 mai 1981 : *préc. note 1* • 9 janv. 1995, n° 94-81.145 : *RJDA 1995, n° 1098 ; BJS 1995. 677, note Barbièri.*

Art. L. 242-11 *Abrogé par L. n° 2003-706 du 1er août 2003.*

Art. L. 242-12 et L. 242-13 *Abrogés par Ord. n° 2004-274 du 25 mars 2004, art. 21-I.*

Art. L. 242-14 *Abrogé par L. n° 2001-420 du 15 mai 2001.*

Art. L. 242-15 *Abrogé par L. n° 2012-387 du 22 mars 2012, art. 21.*

Art. L. 242-16 *Abrogé par L. n° 2003-706 du 1er août 2003.* – V., désormais, art. L. 235-2-1.

SECTION IV *Des infractions relatives aux modifications du capital social*

SOUS-SECTION 1 *De l'augmentation du capital*

Art. L. 242-17 *(L. nº 2012-387 du 22 mars 2012, art. 19-II)* Est puni de 150 000 € d'amende le fait, pour le président, les administrateurs ou les directeurs généraux d'une société anonyme, d'émettre des actions ou des coupures d'actions sans que le capital antérieurement souscrit de la société ait été intégralement libéré ou sans que les nouvelles actions d'apport aient été intégralement libérées avant l'inscription modificative au registre du commerce et des sociétés ou encore sans que les actions de numéraire nouvelles aient été libérées, lors de la souscription, du quart au moins de leur valeur nominale et, le cas échéant, de la totalité de la prime d'émission.

La peine prévue au présent article peut être doublée lorsque les actions ou coupures d'actions émises ont fait l'objet d'une offre au public *(Ord. nº 2019-1067 du 21 oct. 2019, art. 4)* « , à l'exception des offres mentionnées au 1° ou au 2° de l'article L. 411-2 du code monétaire et financier ou à l'article L. 411-2-1 du même code ».

Le présent article n'est applicable ni aux actions qui ont été régulièrement émises par conversion d'obligations convertibles à tout moment ou par utilisation des bons de souscription, ni aux actions émises dans les conditions prévues aux articles L. 232-18 à L. 232-20.

Art. L. 242-18 *et* L. 242-19 *Abrogés par L. nº 2003-706 du 1er août 2003.*

Art. L. 242-20 Est puni d'un emprisonnement de deux ans et d'une amende de 18 000 € le fait, pour le président, les administrateurs ou les commissaires aux comptes d'une société anonyme, de donner ou confirmer des indications inexactes dans les rapports présentés à l'assemblée générale appelée à décider de la suppression du droit préférentiel de souscription des actionnaires. — *[L. nº 66-537 du 24 juill. 1966, art. 452.]*

L'omission d'un renseignement ne peut en principe équivaloir à la communication d'une information inexacte. • Crim. 27 févr. 1978 : *Rev. sociétés 1978. 496, note Bouloc.*

Art. L. 242-21 Les dispositions des articles L. 242-2 à L. 242-5 relatives à la constitution des sociétés anonymes sont applicables en cas d'augmentation de capital. — *[L. nº 66-537 du 24 juill. 1966, art. 452-1.]*

SOUS-SECTION 2 *De l'amortissement du capital*

Art. L. 242-22 *Abrogé par L. nº 2001-420 du 15 mai 2001.*

SOUS-SECTION 3 *De la réduction du capital*

Art. L. 242-23 *(L. nº 2012-387 du 22 mars 2012, art. 19-II)* Est puni de 30 000 € d'amende le fait, pour le président ou les administrateurs d'une société anonyme, de procéder à une réduction du capital social sans respecter l'égalité des actionnaires. — *[L. nº 66-537 du 24 juill. 1966, art. 454.]*

Art. L. 242-24 *(L. nº 2012-387 du 22 mars 2012, art. 19-II)* Est puni de 150 000 € d'amende le fait, pour le président, les administrateurs ou les directeurs généraux d'une société anonyme, d'utiliser des actions achetées par la société en application de l'article L. 225-208 afin de faire participer les salariés aux résultats, d'attribuer des actions gratuites ou de consentir des options donnant droit à l'achat d'actions à des fins autres que celles prévues au même article L. 225-208.

Est passible de la même peine le fait, pour le président, les administrateurs ou les directeurs généraux d'une société anonyme, d'effectuer, au nom de celle-ci, les opérations interdites par le premier alinéa de l'article L. 225-216. — *[L. nº 66-537 du 24 juill. 1966, art. 454-1.]*

SECTION V *Des infractions relatives au contrôle*

Art. L. 242-25 *à* L. 242-28 *Abrogés par L. nº 2001-420 du 15 mai 2001, art. 113-III.* — V. art. L. 820-1 s.

SECTION VI *Des infractions relatives à la dissolution*

Art. L. 242-29 *Abrogé par L. nº 2012-387 du 22 mars 2012, art. 21.*

SECTION VII *Des infractions relatives aux sociétés anonymes comportant un directoire et un conseil de surveillance*

Art. L. 242-30 Les peines prévues par les articles *(L. n° 2011-525 du 17 mai 2011, art. 159)* « L. 242-1 » à *(L. n° 2012-387 du 22 mars 2012, art. 19-II)* « L. 242-24 » *(Abrogé par L. n° 2003-721 du 1er août 2003, art. 9)* « *et L. 246-1* » pour les présidents, les directeurs généraux et les administrateurs des sociétés anonymes sont applicables, selon leurs attributions respectives, aux membres du directoire et aux membres du conseil de surveillance des sociétés anonymes régies par les dispositions des articles L. 225-57 à L. 225-93.

Les dispositions de l'article L. 246-2 sont en outre applicables aux sociétés anonymes régies par les articles L. 225-57 à L. 225-93. – *[L. n° 66-537 du 24 juill. 1966, art. 464.]*

SECTION VIII *Des infractions relatives aux sociétés anonymes à participation ouvrière*

Art. L. 242-31 *Abrogé par L. n° 2012-387 du 22 mars 2012, art. 21.*

CHAPITRE III *Des infractions concernant les sociétés en commandite par actions*

Art. L. 243-1 Les articles L. 242-1 à L. 242-29 s'appliquent aux sociétés en commandite par actions.

Les peines prévues pour les présidents, les administrateurs ou les directeurs généraux des sociétés anonymes sont applicables, en ce qui concerne leurs attributions, aux gérants des sociétés en commandite par actions. – *[L. n° 66-537 du 24 juill. 1966, art. 460.]*

Art. L. 243-2 *Abrogé par L. n° 2001-420 du 15 mai 2001.*

CHAPITRE IV *Des infractions concernant les sociétés par actions simplifiées*

Art. L. 244-1 Les articles L. 242-1 à L. 242-6, L. 242-8, L. 242-17 à *(L. n° 2012-387 du 22 mars 2012, art. 19-II)* « L. 242-24 » s'appliquent aux sociétés par actions simplifiées.

Les peines prévues pour le président, les administrateurs ou les directeurs généraux des sociétés anonymes sont applicables au président et aux dirigeants des sociétés par actions simplifiées.

Les articles L. 242-20 *(L. n° 2011-525 du 17 mai 2011, art. 159)* « , L. 820-6 et L. 820-7 » s'appliquent aux commissaires aux comptes des sociétés par actions simplifiées. – *[L. n° 66-537 du 24 juill. 1966, art. 464-1.]*

Pour une application de l'art. L. 244-1, s'agissant de la condamnation pour abus de biens sociaux d'un dirigeant de SAS qui s'était délibérément abstenu de soumettre des conventions réglementées à l'approbation préalable du conseil de surveillance, V. • Crim. 25 sept. 2019, n° 18-83.113 P : *D. 2019. Actu. 1886 ; Rev. sociétés 2020. 181, note Bouloc ; AJ pénal 2020. 29, obs. Sordino ; JCP E 2019. 1502, note Dondero ; RJDA 2019, n° 766 ; Gaz. Pal. 17 déc. 2019, p. 80, obs. Schlumberger ; BJS 1/2020. 25, note J.-F. Barbièri.*

Art. L. 244-2 *Al. 1er Abrogé par L. n° 2003-721 du 1er août 2003, art. 9. – V. art. L. 238-3.*

(L. n° 2001-420 du 15 mai 2001) « Le fait, pour un président ou un dirigeant de société par actions simplifiée de ne pas consulter les associés dans les conditions prévues par les statuts en cas d'augmentation, d'amortissement ou de réduction du capital, de fusion, de scission, de dissolution ou de transformation en une société d'une autre forme *(Abrogé par L. n° 2003-721 du 1er août 2003, art. 9)* « *, de nomination de commissaires aux comptes, d'approbation des comptes annuels et de répartition des bénéfices* » est puni de six mois d'emprisonnement et de 7 500 € d'amende. »

Art. L. 244-3 *Abrogé par Ord. n° 2019-1067 du 21 oct. 2019, art. 4.*

Art. L. 244-4 Les dispositions des articles L. 244-1, L. 244-2 et L. 244-3 sont applicables à toute personne qui, directement ou par personne interposée, aura en fait exercé la direction d'une société par actions simplifiée sous le couvert ou au lieu et place du président et des dirigeants de cette société. – *[L. n° 66-537 du 24 juill. 1966, art. 464-4.]*

CHAPITRE IV *BIS* *Des infractions concernant les sociétés européennes*

(L. n° 2005-842 du 26 juill. 2005, art. 11-II)

Art. L. 244-5 Les articles L. 242-1 à L. 242-30 s'appliquent aux sociétés européennes.

Les peines prévues pour le président, les administrateurs, les directeurs généraux, les membres du directoire ou les membres du conseil de surveillance des sociétés anonymes sont applicables au président, aux administrateurs, aux directeurs généraux, aux membres du directoire ou aux membres du conseil de surveillance des sociétés européennes.

L'article L. 242-20 s'applique aux commissaires aux comptes des sociétés européennes.

CHAPITRE V *Des infractions relatives aux valeurs mobilières émises par les sociétés par actions*

SECTION PREMIÈRE *Des infractions relatives aux actions*

Art. L. 245-1 et L. 245-2 *Abrogés par L. nº 2001-420 du 15 mai 2001.*

Art. L. 245-3 *Abrogé par L. nº 2012-387 du 22 mars 2012, art. 21.*

Art. L. 245-4 Le fait, pour le président et les administrateurs, les directeurs généraux, les membres du directoire et du conseil de surveillance d'une société anonyme, les gérants des sociétés en commandite par actions, de détenir, directement ou indirectement dans les conditions prévues par l'article *(Ord. nº 2004-604 du 24 juin 2004, art. 38-II)* « L. 228-35-8 », des actions à dividende prioritaire sans droit de vote de la société qu'ils dirigent est puni *(L. nº 2012-387 du 22 mars 2012, art. 19-II)* « d'une amende de 150 000 € ». – *[L. nº 66-537 du 24 juill. 1966, art. 467-2.]*

Art. L. 245-5 *Abrogé par L. nº 2012-387 du 22 mars 2012, art. 21.*

SECTION II *Des infractions relatives aux parts de fondateur*

Art. L. 245-6 *Abrogé par L. nº 2001-420 du 15 mai 2001.*

SECTION III *Des infractions relatives aux obligations*

Art. L. 245-7 et L. 245-8 *Abrogés par L. nº 2001-420 du 15 mai 2001.*

Art. L. 245-9 Est puni d'une amende de 9 000 € le fait, pour le président, les administrateurs, les directeurs généraux ou les gérants d'une société par actions *(Ord. nº 2004-274 du 25 mars 2004, art. 23-II)* « d'émettre, pour le compte de cette société, des obligations négociables qui, dans une même émission, ne confèrent pas les mêmes droits de créance pour une même valeur nominale. »

1º et 2º Abrogés par Ord. nº 2004-274 du 25 mars 2004, art. 23-I. – [L. nº 66-537 du 24 juill. 1966, art. 471.]

Art. L. 245-10 *Abrogé par L. nº 2003-706 du 1er août 2003, art. 134-I.*

Art. L. 245-11 Est puni d'un emprisonnement de deux ans et d'une amende de 9 000 € le fait :

1º D'empêcher un obligataire de participer à une assemblée générale d'obligataires ;

Ancien 2º Abrogé par Ord. nº 2004-604 du 24 juin 2004, art. 50-IV.

(Ord. nº 2004-604 du 24 juin 2004, art. 50-IV) « 2º » De se faire accorder, garantir ou promettre des avantages particuliers pour voter dans un certain sens ou pour ne pas participer au vote, ainsi que le fait d'accorder, garantir ou promettre ces avantages particuliers. – *[L. nº 66-537 du 24 juill. 1966, art. 473.]*

Art. L. 245-12 Est puni d'une amende de 6 000 € le fait :

1º Pour le président, les administrateurs, les directeurs généraux, les gérants, les commissaires aux comptes, les membres du conseil de surveillance ou les employés de la société débitrice ou de la société garante de tout ou partie des engagements de la société débitrice ainsi que pour leurs ascendants, descendants ou conjoints de représenter des obligataires à leur assemblée générale, ou d'accepter d'être les représentants de la masse des obligataires ;

Anciens 2º à 5º Abrogés par Ord. nº 2004-604 du 24 juin 2004, art. 50-IV.

(Ord. nº 2004-604 du 24 juin 2004, art. 50-V) « 2º » Pour le président, les administrateurs, les directeurs généraux ou les gérants de sociétés détenant au moins 10 % du capital des sociétés débitrices, de prendre part à l'assemblée générale des obligataires à raison des obligations détenues par ces sociétés. – *[L. nº 66-537 du 24 juill. 1966, art. 474.]*

Art. L. 245-13 Est puni d'une amende de 4 500 € le fait, pour le président de l'assemblée générale des obligataires, de ne pas procéder à la constatation des décisions de toute assemblée générale d'obligataires par procès-verbal, *(Abrogé par Ord. nº 2004-274 du 25 mars 2004,* *art. 22-II)* « *transcrit sur un registre spécial tenu au siège social et* » mentionnant la date et le lieu de la réunion, le mode de convocation, l'ordre du jour, la composition du bureau, le nombre d'obligataires participant au vote et le quorum atteint, les documents et rapports soumis à l'assemblée, un résumé des débats, le texte des résolutions mises aux voix et le résultat des votes. – *[L. n° 66-537 du 24 juill. 1966, art. 475.]*

Art. L. 245-14 *Abrogé par L. n° 2003-706 du 1er août 2003.* – V. édition **C. com.** 2005.

Art. L. 245-15 Les infractions prévues *(Ord. n° 2004-604 du 24 juin 2004, art. 50-VI)* « aux articles L. 245-9, » L. 245-12, *(L. n° 2003-706 du 1er août 2003)* « et L. 245-13 » sont punies de cinq ans d'emprisonnement et de 18 000 € d'amende lorsqu'elles ont été commises frauduleusement en vue de priver les obligataires ou certains d'entre eux d'une part des droits attachés à leur titre de créance. – *[L. n° 66-537 du 24 juill. 1966, art. 477.]*

SECTION IV *Dispositions communes*

Art. L. 245-16 Les dispositions du présent chapitre visant le président, les administrateurs, les directeurs généraux et les gérants de sociétés par actions sont applicables à toute personne qui, directement ou par personne interposée, aura, en fait, exercé la direction, l'administration ou la gestion desdites sociétés sous le couvert ou au lieu et place de leurs représentants légaux. – *[L. n° 66-537 du 24 juill. 1966, art. 478.]*

SECTION V *Des infractions relatives aux sociétés anonymes comportant un directoire et un conseil de surveillance*

Art. L. 245-17 Les peines prévues par les articles L. 245-1 à L. 245-15 pour les présidents, les directeurs généraux et les administrateurs des sociétés anonymes sont applicables, selon leurs attributions respectives, aux membres du directoire et aux membres du conseil de surveillance des sociétés anonymes régies par les dispositions des articles L. 225-57 à L. 225-93.

Les dispositions de l'article L. 245-16 sont en outre applicables aux sociétés anonymes régies par les articles L. 225-57 à L. 225-93. – *[L. n° 66-537 du 24 juill. 1966, art. 479.]*

CHAPITRE VI *Des infractions communes aux diverses formes de sociétés par actions*

Art. L. 246-1 *Abrogé par L. n° 2003-721 du 1er août 2003, art. 9.*

Art. L. 246-2 Les dispositions des articles L. 242-1 à L. 242-29 *(L. n° 2005-842 du 26 juill. 2005, art. 11-II)* « , L. 243-1 et L. 244-5 » visant le président, les administrateurs ou les directeurs généraux de sociétés anonymes *(L. n° 2005-842 du 26 juill. 2005, art. 11-II)* « ou de sociétés européennes » et les gérants de sociétés en commandite par actions sont applicables à toute personne qui, directement ou par personne interposée, a, en fait, exercé la direction, l'administration ou la gestion desdites sociétés sous le couvert ou au lieu et place de leurs représentants légaux. – *[L. n° 66-537 du 24 juill. 1966, art. 463.]*

1. Dirigeants de fait punissables. A la qualité de dirigeant de fait le prévenu qui, en l'absence du président qui se désintéressait des affaires sociales, a pris seul toutes les décisions concernant la société, telles que l'embauche du personnel, y compris des directeurs, ou l'achat de matériel d'exploitation, s'occupait seul du courrier et de la tenue des livres comptables conservés en son domicile personnel, disposait en permanence de chèques signés en blanc par le président et a, au nom de la société, présenté au président du tribunal de commerce une requête en prorogation d'un délai. • Crim. 8 déc. 1980 : *Rev. sociétés 1981. 351, note Bouloc.* ♦ Dans une SA, la présence de prête-noms comme administrateurs, le contrôle de la comptabilité et la fixation du prix de vente par une personne autre que les dirigeants de droit caractérisent la direction indirecte de cette société. • Crim. 18 nov. 1991,n° 90-83.775 P. ♦ En revanche, est insuffisante pour caractériser une situation de dirigeant de fait la constatation que le prévenu, en raison des services qu'il rendait à la société, recevait de celle-ci la mise à sa disposition d'importants moyens matériels. • Crim. 21 avr. 1980 : *D. 1981. 33, note Cosson.*

2. Infractions réprimées. Il ne résulte aucunement des dispositions du CGI [art. 1741 et 1743] que les délits de soustraction frauduleuse au paiement de l'impôt et de passation d'écritures inexactes ou fictives ne puissent être commis que par les dirigeants de droit d'une société. • Crim. 3 févr. 1972 : *Bull. crim. n° 44 ; D. 1972. Somm. 160.* ♦ Sur la responsabilité pénale du dirigeant de fait et celle du dirigeant de droit, à propos des mêmes faits, en matière de délits prévus et réprimés par les art. 1741 et 1743 CGI, V. • Crim. 5 juin 1979 : *Rev. sociétés 1980. 106, note Bouloc.*

CHAPITRE VII *Des infractions communes aux diverses formes de sociétés commerciales*

SECTION I *Des infractions relatives aux filiales, aux participations et aux sociétés contrôlées*

Art. L. 247-1 I. — Est puni d'un emprisonnement de deux ans et d'une amende de 9 000 € le fait, pour les présidents, les administrateurs, les directeurs généraux ou les gérants de toute société :

1° De ne pas faire mention dans le rapport annuel présenté aux associés sur les opérations de l'exercice, d'une prise de participation dans une société ayant son siège sur le territoire de la République française représentant plus du vingtième, du dixième, du cinquième, du tiers, de la moitié ou des deux tiers du capital ou des droits de vote aux assemblées générales de cette société ou de la prise de contrôle d'une telle société ;

2° De ne pas, dans le même rapport, rendre compte de l'activité et des résultats de l'ensemble de la société, des filiales de la société et des sociétés qu'elle contrôle par branche d'activité ;

3° De ne pas *(Ord. n° 2015-900 du 23 juill. 2015, art. 2-12°)* « inclure dans l'annexe » de la société le tableau prévu à l'article L. 233-15 et comportant les renseignements en vue de faire apparaître la situation desdites filiales et participations.

II. — Est puni d'une amende de 9 000 € le fait, pour les membres du directoire, du conseil d'administration ou les gérants des sociétés visées à l'article L. 233-16, sous réserve des dérogations prévues à l'article L. 233-17, de ne pas établir et adresser aux actionnaires ou associés, dans les délais prévus par la loi, les comptes consolidés. Le tribunal peut en outre ordonner l'insertion du jugement, aux frais du condamné, dans un ou plusieurs journaux.

III. — Est puni des peines mentionnées au I le fait, pour le commissaire aux comptes, de ne pas faire figurer dans son rapport les mentions visées au 1° du I du présent article. — *[L. n° 66-537 du 24 juill. 1966, art. 481.]*

V. note ss. art. L. 233-17.

Art. L. 247-2 I. — Est puni d'une amende de 18 000 € le fait, pour les présidents, les administrateurs, les membres du directoire, les gérants ou les directeurs généraux des personnes morales, ainsi que pour les personnes physiques de s'abstenir de remplir les obligations d'informations auxquelles cette personne est tenue, en application de l'article L. 233-7, du fait des participations qu'elle détient.

II. — Est puni de la même peine le fait, pour les présidents, les administrateurs, les membres du directoire, les gérants ou les directeurs généraux d'une société, de s'abstenir de procéder aux notifications auxquelles cette société est tenue, en application de l'article L. 233-12, du fait des participations qu'elle détient dans la société par actions qui la contrôle.

III. — Est puni de la même peine le fait, pour les présidents, les administrateurs, les membres du directoire, les gérants ou les directeurs généraux d'une société, d'omettre de faire mention dans le rapport présenté aux actionnaires sur les opérations de l'exercice de l'identité des personnes détenant des participations significatives dans cette société, des modifications intervenues au cours de l'exercice, du nom des sociétés contrôlées et de la part du capital de la société que ces sociétés détiennent, dans les conditions prévues par l'article L. 233-13.

IV. — Est puni de la même peine le fait, pour le commissaire aux comptes, d'omettre dans son rapport les mentions visées au III.

V. — *(Ord. n° 2009-80 du 22 janv. 2009, art. 8-IV, en vigueur le 1er avr. 2009)* « Pour les sociétés dont les actions sont admises aux négociations sur un marché d'instruments financiers mentionné au II de l'article L. 233-7, les poursuites sont engagées après que l'avis de l'Autorité des marchés financiers a été demandé. » — *[L. n° 66-537 du 24 juill. 1966, art. 481-1.]*

BIBL. ▶ Lévy et Monin de Flaugergues, *Dr. pénal 2015. Étude 22* (le délit de non-déclaration de franchissement de seuil : une infraction désuète).

1. Faits punissables. Sont punissables les dirigeants d'une société qui omettent de déclarer le franchissement du seuil de 5 % à la baisse, alors même que les cessionnaires ont déclaré un franchissement à la hausse. • T. corr. Paris, 30 juin 1992 : *RTD com. 1993. 113, obs. Reinhard ; Rev. sociétés 1993. 130, obs. Guyon ; RJDA 1993, n° 408 ; BJB 1993. 35, note Le Cannu.*

2. Délégation de pouvoirs. La délégation de pouvoirs donnée par le président du conseil d'administration d'une SA au directeur financier de celle-ci n'exonère pas le président de sa responsabilité pénale pour non-déclaration de franchissement de seuil. • T. corr. Paris, 30 juin 1992 : *préc. note 1.*

Art. L. 247-3 Est puni d'une amende de 18 000 € le fait, pour les présidents, les administrateurs, les membres du directoire, les directeurs généraux ou les gérants de sociétés, de contrevenir aux dispositions des articles L. 233-29 à L. 233-31.

Pour les sociétés *(Ord. n° 2009-80 du 22 janv. 2009, art. 8-V, en vigueur le 1er avr. 2009)* « dont les actions sont admises aux négociations sur un marché réglementé », les poursuites pour infraction aux dispositions de l'article L. 233-31 sont engagées après que l'avis de *(L. n° 2003-706 du 1er août 2003, art. 46-V)* « l'Autorité des marchés financiers » a été demandé. — *[L. n° 66-537 du 24 juill. 1966, art. 482.]*

SECTION II *Des infractions relatives à la publicité*

Art. L. 247-4 *Abrogé par L. n° 2012-387 du 22 mars 2012, art. 21.*

SECTION III *Des infractions relatives à la liquidation*

Art. L. 247-5 Est puni d'un emprisonnement de deux ans et d'une amende 9 000 € le fait de contrevenir à l'interdiction d'exercer les fonctions de liquidateur.

Quiconque est condamné par application de l'alinéa précédent ne peut plus être employé, à quelque titre que ce soit, par la société dans laquelle il a exercé les fonctions prohibées. En cas d'infraction à cette interdiction, la personne condamnée et son employeur, si ce dernier en a eu connaissance, sont punis des peines prévues audit alinéa. — *[L. n° 66-537 du 24 juill. 1966, art. 498, al. 2 et 3.]*

Art. L. 247-6 *Abrogé par L. n° 2012-387 du 22 mars 2012, art. 21.*

Art. L. 247-7 *(L. n° 2012-387 du 22 mars 2012, art. 19-II)* Est puni de 150 000 € d'amende le fait, pour un liquidateur en cas de liquidation judiciaire d'une société, de :

1° Ne pas déposer sur un compte ouvert dans un établissement de crédit au nom de la société en liquidation, dans le délai de quinze jours à compter de la décision de répartition, les sommes réparties entre les associés et les créanciers ;

2° Ne pas déposer à la Caisse des dépôts et consignations, dans le délai d'un an à compter de la clôture de la liquidation, les sommes attribuées à des créanciers ou à des associés qui n'ont pas été réclamées. — *[L. n° 66-537 du 24 juill. 1966, art. 487.]*

Art. L. 247-8 Est puni d'un emprisonnement de cinq ans et d'une amende de 9 000 € le fait, pour un liquidateur, de mauvaise foi :

1° De faire des biens ou du crédit de la société en liquidation, un usage qu'il sait contraire à l'intérêt de celle-ci, à des fins personnelles ou pour favoriser une autre société ou entreprise dans laquelle il est intéressé directement ou indirectement ;

2° De céder tout ou partie de l'actif de la société en liquidation contrairement aux dispositions des articles L. 237-6 et L. 237-7. — *[L. n° 66-537 du 24 juill. 1966, art. 488.]*

1. Abus de biens sociaux. Est coupable du délit d'abus des biens d'une société le liquidateur qui s'est fait partiellement rétrocéder un dessous-de-table en contrepartie du retrait d'une option d'achat sur un terrain à lotir. • Crim. 11 juin 1998, n° 97-80.905 : *Rev. sociétés 1999. 156, note Bouloc.*

2. Cession interdite. L'art. 395 de la L. du 24 juill. 1966 [C. com., art. L. 237-7] prohibant toute cession au profit du liquidateur, qu'elle soit directe ou indirecte, l'art. 488 (2°) de la même loi [C. com., art. L. 247-8 (2°)] s'applique en cas d'interposition de personne (à propos d'un rachat moyennant une rente viagère, par le liquidateur, de l'immeuble qu'il avait cédé ès qualités à sa tante). • Crim. 8 déc. 1999, n° 98-86.216 P : *D. 2001. 1091, note Cohen ; Rev. sociétés 2000. 571, note Bouloc ; RSC 2000. 841, obs. Renucci ; BJS 2000. 498, note Barbièri.*

3. Action civile. Un mandataire social doit répondre personnellement de ses agissements délictueux qui sont de nature à causer un préjudice direct non seulement à la société elle-même, mais également à ses associés ou actionnaires. Dans de telles circonstances, l'action civile appartient à tous ceux qui ont personnellement souffert du dommage découlant directement des faits objet de la poursuite. • Crim. 8 nov. 1993, n° 91-16.671 : *Rev. sociétés 1994. 298, note Bouloc ; BJS 1994. 162, note Barbièri.*

SECTION IV *Des infractions relatives aux sociétés anonymes comportant un directoire et un conseil de surveillance*

Art. L. 247-9 Les peines prévues par les articles L. 247-1 à L. 247-4 pour les présidents, les directeurs généraux et les administrateurs de sociétés anonymes, sont applicables, selon leurs attributions respectives, aux membres du directoire et aux membres du conseil de surveillance des sociétés anonymes régies par les dispositions des articles L. 225-57 à L. 225-93. – *[L. n° 66-537 du 24 juill. 1966, art. 489.]*

SECTION V *Des infractions relatives aux sociétés à capital variable*

Art. L. 247-10 *Abrogé par L. n° 2012-387 du 22 mars 2012, art. 21.*

CHAPITRE VIII *Dispositions concernant les directeurs généraux délégués des sociétés anonymes ou des sociétés européennes* *(L. n° 2005-842 du 26 juill. 2005, art. 11-II).*

Art. L. 248-1 Les dispositions du présent titre visant les directeurs généraux des sociétés anonymes *(L. n° 2005-842 du 26 juill. 2005, art. 11-II)* « ou des sociétés européennes » sont applicables, selon leurs attributions respectives, aux directeurs généraux délégués.

CHAPITRE IX *Peines complémentaires applicables aux personnes physiques*

(L. n° 2008-776 du 4 août 2008,art. 71-I-1°)

Art. L. 249-1 *(L. n° 2008-776 du 4 août 2008, art. 71-I, 1°)* Les personnes physiques coupables des infractions prévues aux chapitres Ier à VIII du présent titre encourent également à titre de peines complémentaires l'interdiction, suivant les modalités prévues par l'article 131-27 du code pénal, soit d'exercer une fonction publique ou d'exercer l'activité professionnelle ou sociale dans l'exercice ou à l'occasion de l'exercice de laquelle l'infraction a été commise, soit d'exercer une profession commerciale ou industrielle, de diriger, d'Administrer de gérer ou de contrôler à un titre quelconque, directement ou indirectement, pour leur propre compte ou pour le compte d'autrui, une entreprise commerciale ou industrielle ou une société commerciale. Ces interdictions d'exercice peuvent être prononcées cumulativement.

1. Application dans le temps. L'interdiction d'exercer une profession commerciale, de gérer ou de diriger une entreprise commerciale ou industrielle ou une société commerciale, prévue par l'art. L. 249-1, n'est pas applicable aux faits commis avant l'entrée en vigueur de la L. du 4 août 2008. • Crim. 7 nov. 2012, n° 11-88.241 : *Dr. sociétés 2013, n° 73, obs. Salomon* • 5 nov. 2014, n° 13-85.751 : *Rev. sociétés 2015. 602, note Bouloc.*

2. Étendue des peines complémentaires. En prononçant une interdiction de diriger ou gérer toute personne morale alors que l'art. L. 249-1 C. com. limite une telle interdiction aux entreprises commerciales, industrielles et aux sociétés commerciales, une cour d'appel méconnaît l'art. 111-3 C. pén. (légalité des délits et des peines). • Crim. 21 sept. 2011, n° 11-84.568 : *D. 2012. Pan. 1705, obs. Mascala ; RTD com. 2012. 204, obs. Bouloc ; RJDA 2012, n° 173 ; Dr. sociétés 2012, n° 15, obs. Salomon.* ♦ V. aussi, pour l'impossibilité de prononcer, à l'encontre du dirigeant condamné pour abus de biens sociaux, une peine complémentaire de faillite personnelle : • Crim. 23 sept. 2009, n° 08-88.228 : *D. 2010. Pan. 1668, obs. Mascala ; Dr. sociétés 2010, n° 16, obs. Salomon.* ♦ ... Une interdiction d'exercer les professions d'expert-comptable et de commissaire aux comptes : • Crim. 6 déc. 2006, n° 06-82.860 : *D. 2007. Pan. 1631, obs. Mascala ; RJDA 2007, n° 1117 ; Dr. sociétés 2007, n° 8, obs. Salomon.* ♦ ... Ou une peine de publication de la décision dans des journaux : • Crim. 25 janv. 2012, n° 11-80.291 : *Rev. sociétés 2012. 318, note Bouloc ; Dr. sociétés 2012, n° 89, obs. Salomon.*

SUBSTANCES VÉNÉNEUSES

RÉP. PÉN v[is] *Substances vénéneuses,* par GIOANNI.

Code de la santé publique

PREMIÈRE PARTIE : ***LÉGISLATIVE***
(Ord. n° 2000-548 du 15 juin 2000)

PREMIÈRE PARTIE **Protection générale de la santé**

LIVRE III **Protection de la santé et environnement**

TITRE IV Toxicovigilance *(L. n° 2009-879 du 21 juill. 2009, art. 106).*

CHAPITRE II *Dispositions propres aux substances et préparations dangereuses*

Art. L. 1342-1 *(Ord. n° 2011-1922 du 22 déc. 2011)* « Les importateurs ou utilisateurs en aval qui mettent sur le marché des mélanges classés comme dangereux en raison de leurs effets sur la santé ou de leurs effets physiques établissent une déclaration unique comportant toutes les informations pertinentes sur ces mélanges, notamment leur composition chimique, y compris l'identité chimique des substances contenues dans des mélanges pour lesquelles une demande d'utilisation d'un nom chimique de remplacement a été acceptée par l'Agence européenne des produits chimiques conformément à l'article 24 du règlement (CE) n° 1272/2008 du Parlement européen et du Conseil du 16 décembre 2008 relatif à la classification, à l'étiquetage et à l'emballage des substances et des mélanges, modifiant et abrogeant les directives 67/548/CEE et 1999/45/CE et modifiant le règlement (CE) n° 1907/2006. Cette déclaration est adressée aux organismes mentionnés à l'article L. 1341-1, aux fins de mesures préventives et curatives, en particulier en cas d'urgence sanitaire. »

Les dispositions précédentes ne s'appliquent pas *(L. n° 2009-879 du 21 juill. 2009, art. 106 ; Ord. n° 2011-1922 du 22 déc. 2011)* « aux importateurs ou utilisateurs en aval » de certaines catégories de *(Ord. n° 2011-1922 du 22 déc. 2011)* « mélanges », définies par décret *(Abrogé par L. n° 2009-879 du 21 juill. 2009, art. 106) « en Conseil d'État »* et soumises à d'autres procédures de déclaration ou d'autorisation lorsque ces procédures prennent en compte les risques encourus par l'homme, l'animal ou l'environnement.

Obligation peut être faite aux *(Ord. n° 2011-1922 du 22 déc. 2011)* « importateurs ou utilisateurs en aval mentionnés » au premier alinéa de participer à la conservation et à l'exploitation des informations et de contribuer à la couverture des dépenses qui en résultent. – *[Anc. art. L. 626-1, I et II.]*

Art. L. 1342-2 *(Ord. n° 2011-1922 du 22 déc. 2011)* Jusqu'au 31 mai 2015, les substances dangereuses sont classées dans les catégories de danger définies par le règlement (CE) n° 1272/2008 du Parlement et du Conseil du 16 décembre 2008 et dans les catégories de danger définies du 1° au 15° du présent article.

Jusqu'au 31 mai 2015, les mélanges sont classés dans les catégories de danger définies du 1° au 15° du présent article. Ils peuvent être classés en outre dans les catégories de danger définies par le règlement (CE) n° 1272/2008 du Parlement et du Conseil du 16 décembre 2008.

1° Explosibles : substances et mélanges solides, liquides, pâteux ou gélatineux qui, même sans intervention d'oxygène atmosphérique, peuvent présenter une réaction exothermique avec développement rapide de gaz et qui, dans des conditions d'essais déterminées, détonent, déflagrent rapidement ou, sous l'effet de la chaleur, explosent en cas de confinement partiel ;

2° Comburants : substances et mélanges qui, au contact d'autres substances, notamment inflammables, présentent une réaction fortement exothermique ;

3° Extrêmement inflammables : substances et mélanges liquides dont le point d'éclair est extrêmement bas et le point d'ébullition bas, ainsi que substances et mélanges gazeux qui, à température et pression ambiantes, sont inflammables à l'air ;

4° Facilement inflammables : substances et mélanges :

a) Qui peuvent s'échauffer au point de s'enflammer à l'air à température ambiante sans apport d'énergie ;

b) A l'état solide, qui peuvent s'enflammer facilement par une brève action d'une source d'inflammation et continuer à brûler ou à se consumer après l'éloignement de cette source ;

c) A l'état liquide, dont le point d'éclair est très bas ;

d) Ou qui, au contact de l'eau ou de l'air humide, produisent des gaz extrêmement inflammables en quantités dangereuses ;

5° Inflammables : substances et mélanges liquides, dont le point d'éclair est bas ;

6° Très toxiques : substances et mélanges qui, par inhalation, ingestion ou pénétration cutanée en très petites quantités, entraînent la mort ou nuisent à la santé de manière aiguë ou chronique ;

7° Toxiques : substances et mélanges qui, par inhalation, ingestion ou pénétration cutanée en petites quantités, entraînent la mort ou nuisent à la santé de manière aiguë ou chronique ;

8° Nocifs : substances et mélanges qui, par inhalation, ingestion ou pénétration cutanée, peuvent entraîner la mort ou nuire à la santé de manière aiguë ou chronique ;

9° Corrosifs : substances et mélanges qui, en contact avec des tissus vivants, peuvent exercer une action destructrice sur ces derniers ;

10° Irritants : substances et mélanges non corrosifs qui, par contact immédiat, prolongé ou répété avec la peau ou les muqueuses, peuvent provoquer une réaction inflammatoire ;

11° Sensibilisants : substances et mélanges qui, par inhalation ou pénétration cutanée, peuvent donner lieu à une réaction d'hypersensibilisation telle qu'une exposition ultérieure à la substance ou au mélange produise des effets néfastes caractéristiques ;

12° Cancérogènes : substances et mélanges qui, par inhalation, ingestion ou pénétration cutanée, peuvent provoquer un cancer ou en augmenter la fréquence :

a) Cancérogènes de catégorie 1 : substances et mélanges que l'on sait être cancérogènes pour l'homme ;

b) Cancérogènes de catégorie 2 : substances et mélanges pour lesquels il existe une forte présomption que l'exposition de l'homme à de tels substances et mélanges puisse provoquer un cancer ou en augmenter la fréquence ;

c) Cancérogènes de catégorie 3 : substances et mélanges préoccupants pour l'homme en raison d'effets cancérogènes possibles, mais pour lesquels les informations disponibles sont insuffisantes pour classer ces substances et mélanges dans la catégorie 2 ;

13° Mutagènes : substances et mélanges qui, par inhalation, ingestion ou pénétration cutanée, peuvent produire des défauts génétiques héréditaires ou en augmenter la fréquence :

a) Mutagènes de catégorie 1 : substances et mélanges que l'on sait être mutagènes pour l'homme ;

b) Mutagènes de catégorie 2 : substances et mélanges pour lesquels il existe une forte présomption que l'exposition de l'homme à de tels substances et mélanges puisse produire des défauts génétiques héréditaires ou en augmenter la fréquence ;

c) Mutagènes de catégorie 3 : substances et mélanges préoccupants pour l'homme en raison d'effets mutagènes possibles, mais pour lesquels les informations disponibles sont insuffisantes pour classer ces substances et mélanges dans la catégorie 2 ;

14° Toxiques pour la reproduction : substances et mélanges qui, par inhalation, ingestion ou pénétration cutanée, peuvent produire ou augmenter la fréquence d'effets nocifs non héréditaires dans la progéniture ou porter atteinte aux fonctions ou capacités reproductives :

a) Toxiques pour la reproduction de catégorie 1 : substances et mélanges que l'on sait être toxiques pour la reproduction de l'homme ;

b) Toxiques pour la reproduction de catégorie 2 : substances et mélanges pour lesquels il existe une forte présomption que l'exposition de l'homme à de tels substances et mélanges puisse produire ou augmenter la fréquence d'effets nocifs non héréditaires dans la progéniture ou porter atteinte aux fonctions ou capacités reproductives ;

c) Toxiques pour la reproduction de catégorie 3 : substances et mélanges préoccupants en raison d'effets toxiques possibles pour la reproduction, mais pour lesquels les informations disponibles sont insuffisantes pour classer ces substances et mélanges dans la catégorie 2 ;

15° Dangereuses pour l'environnement : substances et mélanges qui, s'ils entraient dans l'environnement, présenteraient ou pourraient présenter un risque immédiat ou différé pour une ou plusieurs de ses composantes.

Les règles de classement, d'emballage et d'étiquetage des substances et mélanges sont définies par le règlement (CE) n° 1272/2008 du Parlement et du Conseil du 16 décembre 2008 ou, en tant que de besoin, par des décrets en Conseil d'État pris pour l'application des directives communautaires.

Art. L. 1342-3 *(Ord. n° 2011-1922 du 22 déc. 2011)* Sont déterminées par décret en Conseil d'État les modalités d'application des dispositions du présent chapitre, notamment le contenu de la déclaration mentionnée à l'article L. 1342-1, les personnes qui y ont accès, les conditions dans lesquelles est préservée la confidentialité à l'égard des tiers des informations couvertes par le secret industriel qu'elle comporte ainsi que les conditions dans lesquelles la mise sur le marché, la publicité et l'emploi des substances et des mélanges dangereux peuvent, pour des raisons de santé publique, faire l'objet de mesures d'interdiction, de restriction ou de prescriptions particulières proportionnées à la nature du danger ou du risque qu'ils comportent pour la santé humaine.

Art. L. 1342-4 *(Ord. n° 2011-1922 du 22 déc. 2011)* Un arrêté des ministres chargés de l'agriculture, de la consommation, de l'environnement, de l'industrie et de la santé classe les substances dangereuses dans les catégories mentionnées à l'article L. 1342-2 et fixe la référence des phrases types devant figurer sur l'emballage.

Art. L. 1342-5 *(Ord. n° 2011-1922 du 22 déc. 2011)* Des arrêtés des ministres chargés de l'agriculture, de la consommation, de l'environnement, de l'industrie et de la santé, pris après consultation du Haut Conseil de la santé publique, fixent les modalités du classement des mélanges dans les catégories mentionnées à l'article L. 1342-2 et les phrases types devant figurer sur l'emballage.

Le classement des mélanges dangereux résulte :

1° Du classement des substances dangereuses qu'ils contiennent et de la concentration de celles-ci ;

2° Du type de mélange.

CHAPITRE III *Dispositions pénales*

....

Art. L. 1343-4 *(Ord. n° 2011-1922 du 22 déc. 2011)* 1° Est puni *(Ord. n° 2016-967 du 15 juill. 2016, art. 4)* « de deux ans d'emprisonnement et de 75 000 € d'amende » le fait d'importer, détenir en vue de la vente ou de la distribution à titre gratuit, mettre en vente, vendre ou distribuer à titre gratuit une substance ou un mélange sans classification préalable, conformément aux exigences prévues à l'article L. 1342-2 ;

2° Est puni *(Ord. n° 2016-967 du 15 juill. 2016, art. 4)* « de deux ans d'emprisonnement et de 75 000 € d'amende » le fait d'importer, détenir en vue de la vente ou de la distribution à titre gratuit, mettre en vente, vendre ou distribuer à titre gratuit un mélange classé comme dangereux sans étiquetage et emballage préalable, conformément aux exigences prévues à l'article L. 1342-2 ;

(Abrogé par Ord. n° 2016-967 du 15 juill. 2016, art. 4) « 3° Est puni de 3 750 € d'amende le fait pour un importateur ou un utilisateur en aval d'un mélange dangereux de ne pas respecter les dispositions de l'article L. 1342-1 relatives :

« – aux informations nécessaires devant être fournies sur ce mélange ;

« – à sa participation à la conservation et à l'exploitation des informations et à sa contribution à la couverture des dépenses en résultant. »

....

TROISIÈME PARTIE **Lutte contre les maladies et dépendances**

LIVRE IV **Lutte contre la toxicomanie**

TITRE PREMIER **Organisation de la prise en charge sanitaire des toxicomanes**

CHAPITRE PREMIER *Dispositions générales*

....

Art. L. 3411-2 Les dépenses de prévention résultant du présent livre, les dépenses de soins entraînées par l'application des articles L. 3414-1 et L. 3423-1 à *(L. n° 2007-297 du 5 mars 2007, art. 49)* « L. 3425-2 », ainsi que les dépenses d'aménagement des *(L. n° 2007-297 du 5 mars 2007, art. 49)* « centres spécialisés » sont prises en charge par l'État, *(L. n° 2002-1487 du 20 déc. 2002, art. 38-II ; L. n° 2006-1640 du 21 déc. 2006, art. 92-II)* « à l'exclusion *des dépenses médico-sociales* des centres de soins, d'accompagnement et de prévention en addictologie mentionnées à l'article L. 314-8 du code de l'action sociale et des familles ».

Toutefois, *(L. n° 2007-297 du 5 mars 2007, art. 49)* « lorsque le traitement est réalisé » avec hébergement dans un établissement de santé, les dépenses afférentes *(L. n° 2007-297 du 5 mars 2007, art. 49)* « au traitement » sont prises en charge par les régimes d'assurance maladie, sans qu'il soit fait application des dispositions du code de la sécurité sociale et du code rural et de la pêche maritime relatives à l'ouverture du droit aux prestations couvertes par les régimes de base, au remboursement de la part garantie par l'assurance maladie, à la participation de l'assuré aux tarifs servant de base au remboursement ainsi qu'au forfait mentionné à l'article L. 174-4 du code de la sécurité sociale.

Un décret en Conseil d'État fixe les modalités d'application des dispositions des deux alinéas précédents. — *[Anc. art. 3, L. nº 70-1320 du 31 déc. 1970].*

....

CHAPITRE III *Personnes signalées par l'autorité judiciaire*

(L. nº 2007-297 du 5 mars 2007, art. 47)

Art. L. 3413-1 *(L. nº 2011-1862 du 13 déc. 2011, art. 67)* Chaque fois que l'autorité judiciaire enjoint à une personne ayant fait un usage illicite de stupéfiants ou une consommation habituelle et excessive d'alcool de se soumettre à une mesure d'injonction thérapeutique qui consiste en une mesure de soins ou de surveillance médicale, elle en informe le directeur général de l'agence régionale de santé.

Celui-ci fait procéder dans les meilleurs délais à l'examen médical de l'intéressé par un médecin désigné en qualité de médecin relais ou, le cas échéant, à une évaluation socio-psychologique par un psychologue habilité ou tout professionnel de santé également habilité par le directeur général de l'agence régionale de santé. Cette habilitation doit notamment résulter de la justification d'une formation ou d'une expérience professionnelle dans le domaine de la prise en charge des addictions. Le directeur général de l'agence régionale de santé fait également procéder, s'il y a lieu, à une enquête sur la vie familiale, professionnelle et sociale de l'intéressé, le cas échéant à la demande du professionnel de santé désigné. S'il n'est pas donné suite à cette demande, le professionnel de santé désigné peut en aviser l'autorité judiciaire afin qu'elle se prononce sur l'opportunité de cette enquête.

A l'issue de cette phase d'évaluation, le professionnel de santé désigné fait connaître sans délai à l'autorité judiciaire son avis motivé sur l'opportunité de la mesure d'injonction thérapeutique.

Art. L. 3413-2 *(L. nº 2011-1862 du 13 déc. 2011, art. 67)* Si l'examen médical ou l'évaluation prévu à l'article L. 3413-1 confirme l'opportunité d'une mesure d'injonction thérapeutique, le professionnel de santé désigné invite l'intéressé à se présenter auprès d'un centre de soins, d'accompagnement et de prévention en addictologie ou d'un médecin de son choix ou, à défaut, désigné d'office pour suivre un traitement médical ou faire l'objet d'une prise en charge socio-psychologique adaptée.

Art. L. 3413-3 *(L. nº 2011-1862 du 13 déc. 2011, art. 67)* Le médecin relais, le psychologue habilité ou le professionnel de santé habilité est chargé de la mise en œuvre de la mesure d'injonction thérapeutique, d'en proposer les modalités et d'en contrôler le suivi.

Il informe l'autorité judiciaire de l'évolution de la situation de dépendance de l'intéressé.

En cas d'interruption du suivi à l'initiative de l'intéressé ou de tout autre incident survenant au cours de la mesure, le professionnel de santé désigné en informe sans délai l'autorité judiciaire.

Art. L. 3413-4 Les modalités d'application du présent chapitre sont précisées par décret en Conseil d'État. — *V. CSP, art. R. 3413-1 à R. 3413-15.*

....

TITRE II **Dispositions pénales et mesures d'accompagnement**

CHAPITRE PREMIER *Peines applicables*

Art. L. 3421-1 L'usage illicite de l'une des substances ou plantes classées comme stupéfiants est puni d'un an d'emprisonnement et de 3 750 € d'amende. — *[Anc. art. L. 628.]*

(Abrogé par L. nº 2019-222 du 23 mars 2019, art. 71-XIV et 109-XIX, à compter du 24 mars 2020) (L. nº 2007-297 du 5 mars 2007, art. 48) ***« Les personnes coupables de ce délit encourent également, à titre de peine complémentaire, l'obligation d'accomplir un stage de sensibilisation aux dangers de l'usage de produits stupéfiants, selon les modalités fixées à l'article 131-35-1 du code pénal. »***

Si l'infraction est commise dans l'exercice ou à l'occasion de l'exercice de ses fonctions par une personne dépositaire de l'autorité publique ou chargée d'une mission de service public, ou par le personnel d'une entreprise de transport *(Ord. nº 2021-409 du 8 avr. 2021, art. 8)*

« routier, ferroviaire », maritime ou aérien, de marchandises ou de voyageurs exerçant des fonctions mettant en cause la sécurité du transport dont la liste est fixée par décret en Conseil d'État, les peines sont portées à cinq ans d'emprisonnement et à 75 000 € d'amende. Pour l'application du présent alinéa, sont assimilés au personnel d'une entreprise de transport les travailleurs mis à la disposition de l'entreprise de transport par une entreprise extérieure.

(L. n° 2019-222 du 23 mars 2019, art. 58-I) « Pour le délit prévu au premier alinéa du présent article, y compris en cas de récidive, l'action publique peut être éteinte, dans les conditions prévues aux articles 495-17 à 495-25 du code de procédure pénale, par le versement d'une amende forfaitaire d'un montant de 200 €. Le montant de l'amende forfaitaire minorée est de 150 € et le montant de l'amende forfaitaire majorée est de 450 €. »

BIBL. ▶ JEAN, *AJ pénal 2010. 182* (transformations de la politique criminelle envers les usagers de stupéfiants depuis la loi du 5 mars 2007).

Art. L. 3421-2 Dans le cas prévu par l'article L. 3421-1, les tribunaux ordonnent la confiscation des substances ou plantes saisies.

Cette confiscation ne peut toutefois être prononcée lorsque le délit a été constaté dans une officine pharmaceutique si le délinquant n'est que le gérant responsable, à moins que le propriétaire de l'officine n'ait fait acte de complicité ou que la détention de ces substances ou plantes ne soit illicite. – *[Anc. art. L. 629.]*

Art. L. 3421-3 Les dispositions de l'article 706-33 du code de procédure pénale et du premier alinéa de l'article 222-49 du code pénal sont applicables en cas de poursuites pour le délit prévu par l'article L. 3421-1. – *[Anc. art. L. 629-1.]*

Art. L. 3421-4 La provocation au délit prévu par l'article L. 3421-1 ou à l'une des infractions prévues par les articles 222-34 à 222-39 du code pénal, alors même que cette provocation n'a pas été suivie d'effet, ou le fait de présenter ces infractions sous un jour favorable est puni de cinq ans d'emprisonnement et de 75 000 € d'amende.

Est punie des mêmes peines la provocation, même non suivie d'effet, à l'usage de substances présentées comme ayant les effets de substances ou plantes classées comme stupéfiants.

(L. n° 2007-297 du 5 mars 2007, art. 48) « Lorsque le délit prévu par le présent article constitue une provocation directe et est commis dans des établissements d'enseignement ou d'éducation ou dans les locaux de l'administration, ainsi que, lors des entrées ou sorties des élèves ou du public ou dans un temps très voisin de celles-ci, aux abords de ces établissements ou locaux, les peines sont portées à sept ans d'emprisonnement et à 100 000 € d'amende. »

Lorsque le délit prévu par le présent article est commis par voie de la presse écrite ou audiovisuelle, les dispositions particulières des lois qui régissent ces matières sont applicables en ce qui concerne la détermination des personnes responsables. – *[Anc. art. L. 630.]*

(L. n° 2007-297 du 5 mars 2007, art. 48) « Les personnes coupables des délits prévus par le présent article encourent également la peine complémentaire d'obligation d'accomplir, le cas échéant à leurs frais, un stage de sensibilisation aux dangers de l'usage de produits stupéfiants. »

Art. L. 3421-5 *(L. n° 2007-297 du 5 mars 2007, art. 48)* Sur réquisitions du procureur de la République, les officiers de police judiciaire et, sur l'ordre ou sous la responsabilité de ceux-ci, les agents de police judiciaire et agents de police judiciaire adjoints mentionnés à l'article 20 et au 1° de l'article 21 du code de procédure pénale sont habilités, aux fins de rechercher et de constater le délit prévu au *(L. n° 2019-222 du 23 mars 2019, art. 71-XIV et 109-XIX, en vigueur le 24 mars 2020)* « second *[ancienne rédaction : troisième]* » alinéa de l'article L. 3421-1 du présent code, à entrer dans les lieux où s'exerce le transport public de voyageurs, terrestre, maritime ou aérien, ainsi que dans leurs annexes et dépendances, sauf s'ils constituent un domicile, en vue de :

1° Contrôler l'identité des personnes présentes, pour déterminer celles relevant des dispositions du *(L. n° 2019-222 du 23 mars 2019, art. 71-XIV et 109-XIX, en vigueur le 24 mars 2020)* « second *[ancienne rédaction : troisième]* » alinéa de l'article L. 3421-1 ;

2° Procéder auprès de ces personnes, s'il existe à leur encontre une ou plusieurs raisons plausibles de soupçonner qu'elles ont fait usage de stupéfiants, à des épreuves de dépistage en vue d'établir la commission du délit recherché.

Lorsque ces épreuves de dépistage se révèlent positives ou lorsque la personne refuse ou est dans l'impossibilité de les subir, les officiers ou agents de police judiciaire et agents de police judiciaire adjoints font procéder aux vérifications destinées à établir la preuve de l'usage de produits stupéfiants.

Les vérifications visées au quatrième alinéa sont faites au moyen d'analyses *(L. n° 2016-41 du 26 janv. 2016, art. 45)* « ou examens *[ancienne rédaction : et examens]* » médicaux, cliniques et biologiques. *(L. n° 2011-525 du 17 mai 2011, art. 166)* « Les échantillons prélevés sont conservés dans les conditions fixées par un arrêté du ministre chargé de la santé, pris après avis du directeur général de *(L. n° 2011-2012 du 29 déc. 2011, art. 5-IV)* « l'Agence nationale de sécurité du médicament et des produits de santé ». »

Les réquisitions du procureur de la République sont écrites, présentées aux personnes intéressées à leur demande et précisent qu'elles ont pour but la recherche de l'infraction prévue au *(L. n° 2019-222 du 23 mars 2019, art. 71-XIV et 109-XIX, en vigueur le 24 mars 2020)* « second *[ancienne rédaction : troisième]* » alinéa de l'article L. 3421-1. Ces réquisitions sont prises pour une durée maximum d'un mois et précisent les locaux où se déroulera l'opération de contrôle ainsi que les dates et heures de chaque intervention.

Les mesures prises en application du présent article font l'objet d'un procès-verbal remis à l'intéressé.

Art. L. 3421-6 *(L. n° 2007-297 du 5 mars 2007, art. 48)* Le fait de refuser de se soumettre aux vérifications prévues par l'article L. 3421-5 est puni de deux ans d'emprisonnement et de 30 000 € d'amende.

Art. L. 3421-7 *(L. n° 2007-297 du 5 mars 2007, art. 48)* Les personnes physiques coupables des délits prévus au *(L. n° 2019-222 du 23 mars 2019, art. 71-XIV et 109-XIX, en vigueur le 24 mars 2020)* « second *[ancienne rédaction : troisième]* » alinéa de l'article L. 3421-1 et à l'article L. 3421-6 encourent également les peines complémentaires suivantes :

1° La suspension pour une durée de trois ans au plus du permis de conduire ou du titre de conduite des bateaux de plaisance français à moteur en mer et en eaux intérieures ; cette suspension ne peut pas être limitée à la conduite en dehors de l'activité professionnelle ; elle ne peut être assortie du sursis, même partiellement ;

2° L'annulation du permis de conduire ou du titre de conduite des bateaux de plaisance français à moteur en mer et en eaux intérieures avec interdiction de solliciter la délivrance d'un nouveau permis ou d'un nouveau titre de conduite pendant trois ans au plus ;

3° La peine de travail d'intérêt général selon les modalités prévues à l'article 131-8 du code pénal et selon les conditions prévues aux articles 131-22 à 131-24 du même code ;

4° La peine de jours-amende dans les conditions fixées aux articles 131-5 et 131-25 du code pénal ;

5° L'interdiction, soit définitive, soit pour une durée de cinq ans au plus, d'exercer une profession ayant trait au transport ;

6° L'interdiction de conduire certains véhicules terrestres à moteur, y compris ceux pour la conduite desquels le permis de conduire n'est pas exigé, pour une durée de cinq ans au plus ;

7° L'obligation d'accomplir, à ses frais, un stage de sensibilisation à la sécurité routière ;

8° L'obligation d'accomplir, à ses frais, un stage de sensibilisation aux dangers de l'usage de produits stupéfiants.

CHAPITRE II *Mesures d'accompagnement*

Art. L. 3422-1 En cas d'infraction à l'article L. 3421-1 et aux articles 222-34 à 222-39 du code pénal, le représentant de l'État dans le département peut ordonner, pour une durée n'excédant pas trois mois, la fermeture de tout hôtel, maison meublée, pension, débit de boissons, restaurant, club, cercle, dancing, lieu de spectacle ou leurs annexes ou lieu quelconque ouvert au public ou utilisé par le public où l'infraction a été commise.

Le ministre de l'intérieur peut, dans les mêmes conditions, ordonner la fermeture de ces mêmes lieux pour une durée pouvant aller jusqu'à un an ; dans ce cas, la durée de la fermeture prononcée par le représentant de l'État dans le département s'impute sur celle de la fermeture prononcée par le ministre.

Les mesures prévues par les deux alinéas qui précèdent cessent de plein droit de produire effet en cas de décision de non-lieu, de relaxe ou d'acquittement. La durée de la fermeture par l'autorité administrative s'impute sur celle de la fermeture prononcée par la juridiction d'instruction. – *[Anc. art. L. 629-2, al. 1er à 3.]*

Art. L. 3422-2 Le fait de contrevenir à la décision de fermeture prononcée en application de l'article L. 3422-1 est puni de six mois d'emprisonnement et de 7 500 € d'amende. – *[Anc. art. L. 629-2, al. 4.]*

CHAPITRE III *Injonction thérapeutique par le procureur de la République*

(L. nº 2007-297 du 5 mars 2007, art. 49)

Art. L. 3423-1 *(L. nº 2011-1862 du 13 déc. 2011, art. 67)* Le procureur de la République peut enjoindre à la personne ayant fait un usage illicite de stupéfiants ou une consommation habituelle et excessive d'alcool de se soumettre à une mesure d'injonction thérapeutique prenant la forme d'une mesure de soins ou de surveillance médicale dans des conditions prévues aux articles L. 3413-1 à L. 3413-4.

La durée de la mesure est de six mois, renouvelable trois fois selon les mêmes modalités.

L'action publique n'est pas exercée à l'encontre des personnes qui se soumettent à la mesure d'injonction thérapeutique qui leur est ordonnée et la suivent jusqu'à son terme.

De même, l'action publique n'est pas exercée à l'égard des personnes ayant fait un usage illicite de stupéfiants lorsqu'il est établi qu'elles se sont soumises, depuis les faits qui leur sont reprochés, à une mesure de soins ou à une surveillance médicale adaptées dans les conditions prévues aux chapitres II et IV du titre Ier du présent livre.

Art. L. 3423-2 Dans tous les cas prévus à l'article L. 3423-1, lorsque la conservation des plantes et substances saisies n'apparaît pas nécessaire, il est procédé à leur destruction par un officier de police judiciaire, sur la réquisition du procureur de la République.

CHAPITRE IV *Injonction thérapeutique par le juge d'instruction, le juge des enfants ou le juge des libertés et de la détention*

(L. nº 2007-297 du 5 mars 2007, art. 49)

Art. L. 3424-1 Les personnes mises en examen pour les délits prévus par les articles L. 3421-1 et L. 3425-2 peuvent se voir notifier, par ordonnance du juge d'instruction, du juge des enfants ou du juge des libertés et de la détention, une mesure d'injonction thérapeutique selon les modalités définies aux articles L. 3413-1 à L. 3413-4. *(L. nº 2011-525 du 17 mai 2011, art. 167)* « La durée de la mesure est de vingt-quatre mois au plus. »

L'exécution de cette ordonnance se poursuit, s'il y a lieu, après la clôture de l'information, les règles fixées par les deuxième à quatrième alinéas de l'article 148-1 du code de procédure pénale étant, le cas échéant, applicables.

CHAPITRE V *Injonction thérapeutique par la juridiction de jugement*

(L. nº 2007-297 du 5 mars 2007, art. 49)

Art. L. 3425-1 La juridiction de jugement peut, à titre de peine complémentaire, astreindre les personnes ayant commis le délit prévu par l'article L. 3421-1 à se soumettre à une mesure d'injonction thérapeutique, selon les modalités définies aux articles L. 3413-1 à L. 3413-4. *(L. nº 2011-525 du 17 mai 2011, art. 167)* « La durée de la mesure est de vingt-quatre mois au plus. »

Art. L. 3425-2 Le fait de se soustraire à l'exécution de la décision ayant ordonné une injonction thérapeutique est puni des peines prévues aux articles L. 3421-1 et L. 3425-1.

Toutefois, ces sanctions ne sont pas applicables lorsque l'injonction thérapeutique constitue une obligation particulière imposée à une personne qui a été condamnée à une peine d'emprisonnement assortie du sursis probatoire.

....

CINQUIÈME PARTIE **Produits de santé**

LIVRE PREMIER **Produits pharmaceutiques**

TITRE III **Autres produits et substances pharmaceutiques réglementés**

CHAPITRE II *Substances et préparations vénéneuses*

Art. L. 5132-1 Sont comprises comme substances vénéneuses :

(Abrogé par Ord. nº 2011-1922 du 22 déc. 2011, art. 2-14º) « *1º Les substances dangereuses classées selon les catégories définies à l'article L. 5132-2 ;* »

2° Les substances stupéfiantes ;

3° Les substances psychotropes ;

4° Les substances inscrites sur la liste I et la liste II définies à l'article L. 5132-6.

(Ord. n° 2011-1922 du 22 déc. 2011, art. 2-14°) « Au sens de cette présente partie : »

On entend par "substances" les éléments chimiques et leurs composés comme ils se présentent à l'état naturel ou tels qu'ils sont produits par l'industrie, contenant éventuellement tout additif nécessaire à leur mise sur le marché.

On entend par "préparations" les mélanges ou solutions composés de deux substances ou plus. — *[Anc. art. R. 5149.]*

Art. L. 5132-6 Les listes I et II mentionnées au 4° de l'article L. 5132-1 comprennent :

(Abrogé par L. n° 2020-1525 du 7 déc. 2020, art. 29) « 1° *(Ord. n° 2011-1922 du 22 déc. 2011)* « *Certaines substances classées dangereuses pour la santé conformément à l'article L. 1342-2* » ; »

2° Les médicaments susceptibles de présenter directement ou indirectement un danger pour la santé ;

3° Les médicaments à usage humain contenant des substances dont l'activité ou les effets indésirables nécessitent une surveillance médicale ;

4° *Abrogé par Ord. n° 2007-613 du 26 avr. 2007, art. 28.*

5° *[4°]* Tout autre produit ou substance présentant pour la santé des risques directs ou indirects.

La liste I comprend les substances ou préparations, et les médicaments et produits présentant les risques les plus élevés pour la santé.

V. Arr. du 22 févr. 1990 (JO 7 juin) portant inscription sur les listes I et II des substances vénéneuses définies au CSP, art. R. 5204 (site : Agence nationale de sécurité du médicament et des produits de santé).

Art. L. 5132-7 Les plantes, substances ou préparations vénéneuses sont classées comme stupéfiants ou comme psychotropes ou sont inscrites sur les listes I et II par *(L. n° 2020-1525 du 7 déc. 2020, art. 29)* « décision » du directeur général de *(L. n° 2011-2012 du 29 déc. 2011, art. 5-IV en vigueur le 1er mai 2012)* « l'Agence nationale de sécurité du médicament et des produits de santé » *(L. n° 2020-1525 du 7 déc. 2020, art. 29)* « , sans préjudice des dispositions réglementaires applicables aux plantes, substances ou préparations vénéneuses inscrites sur les listes I et II mentionnées au 4° de l'article L. 5132-1 contenues dans des produits autres que les médicaments à usage humain ». — *[Anc. art. L. 627.]*

QPC. V. jurispr. ss. art. 222-37 C. pén.

Art. L. 5132-8 La production, la fabrication, le transport, l'importation, l'exportation, la détention, l'offre, la cession, l'acquisition et l'emploi de plantes, de substances ou de préparations classées comme vénéneuses sont soumises à des conditions définies par décrets en Conseil d'État.

Ces décrets peuvent prohiber toute opération relative à ces plantes et substances ; ils peuvent notamment, après avis des Académies nationales de médecine et de pharmacie, interdire la prescription et l'incorporation dans des préparations de certaines de ces plantes et substances ou des spécialités qui en contiennent. — *V. CSP, art. R. 5132-1 s.* — **CSP.**

Les conditions de prescription et de délivrance de telles préparations sont fixées après avis des conseils nationaux de l'ordre des médecins et de l'ordre des pharmaciens. — *[Anc. art. L. 626 (partie) et L. 627 (partie).]*

Pour l'application des dispositions de ce chapitre à Mayotte, dans les îles Wallis-et-Futuna et dans les Terres australes et antarctiques françaises, V. ***CSP****, art. L. 5511-1, L. 5521-6 et L. 5531-1.*

…………………………………………………………………………………………

LIVRE II Dispositifs médicaux, dispositifs médicaux de diagnostic *in vitro* et autres produits et objets réglementés dans l'intérêt de la santé publique

(Ord. n° 2001-198 du 1er mars 2001, ratifiée par L. n° 2004-1343 du 9 déc. 2004, art. 80-VI)

TITRE III Autres produits et objets

CHAPITRE PREMIER *Objets concernant les nourrissons et les enfants*

Art. L. 5231-1 *(Ord. n° 2001-198 du 1er mars 2001, art. 2-II)* Sont interdites la fabrication et la distribution, à titre onéreux ou gratuit, de jouets ou d'amusettes, contenant les substances vénéneuses ou dangereuses dont la liste est établie et mise à jour par décret en Conseil d'État pris sur avis *(L. n° 2004-806 du 9 août 2004, art. 4-I ; Ord. n° 2010-18 du 7 janv. 2010, art. 3)* « de l'Agence nationale chargée de la sécurité sanitaire de l'alimentation, de l'environnement et du travail ».

V. Dir. 2009/48/CE du Parlement européen et du Conseil du 18 juin 2009 relative à la sécurité des jouets (JOUE 30 juin) ; Dir. 2012/7/UE de la Commission, modifiant, pour l'adapter au progrès technique, l'annexe II, partie III de la Dir. 2009/48/CE (JOUE 3 mars).

V. Décr. n° 2010-166 du 22 févr. 2010 relatif à la sécurité des jouets (JO 24 févr.).

....

LIVRE IV Dispositions pénales

TITRE III Autres produits et substances pharmaceutiques réglementés

CHAPITRE II *Substances vénéneuses*

Art. L. 5432-1 *(Ord. n° 2013-1183 du 19 déc. 2013, art. 9-I, en vigueur le 1er févr. 2014)* I. — Est puni de cinq ans d'emprisonnement et de 375 000 € d'amende le fait dans le cadre d'une activité réglementée de ne pas respecter les dispositions prises en application de l'article L. 5132-8 :

1° Fixant les conditions de production, de transport, d'importation, d'exportation, de détention, d'offre, de cession, de prescription, de délivrance, d'acquisition, et d'emploi de médicaments, plantes, substances ou préparations classées comme vénéneuses ;

2° Prohibant les opérations relatives à ces plantes ou substances ;

3° Interdisant la prescription ou l'incorporation dans des préparations, de certaines plantes ou substances vénéneuses ou de spécialités qui en contiennent, ou fixant les conditions particulières de prescription ou de délivrance de ces préparations.

Dans tous les cas prévus au présent article, les tribunaux peuvent ordonner la confiscation des plantes ou substances saisies.

II. — Les peines mentionnées au I sont portées à sept ans d'emprisonnement et 750 000 € d'amende, lorsque :

1° Les faits ont été commis en bande organisée ;

2° Lorsque les faits d'offre, de cession ou d'acquisition ont été commis sur un réseau de télécommunication à destination d'un public non déterminé ;

3° Les faits ont été commis en vue de faciliter, par quelque moyen que ce soit, notamment à l'aide d'ordonnances ou de délivrances de complaisance, le mésusage ou l'abus tels que définis par voie réglementaire, de médicaments, de plantes, de substances ou préparations classées comme vénéneuses. Ces dispositions ne sont pas applicables en cas de prescription d'une spécialité pharmaceutique non conforme à son autorisation de mise sur le marché lorsque que les conditions prévues *(L. n° 2020-1576 du 14 déc. 2020, art. 78, en vigueur à une date fixée par décret, et au plus tard le 1er juill. 2021)* « aux articles L. 5121-12 et » L. 5121-12-1 sont respectées.

En ce qui concerne l'amnistie de certaines infractions à la législation sur les stupéfiants, V. L. n° 91-1264 du 19 déc. 1991, art. 3, App., Textes temporaires. — Amnistie.

Pour l'application des dispositions de ce chapitre dans les îles Wallis-et-Futuna et dans les Terres australes et antarctiques françaises, V. **CSP***, art. L. 5521-6 et L. 5531-1.*

Art. L. 5432-2 *(Ord. n° 2013-1183 du 19 déc. 2013, art. 9-II, en vigueur le 1er févr. 2014)* I. — Est puni de cinq ans d'emprisonnement et de 375 000 € d'amende le fait pour quiconque, de fabriquer, d'importer, d'exporter, de transporter, d'offrir, de céder, d'acquérir, de détenir, d'employer de manière illicite ou de se faire délivrer au moyen d'ordonnances fictives ou de complaisance :

1° Des substances, plantes ou préparations inscrites sur les listes I et II ou classées comme psychotropes mentionnées à l'article L. 5132-1 ;

2° Des médicaments mentionnés à l'article L. 5111-1, lorsque ces médicaments sont inscrits sur les listes I et II mentionnées à l'article L. 5132-1 ou lorsque sans être inscrits ces derniers contiennent une ou plusieurs substances ou préparations inscrites dans ces mêmes listes.

II. — Les peines mentionnées au I sont portées à sept ans d'emprisonnement et 750 000 € d'amende, lorsque :

1° Les faits ont été commis en bande organisée ;

2° Lorsque les faits d'offre, de cession ou d'acquisition ont été commis sur un réseau de télécommunication à destination d'un public non déterminé.

Art. L. 5432-3 *(Ord. n° 2013-1183 du 19 déc. 2013, art. 9-II, en vigueur le 1er févr. 2014)* La tentative des délits prévus aux articles L. 5432-1 et L. 5432-2 est punie des mêmes peines.

Art. L. 5432-4 *(Ord. n° 2013-1183 du 19 déc. 2013, art. 9-II, en vigueur le 1er févr. 2014)* Pour les infractions pénales mentionnées au présent chapitre, les personnes physiques encourent également les peines complémentaires suivantes :

1° L'affichage ou la diffusion de la décision prononcée, dans les conditions et sous les peines prévues à l'article 131-35 du code pénal ;

2° L'interdiction temporaire ou définitive d'exercer une ou plusieurs professions régies par le présent code, une profession commerciale ou industrielle, de diriger, d'Administrer de gérer ou de contrôler à un titre quelconque, directement ou indirectement, pour son propre compte ou pour le compte d'autrui, une entreprise commerciale ou industrielle ou une société commerciale ou toute autre activité professionnelle ou sociale à l'occasion de l'exercice de laquelle l'infraction a été commise, suivant les modalités prévues à l'article 131-27 du même code ;

3° La confiscation de la chose qui a servi ou était destinée à commettre l'infraction ou de la chose qui en est l'objet ou le produit, en application de l'article 131-21 du même code.

Art. L. 5432-5 *(Ord. n° 2013-1183 du 19 déc. 2013, art. 9-II, en vigueur le 1er févr. 2014)* Les personnes morales déclarées responsables pénalement, dans les conditions prévues par l'article 121-2 du code pénal, des infractions définies au présent chapitre encourent, outre l'amende suivant les modalités prévues par l'article 131-38 du code pénal, la peine prévue aux 2° à 9° de l'article 131-39 du même code.

TITRE VI **Dispositifs médicaux, dispositifs médicaux de diagnostic *in vitro* et autres produits et objets réglementés dans l'intérêt de la santé publique**

(Ord. n° 2001-198 du 1er mars 2001, art. 6, ratifiée par L. n° 2004-1343 du 9 déc. 2004, art. 80-VI)

CHAPITRE III ***Autres produits et objets*** *(Ord. n° 2001-198 du 1er mars 2001, ratifiée par L. n° 2004-1343 du 9 déc. 2004, art. 80-VI).*

....

Art. L. 5463-2 *(Ord. n° 2001-198 du 1er mars 2001, ratifiée par L. n° 2004-1343 du 9 déc. 2004, art. 80-VI)* « Le fait de passer outre aux interdictions mentionnées à l'article L. 5231-1 » est puni de deux ans d'emprisonnement et de 3 750 € d'amende. — *[Anc. art. L. 145.]*

Pour l'application de cet article à Mayotte, V. **CSP**, *art. L. 5514-1.*

V. Décr. n° 69-446 du 2 mai 1969 portant publication de la convention unique sur les stupéfiants du 30 mars 1961 (JO 22 mai) ; Décr. n° 75-1076 du 4 nov. 1975 (JO 20 nov.) portant publication du protocole du 25 mars 1972 portant amendement de cette convention ; Décr. n° 85-1327 du 10 déc. 1985 (JO 15 déc.) portant publication : 1°... ; 2° de la déclaration faite par la République française le 19 févr. 1969 en application de l'art. 44, al. 2, de cette convention.

V. Décr. n° 77-41 du 11 janv. 1977 (JO 19 janv.) portant publication de la convention sur les substances psychotropes, faite à Vienne le 21 févr. 1971.

DEUXIÈME PARTIE : ***RÉGLEMENTAIRE***

(Décr. n° 2003-462 du 21 mai 2003)

TROISIÈME PARTIE **Lutte contre les maladies et dépendances**

LIVRE IV **Lutte contre la toxicomanie**

TITRE PREMIER **Organisation de la prise en charge sanitaire des toxicomanes**

CHAPITRE III ***Personnes signalées par l'autorité judiciaire*** *(Décr. n° 2008-364 du 16 avr. 2008).*

SECTION I ***Les médecins relais***

(Décr. n° 2008-364 du 16 avr. 2008)

Art. R. 3413-1 Une liste départementale des médecins relais habilités à procéder au suivi des mesures d'injonction thérapeutique en application de l'article L. 3413-1 est établie par le *(Décr. n° 2010-344 du 31 mars 2010, art. 103)* « directeur général de l'agence régionale de santé », après avis conforme du procureur général près la cour d'appel. Elle est révisée annuellement.

Art. R. 3413-2 Peuvent être inscrits sur la liste départementale, à leur demande ou avec leur accord, les médecins :

1° Inscrits à un tableau de l'ordre ou, après autorisation du ministre de la défense, *(Décr. n° 2019-405 du 2 mai 2019, art. 7)* « relevant des dispositions de l'article L. 4138-2 du code de la défense », depuis au moins trois ans ;

2° N'ayant pas fait l'objet d'une condamnation inscrite au bulletin n° 2 du casier judiciaire pour des agissements contraires à l'honneur, à la probité ou aux bonnes mœurs ;

Le *(Décr. n° 2010-344 du 31 mars 2010, art. 103)* « directeur général de l'agence régionale de santé » s'assure du respect de cette condition en demandant communication du bulletin n° 2 du casier judiciaire au casier judiciaire national automatisé, par un moyen de télécommunication sécurisé ;

3° N'ayant pas fait l'objet d'une sanction devenue définitive d'interdiction temporaire ou permanente, assortie ou non du sursis, mentionnée à l'article L. 4124-6 du présent code ou à l'article L. 145-2 du code de la sécurité sociale ou n'étant pas l'objet d'une suspension d'un exercice en cours au titre des articles L. 4113-14 et R. 4124-3.

Art. R. 3413-3 En vue d'être habilité en qualité de médecin relais, l'intéressé adresse au *(Décr. n° 2010-344 du 31 mars 2010, art. 103)* « directeur général de l'agence régionale de santé » un dossier composé :

1° D'un état relatif à ses activités professionnelles, lieux et dates d'exercice ;

2° D'une attestation justifiant que les conditions fixées aux 1° et 3° de l'article R. 3413-2 sont remplies. Cette attestation est délivrée, selon les cas, par le conseil départemental de l'ordre des médecins ou par le service de santé des armées.

Art. R. 3413-4 La radiation d'un médecin relais de la liste départementale est prononcée par le *(Décr. n° 2010-344 du 31 mars 2010, art. 103)* « directeur général de l'agence régionale de santé » :

1° Dès lors que l'une des conditions prévues à l'article R. 3413-2 cesse d'être remplie ;

2° Après avis conforme du procureur général près la cour d'appel, sur demande motivée du procureur de la République, du juge des libertés et de la détention, du juge d'instruction, du juge des enfants ou du juge de l'application des peines, si le médecin relais ne satisfait pas à ses obligations ou ne s'en acquitte pas dans les délais requis.

Préalablement à la décision de radiation, le médecin relais est mis en mesure de faire connaître ses observations.

Le procureur général informe les magistrats concernés de la mesure de radiation.

Art. R. 3413-5 Un médecin relais peut demander au *(Décr. n° 2010-344 du 31 mars 2010, art. 103)* « directeur général de l'agence régionale de santé » son retrait de la liste par lettre recommandée avec accusé de réception. Il en informe sans délai les magistrats chargés de suivre les dossiers des personnes pour lesquelles il avait été désigné médecin relais, ainsi que les médecins que ces personnes ont choisis pour leur prise en charge médicale.

Le retrait prend effet au terme d'un délai de trois mois à compter de la date de réception de la demande.

Art. R. 3413-6 Ne peut être désigné comme médecin relais, pour une personne déterminée, un médecin :

— qui présente avec la personne soumise à une mesure d'injonction thérapeutique un lien de parenté ou d'alliance jusqu'au quatrième degré ou un lien de hiérarchie ;

— ou qui est le médecin traitant de cette personne au sens de l'article L. 162-5-3 du code de la sécurité sociale ou qui lui dispense habituellement des soins.

Le médecin relais ne peut assurer le traitement ou la surveillance médicale de la personne soumise à la mesure d'injonction thérapeutique.

Art. R. 3413-7 Lorsque le nombre de médecins relais inscrits sur la liste paraît insuffisant, le *(Décr. n° 2010-344 du 31 mars 2010, art. 103)* « directeur général de l'agence régionale de santé » peut désigner, sauf refus de sa part, un médecin relais inscrit sur la liste établie dans un autre département.

A défaut, il désigne, sur avis conforme du procureur général près la cour d'appel, pour une durée qui ne peut excéder un an, un médecin remplissant les conditions définies à l'article R. 3413-2 après avoir préalablement recueilli son accord.

Dans les cas mentionnés aux articles R. 3413-4 et R. 3413-5 ainsi qu'en cas d'empêchement, le directeur général de l'agence régionale de santé désigne un autre médecin relais.

Art. R. 3413-8 Les médecins relais perçoivent, pour chaque personne suivie par eux, une indemnité forfaitaire, dans des conditions prévues par arrêté conjoint des ministres chargés du budget et de la santé. — *V. Arr. du 21 sept. 2009 (JO 1er oct.).*

Art. R. 3413-9 Les fonctions de médecin relais exercées par un praticien hospitalier à temps plein le sont dans le cadre des missions définies au 5° de l'article R. 6152-24 ou de l'article 6 du décret n° 84-135 du 24 février 1984 portant statut des personnels enseignants et hospitaliers des centres hospitaliers et universitaires.

SECTION II *Le déroulement de l'injonction thérapeutique*

(Décr. n° 2008-364 du 16 avr. 2008, en vigueur le 1er août 2008)

Art. R. 3413-10 L'autorité judiciaire informe le préfet *(Décr. n° 2010-344 du 31 mars 2010, art. 104)* « et le directeur général de l'agence régionale de santé » des mesures d'injonction thérapeutique prononcées par elle dans un délai de quinze jours à compter de la notification de la mesure et *(Décr. n° 2010-344 du 31 mars 2010, art. 104)* « leur » transmet la copie des pièces de la procédure qu'elle estime utiles.

Le *(Décr. n° 2010-344 du 31 mars 2010, art. 104)* « directeur général de l'agence régionale de santé » communique ces pièces sans délai au médecin relais qu'il a désigné pour procéder à l'examen médical de l'intéressé.

Art. R. 3413-11 Le médecin relais procède à l'examen médical de l'intéressé dans le mois suivant la réception des pièces de la procédure.

Au vu de cet examen ainsi que des pièces transmises et, le cas échéant, du résultat de l'enquête mentionnée à l'article L. 3413-1, le médecin relais fait connaître à l'autorité judiciaire son avis motivé sur l'opportunité médicale de la mesure d'injonction thérapeutique.

S'il estime la mesure médicalement opportune, il fait part à l'intéressé des modalités d'exécution de l'injonction thérapeutique et l'invite à choisir immédiatement ou au plus tard dans un délai de dix jours un médecin destiné à assurer sa prise en charge médicale.

Art. R. 3413-12 Le médecin relais informe le médecin choisi par la personne faisant l'objet de l'injonction thérapeutique du cadre juridique dans lequel celle-ci s'inscrit.

Ce médecin confirme au médecin relais, par écrit et dans un délai de quinze jours, son accord pour prendre en charge cette personne. A défaut ou en cas de désistement, le médecin relais invite la personne à choisir un autre médecin.

Art. R. 3413-13 Lorsque la personne est mineure, le médecin qui assure sa prise en charge médicale est choisi par ses représentants légaux. L'accord du mineur sur ce choix doit être recherché.

Lorsque la personne est un majeur protégé, ce choix est effectué, dans les mêmes conditions, par l'administrateur légal ou le tuteur.

Art. R. 3413-14 Le médecin relais contrôle le déroulement des modalités d'exécution de la mesure d'injonction thérapeutique. Au troisième et au sixième mois de la mesure, il procède à un nouvel examen médical de l'intéressé, puis, si la mesure se poursuit, à de nouveaux examens à échéance semestrielle.

A l'issue de chaque examen, il informe l'autorité judiciaire de l'évolution de la situation médicale de l'intéressé. Cette information figure dans un rapport écrit mentionnant le type de mesure de soins ou de surveillance médicale mis en place, la régularité du suivi et, sous réserve du secret médical, tous autres renseignements permettant d'apprécier l'effectivité de l'adhésion de l'intéressé à cette mesure. Le médecin relais peut également conclure son rapport par une proposition motivée de modification, de prorogation ou d'arrêt de la mesure de soins ou de surveillance.

Si, au cours de l'exécution de la mesure d'injonction thérapeutique, l'intéressé souhaite changer de médecin ou si ce médecin ne souhaite plus assurer ce rôle, l'intéressé en informe le médecin relais. Le choix du nouveau médecin s'effectue dans les conditions prévues aux articles R. 3413-13 et R. 3413-14.

Art. R. 3413-15 Au terme de l'exécution de la mesure, le médecin relais détruit l'ensemble des pièces de procédure qui lui ont été adressées.

Lorsque l'autorité judiciaire décide de mettre fin à une mesure d'injonction thérapeutique, elle en informe le préfet *(Décr. nº 2010-344 du 31 mars 2010, art. 104)* « et le directeur général de l'agence régionale de santé, qui en informe le médecin relais ».

TITRE II Dispositions pénales et mesures d'accompagnement

CHAPITRE PREMIER *Peines applicables*

(Décr. nº 2007-935 du 15 mai 2007)

Art. R. 3421-1 Dans les entreprises de transport terrestre, sont passibles des peines aggravées prévues au troisième alinéa de l'article L. 3421-1 les personnels exerçant des fonctions de conduite ou de pilotage ainsi que ceux affectés à la maintenance des dispositifs de sécurité des véhicules.

En outre, dans le transport ferroviaire, encourent les mêmes peines les personnels des entreprises de transport assurant la gestion du trafic et des circulations ainsi que ceux affectés au fonctionnement et à l'entretien des installations de sécurité des réseaux.

Art. R. 3421-2 Dans les entreprises de transport aérien, sont passibles des peines aggravées prévues au troisième alinéa de l'article L. 3421-1 les personnels exerçant les fonctions :

– de commandement et de conduite des aéronefs ;

– de service à bord des moteurs, machines et instruments divers nécessaires à la navigation de l'aéronef ;

– de maintenance de ces moteurs, machines et instruments.

Art. R. 3421-3 Dans les entreprises de transport maritime, sont passibles des peines aggravées prévues au troisième alinéa de l'article L. 3421-1 les personnels exerçant des fonctions de conduite ou de pilotage des navires, de maintenance ou de sécurité de la navigation.

Sont concernés par la présente disposition :

– le personnel exerçant la profession de marin à bord des navires ;

– le personnel employé à bord et désigné en vue d'exercer un rôle en matière de lutte contre l'incendie ou en matière d'évacuation du navire ;

– le personnel chargé de la sûreté à bord des navires.

CHAPITRE II *Mesures d'accompagnement*

Néant.

CHAPITRE III *Injonction du procureur de la République*

Néant.

Code du sport

PREMIÈRE PARTIE : ***LÉGISLATIVE***

(Ord. nº 2006-596 du 23 mai 2006)

LIVRE II **Acteurs du sport**

Les dispositions des titres III et IV du Livre II de la partie législative du code du sport sont entrées en vigueur à la date définie à l'art. 25-I de la L. nº 2006-405 du 5 avr. 2006, publiée au JO du 6 avr. 2006 (Ord. nº 2006-596 du 23 mai 2006, art. 11), soit le 30 sept. 2006, date de la publication au JO du Décr. nº 2006-1204 du 29 sept. 2006, relatif à l'organisation et au fonctionnement de l'Agence française de lutte contre le dopage (JO 30 sept. 2006).

TITRE III **Santé des sportifs et lutte contre le dopage**

BIBL. ► LAPOUBLE, *JCP 2006. I. 136* (lutte contre le dopage et protection de la santé des sportifs). – DAOUD et MÉNAGER, *AJ pénal 2013. 317* (quand la recherche de l'exploit sportif s'arrête aux portes du dopage « Citius, Altius, Fortius » oui mais...). – JOBARD, *AJ pénal 2013. 321* (le dopage vu par la criminologie). – BRIGNON, *D. 2013. 2531* (la lutte contre le dopage en France est-elle efficace ?).

CHAPITRE II *Lutte contre le dopage*

SECTION I *Prévention*

....

SECTION II *Agence française de lutte contre le dopage*

....

SECTION III *Agissements interdits et contrôles*

RÉP. PÉN. vº *Sport et activités physiques*, par LACABARATS et PASTOR.

Art. L. 232-9 *(Ord. nº 2018-1178 du 19 déc. 2018, art. 9, en vigueur au plus tard le 1er mars 2019)* **I. — Est interdite la présence, dans l'échantillon d'un sportif, des substances figurant sur la liste mentionnée au dernier alinéa du présent article, de leurs métabolites ou de leurs marqueurs. Il incombe à chaque sportif de s'assurer qu'aucune substance interdite ne pénètre dans son organisme.**

L'infraction au présent I est établie par la présence, dans un échantillon fourni par le sportif, d'une substance interdite, de ses métabolites ou de ses marqueurs, sans qu'il y ait lieu de rechercher si l'usage de cette substance a revêtu un caractère intentionnel.

II. — Il est interdit à tout sportif :

1° De posséder en compétition, sans justification acceptable, une ou plusieurs des substances ou méthodes interdites en compétition figurant sur la liste mentionnée au dernier alinéa du présent article ;

2° De posséder hors compétition, sans justification acceptable, une ou plusieurs des substances ou méthodes interdites hors compétition figurant sur la liste mentionnée au dernier alinéa du présent article ;

3° De faire usage ou de tenter de faire usage d'une ou de plusieurs des substances ou méthodes interdites figurant sur la liste mentionnée au dernier alinéa du présent article.

Les interdictions prévues au présent article ne s'appliquent pas aux substances et méthodes pour lesquelles le sportif dispose d'une autorisation d'usage à des fins thérapeutiques.

La liste des substances et méthodes mentionnées au présent article est celle qui est élaborée en application de la convention internationale mentionnée à l'article L. 230-2 ou de tout autre accord ultérieur qui aurait le même objet et qui s'y substituerait. Elle est publiée au *Journal officiel* de la République française.

Jusqu'au 30 juin 2019, les interdictions prévues à l'art. L. 232-9 ne s'appliquent pas aux substances ou méthodes pour lesquelles le sportif dispose d'une autorisation d'usage à des fins thérapeutiques ou d'une raison médicale dûment justifiée (Ord. nº 2018-1178 du 19 déc. 2018, art. 37-II).

Ancien art. L. 232-9 (Ord. n° 2010-379 du 14 avr. 2010, art. 4) *Il est interdit à tout sportif :*

1° De détenir ou tenter de détenir, sans raison médicale dûment justifiée, une ou des substances ou méthodes interdites figurant sur la liste mentionnée au dernier alinéa du présent article ;

2° D'utiliser ou tenter d'utiliser une ou des substances ou méthodes interdites figurant sur la liste mentionnée au dernier alinéa du présent article.

L'interdiction prévue au 2° ne s'applique pas aux substances et méthodes pour lesquelles le sportif :

a) Dispose d'une autorisation pour usage à des fins thérapeutiques ;

(Abrogé par L. n° 2012-348 du 12 mars 2012, art. 6) *« b) Peut se prévaloir d'une déclaration d'usage, conformément aux dispositions de l'article L. 232-2 ; »*

c) Dispose d'une raison médicale dûment justifiée.

La liste des substances et méthodes mentionnées au présent article est celle qui est élaborée en application de la convention internationale mentionnée à l'article L. 230-2 ou de tout autre accord ultérieur qui aurait le même objet et qui s'y substituerait. Elle est publiée au Journal officiel de la République française.

V. Décr. n° 2007-503 du 2 avr. 2007 (JO 4 avr.) portant publication de la convention internationale contre le dopage dans le sport (ensemble deux annexes), adoptée à Paris le 19 oct. 2005 ; Décr. n° 2009-93 du 26 janv. 2009 (JO 28 janv.) portant publication de l'amendement à l'annexe 1 de la convention internationale contre le dopage dans le sport, adopté le 17 nov. 2008 à Paris ; Décr. n° 2010-134 du 10 févr. 2010 (JO 12 févr.) portant publication de l'amendement à l'annexe 1 de la convention internationale contre le dopage dans le sport, adopté à Paris le 28 oct. 2009 ; Décr. n° 2010-1578 du 16 déc. 2010 portant publication de l'amendement de l'annexe de la convention contre le dopage, adopté les 8 et 9 nov. 2009 à Strasbourg, et à l'annexe 1 de la convention internationale contre le dopage dans le sport, adopté à Paris le 17 nov. 2010 ; Décr. n° 2011-1947 du 23 déc. 2011 portant publication de l'amendement à l'annexe de la convention contre le dopage, adopté le 7 nov. 2011 à Strasbourg, et à l'annexe 1 de la convention internationale contre le dopage dans le sport, adopté le 14 nov. 2011 à Paris ; Décr. n° 2012-1426 du 19 déc. 2012 portant publication de l'amendement à l'annexe de la convention contre le dopage, adopté à Paris le 13 nov. 2012, et à l'annexe 1 de la convention internationale contre le dopage dans le sport, adopté à Paris le 12 nov. 2012 ; Décr. n° 2013-1286 du 27 déc. 2013 portant publication de l'amendement à l'annexe de la convention contre le dopage, adopté à Strasbourg le 14 nov. 2013, et à l'annexe 1 de la convention internationale contre le dopage dans le sport, adopté à Paris le 11 nov. 2013 (JO 31 déc.).

Art. L. 232-9-1 *(Ord. n° 2015-1207 du 30 sept. 2015, art. 9, en vigueur le 1er nov. 2015)* Il est interdit à tout sportif de recourir directement ou indirectement, dans le cadre de son activité sportive, aux services ou aux conseils d'une personne qui a fait l'objet d'une sanction administrative, d'une sanction disciplinaire ou d'une sanction pénale devenue définitive pour violation des dispositions des articles *(Ord. n° 2018-1178 du 19 déc. 2018, art. 10, en vigueur au plus tard le 1er mars 2019)* « L. 232-9, L. 232-9-2, L. 232-9-3, L. 232-10, L. 232-14-5, L. 232-17 *[ancienne rédaction : L. 232-9, L. 232-10, L. 232-17 ou du présent article]* ».

Le recours aux services de cette personne est interdit :

1° Pendant l'exécution des sanctions administratives ou disciplinaires dont celle-ci a fait l'objet lorsque ces sanctions ont été infligées sur le fondement des articles *(Ord. n° 2018-1178 du 19 déc. 2018, art. 10, en vigueur au plus tard le 1er mars 2019)* « L. 232-21-1 à L. 232-23-3-12 » ou lorsqu'elles ont été prononcées par une organisation nationale antidopage étrangère ou par un organisme sportif international signataire du code mondial antidopage ;

2° Pendant l'exécution des sanctions administratives ou disciplinaires, prononcées sur un autre fondement que ceux mentionnés au 1°, telles que celles prononcées par les ordres professionnels, pour des faits constitutifs d'une violation de la réglementation relative à la lutte contre le dopage ;

3° Pendant l'exécution d'une sanction pénale infligée par un État partie à la convention internationale contre le dopage dans le sport à raison d'agissements entrant dans le champ de l'article [des articles] L. 232-9 et L. 232-10.

L'interdiction mentionnée aux 2° et 3° s'applique durant l'exécution des sanctions, sans que sa durée puisse être inférieure à six ans.

Si l'Agence française de lutte contre le dopage estime qu'un sportif tombe sous le coup de l'interdiction, elle l'en avise en le mettant à même de présenter ses observations. Le sportif dispose à cet effet d'un délai fixé par voie réglementaire.

Après avoir pris connaissance des observations du sportif ou en cas d'absence d'observations dans le délai requis, l'Agence française de lutte contre le dopage lui notifie, s'il y a lieu, l'identité de la personne à laquelle il lui est interdit d'avoir recours et la durée de l'incapacité dont elle est frappée.

Le sportif est alors tenu de cesser immédiatement de faire appel aux services de la personne concernée dans le cadre de son activité sportive.

Pour l'application des dispositions de l'art. L. 232-9-1 C. sport, il est tenu compte des sanctions prononcées pour violation des art. L. 232-9, L. 232-10 ou L. 232-17 de ce code antérieurement à la date d'entrée en vigueur de l'Ord. nº 2015-1207 du 30 sept. 2015, dès lors que ces sanctions d'interdiction continuent de produire effet à cette date (Ord. préc., art. 28).

Art. L. 232-9-2 *(Ord. nº 2018-1178 du 19 déc. 2018, art. 11, en vigueur au plus tard le 1er mars 2019)* **A l'occasion des opérations de contrôle prévues aux articles L. 232-12 à L. 232-16, il est interdit :**

1º De se soustraire au prélèvement d'un échantillon ;

2º De refuser sans justification valable, après s'être vu notifier le contrôle, de se soumettre au prélèvement d'un échantillon ;

3º De ne pas se soumettre, intentionnellement ou par négligence, sans justification valable après s'être vu notifier le contrôle, au prélèvement d'un échantillon.

Art. L. 232-9-3 *(Ord. nº 2018-1178 du 19 déc. 2018, art. 11, en vigueur au plus tard le 1er mars 2019)* **Toute combinaison de trois manquements aux obligations de localisation prévues par l'article L. 232-15 au cours d'une période continue de douze mois est passible des sanctions administratives prévues par les articles L. 232-21-1 à L. 232-23-3-12.**

Art. L. 232-10 *(Ord. nº 2018-1178 du 19 déc. 2018, art. 12, en vigueur au plus tard le 1er mars 2019)* **Il est interdit à toute personne :**

1º D'administrer aux sportifs une ou plusieurs substances ou méthodes mentionnées à l'article L. 232-9 ;

2º De posséder en compétition, sans justification acceptable, une ou plusieurs des substances ou méthodes interdites en compétition figurant sur la liste mentionnée au dernier alinéa de l'article L. 232-9, ou posséder hors compétition, sans justification acceptable, une ou plusieurs des substances ou méthodes interdites hors compétition figurant sur la même liste ;

3º De vendre, donner, transporter, envoyer, livrer ou distribuer à un tiers, ou posséder à cette fin, une substance interdite ou une méthode interdite, physiquement ou par un moyen électronique ou autre, sauf lorsque ces actions :

***a)* Sont entreprises de bonne foi par le personnel médical et impliquent une substance interdite ou une méthode interdite utilisée à des fins thérapeutiques légitimes et licites ou bénéficiant d'une autre justification acceptable ;**

***b)* Impliquent des substances interdites qui ne sont pas interdites dans les contrôles hors compétition, à moins que l'ensemble des circonstances démontrent que ces substances interdites ne sont pas destinées à des fins thérapeutiques légitimes et licites ou sont destinées à améliorer la performance sportive ;**

4º De falsifier tout élément du contrôle du dopage, ce qui inclut le fait :

***a)* D'altérer des éléments du contrôle à des fins illégitimes ou d'une façon illégitime ;**

***b)* D'influencer un résultat d'une manière illégitime ;**

***c)* D'intervenir d'une manière illégitime ;**

***d)* De créer un obstacle, d'induire en erreur ou de se livrer à une conduite frauduleuse afin de modifier des résultats ou d'empêcher des procédures normales de suivre leur cours ;**

5º De tenter d'enfreindre les interdictions prévues aux 1º, 3º et 4º du présent article.

Les interdictions prévues au présent article ne s'appliquent pas lorsque sont en cause des substances et méthodes pour lesquelles le sportif dispose d'une autorisation d'usage à des fins thérapeutiques.

Ancien art. L. 232-10 (Ord. nº 2010-379 du 14 avr. 2010, art. 4) *Il est interdit à toute personne de :*

1º Prescrire, Administrer appliquer, céder ou offrir aux sportifs, sans raison médicale dûment justifiée, une ou plusieurs substances ou méthodes mentionnées à l'article L. 232-9, ou de faciliter leur utilisation ou d'inciter à leur usage ;

2º Produire, fabriquer, importer, exporter, transporter, détenir ou acquérir, aux fins d'usage par un sportif sans raison médicale dûment justifiée, une ou des substances ou méthodes figurant sur la liste mentionnée au dernier alinéa de l'article L. 232-9 ;

3º S'opposer par quelque moyen que ce soit aux mesures de contrôle prévues par le présent titre ;

4º Falsifier, détruire ou dégrader tout élément relatif au contrôle, à l'échantillon ou à l'analyse ;

5º Tenter d'enfreindre les interdictions prévues au présent article.

Art. L. 232-10-1 *(Ord. n° 2010-379 du 14 avr. 2010, art. 20)* Les organismes sportifs internationaux compétents pour diligenter ou effectuer les contrôles relatifs à la lutte contre le dopage lors des manifestations sportives internationales ainsi que les organisateurs de manifestations sportives nationales ou internationales et leurs préposés qui, dans l'exercice de leurs fonctions, acquièrent la connaissance de faits délictueux mentionnés aux articles L. 232-25 et L. 232-26 les signalent à l'autorité judiciaire compétente.

Art. L. 232-10-2 *(Ord. n° 2015-1207 du 30 sept. 2015, art. 10, en vigueur le 1er nov. 2015)* Tout organe ou préposé d'une fédération sportive qui acquiert la connaissance d'un manquement aux dispositions du présent chapitre le signale à l'Agence française de lutte contre le dopage ainsi qu'à la fédération internationale dont la fédération est membre et coopère aux enquêtes menées par celles-ci.

(L. n° 2019-812 du 1er août 2019, art. 3) « Tout organe ou préposé de l'Agence nationale du sport qui acquiert la connaissance d'un manquement aux dispositions du présent chapitre le signale à l'Agence française de lutte contre le dopage et coopère aux enquêtes menées par celle-ci. »

Art. L. 232-11 Outre les officiers et agents de police judiciaire agissant dans le cadre des dispositions du code de procédure pénale, sont habilités à procéder aux contrôles diligentés par l'Agence française de lutte contre le dopage ou demandés par les *(Ord. n° 2010-379 du 14 avr. 2010, art. 21)* « personnes mentionnées à l'article L. 232-13 » et à rechercher et constater les infractions aux dispositions prévues aux articles L. 232-9 et L. 232-10 les *(L. n° 2008-650 du 3 juill. 2008)* « agents » relevant du ministre chargé des sports et les personnes *(Ord. n° 2010-379 du 14 avr. 2010, art. 21)* « agréées » par l'agence et assermentés dans des conditions fixées par décret en Conseil d'État. — *V. art. R. 232-24.*

Ces *(L. n° 2008-650 du 3 juill. 2008)* « agents » et personnes sont tenus au secret professionnel, dans les conditions prévues à l'article 226-13 du code pénal. — *[CSP, art. L. 3632-1.]*

Art. L. 232-12 Les opérations de contrôle sont diligentées par le directeur du département des contrôles de l'Agence française de lutte contre le dopage *(Ord. n° 2018-1178 du 19 déc. 2018, art. 13, en vigueur au plus tard le 1er mars 2019)* « qui peut donner délégation aux agents placés sous son autorité hiérarchique ». Les personnes mentionnées à l'article L. 232-11 ayant la qualité de médecin peuvent procéder à des examens médicaux cliniques et à des prélèvements biologiques destinés à mettre en évidence *(Ord. n° 2018-1178 du 19 déc. 2018, art. 13, en vigueur au plus tard le 1er mars 2019)* « l'usage *[ancienne rédaction : l'utilisation]* » de procédés prohibés ou à déceler la présence dans l'organisme de substances interdites. *(Ord. n° 2010-379 du 14 avr. 2010, art. 22)* « Les personnes agréées par l'agence et assermentées peuvent également procéder à ces prélèvements biologiques. Seules les personnes mentionnées à l'article L. 232-11 et qui y sont autorisées par le code de la santé publique peuvent procéder à des prélèvements sanguins. »

Les contrôles donnent lieu à l'établissement de procès-verbaux qui sont transmis à l'agence *(Abrogé par Ord. n° 2018-1178 du 19 déc. 2018, art. 13, au plus tard à compter du 1er mars 2019) « et à la fédération intéressée »*. Un double en est laissé aux parties intéressées. — *[CSP, art. L. 3632-2.]*

Art. L. 232-12-1 *(L. n° 2012-348 du 12 mars 2012, en vigueur le 1er juill. 2013) (L. n° 2016-1528 du 15 nov. 2016, art. 3)* « Les prélèvements biologiques mentionnés au premier alinéa de l'article L. 232-12 peuvent avoir pour objet d'établir le profil des paramètres pertinents dans l'urine ou le sang d'un sportif aux fins de mettre en évidence *(Ord. n° 2018-1178 du 19 déc. 2018, art. 13, en vigueur au plus tard le 1er mars 2019)* « l'usage *[ancienne rédaction : l'utilisation]* » d'une substance ou d'une méthode interdite en vertu de l'article L. 232-9. »

Les renseignements ainsi recueillis peuvent faire l'objet, dans des conditions fixées par décret en Conseil d'État, d'un traitement informatisé par l'Agence française de lutte contre le dopage dans le respect des dispositions de la loi n° 78-17 du 6 janvier 1978 relative à l'information, aux fichiers et aux libertés.

Art. L. 232-13 *(Ord. n° 2010-379 du 14 avr. 2010, art. 6)* Les contrôles peuvent être diligentés :

1° Dans le cadre du programme annuel de contrôles mentionné au 1° du I de l'article L. 232-5 ou à la demande d'une fédération agréée ;

2° Ou à la demande :

a) De l'Agence mondiale antidopage ;

b) D'une organisation nationale antidopage ;

c) D'un organisme sportif international au sens de l'article L. 230-2.

Art. L. 232-13-1 *(Ord. nº 2015-1207 du 30 sept. 2015, art. 11, en vigueur le 1er nov. 2015)* Les contrôles peuvent être réalisés :

1º Dans tout lieu où se déroule un entraînement ou une manifestation mentionnés à l'article L. 230-3 ;

2º Dans tout établissement mentionné à l'article L. 322-2, dans lequel sont pratiquées des activités physiques ou sportives, ainsi que dans ses annexes ;

3º Dans tout lieu, y compris le domicile du sportif, permettant de réaliser le contrôle dans le respect de la vie privée du sportif et de son intimité ;

4º Dans le cadre de la garde à vue d'un sportif soupçonné d'avoir commis l'un des délits prévus aux articles L. 232-25 à L. 232-28.

Art. L. 232-13-2 *(Ord. nº 2010-379 du 14 avr. 2010, art. 6)* Les contrôles mentionnés à l'article L. 232-13 sont réalisés après notification du contrôle au sportif soit :

1º Par la personne chargée de procéder au prélèvement ;

2º Par une personne désignée par la personne chargée de procéder au prélèvement.

Les modalités de notification du contrôle au sportif sont fixées par décret.

Lorsqu'un sportif n'est pas soumis aux obligations de localisation mentionnées à l'article L. 232-15 et ne s'entraîne pas dans un lieu fixe, la notification mentionnée à l'alinéa précédent peut lui être adressée par tout moyen permettant de garantir son origine et sa réception.

Art. L. 232-14 Dans l'exercice de leur mission de contrôle, les personnes mentionnées à l'article L. 232-11 ne peuvent accéder aux lieux mentionnés à l'article *(Ord. nº 2010-379 du 14 avr. 2010, art. 23)* « L. 232-13-1 » qu'entre 6 heures et *(Ord. nº 2015-1207 du 30 sept. 2015, art. 12, en vigueur le 1er nov. 2015)* « 23 heures », ou à tout moment dès lors que ces lieux sont ouverts au public ou qu'une *(Abrogé par Ord. nº 2010-379 du 14 avr. 2010, art. 23) « compétition ou une »* manifestation sportive ou un entraînement y préparant est en cours. Un contrôle réalisé au domicile d'un sportif ne peut avoir lieu qu'entre 6 heures et *(Ord. nº 2015-1207 du 30 sept. 2015, art. 12, en vigueur le 1er nov. 2015)* « 23 heures ».

Elles peuvent être assistées, à leur demande, par un *(Ord. nº 2018-1178 du 19 déc. 2018, art. 14, en vigueur au plus tard le 1er mars 2019)* « délégué antidopage désigné par *[ancienne rédaction : membre délégué de]* » la fédération sportive compétente *(Ord. nº 2018-1178 du 19 déc. 2018, art. 14, en vigueur au plus tard le 1er mars 2019)* « ou l'organisateur de la manifestation sportive concernée lorsque celle-ci n'est ni organisée par une fédération agréée ni autorisée par une fédération délégataire ».

Elles peuvent demander la communication de toute pièce ou de tout document utile, en prendre copie et recueillir les observations des intéressés.

Seuls des médecins peuvent recueillir les informations à caractère médical.

Al. abrogé par Ord. nº 2010-379 du 14 avr. 2010, art. 23.

Art. L. 232-14-1 *(Ord. nº 2015-1207 du 30 sept. 2015, art. 13, en vigueur le 1er nov. 2015)* Indépendamment de l'application des dispositions des articles L. 232-13-1 et L. 232-14, les opérations de contrôles mentionnées à l'article L. 232-12 ainsi que celles relevant de la compétence des organismes sportifs internationaux signataires du code mondial antidopage peuvent avoir lieu au domicile ou au lieu d'hébergement d'un sportif entre 23 heures et 6 heures, dans le respect de sa vie privée et de son intimité et lorsque les conditions suivantes sont réunies :

1º Le sportif appartient à l'une des catégories mentionnées à l'article L. 232-15, fait partie du groupe cible d'un organisme sportif international *(L. nº 2016-41 du 26 janv. 2016, art. 221)* « ou d'une organisation nationale antidopage étrangère » ou participe à une manifestation sportive internationale ;

2º Il existe à l'encontre du sportif des soupçons graves et concordants qu'il a contrevenu ou va contrevenir aux dispositions du présent chapitre et un risque de disparition des preuves.

Les opérations de contrôles sont effectuées dans des conditions garantissant une stricte proportionnalité entre les atteintes portées aux droits du sportif et les enjeux de la lutte contre le dopage en termes de loyauté des compétitions et de protection de sa santé. Elles se limitent au prélèvement d'échantillons.

Art. L. 232-14-2 *(Ord. nº 2015-1207 du 30 sept. 2015, art. 13, en vigueur le 1er nov. 2015)* Les opérations de contrôle mentionnées à l'article L. 232-14-1 ne peuvent être réalisées que si le sportif a fait part de son consentement au directeur du département des contrôles de l'Agence française de lutte contre le dopage ou à l'organisme sportif international compétent.

Le consentement du sportif peut être sollicité par le directeur du département des contrôles de l'Agence française de lutte contre le dopage ou l'organisme sportif international compétent. Le sportif dispose d'un délai d'un mois, à compter de la réception de la demande qui lui a été adressée, pour transmettre son consentement. A défaut de réponse dans ce délai, il est réputé avoir refusé son consentement.

Le consentement du sportif est exprimé par écrit au directeur du département des contrôles de l'Agence française de lutte contre le dopage ou à l'organisme sportif international compétent. Pour les sportifs mineurs, le consentement du représentant légal est requis.

L'organisateur d'une manifestation sportive internationale peut également solliciter le consentement du sportif au moment de l'inscription à cette manifestation, selon des modalités fixées par décret en Conseil d'État.

Les opérations de contrôle peuvent avoir lieu :

1° Pendant une période de trois mois, renouvelable tacitement une fois, à compter de la réception du consentement lorsque celui-ci a été recueilli dans les conditions prévues au troisième alinéa du présent article ;

2° Pendant la durée de la manifestation sportive lorsque le consentement a été recueilli dans les conditions prévues au quatrième alinéa du présent article.

Art. L. 232-14-3 *(Ord. nº 2015-1207 du 30 sept. 2015, art. 13, en vigueur le 1er nov. 2015)* Lorsque le consentement du sportif a été recueilli dans les conditions prévues à l'article L. 232-14-2, les opérations de contrôle mentionnées à l'article L. 232-14-1 peuvent être diligentées par le directeur du département des contrôles de l'Agence française de lutte contre le dopage.

Le directeur du département des contrôles de l'Agence française de lutte contre le dopage veille à ce que l'opération de contrôle envisagée garantisse une stricte proportionnalité entre les atteintes portées aux droits du sportif et les enjeux de la lutte contre le dopage en termes de loyauté des compétitions et de protection de sa santé. Il motive en conséquence sa décision de diligenter un contrôle prévu à l'article L. 232-14-1.

Art. L. 232-14-4 *(Ord. nº 2015-1207 du 30 sept. 2015, art. 13, en vigueur le 1er nov. 2015)* Lorsque le sportif a refusé son consentement aux opérations de contrôle mentionnées à l'article L. 232-14-1, le juge des libertés et de la détention du tribunal judiciaire dans le ressort duquel s'effectue le contrôle *(L. nº 2016-731 du 3 juin 2016, art. 102)* « ou le juge des libertés et de la détention du tribunal judiciaire prévu par le décret mentionné au I de l'article 706-2 du code de procédure pénale » peut, à la requête du directeur du département des contrôles de l'Agence française de lutte contre le dopage *(L. nº 2016-41 du 26 janv. 2016, art. 221)* « , de l'organisation nationale antidopage étrangère compétente » ou d'un organisme sportif international compétent, autoriser les opérations mentionnées à l'article L. 232-14-1.

Le juge des libertés et de la détention peut également autoriser des opérations de contrôle mentionnées à l'article L. 232-14-1 sur un sportif dont le consentement n'aura pas été sollicité, selon les mêmes modalités que celles mentionnées à l'alinéa précédent, quand l'Agence française de lutte contre le dopage *(L. nº 2016-41 du 26 janv. 2016, art. 221)* « , l'organisation nationale antidopage étrangère compétente » ou l'organisme sportif international compétent a connaissance de soupçons graves et concordants que celui-ci va contrevenir, de manière imminente, aux dispositions du présent chapitre.

A peine de nullité, l'autorisation est donnée pour un prélèvement déterminé et fait l'objet d'une ordonnance écrite. Cette ordonnance, qui n'est pas susceptible d'appel, est motivée par référence aux éléments de fait et de droit justifiant que l'opération est nécessaire. Les opérations sont faites sous le contrôle du magistrat qui les a autorisées, et qui peut se déplacer sur les lieux pour veiller au respect des dispositions légales.

Le procureur de la République territorialement compétent *(L. nº 2016-731 du 3 juin 2016, art. 102)* « ou le procureur de la République mentionné à l'avant-dernier alinéa du I de l'article 706-2 du code de procédure pénale » est, préalablement à la saisine du juge des libertés et de la détention, informé par le directeur du département des contrôles de l'Agence française de lutte contre le dopage *(L. nº 2016-41 du 26 janv. 2016, art. 221)* « , par l'organisation nationale antidopage étrangère compétente » ou par l'organisme sportif international compétent du projet de contrôle et peut s'y opposer.

Les opérations prévues ne peuvent, à peine de nullité, avoir un autre objet que le prélèvement visé dans la décision du juge des libertés et de la détention.

Le fait que ces opérations révèlent des infractions pénales ou des manquements aux obligations du présent chapitre ne constitue pas une cause de nullité des procédures incidentes.

Art. L. 232-14-5 *(Abrogé par Ord. n° 2021-488 du 21 avr. 2021, art. 28) (Ord. n° 2015-1207 du 30 sept. 2015, art. 13, en vigueur le 1er nov. 2015)* ***Le sportif qui refuse de se soumettre à un contrôle diligenté en application de l'article L. 232-14-3 ou autorisé en application de l'article L. 232-14-4 est passible des sanctions administratives prévues par les articles*** *(Ord. n° 2018-1178 du 19 déc. 2018, art. 15, en vigueur au plus tard le 1er mars 2019)* ***« L. 232-21-1 à L. 232-23-3-12*** *[ancienne rédaction : L. 232-21 à L. 232-23]* ***».***

Art. L. 232-15 *(Ord. n° 2010-379 du 14 avr. 2010, art. 7)* Sont tenus de fournir des renseignements précis et actualisés sur leur localisation permettant la réalisation de contrôles mentionnés à l'article L. 232-5 les sportifs, constituant le groupe cible, désignés pour une année par l'Agence française de lutte contre le dopage parmi :

1° Les sportifs inscrits sur la liste des sportifs de haut niveau ou sur la liste des sportifs Espoir au sens du présent code, ou les sportifs ayant été inscrits sur une de ces listes au moins une année durant les trois dernières années ;

2° Les sportifs professionnels licenciés des fédérations agréées ou ayant été professionnels au moins une année durant les trois dernières années ;

3° Les sportifs qui ont fait l'objet d'une sanction disciplinaire sur le fondement des articles *(Ord. n° 2018-1178 du 19 déc. 2018, art. 16, en vigueur au plus tard le 1er mars 2019)* « L. 232-9, L. 232-9-1, L. 232-9-2, L. 232-9-3, L. 232-10, L. 232-14-5 ou L. 232-17 *[ancienne rédaction : L. 232-9, L. 232-10 ou L. 232-17]* » lors des trois dernières années.

Ces renseignements peuvent faire l'objet d'un traitement informatisé par l'agence, en vue d'organiser des contrôles. Ce traitement informatisé portant sur les données relatives à la localisation des sportifs est autorisé par décision du collège de l'agence prise après avis de la Commission nationale de l'informatique et des libertés.

Art. L. 232-15-1 *(Ord. n° 2015-1207 du 30 sept. 2015, art. 14, en vigueur le 1er nov. 2015)* Le sportif désigné par l'Agence française de lutte contre le dopage pour faire partie du groupe cible mentionné à l'article L. 232-15 ou par une fédération internationale pour faire partie d'un groupe cible créé par celle-ci, qui cesse d'appartenir à ce groupe en raison de la décision prise par l'intéressé d'abandonner définitivement la compétition, doit informer l'agence de son intention de reprendre une activité sportive le conduisant à entrer à nouveau dans le champ d'application du 1° ou du 2° de l'article L. 232-15.

Durant les six mois qui suivent la transmission de l'information à l'agence, le sportif n'est pas autorisé à participer aux manifestations sportives mentionnées à l'article L. 230-3, sauf s'il justifie d'une exemption accordée par l'Agence mondiale antidopage.

Art. L. 232-16 *(Ord. n° 2015-1207 du 30 sept. 2015, art. 15, en vigueur le 1er nov. 2015)* A l'occasion d'une manifestation sportive internationale, l'Agence française de lutte contre le dopage peut :

1° A la demande de l'organisme sportif international responsable de la manifestation, diligenter des contrôles sur le site de la manifestation pour le compte de cet organisme. Elle peut en outre prélever des échantillons supplémentaires ou demander au laboratoire chargé de les analyser d'effectuer des types d'analyse supplémentaires. Elle en informe l'organisme international ;

2° Après avoir obtenu l'accord de l'organisme international compétent ou, à défaut, de l'Agence mondiale antidopage, diligenter des contrôles additionnels sur le site de la manifestation sportive internationale ;

3° Diligenter des contrôles en dehors du site de la manifestation, en se coordonnant avec l'organisme international responsable de la manifestation.

Ces contrôles sont réalisés dans les conditions prévues aux articles L. 232-12, L. 232-13-1, L. 232-13-2 et L. 232-14 à L. 232-14-4.

Art. L. 232-17 *(Abrogé par Ord. n° 2018-1178 du 19 déc. 2018, art. 17, au plus tard à compter du 1er mars 2019) (Ord. n° 2010-379 du 14 avr. 2010, art. 5)* ***« I. — Se soustraire, tenter de se soustraire ou refuser de se soumettre aux contrôles prévus aux articles L. 232-12 à L. 232-16, ou de se conformer à leurs modalités, est passible des sanctions administratives prévues par les articles L. 232-21 à L. 232-23. »***

« *(L. n° 2008-650 du 3 juill. 2008)* ***« II. — Les manquements aux obligations de localisation prévues par l'article L. 232-15 sont également passibles des sanctions administratives prévues par les articles L. 232-21 à L. 232-23. »*** — *[CSP, art. L. 3632-3.]*

« *(Ord. n° 2015-1207 du 30 sept. 2015, art. 16, en vigueur le 1er nov. 2015)* « III. — » Est passible des sanctions administratives prévues par les articles *(Ord. n° 2018-1178 du 19 déc. 2018, art. 17, en vigueur au plus tard le 1er mars 2019)* « L. 232-21-1 à L. 232-23-3-12 *[ancienne rédaction : L. 232-21 à L. 232-23]* » le fait de ne pas respecter les décisions d'interdiction prononcées en application de ces articles ou dont les effets ont été reconnus, dans sa sphère de compétence, par tout signataire du code mondial antidopage. »

Art. L. 232-18 *(Ord. n° 2018-1178 du 19 déc. 2018, art. 18, en vigueur au plus tard le 1er mars 2019)* Les analyses des prélèvements effectués par l'Agence française de lutte contre le dopage sont réalisées, dans des conditions prévues par décret en Conseil d'État, par tout laboratoire désigné à cette fin par l'agence et accrédité par l'Agence mondiale antidopage.

L'agence assure également des activités de recherche.

Ancien art. L. 232-18 *Les analyses des prélèvements effectués par l'Agence française de lutte contre le dopage sont réalisées sous la responsabilité scientifique et technique du directeur du département des analyses.*

Pour ces analyses, l'agence peut faire appel à d'autres laboratoires dans des conditions prévues par décret en Conseil d'État.

Le département des analyses assure également des activités de recherche. – [CSP, art. L. 3632-4.]

Art. L. 232-19 *(Ord. n° 2010-379 du 14 avr. 2010, art. 24)* « Dans le cas où les opérations de contrôle sont envisagées en vue de la recherche d'infractions, le procureur de la République en est préalablement informé et peut s'y opposer. Le procureur de la République est informé sans délai, par tout moyen, dès qu'une infraction est constatée. »

(L. n° 2008-650 du 3 juill. 2008) Dans l'ensemble des lieux mentionnés à l'article *(Ord. n° 2010-379 du 14 avr. 2010, art. 24)* « L. 232-13-1 » auxquels ils ont accès et pour l'exercice des missions de police judiciaire diligentées dans les conditions définies à l'article L. 232-14, les agents relevant du ministre chargé des sports et les personnes agréées par l'agence mentionnés à l'article L. 232-11 ne peuvent saisir des objets ou documents se rapportant aux infractions aux dispositions du présent chapitre que sur autorisation judiciaire donnée par ordonnance du *(Ord. n° 2010-379 du 14 avr. 2010, art. 24)* « juge des libertés et de la détention » dans le ressort duquel sont situés les éléments à saisir.

La demande d'ordonnance doit comporter tous les éléments d'information de nature à justifier la saisie. Les agents munis de cette ordonnance peuvent en tant que de besoin requérir la force publique. Les opérations s'effectuent sous l'autorité et le contrôle du juge qui les a autorisées.

L'ordonnance est notifiée sur place, au moment de l'accès dans les lieux ou de la saisie, au responsable des lieux ou à son représentant, qui en reçoit copie. En l'absence du responsable des lieux ou de son représentant, l'ordonnance lui est notifiée, après la visite, par lettre recommandée avec avis de réception. La notification est réputée faite à la date de réception figurant sur l'avis. *(Abrogé par Ord. n° 2010-379 du 14 avr. 2010, art. 24) « Cette ordonnance n'est susceptible que d'un pourvoi en cassation. Ce pourvoi n'est pas suspensif. »*

Les éléments saisis sont immédiatement inventoriés, en présence du responsable des lieux ou locaux, ou de son représentant.

L'inventaire est annexé au procès-verbal relatant le déroulement des opérations dressé sur place. Les originaux dudit procès-verbal et l'inventaire sont transmis au juge qui a autorisé les opérations dans les cinq jours qui suivent leur clôture. Une copie est remise à l'intéressé.

Le *(Ord. n° 2010-379 du 14 avr. 2010, art. 24)* « juge des libertés et de la détention » peut à tout moment ordonner la mainlevée de la saisie.

Les personnes mentionnées à l'article L. 232-11 constatent les infractions mentionnées au présent chapitre par des procès-verbaux qui font foi jusqu'à preuve contraire.

Ces procès-verbaux sont transmis au procureur de la République, sous peine de nullité dans les cinq jours suivant la clôture des opérations. Une copie des procès-verbaux est également remise, dans le même délai à l'intéressé. – *[CSP, art. L. 3632-5.]*

Les agents relevant du ministre chargé des sports et les personnes agréées par l'agence mentionnés à l'article L. 232-11 peuvent être requis par le procureur de la République, le juge d'instruction ou les officiers ou agents de police judiciaire afin de leur prêter assistance. Elles prêtent alors serment, sauf lorsqu'elles sont assermentées dans les conditions prévues à l'article L. 232-11.

(Ord. n° 2015-1207 du 30 sept. 2015, art. 17, en vigueur le 1er nov. 2015) « Les personnes agréées par l'agence, requises en application de l'alinéa précédent, peuvent procéder à un prélèvement d'échantillons sur tout sportif se trouvant dans les lieux. »

Art. L. 232-20 Les agents des douanes, les *(L. n° 2011-525 du 17 mai 2011, art. 94-XII-7°)* « agents de la concurrence, de la consommation et de la répression des fraudes », les agents relevant du ministre chargé des sports, *(L. n° 2019-812 du 1er août 2019, art. 3)* « les agents de l'Agence nationale du sport, » *(L. n° 2008-650 du 3 juill. 2008)* « les agents de l'administration des impôts et les agents de l'Agence française de lutte contre le dopage », les officiers et agents de police judiciaire sont habilités à se communiquer entre eux tous renseignements *(L. n° 2019-812 du 1er août 2019, art. 3)* « , y compris nominatifs, » obtenus dans l'accomplissement de leur mission respective et relatifs aux *(L. n° 2008-650 du 3 juill. 2008)* « substances et procédés mentionnés à l'article L. 232-9 », à leur emploi et à leur mise en circulation dans le respect des dispositions de la loi n° 78-17 du 6 janvier 1978 relative à l'informatique, aux fichiers et aux libertés.

Les modalités d'application du présent article sont déterminées par décret. – *[CSP, art. L. 3632-6.]*

Art. L. 232-20-1 *(L. n° 2012-158 du 1er févr. 2012)* L'Agence française de lutte contre le dopage est habilitée à recevoir de la part d'un organisme reconnu par l'Agence mondiale antidopage et disposant de compétences analogues aux siennes des informations de la nature de celles mentionnées au premier alinéa de l'article L. 232-20 et à lui communiquer de telles informations.

....

SECTION VI ***Dispositions pénales*** (Ord. n° 2010-379 du 14 avr. 2010, art. 14).

Art. L. 232-25 Le fait de s'opposer à l'exercice des fonctions dont sont chargés les agents et personnes habilités en vertu de l'article L. 232-11 est puni de six mois d'emprisonnement et d'une amende de 7 500 euros.

Le fait de ne pas respecter les décisions d'interdiction prononcées en application des articles *(Ord. n° 2018-1178 du 19 déc. 2018, art. 35, en vigueur au plus tard le 1er mars 2019)* « L. 232-21-1, L. 232-23, L. 232-23-3-3 à L. 232-23-3-9 *[ancienne rédaction : L. 232-21 à L. 232-23]* » est puni des mêmes peines. – *[CSP, art. L. 3633-2.]*

Art. L. 232-26 *(Ord. n° 2010-379 du 14 avr. 2010, art. 26)* « I. – La détention, sans raison médicale dûment justifiée, d'une ou des substances ou méthodes interdites fixées par arrêté du ministre chargé des sports est punie d'un an d'emprisonnement et de 3 750 € d'amende.

« Cet arrêté énumère les substances et méthodes interdites figurant sur la liste mentionnée au dernier alinéa de l'article L. 232-9, pour lesquelles l'appendice 1 à la convention internationale mentionnée à l'article L. 230-2 ne prévoit la possibilité de sanctions réduites qu'en cas de circonstances exceptionnelles.

(Ord. n° 2018-1178 du 19 déc. 2018, art. 35, en vigueur au plus tard le 1er mars 2019) « II. – Sont punis de cinq ans d'emprisonnement et de 75 000 € d'amende :

« 1° La prescription, l'administration, l'application, la cession ou l'offre aux sportifs, sans raison médicale dûment justifiée, des substances ou méthodes mentionnées à l'article L. 232-9, ou la facilitation de leur utilisation ou l'incitation à leur usage ;

« 2° La production, la fabrication, l'importation, l'exportation, le transport, la détention ou l'acquisition, aux fins d'usage par un sportif, sans raison médicale dûment justifiée, d'une ou des substances ou méthodes figurant sur la liste mentionnée au dernier alinéa de l'article L. 232-9 ;

« 3° La falsification, la destruction ou la dégradation de tout élément relatif au contrôle, à l'échantillon ou à l'analyse. »

Les peines prévues au *(Abrogé par Ord. n° 2018-1178 du 19 déc. 2018, art. 35, à compter au plus tard du 1er mars 2019) « premier alinéa du »* présent II sont portées à sept ans d'emprisonnement et à 150 000 € d'amende lorsque les faits sont commis en bande organisée, au sens de l'article 132-71 du code pénal, ou lorsqu'ils sont commis à l'égard d'un mineur ou par une personne ayant autorité sur un ou des sportifs.

Ancien art. L. 232-26 (Ord. n° 2010-379 du 14 avr. 2010, art. 26) *« I. – La détention, sans raison médicale dûment justifiée, d'une ou des substances ou méthodes interdites fixées par arrêté du ministre chargé des sports est punie d'un an d'emprisonnement et de 3 750 € d'amende.*

« Cet arrêté énumère les substances et méthodes interdites figurant sur la liste mentionnée au dernier alinéa de l'article L. 232-9, pour lesquelles l'appendice 1 à la convention internationale mentionnée à l'article L. 230-2 ne prévoit la possibilité de sanctions réduites qu'en cas de circonstances exceptionnelles. – V. Arr. du 19 janv. 2016 (JO 4 févr.).

« II. – La méconnaissance des 1°, 2° et 4° de l'article L. 232-10 est punie de cinq ans d'emprisonnement et de 75 000 € d'amende. »

Les peines prévues au premier alinéa du présent II sont portées à sept ans d'emprisonnement et à 150 000 € d'amende lorsque les faits sont commis en bande organisée, au sens de l'article 132-71 du code pénal, ou lorsqu'ils sont commis à l'égard d'un mineur ou par une personne ayant autorité sur un ou des sportifs. – [CSP, art. L. 3633-3.]

Art. L. 232-27 Les personnes physiques coupables des infractions prévues à l'article L. 232-26 du présent code encourent également les peines complémentaires suivantes :

1° La confiscation des substances ou procédés et des objets ou documents qui ont servi à commettre l'infraction ou à en faciliter la commission ;

2° L'affichage ou la diffusion de la décision prononcée, dans les conditions prévues par l'article 131-35 du code pénal ;

3° La fermeture, pour une durée d'un an au plus, de l'un, de plusieurs ou de l'ensemble des établissements de l'entreprise ayant servi à commettre l'infraction et appartenant à la personne condamnée ;

4° L'interdiction, dans les conditions prévues à l'article 131-27 du code pénal, d'exercer l'activité professionnelle ou sociale dans l'exercice ou à l'occasion de laquelle l'infraction a été commise ;

5° L'interdiction, dans les conditions prévues à l'article 131-27 du code pénal, d'exercer une fonction publique. – *[CSP, art. L. 3633-5.]*

Art. L. 232-28 *(L. nº 2009-526 du 12 mai 2009, art. 125)* « Les personnes morales déclarées responsables pénalement, dans les conditions prévues par l'article 121-2 du code pénal, des infractions définies à l'article L. 232-26 encourent, outre l'amende suivant les modalités prévues par l'article 131-38 du code pénal : »

a) Les peines complémentaires prévues par les 2°, 8° et 9° de l'article 131-39 du code pénal ;

b) La fermeture, pour une durée d'un an au plus, des établissements ou de l'un ou plusieurs des établissements de l'entreprise ayant servi à commettre l'infraction et appartenant à la personne morale condamnée. – *[CSP, art. L. 3633-6.]*

Art. L. 232-29 *Abrogé par Ord. nº 2010-379 du 14 avr. 2010, art. 27.*

Art. L. 232-30 Peuvent exercer les droits reconnus à la partie civile, en ce qui concerne les infractions mentionnées à la présente section :

1° Le Comité national olympique et sportif français pour les faits commis à l'occasion des compétitions dont il a la charge ;

2° Les fédérations sportives agréées par le ministre chargé des sports, chacune pour ce qui la concerne, sauf lorsque l'auteur de l'infraction relève de son pouvoir disciplinaire.

(L. nº 2008-650 du 3 juill. 2008) « Lorsque des poursuites sont engagées en application des dispositions de la présente section, l'Agence française de lutte contre le dopage peut exercer les droits de la partie civile. Toutefois, elle ne peut à l'égard d'une même personne et s'agissant des mêmes faits, concurremment exercer les pouvoirs de sanction qu'elle tient du présent code et les droits de la partie civile. » – *[CSP, art. L. 3633-1.]*

Art. L. 232-31 Sauf disposition contraire, les modalités d'application du présent titre sont fixées par décret en Conseil d'État.

Al. 2, 3 et 4 abrogés par Ord. nº 2010-379 du 14 avr. 2010, art. 28.

TITRE IV Lutte contre le dopage animal

CHAPITRE UNIQUE

Art. L. 241-1 ....

Art. L. 241-2 Il est interdit d'administrer ou d'appliquer aux animaux, au cours des *(L. nº 2012-158 du 1er févr. 2012, art. 21)* « manifestations sportives organisées par une fédération agréée ou autorisées par une fédération délégataire » ou par une commission spécialisée instituée en application de l'article L. 131-19, ou en vue d'y participer, des substances ou procédés de nature à modifier artificiellement leurs capacités ou à masquer l'emploi de substances ou procédés ayant cette propriété.

La liste des substances ou procédés mentionnés au présent article est fixée par arrêté conjoint des ministres chargés des sports, de la santé et de l'agriculture. – *[CSP, art. L. 3641-2.]*

Art. L. 241-3 *(L. nº 2008-650 du 3 juill. 2008, art. 19)* « I. – Il est interdit à toute personne de :

« 1° Faciliter l'administration des substances mentionnées à l'article L. 241-2 ou inciter à leur administration, ainsi que faciliter l'application des procédés mentionnés au même article ou inciter à leur application ; »

(L. n° 2012-158 du 1er févr. 2012, art. 21) « 2° Prescrire, Administrer appliquer, céder ou offrir un ou plusieurs procédés ou substances mentionnés à l'article L. 241-2 ; »

(L. n° 2008-650 du 3 juill. 2008, art. 19) « 3° Produire, fabriquer, importer, exporter, transporter, détenir ou acquérir les procédés ou substances mentionnés à l'article L. 241-2 ; »

(L. n° 2012-158 du 1er févr. 2012, art. 21) « 4° S'opposer par quelque moyen que ce soit aux mesures de contrôle prévues au présent titre ;

« 5° Falsifier, détruire ou dégrader tout élément relatif au contrôle, à l'échantillon ou à l'analyse ;

« 6° Tenter d'enfreindre les interdictions prévues au présent article. »

II. — Il est interdit de soustraire un animal ou de s'opposer par quelque moyen que ce soit aux mesures de contrôle prévues par le présent titre. — *[CSP, art. L. 3641-3.]*

Art. L. 241-4 Les dispositions de la section III du chapitre II du titre III du présent livre, à l'exception des articles *(Ord. n° 2018-1178 du 19 déc. 2018, art. 36, en vigueur au plus tard le 1er mars 2019)* « L. 232-9, L. 232-9-2, L. 232-9-3 et L. 232-10 *[ancienne rédaction : L. 232-9 et L. 232-10]* », s'appliquent aux contrôles et constats des infractions en matière de dopage animal dans les conditions prévues par le décret en Conseil d'État mentionné à l'article L. 241-9.

(L. n° 2008-650 du 3 juill. 2008, art. 21) « Pour l'application du premier alinéa, les prélèvements sur tout animal destinés à mettre en évidence l'utilisation de substances et procédés prohibés ou à déceler la présence dans l'organisme de substances interdites sont réalisés sous la responsabilité des personnes mentionnées à l'article L. 232-11, ayant la qualité de vétérinaire ; les examens cliniques et biologiques doivent être réalisés directement par un vétérinaire. »

Art. L. 241-5 I. — Les dispositions de l'article L. 232-30 sont applicables aux infractions prévues au présent titre.

II. — 1° Les infractions aux dispositions de l'article L. 241-2 et du I de l'article L. 241-3 sont punies de cinq ans d'emprisonnement et d'une amende de 75 000 € ;

2° L'infraction aux dispositions du II de l'article L. 241-3 est punie de six mois d'emprisonnement et d'une amende de 7 500 €.

III. — La tentative des délits prévus au présent titre est punie des mêmes peines.

IV. — Les personnes physiques reconnues coupables des délits prévus à l'article L. 241-2 et au I de l'article L. 241-3 encourent également les peines complémentaires prévues à l'article L. 232-27.

V. — Les personnes morales reconnues pénalement responsables des délits prévus au présent titre encourent les peines prévues à l'article L. 232-28. — *[CSP, art. L. 3641-5.]*

Art. L. 241-6 *(Ord. n° 2018-1178 du 19 déc. 2018, art. 36, en vigueur au plus tard le 1er mars 2019)* « L'agence *[ancienne rédaction : Une fédération sportive agréée ou l'Agence]* » française de lutte contre le dopage peut interdire provisoirement, temporairement ou définitivement selon les modalités prévues à la section IV du chapitre II du titre III du présent livre au propriétaire ou à l'entraîneur d'un animal auquel a été administrée une substance prohibée ou appliqué un procédé interdit de faire participer son animal aux compétitions et manifestations mentionnées à l'article L. 241-2.

Le propriétaire ou l'entraîneur de cet animal présente ses observations dans le cadre de la procédure disciplinaire prévue par la section 4 du chapitre II du titre III du présent livre. Il peut également demander une nouvelle expertise. — *[CSP, art. L. 3641-6.]*

Art. L. 241-7 Le propriétaire, l'entraîneur et le cas échéant le *(L. n° 2008-650 du 3 juill. 2008, art. 22)* « sportif *[ancienne rédaction : cavalier]* » qui ont enfreint ou tenté d'enfreindre les dispositions du présent titre encourent les sanctions administratives suivantes :

1° Une interdiction temporaire ou définitive de participer aux *(Abrogé par L. n° 2012-158 du 1er févr. 2012, art. 21) « compétitions et »* manifestations mentionnées à l'article L. 241-2 ;

2° Une interdiction temporaire ou définitive de participer directement ou indirectement à l'organisation et au déroulement des *(Abrogé par L. n° 2012-158 du 1er févr. 2012, art. 21) « compétitions ou »* manifestations sportives mentionnées à l'article L. 241-2 et aux entraînements y préparant ;

3° Lorsqu'ils sont licenciés d'une fédération sportive agréée, une interdiction temporaire ou définitive d'exercer les fonctions définies à l'article L. 212-1.

Ces sanctions sont prononcées dans les conditions prévues à la section 4 du chapitre II du titre III du présent livre *(Abrogé par Ord. n° 2018-1178 du 19 déc. 2018, art. 36, au plus tard à compter du 1er mars 2019) « par une fédération sportive agréée ou »* par l'Agence française de lutte contre le dopage. – *[CSP, art. L. 3641-7.]*

Art. L. 241-8 *(Ord. nº 2018-603 du 11 juill. 2018, art. 13, en vigueur le 1er sept. 2018)* Les parties intéressées et le président de l'Agence française de lutte contre le dopage peuvent former un recours de pleine juridiction contre les décisions de la commission des sanctions de l'Agence française de lutte contre le dopage prises en application des articles L. 241-6 et L. 241-7.

Art. L. 241-9 Sauf disposition contraire, les modalités d'application du présent chapitre sont fixées par décret en Conseil d'État. – *[CSP, art. L. 3641-8.]*

V. art. R. 241-1 s., ***C. sport.***

Art. L. 241-10 *(L. nº 2008-650 du 3 juill. 2008, art. 20)* Le présent titre s'applique aux épreuves organisées en vue de la sélection et de l'amélioration génétique des équidés âgés de six ans et moins.

(Abrogé par Ord. nº 2018-1178 du 19 déc. 2018, art. 36, au plus tard à compter du 1er mars 2019) « Toutefois, à l'occasion de ces épreuves, les compétences confiées aux fédérations sportives en vertu du présent titre sont exercées par les organismes agréés en application de l'article L. 653-3 du code rural et de la pêche maritime. »

Loi nº 96-392 du 13 mai 1996,

Relative à la lutte contre le blanchiment et le trafic des stupéfiants et à la coopération internationale en matière de saisie et de confiscation des produits du crime.

TITRE PREMIER Dispositions relatives à la lutte contre le blanchiment et à la coopération internationale en matière de saisie et de confiscation des produits du crime

CHAPITRE PREMIER *Dispositions relatives aux infractions de blanchiment*

Art. 1er et 2 *V. C. pén., art. 222-38 et 324-1 à 324-9.*

Art. 3 *Mod. C. pr. pén., art. 704.*

Art. 4 *V. C. douanes, art. 415, vº Douanes et changes.*

CHAPITRE II *Dispositions relatives à l'amélioration de la lutte contre le blanchiment*

....

CHAPITRE III *[ABROGÉ] Dispositions relatives à la coopération internationale*

(Abrogé par L. nº 2010-768 du 9 juill. 2010, art. 15-II)

Art. 9 à 16 *Abrogés par L. nº 2010-768 du 9 juill. 2010, art. 15-II.*

TITRE II Dispositions tendant à améliorer la lutte contre le trafic de stupéfiants

Art. 17 et 18 *V. C. pén., art. 222-39-1 [abrogé] et 227-18-1.*

Art. 19 *V.* ***C. pr. pén.****, art. 2-16.*

Art. 20 *(Ord. nº 98-728 du 20 août 1998, mod. et ratifiée par L. nº 99-1121 du 28 déc. 1999)* La présente loi est applicable dans les territoires d'outre-mer, la *[en]* Nouvelle-Calédonie et à Mayotte.

Pour l'application de l'article 15 dans les territoires d'outre-mer et la *[en]* Nouvelle-Calédonie, les règles de procédure civile dont il est fait mention sont celles applicables localement.

Loi nº 96-542 du 19 juin 1996,

Relative au contrôle de la fabrication et du commerce de certaines substances susceptibles d'être utilisées pour la fabrication illicite de stupéfiants ou de substances psychotropes.

Art. 1er *(Ord. nº 2008-1340 du 18 déc. 2008)* « La production, la fabrication, la transformation, le transport, le stockage, la vente, le courtage, la mise à disposition à titre gratuit, l'importation, l'exportation ou le transit de précurseurs de drogues sont soumis aux dispositions de la présente loi.

« Les précurseurs de drogues sont ceux qui sont définis aux *a* et *b* de l'article 2 du règlement (CE) n° 273/2004 du Parlement européen et du Conseil du 11 février 2004 relatif aux précurseurs de drogues et aux *a* et *b* de l'article 2 du règlement (CE) n° 111/2005 du Conseil du 22 décembre 2004 fixant les règles pour la surveillance du commerce des précurseurs des drogues entre la Communauté et les pays tiers.

« Ils sont regroupés dans les trois catégories mentionnées à l'annexe I du règlement du 11 février 2004 et à l'annexe du règlement du 22 décembre 2004 susmentionnés, selon la nature et la gravité du risque qu'ils présentent en vue de la production de stupéfiants et de substances psychotropes.

« Chaque substance » est soumise aux obligations spécifiques définies par la présente loi.

TITRE PREMIER Dispositions communes aux échanges intracommunautaires et extracommunautaires *(Ord. n° 2008-1340 du 18 déc. 2008).*

Art. 2 *(Ord. n° 2008-1340 du 18 déc. 2008)* « Les conditions de délivrance, de suspension et de retrait de l'agrément prévu aux paragraphes 2 à 4 de l'article 3 du règlement (CE) n° 273/2004 du 11 février 2004 et à l'article 6 du règlement (CE) n° 111/2005 du 22 décembre 2004 susmentionnés sont fixées par décret.

« Nul ne peut se voir délivrer l'agrément s'il a fait l'objet d'une condamnation inscrite au bulletin n° 2 du casier judiciaire ou, pour les ressortissants étrangers, dans un document équivalent pour des faits liés à l'exercice des activités mentionnées à l'article 1er. »

Pour les personnes domiciliées ou ayant leur principal établissement dans un autre État membre de la Communauté européenne, l'agrément est celui prévu par la législation de cet État.

Art. 3 Les personnes menant les opérations mentionnées à l'*(Ord. n° 2008-1340 du 18 déc. 2008)* « article 1er » pour les substances de la 2e catégorie sont tenues de déclarer au ministre chargé de l'industrie les adresses des locaux dans lesquels elles poursuivent ces activités.

Art. 4 *(Ord. n° 2008-1340 du 18 déc. 2008)* Les modalités de délivrance de la déclaration unique portant sur une pluralité de transactions prévue au paragraphe 2 de l'article 4 du règlement (CE) n° 273/2004 du 11 février 2004 susmentionné sont fixées par décret.

Art. 5 Pour leur mise à disposition de tiers, à titre onéreux ou gratuit, leur importation, leur exportation ou leur transit, les substances dont la liste est *(Ord. n° 2008-1340 du 18 déc. 2008)* « fixée par l'annexe I du règlement (CE) n° 273/2004 du 11 février 2004 susmentionné et par l'annexe du règlement (CE) n° 111/2005 du 22 décembre 2004 susmentionné » doivent faire l'objet d'un marquage permettant de connaître leur nom tel qu'il est mentionné dans cette liste.

Art. 6 Les personnes menant les opérations mentionnées à l'article 1er pour les *(Ord. n° 2008-1340 du 18 déc. 2008)* « précurseurs de drogues » sont tenues de déclarer *(Ord. n° 2008-1340 du 18 déc. 2008)* « sans délai » au ministre chargé de l'industrie toutes opérations, telles que commandes ou transactions inhabituelles, lorsque celles-ci laissent à penser que ces substances peuvent être détournées pour la fabrication illicite de stupéfiants ou de substances psychotropes.

(Ord. n° 2008-1340 du 18 déc. 2008) « La personne responsable mentionnée au paragraphe 1 de l'article 3 du règlement (CE) n° 273/2004 du 11 février 2004 susmentionné et à l'article 1er du règlement (CE) n° 1277/2005 de la Commission du 27 juillet 2005 établissant les modalités d'application du règlement (CE) n° 273/2004 du Parlement européen et du *Conseil relatif aux précurseurs* des drogues et du règlement (CE) n° 111/2005 du Conseil fixant des règles pour la surveillance du commerce des précurseurs des drogues entre la Communauté et les pays tiers consigne dans ses écritures, dès qu'elle en a connaissance, l'existence de toute transaction portant sur des précurseurs de drogues, lorsqu'elle estime qu'il existe des motifs raisonnables de soupçonner que cette transaction peut être liée à l'utilisation à des fins illicites d'un précurseur de drogues. »

Art. 7 Toute information de nature à modifier la portée de la déclaration prévue à l'article 6 doit être immédiatement communiquée au ministre chargé de l'industrie.

Art. 8 Pour les opérations ayant fait l'objet de la déclaration mentionnée à l'article 6, aucune poursuite fondée sur l'article 226-13 du code pénal ne peut être intentée contre une personne physique ou morale qui, de bonne foi, a fait cette déclaration.

Aucune action en responsabilité civile ou administrative ne peut être intentée, ni aucune sanction professionnelle prononcée, contre une personne physique ou morale qui a fait de bonne foi une déclaration mentionnée à l'article 6. En cas de préjudice résultant directement d'une telle déclaration, l'État répond du dommage subi. Ces dispositions s'appliquent même si la preuve du caractère délictueux des faits à l'origine de la déclaration n'est pas apportée ou si ces faits ont fait l'objet d'une décision de non-lieu, de relaxe ou d'acquittement.

Art. 9 A la demande du ministre chargé de l'industrie, les personnes menant les opérations mentionnées à l'article 1er lui communiquent les informations de caractère global sur lesdites opérations.

Ces personnes sont, en outre, tenues de fournir au ministre chargé de l'industrie les informations qu'il leur demande sur toute commande de substances inscrites sur la liste établie *(Ord. n° 2008-1340 du 18 déc. 2008)* « par l'annexe I du règlement (CE) n° 273/2004 du 11 février 2004 et par l'annexe du règlement (CE) n° 111/2005 du 22 décembre 2004 susmentionnés » ou sur toute opération dans laquelle interviennent certaines de ces substances.

Les délais dans lesquels doivent être fournies les informations visées aux deux alinéas précédents sont fixés par décret en Conseil d'État.

Art. 10 Les agents de l'administration des douanes et les agents assermentés habilités par le ministre chargé de l'industrie exercent les contrôles nécessaires en vue de vérifier le respect des obligations inscrites dans la présente loi ainsi que des textes pris pour son application par une personne qui y est assujettie *(Ord. n° 2008-1340 du 18 déc. 2008)* « , selon des modalités définies par décret en Conseil d'État ».

A ce titre, ils peuvent :

a) Accéder aux établissements et aux locaux professionnels dans lesquels sont fabriquées ou stockées des substances figurant sur la liste fixée *(Ord. n° 2008-1340 du 18 déc. 2008)* « par l'annexe I du règlement (CE) n° 273/2004 du 11 février 2004 susmentionné et par l'annexe du règlement (CE) n° 111/2005 du 22 décembre 2004 susmentionné » ou à partir desquels il est fait commerce desdites substances ;

b) Prendre communication et copie de l'agrément de la personne mentionnée à l'article 2 lorsqu'il est obligatoire et, pour une opération donnée, des documents commerciaux la concernant tels que factures, manifestes, pièces administratives, documents de transport et autres documents d'expédition ainsi que, s'il y a lieu, les documents relatifs à l'importation, à l'exportation, *(Ord. n° 2008-1340 du 18 déc. 2008)* « au transit et à la destruction » desdites substances ;

c) Prélever ou faire prélever en leur présence, si nécessaire, des échantillons dans des conditions définies par décret en Conseil d'État. – *V. Décr. n° 98-664 du 29 juill. 1998 (JO 1er août), et, en application, Arr. du 8 janv. 1999 (JO 16 janv.).*

Art. 10-1 *(Ord. n° 2008-1340 du 18 déc. 2008)* En vue de procéder à une opération de surveillance, les agents assermentés habilités par le ministre chargé de l'industrie peuvent, sur autorisation de leur autorité de tutelle et sur la demande écrite des services de police, de gendarmerie ou de douane, continuer à délivrer tout document administratif permettant aux opérateurs de procéder à des transactions suspectes.

Le procureur de la République près le tribunal judiciaire dans le ressort duquel les opérations de surveillance sont susceptibles de débuter, ou le procureur de la République saisi en application des dispositions des articles 706-76 du code de procédure pénale ou 67 *bis* du code des douanes, est informé de la demande desdits agents et peut s'opposer à ce qu'il y soit fait droit, dans un délai fixé par voie réglementaire.

Lorsqu'ils sont autorisés dans les conditions prévues au premier alinéa à continuer à délivrer les documents permettant de procéder aux transactions suspectes, les agents ne s'exposent à aucune responsabilité pénale du fait de ces actes.

Art. 11 *(Ord. n° 2008-1340 du 18 déc. 2008)* Les contrôles et prélèvements prévus à l'article 10 sont pratiqués entre 8 heures et 20 heures ou, en dehors de ces heures, lorsque l'accès au public est autorisé, ou lorsque sont en cours des activités de production, de fabrication, de conditionnement, de transport, de manutention, d'entreposage ou de commercialisation *et en présence du directeur* de *l'établissement* ou de son représentant.

En l'absence du directeur de l'établissement ou de son représentant ainsi qu'au cas où un refus d'accès aux locaux est opposé aux agents mentionnés à l'article 10, le président du tribunal judiciaire, ou le magistrat délégué par lui saisi par le ministre chargé de l'industrie ou par le ministre chargé des douanes, peut ordonner que les contrôles et prélèvements soient effectués.

Les modalités d'application du présent article sont fixées par décret en Conseil d'État.

Art. 12 Les agents procédant à un contrôle dressent un procès-verbal de leurs constatations.

Une copie de ce procès-verbal est remise à la personne contrôlée, dans le délai et selon des modalités précisés par décret, et l'original est adressé au ministre chargé de l'industrie.

Art. 13 Au plus tard douze mois après la constatation d'un manquement aux obligations fixées *(Ord. nº 98-728 du 20 août 1998, ratifiée par L. nº 99-1121 du 28 déc. 1999)* « par les articles 2 ou 21 de la présente loi » *(Abrogé par Ord. nº 2008-1340 du 18 déc. 2008) « ou par le premier alinéa du 1 de l'article 2 bis du règlement (CEE) nº 3677/90 du Conseil du 13 décembre 1990 relatif aux mesures à prendre afin d'empêcher le détournement de certaines substances pour la fabrication illicite de stupéfiants ou de substances psychotropes »*, le ministre chargé de l'industrie invite la personne concernée à prendre connaissance du dossier et à présenter ses observations dans un délai d'un mois.

(Ord. nº 2008-1340 du 18 déc. 2008) « Passé ce délai, au vu du procès-verbal constatant le manquement et des observations susmentionnées, le ministre chargé de l'industrie peut, compte tenu de la gravité des manquements, prononcer, par une décision motivée, une amende dont le montant est fixé comme il suit :

« 1° Amende d'un montant pouvant atteindre au maximum 100 000 €, en cas de défaut d'agrément de l'opérateur, dans les conditions prévues à l'article 2 ;

« 2° Amende d'un montant pouvant atteindre au maximum 50 000 €, en cas de mise à disposition par l'opérateur à titre gratuit ou onéreux de substances à des personnes non agréées dans les conditions prévues à l'article 2. »

Art. 14 Au plus tard douze mois après la constatation d'un manquement aux obligations fixées *(Ord. nº 2008-1340 du 18 déc. 2008)* « au paragraphe 6 de l'article 3, aux articles 4, 5 et 7 du règlement (CE) n° 273/2004 du 11 février 2004 précité et aux articles 4, 5, 7 et 8 du règlement (CE) n° 111/2005 du 22 décembre 2004 précité », le ministre chargé de l'industrie invite la personne concernée à prendre connaissance du dossier et à présenter ses observations dans un délai d'un mois.

Passé ce délai et au vu du procès-verbal constatant le manquement et des observations susmentionnées, le ministre chargé de l'industrie prend une décision motivée pouvant ordonner le paiement d'une amende au plus égale à *(Ord. nº 2008-1340 du 18 déc. 2008)* « 5 000 € » par manquement.

Art. 15 En cas de retard dans la transmission d'une information qui doit lui être communiquée à sa demande conformément à l'article 9 de la présente loi *(Abrogé par Ord. nº 2008-1340 du 18 déc. 2008) « ou au dernier alinéa de l'article 3 du règlement (CEE) nº 3677/90 du 13 décembre 1990 précité »*, le ministre chargé de l'industrie invite la personne concernée à présenter ses observations dans un délai de huit jours.

Passé ce délai et au vu des observations susmentionnées, le ministre chargé de l'industrie prend une décision motivée accordant à la personne concernée un nouveau délai de huit jours pour satisfaire aux obligations auxquelles elle est assujettie. Cette décision peut ordonner une astreinte journalière *(Ord. nº 2008-1340 du 18 déc. 2008)* « pouvant atteindre 500 € » si la personne concernée maintient à l'expiration de ce dernier délai son refus de communiquer les documents ou informations demandés.

Art. 16 Lorsqu'un procès-verbal dressé conformément aux dispositions de l'article 12 constate qu'une personne refuse aux agents de l'administration d'exercer leur pouvoir de contrôle prévu par l'article 10, le ministre chargé de l'industrie invite, dans les trois mois qui suivent l'établissement du procès-verbal, la personne ayant opposé ce refus à prendre connaissance du dossier et à présenter ses observations dans un délai d'un mois.

Passé ce délai, au vu du procès-verbal constatant le refus et des observations susmentionnées, le ministre chargé de l'industrie prend une décision motivée et accorde à la personne ayant opposé le refus un délai de huit jours pour mettre fin à son opposition. Cette décision peut ordonner une astreinte journalière pouvant atteindre *(Ord. nº 2008-1340 du 18 déc. 2008)* « 5 000 € » si la personne concernée persiste dans son refus à l'expiration de ce dernier délai.

Art. 16-1 *(Ord. nº 2008-1340 du 18 déc. 2008)* I. — En cas de manquement à l'obligation de déclaration ou de consignation mentionnées à l'article 6, le ministre chargé de l'industrie peut, après avoir mis à même la personne concernée de présenter ses observations, prononcer à l'encontre de l'opérateur, par décision motivée, l'une des sanctions suivantes en fonction de la gravité du manquement :

a) L'avertissement ;

b) Le blâme ;

c) L'interdiction d'effectuer certaines opérations et toutes autres limitations dans l'exercice de l'activité pendant une durée qui ne peut excéder un an ;

d) La suspension temporaire de l'agrément pour une durée qui ne peut être supérieure à deux ans.

II. — En cas de réitération du manquement, le ministre chargé de l'industrie peut, en suivant les mêmes règles de forme et de procédure, soit retirer l'agrément mentionné à l'article 2, soit prononcer une sanction pécuniaire dont le montant ne peut être supérieur à 200 000 €, soit infliger cumulativement ces deux sanctions.

Art. 17 Les amendes et les astreintes mentionnées dans la présente loi ne peuvent porter sur des faits remontant à plus de trois ans s'il n'a été accompli dans ce délai aucun acte tendant à leur recherche, leur constatation ou leur sanction.

Art. 18 Les amendes et les astreintes mentionnées dans la présente loi sont versées au Trésor. Leur recouvrement est poursuivi comme en matière de douane.

Art. 19 Les décisions du ministre chargé de l'industrie prises *(Ord. n° 2008-1340 du 18 déc. 2008)* « en application des articles 13, 14, 15, 16 et 16-1 » sont susceptibles de recours de pleine juridiction.

TITRE II Dispositions particulières pour les territoires d'outre-mer, la Nouvelle-Calédonie, le Département de Mayotte et la collectivité territoriale de Saint-Pierre-et-Miquelon

(Ord. n° 98-728 du 20 août 1998, ratifiée par L. n° 99-1121 du 28 déc. 1999)

La mention de l'intitulé du titre II a été supprimée et le titre III de la L. n° 96-542 est devenu le titre II en application des dispositions de l'Ord. n° 2008-1340 du 18 déc. 2008, art. 2.

Art. 20 L'article 1er et le titre II de la présente loi sont applicables dans les territoires d'outre-mer, en Nouvelle-Calédonie, dans le département de Mayotte et la collectivité territoriale de Saint-Pierre-et-Miquelon, à l'exception, dans les articles 13, 14 et 15, des mentions relatives au règlement (CEE) n° 3677/90 du 13 décembre 1990 du Conseil des Communautés européennes précité.

Art. 21 Dans les territoires d'outre-mer, en Nouvelle-Calédonie, dans le département de Mayotte et la collectivité territoriale de Saint-Pierre-et-Miquelon, les substances de 1re catégorie ne peuvent être fabriquées, importées, exportées, transformées et mises à disposition de tiers, à titre onéreux ou gratuit, que par des personnes agréées ; elles ne peuvent être échangées qu'entre personnes agréées. Les conditions de délivrance et de retrait de cet agrément sont fixées par décret en Conseil d'État.

Art. 22 Les personnes menant dans les territoires d'outre-mer, en Nouvelle-Calédonie, dans le département de Mayotte et la collectivité territoriale de Saint-Pierre-et-Miquelon, les opérations mentionnées à l'article 21 pour les substances de la 2e catégorie sont tenues de déclarer au ministre chargé de l'industrie ou au représentant de l'État dans le territoire ou la collectivité les adresses des locaux dans lesquels elles poursuivent ces activités.

Art. 23 Les personnes mettant à disposition de tiers à titre onéreux ou gratuit, dans les territoires d'outre-mer, en Nouvelle-Calédonie ou dans le département de Mayotte et la collectivité territoriale Saint-Pierre-et-Miquelon, des substances des 1re et 2e catégories doivent détenir et pouvoir présenter à l'administration les documents permettant de connaître, pour chaque opération, de manière certaine, la nature et la quantité de la substance, les noms et adresses des fournisseurs, distributeurs et destinataires. Une attestation du destinataire doit préciser l'usage des substances.

Pour les opérations conduisant à la mise à disposition de tiers, à titre onéreux ou gratuit, des substances de 2e catégorie, un décret en Conseil d'État détermine les documents simplifiés nécessaires pour les transactions répétées et, lorsque les quantités en cause ne dépassent pas un certain seuil, les conditions dans lesquelles l'obligation mentionnée au premier alinéa peut être levée.

Convention des Nations unies contre le trafic illicite de stupéfiants et de substances psychotropes (ensemble une annexe),

Adoptée à Vienne le 19 déc. 1988 et signée par la France le 13 févr. 1989 ; entrée en vigueur le 31 mars 1991. — Publiée par Décr. n° 91-271 du 8 mars 1991 (D. et ALD 1991. 181).

Art. 1er *Définitions.* Sauf indication expresse en sens contraire ou sauf si le contexte exige qu'il en soit autrement, les définitions ci-après s'appliquent à toutes les dispositions de la présente Convention : *[— ...]*

b) L'expression « plante de cannabis » désigne toute plante du genre cannabis ;

c) Le terme « cocaïer » désigne toute espèce d'arbustes du genre érythroxylon ; *[— ...]*

f) Le terme « confiscation » désigne la dépossession permanente de biens sur décision d'un tribunal ou d'une autre autorité compétente ; *[— ...]*

h) L'expression « Convention de 1961 » désigne la Convention unique sur les stupéfiants de 1961 ;

i) L'expression « Convention de 1961 telle que modifiée » désigne la Convention unique sur des *[les]* stupéfiants de 1961 telle que modifiée par le Protocole de 1972 portant amendement de la Convention unique sur les stupéfiants de 1961 ;

j) L'expression « Convention de 1971 » désigne la Convention de 1971 sur les substances psychotropes ; *[— ...]*

l) Les termes « gel » ou « saisie » désignent l'interdiction temporaire du transfert, de la conversion, de la disposition ou du mouvement de biens ou le fait d'assumer temporairement la garde ou le contrôle de biens sur décision d'un tribunal ou d'une autre autorité compétente ;

m) L'expression « trafic illicite » désigne les infractions visées aux paragraphes 1 et 2 de l'article 3 de la présente Convention ;

n) Le terme « stupéfiant » désigne toute substance, qu'elle soit d'origine naturelle ou de synthèse, figurant au Tableau I ou au Tableau II de la Convention de 1961 et de la Convention de 1961 telle que modifiée ;

o) L'expression « pavot à opium » désigne la plante de l'espèce *Papaver sommiferum L* ;

p) Le terme « produit » désigne tout bien provenant directement ou indirectement de la commission d'une infraction établie conformément au paragraphe 1 de l'article 3 ou obtenu directement ou indirectement en la commettant ;

q) Le terme « biens » désigne tous les types d'avoirs, corporels ou incorporels, meubles ou immeubles, tangibles ou intangibles, ainsi que les actes juridiques ou documents attestant la propriété de ces avoirs ou des droits y relatifs ;

r) L'expression « substance psychotrope » désigne tout *[toute]* substance, qu'elle soit d'origine naturelle ou de synthèse, ou tout produit naturel des Tableaux I, II, III ou IV de la Convention de 1971 sur les substances psychotropes ; *[— ...]*

t) Les expressions « Tableau I » et « Tableau II » désignent les listes de substances annexées à la présente Convention, qui pourront être modifiées de temps à autre conformément à l'article 12 ; *[— ...]*

....

Art. 3 *Infractions et sanctions.* 1. Chaque Partie adopte les mesures nécessaires pour conférer le caractère d'infractions pénales conformément à son droit interne, lorsque l'acte a été commis intentionnellement :

a) i) A la production, à la fabrication, à l'extraction, à la préparation, à l'offre, à la mise en vente, à la distribution, à la vente, à la livraison à quelque condition que ce soit, au courtage, à l'expédition, à l'expédition en transit, au transport, à l'importation ou à l'exportation de tout stupéfiant ou de toute substance psychotrope en violation des dispositions de la Convention de 1961, de la Convention de 1961 telle que modifiée ou de la Convention de 1971 ;

ii) A la culture du pavot à opium, du cocaïer ou de la plante de cannabis aux fins de la production de stupéfiants en violation des dispositions de la Convention de 1961 et de la Convention de 1961 telle que modifiée ;

iii) A la détention ou à l'achat de tout stupéfiant ou de toute substance psychotrope aux fins de l'une des activités énumérées au sous-alinéa i) ci-dessus ;

iv) A la fabrication, au transport ou à la distribution d'équipements, de matériels ou de substances inscrites au Tableau I et au Tableau II dont celui qui s'y livre sait qu'ils doivent être utilisés dans ou pour la culture, la production ou la fabrication illicites des stupéfiants ou de substances psychotropes ;

v) A l'organisation, à la direction ou au financement de l'une des infractions énumérées aux sous-alinéas i), ii), iii) ou iv) ci-dessus ;

b) i) A la conversion ou au transfert de biens dont celui qui s'y livre sait qu'ils proviennent d'une des infractions établies conformément à l'alinéa *a* du présent paragraphe ou d'une participation à sa commission, dans le but de dissimuler ou de déguiser l'origine illicite desdits biens ou d'aider toute personne qui est impliquée dans la commission de l'une de ces infractions à s'échapper *[à échapper]* aux conséquences juridiques de ses actes ;

ii) A la dissimulation ou au déguisement de la nature, de l'origine, de l'emplacement, de la disposition, du mouvement ou de la propriété réels de biens ou de droits y relatifs dont l'auteur sait qu'ils proviennent de l'une des infractions établies conformément à l'alinéa *a)* du présent paragraphe ou d'une participation à une de ces infractions ;

c) Sous réserve de ses principes constitutionnels et des concepts fondamentaux de son système juridique,

i) A l'acquisition, à la détention ou à l'utilisation de biens dont celui qui les acquiert, les détient ou les utilise sait, au moment où il les reçoit, qu'ils proviennent de l'une des infractions établies conformément à l'alinéa *a)* du présent paragraphe ou de la participation à l'une de ces infractions ;

ii) A la détention d'équipements, de matériels ou de substances inscrites au Tableau I ou au Tableau II dont celui qui les détient sait qu'ils sont ou doivent être utilisés dans ou pour la culture, la production ou la fabrication illicites de stupéfiants ou de substances psychotropes ;

iii) Au fait d'inciter ou d'amener publiquement autrui, par quelque moyen que ce soit, à commettre l'une des infractions établies conformément au présent article ou à faire illicitement usage de stupéfiants ou de substances psychotropes ;

iv) A la participation à l'une des infractions établies conformément au présent article ou à toute autre association, entente, tentative ou complicité par fourniture d'une assistance, d'une aide ou de conseils en vue de sa commission.

2. Sous réserve de ses principes constitutionnels et des concepts fondamentaux de son système juridique, chaque Partie adopte les mesures nécessaires pour conférer le caractère d'infraction pénale conformément à son droit interne, lorsque l'acte a été commis intentionnellement, à la détention et à l'achat de stupéfiants et de substances psychotropes et à la culture de stupéfiants destinés à la consommation personnelle en violation des dispositions de la Convention de 1961, de la Convention de 1961 telle que modifiée ou de la Convention de 1971.

3. La connaissance, l'intention ou la motivation nécessaires en tant qu'élément d'une *[des]* infractions visées au paragraphe 1 du présent article peut être déduite de circonstances factuelles objectives.

4. *a*) Chaque Partie rend les infractions établies conformément au paragraphe 1 du présent article punissables de sanctions tenant compte de leur gravité, telles que l'emprisonnement ou d'autres peines privatives de liberté, l'imposition d'amendes et la confiscation ;

b) Les Parties peuvent prévoir que, comme mesures complémentaires de la condamnation ou de la sanction pénale prononcées pour une infraction établie conformément au paragraphe 1 du présent article, l'auteur de l'infraction sera soumis à des mesures de traitement, d'éducation, de postcure, de réadaptation ou de réinsertion sociale ;

c) Nonobstant les dispositions des alinéas précédents, dans les cas appropriés d'infractions de caractère mineur, les Parties peuvent notamment prévoir, au lieu d'une condamnation ou d'une sanction pénale, des mesures d'éducation, de réadaptation ou de réinsertion sociale, ainsi que, lorsque l'auteur de l'infraction est un toxicomane, des mesures de traitement et de postcure ;

d) Les Parties peuvent prévoir que des mesures de traitement, d'éducation, de postcure, de réadaptation ou de réinsertion sociale de l'auteur de l'infraction soit remplaceront la condamnation ou la peine prononcées du chef d'une infraction établie conformément aux dispositions du paragraphe 2 du présent article, soit s'y ajouteront.

5. Les Parties font en sorte que leurs tribunaux et autres autorités compétentes puissent tenir compte de circonstances factuelles conférant une particulière gravité aux infractions établies conformément au paragraphe 1 du présent article, telles que :

a) La participation à la commission de l'infraction d'une organisation de malfaiteurs à laquelle l'auteur de l'infraction appartient ;

b) La participation de l'auteur de l'infraction à d'autres activités criminelles organisées internationales ;

c) La participation de l'auteur de l'infraction à d'autres activités illégales facilitées par la commission de l'infraction ;

d) L'usage de la violence ou d'armes par l'auteur de l'infraction ;

e) Le fait que l'auteur de l'infraction assume une charge publique et que l'infraction est liée à ladite charge ;

f) La victimisation ou l'utilisation de mineurs ;

g) Le fait que l'infraction a été commise dans un établissement pénitentiaire, dans un établissement d'enseignement, dans un centre de services sociaux ou dans leur voisinage immédiat ou en d'autres lieux où des écoliers et des étudiants se livrent à des activités éducatives, sportives ou sociales ;

h) Dans la mesure où le droit interne d'une Partie le permet, les condamnations antérieures, en particulier pour des infractions analogues, dans le pays ou à l'étranger.

6. Les Parties s'efforcent de faire en sorte que tout pouvoir judiciaire discrétionnaire conféré par leur droit interne et afférent aux poursuites judiciaires engagées contre des individus pour des infractions établies conformément au présent article soit exercé de façon à optimiser l'efficacité des mesures de détection et de répression pour ce qui est des infractions en question, compte dûment tenu de la nécessité d'exercer un effet dissuasif en ce qui concerne leur commission.

7. Les Parties s'assurent que leurs tribunaux ou autres autorités compétentes prennent en considération la gravité des infractions énumérées au paragraphe 1 du présent article et les circonstances visées au paragraphe 5 du présent article lorsqu'elles envisagent l'éventualité d'une libération anticipée ou conditionnelle de personnes reconnues coupables de ces infractions.

8. Lorsqu'il y a lieu, chaque Partie détermine dans le cadre de son droit interne une période de prescription prolongée au cours de laquelle des poursuites peuvent être engagées du chef d'une des infractions établies conformément au paragraphe 1 du présent article. Cette période sera plus longue lorsque l'auteur présumé de l'infraction s'est soustrait à la justice.

9. Chaque Partie prend, conformément à son système juridique, les mesures appropriées afin que toute personne accusée ou reconnue coupable d'une infraction établie conformément au paragraphe 1 du présent article qui se trouve sur son territoire assiste au déroulement de la procédure pénale nécessaire.

10. Aux fins de la coopération entre les Parties en vertu de la présente Convention, et en particulier de la coopération en vertu des articles 5, 6, 7 et 9, les infractions établies conformément au présent article ne sont pas considérées comme des infractions fiscales ou politiques, ni considérées comme ayant des motifs politiques, sans préjudice des limites constitutionnelles et de la législation fondamentale des Parties.

11. Aucune disposition du présent article ne porte atteinte au principe selon lequel la définition des infractions qui y sont visées et des moyens juridiques de défense y relatifs relève exclusivement du droit interne de chaque Partie et selon lequel lesdites infractions sont poursuivies et punies conformément audit droit.

Art. 4 *Compétence.* 1. Chaque Partie :

a) Adopte les mesures nécessaires pour établir sa compétence en ce qui concerne les infractions qu'elle a établies conformément au paragraphe 1 de l'article 3 lorsque :

i) L'infraction a été commise sur son territoire ;

ii) L'infraction a été commise à bord d'un navire battant son pavillon ou d'un aéronef immatriculé conformément à sa législation au moment où l'infraction a été commise ;

b) Peut adopter les mesures nécessaires pour établir sa compétence en ce qui concerne les infractions qu'elle a établies conformément au paragraphe 1 de l'article 3 lorsque :

i) L'infraction a été commise par un de ses nationaux ou par une personne résidant habituellement sur son territoire ;

ii) L'infraction a été commise à bord d'un navire contre lequel cette Partie a été autorisée à prendre des mesures appropriées en vertu de l'article 17, sous réserve que cette compétence ne soit exercée que sur la base des accords ou arrangements visés aux paragraphes 4 et 9 dudit article ;

iii) L'infraction est l'une de celles qui sont établies conformément à l'alinéa *c*) iv) du paragraphe 1 de l'article 3 et a été commise hors de son territoire en vue de la commission sur son territoire d'une des infractions établies conformément au paragraphe 1 de l'article 3.

2. Chaque Partie :

a) Adopte aussi les mesures nécessaires pour établir sa compétence en ce qui concerne les infractions qu'elle a établies conformément au paragraphe 1 de l'article 3 lorsque l'auteur présumé de l'infraction se trouve sur son territoire et qu'elle ne l'extrade pas vers le territoire d'une autre Partie au motif :

i) Que l'infraction a été commise sur son territoire ou à bord d'un navire battant son pavillon ou d'un aéronef immatriculé conformément à sa législation au moment où l'infraction a été commise, ou

ii) Que l'infraction a été commise par un de ses nationaux ;

b) Peut aussi adopter les mesures nécessaires pour établir sa compétence en ce qui concerne les infractions qu'elle a établies conformément au paragraphe 1 de l'article 3 lorsque l'auteur présumé de l'infraction se trouve sur son territoire et qu'elle ne l'extrade pas vers le territoire d'une autre Partie.

3. La présente Convention n'exclut l'exercice d'aucune compétence en matière pénale établie par une Partie conformément à son droit interne.

Art. 5 *Confiscation.* 1. Chaque Partie adopte les mesures qui se révèlent nécessaires pour permettre la confiscation :

a) Des produits tirés d'infractions établies conformément au paragraphe 1 de l'article 3 ou des biens dont la valeur correspond à celle desdits produits ;

b) Des stupéfiants, substances psychotropes, matériels et équipements ou autres instruments utilisés ou destinés à être utilisés de quelque manière que ce soit pour les infractions établies conformément au paragraphe 1 de l'article 3.

2. Chaque Partie adopte en outre les mesures qui se révèlent nécessaires pour permettre à ses autorités compétentes d'identifier, de détecter et de geler ou saisir les produits, les biens, les instruments ou toutes autres choses visés au paragraphe 1 du présent article aux fins de confiscation éventuelle.

3. Pour pouvoir appliquer les mesures prévues au présent article, chaque Partie habilite ses tribunaux ou autres autorités compétentes à ordonner la production ou la saisie de documents bancaires, financiers ou commerciaux. Les Parties ne peuvent invoquer le secret bancaire pour refuser de donner effet aux dispositions du présent paragraphe.

4. *a*) Lorsqu'une demande est faite en vertu du présent article par une autre Partie qui a compétence pour connaître d'une infraction établie conformément au paragraphe 1 de l'article 3, la Partie sur le territoire de laquelle sont situés des produits, des biens, des instruments ou toutes autres choses visés au paragraphe 1 du présent article :

i) Transmet la demande à ses autorités compétentes en vue de faire prononcer une décision de confiscation et, si cette décision intervient, la fait exécuter, ou

ii) Transmet à ses autorités compétentes, afin qu'elle soit exécutée dans les limites de la demande, la décision de confiscation prise par la Partie requérante conformément au paragraphe 1 du présent article, pour ce qui est des produits, des biens, des instruments ou toutes autres choses visés au paragraphe 1 situés sur le territoire de la Partie requise ;

b) Lorsqu'une demande est faite en vertu du présent article par une autre Partie qui a compétence pour connaître d'une infraction établie conformément au paragraphe 1 de l'article 3, la Partie requise prend des mesures pour identifier, détecter et geler ou saisir les produits, les biens, les instruments ou toutes autres choses visés au paragraphe 1 du présent article, aux fins de confiscation éventuelle ordonnée soit par la Partie requérante, soit, suite à une demande formulée en vertu de l'alinéa *a)* du présent paragraphe, par la Partie requise ;

c) Les décisions ou mesures prévues aux alinéas *a)* et *b)* du présent paragraphe sont prises par la Partie requise conformément à son droit interne et selon les dispositions dudit droit et conformément à ses règles de procédure ou à tout traité, accord ou arrangement bilatéral ou multilatéral la liant à la Partie requérante ;

d) Les dispositions des paragraphes 6 à 19 de l'article 7 s'appliquent *mutatis mutandis.* Outre les renseignements visés au paragraphe 10 de l'article 7, les demandes faites conformément au présent article contiennent les renseignements suivants :

i) Lorsque la demande relève de l'alinéa *a)* i) du présent paragraphe, une description des biens à confisquer et un exposé des faits sur lesquels se fonde la Partie requérante qui permette à la Partie requise de faire prononcer une décision de confiscation dans le cadre de son droit interne ;

ii) Lorsque la demande relève de l'alinéa *a)* ii), une copie légalement admissible de la décision de confiscation rendue par la Partie requérante sur laquelle la demande est fondée, un exposé des faits et des renseignements indiquant dans quelles limites il est demandé d'exécuter la décision ;

iii) Lorsque la demande relève de l'alinéa *b)*, un exposé des faits sur lesquels se fonde la Partie requérante et une description des mesures demandées ;

e) Chaque Partie communique au Secrétaire général *[de l'Organisation des Nations unies]* le texte de ses lois et règlements qui donnent effet au présent paragraphe ainsi que le texte de toute modification ultérieurement apportée à ces lois et règlements ;

f) Si une Partie décide de subordonner l'adoption des mesures visées aux alinéas *a)* et *b)* du présent paragraphe à l'existence d'un traité en la matière, elle considère la présente Convention comme une base conventionnelle nécessaire et suffisante ;

g) Les Parties s'efforcent de conclure des traités, accords ou arrangements bilatéraux et multilatéraux afin de renforcer l'efficacité de la coopération internationale aux fins du présent article.

5. *a*) Toute partie qui confisque des produits ou des biens en application du paragraphe 1 ou du paragraphe 4 du présent article en dispose conformément à son droit interne et à ses procédures administratives ;

b) Lorsqu'une Partie agit à la demande d'une autre Partie en application du présent article, elle peut envisager spécialement :

i) De verser la valeur de ces produits et biens, ou les fonds provenant de leur vente, ou une partie substantielle de la valeur desdits produits et biens, à des organismes intergouvernementaux spécialisés dans la lutte contre le trafic illicite et l'abus des stupéfiants et des substances psychotropes ;

ii) De partager avec d'autres Parties systématiquement ou au cas par cas, ces produits ou ces biens, ou les fonds provenant de leur vente, conformément à son droit interne, ses procédures administratives ou aux accords bilatéraux ou multilatéraux conclus à cette fin.

6. *a*) Si des produits ont été transformés ou convertis en d'autres biens, ces biens peuvent faire l'objet des mesures visées au présent article en lieu et place de ces produits ;

b) Si des produits ont été mêlés à des biens acquis légitimement, ces biens, sans préjudice de tous pouvoirs de saisie ou de gel, peuvent être confisqués à concurrence de la valeur estimée des produits qui y ont été mêlés ;

c) Les revenus et autres avantages tirés :

i) Des produits,

ii) Des biens en lesquels ces produits ont été transformés ou convertis,

ou

iii) Des biens auxquels ont été mêlés des produits

peuvent aussi faire l'objet des mesures visées au présent article de la même manière et dans la même mesure que des produits.

7. Chaque Partie peut envisager de renverser la charge de la preuve en ce qui concerne l'origine licite des produits présumés ou autres biens pouvant faire l'objet d'une confiscation, dans la mesure où cela est conforme aux principes de son droit interne et à la nature de la procédure judiciaire et des autres procédures.

8. L'interprétation des dispositions du présent article ne doit en aucun cas porter atteinte aux droits des tiers de bonne foi.

9. Aucune disposition du présent article ne porte atteinte au principe selon lequel les mesures qui y sont visées sont définies et exécutées conformément au droit interne de chaque Partie et selon les dispositions dudit droit.

Art. 6 *Extradition.* 1. Le présent article s'applique aux infractions établies par les Parties conformément au paragraphe 1 de l'article 3.

2. Chacune des infractions auxquelles s'applique le présent article est de plein droit incluse dans tout traité d'extradition en vigueur entre les Parties en tant qu'infraction dont l'auteur peut être extradé. Les Parties s'engagent à inclure ces infractions en tant qu'infractions dont l'auteur peut être extradé dans tout traité d'extradition qu'elles concluront.

3. Si une Partie qui subordonne l'extradition à l'existence d'un traité reçoit une demande d'extradition d'une Partie avec laquelle elle n'a pas conclu pareil traité, elle peut considérer la présente Convention comme la base légale de l'extradition pour les infractions auxquelles le présent article s'applique. Les Parties qui ont besoin de mesures législatives détaillées pour pouvoir utiliser la présente Convention en tant que base légale de l'extradition envisageront l'adoption de telles mesures.

4. Les Parties qui ne subordonnent pas l'extradition à l'existence d'un traité reconnaissent *entre elles* aux infractions auxquelles le présent article s'applique le caractère d'infractions dont l'auteur peut être extradé.

5. L'extradition est subordonnée aux conditions prévues par le droit de la Partie requise ou par les traités d'extradition applicables, y compris les motifs pour lesquels la Partie requise peut refuser l'extradition.

6. Lorsqu'elle examine les demandes reçues en application du présent article, la Partie requise peut refuser d'y faire droit si ses autorités judiciaires ou autres autorités compétentes ont de sérieuses raisons de penser que l'extradition faciliterait l'exercice de poursuites ou l'imposition d'une sanction pénale à l'encontre d'une personne en raison de sa race, de sa religion, de sa nationalité ou de ses opinions politiques, ou causerait un préjudice pour l'une quelconque de ces raisons à une personne mise en cause par la demande.

7. Les Parties s'efforcent d'accélérer les procédures d'extradition et de simplifier les exigences en matière de preuve y relatives en ce qui concerne les infractions auxquelles le présent article s'applique.

8. Sous réserve des dispositions de son droit interne et des traités d'extradition qu'elle a conclus, la Partie requise peut, à la demande de la Partie requérante et si elle estime que les circonstances le justifient et qu'il y a urgence, placer en détention une personne présente sur son territoire dont l'extradition est demandée, ou prendre à son égard toutes autres mesures appropriées pour assurer sa présence lors de la procédure d'extradition.

9. Sans préjudice de l'exercice de la compétence pénale établie conformément à son droit interne, une Partie sur le territoire de laquelle se trouve l'auteur présumé d'une infraction doit :

a) Si, pour les motifs énoncés à l'alinéa *a)* du paragraphe 2 de l'article 4, elle ne l'extrade pas pour une infraction établie conformément au paragraphe 1 de l'article 3, soumettre l'affaire à ses autorités compétentes pour l'exercice de l'action pénale, à moins qu'il n'en soit convenu autrement avec la Partie requérante ;

b) Si elle ne l'extrade pas pour une telle infraction et qu'elle a établi sa compétence en ce qui concerne cette infraction conformément à l'alinéa *b)* du paragraphe 2 de l'article 4, soumettre l'affaire à ses autorités compétentes pour l'exercice de l'action pénale, à moins que la Partie requérante ne demande qu'il en soit autrement afin de préserver sa compétence légitime.

10. Si l'extradition, demandée aux fins d'exécution d'une peine, est refusée parce que la personne faisant l'objet de cette demande est un national de la Partie requise, celle-ci, si sa législation le lui permet, en conformité avec les prescriptions de cette législation et à la demande de la Partie requérante, envisagera de faire exécuter elle-même la peine qui a été prononcée conformément à la législation de la Partie requérante ou le reliquat de cette peine.

11. Les Parties s'efforcent de conclure des accords bilatéraux et multilatéraux pour permettre l'extradition ou pour en accroître l'efficacité.

12. Les Parties peuvent envisager de conclure des accords bilatéraux ou multilatéraux, portant sur des points particuliers ou de caractère général, relatifs au transfert dans leur pays des personnes condamnées à des peines d'emprisonnement ou autres peines privatives de liberté du chef des infractions auxquelles le présent article s'applique, afin qu'elles puissent y purger le reste de leur peine.

Art. 7 *Entraide judiciaire.* 1. Les Parties s'accordent mutuellement, conformément au présent article, l'entraide judiciaire la plus étendue pour toutes enquêtes, poursuites pénales et procédures judiciaires concernant les infractions établies conformément au paragraphe 1 de l'article 3.

2. L'entraide judiciaire qui est accordée en application du présent article peut être demandée aux fins suivantes :

a) Recueillir des témoignages ou des dépositions ;

b) Signifier des actes judiciaires ;

c) Effectuer des perquisitions et des saisies ;

d) Examiner des objets et visiter des lieux ;

e) Fournir des informations et des pièces à conviction ;

f) Fournir des originaux ou des copies certifiées conformes de documents et dossiers pertinents, y compris des relevés bancaires, documents comptables, dossiers de sociétés et documents commerciaux ;

g) Identifier ou détecter des produits, des biens, des instruments ou d'autres choses afin de recueillir des éléments de preuve.

3. Les Parties peuvent s'accorder entre elles toute autre forme d'entraide judiciaire autorisée par le droit interne de la Partie requise.

4. Sur demande, les Parties facilitent ou encouragent, dans la mesure compatible avec leur législation et leur pratique internes, la présentation ou la mise à disposition de personnes, y compris de détenus qui acceptent d'apporter leur concours à l'enquête ou de participer à la procédure.

5. Les Parties ne peuvent invoquer le secret bancaire pour refuser l'entraide judiciaire prévue au présent article.

6. Les dispositions du présent article n'affectent en rien les obligations découlant de tout autre traité bilatéral ou multilatéral régissant ou devant régir, entièrement ou partiellement, l'entraide judiciaire en matière pénale.

7. Les paragraphes 8 à 19 du présent article sont applicables aux demandes faites conformément au présent article si les Parties en question ne sont pas liées par un traité d'entraide judiciaire. Si ces Parties sont liées par un tel traité, les dispositions correspondantes de ce traité sont applicables, à moins que les Parties ne conviennent d'appliquer à leur place les dispositions des paragraphes 8 à 19 du présent article.

8. Les Parties désignent une autorité ou, si besoin est, des autorités qui ont la responsabilité et le pouvoir de répondre aux demandes d'entraide judiciaire ou de les transmettre aux autorités compétentes pour exécution. L'autorité ou les autorités désignées à cette fin font l'objet d'une notification adressée au Secrétaire général. La transmission des demandes d'entraide judiciaire et de toute communication y relative se fait entre les autorités désignées par les Parties ; la présente disposition s'entend sans préjudice du droit de toute Partie d'exiger que ces demandes et communications lui soient adressées par la voie diplomatique et, dans des cas urgents, si les Parties en conviennent, par l'intermédiaire de l'OIPC/Interpol si cela est possible.

9. Les demandes sont adressées par écrit, dans une langue acceptable pour la Partie requise. La ou les langues acceptables pour chaque Partie sont notifiées au Secrétaire général. En cas d'urgence et si les Parties en conviennent, les demandes peuvent être faites oralement, mais doivent être confirmées sans délai par écrit.

10. Les demandes d'entraide judiciaire doivent contenir les renseignements suivants :

a) La désignation de l'autorité dont émane la demande ;

b) L'objet et la nature de l'enquête, des poursuites pénales ou de la procédure judiciaire auxquelles se rapporte la demande et le nom et les fonctions de l'autorité qui en est chargée ;

c) Un résumé des faits pertinents, sauf pour les demandes adressées aux fins de la signification d'actes judiciaires ;

d) Une description de l'assistance requise et le détail de toute procédure particulière que la Partie requérante souhaite voir appliquer ;

e) Si possible, l'identité, l'adresse et la nationalité de toute personne visée ; et

f) Le but dans lequel le témoignage, les renseignements ou les mesures sont demandés.

11. La Partie requise peut demander un complément d'information lorsque cela lui paraît nécessaire pour exécuter la demande conformément à sa législation ou lorsque cela peut faciliter l'exécution de la demande.

12. Toute demande est exécutée conformément à la législation de la Partie requise et, dans la mesure où cela ne contrevient pas à ladite législation, et lorsque cela est possible, conformément aux procédures spécifiées dans la demande.

13. La Partie requérante ne communique ni n'utilise les informations ou les témoignages fournis par la Partie requise pour des enquêtes, des poursuites pénales ou des procédures judiciaires autres que celles visées dans la demande sans le consentement préalable de la Partie requise.

14. La Partie requérante peut exiger que la Partie requise garde le secret sur la demande et sa teneur, sauf dans la mesure nécessaire pour y donner effet. Si la Partie requise ne peut satisfaire à cette exigence, elle en informe sans délai la Partie requérante.

15. L'entraide judiciaire peut être refusée :

a) Si la demande n'est pas faite conformément aux dispositions du présent article ;

b) Si la Partie requise estime que l'exécution de la demande peut porter atteinte à sa souveraineté, à sa sécurité, à son ordre public ou à d'autres intérêts essentiels ;

c) Au cas où la législation de la Partie requise interdirait à ses autorités de prendre les mesures demandées s'il s'était agi d'une infraction analogue ayant fait l'objet d'une enquête, de poursuites pénales ou d'une procédure judiciaire dans le cadre de leur propre compétence ;

d) Au cas où il serait contraire au système juridique de la Partie requise concernant l'entraide judiciaire d'accepter la demande.

16. Tout refus d'entraide judiciaire doit être motivé.

17. L'entraide judiciaire peut être différée par la Partie requise au motif qu'elle entraverait une enquête, des poursuites pénales ou une procédure judiciaire en cours. En pareil cas, la Partie requise consulte la Partie requérante afin de déterminer si cette entraide peut encore être fournie aux conditions jugées nécessaires par la Partie requise.

18. Un témoin, un expert ou une autre personne qui consent à déposer au cours d'une procédure ou à collaborer à une enquête, à des poursuites pénales ou à une procédure judiciaire sur le territoire de la Partie requérante ne sera ni poursuivi, ni détenu, ni puni, ni soumis à aucune autre restriction de sa liberté personnelle sur ce territoire pour des actes, omissions ou condamnations antérieurs à son départ du territoire de la Partie requise. Cette immunité cessera lorsque le témoin, l'expert ou ladite personne, ayant eu, pour une période de quinze jours consécutifs ou pour toute autre période convenue par les Parties, à comper *[compter]* de la date à laquelle ils ont été officiellement informés que leur présence n'était plus requise par les autorités judiciaires, la possibilité de quitter le territoire, y seront néanmoins demeurés volontairement ou, l'ayant quitté, y seront revenus de leur plein gré.

19. Les frais ordinaires encourus pour exécuter une demande sont à la charge de la Partie requise à moins qu'il n'en soit convenu autrement entre les Parties concernées. Lorsque des dépenses importantes ou extraordinaires sont ou se révèlent ultérieurement nécessaires pour

exécuter la demande, les Parties se consulteront pour fixer les conditions selon lesquelles la demande sera exécutée ainsi que la manière dont les frais seront assumés.

20. Les Parties envisagent, le cas échéant, la possibilité de conclure des accords ou des arrangements bilatéraux ou multilatéraux qui servent les objets des dispositions du présent article, leur donnent un effet pratique ou les renforcent.

Art. 8 *Transfert des procédures répressives.* Les Parties envisageront la possibilité de se transférer les procédures répressives relatives aux infractions établies conformément au paragraphe 1 de l'article 3 dans les cas où ce transfert est nécessaire dans l'intérêt d'une bonne administration de la justice.

....

ANNEXE

Tableau I

Acide lysergique.
Éphédrine.
Ergométrine.
Ergotamine.
Phényl-1 propanone-2.
Pseudo-éphédrine.
Les sels des substances inscrites au présent tableau dans tous les cas où l'existence de ces sels est possible.

Tableau II

Acétone.
Acide anthranilique.
Acide phénylacétique.
Anhydride acétique.
Éther éthylique.
Pipéridine.
Les sels des substances inscrites au présent tableau dans tous les cas où l'existence de ces sels est possible.

Convention relative au blanchiment, au dépistage, à la saisie et à la confiscation des produits du crime,

Faite à Strasbourg le 8 novembre 1990 et signée par la France le 5 juillet 1991 ; entrée en vigueur pour la France le 1er février 1997. — Publiée par Décr. no 97-183 du 25 févr. 1997 (JO 4 mars).

Préambule

Les États membres du Conseil de l'Europe et les autres États signataires de la présente Convention,

Considérant que le but du Conseil de l'Europe est de réaliser une union plus étroite entre ses membres ;

Convaincus de la nécessité de poursuivre une politique pénale commune tendant à la protection de la société ;

Considérant que la lutte contre la criminalité grave, qui est de plus en plus un problème international, exige l'emploi de méthodes modernes et efficaces au niveau international ;

Estimant qu'une de ces méthodes consiste à priver le délinquant des produits du crime ;

Considérant qu'afin d'atteindre cet objectif, un système satisfaisant de coopération internationale doit également être mis en place,

sont convenus de ce qui suit :

CHAPITRE PREMIER *Terminologie*

Art. 1er *Terminologie.* — Aux fins de la présente Convention, l'expression :

a) « Produit » désigne tout avantage économique tiré d'infractions pénales. Cet avantage peut consister en tout bien tel que défini à l'alinéa *b* du présent article ;

b) « Bien » comprend un bien de toute nature, qu'il soit corporel ou incorporel, meuble ou immeuble, ainsi que les actes juridiques ou documents attestant d'un titre ou d'un droit sur le bien ;

c) « Instruments » désigne tous objets employés ou destinés à être employés de quelque façon que ce soit, en tout ou partie, pour commettre une ou des infractions pénales ;

d) « Confiscation » désigne une peine ou une mesure ordonnée par un tribunal à la suite d'une procédure portant sur une ou des infractions pénales, peine ou mesure aboutissant à la privation permanente du bien ;

e) « Infraction principale » désigne toute infraction pénale à la suite de laquelle des produits sont générés et susceptibles de devenir l'objet d'une infraction selon l'article 6 de la présente Convention.

CHAPITRE II *Mesures à prendre au niveau national*

Art. 2 *Mesures de confiscation.* — 1. Chaque Partie adopte les mesures législatives et autres qui se révèlent nécessaires pour lui permettre de confisquer des instruments et des produits ou des biens dont la valeur correspond à ces produits.

2. Chaque Partie peut, au moment de la signature ou au moment du dépôt de son instrument de ratification, d'acceptation, d'approbation ou d'adhésion, par une déclaration adressée au Secrétaire général du Conseil de l'Europe, déclarer que le paragraphe 1 du présent article ne s'applique qu'aux infractions ou catégories d'infractions précisées dans la déclaration.

Art. 3 *Mesures d'investigation et mesures provisoires.* — Chaque Partie adopte les mesures législatives et autres qui se révèlent nécessaires pour lui permettre d'identifier et de rechercher les biens soumis à confiscation, conformément à l'article 2, paragraphe 1, et de prévenir toute opération, tout transfert ou toute aliénation relativement à ces biens.

Art. 4 *Pouvoirs et techniques spéciaux d'investigation.* — 1. Chaque Partie adopte les mesures législatives et autres qui se révèlent nécessaires pour habiliter ses tribunaux ou ses autres autorités compétents à ordonner la communication ou la saisie de dossiers bancaires, financiers ou commerciaux afin de mettre en œuvre les mesures visées aux articles 2 et 3. Une Partie ne saurait invoquer le secret bancaire pour refuser de donner effet aux dispositions du présent article.

2. Chaque Partie envisage d'adopter les mesures législatives et autres qui se révèlent nécessaires pour lui permettre d'employer des techniques spéciales d'investigation facilitant l'identification et la recherche du produit ainsi que la réunion de preuves y afférentes. Parmi ces techniques, on peut citer les ordonnances de surveillance de comptes bancaires, l'observation, l'interception de télécommunications, l'accès à des systèmes informatiques et les ordonnances de production de documents déterminés.

Art. 5 *Recours juridiques.* — Chaque Partie adopte les mesures législatives et autres qui se révèlent nécessaires pour faire en sorte que les personnes affectées par les mesures prévues aux articles 2 et 3 disposent de recours juridiques effectifs pour préserver leurs droits.

Art. 6 *Infractions de blanchiment.* — 1. Chaque Partie adopte les mesures législatives et autres qui se révèlent nécessaires pour conférer le caractère d'infraction pénale, conformément à son droit interne, lorsque l'acte a été commis intentionnellement à :

a) La conversion ou au transfert de biens dont celui qui s'y livre sait que ces biens constituent des produits, dans le but de dissimuler ou de déguiser l'origine illicite desdits biens ou d'aider toute personne qui est impliquée dans la commission de l'infraction principale à échapper aux conséquences juridiques de ses actes ;

b) La dissimulation ou le déguisement de la nature, de l'origine, de l'emplacement, de la disposition, du mouvement ou de la propriété réels de biens ou de droits y relatifs, dont l'auteur sait que ces biens constituent des produits, et, sous réserve de ses principes constitutionnels et des concepts fondamentaux de son système juridique :

c) L'acquisition, la détention ou l'utilisation de biens, dont celui qui les acquiert, les détient ou les utilise sait, au moment où il les reçoit, qu'ils constituent des produits ;

d) La participation à l'une des infractions établies conformément au présent article ou à toute association, entente, tentative ou complicité par fourniture d'une assistance, d'une aide ou de conseils en vue de sa commission.

2. Aux fins de la mise en œuvre ou de l'application du paragraphe 1 du présent article :

a) Le fait que l'infraction principale soit ou non de la compétence des juridictions pénales de la Partie n'entre pas en ligne de compte ;

b) Il peut être prévu que les infractions énoncées par ce paragraphe ne s'appliquent pas aux auteurs de l'infraction principale ;

c) La connaissance, l'intention ou la motivation nécessaires en tant qu'éléments d'une des infractions énoncées par ce paragraphe peuvent être déduites de circonstances factuelles objectives.

3. Chaque Partie peut adopter les mesures qu'elle estime nécessaires pour conférer, en vertu de son droit interne, le caractère d'infractions pénales à la totalité ou à une partie des actes évoqués au paragraphe 1 dans l'un ou dans la totalité des cas suivants lorsque l'auteur :

a) Devait présumer que le bien constituait un produit ;

b) A agi dans un but lucratif ;

c) A agi pour faciliter la continuation d'une activité criminelle.

4. Chaque Partie peut, au moment de la signature ou au moment du dépôt de son instrument de ratification, d'acceptation, d'approbation ou d'adhésion, par déclaration adressée au Secrétaire général du Conseil de l'Europe, déclarer que le paragraphe 1 du présent article s'applique seulement aux infractions principales ou catégories d'infractions principales précisées dans cette déclaration.

CHAPITRE III *Coopération internationale*

SECTION I *Principes de coopération internationale*

Art. 7 *Principes généraux et mesures de coopération internationale.* — 1. Les Parties coopèrent dans la mesure la plus large possible les unes avec les autres aux fins d'investigations et de procédures visant à la confiscation des instruments et des produits.

2. Chaque Partie adopte les mesures législatives et autres qui se révèleront nécessaires pour lui permettre de répondre, aux conditions prévues dans ce chapitre, aux demandes :

a) De confiscation de biens particuliers consistant en des produits ou instruments ainsi que de confiscation des produits consistant en l'obligation de payer une somme d'argent correspondant à la valeur du produit ;

b) D'entraide aux fins d'investigations et de mesures provisoires ayant pour but l'une des formes de confiscation mentionnées au point *a)* ci-dessus.

SECTION II *Entraide aux fins d'investigations*

Art. 8 *Obligation d'entraide.* — Les Parties s'accordent, sur demande, l'entraide la plus large possible pour identifier et dépister les instruments, les produits et les autres biens susceptibles de confiscation. Cette entraide consiste notamment en toute mesure relative à l'apport et à la mise en sûreté des éléments de preuve concernant l'existence des biens susmentionnés, leur emplacement ou leurs mouvements, leur nature, leur statut juridique ou leur valeur.

Art. 9 *Exécution de l'entraide.* — L'entraide prévue par l'article 8 est exécutée conformément au droit interne de la Partie requise et en vertu de celui-ci, et conformément aux procédures précisées dans la demande, dans la mesure où elles ne sont pas incompatibles avec ce droit interne.

Art. 10 *Transmission spontanée d'informations.* — Sans préjudice de ses propres investigations ou procédures, une Partie peut, sans demande préalable, transmettre à une autre Partie des informations sur les instruments et les produits lorsqu'elle estime que la communication de ces informations pourrait aider la Partie destinataire à engager ou mener à bien des investigations ou des procédures ou lorsque ces informations pourraient aboutir à une demande formulée par cette Partie en vertu du présent chapitre.

SECTION III *Mesures provisoires*

Art. 11 *Obligation d'ordonner des mesures provisoires.* — 1. Une Partie prend, à la demande d'une autre Partie qui a engagé une procédure pénale ou une action en confiscation, les mesures provisoires qui s'imposent, telles que le gel ou la saisie, pour prévenir toute opération, tout transfert ou toute aliénation relativement à tout bien qui, par la suite, pourrait faire l'objet d'une demande de confiscation ou qui pourrait permettre de faire droit à une telle demande.

2. Une Partie qui a reçu une demande de confiscation conformément à l'article 13 prend, si la demande en est faite, les mesures mentionnées au paragraphe 1 du présent article, relativement à tout bien qui fait l'objet de la demande ou qui pourrait permettre de faire droit à une telle demande.

Art. 12 *Exécution des mesures provisoires.* — 1. Les mesures provisoires visées à l'article 11 sont exécutées conformément au droit interne de la Partie requise et en vertu de celui-ci, et conformément aux procédures précisées dans la demande, dans la mesure où elles ne sont pas incompatibles avec ce droit interne.

2. Avant de lever toute mesure provisoire prise conformément au présent article, la Partie requise donne, si possible, à la Partie requérante la faculté d'exprimer ses raisons en faveur du maintien de la mesure.

SECTION IV *Confiscation*

Art. 13 *Obligation de confiscation.* — 1. Une Partie qui a reçu d'une autre partie une demande de confiscation concernant des instruments ou des produits situés sur son territoire doit :

a) Exécuter une décision de confiscation émanant d'un tribunal de la Partie requérante en ce qui concerne ces instruments ou ces produits ; ou

b) Présenter cette demande à ses autorités compétentes pour obtenir une décision de confiscation et, si celle-ci est accordée, l'exécuter.

2. Aux fins de l'application du paragraphe 1 *b)* du présent article, toute Partie a, si besoin est, compétence pour engager une procédure de confiscation en vertu de son droit interne.

3. Les dispositions du paragraphe 1 du présent article s'appliquent également à la confiscation consistant en l'obligation de payer une somme d'argent correspondant à la valeur du produit, si des biens sur lesquels peut porter la confiscation se trouvent sur le territoire de la Partie requise. En pareil cas, en procédant à la confiscation conformément au paragraphe 1, la Partie requise, à défaut de paiement, fait recouvrer sa créance sur tout bien disponible à cette fin.

4. Si une demande de confiscation vise un bien déterminé, les Parties peuvent convenir que la Partie requise peut procéder à la confiscation sous forme d'une obligation de payer une somme d'argent correspondant à la valeur du bien.

Art. 14 *Exécution de la confiscation.* — 1. Les procédures permettant d'obtenir et d'exécuter la confiscation en vertu de l'article 13 sont régies par la loi de la Partie requise.

2. La Partie requise est liée par la constatation des faits dans la mesure où ceux-ci sont exposés dans une condamnation ou une décision judiciaire de la Partie requérante, ou dans la mesure où celle-ci se fonde implicitement sur eux.

3. Chaque Partie peut, au moment de la signature ou au moment du dépôt de son instrument de ratification, d'acceptation, d'approbation ou d'adhésion, par une déclaration adressée au Secrétaire général du Conseil de l'Europe, déclarer que le paragraphe 2 du présent article ne s'applique que sous réserve de ses principes constitutionnels et des concepts fondamentaux de son système juridique.

4. Si la confiscation consiste en l'obligation de payer une somme d'argent, l'autorité compétente de la Partie requise en convertit le montant en devises de son pays au taux de change en vigueur au moment où est prise la décision d'exécuter la confiscation.

5. Dans le cas visé à l'article 13, paragraphe 1 *a)*, la Partie requérante a seule le droit de statuer relativement à toute demande de révision de la décision de confiscation.

Art. 15 *Biens confisqués.* — La Partie requise dispose selon son droit interne de tous les biens confisqués par elle, sauf s'il en est convenu autrement par les Parties concernées.

Art. 16 *Droit d'exécution et montant maximal de la confiscation.* — 1. Une demande de confiscation faite conformément à l'article 13 ne porte pas atteinte au droit de la Partie requérante d'exécuter elle-même la décision de confiscation.

2. Rien dans la présente Convention ne saurait être interprété comme permettant que la valeur totale des biens confisqués soit supérieure à la somme fixée par la décision de confiscation. Si une Partie constate que cela pourrait se produire, les Parties concernées procèdent à des consultations pour éviter une telle conséquence.

Art. 17 *Contrainte par corps.* — La Partie requise ne peut pas prononcer la contrainte par corps ni prendre aucune autre mesure restrictive de liberté à la suite d'une demande présentée en vertu de l'article 13 si la Partie requérante l'a précisé dans la demande.

SECTION V *Refus et ajournement de la coopération*

Art. 18 *Motifs de refus.* — 1. La coopération en vertu du présent chapitre peut être refusée dans le cas où :

a) La mesure sollicitée serait contraire aux principes fondamentaux de l'ordre juridique de la Partie requise ; ou

b) L'exécution de la demande risque de porter atteinte à la souveraineté, à la sécurité, à l'ordre public ou à d'autres intérêts essentiels de la Partie requise ; ou *c)* La Partie requise estime que l'importance de l'affaire sur laquelle porte la demande ne justifie pas que soit prise la mesure sollicitée ; ou

d) L'infraction sur laquelle porte la demande est une infraction politique ou fiscale ; ou

e) La Partie requise considère que la mesure sollicitée irait à l'encontre du principe *ne bis in idem* ; ou

f) L'infraction à laquelle se rapporte la demande ne serait pas une infraction au regard du droit de la Partie requise si elle était commise sur le territoire relevant de sa juridiction. Toutefois, ce motif de refus ne s'applique à la coopération prévue par la section 2 que dans la mesure où l'entraide sollicitée implique des mesures coercitives.

2. La coopération prévue par la section 2, dans la mesure où l'entraide sollicitée implique des mesures coercitives, et celle prévue par la section 3 du présent chapitre peuvent également être refusées dans les cas où les mesures sollicitées ne pourraient pas être prises en vertu du droit interne de la Partie requise à des fins d'investigations ou de procédures, s'il s'agissait d'une affaire interne analogue.

3. Lorsque la législation de la Partie requise l'exige, la coopération prévue par la section 2, dans la mesure où l'entraide sollicitée implique des mesures coercitives, et celle prévue par la section 3 du présent chapitre peuvent aussi être refusées dans le cas où les mesures sollicitées ou toutes autres mesures ayant des effets analogues ne seraient pas autorisées par la législation de la Partie requérante, ou, en ce qui concerne les autorités compétentes de la Partie requérante, si la demande n'est autorisée ni par un juge ni par une autre autorité judiciaire, y compris le ministère public, ces autorités agissant en matière d'infractions pénales.

4. La coopération prévue par la section 4 du présent chapitre peut être refusée si :

a) La législation de la Partie requise ne prévoit pas la confiscation pour le type d'infraction sur lequel porte la demande ; ou

b) Sans préjudice de l'obligation relevant de l'article 13, paragraphe 3, elle irait à l'encontre des principes du droit interne de la Partie requise en ce qui concerne les possibilités de confiscation relativement aux liens entre une infraction et :

i) Un avantage économique qui pourrait être assimilé à son produit ; ou

ii) Des biens qui pourraient être assimilés à ses instruments ; ou

c) En vertu de la législation de la Partie requise, la décision de confiscation ne peut plus être prononcée ou exécutée pour cause de prescription ; ou

d) La demande ne porte pas sur une condamnation antérieure, ni sur une décision de caractère judiciaire, ni sur une déclaration figurant dans une telle décision, déclaration selon laquelle une ou plusieurs infractions ont été commises, et qui est à l'origine de la décision ou de la demande de confiscation ; ou

e) Soit la confiscation n'est pas exécutoire dans la Partie requérante, soit elle est encore susceptible de voies de recours ordinaires ; ou

f) La demande se rapporte à une décision de confiscation rendue en l'absence de la personne visée par la décision et si, selon la Partie requise, la procédure engagée par la Partie requérante et qui a conduit à cette décision n'a pas satisfait aux droits minima de la défense reconnus à toute personne accusée d'une infraction.

5. Aux fins du paragraphe 4 *f)* du présent article, une décision n'est pas réputée avoir été rendue en l'absence de l'accusé :

a) Si elle a été confirmée ou prononcée après opposition par l'intéressé ; ou

b) Si elle a été rendue en appel, à condition que l'appel ait été interjeté par l'intéressé.

6. En examinant, pour les besoins du paragraphe 4 *f)* du présent article, si les droits minima de la défense ont été respectés, la Partie requise tiendra compte du fait que l'intéressé a délibérément cherché à se soustraire à la justice ou que cette personne, après avoir eu lieu la possibilité d'introduire un recours contre la décision rendue en son absence, a choisi de ne pas introduire un tel recours. Il en ira de même lorsque l'intéressé, après avoir été dûment cité à comparaître, aura choisi de ne pas comparaître ou de ne pas demander l'ajournement de l'affaire.

7. Une Partie ne saurait invoquer le secret bancaire pour justifier son refus de toute coopération prévue au présent chapitre. Lorsque son droit interne l'exige, une Partie peut exiger qu'une demande de coopération qui impliquerait la levée du secret bancaire soit autorisée, soit par un juge, soit par une autre autorité judiciaire, y compris le ministère public, ces autorités agissant en matière d'infractions pénales.

8. Sans préjudice du motif de refus prévu au paragraphe 1 *a)* du présent article :

a) Le fait que la personne qui fait l'objet d'une investigation menée ou d'une décision de confiscation prise par les autorités de la Partie requérante soit une personne morale ne saurait être invoqué par la Partie requise comme un obstacle à toute coopération en vertu du présent chapitre ;

b) Le fait que la personne physique contre laquelle a été rendue une décision de confiscation de produits soit décédée par la suite ainsi que le fait qu'une personne morale contre laquelle a été rendue une décision de confiscation de produits ait été dissoute par la suite ne sauraient être invoqués comme des obstacles à l'entraide prévue par l'article 13, paragraphe 1 *a)*.

Art. 19 *Ajournement.* — La Partie requise peut surseoir à l'exécution des mesures visées par une demande si elles risquent de porter préjudice à des investigations ou des procédures menées par ses autorités.

Art. 20 *Acceptation partielle ou sous condition d'une demande.* — Avant de refuser ou de différer sa coopération en vertu du présent chapitre, la Partie requise examine, le cas échéant après avoir consulté la Partie requérante, s'il peut y être fait droit partiellement ou sous réserve des conditions qu'elle juge nécessaires.

SECTION VI *Notification et protection des droits des tiers*

Art. 21 *Notification de documents.* — 1. Les Parties s'accordent mutuellement l'entraide la plus large possible pour la notification des actes judiciaires aux personnes concernées par des mesures provisoires et de confiscation.

2. Rien dans le présent article ne vise à faire obstacle :

a) A la faculté d'adresser des actes judiciaires par voie postale directement à des personnes se trouvant à l'étranger ;

b) A la faculté pour les officiers ministériels, fonctionnaires ou autres personnes compétentes de la Partie d'origine de faire procéder à des significations ou notifications d'actes judiciaires directement par les autorités consulaires de cette Partie ou par les soins d'officiers ministériels, fonctionnaires ou autres personnes compétentes de la Partie de destination, sauf si la Partie de destination fait une déclaration contraire au Secrétaire général du Conseil de l'Europe au moment de la signature ou du dépôt de son instrument de ratification, d'acceptation, d'approbation ou d'adhésion.

3. Lors de la notification d'actes judiciaires à l'étranger à des personnes concernées par des mesures provisoires ou des décisions de confiscation ordonnées dans la Partie d'origine, ladite Partie informe ces personnes des recours en justice offerts par sa législation.

Art. 22 *Reconnaissance de décisions étrangères.* — 1. Saisie d'une demande de coopération au titre des sections 3 et 4, la Partie requise reconnaît toute décision judiciaire rendue dans la Partie requérante en ce qui concerne les droits revendiqués par des tiers.

2. La reconnaissance peut être refusée :

a) Si des tiers n'ont pas eu une possibilité suffisante de faire valoir leur droits ; ou

b) Si la décision est incompatible avec une décision déjà rendue dans la Partie requise sur la même question ; ou

c) Si elle est incompatible avec l'ordre public de la Partie requise ; ou

d) Si la décision a été rendue contrairement aux dispositions en matière de compétence exclusive prévues par le droit de la Partie requise.

SECTION VII *Procédure et autres règles générales*

Art. 23 *Autorité centrale.* — 1. Les Parties désignent une autorité centrale ou, au besoin, plusieurs autorités chargées d'envoyer les demandes formulées en vertu du présent chapitre, d'y répondre, de les exécuter ou de les transmettre aux autorités qui ont compétence pour les exécuter.

2. Chaque Partie communique au Secrétaire général du Conseil de l'Europe, au moment de la signature ou au moment du dépôt de son instrument de ratification, d'acceptation, d'approbation ou d'adhésion, la dénomination et l'adresse des autorités désignées en application du paragraphe 1 du présent article.

Art. 24 *Correspondance directe.* — 1. Les autorités centrales communiquent directement entre elles.

2. En cas d'urgence, les demandes et communications prévues par le présent chapitre peuvent être envoyées directement par les autorités judiciaires, y compris le ministère public, de la Partie requérante à de telles autorités. En pareil cas, une copie doit être envoyée simultanément à l'autorité centrale de la Partie requise par l'intermédiaire de l'autorité centrale de la Partie requérante.

3. Toute demande ou communication formulée en application des paragraphes 1 et 2 du présent article peut être présentée par l'intermédiaire de l'Organisation internationale de police criminelle (Interpol).

4. Si une demande est présentée en vertu du paragraphe 2 du présent article et si l'autorité saisie n'est pas compétente pour y donner suite, elle la transmet à l'autorité compétente de son pays et en informe directement la Partie requérante.

5. Les demandes ou communications, présentées en vertu de la section 2 du présent chapitre, qui n'impliquent pas de mesures coercitives, peuvent être transmises directement par l'autorité compétente de la Partie requérante à l'autorité compétente de la partie requise.

Art. 25 *Forme des demandes et langues.* — 1. Toutes les demandes prévues par le présent chapitre sont faites par écrit. Il est permis de recourir à des moyens modernes de télécommunication, tels que la télécopie.

2. Sous réserve des dispositions du paragraphe 3 du présent article, la traduction des demandes ou des pièces annexes ne sera pas exigée.

3. Toute Partie peut, au moment de la signature ou au moment du dépôt de son instrument de ratification, d'acceptation, d'approbation ou d'adhésion, par une déclaration adressée au Secrétaire général du Conseil de l'Europe, se réserver la faculté d'exiger que les demandes et pièces annexes soient accompagnées d'une traduction dans sa propre langue ou dans l'une des langues officielles du Conseil de l'Europe, ou dans celle de ces langues qu'elle indiquera. Toute Partie peut, à cette occasion, déclarer qu'elle est disposée à accepter des traductions dans toute autre langue qu'elle indiquera. Les autres Parties peuvent appliquer la règle de la réciprocité.

Art. 26 *Légalisation.* — Les documents transmis en application du présent chapitre sont dispensés de toute formalité de légalisation.

Art. 27 *Contenu de la demande.* — 1. Toute demande de coopération prévue par le présent chapitre doit préciser :

a) L'autorité dont elle émane et l'autorité chargée de mettre en œuvre les investigations ou les procédures ;

b) L'objet et le motif de la demande ;

c) L'affaire, y compris les faits pertinents (tels que la date, le lieu et les circonstances de l'infraction), sur laquelle portent les investigations ou les procédures, sauf en cas de demande de notification ;

d) Dans la mesure où la coopération implique des mesures coercitives :

i) Le texte des dispositions légales ou, lorsque cela n'est pas possible, la teneur de la loi pertinente applicable ; et

ii) Une indication selon laquelle la mesure sollicitée ou tout autre mesure ayant des effets analogues pourrait être prise sur le territoire de la Partie requérante en vertu de sa propre législation.

e) Si nécessaire, et dans la mesure du possible :

i) Des détails relativement à la ou les personne(s) concernée(s), y compris le nom, la date et le lieu de naissance, la nationalité et l'endroit où elle(s) se trouve(nt), et, lorsqu'il s'agit d'une personne, son siège ; et

ii) Les biens en relation desquels la coopération est sollicitée, leur emplacement, leurs liens avec la ou les personne(s) en question, tout lien avec l'infraction ainsi que toute information dont on dispose concernant les intérêts d'autrui afférents à ces biens ; et

f) Toute procédure particulière souhaitée par la Partie requérante.

2. Lorsqu'une demande de mesures provisoires présentée en vertu de la section 3 vise la saisie d'un bien qui pourrait faire l'objet d'une décision de confiscation consistant en l'obligation de payer une somme d'argent, cette demande doit aussi indiquer la somme maximale que l'on cherche à récupérer sur ce bien.

3. En plus des indications mentionnées au paragraphe 1, toute demande formulée en application de la section 4 doit contenir :

a) Dans le cas de l'article 13, paragraphe 1 *a)* :

i) Une copie certifiée conforme de la décision de confiscation rendue par le tribunal de la Partie requérante et l'exposé des motifs à l'origine de la décision, s'ils ne sont pas indiqués dans la décision elle-même ;

ii) Une attestation de l'autorité compétente de la Partie requérante selon laquelle la décision de confiscation est exécutoire et n'est pas susceptible de voies de recours ordinaires ;

iii) Des informations concernant la mesure dans laquelle la décision devrait être exécutée ; et

iv) Des informations concernant la nécessité de prendre des mesures provisoires ;

b) Dans le cas de l'article 13, paragraphe 1 *b)*, un exposé des faits invoqués par la Partie requérante qui soit suffisant pour permettre à la Partie requise d'obtenir une décision en vertu de son droit interne ;

c) Lorsque des tiers ont eu la possibilité de revendiquer des droits, des documents révélant qu'ils ont eu cette possibilité.

Art. 28 *Vices des demandes.* — 1. Si la demande n'est pas conforme aux dispositions du présent chapitre, ou si les informations fournies ne sont pas suffisantes pour permettre à la Partie requise de prendre une décision sur la demande, cette Partie peut demander à la Partie requérante de modifier la demande ou de la compléter par des informations supplémentaires.

2. La Partie requise peut fixer un délai pour l'obtention de ces modifications ou informations.

3. En attendant d'obtenir les modifications ou informations demandées relativement à une demande présentée en application de la section 4 du présent chapitre, la Partie requise peut ordonner toutes mesures aux sections II et III du présent chapitre.

Art. 29 *Concours de demandes.* — 1. Lorsqu'une Partie requise reçoit plus d'une demande présentée en vertu des sections III et IV du présent chapitre relativement à la même personne ou aux mêmes biens, le concours de demandes n'empêche pas la Partie requise de traiter les demandes qui impliquent que soient prises des mesures provisoires.

2. Dans le cas d'un concours de demandes présentées en vertu de la section IV du présent chapitre, la Partie requise envisagera de consulter les Parties requérantes.

Art. 30 *Obligation de motivation.* — La Partie requise doit motiver toute décision refusant, ajournant ou soumettant à des conditions toute coopération sollicitée en vertu du présent chapitre.

Art. 31 *Information.* — 1. La Partie requise informe sans délai la Partie requérante :

a) De la suite donnée aussitôt à une demande formulée en vertu du présent chapitre ;

b) Du résultat définitif de la suite donnée à la demande ;

c) D'une décision refusant, ajournant ou soumettant à des conditions, totalement ou partiellement, toute coopération prévue par le présent chapitre ;

d) De toutes circonstances rendant impossible l'exécution des mesures sollicitées ou risquant de la retarder considérablement ; et

e) En cas de mesures provisoires adoptées conformément à une demande formulée en application de la section II ou III du présent chapitre, des dispositions de son droit interne qui entraîneraient automatiquement la levée de la mesure.

2. La Partie requérante informe sans délai la Partie requise :

a) De toute révision, décision ou autre fait enlevant totalement ou partiellement à la décision de confiscation son caractère exécutoire ;

b) De tout changement, en fait ou en droit, rendant désormais injustifiées toute action entreprise en vertu du présent chapitre.

3. Lorsqu'une Partie demande la confiscation de biens dans plusieurs Parties, sur le fondement d'une même décision de confiscation, elle en informe toutes les Parties concernées par l'exécution de la décision.

Art. 32 *Utilisation restreinte.* — 1. La Partie requise peut subordonner l'exécution d'une demande à la condition que les informations ou éléments de preuve obtenus ne soient pas, sans son consentement préalable, utilisés ou transmis par les autorités de la Partie requérante à des fins d'investigations ou de procédures autres que celles précisées dans la demande.

2. Chaque Partie peut, au moment de la signature ou du dépôt de son instrument de ratification, d'acceptation, d'approbation ou d'adhésion, par déclaration adressée au secrétaire général du Conseil de l'Europe, déclarer que les informations ou éléments de preuve fournis par elle en vertu du présent chapitre ne pourront, sans son consentement préalable, être utilisés ou transmis par les autorités de la Partie requérante à des fins d'investigations ou de procédures autres que celles précisées dans la demande.

Art. 33 *Confidentialité.* — 1. La Partie requérante peut exiger de la Partie requise qu'elle garde confidentielles la demande et sa teneur, sauf dans la mesure nécessaire pour y faire droit. Si la Partie requise ne peut pas se conformer à cette condition de confidentialité, elle doit en informer la Partie requérante dans les plus brefs délais.

2. La Partie requérante doit, si la demande lui en est faite, et à condition que cela ne soit pas contraire aux principes fondamentaux de son droit interne, garder confidentiels tous moyens de preuve et informations communiqués par la Partie requise, sauf dans la mesure nécessaire aux investigations ou à la procédure décrites dans la demande.

3. Sous réserve des dispositions de son droit interne, une Partie qui a reçu une transmission spontanée d'informations en vertu de l'article 10 doit se conformer à toute condition de confidentialité demandée par la Partie qui transmet l'information. Si l'autre Partie ne peut pas se conformer à une telle condition, elle doit en informer la Partie qui transmet l'information dans les plus brefs délais.

Art. 34 *Frais.* – Les frais ordinaires encourus pour exécuter une demande sont à la charge de la Partie requise. Lorsque des frais importants ou extraordinaires s'avèrent nécessaires pour donner suite à la demande, les Parties se concertent pour fixer les conditions dans lesquelles celle-ci sera exécutée ainsi que la manière dont les frais seront assumés.

Art. 35 *Dommages et intérêts.* – 1. Lorsqu'une action en responsabilité en raison de dommages résultant d'un acte ou d'une omission relevant de la coopération prévue par ce chapitre a été engagée par une personne, les Parties concernées envisagent de se consulter, le cas échéant, sur la répartition éventuelle des indemnités dues.

2. Une Partie qui fait l'objet d'une demande de dommages et intérêts s'efforce d'en informer sans délai l'autre Partie si celle-ci peut avoir un intérêt dans l'affaire.

CHAPITRE IV *Dispositions finales*

Art. 36 *Signature et entrée en vigueur.* – 1. La présente Convention est ouverte à la signature des États membres du Conseil de l'Europe et des États non membres qui ont participé à son élaboration. Ces États peuvent exprimer leur consentement à être liés par :

a) Signature sans réserve de ratification, d'acceptation ou d'approbation ; ou

b) Signature, sous réserve de ratification, d'acceptation ou d'approbation.

2. Les instruments de ratification, d'acceptation ou d'approbation seront déposés près le Secrétaire général du Conseil de l'Europe.

3. La présente Convention entrera en vigueur le premier jour du mois qui suit l'expiration d'une période de trois mois après la date à laquelle trois États, dont au moins deux États membres du Conseil de l'Europe, auront exprimé leur consentement à être liés par la Convention, conformément aux dispositions de l'alinéa 1.

4. Pour tout État signataire qui exprimera ultérieurement son consentement à être lié par la Convention, celle-ci entrera en vigueur le premier jour du mois qui suit l'expiration d'une période de trois mois après la date de l'expression de son consentement à être lié par la Convention conformément aux dispositions du paragraphe 1.

Art. 37 *Adhésion à la Convention.* – 1. Après l'entrée en vigueur de la présente Convention, le Comité des Ministres du Conseil de l'Europe pourra, après avoir consulté les États contractants à la Convention, inviter tout État non membre du Conseil à adhérer à la présente Convention par une décision prise à la majorité prévue à l'article 20 *d)* du Statut du Conseil de l'Europe et à l'unanimité des représentants des États contractants ayant le droit de siéger au Comité.

2. Pour tout État adhérent, la Convention entrera en vigueur le premier jour du mois qui suit l'expiration d'une période de trois mois après la date de dépôt de l'instrument d'adhésion près le Secrétaire général du Conseil de l'Europe.

Art. 38 *Application territoriale.* – 1. Tout État pourra, au moment de la signature ou au moment du dépôt de son instrument de ratification, d'acceptation, d'approbation ou d'adhésion, désigner le ou les territoires auxquels s'appliquera la présente Convention.

2. Tout État pourra, à tout moment par la suite, par une déclaration adressée au Secrétaire général du Conseil de l'Europe, étendre l'application de la présente Convention à tout autre territoire désigné dans la déclaration. La Convention entrera en vigueur à l'égard de ce territoire le premier jour du mois qui suit l'expiration d'une période de trois mois après la date de réception de la déclaration par le Secrétaire général.

3. Toute déclaration faite en vertu des deux paragraphes précédents pourra être retirée, en ce qui concerne tout territoire désigné dans cette déclaration, par notification adressée au Secrétaire général. Le retrait prendra effet le premier jour du mois qui suit l'expiration d'une période de trois mois après la date de réception de la notification par le Secrétaire général.

Art. 39 *Relations avec d'autres conventions et accords.* – 1. La présente Convention ne porte pas atteinte aux droits et obligations découlant de conventions internationales multilatérales concernant des questions particulières.

2. Les Parties à la Convention pourront conclure entre elles des accords bilatéraux ou multilatéraux relatifs aux questions réglées par la présente Convention, aux fins de complé-

ter ou renforcer les dispositions de celle-ci ou pour faciliter l'application des principes qu'elle consacre.

3. Lorsque deux ou plusieurs Parties ont déjà conclu un accord ou un traité sur un sujet couvert par la présente Convention, ou lorsqu'elles ont établi d'une autre manière leurs relations quant à ce sujet, elles auront la faculté d'appliquer ledit accord, traité ou arrangement au lieu de la présente Convention, si elle facilite la coopération internationale.

Art. 40 *Réserves.* – 1. Tout État peut, au moment de la signature ou au moment du dépôt de son instrument de ratification, d'acceptation, d'approbation ou d'adhésion, déclarer faire usage d'une ou plusieurs réserves figurant aux articles 2, paragraphe 2 ; 6, paragraphe 4 ; 14, paragraphe 3 ; 21, paragraphe 2 ; 25, paragraphe 3, et 32, paragraphe 2. Aucune réserve n'est admise.

2. Tout État qui a formulé une réserve en vertu du paragraphe précédent peut la retirer en tout ou en partie, en adressant une notification au Secrétaire général du Conseil de l'Europe. Le retrait prendra effet à la date de réception de la notification par le Secrétaire général.

3. La Partie qui a formulé une réserve au sujet d'une disposition de la présente Convention ne peut prétendre à l'application de cette disposition par une autre Partie ; elle peut, si la réserve est partielle ou conditionnelle, prétendre à l'application de cette disposition dans la mesure où elle l'a acceptée.

Art. 41 *Amendements.* – 1. Des amendements à la présente Convention peuvent être proposés par chaque Partie et toute proposition sera communiquée par le Secrétaire général du Conseil de l'Europe aux États membres du Conseil et à chaque État non membre qui a adhéré ou a été invité à adhérer à la présente Convention conformément aux dispositions de l'article 37.

2. Tout amendement proposé par une Partie est communiqué au Comité européen pour les problèmes criminels qui soumet au Comité des Ministres son avis sur l'amendement proposé.

3. Le Comité des Ministres examine l'amendement proposé et l'avis soumis par le Comité européen pour les problèmes criminels et peut adopter l'amendement.

4. Le texte de tout amendement adopté par le Comité des Ministres conformément au paragraphe 3 du présent article est transmis aux Parties pour acceptation.

5. Tout amendement adopté conformément au paragraphe 3 du présent article entrera en vigueur le trentième jour après que toutes les Parties auront informé le Secrétaire général qu'elles l'ont accepté.

Art. 42 *Règlement des différends.* – 1. Le Comité européen pour les problèmes criminels du Conseil de l'Europe sera tenu informé de l'interprétation et de l'application de la présente Convention.

2. En cas de différend entre les Parties sur l'interprétation ou l'application de la présente Convention, les Parties s'efforceront de parvenir à un règlement du différend par la négociation ou tout autre moyen pacifique à leur choix, y compris la soumission du différend au Comité européen pour les problèmes criminels, à un tribunal arbitral qui prendra des décisions qui lieront les Parties au différend ou à la cour internationale de justice, selon un accord commun par les Parties concernées.

Art. 43 *Dénonciation.* – 1. Toute Partie peut, à tout moment, dénoncer la présente Convention en adressant une notification au Secrétaire général du Conseil de l'Europe.

2. La dénonciation prendra effet le premier jour du mois qui suit l'expiration d'une période de trois mois après la date de réception de la notification par le Secrétaire général.

3. Toutefois, la présente Convention continue de s'appliquer à l'exécution, en vertu de l'article 14, d'une confiscation demandée conformément à ses dispositions avant que la dénonciation ne prenne effet.

Art. 44 *Notifications.* – Le Secrétaire général du Conseil de l'Europe notifiera aux États membres du Conseil et à tout État ayant adhéré à la présente Convention :

a) Toute signature ;

b) Le dépôt de tout instrument de ratification, d'acceptation, d'approbation ou d'adhésion ;

c) Toute date d'entrée en vigueur de la présente Convention conformément à ses articles 36 et 37 ;

d) Toute réserve en vertu de l'article 40, paragraphe 1 ;

e) Tout autre acte, notification ou communication ayant trait à la présente Convention.

En foi de quoi, les soussignés, dûment autorisés à cet effet, ont signé la présente Convention.

Fait à Strasbourg, le 8 novembre 1990, en français et en anglais, les deux textes faisant également foi, en un seul exemplaire qui sera déposé dans les archives du Conseil de l'Europe. Le Secrétaire général du Conseil de l'Europe en communiquera copie certifiée conforme à chacun des États membres du Conseil de l'Europe, aux États non membres qui ont participé à l'élaboration de la Convention et à tout État invité à adhérer à celle-ci.

L'instrument d'approbation de la Convention par la France contient la déclaration suivante :

« Conformément aux dispositions de l'article 23, paragraphe 2, de la Convention, l'Autorité centrale prévue à l'article 23, paragraphe 1, est, s'agissant de la République française : le ministère de la justice (direction des affaires criminelles et des grâces, bureau de l'entraide répressive internationale), 13, place Vendôme, 75042 Paris Cedex 01.

« Conformément à l'article 38 de la Convention, le Gouvernement de la République déclare que la présente Convention s'appliquera à l'ensemble du territoire de la République sous réserve, en ce qui concerne les territoires d'outre-mer, de l'entrée en vigueur, à l'égard de ces territoires, du Nouveau code pénal, ce qui fera l'objet d'une notification adressée au Secrétaire général du Conseil de l'Europe. »

USURE — PRÊTS D'ARGENT

RÉP. PÉN. v^is *Crédit*, par ROYER ; *Usure*, par DUTEIL et THOMAS-TAILLANDIER.

Loi du 26 juillet 1917,

Relative à l'interdiction des prêts sur pension et à l'institution d'un système d'avances sur pension (DP 1919. 4. 132).

[Cette loi est abrogée en tant qu'elle vise les assujettis au code des pensions civiles et militaires de retraite (L. n° 64-1339 du 26 déc. 1964) auxquels s'appliquent les art. L. 94 à L. 96 de ce code.]

Art. 1er Est interdite, sauf les exceptions prévues ci-après, toute avance faite, sous quelque forme que ce soit, sur une pension civile servie par l'État, les départements et les communes, sur une pension ou gratification militaires, sur une pension servie par la Caisse des invalides de la marine ou la Caisse nationale de prévoyance entre les marins français.

Le prêteur sera puni d'un emprisonnement de six mois et d'une amende qui pourra s'élever à la moitié des capitaux prêtés.

Art. 2 Dans tous les cas et suivant la gravité des circonstances, les tribunaux pourront ordonner, aux frais du délinquant, l'affichage du jugement et son insertion par extrait dans un ou plusieurs journaux du département.

Art. 3 Sont nulles de plein droit et de nul effet les obligations contractées envers les intermédiaires qui se chargent, moyennant stipulation d'émoluments, d'assurer aux pensionnaires et gratifiés de l'État, des départements et des communes, et à ceux de la Caisse des invalides de la marine et de la Caisse nationale de prévoyance entre les marins français, le bénéfice des lois de pensions.

Est passible de l'amende prévue pour les contraventions de la 5e classe, et, en cas de récidive, d'une amende de 3 750 €, tout intermédiaire convaincu d'avoir offert les services spécifiés à l'alinéa précédent.

Art. 4 *(Abrogé par L. n° 92-1336 du 16 déc. 1992)* ***L'article 463 du code pénal est applicable aux peines prévues par la présente loi.***

Art. 5 L'article 1er ci-dessus ne s'applique pas aux sociétés philanthropiques jouissant d'une autorisation ministérielle à l'effet de consentir des avances gratuites aux pensionnaires de l'État, des départements, des communes ou de la marine du commerce, et aux gratifiés de la marine et de la guerre, ou à des catégories déterminées de pensionnaires ou gratifiés.

Art. 6 La Caisse nationale d'épargne, les caisses d'épargne ordinaires et les monts-de-piété sont autorisés à consentir aux pensionnaires de l'État, sur le trimestre en cours de leur pension civile ou militaire, ou de leur gratification militaire, des avances représentant les arrérages courus d'un ou de deux mois.

Les dispositions de l'article 28 de la loi du 11 avril 1831, de l'article 30 de la loi du 18 avril 1831 et de l'article 26 de la loi du 9 juin 1853 ne sont pas opposables à ces établissements pour le remboursement des avances faites en conformité de la présente loi.

....

Art. 10 Les pensionnaires qui ont reçu des avances mensuelles donnent quittance du montant total des arrérages du trimestre lorsqu'ils touchent le solde de ce trimestre. Les quittances afférentes aux avances successives sont exemptes du droit de timbre.

Art. 11 En cas de saisie pratiquée à la requête des créanciers alimentaires ou privilégiés en vertu des lois des 11 avril 1831 (art. 28), 18 avril 1831 (art. 30), 19 mai 1834 (art. 20) et 9 juin 1853 (art. 26), la portion saisissable calculée sur la totalité des arrérages du trimestre en cours et le montant de la retenue est amputé proportionnellement sur les mensualités restant à payer sur ce trimestre.

Art. 12 Un règlement d'administration publique *[décret en Conseil d'État]* déterminera les conditions d'application de la présente loi et notamment le mode suivant lequel le Trésor couvrira la Caisse des dépôts et consignations et les monts-de-piété de leurs avances. Le montant de ces avances leur sera remboursé dans tous les cas où il n'y aura pas faute de leur part, même si la pension venait à être rejetée ou suspendue avec effet d'une date antérieure aux termes des arrérages avancés. — *V. Décr. du 15 nov. 1917 (DP 1919. 4. 135), mod. par Décr. 4 juin 1936 (BLD 1936. 437).*

Art. 13 L'établissement des invalides de la marine est autorisé à consentir des avances sur pensions, dans les conditions fixées par les articles précédents, aux pensionnaires de la Caisse des invalides de la marine et de la Caisse Nationale de prévoyance entre les marins français.

Art. 14 Les dispositions de la présente loi relatives aux avances sur pensions peuvent être étendues, par décrets en Conseil d'État, aux différentes catégories de pensionnaires dont les retraites sont à la charge des départements, des communes ou des établissements publics. Dans ce cas, le service public qui a concédé la pension serait substitué au Trésor pour l'application des articles précédents.

Code de la consommation

PREMIÈRE PARTIE : ***LÉGISLATIVE***

(Ord. n° 2016-301 du 14 mars 2016, en vigueur le 1er juill. 2016)

LIVRE III **Crédit**

TITRE PREMIER **Opérations de crédit**

CHAPITRE IV ***Dispositions communes au crédit à la consommation et au crédit immobilier***

SECTION I ***Taux d'intérêt***

SOUS-SECTION 1 *Taux effectif global*

Art. L. 314-1 *(Ord. n° 2016-351 du 25 mars 2016, art. 4-1° et 13-II, en vigueur le 1er oct. 2016)* Dans tous les cas, pour la détermination du taux effectif global du prêt, comme pour celle du taux effectif pris comme référence, sont ajoutés aux intérêts les frais, les taxes, les commissions ou rémunérations de toute nature, directs ou indirects, supportés par l'emprunteur et connus du prêteur à la date d'émission de l'offre de crédit ou de l'avenant au contrat de crédit, ou dont le montant peut être déterminé à ces mêmes dates, et qui constituent une condition pour obtenir le crédit ou pour l'obtenir aux conditions annoncées.

Art. L. 314-2 *(Ord. n° 2016-351 du 25 mars 2016, art. 4-1° et 13-II, en vigueur le 1er oct. 2016)* Pour les contrats de crédit qui prévoient un amortissement échelonné, le taux effectif global doit être calculé en tenant compte des modalités de l'amortissement de la créance.

Art. L. 314-3 *(Ord. n° 2016-351 du 25 mars 2016, art. 4-1° et 13-II, en vigueur le 1er oct. 2016)* Pour les contrats de crédit entrant dans le champ d'application des chapitres II et III du présent titre, le taux effectif global est dénommé "Taux annuel effectif global".

Art. L. 314-4 *(Ord. n° 2016-351 du 25 mars 2016, art. 4-1° et 13-II, en vigueur le 1er oct. 2016)* Un décret en Conseil d'État précise les conditions d'application des articles L. 314-1 à L. 314-3 et notamment les modalités de détermination de l'assiette et de calcul du taux effectif global, ainsi que les modalités de calcul du taux annuel effectif de l'assurance mentionné aux articles L. 312-7 et L. 313-8.

Art. L. 314-5 Le taux effectif global déterminé selon les modalités prévues aux articles L. 314-1 à L. 314-4 est mentionné dans tout écrit constatant un contrat de prêt régi par la présente section.

SOUS-SECTION 2 *Taux d'usure*

Art. L. 314-6 Constitue un prêt usuraire tout prêt conventionnel consenti à un taux effectif global qui excède, au moment où il est consenti, de plus du tiers, le taux effectif moyen pratiqué au cours du trimestre précédent par les établissements de crédit et les sociétés de financement pour des opérations de même nature comportant des risques analogues, telles que définies par l'autorité administrative après avis du Comité consultatif du secteur financier. Les catégories d'opérations pour les prêts aux particuliers n'entrant pas dans le champ d'application *(Ord. n° 2016-351 du 25 mars 2016, art. 4-2°, en vigueur le 1er juill. 2016)* « du 1° de l'article L. 313-1 ou ne constituant pas une opération de crédit d'un montant supérieur à 75 000 euros destiné à financer, pour les immeubles à usage d'habitation ou à usage professionnel et d'habitation, les dépenses relatives à leur réparation, leur amélioration ou leur entretien *[ancienne rédaction : des articles L. 313-1 et L. 313-2]* » sont définies à raison du montant des prêts.

Les crédits accordés à l'occasion de ventes à tempérament sont, pour l'application de la présente section, assimilés à des prêts conventionnels et considérés comme usuraires dans les mêmes conditions que les prêts d'argent ayant le même objet.

Art. L. 314-7 Les conditions de calcul et de publicité des taux effectifs moyens mentionnés à l'article L. 314-6 sont fixées par décret.

Art. L. 314-8 Des mesures transitoires, dérogeant aux dispositions de l'article L. 314-6, peuvent être mises en œuvre par le ministre chargé de l'économie, sur proposition motivée du gouverneur de la Banque de France, pour une période ne pouvant excéder huit trimestres consécutifs, en cas de :

– variation d'une ampleur exceptionnelle du coût des ressources des établissements de crédit et des sociétés de financement ;

– modifications de la définition des opérations de même nature mentionnées à l'article L. 314-6.

Art. L. 314-9 Les dispositions des articles L. 314-6 à L. 314-8 ne sont pas applicables aux prêts accordés à une personne physique agissant pour ses besoins professionnels ou à une personne morale se livrant à une activité industrielle, commerciale, artisanale, agricole ou professionnelle non commerciale.

Code monétaire et financier

PREMIÈRE PARTIE : ***LÉGISLATIVE***

(Ord. n° 2000-1223 du 14 déc. 2000)

LIVRE III **Les services**

TITRE PREMIER **Les opérations de banque**

CHAPITRE III ***Crédits***

SECTION I ***Dispositions générales***

SOUS-SECTION 2 *Taux d'intérêt*

§ 1er *Taux de l'intérêt légal*

Art. L. 313-2 *(Ord. n° 2014-947 du 20 août 2014, en vigueur le 1er janv. 2015)* Le taux de l'intérêt légal est, en toute matière, fixé par arrêté du ministre chargé de l'économie.

Il comprend un taux applicable lorsque le créancier est une personne physique n'agissant pas pour des besoins professionnels et un taux applicable dans tous les autres cas.

Il est calculé semestriellement, en fonction du taux directeur de la Banque centrale européenne sur les opérations principales de refinancement et des taux pratiqués par les établissements de crédit et les sociétés de financement. — *Pour le 1er semestre 2021, taux fixé à 3,14 % pour les créances des personnes physiques n'agissant pas pour des besoins professionnels et à 0,79 % pour tous les autres cas (Arr. du 21 déc. 2020).*

Les taux pratiqués par les établissements de crédit et les sociétés de financement pris en compte pour le calcul du taux applicable lorsque le créancier est une personne physique n'agissant pas pour des besoins professionnels sont les taux effectifs moyens de crédits consentis aux particuliers.

Les modalités de calcul et de publicité de ces taux sont fixées par décret. — *V. art. D. 313-1-A.*

Substitution du taux légal. Lorsqu'il est substitué au taux conventionnel d'un prêt mentionnant un taux effectif global erroné, l'intérêt au taux légal court, à compter de la souscription de ce prêt, au taux alors en vigueur, et obéit aux variations auxquelles la loi le soumet. • Civ. 1re, 23 janv. 2019, n° 17-20.818 : *AJDI 2019. 223 ; JCP E 2019, n° 1352, note Mathieu ; RJDA 2019, n° 368* • 11 mai 2017, n° 14-27.253 : *JCP E 2017, n° 1446, obs. Correia et Lasserre Capdeville ; Banque et Dr. 11-12/2017. 27, obs. Bonneau.*

Art. L. 313-3 En cas de condamnation pécuniaire par décision de justice, le taux de l'intérêt légal est majoré de cinq points à l'expiration d'un délai de deux mois à compter du jour où la décision de justice est devenue exécutoire, fût-ce par provision. *(Ord. n° 2006-461 du 21 avr. 2006, art. 15)* « Cet effet est attaché de plein droit au jugement d'adjudication sur saisie immobilière, quatre mois après son prononcé. »

Toutefois, le juge de l'exécution peut, à la demande du débiteur ou du créancier, et en considération de la situation du débiteur, exonérer celui-ci de cette majoration ou en réduire le montant. — *[L. n° 75-619 du 11 juill. 1975, art. 3.]*

Les dispositions issues de l'Ord. n° 2006-461 du 21 avr. 2006 entrent en vigueur à la date de l'entrée en vigueur du décret prévu à l'art. 23 de l'Ord. préc. et, au plus tard, le 1er janv. 2007 (Ord. préc., art. 25).

1. Point de départ du taux majoré. BIBL. Lobin, *D. 1978. Chron. 13.* – Latil, *Gaz. Pal. 1994. 1. Doctr. 170.* ♦ Le taux majoré d'intérêt légal ne court qu'à l'expiration d'un délai de deux mois à compter de la signification de la décision de condamnation, bien que le jugement ait été assorti de l'exécution provisoire. • Civ. 2e, 4 avr. 2002, n° 00-19.822 P : *D. 2002. AJ 1484, obs. Lienhard ; Rev. huiss. 2002. 298, obs. Hoonakker.* ♦ Rappr. • Civ. 2e, 19 mai 1999, n° 96-22.280 P : *D. 1999. IR 164.* ♦ Considérant que n'a pas donné de base légale à sa décision au regard de l'art. 503 NCPC [renommé C. pr. civ.], ensemble l'art. 3 de la L. n° 75-619 du 11 juill. 1975 [C. mon. fin., art. L. 313-3] ci-dessus, la cour d'appel qui a majoré de cinq points le montant des intérêts au taux légal de la somme allouée sans rechercher à quelle date avait été effectuée la notification de l'arrêt de condamnation, V. • Civ. 3e, 3 juin 1992, n° 90-16.792 P : *RTD civ. 1992. 640, obs. Perrot ; JCP 1994. II. 22221, note Enama.* ♦ Pour un jugement ne pouvant, en vertu de l'art. 503 NCPC [renommé C. pr. civ.], être exécuté qu'après avoir été notifié à ceux auxquels il est opposé, la majoration des intérêts n'est due que deux mois après la signification de l'arrêt de la cour d'appel. • Paris, 6 nov. 1992 : *BICC 1993, n° 713.* ♦ Sur les effets de la suspension de l'exécution provisoire d'un jugement sur le point de départ du taux majoré, V. • Com. 8 déc. 2009, n° 08-20.680. ♦ Sur les effets d'un titre exécutoire établi en application de l'art. L. 131-73, V. • Civ. 2e, 7 janv. 2016, n° 14-26.449 P : *cité note 14 ss. art. L. 131-73.*

2. Fonds de garantie contre les accidents. Viole l'art. 3 de la L. n° 75-619 du 11 juill. 1975 [C. mon. fin., art. L. 313-3] et l'art. L. 421-8-1 C. assur. (en vertu duquel les délais prévus audit art. 3 ne courent à l'encontre du Fonds de garantie contre les accidents qu'à compter du jour où celui-ci a reçu les éléments justifiant son intervention), l'arrêt qui refuse de déclarer le Fonds de garantie tenu au paiement de la majoration de cinq points au motif que l'art. 3 concerne exclusivement les parties condamnées. • Civ. 1re, 3 nov. 1993, n° 91-19.912 P : *D. 1994. IR 5.*

3. Réformation partielle en appel. Au cas de réformation partielle en appel, lorsque le jugement est assorti de l'exécution provisoire, la majoration du taux s'applique à la condamnation dans la mesure où elle est confirmée. • Civ. 1re, 18 déc. 1990, n° 88-18.700 P. ♦ Sur les conséquences de l'annulation par la Cour de cassation d'une décision du premier président d'une cour d'appel qui, par ordonnance, avait estimé que les conséquences manifestement excessives au préjudice des banques en cause provoquées par l'application de l'exécution provisoire justifiaient l'arrêt de celle-ci, V. • Dijon, 3 sept. 2002 : *JCP E 2003, n° 10, p. 390.*

4. Obligation de restitution. L'arrêt de cassation constitue une décision de justice faisant naître un droit à restitution de la somme versée en exécution de la décision cassée, de telle sorte que les dispositions de l'art. L. 313-3 sont applicables à la créance de restitution, après signification de cet arrêt. • Civ. 2e, 20 janv. 2011, n° 10-11.904 P : *D. actu. 4 févr. 2011, obs. Avena-Robardet ; JCP 2011, n° 377, note Barbièri ; Dr. et pr. 2011. 99, note Lauvergnat.*

5. Exonération de la majoration. Pour une application de l'art. 3, al. 2, de la L. n° 75-619 du 11 juill. 1975 [C. mon. fin., art. L. 313-3, al. 2], V. • TGI Paris, 8 mars 1993 : *Rev. huiss. 1993. 682 ; D. 1993. Somm. 278, obs. Julien* . ♦ Jugeant que même si la condamnation des banques en cause au paiement de sommes considérables ne va pas les mettre définitivement en péril et entraîner leur dépôt de bilan, il existe un risque certain de perturbations graves dans l'équilibre financier de ces organismes bancaires justifiant que la majoration des intérêts soit réduite de deux points, V. • Dijon, 3 sept. 2002 : *préc. note 3.* ♦ Aux termes de l'art. L. 313-3, qui s'applique aux dettes d'aliments à défaut d'exclusion expresse, le juge de l'exécution peut, à la demande du débiteur ou du créancier, et en considération de la situation du débiteur, exonérer celui-ci de la majoration du taux de l'intérêt légal ou en réduire le montant. • Civ. 2e, 22 mars 2012, n° 11-13.915 P : *D. 2012. Actu. 945 ; Dr. et pr. 2012. 181, note Vinckel.*

6. Juge de l'exécution. Aux termes de l'art. 88 de la L. du 9 juill. 1991 et par dérogation aux dispositions de l'art. L. 313-3, la demande d'exonération ou de réduction des intérêts à taux majoré, formée par le débiteur, après la publication d'un commandement aux fins de saisie immobilière, constitue un incident de saisie, relevant de la compétence de la chambre des criées du TGI et non du juge de l'exécution. • Limoges, 3 déc. 2003 : *BICC 2004, n° 354.* ♦ L'art. L. 313-3, al. 2, ne distingue pas selon que les intérêts sont dus pour la période antérieure ou postérieure à la décision du juge de l'exécution. • Civ. 2e, 6 juin 2013, n° 12-20.129 P : *D. 2014. Pan. 1471, obs. Leborgne ; JCP E 2013, n° 1406 ; RDBF 2013, n° 204, obs. Piedelièvre.*

7. Marchés publics. La majoration prévue à l'art. L. 313-3 ne s'applique, en cas de condamnation pécuniaire, qu'au taux de l'intérêt légal, fixé en application de l'art. L. 313-2, et ne s'applique pas, en revanche, au taux d'intérêt contractuel résultant de stipulations expresses ou, s'agissant d'un marché public, et en l'absence de stipulations contraires, des dispositions réglementaires relatives au taux des intérêts moratoires dus au titulaire du marché en cas de dépassement du délai de paiement. • CE 23 mai 2012, n° 346352 : *RJDA 2013, n° 406.* ♦ Eu égard à l'intérêt qui s'attache à l'exécution rapide des décisions juridictionnelles et au paiement des dettes nées de l'exécution d'un marché public, le titulaire d'un marché public peut bénéficier, sur sa demande, à l'expiration du délai de deux mois à compter de la notification à son débiteur de la décision de justice condamnant celui-ci à une indemnité assortie d'intérêts moratoires contractuels, de l'application du taux d'intérêt légal majoré prévu à l'art. L. 313-3 pour chacune des périodes pour lesquelles celle-ci s'avère plus favorable que l'application du seul taux d'intérêt contractuel ou résultant des dispositions régissant les marchés publics. • Même décision.

TITRE IV Démarchage, colportage et fourniture à distance de services financiers *(Ord. n° 2005-648 du 6 juin 2005, art. 5).*

CHAPITRE PREMIER *Démarchage bancaire ou financier*

(L. n° 2003-706 du 1er août 2003, art. 50-I)

SECTION I *Définition*

Art. L. 341-1 Constitue un acte de démarchage bancaire ou financier toute prise de contact non sollicitée, par quelque moyen que ce soit, avec une personne physique ou une personne morale déterminée, en vue d'obtenir, de sa part, un accord sur :

1° La réalisation par une des personnes mentionnées au 1° de l'article L. 341-3 d'une opération sur un des instruments financiers énumérés à l'article L. 211-1 ;

2° La réalisation par une des personnes mentionnées au 1° *(L. n° 2010-1249 du 22 oct. 2010, art. 36-I)* « ou au 4° » de l'article L. 341-3 d'une opération de banque ou d'une opération connexe définies aux articles L. 311-1 et L. 311-2 ;

3° La fourniture par une des personnes mentionnées au 1° de l'article L. 341-3 d'un service d'investissement ou d'un service connexe définis aux articles L. 321-1 et L. 321-2 ;

4° La réalisation d'une opération sur biens divers mentionnée à l'article *(L. n° 2019-486 du 22 mai 2019, art. 85)* « L. 551-1 » ;

5° La fourniture par une des personnes mentionnées au 3° de l'article L. 341-3 d'une prestation de conseil en investissement prévu au I de l'article L. 541-1 ;

(Ord. n° 2009-866 du 15 juill. 2009, art. 8, en vigueur le 1er nov. 2009) « 6° La fourniture par une des personnes mentionnées au 1° de l'article L. 341-3 d'un service de paiement prévu au II de l'article L. 314-1 » ;

(Ord. n° 2014-559 du 30 mai 2014, art. 2, en vigueur le 1er oct. 2014) « 7° La fourniture par un conseiller en investissement participatif de la prestation de conseil en investissement prévu au I de l'article L. 547-1 » ;

(L. n° 2019-486 du 22 mai 2019, art. 87) « 8° La réalisation d'une opération sur un des actifs numériques mentionnés à l'article L. 54-10-1, notamment dans le cadre d'une offre au public de jetons au sens de l'article L. 552-3 ;

« 9° La fourniture d'un service sur actifs numériques au sens de l'article L. 54-10-2. »

Constitue également un acte de démarchage bancaire ou financier, quelle que soit la personne à l'initiative de la démarche, le fait de se rendre physiquement au domicile des personnes, sur leur lieu de travail ou dans les lieux non destinés à la commercialisation de produits, instruments et services financiers, en vue des mêmes fins.

L'activité de démarchage bancaire ou financier est exercée sans préjudice de l'application des dispositions particulières relatives à la prestation de services d'investissement, à la réalisation d'opérations de banque *(L. n° 2010-1249 du 22 oct. 2010, art. 36-I)* « et de services de paiement » et à la réalisation d'opérations sur biens divers, ainsi que des dispositions de l'article 66-4 de la loi n° 71-1130 du 31 décembre 1971 portant réforme de certaines professions judiciaires et juridiques. — *V. Circ. CRIM 04-14/G3, NOR JUS D04-30 188 C, 14 sept. 2004 (D. 2004. 2484 ; Rev. sociétés 2005. 579).*

Sur l'application de l'Ord. n° 2009-866 du 15 juill. 2009 aux conventions conclues avant son entrée en vigueur, V. note ss. art. L. 112-6.

BIBL. ▶ Bouteiller, *JCP E 2004, n° 23, p. 897* (éléments constitutifs et premières réflexions quant aux situations concrètes).

1. Actes de démarchage. Constituent des actes de démarchage au sens de l'art. L. 341-1, prohibés par l'art. L. 341-10, les courriers adressés par un prestataire de services d'investissement à des dirigeants d'entreprise qui comportent des offres de souscription à des augmentations de capital conduisant à une réduction d'ISF et indiquent la marche à suivre dans différents cas de figure afin de réaliser l'investissement proposé. • Décis. AMF 6 août 2012 : *Banque et Dr. 9-10/2012. 40* (conf. par • CE 28 nov. 2014, n° 362868). ♦ En ce sens que pour la caractérisation de l'acte de démarchage défini à l'art. L. 341-1, al. 2, il importe peu que les souscriptions soient intervenues à la suite de sollicitations de la part des clients ou que l'objet initial des visites à leur domicile ait été de délivrer un simple conseil en investissement, dès lors que celles-ci ci ont abouti à l'acquisition des instruments financiers : • Décis. AMF 10 déc. 2012 : *BJB 2013. 82, obs. Riassetto ; RDBF 2013, n° 30, obs. M. Storck.*

2. Application dans le temps. L'offre préalable, souscrite le 28 janv. 2003, est soumise, en l'absence de réglementation particulière alors applicable au démarchage relatif aux opérations de crédit, aux dispositions des art. L. 121-21 s. [anciens] C. consom. • Civ. 1re 30 oct. 2008, n° 07-19.462 : *CCC 2009, n° 32, obs. Raymond* • 6 janv. 2011, n° 09-11.913 : *RDBF 2011, n° 46, obs. Mathey ; CCC 2011, n° 105, obs. Raymond.*

Art. L. 341-2 Les règles concernant le démarchage bancaire ou financier ne s'appliquent pas :

1° Aux prises de contact avec les investisseurs qualifiés *(Ord. n° 2019-1067 du 21 oct. 2019, art. 9)* « définis au 1 de » l'article L. 411-2 et avec les personnes morales dont le total du bilan, le chiffre d'affaires, le montant des actifs gérés, les recettes ou les effectifs sont supérieurs à un seuil fixé par décret ; — *V. art. D. 341-1.*

2° Aux prises de contact dans les locaux des personnes mentionnées à l'article L. 341-3, sauf lorsque ces personnes sont contractuellement liées, en vue de la commercialisation d'instruments financiers et de produits d'épargne, *(Ord. n° 2005-1527 du 8 déc. 2005, art. 37)* « aux sociétés exploitant des magasins de grande surface visées par l'article *(L. n° 2008-776 du 4 août 2008, art. 105-V)* « L. 752-1 du code de commerce et » *(Ord. n° 2009-901 du 24 juill. 2009, art. 2)* « les articles L. 212-7 et L. 212-8 du code du cinéma et de l'image animée », et que leurs locaux sont implantés dans les locaux de ces magasins ;

3° Aux démarches dans les locaux professionnels d'une personne morale à la demande de cette dernière ;

4° Aux prises de contact avec des personnes morales, lorsqu'elles portent exclusivement sur les services visés au 4 de l'article L. 321-2 ;

5° Lorsque la personne visée est déjà cliente de la personne pour le compte de laquelle la prise de contact a lieu, dès lors que l'opération proposée correspond, à raison de ses caractéristiques, des risques ou des montants en cause, à des opérations habituellement réalisées par cette personne ;

6° Aux démarches effectuées, pour le compte d'un établissement de crédit *(Ord. n° 2013-544 du 27 juin 2013, art. 3, en vigueur le 1er janv. 2014)* **« ou d'une société de financement », en vue de proposer un contrat de financement de biens ou de prestations de services répondant aux conditions prévues à** *(L. n° 2010-737 du 1er juill. 2010, art. 59-VI)* **« la section IX » du chapitre II du titre Ier du livre III du code de la consommation, ou constituant une location-vente ou une location avec option d'achat visées à l'article** *(Ord. n° 2016-301 du 14 mars 2016, art. 2, en vigueur le 1er juill. 2016)* **« L. 312-2** *[ancienne rédaction : L. 311-2]* **» dudit code. Il en va de même lorsque ces contrats sont destinés aux besoins d'une activité professionnelle ;**

(L. n° 2004-804 du 9 août 2004, art. 4) **« 7° Sans préjudice des dispositions prévues au 6°, aux démarches effectuées pour le compte d'un établissement de crédit** *(Ord. n° 2013-544 du 27 juin 2013, art. 3, en vigueur le 1er janv. 2014)* **« ou d'une société de financement » en vue de proposer des contrats de financement de ventes à tempérament ou de location aux personnes, physiques ou morales, autres que celles visées au 1°, à la condition que le nom de l'établissement** *(Ord. n° 2013-544 du 27 juin 2013, art. 3, en vigueur le 1er janv. 2014)* **« ou de la société » prêteur et le coût du crédit ou de la location soient mentionnés, sous peine de nullité ; »**

8° Aux démarches effectuées sur le lieu de vente, pour le compte d'un établissement de crédit, *(Ord. n° 2013-544 du 27 juin 2013, art. 3, en vigueur le 1er janv. 2014)* **« d'une société de financement, »** *(L. n° 2013-100 du 28 janv. 2013, art. 6)* **« d'un établissement de monnaie électronique fournissant des services de paiement permettant l'octroi de crédit »** *(Ord. n° 2009-866 du 15 juill. 2009, art. 8, en vigueur le 1er nov. 2009)* **« ou d'un établissement de paiement », en vue de proposer des crédits visés au titre Ier du livre III du code de la consommation** *[ancien]* **;**

(L. n° 2006-1770 du 30 déc. 2006, art. 63-I) **« 9° Aux conventions conclues entre les personnes mentionnées au 1° de l'article L. 341-3, à l'exception des sociétés de capital-risque, pour la distribution de produits, la réalisation d'une opération ou la fourniture d'un service, mentionnés à l'article L. 341-1, à l'exception des dispositions mentionnées à l'article L. 341-6 ; »**

(Ord. n° 2009-866 du 15 juill. 2009, art. 8, en vigueur le 1er nov. 2009) **« 10° Aux démarches effectuées, pour le compte d'un établissement de paiement** *(L. n° 2013-100 du 28 janv. 2013, art. 6)* **« ou d'un établissement de monnaie électronique fournissant des services de paiement permettant l'octroi de crédit », en vue de proposer un contrat de financement de biens ou de prestations de services répondant aux conditions prévues à la section V du chapitre II du titre Ier du livre III du code de la consommation » ;**

(L. n° 2013-672 du 26 juill. 2013, art. 62) **« 11° A la diffusion auprès des personnes physiques ou morales d'une simple information publicitaire, à l'exclusion de tout document contractuel ou précontractuel, quel que soit le support. »**

Les modifications apportées par la L. n° 2006-1770 du 30 déc. 2006 entrent en vigueur neuf mois après la promulgation de la loi précitée (L. préc., art. 63-II).

Sur l'application de l'Ord. n° 2009-866 du 15 juill. 2009 aux conventions conclues avant son entrée en vigueur, V. note ss. art. L. 112-6.

BIBL. ► Arestan, *BJB 2013. 527* (retouches apportées par la loi de séparation et de régulation des activités bancaires).

1. Codification. L'art. L. 341-2, dans sa version issue de l'Ord. n° 2000-1223 du 14 déc. 2000 et entré en vigueur le 1er janv. 2001 (V. ss. art. L. 341-10), n'a fait que codifier à droit constant l'art. 9 de la L. n° 66-1010 du 28 déc. 1966 antérieure aux faits de l'espèce, en reprenant précisément l'ancienne définition du démarchage, applicable aux faits de l'espèce, et antérieure à la réforme de la définition du démarchage opérée par la L. n° 2003-706 du 1er août 2003. L'abrogation d'une loi à la suite de sa codification à droit constant ne modifie ni la teneur des dispositions transférées ni leur portée. • Com. 30 nov. 2010, n° 09-70.810 P : *D. actu. 10 déc. 2010, obs. Delpech ; JCP E 2011, n° 1394, obs. Coudert ; RDBF 2011, n° 72, obs. Storck ; BJB 2011. 185, note Riassetto* (absence d'actes de démarchage, mais seulement de contacts).

2. Exclusion des règles du démarchage. Pour une application de l'art. L. 341-2, 5°, V. • T. com. Paris, 18 oct. 2013 : *BJB 2014. 309, note Granier.*

3. Locaux professionnels (régime antérieur). Justifie sa décision déclarant des démarcheurs coupables d'infractions à la loi sur le démarchage financier, la cour d'appel qui énonce que, d'une part, les personnes sollicitées ont été démarchées, en vue d'opération sur les marchés à terme, en des lieux non destinés à de telles fins, et que d'autre part, le cabinet d'assurance dans lequel l'un des démarcheurs a dit avoir reçu certains clients jusqu'en septembre 1991 ne constitue pas, au sens de l'art. 10 de la L. du 28 mars 1885, seul applicable en l'espèce, un local réservé à de telles offres de service. • Crim. 19 sept. 2007, n° 06-81.129 : *cité note 5 ss. art. L. 353-1.*

SECTION II Personnes habilitées à procéder au démarchage

Art. L. 341-3 Ne peuvent recourir ou se livrer à l'activité de démarchage bancaire ou financier, dans la limite des dispositions particulières qui les régissent, que :

1° Les établissements de crédit *(Ord. n° 2013-544 du 27 juin 2013, art. 3, en vigueur le 1er janv. 2014)* « ou les sociétés de financement » définis à l'article L. 511-1, les organismes mentionnés à l'article L. 518-1, *(L. n° 2013-100 du 28 janv. 2013, art. 6)* « les établissements de monnaie électronique, » *(Ord. n° 2009-866 du 15 juill. 2009, art. 8, en vigueur le 1er nov. 2009)* « les établissements de paiement, » *(Ord. n° 2017-1252 du 9 août 2017, art. 10, en vigueur le 13 janv. 2018)* « les prestataires de services d'information sur les comptes, » les entreprises d'investissement et les entreprises d'assurance définies respectivement à l'article L. 531-4 du présent code et à l'article L. 310-1 du code des assurances, *(Ord. n° 2017-484 du 6 avr. 2017, art. 3)* « les fonds de retraite professionnelle supplémentaire mentionnés à l'article L. 381-1 du même code, » les sociétés de capital-risque mentionnées à l'article 1er-1 de la loi n° 85-695 du 11 juillet 1985 portant diverses dispositions d'ordre économique et financier, en vue de la souscription des titres qu'elles émettent, les *(Ord. n° 2017-1107 du 22 juin 2017, art. 3, en vigueur le 3 janv. 2018)* « sociétés de gestion de placements collectifs » *(L. n° 2010-1249 du 22 oct. 2010, art. 36-II)* « définies à l'article L. 543-1 du présent code en vue de la souscription des titres financiers émis par les *(Ord. n° 2017-1107 du 22 juin 2017, art. 3, en vigueur le 3 janv. 2018)* « placements collectifs » dont elles assurent la gestion, » ainsi que les établissements et entreprises équivalents agréés dans un autre État membre de *(L. n° 2013-100 du 28 janv. 2013, art. 6)* « l'Union » européenne et habilités à intervenir sur le territoire français ;

2° Les entreprises, dans le cadre des dispositifs relevant du *(L. n° 2010-1249 du 22 oct. 2010, art. 36-II)* « livre III de la troisième partie » du code du travail qu'elles proposent à leurs bénéficiaires, ainsi que les personnes morales qu'elles mandatent pour proposer un de ces dispositifs conclus par l'entreprise. Dans ce cas, et sans préjudice des règles d'information et de commercialisation auxquelles elles sont soumises, seules sont applicables à ces activités de démarchage les dispositions de l'article L. 341-9, du 3° de l'article L. 353-2 et de l'article L. 353-4 du présent code ;

3° Les conseillers en investissements financiers définis à l'article L. 541-1 *(Abrogé par L. n° 2010-1249 du 22 oct. 2010, art. 36-II)* « *, exclusivement pour les opérations prévues au 5° de l'article L. 341-1* » ;

(L. n° 2010-1249 du 22 oct. 2010, art. 36-II) « 4° Les intermédiaires en opérations de banque et en services de paiement mentionnés à l'article L. 519-1 ;

« 5° Les agents liés mentionnés à l'article L. 545-1 » ;

(Ord. n° 2014-559 du 30 mai 2014, art. 3, en vigueur le 1er oct. 2014) « 6° Les conseillers en investissements participatifs définis à l'article L. 547-1 » ;

(L. n° 2019-486 du 22 mai 2019, art. 87) « 7° Les émetteurs de jetons ayant obtenu le visa prévu à l'article L. 552-4 ;

« 8° Les prestataires agréés dans les conditions prévues à l'article L. 54-10-5. » — *Sur les sanctions pénales, V. art. L. 353-2.*

Les personnes mentionnées à l'art. L. 341-3 peuvent faire enregistrer, dans les conditions définies à l'art. L. 341-6, les salariés des personnes physiques mandatées le premier jour ouvrable suivant le neuvième mois après la promulgation de la L. n° 2006-1770 du 30 déc. 2006 (L. préc., art. 63-II).

Les établissements de crédit habilités à agir sur le territoire national qui, à la date de promulgation de la L. n° 2013-100 du 28 janv. 2013, ont recours à des intermédiaires en opérations de banque et en services de paiement pour distribuer de la monnaie électronique se mettent en conformité avec les art. L. 525-8 s. dans un délai de trois mois à compter de la promulgation de ladite loi (L. préc., art. 29).

Art. L. 341-4 I. — Les personnes mentionnées à l'article L. 341-3 peuvent mandater des personnes physiques afin d'exercer pour leur compte une activité de démarchage bancaire ou financier. Les établissements et entreprises ou institutions mentionnés au 1° de cet article peuvent également mandater des personnes morales à cet effet. Dans ce cas, celles-ci peuvent à leur tour mandater des personnes physiques afin d'exercer cette activité pour leur compte.

II. — Dans tous les cas, le mandat est nominatif. Il mentionne la nature des produits et services qui en sont l'objet ainsi que les conditions dans lesquelles l'activité de démarchage peut être exercée. Sa durée est limitée à deux ans. Il peut être renouvelé. — *V. art. D. 341-13.*

(L. n° 2010-1249 du 22 oct. 2010, art. 36-III) « Le démarcheur exerce une activité de démarchage bancaire et financier uniquement pour le compte de son mandant et dans la limite des services, opérations et produits pour lesquels celui-ci est agréé. »

Une même personne physique ou morale peut recevoir des mandats émanant de plusieurs entreprises, institutions ou établissements mentionnés au 1° de l'article L. 341-3. Cette personne informe alors l'ensemble de ses mandants *(Ord. n° 2005-429 du 6 mai 2005, art. 48)* « des mandats » ainsi détenus.

III. — Les personnes *(Abrogé par L. n° 2006-1770 du 30 déc. 2006, art. 63-I) « morales »* mentionnées à l'article L. 341-3 et celles mandatées en application du I du présent article sont civilement responsables du fait des démarcheurs, agissant en cette qualité, auxquels elles ont délivré un mandat. Les personnes morales mentionnées à l'article L. 341-3 demeurent responsables du fait des salariés *(L. n° 2006-1770 du 30 déc. 2006, art. 63-I)* « ou employés des personnes physiques ou » des personnes morales qu'elles ont mandatées, dans la limite du mandat.

IV. — Les démarcheurs personnes physiques et les personnes physiques ayant le pouvoir de gérer ou d'administrer les personnes morales mandatées en application du I doivent remplir des conditions d'âge, d'honorabilité et de compétence professionnelle fixées par décret. Il en va de même des salariés ou employés des personnes mentionnées à l'article L. 341-3, lorsqu'ils exercent des activités de démarchage, et de *(L. n° 2006-1770 du 30 déc. 2006, art. 63-I)* « ceux des personnes physiques ou des personnes morales mandatées » en application du I du présent article. — *V. art. D. 341-2.*

V. — Les règles fixées aux II et IV ne s'appliquent pas aux personnes physiques participant à l'envoi de documents nominatifs, sous réserve qu'elles n'aient aucun contact personnalisé permettant d'influencer le choix de la personne démarchée. Dans ce cas, les personnes morales mentionnées à l'article L. 341-3 ou mandatées en application du I sont considérées comme exerçant directement l'activité de démarchage et sont tenues d'en appliquer les règles. — *Sur les sanctions pénales, V. art. L. 353-2.*

Les modifications apportées par la L. n° 2006-1770 du 30 déc. 2006 entrent en vigueur neuf mois après la promulgation de la loi précitée (L. préc., art. 63-II).

1. Mandataire exclusif. Le manque de diligence dans l'appréciation des compétences professionnelles d'un mandataire exclusif d'un prestataire de services d'investissement et un dispositif de contrôle interne trop faible notamment par l'octroi d'une faible autonomie au responsable de ce contrôle sont suffisants à caractériser l'insuffisance du contrôle interne. • CE 2 nov. 2005, n° 271202 : *RTD com. 2006. 160, obs. Rontchevsky ; Banque et Dr. 11-12/2005. 58, obs. de Vauplane et Daigre ; BJB 2006. 62, note Guyomar.*

2. Qualification du contrat. L'activité de démarcheur financier, définie par la L. du 3 janv. 1972, qui se borne à des prestations de prospection, de conseil et de mise en relation des clients démarchés avec l'intermédiaire financier, est exclusive de toute représentation de ce dernier, laquelle implique le pouvoir d'effectuer des actes juridiques en son nom, et, par suite, de tout mandat dont la représentation constitue un élément essentiel. Cette analyse de la nature du démarchage n'est pas remise en cause par l'art. L. 341-4 issu de la L. du 1er août 2003 selon lequel les personnes mentionnées à l'art. L. 341-3 peuvent mandater des personnes physiques afin d'exercer pour leur compte une activité de démarchage bancaire ou financier ; la circonstance qu'une personne puisse être mandatée pour faire du démarchage ne signifie pas en effet que le démarchage comporte en lui-même un mandat. • Paris, 25 oct. 2007 : *RJDA 2008, n° 218.*

Art. L. 341-5 Toute personne physique ou morale mandatée pour exercer des activités de démarchage bancaire ou financier doit être en mesure de justifier à tout moment de l'existence d'un contrat d'assurance la couvrant contre les conséquences pécuniaires de sa responsabilité civile professionnelle, en cas de manquement à ses obligations professionnelles telles que définies au présent chapitre.

Le niveau minimal des garanties qui doivent être apportées par l'assurance de responsabilité civile professionnelle est fixé par décret en fonction des conditions dans lesquelles l'activité est exercée, notamment de l'existence d'un seul ou de plusieurs mandats, et des produits et services faisant l'objet du démarchage. — *V. art. D. 341-3.*

Responsabilité personnelle du démarcheur. Le préjudice éprouvé par l'investisseur du fait du démarcheur s'analyse en une perte de chance. • Colmar, 28 juin 2010 : *JCP 2010, n° 1198, obs. Dannenberger.*

Art. L. 341-6 *(Abrogé par L. n° 2010-1249 du 22 oct. 2010, art. 92-II, à compter du 1er janv. 2013) (L. n° 2006-1770 du 30 déc. 2006, art. 63-I) « Les personnes mentionnées à l'article L. 341-3, selon leur nature, font enregistrer en tant que démarcheurs auprès de l'Autorité des marchés financiers* (Ord. n° 2010-76 du 21 janv. 2010, art. 3) *« et de l'Autorité de contrôle prudentiel » :*

« 1° Leurs personnels salariés ou employés à qui elles confient le soin de se livrer pour leur compte à des actes de démarchage bancaire ou financier ;

« 2° Les personnes physiques ou les personnes morales mandataires à qui elles confient le soin de se livrer pour leur compte à des actes de démarchage bancaire ou financier, ainsi que les salariés ou employés de ces personnes ;

« 3° Les personnes physiques mandatées à cet effet par les personnes morales mandatées au 2° ainsi que les salariés de ces personnes physiques ;

« 4° Leur représentant légal ou leurs dirigeants ainsi que celui ou ceux d'une des personnes mentionnées aux 2° et 3° lorsque ces personnes se livrent ou recourent à des activités de démarchage bancaire ou financier.

« Les établissements ou entreprises agréés dans un autre État membre de la Communauté européenne ou dans un État partie à l'accord sur l'Espace économique européen habilités à intervenir sur le territoire français font enregistrer, dans les mêmes conditions, les personnes mentionnées aux deuxième à cinquième alinéas auprès de l'autorité compétente en France à laquelle a été notifiée par l'autorité d'origine compétente pour ces établissements et entreprises la déclaration d'intervention sur le territoire français au titre de leurs activités bénéficiant de la reconnaissance mutuelle des agréments.

« Lorsqu'un conseiller en investissements financiers défini à l'article L. 541-1 a recours à des personnes physiques pour exercer une activité de démarchage portant exclusivement sur les opérations prévues au 5° de l'article L. 341-1, ces personnes sont enregistrées pour le compte du conseiller en investissements financiers par l'association, agréée par l'Autorité des marchés financiers en application de l'article L. 541-4, à laquelle il adhère.

« Les personnes mentionnées au 1° de l'article L. 341-3 peuvent utiliser les services d'une autre personne mentionnée au même article afin de procéder à l'enregistrement des démarcheurs auxquels elles ont recours. » — V. art. D. 341-4.

(L. n° 2003-706 du 1er août 2003, art. 50-1) ***Ne sont pas soumises aux dispositions*** (L. n° 2006-1770 du 30 déc. 2006, art. 63-I) ***« des alinéas précédents » les personnes morales mentionnées au 1° de l'article L. 341-3 pour ceux de leurs salariés ou employés qui ne se livrent à aucun acte de démarchage impliquant un déplacement physique du démarcheur au domicile des personnes démarchées, sur leur lieu de travail ou dans les lieux non destinés à la commercialisation de produits, instruments et services financiers. Ces personnes morales doivent à tout moment être en mesure de justifier, à la demande des personnes démarchées, de la qualité de salarié ou d'employé des personnes qui se livrent pour leur compte à un acte de démarchage.***

Lorsqu'une personne physique, salariée, employée ou mandataire exerce une activité de démarchage pour le compte de plusieurs personnes (Abrogé par L. n° 2006-1770 du 30 déc. 2006, art. 63-I) ***« morales » mentionnées à l'article L. 341-3, chacune de ces personnes morales est tenue de faire enregistrer ce démarcheur auprès des autorités mentionnées au premier alinéa.*** — V. art. D. 341-5.

L'autorité saisie aux fins d'enregistrement dans les conditions prévues aux (L. n° 2006-1770 du 30 déc. 2006, art. 63-I) ***« premier à huitième alinéas et au dixième alinéa » attribue à chaque démarcheur un numéro d'enregistrement. Ce numéro d'enregistrement doit obligatoirement être communiqué par le démarcheur à toute personne démarchée et doit figurer sur tous les documents émanant des démarcheurs.***

Les personnes (Abrogé par L. n° 2006-1770 du 30 déc. 2006, art. 63-I) ***« morales » mentionnées à l'article L. 341-3 et les personnes mandatées en application du I de l'article L. 341-4 sont tenues de s'assurer auprès de toutes*** (L. n° 2006-1770 du 30 déc. 2006, art. 63-I) ***« les personnes mentionnées aux deuxième à cinquième alinéas », sur la base des informations que celles-ci fournissent, qu'elles remplissent les conditions exigées à l'article L. 341-9 et, s'agissant des mandataires, aux articles L. 341-4 et L. 341-5.*** — Sur les sanctions pénales, V. art. L. 353-1.

Les personnes (Abrogé par L. n° 2006-1770 du 30 déc. 2006, art. 63-I) ***« morales » ayant fait enregistrer en tant que démarcheurs*** (L. n° 2006-1770 du 30 déc. 2006, art. 63-I) ***« les personnes mentionnées aux deuxième à cinquième alinéas » doivent, lorsque les personnes enregistrées ne remplissent plus les conditions d'enregistrement, en informer l'autorité auprès de laquelle l'enregistrement a été effectué.***

L'enregistrement des démarcheurs intervient au plus tard le 31 mars 2005 (Décr. n° 2004-1019 du 28 sept. 2004, art. 8).

Art. L. 341-7 (Abrogé par L. n° 2010-1249 du 22 oct. 2010, art. 92-II, à compter du 1er janv. 2013) ***Un fichier des personnes habilitées à procéder au démarchage bancaire ou financier est tenu conjointement par l'Autorité des marchés financiers*** (Ord. n° 2010-76 du 21 janv. 2010, art. 3) ***« et l'Autorité de contrôle prudentiel », selon des modalités fixées par décret, pris après avis de la Commission nationale de l'informatique et des libertés. Il est librement consultable par le public.*** — V. art. D. 341-9 s.

Art. L. 341-7-1 *(Abrogé par L. n° 2010-1249 du 22 oct. 2010, art. 92-II) (Ord. n° 2007-544 du 12 avr. 2007, art. 2, en vigueur le 1er nov. 2007)* ***Le fichier mentionné à l'article L. 341-7 recense également les agents liés mentionnés à l'article L. 545-1.***

L'art. L. 341-7-1 est abrogé au premier jour du septième mois qui suit la mise en place du registre mentionné au I de l'art. L. 546-1 (L. n° 2010-1249 du 22 oct. 2010, art. 92-II). — Le registre mentionné à l'art. L. 546-1 est mis en place à compter du 15 janv. 2013 (Arr. du 20 déc. 2012, JO 26 déc.).

Art. L. 341-8 **Toute personne se livrant à une activité de démarchage bancaire ou financier en se rendant physiquement au domicile des personnes démarchées, sur leur lieu de travail ou dans les lieux non destinés à la commercialisation** *(L. n° 2019-486 du 22 mai 2019, art. 87)* **« d'actifs numériques, de services sur actifs numériques ou » de produits, instruments et services financiers, doit être titulaire d'une carte de démarchage délivrée par la personne pour le compte de laquelle elle agit, selon un modèle fixé par arrêté du ministre chargé de l'économie.** — *V. Arr. du 28 sept. 2004, ci-dessous.*

Cette carte doit être présentée à toute personne ainsi démarchée. — *V. art. D. 341-6 et D. 341-7.*

Sur les sanctions pénales, V. art. L. 353-1.

La Chancellerie estime que le simple fait de ne pas présenter la carte aux personnes démarchées ne peut entraîner qu'une sanction disciplinaire (Circ. CRIM 04-14/G3, NOR JUS D04-30 188 C, 14 sept. 2004, D. 2004. 2484 ; Rev. sociétés 2005. 579).

BIBL. ▶ Gauvin et Noël, *D. 2005. 2586* (ineptie réglementaire et démarchage financier).

Art. L. 341-9 *(Ord. n° 2005-429 du 6 mai 2005, art. 7-I)* **Les personnes exerçant l'activité de démarchage bancaire et financier sont soumis** *[soumises]* **aux incapacités énoncées à l'article L. 500-1.** — *Sur les sanctions pénales, V. art. L. 570-1 et L. 570-2.*

SECTION III *Produits ne pouvant pas faire l'objet de démarchage*

Art. L. 341-10 **Sans préjudice des règles particulières applicables au démarchage de certains produits, ne peuvent pas faire l'objet de démarchage :**

1° Les produits dont le risque maximum n'est pas connu au moment de la souscription ou pour lesquels le risque de perte est supérieur au montant de l'apport financier initial, à l'exception :

— des parts de sociétés civiles de placement immobilier. A l'issue d'un délai de deux ans à compter de la promulgation de la loi n° 2003-706 du 1er août 2003 de sécurité financière *[JO 2 août]*, **seules pourront faire l'objet de démarchage les parts de sociétés civiles de placement immobilier dont les statuts prévoient la limitation de la responsabilité de chaque associé au montant de sa part au capital ;**

— des produits entrant dans le cadre d'une opération normale de couverture, sous réserve que ces produits soient proposés exclusivement à des personnes morales ;

2° Les produits non autorisés à la commercialisation sur le territoire français en application de l'article L. 151-2 ;

3° Les produits relevant *(Ord. n° 2011-915 du 1er août 2011, art. 23)* **« de l'article L. 214-42 dans sa rédaction antérieure à l'ordonnance n° 2011-915 du 1er août 2011 relative aux** *(Ord. n° 2013-676 du 25 juill. 2013, art. 3)* **« OPCVM » et à la modernisation du cadre juridique de la gestion d'actifs et de l'article »** *(L. n° 2014-1 du 2 janv. 2014, art. 25-II)* **« L. 214-169 » ;**

4° Les instruments financiers qui ne sont pas admis aux négociations sur les marchés réglementés définis aux articles *(Ord. n° 2007-1490 du 18 oct. 2007, art. 2, en vigueur le 1er nov. 2007)* **« L. 421-4 » et L. 422-1 ou sur les marchés étrangers reconnus définis à l'article L. 423-1,** *(Ord. n° 2019-1067 du 21 oct. 2019, art. 9)* **« ou sur un système multilatéral de négociation soumis aux dispositions du II de l'article L. 433-3 » à l'exception des parts ou actions d'***(Ord. n° 2013-676 du 25 juill. 2013, art. 3 et 36)* **« OPCVM ou de FIA relevant des paragraphes 1, 2 et 6 de la sous-section 2, du paragraphe 2 ou du sous-paragraphe 1 du paragraphe 1 de la sous-section 3, ou de la sous-section 4 de la section II du chapitre IV du titre Ier du livre II »,** *(Ord. n° 2009-80 du 22 janv. 2009, art. 3, en vigueur le 1er avr. 2009)* **« des titres financiers offerts au public après établissement d'un document d'information »** *(Ord. n° 2019-1067 du 21 oct. 2019, art. 9)* **« en application du règlement (UE) n° 2017/1129 du 14 juin 2017 en cas d'offre au public de titres financiers ou d'admission de titres financiers aux négociations sur un marché réglementé mentionné au I de l'article L. 412-1 », des titres émis par les sociétés de capital-risque mentionnées à l'article 1er-1 de la loi n° 85-695 du 11 juillet 1985 précitée et des produits proposés dans le**

cadre d'un dispositif relevant du *(L. n° 2010-1249 du 22 oct. 2010, art. 36-IV)* **« livre III de la troisième partie » du code du travail ;**

(Ord. n° 2016-520 du 28 avr. 2016, art. 3, en vigueur le 1er oct. 2016) **« 5° Les bons de caisse » ;**

(L. n° 2019-486 du 22 mai 2019, art. 87) **« 6° Les actifs numériques mentionnés à l'article L. 54-10-1 du présent code, sauf lorsque l'activité de démarchage porte sur la fourniture d'un service sur actifs numériques au sens de l'article L. 54-10-2 par un prestataire agréé dans les conditions prévues à l'article L. 54-10-5 ou sur des jetons proposés dans le cadre d'une offre au public ayant obtenu le visa prévu à l'article L. 552-4. »** — *Sur les sanctions pénales, V. art. L. 353-2.*

BIBL. ▸ Bonneau, *Banque et Dr. 1-2/2004. 10* (démarchage : définition et produits concernés). – Armand, *D. 2004. 1075* (instruments financiers à terme).

1. Ordre public. En ce sens que les règles relatives au démarchage relèvent de l'ordre public de direction, V. • Civ. 1re, 15 mai 2001, n° 99-12.498 P : *D. 2001. AJ 1880, obs. Lienhard ; RJDA 2001, n° 1114.*

2. Obligations non cotées. Il résulte de la combinaison des dispositions des art. L. 341-1, L. 341-2 et L. 341-10 que la souscription d'obligations non cotées sur les marchés réglementés ne peut faire l'objet d'un acte de démarchage bancaire ou financier. • CE 16 juill. 2014, n° 365941 : *Banque et Dr. 11-12/2014. 26, obs. Daigre ; RJDA 2015, n° 312.* ♦ Le fait de se rendre au domicile d'une personne privée en vue de commercialiser un tel produit financier constitue un acte de démarchage prohibé, hormis dans le cas où la personne visée par le démarchage est déjà cliente du démarcheur et où l'opération proposée correspond, à raison de ses caractéristiques, des risques ou des montants en cause, à des opérations habituellement réalisées par cette personne. • Même arrêt.

3. Parts de SCPI. Sur le régime applicable au démarchage de parts de société civile de placement immobilier, avant la réforme du démarchage opérée par la loi du 1er août 2003, V. • Com. 21 oct. 1997, n° 95-16.828 P : *D. 1997. IR 251 ; RJDA 1998, n° 118 ; RDBB 1997. 232, obs. Crédot et Gérard ; BJS 1998. 137, note Peltier ; Rev. sociétés 1998. 117, note F. X. Lucas .* ♦ Sur la souscription par le représentant d'un mineur de parts de SCPI à la suite d'un démarchage, V. note 4.

4. Parts de SARL. Les parts de SARL ou de société en participation ne constituant pas des valeurs mobilières, le démarchage en vue de leur souscription n'est pas soumis à la loi de 1972 [C. mon. fin., art. L. 342-1 s. anciens]. • Paris, 19 déc. 1997 : *Rev. sociétés 1998. 161, obs. Guyon.* ♦ Sur la distinction entre les notions de placement et d'investissement, V. • Même arrêt.

5. Date d'appréciation. Pour déterminer si un titre peut faire l'objet d'un démarchage financier, c'est à la date à laquelle l'investisseur a été démarché qu'il convient de vérifier si le titre faisait l'objet d'une opération d'appel public à l'épargne. • Com. 18 juin 2013, n° 11-27.532 : *RJDA 2013, n° 847.*

6. Mineur. Il résulte de la combinaison des art. 389-3 C. civ. et L. 341-2 et L. 341-4 anciens C. mon. fin. qu'est autorisé le démarchage, par un établissement de crédit, d'une personne majeure, agissant en qualité de représentant légal d'un mineur. • Civ. 1re, 7 nov. 2006, n° 04-15.799 P : *D. 2006. 3069, note Bouteiller ; RTD com. 2007. 206, obs. Legeais ; JCP E 2007, n° 22, p. 15, obs. Coudert ; CCC 2007, n° 78, obs. Raymond ; RDBF 2007, n° 36, obs. Portier ; BJB janv.-févr. 2007. 15, note Ruet ; RLDA févr. 2007. 50, note Bazin.*

7. Répression. V. notes ss. art. L. 353-1.

SECTION IV *Règles de bonne conduite*

Art. L. 341-11 *(Ord. n° 2005-648 du 6 juin 2005, art. 5, en vigueur le 1er déc. 2005)* **« Avant de formuler une offre portant sur des instruments financiers,** *(L. n° 2019-486 du 22 mai 2019, art. 87)* **« des actifs numériques, un service sur actifs numériques, » un service d'investissement ou un service connexe »** *(L. n° 2003-706 du 1er août 2003, 50-I)* **« , les démarcheurs s'enquièrent de la situation financière de la personne démarchée, de son expérience et de ses objectifs en matière de placement ou de financement. Ces dispositions ne s'appliquent pas dans le cas des envois effectués dans les conditions prévues au V de l'article L. 341-4, sans préjudice du respect des obligations d'information et de conseil dues aux souscripteurs et aux clients en application des articles** *(Ord. n° 2011-915 du 1er août 2011, art. 23)* **« L. 214-23-1 »** *(Abrogé par L. n° 2014-1 du 2 janv. 2014, art. 25-II)* **« , L. 214-83-1 » et** *(Ord. n° 2007-1490 du 18 oct. 2007, art. 2, en vigueur le 1er nov. 2007)* **« L. 533-11 à L. 533-16 ».**

« Les démarcheurs *(Ord. n° 2017-1433 du 4 oct. 2017, art. 20, en vigueur le 1er avr. 2018)* **« fournissent à la personne démarchée, sur support papier ou sur un autre support durable », d'une manière claire et compréhensible, les informations qui lui sont utiles pour prendre sa décision. »** *(Ord. n° 2017-1433 du 4 oct. 2017, art. 20, en vigueur le 1er avr. 2018)* **« En**

cas de démarche à domicile, sur leur lieu de travail ou dans les lieux non destinés à la commercialisation de produits, instruments et services financiers ou par téléphone, la fourniture de ces informations sur tout autre support durable que le papier requiert le consentement du client. »

BIBL. ▶ SDECC, *BICC 1er févr. 2009* (responsabilité et opérations boursières-Étude de jurisprudence).

Art. L. 341-12 *(Ord. no 2005-648 du 6 juin 2005, art. 5, en vigueur le 1er déc. 2005)* En temps utile, avant qu'elle ne soit liée par un contrat, la personne démarchée reçoit des informations fixées par décret en Conseil d'État, portant notamment sur : *– V. art. R. 341-16.*

1° *(L. no 2010-1249 du 22 oct. 2010, art. 36-V)* « Le nom et l'adresse professionnelle » de la personne physique procédant au démarchage ;

2° *(L. no 2010-1249 du 22 oct. 2010, art. 36-V)* « Le nom, l'adresse et, le cas échéant, l'immatriculation mentionnée à l'article **L. 546-1** » de la ou des personnes morales pour le compte de laquelle ou desquelles le démarchage est effectué ;

3° *(L. no 2010-1249 du 22 oct. 2010, art. 36-V)* « Le nom, l'adresse et, le cas échéant, l'immatriculation mentionnée à l'article **L. 546-1** » de la personne morale mandatée en application du I de l'article **L. 341-4** si le démarchage est effectué pour le compte d'une telle personne ;

4° Les documents d'information particuliers relatifs aux produits, instruments financiers et services proposés requis par les dispositions législatives et réglementaires en vigueur ou, en l'absence de tels documents, une note d'information sur chacun des produits, instruments financiers et services proposés, élaborée sous la responsabilité de la personne ou de l'établissement qui a recours au démarchage et indiquant, s'il y a lieu, les risques particuliers que peuvent comporter les produits proposés ;

5° Les conditions de l'offre contractuelle, notamment le prix total effectivement dû par la personne démarchée ou, lorsqu'un prix exact ne peut être indiqué, la base de calcul du prix, permettant à la personne démarchée de vérifier ce dernier, les modalités selon lesquelles sera conclu le contrat, en particulier le lieu et la date de signature de celui-ci ;

6° L'existence ou l'absence du droit de rétractation, prévu selon les cas, à l'article *(Ord. no 2016-301 du 14 mars 2016, art. 2, en vigueur le 1er juill. 2016)* « **L. 222-7** » du code de la consommation ou à l'article **L. 341-16** du présent code, ainsi que ses modalités d'exercice ;

7° La loi applicable aux relations précontractuelles ainsi qu'au contrat, et l'existence de toute clause concernant le choix d'une juridiction. *– Sur les sanctions pénales, V. art. R. 353-1.*

Les informations communiquées par le fournisseur à la personne démarchée sur les obligations contractuelles sont conformes à la loi applicable au contrat en cas de conclusion de celui-ci.

Ces informations, dont le caractère commercial doit apparaître sans équivoque, sont fournies de manière claire et compréhensible par tout moyen adapté à la technique de communication à distance utilisée.

Le décret en Conseil d'État mentionné au premier alinéa fixe également les modalités particulières applicables en cas de communication par téléphonie vocale.

Ces dispositions sont applicables sans préjudice de l'application des obligations législatives et réglementaires spécifiques à chaque produit, instrument financier ou service proposé. *– Sur les sanctions pénales, V. art. L. 353-1.*

Art. L. 341-13 Il est interdit au démarcheur de proposer des produits, instruments financiers *(L. no 2019-486 du 22 mai 2019, art. 87)* « , actifs numériques » et services autres que ceux pour lesquels il a reçu des instructions expresses de la ou des personnes pour le compte desquelles il agit.

Art. L. 341-14 Le contrat portant sur la fourniture d'un service d'investissement *(L. no 2019-486 du 22 mai 2019, art. 87)* « , d'un service sur actifs numériques » ou d'un service connexe, sur la réalisation d'une opération sur instruments financiers, *(L. no 2019-486 du 22 mai 2019, art. 87)* « d'une opération sur actifs numériques, » d'une opération de banque ou d'une opération connexe *(Ord. no 2009-866 du 15 juill. 2009, art. 8, en vigueur le 1er nov. 2009)* « , d'un service de paiement » ou d'une opération sur biens divers est conclu entre la personne démarchée et l'établissement, l'entreprise ou la personne morale habilitée à exercer ces activités, sans que le démarcheur puisse le signer au nom et pour le compte de la personne pour le compte de laquelle il agit. *– Sur les sanctions pénales, V. art. L. 353-1.*

(Ord. no 2017-1433 du 4 oct. 2017, art. 20, en vigueur le 1er avr. 2018) « Ce contrat est fourni au client sur support papier ou tout autre support durable. En cas de souscription du contrat à la suite du démarchage à domicile, sur leur lieu de travail ou dans les lieux non destinés à la commercialisation de produits, instruments *(L. no 2019-486 du 22 mai 2019,*

art. 87) « , actifs numériques, services sur actifs numériques » et services financiers ou par téléphone, la remise du contrat sur tout autre support durable que le papier requiert le consentement du client. »

Art. L. 341-15 Il est interdit à tout démarcheur de recevoir des personnes démarchées des espèces, des effets de commerce, *(L. n° 2019-486 du 22 mai 2019, art. 87)* « des actifs numériques, » des valeurs ou chèques au porteur ou à son nom ou tout paiement par un autre moyen *(L. n° 2006-387 du 31 mars 2006, art. 25-VIII, en vigueur le 1er déc. 2005)* « , sous réserve des modalités d'exercice du droit de rétractation prévues au II de l'article L. 341-16 ».

(L. n° 2019-486 du 22 mai 2019, art. 87) « Le premier alinéa du présent article ne s'applique pas aux personnes mentionnées aux 7° et 8° de l'article L. 341-3 lorsqu'elles se livrent à une activité de démarchage bancaire ou financier mentionnée aux 8° ou 9° de l'article L. 341-1. »

Art. L. 341-16 *(L. n° 2006-387 du 31 mars 2006, art. 25-IX)* « I. — La personne démarchée dispose d'un délai de quatorze jours calendaires révolus pour exercer son droit de rétractation, sans avoir à justifier de motifs ni à supporter de pénalités.

« Le délai pendant lequel peut s'exercer le droit de rétractation commence à courir :

« 1° Soit à compter du jour où le contrat est conclu ;

« 2° Soit à compter du jour où la personne démarchée reçoit les conditions contractuelles et les informations, si cette dernière date est postérieure à celle mentionnée au 1°. »

II. — *(L. n° 2006-387 du 31 mars 2006, art. 25-IX)* « Lorsque la personne démarchée exerce son droit de rétractation, elle ne peut être tenue qu'au paiement du prix correspondant à l'utilisation du produit ou du service *(Abrogé par L. n° 2019-486 du 22 mai 2019, art. 87) « financier »* effectivement fourni entre la date de conclusion du contrat et celle de l'exercice du droit de rétractation, à l'exclusion de toute pénalité.

« Le démarcheur ne peut exiger de la personne démarchée le paiement du produit ou du service mentionné au premier alinéa que s'il peut prouver que la personne démarchée a été informée du montant dû, conformément au 5° de l'article L. 341-12.

« Toutefois, il ne peut exiger ce paiement s'il a commencé à exécuter le contrat avant l'expiration du délai de rétractation sans demande préalable de la personne démarchée.

« Le démarcheur est tenu de rembourser à la personne démarchée, dans les meilleurs délais et au plus tard dans les trente jours, toutes les sommes qu'il a perçues de celle-ci en application du contrat, à l'exception du montant mentionné au premier alinéa. Ce délai commence à courir le jour où le démarcheur reçoit notification par la personne démarchée de sa volonté de se rétracter.

« La personne démarchée restitue au démarcheur, dans les meilleurs délais et au plus tard dans les trente jours, toute somme et tout bien qu'elle a reçus de ce dernier. Ce délai commence à courir à compter du jour où la personne démarchée notifie au démarcheur sa volonté de se rétracter. »

(L. n° 2003-706 du 1er août 2003, art. 50-I) « L'exécution des contrats portant sur les services de conservation ou d'administration d'instruments financiers et de gestion de portefeuille pour le compte de tiers est différée pendant la durée du droit de rétractation.

« III. — Le délai de rétractation prévu au premier alinéa du I ne s'applique pas :

« 1° Aux services de réception-transmission et exécution d'ordres pour le compte de tiers mentionnés à l'article L. 321-1, ainsi qu'à la fourniture d'instruments financiers mentionnés à l'article L. 211-1 ;

« 2° Lorsque des dispositions spécifiques à certains produits et services prévoient un délai de réflexion ou un délai de rétractation d'une durée différente, auquel cas ce sont ces délais qui s'appliquent en matière de démarchage ; »

(L. n° 2006-387 du 31 mars 2006, art. 25-IX) « 3° Aux contrats exécutés intégralement par les deux parties à la demande expresse de la personne démarchée avant que cette dernière n'exerce son droit de rétractation » ;

(L. n° 2019-486 du 22 mai 2019, art. 87) « 4° Au service de réception et de transmission d'ordres sur actifs numériques pour le compte de tiers mentionné à l'article L. 54-10-2, ainsi qu'à la fourniture d'actifs numériques mentionnés à l'article L. 54-10-1. »

(L. n° 2003-706 du 1er août 2003, art. 50-I) « IV. — En cas de démarchage effectué selon les modalités prévues au *(L. n° 2010-737 du 1er juill. 2010, art. 38-III)* « huitième » alinéa de l'article L. 341-1, les personnes mentionnées aux articles L. 341-3 et L. 341-4 ne peuvent recueillir ni ordres ni fonds de la part des personnes démarchées en vue de la fourniture de services de réception-transmission et exécution d'ordres pour le compte de tiers mentionnés à l'article L. 321-1 ou d'instruments financiers mentionnés à l'article L. 211-1, avant l'expiration d'un délai de réflexion de quarante-huit heures.

« Ce délai de réflexion court à compter du lendemain de la remise d'un récépissé établissant la communication à la personne démarchée, par écrit sur support papier, des informations et documents prévus à l'article L. 341-12.

« Le silence de la personne démarchée à l'issue de l'expiration du délai de réflexion ne peut être considéré comme signifiant le consentement de celle-ci. »

(L. nº 2019-486 du 22 mai 2019, art. 87) « Pour toute personne se livrant à l'activité de démarchage bancaire ou financier définie aux 8º ou 9º de l'article L. 341-1, l'interdiction prévue au premier alinéa du présent IV s'applique dans les mêmes conditions et sous les mêmes réserves en vue de la fourniture du service de réception et de transmission d'ordres sur actifs numériques pour le compte de tiers mentionné à l'article L. 54-10-2, ou d'actifs numériques mentionnés à l'article L. 54-10-1. »

(Abrogé par L. nº 2006-387 du 31 mars 2006, art. 25-IX) « ***V. — Les délais fixés à la présente section qui expireraient normalement un samedi, un dimanche ou un jour férié ou chômé sont prorogés jusqu'au premier jour ouvrable suivant.*** » *— Sur les sanctions pénales, V. art. L. 353-1.*

Le I de l'art. L. 341-16 issu de la L. nº 2003-706 du 1er août 2003 comportait un second alinéa ainsi rédigé : « Le contrat doit comporter un formulaire destiné à faciliter l'exercice de la faculté de rétractation. Les mentions devant figurer sur ce formulaire ainsi que les conditions d'exercice du droit de rétractation sont fixées par décret [V. art. D. 341-8.] » La référence à ce formulaire a aujourd'hui disparu.

Les dispositions issues de la L. nº 2006-387 du 31 mars 2006 sont entrées en vigueur le 1er déc. 2005 (L. préc., art. 25-XII).

Pour une non-application de la faculté de renonciation prévue à l'ancien art. L. 342-13 C. mon. fin. qui ne concernait que les opérations de démarchage faites en vue de proposer la souscription de plans d'épargne en valeurs mobilières, V. • Paris, 15 sept. 2003 : *RDBF 2003, nº 243, obs. Portier.*

Sur l'interdiction du démarchage des parts, actions et titres de créance émis par un organisme de titrisation, V. art. L. 214-170.

Sur le démarchage en matière de prêts d'argent et de certains placements de fonds et financements de ventes à tempérament, V. art. L. 341-2 s.

Sur la protection des consommateurs en matière de contrats conclus à distance et hors établissement, V. C. consom., art. L. 221-1 s. — ***C. consom.***

Sur le démarchage en matière de propriété industrielle, V. CPI, art. L. 423-1, R. 422-53 et R. 422-55. — ***CPI.***

Sur l'interdiction du démarchage en vue de la vente de produits pharmaceutiques, V. CSP, art. L. 5125-25. — ***CSP.*** *— ... En vue de donner des consultations ou de rédiger des actes en matière juridique, V. L. nº 71-1130 du 31 déc. 1971, art. 66-4 ; Décr. nº 72-785 du 25 août 1972. —* ***C. avocat.***

SECTION V *Sanctions disciplinaires*

Art. L. 341-17 Tout manquement aux lois, règlements et obligations professionnelles applicables au démarchage bancaire ou financier commis par les personnes mentionnées aux *(L. nº 2013-672 du 26 juill. 2013, art. 62 ; L. nº 2019-486 du 22 mai 2019, art. 87)* « 1º, 3º, 5º, 7º et 8º » de l'article L. 341-3 et à l'article L. 341-4 est sanctionné dans les conditions prévues, selon leur nature ou leurs activités, *(Ord. nº 2010-76 du 21 janv. 2010, art. 3)* « aux articles L. 612-39, L. 621-15 et L. 621-17 ».

BIBL. ▸ HASCHKE-DOURNAUX, *LPA 14 nov. 2003* (sanctions dans la loi de sécurité financière). – ARESTAN, *BJB 2013. 527* (retouches apportées par la loi de séparation et de régulation des activités bancaires). – POISSONNIER, *JCP E 2018, nº 1088* (première convention judiciaire d'intérêt public entre le parquet national financier et une banque).

TITRE V **Dispositions pénales**

CHAPITRE III *Infractions relatives au démarchage*

SECTION I *Démarchage en matière bancaire ou financière* (*L. nº 2003-706 du 1er août 2003, art. 53*).

Art. L. 353-1 Est puni de six mois d'emprisonnement et de 7 500 € d'amende :

1º Le fait, pour toute personne, de se livrer à l'activité de démarchage bancaire ou financier définie à l'article L. 341-1 sans avoir obtenu une carte de démarchage en cas d'activité réalisée dans les conditions de l'article L. 341-8 ; *— V. note ss. cet art.*

2° Le fait, pour toute personne se livrant à l'activité de démarchage bancaire ou financier *(L. n° 2006-387 du 31 mars 2006, art. 25-XI, en vigueur le 1er déc. 2005)* « dans les conditions définies au septième alinéa de l'article L. 341-1 », de ne pas communiquer à la personne démarchée les informations et documents mentionnés à l'article L. 341-12 et à l'avant-dernier alinéa de l'article L. 341-6 ;

3° Le fait, pour toute personne se livrant à l'activité de démarchage bancaire ou financier définie à l'article L. 341-1, de ne pas respecter les règles relatives à la signature du contrat prévues à l'article L. 341-14 ;

4° Le fait, pour toute personne se livrant à l'activité de démarchage bancaire ou financier définie à l'article L. 341-1, de ne pas permettre à la personne démarchée de bénéficier du délai de rétractation mentionné à l'article L. 341-16 sous réserve des dérogations prévues à cet article ;

5° Le fait, pour toute personne se livrant à l'activité de démarchage bancaire ou financier définie au deuxième alinéa de l'article L. 341-1, de recevoir des personnes démarchées des ordres ou des fonds en vue de la fourniture de services de réception-transmission et exécution d'ordres pour le compte de tiers mentionnés à l'article L. 321-1, ou d'instruments financiers mentionnés à l'article *(Ord. n° 2009-15 du 8 janv. 2009, art. 2)* « L. 211-1 », avant l'expiration du délai de quarante-huit heures mentionné au IV de l'article L. 341-16 ;

(L. n° 2019-486 du 22 mai 2019, art. 87) « 6° Le fait, pour toute personne se livrant à l'activité de démarchage bancaire ou financier définie aux 8° ou 9° de l'article L. 341-1, de recevoir des personnes démarchées des ordres ou des fonds en vue de la fourniture du service de réception et de transmission d'ordres sur actifs numériques pour le compte de tiers mentionné à l'article L. 54-10-2, ou d'actifs numériques mentionnés à l'article L. 54-10-1, avant l'expiration du délai de quarante-huit heures mentionné au IV de l'article L. 341-16. »

1. Loi plus douce. En condamnant des démarcheurs – pour avoir recueilli, entre les années 1990 et 1993, des fonds à l'occasion d'un démarchage financier avant l'expiration du délai de réflexion accordée à la personne démarchée – à deux et un ans d'emprisonnement avec sursis, alors que cette infraction est, depuis l'entrée en vigueur de la L. du 1er août 2003, punie, aux termes de l'art. L. 353-1 C. mon. fin., de six mois d'emprisonnement et de 7 500 € d'amende, la cour d'appel a méconnu le sens et la portée de l'art. 112-1, al. 1er, C. pén. • Crim. 19 sept. 2007, n° 06-81.129 : *Dr. pénal 2008, n° 22, obs. J.-H. Robert.*

2. Carte de démarchage. L'ancien salarié d'une société de gestion qui démarche plusieurs personnes sans être titulaire d'une carte d'emploi se rend coupable du délit de démarchage financier. • Crim. 15 oct. 1998, n° 97-83.580 : *BJB 1999. 67, note Noémie ; JCP E 1999, n° 37, p. 1436, obs. Daigre.* – V. aussi : • Crim. 31 mai 2012, n° 11-83.790 : *BJB 2012. 471, note Lasserre Capdeville.*

3. Présentation de la carte. En revanche, le simple fait de ne pas présenter la carte de démarchage aux personnes démarchées, en violation de l'art. L. 341-8, al. 2, ne peut qu'entraîner une sanction disciplinaire (Circ. crim. n° 04-14/G3 du 14 sept. 2004 : *BOMJ n° 95*).

4. Internet. En ce sens que les infractions au démarchage sont susceptibles d'être réalisées *via* internet, V. Circ. préc. note 3.

5. Sanction. Pour l'application des peines prévues par l'art. L. 353-1 à une infraction commise sous l'empire de la loi du 28 mars 1885, V. • Crim. 19 sept. 2007, n° 06-81.129 : *préc. note 1.*

6. Nullité. Les conventions conclues à la suite de démarchages prohibés et sanctionnés pénalement sont illicites comme contraires à l'ordre public, alors même que la loi du 28 déc. 1966 ne prévoit pas expressément leur nullité. • Civ. 1re, 20 juill. 1994, n° 92-12.431 P : *D. 1995. Somm. 276, obs. Magnin ; RTD com. 1995. 175, obs. Cabrillac ; RJDA 1995, n° 366 ; Dr. sociétés 1994, n° 166, obs. Bonneau.* – Dans le même sens : • Civ. 1re, 4 févr. 1997, n° 94-19.059 : *D. Affaires 1997. 308 ; CCC 1997, n° 107, obs. Raymond.* ♦ V. aussi • TGI Créteil, 27 mai 1997 : *Gaz. Pal. 15-16 janv. 1999, p. 11.* ♦ En ce sens que la nullité des conventions conclues à la suite d'un démarchage prohibé est une nullité relative relevant de la prescription quinquennale de l'art. 1304 [ancien] C. civ., V. • Paris, 26 nov. 1998 : *RDBB sept.-oct. 1999, suppl. Ingénierie patrimoniale, p. 11.*

Art. L. 353-2 Est puni des peines prévues à l'article 313-1 du code pénal :

1° Le fait, pour toute personne, de recourir à l'activité de démarchage bancaire ou financier définie à l'article L. 341-1 sans remplir les conditions prévues aux articles L. 341-3 et L. 341-4 ;

2° Le fait, pour toute personne se livrant à l'activité de démarchage bancaire ou financier définie à l'article L. 341-1, de proposer des produits interdits de démarchage mentionnés à l'article L. 341-10 ;

3° *Abrogé par Ord. n° 2005-429 du 6 mai 2005, art. 7-II ;*

4° Le fait, pour toute personne se livrant à l'activité de démarchage bancaire ou financier, de proposer aux personnes démarchées des produits, instruments financiers et services autres que ceux pour lesquels elle a reçu des instructions expresses de la ou des personnes pour le compte de laquelle ou desquelles elle agit ;

5° Le fait, pour toute personne *(L. n° 2019-486 du 22 mai 2019, art. 87)* « autre que celles mentionnées au second alinéa de l'article L. 341-15 » se livrant à l'activité de démarchage bancaire ou financier, de recevoir des personnes démarchées des espèces, *(L. n° 2019-486 du 22 mai 2019, art. 87)* « des actifs numériques, » des effets de commerce, des valeurs ou chèques au porteur ou à son nom ou tout *(Ord. n° 2005-429 du 6 mai 2005, art. 50)* « paiement » par un autre moyen.

Démarchage bancaire illicite. Pour la condamnation d'une banque suisse à une amende de 3, 7 milliards d'euros et 800 millions d'euros de dommages-intérêts au bénéfice de l'État, partie civile, pour démarchage bancaire illicite et blanchiment aggravé de fraude fiscale, V. • T. corr. Paris, 20 févr. 2019 : *D. actu. 1er mars 2019, note Gallois ; D. 2019. Actu. 541, obs. Poissonnier ; JCP E 2019, n° 1266, note Poissonnier ; Banque et Dr. 3-4/2019. 91, obs. Lasserre Capdeville.*

Art. L. 353-3 Les personnes physiques coupables de l'un des délits mentionnés aux articles L. 353-1 et L. 353-2 encourent également les peines complémentaires suivantes :

1° L'interdiction des droits civiques, civils et de famille, suivant les modalités prévues par l'article 131-26 du code pénal ;

2° L'interdiction, suivant les modalités prévues par l'article 131-27 du code pénal, d'exercer une fonction publique ou d'exercer une activité professionnelle ou sociale dans l'exercice ou à l'occasion de laquelle l'infraction a été commise, pour une durée de cinq ans au plus ;

3° L'affichage ou la diffusion de la décision prononcée, dans les conditions prévues par l'article 131-35 du code pénal.

Art. L. 353-4 *(L. n° 2009-526 du 12 mai 2009, art. 125-XIV)* « Les personnes morales déclarées responsables pénalement, dans les conditions prévues par l'article 121-2 du code pénal, des infractions définies aux articles L. 353-1 et L. 353-2 encourent, outre l'amende suivant les modalités prévues par l'article 131-38 du code pénal, les peines prévues par l'article 131-39 du même code. »

(L. n° 2003-706 du 1er août 2003, art. 53-I) « L'interdiction mentionnée au 2° de ce même article porte sur l'activité dans l'exercice ou à l'occasion de l'exercice de laquelle l'infraction a été commise. »

Art. L. 353-5 *(Ord. n° 2016-301 du 14 mars 2016, art. 11, en vigueur le 1er juill. 2016)* Les agents mentionnés aux articles L. 511-3 et L. 511-21 du code de la consommation sont habilités à rechercher et constater les infractions prévues aux articles L. 353-1 et L. 353-2 du présent code, dans les conditions prévues à l'article L. 511-5 du code de la consommation.

LIVRE V Les prestataires de services

Art. L. 500-1 *(Ord. n° 2005-429 du 6 mai 2005, art. 1er)* I. — Nul ne peut, directement ou indirectement, pour son propre compte ou pour le compte d'autrui s'il a fait l'objet depuis moins de dix ans d'une condamnation définitive mentionnée au II :

1° Diriger, gérer, administrer ni être membre d'un organe collégial de contrôle d'un organisme mentionné aux articles L. 213-8, *(Ord. n° 2013-544 du 27 juin 2013, art. 4-1°, en vigueur le 1er janv. 2014)* « L. 511-1 », L. 517-1, L. 517-4, *(Ord. n° 2009-866 du 15 juill. 2009, art. 9)* « L. 522-1, » *(L. n° 2013-100 du 28 janv. 2013, art. 8)* « L. 526-1, » L. 531-1, L. 542-1 et L. 543-1, *(Ord. n° 2017-1107 du 22 juin 2017, art. 5-1°, en vigueur le 3 janv. 2018)* « L. 549-2, » ni disposer du pouvoir de signer pour le compte de cet organisme ;

2° Exercer l'une des professions ou activités mentionnées aux articles L. 341-1, L. 519-1, *(Ord. n° 2009-866 du 15 juill. 2009, art. 9 et 10-II)* « L. 523-1, L. 524-1, » *(L. n° 2013-100 du 28 janv. 2013, art. 8)* « L. 525-8, » L. 541-1 *(Ord. n° 2014-559 du 30 mai 2014, art. 22, en vigueur le 1er oct. 2014 ; L. n° 2014-1662 du 30 déc. 2014, art. 21-I-2°)* « , L. 545-1, *(Ord. n° 2017-1107 du 22 juin 2017, art. 5-1°, en vigueur le 3 janv. 2018)* « L. 545-4, » L. 547-1 *(L. n° 2019-486 du 22 mai 2019, art. 86)* « , L. 548-1, L. 54-10-3 et L. 551-1 ou être agréé au titre de l'article L. 54-10-5. ».

II. — Les condamnations mentionnées au I sont celles :

1° Pour crime ;

2° A une peine d'emprisonnement ferme ou d'au moins six mois avec sursis pour :

a) L'une des infractions prévues au titre Ier du livre III du code pénal et pour les délits prévus par des lois spéciales et punis des peines prévues pour l'escroquerie et l'abus de confiance ;

b) Recel ou l'une des infractions assimilées au recel ou voisines de celui-ci prévues à la section II du chapitre Ier du titre II du livre III du code pénal ;

c) Blanchiment ;

d) Corruption active ou passive, trafic d'influence, soustraction et détournement de biens ;

e) Faux, falsification de titres ou autres valeurs fiduciaires émises par l'autorité publique, falsification des marques de l'autorité ;

f) Participation à une association de malfaiteurs ;

g) Trafic de stupéfiants ;

h) Proxénétisme ou l'une des infractions prévues par les sections II et II *bis* du chapitre V du titre II du livre II du code pénal ;

i) L'une des infractions prévues à la section III du chapitre V du titre II du livre II du code pénal *(L. n° 2019-486 du 22 mai 2019, art. 206)* « et à la section VI *bis* du chapitre III du même titre II » ;

j) L'une des infractions à la législation sur les sociétés commerciales prévues au titre IV du livre II du code de commerce ;

k) Banqueroute ;

l) Pratique de prêt usuraire ;

m) L'une des infractions prévues *(Ord. n° 2019-1015 du 2 oct. 2019, art. 31, en vigueur le 1er janv. 2020)* « aux articles L. 324-1 à L. 324-4, L. 324-10 et L. 324-12 à L. 324-14 du code de la sécurité intérieure » ;

n) L'une des infractions à la législation et à la réglementation des relations financières avec l'étranger ;

o) Fraude fiscale ;

(L. n° 2019-486 du 22 mai 2019, art. 206) « *p)* L'une des infractions prévues aux articles L. 121-2 à L. 121-4, L. 121-8 à L. 121-10, L. 411-2, L. 413-1, L. 413-2, L. 413-4 à L. 413-9, L. 422-2, L. 441-1, L. 441-2, L. 452-1, L. 455-2, L. 512-4 et L. 531-1 du code de la consommation ; »

q) L'une des infractions prévues au présent code ;

r) L'une des infractions prévues aux articles *(Ord. n° 2007-329 du 12 mars 2007, art. 3)* « L. 8221-1, L. 8221-2, L. 8221-3, L. 8221-5, L. 8224-1 et L. 8224-2 » du code du travail ;

s) Les atteintes aux systèmes de traitement automatisé prévues par le chapitre III du titre II du livre III du code pénal ;

t) L'une des infractions à la législation ou la réglementation des assurances ;

3° A la destitution des fonctions d'officier public ou ministériel.

III. — L'incapacité prévue au *(Abrogé par L. n° 2014-1662 du 30 déc. 2014, art. 21-I-2°)* « *premier alinéa du* » I s'applique à toute personne à l'égard de laquelle a été prononcée une mesure définitive de faillite personnelle ou une autre mesure définitive d'interdiction dans les conditions prévues par le livre VI du code de commerce.

IV. — Sans préjudice des dispositions du deuxième alinéa de l'article 132-21 du code pénal, la juridiction prononçant la décision qui entraîne cette incapacité peut en réduire la durée.

V. — Les personnes exerçant une fonction, une activité ou une profession mentionnée au I qui font l'objet de l'une des condamnations prévues au II et au III doivent cesser leur activité dans un délai d'un mois à compter de la date à laquelle la décision de justice est devenue définitive. Ce délai peut être réduit ou supprimé par la juridiction qui a rendu cette décision.

VI. — En cas de condamnation prononcée par une juridiction étrangère et passée en force de chose jugée pour une infraction constituant, selon la loi française, un crime ou l'un des délits mentionnés au II, le tribunal correctionnel du domicile du condamné déclare, à la requête du ministère public, après constatation de la régularité et de la légalité de la condamnation et l'intéressé dûment appelé en chambre du conseil, qu'il y a lieu à l'application de l'incapacité prévue au I.

Cette incapacité s'applique également à toute personne non réhabilitée ayant fait l'objet d'une faillite personnelle prononcée par une juridiction étrangère quand le jugement déclaratif a été déclaré exécutoire en France. La demande d'exequatur peut être, à cette fin seulement, formée par le ministère public devant le *(Ord. n° 2019-964 du 18 sept. 2019, art. 35, en vigueur le 1er janv. 2020)* « tribunal judiciaire » du domicile du condamné.

VII. — Le fait pour une personne de ne pas faire l'objet de l'incapacité prévue au présent article ne préjuge pas de l'appréciation, par l'autorité compétente, du respect des conditions nécessaires *(Ord. n° 2014-158 du 20 févr. 2014, art. 3-1°)* « à l'accès ou à l'exercice de l'activité ». — *Sur les sanctions pénales, V. art. L. 570-1 et L. 570-2.*

Les personnes qui dirigent, gèrent, administrent ou sont membres d'un organe collégial de contrôle d'un organisme mentionné au I de l'art. L. 500-1, ou qui exercent une profession mentionnée au même I qui, antérieurement à l'entrée en vigueur de l'Ord. n° 2005-429 du 6 mai 2005, ont été condamnées pour des faits énoncés par les I, II, III et VI de l'art. L. 500-1, sont frappées, à compter de la date de publication de cette dernière (JO 7 mai), d'une incapacité d'exercer. Toutefois, ces personnes peuvent, dans un délai de trois mois suivant la date de publication de l'ordonnance, demander à la juridiction qui les a condamnées ou, en cas de pluralité de condamnations, à la dernière juridiction qui a statué, soit de les relever de l'incapacité dont elles sont frappées, soit d'en déterminer la durée. Les personnes qui font usage de ce droit peuvent exercer leur profession ou activité jusqu'à ce qu'il ait été statué sur leur demande. Si la juridiction qui a statué n'existe plus ou s'il s'agit d'une juridiction étrangère, la chambre de l'instruction de la cour d'appel dans le ressort de laquelle le requérant a sa résidence est compétente (Ord. préc., art. 9).

*Les modifications apportées par la L. n° 2006-437 du 14 avr. 2006 entrent en vigueur à l'expiration du délai de six mois à compter de la publication du décret mentionné à l'art. L. 133-18 C. tourisme (L. préc., art. 7-VII). — **C. tourisme**.*

Les dispositions issues de l'Ord. n° 2009-866 du 15 juill. 2009 sont entrées en vigueur le 1er nov. 2009 (Ord. préc., art. 21). — Sur l'application de l'Ord. n° 2009-866 du 15 juill. 2009 aux conventions conclues avant son entrée en vigueur, V. note ss. art. L. 112-6.

RÉP. SOCIÉTÉS v° *Interdictions et incapacités professionnelles*, par BOULOC.

BIBL. ▶ LÉGUEVAQUES et PATUREAU, *LPA 25 juill. 2005* (l'effet rétroactif de l'art. L. 500-1).

TITRE VII **Dispositions pénales**

CHAPITRE PREMIER ***Dispositions relatives aux établissements du secteur bancaire***

SECTION III ***Caisses de crédit municipal***

Art. L. 571-12 Est puni de six mois d'emprisonnement et de 9 000 € d'amende le fait, pour toute personne, d'ouvrir ou de tenir une maison de prêts sur gages ou nantissement sans autorisation légale.

Est puni des mêmes peines le fait, pour une personne ayant une autorisation, de ne pas tenir un registre conforme aux règlements, contenant de suite, sans aucun blanc ni interligne, les sommes ou les objets prêtés, les noms, domicile et profession des emprunteurs, la nature, la qualité et la valeur des objets mis en nantissement.

Est puni des mêmes peines le fait d'acheter ou de vendre de façon habituelle des récépissés de nantissement de caisses de crédit municipal. — *[L. n° 66-1010 du 28 déc. 1966, art. 16-1.]*

BIBL. ▶ LASSERRE CAPDEVILLE, *RDBF 2015. Étude 10* (analyse de la protection pénale du prêt sur gage).

Prêt sur gage. L'art. 411 C. pén. (ancien) ne vise que ceux qui prêtent habituellement sur effets mobiliers, et ne saurait être étendu aux avances sur titres ou autres objets incorporels. • Crim. 15 avr. 1876 : *S. 1876. 1. 234, obs. Dupré-Lasale.*

VÉTÉRINAIRE

RÉP. PÉN. v° *Vétérinaire*, par PENNEAU.

*Sur l'exercice de la médecine et de la chirurgie des animaux, V. **C. rur.**, art. L. 241-1 s. et L. 243-1 s.*

TABLE CHRONOLOGIQUE

NOTA. Avant la table chronologique proprement dite, on trouvera ci-dessous une liste, classée par ordre alphabétique, des différents codes reproduits en extraits dans le Code pénal.

– Art. R. 214-87 à R. 214-137, R. 215-10 *(expérimentation sur l'animal)*, ss. C. pén., art. R. 511-1.

Code de la santé publique

– Art. L. 1131-1 à L. 1131-3 *(identification génétique)*, ss. C. pén., art. 226-30.
– Art. L. 1211-6 à L. 1211-7-1, L. 1211-9, L. 1231-1-B à L. 1231-2, L. 1232-1, L. 1232-2, L. 1233-1, L. 1234-2, L. 1235-1 à L. 1235-3 *(importation et exportation d'organes)*, L. 1241-2, L. 1242-1, L. 1243-1, L. 1243-2, L. 1243-2-1, L. 1243-4 à L. 1243-6, L. 1243-9, L. 1244-3, L. 1244-7, L. 2131-1, L. 2131-4 à L. 2131-5, L. 2141-2 à L. 2141-9, L. 2141-11, L. 2141-12, L. 2142-1, ss. C. pén., art. 511-28.
– Art. L. 1245-5, L. 1245-5-1, L. 2141-11-1 *(importation et exportation de tissus et cellules issus du corps humain)*, L. 5121-20, L. 5124-13, L. 5124-13-1, L. 5132-9, L. 5132-10 *(produits pharmaceutiques)*, App., v° *Douanes et changes*, **p. 2155.**
– Art. L. 1342-1 à L. 1342-5, L. 1343-4, L. 3411-2, L. 3413-1 à L. 3413-4, L. 3421-1 à L. 3421-7, L. 3422-1, L. 3422-2, L. 3423-1, L. 3423-2, L. 3424-1, L. 3425-1, L. 3425-2, L. 5132-1 à L. 5132-8, L. 5231-1, L. 5432-1 à L. 5432-5, L. 5463-2, R. 3413-1 à R. 3413-15, R. 3421-1 à R. 3421-3, App., v° *Substances vénéneuses*, **p. 2996.**
– Art. L. 2212-1, L. 2212-2, L. 2222-2 à L. 2222-4, L. 2223-1, L. 2223-2, L. 2311-1, L. 2311-2, L. 2311-4 à L. 2311-6, L. 2322-1, L. 2322-2, L. 2326-2, L. 2326-3, L. 5134-1 à L. 5134-3, L. 5135-1, L. 5434-2, L. 5435-1 *(interruption volontaire de grossesse)*, ss. C. pén., art. 223-12.
– Art. L. 2324-1, L. 2324-3, L. 2326-4, App., v° *Enfance - Enfance délinquante*, **p. 2273.**
– Art. L. 3311-1 à L. 3311-4, L. 3321-1, L. 3322-1 à L. 3322-11, L. 3323-1 à L. 3323-6, L. 3331-1 à L. 3331-6, L. 3332-1 à L. 3332-17, L. 3333-1 à L. 3333-3, L. 3334-1, L. 3334-2, L. 3335-1 à L. 3335-11, L. 3336-1 à L. 3336-4, L. 3341-1 à L. 3341-4, L. 3342-1 à L. 3342-4, L. 3351-1 à L. 3351-8, L. 3352-1 à L. 3352-10, L. 3353-1 à L. 3353-6, L. 3354-1 à L. 3354-5, L. 3355-1 à L. 3355-8, R. 3323-1 à R. 3323-4, R. 3332-1 à R. 3332-9, D. 3332-10, D. 3335-1 à D. 3335-3, R. 3335-15, D. 3335-15-1 à D. 3335-18, R. 3351-1, R. 3351-2, R. 3352-1 à R. 3352-3, R. 3353-1 à R. 3353-9, R. 3354-1 à R. 3354-22, R. 3355-1, App., v° *Débits de boissons*, **p. 2112.**
– Art. L. 4161-1 à L. 4161-6 *(exercice illégal de la médecine)*, L. 4162-1 *(usurpation de titre)*, ss. C. pén., art. 433-17.
– Art. R. 1337-6 à R. 1337-10-1 *(tapage diurne)*, ss. C. pén., art. R. 623-2.

Code de la sécurité intérieure

– Art. L. 223-1 à L. 223-9, L. 224-1, L. 251-1 à L. 251-3, L. 251-7, L. 252-1 à L. 252-7, L. 253-1 à L. 253-5, L. 254-1, L. 255-1 *(videoprotection)*, ss. C. pén., art. 226-32.
– Art. L. 211-9, D. 211-10, R. 211-11 à R. 211-16, D. 211-17, R. 211-18, D. 211-19, D. 211-20, R. 211-21, R. 211-21-1 *(attroupement)*, ss. C. pén., art. 431-3.
– Art. L. 211-1 à L. 211-9, L. 211-12 à L. 211-15 *(manifestations et rassemblements)*, ss. C. pén., art. 431-12.
– *Art. L. 212-1 (dissolution de groupements)*, ss. C. pén., art. 431-15.
– Art. L. 311-1 à L. 317-12, App., v° *Armes et explosifs*, **p. 1723.**
– Art. L. 132-8, L. 132-9, App., v° *Enfance*, **p. 2173.**
– Art. L. 320-1, App., v° *Jeux, paris et loteries*, **p. 2494.**
– Art. L. 331-1, L. 332-1, L. 333-1, L. 334-1, L. 334-2, App., v° *Débits de boissons*, **p. 2150.**
– Art. L. 861-2, ss. C. pén., art. 413-13.

Code de la sécurité sociale

– Art. L. 244-6, R. 244-3 *(fraude à la sécurité sociale)*, ss. C. pén., art. 314-4.
– Art. L. 114-13 à L. 114-16-3 *(fraude aux prestations sociales)*, ss. C. pén., art. 313-9.

– Art. L. 652-7 *(refus d'affiliation)*, ss. C. pén., art. 410-1.

Code du sport

– Art. L. 232-9 à L. 232-31, L. 241-1 à L. 241-10, App., v° *Substances vénéneuses*, **p. 3010.**

– Art. L. 111-3, L. 332-1 à L. 332-21 *(sécurité des manifestations sportives)*, ss. C. pén., art. 222-16-2.

Code du tourisme

– Art. L. 211-1 à L. 211-24, App., v° *Agents d'affaires*, **p. 1711.**

Code des transports

– Art. L. 2231-1 à L. 2231-9, L. 2232-1, L. 2232-2, L. 2240-1, L. 2241-1 à L. 2241-9, L. 2242-1 à L. 2242-8, App., v° *Chemins de fer*, **p. 1785.**

– Art. L. 4273-1, App., v° *Circulation routière*, **p. 2101.**

– Art. L. 5142-8 *(détournement d'épave maritime)*, ss. C. pén., art. 314-4.

Code du travail

Art. L. 1152-1 *(harcèlement moral)*, ss. C. pén., art. 222-33-2.

Art. L. 1153-1 *(harcèlement sexuel)*, ss. C. pén., anc. art. 222-33.

Art. L. 5429-2, R. 5429-2 *(fraude à la contribution sur l'allocation d'assurance)*, ss. C. pén., art. 314-4.

Art. L. 5124-1, L. 5429-1 (et L. 365-1 anc.) *(fraude aux allocations)*, ss. C. pén., art. 313-9.

1936	18 août	Loi. Atteintes au crédit de la nation, **p. 1274.**
1936	31 déc.	Loi. Réforme fiscale. – Art. 65 *(refus collectif de l'impôt)*. – V. CGI, art. 1747, **p. 1274.**
1938	17 juin	Décret-loi. Limites des affaires maritimes. – Art. 5 *(pêche dans les estuaires)*, App., v° *Pêche maritime*, **p. 2571.**
1939	21 avr.	Décret-loi. Propagandes étrangères, **p. 1275.**
1939	24 juin	Décret-loi. Tracts de provenance étrangère, **p. 1275.**
1940	5 oct.	Loi. Biens mis sous séquestre par mesure de sûreté générale, App., v° *Séquestre*, **p. 2977.**
1941	27 sept.	Loi. Déclarations inexactes des créanciers de l'État ou des collectivités publiques, **p. 1115.**
1942	22 mars	Décret. Police des voies ferrées, App., v° *Chemins de fer*, **p. 1780.**
1942	1er avr.	Loi. Titres de navigation maritime. – Art. 11, App., v° *Pêche maritime*, **p. 2571.**
1942	3 avr.	Loi. Pactes sur le règlement des indemnités dues aux victimes d'accidents, App., v° *Agents d'affaires*, **p. 1720.**
1942	15 juill.	Loi. Annonces de caractère antifamilial, App., v° *Presse et communication*, **p. 2865.**
1942	1er sept.	Loi. Exclusion des indésirables sur les champs de courses, App., v° *Jeux*, **p. 2498.**
1942	23 déc.	Loi. Dignité du foyer pendant la guerre : – Art. 1er. – V., App., v° *Divorce*, **p. 2152.** – Art. 3. – V. ss. C. pén., art. 311-2.
1943	21 janv.	Loi. Constatation des infractions en matière de taille marchande des poissons, App., v° *Pêche maritime*, **p. 2571.**
1943	6 juill.	Loi. Travaux géodésiques et cadastraux, **p. 1208.**
1944	28 août	Ordonnance. Crimes de guerre, App., v° *Amnistie*.
1945	2 févr.	Ordonnance n° 45-174. Enfance délinquante, App., v° *Enfance – Enfance délinquante*, **p. 2217.**
1945	17 févr.	Ordonnance n° 45-250. Interdiction définitive de l'usage des titres de certains journaux suspendus, App., v° *Amnistie*.
1945	2 nov.	Ordonnance n° 45-2646. Réglementation provisoire des agences de presse, App., v° *Amnistie*.
1945	2 nov.	Ordonnance n° 45-2658. Entrée et séjour des étrangers en France, App., v° *Étrangers*, **p. 2494.**
1946	13 avr.	Loi n° 46-685. Fermeture des maisons de tolérance, **p. 846.**
1946	16 avr.	Décret n° 46-734. Personnes recevant des mineurs délinquants, App., v° *Enfance – Enfance délinquante*, **p. 2246.**
1946	24 mai	Loi n° 46-1186. Taux des amendes pénales, App., v° *Amendes*.

		– Art. 6 (*commissions d'enquête et de contrôle*), **p. 966** et **p. 1453** (note).
1958	23 déc.	Ordonnance n° 58-1331. Infractions en matière de répartition des produits industriels et de l'énergie, App., v° *Prix et concurrence*, **p. 2973.**
1959	5 janv.	Ordonnance n° 59-28. Accès des mineurs à certains établissements, App., v° *Enfance – Enfance délinquante*, **p. 2252.**
1959	31 janv.	Ordonnance n° 59-199. Amnistie, App., v° *Amnistie* 🏛.
1959	31 juill.	Loi n° 59-940. Amnistie, App., v° *Amnistie* 🏛.
1960	15 janv.	Décret n° 60-59. Accès des mineurs à certains établissements, App., v° *Enfance – Enfance délinquante*, **p. 2252.**
1961	1er févr.	Réquisition immobilière au profit des forces de police. – Art. 6, **p. 1345.**
1962	22 mars	Décrets nos 62-327 et 62-328. Amnistie des infractions commises en Algérie, App., v° *Amnistie* 🏛.
1962	4 août	Loi n° 62-896. Usage de documents fiscaux dans les relations de droit public et de droit privé. – Art. 3, **p. 966.**
1964	23 déc.	Loi n° 64-1269. Amnistie, App., v° *Amnistie* 🏛.
1964	26 déc.	Loi n° 64-1326. Imprescriptibilité des crimes contre l'humanité, **p. 471.**
1965	13 juill.	Loi n° 65-570. Régimes matrimoniaux. – Art. 6, **p. 1160.**
1966	13 juin	Décret n° 66-371. Classement et prix des hôtels et restaurants. – Art. 7 à 9, App., v° *Prix et concurrence*, **p. 2976.**
1966	17 juin	Loi n° 66-396. Amnistie d'infractions commises en Algérie, App., v° *Amnistie* 🏛.
1966	18 juin	Loi n° 66-409. Amnistie, App., v° *Amnistie* 🏛.
1967	7 juin	Décret n° 67-451. Zone de pêche interdite aux navires étrangers, App., v° *Pêche maritime*, **p. 2572.**
1968	23 mai	Loi n° 68-457. Amnistie, App., v° *Amnistie* 🏛.
1968	26 juill.	Loi n° 68-678. Communication de renseignements à des personnes étrangères, **p. 1276.**
1968	31 juill.	Loi n° 68-697. Amnistie, App., v° *Amnistie* 🏛.
1969	30 juin	Loi n° 69-700. Amnistie, App., v° *Amnistie* 🏛.
1970	2 janv.	Loi n° 70-9. Opérations portant sur les immeubles et les fonds de commerce, App., v° *Agents d'affaires*, **p. 1692.**
1970	23 déc.	Loi n° 70-1264. Contrôle international des pêches maritimes, App., v° *Pêche maritime*, **p. 2572.**
1972	7 mars	Décret n° 72-180. Régulation des naissances, **p. 791.**

1972	12 juin	Décret n° 72-473. Taux des amendes pénales en matière de contraventions, App., v° *Amendes*.
1972	5 juill.	Loi n° 72-618. Publications et objets vendus dans un but philanthropique, App., v° *Presse et communication*, **p. 2873.**
1972	20 juill.	Décret n° 72-678. Opérations portant sur les immeubles et les fonds de commerce, App., v° *Agents d'affaires*, **p. 1702.**
1972	21 déc.	Loi n° 72-1127. Amnistie, App., v° *Amnistie*.
1972	29 déc.	Loi n° 72-1226. Peines et exécution des peines. – Art. 64, App., v° *Amendes*.
1973	14 mars	Décret n° 73-372. Contrôle international des pêches maritimes, App., v° *Pêche maritime*, **p. 2573.**
1973	14 mars	Décret n° 73-372. Contrôle international des pêches maritimes, App., v° *Pêche maritime*, **p. 2573.**
1974	5 juill.	Loi n° 74-631. Fixant à dix-huit ans l'âge de la majorité. – Art. 26, App., v° *Enfance – Enfance délinquante*, **p. 2253.**
1974	16 juill.	Loi n° 74-643. Amnistie, App., v° *Amnistie*.
1976	22 nov.	Décret n° 76-1073. Mise sous protection judiciaire, App., v° *Enfance – Enfance délinquante*, **p. 2253.**
1977	7 juin	Loi n° 77-574. Diverses dispositions économiques et financières. – Art. 32-III, notes ss. C. pén., art. 225-2, 432-7.
1977	19 juill.	Loi n° 77-808. Sondages d'opinion. – Art. 11, 12, App., v° *Presse et communication*, **p. 2873.**
1977	30 déc.	Loi n° 77-1468. Gratuité des actes de justice. – Art. 16, 17, 20, 21 *(amendes correctionnelles)*, App., v° *Amendes*.
1978	6 janv.	Loi n° 78-17. Informatique et libertés.
1979	28 déc.	Loi n° 79-1131. Taux des amendes pénales en matière de contraventions de police. – Art. 7, 9, App., v° *Amendes*.
1979	29 déc.	Loi n° 79-1150. Publicité, enseignes et préenseignes. – Art. 44, App., v° *Affichage*, **p. 1691.**
1980	18 juill.	Décret n° 80-567. Peines applicables en matière de contraventions de police. – Art. 2 à 4, 10, 19, 20, App., v° *Amendes*.
1981	4 août	Loi n° 81-736. Amnistie, App., v° *Amnistie*.
1981	15 sept.	Décret n° 81-859. Nouveau Code des impôts. Livre des procédures fiscales. – Art. L. 143, al. 1er *(secret fiscal)*. – V. L. n° 62-896 du 4 août 1962, art. 3, al. 1er, **p. 966.**
1981	9 oct.	Loi n° 81-908. Abolition de la peine de mort. – Art. 1er. – V. ss. C. pén., art. 131-1.
1982	29 juill.	Loi n° 82-652. Communication audiovisuelle, App., v° *Presse et communication*, **p. 2874.**

1982	3 déc.	Loi n° 82-1021. Règlement de situations résultant des événements d'Afrique du Nord, de la guerre d'Indochine ou de la Seconde Guerre mondiale : – V. L. n° 68-697 du 31 juill. 1968, note ss. 4, App., v° *Amnistie*. – Art. 14, App., v° *Amnistie*.
1983	8 juill.	Loi n° 83-608. Protection des victimes d'infractions. – Art. 21. – V. note ss. Ord. 2 févr. 1945, art. 6, App., v° *Enfance – Enfance délinquante*, **p. 2221.**
1983	12 juill.	Loi n° 83-629. Surveillance, gardiennage et transport de fonds : – Art. 3, 13. – V. note ss. C. pén., art. 433-15. – Art. 9, 13, 15. – V. notes ss. C. pén., art. 433-18.
1983	13 juill.	Loi n° 83-634. Droits et obligations des fonctionnaires : – Art. 11, al. 1er, 5, 8 *(outrage)*, **p. 1408.** – Art. 11, al. 4, 11 *bis* A *(responsabilité pénale)*, **p. 183.**
1984	12 sept.	Décret n° 84-846. Application de la loi n° 83-582 du 5 juill. 1983, App., v° *Pêche maritime*, **p. 2574.**
1985	11 juill.	Loi n° 85-699. Archives audiovisuelles de la justice. – Art. 1er. – V. L. 29 juill. 1881, note ss. 38 *ter*, App., v° *Presse et communication*, **p. 2748.**
1985	12 juill.	Loi n° 85-706. Publicité des armes à feu, App., v° *Armes et explosifs*, **p. 1738.**
1985	11 sept.	Décret n° 85-956. Peines en matière de contraventions de police. – Art. 1er, 2, 4, App., v° *Amendes*.
1985	31 déc.	Loi n° 85-1467. Amnistie relative à la Nouvelle-Calédonie, App., v° *Amnistie*.
1986	6 janv.	Loi n° 86-18. Sociétés d'attribution d'immeubles en jouissance à temps partagé. – Art. 31, **p. 1161.**
1986	1er août	Loi n° 86-897. Régime juridique de la presse, App., v° *Presse et communication*, **p. 2883.**
1986	30 sept.	Loi n° 86-1067. Liberté de communication, App., v° *Presse et communication*, **p. 2887.**
1987	30 juill.	Loi n° 87-588. Mesures d'ordre social. – Art. 99, **p. 1013.**
1988	20 juill.	Loi n° 88-828. Amnistie, App., v° *Amnistie*.
1988	6 oct.	Décret n° 88-949. Habilitation des personnes auxquelles l'autorité judiciaire confie des mineurs, App., v° *Enfance – Enfance délinquante*, **p. 2256.**
1988	2 nov.	Décret n° 88-1024. Liqueurs similaires de l'absinthe, App., v° *Débits de boissons*, **p. 2151.**
1988	9 nov.	Loi n° 88-1028. Nouvelle-Calédonie. – Art. 80, 81 (amnistie), App., v° *Amnistie*.
1988	19 déc.	Convention des Nations Unies. Contre le trafic illicite de stupéfiants et de substances psychotropes, App., v° *Substances vénéneuses*, **p. 3025.**

1989	5 mai	Convention européenne. Sur la télévision transfrontière, App., v° *Presse et communication*, **p. 2908.**
1989	6 juill.	Loi n° 89-461. Détention provisoire. – Art. 17, 18, 25 (note). – V. Ord. n° 45-174 du 2 févr. 1945, art. 11, 28 à 30, App., v° *Enfance – Enfance délinquante*, **p. 2228.**
1989	10 juill.	Loi n° 89-469. Dispositions en matière de contraventions. – Art. 6 à 9 (*amendes*), 21-I, App., v° *Amendes*.
1989	10 juill.	Loi n° 89-473. Amnistie, App., v° *Amnistie*.
1989	29 déc.	Décret n° 89-989. Amendes applicables à certaines contraventions de police, App., v° *Amendes*.
1990	10 janv.	Loi n° 90-33. Amnistie d'infractions commises en Nouvelle-Calédonie, App., v° *Amnistie*.
1990	15 janv.	Loi n° 90-55. Clarification du financement des activités politiques. – Art. 19 (*amnistie*), App., v° *Amnistie*.
1990	26 janv.	Convention. Droits de l'enfant, App., v° *Enfance – Enfance délinquante*, **p. 2259.**
1990	8 oct.	Décret n° 90-917. Publication de la convention relative aux droits de l'enfant. – V. App., v° *Enfance – Enfance délinquante*, **p. 2259.**
1990	8 nov.	Convention de Strasbourg. Blanchiment, dépistage, saisie et confiscation des produits du crime. – V. App., v° *Substances vénéneuses*, **p. 3032.**
1991	8 mars	Décret n° 91-271. Publication de la convention des Nations Unies contre le trafic illicite de stupéfiants et de substances psychotropes. – V. App., v° *Substances vénéneuses*, **p. 3025.**
1991	19 déc.	Loi n° 91-1264. Lutte contre le trafic des stupéfiants. – Art. 3 (*amnistie*), App., v° *Amnistie*.
1992	20 juin	Loi n° 92-546. Dépôt légal. – Art. 3, 6, App., v° *Presse et communication*, **p. 2908.**
1992	22 juill.	Loi n° 92-683. Réforme des dispositions générales du Code pénal. – V. C. pén., art. 111-1 s.
1992	22 juill.	Loi n° 92-684. Répression des crimes et délits contre les personnes. – V. C. pén., art. 211-1 s.
1992	22 juill.	Loi n° 92-685. Répression des crimes et délits contre les biens. – V. C. pén., art. 311-1 s.
1992	22 juill.	Loi n° 92-686. Répression des crimes et délits contre la nation, l'État et la paix publique. – V. C. pén., art. 410-1 s.
1992	16 déc.	Loi n° 92-1336. Entrée en vigueur du Nouveau Code pénal. Modification de certaines dispositions de droit pénal et de procédure pénale, **p. 1592.** – Art. 135, 213, 214. – V. C. pén., art. 521-1, 521-2. – Art. 246 à 250. – V. L. 29 juill. 1881, art. 24, 24 *bis*, 25, 32, 33, 38, 39 *bis*, App., v° *Presse et communication*, **p. 2638.**

		– Art. 251 à 255. – V. Ord. n° 45-174 du 2 févr. 1945, art. 2, 20, 20-1 à 20-6, 21, App., v° *Enfance – Enfance délinquante*, **p. 2217.** – Art. 268. – V. L. n° 86-1067 du 30 sept. 1986, art. 79-1 à 79-6, App., v° *Presse et communication*, **p. 2906.** – Art. 272. – V. L. 30 juin 1923, art. 49, App., v° *Jeux*, **p. 2498.** – Art. 276, 277. – V. Ord. n° 58-1100 du 17 nov. 1958, art. 4, 6, ss. C. pén., art. 431-8, 434-15 (note). – Art. 280. – V. L. n° 83-629 du 12 juill. 1983, art. 15, ss. C. pén., art. 433-18 (note). – Art. 283. – V. L. n° 374 du 6 juill. 1943, art. 6, ss. C. pén., art. 322-4. – Art. 284. – V. L. n° 87-588 du 30 juill. 1987, art. 99, **p. 1013.** – Art. 285. – V. L. n° 65-570 du 13 juill. 1965, art. 6, **p. 1160.** – Art. 288. – V. L. n° 86-18 du 6 janv. 1986, art. 31, **p. 1161.** – Art. 298. – V. L. 18 mars 1918, art. 2, **p. 1540.** – Art. 309. – V. L. n° 77-574 du 7 juin 1977, art. 32, **p. 817** (note) et, **p. 1331** (note). – Art. 312. – V. L. n° 82-652 du 29 juill. 1982, art. 93-3, App., v° *Presse et communication*, **p. 2879.** – Art. 340 à 369. – V. C. pén., art. 113-11, 131-6, 131-21, 131-22, 131-46, 132-5, 132-6, 132-32, 132-47, 132-48, 132-57, 133-1, 222-34 à 222-37, 222-39, 222-45, 222-49, 222-50, 224-8, 226-16, 226-25, 321-7, 322-12, 322-13, 412-1, 432-17, 433-21-1, 434-7-1, 434-29, 434-42.
1992	31 déc.	Loi n° 92-1477. Produits soumis à restriction de circulation. – V. App., v° *Douanes et changes*, **p. 2153.**
1993	27 janv.	Loi n° 93-121. Mesures d'ordre social. – Art. 38. – V. C. pén., art. 223-12.
1993	29 mars	Décret n° 93-726. Réforme du Code pénal (deuxième partie: Décrets en Conseil d'État), ss. C. pén., art. R. 722-7 : – Art. 3. – V. C. pén., Liv. Ier à VI. – Art. 7. – V. Décr. n° 76-1073 du 22 nov. 1976, art. 5 à 10, App., v° *Enfance – Enfance délinquante*, **p. 2253.**
1993	14 mai	Circulaire. Commentaire du nouveau Code pénal et de la loi relative à son entrée en vigueur.
1993	24 août	Loi n° 93-1027. Maîtrise de l'immigration. – Art. 33. – V. C. pén., art. 213-2, 222-48, 414-6, 422-4, 431-19, 442-12.
1993	30 déc.	Loi n° 93-1417. Maîtrise de l'immigration. – Art. 10-B. – V. C. pén., art. 132-70-1.
1994	18 janv.	Circulaire. Commentaire de la partie Règlementaire du nouveau Code pénal.
1994	1er févr.	Loi n° 94-89. Peine incompressible. – Art. 6-I, 9, 15. – V. C. pén., art. 221-3,221-4, 227-26, 413-9.
1994	25 févr.	Décret n° 94-167 modifiant certaines dispositions de droit pénal et de procédure pénale, ss. C. pén., art. R. 722-7. – Art. 16. – V. C. pén., art. R. 413-6.

1994	1er juill.	Loi n° 94-548. Traitement de données nominatives dans le domaine de la santé. – Art. 4. – V. C. pén., art. 226-18.
1994	15 juill.	Loi n° 94-589. Pouvoirs de contrôle de l'État en mer, App., v° *Circulation, III. Circulations aérienne, maritime et fluviale*, **p. 2101.**
1994	29 juill.	Loi n° 94-653. Respect du corps humain. – Art. 4, 8, 9, 11 (note). – V. C. pén., art. 226-25 à 226-32, 227-12, 511-1 à 511-28.
1994	4 août	Loi n° 94-665. Emploi de la langue française, App., v° *Presse et communication*, **p. 2908.**
1995	21 janv.	Loi n° 95-73. Sécurité. – Art. 10, 15 (*vidéosurveillance*), 15-1, **p. 967.**
1995	4 févr.	Loi n° 95-116. Dispositions d'ordre social. – Art. 34-I, 121-III. – V. C. pén., art. 226-21, 227-26.
1995	7 févr.	Décret n° 95-152. Droit de grâce. – V. C. pén., art. R. 133-1, R. 133-2.
1995	8 févr.	Loi n° 95-125. Procédure pénale. – Art. 45. – V. C. pén., art. 132-57.
1995	8 févr.	Loi n° 95-127. Marchés publics et délégations de service public. – Art. 10. – V. C. pén., art. 432-14.
1995	14 avr.	Décret n° 95-438. Publication de la convention européenne sur la télévision transfrontière, App., v° *Presse et communication*, **p. 2908.**
1995	3 août	Loi n° 95-877. Protection des biens culturels. – Art. 26. – V. C. pén., art. 322-2.
1995	3 août	Loi n° 95-884. Amnistie, App., v° *Amnistie*.
1996	26 févr.	Loi n° 96-151. Transports. – Art. 9. – V. C. pén., art. 113-12.
1996	28 mars	Ordonnance n° 96-267. Entrée en vigueur du Code pénal dans les TOM et à Mayotte : – Art. 2. – V. L. n° 94-653 du 29 juill. 1994, art. 11 (note), **p. 992.** – Art. 12 à 16, **p. 1598.**
1996	6 mai	Décret n° 96-378. Contravention d'intrusion dans les établissements scolaires. – V. C. pén., art. R. 645-12.
1996	13 mai	Loi n° 96-392. Lutte contre le blanchiment et le trafic des stupéfiants : – V. App., v° *Substances vénéneuses*, **p. 3020.** – Art. 1er, 2, 17, 18. – V. C. pén., art. 222-38, 227-18-1, 324-1 s.
1996	13 mai	Loi n° 96-393. Responsabilité pénale pour des faits d'imprudence ou de négligence. – Art. 1er. – V. C. pén., art. 121-3.
1996	28 mai	Loi n° 96-452. Mesures d'ordre sanitaire, social et statutaire. – Art. 10-V. – V. C. pén., art. 511-8.
1996	19 juin	Loi n° 96-542. Contrôle de la fabrication et du commerce de substances susceptibles d'être utilisées pour la fabrication illicite de stupéfiants ou de substances psychotropes. – V. App., v° *Substances vénéneuses*, **p. 3020.**
1996	5 juill.	Loi n° 96-604. Adoption. – Art. 27. – V. C. pén., art. 227-6.

1996	22 juill.	Loi n° 96-647. Répression du terrorisme et des atteintes aux personnes chargées d'une mission de service public. – Art. 1er à 7, 13 à 17, 19. – V. C. pén., art. 132-75, 221-4, 222-3, 222-8, 222-10, 222-12, 222-13, 322-3, 421-1, 421-2, 421-2-1, 421-3, 421-5, 422-3, 433-3, 433-5, 434-6.
1996	30 déc.	Loi n° 96-1240. Ratification des ordonnances prises pour Mayotte et les TOM. – Art. 2 à 16. – V. C. pén., art. 712-1, 712-2, 722-1, 726-3 à 726-5, 726-10, 726-12, 726-14, 726-15.
1997	25 févr.	Décret n° 97-183. Publication de la Convention de Strasbourg du 8 nov. 1990 relative au blanchiment, au dépistage, à la saisie et à la confiscation des produits du crime. – V. App., v° *Substances vénéneuses*, **p. 3032.**
1997	24 avr.	Loi n° 97-396. Immigration. – Art. 16. – V. C. pén., art. 131-30.
1997	28 mai	Décret n° 97-544. Extension et adaptation de la 2e partie du Code pénal (Décrets en Conseil d'État) dans les TOM et Mayotte. – Art. 1er. – V. C. pén., art. R. 711-1 s., R. 712-1 s., R. 716-1, R. 721-1 s., R. 722-1 s.
1997	10 juill.	Décret n° 97-757. Délivrance des autorisations prévues par l'art. 226-3 du code pénal : – Art. 1er à 8, 10 (note). – V. C. pén., art. R. 226-1 à R. 226-4, R. 226-6 à R. 226-8, R. 226-10. – Art. 9. – V. note ss. C. pén., art. 226-3.
1997	17 déc.	Convention de Paris. Lutte contre la corruption d'agents publics étrangers dans les transactions commerciales internationales, **p. 1486.**
1997	19 déc.	Loi n° 97-1159. Surveillance électronique : – Art. 12. – V. C. pén., art. 434-29. – Art. 13. – V. Ord. n° 45-174 du 2 févr. 1945, art. 20-8, App., v° *Enfance - Enfance délinquante*, **p. 2237.**
1998	15 janv.	Arrêté. Registre visé par l'art. R. 226-10 C. pén. – V. cet Arr. ss. C. pén., art. R. 226-10.
1998	11 mai	Loi n° 98-349. Entrée et séjour des étrangers en France et droit d'asile. – Art. 37, 44. – V. C. pén., art. 131-30, 132-70-1, 213-2, 222-48, 414-6, 422-4, 442-12.
1998	17 juin	Loi n° 98-467. Application de la Convention du 13 janv. 1993 sur l'interdiction des armes chimiques et sur leur destruction. – Art. 84. – V. C. pén., art. 421-1 (4°).
1998	17 juin	Loi n° 98-468. Infractions sexuelles et protection des mineurs : – Art. 1er à 5, 10 à 22, 41-I. – V. C. pén., art. 131-10, 131-36-1 à 131-36-8, 132-16-1, 133-16, 221-9-1, 222-12, 222-13, 222-22, 222-24, 222-28, 222-33, 222-45, 222-48-1, 225-7, 225-16-1 à 225-16-3, 226-14, 227-18, 227-18-1, 227-19, 227-21 à 227-23, 227-25, 227-26, 227-27-1, 227-28-1, 227-29, 227-31, 434-3, 450-4. – Art. 32 à 39, 47, 51, App., v° *Enfance - Enfance délinquante*, **p. 2270.**

		– Art. 43. – V. C. civ., art. 2270-1, al. 2 (*prescription de l'action en responsabilité civile en cas de tortures ou d'agressions sexuelles contre mineurs*), en note ss. C. pén., art. 222-3. – Art. 44. – V. L. 29 juill. 1881, art. 35, App., v° *Presse et communication*, **p. 2733.** – Art. 45. – V. Ord. n° 45-174 du 2 févr. 1945, art. 20-4, App., v° *Enfance – Enfance délinquante*, **p. 2236.**
1998	1er juill.	Loi n° 98-535. Sécurité sanitaire des produits destinés à l'homme : – Art. 19-V et XXII (2°). – V. C. pén., art. 511-8-1, 511-8-2. – Art. 19-XXII (1°). – V. L. n° 92-1477 du 31 déc. 1992, art. 18, App., v° *Douanes et changes*, **p. 2154.**
1998	17 juill.	Décret n° 98-608. Secrets de la défense nationale. – Art. 10. – V. C. pén., art. R. 413-6.
1998	29 juill.	Loi n° 98-657. Lutte contre les exclusions : – Art. 124-I et II. – V. C. pén., art. 225-16, 225-19. – Art. 124-IV. – V. CCH, art. L. 651-10, **p. 858.**
1998	20 août	Ordonnance n° 98-728. TOM, Mayotte et Saint-Pierre-et-Miquelon : – Art. 1er, 2. – V. L. n° 96-392 du 13 mai 1996, art. 20, et L. n° 96-542 du 19 juin 1996, art. 13, 14, 20 à 23, App., v° *Substances vénéneuses*, **p. 3020.** – Art. 9. – V. C. pén., art. 113-12.
1998	18 déc.	Loi n° 98-1165. Contrôle de l'obligation scolaire. – Art. 5. – V. C. pén., art. 227-17-1, 227-17-2.
1999	6 janv.	Loi n° 99-5. Protection des animaux. – Art. 22. – V. C. pén., art. 521-1.
1999	18 juin	Loi n° 99-505. Sécurité routière. – Art. 14-I. – V. C. pén., art. 221-4, 222-3, 222-8, 222-10, 222-12, 222-13.
1999	9 juill.	Loi n° 99-574 d'orientation agricole. – Art. 101-IX et X. – V. C. pén., art. 444-3, 444-4.
1999	7 sept.	Décret n° 99-771. Infractions sexuelles et protection des mineurs, App., v° *Enfance – Enfance délinquante*, **p. 2271.**
1999	9 déc.	Loi n° 99-1038. Ratification d'ordonnances relatives à l'outre-mer. – Art. 1er. – V. L. n° 83-582 du 5 juill. 1983, art. 13, App., v° *Pêche maritime*, **p. 2573.**
1999	14 déc.	Décret n° 99-1050. Poursuites des infractions sanctionnées de la confiscation du fonds de commerce. – Art. 2. – V. CCH, art. R. 651-2, **p. 858.**
1999	28 déc.	Loi n° 99-1121. Ratification d'ordonnances d'adaptation du droit applicable outre-mer. – Art. 1er, 2. – V. C. pén., art. 113-12 ; L. n° 96-392 du 13 mai 1996, art. 20 ; L. n° 96-542 du 19 juin 1996, art. 13, 14, 20 à 23, App., v° *Substances vénéneuses*, **p. 3020.**
2000	30 mars	Décret n° 2000-286. Sécurité du réseau ferré national. – V. Décr. n° 730 du 22 mars 1942, art. 1er, App., v° *Chemins de fer*, **p. 1780.**

2000	12 avr.	Loi n° 2000-321. Droits des citoyens dans leurs relations avec les administrations. – Art. 6. – V. C. pén., art. 226-20.
2000	15 juin	Loi n° 2000-516. Présomption d'innocence et droits des victimes : – Art. 14, 63, 86, 137. – V. Ord. n° 45-174 du 2 févr. 1945, art. 4, 9, 11, 11-1, 24, App., v° *Enfance – Enfance délinquante*, **p. 2218.** – Art. 32-III, 124. – V. C. pén., art. 132-44, 132-55, 434-15-1. – Art. 90, 92, 94-II, 95, 97 à 100. – V. L. 29 juill. 1881, art. 13, 26, 27, 30, 32, 33, 35 *ter*, 35 *quater*, 36 à 38, 39 *bis*, 39 *ter*, 39 *quinquies*, 48, 64, App., v° *Presse*, **p. 2615.** – Art. 94-I. – V. L. n° 82-652 du 29 juill. 1982, art. 6, App., v° *Presse et communication*, **p. 2874.**
2000	30 juin	Loi n° 2000-595. Lutte contre la corruption. – Art. 1er à 3 (note). – V. C. pén., art. 432-11, 433-1, 434-9, 435-1 à 435-6.
2000	10 juill.	Loi n° 2000-642. Ventes volontaires de meubles aux enchères publiques. – Art. 16. – V. C. pén., art. 313-6.
2000	10 juill.	Loi n° 2000-647. Définition des délits non intentionnels : – Art. 1er, 4 à 8. – V. C. pén., art. 121-2, 121-3, 221-6, 222-19, 222-20, 322-5. – Art. 10 à 12. – V. CGCT, art. L. 2123-34, L. 3123-28, L. 4135-28, **p. 182.** – Art. 13. – V. L. n° 83-634 du 13 juill. 1983, art. 11 *bis* A, **p. 184.**
2000	1er août	Loi n° 2000-719. Liberté de communication. – Art. 2, 21, 28, 32, 37, 39, 40, 44, 55, 57, 58, 62 à 71, 80, 81, 85. – V. L. n° 86-1067 du 30 sept. 1986, art. 33, 33-1, 34, 36 à 39, 41 à 41-4, 42 à 42-2, 78 à 79, App., v° *Presse et communication*, **p. 2891.**
2000	28 sept.	Décret n° 2000-948. Publication de la convention de Paris sur la lutte contre la corruption d'agents publics étrangers dans les transactions commerciales internationales, **p. 1486.**
2000	24 nov.	Décret n° 2000-1135. Application à la SNCF et à la RATP de la L. n° 83-629 du 12 juill. 1983. – V. App., v° *Chemins de fer*, **p. 1784.**
2000	13 déc.	Loi n° 2000-1209. Contraception d'urgence. – Art. 1er. – V. CSP, art. L. 5134-1, **p. 789.**
2000	21 déc.	Ordonnance n° 2000-1255. Modification de certaines dispositions annexées à l'ordonnance n° 2000-930 du 22 sept. 2000 relative à la partie législative du code de la route. – V. C. route, art. L. 130-4, L. 130-7, L. 141-1, L. 142-1, L. 142-4, L. 142-5, L. 221-2, App., v° *Circulation routière*, **p. 1795.**
2000	30 déc.	Loi n° 2000-1352. De finances pour 2000. – Art. 18. – V. CSP, art. L. 3334-2, L. 3335-4, App., v° *Débits de boissons*, **p. 2126.**
2000	30 déc.	Loi n° 2000-1354. Indemnisation des condamnés reconnus innocents et dispositions de coordination en matière de procédure pénale : – Art. 11. – V. C. pén., art. 434-15-1. – Art. 30, 31. – V. Ord. 2 févr. 1945, art. 9, 11, App., v° *Enfance – Enfance délinquante*, **p. 2225.**

2001	1er mars	Ordonnance n° 2001-198. Transposition de la directive 98/79/CE du Parlement européen et du Conseil du 27 oct. 1998 relative aux dispositifs médicaux de diagnostic *in vitro*. – Art. 2, 7. – V. CSP, art. L. 5231-1, L. 5463-2, App., v° *Substances vénéneuses*, **p. 3004.**
2001	21 mai	Loi n° 2001-434. Reconnaissance de la traite et de l'esclavage en tant que crime contre l'humanité. – Art. 5. – V. L. 29 juill. 1881, art. 48-1, App., v° *Presse et communication*, **p. 2786.**
2001	25 mai	Décret n° 2001-449. Plans de protection de l'atmosphère et mesures pouvant être mises en œuvre pour réduire les émissions des sources de pollution atmosphérique. – Art. 19. – V. C. route, art. R. 323-6, App., v° *Circulation routière*, **p. 1992.**
2001	12 juin	Loi n° 2001-504. Renforcement de la prévention et répression des mouvements sectaires portant atteinte aux droits de l'homme et aux libertés fondamentales : – Art. 4 à 15, 17, 18, 20, 21. – V. C. pén., art. 131-39, 132-13, 221-5-1, 222-6-1, 222-16-1, 222-18-1, 222-33-1, 223-7-1, 223-15-1 à 223-15-4, 225-18-1, 227-4-1, 227-17-2, 313-4, 313-7, 313-9, 434-43, 434-47. – Art. 19, App., v° *Enfance – Enfance délinquante*, **p. 2276.**
2001	25 juin	Loi organique n° 2001-539. Statut des magistrats et Conseil supérieur de la magistrature. – Art. 22. – V. L. 29 juill. 1881, art. 38, App., v° *Presse et communication*, **p. 2745.**
2001	4 juill.	Loi n° 2001-588. Interruption volontaire de grossesse et contraception : – Art. 1er à 3, 9, 13 à 15, 17, 21, 24, 25. – V. CSP, art. L. 2212-1, L. 2212-2, L. 2222-2, L. 2222-4, L. 2223-2, L. 2311-4, L. 2322-1, L. 5134-1, L. 5434-2, L. 5135-1, L. 5435-1, ss. C. pén., art. 223-10. – Art. 18, 19. – V. C. pén., art. 713-2, 723-2.
2001	17 juill.	Loi n° 2001-624. Dispositions d'ordre social, éducatif et culturel. – Art. 17. – V. L. n° 86-1067 du 30 sept. 1986, art. 39, 41, 41-2-1, App., v° *Presse et communication*, **p. 2895.**
2001	24 août	Décret n° 2001-744. Zones protégées intéressant la défense nationale. – Art. 1er à 3. – V. C. pén., art. R. 413-2 à R. 413-4.
2001	20 sept.	Décret n° 2001-883. Contraventions non intentionnelles. – Art. 1er à 4. – V. C. pén., art. R. 610-2, R. 622-1, R. 625-2, R. 625-3.
2001	15 nov.	Loi n° 2001-1062. Sécurité quotidienne : – Art. 13-IV, 17 à 21. – V. C. route, art. L. 224-1, L. 224-2, L. 224-3, L. 234-4, L. 235-1, L. 325-1, L. 325-12, L. 330-2, L. 330-8, App., v° *Circulation routière*, **p. 1813.** – Art. 31-II, 33, 60. – V. C. pén., art. 421-1, 421-2-2, 421-5, 422-6, 422-7, 434-15-2. – Art. 40, 42 à 44. – V. C. mon. fin., art. L. 163-4-1, L. 163-4-2, L. 163-5, L. 163-6, L. 163-10-1, ss. C. pén., art. 313-9.
2001	16 nov.	Loi n° 2001-1066. Lutte contre les discriminations. – Art. 1er-III et IV. – V. C. pén., art. 225-1, 225-2.

2001	23 nov.	Décret n° 2001-1127. Distances entre les véhicules et ensembles de véhicules. – Art. 1er. – V. C. route, art. R. 412-12, App., v° *Circulation routière*, **p. 2051.**
2001	11 déc.	Loi n° 2001-1168. Mesures urgentes de réformes à caractère économique et financier : – Art. 17. – V. C. pén., art. 113-10, 442-5, 442-15. – Art. 33. – V. C. com., art. L. 464-8, App., v° *Prix et concurrence*, **p. 2960.**
2001	28 déc.	Décret n° 2001-1362. Éclairage et signalisation lumineuse des cyclomoteurs à deux ou trois roues et des quadricycles légers à moteur. – Art. 1er à 6. – V. C. route, art. R. 313-4, R. 313-8, R. 313-9, R. 313-12, R. 313-15, R. 313-17, App., v° *Circulation routière*, **p. 1954.**
2002	3 janv.	Loi n° 2002-3. Sécurité des infrastructures et systèmes de transport et enquêtes techniques après accident ou incident. – Art. 12-III, IV et V. – V. C. route, art. L. 130-4, L. 130-6, L. 412-2, App., v° *Circulation routière*, **p. 1795.**
2002	4 janv.	Loi n° 2002-5. Musées de France : – Art. 27-VIII. – V. C. pén., art. 322-2. – Art. 27-VI et X. – V. L. n° 92-1477 du 31 déc. 1992, art. 4, App., v° *Douanes et changes*, **p. 2154.**
2002	17 janv.	Loi n° 2002-73. Modernisation sociale : – Art. 86. – V. C. route, art. L. 411-1, App., v° *Circulation routière*, **p. 1868.** – Art. 89, 170, 179-IV. – V. C. pén., art. 222-33, 222-33-2, 226-14.
2002	19 févr.	Loi n° 2002-214. Publication et diffusion de certains sondages d'opinion. – Art. 5. – V. L. n° 77-808 du 19 juill. 1977, art. 11, App., v° *Presse et communication*, **p. 2873.**
2002	27 févr.	Loi n° 2002-276. Démocratie de proximité. – Art. 36. – V. C. route, art. L. 411-2, App., v° *Circulation routière*, **p. 1870.**
2002	4 mars	Loi n° 2002-303. Droits des malades et qualité du système de santé : – Art. 4-II. – V. C. pén., art. 225-1, 225-3. – Art. 14-III. – V. L. n° 78-17 du 6 janv. 1978, art. 43, ss. C. pén., art. 226-32.
2002	4 mars	Loi n° 2002-305. Autorité parentale : – Art. 13-III à VI, 14, 16. – V. C. pén., art. 225-7-1, 225-12-1 à 225-12-4, 225-20, 227-9, 227-23, 227-26, 227-28-1. – Art. 15. – V. L. n° 98-468 du 17 juin 1998, art. 35, App., v° *Enfance – Enfance délinquante*, **p. 2271.**
2002	8 avr.	Décret n° 2002-505. Certificat d'immatriculation des véhicules de transport exceptionnel. – Art. 1er. – V. C. route, art. R. 322-2, App., v° *Circulation routière*, **p. 1985.**
2002	11 avr.	Décret n° 2002-530. Amélioration de la circulation en cas d'enneigement ou de verglas, au franchissement de barrage. – Art. 1er à 4. – V. C. route, art. R. 411-21-1, R. 412-25, R. 414-17, R. 442-2, App., v° *Circulation routière*, **p. 2043.**

2002	29 avr.	Décret n° 2002-642. Réglementant les conditions d'exercice des activités relatives à certaines opérations portant sur les immeubles et les fonds de commerce. – V. Décr. n° 72-678 du 20 juill. 1972, art. 95, App., v° *Agents d'affaires – Agents immobiliers*, **p. 1710.**
2002	30 avr.	Décret n° 2002-675. Formation à la conduite et à la sécurité routière. – Art. 1er à 4. – V. C. route, art. R. 211-1, R. 211-2, R. 221-5, R. 233-1,R. 431-4, App., v° *Circulation routière*, **p. 1882.**
2002	30 avr.	Décret n° 2002-689. Conditions d'application du livre IV du Code de commerce relatif à la liberté des prix et de la concurrence, App., v° *Prix et concurrence*, **p. 2972.**
2002	6 août	Loi n° 2002-1062. Amnistie. – V. App., v° *Amnistie*.
2002	9 sept.	Loi n° 2002-1138. Orientation et programmation pour la justice : – Art. 11. – V. C. pén., art. 122-8. – Art. 12 à 14, 16 à 23, 29 à 32. – V. Ord. n° 45-174 du 2 févr. 1945, art. 2, 4, 5, 8, 8-2, 8-3, 9, 10-1, 10-2, 11, 11-2, 12, 14, 14-2, 15-1, 20, 20-2, 20-9, 21, 33, 34, 35, App., v° *Enfance – Enfance délinquante*, **p. 2217.** – Art. 24. – V. C. pén., art. 322-1, 322-2, 322-3. – Art. 25. – V. C. pén., art. 222-12, 222-13. – Art. 26. – V. C. pén., art. 311-4-1. – Art. 27. – V. C. pén., art. 227-17. – Art. 28. – V. C. pén., art. 227-21. – Art. 39. – V. C. pén., art. 434-15-1. – Art. 45. – V. C. pén., art. 433-5. – Art. 46. – V. C. pén., art. 421-4. – Art. 67. – V. C. route, art. L. 142-5, App., v° *Circulation routière*, **p. 1801.**
2002	15 oct.	Décret n° 2002-1256. Contraventions au Code de la route. – V. C. route, art. R. 130-1-1 à R. 130-4, R. 130-10, R. 142-6, R. 325-3, R. 342-4, R. 343-2, App., v° *Circulation routière*, **p. 1878.**
2002	20 déc.	L. n° 2002-1487. De financement de la sécurité sociale pour 2003. – Art. 38-II. – V. CSP, art. L. 3411-2, App., v° *Substances vénéneuses*, **p. 2998.**
2002	30 déc.	Loi n° 2002-1576. De finances rectificative. – V. C. pén., art. 133-4.
2003	3 janv.	Loi n° 2003-7. Modifiant le Code de commerce. – Art. 50. – V. C. com., art. L. 442-1, L. 442-6, L. 463-7, App., v° *Prix et concurrence*, **p. 2940.**
2003	8 janv.	Décret n° 2003-42. Immobilisation des véhicules. – V. C. route, art. R. 317-8, R. 322-3, R. 322-5, App., v° *Circulation routière*, **p. 1971.**
2003	3 févr.	Loi n° 2003-87. Conduite sous l'influence de substances ou plantes classées comme stupéfiants. – V. C. route, art. L. 235-1 à L. 235-5, App., v° *Circulation routière*, **p. 1828.**
2003	3 févr.	Loi n° 2003-88. Aggravation des peines punissant les infractions à caractère raciste, antisémite ou xénophobe. – Art. 1 à 10. – V. C. pén., art. 132-76, 221-4, 222-3, 222-8, 222-10, 222-12, 222-13, 322-2, 322-3, 322-8.

2003	5 mars	Décret n° 2003-180. Habilitation des personnes physiques, établissements, services ou organismes publics ou privés auxquels l'autorité judiciaire confie habituellement des mineurs. – V. Décr. n° 88-949, art. 1er, 2, 3, 4-1, 5, 8, App., v° *Enfance – Enfance délinquante*, **p. 2257.**
2003	18 mars	Loi n° 2003-239. Sécurité intérieure : – Art. 32. – V. C. pén., art. 225-4-1 à 225-4-8. – Art. 33 à 36. – V. C. pén., art. 225-13 à 225-15-1. – Art. 44. – V. C. pén., art. 227-15. – Art. 45. – V. C. pén., art. 421-2-3. – Art. 47. – V. C. pén., art. 132-77, 221-4, 222-3, 222-8, 222-10, 222-12, 222-13, 222-24, 222-30. – Art. 48. – V. C. pén., art. 131-4. – Art. 49. – V. C. pén., art. 222-16. – Art. 50. – V. C. pén., art. 225-10-1, 225-12-1, 225-12-2. – Art. 51. – V. C. pén., art. 225-10. – Art. 53. – V. C. pén., art. 322-4-1, 322-15-1. – Art. 57. – V. C. pén., art. 313-6-1, 313-7 à 313-9. – Art. 59. – V. C. pén., art. 433-3. – Art. 60. – V. C. pén., art. 221-4, 222-3, 222-10, 222-12, 222-23. – Art. 64. – V. C. pén., art. 225-12-5 à 225-12-7, 225-20, 225-21, 227-20. – Art. 65. – V. C. pén., art. 312-12-1. – Art. 73. – V. C. pén., art. 434-35, 434-35-1. – Art. 77. – V. C. route, art. L. 221-2, App., v° *Circulation routière*, **p. 1807.** – Art. 78. – V. C. pén., art. 222-12, 222-13. – Art. 85. – V. C. pén., art. 226-14. – Art. 86 à 89. – V. C. route, art. L. 225-5, L. 325-1, L. 325-2, L. 325-12, L. 325-13, L. 330-2, App., v° *Circulation routière*, **p. 1818.** – Art. 113. – V. C. pén., art. 433-5-1. – Art. 114. – V. CSP, art. L. 3332-15, L. 3332-16, App., v° *Débits de boissons*, **p. 2124.** – Art. 138. – V. C. route, art. L. 343-1, App., v° *Circulation routière*, **p. 1864.**
2003	31 mars	Décret n° 2003-293. Sécurité routière. – Art. 2 à 7. – V. C. route, art. R. 221-13, R. 234-1, R. 235-1 à R. 235-6, R. 235-9 à R. 235-11, R. 322-4, R. 322-5, R. 412-1 à R. 412-3, R. 412-6-1, R. 412-8 à R. 412-10, R. 412-12, R. 412-19, R. 413-14, R. 414-4, R. 414-6 à R. 414-8, R. 414-10, R. 414-11, R. 414-16, R. 416-12, R. 417-9, R. 421-5, R. 431-1, R. 431-2, App., v° *Circulation routière*, **p. 1909.**
2003	14 avr.	Loi n° 2003-340. Répression de l'activité mercenaire. – V. C. pén., art. 436-1 à 436-5.
2003	9 mai	Décret n° 2003-425. Sécurité des transports publics guidés : – Art. 67. – V. Décr. n° 730 du 22 mars 1942, art. 1er, App., v° *Chemins de fer*, **p. 1780.** – Art. 68. – V. C. route, art. R. 110-3, R. 414-13, R. 422-3, App., v° *Circulation routière*, **p. 1876.**

2003	14 mai	Décret n° 2003-440. Extension de l'obligation de port de la ceinture de sécurité. – V. C. route, art. R. 412-1, R. 412-2, App., v° *Circulation routière,* **p. 2046.**
2003	28 mai	Décret n° 2003-468. Longueur des véhicules. – V. C. route, art. R. 312-11, R. 312-14, R. 411-22, App., v° *Circulation routière,* **p. 1949.**
2003	12 juin	Loi n° 2003-495. Lutte contre la violence routière : – Art. 1er à 3-I, 4-I à III, 5-I à IX, 6-1 à VIII. – V. C. pén., art. 131-6, 131-13, 131-14, 131-16, 131-21, 131-22, 131-35-1, 132-11, 132-16-2, 132-28, 132-45, 221-6-1, 221-8, 222-19-1, 222-20-1, 222-44, 223-18, 434-10, 434-41, 434-45. – Art. 3-I, II, 4-IV, V, 5-IX, XI, XII, 6-X à XIX, 8, 11 à 15, 18, 20, 21, 24, 30, 32, 34 à 39, 43, 45. – V. C. route, art. L. 121-2, L. 121-3, L. 121-5, L. 130-4, L. 130-6 à L. 130-9, L. 141-1, L. 142-1, L. 142-4, L. 142-4-1, L. 211-1, L. 221-2, L. 223-1 à L. 223-3, L. 223-5, L. 223-6, L. 223-8, L. 224-1 à L. 224-3, L. 224-5, L. 224-7, L. 224-8, L. 224-14 à L. 224-18, L. 225-2, L. 225-5, L. 231-1 à L. 231-3, L. 232-1 à L. 232-3, L. 233-1, L. 233-2, L. 234-1, L. 234-2, L. 234-8 à L. 234-13, L. 235-1 à L. 235-3, L. 235-5, L. 244-2, L. 317-2 à L. 317-8, L. 322-1, L. 325-1, L. 325-9, L. 326-3, L. 327-1 à L. 327-6, L. 411-1, L. 412-1, L. 413-1 à L. 413-5, App., v° *Circulation routière,* **p. 1792.**
2003	20 juin	Décret n° 2003-536. Modifiant le code de la route. – Art. 1er à 21. – V. C. route, art. R. 130-4, R. 130-6, R. 223-3, R. 233-1, R. 313-2, R. 313-35, R. 316-7, R. 317-4, R. 317-8, R. 317-10, R. 321-16, R. 322-1, R. 323-7, R. 325-3, R. 326-9, R. 342-4, R. 413-8, R. 414-4, R. 416-8, R. 417-10, R. 422-3, App., v° *Circulation routière,* **p. 1879.**
2003	2 juill.	Loi n° 2003-591. Habilitant le gouvernement à simplifier le droit : – Art. 31-III 10°. – V. C. envir., art. L. 341-19, ss. C. pén., art. 322-4. – Art. 31-III 20° à 31-III 22°. – V. C. envir., art. L. 581-31, L. 581-34, L. 581-37, App., v° *Affichage,* **p. 1688.**
2003	9 juill.	Décret n° 2003-637. Port de la ceinture de sécurité dans les autobus et autocars. – V. C. route, art. R. 412-1, R. 412-2, App., v° *Circulation routière,* **p. 2046.**
2003	11 juill.	Décret n° 2003-642. Lutte contre la violence routière : – Art. 1er. – V. C. pén., art. R. 131-11-1, R. 132-45, R. 625-2. – Art. 2, 4 à 6. – V. C. route, art. R. 211-5, R. 212-2, R. 212-4, R. 221-1, R. 223-1 à R. 223-5, R. 223-8, R. 223-14, R. 224-20, R. 234-1, R. 317-29, R. 322-16, R. 322-18, R. 324-2, R. 412-7, R. 413-5, R. 413-14, R. 413-15, R. 417-10, R. 417-11, App., v° *Circulation routière,* **p. 1883.**
2003	21 juill.	Loi n° 2003-660. Programme pour l'outre-mer. – Art. 51-II. – V. C. route, art. L. 411-5-1, App., v° *Circulation routière,* **p. 1871.**
2003	30 juill.	Loi n° 2003-698. Chasse. – Art. 59. – V. C. com., art. L. 430-2, App., v° *Prix et concurrence,* **p. 2930.**
2003	1er août	Loi n° 2003-706. Sécurité financière : – Art. 2, 5, 10 à 14, 16, 18, 21, 46, 50, 56. – V. C. mon. fin., art. L. 341-1 à L. 341-17, L. 621-1, L. 621-4, L. 621-9, L. 621-9-1 à

		L. 621-9-3, L. 621-10, L. 621-11, L. 621-12, L. 621-13, L. 621-14, L. 621-15, L. 621-15-1, L. 621-16-1, L. 621-20, L. 621-20-1, L. 642-1 à L. 642-3, L. 621-17, App., v° *Usure-Prêts d'argent*, **p. 3046.** – Art. 53. – V. C. mon. fin., art. L. 353-1 à L. 353-5, App., v° *Usure – Prêts d'argent*, **p. 3056.** – Art. 43, 71. – V. C. mon. fin., art. L. 562-1 ss. C. pén., art. 324-6 ; C. mon. fin., art. L. 520-3 (devenu L. 524-3), App., v° *Douanes et changes*, **p. 2166.** – Art. 109. – V. C. com., art. L. 820-3, App., v° *Commissaire aux comptes*, **p. 2109.** – Art. 103, 110. – V. C. com., art. L. 820-1, L. 820-2, App., v° *Commissaires aux comptes*, **p. 2108.** – Art. 134. – V. C. com., art. L. 242-9, L. 242-11, L. 242-15, L. 242-16, L. 242-18, L. 242-19, L. 245-10, L. 245-14, L. 245-15, L. 247-7, App., v° *Sociétés commerciales*, **p. 2987.**
2003	1er août	Loi n° 2003-709. Mécénat, associations et fondations. – Art. 23. – V. CSP, art. L. 3323-6, App., v° *Débits de boissons*, **p. 2118.**
2003	1er août	Loi n° 2003-721. Initiative économique. – Art. 9. – V. C. com., art. L. 241-1, L. 241-7, L. 241-9, L. 242-30, L. 244-2, L. 246-1, L. 246-2, App., v° *Sociétés commerciales*, **p. 2979.**
2003	1er août	Décret n° 2003-727. Construction des véhicules et élimination des véhicules hors d'usage : – Art. 3. – V. C. route, art. R. 318-10, App., v° *Circulation routière*, **p. 1978.** – Art. 13. – V. C. route, art. R. 322-9, App., v° *Circulation routière*, **p. 1989.** – Art. 19. – V. C. route, art. R. 325-44, R. 325-45, App., v° *Circulation routière*, **p. 2009.**
2003	1er août	Décret n° 2003-768. Partie réglementaire du Livre II du code rural. – V. C. rur., art. R. 214-87 à R. 214-116, R. 215-10, ss. C. pén., art. R. 511-1.
2003	4 sept.	Ordonnance n° 2003-850. Organisation et fonctionnement du système de santé. – Art. 9. – V. CSP, art. L. 2212-2, L. 2322-1, L. 2322-2, ss. C. pén., art. 223-12.
2003	26 nov.	Loi n° 2003-1119. Maîtrise de l'immigration, séjour des étrangers en France et nationalité. – Art. 78 à 79. – V. C. pén., art. 131-30 à 131-30-2, 132-40, 132-48, 213-2, 222-48, 414-6, 422-4, 431-19, 442-12.
2003	11 déc.	Décret n° 2003-1186. Immatriculation des cyclomoteurs et coupons détachables des carte grise. – Art. 1er à 5, 7 à 14. – V. C. route, art. R. 317-8, R. 322-1 à R. 322-9, R.* 322-12-1, R.* 322-12-2, R. 325-9, R. 325-22, App., v° *Circulation routière*, **p. 1971.**
2003	31 déc.	Loi n° 2003-1365. Obligations de service public des télécommunications et à France Télécom. – Art. 9. – V. L. n° 86-1067 du 30 sept. 1986, art. 41, App., v° *Presse et communication*, **p. 2896.**
2004	2 janv.	Loi n° 2004-1. Accueil et protection de l'enfance. – Art. 5, 11. – V. C. éduc., art. L. 131-12, ss. C. pén. art. 227-17-2, 226-14.

2004	5 janv.	Décret n° 2004-31. Sanction éducative et stage de formation civique. – V. App., v° *Enfance – Enfance délinquante*, **p. 2276.**
2004	7 janv.	Décret n° 2004-27. Poids des véhicules desservant les ports maritimes. – V. C. route, art. R. 312-4, App., v° *Circulation routière*, **p. 1946.**
2004	19 févr.	Décret n° 2004-162. Sanction des manquements à l'obligation scolaire. – V. C. pén., art. R. 624-7.
2004	20 févr.	Ordonnance n° 2004-178. Partie législative du code du patrimoine. – Art. 6. – V. C. envir., art. L. 341-19, ss. C. pén., art. 322-4.
2004	27 févr.	Loi n° 2004-193. Statut d'autonomie de la Polynésie française. – Art. 12. – V. ss. C. pén., art. 712-2.
2004	4 mars	Décret n° 2004-209. Cyclomoteurs. – V. C. route, art. R. 311-1, App., v° *Circulation routière*, **p. 1938.**
2004	9 mars	Loi n° 2004-204. Adaptation de la justice aux évolutions de la criminalité. – Art. 6-I à XV, 7, 8, 12-I, 12-II, 12-IV à XIII, 13, 19, 31, 32, 35, 38 à 41, 44, 46, 50, 51, 54, 55, 60, 72, 173 à 179-I, 180, 182, 183-I et X, 185-II à VI, 194, 198-V, 207. – V. C. pén., art. 112-2, 113-8-1, 121-2, 131-3, 131-5, 131-5-1, 131-6 à 131-9, 131-11, 131-16, 131-21, 131-22, 131-25, 131-36-1, 131-38, 132-40, 132-42, 132-45, 132-47, 132-53 à 132-55, 132-57, 132-65, 132-70, 132-76, 132-78, 133-13, 221-4, 221-5-1 à 221-5-3, 222-4, 222-6-2, 222-18-1, 222-18-2, 222-43, 222-43-1, 222-45, 222-49, 224-3, 224-5-1, 224-5-2, 224-8-1, 225-2, 225-4-9, 225-11-1, 225-19, 225-25, 227-22, 227-23, 311-4, 311-9-1, 311-14, 312-2, 312-6-1, 312-13, 313-2, 314-2, 322-5 à 322-9, 322-15, 421-2, 421-5, 432-7, 434-7-2, 434-27, 434-30, 434-41, 442-1, 442-2, 450-5, 521-1 : – Art. 14-VI, 44-XVII, 100-VIII, 111, 156-II, 165, 166, 167-IV et V, 195, 207, 208. – V. Ord. n° 45-174 du 2 févr. 1945, art. 4, 7, 9, 20, 20-4-1, 20-5, 20-7, 20-9, 20-10, 33, App., v° *Enfance – Enfance délinquante*, **p. 2218.** – Art. 33-V à X. – V. C. mon. fin., art. L. 152-4, L. 562-1, L. 562-2, L. 562-4 à L. 562-6, L. 563-5, App., v° *Substances vénéneuses*, **p. 2163.** – Art. 45, 52, 55-III et IV. – V. L. du 29 juill. 1881, art. 36, 43-1, 65-3 et L. n° 82-652 du 29 juill. 1982, art. 93-4, App., v° *Presse et communication*, **p. 2744.** – Art. 56-VI à 59-I, 60-I, 61-I, 198-V. – V. C. route, art. L. 121-3, L. 130-9, L. 221-2, L. 233-1-1, L. 317-4-1, L. 324-2, L. 325-1-1, App., v° *Circulation routière*, **p. 1792.**
2004	25 mars	Ordonnance n° 2004-274. Simplification du droit et des formalités pour les entreprises : – Art. 19 à 23. – V. C. com., art. L. 241-2, L. 242-7, L. 242-12, L. 242-13, L. 242-15, L. 245-9, L. 245-13, App., v° *Sociétés commerciales*, **p. 2979.** – Art. 24, 25. – V. C. com., art. L. 464-6, L. 464-8, App., v° *Prix et concurrence*, **p. 2959.**
2004	14 mai	Circulaire CRIM 04-16-E8. Dispositions de la loi n° 2004-204 du 9 mars 2004 immédiatement applicables. – V. ss. C. pén., art. 112-2, R. 625-7.

2004	11 juin	Décret n° 2004-568. Contrôle technique des véhicules. – Art. 1er à 3. – V. C. route, art. R. 130-4, R. 323-2, R. 323-6 à R. 323-22, R. 325-7, App., v° *Circulation routière*, **p. 1879.**
2004	17 juin	Ordonnance n° 2004-567. Lutte contre la violence routière dans les territoires d'Outre-Mer. – Art. 1er à 4. – V. C. route, art. L. 243-1, L. 243-2, L. 244-1, L. 245-1, L. 245-2, L. 344-1, L. 444-1, App., v° *Circulation routière*, **p. 1832.**
2004	21 juin	Loi n° 2004-575. Confiance dans l'économie numérique : – Art. 2-III, 37, 44 à 46. – V. C. pén., art. 131-10, 131-35, 131-39, 132-79, 227-23, 323-1 à 323-3-1, 323-4, 323-7. – Art. 1-I à 1-III, 10, 11, 13. – V. L. n° 86-1067 du 30 sept. 1986, art. 1er, 2, 3-1, 42-1, 42-2, 42-4, App., v° *Presse et communication*, **p. 2887.** – Art. 2-II. – V. L. du 29 juill. 1881, art. 23, App., v° *Presse et communication*, **p. 2630.** – Art. 2, 5. – V. L. n° 82-652 du 29 juill. 1982, art. 6, 93, 93-2, 93-3. – Art. 1-IV, 6, 7, 29 à 36, 39. – V. App., v° *Presse et communication*, **p. 2911.** – Art. 56-II. – V. C. mon. fin., art. L. 621-10, App., v° *Marchés financiers*, **p. 2529.**
2004	24 juin	Ordonnance n° 2004-604. Réforme du régime des valeurs mobilières des sociétés commerciales. – Art. 50-II à 50-VI. – V. C. com., art. L. 242-4, L. 245-3, L. 245-11, L. 245-12, L. 245-15, App., v° *Sociétés commerciales*, **p. 2984.**
2004	1er juill.	Ordonnance n° 2004-634. Entremise et gestion des immeubles et fonds de commerce. – V. L. n° 70-9 du 2 janv. 1970, art. 1er à 3, 6, 8 à 11, 13 à 19, App., v° *Agents d'affaires*, **p. 1692.**
2004	1er juill.	Ordonnance n° 2004-637. Simplification de la composition et du fonctionnement des commissions administratives. – Art. 21. – V. C. route, art. L. 224-2, App., v° *Circulation routière*, **p. 1813.**
2004	9 juill.	Loi n° 2004-669. Communications électroniques et services de communication audiovisuelle : – Art. 27, 34-II, 40, 59 à 62, 65, 71 à 82, 86, 101 à 104, 107-II, 108, 109-I, 140-IV. – V. L. n° 86-1067 du 30 sept. 1986, art. 1er, 2-1, 3, 33, 33-1, 34, 39, 40 à 41-4, 42, 42-1, 42-3, 42-7, 42-8, 42-10, 43, 76, 78 à 79, App., v° *Presse et communication*, **p. 2887.** – Art. 109-II, 111. – V. L. n° 2004-575 du 21 juin 2004, art. 1er, 6, App., v° *Presse*, **p. 2911.** – Art. 119. – V. C. mon. fin., art. L. 621-10, App., v° *Marchés financiers*, **p. 2529.** – Art. 121. – V. C. pén., art. 432-9.
2004	13 juill.	Décret n° 2004-703. Dispositions réglementaires des livres Ier et II du code de l'éducation. – V. C. pén., art. R. 624-7.
2004	29 juill.	Décret n° 2004-795. Conduite de véhicules terrestres à moteur. – V. C. route, art. R. 211-2, R. 431-4, App., v° *Circulation routière*, **p. 1882.**

2004	29 juill.	Arrêté. Liste d'appareils prévus par l'art. 226-3. – V. ss. C. pén., art. R. 226-1.
2004	6 août	Loi n° 2004-800. Bioéthique : – Art. 4-III, 5-IV, 5-V, 15, 28, 29. – V. C. pén., art. 213-1, 213-4, 213-5, 214-1 à 215-4, 223-8, 226-25 à 226-27, 511-1 à 511-1-2, 511-3, 511-5 à 511-5-2, 511-7 à 511-8-2, 511-16, 511-18, 511-18-1, 511-19 à 511-19-3, 511-21 à 511-23, 511-25, 511-26. – Art. 5-II, 5-III. – V. CSP, art. L. 1131-1, L. 1131-3, ss. C. pén., art. 226-30. – Art. 7, 9, 11, 12, 23, 24. – V. CSP, art. L. 1211-6, L. 1211-7, L. 1211-9, L. 1231-1-B, L. 1231-1, L. 1232-1, L. 1232-2, L. 1234-2, L. 1235-1 à L. 1235-3, L. 1241-2, L. 1243-1, L. 1243-2, L. 1243-6, L. 1243-9, L. 1244-7, L. 2131-1, L. 2131-4 à L. 2131-5, L. 2141-2, L. 2141-4 à L. 2141-9, L. 2141-11, L. 2141-12, L. 2142-1, ss. C. pén., art. 511-28.
2004	6 août	Loi n° 2004-801. Protection des personnes physiques à l'égard des traitements de données à caractère personnel : – Art. 1er à 13. – V. L. n° 78-17 du 6 janv. 1978, art. 2 à 11, 28, 29-1, 30 à 67, 71, 72, ss. C. pén., art. 226-32. – Art. 14. – V. C. pén., art. 226-16 à 226-24. – Art. 15. – V. L. n° 95-73 du 21 janv. 1995, art. 10, ss. C. pén., art. 226-32.
2004	9 août	Loi n° 2004-804. Soutien à la consommation et à l'investissement. – Art. 4. – V. C. mon. fin., art. L. 341-2, App., v° *Usure*, **p. 3047.**
2004	9 août	Loi n° 2004-806. Politique de santé publique : – Art. 4-I. – V. CSP, art. L. 2311-5, L. 3322-5, App., v° *Débits de boissons*, **p. 788** ; art. L. 5231-1, App., v° *Substances vénéneuses*, **p. 3004.** – Art. 41-I, 43, 45, 46. – V. CSP, art. L. 3311-3, L. 3332-13, L. 3351-8, L. 3355-1, App., v° *Débits de boissons*, **p. 2112.** – Art. 94. – V. C. pén., art. 223-8. – Art. 102. – V. CSP, art. L. 5134-1, L. 5434-2, ss. C. pén., art. 223-12.
2004	13 août	Loi n° 2004-809. Libertés et responsabilités locales. – Art. 18-II, 22, 27. – V. C. voirie rout., art. L. 121-1 ss. C. route, art. L. 110-2, L. 110-3 ; CGCT, art. L. 2213-2, ss. C. route, art. L. 411-1, App., v° *Circulation routière*, **p. 1868.**
2004	30 août	Décret n° 2004-935. Véhicules d'intérêt général prioritaire et véhicules d'intérêt général bénéficiant de facilités de passage. – V. C. route, art. R. 311-1, App., v° *Circulation routière*, **p. 1938.**
2004	16 sept.	Décret n° 2004-998. Voies vertes. – V. C. route, art. R. 110-2, R. 412-7, R. 417-10, App., v° *Circulation routière*, **p. 1875.**
2004	22 sept.	Décret n° 2004-1022. Police, sûreté et exploitation des voies ferrées d'intérêt général et d'intérêt local. – V. Décr. n° 42-730 du 22 mars 1942, art. 75, 80-2, App., v° *Chemins de fer*, **p. 1782.**
2004	27 sept.	Décret n° 2004-1021. Modification du code pénal et du code de procédure pénale. – Art. 1er, 4, 13, 19. – V. C. pén., art. R. 625-8.

2004	4 oct.	Décret n° 2004-1044. Abrogation du décret-loi du 6 mai 1939 relatif au contrôle de la presse étrangère. – V. L. du 29 juill. 1881, art. 14, App., v° *Presse et communication*, **p. 2629.**
2004	25 oct.	Décret n° 2004-1138. Conduite sous l'emprise d'un état alcoolique. – V. C. route, art. R. 234-1, App., v° *Circulation routière*, **p. 1926.**
2004	4 nov.	Ordonnance n° 2004-1173. Adaptation de certaines dispositions du code de commerce au droit communautaire de la concurrence. – V. C. com., art. L. 420-7, L. 450-1, L. 450-4, L. 462-3, L. 462-6 à L. 462-9, L. 463-1, L. 463-2, L. 463-4, L. 464-2 à L. 464-4, L. 464-8, App., v° *Prix et concurrence*, **p. 2929.**
2004	24 nov.	Ordonnance n° 2004-1248. Partie législative du code de l'entrée et du séjour des étrangers et du droit d'asile. – V. ce code, App., v° *Étrangers*, **p. 2279.**
2004	6 déc.	Décret n° 2004-1330. Sanctions en matière de dépassement des vitesses maximales autorisées. – V. C. route, art. R. 413-14, R. 413-14-1, App., v° *Circulation routière*, **p. 2061.**
2004	9 déc.	Loi n° 2004-1343. Simplification du droit : – Art. 13. – V. L. du 29 juill. 1881, art. 18 à 22, App., v° *Presse et communication*, **p. 2630.** – Art. 30. – V. C. mon. fin., art. L. 151-3, App., v° *Douanes et changes*, **p. 2161.** – Art. 78-XIV. – V. C. patr., art. L. 132-1, App., v° *Presse et communication*, **p. 2909.** – Art. 78-XXXII. – V. C. route, art. L. 224-8, App., v° *Circulation routière*, **p. 1814.** – Art. 83-II. – V. C. com., art. L. 430-3, L. 441-7, L. 464-8, App., v° *Prix et concurrence*, **p. 2930.**
2004	20 déc.	Ordonnance n° 2004-1374. Partie législative du Code de la défense. – V. C. défense, art. L. 1521-1 à L. 1521-10, App., v° *Circulation aérienne, maritime et fluviale*, **p. 2105.**
2004	20 déc.	Ordonnance n° 2004-1391. Partie législative du Code du tourisme. – V. C. tourisme, art. L. 211-1 à L. 211-3, L. 211-5, L. 211-19 à L. 211-24, App., v° *Agents d'affaires*, **p. 1711.**
2004	23 déc.	Décret n° 2004-1408. Modification du code de la route. – V. C. route, art. R. 322-1, R. 322-7, R. 322-10, App., v° *Circulation routière*, **p. 1985.**
2004	30 déc.	Loi n° 2004-1486. Création de la haute autorité de lutte contre les discriminations et pour l'égalité, art. 20, 21, 22. – V. L. du 29 juill. 1881, art. 24, 32, 33, 48, 48-4 à 48-6, 63, App., v° *Presse et communication*, **p. 2638.**
2005	26 janv.	Loi n° 2005-47. Compétences du tribunal d'instance, de la juridiction de proximité et du tribunal de grande instance : – Art. 9. – V. C. pén., art. 131-13. – Art. 9. – V. Ord. n° 45-174 du 2 févr. 1945, art. 21, App., v° *Enfance – Enfance délinquante*, **p. 2238.**

		– Art. 9. – V. C. route, art. L. 121-3, App., v° *Circulation routière,* **p. 1792.**
2005	11 févr.	Loi n° 2005-102 du 11 févr. 2005. Égalité des droits et des chances, la participation et la citoyenneté des personnes handicapées : – Art. 5. – V. CSP, art. L. 3322-2, App., v° *Débits de boissons,* **p. 2113.** – Art. 74-I. – V. L. n° 86-1067 du 30 sept. 1986, art. 33-1, App., v° *Presse et communication,* **p. 2892.**
2005	23 févr.	Loi n° 2005-157. Développement des territoires ruraux : – V. CSP, art. L. 3323-4, App., v° *Débits de boissons,* **p. 2117.** – V. C. com., art. L. 441-2, App., v° *Prix et concurrence,* **p. 2935.**
2005	24 févr.	Décret n° 2005-173. Véhicules agricoles. – V. C. route, art. R. 311-1, R. 317-26-1, R. 413-12, R. 413-12-1, App., v° *Circulation routière,* **p. 1938.**
2005	24 févr.	Ordonnance n° 2005-174. Organisation et vente de voyages et de séjours. – V. C. tourisme, art. L. 211-3, L. 211-5, L. 211-19 à L. 211-26, App., v° *Agents d'affaires,* **p. 1713.**
2005	25 févr.	Décret n° 2005-186. Extension à certains véhicules de la limitation par construction de la vitesse maximale. – V. C. route, art. R. 317-6, R. 317-6-1, App., v° *Circulation routière,* **p. 1970.**
2005	24 mars	Loi n° 2005-270. Statut général des militaires. – V. C. pén., art. 226-28.
2005	25 mars	Décret n° 2005-277. Ceinture de sécurité. – V. C. route, art. R. 412-2, App., v° *Circulation routière,* **p. 2047.**
2005	25 mars	Décret n° 2005-284. Contraventions de diffamation, d'injure et de provocation non publiques à caractère discriminatoire et à la compétence du tribunal de police et de la juridiction de proximité. – V. C. pén., art. R. 624-3, R. 624-4, R. 625-7.
2005	30 mars	Décret n° 2005-320. Application de la loi n° 2004-204 du 9 mars 2004 : – V. C. pén., art. R. 131-10-1. – V. C. route, art. R. 130-1, R. 130-1-1, R. 130-1-2, R. 130-2, R. 130-3, R. 221-1, R. 221-8, R. 221-10, R. 221-11, R. 221-20, R. 222-3, R. 223-8, R. 232-1, R. 325-1, R. 325-1-1, App., v° *Circulation routière,* **p. 1878.**
2005	19 avr.	Décret n° 2005-368. Partie réglementaire du code rural. – V. C. rur., art. R. 214-87 s., ss. C. pén., art. R. 511-1.
2005	22 avr.	Loi n° 2005-371. Exercice par l'État de ses pouvoirs de police de mer : – V. L. n° 94-589 du 15 juill. 1994, art. 12, 13, 14, App., v° *Circulation aérienne, maritime et fluviale,* **p. 2104.** – V. C. défense, art. L. 1521-1, L. 1521-2, L. 1521-5, App., v° *Circulation aérienne, maritime et fluviale,* **p. 2105.**
2005	23 avr.	Loi n° 2005-380. Orientation et programme pour l'avenir de l'école. – Art. 8. – V. C. pén., art. 227-17-1.

2005	6 mai	Ordonnance n° 2005-428. Incapacités en matière commerciale et à la publicité du régime matrimonial des commerçants : – Art. 4. – V. C. mon. fin., art. L. 621-4, App., v° *Marchés financiers*, **p. 2524.** – Art. 4. – V. Ord. n° 58-1331 du 23 déc. 1958, art. 20, App., v° *Prix et concurrence*, **p. 2975.**
2005	6 mai	Ordonnance n° 2005-429. Modifiant le code monétaire et financier (partie législative) : – V. C. mon. fin., art. L. 162-1, ss. C. pén., art. 442-15. – V. C. mon. fin., art. L. 520-1 (devenu L. 524-1), App., v° *Douanes et changes*, **p. 2165.** – V. C. mon. fin., art. L. 621-9, L. 621-15, App., v° *Marchés financiers*, **p. 2525.**
2005	6 juin	Ordonnance n° 2005-648. Commercialisation à distance de services financiers auprès des consommateurs. – V. C. mon. fin., art. L. 341-11, L. 341-12, App., v° *Usure-Prêts d'argent*, **p. 3053.**
2005	6 juin	Ordonnance n° 2005-650. Liberté d'accès aux documents administratifs réutilisation des informations publiques. – Art. 11. – V. C. route, art. L. 225-3, App., v° *Circulation routière*, **p. 1818.**
2005	4 juill.	Ordonnance n° 2005-759. Réforme de la filiation. – V. C. pén., art. 227-3, 227-7, 227-15, 227-17.
2005	4 juill.	Loi n° 2005-750. Dispositions d'adaptation au droit communautaire dans le domaine de la justice. – V. C. pén., art. 442-16, 445-1 à 445-3.
2005	20 juill.	Loi n° 2005-811. Dispositions d'adaptation au droit communautaire dans le domaine des marchés financiers. – V. C. mon. fin., art. L. 621-17-2 à L. 621-17-7, App., v° *Marchés financiers*, **p. 2557.**
2005	26 juill.	Loi n° 2005-842. Confiance et modernisation de l'économie. – Art. 29-II, 30. – V. C. mon. fin., art. L. 465-1, L. 465-2, L. 621-14, L. 621-15, L. 621-17-1, App., v° *Marchés financiers*, **p. 2518.**
2005	26 juill.	Loi n° 2005-845.Sauvegarde des entreprises : – Art. 1er, 14, 142-I, 143 à 146, 163. – V. C. com., art. L. 654-1 à L. 654-20, App., v° *Banqueroute*, **p. 1767.** – Art. 164. – V. C. com., art. L. 442-4, App., v° *Prix et concurrence*, **p. 2941.**
2005	2 août	Loi n° 2005-882. Petites et moyennes entreprises. – Art. 44 à 50, 52, 53, 55, 56. – V. C. com., art. L. 420-5, L. 430-6, L. 440-1, L. 442-2, L. 442-6, L. 443-2, App., v° *Prix et concurrence*, **p. 2928.**
2005	2 août	Décret n° 2005-947. Dispositif de limitation de vitesse, appareil permettant l'enregistrement de la vitesse et visites techniques. – V. C. route, art. R. 325-7, App., v° *Circulation routière*, **p. 2001.**
2005	6 sept.	Décret n° 2005-1148. Mise en fourrière des véhicules. – V. C. route, art. R. 325-9, R. 325-11, R. 325-14 à R. 325-16, R. 325-18, R. 325-21, R. 325-22, R. 325-24, R. 325-26 à R. 325-29, R. 325-31, R. 325-32, R. 325-38, R. 325-49, App., v° *Circulation routière*, **p. 2002.**

2005	13 oct.	Ordonnance n° 2005-1278. Régime juridique des organismes de placement collectif immobilier et modalités de transformation des sociétés civiles de placement immobilier en organismes de placement collectif immobilier. – V. C. mon. fin., art. L. 621-9, App., v° *Marchés financiers*, **p. 2525.**
2005	20 oct.	Décret n° 2005-1309. Application de la loi n° 78-17 du 6 janvier 1978 relative à l'informatique, aux fichiers et aux libertés. – V. C. pén., art. R. 625-10 à R. 625-13.
2005	21 oct.	Décret n° 2005-1315. Modifiant le décret n° 72-678 du 20 juillet 1972 fixant les conditions d'application de la loi n° 70-9 du 2 janvier 1970 réglementant les conditions d'exercice des activités relatives à certaines opérations portant sur les immeubles et les fonds de commerce. – V. Décr. n° 72-678, App., v° *Agents d'affaires*, **p. 1702.**
2005	7 déc.	Ordonnance n° 2005-1512. Mesures de simplification en matière fiscale et harmonisation et aménagement du régime des pénalités : – Art. 18. – V. CGI, art. 1788, App., v° *Marchands ambulants*, **p. 2513.** – Art. 24-III. – V. C. mon. fin., art. L. 152-4, App., v° *Substances vénéneuses*, **p. 2163.**
2005	8 déc.	Ordonnance n° 2005-1527. Permis de construire et autorisations d'urbanisme. – Art. 37. – V. C. mon. fin., art. L. 341-2, App., v° *Usure-Prêts d'argent*, **p. 3047.**
2005	12 déc.	Loi n° 2005-1549. Traitement de la récidive des infractions pénales. – Art. 1er à 6, 16, 17, 19, 23 à 25, 27, 31, 32, 34 à 36. – V. C. pén., art. 131-36-9 à 131-36-13, 132-16-3 à 132-16-7, 132-19, 132-24, 132-41, 132-42, 132-45, 221-9-1, 222-24, 222-31-1, 222-48-1, 224-10, 227-28-2 🏛, 227-31, 322-5, 322-18, 434-7-2, 442-16.
2005	26 déc.	Décret n° 2005-1655. Circulation des véhicules et matériels agricoles ou forestiers et des ensembles forains. – V. C. route, art. R. 433-1, R. 433-3, R. 435-1, R. 436-1, App., v° *Circulation routière*, **p. 2086.**
2006	5 janv.	Loi n° 2006-10. Sécurité et développement des transports. – Art. 11 à 13. – V. C. route, art. L. 130-6, L. 224-5, L. 317-5, L. 317-7, L. 321-1 à L. 321-4, L. 325-1-1 à L. 325-3-1, L. 325-6, L. 330-2, L. 344-1, App., v° *Circulation routière*, **p. 1796.**
2006	5 janv.	Loi n° 2006-11. Orientation agricole. – Art. 97. – V. C. pén., art. 433-3.
2006	13 janv.	Décret n° 2006-46. Modification du code de la route. – V. C. route, art. R. 130-10, R. 221-11, R. 317-8, R. 431-1, App., v° *Circulation routière*, **p. 1880.**
2006	18 janv.	Décret n° 2006-56. Accès des personnes malentendantes aux épreuves de l'examen du permis de conduire. – V. C. route, art. R. 221-3-1, App., v° *Circulation routière*, **p. 1900.**
2006	23 janv.	Loi n° 2006-64. Lutte contre le terrorisme, sécurité et contrôles frontaliers : – Art. 1er, 2. – V. L. n° 95-73 du 21 janv. 1995, art. 10, 10-1, ss. C. pén., art. 226-32.

		– Art. 6-II, 22, 30. – V. L. du 29 juill. 1881, art. 39 *sexies*, L. n° 86-1067 du 30 sept. 1986, art. 33-1, 42-1 et L. n° 2004-575 du 21 juin 2004, art. 6, App., v° *Presse et communication*, **p. 2751.** – Art. 11, 24-I à 24-IV, 24-VI. – V. C. pén., art. 225-4-8, 313-5, 321-6, 321-6-1, 321-10-1, 421-6, 450-5. – Art. 23. – V. C. mon. fin., art. L. 562-10, L. 563-1, L. 563-4, L. 574-3, ss. C. pén., art. 324-6-1.
2006	27 févr.	Décret n° 2006-253. Routes classées à grande circulation. – V. C. route, art. R. 411-7, R. 411-8-1, R. 442-2, App., v° *Circulation routière*, **p. 2040.**
2006	23 mars	Loi n° 2006-340. Égalité salariale entre les femmes et les hommes. – Art. 13. – V. C. pén., art. 225-1.
2006	23 mars	Ordonnance n° 2006-344. Retraites professionnelles supplémentaires. – Art. 10. – V. C. mon. fin., art. L. 621-9, L. 621-15, L. 621-15-2, App., v° *Marchés financiers*, **p. 2525.**
2006	31 mars	Loi n° 2006-387. Offres publiques d'acquisition : – Art. 25-VIII et IX. – V. C. mon. fin., art. L. 341-15, L. 341-16, L. 353-1, App., v° *Usure-Prêts d'argent*, **p. 3055.** – Art. 26-XIII. – V. C. mon. fin., art. L. 463-1, L. 463-2, App., v° *Marchés financiers*, **p. 2518.**
2006	31 mars	Loi n° 2006-396. Égalité des chances : – Art. 23. – V. CSP, art. L. 3332-1-1, L. 3332-3, L. 3332-15, App., v° *Débits de boissons*, **p. 2120.** – Art. 45. – V. C. pén., art. 225-3-1. – Art. 47. – V. L. n° 86-1067 du 30 sept. 1986, art. 3-1, 33-1, App., v° *Presse et communication*, **p. 2889.**
2006	4 avr.	Loi n° 2006-399. Prévention et répression des violences au sein du couple ou commises contre les mineurs. – Art. 7 à 11, 12-IV, 14-I et II, 15, 16. – V. C. pén., art. 132-45, 132-80, 221-4, 222-3, 222-8, 222-10, 222-12, 222-13, 222-16-2, 222-22, 222-24, 222-28, 222-47, 225-11-2, 225-12-2, 225-20, 226-14, 227-23, 227-28-3, 311-12.
2006	14 avr.	Loi n° 2006-436. Parcs nationaux, parcs naturels marins et parcs naturels régionaux. – Art. 25-III, 9°, 29. – V. C. envir., art. L. 581-4, L. 581-8, App., v° *Affichage*, **p. 1681.**
2006	14 avr.	Loi n° 2006-437. Tourisme. – Art. 7-IV. – Art. 7, 9, 19, 20. – V. C. tourisme, art. L. 211-1, L. 211-19, L. 211-24, App., v° *Agents d'affaires*, **p. 1711.**
2006	18 avr.	Loi n° 2006-449. Réserve militaire et service de défense. – Art. 27. – V. L. du 29 juill. 1881, art. 48-3, App., v° *Presse et communication*, **p. 2790.**
2006	21 avr.	Ordonnance n° 2006-461. Saisie immobilière. – Art. 15. – V. C. mon. fin., art. L. 313-3, App., v° *Usure-Prêts d'argent*, **p. 3045.**
2006	3 mai	Décret n° 2006-499. Éclairage et signalisation des véhicules. – V. C. route, art. R. 313-3-1, R. 313-4-1, R. 313-24, App., v° *Circulation routière*, **p. 1954.**

2006	23 mai	Ordonnance n° 2006-596. Partie législative du Code du sport : – V. C. sport, art. L. 232-9 à L. 241-10, App., v° *Substances vénéneuses*. – V. C. sport, art. L. 332-1 à L. 332-17, ss. C. pén., art. 222-16-2.
2006	7 juin	Décret n° 2006-665. Réduction du nombre et simplification des commissions administratives. – Art. 31. – V. C. route, art. R. 223-11, R. 223-12, R. 224-15, R. 224-18, R. 241-3, R. 242-5, R. 411-10 à R. 411-17, App., v° *Circulation routière*, **p. 1916.**
2006	8 juin	Ordonnance n° 2006-673. Refonte du Code de l'organisation judiciaire. – V. COJ, art. L. 251-1 à L. 251-6, L. 252-1 à L. 252-5, L. 254-1, L. 312-6, App., v° *Enfance – Enfance délinquante*, **p. 2254.**
2006	5 juill.	Loi n° 2006-784. Prévention des violences lors des manifestations sportives. – V. C. sport, art. L. 332-2-1, L. 332-11, L. 332-13, L. 332-16, L. 332-18 à L. 332-21, ss. C. pén., art. 222-16-2.
2006	13 juill.	Loi n° 2006-872. Engagement national pour le logement. – Art. 97 à 100. – V. L. n° 70-9 du 2 janv. 1970, art. 4, 6, 9, 20, App., v° *Agents d'affaires*, **p. 1694.**
2006	24 juill.	Loi n° 2006-911. Immigration et intégration : – Art. 43, 75, 77-II. – V. C. pén., art. 131-30-1, 131-30-2, 225-19. – Art. 2 à 15, 23 à 49, 52 à 74, 77, 90, 92, 94, 98 à 102, 105. – V. CESEDA, art. L. 511-1 à L. 511-4, L. 512-1 à L. 512-3, L. 512-5, L. 513-1 à L. 513-4, L. 514-1, L. 514-2, L. 521-2, L. 521-3, L. 531-1, L. 531-2, L. 531-4, L. 532-1, L. 551-1, L. 552-5, L. 561-2, L. 611-10, L. 611-11, L. 622-4, L. 622-10, L. 623-1, L. 624-1, App., v° *Étrangers*, **p. 2400.**
2006	1er août	Loi n° 2006-961. Droit d'auteur et droits voisins dans la société de l'information : – Art. 20 à 28. – V. CPI, art. L. 335-1, L. 335-2-1, L. 335-3-1, L. 335-4-1 à L. 335-10, L. 336-1, L. 336-2, App., v° *Presse et communication*, **p. 2920.** – Art. 39 à 42. – V. C. patr., art. L. 131-1, L. 131-2, L. 132-2, L. 132-2-1, L. 132-4 à L. 132-6, App., v° *Presse et communication*, **p. 2909.**
2006	31 août	Décret n° 2006-1099. Lutte contre les bruits de voisinage. – V. CSP, art. R. 1337-6 à R. 1337-10-1, ss. C. pén., art. R. 623-2.
2006	5 sept.	Décret n° 2006-1115. Pris pour l'application de l'article 16 de la loi n° 2005-516 du 20 mai 2005 relative à la régulation des activités postales. – V. Décr. n° 72-678 du 20 juill. 1972, App., v° *Agents d'affaires*, **p. 1702.**
2006	5 oct.	Ordonnance n° 2006-1224. Orientation agricole. – Art. 6. – V. C. pén., art. 521-1.
2006	6 oct.	Décret n° 2006-1229. Partie réglementaire du Code du tourisme. – V. Décr. n° 42-730 du 22 mars 1942, art. 1er, 80-3, 80-4, App., v° *Chemins de fer*, **p. 1780.**
2006	14 nov.	Décrets nos 2006-1377 et 2006-1378. Partie réglementaire du Code de l'entrée et du séjour des étrangers et du droit d'asile. – V. CESEDA, App., v° *Étrangers*, **p. 2443.**

2006	29 nov.	Décret n° 2006-1496. Obligation du port de la ceinture de sécurité. – V. C. route, art. R. 221-4, R. 412-1 à R. 412-3, App., v° *Circulation routière*, **p. 1904.**
2006	21 déc.	Loi n° 2006-1666. De finances pour 2007. – Art. 36. – V. C. mon. fin., art. L. 121-2, ss. C. pén., art. 442-15.
2006	23 déc.	Décret n° 2006-1708. Code de justice administrative. – Art. 2. – V. CESEDA, art. R. 512-3, App., v° *Étrangers*, **p. 2444.**
2006	23 déc.	Décret n° 2006-1712. Formation à la conduite et à la sécurité routière, permis de conduire. – V. C. route, art. R. 211-1, R. 211-3, R. 211-5, R. 221-4, R. 221-5, App., v° *Circulation routière*, **p. 1882.**
2006	23 déc.	Décret n° 2006-1808. Organisation de la profession d'expert en automobile. – V. C. route, art. R. 326-1 à R. 327-9, R. 342-5, App., v° *Circulation routière*, **p. 2011.**
2006	23 déc.	Décret n° 2006-1811. Formation des titulaires de la catégorie B du permis de conduire pour la conduite des motocyclettes légères. – V. C. route, art. R. 221-8, App., v° *Circulation routière*, **p. 1906.**
2006	23 déc.	Décret n° 2006-1812. Vitesses maximales autorisées. – V. C. route, art. R. 413-8, R. 413-8-1, R. 413-10, App., v° *Circulation routière*, **p. 2059.**
2006	30 déc.	Loi n° 2006-1770. Actionnariat salarié : – Art. 63. – V. C. mon. fin., art. L. 341-2, L. 341-4, L. 341-6, App., v° *Usure-Prêts d'argent*, **p. 3047.** – Art. 66-III. – V. L. n° 70-9 du 2 janv. 1970, art. 2, App., v° *Agents d'affaires*, **p. 1692.**
2006	30 déc.	Loi n° 2006-1771. De finances rectificative. – Art. 96-II. – V. C. mon. fin., art. L. 152-4, App., v° *Substances vénéneuses*, **p. 2163.**
2006	30 déc.	Loi n° 2006-1772. Eau et milieux aquatiques. – Art. 97. – V. L. n° 83-582 du 5 juill. 1983, art. 13, App., v° *Pêche maritime*, **p. 2573.**
2007	23 janv.	Décret n° 2007-86. Accès à certains traitements automatisés. – V. CESEDA, art. R. 611-12, App., v° *Étrangers*, **p. 2481.**
2007	2 févr.	Loi n° 2007-148. Modernisation de la fonction publique. – Art. 17, 45-III. – V. C. pén., art. 432-13.
2007	23 févr.	Loi constitutionnelle. – V. Constitution, art. 66-1, ss. C. pén., art. 131-1.
2007	26 févr.	Loi n° 2007-248. Diverses dispositions d'adaptation au droit communautaire dans le domaine du médicament. – Art. 15. – V. CSP, art. L. 5121-20, App., v° *Douanes et changes*, **p. 2158.**
2007	27 févr.	Décret n° 2007-271. Éclairage des véhicules à deux roues motorisés. – V. C. route, art. R. 416-17, App., v° *Circulation routière*, **p. 2072.**
2007	5 mars	Loi n° 2007-288. Modifiant les articles 414-8 et 414-9 du code pénal. – V. C. pén. art. 414-8, 414-9.

2007	5 mars	Loi n° 2007-291. Équilibre de la procédure pénale. – Art. 29. – V. Ord. n° 45-174 du 2 févr. 1945, art. 4, App., v° *Enfance – Enfance délinquante*, **p. 2218.**
2007	5 mars	Loi n° 2007-293. Protection de l'enfance : – Art. 6. – V. L. n° 87-588 du 30 juill. 1987, art. 99, ss. C. pén., art. 227-24. – Art. 29, 36. – V. C. pén., art. 227-23, 433-18-1. – Art. 38. – V. L. n° 2001-504 du 12 juin 2001, art. 19, App., v° *Enfance – Enfance délinquante*, **p. 2276.**
2007	5 mars	Loi n° 2007-297. Prévention de la délinquance : – Art. 21, 23, 24, 48. – V. C. route, art. L. 121-4-1, L. 212-1, L. 212-2, L. 213-1, L. 223-1, L. 223-5, L. 223-6, L. 235-1, L. 235-3, L. 321-1, L. 321-1-1, L. 325-1, L. 325-7, L. 325-8, L. 325-10, L. 325-11, L. 330-2, App., v° *Circulation routière*, **p. 1793.** – Art. 25-I, 3°. – V. C. rur., art. L. 215-1 à L. 215-3, ss. C. pén., art. 132-75. – Art. 25-II, 33, 34-I, 35-II, 41, 43, 44, 48, 49, 53, 54, 63 à 66, 68. – V. C. pén., art. 131-3, 131-8, 131-8-1, 131-10, 131-12, 131-15-1, 131-16, 131-21, 131-21-1, 131-21-2, 131-35-1, 131-36, 131-37, 131-39, 131-39-1, 131-40, 131-43, 131-44-1, 132-24, 132-45, 132-71-1, 133-13, 133-14, 133-16, 221-8, 222-3, 222-8, 222-10, 222-12, 222-13, 222-14-1, 222-15-1, 222-24, 222-28, 222-30, 222-33-3, 222-39, 222-44, 222-45, 222-48-1, 223-18, 224-9, 225-20, 226-14, 227-18, 227-18-1, 227-19, 227-21, 227-22, 227-22-1, 227-23, 227-24, 227-26, 227-29, 227-32, 227-33, 312-13, 321-9, 322-11-1, 322-15, 433-7, 433-8, 433-10, 434-4-1, 434-41, 442-16. – Art. 34-II, 39. – V. L. du 29 juill. 1881, art. 48, 48-1, 48-4 à 48-6, 50-1, App., v° *Presse et communication*, **p. 2779.** – Art. 35. – V. L. n° 98-468 du 17 juin 1998, art. 32 à 35, App., v° *Enfance – Enfance délinquante*, **p. 2270.** – Art. 37-II, 38-II. – V. L. du 2 juin 1891, art. 4, App., v° *Jeux, paris, loteries*, **p. 2496.** – Art. 38-IV. – V. L. du 30 juin 1923, art. 49, App., v° *Jeux, paris, loteries*, **p. 2498.** – Art. 40. – V. L. n° 2004-575 du 21 juin 2004, art. 6, App., v° *Presse et communication*, **p. 2912.** – Art. 47 à 49. – V. CSP, art. L. 3411-2, L. 3413-1 à L. 3413-4, L. 3421-1, L. 3421-4 à L. 3421-7, L. 3423-1, L. 3423-2, L. 3424-1, L. 3425-1, L. 3425-2, App., v° *Substances vénéneuses*, **p. 2998.** – Art. 55 à 62. – V. Ord. n° 45-174 du 2 févr. 1945, art. 5, 7-1, 7-2, 8, 10-2, 11-2, 12, 13-1, 14-2, 15, 15-1, 16, 16 *ter*, 20-2, 20-7, 33, App., v° *Enfance – Enfance délinquante*, **p. 2220.** – Art. 65. – V. CSP, art. L. 3353-3, L. 3353-4, App., v° *Débits de boissons*, **p. 2134.**
2007	5 mars	Loi n° 2007-308. Réforme de la protection juridique des majeurs. – V. COJ, art. L. 252-4, App., v° *Enfance – Enfance délinquante*, **p. 2256.**
2007	5 mars	Loi n° 2007-309. Modernisation de la diffusion audiovisuelle et télévision du futur. – Art. 3, 10, 16, 27, 30 à 32, 34, 40. – V. L. n° 86-1067 du 30 sept. 1986, art. 3-1, 40, 41, 41-3, 42-3, App., v° *Presse et communication*, **p. 2889.**

2007	12 mars	Ordonnance n° 2007-329. Code du travail. – V. L. n° 82-652 du 29 juill. 1982, art. 93, App., v° *Presse et communication*, **p. 2878.**
2007	21 mars	Décret n° 2007-371. Droit de séjour en France des citoyens de l'Union européenne, des ressortissants des autres États parties à l'Espace économique européen et de la Confédération suisse ainsi que des membres de leur famille. – V. CESEDA, art. R. 512-1-1, R. 522-9, R. 621-1 à R. 621-3, App., v° *Étrangers*, **p. 2444.**
2007	21 mars	Décret n° 2007-373. Pris en application de la loi n° 2006-911 du 24 juillet 2006 relative à l'immigration et à l'intégration. – V. CESEDA, art. R. 513-2, R. 531-3-1, R. 531-3-2, R. 531-9 à R. 531-12, R. 551-3, R. 626-2, App., v° *Étrangers*, **p. 2445.**
2007	22 mars	Décret n° 2007-405. Modifiant le Code de la route. – V. C. route, art. D. 321-5-1, D. 321-5-2, App., v° *Circulation routière*, **p. 1979.**
2007	12 avr.	Ordonnance n° 2007-544. Marchés d'instruments financiers : – V. C. mon. fin., art. L. 341-7-1, App., v° *Usure-Prêts d'argent*, **p. 3052.** – V. C. mon. fin., art. L. 462-1, L. 464-2, L. 621-9, L. 621-15, L. 621-17-2, L. 621-20-1, App., v° *Marchés financiers*, **p. 2517.**
2007	26 avr.	Décret n° 2007-611. Exercice d'activités privées par des fonctionnaires ou agents non titulaires ayant cessé leurs fonctions et Commission de déontologie. – V. C. pén., art. 432-13.
2007	26 avr.	Ordonnance n° 2007-613. Adaptation au droit communautaire dans le domaine du médicament : – Art. 7, 8, 11 et 13. – V. CSP, art. L. 1242-1, L. 1243-2, L. 1243-2-1, L. 1243-6, L. 1243-9, ss. C. pén., art. 511-28. – Art. 12, 50. – V. CSP, art. L. 1245-5, L. 5124-13, App., v° *Douanes et changes*, **p. 2155.** – Art. 28, 49. – V. CSP, art. L. 5132-6, App., v° *Substances vénéneuses*, **p. 3003.**
2007	9 mai	Décret n° 2007-753. Permis de conduire. – V. C. route, art. R. 223-1, R. 223-3, R. 224-20, App., v° *Circulation routière*, **p. 1913.**
2007	10 mai	Décret n° 2007-786. Véhicules d'intérêt général. – V. C. route, art. R. 311-1, R. 432-2, App., v° *Circulation routière*, **p. 1938.**
2007	10 mai	Décret n° 2007-794. Transferts de débits de boissons vers certains hôtels de tourisme. – V. CSP, art. D. 3332-10, R. 3353-5-1, App., v° *Débits de boissons*, **p. 2142.**
2007	15 mai	Décret n° 2007-911. Formation délivrée pour l'exploitation d'un débit de boissons. – V. CSP, art. R. 3332-4 à R. 3332-9, App., v° *Débits de boissons*, **p. 2140.**
2007	15 mai	Décret n° 2007-935. Pris pour l'application de l'article L. 3421-1 (troisième alinéa) du code de la santé publique. – V. CSP, art. R. 3421-1 à R. 3421-3, App., v° *Substances vénéneuses*, **p. 3008.**

2007	15 juin	Décret n° 2007-1035. Publication d'un amendement à l'art. 43 § 2 de la Convention de New York du 26 janv. 1990. – V. Conv. New York du 26 janv. 1990, art. 43 § 2, App., v° *Enfance - Enfance délinquante*, **p. 2268.**
2007	24 juill.	Décret n° 2007-1133. Dispositions réglementaires du code du sport. – V. C. route, art. R. 411-29, App., v° *Circulation routière*, **p. 2045.**
2007	10 août	Loi n° 2007-1198. Récidive des majeurs et des mineurs : – V. C. pén., art. 131-36-4, 132-18-1, 132-19-1, 132-20-1, 132-24. – V. Ord. n° 45-174 du 2 févr. 1945, art. 20, 20-2, 20-3, 48, App., v° *Enfance - Enfance délinquante*, **p. 2235.**
2007	26 sept.	Décret n° 2007-1388. Application de la loi n° 2007-297 du 5 mars 2007 relative à la prévention de la délinquance. – V. C. pén., art. R. 131-12, R. 131-14, R. 131-15, R. 131-17, R. 131-45 à R. 131-53, R. 632-1, R. 635-8.
2007	18 oct.	Ordonnance n° 2007-1490. Marchés d'instruments financiers : – V. C. mon. fin., art. L. 341-10, L. 341-11, App., v° *Usure-Prêts d'argent*, **p. 3052.** – V. C. mon. fin., art. L. 464-1, L. 621-9, L. 621-17-6, App., v° *Marchés financiers*, **p. 2518.**
2007	19 oct.	Décret n° 2007-1503. Dispositif de contrôle de la durée de stationnement urbain. – V. C. route, art. R. 417-3, App., v° *Circulation routière*, **p. 2074.**
2007	29 oct.	Loi n° 2007-1544. Lutte contre la contrefaçon : – V. C. pén., art. 442-2, 442-7, 442-13, 443-1, 443-2, 443-4, 444-1, 444-3. – V. CPI, art. L. 335-2, L. 335-6 à L. 335-8, App., v° *Presse et communication*, **p. 2921.** – V. C. mon. fin., art. L. 162-1, L. 162-2, ss. C. pén., art. 442-15 ; art. L. 163-3 à L. 163-5, ss. C. pén., art. 313-9.
2007	2 nov.	Décret n° 2007-1560. Création d'un traitement automatisé de données à caractère personnel relatives aux étrangers sollicitant la délivrance d'un visa pris pour l'application de l'article L. 611-6 du code de l'entrée et du séjour des étrangers et du droit d'asile. – V. CESEDA, art. R. 611-8 à R. 611-15, App., v° *Étrangers*, **p. 2479.**
2007	13 nov.	Loi n° 2007-1598. Lutte contre la corruption. – V. C. pén., art. 432-11, 432-17, 433-1, 433-2, 434-9, 434-9-1, 434-44, 434-46, 434-47, 435-1 à 435-15, 445-1, 445-2.
2007	16 nov.	Décret n° 2007-1626. Extension et adaptation en Nouvelle-Calédonie, en Polynésie française et dans les îles Wallis-et-Futuna de diverses dispositions du code de la route et de la deuxième partie du code de procédure pénale. – V. C. route, art. R. 243-1, R. 244-1, R. 245-1, R. 343-1, R. 343-2, R. 343-4, R. 344-1 à R. 344-4, App., v° *Circulation routière*, **p. 1932.**
2007	20 nov.	Loi n° 2007-1631. Maîtrise de l'immigration, intégration et asile. – V. C. pén., art. 225-4-1, 226-28.

2007	17 déc.	Loi n° 2007-1774. Adaptation au droit communautaire dans les domaines économique et financier : – V. C. mon. fin., art. L. 621-15, App., v° *Marchés financiers*, **p. 2540.** – V. CSP, art. L. 3351-8, App., v° *Débits de boissons*, **p. 2132.**
2007	19 déc.	Loi n° 2007-1786. De financement de la sécurité sociale pour 2008 : – V. CSP, art. L. 2212-2, ss. C. pén., art. 222-13. – V. CSS, art. L. 114-15, ss. C. pén., art. 313-9.
2007	20 déc.	Loi n° 2007-1787. Simplification du droit. – V. CSP, art. L. 3332-9, L. 3332-10, L. 3332-14, L. 3335-1, L. 3335-2, L. 3335-3, L. 3335-5, L. 3335-6, L. 3335-7, L. 3335-10, App., v° *Débits de boissons*, **p. 2123.**
2007	21 déc.	Ordonnance n° 2007-1801. Adaptation à Mayotte de diverses dispositions législatives. – V. L. n° 70-9 du 2 janv. 1970, art. 19-1, App., v° *Agents d'affaires*, **p. 1701.**
2007	26 déc.	Décret n° 2007-1853. Mesure d'activité de jour, App., v° *Enfance - Enfance délinquante*, **p. 2272.**
2008	3 janv.	Loi n° 2008-3. Développement de la concurrence au service des consommateurs. – V. C. com., art. L. 441-5, L. 441-6, L. 441-7, L. 442-2, L. 442-3, L. 442-6, L. 443-1, L. 443-3, App., v° *Prix et concurrence*, **p. 2937.**
2008	10 janv.	Décret n° 2008-37. Deuxième protocole facultatif se rapportant au Pacte international relatif aux droits civils et politiques visant à abolir la peine de mort. – V. art. 1er du protocole, ss. C. pén., art. 131-1.
2008	27 févr.	Décret n° 2008-193. Protocole n° 13 à la Convention de sauvegarde des droits de l'homme et des libertés fondamentales, relatif à l'abolition de la peine de mort en toutes circonstances. – Art. 1er, 2, 3. – V. ss. C. pén., art. 131-1.
2008	6 mars	Décret n° 2008-223. Compétences ministérielles en matière d'entrée et de séjour des étrangers et de droit d'asile. – V. CESEDA, art. R.* 531-2, R. 553-1, R. 553-2, R. 553-4, R. 553-8, R. 553-10, R. 625-1, R.* 625-2, R. 625-14 à R. 625-16, R. 626-1, App., v° *Étrangers*, **p. 2448.**
2008	18 mars	Décret n° 2008-269. Infractions à la législation sociale dans le domaine des transports routiers. – V. C. route, art. R. 121-2, R. 121-5, App., v° *Circulation routière*, **p. 1876.**
2008	15 avr.	Décret n° 2008-355. Conditions d'exercice des activités relatives à certaines opérations portant sur les immeubles et les fonds de commerce. – V. Décr. n° 72-678 du 20 juill. 1972, art. 55, 78-1, App., v° *Agents d'affaires*, **p. 1703.**
2008	16 avr.	Décret n° 2008-364. Suivi des mesures d'injonction thérapeutique et médecins relais. – V. CSP, art. R. 3413-1 à R. 3413-15, App., v° *Substances vénéneuses*, **p. 3006.**
2008	22 mai	Ordonnance n° 2008-340. Don de gamètes et assistance médicale à la procréation : – V. C. pén. art. 511-14, 511-22, 511-25-1.

		– V. CSP, art. L. 2141-11, L. 2141-12, L. 2142-1, ss. C. pén., art. 528 ; art. L. 2141-11-1, App., v° *Douanes et changes*, **p. 1572.**
2008	26 mai	Loi n° 2008-491. Conditions de commercialisation et d'utilisation de certains engins motorisés. – V. C. route, art. L. 321-1, L. 321-1-1, L. 321-1-2, L. 321-5, L. 321-6, App., v° *Circulation routière*, **p. 1841.**
2008	27 mai	Loi n° 2008-496. Lutte contre les discriminations. – V. C. pén., art. 225-3.
2008	30 mai	Ordonnance n° 2008-507. Reconnaissance des qualifications professionnelles : – V. L. n° 70-9, art. 8-1, App., v° *Agents d'affaires*, **p. 1697.** – V. C. route, art. L. 212-1, L. 212-4, L. 323-1, L. 326-1, L. 326-3, L. 326-4, L. 326-6, L. 326-8, App., v° *Circulation routière*, **p. 1802.**
2008	20 juin	Loi n° 2008-582. Prévention et protection contre les chiens dangereux : – V. C. pén., art. 221-6-2, 222-19-2, 222-20-2, 222-21. – V. C. rur., art. L. 215-2-1, ss. C. pén., art. 132-75.
2008	1er juill.	Loi n° 2008-644. Nouveaux droits pour les victimes et amélioration de l'exécution des peines. – V. C. route, art. L. 225-4, L. 243-1, L. 244-1, L. 245-1, L. 322-1, App., v° *Circulation routière*, **p. 1818.**
2008	3 juill.	Loi n° 2008-650. Lutte contre le trafic de produits dopants. – V. C. sport, art. L. 232-9 à L. 232-11, L. 232-13, L. 232-14, L. 232-16, L. 232-17, L. 232-19, L. 232-20, L. 232-25, L. 232-26, L. 232-30, L. 241-3, L. 241-4, L. 241-7, L. 241-10, App., v° *Substances vénéneuses*, **p. 3010.**
2008	15 juill.	Loi n° 2008-696. Archives : – V. C. pén., art. 311-4-2, 322-2, 322-3, 322-3-1. – V. L. n° 78-17 du 6 janv. 1978, art. 36 🏛, ss. C. pén., art. 226-32.
2008	17 juill.	Ordonnance n° 2008-717. Dispositions pénales relatives à certains produits de santé. – V. CSP, art. L. 5432-1, App., v° *Substances vénéneuses*, **p. 3004.**
2008	23 juill.	Loi constitutionnelle. Modernisation des institutions de la Ve République. – V. Constitution, art. 17, ss. C. pén., art. 133-1.
2008	30 juill.	Décret n° 2008-754. Sécurité routière. – V. C. route, art. R. 110-2, R. 130-2, R. 223-3 à R. 223-5, R. 223-8, R. 225-2, R. 235-3, R. 235-4, R. 235-12, R. 411-3, R. 411-3-1, R. 411-4, R. 412-6, R. 412-6-2, R. 412-7, R. 412-35, R. 413-3, R. 413-8-1, R. 413-10, R. 413-13, R. 415-3, R. 415-4, R. 415-8, R. 415-11, R. 416-19, R. 417-10, R. 431-1-1, App., v° *Circulation routière*, **p. 1875.**
2008	4 août	Loi n° 2008-776. Modernisation de l'économie : – V. C. pén., art. 131-6, 131-27, 213-1, 215-1, 221-8, 222-44, 223-17, 224-9, 225-19, 225-20, 227-29, 311-14, 312-13, 313-7, 314-10, 321-9, 322-15, 324-7, 414-5, 422-3, 432-17, 434-44, 441-10, 442-11, 443-6, 444-7, 445-3, 450-3.

		– V. C. com., art. L. 430-2 à L. 430-6, L. 440-1, L. 441-6, L. 441-7, L. 442-4, L. 442-6, L. 443-1, App., v° *Prix*, **p. 2930** ; art. L. 654-5, App., v° *Banqueroute*, **p. 1773.** – V. C. envir., art. L. 581-41, App., v° *Affichage*, **p. 1690.** – V. C. mon. fin., art. L. 341-2, art. L. 621-15, App., v° *Usure-Prêts d'argent*, **p. 3047.** – V. L. n° 82-652 du 29 juill. 1982, art. 90, App., v° *Presse et communication*, **p. 2878.** – V. L. n° 86-1067 du 30 sept. 1986, art. 39, 41-4, App., v° *Presse et communication*, **p. 2895.**
2008	22 août	Décret n° 2008-817. Modification du Code de l'entrée et du séjour des étrangers et du droit d'asile en matière de rétention administrative. – V. CESEDA, art. R. 552-12, R. 552-17 à R. 552-24, R. 553-14 à R. 553-14-3, R. 625-6, App., v° *Étrangers*, **p. 2454.**
2008	28 oct.	Décret n° 2008-1095. Éclairage et signalisation des véhicules. – V. C. route, art. R. 313-2, R. 313-3, R. 313-3-2, R. 313-4, R. 313-7, R. 313-8, R. 313-14, R. 313-17, R. 313-17-1, R. 313-20, App., v° *Circulation routière*, **p. 1953.**
2008	14 nov.	Loi n° 2008-1187. Statut des témoins devant les commissions d'enquête parlementaires. – V. L. 29 juill. 1881, art. 41, App., v° *Presse et communication*, **p. 2752.**
2008	18 déc.	Ordonnance n° 2008-1339. Extension et adaptation en Nouvelle-Calédonie, en Polynésie française et à Wallis-et-Futuna de dispositions portant sur la protection des droits des personnes en matière de santé. – V. C. pén., art. 713-1, 713-4 à 713-6, 716-1 à 716-15.
2008	18 déc.	Ordonnance n° 2008-1340. Contrôle de la fabrication et du commerce des précurseurs de drogues. – V. L. n° 96-542, art. 1er à 6, 9 à 11, 13 à 16-1, 19, App., v° *Substances vénéneuses*, **p. 3020.**
2008	18 déc.	Ordonnance n° 2008-1345. Réforme du droit des entreprises en difficultés. – V. C. com., art. L. 654-1 s., App., v° *Banqueroute*, **p. 1767.**
2008	19 déc.	Loi n° 2008-1350. Législation funéraire. – V. C. pén., art. 225-17.
2008	19 déc.	Décret n° 2008-1412. Contravention d'intrusion dans les lieux historiques ou culturels. – V. C. pén., art. R. 645-12, R. 645-13.
2008	27 déc.	Loi n° 2008-1425. De finances pour 2009. – V. C. route, art. L. 330-2, App., v° *Circulation routière*, **p. 1861.**
2008	30 déc.	Décret n° 2008-1456. Prorogation des dispositions prises pour l'application des dispositions de l'article 9 de la loi n° 2006-64 du 23 janvier 2006 relative à la lutte contre le terrorisme et portant dispositions diverses relatives à la sécurité et aux contrôles frontaliers. – V. CESEDA, art. R. 611-12, App., v° *Étrangers*, **p. 2481.**
2008	30 déc.	Décret n° 2008-1492. Pris pour l'application de l'article L. 441-6-1 du code de commerce. – V. C. com., art. D. 441-4, App., v° *Prix et concurrence*, **p. 2967.**

2009	7 janv.	Décret n° 2009-16. Ventes au déballage. – V. C. pén., art. R. 321-1, R. 321-9.
2009	8 janv.	Ordonnance n° 2009-15. Instruments financiers. – V. C. mon. fin., art. L. 353-1, App., v° *Usure-Prêts d'argent*, **p. 3056.**
2009	22 janv.	Ordonnance n° 2009-80. Appel public à l'épargne et diverses dispositions financières : – V. C. pén., art. 131-39, 131-47. – V. C. com., art. L. 242-1, L. 242-17, L. 244-3, L. 247-2, L. 247-3, App., v° *Sociétés commerciales*, **p. 2983.** – V. C. mon. fin., art. L. 341-10, App., v° *Usure-Prêts d'argent*, **p. 3052** ; art. L. 621-1, L. 621-9, L. 621-9-2, L. 621-15, App., v° *Marchés financiers*, **p. 2523.** – V. L. du 29 juill. 1881, art. 35, App., v° *Presse et communication*, **p. 2733.**
2009	30 janv.	Ordonnance n° 2009-104. Prévention de l'utilisation du système financier aux fins de blanchiment de capitaux et de financement du terrorisme : – V. C. mon. fin., art. L. 561-1 s., App., v° *Substances vénéneuses*, **p. 2996.** – V. L. n° 70-9 du 2 janv. 1970, art. 8-2, 10, App., v° *Agents d'affaires*, **p. 1697.**
2009	9 févr.	Décret n° 2009-136. Plaques et inscriptions, réception et homologation et immatriculation des véhicules. – V. C. route, art. L. 322-1, L. 322-2, L. 325-7, R. 233-1, R. 311-1, R. 317-8, R. 317-12, R. 321-15, R. 322-1 à R. 322-12-2, R. 322-14, R. 322-17, R. 322-18, R. 323-2, R. 323-3, R. 325-9, R. 325-11, R. 325-31, R. 325-32, R. 327-6, R. 343-2, R. 343-4, R. 344-2, R. 412-16., App., v° *Circulation routière*, **p. 1842.**
2009	10 févr.	Décret n° 2009-139. Modifiant la partie réglementaire du livre IV du code de commerce. – V. C. com., art. R. 430-1 à R. 430-10, R. 450-1, R. 450-2, App., v° *Prix et concurrence*, **p. 2963.**
2009	17 févr.	Loi. Accélération des programmes de construction et d'investissement publics et privés. – V. C. route, art. L. 323-1, App., v° *Circulation routière*, **p. 1843.**
2009	17 févr.	Décret n° 2009-186. Décisions en matière de concentration devant être rendues publiques. – V. C. com., art. D. 430-8, App., v° *Prix et concurrence*, **p. 2964.**
2009	26 févr.	Ordonnance n° 2009-233. Réforme des voies de recours contre les visites domiciliaires et les saisies de l'Autorité de marchés financiers. – V. C. mon. fin., art. L. 621-12, App., v° *Marchés financiers*, **p. 2531.**
2009	5 mars	Loi n° 2009-258. Communication audiovisuelle et nouveau service public de la télévision. – V. L. n° 86-1067 du 30 sept. 1986, art. 2, 3-1, 14, 33, 39, 41, 41-4, 42, 42-1, 42-4, 42-7, App., v° *Presse et communication*, **p. 2888.**
2009	25 mars	Loi n° 2009-323. Mobilisation pour le logement et lutte contre l'exclusion. – Art. 122. – V. L. n° 70-9 du 2 janv. 1970, art. 4-1, App., v° *Agents d'affaires*, **p. 1694.**

2009	6 avr.	Décret n° 2009-383. Paiement des amendes et droits fixes de procédure. – Art. 2. – V. C. route, art. R. 322-16, R. 322-18, App., v° *Circulation routière,* **p. 1991.**
2009	10 avr.	Décret n° 2009-397. Conditions de remise en circulation des véhicules endommagés. – Art. 1er, 3, 4. – V. C. route, art. L. 327-2, L. 327-3, L. 327-4, L. 327-5, R. 326-10, R. 327-1 à R. 327-6, App., v° *Circulation routière,* **p. 1851.**
2009	30 avr.	Décret n° 2009-497. Réception et homologations des véhicules. – V. C. route, art. R. 311-1, R. 313-4, R. 313-18, R. 313-26, R. 316-7, R. 321-4-1, R. 321-5-3, R. 321-6, R. 321-9, R. 321-12, R. 321-14, R. 321-14-1, R. 321-25, App., v° *Circulation routière,* **p. 1938.**
2009	12 mai	Loi n° 2009-526. Simplification et clarification du droit ; allègement des procédures : – Art. 104, 105-I-1°. – V. L. n° 78-17 du 6 janv. 1978, art. 11, ss. C. pén., art. 226-32. – Art. 122-XII-1°, 125-XVII-1°. – V. CPI, art. L. 335-8, L. 335-9, App., v° *Presse et communication,* **p. 2924.** – Art. 122-XV. – V. L. 2 juin 1891, art. 4, App., v° *Jeux, paris et loteries,* **p. 2496.** – Art. 122-XVI. – V. L. n° 47-520 du 21 mars 1947, art. 23, ss. C. pén., art. 131-21. – Art. 122-XVII. – V. L. n° 49-956 du 16 juill. 1949, art. 7, App., v° *Presse et communication,* **p. 2869.** – Art. 123-IX. – V. L. 3 avr. 1942, art. 2, App., v° *Agents d'affaires,* **p. 1720.** – Art. 124-I, 133-II et III. – V. C. pén., art. 213-3, 215-3, 221-5-2, 221-7, 222-6-1, 222-16-1, 222-18-2, 222-21, 222-33-1, 222-42, 223-2, 223-7-1, 223-9, 223-15-1, 223-15-2, 223-15-4, 225-4, 225-4-6, 225-12, 225-12-4, 225-16, 225-16-3, 225-18-1, 226-7, 226-12, 226-24, 226-30, 227-3, 227-4-1, 227-14, 227-17-2, 227-28-1, 311-16, 312-15, 313-9, 314-12, 314-13, 321-12, 322-17, 323-6, 324-9, 414-7, 422-5, 431-20, 433-25, 436-5, 441-12, 442-14, 443-8, 444-9, 445-4, 450-4, 511-28, 717-3, 727-3. – Art. 125-X. – V. CESEDA, art. L. 622-8, L. 623-3, App., v° *Étrangers,* **p. 2438.** – Art. 125-XI-5°. – V. C. envir., art. L. 218-80, App., v° *Pêche maritime,* **p. 2570.** – Art. 125-XIX, 133-V. – V. C. route, art. L. 121-3, L. 213-6, L. 317-8, L. 321-4, L. 413-5, App, v° *Circulation routière,* **p. 1792.** – Art. 125-XXI-36°. – V. CSP, art. L. 5435-1, ss. C. pén., art. 223-12. – Art. 125-XXIII. – V. C. sport, art. L. 232-28, App., v° *Substances vénéneuses,* **p. 3018** ; art. L. 332-20, ss. C. pén., art. 222-16-2. – Art. 139-VII-1°. – V. C. com., art. L. 450-4, App., v° *Prix et concurrence,* **p. 2947.**
2009	14 mai	Ordonnance n° 2009-536. Adaptation du droit outre-mer. – Art. 6 à 8. – V. L. 30 juin 1881, art. 12, L. 28 mars 1907, art. 2, ss. C. pén., art. 431-12.

2009	14 mai	Ordonnance n° 2009-537. Adaptation à Mayotte, Wallis-et-Futuna, à la Polynésie française, aux Terres australes et antarctiques françaises et en Nouvelle-Calédonie de dispositions législatives : – Art. 4-II. – V. L. n° 85-706 du 12 juill. 1985, art. 9, App., v° *Armes et explosifs*, **p. 1739.** – Art. 9-II. – V. C. route, art. L. 143-1, L. 344-2, App, v° *Circulation routière*, **p. 1801.**
2009	27 mai	Loi n° 2009-594. Développement économique des outre-mer. – Art. 63. – V. L. n° 86-1067 du 30 sept. 1986, art. 3-1, App., v° *Presse et communication*, **p. 2889.**
2009	12 juin	Loi n° 2009-669. Diffusion et protection de la création sur internet : – Art. 3, 4, 7 à 11. – V. CPI, art. L. 335-1, L. 335-3, L. 335-3-2, L. 335-4-2, L. 336-2 à L. 336-4, App., v° *Presse et communication*, **p. 2920.** – Art. 23-I-1°, 27-II. – V. L. n° 82-652 du 29 juill. 1982, art. 89, 93-3, App., v° *Presse et communication*, **p. 2878.** – Art. 23-I-2°. – V. L. n° 86-1067 du 30 sept. 1986, art. 79, App., v° *Presse et communication*, **p. 2906.** – Art. 27-I. – V. L. n° 86-897 du 1er août 1986, art. 1er, App., v° *Presse et communication*, **p. 2883.**
2009	19 juin	Décret n° 2009-724. Dissimulation illicite du visage à l'occasion de manifestations. – V. C. pén., art. R. 645-14.
2009	23 juin	Décret n° 2009-780. Transport de bois ronds. – V. C. route, art. R. 433-9 à R. 433-16, App., v° *Circulation routière*, **p. 2090.**
2009	15 juill.	Ordonnance n° 2009-866. Conditions régissant la fourniture de services de paiement et portant création des établissements de paiement. – V. C. mon. fin., art. L. 163-3 s., ss. C. pén., art. 313-9.
2009	21 juill.	Loi n° 2009-879. Portant réforme de l'hôpital et relative aux patients, à la santé et aux territoires : – V. CSP, art. L. 1342-1, L. 1342-3, App., v° *Substances vénéneuses*, **p. 2996.** – V. CSP, art. L. 3322-9, L. 3323-1, L. 3323-2, L. 3331-4, L. 3341-2, L. 3342-2, L. 3342-1, L. 3342-4, L. 3351-6, L. 3351-6-1, L. 3351-6-2, L. 3351-8, L. 3353-3, App., v° *Débits de boissons*, **p. 2114.**
2009	22 juill.	Loi n° 2009-888. Développement et modernisation des services touristiques : – V. C. tourisme, art. L. 211-1 à L. 211-24, App., v° *Agents d'affaires*, **p. 1711.** – V. CSP, art. L. 3331-1-1, L. 3332-1-1, L. 3335-4, App., v° *Débits de boissons*, **p. 2119.**
2009	29 juill.	Loi n° 2009-928. Programmation militaire pour les années 2009 à 2014 et portant diverses dispositions concernant la défense. – V. C. pén., art. 322-3, 413-9, 413-9-1, 413-10, 413-10-1, 413-11, 413-11-1.
2009	29 juill.	Décret n° 2009-949. Poids total roulant autorisé des véhicules terrestres à moteur desservant des ports intérieurs et d'autres sites fluviaux aménagés en bordure des voies navigables. – V. C. route, art. R. 312-4, App., v° *Circulation routière*, **p. 1946.**

2009	3 août	Loi n° 2009-971. Gendarmerie nationale : – V. C. pén., art. 431-3. – V. L. du 29 juill. 1881, art. 39 *sexies*, App., v° *Presse et communication*, **p. 2751.**
2009	5 oct.	Décret n° 2009-1182. Conseil supérieur de l'éducation routière (CSER). – V. C. route, art. D. 214-1 s., App., v° *Circulation routière*, **p. 1897.**
2009	26 oct.	Décret n° 2009-1310. Traitement automatisé de données à caractère personnel relatives aux étrangers bénéficiaires du dispositif d'aide au retour. – V. CESEDA, art. R. 611-35 s., R. 611-42, R. 611-43, App., v° *Étrangers*, **p. 2485.**
2009	28 oct.	Loi n° 2009-1311. Protection pénale de la propriété littéraire et artistique sur internet (HADOPI II) : – V. C. pén., art. 434-41. – V. CPI, art. L. 335-7, L. 335-7-1, L. 335-7-2, L. 336-3, App., v° *Presse et communication*, **p. 2924.** – V. L. n° 2004-575 du 21 juin 2004, art. 6, App., v° *Presse et communication*, **p. 2912.**
2009	11 nov.	Décret n° 2009-1384. Spécialisation des juridictions en matière de contestations de nationalité et de pratiques restrictives de concurrence. – V. C. com., art. D. 442-3, D. 442-4, App., v° *Prix et concurrence*, **p. 2969.**
2009	24 nov.	Loi n° 2009-1436. Pénitentiaire. – V. C. pén., art. 131-8, 131-22, 132-24, 132-27, 132-54, 132-55, 132-57.
2009	24 nov.	Loi n° 2009-1437. Orientation et formation professionnelle tout au long de la vie. – V. C. pén., art. 215-1, 215-3, 222-36, 223-13, 223-15-3, 225-13, 313-7, 313-9, 433-17.
2009	8 déc.	Décret n° 2009-1516. Système informatisé de gestion des dossiers des ressortissants étrangers en France. – V. CESEDA, art. R. 611-1 à D. 611-5-1, App., v° *Étrangers*, **p. 2469.**
2009	8 déc.	Loi n° 2009-1503. Organisation et régulation des transports ferroviaires et portant diverses dispositions relatives aux transports : – V. C. pén., art. 113-6. – V. C. route, art. L. 225-5, L. 234-15, L. 433-1, App., v° *Circulation routière*, **p. 1818.**
2009	18 déc.	Décret n° 2009-1658. Modification des livres II et VI du code rural. – V. C. rur., art. R. 214-110, ss. C. pén., art. R. 511-1.
2009	23 déc.	Décret n° 2009-1650. Développement et modernisation des services touristiques. – V. CSP, art. D. 3332-10, App., v° *Débits de boissons*, **p. 2142.**
2009	24 déc.	Loi n° 2009-1646. De financement de la sécurité sociale pour 2010. – V. CSS, art. L. 114-15, ss. C. pén., art. 313-9.
2009	24 déc.	Décret n° 2009-1657. Conseil de défense et de sécurité nationale et secrétariat général de la défense et de la sécurité nationale. – V. C. pén., art. R. 226-2, R. 226-4, R. 226-8.

2009	30 déc.	Décret n° 2009-1700. Activités commerciales et artisanales ambulantes. – V. C. com., art. R. 123-208-3, App., v° *Marchands ambulants*, **p. 2515.**
2010	4 janv.	Loi n° 2010-1. Protection du secret des sources des journalistes. – V. L. du 29 juill. 1881, art. 2, 3, 35, App., v° *Presse et communication*, **p. 2609.**
2010	7 janv.	Ordonnance n° 2010-18. Création d'une agence nationale chargée de la sécurité sanitaire de l'alimentation, de l'environnement et du travail. – V. CSP, art. L. 3322-11, App., v° *Débits de boissons*, **p. 2114** ; art. L. 5231-1, App., v° *Substances vénéneuses*, **p. 3004.**
2010	13 janv.	Ordonnance n° 2010-49. Biologie médicale. – V. CSP, art. L. 2131-1, L. 2142-1, ss. C. pén., art. 511-28.
2010	21 janv.	Ordonnance n° 2010-76. Portant fusion des autorités d'agrément et de contrôle de la banque et de l'assurance. – V. C. mon. fin., art. L. 524-6, App., *Douanes et changes*, **p. 2166** ; art. L. 621-15, App., v° *Marchés financiers*, **p. 2540** ; art. L. 341-6, L. 341-7, L. 341-17, App., v° *Usure-Prêts d'argent*, **p. 3050.**
2010	8 févr.	Loi n° 2010-121. Tendant à inscrire l'inceste commis sur les mineurs dans le code pénal et à améliorer la détection et la prise en charge des victimes d'actes incestueux : – V. C. pén., art. 222-22-1 à 222-33-1, 227-26 à 227-27-3. – V. C. éduc., art. L. 121-1, L. 542-1, L. 542-3, ss. C. pén., art. 222-31-2.
2010	22 févr.	Décret n° 2010-163. Libre prestation de services et reconnaissance des qualifications professionnelles des contrôleurs techniques et experts en automobile. – V. C. route, art. R. 323-6, R. 323-16 à R. 323-19, R. 326-8 à R. 326-10-4, R. 326-12, App., v° *Circulation routière*, **p. 1992.**
2010	23 févr.	Ordonnance n° 2010-177. Coordination avec la loi n° 2009-879 du 21 juillet 2009 portant réforme de l'hôpital et relative aux patients, à la santé et aux territoires. – V. CSP, art. L. 1234-2, L. 1243-4, L. 1243-6, ss. C. pén., art. 511-28 ; art. L. 1245-5, L. 5124-13, L. 5132-9, App., v° *Douanes et changes*, **p. 2155** ; art. L. 3322-7, L. 3331-2, L. 3332-3, L. 3332-5, L. 3335-10, L. 3352-3, App., v° *Débits de boissons*, **p. 2114** ; art. L. 3413-1, L. 3413-2, App., v° *Substances vénéneuses*, **p. 2999.**
2010	2 mars	Loi n° 2010-201. Violences de groupe : – V. C. pén., art. 221-4, 222-3, 222-8, 222-10, 222-12, 222-13, 222-14-2, 311-4, 312-2, 322-3, 431-4, 431-5, 431-22 à 431-28, 433-3. – V. Ord. n° 45-174 du 2 févr. 1945, art. 15-1, App., v° *Enfance-Enfance délinquante*, **p. 2233.** – V. C. sport, art. L. 332-8, ss. C. pén., art. 222-16-2.
2010	10 mars	Loi n° 2010-242. Récidive criminelle : – V. C. pén., art. 131-36-2, 132-16-6, 132-23-1, 132-23-2, 132-45. – V. Ord. n° 45-174 du 2 févr. 1945, art. 11, 12, App., v° *Enfance-Enfance délinquante*, **p. 2228.**

2010	11 mars	Décret n° 2010-256. Modification du décret n° 88-1024 du 2 novembre 1988 portant application de la loi du 16 mars 1915 relative à l'interdiction de l'absinthe et des liqueurs similaires, fixant les caractères des liqueurs similaires de l'absinthe. – V. Décr. n° 88-1024, art. 1er, ss. L. du 16 mars 1915, art. 2, App., v° *Débits de boissons*, **p. 2151.**
2010	31 mars	Décret n° 2010-344. Conséquences au niveau réglementaire de l'intervention de la loi n° 2009-879 du 21 juillet 2009 portant réforme de l'hôpital et relative aux patients, à la santé et aux territoires. – V. CSP, art. R. 3413-10, R. 3413-15, App., v° *Substances vénéneuses*, **p. 3007.**
2010	14 avr.	Ordonnance n° 2010-379. Santé des sportifs et mise en conformité du code du sport avec les principes du code mondial antidopage. – V. C. sport, art. L. 232-9 à L. 232-31, App., v° *Substances vénéneuses*, **p. 3010.**
2010	16 avr.	Décret n° 2010-387. Modification de l'article R. 553-5 du code de l'entrée et du séjour des étrangers et du droit d'asile. – V. CESEDA, art. R. 553-5, R. 553-9, App., v° *Étrangers*, **p. 2459.**
2010	27 avr.	Ordonnance n° 2010-420. Adaptation de dispositions résultant de la fusion de la direction générale des impôts et de la direction générale de la comptabilité publique : – V. C.envir., art. L. 218-76, App., v° *Pêche maritime*, **p. 2570.** – V. C. patr., art. L. 133-1, App., v° *Presse et communication*, **p. 2911.** – V. C. route, art. L. 121-4, L. 322-1, L. 344-2, App., v° *Circulation routière*, **p. 1793.**
2010	4 mai	Décret n° 2010-455. Mise sur le marché et contrôle des produits explosifs. – V. App., v° *Armes et explosifs*, **p. 1739.**
2010	6 mai	Ordonnance n° 2010-462. Création d'un livre IX au code rural relatif à la pêche maritime et à l'aquaculture marine : – V. C. rur., art. L. 911-1 s., L. 944-4, App., v° *Pêche maritime*, **p. 2561.** – V. L. n° 42-427 du 1er avr. 1942, App., v° *Pêche maritime*, **p. 2572.**
2010	6 mai	Décret n° 2010-465. Sanctions prévues pour l'offre et la vente de boissons alcooliques. – V. CSP, art. R. 3351-2 à R. 3353-7, App., v° *Débits de boissons*, **p. 2144.**
2010	12 mai	Loi n° 2010-476. Ouverture à la concurrence et à la régulation du secteur des jeux d'argent et de hasard en ligne : – V. App., v° *Jeux*, **p. 2499.** – V. L. 2 juin 1891, art. 4, App., v° *Jeux, paris, loteries*, **p. 2496.**
2010	27 mai	Décret n° 2010-561. Diverses mesures réglementaires de transposition de la directive 2006/123/CE relative aux services dans le marché intérieur. – V. Décr. n° 42-730 du 22 mars 1942, art. 85, App., v° *Chemins de fer*, **p. 1784.**
2010	3 juin	Ordonnance n° 2010-590. Dispositions relatives au statut civil de droit local applicable à Mayotte et aux juridictions compétentes pour en connaître. – V. C. pén., art. 725-5.

2010	9 juin	Loi n° 2010-625. Création des maisons d'assistants maternels. – V. CSP, art. L. 2324-1, App., v° *Enfance-Enfance délinquante*, **p. 2273.**
2010	9 juin	Loi n° 2010-626. Profession d'agent sportif. – V. C. mon. fin., art. L. 561-2, ss. C. pén., art. 324-6.
2010	10 juin	Décret n° 2010-645. Traitement automatisé de données à caractère personnel relatives aux étrangers sollicitant la délivrance d'un visa. – V. CESEDA, art. R. 611-8 à R. 611-10, R. 611-12, R. 611-13, R. 611-15, App., v° *Étrangers*, **p. 2479.**
2010	18 juin	Décret n° 2010-671. Signature électronique et numérique en matière pénale : – V. C. pén., art. R. 131-13, R. 131-14, R. 131-16 à R. 131-19, R. 131-21, R. 622-1, R. 623-4, R. 624-2, R. 624-6, R. 624-7, R. 625-5, R. 625-7, R. 625-9, R. 625-13, R. 631-1, R. 632-1, R. 633-4, R. 633-5, R. 634-1, R. 635-1, R. 635-2, R. 635-6, R. 635-8, R. 642-2 à R. 642-4, R. 643-1, R. 643-2, R. 644-3, R. 645-1, R. 645-6 à R. 645-11, R. 712-4, R. 722-3. – V. C. route, art. R. 323-16, App., v° *Circulation routière*, **p. 1995.** – V. C. rur., art. R. 215-10, ss. C. pén., art. R. 511-1. – V. CSP, art. R. 1337-10, ss. C. pén., art. R. 623-2, R. 3353-6.
2010	1er juill.	Loi n° 2010-737. Réforme du crédit à la consommation : – V. C. mon. fin., art. L. 341-16, App., v° *Usure-Prêts d'argent*, **p. 3055** ; art. L. 561-2, L. 562-2, ss. C. pén., art. 324-6. – V. C. mon. fin., art. L. 163-11, ss. C. pén., art. 313-19. – V. C. mon. fin., art. L. 341-2, App., v° *Usure-Prêts d'argent*, **p. 3047.**
2010	8 juill.	Décret n° 2010-773. Modification des parties réglementaires de différents codes et portant autorisation pour les officiers et agents de police judiciaire de la gendarmerie nationale d'utiliser un carnet de déclaration : – V. C. route, art. R. 325-16, R. 325-36, R. 411-30, App., v° *Circulation routière*, **p. 2003.** – V. CESEDA, art. R. 553-1, R. 553-2, App., v° *Étrangers*, **p. 2457.**
2010	8 juill.	Décret n° 2010-774. Modification des parties réglementaires du code des postes et des communications électroniques, du code de la route et du code monétaire et financier. – V. C. route, art. R. 211-1, R. 435-1, R. 436-1, App., v° *Circulation routière*, **p. 1882.**
2010	9 juill.	Loi n° 2010-768. Facilitation de la saisie et confiscation en matière pénale : – Art. 9. – V. C. pén., art.131-21. – Art. 10. – V. C. pén., art. 222-49. – Art. 11. – V. C. pén., art. 131-39. – Art. 13. – V. C. pén., art. 225-24. – Art. 15. – V. L. n° 96-392 du 13 mai 1996, App., v° *Substances vénéneuses*, **p. 3020.**
2010	9 juill.	Loi n° 2010-769. Violences faites spécifiquement aux femmes, violences au sein des couples et incidences de ces dernières sur les enfants : – Art. 5. – V. C. pén., art. 227-4-2, 227-4-3. – Art. 6. – V. C. pén., art. 131-36-12-1, 222-18-3, 222-48-1.

		– Art. 16. – V. C. pén., art. 226-10. – Art. 25. – V. C. pén., art. 222-14, 222-48-1. – Art. 27. – V. L. n° 86-1067 du 30 sept. 1986, art. 42, App., v° *Presse et communication*, **p. 2887** ; L. n° 49-956 du 16 juill. 1949, art. 2, App., v° *Presse et communication*, **p. 2867.** – Art. 28. – V. L. n° 2004-575 du 21 juin 2004, art. 6, App., v° *Presse et communication*, **p. 2911.** – Art. 31. – V. C. pén., art. 222-14-3, 222-33-2-1. – Art. 32. – V. C. pén., art. 132-80. – Art. 33. – V. C. pén., art. 221-4, 221-5-4, 222-3, 222-6-3, 222-8, 222-10, 222-12, 222-13, 222-16-3. – Art. 35. – V. C. pén., art. 222-50-1. – Art. 36. – V. C. pén., art. 222-22.
2010	12 juill.	Loi n° 2010-788. Engagement national pour l'environnement : – Art. 28-III. – V. C. envir., art. L. 341-19, ss. C. pén., art. 322-4. – Art. 36. – V. C. envir., art. L. 581-7, L. 581-8, L. 581-14 à L. 581-14-3, L. 581-18, L. 581-21, L. 581-27 à L. 581-34, L. 581-40, L. 581-43. – Art. 40. – V. C. envir., art. L. 581-9, App., v° *Affichage*, **p. 1683.** – Art. 41. – V. C. envir., art. L. 581-10. – Art. 42. – V. C. envir., art. L. 581-19. – Art. 43. – V. C. envir., art. L. 581-26. – Art. 44. – V. C. envir., art. L. 581-30. – Art. 45. – V. C. envir., art. L. 581-34, L. 581-36. – Art. 46. – V. C. envir., art. L. 581-29. – Art. 48. – V. C. envir., art. L. 581-22. – Art. 49. – V. C. envir., art. L. 581-23. – Art. 58-I. – V. C. route, art. L. 130-4, L. 330-2, App., v° *Circulation routière*, **p. 1795.** – Art. 183-II. – V. L. n° 86-1067 du 30 sept. 1986, art. 3-1, App., v° *Presse et communication*, **p. 2887.**
2010	21 juill.	Décret n° 2010-835. Incrimination de l'outrage au drapeau tricolore. – V. C. pén., art. R. 645-15.
2010	23 juill.	Loi n° 2010-853. Réseaux consulaires, commerce, artisanat et services : – V. C. mon. fin., art. L. 561-3, L. 561-10-1, L. 561-12, L. 561-15, L. 561-21, L. 561-22, L. 561-26, L. 561-28, ss. C. pén., Livre III, Titre II, chap. IV. – V. C. com., art. L. 441-6, App., v° *Prix*, **p. 2937.** – V. CSP, art. L. 3332-1-1, App., v° *Débits de boissons*, **p. 2120.** – V. L. n° 70-9 du 2 janv. 1970, art. 3, App., v° *Agents d'affaires*, **p. 1693.**
2010	27 juill.	Loi n° 2010-874. Modernisation de l'agriculture et de la pêche : – V. C. com., art. L. 441-2 à L. 441-6, L. 442-6, App., v° *Prix et concurrence*, **p. 2935.** – V. C. rur., art. L. 942-1, L. 942-4 à L. 942-6, L. 943-1, L. 943-2, L. 943-7, L. 943-9, L. 944-5, L. 945-1, L. 945-2, App., v° *Pêche maritime*, **p. 2562.**

2010	11 oct.	Loi n° 2010-1192. Dissimulation du visage dans l'espace public. – V. C. pén., art. 225-4-10.
2010	11 oct.	Décret n° 2010-1223. Transport public de personnes avec conducteur. – V. C. route, art. R. 221-10, R. 221-11, App., v° *Circulation routière*, **p. 1908.**
2010	23 oct.	Loi n° 2010-1249. Régulation bancaire et financière : – Art. 9. – V. C. mon. fin., art. L. 465-1, L. 465-2, L. 466-1, L. 621-1, L. 621-9, L. 621-9-1, L. 621-9-2, L. 621-14, L. 621-15, L. 621-17-1, L. 621-17-2, App., v° *Marchés financiers*, **p. 2518.** – Art. 12. – V. C. mon. fin., art. L. 524-6, App., v° *Douanes et changes*, **p. 2166.** – Art. 36. – V. C. mon. fin., art. L. 341-1, L. 341-3, L. 341-4, L. 341-10, L. 341-12, App., v° *Usure-Prêts d'argent*, **p. 3046.** – Art. 46. – V. C. mon. fin., art. L. 152-4, App., v° *Douanes et changes*, **p. 2163.**
2010	28 oct.	Ordonnance n° 2010-1307. Partie législative du code des transports : – Art. 7. – V. C. route, art. L. 325-4, L. 325-5, App., v° *Circulation routière*, **p. 1847.** – V. C. transp., art. L. 5142-8, ss. C. pén., art. 314-4 ; art. L. 2231-1 à L. 2231-9, L. 2232-1, L. 2232-2, L. 2240-1, L. 2241-1 à L. 2241-8, L. 2242-1 à L. 2242-8, App., v° *Chemins de fer*, **p. 1785.** – V. C. transp., art. L. 4273-1, App., v° *Circulation aérienne, maritime et fluviale*, **p. 2101.**
2010	9 déc.	Ordonnance n° 2010-1512. Partie législative du code de commerce. – V. C. com., art. L. 654-9, App., v° *Banqueroute et infractions connexes*, **p. 1774.**
2010	16 déc.	Décret n° 2010-1581. Mesures de sécurité routière. – V. C. route, art. R. 417-10, App., v° *Circulation routière*, **p. 2075.**
2010	29 déc.	Loi n° 2010-1657. De finances pour 2011. – V. CESEDA, art. L. 626-1, App., v° *Étrangers*, **p. 2442.**
2010	29 déc.	Loi n° 2010-1658. De finances rectificative pour 2011 : – V. L. n° 2010-476 du 12 mai 2010, art. 59, App., v° *Jeux, paris et loteries*, **p. 2509.** – V. C. mon. fin., art. L. 561-27, ss. C. pén., art. 324-6.
2010	30 déc.	Loi n° 2010-1707. Modification du décret n° 72-678 du 20 juillet 1972 fixant les conditions d'application de la loi n° 70-9 du 2 janvier 1970 réglementant les conditions d'exercice des activités relatives à certaines opérations portant sur les immeubles et fonds de commerce. – Art. 1er, 55, 92, 93, 94, App., v° *Agents d'affaires*, **p. 1692.**
2011	5 janv.	Loi n° 2011-12. Dispositions d'adaptation de la législation au droit de l'Union européenne. – V. C. route, art. L. 213-3, L. 326-3, L. 326-5, L. 326-6, App., v° *Circulation routière*, **p. 1805.**
2011	5 janv.	Loi n° 2011-13. Lutte contre la piraterie et exercice des pouvoirs de police de l'État en mer : – V. C. pén., art. 224-6-1.

		– V. C. défense, art. L. 1521-1, L. 1521-11 à L. 1521-18, App., v° *Circulation aérienne, maritime et fluviale*, **p. 2105.**
2011	25 janv.	Loi n° 2011-94. Réforme de la représentation devant les cours d'appel. – V. C. mon. fin., art. L. 561-2, L. 561-3, L. 561-17, L. 561-19, L. 561-26, L. 561-28, L. 561-30, ss. C. pén., art. 324-6 ; art. L. 621-12, App., v° *Marchés financiers*, **p. 1233.**
2011	3 févr.	Loi n° 2011-140. Renforcement des moyens du Parlement en matière de contrôle de l'action du Gouvernement et d'évaluation des politiques publiques. – V. Ord. n° 58-1100 du 17 nov. 1958, art. 6, ss. C. pén., art. 226-32.
2011	4 févr.	Décret n° 2011-153. Dispositions d'adaptation au droit communautaire en matière de gestion des véhicules hors d'usage et des déchets d'équipements électriques et électroniques. – V. C. route, art. R. 318-10, R. 322-9, App., v° *Circulation routière*, **p. 1978.**
2011	10 févr.	Décret n° 2011-169. Modification de l'article 3 de la loi n° 2010-476 du 12 mai 2010 relative à l'ouverture à la concurrence et à la régulation du secteur des jeux d'argent et de hasard en ligne, App., v° *Jeux, paris et loteries*, **p. 2499.**
2011	14 mars	Loi n° 2011-266. Lutte contre la prolifération des armes de destruction massive et de leurs vecteurs. – V. C. pén., art. 421-1.
2011	14 mars	Loi n° 2011-267. Orientation et programmation pour la performance de la sécurité intérieure : – V. C. pén., art. 131-36-10, 132-19-2, 221-3, 221-4, 221-8, 222-44, 225-12-8 à 225-12-10, 225-20, 225-21, 226-3, 226-4-1, 226-27, 226-28, 227-24, 311-4, 311-5, 311-14, 321-7, 322-2, 322-3, 413-13, 431-1, 431-29, 431-30, 434-10, 446-1 à 446-4, 713-4, 713-5, 723-5, 723-6. – V. C. route, art. L. 130-9, L. 221-2, L. 223-1, L. 223-6, L. 223-9, L. 224-1, L. 224-2, L. 224-3, L. 224-16, L. 225-4, L. 234-2, L. 234-3, L. 234-9, L. 234-12, L. 234-16, L. 234-17, L. 235-2, L. 235-4, L. 243-1, L. 243-2, L. 244-1, L. 244-2, L. 245-1, L. 245-2, L. 325-1-1, L. 325-12, L. 325-2, L. 330-5, L. 343-1, L. 344-1, L. 413-1, App., v° *Circulation routière*, **p. 1796.** – V. CESEDA, art. L. 513-4, L. 523-5, L. 561-3, L. 624-4, App., v° *Étrangers*, **p. 2408.** – V. CSS, art. L. 114-16-1 à L. 114-16-3, ss. C. pén., art. 313-9. – V. C. transp., art. L. 2241-2, L. 2241-6, L. 2242-4, App., v° *Chemins de fer*, **p. 1787.** – V. CSP, art. L. 3341-4, App., v° *Débits de boissons*, **p. 2130.** – V. Ord. n° 45-174 du 2 févr. 1945, art. 4, 15-1, App., v° *Enfance-Enfance délinquante*, **p. 2218.** – V. L. n° 2004-575 du 21 juin 2004, art. 6, App., v° *Presse et communication*, **p. 2912.**
2011	22 mars	Loi n° 2011-302. Dispositions d'adaptation de la législation au droit de l'Union européenne en matière de santé, de travail et de communications électroniques : – V. CSP, art. L. 3331-1, L. 3331-1-1, L. 3331-2, L. 3331-3, L. 3331-5, L. 3331-6, L. 3332-3, L. 3332-4, L. 3332-5, L. 3332-6, L. 3335-10, L. 3352-3, L. 3352-4, App., v° *Débits de boissons*, **p. 2118.**

		– V. CSP, art. L. 5121-20, App., v° *Douanes et changes*, **p. 2158.**
2011	28 mars	Loi n° 2011-331. Modernisation des professions judiciaires ou juridiques de certaines professions réglementées. – V. C. mon. fin., art. L. 561-3, ss. C. pén., art. 324-6.
2011	28 mars	Décret n° 2011-335. Accompagnement des transports exceptionnels. – V. C. route, art. R. 130-6, R. 433-2, R. 433-17 à R. 433-20, App., v° *Circulation routière*, **p. 1879.**
2011	29 mars	Loi n° 2011-334. Défenseur des droits : – Art. 11, 12, 13, 14, ss. C. pén., art. 433-18, 434-23-1. – V. L. n° 78-17 du 6 janv. 1978, art. 11, 13, 16, 17, 44, 45 anc., 47 anc., 51, ss. C. pén., art. 226-32.
2011	29 mars	Ordonnance n° 2011-337. Modification de l'organisation judiciaire dans le Département de Mayotte : – V. C. com., art. L. 420-7, L. 430-2, App., v° *Prix et concurrence*, **p. 2929.** – V. Ord. n° 45-174 du 2 févr. 1945, art. 47, 48, 49, App., v° *Enfance-Enfance délinquante*, **p. 2245.**
2011	29 mars	Décret n° 2011-338. Modification de l'organisation judiciaire dans le Département de Mayotte. – V. C. pén., art. R. 721-1, R. 722-1, R. 722-2, R. 722-6.
2011	4 avr.	Décret n° 2011-368. Sanctions applicables à certaines infractions de code de la route et modification du décret n° 2009-780 du 23 juin 2009 relatif au transport de bois rond. – V. C. route, art. R. 130-6, R. 312-2, R. 312-3, R. 312-4, R. 312-5, R. 312-6, R. 312-8, R. 317-24, R. 318-1, R. 318-3, R. 318-4, R. 318-5, R. 411-17, R. 433-1, R. 433-3, R. 433-7, R. 433-8, R. 433-12, App., v° *Circulation routière*, **p. 1879.**
2011	14 avr.	Loi n° 2011-392. Garde à vue : – V. CSP, art. L. 3341-1, L. 3341-2, App., v° *Débits de boissons*, **p. 2129.** – V. C. route, art. L. 234-18, L. 235-5, App., v° *Circulation routière*, **p. 1828.** – V. Ord. n° 45-174 du 2 févr. 1945, art. 4, App., v° *Enfance-Enfance délinquante*, **p. 2218.**
2011	14 avr.	Loi n° 2011-412. Simplification de dispositions du code électoral et relative à la transparence financière de la vie politique. – V. C. mon. fin., art. L. 561-22, ss. C. pén., art. 324-6.
2011	2 mai	Décret n° 2011-477. Modalités d'opposition à la réutilisation, à des fins commerciales, des informations continues dans le système d'immatriculation des véhicules. – V. C. route, art. R. 330-11, App., v° *Circulation routière*, **p. 2023.**
2011	17 mai	Loi n° 2011-525. Simplification et amélioration de la qualité du droit : – V. C. pén., art. 113-3, 113-4, 113-11, 131-35, 221-3, 221-6, 221-6-1, 222-19, 222-19-1, 222-20, 222-20-1, 222-24, 222-28, 223-1, 225-4-2, 225-7, 226-15, 227-3, 227-26, 322-5, 322-6-1, 432-11, 433-1, 433-2, 434-9, 434-9-1, 434-40, 434-40-1, 435-1 à 435-4, 435-7 à 435-10, 441-8, 445-1, 445-2, 717-1, 727-1.

		– V. C. envir., art. L. 581-9, L. 581-40, App., v° *Affichage*, **p. 1683.** – V. C. route, art. L. 121-3, L. 121-5, L. 142-4, L. 130-8, L. 142-5, App., v° *Circulation routière*, **p. 1792.** – V. C. sport, L. 232-20, App., v° *Substances vénéneuses*, **p. 3016.** – V. C. com., art. L. 242-30, L. 244-1, App., v° *Sociétés commerciales*, **p. 2990** ; art. L. 463-1, App., v° *Prix et concurrence*, **p. 2956** ; art. L. 820-4, L. 820-7, App., v° *Commissaires aux comptes*, **p. 3000.** – V. CSP, art. L. 3351-8, L. 3355-6, L. 3421-5, L. 3424-1, L. 3425-1, App., v° *Substances vénéneuses*, **p. 2132.** – V. CGI, art. 1816, App., v° *Débits de boissons*, **p. 2150.** – V. COJ, art. L. 252-1, App., v° *Enfance-Enfance délinquante*, **p. 2255.** – V. C. rur., art. L. 945-2, App., v° *Pêche maritime*, **p. 2567.** – V. L. du 29 juill. 1881, art. 16, 48-1, App., v° *Presse et communication*, **p. 2630.** – V. L. du 3 avr. 1942, art. 2, App., v° *Agents d'affaires*, **p. 1720.** – V. L. n° 49-956 du 16 juill. 1949, art. 1er, 2, 4 à 7, 11, 13, 14, App., v° *Presse et communication*, **p. 2867.** – V. L. n° 78-17 du 6 janv. 1978, art. 13, ss. C. pén., art. 226-32. – V. L. n° 86-897 du 1er août 1986, art. 2, 4 à 6, App., v° *Presse et communication*, **p. 2883.**
2011	17 mai	Décret n° 2011-537. Modernisation des missions d'inspection et de contrôle et à la mise en cohérence de diverses dispositions du livre II du code rural et de la pêche maritime. – V. C. rur., art. R. 214-99, R. 214-101, R. 214-110, ss. C. pén., art. R. 511-1.
2011	20 mai	Conseil constitutionnel, décision n° 2011-131 QPC. – V. L. du 29 juill. 1881, art. 35, App., v° *Presse et communication*, **p. 2733.**
2011	24 mai	Décret n° 2011-570. Conseil supérieur de l'éducation routière. – V. C. route, art. D. 214-1 à D. 214-4, App., v° *Circulation routière*, **p. 1897.**
2011	8 juin	Décret n° 2011-638. Application de gestion des dossiers des ressortissants étrangers en France et aux titres de séjour et aux titres de voyage des étrangers. – V. CESESA, art. R. 611-1 à R. 611-7-4, App., v° *Étrangers*, **p. 2469.**
2011	16 juin	Loi n° 2011-672. Immigration, intégration et nationalité : – V. CESEDA, art. L. 511-1 à L. 511-4, L. 512-1 à L. 512-6, L. 513-1 à L. 513-4, L. 514-1, L. 514-2, L. 521-2, L. 521-3, L. 521-5, L. 523-3 à L. 523-5, L. 531-1 à L. 531-3, L. 533-1, L. 541-2, L. 541-3, L. 551-1, L. 551-2, L. 552-2 à L. 552-4, L. 552-6 à L. 552-8, L. 552-10, L. 552-13, L. 553-1, L. 553-3, L. 554-1, L. 555-1, L. 561-1 à L. 562-3, L. 571-1 à L. 571-3, L. 611-2, L. 611-3, L. 611-11, L. 621-2, L. 622-4, L. 622-10, L. 623-1, L. 624-1, L. 624-4, App., v° *Étrangers*, **p. 2400.** – V. CSS, art. L. 114-16-3, ss. C. pén., art. 313-9.
2011	28 juin	Décret n° 2011-759. Diverses mesures réglementaires d'adaptation au droit de l'Union européenne dans le domaine de la reconnaissance des qualifications professionnelles et des services dans le marché intérieur. – V. C. route, art. R. 212-1, R. 213-2, R. 213-2-1, App., v° *Circulation routière*, **p. 1885.**

2011	28 juin	Décret n° 2011-760. Conditions à remplir pour exercer la profession d'expert en automobile et Commission nationale des experts en automobile. – V. C. route, art. *R. 326-5* à *R. 326-14*, D. 326-15, App., v° *Circulation routière*, **p. 2011.**
2011	30 juin	Décret n° 2011-794. Emploi de la force pour le maintien de l'ordre public. – V. C. pén., art. R. 431-1 à R. 431-5.
2011	7 juill.	Loi n° 2011-814. Bioéthique : – V. C. pén., art. 225-3, 226-28, 226-28-1, 511-3. – V. CSP, art. L. 1131-1 à L. 1131-1-3, ss. C. pén., art. 226-30. – V. CSP, art. L. 1211-6-1, L. 1231-1, L. 1242-1, L. 1243-1, L. 2131-1, L. 2131-4 à L. 2131-4-2, L. 2131-5, L. 2141-2 à L. 2141-7, L. 2141-11, L. 2142-1, ss. C. pén., art. 511-28.
2011	8 juill.	Décret n° 2011-819. Application de la loi n° 2011-672 du 16 juin 2011 relative à l'immigration, à l'intégration et à la nationalité. – V. CESEDA, art. R. 512-2, R. 512-3, App., v° *Étrangers*, **p. 2444.**
2011	8 juill.	Décret n° 2011-820. Application de la loi n° 2011-672 du 16 juin 2011 relative à l'immigration, à l'intégration et à la nationalité et portant sur les procédures d'éloignement des étrangers. – V. CESEDA, art. R. 511-2 à R. 511-4, R. 512-1, R. 512-1-1, R. 513-1 à R. 513-3, R. 522-8, R. 531-3-3, R. 531-13, R. 533-1, R.* 541-1, R. 551-3, R. 552-4, R. 552-10 à R. 552-12, R. 552-20, R. 553-14-4 à R. 553-14-8, R. 561-1 à R. 561-4, R. 611-41-1, App., v° *Étrangers*, **p. 2443.**
2011	20 juill.	Loi n° 2011-850. Libéralisation des ventes volontaires de meubles aux enchères publiques : – V. C. pén., art. 313-6. – V. C. mon. fin., art. L. 561-2, ss. C. pén., art. 324-6.
2011	22 juill.	Décret n° 2011-869. Formations délivrées pour l'exploitation d'un débit de boissons à consommer sur place et pour la vente entre 22 heures et 8 heures de boissons alcooliques. – V. CSP, art. R. 3332-4 à R. 3332-7, R. 3332-9, App., v° *Débits de boissons*, **p. 2140.**
2011	27 juill.	Loi n° 2011-884. Collectivités territoriales de Guyane et de Martinique. – V. C. route, art. L. 344-1, App., v° *Circulation routière*, **p. 1866.**
2011	1er août	Ordonnance n° 2011-915. Organismes de placement collectif en valeurs mobilières et modernisation du cadre juridique de la gestion d'actifs : – V. C. mon. fin., art. L. 341-10, L. 341-11, App., v° *Usure-Prêts d'argent*, **p. 3052.** – V. C. mon. fin., art. L. 621-9, L. 621-13, App., v° *Marchés financiers*, **p. 2525.** – V. C. com., art. L. 820-1, App., v° *Commissaires aux comptes*, **p. 2108.**
2011	10 août	Loi n° 2011-939. Participation des citoyens au fonctionnement de la justice pénale et jugement des mineurs : – V. C. pén., art. 131-36-11.

		– V. COJ, art. L. 251-7, L. 251-8, App., v° *Enfance-Enfance délinquante*, **p. 2255.** – V. Ord. n° 45-174 du 2 févr. 1945, art. 1er à 3, 5 à 5-2, 6, 6-1, 7-1, 8 à 8-3, 9, 10 à 10-3, 11, 11-2, 12, 12-2, 14, 14-2, 20, 20-5, 20-7, 20-10, 24-1 à 24-8, App., v° *Enfance-Enfance délinquante*, **p. 2217.**
2011	24 août	Ordonnance n° 2011-1012. Communications électroniques : – V. L. n° 78-17 du 6 janv. 1978, art. 32, 34 *bis*, ss. C. pén., art. 226-32. – V. C. pén., art. 226-3, 226-17-1.
2011	26 août	Décret n° 2011-1031. Conditions d'exercice du droit d'asile. – V. CESEDA, art. R. 553-15, R. 553-18, App., v° *Étrangers*, **p. 2463.**
2011	5 sept.	Décret n° 2011-1048. Conduite sous l'influence de l'alcool : – V. C. pén., art. R. 131-4-1. – V. C. route, art. R. 223-3, R. 233-1, R. 234-5, R. 243-1, R. 244-1, R. 245-1, App., v° *Circulation routière*, **p. 1913.**
2011	6 sept.	Décret n° 2011-1049. Application de la loi n° 2011-672 du 16 juin 2011 relative à l'immigration, à l'intégration et la nationalité et aux titres de séjour. – V. CESEDA, art. R. 511-1, R. 521-1, App., v° *Étrangers*, **p. 2443.**
2011	16 sept.	Conseil constitutionnel, décision n° 2011-163 QPC. – V. C. pén., art. 222-31-1.
2011	17 oct.	Décret n° 2011-1310. Habilitation d'organismes accueillant des personnes condamnées à la peine de travail d'intérêt général : – V. C. pén., art. R. 131-16-1. – V. Décr. n° 76-1073 du 22 nov. 1976, art. 5, 6, 10-1, App., v° *Enfance-Enfance délinquante*, **p. 2253.**
2011	2 nov.	Décret n° 2011-1425. Protection du potentiel scientifique et technique de la Nation. – V. C. pén., art. R. 413-5-1.
2011	9 nov.	Décret n° 2011-1490. Traitement automatisé de données à caractère personnel relatives aux étrangers sollicitant la délivrance d'un visa. – V. CESEDA, art. R. 611-10, App., v° *Étrangers*, **p. 2481.**
2011	9 nov.	Décret n° 2011-1475. Transposition de la directive 2006/126/CE relative au permis de conduire. – V. C. route, art. R. 211-1, R. 211-2, R. 221-1, R. 221-3 [D. 221-3], R. 221-4 à R. 221-11, R. 222-8 [D. 222-8], R. 224-20, R. 233-1, R. 431-4, App., v° *Circulation routière*, **p. 1882.**
2011	10 nov.	Conseil constitutionnel, décision n° 2011-192 QPC. – V. C. pén., art. 413-9-1, 413-10-1, 413-11-1.
2011	30 nov.	Décret n° 2011-1693. Protection des droits sociaux et pécuniaires des étrangers sans titre et à la répression du travail illégal. – V. CESEDA, art. R. 553-4, App., v° *Étrangers*, **p. 2458.**
2011	13 déc.	Loi n° 2011-1862. Répartition des contentieux et allègement de certaines procédures juridictionnelles : – V. C. route, art. L. 121-2, L. 121-3, L. 322-3, L. 325-1-1, L. 344-1, App., v° *Circulation routière*, **p. 1792.**

		– V. CSP, art. L. 3413-1, L. 3413-2, L. 3413-3, L. 3423-1, App., v° *Substances vénéneuses*, **p. 2999.** – V. Ord. n° 45-174 du 2 févr. 1945, art. 21, App., v° *Enfance-Enfance délinquante*, **p. 2238.**
2011	21 déc.	Loi n° 2011-1906. De financement de la sécurité sociale pour 2012.– V. C. mon. fin., art. L. 561-29, ss. C. pén., art. 324-6.
2011	22 déc.	Ordonnance n° 2011-1922. Adaptation du code du travail, du code de la santé publique et du code de l'environnement au droit de l'Union européenne en ce qui concerne la mise sur le marché des produits chimiques. – V. CSP, art. L. 1342-1 à L. 1342-5, L. 1343-4, App., v° *Substances vénéneuses*, **p. 2996.**
2011	26 déc.	Loi n° 2011-1940. Service citoyen pour les mineurs délinquants : – V. Ord. n° 45-174 du 2 févr. 1945, art. 7-2, 8-2, 13, 20-10, 24-1, 24-6, App., v° *Enfance-Enfance délinquante*, **p. 2223.** – V. COJ, art. L. 251-3, App., v° *Enfance-Enfance délinquante*, **p. 2255.**
2011	29 déc.	Décret n° 2011-2046. Contrôle technique. – V. C. route, art. R. 323-18-1, R. 323-22, R. 323-25, App., v° *Circulation routière*, **p. 1997.**
2012	3 janv.	Décret n° 2012-3. Mesures de sécurité routière. – V. C. route, art. R. 130-6, R. 221-8, R. 234-6, R. 235-3, R. 235-4, R. 235-9, R. 317-8, R. 325-1, R. 325-1-1, R. 325-22, R. 325-27, R. 325-32, R. 325-43, R. 325-45, R. 411-21-1, R. 412-6-1, R. 412-6-2, R. 412-8, R. 412-22, R. 413-15, R. 431-1-2, App., v° *Circulation routière*, **p. 1879.**
2012	11 janv.	Ordonnance n° 2012-34. Simplification, réforme et harmonisation des dispositions de police administrative et de police judiciaire du code de l'environnement. – V. C. envir., art. L. 341-19 à L. 341-21, ss. C. pén., art. 322-4 ; art. L. 581-34, L. 581-40, App., v° *Affichage*, **p. 1207.**
2012	12 janv.	Décret n° 2012-42. Gestion des dossiers des ressortissants étrangers en France. – V. CESEDA, art. R. 611-7-1, App., v° *Étrangers*, **p. 2478.**
2012	25 janv.	Décret n° 2012-90. Rétention administrative de longue durée de certains étrangers. – V. CESEDA, art. R. 552-11, R. 553-1, R. 553-4-1, App., v° *Étrangers*, **p. 2454.**
2012	26 janv.	Décret n° 2012-99. Registre tenu par les personnes dont l'activité professionnelle comporte la vente ou l'échange de certains objets mobiliers. – V. C. pén., art. R. 321-3, R. 321-5.
2012	27 janv.	Décret n° 2012-113. Placement sous surveillance électronique mobile de certains étrangers assignés à résidence dans l'attente de leur éloignement. – V. CESEDA, art. R. 571-1 s., App., v° *Étrangers*, **p. 2468.**
2012	1er févr.	Loi n° 2012-158. Éthique du sport et droits des sportifs : – V. C. pén., art. 445-1-1 anc., 445-2-1 anc., 445-3, 445-4. – V. L. n° 2010-476 du 12 mai 2010, art. 32, App., v° *Jeux, paris et loteries*, **p. 2507.**

2012	17 févr.	Conseil constitutionnel, décision n° 2011-222 QPC. – V. C. pén., anc. art. 227-27-2.
2012	20 févr.	Décret n° 2012-237. Classification des véhicules et aux sanctions applicables en cas d'infraction à une mesure d'interdiction ou de restriction de la circulation dans les zones d'actions prioritaires pour l'air. – V. C. route, art. R. 318-2, R. 411-19-1, App., v° *Circulation routière*, **p. 1977.**
2012	28 févr.	Décret n° 2012-280. Label "autopartage"– V. C. route, art. R. 417-10, App., v° *Circulation routière*, **p. 2075.**
2012	28 févr.	Décret n° 2012-284. Possession obligatoire d'un éthylotest par le conducteur d'un véhicule terrestre à moteur. – V. C. route, art. R. 233-1, R. 234-7, App., v° *Circulation routière*, **p. 1924.**
2012	5 mars	Loi n° 2012-300. Recherche impliquant la personne humaine : – V. C. pén., art. 223-8. – V. CSP, art. L. 1243-4, ss. C. pén., art. 511-28 ; art. L. 1131-1-1, ss. C. pén., art. 226-30.
2012	5 mars	Décret n° 2012-312. Manifestations sportives sur les voies publiques ou ouvertes à la circulation publique. – V. C. route, art. R. 411-10, R. 411-29, R. 411-31, App., v° *Circulation routière*, **p. 2041.**
2012	6 mars	Loi n° 2012-304. Contrôle des armes moderne, simplifié et préventif : – V. C. pén., art. 221-8, 222-44, 224-9, 225-20, 311-14, 312-13, 321-10, 321-6-1, 322-15, 421-1, 431-7, 431-11, 431-26, 431-28, 433-24. – V. L. n° 85-706 du 12 juill. 1985, art. 1er, App., v° *Armes et explosifs*, **p. 1738.** – V. L. n° 92-1477 du 31 déc. 1992, art. 3, App., v° *Douanes et changes*, **p. 2153.** – V. C. route, art. L. 232-1, L. 232-2, App., v° *Circulation routière*, **p. 1820.**
2012	7 mars	Loi n° 2012-326. Formations supplétives des forces armées. – V. l'art. unique de cette loi ss. L. du 29 juill. 1881, art. 30, App., v° *Presse et communication*, **p. 2711.**
2012	7 mars	Décret n° 2012-336. Office français de l'immigration et de l'intégration. – V. CESEDA, art. R. 512-1-2, App., v° *Étrangers*, **p. 2444.**
2012	12 mars	Loi n° 2012-348. Organisation des manifestations sportives : – V. C. pén., art. 313-6-2, 313-9. – V. C. sport, art. L. 232-12-1, App., v° *Substances vénéneuses*, **p. 3012.**
2012	12 mars	Ordonnance n° 2012-351. Partie législative du code de la sécurité intérieure : – V. C. pén., art. 321-6-1, 421-1, 431-3. – V. CSI, art. L. 311-1, L. 311-2, App., v° *Armes et explosifs*, **p. 1723** ; art. L. 320-1, App., v° *Jeux, paris, loteries*, **p. 2494** ; art. L. 331-1, L. 332-1, L. 333-1, L. 334-1, L. 334-2, App., v° *Débits de boissons*, **p. 2150** ; art. L. 223-1 à L. 223-9, L. 251-1 à L. 251-3, L. 251-7, L. 252-1 à L. 252-7, L. 253-1 à L. 253-5, ss. C. pén., art. 226-32 ; art. L. 211-9, ss. C. pén., art. 431-3 ; art. L. 211-1 à L. 211-8,

		L. 211-12 à L. 211-15, ss. C. pén., art. 431-12 ; art. L. 212-1, ss. C. pén., art. 431-15 ; art. L. 132-8, L. 132-9, App., v° *Enfance*, **p. 2173** ; art. L. 320-1, App., v° *Jeux, paris et loteries*, **p. 2494** ; art. L. 331-1, L. 332-1, L. 333-1, L. 334-1, L. 334-2, App., v° *Débits de boissons*, **p. 2150.** – V. C. route, art. L. 130-5, App., v° *Circulation routière*, **p. 1795.** – V. L. n° 95-73 du 21 janv. 1995, art. 10, 10-1, 15, 15-1, ss. C. pén., art. 226-32; V. CSI, art. L. 223-1 s., ss. C. pén., art. 431-12.
2012	14 mars	Loi n° 2012-354. De finances rectificative pour 2012. – V. L. n° 2010-476 du 12 mai 2010, art. 59, App., v° *Jeux, paris et loteries*, **p. 2509.**
2012	22 mars	Loi n° 2012-387. Simplification du droit et allégement des démarches administratives : – V. C. pén., art. 511-8-1. – V. C. route, art. L. 221-2, L. 312-1, App., v° *Circulation routière*, **p. 1807.** – V. C. patr., art. L. 132-3 et L. du 29 juill. 1881, art. 5, 7 à 10, 51, App., v° *Presse et communication*, **p. 2910.** – V. Ord. n° 45-2646, art. 1er à 4, 7 à 8 *ter*, App., v° *Enfance-Enfance délinquante* . – V. L. n° 70-9 du 2 janv. 1970, art. 8-1, App., v° *Agents d'affaires*, **p. 1697.**
2012	27 mars	Loi n° 2012-409. Exécution des peines : – V. C. pén., art. 131-21, 132-45, 133-16. 133-16-1, 213-1, 213-3, 215-1, 215-3, 222-49, 225-25, 227-33, 324-7, 422-6, 442-16, 450-5, 462-6. – V. Ord. n° 45-174 du 2 févr. 1945, art. 8, 10, 12-3, App., v° *Enfance-Enfance délinquante*, **p. 2223.** – V. C. route, art. L. 325-1-1, App., v° *Circulation routière*, **p. 1845.**
2012	27 mars	Loi n° 2012-410. Protection de l'identité. V. C. pén., art. 323-1, 323-2, 323-3.
2012	18 avr.	Décret n° 2012-516. Transports exceptionnels. – V. C. route, art. R. 433-3, R. 433-4, R. 433-5, App., v° *Circulation routière*, **p. 2088.**
2012	4 mai	Conseil constitutionnel, décision n° 2012-240 QPC. – V. C. pén., art. 222-33.
2012	7 mai	Décret n° 2012-688. Enseignement de la conduite et animation de stages de sensibilisation à la sécurité routière. – V. C. route, art. R. 211-1 à R. 211-5-2, R. 211-6, R. 212-1 à R. 212-3-1, R. 212-4-1, R. 212-5, R. 212-6, R. 213-2, R. 213-2-1, R. 213-4, R. 213-6, R. 213-8, R. 213-9, R. 223-5, R. 223-6, R. 223-8, R. 223-13, App., v° *Circulation routière*, **p. 1882.**
2012	31 mai	Ordonnance n° 2012-789. Extension et adaptation de certaines dispositions du code rural et de la pêche maritime et d'autres dispositions législatives à Mayotte. – V. C. rur., art. L. 215-2, ss. C. pén., art. 132-75.

2012	1er août	Décret n° 2012-953. Sanction du dépannage exercé sans agrément sur les autoroutes et les ouvrages d'art concédés du réseau routier national. – V. C. route, art. R. 421-10, R. 422-5, App., v° *Circulation routière*, **p. 2081.**
2012	6 août	Loi n° 2012-954. Harcèlement sexuel : – V. C. pén., art. 132-77, 221-4, 222-3, 222-8, 222-10, 222-12, 222-13, 222-18-1, 222-24, 222-30, 222-33, 222-33-2, 225-1, 225-1-1, 225-2, 226-19, 311-4, 312-2, 432-7. – V. C. sport, art. L. 332-18, L. 332-19, ss. C. pén., art. 222-16-2. – V. C. trav., art. L. 1153-1, ss. C. pén., art. 222-33. – V. L. 29 juill. 1881, art. 24, 32, 33, 48-4, App., v° *Presse*, **p. 2638.**
2012	1er oct.	Décret n° 2012-1109. Protection des transports de fonds. – V. C. route, art. R. 417-11, App., v° *Circulation routière*, **p. 2076.**
2012	10 oct.	Décret n° 2012-1145. Contrôle technique des véhicules. – V. C. route, art. R. 323-13 à R. 323-15, R. 323-17, App., v° *Circulation routière*, **p. 1993.**
2012	29 oct.	Décret n° 2012-1197. Possession obligatoire d'un éthylotest par le conducteur d'un véhicule terrestre à moteur. – V. C. route, art. R. 233-1, App., v° *Circulation routière*, **p. 1924.**
2012	2 nov.	Ordonnance n° 2012-1218. Réforme pénale en matière maritime. – V. C. pén., art. 131-16.
2012	7 nov.	Décret n° 2012-1247. Nouvelles règles de la gestion budgétaire et comptable publique. – V. CESEDA, art. R. 625-3, App., v° *Étrangers*, **p. 2489.**
2012	20 nov.	Loi n° 2012-1270. Régulation économique outre-mer. – V. C. com., art. L. 410-3 à L. 410-5, L. 420-2-1, L. 420-3, L. 420-4, L. 430-2, L. 441-1, L. 441-6, L. 443-1, L. 450-5, L. 462-3, L. 462-5, L. 462-6, L. 462-7, L. 462-9, L. 464-2, L. 464-8, App., v° *Prix et concurrence*, **p. 2926.**
2012	4 déc.	Décret n° 2012-1359. Poids total roulant autorisé des véhicules terrestres à moteur. – V. C. route, art. R. 312-4 à R. 312-6, App., v° *Circulation routière*, **p. 1946.**
2012	17 déc.	Loi n° 2012-1404. De financement de la sécurité sociale pour 2013 : – V. CSS, art. L. 114-16-3, ss. C. pén., art. 313-9. – V. CSP, art. L. 5134-1, ss. C. pén. art. 223-11.
2012	21 déc.	Loi n° 2012-1432. Sécurité et lutte contre le terrorisme : – V. C. pén., art. 113-13, 421-2-4. – V. L. du 29 juill. 1881 sur la presse, art. 52, 65-3, App., v° *Presse*, **p. 2803.** – V. C. mon. fin., art. L. 561-29, L. 562-1, L. 562-6, L. 562-8, ss. C. pén., art. 324-6. – V. CESEDA, art. L. 522-2, L. 624-4, App., v° *Étrangers*, **p. 2411.**
2012	24 déc.	Loi n° 2012-1441. Juridictions de proximité : – V. Ord. n° 45-174 du 2 févr. 1945, art. 21, App., v° *Enfance délinquante*, **p. 2238.** – V. C. route, art. L. 121-3, App., v° *Circulation routière*, **p. 1792.**

2012	31 déc.	Loi n° 2012-1560. Retenue pour vérification du droit au séjour et délit d'aide au séjour irrégulier. – V. CESEDA, art. L. 551-2, L. 552-5, L. 611-1, L. 611-1-1, L. 611-4, L. 611-8, L. 621-1, L. 621-2, L. 622-1, L. 622-4, L. 624-1, L. 624-2, App., v° *Étrangers*, **p. 2419.**
2013	3 janv.	Décret n° 2013-10. Transaction en matière de péage prévue à l'article 529-6 du code de procédure pénale. – V. C. route, art. R. 130-8, App., v° *Circulation routière*, **p. 1879.**
2013	17 janv.	Décret n° 2013-58. Modification du décret n° 2011-1475 du 9 novembre 2011 portant diverses mesures réglementaires de transposition de la directive 2006/126/CE relative au permis de conduire. – V. C. route, art. R. 221-4, R. 221-7, R. 221-8, App., v° *Circulation routière*, **p. 1904.**
2013	1er févr.	Décret n° 2013-118. Protection des animaux utilisés à des fins scientifiques. – V. C. rur., art. R. 214-87 à R. 214-137, R. 215-10, ss. C. pén., art. R. 511-1.
2013	18 févr.	Décret n° 2013-147. Application de gestion des dossiers de ressortissants étrangers en France et au traitement automatisé de données à caractère personnel relatives aux étrangers sollicitant la délivrance d'un visa. – V. CESEDA, art. R. 611-5, R. 611-8, R. 611-10, R. 611-12, R. 611-15, App., v° *Étrangers*, **p. 2476.**
2013	28 févr.	Décret n° 2013-180. Modification de l'article R. 233-1 du code de la route. – V. C. route, art. R. 233-1, App., v° *Circulation routière*, **p. 1924.**
2013	4 avr.	Décret n° 2013-287. Registre tenu par les personnes dont l'activité professionnelle comporte la vente ou l'échange de certains objets mobiliers. – V. C. pén., art. R. 321-5, R. 321-6-1, R. 321-8, R. 633-3.
2013	28 mai	Loi n° 2013-431. Infrastructures et services de transport : – V. C. transp., art. L. 2232-1, App., v° *Chemins de fer*, **p. 1786.** – V. C. rur., art. L. 942-1, L. 942-4, L. 942-7, App., v° *Pêche maritime*, **p. 2562.** – V. C. route, art. L. 130-6, L. 225-5, L. 325-1, L. 330-2, App., v° *Circulation routière*, **p. 1796.**
2013	7 juin	Conseil constitutionnel, décision n° 2013-319 QPC. – V. L. du 29 juill. 1881, art. 35, App., v° *Presse et communication*, **p. 2733.**
2013	20 juin	Ordonnance n° 2013-518. Armes et munitions. – V. CSI, art. L. 311-2 à L. 311-4, App., v° *Armes et explosifs*, **p. 1723.**
2013	24 juin	Décret n° 2013-533. Procédure de consultation de la commission départementale d'expulsion. – V. CESEDA, art. R. 522-4, R. 522-5, R. 522-7, R. 522-8, R. 522-8-1, App., v° *Étrangers*, **p. 2446.**
2013	27 juin	Ordonnance n° 2013-544. Établissements de crédit et sociétés de financement : – V. C. mon. fin., art. L. 341-2, L. 341-3, L. 500-1, App., v° *Usure*, **p. 3047.** – V. C. mon. fin., art. L. 524-1, L. 524-3, App., v° *Douanes et changes*, **p. 2165.** – V. C. mon. fin., art. L. 563-1, App., v° *Jeux, paris et loteries*, **p. 2495.**

		– V. C. tourisme, art. L. 211-18, App., v° *Agents d'affaires*, **p. 1718.** – V. L. n° 70-9 du 2 janv. 1970, art. 3, App., v° *Agents d'affaires*, **p. 1693.**
2013	8 juill.	Loi n° 2013-595. Refondation de l'école de la République. – V. C. éduc., art. L. 121-1, ss. C. pén., art. 222-31-2.
2013	16 juill.	Loi n° 2013-619. Adaptation au droit de l'Union européenne dans le domaine du développement durable. – V. C. route, art. L. 330-2.
2013	18 juill.	Décret n° 2013-652. Immobilisation des véhicules lors des contrôles de la taxe prévue à l'article 269 du code des douanes. – V. C. route, art. R. 325-3.
2013	25 juill.	Ordonnance n° 2013-676. Gestion d'actifs : – V. C. com., art. L. 820-1, App., v° *Commissaires aux comptes*, **p. 2108.** – V. C. mon. fin., art. L. 621-9, L. 621-13-2, L. 621-13-3, L. 621-13-4, L. 621-14, L. 621-17-1-1, App., v° *Marchés financiers*, **p. 2525** ; art. L. 341-10, App., v° *Usure*, **p. 3052.** – V. L. n° 70-9 du 2 janv. 1970, art. 2, App., v° *Agents d'affaires*, **p. 1692.**
2013	26 juill.	Loi n° 2013-672. Activités bancaires. – V. C. mon. fin., art. L. 561-10, L. 561-11, L. 561-15, L. 561-15-1, L. 561-23, L. 561-25, L. 561-29, L. 561-30, ss. C. pén., art. 324-6 ; art. L. 465-1, L. 465-2, L. 465-3, L. 621-9, L. 621-10, L. 621-10-1, L. 621-11, L. 621-12, L. 621-13-2, L. 621-14, L. 621-15, App., v° *Marchés financiers*, **p. 1240** ; art. L. 341-2, L. 341-17, App., v° *Usure*, **p. 3047.**
2013	5 août	Loi n° 2013-711. Adaptation dans le domaine de la justice en application du droit de l'Union européenne et des engagements internationaux de la France : – V. C. pén., art. 113-8-1, 212-1, 213-4-1, 221-11-1, 221-12 à 221-18, 222-14-4, 222-22-2, 222-29, 222-29-1, 222-31-2, 222-47, 223-11, 224-1 A, 224-1 B, 224-1 C, 224-9, 224-10, 225-4-1, 225-4-2, 225-4-8, 225-11-2, 225-14-1, 225-14-2, 225-15, 225-15-1, 225-19, 227-22, 227-23, 227-24-1, 227-27, 227-27-2, 227-27-3, 433-14, 433-15. – V. Ord. n° 45-174 du 2 févr. 1945, art. 20-11, App., v° *Enfance*, **p. 2238.** – V. L. du 29 juill. 1881, art. 26, 31, 48, App., v° *Presse*, **p. 2659.** – V. L. du 11 juin 1887, art. 1er, App., v° *Presse*, **p. 2864.**
2013	12 août	Décret n° 2013-724. L'accès à l'application de gestion des dossiers des ressortissants étrangers en France. – V. CESEDA, art. R. 611-5.
2013	11 oct.	Loi n° 2013-907. Transparence de la vie publique : – V. C. pén., art. 131-26-1, 324-7, 432-13, 432-17. – V. C. com., art. L. 241-3, L. 242-6, App., v° *Sociétés commerciales*, **p. 2979.**
2013	25 oct.	Conseil constitutionnel, décision n° 2013-350 QPC. – V. L. du 29 juill. 1881, art. 48, App., v° *Presse et communication*, **p. 2779.**

2013	15 nov.	Loi n° 2013-1028. Indépendance de l'audiovisuel public. – V. L. n° 86-1067 du 30 sept. 1986, art. 3-1, 33-1, 34, 42-1, 42-3, 42-7, App., v° *Presse et communication*, **p. 2889.**
2013	15 nov.	Loi n° 2013-1029. Outre-mer : – V. C. route, art. L. 142-3, App., v° *Circulation routière*, **p. 1800.** – V. C. rur., art. L. 943-6-1, App., v° *Pêche maritime*, **p. 2565.**
2013	4 déc.	Décret n° 2013-1113. Livres Ier, II, IV et V de la partie réglementaire du code de la sécurité intérieure. – V. C. pén., art. R. 431-1 à R. 431-5. – V. CSI, art. D. 211-10, R. 211-11 à R. 211-16, D. 211-17, ss. C. pén., art. 431-3.
2013	6 déc.	Loi n° 2013-1117. Lutte contre la fraude fiscale et la grande délinquance économique et financière : – V. C. pén., art. 131-21, 131-27, 132-12 à 132-14, 324-1-1, 324-6-1, 324-9, 432-10, 432-11, 432-11-1, 432-12, 432-14, 432-15, 433-1, 433-2, 433-2-1, 434-9, 434-9-1, 434-9-2, 434-41, 435-1 à 435-4, 435-6, 435-6-1, 435-7 à 435-11, 435-11-1, 445-1, 445-2. – V. C. com., art. L. 241-3, L. 242-6, App., v° *Sociétés commerciales*, **p. 2979.** – V. C. mon. fin., art. L. 152-1, L. 152-4, L. 152-6, App., v° *Douanes et changes*, **p. 2162** ; art. L. 621-15-1, L. 621-17-3, L. 621-20-3, App., v° *Marchés financiers*, **p. 2555.**
2013	18 déc.	Loi n° 2013-1168. Programmation militaire pour les années 2014 à 2019 : – Art. 20-III. – V. L. 21 juin 2004, art. 6, App., v° *Presse et communication*, **p. 2912.** – V. C. pén., art. 226-3, 226-15, 323-3-1, 413-5. – V. C. défense, art. L. 2335-1, L. 2352-1, App., v° *Armes et explosifs*, **p. 1751.**
2013	19 déc.	Ordonnance n° 2013-1183. Harmonisation des sanctions pénales et financières relatives aux produits de santé et adaptation des prérogatives des autorités et des agents chargés de constater les manquements. – V. CSP, art. L. 5432-1 à L. 5432-5, App., v° *Substances vénéneuses*, **p. 3004.**
2013	23 déc.	Loi n° 2013-1203. De financement de la sécurité sociale pour 2014 : – V. C. pén., art. 313-2, 441-6. – V. L. du 27 sept. 1941, art. 1er ; C. trav., art. L. 5124-1, L. 5429-1 ; CSS, art. L. 114-13, L. 114-16-2, ss. C. pén., art. 313-9. – V. CSP, art. L. 5121-20, App., v° *Douanes et changes*, **p. 2158.**
2014	2 janv.	Loi n° 2014-1. Habilitation du gouvernement à simplifier et sécuriser la vie des entreprises. – V. C. mon. fin., art. L. 341-10, L. 341-11, App., v° *Usure-Prêts d'argent*, **p. 3052.**
2014	3 janv.	Décret n° 2014-3. Vitesse maximale autorisée sur le boulevard périphérique de Paris. – V. C. route, art. R. 413-3, R. 413-8, R. 413-9.
2014	21 janv.	Décret n° 2014-47. Modification de divers codes en application de la nouvelle organisation du ministère de l'Intérieur. – Art. 2. – V. CESEDA, art. R. 611-4.

2014	27 janv.	Loi n° 2014-56. Harmonisation des délais de prescription des infractions prévues par la loi sur la liberté de la presse du 29 juillet 1881, commises en raison du sexe, de l'orientation ou de l'identité sexuelle ou du handicap. – V. L. du 29 juill. 1881, art. 65-3, App., v° *Presse et communication*, **p. 2863.**
2014	27 janv.	Loi n° 2014-58. De modernisation de l'action publique territoriale et d'affirmation des métropoles. – Art. 62-II, 63-II. – V. C. route, art. L. 322-1, L. 330-2, L. 411-1, L. 411-2.
2014	20 févr.	Ordonnance n° 2014-158. Dispositions d'adaptation de la législation au droit de l'Union européenne en matière financière : – V. C. mon. fin., art. L. 621-15, App., v° *Marchés financiers*, **p. 2540.** – V. C. mon. fin., art. L. 151-2, App., v° v° *Douanes et changes*, **p. 2161.**
2014	21 févr.	Loi n° 2014-173. Programmation pour la ville et cohésion urbaine. – V. C. pén., art. 225-1, 225-3.
2014	5 mars	Loi n° 2014-288. Formation professionnelle, emploi et démocratie sociale. – V. CSS, art. L. 114-16-2, ss. C. pén., art. 313-9.
2014	6 mars	Décret n° 2014-301. Statut de résident de longue durée-UE des bénéficiaires d'une protection internationale. – V. CESEDA, art. R. 531-3-2, R. 531-10, R. 531-11, R. 531-12, R. 531-13, App., v° *Étrangers*, **p. 2449.**
2014	11 mars	Loi n° 2014-315. Lutte contre la contrefaçon : – V. CSI, art. L. 251-2, ss. C. pén., art. 226-32. – V. CPI, art. L. 335-2, L. 335-4, App., v° *Presse et communication*, **p. 2921.**
2014	17 mars	Loi n° 2014-344. Consommation : – V. C. com., art. L. 440-1, L. 441-3, L. 441-6, L. 441-7, L. 442-6, L. 443-1, L. 450-1, L. 450-2, L. 450-3, L. 450-8, L. 461-4, L. 462-7, L. 464-9, App., v° *Prix et concurrence*, **p. 2934.** – V. C. tourisme, art. L. 211-1, App., v° *Agents d'affaires*, **p. 1711.** – V. L. n° 78-17 du 6 janv. 1978, art. 11, 44, ss. C. pén., art. 226-32. – V. C. mon. fin., art. L. 341-12, L. 500-1, App., v° *Usure*, **p. 3054.** – V. C. mon. fin., art. L. 563-2, App., v° *Jeux et paris*, **p. 2495.** – V. C. mon. fin., art. L. 621-9, L. 621-12-1, App., v° *Marchés financiers*, **p. 2525.** – V. C. route, art. L. 213-2. – V. L. n° 2010-476 du 12 mai 2010, art. 2, 5, 12, 14, 15, 18, 23, 26, 31, 56, 57, 61, 66, 70, App., v° *Jeux et paris*, **p. 2499.**
2014	19 mars	Décret n° 2014-357. Mise en circulation après contrôle de conformité initial et contrôle technique des véhicules de poids total autorisé en charge inférieur ou égal à 3,5 tonnes. – V. C. route, art. R. 321-15, R. 323-25, App., v° *Circulation routière*, **p. 1982.**
2014	24 mars	Loi n° 2014-366. Accès au logement et urbanisme rénové : – V. C. pén., art. 225-19, 226-4-2, 434-41. – V. C. mon. fin., art. L. 561-2, ss. C. pén., art. 324-6-1.

		– V. L. n° 70-9 du 2 janv. 1970, art. 1er, 1er-1, 3, 3-1, 4, 4-1, 5, 6, 6-1, 6-2, 7, 8-1, 8-3, 14, 17-1, 17-2, App., v° *Agents d'affaires*, **p. 1692.**
2014	7 mai	Ordonnance n° 2014-464. Extension et adaptation à Mayotte du code de l'entrée et du séjour des étrangers et du droit d'asile (partie législative). – V. CESEDA, art. L. 512-5, L. 514-1, L. 571-2, L. 611-11, L. 621-2, App., v° *Étrangers*, **p. 2407.**
2014	15 mai	Ordonnance n° 2014-487. Extension et adaptation aux îles Wallis-et-Futuna de dispositions du code de commerce. – V. C. com., art. L. 430-2, L. 441-6, L. 443-1, L. 462-1, L. 462-5, App., v° *Prix et concurrence*, **p. 2930.**
2014	22 mai	Décret n° 2014-524. Modification des règles relatives à l'organisation et au fonctionnement de Pôle emploi. – V. CESEDA, art. R. 611-5, App., v° *Étrangers*, **p. 2476.**
2014	23 mai	Décret n° 2014-527. Modification du code de l'entrée et du séjour des étrangers et du droit d'asile (partie réglementaire) en ce qui concerne Mayotte, Wallis-et-Futuna, la Polynésie française et la Nouvelle-Calédonie. – V. CESEDA, art. R. 522-3, R. 523-3, R. 523-6, R. 551-3, R. 553-3, R. 553-6, App., v° *Étrangers*, **p. 2446.**
2014	27 mai	Loi n° 2014-535. Transposition de la directive 2012/13/UE du Parlement européen et du Conseil, du 22 mai 2012, relative au droit à l'information dans le cadre des procédures pénales. – V. Ord. n° 45-174 du 2 févr. 1945, art. 4, App., v° *Enfance*, **p. 2218.**
2014	27 mai	Décret n° 2014-551. Adaptation de dispositions pour faire suite à la fusion de la direction générale des impôts et de la direction générale de la comptabilité publique : – V. C. route, art. R. 223-8, R. 322-16, R. 322-18, R. 325-1-1, R. 325-25, R. 325-29, R. 325-32, R. 325-40, R. 325-42, R. 325-43, R. 325-44. – V. CESEDA, art. R. 625-13, R. 625-16, App., v° *Étrangers*, **p. 2490.**
2014	30 mai	Ordonnance n° 2014-559. Financement participatif. – V. C. mon. fin., art. L. 561-2, ss. C. pén., art. 324-6-1 ; art. L. 341-1, L. 341-3, L. 500-1, App., v° *Usure*, **p. 3046** ; art. L. 621-9, L. 621-9-2, L. 621-17, App., v° *Marchés financiers*, **p. 2525.**
2014	18 juin	Loi n° 2014-626. Artisanat, commerce, très petites entreprises : – V. C. com., art. L. 441-6, App., v° *Prix et concurrence*, **p. 2937.** – V. C. envir., art. L. 581-14, App., v° *Affichage*, **p. 1684.** – V. CSI, art. L. 251-2, L. 252-2, ss. C. pén., art. 226-32.
2014	8 juill.	Décret n° 2014-784. Sécurité des transports collectifs routiers de personnes. – Art. 7. – V. C. route, art. R. 130-6, R. 233-1, R. 311-1, R. 312-4 à R. 312-6, R. 317-3, R. 317-4, R. 317-24, R. 317-24-1, R. 411-17, R. 411-21-1, R. 411-23-1, R. 411-23-2, App., v° *Circulation*, **p. 1879.**
2014	10 juill.	Loi n° 2014-790. Lutte contre la concurrence sociale déloyale : – V. C. pén., art. 131-39. – V. Ord. n° 45-174 du 2 févr. 1945, art. 4, App., v° *Enfance*, **p. 2218.**

2014	10 juill.	Ordonnance n° 2014-792. Application de l'article 55 de la loi n° 2013-1168 du 18 décembre 2013 relative à la programmation militaire pour les années 2014-2019 et portant diverses dispositions concernant la défense et la sécurité nationale. – V. C. défense, art. L. 2332-4, L. 2332-8, L. 2332-10, L. 2335-1, L. 2335-2, L. 2335-3, L. 2335-17, L. 2335-19, App., v° *Armes et explosifs*, **p. 1750.**
2014	4 août	Loi n° 2014-872. Réforme ferroviaire. – C. transp., art. L. 2241-1, L. 2241-1-1, L. 2241-9, App., v° *Chemins de fer*, **p. 1786.**
2014	4 août	Loi n° 2014-873. Égalité réelle entre les femmes et les hommes : – V. C. pén., art. 132-45, 221-5-5, 222-16, 222-33-2, 222-33-2-1, 222-33-2-2, 222-33-3, 222-44, 222-48-2. – V. CSP, art. L. 2212-1, L. 2223-2, ss. C. pén., art. 223-12. – V. L. n° 86-1067 du 30 sept. 1986, art. 3-1, App., v° *Presse et communication*, **p. 2889.** – V. L. n° 2004-575 du 21 juin 2004, art. 6, App., v° *Presse et communication*, **p. 2912.**
2014	15 août	Loi n° 2014-896. Individualisation des peines et renforcement de l'efficacité des sanctions : – V. C. pén., art. 122-1, 130-1, 131-3, 131-4-1, 131-6, 131-8, 131-9, 131-25, 132-1, 132-18-1, 132-19, 132-19-1, 132-19-2, 132-20, 132-20-1, 132-24, 132-29, 132-35, 132-36 à 132-39, 132-44, 132-45, 132-49, 132-50, 132-52, 132-54, 132-56, 132-57, 132-70-1 à 132-70-3. – V. Ord. n° 45-174 du 2 févr. 1945, art. 20, 20-2 à 20-4, 48, App., v° *Enfance - Enfance délinquante*, **p. 2235.**
2014	30 sept.	Décret n° 2014-1109. Application des dispositions de la loi n° 2014-344 du 17 mars 2014 relative à la consommation, renforçant les moyens de contrôle de l'autorité administrative chargée de la protection des consommateurs et adaptant le régime de sanctions. – V. C. com., art. R. 450-1, App., v° *Prix et concurrence*, **p. 2969.**
2014	1er oct.	Loi n° 2014-1104. Taxis et voitures de transport avec chauffeur. – V. C. tourisme, art. L. 211-18, App., v° *Agents d'affaires*, **p. 1718.**
2014	27 oct.	Décret n° 2014-1253. Disposition des livres III, VI et VII de la partie réglementaire du code de la sécurité intérieure (Décrets en Conseil d'État et décrets simples). – V. CSI, art. R. 211-16, D. 211-17, R. 211-18, D. 211-19, D. 211-20, R. 211-21-1, ss. C. pén., art. 431-3.
2014	31 oct.	Décret n° 2014-1295. Sécurité routière : – Art. 2 à 11. – V. C. route, art. R. 211-2, R. 211-3, R. 212-3, R. 212-4, R. 213-3, R. 213-4, R. 221-4, R. 221-11, R. 223-8, R. 233-1. – Art. 12. – V. C. pén., art. R. 131-11-1.
2014	3 nov.	Décret n° 2014-1315. Adaptation au droit de l'Union européenne en matière financière et sociétés de financement. – V. Décr. n° 72-678 du 20 juill. 1972, art. 55, App., v° *Agents d'affaires*, **p. 1703.**
2014	13 nov.	Loi n° 2014-1353. Renforcement des dispositions relatives à la lutte contre le terrorisme : – V. C. pén., art. 227-24, 323-3, 323-4-1, 421-1, 421-2-5, 421-2-6, 421-5.

		– V. C. mon. fin., art. L. 562-1, L. 562-5, L. 562-6, ss. C. pén., art. 324-6-1. – V. CSI, art. L. 224-1, ss. C. pén., art. 226-32. – V. CESEDA, art. L. 551-1, L. 552-4, L. 561-1, L. 563-1, L. 571-1, L. 624-1, L. 624-4, App., v° *Étrangers*, **p. 2417.** – V. L. n° 2010-476 du 12 mai 2010, art. 59, App., v° *Jeux, paris et loteries*, **p. 2509.** – V. L. 29 juill. 1881, art. 24, 24 *bis*, 48-1, 48-4, 48-5, 48-6, 52, 63, 65-3, App., v° *Presse et communication*, **p. 2638.** – V. L. n° 2004-575 du 21 juin 2004, art. 6, 6-1, App., v° *Presse et communication*, **p. 2912.**
2014	19 déc.	Ordonnance n° 2014-1543. Diverses mesures relatives à la création de la métropole de Lyon. – Art. 10. – V. C. route, art. L. 411-3-1, L. 411-7, App., v° *Circulation*, **p. 1870.**
2014	20 déc.	L. n° 2014-1545. Simplification de la vie des entreprises et dispositions de simplification et de clarification du droit et des procédures administratives. – V. C. tourisme, art. L. 211-23, App., v° *Agents d'affaires*, **p. 1719.**
2014	26 déc.	Décr. n° 2014-1608. Codification de la partie réglementaire du livre IX du code rural et de la pêche maritime : – V. Décr. n° 67-451 du 7 juin 1967, App., v° *Pêche maritime*, **p. 2572.** – V. Décr. n° 84-846 du 12 sept. 1984, App., v° *Pêche maritime*, **p. 2574.**
2014	26 déc.	Décr. n° 2014-1635. Partie réglementaire du code de l'expropriation pour cause d'utilité publique. – V. CSP, art. R. 3335-4, App., v° *Débits de boissons*, **p. 2143.**
2014	26 déc.	Décret n° 2014-1641. Application des articles 15, 18 et 19 de la loi n° 2013-1168 du 18 décembre 2013 relative à la programmation militaire pour les années 2014 à 2019 et diverses dispositions concernant la défense et la sécurité nationale. – Art. 7. – V. CESEDA, art. R. 611-5, R. 611-12, App., v° *Étrangers*, **p. 2476.**
2014	29 déc.	Loi n° 2014-1654. De finances pour 2015. – Art. 47. – V. C. route, art. L. 330-5, App., v° *Circulation*, **p. 1863.**
2014	29 déc.	L. n° 2014-1655. Loi de finances rectificative pour 2014. – Art. 93-I. – V. CGI, art. 1817, App., v° *Débits de boissons*, **p. 2150.**
2014	30 déc.	L. n° 2014-1662. Adaptation de la législation au droit de l'Union européenne en matière économique et financière : – V. C. mon. fin., art. L. 621-12, L. 621-15-1, L. 621-16-1, App., v° *Marchés financiers*, **p. 2531.** – V. C. mon. fin., art. L. 500-1, App., v° *Usure*, **p. 3058.**
2014	30 déc.	Décret n° 2014-1725. Transport public particulier de personnes. – Art. 4-IV. – V. C. route, art. R. 221-10, R. 323-22, R. 323-26, App., v° *Circulation*, **p. 1908.**
2015	14 janv.	Décret n° 2015-26. Interdiction de sortie du territoire des ressortissants français projetant de participer à des activités terroristes à l'étranger. – V. CESEDA, art. R. 513-1-1, R. 561-1-1, App., v° *Étrangers*, **p. 2445.**

2015	5 févr.	Ordonnance n° 2015-124. Conditions d'application outre-mer, interdiction administrative du territoire et assignation à résidence des étrangers faisant l'objet d'une mesure d'éloignement. – Art. 9. – V. CESEDA, art. L. 561-1, App., v° *Étrangers*, **p. 2426.**
2015	7 févr.	Décret n° 2015-131. Autorité compétente pour prononcer l'assignation à résidence d'un étranger expulsé ou interdit du territoire. – V. CESEDA, art. R. 523-4, R. 523-6, R. 523-7, App., v° *Étrangers*, **p. 2447.**
2015	11 févr.	Décret n° 2015-159. Dispositions relatives à la défense nationale. – V. C. pén., art. R. 644-1.
2015	16 févr.	Loi n° 2015-177. Modernisation et simplification du droit et des procédures dans les domaines de la justice et des affaires intérieures : – Art. 16, 17. – V. C. route, art. L. 212-2, L. 213-1, L. 221-1, App., v° *Circulation routière*, **p. 1803.** – Art. 22. – V. L. n° 98-468 du 17 juin 1998, art. 32, App., v° *Enfance*, **p. 2270.**
2015	20 févr.	Loi n° 2015-195. Adaptation au droit de l'Union européenne dans les domaines de la propriété littéraire et artistique et du patrimoine culturel. – V. C. patr., art. L. 111-1, App., v° *Douanes et changes*, **p. 2168.**
2015	25 févr.	Décret n° 2015-211. Organisation du soutien de la défense et réforme du commandement organique territorial. – V. CSP, art. R. 3354-20, App., v° *Débits de boissons*, **p. 2149.**
2015	17 mars	Loi n° 2015-294. Introduction d'une formation pratique aux gestes de premiers secours dans la préparation du permis de conduire. – V. C. route, art. L. 221-3, App., v° *Circulation routière*, **p. 1809.**
2015	18 mars	Conseil constitutionnel n°s 2014-453/454 QPC et 2015-462 QPC. – V. C. mon. fin., art. L. 466-1, L. 621-16, App., v° *Marchés financiers*, **p. 2522.**
2015	25 mars	Décret n° 2015-337. Abandon d'ordures et autres objets. – V. C. pén., art. R. 632-1, R. 633-6, R. 711-1.
2015	9 avr.	Ordonnance n° 2015-401. Gestion, recouvrement et contestation du forfait de post-stationnement prévu à l'article L. 2333-87 du code général des collectivités territoriales. – Art. 6. – V. C. route, art. L. 322-1, L. 330-2.
2015	17 avr.	Loi n° 2015-433. Modernisation du secteur de la presse. – V. L. n° 86-897 du 1er août 1986, art. 2-1, App., v° *Presse et communication*, **p. 2884.**
2015	7 mai	Décret n° 2015-514. Détention et port du gilet de haute visibilité. – Art. 1er. – V. C. route, art. R. 233-1, R. 416-19, R. 431-1-2.
2015	15 mai	Décret n° 2015-536. Substitution de la dénomination « CCI France » à la dénomination « assemblée des chambres françaises de commerce et d'industrie ». – V. L. n° 70-9 du 2 janvier 1970, art. 3, App., v° *Agents d'affaires*, **p. 1693.**

2015	20 mai	Décret n° 2015-557. Redevance de stationnement des véhicules sur la voirie prévue à l'art. L. 2333-87 du CGCT. – Art. 4. – V. C. route, art. R. 417-3-1, R. 417-6 nouv.
2015	27 mai	Décret n° 2015-578. Conditions d'application de l'article L. 213-2 du code de la route. – V. C. route, art. R. 213-3-1, R. 213-3-2.
2015	4 juin	Ordonnance n° 2015-616. Modification du code rural et de la pêche maritime en vue d'assurer la conformité de ses dispositions avec le droit de l'Union européenne et des dispositions relatives à la recherche et à la constatation des infractions aux dispositions de son livre II. – V. C. rur., art. L. 942-1, App., v° *Pêche maritime*, **p. 2562.**
2015	18 juin	Décret n° 2015-694. Modifications des règles régissant certaines instances de concertation et complétant la liste des agents susceptibles d'être habilités à constater certaines infractions sur le territoire de la métropole de Lyon. – Art. 1er. – V. C. route, art. R. 411-11.
2015	19 juin	Décret n° 2015-702. Modification du décret n° 72-678 du 20 juillet 1972 fixant les conditions d'application de la loi n° 70-9 du 2 janvier 1970 réglementant les conditions d'exercice des activités relatives à certaines opérations portant sur les immeubles et les fonds de commerce. – V. Décr. n° 72-678 du 20 juill. 1972, art. 1er, 51, 52, 64, 65, 69 à 72, 79-1, 79-2, 94 à 95-1, App., v° *Agents d'affaires*, **p. 1702.**
2015	24 juin	Loi n° 2015-714. Infraction de violation de domicile. – V. C. pén., art. 226-4.
2015	24 juin	Décret n° 2015-724. Application des articles 4-1 et 6 de la loi n° 70-9 du 2 janvier 1970 réglementant les conditions d'exercice des activités relatives à certaines opérations portant sur les immeubles et fonds de commerce. – V. Décr. n° 72-678 du 20 juill. 1972, art. 78, 79-2 et 95-2, App., v° *Agents d'affaires*, **p. 1708.**
2015	24 juin	Décret n° 2015-731. Formalités administratives nécessaires à l'exercice de l'activité économique des personnes relevant du régime prévu à l'article L. 133-6-8 du code de la sécurité sociale : – V. C. pén., art. R. 321-1. – Art. 1er. – V. C. com., art. R. 123-208-2 à R. 123-208-4.
2015	24 juin	Décret n° 2015-743. Lutte contre l'insécurité routière. – V. C. route, art. R. 234-1, R. 243-1, R. 244-1, R. 245-1, R. 412-6-1.
2015	29 juin	Décret n° 2015-774. Modifications des articles R. 234-2 et R. 234-7 du code de la route et du décret n° 2008-883 du 1er septembre 2008 relatif aux éthylotests électroniques. – Art. 1er et 2. – V. C. route, art. R. 234-2, R. 234-7.
2015	2 juill.	Décret n° 2015-808. Plan d'actions pour mobilités actives et stationnement. – Art. 2 à 13. – V. C. route, art. R. 412-7, R. 412-9, R. 412-19, R. 412-28-1, R. 412-30, R. 412-38, R. 415-2, R. 415-15, R. 417-1 à R. 417-6, R. 417-10, R. 417-11, R. 431-9.
2015	15 juill.	Ordonnance n° 2015-855. Application de l'article 38 de la loi n° 2014-872 du 4 août 2014 portant réforme ferroviaire. – V. C. transp., art. L. 2232-1, L. 2241-1, L. 2241-2, L. 2242-7, App., v° *Chemins de fer*, **p. 1786.**

2015	23 juill.	Ordonnance n° 2015-900. Obligations comptables des commerçants : – V. C. com., art. L. 247-1, App., v° *Sociétés commerciales*, **p. 2993.**
2015	24 juill.	Loi n° 2015-912. Renseignement : – V. C. pén., art. 226-3, 323-1, 323-2, 323-3, 323-4-1, 323-8, 413-13. – V. CSI, art. L. 861-2, ss. C. pén., art. 413-13. – V. C. mon. fin., art. L. 561-26, L. 561-29, ss. C. pén., art. 324-6-1.
2015	29 juill.	Loi n° 2015-925. Réforme du droit d'asile. – V. CESEDA, art. L. 511-1, L. 531-2, L. 551-1, L. 551-3, L. 553-3, L. 561-1, App., v° *Étrangers*, **p. 2400.**
2015	31 juill.	Ordonnance n° 2015-948. Égal accès des femmes et des hommes au sein des autorités administratives indépendantes et des autorités publiques indépendantes : – V. C. com., art. L. 461-1, App., v° *Prix et concurrence*, **p. 2949.** – V. L. n° 78-17 du 6 janv. 1978, art. 13, ss. C. pén., art. 226-32.
2015	6 août	Loi n° 2015-990. Croissance, activité et égalité des chances économiques : – Art. 3, 20, 22 à 30. – V. C. route, art. L. 130-4, L. 142-4-1, L. 211-2 à L. 211-7, L. 212-4, L. 213-1 à L. 213-3, L. 213-4-1, L. 213-5, L. 213-6, L. 213-9, L. 221-1 A, L. 221-2, L. 221-4 à L. 221-10, L. 223-1, L. 317-9, App., v° *Circulation*, **p. 1795.** – V. C. transp., art. L. 2241-1, App., v° *Chemin de fer*, **p. 1786.** – V. L. n° 70-9 du 2 janv. 1970, art. 3, 3-1, 4-1, 17-2, App., v° *Agents d'affaires*, **p. 1693.** – V. C. envir., art. L. 581-7, L. 581-10, L. 581-14, L. 581-14-1, L. 581-44, App., v° *Affichage*, **p. 1682.** – V. C. com., art. L. 430-2 à L. 430-5, L. 430-7, L. 430-7-1, L. 430-8, L. 441-6, L. 441-7, L. 441-8, L. 442-6, L. 450-3, L. 461-3, L. 462-8, L. 464-2, L. 464-9, App., v° *Prix et concurrence*, **p. 2930.**
2015	7 août	Loi n° 2015-991. Nouvelle organisation territoriale de la République. – V. C. route, art. L. 411-1, App., v° *Circulation*, **p. 1868.**
2015	17 août	Loi n° 2015-992. Transition énergétique pour la croissance verte. – V. C. route, art. L. 130-8, L. 318-1 à L. 318-4, L. 327-2, L. 330-2, L. 342-2, App., v° *Circulation*, **p. 1796.**
2015	17 août	Loi n° 2015-993. Adaptation de la procédure pénale au droit de l'Union européenne : – V. C. pén., art. 434-42-1. – V. Ord. n° 45-174 du 2 févr. 1945, art. 20-11, App., v° *Enfance*, **p. 2238.**
2015	17 août	Loi n° 2015-994. Dialogue social et emploi : – V. CSI, art. L. 254-1, ss. C. pén., art. 226-32. – V. CSS, art. L. 114-16-2, ss. C. pén., art. 313-9.
2015	21 sept.	Décret n° 2015-1166. Application de la loi n° 2015-925 du 29 juillet 2015 relative à la réforme du droit d'asile. – V. CESEDA, art. R. 531-3 à R. 531-3-3, R. 531-10, R. 531-11, R. 553-11, App., v° *Étrangers*, **p. 2449.**

2015	23 sept.	Ordonnance n° 2015-1174. Partie législative du livre Ier du code de l'urbanisme. – V. C. envir., art. L. 581-14-1, L. 581-41, App., v° *Affichage*, **p. 1684.**
2015	30 sept.	Ordonnance n° 2015-1207. Mesures relevant du domaine de la loi nécessaires pour assurer le respect des principes du code mondial antidopage. – V. C. sport, art. L. 232-9-1, L. 232-10-2, L. 232-13-1, L. 232-14 à L. 232-14-5, L. 232-15-1 à L. 232-17, L. 232-19, App., v° *Substances vénéneuses*, **p. 3010.**
2015	7 oct.	Ordonnance n° 2015-1241. Communication dématérialisée des décisions de minoration du solde de points affecté au permis de conduire. – V. C. route, art. L. 223-3, App., v° *Circulation routière*, **p. 1810.**
2015	13 oct.	Décret n° 2015-1272. Application des articles 41-1-1 du code de procédure pénale et L. 132-10-1 du code de la sécurité intérieure. – V. C. pén., art. R. 131-37, R. 711-1.
2015	14 oct.	Loi n° 2015-1267. Deuxième dividende numérique et poursuite de la modernisation de la télévision numérique terrestre. – V. L. n° 86-1067 du 30 sept. 1986, art. 42-3, App., v° *Presse et communication*, **p. 2901.**
2015	14 oct.	Loi n° 2015-1268. Actualisation du droit des outre-mer : – Art. 1er, 5. – V. C. com., art. L. 410-5, L. 462-1. – Art. 53-III. – V. C. mon. fin., art. L. 561-2, ss. C. pén., art. 324-6-1.
2015	16 oct.	Conseil constitutionnel, décision n° 2015-492 QPC. – V. L. du 29 juill. 1881, art. 48-2, App., v° *Presse et communication*, **p. 2788.**
2015	5 nov.	Loi n° 2015-1402. Clarification de la procédure de signalement de situations de maltraitance par les professionnels de santé. – V. C. pén., art. 226-14, 713-3-1.
2015	13 nov.	Décret n° 2015-1469. Suppression de commissions administratives à caractère consultatif. – V. L. n° 2010-476 du 12 mai 2010, art. 28, App., v° *Jeux*, **p. 2507.**
2015	25 nov.	Décret n° 2015-1537. Diverses dispositions relatives à la formation à la conduite et à la sécurité routière. – C. route, art. R. 211-3, R. 211-5-1, R. 212-4, R. 213-1, R. 213-2, R. 233-1, R. 411-10.
2015	1er déc.	Décret n° 2015-1571. Conditions d'application de l'article L. 213-2 du code de la route. – V. C. route, art. R. 213-3-1 à R. 213-3-3.
2015	3 déc.	Ordonnance n° 2015-1576. Transposition de la directive 2013/50/UE modifiant la directive 2004/109/CE *(harmonisation des obligations de transparence concernant l'information sur les émetteurs dont les valeurs mobilières sont admises à la négociation sur un marché réglementé).* – Art. 1er à 3, 6. – V. C. mon. fin., art. L. 621-14, L. 621-15, App., v° *Usure-Prêts d'argent*, **p. 2538.**
2015	17 déc.	Ordonnance n° 2015-1682. Simplification de certains régimes d'autorisation préalable et de déclaration des entreprises et des professionnels : – V. C. route, art. L. 212-1, L. 213-1-1, L. 326-4, L. 326-8, App., v° *Circulation routière*, **p. 1802.**

		– V. C. tourisme, art. L. 211-18, L. 211-19, L. 211-20, App., v° *Agents d'affaires*, **p. 1718.** – V. CSP, art. L. 3321-1, L. 3322-7, L. 3322-9, L. 3331-1, L. 3331-2, L. 3331-3, L. 3331-6, L. 3332-1, L. 3332-1-1, L. 3332-12, L. 3333-1, L. 3334-2, L. 3335-4, L. 3352-1, L. 3352-5, App., v° *Débits de boissons*, **p. 2112.**
2015	17 déc.	Ordonnance n° 2015-1686. Systèmes de règlement et de livraison d'instruments financiers et dépositaires centraux de titres. – V. C. mon. fin., art. L. 621-9, App., v° *Usure-Prêts d'argent*, **p. 2525.**
2015	17 déc.	Décret n° 2015-1693. Reconnaissance des qualifications professionnelles des commissionnaires de transport et diverses dispositions relatives au transport routier. – Art. 6. – V. C. route, art. R. 130-6, R. 411-23-1.
2015	21 déc.	Loi n° 2015-1702. Financement de la sécurité sociale pour 2016 : – V. CSS, art. L. 114-15, L. 114-16-1, ss. C. pén., art. 313-9. – V. CSP, art. L. 5134-1, ss. C. pén., art. 223-12.
2015	24 déc.	Décret n° 2015-1768. Reconnaissance des qualifications professionnelles pour les professions réglementées par le code rural et de la pêche maritime. – V. C. rur., art. R. 214-115, R. 214-116, ss. C. pén., art. R. 511-11.
2015	28 déc.	Loi n° 2015-1776. Adaptation de la société au vieillissement. – V. C. pén., art. 311-12.
2015	28 déc.	Décret n° 2015-1794. Critères d'agrément des réseaux de contrôle technique des véhicules lourds. – V. C. route, art. R. 323-8.
2015	29 déc.	Loi n° 2015-1785. De finances pour 2016. – V. L. n° 2010-476 du 12 mai 2010, art. 66, App., v° *Jeux et paris*, **p. 2511.**
2015	29 déc.	Décret n° 2015-1892. Communication dématérialisée des décisions de minoration et de reconstruction du solde de points affecté au permis de conduire. – V. C. route, art. R. 223-3, R. 223-3-1, R. 223-4.
2016	22 janv.	Décret n° 2016-39. Application de l'article L. 224-14 du code de la route. – V. C. route, art. R. 224-21, R. 224-22, R. 226-2, App., v° *Circulation routière*, **p. 1919.**
2016	26 janv.	Loi n° 2016-41. Modernisation du système de santé : – V. C. pén., art. 221-6-1, 222-19-1, 222-20-1, 225-16-1, 227-19. – V. CSP, art. L. 2212-1, L. 2212-2, L. 2222-2, L. 2311-5, L. 5134-1 ss. C. pén., art. 223-12 ; art. L. 4161-1, ss. C. pén., art. 433-17 ; art. L. 1211-6-1, L. 1211-7, L. 1232-1, ss. C. pén., art. 511-28 ; art. L. 3311-1, L. 3311-3, L. 3323-3-1, L. 3342-1, L. 3353-3, L. 3353-4, App., v° *Débits de boissons*, **p. 780** ; art. L. 3421-5, App., v° *Substances vénéneuses*, **p. 3000** ; art. L. 1245-5, L. 5124-13, L. 5132-10, App., v° *Douanes et changes*, **p. 2155.** – V. L. n° 78-17 du 6 janv. 1978, art. 6, 15, 22 anc., 27 anc., 53 anc., 54 anc., 55 anc., 57 anc., 61 anc., 62 anc. à 66 anc., 72 🏛, ss. C. pén., art. 226-32. – V. C. sport, art. L. 232-14-1, L. 232-14-4, App., v° *Substances vénéneuses*, **p. 3013.**

		– V. C. route, art. L. 234-3, L. 235-1, L. 235-2, App., v° *Circulation routière*, **p. 1825.**
2016	29 janv.	Ordonnance n° 2016-79. Gares routières et recodification des dispositions du code des transports relatives à l'Autorité de régulation des activités ferroviaires et routières. – V. C. envir., art. L. 581-7, App., v° *Affichage*, **p. 1682.**
2016	29 janv.	Décret n° 2016-67. Techniques de recueil de renseignement. – V. C. pén., art. R. 226-1 à R. 226-10, R. 226-12, R. 711-1.
2016	2 févr.	Loi n° 2016-87. Nouveaux droits en faveur des malades et des personnes en fin de vie. – V. CSP, art. L. 2131-1, ss. C. pén., art. 511-28.
2016	10 févr.	Ordonnance n° 2016-131. Réforme du droit des contrats, du régime général et de la preuve des obligations : – V. C. tourisme, art. L. 211-1, App., v° *Agents d'affaires*, **p. 1711.** – V. L. n° 70-9 du 2 janv. 1970, art. 6, App., v° *Agents d'affaires*, **p. 1695.** – V. L. du 29 juill. 1881, art. 44, App., v° *Presse*, **p. 2772.**
2016	2 mars	Décision n° 2015-524 QPC. – V. C. mon. fin., art. L. 562-2, ss. C. pén., art. 324-6-1.
2016	7 mars	Loi n° 2016-274. Droit des étrangers en France : – V. C. pén., art. 131-30-1, 441-8. – V. CESEDA, art. L. 511-1, L. 511-3-1, L. 511-4, L. 512-1, L. 512-4, L. 513-1 à L. 513-3, L. 514-1, L. 514-2, L. 521-2, L. 521-3, L. 523-1, L. 523-4, L. 531-1, L. 531-2, L. 531-3, L. 541-3, L. 551-1, L. 551-3, L. 552-1, L. 552-3, L. 552-4, L. 552-4-1, L. 552-5, L. 552-7, L. 552-9, L. 554-3, L. 555-1, L. 556-1, L. 561-1, L. 561-2, L. 571-1, L. 611-3, L. 611-4, L. 611-11, L. 622-10, L. 624-1, L. 624-2, L. 624-4, L. 625-1, L. 625-3 à L. 625-6, L. 626-1.
2016	14 mars	Loi n° 2016-297. Protection de l'enfant. – V. C. pén., art. 221-5-5, 222-31-1, 222-31-2, 222-48-2, 227-27-2-1, 227-27-3, 434-1, 434-3.
2016	16 mars	Ordonnance n° 2016-301. Partie législative du code de la consommation : – V. C. consom., art. L. 321-1, L. 321-2, L. 322-1 à L. 322-4, L. 342-1 à L. 342-5, App., v° *Agents d'affaires*, **p. 1721** ; art. L. 121-20, App., v° *Jeux*, **p. 2498** ; art. L. 314-1 à L. 314-9, App., v° *Usure*, **p. 3043.** – V. C. com., art. L. 440-1, App., v° *Prix et concurrence*, **p. 2934.** – V. C. mon. fin., art. L. 353-5, App., v° *Usure*, **p. 3058.** – V. CSP, art. L. 3351-8, App., v° *Débits de boissons*, **p. 2132.** – V. C. tourisme, art. L. 211-23, App., v° *Agents d'affaires*, **p. 1719.** – V. C. route, art. L. 130-8, L. 213-2-1. – V. L. n° 70-9 du 2 janv. 1970, art. 8-2, 8-3, 17-1, App., v° *Agents d'affaires*, **p. 1697.**
2016	17 mars	Ordonnance n° 2016-315. Commissariat aux comptes. – V. C. com., art. L. 820-1, L. 820-3, L. 820-3-1, App., v° *Commissaires aux comptes*, **p. 2108.**

2016	17 mars	Décret n° 2016-308. Réutilisation des informations publiques et modification du code des relations entre le public et l'administration (dispositions réglementaires). – V. C. route, art. R. 330-8, App., v° *Circulation routière*, **p. 2023.**
2016	22 mars	Décret n° 2016-347. Facilitation du renouvellement du permis de conduire français des personnes établies à l'étranger et de l'échange du permis français contre un permis étranger. – V. C. route, art. R. 221-1, R. 221-1-1, R. 222-1, R. 225-2, App., v° *Circulation routière*, **p. 1899.**
2016	22 mars	Loi n° 2016-339. Prévention et lutte contre les incivilités, les atteintes à la sécurité publique et les actes terroristes dans les transports collectifs de voyageurs : – V. C. transp., art. L. 2241-1, L. 2241-1-1, L. 2241-2, L. 2241-5, L. 2241-6, L. 2242-5, L. 2242-6, App., v° *Chemins de fer*, **p. 1786.** – V. L. du 29 juill. 1881, art. 40, App., v° *Presse*, **p. 2752.** – V. C. route, art. L. 225-4, L. 225-5, L. 330-2, L. 330-3, L. 330-4, App., v° *Circulation routière*, **p. 1818.**
2016	30 mars	Décret n° 2016-381. Modalités d'accès à la profession d'enseignant de la conduite automobile et de la sécurité routière. – V. C. route, art. R. 211-3, R. 212-1, R. 212-2, R. 212-3, R. 212-4, R. 213-3, App., v° *Circulation routière*, **p. 1882.**
2016	13 avr.	Loi n° 2016-444. Lutte contre le système prostitutionnel et accompagnement des personnes prostituées : – V. C. pén., art. 131-16, 131-35-1, 222-3, 222-8, 222-10, 222-12, 222-13, 222-24, 222-28, 225-10-1, 225-12-1, 225-12-2, 225-12-3, 225-20, 225-24, 225-25, 611-1. – V. L. n° 2004-575 du 21 juin 2004, art. 6, App., v° *Presse et communication*, **p. 2912.**
2016	13 avr.	Décret n° 2016-448. Modification de certaines dispositions du code de la route relatives aux véhicules. – V. C. route, art. R. 311-1, R. 312-2, R. 312-4, R. 312-10, R. 312-11, R. 313-3-1, R. 313-3-2, R. 313-3-3, R. 313-3-4, R. 313-4, R. 313-4-1, R. 313-6, R. 313-7, R. 313-10 à R. 313-12, R. 313-14, R. 313-16 à R. 313-20, R. 313-24, R. 313-25, R. 316-1 à R. 316-3-1, R. 316-5 à R. 316-7, R. 317-1, R. 317-5, R. 317-9 à R. 317-11, R. 317-15, R. 317-23, R. 317-26, R. 317-26-1, R. 321-4-1, R. 321-8, R. 321-14-1, R. 321-15, R. 321-17 à R. 321-21, R. 321-23, R. 321-25, R. 322-2, R. 325-5-1, R. 416-17.
2016	14 avr.	Ordonnance n° 2016-462. Création de l'Agence nationale de santé publique. – V. L. n° 78-17 du 6 janv. 1978, art. 22 anc. 🏛, ss. C. pén., art. 226-32.
2016	14 avr.	Loi n° 2016-457. Information de l'administration par l'autorité judiciaire et protection des mineurs. – V. CASF, art. L. 133-6, ss. C. pén., art. 313-9.
2016	20 avr.	Loi n° 2016-483. Déontologie et droits et obligations des fonctionnaires : – V. C. pén., art. 413-14, 432-13. – V. L. n° 83-634 du 13 juill. 1983, art. 11, 11 *bis* A, ss. C. pén., art. 121-3.

		– V. L. n° 83-634 du 13 juill. 1983, art. 11, ss. C. pén., art. 433-5.
2016	25 avr.	Loi n° 2016-508. Modernisation de diverses preuves applicables aux élections. – V. L. n° 77-808 du 19 juill. 1977, art. 11, 12, App., v° *Presse et communication*, **p. 2873.**
2016	26 avr.	Décret n° 2016-516. Organisation de l'épreuve théorique générale du permis de conduire. – V. C. route, art. R. 221-1 à R. 221-21, R. 241-1.
2016	28 avr.	Ordonnance n° 2016-520. Bons de caisse. – V. C. mon. fin., art. L. 341-10, App., v° *Usure - Prêts d'argent*, **p. 3042** ; art. L. 621-9, L. 621-15, App., v° *Marchés financiers*, **p. 2525.**
2016	10 mai	Loi n° 2016-564. Renforcement du dialogue avec les supporters et de la lutte contre le hooliganisme. – V. C. sport, art. L. 332-1, L. 332-1-1, L. 332-2, L. 332-15, L. 332-16, ss. C. pén., art. 222-16-2.
2016	17 mai	Décret n° 2016-613. Reconnaissance des qualifications professionnelles de certaines professions réglementées par le code de la route et par le code des transports. – Art. 1er. – V. C. route, art. R. 212-1, R. 212-3-1, R. 212-3-2, R. 212-5-1, R. 213-2-1, R. 213-2-2, R. 326-6 à R. 326-8-1.
2016	27 mai	Décret n° 2016-697. Véhicules d'intérêt général et parc des autocars de la police et de la gendarmerie. – V. C. route, art. R. 311-1.
2016	31 mai	Décret n° 2016-723. Modifications des conditions d'obtention des catégories A et BE du permis de conduire. – V. C. route, art. D. 221-3, R. 221-5, R. 221-6, R. 221-10.
2016	3 juin	Loi n° 2016-731. Renforcement de la lutte contre le crime organisé, le terrorisme et leur financement, et amélioration de l'efficacité et des garanties de la procédure pénale : – Art. 5. – V. C. pén., art. 226-3. – Art. 8. – V. C. pén., art. 434-2. – Art. 10. – V. C. pén., art. 132-45. – Art. 11. – V. C. pén., art. 421-3 à 421-7. – Art. 13. – V. C. pén., art. 421-8. – Art. 16. – V. C. pén., art. 434-15-2. – Art. 18. – V. C. pén., art. 421-2-5-1, 421-2-5-2. – Art. 23. – V. CSI, art. L. 312-3, L. 312-3-1, L. 312-4, L. 312-4-1, L. 312-6-1, L. 312-6-2, L. 312-16, App., v° *Armes*, **p. 1725.** – Art. 26. – V. C. pén., art. 132-16-4-1, 222-44, 222-52 à 222-67, 321-6-1, 322-6-1, 322-11-1, 421-1, 431-28. – V. CSI, art. L. 317-4, L. 317-5, L. 317-7, L. 317-7-1 à L. 317-7-4, L. 317-8, L. 317-9, L. 317-9-2, App., v° *Armes*, **p. 1735**. – V. C. défense, art. L. 2339-5, L. 2339-9, L. 2339-10, L. 2339-11, L. 2339-14, L. 2353-4, L. 2353-13, App., v° *Armes*, **p. 1761.** – Art. 28. – V. C. pén., art. 113-2-1. – Art. 29. – V. C. pén., art. 322-3-2. – Art. 31. – V. C. mon. fin., art. L. 561-12, ss. C. pén., art. 324-6-1. – Art. 32. – V. C. mon. fin., art. L. 561-29-1, ss. C. pén., art. 324-6-1. – Art. 33. – V. C. mon. fin., art. L. 561-26, ss. C. pén., art. 324-6-1. – Art. 34. – V. C. mon. fin., art. L. 561-27, ss. C. pén., art. 324-6-1.

		– Art. 37. – V. L. n° 95-73 du 21 janv. 1995, art. 15-1, ss. C. pén., art. 226-32. – Art. 40 – V. C. mon. fin., art. L. 152-1, L. 152-4, App., v° *Douanes*, **p. 2162.** – Art. 44. – V. CPI, art. L. 335-2, L. 335-4, App., v° *Presse*, **p. 2921.** – Art. 51. – V. C. pén., art. 122-4-1. – Art. 60 – V. C. défense, art. L. 1521-18, App., v° *Circulation*, **p. 2108.** – Art. 63. – V. Ord. n° 45-174 du 2 févr. 1945, art. 4, App., v° *Enfance*, **p. 2218.** – Art. 82. – V. C. pén., art. 132-20. – V. C. mon. fin., art. L. 621-15, App., v° *Marchés financiers*, **p. 2540**. – V. C. com., art. L. 464-5-1, App., v° *Prix*, **p. 2959.** – Art. 83. – V. C. com., art. L. 450-4, App., v° *Prix*, **p. 2947**. – V. CSP, art. L. 3341-2, App., v° *Débits de boissons*, **p. 2130**. – V. C. route, art. L. 234-18, L. 235-5, App., v° *Circulation*, **p. 1828.** – Art. 92. – V. CESEDA, art. L. 555-2, App., v° *Étrangers*, **p. 2424.** – Art. 102. – V. C. sport, art. L. 232-14-4, App., v° *Substances vénéneuses*, **p. 3014.** – Art. 106. – V. C. pén., art. 131-5-1. – Art. 107. – V. C. pén., art. 131-8. – Art. 108. – V. C. pén., art. 131-35-2. – Art. 109. – V. C. pén., art. 132-54. – Art. 110. – V. C. pén., art. 132-19. – Art. 117. – V. C. pén., art. 226-16, 226-17-1. – Art. 119. – V. C. pén., art. 711-3, 711-4.
2016	16 juin	Ordonnance n° 2016-800. Recherches impliquant la personne humaine : – V. C. pén., art. 223-8. – V. CSP, art. L. 2141-4, ss. C. pén., art. 511-28.
2016	17 juin	Décret n° 2016-815. Conseil supérieur de l'éducation routière. – V. C. route, art. D. 214-1, D. 214-2, D. 214-3, App., v° *Circulation routière*, **p. 1897.**
2016	20 juin	Loi n° 2016-816. Économie bleue : – V. C. rur., art. L. 911-1, L. 911-2, L. 942-2, L. 945-4, App., v° *Pêche maritime*, **p. 2561.** – V. C. mon. fin., art. L. 561-2, ss. C. pén., art. 324-6-1.
2016	21 juin	Loi n° 2016-819. Système de répression des abus de marché : – V. C. pén., art. 421-1. – V. C. mon. fin., art. L. 465-1, L. 465-2, L. 465-3, L. 466-1, L. 621-1, L. 621-9, L. 621-9-2, L. 621-12, L. 621-14, L. 621-14-1, L. 621-15, L. 621-15-1, L. 621-16, L. 621-16-1, L. 621-17-1, L. 621-17-2, L. 621-17-3, L. 621-17-4, L. 621-17-5, L. 621-17-6, L. 621-17-7, App., v° *Marchés financiers*, **p. 2518.**
2016	24 juin	Loi n° 2016-832. Visant à lutter contre la discrimination à raison de la précarité sociale. – V. C. pén., art. 225-1.
2016	28 juin	Décret n° 2016-847. Zones à circulation restreinte. – V. C. route, art. R. 411-19-1, App., v° *Circulation routière*, **p. 2043.**

2016	29 juin	Décret n° 2016-858. Certificats qualité de l'air. – V. C. route, art. R. 318-2, App., v° *Circulation routière*, **p. 1977.**
2016	29 juin	Décret n° 2016-884. Partie réglementaire du code de la consommation. – Art. 4. – V. C. com., art. L. 442-6.
2016	7 juill.	Loi n° 2016-925. Liberté de création, architecture et patrimoine : – V. C. pén., art. 322-3-1, 431-1. – V. CPI, art. L. 336-2, App., v° *Presse*, **p. 2925.** – V. C. patr., art. L. 111-7 à L. 111-12, L. 114-1, App., v° *Douanes*, **p. 2170.** – V. C. envir., art. L. 581-4, L. 581-8, L. 581-21, App., v° *Affichage*, **p. 1681.**
2016	15 juill.	Ordonnance n° 2016-966. Simplification de procédures mises en œuvre par l'Agence nationale de sécurité du médicament et des produits de santé. – V. CSP, art. L. 5134-2, ss. C. pén., art. 223-12.
2016	15 juill.	Ordonnance n° 2016-967. Coordination du système d'agences sanitaires nationales, la sécurité sanitaire et accidents médicaux. – V. CSP, art. L. 1343-4, App., v° *Substances vénéneuses*, **p. 2998.**
2016	20 juill.	Ordonnance n° 2016-982. Application de l'article 30 de la loi n° 2015-917 du 28 juillet 2015 actualisant la programmation militaire pour les années 2015 à 2019 et portant diverses dispositions concernant la défense. – V. C. défense, art. L. 2335-4, L. 2335-12, L. 2339-1-1, L. 2339-1-2, App., v° *Armes*, **p. 1753.**
2016	21 juill.	Loi n° 2016-987. Prorogation de l'application de la loi n° 55-385 du 3 avril 1955 relative à l'état d'urgence et mesures de renforcement de la lutte antiterroriste : – V. C. pén., art. 421-5, 421-6, 422-4. – V. CSI, art. L. 224-1, ss. C. pén., art. 226-32.
2016	8 août	Loi n° 2016-1087. Reconquête de la biodiversité, de la nature et des paysages : – V. C. envir., art. L. 341-19, ss. C. pén., art. 322-4 ; art. L. 581-14, App., v° *Affichage*, **p. 1684.** – V. C. rur., art. L. 911-2, L. 942-1, L. 942-2, L. 942-4, L. 942-10, L. 942-11, L. 943-1, L. 944-2, L. 945-4, L. 945-4-2, L. 945-5, App., v° *Pêche*, **p. 2561.**
2016	24 août	Décret n° 2016-1152. La lutte contre la conduite après usage de substances ou plantes classées comme stupéfiants. – V. C. route, art. R. 235-1, R. 235-4 à R. 235-12, App., v° *Circulation routière*, **p. 1928.**
2016	19 sept.	Décret n° 2016-1232. Obligation de porter des gants pour les conducteurs et les passagers de motocyclette, de tricycle à moteur, de quadricycle à moteur ou de cyclomoteur. – V. C. route, art. R. 431-1-1, R. 431-1-2, R. 431-3, App., v° *Circulation routière*, **p. 2083.**
2016	29 sept.	Décision n° 2016-573 QPC. – V. C. com., art. L. 654-6, App., v° *Banqueroute et infractions connexes*, **p. 1773.**

2016	30 sept.	Décret n° 2016-1289. Réquisition par les agents de l'autorité compétente d'un document attestant que le véhicule est équipé d'un dispositif homologué d'antidémarrage par éthylotest électronique et décision de mainlevée d'une prescription de mise en fourrière d'un véhicule. – V. C. route, art. R. 233-1, R. 325-32, R. 325-38 à R. 325-41, App., v° *Circulation routière*, **p. 1924.**
2016	7 oct.	Loi n° 2016-1321. République numérique : – V. C. pén., art. 226-2-1, 226-6, 226-16. – V. L. n° 78-17 du 6 janv. 1978, art. 1er, 11, 13, 15 *bis*, 22 anc., 25, 27 anc., 31, 32, 36, 40, 40-1, 43 *bis*, 45 anc., 46 anc., 47 anc., 49-5, 58 anc., 67, 71, 72, ss. C. pén., art. 226-32. – V. L. n° 2010-476 du 12 mai 2010, art. 14, 26, 61, App., v° *Jeux, paris et loteries*, **p. 2501.**
2016	10 nov.	Décret n° 2016-1521. Circulation des véhicules agricoles ou forestiers, des dépanneuses et des véhicules d'intérêt général prioritaires de lutte contre l'incendie. – V. C. route, art. R. 433-1, R. 435-2, R. 437-1, R. 437-2, App., v° *Circulation routière*, **p. 2086.**
2016	14 nov.	Loi n° 2016-1524. Renforcement de la liberté, de l'indépendance et du pluralisme des médias : – V. C. pén., art. 226-10. – V. L. du 29 juill. 1881, art. 2 *bis*, 69, App., v° *Presse*, **p. 2611.** – V. L. n° 86-897 du 1er août 1986, art. 2-1, 6, 15-1, 23, App., v° *Presse*, **p. 2884.** – V. L. n° 86-1067 du 30 sept. 1986, art. 3-1, 33-1, 34, 40, 42, 42-3, App., v° *Presse*, **p. 2889.**
2016	15 nov.	Loi n° 2016-1528. Ratification de l'ordonnance n° 2015-1682 du 17 décembre 2015 portant simplification de certains régimes d'autorisation préalable et de déclaration des entreprises et des professionnels et modification du code du sport. – V. C. sport, art. L. 232-12-1, App., v° *Substances vénéneuses*, **p. 3012.**
2016	18 nov.	Loi n° 2016-1547. Modernisation de la justice du XXIe siècle : – V. C. pén., art. 132-45, 225-1, 225-3, 227-3, 227-6. – V. CSI, art. L. 251-2, ss. C. pén., art. 226-32. – V. L. n° 78-17 du 6 janv. 1978, art. 43 *ter*, 72, ss. C. pén., art. 226-32. – V. C. patr., art. L. 114-6, ss. C. pén., art. 322-4. – V. COJ, art. L. 251-5, App., v° *Enfance*, **p. 2255.** – V. Ord. n° 45-174 du 2 févr. 1945, art. 1er à 4, 5, 6, 8, 8-1, 8-2, 9, 10, 12, 13, 19, 20, 20-2, 20-10, 21, 24-1 à 24-7, 43, 44, 48, App., v° *Enfance – Enfance délinquante*, **p. 2217.** – V. C. com., art. L. 462-7, L. 464-8-1, App., v° *Prix et concurrence*, **p. 2953.** – V. C. route, art. L. 121-3, L. 121-4-1, L. 121-6, L. 130-9, L. 143-1, L. 221-2, L. 221-2-1, L. 223-10, L. 223-11, L. 225-1, L. 225-3 à L. 225-5, L. 311-2, L. 322-1-1, L. 324-2, L. 325-1-2, L. 330-2, App., v° *Circulation routière*, **p. 1792.**
2016	18 nov.	Décret n° 2016-1551. Diverses mesures relatives à la durée du travail, aux repos et aux congés. – Art. 6-VI. – V. C. route, art. R. 121-2, App., v° *Circulation routière*, **p. 1876.**

2016	1er déc.	Ordonnance n° 2016-1635. Renforçant le dispositif français de lutte contre le blanchiment et le financement du terrorisme. – V. C. mon. fin., art. L. 561-2 à L. 561-50, L. 574-2, ss. C. pén., art. 324-6-1 ; L. 621-14, App., v° *Marchés financiers*, **p. 1233.**
2016	1er déc.	Décret n° 2016-1645. Permanence des soins et modifications de dispositions réglementaires applicables au service public hospitalier : – V. CSP, art. R. 3354-12, App., v° *Débits de boissons*, **p. 2147.** – V. CESEDA, art. R. 553-8.
2016	8 déc.	Ordonnance n° 2016-1687. Espaces maritimes relevant de la souveraineté ou de la juridiction de la République française. – Art. 60. – V. C. défense, art. L. 1521-9, App., v° *Circulation*, **p. 2106.**
2016	9 déc.	Loi n° 2016-1691. Transparence, lutte contre la corruption et modernisation de la vie économique : – V. C. pén., art. 122-9, 131-37, 131-39-2, 432-14, 432-17, 433-22, 433-26, 434-43-1, 434-48, 435-2, 435-4, 435-6-2, 435-11-2, 435-15, 445-4. – V. C. com., art. L. 441-6, L. 441-7, L. 442-6, L. 443-1, App., v° *Prix*, **p. 2937** ; L. 820-3, App., v° *Commissaires aux comptes*, **p. 2109.** – V. C. mon. fin., art. L. 561-22, L. 561-23, L. 561-29, ss. C. pén., art. 324-6-1 ; art. L. 465-3, L. 466-1, L. 621-9, L. 621-12, L. 621-13-2, L. 621-13-3, L. 621-13-4, L. 621-14-1, L. 621-15, L. 621-17, L. 621-17-1, L. 621-17-1-1, App., v° *Marchés financiers*, **p. 2519.**
2016	9 déc.	Décision Cons. Const. n° 2016-741 DC. Modification de la décision n° 2015-422 du 18 novembre 2015 autorisant la SA Société d'exploitation du multiplexe R6 - SMR6 à utiliser une ressource radioélectrique pour le multiplexage des services de communication audiovisuelle diffusés par voie hertzienne terrestre en mode numérique sur le réseau R6. – V. C. pén., art. 226-10.
2016	12 déc.	Décret n° 2016-1709. Stage de responsabilisation pour la prévention et la lutte contre les violences au sein du couple ou sexistes et stage de sensibilisation à la lutte contre l'achat d'actes sexuels. – V. C. pén., art. R. 131-11-1, R. 132-45.
2016	13 déc.	Arrêté. Fixation des modalités du dépistage des substances témoignant de l'usage de stupéfiants, et des analyses et examens prévus par le code de la route et abrogation de l'arrêté du 5 septembre 2001 modifié fixant les modalités du dépistage des substances témoignant de l'usage de stupéfiants, et des analyses et examens prévus par le code de la route. – V. ss. C. route, art. R. 235-13, App., v° *Circulation routière*, **p. 1930.**
2016	15 déc.	Arrêté. Application de l'article L. 121-6 du code de la route. – V. C. route, art. A. 121-1 à A. 121-3, A. 143-1, App., v° *Circulation routière*, **p. 2097.**
2016	20 déc.	Loi n° 2016-1771. Suppression de la publicité commerciale dans les programmes jeunesse de la télévision publique. – V. L. n° 86-1067 du 30 sept. 1986, art. 14, App., v° *Presse*, **p. 2890.**
2016	21 déc.	Décret n° 2016-1800. Obligation de porter un casque pour les conducteurs et les passagers de cycle âgés de moins de douze ans. – V. C. route, art. R. 431-1-3, App., v° *Circulation routière*, **p. 2083.**

2016	22 déc.	Ordonnance n° 2016-1809. Reconnaissance des qualifications professionnelles de professions réglementées : – V. L. n° 70-9 du 2 janv. 1970, art. 8-1, App., v° *Agents d'affaires*, **p. 1697.** – V. C. route, art. L. 323-1, App., v° *Circulation routière*, **p. 1843.**
2016	22 déc.	Ordonnance n° 2016-1823. Transposition de la directive 2014/26/UE du Parlement européen et du Conseil du 26 février 2014 concernant la gestion collective du droit d'auteur et des droits voisins et l'octroi de licences multiterritoriales de droits sur des œuvres musicales en vue de leur utilisation en ligne dans le marché intérieur. – V. CPI, art. L. 336-2, App., v° *Presse*, **p. 2925.**
2016	23 déc.	Loi n° 2016-1827. Financement de la sécurité sociale pour 2017. – V. CSS, art. L. 114-15-1, L. 114-16, ss. C. pén., art. 313-9.
2016	23 déc.	Décret n° 2016-1849. Carte mobilité inclusion pris en application de l'article 107 de la loi n° 2016-1321 du 7 octobre 2016 pour une République numérique et en application de l'article 2 de la loi n° 93-1419 du 31 décembre 1993 relative à l'Imprimerie nationale. – Art. 4. – V. C. route, art. R. 417-11, App., v° *Circulation routière*, **p. 2076.**
2016	28 déc.	Loi n° 2016-1888. Modernisation, développement et protection des territoires de montagne : – V. L. n° 70-9 du 2 janv. 1970, art. 4-2, App., v° *Agents d'affaires*, **p. 1695.** – V. C. route, art. L. 314-1, App., v° *Circulation routière*, **p. 1838.**
2016	29 déc.	Loi n° 2016-1917. Finances pour 2017 : – V. C. trav., art. L. 5429-1, ss. C. pén., art. 313-9. – Art. 36 et 87. – V. CESEDA, art. L. 626-1. – V. C. trav., art. L. 5429-1, ss. C. pén., art. 313-9.
2016	28 déc.	Décret n° 2016-1955. Portant application des dispositions des articles L. 121-3 et L. 130-9 du code de la route. – Art. 1er. – V. C. route, art. R. 121-6, R. 130-11, R. 143-1, App., v° *Circulation routière*, **p. 1877.**
2016	29 déc.	Loi n° 2016-1918. De finances rectificative pour 2016. – V. C. mon. fin., art. L. 152-5, App., v° *Douanes*, **p. 2165.**
2016	29 déc.	Loi n° 2016-1920. Régulation, responsabilisation et simplification dans le secteur du transport public particulier de personnes. – V. C. com., art. L. 420-2-2, L. 420-3, L. 420-4, L. 420-6, L. 450-5, L. 462-3, L. 462-5, L. 462-6, L. 464-2, L. 464-9, App., v° *Prix et concurrence*, **p. 2928.**
2017	6 janv.	Décret n° 2017-16. Circulation des transports exceptionnels. – V. C. route, art. R. 312-10, R. 312-11, R. 321-17, R. 343-3, R. 344-3, R. 412-30, R. 412-33, R. 413-9, R. 414-2, R. 415-2, R. 433-1, R. 433-2, R. 433-2-1, R. 433-2-2, R. 433-5, App., v° *Circulation routière*, **p. 1948.**
2017	11 janv.	Décret n° 2017-21. Obligations d'achat ou d'utilisation de véhicules à faibles émissions par les gestionnaires de flottes de véhicules, les

		loueurs de véhicules automobiles, les exploitants de taxis et exploitants de voitures de transport avec chauffeur. – Art. 2. – V. C. route, art. R. 318-7, R. 318-8, App., v° *Circulation routière*, **p. 1978.**
2017	12 janv.	Ordonnance n° 2017-28. Constitution et fonctionnement des groupements de coopération sanitaire. – V. CSP, art. L. 2142-1, ss. C. pén., art. 511-28 ; art. L. 2141-11-1, App., v° *Douanes*, **p. 2158.**
2017	19 janv.	Ordonnance n° 2017-48. Profession de physicien médical. – V. CSP, art. L. 4161-1, ss. C. pén., art. 433-17.
2017	19 janv.	Ordonnance n° 2017-51. Harmonisation des dispositions législatives relatives aux vigilances sanitaires. – V. CSP, art. L. 1211-7, L. 1211-7-1, L. 1211-9, ss. C. pén., art. 511-28.
2017	20 janv.	Loi n° 2017-55. Statut général des autorités administratives indépendantes et des autorités publiques indépendantes : – V. C. pén., art. 432-13. – V. L. n° 78-17 du 6 janv. 1978, art. 11, 12, 13, 14, 19, 20, 21 🏛, ss. C. pén., art. 226-32. – V. L. n° 86-1067 du 30 sept. 1986, art. 3-1, 42-7, App., v° *Presse*, **p. 2889.** – V. C. mon. fin., art. L. 621-1, L. 621-4, App., v° *Marchés financiers*, **p. 2523.** – V. C. com., art. L. 461-1, L. 461-2, L. 461-4, L. 461-5, App., v° *Prix et concurrence*, **p. 2949.**
2017	24 janv.	Décision Conseil constitutionnel n° 2016-608 QPC. Mme Audrey J. *[Délit de communication irrégulière avec un détenu]*. – V. C. pén., art. 434-35.
2017	27 janv.	Loi n° 2017-86. Égalité et citoyenneté : – V. C. pén., art. 131-5-1, 132-76, 132-77, 221-4, 222-3, 222-8, 222-10, 222-12, 222-13, 222-18-1 🏛, 222-18-2, 222-24, 222-30, 225-1-2, 225-2, 225-16-1, 225-18, 225-18-1, 226-19, 311-4, 312-2, 322-2, 322-4-1, 322-8. – V. C. sport, art. L. 332-18, L. 332-19, ss. C. pén., art. 222-16-2. – V. L. n° 70-9 du 2 janv. 1970, art. 4-3, 8-3, App., v° *Agents d'affaires*, **p. 1695.** – V. CSP, art. L. 3332-3, App., v° *Débits de boissons*, **p. 2121.** – V. L. n° 2001-504 du 12 juin 2001, art. 19, App., v° *Enfance*, **p. 2276.** – V. C. com., art. L. 123-29, App., v° *Marchands ambulants*, **p. 2513.** – V. L. n° 82-652 du 29 juill. 1982, art. 93-2, App., v° *Presse*, **p. 2878.** – V. L. n° 86-1067 du 30 sept. 1986, art. 3-1, 14, App., v° *Presse*, **p. 2889.** – V. L. du 29 juill. 1881, art. 6, 24, 24 *bis*, 32, 33, 40, 48-1, 48-1-1, 48-2, 48-4, 50-1, 51, 54-1, 55, 65-3, 65-4, 69, App., v° *Presse*, **p. 2613.**
2017	2 févr.	Décret n° 2017-127. Modification de l'article R. 323-18-1 du code de la route. – V. C. route, art. R. 323-18-1, App., v° *Circulation*, **p. 1997.**

2017	10 févr.	Décision Conseil constitutionnel QPC n° 2016-611. M. David P. *[Délit de consultation habituelle de sites internet terroristes]*. – V. C. pén., art. 421-2-5-2.
2017	16 févr.	Décret n° 2017-198. Interdiction de conduire un véhicule non équipé d'un dispositif d'antidémarrage par éthylotest électronique : – Art. 1er. – V. C route, art. R. 130-3, R. 130-6, R. 222-4, R. 223-3, R. 233-1, R. 234-5, R. 243-1, R. 244-1, R. 245-1, App., v° *Circulation*, **p. 1878.** – Art. 2. – V. C pén., art. R. 131-4, R. 132-45, App., v° *Infractions*, **p. 1602.**
2017	20 févr.	Décret n° 2017-208. Nomenclature des véhicules figurant à l'article R. 311-1 du code de la route et modification des règles relatives au contrôle technique des véhicules de collection. – V. C. route, art. R. 311-1, R. 323-3, R. 323-6, R. 323-9, R. 323-22, R. 323-25, App., v° *Circulation*, **p. 1938.**
2017	21 févr.	Loi n° 2017-203. Ratifiant les ordonnances n° 2016-301 du 14 mars 2016 relative à la partie législative du code de la consommation et n° 2016-351 du 25 mars 2016 sur les contrats de crédit aux consommateurs relatifs aux biens immobiliers à usage d'habitation et simplifiant le dispositif de mise en œuvre des obligations en matière de conformité et de sécurité des produits et services : – V. C. consom., art. L. 321-1, App., v° *Agents d'affaires*, **p. 1721.** – V. C. mon. fin., art. L. 500-1, App., v° *Usure-Prêts d'argent*, **p. 3058.**
2017	23 févr.	Loi n° 2017-220. Ratifiant l'ordonnance n° 2016-966 du 15 juillet 2016 portant simplification de procédures mises en œuvre par l'Agence nationale de sécurité du médicament et des produits de santé et comportant diverses dispositions relatives aux produits de santé : – V. C. pén., art. 511-8-2. – V. CSP, art. L. 1245-5, L. 1245-5-1, App., v° *Douanes*, **p. 2155.**
2017	27 févr.	Loi n° 2017-242. Réforme de la prescription en matière pénale : – V. C. pén., art. 133-2, 133-3, 133-4-1, 213-5, 215-4, 221-18, 434-25, 462-10. – V. C. route, art. R. 235-12, App., v° *Circulation*, **p. 1930.**
2017	27 févr.	Décret n° 2017-248. Modalités de fixation des tarifs des actes prescrits dans le domaine de la médecine légale, de la psychologie légale, de la toxicologie, de la biologie et de la radiologie et relevant des frais de justice. – V. CSP, art. R. 3354-17, App., v° *Débits de boissons*, **p. 2149.**
2017	28 févr.	Loi n° 2017-256. Programmation relative à l'égalité réelle outre-mer et autres dispositions en matière sociale et économique : – V. C. com., art. L. 410-5, L. 420-5, L. 441-6, L. 443-1, L. 450-3-2, App., v° *Prix et concurrence*, **p. 2926.** – V. CSP, art. L. 3323-2, L. 3323-5-1, App., v° *Débits de boissons*, **p. 2115.** – V. L. n° 86-1067 du 30 sept. 1986, art. 42, App., v° *Presse*, **p. 2900.**
2017	28 févr.	Loi n° 2017-257. Statut de Paris et aménagement métropolitain : – V. C. mon. fin., art. L. 561-2, L. 561-13, ss. C. pén., art. 324-6-1. – V. C. envir., art. L. 581-8, App., v° *Affichage*, **p. 1682.**

		– V. L. du 30 juin 1923, art. 47, 49, App., v° *Jeux*, **p. 2497.**
2017	28 févr.	Loi n° 2017-258. Sécurité publique : – V. C. pén., art. 122-4-1, 322-8, 421-2-5-2, 433-3, 433-5, 433-7, 434-35, 434-44. – V. C. défense, art. L. 2331-2, L. 2332-2, L. 2336-1, L. 2337-1, L. 2338-3, L. 2339-3-1, L. 2339-5, L. 2339-9, App., v° *Armes*, **p. 1748.** – V. C. transp., art. L. 2241-1, App., v° *Circulation*, **p. 1786.**
2017	1er mars	Loi n° 2017-261. Préserver l'éthique du sport, renforcer la régulation et la transparence du sport professionnel et améliorer la compétitivité des clubs : – V. C. pén., art. 445-1-1 anc., 445-2-1 anc. – V. C. sport, art. L. 332-17, ss. C. pén., art. 222-16-2. – V. L. n° 2010-476 du 12 mai 2010, art. 12, App., v° *Jeux*, **p. 2501.**
2017	1er mars	Décret n° 2017-270. Délégation des fonctions d'officier de l'état civil exercées par le maire et lieu de célébration des mariages. – V. C. pén., art. R. 645-3.
2017	9 mars	Ordonnance n° 2017-303. Actions en dommages et intérêts du fait des pratiques anticoncurrentielles. – V. C. com., art. L. 410-5, L. 441-6, L. 441-7, L. 441-8, L. 443-1, L. 462-3, L. 462-7, L. 463-6, L. 464-2, L. 490-1 à L. 490-12, App., v° *Prix et concurrence*, **p. 2951.**
2017	9 mars	Décret n° 2017-305. Actions en dommages et intérêts du fait des pratiques anticoncurrentielles. – Art. 2, 3, 7. – V. C. com., art. R. 490-1 à R. 490-10, App., v° *Prix et concurrence*, **p. 2970.**
2017	9 mars	Décisions Conseil constitutionnel nos 2016-616/617 QPC. – V. C. mon. fin., art. L. 561-41, L. 561-42, ss. C. pén., art. 324-6-1.
2017	20 mars	Loi n° 2017-347. Extension du délit d'entrave à l'interruption volontaire de grossesse. – V. CSP, art. L. 2223-2, ss. C. pén., art. 223-12.
2017	20 mars	Décret n° 2017-350. Application de l'article L. 441-6-1 du code de commerce. – V. C. com., art. D. 441-4, App., v° *Prix et concurrence*, **p. 2967.**
2017	6 avr.	Ordonnance n° 2017-484. Création d'organismes dédiés à l'exercice de l'activité de retraite professionnelle supplémentaire et adaptation des régimes de retraite supplémentaire en unités de rente : – V. C. mon. fin, art. L. 561-2, ss. C. pén., art. 324-6-1 ; art. L. 341-3, App., v° *Usure*, **p. 3049.** – V. C. com., art. L. 441-6, App., v° *Prix*, **p. 2937** ; art. L. 820-1, App., v° *Commissaires aux comptes*, **p. 2108.**
2017	6 avr.	Ordonnance n° 2017-496. Extension des dispositions de l'article 45 de la loi n° 2016-41 du 26 janvier 2016 de modernisation de notre système de santé dans les îles Wallis-et-Futuna, en Nouvelle-Calédonie et en Polynésie française. – V. C. route, art. L. 243-1, L. 243-2, L. 244-1, L. 244-2, L. 245-1, L. 245-2, App., v° *Circulation*, **p. 1832.**
2017	7 avr.	Décision n° 2017-625 QPC. – V. C. pén., art. 421-2-6.
2017	20 avr.	Décret n° 2017-589. Application de l'article L. 311-2 du code de la route. – V. C. route, art. D. 311-4, App., v° *Circulation*, **p. 1945.**

2017	21 avr.	Décret n° 2017-595. Contrôle et gestion de l'introduction et de la propagation de certaines espèces animales et végétales. – V. C. rur., art. R. 214-112, ss. C. pén., art. R. 511-1 .
2017	27 avr.	Ordonnance n° 2017-651. Immeubles et objets mobiliers classés ou inscrits au titre des monuments historiques. – V. C. envir., art. L. 581-40, App., v° *Affichage*, **p. 1690.**
2017	5 mai	Décret n° 2017-782. Renforçant les sanctions pour non-respect de l'usage des certificats qualité de l'air et des mesures d'urgence arrêtées en cas d'épisode de pollution atmosphérique. – Art. 3 à 6. – V. C. route, art. R. 318-2, R. 411-19, R. 411-19-1, R. 411-27, App., v° *Circulation*, **p. 1977.**
2017	6 mai	Décret n° 2017-892. Diverses mesures de modernisation et de simplification de la procédure civile. – Art. 34 et 35. – V. CESEDA, art. R. 552-14-1, R. 561-7, App., v° *Étrangers*, **p. 2455.**
2017	9 mai	Décret n° 2017-909 du 9 mai 2017 relatif au contrôle de la circulation des armes et des matériels de guerre. – Art. 17. – V. C. défense, art. L. 2332-3, App., v° *Armes*, **p. 1750.**
2017	9 mai	Décret n° 2017-911. Dématérialisation de la procédure de demande de duplicata du certificat d'immatriculation. – V. C. route, art. R. 322-10, App., v° *Circulation*, **p. 1989.**
2017	10 mai	Décret n° 2017-933. Portant diverses mesures de simplification et de modernisation relatives aux collectivités territoriales. – V. CSP, art. R. 3332-1, R. 3332-1-1, R. 3335-4 à R. 3335-14, R. 3335-15, R. 3352-2, R. 3353-5, App., v° *Débits de boissons*, **p. 2139.**
2017	10 mai	Décret n° 2017-1029. Modifiant l'article D. 211-17 du code de la sécurité intérieure. – V. CSI, art. D. 211-17, ss. C. pén., art. 431-3.
2017	22 juin	Ordonnance n° 2017-1107. Marchés d'instruments financiers et séparation du régime juridique des sociétés de gestion de portefeuille de celui des entreprises d'investissement : – V. C. mon. fin., art. L. 561-2, L. 561-10-3, ss. C. pén., art. 324-6-1 ; art. L. 621-4, L. 621-9, L. 621-9-2, L. 621-13-6 à L. 621-13-9, L. 621-15, App., v° *Marchés financiers*, **p. 2524** ; art. L. 341-3, L. 500-1, App., v° *Usure-Prêts d'argent*, **p. 3049.** – V. C. com., art. L. 654-4, App., v° *Banqueroute et infractions connexes*, **p. 1772.**
2017	5 juill.	Ordonnance n° 2017-1134. Dispositions communes à l'ensemble du patrimoine culturel. – V. C. patr., art. L. 111-3-1, L. 111-4, L. 111-7-1 à L. 111-7-3, L. 114-2-1, App., v° *Douanes et changes*, **p. 2169.**
2017	19 juill.	Ordonnance n° 2017-1178. Adaptation du code de la santé publique à Mayotte. – V. CSP, art. L. 5134-3, ss. C. pén., art. 223-12.
2017	21 juill.	Décision n° 2017-646/647 QPC. – V. C. mon. fin., art. L. 621-10, App., v° *Marchés financiers*, **p. 2529.**
2017	3 août	Décret n° 2017-1230. Provocations, diffamations et injures non publiques présentant un caractère raciste ou discriminatoire. – V. art. R. 624-3 à R. 624-6, R. 625-7 à R. 625-8-2, R. 711-1.

2017	7 août	Décret n° 2017-1244. Prévention des risques liés aux bruits et aux sons amplifiés. – V. CSP, art. R. 1337-6, R. 1337-7, R. 1337-10-2, ss. C. pén., art. R. 623-2.
2017	7 août	Décret n° 2017-1246. Modification des livres Ier et II de la partie réglementaire du code rural et de la pêche maritime. – V. C. rur., art. R. 214-112, ss. C. pén., art. R. 511-1.
2017	9 août	Ordonnance n° 2017-1252. Transposition de la directive 2015/2366 du Parlement européen et du Conseil du 25 novembre 2015 concernant les services de paiement dans le marché intérieur. – V. C. mon. fin., art. L. 561-2-3, L. 561-9, ss. C. pén., art. 324-6-1 ; art. L. 341-3, App., v° *Usure*, **p. 3049.**
2017	15 sept.	Loi n° 2017-1339. Confiance dans la vie politique : – V. C. pén., art. 131-26-2, 432-17, 433-22. – V. C. mon. fin., art. L. 561-22, ss. C. pén., art. 324-6-1.
2017	27 sept.	Décret n° 2017-1411. Modification du code forestier et du code rural et de la pêche maritime. – V. C. rur., art. R. 214-94-1, R. 214-95-1, R. 214-98-1, R. 214-100-1, R. 214-108-1, R. 214-112-1, R. 214-113-1, R.* 214-117-1, R. 214-122-1, R. 214-126-1, ss. C. pén., art. R. 511-1.
2017	30 oct.	Loi n° 2017-1510. Renforcement de la sécurité intérieure et lutte contre le terrorisme. – V. C. pén., art. 421-2-4-1.
2017	31 oct.	Décret n° 2017-1518. Interdiction de solliciter un agrément pour l'exploitation des établissements mentionnés à l'article L. 213-1 du code de la route. – V. C. route, art. R. 213-2, R. 213-6, App., v° *Circulation*, **p. 1893.**
2017	2 nov.	Décret n° 2017-1522. Personnes n'ayant en France ni domicile ni résidence fixe et pris pour l'application des articles 150, 194 et 195 de la loi n° 2017-86 du 27 janvier 2017 relative à l'égalité et à la citoyenneté : – V. C. pén., art. R. 321-1. – V. C. com., art. R. 123-208-2, App., v° *Marchands ambulants*, **p. 2514.**
2017	3 nov.	Décret n° 2017-1523. Diverses dispositions en matière de sécurité routière. – Art. 2 à 8. – V. C. route, art. R. 130-1-2, R. 130-2, R. 130-3, R. 221-13 à R. 221-14-1, R. 222-1 à R. 222-3, R. 224-12, App., v° *Circulation*, **p. 1878.**
2017	16 nov.	Décret n° 2017-1578. Délivrance de la catégorie A du permis de conduire aux motocyclistes de la gendarmerie et de la police nationales. – V. C. route, art. R. 221-5, App., v° *Circulation*, **p. 1905.**
2017	1er déc.	Cons. const. n° 2017-674 QPC. – V. CESEDA, art. L. 561-1, App., v° *Étrangers*, **p. 2426.**
2017	15 déc.	Conseil constitutionnel, décision n° 2017-682 QPC. – V. art. 421-2-5-2.

2017	20 déc.	Ordonnance n° 2017-1717. Transposition de la directive (UE) 2015/2302 du Parlement européen et du Conseil du 25 novembre 2015 relative aux voyages à forfait et aux prestations de voyage liées. – V. C. tourisme, art. L. 211-1, App., v° *Armes et explosifs*, **p. 1711.**
2017	25 déc.	Loi n° 2017-1754. Ratification de l'ordonnance n° 2017-717 du 3 mai 2017 portant création de l'établissement public Paris La Défense. – Art. 2-II. – V. C. route, art. L. 130-4, App., v° *Circulation*, **p. 1795.**
2017	28 déc.	Loi n° 2017-1775. De finances rectificative pour 2017. – V. C. mon. fin., art. L. 621-20-6, App., v° *Marchés financiers*, **p. 2560.**
2017	30 déc.	Loi n° 2017-1836. Financement de la sécurité sociale pour 2018. – V. CSS, art. L. 114-16-3, ss. C. pén., art. 313-9 ; art. L. 615-15, ss. C. pén., art. 410-1.
2017	30 déc.	Loi n° 2017-1837. De finances pour 2018. – V. C. mon. fin., art. L. 561-14-1, L. 561-14-2, L. 561-22-1, ss. C. pén., art. 324-6-1.
2018	4 janv.	Ordonnance n° 2018-4. Simplification et modernisation des régimes d'autorisation des activités de soins et d'équipements matériels lourds. – V. CSP, art. L. 2142-1, ss. C. pén., art. 511-28.
2018	17 janv.	Ordonnance n° 2018-20. Service de santé des armées et Institution nationale des invalides. – V. CSP, art. L. 5124-13, App., v° *Douanes*, **p. 2159.**
2018	26 févr.	Loi n° 2018-133. Portant diverses dispositions d'adaptation au droit de l'Union européenne dans le domaine de la sécurité : – Art. 16 à 20, 24-II. – V. CSI, art. L. 311-2, L. 311-4 nouv., L. 312-2 nouv. à L. 312-4 nouv., L. 312-4-2 à L. 312-5 nouv., L. 312-11 nouv., L. 312-13 nouv., L. 312-16 nouv., L. 313-2 nouv. à L. 313-7, L. 314-2, L. 314-2-1, L. 315-1 nouv., L. 317-3-1 nouv., L. 317-3-2, L. 317-4-1, L. 317-6, L. 317-10-1. – Art. 21, 23, 24-III. – V. C. défense, art. L. 2331-1, L. 2339-4, L. 2339-4-1, App., v° *Armes et explosifs*, **p. 1747.**
2018	20 mars	Loi n° 2018-187. Pour une bonne application du régime d'asile européen. – V. CESEDA, art. L. 551-1, L. 552-3, L. 552-7, L. 553-6, L. 554-1, L. 556-1, L. 561-1, L. 561-2, App., v° *Étrangers*, **p. 2417.**
2018	26 mars	Loi n° 2018-202. Organisation des jeux Olympiques et Paralympiques de 2024. – V. C. pén., art. 445-1-1, 445-2-1.
2018	28 mars	Ordonnance n° 2018-207. Réduction du délai probatoire pour les titulaires d'un premier permis de conduire qui ont suivi une formation complémentaire. – V. C. route, art. L. 223-1, App., v° *Circulation*, **p. 1810.**
2018	28 mars	Décret n° 2018-211. L'expérimentation de véhicules à délégation de conduite sur les voies publiques. – Art. 8. – V. C. route, art. R. 322-3, App., v° *Circulation*, **p. 1986.**
2018	13 avr.	Loi n° 2018-266. Régime d'ouverture et de contrôle des établissements privés hors contrat. – V. C. pén., art. 227-17-1.
2018	3 mai	Décret n° 2018-329. Comités locaux d'aide aux victimes : – V. C. pén., art. R. 131-13, R. 131-18.

		– V. Décr. n° 2007-1853 du 26 déc. 2007, art. 8, 10, App., v° *Enfance*, **p. 2273.**
2018	24 mai	Décret n° 2018-387. Conditions d'accès aux informations des traitements de données à caractère personnel relatifs au permis de conduire et à la circulation des véhicules. – V. C. route, art. R. 225-1, R. 225-4 à R. 225-6, R. 330-2 à R. 330-5, App., v° *Circulation*, **p. 1919.**
2018	1er juin	Cons. const. n° 2018-709 QPC. – Art. 1er. – V. CESEDA, art. L. 512-1, App., v° *Étrangers*, **p. 2405.**
2018	8 juin	Décision Cons. const. n° 2018-712 QPC. – V. C. pén., art. 133-5.
2018	15 juin	Décret n° 2018-487. Vitesses maximales autorisées des véhicules. – V. C. route, art. R. 413-2, R. 413-10, R. 413-13, App., v° *Circulation*, **p. 2058.**
2018	20 juin	Loi n° 2018-493. Protection des données personnelles : – V. C. pén., art. 226-16, 226-16-1 A, 226-17-1, 226-22-1. – V. L. n° 78-17 du 6 janv. 1978, art. 2, 5-1, 7, 7-1, 8, 9, 10, 11, 13, 15, 16, 17, 21, 22, 23, 25, 27, 29, 30, 31, 32, 35, 36, 39, 40, 41, 42, 43 *ter*, 43 *quater*, 43 *quinquies*, 44, 45, 48, 49-1 à 49-5, 53 à 65, 67, 70, 70-1 à 70-27, 71, ss. C. pén., art. 226-32.
2018	13 juill.	Loi n° 2018-607. Programmation militaire pour les années 2019 à 2025. – V. C. défense, art. L. 2332-1, L. 2332-6, L. 2335-3, L. 2335-18, L. 2338-3, L. 2339-2, App., v° *Armes*, **p. 1748.**
2018	6 juill.	Décret n° 2018-583. Compétences du préfet de police et de certains de ses services dans le ressort de la zone de défense et de sécurité de Paris, dans les départements des Hauts-de-Seine, du Val-de-Marne et de Seine-Saint-Denis et sur les emprises des aérodromes de Paris-Charles de Gaulle, Paris-Le Bourget et Paris-Orly. Compétences du préfet de police des Bouches-du-Rhône. – Art. 8. – V. CSI, art. R. 211-21-1, ss. art. 431-3.
2018	6 juill.	Cons. const. n° 2018-717/718 QPC. – Consid. 14, 23, 24 (notes), Art. 1er, 2. – V. CESEDA, art. L. 622-4, App., v° *Étrangers*, **p. 2437.**
2018	30 juill.	Loi n° 2018-670. Protection du secret des affaires. – V. C. com, art. L. 440-1, L. 441-8, App., v° *Prix et concurrence*, **p. 2934.**
2018	1er août	Décret n° 2018-687. Application de la loi n° 78-17 du 6 janvier 1978 relative à l'informatique, aux fichiers et aux libertés, modifiée par la loi n° 2018-493 du 20 juin 2018 relative à la protection des données personnelles. – V. C. pén., art. R. 625-10, R. 625-11, R. 625-12.
2018	3 août	Loi n° 2018-698. Encadrement de l'utilisation du téléphone portable dans les établissements d'enseignement scolaire. – V. C. éduc., art. L. 121-1 ss. C. pén., art. 222-31-1 anc.
2018	3 août	Loi n° 2018-699. Garantie de la présence des parlementaires dans certains organismes extérieurs au Parlement et simplification des modalités de leur nomination : – V. L. n° 78-17 du 6 janv. 1978, art. 13 ; CSI, art. L. 251-7, L. 252-4, L. 255-1, ss. C. pén., art. 226-32. – V. C. route, art. L. 130-10, App., v° *Circulation*, **p. 1799.**

2018	3 août	Loi n° 2018-700. Ratification de l'ordonnance n° 2017-1252 du 9 août 2017 portant transposition de la directive 2015/2366 du Parlement européen et du Conseil du 25 novembre 2015 concernant les services de paiement dans le marché intérieur. – V. C. mon. fin., art. L. 561-2, ss. C. pén., art. 324-6-1.
2018	3 août	Loi n° 2018-701. Renforcement de la lutte contre les rodéos motorisés. – V. C. route, art. L. 236-1 à L. 236-3, L. 243-3, L. 244-3, L. 245-3, App., v° *Circulation*, **p. 1831.**
2018	3 août	Loi n° 2018-703. Lutte contre les violences sexuelles et sexistes : – V. C. pén., art. 131-16, 132-80, 222-8, 222-10, 222-12, 222-13, 222-22-1, 222-23, 222-24, 222-28, 222-29, 222-30, 222-30-1, 222-31, 222-31-1, 222-33, 222-33-2-1, 222-33-2-2, 223-6, 226-3-1, 227-25, 434-3, 621-1. – V. C. éduc., art. L. 121-1, ss. C. pén., art. 222-31-2 anc. – V. C. transp., art. L. 2241-1, App., v° *Chemins de fer*, **p. 1786.** – V. L. n° 2004-575 du 21 juin 2004, art. 6, App., v° *Presse*, **p. 2912.**
2018	3 août	Décret n° 2018-715. Application de l'article L. 223-1 du code de la route. – V. C. route, art. R. 223-1, R. 223-4-1, R. 225-2, App., v° *Circulation*, **p. 1913.**
2018	5 sept.	Loi n° 2018-771. Liberté de choisir son avenir professionnel : – V. C. trav., art. 5429-2, ss. C. pén., art. 314-4. – V. CSP, art. L. 3336-4, App., v° *Débits de boissons*, **p. 2129.**
2018	10 sept.	Loi n° 2018-778. Immigration maîtrisée, droit d'asile effectif et intégration réussie : – V. C. pén., art. 131-30-2, 222-48, 223-21, 224-11, 311-15, 312-14, 322-16, 441-7, 441-8. – V. CESEDA, art. L. 511-1, L. 511-1 nouv., L. 512-1 nouv., L. 512-5, L. 513-4, L. 513-5, L. 514-1, L. 531-1, L. 531-2, L. 541-3, L. 551-1, L. 551-2, L. 552-1 nouv., L. 552-4, L. 552-5, L. 552-6, L. 552-7 nouv., L. 552-10, L. 552-12, L. 553-6, L. 556-1, L. 561-1, L. 561-2, L. 571-4, L. 611-1-1 nouv., L. 611-3, L. 611-6-1, L. 611-11, L. 621-2, L. 622-4, L. 624-1-1, L. 624-3, App., v° *Étrangers*, **p. 2400.**
2018	17 sept.	Décret n° 2018-795. Sécurité routière. – Art. 2 à 19. – V. C. route, art. R. 121-6, R. 130-11, R. 143-1 (tableau), R. 212-4, R. 221-5, R. 222-7, R. 224-6, R. 224-22, R. 224-23, R. 225-5-1, R. 226-2, R. 233-1, R. 234-1, R. 411-29, R. 412-1, R. 412-1-1, R. 412-9, R. 412-11-1, R. 413-17, R. 415-11, App., v° *Circulation*, **p. 1877.**
2018	23 oct.	Loi n° 2018-898. Lutte contre la fraude : – Art. 29. – V. L. n° 2004-575 du 21 juin 2004, art. 6, App., *Presse*, **p. 2912.** – Art. 36. – V. C. pén., art. 131-26-2.
2018	7 nov.	Loi n° 2018-957. Accueil des gens du voyage et lutte contre les installations illicites. – Art. 4. – V. C. pén., art. 322-4-1.
2018	23 nov.	Loi n° 2018-1021. Évolution du logement, de l'aménagement et du numérique : – Art. 117. – V. L. n° 70-9 du 2 janv. 1970, art. 2, App., v° *Agents d'affaires*, **p. 1692.**

		– Art. 151. – V. L. n° 70-9 du 2 janv. 1970, art. 13-1 à 13-4, App., v° *Agents d'affaires*, **p. 1699.** – Art. 156. – V. L. n° 70-9 du 2 janv. 1970, art. 4, 14, App., v° *Agents d'affaires*, **p. 1700.** – Art. 190. – V. C. pén., art. 225-19, 225-26, 434-41 ; CCH, art. L. 651-10, ss. C. pén., art. 225-16. – Art. 193. – V. L. n° 70-9 du 2 janv. 1970, art. 8-2-1, App., v° *Agents d'affaires*, **p. 1697.**
2018	11 déc.	Décret n° 2018-1130. Validation du visa de long séjour valant titre de séjour. – Art. 1er, 2, 3 et 7. – V. CESEDA, art. R. 611-1, R. 611-3 (Annexe 6-4), R. 611-5, App., v° *Étrangers*, **p. 2469.**
2018	12 déc.	Ordonnance n° 2018-1125. Protection des données personnelles : – Art. 1er. – V. L. n° 78-17 du 6 janv. 1978, . – Art. 9. – V. C. envir., art. L. 581-9, App., v° *Affichage*, **p. 1683.** – Art. 11. – V. C. mon. fin., art. L. 561-7, L. 561-18, L. 561-20, L. 561-21, L. 561-29-1, L. 561-30, L. 561-33, ss. C. pén., art. 324-6-1, **p. 1238** ; art. L. 621-15, App., v° *Marchés financiers*, **p. 2540.** – Art. 13. – V. C. pén., art. 226-16, 226-17, 226-17-1, 226-19, 226-22-1, 226-22-2, 226-23. – Art. 19. – V. C. route, art. L. 130-9, L. 225-6, L. 225-8, L. 330-5, L. 330-7, App., v° *Circulation routière*, **p. 1796.** – Art. 22. – V. CSI, art. L. 252-1, L. 253-3, ss. C. pén., art. 226-32. – Art. 27. – V. L. n° 70-9 du 2 janv. 1970, art. 3, App., v° *Agents d'affaires*, **p. 1693.**
2018	13 déc.	Décret n° 2018-1143. Compétence des commissions médicales primaires. – V. C. route, art. D. 226-3-1.
2018	14 déc.	Décret n° 2018-1159. Application de la loi n° 2018-778 du 10 septembre 2018 pour une immigration maîtrisée, un droit d'asile effectif et une intégration réussie et portant diverses dispositions relatives à la lutte contre l'immigration irrégulière et au traitement de la demande d'asile. – V. CESEDA, art. R. 511-4, R. 511-5, R. 512-2, R. 513-2, R. 531-1, R. 531-3-5, R. 531-7, R. 531-11, R. 541-3, R. 551-2, R. 552-10-1, R. 552-11, R. 552-12, R. 552-20, R. 552-20-1, R. 553-1, R. 553-3, R. 553-4-1, R. 553-6, R. 553-13, R. 561-1, R. 561-2, R. 561-3, R. 561-5, App., v° *Étrangers*, **p. 2443.**
2018	19 déc.	Ordonnance n° 2018-1178. Code mondial antidopage. – V. C. sport, art. L. 232-9, L. 232-9-1, L. 232-9-2, L. 232-9-3, L. 232-10, L. 232-12, L. 232-12-1, L. 232-14, L. 232-14-5, L. 232-15, L. 232-17, L. 232-18, L. 232-25, L. 232-26, L. 241-4, L. 241-6, L. 241-7, L. 241-10, App., v° *Substances vénéneuses*, **p. 3010.**
2018	22 déc.	Loi n° 2018-1202. Lutte contre la manipulation de l'information. – V. L. n° 86-1067 du 30 sept. 1986, art. 33-1, 42-1, 42-6, 42-7, 42-10, App., v° *Presse*, **p. 2892.**
2018	22 déc.	Loi n° 2018-1203. Financement de la sécurité sociale pour 2019. – Art. 59. – V. CSP, art. L. 4161-1, ss. C. pén., art. 433-17.
2018	28 déc.	Loi n° 2018-1317. De finances pour 2019. – Art. 272. – V. C. trav., art. L. 5124-1, ss. C. pén., art. 313-9.

2019	30 janv.	Décret n° 2019-57. Modalités d'évaluation des personnes se déclarant mineures et privées temporairement ou définitivement de la protection de leur famille et autorisant la création d'un traitement de données à caractère personnel relatif à ces personnes. – V. CESEDA, art. R. 611-1, R. 611-3, R. 611-4, R. 611-5, R. 611-7-1, R. 611-8, R. 611-12, App., v° *Étrangers*, **p. 2469.**
2019	6 févr.	Décret n° 2019-81. Autorisation d'un traitement automatisé de données à caractère personnel dénommé « Gestion de l'éloignement » (GESTEL) et modification du code de l'entrée et du séjour des étrangers et du droit d'asile. – V. CESEDA, art. R. 611-17 à. R. 611-22 ; Annexe 6-5, ss. CESEDA, art. R. 611-18, App., v° *Étrangers*, **p. 2483.**
2019	20 mars	Décret n° 2019-208. Contravention pour participation à une manifestation interdite sur la voie publique. – V. C. pén., art. R. 644-4, R. 711-1.
2019	23 mars	Loi n° 2019-222. Programmation 2018-2022 et réforme pour la justice : – Art. 6. – V. CSP, art. L. 2141-6, ss. C. pén., art. 511-28. – Art. 19. – V. CSP, art. L. 3332-3, L. 3332-4-1, App., v° *Débits de boissons*, **p. 2121.** – Art. 22 et 109. – V. CSP, art. L. 2141-2, ss. C. pén., art. 511-28. – Art. 46 et 109. – V. C. pén., art. 226-3. – Art. 47, 51, 58 et 110. – V. C. route, art. L. 130-7, L. 234-4, L. 234-5, L. 234-9, L. 235-2, L. 243-1, L. 243-2, L. 244-1, L. 244-2, L. 245-1, L. 245-2, L. 325-1-2, App., v° *Circulation routière*, **p. 1796.** – Art. 54 et 109. – V. L. 29 juill. 1881, art. 51-1, App., v° *Presse et communication*, **p. 2802.** – Art. 58. – V. C. pén., art. 446-1 ; C. route, art. L. 121-5, App., v° *Circulation routière*, **p. 1793** ; V. CSP, art. L. 3352-5, App., v° *Débits de boissons*, **p. 2133.** – Art. 61 et 109. – V. C. mon. fin., art. L. 163-3, ss. C. pén., art. 313-9. – Art. 67. – V. C. pén., art. 421-2-6. – Art. 70. – V. C. pén., art. 227-4-2. – Art. 71. – V. C. pén., art. 712-1 A. – Art. 71 et 109. – V. C. pén., art. 131-3 nouv., 131-4-1 nouv., 131-5-1 nouv., 131-8, 131-9, 131-16 nouv., 131-22 nouv., 131-35-1, 131-35-2, 131-36, 131-43, 132-36, 221-8, 222-44, 222-45, 223-18, 224-9, 225-19, 225-20, 227-29, 227-32, 311-14, 312-13, 321-9, 322-15, 621-1 nouv. ; V. L. n° 2010-1192 du 11 oct. 2010, art. 3, ss. C. pén., art. 225-4-10 ; V. CSP, art. L. 3353-3, App., v° *Débits de boissons*, **p. 2134** ; V. L. 29 juill. 1881, art. 24, 32, 33, App., v° *Presse et communication*, **p. 2638** ; V. CSP, art. L. 3421-1, L. 3421-5, L. 3421-7, App., v° *Substances vénéneuses*, **p. 2999.** – Art. 72. – V. C. pén., art. 132-36. – Art. 73 et 109. – V. C. pén., art. 132-70-1 nouv. – Art. 74 et 109. – V. C. pén., art. 132-19 nouv., 132-25, 132-26. – Art. 75. – V. C. pén., art. 131-36-11, 131-36-12-1. – Art. 80 et 109. – V. C. pén., art. 132-40 à 132-57, 133-13, 222-48-1. – Art. 85. – V. C. pén., art. 131-25.

		– Art. 94. – V. Ord. n° 45-174 du 2 févr. 1945, art. 3-1, 4, 6-2, 8, 10-2, 11, 11-2, 11-3, 20-2-1, 20-4, 20-4-1, 20-5, 22, 33, 40, App., v° *Enfance*, **p. 2218.** – Art. 95 et 109. – V. COJ, art. L. 251-3, L. 251-5, L. 252-1, App., v° *Enfance*, **p. 2255.** – Art. 102 et 109. – V. C. mon. fin., art. L. 561-39, ss. C. pén., art. 324-6-1 ; C. sport, art. L. 332-18, ss. C. pén., art. 222-16-2 ; V. C. patr., art. L. 111-4, App., v° *Douanes et changes*, **p. 2169.** – Art. 110. – V. Ord. n° 45-174 du 2 févr. 1945, art. 44 ; V. L. 29 juill. 1881, art. 69, App., v° *Presse et communication*, **p. 2864.**
2019	10 avr.	Loi n° 2019-290. Maintien de l'ordre public lors des manifestations : – V. C. pén., art. 131-32-1, 222-47, 322-15, 431-8-1, 431-9-1, 431-11, 434-38-1. – V. CSI, art. L. 211-2, L. 211-13, ss. C. pén., art. 431-12.
2019	2 mai	Décret n° 2019-405. Activités pharmaceutiques du service de santé des armées. – V. CSP, art. R. 3413-2, App., v° *Substances vénéneuses*, **p. 3006.**
2019	7 mai	Ordonnance n° 2019-414. Lutte contre la piraterie et modalités de l'exercice par l'État de ses pouvoirs de police en mer. – V. L. n° 94-589 du 15 juill. 1994, art. 1er à 14, App., v° *Pêche*, **p. 2101.**
2019	13 mai	Décret n° 2019-452. Autorisation de la création d'un moyen d'identification électronique dénommé « Authentification en ligne certifiée sur mobile ». – V. CESEDA, art. R. 611-1, R. 611-5, App., v° *Étrangers*, **p. 2469.**
2019	22 mai	Loi n° 2019-486. Croissance et transformation des entreprises : – V. L. n° 47-520 du 21 mars 1947, art. 19, ss. C. pén., art. 131-21. – V. C. mon. fin., art. L. 561-2, L. 561-3, L. 561-8, L. 561-10, L. 561-21, L. 561-22, L. 561-25, L. 561-31, L. 561-32, L. 561-36, L. 561-36-1, L. 561-36-2, L. 561-46, L. 562-3, ss. C. pén., art. 324-6-1. – V. C. tourisme, art. L. 211-16, App., v° *Agents d'affaires*, **p. 1716.** – V. C. com., art. L. 820-1, App., v° *Commissaires aux comptes*, **p. 2108.** – V. C. mon. fin., art. L. 151-3, L. 151-4, L. 524-6, App., v° *Douanes et changes*, **p. 2161.** – V. C. mon. fin., art. L. 621-1, L. 621-9, L. 621-13-4, L. 621-13-5, L. 621-15, App., v° *Marchés financiers*, **p. 2523.** – V. L. n° 70-9 du 2 janv. 1970, art. 3, 8-2, App., v° *Agents immobiliers*, **p. 1693** ; L. n° 2010-476 du 12 mai 2010, art. 5, App., v° *Jeux*, **p. 2499** ; L. n° 86-897 du 1er août 1986, art. 20, App., v° *Presse*, **p. 2887.** – V. C. mon. fin., art. L. 341-1, L. 341-3, L. 341-8, L. 341-10, L. 341-11, L. 341-13 à L. 341-17, L. 353-1, L. 353-2, L. 500-1, App., v° *Usure - Prêts d'argent*, **p. 3046.**
2019	24 mai	Décision Cons. const. n° 2019-786 QPC. – V. L. du 29 juill. 1881, art. 54, App., v° *Presse*, **p. 2823.**

2019	29 mai	Décret n° 2019-536. Application de la loi n° 78-17 du 6 janv. 1978 relative à l'informatique, aux fichiers et aux libertés. – V. C. pén., art. R. 625-10 à R. 625-12, R. 711-1.
2019	3 juin	Ordonnance n° 2019-552. Dispositions relatives au groupe SNCF. – V. C. transp., art. L. 2232-1, L. 2241-1, App., v° *Chemins de fer*, **p. 1786.**
2019	3 juin	Décret n° 2019-554. Modification du titre IV du livre IV de la partie réglementaire du code de commerce. – V. C. com., art. D. 441-6, App., v° *Prix et concurrence*, **p. 2968.**
2019	17 juin	Décret n° 2019-599. Coordination de certaines dispositions du code de commerce avec l'ordonnance du 24 avril 2019 portant refonte du titre IV du livre IV du code de commerce relatif à la transparence, aux pratiques restrictives de concurrence et autres pratiques prohibées. – V. C. com., art. D. 442-3, D. 442-4, App., v° *Prix et concurrence*, **p. 2969.**
2019	19 juin	Ordonnance n° 2019-610. Harmonisation de la terminologie du droit de l'armement dans le code de la défense et le code de la sécurité intérieure : – V. CSI, art. L. 311-2 à L. 311-4, L. 312-1 à L. 312-6, L. 312-6-3, L. 312-6-4, L. 312-7 à L. 312-13, L. 312-16, L. 312-17, L. 313-2 à L. 312-6, L. 314-1 à L. 314-4, L. 315-1, L. 315-2, L. 317-1, L. 317-1-1, L. 317-2, L. 317-3-1, L. 317-3-2, L. 317-4-1, L. 317-5, L. 317-8 à L. 317-9-1, L. 317-12, App., v° *Armes*, **p. 1723.** – V. C. défense, art. L. 2331-1, L. 2331-2, L. 2332-1, L. 2332-6, L. 2332-8-1, L. 2332-11, L. 2335-1, L. 2335-3, L. 2335-10, L. 2335-14, L. 2335-15, L. 2335-17, L. 2338-2, L. 2339-1, L. 2339-1-2, L. 2339-2, L. 2339-4, L. 2339-4-1, L. 2339-10, L. 2339-11-2, L. 2339-11-3, L. 2339-19, App., v° *Armes*, **p. 1747.**
2019	3 juill.	Ordonnance n° 2019-698. Mise en cohérence des dispositions législatives des codes et lois avec celles du code de commerce dans leur rédaction résultant de l'ordonnance n° 2019-359 du 24 avril 2019 portant refonte du titre IV du livre IV du code de commerce relatif à la transparence, aux pratiques restrictives de concurrence et aux autres pratiques prohibées. – V. C. com., art. L. 420-2, L. 490-3, L. 490-4, App., v° *Prix et concurrence*, **p. 2927.**
2019	9 juill.	Décret n° 2019-726. Dispositions relatives à la sûreté des transports. – V. note ss. Décr. n° 2000-1135 du 24 nov. 2000, App., v° *Chemins de fer*, **p. 1784.**
2019	17 juill.	Ordonnance n° 2019-738. Application de l'article 28 de la loi n° 2019-222 du 23 mars 2019 de programmation 2018-2022 et de réforme pour la justice : – V. L. n° 47-520 du 21 mars 1947, art. 25, 27, ss. C. pén., art. 131-21. – V. CSI, art. L. 253-5, ss. C. pén., art. 226-32. – V. L. n° 81-736 du 4 août 1981, art. 14, 32, App., v° *Amnistie* , . – V. C. patr., art. L. 121-1, App., v° *Douanes*, **p. 2171.** – V. CPI, art. L. 336-2 ; L. n° 82-652 du 29 juill. 1982, art. 6, 97 ; L. n° 2010-476 du 12 mai 2010, art. 57, 61, App., v° *Presse*, **p. 2509.**

		– V. C. mon. fin., art. L. 621-13, L. 621-13-5, L. 621-14, App., v° *Marchés financiers*, **p. 2535.**
2019	17 juill.	Ordonnance n° 2019-770. Partie législative du livre VIII du code de la construction et de l'habitation. – V. CSS, art. L. 114-16-2, ss. C. pén., art. 313-9.
2019	24 juill.	Décret n° 2019-772. Partie règlementaire du livre VIII du code de la construction et de l'habitation. – V. CESEDA, art. R. 611-5, App., v° *Étrangers*, **p. 2476.**
2019	24 juill.	Loi n° 2019-773. Création de l'Office français de la biodiversité, modifiant les missions des fédérations des chasseurs et renforçant la police de l'environnement : – Art. 4-VII. – V. C. route, art. L. 330-2, App., v° *Circulation*, **p. 1861.** – Art. 5. – V. C. rur., art. L. 944-4, App., v° *Pêche*, **p. 2566.** – Art. 9. – V. CSI, art. L. 251-2, ss. C. pén., art. 226-3. – Art. 10. – V. CSI, art. L. 317-1, App., v° *Armes et explosifs*, **p. 1733.**
2019	24 juill.	Loi n° 2019-774. Organisation et transformation du système de santé. – V. CSP, art. L. 4161-1, ss. C. pén., art. 433-17.
2019	24 juill.	Loi n° 2019-775. Création d'un droit voisin au profit des agences de presse et des éditeurs de presse. – V. CPI, art. L. 335-4 à L. 335-4-2, App., v° *Presse*, **p. 2922.**
2019	26 juill.	Loi n° 2019-791. Pour une école de la confiance. – V. C. pén., art. 227-17-1.
2019	1er août	Loi n° 2019-810. Préservation des intérêts de la défense et de la sécurité nationale de la France dans le cadre de l'exploitation des réseaux radioélectriques mobiles. – V. C. pén., art. 226-3.
2019	1er août	Loi n° 2019-812. Création de l'Agence nationale du sport et organisation des jeux Olympiques et Paralympiques de 2024. – V. C. sport, art. L. 232-10-2, L. 232-20, App., v° *Substances vénéneuses*, **p. 3012.**
2019	21 août	Décret n° 2019-871. Droit de conduire limité aux seuls véhicules équipés d'un éthylotest anti-démarrage. – V. C. route, art. R. 234-1, R. 243-1, R. 244-1, R. 245-1, App., v° *Circulation*, **p. 1926.**
2019	30 août	Décret n° 2019-913. Application de l'article 95 de la loi n° 2019-222 du 23 mars 2019 de programmation 2018-2022 et de réforme pour la justice. – V. C. pén., art. R. 711-3, R. 722-3.
2019	11 sept.	Ordonnance n° 2019-950. Partie législative du code de la justice pénale des mineurs : – V. C. pén., art. 122-8. – V. C. route, art. V. C. route, art. L. 221-2, L. 221-2-1, L. 223-5, L. 223-9, L. 224-16 à L. 223-18, L. 231-2, L. 233-1, L. 233-2, L. 234-2, L. 234-8, L. 234-16, L. 235-1, L. 235-3, L. 236-3, L. 243-1 à L. 243-3, L. 244-1 à L. 244-3, L. 245-1 à L. 245-3, L. 325-3-1, App., v° App., v° *Circulation*, **p. 1807.** – V. COJ, art. L. 312-6, App., v° *Enfance*, **p. 2256.** – V. Ord. n° 45-174 du 2 févr. 1945, App., v° *Enfance*, **p. 2217.**

2019	18 sept.	Ordonnance n° 2019-963. Lutte contre la fraude portant atteinte aux intérêts financiers de l'Union européenne au moyen du droit pénal. – V. C. pén., art. 113-14, 314-1-1, 432-11, 432-15, 433-1, 433-4, 435-1, 435-3.
2019	18 sept.	Ordonnance n° 2019-964. Application de la loi n° 2019-222 du 23 mars 2019 de programmation 2018-2022 et de réforme pour la justice : – Art. 20. – C. route, art. L. 130-7, L. 142-1, App., v° *Circulation*, **p. 1796.** – Art. 35. – V. C. com., art. L. 450-3, L. 450-4, App., v° *Prix et concurrence*, **p. 2945.**
2019	18 sept.	Décret n° 2019-966. Substitution du tribunal judiciaire au tribunal de grande instance et au tribunal d'instance en application de l'article 95 de la loi n° 2019-222 du 23 mars 2019 de programmation 2018-2022 et de réforme pour la justice : – Art. 8. – V. C. com., art. R. 123-208-6, App., v° *Marchands ambulants, forains et nomades*, **p. 2516.** – Art. 35. – V. C. com., art. D. 442-4, App., v° *Prix et concurrence*, **p. 2969.**
2019	2 oct.	Ordonnance n° 2019-1015. Régulation des jeux d'argent et de hasard : – V. C. pén., art. 445-1-1, 445-2-1. – V. C. mon. fin., art. L. 561-2, L. 561-13, L. 561-36-2, L. 561-38, ss. C. pén., art. 324-6-1. – V. L. n° 70-9 du 2 janv. 1970, art. 9, App., v° *Agents d'affaires*, **p. 1698.** – V. L. du 2 juin 1891, art. 4, App., v° *Jeux*, **p. 2496.** – V. L. n° 2010-476 du 12 mai 2010, art. 1er à 9, 11, 12, 14 à 16, 17, 21, 23, 26, 27, 30, 32, 33, 59, 61, 66, App., v° *Jeux*, **p. 2499.** – V. C. mon. fin., art. L. 563-2, App., v° *Jeux*, **p. 2495.** – V. C. mon. fin., art. L. 500-1, App., v° *Usure - Prêts d'argent*, **p. 3058.**
2019	18 oct.	Loi n° 2019-1063. Modernisation de la distribution de la presse. – V. L. n° 47-585 du 2 avr. 1947, art. 1er à 5, 14, 15, App., v° *Presse*, **p. 2865.**
2019	21 oct.	Ordonnance n° 2019-1067. Modification des dispositions relatives aux offres au public de titres : – Art. 4. – V. C. com., art. L. 242-1, L. 242-17, L. 244-3, App., v° *Sociétés commerciales*, **p. 2983.** – Art. 7 à 16. – V. C. mon. fin., art. L. 621-9, L. 621-9-2, L. 621-15, App., v° *Marchés financiers*, **p. 2525.** – Art. 9. – V. C. mon. fin., art. L. 341-2, L. 341-10, App., v° *Usure - Prêts d'argent*, **p. 3047.**
2019	23 oct.	Décret n° 2019-1082. Réglementation des engins de déplacement personnel. – V. C. route, art. R. 110-2, R. 311-1, R. 312-10, R. 312-11, R. 313-1, R. 313-4, R. 313-5, R. 313-18 à R. 313-20, R. 313-33, R. 314-1, R. 315-1, R. 315-7, R. 316-4 à R. 316-6, R. 317-1, R. 317-5, R. 317-14-1, R. 317-16, R. 317-23-1, R. 321-4-2, R. 321-15, R. 322-1,

		R. 412-9, R. 412-19, R. 412-28-1, R. 412-34, R. 412-43-1 à R. 412-43-3, R. 415-2 à R. 415-4, R. 415-15, R. 417-10, R. 417-11, App., v° *Circulation*, **p. 1875.**
2019	4 nov.	Décret n° 2019-1127. Information du public sur les prix du contrôle technique de véhicules légers. – V. C. route, art. R. 323-13-1 à R. 323-13-3, App., v° *Circulation*, **p. 1994.**
2019	7 nov.	Décret n° 2019-1139. Déconcentration des décisions administratives individuelles. – V. C. pén., art. R. 226-1, R. 226-3, R. 226-7.
2019	8 nov.	Loi n° 2019-1147. Énergie et climat. – V. C. mon. fin., art. L. 561-31, ss. C. pén., art. 324-6-1.
2019	21 nov.	Décret n° 2019-1217. Mise en œuvre de travaux d'intérêt général par les institutions coutumières et de droit coutumier de la Nouvelle-Calédonie. – V. C. pén., art. D. 712-9.
2019	29 nov.	Décret n° 2019-1260. La conduite de certains véhicules affectés aux missions de sécurité civile. – V. C route, art. R. 221-4-1, App., v° *Circulation*, **p. 1905.**
2019	2 déc.	Décret n° 2019-1284. La lutte contre la conduite après usage de substances ou plantes classées comme stupéfiants. – V. C. route, art. R. 235-11, R. 242-7, R. 243-2, R. 243-3, R. 244-2, R. 244-3, R. 245-2, R. 245-3, App., v° *Circulation*, **p. 1930.**
2019	6 déc.	Décret n° 2019-1300. Modalités de l'autorisation préalable de l'exploitation des équipements de réseaux radioélectriques prévue à l'article L. 34-11 du code des postes et des communications électroniques. – V. C. pén., art. R. 226-10, R. 226-12.
2019	9 déc.	Décret n° 2019-1316. Marques de produits ou de services. – Art. 14-V. – V. C. route, art. R. 321-9, App., v° *Circulation*, **p. 1980.**
2019	9 déc.	Décret n° 2019-1328. Diverses mesures en matière de sécurité routière. – Art. 2. – V. C. route, art. R. 311-1, R. 412-30, App., v° *Circulation*, **p. 1938.**
2019	18 déc.	Décret n° 2019-1383. Déconcentration de décisions administratives individuelles dans le domaine des affaires sociales et de la santé. – V. CSP, art. L. 3335-4, D. 3335-15-1, App., v° *Débits de boissons*, **p. 2127.**
2019	18 déc.	Décret n° 2019-1394. Déconcentration de décisions administratives individuelles dans le domaine du sport. – V. C. sport, art. L. 332-17, ss. C. pén., art. 222-16-2.
2019	18 déc.	Décret n° 2019-1396. Création d'une contravention d'acquisition de produits du tabac manufacturé vendus à la sauvette. – V. C. pén., art. R. 644-3, R. 711-1.
2019	24 déc.	Loi n° 2019-1428. Orientation des mobilités : – V. C. pén., art. 712-2. – V. CSP, art. L. 3341-4, App., v° *Débits de boissons*, **p. 2130.** – V. C. transp., art. L. 2241-1, L. 2241-2, L. 2241-6, App., v° *Chemins de fer*, **p. 1786.**

		– Art. 35-VII, 39, 42, 55, 75, 84, 92, 95-III et IV, 96, 98-I, 99, 103, 105, 159-I, 161-II. – V. C. route, art. L. 110-2, L. 121-3, L. 130-4, L. 130-6, L. 130-7, L. 130-9-1, L. 130-9-2, L. 130-11, L. 130-12, L. 211-1 A à L. 211-2, L. 211-4, L. 211-5, L. 213-2, L. 213-2-1, L. 221-5, L. 224-1 à L. 224-3, L. 224-7, L. 224-8, L. 224-13, L. 225-1, L. 234-2, L. 234-8, L. 234-13, L. 234-14, L. 234-16, L. 235-1, L. 235-3, L. 313-1, L. 317-1, L. 317-5, L. 318-1, L. 318-3, L. 322-1, L. 323-1 nouv., L. 325-1-2, L. 325-7 à L. 325-9, L. 328-1, L. 330-2, L. 344-1-1, L. 411-8, L. 419-1, App., v° *Circulation*, **p. 1791.**
2019	24 déc.	Loi n° 2019-1446. Financement de la sécurité sociale pour 2020 : – V. C. pén., art. 227-3, 227-4. – V. CSS, art. L. 114-16-3, ss. C. pén., art. 313-9. – V. CSP, art. L. 5121-20, App., v° *Douanes et changes*, **p. 2158.**
2019	27 déc.	Loi n° 2019-1461. Engagement dans la vie locale et proximité de l'action publique : – V. CGCT, art. L. 2123-34, ss. C. pén., art. 121-3. – V. C. envir., art. L. 581-14-1, L. 581-14-3, L. 581-27, L. 581-28, L. 581-30, L. 581-43, App., v° *Affichage*, **p. 1684.** – V. CSP, art. L. 3323-5-1, L. 3331-7, L. 3332-11, L. 3332-13, L. 3332-15, L. 3335-1, L. 3335-8, App., v° *Débits de boissons*, **p. 2118.** – V. CGCT, art. L. 2213-1, ss. C. route, art. L. 411-1, App., v° *Circulation*, **p. 1868.**
2019	28 déc.	Loi n° 2019-1479. De finances pour 2020. – V. CGI, art. 1816, App., v° *Débits de boissons*, **p. 2150.**
2019	28 déc.	Loi n° 2019-1480. Agir contre les violences au sein de la famille : – V. C. pén., art. 131-4-1 nouv., 131-22 nouv., 132-45, 132-45-1, 221-5-5, 222-18-3, 222-31-2, 222-48-2, 227-10, 227-27-3, 421-2-4-1. – V. CSI, art. L. 312-3-2, App., v° *Armes et explosifs*, **p. 1726.**
2020	28 janv.	Décret n° 2020-54. Agrément des organismes de formation sur les droits et obligations attachés à l'exploitation d'un débit de boissons, d'un restaurant ou d'un établissement de vente à emporter de boissons alcooliques. – V. CSP, art. L. 3332-1-1, R. 3332-4, R. 3332-6, R. 3332-8, R. 3332-9, App., v° *Débits de boissons*, **p. 2120.**
2020	29 janv.	Ordonnance n° 2020-71. Réécriture des règles de construction et recodification du livre Ier du code de la construction et de l'habitation : – V. CCH, art. L. 651-10, ss. C. pén., art. 225-16. – V. L. n° 70-9 du 2 janv. 1970, art. 8-2-1, 9, App., v° *Agents d'affaires*, **p. 1697.**
2020	10 févr.	Loi n° 2020-105. Lutte contre le gaspillage et économie circulaire : – V. CSI, art. L. 251-2, ss. C. pén., art. 226-32. – V. C. route, art. L. 121-2, L. 325-14, L. 330-2, App., v° *Circulation*, **p. 1792.** – V. L. n° 2004-575 du 21 juin 2004, art. 6, App., v° *Presse*, **p. 2912.**
2020	12 févr.	Ordonnance n° 2020-115. Lutte contre le blanchiment de capitaux et le financement du terrorisme. – V. C. mon. fin., art. L. 524-4, L. 524-6, L. 561-2, L. 561-2-1, L. 561-3 à L. 561-4-1, L. 561-7 à

		L. 561-9, L. 561-10, L. 561-10-3 à L. 561-13, L. 561-17, L. 561-19 à L. 561-22-1, L. 561-24, L. 561-25, L. 561-27, L. 561-29, L. 561-29-1, L. 561-31, L. 561-32, L. 561-33, L. 561-36 à L. 561-38, L 561-45-1 à L. 561-49, L. 562-12, L. 574-4 à L. 574-6, ss. C. pén., art. 324-6-1.
2020	18 févr.	Décret n° 2020-128. Application de diverses dispositions pénales de la loi n° 2019-122 du 23 mars 2019 de programmation 2018-2022 et de réforme pour la justice. – V. C. pén., art. R. 131-11-1, R. 131-35 à R. 131-42, R. 711-1.
2020	20 févr.	Décret n° 2020-142. Définition du contrat type d'enseignement de la conduite prévu à l'article L. 213-2 du code de la route. – V. C. route, art. R. 213-3, App., v° *Circulation*, **p. 1895.**
2020	17 mars	Décret n° 2020-274. Protection des animaux utilisés à des fins scientifiques. – V. C. rur., art. R. 214-88, R. 214-89 à R. 214-91, R. 214-94, R. 214-99, R. 214-105, R. 214-114, R. 214-115, R. 214-118, R. 214-130 à R. 214-137, ss C. pén., art. 511-1.
2020	18 mai	Décret n° 2020-605. Sécurité routière : – V. CSP, art. R. 3353-3, App., v° *Débits de boissons*, **p. 2145.** – V. C. route, art. R. 211-5-1, R. 211-7, R. 224-6, R. 224-16, R. 224-19-1, R. 225-2, R. 233-1, R. 234-7, R. 412-6-1, R. 417-11, App., v° *Circulation*, **p. 1883.**
2020	11 juin	Décret n° 2020-715. Consultation du traitement de données VISABIO aux fins de vérifier la situation des personnes sollicitant le bénéfice des prestations prévues aux articles L. 251-1 et L. 254-1 du code de l'action sociale et des familles. – Art. 1er à 6. – V. CESEDA, art. R. 611-8, R. 611-12 à R. 611-14, App., v° *Étrangers*, **p. 2479.**
2020	17 juin	Loi n° 2020-734. Dispositions diverses liées à la crise sanitaire, à d'autres mesures urgentes et au retrait du Royaume-Uni de l'Union européenne. – V. C. envir., art. L. 581-14-3, App., v° *Affichage*, **p. 1685.**
2020	24 juin	Loi n° 2020-766. Lutte contre les contenus haineux sur internet : – V. C. éduc., art. L. 121-1, ss. C. pén., art. 222-31-2. – V. L. n° 2004-575 du 21 juin 2004, art. 6, App., v° *Presse*, **p. 2912.**
2020	24 juin	Ordonnance n° 2020-773. Fourrières automobiles. – V. C. route, art. L. 325-6, L. 325-7, L. 325-9, L. 325-11, L. 327-4, App., v° *Circulation*, **p. 1848.**
2020	24 juin	Décret n° 2020-775. Fourrières automobiles. – Art. 2 à 20. – V. C. route, art. R. 325-12-1, R. 325-14 à R. 325-16, R. 325-22 à R. 325-26, R. 325-29 nouv. à R. 325-32 nouv., R. 325-35 à R. 325-38, R. 325-41, R. 325-44, R. 325-45, R. 327-2, App., v° *Circulation*, **p. 2003.**
2020	3 juill.	Loi n° 2020-840. Statut de citoyen sauveteur, lutte contre l'arrêt cardiaque et sensibilisation aux gestes qui sauvent. – V. C. pén., art. 311-4, 322-3.
2020	30 juill.	Loi n° 2020-936. Protection des victimes de violences conjugales. – V. C. pén., art. 113-5, 131-6, 131-9, 132-43, 221-5-1, 222-6-4, 222-16, 222-26-1, 222-30-2, 222-33-2-1, 226-1, 226-3, 226-4-1, 226-14, 226-15, 227-23, 227-24, 311-12.

2020	10 août	Loi n° 2020-1023. Mesures de sûreté à l'encontre des auteurs d'infractions terroristes à l'issue de leur peine. – V. C. pén., art. 421-8.
2020	24 août	Décret n° 2020-1088. Diverses dispositions relatives à l'exercice de la profession de transporteur routier. – Art. 3, 4. – V. C. route, art. R. 130-6, R. 312-19, R. 313-1 à R. 313-7, R. 313-10, R. 313-13, R. 313-14, R. 313-21, R. 313-24, R. 313-29, R. 314-1, R. 314-3, R. 314-4, R. 315-1, R. 315-2, R. 316-3-1, R. 316-4, R. 317-1, R. 317-4, R. 317-8, R. 317-23 à R. 317-24-1, R. 325-8-1, R. 325-9, R. 325-11, App., v° *Circulation*, **p. 1879.**
2020	16 oct.	Décret n° 2020-1264. Obligation d'équipement de certains véhicules en période hivernale. – V. C. route, art. D. 314-8, App., v° *Circulation*, **p. 1965.**
2020	19 oct.	Loi n° 2020-1266. Visant à encadrer l'exploitation commerciale de l'image d'enfants de moins de seize ans sur les plateformes en ligne. – V. L. n° 2004-575 du 21 juin 2004, art. 6-2, App., v° *Presse*, **p. 2917.**
2020	4 nov.	Ordonnance n° 2020-1342. Renforcement du dispositif de gel des avoirs et d'interdiction de mise à disposition. – V. C. mon. fin., art. L. 561-2, L. 561-36, L. 561-36-2, L. 561-36-3, L. 561-37, L. 561-38, L. 562-3 à L. 562-9, L. 562-11, L. 562-12, L. 574-3, ss. C. pén., art. 324-6-1.
2020	4 nov.	Arrêté. Fourrières automobiles. – Art. 1er. – V. C. route, art. A. 325-12 à A. 325-14, App., v° *Circulation*, **p. 2099.**
2020	17 nov.	Décret n° 2020-1396. Signalisation matérialisant les angles morts sur les véhicules dont le poids total autorisé en charge excède 3,5 tonnes. – V. C. route, art. R. 130-6, R. 313-32-1, App., v° *Circulation*, **p. 1879.**
2020	3 déc.	Loi n° 2020-1508. Diverses dispositions d'adaptation au droit de l'Union européenne en matière économique et financière. – Art. 9, 18, 37. – V. C. com., art. L. 420-2-1, L. 442-1, L. 442-3, L. 450-4, L. 461-3, L. 462-2-1, L. 462-8, L. 463-3, L. 464-2, L. 464-5, L. 464-8, L. 464-9, App., v° *Prix et concurrence*, **p. 2927.**
2020	7 déc.	Loi n° 2020-1525. Accélération et simplification de l'action publique : – V. C. route, art. L. 213-2, L. 213-4-1, App., v° *Circulation*, **p. 1805.** – V. CSP, art. L. 5132-6, L. 5132-7, App., v° *Substances vénéneuses*, **p. 3003.** – V. CGI, art. 1788, App., v° *Marchands ambulants, forains et nomades*, **p. 2513.** – V. C. patr., art. L. 111-1, App., v° *Douanes et changes*, **p. 2168.**
2020	9 déc.	Ordonnance n° 2020-1544. Renforcement du cadre de la lutte contre le blanchiment de capitaux et le financement du terrorisme applicable aux actifs numériques. – V. C. mon. fin., art. L. 561-2, L. 561-7, L. 561-14, L. 561-20, ss. C. pén., art. 324-6-1, 🏛.
2020	11 déc.	Décret n° 2020-1573. Dispositions d'adaptation et de simplification dans le domaine de la prévention et de la gestion des déchets. – V. C. pén., art. R. 632-1, R. 633-6, R. 634-2, R. 644-2.

2020	14 déc.	Loi n° 2020-1576. Financement de la sécurité sociale pour 2021 : – V. C. pén., art. 221-9-2, 222-48-3. – V. CSP, art. L. 5124-13, App., v° *Douanes et changes*, **p. 2159** ; L. 5432-1, App., v° *Substances vénéneuses*, **p. 3004.**
2020	16 déc.	Ordonnance n° 2020-1733. Partie législative du code de l'entrée et du séjour des étrangers et du droit d'asile : – V. C. pén., art. 131-30-2, 226-28, 441-8, 711-1. – V. CESEDA, Livres VI à VIII, App., v° *Étrangers*, **p. 2279.**
2020	16 déc.	Décret n° 2020-1734. Partie réglementaire du code de l'entrée et du séjour des étrangers et du droit d'asile. – V. CESEDA, Livres VI à VIII, App., v° *Étrangers*, **p. 2348.**
2020	21 déc.	Décret n° 2020-1638. Conditions d'accès aux informations des traitements de données à caractère personnel relatifs à la circulation des véhicules et modifiant le code de la route. – V. C. route, art. R. 323-20, R. 330-2, R. 330-3, R. 330-11, App., v° *Circulation*, **p. 1997.**
2020	21 déc.	Ordonnance n° 2020-1642. Transposition de la directive (UE) 2018/1808 du Parlement européen et du Conseil du 14 novembre 2018 modifiant la directive 2010/13/UE visant la coordination de certaines dispositions des États membres relatives à la fourniture de services de médias audiovisuels, compte tenu de l'évolution des réalités du marché, et modifiant la loi du 30 septembre 1986 relative à la liberté de communication, le code du cinéma et de l'image animée, ainsi que les délais relatifs à l'exploitation des œuvres cinématographiques. – V. L. n° 86-1067 du 30 sept. 1986, art. 2, 14, 33, 33-1, App., v° *Presse et communication*, **p. 2888.**
2020	24 déc.	Loi n° 2020-1672. Parquet européen, justice environnementale et justice pénale spécialisée : – V. C. pén., art. 113-8-1, 113-8-2 (renvoi), 132-63 à 132-65, 314-1, 314-1-1, 432-11, 432-15, 433-1, 433-4, 435-1, 435-3, 711-1. – V. L. du 29 juill. 1881, art. 54, 69, App., v° *Presse et communication*, **p. 2864.**
2020	28 déc.	Décret n° 2020-1717. Application de la loi n° 91-647 du 10 juillet 1991 relative à l'aide juridique, aide juridictionnelle et aide à l'intervention de l'avocat dans les procédures non juridictionnelles. – Art. 179. – V. CESEDA, art. R. 522-5, App., v° *Étrangers*, **p. 2446.**
2021	24 févr.	Décret n° 2021-211. Modification du code de commerce et mise en cohérence de dispositions réglementaires. – V. C. com., art. D. 441-1 à R. 441-8, R. 442-1 à R. 442-4, R. 490-2, R. 490-8, App., v° *Prix et concurrence*, **p. 2965.**
2021	26 mars	Décision Cons. const. QPC n° 2021-893. – V. COJ, art. L. 251-3, App., v° *Enfance*, **p. 2255.**
2021	8 avr.	Loi n° 2021-401. Amélioration de l'efficacité de la justice de proximité et de la réponse pénale. – V. C. pén., art. 131-22, 131-36, 132-45, 711-1.
2021	8 avr.	Ordonnance n° 2021-409. Transport fluvial et navigation intérieure. – V. CSP, art. L. 3354-1, App., v° *Débits de boissons*, **p. 2135.**

2021	21 avr.	Loi n° 2021-478. Protection des mineurs des crimes et délits sexuels et de l'inceste. — V. C. pén., art. 222-22 à 222-26, 222-29-1 à 222-29-3, 222-31-1, 222-32, 222-48-4, 225-7-1, 225-12-1, 225-12-2, 227-21-1, 227-22, 227-22-2, 227-23-1, 227-25 à 227-27, 227-27-2-1, 227-28-3, 227-31-1, 711-1.

TABLE ALPHABÉTIQUE

NOTA. Sauf indication contraire, les nombres renvoient aux articles du Code pénal. Les caractères italiques indiquent un mot de renvoi. Ceux de ces mots qui sont en caractères gras et précédés d'une flèche rouge renvoient à un autre mot en caractères gras de la table ; les autres, en caractères maigres et sans flèche rouge, renvoient à une autre subdivision du même mot en caractères gras. Les numéros de page, situés juste après une entrée, renvoient au début de la rubrique d'appendice concernée. Il est rappelé qu'un tableau explicatif des abréviations utilisées figure au début de l'ouvrage.

A

C

Circulation routière *(suite)*

D

E

H

I

Interdiction d'exercer une activité professionnelle ou sociale *(suite)*

J

M

P

Photocomposé, traité sur ordinateur par :
JOUVE, 1 rue du Docteur Sauvé - 53100 MAYENNE

Certifié PEFC
Ce livre est issu
de forêts gérées
durablement et de
source contrôlées
PEFC
PEFC/18-31-280
www.pefc-france.org

Achevé d'imprimer sur les presses de
LEGO S.p.A.
Italie
Dépôt légal : juin 2021
720535-720536 (I) – OSB Px 31 – JOU – (EDO)
Imprimé en Italie

Codes Dalloz

	Parution
CIVIL	
Code des associations et fondations, *commenté*	août
Code de l'avocat, *commenté*	octobre
Code civil	juillet
Code du divorce	novembre
Code de l'état civil	novembre
Code de procédure civile	juillet
Code des procédures civiles d'exécution, *commenté*	juin
Mégacode civil	novembre
AFFAIRES	
Code des assurances – Code de la mutualité, *commenté*	mai
Code de commerce	juillet
Code de la consommation, *commenté*	août
Code des douanes, *commenté*	mars
Code général des impôts	avril
Code monétaire et financier, *commenté*	mai
Code des procédures collectives, *commenté*	mars
Code de la propriété intellectuelle, *commenté*	janvier
Code des sociétés, *commenté*	septembre
Code de procédure fiscale, *commenté*	avril
Code de la protection des données personnelles, *commenté*	septembre
Code des transports, *commenté*	novembre
SOCIAL	
Code de l'action sociale et des familles, *commenté*	mai
Code de la santé publique, *commenté en ligne*	mai
Code de la sécurité sociale	avril
Code du travail	mars

Codes Dalloz **Parution**

PÉNAL

Code pénal	juillet
Code de procédure pénale	juillet
Code de la route, *commenté*	février

IMMOBILIER

Code des baux, *commenté*	février
Code de la construction et de l'habitation, *commenté*	mars
Code de la copropriété, *commenté*	janvier
Code de l'expropriation pour cause d'utilité publique, *commenté*	mai
Code de l'urbanisme, *commenté*	avril

PUBLIC

Code de la commande publique	mars
Code constitutionnel et des droits fondamentaux, *commenté*	novembre
Code de l'éducation, *commenté*	août
Code électoral	décembre
Code de l'énergie, *commenté*	mai
Code de l'entrée et du séjour des étrangers et du droit d'asile, *commenté*	novembre
Code de l'environnement, *commenté*	mars
Code de la fonction publique, *commenté*	février
Code général des collectivités territoriales, *commenté en ligne*	novembre
Code général de la propriété des personnes publiques, *commenté*	juin
Code de justice administrative, *commenté*	septembre
Code du patrimoine, *commenté*	juin
Code des relations entre le public et l'administration, *commenté*	septembre
Code rural et de la pêche maritime, *commenté*	mai
Code de la sécurité intérieure, *commenté*	janvier
Code du sport, *commenté*	avril
Code du tourisme, *commenté*	novembre